CHRONIK DER FAMILIE

EHEMANN

Name

geboren am in

getauft am in

Taufpaten

EHEFRAU

Name

geboren am in

getauft am in

Taufpaten

WIR HABEN UNS VERMÄHLT

am

in der -Kirche

in

von Pfarrer

UNSERE TRAUZEUGEN

ELTERN UND GROSSELTERN DES EHEMANNES

ELTERN DES EHEMANNES

Vater

geboren am in

Mutter

geboren am in

getraut am in

GROSSELTERN DES EHEMANNES

Großvater

geboren am in

Großmutter

geboren am in

getraut am in

Großvater

geboren am in

Großmutter

geboren am in

getraut am in

ELTERN UND GROSSELTERN DER EHEFRAU

ELTERN DER EHEFRAU

Vater

geboren am in

Mutter

geboren am in

getraut am in

GROSSELTERN DER EHEFRAU

Großvater

geboren am in

Großmutter

geboren am in

getraut am in

Großvater

geboren am in

Großmutter

geboren am in

getraut am in

KIND

Name

geboren am in

getauft am in

von

Taufpaten

Kommunion / Konfirmation / Firmung

getraut am in

mit

geboren am in

ENKEL

KIND

Name

geboren am in

getauft am in

von

Taufpaten

Kommunion / Konfirmation / Firmung

getraut am in

mit

geboren am in

ENKEL

KIND

Name

geboren am in

getauft am in

von

Taufpaten

Kommunion / Konfirmation / Firmung

getraut am in

mit

geboren am in

ENKEL

KIND

Name

geboren am in

getauft am in

von

Taufpaten

Kommunion / Konfirmation / Firmung

getraut am in

mit

geboren am in

ENKEL

VERSTORBENE

Name

geboren am in

im Alter von Jahren

Name

geboren am in

im Alter von Jahren

Name

geboren am in

im Alter von Jahren

Name

geboren am in

im Alter von Jahren

Name

geboren am in

im Alter von Jahren

VERSTORBENE

Name

geboren am in

im Alter von Jahren

Name

geboren am in

im Alter von Jahren

Name

geboren am in

im Alter von Jahren

Name

geboren am in

im Alter von Jahren

Name

geboren am in

im Alter von Jahren

JUBILÄEN UND GEDENKTAGE DER FAMILIE

JUBILÄEN UND GEDENKTAGE DER FAMILIE

JUBILÄEN UND GEDENKTAGE DER FAMILIE

JUBILÄEN UND GEDENKTAGE DER FAMILIE

DIE BIBEL

Einheitsübersetzung
der Heiligen Schrift

DIE BIBEL

Einheitsübersetzung der Heiligen Schrift

Gesamtausgabe

Psalmen und Neues Testament
Ökumenischer Text

Verlag Katholisches Bibelwerk GmbH

Herausgegeben im Auftrag
der Bischöfe Deutschlands,
Österreichs,
der Schweiz,
des Bischofs von Luxemburg,
des Bischofs von Lüttich,
des Bischofs von Bozen-Brixen

Für die Psalmen und das Neue Testament
auch im Auftrag
des Rates der Evangelischen Kirche
in Deutschland
und der Deutschen Bibelgesellschaft

In neuer Rechtschreibung

ISBN 3-920609-25-5 / 3-460-32018-4 (Festeinband)
ISBN 3-920609-26-3 / 3-460-32019-2 (Leder)
ISBN 3-920609-27-1 / 3-460-32020-6 (Kunstleder)

Lizenzausgaben im Verlag Katholisches Bibelwerk, Stuttgart
ISBN 3-460-32004-4 (Mittelalterliche Buchkunst)
ISBN 3-460-32005-2 (Marc Chagall)
ISBN 3-460-32006-0 (Heiliges Land)
ISBN 3-460-32007-9 (Rembrandt van Rijn)
ISBN 3-460-32014-1 (Niederländer)
ISBN 3-460-32015-X (einfach lesen)
ISBN 3-460-32016-8 (Michael Blum)
ISBN 3-460-32017-6 (mit Bildern und Familienchronik)
ISBN 3-460-32022-2
ISBN 3-460-32023-0
ISBN 3-460-33009-0 (Franz Marc)
ISBN 3-460-33010-4 (mit Bild- und Informationsteil für Jugendliche)

Druck und Bindung: Clausen & Bosse, Leck

Inhaltsverzeichnis

An die Leser dieser Ausgabe

»Der Mensch lebt nicht nur von Brot, sondern von jedem Wort, das aus Gottes Mund kommt« (Mt 4,4).

Diese Aussage Jesu im Kampf gegen den Versucher, die er dem Alten Testament entnimmt (vgl. Dtn 8,3), weist auf die bleibende Bedeutung des Wortes Gottes für die Menschen aller Völker und Zeiten hin.

Schon vor dem Zweiten Vatikanischen Konzil fassten die deutschen katholischen Bischöfe aufgrund einer Denkschrift des Katholischen Bibelwerks Stuttgart den Beschluss, eine neue Übersetzung der Bibel aus den Urtexten für den kirchlichen Gebrauch schaffen zu lassen, um so einen besseren Zugang zum Wort Gottes zu ermöglichen. Sie beauftragten dazu die Bischöfe J. Freundorfer, C. J. Leiprecht und E. Schick. Die österreichischen Bischöfe entsandten später Weihbischof A. Stöger. Den bischöflichen Beauftragten wurde ein Arbeitsausschuss aus Fachleuten der Exegese, Katechese, Liturgik und der deutschen Sprache zur Seite gestellt.

Bei dieser Übersetzung sollten nicht nur die neuen Erkenntnisse der Bibelwissenschaft, sondern auch die Regeln der deutschen Sprache in angemessener Weise berücksichtigt werden. Bis dahin benutzte die katholische Kirche Übersetzungen, welche entweder die lateinische Übersetzung der Bibel durch den heiligen Hieronymus, die Vulgata, zugrunde legten oder doch in besonderer Weise berücksichtigten.

Die Arbeit an der neuen Übersetzung begann 1962. Kurz darauf gestattete das Zweite Vatikanische Konzil den Gebrauch der Landessprachen in der Liturgie und erklärte: »Der Zugang zur Heiligen Schrift muss für alle, die an Christus glauben, weit offenstehen. Darum … bemüht sich die Kirche, dass brauchbare und genaue Übersetzungen in die verschiedenen Sprachen erarbeitet werden, mit Vorrang aus dem Urtext der heiligen Bücher« (Über die Göttliche Offenbarung, Nr. 22). Daraufhin schlossen sich die übrigen katholischen Bischöfe deutschsprachiger Gebiete in Europa dem Unternehmen an, das den Namen »Einheitsübersetzung« erhielt, weil es den Gebrauch einheitlicher biblischer Texte in Gottesdienst und Schule in allen Diözesen ermöglichen sollte. Die einheitliche Texterfassung ließ hoffen, dass sich wichtige Aussagen der Bibel dem Ohr der Gläubigen dauerhafter einprägten. Auch würde eine solche für den Gebrauch der Bibel in der Öffentlichkeit, besonders in Presse, Funk und Fernsehen, von Nutzen sein.

Da die Übersetzung vor allem in der Verkündigung Verwendung finden sollte, musste sie sowohl das Verstehen erleichtern wie auch für das Vorlesen und teilweise auch für das Singen geeignet sein. Darum wurden von Anfang an neben Fachleuten der Bibelwissenschaft auch solche der Liturgik, Katechetik, der Kirchenmusik und der deutschen Sprache herangezogen. Besondere Sorgfalt wurde auf die sprachliche Fassung der hymnischen Texte des Alten und des Neuen Testamentes, insbesondere der Psalmen, verwendet.

Von Anfang an strebten die katholischen Bischöfe die Mitarbeit der evangelischen Kirche in Deutschland an. Die evangelische Michaelsbruderschaft arbeitete von Anfang an durch Beauftragte an der Übersetzung mit. Ab 1967 beteiligte sich die Evangelische Kirche in Deutschland an der Übersetzung der beiden Kirchen gemeinsamen biblischen Lesungen der Sonn- und Festtage und der Psalmen, nachdem Kardinal A. Bea, der erste Leiter des Sekretariats für die Einheit der Christen in Rom, und Bischof K. Scharf, der damalige Vorsitzende des Rates der Evangelischen Kirche in Deutschland, sich bei einem Zusammentreffen für eine solche Zusammenarbeit ausgesprochen hatten. Über diese gemeinsame Arbeit wurde

1970 der erste Vertrag zwischen dem Verband der Diözesen Deutschlands und dem Rat der Evangelischen Kirche in Deutschland und dem Evangelischen Bibelwerk in der Bundesrepublik Deutschland geschlossen.

Ein wichtiges Ergebnis der Zusammenarbeit stellt die Einigung der Beauftragten beider Kirchen auf eine einheitliche deutsche Wiedergabe der biblischen Eigennamen sowie der Bezeichnungen für Orte, Landschaften, Maße und Gewichte dar. Das »Ökumenische Verzeichnis der biblischen Eigennamen« wurde 1972 veröffentlicht.

Ab 1970 erschienen die Übersetzungen einzelner biblischer Bücher im Druck; 1972 wurde die vorläufige Endfassung des Neuen Testamentes, 1974 jene des Alten Testamentes für die Erprobung, vor allem in Liturgie und Schule, veröffentlicht. Die Übersetzung fand Eingang in die neuen liturgischen Bücher, die Lektionare für die biblischen Lesungen im Gottesdienst sowie in das vorläufige deutsche Stundenbuch. Alle Urteilsfähigen wurden von den beteiligten Bischöfen um Kritik und Verbesserungsvorschläge gebeten. Diese ließen zugleich Gutachten erstellen über die Treue gegenüber dem Urtext und über die sprachliche Ausdrucksform der Übersetzung. Die Gesellschaft für Deutsche Sprache, Wiesbaden, wurde für die Überprüfung dieser Übersetzung herangezogen.

Die vorläufige Fassung der Psalmen, die 1971 zuerst im Druck erschien, wurde 1973/74 durch eine ökumenische Arbeitsgruppe überarbeitet, wobei der endgültige Text festgelegt wurde. Ab 1975 begann die Revision der vorläufigen Fassungen des Alten und Neuen Testamentes durch eigens dafür bestellte Revisionskommissionen unter dem Vorsitz von Bischof E. Schick (Neues Testament) und Weihbischof J. Plöger (Altes Testament). Die überaus zahlreichen Stellungnahmen und Verbesserungsvorschläge leisteten für die Erstellung der endgültigen Fassung der Übersetzung wertvolle Dienste.

Im Rahmen dieser Revisionsarbeit weitete die evangelische Seite ihre Mitarbeit auf das ganze Neue Testament aus, einschließlich der Einführungen und knapp gehaltenen Anmerkungen zu den einzelnen biblischen Schriften.

Im Februar 1978 approbierte die Deutsche Bischofskonferenz die Endfassung der Einheitsübersetzung für den kirchlichen Gebrauch in Gottesdienst und Schule. Sie dankte dabei den Übersetzern und allen übrigen Mitarbeitern und Beratern. Ihr folgten die übrigen bischöflichen Auftraggeber aus den deutschsprachigen Gebieten in Europa. Auch der Rat der Evangelischen Kirche in Deutschland und das Evangelische Bibelwerk begrüßten das Ergebnis der gemeinsamen Arbeit. Im März und April 1979 wurden die Einführungen und Anmerkungen von allen Auftraggebern gutgeheißen. Damit fand ein für den deutschen Sprachraum einmaliges Unternehmen seinen Abschluss.

Aufgrund der guten Aufnahme, die der vorläufige Endtext in der Öffentlichkeit fand, ist zu hoffen, dass diese Übersetzung erfüllt, was die Mitglieder der Deutschen Bischofskonferenz bei der Approbation des Textes im Frühjahr 1978 zum Ausdruck brachten: »Die Deutsche Bischofskonferenz ist überzeugt, dass die nun vorliegende Übersetzung der Heiligen Schrift den Entscheidungen des Zweiten Vatikanums gerecht wird, den katholischen und nichtkatholischen Christen wie auch der Kirche Fernstehenden einen sprachlich verständlichen und wissenschaftlich gesicherten Zugang zur Botschaft der Heiligen Schrift zu bieten. Die Einheitsübersetzung ist in gehobenem Gegenwartsdeutsch abgefasst. Ihr fehlt es nicht an dichterischer Schönheit, Treffsicherheit des Ausdruck und Würde biblischer Darstellungskraft. Wir Bischöfe hoffen zuversichtlich, dass die Neuübersetzung auch der zeitgemäßen Gebetssprache einen neuen Anstoß gibt und dass sie hilfreich sein wird in dem Bemühen, dem Wort Gottes im deutschen Sprachraum neue Beachtung und tieferes Verständnis zu verschaffen!«

Daneben verdient im Blick auf die Psalmen und das Neue Testament Beachtung, was der damalige Vorsitzende des Rates der Evangelischen Kirche in Deutschland, Landesbischof Helmut Claß, an den Vorsitzenden der Deutschen Bischofskonferenz, Joseph Kardinal Höffner, schrieb: »Die Tatsache, dass katholische und evangelische Christen nunmehr die Psalmen und ein Neues Testament besitzen, die Exegeten beider Kirchen im offiziellen Auftrag übersetzt haben, kann nicht hoch genug veranschlagt werden. Mehr als einzelne gemeinsame Aktionen führt gemeinsames Hören auf das Wort der Schrift dazu, dass die getrennten Kirchen aufeinander zugehen, um einmal zusammenzufinden unter dem einen Herrn der Kirche, Jesus Christus. Die ökumenische Übersetzung der Psalmen und des Neuen Testamentes leistet dazu einen wichtigen Beitrag.«

Advent 1979

Joseph Kardinal Höffner
Vorsitzender der
Deutschen Bischofskonferenz

Alfred Kardinal Bengsch
Vorsitzender der
Berliner Bischofskonferenz

Franz Kardinal König
Vorsitzender der
Österr. Bischofskonferenz

Pierre Mamie
Vorsitzender der
Schweizerischen Bischofskonferenz

Jean Hengen
Bischof von Luxemburg

Joseph Gargitter
Bischof von Bozen-Brixen

Guillaume-Marie van Zuylen
Bischof von Lüttich

Landesbischof Eduard Lohse
Vorsitzender des Rates
der Evangelischen Kirche in Deutschland
(für die Psalmen und das Neue Testament)

Die Schriften des Alten Testaments

Die Bibel (griechisch bíblos = Buch) oder die Heilige Schrift ist eine Sammlung von Büchern, die das Alte und Neue Testament umfasst. Das Alte Testament wird von Juden und Christen als Offenbarungsurkunde betrachtet. Die Bücher des Alten Testaments stammen von Verfassern, durch die Gott zu den Menschen spricht und durch die das Volk Israel seinen Glauben an die Heilstaten und Verheißungen Gottes bekennt. Juden und Christen glauben an die Inspiration (Eingebung) dieser Bücher durch den Geist Gottes. Das Verzeichnis der Bücher, die zur Heiligen Schrift gehören, nennt man Kanon (griechisch kanón = Maßstab), weil sie den Maßstab für den Glauben darstellen. Jesus und seine Jünger übernahmen die Bücher der Heiligen Schrift, wie sie ihr Volk kannte, und beriefen sich in ihrer Botschaft auf sie als auf das Wort Gottes.

Die Juden Palästinas unterschieden drei Teile der Bibel: die fünf Bücher der Torá oder des Gesetzes (Genesis, Exodus, Levitikus, Numeri, Deuteronomium), die sie Mose zuschrieben; die Bücher der Propheten, die sie in die früheren (Josua, Richter, Samuel, Könige) und die späteren Propheten (Jesaja, Jeremia, Ezechiel und das Buch der zwölf Kleinen Propheten) unterteilten; die (übrigen) Schriften (Psalmen, Ijob, Sprichwörter, Rut, Klagelieder, Hoheslied, Kohelet, Ester, Daniel, Esra-Nehemia und Chronik). Weil sie noch nicht die Zweiteilung der Bücher Samuel, Könige, Esra-Nehemia und Chronik kannten und die zwölf Kleinen Propheten noch in einem einzigen Buch zusammenfassten, zählten sie insgesamt 24 Bücher der Heiligen Schrift; erst in den christlichen Bibelausgaben teilte man die genannten Bücher auf, sodass dieser Kanon 39 Bücher umfasst, die sogenannten protokanonischen Bücher [griechisch prôtos kanón = erster Kanon]. Dieser Kanon ist im Vorwort zur griechischen Sirach-Übersetzung vorausgesetzt und wurde um 100 n. Chr. vom Judentum allgemein anerkannt.

Die Griechisch sprechenden Juden der Diaspora in Ägypten lasen im Gottesdienst der Synagoge die Bibel in einer griechischen Übersetzung, der sogenannten Septuaginta (»Siebzig«, weil angeblich von siebzig Übersetzern stammend). Diese griechische Übersetzung enthielt noch andere Bücher, die bei den Diasporajuden ebenfalls als heilige Schriften galten. Von ihnen übernahm die christliche Kirche die sieben sogenannten deuterokanonischen Bücher (griechisch déuteros kanón = zweiter Kanon) in ihre Bibel: Tobit, Judit, 1 und 2 Makkabäer, Baruch, Weisheit und Sirach, ferner zusätzliche Abschnitte in den Büchern Daniel und Ester.

Demgegenüber legten die Führer der Aramäisch sprechenden Juden Palästinas auf der sog. »Synode« von Jamnia (Jabne, um 100 n. Chr.) offiziell fest, welche Schriften kanonisch sind. Alle in griechischer Sprache geschriebenen Bücher wurden grundsätzlich für nicht kanonisch erklärt. In der hebräischen Bibel fehlen daher die sog. deuterokanonischen Bücher.

In den christlichen Bibelausgaben wurden die Bücher neu geordnet und eingeteilt, und zwar in Geschichtsbücher, Lehrbücher und Prophetenbücher. Erst als die Schriften der Apostel und Apostelschüler ebenfalls kanonisches Ansehen gewonnen hatten und zur Heiligen Schrift gerechnet wurden (vgl. die Einleitung zum Neuen Testament), unterschieden die christlichen Theologen zwischen dem Alten Testament und dem Neuen Testament, wobei »Testament« (lateinisch testamentum) die Bedeutung »Bund« (griechisch: diathéke; hebräisch: berít) bekam.

Das erste Kanonverzeichnis der Kirche, das alle Bücher der christlichen Bibel enthält, geht auf die Provinzialsynode von Hippo (393 n. Chr.) zurück. Es wurde von der lateinischen Kirche und von der Ostkirche übernommen und auf dem Konzil von Trient 1546 bestätigt. Diesen Kanon setzt die lateinische Bibelübersetzung, die sogenannte Vulgata (= die allgemein Verbreitete) voraus. Martin Luther griff für seine Übersetzung bewusst auf den hebräischen Text zurück und schied daher die deuterokanonischen Bücher wieder aus dem Kanon aus. Er übersetzte sie zwar und empfahl ihre Lektüre, rechnete sie aber nicht zur Heiligen

Schrift. Seither bezeichnen die Kirchen der Reformation diese Bücher als Apokryphen, das heißt als der Bibel später zugefügte Schriften. Im Sprachgebrauch der katholischen Theologen dagegen sind Apokryphen andere Bücher, die zwar zeitweise in manchen jüdischen und christlichen Gemeinschaften zur Heiligen Schrift gerechnet und im Gottesdienst vorgelesen wurden, die aber weder die lateinische Kirche noch die Ostkirche in die Bibel aufnahm. Diese Bücher nennen die Theologen der reformatorischen Kirchen Pseudepigraphen, das heißt fälschlich biblischen Personen zugeschriebene Bücher.

Die protokanonischen Bücher sind in Hebräisch überliefert; nur einige Abschnitte haben einen aramäischen Urtext (vgl. die Einleitungen zu Esra und Daniel). Die deuterokanonischen Bücher sind nur in Griechisch erhalten geblieben (vgl. aber die Einleitung zu Sirach).

Die Leitsätze für die interkonfessionelle Zusammenarbeit bei der Bibelübersetzung, die 1968 vom Weltbund der Bibelgesellschaften und dem Sekretariat für die Einheit der Christen beschlossen wurden, sehen vor, dass in ökumenischen Ausgaben die deuterokanonischen Bücher enthalten sind. Für die Bibelausgaben der Bibelgesellschaften wird dabei auf die Möglichkeit verwiesen, die deuterokanonischen Teile vor dem Neuen Testament abzudrucken.

Die meisten Bücher des Alten Testaments sind in einem langen Überlieferungsprozess entstanden. Gott hat zunächst zu den Patriarchen, zu Mose, zu den Propheten und anderen Gottesmännern gesprochen. Diese haben die Offenbarung teils mündlich, teils schriftlich weitergegeben. Die Lehrer Israels haben das so empfangene Wort Gottes betend durchdacht, erläutert und erweitert. Schließlich fanden sich Männer, die der so weitergegebenen Überlieferung jene endgültige schriftliche Form gaben, die Jesus und die Urkirche als Heilige Schrift anerkannten und der Kirche anvertrauten.

Die fünf Bücher des Mose

Die Bücher Genesis, Exodus, Levitikus, Numeri und Deuteronomium bilden bei den Juden eine Einheit, die sie Torá (Gesetz) nennen, weil sie das Gesetz enthalten, das Mose auf dem Sinai von Gott für Israel empfangen hat und das die Grundlage für den Bund zwischen Gott und Israel bildet. Wegen des großen Umfangs teilten schon die Juden die Torá in fünf Bücher ein. Die fünf Buchrollen verwahrte man in den Synagogen in einem Behälter. Darum nannten bereits die Kirchenväter die Sammlung dieser fünf Buchrollen Pentateuch (Fünfrollen-Behälter). Diese fünf Bücher wurden an den Sabbaten und Hochfesten in der Synagoge gelesen, und zwar fortlaufend in einer einjährigen oder dreijährigen Leseordnung. Die Lesung der Torá ist bis heute wesentlicher Bestandteil des jüdischen Gottesdienstes.

Nach jüdischer und christlicher Tradition hat Mose die Torá geschrieben, um sein Volk die Heilsgeschichte von der Erschaffung der Welt bis zum Einzug Israels in das den Erzvätern verheißene Land zu lehren. In die Geschichtsdarstellung sind die Gesetzestexte aufgenommen, die die Juden als das Bundesgesetz vom Sinai verstehen. Die moderne Bibelwissenschaft hat an zeitgeschichtlichen und literarischen Unstimmigkeiten, an Unterschieden in den Gottesnamen, im Wortschatz, im Stil, an den verschiedenen »Theologien« und an anderen Merkmalen festgestellt, dass der Pentateuch eine große, aus mehreren literarischen Schichten bestehende Sammlung von Überlieferungen ist, die in ihrem Kern bis auf die Zeit des Mose (13. Jahrhundert v. Chr.) zurückgehen können.

Man pflegt heute drei Hauptschichten zu unterscheiden, die sich über die vier ersten Bücher erstrecken: 1. Die jahwistische (J), erkennbar an der Vorliebe für den Gottesnamen Jahwe; sie wurde um 900 v. Chr. als Werk eines großen Geschichtsschreibers und Theologen niedergeschrieben. 2. Die elohistische Schicht (E), so genannt wegen der Vorliebe für den Gottesnamen Elohim (= Gott); sie wurde um 720 v. Chr. niedergeschrieben. 3. Die Priesterschrift (P); sie wurde im Babylonischen Exil um 550 v. Chr. von Priestern niedergeschrieben, die besonders an gottesdienstlichen Ordnungen interessiert waren. Die Zuweisung der einzelnen Texte an die drei Schichten ist aber nicht unumstritten. Dazu kommt als ein eigener Überlieferungskomplex das Deuteronomium. In diese drei bzw. vier Schichten haben die Verfasser Überlieferungen eingearbeitet, die ihrerseits auf mündlich umlaufende oder schriftlich vorliegende Traditionen verschiedenen Alters zurückgingen: Erzählungen über Personen und Ereignisse, die für das Werden und die Geschichte Israels wichtig waren; Lieder; Stammbäume; Listen von Orten; Sammlungen von Gesetzen verschiedenen Inhalts.

Die spätere Tradition hat die früheren Überlieferungen bearbeitet, vor allem später notwendige gesetzliche Regelungen in das überkommene Bundesgesetz eingearbeitet. Schließlich hat ein letzter Bearbeiter (Redaktor, abgekürzt R) die ganze ihm vorliegende mündliche und schriftliche Tradition zusammengefasst und unserem Pentateuch die heutige Gestalt verliehen. Damit wollte er seinem Volk nach der Katastrophe des Babylonischen Exils (586–538 v. Chr.) zeigen, wie Gott im Lauf der Geschichte an der Menschheit und besonders an seinem Volk Israel gehandelt hat, und diesem Volk eine feste Lebensordnung geben.

Das Buch Genesis

Das erste der fünf Bücher Mose heißt in der griechischen und in der lateinischen Übersetzung Genesis (Entstehung), weil es von der Entstehung der Welt, der Menschheit und des Volkes Israel handelt. Die Juden nennen das Buch nach dem Anfangswort Bereschit (Im Anfang). Es gliedert sich in zwei Hauptteile: Urgeschichte (Kap. 1 – 11) und Patriarchengeschichte (Kap. 12 – 50). In der Patriarchengeschichte unterscheidet man: die Geschichte der Erzväter (Kap. 12 – 36) und die Geschichte der Söhne Jakobs (Kap. 37 – 50).

Die theologische Bedeutung des Buches liegt in seinen Aussagen über Gott als den Schöpfer der Welt und den Herrn der Geschichte. Wichtig ist dabei vor allem die Erschaffung der Welt durch das Wort Gottes, die Gottebenbildlichkeit des Menschen, die Erzählung von Paradies und Sündenfall, von der Sintflut und dem Bund mit Noach, von der gnadenhaften Erwählung Abrahams und seiner Nachkommen als Segensmittler für die ganze Menschheit, von den Verheißungen an die Patriarchen. Alles Handeln Gottes in der Geschichte ist nach dieser Sicht letztlich auf das Heil der Menschen ausgerichtet.

Das Buch Genesis verarbeitet älteste Überlieferungen Israels und seiner Nachbarvölker über die Urgeschichte der Menschheit und die Vorgeschichte Israels. Es wählt davon Ereignisse aus, die für die Menschheitsgeschichte charakteristisch sind, und zeigt an bestimmten Personen, wie Gott die Menschen zum Heil beruft, wie die Menschen das Heilsangebot Gottes ausschlagen und sich damit selbst immer tiefer ins Unheil stürzen; es zeigt aber auch, wie Gott in Abraham und seinen Nachkommen dem Fluch den unverdienten Segen entgegensetzt, an dem alle Menschen Anteil erhalten sollen (Gen 12,3).

Die Erzählungen der Urgeschichte sind weder als naturwissenschaftliche Aussagen noch als Geschichtsdarstellung, sondern als Glaubensaussagen über das Wesen der Welt und des Menschen und über deren Beziehung zu Gott zu verstehen. Die Geschichte der Erzväter und der Söhne Jakobs sind zwar in Einzelheiten ebenfalls nicht historisch nachprüfbar, doch stimmen die politischen, sozialen, rechtlichen, kulturellen und religiösen Zustände, die hier geschildert werden, weithin mit den Verhältnissen überein, wie sie die heutige Forschung für Palästina und seine Umwelt in der Zeit vor Mose, d. h. für die sog. Mittlere und Späte Bronzezeit, erschlossen hat. Man darf die Geschichtsdarstellung des Buches Genesis nicht an der modernen Geschichtsschreibung messen, sondern man muss sie als antike Geschichtsschreibung und als theologische Geschichtsdeutung beurteilen. Der die Verfasser des Buches inspirierende Gott wollte uns nicht genaue Einzelheiten über die Entstehung der Welt und des Menschen mitteilen oder uns über den exakten Verlauf der Patriarchengeschichte unterrichten. Vielmehr wollte er an den erzählten Begebenheiten sein Heilsangebot und die typischen Reaktionen des Menschen darauf aufzeigen. Damit wollte er deutlich machen, dass er auch Sünder zu Trägern und Vermittlern von Segen und Heil erwählt.

DIE ANFÄNGE: 1,1 – 11,9

Die Erschaffung der Welt: 1,1 – 2,4 a

1 Im Anfang schuf Gott Himmel und
Erde; 2 die Erde aber war wüst und
wirr, Finsternis lag über der Urflut und Got-
tes Geist schwebte über dem Wasser.
3 Gott sprach: Es werde Licht. Und es wur-
de Licht. 4 Gott sah, dass das Licht gut war.
Gott schied das Licht von der Finsternis
5 und Gott nannte das Licht Tag und die
Finsternis nannte er Nacht. Es wurde Abend
und es wurde Morgen: erster Tag.
6 Dann sprach Gott: Ein Gewölbe entstehe
mitten im Wasser und scheide Wasser von
Wasser. 7 Gott machte also das Gewölbe und
schied das Wasser unterhalb des Gewölbes
vom Wasser oberhalb des Gewölbes. So ge-
schah es 8 und Gott nannte das Gewölbe
Himmel. Es wurde Abend und es wurde
Morgen: zweiter Tag.
9 Dann sprach Gott: Das Wasser unterhalb
des Himmels sammle sich an einem Ort, da-
mit das Trockene sichtbar werde. So geschah
es. 10 Das Trockene nannte Gott Land und
das angesammelte Wasser nannte er Meer.
Gott sah, dass es gut war. 11 Dann sprach
Gott: Das Land lasse junges Grün wachsen,
alle Arten von Pflanzen, die Samen tragen,
und von Bäumen, die auf der Erde Früchte
bringen mit ihrem Samen darin. So geschah
es. 12 Das Land brachte junges Grün hervor,
alle Arten von Pflanzen, die Samen tragen,
alle Arten von Bäumen, die Früchte bringen
mit ihrem Samen darin. Gott sah, dass es gut
war. 13 Es wurde Abend und es wurde Mor-
gen: dritter Tag.
14 Dann sprach Gott: Lichter sollen am
Himmelsgewölbe sein, um Tag und Nacht zu
scheiden. Sie sollen Zeichen sein und zur Be-
stimmung von Festzeiten, von Tagen und
Jahren dienen; 15 sie sollen Lichter am Him-
melsgewölbe sein, die über die Erde hin
leuchten. So geschah es. 16 Gott machte die
beiden großen Lichter, das größere, das über
den Tag herrscht, das kleinere, das über die
Nacht herrscht, auch die Sterne. 17 Gott setz-
te die Lichter an das Himmelsgewölbe, da-
mit sie über die Erde hin leuchten, 18 über
Tag und Nacht herrschen und das Licht von
der Finsternis scheiden. Gott sah, dass es gut
war. 19 Es wurde Abend und es wurde Mor-
gen: vierter Tag.
20 Dann sprach Gott: Das Wasser wimmle
von lebendigen Wesen und Vögel sollen über
dem Land am Himmelsgewölbe dahinflie-
gen. 21 Gott schuf alle Arten von großen See-
tieren und anderen Lebewesen, von denen
das Wasser wimmelt, und alle Arten von ge
fiederten Vögeln. Gott sah, dass es gut war.
22 Gott segnete sie und sprach: Seid frucht-
bar und vermehrt euch und bevölkert das
Wasser im Meer und die Vögel sollen sich auf
dem Land vermehren. 23 Es wurde Abend
und es wurde Morgen: fünfter Tag.
24 Dann sprach Gott: Das Land bringe alle
Arten von lebendigen Wesen hervor, von
Vieh, von Kriechtieren und von Tieren des
Feldes. So geschah es. 25 Gott machte alle
Arten von Tieren des Feldes, alle Arten von
Vieh und alle Arten von Kriechtieren auf
dem Erdboden. Gott sah, dass es gut war.
26 Dann sprach Gott: Lasst uns Menschen
machen als unser Abbild, uns ähnlich. Sie
sollen herrschen über die Fische des Meeres,
über die Vögel des Himmels, über das Vieh,
über die ganze Erde und über alle Kriechtie-
re auf dem Land. 27 Gott schuf also den Men-
schen als sein Abbild; als Abbild Gottes
schuf er ihn. Als Mann und Frau schuf er sie.
28 Gott segnete sie und Gott sprach zu ihnen:
Seid fruchtbar und vermehrt euch, bevölkert
die Erde, unterwerft sie euch und herrscht
über die Fische des Meeres, über die Vögel
des Himmels und über alle Tiere, die sich auf
dem Land regen. 29 Dann sprach Gott: Hier-
mit übergebe ich euch alle Pflanzen auf der

1,1 – 2,4 a Im Gegensatz zu Schöpfungsvorstellungen der Umwelt Israels, nach denen die Elemente des Kosmos Gottheiten sind und durch göttliche Zeugungen entstanden, lehrt hier die priesterliche Tradition Israels, dass alle Dinge, Pflanzen, Tiere und der Mensch durch Gottes Wort entstanden sind. Dabei setzt sie die antike Weltsicht voraus, stellt die Bewegungen und Veränderungen am gestirnten Himmel und auf der Erde so dar, wie sie sich dem Augenschein zeigen, und setzt voraus, dass Gott, von dem Israel die Siebentagewoche mit dem Sabbat als Ruhetag im Bundesgesetz erhalten hat, auch selbst sich bei der Erschaffung der Welt an das Schema der Siebentagewoche gehalten hat. Durch die Erschaffung des Menschen nach Gottes Ebenbild, das letzte Schöpfungswerk, wird der Mensch als Krone und Herr der Schöpfung herausgehoben.

1,6 Nach dem Weltbild seiner Zeit stellt sich der Verfasser das Firmament als eine Halbkugel aus festem Stoff vor, die das Chaoswasser so teilt, dass über ihr und unter ihr Wasser ist, wobei vom oberen Wasser durch Öffnungen im Firmament der Regen herabströmt.

ganzen Erde, die Samen tragen, und alle
Bäume mit samenhaltigen Früchten. Euch
sollen sie zur Nahrung dienen. 30 Allen Tie-
ren des Feldes, allen Vögeln des Himmels
und allem, was sich auf der Erde regt, was
Lebensatem in sich hat, gebe ich alle grünen
Pflanzen zur Nahrung. So geschah es. 31 Gott
sah alles an, was er gemacht hatte: Es war
sehr gut. Es wurde Abend und es wurde Mor-
gen: der sechste Tag.

2 So wurden Himmel und Erde vollendet
und ihr ganzes Gefüge. 2 Am siebten
Tag vollendete Gott das Werk, das er ge-
schaffen hatte, und er ruhte am siebten Tag,
nachdem er sein ganzes Werk vollbracht hat-
te. 3 Und Gott segnete den siebten Tag und
erklärte ihn für heilig; denn an ihm ruhte
Gott, nachdem er das ganze Werk der Schöp-
fung vollendet hatte.

4a Das ist die Entstehungsgeschichte von
Himmel und Erde, als sie erschaffen wur-
den.

1,1: 2,4b; Joh 1,1–3 • 14: Ps 136,7–9 • 26: 2,7; Ps 8,6–9; Eph 4,24; Kol 3,10 • 27: 5,1f • 29: 9,3 • 2,2: Ex 20,8–11.

Das Paradies: 2,4b–25

4b Zur Zeit, als Gott, der Herr, Erde und
Himmel machte, 5 gab es auf der Erde noch
keine Feldsträucher und wuchsen noch keine
Feldpflanzen; denn Gott, der Herr, hatte es
auf die Erde noch nicht regnen lassen und es
gab noch keinen Menschen, der den Acker-
boden bestellte; 6 aber Feuchtigkeit stieg aus
der Erde auf und tränkte die ganze Fläche
des Ackerbodens.

7 Da formte Gott, der Herr, den Menschen
aus Erde vom Ackerboden und blies in seine
Nase den Lebensatem. So wurde der Mensch
zu einem lebendigen Wesen.

8 Dann legte Gott, der Herr, in Eden, im
Osten, einen Garten an und setzte dorthin
den Menschen, den er geformt hatte. 9 Gott,
der Herr, ließ aus dem Ackerboden allerlei
Bäume wachsen, verlockend anzusehen und
mit köstlichen Früchten, in der Mitte des
Gartens aber den Baum des Lebens und den
Baum der Erkenntnis von Gut und Böse.

10 Ein Strom entspringt in Eden, der den
Garten bewässert; dort teilt er sich und wird
zu vier Hauptflüssen. 11 Der eine heißt Pi-
schon; er ist es, der das ganze Land Hawila
umfließt, wo es Gold gibt. 12 Das Gold jenes
Landes ist gut; dort gibt es auch Bdellium-
harz und Karneolsteine. 13 Der zweite Strom
heißt Gihon; er ist es, der das ganze Land
Kusch umfließt. 14 Der dritte Strom heißt
Tigris; er ist es, der östlich an Assur vorbei-
fließt. Der vierte Strom ist der Eufrat.

15 Gott, der Herr, nahm also den Menschen
und setzte ihn in den Garten von Eden, da-
mit er ihn bebaue und hüte. 16 Dann gebot
Gott, der Herr, dem Menschen: Von allen
Bäumen des Gartens darfst du essen, 17 doch
vom Baum der Erkenntnis von Gut und Böse
darfst du nicht essen; denn sobald du davon
isst, wirst du sterben.

18 Dann sprach Gott, der Herr: Es ist nicht
gut, dass der Mensch allein bleibt. Ich will
ihm eine Hilfe machen, die ihm entspricht.

19 Gott, der Herr, formte aus dem Acker-
boden alle Tiere des Feldes und alle Vögel
des Himmels und führte sie dem Menschen
zu, um zu sehen, wie er sie benennen würde.
Und wie der Mensch jedes lebendige Wesen
benannte, so sollte es heißen. 20 Der Mensch
gab Namen allem Vieh, den Vögeln des Him-
mels und allen Tieren des Feldes. Aber eine
Hilfe, die dem Menschen entsprach, fand er
nicht.

21 Da ließ Gott, der Herr, einen tiefen
Schlaf auf den Menschen fallen, sodass er
einschlief, nahm eine seiner Rippen und ver-
schloss ihre Stelle mit Fleisch. 22 Gott, der

2,4b–24 Hier liegt eine ältere Schöpfungsdarstellung vor, in der der Schwerpunkt auf der Erschaffung des Menschen und seiner Lebensordnung (Ehe, Familie, mitmenschliche Gemeinschaft) liegt. Der Mensch scheint noch vor den Pflanzen und Tieren erschaffen zu sein und wird so als Haupt der Schöpfung herausgehoben. – Dadurch, dass der letzte Pentateuchüberarbeiter so verschiedene Schöpfungsdarstellungen miteinander verbindet, zeigt er, dass es ihm nicht auf die naturwissenschaftlichen Gegebenheiten, sondern auf die religiösen Aussagen der beiden Texte ankommt: Alles ist von Gott erschaffen; der Mensch ist nicht das Produkt der Natur, sondern der von Gott in die Welt gesetzte Partner Gottes; der Mensch ist auf Gemeinschaft hin erschaffen; der Mensch hat als Ebenbild Gottes Anteil an der Herrschaft Gottes über die Welt.

2,6 Feuchtigkeit: in H ein Wort unbekannter Bedeutung.

2,7 In H Wortspiel mit den Ausdrücken für Ackerboden (adamáh) und Mensch (adám).

2,11–14 Die Flüsse Pischon und Gihon sowie das Land Hawila lassen sich geographisch nicht bestimmen. Kusch ist etwa der heutige Sudan mit Teilen Äthiopiens; Assur ist die alte Hauptstadt des Assyrerreichs.

2,12 Bdellium ist ein Harz zur Salbenherstellung.

2,21–23 Da sich Israel die Vielheit der Menschen nicht ohne eine gemeinsame Abstammung vorstellen kann, andererseits keinen doppelgeschlechtlichen Urmenschen kennt wie andere Völker, stellt man sich vor, die Frau sei irgendwie aus dem Mann entstanden. Bei der in Israel geläufigen Redensart »ein Bein und ein Fleisch« für enge Verwandtschaft und Gemeinschaft – man kannte keine Verwandt-

Herr, baute aus der Rippe, die er vom Menschen genommen hatte, eine Frau und führte sie dem Menschen zu. 23 Und der Mensch sprach:

Das endlich ist Bein von meinem Bein / und Fleisch von meinem Fleisch. / Frau soll sie heißen, / denn vom Mann ist sie genommen.

24 Darum verlässt der Mann Vater und Mutter und bindet sich an seine Frau und sie werden *ein* Fleisch. 25 Beide, Adam und seine Frau, waren nackt, aber sie schämten sich nicht voreinander.

4b: 1,1 • 7: 1,26f • 24: Mt 19,5; Mk 10,8; Eph 5,31; 1 Kor 6,16.

Der Fall des Menschen: 3,1–24

3 Die Schlange war schlauer als alle Tiere des Feldes, die Gott, der Herr, gemacht hatte. Sie sagte zu der Frau: Hat Gott wirklich gesagt: Ihr dürft von keinem Baum des Gartens essen? 2 Die Frau entgegnete der Schlange: Von den Früchten der Bäume im Garten dürfen wir essen; 3 nur von den Früchten des Baumes, der in der Mitte des Gartens steht, hat Gott gesagt: Davon dürft ihr nicht essen und daran dürft ihr nicht rühren, sonst werdet ihr sterben.

4 Darauf sagte die Schlange zur Frau: Nein, ihr werdet nicht sterben. 5 Gott weiß vielmehr: Sobald ihr davon esst, gehen euch die Augen auf; ihr werdet wie Gott und erkennt Gut und Böse. 6 Da sah die Frau, dass es köstlich wäre, von dem Baum zu essen, dass der Baum eine Augenweide war und dazu verlockte, klug zu werden. Sie nahm von seinen Früchten und aß; sie gab auch ihrem Mann, der bei ihr war, und auch er aß.

7 Da gingen beiden die Augen auf und sie erkannten, dass sie nackt waren. Sie hefteten Feigenblätter zusammen und machten sich einen Schurz. 8 Als sie Gott, den Herrn, im Garten gegen den Tagwind einherschreiten hörten, versteckten sich Adam und seine Frau vor Gott, dem Herrn, unter den Bäumen des Gartens. 9 Gott, der Herr, rief Adam zu und sprach: Wo bist du? 10 Er antwortete: Ich habe dich im Garten kommen hören; da geriet ich in Furcht, weil ich nackt bin, und versteckte mich. 11 Darauf fragte er: Wer hat dir gesagt, dass du nackt bist? Hast du von dem Baum gegessen, von dem zu essen ich dir verboten habe? 12 Adam antwortete: Die Frau, die du mir beigesellt hast, sie hat mir von dem Baum gegeben und so habe ich gegessen. 13 Gott, der Herr, sprach zu der Frau: Was hast du da getan? Die Frau antwortete: Die Schlange hat mich verführt und so habe ich gegessen.

14 Da sprach Gott, der Herr, zur Schlange:

Weil du das getan hast, bist du verflucht / unter allem Vieh und allen Tieren des Feldes. / Auf dem Bauch sollst du kriechen / und Staub fressen alle Tage deines Lebens.

15 Feindschaft setze ich zwischen dich und die Frau, / zwischen deinen Nachwuchs und ihren Nachwuchs. / Er trifft dich am Kopf / und du triffst ihn an der Ferse.

16 Zur Frau sprach er:

Viel Mühsal bereite ich dir, sooft du schwanger wirst. / Unter Schmerzen gebierst du Kinder. / Du hast Verlangen nach deinem Mann; / er aber wird über dich herrschen.

17 Zu Adam sprach er: Weil du auf deine Frau gehört und von dem Baum gegessen hast, von dem zu essen ich dir verboten hatte:

So ist verflucht der Ackerboden deinetwegen. / Unter Mühsal wirst du von ihm essen / alle Tage deines Lebens.

18 Dornen und Disteln lässt er dir wachsen / und die Pflanzen des Feldes musst du essen.

19 Im Schweiße deines Angesichts / sollst du dein Brot essen, / bis du zurückkehrst zum Ackerboden; / von ihm bist du ja genommen. / Denn Staub bist du, zum Staub musst du zurück.

20 Adam nannte seine Frau Eva (Leben), denn sie wurde die Mutter aller Lebendigen. 21 Gott, der Herr, machte Adam und seiner Frau Röcke aus Fellen und bekleidete sie damit. 22 Dann sprach Gott, der Herr: Seht, der Mensch ist geworden wie wir; er erkennt Gut

---

schaft dem Blut nach – lag es nahe, an die Entstehung der Frau aus dem »Bein und Fleisch« des Mannes zu denken. Nur Gott konnte die Frau auf diese Weise entstehen lassen.

2,23 denn . . .: Die Ausdrücke für Mann (isch) und Frau (ischáh) sind im Hebräischen ähnlich.

3,1–24 In einfacher und bildhafter Sprache und an Hand eines typischen Beispiels aus dem Alltag stellt der Erzähler die erste Sünde und ihre verhängnisvollen Folgen dar. Die Schlange ist Sinnbild für die gefährliche Macht des Bösen und für die Hinterhältigkeit. Der Baum des Lebens und der Baum der Erkenntnis von Gut und Böse sind Bilder für die nur Gott zukommenden Eigenschaften der Unsterblichkeit und des umfassenden Wissens, über die der Mensch nicht von sich aus verfügen kann, die Gott ihm aber unter Umständen aus Gnade schenkt.

3,8 Tagwind: der Wind, der in Palästina auch an heißen Tagen vom Meer her aufkommt und Kühlung bringt.

und Böse. Dass er jetzt nicht die Hand aus-
streckt, auch vom Baum des Lebens nimmt,
davon isst und ewig lebt! 23 Gott, der Herr,
schickte ihn aus dem Garten von Eden weg,
damit er den Ackerboden bestellte, von dem
er genommen war. 24 Er vertrieb den Men-
schen und stellte östlich des Gartens von
Eden die Kerubim auf und das lodernde
Flammenschwert, damit sie den Weg zum
Baum des Lebens bewachten.

1: Joh 8,44; Offb 12,9 • 3: 2,17 • 6: Weish 2,23f; Sir 25,24.

Kain und Abel: 4,1–16

4 Adam erkannte Eva, seine Frau; sie
wurde schwanger und gebar Kain. Da
sagte sie: Ich habe einen Mann vom Herrn er-
worben. 2 Sie gebar ein zweites Mal, nämlich
Abel, seinen Bruder. Abel wurde Schafhirt
und Kain Ackerbauer.
3 Nach einiger Zeit brachte Kain dem
Herrn ein Opfer von den Früchten des Feldes
dar; 4 auch Abel brachte eines dar von den
Erstlingen seiner Herde und von ihrem Fett.
Der Herr schaute auf Abel und sein Opfer,
5 aber auf Kain und sein Opfer schaute er
nicht. Da überlief es Kain ganz heiß und sein
Blick senkte sich. 6 Der Herr sprach zu Kain:
Warum überläuft es dich heiß und warum
senkt sich dein Blick?
7 Nicht wahr, wenn du recht tust, darfst du
aufblicken; wenn du nicht recht tust, lauert
an der Tür die Sünde als Dämon.
Auf dich hat er es abgesehen, / doch du
werde Herr über ihn!
8 Hierauf sagte Kain zu seinem Bruder
Abel: Gehen wir aufs Feld! Als sie auf dem
Feld waren, griff Kain seinen Bruder Abel an
und erschlug ihn. 9 Da sprach der Herr zu
Kain: Wo ist dein Bruder Abel? Er entgegne-
te: Ich weiß es nicht. Bin ich der Hüter mei-
nes Bruders? 10 Der Herr sprach: Was hast du
getan? Das Blut deines Bruders schreit zu
mir vom Ackerboden. 11 So bist du verflucht,
verbannt vom Ackerboden, der seinen Mund
aufgesperrt hat, um aus deiner Hand das
Blut deines Bruders aufzunehmen. 12 Wenn
du den Ackerboden bestellst, wird er dir kei-
nen Ertrag mehr bringen. Rastlos und ruhe-
los wirst du auf der Erde sein. 13 Kain ant-
wortete dem Herrn: Zu groß ist meine
Schuld, als dass ich sie tragen könnte. 14 Du
hast mich heute vom Ackerland verjagt und
ich muss mich vor deinem Angesicht verber-
gen; rastlos und ruhelos werde ich auf der
Erde sein und wer mich findet, wird mich er-
schlagen. 15 Der Herr aber sprach zu ihm:
Darum soll jeder, der Kain erschlägt, sieben-
facher Rache verfallen. Darauf machte der
Herr dem Kain ein Zeichen, damit ihn keiner
erschlage, der ihn finde. 16 Dann ging Kain
vom Herrn weg und ließ sich im Land Nod
nieder, östlich von Eden.

Die Nachkommen Kains: 4,17–24

17 Kain erkannte seine Frau; sie wurde
schwanger und gebar Henoch. Kain wurde
Gründer einer Stadt und benannte sie nach
seinem Sohn Henoch. 18 Dem Henoch wurde
Irad geboren; Irad zeugte Mehujaël, Mehu-
jaël zeugte Metuschaël und Metuschaël
zeugte Lamech.
19 Lamech nahm sich zwei Frauen; die eine
hieß Ada, die andere Zilla. 20 Ada gebar Ja-
bal; er wurde der Stammvater derer, die in
Zelten und beim Vieh wohnen. 21 Sein Bru-
der hieß Jubal; er wurde der Stammvater al-
ler Zither- und Flötenspieler. 22 Auch Zilla
gebar, und zwar Tubal-Kajin, der die Geräte
aller Erz- und Eisenhandwerker schmiedete.
Die Schwester Tubal-Kajins war Naama.
23 Lamech sagte zu seinen Frauen:
Ada und Zilla, hört auf meine Stimme, / ihr
Frauen Lamechs, lauscht meiner Rede! / Ja,

3,24 Eden ist ein symbolischer Ort großer Fruchtbarkeit, den man geographisch nicht festlegen kann. – Kerubim sind Engelgestalten. Übermenschliche Wesen und Feuer bewachen in den Urzeiterzählungen vieler Völker den Zugang zu verbotenen Orten.

4,1 Die Worte Evas sind ein Wortspiel mit dem Namen Kain, der im Hebräischen an das Zeitwort für »erwerben« (kanáh) anklingt.

4,2 Abel bedeutet Windhauch, erinnert also an die Kürze und Hinfälligkeit des Lebens (vgl. Koh 1,2).

4,4 von ihrem Fett, andere Übersetzungsmöglichkeit: von ihren fettesten Tieren.

4,7 als Dämon: sinngemäß ergänzt; in H steht trotz des weiblichen Wortes für Sünde eine männliche Zeitwortform, die an einen Unheilsdämon erinnert. Deswegen wird der ganze Satz mit männlichen Formen gebildet. Er will sagen: Nicht den Dämon des Mythus sollst du fürchten, sondern die Sünde, die der gefährlichste Dämon ist.

4,8 Gehen wir aufs Feld!: nach den alten Übersetzungen ergänzt.

4,16 Wortspiel mit Nod und dem Wort für »ruhelos« (nad).

4,17 Zur Frau Kains und zur Stadtgründung, die viele andere Menschen voraussetzt, ist zu bedenken, dass die Erzählungen von Gen in vielen Namen handelnder Personen Typen für Menschengruppen (Völker, Berufsgruppen, Einwohner von Städten) sehen und dass »zeugen« und »Sohn« nicht immer die natürliche Abstammung, sondern auch die Verwandtschaft über mehrere Generationen hinweg zum Ausdruck bringt.

einen Mann erschlage ich für eine Wunde /
und einen Knaben für eine Strieme.
24 Wird Kain siebenfach gerächt, / dann
Lamech siebenundsiebzigfach.

Die Nachkommen Sets: 4,25 – 5,32

25 Adam erkannte noch einmal seine Frau.
Sie gebar einen Sohn und nannte ihn Set
(Setzling); denn sie sagte:
Gott setzte mir anderen Nachwuchs ein /
für Abel, weil ihn Kain erschlug.
26 Auch dem Set wurde ein Sohn geboren
und er nannte ihn Enosch. Damals begann
man den Namen des Herrn anzurufen.

5 Das ist die Liste der Geschlechterfolge
nach Adam: Am Tag, da Gott den Men-
schen erschuf, machte er ihn Gott ähnlich.
2 Als Mann und Frau erschuf er sie, er segne-
te sie und nannte sie Mensch an dem Tag, da
sie erschaffen wurden.
3 Adam war hundertdreißig Jahre alt, da
zeugte er einen Sohn, der ihm ähnlich war,
wie sein Abbild, und nannte ihn Set. 4 Nach
der Geburt Sets lebte Adam noch achthun-
dert Jahre und zeugte Söhne und Töchter.
5 Die gesamte Lebenszeit Adams betrug
neunhundertdreißig Jahre, dann starb er.
6 Set war hundertfünf Jahre alt, da zeugte
er Enosch. 7 Nach der Geburt des Enosch
lebte Set noch achthundertsieben Jahre und
zeugte Söhne und Töchter. 8 Die gesamte Le-
benszeit Sets betrug neunhundertzwölf Jah-
re, dann starb er.
9 Enosch war neunzig Jahre alt, da zeugte
er Kenan. 10 Nach der Geburt Kenans lebte
Enosch noch achthundertfünfzehn Jahre
und zeugte Söhne und Töchter. 11 Die gesam-
te Lebenszeit des Enosch betrug neunhun-
dertfünf Jahre, dann starb er.
12 Kenan war siebzig Jahre alt, da zeugte
er Mahalalel. 13 Nach der Geburt Mahalalels
lebte Kenan noch achthundertvierzig Jahre
und zeugte Söhne und Töchter. 14 Die gesam-
te Lebenszeit Kenans betrug neunhundert-
zehn Jahre, dann starb er.
15 Mahalalel war fünfundsechzig Jahre alt,
da zeugte er Jered. 16 Nach der Geburt Jereds
lebte Mahalalel noch achthundertdreißig
Jahre und zeugte Söhne und Töchter. 17 Die
gesamte Lebenszeit Mahalalels betrug acht-
hundertfünfundneunzig Jahre, dann starb
er.
18 Jered war hundertzweiundsechzig
Jahre alt, da zeugte er Henoch. 19 Nach der
Geburt Henochs lebte Jered noch achthun-
dert Jahre und zeugte Söhne und Töchter.
20 Die gesamte Lebenszeit Jereds betrug
neunhundertzweiundsechzig Jahre, dann
starb er.
21 Henoch war fünfundsechzig Jahre alt,
da zeugte er Metuschelach. 22 Nach der Ge-
burt Metuschelachs ging Henoch seinen Weg
mit Gott noch dreihundert Jahre lang und
zeugte Söhne und Töchter. 23 Die gesamte
Lebenszeit Henochs betrug dreihundert-
fünfundsechzig Jahre. 24 Henoch war seinen
Weg mit Gott gegangen, dann war er nicht
mehr da; denn Gott hatte ihn aufgenommen.
25 Metuschelach war hundertsiebenund-
achtzig Jahre alt, da zeugte er Lamech.
26 Nach der Geburt Lamechs lebte Metu-
schelach noch siebenhundertzweiundachtzig
Jahre und zeugte Söhne und Töchter. 27 Die
gesamte Lebenszeit Metuschelachs betrug
neunhundertneunundsechzig Jahre, dann
starb er.
28 Lamech war hundertzweiundachtzig
Jahre alt, da zeugte er einen Sohn 29 und
nannte ihn Noach (Ruhe). Dabei sagte er: Er
wird uns aufatmen lassen von unserer Arbeit
und von der Mühe unserer Hände um den
Ackerboden, den der Herr verflucht hat.
30 Nach der Geburt Noachs lebte Lamech
noch fünfhundertfünfundneunzig Jahre und
zeugte Söhne und Töchter. 31 Die gesamte
Lebenszeit Lamechs betrug siebenhundert-
siebenundsiebzig Jahre, dann starb er.
32 Noach zeugte im Alter von fünfhundert
Jahren Sem, Ham und Jafet.

5,1f: 1,26f • 3: 1,26f • 29: 3,17.

4,25 Bis hierher war es im Einzelnen fraglich, ob man adam mit »Mensch« übersetzen oder es als Eigenname Adam wiedergeben soll. Erst von hier ab ist Adam sicher Eigenname. – Die Worte Evas erklären sich als Wortspiel mit dem Namen Set, der an das hebräische Zeitwort schat (einsetzen) erinnert.

4,26 Auch der Name Enosch bedeutet »Mensch«. – Hier und an den meisten Stellen, wo in dieser Übersetzung »der Herr« für Gott steht, gebraucht H den Eigennamen Jahwe. Die Übersetzer folgen der Tradition der Juden und Christen, den Eigennamen Jahwe, den die Juden wegen Ex 20,7 = Dtn 5,11 nicht auszusprechen wagten, mit »der Herr« zu umschreiben. Nur wo es unumgänglich schien, wurde der Eigenname belassen (vgl. Ex 3,15).

5,11–32 Zu den Angaben über das hohe Lebensalter der Urväter ist zu bedenken, dass sie nur in der jüngsten Pentateuchschicht stehen; diese arbeitet gern mit symbolischen Zahlenwerten, die wir heute nicht mehr durchschauen. Die babylonischen Listen der Urkönige kennen noch viel höhere Lebensjahre bzw. Regierungszeiten.

5,29 Wortspiel mit dem Namen Noach und den Zeitwörtern für »ruhen« (núach) und »trösten« (nihám).

Noach und die Sintflut: 6,1 – 9,29

Die Bosheit der Menschen: 6,1–8

6 Als sich die Menschen über die Erde hin
zu vermehren begannen und ihnen
Töchter geboren wurden, 2 sahen die Gottes-
söhne, wie schön die Menschentöchter wa-
ren, und sie nahmen sich von ihnen Frauen,
wie es ihnen gefiel. 3 Da sprach der Herr:
Mein Geist soll nicht für immer im Menschen
bleiben, weil er auch Fleisch ist; daher soll
seine Lebenszeit hundertzwanzig Jahre be-
tragen. 4 In jenen Tagen gab es auf der Erde
die Riesen, und auch später noch, nachdem
sich die Gottessöhne mit den Menschentöch-
tern eingelassen und diese ihnen Kinder ge-
boren hatten. Das sind die Helden der Vor-
zeit, die berühmten Männer.
5 Der Herr sah, dass auf der Erde die
Schlechtigkeit des Menschen zunahm und
dass alles Sinnen und Trachten seines
Herzens immer nur böse war. 6 Da reute es
den Herrn, auf der Erde den Menschen ge-
macht zu haben, und es tat seinem Herzen
weh. 7 Der Herr sagte: Ich will den Men-
schen, den ich erschaffen habe, vom Erdbo-
den vertilgen, mit ihm auch das Vieh, die
Kriechtiere und die Vögel des Himmels,
denn es reut mich, sie gemacht zu haben.
8 Nur Noach fand Gnade in den Augen des
Herrn.

5: 8,21.

Gottes Sorge um Noach: 6,9 – 7,16

9 Das ist die Geschlechterfolge nach No-
ach: Noach war ein gerechter, untadeliger
Mann unter seinen Zeitgenossen; er ging sei-
nen Weg mit Gott. 10 Noach zeugte drei Söh-
ne, Sem, Ham und Jafet. 11 Die Erde aber war
in Gottes Augen verdorben, sie war voller
Gewalttat. 12 Gott sah sich die Erde an: Sie
war verdorben, denn alle Wesen aus Fleisch
auf der Erde lebten verdorben.
13 Da sprach Gott zu Noach: Ich sehe, das
Ende aller Wesen aus Fleisch ist da; denn
durch sie ist die Erde voller Gewalttat. Nun
will ich sie zugleich mit der Erde verderben.
14 Mach dir eine Arche aus Zypressenholz!
Statte sie mit Kammern aus, und dichte sie
innen und außen mit Pech ab! 15 So sollst du
die Arche bauen: Dreihundert Ellen lang,
fünfzig Ellen breit und dreißig Ellen hoch
soll sie sein. 16 Mach der Arche ein Dach und
hebe es genau um eine Elle nach oben an!
Den Eingang der Arche bring an der Seite
an! Richte ein unteres, ein zweites und ein
drittes Stockwerk ein! 17 Ich will nämlich die
Flut über die Erde bringen, um alle Wesen
aus Fleisch unter dem Himmel, alles, was
Lebensgeist in sich hat, zu verderben. Alles
auf Erden soll verenden. 18 Mit dir aber
schließe ich meinen Bund. Geh in die Arche,
du, deine Söhne, deine Frau und die Frauen
deiner Söhne! 19 Von allem, was lebt, von al-
len Wesen aus Fleisch, führe je zwei in die
Arche, damit sie mit dir am Leben bleiben; je
ein Männchen und ein Weibchen sollen es
sein. 20 Von allen Arten der Vögel, von allen
Arten des Viehs, von allen Arten der Kriech-
tiere auf dem Erdboden sollen je zwei zu dir
kommen, damit sie am Leben bleiben.
21 Nimm dir von allem Essbaren mit und leg
dir einen Vorrat an! Dir und ihnen soll es zur
Nahrung dienen. 22 Noach tat alles genau so,
wie ihm Gott aufgetragen hatte.

7 Darauf sprach der Herr zu Noach: Geh
in die Arche, du und dein ganzes Haus,
denn ich habe gesehen, dass du unter deinen
Zeitgenossen vor mir gerecht bist. 2 Von al-
len reinen Tieren nimm dir je sieben Paare
mit und von allen unreinen Tieren je ein

6,1–4 Der letzte Überarbeiter des Pentateuch fügt hier eine alte Tradition über die Entstehung der Riesen ein. Ursprünglich waren die »Gottessöhne« als überirdische Wesen gedacht, die nach den Sagen vieler Völker mit menschlichen Frauen verkehrten und so die Riesen oder die Helden der Vorzeit zeugten. Im heutigen Zusammenhang, für den die alte Erzählung stark gekürzt wurde, werden die Gottessöhne entweder als Engel gedeutet (vgl. Ijob 1,6; 2,1; 38,7; Dan 3,92), die aus ihrer Ordnung gefallen sind, oder als die Nachkommen Sets, die als fromm galten und darum als »Gottessöhne« bezeichnet werden konnten, aber nun Ehen mit den weiblichen Nachkommen Kains eingingen, mit den »Menschentöchtern«, sodass die Laster der Kainiten auch auf die Setiten übergriffen. Der Bearbeiter greift diese Tradition auf, um das auffällige Absinken des Lebensalters der Urväter vor der Flut auf das viel niedrigere Lebensalter nach der Flut zu erklären.

6,55 – 9,29 In der Sintfluterzählung werden alte Traditionen und wahrscheinlich bereits zwei schriftliche Quellen verarbeitet, um die verhängnisvollen Folgen der Sünde zu veranschaulichen. Sintflutsagen finden sich bei vielen Völkern; am nächsten stehen der Bibel babylonische Sintfluterzählungen, die sich aber durch das mythische Beiwerk und durch das Schweigen von einer Schuld des Menschen wesentlich unterscheiden.

6,13 durch sie: durch die Menschen, die mit den »Wesen aus Fleisch« neben den Tieren vor allem gemeint sind.

6,16 hebe es an: H unklar; vielleicht ist gemeint: Das Dach soll in der Mitte eine Elle höher sein als an den Seiten, damit das Wasser abfließen kann.

Paar, 3 auch von den Vögeln des Himmels je
sieben Männchen und Weibchen, um Nach-
wuchs auf der ganzen Erde am Leben zu er-
halten. 4 Denn noch sieben Tage dauert es,
dann lasse ich es vierzig Tage und vierzig
Nächte lang auf die Erde regnen und tilge
vom Erdboden alle Wesen, die ich gemacht
habe. 5 Noach tat alles, was ihm der Herr auf-
getragen hatte. 6 Noach war sechshundert
Jahre alt, als die Flut über die Erde kam.

7 Noach ging also mit seinen Söhnen, sei-
ner Frau und den Frauen seiner Söhne in die
Arche, bevor das Wasser der Flut kam. 8 Von
den reinen und unreinen Tieren, von den Vö-
geln und allem, was sich auf dem Erdboden
regt, 9 kamen immer zwei zu Noach in die
Arche, Männchen und Weibchen, wie Gott
dem Noach aufgetragen hatte. 10 Als die sie-
ben Tage vorbei waren, kam das Wasser der
Flut über die Erde, 11 im sechshundertsten
Lebensjahr Noachs, am siebzehnten Tag des
zweiten Monats. An diesem Tag brachen alle
Quellen der gewaltigen Urflut auf und die
Schleusen des Himmels öffneten sich. 12 Der
Regen ergoss sich vierzig Tage und vierzig
Nächte lang auf die Erde.

13 Genau an jenem Tag waren Noach, die
Söhne Noachs, Sem, Ham und Jafet, Noachs
Frau und mit ihnen die drei Frauen seiner
Söhne in die Arche gegangen, 14 sie und alle
Arten der Tiere, alle Arten des Viehs und alle
Arten der Kriechtiere, die sich auf der Erde
regen, und alle Arten der Vögel, des fliegen-
den Getiers. 15 Sie waren zu Noach in die Ar-
che gekommen, immer zwei von allen Wesen
aus Fleisch, in denen Lebensgeist ist. 16 Von
allen Tieren waren Männchen und Weibchen
gekommen, wie Gott ihm aufgetragen hatte.
Dann schloss der Herr hinter ihm zu.

Die große Flut: 7,17 – 8,22

17 Die Flut auf der Erde dauerte vierzig
Tage. Das Wasser stieg und hob die Arche
immer höher über die Erde. 18 Das Wasser
schwoll an und stieg immer mehr auf der
Erde, die Arche aber trieb auf dem Wasser
dahin. 19 Das Wasser war auf der Erde ge-
waltig angeschwollen und bedeckte alle ho-
hen Berge, die es unter dem ganzen Himmel
gibt. 20 Das Wasser war fünfzehn Ellen über
die Berge hinaus angeschwollen und hatte
sie zugedeckt. 21 Da verendeten alle Wesen
aus Fleisch, die sich auf der Erde geregt hat-
ten, Vögel, Vieh und sonstige Tiere, alles,
wovon die Erde gewimmelt hatte, und auch
alle Menschen. 22 Alles, was auf der Erde
durch die Nase Lebensgeist atmete, kam um.
23 Gott vertilgte also alle Wesen auf dem
Erdboden, Menschen, Vieh, Kriechtiere und
die Vögel des Himmels; sie alle wurden vom
Erdboden vertilgt. Übrig blieb nur Noach
und was mit ihm in der Arche war. 24 Das
Wasser aber schwoll hundertfünfzig Tage
lang auf der Erde an.

8 Da dachte Gott an Noach und an alle
Tiere und an alles Vieh, das bei ihm in
der Arche war. Gott ließ einen Wind über die
Erde wehen und das Wasser sank. 2 Die
Quellen der Urflut und die Schleusen des
Himmels schlossen sich; der Regen vom
Himmel ließ nach 3 und das Wasser verlief
sich allmählich von der Erde. So nahm das
Wasser nach hundertfünfzig Tagen ab. 4 Am
siebzehnten Tag des siebten Monats setzte
die Arche im Gebirge Ararat auf. 5 Das Was-
ser nahm immer mehr ab, bis zum zehnten
Monat. Am ersten Tag des zehnten Monats
wurden die Berggipfel sichtbar.

6 Nach vierzig Tagen öffnete Noach das
Fenster der Arche, das er gemacht hatte,
7 und ließ einen Raben hinaus. Der flog aus
und ein, bis das Wasser auf der Erde ver-
trocknet war. 8 Dann ließ er eine Taube hi-
naus, um zu sehen, ob das Wasser auf der
Erde abgenommen habe. 9 Die Taube fand
keinen Halt für ihre Füße und kehrte zu ihm
in die Arche zurück, weil über der ganzen
Erde noch Wasser stand. Er streckte seine
Hand aus und nahm die Taube wieder zu
sich in die Arche. 10 Dann wartete er noch
weitere sieben Tage und ließ wieder die Tau-
be aus der Arche. 11 Gegen Abend kam die
Taube zu ihm zurück, und siehe da: In ihrem
Schnabel hatte sie einen frischen Oliven-
zweig. Jetzt wusste Noach, dass nur noch
wenig Wasser auf der Erde stand. 12 Er war-
tete weitere sieben Tage und ließ die Taube
noch einmal hinaus. Nun kehrte sie nicht
mehr zu ihm zurück.

13 Im sechshundertersten Jahr Noachs, am
ersten Tag des ersten Monats, hatte sich das
Wasser verlaufen. Da entfernte Noach das
Verdeck der Arche, blickte hinaus, und sie-
he: Die Erdoberfläche war trocken. 14 Am
siebenundzwanzigsten Tag des zweiten
Monats war die Erde trocken. 15 Da sprach
Gott zu Noach: 16 Komm heraus aus der
Arche, du, deine Frau, deine Söhne und die
Frauen deiner Söhne! 17 Bring mit dir alle
Tiere heraus, alle Wesen aus Fleisch, die Vö-
gel, das Vieh und alle Kriechtiere, die sich
auf der Erde regen. Auf der Erde soll es von
ihnen wimmeln; sie sollen fruchtbar sein und
sich auf der Erde vermehren. 18 Da kam
Noach heraus, er, seine Söhne, seine Frau
und die Frauen seiner Söhne. 19 Auch alle Tie-
re kamen, nach Gattungen geordnet, aus der

Arche, die Kriechtiere, die Vögel, alles, was
sich auf der Erde regt.
20 Dann baute Noach dem Herrn einen Al-
tar, nahm von allen reinen Tieren und von
allen reinen Vögeln und brachte auf dem Al-
tar Brandopfer dar. 21 Der Herr roch den be-
ruhigenden Duft und der Herr sprach bei
sich: Ich will die Erde wegen des Menschen
nicht noch einmal verfluchen; denn das
Trachten des Menschen ist böse von Jugend
an. Ich will künftig nicht mehr alles Leben-
dige vernichten, wie ich es getan habe.
22 So lange die Erde besteht, / sollen nicht
aufhören / Aussaat und Ernte, Kälte und
Hitze, / Sommer und Winter, Tag und Nacht.

8,13: 7,11 • 17: 1,22.28 • 21: 6,5.

Gottes Bund mit Noach: 9,1–17

9 Dann segnete Gott Noach und seine
Söhne und sprach zu ihnen: Seid
fruchtbar, vermehrt euch und bevölkert die
Erde! 2 Furcht und Schrecken vor euch soll
sich auf alle Tiere der Erde legen, auf alle
Vögel des Himmels, auf alles, was sich auf
der Erde regt, und auf alle Fische des Mee-
res; euch sind sie übergeben. 3 Alles Leben-
dige, das sich regt, soll euch zur Nahrung
dienen. Alles übergebe ich euch wie die grü-
nen Pflanzen. 4 Nur Fleisch, in dem noch
Blut ist, dürft ihr nicht essen. 5 Wenn aber
euer Blut vergossen wird, fordere ich
Rechenschaft, und zwar für das Blut eines
jeden von euch. Von jedem Tier fordere ich
Rechenschaft und vom Menschen. Für das
Leben des Menschen fordere ich Rechen-
schaft von jedem seiner Brüder. 6 Wer Men-
schenblut vergießt, dessen Blut wird durch
Menschen vergossen. Denn: Als Abbild Got-
tes hat er den Menschen gemacht. 7 Seid
fruchtbar und vermehrt euch; bevölkert die
Erde und vermehrt euch auf ihr!
8 Dann sprach Gott zu Noach und seinen
Söhnen, die bei ihm waren: 9 Hiermit schlie-
ße ich meinen Bund mit euch und mit euren
Nachkommen 10 und mit allen Lebewesen
bei euch, mit den Vögeln, dem Vieh und allen
Tieren des Feldes, mit allen Tieren der Erde,
die mit euch aus der Arche gekommen sind.
11 Ich habe meinen Bund mit euch geschlos-
sen: Nie wieder sollen alle Wesen aus Fleisch
vom Wasser der Flut ausgerottet werden; nie
wieder soll eine Flut kommen und die Erde
verderben. 12 Und Gott sprach: Das ist das
Zeichen des Bundes, den ich stifte zwischen
mir und euch und den lebendigen Wesen bei
euch für alle kommenden Generationen:
13 Meinen Bogen setze ich in die Wolken; er
soll das Bundeszeichen sein zwischen mir und
der Erde. 14 Balle ich Wolken über der Erde
zusammen und erscheint der Bogen in den
Wolken, 15 dann gedenke ich des Bundes, der
besteht zwischen mir und euch und allen Le-
bewesen, allen Wesen aus Fleisch, und das
Wasser wird nie wieder zur Flut werden, die
alle Wesen aus Fleisch vernichtet. 16 Steht
der Bogen in den Wolken, so werde ich auf ihn
sehen und des ewigen Bundes gedenken zwi-
schen Gott und allen lebenden Wesen, allen
Wesen aus Fleisch auf der Erde. 17 Und Gott
sprach zu Noach: Das ist das Zeichen des Bun-
des, den ich zwischen mir und allen Wesen
aus Fleisch auf der Erde geschlossen habe.

1: 1,28; 9,7 • 3: 1,29 • 6: 1,26–28 • 7: 9,1.

Noachs Fluch und Segen: 9,18–29

18 Die Söhne Noachs, die aus der Arche ge-
kommen waren, sind Sem, Ham und Jafet.
Ham ist der Vater Kanaans. 19 Diese drei
sind die Söhne Noachs; von ihnen stammen
alle Völker der Erde ab. 20 Noach wurde der
erste Ackerbauer und pflanzte einen Wein-
berg. 21 Er trank von dem Wein, wurde davon
betrunken und lag entblößt in seinem Zelt.
22 Ham, der Vater Kanaans, sah die Blöße
seines Vaters und erzählte davon draußen
seinen Brüdern. 23 Da nahmen Sem und Jafet
einen Überwurf; den legten sich beide auf
die Schultern, gingen rückwärts und be-
deckten die Blöße ihres Vaters. Sie hatten ihr
Gesicht abgewandt und konnten die Blöße
des Vaters nicht sehen. 24 Als Noach aus sei-
nem Rausch erwachte und erfuhr, was ihm
sein zweiter Sohn angetan hatte, 25 sagte er:
Verflucht sei Kanaan. / Der niedrigste
Knecht sei er seinen Brüdern.
26 Und weiter sagte er:
Gepriesen sei der Herr, der Gott Sems, /
Kanaan aber sei sein Knecht.
27 Raum schaffe Gott für Jafet. / In Sems
Zelten wohne er, / Kanaan aber sei sein
Knecht.
28 Noach lebte nach der Flut noch dreihun-
dertfünfzig Jahre. 29 Die gesamte Lebenszeit
Noachs betrug neunhundertfünfzig Jahre,
dann starb er.

8,21 Der »beruhigende Duft« ist der Duft der Opfer, der den Zorn Gottes besänftigt; der Ausdruck stammt aus der formelhaften Sprache der Opferritualien (vgl. Ex 29,18.25.41; Lev 1,9.13.17).

9,27 Wortspiel mit dem Namen Jafet und dem ähnlich klingenden Zeitwort »er schaffe Raum« (jaft).

Die Nachkommen Noachs – Völkertafel:
10,1–32

10 Das ist die Geschlechterfolge nach
den Söhnen Noachs, Sem, Ham und
Jafet. Ihnen wurden nach der Flut Söhne ge-
boren.
2 Die Söhne Jafets sind Gomer, Magog,
Madai, Jawan, Tubal, Meschech und Tiras.
3 Die Söhne Gomers sind Aschkenas, Rifat
und Togarma. 4 Die Söhne Jawans sind Eli-
scha, Tarschisch, die Kittäer und die Roda-
niter. 5 Von ihnen zweigten sich die Inselvöl-
ker in ihren verschiedenen Ländern ab, jedes
nach seiner Sprache und seinen Sippenver-
bänden in ihren Völkerschaften.
6 Die Söhne Hams sind Kusch, Ägypten,
Put und Kanaan. 7 Die Söhne von Kusch sind
Seba, Hawila, Sabta, Ragma und Sabtecha,
und die Söhne Ragmas sind Saba und De-
dan. 8 Kusch zeugte Nimrod; dieser wurde
der erste Held auf der Erde. 9 Er war ein
tüchtiger Jäger vor dem Herrn. Deshalb
pflegt man zu sagen: Ein tüchtiger Jäger vor
dem Herrn wie Nimrod. 10 Kerngebiet seines
Reiches war Babel, Erech, Akkad und Kalne
im Land Schinar. 11 Von diesem Land zog er
nach Assur aus und erbaute Ninive, Reho-
bot-Ir, Kelach 12 sowie Resen, zwischen Ni-
nive und Kelach, das ist die große Stadt.
13 Ägypten zeugte die Luditer, die Anamiter,
die Lehabiter, die Naftuhiter, 14 die Patrosi-
ter und die Kasluhiter, von denen die Philis-
ter abstammen, ferner die Kaftoriter. 15 Ka-
naan zeugte Sidon, seinen Erstgeborenen,
und Het, 16 ferner die Jebusiter, die Amori-
ter, die Girgaschiter, 17 die Hiwiter, die Arki-
ter, die Siniter, 18 die Arwaditer, die Zemari-
ter und die Hamatiter. Später spalteten sich
die Sippenverbände der Kanaaniter. 19 Das
Gebiet der Kanaaniter reichte von Sidon,
wenn man über Gerar kommt, bis Gaza,
wenn man über Sodom, Gomorra, Adma und
Zebojim kommt, bis Lescha. 20 Das waren
die Söhne Hams nach ihren Sippenverbän-
den, nach ihren Sprachen in ihren Ländern
und Völkerschaften.
21 Auch Sem wurden Kinder geboren. Er
ist der Stammvater aller Söhne Ebers, der
ältere Bruder Jafets. 22 Die Söhne Sems sind
Elam, Assur, Arpachschad, Lud und Aram.
23 Die Söhne Arams sind Uz, Hul, Geter und
Masch. 24 Arpachschad zeugte Schelach,
Schelach zeugte Eber. 25 Dem Eber wurden
zwei Söhne geboren; der eine hieß Peleg (Tei-
lung), denn zu seiner Zeit wurde das Land
geteilt, und sein Bruder hieß Joktan. 26 Jok-
tan zeugte Almodad, Schelef, Hazarmawet,
Jerach, 27 Hadoram, Usal, Dikla, 28 Obal,
Abimaël, Scheba, 29 Ofir, Hawila und Jobab.
Das alles sind Söhne Joktans. 30 Ihr Sied-
lungsgebiet reichte von Mescha, wenn man
über Sefar kommt, bis ans Ostgebirge. 31 Das
waren die Söhne Sems nach ihren Sippen-
verbänden, nach ihren Sprachen in ihren
Ländern, nach ihren Völkern.
32 Das waren die Sippenverbände der
Söhne Noachs nach ihrer Geschlechterfolge
in ihren Völkern. Von ihnen zweigten sich
nach der Flut die Völker der Erde ab.

Der Turmbau zu Babel: 11,1–9

11 Alle Menschen hatten die gleiche
Sprache und gebrauchten die glei-
chen Worte. 2 Als sie von Osten aufbrachen,
fanden sie eine Ebene im Land Schinar und
siedelten sich dort an. 3 Sie sagten zueinan-
der: Auf, formen wir Lehmziegel und bren-
nen wir sie zu Backsteinen. So dienten ihnen
gebrannte Ziegel als Steine und Erdpech als
Mörtel. 4 Dann sagten sie: Auf, bauen wir
uns eine Stadt und einen Turm mit einer
Spitze bis zum Himmel und machen wir uns
damit einen Namen, dann werden wir uns
nicht über die ganze Erde zerstreuen. 5 Da
stieg der Herr herab, um sich Stadt und
Turm anzusehen, die die Menschenkinder
bauten. 6 Er sprach: Seht nur, *ein* Volk sind
sie und *eine* Sprache haben sie alle. Und das
ist erst der Anfang ihres Tuns. Jetzt wird
ihnen nichts mehr unerreichbar sein, was sie
sich auch vornehmen. 7 Auf, steigen wir
hinab und verwirren wir dort ihre Sprache,
sodass keiner mehr die Sprache des anderen
versteht. 8 Der Herr zerstreute sie von dort
aus über die ganze Erde und sie hörten auf,
an der Stadt zu bauen. 9 Darum nannte man
die Stadt Babel (Wirrsal), denn dort hat der
Herr die Sprache aller Welt verwirrt, und
von dort aus hat er die Menschen über die
ganze Erde zerstreut.

10,4 In H steht Dodaniter; wahrscheinlich ist aber Rodaniter zu lesen wie in 1 Chr 1,7. Die hebräischen Buchstaben d und r sind einander sehr ähnlich und konnten leicht verwechselt werden.

10,6 Eine Eigenart solcher alter Listen ist es, dass darin Städte und Länder wie Personen angeführt werden. Nach hebräischer Denkweise haben auch Städte und Länder einen Stammvater (vgl. die Anmerkung zu 4,17).

10,21 Die »Söhne Ebers« sind die Hebräer (hebr.: ibrím).

11,1–9 An der alten Tradition von Babel als dem Schauplatz der Sprachverwirrung zeigt der Erzähler, dass hohe Zivilisation ohne Bindung an Gott die Menschen nicht eint und innerlich einander näher bringt, sondern sie entzweit, sodass sie sich gegenseitig nicht mehr verstehen.

DIE ERZVÄTER: 11,10 – 36,43

Die Vorfahren Abrahams: 11,10–32

10 Das ist die Geschlechterfolge nach Sem:
Sem zeugte im Alter von hundert Jahren Ar-
pachschad, zwei Jahre nach der Flut. 11 Nach
der Geburt Arpachschads lebte Sem noch
fünfhundert Jahre und zeugte Söhne und
Töchter.

12 Arpachschad zeugte mit fünfunddreißig
Jahren Schelach. 13 Nach der Geburt Sche-
lachs lebte Arpachschad noch vierhundert-
drei Jahre und zeugte Söhne und Töchter.

14 Schelach zeugte mit dreißig Jahren
Eber. 15 Nach der Geburt Ebers lebte Sche-
lach noch vierhundertdrei Jahre und zeugte
Söhne und Töchter.

16 Eber war vierunddreißig Jahre alt, da
zeugte er Peleg. 17 Nach der Geburt Pelegs
lebte Eber noch vierhundertdreißig Jahre
und zeugte Söhne und Töchter.

18 Peleg war dreißig Jahre alt, da zeugte er
Regu. 19 Nach der Geburt Regus lebte Peleg
noch zweihundertneun Jahre und zeugte
Söhne und Töchter.

20 Regu war zweiunddreißig Jahre alt, da
zeugte er Serug. 21 Nach der Geburt Serugs
lebte Regu noch zweihundertsieben Jahre
und zeugte Söhne und Töchter.

22 Serug war dreißig Jahre alt, da zeugte er
Nahor. 23 Nach der Geburt Nahors lebte Se-
rug noch zweihundert Jahre und zeugte Söh-
ne und Töchter.

24 Nahor war neunundzwanzig Jahre alt,
da zeugte er Terach. 25 Nach der Geburt Te-
rachs lebte Nahor noch hundertneunzehn
Jahre und zeugte Söhne und Töchter.

26 Terach war siebzig Jahre alt, da zeugte
er Abram, Nahor und Haran.

27 Das ist die Geschlechterfolge nach Te-
rach: Terach zeugte Abram, Nahor und Ha-
ran; Haran zeugte Lot. 28 Dann starb Haran,
noch vor seinem Vater Terach, in seiner Hei-
mat Ur in Chaldäa. 29 Abram und Nahor
nahmen sich Frauen; die Frau Abrams hieß
Sarai und die Frau Nahors hieß Milka; sie
war die Tochter Harans, des Vaters der Mil-
ka und der Jiska. 30 Sarai war unfruchtbar,
sie hatte keine Kinder. 31 Terach nahm sei-
nen Sohn Abram, seinen Enkel Lot, den
Sohn Harans, und seine Schwiegertochter
Sarai, die Frau seines Sohnes Abram, und sie
wanderten miteinander aus Ur in Chaldäa
aus, um in das Land Kanaan zu ziehen. Als
sie aber nach Haran kamen, siedelten sie sich
dort an. 32 Die Lebenszeit Terachs betrug
zweihundertfünf Jahre, dann starb Terach in
Haran.

**Abrahams Berufung und Wanderung nach
Kanaan:** 12,1–9

12 Der Herr sprach zu Abram: Zieh weg
aus deinem Land, von deiner Ver-
wandtschaft und aus deinem Vaterhaus in
das Land, das ich dir zeigen werde. 2 Ich
werde dich zu einem großen Volk machen,
dich segnen und deinen Namen groß machen.
Ein Segen sollst du sein. 3 Ich will segnen, die
dich segnen; wer dich verwünscht, den will
ich verfluchen. Durch dich sollen alle Ge-
schlechter der Erde Segen erlangen.

4 Da zog Abram weg, wie der Herr ihm ge-
sagt hatte, und mit ihm ging auch Lot.
Abram war fünfundsiebzig Jahre alt, als er
aus Haran fortzog. 5 Abram nahm seine Frau
Sarai mit, seinen Neffen Lot und alle ihre
Habe, die sie erworben hatten, und die
Knechte und Mägde, die sie in Haran gewon-
nen hatten. Sie wanderten nach Kanaan aus
und kamen dort an.

6 Abram zog durch das Land bis zur Stätte
von Sichem, bis zur Orakeleiche. Die Kanaa-
niter waren damals im Land. 7 Der Herr er-
schien Abram und sprach: Deinen Nachkom-
men gebe ich dieses Land. Dort baute er dem
Herrn, der ihm erschienen war, einen Altar.
8 Von da brach er auf zum Bergland östlich
von Bet-El und schlug sein Zelt so auf, dass
er Bet-El im Westen und Ai im Osten hatte.
Dort baute er dem Herrn einen Altar und rief
den Namen des Herrn an. 9 Dann zog Abram
immer weiter, dem Negeb zu.

3: 18,18; 22,18; 26,4; 28,14; Sir 44,21; Gal 3,6–18.

12,1–3 In der Berufung Abrahams und der Segenszusage an ihn setzt Gott dem seit der ersten Sünde anwachsenden Fluch den Segen entgegen. Wie der Fluch sich auf die ganze Menschheit auswirkte, so soll nun der Segen die ganze Menschheit erreichen. Zum Mittler des Segens wird Abraham erwählt.

12,3 Jemand segnen bedeutet hier so viel wie jemand Gutes wünschen, ihm Wohlwollen bezeigen, mit ihm Gemeinschaft pflegen; mit dem Verwünschen oder Verfluchen ist zum Ausdruck gebracht, dass man mit dem Betreffenden nichts zu tun haben will, dass man keine Gemeinschaft mit ihm wünscht.

Abraham und Sara in Ägypten: 12,10–20

10 Als über das Land eine Hungersnot
kam, zog Abram nach Ägypten hinab, um
dort zu bleiben; denn die Hungersnot lastete
schwer auf dem Land. 11 Als er sich Ägypten
näherte, sagte er zu seiner Frau Sarai: Ich
weiß, du bist eine schöne Frau. 12 Wenn dich
die Ägypter sehen, werden sie sagen: Das ist
seine Frau!, und sie werden mich erschlagen,
dich aber am Leben lassen. 13 Sag doch, du
seiest meine Schwester, damit es mir deinet-
wegen gut geht und ich um deinetwillen am
Leben bleibe. 14 Als Abram nach Ägypten
kam, sahen die Ägypter, dass die Frau sehr
schön war. 15 Die Beamten des Pharao sahen
sie und rühmten sie vor dem Pharao. Da hol-
te man die Frau in den Palast des Pharao.
16 Er behandelte Abram ihretwegen gut: Ab-
ram bekam Schafe und Ziegen, Rinder und
Esel, Knechte und Mägde, Eselinnen und
Kamele. 17 Als aber der Herr wegen Sarai,
der Frau Abrams, den Pharao und sein Haus
mit schweren Plagen schlug, 18 ließ der Pha-
rao Abram rufen und sagte: Was hast du mir
da angetan? Warum hast du mir nicht gesagt,
dass sie deine Frau ist? 19 Warum hast du be-
hauptet, sie sei deine Schwester, sodass ich
sie mir zur Frau nahm? Nun, da hast du dei-
ne Frau wieder, nimm sie und geh! 20 Dann
ordnete der Pharao seinetwegen Leute ab,
die ihn, seine Frau und alles, was ihm gehör-
te, fortgeleiten sollten.

Abraham und Lot: 13,1–13

13 Von Ägypten zog Abram in den
Negeb hinauf, er und seine Frau mit
allem, was ihm gehörte, und mit ihm auch
Lot. 2 Abram hatte einen sehr ansehnlichen
Besitz an Vieh, Silber und Gold. 3 Er wan-
derte von einem Lagerplatz zum andern wei-
ter, vom Negeb bis nach Bet-El, bis zu dem
Ort, an dem anfangs sein Zelt gestanden hat-
te, zwischen Bet-El und Ai, 4 dem Ort, wo er
früher den Altar erbaut hatte. Dort rief
Abram den Namen des Herrn an.

5 Auch Lot, der mit Abram gezogen war,
besaß Schafe und Ziegen, Rinder und Zelte.
6 Das Land war aber zu klein, als dass sich
beide nebeneinander hätten ansiedeln kön-
nen; denn ihr Besitz war zu groß und so
konnten sie sich nicht miteinander nieder-
lassen. 7 Zwischen den Hirten Abrams und
den Hirten Lots kam es zum Streit; auch sie-
delten damals noch die Kanaaniter und die
Perisiter im Land. 8 Da sagte Abram zu Lot:
Zwischen mir und dir, zwischen meinen und
deinen Hirten soll es keinen Streit geben; wir
sind doch Brüder. 9 Liegt nicht das ganze
Land vor dir? Trenn dich also von mir! Wenn
du nach links willst, gehe ich nach rechts;
wenn du nach rechts willst, gehe ich nach
links. 10 Lot blickte auf und sah, dass die
ganze Jordangegend bewässert war. Bevor
der Herr Sodom und Gomorra vernichtete,
war sie bis Zoar hin wie der Garten des
Herrn, wie das Land Ägypten. 11 Da wählte
sich Lot die ganze Jordangegend aus. Lot
brach nach Osten auf und sie trennten sich
voneinander. 12 Abram ließ sich in Kanaan
nieder, während Lot sich in den Städten je-
ner Gegend niederließ und seine Zelte bis
Sodom hin aufschlug. 13 Die Leute von So-
dom aber waren sehr böse und sündigten
schwer gegen den Herrn.

3: 12,8.

Gottes Verheißung an Abraham: 13,14–18

14 Nachdem sich Lot von Abram getrennt
hatte, sprach der Herr zu Abram: Blick auf
und schau von der Stelle, an der du stehst,
nach Norden und Süden, nach Osten und
Westen. 15 Das ganze Land nämlich, das du
siehst, will ich dir und deinen Nachkommen
für immer geben. 16 Ich mache deine Nach-
kommen zahlreich wie den Staub auf der
Erde. Nur wer den Staub auf der Erde zählen
kann, wird auch deine Nachkommen zählen
können. 17 Mach dich auf, durchzieh das
Land in seiner Länge und Breite; denn dir
werde ich es geben. 18 Da zog Abram mit sei-
nen Zelten weiter und ließ sich bei den Ei-
chen von Mamre in Hebron nieder. Dort bau-
te er dem Herrn einen Altar.

15f: 15,7.18–21; 17,8; 26,2–5; 28,1–4.13f; 35,12.

Abraham und Melchisedek: 14,1–24

14 Damals führten Amrafel, der König
von Schinar, Arjoch, der König von
Ellasar, Kedor-Laomer, der König von Elam,
und Tidal, der König der Völker, 2 Krieg ge-
gen Bera, den König von Sodom, Birscha,
den König von Gomorra, Schinab, den König
von Adma, Schemeber, den König von Zebo-
jim, und den König von Bela, das jetzt Zoar
heißt. 3 Sie alle zogen als Verbündete in das
Siddimtal, das jetzt Salzmeer heißt. 4 Zwölf
Jahre waren sie Kedor-Laomer untertan ge-
wesen, im dreizehnten Jahr fielen sie von
ihm ab. 5 Im vierzehnten Jahr kamen Kedor-
Laomer und die mit ihm verbündeten Köni-
ge. Sie schlugen die Rafaïter in Aschterot-
Karnajim, die Susiter in Ham, die Emiter in
der Ebene von Kirjatajim 6 und die Horiter
in ihrem Gebirge Seïr bis nach El-Paran, das
am Rande der Wüste liegt. 7 Auf dem Rück-

weg kamen sie nach En-Mischpat, das jetzt
Kadesch heißt, und verwüsteten das ganze
Gebiet der Amalekiter sowie das der Amori-
ter, die in Hazezon-Tamar wohnten. 8 Der
König von Sodom, der König von Gomorra,
der König von Adma, der König von Zebojim
und der König von Bela, das jetzt Zoar heißt,
zogen aus und stellten sich ihnen im Siddim-
tal zum Kampf, 9 nämlich Kedor-Laomer,
dem König von Elam, Tidal, dem König der
Völker, Amrafel, dem König von Schinar,
und Arjoch, dem König von Ellasar: vier Kö-
nige gegen fünf.
10 Das Siddimtal war voller Erdpechgru-
ben; die Könige von Sodom und Gomorra
mussten fliehen und fielen dort hinein, die
Übrigen flohen ins Gebirge. 11 Die Feinde
nahmen die ganze Habe von Sodom und Go-
morra sowie alle ihre Vorräte mit und zogen
ab. 12 Als sie abzogen, nahmen sie auch Lot,
den Neffen Abrams, und seine Habe mit; Lot
wohnte damals in Sodom.
13 Ein Flüchtling kam und berichtete es
dem Hebräer Abram; Abram wohnte bei den
Eichen des Amoriters Mamre, des Bruders
Eschkols und Aners, die seine Bundesgenos-
sen waren. 14 Als Abram hörte, sein Bruder
sei gefangen, musterte er seine ausgebildete
Mannschaft, dreihundertachtzehn Mann, die
alle in seinem Haus geboren waren, und
nahm die Verfolgung auf bis nach Dan. 15 In
der Nacht verteilten sie sich, er und seine
Knechte, um sie zu überfallen. Er schlug sie
und verfolgte sie bis Hoba, nördlich von Da-
maskus. 16 Er brachte die ganze Habe zu-
rück, auch seinen Bruder Lot und dessen Be-
sitz sowie die Frauen und die übrigen Leute.
17 Als er nach dem Sieg über Kedor-Laomer
und die mit ihm verbündeten Könige zurück-
kam, zog ihm der König von Sodom ins Scha-
wetal entgegen, das jetzt Königstal heißt.
18 Melchisedek, der König von Salem,
brachte Brot und Wein heraus. Er war Pries-
ter des Höchsten Gottes. 19 Er segnete Abram
und sagte:
Gesegnet sei Abram vom Höchsten Gott, /
dem Schöpfer des Himmels und der Erde,
20 und gepriesen sei der Höchste Gott, / der
deine Feinde an dich ausgeliefert hat.
Darauf gab ihm Abram den Zehnten von
allem.
21 Der König von Sodom sagte zu Abram:
Gib mir die Leute zurück, die Habe behalte!
22 Abram entgegnete dem König von Sodom:
Ich erhebe meine Hand zum Herrn, dem
Höchsten Gott, dem Schöpfer des Himmels
und der Erde: 23 Keinen Faden und keinen
Schuhriemen, nichts von allem, was dir
gehört, will ich behalten. Du sollst nicht
behaupten können: Ich habe Abram reich
gemacht. 24 Nur was meine Leute verzehrt
haben und was auf die Männer entfällt, die
mit mir gezogen sind, auf Aner, Eschkol und
Mamre, das sollen sie als ihren Anteil behal-
ten.

18: Ps 110,4; Hebr 5,6.10; 6,20; 7,1.10–17 • 20: Hebr 7,2.4.8f.

Gottes Bund mit Abraham: 15,1–21

15 Nach diesen Ereignissen erging das
Wort des Herrn in einer Vision an
Abram: Fürchte dich nicht, Abram, ich bin
dein Schild; dein Lohn wird sehr groß sein.
2 Abram antwortete: Herr, mein Herr, was
willst du mir schon geben? Ich gehe doch
kinderlos dahin und Erbe meines Hauses ist
Eliëser aus Damaskus. 3 Und Abram sagte:
Du hast mir ja keine Nachkommen gegeben;
also wird mich mein Haussklave beerben.
4 Da erging das Wort des Herrn an ihn: Nicht
er wird dich beerben, sondern dein leiblicher
Sohn wird dein Erbe sein. 5 Er führte ihn
hinaus und sprach: Sieh doch zum Himmel
hinauf und zähl die Sterne, wenn du sie zäh-
len kannst. Und er sprach zu ihm: So zahl-
reich werden deine Nachkommen sein.
6 Abram glaubte dem Herrn und der Herr
rechnete es ihm als Gerechtigkeit an. 7 Er
sprach zu ihm: Ich bin der Herr, der dich aus
Ur in Chaldäa herausgeführt hat, um dir die-
ses Land zu Eigen zu geben. 8 Da sagte Ab-
ram: Herr, mein Herr, woran soll ich erken-
nen, dass ich es zu Eigen bekomme? 9 Der
Herr antwortete ihm: Hol mir ein dreijähri-
ges Rind, eine dreijährige Ziege, einen drei-
jährigen Widder, eine Turteltaube und eine
Haustaube! 10 Abram brachte ihm alle diese
Tiere, zerteilte sie und legte je eine Hälfte
der andern gegenüber; die Vögel aber zerteil-
te er nicht. 11 Da stießen Raubvögel auf die
Fleischstücke herab, doch Abram ver-
scheuchte sie.
12 Bei Sonnenuntergang fiel auf Abram ein
tiefer Schlaf; große, unheimliche Angst
überfiel ihn. 13 Gott sprach zu Abram: Du
sollst wissen: Deine Nachkommen werden
als Fremde in einem Land wohnen, das ihnen
nicht gehört. Sie werden dort als Sklaven

14,14 »Bruder« wird im Hebräischen auch für einen Verwandten (hier: den Neffen) gebraucht.
14,18–20 In der Begegnung Abrahams mit Melchisedek zeigt sich, dass der »höchste Gott, der Schöpfer von Himmel und Erde«, der in Jerusalem verehrt wird, derselbe ist wie der Gott Abrahams.
15,2 Schluss des Verses in H unklar, daher Übersetzung unsicher.

dienen und man wird sie vierhundert Jahre
lang hart behandeln. [14] Aber auch über das
Volk, dem sie als Sklaven dienen, werde ich
Gericht halten und nachher werden sie mit
reicher Habe ausziehen. [15] Du aber wirst in
Frieden zu deinen Vätern heimgehen; in ho-
hem Alter wirst du begraben werden. [16] Erst
die vierte Generation wird hierher zurück-
kehren; denn noch hat die Schuld der Amo-
riter nicht ihr volles Maß erreicht.

[17] Die Sonne war untergegangen und es
war dunkel geworden. Auf einmal waren ein
rauchender Ofen und eine lodernde Fackel
da; sie fuhren zwischen jenen Fleischstücken
hindurch. [18] An diesem Tag schloss der Herr
mit Abram folgenden Bund: Deinen Nach-
kommen gebe ich dieses Land vom Grenz-
bach Ägyptens bis zum großen Strom Eufrat,
[19] (das Land) der Keniter, der Kenasiter, der
Kadmoniter, [20] der Hetiter, der Perisiter, der
Rafaïter, [21] der Amoriter, der Kanaaniter,
der Girgaschiter, der Hiwiter und der
Jebusiter.

5: 13,16; 22,15–18; 26,4; 28,14 • 6: Röm 4,3.9.22; Gal 3,6; Jak 2,23 • 14: Ex 12,35f • 18: 13,15.

Ismaels Geburt: 16,1–16

16 Sarai, Abrams Frau, hatte ihm keine
Kinder geboren. Sie hatte aber eine
ägyptische Magd namens Hagar. [2] Sarai
sagte zu Abram: Der Herr hat mir Kinder
versagt. Geh zu meiner Magd! Vielleicht
komme ich durch sie zu einem Sohn. Abram
hörte auf sie. [3] Sarai, Abrams Frau, nahm
also die Ägypterin Hagar, ihre Magd, – zehn
Jahre, nachdem sich Abram in Kanaan nie-
dergelassen hatte – und gab sie ihrem Mann
Abram zur Frau. [4] Er ging zu Hagar und sie
wurde schwanger. Als sie merkte, dass sie
schwanger war, verlor die Herrin bei ihr an
Achtung. [5] Da sagte Sarai zu Abram: Das
Unrecht, das ich erfahre, komme auf dich.
Ich habe dir meine Magd überlassen. Kaum
merkt sie, dass sie schwanger ist, so verliere
ich schon an Achtung bei ihr. Der Herr ent-
scheide zwischen mir und dir. [6] Abram ent-
gegnete Sarai: Hier ist deine Magd; sie ist in
deiner Hand. Tu mit ihr, was du willst. Da
behandelte Sarai sie so hart, dass ihr Hagar
davonlief.

[7] Der Engel des Herrn fand Hagar an einer
Quelle in der Wüste, an der Quelle auf dem
Weg nach Schur. [8] Er sprach: Hagar, Magd
Sarais, woher kommst du und wohin gehst
du? Sie antwortete: Ich bin meiner Herrin
Sarai davongelaufen. [9] Da sprach der Engel
des Herrn zu ihr: Geh zurück zu deiner Her-
rin und ertrag ihre harte Behandlung! [10] Der
Engel des Herrn sprach zu ihr: Deine Nach-
kommen will ich so zahlreich machen, dass
man sie nicht zählen kann. [11] Weiter sprach
der Engel des Herrn zu ihr: Du bist schwan-
ger, du wirst einen Sohn gebären und ihn
Ismael (Gott hört) nennen; denn der Herr hat
auf dich gehört in deinem Leid.

[12] Er wird ein Mensch sein wie ein Wild-
esel. / Seine Hand gegen alle, die Hände aller
gegen ihn! / Allen seinen Brüdern setzt er
sich vors Gesicht.

[13] Da nannte sie den Herrn, der zu ihr ge-
sprochen hatte: El-Roï (Gott, der nach mir
schaut). Sie sagte nämlich: Habe ich hier
nicht nach dem geschaut, der nach mir
schaut? [14] Darum nannte sie den Brunnen
Beer-Lahai-Roï (Brunnen des Lebendigen,
der nach mir schaut). Er liegt zwischen
Kadesch und Bered.

[15] Hagar gebar dem Abram einen Sohn
und Abram nannte den Sohn, den ihm Hagar
gebar, Ismael. [16] Abram war sechsundacht-
zig Jahre alt, als Hagar ihm Ismael gebar.

1–16 ‖ 21,9–21.

Die Beschneidung als Bundeszeichen: 17,1–27

17 Als Abram neunundneunzig Jahre
alt war, erschien ihm der Herr und
sprach zu ihm: Ich bin Gott, der Allmächtige.
Geh deinen Weg vor mir und sei rechtschaf-
fen! [2] Ich will einen Bund stiften zwischen
mir und dir und dich sehr zahlreich machen.
[3] Abram fiel auf sein Gesicht nieder; Gott re-
dete mit ihm und sprach: [4] Das ist mein Bund
mit dir: Du wirst Stammvater einer Menge
von Völkern. [5] Man wird dich nicht mehr
Abram nennen. Abraham (Vater der Menge)
wirst du heißen; denn zum Stammvater einer
Menge von Völkern habe ich dich bestimmt.
[6] Ich mache dich sehr fruchtbar und lasse
Völker aus dir entstehen; Könige werden von

15,21 Hiwiter: ergänzt nach einigen alten Übersetzungen.

16,2 Nach altorientalischem Recht konnte eine kinderlose Frau ihrem Mann die Sklavin überlassen. Die Kinder der Sklavin galten dann als legitime Kinder des Ehepaars. Sollte später die Frau wider Erwarten noch eigene Kinder bekommen, konnte der Vater die Kinder der Sklavin nach Übergabe von Geschenken fortschicken, er musste aber die Sklavin dann freilassen (vgl. 21,1–21).

16,12 Der Vers deutet den unbändigen Freiheitsdrang der Wüstenstämme an. Die arabischen Beduinen betrachten sich noch heute als Nachkommen Ismaels.

16,13f In H Wortspiel mit dem Namen des Brunnens.

dir abstammen. 7 Ich schließe meinen Bund
zwischen mir und dir samt deinen Nachkom-
men, Generation um Generation, einen ewi-
gen Bund: Dir und deinen Nachkommen
werde ich Gott sein. 8 Dir und deinen Nach-
kommen gebe ich ganz Kanaan, das Land, in
dem du als Fremder weilst, für immer zu Ei-
gen und ich will ihnen Gott sein. 9 Und Gott
sprach zu Abraham: Du aber halte meinen
Bund, du und deine Nachkommen, Generati-
on um Generation. 10 Das ist mein Bund zwi-
schen mir und euch samt deinen Nachkom-
men, den ihr halten sollt: Alles, was männ-
lich ist unter euch, muss beschnitten werden.
11 Am Fleisch eurer Vorhaut müsst ihr euch
beschneiden lassen. Das soll geschehen zum
Zeichen des Bundes zwischen mir und euch.
12 Alle männlichen Kinder bei euch müssen,
sobald sie acht Tage alt sind, beschnitten
werden in jeder eurer Generationen, seien sie
im Haus geboren oder um Geld von irgendei-
nem Fremden erworben, der nicht von dir
abstammt. 13 Beschnitten muss sein der in
deinem Haus Geborene und der um Geld Er-
worbene. So soll mein Bund, dessen Zeichen
ihr an eurem Fleisch tragt, ein ewiger Bund
sein. 14 Ein Unbeschnittener, eine männliche
Person, die am Fleisch ihrer Vorhaut nicht
beschnitten ist, soll aus ihrem Stammesver-
band ausgemerzt werden. Er hat meinen
Bund gebrochen.
15 Weiter sprach Gott zu Abraham: Deine
Frau Sarai sollst du nicht mehr Sarai nen-
nen, sondern Sara (Herrin) soll sie heißen.
16 Ich will sie segnen und dir auch von ihr ei-
nen Sohn geben. Ich segne sie, sodass Völker
aus ihr hervorgehen; Könige über Völker sol-
len ihr entstammen. 17 Da fiel Abraham auf
sein Gesicht nieder und lachte. Er dachte:
Können einem Hundertjährigen noch Kin-
der geboren werden und kann Sara als
Neunzigjährige noch gebären? 18 Dann sagte
Abraham zu Gott: Wenn nur Ismael vor dir
am Leben bleibt! 19 Gott entgegnete: Nein,
deine Frau Sara wird dir einen Sohn gebären
und du sollst ihn Isaak nennen. Ich werde
meinen Bund mit ihm schließen als einen
ewigen Bund für seine Nachkommen.
20 Auch was Ismael angeht, erhöre ich dich.
Ja, ich segne ihn, ich lasse ihn fruchtbar und
sehr zahlreich werden. Zwölf Fürsten wird
er zeugen und ich mache ihn zu einem großen
Volk. 21 Meinen Bund aber schließe ich mit
Isaak, den dir Sara im nächsten Jahr um die-
se Zeit gebären wird. 22 Als Gott das Ge-
spräch beendet hatte, verließ er Abraham
und fuhr zur Höhe auf.
23 Abraham nahm nun seinen Sohn Ismael
sowie alle in seinem Haus Geborenen und
alle um Geld Erworbenen, alle männlichen
Personen vom Haus Abraham, und beschnitt
das Fleisch ihrer Vorhaut noch am selben
Tag, wie Gott ihm befohlen hatte. 24 Abra-
ham war neunundneunzig Jahre alt, als er
am Fleisch seiner Vorhaut beschnitten wur-
de, 25 und sein Sohn Ismael war dreizehn
Jahre alt, als er am Fleisch seiner Vorhaut
beschnitten wurde. 26 Am selben Tag wurden
Abraham und sein Sohn Ismael beschnitten.
27 Auch alle Männer seines Hauses, die im
Haus Geborenen und die um Geld von Frem-
den Erworbenen, wurden mit ihm beschnit-
ten.

8: 13,15; 15,18–21; 26,3–5; 28,3f; 35,12 • 16: 18,10–14 • 19: 18,10; 21,1–8.

Gott zu Gast bei Abraham: 18,1–33

18 Der Herr erschien Abraham bei den
Eichen von Mamre. Abraham saß zur
Zeit der Mittagshitze am Zelteingang. 2 Er
blickte auf und sah vor sich drei Männer ste-
hen. Als er sie sah, lief er ihnen vom Zeltein-
gang aus entgegen, warf sich zur Erde nieder
3 und sagte: Mein Herr, wenn ich dein Wohl-
wollen gefunden habe, geh doch an deinem
Knecht nicht vorbei! 4 Man wird etwas Was-
ser holen; dann könnt ihr euch die Füße wa-
schen und euch unter dem Baum ausruhen.
5 Ich will einen Bissen Brot holen und ihr
könnt dann nach einer kleinen Stärkung
weitergehen; denn deshalb seid ihr doch bei
eurem Knecht vorbeigekommen. Sie erwi-
derten: Tu, wie du gesagt hast. 6 Da lief Abra-
ham eiligst ins Zelt zu Sara und rief: Schnell
drei Sea feines Mehl! Rühr es an und backe
Brotfladen! 7 Er lief weiter zum Vieh, nahm
ein zartes, prächtiges Kalb und übergab es
dem Jungknecht, der es schnell zubereitete.
8 Dann nahm Abraham Butter, Milch und
das Kalb, das er hatte zubereiten lassen, und
setzte es ihnen vor. Er wartete ihnen unter
dem Baum auf, während sie aßen. 9 Sie frag-
ten ihn: Wo ist deine Frau Sara? Dort im Zelt,
sagte er. 10 Da sprach der Herr: In einem Jahr
komme ich wieder zu dir, dann wird deine
Frau Sara einen Sohn haben. Sara hörte am
Zelteingang hinter seinem Rücken zu.
11 Abraham und Sara waren schon alt; sie
waren in die Jahre gekommen. Sara erging es
längst nicht mehr, wie es Frauen zu ergehen
pflegt. 12 Sara lachte daher still in sich hi-
nein und dachte: Ich bin doch schon alt und
verbraucht und soll noch das Glück der

17,17 Anspielung auf die Bedeutung des Namens Isaak, hebr.: jizchák (= er lacht; vgl. 18,12–15).

18,12–15 Die Erzählung vom Lachen Saras ist wieder Anspielung auf den Namen Isaak (vgl. 17,17).

Liebe erfahren? Auch ist mein Herr doch
schon ein alter Mann! 13 Da sprach der Herr
zu Abraham: Warum lacht Sara und sagt:
Soll ich wirklich noch Kinder bekommen,
obwohl ich so alt bin? 14 Ist beim Herrn etwas
unmöglich? Nächstes Jahr um diese Zeit
werde ich wieder zu dir kommen; dann wird
Sara einen Sohn haben. 15 Sara leugnete: Ich
habe nicht gelacht. Sie hatte nämlich Angst.
Er aber sagte: Doch, du hast gelacht. 16 Die
Männer erhoben sich von ihrem Platz und
schauten gegen Sodom. Abraham wollte
mitgehen, um sie zu verabschieden. 17 Da
sagte sich der Herr: Soll ich Abraham ver-
heimlichen, was ich vorhabe? 18 Abraham
soll doch zu einem großen, mächtigen Volk
werden, durch ihn sollen alle Völker der
Erde Segen erlangen. 19 Denn ich habe ihn
dazu auserwählt, dass er seinen Söhnen und
seinem Haus nach ihm aufträgt, den Weg des
Herrn einzuhalten und zu tun, was gut und
recht ist, damit der Herr seine Zusagen an
Abraham erfüllen kann. 20 Der Herr sprach
also: Das Klagegeschrei über Sodom und Go-
morra, ja, das ist laut geworden, und ihre
Sünde, ja, die ist schwer. 21 Ich will hinabge-
hen und sehen, ob ihr Tun wirklich dem Kla-
gegeschrei entspricht, das zu mir gedrungen
ist. Ich will es wissen. 22 Die Männer wandten
sich von dort ab und gingen auf Sodom zu.

Abraham aber stand noch immer vor dem
Herrn. 23 Er trat näher und sagte: Willst du
auch den Gerechten mit den Ruchlosen weg-
raffen? 24 Vielleicht gibt es fünfzig Gerechte
in der Stadt: Willst du auch sie wegraffen
und nicht doch dem Ort vergeben wegen der
fünfzig Gerechten dort? 25 Das kannst du
doch nicht tun, die Gerechten zusammen mit
den Ruchlosen umbringen. Dann ginge es ja
dem Gerechten genauso wie dem Ruchlosen.
Das kannst du doch nicht tun. Sollte sich der
Richter über die ganze Erde nicht an das
Recht halten? 26 Da sprach der Herr: Wenn
ich in Sodom, in der Stadt, fünfzig Gerechte
finde, werde ich ihretwegen dem ganzen
Ort vergeben. 27 Abraham antwortete und
sprach: Ich habe es nun einmal unternom-
men, mit meinem Herrn zu reden, obwohl ich
Staub und Asche bin. 28 Vielleicht fehlen an
den fünfzig Gerechten fünf. Wirst du wegen
der fünf die ganze Stadt vernichten? Nein,
sagte er, ich werde sie nicht vernichten,
wenn ich dort fünfundvierzig finde. 29 Er
fuhr fort, zu ihm zu reden: Vielleicht finden
sich dort nur vierzig. Da sprach er: Ich werde
es der vierzig wegen nicht tun. 30 Und weiter
sagte er: Mein Herr zürne nicht, wenn ich
weiterrede. Vielleicht finden sich dort nur
dreißig. Er entgegnete: Ich werde es nicht
tun, wenn ich dort dreißig finde. 31 Darauf
sagte er: Ich habe es nun einmal unternom-
men, mit meinem Herrn zu reden. Vielleicht
finden sich dort nur zwanzig. Er antwortete:
Ich werde sie um der zwanzig willen nicht
vernichten. 32 Und nochmals sagte er: Mein
Herr zürne nicht, wenn ich nur noch einmal
das Wort ergreife. Vielleicht finden sich dort
nur zehn. Und wiederum sprach er: Ich wer-
de sie um der zehn willen nicht vernichten.
33 Nachdem der Herr das Gespräch mit
Abraham beendet hatte, ging er weg und
Abraham kehrte heim.

10: 17,15–21; 21,1–8 • 18: 12,2f; 22,17f; 26,4; 28,14.

Das Gericht über Sodom und die Rettung Lots: 19,1–29

19 Die beiden Engel kamen am Abend
nach Sodom. Lot saß im Stadttor von
Sodom. Als er sie sah, erhob er sich, trat auf
sie zu, warf sich mit dem Gesicht zur Erde
nieder 2 und sagte: Meine Herren, kehrt doch
im Haus eures Knechtes ein, bleibt über
Nacht und wascht euch die Füße! Am Mor-
gen könnt ihr euren Weg fortsetzen. Nein,
sagten sie, wir wollen im Freien übernach-
ten. 3 Er redete ihnen aber so lange zu, bis sie
mitgingen und bei ihm einkehrten. Er berei-
tete ihnen ein Mahl, ließ ungesäuerte Brote
backen und sie aßen. 4 Sie waren noch nicht
schlafen gegangen, da umstellten die Ein-
wohner der Stadt das Haus, die Männer von
Sodom, Jung und Alt, alles Volk von weit
und breit. 5 Sie riefen nach Lot und fragten
ihn: Wo sind die Männer, die heute Abend zu
dir gekommen sind? Heraus mit ihnen, wir
wollen mit ihnen verkehren. 6 Da ging Lot zu
ihnen hinaus vor die Tür, schloss sie hinter
sich zu 7 und sagte: Aber meine Brüder, be-
geht doch nicht ein solches Verbrechen!
8 Seht, ich habe zwei Töchter, die noch kei-
nen Mann erkannt haben. Ich will sie euch
herausbringen. Dann tut mit ihnen, was euch
gefällt. Nur jenen Männern tut nichts an;
denn deshalb sind sie ja unter den Schutz
meines Daches getreten. 9 Sie aber schrien:
Mach dich fort!, und sagten: Kommt da so
ein einzelner Fremder daher und will sich als
Richter aufspielen! Nun wollen wir es mit
dir noch schlimmer treiben als mit ihnen. Sie
setzten dem Mann, nämlich Lot, arg zu und
waren schon dabei, die Tür aufzubrechen.
10 Da streckten jene Männer die Hand aus,
zogen Lot zu sich ins Haus und sperrten die

19,8 Das Gastrecht ist im Alten Orient so heilig, dass Lot notgedrungen lieber die Preisgabe seiner Töchter wählt, als dass er seine Gäste preisgibt (vgl. Ri 19,24f).

Tür zu. 11 Dann schlugen sie die Leute drau-
ßen vor dem Haus, Groß und Klein, mit
Blindheit, sodass sie sich vergebens bemüh-
ten, den Eingang zu finden.
12 Die Männer sagten dann zu Lot: Hast du
hier noch einen Schwiegersohn, Söhne,
Töchter oder sonst jemand in der Stadt?
Bring sie weg von diesem Ort! 13 Wir wollen
nämlich diesen Ort vernichten; denn schwer
ist die Klage, die über die Leute zum Herrn
gedrungen ist. Der Herr hat uns geschickt,
die Stadt zu vernichten. 14 Da ging Lot hi-
naus, redete auf seine Schwiegersöhne ein,
die seine Töchter heiraten wollten, und sag-
te: Macht euch auf und verlasst diesen Ort;
denn der Herr will die Stadt vernichten.
Aber seine Schwiegersöhne meinten, er ma-
che nur Spaß.
15 Als die Morgenröte aufstieg, drängten
die Engel Lot zur Eile: Auf, nimm deine Frau
und deine beiden Töchter, die hier sind, da-
mit du nicht wegen der Schuld der Stadt
hinweggerafft wirst. 16 Da er noch zögerte,
fassten die Männer ihn, seine Frau und seine
beiden Töchter an der Hand, weil der Herr
mit ihm Mitleid hatte, führten ihn hinaus
und ließen ihn erst draußen vor der Stadt los.
17 Während er sie hinaus ins Freie führte,
sagte er: Bring dich in Sicherheit, es geht um
dein Leben. Sieh dich nicht um und bleib in
der ganzen Gegend nicht stehen! Rette dich
ins Gebirge, sonst wirst du auch weggerafft.
18 Lot aber sagte zu ihnen: Nein, mein Herr,
19 dein Knecht hat doch dein Wohlwollen ge-
funden. Du hast mir große Gunst erwiesen
und mich am Leben gelassen. Ich kann aber
nicht ins Gebirge fliehen, sonst lässt mich
das Unglück nicht mehr los und ich muss
sterben. 20 Da, die Stadt in der Nähe, dorthin
könnte man fliehen. Sie ist doch klein; dort-
hin will ich mich retten. Ist sie nicht klein?
So könnte ich am Leben bleiben. 21 Er ant-
wortete ihm: Gut, auch das will ich dir ge-
währen und die Stadt, von der du sprichst,
nicht zerstören. 22 Schnell flieh dorthin;
denn ich kann nichts unternehmen, bevor du
dort angekommen bist. Deshalb nannte er
die Stadt Zoar (Kleine).
23 Als die Sonne über dem Land aufgegan-
gen und Lot in Zoar angekommen war, 24 ließ
der Herr auf Sodom und Gomorra Schwefel
und Feuer regnen, vom Herrn, vom Himmel
herab. 25 Er vernichtete von Grund auf jene
Städte und die ganze Gegend, auch alle Ein-
wohner der Städte und alles, was auf den
Feldern wuchs. 26 Als Lots Frau zurück-
blickte, wurde sie zu einer Salzsäule.
27 Am frühen Morgen begab sich Abraham
an den Ort, an dem er dem Herrn gegenüber-
gestanden hatte. 28 Er schaute gegen Sodom
und Gomorra und auf das ganze Gebiet im
Umkreis und sah: Qualm stieg von der Erde
auf wie der Qualm aus einem Schmelzofen.
29 Als Gott die Städte der Gegend vernich-
tete, dachte er an Abraham und ließ Lot mit-
ten aus der Zerstörung fortgeleiten, während
er die Städte, in denen Lot gewohnt hatte,
von Grund auf zerstörte.

Die Stammväter der Moabiter und Ammoniter: 19,0–38

30 Lot zog von Zoar weiter hinauf und ließ
sich mit seinen beiden Töchtern im Gebirge
nieder. Er fürchtete sich nämlich, in Zoar zu
bleiben, und wollte lieber mit seinen beiden
Töchtern in einer Höhle wohnen. 31 Eines
Tages sagte die Ältere zur Jüngeren: Unser
Vater wird alt und einen Mann, der mit uns
verkehrt, wie es in aller Welt üblich ist, gibt
es nicht. 32 Komm, geben wir unserem Vater
Wein zu trinken und legen wir uns zu ihm,
damit wir von unserem Vater Kinder bekom-
men. 33 Sie gaben also ihrem Vater am Abend
Wein zu trinken; dann kam die Ältere und
legte sich zu ihrem Vater. Er merkte nicht,
wie sie sich hinlegte und wie sie aufstand.
34 Am anderen Tag sagte die Ältere zur Jün-
geren: Ich habe gestern bei meinem Vater ge-
legen. Geben wir ihm auch heute Abend
Wein zu trinken, dann geh und leg du dich zu
ihm. So werden wir von unserem Vater Kin-
der bekommen. 35 Sie gaben ihrem Vater also
auch an jenem Abend Wein zu trinken; dann
legte sich die Jüngere zu ihm. Er merkte
nicht, wie sie sich hinlegte und wie sie auf-
stand. 36 Beide Töchter Lots wurden von
ihrem Vater schwanger. 37 Die Ältere gebar
einen Sohn und nannte ihn Moab. Er gilt als
Stammvater der Moabiter bis heute. 38 Auch
die Jüngere gebar einen Sohn und nannte
ihn Ben-Ammi. Er gilt als Stammvater der
Ammoniter bis heute.

Abraham in Gerar: 20,1–18

20 Abraham brach von dort auf und zog
in den Negeb. Er ließ sich zwischen
Kadesch und Schur nieder und hielt sich in
Gerar als Fremder auf. 2 Abraham behaupte-
te von Sara, seiner Frau: Sie ist meine
Schwester. Da schickte Abimelech, der Kö-
nig von Gerar, hin und ließ Sara holen.
3 Nachts kam Gott zu Abimelech und sprach

19,17 Wechsel von Einzahl und Mehrzahl, weil hier zwei Erzählungen miteinander verzahnt sind: eine, die von Gott allein, eine andere, die von drei übermenschlichen Wesen sprach.

zu ihm im Traum: Du musst sterben wegen der Frau, die du dir genommen hast; sie ist verheiratet. 4 Abimelech aber war ihr noch nicht nahe gekommen. Mein Herr, sagte er, willst du denn auch unschuldige Leute umbringen? 5 Hat er mir nicht gesagt, sie sei seine Schwester? Auch sie selbst hat behauptet, er sei ihr Bruder. Mit arglosem Herzen und mit reinen Händen habe ich das getan. 6 Da sprach Gott zu ihm im Traum: Auch ich weiß, dass du es mit arglosem Herzen getan hast. Ich habe dich ja auch daran gehindert, dich gegen mich zu verfehlen. Darum habe ich nicht zugelassen, dass du sie anrührst. 7 Jetzt aber gib die Frau dem Mann zurück; denn er ist ein Prophet. Er wird für dich eintreten, dass du am Leben bleibst. Gibst du sie aber nicht zurück, dann sollst du wissen: Du musst sterben, du und alles, was dir gehört.

8 Am Morgen stand Abimelech auf, ließ alle seine Untergebenen rufen und erzählte ihnen alles, was vorgefallen war. Da gerieten die Männer in große Furcht. 9 Nun ließ Abimelech Abraham rufen und stellte ihn zur Rede: Was hast du uns angetan? Womit habe ich denn gegen dich gefehlt, dass du über mich und mein Reich eine so große Sünde bringst? Du hast mir etwas angetan, was man nicht tun darf. 10 Und Abimelech fragte Abraham: Was hattest du vor, als du das tatest? 11 Abraham entgegnete: Ich sagte mir: Vielleicht gibt es keine Gottesfurcht an diesem Ort und man wird mich wegen meiner Frau umbringen. 12 Übrigens ist sie wirklich meine Schwester, eine Tochter meines Vaters, nur nicht eine Tochter meiner Mutter; so konnte sie meine Frau werden. 13 Als mich aber Gott aus dem Haus meines Vaters ins Ungewisse ziehen hieß, schlug ich ihr vor: Tu mir den Gefallen und sag von mir überall, wohin wir kommen: Er ist mein Bruder.

14 Darauf nahm Abimelech Schafe, Ziegen und Rinder, Knechte und Mägde und schenkte sie Abraham. Auch gab er ihm seine Frau Sara zurück; 15 dabei sagte Abimelech: Hier, mein Land steht dir offen. Wo es dir beliebt, da lass dich nieder! 16 Zu Sara aber sagte er: Da, ich gebe deinem Bruder tausend Silberstücke. Das soll allen Leuten in deiner Umgebung die Augen zudecken und vor allen erfährst du Genugtuung. 17 Abraham trat für ihn bei Gott ein; da heilte Gott Abimelech, auch seine Frau und seine Dienerinnen, sodass sie wieder gebären konnten. 18 Denn der Herr hatte im Haus Abimelech jeden Mutterschoß verschlossen wegen Sara, der Frau Abrahams.

1–18 ‖ 12,10–20; 26,1–11.

Isaaks Geburt: 21,1–8

21 Der Herr nahm sich Saras an, wie er gesagt hatte, und er tat Sara so, wie er versprochen hatte. 2 Sara wurde schwanger und gebar dem Abraham noch in seinem Alter einen Sohn zu der Zeit, die Gott angegeben hatte. 3 Abraham nannte den Sohn, den ihm Sara gebar, Isaak. 4 Als sein Sohn Isaak acht Tage alt war, beschnitt ihn Abraham, wie Gott ihm befohlen hatte. 5 Abraham war hundert Jahre alt, als sein Sohn Isaak zur Welt kam. 6 Sara aber sagte: Gott ließ mich lachen; jeder, der davon hört, wird mit mir lachen.7 Wer, sagte sie, hätte Abraham zu sagen gewagt, Sara werde noch Kinder stillen? Und nun habe ich ihm noch in seinem Alter einen Sohn geboren. 8 Das Kind wuchs heran und wurde entwöhnt. Als Isaak entwöhnt wurde, veranstaltete Abraham ein großes Festmahl.

1: 17,15–22; 18,10–15.

Hagar und Ismael: 21,9–21

9 Eines Tages beobachtete Sara, wie der Sohn, den die Ägypterin Hagar Abraham geboren hatte, umhertollte. 10 Da sagte sie zu Abraham: Verstoß diese Magd und ihren Sohn! Denn der Sohn dieser Magd soll nicht zusammen mit meinem Sohn Isaak Erbe sein. 11 Dieses Wort verdross Abraham sehr, denn es ging doch um seinen Sohn. 12 Gott sprach aber zu Abraham: Sei wegen des Knaben und deiner Magd nicht verdrossen! Hör auf alles, was dir Sara sagt! Denn nach Isaak sollen deine Nachkommen benannt werden. 13 Aber auch den Sohn der Magd will ich zu einem großen Volk machen, weil auch er dein Nachkomme ist. 14 Am Morgen stand Abraham auf, nahm Brot und einen Schlauch mit Wasser, übergab beides Hagar, legte es ihr auf die Schulter, übergab ihr das Kind und entließ sie. Sie zog fort und irrte in der Wüste von Beerscheba umher. 15 Als das Wasser im Schlauch zu Ende war, warf sie das Kind unter einen Strauch, 16 ging weg und setzte sich in der Nähe hin, etwa einen Bogenschuss weit entfernt; denn sie sagte: Ich kann nicht mit ansehen, wie das Kind stirbt. Sie saß in der Nähe und weinte laut.

21,6 Wieder Wortspiel mit der Bedeutung des Namens Isaak (vgl. 17,17 und 18,12–15).

21,9–21 Vgl. die Anmerkung zu 16,2.

17 Gott hörte den Knaben schreien; da rief
der Engel Gottes vom Himmel her Hagar zu
und sprach: Was hast du, Hagar? Fürchte
dich nicht, Gott hat den Knaben dort
schreien gehört, wo er liegt. 18 Steh auf,
nimm den Knaben und halt ihn fest an dei-
ner Hand; denn zu einem großen Volk will
ich ihn machen. 19 Gott öffnete ihr die Augen
und sie erblickte einen Brunnen. Sie ging
hin, füllte den Schlauch mit Wasser und gab
dem Knaben zu trinken. 20 Gott war mit dem
Knaben. Er wuchs heran, ließ sich in der
Wüste nieder und wurde ein Bogenschütze.
21 Er ließ sich in der Wüste Paran nieder und
seine Mutter nahm ihm eine Frau aus Ägyp-
ten.

9–21 ‖ 16,1–16.

Der Vertrag Abrahams mit Abimelech:
21,22–34

22 Um jene Zeit sagten Abimelech und sein
Feldherr Pichol zu Abraham: Gott ist mit dir
bei allem, was du unternimmst. 23 Aber nun
schwör mir hier bei Gott, dass du weder
mich noch meinen Thronerben noch meine
Nachfahren hintergehen wirst. Das gleiche
Wohlwollen, das ich dir erwiesen habe, sollst
du mir erweisen und dem Land, in dem du
dich als Fremder aufhältst. 24 Abraham er-
widerte: Gut, ich will den Eid leisten.

25 Abraham stellte aber Abimelech zur
Rede wegen des Brunnens, den ihm Abime-
lechs Knechte weggenommen hatten. 26 Abi-
melech antwortete: Ich weiß nicht, wer das
getan hat. Du hast es mir noch nicht gemel-
det und auch ich habe erst heute davon ge-
hört. 27 Da nahm Abraham Schafe und Rin-
der und gab sie Abimelech; so schlossen bei-
de einen Vertrag. 28 Abraham stellte aber
sieben Lämmer der Herde beiseite. 29 Da
fragte ihn Abimelech: Was sollen die sieben
Lämmer da, die du beiseite gestellt hast?
30 Die sieben Lämmer, sagte er, sollst du von
mir annehmen als Beweis dafür, dass ich die-
sen Brunnen gegraben habe. 31 Darum nann-
te er den Ort Beerscheba (Siebenbrunn oder
Eidbrunn); denn dort leisteten beide einen
Eid. 32 Sie schlossen also zu Beerscheba ei-
nen Vertrag. Dann machten sich Abimelech
und sein Feldherr Pichol auf und kehrten
ins Philisterland zurück. 33 Abraham aber
pflanzte eine Tamariske in Beerscheba und
rief dort den Herrn an unter dem Namen:
Gott, der Ewige. 34 Darauf hielt sich Abra-
ham längere Zeit als Fremder im Philister-
land auf.

31: 26,33.

Abrahams Opfer: 22,1–19

22 Nach diesen Ereignissen stellte Gott
Abraham auf die Probe. Er sprach zu
ihm: Abraham! Er antwortete: Hier bin ich.
2 Gott sprach: Nimm deinen Sohn, deinen
einzigen, den du liebst, Isaak, geh in das
Land Morija und bring ihn dort auf einem
der Berge, den ich dir nenne, als Brandopfer
dar.

3 Frühmorgens stand Abraham auf, sat-
telte seinen Esel, holte seine beiden Jung-
knechte und seinen Sohn Isaak, spaltete
Holz zum Opfer und machte sich auf den
Weg zu dem Ort, den ihm Gott genannt hat-
te. 4 Als Abraham am dritten Tag aufblickte,
sah er den Ort von weitem. 5 Da sagte Abra-
ham zu seinen Jungknechten: Bleibt mit dem
Esel hier! Ich will mit dem Knaben hingehen
und anbeten; dann kommen wir zu euch zu-
rück.

6 Abraham nahm das Holz für das Brand-
opfer und lud es seinem Sohn Isaak auf. Er
selbst nahm das Feuer und das Messer in die
Hand. So gingen beide miteinander. 7 Nach
einer Weile sagte Isaak zu seinem Vater
Abraham: Vater! Er antwortete: Ja, mein
Sohn! Dann sagte Isaak: Hier ist Feuer und
Holz. Wo aber ist das Lamm für das Brand-
opfer? 8 Abraham entgegnete: Gott wird sich
das Opferlamm aussuchen, mein Sohn. Und
beide gingen miteinander weiter.

9 Als sie an den Ort kamen, den ihm Gott
genannt hatte, baute Abraham den Altar,
schichtete das Holz auf, fesselte seinen Sohn
Isaak und legte ihn auf den Altar, oben auf
das Holz. 10 Schon streckte Abraham seine
Hand aus und nahm das Messer, um seinen
Sohn zu schlachten. 11 Da rief ihm der Engel
des Herrn vom Himmel her zu: Abraham,
Abraham! Er antwortete: Hier bin ich. 12 Je-
ner sprach: Streck deine Hand nicht gegen
den Knaben aus und tu ihm nichts zuleide!
Denn jetzt weiß ich, dass du Gott fürchtest;
du hast mir deinen einzigen Sohn nicht vor-
enthalten. 13 Als Abraham aufschaute, sah
er: Ein Widder hatte sich hinter ihm mit sei-
nen Hörnern im Gestrüpp verfangen. Abra-
ham ging hin, nahm den Widder und brachte

21,31 Das hebräische Wort scheba kann sowohl »sieben« als auch »Eid« bedeuten.

22,1–19 Gott stellt Abrahams Glaubensgehorsam auf die äußerste Probe, die Abraham in der Bereitschaft zum schwersten Opfer besteht. In der Erzählung wird aber auch deutlich, dass Gott das Kinderopfer ablehnt, das bei den Kanaanitern bezeugt ist.

ihn statt seines Sohnes als Brandopfer dar.
14 Abraham nannte jenen Ort Jahwe-Jire
(Der Herr sieht), wie man noch heute sagt:
Auf dem Berg lässt sich der Herr sehen.
15 Der Engel des Herrn rief Abraham zum
zweiten Mal vom Himmel her zu 16 und
sprach: Ich habe bei mir geschworen –
Spruch des Herrn: Weil du das getan hast
und deinen einzigen Sohn mir nicht vorent-
halten hast, 17 will ich dir Segen schenken in
Fülle und deine Nachkommen zahlreich ma-
chen wie die Sterne am Himmel und den
Sand am Meeresstrand. Deine Nachkommen
sollen das Tor ihrer Feinde einnehmen.
18 Segnen sollen sich mit deinen Nachkom-
men alle Völker der Erde, weil du auf meine
Stimme gehört hast.
19 Darauf kehrte Abraham zu seinen Jung-
knechten zurück. Sie machten sich auf und
gingen miteinander nach Beerscheba. Abra-
ham blieb in Beerscheba wohnen.

17: 12,2f; 18,18; 26,4f; 28,14; Gal 3,16.

Abrahams Verwandtschaft: 22,20–24

20 Nach diesen Ereignissen meldete man
Abraham: Auch Milka hat deinem Bruder
Nahor Söhne geboren: 21 Uz, seinen Erstge-
borenen, dessen Bruder Bus sowie Kemuël,
den Stammvater der Aramäer, 22 ferner Ke-
sed, Haso, Pildasch, Jidlaf und Betuël. 23 Be-
tuël zeugte Rebekka. Diese acht gebar Milka
dem Nahor, dem Bruder Abrahams. Er hatte
noch eine Nebenfrau namens Rëuma.
24 Auch sie bekam Kinder, nämlich Tebach,
Gaham, Tahasch und Maacha.

Saras Tod und Grabstätte: 23,1–20

23 Die Lebenszeit Saras betrug hun-
dertsiebenundzwanzig Jahre; so lange
lebte Sara. 2 Sie starb in Kirjat-Arba, das
jetzt Hebron heißt, in Kanaan. Abraham
kam, um die Totenklage über sie zu halten
und sie zu beweinen. 3 Danach stand Abra-
ham auf, ging von seiner Toten weg und re-
dete mit den Hetitern. Er sagte: 4 Fremder
und Halbbürger bin ich unter euch. Gebt mir
ein Grab bei euch als Eigentum, damit ich
meine Tote hinausbringen und begraben
kann. 5 Die Hetiter antworteten Abraham:
6 Hör uns an, Herr! Du bist ein Gottesfürst in
unserer Mitte. In der vornehmsten unserer
Grabstätten darfst du deine Tote begraben.
Keiner von uns wird dir seine Grabstätte
versagen und deiner Toten das Begräbnis
verweigern. 7 Abraham aber stand auf, ver-
neigte sich tief vor den Bürgern des Landes,
den Hetitern, 8 verhandelte mit ihnen und
sagte: Wenn ihr damit einverstanden seid,
dass ich meine Tote hinausbringe und begra-
be, dann hört mich an und setzt euch für
mich ein bei Efron, dem Sohn Zohars! 9 Er
soll mir die Höhle von Machpela überlassen,
die ihm gehört, am Rand seines Grund-
stücks. Zum vollen Geldwert soll er sie mir
überlassen als eigene Grabstätte mitten un-
ter euch. 10 Efron saß unter den Hetitern. Der
Hetiter Efron antwortete Abraham, sodass
es die Hetiter, alle, die zum Tor seiner Stadt
Zutritt hatten, hören konnten: 11 Nein, Herr,
hör mich an: Das Grundstück überlasse ich
dir und die Höhle darauf überlasse ich dir; in
Gegenwart der Söhne meines Volkes über-
lasse ich sie dir. Begrab deine Tote! 12 Da
verneigte sich Abraham tief in Gegenwart
der Bürger des Landes 13 und sagte zu Efron,
sodass es die Bürger des Landes hören konn-
ten: Hör mich doch, bitte, an: Ich zahle das
Geld für das Grundstück. Nimm es von mir
an, damit ich dort meine Tote begrabe.
14 Efron antwortete Abraham: 15 Herr, hör
mich an! Land im Wert von vierhundert
Silberstücken, was bedeutet das schon unter
uns? Begrab nur deine Tote!
16 Abraham hörte auf Efron und wog ihm
den Geldbetrag ab, den er in Gegenwart der
Hetiter genannt hatte, vierhundert Silber-
stücke zum üblichen Handelswert. 17 So ging
das Grundstück Efrons in Machpela bei
Mamre, das Feld mit der Höhle darauf und
mit allen Bäumen auf dem Grundstück in
seiner ganzen Ausdehnung ringsum, 18 in
den Besitz Abrahams über, in Gegenwart der
Hetiter, aller, die zum Tor seiner Stadt Zu-
tritt hatten.
19 Dann begrub Abraham seine Frau Sara
in der Höhle des Grundstücks von Machpela
bei Mamre, das jetzt Hebron heißt, in Ka-
naan. 20 Das Grundstück samt der Höhle da-
rauf war also von den Hetitern als Grabstät-
te in den Besitz Abrahams übergegangen.

Isaak und Rebekka: 24,1–67

24 Abraham war alt und hochbetagt; der
Herr hatte ihn mit allem gesegnet.
2 Eines Tages sagte er zum Großknecht sei-

23,10 die zum Tor Zutritt haben: Am Tor finden die Ratsversammlungen und die Gerichtsverhandlungen statt; gemeint sind also die Bürger, die in öffentlichen Angelegenheiten am Tor Sitz und Stimme haben.

24,2 Die Hand unter die Hüfte legen: eine Schwurgebärde (vgl. 47,29).

nes Hauses, der seinen ganzen Besitz verwal-
tete: Leg deine Hand unter meine Hüfte!
3 Ich will dir einen Eid beim Herrn, dem Gott
des Himmels und der Erde, abnehmen, dass
du meinem Sohn keine Frau von den Töch-
tern der Kanaaniter nimmst, unter denen ich
wohne. 4 Du sollst vielmehr in meine Heimat
zu meiner Verwandtschaft reisen und eine
Frau für meinen Sohn Isaak holen. 5 Der
Knecht entgegnete ihm: Vielleicht will aber
die Frau mir gar nicht hierher in dieses Land
folgen. Soll ich dann deinen Sohn in das
Land zurückbringen, aus dem du ausgewan-
dert bist? 6 Hüte dich, antwortete ihm Abra-
ham, meinen Sohn dorthin zurückzubrin-
gen! 7 Der Herr, der Gott des Himmels, der
mich weggeholt hat aus dem Haus meines
Vaters und aus meinem Heimatland, der zu
mir gesagt und mir geschworen hat: Deinen
Nachkommen gebe ich dieses Land!, er wird
seinen Engel vor dir hersenden und so wirst
du von dort eine Frau für meinen Sohn mit-
bringen. 8 Wenn dir aber die Frau nicht fol-
gen will, dann bist du von dem Eid, den du
mir geleistet hast, entbunden. Meinen Sohn
darfst du auf keinen Fall dorthin zurück-
bringen. 9 Da legte der Knecht seine Hand
unter die Hüfte seines Herrn Abraham und
leistete ihm in dieser Sache den Eid.

10 Der Knecht nahm zehn von den Kame-
len seines Herrn und machte sich mit allerlei
kostbaren Sachen aus dem Besitz seines
Herrn auf die Reise. Er brach auf und zog
nach Mesopotamien in die Stadt Nahors.
11 Vor der Stadt ließ er die Kamele am Brun-
nen lagern. Es war gegen Abend, um die Zeit,
da die Frauen herauskommen, um Wasser zu
schöpfen. 12 Er sagte: Herr, Gott meines
Herrn Abraham, lass mich heute Glück ha-
ben und zeig meinem Herrn Abraham deine
Huld! 13 Da stehe ich an der Quelle und die
Töchter der Stadtbewohner werden heraus-
kommen, um Wasser zu schöpfen. 14 Das
Mädchen, zu dem ich dann sage: Reich mir
doch deinen Krug zum Trinken!, und das
antwortet: Trink nur, auch deine Kamele
will ich tränken!, sie soll es sein, die du für
deinen Knecht Isaak bestimmt hast. Daran
will ich erkennen, dass du meinem Herrn
Huld erweist.

15 Kaum hatte er aufgehört zu sprechen, da
kam auch schon aus der Stadt Rebekka mit
dem Krug auf der Schulter. Sie war dem Be-
tuël geboren worden, dem Sohn der Milka,
die die Frau Nahors, des Bruders Abrahams,
war. 16 Das Mädchen war sehr schön und sie
war ledig; noch kein Mann hatte sie erkannt.
Sie stieg zur Quelle hinab, füllte ihren Krug
und kam wieder herauf. 17 Da ging der
Knecht schnell auf sie zu und sagte: Lass
mich ein wenig Wasser aus deinem Krug
trinken! 18 Trink nur, mein Herr!, antwortete
sie, ließ geschwind den Krug auf ihre Hand
herab und gab ihm zu trinken. 19 Nachdem
sie ihm zu trinken gegeben hatte, sagte sie:
Auch für deine Kamele will ich schöpfen, bis
sie sich satt getrunken haben. 20 Flink leerte
sie ihren Krug an der Tränke und lief noch
einmal an den Brunnen zum Schöpfen. So
schöpfte sie für alle Kamele. 21 Der Knecht
Abrahams schaute ihr schweigend zu; er
wollte sehen, ob der Herr seine Reise gelin-
gen ließe oder nicht.

22 Als die Kamele mit dem Trinken fertig
waren, nahm der Mann einen goldenen Na-
senreif, einen halben Schekel schwer, und
zwei goldene Spangen für ihre Arme, zehn
Goldschekel schwer, 23 und fragte: Wessen
Tochter bist du? Sag mir doch, ob im Haus
deines Vaters für uns Platz zum Übernach-
ten ist! 24 Sie antwortete ihm: Ich bin die
Tochter Betuëls, des Sohnes der Milka und
des Nahor. 25 Weiter sagte sie zu ihm: Stroh
und Futter haben wir reichlich, auch Platz
zum Übernachten. 26 Da verneigte sich der
Mann, warf sich vor dem Herrn nieder 27 und
sagte: Gepriesen sei der Herr, der Gott mei-
nes Herrn Abraham, der es meinem Herrn
nicht an Huld und Treue fehlen ließ. Der
Herr hat mich geradewegs zum Haus des
Bruders meines Herrn geführt.

28 Das Mädchen lief weg und erzählte im
Haus seiner Mutter alles, was vorgefallen
war. 29 Rebekka hatte einen Bruder namens
Laban. Laban eilte zu dem Mann hinaus an
die Quelle. 30 Er hatte den Nasenreif und an
den Händen seiner Schwester die Spangen
gesehen und hatte gehört, wie seine Schwes-
ter Rebekka berichtete: So und so hat der
Mann zu mir gesagt. Er kam zu dem Mann,
der bei den Kamelen an der Quelle stand.
31 Laban sagte: Komm, du Gesegneter des
Herrn! Warum stehst du hier draußen? Ich
habe das Haus aufgeräumt und für die Ka-
mele Platz gemacht. 32 Da ging der Mann mit
ins Haus. Man schirrte die Kamele ab und
gab ihnen Stroh und Futter. Für ihn und die
Männer in seiner Begleitung brachte man
Wasser zum Fußewaschen.

33 Als man ihm zu essen vorsetzte, sagte
der Knecht Abrahams: Ich esse nicht, bevor
ich nicht mein Anliegen vorgebracht habe.
Sie antworteten: Rede! 34 Da berichtete er:
Ein Knecht Abrahams bin ich. 35 Der Herr
hat meinen Herrn reichlich gesegnet, sodass
er zu großem Vermögen gekommen ist. Er
hat ihm Schafe und Rinder, Silber und Gold,
Knechte und Mägde, Kamele und Esel gege-

ben. 36 Sara, die Frau meines Herrn, hat mei-
nem Herrn noch in ihrem Alter einen Sohn
geboren. Ihm vermacht er alles, was ihm ge-
hört. 37 Mein Herr hat mir den Eid abgenom-
men: Du darfst für meinen Sohn keine Frau
von den Töchtern der Kanaaniter nehmen, in
deren Land ich wohne. 38 Reise vielmehr zum
Haus meines Vaters und zu meiner Ver-
wandtschaft und hol eine Frau für meinen
Sohn! 39 Ich entgegnete meinem Herrn: Viel-
leicht will aber die Frau nicht mitkommen.
40 Darauf antwortete er mir: Der Herr, vor
dem ich meinen Weg gegangen bin, wird dir
seinen Engel mitschicken und deine Reise
gelingen lassen. Du wirst schon eine Frau für
meinen Sohn mitbringen aus meiner Ver-
wandtschaft, aus dem Haus meines Vaters.
41 Von dem Eid, den du mir geleistet hast,
sollst du dann entbunden sein, wenn du zu
meinen Verwandten kommst und sie dir kei-
ne Frau geben. In diesem Fall bist du von
dem Eid, den du mir geleistet hast, entbun-
den. 42 So kam ich heute an die Quelle und
sagte: Herr, Gott meines Herrn Abraham,
lass doch die Reise gelingen, auf der ich mich
befinde. 43 Da stehe ich nun an der Quelle.
Kommt ein Mädchen aus der Stadt heraus,
um Wasser zu schöpfen, dann will ich sagen:
Gib mir doch aus deinem Krug ein wenig
Wasser zu trinken! 44 Sagt sie zu mir: Trink
nur! Auch für deine Kamele will ich schöp-
fen!, so soll es die Frau sein, die der Herr für
den Sohn meines Herrn bestimmt hat.
45 Kaum hatte ich so zu mir gesagt, kam auch
schon Rebekka mit dem Krug auf der Schul-
ter heraus, stieg zur Quelle hinunter und
schöpfte. Ich redete sie an: Gib mir doch zu
trinken! 46 Da setzte sie geschwind ihren
Krug ab und sagte: Trink nur! Auch deine
Kamele will ich tränken. Ich trank und sie
gab auch den Kamelen zu trinken. 47 Als ich
sie fragte: Wessen Tochter bist du?, antwor-
tete sie: Die Tochter Betuëls, des Sohnes
Nahors, den ihm Milka gebar. Da legte ich
ihr den Reif an die Nase und die Spangen um
die Arme. 48 Ich verneigte mich, warf mich
vor dem Herrn nieder und pries den Herrn,
den Gott meines Herrn Abraham, der mich
geradewegs hierher geführt hat, um die
Tochter des Bruders meines Herrn für dessen
Sohn zu holen. 49 Jetzt aber sagt mir, ob ihr
geneigt seid, meinem Herrn Wohlwollen und
Vertrauen zu schenken. Wenn nicht, so gebt
mir ebenfalls Bescheid, damit ich mich dann
anderswohin wende.

50 Daraufhin antworteten Laban und Be-
tuël: Die Sache ist vom Herrn ausgegangen.
Wir können dir weder Ja noch Nein sagen.
51 Da, Rebekka steht vor dir. Nimm sie und
geh! Sie soll die Frau des Sohnes deines
Herrn werden, wie der Herr es gefügt hat.
52 Als der Knecht Abrahams ihre Antwort
hörte, warf er sich vor dem Herrn zur Erde
nieder. 53 Dann holte der Knecht silbernen
und goldenen Schmuck und Kleider hervor
und schenkte sie Rebekka. Auch ihrem Bru-
der und ihrer Mutter überreichte er kostbare
Geschenke. 54 Er und die Männer seiner Be-
gleitung aßen und tranken und gingen dann
schlafen. Als sie am Morgen aufstanden, sag-
te der Knecht: Entlasst mich jetzt zu meinem
Herrn! 55 Der Bruder Rebekkas und ihre
Mutter antworteten: Das Mädchen soll noch
eine Zeit lang bei uns bleiben, etwa zehn
Tage, dann mag sie sich auf die Reise bege-
ben. 56 Haltet mich nicht auf, antwortete er
ihnen, der Herr hat meine Reise gelingen las-
sen. Lasst mich also zu meinem Herrn zu-
rückkehren! 57 Sie entgegneten: Wir wollen
das Mädchen rufen und es selbst fragen.
58 Sie riefen Rebekka und fragten sie: Willst
du mit diesem Mann reisen? Ja, antwortete
sie. 59 Da ließen sie ihre Schwester Rebekka
und ihre Amme mit dem Knecht Abrahams
und seinen Leuten ziehen. 60 Sie segneten
Rebekka und sagten zu ihr:

Du, unsere Schwester, / werde Mutter von
tausendmal Zehntausend! / Deine Nachkom-
men sollen besetzen / das Tor ihrer Feinde.

61 Rebekka brach mit ihren Mägden auf.
Sie bestiegen die Kamele und folgten dem
Mann. Der Knecht nahm Rebekka mit und
trat die Rückreise an.

62 Isaak war in die Gegend des Brunnens
von Lahai-Roï gekommen und hatte sich im
Negeb niedergelassen. 63 Eines Tages ging
Isaak gegen Abend hinaus, um sich auf dem
Feld zu beschäftigen. Als er aufblickte, sah
er: Kamele kamen daher. 64 Auch Rebekka
blickte auf und sah Isaak. Sie ließ sich vom
Kamel herunter 65 und fragte den Knecht:
Wer ist der Mann dort, der uns auf dem Feld
entgegenkommt? Der Knecht erwiderte: Das
ist mein Herr. Da nahm sie den Schleier und
verhüllte sich.

66 Der Knecht erzählte Isaak alles, was er
ausgerichtet hatte. 67 Isaak führte Rebekka
in das Zelt seiner Mutter Sara. Er nahm sie
zu sich und sie wurde seine Frau. Isaak ge-
wann sie lieb und tröstete sich so über den
Verlust seiner Mutter.

5: 12,1.4 • 7: 13,14–17; 15,17–21 • 15: 11,27–32 • 60: 22,17.

24,62 Zu diesem Brunnen vgl. 16,13f; 25,11.

Die Nachkommen Abrahams: 25,1–6

25 Abraham nahm sich noch eine andere Frau, namens Ketura. 2 Sie gebar ihm Simran, Jokschan, Medan, Midian, Jischbak und Schuach. 3 Jokschan zeugte Scheba und Dedan. Die Söhne Dedans waren die Aschuriter, die Letuschiter und die Lëummiter. 4 Die Söhne Midians waren Efa, Efer, Henoch, Abida und Eldaga. Sie alle waren Söhne Keturas. 5 Abraham vermachte Isaak alles, was ihm gehörte. 6 Den Söhnen der Nebenfrauen, die er hatte, gab Abraham Geschenke und schickte sie noch zu seinen Lebzeiten weg nach Osten, ins Morgenland, weit weg von seinem Sohn Isaak.

Abrahams Tod und Begräbnis: 25,7–11

7 Das ist die Zahl der Lebensjahre Abrahams: Hundertfünfundsiebzig Jahre wurde er alt, 8 dann verschied er. Er starb in hohem Alter, betagt und lebenssatt, und wurde mit seinen Vorfahren vereint. 9 Seine Söhne Isaak und Ismael begruben ihn in der Höhle von Machpela bei Mamre, auf dem Grundstück des Hetiters Efron, des Sohnes Zohars, 10 auf dem Grundstück, das Abraham von den Hetitern gekauft hatte. Dort sind Abraham und seine Frau Sara begraben. 11 Nach dem Tod Abrahams segnete Gott seinen Sohn Isaak und Isaak ließ sich beim Brunnen Lahai-Roï nieder.

10: 23,16–18

Der Stammbaum der Ismaeliter: 25,12–18

12 Das ist die Geschlechterfolge nach Ismael, dem Sohn Abrahams. Ihn hatte die Ägypterin Hagar, die Magd Saras, Abraham geboren. 13 Das sind die Söhne Ismaels nach ihren Namen und nach ihrer Geschlechterfolge: Der Erstgeborene Ismaels war Nebajot; dann kamen Kedar, Adbeel, Mibsam, 14 Mischma, Duma, Massa, 15 Hadad, Tema, Jetur, Nafisch und Kedma. 16 Das waren die Söhne Ismaels und das waren die Namen, die sie in ihren Siedlungen und Zeltlagern trugen: zwölf Fürsten, je einer für einen Stamm. 17 Und das ist die Zahl der Lebensjahre Ismaels: hundertsiebenunddreißig Jahre. Dann verschied er und wurde mit seinen Vorfahren vereint. 18 Ihr Siedlungsgebiet reichte von Hawila bis Schur, das Ägypten gegenüber an der Straße nach Assur liegt. Über alle seine Brüder fiel er her.

Geburt Esaus und Jakobs: 25,19–26

19 Und das ist die Geschlechterfolge nach Isaak, dem Sohn Abrahams: Abraham zeugte Isaak. 20 Isaak war vierzig Jahre alt, als er Rebekka zur Frau nahm. Sie war die Tochter des Aramäers Betuël aus Paddan-Aram, eine Schwester des Aramäers Laban. 21 Isaak betete zum Herrn für seine Frau, denn sie war kinderlos geblieben, und der Herr ließ sich von ihm erbitten. Als seine Frau Rebekka schwanger war, 22 stießen die Söhne einander im Mutterleib. Da sagte sie: Wenn das so ist, was soll dann aus mir werden? Sie ging, um den Herrn zu befragen. 23 Der Herr gab diese Antwort:

Zwei Völker sind in deinem Leib, / zwei Stämme trennen sich / schon in deinem Schoß. / Ein Stamm ist dem andern überlegen, / der ältere muss dem jüngeren dienen.

24 Als die Zeit ihrer Niederkunft gekommen war, zeigte es sich, dass sie Zwillinge in ihrem Leib trug. 25 Der erste, der kam, war rötlich, über und über mit Haaren bedeckt wie mit einem Fell. Man nannte ihn Esau. 26 Darauf kam sein Bruder; seine Hand hielt die Ferse Esaus fest. Man nannte ihn Jakob (Fersenhalter). Isaak war sechzig Jahre alt, als sie geboren wurden.

Verkauf des Erstgeburtsrechts an Jakob: 25,27–34

27 Die Knaben wuchsen heran. Esau war ein Mann geworden, der sich auf die Jagd verstand, ein Mann des freien Feldes. Jakob dagegen war ein untadeliger Mann und blieb bei den Zelten. 28 Isaak hatte Esau lieber, denn er aß gern Wildbret; Rebekka aber hatte Jakob lieber.

29 Einst hatte Jakob ein Gericht zubereitet, als Esau erschöpft vom Feld kam. 30 Da sagte Esau zu Jakob: Gib mir doch etwas zu essen von dem Roten, von dem Roten da, ich bin ganz erschöpft. Deshalb heißt er Edom (Roter). 31 Jakob gab zur Antwort: Dann verkauf mir jetzt sofort dein Erstgeburtsrecht! 32 Schau, ich sterbe vor Hunger, sagte Esau, was soll mir da das Erstgeburtsrecht? 33 Jakob erwiderte: Schwör mir jetzt sofort! Da schwor er ihm und verkaufte sein Erstgeburtsrecht an Jakob. 34 Darauf gab Jakob dem Esau Brot und Linsengemüse; er aß und trank, stand auf und ging seines Weges. Vom Erstgeburtsrecht aber hielt Esau nichts.

33: Hebr 12,16f.

Isaak in Gerar: 26,1–22

26 Im Land brach eine Hungersnot aus, eine andere als die frühere zur Zeit Abrahams. Isaak begab sich nach Gerar zu Abimelech, dem König der Philister. 2 Da er-

schien ihm der Herr und sprach: Geh nicht
nach Ägypten hinunter, bleib in dem Land
wohnen, das ich dir verspreche. 3 Halte dich
als Fremder in diesem Land auf! Ich will mit
dir sein und dich segnen. Denn dir und dei-
nen Nachkommen gebe ich alle diese Länder
und erfülle den Eid, den ich deinem Vater
Abraham geleistet habe. 4 Ich mache deine
Nachkommen zahlreich wie die Sterne am
Himmel und gebe ihnen alle diese Länder.
Mit deinen Nachkommen werden alle Völker
der Erde sich segnen, 5 weil Abraham auf
meinen Ruf gehört und weil er auf meine An-
ordnungen, Gebote, Satzungen und Weisun-
gen geachtet hat. 6 Isaak blieb also in Ge-
rar.

7 Als sich die Männer des Ortes nach seiner
Frau erkundigten, sagte er: Sie ist meine
Schwester. Er fürchtete sich nämlich zu
sagen: Sie ist meine Frau. Er dachte: Die
Männer des Ortes könnten mich sonst wegen
Rebekka umbringen. Sie war nämlich schön.
8 Nachdem er längere Zeit dort zugebracht
hatte, schaute einmal Abimelech, der König
der Philister, durch das Fenster und sah ge-
rade, wie Isaak seine Frau Rebekka liebkos-
te. 9 Da rief Abimelech Isaak und sagte: Sie
ist ja deine Frau. Wie konntest du behaup-
ten, sie sei deine Schwester? Da antwortete
ihm Isaak: Ich sagte mir: Ich möchte nicht
ihretwegen sterben. 10 Abimelech entgegne-
te: Was hast du uns da angetan? Beinahe
hätte einer der Leute mit deiner Frau ge-
schlafen; dann hättest du über uns Schuld
gebracht. 11 Abimelech ordnete für das ganze
Volk an: Wer diesen Mann oder seine Frau
anrührt, wird mit dem Tod bestraft.

12 Isaak säte in diesem Land und er erntete
in diesem Jahr hundertfältig. Der Herr seg-
nete ihn; 13 der Mann wurde reicher und rei-
cher, bis er sehr wohlhabend war. 14 Er besaß
Schafe, Ziegen und Rinder und zahlreiches
Gesinde, sodass ihn die Philister beneideten.
15 Die Philister schütteten alle Brunnen zu,
die die Knechte zur Zeit seines Vaters Abra-
ham gegraben hatten, und füllten sie mit
Erde. 16 Da sagte Abimelech zu Isaak: Zieh
von uns fort; denn du bist uns viel zu mäch-
tig geworden. 17 Isaak zog fort, schlug sein
Lager im Tal von Gerar auf und ließ sich dort
nieder. 18 Die Brunnen, die man zur Zeit sei-
nes Vaters Abraham gegraben hatte und die
die Philister nach dem Tod Abrahams zuge-
schüttet hatten, ließ Isaak wieder aufgraben
und gab ihnen dieselben Namen, die ihnen
sein Vater gegeben hatte. 19 Die Knechte
Isaaks gruben in der Talsohle und fanden
dort einen Brunnen mit frischem Wasser.
20 Die Hirten von Gerar stritten mit den Hir-
ten Isaaks und behaupteten: Uns gehört das
Wasser. Da nannte er den Brunnen Esek
(Zank), denn sie hatten mit ihm gezankt.
21 Als sie einen anderen Brunnen gruben,
stritten sie auch um ihn; so nannte er ihn Sit-
na (Streit). 22 Darauf brach er von dort auf
und grub wieder einen anderen Brunnen.
Um ihn stritten sie nicht mehr. Da nannte er
ihn Rehobot (Weite) und sagte: Jetzt hat uns
der Herr weiten Raum verschafft und wir
sind im Land fruchtbar geworden.

1–11 ‖ 12,10–20; 20,1–18 • 3: 15,18–21 • 4: 15,5; 12,3; 18,18;
22,18; 28,14.

Isaak in Beerscheba: 26,23–35

23 Von dort zog er nach Beerscheba hinauf.
24 In jener Nacht erschien ihm der Herr und
sprach: Ich bin der Gott deines Vaters Abra-
ham. Fürchte dich nicht, denn ich bin mit
dir. Ich segne dich und mache deine Nach-
kommen zahlreich wegen meines Knechtes
Abraham. 25 Dort baute er einen Altar, rief
den Namen des Herrn an und schlug sein
Zelt auf. Isaaks Knechte hoben dort einen
Brunnen aus.

26 Eines Tages kam zu ihm Abimelech aus
Gerar mit seinem Vertrauten Ahusat und
seinem Feldherrn Pichol. 27 Isaak sagte zu
ihnen: Weshalb kommt ihr zu mir? Ihr seid
mir doch Feind und habt mich aus eurem
Gebiet ausgewiesen. 28 Sie entgegneten: Wir
haben deutlich gesehen, dass der Herr mit
dir ist, und wir dachten: Zwischen uns und
dir sollte ein Eid stehen. Wir wollen mit dir
einen Vertrag schließen: 29 Du wirst uns
nichts Böses zufügen, wie auch wir dich
nicht angetastet haben; wir haben dir nur
Gutes erwiesen und dich in Frieden ziehen
lassen. Du bist nun einmal der Gesegnete des
Herrn. 30 Da bereitete er ihnen ein Mahl und
sie aßen und tranken. 31 Früh am Morgen
standen sie auf und leisteten einander den
Eid. Isaak entließ sie und sie schieden von
ihm in Frieden.

32 Am selben Tag kamen die Knechte
Isaaks und erzählten ihm von dem Brunnen,
den sie gegraben hatten. Sie meldeten ihm:
Wir haben Wasser gefunden. 33 Da nannte er
ihn Schiba (Eid); darum heißt die Stadt bis
auf den heutigen Tag Beerscheba (Eid-
brunn).

34 Als Esau vierzig Jahre alt war, nahm er
Judit, die Tochter des Hetiters Beeri, und
Basemat, die Tochter des Hetiters Elon, zu
Frauen. 35 Sie wurden für Isaak und Re-
bekka Anlass zu bitterem Gram.

33: 21,31.

Der Erstgeburtssegen: 27,1–40

27 Als Isaak alt geworden und seine Augen erloschen waren, sodass er nicht mehr sehen konnte, rief er seinen älteren Sohn Esau und sagte zu ihm: Mein Sohn! Er antwortete: Hier bin ich. 2 Da sagte Isaak: Du siehst, ich bin alt geworden. Ich weiß nicht, wann ich sterbe. 3 Nimm jetzt dein Jagdgerät, deinen Köcher und deinen Bogen, geh aufs Feld und jag mir ein Wild! 4 Bereite mir dann ein leckeres Mahl, wie ich es gern mag, und bring es mir zum Essen, damit ich dich segne, bevor ich sterbe.

5 Rebekka hatte das Gespräch zwischen Isaak und seinem Sohn Esau mit angehört. Als Esau zur Jagd aufs Feld gegangen war, um ein Wild herbeizuschaffen, 6 sagte Rebekka zu ihrem Sohn Jakob: Ich habe gehört, wie dein Vater zu deinem Bruder Esau gesagt hat: 7 Hol mir ein Wild und bereite mir ein leckeres Mahl zum Essen; dann will ich dich vor dem Herrn segnen, bevor ich sterbe. 8 Nun hör genau zu, mein Sohn, was ich dir auftrage: 9 Geh zur Herde und bring mir von dort zwei schöne Ziegenböckchen! Ich will damit ein leckeres Mahl für deinen Vater zubereiten, wie er es gern mag. 10 Du bringst es dann deinem Vater zum Essen, damit er dich vor seinem Tod segnet. 11 Jakob antwortete seiner Mutter Rebekka: Mein Bruder Esau ist aber behaart und ich habe eine glatte Haut. 12 Vielleicht betastet mich mein Vater; dann könnte er meinen, ich hielte ihn zum Besten, und ich brächte Fluch über mich statt Segen. 13 Seine Mutter entgegnete: Dein Fluch komme auf mich, mein Sohn. Hör auf mich, geh und hol mir die Böckchen! 14 Da ging er hin, holte sie und brachte sie seiner Mutter. Sie bereitete ein leckeres Mahl zu, wie es sein Vater gern mochte. 15 Dann holte Rebekka die Feiertagskleider ihres älteren Sohnes Esau, die sie bei sich im Haus hatte, und zog sie ihrem jüngeren Sohn Jakob an. 16 Die Felle der Ziegenböckchen legte sie um seine Hände und um seinen glatten Hals. 17 Dann übergab sie das leckere Essen und das Brot, das sie zubereitet hatte, ihrem Sohn Jakob.

18 Er ging zu seinem Vater hinein und sagte: Mein Vater! Ja, antwortete er, wer bist du, mein Sohn? 19 Jakob entgegnete seinem Vater: Ich bin Esau, dein Erstgeborener. Ich habe getan, wie du mir gesagt hast. Setz dich auf, iss von meinem Wildbret und dann segne mich! 20 Da sagte Isaak zu seinem Sohn: Wie hast du nur so schnell etwas finden können, mein Sohn? Er antwortete: Der Herr, dein Gott, hat es mir entgegenlaufen lassen. 21 Da sagte Isaak zu Jakob: Komm näher heran! Ich will dich betasten, mein Sohn, ob du wirklich mein Sohn Esau bist oder nicht. 22 Jakob trat zu seinem Vater Isaak hin. Isaak betastete ihn und sagte: Die Stimme ist zwar Jakobs Stimme, die Hände aber sind Esaus Hände. 23 Er erkannte ihn nicht, denn Jakobs Hände waren behaart wie die seines Bruders Esau, und so segnete er ihn. 24 Er fragte: Bist du es, mein Sohn Esau? Ja, entgegnete er. 25 Da sagte Isaak: Bring es mir! Ich will von dem Wildbret meines Sohnes essen und dich dann segnen. Jakob brachte es ihm und Isaak aß. Dann reichte er ihm auch Wein und Isaak trank. 26 Nun sagte sein Vater Isaak zu ihm: Komm näher und küss mich, mein Sohn! 27 Er trat näher und küsste ihn. Isaak roch den Duft seiner Kleider, er segnete ihn und sagte:

Ja, mein Sohn duftet wie das Feld, / das der Herr gesegnet hat.

28 Gott gebe dir vom Tau des Himmels, / vom Fett der Erde, viel Korn und Most.

29 Dienen sollen dir die Völker, / Stämme sich vor dir niederwerfen, / Herr sollst du über deine Brüder sein. / Die Söhne deiner Mutter sollen dir huldigen. / Verflucht, wer dich verflucht. / Gesegnet, wer dich segnet.

30 Kaum hatte Isaak Jakob gesegnet und war Jakob von seinem Vater Isaak weggegangen, da kam sein Bruder Esau von der Jagd. 31 Auch er bereitete ein leckeres Mahl, brachte es seinem Vater und sagte zu ihm: Mein Vater richte sich auf und esse von dem Wildbret seines Sohnes, damit du mich dann segnest. 32 Da fragte ihn sein Vater Isaak: Wer bist du? Er antwortete: Ich bin dein Sohn Esau, dein Erstgeborener. 33 Da überkam Isaak ein heftiges Zittern und er fragte: Wer war es denn, der das Wildbret gejagt und es mir gebracht hat? Ich habe von allem gegessen, bevor du gekommen bist, und ich habe ihn gesegnet; gesegnet wird er auch bleiben. 34 Als Esau die Worte seines Vaters hörte, schrie er heftig auf, aufs Äußerste verbittert, und sagte zu seinem Vater: Segne auch mich, Vater! 35 Er entgegnete: Dein Bruder ist mit List gekommen und hat dir den Segen weggenommen. 36 Da sagte Esau: Hat man ihn nicht Jakob (Betrüger) genannt? Er hat mich jetzt schon zweimal betrogen: Mein Erstgeburtsrecht hat er mir genommen, jetzt nimmt er mir auch noch den Segen.

27,36 Der Name Jakob ist mehrdeutig: »Fersenhalter« (vgl. 25,26) und »Betrüger« (vgl. Hos 12,4; Jer 9,3).

Dann sagte er: Hast du mir keinen Segen auf-
gehoben? 37 Isaak antwortete und sagte zu
Esau: Ich habe ihn zum Herrn über dich ge-
macht und alle seine Brüder habe ich ihm als
Knechte gegeben. Auch mit Korn und Most
habe ich ihn versorgt. Was kann ich da noch
für dich tun, mein Sohn? 38 Da sagte Esau zu
seinem Vater: Hattest du denn nur einen ein-
zigen Segen, Vater? Segne auch mich, Vater!
Und Esau begann laut zu weinen. 39 Sein Va-
ter Isaak antwortete ihm und sprach:

Fern vom Fett der Erde musst du wohnen, /
fern vom Tau des Himmels droben.

40 Von deinem Schwert wirst du leben. /
Deinem Bruder wirst du dienen. / Doch
hältst du durch, so streifst du ab / sein Joch
von deinem Nacken.

36–40: Hebr 12,16f.

Jakobs Flucht nach Haran: 27,41 – 28,22

41 Esau war dem Jakob Feind wegen des
Segens, mit dem ihn sein Vater gesegnet hat-
te, und Esau sagte: Es nähern sich die Tage
der Trauer um meinen Vater; dann werde ich
meinen Bruder Jakob umbringen. 42 Als man
Rebekka hinterbrachte, was ihr ältester
Sohn Esau gesagt hatte, ließ sie Jakob, ihren
jüngeren Sohn, rufen und sagte zu ihm: Dein
Bruder Esau will sich an dir rächen und dich
töten. 43 Nun aber, mein Sohn, hör auf mich!
Mach dich auf und flieh zu meinem Bruder
Laban nach Haran! 44 Bleib einige Zeit bei
ihm, bis sich der Groll deines Bruders gelegt
hat. 45 Wenn der Zorn deines Bruders von dir
abgelassen und er vergessen hat, was du ihm
angetan hast, werde ich dich von dort holen
lassen. Warum soll ich euch beide an einem
Tag verlieren?

46 Zu Isaak sagte Rebekka: Mein Leben
ekelt mich wegen der Hetiterinnen. Wenn
Jakob so eine Hetiterin, eine Einheimische,
zur Frau nimmt, was liegt mir dann noch am
Leben?

46: 26,34f.

28 Isaak rief Jakob, segnete ihn und be-
fahl ihm: Nimm keine Kanaaniterin
zur Frau! 2 Mach dich auf, geh nach Paddan-
Aram, zum Haus Betuëls, des Vaters deiner
Mutter! Hol dir von dort eine Frau, eine von
den Töchtern Labans, des Bruders deiner
Mutter! 3 Gott der Allmächtige wird dich
segnen, er wird dich fruchtbar machen und
vermehren: Zu einer Schar von Völkern
wirst du werden. 4 Er wird dir und mit dir
auch deinen Nachkommen den Segen Abra-
hams verleihen, damit du das Land in Besitz
nimmst, in dem du als Fremder lebst, das
aber Gott Abraham gegeben hat. 5 Isaak ver-
abschiedete Jakob und Jakob zog nach Pad-
dan-Aram zu Laban, dem Sohn des Aramä-
ers Betuël. Dieser war der Bruder Rebekkas,
der Mutter Jakobs und Esaus.

6 Esau sah, dass Isaak Jakob segnete und
nach Paddan-Aram schickte, damit er sich
von dort eine Frau holt. Als er ihn segnete,
trug er ihm auf: Nimm dir keine Kanaani-
terin zur Frau! 7 Jakob hörte auf seinen
Vater und seine Mutter und begab sich auf
den Weg nach Paddan-Aram. 8 Als Esau
merkte, dass die Kanaaniterinnen seinem
Vater Isaak nicht gefielen, 9 ging er zu Is-
mael und nahm zu seinen Frauen noch
Mahalat als Frau hinzu, die Schwester
Nebajots, die Tochter Ismaels, des Sohnes
Abrahams.

10 Jakob zog aus Beerscheba weg und ging
nach Haran. 11 Er kam an einen bestimmten
Ort, wo er übernachtete, denn die Sonne war
untergegangen. Er nahm einen von den Stei-
nen dieses Ortes, legte ihn unter seinen Kopf
und schlief dort ein. 12 Da hatte er einen
Traum: Er sah eine Treppe, die auf der Erde
stand und bis zum Himmel reichte. Auf ihr
stiegen Engel Gottes auf und nieder. 13 Und
siehe, der Herr stand oben und sprach: Ich
bin der Herr, der Gott deines Vaters Abra-
ham und der Gott Isaaks. Das Land, auf dem
du liegst, will ich dir und deinen Nachkom-
men geben. 14 Deine Nachkommen werden
zahlreich sein wie der Staub auf der Erde.
Du wirst dich unaufhaltsam ausbreiten nach
Westen und Osten, nach Norden und Süden
und durch dich und deine Nachkommen
werden alle Geschlechter der Erde Segen er-
langen. 15 Ich bin mit dir, ich behüte dich,
wohin du auch gehst, und bringe dich zurück
in dieses Land. Denn ich verlasse dich nicht,
bis ich vollbringe, was ich dir versprochen
habe. 16 Jakob erwachte aus seinem Schlaf
und sagte: Wirklich, der Herr ist an diesem
Ort und ich wusste es nicht. 17 Furcht über-
kam ihn und er sagte: Wie Ehrfurcht gebie-
tend ist doch dieser Ort! Hier ist nichts ande-
res als das Haus Gottes und das Tor des Him-
mels. 18 Jakob stand früh am Morgen auf,
nahm den Stein, den er unter seinen Kopf ge-
legt hatte, stellte ihn als Steinmal auf und
goss Öl darauf. 19 Dann gab er dem Ort den
Namen Bet-El (Gotteshaus). Früher hieß die
Stadt Lus. 20 Jakob machte das Gelübde:
Wenn Gott mit mir ist und mich auf diesem
Weg, den ich eingeschlagen habe, behütet,
wenn er mir Brot zum Essen und Kleider
zum Anziehen gibt, 21 wenn ich wohlbehal-
ten heimkehre in das Haus meines Vaters
und der Herr sich mir als Gott erweist,
22 dann soll der Stein, den ich als Steinmal

aufgestellt habe, ein Gotteshaus werden und
von allem, was du mir schenkst, will ich dir
den zehnten Teil geben.

27,46: 26,34f • 28,3: 17,6–8 • 14: 12,3; 13,16; 18,18; 22,18; 26,4.

Jakobs Frauen und Söhne: 29,1 – 30,24

29 Jakob machte sich auf und zog wei-
ter ins Land der Söhne des Ostens.
2 Eines Tages sah er einen Brunnen auf frei-
em Feld. Dort lagerten drei Herden von
Schafen und Ziegen; denn aus dem Brunnen
tränkte man die Herden. Ein großer Stein lag
über der Brunnenöffnung. 3 Wenn sich dort
alle Herden eingefunden hatten, schob man
den Stein von der Brunnenöffnung und
tränkte das Vieh. Dann schob man den Stein
wieder zurück an seinen Platz über der
Brunnenöffnung. 4 Jakob fragte die Leute
dort: Meine Brüder, woher seid ihr? Aus Ha-
ran, antworteten sie. 5 Da sagte er zu ihnen:
Kennt ihr Laban, den Sohn Nahors? Ja, wir
kennen ihn, antworteten sie. 6 Weiter fragte
er sie: Geht es ihm gut? Sie entgegneten: Ja,
es geht ihm gut. Aber da kommt gerade seine
Tochter Rahel mit der Herde. 7 Da sagte er:
Es ist noch mitten am Tag und nicht die Zeit,
das Vieh zusammenzutreiben. Tränkt doch
die Tiere, dann geht und weidet weiter! 8 Da
sagten sie: Das können wir nicht, bevor nicht
alle Herden sich eingefunden haben. Erst
dann kann man den Stein von der Brunnen-
öffnung wegschieben und die Tiere trän-
ken.

9 Während er sich noch mit ihnen unter-
hielt, war Rahel mit der Herde, die ihrem Va-
ter gehörte, eingetroffen; denn sie war Hir-
tin. 10 Als Jakob Rahel, die Tochter Labans,
des Bruders seiner Mutter, und dessen Herde
sah, trat er hinzu, schob den Stein von der
Brunnenöffnung und tränkte das Vieh La-
bans, des Bruders seiner Mutter. 11 Dann
küsste er Rahel und begann laut zu weinen.
12 Jakob sagte zu Rahel, dass er ein Bruder
ihres Vaters und der Sohn Rebekkas sei. Da
lief sie weg und erzählte es ihrem Vater.
13 Als Laban von Jakob, dem Sohn seiner
Schwester, hörte, lief er ihm entgegen; er
umarmte und küsste ihn und führte ihn in
sein Haus. Jakob erzählte Laban die ganze
Geschichte. 14 Da erwiderte ihm Laban: Du
bist wirklich mein Bein und mein Fleisch.

Als Jakob etwa einen Monat bei ihm ge-
blieben war, 15 sagte Laban zu ihm: Sollst du
mir umsonst dienen, weil du mein Bruder
bist? Sag mir, welchen Lohn du haben willst.
16 Laban hatte zwei Töchter; die ältere hieß
Lea, die jüngere Rahel. 17 Die Augen Leas
waren matt, Rahel aber war schön von Ge-
stalt und hatte ein schönes Gesicht. 18 Jakob
hatte Rahel lieb und so sagte er: Ich will dir
um die jüngere Tochter Rahel sieben Jahre
dienen. 19 Laban entgegnete: Es ist besser,
ich gebe sie dir als einem anderen. Bleib bei
mir! 20 Jakob diente also um Rahel sieben
Jahre. Weil er sie liebte, kamen sie ihm wie
wenige Tage vor. 21 Dann aber sagte er zu
Laban: Gib mir jetzt meine Frau; denn meine
Zeit ist um und ich will nun zu ihr gehen.
22 Da ließ Laban alle Männer des Ortes zu-
sammenkommen und veranstaltete ein Fest-
mahl. 23 Am Abend nahm er aber seine Toch-
ter Lea, führte sie zu ihm und Jakob wohnte
ihr bei. 24 Laban gab seine Magd Silpa seiner
Tochter Lea zur Magd. 25 Am Morgen stellte
sich heraus: Es war Lea. Da sagte Jakob zu
Laban: Was hast du mir angetan? Habe ich
dir denn nicht um Rahel gedient? Warum
hast du mich hintergangen? 26 Laban erwi-
derte: Es ist hierzulande nicht üblich, die
Jüngere vor der Älteren zur Ehe zu geben.
27 Verbring mit dieser noch die Brautwoche,
dann soll dir auch die andere gehören um
weitere sieben Jahre Dienst. 28 Jakob ging
darauf ein. Er verbrachte mit Lea die Braut-
woche, dann gab ihm Laban seine Tochter
Rahel zur Frau. 29 Laban gab seine Magd
Bilha seiner Tochter Rahel zur Magd. 30 Ja-
kob wohnte Rahel ebenfalls bei und er liebte
Rahel mehr als Lea. Er blieb noch weitere
sieben Jahre bei Laban im Dienst.

31 Als der Herr sah, dass Lea zurückgesetzt
wurde, öffnete er ihren Mutterschoß, Rahel
aber blieb unfruchtbar. 32 Lea wurde
schwanger und gebar einen Sohn. Sie nannte
ihn Ruben (Seht, ein Sohn!); denn sie sagte:
Der Herr hat mein Elend gesehen. Jetzt wird
mein Mann mich lieben. 33 Sie wurde aber-
mals schwanger und gebar einen Sohn. Da
sagte sie: Der Herr hat gehört, dass ich zu-
rückgesetzt bin, und hat mir auch noch die-
sen geschenkt. Sie nannte ihn Simeon (Hö-
rer). 34 Sie wurde noch einmal schwanger
und gebar einen Sohn. Da sagte sie: Jetzt
endlich wird mein Mann an mir hängen,
denn ich habe ihm drei Söhne geboren.
Darum nannte sie ihn Levi (Anhang).
35 Abermals wurde sie schwanger und gebar

29,1 – 30,24 Jakobs Ehe mit zwei Schwestern widerspricht Lev 18,18, wird aber vor der Gesetzgebung vom Sinai nicht beanstandet. Zu den Söhnen von den zwei Mägden vgl. die Anmerkung zu 16,2.

29,14 Zu der Redensart vgl. die Anmerkung zu 2,21–23.

einen Sohn. Da sagte sie: Diesmal will ich
dem Herrn danken. Darum nannte sie ihn
Juda (Dank). Dann bekam sie keine Kinder
mehr.
30 Als Rahel sah, dass sie Jakob keine
Kinder gebar, wurde sie eifersüchtig
auf ihre Schwester. Sie sagte zu Jakob: Ver-
schaff mir Söhne! Wenn nicht, sterbe ich.
2 Da wurde Jakob zornig auf Rahel und sag-
te: Nehme ich etwa die Stelle Gottes ein, der
dir die Leibesfrucht versagt? 3 Sie antworte-
te: Da ist meine Magd Bilha. Geh zu ihr! Sie
soll auf meine Knie gebären, dann komme
auch ich durch sie zu Kindern. 4 Sie gab ihm
also ihre Magd Bilha zur Frau und Jakob
ging zu ihr. 5 Bilha wurde schwanger und ge-
bar Jakob einen Sohn. 6 Rahel sagte: Gott
hat mir Recht verschafft; er hat auch meine
Stimme gehört und mir einen Sohn ge-
schenkt. Deshalb nannte sie ihn Dan (Rich-
ter). 7 Bilha, Rahels Magd, wurde abermals
schwanger und gebar Jakob einen zweiten
Sohn. 8 Da sagte Rahel: Gotteskämpfe habe
ich ausgestanden mit meiner Schwester und
ich habe mich durchgesetzt. So nannte sie
ihn Naftali (Kämpfer).
9 Als Lea sah, dass sie keine Kinder mehr
bekam, nahm sie ihre Magd Silpa und gab sie
Jakob zur Frau. 10 Leas Magd Silpa gebar Ja-
kob einen Sohn. 11 Da sprach Lea: Glück auf!
So nannte sie ihn Gad (Glück). 12 Als Leas
Magd Silpa Jakob einen zweiten Sohn gebar,
13 sagte Lea: Mir zum Glück! Denn die
Frauen werden mich beglückwünschen. So
nannte sie ihn Ascher (Glückskind).
14 Einst ging Ruben zur Zeit der Weizen-
ernte weg und fand auf dem Feld Alraunen.
Er brachte sie seiner Mutter Lea mit. Da sag-
te Rahel zu Lea: Gib mir doch ein paar von
den Alraunen deines Sohnes! 15 Sie aber er-
widerte ihr: Ist es dir nicht genug, mir mei-
nen Mann wegzunehmen? Nun willst du mir
auch noch die Alraunen meines Sohnes neh-
men? Da entgegnete Rahel: Gut, dann soll
Jakob für die Alraunen deines Sohnes heute
Nacht bei dir schlafen. 16 Als Jakob am
Abend vom Feld kam, ging ihm Lea entgegen
und sagte: Zu mir musst du kommen! Ich
habe dich nämlich erworben um den Preis
der Alraunen meines Sohnes. So schlief er in
jener Nacht bei ihr. 17 Gott erhörte Lea. Sie
wurde schwanger und gebar Jakob einen
fünften Sohn. 18 Da sagte Lea: Gott hat mich
dafür belohnt, dass ich meine Magd meinem
Mann gegeben habe. Sie nannte ihn Issachar
(Lohn). 19 Noch einmal wurde Lea schwan-
ger und gebar Jakob einen sechsten Sohn.
20 Da sagte Lea: Gott hat mich mit einem
schönen Geschenk bedacht. Jetzt endlich
wird mein Mann bei mir bleiben, da ich ihm
doch sechs Söhne geboren habe. Sie nannte
ihn also Sebulon (Bleibe). 21 Schließlich ge-
bar sie eine Tochter und nannte sie Dina.
22 Nun erinnerte sich Gott an Rahel. Gott
erhörte sie und öffnete ihren Mutterschoß.
23 Sie wurde schwanger und gebar einen
Sohn. Da sagte sie: Gott hat die Schande von
mir genommen. 24 Sie nannte ihn Josef (Zu-
füger) und sagte: Der Herr gebe mir noch
einen anderen Sohn hinzu.

29,20: Hos 12,13.

Jakobs List gegen Laban: 30,25–43

25 Nachdem Rahel Josef geboren hatte,
sagte Jakob zu Laban: Entlass mich! Ich will
in meine Heimat ziehen. 26 Gib mir meine
Frauen und Kinder, um die ich dir gedient
habe, damit ich gehen kann. Du weißt ja um
meinen Dienst, den ich dir geleistet habe.
27 Laban antwortete ihm: Wenn ich nur dein
Wohlwollen finde! Ich stand unter günstigen
Vorzeichen und der Herr hat mich deinetwe-
gen gesegnet. 28 Weiter sagte er: Bestimm
selbst deinen Lohn und ich werde ihn dir
aushändigen. 29 Da sagte Jakob zu ihm: Du
weißt um meinen Dienst und um dein Vieh,
das mir anvertraut war. 30 Das wenige, das
du hattest, bevor ich kam, hat sich gewaltig
vermehrt und der Herr hat dich gesegnet für
jeden meiner Schritte. Und jetzt – wann wer-
de auch ich etwas für mein eigenes Haus tun
können? 31 Da sagte Laban: Was soll ich dir
geben? Du brauchst mir weiter nichts zu ge-
ben, antwortete Jakob, wenn du mit folgen-
dem Vorschlag einverstanden bist: Ich will
dein Vieh weiterhin weiden und hüten. 32 Ich
will heute unter deinem Vieh umhergehen.
Und du sondere dort alle schwarz gespren-
kelten oder schwarz scheckigen und alle
dunklen Schafe aus, ebenso die weiß sche-
ckigen und weiß gesprenkelten Ziegen. Das
soll mein Lohn sein. 33 Morgen soll meine
Redlichkeit offenbar werden, wenn du
kommst, meinen Lohn zu besehen: Alles, was
nicht weiß gesprenkelt und weiß scheckig
unter den Ziegen und dunkel unter den Läm-
mern ist, das soll als von mir gestohlen gel-
ten. 34 Gut, sagte Laban, wie du gesagt hast,
soll es geschehen.

30,3 Die Adoptivmutter nimmt das Kind der Magd unmittelbar nach der Geburt auf ihre Knie zum Zeichen dafür, dass sie es als ihr eigenes annimmt (vgl. 50,23).

30,32 Der Sinn des Verses ist in H nicht klar.

35 Am selben Tag noch sonderte er die hell gestreiften und weiß scheckigen Ziegenböcke aus und alle weiß gesprenkelten und weiß scheckigen Ziegen, alles, an dem etwas Weißes war, und alles Dunkle unter den Lämmern und übergab es seinen Söhnen. 36 Dann entfernte er sich drei Tagesmärsche von Jakob, der das übrige Vieh Labans weidete. 37 Nun holte sich Jakob frische Ruten von Silberpappeln, Mandelbäumen und Platanen, schälte weiße Streifen heraus und legte so das Weiße an den Ruten bloß. 38 Die geschälten Ruten legte er in die Tröge, in die Wasserrinnen, zu denen die Tiere zur Tränke kamen, gerade vor die Tiere hin. Die Tiere begatteten sich, wenn sie zur Tränke kamen. 39 Hatten sich die Tiere vor den Ruten begattet, so warfen sie gestreifte, gesprenkelte und scheckige Junge. 40 Die Lämmer teilte Jakob auf. Er richtete den Blick der Tiere auf das Gestreifte und alles Dunkle in der Herde Labans. So legte er sich selbst Herden zu und tat sie nicht zum Vieh Labans. 41 Jedes Mal nun, wenn sich die kräftigen Tiere begatteten, legte Jakob die Ruten in die Tröge, sodass die Tiere sie vor Augen hatten, wenn sie sich begatteten. 42 Bei den schwächlichen Tieren aber legte er sie nicht hin. So wurden die schwächlichen Labans, die kräftigen dagegen Jakobs Eigentum, 43 und der Mann wurde überaus reich; er besaß eine Menge Schafe und Ziegen, Mägde und Knechte, Kamele und Esel.

Jakobs Trennung von Laban: 31,1 – 32,1

31 Jakob hatte erfahren, dass die Söhne Labans sagten: Jakob hat alles, was unserem Vater gehört, weggenommen; auf Kosten unseres Vaters hat er sich so bereichert. 2 Jakob sah Laban ins Gesicht: Laban war ihm nicht mehr zugetan wie früher. 3 Da sagte der Herr zu Jakob: Kehr zurück in das Land deiner Väter und zu deiner Verwandtschaft! Ich bin mit dir. 4 Jakob ließ Rahel und Lea auf das Feld zu seiner Herde rufen 5 und sagte zu ihnen: Ich sehe am Gesicht eures Vaters, dass er mir nicht mehr so gesinnt ist wie früher. Aber der Gott meines Vaters war mit mir. 6 Ihr wisst, dass ich mit allen Kräften eurem Vater gedient habe. 7 Aber euer Vater hat mich hintergangen und meinen Lohn zehnmal geändert; Gott freilich hat ihn daran gehindert, mich zu schädigen. 8 Sagte er, die Gesprenkelten sollen dein Lohn sein, dann warfen alle Tiere gesprenkelte Junge; sagte er, die Gestreiften sollen dein Lohn sein, dann warfen alle Tiere gestreifte Junge. 9 Gott hat eurem Vater den Viehbestand entzogen und ihn mir gegeben. 10 Zur Zeit, da die Tiere brünstig waren, hatte ich einen Traum; ich sah: Gestreifte, gesprenkelte und fleckige Böcke besprangen die Tiere. 11 Der Engel Gottes sprach im Traum zu mir: Jakob! Ich antwortete: Hier bin ich. 12 Dann sprach er: Schau hin: Alle Böcke, welche die Tiere bespringen, sind gestreift, gesprenkelt oder gefleckt. Ich habe nämlich alles gesehen, was dir Laban antut. 13 Ich bin der Gott von Bet-El, wo du das Steinmal gesalbt und mir ein Gelübde gemacht hast. Jetzt auf, zieh fort aus diesem Land und kehr in deine Heimat zurück! 14 Rahel und Lea antworteten ihm: Haben wir noch Anteil oder Erbe im Haus unseres Vaters? 15 Gelten wir ihm nicht wie Fremde? Er hat uns ja verkauft und sogar unser Geld aufgezehrt. 16 Ja, der ganze Reichtum, den Gott unserem Vater weggenommen hat, uns gehört er und unseren Söhnen. Nun also, tu jetzt alles, was Gott dir gesagt hat. 17 Da machte sich Jakob auf, hob seine Söhne und Frauen auf die Kamele 18 und führte sein ganzes Vieh fort, seinen ganzen Besitz an Vieh, den er in Paddan-Aram erworben hatte, um zu seinem Vater Isaak nach Kanaan zurückzukehren.

19 Laban war weggegangen, um seine Schafe zu scheren; da stahl Rahel die Götterbilder ihres Vaters, 20 und Jakob überlistete den Aramäer Laban: Er verriet ihm nicht, dass er sich davonmachen wollte. 21 Mit allem, was ihm gehörte, machte er sich auf und davon. Er überquerte den Strom (den Eufrat) und schlug die Richtung zum Gebirge von Gilead ein. 22 Am dritten Tag meldete man Laban, Jakob sei auf und davon. 23 Da nahm Laban seine Brüder mit und jagte ihm sieben Tage lang nach. Im Gebirge von Gilead war er ihm schon ganz nahe. 24 Gott aber kam in einem nächtlichen Traum zum Aramäer Laban und sprach zu ihm: Hüte dich, Jakob auch nur das Geringste vorzuwerfen.

25 Laban holte Jakob ein, als dieser gerade im Gebirge die Zelte aufgeschlagen hatte. Da schlug auch Laban mit seinen Brüdern im Gebirge von Gilead die Zelte auf. 26 Laban sagte nun zu Jakob: Was hast du getan? Du hast mich überlistet und meine Töchter wie

---

30,40 Der zweite Satz des Verses ist in H unklar.

31,19 Die Schafschur war mit einem Fest verbunden. Laban war daher abgelenkt und für Jakob war das eine günstige Gelegenheit zur Flucht. Nach dem in der Heimat Labans geltenden Erbrecht gehen die Bilder der Familiengötter in den Besitz des Erben über. Durch die Mitnahme der Familiengötter beansprucht Rahel also das Erbrecht.

Kriegsgefangene weggeführt. 27 Warum hast
du mir verheimlicht, dass du dich davonma-
chen wolltest, und warum hast du mich
überlistet und mir nichts gesagt? Ich hätte
dir gern das Geleit gegeben mit Gesang, Pau-
ken und Harfen. 28 Du hast mir aber nicht
einmal gestattet, meine Söhne und Töchter
zu küssen. Da hast du töricht gehandelt.
29 Es stünde in meiner Macht, euch Schlim-
mes anzutun; aber der Gott eures Vaters hat
mir gestern Nacht gesagt: Hüte dich, Jakob
auch nur das Geringste vorzuwerfen. 30 Nun
bist du also fortgezogen, weil du Heimweh
hattest nach deinem Vaterhaus. Aber warum
hast du meine Götter gestohlen? 31 Jakob er-
widerte Laban: Ich fürchtete mich und mein-
te, du könntest mir deine Töchter wegneh-
men. 32 Bei wem du aber deine Götter fin-
dest, der soll nicht am Leben bleiben. In Ge-
genwart unserer Brüder durchsuche, was ich
habe, und nimm, was dein ist. Jakob wusste
nicht, dass Rahel die Götter gestohlen hatte.
33 Laban betrat das Zelt Jakobs, das Zelt der
Lea und das der beiden Mägde, fand aber
nichts. Vom Zelt der Lea ging er in das Zelt
Rahels. 34 Rahel hatte die Götterbilder ge-
nommen, sie in die Satteltasche des Kamels
gelegt und sich darauf gesetzt. Laban durch-
stöberte das ganze Zelt, fand aber nichts.
35 Rahel aber sagte zu ihrem Vater: Sei nicht
böse, mein Herr! Ich kann vor dir nicht auf-
stehen, es geht mir gerade, wie es eben Frau-
en ergeht. Er suchte weiter, die Götterbilder
aber fand er nicht.

36 Da wurde Jakob zornig und begann mit
Laban zu streiten. Jakob ergriff das Wort
und sagte zu Laban: Was habe ich verbro-
chen, was habe ich Unrechtes getan, dass du
mir nachhetzt? 37 Alle meine Sachen hast du
durchstöbert. Was hast du gefunden an Sa-
chen, die zu deinem Haus gehören? Leg sie
her vor meine und deine Brüder und sie
sollen zwischen uns beiden entscheiden.
38 Schon zwanzig Jahre bin ich bei dir. Deine
Schafe und Ziegen hatten keinen Fehlwurf.
Die Böcke deiner Herde habe ich nicht auf-
gezehrt. 39 Gerissenes Vieh habe ich dir nicht
gebracht; ich habe es selbst ersetzt. Du hät-
test ja doch Ersatz gefordert, ob es mir nun
bei Tag oder bei Nacht abhanden kam. 40 So
ging es mir: Bei Tag fraß mich die Hitze, der
Frost bei Nacht und der Schlaf floh meine
Augen. 41 Schon zwanzig Jahre diene ich in
deinem Haus, vierzehn Jahre um deine bei-
den Töchter und sechs Jahre um dein Vieh.
Du aber hast meinen Lohn zehnmal geän-
dert. 42 Wäre nicht der Gott meines Vaters,
der Gott Abrahams und der Schrecken
Isaaks, für mich eingetreten, dann hättest du
mich jetzt mit leeren Händen weggeschickt.
Doch Gott hat mein Elend und die Mühe
meiner Hände gesehen und gestern Nacht
hat er entschieden. 43 Darauf ergriff Laban
das Wort und sagte zu Jakob: Die Töchter
sind meine Töchter und die Söhne sind mei-
ne Söhne und das Vieh ist mein Vieh und al-
les, was du siehst, gehört mir. Was kann ich
heute für meine Töchter tun oder für die
Söhne, die sie geboren haben? 44 Jetzt aber
komm, wir wollen einen Vertrag schließen,
ich und du. Der Vertrag soll Zeuge sein zwi-
schen mir und dir. 45 Da nahm Jakob einen
Stein und richtete ihn als Steinmal auf. 46 Ja-
kob sagte zu seinen Brüdern: Tragt Steine
zusammen! Da holten sie Steine und legten
einen Steinhügel an. Dort auf dem Steinhü-
gel aßen sie. 47 Laban nannte ihn Jegar-Sa-
haduta und Jakob nannte ihn Gal-Ed.
48 Dieser Steinhügel, sagte Laban, soll heute
Zeuge sein zwischen mir und dir. Darum gab
er ihm den Namen Gal-Ed (Zeugenhügel)
49 und Mizpa (Spähturm), weil er sagte: Der
Herr sei Späher zwischen mir und dir, wenn
wir voneinander nichts mehr wissen. 50 Soll-
test du meine Töchter schlecht behandeln
oder dir außer meinen Töchtern noch andere
Frauen nehmen – auch wenn kein Mensch
bei uns ist: Sieh, Gott ist Zeuge zwischen mir
und dir. 51 Weiter sagte Laban zu Jakob:
Hier, dieser Steinhügel, hier, dieses Stein-
mal, das ich zwischen mir und dir errichtet
habe – 52 Zeuge sei dieser Steinhügel. Zeuge
sei dieses Steinmal: Nie will ich diesen
Steinhügel in böser Absicht gegen dich über-
schreiten und nie sollst du diesen Stein-
hügel oder dieses Steinmal in böser Absicht
gegen mich überschreiten. 53 Der Gott Abra-
hams und der Gott Nahors seien Richter zwi-
schen uns. Da leistete Jakob einen Eid beim
Schrecken seines Vaters Isaak. 54 Dann
schlachtete Jakob auf dem Berg ein Opfer-
tier und lud seine Brüder zum Mahl ein. Sie
aßen und verbrachten die Nacht auf dem
Berg.

31,28 Söhne: hier im Sinn von »Enkel«.

31,33–35 Aus der Erzählung klingt eine Verspottung der heidnischen Götter heraus.

31,37 Brüder: hier im Sinn von »Verwandte«.

31,42 »Schrecken Isaaks« ist ein altertümlicher Gottesname.

31,49 Gott soll wie ein Späher darüber wachen, dass beide den Vertrag einhalten.

31,53 zwischen uns: H fügt hinzu »der Gott ihrer Väter«, was G mit Recht weglässt. – Zu »Schrecken seines Vaters« vgl. V. 42 und die dortige Anmerkung.

32 Früh am Morgen stand Laban auf,
küsste seine Söhne und Töchter und
segnete sie. Dann machte er sich auf den Weg
und kehrte nach Hause zurück.

31,13: 28,18.20.

Die Boten und Geschenke für Esau:
32,2–22

2 Auch Jakob zog seines Weges. Da begeg-
neten ihm Engel Gottes. 3 Als Jakob sie er-
blickte, sagte er: Das ist das Heerlager Got-
tes. Dem Ort gab er darum den Namen Ma-
hanajim (Doppellager).
4 Jakob sandte Boten vor sich her zu sei-
nem Bruder Esau nach Seïr, in das Gebiet
von Edom. 5 Er trug ihnen auf: Ihr sollt Esau,
meinem Herrn, sagen: So sagt dein Knecht
Jakob: Bei Laban habe ich mich aufgehalten
und bin bis jetzt ausgeblieben. 6 Ich habe
Ochsen und Esel, Schafe und Ziegen, Knech-
te und Mägde. Ich gebe nun meinem Herrn
durch Boten Nachricht, um dein Wohlwollen
zu finden.
7 Die Boten kehrten zu Jakob zurück und
berichteten: Als wir zu deinem Bruder Esau
kamen, war auch er schon unterwegs zu dir.
Vierhundert Mann hat er bei sich. 8 Jakob
wurde angst und bange. Er teilte seine Leute,
die Schafe und Ziegen, die Rinder und
Kamele auf zwei Lager auf 9 und sagte:
Wenn Esau zu dem einen Lager kommt und
es niedermacht, dann kann das andere Lager
entkommen. 10 Und Jakob sagte: Du Gott
meines Vaters Abraham und Gott meines
Vaters Isaak, Herr, du hast mir gesagt: Kehr
in deine Heimat und zu deiner Verwandt-
schaft zurück; ich werde es dir gut gehen
lassen. 11 Ich bin nicht wert all der Huld-
erweise und all der Treue, die du deinem
Knecht erwiesen hast. Denn nur mit einem
Stab habe ich den Jordan dort überschritten
und jetzt sind aus mir zwei Lager geworden.
12 Entreiß mich doch der Hand meines Bru-
ders, der Hand Esaus! Ich fürchte nämlich,
er könnte kommen und mich erschlagen,
Mutter und Kinder. 13 Du hast doch gesagt:
Ich will es dir gut gehen lassen und will deine
Nachkommen zahlreich machen wie den
Sand am Meer, den niemand zählen kann vor
Menge.
14 Er brachte dort jene Nacht zu. Dann
stellte er von allem, was er gerade zur Hand
hatte, ein Geschenk für seinen Bruder Esau
zusammen: 15 zweihundert Ziegen und zwan-
zig Böcke, zweihundert Mutterschafe und
zwanzig Widder, 16 dreißig säugende Kamele
mit ihren Jungen, vierzig Kühe und zehn
Stiere, zwanzig Eselinnen und zehn Esel.
17 Er übergab sie, nach Herden gesondert,
seinen Knechten und sagte zu ihnen: Zieht
mir voraus und haltet zwischen den einzel-
nen Herden Abstand. 18 Dem ersten trug er
auf: Wenn du auf meinen Bruder Esau triffst
und er dich ausfragt: Zu wem gehörst du, wo-
hin gehst du und wem gehört das da vor dir?,
19 dann sag: Deinem Knecht Jakob. Ein Ge-
schenk ist es, gesandt an meinen Herrn, an
Esau. Schau, dort hinter uns kommt er auch
schon selbst. 20 Auch dem zweiten und drit-
ten, allen, die hinter den einzelnen Herden
schritten, trug er auf: Im gleichen Sinn redet
mit Esau, wenn ihr ihn trefft. 21 Sagt: Schau,
dort kommt dein Knecht Jakob auch schon
hinter uns. Denn Jakob sagte sich: Ich will
ihn mit der geschenkten Herde, die vor mir
herzieht, beschwichtigen und ihm dann erst
unter die Augen treten. Vielleicht nimmt er
mich freundlich auf. 22 Die Herde, die er
schenken wollte, zog ihm also voraus, er aber
brachte jene Nacht im Lager zu.

10: 31,3 • 13: 32,10; 22,17; 28,14.

Jakobs Kampf mit Gott: 32,23–33

23 In derselben Nacht stand er auf, nahm
seine beiden Frauen, seine beiden Mägde so-
wie seine elf Söhne und durchschritt die Furt
des Jabbok. 24 Er nahm sie und ließ sie den
Fluss überqueren. Dann schaffte er alles hi-
nüber, was ihm sonst noch gehörte. 25 Als nur
noch er allein zurückgeblieben war, rang mit
ihm ein Mann, bis die Morgenröte aufstieg.
26 Als der Mann sah, dass er ihm nicht bei-
kommen konnte, schlug er ihn aufs Hüftge-
lenk. Jakobs Hüftgelenk renkte sich aus, als
er mit ihm rang. 27 Der Mann sagte: Lass
mich los; denn die Morgenröte ist aufgestie-
gen. Jakob aber entgegnete: Ich lasse dich
nicht los, wenn du mich nicht segnest. 28 Je-
ner fragte: Wie heißt du? Jakob, antwortete
er. 29 Da sprach der Mann: Nicht mehr Jakob
wird man dich nennen, sondern Israel (Got-
tesstreiter); denn mit Gott und Menschen
hast du gestritten und hast gewonnen.
30 Nun fragte Jakob: Nenne mir doch deinen

32,25–33 In dieser Erzählung sind drei alte Traditionen miteinander verwoben: 1. eine von der Umbenennung des Namens Jakob in Israel (vgl. 35,9f); 2. eine, die die Herkunft des Ortsnamens Penuël erklärt (Gottesgesicht); 3. eine, die den sonderbaren Brauch begründet, den Muskelstrang über dem Hüftgelenk der Tiere nicht zu essen. Der unbekannte »Mann« war vielleicht in der vorisraelitischen Form der Erzählung ein dämonisches Wesen; die israelitische Tradition erkennt in ihm Gott selbst oder zumindest ein himmlisches Wesen, einen Engel.

Namen! Jener entgegnete: Was fragst du
mich nach meinem Namen? Dann segnete er
ihn dort. 31 Jakob gab dem Ort den Namen
Penuël (Gottesgesicht) und sagte: Ich habe
Gott von Angesicht zu Angesicht gesehen
und bin doch mit dem Leben davongekom-
men.

32 Die Sonne schien bereits auf ihn, als er
durch Penuël zog; er hinkte an seiner Hüfte.
33 Darum essen die Israeliten den Muskel-
strang über dem Hüftgelenk nicht bis auf
den heutigen Tag; denn er hat Jakob aufs
Hüftgelenk, auf den Hüftmuskel geschla-
gen.

Jakobs Versöhnung mit Esau: 33,1–20

33 Jakob blickte auf und sah: Esau kam
und mit ihm vierhundert Mann. Da
verteilte er die Kinder auf Lea und Rahel
und auf die beiden Mägde. 2 Die Mägde und
deren Kinder stellte er vorn hin, dahinter
Lea und ihre Kinder und zuletzt Rahel und
Josef. 3 Er trat vor und warf sich siebenmal
zur Erde nieder, bis er vor seinem Bruder
stand. 4 Esau lief ihm entgegen, umarmte ihn
und fiel ihm um den Hals; er küsste ihn und
sie weinten. 5 Dann blickte Esau auf und sah
die Frauen mit den Kindern. Er fragte: Wer
sind die dort bei dir? Die Kinder, erwiderte
er, die Gott deinem Knecht aus Wohlwollen
geschenkt hat.

6 Die Mägde und ihre Kinder kamen näher
und warfen sich nieder. 7 Dann kamen auch
Lea und ihre Kinder und warfen sich nieder
und zuletzt kamen Josef und Rahel und war-
fen sich nieder. 8 Da fragte Esau: Was willst
du mit dem ganzen Auftrieb dort, auf den ich
gestoßen bin? Jakob erwiderte: Ich wollte
das Wohlwollen meines Herrn finden. 9 Da-
rauf sagte Esau: Ich habe selber genug, Bru-
der. Behalte, was dir gehört. 10 Nicht doch,
entgegnete Jakob, wenn ich dein Wohlwol-
len gefunden habe, dann nimm das Geschenk
aus meiner Hand an! Denn dafür habe ich
dein Angesicht gesehen, wie man das Ange-
sicht Gottes sieht, und du bist mir wohlwol-
lend begegnet. 11 Nimm doch mein Begrü-
ßungsgeschenk an, das man dir überbracht
hat. Denn Gott hat mir Wohlwollen erwiesen
und ich habe alles, was ich brauche. Er
drängte ihn, bis er annahm.

12 Darauf machte Esau den Vorschlag:
Brechen wir auf und ziehen wir weiter. Ich
will an deiner Seite ziehen. 13 Jakob entgeg-
nete ihm: Mein Herr weiß, dass die Kinder
noch Schonung brauchen; auch habe ich für
säugende Schafe und Rinder zu sorgen.
Überanstrengt man sie nur einen einzigen
Tag, so geht das ganze Vieh ein. 14 Mein Herr
ziehe doch seinem Knecht voraus. Ich aber
will mich dem gemächlichen Gang der Vieh-
herden vor mir und dem Schritt der Kinder
anpassen, bis ich zu meinem Herrn nach Seïr
komme. 15 Darauf sagte Esau: Ich will dir ei-
nige von meinen Leuten zuweisen. Wozu?,
erwiderte Jakob, ich finde ja das Wohlwollen
meines Herrn.

16 Esau kehrte an jenem Tag um und zog
nach Seïr zurück. 17 Jakob brach nach Suk-
kot auf. Er baute sich ein Haus und für sein
Vieh errichtete er Hütten. Darum gab er dem
Ort den Namen Sukkot (Hütten). 18 Jakob
gelangte, als er aus Paddan-Aram kam,
wohlbehalten bis Sichem in Kanaan und
schlug vor der Stadt sein Lager auf. 19 Das
Grundstück, auf dem er sein Zelt aufspann-
te, erwarb er von den Söhnen Hamors, des
Vaters von Sichem, für hundert Kesita.
20 Dort errichtete er einen Altar und nannte
ihn: Gott, der Gott Israels.

Die Rache der Jakobssöhne
an den Sichemiten: 34,1–31

34 Dina, die Tochter, die Lea Jakob ge-
boren hatte, ging aus, um sich die
Töchter des Landes anzusehen. 2 Sichem, der
Sohn des Hiwiters Hamor, des Landesfürs-
ten, erblickte sie; er ergriff sie, legte sich zu
ihr und vergewaltigte sie. 3 Er fasste Zunei-
gung zu Dina, der Tochter Jakobs, er liebte
das Mädchen und redete ihm gut zu. 4 Zu sei-
nem Vater Hamor sagte Sichem: Nimm mir
dieses Mädchen zur Frau!

5 Jakob hörte, dass man seine Tochter
Dina entehrt hatte. Seine Söhne waren gera-
de auf dem Feld bei seiner Herde und so be-
hielt Jakob die Sache für sich bis zu ihrer
Rückkehr. 6 Inzwischen kam Hamor, der Va-
ter Sichems, zu Jakob heraus, um mit ihm
darüber zu reden. 7 Als Jakobs Söhne vom
Feld kamen und davon erfuhren, empfanden
sie das als Beleidigung und wurden sehr zor-
nig; eine Schandtat hatte Sichem an Israel
begangen, weil er der Tochter Jakobs bei-
wohnte; so etwas darf man nicht tun.

8 Hamor redete mit ihnen und sagte: Mein

34,1–31 Vergewaltigung einer Frau gilt noch heute bei den Beduinen als ein dem Mord gleichwertiges Verbrechen und löst Blutrache aus. Das Verwerfliche der Tat der Jakobsöhne an den Sichemiten ist nicht die Blutrache an sich, sondern der Vollzug der Blutrache, obwohl bereits Ausgleichsverhandlungen zum erfolgreichen Abschluss gekommen sind, die einem Verzicht auf Blutrache gleichkommen. Zur Blutrache nach Vergewaltigung einer Frau vgl. auch 2 Sam 13.

Sohn Sichem hat zu eurer Tochter Zunei-
gung gefasst. Gebt sie ihm doch zur Frau!
9 Verschwägern wir uns; gebt uns eure Töch-
ter und nehmt die unseren! 10 Ihr könnt euch
bei uns ansiedeln und das Land steht euch
offen. Bleibt da, geht hier euren Geschäften
nach und macht euch im Land ansässig!
11 Sichem sagte zu Dinas Vater und zu ihren
Brüdern: Finde ich euer Wohlwollen, dann
will ich geben, was ihr auch von mir ver-
langt. 12 Legt mir ruhig ein sehr hohes Hei-
ratsgeld und eine hohe Brautgabe auf! Ich
will geben, was ihr von mir verlangt. Nur
gebt mir das Mädchen zur Frau!

13 Die Söhne Jakobs gaben Sichem und
seinem Vater Hamor, als sie die Verhandlun-
gen aufnahmen, eine hinterhältige Antwort,
weil er ihre Schwester entehrt hatte. 14 Sie
sagten zu ihnen: Wir können uns nicht da-
rauf einlassen, unsere Schwester einem Un-
beschnittenen zu geben; denn das gilt bei uns
als Schande. 15 Nur unter der Bedingung ge-
hen wir auf euren Vorschlag ein, dass ihr
euch uns anpasst und alle männlichen Perso-
nen beschneiden lasst. 16 Dann würden wir
euch unsere Töchter geben und wir könnten
eure Töchter nehmen; wir könnten mit euch
zusammen wohnen und ein einziges Volk
werden. 17 Wollt ihr aber von der Beschnei-
dung nichts wissen, so nehmen wir unsere
Tochter zurück und ziehen fort. 18 Hamor
und sein Sohn Sichem waren mit ihrem Vor-
schlag einverstanden. 19 Der junge Mann
verlor keine Zeit, die Angelegenheit zu re-
geln; denn er hatte die Tochter Jakobs lieb
und er war der Einflussreichste von allen im
Hause seines Vaters.

20 Hamor und sein Sohn Sichem gingen an
das Tor ihrer Stadt und sprachen zu ihren
Mitbürgern: 21 Jene Leute sind uns friedlich
gesinnt. Sie könnten sich im Land ansiedeln
und ihren Geschäften nachgehen. Das Land
hat ja nach allen Seiten Platz genug für sie.
Wir könnten ihre Töchter zu Frauen nehmen
und unsere Töchter ihnen geben. 22 Aller-
dings wollen die Männer bloß unter der Be-
dingung auf unseren Vorschlag eingehen,
mit uns zusammen zu wohnen und ein einzi-
ges Volk zu werden, dass sich bei uns alle
Männer beschneiden lassen, so wie sie be-
schnitten sind. 23 Ihre Herden, ihr Besitz, ihr
Vieh, könnte das nicht alles uns gehören?
Gehen wir also auf ihren Vorschlag ein, dann
werden sie bei uns bleiben. 24 Alle, die durch
das Tor der Stadt ausziehen, hörten auf Ha-
mor und seinen Sohn Sichem; und alle Män-
ner, alle, die durch das Tor seiner Stadt aus-
ziehen, ließen sich beschneiden.

25 Am dritten Tag aber, als sie an Wundfie-
ber litten, griffen zwei Söhne Jakobs, Simeon
und Levi, die Brüder Dinas, zum Schwert,
überfielen ungefährdet die Stadt und brach-
ten alles Männliche um. 26 Hamor und seinen
Sohn Sichem machten sie mit dem Schwert
nieder, holten Dina aus dem Hause Sichems
und gingen davon. 27 Dann machten sich die
Söhne Jakobs über die Erschlagenen her und
plünderten die Stadt, weil man ihre Schwes-
ter entehrt hatte. 28 Ihre Schafe und Rinder,
ihre Esel und was es sonst in der Stadt oder
auf dem Feld gab, nahmen sie mit. 29 Ihre
ganze Habe, all ihre Kinder und Frauen
führten sie fort und raubten alles, was sich in
den Häusern fand.

30 Jakob sagte darauf zu Simeon und Levi:
Ihr stürzt mich ins Unglück. Ihr habt mich in
Verruf gebracht bei den Bewohnern des Lan-
des, den Kanaanitern und Perisitern. Meine
Männer kann man an den Fingern abzählen.
Jene werden sich gegen mich zusammentun
und mich niedermachen. Dann ist es vorbei
mit mir und meinem Haus. 31 Die Söhne aber
sagten: Durfte er unsere Schwester wie eine
Dirne behandeln?

30: 49,5–7.

Jakob wieder in Bet-El: 35,1–15

35 Gott sprach zu Jakob: Zieh nach
Bet-El hinauf und lass dich dort nie-
der! Errichte dort einen Altar dem Gott, der
dir auf der Flucht vor deinem Bruder Esau
erschienen ist. 2 Dann sagte Jakob zu seinem
Haus und zu allen, die zu ihm gehörten: Ent-
fernt die fremden Götter aus eurer Mitte, rei-
nigt euch und wechselt eure Kleider! 3 Wir
wollen uns aufmachen und nach Bet-El hi-
naufziehen. Dort will ich einen Altar für den
Gott errichten, der mich am Tag meiner Be-
drängnis erhört hat und der auf meinem Weg
mit mir war. 4 Sie übergaben Jakob alle
fremden Götter, die sie hatten, und die Ringe
an ihren Ohren. Jakob vergrub sie unter der
Eiche bei Sichem. 5 Dann brachen sie auf. Da
überkam ein Gottesschrecken die Städte
ringsum und so verfolgten sie die Söhne Ja-
kobs nicht. 6 Jakob kam nach Lus in Kanaan,
das jetzt Bet-El heißt, er und alles Volk, das
bei ihm war.

7 Er baute dort einen Altar und nannte die
Stätte »Gott von Bet-El«; denn auf der
Flucht vor seinem Bruder hatte Gott sich
ihm dort offenbart.

34,24 die durch das Tor der Stadt ausziehen: die wehrfähigen Männer.

8 Debora, die Amme Rebekkas, starb. Man
begrub sie unterhalb von Bet-El unter der
Eiche. Er gab ihr den Namen Träneneiche.
9 Gott erschien Jakob noch einmal nach
seiner Rückkehr aus Paddan-Aram und seg-
nete ihn. 10 Gott sprach zu ihm: Dein Name
ist Jakob. Dein Name soll jedoch nicht mehr
Jakob lauten, sondern Israel soll dein Name
sein. Er gab ihm also den Namen Israel.
11 Und Gott sprach zu ihm: Ich bin Gott, der
Allmächtige. Sei fruchtbar und vermehre
dich! Ein Volk, eine Schar von Völkern soll
aus dir hervorgehen, Könige sollen deinen
Lenden entstammen. 12 Das Land, das ich
Abraham und Isaak gegeben habe, will ich
dir geben und auch deinen Nachkommen
will ich es geben. 13 Dann fuhr Gott von dem
Ort, an dem er mit ihm geredet hatte, zum
Himmel auf.
14 Jakob richtete an dem Ort, wo Gott mit
ihm geredet hatte, ein Steinmal, einen Ge-
denkstein, auf. Darüber schüttete er ein
Trankopfer und goss Öl darauf. 15 Jakob gab
dem Ort, an dem Gott mit ihm geredet hatte,
den Namen Bet-El.

7: 28,12–22 • 10: 32,29 • 12: 13,14f; 15,17–21; 26,3f.

Benjamins Geburt und Rahels Tod:
35,16–20

16 Sie brachen von Bet-El auf. Nur ein
kleines Stück Weg war es noch bis Efrata, als
Rahel gebar. Sie hatte eine schwere Geburt.
17 Als sie bei der Geburt schwer litt, redete
ihr die Amme zu: Fürchte dich nicht, auch
diesmal hast du einen Sohn. 18 Während ihr
das Leben entfloh – sie musste nämlich ster-
ben –, gab sie ihm den Namen Ben-Oni (Un-
heilskind); sein Vater aber nannte ihn Benja-
min (Erfolgskind). 19 Als Rahel gestorben
war, begrub man sie an der Straße nach
Efrata, das jetzt Betlehem heißt. 20 Jakob er-
richtete ein Steinmal über ihrem Grab. Das
ist das Grabmal Rahels bis auf den heutigen
Tag.

Die Söhne Jakobs und der Tod Isaaks:
35,21–29

21 Israel brach auf und schlug sein Zelt
jenseits von Migdal-Eder auf. 22 Während Is-
rael in jenem Land wohnte, ging Ruben hin
und schlief mit Bilha, der Nebenfrau seines
Vaters. Israel hörte davon. Jakob hatte zwölf
Söhne. 23 Die Söhne Leas waren: Ruben, der
Erstgeborene Jakobs, ferner Simeon, Levi,
Juda, Issachar und Sebulon. 24 Die Söhne
Rahels waren: Josef und Benjamin. 25 Die
Söhne Bilhas, der Magd Rahels, waren: Dan
und Naftali. 26 Die Söhne Silpas, der Magd
Leas, waren: Gad und Ascher. Das waren die
Söhne Jakobs, die ihm in Paddan-Aram ge-
boren wurden.
27 Jakob kam zu seinem Vater Isaak nach
Mamre, nach Kirjat-Arba, das jetzt Hebron
heißt, wo sich Abraham und Isaak als Frem-
de aufgehalten hatten. 28 Isaak wurde hun-
dertachtzig Jahre alt, 29 dann verschied er.
Er starb und wurde mit seinen Vorfahren
vereint, betagt und satt an Jahren. Seine
Söhne Esau und Jakob begruben ihn.

22: 49,3f.

Die Nachkommen Esaus: 36,1–43

36 Das ist die Geschlechterfolge nach
Esau, der auch Edom hieß: 2 Esau
nahm sich seine Frauen aus den Töchtern
Kanaans: Ada, die Tochter des Hetiters Elon,
Oholibama, die Tochter des Ana, eines
Sohnes des Hiwiters Zibon, 3 und Base-
mat, die Tochter Ismaels, eine Schwester
Nebajots. 4 Ada gebar dem Esau Elifas,
Basemat gebar Reguël 5 und Oholibama ge-
bar Jëusch, Jalam und Korach. Das waren
die Söhne Esaus, die ihm in Kanaan geboren
wurden.
6 Esau nahm seine Frauen, Söhne und
Töchter, alle Personen seines Hauses und
seinen Besitz, all sein Vieh und seine ganze
Habe, die er in Kanaan erworben hatte, und
zog in ein anderes Land, fort von seinem
Bruder Jakob. 7 Ihr Besitz war nämlich zu
groß, als dass sie zusammen hätten wohnen
können. Das Land, in dem sie lebten, konnte
wegen ihres Viehbestandes nicht beide er-
nähren. 8 So ließ sich Esau im Bergland Seïr
nieder. Esau ist Edom.
9 Das ist die Geschlechterfolge nach Esau,
dem Stammvater von Edom im Bergland
Seïr. 10 Die Namen der Söhne Esaus sind:
Elifas, der Sohn der Ada, der Frau Esaus,
und Reguël, der Sohn Basemats, der Frau
Esaus. 11 Die Söhne des Elifas sind: Teman,
Omar, Zefo, Gatam und Kenas. 12 Timna war
die Nebenfrau des Elifas, des Sohnes Esaus.
Sie gebar dem Elifas Amalek. Das waren die
Söhne Adas, der Frau Esaus. 13 Die Söhne
Reguëls sind: Nahat, Serach, Schamma und
Misa. Das waren die Söhne Basemats, der
Frau Esaus. 14 Die Söhne, die Oholibama, die
Frau Esaus und Tochter Anas, eines Sohnes
Zibons, Esau gebar, sind: Jëusch, Jalam und
Korach.
15 Das sind die Häuptlinge der Söhne
Esaus: die Söhne des Elifas, des Erstgebore-
nen Esaus: Häuptling Teman, Häuptling
Omar, Häuptling Zefo, Häuptling Kenas,

16 Häuptling Korach, Häuptling Gatam,
Häuptling Amalek. Das waren die Häupt-
linge des Elifas in Edom, lauter Söhne der
Ada.
17 Das sind die Söhne Reguëls, des Sohnes
Esaus: Häuptling Nahat, Häuptling Serach,
Häuptling Schamma, Häuptling Misa. Das
waren die Häuptlinge Reguëls in Edom; sie
waren die Söhne Basemats, der Frau
Esaus.
18 Das sind die Söhne Oholibamas, der
Frau Esaus: Häuptling Jëusch, Häuptling
Jalam, Häuptling Korach. Das waren die
Häuptlinge, die von Oholibama, der Frau
Esaus und Tochter Anas, abstammten.
19 Das waren also die Söhne Esaus und de-
ren Häuptlinge. Das ist Edom.
20 Das sind die Söhne des Horiters Seïr, die
Einwohner des Landes: Lotan, Schobal, Zi-
bon, Ana, 21 Dischon, Ezer und Dischan. Das
waren die Häuptlinge der Horiter, der Söhne
Seïrs, in Edom.
22 Die Söhne Lotans sind: Hori und He-
mam. Die Schwester Lotans ist Timna.
23 Das sind die Söhne Schobals: Alwan, Ma-
nahat, Ebal, Schefi und Onam. 24 Die Söhne
Zibons sind: Aja und Ana. Das ist jener Ana,
der das Wasser in der Wüste fand, als er die
Esel seines Vaters Zibon weidete. 25 Die Kin-
der Anas sind: Dischon und Oholibama, die
Tochter Anas. 26 Die Söhne Dischons sind:
Hemdan, Eschban, Jitran und Keran. 27 Die
Söhne Ezers sind: Bilhan, Saawan und Akan.
28 Die Söhne Dischans sind: Uz und Aran.
29 Die Häuptlinge der Horiter sind: Häupt-
ling Lotan, Häuptling Schobal, Häuptling
Zibon, Häuptling Ana, 30 Häuptling Dischon,
Häuptling Ezer, Häuptling Dischan. Das wa-
ren die Häuptlinge der Horiter nach ihren
Stämmen in Seïr.
31 Die Könige, die in Edom regierten, bevor
bei den Israeliten ein König regierte, waren
folgende: 32 In Edom regierte Bela, der Sohn
Beors; seine Stadt hieß Dinhaba. 33 Als Bela
starb, wurde König an seiner Stelle Jobab,
der Sohn Serachs aus Bozra. 34 Als Jobab
starb, wurde König an seiner Stelle Hu-
scham aus dem Land der Temaniter. 35 Als
Huscham starb, wurde König an seiner Stel-
le Hadad, der Sohn Bedads, der Midian im
Grünland von Moab schlug; seine Stadt hieß
Awit. 36 Als Hadad starb, wurde König an
seiner Stelle Samla aus Masreka. 37 Als
Samla starb, wurde König an seiner Stelle
Schaul aus Rehobot am Strom (Eufrat).
38 Als Schaul starb, wurde König an seiner
Stelle Baal-Hanan, der Sohn Achbors. 39 Als
Baal-Hanan, der Sohn Achbors, starb, wur-
de König an seiner Stelle Hadar; seine Stadt
hieß Pagu. Seine Frau hieß Mehetabel; sie
war die Tochter Matreds und Enkelin Me-
Sahabs.
40 Das sind die Namen der Häuptlinge
Esaus nach ihren Sippenverbänden, Orten
und Namen: Häuptling Timna, Häuptling
Alwa, Häuptling Jetet, 41 Häuptling Oholi-
bama, Häuptling Ela, Häuptling Pinon,
42 Häuptling Kenas, Häuptling Teman,
Häuptling Mibzar, 43 Häuptling Magdiël,
Häuptling Iram. Das waren die Häuptlinge
Edoms nach ihren Siedlungsgebieten in dem
Land, das sie besaßen. So viel über Esau, den
Stammvater von Edom.

7: 13,6.

DIE SÖHNE JAKOBS: 37,1 – 50,26

Josef und seine Brüder: 37,1–36

37 Jakob ließ sich in dem Land nieder,
in dem sich sein Vater als Fremder
aufgehalten hatte, in Kanaan. 2 Das ist die
Geschlechterfolge nach Jakob: Als Josef
siebzehn Jahre zählte, also noch jung war,
weidete er mit seinen Brüdern, den Söhnen
Bilhas und Silpas, der Frauen seines Vaters,
die Schafe und Ziegen. Josef hinterbrachte
ihrem Vater, was die Brüder Böses taten.
3 Israel liebte Josef unter allen seinen Söh-
nen am meisten, weil er ihm noch in hohem
Alter geboren worden war. Er ließ ihm einen
Ärmelrock machen. 4 Als seine Brüder sahen,
dass ihr Vater ihn mehr liebte als alle seine
Brüder, hassten sie ihn und konnten mit ihm
kein gutes Wort mehr reden.
5 Einst hatte Josef einen Traum. Als er ihn
seinen Brüdern erzählte, hassten sie ihn noch
mehr. 6 Er sagte zu ihnen: Hört, was ich ge-
träumt habe. 7 Wir banden Garben mitten
auf dem Feld. Meine Garbe richtete sich auf
und blieb auch stehen. Eure Garben umring-
ten sie und neigten sich tief vor meiner Gar-
be. 8 Da sagten seine Brüder zu ihm: Willst
du etwa König über uns werden oder dich als
Herr über uns aufspielen? Und sie hassten
ihn noch mehr wegen seiner Träume und sei-
ner Worte.

37,3 Ein »Ärmelrock« ist ein Festtagsgewand.

9 Er hatte noch einen anderen Traum. Er erzählte ihn seinen Brüdern und sagte: Ich träumte noch einmal: Die Sonne, der Mond und elf Sterne verneigten sich tief vor mir. 10 Als er davon seinem Vater und seinen Brüdern erzählte, schalt ihn sein Vater und sagte zu ihm: Was soll das, was du da geträumt hast? Sollen wir vielleicht, ich, deine Mutter und deine Brüder, kommen und uns vor dir zur Erde niederwerfen? 11 Seine Brüder waren eifersüchtig auf ihn, sein Vater aber vergaß die Sache nicht.

12 Als seine Brüder fortgezogen waren, um das Vieh ihres Vaters bei Sichem zu weiden, 13 sagte Israel zu Josef: Deine Brüder weiden bei Sichem das Vieh. Geh, ich will dich zu ihnen schicken. Er antwortete: Ich bin bereit. 14 Da sagte der Vater zu ihm: Geh doch hin und sieh, wie es deinen Brüdern und dem Vieh geht, und berichte mir! So schickte er ihn aus dem Tal von Hebron fort und Josef kam nach Sichem.

15 Ein Mann traf ihn, wie er auf dem Feld umherirrte; er fragte ihn: Was suchst du? 16 Josef antwortete: Meine Brüder suche ich. Sag mir doch, wo sie das Vieh weiden. 17 Der Mann antwortete: Sie sind von hier weitergezogen. Ich habe nämlich gehört, wie sie sagten: Gehen wir nach Dotan. Da ging Josef seinen Brüdern nach und fand sie in Dotan.

18 Sie sahen ihn von weitem. Bevor er jedoch nahe an sie herangekommen war, fassten sie den Plan, ihn umzubringen. 19 Sie sagten zueinander: Dort kommt ja dieser Träumer. 20 Jetzt aber auf, erschlagen wir ihn und werfen wir ihn in eine der Zisternen. Sagen wir, ein wildes Tier habe ihn gefressen. Dann werden wir ja sehen, was aus seinen Träumen wird.

21 Ruben hörte das und wollte ihn aus ihrer Hand retten. Er sagte: Begehen wir doch keinen Mord. 22 Und Ruben sagte zu ihnen: Vergießt kein Blut! Werft ihn in die Zisterne da in der Steppe, aber legt nicht Hand an ihn! Er wollte ihn nämlich aus ihrer Hand retten und zu seinem Vater zurückbringen.

23 Als Josef bei seinen Brüdern angekommen war, zogen sie ihm sein Gewand aus, den Ärmelrock, den er anhatte, 24 packten ihn und warfen ihn in die Zisterne. Die Zisterne war leer; es war kein Wasser darin.

25 Als sie dann beim Essen saßen und aufblickten, sahen sie, dass gerade eine Karawane von Ismaelitern aus Gilead kam. Ihre Kamele waren mit Tragakant, Mastix und Ladanum beladen. Sie waren unterwegs nach Ägypten. 26 Da schlug Juda seinen Brüdern vor: Was haben wir davon, wenn wir unseren Bruder erschlagen und sein Blut zudecken? 27 Kommt, verkaufen wir ihn den Ismaelitern. Wir wollen aber nicht Hand an ihn legen, denn er ist doch unser Bruder und unser Verwandter. Seine Brüder waren einverstanden.

28 Midianitische Kaufleute kamen vorbei. Da zogen sie Josef aus der Zisterne heraus und verkauften ihn für zwanzig Silberstücke an die Ismaeliter. Diese brachten Josef nach Ägypten.

29 Als Ruben zur Zisterne zurückkam, war Josef nicht mehr dort. Er zerriss seine Kleider, 30 wandte sich an seine Brüder und sagte: Der Kleine ist ja nicht mehr da. Und ich, was soll ich jetzt anfangen? 31 Da nahmen sie Josefs Gewand, schlachteten einen Ziegenbock und tauchten das Gewand in das Blut. 32 Dann schickten sie den Ärmelrock zu ihrem Vater und ließen ihm sagen: Das haben wir gefunden. Sieh doch, ob das der Rock deines Sohnes ist oder nicht. 33 Als er ihn angesehen hatte, sagte er: Der Rock meines Sohnes! Ein wildes Tier hat ihn gefressen. Zerrissen, zerrissen ist Josef. 34 Jakob zerriss seine Kleider, legte Trauerkleider an und trauerte um seinen Sohn viele Tage. 35 Alle seine Söhne und Töchter machten sich auf, um ihn zu trösten. Er aber ließ sich nicht trösten und sagte: Ich will dauernd zu meinem Sohn in die Unterwelt hinabsteigen. So beweinte ihn sein Vater. 36 Die Midianiter aber verkauften Josef nach Ägypten an Potifar, einen Hofbeamten des Pharao, den Obersten der Leibwache.

Die Familiengeschichte Judas: 38,1–30

38 Um jene Zeit verließ Juda seine Brüder und begab sich hinunter zu einem Mann aus Adullam, der Hira hieß. 2 Juda sah dort die Tochter eines Kanaaniters namens Schua. Er nahm sie zur Frau und wohnte ihr bei. 3 Sie wurde schwanger, gebar einen Sohn und gab ihm den Namen Er. 4 Sie wurde abermals schwanger, gebar einen Sohn und gab ihm den Namen Onan. 5 Und noch einmal gebar sie einen Sohn und gab ihm den Namen Schela. Juda war in Kesib, als sie ihn gebar.

6 Juda nahm für seinen Erstgeborenen Er eine Frau namens Tamar. 7 Aber Er, der Erstgeborene Judas, missfiel dem Herrn und so ließ ihn der Herr sterben. 8 Da sagte Juda

37,25 Tragakant, Mastix und Ladanum sind wohlriechende Harze, die als Räucherwerk und als Grundstoffe für die Salbenherstellung dienten.

zu Onan: Geh mit der Frau deines Bruders die Schwagerehe ein und verschaff deinem Bruder Nachkommen! 9 Onan wusste also, dass die Nachkommen nicht ihm gehören würden. Sooft er zur Frau seines Bruders ging, ließ er den Samen zur Erde fallen und verderben, um seinem Bruder Nachkommen vorzuenthalten. 10 Was er tat, missfiel dem Herrn und so ließ er auch ihn sterben. 11 Nun sagte Juda zu seiner Schwiegertochter Tamar: Bleib als Witwe im Haus deines Vaters, bis mein Sohn Schela groß ist. Denn er dachte: Er soll mir nicht auch noch sterben wie seine Brüder. Tamar ging und blieb im Haus ihres Vaters.

12 Viele Jahre vergingen. Die Tochter Schuas, die Frau Judas, war gestorben. Als die Trauer vorbei war, ging Juda mit seinem Freund Hira aus Adullam hinauf nach Timna zur Schafschur. 13 Man berichtete Tamar: Dein Schwiegervater geht gerade nach Timna hinauf zur Schafschur. 14 Da zog sie ihre Witwenkleider aus, legte einen Schleier über und verhüllte sich. Dann setzte sie sich an den Ortseingang von Enajim, der an der Straße nach Timna liegt. Sie hatte nämlich gemerkt, dass Schela groß geworden war, dass man sie ihm aber nicht zur Frau geben wollte.

15 Juda sah sie und hielt sie für eine Dirne; sie hatte nämlich ihr Gesicht verhüllt. 16 Da bog er vom Weg ab, ging zu ihr hin und sagte: Lass mich zu dir kommen! Er wusste ja nicht, dass es seine Schwiegertochter war. Sie antwortete: Was gibst du mir, wenn du zu mir kommen darfst? 17 Er sagte: Ich werde dir ein Ziegenböckchen von der Herde schicken. Sie entgegnete: Du musst mir aber ein Pfand dalassen, bis du es schickst. 18 Da fragte er: Was für ein Pfand soll ich dir dalassen? Deinen Siegelring mit der Schnur und den Stab in deiner Hand, antwortete sie. Er gab es ihr. Dann ging er zu ihr und sie wurde von ihm schwanger. 19 Sie stand auf, ging weg, legte ihren Schleier ab und zog wieder ihre Witwenkleider an.

20 Juda schickte seinen Freund aus Adullam mit dem Ziegenböckchen, um das Pfand aus der Hand der Frau zurückzuerhalten, er fand sie aber nicht. 21 Er fragte die Leute aus dem Ort: Wo ist die Dirne, die in Enajim an der Straße saß? Sie antworteten ihm: Hier gibt es keine Dirne. 22 Darauf kehrte er zu Juda zurück und sagte: Ich habe sie nicht gefunden und außerdem behaupten die Leute aus dem Ort, es gebe da keine Dirne. 23 Juda antwortete: Soll sie es behalten! Wenn man uns nur nicht auslacht! Ich habe ja dieses Böckchen geschickt, aber du hast sie nicht gefunden.

24 Nach etwa drei Monaten meldete man Juda: Deine Schwiegertochter Tamar hat Unzucht getrieben und ist davon schwanger. Da sagte Juda: Führt sie hinaus! Sie soll verbrannt werden. 25 Als man sie hinausführte, schickte sie zu ihrem Schwiegervater und ließ ihm sagen: Von dem Mann, dem das gehört, bin ich schwanger. Auch ließ sie sagen: Sieh genau hin: Wem gehören der Siegelring mit der Schnur und dieser Stab? 26 Juda schaute es sich genau an und gab zu: Sie ist mir gegenüber im Recht, weil ich sie meinem Sohn Schela nicht zur Frau gegeben habe. Später verkehrte er mit ihr nicht mehr.

27 Als sie niederkam, waren Zwillinge in ihrem Leib. 28 Bei der Geburt streckte einer die Hand heraus. Die Hebamme griff zu, band einen roten Faden um die Hand und sagte: Er ist zuerst herausgekommen. 29 Er zog aber seine Hand wieder zurück und heraus kam sein Bruder. Da sagte sie: Warum hast du dir den Durchbruch erzwungen? So nannte man ihn Perez (Durchbruch). 30 Dann erst kam sein Bruder zum Vorschein, an dessen Hand der rote Faden war. Ihn nannte man Serach (Rotglanz).

Josef als Sklave in Ägypten: 39,1–21

39 Josef hatte man nach Ägypten gebracht. Ein Hofbeamter des Pharao, ein Ägypter namens Potifar, der Oberste der Leibwache, hatte ihn den Ismaelitern abgekauft, die ihn dorthin gebracht hatten. 2 Der Herr war mit Josef und so glückte ihm alles. Er blieb im Haus seines ägyptischen Herrn. 3 Dieser sah, dass der Herr mit Josef war und dass der Herr alles, was er unternahm, unter seinen Händen gelingen ließ. 4 So fand Josef sein Wohlwollen und er durfte ihn bedienen. Er bestellte ihn zum Verwalter seines Hauses und vertraute ihm alles an, was er besaß. 5 Seit er ihm sein Haus und alles, was ihm gehörte, anvertraut hatte, segnete der Herr das Haus des Ägypters um Josefs willen. Der Segen des Herrn ruhte auf allem, was ihm ge-

38,12–26 Tamars Handlungsweise erklärt sich als eine Art Notwehrmaßnahme, mit der sie ihr Recht auf Schwagerehe erzwingen will. Wenn ein Mann kinderlos starb, war der nächste Verwandte verpflichtet, die Witwe zu heiraten (Leviratsehe). Der erste Sohn aus dieser Ehe galt als Sohn des Verstorbenen (Dtn 25,5–10; vgl. Rut 2,20; 3,9.12–15; 4,1–14). Die Schuld Judas besteht darin, dass er sich dieser Verpflichtung entzog.

hörte im Haus und auf dem Feld. 6 Er ließ
seinen ganzen Besitz in Josefs Hand und
kümmerte sich, wenn Josef da war, um
nichts als nur um sein Essen. Josef war schön
von Gestalt und Aussehen.

7 Nach einiger Zeit warf die Frau seines
Herrn ihren Blick auf Josef und sagte: Schlaf
mit mir! 8 Er weigerte sich und entgegnete
der Frau seines Herrn: Du siehst doch, mein
Herr kümmert sich, wenn ich da bin, um
nichts im Haus; alles, was ihm gehört, hat er
mir anvertraut. 9 Er ist in diesem Haus nicht
größer als ich und er hat mir nichts vorent-
halten als nur dich, denn du bist seine Frau.
Wie könnte ich da ein so großes Unrecht be-
gehen und gegen Gott sündigen? 10 Obwohl
sie Tag für Tag auf Josef einredete, bei ihr zu
schlafen und ihr zu Willen zu sein, hörte er
nicht auf sie. 11 An einem solchen Tag kam er
ins Haus, um seiner Arbeit nachzugehen.
Niemand vom Hausgesinde war anwesend.
12 Da packte sie ihn an seinem Gewande und
sagte: Schlaf mit mir! Er ließ sein Gewand in
ihrer Hand und lief hinaus. 13 Als sie sah,
dass er sein Gewand in ihrer Hand zurückge-
lassen hatte und hinausgelaufen war, 14 rief
sie nach ihrem Hausgesinde und sagte zu den
Leuten: Seht nur! Er hat uns einen Hebräer
ins Haus gebracht, der seinen Mutwillen mit
uns treibt. Er ist zu mir gekommen und woll-
te mit mir schlafen; da habe ich laut ge-
schrien. 15 Als er hörte, dass ich laut auf-
schrie und rief, ließ er sein Gewand bei mir
liegen und floh ins Freie. 16 Sein Kleid ließ
sie bei sich liegen, bis sein Herr nach Hause
kam. 17 Ihm erzählte sie die gleiche Ge-
schichte: Der hebräische Sklave, den du uns
gebracht hast, ist zu mir gekommen, um mit
mir seinen Mutwillen zu treiben. 18 Als ich
laut aufschrie und rief, ließ er sein Gewand
bei mir liegen und lief hinaus.

19 Als sein Herr hörte, wie ihm seine Frau
erzählte: So hat es dein Sklave mit mir ge-
trieben!, packte ihn der Zorn. 20 Er ließ Josef
ergreifen und in den Kerker bringen, wo die
Gefangenen des Königs in Haft gehalten
wurden. Dort blieb er im Gefängnis. 21 Aber
der Herr war mit Josef. Er wandte ihm das
Wohlwollen und die Gunst des Gefängnislei-
ters zu.

Josef im Gefängnis: 39,22 – 40,23

22 Der Gefängnisleiter vertraute der Hand
Josefs alle Gefangenen im Kerker an. Alles,
was dort zu besorgen war, musste er tun.
23 Der Gefängnisleiter brauchte sich um
nichts zu sorgen, was Josef in seine Hand
nahm, denn der Herr war mit ihm. Was er
auch unternahm, der Herr ließ es ihm gelin-
gen.

40 Einige Zeit später vergingen sich der
königliche Mundschenk und der
Hofbäcker gegen ihren Herrn, den König von
Ägypten. 2 Der Pharao war aufgebracht über
seine beiden Hofbeamten, den Obermund-
schenk und den Oberbäcker. 3 Er gab sie in
Haft in das Haus des Obersten der Leibwa-
che, in den Kerker, wo Josef gefangen gehal-
ten wurde. 4 Der Oberste der Leibwache be-
traute Josef mit ihrer Bedienung. Als sie ei-
nige Zeit in Haft waren, 5 hatte jeder von ih-
nen einen Traum. Der Mundschenk und der
Bäcker des Königs von Ägypten, die im Ker-
ker gefangen gehalten wurden, hatten in
derselben Nacht einen Traum, der für jeden
von ihnen eine besondere Bedeutung haben
sollte. 6 Am Morgen kam Josef zu ihnen und
sah ihnen an, dass sie missmutig waren. 7 Da
fragte er die Hofbeamten des Pharao, die mit
ihm im Hause seines Herrn in Gewahrsam
gehalten wurden: Warum seht ihr heute so
böse drein? 8 Sie antworteten ihm: Wir hat-
ten einen Traum, aber es ist keiner da, der
ihn auslegen kann. Josef sagte zu ihnen: Ist
nicht das Träumedeuten Sache Gottes? Er-
zählt mir doch!

9 Darauf erzählte der Obermundschenk
Josef seinen Traum. Er sagte zu ihm: Im
Traum sah ich vor mir einen Weinstock.
10 Am Weinstock waren drei Ranken und es
war mir, als triebe er Knospen. Seine Blüten
wuchsen und schon reiften die Beeren an sei-
nen Trauben. 11 Ich hatte den Becher des
Pharao in meiner Hand. Ich nahm die Bee-
ren, drückte sie in den Becher des Pharao aus
und gab dem Pharao den Becher in die Hand.
12 Da sprach Josef zu ihm: Das ist die Deu-
tung: Die drei Ranken sind drei Tage.
13 Noch drei Tage, dann wird der Pharao
dich vorladen und dich wieder in dein Amt
einsetzen. Du wirst dem Pharao den Becher
reichen, wie es früher deine Aufgabe war, als
du noch sein Mundschenk warst. 14 Doch
denk an mich, wenn es dir gut geht. Tu mir
dann einen Gefallen: Erzähl dem Pharao von
mir und hol mich aus diesem Haus heraus!
15 Denn entführt hat man mich aus dem
Land der Hebräer und auch hier habe ich
nichts getan, dass man mich hätte ins Ge-
fängnis werfen müssen.

16 Als der Oberbäcker merkte, dass Josef
eine günstige Deutung gegeben hatte, sagte
er zu ihm: Auch ich hatte einen Traum. Ich
hatte drei Körbe Feingebäck auf meinem
Kopf. 17 Im obersten Korb war allerlei Back-
werk für die Tafel des Pharao. Aber die Vögel
fraßen es aus dem Korb auf meinem Kopf.

18 Josef antwortete: Das ist die Deutung: Die
drei Körbe sind drei Tage. 19 Noch drei Tage,
dann wird der Pharao dich vorladen und
dich an einem Baum aufhängen; die Vögel
werden von dir das Fleisch abfressen.
20 Drei Tage darauf hatte der Pharao Ge-
burtstag. Er veranstaltete für alle seine Hof-
leute ein Gastmahl. Da lud er vor versam-
meltem Hof den Obermundschenk und den
Oberbäcker vor. 21 Den Obermundschenk
setzte er wieder in sein Amt ein; er durfte
dem Pharao den Becher reichen. 22 Den
Oberbäcker ließ er aufhängen. Alles ge-
schah, wie es Josef ihnen gedeutet hatte.
23 Der Obermundschenk aber dachte nicht
mehr an Josef und vergaß ihn.

Der Traum des Pharao und seine Deutung:
41,1-36

41 Zwei Jahre später hatte der Pharao
einen Traum: Er stand am Nil. 2 Aus
dem Nil stiegen sieben gut aussehende,
wohlgenährte Kühe und weideten im Ried-
gras. 3 Nach ihnen stiegen sieben andere
Kühe aus dem Nil; sie sahen hässlich aus und
waren mager. Sie stellten sich neben die
schon am Nilufer stehenden Kühe 4 und die
hässlichen, mageren Kühe fraßen die sieben
gut aussehenden und wohlgenährten Kühe
auf. Dann erwachte der Pharao. 5 Er schlief
aber wieder ein und träumte ein zweites Mal:
An einem einzigen Halm wuchsen sieben Äh-
ren, prall und schön. 6 Nach ihnen wuchsen
sieben kümmerliche, vom Ostwind ausge-
dörrte Ähren. 7 Die kümmerlichen Ähren
verschlangen die sieben prallen, vollen Äh-
ren. Der Pharao wachte auf: Es war ein
Traum.
8 Am Morgen fühlte er sich beunruhigt; er
schickte hin und ließ alle Wahrsager und
Weisen Ägyptens rufen. Der Pharao erzählte
ihnen seine Träume, doch keiner war da, der
sie ihm hätte deuten können. 9 Da sagte der
Obermundschenk zum Pharao: Heute muss
ich an meine Verfehlung erinnern: 10 Als der
Pharao über seine Diener aufgebracht war,
gab er mich ins Haus des Obersten der Leib-
wache in Haft, mich und den Oberbäcker.
11 Da hatten wir, ich und er, in derselben
Nacht einen Traum, der für jeden eine be-
sondere Bedeutung haben sollte. 12 Dort war
mit uns zusammen ein junger Hebräer, ein
Sklave des Obersten der Leibwache. Wir er-
zählten ihm unsere Träume und er legte sie
uns aus. Jedem gab er die zutreffende Deu-
tung. 13 Wie er es uns gedeutet hatte, so ge-
schah es: Mich setzte man wieder in mein
Amt ein, den andern hängte man auf.
14 Da schickte der Pharao hin und ließ Jo-
sef rufen. Man holte ihn schnell aus dem Ge-
fängnis, schor ihm die Haare, er zog andere
Kleider an und kam zum Pharao. 15 Der Pha-
rao sagte zu Josef: Ich hatte einen Traum,
doch keiner kann ihn deuten. Von dir habe
ich aber gehört, du brauchst einen Traum
nur zu hören, dann kannst du ihn deuten.
16 Josef antwortete dem Pharao: Nicht ich,
sondern Gott wird zum Wohl des Pharao
eine Antwort geben.
17 Da sagte der Pharao zu Josef: In meinem
Traum stand ich am Nilufer. 18 Aus dem Nil
stiegen sieben wohlgenährte, stattliche Kühe
und weideten im Riedgras. 19 Nach ihnen
stiegen sieben andere Kühe herauf, elend,
sehr hässlich und mager. Nie habe ich in
ganz Ägypten so hässliche Kühe gesehen.
20 Die mageren und hässlichen Kühe fraßen
die sieben ersten, fetten auf. 21 Sie ver-
schwanden in ihrem Bauch, aber man merk-
te nicht, dass sie darin waren; sie sahen ge-
nauso elend aus wie vorher. Dann wachte ich
auf. 22 Weiter sah ich in meinem Traum: Auf
einem einzigen Halm gingen sieben volle,
schöne Ähren auf. 23 Nach ihnen wuchsen
sieben taube, kümmerliche, vom Ostwind
ausgedörrte Ähren. 24 Die kümmerlichen
Ähren verschlangen die sieben schönen Äh-
ren. Ich habe das den Wahrsagern erzählt,
aber keiner konnte mir die Deutung sagen.
25 Darauf sagte Josef zum Pharao: Der
Traum des Pharao ist ein und derselbe. Gott
sagt dem Pharao an, was er vorhat: 26 Die sie-
ben schönen Kühe sind sieben Jahre und die
sieben schönen Ähren sind sieben Jahre. Es
ist ein und derselbe Traum. 27 Die sieben ma-
geren und hässlichen Kühe, die nachher he-
raufkamen, sind sieben Jahre und die sieben
leeren, vom Ostwind ausgedörrten Ähren
sind sieben Jahre Hungersnot. 28 Das ist es,
was ich meinte, als ich zum Pharao sagte:
Gott ließ den Pharao sehen, was er vorhat:
29 Sieben Jahre kommen, da wird großer
Überfluss in ganz Ägypten sein. 30 Nach ihnen
aber werden sieben Jahre Hungersnot he-
raufziehen: Da wird der ganze Überfluss in
Ägypten vergessen sein und Hunger wird das
Land auszehren. 31 Dann wird man nichts
mehr vom Überfluss im Land merken wegen
des Hungers, der danach kommt; denn er
wird sehr drückend sein. 32 Dass aber der
Pharao gleich zweimal träumte, bedeutet:
Die Sache steht bei Gott fest und Gott wird
sie bald ausführen. 33 Nun sehe sich der
Pharao nach einem klugen, weisen Mann um
und setze ihn über Ägypten. 34 Der Pharao
möge handeln: Er bestelle Bevollmächtigte
über das Land und besteuere Ägypten mit ei-

nem Fünftel in den sieben Jahren des Über-
flusses. 35 Die Bevollmächtigten sollen alles
Brotgetreide der kommenden guten Jahre
sammeln und auf Weisung des Pharao Korn
aufspeichern; das Brotgetreide sollen sie in
den Städten sicherstellen. 36 Das Brotge-
treide soll dem Land als Rücklage dienen für
die sieben Jahre der Hungersnot, die über
Ägypten kommen werden. Dann wird das
Land nicht an Hunger zugrunde gehen.

11: 40,5.

Josefs Macht über Ägypten: 41,37–57

37 Die Rede gefiel dem Pharao und allen
seinen Hofleuten. 38 Der Pharao sagte zu ih-
nen: Finden wir einen Mann wie diesen hier,
einen, in dem der Geist Gottes wohnt?
39 Dann sagte der Pharao zu Josef: Nachdem
dich Gott all das hat wissen lassen, gibt es
niemand, der so klug und weise wäre wie du.
40 Du sollst über meinem Hause stehen und
deinem Wort soll sich mein ganzes Volk beu-
gen. Nur um den Thron will ich höher sein
als du. 41 Der Pharao sagte weiter zu Josef:
Hiermit stelle ich dich über ganz Ägypten.
42 Der Pharao nahm den Siegelring von sei-
ner Hand und steckte ihn Josef an die Hand.
Er bekleidete ihn mit Byssusgewändern und
legte ihm die goldene Kette um den Hals.
43 Dann ließ er ihn seinen zweiten Wagen be-
steigen. Man rief vor ihm aus: Achtung! So
stellte er ihn über ganz Ägypten. 44 Der Pha-
rao sagte zu Josef: Ich bin der Pharao, aber
ohne dich soll niemand seine Hand oder sei-
nen Fuß regen in ganz Ägypten. 45 Der Pha-
rao verlieh Josef den Namen Zafenat-Pane-
ach und gab ihm Asenat, die Tochter Potife-
ras, des Priesters von On, zur Frau. So wurde
Josef Herr über Ägypten.

46 Josef war dreißig Jahre alt, als er vor
dem Pharao, dem König von Ägypten, stand.
Josef ging vom Pharao weg und durchzog
ganz Ägypten. 47 Das Land brachte in den
sieben Jahren des Überflusses überreichen
Ertrag. 48 Josef ließ während der sieben Jah-
re, in denen es Überfluss gab, alles Brotge-
treide in Ägypten sammeln und in die Städte
schaffen. Das Getreide der Felder rings um
jede Stadt ließ er dort hineinbringen. 49 So
speicherte Josef Getreide in sehr großer
Menge auf, wie Sand am Meer, bis man auf-
hören musste, es zu messen, weil man es
nicht mehr messen konnte.

50 Ein Jahr, bevor die Hungersnot kam,
wurden Josef zwei Söhne geboren. Asenat,
die Tochter Potiferas, des Priesters von On,
gebar sie ihm. 51 Josef nannte den Erstgebo-
renen Manasse (Vergessling), denn er sagte:
Gott hat mich all meine Sorge und mein gan-
zes Vaterhaus vergessen lassen. 52 Den zwei-
ten Sohn nannte er Efraim (Fruchtbringer),
denn er sagte: Gott hat mich fruchtbar wer-
den lassen im Lande meines Elends.

53 Die sieben Jahre des Überflusses in
Ägypten gingen zu Ende 54 und es begannen
die sieben Jahre der Hungersnot, wie es Jo-
sef vorausgesagt hatte. Eine Hungersnot
brach über alle Länder herein, in ganz Ägyp-
ten aber gab es Brot. 55 Da ganz Ägypten
Hunger hatte, schrie das Volk zum Pharao
nach Brot. Der Pharao aber sagte zu den
Ägyptern: Geht zu Josef! Tut, was er euch
sagt. 56 Als die Hungersnot über das ganze
Land gekommen war, öffnete Josef alle Spei-
cher und verkaufte Getreide an die Ägypter.
Aber der Hunger wurde immer drückender
in Ägypten. 57 Auch alle Welt kam nach
Ägypten, um bei Josef Getreide zu kaufen;
denn der Hunger wurde immer drückender
auf der ganzen Erde.

Die erste Reise der Brüder Josefs nach Ägypten: 42,1–38

42 Als Jakob erfuhr, dass es in Ägypten
Getreide zu kaufen gab, sagte er zu
seinen Söhnen: Warum schaut ihr einander
so an? 2 Und er sagte: Ich habe gehört, dass es
in Ägypten Getreide zu kaufen gibt. Zieht
hin und kauft dort für uns Getreide, damit
wir am Leben bleiben und nicht sterben
müssen. 3 Zehn Brüder Josefs zogen also hi-
nunter, um in Ägypten Getreide zu kaufen.
4 Benjamin, den Bruder Josefs, ließ Jakob
nicht mit seinen Brüdern ziehen, denn er
dachte, es könnte ihm ein Unglück zustoßen.
5 Die Söhne Israels kamen also mitten unter
anderen, die auch gekommen waren, um
Getreide zu kaufen; denn Hungersnot
herrschte in Kanaan. 6 Josef verwaltete das
Land. Er war es, der allen Leuten im Lande
Getreide verkaufte. So kamen Josefs Brüder
und warfen sich vor ihm mit dem Gesicht zur
Erde nieder. 7 Als Josef seine Brüder sah, er-
kannte er sie. Aber er gab sich ihnen nicht zu
erkennen, sondern fuhr sie barsch an. Er
fragte sie: Wo kommt ihr her? Aus Kanaan,
um Brotgetreide zu kaufen, sagten sie. 8 Jo-
sef hatte seine Brüder erkannt, sie aber hat-
ten ihn nicht erkannt. 9 Josef erinnerte sich
an das, was er von ihnen geträumt hatte, und
sagte: Spione seid ihr. Um nachzusehen, wo
das Land eine schwache Stelle hat, seid ihr

41,42 Byssus ist eine feine Leinwand.

gekommen. 10 Sie antworteten ihm: Nein,
Herr. Um Brotgetreide zu kaufen, sind deine
Knechte gekommen. 11 Wir alle sind Söhne
ein und desselben Vaters. Ehrliche Leute
sind wir, deine Knechte sind keine Spione.
12 Er aber entgegenete ihnen: Nichts da, ihr
seid nur gekommen, um nachzusehen, wo
das Land eine schwache Stelle hat. 13 Da
sagten sie: Wir, deine Knechte, waren zwölf
Brüder, Söhne ein und desselben Mannes in
Kanaan. Der Jüngste ist bei unserem Vater
geblieben und einer ist nicht mehr. 14 Josef
aber sagte zu ihnen: Es bleibt dabei, wie ich
euch gesagt habe: Spione seid ihr. 15 So wird
man euch auf die Probe stellen: Beim Leben
des Pharao! Ihr sollt von hier nicht eher los-
kommen, bis auch euer jüngster Bruder da
ist. 16 Schickt einen von euch hin! Er soll eu-
ren Bruder holen; ihr anderen aber werdet in
Haft genommen. So wird man euer Gerede
überprüfen und feststellen können, ob ihr
die Wahrheit gesagt habt oder nicht. Beim
Leben des Pharao, ja, Spione seid ihr.
17 Dann ließ er sie für drei Tage in Haft neh-
men.

18 Am dritten Tag sagte Josef zu ihnen: Tut
Folgendes und ihr werdet am Leben bleiben,
denn ich fürchte Gott: 19 Wenn ihr ehrliche
Leute seid, soll einer von euch Brüdern in
dem Gefängnis zurückgehalten werden, in
dem ihr in Haft gewesen seid. Ihr anderen
aber geht und bringt das gekaufte Getreide
heim, um den Hunger eurer Familien zu stil-
len. 20 Euren jüngsten Bruder aber schafft
mir herbei, damit sich eure Worte als wahr
erweisen und ihr nicht sterben müsst. So
machten sie es.

21 Sie sagten zueinander: Ach ja, wir sind
an unserem Bruder schuldig geworden. Wir
haben zugesehen, wie er sich um sein Leben
ängstigte. Als er uns um Erbarmen anflehte,
haben wir nicht auf ihn gehört. Darum ist
nun diese Bedrängnis über uns gekommen.
22 Ruben entgegnete ihnen: Habe ich euch
nicht gesagt: Versündigt euch nicht an dem
Kind! Ihr aber habt nicht gehört. Nun wird
für sein Blut von uns Rechenschaft gefor-
dert. 23 Sie aber ahnten nicht, dass Josef zu-
hörte, denn er bediente sich im Gespräch mit
ihnen eines Dolmetschers. 24 Er wandte sich
von ihnen ab und weinte. Als er sich ihnen
wieder zuwandte und abermals mit ihnen re-
dete, ließ er aus ihrer Mitte Simeon festneh-
men und vor ihren Augen fesseln. 25 Josef be-
fahl dann, ihre Behälter mit Getreide zu fül-
len, einem jeden von ihnen das Geld wieder
in den Sack zurückzulegen und ihnen für die
Reise Verpflegung mitzugeben. So geschah
es. 26 Sie luden das Getreide auf ihre Esel
und zogen fort. 27 Als einer seinen Sack öff-
nete, um in der Herberge seinen Esel zu füt-
tern, sah er sein Geld. Es lag in seinem Ge-
treidesack ganz oben. 28 Er sagte zu seinen
Brüdern: Man hat mir mein Geld zurückge-
geben. Seht, hier ist es in meinem Getreide-
sack. Da verließ sie der Mut und sie sagten
zitternd zueinander: Was hat uns Gott da an-
getan?

29 Sie kamen zu ihrem Vater Jakob nach
Kanaan und berichteten ihm alles, was ihnen
zugestoßen war: 30 Jener Mann, der Herr des
Landes, hat uns barsch angefahren und uns
für Leute gehalten, die das Land ausspionie-
ren. 31 Wir sagten ihm: Ehrliche Leute sind
wir und keine Spione. 32 Wir waren zwölf
Brüder, Söhne ein und desselben Vaters. Ei-
ner ist nicht mehr und der Jüngste ist bei un-
serem Vater in Kanaan geblieben. 33 Jener
Mann aber, der Herr des Landes, sagte zu
uns: Daran will ich erkennen, ob ihr ehrliche
Leute seid: Lasst einen von euch Brüdern bei
mir zurück, nehmt das Getreide, das den
Hunger eurer Familien stillen soll, geht
34 und schafft mir euren jüngsten Bruder
herbei! So werde ich erfahren, dass ihr keine
Spione, sondern ehrliche Leute seid. Ich gebe
euch dann euren Bruder heraus und ihr dürft
euch frei im Land bewegen. 35 Während sie
nun ihre Säcke leerten, stellten sie fest:
Jeder hatte seinen Geldbeutel im Sack. Als
sie und ihr Vater ihre Geldbeutel sahen,
bekamen sie Angst. 36 Ihr Vater Jakob sagte
zu ihnen: Ihr bringt mich um meine Kinder.
Josef ist nicht mehr, Simeon ist nicht mehr
und Benjamin wollt ihr mir auch noch neh-
men. Nichts bleibt mir erspart. 37 Da sagte
Ruben zu seinem Vater: Meine beiden Söhne
magst du umbringen, wenn ich ihn dir nicht
zurückbringe. Vertrau ihn meiner Hand an;
ich bringe ihn dir wieder zurück. 38 Nein,
sagte er, mein Sohn wird nicht mit euch
hinunterziehen. Denn sein Bruder ist schon
tot, nur er allein ist noch da. Stößt ihm auf
dem Weg, den ihr geht, ein Unglück zu, dann
bringt ihr mein graues Haar vor Kummer in
die Unterwelt.

9: 37,5–11

Die zweite Reise der Brüder Josefs nach Ägypten: 43,1 – 45,28

43 Der Hunger lastete schwer auf dem
Land. 2 Das Getreide, das sie aus
Ägypten gebracht hatten, war aufgezehrt. Da
sagte ihr Vater zu ihnen: Geht noch einmal
hin, kauft uns etwas Brotgetreide! 3 Juda
antwortete ihm: Der Mann hat uns nach-
drücklich eingeschärft: Kommt mir ja nicht

mehr unter die Augen, wenn ihr nicht euren
Bruder mitbringt. 4 Wenn du bereit bist, un-
seren Bruder mitzuschicken, ziehen wir hi-
nunter und kaufen dir Brotgetreide. 5 Willst
du ihn aber nicht mitschicken, gehen wir
nicht. Denn der Mann hat uns gesagt:
Kommt mir ja nicht mehr unter die Augen,
wenn ihr nicht euren Bruder mitbringt. 6 Da
sagte Israel: Warum habt ihr mir so etwas
Schlimmes angetan, jenem Mann zu sagen,
dass ihr noch einen Bruder habt? 7 Der
Mann, entgegneten sie, hat sich bei uns ein-
gehend nach unserer Verwandtschaft erkun-
digt und gefragt: Lebt euer Vater noch, habt
ihr noch einen Bruder? Wir haben ihm Aus-
kunft gegeben, wie es wirklich ist. Konnten
wir denn wissen, dass er sagen würde: Bringt
euren Bruder her! 8 Juda schlug seinem Va-
ter Israel vor: Lass den Knaben mit mir zie-
hen! Dann können wir aufbrechen und uns
auf die Reise machen. So werden wir am Le-
ben bleiben und nicht sterben, wir und du
und unsere Kinder. 9 Ich verbürge mich für
ihn; aus meiner Hand magst du ihn zurück-
fordern. Wenn ich ihn dir nicht zurückbringe
und vor dich hinstelle, will ich alle Tage bei
dir in Schuld stehen. 10 Hätten wir nicht so
lange gezögert, könnten wir schon zum zwei-
ten Mal zurück sein.

11 Da sagte ihr Vater Israel zu ihnen: Wenn
es schon sein muss, dann macht es so: Nehmt
von den besten Erzeugnissen des Landes in
eurem Gepäck mit und überbringt es dem
Mann als Geschenk: etwas Mastix, etwas Ho-
nig, Tragakant und Ladanum, Pistazien und
Mandeln. 12 Nehmt den doppelten Geldbe-
trag mit! Das Geld, das sich wieder oben in
euren Getreidesäcken fand, gebt mit eigenen
Händen zurück! Vielleicht war es ein Verse-
hen. 13 So nehmt denn euren Bruder mit,
brecht auf und geht wieder zu dem Mann zu-
rück! 14 Gott, der Allmächtige, lasse euch
Erbarmen bei dem Mann finden, sodass er
euch den anderen Bruder und Benjamin frei-
gibt. Ich aber, ich verliere noch alle Kinder.

15 Die Männer nahmen das Geschenk und
den doppelten Geldbetrag mit und dazu auch
Benjamin. Sie machten sich auf, zogen nach
Ägypten hinab und traten vor Josef hin.
16 Als Josef bei ihnen Benjamin sah, sagte er
zu seinem Hausverwalter: Führe die Männer
ins Haus, schlachte ein Tier und richte es
her! Die Männer werden nämlich mit mir zu
Mittag essen. 17 Der Mann tat, wie Josef an-
geordnet hatte: Er führte die Männer in das
Haus Josefs. 18 Die Männer fürchteten sich,
weil man sie in Josefs Haus führte, und
dachten: Wegen des Geldes, das sich beim
ersten Mal wieder in unseren Getreidesäcken
fand, werden wir da hineingeführt. Man
wird sich auf uns werfen, man wird uns
überfallen und uns als Sklaven zurückhalten
samt unseren Eseln. 19 Sie traten näher an
den Hausverwalter Josefs heran und began-
nen mit ihm an der Haustür ein Gespräch.
20 Sie sagten: Bitte, Herr, schon früher sind
wir einmal hierher gekommen, um Brotge-
treide zu kaufen. 21 Als wir aber in die Her-
berge kamen und unsere Getreidesäcke öff-
neten, lag das Geld eines jeden von uns oben
im Sack, unser Geld im vollen Betrag. Wir
bringen es mit eigenen Händen wieder zu-
rück. 22 Darüber hinaus haben wir noch
mehr Geld mitgebracht, um Brotgetreide
einzukaufen. Wir wissen nicht, wer das Geld
in unsere Säcke gelegt hat. 23 Ihr könnt beru-
higt sein, antwortete er, fürchtet euch nicht!
Euer Gott, der Gott eures Vaters, hat euch
heimlich ein Geschenk in eure Säcke gelegt.
Bei mir ist euer Geld eingegangen. Dann
brachte er Simeon zu ihnen heraus. 24 Als er
die Männer ins Haus Josefs geführt hatte,
gab er ihnen Wasser zum Füßewaschen und
ließ ihre Esel füttern. 25 Sie legten, bis Josef
zu Mittag kam, das Geschenk zurecht; denn
sie hatten gehört, dass sie dort essen sollten.

26 Als Josef ins Haus kam, überreichten sie
ihm das Geschenk, das sie mit hineingenom-
men hatten, und warfen sich vor ihm auf die
Erde nieder. 27 Er erkundigte sich, wie es ih-
nen gehe, und fragte: Geht es eurem alten
Vater gut, von dem ihr erzählt habt? Ist er
noch am Leben? 28 Sie erwiderten: Deinem
Knecht, unserem Vater, geht es gut; er lebt
noch. Dann verneigten sie sich und und war-
fen sich nieder. 29 Als er hinsah und seinen
Bruder Benjamin, den Sohn seiner Mutter,
erblickte, fragte er: Ist das euer jüngster
Bruder, von dem ihr mir erzählt habt? Und
weiter sagte er: Gottes Gnade sei mit dir,
mein Sohn. 30 Dann ging Josef schnell weg,
denn er konnte sich vor Rührung über seinen
Bruder nicht mehr halten; er war dem Wei-
nen nahe. Er zog sich in die Kammer zurück,
um sich dort auszuweinen. 31 Dann wusch er
sein Gesicht, kam zurück, nahm sich zusam-
men und ordnete an: Tragt das Essen auf!
32 Man trug das Essen auf, getrennt für ihn,
für sie und für die mit ihm speisenden Ägyp-
ter. Die Ägypter können nämlich nicht ge-
meinsam mit den Hebräern essen, weil das
bei den Ägyptern als unschicklich gilt. 33 Die
Brüder kamen vor ihm so zu sitzen, dass der
Erstgeborene den ersten und der Jüngste

43,11 Zu Mastix, Tragakant und Ladanum vgl. die Anmerkung zu 37,25.

den letzten Platz einnahm. Da blickten die
Männer einander verwundert an. 34 Er ließ
ihnen Gerichte vorsetzen, die vor ihm stan-
den, was man aber Benjamin vorsetzte,
übertraf das aller anderen um das Fünf-
fache. Sie tranken mit ihm und waren guter
Dinge.

44 Dann befahl Josef seinem Hausver-
walter: Fülle die Getreidesäcke der
Männer mit so viel Brotgetreide, wie sie tra-
gen können, und leg das Geld eines jeden
oben in den Sack! 2 Meinen Becher, den Sil-
berbecher, leg oben in den Sack des Jüngsten
mit dem Geld, für das er Getreide gekauft
hat. Er tat, wie Josef es angeordnet hatte.
3 Als es am Morgen hell wurde, ließ man die
Männer mit ihren Eseln abreisen. 4 Sie hat-
ten sich noch nicht weit von der Stadt ent-
fernt, da sagte Josef zu seinem Hausverwal-
ter: Auf, jag hinter den Männern her! Wenn
du sie eingeholt hast, sag ihnen: Warum habt
ihr Gutes mit Bösem vergolten und mir den
Silberbecher gestohlen? 5 Das ist doch der,
aus dem mein Herr trinkt und aus dem er
wahrsagt. Da habt ihr etwas Schlimmes ge-
tan. 6 Der Hausverwalter holte sie ein und
sagte zu ihnen, was ihm aufgetragen war.
7 Sie antworteten ihm: Wie kann mein Herr
so etwas sagen? Niemals werden deine
Knechte so etwas tun. 8 Sieh her, das Geld,
das wir oben in unseren Getreidesäcken fan-
den, haben wir dir aus Kanaan zurückge-
bracht. Wie könnten wir da aus dem Haus
deines Herrn Silber oder Gold stehlen? 9 Der
von den Knechten, bei dem sich der Becher
findet, soll sterben und auch wir sollen dann
unserem Herrn als Sklaven gehören. 10 Also
gut, sagte er, es soll geschehen, wie ihr sagt:
Bei wem er sich findet, der sei mein Sklave,
doch ihr anderen sollt straffrei bleiben. 11 Je-
der stellte eiligst seinen Sack auf die Erde
und öffnete ihn: 12 Er durchsuchte alles,
beim Ältesten begann er und beim Jüngsten
hörte er auf. Der Becher fand sich im Sack
Benjamins.

13 Da zerrissen sie ihre Kleider. Jeder be-
lud seinen Esel und sie kehrten in die Stadt
zurück. 14 So kamen Juda und seine Brüder
wieder in das Haus Josefs, der noch dort war.
Sie fielen vor ihm zur Erde nieder. 15 Josef
sagte zu ihnen: Was habt ihr getan? Wusstet
ihr denn nicht, dass ein Mann wie ich wahr-
sagen kann? 16 Juda erwiderte: Was sollen
wir unserem Herrn sagen, was sollen wir
vorbringen, womit uns rechtfertigen? Gott
hat die Schuld deiner Knechte ans Licht ge-
bracht. So sind wir also Sklaven unseres
Herrn, wir und der, bei dem sich der Becher
gefunden hat. 17 Doch Josef gab zur Antwort:
Das kann ich auf keinen Fall tun. Derjenige,
bei dem sich der Becher gefunden hat, der
soll mein Sklave sein. Ihr anderen aber zieht
in Frieden hinauf zu eurem Vater!

18 Da trat Juda an ihn heran und sagte:
Bitte, mein Herr, dein Knecht darf vielleicht
meinem Herrn offen etwas sagen, ohne dass
sein Zorn über deinen Knecht entbrennt;
denn du bist wie der Pharao. 19 Mein Herr
hat seine Knechte gefragt: Habt ihr einen
Vater oder Bruder? 20 Wir erwiderten mei-
nem Herrn: Wir haben einen alten Vater und
einen kleinen Bruder, der ihm noch in hohem
Alter geboren wurde. Dessen Bruder ist ge-
storben; er ist allein von seiner Mutter noch
da und sein Vater liebt ihn besonders. 21 Du
aber hast von deinen Knechten verlangt:
Bringt ihn her zu mir, ich will ihn mit eige-
nen Augen sehen. 22 Da sagten wir zu unse-
rem Herrn: Der Knabe kann seinen Vater
nicht verlassen. Verließe er ihn, so würde der
Vater sterben. 23 Du aber sagtest zu deinen
Knechten: Wenn euer jüngster Bruder nicht
mit euch kommt, dürft ihr mir nicht mehr
unter die Augen treten. 24 Als wir zu deinem
Knecht, deinem Vater, hinaufgekommen wa-
ren, erzählten wir ihm, was mein Herr gesagt
hatte. 25 Als dann unser Vater sagte: Kauft
uns noch einmal etwas Brotgetreide!, 26 ent-
gegneten wir: Wir können nicht hinunterzie-
hen; nur wenn unser jüngster Bruder dabei
ist, ziehen wir hinunter. Wir können nämlich
dem Mann nicht mehr unter die Augen tre-
ten, wenn nicht unser jüngster Bruder dabei
ist. 27 Darauf antwortete uns dein Knecht,
mein Vater: Ihr wisst, dass mir meine Frau
zwei Söhne geboren hat. 28 Einer ist von mir
gegangen und ich sagte: Er ist gewiss zerris-
sen worden. Ich habe ihn bis heute nicht
mehr gesehen. 29 Nun nehmt ihr mir auch
den noch weg. Stößt ihm ein Unglück zu,
dann bringt ihr mein graues Haar vor Leid in
die Unterwelt. 30 Wenn ich jetzt zu deinem
Knecht, meinem Vater, käme und der Knabe
wäre nicht bei uns, da doch sein Herz so an
ihm hängt, 31 wenn er also sähe, dass der
Knabe nicht dabei ist, würde er sterben.
Dann brächten deine Sklaven deinen
Knecht, unseren greisen Vater, vor Gram in
die Unterwelt. 32 Dein Knecht hat sich für
den Knaben beim Vater mit den Worten ver-
bürgt: Wenn ich ihn nicht zu dir zurückbrin-
ge, will ich alle Tage bei meinem Vater in
Schuld stehen. 33 Darum soll jetzt dein
Knecht an Stelle des Knaben dableiben als
Sklave für meinen Herrn; der Knabe aber
soll mit seinen Brüdern ziehen dürfen.
34 Denn wie könnte ich zu meinem Vater
hinaufziehen, ohne dass der Knabe bei mir

wäre? Ich könnte das Unglück nicht mit
ansehen, das dann meinen Vater träfe.
45 Josef vermochte sich vor all den Leu-
ten, die um ihn standen, nicht mehr
zu halten und rief: Schafft mir alle Leute hi-
naus! So stand niemand bei Josef, als er sich
seinen Brüdern zu erkennen gab. 2 Er begann
so laut zu weinen, dass es die Ägypter
hörten; auch am Hof des Pharao hörte man
davon. 3 Josef sagte zu seinen Brüdern: Ich
bin Josef. Ist mein Vater noch am Leben?
Seine Brüder waren zu keiner Antwort fähig,
weil sie fassungslos vor ihm standen. 4 Josef
sagte zu seinen Brüdern: Kommt doch näher
zu mir her! Als sie näher herangetreten wa-
ren, sagte er: Ich bin Josef, euer Bruder, den
ihr nach Ägypten verkauft habt. 5 Jetzt aber
lasst es euch nicht mehr leid sein und grämt
euch nicht, weil ihr mich hierher verkauft
habt. Denn um Leben zu erhalten, hat mich
Gott vor euch hergeschickt. 6 Ja, zwei Jahre
sind es jetzt schon, dass der Hunger im Land
wütet. Und noch fünf Jahre stehen bevor, in
denen man weder pflügen noch ernten wird.
7 Gott aber hat mich vor euch hergeschickt,
um von euch im Land einen Rest zu erhalten
und viele von euch eine große Rettungstat er-
leben zu lassen. 8 Also nicht ihr habt mich
hierher geschickt, sondern Gott. Er hat mich
zum Vater für den Pharao gemacht, zum
Herrn für sein ganzes Haus und zum Gebie-
ter über ganz Ägypten. 9 Zieht eiligst zu mei-
nem Vater hinauf und meldet ihm: So hat
dein Sohn Josef gesagt: Gott hat mich zum
Herrn für ganz Ägypten gemacht. Komm he-
runter zu mir, lass dich nicht aufhalten!
10 Du kannst dich im Gebiet von Goschen
niederlassen und wirst in meiner Nähe sein,
du mit deinen Söhnen und deinen Kindes-
kindern, mit deinen Schafen und Ziegen, mit
deinen Rindern und mit allem, was dir ge-
hört. 11 Dort werde ich für dich sorgen; denn
noch fünf Jahre dauert die Hungersnot. Du
mit deinem Haus und allem, was dir gehört,
du brauchst dann nicht zu darben. 12 Ihr und
mein Bruder Benjamin, ihr seht es ja mit
eigenen Augen, dass ich wirklich mit euch
rede. 13 Erzählt meinem Vater von meinem
hohen Rang in Ägypten und von allem, was
ihr gesehen habt. Beeilt euch und bringt mei-
nen Vater her! 14 Er fiel seinem Bruder Ben-
jamin um den Hals und weinte; auch Benja-
min weinte an seinem Hals. 15 Josef küsste
dann weinend alle seine Brüder. Darauf un-
terhielten sich seine Brüder mit ihm.

16 Am Hof des Pharao verbreitete sich die
Nachricht: Die Brüder Josefs sind gekom-
men. Dem Pharao und seinen Dienern war
das recht. 17 Der Pharao sagte zu Josef: Sag
zu deinen Brüdern: So sollt ihr es machen:
Beladet eure Tragtiere und reist nach Ka-
naan zurück! 18 Holt euren Vater und eure
Familien und kommt zu mir! Ich will euch
das Beste geben, was Ägypten bietet; von den
besten Erzeugnissen des Landes dürft ihr es-
sen. 19 Du gib den Auftrag weiter: Tut Fol-
gendes: Nehmt euch aus Ägypten Wagen mit
für eure Kinder und Frauen, lasst euren Va-
ter aufsteigen und kommt! 20 Es soll euch
nicht leid sein um euren Hausrat. Denn das
Beste, was ganz Ägypten bietet, soll euch ge-
hören.

21 Die Söhne Israels machten es so. Josef
stellte nach der Weisung des Pharao Wagen
zur Verfügung und gab ihnen Verpflegung
mit auf die Reise. 22 Allen schenkte er Fest-
gewänder, Benjamin aber schenkte er drei-
hundert Silberstücke und fünf Festgewän-
der. 23 Seinem Vater schickte er ungefähr
zehn Esel mit, beladen mit dem Besten, was
Ägypten bietet, und zehn Eselinnen, beladen
mit Getreide und Brot, sowie Reiseverpfle-
gung für seinen Vater. 24 Dann entließ er sei-
ne Brüder. Als sie sich auf den Weg machten,
sagte er noch zu ihnen: Streitet nicht unter-
wegs!

25 Sie zogen also von Ägypten hinauf und
kamen nach Kanaan zu ihrem Vater Jakob.
26 Sie berichteten ihm: Josef ist noch am Le-
ben. Er ist sogar Herr über ganz Ägypten. Ja-
kobs Herz aber blieb unbewegt; denn er
glaubte ihnen nicht. 27 Als sie ihm aber alles
erzählten, was Josef zu ihnen gesagt hatte,
und als er die Wagen sah, die Josef geschickt
hatte, um ihn zu holen, lebte der Geist Ja-
kobs, ihres Vaters, wieder auf 28 und Israel
sagte: Genug! Mein Sohn Josef lebt noch. Ich
will hingehen und ihn sehen, bevor ich ster-
be.

43,3: 42,15f.20 • 7: 42,10–13.

Jakobs Familie in Ägypten: 46,1 – 47,12

46 Israel brach auf mit allem, was ihm
gehörte. Er kam nach Beerscheba
und brachte dem Gott seines Vaters Isaak
Schlachtopfer dar. 2 Da sprach Gott in einer
nächtlichen Vision zu Israel: Jakob! Jakob!
Hier bin ich!, antwortete er. 3 Gott sprach:
Ich bin Gott, der Gott deines Vaters. Fürchte
dich nicht, nach Ägypten hinabzuziehen;
denn zu einem großen Volk mache ich dich
dort. 4 Ich selbst ziehe mit dir hinunter nach

45,7 Hinweis auf die Rettung der Nachkommen Jakobs aus der ägyptischen Knechtschaft, von der Ex 1 – 15 berichtet.

Ägypten und ich führe dich auch selbst wie-
der herauf. Josef wird dir die Augen zudrü-
cken.
5 Jakob brach von Beerscheba auf. Die
Söhne Israels hoben ihren Vater Jakob, ihre
Kinder und ihre Frauen auf die Wagen, die
der Pharao geschickt hatte, um ihn zu holen.
6 Sie nahmen ihr Vieh und ihre Habe, die sie
in Kanaan erworben hatten, und gelangten
nach Ägypten, Jakob und mit ihm alle seine
Nachkommen. 7 Seine Söhne und Enkel,
seine Töchter und Enkelinnen, alle seine
Nachkommen brachte er mit nach Ägyp-
ten.
8 Das sind die Namen der Söhne Israels,
die nach Ägypten kamen, Jakob und seine
Söhne: der Erstgeborene Jakobs, Ruben;
9 die Söhne Rubens: Henoch, Pallu, Hezron
und Karmi; 10 die Söhne Simeons: Jemuël,
Jamin, Ohad, Jachin, Zohar und Schaul, der
Sohn der Kanaaniterin; 11 die Söhne Levis:
Gerschon, Kehat und Merari; 12 die Söhne
Judas: Er, Onan, Schela, Perez und Serach;
Er und Onan waren aber in Kanaan gestor-
ben; die Söhne des Perez waren Hezron und
Hamul; 13 die Söhne Issachars: Tola, Puwa,
Jaschub und Schimron; 14 die Söhne Sebu-
lons: Sered, Elon und Jachleel. 15 Das waren
die Söhne Leas, die sie Jakob in Paddan-
Aram geboren hatte, dazu seine Tochter
Dina, an Söhnen und Töchtern insgesamt
dreiunddreißig Personen.
16 Die Söhne Gads: Zifjon, Haggi, Schuni,
Ezbon, Eri, Arod und Areli; 17 die Söhne
Aschers: Jimna, Jischwa, Jischwi und Beria,
dazu ihre Schwester Serach; die Söhne Beri-
as: Heber und Malkiël. 18 Das waren die Söh-
ne Silpas, die Laban seiner Tochter Lea mit-
gegeben hatte; sie alle hatte sie Jakob gebo-
ren, sechzehn Personen.
19 Die Söhne Rahels, der Frau Jakobs: Jo-
sef und Benjamin. 20 Josef hatte in Ägypten
Kinder erhalten, die ihm Asenat, die Tochter
Potiferas, des Priesters von On, geboren hat-
te: Manasse und Efraim. 21 Die Söhne Benja-
mins: Bela, Becher, Aschbel, Gera, Naaman,
Ehi, Rosch, Muppim, Huppim und Ard.
22 Das waren die Söhne Rahels, die Jakob ge-
boren worden waren, insgesamt vierzehn
Personen.
23 Die Söhne Dans: Schuham; 24 die Söhne
Naftalis: Jachzeel, Guni, Jezer und Schillem.
25 Das waren die Söhne Bilhas, die Laban
seiner Tochter Rahel mitgegeben hatte. Sie
alle hatte Bilha Jakob geboren, insgesamt
sieben Personen.
26 Die Gesamtzahl der Personen, die mit
Jakob nach Ägypten gekommen waren und
von ihm abstammten, betrug ohne die Frau-
en der Söhne Jakobs insgesamt sechsund-
sechzig Personen. 27 Dazu kommen die Söh-
ne Josefs, die ihm in Ägypten geboren wor-
den waren, zwei Personen. Insgesamt waren
vom Haus Jakob siebzig Personen nach
Ägypten gekommen.
28 Jakob schickte Juda voraus zu Josef, um
ihn zu sich nach Goschen zu bestellen. So
kamen sie ins Gebiet von Goschen. 29 Josef
ließ seinen Wagen anschirren und zog seinem
Vater Israel nach Goschen entgegen. Als er
ihn sah, fiel er ihm um den Hals und weinte
lange. 30 Israel sagte zu Josef: Jetzt will ich
gern sterben, nachdem ich dein Angesicht
wieder sehen durfte und weiß, dass du noch
am Leben bist. 31 Josef sagte dann zu seinen
Brüdern und zum ganzen Haus seines Va-
ters: Ich will hingehen, will den Pharao be-
nachrichtigen und ihm sagen: Meine Brüder
und alle vom Haus meines Vaters, die in Ka-
naan lebten, sind zu mir gekommen. 32 Die
Männer sind Viehhirten, ja, Viehzüchter sind
sie. Ihre Schafe, Ziegen und Rinder und al-
les, was ihnen gehört, haben sie mitgebracht.
33 Der Pharao wird euch rufen lassen und
euch fragen, womit ihr euch beschäftigt.
34 Dann sagt: Deine Knechte sind von Ju-
gend an bis jetzt Viehzüchter gewesen, wir
waren es und unsere Väter waren es auch
schon. Dann werdet ihr euch in Goschen nie-
derlassen dürfen; denn die Ägypter haben
gegen alle Viehhirten eine große Abnei-
gung.

47 Josef ging also hin, berichtete dem
Pharao und sagte: Mein Vater und
meine Brüder sind mit ihren Schafen, Ziegen
und Rindern und mit allem, was ihnen ge-
hört, aus Kanaan gekommen. Sie sind bereits
in Goschen. 2 Aus dem Kreis seiner Brüder
hatte er fünf Männer mitgebracht und stellte
sie dem Pharao vor. 3 Der Pharao fragte
Josefs Brüder: Womit beschäftigt ihr euch?
Sie antworteten dem Pharao: Hirten von
Schafen und Ziegen sind deine Knechte; wir
sind es und unsere Väter waren es auch
schon. 4 Weiter sagten sie zum Pharao: Wir
sind gekommen, um uns als Fremde im Land
aufzuhalten. Es gibt ja keine Weide für das
Vieh deiner Knechte, denn schwer lastet die
Hungersnot auf Kanaan. Nun möchten sich
deine Knechte in Goschen niederlassen.
5 Darauf sagte der Pharao zu Josef: Dein Va-
ter und deine Brüder sind also zu dir gekom-

46,23 Schuham: nach Num 26,42; H irrtümlich: Huschim.

46,28 Der erste Satz ist in H unklar.

men. 6 Ägypten steht dir offen. Im besten Teil des Landes lass deinen Vater und deine Brüder wohnen! Sie sollen sich in Goschen niederlassen. Wenn du aber unter ihnen tüchtige Leute kennst, dann setze sie als Aufseher über meine Herden ein!

7 Darauf führte Josef seinen Vater Jakob hinein und stellte ihn dem Pharao vor. Jakob grüßte den Pharao mit einem Segenswunsch. 8 Der Pharao redete Jakob an: Wie viele Lebensjahre zählst du? 9 Jakob gab dem Pharao zur Antwort: Die Zahl der Jahre meiner Pilgerschaft beträgt hundertdreißig. Gering an Zahl und unglücklich waren meine Lebensjahre und sie reichen nicht heran an die Lebensjahre meiner Väter in den Tagen ihrer Pilgerschaft. 10 Jakob verabschiedete sich vom Pharao mit einem Segenswunsch. 11 Josef siedelte seinen Vater und seine Brüder an und wies ihnen den Grundbesitz in Ägypten zu, im besten Teil des Landes, im Gebiet von Ramses, wie der Pharao verfügt hatte. 12 Josef versorgte seinen Vater und seine Brüder und das ganze Haus seines Vaters mit so viel Brot, dass die Kinder genug zu essen hatten.

Josefs Verwaltung in Ägypten: 47,13–26

13 Im ganzen Land gab es kein Brot und der Hunger war sehr drückend. Ägypten und Kanaan waren vor Hunger erschöpft. 14 Josef hatte das Geld, das in Ägypten und in Kanaan im Umlauf war, für das Getreide, das sie kaufen mussten, eingezogen und in den Palast des Pharao gebracht. 15 So war das Geld in Ägypten und Kanaan ausgegangen. Alle Ägypter kamen zu Josef und sagten: Gib uns Brot! Warum sollen wir vor deinen Augen umkommen? Das Geld ist nämlich zu Ende. 16 Liefert euer Vieh ab, sagte Josef, dann gebe ich euch dafür Brot, wenn das Geld zu Ende ist. 17 So brachten sie ihr Vieh zu Josef und Josef verkaufte ihnen Brot um den Preis der Pferde, ihrer Bestände an Schafen und Ziegen, an Rindern und Eseln. Er versorgte die Leute also in jenem Jahr gegen ihren ganzen Viehbestand mit Brot. 18 Das Jahr ging indes zu Ende und im nächsten Jahr kamen sie und sagten zu ihm: Wir können unserem Herrn nicht verhehlen, dass das Geld zu Ende und unser Viehbestand in den Besitz unseres Herrn übergegangen ist. Wie unser Herr sieht, haben wir nichts mehr als unsere Leiber und unser Ackerland. 19 Warum sollen wir vor deinen Augen umkommen, wir selbst und auch unser Ackerland? Kauf uns und unsere Äcker um Brot! Wir und unser Ackerland wollen dem Pharao dienstbar sein. Stell Saatgut zur Verfügung, so werden wir am Leben bleiben, wir müssen dann nicht sterben und das Ackerland braucht nicht zu verkommen. 20 Josef kaufte also das ganze Ackerland der Ägypter für den Pharao auf; denn die Ägypter verkauften alle ihr Feld, weil sie der Hunger dazu zwang. So wurde das Land Eigentum des Pharao. 21 Das Volk aber machte er ihm Leibeigen von einem Ende Ägyptens bis zum andern. 22 Nur das Ackerland der Priester kaufte er nicht auf, denn den Priestern steht ein festes Einkommen vom Pharao zu; sie leben von dem festen Einkommen, das ihnen der Pharao gewährt. Darum brauchten sie ihr Ackerland nicht zu verkaufen. 23 Nun sprach Josef zum Volk: Seht, heute habe ich euch und euer Ackerland für den Pharao gekauft. Hier habt ihr Saatgut; bestellt nun die Äcker! 24 Vom Ertrag liefert ihr dann ein Fünftel dem Pharao ab, vier Teile aber gehören euch als Saatgut für das Feld sowie als Nahrung für euch, für die Leute in euren Häusern und für eure Kinder. 25 Da antworteten sie: Du hast uns am Leben erhalten. Wenn wir das Wohlwollen unseres Herrn finden, wollen wir gern dem Pharao als Knechte dienen. 26 So verfügte Josef als gültiges Recht bis auf den heutigen Tag, dass das Ackerland Ägyptens zugunsten des Pharao mit einem Fünftel zu besteuern ist. Nur die Äcker der Priester wurden nicht Eigentum des Pharao.

Jakobs letzter Wille: 47,27 – 48,22

27 Israel ließ sich in Ägypten nieder, in der Landschaft Goschen. Sie wurden dort ansässig, waren fruchtbar und vermehrten sich sehr. 28 Jakob lebte noch siebzehn Jahre in Ägypten und die Tage Jakobs, seine Lebensjahre, betrugen hundertsiebenundvierzig Jahre. 29 Als die Zeit kam, da Israel sterben sollte, rief er seinen Sohn Josef und sagte zu ihm: Wenn ich dein Wohlwollen gefunden habe, leg deine Hand unter meine Hüfte, dass du nach Treu und Glauben an mir handeln wirst: Begrab mich nicht in Ägypten! 30 Bin ich zu meinen Vätern entschlafen, dann bring mich fort aus Ägypten und begrab mich in der Grabstätte meiner Väter! Er antwortete: Ich will tun, wie du gesagt hast. 31 Da sagte Jakob: Leiste mir einen Eid! Er leistete ihm den Eid. Darauf neigte sich Israel über das Kopfende seines Bettes.

47,29 Zu der Schwurgebärde vgl. die Anmerkung zu 24,2.

48 Einige Zeit danach ließ Jakob Josef sagen: Dein Vater ist krank. Da nahm Josef seine beiden Söhne mit, Manasse und Efraim, 2 und ließ Jakob melden: Dein Sohn Josef ist zu dir gekommen. Israel nahm sich zusammen und setzte sich im Bett auf. 3 Dann sagte Jakob zu Josef: Gott, der Allmächtige, ist mir zu Lus in Kanaan erschienen und hat mich gesegnet. 4 Er hat zu mir gesagt: Ich mache dich fruchtbar und vermehre dich, ich mache dich zu einer Schar von Völkern und gebe dieses Land deinen Nachkommen zu ewigem Besitz. 5 Jetzt sollen deine beiden Söhne, die dir in Ägypten geboren wurden, bevor ich zu dir nach Ägypten kam, mir gehören. Efraim und Manasse sollen mir so viel gelten wie Ruben und Simeon. 6 Die Nachkommen aber, die du erst nach ihnen gezeugt hast, sollen dir gehören; nach dem Namen ihrer Brüder soll man sie in ihrem Erbteil benennen. 7 Als ich aus Paddan-Aram kam, starb mir unterwegs Rahel in Kanaan; nur noch ein kleines Stück war es bis Efrata. Ich begrub sie dort auf dem Weg nach Efrata, das jetzt Betlehem heißt.

8 Als Israel die Söhne Josefs sah, fragte er: Wer sind diese? 9 Josef sagte zu seinem Vater: Meine Söhne sind es, die mir Gott hier geschenkt hat. Da sagte Israel: Bring sie her zu mir, ich will sie segnen. 10 Israels Augen waren vor Alter schwer geworden, er konnte nicht mehr recht sehen. Er zog die Söhne Josefs an sich heran, küsste und umarmte sie. 11 Dann sagte Israel zu Josef: Ich hatte nicht mehr geglaubt, dich jemals wieder zu sehen. Nun aber hat mich Gott sogar noch deine Nachkommen sehen lassen. 12 Josef holte sie von seinen Knien weg und sie warfen sich mit ihrem Gesicht zur Erde nieder. 13 Dann nahm Josef beide, Efraim an seine Rechte, zur Linken Israels, und Manasse an seine Linke, zur Rechten Israels, und führte sie zu ihm hin. 14 Israel streckte seine Rechte aus und legte sie Efraim auf den Kopf, obwohl er der jüngere war, seine Linke aber legte er Manasse auf den Kopf, wobei er seine Hände überkreuzte, obwohl Manasse der Erstgeborene war. 15 Er segnete Josef und sprach:

Gott, vor dem meine Väter Abraham und Isaak / ihren Weg gegangen sind, / Gott, der mein Hirt war mein Lebtag bis heute, 16 der Engel, der mich erlöst hat / von jeglichem Unheil, / er segne die Knaben. / Weiterleben soll mein Name durch sie, / auch der Name meiner Väter / Abraham und Isaak. / Im Land sollen sie sich tummeln, / zahlreich wie die Fische im Wasser.

17 Als Josef sah, dass sein Vater seine Rechte Efraim auf den Kopf legte, gefiel ihm das nicht. Josef ergriff die Hand seines Vaters, um sie von Efraims Kopf auf den Kopf Manasses hinüberzuziehen, 18 und er sagte zu seinem Vater: Nicht so, Vater, sondern der ist der Erstgeborene; leg deine Rechte ihm auf den Kopf! 19 Aber sein Vater wollte nicht. Ich weiß, mein Sohn, ich weiß, sagte er, auch er wird zu einem Volk, auch er wird groß sein; aber sein jüngerer Bruder wird größer als er und seine Nachkommen werden zu einer Fülle von Völkern. 20 Er segnete sie an jenem Tag mit den Worten:

Mit deinem Namen wird Israel segnen und sagen: Gott mache dich wie Efraim und Manasse.

21 So setzte Israel Efraim vor Manasse und er sagte zu Josef: Sieh, ich muss sterben. Gott wird mit euch sein und euch in das Land eurer Väter zurückbringen. 22 Ich gebe dir einen Bergrücken schulterhoch über deinen Brüdern, den ich der Hand der Amoriter mit Schwert und Bogen entrissen habe.

48,3: 28,13f; 35,11f • 7: 35,16–20.

Der Segen Jakobs: 49,1–27

49 Darauf rief Jakob seine Söhne und sprach: Versammelt euch, dann sage ich euch an, was euch begegnet in künftigen Tagen.

2 Kommt zusammen, ihr Söhne Jakobs, und hört, / auf Israel hört, auf euren Vater!

3 *Ruben,* mein Erster, du meine Stärke, / meiner Zeugungskraft Erstling, / übermütig an Stolz, übermütig an Kraft,

4 brodelnd wie Wasser. Der Erste sollst du nicht bleiben. / Du bestiegst ja das Bett deines Vaters; geschändet hast du damals mein Lager.

5 *Simeon* und *Levi,* die Brüder, / Werkzeuge der Gewalt sind ihre Messer.

6 Zu ihrem Kreis mag ich nicht gehören, / mit ihrer Rotte vereinige sich nicht mein

48,22 Wortspiel mit dem Ortsnamen Sichem, der »Schulter« bedeutet und auch das Bergland bezeichnet, in dem die Stämme Efraim und Manasse ihr Siedlungsgebiet haben.

49,1–27 Man nennt diesen Text »Jakob-Segen«; er enthält aber nicht nur Segenssprüche, sondern auch Flüche und Feststellungen über einzelne Stämme. Der Wortlaut der Sprüche setzt bereits das Schicksal der Stämme voraus. Die Sprache dieses Textes in H ist sehr knapp und verwendet viele schwer verständliche Anspielungen.

49,4 Der Erste sollst du nicht bleiben: Er verliert das Erstgeburtsrecht. Andere Übersetzungsmöglichkeit: Den Übermut dämpfe! (vgl. V. 3).

49,5 Die Messer sind vielleicht die Beschneidungsmesser, die die Sichemiten wehrlos gemacht ha-

Herz. / Denn in ihrem Zorn brachten sie
Männer um, / mutwillig lähmten sie Stiere.
7 Verflucht ihr Zorn, da er so heftig, / ver-
flucht ihr Grimm, da er so roh. / Ich teile sie
unter Jakob auf, / ich zerstreue sie unter Is-
rael.
8 *Juda*, dir jubeln die Brüder zu, / deine
Hand hast du am Genick deiner Feinde. /
Deines Vaters Söhne fallen vor dir nieder.
9 Ein junger Löwe ist Juda. / Vom Raub,
mein Sohn, wurdest du groß. / Er kauert,
liegt da wie ein Löwe, / wie eine Löwin. Wer
wagt, sie zu scheuchen?
10 Nie weicht von Juda das Zepter, / der
Herrscherstab von seinen Füßen, / bis der
kommt, dem er gehört, / dem der Gehorsam
der Völker gebührt.
11 Er bindet am Weinstock sein Reittier
fest, / seinen Esel am Rebstock. / Er wäscht
in Wein sein Kleid, / in Traubenblut sein Ge-
wand.
12 Feurig von Wein funkeln die Augen, /
seine Zähne sind weißer als Milch.
13 *Sebulon* wohnt nahe dem Strand, / am
Gestade der Schiffe, / mit seinem Rücken
nach Sidon hin.
14 *Issachar* ist ein knochiger Esel, / lagernd
in seinem Pferch.
15 Er sieht, wie die Ruhe so schön ist / und
wie so freundlich das Land; / da neigt er die
Schulter als Träger / und wird zum fronen-
den Knecht.
16 *Dan* schafft Recht seinem Volk / wie nur
einer von Israels Stämmen.
17 Zur Schlange am Weg wird Dan, / zur
zischelnden Natter am Pfad. / Sie beißt das
Pferd in die Fesseln, / sein Reiter stürzt
rücklings herab.
18 Auf deine Hilfe harre ich, Herr.
19 *Gad*, ins Gedränge drängen sie ihn, /
doch er bedrängt ihre Ferse.
20 *Ascher*, fett ist sein Brot. / Königskost
liefert er.
21 *Naftali*, die flüchtige Hirschkuh, / ver-
steht sich auf gefällige Rede.
22 Ein junger Fruchtbaum ist *Josef*, / ein
junger Fruchtbaum am Quell, / ein junger
Zweig an der Mauer.
23 Man erbittert und reizt ihn, / die Schüt-
zen stellen ihm nach.
24 Sein Bogen sitzt sicher; / gelenkig sind
Arme und Hände. / Das kommt vom Starken
Jakobs, / von dort kommt der Hirt, Israels
Fels,
25 vom Gott deines Vaters, er wird dir hel-
fen. / Gott, der Allmächtige, er wird dich
segnen / mit Segen des Himmels von dro-
ben, / mit Segen tief lagernder Urflut, / mit
Segen von Brust und Schoß.
26 Deines Vaters Segen übertrifft / den Se-
gen der uralten Berge, / den man von den
ewigen Hügeln ersehnt. / Er komme auf Jo-
sefs Haupt, / auf das Haupt des Geweihten
der Brüder.
27 *Benjamin* ist ein reißender Wolf: / Am
Morgen frisst er die Beute, / am Abend teilt
er den Fang.

3–27 ‖ Dtn 33,6–25 • 4: 35,22.

Jakobs Tod und Begräbnis: 49,28 – 50,13

28 Sie alle sind die zwölf Stämme Israels
und das war es, was ihr Vater zu ihnen sagte,
als er sie segnete. Einen jeden bedachte er
mit dem Segen, der ihm zukam. 29 Er trug ih-
nen ferner auf und sagte zu ihnen: Ich werde
mit meinen Vorfahren vereint. Begrabt mich
bei meinen Vätern in der Höhle auf dem
Grundstück des Hetiters Efron, 30 in der
Höhle auf dem Grundstück von Machpela
bei Mamre in Kanaan. Das Grundstück hatte
Abraham vom Hetiter Efron als eigene
Grabstätte gekauft. 31 Dort hat man Abra-
ham und seine Frau Sara begraben; dort hat
man Isaak und seine Frau Rebekka begra-
ben; dort habe ich Lea begraben, 32 auf dem
Grundstück, das samt der Höhle darauf von
den Hetitern in unseren Besitz übergegangen
ist. 33 Jakob beendete den Auftrag an seine
Söhne und zog seine Füße auf das Bett zu-
rück. Dann verschied er und wurde mit sei-
nen Vorfahren vereint.
50 Josef warf sich über seinen Vater,
weinte um ihn und küsste ihn. 2 Da-
rauf befahl er den Ärzten, die ihm zu Dienste
standen, seinen Vater einzubalsamieren. Die
Ärzte balsamierten also Israel ein. 3 Darüber
vergingen vierzig volle Tage, denn so lange
dauerte die Einbalsamierung. Die Ägypter
beweinten ihn siebzig Tage lang. 4 Als die

ben, oder die Schwerter, mit denen die Jakob-Söhne die Sichemiten niedergemetzelt haben (vgl. 34,13–26).

49,7 Die Stämme Simeon und Levi sind später in anderen Stämmen aufgegangen.

49,10 Gemeint ist vielleicht David, der den Herrscherstab übernimmt. Die Übersetzung ist unsicher.

49,16 Wortspiel mit dem Namen Dan, der auch »der, der Recht spricht« bedeutet (vgl. 30,6).

49,19 Wortspiel mit dem Namen Gad und dem Zeitwort »drängen« (gadád); anders 30,11.

49,24 Der Sinn des letzten Versteils ist in H unklar.

Tage der Trauer vorüber waren, sagte Josef zu den Hofleuten des Pharao: Wenn ich euer Wohlwollen genieße, tragt dem Pharao dieses mein Anliegen vor: 5 Mein Vater hat mich schwören lassen und gesagt: Ich muss sterben; in dem Grab, das ich mir in Kanaan angelegt habe, dort begrabt mich! Nun also möchte ich hinaufziehen und meinen Vater begraben; dann komme ich wieder zurück. 6 Da sagte der Pharao: Zieh hinauf, begrabe deinen Vater, wie du geschworen hast.

7 Josef zog hinauf, um seinen Vater zu begraben. Mit ihm zogen alle Hofleute des Pharao, die Ältesten seines Hofes und alle Ältesten Ägyptens, 8 das ganze Haus Josef, seine Brüder und das Haus seines Vaters. Nur ihre Kinder, ihre Schafe, Ziegen und Rinder ließen sie in Goschen zurück. 9 Auch die Wagen und die dazugehörige Mannschaft zogen mit ihm, sodass es ein sehr großer Zug wurde. 10 Als sie nach Goren-Atad jenseits des Jordan gekommen waren, hielten sie dort eine sehr große, würdige Totenklage; sieben Tage hielt er um seinen Vater Trauer. 11 Die Einheimischen, die Kanaaniter, beobachteten die Trauerfeier in Goren-Atad und sagten: Eine würdige Trauerfeier veranstalten da die Ägypter. Darum heißt der Ort Abel-Mizrajim (Ägyptertrauer); er liegt jenseits des Jordan.

12 Jakobs Söhne taten an Jakob so, wie er ihnen aufgetragen hatte. 13 Sie brachten ihn nach Kanaan und begruben ihn in der Höhle des Grundstücks von Machpela. Abraham hatte das Grundstück bei Mamre als eigene Grabstätte von dem Hetiter Efron gekauft.

49,32: 23,16–18.

Josefs letzte Lebensjahre und sein Tod: 50,14–26

14 Nachdem Josef seinen Vater begraben hatte, kehrte er nach Ägypten zurück, zusammen mit seinen Brüdern und allen, die mitgezogen waren, um seinen Vater zu begraben.

15 Als Josefs Brüder sahen, dass ihr Vater tot war, sagten sie: Wenn sich Josef nur nicht feindselig gegen uns stellt und uns alles Böse vergilt, das wir ihm getan haben. 16 Deshalb ließen sie Josef wissen: Dein Vater hat uns, bevor er starb, aufgetragen: 17 So sagt zu Josef: Vergib doch deinen Brüdern ihre Untat und Sünde, denn Schlimmes haben sie dir angetan. Nun also vergib doch die Untat der Knechte des Gottes deines Vaters! Als man ihm diese Worte überbrachte, musste Josef weinen. 18 Seine Brüder gingen dann auch selbst hin, fielen vor ihm nieder und sagten: Hier sind wir als deine Sklaven. 19 Josef aber antwortete ihnen: Fürchtet euch nicht! Stehe ich denn an Gottes Stelle? 20 Ihr habt Böses gegen mich im Sinne gehabt, Gott aber hatte dabei Gutes im Sinn, um zu erreichen, was heute geschieht: viel Volk am Leben zu erhalten. 21 Nun also fürchtet euch nicht! Ich will für euch und eure Kinder sorgen. So tröstete er sie und redete ihnen freundlich zu.

22 Josef blieb in Ägypten, er und das Haus seines Vaters. Josef wurde hundertzehn Jahre alt. 23 Er sah noch Efraims Söhne und Enkel. Auch die Söhne Machirs, des Sohnes Manasses, kamen auf Josefs Knien zur Welt. 24 Dann sprach Josef zu seinen Brüdern: Ich muss sterben. Gott wird sich euer annehmen, er wird euch aus diesem Land heraus und in jenes Land hinaufführen, das er Abraham, Isaak und Jakob mit einem Eid zugesichert hat. 25 Josef ließ die Söhne Israels schwören: Wenn Gott sich euer annimmt, dann nehmt meine Gebeine von hier mit hinauf! 26 Josef starb im Alter von hundertzehn Jahren. Man balsamierte ihn ein und legte ihn in Ägypten in einen Sarg.

50,23 Josef nimmt die Kinder Manasses zum Zeichen der Adoption unmittelbar nach ihrer Geburt auf seine Knie (vgl. 30,3).

tür

durch wie viel türen gehen wir
vor wie viel türen zögern wir

die bangen fragen:
auf oder zu
geschlossen oder offen
geht es hinein oder hinaus
was liegt dahinter

hoffnung
angst
unsicherheit
überraschung
geheimnis

eine tür trennt
eine tür verbindet
zur festzeit sind türen geöffnet

Ihr Tore, hebt euch nach oben,
hebt euch, ihr uralten Pforten;
denn es kommt der König der Herrlichkeit.
Psalm 24,7

Foto: Gerhard Schmitt, Ludwigsburg

Das Buch Exodus

Das Buch Exodus ist vom Buch Genesis deutlich abgehoben. Es schildert die weiteren Schicksale der Nachkommen Jakobs, die in Ägypten zu einem großen Volk werden. Das Buch trägt in der griechischen und lateinischen Bibel den Namen Exodus, das heißt »Auszug«, weil die Schilderung des Auszugs der Israeliten aus Ägypten unter Führung des Mose wesentlicher Bestandteil dieses Buches ist. Bei den Juden heißt das Buch nach den Anfangsworten Elle Schemót (Das sind die Namen). Die Darstellung reicht von der Volkwerdung Israels in Ägypten bis zu den Ereignissen am Sinai. Da aber die erzählenden Teile durch Gesetzestexte und Anordnungen über die Errichtung des Heiligtums sowie Berichte über die Ausführung dieser Anordnungen unterbrochen werden, ist die Gliederung nicht so durchsichtig wie im Buch Genesis.

Man kann den Inhalt folgendermaßen gliedern: Volkwerdung und Fronknechtschaft in Ägypten (Kap. 1); Jugend und Flucht des Mose (Kap. 2), Berufung des Mose und seine Rückkehr nach Ägypten (Kap. 3 und 4); Verhandlungen mit dem Pharao, die ägyptischen Plagen (Kap. 5 – 11); die Feier des Pascha und die Vorbereitungen für den Auszug (12,1 – 13,16); Auszug und Rettung am Schilfmeer (13,17 – 15,21); Wanderung zum Sinai (15,22 – 19,2); Bundesschluss am Sinai (19,3 – 24,18; hier sind eingearbeitet die Zehn Gebote 20,1–17 und das so genannte Bundesbuch Kap. 21 – 23); Anordnungen über Bundeslade, Zeltheiligtum und Priesterschaft (Kap. 25 – 31); der Bundesbruch und seine Folgen (Kap. 32 – 34); die Ausführung der Anordnungen über Bundeslade und Heiligtum (Kap. 35 – 40).

In der Geschichtsdarstellung lassen sich die gleichen literarischen Schichten feststellen wie in Genesis (vgl. die Einleitung zu Genesis). Dazu kommen umfangreiche Gesetze, von denen die Zehn Gebote, das sogenannte Bundesbuch und die Vorschriften in 34,11–26 einst selbstständige kleine Gesetzbücher waren. Sie alle können in ihrem Kern auf die Zeit des Mose (13. Jahrhundert v. Chr.) zurückgehen. Auch ist ein längeres Lied aufgenommen, das die Rettungstat Gottes am Schilfmeer verherrlicht (15,1–18).

Der Auszug aus Ägypten wird heute allgemein in die zweite Hälfte des 13. Jahrhunderts v. Chr. datiert. Da wir über diese Ereignisse keine außerbiblischen Quellen besitzen und außerdem die Texte erst nach langer mündlicher Überlieferung Jahrhunderte nach den Ereignissen ihre heutige Gestalt erhalten haben, können wir den genauen geschichtlichen Hergang nur schwer feststellen. Der wesentliche Verlauf, wie die Knechtschaft in Ägypten, der Auszug unter der Führung des Mose, die Rettung am Schilfmeer, der Bundesschluss am Sinai durch Mose als Mittler zwischen Volk und Gott und die Anfänge einer israelitischen Gesetzgebung dürften aber zuverlässig wiedergegeben sein.

Das Buch ist von großer theologischer Bedeutung wegen der Aussagen über die Erlösung aus Knechtschaft durch das rettende Eingreifen Gottes, über den Bund zwischen Gott und dem Volk Israel, über Mose als den Führer des Volkes, den Mittler des Bundes und auch den großen Fürbitter, der Gottes Zorn nach dem Bundesbruch Israels durch sein Eintreten für das Volk besänftigt. An den großen Jahresfesten Pascha, Pfingsten und Laubhüttenfest wurden die in Exodus geschilderten Ereignisse im Gottesdienst Israels vergegenwärtigt. Sie werden im Christentum als Vorwegnahme und Bilder für die Erlösung durch Jesus Christus verstanden. Die Zehn Gebote haben die Ethik der Kulturvölker maßgeblich geprägt.

ISRAEL IN ÄGYPTEN: 1,1 – 11,10

Jakobs Nachkommen in Ägypten: 1,1–22

1 Das sind die Namen der Söhne Israels,
die nach Ägypten gekommen waren –
mit Jakob waren sie gekommen, jeder mit
seiner Familie: 2 Ruben, Simeon, Levi, Juda,
3 Issachar, Sebulon, Benjamin, 4 Dan, Naftali,
Gad und Ascher. 5 Zusammen waren es sieb-
zig Personen; sie alle stammten von Jakob
ab. Josef aber war bereits in Ägypten.
6 Josef, alle seine Brüder und seine Zeitge-
nossen waren gestorben. 7 Aber die Söhne Is-
raels waren fruchtbar, sodass das Land von
ihnen wimmelte. Sie vermehrten sich und
wurden überaus stark; sie bevölkerten das
Land.
8 In Ägypten kam ein neuer König an die
Macht, der Josef nicht gekannt hatte. 9 Er
sagte zu seinem Volk: Seht nur, das Volk der
Israeliten ist größer und stärker als wir.
10 Gebt Acht! Wir müssen überlegen, was wir
gegen sie tun können, damit sie sich nicht
weiter vermehren. Wenn ein Krieg ausbricht,
können sie sich unseren Feinden anschlie-
ßen, gegen uns kämpfen und sich des Landes
bemächtigen. 11 Da setzte man Fronvögte
über sie ein, um sie durch schwere Arbeit un-
ter Druck zu setzen. Sie mussten für den
Pharao die Städte Pitom und Ramses als
Vorratslager bauen. 12 Je mehr man sie aber
unter Druck hielt, umso stärker vermehrten
sie sich und breiteten sie sich aus, sodass die
Ägypter vor ihnen das Grauen packte. 13 Da-
her gingen sie hart gegen die Israeliten vor
und machten sie zu Sklaven. 14 Sie machten
ihnen das Leben schwer durch harte Arbeit
mit Lehm und Ziegeln und durch alle mögli-
chen Arbeiten auf den Feldern. So wurden
die Israeliten zu harter Sklavenarbeit ge-
zwungen.
15 Zu den hebräischen Hebammen – die
eine hieß Schifra, die andere Pua – sagte der
König von Ägypten: 16 Wenn ihr den Hebräe-
rinnen Geburtshilfe leistet, dann achtet auf
das Geschlecht! Ist es ein Knabe, so lasst ihn
sterben! Ist es ein Mädchen, dann kann es am
Leben bleiben. 17 Die Hebammen aber fürch-
teten Gott und taten nicht, was ihnen der
König von Ägypten gesagt hatte, sondern lie-
ßen die Kinder am Leben. 18 Da rief der Kö-
nig von Ägypten die Hebammen zu sich und
sagte zu ihnen: Warum tut ihr das und lasst
die Kinder am Leben? 19 Die Hebammen ant-
worteten dem Pharao: Bei den hebräischen
Frauen ist es nicht wie bei den Ägypterin-
nen, sondern wie bei den Tieren: Wenn die
Hebamme zu ihnen kommt, haben sie schon
geboren. 20 Gott verhalf den Hebammen zu
Glück; das Volk aber vermehrte sich weiter
und wurde sehr stark. 21 Weil die Hebammen
Gott fürchteten, schenkte er ihnen Kinderse-
gen. 22 Daher gab der Pharao seinem ganzen
Volk den Befehl: Alle Knaben, die den Heb-
räern geboren werden, werft in den Nil! Die
Mädchen dürft ihr alle am Leben lassen.

Die Jugend des Mose: 2,1–14

2 Ein Mann aus einer levitischen Familie
ging hin und nahm eine Frau aus dem
gleichen Stamm. 2 Sie wurde schwanger und
gebar einen Sohn. Weil sie sah, dass es ein
schönes Kind war, verbarg sie es drei Monate
lang. 3 Als sie es nicht mehr verborgen halten
konnte, nahm sie ein Binsenkästchen, dich-
tete es mit Pech und Teer ab, legte den Kna-
ben hinein und setzte ihn am Nilufer im
Schilf aus. 4 Seine Schwester blieb in der
Nähe stehen, um zu sehen, was mit ihm ge-
schehen würde.
5 Die Tochter des Pharao kam herab, um
im Nil zu baden. Ihre Dienerinnen gingen
unterdessen am Nilufer auf und ab. Auf ein-
mal sah sie im Schilf das Kästchen und ließ
es durch ihre Magd holen. 6 Als sie es öffnete
und hineinsah, lag ein weinendes Kind da-
rin. Sie bekam Mitleid mit ihm und sie sagte:
Das ist ein Hebräerkind. 7 Da sagte seine
Schwester zur Tochter des Pharao: Soll ich
zu den Hebräerinnen gehen und dir eine
Amme rufen, damit sie dir das Kind stillt?
8 Die Tochter des Pharao antwortete ihr: Ja,
geh! Das Mädchen ging und rief die Mutter
des Knaben herbei. 9 Die Tochter des Pharao
sagte zu ihr: Nimm das Kind mit und still es
mir! Ich werde dich dafür entlohnen. Die
Frau nahm das Kind zu sich und stillte es.
10 Als der Knabe größer geworden war,
brachte sie ihn der Tochter des Pharao.
Diese nahm ihn als Sohn an, nannte ihn

1,10 und sich des Landes bemächtigen, andere Übersetzungsmöglichkeit: und aus dem Land fortziehen.

1,11 Die beiden Städte wurden vom Pharao Ramses II. (1304–1237 v. Chr.) im östlichen Nildelta als Garnisons- und Vorratsstädte zur Vorbereitung seines Feldzugs gegen die Hetiter angelegt.

2,10 Der Name Mose ist ägyptisch und bedeutet »Kind«; der israelitische Erzähler hört das hebräische Zeitwort »ziehen« (mascháh) heraus.

Mose und sagte: Ich habe ihn aus dem Was-
ser gezogen.
11 Die Jahre vergingen und Mose wuchs
heran. Eines Tages ging er zu seinen Brü-
dern hinaus und schaute ihnen bei der Fron-
arbeit zu. Da sah er, wie ein Ägypter einen
Hebräer schlug, einen seiner Stammesbrü-
der. 12 Mose sah sich nach allen Seiten um,
und als er sah, dass sonst niemand da war,
erschlug er den Ägypter und verscharrte ihn
im Sand.
13 Als er am nächsten Tag wieder hinaus-
ging, sah er zwei Hebräer miteinander strei-
ten. Er sagte zu dem, der im Unrecht war:
Warum schlägst du deinen Stammesgenos-
sen? 14 Der Mann erwiderte: Wer hat dich
zum Aufseher und Schiedsrichter über uns
bestellt? Meinst du, du könntest mich um-
bringen, wie du den Ägypter umgebracht
hast? Da bekam Mose Angst und sagte: Die
Sache ist also bekannt geworden.

Mose in Midian: 2,15–22

15 Der Pharao hörte von diesem Vorfall
und wollte Mose töten; Mose aber entkam
ihm. Er wollte in Midian bleiben und setzte
sich an einen Brunnen. 16 Der Priester von
Midian hatte sieben Töchter. Sie kamen zum
Wasserschöpfen und wollten die Tröge fül-
len, um die Schafe und Ziegen ihres Vaters
zu tränken. 17 Doch die Hirten kamen und
wollten sie verdrängen. Da stand Mose auf,
kam ihnen zu Hilfe und tränkte ihre Schafe
und Ziegen. 18 Als sie zu ihrem Vater Reguël
zurückkehrten, fragte er: Warum seid ihr
heute so schnell wieder da? 19 Sie erzählten:
Ein Ägypter hat uns gegen die Hirten vertei-
digt; er hat uns sogar Wasser geschöpft und
das Vieh getränkt. 20 Da fragte Reguël seine
Töchter: Wo ist er? Warum habt ihr ihn dort
gelassen? Holt ihn und ladet ihn zum Essen
ein! 21 Mose entschloss sich, bei dem Mann
zu bleiben, und dieser gab seine Tochter Zip-
pora Mose zur Frau. 22 Als sie einen Sohn ge-
bar, nannte er ihn Gerschom (Ödgast) und
sagte: Gast bin ich in fremdem Land.
22: 18,3.

Die Berufung des Mose: 2,23 – 4,17

23 Nach vielen Jahren starb der König von
Ägypten. Die Israeliten stöhnten noch unter
der Sklavenarbeit; sie klagten und ihr Hilfe-
ruf stieg aus ihrem Sklavendasein zu Gott
empor. 24 Gott hörte ihr Stöhnen und Gott
gedachte seines Bundes mit Abraham, Isaak
und Jakob. 25 Gott blickte auf die Söhne Is-
raels und gab sich ihnen zu erkennen.
3 Mose weidete die Schafe und Ziegen sei-
nes Schwiegervaters Jitro, des Priesters
von Midian. Eines Tages trieb er das Vieh
über die Steppe hinaus und kam zum Gottes-
berg Horeb. 2 Dort erschien ihm der Engel
des Herrn in einer Flamme, die aus einem
Dornbusch emporschlug. Er schaute hin: Da
brannte der Dornbusch und verbrannte doch
nicht. 3 Mose sagte: Ich will dorthin gehen
und mir die außergewöhnliche Erscheinung
ansehen. Warum verbrennt denn der Dorn-
busch nicht?
4 Als der Herr sah, dass Mose näher kam,
um sich das anzusehen, rief Gott ihm aus
dem Dornbusch zu: Mose, Mose! Er antwor-
tete: Hier bin ich. 5 Der Herr sagte: Komm
nicht näher heran! Leg deine Schuhe ab;
denn der Ort, wo du stehst, ist heiliger Bo-
den. 6 Dann fuhr er fort: Ich bin der Gott dei-
nes Vaters, der Gott Abrahams, der Gott
Isaaks und der Gott Jakobs. Da verhüllte
Mose sein Gesicht; denn er fürchtete sich,
Gott anzuschauen.
7 Der Herr sprach: Ich habe das Elend mei-
nes Volkes in Ägypten gesehen und ihre
laute Klage über ihre Antreiber habe ich ge-
hört. Ich kenne ihr Leid. 8 Ich bin herabge-
stiegen, um sie der Hand der Ägypter zu ent-
reißen und aus jenem Land hinaufzuführen
in ein schönes, weites Land, in ein Land, in
dem Milch und Honig fließen, in das Gebiet
der Kanaaniter, Hetiter, Amoriter, Perisiter,
Hiwiter und Jebusiter. 9 Jetzt ist die laute
Klage der Israeliten zu mir gedrungen und
ich habe auch gesehen, wie die Ägypter sie
unterdrücken. 10 Und jetzt geh! Ich sende
dich zum Pharao. Führe mein Volk, die
Israeliten, aus Ägypten heraus! 11 Mose ant-
wortete Gott: Wer bin ich, dass ich zum Pha-
rao gehen und die Israeliten aus Ägypten
herausführen könnte? 12 Gott aber sagte: Ich
bin mit dir; ich habe dich gesandt und als
Zeichen dafür soll dir dienen: Wenn du das
Volk aus Ägypten herausgeführt hast, wer-
det ihr Gott an diesem Berg verehren.
13 Da sagte Mose zu Gott: Gut, ich werde

2,18 Reguël: So auch Num 10,29. In Ex 3,1; 4,18; 18,1 heißt er Jitro, in Ri 4,11 aber Hobab. In den verschiedenen Traditionsschichten lautet der Name anders, ähnlich wie der Berg des Bundesschlusses bald Sinai, bald Horeb heißt.

2,22 Wortspiel mit dem Namen Gerschom, der aus ger (= Gast) und schom (= Öde) zusammengesetzt ist; in der Deutung des Namens wird aber das ungewöhnliche schom durch das geläufigere nokrí (= fremd) verdeutlicht.

2,25 und gab sich ihnen zu erkennen: so nach G.

also zu den Israeliten kommen und ihnen sa-
gen: Der Gott eurer Väter hat mich zu euch
gesandt. Da werden sie mich fragen: Wie
heißt er? Was soll ich ihnen darauf sagen?
14 Da antwortete Gott dem Mose: Ich bin der
«Ich-bin-da». Und er fuhr fort: So sollst du
zu den Israeliten sagen: Der «Ich-bin-da» hat
mich zu euch gesandt. 15 Weiter sprach Gott
zu Mose: So sag zu den Israeliten: Jahwe, der
Gott eurer Väter, der Gott Abrahams, der
Gott Isaaks und der Gott Jakobs, hat mich zu
euch gesandt. Das ist mein Name für immer
und so wird man mich nennen in allen Gene-
rationen. 16 Geh, versammle die Ältesten Is-
raels und sag ihnen: Jahwe, der Gott eurer
Väter, der Gott Abrahams, Isaaks und Ja-
kobs, ist mir erschienen und hat mir gesagt:
Ich habe sorgsam auf euch geachtet und
habe gesehen, was man euch in Ägypten an-
tut. 17 Darum habe ich beschlossen, euch aus
dem Elend Ägyptens hinaufzuführen in das
Land der Kanaaniter, Hetiter, Amoriter, Pe-
risiter, Hiwiter und Jebusiter, in ein Land, in
dem Milch und Honig fließen. 18 Wenn sie auf
dich hören, so geh mit den Ältesten Israels
zum König von Ägypten; sagt ihm: Jahwe,
der Gott der Hebräer, ist uns begegnet. Und
jetzt wollen wir drei Tagesmärsche weit in
die Wüste ziehen und Jahwe, unserem Gott,
Schlachtopfer darbringen. 19 Ich weiß, dass
euch der König von Ägypten nicht ziehen
lässt, es sei denn, er würde von starker Hand
dazu gezwungen. 20 Erst wenn ich meine
Hand ausstrecke und Ägypten niederschlage
mit allen meinen Wundern, die ich in seiner
Mitte vollbringe, wird er euch ziehen lassen.
21 Dann werde ich die Ägypter zugunsten
dieses Volkes umstimmen, und wenn ihr
wegzieht, werdet ihr nicht mit leeren Hän-
den gehen. 22 Jede Frau kann von ihrer
Nachbarin oder Hausgenossin silberne und
goldene Geräte und Kleider verlangen.
Übergebt sie euren Söhnen und Töchtern
und plündert so die Ägypter aus!

4 Mose antwortete: Was aber, wenn sie
mir nicht glauben und nicht auf mich
hören, sondern sagen: Jahwe ist dir nicht er-
schienen? 2 Der Herr entgegnete ihm: Was
hast du da in der Hand? Er antwortete: Einen
Stab. 3 Da sagte der Herr: Wirf ihn auf die
Erde! Mose warf ihn auf die Erde. Da wurde
der Stab zu einer Schlange und Mose wich
vor ihr zurück. 4 Der Herr aber sprach zu
Mose: Streck deine Hand aus und fasse sie
am Schwanz! Er streckte seine Hand aus und
packte sie. Da wurde sie in seiner Hand wie-
der zu einem Stab. 5 So sollen sie dir glau-
ben, dass dir Jahwe erschienen ist, der Gott
ihrer Väter, der Gott Abrahams, der Gott
Isaaks und der Gott Jakobs.

6 Weiter sprach der Herr zu ihm: Leg deine
Hand in deinen Gewandbausch! Er legte
seine Hand hinein. Als er sie herauszog, war
seine Hand von Aussatz weiß wie Schnee.
7 Darauf sagte der Herr: Leg deine Hand
noch einmal in deinen Gewandbausch! Er
legte seine Hand noch einmal hinein. Als er
sie wieder herauszog, sah sie wieder aus wie
der übrige Leib. 8 Wenn sie dir nicht glauben
und sich durch das erste Zeichen nicht über-
zeugen lassen, werden sie auf das zweite Zei-
chen hin glauben. 9 Glauben sie aber selbst
nach diesen beiden Zeichen nicht und lassen
sie sich nicht überzeugen, dann nimm etwas
Nilwasser und schütt es auf trockenen Bo-
den! Das Wasser, das du aus dem Nil geholt
hast, wird auf dem Boden zu Blut werden.
10 Doch Mose sagte zum Herrn: Aber bitte,
Herr, ich bin keiner, der gut reden kann, we-
der gestern noch vorgestern, noch seitdem du
mit deinem Knecht sprichst. Mein Mund und
meine Zunge sind nämlich schwerfällig.
11 Der Herr entgegnete ihm: Wer hat dem
Menschen den Mund gegeben und wer macht
taub oder stumm, sehend oder blind? Doch
wohl ich, der Herr! 12 Geh also! Ich bin mit
deinem Mund und weise dich an, was du re-
den sollst. 13 Doch Mose antwortete: Aber
bitte, Herr, schick doch einen andern!

14 Da entbrannte der Zorn des Herrn über
Mose und er sprach: Hast du nicht noch ei-
nen Bruder, den Leviten Aaron? Ich weiß, er
kann reden; außerdem bricht er gerade auf
und wird dir begegnen. Wenn er dich sieht,
wird er sich von Herzen freuen. 15 Sprich mit
ihm und leg ihm die Worte in den Mund! Ich
aber werde mit deinem und seinem Mund
sein, ich werde euch anweisen, was ihr tun
sollt, 16 und er wird für dich zum Volk reden.
Er wird für dich der Mund sein und du wirst

3,14f Im Hebräischen ist «Jahwe» eine Zeitwortform in der 3. Person Einzahl, etwa «er ist da»; da hier Gott von sich selbst in der 1. Person redet, gebraucht er das Zeitwort in der Ich-Form: Ich bin da. Für «Jahwe» werden allerdings auch andere Erklärungen versucht, von denen noch am ehesten zutreffen könnte: Er setzt ins Dasein. Zur Umschreibung des Gottesnamens Jahwe mit «der Herr» vgl. die Anmerkung zu Gen 4,26.

3,18 Hier und an ähnlichen Stellen, wo der Name Jahwe im Gespräch mit fremden Völkern gebraucht wird, ist die Umschreibung mit «der Herr» nicht angebracht, weil die nicht israelitischen Völker den Gott Israels nicht als Herrn anerkennen und weil sie für ihre Götter Eigennamen haben.

4,13 Wörtlich: Schicke, wen du schickst!

für ihn Gott sein. 17 Diesen Stab nimm in
deine Hand! Mit ihm wirst du die Zeichen
vollbringen.

Die Rückkehr des Mose nach Ägypten:
4,18–31

18 Darauf kehrte Mose zu seinem Schwie-
gervater Jitro zurück. Er sagte zu ihm: Ich
will zu meinen Brüdern nach Ägypten zu-
rückkehren. Ich will sehen, ob sie noch am
Leben sind. Jitro antwortete Mose: Geh in
Frieden!
19 Der Herr sprach zu Mose in Midian:
Mach dich auf und kehr nach Ägypten zu-
rück; denn alle, die dir nach dem Leben ge-
trachtet haben, sind tot. 20 Da holte Mose
seine Frau und seine Söhne, setzte sie auf ei-
nen Esel und trat den Rückweg nach Ägyp-
ten an. Den Gottesstab hielt er in der
Hand.
21 Der Herr sprach zu Mose: Wenn du gehst
und nach Ägypten zurückkehrst, halte dir
alle Wunder vor Augen, die ich in deine
Hand gelegt habe, und vollbring sie vor dem
Pharao! Ich will sein Herz verhärten, sodass
er das Volk nicht ziehen lässt. 22 Dann sag
zum Pharao: So spricht Jahwe: Israel ist
mein erstgeborener Sohn. 23 Ich sage dir:
Lass meinen Sohn ziehen, damit er mich ver-
ehren kann. Wenn du dich weigerst, ihn zie-
hen zu lassen, bringe ich deinen erstgebore-
nen Sohn um.
24 Unterwegs am Rastplatz trat der Herr
dem Mose entgegen und wollte ihn töten.
25 Zippora ergriff einen Feuerstein und
schnitt ihrem Sohn die Vorhaut ab. Damit
berührte sie die Beine des Mose und sagte:
Ein Blutbräutigam bist du mir. 26 Da ließ der
Herr von ihm ab. «Blutbräutigam», sagte sie
damals wegen der Beschneidung.
27 Der Herr sprach zu Aaron: Geh hinaus
in die Wüste, Mose entgegen! Da ging er. Am
Gottesberg traf er ihn und küsste ihn.
28 Mose erzählte Aaron von dem Auftrag, mit
dem der Herr ihn gesandt hatte, und von al-
len Zeichen, zu denen er ihn ermächtigt hat-
te. 29 Mose und Aaron gingen und versam-
melten alle Ältesten der Israeliten. 30 Aaron
wiederholte vor ihnen alle Worte, die der
Herr zu Mose gesprochen hatte, und Mose
vollbrachte die Zeichen vor den Augen des
Volkes. 31 Da glaubte das Volk, und als sie
hörten, dass der Herr sich der Israeliten an-
genommen und ihr Elend gesehen habe, ver-
neigten sie sich und warfen sich vor ihm nie-
der.

20: 18,3f.

Die erfolglosen Verhandlungen mit dem Pharao: 5,1–19

5 Danach gingen Mose und Aaron zum
Pharao und sagten: So spricht Jahwe,
der Gott Israels: Lass mein Volk ziehen, da-
mit sie mir in der Wüste ein Fest feiern kön-
nen. 2 Der Pharao erwiderte: Wer ist Jahwe,
dass ich auf ihn hören und Israel ziehen las-
sen sollte? Ich kenne Jahwe nicht und denke
auch nicht daran, Israel ziehen zu lassen.
3 Da sagten sie: Der Gott der Hebräer ist uns
begegnet und jetzt wollen wir drei Tages-
märsche weit in die Wüste ziehen und Jahwe,
unserem Gott, Schlachtopfer darbringen,
damit er uns nicht mit Pest oder Schwert
straft. 4 Der König von Ägypten entgegnete
ihnen: Warum, Mose und Aaron, wollt ihr die
Leute zum Nichtstun verleiten? Fort mit
euch, tut euren Frondienst! 5 Der Pharao
fuhr fort: So viele Leute sind jetzt im Land
und ihr wollt sie vom Frondienst abhalten?
6 Am selben Tag noch gab der Pharao den
Antreibern der Leute und den Listenführern
die Anweisung: 7 Gebt den Leuten nicht
mehr, wie bisher, Stroh zum Ziegelmachen!
Sie sollen selber gehen und sich Stroh besor-
gen. 8 Legt ihnen aber das gleiche Soll an
Ziegeln auf, das sie bisher erfüllen mussten.
Lasst ihnen davon nichts nach! Denn sie sind
faul, und deshalb schreien sie: Wir wollen
gehen und unserem Gott Schlachtopfer dar-
bringen. 9 Erschwert man den Leuten die Ar-
beit, dann sind sie beschäftigt und kümmern
sich nicht um leeres Geschwätz. 10 Da gingen
die Antreiber der Leute und die Listenführer
zu den Leuten und sagten: So spricht der
Pharao: Ich gebe euch kein Stroh mehr.
11 Geht selbst und besorgt euch Stroh, wo ihr
es findet. Von eurem Arbeitssoll aber wird
euch nichts erlassen. 12 Die Leute verteilten
sich also über ganz Ägypten, um sich Stroh
zu besorgen. 13 Die Antreiber drängten und
sagten: Ihr müsst euer tägliches Soll erfüllen
wie bisher, als euch noch Stroh geliefert
wurde. 14 Die Antreiber des Pharao schlugen
die israelitischen Listenführer, die sie einge-

4,18 Zu Jitro vgl. die Anmerkung zu 2,18.
4,24–26 Eine ähnlich geheimnisvolle Szene wie Gen 32,23–33. Wahrscheinlich betont diese Erzählung die religiöse Bedeutung der Beschneidung. Der schwer kranke Mose konnte nicht beschnitten werden, weil bei den damaligen hygienischen Verhältnissen die Beschneidung fast immer Wundfieber zur Folge hatte (vgl. Gen 34,25 und Jos 5,8f); daher nimmt seine Frau einen Ersatzritus an ihrem Sohn vor.
5,7 Stroh, zu Häcksel geschnitten, dient bei der Ziegelherstellung als Bindemittel für den Lehm.

setzt hatten, und sagten: Warum habt ihr
heute nicht wie neulich noch das festgesetzte
Soll an Ziegeln erfüllt? 15 Da gingen die is-
raelitischen Listenführer zum Pharao und
erhoben vor ihm Klage: Warum tust du dei-
nen Sklaven das an? 16 Man gibt deinen Skla-
ven kein Stroh, aber man sagt uns: Macht
Ziegel! Schau, man hat deine Sklaven ge-
schlagen; die Schuld aber liegt bei deinen
Leuten. 17 Er entgegnete: Faul seid ihr, faul.
Nur deshalb sagt ihr: Wir wollen gehen und
Jahwe Schlachtopfer darbringen. 18 Jetzt
aber fort mit euch und tut eure Arbeit! Stroh
bekommt ihr nicht, aber euer Soll an Ziegeln
müsst ihr erfüllen. 19 Da sahen sich die israe-
litischen Listenführer in einer üblen Lage,
weil man ihnen sagte: Nichts von eurem täg-
lichen Soll an Ziegeln wird euch erlassen.

Die Klage des Mose und die Verheißung Gottes: 5,20 – 6,13

20 Als sie vom Pharao kamen, stießen sie
auf Mose und Aaron, die ihnen entgegenka-
men. 21 Die Listenführer sagten zu ihnen:
Der Herr soll euch erscheinen und euch rich-
ten; denn ihr habt uns beim Pharao und sei-
nen Dienern in Verruf gebracht und ihnen
ein Schwert in die Hand gegeben, mit dem
sie uns umbringen können. 22 Da wandte sich
Mose an den Herrn und sagte: Mein Herr,
warum behandelst du dieses Volk so
schlecht? Wozu hast du mich denn gesandt?
23 Seit ich zum Pharao gegangen bin, um in
deinem Namen zu reden, behandelt er dieses
Volk noch schlechter, aber du hast dein Volk
nicht gerettet.

6 Der Herr antwortete Mose: Jetzt wirst
du sehen, was ich dem Pharao antue.
Denn von starker Hand gezwungen, wird er
sie ziehen lassen, ja, von starker Hand ge-
zwungen, wird er sie sogar aus seinem Land
ausweisen.

2 Gott redete mit Mose und sprach zu ihm:
Ich bin Jahwe. 3 Ich bin Abraham, Isaak und
Jakob als El-Schaddai (Gott, der Allmächti-
ge) erschienen, aber unter meinem Namen
Jahwe habe ich mich ihnen nicht zu erken-
nen gegeben. 4 Auch habe ich einen Bund mit
ihnen geschlossen und habe versprochen, ih-
nen das Land Kanaan zu geben, das Land, in
dem sie als Fremde lebten. 5 Ferner habe ich
gehört, wie die Israeliten darüber stöhnen,
dass die Ägypter sie wie Sklaven behandeln.
Da habe ich meines Bundes gedacht 6 und
deshalb sag zu den Israeliten: Ich bin Jahwe.
Ich führe euch aus dem Frondienst für die
Ägypter heraus und rette euch aus der Skla-
verei. Ich erlöse euch mit hoch erhobenem
Arm und durch ein gewaltiges Strafgericht
über sie. 7 Ich nehme euch als mein Volk an
und werde euer Gott sein. Und ihr sollt wis-
sen, dass ich Jahwe bin, euer Gott, der euch
aus dem Frondienst in Ägypten herausführt.
8 Ich führe euch in das Land, das ich Abra-
ham, Isaak und Jakob unter Eid versprochen
habe. Ich übergebe es euch als Eigentum, ich,
der Herr.

9 So redete Mose zu den Israeliten. Sie aber
hörten nicht auf Mose, weil sie vor harter
Arbeit verzagten. 10 Da sprach der Herr zu
Mose: 11 Geh, sag dem Pharao, dem König
von Ägypten, er solle die Israeliten aus sei-
nem Land fortziehen lassen. 12 Mose erwi-
derte dem Herrn: Wenn schon die Israeliten
nicht auf mich hörten, wie sollte mich dann
der Pharao anhören, zumal ich ungeschickt
im Reden bin?

13 So redete der Herr mit Mose und mit Aa-
ron. Er gab ihnen den Auftrag, zu den Israe-
liten und zum Pharao, dem König von Ägyp-
ten, zu gehen und die Israeliten aus Ägypten
herauszuführen.

Die Nachkommen Rubens, Simeons und Levis: 6,14–30

14 Das sind die Oberhäupter ihrer Großfa-
milien: Die Söhne Rubens, des Erstgebore-
nen Israels: Henoch, Pallu, Hezron und Kar-
mi; das waren die Sippenverbände Rubens.
15 Die Söhne Simeons: Jemuël, Jamin, Ohad,
Jachin, Zohar und Schaul, der Sohn der Ka-
naaniterin; das waren die Sippenverbände
Simeons. 16 Das sind die Namen der Söhne
Levis nach ihrer Geschlechterfolge: Ger-
schon, Kehat und Merari. Die Lebenszeit Le-
vis betrug hundertsiebenunddreißig Jahre.
17 Die Söhne Gerschons: Libni und Schimi,
nach ihren Sippenverbänden. 18 Die Söhne
Kehats: Amram, Jizhar, Hebron und Usiël.
Die Lebenszeit Kehats betrug hundertdrei-
unddreißig Jahre. 19 Die Söhne Meraris:
Machli und Muschi; das waren die Sippen-
verbände der Leviten nach ihrer Geschlech-
terfolge.

20 Amram nahm seine Tante Jochebed zur
Frau. Sie gebar ihm Aaron und Mose. Die
Lebenszeit Amrams betrug hundertsieben-
unddreißig Jahre. 21 Die Söhne Jizhars: Ko-
rach, Nefeg und Sichri. 22 Die Söhne Usiëls:
Mischaël, Elizafan und Sitri. 23 Aaron nahm
Elischeba, die Tochter Amminadabs, die
Schwester Nachschons, zur Frau. Sie gebar

6,14f Wahrscheinlich Rest eines verloren gegangenen Verzeichnisses der Zwölf Stämme Israels.

ihm Nadab, Abihu, Eleasar und Itamar.
24 Die Söhne Korachs: Assir, Elkana und
Abiasaf. Das waren die Sippenverbände der
Korachiter. 25 Eleasar, der Sohn Aarons,
nahm eine Tochter Putiëls zur Frau. Sie ge-
bar ihm Pinhas. Das waren die Oberhäupter
der levitischen Großfamilien nach ihren Sip-
penverbänden. 26 Das waren also Aaron und
Mose, zu denen der Herr gesagt hatte: Führt
die Israeliten aus Ägypten und übernehmt
dabei die Leitung der Scharen! 27 Die beiden
waren es, die mit dem Pharao, dem König
von Ägypten, reden und die Israeliten aus
Ägypten herausführen sollten, Mose und Aa-
ron. 28 Damals, als der Herr mit Mose in
Ägypten redete, 29 sagte er zu Mose: Ich bin
Jahwe. Sag dem Pharao, dem König von
Ägypten, alles, was ich dir auftrage. 30 Mose
aber antwortete dem Herrn: Ich bin doch un-
geschickt im Reden; wie soll der Pharao auf
mich hören?

30: 4,10; 6,12.

Die ägyptischen Plagen: 7,1 – 11,10

7 Der Herr sprach zu Mose: Hiermit ma-
che ich dich für den Pharao zum Gott;
dein Bruder Aaron soll dein Prophet sein.
2 Du sollst alles sagen, was ich dir auftrage;
dein Bruder Aaron soll es dem Pharao sagen
und der Pharao muss die Israeliten aus sei-
nem Land fortziehen lassen. 3 Ich aber will
das Herz des Pharao verhärten und dann
werde ich meine Zeichen und Wunder in
Ägypten häufen. 4 Der Pharao wird nicht auf
euch hören. Deshalb werde ich meine Hand
auf Ägypten legen und unter gewaltigem
Strafgericht meine Scharen, mein Volk, die
Israeliten, aus Ägypten führen. 5 Erst wenn
ich meine Hand gegen die Ägypter ausstre-
cke, werden sie erkennen, dass ich der Herr
bin, und dann werde ich die Israeliten aus
ihrer Mitte herausführen. 6 Mose und Aaron
taten, was ihnen der Herr aufgetragen hatte.
So machten sie es. 7 Mose war achtzig Jahre
und Aaron dreiundachtzig Jahre alt, als sie
mit dem Pharao verhandelten.

8 Der Herr sprach zu Mose und Aaron:
9 Wenn der Pharao zu euch sagt: Tut doch ein
Wunder zu eurer Beglaubigung!, dann sag zu
Aaron: Nimm deinen Stab und wirf ihn vor
den Pharao hin! Er wird zu einer Schlange
werden. 10 Als Mose und Aaron zum Pharao
kamen, taten sie, was ihnen der Herr aufge-
tragen hatte: Aaron warf seinen Stab vor den
Pharao und seine Diener hin und er wurde zu
einer Schlange. 11 Da rief auch der Pharao
Weise und Beschwörungspriester und sie, die
Wahrsager der Ägypter, taten mit Hilfe ihrer
Zauberkunst das Gleiche: 12 Jeder warf sei-
nen Stab hin und die Stäbe wurden zu
Schlangen. Doch Aarons Stab verschlang die
Stäbe der Wahrsager. 13 Das Herz des Pha-
rao aber blieb hart und er hörte nicht auf sie.
So hatte es der Herr vorausgesagt.

14 Der Herr sprach zu Mose: Das Herz des
Pharao ist ungerührt und er ist nicht bereit,
das Volk ziehen zu lassen. 15 Geh morgen
früh zum Pharao, wenn er an den Fluss hi-
nuntergeht, und tritt am Nilufer vor ihn hin!
Den Stab, der sich in eine Schlange verwan-
delt hat, nimm mit! 16 Sag zum Pharao: Jah-
we, der Gott der Hebräer, hat mich zu dir ge-
sandt und lässt dir sagen: Lass mein Volk
ziehen, damit sie mich in der Wüste verehren
können. Bis jetzt hast du nicht hören wollen.
17 So spricht Jahwe: Daran sollst du erken-
nen, dass ich Jahwe bin: Mit dem Stab in
meiner Hand schlage ich auf das Wasser im
Nil und es wird sich in Blut verwandeln.
18 Die Fische im Nil werden sterben und der
Nil wird stinken, sodass sich die Ägypter da-
vor ekeln, Nilwasser zu trinken.

19 Dann sprach der Herr zu Mose: Sag Aa-
ron: Nimm deinen Stab und streck deine
Hand über die Gewässer Ägyptens aus, über
ihre Flüsse und Nilarme, über ihre Sümpfe
und alle Wasserstellen; sie sollen zu Blut
werden. Blut soll es geben in ganz Ägypten,
in den Gefäßen aus Holz und Stein. 20 Mose
und Aaron taten, was ihnen der Herr aufge-
tragen hatte. Er erhob den Stab und schlug
vor den Augen des Pharao und seiner Höflin-
ge auf das Wasser im Nil. Da verwandelte
sich alles Nilwasser in Blut. 21 Die Fische im
Nil starben und der Nil stank, sodass die
Ägypter kein Nilwasser mehr trinken konn-
ten. Das Blut gab es in ganz Ägypten. 22 Doch
die Wahrsager der Ägypter taten mit Hilfe
ihrer Zauberkunst das Gleiche. Das Herz des
Pharao blieb hart und er hörte nicht auf sie.
So hatte es der Herr vorausgesagt. 23 Der
Pharao kehrte nach Hause zurück und nahm
die Sache nicht ernst. 24 Alle Ägypter gruben
in der Umgebung des Nil nach Trinkwasser,
denn das Nilwasser konnten sie nicht trin-
ken. 25 So vergingen sieben Tage, nachdem
der Herr den Nil geschlagen hatte.

26 Dann sprach der Herr zu Mose: Geh zum
Pharao und sag ihm: So spricht Jahwe: Lass
mein Volk ziehen, damit sie mich verehren
können. 27 Weigerst du dich, sie ziehen zu

7,1 Wie Gott durch einen Propheten zu Menschen redet, so soll Mose durch seinen Bruder Aaron zum Pharao reden.

lassen, so bringe ich eine Froschplage über
dein ganzes Land. 28 Der Nil wird von Frö-
schen wimmeln; sie werden heraufkommen
und in dein Haus eindringen, in dein Schlaf-
gemach, auf dein Bett werden sie kommen,
in die Häuser deiner Diener und deines Vol-
kes, in deine Backöfen und Backschüsseln.
29 Über dich, dein Volk und alle deine Diener
werden die Frösche kommen.

8 Der Herr sprach zu Mose: Sag zu Aaron:
Streck deine Hand mit dem Stab aus
über die Flüsse, über die Nilarme und die
Sümpfe und lass die Frösche über Ägypten
kommen! 2 Aaron streckte seine Hand über
die Gewässer Ägyptens aus. Da stiegen die
Frösche herauf und bedeckten ganz Ägyp-
ten. 3 Doch die Wahrsager taten mit Hilfe ih-
rer Zauberkunst das Gleiche und ließen die
Frösche über Ägypten kommen. 4 Der Pha-
rao rief Mose und Aaron zu sich und sagte:
Betet zu Jahwe, er möge mich und mein Volk
von den Fröschen befreien. Dann will ich das
Volk ziehen lassen und sie können Jahwe
Schlachtopfer darbringen. 5 Da sagte Mose
zum Pharao: Verfüg über mich! Wann soll
ich für dich, deine Diener und dein Volk um
Beseitigung der Frösche von dir und aus dei-
nen Häusern beten? Nur im Nil sollen sie er-
halten bleiben. 6 Er sagte: Morgen. Mose ant-
wortete: Wie du willst; du sollst erkennen,
dass keiner Jahwe, unserem Gott, gleich-
kommt. 7 Die Frösche werden von dir und
deinen Häusern, von deinen Dienern und
deinem Volk weichen; nur im Nil werden sie
bleiben. 8 Als Mose und Aaron vom Pharao
weggegangen waren, schrie Mose zum Herrn
um Befreiung von der Froschplage, die er
über den Pharao gebracht hatte. 9 Der Herr
erfüllte Mose die Bitte und die Frösche in
den Häusern, in den Höfen und auf den Fel-
dern starben. 10 Man sammelte sie zu riesi-
gen Haufen und das ganze Land stank da-
von. 11 Als der Pharao sah, dass die Not vor-
bei war, verschloss er sein Herz wieder und
hörte nicht auf sie. So hatte es der Herr vo-
rausgesagt.

12 Darauf sprach der Herr zu Mose: Sag zu
Aaron: Streck deinen Stab aus und schlag
damit auf die Erde in den Staub! In ganz
Ägypten sollen daraus Stechmücken wer-
den. 13 Sie taten es. Aaron streckte die Hand
aus und schlug mit seinem Stab auf die Erde
in den Staub. Da wurden Stechmücken da-
raus, die sich auf Mensch und Vieh setzten. In
ganz Ägypten wurden aus dem Staub auf der
Erde Stechmücken. 14 Die Wahrsager ver-
suchten mit Hilfe ihrer Zauberkunst eben-
falls Stechmücken hervorzubringen, konn-
ten es aber nicht. Die Stechmücken saßen
auf Mensch und Vieh. 15 Da sagten die Wahr-
sager zum Pharao: Das ist der Finger Gottes.
Doch das Herz des Pharao blieb hart und er
hörte nicht auf sie. So hatte es der Herr vo-
rausgesagt.

16 Darauf sprach der Herr zu Mose: Steh
früh auf, tritt vor den Pharao, wenn er an
den Fluss hinuntergeht, und sag zu ihm: So
spricht Jahwe: Lass mein Volk ziehen, damit
sie mich verehren können. 17 Denn wenn du
mein Volk nicht ziehen lässt, lasse ich Unge-
ziefer auf dich los, auf deine Diener, dein
Volk und deine Häuser. Die Häuser in Ägyp-
ten werden voll Ungeziefer sein; es wird so-
gar den Boden, auf dem sie stehen, bedecken.
18 Das Land Goschen aber, in dem mein Volk
lebt, will ich an jenem Tag auszeichnen: Dort
wird es kein Ungeziefer geben. Daran wirst
du erkennen, dass ich, Jahwe, Herr mitten im
Land bin. 19 Ich mache einen Unterschied
zwischen meinem und deinem Volk. Morgen
wird das Zeichen geschehen. 20 Und so tat es
der Herr. Ungeziefer kam in Massen über das
Haus des Pharao, über das Haus seiner Die-
ner und über ganz Ägypten. Das Land erlitt
durch das Ungeziefer schweren Schaden.
21 Da ließ der Pharao Mose und Aaron rufen
und sagte: Geht, bringt eurem Gott hier im
Land Schlachtopfer dar! 22 Doch Mose erwi-
derte: Das können wir nicht. Denn wir müs-
sen dem Herrn, unserem Gott, Schlachtopfer
darbringen, die bei den Ägyptern Anstoß er-
regen. Wenn wir vor ihren Augen Schlacht-
opfer darbringen, die bei ihnen Anstoß erre-
gen, werden sie uns dann nicht steinigen?
23 Wir wollen drei Tagesmärsche weit in die
Wüste ziehen und dem Herrn, unserem Gott,
Schlachtopfer darbringen, wie er es uns ge-
sagt hat. 24 Der Pharao antwortete: Ich lasse
euch ziehen. Bringt also Jahwe, eurem Gott,
in der Wüste Schlachtopfer dar! Aber zu
weit dürft ihr euch nicht entfernen. Betet
auch für mich! 25 Darauf sagte Mose: Gut, ich
gehe von dir fort und bete zu Jahwe. Dann
wird morgen das Ungeziefer vom Pharao,
von seinen Dienern und seinem Volk ablas-
sen. Nur darf der Pharao nicht wieder wort-
brüchig werden und das Volk daran hindern,
wegzuziehen und Jahwe zu opfern. 26 Mose
verließ den Pharao und betete zum Herrn.
27 Der Herr erfüllte Mose die Bitte und be-
freite den Pharao, seine Diener und sein Volk
von dem Ungeziefer; nichts blieb übrig.
28 Der Pharao aber verschloss sein Herz auch
diesmal und ließ das Volk nicht ziehen.

9 Wieder sprach der Herr zu Mose: Geh
zum Pharao und sag zu ihm: So spricht
Jahwe, der Gott der Hebräer: Lass mein Volk
ziehen, damit sie mich verehren können.

2 Wenn du dich weigerst, sie ziehen zu las-
sen, und sie immer noch festhältst, 3 wird die
Hand Jahwes dein Vieh auf dem Feld, die
Pferde und Esel, die Kamele und Rinder, die
Schafe und Ziegen, überfallen und über sie
eine sehr schwere Seuche bringen. 4 Aber
Jahwe wird einen Unterschied zwischen dem
Vieh Israels und dem Vieh der Ägypter ma-
chen; nichts von dem, was den Israeliten ge-
hört, wird eingehen. 5 Auch den Zeitpunkt
hat Jahwe schon festgesetzt: Morgen wird
Jahwe das im Lande tun. 6 Am folgenden Tag
tat es der Herr. Alles Vieh der Ägypter ging
ein, vom Vieh der Israeliten aber ging kein
einziges Stück ein. 7 Der Pharao erkundigte
sich, und wirklich: Vom Vieh Israels war
kein einziges Stück eingegangen. Doch der
Pharao verschloss sein Herz und ließ das
Volk nicht ziehen.

8 Da sprach der Herr zu Mose und Aaron:
Holt euch eine Hand voll Ofenruß und Mose
soll ihn vor den Augen des Pharao in die
Höhe werfen. 9 Er wird als Staub auf ganz
Ägypten niedergehen und an Mensch und
Vieh Geschwüre mit aufplatzenden Blasen
hervorrufen, in ganz Ägypten. 10 Sie holten
den Ofenruß, traten vor den Pharao und
Mose warf ihn in die Höhe. Da bildeten sich
an Mensch und Vieh Geschwüre mit aufplat-
zenden Blasen. 11 Die Wahrsager konnten
wegen der Geschwüre Mose nicht gegen-
übertreten, sie waren wie alle Ägypter von
Geschwüren befallen. 12 Aber der Herr ver-
härtete das Herz des Pharao, sodass er nicht
auf sie hörte. So hatte es der Herr dem Mose
vorausgesagt.

13 Darauf sprach der Herr zu Mose: Steh
früh am Morgen auf, tritt vor den Pharao hin
und sag zu ihm: So spricht Jahwe, der Gott
der Hebräer: Lass mein Volk ziehen, damit
sie mich verehren können. 14 Denn diesmal
will ich alle meine Plagen loslassen auf dich,
deine Diener und dein Volk. Daran wirst du
erkennen, dass mir keiner im ganzen Land
gleichkommt. 15 Denn schon jetzt hätte ich
meine Hand ausstrecken und dich und dein
Volk mit der Pest schlagen können und du
wärst vom Erdboden verschwunden. 16 Ich
habe dich aber am Leben gelassen, um
meine Macht zu zeigen und meinen Namen
auf der ganzen Erde bekannt zu machen.
17 Wenn du dich weiterhin als den großen
Herrn über mein Volk aufspielst und sie
nicht ziehen lässt, 18 dann lasse ich morgen
um diese Zeit ein sehr schweres Hagelwetter
niedergehen, wie es in Ägypten seit seiner
Gründung bis auf den heutigen Tag noch
keines gegeben hat. 19 Und nun schick Leute
aus, bring dein Vieh in Sicherheit und alles,
was dir auf dem Feld gehört. Auf alle Men-
schen und auf das Vieh, das auf dem Feld
bleibt und nicht unter Dach gebracht wird,
geht der Hagel nieder und erschlägt sie.
20 Wer sich von den Dienern des Pharao vor
der Drohung des Herrn fürchtete, ließ seine
Knechte und sein Vieh unter Dach bringen.
21 Wer aber das Wort des Herrn nicht ernst
nahm, ließ seine Knechte und sein Vieh auf
dem Feld.

22 Und der Herr sprach zu Mose: Streck
deine Hand zum Himmel empor! Dann wird
Hagel auf ganz Ägypten niedergehen, auf
Mensch und Vieh und auf alle Feldpflanzen
in Ägypten. 23 Mose streckte seinen Stab zum
Himmel empor und der Herr ließ es donnern
und hageln. Blitze fuhren auf die Erde herab
und der Herr ließ Hagel über Ägypten nie-
dergehen. 24 Schwerer Hagel prasselte herab
und in den sehr schweren Hagel hinein zuck-
ten Blitze. Ähnliches hatte es im ganzen
Land der Ägypter noch nicht gegeben, seit
sie ein Volk geworden waren. 25 Der Hagel
erschlug in ganz Ägypten alles, was auf dem
Feld war. Menschen, Vieh und alle Feld-
pflanzen erschlug der Hagel und alle Feld-
bäume zerbrach er. 26 Nur in Goschen, wo
sich die Israeliten aufhielten, hagelte es
nicht. 27 Da ließ der Pharao Mose und Aaron
rufen und sagte zu ihnen: Diesmal bekenne
ich mich schuldig. Jahwe ist im Recht; ich
aber und mein Volk, wir sind im Unrecht.
28 Betet zu Jahwe! Die Donnerstimme Gottes
und der Hagel, das ist zu viel. Ich will euch
jetzt ziehen lassen; ihr müsst nicht länger
bleiben. 29 Mose antwortete ihm: Sobald ich
außerhalb der Stadt bin, werde ich meine
Hände vor Jahwe ausbreiten; der Donner
wird aufhören und es wird kein Hagel mehr
fallen. So wirst du erkennen, dass das Land
Jahwe gehört. 30 Du und Deine Diener aber,
das weiß ich, ihr fürchtet euch noch immer
nicht vor dem Gott Jahwe.

31 Der Flachs und die Gerste waren zer-
schlagen; denn die Gerste hatte gerade Äh-
ren angesetzt und der Flachs stand in Blüte.
32 Der Weizen und der Spelt wurden nicht
zerschlagen, denn sie kommen später heraus.

33 Mose verließ den Pharao, ging vor die
Stadt hinaus und breitete seine Hände vor
dem Herrn aus. Da hörte der Donner auf und
kein Hagel und kein Regen fiel mehr auf die
Erde. 34 Doch als der Pharao sah, dass Regen,
Hagel und Donner aufgehört hatten, blieb er
bei seiner Sünde; er und seine Diener ver-
schlossen wieder ihr Herz. 35 Das Herz des
Pharao blieb hart und er ließ die Israeliten
nicht ziehen. So hatte es der Herr durch
Mose vorausgesagt.

10 Der Herr sprach zu Mose: Geh zum
Pharao! Ich habe sein Herz und das
Herz seiner Diener verschlossen, damit ich
diese Zeichen unter ihnen vollbringen konn-
te 2 und damit du deinem Sohn und deinem
Enkel erzählen kannst, was ich den Ägyp-
tern angetan und welche Zeichen ich unter
ihnen vollbracht habe. Dann werdet ihr er-
kennen, dass ich der Herr bin.
3 Mose und Aaron gingen zum Pharao und
sagten: So spricht Jahwe, der Gott der Heb-
räer: Wie lange willst du dich noch weigern,
dich mir zu unterwerfen? Lass mein Volk
ziehen, damit sie mich verehren können.
4 Wenn du dich weigerst, mein Volk ziehen
zu lassen, so schicke ich morgen Heuschre-
cken über dein Land. 5 Sie werden die Ober-
fläche der Erde bedecken, sodass man den
Erdboden nicht mehr sehen kann. Sie wer-
den auch noch das verzehren, was der Hagel
verschont hat, und alle Bäume kahl fressen,
die auf euren Feldern wachsen. 6 Deine Häu-
ser, die Häuser aller deiner Diener und die
aller Ägypter werden voll davon sein. So et-
was haben deine Väter und Vorväter bis heu-
te nicht gesehen, seitdem sie in diesem Land
leben. Dann wandte sich Mose um und ver-
ließ den Pharao.
7 Die Diener sagten zum Pharao: Wie lange
soll uns dieser Mann noch Unglück bringen?
Lass die Leute ziehen, damit sie Jahwe, ihren
Gott, verehren können. Merkst du denn noch
immer nicht, dass Ägypten zugrunde geht?
8 Da holte man Mose und Aaron zum Pharao
zurück und er sagte zu ihnen: Geht, verehrt
Jahwe, euren Gott! Wer von euch will denn
mitgehen? 9 Mose antwortete: Wir gehen mit
Jung und Alt, mit unseren Söhnen und Töch-
tern; auch die Schafe, Ziegen und Rinder
nehmen wir mit. Denn wir feiern ein Jahwe-
fest. 10 Da sagte er zu ihnen: Dann sei Jahwe
ebenso wenig mit euch, wie ich euch und
eure Kinder ziehen lasse. Seht, ihr habt Bö-
ses im Sinn. 11 Nein, nur ihr Männer dürft ge-
hen und Jahwe verehren; denn das habt ihr
verlangt. Und man jagte sie vom Pharao weg.
12 Darauf sprach der Herr zu Mose: Streck
deine Hand über Ägypten aus! Dann werden
Heuschrecken kommen und über Ägypten
herfallen. Sie werden den ganzen Pflanzen-
wuchs des Landes auffressen, alles, was der
Hagel verschont hat. 13 Da streckte Mose sei-
nen Stab über Ägypten aus und der Herr
schickte den Ostwind in das Land, einen
ganzen Tag und eine ganze Nacht lang. Als
es Morgen wurde, hatte der Ostwind die
Heuschrecken ins Land gebracht. 14 Sie fie-
len über ganz Ägypten her und ließen sich in
Schwärmen auf dem Gebiet von Ägypten
nieder. Niemals vorher gab es so viele Heu-
schrecken wie damals, auch wird es nie wie-
der so viele geben. 15 Sie bedeckten die Ober-
fläche des ganzen Landes und das Land war
schwarz von ihnen. Sie fraßen allen Pflan-
zenwuchs des Landes und alle Baumfrüchte
auf, die der Hagel verschont hatte, und an
den Bäumen und Feldpflanzen in ganz
Ägypten blieb nichts Grünes. 16 Da ließ der
Pharao Mose und Aaron eiligst rufen und
sagte zu ihnen: Ich habe gegen Jahwe, euren
Gott, gesündigt und auch gegen euch. 17 Nur
noch diesmal nehmt meine Sünde von mir
und betet zu Jahwe, eurem Gott, er möge
mich wenigstens noch von dieser tödlichen
Gefahr befreien. 18 Mose verließ den Pharao
wieder und betete zum Herrn. 19 Der Herr
ließ den Wind in einen sehr starken West-
wind umschlagen, der die Heuschrecken
forttrug und ins Schilfmeer warf. Im ganzen
Gebiet von Ägypten blieb keine einzige Heu-
schrecke mehr übrig. 20 Der Herr aber ver-
härtete das Herz des Pharao, sodass er die
Israeliten nicht ziehen ließ.
21 Da sprach der Herr zu Mose: Streck dei-
ne Hand zum Himmel aus; dann wird eine
Finsternis über Ägypten kommen und es
wird stockdunkel werden. 22 Mose streckte
seine Hand zum Himmel aus und schon brei-
tete sich tiefe Finsternis über ganz Ägypten
aus, drei Tage lang. 23 Man konnte einander
nicht sehen und sich nicht von der Stelle
rühren, drei Tage lang. Wo aber die Israeli-
ten wohnten, blieb es hell. 24 Da ließ der Pha-
rao Mose rufen und sagte: Geht und verehrt
Jahwe! Nur eure Schafe, Ziegen und Rinder
sollen bleiben. Eure Kinder dürfen mitzie-
hen. 25 Mose erwiderte: Selbst wenn du uns
Schlacht- und Brandopfer mitgäbest, damit
wir sie Jahwe, unserem Gott, darbringen,
26 müssten unsere Herden doch mitgehen,
keine Klaue darf zurückbleiben. Denn aus
unseren Herden nehmen wir das Opfer, mit
dem wir Jahwe, unseren Gott, verehren; aber
mit welchem Opfertier wir Jahwe verehren
sollen, wissen wir nicht, ehe wir dort ange-
kommen sind. 27 Der Herr verhärtete das
Herz des Pharao, sodass er sie nicht ziehen
lassen wollte. 28 Der Pharao sagte zu Mose:
Weg von mir! Hüte dich, mir jemals wieder
unter die Augen zu treten. Denn an dem Tag,
an dem du mir unter die Augen trittst, musst
du sterben. 29 Da sagte Mose: Gut, dein Wort
soll gelten. Ich werde dir nie mehr unter die
Augen treten.

11 Da sprach der Herr zu Mose: Noch
eine Plage schicke ich dem Pharao
und seinem Land. Danach wird er euch von
hier wegziehen lassen. Und wenn er euch

endlich ziehen lässt, wird er euch sogar fort-
jagen. 2 Lass unter dem Volk ausrufen, jeder
Mann und jede Frau soll sich von dem Nach-
barn Geräte aus Silber und Gold erbitten.
3 Der Herr ließ das Volk bei den Ägyptern
Gunst finden. Auch Mose genoss in Ägypten
bei den Dienern des Pharao und beim Volk
hohes Ansehen.

4 Mose sagte: So spricht Jahwe: Um Mit-
ternacht will ich mitten durch Ägypten ge-
hen. 5 Dann wird jeder Erstgeborene in
Ägypten sterben, vom Erstgeborenen des
Pharao, der auf dem Thron sitzt, bis zum
Erstgeborenen der Magd an der Handmühle
und bis zu den Erstlingen unter dem Vieh.
6 Geschrei wird sich in ganz Ägypten erhe-
ben, so groß, wie es keines je gegeben hat
oder geben wird. 7 Doch gegen keinen der
Israeliten wird auch nur ein Hund die Zähne
fletschen, weder gegen Mensch noch Vieh;
denn ihr sollt wissen, dass Jahwe zwischen
Ägypten und Israel einen Unterschied macht.
8 Dann werden alle deine Diener hier zu mir
herabsteigen, sich vor mir niederwerfen und
sagen: Zieht doch fort, du und das ganze
Volk, das du anführst. Danach werde ich fort-
ziehen. Er verließ den Pharao, rot vor Zorn.

9 Der Herr sprach zu Mose: Der Pharao
hört nicht auf euch; denn ich will viele Wun-
der in Ägypten vollbringen. 10 Mose und Aa-
ron vollbrachten alle diese Wunder vor den
Augen des Pharao, aber der Herr verhärtete
das Herz des Pharao, sodass er die Israeliten
nicht aus seinem Land fortziehen ließ.

7,1: 4,15f • 9: 4,1–5 • 11,2: 3,22; 12,35f • 5: 4,23.

DER AUSZUG AUS ÄGYPTEN: 12,1 – 18,27

Das Pascha: 12,1 – 13,16

12 Der Herr sprach zu Mose und Aaron
in Ägypten: 2 Dieser Monat soll die
Reihe eurer Monate eröffnen, er soll euch als
der erste unter den Monaten des Jahres gel-
ten. 3 Sagt der ganzen Gemeinde Israel: Am
Zehnten dieses Monats soll jeder ein Lamm
für seine Familie holen, ein Lamm für jedes
Haus. 4 Ist die Hausgemeinschaft für ein
Lamm zu klein, so nehme er es zusammen
mit dem Nachbarn, der seinem Haus am
nächsten wohnt, nach der Anzahl der Perso-
nen. Bei der Aufteilung des Lammes müsst
ihr berücksichtigen, wie viel der Einzelne es-
sen kann. 5 Nur ein fehlerfreies, männliches,
einjähriges Lamm darf es sein, das Junge ei-
nes Schafes oder einer Ziege müsst ihr neh-
men. 6 Ihr sollt es bis zum vierzehnten Tag
dieses Monats aufbewahren. Gegen Abend
soll die ganze versammelte Gemeinde Israel
die Lämmer schlachten. 7 Man nehme etwas
von dem Blut und bestreiche damit die bei-
den Türpfosten und den Türsturz an den
Häusern, in denen man das Lamm essen will.
8 Noch in der gleichen Nacht soll man das
Fleisch essen. Über dem Feuer gebraten und
zusammen mit ungesäuertem Brot und Bit-
terkräutern soll man es essen. 9 Nichts davon
dürft ihr roh oder in Wasser gekocht essen,
sondern es muss über dem Feuer gebraten
sein. Kopf und Beine dürfen noch nicht vom
Rumpf getrennt sein. 10 Ihr dürft nichts bis
zum Morgen übrig lassen. Wenn aber am
Morgen noch etwas übrig ist, dann verbrennt
es im Feuer! 11 So aber sollt ihr es essen: eure
Hüften gegürtet, Schuhe an den Füßen, den
Stab in der Hand. Esst es hastig! Es ist die
Paschafeier für den Herrn.

12 In dieser Nacht gehe ich durch Ägypten
und erschlage in Ägypten jeden Erstgebore-
nen bei Mensch und Vieh. Über alle Götter
Ägyptens halte ich Gericht, ich, der Herr.
13 Das Blut an den Häusern, in denen ihr
wohnt, soll ein Zeichen zu eurem Schutz
sein. Wenn ich das Blut sehe, werde ich an
euch vorübergehen und das vernichtende
Unheil wird euch nicht treffen, wenn ich in
Ägypten dreinschlage.

14 Diesen Tag sollt ihr als Gedenktag bege-
hen. Feiert ihn als Fest zur Ehre des Herrn!
Für die kommenden Generationen macht
euch diese Feier zur festen Regel! 15 Sieben
Tage lang sollt ihr ungesäuertes Brot essen.
Gleich am ersten Tag schafft den Sauerteig
aus euren Häusern! Denn jeder, der zwi-

12,1–13,16 Pascha und das Fest der ungesäuerten Brote waren wohl ursprünglich verschiedene Feste: Pascha ein Hirtenfest und Ungesäuerte Brote ein Bauernfest. In Kanaan sind sie zusammengefallen. Das Pascha wurde in den einzelnen Familien gefeiert. Ein Zusatz zu Dtn 16,1–4 in den VV. 5–8 ordnet eine gemeinsame Feier im Zentralheiligtum an. Später schlachten die Priester im Tempel zu Jerusalem die Paschalämmer, die dann von den einzelnen Wallfahrergruppen beim Paschamahl gegessen werden. So feiert auch Jesus das Paschamahl mit seinen Jüngern in Jerusalem.

schen dem ersten und dem siebten Tag Gesäuertes isst, soll aus Israel ausgemerzt werden. 16 Am ersten Tag sollt ihr eine heilige Versammlung einberufen und ebenso eine heilige Versammlung am siebten Tag. An diesen beiden Tagen darf man keinerlei Arbeit tun. Nur das, was jeder zum Essen braucht, dürft ihr zubereiten. 17 Begeht das Fest der ungesäuerten Brote! Denn gerade an diesem Tag habe ich eure Scharen aus Ägypten herausgeführt. Begeht diesen Tag in allen kommenden Generationen; das sei für euch eine feste Regel. 18 Im ersten Monat, vom Abend des vierzehnten Tags bis zum Abend des einundzwanzigsten Tags, esst ungesäuerte Brote! 19 Sieben Tage lang darf sich in euren Häusern kein Sauerteig befinden; denn jeder, der Gesäuertes isst, sei er fremd oder einheimisch, soll aus der Gemeinde Israel ausgemerzt werden. 20 Esst also nichts Gesäuertes! Überall, wo ihr wohnt, sollt ihr ungesäuerte Brote essen.

21 Da rief Mose alle Ältesten Israels zusammen und sagte zu ihnen: Holt Schafe oder Ziegen für eure Sippenverbände herbei und schlachtet das Paschalamm! 22 Dann nehmt einen Ysopzweig, taucht ihn in die Schüssel mit Blut und streicht etwas von dem Blut in der Schüssel auf den Türsturz und auf die beiden Türpfosten! Bis zum Morgen darf niemand von euch das Haus verlassen. 23 Der Herr geht umher, um die Ägypter mit Unheil zu schlagen. Wenn er das Blut am Türsturz und an den beiden Türpfosten sieht, wird er an der Tür vorübergehen und dem Vernichter nicht erlauben, in eure Häuser einzudringen und euch zu schlagen. 24 Haltet euch an diese Anordnung! Sie gelte dir und deinen Nachkommen als feste Regel.

25 Wenn ihr in das Land kommt, das euch der Herr gibt, wie er gesagt hat, so begeht diese Feier! 26 Und wenn euch eure Söhne fragen: Was bedeutet diese Feier?, 27 dann sagt: Es ist das Pascha-Opfer zur Ehre des Herrn, der in Ägypten an den Häusern der Israeliten vorüberging, als er die Ägypter mit Unheil schlug, unsere Häuser aber verschonte.

Das Volk verneigte sich und warf sich nieder. 28 Dann gingen die Israeliten und taten, was der Herr Mose und Aaron befohlen hatte. So machten sie es. 29 Es war Mitternacht, als der Herr alle Erstgeborenen in Ägypten erschlug, vom Erstgeborenen des Pharao, der auf dem Thron saß, bis zum Erstgeborenen des Gefangenen im Kerker, und jede Erstgeburt beim Vieh.

30 Da standen der Pharao, alle seine Diener und alle Ägypter noch in der Nacht auf und großes Wehgeschrei erhob sich bei den Ägyptern; denn es gab kein Haus, in dem nicht ein Toter war. 31 Der Pharao ließ Mose und Aaron noch in der Nacht rufen und sagte: Auf, verlasst mein Volk, ihr beide und die Israeliten! Geht und verehrt Jahwe, wie ihr gesagt habt. 32 Auch eure Schafe, Ziegen und Rinder nehmt mit, wie ihr gesagt habt. Geht und betet auch für mich! 33 Die Ägypter drängten das Volk, eiligst das Land zu verlassen, denn sie sagten: Sonst kommen wir noch alle um. 34 Das Volk nahm den Brotteig ungesäuert mit; sie wickelten ihre Backschüsseln in Kleider ein und luden sie sich auf die Schultern. 35 Die Israeliten taten, was Mose gesagt hatte. Sie erbaten von den Ägyptern Geräte aus Silber und Gold und auch Gewänder. 36 Der Herr ließ das Volk bei den Ägyptern Gunst finden, sodass sie auf ihre Bitte eingingen. Auf diese Weise plünderten sie die Ägypter aus.

37 Die Israeliten brachen von Ramses nach Sukkot auf. Es waren an die sechshunderttausend Mann zu Fuß, nicht gerechnet die Kinder. 38 Auch ein großer Haufen anderer Leute zog mit, dazu Schafe, Ziegen und Rinder, eine sehr große Menge Vieh. 39 Aus dem Teig, den sie aus Ägypten mitgebracht hatten, backten sie ungesäuerte Brotfladen; denn der Teig war nicht durchsäuert, weil sie aus Ägypten verjagt worden waren und nicht einmal Zeit hatten, für Reiseverpflegung zu sorgen.

40 Der Aufenthalt der Israeliten in Ägypten dauerte vierhundertdreißig Jahre. 41 Nach Ablauf der vierhundertdreißig Jahre, genau an jenem Tag, zogen alle Scharen des Herrn aus Ägypten fort. 42 Eine Nacht des Wachens war es für den Herrn, als er sie aus Ägypten herausführte. Als eine Nacht des Wachens zur Ehre des Herrn gilt sie den Israeliten in allen Generationen.

43 Der Herr sprach zu Mose und Aaron: Folgende Regel gilt für das Pascha: Kein Fremder darf davon essen; 44 aber jeder Sklave, den du für Geld gekauft hast, darf davon essen, sobald du ihn beschnitten hast. 45 Halbbürger und Lohnarbeiter dürfen nicht davon essen. 46 In einem Haus muss man es essen. Trag nichts vom Fleisch aus dem Haus! Und ihr sollt keinen Knochen des Paschalammes zerbrechen. 47 Die ganze Ge-

12,37 Die Zahl von 600 000 Männern würde etwa 3 Millionen Personen voraussetzen. Wahrscheinlich handelt es sich um eine symbolische Zahl, deren Bedeutung uns nicht mehr bekannt ist.

meinde Israel soll es so halten. 48 Lebt bei dir
jemand als Fremder, der das Pascha zur
Ehre des Herrn feiern will, so muss er alle
männlichen Angehörigen beschneiden las-
sen; dann darf er sich am Pascha beteiligen.
Er gilt dann wie ein Einheimischer. Doch
kein Unbeschnittener darf davon essen.
49 Für Einheimische und für Fremde, die
dauernd bei euch leben, gilt das gleiche Ge-
setz.

50 Alle Israeliten taten, was der Herr Mose
und Aaron aufgetragen hatte. So machten sie
es. 51 Genau an jenem Tag führte der Herr die
Israeliten aus Ägypten heraus, an der Spitze
ihrer Scharen.

13 Der Herr sprach zu Mose: 2 Erkläre
alle Erstgeburt als mir geheiligt! Al-
les, was bei den Israeliten den Mutterschoß
durchbricht, bei Mensch und Vieh, gehört
mir.

3 Mose sagte zum Volk: Denkt an diesen
Tag, an dem ihr aus Ägypten, dem Sklaven-
haus, fortgezogen seid; denn mit starker
Hand hat euch der Herr von dort herausge-
führt. Nichts Gesäuertes soll man essen.
4 Heute im Monat Abib seid ihr weggezogen.
5 Wenn dich der Herr in das Land der
Kanaaniter, Hetiter, Amoriter, Hiwiter und
Jebusiter geführt hat – er hat deinen Vätern
mit einem Eid zugesichert, dir das Land zu
geben, wo Milch und Honig fließen –, begeh
die Feier in diesem Monat! 6 Sieben Tage
sollst du ungesäuerte Brote essen, am siebten
Tag ist ein Fest zur Ehre des Herrn. 7 Unge-
säuerte Brote soll man sieben Tage lang es-
sen. Nichts Gesäuertes soll man bei dir sehen
und kein Sauerteig soll in deinem ganzen
Gebiet zu finden sein. 8 An diesem Tag er-
zähl deinem Sohn: Das geschieht für das,
was der Herr an mir getan hat, als ich aus
Ägypten auszog. 9 Es sei dir ein Zeichen an
der Hand und ein Erinnerungsmal an der
Stirn, damit das Gesetz des Herrn in deinem
Mund sei. Denn mit starker Hand hat dich
der Herr aus Ägypten herausgeführt. 10 Hal-
te dich an diese Regel, Jahr für Jahr, zur fest-
gesetzten Zeit!

11 Der Herr wird dich in das Land der Ka-
naaniter bringen und wird es dir geben, wie
er dir und deinen Vätern mit einem Eid zuge-
sichert hat. 12 Dann musst du alles, was den
Mutterschoß durchbricht, vor den Herrn
bringen; alle männlichen Erstlinge, die dein
Vieh wirft, gehören dem Herrn. 13 Jeden
Erstling vom Esel aber löse durch ein Schaf
aus! Willst du ihn nicht auslösen, dann brich
ihm das Genick! Jeden Erstgeborenen deiner
Söhne musst du auslösen. 14 Wenn dich mor-
gen dein Sohn fragt: Was bedeutet das?,
dann sag ihm: Mit starker Hand hat uns der
Herr aus Ägypten, aus dem Sklavenhaus, he-
rausgeführt. 15 Als der Pharao hart blieb und
uns nicht ziehen ließ, erschlug der Herr alle
Erstgeborenen in Ägypten, bei Mensch und
Vieh. Darum opfere ich dem Herrn alle
männlichen Tiere, die den Mutterschoß
durchbrechen; alle Erstgeborenen meiner
Söhne aber löse ich aus. 16 Das sei dir ein
Zeichen an deiner Hand und ein Schmuck
auf deiner Stirn; denn mit starker Hand hat
uns der Herr aus Ägypten herausgeführt.

12,35f: 3,22; 11,2f; Ps 105,37.

Die Rettung am Schilfmeer: 13,17 – 14,31

17 Als der Pharao das Volk ziehen ließ,
führte sie Gott nicht den Weg ins Philister-
land, obwohl er der kürzere war. Denn Gott
sagte: Die Leute könnten es sonst, wenn sie
Krieg erleben, bereuen und nach Ägypten
zurückkehren wollen. 18 So ließ sie Gott ei-
nen Umweg machen, der durch die Wüste
zum Schilfmeer führte. Geordnet zogen die
Israeliten aus Ägypten hinauf. 19 Mose nahm
die Gebeine Josefs mit; denn dieser hatte die
Söhne Israels beschworen: Wenn Gott sich
euer annimmt, dann nehmt meine Gebeine
von hier mit hinauf! 20 Sie brachen von Suk-
kot auf und schlugen ihr Lager in Etam am
Rand der Wüste auf. 21 Der Herr zog vor ih-
nen her, bei Tag in einer Wolkensäule, um
ihnen den Weg zu zeigen, bei Nacht in einer
Feuersäule, um ihnen zu leuchten. So konn-
ten sie Tag und Nacht unterwegs sein. 22 Die
Wolkensäule wich bei Tag nicht von der
Spitze des Volkes und die Feuersäule nicht
bei Nacht.

14 Der Herr sprach zu Mose: 2 Sag den
Israeliten, sie sollen umkehren und
vor Pi-Hahirot zwischen Migdol und dem
Meer ihr Lager aufschlagen. Gegenüber von
Baal-Zefon sollt ihr am Meer das Lager auf-
schlagen. 3 Dann denkt der Pharao: Die Is-
raeliten haben sich im Land verlaufen, die
Wüste hat sie eingeschlossen. 4 Ich will das
Herz des Pharao verhärten, sodass er ihnen
nachjagt; dann will ich am Pharao und an
seiner ganzen Streitmacht meine Herrlich-
keit erweisen und die Ägypter sollen erken-
nen, dass ich der Herr bin. Und so taten sie
es.

5 Als man dem König von Ägypten melde-
te, das Volk sei geflohen, änderten der Pha-
rao und seine Diener ihre Meinung über das
Volk und sagten: Wie konnten wir nur Israel
aus unserem Dienst entlassen! 6 Er ließ sei-
nen Streitwagen anspannen und nahm sei-
ne Leute mit. 7 Sechshundert auserlesene

Streitwagen nahm er mit und alle anderen Streitwagen der Ägypter und drei Mann auf jedem Wagen. 8 Der Herr verhärtete das Herz des Pharao, des Königs von Ägypten, sodass er den Israeliten nachjagte, während sie voll Zuversicht weiterzogen. 9 Die Ägypter jagten mit allen Pferden und Streitwagen des Pharao, mit seiner Reiterei und seiner Streitmacht hinter ihnen her und holten sie ein, als sie gerade am Meer lagerten. Es war bei Pi-Hahirot vor Baal-Zefon.

10 Als der Pharao sich näherte, blickten die Israeliten auf und sahen plötzlich die Ägypter von hinten anrücken. Da erschraken die Israeliten sehr und schrien zum Herrn. 11 Zu Mose sagten sie: Gab es denn keine Gräber in Ägypten, dass du uns zum Sterben in die Wüste holst? Was hast du uns da angetan? Warum hast du uns aus Ägypten herausgeführt? 12 Haben wir dir in Ägypten nicht gleich gesagt: Lass uns in Ruhe! Wir wollen Sklaven der Ägypter bleiben; denn es ist für uns immer noch besser, Sklaven der Ägypter zu sein, als in der Wüste zu sterben. 13 Mose aber sagte zum Volk: Fürchtet euch nicht! Bleibt stehen und schaut zu, wie der Herr euch heute rettet. Wie ihr die Ägypter heute seht, so seht ihr sie niemals wieder. 14 Der Herr kämpft für euch, ihr aber könnt ruhig abwarten.

15 Der Herr sprach zu Mose: Was schreist du zu mir? Sag den Israeliten, sie sollen aufbrechen. 16 Und du heb deinen Stab hoch, streck deine Hand über das Meer und spalte es, damit die Israeliten auf trockenem Boden in das Meer hineinziehen können. 17 Ich aber will das Herz der Ägypter verhärten, damit sie hinter ihnen hineinziehen. So will ich am Pharao und an seiner ganzen Streitmacht, an seinen Streitwagen und Reitern meine Herrlichkeit erweisen. 18 Die Ägypter sollen erkennen, dass ich der Herr bin, wenn ich am Pharao, an seinen Streitwagen und Reitern meine Herrlichkeit erweise.

19 Der Engel Gottes, der den Zug der Israeliten anführte, erhob sich und ging an das Ende des Zuges und die Wolkensäule vor ihnen erhob sich und trat an das Ende. 20 Sie kam zwischen das Lager der Ägypter und das Lager der Israeliten. Die Wolke war da und Finsternis und Blitze erhellten die Nacht. So kamen sie die ganze Nacht einander nicht näher. 21 Mose streckte seine Hand über das Meer aus und der Herr trieb die ganze Nacht das Meer durch einen starken Ostwind fort. Er ließ das Meer austrocknen und das Wasser spaltete sich. 22 Die Israeliten zogen auf trockenem Boden ins Meer hinein, während rechts und links von ihnen das Wasser wie eine Mauer stand. 23 Die Ägypter setzten ihnen nach; alle Pferde des Pharao, seine Streitwagen und Reiter zogen hinter ihnen ins Meer hinein. 24 Um die Zeit der Morgenwache blickte der Herr aus der Feuer- und Wolkensäule auf das Lager der Ägypter und brachte es in Verwirrung. 25 Er hemmte die Räder an ihren Wagen und ließ sie nur schwer vorankommen. Da sagte der Ägypter: Ich muss vor Israel fliehen; denn Jahwe kämpft auf ihrer Seite gegen Ägypten.

26 Darauf sprach der Herr zu Mose: Streck deine Hand über das Meer, damit das Wasser zurückflutet und den Ägypter, seine Wagen und Reiter, zudeckt. 27 Mose streckte seine Hand über das Meer und gegen Morgen flutete das Meer an seinen alten Platz zurück, während die Ägypter auf der Flucht ihm entgegenliefen. So trieb der Herr die Ägypter mitten ins Meer. 28 Das Wasser kehrte zurück und bedeckte Wagen und Reiter, die ganze Streitmacht des Pharao, die den Israeliten ins Meer nachgezogen war. Nicht ein Einziger von ihnen blieb übrig. 29 Die Israeliten aber waren auf trockenem Boden mitten durch das Meer gezogen, während rechts und links von ihnen das Wasser wie eine Mauer stand. 30 So rettete der Herr an jenem Tag Israel aus der Hand der Ägypter. Israel sah die Ägypter tot am Strand liegen. 31 Als Israel sah, dass der Herr mit mächtiger Hand an den Ägyptern gehandelt hatte, fürchtete das Volk den Herrn. Sie glaubten an den Herrn und an Mose, seinen Knecht.

13,19: Gen 50,25.

Das Lied des Mose: 15,1–21

15 Damals sang Mose mit den Israeliten dem Herrn dieses Lied; sie sagten: Ich singe dem Herrn ein Lied, / denn er ist hoch und erhaben. / Rosse und Wagen warf er ins Meer.

2 Meine Stärke und mein Lied ist der Herr, / er ist für mich zum Retter geworden. / Er ist mein Gott, ihn will ich preisen; / den Gott meines Vaters will ich rühmen.

3 Der Herr ist ein Krieger, / Jahwe ist sein Name.

4 Pharaos Wagen und seine Streitmacht / warf er ins Meer. / Seine besten Kämpfer versanken im Schilfmeer.

5 Fluten deckten sie zu, / sie sanken in die Tiefe wie Steine.

14,20 H unklar, darum Übersetzung unsicher.

6 Deine Rechte, Herr, ist herrlich an Stär-
ke; / deine Rechte, Herr, zerschmettert den
Feind.
7 In deiner erhabenen Größe / wirfst du
die Gegner zu Boden. / Du sendest deinen
Zorn; / er frisst sie wie Stoppeln.
8 Du schnaubtest vor Zorn, / da türmte
sich Wasser, / da standen Wogen als Wall, /
Fluten erstarrten im Herzen des Meeres.
9 Da sagte der Feind: Ich jage nach, hole
ein. / Ich teile die Beute, ich stille die Gier. /
Ich zücke mein Schwert, meine Hand jagt sie
davon.
10 Da schnaubtest du Sturm. Das Meer
deckte sie zu. / Sie sanken wie Blei ins tosen-
de Wasser.
11 Wer ist wie du unter den Göttern, o
Herr? / Wer ist wie du gewaltig und heilig, /
gepriesen als furchtbar, Wunder vollbrin-
gend?
12 Du strecktest deine Rechte aus, / da ver-
schlang sie die Erde.
13 Du lenktest in deiner Güte / das Volk,
das du erlöst hast, / du führtest sie macht-
voll / zu deiner heiligen Wohnung.
14 Als die Völker das hörten, erzitterten
sie, / die Philister packte das Schütteln.
15 Damals erschraken die Häuptlinge
Edoms, / die Mächtigen von Moab packte das
Zittern, / Kanaans Bewohner, sie alle ver-
zagten.
16 Schrecken und Furcht überfiel sie, / sie
erstarrten zu Stein / vor der Macht deines
Arms, / bis hindurchzog, o Herr, dein Volk, /
bis hindurchzog das Volk, das du erschufst.
17 Du brachtest sie hin / und pflanztest sie
ein / auf dem Berg deines Erbes. / Einen Ort,
wo du thronst, Herr, / hast du gemacht; / ein
Heiligtum, Herr, haben deine Hände gegrün-
det.
18 Der Herr ist König für immer und ewig.
19 Denn als die Rosse des Pharao mit Wa-
gen und Reitern ins Meer zogen, ließ der Herr
das Wasser des Meeres auf sie zurückfluten,
nachdem die Israeliten auf trockenem Boden
mitten durchs Meer gezogen waren.
20 Die Prophetin Mirjam, die Schwester
Aarons, nahm die Pauke in die Hand und
alle Frauen zogen mit Paukenschlag und
Tanz hinter ihr her. 21 Mirjam sang ihnen
vor:
Singt dem Herrn ein Lied, / denn er ist
hoch und erhaben! / Rosse und Wagen warf
er ins Meer.

2: Ps 118,14; Jes 12,2.

Auf dem Weg zum Sinai: 15,22 – 17,16

22 Mose ließ Israel vom Schilfmeer aufbre-
chen und sie zogen zur Wüste Schur weiter.
Drei Tage waren sie in der Wüste unterwegs
und fanden kein Wasser. 23 Als sie nach Mara
kamen, konnten sie das Wasser von Mara
nicht trinken, weil es bitter war. Deshalb
nannte man es Mara (Bitterbrunn). 24 Da
murrte das Volk gegen Mose und sagte: Was
sollen wir trinken? 25 Er schrie zum Herrn
und der Herr zeigte ihm ein Stück Holz. Als
er es ins Wasser warf, wurde das Wasser
süß.
Dort gab Gott dem Volk Gesetz und
Rechtsentscheidungen und dort stellte er es
auf die Probe. 26 Er sagte: Wenn du auf die
Stimme des Herrn, deines Gottes, hörst und
tust, was in seinen Augen gut ist, wenn du
seinen Geboten gehorchst und auf alle seine
Gesetze achtest, werde ich dir keine der
Krankheiten schicken, die ich den Ägyptern
geschickt habe. Denn ich bin der Herr, dein
Arzt.
27 Dann kamen sie nach Elim. Dort gab es
zwölf Quellen und siebzig Palmen; dort am
Wasser schlugen sie ihr Lager auf.

16 Die ganze Gemeinde der Israeliten
brach von Elim auf und kam in die
Wüste Sin, die zwischen Elim und dem Sinai
liegt. Es war der fünfzehnte Tag des zweiten
Monats nach ihrem Auszug aus Ägypten.
2 Die ganze Gemeinde der Israeliten murrte
in der Wüste gegen Mose und Aaron. 3 Die Is-
raeliten sagten zu ihnen: Wären wir doch in
Ägypten durch die Hand des Herrn gestor-
ben, als wir an den Fleischtöpfen saßen und
Brot genug zu essen hatten. Ihr habt uns nur
deshalb in diese Wüste geführt, um alle, die
hier versammelt sind, an Hunger sterben zu
lassen. 4 Da sprach der Herr zu Mose: Ich will
euch Brot vom Himmel regnen lassen. Das
Volk soll hinausgehen, um seinen täglichen
Bedarf zu sammeln. Ich will es prüfen, ob es
nach meiner Weisung lebt oder nicht. 5 Wenn
sie am sechsten Tag feststellen, was sie zu-
sammengebracht haben, wird es doppelt so
viel sein, wie sie sonst täglich gesammelt ha-
ben.
6 Da sagten Mose und Aaron zu allen Is-
raeliten: Heute Abend sollt ihr erfahren, dass
der Herr euch aus Ägypten geführt hat, 7 und
morgen werdet ihr die Herrlichkeit des
Herrn schauen; denn er hat euer Murren ge-
gen ihn gehört. Aber wer sind schon wir, dass
ihr gegen uns murrt? 8 Weiter sagte Mose:

15,17 Der »Berg deines Erbes« ist wahrscheinlich der Zion in Jerusalem. Demnach dürfte das Lied erst im Tempelgottesdienst von Jerusalem seine heutige Gestalt erhalten haben.

Wenn der Herr euch heute Abend Fleisch zu
essen gibt und euch am Morgen mit Brot sät-
tigt, wenn er also euer Murren hört, mit dem
ihr ihn bedrängt, was sind wir dann? Nicht
uns galt euer Murren, sondern dem Herrn.
9 Dann sagte Mose zu Aaron: Sag der gan-
zen Gemeinde der Israeliten: Tretet hin vor
den Herrn; denn er hat euer Murren gehört.
10 Während Aaron zur ganzen Gemeinde der
Israeliten sprach, wandten sie sich zur Wüste
hin. Da erschien plötzlich in der Wolke die
Herrlichkeit des Herrn. 11 Der Herr sprach
zu Mose: 12 Ich habe das Murren der Israeli-
ten gehört. Sag ihnen: Am Abend werdet ihr
Fleisch zu essen haben, am Morgen werdet
ihr satt sein von Brot und ihr werdet erken-
nen, dass ich der Herr, euer Gott, bin.
13 Am Abend kamen die Wachteln und be-
deckten das Lager. Am Morgen lag eine
Schicht von Tau rings um das Lager. 14 Als
sich die Tauschicht gehoben hatte, lag auf
dem Wüstenboden etwas Feines, Knuspri-
ges, fein wie Reif, auf der Erde. 15 Als das die
Israeliten sahen, sagten sie zueinander: Was
ist das? Denn sie wussten nicht, was es war.
Da sagte Mose zu ihnen: Das ist das Brot, das
der Herr euch zu essen gibt. 16 Das ordnet der
Herr an: Sammelt davon so viel, wie jeder
zum Essen braucht, ein Gomer je Kopf. Jeder
darf so viel Gomer holen, wie Personen im
Zelt sind. 17 Die Israeliten taten es und sam-
melten ein, der eine viel, der andere wenig.
18 Als sie die Gomer zählten, hatte keiner,
der viel gesammelt hatte, zu viel und keiner,
der wenig gesammelt hatte, zu wenig. Jeder
hatte so viel gesammelt, wie er zum Essen
brauchte. 19 Mose sagte zu ihnen: Davon darf
bis zum Morgen niemand etwas übrig lassen.
20 Doch sie hörten nicht auf Mose, sondern
einige ließen etwas bis zum Morgen übrig.
Aber es wurde wurmig und stank. Da geriet
Mose in Zorn über sie.
21 Sie sammelten es Morgen für Morgen,
jeder so viel, wie er zum Essen brauchte. So-
bald die Sonnenhitze einsetzte, zerging es.
22 Am sechsten Tag sammelten sie die dop-
pelte Menge Brot, zwei Gomer für jeden. Da
kamen alle Sippenhäupter der Gemeinde
und berichteten es Mose. 23 Er sagte zu ih-
nen: Es ist so, wie der Herr gesagt hat: Mor-
gen ist Feiertag, heiliger Sabbat zur Ehre des
Herrn. Backt, was ihr backen wollt, und
kocht, was ihr kochen wollt, den Rest be-
wahrt bis morgen früh auf! 24 Sie bewahrten
es also bis zum Morgen auf, wie es Mose an-
geordnet hatte, und es faulte nicht, noch
wurde es madig. 25 Da sagte Mose: Esst es
heute, denn heute ist Sabbat zur Ehre des
Herrn. Heute findet ihr draußen nichts.
26 Sechs Tage dürft ihr es sammeln, am sieb-
ten Tag ist Sabbat; da findet ihr nichts.
27 Am siebten Tag gingen trotzdem einige
vom Volk hinaus, um zu sammeln, fanden
aber nichts. 28 Da sprach der Herr zu Mose:
Wie lange wollt ihr euch noch weigern, mei-
ne Gebote und Weisungen zu befolgen? 29 Ihr
seht, der Herr hat euch den Sabbat gegeben;
daher gibt er auch am sechsten Tag Brot für
zwei Tage. Jeder bleibe, wo er ist. Am siebten
Tag verlasse niemand seinen Platz. 30 Das
Volk ruhte also am siebten Tag. 31 Das Haus
Israel nannte das Brot Manna. Es war weiß
wie Koriandersamen und schmeckte wie Ho-
nigkuchen.
32 Mose sagte: Der Herr ordnet Folgendes
an. Ein volles Gomer Manna ist für die Gene-
rationen nach euch aufzubewahren, damit
sie das Brot sehen, das ich euch in der Wüste
zu essen gab, als ich euch aus Ägypten he-
rausführte. 33 Zu Aaron sagte Mose: Nimm
ein Gefäß, schütte ein volles Gomer Manna
hinein und stell es vor den Herrn! Es soll für
die nachkommenden Generationen aufbe-
wahrt werden. 34 Wie der Herr dem Mose be-
fohlen hatte, stellte Aaron das Manna vor die
Bundesurkunde, damit es dort aufbewahrt
würde. 35 Die Israeliten aßen vierzig Jahre
lang Manna, bis sie in bewohntes Land ka-
men. Sie aßen Manna, bis sie die Grenze von
Kanaan erreichten. 36 Ein Gomer ist der
zehnte Teil eines Efa.

17 Die ganze Gemeinde der Israeliten
zog von der Wüste Sin weiter, von ei-
nem Rastplatz zum andern, wie es der Herr
jeweils bestimmte. In Refidim schlugen sie
ihr Lager auf. Weil das Volk kein Wasser zu
trinken hatte, 2 geriet es mit Mose in Streit
und sagte: Gebt uns Wasser zu trinken! Mose
aber antwortete: Was streitet ihr mit mir?
Warum stellt ihr den Herrn auf die Probe?
3 Das Volk dürstete dort nach Wasser und
murrte gegen Mose. Sie sagten: Warum hast
du uns überhaupt aus Ägypten hierher ge-
führt? Um uns, unsere Söhne und unser Vieh
verdursten zu lassen? 4 Mose schrie zum
Herrn: Was soll ich mit diesem Volk anfan-
gen? Es fehlt nur wenig und sie steinigen
mich. 5 Der Herr antwortete Mose: Geh am

16,31 Manna bedeutet »Was ist das?« (vgl. V. 15). Man vergleicht das biblische Manna oft mit dem genießbaren süßlichen Harz der auf der Sinaihalbinsel noch heute vorkommenden Manna-Tamariske; doch kommt dieses «Manna» in so geringen Mengen vor, dass es nicht für eine größere wandernde Gruppe die Nahrung ersetzen kann. Die Bibel versteht die Mannagabe als Wunder.

Volk vorbei und nimm einige von den Ältesten Israels mit; nimm auch den Stab in die Hand, mit dem du auf den Nil geschlagen hast, und geh! 6 Dort drüben auf dem Felsen am Horeb werde ich vor dir stehen. Dann schlag an den Felsen! Es wird Wasser herauskommen und das Volk kann trinken. Das tat Mose vor den Augen der Ältesten Israels. 7 Den Ort nannte er Massa und Meriba (Probe und Streit), weil die Israeliten Streit begonnen und den Herrn auf die Probe gestellt hatten, indem sie sagten: Ist der Herr in unserer Mitte oder nicht?

8 Als Amalek kam und in Refidim den Kampf mit Israel suchte, 9 sagte Mose zu Josua: Wähl uns Männer aus und zieh in den Kampf gegen Amalek! Ich selbst werde mich morgen auf den Gipfel des Hügels stellen und den Gottesstab mitnehmen. 10 Josua tat, was ihm Mose aufgetragen hatte, und kämpfte gegen Amalek, während Mose, Aaron und Hur auf den Gipfel des Hügels stiegen. 11 Solange Mose seine Hand erhoben hielt, war Israel stärker; sooft er aber die Hand sinken ließ, war Amalek stärker. 12 Als dem Mose die Hände schwer wurden, holten sie einen Steinbrocken, schoben ihn unter Mose und er setzte sich darauf. Aaron und Hur stützten seine Arme, der eine rechts, der andere links, sodass seine Hände erhoben blieben, bis die Sonne unterging. 13 So besiegte Josua mit scharfem Schwert Amalek und sein Heer. 14 Danach sprach der Herr zu Mose: Halte das zur Erinnerung in einer Urkunde fest und präg es Josua ein! Denn ich will die Erinnerung an Amalek unter dem Himmel austilgen. 15 Mose baute einen Altar und gab ihm den Namen »Jahwe mein Feldzeichen«. 16 Er sagte:

Die Hand an Jahwes Feldzeichen! Krieg ist zwischen Jahwe und Amalek von Generation zu Generation.

16,8: Num 11,31–33; Ps 78,26–29; 105,40; Weish 19,11f • 15: 16,4; Num 11,7–9; Dtn 8,3.16; Ps 78,24; Weish 16,20–28 • 35: Jos 5,12 • 17,7: Num 20,7–13; Dtn 32,51; 33,8; Ps 95,8f; 106,32f.

Jitros Rat: Die Berufung von Richtern:
18,1–27

18 Jitro, der Priester von Midian, der Schwiegervater des Mose, hörte, was Gott alles an Mose und seinem Volk Israel getan und wie der Herr Israel aus Ägypten herausgeführt hatte. 2 Da nahm Jitro, der Schwiegervater des Mose, Zippora mit sich, die Frau des Mose – Mose hatte sie wieder zurückgeschickt –, 3 und ihre beiden Söhne. Der eine hieß Gerschom (Ödgast), weil Mose gesagt hatte: Gast bin ich in fremdem Land. 4 Der andere hieß Eliëser (Gotthelf), weil Mose gesagt hatte: Der Gott meines Vaters hat mir geholfen und hat mich vor dem Schwert des Pharao gerettet. 5 Jitro, der Schwiegervater des Mose, kam mit dessen Söhnen und dessen Frau in die Wüste am Gottesberg, wo Mose gerade lagerte. 6 Er ließ Mose sagen: Ich, dein Schwiegervater Jitro, komme zu dir zusammen mit deiner Frau und ihren beiden Söhnen. 7 Da ging Mose seinem Schwiegervater entgegen, fiel vor ihm nieder und küsste ihn. Dann fragten sie einander nach ihrem Wohlergehen und gingen ins Zelt.

8 Mose erzählte seinem Schwiegervater alles, was der Herr dem Pharao und den Ägyptern um Israels willen angetan hatte, auch von allen Schwierigkeiten, denen sie unterwegs begegnet waren, und wie der Herr sie gerettet hatte. 9 Jitro freute sich über alles, was der Herr an Israel Gutes getan hatte, als er es aus der Hand der Ägypter rettete. 10 Jitro sagte: Gepriesen sei der Herr, der euch aus der Hand der Ägypter und des Pharao gerettet hat. 11 Jetzt weiß ich: Jahwe ist größer als alle Götter. Denn die Ägypter haben Israel hochmütig behandelt, doch der Herr hat das Volk aus ihrer Hand gerettet. 12 Dann holte Jitro, der Schwiegervater des Mose, Tiere für Brandopfer und Schlachtopfer zur Ehre Gottes. Aaron und alle Ältesten Israels kamen, um mit dem Schwiegervater des Mose vor dem Angesicht Gottes ein Mahl zu halten.

13 Am folgenden Morgen setzte sich Mose, um für das Volk Recht zu sprechen. Die Leute mussten vor Mose vom Morgen bis zum Abend anstehen. 14 Als der Schwiegervater des Mose sah, was er alles für das Volk zu tun hatte, sagte er: Was soll das, was du da für das Volk tust? Warum sitzt du hier allein und die vielen Leute müssen vom Morgen bis zum Abend vor dir anstehen? 15 Mose antwortete seinem Schwiegervater: Die Leute kommen zu mir, um Gott zu befragen. 16 Wenn sie einen Streitfall haben, kommen sie zu mir. Ich entscheide dann ihren Fall und teile ihnen die Gesetze und Weisungen Gottes mit.

17 Da sagte der Schwiegervater zu Mose: Es ist nicht richtig, wie du das machst. 18 So richtest du dich selbst zugrunde und auch das Volk, das bei dir ist. Das ist zu schwer für dich; allein kannst du es nicht bewältigen. 19 Nun hör zu, ich will dir einen Rat geben

18,11 Der Satz »doch der Herr hat sein Volk aus ihrer Hand gerettet« steht in H schon in V. 10.

und Gott wird mit dir sein. Vertritt du das
Volk vor Gott! Bring ihre Rechtsfälle vor ihn,
20 unterrichte sie in den Gesetzen und Wei-
sungen und lehre sie, wie sie leben und was
sie tun sollen. 21 Du aber sieh dich im ganzen
Volk nach tüchtigen, gottesfürchtigen und
zuverlässigen Männern um, die Bestechung
ablehnen. Gib dem Volk Vorsteher für je tau-
send, hundert, fünfzig und zehn! 22 Sie sollen
dem Volk jederzeit als Richter zur Verfügung
stehen. Alle wichtigen Fälle sollen sie vor
dich bringen, die leichteren sollen sie selber
entscheiden. Entlaste dich und lass auch an-
dere Verantwortung tragen! 23 Wenn du das
tust, sofern Gott zustimmt, bleibst du der
Aufgabe gewachsen und die Leute hier kön-
nen alle zufrieden heimgehen.

24 Mose hörte auf seinen Schwiegervater
und tat alles, was er vorschlug. 25 Mose wähl-
te sich tüchtige Männer in ganz Israel aus
und setzte sie als Hauptleute über das Volk
ein, als Vorsteher für je tausend, hundert,
fünfzig und zehn. 26 Sie standen dem Volk
jederzeit als Richter zur Verfügung. Die
schwierigen Fälle brachten sie vor Mose, alle
leichteren entschieden sie selber.

27 Mose verabschiedete seinen Schwieger-
vater und dieser kehrte in sein Land zu-
rück.

3: 2,22.

AM SINAI: 19,1 – 40,38

Das Bundesangebot Gottes: 19,1–25

19 Im dritten Monat nach dem Auszug
der Israeliten aus Ägypten – am heu-
tigen Tag – kamen sie in der Wüste Sinai an.
2 Sie waren von Refidim aufgebrochen und
kamen in die Wüste Sinai. Sie schlugen in
der Wüste das Lager auf. Dort lagerte Israel
gegenüber dem Berg.

3 Mose stieg zu Gott hinauf. Da rief ihm
der Herr vom Berg her zu: Das sollst du dem
Haus Jakob sagen und den Israeliten ver-
künden: 4 Ihr habt gesehen, was ich den
Ägyptern angetan habe, wie ich euch auf Ad-
lerflügeln getragen und hierher zu mir ge-
bracht habe. 5 Jetzt aber, wenn ihr auf meine
Stimme hört und meinen Bund haltet, wer-
det ihr unter allen Völkern mein besonderes
Eigentum sein. Mir gehört die ganze Erde,
6 ihr aber sollt mir als ein Reich von Pries-
tern und als ein heiliges Volk gehören. Das
sind die Worte, die du den Israeliten mittei-
len sollst.

7 Mose ging und rief die Ältesten des Vol-
kes zusammen. Er legte ihnen alles vor, was
der Herr ihm aufgetragen hatte. 8 Das ganze
Volk antwortete einstimmig und erklärte:
Alles, was der Herr gesagt hat, wollen wir
tun. Mose überbrachte dem Herrn die Ant-
wort des Volkes. 9 Der Herr sprach zu Mose:
Ich werde zu dir in einer dichten Wolke kom-
men; das Volk soll es hören, wenn ich mit dir
rede, damit sie auch an dich immer glauben.
Da berichtete Mose dem Herrn, was das Volk
gesagt hatte.

10 Der Herr sprach zu Mose: Geh zum
Volk! Ordne an, dass sie sich heute und mor-
gen heilig halten und ihre Kleider waschen.
11 Sie sollen sich für den dritten Tag bereit-
halten. Am dritten Tag nämlich wird der
Herr vor den Augen des ganzen Volkes auf
den Berg Sinai herabsteigen. 12 Zieh um das
Volk eine Grenze und sag: Hütet euch, auf
den Berg zu steigen oder auch nur seinen Fuß
zu berühren. Jeder, der den Berg berührt,
wird mit dem Tod bestraft. 13 Keine Hand
soll den Berg berühren. Wer es aber tut, soll
gesteinigt oder mit Pfeilen erschossen wer-
den; ob Tier oder Mensch, niemand darf am
Leben bleiben. Erst wenn das Horn ertönt,
dürfen sie auf den Berg steigen.

14 Mose stieg vom Berg zum Volk hinunter
und ordnete an, das Volk solle sich heilig
halten und seine Kleider waschen. 15 Er sag-
te zum Volk: Haltet euch für den dritten Tag
bereit! Berührt keine Frau! 16 Am dritten
Tag, im Morgengrauen, begann es zu don-
nern und zu blitzen. Schwere Wolken lagen
über dem Berg und gewaltiger Hörnerschall
erklang. Das ganze Volk im Lager begann zu
zittern. 17 Mose führte es aus dem Lager hi-
naus Gott entgegen. Unten am Berg blieben
sie stehen. 18 Der ganze Sinai war in Rauch

19,1 am heutigen Tag: Hinweis auf die liturgische Verwendung des Textes an einem bestimmten Tag; die Juden lesen ihn am Wochenfest, unserem Pfingstfest.

gehüllt, denn der Herr war im Feuer auf ihn
herabgestiegen. Der Rauch stieg vom Berg
auf wie Rauch aus einem Schmelzofen. Der
ganze Berg bebte gewaltig 19 und der Hör-
nerschall wurde immer lauter. Mose redete
und Gott antwortete im Donner.

20 Der Herr war auf den Sinai, auf den
Gipfel des Berges, herabgestiegen. Er hatte
Mose zu sich auf den Gipfel des Berges geru-
fen und Mose war hinaufgestiegen. 21 Da
sprach der Herr zu Mose: Geh hinunter und
schärf dem Volk ein, sie sollen nicht neugie-
rig sein und nicht versuchen, zum Herrn vor-
zudringen; sonst müssten viele von ihnen
umkommen. 22 Auch die Priester, die sich
dem Herrn nähern, müssen sich geheiligt ha-
ben, damit der Herr in ihre Reihen keine
Bresche reißt. 23 Mose entgegnete dem Herrn:
Das Volk kann nicht auf den Sinai steigen.
Denn du selbst hast uns eingeschärft: Zieh
eine Grenze um den Berg und erklär ihn für
heilig! 24 Doch der Herr sprach zu ihm: Geh
hinunter und komm zusammen mit Aaron
wieder herauf! Die Priester aber und das
Volk sollen nicht versuchen hinaufzusteigen
und zum Herrn vorzudringen, sonst reißt er
in ihre Reihen eine Bresche. 25 Da ging Mose
zum Volk hinunter und sagte es ihnen.

5f: 1 Petr 2,9.

Die Zehn Gebote: 20,1–21

20 Dann sprach Gott alle diese Worte:
2 Ich bin Jahwe, dein Gott, der dich
aus Ägypten geführt hat, aus dem Sklaven-
haus. 3 Du sollst neben mir keine anderen
Götter haben. 4 Du sollst dir kein Gottesbild
machen und keine Darstellung von irgendet-
was am Himmel droben, auf der Erde unten
oder im Wasser unter der Erde. 5 Du sollst
dich nicht vor anderen Göttern niederwerfen
und dich nicht verpflichten, ihnen zu dienen.
Denn ich, der Herr, dein Gott, bin ein eifer-
süchtiger Gott: Bei denen, die mir Feind
sind, verfolge ich die Schuld der Väter an
den Söhnen, an der dritten und vierten Ge-
neration; 6 bei denen, die mich lieben und
auf meine Gebote achten, erweise ich Tau-
senden meine Huld. 7 Du sollst den Namen
des Herrn, deines Gottes, nicht missbrau-
chen; denn der Herr lässt den nicht unge-
straft, der seinen Namen missbraucht.

8 Gedenke des Sabbats: Halte ihn heilig!
9 Sechs Tage darfst du schaffen und jede Ar-
beit tun. 10 Der siebte Tag ist ein Ruhetag,
dem Herrn, deinem Gott, geweiht. An ihm
darfst du keine Arbeit tun: du, dein Sohn
und deine Tochter, dein Sklave und deine
Sklavin, dein Vieh und der Fremde, der in
deinen Stadtbereichen Wohnrecht hat.
11 Denn in sechs Tagen hat der Herr Himmel,
Erde und Meer gemacht und alles, was dazu-
gehört; am siebten Tag ruhte er. Darum hat
der Herr den Sabbattag gesegnet und ihn für
heilig erklärt.

12 Ehre deinen Vater und deine Mutter, da-
mit du lange lebst in dem Land, das der Herr,
dein Gott, dir gibt.

13 Du sollst nicht morden.

14 Du sollst nicht die Ehe brechen.

15 Du sollst nicht stehlen.

16 Du sollst nicht falsch gegen deinen
Nächsten aussagen.

17 Du sollst nicht nach dem Haus deines
Nächsten verlangen. Du sollst nicht nach der
Frau deines Nächsten verlangen, nach sei-
nem Sklaven oder seiner Sklavin, seinem
Rind oder seinem Esel oder nach irgend-
etwas, das deinem Nächsten gehört.

18 Das ganze Volk erlebte, wie es donnerte
und blitzte, wie Hörner erklangen und der
Berg rauchte. Da bekam das Volk Angst, es
zitterte und hielt sich in der Ferne. 19 Sie
sagten zu Mose: Rede du mit uns, dann wol-
len wir hören. Gott soll nicht mit uns reden,
sonst sterben wir. 20 Da sagte Mose zum
Volk: Fürchtet euch nicht! Gott ist gekom-
men, um euch auf die Probe zu stellen. Die
Furcht vor ihm soll über euch kommen, da-
mit ihr nicht sündigt. 21 Das Volk hielt sich
in der Ferne und Mose näherte sich der
dunklen Wolke, in der Gott war.

2–18 ǁ Dtn 5,6–22 • 5: 23,24; Dtn 5,9; 13,3.

Das Altargesetz: 20,22–26

22 Der Herr sprach zu Mose: Sag den Israe-
liten: Ihr habt gesehen, dass ich vom Himmel
her mit euch geredet habe. 23 Ihr sollt euch
neben mir keine Götter aus Silber machen,
auch Götter aus Gold sollt ihr euch nicht
machen. 24 Du sollst mir einen Altar aus Erde
errichten und darauf deine Schafe, Ziegen
und Rinder als Brandopfer und Heilsopfer
schlachten. An jedem Ort, an dem ich mei-
nem Namen ein Gedächtnis stifte, will ich zu
dir kommen und dich segnen. 25 Wenn du mir
einen Altar aus Steinen errichtest, so sollst
du ihn nicht aus behauenen Quadern bauen.
Du entweihst ihn, wenn du mit einem Meißel
daran arbeitest. 26 Du sollst nicht auf Stufen
zu meinem Altar hinaufsteigen, damit deine
Blöße dabei nicht zum Vorschein komme.

25: Dtn 27,5f.

Das Bundesbuch: 21,1 – 23,33

Einleitung: 21,1

21 Das sind die Rechtsvorschriften, die du ihnen vorlegen sollst:

Hebräische Sklaven: 21,2–11

2 Wenn du einen hebräischen Sklaven kaufst, soll er sechs Jahre Sklave bleiben, im siebten Jahr soll er ohne Entgelt als freier Mann entlassen werden. 3 Ist er allein gekommen, soll er allein gehen. War er verheiratet, soll seine Frau mitgehen. 4 Hat ihm sein Herr eine Frau gegeben und hat sie ihm Söhne oder Töchter geboren, dann gehören Frau und Kinder ihrem Herrn und er muss allein gehen. 5 Erklärt aber der Sklave: Ich liebe meinen Herrn, meine Frau und meine Kinder und will nicht als freier Mann fortgehen, 6 dann soll ihn sein Herr vor Gott bringen, er soll ihn an die Tür oder an den Torpfosten bringen und ihm das Ohr mit einem Pfriem durchbohren; dann bleibt er für immer sein Sklave.

7 Wenn einer seine Tochter als Sklavin verkauft hat, soll sie nicht wie andere Sklaven entlassen werden. 8 Hat ihr Herr sie für sich selbst bestimmt, mag er sie aber nicht mehr, dann soll er sie zurückkaufen lassen. Er hat nicht das Recht, sie an Fremde zu verkaufen, da er seine Zusage nicht eingehalten hat. 9 Hat er sie für seinen Sohn bestimmt, verfahre er mit ihr nach dem Recht, das für Töchter gilt. 10 Nimmt er sich noch eine andere Frau, darf er sie in Nahrung, Kleidung und Beischlaf nicht benachteiligen. 11 Wenn er ihr diese drei Dinge nicht gewährt, darf sie unentgeltlich, ohne Bezahlung, gehen.

Totschlag und Mord: 21,12–14

12 Wer einen Menschen so schlägt, dass er stirbt, wird mit dem Tod bestraft. 13 Wenn er ihm aber nicht aufgelauert hat, sondern Gott es durch seine Hand geschehen ließ, werde ich dir einen Ort festsetzen, an den er fliehen kann. 14 Hat einer vorsätzlich gehandelt und seinen Mitbürger aus dem Hinterhalt umgebracht, sollst du ihn von meinem Altar wegholen, damit er stirbt.

Misshandlung der Eltern: 21,15

15 Wer seinen Vater oder seine Mutter schlägt, wird mit dem Tod bestraft.

15: Lev 20,9; Dtn 27,16.

Menschenraub: 21,16

16 Wer einen Menschen raubt, gleichgültig, ob er ihn verkauft hat oder ob man ihn noch in seiner Gewalt vorfindet, wird mit dem Tod bestraft.

Entehrung der Eltern: 21,17

17 Wer seinen Vater oder seine Mutter verflucht, wird mit dem Tod bestraft.

Körperverletzung durch Menschen: 21,18–27

18 Wenn Männer in Streit geraten und einer den andern mit einem Stein oder einer Hacke verletzt, sodass er zwar nicht stirbt, aber bettlägerig wird, 19 später wieder aufstehen und mit Krücken draußen umhergehen kann, so ist der freizusprechen, der geschlagen hat; nur für die Arbeitsunfähigkeit des Geschädigten muss er Ersatz leisten und er muss für die Heilung aufkommen. 20 Wenn einer seinen Sklaven oder seine Sklavin mit dem Stock so schlägt, dass er unter seiner Hand stirbt, dann muss der Sklave gerächt werden. 21 Wenn er noch einen oder zwei Tage am Leben bleibt, dann soll den Täter keine Rache treffen; es geht ja um sein eigenes Geld. 22 Wenn Männer miteinander raufen und dabei eine schwangere Frau treffen, sodass sie eine Fehlgeburt hat, ohne dass ein weiterer Schaden entsteht, dann soll der Täter eine Buße zahlen, die ihm der Ehemann der Frau auferlegt; er kann die Zahlung nach dem Urteil von Schiedsrichtern leisten. 23 Ist weiterer Schaden entstanden, dann musst du geben: Leben für Leben, 24 Auge für Auge, Zahn für Zahn, Hand für Hand, Fuß für Fuß, 25 Brandmal für Brandmal, Wunde für Wunde, Strieme für Strieme. 26 Wenn einer seinem Sklaven oder seiner Sklavin ein Auge ausschlägt, soll er ihn für das ausgeschlagene Auge freilassen. 27 Wenn er seinem Sklaven oder seiner Sklavin einen Zahn ausschlägt, soll er ihn für den ausgeschlagenen Zahn freilassen.

24: Lev 24,19f; Dtn 19,21; Mt 5,38.

Körperverletzung durch Haustiere: 21,28–32

28 Wenn ein Rind einen Mann oder eine Frau so stößt, dass der Betreffende stirbt, dann muss man das Rind steinigen und sein Fleisch darf man nicht essen; der Eigentümer des Rinds aber bleibt straffrei. 29 Hat

21,1 – 23,33 Diese Gesetzessammlung bezeichnet man heute als Bundesbuch (vgl. 24,7).

das Rind aber schon früher gestoßen und hat
der Eigentümer, obwohl man ihn darauf auf-
merksam gemacht hat, auf das Tier nicht
aufgepasst, sodass es einen Mann oder eine
Frau getötet hat, dann soll man das Rind
steinigen und auch sein Eigentümer soll ge-
tötet werden. 30 Will man ihm aber eine Süh-
ne auferlegen, soll er als Lösegeld für sein
Leben so viel geben, wie man von ihm for-
dert. 31 Stößt das Rind einen Sohn oder eine
Tochter, verfahre man nach dem gleichen
Grundsatz. 32 Stößt das Rind einen Sklaven
oder eine Sklavin, soll der Eigentümer dem
Herrn dreißig Silberschekel zahlen; das Rind
aber soll gesteinigt werden.

Ersatz bei Schädigung fremden Viehs: 21,33–36

33 Wenn jemand einen Brunnen offen lässt
oder einen Brunnen gräbt, ohne ihn abzude-
cken, und es fällt ein Rind oder ein Esel hi-
nein, 34 dann soll der Eigentümer des Brun-
nens Ersatz leisten; er soll dem Eigentümer
des Tieres Geld zahlen, das verendete Tier
aber gehört ihm. 35 Wenn jemandes Rind das
Rind eines anderen stößt, sodass es eingeht,
soll man das lebende Rind verkaufen und
den Erlös aufteilen; auch das verendete Rind
soll man aufteilen. 36 Wenn jedoch der Ei-
gentümer wusste, dass das Rind schon früher
stößig war, aber trotzdem nicht darauf auf-
gepasst hat, soll er das Rind ersetzen, Rind
für Rind, das verendete Rind aber gehört
ihm.

Ersatz bei Diebstahl: 21,37 – 22,3

37 Wenn einer ein Rind oder ein Schaf
stiehlt und es schlachtet oder verkauft, soll
er fünf Stück Großvieh für das Rind oder
vier Stück Kleinvieh für das Schaf als Ersatz
geben.

22 Wird ein Dieb beim Einbruch ertappt
und so geschlagen, dass er stirbt, so
entsteht dadurch keine Blutschuld. 2 Doch
ist darüber bereits die Sonne aufgegangen,
dann entsteht Blutschuld. Ein Dieb muss Er-
satz leisten. Besitzt er nichts, soll man ihn
für den Wert des Gestohlenen verkaufen.
3 Findet man das Gestohlene, sei es Rind,
Esel oder Schaf, noch lebend in seinem Be-
sitz, dann soll er doppelten Ersatz leisten.

Ersatz bei fahrlässigem Feldbrand: 22,4–5

4 Wenn jemand ein Feld oder einen Wein-
berg abbrennt und das Feuer sich ausbreiten
lässt, sodass es das Feld eines andern in
Brand steckt, dann soll er den besten Ertrag
seines Feldes oder Weinbergs als Ersatz da-
für geben. 5 Breitet sich das Feuer aus, er-
fasst es eine Dornenhecke und vernichtet ei-
nen Getreidehaufen, auf dem Halm stehen-
des Getreide oder ein Feld, dann soll der für
den Brand Verantwortliche den Schaden er-
setzen.

Haftung für fremdes Eigentum: 22,6–14

6 Übergibt jemand einem andern Geld
oder Gerät zur Aufbewahrung und es wird
aus dessen Haus gestohlen, dann soll der
Dieb, wenn man ihn findet, doppelten Ersatz
leisten. 7 Findet man den Dieb nicht, soll der
Hausherr vor Gott erklären, dass er sich
nicht selbst am Eigentum des andern ver-
griffen hat. 8 Wenn jemandem etwas verun-
treut wurde, ein Rind, ein Esel, ein Schaf, ein
Kleid oder sonst etwas, und er behauptet: Ja,
das ist es, dann soll der Streitfall der beiden
vor Gott kommen. Wen Gott als schuldig be-
zeichnet, soll dem andern doppelten Ersatz
leisten. 9 Wenn jemand einem andern einen
Esel, ein Rind, ein Schaf oder sonst ein
Haustier zur Verwahrung übergibt und das
Tier eingeht, sich etwas bricht oder fortge-
trieben wird, ohne dass es jemand sieht,
10 dann soll ein Eid beim Namen des Herrn
Klarheit darüber schaffen, dass der eine sich
nicht am Eigentum des andern vergriffen
hat. Der Eigentümer soll an sich nehmen,
was noch da ist, ohne dass der andere Ersatz
zu leisten hätte. 11 Ist es ihm aber gestohlen
worden, muss er dem Eigentümer Ersatz
leisten. 12 Ist das Tier gerissen worden, brin-
ge er es zum Beweis herbei; dann braucht er
für das Gerissene keinen Ersatz zu leisten.
13 Leiht jemand von einem andern ein Tier
und bricht es sich etwas oder geht ein, und
zwar in Abwesenheit des Eigentümers, so
muss er Ersatz leisten. 14 War der Eigentü-
mer aber anwesend, so braucht der andere
keinen Ersatz zu leisten. Ist er Taglöhner, so
geht es von seinem Lohn ab.

Verführung einer Jungfrau: 22,15–16

15 Wenn jemand ein noch nicht verlobtes
Mädchen verführt und bei ihm schläft, dann
soll er das Brautgeld zahlen und sie zur Frau
nehmen. 16 Weigert sich aber ihr Vater, sie
ihm zu geben, dann hat er ihm so viel zu zah-
len, wie der Brautpreis für eine Jungfrau be-
trägt.

Todeswürdige Verbrechen: Zauberei, Bestialität, Götzendienst: 22,17–19

17 Eine Hexe sollst du nicht am Leben las-
sen. 18 Jeder, der mit einem Tier verkehrt,

soll mit dem Tod bestraft werden. 19 Wer einer Gottheit außer Jahwe Schlachtopfer darbringt, an dem soll die Vernichtungsweihe vollstreckt werden.

17: Lev 20,27; Dtn 18,10–12 • 18: 27,21 • 19: Dtn 13,3f; 13–16; 18,13.

Schutz vor Unterdrückung und Ausbeutung: 22,20–26

20 Einen Fremden sollst du nicht ausnützen oder ausbeuten, denn ihr selbst seid in Ägypten Fremde gewesen. 21 Ihr sollt keine Witwe oder Waise ausnützen. 22 Wenn du sie ausnützt und sie zu mir schreit, werde ich auf ihren Klageschrei hören. 23 Mein Zorn wird entbrennen und ich werde euch mit dem Schwert umbringen, sodass eure Frauen zu Witwen und eure Söhne zu Waisen werden.

24 Leihst du einem aus meinem Volk, einem Armen, der neben dir wohnt, Geld, dann sollst du dich gegen ihn nicht wie ein Wucherer benehmen. Ihr sollt von ihm keinen Wucherzins fordern. 25 Nimmst du von einem Mitbürger den Mantel zum Pfand, dann sollst du ihn bis Sonnenuntergang zurückgeben; 26 denn es ist seine einzige Decke, der Mantel, mit dem er seinen bloßen Leib bedeckt. Worin soll er sonst schlafen? Wenn er zu mir schreit, höre ich es, denn ich habe Mitleid.

24: Lev 25,36f; Dtn 23,20f.

Gotteslästerung und Majestätsbeleidigung: 22,27

27 Du sollst Gott nicht verächtlich machen und den Fürsten deines Volkes nicht verfluchen.

Erstlingsopfer: 22,28–29

28 Deinen Reichtum und Überfluss sollst du nicht für dich behalten. Den Erstgeborenen unter deinen Söhnen sollst du mir geben. 29 Ebenso sollst du es mit deinen Rindern, Schafen und Ziegen halten. Sieben Tage sollen sie bei ihrer Mutter bleiben, am achten Tag sollst du sie mir übergeben.

28: 34,19f; Dtn 15,19–23.

Verbot, gerissene Tiere zu essen: 22,30

30 Als heilige Männer sollt ihr mir gehören. Fleisch von einem Tier, das auf dem Feld gerissen wurde, sollt ihr nicht essen; ihr sollt es den Hunden vorwerfen.

30: Lev 17,15.

Verhalten im Rechtsverfahren: 23,1–3

23 Du sollst kein leeres Gerücht verbreiten. Biete deine Hand nicht dem, der Unrecht hat, indem du als falscher Zeuge auftrittst. 2 Du sollst dich nicht der Mehrheit anschließen, wenn sie im Unrecht ist, und sollst in einem Rechtsverfahren nicht so aussagen, dass du dich der Mehrheit fügst und das Recht beugst. 3 Du sollst auch den Geringen in seinem Rechtsstreit nicht begünstigen.

3: Lev 19,15.

Verhalten gegen den Feind: 23,4–5

4 Wenn du dem verirrten Rind oder dem Esel deines Feindes begegnest, sollst du ihm das Tier zurückbringen. 5 Wenn du siehst, wie der Esel deines Gegners unter der Last zusammenbricht, dann lass ihn nicht im Stich, sondern leiste ihm Hilfe!

Verbot von Rechtsbeugung: 23,6–8

6 Du sollst das Recht des Armen in seinem Rechtsstreit nicht beugen. 7 Von einem unlauteren Verfahren sollst du dich fern halten. Wer unschuldig und im Recht ist, den bring nicht um sein Leben; denn ich spreche den Schuldigen nicht frei. 8 Du sollst dich nicht bestechen lassen; denn Bestechung macht Sehende blind und verkehrt die Sache derer, die im Recht sind.

Rechtsschutz des Fremden: 23,9

9 Einen Fremden sollst du nicht ausbeuten. Ihr wisst doch, wie es einem Fremden zumute ist; denn ihr selbst seid in Ägypten Fremde gewesen.

Sabbatjahr und Sabbatfeier: 23,10–12

10 Sechs Jahre kannst du in deinem Land säen und die Ernte einbringen; 11 im siebten sollst du es brach liegen lassen und nicht bestellen. Die Armen in deinem Volk sollen davon essen, den Rest mögen die Tiere des Feldes fressen. Das Gleiche sollst du mit deinem Weinberg und deinen Ölbäumen tun. 12 Sechs Tage kannst du deine Arbeit verrichten, am siebten Tag aber sollst du ruhen, damit dein Rind und dein Esel ausruhen und der Sohn deiner Sklavin und der Fremde zu Atem kommen.

10: Lev 25,2–4 • 12: 20,9f; Dtn 5,12–14.

Mahnung: Treue zum Bundesgott: 23,13

13 Auf alles, was ich euch gesagt habe, sollt ihr achten. Den Namen eines anderen Gottes sollt ihr nicht aussprechen, er soll dir nicht über die Lippen kommen.

Die drei Hauptfeste: 23,14–17

14 Dreimal im Jahr sollst du mir ein Fest
feiern. 15 Du sollst das Fest der ungesäuerten
Brote halten. Im Monat Abib sollst du zur
festgesetzten Zeit sieben Tage lang ungesäu-
ertes Brot essen, wie ich es dir geboten habe.
Denn in diesem Monat bist du aus Ägypten
ausgezogen. Man soll nicht mit leeren Hän-
den vor mir erscheinen. 16 Du sollst auch das
Fest der Ernte, des ersten Ertrags deiner
Aussaat auf dem Feld, halten, ebenso das
Fest der Lese am Ende des Jahres, wenn du
den Ertrag deines Feldes eingebracht hast.
17 Dreimal im Jahr sollen alle deine Männer
vor dem Herrn erscheinen.

14–17: 13,6f; 34,18–23.

Opfervorschriften: 23,18–19

18 Beim Schlachten sollst du das Blut mei-
nes Opfers nicht über gesäuertes Brot flie-
ßen lassen. Das Fett meines Festopfers darf
nicht bis zum Morgen liegen bleiben. 19 Von
den Erstlingsfrüchten deines Ackers sollst
du die besten in das Haus des Herrn, deines
Gottes, bringen. Das Junge einer Ziege
sollst du nicht in der Milch seiner Mutter
kochen.

18: 34,25f.

Schlussmahnung: Verheißung und Warnung: 23,20–33

20 Ich werde einen Engel schicken, der dir
vorausgeht. Er soll dich auf dem Weg schüt-
zen und dich an den Ort bringen, den ich be-
stimmt habe. 21 Achte auf ihn und hör auf
seine Stimme! Widersetz dich ihm nicht! Er
würde es nicht ertragen, wenn ihr euch auf-
lehnt; denn in ihm ist mein Name gegenwär-
tig. 22 Wenn du auf seine Stimme hörst und
alles tust, was ich sage, dann werde ich der
Feind deiner Feinde sein und alle in die Enge
treiben, die dich bedrängen.

23 Wenn mein Engel dir vorausgeht und
dich in das Land der Amoriter, Hetiter, Peri-
siter, Kanaaniter, Hiwiter und Jebusiter
führt und wenn ich sie verschwinden lasse,
24 dann sollst du dich vor ihren Göttern nicht
niederwerfen und dich nicht verpflichten,
ihnen zu dienen. Du sollst keine Kultgegen-
stände herstellen wie sie, sondern sie zerstö-
ren und ihre Steinmale zerschlagen.

25 Wenn ihr dem Herrn, eurem Gott, dient,
wird er dein Brot und dein Wasser segnen.
Ich werde Krankheiten von dir fern halten.
26 In deinem Land wird es keine Frau geben,
die eine Fehlgeburt hat oder kinderlos
bleibt. Ich lasse dich die volle Zahl deiner
Lebenstage erreichen. 27 Ich sende meinen
Schrecken vor dir her, ich verwirre jedes
Volk, zu dem du kommst, und alle deine
Feinde lasse ich vor dir die Flucht ergreifen.
28 Ich lasse vor dir Panik ausbrechen; sie
wird die Hiwiter, Kanaaniter und Hetiter
vor dir hertreiben. 29 Ich vertreibe sie aber
nicht gleich im ersten Jahr; sonst verödet das
Land und die wilden Tiere könnten zu dei-
nem Schaden überhand nehmen. 30 Nur all-
mählich will ich sie vor dir zurückdrängen,
bis du so zahlreich geworden bist, dass du
das Land in Besitz nehmen kannst. 31 Ich set-
ze deine Landesgrenzen fest vom Schilfmeer
bis zum Philistermeer, von der Wüste bis
zum Strom. Wenn ich die Einwohner des
Landes in deine Hand gebe und du sie ver-
treibst, 32 dann sollst du keinen Bund mit ih-
nen und ihren Göttern schließen. 33 Sie sol-
len nicht in deinem Land bleiben. Sonst
könnten sie dich zur Sünde gegen mich ver-
führen, sodass du ihre Götter verehrst; denn
dann würde dir das zu einer Falle.

24: 20,5; Dtn 5,9; 13,3 • 28: Dtn 7,20; Jos 24,12.

Der Bundesschluß: 24,1–18

24 Zu Mose sprach er: Steig zum Herrn
hinauf zusammen mit Aaron, Nadab,
Abihu und mit siebzig von den Ältesten Isra-
els; werft euch in einiger Entfernung nieder!
2 Mose allein soll sich dem Herrn nähern, die
anderen dürfen nicht näher kommen und das
Volk darf den Berg nicht mit ihm zusammen
besteigen.

3 Mose kam und übermittelte dem Volk
alle Worte und Rechtsvorschriften des
Herrn. Das ganze Volk antwortete einstim-
mig und sagte: Alles, was der Herr gesagt
hat, wollen wir tun. 4 Mose schrieb alle Wor-
te des Herrn auf. Am nächsten Morgen stand
er zeitig auf und errichtete am Fuß des Ber-
ges einen Altar und zwölf Steinmale für die
zwölf Stämme Israels. 5 Er schickte die jun-
gen Männer Israels aus. Sie brachten Brand-
opfer dar und schlachteten junge Stiere als
Heilsopfer für den Herrn. 6 Mose nahm die
Hälfte des Blutes und goss es in eine Schüs-
sel, mit der anderen Hälfte besprengte er den
Altar. 7 Darauf nahm er die Urkunde des
Bundes und verlas sie vor dem Volk. Sie ant-
worteten: Alles, was der Herr gesagt hat, wol-
len wir tun; wir wollen gehorchen. 8 Da nahm

23,31 Der »Strom« ist der Eufrat. Bis an den Eufrat reichten die Grenzen Israels nur zur Zeit Davids und Salomos.

Mose das Blut, besprengte damit das Volk
und sagte: Das ist das Blut des Bundes, den
der Herr aufgrund all dieser Worte mit euch
geschlossen hat.
9 Danach stiegen Mose, Aaron, Nadab,
Abihu und die siebzig von den Ältesten Isra-
els hinauf 10 und sie sahen den Gott Israels.
Die Fläche unter seinen Füßen war wie mit
Saphir ausgelegt und glänzte hell wie der
Himmel selbst. 11 Gott streckte nicht seine
Hand gegen die Edlen der Israeliten aus; sie
durften Gott sehen und sie aßen und tranken.
12 Der Herr sprach zu Mose: Komm herauf
zu mir auf den Berg und bleib hier! Ich will
dir die Steintafeln übergeben, die Weisung
und die Gebote, die ich aufgeschrieben habe.
Du sollst das Volk darin unterweisen. 13 Da
erhob sich Mose mit seinem Diener Josua
und stieg den Gottesberg hinauf. 14 Zu den
Ältesten sagte er: Bleibt hier, bis wir zu euch
zurückkehren; Aaron und Hur sind ja bei
euch. Wer ein Anliegen hat, wende sich an
sie. 15 Dann stieg Mose auf den Berg und die
Wolke bedeckte den Berg. 16 Die Herrlich-
keit des Herrn ließ sich auf den Sinai herab
und die Wolke bedeckte den Berg sechs Tage
lang. Am siebten Tag rief der Herr mitten
aus der Wolke Mose herbei. 17 Die Erschei-
nung der Herrlichkeit des Herrn auf dem
Gipfel des Berges zeigte sich vor den Augen
der Israeliten wie verzehrendes Feuer.
18 Mose ging mitten in die Wolke hinein und
stieg auf den Berg hinauf. Vierzig Tage und
vierzig Nächte blieb Mose auf dem Berg.

Die Anordnungen für Heiligtum und Kult: 25,1 – 31,17

Das Heiligtum und seine Geräte: 25,1 – 27,21

25 Der Herr sprach zu Mose: 2 Sag zu
den Israeliten, sie sollen für mich
eine Abgabe erheben. Von jedem, den sein
Sinn dazu bewegt, sollt ihr die Abgabe erhe-
ben. 3 Das ist die Abgabe, die ihr von ihnen
erheben sollt: Gold, Silber, Kupfer, 4 violet-
ten und roten Purpur, Karmesin, Byssus,
Ziegenhaare, 5 rötliche Widderfelle, Ta-
haschhäute und Akazienholz; 6 Öl für den
Leuchter, Balsame für das Salböl und für
duftendes Räucherwerk; 7 Karneolsteine
und Ziersteine für Efod und Lostasche.
8 Macht mir ein Heiligtum! Dann werde ich
in ihrer Mitte wohnen. 9 Genau nach dem
Muster der Wohnstätte und aller ihrer Ge-
genstände, das ich dir zeige, sollt ihr es her-
stellen.
10 Macht eine Lade aus Akazienholz, zwei-
einhalb Ellen lang, anderthalb Ellen breit
und anderthalb Ellen hoch! 11 Überzieh sie
innen und außen mit purem Gold und bring
daran ringsherum eine Goldleiste an! 12 Gieß
für sie vier Goldringe und befestige sie an ih-
ren vier Füßen, zwei Ringe an der einen Seite
und zwei Ringe an der anderen Seite! 13 Fer-
tige Stangen aus Akazienholz an und über-
zieh sie mit Gold! 14 Steck die Stangen durch
die Ringe an den Seiten der Lade, sodass
man die Lade damit tragen kann. 15 Die
Stangen sollen in den Ringen der Lade blei-
ben; man soll sie nicht herausziehen. 16 In die
Lade sollst du die Bundesurkunde legen, die
ich dir gebe. 17 Verfertige auch eine Deck-
platte aus purem Gold zweieinhalb Ellen
lang und anderthalb Ellen breit! 18 Mach
zwei Kerubim aus getriebenem Gold und ar-
beite sie an den beiden Enden der Deckplatte
heraus! 19 Mach je einen Kerub an dem einen
und dem andern Ende; auf der Deckplatte
macht die Kerubim an den beiden Enden!
20 Die Kerubim sollen die Flügel nach oben
ausbreiten, mit ihren Flügeln die Deckplatte
beschirmen und sie sollen ihre Gesichter ei-
nander zuwenden; der Deckplatte sollen die
Gesichter der Kerubim zugewandt sein.
21 Setz die Deckplatte oben auf die Lade und
in die Lade leg die Bundesurkunde, die ich
dir gebe. 22 Dort werde ich mich dir zu erken-
nen geben und dir über der Deckplatte zwi-
schen den beiden Kerubim, die auf der Lade
der Bundesurkunde sind, alles sagen, was ich
dir für die Israeliten auftragen werde.
23 Fertige auch einen Tisch aus Akazien-
holz an, zwei Ellen lang, eine Elle breit und
anderthalb Ellen hoch! 24 Überzieh ihn mit
purem Gold und bring daran ringsherum
eine Goldleiste an! 25 Mach ihm ringsherum
eine handbreite Einfassung und verfertige
um diese Einfassung eine goldene Leiste!
26 Mach ihm vier Goldringe und befestige die
Ringe an den vier Ecken, die von seinen vier
Füßen gebildet werden. 27 Die Ringe sollen
dicht unter der Einfassung die Stangen auf-
nehmen, mit denen man den Tisch trägt.
28 Mach die Stangen aus Akazienholz und

25,5 Was Tahaschhäute sind, wissen wir nicht; man vermutet, dass es Haut von Meerestieren (Delphinen?) war.

25,7 Das Efod ist hier ein Kleidungsstück des Priesters. Seine Form hat sich im Lauf der Zeit geändert. In Ri 8,24–27 und 18,14–20 scheint es eher ein Kultobjekt, ein Gottesbild, gewesen zu sein.

25,9 »Wohnstätte« ist in der P-Schicht Ausdruck für das Zeltheiligtum, das als Wohnstätte Gottes unter dem wandernden Volk galt.

überzieh sie mit Gold! Mit ihnen soll man den Tisch tragen. 29 Dazu mach Schüsseln, Schalen, Kannen und Krüge für die Trankopfer! Aus purem Gold sollst du sie anfertigen. 30 Auf dem Tisch sollst du ständig Schaubrote vor mir auflegen.

31 Verfertige auch einen Leuchter aus purem Gold! Der Leuchter, sein Gestell, sein Schaft, seine Kelche, Knospen und Blüten sollen aus einem Stück getrieben sein. 32 Von seinen Seiten sollen sechs Arme ausgehen, drei Leuchterarme auf der einen Seite und drei auf der anderen Seite. 33 Der erste Arm soll drei mandelblütenförmige Kelche mit je einer Knospe und einer Blüte aufweisen und der zweite Arm soll drei mandelblütenförmige Kelche mit je einer Knospe und einer Blüte aufweisen; so alle sechs Arme, die von dem Leuchter ausgehen. 34 Auf dem Schaft des Leuchters sollen vier mandelblütenförmige Kelche, Knospen und Blüten sein, 35 je eine Knospe unten zwischen zwei Armen, entsprechend den sechs Armen, die vom Leuchter ausgehen. 36 Seine Knospen und die Arme sollen ein Ganzes mit dem Schaft bilden; das Ganze soll ein Stück aus getriebenem purem Gold sein. 37 Dann mach für den Leuchter sieben Lampen und setze seine Lampen so auf, dass sie das Licht nach vorn fallen lassen; 38 dazu Dochtscheren und Pfannen aus purem Gold. 39 Aus einem Talent puren Goldes soll man den Leuchter und alle diese Geräte machen. 40 Sieh zu, dass du ihn nach dem Muster ausführst, das du auf dem Berg gesehen hast.

26 Die Wohnstätte sollst du aus zehn Zelttüchern herstellen; aus gezwirntem Byssus, violettem und rotem Purpur und Karmesin mit Kerubim sollst du sie machen, wie es ein Kunstweber macht. 2 Ein Zelttuch soll achtundzwanzig Ellen lang und vier Ellen breit sein; alle Zelttücher sollen dasselbe Maß haben. 3 Fünf Zelttücher sollen jeweils aneinander gefügt sein. 4 Mach Schleifen aus violettem Purpur am Rand des einen Zelttuchs, am Ende des zusammengefügten Stückes; ebenso sollst du es am Rand des letzten Zelttuchs des außen zusammengefügten Stückes machen. 5 Fünfzig Schleifen sollst du an dem einen Zelttuch anbringen und fünfzig Schleifen am Zelttuchende des zweiten zusammengefügten Stückes; die Schleifen sollen einander entsprechen. 6 Du sollst auch fünfzig Goldhaken machen und die Zelttücher mit den Haken verbinden, eines mit dem andern; so soll die Wohnstätte ein Ganzes bilden.

7 Mach Decken aus Ziegenhaar für das Zelt über der Wohnstätte; elf Stück sollst du herstellen. 8 Eine Decke soll dreißig Ellen lang und vier Ellen breit sein; die elf Decken sollen dasselbe Maß haben. 9 Verbinde fünf Decken zu einem Stück und sechs Decken zu einem Stück; die sechste Decke sollst du an der Vorderseite des Zeltes doppelt zusammenlegen. 10 Fünfzig Schleifen mach am Saum der Decke, die das Ende eines zusammengesetzten Stückes bildet, und ebenso fünfzig Schleifen am Saum der Decke, die das Ende des andern zusammengesetzten Stückes bildet. 11 Fertige fünfzig Kupferhaken an, häng die Haken in die Schleifen und setz das Zelt so zusammen, dass es ein Ganzes bildet. 12 Den herabhängenden überschüssigen Teil der Zeltdecke lass zur Hälfte an der Rückseite der Wohnstätte herabhängen! 13 Die überschüssige Elle auf beiden Längsseiten der Zeltdecken soll auf die beiden Seiten der Wohnstätte herabhängen, sodass sie sie bedeckt. 14 Schließlich mach für das Zelt eine Decke aus rötlichen Widderfellen und darüber eine Decke aus Tahaschhäuten!

15 Mach für die Wohnstätte Bretter aus Akazienholz zum Aufstellen! 16 Jedes Brett soll zehn Ellen lang und anderthalb Ellen breit sein; 17 jedes Brett soll durch zwei Zapfen mit dem nächsten verbunden werden. So mach es mit allen Brettern für die Wohnstätte! 18 An Brettern für die Wohnstätte verfertige zwanzig für die Südseite! 19 Stell vierzig Sockel aus Silber her als Unterlage für die zwanzig Bretter je zwei Sockel als Unterlage eines Brettes für seine beiden Zapfen! 20 Für die zweite Seite der Wohnstätte, die Nordseite, ebenfalls zwanzig Bretter 21 und vierzig Sockel aus Silber, je zwei Sockel als Unterlage eines Brettes. 22 Für die Rückseite der Wohnstätte, die Westseite, verfertige sechs Bretter 23 und zwei Bretter stell für die Eckstücke an der Rückseite der Wohnstätte her! 24 Sie sollen einander entsprechen und von unten bis oben zum ersten Ring reichen. So soll es mit den beiden Brettern geschehen, die die Eckstücke bilden. 25 Acht Bretter und sechzehn Sockel aus Silber sollen vorhanden sein, je zwei Sockel als Unterlage für jedes Brett.

26 Verfertige Querlatten aus Akazienholz, fünf für die Bretter auf der einen Seite der

---

26,1.31 Zu Byssus vgl. die Anmerkung zu Gen 41,42.

26,14 Zu den Tahaschhäuten vgl. die Anmerkung zu 25,5.

Wohnstätte, 27 fünf für die Bretter der zweiten Seite der Wohnstätte und fünf für die Bretter der Rückseite der Wohnstätte, der Westseite! 28 Die mittlere Querlatte soll in der Mitte der Bretter angebracht werden und von einem Ende zum andern reichen. 29 Überzieh die Bretter mit Gold und mach Ringe aus Gold, welche die Querlatten aufnehmen; auch die Querlatten überzieh mit Gold! 30 So errichte die Wohnstätte nach dem Muster, das dir auf dem Berg gezeigt worden ist.

31 Mach einen Vorhang aus violettem und rotem Purpur, Karmesin und gezwirntem Byssus; wie Kunstweberarbeit soll er gemacht werden, mit Kerubim. 32 Häng ihn an die vier mit Gold überzogenen Akaziensäulen, die auf vier Sockeln aus Silber stehen sollen. Auch die Nägel der Säulen sollen aus Gold sein. 33 Häng den Vorhang an die Haken und bring dorthin, hinter den Vorhang, die Lade der Bundesurkunde! Der Vorhang trenne euch das Heiligtum vom Allerheiligsten. 34 Setz die Deckplatte auf die Lade der Bundesurkunde im Allerheiligsten! 35 Stell den Tisch außen vor den Vorhang, den Leuchter gegenüber dem Tisch an die Südseite der Wohnstätte; den Tisch stell an die Nordseite! 36 Für den Eingang des Zeltes mach einen Vorhang aus violettem und rotem Purpur, Karmesin und gezwirntem Byssus; Arbeit eines Buntwirkers soll er sein. 37 Für den Vorhang mach fünf Akaziensäulen, überzieh sie mit Gold und gieß für sie fünf kupferne Sockel! Auch die Nägel der Säulen sollen aus Gold sein.

27 Dann mach aus Akazienholz den Altar, fünf Ellen lang und fünf Ellen breit – der Altar soll also quadratisch sein – und drei Ellen hoch. 2 Mach ihm Hörner an seinen vier Ecken – seine Hörner sollen mit ihm ein Ganzes bilden – und überzieh ihn mit Kupfer! 3 Stell auch die Gefäße her für seine Fett-Asche, seine Schaufeln und Schalen, seine Gabeln und Feuerpfannen! Alle seine Geräte sollst du aus Kupfer herstellen. 4 Mach für den Altar ein Gitterwerk, ein Netzgitter aus Kupfer, und befestige am Netzgitter vier Kupferringe, und zwar an seinen vier Enden! 5 Bring das Gitterwerk unterhalb der Altareinfassung unten an! Das Netzgitter soll bis zur Mitte des Altars reichen. 6 Verfertige für den Altar Stangen – Stangen aus Akazienholz – und überzieh sie mit Kupfer! 7 Man soll die Stangen in die Ringe stecken, und zwar sollen die Stangen an beiden Seiten des Altars angebracht sein, wenn man ihn trägt. 8 Mach ihn hohl, aus Brettern! Wie man es dir auf dem Berg gezeigt hat, so soll man es ausführen.

9 Dann mach den Vorhof der Wohnstätte: für die Südseite die Behänge des Vorhofs aus gezwirntem Byssus, hundert Ellen lang für eine Seite, 10 seine zwanzig Säulen und deren zwanzig Sockel aus Kupfer, die Nägel der Säulen und deren Querstangen aus Silber; 11 ebenso für die nördliche Längsseite Behänge, hundert Ellen lang, ihre zwanzig Säulen und deren zwanzig Sockel aus Kupfer, die Nägel der Säulen und deren Querstangen aus Silber; 12 für die Breitseite des Vorhofs im Westen Behänge von fünfzig Ellen, ihre zehn Säulen und deren Sockel. 13 Der Vorhof an der Ostseite soll fünfzig Ellen breit sein, 14 und zwar fünfzehn Ellen Behänge für die eine Seitenwand mit ihren drei Säulen und deren drei Sockel; 15 für die andere Seitenwand ebenso fünfzehn Ellen Behänge mit ihren drei Säulen und deren drei Sockel; 16 für das Tor des Vorhofs als Buntwirkerarbeit einen Vorhang von zwanzig Ellen aus violettem und rotem Purpur, Karmesin und gezwirntem Byssus, mit ihren vier Säulen und deren vier Sockeln; 17 alle Säulen des Vorhofs ringsum mit Querstangen aus Silber sowie ihre Nägel aus Silber und ihre Sockel aus Kupfer. 18 Der Vorhof soll hundert Ellen lang, fünfzig Ellen breit und fünf Ellen hoch sein, die Behänge aus gezwirntem Byssus, ihre Sockel aus Kupfer. 19 Alle Geräte der Wohnstätte, die darin zu irgendeinem Dienst verwendet werden, alle ihre Zeltpflöcke und alle Zeltpflöcke des Vorhofs sollen aus Kupfer sein.

20 Du aber befiehl den Israeliten, dass sie dir reines Öl aus gestoßenen Oliven für den Leuchter liefern, damit immer Licht brennt. 21 Im Offenbarungszelt außerhalb des Vorhangs vor der Bundesurkunde sollen es Aaron und seine Söhne zurichten; es soll vom Abend bis zum Morgen vor dem Herrn brennen, als eine ständig eingehaltene Verpflichtung bei den Israeliten von Generation zu Generation.

25,1–9: 35,4–10 • 10–22: 37,1–9 • 23–30: 37,10–16 • 31–40: 37,17–24 • 26,1–6: 36,8–13 • 7–14: 36,14–19 • 15–25: 36,20–30 • 26–30: 36,31–34 • 31–37: 36,35–38 • 27,1–8: 38,1–7 • 9–19: 38,9–20 • 20–21: Lev 24,2f.

Die Priestergewänder: 28,1–43

28 Lass aus der Mitte der Israeliten deinen Bruder Aaron und mit ihm auch seine Söhne zu dir kommen, damit sie mir als Priester dienen, Aaron mit Nadab, Abihu, Eleasar und Itamar, den Söhnen Aarons. 2 Lass für deinen Bruder Aaron heilige Gewänder anfertigen, die ihm zur Ehre und zum Schmuck gereichen. 3 Rede mit allen Sachverständigen, die ich mit dem Geist der Weisheit erfüllt habe; sie sollen Aarons Gewänder anfertigen, damit er geheiligt sei und mir als Priester dient. 4 Das sind die Gewänder, die sie anfertigen sollen: Lostasche, Efod, Obergewand, Leibrock aus gewirktem Stoff, Turban und Gürtel. Sie sollen also für deinen Bruder Aaron und für seine Söhne heilige Gewänder anfertigen, damit er mir als Priester dient. 5 Sie sollen dazu Gold, violetten und roten Purpur, Karmesin und Byssus verwenden.

6 Das Efod sollen sie als Kunstweberarbeit herstellen, aus Gold, violettem und rotem Purpur, Karmesin und gezwirntem Byssus. 7 Es soll zwei miteinander verbundene Schulterstücke haben, und zwar an seinen beiden Enden sollen sie miteinander verbunden sein. 8 Die Schärpe am Efod soll von derselben Machart sein und mit ihm ein einziges Stück bilden, aus Gold, violettem und rotem Purpur, Karmesin und gezwirntem Byssus. 9 Nimm die beiden Karneolsteine und schneide die Namen der Söhne Israels ein: 10 sechs von den Namen in den einen Stein und die übrigen sechs Namen in den andern Stein, in der Reihenfolge, wie sie geboren wurden. 11 In Steinschneidearbeit wie Siegelgravierung sollst du in die beiden Steine die Namen der Söhne Israels schneiden, in Goldfassungen eingesetzt sollst du sie herstellen. 12 Befestige die beiden Steine an den Schulterstücken des Efod als Steine, die den Herrn an die Israeliten erinnern. Aaron soll ihre Namen auf beiden Schulterstücken vor dem Herrn zur Erinnerung tragen. 13 Du sollst also die Fassung aus Gold 14 und zwei Kettchen aus purem Gold machen; dreh sie wie eine Schnur, und befestige die schnurartigen Kettchen an den Fassungen!

15 Mach eine Lostasche für den Schiedsspruch; als Kunstweberarbeit wie das Efod sollst du sie herstellen; aus Gold, violettem und rotem Purpur, Karmesin und gezwirntem Byssus sollst du sie herstellen. 16 Sie soll quadratisch sein, zusammengefaltet, eine Spanne lang und eine Spanne breit. 17 Besetze sie mit gefassten Edelsteinen in vier Reihen: die erste Reihe mit Rubin, Topas und Smaragd; 18 die zweite Reihe mit Karfunkel, Saphir und Jaspis; 19 die dritte Reihe mit Achat, Hyazinth und Amethyst; 20 die vierte Reihe mit Chrysolith, Karneol und Onyx; sie sollen in Gold gefasst und eingesetzt sein. 21 Die Steine sollen auf die Namen der Söhne Israels lauten, zwölf Steine auf ihre Namen – in Siegelgravierung. Jeder laute auf einen Namen der zwölf Stämme. 22 Befestige an der Lostasche schnurartige, gedrehte Kettchen aus purem Gold! 23 An der Lostasche bring zwei goldene Ringe an und befestige die Ringe an den Enden der Lostasche! 24 Sodann verbinde die beiden Goldschnüre mit den beiden Ringen an den Enden der Lostasche; 25 die zwei andern Enden der Schnüre befestige an den beiden Einfassungen und häng sie an die Vorderseite der Schulterstücke des Efod! 26 Mach noch zwei Goldringe und befestige sie an den beiden Enden der Lostasche, und zwar am inneren Rand, der dem Efod zugekehrt ist. 27 Mach zwei weitere Goldringe und befestige sie unten an den beiden Schulterstücken des Efod, und zwar an der Vorderseite, nahe ihrer Naht, aber oberhalb der Efodschärpe. 28 Man soll die Lostasche mit ihren Ringen an die Ringe des Efod mit einer violetten Purpurschnur binden, damit sie über der Efodschärpe bleibt und sich die Lostasche nicht vom Efod verschiebt. 29 Aaron soll die Namen der Söhne Israels in der Lostasche für den Schiedsspruch über seinem Herzen tragen, wenn er zum Heiligtum kommt, zur immer währenden Erinnerung vor dem Herrn. 30 In die Lostasche für den Schiedsspruch steck die Lose Urim und Tummim; sie sollen sich über dem Herzen Aarons befinden, wenn er vor den Herrn kommt; Aaron trage den Schiedsspruch für die Israeliten über seinem Herzen ständig vor dem Herrn.

31 Verfertige den Efodmantel ganz aus violettem Purpur; 32 in seiner Mitte soll sich eine Öffnung für den Kopf befinden; an seiner Öffnung ringsum soll wie bei der Öffnung eines Panzerhemds ein gewebter, unzerreißbarer Rand angebracht sein. 33 An seinem unteren Saum mach Granatäpfel aus violettem und rotem Purpur und aus Karmesin, an seinem Saum ringsum, und dazwischen goldene Glöckchen ringsum: 34 ein Goldglöckchen und ein Granatapfel abwechselnd ringsum am Saum des Mantels. 35 Aaron soll ihn beim Dienst tragen; sein Ton soll zu hören sein, wenn er in das Heiligtum vor den Herrn hintritt und wenn er wieder herauskommt; sonst muss er sterben.

36 Mach eine Rosette aus purem Gold und bring darauf nach Art der Siegelgravierung die Inschrift an: Heilig dem Herrn. 37 Befestige die Rosette an einer Schnur aus violettem Purpur und bring sie am Turban an; sie soll an der Vorderseite des Turbans angebracht werden. 38 Sie soll auf Aarons Stirn

28,6 Zum Efod vgl. die Anmerkung zu 25,7.

sein, denn Aaron ist verantwortlich für die Verfehlungen an den Weihegaben, die die Israeliten weihen, für alle heiligen Abgaben; sie soll ständig auf Aarons Stirn sein, damit sie dem Herrn genehm sind.

39 Web den Leibrock aus Byssus; mach einen Turban aus Byssus und einen Gürtel in Buntwirkerarbeit! 40 Für die Söhne Aarons verfertige Leibröcke und mach ihnen Gürtel! Mach für sie auch Kopfbünde, die ihnen zur Ehre und zum Schmuck gereichen. 41 Dann bekleide damit deinen Bruder Aaron und zusammen mit ihm auch seine Söhne und salbe sie, setze sie ins Priesteramt ein und weihe sie, damit sie mir als Priester dienen. 42 Mach ihnen Beinkleider aus Leinen, damit sie ihre Scham bedecken; von den Hüften bis zu den Schenkeln sollen sie reichen. 43 Aaron und seine Söhne sollen sie tragen, wenn sie zum Offenbarungszelt kommen oder sich dem Altar nähern, um den Dienst am Heiligtum zu verrichten; so werden sie keine Schuld auf sich laden und nicht sterben. Als ständig einzuhaltende Verpflichtung gelte dies für ihn und seine Nachkommen.

1–43 ‖ 39,1–31.

Die Weihe der Priester: 29,1–37

29 Das ist es, was du mit ihnen tun sollst, wenn du sie zum Priesterdienst für mich weihst: Nimm einen Jungstier und zwei fehlerlose Widder, 2 ungesäuerte Brote, mit Öl vermengte ungesäuerte Kuchen und mit Öl bestrichene ungesäuerte Brotfladen; aus Feinmehl sollst du sie zubereiten. 3 Leg sie in einen Korb und bring sie im Korb herbei, dazu den Jungstier und die beiden Widder! 4 Lass Aaron und seine Söhne zum Eingang des Offenbarungszeltes treten, und wasche sie mit Wasser! 5 Nimm die Gewänder und bekleide Aaron mit Leibrock, Efodmantel, Efod und Lostasche und bind ihm die Efodschärpe um! 6 Setz ihm den Turban auf den Kopf und befestige das heilige Diadem am Turban! 7 Nimm Salböl, gieß es auf sein Haupt und salb ihn! 8 Lass seine Söhne herantreten und bekleide sie mit Leibröcken! 9 Gürte Aaron und seine Söhne mit einem Gürtel und bind ihnen die Kopfbünde um! Das Priestertum gehört dann ihnen als dauerndes Anrecht. Setz also Aaron und seine Söhne ins Priesteramt ein! 10 Lass den Jungstier vor das Offenbarungszelt bringen und Aaron und seine Söhne sollen ihre Hände auf den Kopf des Jungstiers legen. 11 Dann schlachte den Jungstier vor dem Herrn am Eingang des Offenbarungszeltes! 12 Nimm vom Blut des Jungstiers und gib etwas davon mit deinem Finger auf die Hörner des Altars! Das ganze übrige Blut aber gieß am Sockel des Altars aus! 13 Nimm das ganze Fett, das die Eingeweide bedeckt, die Fettmasse über der Leber, die beiden Nieren und ihr Fett und lass es auf dem Altar in Rauch aufgehen! 14 Das Fleisch des Jungstiers, sein Fell und seinen Mageninhalt verbrenn im Feuer außerhalb des Lagers, denn es ist ein Sündopfer. 15 Dann hol den einen Widder und Aaron und seine Söhne sollen ihre Hände auf den Kopf des Widders legen. 16 Schlachte den Widder, nimm sein Blut und gieß es ringsum an den Altar! 17 Zerleg den Widder in seine Teile, wasche seine Eingeweide und seine Beine und leg sie auf seine übrigen Teile und auf seinen Kopf! 18 Dann lass den ganzen Widder auf dem Altar in Rauch aufgehen! Ein Brandopfer ist es für den Herrn zum beruhigenden Duft, ein Feueropfer für den Herrn ist es. 19 Dann hol den zweiten Widder und Aaron und seine Söhne sollen ihre Hände auf den Kopf des Widders legen. 20 Schlachte den Widder, nimm von seinem Blut und streich es auf das rechte Ohrläppchen Aarons und seiner Söhne, auf den Daumen ihrer rechten Hand und auf die große Zehe ihres rechten Fußes! Das übrige Blut gieß ringsum an den Altar! 21 Nimm vom Blut auf dem Altar und vom Salböl und bespreng damit Aaron und dessen Gewänder sowie seine Söhne und deren Gewänder! Er und seine Gewänder werden so geweiht sein und mit ihm auch seine Söhne und deren Gewänder. 22 Dann nimm vom Widder das Fett, den Fettschwanz, das Fett, das die Eingeweide bedeckt, die Fettmasse über der Leber, die beiden Nieren und ihr Fett sowie die rechte Schenkelkeule; denn es ist der Widder der Priestereinsetzung. 23 Nimm dazu ein rundes Brot, einen mit Öl zubereiteten Brotkuchen und einen Brotfladen aus dem Korb der ungesäuerten Brote, der sich vor dem Herrn befindet. 24 Das alles leg Aaron und seinen Söhnen in die Hände und lass sie es vor dem Herrn hin- und herschwingen und so darbringen! 25 Dann nimm die Stücke wieder aus ihren Händen und lass sie auf dem Altar mit dem Brandopfer in Rauch aufgehen, zum beruhigenden Duft vor dem Herrn; ein Feueropfer für den Herrn ist es. 26 Dann nimm die Brust des Widders der Priestereinsetzung Aarons und schwing sie vor dem Herrn zur Darbringung hin und her! Die Brust gehört dir als Anteil. 27 Erkläre die Brust des Darbringungsritus und die Keule des Erhebungsritus als heilig; denn sie wurden vom Widder des Einsetzungsopfers genommen, dem Widder Aarons und dem seiner Söhne. 28 Sie gehören Aaron und seinen Söhnen als dauerndes Anrecht gegenüber den Israeliten, denn es ist ein Erhebungsopfer, und zwar ein Erhebungsopfer von den Israeliten, von ihren Heilsopfern, ihren Erhebungsopfern zur Ehre des Herrn.

29 Die heiligen Gewänder Aarons gehören nach ihm seinen Söhnen, damit man sie darin salbt und ins Priesteramt einsetzt. 30 Sieben Tage lang soll sie derjenige von seinen Söhnen tragen, der an seiner Stelle Priester wird und ins Offenbarungszelt eintritt, um im Heiligtum den Dienst zu verrichten. 31 Nimm den Einsetzungswidder und koch sein Fleisch an heiliger Stätte! 32 Aaron und seine Söhne sollen das Widderfleisch und das Brot aus dem Korb am Eingang des Offenbarungszeltes essen. 33 Sie sollen das essen, womit sie bei ihrer Priestereinsetzung und Weihe entsühnt wurden; kein Laie darf davon essen, denn es ist heilig. 34 Wenn vom Fleisch des Einsetzungsopfers und vom Brot etwas bis zum Morgen übrig bleibt, dann sollst du das Übriggebliebene im Feuer verbrennen; man darf es nicht essen, denn es ist heilig. 35 Tu mit Aaron und seinen Söhnen genau so, wie ich es dir befohlen habe. Sieben Tage verwende für ihre Priestereinsetzung! 36 Bereite täglich einen Sündopferstier für die Entsühnung zu und entsündige den Altar, indem du ihn entsühnst. Salb ihn, um ihn zu weihen. 37 Sieben Tage sollst du den Altar entsühnen und so weihen. Der Altar ist dann hochheilig; jeder, der den Altar berührt, wird heilig.

1–37 ‖ Lev 8,1–36.

Vorschriften für den Kult: 29,38 – 30,38

38 Folgendes sollst du auf dem Altar darbringen: Tagtäglich und ständig zwei männliche einjährige Lämmer. 39 Das eine Lamm sollst du am Morgen, das andere zur Zeit der Abenddämmerung darbringen, 40 dazu ein Zehntel Feinmehl, das mit einem viertel Hin Öl aus gestoßenen Oliven vermengt ist, und als Trankopfer ein viertel Hin Wein für ein Lamm. 41 Das zweite Lamm bring zur Zeit der Abenddämmerung dar, mit einer Opfergabe und einem Trankopfer wie am Morgen, zum beruhigenden Duft als Feueropfer für den Herrn. 42 Es soll von Generation zu Generation ein immer währendes Brandopfer am Eingang des Offenbarungszeltes vor dem Herrn sein, wo ich mich euch offenbare, um mit dir dort zu reden. 43 Ich werde mich dort den Israeliten offenbaren und mich in meiner Herrlichkeit als heilig erweisen. 44 Ich werde das Offenbarungszelt, den Altar, Aaron und seine Söhne heiligen und für meinen Priesterdienst weihen. 45 Ich werde mitten unter den Israeliten wohnen und ihnen Gott sein. 46 Sie sollen erkennen, dass ich der Herr, ihr Gott bin, der sie aus Ägypten herausgeführt hat, um in ihrer Mitte zu wohnen, ich, der Herr, ihr Gott.

30 Mach auch einen Altar zum Verbrennen von Räucherwerk; aus Akazienholz sollst du ihn machen. 2 Er soll eine Elle lang, eine Elle breit, also quadratisch, und zwei Ellen hoch sein; seine Hörner sollen mit ihm eine Einheit bilden. 3 Mit purem Gold überzieh ihn, seine Platte, seine Wände ringsum und seine Hörner und bring an ihm ringsum eine Goldleiste an! 4 Mach für ihn zwei Paar Goldringe, befestige sie unterhalb seiner Leiste an seinen beiden Seiten, seinen Seitenwänden, zum Aufnehmen der Stangen, sodass man ihn damit tragen kann. 5 Mach die Stangen aus Akazienholz und überzieh sie mit Gold! 6 Stell ihn vor den Vorhang vor der Lade der Bundesurkunde, vor der Deckplatte über der Bundesurkunde! Dort will ich mich dir offenbaren. 7 Aaron soll auf ihm Morgen für Morgen duftendes Räucherwerk verbrennen; wenn er die Lampen herrichtet, soll er es verbrennen. 8 Wenn Aaron zur Zeit der Abenddämmerung die Lampen wieder aufsetzt, soll er das Räucherwerk verbrennen; es soll ein immer währendes Rauchopfer vor dem Herrn sein von Generation zu Generation. 9 Ihr dürft auf ihm weder ein unerlaubtes Rauchopfer, noch ein Brandopfer, noch ein Speiseopfer darbringen; auch dürft ihr auf ihm kein Trankopfer ausgießen. 10 An seinen Hörnern soll Aaron einmal im Jahr die Sühne für die Sünden vollziehen; mit dem Blut des Sühneopfers soll man einmal im Jahr auf ihm die Sühne vollziehen von Generation zu Generation. Etwas Hochheiliges ist es für den Herrn.

11 Der Herr sprach zu Mose: 12 Wenn du die Zählung der Israeliten für ihre Veranlagung durchführst, soll jeder von ihnen ein Lösegeld für seine Person anlässlich der Veranlagung an den Herrn zahlen, damit sie kein Unheil wegen der Veranlagung trifft. 13 Jeder von ihnen, der zur Veranlagung kommt, soll einen halben Schekel, entsprechend dem Schekelgewicht des Heiligtums, entrichten: zwanzig Gera auf einen Schekel; einen halben Schekel soll die Abgabe für den Herrn betragen. 14 Jeder von zwanzig Jahren und darüber, der zur Veranlagung kommt, soll eine Abgabe für den Herrn entrichten. 15 Der Reiche soll nicht mehr, der Arme nicht weni-

ger als einen halben Schekel geben, wenn ihr
die Abgabe für den Herrn als Lösegeld für
eure Person entrichtet. 16 Nimm das Silber
des Lösegeldes von den Israeliten und ver-
wende es für den Dienst im Offenbarungs-
zelt; es diene den Israeliten zur Erinnerung
vor dem Herrn, als Lösegeld für eure Per-
son.
17 Der Herr sprach zu Mose: 18 Verfertige
ein Becken aus Kupfer und ein Gestell aus
Kupfer für die Waschungen und stell es zwi-
schen das Offenbarungszelt und den Altar;
dann füll Wasser ein! 19 Aaron und seine
Söhne sollen darin ihre Hände und Füße wa-
schen. 20 Wenn sie zum Offenbarungszelt
kommen, sollen sie sich mit Wasser waschen,
damit sie nicht sterben. Ebenso sollen sie es
halten, wenn sie zum Altar treten, um den
Dienst zu verrichten und um Feueropfer für
den Herrn in Rauch aufgehen zu lassen.
21 Sie sollen sich ihre Hände und Füße wa-
schen, damit sie nicht sterben. Dies soll für
sie eine immer währende Verpflichtung sein,
für Aaron und seine Nachkommen von Ge-
neration zu Generation.
22 Der Herr sprach zu Mose: 23 Nimm dir
Balsam von bester Sorte: fünfhundert Sche-
kel erstarrte Tropfenmyrrhe, halb so viel,
also zweihundertfünfzig Schekel, wohlrie-
chenden Zimt, zweihundertfünfzig Schekel
Gewürzrohr 24 und fünfhundert Schekel
Zimtnelken, nach dem Schekelgewicht des
Heiligtums, dazu ein Hin Olivenöl, 25 und
mach daraus ein heiliges Salböl, eine wür-
zige Salbe, wie sie der Salbenmischer berei-
tet. Ein heiliges Salböl soll es sein. 26 Damit
salbe das Offenbarungszelt und die Lade
der Bundesurkunde, 27 den Tisch und den
Leuchter mit ihren Geräten und den Rauch-
opferaltar, 28 ferner den Brandopferaltar
samt allen seinen Geräten und das Becken
mit seinem Gestell. 29 So sollst du sie weihen,
damit sie hochheilig seien; ein jeder, der sie
berührt, wird heilig. 30 Auch Aaron und sei-
ne Söhne sollst du salben und sie weihen,
damit sie mir als Priester dienen. 31 Zu den
Israeliten aber sag: Das soll euch als ein mir
heiliges Salböl gelten von Generation zu Ge-
neration. 32 Auf keinen menschlichen Körper
darf es gegossen werden und ihr dürft auch
keines in der gleichen Mischung herstellen;
denn heilig ist es, heilig soll es euch sein.
33 Wer eine solche Mischung herstellt oder
damit einen Laien salbt, soll aus seinen
Stammesgenossen ausgemerzt werden.
34 Der Herr sprach zu Mose: Nimm dir
Duftstoffe, Staktetropfen, Räucherklaue,
Galbanum, Gewürzkräuter und reinen Weih-
rauch, von jedem gleich viel, 35 und mach
Räucherwerk daraus, ein Würzgemisch, wie
es der Salbenmischer herstellt, gesalzen, rein
und heilig. 36 Zerstoß einen Teil davon ganz
fein und bring davon wieder einen Teil vor
die Bundesurkunde im Offenbarungszelt, wo
ich dir begegnen werde; hochheilig soll es
euch sein. 37 Das Räucherwerk, das du berei-
ten sollst – in derselben Mischung dürft ihr
euch kein anderes herstellen –, soll dir als
dem Herrn heilig gelten. 38 Wer solches um
des Duftes willen herstellt, soll aus seinen
Stammesgenossen ausgemerzt werden.

29,38: Num 28,1–10 • 30,1–5: 37,25–28 • 10: Lev 16,18f • 12: 38,21 • 22–33: 37,29.

Die Beauftragung von Künstlern und Handwerkern: 31,1–11

31 Der Herr sprach zu Mose: 2 Siehe, ich
habe Bezalel, den Sohn Uris, den En-
kel Hurs, vom Stamm Juda, beim Namen ge-
rufen 3 und ihn mit dem Geist Gottes erfüllt,
mit Weisheit, mit Verstand und mit Kenntnis
für jegliche Arbeit: 4 Pläne zu entwerfen und
sie in Gold, Silber und Kupfer auszuführen
5 und durch Schneiden und Fassen von Stei-
nen und durch Schnitzen von Holz allerlei
Werke herzustellen. 6 Ich habe ihm Oholiab,
den Sohn Ahisamachs, vom Stamm Dan, bei-
gegeben und allen Kunstverständigen Weis-
heit verliehen, damit sie alles ausführen, was
ich dir aufgetragen habe: 7 das Offenba-
rungszelt, die Lade für die Bundesurkunde,
die Deckplatte darauf und alle Geräte des
Zeltes, 8 den Tisch mit seinen Geräten, den
Leuchter aus reinem Gold mit allen seinen
Geräten und den Rauchopferaltar, 9 den
Brandopferaltar mit allen seinen Geräten
und das Becken mit seinem Gestell, 10 die ge-
wirkten Gewänder und die heiligen Gewän-
der des Priesters Aaron sowie die Gewänder
seiner Söhne für den Priesterdienst, 11 das
Salböl und das duftende Räucherwerk für
das Heiligtum. Sie sollen alles so ausführen,
wie ich es dir befohlen habe.

Die Feier des Sabbat: 31,12–17

12 Der Herr sprach zu Mose: 13 Sag den Is-
raeliten: Ihr sollt meine Sabbate halten;
denn das ist ein Zeichen zwischen mir und
euch von Generation zu Generation, damit
man erkennt, dass ich, der Herr, es bin, der
euch heiligt. 14 Darum haltet den Sabbat;
denn er soll euch heilig sein. Wer ihn ent-
weiht, soll mit dem Tod bestraft werden.
Denn jeder, der an ihm eine Arbeit verrich-
tet, soll aus seinen Stammesgenossen ausge-
merzt werden. 15 Sechs Tage soll man arbei-

ten; der siebte Tag ist Sabbat, Ruhetag, hei-
lig für den Herrn. Jeder, der am Sabbat ar-
beitet, soll mit dem Tod bestraft werden.
16 Die Israeliten sollen also den Sabbat hal-
ten, indem sie ihn von Generation zu Gene-
ration als einen ewigen Bund halten. 17 Für
alle Zeiten wird er ein Zeichen zwischen mir
und den Israeliten sein. Denn in sechs Tagen
hat der Herr Himmel und Erde gemacht; am
siebten Tag ruhte er und atmete auf.

15: 20,9f; Dtn 5,12–14 • 17: Gen 2,2f.

Der Bruch des Bundes: das goldene Kalb: 31,18 – 33,6

18 Nachdem der Herr zu Mose auf dem
Berg Sinai alles gesagt hatte, übergab er ihm
die beiden Tafeln der Bundesurkunde, stei-
nerne Tafeln, auf die der Finger Gottes ge-
schrieben hatte.

32 Als das Volk sah, dass Mose noch im-
mer nicht vom Berg herabkam, ver-
sammelte es sich um Aaron und sagte zu ihm:
Komm, mach uns Götter, die vor uns herzie-
hen. Denn dieser Mose, der Mann, der uns
aus Ägypten heraufgebracht hat – wir wissen
nicht, was mit ihm geschehen ist. 2 Aaron
antwortete: Nehmt euren Frauen, Söhnen
und Töchtern die goldenen Ringe ab, die sie
an den Ohren tragen, und bringt sie her! 3 Da
nahm das ganze Volk die goldenen Ohrringe
ab und brachte sie zu Aaron. 4 Er nahm sie
von ihnen entgegen, zeichnete mit einem
Griffel eine Skizze und goss danach ein
Kalb. Da sagten sie: Das sind deine Götter,
Israel, die dich aus Ägypten heraufgeführt
haben. 5 Als Aaron das sah, baute er vor dem
Kalb einen Altar und rief aus: Morgen ist ein
Fest zur Ehre des Herrn. 6 Am folgenden
Morgen standen sie zeitig auf, brachten
Brandopfer dar und führten Tiere für das
Heilsopfer herbei. Das Volk setzte sich zum
Essen und Trinken und stand auf, um sich zu
vergnügen.

7 Da sprach der Herr zu Mose: Geh, steig
hinunter, denn dein Volk, das du aus Ägyp-
ten heraufgeführt hast, läuft ins Verderben.
8 Schnell sind sie von dem Weg abgewichen,
den ich ihnen vorgeschrieben habe. Sie ha-
ben sich ein Kalb aus Metall gegossen und
werfen sich vor ihm zu Boden. Sie bringen
ihm Schlachtopfer dar und sagen: Das sind
deine Götter, Israel, die dich aus Ägypten
heraufgeführt haben. 9 Weiter sprach der
Herr zu Mose: Ich habe dieses Volk durch-
schaut: Ein störrisches Volk ist es. 10 Jetzt
lass mich, damit mein Zorn gegen sie ent-
brennt und sie verzehrt. Dich aber will ich zu
einem großen Volk machen. 11 Da versuchte
Mose, den Herrn, seinen Gott, zu besänfti-
gen, und sagte: Warum, Herr, ist dein Zorn
gegen dein Volk entbrannt? Du hast es doch
mit großer Macht und starker Hand aus
Ägypten herausgeführt. 12 Sollen etwa die
Ägypter sagen können: In böser Absicht hat
er sie herausgeführt, um sie im Gebirge um-
zubringen und sie vom Erdboden verschwin-
den zu lassen? Lass ab von deinem glühen-
den Zorn und lass dich das Böse reuen, das
du deinem Volk antun wolltest. 13 Denk an
deine Knechte, an Abraham, Isaak und Isra-
el, denen du mit einem Eid bei deinem eige-
nen Namen zugesichert und gesagt hast: Ich
will eure Nachkommen zahlreich machen
wie die Sterne am Himmel, und: Dieses gan-
ze Land, von dem ich gesprochen habe, will
ich euren Nachkommen geben und sie sollen
es für immer besitzen. 14 Da ließ sich der
Herr das Böse reuen, das er seinem Volk an-
gedroht hatte.

15 Mose kehrte um und stieg den Berg
hinab, die zwei Tafeln der Bundesurkunde in
der Hand, die Tafeln, die auf beiden Seiten
beschrieben waren. Auf der einen wie auf
der andern Seite waren sie beschrieben.
16 Die Tafeln hatte Gott selbst gemacht und
die Schrift, die auf den Tafeln eingegraben
war, war Gottes Schrift.

17 Josua hörte das Lärmen und Schreien
des Volkes und sagte zu Mose: Horch, Krieg
ist im Lager. 18 Mose antwortete: Nicht Sie-
gesgeschrei, auch nicht Geschrei nach Nie-
derlage ist das Geschrei, das ich höre. 19 Als
Mose dem Lager näher kam und das Kalb
und den Tanz sah, entbrannte sein Zorn. Er
schleuderte die Tafeln fort und zerschmet-
terte sie am Fuß des Berges. 20 Dann packte
er das Kalb, das sie gemacht hatten, ver-
brannte es im Feuer und zerstampfte es zu
Staub. Den Staub streute er in Wasser und
gab es den Israeliten zu trinken.

21 Zu Aaron sagte Mose: Was hat dir dieses

32,1–35 Der Stier (im AT oft abwertend: Kalb) ist Sinnbild der Kraft und der Fruchtbarkeit. Darum werden in der Umwelt Israels die Götter oft in Stiergestalt oder mit Hörnern dargestellt. Als später Jerobeam I. die Nordstämme von der Dynastie Davids und vom Kult in Jerusalem losreißt, lässt er in seinen Staatsheiligtümern Bet-El und Dan mit Gold überzogene Stierbilder aufstellen, die zunächst als Symbole für den Gott Israels gedacht waren, aber vom Volk bald als Bilder des Fruchtbarkeitsgottes Baal verehrt wurden (vgl. 1 Kön 12,26–33).

32,4 Er zeichnete eine Skizze: Die Bedeutung von H ist umstritten; andere Übersetzungsmöglichkeit: Er formte das Gold in einer Gussform und goss daraus . . .

Volk getan, dass du ihm eine so große Schuld
aufgeladen hast? 22 Aaron erwiderte: Mein
Herr möge sich doch nicht vom Zorn hinrei-
ßen lassen. Du weißt doch, wie böse das Volk
ist. 23 Sie haben zu mir gesagt: Mach uns
Götter, die uns vorangehen. Denn dieser
Mose, der Mann, der uns aus Ägypten he-
raufgeführt hat – wir wissen nicht, was mit
ihm geschehen ist. 24 Da habe ich zu ihnen
gesagt: Wer Goldschmuck trägt, soll ihn ab-
legen. Sie haben mir das Gold übergeben, ich
habe es ins Feuer geworfen und herausge-
kommen ist dieses Kalb. 25 Mose sah, wie
verwildert das Volk war. Denn Aaron hatte
es verwildern lassen, zur Schadenfreude ih-
rer Widersacher.

26 Mose trat an das Lagertor und sagte:
Wer für den Herrn ist, her zu mir! Da sam-
melten sich alle Leviten um ihn. 27 Er sagte
zu ihnen: So spricht der Herr, der Gott Isra-
els: Jeder lege sein Schwert an. Zieht durch
das Lager von Tor zu Tor! Jeder erschlage
seinen Bruder, seinen Freund, seinen Nächs-
ten. 28 Die Leviten taten, was Mose gesagt
hatte. Vom Volk fielen an jenem Tag gegen
dreitausend Mann. 29 Dann sagte Mose: Füllt
heute eure Hände mit Gaben für den Herrn!
Denn jeder von euch ist heute gegen seinen
Sohn und seinen Bruder vorgegangen und
der Herr hat Segen auf euch gelegt.

30 Am folgenden Morgen sprach Mose zum
Volk: Ihr habt eine große Sünde begangen.
Jetzt will ich zum Herrn hinaufsteigen; viel-
leicht kann ich für eure Sünde Sühne erwir-
ken. 31 Mose kehrte zum Herrn zurück und
sagte: Ach, dieses Volk hat eine große Sünde
begangen. Götter aus Gold haben sie sich ge-
macht. 32 Doch jetzt nimm ihre Sünde von
ihnen! Wenn nicht, dann streich mich aus
dem Buch, das du angelegt hast. 33 Der Herr
antwortete Mose: Nur den, der gegen mich
gesündigt hat, streiche ich aus meinem Buch.
34 Aber jetzt geh, führe das Volk, wohin ich
dir gesagt habe. Mein Engel wird vor dir her-
gehen. Am Tag aber, an dem ich Rechen-
schaft verlange, werde ich über ihre Sünde
mit ihnen abrechnen. 35 Der Herr schlug das
Volk mit Unheil, weil sie das Kalb gemacht
hatten, das Aaron anfertigen ließ.

33 Der Herr sprach zu Mose: Geh, zieh
mit dem Volk, das du aus Ägypten
heraufgeführt hast, fort von hier, in das
Land hinauf, von dem ich Abraham, Isaak
und Jakob mit einem Eid versichert habe:
Deinen Nachkommen gebe ich es. 2 Ich sende
einen Engel, der dir vorangeht, und ich ver-
treibe die Kanaaniter, Amoriter, Hetiter, Pe-
risiter, Hiwiter und Jebusiter. 3 In ein Land,
in dem Milch und Honig fließen, wirst du
kommen. Ich selbst ziehe nicht in deiner Mit-
te hinauf, denn du bist ein störrisches Volk.
Es könnte sonst geschehen, dass ich dich un-
terwegs vertilge. 4 Als das Volk diese Dro-
hung hörte, trauerten sie und keiner legte
seinen Schmuck an. 5 Da sprach der Herr zu
Mose: Sag zu den Israeliten: Ihr seid ein
störrisches Volk. Wenn ich auch nur einen
einzigen Augenblick mit dir zöge, müsste
ich dir ein Ende machen. Jetzt aber leg dei-
nen Schmuck ab! Dann will ich sehen, was
ich mit dir tun kann. 6 Da trugen die Israeli-
ten keinen Schmuck mehr, vom Berg Horeb
an.

32,13: Gen 22,17; 26,4; 17,8.

Die Erneuerung des Bundes: 33,7 – 34,35

7 Mose nahm das Zelt und schlug es für
sich außerhalb des Lagers auf, in einiger
Entfernung vom Lager. Er nannte es Offen-
barungszelt. Wenn einer den Herrn aufsu-
chen wollte, ging er zum Offenbarungszelt
vor das Lager hinaus. 8 Wenn Mose zum Zelt
hinausging, erhob sich das ganze Volk. Jeder
trat vor sein Zelt und sie schauten Mose
nach, bis er in das Zelt eintrat. 9 Sobald Mose
das Zelt betrat, ließ sich die Wolkensäule he-
rab und blieb am Zelteingang stehen. Dann
redete der Herr mit Mose. 10 Wenn das ganze
Volk die Wolkensäule am Zelteingang stehen
sah, erhoben sich alle und warfen sich vor
ihren Zelten zu Boden. 11 Der Herr und Mose
redeten miteinander Auge in Auge, wie Men-
schen miteinander reden. Wenn Mose aber
dann ins Lager zurückging, wich sein Diener
Josua, der Sohn Nuns, ein junger Mann,
nicht vom Zelt.

12 Mose sagte zum Herrn: Du sagst zwar zu
mir: Führ dieses Volk hinauf! Du hast mich
aber nicht wissen lassen, wen du mit-
schickst. Du hast doch gesagt: Ich kenne dei-
nen Namen und habe dir meine Gnade ge-
schenkt. 13 Wenn ich aber wirklich deine
Gnade gefunden habe, so lass mich doch dei-
nen Weg wissen! Dann werde ich dich erken-
nen und es wird sich bestätigen, dass ich

32,29 Die Hände mit Gaben füllen war ein Ritus der Priestereinsetzung. Die Priester mussten dabei Opfergaben in die Hände nehmen, die sie Gott darbrachten.

32,35 gemacht, andere Übersetzungsmöglichkeit (nach den alten Übersetzungen): verehrt.

deine Gnade gefunden habe. Sieh diese Leu-
te an: Es ist doch dein Volk! 14 Der Herr ant-
wortete: Mein Angesicht wird mitgehen, bis
ich dir Ruhe verschafft habe. 15 Mose entgeg-
nete dem Herrn: Wenn dein Angesicht nicht
mitgeht, dann führ uns lieber nicht von hier
hinauf! 16 Woran soll man erkennen, dass ich
zusammen mit deinem Volk deine Gnade ge-
funden habe? Doch wohl daran, dass du mit
uns ziehst. Und dann werden wir, ich und
dein Volk, vor allen Völkern auf der Erde
ausgezeichnet werden. 17 Der Herr erwiderte
Mose: Auch das, was du jetzt verlangt hast,
will ich tun; denn du hast nun einmal meine
Gnade gefunden und ich kenne dich mit Na-
men.

18 Dann sagte Mose: Lass mich doch deine
Herrlichkeit sehen! 19 Der Herr gab zur Ant-
wort: Ich will meine ganze Schönheit vor dir
vorüberziehen lassen und den Namen des
Herrn vor dir ausrufen. Ich gewähre Gnade,
wem ich will, und ich schenke Erbarmen,
wem ich will. 20 Weiter sprach er: Du kannst
mein Angesicht nicht sehen; denn kein
Mensch kann mich sehen und am Leben blei-
ben. 21 Dann sprach der Herr: Hier, diese
Stelle da! Stell dich an diesen Felsen!
22 Wenn meine Herrlichkeit vorüberzieht,
stelle ich dich in den Felsspalt und halte
meine Hand über dich, bis ich vorüber bin.
23 Dann ziehe ich meine Hand zurück und du
wirst meinen Rücken sehen. Mein Angesicht
aber kann niemand sehen.

34 Weiter sprach der Herr zu Mose: Hau
dir zwei steinerne Tafeln zurecht wie
die ersten! Ich werde darauf die Worte
schreiben, die auf den ersten Tafeln standen,
die du zerschmettert hast. 2 Halte dich für
morgen früh bereit! Steig am Morgen auf
den Sinai und dort auf dem Gipfel des Ber-
ges stell dich vor mich hin! 3 Niemand soll
mit dir hinaufsteigen; auch soll sich kein
Mensch auf dem ganzen Berg sehen lassen
und kein Schaf oder Rind soll am Abhang
des Berges weiden.

4 Da hieb Mose zwei Tafeln aus Stein zu-
recht wie die ersten. Am Morgen stand Mose
zeitig auf und ging auf den Sinai hinauf, wie
es ihm der Herr aufgetragen hatte. Die bei-
den steinernen Tafeln nahm er mit. 5 Der
Herr aber stieg in der Wolke herab und stell-
te sich dort neben ihn hin. Er rief den Namen
Jahwe aus. 6 Der Herr ging an ihm vorüber
und rief: Jahwe ist ein barmherziger und
gnädiger Gott, langmütig, reich an Huld und
Treue: 7 Er bewahrt Tausenden Huld, nimmt
Schuld, Frevel und Sünde weg, lässt aber
(den Sünder) nicht ungestraft; er verfolgt die
Schuld der Väter an den Söhnen und Enkeln,
an der dritten und vierten Generation. 8 So-
fort verneigte sich Mose bis zur Erde und
warf sich zu Boden. 9 Er sagte: Wenn ich dei-
ne Gnade gefunden habe, mein Herr, dann
ziehe doch mein Herr mit uns. Es ist zwar ein
störrisches Volk, doch vergib uns unsere
Schuld und Sünde und lass uns dein Eigen-
tum sein! 10 Da sprach der Herr: Hiermit
schließe ich einen Bund: Vor deinem ganzen
Volk werde ich Wunder wirken, wie sie auf
der ganzen Erde und unter allen Völkern nie
geschehen sind. Das ganze Volk, in dessen
Mitte du bist, wird die Taten des Herrn se-
hen; denn was ich mit dir vorhabe, wird
Furcht erregen. 11 Halte dich an das, was ich
dir heute auftrage. Ich werde die Amoriter,
Kanaaniter, Hetiter, Perisiter, Hiwiter und
Jebusiter vor dir vertreiben.

12 Du hüte dich aber, mit den Bewohnern
des Landes, in das du kommst, einen Bund
zu schließen; sie könnten dir sonst, wenn sie
in deiner Mitte leben, zu einer Falle werden.
13 Ihre Altäre sollt ihr vielmehr niederreißen,
ihre Steinmale zerschlagen, ihre Kultpfähle
umhauen.

14 Du darfst dich nicht vor einem andern
Gott niederwerfen. Denn Jahwe trägt den
Namen «der Eifersüchtige»; ein eifersüchti-
ger Gott ist er.

15 Hüte dich, einen Bund mit den Bewoh-
nern des Landes zu schließen. Sonst werden
sie dich einladen, wenn sie mit ihren Göt-
tern Unzucht treiben und ihren Göttern
Schlachtopfer darbringen, und du wirst von
ihren Schlachtopfern essen. 16 Du wirst von
ihren Töchtern für deine Söhne Frauen neh-
men; sie werden mit ihren Göttern Unzucht
treiben und auch deine Söhne zur Unzucht
mit ihren Göttern verführen.

17 Du sollst dir keine Götter aus Metall
gießen.

18 Du sollst das Fest der ungesäuerten Bro-
te halten. Im Monat Abib sollst du zur fest-
gesetzten Zeit sieben Tage lang ungesäuertes
Brot essen, wie ich es dir geboten habe. Denn
im Monat Abib bist du aus Ägypten ausgezo-
gen.

19 Das Erste, was den Mutterschoß durch-
bricht, jeder männliche Erstling beim Vieh,
bei deinen Rindern und Schafen, gehört mir.
20 Den Erstling vom Esel aber sollst du durch
ein Schaf auslösen. Willst du ihn nicht auslö-
sen, dann brich ihm das Genick! Jeden Erst-
geborenen deiner Söhne musst du auslösen.

Man soll vor mir nicht mit leeren Händen
erscheinen.

21 Sechs Tage sollst du arbeiten, am sieb-
ten Tag sollst du ruhen; selbst zur Zeit des
Pflügens und des Erntens sollst du ruhen.

22 Du sollst das Wochenfest feiern, das
Fest der Erstlingsfrüchte von der Weizen-
ernte und das Fest der Lese an der Jahres-
wende.
23 Dreimal im Jahr sollen alle deine Män-
ner vor dem Herrn, dem Gott Israels, er-
scheinen. 24 Wenn ich die Völker vor dir ver-
trieben und deine Grenzen weiter vorgescho-
ben habe, wird niemand in dein Land einfal-
len, während du dreimal im Jahr hinauf-
ziehst, um vor dem Herrn, deinem Gott, zu
erscheinen.
25 Beim Schlachten sollst du das Blut mei-
nes Opfers nicht über gesäuertes Brot fließen
lassen und vom Schlachttier des Pascha-
festes darf nichts bis zum Morgen liegen
bleiben.
26 Von den Erstlingsfrüchten deines
Ackers sollst du die besten in das Haus des
Herrn, deines Gottes, bringen.
Das Junge einer Ziege sollst du nicht in der
Milch seiner Mutter kochen.
27 Dann sprach der Herr zu Mose: Schreib
diese Worte auf! Denn aufgrund dieser Wor-
te schließe ich mit dir und mit Israel einen
Bund.
28 Mose blieb dort beim Herrn vierzig Tage
und vierzig Nächte. Er aß kein Brot und
trank kein Wasser. Er schrieb die Worte des
Bundes, die zehn Worte, auf Tafeln. 29 Als
Mose vom Sinai herunterstieg, hatte er die
beiden Tafeln der Bundesurkunde in der
Hand.
Während Mose vom Berg herunterstieg,
wusste er nicht, dass die Haut seines Gesich-
tes Licht ausstrahlte, weil er mit dem Herrn
geredet hatte. 30 Als Aaron und alle Israeli-
ten Mose sahen, strahlte die Haut seines Ge-
sichtes Licht aus und sie fürchteten sich, in
seine Nähe zu kommen. 31 Erst als Mose sie
rief, kamen Aaron und alle Sippenhäupter
der Gemeinde zu ihm zurück und Mose rede-
te mit ihnen. 32 Dann kamen alle Israeliten
herbei und er übergab ihnen alle Gebote, die
der Herr ihm auf dem Sinai mitgeteilt hatte.
33 Als Mose aufhörte, mit ihnen zu reden,
legte er über sein Gesicht einen Schleier.
34 Wenn Mose zum Herrn hineinging, um mit
ihm zu reden, nahm er den Schleier ab, bis er
wieder herauskam. Wenn er herauskam, trug
er den Israeliten alles vor, was ihm auf-
getragen worden war. 35 Wenn die Israeliten
das Gesicht des Mose sahen und merkten,
dass die Haut seines Gesichtes Licht aus-
strahlte, legte er den Schleier über sein Ge-
sicht, bis er wieder hineinging, um mit dem
Herrn zu reden.

34,6f: 20,5f; Num 14,18; Dtn 5,9f • 18: 23,15 • 19: 13,12f; 22,28f • 21: 20,9f; 23,12 • 25: 23,18f.

Ausführung der kultischen Anordnungen: 35,1 – 40,38

Das Gesetz über den Sabbat: 35,1–3

35 Mose versammelte die ganze Ge-
meinde der Israeliten und sagte zu
ihnen: Das ist es, was der Herr euch zu tun
befohlen hat: 2 Sechs Tage soll man arbeiten;
der siebte Tag ist heilig, Sabbat, Ruhetag zur
Ehre des Herrn. Jeder, der an ihm arbeitet,
soll mit dem Tod bestraft werden. 3 Am Sab-
bat sollt ihr in keiner eurer Wohnstätten
Feuer anzünden.

2: 20,9f; 31,15; Dtn 5,12–14.

Die Spenden für das Heiligtum: 35,4–29

4 Mose sagte zur ganzen Gemeinde der Is-
raeliten: Der Herr hat Folgendes befohlen:
5 Erhebt von euch eine Abgabe für den
Herrn! Jeder, den sein Herz dazu bewegt,
soll eine Abgabe für den Herrn bringen:
Gold, Silber, Kupfer, 6 violetten und roten
Purpur, Karmesin, Byssus, Ziegenhaare,
7 rötliche Widderfelle, Tahaschhäute und
Akazienholz, 8 Öl für den Leuchter, Balsam
für das Salböl und für das duftende Räu-
cherwerk, 9 Karneolsteine und Ziersteine für
Efod und Lostasche. 10 Alle Sachverständi-
gen unter euch sollen kommen und alles an-
fertigen, was der Herr angeordnet hat: 11 die
Wohnstätte, ihr Zelt und seine Decke, seine
Haken, Bretter, Querlatten, Säulen und So-
ckel, 12 die Lade und ihre Stangen, die Deck-
platte und den Vorhang, 13 den Tisch, seine
Stangen, alle seine Geräte und die Schau-
brote, 14 den Leuchter mit seinen Geräten
und Lampen sowie das Öl für den Leuchter,
15 den Räucheraltar mit seinen Stangen, das
Salböl, das duftende Räucherwerk und den
Türvorhang für den Eingang der Wohnstät-
te, 16 den Brandopferaltar, sein Gitter aus
Kupfer, seine Stangen, all sein Gerät, das
Becken und sein Gestell, 17 die Behänge des
Vorhofs, seine Säulen und Sockel sowie den
Vorhang für das Tor des Vorhofs, 18 die Zelt-
pflöcke der Wohnstätte und des Vorhofs mit
ihren Stricken, 19 die gewirkten Gewänder
für den Dienst im Heiligtum, die heiligen
Gewänder für den Priester Aaron und die
Gewänder für seine Söhne zum Priester-
dienst. 20 Da ging die ganze Gemeinde der
Israeliten weg von Mose; 21 als sie wieder-
kamen, brachte jeder, den sein Herz bewog,
und jeder, den sein Geist dazu antrieb, die
Abgabe für den Herrn zur Herstellung des
Offenbarungszeltes und für seinen gesamten
Dienst und die heiligen Gewänder. 22 Män-
ner und Frauen kamen; alle brachten auf

eigenen Antrieb hin Spangen, Nasenreife
und Fingerringe, Halsketten, allerlei Gold-
gegenstände, jeder, der Gold für den Herrn
als Weihegabe bringen wollte. 23 Alle, die et-
was an violettem und rotem Purpur, Karme-
sin, Byssus, Ziegenhaaren, rötlichen Wid-
derfellen oder Tahaschhäuten bei sich fan-
den, brachten es. 24 Alle, die eine Abgabe an
Silber oder Kupfer leisten wollten, brachten
die Abgabe für den Herrn; alle, die Akazien-
holz beschaffen konnten, geeignet für jede
Bearbeitung, brachten es herbei. 25 Alle
Frauen, die sich auf Handarbeit verstanden,
spannen und brachten das Gesponnene: vio-
letten und roten Purpur, Karmesin und Bys-
sus. 26 Alle kunstfertigen Frauen, die sich
angespornt fühlten, spannen Ziegenhaare.
27 Die Sippenhäupter brachten Karneolstei-
ne und Ziersteine für Efod und Lostasche,
28 Balsam und Öl für den Leuchter, für das
Salböl und für das duftende Räucherwerk.
29 Alle Männer und Frauen, die ihr Herz dazu
trieb, etwas zu irgendeiner Arbeit beizutra-
gen, die der Herr durch Mose anzufertigen
befohlen hatte, alle diese Israeliten brachten
eine Spende für den Herrn.

4–29: 25,1–9.

Die Beauftragung von Künstlern und Handwerkern: 35,30 – 36,7

30 Dann sagte Mose zu den Israeliten: Seht,
der Herr hat Bezalel, den Sohn Uris, des
Sohnes Hurs, vom Stamm Juda, beim Namen
gerufen 31 und ihn mit dem Geist Gottes er-
füllt, mit Weisheit, Klugheit und Kenntnis
für jegliche Arbeit, 32 Pläne zu entwerfen
und sie in Gold, Silber und Kupfer auszu-
führen 33 und durch Schneiden und Fassen
von Steinen und durch Schnitzen von Holz
allerlei Kunstwerke herzustellen. 34 Auch
hat er ihm und Oholiab, dem Sohn Ahisa-
machs, vom Stamm Dan, die Gabe verliehen,
andere zu lehren. 35 Er hat sie erfüllt mit
Kunstsinn zum Ausführen jeder Arbeit eines
Steinschneiders, eines Kunstwebers und ei-
nes Buntwirkers in violettem und rotem Pur-
pur, Karmesin und Byssus sowie eines We-
bers. Sie können alle Arbeiten ausführen
und die Pläne dazu entwerfen.
36 Bezalel und Oholiab und alle kunst-
verständigen Männer, denen der
Herr Weisheit und Klugheit zum Entwerfen
und Ausführen der ganzen Arbeiten für den
Dienst am Heiligtum gegeben hat, sollen al-
les tun, was der Herr angeordnet hat.
2 Mose berief also Bezalel, Oholiab und
alle kunstverständigen Männer, denen der
Herr Weisheit in ihr Herz gegeben hatte, je-
den, den sein Herz antrieb, sich ans Werk zu
machen und es durchzuführen. 3 Sie nahmen
von Mose alle Abgaben entgegen, die die Is-
raeliten gebracht hatten, damit die Arbeiten
für den Dienst am Heiligtum ausgeführt
werden könnten. Man brachte ihm auch wei-
terhin Morgen für Morgen Spenden. 4 Alle
Kunstverständigen, die alle Arbeiten für das
Heiligtum ausführten, kamen aber – jeder
von seiner Arbeit, die er gerade verrichtete –
5 und sagten zu Mose: Das Volk bringt mehr,
als man für die Arbeit benötigt, die der Herr
auszuführen befahl. 6 Da erließ Mose einen
Befehl und ließ im Lager ausrufen: Weder
Mann noch Frau soll sich weiterhin um eine
Abgabe für das Heiligtum bemühen. So be-
wog man das Volk, nichts mehr zu bringen.
7 Es war Material mehr als genug vorhanden,
um alle Arbeiten durchzuführen.

35,30–35: 31,1–11.

Die Ausstattung des Heiligtums: 36,8 – 38,31

8 Die Kunstverständigen unter den Arbei-
tern verfertigten die Wohnstätte aus zehn
Zelttüchern: aus gezwirntem Byssus, violet-
tem und rotem Purpur und Karmesin, mit
Kerubimfiguren; als Kunstweberarbeit
machten sie es. 9 Ein Zelttuch war achtund-
zwanzig Ellen lang und vier Ellen breit; alle
Zelttücher hatten dasselbe Maß. 10 Er fügte
jeweils fünf Zelttücher aneinander. 11 Dann
machte er Schleifen aus violettem Purpur am
Rand des einen Zelttuchs, das das Ende des
zusammengefügten Stückes bildete; ebenso
machte er es am Rande des letzten Zelttuchs
des anderen zusammengefügten Stückes.
12 Fünfzig Schleifen brachte er an dem einen
Zelttuch an und fünfzig Schleifen am Zelt-
tuchende des zweiten zusammengefügten
Stückes; die Schleifen entsprachen einander.
13 Dann machte er fünfzig Goldhaken und
verband die Zelttücher mit den Haken, eines
mit dem andern; so wurde die Wohnstätte
ein Ganzes.

14 Er machte Decken aus Ziegenhaar für
das Zelt über der Wohnstätte; elf Decken
stellte er her. 15 Eine Decke war dreißig Ellen
lang und vier Ellen breit; die elf Decken hat-
ten dasselbe Maß. 16 Er verband fünf Decken
zu einem Stück und sechs Decken zu einem
Stück. 17 Er machte fünfzig Schleifen am
Saum der Decke, die das Ende des einen zu-
sammengesetzten Stückes bildete, und eben-
so fünfzig Schleifen am Saum der Decke,
welche das Ende des anderen zusammenge-
setzten Stückes bildete. 18 Er fertigte fünfzig
Kupferhaken an, um das Zelt zusammen-

zusetzen, damit es ein Ganzes ergäbe.
19 Schließlich machte er für das Zelt eine De-
cke aus rötlichen Widderfellen und darüber
eine Decke aus Tahaschhäuten.
20 Er machte für die Wohnstätte Bretter
aus Akazienholz zum Aufstellen. 21 Jedes
Brett war zehn Ellen lang und anderthalb
Ellen breit; 22 jedes Brett wurde durch zwei
Zapfen mit dem nächsten verbunden. So
machte er es mit allen Brettern der Wohn-
stätte. 23 An Brettern für die Wohnstätte ver-
fertigte er zwanzig für die Südseite. 24 Er
stellte vierzig Sockel aus Silber als Unterla-
ge für die zwanzig Bretter her: je zwei Sockel
als Unterlage eines Brettes für seine beiden
Zapfen. 25 Für die zweite Seite der Wohn-
stätte, die Nordseite, machte er ebenfalls
zwanzig Bretter 26 und vierzig Sockel aus Sil-
ber, je zwei Sockel als Unterlage eines Bret-
tes. 27 Für die Rückseite der Wohnstätte, die
Westseite, verfertigte er sechs Bretter 28 und
zwei Bretter stellte er für die Eckstücke an
der Rückseite der Wohnstätte her. 29 Sie ent-
sprachen einander und reichten von unten
bis oben, zum ersten Ring. So machte er es
mit den beiden Brettern, die die beiden Eck-
stücke bildeten. 30 Es waren also acht Bretter
und sechzehn Sockel aus Silber vorhanden:
je zwei Sockel als Unterlage für ein Brett.
31 Er verfertigte Querlatten aus Akazien-
holz, fünf für die Bretter auf der einen Seite
der Wohnstätte, 32 fünf für die Bretter auf
der zweiten Seite der Wohnstätte und fünf
für die Bretter der Rückseite der Wohnstätte,
der Westseite. 33 Er brachte die mittlere
Querlatte in der Mitte der Bretter an; sie
reichte von einem Ende zum andern. 34 Er
überzog die Bretter mit Gold und machte
Ringe aus Gold, die die Querlatten aufnah-
men; auch die Querlatten überzog er mit
Gold.
35 Er machte einen Vorhang aus violettem
und rotem Purpur, Karmesin und gezwirn-
tem Byssus; er machte ihn in Kunstweberar-
beit, mit Kerubimfiguren. 36 Er machte für
ihn vier Akaziensäulen, überzog sie mit Gold
– auch die Nägel waren aus Gold – und goss
für sie vier Sockel aus Silber. 37 Für den Ein-
gang des Zeltes machte er einen Vorhang aus
violettem und rotem Purpur, Karmesin und
gezwirntem Byssus in Buntwirkerarbeit
38 sowie seine fünf Säulen mit ihren Nägeln
und überzog ihre Kapitelle und ihre Quer-
stangen mit Gold; ihre fünf Sockel waren aus
Kupfer.

37 Dann machte Bezalel die Lade aus
Akazienholz, zweieinhalb Ellen lang,
anderthalb Ellen breit und anderthalb Ellen
hoch. 2 Er überzog sie innen und außen mit
purem Gold und brachte daran ringsherum
eine Goldleiste an. 3 Er goss für sie vier
Goldringe und befestigte sie an ihren vier
Füßen, zwei Ringe an der einen Seite und
zwei Ringe an der anderen Seite. 4 Er fertigte
Stangen aus Akazienholz an und überzog sie
mit Gold. 5 Er steckte die Stangen durch die
Ringe an den Seiten der Lade, sodass man
damit die Lade tragen konnte. 6 Er verfertig-
te auch eine Deckplatte aus purem Gold,
zweieinhalb Ellen lang und anderthalb Ellen
breit. 7 Er machte zwei Kerubim aus getrie-
benem Gold und arbeitete sie aus den beiden
Enden der Deckplatte heraus, 8 und zwar
einen Kerub an dem einen Ende und einen
Kerub an dem andern Ende der Deckplatte;
er arbeitete die Kerubim an ihren beiden
Enden heraus. 9 Die Kerubim breiteten ihre
Flügel nach oben aus; mit ihren Flügeln be-
schirmten sie die Deckplatte und sie wand-
ten ihre Gesichter einander zu; die Gesichter
waren der Deckplatte zugewandt.
10 Er fertigte auch den Tisch aus Akazien-
holz an, zwei Ellen lang, eine Elle breit und
anderthalb Ellen hoch. 11 Er überzog ihn mit
purem Gold und brachte daran ringsherum
eine Goldleiste an. 12 Er machte ihm ringshe-
rum eine handbreite Einfassung und verfer-
tigte um diese Einfassung eine goldene Leis-
te. 13 Er goss für ihn vier Goldringe und be-
festigte die Ringe an den vier Ecken, die von
seinen vier Füßen gebildet wurden. 14 Die
Ringe waren dicht unter der Einfassung, so-
dass sie die Stangen aufnahmen und man
den Tisch tragen konnte. 15 Er machte die
Stangen aus Akazienholz und überzog sie
mit Gold, sodass man den Tisch tragen konn-
te. 16 Dazu machte er die Geräte, die auf dem
Tisch stehen sollten: seine Schüsseln, Scha-
len, Kannen und Krüge für die Trankopfer –
alles aus purem Gold.
17 Er machte den Leuchter aus purem
Gold. Der Leuchter, sein Gestell und sein
Schaft, seine Kelche, Knospen und Blüten
waren aus einem Stück getrieben. 18 Von sei-
nen Seiten gingen sechs Arme aus, drei
Leuchterarme auf der einen Seite und drei
Leuchterarme auf der anderen Seite. 19 Der
erste Arm wies drei mandelblütenförmige
Kelche auf mit je einer Knospe und einer
Blüte und der zweite Arm wies drei mandel-
blütenförmige Kelche auf mit je einer Knos-
pe und einer Blüte; so alle sechs Arme, die
von dem Leuchter ausgingen. 20 An dem
Leuchter waren vier mandelblütenförmige
Kelche, Knospen und Blüten: 21 je eine Knos-
pe unten zwischen zwei Armen, entspre-
chend den sechs Armen, die vom Leuchter
ausgingen. 22 Die Knospen und Arme bilde-

ten mit dem Schaft ein Ganzes; das Ganze
war ein Stück aus getriebenem purem Gold.
23 Dann machte er auch für den Leuchter die
sieben Lampen, seine Dochtscheren und
Pfannen aus purem Gold. 24 Aus einem Ta-
lent puren Goldes machte er den Leuchter
und alle dazugehörenden Geräte.

25 Auch machte er den Räucheraltar aus
Akazienholz, eine Elle lang, eine Elle breit –
also quadratisch – und zwei Ellen hoch; seine
Hörner bildeten mit ihm eine Einheit. 26 Er
überzog ihn mit purem Gold, seine Platte,
seine Wände ringsum und seine Hörner, und
brachte an ihm ringsum eine Goldleiste an.
27 Er machte für ihn zwei Paar Goldringe
und befestigte sie unterhalb der Leiste an
seinen beiden Seiten, seinen Seitenwänden,
zum Aufnehmen der Stangen, sodass man
ihn damit tragen konnte. 28 Er machte die
Stangen aus Akazienholz und überzog sie
mit Gold. 29 Er bereitete auch das heilige
Salböl und das reine duftende Räucherwerk,
wie Salbenmischer sie zubereiten.

38 Dann machte er den Brandopferaltar
aus Akazienholz, fünf Ellen lang,
fünf Ellen breit – also quadratisch – und drei
Ellen hoch. 2 Er machte ihm Hörner an sei-
nen vier Ecken – seine Hörner bildeten mit
ihm ein Ganzes – und überzog ihn mit Kup-
fer. 3 Er stellte auch alle Altargeräte her: die
Gefäße, die Schaufeln, die Schalen, die Ga-
beln und die Feuerpfannen. Alle seine Gerä-
te stellte er aus Kupfer her. 4 Er machte auch
für den Altar ein Gitterwerk, ein Netzgitter
aus Kupfer, unterhalb der Einfassung bis zu
seiner halben Höhe. 5 Dann goss er vier Rin-
ge an die vier Enden des kupfernen Gitter-
werkes zum Aufnehmen der Stangen. 6 Er
verfertigte die Stangen aus Akazienholz und
überzog sie mit Kupfer. 7 Er steckte die
Stangen in die Ringe an den Seiten des Al-
tars, sodass man ihn damit tragen konnte; er
machte ihn hohl, aus Brettern.

8 Er machte das Becken und sein Gestell
aus Kupfer, und zwar aus den Spiegeln der
Frauen, die am Eingang des Offenbarungs-
zeltes Dienst taten.

9 Dann machte er den Vorhof: für die südli-
che Längsseite Vorhofbehänge aus gezwirn-
tem Byssus, hundert Ellen. 10 Ihre zwanzig
Säulen und deren zwanzig Sockel waren aus
Kupfer, die Nägel der Säulen und ihre Quer-
stangen waren aus Silber. 11 Für die nördli-
che Längsseite hundert Ellen Behänge; ihre
zwanzig Säulen und deren zwanzig Sockel
waren aus Kupfer; die Nägel der Säulen und
ihre Querstangen waren aus Silber. 12 Für
die Westseite fünfzig Ellen Behänge, ihre
zehn Säulen und deren zehn Sockel; die Nä-
gel der Säulen und ihre Querstangen waren
aus Silber. 13 Für die Vorderseite, gegen Os-
ten hin, fünfzig Ellen Behänge, 14 und zwar
fünfzehn Ellen Behänge für die eine Seiten-
wand mit den drei Säulen und den drei So-
ckeln, 15 ebenso für die andere Seitenwand.
So waren beiderseits des Vorhoftores fünf-
zehn Ellen Behänge mit den drei Säulen und
den drei Sockeln. 16 Alle Behänge des Vor-
hofs ringsum bestanden aus gezwirntem
Byssus. 17 Die Sockel der Säulen waren aus
Kupfer, die Nägel der Säulen und ihre Quer-
stangen aus Silber, der Überzug ihrer Kapi-
telle aus Silber. Alle Säulen des Vorhofs hat-
ten Querstangen aus Silber. 18 Für das Tor
des Vorhofs machte er einen Vorhang: Er
war Buntwirkerarbeit aus violettem und ro-
tem Purpur, Karmesin und gezwirntem Bys-
sus, zwanzig Ellen breit und fünf Ellen hoch,
entsprechend den übrigen Behängen des
Vorhofs. 19 Ihre vier Säulen und deren vier
Sockel waren aus Kupfer, ihre Nägel aus Sil-
ber und auch der Überzug ihrer Kapitelle
und ihre Querstangen aus Silber. 20 Alle
Zeltpflöcke für die Wohnstätte und den Vor-
hof ringsum waren aus Kupfer.

21 Das ist die Veranlagung zugunsten der
Wohnstätte, der Stätte der Bundesurkunde;
diese Veranlagung hatte Mose den Leviten
unter dem Priester Itamar, dem Sohn Aa-
rons, übertragen. 22 Bezalel, der Sohn Uris,
des Sohnes Hurs, vom Stamm Juda, führte
alles aus, was der Herr dem Mose befohlen
hatte. 23 Mit Oholiab, dem Sohn Ahisamachs,
vom Stamm Dan, als Steinschneider, Kunst-
weber und Buntwirker des violetten und ro-
ten Purpurs, des Karmesins und des Byssus
führte er alles aus. 24 Das gesamte Gold, das
man für alle Arbeiten zur Errichtung des
Heiligtums verwendete – es war das Gold der
Weihegaben –, wog 29 Talente und 730
Schekel, und zwar nach dem Schekelgewicht
des Heiligtums. 25 Das Silber betrug auf-
grund der Veranlagung der Gemeinde 100
Talente und 1775 Schekel, und zwar nach
dem Schekelgewicht des Heiligtums, 26 einen
Halbschekel für jede Person, also die Hälfte
eines Schekels, und zwar nach dem Schekel-
gewicht des Heiligtums, für jeden von zwan-
zig Jahren und darüber, der zur Veranlagung
vortreten musste, also für 603550 Mann.
27 Verwendet wurden 100 Talente Silber zum
Guss der Sockel des Heiligtums und der So-
ckel der Behänge, 100 Talente für 100 So-
ckel, also ein Talent für einen Sockel. 28 Aus

38,17 Der letzte Satz des Verses ist in H unklar.

1775 Schekel machte er die Nägel für die Säulen, überzog die Kapitelle und verband sie miteinander. 29 Das Kupfer der Weihegaben betrug 70 Talente und 2400 Schekel. 30 Daraus machte er die Sockel für den Eingang des Offenbarungszeltes, den kupfernen Altar samt seinem kupfernen Gitterwerk und alle Altargeräte 31 sowie die Sockel für den Vorhof ringsum, die Torsockel des Vorhofs, alle Zeltpflöcke der Wohnstätte und alle Zeltpflöcke des Vorhofs ringsum.

38,8–13: 26,1–6 • 14–19: 26,7–14 • 20–30: 26,15–25 • 31–34: 26,26–30 • 35–38: 26,31–37 • 37,1–9: 25,10–22 • 10–16: 25,23–30 • 17–24: 25,31–39 • 25–28: 30,1–10 • 29: 30,22–33 • 38,1–7: 27,1–8 • 9–20: 27,9–19 • 21–26: 30,11–16.

Die Anfertigung der Priestergewänder:
39,1–31

39 Aus violettem und rotem Purpur und aus Karmesin verfertigten sie die gewirkten Gewänder für den Dienst im Heiligtum und verfertigten die heiligen Gewänder für Aaron, wie es der Herr dem Mose befohlen hatte. 2 Sie stellten das Efod her aus Gold, violettem und rotem Purpur, Karmesin und gezwirntem Byssus. 3 Sie schlugen goldene Plättchen breit, schnitten sie in Fäden, um sie zwischen violettem und rotem Purpur, Karmesin und Byssus als Kunstweberarbeit einzuwirken. 4 Für das Efod machten sie miteinander verbundene Schulterstücke und befestigten sie an ihren beiden Enden. 5 Eine Efodschärpe daran bildete mit ihm ein einziges Stück und war von derselben Machart, aus Gold, violettem und rotem Purpur, Karmesin und gezwirntem Byssus, wie es der Herr dem Mose befohlen hatte. 6 Sie bearbeiteten die in Goldfassungen eingesetzten Karneolsteine und schnitten nach Siegelart die Namen der Söhne Israels ein. 7 Man setzte sie dann auf die Schulterstücke des Efod als Steine, die den Herrn an die Israeliten erinnern, wie es der Herr dem Mose befohlen hatte.

8 Die Lostasche verfertigte man als Kunstweberarbeit wie das Efod, aus Gold, violettem und rotem Purpur, Karmesin und gezwirntem Byssus. 9 Sie machten die Lostasche quadratisch, zusammengefaltet, eine Spanne lang und eine Spanne breit. 10 Sie besetzten sie mit Edelsteinen in vier Reihen: die erste Reihe mit Rubin, Topas und Smaragd, 11 die zweite Reihe mit Karfunkel, Saphir und Jaspis, 12 die dritte Reihe mit Achat, Hyazinth und Amethyst, 13 die vierte Reihe mit Chrysolith, Karneol und Onyx; sie waren in Gold gefasst. 14 Die Steine lauteten auf die Namen der Söhne Israels, zwölf auf ihre Namen – in Siegelgravierung. Jeder lautete auf den Namen eines der zwölf Stämme. 15 Sie befestigten an der Lostasche schnurartige, gedrehte Kettchen aus purem Gold. 16 Sie machten zwei goldene Einfassungen und zwei Goldringe und befestigten die beiden Ringe an den beiden Enden der Lostasche. 17 Die beiden goldenen Schnüre verbanden sie mit den beiden Ringen an den Enden der Lostasche; 18 die zwei anderen Enden der Schnüre befestigten sie an den beiden Einfassungen und hängten sie an die Vorderseite der Schulterstücke des Efod. 19 Sie machten noch zwei Goldringe und befestigten sie an den beiden Enden der Lostasche, und zwar am inneren Rand, der dem Efod zugekehrt ist. 20 Sie machten zwei weitere Goldringe und befestigten sie unten an den beiden Schulterstücken des Efod, und zwar an der Vorderseite, nahe ihrer Naht, aber oberhalb der Efodschärpe. 21 Sie banden die Lostasche mit ihren Ringen an die Ringe des Efod mit einer violetten Purpurschnur, sodass sie über der Efodschärpe blieb und sich die Lostasche nicht vom Efod verschob, wie es der Herr dem Mose befohlen hatte. 22 Er machte den Efodmantel als Weberarbeit gänzlich aus violettem Purpur. 23 In seiner Mitte war die Mantelöffnung, wie die Öffnung eines Panzerhemds; die Öffnung hatte ringsum einen gewebten unzerreißbaren Rand. 24 An seinem unteren Saum machten sie Granatäpfel aus violettem und rotem Purpur und aus gezwirntem Karmesin. 25 Sie machten Glöckchen aus reinem Gold und befestigten die Glöckchen zwischen den Granatäpfeln am Saum des Mantels, ringsum zwischen den Granatäpfeln: 26 ein Glöckchen und ein Granatapfel abwechselnd ringsum am Saum des Mantels für den Dienst, wie es der Herr dem Mose befohlen hatte. 27 Danach machten sie die Leibröcke aus Byssus als Weberarbeit für Aaron und seine Söhne, 28 den Turban aus Byssus, den Schmuck der Kopfbünde aus Byssus, die leinenen Beinkleider aus gezwirntem Byssus 29 und den Gürtel aus gezwirntem Byssus, violettem und rotem Purpur und Karmesin, als Buntwirkerarbeit, wie es der Herr dem Mose befohlen hatte.

30 Sie machten eine Rosette aus purem Gold, das heilige Diadem, und brachten darauf die Inschrift nach Art der Siegelgravierung an: Heilig dem Herrn. 31 Sie befestigten sie an einer Schnur aus violettem Purpur, um sie oben am Turban anzubringen, wie es der Herr dem Mose befohlen hatte.

1–31 ‖ 28,1–43.

Der Abschluss der Arbeiten: 39,32–43

32 So wurde das ganze Werk für die Wohn-
stätte des Offenbarungszeltes vollendet; die
Israeliten taten genau so, wie es der Herr
dem Mose befohlen hatte. So machten sie es.
33 Sie brachten die Wohnstätte zu Mose: das
Zelt mit allen seinen Geräten, seinen Haken,
Brettern, Querlatten, Säulen und Sockeln,
34 die Decke aus rötlichen Widderfellen, die
Decke aus Tahaschhäuten und die Vorhang-
decke, 35 die Lade der Bundesurkunde mit
ihren Stangen und der Deckplatte, 36 den
Tisch und alle dazugehörigen Geräte sowie
die Schaubrote, 37 den Leuchter aus purem
Gold, seine Lampen – die Lampen der Reihe
nach aufgestellt – und alle seine Geräte so-
wie das Öl für den Leuchter, 38 den goldenen
Altar, das Salböl, das duftende Räucherwerk
und den Vorhang für den Eingang des Zeltes,
39 den kupfernen Altar und das zugehörige
kupferne Gitterwerk mit seinen Stangen
und allen seinen Geräten, das Becken und
sein Gestell, 40 die Behänge des Vorhofs, sei-
ne Säulen und Sockel sowie den Vorhang
für das Tor des Vorhofs, seine Schnüre und
Zeltpflöcke und alle Geräte für den Dienst
an der Wohnstätte, am Offenbarungszelt,
41 die gewirkten Gewänder für den Dienst im
Heiligtum, die heiligen Gewänder für den
Priester Aaron und die Gewänder seiner
Söhne für den Priesterdienst. 42 Genau so,
wie es der Herr dem Mose befohlen hatte,
führten die Israeliten die gesamte Arbeit aus.
43 Mose besichtigte das ganze Werk: Sie
hatten es gemacht, wie der Herr es befohlen
hatte. So hatten sie es gemacht und Mose
segnete sie.

Die Weihe des Heiligtums: 40,1–38

40 Der Herr sprach zu Mose: 2 Am
ersten Tag des ersten Monats sollst
du die Wohnstätte des Offenbarungszeltes
aufstellen. 3 Stell die Lade der Bundesur-
kunde hinein und verdeck die Lade durch
den Vorhang! 4 Bring den Tisch hinein und
leg seine Ausrüstung zurecht; stell den
Leuchter auf und setz seine Lampen auf!
5 Stell den goldenen Räucheraltar vor die
Lade der Bundesurkunde und häng den Vor-
hang vor den Eingang der Wohnstätte! 6 Er-
richte den Brandopferaltar vor dem Eingang
der Wohnstätte, des Offenbarungszeltes!
7 Das Becken stell zwischen das Offenba-
rungszelt und den Altar und gieß Wasser
hinein! 8 Errichte den Vorhof ringsum und
häng den Vorhang an das Tor des Vorhofs!
9 Nimm das Salböl und salbe die Wohnstätte
und alles, was in ihr ist. Weihe sie mit allen
ihren Geräten! So wird sie heilig sein. 10 Sal-
be auch den Brandopferaltar mit all seinen
Geräten und weihe den Altar! So wird der
Altar hochheilig sein. 11 Salbe das Becken
mit seinem Gestell und weihe es! 12 Dann
lass Aaron und seine Söhne zum Eingang des
Offenbarungszeltes herantreten und wasche
sie mit Wasser! 13 Bekleide Aaron mit den
heiligen Gewändern, salbe und weihe ihn,
damit er mir als Priester dient. 14 Dann lass
seine Söhne herantreten und bekleide sie mit
Leibröcken; 15 salbe sie, wie du ihren Vater
gesalbt hast, damit sie mir als Priester die-
nen. Ihre Salbung soll ihnen ein immer wäh-
rendes Priestertum sichern von Generation
zu Generation.

16 Mose tat es. Er machte alles, wie es der
Herr ihm befohlen hatte. 17 Im zweiten Jahr,
am ersten Tag des ersten Monats, stellte man
die Wohnstätte auf. 18 Mose stellte die
Wohnstätte auf, legte ihre Sockel hin, setzte
ihre Bretter darauf, brachte ihre Querlatten
an und stellte ihre Säulen auf. 19 Dann
spannte er das Zelt über die Wohnstätte und
legte die Decke des Zeltes darüber, wie es
der Herr dem Mose befohlen hatte. 20 Dann
nahm er die Bundesurkunde, legte sie in die
Lade, brachte die Stangen an der Lade an
und setzte die Deckplatte oben auf die Lade.
21 Er brachte die Lade in die Wohnstätte,
spannte die Vorhangdecke auf und verdeck-
te so die Lade der Bundesurkunde, wie es der
Herr dem Mose befohlen hatte. 22 Er stellte
den Tisch in das Offenbarungszelt, an die
Nordseite der Wohnstätte, vor den Vorhang.
23 Darauf schichtete er die Brote vor dem
Herrn auf, wie es der Herr dem Mose befoh-
len hatte. 24 Er stellte den Leuchter in das
Offenbarungszelt, dem Tisch gegenüber, an
die Südseite der Wohnstätte. 25 Er setzte die
Lampen vor dem Herrn auf, wie es der Herr
dem Mose befohlen hatte. 26 Dann stellte er
den goldenen Altar in das Offenbarungszelt
vor den Vorhang. 27 Er ließ auf ihm duften-
des Räucherwerk verbrennen, wie es der
Herr dem Mose befohlen hatte. 28 Dann
hängte er den Vorhang an den Eingang der
Wohnstätte. 29 Den Brandopferaltar stellte
er an den Eingang der Wohnstätte, des Of-
fenbarungszeltes, und brachte auf ihm das
Brand- und Speiseopfer dar, wie es der Herr
dem Mose befohlen hatte. 30 Er stellte das
Becken zwischen das Offenbarungszelt und
den Altar und goss Wasser zum Waschen hi-
nein. 31 Darin wuschen Mose, Aaron und sei-
ne Söhne ihre Hände und Füße. 32 Wenn sie
in das Offenbarungszelt eintraten oder sich
dem Altar näherten, wuschen sie sich, wie es

der Herr dem Mose befohlen hatte. 33 Er er-
richtete den Vorhof um die Wohnstätte und
den Altar und ließ den Vorhang am Tor des
Vorhofs aufhängen. So vollendete Mose das
Werk.
34 Dann verhüllte die Wolke das Offenba-
rungszelt und die Herrlichkeit des Herrn
erfüllte die Wohnstätte. 35 Mose konnte das
Offenbarungszelt nicht betreten, denn die
Wolke lag darauf, und die Herrlichkeit des
Herrn erfüllte die Wohnstätte. 36 Immer,
wenn die Wolke sich von der Wohnstätte er-
hob, brachen die Israeliten auf, solange ihre
Wanderung dauerte. 37 Wenn sich aber die
Wolke nicht erhob, brachen sie nicht auf, bis
zu dem Tag, an dem sie sich erhob. 38 Bei Tag
schwebte über der Wohnstätte die Wolke des
Herrn, bei Nacht aber war an ihr Feuer vor
den Augen des ganzen Hauses Israel, solange
ihre Wanderung dauerte.

Das Buch Levitikus

Das Buch trägt in der griechischen und lateinischen Bibel den Namen Levitikus, weil es fast ganz aus Vorschriften für den Kult und für die Priester aus dem Stamm Levi besteht. Die Juden nennen es nach den Anfangsworten Wajjikrá (Und er rief). Das ganze Buch gehört der priesterlichen Überlieferungsschicht (P) an. Es enthält nur zwei kurze erzählende Abschnitte: über den Tod der Aaron-Söhne Nadab und Abihu (10,1–5) und über die Steinigung eines Gotteslästerers (24,10–15). Die Vorschriften dieses Buches werden so in die Geschichtsdarstellung des Pentateuch eingefügt, dass sie als Anordnungen Gottes während des Sinai-Aufenthalts erscheinen.

Die Gliederung des Stoffes ist nicht leicht überschaubar. Lev 8 – 10 greift auf Ex 40 (Einsetzung der Priester aus dem Stamm Levi) zurück. In Kap. 1 – 7 stehen Anweisungen für verschiedene Opfer; in Kap. 11 – 15 folgen Vorschriften über die kultische Reinheit; Kap. 16 ist das Ritual für den Versöhnungstag. In Kap. 17 – 26 folgt das sogenannte Heiligkeitsgesetz, eine Gesetzessammlung, die in ihrem Grundbestand alte Vorschriften ethischer und kultischer Art enthält und wie altorientalische Gesetzbücher mit Segenszusagen und Fluchandrohungen schließt. Ein Nachtrag (Kap. 27) regelt die Ablösung von Gelübden und Zehnten durch Geld.

Dieser ganze Stoff wurde erst nach dem Babylonischen Exil in seine jetzige Gestalt gebracht; das Buch enthält aber vieles, was bereits lange in der Praxis der Priester und in der zur Unterweisung der Priester dienenden Tradition vorlag. Das alles wird unter die Autorität des Mose und des Bundesgesetzes vom Sinai gestellt und daher Mose in den Mund gelegt.

Die für uns teilweise befremdlichen Riten und Vorschriften, die die sogenannte kultische Reinheit regeln und die »Heiligkeit« Israels garantieren sollen, erklären sich daraus, dass die altorientalischen Völker keine scharfe Trennung zwischen Alltagsleben und Religion kannten. Dem heiligen, von aller Befleckung freien Gott dürfen nur Menschen dienen, die sich von ethischen Vergehen freihalten, aber auch die Regeln des Anstands und der Hygiene beachten. Sie müssen sich außerdem von allem fern halten, was an heidnische Bräuche erinnert; dazu gehören der Genuss von bei heidnischen Opfern geschlachteten Tieren und die meisten Trauerriten. Darum machen bestimmte Tiere und Speisen und alles, was mit dem Bereich des Todes zu tun hat, z. B. Leichen und Aas, »unrein«. Wer sich gegen solche Reinheitsbestimmungen vergangen hat, und sei es nur unbeabsichtigt, muss sich bestimmten Reinigungsriten unterziehen und Schuld- oder Sündopfer darbringen, wenn er wieder am Gottesdienst teilnehmen will.

Wenn auch diese Vorschriften durch das Neue Testament überholt sind, behält das Buch Levitikus seine Bedeutung für die Kenntnis des Judentums und für das Verständnis des Neuen Testaments. Durch die strenge Befolgung der levitischen Gesetze hat das Judentum bis heute seine Identität bewahrt und ist nicht im Völkergemisch des Mittelmeerraums aufgegangen.

DIE OPFERVORSCHRIFTEN FÜR DAS VOLK: 1,1 – 5,26

Das Brandopfer: 1,1–17

1 Der Herr rief Mose, redete ihn vom Offenbarungszelt aus an und sprach: 2 Rede zu den Israeliten und sag zu ihnen: Wenn einer von euch dem Herrn von den Haustieren eine Opfergabe darbringt, könnt ihr das mit Rind und Kleinvieh tun. 3 Ist seine Opfergabe ein Brandopfer vom Rind, so bringe er ein männliches Tier ohne Fehler dar; er soll es an den Eingang des Offenbarungszeltes bringen, damit es vor dem Herrn Annahme findet. 4 Er lege seine Hand auf den Kopf des Opfertiers, damit es für ihn angenommen werde, um ihn zu entsühnen. 5 Er soll dann den Stier vor dem Herrn schlachten und die Söhne Aarons, die Priester, sollen das Blut darbringen. Sie sollen es ringsum an den Altar sprengen, der am Eingang des Offenbarungszeltes steht. 6 Dann soll er das Opfer abhäuten und es in Stücke zerlegen. 7 Die Söhne Aarons, die Priester, sollen Feuer auf den Altar bringen und Holz darauf schichten. 8 Hierauf sollen die Söhne Aarons, die Priester, die Stücke sowie den Kopf und das Fett auf das Holz über dem Altarfeuer legen. 9 Der Priester soll dann die Eingeweide und die Beine mit Wasser waschen und das Ganze auf dem Altar in Rauch aufgehen lassen. Ein Brandopfer ist es, ein Feueropfer zum beruhigenden Duft für den Herrn. 10 Ist seine Opfergabe ein Brandopfer vom Kleinvieh, von den Schafen oder Ziegen, dann soll er ein fehlerloses männliches Tier bringen. 11 Er soll es an der Nordseite des Altars vor dem Herrn schlachten und die Söhne Aarons, die Priester, sollen sein Blut ringsum an den Altar sprengen. 12 Dann soll der Priester es in Stücke zerlegen und diese sowie den Kopf und das Fett auf das Holz über dem Altarfeuer legen. 13 Er soll dann die Eingeweide und die Beine mit Wasser waschen und der Priester soll das Ganze darbringen und auf dem Altar in Rauch aufgehen lassen. Ein Brandopfer ist es, ein Feueropfer zum beruhigenden Duft für den Herrn. 14 Ist seine Opfergabe für den Herrn ein Brandopfer vom Geflügel, dann soll er eine Turteltaube oder eine junge Taube bringen. 15 Der Priester soll sie zum Altar bringen, ihren Kopf abtrennen und ihn auf dem Altar in Rauch aufgehen lassen; ihr Blut soll gegen die Altarwand ausgepresst werden. 16 Dann soll er ihren Kropf mit den Federn entfernen und ihn an der Ostseite des Altars auf den Platz der Fett-Asche werfen. 17 Darauf soll der Priester den Vogel an den Flügeln einreißen, ohne ihn dabei zu teilen, und ihn auf dem Altar, auf dem Holz über dem Feuer, in Rauch aufgehen lassen. Ein Brandopfer ist es, ein Feueropfer zum beruhigenden Duft für den Herrn.

Das Speiseopfer: 2,1–16

2 Wenn jemand dem Herrn ein Speiseopfer darbringt, muss seine Opfergabe aus Feinmehl bestehen, auf das er Öl gießen und Weihrauch legen soll. 2 Er bringe es zu den Söhnen Aarons, den Priestern. Er nehme davon eine Hand voll, vom Feinmehl und vom Öl mit dem ganzen Weihrauch, und der Priester lasse sie auf dem Altar als Gedächtnisanteil in Rauch aufgehen, als ein Feueropfer zum beruhigenden Duft für den Herrn. 3 Der Rest des Speiseopfers gehört Aaron und seinen Söhnen als etwas Hochheiliges von den Feueropfern des Herrn.

4 Wenn du ein im Ofen gebackenes Speiseopfer darbringst, so soll es aus Feinmehl sein, ein mit Öl vermengter ungesäuerter Kuchen und ein mit Öl bestrichener ungesäuerter Brotfladen. 5 Ist deine Opfergabe eine auf einer Ofenplatte zubereitete Speise, so soll sie aus ungesäuertem Feinmehl sein, das mit Öl vermengt ist. 6 Du sollst sie zerbröckeln und Öl darüber gießen. Ein Speiseopfer ist es. 7 Ist deine Opfergabe eine im Kochtopf zubereitete Speise, so soll sie aus Feinmehl mit Öl angemacht sein. 8 Du sollst die daraus zubereitete Speise zum Herrn bringen. Man soll sie dem Priester reichen, der sie an den Altar bringt. 9 Der Priester soll davon den Gedächtnisanteil abheben und auf dem Altar in Rauch aufgehen lassen als ein Feueropfer zum beruhigenden Duft für den Herrn. 10 Der Rest des Speiseopfers ge-

---

1,1–17 Brandopfer sind Tieropfer, bei denen das ganze Tier auf dem Altar verbrannt wird, im Unterschied zu anderen Opfern, bei denen nur ein Teil verbrannt, der andere Teil aber den Priestern übergeben oder von der Gemeinschaft, die das Opfer stiftet, beim Opfermahl verzehrt wird.

1,9 Feueropfer sind alle Opfer, bei denen die Opfergabe ganz oder teilweise verbrannt wird. – Zum »beruhigenden Duft« vgl. die Anmerkung zu Gen 8,21.

2,2 Gedächtnisanteil: der Teil des Opfers, der Gott dazu bewegen soll, an den Opfernden zu denken.

hört Aaron und seinen Söhnen als etwas
Hochheiliges von den Feueropfern des
Herrn. 11 Kein Speiseopfer, das ihr dem
Herrn darbringt, darf mit Sauerteig ange-
macht sein; denn ihr dürft dem Herrn weder
Sauerteig noch Honig als Feueropfer dar-
bringen. 12 Ihr sollt sie dem Herrn als Erst-
lingsopfer darbringen, aber auf dem Altar
sollen sie nicht zum beruhigenden Duft auf-
steigen. 13 Jedes Speiseopfer sollst du salzen
und deinem Speiseopfer sollst du das Salz
des Bundes deines Gottes nicht fehlen las-
sen; jede deiner Opfergaben sollst du mit
Salz darbringen. 14 Wenn du dem Herrn ein
Speiseopfer von den Erstlingsfrüchten dar-
bringst, sollst du geröstete reife Körner und
Grütze aus frischen Körnern als Speiseopfer
deiner Erstlingsfrüchte darbringen. 15 Du
sollst Öl darauf gießen und Weihrauch da-
rauf geben. Ein Speiseopfer ist es. 16 Der
Priester soll den Gedächtnisanteil mit einem
Teil der Grütze und des Öls mit dem ganzen
Weihrauch als ein Feueropfer für den Herrn
in Rauch aufgehen lassen.

Das Heilsopfer: 3,1–17

3 Ist seine Opfergabe ein Heilsopfer und
vom Rind, dann soll er ein männliches
oder ein weibliches fehlerloses Tier vor den
Herrn bringen. 2 Er soll seine Hand auf den
Kopf des Opfers legen und es am Eingang
des Offenbarungszeltes schlachten. Dann
sollen die Söhne Aarons, die Priester, das
Blut ringsum an den Altar sprengen. 3 Er soll
einen Teil dieses Opfers als Feueropfer für
den Herrn darbringen, und zwar das Fett,
das die Eingeweide bedeckt, das gesamte
Fett über den Eingeweiden, 4 die beiden Nie-
ren, das Fett über ihnen und das an den Len-
den sowie die Fettmasse, die er von der
Leber und den Nieren loslöst. 5 Die Söhne
Aarons sollen diesen Teil mit dem Brandop-
fer, das auf dem Holz über dem Feuer liegt,
auf dem Altar in Rauch aufgehen lassen. Es
ist ein Feueropfer zum beruhigenden Duft
für den Herrn. 6 Ist seine Opfergabe ein
Heilsopfer für den Herrn vom Kleinvieh,
dann soll er ein männliches oder weibliches
fehlerloses Tier darbringen. 7 Wenn er ein
Schaf darbringt, soll er es vor den Herrn
bringen. 8 Er soll seine Hand auf den Kopf
des Opfers legen und es vor dem Offenba-
rungszelt schlachten; dann sollen die Söhne
Aarons das Blut ringsum an den Altar spren-
gen. 9 Von diesem Heilsopfer soll er das Fett
als Feueropfer für den Herrn darbringen:
den ganzen Fettschwanz, den er nahe an den
Schwanzwirbelknochen ablösen soll, das
Fett, das die Eingeweide bedeckt, das ge-
samte Fett über den Eingeweiden, 10 die bei-
den Nieren, das Fett über ihnen und das an
den Lenden sowie die Fettmasse, die er von
der Leber und den Nieren loslöst. 11 Der
Priester lasse diese Teile auf dem Altar in
Rauch aufgehen. Das soll eine Feueropfer-
speise für den Herrn sein. 12 Wenn er eine
Ziege darbringt, soll er sie vor den Herrn
bringen. 13 Er soll seine Hand auf ihren Kopf
legen und sie vor dem Offenbarungszelt
schlachten; dann sollen die Söhne Aarons ihr
Blut ringsum an den Altar sprengen. 14 Von
ihr soll er als Feueropfer für den Herrn dar-
bringen: das Fett, das die Eingeweide be-
deckt, das gesamte Fett über den Eingewei-
den, 15 die beiden Nieren, das Fett über ihnen
und das an den Lenden sowie die Fettmasse,
die er von der Leber und den Nieren loslöst.
16 Der Priester lasse diese Teile auf dem Altar
in Rauch aufgehen. Sie sind eine Feueropfer-
speise zum beruhigenden Duft für den
Herrn. Das ganze Fett gehört dem Herrn.
17 Als feste Regel gelte bei euch von Genera-
tion zu Generation an allen euren Wohnstät-
ten: Ihr dürft weder Fett noch Blut genießen.

Das Sündopfer eines Priesters: 4,1–12

4 Der Herr sprach zu Mose: 2 Sag zu den
Israeliten: Wenn einer ohne Vorsatz ge-
gen eines der Gebote des Herrn sündigt und
etwas Verbotenes tut, 3 dann soll er, wenn es
ein gesalbter Priester ist, der sündigt und da-
durch Schuld auf das Volk lädt, dem Herrn
für die von ihm begangene Sünde einen feh-
lerlosen Jungstier als Sündopfer darbringen.
4 Er soll diesen Jungstier zum Eingang des
Offenbarungszeltes vor den Herrn bringen,
ihm die Hand auf den Kopf legen und ihn vor
dem Herrn schlachten. 5 Dann soll der ge-

2,13 Salz des Bundes: Salz gehört zum Mahl und darum auch zum Opfer, das den Bund zwischen Gott und Volk bewusst macht (vgl. Num 18,19 und 2 Chr 13,5).

3,1–17 Bei Heilsopfern oder, wie manche übersetzen, bei Fried- oder Bundesopfern, werden nur die besten Teile des geschlachteten Tiers auf dem Altar verbrannt, während der Rest beim Opfermahl von den Teilnehmern der Feier verzehrt wird (vgl. die Anmerkung zu 1,1–17).

4,1 – 5,26 Der Unterschied zwischen Sündopfern und Schuldopfern ist nur schwer festzustellen. Bei beiden Opferarten geht es um Sühne für absichtliche und unabsichtliche Übertretungen von zumeist kultischen Vorschriften. Dabei spielt das Blut eine wichtige Rolle. Es wird an den Altar und andere

salbte Priester etwas vom Blut dieses Stiers nehmen, es in das Offenbarungszelt bringen,
6 seinen Finger in das Blut tauchen und es vor dem Herrn siebenmal gegen den Vorhang des Heiligtums spritzen.
7 Darauf soll der Priester etwas vom Blut auf die Hörner des Rauchopferaltars tun, der vor dem Herrn im Offenbarungszelt steht, und dann soll er das ganze Blut des Stiers am Sockel des Brandopferaltars ausgießen, der sich am Eingang des Offenbarungszeltes befindet.
8 Dann soll er das ganze Fett des Sündopferstieres abheben, und zwar das Fett, das die Eingeweide bedeckt, das gesamte Fett über den Eingeweiden,
9 die beiden Nieren, das Fett über ihnen und das an den Lenden sowie die Fettmasse, die er von der Leber und den Nieren loslöst –
10 genauso, wie es beim Stier des Heilsopfers geschieht –, und der Priester lasse diese Teile auf dem Brandopferaltar in Rauch aufgehen.
11 Das Fell des Stiers aber, sein ganzes Fleisch mit dem Kopf, den Beinen, den Eingeweiden und dem Mageninhalt,
12 also den ganzen Stier, soll er aus dem Lager hinaus an einen reinen Ort, nämlich den Abfallplatz der Fett-Asche, schaffen und ihn auf einem Holzfeuer verbrennen; auf dem Abfallplatz der Fett-Asche soll es verbrannt werden.

Das Sündopfer der Gemeinde: 4,13–21

13 Wenn die ganze Gemeinde Israels ohne Vorsatz gesündigt und etwas vom Herrn Verbotenes getan hat, ohne es bemerkt zu haben, und dadurch schuldig wurde,
14 dann soll die Gemeinde für die Verfehlung, sobald sie bekannt wird, einen Jungstier als Sündopfer darbringen und ihn vor das Offenbarungszelt bringen.
15 Die Ältesten der Gemeinde sollen ihre Hände vor dem Herrn auf den Kopf des Stiers legen und man soll ihn vor dem Herrn schlachten.
16 Dann soll der gesalbte Priester etwas vom Blut des Stiers in das Offenbarungszelt tragen,
17 seinen Finger in das Blut tauchen und es siebenmal gegen den Vorhang vor dem Herrn spritzen.
18 Darauf soll er ein wenig von dem Blut auf die Hörner des Altars tun, der vor dem Herrn im Offenbarungszelt steht, und dann soll er das ganze Blut am Sockel des Brandopferaltars ausgießen, der sich am Eingang des Offenbarungszeltes befindet.
19 Dann soll er das ganze Fett des Tieres abheben und es auf dem Altar in Rauch aufgehen lassen.
20 Er soll mit dem Stier tun, was auch mit dem Sündopferstier gemacht wird; so soll er es mit ihm machen. Dann soll er die Gemeinde entsühnen und es wird ihnen vergeben werden.
21 Er soll den Stier aus dem Lager hinausbringen und ihn verbrennen, wie er den ersten Stier verbrannt hat. Das ist das Sündopfer für die Gemeinde.

Das Sündopfer eines Sippenhauptes: 4,22–26

22 Angenommen, ein Sippenhaupt sündigt, tut ohne Vorsatz etwas, was der Herr, sein Gott, verboten hat, und wird dadurch schuldig,
23 oder man teilt ihm eine Verfehlung mit, die er begangen hat, so soll er als seine Opfergabe einen fehlerlosen Ziegenbock bringen.
24 Er soll die Hand auf den Kopf des Bockes legen und ihn dort schlachten, wo man das Brandopfer vor dem Herrn schlachtet. Ein Sündopfer ist es.
25 Der Priester soll mit seinem Finger etwas vom Blut des Sündopfers auf die Hörner des Brandopferaltars tun, dann das Blut am Sockel des Brandopferaltars ausgießen
26 und das ganze Fett, wie das Fett des Heilsopfers, auf dem Altar in Rauch aufgehen lassen. So entsühnt der Priester den Betreffenden und löst ihn von seiner Sünde; dann wird ihm vergeben werden.

Das Sündopfer eines gewöhnlichen Israeliten: 4,27–35

27 Wenn jemand aus dem Volk ohne Vorsatz sündigt und schuldig wird, weil er etwas vom Herrn Verbotenes getan hat,
28 oder man teilt ihm eine Verfehlung mit, die er begangen hat, so bringe er als seine Opfergabe für seine Sünde, die er begangen hat, eine fehlerlose Ziege.
29 Er soll die Hand auf den Kopf des Sündopfers legen und es dort schlachten, wo man das Brandopfer schlachtet.
30 Der Priester soll mit seinem Finger etwas vom Blut auf die Hörner des Brandopferaltars tun und dann das ganze Blut am Sockel des Altars ausgießen.
31 Er soll das ganze Fett ablösen, wie man das Fett eines Heilsopfers ablöst, und der Priester soll es auf dem Altar in Rauch aufgehen lassen als beruhigenden Duft für den Herrn und so diesen Mann entsühnen; dann wird ihm vergeben werden.
32 Will er aber zum Sündopfer ein Schaf als Opfergabe bringen, soll er ein

Teile des Heiligtums gesprengt oder gestrichen. Zur Bedeutung des Blutes beim Opfer vgl. 17,11.
4,7 Die Hörner des Altars sind hornförmige Aufbauten an den vier Ecken, die wahrscheinlich die Macht Gottes versinnbilden (vgl. die Anmerkung zu Ex 32,1–35).

fehlerloses weibliches Tier bringen. 33 Er soll die Hand auf den Kopf des Sündopfers legen und es dort schlachten, wo man das Brandopfer schlachtet. 34 Der Priester soll mit seinem Finger etwas vom Blut dieses Opfers nehmen, auf die Hörner des Brandopferaltars tun und das ganze Blut am Sockel des Altars ausgießen. 35 Das ganze Fett soll er ablösen, wie man das Fett des Schafes eines Heilsopfers ablöst. Der Priester soll die Fettteile mit dem Feueropfer des Herrn auf dem Altar in Rauch aufgehen lassen und ihn so entsühnen, um ihn von seiner Sünde zu lösen, die er begangen hat; dann wird ihm vergeben werden.

Die Schuld- und Sündopfer für einzelne Vergehen: 5,1–13

5 Angenommen, jemand sündigt in einem der folgenden Fälle: er hat eine laute Verfluchung gehört, ist Zeuge, da er es gesehen oder darum gewusst hat, aber er zeigt es nicht an und lädt damit Schuld auf sich; 2 oder jemand berührt eine unreine Sache, das Aas eines unreinen wilden Tieres oder eines unreinen Haustiers oder eines unreinen Kriechtiers und es blieb ihm verborgen, aber er merkt es dann und wird unrein und schuldig; 3 oder er berührt etwas Unreines von einem Menschen, dessen Berührung unrein macht, und bemerkt es nicht, aber er erfährt es später und wird schuldig; 4 oder jemand schwört unbesonnen, ob zum Schaden oder zum Nutzen, wie eben der Mensch bisweilen unbesonnen schwört, aber er merkt es gar nicht, doch dann erfährt er es und wird schuldig durch so etwas – 5 wenn also jemand in einem dieser Fälle schuldig wird, so soll er gestehen, wodurch er sich verfehlt hat. 6 Als Schuldopfer für seine begangene Verfehlung soll er dann ein weibliches Stück Kleinvieh, ein Schaf oder eine Ziege, vor den Herrn als Sündopfer bringen und der Priester soll ihn entsühnen und so von seiner Verfehlung lösen. 7 Wenn seine Mittel für ein Schaf nicht ausreichen, soll er als Schuldopfer für seine Verfehlung zwei Turteltauben oder zwei junge Tauben vor den Herrn bringen, die eine als Sünd- und die andere als Brandopfer. 8 Er soll sie zum Priester bringen und dieser soll zuerst die eine für das Sündopfer darbringen. Er soll ihren Kopf vom Genick trennen, aber nicht ganz abreißen; 9 er soll etwas vom Blut des Sündopfers gegen die Altarwand spritzen und das übrige Blut am Sockel des Altars auspressen. Ein Sündopfer ist das. 10 Die zweite Taube soll er, wie vorgeschrieben, als Brandopfer darbringen. Der Priester soll ihn entsühnen und von der Sünde, die er begangen hat, lösen; dann wird ihm vergeben werden. 11 Falls seine Mittel für zwei Turteltauben oder zwei junge Tauben nicht ausreichen, soll er als Opfergabe für seine Verfehlung ein Zehntel Efa Feinmehl darbringen, aber weder Öl noch Weihrauch darauftun, denn es ist ein Sündopfer. 12 Er bringe es dem Priester, der davon eine Hand voll nimmt und als Gedächtnisanteil auf dem Altar mit den Feueropfern des Herrn in Rauch aufgehen lässt. Ein Sündopfer ist das. 13 Der Priester soll ihn so für die von ihm in einem dieser Fälle begangene Verfehlung entsühnen und es wird ihm vergeben werden. Dem Priester gehört das Gleiche wie beim Speiseopfer.

Das Schuldopfer für sakrale Vergehen: 5,14–19

14 Der Herr sprach zu Mose: 15 Wenn jemand sich verfehlt und sich ohne Vorsatz an Dingen vergeht, die dem Herrn heilig sind, soll er als Schuldopfer für den Herrn von seiner Herde einen fehlerlosen Widder bringen, der in Silberschekel nach dem Schekelgewicht des Heiligtums zu schätzen ist. 16 Wenn er sich am Heiligen verfehlt hat, soll er Ersatz leisten und noch ein Fünftel des Wertes hinzufügen. Er soll es dem Priester geben und dieser soll ihn mit dem Schuldopferwidder entsühnen; dann wird ihm vergeben werden. 17 Wenn jemand sich verfehlt und etwas tut, was der Herr verboten hat, es nicht bemerkt, aber dann schuldig wird, soll er die Folgen seiner Schuld tragen. 18 Er soll als Schuldopfer einen fehlerlosen Widder von seiner Herde nach dem üblichen Schätzwert zum Priester bringen und dieser soll ihn für seine unabsichtliche Verfehlung, die er ohne Vorsatz begangen hat, entsühnen; dann wird ihm vergeben werden. 19 Ein Schuldopfer ist das; der Betreffende hat sich tatsächlich vor dem Herrn schuldig gemacht.

5,1 Wie noch heute bei den Beduinen, so hat man in Israel dem Fluch die Kraft zugeschrieben, das angedeutete Unheil auch wirklich herbeizuführen. Ein Fluch ist üblich und erlaubt, wenn jemand etwas verloren hat und den Finder vor Fundunterschlagung oder den Hehler vor Annahme oder Kauf des Gegenstands warnen will. Der unredliche Finder oder der Hehler würde Unheil auf sich bringen.

5,2 aber er merkt es dann: sinngemäß ergänzt (vgl. V. 3).

Das Schuldopfer für unsoziales Verhalten: 5,20–26

20 Der Herr sprach zu Mose: 21 Wenn jemand sündigt und eine Veruntreuung gegen den Herrn begeht, indem er einen aus seinem Volk über anvertrautes oder hinterlegtes oder geraubtes Gut täuscht oder ihn übervorteilt 22 oder verlorenes Gut findet und es leugnet oder einen Meineid leistet hinsichtlich irgendeiner Sünde, die ein Mensch begehen kann, 23 wenn er also auf solche Weise sündigt und schuldig wird, muss er das, was er geraubt oder durch Übervorteilung gewonnen hat oder was ihm anvertraut wurde, oder das Verlorene, das er gefunden hat, zurückgeben 24 oder er muss den Schaden, den er durch den Meineid angerichtet hat, wieder gutmachen; am Tag seines Schuldopfers erstatte er dem Geschädigten den um ein Fünftel vermehrten Wert. 25 Er soll einen fehlerlosen Widder von seiner Herde nach dem üblichen Schätzwert als sein Schuldopfer vor den Herrn zum Priester bringen 26 und dieser soll ihn vor dem Herrn entsühnen; dann wird ihm jede Tat vergeben werden, durch die er sich schuldig gemacht hat.

21–26: Ex 22,6–14.

DIE OPFERVORSCHRIFTEN FÜR DIE PRIESTER: 6,1 – 7,38

Das Brandopfer: 6,1–6

6 Der Herr sprach zu Mose: 2 Trag Aaron und seinen Söhnen auf: Für das Brandopfer gilt folgendes Gesetz: Das Brandopfer soll die ganze Nacht bis zum Morgen auf der Feuerstelle des Altars bleiben und das Altarfeuer soll darauf brennen. 3 Der Priester soll sein Leinengewand anlegen und seinen Körper mit einem leinenen Beinkleid bedecken. Dann soll er die Fett-Asche nehmen, zu der das Brandopfer auf dem Altar vom Feuer verzehrt wurde, und sie neben den Altar schütten. 4 Dann soll er seine Kleider ablegen, andere anziehen und die Fett-Asche aus dem Lager hinaus an einen reinen Platz schaffen. 5 Das Feuer soll auf dem Altar brennen bleiben, es darf nicht erlöschen und der Priester soll jeden Morgen Holz nachlegen. Er lege darauf das Brandopfer und lasse auf ihm die Fetteile des Heilsopfers in Rauch aufgehen. 6 Ein ständiges Feuer soll auf dem Altar brennen; es darf nicht verlöschen.

3: Ex 28,42f.

Das Speiseopfer: 6,7–11

7 Für das Speiseopfer gilt folgendes Gesetz: Einer der Söhne Aarons bringt es vor den Herrn zur Vorderseite des Altars, 8 hebt von ihm eine Hand voll Feinmehl, zusammen mit dem Öl und dem ganzen darauf befindlichen Weihrauch ab und lässt es als Gedächtnisanteil für den Herrn auf dem Altar zum beruhigenden Duft in Rauch aufgehen. 9 Das Übrige sollen Aaron und seine Söhne als ungesäuertes Brot an einem heiligen Ort, im Vorhof des Offenbarungszeltes, essen. 10 Man soll den Anteil an meinen Feueropfern, den ich ihnen gebe, nicht gesäuert backen. Es ist etwas Hochheiliges wie das Sünd- und das Schuldopfer. 11 Jede männliche Person unter den Söhnen Aarons darf von diesem Anteil an den Feueropfern des Herrn essen. Das gelte bei euch als feste Regel von Generation zu Generation. Alles, was damit in Berührung kommt, wird heilig.

7–11: 2,1–13.

Das Opfer bei der Priesterweihe: 6,12–16

12 Der Herr sprach zu Mose: 13 Das ist die Opfergabe, die Aaron und seine Söhne am Tag ihrer Salbung dem Herrn darbringen sollen: ein Zehntel Efa Feinmehl als dauerndes Speiseopfer, die Hälfte am Morgen und die Hälfte am Abend. 14 Dieses Speiseopfer soll, mit Öl eingerührt, auf einer Ofenplatte zubereitet werden; du sollst es in mehrere Stücke zerbröckeln und als beruhigenden Duft für den Herrn darbringen. 15 Der Priester, der an Aarons Stelle aus dem Kreis seiner Söhne gesalbt ist, soll es zubereiten. Als feste Regel gelte: Das Speiseopfer soll für den Herrn ganz in Rauch aufgehen; 16 jedes Speiseopfer eines Priesters soll ein Ganzopfer sein; man darf es nicht essen.

Das Sündopfer: 6,17–23

17 Der Herr sprach zu Mose: 18 Sag zu Aaron und seinen Söhnen: Für das Sündopfer gilt folgendes Gesetz: Dort, wo man das Brandopfer schlachtet, soll das Sündopfer vor dem Herrn geschlachtet werden. Es ist etwas Hochheiliges. 19 Der Priester, der dieses Opfer darbringt, soll es essen; an einem heiligen Ort, im Vorhof des Offenbarungszeltes, muss es gegessen werden. 20 Alles, was mit dem Fleisch in Berührung kommt, wird

heilig, und wenn vom Blut etwas auf die Gewänder spritzt, soll die Stelle an einem heiligen Ort gewaschen werden. 21 Das Tongefäß, in dem das Fleisch gekocht wird, soll zerbrochen werden, und wenn es in einem Bronzegefäß gekocht wird, muss dieses gescheuert und mit Wasser abgespült werden. 22 Jede männliche Person unter den Priestern darf davon essen; es ist etwas Hochheiliges. 23 Aber man darf kein Sündopfer essen, dessen Blut man in das Offenbarungszelt gebracht hat, um im Heiligtum die Sühne zu vollziehen; es muss im Feuer verbrannt werden.

17–23: 4,1–35.

Das Schuldopfer: 7,1–10

7 Für das Schuldopfer gilt folgendes Gesetz: Es ist etwas Hochheiliges. 2 Dort, wo man das Brandopfer schlachtet, soll man das Schuldopfer schlachten und der Priester soll das Blut ringsum an den Altar sprengen. 3 Dann soll er das ganze Fett davon darbringen: den Fettschwanz, das Fett, das die Eingeweide bedeckt, 4 die beiden Nieren, das Fett über ihnen und das an den Lenden sowie die Fettmasse, die er von der Leber und den Nieren loslöst. 5 Der Priester lasse das alles auf dem Altar als Feueropfer für den Herrn in Rauch aufgehen; es ist ein Schuldopfer. 6 Jede männliche Person unter den Priestern darf davon essen; man soll es an einem heiligen Ort essen. Es ist etwas Hochheiliges. 7 Für das Schuldopfer gilt dasselbe Gesetz wie für das Sündopfer. Es gehört dem Priester, der damit die Sühne vollzieht. 8 Das Fell des Opfertieres, das einer als ein Brandopfer zum Priester bringt, gehört dem Priester, der es darbringt. 9 Jedes Speiseopfer, das im Ofen gebacken oder in einem Kochtopf oder auf einer Ofenplatte zubereitet wurde, gehört dem Priester, der es darbringt. 10 Jedes mit Öl vermengte und jedes trockene Speiseopfer gehört allen Söhnen Aarons ohne Unterschied.

1–10: 5,1–26.

Das Heilsopfer: 7,11–21

11 Für das Heilsopfer, das man für den Herrn darbringt, gilt folgendes Gesetz: 12 Wenn man es als Dankopfer darbringt, soll man zu diesem Dankschlachtopfer ungesäuerten, mit Öl vermengten Kuchen hinzutun und ungesäuerte, mit Öl bestrichene Brotfladen sowie Kuchen aus Feinmehl, das mit Öl vermengt und eingerührt ist. 13 Dazu soll man auch Gebäck aus gesäuertem Brot geben und das alles zusammen mit dem Heilsopfer als Dankopfer darbringen. 14 Einen Teil von jeder Opfergabe soll man mit dem Erhebungsritus dem Herrn darbringen; es gehört dem Priester, der das Blut des Heilsopfers sprengt. 15 Das Opferfleisch des Schlachtdankopfers soll am Tag der Darbringung gegessen werden; nichts davon darf bis zum nächsten Morgen liegen bleiben. 16 Wenn es sich um ein Gelübde oder um ein freiwilliges Opfer handelt, darf das Fleisch am Tag der Darbringung und am folgenden Tag gegessen werden; was übrig bleibt, darf gegessen werden; 17 was aber vom Fleisch des Schlachtopfers dann noch übrig bleibt, soll am dritten Tag verbrannt werden. 18 Wenn man vom Fleisch des Heilsopfers am dritten Tag isst, findet der Darbringende keine Annahme. Es wird ihm nicht angerechnet und ist untauglich und die Person, die davon isst, muss die Folgen ihrer Schuld tragen.

19 Fleisch, das mit irgendetwas Unreinem in Berührung kommt, darf man nicht essen; man soll es im Feuer verbrennen. Jeder Reine darf Opferfleisch essen; 20 wenn aber jemand im Zustand der Unreinheit vom Fleisch des Heilsopfers isst, das dem Herrn gehört, soll er aus seinen Stammesgenossen ausgemerzt werden. 21 Wenn jemand mit irgendetwas Unreinem in Berührung kommt, sei es mit etwas Unreinem von einem Menschen oder einem unreinen Tier oder irgendeiner unreinen, abscheulichen Sache, und dann vom Fleisch eines Heilsopfers isst, das für den Herrn geopfert wird, soll er aus seinen Stammesgenossen ausgemerzt werden.

11–21: 3,1–17.

Das Verbot von Fett- und Blutgenuß: 7,22–27

22 Der Herr sprach zu Mose: 23 Sag zu den Israeliten: Von Rind, Schaf oder Ziege dürft ihr keinerlei Fett essen. 24 Das Fett eines verendeten oder zerrissenen Tieres kann zu jedem Zweck verwendet werden, doch essen dürft ihr es auf keinen Fall. 25 Jeder, der dennoch das Fett eines Tieres isst, das man als Feueropfer für den Herrn darbringt, soll aus seinen Stammesgenossen ausgemerzt werden. 26 Wo immer ihr wohnt, dürft ihr kein Blut genießen, weder von Vögeln, noch vom

7,14 Der Erhebungsritus ist ein ritueller Akt, bei dem der Priester die Opfergabe mit beiden Händen hochhebt zum Zeichen dafür, dass er sie Gott anbietet.

Vieh. 27 Wer Blut genießt, soll aus seinen Stammesgenossen ausgemerzt werden.

24: Ex 22,30 • 26: Gen 9,4.

Die Feueropfer: 7,28–38

28 Der Herr sprach zu Mose: 29 Sag zu den Israeliten: Wer ein Tier als Heilsopfer für den Herrn darbringen will, soll davon als Opfergabe für den Herrn Folgendes herbeibringen: 30 Mit seinen Händen bringe er als Feueropfer für den Herrn das Fett des Bruststückes; er soll dieses Fett und die Brust bringen, die er vor dem Herrn hin- und herschwingen und so darbringen soll. 31 Der Priester lasse das Fett auf dem Altar in Rauch aufgehen, die Brust aber gehört Aaron und seinen Söhnen. 32 Für den Erhebungsritus gebt von euren Heilsopfern die rechte Schenkelkeule dem Priester! 33 Diese rechte Schenkelkeule soll jenem der Söhne Aarons als Anteil gehören, der das Blut und das Fett des Heilsopfers darbringt. 34 Ich nehme nämlich von den Heilsopfern der Israeliten die Brust für den Darbringungsritus und die Schenkelkeule für den Erhebungsritus und gebe sie dem Priester Aaron und seinen Söhnen als ein dauerndes Anrecht, das die Israeliten ihnen gewähren müssen. 35 Das also ist der Anteil Aarons und seiner Söhne an den Feueropfern des Herrn an dem Tag, an dem er sie dem Herrn als Priester darbringt. 36 Das hat der Herr ihnen zu geben befohlen an dem Tag, an dem er sie unter den Israeliten salbte. Das gelte für sie als feste Regel von Generation zu Generation.

37 Das ist das Gesetz für Brandopfer, Speiseopfer, Sündopfer, Schuldopfer, Priestereinsetzungsopfer und Heilsopfer. 38 So hat es der Herr dem Mose auf dem Sinai an dem Tag aufgetragen, an dem er die Israeliten verpflichtete, ihre Gaben dem Herrn in der Wüste Sinai darzubringen.

DIE PRIESTERGESETZE: 8,1 – 10,20

Die Priesterweihe: 8,1–36

8 Der Herr sprach zu Mose: 2 Nimm Aaron und seine Söhne, die Gewänder, das Salböl, den Stier für das Sündopfer, die beiden Widder und den Korb mit den ungesäuerten Broten! 3 Dann ruf die ganze Gemeinde am Eingang des Offenbarungszeltes zusammen! 4 Mose tat, was ihm der Herr befohlen hatte, und die Gemeinde versammelte sich am Eingang des Offenbarungszeltes. 5 Mose sagte zur Gemeinde: Der Herr hat angeordnet, das Folgende zu tun. 6 Mose ließ Aaron und seine Söhne näher treten und wusch sie mit Wasser. 7 Er legte ihm das Gewand an, gürtete ihn mit dem Gürtel, bekleidete ihn mit dem Obergewand und legte ihm das Efod an. Dann band er ihm die Schärpe um, an der er das Efod befestigte. 8 Er übergab ihm die Lostasche, in die er die Lose Urim und Tummim steckte. 9 Dann setzte er ihm den Turban auf und befestigte an der Vorderseite des Turbans die goldene Rosette, das heilige Diadem, wie der Herr dem Mose vorgeschrieben hatte. 10 Darauf nahm Mose das Salböl und salbte die Wohnstätte und alles, was darin war, um sie zu weihen. 11 Mit dem Öl spritzte er siebenmal gegen den Altar, salbte ihn und alle seine Geräte, das Becken und sein Gestell, um sie zu weihen. 12 Vom Salböl goss er etwas auf das Haupt Aarons und salbte ihn, um ihn zu weihen. 13 Dann ließ Mose die Söhne Aarons näher treten, bekleidete sie mit Gewändern und legte ihnen den Gürtel an; er setzte ihnen den Kopfbund auf, wie es der Herr dem Mose befohlen hatte. 14 Dann ließ er den Sündopferstier heranbringen. Auf seinen Kopf legten Aaron und seine Söhne ihre Hände 15 und Mose schlachtete ihn. Dann nahm Mose das Blut und tat etwas davon mit seinem Finger ringsum auf die Hörner des Altars, um ihn zu entsündigen. Nachher goss er das Blut am Sockel des Altars aus und weihte ihn; so ent-

8,1 – 10,20 Dass nur Angehörige des Stammes Levi opfern, hat sich erst in der Königszeit durchgesetzt. Aus Ri 17f erfahren wir zwar, dass Leviten als Priester bevorzugt wurden; aus den Samuelerzählungen und aus den Nachrichten über die Überführung der Bundeslade (2 Sam 6,17f) und über die Tempelweihe (1 Kön 8,62f) ersehen wir aber, dass der Nichtlevit Samuel und die Könige David und Salomo Opfer dargebracht haben. Nach 2 Sam 8,18 und 20,26 hat David seine Söhne und andere Nichtleviten als Priester eingesetzt. Die herausragende Stellung und die Weihe des Hohenpriesters oder einer hohepriesterlichen Dynastie ist für die Königszeit noch nicht nachweisbar, sondern erst in der nachexilischen Zeit zu belegen.

8,10 Zur Wohnstätte vgl. die Anmerkung zu Ex 25,9.

sühnte er ihn. 16 Danach nahm er das ganze Fett, das die Eingeweide bedeckt, die Fettmasse über der Leber, die beiden Nieren und ihr Fett und ließ diese Stücke auf dem Altar in Rauch aufgehen. 17 Was vom Stier noch übrig war, sein Fell und Fleisch sowie seinen Mageninhalt verbrannte er außerhalb des Lagers, wie es der Herr dem Mose befohlen hatte. 18 Dann ließ er den Widder für das Brandopfer herbeibringen. Aaron und seine Söhne legten ihre Hände auf den Kopf des Widders 19 und Mose schlachtete ihn. Er sprengte das Blut ringsum gegen den Altar. 20 Dann zerteilte er den Widder und ließ den Kopf, die Teile und das Fett in Rauch aufgehen. 21 Er wusch die Eingeweide und die Beine mit Wasser und ließ den ganzen Widder auf dem Altar in Rauch aufgehen. Es war ein Brandopfer zum beruhigenden Duft, ein Feueropfer für den Herrn, wie es der Herr dem Mose befohlen hatte.

22 Dann ließ er den zweiten Widder, den Widder für das Opfer der Priestereinsetzung, herbeibringen. Aaron und seine Söhne legten ihre Hände auf den Kopf des Widders 23 und Mose schlachtete ihn. Er nahm etwas Blut und tat es auf das rechte Ohrläppchen Aarons, auf den Daumen seiner rechten Hand und auf die große Zehe seines rechten Fußes. 24 Dann ließ er die Söhne Aarons näher treten und tat etwas Blut auf ihr rechtes Ohrläppchen, auf den Daumen ihrer rechten Hand und auf die große Zehe ihres rechten Fußes. Danach goss Mose das Blut ringsum an den Altar.

25 Er nahm auch das Fett, den Fettschwanz, das ganze Fett, das sich über den Eingeweiden befindet, die Fettmasse über der Leber, die beiden Nieren und ihr Fett und die rechte Schenkelkeule. 26 Aus dem Korb mit den ungesäuerten Broten, der vor dem Herrn stand, nahm er einen ungesäuerten Kuchen, einen Ölbrotkuchen und einen Brotfladen, die er auf die Fettstücke und die rechte Schenkelkeule legte. 27 Das alles gab er in die Hände Aarons und seiner Söhne und ließ sie es vor dem Herrn hin- und herschwingen und so darbringen. 28 Dann nahm es Mose wieder aus ihren Händen und ließ es auf dem Altar mit dem Brandopfer in Rauch aufgehen. Das war das Opfer der Priestereinsetzung zum beruhigenden Duft, ein Feueropfer für den Herrn.

29 Mose nahm auch das Bruststück und vollzog mit ihm vor dem Herrn den Darbringungsritus. Dieser Teil des Einsetzungswidders gehörte Mose als Anteil, wie es der Herr dem Mose befohlen hatte. 30 Danach nahm Mose etwas Salböl und etwas Blut, das auf dem Altar war, und spritzte es auf Aaron und dessen Gewänder sowie auf seine Söhne und deren Gewänder. So weihte er Aaron und dessen Gewänder sowie seine Söhne und deren Gewänder. 31 Mose sagte zu Aaron und seinen Söhnen: Kocht das Fleisch am Eingang des Offenbarungszeltes! Ihr sollt es dort essen, ebenso wie das Brot aus dem Einsetzungskorb, wie ich es angeordnet habe mit den Worten: Aaron und seine Söhne sollen es essen. 32 Was vom Fleisch und vom Brot übrig bleibt, sollt ihr verbrennen. 33 Sieben Tage lang sollt ihr den Eingang des Offenbarungszeltes nicht verlassen, bis die Zeit eurer Einsetzung um ist; denn sieben Tage dauert eure Einsetzung. 34 Wie man es am heutigen Tag getan hat, so hat der Herr angeordnet, soll man es auch weiter tun, um euch zu entsühnen. 35 Sieben Tage lang, Tag und Nacht, sollt ihr am Eingang des Offenbarungszeltes bleiben und auf die Anordnungen des Herrn achten; dann werdet ihr nicht sterben. Denn so ist es mir befohlen worden. 36 Aaron und seine Söhne taten alles, was der Herr durch Mose angeordnet hatte.

1–36 ‖ Ex 29,1–37 • 7: Ex 28,4–43 • 31: Ex 29,31–34.

Das Weiheopfer des Hohenpriesters: 9,1–24

9 Am achten Tag rief Mose Aaron, seine Söhne und die Ältesten Israels zusammen 2 und sagte zu Aaron: Nimm ein Kalb, ein junges Rind, für ein Sündopfer und einen Widder für ein Brandopfer, fehlerlose Tiere, und bring sie her vor den Herrn! 3 Dann sollst du zu den Israeliten sagen: Nehmt einen Ziegenbock für ein Sündopfer, ferner ein Kalb und ein Schaf, einjährige und fehlerlose Tiere, für ein Brandopfer, 4 ein Rind und einen Widder für ein Heilsopfer, um sie vor dem Herrn zu schlachten, und ein Speiseopfer, das mit Öl vermengt ist. Denn heute wird euch der Herr erscheinen. 5 Sie brachten, was Mose befohlen hatte, zum Offenbarungszelt und die ganze Gemeinde kam herbei und stellte sich vor dem Herrn auf. 6 Mose sagte: Das ist es, was der Herr euch zu tun geboten hat, damit euch die Herrlichkeit des Herrn erscheint. 7 Dann sagte Mose zu Aaron: Tritt zum Altar hin, bring dein Sünd- und dein Brandopfer dar und vollzieh so für dich und das Volk die Sühne! Dann bring das Opfer des Volkes dar und entsühne es, wie der Herr befohlen hat.

8 Aaron trat an den Altar und schlachtete

9,7 für dich und das Volk, vielleicht nach G zu korrigieren: für dich und dein Haus.

das Kalb für seine eigene Sünde. [9] Dann
brachten ihm die Söhne Aarons das Blut; er
tauchte seinen Finger in das Blut, tat es auf
die Hörner des Altars und goss das übrige
Blut am Sockel des Altars aus. [10] Das Fett
des Sündopfers, die Nieren und die Fett-
masse über der Leber des Sündopfers ließ er
auf dem Altar in Rauch aufgehen, wie es der
Herr dem Mose befohlen hatte. [11] Das Fleisch
und das Fell verbrannte er außerhalb des
Lagers. [12] Danach schlachtete er das Brand-
opfer; die Söhne Aarons reichten ihm das
Blut und er sprengte es ringsum an den
Altar. [13] Sie reichten ihm die einzelnen Stü-
cke und den Kopf des Brandopfers und er
ließ sie auf dem Altar in Rauch aufgehen.
[14] Er wusch die Eingeweide und Beine und
ließ auch sie mit dem Brandopfer auf dem
Altar in Rauch aufgehen.

[15] Dann ließ er das Opfer des Volkes heran-
bringen. Er nahm den Bock für das Sündop-
fer des Volkes, schlachtete ihn und brachte
ihn wie den ersten als Sündopfer dar. [16] Da-
rauf ließ er das Brandopfer bringen und ver-
fuhr nach der Vorschrift. [17] Er ließ das Spei-
seopfer bringen, nahm eine Hand voll davon
und ließ es auf dem Altar in Rauch aufgehen,
dazu noch das Morgenbrandopfer. [18] Dann
schlachtete er das Rind und den Widder als
Heilsopfer für das Volk. Die Söhne Aarons
reichten ihm das Blut und er sprengte es
ringsum an den Altar. [19] Die Fettstücke des
Rinds und des Widders, und zwar den
Fettschwanz, das Eingeweidenetz, die
Nieren und die Fettmasse über der Leber,
[20] legte er auf die Bruststücke und ließ sie
auf dem Altar in Rauch aufgehen. [21] Die
Bruststücke und die rechte Schenkelkeule
schwang Aaron vor dem Herrn hin und her
und brachte sie so dar, wie es Mose befohlen
hatte.

[22] Dann erhob Aaron seine Hände über das
Volk und segnete es. Nachdem er so das
Sünd- und das Brandopfer sowie das Heils-
opfer vollzogen hatte, stieg er herunter
[23] und Mose ging mit Aaron in das Offenba-
rungszelt. Dann kamen beide heraus und
segneten das Volk. Da erschien die Herrlich-
keit des Herrn dem ganzen Volk. [24] Feuer
ging vom Herrn aus und verzehrte das
Brandopfer und die Fettstücke auf dem Al-
tar. Als das ganze Volk das sah, stieß es Ju-
belschreie aus und alle fielen auf ihr Gesicht
nieder.

8: 8,14–21 • 16: 1,10–13 • 17: 2,1–16 • 18: 3,1–17.

Die Strafe für unrechtmäßiges Opfern:
10,1–5

10 Die Söhne Aarons, Nadab und Abihu,
nahmen jeder seine Räucherpfanne.
Sie legten Feuer auf, taten Räucherwerk da-
rauf und brachten vor dem Herrn ein uner-
laubtes Feuer dar, eines, das er ihnen nicht
befohlen hatte. [2] Da ging vom Herrn ein
Feuer aus, das sie verzehrte, und sie kamen
vor dem Herrn um. [3] Da sagte Mose zu Aa-
ron: Das ist es, was der Herr meinte, als er
sprach:

An denen, die mir nahe sind, / erweise ich
mich heilig / und vor dem ganzen Volk / zei-
ge ich mich herrlich.

Aaron schwieg. [4] Mose rief Mischaël und
Elizafan, die Söhne von Aarons Onkel Usiël,
und sagte zu ihnen: Kommt her und tragt
eure Brüder vom Heiligtum weg, vor das La-
ger hinaus! [5] Sie traten heran und trugen sie
in ihren Gewändern vor das Lager hinaus,
wie es Mose gesagt hatte.

Der Dienst im Heiligtum: 10,6–20

[6] Zu Aaron und seinen Söhnen Eleasar und
Itamar sagte Mose: Lasst euer Haar nicht
lose herunterhängen und zerreißt nicht eure
Kleider, sonst müsst ihr sterben und der
Herr zürnt über die ganze Gemeinde. Eure
Brüder, das ganze Haus Israel, sollen über
den Brand weinen, den der Herr entfacht
hat. [7] Verlasst nicht den Eingang des Offen-
barungszeltes, sonst müsst ihr sterben; denn
das Salböl des Herrn ist auf euch. Sie taten,
was Mose gesagt hatte.

[8] Der Herr sagte zu Aaron: [9] Wenn ihr zum
Offenbarungszelt kommt, dürft ihr, du und
deine Söhne, weder Wein noch Bier trinken,
sonst müsst ihr sterben. Das gelte bei euch
als feste Regel von Generation zu Genera-
tion. [10] Ihr sollt zwischen heilig und profan,
zwischen unrein und rein unterscheiden
[11] und die Israeliten sollt ihr über alle Vor-
schriften belehren, die der Herr euch durch
Mose verkündet hat. [12] Mose sagte zu Aaron
und seinen überlebenden Söhnen Eleasar
und Itamar: Nehmt das Speiseopfer, das von
den Feueropfern des Herrn übrig bleibt, esst
davon die ungesäuerten Brote neben dem Al-
tar, denn es ist etwas Hochheiliges. [13] An ei-
nem heiligen Ort sollt ihr es essen, denn es ist
das, was dir und deinen Söhnen von den
Feueropfern des Herrn zusteht; so ist es mir
nämlich befohlen worden. [14] Die Brust vom

10,1 Worin die Unrechtmäßigkeit des Opfers bestand, wird für uns nicht klar.

Darbringungsritus und die Schenkelkeule
vom Erhebungsritus sollt ihr, du, deine Söh-
ne und deine Töchter, an einem reinen Ort
essen, denn sie sind der für dich und deine
Söhne bestimmte Anteil an den Heilsopfern
der Israeliten, den man dir gibt. 15 Die
Schenkelkeule vom Erhebungsritus und die
Brust vom Darbringungsritus, die bei den
Fettstücken der Feueropfer sind, sollen sie
zur Darbringung vor den Herrn bringen; sie
sollen dir und deinen Söhnen als dauerndes
Anrecht gehören, wie es der Herr befohlen
hat.
16 Mose erkundigte sich nach dem Sündop-
ferbock, und siehe da, man hatte ihn ver-
brannt. Er geriet über Eleasar und Itamar,
die überlebenden Söhne Aarons, in Zorn und
sagte: 17 Warum habt ihr das Sündopfer
nicht an einem heiligen Ort gegessen? Es ist
etwas Hochheiliges und es wurde euch gege-
ben, damit ihr die Schuld von der Gemeinde
wegnehmt, indem ihr sie vor dem Herrn ent-
sühnt. 18 Sein Blut wurde ja nicht in das In-
nere des Heiligtums gebracht; das Fleisch
hättet ihr im Heiligtum essen sollen, wie ich
es angeordnet habe. 19 Aaron antwortete
Mose: Heute haben sie ihr Sünd- und ihr
Brandopfer vor dem Herrn dargebracht und
doch hat mich so etwas getroffen. Wenn ich
heute das Sündopfer gegessen hätte, hätte
das dem Herrn gefallen? 20 Als Mose das hör-
te, schien es ihm richtig.

DIE REINHEITSGESETZE: 11,1 – 15,33

Reine und unreine Tiere: 11,1–47

11 Der Herr sprach zu Mose und Aaron:
2 Sagt den Israeliten: Das sind die
Tiere, die ihr von allem Vieh auf der Erde es-
sen dürft: 3 Alle Tiere, die gespaltene Klauen
haben, Paarzeher sind und wiederkäuen,
dürft ihr essen. 4 Jedoch dürft ihr von den
Tieren, die wiederkäuen oder gespaltene
Klauen haben, Folgende nicht essen: Ihr sollt
für unrein halten das Kamel, weil es zwar
wiederkäut, aber keine gespaltenen Klauen
hat; 5 ihr sollt für unrein halten den Klipp-
dachs, weil er zwar wiederkäut, aber keine
gespaltenen Klauen hat; 6 ihr sollt für unrein
halten den Hasen, weil er zwar wiederkäut,
aber keine gespaltenen Klauen hat; 7 ihr sollt
für unrein halten das Wildschwein, weil es
zwar gespaltene Klauen hat und Paarzeher
ist, aber nicht wiederkäut. 8 Ihr dürft von ih-
rem Fleisch nicht essen und ihr Aas nicht be-
rühren; ihr sollt sie für unrein halten.
9 Von allen Tieren, die im Wasser leben,
dürft ihr essen; alle Tiere mit Flossen und
Schuppen, die im Wasser, in Meeren und
Flüssen leben, dürft ihr essen. 10 Aber alles,
was in Meeren oder Flüssen lebt, alles Klein-
getier des Wassers und alle Lebewesen, die
im Wasser leben und keine Flossen oder
Schuppen haben, seien euch abscheulich.
11 Ihr sollt sie als abscheulich ansehen; von
ihrem Fleisch dürft ihr nicht essen und ihr
Aas sollt ihr verabscheuen. 12 Alles, was ohne
Flossen oder Schuppen im Wasser lebt, hal-
tet für abscheulich!
13 Unter den Vögeln sollt ihr Folgende ver-
abscheuen – man darf sie nicht essen, sie sind
abscheulich: Aasgeier, Schwarzgeier, Bart-
geier, 14 Milan, die verschiedenen Bussardar-
ten, 15 alle Arten des Raben, 16 Adlereule,
Kurzohreule, Langohreule und die verschie-
denen Falkenarten, 17 Kauz, Fischeule, Bie-
nenfresser, 18 Weißeule, Kleineule, Fischad-
ler, 19 den Storch, die verschiedenen Reiher-
arten, Wiedehopf und Fledermaus.
20 Alle Kleintiere mit Flügeln und vier Fü-
ßen seien euch abscheulich. 21 Von diesen
Kleintieren mit Flügeln und vier Füßen dürft
ihr aber jene essen, die Springbeine haben,
um damit auf dem Boden zu hüpfen. 22 Von
ihnen dürft ihr die verschiedenen Arten der
Wanderheuschrecke, der Solam-, der Hargol-
und der Hagab-Heuschrecke essen. 23 Alle
übrigen Kleintiere mit Flügeln und vier Fü-
ßen aber seien euch abscheulich. 24 An diesen
Tieren verunreinigt ihr euch; jeder, der ihr
Aas berührt, wird unrein bis zum Abend.
25 Jeder, der ihr Aas trägt, muss seine Kleider
waschen und ist unrein bis zum Abend.
26 Alle Tiere mit gespaltenen Klauen, die
aber nicht Paarzeher sind und nicht wieder-
käuen, sollt ihr für unrein halten; jeder, der
sie berührt, wird unrein. 27 Alle Vierfüßler,
die auf Pfoten gehen, sollt ihr für unrein hal-
ten; jeder, der ihr Aas berührt, wird unrein
bis zum Abend, 28 und wer ihr Aas trägt,

10,19 Die Entschuldigung Aarons ist unklar.
11,1–47 Die meisten der für unrein gehaltenen Tiere sind für den Menschen Ekel erregend, gelten als besonders unsauber oder spielen im Kult anderer Völker eine Rolle. Die genaue Bedeutung der hebräischen Tiernamen ist nicht immer gesichert.
11,3 Die Einordnung in die Gattung der Wieder-

muss seine Kleider waschen und ist unrein bis zum Abend. Ihr sollt sie für unrein halten.

29 Unter dem Kleingetier, das auf dem Boden kriecht, sollt ihr für unrein halten den Maulwurf, die Maus und die verschiedenen Arten der Eidechsen, 30 nämlich den Gecko, die Koach- und die Letaa-Eidechse, den Salamander und das Chamäleon. 31 Unter allem Kleingetier sollt ihr diese für unrein halten. Jeder, der sie berührt, wenn sie tot sind, ist unrein bis zum Abend.

32 Jeder Gegenstand, auf den eines dieser Tiere fällt, wenn sie tot sind, wird unrein, jedes Holzgerät, Kleid, Fell, grobes Zeug und jeder Gebrauchsgegenstand. Man muss einen solchen Gegenstand in Wasser tauchen; er ist unrein bis zum Abend und erst dann wieder rein. 33 Jedes Tongefäß, in das ein solches Tier fällt, müsst ihr zerbrechen und sein Inhalt ist unrein. 34 Jede Speise, die man essen will, wird unrein, wenn Wasser aus einem solchen Gefäß darauf kommt; jedes Getränk, das man trinken will, wird durch ein solches Gefäß unrein. 35 Alles, worauf ein Aas von ihnen fällt, wird unrein; ein Backofen und ein kleiner Herd müssen niedergerissen werden, denn sie sind unrein und als unrein sollen sie euch gelten. 36 Nur eine Quelle und eine Zisterne mit angesammeltem Wasser bleiben rein. Jeder, der ein Aas von jenen Tieren berührt, wird unrein. 37 Wenn ein Aas von ihnen auf irgendeinen Samen fällt, der gesät werden soll, so bleibt er rein. 38 Wenn aber das Korn mit Wasser befeuchtet war und ein solches Aas darauf fällt, sollt ihr es für unrein halten.

39 Wenn eines der Tiere, das euch zur Nahrung dient, verendet, so wird der, der sein Aas berührt, unrein bis zum Abend. 40 Wer von solchem Fleisch isst, muss seine Kleider waschen und ist unrein bis zum Abend; wer solches Aas trägt, muss seine Kleider waschen und ist unrein bis zum Abend.

41 Jedes Kleintier, das sich auf dem Boden bewegt, ist abscheulich und darf nicht gegessen werden. 42 Alles, was sich auf dem Bauch oder auf vier und mehr Füßen fortbewegt, kurz alles Kleingetier, das sich auf dem Boden bewegt, dürft ihr nicht essen, denn es ist abscheulich. 43 Macht euch nicht selbst abscheulich mit all diesem Gewimmel von Kleintieren und macht euch durch sie nicht unrein, indem ihr euch durch sie verunreinigen lasst. 44 Denn ich bin der Herr, euer Gott. Erweist euch als heilig, und seid heilig, weil ich heilig bin. Verunreinigt euch daher nicht selbst durch alle diese Kleintiere, die auf dem Boden kriechen. 45 Denn ich bin der Herr, der euch aus Ägypten heraufgeführt hat, um euer Gott zu sein. Ihr sollt daher heilig sein, weil ich heilig bin.

46 Das ist das Gesetz über das Vieh, die Vögel, alle Lebewesen, die sich im Wasser bewegen, und alle Lebewesen, die auf dem Boden kriechen. 47 So soll man das Unreine und das Reine unterscheiden, die Tiere, die man essen darf, und jene, die man nicht essen darf.

1–47 ‖ Dtn 14,3–21a • 39: Ex 22,30.

Die Reinigung der Wöchnerin: 12,1–8

12 Der Herr sprach zu Mose: 2 Sag zu den Israeliten: Wenn eine Frau niederkommt und einen Knaben gebiert, ist sie sieben Tage unrein, wie sie in der Zeit ihrer Regel unrein ist. 3 Am achten Tag soll man die Vorhaut des Kindes beschneiden 4 und dreiunddreißig Tage soll die Frau wegen ihrer Reinigungsblutung zu Hause bleiben. Sie darf nichts Geweihtes berühren und nicht zum Heiligtum kommen, bis die Zeit ihrer Reinigung vorüber ist. 5 Wenn sie ein Mädchen gebiert, ist sie zwei Wochen unrein wie während ihrer Regel. Sechsundsechzig Tage soll sie wegen ihrer Reinigungsblutung zu Hause bleiben. 6 Wenn die Zeit ihrer Reinigung vorüber ist, soll sie, für einen Sohn ebenso wie für eine Tochter, ein einjähriges Schaf als Brandopfer und eine junge Taube oder eine Turteltaube als Sündopfer zum Priester an den Eingang des Offenbarungszeltes bringen. 7 Er soll es vor dem Herrn darbringen und sie entsühnen; so wird sie von ihrem Blutfluss gereinigt.

Das ist das Gesetz für eine Frau, die einen Knaben oder ein Mädchen gebiert. 8 Wenn sie die Mittel für ein Schaf nicht aufbringen kann, soll sie zwei Turteltauben oder zwei junge Tauben nehmen, eine als Brandopfer und die andere als Sündopfer; der Priester soll sie entsühnen und so wird sie gereinigt.

3: Gen 17,12 • 8: Lk 2,24.

Der Aussatz an Menschen: 13,1–46

13 Der Herr sprach zu Mose und Aaron: 2 Wenn sich auf der Haut eines Menschen eine Schwellung, ein Ausschlag oder ein heller Fleck bildet, liegt Verdacht auf

---

käuer geschieht nach dem Augenschein. Danach gelten z. B. Tiere wie der Hase, die ständig das Maul bewegen, als Wiederkäuer.

12,1–8 Zur Unreinheit der Wöchnerin vgl. die Einleitung.

13,1–46 Das mit »Aussatz« wiedergegebene heb-

Hautaussatz vor. Man soll ihn zum Priester
Aaron oder zu einem seiner Söhne, den
Priestern, führen. 3 Der Priester soll das Übel
auf der Haut untersuchen. Wenn das Haar an
der kranken Stelle weiß wurde und die Stelle
tiefer als die übrige Haut liegt, ist es Aussatz.
Nachdem der Priester das Übel untersucht
hat, soll er den Erkrankten für unrein erklä-
ren. 4 Wenn aber auf der Haut ein weißer
Fleck besteht, der nicht merklich tiefer als
die übrige Haut liegt, und das Haar nicht
weiß geworden ist, soll der Priester den Be-
fallenen für sieben Tage absondern. 5 Am
siebten Tag untersuche er ihn wieder. Wenn
er mit seinen eigenen Augen feststellt, dass
das Übel gleich geblieben ist und sich auf der
Haut nicht ausgebreitet hat, soll er ihn noch
einmal für sieben Tage absondern 6 und ihn
am siebten Tag abermals untersuchen. Wenn
er dann feststellt, dass das Übel nachgelas-
sen und sich auf der Haut nicht ausgebreitet
hat, soll ihn der Priester für rein erklären. Es
handelt sich um einen Ausschlag. Der Kran-
ke soll seine Kleider waschen, dann ist er
rein. 7 Breitet sich jedoch der Ausschlag auf
der Haut aus, nachdem der Kranke vom
Priester untersucht und für rein erklärt wur-
de, soll er sich ihm noch einmal zeigen.
8 Stellt der Priester fest, dass der Ausschlag
sich auf der Haut ausgebreitet hat, soll der
Priester ihn für unrein erklären: Es handelt
sich um Aussatz.

9 Wenn sich also an jemandem ein Übel von
der Art des Aussatzes zeigt, soll man ihn zum
Priester bringen. 10 Stellt der Priester fest,
dass sich auf der Haut eine weiße Schwel-
lung zeigt, dass die Haare heller geworden
sind und dass sich an der Schwellung wildes
Fleisch gebildet hat, 11 dann ist es ein veral-
teter Aussatz auf der Haut. Der Priester soll
ihn für unrein erklären, ohne ihn erst abzu-
sondern, denn er ist unrein. 12 Wenn aber der
Aussatz auf der Haut ausbricht, sie völlig er-
greift und sich vom Kopf bis zu den Füßen
erstreckt, überall, wohin der Priester schaut,
13 so soll er den Kranken untersuchen und,
falls er feststellt, dass der Aussatz den gan-
zen Körper bedeckt, den Kranken für rein
erklären. Da er völlig weiß geworden ist, ist
er rein. 14 An dem Tag jedoch, an dem an ihm
wildes Fleisch sichtbar wird, ist er unrein.
15 Hat der Priester das wilde Fleisch unter-
sucht, soll er ihn für unrein erklären. Das
wilde Fleisch ist etwas Unreines; es ist Aus-
satz. 16 Wenn aber das wilde Fleisch ver-
schwindet und die befallene Stelle weiß
wird, soll der Mann den Priester aufsuchen.
17 Dieser soll ihn untersuchen, und wenn er
feststellt, dass die betroffene Stelle tatsäch-
lich weiß geworden ist, soll er den Kranken
für rein erklären: Er ist rein.

18 Wenn sich auf der Haut eines Menschen
ein Furunkel bildet und wieder abheilt,
19 sich aber dann an der Stelle des Furunkels
eine weiße Schwellung oder ein hellroter
Fleck bildet, soll er sich dem Priester zeigen;
20 dieser soll ihn untersuchen. Wenn er eine
merkliche Vertiefung der Haut und heller
gewordenes Haar feststellt, soll der Priester
ihn für unrein erklären; es ist ein Fall von
Aussatz, der im Furunkel ausgebrochen ist.
21 Wenn der Priester bei der Untersuchung
weder weiße Haare noch eine Vertiefung der
Haut, vielmehr ein Abklingen des Übels fest-
stellt, soll er den Kranken sieben Tage lang
absondern. 22 Wenn sich das Übel dann doch
auf der Haut ausbreitet, soll er ihn für unrein
erklären: Es ist ein Fall von Aussatz. 23 Wenn
aber der helle Fleck unverändert bleibt, ohne
sich auszubreiten, so ist es eine Narbe vom
Furunkel; der Priester soll diesen Menschen
für rein erklären.

24 Wenn jemand auf der Haut eine Brand-
wunde hat und sich eine Wucherung als hell-
roter oder weißer Fleck bildet, 25 soll ihn der
Priester untersuchen. Wenn er heller gewor-
denes Haar oder eine merkliche Vertiefung
des Fleckes in der Haut feststellt, ist es Aus-
satz, der in der Brandwunde ausgebrochen
ist. Der Priester soll den Menschen für un-
rein erklären; es ist ein Fall von Aussatz.
26 Untersucht ihn der Priester und stellt kein
weißes Haar auf dem Fleck, keine Vertiefung
der Haut, sondern ein Abklingen fest, so soll
er ihn sieben Tage lang absondern. 27 Am
siebten Tag soll er ihn wieder untersuchen.
Hat sich das Übel auf der Haut ausgebreitet,
soll er ihn für unrein erklären; es ist ein Fall
von Aussatz. 28 Wenn der helle Fleck unver-
ändert geblieben ist, ohne sich auf der Haut
auszubreiten, vielmehr abgeblasst ist, so ist
es nur eine angeschwollene Brandnarbe. Der
Priester soll den Kranken für rein erklären,
denn es ist nur eine Brandnarbe.

29 Zeigt sich bei einem Mann oder bei einer
Frau an Kopf oder Kinn eine kranke Stelle,
30 soll der Priester sie untersuchen. Stellt er
dort eine merkliche Hautvertiefung mit röt-
lich gelb glänzendem, schütter gewordenem
Haar fest, soll er den Kranken für unrein er-
klären. Es ist eine Flechte, ein Aussatz des
Kopfes oder des Kinns. 31 Stellt der Priester

---

räische Wort meint nicht immer die Lepra in unserem Sinn, sondern dürfte auch andere Ekel erregende Hautkrankheiten bezeichnen, die man mit Lepra verwechselte.

bei der Untersuchung dieses Falls von Flechte weder eine merkliche Hautvertiefung noch schwarzes Haar fest, soll er den mit Flechte Behafteten sieben Tage lang absondern. [32] Am siebten Tag soll er das Übel untersuchen. Stellt er fest, dass sich die Flechte nicht ausgebreitet hat, an ihr kein rötlich gelb glänzendes Haar aufgetreten ist und auch keine merkliche Hautvertiefung besteht, [33] soll sich der Kranke rasieren, dabei aber die befallene Stelle aussparen und der Priester soll ihn noch einmal sieben Tage lang absondern. [34] Am siebten Tag soll er das Übel wieder untersuchen. Stellt er fest, dass es sich auf der Haut nicht ausgebreitet hat und dass keine merkliche Hautvertiefung besteht, soll er den Kranken für rein erklären. Dieser soll seine Kleider waschen, dann ist er rein. [35] Hat sich aber die Flechte nach der Reinerklärung doch auf der Haut ausgebreitet, [36] soll ihn der Priester wieder untersuchen. Stellt er fest, dass sich die Flechte auf der Haut ausbreitet, braucht der Priester nicht erst festzustellen, ob das Haar rötlich gelb glänzend ist; er ist unrein. [37] Scheint aber dem Priester die Flechte gleichzubleiben und wächst an ihr schwarzes Haar, so heilt sie ab; er ist rein und der Priester soll ihn für rein erklären.

[38] Zeigen sich bei einem Mann oder bei einer Frau Flecken, weiße Flecken auf der Haut, [39] so soll der Priester sie untersuchen. Stellt er fest, dass diese Flecken auf der Haut verblassen, so handelt es sich um einen Ausschlag, der auf der Haut ausgebrochen ist; der Kranke ist rein.

[40] Verliert ein Mann auf seinem Kopf die Haare, so ist es eine Hinterkopfglatze; er ist rein. [41] Geschieht es an der Schädelvorderseite, so ist es eine Stirnglatze; er ist rein. [42] Entsteht aber auf der Glatze des Hinterkopfes oder über der Stirn ein hellroter Fleck, so ist es Aussatz, der auf dem Kopf oder auf der Stirn dieses Menschen ausbricht. [43] Der Priester soll ihn untersuchen. Stellt er auf der Hinterkopf- oder auf der Stirnglatze eine hellrote Aussatzschwellung fest, die wie Hautaussatz aussieht, [44] so ist der Mensch aussätzig; er ist unrein. Der Priester muss ihn für unrein erklären; er ist an seinem Kopf von Aussatz befallen.

[45] Der Aussätzige, der von diesem Übel betroffen ist, soll eingerissene Kleider tragen und das Kopfhaar ungepflegt lassen; er soll den Schnurrbart verhüllen und ausrufen: Unrein! Unrein! [46] Solange das Übel besteht, bleibt er unrein; er ist unrein. Er soll abgesondert wohnen, außerhalb des Lagers soll er sich aufhalten.

Der Aussatz an Kleidern: 13,47–59

[47] Zeigt sich Aussatz auf einem Kleidungsstück, sei es ein Woll- oder Leinenkleid, [48] ein Gewebe oder Gewirke aus Leinen oder Wolle, oder auf Leder oder auf irgendeinem Ledergegenstand, [49] so ist das ein Fall von Aussatz, der dem Priester dann zu zeigen ist, wenn der Fleck auf dem Kleid, dem Leder, dem Gewebe, dem Gewirke oder irgendeinem Ledergerät grüngelblich oder rötlich erscheint. [50] Der Priester soll das Übel untersuchen und den befallenen Gegenstand sieben Tage lang absondern. [51] Wenn er am siebten Tage beobachtet, dass sich das Übel auf dem Kleid, dem Gewebe, dem Gewirke, dem Leder oder Ledergegenstand, was immer es auch sein mag, ausgebreitet hat, so ist es ein Fall von bösartigem Aussatz: Der befallene Gegenstand ist unrein. [52] Man soll dieses Kleid, dieses Gewebe, dieses Gewirke aus Wolle oder Leinen oder das Ledergerät, was es auch sein mag, auf dem sich das Übel zeigt, verbrennen; denn es ist bösartiger Aussatz, der im Feuer verbrannt werden muss. [53] Wenn aber der Priester bei der Untersuchung feststellt, dass das Übel sich auf diesem Kleid, Gewebe, Gewirke oder Ledergerät nicht ausgebreitet hat, [54] soll er den befallenen Gegenstand waschen lassen und ihn noch einmal sieben Tage lang absondern. [55] Nach dem Abwaschen soll er das Übel untersuchen, und wenn er feststellt, dass sich sein Aussehen nicht verändert hat, so ist der Gegenstand unrein, auch wenn sich das Übel nicht ausbreitet; du sollst ihn im Feuer verbrennen. Es liegt eine ausgefressene Vertiefung an seiner Vorder- oder Rückseite vor. [56] Stellt aber der Priester bei der Untersuchung fest, dass das Übel nach dem Abwaschen abgeblasst ist, so soll er die befallene Stelle von dem Kleid, dem Leder, dem Gewebe oder dem Gewirke abreißen. [57] Sollte aber das Übel auf diesem Kleid, Gewebe, Gewirke oder Ledergerät wieder erscheinen, so greift das Übel weiter um sich und du sollst den befallenen Gegenstand im Feuer verbrennen. [58] Aber das Kleid, das Gewebe, das Gewirke oder das Ledergerät, auf dem das Übel nach dem Abwaschen verschwunden

13,47–59 Da man nur vom äußeren Anschein ausging, galten auch Veränderungen an Kleidern durch Fäulnis oder Verrottung, die entsprechenden Krankheitserscheinungen auf der menschlichen Haut ähnelten, als lepraverdächtig und ansteckend.

ist, soll noch einmal gewaschen werden und ist dann rein.

59 Das ist das Gesetz für den Fall von Aussatz auf einem Woll- oder Leinenkleid, einem Gewebe, Gewirke oder Ledergerät, wenn es gilt, sie für rein oder unrein zu erklären.

Die Reinigungsriten für vom Aussatz Geheilte: 14,1–32

14 Der Herr sprach zu Mose: 2 Das ist das Gesetz für den Aussätzigen, wenn er für rein erklärt wird: Man soll ihn zum Priester führen 3 und der Priester soll vor das Lager herauskommen. Stellt er nach der Untersuchung fest, dass der Aussätzige von seinem Aussatz geheilt ist, 4 soll er anordnen, dass man für den, der sich der Reinigung unterzieht, zwei lebende reine Vögel, Zedernholz, Karmesin und Ysop nimmt. 5 Dann soll er anordnen, den einen Vogel über einem Tongefäß mit Quellwasser zu schlachten. 6 Den lebenden Vogel, das Zedernholz, das Karmesin und den Ysop soll er nehmen und alles, auch den lebenden Vogel, in das Blut des über dem Quellwasser geschlachteten Vogels tauchen. 7 Nun soll er den, der sich der Reinigung vom Aussatz unterzieht, siebenmal besprengen und, nachdem er ihn für rein erklärt hat, den lebenden Vogel ins freie Feld fliegen lassen. 8 Der sich der Reinigung unterzieht, der soll seine Kleider waschen, sein ganzes Haar scheren, sich in Wasser baden und dann rein sein. Nachher darf er ins Lager kommen, muss aber noch sieben Tage außerhalb seines Zeltes bleiben. 9 Am siebten Tag soll er sein ganzes Haar scheren, die Kopfhaare, den Bart und die Augenbrauen; alle Haare muss er scheren. Nachdem er seine Kleider gewaschen und seinen Körper in Wasser gebadet hat, ist er rein.

10 Am achten Tag soll er zwei fehlerlose Widder, ein einjähriges fehlerloses Schaf, drei Zehntel Efa Speiseopfermehl, das mit Öl vermengt ist, und ein Log Öl nehmen. 11 Der Priester, der die Reinigung vornimmt, soll den, der sich der Reinigung unterzieht, mit seinen Opfergaben am Eingang des Offenbarungszeltes vor dem Herrn aufstellen. 12 Dann soll er den einen Widder nehmen, ihn zusammen mit dem Log Öl als Schuldopfer darbringen und mit beiden den Darbringungsritus vor dem Herrn vollziehen. 13 Er soll den Widder an der Stelle schlachten, wo man das Sünd- und das Brandopfer schlachtet, an dem heiligen Ort. Dieses Schuldopfer nämlich gehört wie ein Sündopfer dem Priester, es ist etwas Hochheiliges. 14 Der Priester soll etwas Blut vom Schlachtopfer nehmen und es auf das rechte Ohrläppchen dessen tun, der sich der Reinigung unterzieht, und auf den Daumen seiner rechten Hand und auf die große Zehe seines rechten Fußes. 15 Dann soll er etwas von dem Log Öl nehmen und auf seinen eigenen linken Handteller gießen. 16 Er soll einen Finger seiner rechten Hand in das Öl, das auf seinem linken Handteller ist, tauchen und mit diesem Finger siebenmal Öl vor dem Herrn verspritzen. 17 Dann soll er etwas von dem auf seinem Handteller übrig gebliebenen Öl auf das rechte Ohrläppchen dessen tun, der sich der Reinigung unterzieht, auf den Daumen seiner rechten Hand und auf die große Zehe seines rechten Fußes, auf das Blut des Schuldopfers. 18 Den Rest des Öls, das er auf seinem Handteller hat, soll er auf den Kopf dessen tun, der sich der Reinigung unterzieht. So soll er ihn vor dem Herrn entsühnen.

19 Nun soll der Priester das Sündopfer durchführen und den, der sich der Reinigung unterzieht, von seiner Unreinheit entsühnen. Danach soll er das Brandopfer schlachten 20 und dieses und das Speiseopfer auf dem Altar als Ganzopfer darbringen. Hat der Priester den betreffenden Menschen entsühnt, so ist er rein.

21 Wenn er arm ist und seine Mittel nicht ausreichen, soll der Priester einen einzigen Schuldopferwidder für den Darbringungsritus nehmen, um ihn zu entsühnen. Er soll nur ein Zehntel Efa Feinmehl, das mit Öl vermengt ist, und ein Log Öl als Speiseopfer nehmen, 22 und je nachdem es seine Mittel gestatten, soll er zwei Turteltauben oder zwei junge Tauben bringen, von denen die eine als Sündopfer und die andere als Brandopfer dienen soll. 23 Er soll sie am achten Tag zu seiner Reinigung dem Priester zum Eingang des Offenbarungszeltes vor den Herrn bringen. 24 Der Priester soll den Schuldopferwidder und das Log Öl nehmen und damit den Darbringungsritus vor dem Herrn vollziehen. 25 Hat er diesen Schuldopferwidder geschlachtet, dann nehme er etwas Blut vom Schuldopfer und tue es auf das rechte Ohrläppchen dessen, der sich der Reinigung unterzieht, auf den Daumen seiner rechten Hand und auf die große Zehe seines rechten Fußes. 26 Er soll etwas Öl auf seinen linken Handteller gießen 27 und etwas von diesem Öl, das auf seinem linken Handteller ist, mit seinem rechten Zeigefinger siebenmal vor dem Herrn verspritzen. 28 Dann soll er etwas von dem Öl, das auf seinem Handteller ist, auf das rechte Ohrläppchen dessen, der sich

der Reinigung unterzieht, auf den Daumen seiner rechten Hand und auf die große Zehe seines rechten Fußes tun, und zwar auf die Stelle des Schuldopferblutes. 29 Den Rest des Öls auf seinem Handteller soll der Priester auf den Kopf dessen tun, der sich der Reinigung unterzieht. So soll er ihn vor dem Herrn entsühnen. 30 Seinen Mitteln entsprechend soll er die eine der beiden Turteltauben oder jungen Tauben 31 als ein Sündopfer und die andere als ein Brandopfer mit einem Speiseopfer verwenden. Der Priester soll damit den, der sich der Reinigung unterzieht, vor dem Herrn entsühnen.

32 Das ist das Gesetz für einen, der vom Aussatz befallen ist und dessen Mittel für seine Reinigung nicht ausreichen.

14: 8,23; Ex 29,20.

Der Aussatz an Häusern: 14,33–57

33 Der Herr sprach zu Mose und Aaron: 34 Wenn ihr in das Land Kanaan kommt, das ich euch zum Besitz gebe, und ich lasse an einem Haus des Landes, das ihr besitzen werdet, Aussatz auftreten, 35 so soll der Hausherr kommen, es dem Priester anzeigen und sagen: Ich habe an meinem Haus so etwas wie Aussatz gesehen. 36 Der Priester soll anordnen, dass man das Haus räumt, bevor er kommt, um das Übel zu untersuchen; auf diese Weise wird das, was sich im Haus befindet, nicht unrein. Danach erst soll der Priester kommen, um das Haus zu besichtigen. 37 Stellt er dabei fest, dass sich an den Mauern des Hauses grünlich gelbe oder rötliche Vertiefungen zeigen, die Mulden in der Mauer bilden, 38 so soll der Priester aus dem Haus hinausgehen und den Eingang für sieben Tage abschließen. 39 Am siebten Tag soll er wiederkommen. Stellt er bei der Besichtigung fest, dass sich das Übel an den Hausmauern ausgebreitet hat, 40 so ordne er an, die Steine, die vom Übel befallen sind, herauszureißen und sie vor die Stadt hinaus an einen unreinen Ort zu werfen. 41 Dann soll er die Innenwände des Hauses abkratzen lassen und man soll den so entfernten Mörtel aus der Stadt hinausschaffen und an einen unreinen Ort schütten. 42 Man soll andere Steine nehmen, um die herausgerissenen zu ersetzen, und das Haus mit frischem Mörtel bestreichen. 43 Hat man die Steine entfernt, das Haus abgekratzt und neu verputzt und das Übel bricht wieder aus, 44 soll der Priester kommen, um es zu besichtigen. Stellt er fest, dass sich das Übel an dem Haus ausgebreitet hat, so ist bösartiger Aussatz an dem Haus; es ist unrein. 45 Man soll es niederreißen und seine Steine, seine Balken und seinen ganzen Mörtelverputz vor die Stadt hinausbringen an einen unreinen Ort. 46 Jeder, der das Haus während der Tage, an denen es durch den Priester verschlossen war, betreten hat, ist unrein bis zum Abend. 47 Wer im Haus geschlafen hat, muss seine Kleider waschen; wer im Haus gegessen hat, muss seine Kleider waschen.

48 Kommt aber der Priester, um das Übel zu besichtigen, und stellt fest, dass sich das Übel, nachdem das Haus neu verputzt wurde, nicht ausgebreitet hat, soll er das Haus für rein erklären, denn das Übel ist abgeheilt. 49 Um das Haus zu entsündigen, soll er zwei Vögel, Zedernholz, Karmesin und Ysop nehmen. 50 Er soll einen der Vögel über einem Tongefäß mit Quellwasser schlachten. 51 Dann soll er das Zedernholz, den Ysop, das Karmesin und den lebenden Vogel nehmen, um sie in das Blut des geschlachteten Vogels und in das Quellwasser zu tauchen. Er soll das Haus siebenmal besprengen und, 52 nachdem er das Haus mit dem Blut des Vogels, dem Quellwasser, dem lebenden Vogel, dem Zedernholz, dem Ysop und dem Karmesin entsündigt hat, 53 den lebenden Vogel aus der Stadt hinaus ins freie Feld fliegen lassen. So entsühnt er das Haus und es ist wieder rein.

54 Das ist das Gesetz für alle Fälle von Aussatz und Flechte, 55 von Aussatz an Kleidern und Häusern, 56 von Geschwülsten, Ausschlag und hellen Flecken, 57 zur Unterweisung, wann etwas unrein oder rein ist. Das ist das Gesetz über den Aussatz.

Die Unreinheit bei Männern: 15,1–18

15 Der Herr sprach zu Mose und Aaron: 2 Redet zu den Israeliten und sagt zu ihnen: Wenn ein Mann einen Ausfluss aus seinem Körper hat, so ist dieser Ausfluss unrein. 3 Hat er diesen Ausfluss, so besteht seine Unreinheit, ob sein Körper den Ausfluss fließen lässt oder ihn zurückhält; bei ihm liegt Unreinheit vor. 4 Jedes Lager, auf das sich dieser Mann legt, und jeder Gegenstand, auf den er sich setzt, ist unrein. 5 Wer sein

14,33–57 Ähnliches wie zum Aussatz an Kleidern ist zum Aussatz an Häusern zu sagen (vgl. die Anmerkung zu 13,47–59).

15,2 »Ausfluss aus dem Körper« sind alle krankhaften Ausflüsse aus den natürlichen Körperöffnungen und aus ständig nässenden Fisteln. Dazu und zu 15,19–33 vgl. die Einleitung.

Lager berührt, muss seine Kleider waschen,
sich in Wasser baden und ist unrein bis zum
Abend. 6 Wer sich auf einen Gegenstand
setzt, auf dem der Leidende saß, muss seine
Kleider waschen, sich in Wasser baden und
ist unrein bis zum Abend. 7 Wer den Körper
des Leidenden berührt, muss seine Kleider
waschen, sich in Wasser baden und ist un-
rein bis zum Abend. 8 Wenn der Kranke eine
reine Person anspuckt, muss sie ihre Kleider
waschen, sich in Wasser baden und ist un-
rein bis zum Abend. 9 Jeder Sattel, den der
Kranke benutzt, ist unrein. 10 Jeder, der ir-
gendeinen Gegenstand berührt, der unter
dem Kranken war, ist unrein bis zum Abend.
Wer einen solchen Gegenstand trägt, muss
seine Kleider waschen, sich in Wasser baden
und ist unrein bis zum Abend. 11 Jeder, den
der Kranke berührt, ohne zuvor seine Hände
mit Wasser abzuspülen, muss seine Kleider
waschen, sich in Wasser baden und ist un-
rein bis zum Abend. 12 Ein Tongefäß, das der
Kranke berührt, muss zerbrochen und jedes
Holzgerät mit Wasser abgespült werden.

13 Wird dieser Mann von seinem Ausfluss
rein, soll er sieben Tage bis zu seiner Reini-
gung zählen. Danach muss er seine Kleider
waschen, seinen Körper in Quellwasser ba-
den und ist dann rein. 14 Am achten Tag soll
er zwei Turteltauben oder zwei junge Tau-
ben nehmen, vor den Herrn zum Eingang des
Offenbarungszeltes kommen und sie dem
Priester geben. 15 Mit der einen soll der
Priester ein Sündopfer und mit der andern
ein Brandopfer darbringen. Der Priester soll
ihn so vor dem Herrn wegen seines Ausflus-
ses entsühnen.

16 Hat ein Mann Samenerguss, soll er sei-
nen ganzen Körper in Wasser baden und ist
unrein bis zum Abend. 17 Jedes Kleid und je-
des Lederstück, auf das Samen gekommen
ist, muss mit Wasser gesäubert werden und
ist unrein bis zum Abend.

18 Schläft ein Mann, der Samenerguss hat,
mit einer Frau, müssen sie sich beide in Was-
ser baden und sind unrein bis zum Abend.

Die Unreinheit bei Frauen: 15,19–33

19 Hat eine Frau Blutfluss und ist solches
Blut an ihrem Körper, soll sie sieben Tage
lang in der Unreinheit ihrer Regel verblei-
ben. Wer sie berührt, ist unrein bis zum
Abend. 20 Alles, worauf sie sich in diesem
Zustand legt, ist unrein; alles, worauf sie
sich setzt, ist unrein. 21 Wer ihr Lager be-
rührt, muss seine Kleider waschen, sich in
Wasser baden und ist unrein bis zum Abend.
22 Wer irgendeinen Gegenstand berührt, auf
dem sie saß, muss seine Kleider waschen,
sich in Wasser baden und ist unrein bis zum
Abend. 23 Befindet sich etwas auf dem Bett
oder auf dem Gegenstand, auf dem sie saß,
wird derjenige, der es berührt, unrein bis
zum Abend. 24 Schläft ein Mann mit ihr, so
kommt die Unreinheit ihrer Regel auf ihn. Er
wird für sieben Tage unrein. Jedes Lager, auf
das er sich legt, wird unrein.

25 Hat eine Frau mehrere Tage außerhalb
der Zeit ihrer Regel einen Blutfluss oder hält
ihre Regel länger an, ist sie für die ganze
Dauer dieses Ausflusses im gleichen Zustand
der Unreinheit wie während der Zeit ihrer
Regel. 26 Jedes Lager, auf das sie sich wäh-
rend der ganzen Dauer ihres Ausflusses legt,
ist so wie ihr Lager, auf dem sie während ih-
rer Regel liegt. Jeder Gegenstand, auf den sie
sich setzt, wird unrein wie bei der Unrein-
heit ihrer Regel. 27 Jeder, der diese Gegen-
stände berührt, wird unrein; er muss seine
Kleider waschen, sich in Wasser baden und
ist unrein bis zum Abend.

28 Ist sie von ihrem Ausfluss rein, soll sie
sieben Tage zählen und dann rein sein. 29 Am
achten Tag soll sie zwei Turteltauben oder
zwei junge Tauben nehmen und sie dem
Priester zum Eingang des Offenbarungszel-
tes bringen. 30 Der Priester soll die eine als
Sündopfer und die andere als Brandopfer
verwenden. Er soll sie so vor dem Herrn we-
gen ihres verunreinigenden Ausflusses ent-
sühnen.

31 Ihr sollt die Israeliten vor ihrer Unrein-
heit warnen, damit sie nicht in ihr sterben
müssen, weil sie meine Wohnstätte in ihrer
Mitte verunreinigen.

32 Das ist das Gesetz für einen Mann, der
einen Ausfluss hat, für einen, den ein Samen-
erguss unrein gemacht hat, 33 und für die
Frau in der Unreinheit ihrer Regel, also für
den Mann oder die Frau mit Ausfluss und den
Mann, der mit einer unreinen Frau schläft.

DAS RITUAL FÜR DEN VERSÖHNUNGSTAG: 16,1–34

16 Nach dem Tod der beiden Söhne Aa-
rons, die umgekommen waren, als sie
vor den Herrn hintraten, redete der Herr mit
Mose. 2 Der Herr sprach zu Mose: Sag dei-
nem Bruder Aaron, er soll nicht zu jeder be-
liebigen Zeit das Heiligtum hinter dem Vor-
hang vor der Deckplatte der Lade betreten.
Dann wird er nicht sterben, wenn ich über
der Deckplatte in einer Wolke erscheine.
3 Aaron darf nur so in das Heiligtum kom-
men: mit einem Jungstier für ein Sündopfer
und einem Widder für ein Brandopfer. 4 Ein
geweihtes Leinengewand soll er anhaben,
leinene Beinkleider tragen, sich mit einem
Leinengürtel gürten und um den Kopf einen
Leinenturban binden. Das sind heilige Ge-
wänder; deshalb soll er seinen ganzen Kör-
per in Wasser baden und sie erst dann anle-
gen. 5 Von der Gemeinde der Israeliten soll er
zwei Ziegenböcke für ein Sündopfer und ei-
nen Widder für ein Brandopfer erhalten.
6 Hat er den Jungstier für seine eigene Sünde
dargebracht und sich und sein Haus ent-
sühnt, 7 dann soll Aaron die beiden Ziegen-
böcke nehmen und sie vor dem Herrn am
Eingang des Offenbarungszeltes aufstellen.
8 Für die beiden Böcke soll er Lose kenn-
zeichnen, ein Los »für den Herrn« und ein
Los »für Asasel«. 9 Aaron soll den Bock, für
den das Los »für den Herrn« herauskommt,
herbeiführen und ihn als Sündopfer darbrin-
gen. 10 Der Bock, für den das Los »für Asa-
sel« herauskommt, soll lebend vor den Herrn
gestellt werden, um für die Sühne zu dienen
und zu Asasel in die Wüste geschickt zu wer-
den. 11 Aaron soll den Jungstier für sein eige-
nes Sündopfer herbeibringen lassen, um sich
und sein Haus zu entsühnen, und diesen
Jungstier als Sündopfer für sich schlach-
ten.

12 Dann soll er eine Räucherpfanne voll
glühender Kohlen vom Altar, der vor dem
Herrn steht, und zwei Hand voll zerstoßenen
duftenden Räucherwerks nehmen. Er soll al-
les hinter den Vorhang bringen 13 und das
Räucherwerk auf das Feuer vor dem Herrn
tun; die Wolke des Räucherwerks soll die
Deckplatte über der Lade einhüllen, damit
er nicht sterben muss. 14 Dann soll er vom
Blut des Jungstiers nehmen und es mit sei-
nem Finger gegen die Vorderseite der Deck-
platte spritzen; auch vor die Deckplatte soll
er mit seinem Finger siebenmal etwas Blut
spritzen. 15 Nachher soll er den Bock
schlachten, der als Sündopfer für das Volk
bestimmt ist, und sein Blut hinter den Vor-
hang tragen. Er soll es mit diesem Blut eben-
so machen wie mit dem Blut des Jungstiers
und es auf die Deckplatte und vor die Deck-
platte spritzen. 16 So soll er das Heiligtum
von den Unreinheiten der Israeliten, von all
ihren Freveltaten und Sünden entsühnen
und so soll er mit dem Offenbarungszelt ver-
fahren, das bei ihnen inmitten ihrer Unrein-
heiten seinen Sitz hat. 17 Kein Mensch darf
im Offenbarungszelt sein, wenn er in das
Heiligtum eintritt, um die Sühne zu vollzie-
hen, bis er es wieder verlässt.

Hat er sich, sein Haus und die ganze
Gemeinde Israels entsühnt, 18 so soll er zum
Altar vor dem Herrn hinausgehen und ihn
entsühnen. Er soll etwas Blut des Jungstiers
und des Bockes nehmen und es auf die Hör-
ner rings um den Altar tun. 19 Etwas von die-
sem Blut soll er mit seinem Finger siebenmal
auf den Altar spritzen. So soll er ihn von den
Unreinheiten der Israeliten reinigen und ihn
heiligen.

20 Hat er so die Entsühnung des Heilig-
tums, des Offenbarungszeltes und des Altars
beendet, soll er den lebenden Bock herbrin-
gen lassen. 21 Aaron soll seine beiden Hände
auf den Kopf des lebenden Bockes legen und
über ihm alle Sünden der Israeliten, alle ihre
Frevel und alle ihre Fehler bekennen. Nach-
dem er sie so auf den Kopf des Bockes gela-
den hat, soll er ihn durch einen bereitstehen-
den Mann in die Wüste treiben lassen 22 und
der Bock soll alle ihre Sünden mit sich in die
Einöde tragen.

Hat er den Bock in die Wüste geschickt,
23 dann soll Aaron wieder in das Offenba-

16,1–34 Der Versöhnungstag wird am 10. Tag des Monats Tischri (September/Oktober), fünf Tage vor dem Laubhüttenfest, gefeiert. Er ist ein Fasttag und der Tag, an dem der Hohepriester sich, die Priester und das Volk für alle Vergehen entsühnt. Nur an diesem Tag darf er das Allerheiligste des Tempels betreten (vgl. auch Num 29,7–11).

16,8.20–22 Der Ritus mit dem Sündenbock für Asasel geht wohl auf einen alten Brauch zurück, der durch den Jahwekult nicht ganz verdrängt werden konnte und darum als symbolische Handlung in das Ritual des Versöhnungstags eingebaut wurde. Asasel ist ein Wüstendämon. Alle Sünden Israels sollen durch die Handauflegung gleichsam auf den Ziegenbock geladen und mit ihm in die Wüste, zu den Wüstendämonen, getrieben, d. h. aus der Mitte Israels verbannt werden.

rungszelt gehen, die Leinengewänder, die er beim Betreten des Heiligtums angelegt hat, ablegen und sie dort verwahren. 24 Er soll seinen Körper in Wasser an einem heiligen Ort baden, wieder seine Kleider anlegen und hinausgehen, um sein Brandopfer und das des Volkes darzubringen. Er soll sich und das Volk entsühnen 25 und das Fett des Sündopfers auf dem Altar in Rauch aufgehen lassen.

26 Der Mann, der den Bock für Asasel hinausgeführt hat, muss seine Kleider waschen, seinen Körper in Wasser baden und darf danach wieder in das Lager kommen. 27 Den Jungstier und den Bock, die man als Sündopfer dargebracht und deren Blut man in das Heiligtum zur Entsühnung gebracht hat, soll man aus dem Lager hinausschaffen und ihr Fell, ihr Fleisch und ihren Mageninhalt im Feuer verbrennen. 28 Wer sie verbrannt hat, muss seine Kleider waschen, den Körper in Wasser baden und darf danach wieder ins Lager kommen.

29 Folgendes soll euch als feste Regel gelten: Im siebten Monat, am zehnten Tag des Monats, sollt ihr euch Enthaltung auferlegen und keinerlei Arbeit tun, der Einheimische und ebenso der Fremde, der in eurer Mitte lebt. 30 Denn an diesem Tag entsühnt man euch, um euch zu reinigen. Vor dem Herrn werdet ihr von allen euren Sünden wieder rein. 31 Dieser Tag ist für euch ein vollständiger Ruhetag, und ihr sollt euch Enthaltung auferlegen. Das gelte als feste Regel. 32 Der Priester, den man gesalbt und an Stelle seines Vaters als Priester eingesetzt hat, soll die Sühne vollziehen. Er soll die Leinengewänder, die heiligen Gewänder, anlegen. 33 Er soll das geweihte Heiligtum, das Offenbarungszelt und den Altar entsühnen; dann soll er die Priester und das ganze Volk der Gemeinde entsühnen. 34 Das soll für euch als feste Regel gelten: Einmal im Jahr sollen die Israeliten von allen ihren Sünden entsühnt werden. Und man tat, wie es der Herr dem Mose befohlen hatte.

1: 10,1–5 • 2: Ex 25,17–21.

DAS HEILIGKEITSGESETZ: 17,1 – 26,46

Schlachtungen und Blutgenuss: 17,1–16

17 Der Herr sprach zu Mose: 2 Rede zu Aaron, seinen Söhnen und allen Israeliten und sag zu ihnen: Das ist es, worauf der Herr euch verpflichtet hat: 3 Jeder Mann aus dem Haus Israel, der innerhalb oder außerhalb des Lagers ein Rind, ein Schaf oder eine Ziege schlachtet 4 und das Tier nicht zum Eingang des Offenbarungszeltes bringt, um es dem Herrn vor seiner Wohnstätte zu opfern, dem soll es als Blutschuld angerechnet werden; er hat Blut vergossen und soll aus der Mitte seines Volkes ausgemerzt werden. 5 Daher sollen die Israeliten die Opfer, die sie (jetzt noch) auf dem freien Feld schlachten, dem Priester für den Herrn zum Eingang des Offenbarungszeltes bringen und sie als Heilsopfer für den Herrn schlachten. 6 Der Priester soll das Blut auf den Altar des Herrn am Eingang des Offenbarungszeltes gießen und das Fett zum beruhigenden Duft für den Herrn in Rauch aufgehen lassen. 7 Sie sollen nicht mehr ihre Schlachtopfer für Bocksdämonen schlachten, mit denen sie Unzucht treiben. Das gelte ihnen und ihren kommenden Generationen als feste Regel.

8 Du sollst ihnen weiter sagen: Jeder Mann aus dem Haus Israel oder jeder Fremde in eurer Mitte, der ein Brand- oder Schlachtopfer darbringt, 9 ohne es zum Eingang des Offenbarungszeltes zu bringen, um es für den Herrn zu vollziehen, soll aus seinen Stammesgenossen ausgemerzt werden.

10 Jeder Mann aus dem Haus Israel oder jeder Fremde in eurer Mitte, der irgendwie Blut genießt, gegen einen solchen werde ich

---

17,1–16 Dieser Text scheint zu fordern, dass die Schlachtung eines Tiers nur am Heiligtum geschehen darf, und zwar in Verbindung mit einem Opfer, wobei zumindest das Fett und das Blut Gott gehören. Ein solches Gesetz wäre nur denkbar zur Zeit der Wüstenwanderung, wie sie sich die Priestertradition vorstellt. In Palästina nach der Sesshaftwerdung wäre es nicht durchführbar gewesen. Vielleicht meint aber 17,1–9 nur, dass man nirgends als nur am Heiligtum Schlachtopfer darbringen darf. So ist jedenfalls Dtn 12 gemeint, wo ausdrücklich festgestellt wird, dass man überall einfache Schlachtungen vornehmen darf, wenn man nur das Blut nicht genießt, sondern zur Erde rinnen lässt und mit Erde bedeckt. Auch in Lev 17 wird der Blutgenuss ausdrücklich verboten. Das Verbot wird in V. 11 damit begründet, dass das Blut Sitz des Lebens und von Gott dazu vorgesehen ist, beim Sühnopfer als Ersatz für das durch die Sünde verwirkte Blut des Sünders zu dienen.

mein Angesicht wenden und ihn aus der Mitte seines Volkes ausmerzen. 11 Die Lebenskraft des Fleisches sitzt nämlich im Blut. Dieses Blut habe ich euch gegeben, damit ihr auf dem Altar für euer Leben die Sühne vollzieht; denn das Blut ist es, das für ein Leben sühnt. 12 Deshalb habe ich zu den Israeliten gesagt: Niemand unter euch darf Blut genießen, auch der Fremde, der in eurer Mitte lebt, darf kein Blut genießen. 13 Jeder unter den Israeliten oder der Fremde in eurer Mitte, der Wild oder für den Genuss erlaubte Vögel erlegt, muss das Blut ausfließen lassen und es mit Erde bedecken. 14 Denn das Leben aller Wesen aus Fleisch ist das Blut, das darin ist. Ich habe zu den Israeliten gesagt: Das Blut irgendeines Wesens aus Fleisch dürft ihr nicht genießen; denn das Leben aller Wesen aus Fleisch ist ihr Blut. Jeder, der es genießt, soll ausgemerzt werden.

15 Jeder, sei er einheimisch oder fremd, der ein verendetes oder zerrissenes Tier isst, muss seine Kleider waschen, sich in Wasser baden und ist unrein bis zum Abend; dann ist er rein. 16 Wer seine Kleider nicht wäscht und seinen Körper nicht in Wasser badet, muss die Folgen seiner Schuld tragen.

5: 3,1–17 • 11: Gen 9,4; Dtn 12,23 • 15: 11,40; Ex 22,30.

Sexuelle Vorschriften: 18,1–30

Einleitung: 18,1–5

18 Der Herr sprach zu Mose: 2 Rede zu den Israeliten und sag zu ihnen: Ich bin der Herr, euer Gott. 3 Ihr sollt nicht tun, was man in Ägypten tut, wo ihr gewohnt habt; ihr sollt nicht tun, was man in Kanaan tut, wohin ich euch führe. Ihre Bräuche sollt ihr nicht befolgen. 4 Meine Vorschriften sollt ihr einhalten und meine Satzungen sollt ihr beachten und befolgen. Ich bin der Herr, euer Gott. 5 Ihr sollt auf meine Satzungen und meine Vorschriften achten. Wer sie einhält, wird durch sie leben. Ich bin der Herr.

Unzucht unter Verwandten: 18,6–18

6 Niemand von euch darf sich einer Blutsverwandten nähern, um ihre Scham zu entblößen. Ich bin der Herr. 7 Die Scham deines Vaters, nämlich die Scham deiner Mutter, darfst du nicht entblößen. Sie ist deine Mutter, du darfst ihre Scham nicht entblößen. 8 Die Scham der Frau deines Vaters darfst du nicht entblößen; sie ist die Scham deines Vaters. 9 Die Scham deiner Schwester, einer Tochter deines Vaters oder einer Tochter deiner Mutter, darfst du nicht entblößen, sei sie im Haus oder außerhalb geboren. 10 Die Scham einer Tochter deines Sohnes oder einer Tochter deiner Tochter darfst du nicht entblößen; denn ihre Scham ist deine eigene Scham. 11 Die Scham der Tochter einer Frau deines Vaters darfst du nicht entblößen. Sie ist deinem Vater geboren, also deine Schwester; du darfst ihre Scham nicht entblößen. 12 Die Scham einer Schwester deines Vaters darfst du nicht entblößen; denn sie ist mit deinem Vater leiblich verwandt. 13 Die Scham der Schwester deiner Mutter darfst du nicht entblößen; denn sie ist mit deiner Mutter leiblich verwandt. 14 Die Scham des Bruders deines Vaters darfst du nicht entblößen; du darfst dich seiner Frau nicht nähern; denn sie ist deine Tante. 15 Die Scham deiner Schwiegertochter darfst du nicht entblößen. Sie ist die Frau deines Sohnes; du darfst ihre Scham nicht entblößen. 16 Die Scham der Frau deines Bruders darfst du nicht entblößen; denn sie ist die Scham deines Bruders. 17 Die Scham einer Frau und gleichzeitig die ihrer Tochter darfst du nicht entblößen; weder die Tochter ihres Sohnes noch die Tochter ihrer Tochter darfst du nehmen, um ihre Scham zu entblößen. Sie sind leiblich verwandt, es wäre Blutschande. 18 Du darfst neben einer Frau nicht auch noch deren Schwester heiraten; du würdest sie zur Nebenbuhlerin machen, wenn du zu Lebzeiten der Frau die Scham ihrer Schwester entblößt.

Andere Unzuchtvergehen: 18,19–23

19 Einer Frau, die wegen ihrer Regel unrein ist, darfst du dich nicht nähern, um ihre Scham zu entblößen. 20 Der Frau deines Stammesgenossen darfst du nicht beiwohnen; du würdest dadurch unrein.

21 Von deinen Nachkommen darfst du keinen für Moloch darbringen. Du darfst den Namen deines Gottes nicht entweihen. Ich bin der Herr.

22 Du darfst nicht mit einem Mann schlafen, wie man mit einer Frau schläft; das wäre ein Gräuel. 23 Keinem Vieh darfst du beiwohnen; du würdest dadurch unrein. Keine Frau

---

18,21 Kinderopfer waren in außerordentlichen Notsituationen bei den Kanaanitern üblich (vgl. die Anmerkung zu Gen 22,1–19). Moloch bedeutet eigentlich »König« und ist ein entstellter Beiname für Baal. Nach 2 Kön 23,10; Jer 32,35; Ez 16,20–22 ist das Kinderopfer für Moloch zur Königszeit auch in Israel und Juda geübt worden, wobei man Kinder »durchs Feuer gehen ließ«, d. h. verbrannte.

darf vor ein Vieh hintreten, um sich mit ihm zu begatten; das wäre eine schandbare Tat.

21: 20,2–5.

Schlussmahnung: 18,24–30

24 Ihr sollt euch nicht durch all das verunreinigen; denn durch all das haben sich die Völker verunreinigt, die ich vor euch vertrieben habe. 25 Das Land wurde unrein, ich habe an ihm seine Schuld geahndet und das Land hat seine Bewohner ausgespien. 26 Ihr aber sollt auf meine Satzungen und Vorschriften achten und keine dieser Gräueltaten begehen, weder der Einheimische noch der Fremde, der in eurer Mitte lebt. 27 Denn all diese Gräueltaten haben die Leute begangen, die vor euch im Land waren, und so wurde das Land unrein. 28 Wird es etwa euch, wenn ihr es verunreinigt, nicht ebenso ausspeien, wie es das Volk vor euch ausgespien hat? 29 Alle nämlich, die irgendeine dieser Gräueltaten begehen, werden aus der Mitte ihres Volkes ausgemerzt. 30 Achtet auf meine Anordnungen, befolgt keinen von den gräulichen Bräuchen, die man vor euch befolgt hat, und verunreinigt euch nicht durch sie. Ich bin der Herr, euer Gott.

Kultische und soziale Gebote: 19,1–37

Einleitung: 19,1–2

19 Der Herr sprach zu Mose: 2 Rede zur ganzen Gemeinde der Israeliten und sag zu ihnen: Seid heilig, denn ich, der Herr, euer Gott, bin heilig.

Die Ehrfurcht gegenüber den Eltern: 19,3–4

3 Jeder von euch soll Mutter und Vater fürchten und auf meine Sabbate achten; ich bin der Herr, euer Gott. 4 Ihr sollt euch nicht anderen Göttern zuwenden und euch nicht Götterbilder aus Metall gießen; ich bin der Herr, euer Gott.

3–4: Ex 20,1–12; 23,12; 34,14–17.21; Dtn 5,6–16.

Die rechte Einstellung zum Heilsopfer: 19,5–8

5 Wenn ihr für den Herrn ein Heilsopfer schlachtet, opfert es so, dass ihr Annahme findet. 6 An dem Tag, an dem ihr es schlachtet, oder am folgenden Tag soll es gegessen werden; was davon am dritten Tag noch übrig ist, soll im Feuer verbrannt werden. 7 Isst man davon am dritten Tag, so ist das Opfer untauglich und findet keine Annahme mehr. 8 Wer davon isst, muss die Folgen seiner Schuld tragen; denn er hat die Heiligkeit des Herrn entweiht. Ein solcher Mensch soll aus seinen Stammesgenossen ausgemerzt werden.

5–8: 7,14–18.

Das Verbot der Nachlese: 19,9–10

9 Wenn ihr die Ernte eures Landes einbringt, sollt ihr das Feld nicht bis zum äußersten Rand abernten. Du sollst keine Nachlese von deiner Ernte halten. 10 In deinem Weinberg sollst du keine Nachlese halten und die abgefallenen Beeren nicht einsammeln. Du sollst sie dem Armen und dem Fremden überlassen. Ich bin der Herr, euer Gott.

Soziales Verhalten und Nächstenliebe: 19,11–18

11 Ihr sollt nicht stehlen, nicht täuschen und einander nicht betrügen. 12 Ihr sollt nicht falsch bei meinem Namen schwören; du würdest sonst den Namen deines Gottes entweihen. Ich bin der Herr.

13 Du sollst deinen Nächsten nicht ausbeuten und ihn nicht um das Seine bringen. Der Lohn des Tagelöhners soll nicht über Nacht bis zum Morgen bei dir bleiben. 14 Du sollst einen Tauben nicht verfluchen und einem Blinden kein Hindernis in den Weg stellen; vielmehr sollst du deinen Gott fürchten. Ich bin der Herr.

15 Ihr sollt in der Rechtsprechung kein Unrecht tun. Du sollst weder für einen Geringen noch für einen Großen Partei nehmen; gerecht sollst du deinen Stammesgenossen richten. 16 Du sollst deinen Stammesgenossen nicht verleumden und dich nicht hinstellen und das Leben deines Nächsten fordern. Ich bin der Herr.

17 Du sollst in deinem Herzen keinen Hass gegen deinen Bruder tragen. Weise deinen Stammesgenossen zurecht, so wirst du seinetwegen keine Schuld auf dich laden. 18 An den Kindern deines Volkes sollst du dich nicht rächen und ihnen nichts nachtragen. Du sollst deinen Nächsten lieben wie dich selbst. Ich bin der Herr.

11–12: Ex 20,7.15f; 23,7; Dtn 5,11.19f • 15–16: Ex 23,3–7.

19,18 Unter dem »Nächsten« verstand Israel vor allem den Volks- und Glaubensgenossen; doch sind nach V. 34 auch alle Fremden, die Gastrecht genießen, in das Gebot der Nächstenliebe mit eingeschlossen. Jesus hat es nach Mt 5,43 und Lk 10,27–37 auf alle Menschen ausgedehnt.

Das Verbot von Mischungen: 19,19

19 Ihr sollt auf meine Satzungen achten:
Unter deinem Vieh sollst du nicht zwei Tiere
verschiedener Art sich begatten lassen. Dein
Feld sollst du nicht mit zweierlei Arten be-
säen. Du sollst kein aus zweierlei Fäden ge-
webtes Kleid anlegen.

Unzucht mit der Nebenfrau eines anderen: 19,20–22

20 Wohnt ein Mann einer Frau bei, die
einem andern Mann als Sklavin zur Neben-
frau bestimmt ist und die weder losgekauft
noch freigelassen ist, dann soll der Fall un-
tersucht werden; sterben sollen sie nicht, da
sie nicht freigelassen war. 21 Er soll als sein
Schuldopfer für den Herrn einen Widder
zum Eingang des Offenbarungszeltes brin-
gen. 22 Mit diesem Widder soll der Priester
ihn vor dem Herrn von der begangenen Sün-
de entsühnen; so wird ihm die Sünde, die er
begangen hat, vergeben.

20: Ex 21,7–9.

Die Erstlingsfrüchte: 19,23–25

23 Wenn ihr in das Land kommt und einen
Fruchtbaum pflanzt, sollt ihr seine Früchte
behandeln, als ob sie seine Vorhaut wären.
Drei Jahre lang sollen sie für euch etwas Un-
beschnittenes sein, das man nicht essen darf.
24 Im vierten Jahr sollen alle Früchte als
Festgabe für den Herrn geheiligt sein. 25 Erst
im fünften Jahr dürft ihr die Früchte essen
und den Ertrag für euch ernten. Ich bin der
Herr, euer Gott.

Das Verbot fremder Kultbräuche: 19,26–31

26 Ihr sollt nichts mit Blut essen. Wahrsa-
gerei und Zauberei sollt ihr nicht treiben.
27 Ihr sollt euer Kopfhaar nicht rundum ab-
schneiden. Du sollst deinen Bart nicht stut-
zen. 28 Für einen Toten dürft ihr keine Ein-
schnitte auf eurem Körper anbringen und ihr
dürft euch keine Zeichen einritzen lassen.
Ich bin der Herr.

29 Entweih nicht deine Tochter, indem du
sie der Unzucht preisgibst, damit das Land
nicht der Unzucht verfällt und voller
Schandtat wird. 30 Ihr sollt auf meine Sabba-
te achten und mein Heiligtum fürchten. Ich
bin der Herr. 31 Wendet euch nicht an die To-
tenbeschwörer und sucht nicht die Wahrsa-
ger auf; sie verunreinigen euch. Ich bin der
Herr, euer Gott.

26: 17,10–12 • 30: Ex 20,8; Dtn 5,12.

Die Ehrfurcht vor dem Alter: 19,32

32 Du sollst vor grauem Haar aufstehen,
das Ansehen eines Greises ehren und deinen
Gott fürchten. Ich bin der Herr.

Verhalten gegen Fremde: 19,33–34

33 Wenn bei dir ein Fremder in eurem Land
lebt, sollt ihr ihn nicht unterdrücken. 34 Der
Fremde, der sich bei euch aufhält, soll euch
wie ein Einheimischer gelten und du sollst
ihn lieben wie dich selbst; denn ihr seid
selbst Fremde in Ägypten gewesen. Ich bin
der Herr, euer Gott.

Übervorteilung: 19,35–36

35 Ihr sollt kein Unrecht begehen bei Ge-
richt, mit Längenmaß, Gewicht und Hohl-
maß. 36 Ihr sollt richtige Waagen, richtige
Gewichtsteine, richtiges Efa und richtiges
Hin haben. Ich bin der Herr, euer Gott, der
euch aus Ägypten geführt hat.

Schlussmahnung: 19,37

37 Ihr sollt auf alle meine Satzungen und
alle meine Vorschriften achten und sie befol-
gen. Ich bin der Herr.

Todeswürdige Verbrechen: 20,1–27

Das Kinderopfer: 20,1–5

20 Der Herr sprach zu Mose: 2 Sag zu
den Israeliten: Jeder Mann unter den
Israeliten oder unter den Fremden in Israel,
der eines seiner Kinder dem Moloch gibt,
wird mit dem Tod bestraft. Die Bürger des
Landes sollen ihn steinigen. 3 Ich richte mein
Angesicht gegen einen solchen und merze
ihn aus seinem Volk aus, weil er eines seiner
Kinder dem Moloch gegeben, dadurch mein
Heiligtum verunreinigt und meinen heiligen
Namen entweiht hat. 4 Falls die Bürger des
Landes ihre Augen diesem Mann gegenüber
verschließen, wenn er eines seiner Kinder
dem Moloch gibt, und ihn nicht töten, 5 so
richte ich mein Angesicht gegen ihn und sei-
ne Sippe und merze sie aus der Mitte ihres
Volkes aus, ihn und alle, die sich mit ihm
dem Molochdienst hingeben.

Die Totenbeschwörung und Wahrsagerei: 20,6–8

6 Gegen einen, der sich an Totenbeschwö-
rer und Wahrsager wendet und sich mit ih-

20,2 Zu den Kinderopfern für Moloch vgl. die Anmerkung zu 18,21.

nen abgibt, richte ich mein Angesicht und
merze ihn aus seinem Volk aus. 7 Ihr sollt
euch heiligen, um heilig zu sein; denn ich bin
der Herr, euer Gott. 8 Ihr sollt auf meine Sat-
zungen achten und sie befolgen. Ich bin der
Herr, der euch heiligt.

6: 19,31.

Die Verfluchung der Eltern: 20,9

9 Jeder, der seinen Vater oder seine Mutter
verflucht, wird mit dem Tod bestraft. Da er
seinen Vater oder seine Mutter verflucht hat,
soll sein Blut auf ihn kommen.

9: Ex 21,17.

Der Ehebruch: 20,10

10 Ein Mann, der mit der Frau seines
Nächsten die Ehe bricht, wird mit dem Tod
bestraft, der Ehebrecher samt der Ehebre-
cherin.

10: Ex 20,14; Dtn 5,18.

Unzuchtverbrechen: 20,11–17

11 Ein Mann, der mit der Frau seines Va-
ters schläft, hat die Scham seines Vaters ent-
blößt. Beide werden mit dem Tod bestraft;
ihr Blut soll auf sie kommen. 12 Schläft einer
mit seiner Schwiegertochter, so werden bei-
de mit dem Tod bestraft. Sie haben eine
schändliche Tat begangen, ihr Blut soll auf
sie kommen. 13 Schläft einer mit einem
Mann, wie man mit einer Frau schläft, dann
haben sie eine Gräueltat begangen; beide
werden mit dem Tod bestraft; ihr Blut soll
auf sie kommen. 14 Heiratet einer eine Frau
und ihre Mutter, so ist das Blutschande. Ihn
und die beiden Frauen soll man verbrennen,
damit es keine Blutschande unter euch gibt.
15 Ein Mann, der einem Tier beiwohnt, wird
mit dem Tod bestraft; auch das Tier sollt ihr
töten. 16 Nähert sich eine Frau einem Tier,
um sich mit ihm zu begatten, dann sollst du
die Frau und das Tier töten. Sie werden mit
dem Tod bestraft; ihr Blut soll auf sie kom-
men. 17 Nimmt einer seine Schwester, eine
Tochter seines Vaters oder eine Tochter sei-
ner Mutter und sieht ihre Scham und sie
sieht die seine, so ist es eine Schandtat. Sie
sollen vor den Augen der Söhne ihres Volkes
ausgemerzt werden. Er hat die Scham seiner
Schwester entblößt; er muss die Folgen sei-
ner Schuld tragen.

11–17: 18,6–23.

Der Verkehr mit einer Menstruierenden: 20,18

18 Ein Mann, der mit einer Frau während
ihrer Regel schläft und ihre Scham entblößt,
hat ihre Blutquelle aufgedeckt und sie hat
ihre Blutquelle entblößt; daher sollen beide
aus ihrem Volk ausgemerzt werden.

Die Unzucht mit Verwandten: 20,19–21

19 Die Scham der Schwester deiner Mutter
oder der Schwester deines Vaters sollst du
nicht entblößen; denn wer seine eigene Ver-
wandte entblößt, muss die Folgen seiner
Schuld tragen. 20 Ein Mann, der mit seiner
Tante schläft, hat die Scham seines Onkels
entblößt. Sie müssen die Folgen ihrer Sünde
tragen; sie sollen kinderlos sterben.
21 Nimmt einer die Frau seines Bruders, so ist
das Befleckung. Er hat die Scham seines
Bruders entblößt; sie sollen kinderlos blei-
ben.

Schlussmahnung: 20,22–26

22 Ihr sollt auf alle meine Satzungen und
Vorschriften achten und sie befolgen; dann
wird euch das Land nicht ausspeien, in das
ich euch führe, und ihr werdet dort wohnen
können. 23 Ihr sollt euch nicht nach den
Bräuchen des Volkes richten, das ich vor eu-
ren Augen vertreibe; denn all diese Dinge
haben sie getan, so dass es mich vor ihnen
ekelte. 24 Daher habe ich euch gesagt: Ihr
seid es, die ihren Boden in Besitz nehmen
sollen. Ich bin es, der ihn euch zum Besitz ge-
ben wird, ein Land, in dem Milch und Honig
fließen. Ich bin der Herr, euer Gott, der euch
von diesen Völkern ausgesondert hat.

25 So unterscheidet zwischen reinem und
unreinem Vieh, zwischen unreinen und rei-
nen Vögeln! Macht euch nicht selbst ab-
scheulich mit diesen Tieren, diesen Vögeln,
mit allem, was auf dem Boden kriecht. Ich
habe es für euch als unrein unterschieden.

26 Seid mir geheiligt; denn ich, der Herr,
bin heilig und ich habe euch von all diesen
Völkern ausgesondert, damit ihr mir ge-
hört.

22–26: 18,24–30.

Nachtrag: Die Totenbeschwörung: 20,27

27 Männer oder Frauen, in denen ein To-
ten- oder ein Wahrsagegeist ist, sollen mit
dem Tod bestraft werden. Man soll sie steini-
gen, ihr Blut soll auf sie kommen.

27: 19,31.

Vorschriften für Priester: 21,1–24

Das Verhalten beim Begräbnis von Verwandten: 21,1–6

21 Der Herr sprach zu Mose: Rede zu den Priestern, den Söhnen Aarons, und sag zu ihnen: Keiner von ihnen darf sich an der Leiche eines seiner Stammesgenossen verunreinigen, 2 außer an seinen nächsten Verwandten: seiner Mutter, seinem Vater, seinem Sohn, seiner Tochter oder seinem Bruder. 3 An seiner unverheirateten Schwester, die seine nahe Verwandte blieb, da sie keinem Mann angehörte, darf er unrein werden. 4 Nicht aber darf er an seiner Schwester, die mit einem Stammesgenossen verheiratet ist, unrein werden; er würde sich entweihen.

5 Die Priester sollen sich auf ihrem Kopf keine Glatze scheren, ihren Bart nicht stutzen und an ihrem Körper keine Einschnitte machen. 6 Sie sollen ihrem Gott geheiligt sein und den Namen ihres Gottes nicht entweihen. Denn sie sind es, die die Feueropfer des Herrn, die Speise ihres Gottes, darbringen; darum sollen sie heilig sein.

Ehehindernisse für Priester: 21,7–8

7 Sie dürfen weder eine Dirne, noch eine Entehrte, noch eine Frau heiraten, die ihr Mann verstoßen hat; denn der Priester ist seinem Gott geweiht. 8 Du sollst ihn heilig halten, denn er bringt die Speise deines Gottes dar. Heilig soll er dir sein, denn ich bin heilig, der Herr, der euch heiligt.

Die Strafe für unzüchtige Priestertöchter: 21,9

9 Wenn sich die Tochter eines Priesters als Dirne entweiht, so entweiht sie ihren Vater; sie soll im Feuer verbrannt werden.

Das Verhalten des Hohenpriesters bei Todesfällen: 21,10–12

10 Der Priester, der unter seinen Brüdern den höchsten Rang einnimmt, auf dessen Haupt das Salböl ausgegossen wurde und der durch das Anlegen der heiligen Gewänder eingesetzt ist, soll sein Haar nicht lose herunterhängen lassen, seine Kleider nicht zerreißen, 11 sich an keinem Leichnam verunreinigen, auch nicht, wenn es sich um Vater oder Mutter handelt. 12 Er soll sich nicht vom Heiligtum entfernen, um nicht das Heiligtum seines Gottes zu entweihen; denn die Weihe des Salböls seines Gottes ist auf ihm. Ich bin der Herr.

Ehehindernisse für den Hohenpriester: 21,13–15

13 Er soll nur eine Jungfrau heiraten. 14 Eine Witwe, eine Verstoßene oder eine Entehrte, eine Dirne, darf er nicht heiraten; nur eine Jungfrau aus seinem Stamm darf er zur Frau nehmen; 15 sonst würde er seine Nachkommenschaft unter seinen Stammesgenossen entweihen; denn ich, der Herr, bin es, der ihn heiligt.

Die körperliche Tauglichkeit für das Priesteramt: 21,16–23

16 Der Herr sprach zu Mose: 17 Sag zu Aaron: Keiner deiner Nachkommen, auch in den kommenden Generationen, der ein Gebrechen hat, darf herantreten, um die Speise seines Gottes darzubringen. 18 Denn keiner mit einem Gebrechen darf herantreten: kein Blinder oder Lahmer, kein im Gesicht oder am Körper Entstellter, 19 kein Mann, der einen gebrochenen Fuß oder eine gebrochene Hand hat, 20 keiner mit Buckel, Muskelschwund, Augenstar, Krätze, Flechte oder Hodenquetschung. 21 Keiner der Nachkommen Aarons, des Priesters, darf herantreten, um die Feueropfer des Herrn darzubringen, wenn er ein Gebrechen hat. Er hat ein Gebrechen, er darf nicht herantreten, um die Speise seines Gottes darzubringen. 22 Doch darf er von der Speise seines Gottes, von den hochheiligen und heiligen Dingen, essen, 23 aber nicht zum Vorhang kommen und sich nicht dem Altar nähern; denn er hat ein Gebrechen und darf meine heiligen Gegenstände nicht entweihen; denn ich bin der Herr, der sie geheiligt hat.

Schlussbemerkung: 21,24

24 Das sagte Mose zu Aaron, zu dessen Söhnen und zu allen Israeliten.

21,22 »Speise Gottes« ist das Opfer; im AT wird aber nirgends angenommen, dass Gott die Opferspeise genießt oder ihrer bedarf (vgl. Ps 50,8–13).

Weitere Vorschriften für den Genuss und die Darbringung von Opfern: 22,1–33

Der Ausschluss von Priestern vom Genuss der Opfergaben: 22,1–9

22 Der Herr sprach zu Mose: 2 Sag zu Aaron und seinen Söhnen, sie sollen sich mit den heiligen Opfergaben der Israeliten in Acht nehmen, um meinen heiligen Namen nicht zu entweihen; sie müssen für mich heilig gehalten werden. Ich bin der Herr. 3 Sag zu ihnen: Jeder aus euren Nachkommen, auch in den kommenden Generationen, der sich im Zustand der Unreinheit den heiligen Opfergaben nähert, die die Israeliten dem Herrn weihen, soll ausgemerzt und aus meiner Gegenwart weggeschafft werden. Ich bin der Herr.

4 Keiner aus den Nachkommen Aarons, der aussätzig ist oder einen Ausfluss hat, darf von den heiligen Gaben essen, ehe er rein ist. Wer irgendetwas berührt hat, das durch eine Leiche unrein wurde, wer einen Samenerguss hatte, 5 wer Kleintiere berührt hat und sich damit verunreinigte oder einen Menschen, der ihn durch eine eigene Unreinheit befleckte, 6 jeder, der solche Berührungen hatte, soll bis zum Abend unrein sein und darf von den heiligen Gaben erst essen, nachdem er seinen Körper in Wasser gebadet hat. 7 Mit Sonnenuntergang soll er wieder rein sein und darf danach von den heiligen Gaben essen; denn sie sind sein Lebensunterhalt. 8 Er darf kein verendetes oder zerrissenes Tier essen; er würde sich dadurch verunreinigen. Ich bin der Herr. 9 Sie sollen auf meine Anordnungen achten und keine Sünde auf sich laden; sie sollen sterben, falls sie sie entweihen. Ich, der Herr, bin es, der sie heiligt.

Der Ausschluss der Laien vom Genuss der Opfergaben: 22,10–16

10 Kein Laie darf Heiliges essen; weder der Hausgenosse eines Priesters noch sein Lohnarbeiter darf etwas Heiliges essen. 11 Aber wenn ein Priester eine Person mit seinem Geld als Eigentum erwirbt, darf sie davon essen wie einer, der in seinem Haus geboren ist; sie dürfen von seiner Nahrung essen. 12 Wenn eine Priestertochter einen Laien heiratet, darf sie vom Anteil des Erhebungsritus, von den heiligen Gaben nicht essen; 13 aber wenn sie verwitwet oder verstoßen ist und keine Kinder hat und deshalb in das Haus ihres Vaters zurückkehrt, darf sie wie in ihrer Jugend vom Lebensunterhalt ihres Vaters essen; kein Laie aber darf davon essen.

14 Wenn einer ohne Vorsatz etwas Heiliges isst, soll er es dem Priester ersetzen und ein Fünftel des Wertes hinzufügen. 15 Die Priester dürfen die heiligen Gaben der Israeliten, die sie dem Herrn darbieten, nicht entweihen. 16 Sie würden den Israeliten Schuld aufladen, die zu einem Schuldopfer verpflichtet, wenn sie ihre heiligen Gaben äßen; denn ich bin der Herr, der diese Gaben geheiligt hat.

Die Tauglichkeit der Opfertiere: 22,17–25

17 Der Herr sprach zu Mose: 18 Rede zu Aaron, seinen Söhnen und allen Israeliten und sag zu ihnen: Jeder aus dem Haus Israel oder von den Fremden in Israel, der seine Opfergabe wegen eines Gelübdes oder freiwillig bringt und sie für den Herrn als Brandopfer darbringt, 19 muss, damit ihr Annahme findet, ein fehlerloses, männliches Tier von den Rindern, Schafen oder Ziegen darbringen. 20 Ihr dürft kein Tier mit einem Gebrechen darbringen, denn ihr würdet damit keine Annahme finden. 21 Wenn jemand ein Heilsopfer für den Herrn darbringt, sei es, um ein Gelübde zu erfüllen, oder sei es als freiwillige Gabe, so soll es ein fehlerloses Rind oder Schaf oder eine fehlerlose Ziege sein, um Annahme zu finden; es darf kein Gebrechen haben. 22 Ihr dürft dem Herrn kein Tier opfern, das blind, verstümmelt, krätzig, aussätzig, eitrig ist oder zerbrochene Gliedmaßen hat. Kein Stück von solchen Tieren dürft ihr auf den Altar als ein Feueropfer für den Herrn legen. 23 Ein entstelltes oder verstümmeltes Rind oder Schaf kannst du als freiwillige Opfergabe verwenden, aber als Einlösung eines Gelübdes ist es missfällig. 24 Ihr dürft dem Herrn kein Tier darbringen, das zerdrückte, zerschlagene, ausgerissene oder abgeschnittene Hoden hat. Ihr dürft das in eurem Land nicht tun 25 und ihr dürft kein solches Tier aus der Hand eines Fremden erwerben, um es als Speise eures Gottes darzubringen. Ein derartiger Eingriff an ihnen bewirkt ein Gebrechen; sie würden euch keine Annahme bringen.

Einzelbestimmungen über Opfertiere: 22,26–30

26 Der Herr sprach zu Mose: 27 Wenn ein Rind, ein Schaf oder eine Ziege geboren

---

22,9 falls sie sie entweihen: H unklar.

22,16 H ist nicht völlig klar.

stufen

stufe für stufe
schritt für schritt

ich bin unten
oben ist licht
es geht weit hinauf
unvorstellbar weit
ich sehe das ende nicht

stufe für stufe
schritt für schritt

die höhe scheint unüberwindbar
ein erster versuch
eine erste kleine höhe
ein erster aufbruch richtung ziel
und schon wechselt der blick

stufe für stufe
schritt für schritt

Er sah eine Treppe, die auf der Erde stand und bis zum Himmel reichte. Auf ihr stiegen Engel Gottes auf und nieder.

Genesis 28,12

Foto: Peter Friebe, Germering

wird, soll das Junge sieben Tage bei seiner
Mutter bleiben. Vom achten Tag an ist es als
Feueropfer für den Herrn annehmbar. 28 Ein
Rind oder Schaf sollt ihr nicht an einem Tag
zugleich mit seinem Jungen schlachten.
29 Wenn ihr dem Herrn ein Dankopfer dar-
bringt, opfert es so, dass es angenommen
werden kann. 30 Man soll es noch am selben
Tag essen, ohne etwas davon bis zum Morgen
übrig zu lassen. Ich bin der Herr.

27: Ex 22,29.

Schlussmahnung: 22,31–33

31 Ihr sollt auf meine Gebote achten und
sie befolgen; ich bin der Herr. 32 Ihr sollt mei-
nen heiligen Namen nicht entweihen, damit
ich inmitten der Israeliten geheiligt werde;
ich, der Herr, bin es, der euch heiligt. 33 Ich,
der euch aus Ägypten herausgeführt hat, um
euer Gott zu sein, ich bin der Herr.

Festordnungen und Feiervorschriften: 23,1 – 24,23

Einleitung: 23,1–2

23 Der Herr sprach zu Mose: 2 Rede zu
den Israeliten und sag zu ihnen: Die
Feste des Herrn, die ihr als Tage heiliger
Versammlung ausrufen sollt, sind folgende:

Der Sabbat: 23,3

3 Sechs Tage soll man arbeiten, aber am
siebten Tag ist vollständiger Ruhetag, ein
Tag heiliger Versammlung, an dem ihr kei-
nerlei Arbeit verrichten dürft. Es ist ein Fei-
ertag zur Ehre des Herrn überall, wo ihr
wohnt.

3: Ex 20,8–11; 31,12–17; 35,2; Dtn 5,12–15.

Das Pascha und das Fest der ungesäuerten Brote: 23,4–8

4 Das sind die Feste des Herrn, Tage heili-
ger Versammlungen, die ihr zur festgesetzten
Zeit ausrufen sollt: 5 Im ersten Monat, am
vierzehnten Tag des Monats, zur Abend-
dämmerung, ist Pascha zur Ehre des Herrn.
6 Am fünfzehnten Tag dieses Monats ist das
Fest der ungesäuerten Brote zur Ehre des
Herrn. Sieben Tage sollt ihr ungesäuertes
Brot essen. 7 Am ersten Tag habt ihr heilige
Versammlung; ihr dürft keine schwere Ar-
beit verrichten. 8 Sieben Tage hindurch sollt
ihr ein Feueropfer für den Herrn darbringen.
Am siebten Tag ist heilige Versammlung; da
dürft ihr keine schwere Arbeit verrichten.

5: Ex 12,2–11 • 6: 23,15; Ex 34,18.

Die Erstlingsfrüchte: 23,9–14

9 Der Herr sprach zu Mose: 10 Rede zu den
Israeliten und sag zu ihnen: Wenn ihr in das
Land kommt, das ich euch gebe, und wenn
ihr dort die Ernte einbringt, sollt ihr dem
Priester die erste Garbe eurer Ernte bringen.
11 Er soll sie vor dem Herrn hin- und her-
schwingen und sie so darbringen, damit ihr
Annahme findet. Am Tag nach dem Sabbat
soll der Priester den Ritus ausführen. 12 Am
Tag, an dem ihr die Garbe darbringt, sollt ihr
dem Herrn auch ein fehlerloses einjähriges
Schaf als Brandopfer herrichten, 13 dazu als
Speiseopfer zwei Zehntel Feinmehl, das mit
Öl vermengt ist. Das Ganze soll ein Feuerop-
fer für den Herrn zum beruhigenden Duft
sein; dazu kommt ein viertel Hin Wein als
Trankopfer. 14 Vor diesem Tag, bevor ihr eu-
rem Gott die Opfergabe gebracht habt, dürft
ihr kein Brot und kein geröstetes oder fri-
sches Korn essen. Das gelte als feste Regel
bei euch von Generation zu Generation
überall, wo ihr wohnt.

Das Wochenfest (Pfingstfest): 23,15–22

15 Vom Tag nach dem Sabbat, an dem ihr
die Garbe für die Darbringung gebracht
habt, sollt ihr sieben volle Wochen zählen.
16 Zählt fünfzig Tage bis zum Tag nach dem
siebten Sabbat, und dann bringt dem Herrn
ein neues Speiseopfer dar! 17 Bringt als Erst-
lingsgaben für den Herrn aus euren Wohn-
sitzen zwei Brote dar, gebacken aus zwei
zehntel Efa Feinmehl mit Sauerteig. 18 Zum
Brot bringt sieben fehlerlose einjährige
Lämmer, einen Jungstier und zwei Widder
als Brandopfer für den Herrn dar, dazu das
Speiseopfer sowie das Trankopfer als ein
Feueropfer zum beruhigenden Duft für den
Herrn. 19 Bereitet auch einen Ziegenbock als
Sündopfer und zwei einjährige Lämmer als
Heilsopfer zu! 20 Der Priester soll sie, zusam-
men mit dem Brot der Erstlingsgaben, vor
dem Herrn hin- und herschwingen und sie so
darbringen; sie sind mit den beiden Läm-
mern heilige Gaben für den Herrn, die dem
Priester gehören. 21 Am selben Tag ruft eine
heilige Versammlung aus und haltet sie ab!
Da dürft ihr keine schwere Arbeit verrich-
ten. Das gelte bei euch als feste Regel von

23,4–8 Zum Pascha und Fest der ungesäuerten Brote vgl. die Anmerkung zu Ex 12,1 – 13,16.

Generation zu Generation überall, wo ihr
wohnt.
22 Wenn ihr die Ernte eures Landes ein-
bringt, sollst du dein Feld nicht bis zum äu-
ßersten Rand abernten und keine Nachlese
deiner Ernte halten. Du sollst das dem Ar-
men und dem Fremden überlassen. Ich bin
der Herr, euer Gott.

15: Ex 23,16; 34,22 • 22: 19,9f.

Der Neujahrstag: 23,23–25

23 Der Herr sprach zu Mose: 24 Sag zu den
Israeliten: Im siebten Monat, am ersten Tag
des Monats, ist für euch Ruhetag, in Erinne-
rung gerufen durch Lärmblasen, eine heilige
Versammlung. 25 Da dürft ihr keine schwere
Arbeit verrichten und ihr sollt dem Herrn ein
Feueropfer darbringen.

Das Versöhnungsfest: 23,26–32

26 Der Herr sprach zu Mose: 27 Am zehnten
Tag dieses siebten Monats ist der Versöh-
nungstag. Da sollt ihr heilige Versammlung
halten. Ihr sollt euch Enthaltung auferlegen
und dem Herrn ein Feueropfer darbringen.
28 An ebendiesem Tag dürft ihr keinerlei Ar-
beit verrichten, denn es ist der Versöhnungs-
tag, an dem man euch vor dem Herrn, eurem
Gott, entsühnt. 29 Denn jede Person, die sich
an diesem Tag nicht Enthaltung auferlegt,
soll aus ihren Stammesgenossen ausgemerzt
werden. 30 Wer an diesem Tag irgendeine Ar-
beit verrichtet, den werde ich aus der Mitte
seines Volkes austilgen. 31 Ihr dürft keinerlei
Arbeit tun. Das gelte bei euch als feste Regel
von Generation zu Generation überall, wo
ihr wohnt. 32 Dieser Tag ist für euch ein voll-
ständiger Ruhetag. Ihr sollt euch Enthaltung
auferlegen. Vom Abend des neunten Tags in
diesem Monat bis zum folgenden Abend sollt
ihr Ruhetag halten.

26–32: 16,2–34.

Das Laubhüttenfest: 23,33–36

33 Der Herr sprach zu Mose: 34 Sag zu den
Israeliten: Am fünfzehnten Tag dieses sieb-
ten Monats ist sieben Tage hindurch das
Laubhüttenfest zur Ehre des Herrn. 35 Am
ersten Tag, einem Tag heiliger Versamm-
lung, dürft ihr keine schwere Arbeit verrich-
ten. 36 Sieben Tage hindurch sollt ihr ein
Feueropfer für den Herrn darbringen. Am
achten Tag habt ihr heilige Versammlung
und ihr sollt ein Feueropfer für den Herrn
darbringen. Es ist der Tag der Festversamm-
lung; da dürft ihr keine schwere Arbeit ver-
richten.

34: Ex 23,16; 34,22.

Schlussbemerkung: 23,37–38

37 Das sind die Festzeiten des Herrn, die
ihr als Tage heiliger Versammlung ausrufen
sollt, dazu bestimmt, für den Herrn Feuerop-
fer, Brandopfer, Speiseopfer, Schlachtopfer
und Trankopfer darzubringen, dem jeweili-
gen Tag entsprechend, 38 abgesehen von den
Sabbaten des Herrn und abgesehen von eu-
ren Geschenken, den gelobten und freiwilli-
gen Gaben, die ihr dem Herrn gebt.

Einzelbestimmung für das Laubhüttenfest: 23,39–44

39 Am fünfzehnten Tag des siebten Monats,
wenn ihr den Ertrag des Landes erntet, feiert
sieben Tage lang das Fest des Herrn! Am ers-
ten und am achten Tag ist Ruhetag. 40 Am
ersten Tag nehmt schöne Baumfrüchte,
Palmwedel, Zweige von dicht belaubten
Bäumen und von Bachweiden und seid sie-
ben Tage lang vor dem Herrn, eurem Gott,
fröhlich! 41 Feiert dieses Fest zur Ehre des
Herrn jährlich sieben Tage lang! Das gelte
bei euch als feste Regel von Generation zu
Generation. Ihr sollt dieses Fest im siebten
Monat feiern. 42 Sieben Tage sollt ihr in Hüt-
ten wohnen. Alle Einheimischen in Israel
sollen in Hütten wohnen, 43 damit eure kom-
menden Generationen wissen, dass ich die
Israeliten in Hütten wohnen ließ, als ich sie
aus Ägypten herausführte. Ich bin der Herr,
euer Gott.
44 Da teilte Mose den Israeliten die Festzei-
ten des Herrn mit.

Einzelbestimmungen über den Leuchter und den Tisch für die Schaubrote: 24,1–9

24 Der Herr sprach zu Mose: 2 Befiehl
den Israeliten, dass sie dir für den
Leuchter reines Öl aus zerstoßenen Oliven
bringen, damit man ständig eine Lampe
brennen lassen kann. 3 Im Offenbarungszelt,
vor dem Vorhang der Lade, soll Aaron diese
Lampe aufstellen. Sie soll hier vor dem
Herrn ständig vom Abend bis zum Morgen
brennen. Das gelte bei euch als feste Regel
von Generation zu Generation. 4 Aaron soll
die Lampen auf dem Leuchter aus reinem
Gold vor dem Herrn ständig in Ordnung hal-
ten. 5 Du sollst Feinmehl nehmen und daraus

24,5 Die zwölf Kuchen werden in Ex 25,30 und 1 Sam 21,7 »Schaubrote« (wörtlich: Brote des Angesichts) genannt, wahrscheinlich in dem Sinn, dass Gott sie anschaut und als Zeichen des Dankes Israels gnädig annimmt.

zwölf Kuchen backen; aus zwei zehntel Efa
Feinmehl soll jeder einzelne Kuchen zube-
reitet sein. 6 Dann sollst du sie in zwei
Schichten, sechs in jeder Schicht, auf den
Tisch aus reinem Gold vor den Herrn legen.
7 Auf jede Schicht sollst du reinen Weih-
rauch tun; er soll der Gedächtnisanteil des
Brotes sein, ein Feueropfer für den Herrn.
8 Sabbat für Sabbat soll man die Brote vor
dem Herrn zurichten als dauernde Bundes-
leistung von Seiten der Israeliten. 9 Sie gehö-
ren Aaron und seinen Söhnen, die sie an ei-
nem heiligen Ort essen sollen; denn sie sind
für ihn etwas Hochheiliges, ein dauerndes
Anrecht von den Feueropfern des Herrn.

2–4: Ex 25,31–40.

Einschub: Die Lästerung des Gottesnamens: 24,10–23

10 Der Sohn einer Israelitin und eines
Ägypters ging unter die Israeliten. Im Lager
geriet er in Streit mit einem Mann, der Israe-
lit war. 11 Der Sohn der Israelitin schmähte
den Gottesnamen und fluchte. Da brachten
sie ihn zu Mose. Der Name der Mutter war
Schelomit; sie war die Tochter Dibris aus
dem Stamm Dan. 12 Man nahm ihn in Ge-
wahrsam, um auf einen Spruch des Herrn
hin zu entscheiden. 13 Der Herr sprach zu
Mose: 14 Lass den, der den Fluch ausgespro-
chen hat, aus dem Lager hinausführen! Alle,
die es gehört haben, sollen ihm ihre Hände
auf den Kopf legen; dann soll ihn die ganze
Gemeinde steinigen. 15 Sag den Israeliten:
Jeder, der seinem Gott flucht, muss die Fol-
gen seiner Sünde tragen. 16 Wer den Namen
des Herrn schmäht, wird mit dem Tod be-
straft; die ganze Gemeinde soll ihn steinigen.
Der Fremde muss ebenso wie der Einheimi-
sche getötet werden, wenn er den Gottesna-
men schmäht.
17 Wer einen Menschen erschlägt, wird mit
dem Tod bestraft. 18 Wer ein Stück Vieh er-
schlägt, muss es ersetzen: Leben für Leben.
19 Wenn jemand einen Stammesgenossen
verletzt, soll man ihm antun, was er getan
hat: 20 Bruch um Bruch, Auge um Auge, Zahn
um Zahn. Der Schaden, den er einem Men-
schen zugefügt hat, soll ihm zugefügt wer-
den. 21 Wer ein Stück Vieh erschlägt, muss es
ersetzen; wer aber einen Menschen erschlägt,
wird mit dem Tod bestraft. 22 Gleiches Recht
soll bei euch für den Fremden wie für den
Einheimischen gelten; denn ich bin der Herr,
euer Gott.
23 Nachdem Mose so zu den Israeliten ge-
sprochen hatte, führten sie den, der den
Fluch ausgesprochen hatte, aus dem Lager
hinaus und steinigten ihn. So erfüllten sie,
was der Herr dem Mose aufgetragen hatte.

15: Ex 20,7; 22,27 • 17: Ex 20,13; 21,12–20 • 20: Ex 21,23–25; Dtn 19,21.

Sabbatjahr und Jubeljahr: 25,1–55

Einleitung: 25,1

25 Der Herr sprach zu Mose auf dem
Berg Sinai:

Das Brachjahr: 25,2–7

2 Rede zu den Israeliten und sag zu ihnen:
Wenn ihr in das Land kommt, das ich euch
gebe, soll das Land Sabbatruhe zur Ehre des
Herrn halten. 3 Sechs Jahre sollst du dein
Feld besäen, sechs Jahre sollst du deinen
Weinberg beschneiden und seinen Ertrag
ernten. 4 Aber im siebten Jahr soll das Land
eine vollständige Sabbatruhe zur Ehre des
Herrn halten: Dein Feld sollst du nicht be-
säen und deinen Weinberg nicht beschnei-
den. 5 Den Nachwuchs deiner Ernte sollst du
nicht ernten und die Trauben deines nicht
beschnittenen Weinstockes sollst du nicht
lesen. Für das Land soll es ein Jahr der
Sabbatruhe sein. 6 Der Sabbat des Landes
selbst soll euch ernähren: dich, deinen
Knecht, deine Magd, deinen Lohnarbeiter,
deinen Halbbürger, alle, die bei dir leben.
7 Auch deinem Vieh und den Tieren in dei-
nem Land wird sein ganzer Ertrag zur Nah-
rung dienen.

2–7: Ex 23,10f.

Das Jubeljahr: 25,8–31

8 Du sollst sieben Jahreswochen, sieben-
mal sieben Jahre, zählen; die Zeit von sieben
Jahreswochen ergibt für dich neunundvier-
zig Jahre. 9 Im siebten Monat, am zehnten
Tag des Monats, sollst du das Signalhorn er-
tönen lassen; am Versöhnungstag sollt ihr
das Horn im ganzen Land ertönen lassen.
10 Erklärt dieses fünfzigste Jahr für heilig
und ruft Freiheit für alle Bewohner des Lan-
des aus! Es gelte euch als Jubeljahr. Jeder
von euch soll zu seinem Grundbesitz zurück-
kehren, jeder soll zu seiner Sippe heimkeh-
ren. 11 Dieses fünfzigste Jahr gelte euch als
Jubeljahr. Ihr sollt nicht säen, den Nach-

25,8–12 Das deutsche Wort »Jubel« kommt vom hebräischen jobél (= Widderhorn). Mit dem Widderhorn blies man Alarm, kündigte man aber auch freudige Ereignisse, Feste und Festzeiten an.

wuchs nicht abernten, die unbeschnittenen Weinstöcke nicht lesen. 12 Denn es ist ein Jubeljahr, es soll euch als heilig gelten. Vom Feld weg sollt ihr den Ertrag essen. 13 In diesem Jubeljahr soll jeder von euch zu seinem Besitz zurückkehren.

14 Wenn du deinem Stammesgenossen etwas verkaufst oder von ihm etwas kaufst, sollt ihr einander nicht übervorteilen. 15 Kaufst du von deinem Stammesgenossen, so berücksichtige die Zahl der Jahre nach dem Jubeljahr; verkauft er dir, dann soll er die noch ausstehenden Ertragsjahre berücksichtigen. 16 Je höher die Anzahl der Jahre, desto höher berechne den Kaufpreis; je geringer die Anzahl der Jahre, desto weniger verlang von ihm; denn es ist die Zahl von Ernteerträgen, die er dir verkauft. 17 Ihr sollt einander nicht übervorteilen. Fürchte deinen Gott; denn ich bin der Herr, euer Gott. 18 Ihr sollt meine Satzungen befolgen und auf meine Vorschriften achten und sie ausführen; dann werdet ihr im Land in Sicherheit wohnen. 19 Das Land wird seine Frucht geben, ihr werdet euch satt essen und in Sicherheit darin wohnen.

20 Wenn ihr aber fragt: Was sollen wir im siebten Jahr essen, wenn wir nicht säen und unseren Ertrag nicht ernten dürfen? – 21 Seht, ich werde für euch im sechsten Jahr meinen Segen aufbieten und er wird den Ertrag für drei Jahre geben. 22 Wenn ihr im achten Jahr sät, werdet ihr noch bis zum neunten Jahr vom alten Ertrag essen können; bis der Ertrag dieses Jahres kommt, werdet ihr vom alten essen können.

23 Das Land darf nicht endgültig verkauft werden; denn das Land gehört mir und ihr seid nur Fremde und Halbbürger bei mir. 24 Für jeden Grundbesitz sollt ihr ein Rückkaufrecht auf das Land gewähren. 25 Wenn dein Bruder verarmt und etwas von seinem Grundbesitz verkauft, soll sein Verwandter als Löser für ihn eintreten und den verkauften Boden seines Bruders auslösen. 26 Hat einer keinen Löser, hat er aber die nötigen Mittel für den Rückkauf selbst aufgebracht, 27 dann soll er die Jahre seit dem Verkauf anrechnen und den Restbetrag dem Käufer zurückzahlen; sein Grundbesitz fällt an ihn zurück. 28 Bringt er die nötigen Mittel für diese Ersatzleistung nicht auf, dann soll der verkaufte Grund bis zum Jubeljahr im Besitz des Käufers bleiben. Im Jubeljahr wird das Grundstück frei und es kommt wieder zu seinem Besitz.

29 Verkauft jemand ein Wohnhaus in einer ummauerten Stadt, so besteht das Rückkaufrecht bis zum Ablauf des Jahres, das dem Verkauf folgt; sein Rückkaufrecht ist zeitlich beschränkt. 30 Erfolgt der Rückkauf bis zum Ablauf des Jahres nicht, dann soll das Haus innerhalb der ummauerten Stadt dem Käufer und seinen Nachkommen endgültig verbleiben; er braucht es im Jubeljahr nicht zu verlassen. 31 Aber die Häuser in Dörfern, die nicht von Mauern umgeben sind, werden als Bestandteil des freien Feldes betrachtet; für sie besteht ein Rückkaufrecht und der Käufer muss es im Jubeljahr verlassen.

Sonderbestimmungen für die Leviten: 25,32–34

32 Für die Städte der Leviten, die Häuser der Städte, die ihr Erbbesitz sind, gilt: Die Leviten haben ein zeitlich unbegrenztes Rückkaufrecht. 33 Wenn einer von den Leviten auf Einlösung verzichtet, fällt im Jubeljahr das Haus in der Stadt als Erbbesitz zurück; denn die Häuser in den Städten der Leviten sind deren Eigentum mitten unter den Israeliten. 34 Das Weideland, das zu diesen Städten gehört, kann nicht verkauft werden; denn es ist zeitlich unbegrenzt ihr Eigentum.

Soziales Verhalten: 25,35–38

35 Wenn dein Bruder verarmt und sich neben dir nicht halten kann, sollst du ihn, auch einen Fremden oder Halbbürger, unterstützen, damit er neben dir leben kann. 36 Nimm von ihm keinen Zins und Wucher! Fürchte deinen Gott und dein Bruder soll neben dir leben können. 37 Du sollst ihm weder dein Geld noch deine Nahrung gegen Zins und Wucher geben. 38 Ich bin der Herr, euer Gott, der euch aus Ägypten herausgeführt hat, um euch Kanaan zu geben und euer Gott zu sein.

36: Ex 22,24; Dtn 23,20f.

Die Freilassung israelitischer Sklaven: 25,39–43

39 Wenn ein Bruder bei dir verarmt und sich dir verkauft, darfst du ihm keine Skla-

25,25 »Löser« ist der nächste haftpflichtige Blutsverwandte, der für die Vollstreckung der Blutrache, für die Leviratsehe (vgl. die Anmerkung zu Gen 38,12–26) und den Loskauf verschuldeter und darum in Schuldknechtschaft geratener Personen bzw. des verpfändeten Familienbesitzes zu sorgen hatte (vgl. Dtn 25,5f und Rut 2,20; 3,8 – 4,10).

25,33 Wenn einer von den Leviten auf Einlösung verzichtet: so nach Vg.

venarbeit auferlegen; 40 er soll dir wie ein
Lohnarbeiter oder ein Halbbürger gelten
und bei dir bis zum Jubeljahr arbeiten.
41 Dann soll er von dir frei weggehen, er und
seine Kinder, und soll zu seiner Sippe, zum
Eigentum seiner Väter zurückkehren.
42 Denn sie sind meine Knechte; ich habe sie
aus Ägypten herausgeführt; sie sollen nicht
verkauft werden, wie ein Sklave verkauft
wird. 43 Du sollst nicht mit Gewalt über ihn
herrschen. Fürchte deinen Gott!

39–43: Ex 21,2–11.

Die Sklaven aus fremden Völkern: 25,44–46

44 Die Sklaven und Sklavinnen, die euch
gehören sollen, kauft von den Völkern, die
rings um euch wohnen; von ihnen könnt ihr
Sklaven und Sklavinnen erwerben. 45 Auch
von den Kindern der Halbbürger, die bei
euch leben, aus ihren Sippen, die mit euch
leben, von den Kindern, die sie in eurem
Land gezeugt haben, könnt ihr Sklaven er-
werben. Sie sollen euer Eigentum sein 46 und
ihr dürft sie euren Söhnen vererben, damit
diese sie als dauerndes Eigentum besitzen;
ihr sollt sie als Sklaven haben. Aber was eure
Brüder, die Israeliten, angeht, so soll keiner
über den andern mit Gewalt herrschen.

Das Loskaufrecht israelitischer Sklaven bei Fremden: 25,47–54

47 Wenn ein Fremder oder ein Halbbürger
bei dir zu Vermögen kommt, aber dein Bru-
der von ihm wirtschaftlich abhängig wird
und sich ihm oder einem Nachkommen aus
der Familie eines Fremden verkauft, 48 dann
soll es, wenn er sich verkauft hat, für ihn ein
Loskaufrecht geben: Einer seiner Brüder soll
ihn auslösen. 49 Auslösen sollen ihn sein On-
kel, der Sohn seines Onkels oder sonst ein
Verwandter aus seiner Sippe. Falls seine
eigenen Mittel ausreichen, kann er sich
selbst loskaufen. 50 Er soll mit dem, der ihn
gekauft hat, die Jahre zwischen dem Ver-
kaufs- und dem Jubeljahr berechnen; die
Summe des Verkaufspreises soll auf die Zahl
der Jahre verteilt werden, wobei die ver-
brachte Zeit wie die eines Lohnarbeiters gilt.
51 Wenn noch viele Jahre abzudienen sind,
soll er ihrer Zahl entsprechend den Löse-
preis von seiner Kaufsumme absetzen.
52 Wenn nur noch wenige Jahre bis zum Ju-
beljahr übrig sind, soll er es ihm berechnen;
den Jahren entsprechend soll er den Löse-
preis bezahlen. 53 Er gelte wie ein Lohnar-
beiter Jahr um Jahr bei seinem Herrn; dieser
soll nicht vor deinen Augen mit Gewalt über
ihn herrschen. 54 Wenn er in der Zwischen-
zeit nicht losgekauft wird, soll er im Jubel-
jahr freigelassen werden, er und seine Kin-
der.

Abschließende Begründung: 25,55

55 Denn mir gehören die Israeliten als
Knechte, meine Knechte sind sie; ich habe
sie aus Ägypten herausgeführt, ich, der Herr,
euer Gott.

Segen und Fluch: 26,1–46

Die Grundforderungen Gottes: 26,1–2

26 Ihr sollt euch keine Götzen machen,
euch weder ein Gottesbild noch ein
Steinmal aufstellen und in eurem Land keine
Steine mit Bildwerken aufrichten, um euch
vor ihnen niederzuwerfen; denn ich bin der
Herr, euer Gott. 2 Ihr sollt auf meine Sabbate
achten und mein Heiligtum fürchten; ich bin
der Herr.

1: 19,4; Ex 20,4; Dtn 5,8.

Die Segenszusage für Gehorsam: 26,3–13

3 Wenn ihr nach meinen Satzungen han-
delt, auf meine Gebote achtet und sie be-
folgt, 4 so gebe ich euch Regen zur rechten
Zeit; die Erde liefert ihren Ertrag, und der
Baum des Feldes gibt seine Früchte; 5 die
Dreschzeit reicht bei euch bis zur Weinlese
und die Weinlese bis zur Aussaat. Ihr esst
euch satt an eurem Brot und wohnt in eurem
Land in Sicherheit. 6 Ich schaffe Frieden im
Land: Ihr legt euch nieder und niemand
schreckt euch auf. Ich lasse die Raubtiere
aus dem Land verschwinden. Kein Schwert
kommt über euer Land. 7 Verfolgt ihr eure
Feinde, so werden sie vor euren Augen dem
Schwert verfallen. 8 Fünf von euch werden
hundert verfolgen, hundert von euch werden
zehntausend verfolgen und eure Feinde wer-
den vor euren Augen dem Schwert verfallen.
9 Euch wende ich mich zu, mache euch
fruchtbar und zahlreich und halte meinen
Bund mit euch aufrecht. 10 Ihr werdet noch
von der alten Ernte zu essen haben und das

26,3–38 Im Alten Orient war es Brauch, Gesetzbücher und Verträge mit Flüchen und Segenssprüchen abzuschließen, um vor Missachtung der Gesetze oder vor Vertragsbruch abzuschrecken und zur Befolgung der Gesetze oder zur Vertragstreue anzuspornen. So schließt auch das »Heiligkeitsgesetz« hier und das ursprüngliche Deuteronomium in Dtn 28 mit Segen und Fluch.

Alte hinausschaffen müssen, um Platz für
das Neue zu haben. 11 Ich schlage meine
Wohnstätte in eurer Mitte auf und habe ge-
gen euch keine Abneigung. 12 Ich gehe in eu-
rer Mitte; ich bin euer Gott und ihr seid mein
Volk. 13 Ich bin der Herr, euer Gott, der euch
aus dem Land der Ägypter herausgeführt
hat, sodass ihr nicht mehr ihre Sklaven zu
sein braucht. Ich habe eure Jochstangen zer-
brochen und euch wieder aufrecht gehen las-
sen. 3–13: Dtn 28,1–14.

Strafandrohung und Fluch für Ungehorsam: 26,14–38

14 Aber wenn ihr auf mich nicht hört und
alle diese Gebote nicht befolgt, 15 wenn ihr
meine Satzungen missachtet, meine Vor-
schriften verabscheut und meinen Bund
brecht, indem ihr keines meiner Gebote be-
folgt, 16 so tue auch ich euch Folgendes an:
Ich biete gegen euch Bestürzung auf,
Schwindsucht und Fieber, die das Augen-
licht zum Verlöschen bringen und den Atem
ersticken. Ihr sät euer Saatgut vergeblich;
eure Feinde werden es verzehren. 17 Ich wen-
de mein Angesicht gegen euch und ihr wer-
det von euren Feinden geschlagen. Eure
Gegner treten euch nieder; ihr flieht, selbst
wenn euch niemand verfolgt.
18 Wenn ihr dann immer noch nicht auf
mich hört, fahre ich fort, euch zu züchtigen;
siebenfach züchtige ich euch für eure Sün-
den. 19 Ich breche eure stolze Macht und ma-
che euren Himmel wie Eisen und euer Land
wie Bronze. 20 Eure Kraft verbraucht sich
vergeblich, euer Land liefert keinen Ertrag
mehr und die Bäume im Land tragen keine
Früchte mehr. 21 Wenn ihr mir feindlich be-
gegnet und nicht auf mich hören wollt, wer-
de ich noch weitere Schläge über euch kom-
men lassen, siebenfach, wie es euren Sünden
entspricht. 22 Ich lasse auf euch die wilden
Tiere los, die euer Land entvölkern, euer
Vieh vernichten und euch an Zahl so verrin-
gern, dass eure Wege veröden.
23 Wenn ihr euch dadurch noch nicht war-
nen lasst und mir weiterhin feindlich begeg-
net, 24 begegne auch ich euch feindlich und
schlage auch ich euch siebenfach für eure
Sünden. 25 Ich lasse über euch das Schwert
kommen, das Rache für den Bund nehmen
wird. Zieht ihr euch in eure Städte zurück,
so sende ich die Pest in eure Mitte und ihr ge-
ratet in Feindeshand. 26 Ich entziehe euch
dann euren Vorrat an Brot, sodass zehn
Frauen euer Brot in einem einzigen Backofen
backen, dass man euch das Brot abgewogen
zuteilt und ihr euch nicht satt essen könnt.
27 Und wenn ihr daraufhin noch immer
nicht auf mich hört und mir immer noch
feindlich begegnet, 28 begegne auch ich euch
im Zorn und züchtige euch siebenfach für
eure Sünden. 29 Ihr esst das Fleisch eurer
Söhne und Töchter. 30 Ich vernichte eure
Kulthöhen, zerstöre eure Räucheraltäre,
häufe eure Leichen über die Leichen eurer
Götzen und verabscheue euch. 31 Ich mache
eure Städte zu Ruinen, verwüste eure Heilig-
tümer und will den beruhigenden Duft eurer
Opfer nicht mehr riechen. 32 Ich selbst ver-
wüste das Land; eure Feinde, die sich darin
niederlassen, werden darüber entsetzt sein.
33 Euch aber zerstreue ich unter die Völker
und zücke hinter euch das Schwert. Euer
Land wird zur Wüste und eure Städte wer-
den zu Ruinen. 34 Dann erhält das Land seine
Sabbate ersetzt, in der ganzen Zeit der Ver-
wüstung, während ihr im Land eurer Feinde
seid. Dann hat das Land Ruhe und erhält Er-
satz für seine Sabbate. 35 Während der gan-
zen Zeit der Verwüstung hat es Sabbatruhe,
die es an euren Sabbaten nicht hatte, als ihr
noch darin wohntet.
36 In das Herz derer, die von euch überle-
ben, bringe ich Angst in den Ländern ihrer
Feinde; das bloße Rascheln verwelkter Blät-
ter jagt sie auf und sie fliehen, wie man vor
dem Schwert flieht; sie fallen, ohne dass je-
mand sie verfolgt. 37 Sie stürzen übereinan-
der wie vor dem Schwert, ohne dass jemand
sie verfolgt. Ihr könnt vor euren Feinden
nicht standhalten, 38 ihr geht unter den Völ-
kern zugrunde und das Land eurer Feinde
frisst euch. 14–38: Dtn 28,15–68.

Umkehr und Vergebung: 26,39–45

39 Diejenigen von euch, die dann noch
überleben, siechen dahin in den Ländern eu-
rer Feinde wegen ihrer Sünden, auch wegen
der Sünden ihrer Väter, sodass sie, gleich ih-
nen, dahinsiechen. 40 Dann werden sie die
Schuld eingestehen, die sie selbst und ihre
Väter begangen haben durch ihren Treu-
bruch und auch dadurch, dass sie mir feind-
lich begegnet sind, 41 sodass auch ich ihnen
feindlich begegnete und sie in das Land ihrer

26,26 Ich entziehe ihnen ihren Vorrat an Brot, wörtlich: Ich zerbreche ihnen den Brotstab; gemeint ist der Holzpflock an der Wand, auf dem die ringförmigen Brote hängen.

26,34 Der Vers bezieht sich auf das Sabbatjahr, in dem das Ackerland brachliegen, also Ruhe haben sollte (vgl. 25,2–7).

Feinde führte. Ihr unbeschnittenes Herz muss sich dann beugen und ihre Sünden müssen sie sühnen. 42 Dann werde ich meines Bundes mit Jakob gedenken, meines Bundes mit Isaak und meines Bundes mit Abraham und ich werde meines Landes gedenken. 43 Das Land aber muss von ihnen verlassen werden und seine Sabbate ersetzt bekommen, indem es ohne seine Bewohner verödet daliegt. Sie sollen ihre Schuld sühnen, weil sie immer wieder meine Vorschriften missachtet und meine Satzungen verabscheut haben. 44 Aber selbst wenn sie im Land ihrer Feinde sind, werde ich sie nicht missachten und sie nicht verabscheuen, um ihnen etwa ein Ende zu machen und meinen Bund mit ihnen zu widerrufen; denn ich bin der Herr, ihr Gott. 45 Ich werde zu ihren Gunsten des Bundes mit den früheren Generationen gedenken, die ich vor den Augen der Völker aus Ägypten herausgeführt habe, um ihr Gott zu sein, ich, der Herr.

Schluss des Heiligkeitsgesetzes: 26,46

46 Das sind die Satzungen, Vorschriften und Gesetze, die der Herr zwischen sich und den Israeliten auf dem Sinai durch die Vermittlung des Mose erlassen hat.

DIE ABLÖSUNG VON GELÜBDEN UND WEIHEGABEN: 27,1–34

Bei Personen: 27,1–8

27 Der Herr sprach zu Mose: 2 Rede zu den Israeliten und sag zu ihnen: Will jemand ein Gelübde für den Herrn einlösen, das er nach dem üblichen Wert einer Person abgelegt hat, 3 so gilt für einen Mann zwischen zwanzig und sechzig Jahren ein Schätzwert von fünfzig Silberschekel, nach dem Schekelgewicht des Heiligtums, 4 für eine Frau ein Schätzwert von dreißig Schekel, 5 für einen Jugendlichen zwischen fünf und zwanzig Jahren, wenn es ein Junge ist, ein Schätzwert von zwanzig Schekel, wenn es ein Mädchen ist, ein Schätzwert von zehn Schekel, 6 für einen Knaben zwischen einem Monat und fünf Jahren ein Schätzwert von fünf und für ein Mädchen ein Schätzwert von drei Silberschekel, 7 für einen Mann von sechzig und mehr Jahren ein Schätzwert von fünfzehn und für eine Frau ein Schätzwert von zehn Schekel. 8 Ist derjenige, der das Gelübde gemacht hat, nicht in der Lage, den Schätzwert zu entrichten, dann soll er die Person dem Priester vorstellen. Dieser soll den Schätzwert nach Maßgabe dessen, was der Gelobende aufbringen kann, feststellen.

Bei Tieren: 27,9–13

9 Handelt es sich um Tiere, die man für den Herrn als Opfergabe darbringen kann, so wird jedes Tier, das man dem Herrn gibt, etwas Heiliges. 10 Man darf es weder auswechseln noch vertauschen, nicht ein gutes gegen ein schlechtes oder ein schlechtes gegen ein gutes geben. Wenn man aber doch ein Tier gegen ein anderes vertauscht, so wird sowohl das eine als auch das andere etwas Heiliges. 11 Handelt es sich um ein unreines Tier, von dem man keine Opfergabe für den Herrn darbringen darf, soll man das Tier dem Priester vorführen, 12 und dieser soll den Durchschnittswert feststellen; an seine Schätzung soll man sich halten. 13 Will man es auslösen, so soll man den Schätzwert um ein Fünftel erhöhen.

Bei Häusern: 27,14–15

14 Will man sein Haus dem Herrn weihen, so soll es der Priester schätzen, indem er seinen Durchschnittswert feststellt. Man halte sich an die Schätzung des Priesters. 15 Will der Mann, der das Haus gelobt hat, es auslösen, so soll er ein Fünftel des Geldes zum Schätzwert hinzufügen und es soll wieder ihm gehören.

Bei Grundstücken: 27,16–24

16 Weiht ein Mann eines von seinen Erbgrundstücken dem Herrn, so soll der Schätzwert seines Saatgutes geschätzt werden. Ein Hómer Saatgerste entspricht fünfzig Silberschekeln. 17 Weiht jemand das Feld vom Jubeljahr an, so halte man sich an diesen Schätzwert; 18 weiht er es aber nach dem Ju-

---

27,1–8 Diese Bestimmung geht vielleicht auf einen alten Brauch zurück, Personen aus der eigenen Sippe aufgrund eines in Notzeiten abgelegten Gelübdes dem Heiligtum zu weihen, d. h. zur Dienstleistung zu übergeben (vgl. 1 Sam 1,11.23–28). Konnte man sich später von der Person nicht trennen, musste man sie gegen Geld auslösen.

27,13.15.27 Der Zuschlag von einem Fünftel zum Schätzwert ist wohl als Buße für die Zurücknahme des Gelübdes gedacht.

beljahr, soll ihm der Priester den Preis ent-
sprechend der bis zum nächsten Jubeljahr
ausstehenden Jahre berechnen und vom
Schätzwert abziehen. 19 Will derjenige, der
das Feld geweiht hat, es wieder auslösen, soll
er ein Fünftel des Geldes zum Schätzwert
hinzufügen, und es soll wieder ihm gehören.
20 Löst er es nicht aus, verkauft es aber einem
anderen, so kann es nicht mehr ausgelöst
werden, 21 und das Feld wird, wenn es im Ju-
beljahr frei wird, etwas Heiliges für den
Herrn, wie ein Feld, das geweihtes Gut ist.
Es wird Eigentum des Priesters. 22 Wenn je-
mand dem Herrn ein Feld weiht, das er er-
worben hat und das nicht zu seinem Erbbe-
sitz gehört, 23 berechne der Priester den
Schätzwert mit Rücksicht auf die Zeit bis
zum Jubeljahr und der Mann bezahle die
Summe am selben Tag als etwas Heiliges für
den Herrn. 24 Im Jubeljahr soll das Feld an
den Verkäufer zurückfallen, dem es als
ererbter Landbesitz gehört.

24: 25,23–28.

Das Maß der Schätzung: 27,25

25 Jede Schätzung bei dir soll nach dem
Schekelgewicht des Heiligtums erfolgen:
Zwanzig Gera entsprechen einem Schekel.

Sonderfälle: 27,26–33

26 Eine Erstgeburt beim Vieh, die als Erst-
lingsgabe dem Herrn gehört, kann man nicht
weihen, weder ein Rind noch ein Schaf; denn
es gehört schon dem Herrn. 27 Aber wenn es
die Erstgeburt eines unreinen Tiers ist, kann
man es um den um ein Fünftel erhöhten
Schätzwert auslösen. Wird das Tier nicht
ausgelöst, soll es nach dem Schätzwert ver-
kauft werden. 28 Aber nichts von dem, was
ein Mann von seinem Eigentum an Men-
schen, Vieh und Feldbesitz als Banngut dem
Herrn geweiht hat, darf verkauft oder ausge-
löst werden. Alles Banngut ist etwas Hoch-
heiliges; es gehört dem Herrn. 29 Kein
menschliches Wesen, das als Banngut ge-
weiht wird, kann zurückgekauft werden;
man muss es töten. 30 Jeder Zehnt des Lan-
des, der vom Ertrag des Landes oder von den
Baumfrüchten abzuziehen ist, gehört dem
Herrn; es ist etwas Heiliges für den Herrn.
31 Will ein Mann einen Teil seines Zehnten
auslösen, muss er ein Fünftel dazuzahlen.
32 Jeder Zehnt an Rind, Schaf und Ziege ist
dem Herrn geweiht, jedes zehnte Stück von
allem, was unter dem Hirtenstab hindurch-
geht. 33 Man soll nicht zwischen dem Guten
und dem Schlechten unterscheiden und kei-
nen Tausch vornehmen. Wenn man es den-
noch tut, werden das Tier und das mit ihm
vertauschte Tier etwas Heiliges; es darf nicht
ausgelöst werden.

Abschluss: 27,34

34 Das sind die Gebote, die der Herr dem
Mose für die Israeliten auf dem Sinai gege-
ben hat.

Das Buch Numeri

Das vierte Buch des Pentateuch trägt in der lateinischen Bibel den Namen Numeri (Zählungen), weil es mit der Zählung bzw. Musterung der wehrfähigen Israeliten beginnt. Die Juden nennen das Buch Bemidbar (In der Wüste), nach einem der ersten Worte. Die Geschichtsdarstellung behandelt zunächst bis 10,10 noch die Vorgänge am Sinai. Der Anfang des Buches ist aber dennoch gut gewählt, weil es sich bei der Musterung und den folgenden Anordnungen überwiegend um Vorgänge handelt, die den Aufbruch vom Sinai vorbereiten.

Die Kapitel 1 – 4 haben neben der Musterung der Wehrfähigen (Kap. 1) die Ordnung der Stämme im Lager und auf dem Marsch (Kap. 2) und die Zählung der Levitengeschlechter (Kap. 3 und 4) zum Inhalt. Es folgen verschiedene andere Vorschriften: Ausweisung von Unreinen aus dem Lager, Abgaben ans Heiligtum, Eifersuchtsordal (Kap. 5), Vorschriften über Nasiräer und Priestersegen (Kap. 6). Die Kapitel 7 – 9 hängen nur lose mit dem Aufbruchthema zusammen; hier geht es um Dinge, die das Heiligtum und seine Versorgung unterwegs betreffen: die Weihegaben der Stammesführer (Kap. 7); der Dienst der Leviten auf dem Marsch und im Lager, die Pascha-Ordnung für besondere Fälle, die Wolkensäule über dem Heiligtum im Lager und beim Aufbruch (Kap. 8 und 9); die Trompetensignale für Aufbruch, Krieg und Fest (10,1–10). Der Rest des Buches (10,11 – 36,13) stellt die Geschehnisse auf der Wüstenwanderung vom Sinai zum Jordan bis kurz vor dem Einzug in Kanaan dar. Doch sind in den Geschichtsablauf immer wieder, wie im Buch Exodus, Gesetzestexte und Listen eingeschoben.

In der Geschichtsdarstellung sind dieselben drei literarischen Schichten nachweisbar wie in den Büchern Genesis und Exodus. An Einzelereignissen werden erzählt: das Murren des Volkes gegen Mose, die Klage des Mose über die ihm von Gott auferlegte Last, die Entlastung des Mose durch die Ausgießung des Geistes auf die Ältesten und das Wachtelwunder (Kap. 11); die Auflehnung der eigenen Geschwister gegen Mose (Kap. 12); der Kundschafterbericht (Kap. 13 und 14); der Aufruhr Korachs, Datans und Abirams (Kap. 16 und 17); das Wasserwunder, der Tod Mirjams und Aarons (Kap. 20); die kupferne Schlange, die Kämpfe mit den Völkern östlich des Jordan (Kap. 21); der Seher Bileam (Kap. 22 – 24); die Tat des Pinhas (Kap. 25); die Berufung Josuas (27,12–23); der Krieg gegen die Midianiter (Kap. 31); die Landzuteilung an die ostjordanischen Stämme (Kap. 32). Ein Verzeichnis der Lagerstätten schließt den Bericht über den Wüstenzug ab (Kap. 33). In den Bericht eingeschaltet und am Schluss des Buches angehängt sind Texte, die die Gesetze vom Sinai ergänzen (Kap. 15; 18 und 19; 27,1–11; 28 – 30; 36), Anweisungen für die Verteilung Kanaans an die Stämme und über die Leviten- und Asylstädte (Kap. 33 – 35). Die Darstellung des Wüstenzugs hat einmal mit dem Bericht über den Tod des Mose geschlossen, doch wurde dieser Bericht an den Schluss des Deuteronomiums verschoben, als dieses Buch den anderen Mosebüchern angefügt wurde (vgl. die Einleitung zu Dtn).

Die Geschichtsdarstellung und die Gesetze im Buch Numeri sollen Israel an die verhängnisvollen Folgen des Murrens gegen Gott, des Aufbegehrens gegen Mose und gegen die priesterliche Kultordnung, des Götzendienstes und des mangelnden Vertrauens gegen den Bundesgott erinnern. Sie zeigen, dass Gott von seinem Volk auch in Zeiten der Not Treue erwartet und bei Versagen des Volkes schwere Strafen verhängt, dass er aber auch zur Vergebung bereit ist, wenn sich Fürsprecher wie Mose für ihr Volk einsetzen. Wie Gott Israel durch die Wüste geführt hat, so wird er es auch weiter durch die Geschichte führen.

AUS DEM PRIESTERGESETZ: 1,1 – 10,10

Die Volks- und Heeresordnung: 1,1–54

1 Am ersten Tag des zweiten Monats im zweiten Jahr nach dem Auszug aus Ägypten sprach der Herr in der Wüste Sinai im Offenbarungszelt zu Mose: 2 Ermittelt die Gesamtzahl der Israeliten in der Gemeinde, geordnet nach Sippenverbänden und Großfamilien; zählt mit Namen alle Männer, 3 die zwanzig Jahre und älter sind, alle wehrfähigen Israeliten. Mustert sie für ihre Heeresverbände, du und Aaron! 4 Aus jedem Stamm soll euch dabei ein Mann helfen, und zwar jeweils das Haupt einer Großfamilie. 5 Das sind die Namen der Männer, die euch helfen sollen: aus Ruben Elizur, der Sohn Schedëurs; 6 aus Simeon Schelumiël, der Sohn Zurischaddais; 7 aus Juda Nachschon, der Sohn Amminadabs; 8 aus Issachar Netanel, der Sohn Zuars; 9 aus Sebulon Eliab, der Sohn Helons; 10 von den Nachkommen Josefs: aus Efraim Elischama, der Sohn Ammihuds, und aus Manasse Gamliël, der Sohn Pedazurs; 11 aus Benjamin Abidan, der Sohn

1,2 Die soziale Schichtung Israels stammt aus der Nomadenzeit der israelitischen Stämme. Israel gliedert sich in Stämme, Sippen, Großfamilien (wörtlich: Vaterhäuser) und Einzelfamilien. Solange der Vater lebt, ist er das Haupt der Großfamilie und hat die Verfügungsgewalt über seine Söhne, selbst wenn sie schon eigene Kinder haben. Am deutlichsten zeigt das Vorgehen beim Losentscheid in Jos 7,16–20, dass die Großfamilie von der Familie des einzelnen verheirateten Mannes zu unterscheiden ist.

Gidonis; 12 aus Dan Ahiëser, der Sohn Ammischaddais; 13 aus Ascher Pagiël, der Sohn Ochrans; 14 aus Gad Eljasaf, der Sohn Reguëls; 15 aus Naftali Ahira, der Sohn Enans. 16 Das sind die von der Gemeinde berufenen Anführer der Stämme ihrer Väter, die Befehlshaber der Tausendschaften Israels.

17 Mose und Aaron nahmen diese namentlich genannten Männer 18 und versammelten die ganze Gemeinde am ersten Tag des zweiten Monats. Dann ermittelte man die Abstammung aller Männer von zwanzig Jahren und darüber; man zählte sie namentlich, geordnet nach Sippen und Großfamilien. 19 Wie der Herr es Mose befohlen hatte, so musterte man sie in der Wüste Sinai.

20 Zuerst kamen die Nachkommen Rubens, des Erstgeborenen Israels: Man ermittelte ihre Geschlechterfolge nach Sippen und Großfamilien und zählte mit Namen alle Männer von zwanzig Jahren und darüber, alle Wehrfähigen. 21 Die Zahl der aus dem Stamm Ruben Gemusterten betrug 46 500 Mann.

22 Sodann die Simeoniter: Man ermittelte ihre Geschlechterfolge nach Sippen und Großfamilien und zählte mit Namen alle Männer von zwanzig Jahren und darüber, alle Wehrfähigen. 23 Die Zahl der aus dem Stamm Simeon Gemusterten betrug 59 300 Mann.

24 Sodann die Gaditer: Man ermittelte ihre Geschlechterfolge nach Sippen und Großfamilien und zählte mit Namen alle wehrfähigen Männer von zwanzig Jahren und darüber. 25 Die Zahl der aus dem Stamm Gad Gemusterten betrug 45 650 Mann.

26 Sodann die Nachkommen Judas: Man ermittelte ihre Geschlechterfolge nach Sippen und Großfamilien und zählte mit Namen alle wehrfähigen Männer von zwanzig Jahren und darüber. 27 Die Zahl der aus dem Stamm Juda Gemusterten betrug 74 600 Mann.

28 Sodann die Issachariter: Man ermittelte ihre Geschlechterfolge nach Sippen und Großfamilien und zählte mit Namen alle wehrfähigen Männer von zwanzig Jahren und darüber. 29 Die Zahl der aus dem Stamm Issachar Gemusterten betrug 54 400 Mann.

30 Sodann die Sebuloniter: Man ermittelte ihre Geschlechterfolge nach Sippen und Großfamilien und zählte mit Namen alle wehrfähigen Männer von zwanzig Jahren und darüber. 31 Die Zahl der aus dem Stamm Sebulon Gemusterten betrug 57 400 Mann.

32 Sodann die Nachkommen Josefs, zuerst die Efraimiter: Man ermittelte ihre Geschlechterfolge nach Sippen und Großfamilien und zählte mit Namen alle wehrfähigen Männer von zwanzig Jahren und darüber. 33 Die Zahl der aus dem Stamm Efraim Gemusterten betrug 40 500 Mann.

34 Sodann die Manassiter: Man ermittelte ihre Geschlechterfolge nach Sippen und Großfamilien und zählte mit Namen alle wehrfähigen Männer von zwanzig Jahren und darüber. 35 Die Zahl der aus dem Stamm Manasse Gemusterten betrug 32 200 Mann.

36 Sodann die Benjaminiter: Man ermittelte ihre Geschlechterfolge nach Sippen und Großfamilien und zählte mit Namen alle wehrfähigen Männer von zwanzig Jahren und darüber. 37 Die Zahl der aus dem Stamm Benjamin Gemusterten betrug 35 400 Mann.

38 Sodann die Daniter: Man ermittelte ihre Geschlechterfolge nach Sippen und Großfamilien und zählte mit Namen alle wehrfähigen Männer von zwanzig Jahren und darüber. 39 Die Zahl der aus dem Stamm Dan Gemusterten betrug 62 700 Mann.

40 Sodann die Ascheriter: Man ermittelte ihre Geschlechterfolge nach Sippen und Großfamilien und zählte mit Namen alle wehrfähigen Männer von zwanzig Jahren und darüber. 41 Die Zahl der aus dem Stamm Ascher Gemusterten betrug 41 500 Mann.

42 Sodann die Naftaliter: Man ermittelte ihre Geschlechterfolge nach Sippen und Großfamilien und zählte mit Namen alle wehrfähigen Männer von zwanzig Jahren und darüber. 43 Die Zahl der aus dem Stamm Naftali Gemusterten betrug 53 400 Mann.

44 Das waren die Gemusterten, die Mose und Aaron zusammen mit den Anführern Israels zählten; es waren zwölf Anführer, aus jedem Stamm einer, jeweils das Haupt einer Großfamilie. 45 So ergab sich die Gesamtzahl der gemusterten Israeliten, geordnet nach Großfamilien, also aller wehrfähigen Männer in Israel von zwanzig Jahren und darüber. 46 Als Gesamtzahl der Gemusterten ergab sich 60 3550 Mann. 47 Die aber, die dem Stamm ihrer Väter nach Leviten waren, wurden nicht gemustert.

48 Der Herr sprach zu Mose: 49 Unter den Israeliten sollst du nur den Stamm Levi nicht mustern und zählen. 50 Betrau die Leviten mit der Sorge für die Wohnstätte der Bundesurkunde, für ihre Geräte und für alles, was dazu gehört. Sie sollen die Wohn-

1,50 Zur Wohnstätte vgl. die Anmerkung zu Ex 25,9.

stätte und alle ihre Geräte tragen und sollen sie pflegen; sie sollen ihren Lagerplatz rings um die Wohnstätte haben. 51 Wenn die Wohnstätte weitergetragen werden soll, sollen die Leviten sie abbauen, und wenn die Wohnstätte das Lager bezieht, sollen die Leviten sie aufstellen. Wer ihr zu nahe kommt, ohne dazu befugt zu sein, wird mit dem Tod bestraft. 52 Im Lager soll jeder Israelit sein Zelt an der Stelle aufschlagen, zu der er gehört, und bei dem Feldzeichen, zu dem er gehört, also bei seiner Abteilung im Heer. 53 Die Leviten aber sollen ihr Lager rings um die Wohnstätte der Bundesurkunde aufschlagen, damit nicht der Zorn (Gottes) die Gemeinde der Israeliten trifft; die Leviten sollen auf die Anordnung über die Wohnstätte der Bundesurkunde achten.

54 Die Israeliten taten alles genau so, wie es der Herr dem Mose befohlen hatte. So machten sie es.

1–54 ‖ 26,1–65.

Die Ordnung im Lager und auf dem Marsch: 2,1–34

2 Der Herr sprach zu Mose und Aaron: 2 Alle Israeliten sollen bei ihren Feldzeichen lagern, jede Großfamilie mit einer eigenen Fahne. Sie sollen rings um das Offenbarungszelt so lagern, dass es jeder vor sich hat. 3 Vorne, nach Osten hin, ist das Lager Judas mit seinem Feldzeichen, geordnet nach Abteilungen. Befehlshaber der Nachkommen Judas ist Nachschon, der Sohn Amminadabs; 4 sein Heer zählt im Ganzen 74 600 gemusterte Männer. 5 Daran anschließend ist das Lager des Stammes Issachar; Befehlshaber der Issachariter ist Netanel, der Sohn Zuars; 6 sein Heer zählt im Ganzen 54 400 gemusterte Männer. 7 Dann folgt der Stamm Sebulon; Befehlshaber der Sebuloniter ist Eliab, der Sohn Helons; 8 sein Heer zählt im Ganzen 57 400 gemusterte Männer. 9 Die Gesamtzahl der Gemusterten, die zum Lager Judas gehören, beträgt 186 400 Mann, geordnet nach Abteilungen. Sie brechen als Erste auf.

10 Im Süden ist das Lager Rubens mit seinem Feldzeichen, geordnet nach Abteilungen. Befehlshaber der Rubeniter ist Elizur, der Sohn Schedëurs; 11 sein Heer zählt im Ganzen 46 500 gemusterte Männer. 12 Daran anschließend ist das Lager des Stammes Simeon; Befehlshaber der Simeoniter ist Schelumiël, der Sohn Zurischaddais; 13 sein Heer zählt im Ganzen 59 300 gemusterte Männer. 14 Dann folgt der Stamm Gad; Befehlshaber der Gaditer ist Eljasaf, der Sohn Reguëls; 15 sein Heer zählt im Ganzen 45 650 gemusterte Männer. 16 Die Gesamtzahl der Gemusterten, die zum Lager Rubens gehören, beträgt 151 450 Mann, geordnet nach Abteilungen. Sie brechen als Zweite auf.

17 Dann bricht das Offenbarungszelt auf und das Lager der Leviten, das in der Mitte der Lager liegt. Wie sie lagern, so brechen sie auf, jeder an seiner Stelle, nach Feldzeichen geordnet.

18 Im Westen ist das Lager Efraims mit seinem Feldzeichen, geordnet nach Abteilungen. Befehlshaber der Efraimiter ist Elischama, der Sohn Ammihuds; 19 sein Heer zählt im Ganzen 40 500 gemusterte Männer. 20 Daran anschließend kommt der Stamm Manasse; Befehlshaber der Manassiter ist Gamliël, der Sohn Pedazurs; 21 sein Heer zählt im Ganzen 32 200 gemusterte Männer. 22 Dann folgt der Stamm Benjamin; Befehlshaber der Benjaminiter ist Abidan, der Sohn Gidonis; 23 sein Heer zählt im Ganzen 35 400 gemusterte Männer. 24 Die Gesamtzahl der Gemusterten, die zum Lager Efraims gehören, beträgt 108 100 Mann, geordnet nach Abteilungen. Sie brechen als Dritte auf.

25 Im Norden ist das Lager Dans mit seinem Feldzeichen, geordnet nach Abteilungen. Befehlshaber der Daniter ist Ahiëser, der Sohn Ammischaddais; 26 sein Heer zählt im Ganzen 62 700 gemusterte Männer. 27 Daran anschließend ist das Lager des Stammes Ascher; Befehlshaber der Ascheriter ist Pagiël, der Sohn Ochrans; 28 sein Heer zählt im Ganzen 41 500 gemusterte Männer. 29 Dann folgt der Stamm Naftali; Befehlshaber der Naftaliter ist Ahira, der Sohn Enans; 30 sein Heer zählt im Ganzen 53 400 gemusterte Männer. 31 Die Gesamtzahl der Gemusterten, die zum Lager Dans gehören, beträgt 157 600 Mann. Sie brechen als Letzte auf, nach Feldzeichen geordnet.

32 Das sind also die gemusterten Israeliten, geordnet nach Großfamilien. Die Gesamtzahl der Gemusterten im Lager, geordnet nach Abteilungen, beträgt 603 550 Mann. 33 Die Leviten wurden, wie der Herr es Mose befohlen hatte, unter den Israeliten nicht gemustert. 34 Die Israeliten führten alles aus, was der Herr dem Mose befohlen hatte; sie lagerten geordnet nach ihren Feldzeichen und so brachen sie auch auf, jeder in seiner Sippe und bei seiner Großfamilie.

Die Musterung der Priester- und Levitengeschlechter: 3,1 – 4,49

3 Das ist die Geschlechterfolge nach Aaron und Mose, zu der Zeit, als der

Herr mit Mose auf dem Sinai redete. 2 Das
waren die Namen der Söhne Aarons: Nadab
als Erstgeborener, dann Abihu, Eleasar und
Itamar. 3 Das waren die Namen der Söhne
Aarons, der gesalbten Priester, die man ins
Priesteramt eingesetzt hatte. 4 Nadab und
Abihu waren vor den Augen des Herrn ge-
storben, als sie in der Wüste Sinai dem Herrn
ein unrechtmäßiges Feueropfer darbrachten.
Sie hatten keine Söhne und so versahen dann
Eleasar und Itamar unter der Aufsicht ihres
Vaters Aaron den Priesterdienst.

5 Der Herr sprach zu Mose: 6 Lass den
Stamm Levi vor dem Priester Aaron antre-
ten, damit sie ihm dienen. 7 Sie sollen auf sei-
ne Anordnungen achten und in der ganzen
Gemeinde vor dem Offenbarungszelt für
Ordnung sorgen, wenn sie an der Wohnstätte
Dienst tun. 8 Sie sollen alle Geräte des Offen-
barungszeltes in Ordnung halten und bei den
Israeliten für Ordnung sorgen, wenn sie an
der Wohnstätte Dienst tun. 9 Die Leviten
sollst du Aaron und seinen Söhnen zuweisen;
sie sollen unter den Israeliten ausschließlich
für den Dienst bei Aaron bestimmt sein.
10 Aaron und seine Söhne aber sollst du be-
auftragen, den Priesterdienst zu versehen.
Wer unbefugt daran teilnimmt, wird mit
dem Tod bestraft.

11 Der Herr sprach zu Mose: 12 Hiermit
nehme ich die Leviten als Ersatz für alle
erstgeborenen Israeliten, die den Mutter-
schoß durchbrechen. Die Leviten gehören
mir; 13 denn alle Erstgeborenen gehören mir.
Als ich in Ägypten alle Erstgeborenen er-
schlug, habe ich alle Erstgeborenen in Israel
mir geheiligt, bei den Menschen und beim
Vieh. Mir gehören sie; ich bin der Herr.

14 Der Herr sprach in der Wüste Sinai zu
Mose: 15 Mustere die Leviten nach ihren
Großfamilien und Sippen! Alle männlichen
Personen von einem Monat und darüber
sollst du mustern. 16 Da musterte sie Mose,
wie ihm durch den Mund des Herrn befohlen
worden war.

17 Das waren die Namen der Söhne Levis:
Gerschon, Kehat und Merari. 18 Die Namen
der Söhne Gerschons und ihrer Sippen wa-
ren Libni und Schimi, 19 die der Söhne Ke-
hats und ihrer Sippen Amram, Jizhar, He-
bron und Usiël, 20 die der Söhne Meraris und
ihrer Sippen Machli und Muschi. Das waren
die Sippen des Stammes Levi, geordnet nach
Großfamilien.

21 Zu Gerschon gehörten die Sippe der Lib-
niter und die Sippe der Schimiter; das waren
die Sippen der Gerschoniter. 22 Die Zahl ih-
rer gemusterten männlichen Personen von
einem Monat und darüber betrug im Ganzen
7500. 23 Die Sippen der Gerschoniter lager-
ten hinter der Wohnstätte gegen Westen.
24 Anführer der Großfamilie der Gerschoni-
ter war Eljasaf, der Sohn Laëls. 25 Die Ger-
schoniter hatten am Offenbarungszelt die
Sorge für die Wohnstätte und das Zelt, für
seine Decke und den Vorhang am Eingang
des Offenbarungszeltes, 26 für die Behänge
des Vorhofs, für den Vorhang am Eingang
des Vorhofs, der ringsum die Wohnstätte und
den Altar umgibt, und für die Zeltstricke, je
nachdem, wie es der Dienst erforderte.

27 Zu Kehat gehörten die Sippe der Amra-
miter, die Sippe der Jizhariter, die Sippe der
Hebroniter und die Sippe der Usiëliter; das
waren die Sippen der Kehatiter. 28 Die Zahl
der männlichen Personen von einem Monat
und darüber betrug im Ganzen 8600; sie hat-
ten am Heiligtum Dienst zu tun. 29 Die Sip-
pen der Kehatiter lagerten an der Südseite
der Wohnstätte. 30 Familienoberhaupt der
Sippen der Kehatiter war Elizafan, der Sohn
Usiëls. 31 Sie hatten die Sorge für die Lade,
den Tisch, den Leuchter, die Altäre, die hei-
ligen Geräte, mit denen sie ihren Dienst ver-
sahen, für den Vorhang und alles, was zu
diesem Dienst gehörte. 32 Der oberste Anfüh-
rer der Leviten war der Priester Eleasar, der
Sohn Aarons. Er war mit der Aufsicht derer
betraut, die am Heiligtum Dienst zu tun hat-
ten.

33 Zu Merari gehörten die Sippe der Mach-
liter und die Sippe der Muschiter; das waren
die Sippen der Merariter. 34 Die Zahl ihrer
gemusterten männlichen Personen von ei-
nem Monat und darüber betrug im Ganzen
6200. 35 Familienoberhaupt der Sippen der
Merariter war Zuriël, der Sohn Abihajils. Sie
lagerten an der Nordseite der Wohnstätte.
36 Die Söhne Meraris waren betraut mit der
Sorge für die Bretter der Wohnstätte, ihre
Querlatten, Säulen und Sockel, ihre Geräte
und alles, was zu diesem Dienst gehörte,
37 ferner für die Säulen des Vorhofs ringsum,
ihre Sockel, ihre Zeltpflöcke und Stricke.

38 Vor der Wohnstätte, an der Vorderseite,
östlich vom Offenbarungszelt, lagerten Mose
und Aaron mit seinen Söhnen. Sie hatten den
Dienst am Heiligtum zu tun, wie er den Is-
raeliten aufgetragen worden war. Wer unbe-
fugt daran teilnimmt, wird mit dem Tod
bestraft.

39 Die Gesamtzahl der Leviten, die Mose
und Aaron auf Befehl des Herrn musterten,
aller männlichen Personen von einem Monat
und darüber, nach Sippen geordnet, betrug
22 000.

40 Der Herr sprach zu Mose: Zähle alle
männlichen erstgeborenen Israeliten, die ei-

nen Monat und älter sind, stell ihre Zahl na-
mentlich fest! 41 Dann nimm für mich, für
mich, den Herrn, die Leviten als Ersatz für
alle erstgeborenen Israeliten entgegen, au-
ßerdem das Vieh der Leviten als Ersatz für
alle Erstlinge unter dem Vieh der Israeli-
ten!
42 Mose musterte alle erstgeborenen Israe-
liten, wie es ihm der Herr befohlen hatte.
43 Die Gesamtzahl der männlichen Erstgebo-
renen, die einen Monat und älter waren, be-
trug bei dieser namentlichen Zählung
22 273. 44 Dann sprach der Herr zu Mose:
45 Nimm die Leviten als Ersatz für alle erst-
geborenen Israeliten entgegen, außerdem
das Vieh der Leviten als Ersatz für das Vieh
der Israeliten! Die Leviten gehören mir, mir,
dem Herrn. 46 Es sind aber 273 erstgeborene
Israeliten mehr als Leviten; sie müssen aus-
gelöst werden. 47 Erheb für jeden fünf Sche-
kel; erheb sie nach dem Schekelgewicht des
Heiligtums, den Schekel zu zwanzig Gera.
48 Übergib das Geld Aaron und seinen Söh-
nen zur Auslösung der überzähligen Israeli-
ten! 49 Da erhob Mose das Lösegeld von de-
nen, die die Zahl der Leviten überstiegen
und deshalb auszulösen waren. 50 1365 Sil-
berschekel erhob Mose von den erstgebore-
nen Israeliten, nach dem Schekelgewicht des
Heiligtums, 51 und er übergab Aaron und sei-
nen Söhnen das Lösegeld, wie es ihm der
Herr befohlen hatte.

4 Der Herr sprach zu Mose und Aaron:
2 Ermittelt die Zahl der Kehatiter unter
den Leviten, geordnet nach Sippen und
Großfamilien, 3 zählt alle Wehrfähigen zwi-
schen dreißig und fünfzig Jahren! Sie sollen
im Offenbarungszelt tätig sein. 4 Die Kehati-
ter haben im Offenbarungszelt das Hochhei-
lige zu betreuen. 5 Beim Aufbruch gehen
Aaron und seine Söhne hinein, nehmen die
Vorhangdecke ab und hüllen damit die Lade
der Bundesurkunde ein. 6 Darüber legen sie
eine Decke aus Tahaschhaut, breiten darü-
ber ein Tuch, ganz aus violettem Purpur, und
bringen an der Lade die Stangen an. 7 Auch
über den Tisch der Schaubrote breiten sie
ein Tuch aus violettem Purpur. Darauf legen
sie die Schüsseln, die Schalen, die Krüge und
die Kannen für das Trankopfer; auch die
Schaubrote sollen darauf sein. 8 Dann brei-
ten sie darüber ein karmesinrotes Tuch,
bedecken es mit einer Tahaschhaut und
bringen die dazugehörenden Stangen an.
9 Weiter nehmen sie ein Tuch aus violettem
Purpur und hüllen damit den Leuchter ein,
auch seine einzelnen Lampen, die Docht-
scheren und Pfannen und alle Ölbehälter, die
man für den Leuchter braucht. 10 Ihn und
alle zu ihm gehörenden Geräte legen sie auf
eine Decke aus Tahaschhaut, dann legen sie
alles auf das Traggestell. 11 Über den golde-
nen Altar breiten sie ein Tuch aus violettem
Purpur, hüllen ihn in eine Decke aus Ta-
haschhaut und bringen seine Stangen an.
12 Dann nehmen sie alle zum Dienst im Hei-
ligtum erforderlichen Geräte, legen sie auf
ein Tuch aus violettem Purpur, hüllen sie in
eine Decke aus Tahaschhaut und legen sie
auf das Traggestell. 13 Sie säubern den Altar
von der Fett-Asche und breiten ein Tuch aus
rotem Purpur über ihn. 14 Auf den Altar le-
gen sie alle Geräte, die man für den Altar-
dienst braucht, die Pfannen, Gabeln, Schau-
feln und Schalen, alle Altargeräte; darüber
breiten sie eine Hülle aus Tahaschhaut und
bringen die Altarstangen an. 15 Erst wenn
Aaron und seine Söhne beim Aufbruch des
Lagers mit dem Verhüllen des Heiligtums
und aller heiligen Geräte fertig sind, kom-
men die Kehatiter und übernehmen den Trä-
gerdienst. Sie dürfen aber das Heilige nicht
berühren, sonst müssen sie sterben. Das ist
die Aufgabe, die die Kehatiter am Offenba-
rungszelt als Träger haben. 16 Der Priester
Eleasar, der Sohn Aarons, hat die Verant-
wortung für das Öl des Leuchters, das duf-
tende Räucherwerk, das ständige Speiseop-
fer und das Salböl, die Verantwortung für
die ganze Wohnstätte und für alles, was es
darin an Heiligem und an Geräten gibt.
17 Der Herr sprach zu Mose und Aaron:
18 Sorgt dafür, dass die Sippen des Stammes
der Kehatiter nicht aus dem Kreis der Levi-
ten ausgerottet werden. 19 Damit sie am Le-
ben bleiben und nicht wegen Berührung des
Hochheiligen sterben, sollt ihr so verfahren:
Aaron und seine Söhne sollen kommen und
jedem von ihnen anweisen, was er zu tun und
zu tragen hat. 20 Dann ist es nicht möglich,
dass sie hineingehen und das Heilige auch
nur für einen Augenblick sehen, und sie wer-
den nicht sterben.
21 Der Herr sprach zu Mose: 22 Ermittle
auch die Zahl der Gerschoniter, geordnet
nach Großfamilien und Sippen! 23 Du sollst
sie mustern für den Dienst am Offenba-
rungszelt, alle wehrfähigen Männer zwi-
schen dreißig und fünfzig Jahren. 24 Die Sip-
pen der Gerschoniter haben folgende Pflich-
ten als Diener und Träger: 25 Sie tragen die
Zelttücher der Wohnstätte und das Offenba-
rungszelt, seine Decke, die Tahaschdecke,
die darüber liegt, und den Vorhang am Ein-
gang des Offenbarungszeltes, 26 ferner die
Behänge des Vorhofs, den Vorhang am Tor-
eingang des Vorhofs, der rings um die Wohn-
stätte und um den Altar liegt, die dazugehö-

renden Stricke und alle Geräte, die sie zu ih-
rer Arbeit brauchen; sie sollen alle Arbeiten
verrichten, die daran auszuführen sind.
27 Der ganze Dienst der Gerschoniter soll
nach der Anweisung Aarons und seiner Söh-
ne geschehen, die ihnen alles sagen, alles,
was sie zu tragen und zu tun haben. Beauf-
tragt sie mit dem gesamten Trägerdienst!
28 Das ist die Aufgabe der Gerschoniter am
Offenbarungszelt. Die Aufsicht über ihren
Dienst hat der Priester Itamar, der Sohn
Aarons.

29 Ferner sollst du die Merariter mustern,
geordnet nach Sippen und Großfamilien.
30 Du sollst sie mustern für den Dienst am
Offenbarungszelt, alle wehrfähigen Männer
zwischen dreißig und fünfzig Jahren. 31 Das
sind ihre Pflichten und einzelnen Aufgaben
als Träger beim Offenbarungszelt: Sie haben
die Bretter der Wohnstätte zu tragen, ihre
Querlatten, Säulen und Sockel, 32 die Säulen
des Vorhofs ringsum, ihre Sockel, Zelt-
pflöcke und Stricke sowie alle Geräte, die sie
zur Erfüllung ihrer Aufgaben brauchen. Ihr
sollt jedem die Gegenstände einzeln zuwei-
sen, die sie zu tragen haben. 33 Das ist im
Ganzen die Aufgabe der Sippen der Merari-
ter am Offenbarungszelt. Die Aufsicht über
sie hat der Priester Itamar, der Sohn Aa-
rons.

34 Mose, Aaron und die Anführer der Ge-
meinde musterten die Kehatiter, geordnet
nach Sippen und Großfamilien, 35 für den
Dienst am Offenbarungszelt, alle wehrfähi-
gen Männer zwischen dreißig und fünfzig
Jahren. 36 Die Zahl der nach Sippen gemus-
terten Männer betrug 2750. 37 Das waren die
in den Sippen der Kehatiter Gemusterten,
alle, die am Offenbarungszelt Dienst zu tun
hatten. Mose und Aaron hatten sie gemus-
tert, wie es der Herr durch Mose befohlen
hatte.

38 Bei den Gerschonitern betrug die Zahl
der nach Sippen und Großfamilien für den
Dienst am Offenbarungszelt Gemusterten,
39 die Zahl aller wehrfähigen Männer zwi-
schen dreißig und fünfzig Jahren, 40 die, ge-
ordnet nach Sippen und Großfamilien, ge-
mustert worden waren, 2630. 41 Das waren
die in den Sippen der Gerschoniter Gemus-
terten, alle, die am Offenbarungszelt Dienst
zu tun hatten. Mose und Aaron hatten sie auf
Befehl des Herrn gemustert.

42 Bei den Sippen der Merariter betrug die
Zahl der nach Sippen und Großfamilien zum
Dienst am Offenbarungszelt Gemusterten,
43 die Zahl aller wehrfähigen Männer zwi-
schen dreißig und fünfzig Jahren, 44 die, ge-
ordnet nach Sippen, gemustert worden wa-
ren, 3200. 45 Das waren die in den Sippen der
Merariter Gemusterten. Mose und Aaron
hatten sie gemustert, wie es der Herr durch
Mose befohlen hatte.

46 Die Gesamtzahl der Gemusterten, die
Mose, Aaron und die Anführer Israels bei
den Leviten, geordnet nach Sippen und
Großfamilien, gemustert hatten, 47 die Zahl
aller Männer zwischen dreißig und fünfzig
Jahren, die zur Erfüllung der Aufgaben und
Trägerdienste am Offenbarungszelt fähig
waren, 48 die Gesamtzahl dieser Gemuster-
ten betrug 8580. 49 Wie es der Herr durch
Mose befohlen hatte, so betraute man jeden
Einzelnen von ihnen mit seiner Aufgabe und
mit seinem Trägerdienst. Jedem wurde seine
Aufgabe zugewiesen, wie der Herr es Mose
befohlen hatte.

3,4: Lev 10,1–5 • 11–13: 3,41–45; 8,15–19; Ex 13,11–15; 34,20
• 40–45: 3,11–13.

Die Ausweisung der Unreinen: 5,1–4

5 Der Herr sprach zu Mose: 2 Befiehl den
Israeliten, jeden aus dem Lager zu
schicken, der an Aussatz oder an einem Aus-
fluss leidet, und jeden, der sich an einer Lei-
che verunreinigt hat. 3 Ob Mann oder Frau,
schickt sie weg, weist sie aus dem Lager hi-
naus! Sie sollen nicht das Lager unrein ma-
chen, in dem ich mitten unter ihnen wohne.
4 Die Israeliten taten, was der Herr gesagt
hatte, und schickten sie aus dem Lager. Wie
der Herr es Mose gesagt hatte, so machten
sie es.

Schadenersatz und Abgaben ans Heiligtum:
5,5–10

5 Der Herr sprach zu Mose: 6 Sag zu den Is-
raeliten: Wenn ein Mann oder eine Frau et-
was, was dem Herrn gehört, veruntreut hat,
also eine von den Sünden begangen hat, wie
sie bei Menschen vorkommen, dann ist die-
ser Mensch schuldig geworden. 7 Sie sollen
die Sünde, die sie begangen haben, beken-
nen und der Schuldige soll das, was er schul-
det, voll ersetzen und dem, an dem er schul-
dig geworden ist, noch ein Fünftel dazuge-
ben. 8 Wenn aber der Anspruchsberechtigte

5,1–4 Zur Unreinheit bei Aussatz vgl. die Anmerkung zu Lev 13,1–46 und die Einleitung zu Lev. – Alles, was mit dem Tod zusammenhängt, also auch Leichen und Gräber, wird für unrein erklärt, um den Totenkult, wie er bei den Nachbarvölkern üblich war, abzuwehren.

5,8 Zum Löser vgl. die Anmerkung zu Lev 25,25.

keinen Löser hat, dem der Schuldige Ersatz leisten könnte, dann gehört der geschuldete Betrag dem Herrn zugunsten des Priesters, ebenso wie der Sühnewidder, mit dem der Priester für ihn die Sühne erwirkt. 9 Dem Priester gehören auch alle Weihegeschenke, die die Israeliten zu ihm bringen. 10 Jeder kann selbst bestimmen, was er als Weihegeschenk geben will; was er aber dem Priester gibt, gehört dem Priester.

Das Eifersuchtsordal: 5,11–31

11 Der Herr sprach zu Mose: 12 Rede zu den Israeliten und sag ihnen: Angenommen, eine Frau gerät auf Abwege, sie wird ihrem Mann untreu, 13 und ein anderer Mann schläft mit ihr, ohne dass es ihr Mann merkt, angenommen also, sie ist unrein geworden, ohne dass es entdeckt wird, und es gibt keine Zeugen, weil sie nicht ertappt worden ist, 14 der Mann aber schöpft Verdacht und wird eifersüchtig auf seine Frau, die wirklich unrein geworden ist; angenommen aber auch, er schöpft Verdacht und wird auf seine Frau eifersüchtig, obwohl sie in Wirklichkeit nicht unrein geworden ist: 15 In einem solchen Fall soll der Mann seine Frau zum Priester bringen und soll zugleich die für sie vorgesehene Opfergabe mitbringen: ein zehntel Efa Gerstenmehl. Er darf kein Öl darauf gießen und keinen Weihrauch darauf streuen; denn es ist ein Eifersuchtsopfer, ein Opfer zur Ermittlung der Schuld. 16 Der Priester führt die Frau hinein und stellt sie vor den Herrn. 17 Er nimmt heiliges Wasser in einem Tongefäß; dann nimmt er etwas Staub vom Fußboden der Wohnstätte und streut ihn in das Wasser. 18 Dann stellt der Priester die Frau vor den Herrn, löst ihr Haar und legt ihr das Ermittlungsopfer, das heißt das Eifersuchtsopfer, in die Hände; der Priester aber hält das bittere, fluchbringende Wasser in der Hand. 19 Dann beschwört der Priester die Frau und sagt zu ihr: Wenn kein Mann mit dir geschlafen hat, wenn du deinem Mann nicht untreu gewesen, also nicht unrein geworden bist, dann wird sich deine Unschuld durch dieses bittere, fluchbringende Wasser erweisen. 20 Wenn du aber deinem Mann untreu gewesen, wenn du unrein geworden bist und wenn ein anderer als dein eigener Mann mit dir geschlafen hat – 21 und nun soll der Priester die Frau mit einem Fluch beschwören und zu ihr sprechen –, dann wird der Herr dich zum sprichwörtlichen Beispiel für einen Fluch und Schwur in deinem Volk machen. Der Herr wird deine Hüften einfallen und deinen Bauch anschwellen lassen. 22 Dieses fluchbringende Wasser wird in deine Eingeweide eindringen, so- dass dein Bauch anschwillt und deine Hüften einfallen. Darauf soll die Frau antworten: Amen, amen. 23 Der Priester aber schreibt diese Flüche auf und wischt die Schrift sodann in das bittere Wasser. 24 Dann gibt er der Frau das bittere, fluchbringende Wasser zu trinken, damit dieses Fluchwasser in sie eindringt und ihr bittere Schmerzen bereitet. 25 Der Priester nimmt aus der Hand der Frau das Eifersuchtsopfer, schwingt die Opfergabe vor dem Herrn hin und her und bringt sie so dar; dann legt er sie auf den Altar. 26 Der Priester nimmt von der Opfergabe eine Hand voll als Gedächtnisanteil weg und lässt ihn auf dem Altar in Rauch aufgehen. Dann erst lässt er die Frau das Wasser trinken.

27 Sobald er sie das Wasser hat trinken lassen, wird das fluchbringende Wasser in sie eindringen und bittere Schmerzen bewirken, falls sie unrein und ihrem Mann untreu geworden ist: Es wird ihren Bauch anschwellen und ihre Hüften einfallen lassen, sodass die Frau in ihrem Volk zum sprichwörtlichen Beispiel für einen Fluch wird. 28 Wenn sie aber nicht unrein geworden, sondern rein ist, dann wird sich zeigen, dass sie unschuldig ist, und sie kann weiterhin Kinder bekommen.

29 Das ist das Eifersuchtsgesetz für den Fall, dass eine Frau ihren Mann betrügt und unrein geworden ist 30 oder dass ein Mann gegen seine Frau Verdacht schöpft, auf sie eifersüchtig wird und sie vor den Herrn treten lässt. Wenn der Priester dieses Gesetz auf sie anwendet, 31 dann ist der Mann von Schuld frei, die Frau aber muss die Folgen ihrer Schuld tragen.

Das Nasiräergelübde: 6,1–21

6 Der Herr sprach zu Mose: 2 Rede zu den Israeliten und sag zu ihnen: Wenn ein Mann oder eine Frau etwas Besonderes tun will und das Nasiräergelübde ablegt, sodass er ein dem Herrn geweihter Nasiräer ist,

5,10a Der Sinn von H ist unklar.
5,23 Von Segens- und Fluchformeln erwartet man im Alten Orient, dass von ihnen die Macht ausgeht, das darin Gesagte herbeizuführen. Sie gewinnen nach dem Glauben jener Zeit noch an Kraft, wenn man sie aufschreibt (vgl. die Anmerkung zu Lev 5,1).
6,1–21 Berühmte Nasiräer waren Simson (Ri 13,4f.14) und Samuel (1 Sam 1,11). Beide, anscheinend auch Johannes der Täufer (Lk 1,15; vgl. Mt

3 dann soll er auf Wein und Bier verzichten; er soll keinen gegorenen Wein und kein gegorenes Bier trinken, auch keinen Traubensaft, er soll weder frische noch getrocknete Trauben essen. 4 Solange er Nasiräer ist, soll er nichts essen, was von Weinreben stammt, von den unreifen Trauben angefangen bis zu den Trebern. 5 Solange das Nasiräergelübde in Kraft ist, soll auch kein Schermesser sein Haupt berühren, bis die Zeit abgelaufen ist, für die er sich dem Herrn als Nasiräer geweiht hat. Er ist heilig, er muss sein Haar ganz frei wachsen lassen. 6 Solange er sich dem Herrn als Nasiräer geweiht hat, soll er auch nicht in die Nähe eines Toten kommen. 7 Nicht einmal an Vater oder Mutter, an Bruder oder Schwester soll er sich verunreinigen, wenn sie sterben; denn er trägt an seinem Haupt das Zeichen dafür, dass er sich seinem Gott als Nasiräer geweiht hat.

8 Solange er Nasiräer ist, ist er dem Herrn heilig. 9 Wenn aber jemand in seiner Nähe ganz plötzlich stirbt und er dabei sein geweihtes Haupt unrein macht, dann soll er sein Haar an dem Tag abschneiden, an dem er wieder rein wird: Am siebten Tag soll er sein Haar abschneiden, 10 am achten Tag aber soll er zwei Turteltauben oder zwei junge Tauben zum Priester an den Eingang des Offenbarungszeltes bringen. 11 Der Priester richtet die eine zum Sündopfer, die andere zum Brandopfer her und entsühnt den, der an der Leiche eine Sünde auf sich geladen hat; am selben Tag erklärt der Priester sein Haupt wieder für heilig. 12 Er soll sich dann dem Herrn für die Zeit, für die er sich als Nasiräer verpflichtet hatte, von neuem weihen und ein einjähriges Lamm als Schuldopfer darbringen. Die schon abgeleistete Zeit aber ist verfallen, da das vorige Weihegelübde ungültig geworden ist.

13 Das ist das Nasiräergesetz. Am Tag, an dem die Zeit seiner Nasiräerweihe abgelaufen ist, soll man den Mann zum Eingang des Offenbarungszeltes führen. 14 Er bringt seine Opfergabe für den Herrn mit: ein fehlerloses einjähriges männliches Lamm als Brandopfer, ein fehlerloses einjähriges weibliches Lamm als Sühnopfer, einen fehlerlosen Widder als Heilsopfer, 15 ferner einen Korb voll ungesäuerter Kuchen aus Feinmehl, das mit Öl vermengt ist, sowie voll ungesäuerter Brotfladen, die mit Öl bestrichen sind, ferner das dazugehörende Speiseopfer und die dazugehörenden Trankopfer. 16 Der Priester bringt alles vor den Herrn und richtet für den Betreffenden das Sündopfer und das Brandopfer her. 17 Auch richtet er den Widder für das Heilsopfer zur Ehre des Herrn her, zusammen mit dem Korb voll ungesäuertem Gebäck; dann richtet der Priester für den Betreffenden das Speiseopfer und das Trankopfer her. 18 Der Nasiräer schneidet am Eingang des Offenbarungszeltes sein geweihtes Haupthaar ab, nimmt das geweihte Haar und wirft es in das Feuer, das unter dem Heilsopfer brennt. 19 Nachdem der Nasiräer sich das Nasiräerhaar abgeschnitten hat, nimmt der Priester den gekochten Vorderschenkel des Widders, einen ungesäuerten Kuchen aus dem Korb und einen ungesäuerten Brotfladen und legt es dem Nasiräer auf die Hände. 20 Dann schwingt sie der Priester vor dem Herrn hin und her und bringt sie so dar. Das ist eine heilige Gabe für den Priester, zusätzlich zur Widderbrust für den Darbringungsritus und zur Schenkelkeule für den Erhebungsritus. Danach darf der Nasiräer wieder Wein trinken.

21 Das ist das Gesetz für den Nasiräer, der aufgrund seines Weihegelübdes dem Herrn eine Opfergabe gelobt, abgesehen von dem, was er sonst noch leisten kann. Wie es den Worten des Gelübdes entspricht, das er abgelegt hat, so muss er handeln, nach dem Nasiräergesetz, das für seinen Fall gilt.

Der Priestersegen: 6,22–27

22 Der Herr sprach zu Mose: 23 Sag zu Aaron und seinen Söhnen: So sollt ihr die Israeliten segnen; sprecht zu ihnen:

24 Der Herr segne dich und behüte dich.

25 Der Herr lasse sein Angesicht über dich leuchten und sei dir gnädig.

26 Der Herr wende sein Angesicht dir zu und schenke dir Heil.

27 So sollen sie meinen Namen auf die Israeliten legen und ich werde sie segnen.

Die Weihegaben der Stammesführer: 7,1–88

7 An dem Tag, an dem Mose die Wohnstätte errichtet hatte, salbte und weihte er sie, dazu alle ihre Geräte, ebenso auch den Altar und alle seine Geräte. Er salbte sie und

---

11,18), wurden bereits vor ihrer Geburt Gott als Nasiräer geweiht. Das Gesetz von Num 6,1–21 sieht Nasiräergelübde von Eltern nicht vor. Zu den Nasiräern vgl. ferner 1 Makk 3,49 und Am 2,11. Selbst Paulus legt nach seiner Bekehrung das Nasiräergelübde auf Zeit ab (Apg 18,18) und unterstützt andere, damit sie die nach Num 6 vorgeschriebenen Nasiräeropfer aufbringen können (Apg 21,24–26).

weihte alles. 2 Die Anführer Israels, die
Oberhäupter ihrer Großfamilien, die Stam-
mesführer, die an der Spitze der Gemuster-
ten standen, brachten ihre Gaben herbei.
3 Sie brachten dem Herrn als ihre Gabe:
sechs Planwagen und zwölf Rinder, jeweils
für zwei Stammesführer einen Wagen und
für jeden Stammesführer einen Stier. Das
brachten sie vor die Wohnstätte. 4 Der Herr
sprach zu Mose: 5 Nimm die Gaben von ihnen
an; sie sollen für den Dienst am Offenba-
rungszelt verwendet werden. Übergib sie
den Leviten, je nach ihrer Aufgabe. 6 Da
nahm Mose die Wagen und die Rinder und
übergab sie den Leviten. 7 Zwei Wagen und
vier Rinder übergab er den Gerschonitern
für ihre Aufgaben; 8 vier Wagen und acht
Rinder übergab er dem Priester Itamar, dem
Sohn Aarons, für die Merariter und ihre Auf-
gaben; 9 den Kehatitern übergab er nichts,
weil ihnen der Dienst an den heiligen Gegen-
ständen anvertraut war, die sie auf ihren
Schultern tragen mussten.

10 Die Stammesführer brachten an dem
Tag, an dem man den Altar salbte, auch die
Spende für die Altarweihe und legten ihre
Gaben vor den Altar. 11 Der Herr hatte zu
Mose gesagt: Täglich soll jeweils ein Stam-
mesführer seine Gabe als Spende für die Al-
tarweihe bringen.

12 So brachte am ersten Tag Nachschon,
der Sohn Amminadabs, für den Stamm Juda
seine Gabe herbei. 13 Sie bestand aus einer
silbernen Schüssel, hundertdreißig Schekel
schwer, einer silbernen Schale zu siebzig
Schekel, nach dem Schekelgewicht des Hei-
ligtums, beide gefüllt mit Feinmehl, das mit
Öl vermengt war, für das Speiseopfer, 14 fer-
ner aus einer goldenen Schale von zehn
Schekel Gewicht, gefüllt mit Räucherwerk,
15 aus einem Jungstier, einem Widder und ei-
nem einjährigen Lamm für das Brandopfer,
16 einem Ziegenbock für das Sündopfer 17 so-
wie aus zwei Rindern, fünf Widdern, fünf
Böcken und fünf einjährigen Lämmern für
das Heilsopfer. Das war die Gabe Nach-
schons, des Sohnes Amminadabs.

18 Am zweiten Tag brachte Netanel, der
Sohn Zuars, der Stammesführer von Issa-
char, seine Gabe herbei. 19 Er brachte eine
silberne Schüssel, hundertdreißig Schekel
schwer, eine silberne Schale zu siebzig Sche-
kel, nach dem Schekelgewicht des Heilig-
tums, beide gefüllt mit Feinmehl, das mit Öl
vermengt war, für das Speiseopfer, 20 ferner
eine goldene Schale von zehn Schekel Ge-
wicht, gefüllt mit Räucherwerk, 21 dazu ei-
nen Jungstier, einen Widder und ein einjäh-
riges Lamm für das Brandopfer, 22 einen Zie-
genbock für das Sündopfer 23 sowie zwei
Rinder, fünf Widder, fünf Böcke und fünf
einjährige Lämmer für das Heilsopfer. Das
war die Gabe Netanels, des Sohnes Zuars.

24 Am dritten Tag kam der Stammesführer
der Sebuloniter, Eliab, der Sohn Helons.
25 Seine Gabe bestand aus einer silbernen
Schüssel, hundertdreißig Schekel schwer, ei-
ner silbernen Schale zu siebzig Schekel,
nach dem Schekelgewicht des Heiligtums,
beide gefüllt mit Feinmehl, das mit Öl ver-
mengt war, für das Speiseopfer, 26 ferner aus
einer goldenen Schale von zehn Schekel Ge-
wicht, gefüllt mit Räucherwerk, 27 aus einem
Jungstier, einem Widder und einem einjähri-
gen Lamm für das Brandopfer, 28 einem Zie-
genbock für das Sündopfer 29 sowie aus zwei
Rindern, fünf Widdern, fünf Böcken und
fünf einjährigen Lämmern für das Heilsop-
fer. Das war die Gabe Eliabs, des Sohnes He-
lons.

30 Am vierten Tag kam der Stammesführer
der Rubeniter, Elizur, der Sohn Schedëurs.
31 Seine Gabe bestand aus einer silbernen
Schüssel, hundertdreißig Schekel schwer, ei-
ner silbernen Schale zu siebzig Schekel,
nach dem Schekelgewicht des Heiligtums,
beide gefüllt mit Feinmehl, das mit Öl ver-
mengt war, für das Speiseopfer, 32 ferner aus
einer goldenen Schale von zehn Schekel Ge-
wicht, gefüllt mit Räucherwerk, 33 aus einem
Jungstier, einem Widder und einem einjähri-
gen Lamm für das Brandopfer, 34 einem Zie-
genbock für das Sündopfer 35 sowie aus zwei
Rindern, fünf Widdern, fünf Böcken und
fünf einjährigen Lämmern für das Heilsop-
fer. Das war die Gabe Elizurs, des Sohnes
Schedëurs.

36 Am fünften Tag kam der Stammesführer
der Simeoniter, Schelumiël, der Sohn Zu-
rischaddais. 37 Seine Gabe bestand aus einer
silbernen Schüssel, hundertdreißig Schekel
schwer, einer silbernen Schale zu siebzig
Schekel, nach dem Schekelgewicht des Hei-
ligtums, beide gefüllt mit Feinmehl, das mit
Öl vermengt war, für das Speiseopfer, 38 fer-
ner aus einer goldenen Schale von zehn
Schekel Gewicht, gefüllt mit Räucherwerk,
39 aus einem Jungstier, einem Widder und ei-
nem einjährigen Lamm für das Brandopfer,
40 einem Ziegenbock für das Sündopfer 41 so-
wie aus zwei Rindern, fünf Widdern, fünf
Böcken und fünf einjährigen Lämmern für
das Heilsopfer. Das war die Gabe Schelu-
miëls, des Sohnes Zurischaddais.

42 Am sechsten Tag kam der Stammesfüh-
rer der Gaditer, Eljasaf, der Sohn Reguëls.
43 Seine Gabe bestand aus einer silbernen
Schüssel, hundertdreißig Schekel schwer, ei-

ner silbernen Schale zu siebzig Schekel,
nach dem Schekelgewicht des Heiligtums,
beide gefüllt mit Feinmehl, das mit Öl ver-
mengt war, für das Speiseopfer, 44 ferner aus
einer goldenen Schale von zehn Schekel Ge-
wicht, gefüllt mit Räucherwerk, 45 aus einem
Jungstier, einem Widder und einem einjähri-
gen Lamm für das Brandopfer, 46 einem Zie-
genbock für das Sündopfer 47 sowie aus zwei
Rindern, fünf Widdern, fünf Böcken und
fünf einjährigen Lämmern für das Heilsop-
fer. Das war die Gabe Eljasafs, des Sohnes
Reguëls.

48 Am siebten Tag kam der Stammesführer
der Efraimiter, Elischama, der Sohn Am-
mihuds. 49 Seine Gabe bestand aus einer sil-
bernen Schüssel, hundertdreißig Schekel
schwer, einer silbernen Schale zu siebzig
Schekel, nach dem Schekelgewicht des Hei-
ligtums, beide gefüllt mit Feinmehl, das mit
Öl vermengt war, für das Speiseopfer, 50 fer-
ner aus einer goldenen Schale von zehn
Schekel Gewicht, gefüllt mit Räucherwerk,
51 aus einem Jungstier, einem Widder und ei-
nem einjährigen Lamm für das Brandopfer,
52 einem Ziegenbock für das Sündopfer 53 so-
wie aus zwei Rindern, fünf Widdern, fünf
Böcken und fünf einjährigen Lämmern für
das Heilsopfer. Das war die Gabe Elischa-
mas, des Sohnes Ammihuds.

54 Am achten Tag kam der Stammesführer
der Manassiter, Gamliël, der Sohn Pedazurs.
55 Seine Gabe bestand aus einer silbernen
Schüssel, hundertdreißig Schekel schwer, ei-
ner silbernen Schale zu siebzig Schekel,
nach dem Schekelgewicht des Heiligtums,
beide gefüllt mit Feinmehl, das mit Öl ver-
mengt war, für das Speiseopfer, 56 ferner aus
einer goldenen Schale von zehn Schekel Ge-
wicht, gefüllt mit Räucherwerk, 57 aus einem
Jungstier, einem Widder und einem einjähri-
gen Lamm für das Brandopfer, 58 einem Zie-
genbock für das Sündopfer 59 sowie aus zwei
Rindern, fünf Widdern, fünf Böcken und
fünf einjährigen Lämmern für das Heilsop-
fer. Das war die Gabe Gamliëls, des Sohnes
Pedazurs.

60 Am neunten Tag kam der Stammesfüh-
rer der Benjaminiter, Abidan, der Sohn Gi-
donis. 61 Seine Gabe bestand aus einer sil-
bernen Schüssel, hundertdreißig Schekel
schwer, einer silbernen Schale zu siebzig
Schekel, nach dem Schekelgewicht des Hei-
ligtums, beide gefüllt mit Feinmehl, das mit
Öl vermengt war, für das Speiseopfer,
62 ferner aus einer goldenen Schale zu zehn
Schekel Gewicht, gefüllt mit Räucherwerk,
63 aus einem Jungstier, einem Widder und ei-
nem einjährigen Lamm für das Brandopfer,
64 einem Ziegenbock für das Sündopfer 65 so-
wie aus zwei Rindern, fünf Widdern, fünf
Böcken und fünf einjährigen Lämmern für
das Heilsopfer. Das war die Gabe Abidans,
des Sohnes Gidonis.

66 Am zehnten Tag kam der Stammesfüh-
rer der Daniter, Ahiëser, der Sohn Ammi-
schaddais. 67 Seine Gabe bestand aus einer
silbernen Schüssel, hundertdreißig Schekel
schwer, einer silbernen Schale zu siebzig
Schekel, nach dem Schekelgewicht des Hei-
ligtums, beide gefüllt mit Feinmehl, das mit
Öl vermengt war, für das Speiseopfer, 68 fer-
ner aus einer goldenen Schale von zehn
Schekel Gewicht, gefüllt mit Räucherwerk,
69 aus einem Jungstier, einem Widder und ei-
nem einjährigen Lamm für das Brandopfer,
70 einem Ziegenbock für das Sündopfer 71 so-
wie aus zwei Rindern, fünf Widdern, fünf
Böcken und fünf einjährigen Lämmern für
das Heilsopfer. Das war die Gabe Ahiësers,
des Sohnes Ammischaddais.

72 Am elften Tag kam der Stammesführer
der Ascheriter, Pagiël, der Sohn Ochrans.
73 Seine Gabe bestand aus einer silbernen
Schüssel, hundertdreißig Schekel schwer, ei-
ner silbernen Schale zu siebzig Schekel,
nach dem Schekelgewicht des Heiligtums,
beide gefüllt mit Feinmehl, das mit Öl ver-
mengt war, für das Speiseopfer, 74 ferner aus
einer goldenen Schale zu zehn Schekel Ge-
wicht, gefüllt mit Räucherwerk, 75 aus einem
Jungstier, einem Widder und einem einjähri-
gen Lamm für das Brandopfer, 76 einem Zie-
genbock für das Sündopfer 77 sowie aus zwei
Rindern, fünf Widdern, fünf Böcken und
fünf einjährigen Lämmern für das Heilsop-
fer. Das war die Gabe Pagiëls, des Sohnes
Ochrans.

78 Am zwölften Tag kam der Stammesfüh-
rer der Naftaliter, Ahira, der Sohn Enans.
79 Seine Gabe bestand aus einer silbernen
Schüssel, hundertdreißig Schekel schwer, ei-
ner silbernen Schale zu siebzig Schekel,
nach dem Schekelgewicht des Heiligtums,
beide gefüllt mit Feinmehl, das mit Öl ver-
mengt war, für das Speiseopfer, 80 ferner aus
einer goldenen Schale von zehn Schekel Ge-
wicht, gefüllt mit Räucherwerk, 81 aus einem
Jungstier, einem Widder und einem einjähri-
gen Lamm für das Brandopfer, 82 einem Zie-
genbock für das Sündopfer 83 sowie aus zwei
Rindern, fünf Widdern, fünf Böcken und
fünf einjährigen Lämmern für das Heilsop-
fer. Das war die Gabe Ahiras, des Sohnes
Enans.

84 Das war die Spende der Stammesführer
Israels für die Weihe des Altars, als man den
Altar salbte: zwölf silberne Schüsseln, zwölf

silberne Schalen, zwölf goldene Schalen,
85 jede silberne Schüssel hundertdreißig
Schekel schwer, jede silberne Schale siebzig
Schekel schwer, das Silber aller Gefäße zu-
sammen also zweitausendvierhundert Sche-
kel, nach dem Schekelgewicht des Heilig-
tums, 86 ferner zwölf goldene Schalen, gefüllt
mit Räucherwerk, jede Schale zehn Schekel
schwer, nach dem Schekelgewicht des Hei-
ligtums, das Gold aller Schalen zusammen
also hundertzwanzig Schekel; 87 dazu insge-
samt zwölf Rinder, und zwar Stiere, für das
Brandopfer, zwölf Widder, zwölf einjährige
Lämmer und die dazugehörenden Speiseop-
fer, ferner zwölf Ziegenböcke für das Sünd-
opfer, 88 außerdem im Ganzen vierundzwan-
zig Rinder, und zwar Stiere, sechzig Widder,
sechzig Böcke und sechzig einjährige Läm-
mer für das Heilsopfer. Das war die Spende
für die Weihe des Altars, nachdem man ihn
gesalbt hatte.

Die Begegnung des Herrn mit Mose: 7,89

89 Wenn Mose das Offenbarungszelt be-
trat, um mit dem Herrn zu reden, hörte er die
Stimme zu ihm reden. Sie sprach zu ihm von
der Deckplatte her, die auf der Lade der
Bundesurkunde lag, aus dem Raum zwischen
den Kerubim.

Die Bedienung des Leuchters: 8,1–4

8 Der Herr sprach zu Mose: 2 Rede zu Aa-
ron und sag zu ihm: Wenn du die Lam-
pen auf den Leuchter steckst, dann so, dass
das Licht der sieben Lampen vom Leuchter
aus nach vorn fällt. 3 Das tat Aaron; er steck-
te die Lampen so auf, dass ihr Licht vom
Leuchter aus nach vorn fiel, wie der Herr es
Mose aufgetragen hatte. 4 Der Leuchter war
aus Gold getrieben, vom Gestell bis zu den
Blüten war er aus Gold getrieben. Mose hatte
den Leuchter nach dem Muster angefertigt,
das der Herr ihm gezeigt hatte.

4: Ex 25,31–36.40; 37,17–24.

Die Weihe und der Dienst der Leviten:
8,5–26

5 Der Herr sprach zu Mose: 6 Sondere die
Leviten von den Israeliten ab und reinige sie!
7 So sollst du ihre Reinigung vollziehen:
Spreng über sie das Entsündigungswasser!
Sie selbst sollen sich an ihrem ganzen Kör-
per mit einem Schermesser die Haare schnei-
den, ihre Kleider waschen und sich reinigen.
8 Dann sollen sie einen Jungstier nehmen
und dazu als Speiseopfer Feinmehl, das mit
Öl vermengt ist. Einen zweiten Jungstier
sollst du für das Sündopfer nehmen. 9 Dann
sollst du die Leviten vor das Offenbarungs-
zelt führen und die ganze Gemeinde der Is-
raeliten versammeln. 10 Lass die Leviten vor
den Herrn treten! Die Israeliten sollen den
Leviten die Hände auflegen 11 und Aaron soll
an den Leviten im Namen der Israeliten vor
den Augen des Herrn die Weihe vornehmen.
Auf diese Weise sollen sie den Dienst des
Herrn antreten. 12 Die Leviten sollen ihre
Hände den Stieren auf den Kopf legen. Dann
richte den einen als Sündopfer und den an-
deren als Brandopfer für den Herrn her, um
die Leviten zu entsühnen.

13 Lass die Leviten vor Aaron und seine
Söhne treten und vollzieh an ihnen die Wei-
he für den Herrn! 14 Auf diese Weise sollst du
die Leviten aus den Israeliten aussondern;
dann gehören die Leviten mir.

15 Danach sollen die Leviten mit ihrem
Dienst am Offenbarungszelt beginnen. Rei-
nige sie und vollzieh an ihnen die Weihe;
16 denn sie sind mir von den Israeliten über-
geben, als Ersatz für alle, die den Mutter-
schoß durchbrechen; als Ersatz für alle erst-
geborenen Israeliten habe ich sie mir genom-
men. 17 Denn alle erstgeborenen Israeliten
gehören mir, sowohl bei den Menschen als
auch beim Vieh. An dem Tag, an dem ich in
Ägypten alle Erstgeborenen erschlug, habe
ich sie als mir heilig erklärt 18 und habe die
Leviten als Ersatz für alle erstgeborenen Is-
raeliten genommen. 19 Ich gebe die Leviten
dem Aaron und seinen Söhnen; aus dem
Kreis der Israeliten sind sie ihnen überge-
ben, damit sie am Offenbarungszelt den Got-
tesdienst der Israeliten vollziehen und die Is-
raeliten entsühnen. Dann wird die Israeliten
kein Unheil treffen, wenn sie dem Heiligtum
zu nahe kommen.

20 Mose, Aaron und die ganze Gemeinde
der Israeliten taten mit den Leviten genau
das, was der Herr dem Mose hinsichtlich der
Leviten befohlen hatte; das taten die Israeli-
ten mit den Leviten. 21 Die Leviten ließen
sich entsündigen und wuschen ihre Kleider.
Aaron vollzog an ihnen vor den Augen des
Herrn die Weihe und entsühnte sie; so mach-
te er sie rein. 22 Danach traten die Leviten bei
Aaron und seinen Söhnen ihren Dienst am
Offenbarungszelt an. Was der Herr dem
Mose hinsichtlich der Leviten befohlen hat-
te, das tat man mit ihnen.

23 Der Herr sprach zu Mose: 24 Folgendes
gilt für die Leviten: Mit fünfundzwanzig
Jahren und darüber ist jeder verpflichtet, am
Offenbarungszelt seinen Dienst zu tun.
25 Mit fünfzig Jahren endet seine Verpflich-
tung und er braucht keinen Dienst mehr zu

tun; [26] er kann aber am Offenbarungszelt seinen Brüdern bei der Ausübung ihrer Pflichten helfen; doch den eigentlichen Dienst soll er nicht versehen.

So sollst du die Dienstpflichten der Leviten ordnen.

17: 3,11–13; Ex 13,11–15.

Ergänzung der Paschaordnung: 9,1–14

9 Im ersten Monat des zweiten Jahres nach ihrem Auszug aus Ägypten sprach der Herr in der Wüste Sinai zu Mose: [2] Die Israeliten sollen zur festgesetzten Zeit das Paschafest feiern. [3] Am vierzehnten Tag dieses Monats sollt ihr es in der Abenddämmerung zur festgesetzten Zeit feiern. Ihr sollt es genau nach den dafür geltenden Gesetzen und Vorschriften feiern. [4] Da befahl Mose den Israeliten, das Paschafest zu feiern. [5] So feierten sie am vierzehnten Tag des ersten Monats in der Abenddämmerung das Paschafest in der Wüste Sinai. Genau so, wie der Herr es Mose befohlen hatte, machten es die Israeliten.

[6] Es gab Männer, die unrein waren, weil sie einen Toten berührt hatten, und die deshalb an jenem Tag das Paschafest nicht feiern konnten. Die Männer kamen noch am selben Tag zu Mose und Aaron [7] und sagten zu ihnen: Wir sind unrein, weil wir einen Toten berührt haben. Warum soll es uns verwehrt sein, zur festgesetzten Zeit wie die anderen Israeliten dem Herrn unsere Opfergabe darzubringen? [8] Mose antwortete ihnen: Bleibt da; ich will hören, was euch der Herr befiehlt. [9] Der Herr sprach zu Mose: [10] Sag den Israeliten: Wenn einige von euch oder von euren Nachkommen unrein sind wegen eines Toten oder wenn sie weit weg auf einer Reise sind, aber trotzdem das Paschafest für den Herrn feiern wollen, [11] dann sollen sie es im zweiten Monat am vierzehnten Tag in der Abenddämmerung feiern; zu ungesäuerten Broten und Bitterkräutern sollen sie das Paschalamm essen. [12] Sie sollen davon nichts bis zum nächsten Morgen übrig lassen und sollen an dem Paschalamm keinen Knochen zerbrechen. Genau so, wie es das Paschagesetz vorschreibt, sollen sie handeln. [13] Wer jedoch rein ist und sich nicht auf einer Reise befindet, es aber trotzdem unterlässt, das Paschafest zu feiern, der soll aus seinen Stammesgenossen ausgemerzt werden, denn er hat dem Herrn seine Gabe nicht zur festgesetzten Zeit dargebracht; ein solcher Mensch muss die Folgen seiner Sünde tragen. [14] Wenn ein Fremder bei euch lebt und das Paschafest für den Herrn feiern will, dann soll er es nach dem Paschagesetz und Pascharecht feiern. Für den Fremden und für den Einheimischen soll bei euch dasselbe Gesetz gelten.

1–14 ‖ Ex 12,1–20.43–49.

Die Wolkensäule über dem heiligen Zelt: 9,15–23

[15] An dem Tag, als man die Wohnstätte aufstellte, bedeckte eine Wolke die Wohnstätte, das Zelt der Bundesurkunde. Am Abend legte sie sich wie ein Feuerschein über die Wohnstätte und blieb dort bis zum Morgen. [16] So war es die ganze Zeit: Bei Tag bedeckte die Wolke die Wohnstätte und bei Nacht der Feuerschein. [17] Jedes Mal, wenn sich die Wolke über dem Zelt erhob, brachen die Israeliten auf, und wo sich die Wolke niederließ, dort schlugen die Israeliten ihr Lager auf. [18] Nach dem Gebot des Herrn brachen die Israeliten auf und nach dem Gebot des Herrn schlugen sie ihr Lager auf. Solange die Wolke über der Wohnstätte lag, blieben sie im Lager.

[19] Auch wenn die Wolke längere Zeit über der Wohnstätte stehen blieb, achteten die Israeliten auf die Anordnung des Herrn und brachen nicht auf. [20] Und wenn die Wolke nur wenige Tage über der Wohnstätte stehen blieb, blieben sie nach dem Gebot des Herrn nur so lange in ihrem Lager, bis sie nach dem Gebot des Herrn aufzubrechen hatten. [21] Wenn die Wolke nur vom Abend bis zum Morgen blieb und sich am Morgen erhob, dann brachen sie am nächsten Morgen auf. Ob es bei Tag oder bei Nacht war: wenn die Wolke sich erhob, brachen sie auf. [22] Ob es zwei Tage dauerte oder einen Monat oder noch länger: wenn die Wolke über der Wohnstätte anhielt und stehen blieb, dann schlugen die Israeliten ihr Lager auf und brachen nicht auf; erst wenn sie sich erhob, brachen sie auf. [23] Nach dem Gebot des Herrn schlugen sie das Lager auf, nach dem Gebot des Herrn brachen sie auf. Sie achteten auf die Anordnungen des Herrn, so wie es ihnen der Herr durch Mose befahl.

15–18: Ex 40,34–38.

Die Trompetensignale für die Gemeinde: 10,1–10

10 Der Herr sprach zu Mose: [2] Mach dir zwei silberne Trompeten! Aus getriebenem Metall sollst du sie machen. Sie sollen dir dazu dienen, die Gemeinde einzuberufen und den einzelnen Lagern das Zeichen zum Aufbruch zu geben. [3] Wenn man mit den

Trompeten bläst, soll sich die ganze Gemeinde am Eingang des Offenbarungszeltes bei dir versammeln. 4 Wenn man nur einmal bläst, sollen sich die Befehlshaber, die Hauptleute der Tausendschaften Israels, bei dir versammeln. 5 Wenn ihr aber mit großem Lärm blast, dann sollen die Lager auf der Ostseite aufbrechen. 6 Wenn ihr zum zweiten Mal mit großem Lärm blast, dann sollen die Lager auf der Südseite aufbrechen. Je nachdem, wie sie aufzubrechen haben, soll man mit großem Lärm blasen. 7 Wenn die Versammlung einberufen werden soll, dann blast, aber nicht mit großem Lärm! 8 Die Söhne Aarons, die Priester, sollen die Trompeten blasen. Das soll als feste Regel bei euch gelten, von Generation zu Generation. 9 Wenn ihr in eurem Land in einen Krieg mit einem Gegner verwickelt werdet, der euch bedrängt, dann blast mit euren Trompeten Alarm! So werdet ihr euch beim Herrn, eurem Gott, in Erinnerung bringen und vor euren Feinden gerettet werden. 10 Auch an euren Freudentagen, an den Festen und Monatsanfängen, blast zu euren Brand- und Heilsopfern mit den Trompeten! Das wird euch bei eurem Gott in Erinnerung bringen. Ich bin der Herr, euer Gott.

VOM SINAI ZUM JORDAN: 10,11 – 36,13

Der Aufbruch vom Sinai: 10,11–36

11 Am zwanzigsten Tag des zweiten Monats im zweiten Jahr erhob sich die Wolke über der Wohnstätte der Bundesurkunde. 12 Da brachen die Israeliten von der Wüste Sinai auf, wie es die Ordnung für den Aufbruch vorsah, und die Wolke ließ sich in der Wüste Paran nieder.

13 So brachen sie zum ersten Mal auf, wie ihnen der Herr durch Mose befohlen hatte. 14 Als Erstes brach das Feldzeichen des Lagers Juda auf, nach Abteilungen geordnet. Judas Heer befehligte Nachschon, der Sohn Amminadabs. 15 Das Heer des Stammes der Issachariter befehligte Netanel, der Sohn Zuars. 16 Das Heer des Stammes der Sebuloniter befehligte Eliab, der Sohn Helons. 17 Nach dem Abbau der Wohnstätte brachen die Gerschoniter und die Merariter auf, die die Wohnstätte trugen. 18 Dann brach das Feldzeichen des Lagers der Rubeniter auf, nach Abteilungen geordnet. Rubens Heer befehligte Elizur, der Sohn Schedëurs. 19 Das Heer des Stammes der Simeoniter befehligte Schelumiël, der Sohn Zurischaddais. 20 Das Heer des Stammes der Gaditer befehligte Eljasaf, der Sohn Reguëls. 21 Dann brachen die Kehatiter auf, die das Heiligtum trugen. Die Wohnstätte stellte man auf, bevor sie ankamen. 22 Dann brach das Feldzeichen des Lagers der Efraimiter auf, nach Abteilungen geordnet. Efraims Heer befehligte Elischama, der Sohn Ammihuds. 23 Das Heer des Stammes der Manassiter befehligte Gamliël, der Sohn Pedazurs. 24 Das Heer des Stammes der Benjaminiter befehligte Abidan, der Sohn Gidonis. 25 Dann brach das Feldzeichen des Lagers der Daniter auf; sie bildeten die Nachhut aller nach Abteilungen geordneten Lager. Das Heer Dans befehligte Ahiëser, der Sohn Ammischaddais. 26 Das Heer des Stammes der Ascheriter befehligte Pagiël, der Sohn Ochrans. 27 Das Heer des Stammes der Naftaliter befehligte Ahira, der Sohn Enans. 28 Das war die Ordnung für den Aufbruch der Israeliten, geordnet nach Abteilungen. So brachen sie auf.

29 Mose sagte zu Hobab, dem Sohn des Midianiters Reguël, seines Schwiegervaters: Wir brechen auf zu dem Ort, von dem der Herr gesagt hat: Ihn gebe ich euch. Geh mit uns! Wir werden dir Gutes tun; denn der Herr hat zugesagt, Israel Gutes zu tun. 30 Hobab erwiderte ihm: Ich gehe nicht mit, sondern ich gehe in mein Land und zu meiner Verwandtschaft zurück. 31 Da sagte Mose: Verlass uns doch nicht! Denn du kennst die Orte in der Wüste, an denen wir unser Lager aufschlagen können; du kannst unser Auge sein. 32 Wenn du also mitgehst, dann werden wir all das Gute, das der Herr uns schenkt, mit dir teilen.

33 Sie brachen vom Berg des Herrn auf und zogen drei Tagesmärsche weit. Die Bundeslade des Herrn zog drei Tage lang vor ihnen her, um einen Rastplatz für sie zu erkunden. 34 Die Wolke des Herrn war bei Tag über ihnen, wenn sie vom Lager aufbrachen. 35 Wenn die Lade aufbrach, sagte Mose:

Steh auf, Herr, dann zerstreuen sich deine Feinde, / dann fliehen deine Gegner vor dir.

10,36 Der Sinn von H ist unklar.

36 Und wenn man Halt machte, sagte er:
Lass dich nieder, Herr, / bei den zehntausendmal Tausenden Israels!

13–28: 2,1–32 • 35: Ps 68,2.

Mose und die Ältesten: 11,1–35

11 Das Volk lag dem Herrn mit schweren Vorwürfen in den Ohren. Als der
Herr das hörte, entbrannte sein Zorn; das
Feuer des Herrn brach bei ihnen aus und
griff am Rand des Lagers um sich. 2 Da
schrie das Volk zu Mose und Mose setzte sich
beim Herrn für sie ein. Darauf ging das
Feuer wieder aus. 3 Daher nannte man den
Ort Tabera (Feuerbrand), da das Feuer des
Herrn bei ihnen ausgebrochen war.

4 Die Leute, die sich ihnen angeschlossen
hatten, wurden von der Gier gepackt und
auch die Israeliten begannen wieder zu weinen und sagten: Wenn uns doch jemand
Fleisch zu essen gäbe! 5 Wir denken an die
Fische, die wir in Ägypten umsonst zu essen
bekamen, an die Gurken und Melonen, an
den Lauch, an die Zwiebeln und an den
Knoblauch. 6 Doch jetzt vertrocknet uns die
Kehle, nichts bekommen wir zu sehen als
immer nur Manna.

[7 Das Manna war wie Koriandersamen
und es sah wie Bdelliumharz aus. 8 Die Leute
pflegten umherzugehen und es zu sammeln;
sie mahlten es mit der Handmühle oder zerstampften es im Mörser, kochten es in einem
Topf und bereiteten daraus Brotfladen. Es
schmeckte wie Ölkuchen. 9 Wenn bei Nacht
der Tau auf das Lager fiel, fiel auch das
Manna.]

10 Mose hörte die Leute weinen, eine Sippe
wie die andere; jeder weinte am Eingang seines Zeltes. Da entbrannte der Zorn des
Herrn; Mose aber war verstimmt 11 und sagte
zum Herrn: Warum hast du deinen Knecht so
schlecht behandelt und warum habe ich
nicht deine Gnade gefunden, dass du mir die
Last mit diesem ganzen Volk auferlegst?
12 Habe denn ich dieses ganze Volk in meinem Schoß getragen oder habe ich es geboren, dass du zu mir sagen kannst: Nimm es
an deine Brust, wie der Wärter den Säugling,
und trag es in das Land, das ich seinen Vätern mit einem Eid zugesichert habe? 13 Woher soll ich für dieses ganze Volk Fleisch
nehmen? Sie weinen vor mir und sagen zu
mir: Gib uns Fleisch zu essen! 14 Ich kann
dieses ganze Volk nicht allein tragen, es ist
mir zu schwer. 15 Wenn du mich so behandelst, dann bring mich lieber gleich um,
wenn ich überhaupt deine Gnade gefunden
habe. Ich will mein Elend nicht mehr ansehen.

16 Da sprach der Herr zu Mose: Versammle
siebzig von den Ältesten Israels vor mir,
Männer, die du als Älteste des Volkes und
Listenführer kennst; bring sie zum Offenbarungszelt! Dort sollen sie sich mit dir zusammen aufstellen. 17 Dann komme ich herab
und rede dort mit dir. Ich nehme etwas von
dem Geist, der auf dir ruht, und lege ihn auf
sie. So können sie mit dir zusammen an der
Last des Volkes tragen und du musst sie
nicht mehr allein tragen. 18 Zum Volk aber
sollst du sagen: Heiligt euch für morgen,
dann werdet ihr Fleisch zu essen haben.
Denn ihr habt dem Herrn die Ohren vollgeweint und gesagt: Wenn uns doch jemand
Fleisch zu essen gäbe! In Ägypten ging es uns
gut. Der Herr wird euch Fleisch zu essen geben. 19 Nicht nur einen Tag werdet ihr es essen, nicht zwei Tage, nicht fünf Tage, nicht
zehn Tage und nicht zwanzig Tage, 20 sondern Monate lang, bis es euch zum Hals heraushängt und ihr euch davor ekelt. Denn ihr
habt den Herrn, der mitten unter euch ist,
missachtet und habt vor ihm geweint und gesagt: Warum sind wir aus Ägypten weggezogen?

21 Da entgegnete Mose: Sechshunderttausend Mann zu Fuß zählt das Volk, bei dem
ich lebe, und du sagst: Ich gebe ihnen
Fleisch, dass sie Monate lang zu essen haben?
22 Selbst wenn man alle Schafe, Ziegen und
Rinder für sie schlachtet, reicht das für sie?
Wenn man alle Fische des Meeres für sie
fängt, reicht das für sie? 23 Der Herr antwortete Mose: Ist etwa der Arm des Herrn zu
kurz? Du wirst bald sehen, ob mein Wort an
dir in Erfüllung geht oder nicht.

24 Mose ging hinaus und teilte dem Volk
die Worte des Herrn mit. Dann versammelte
er siebzig Älteste des Volkes und stellte sie
rings um das Zelt auf. 25 Der Herr kam in der
Wolke herab und redete mit Mose. Er nahm
etwas von dem Geist, der auf ihm ruhte, und
legte ihn auf die siebzig Ältesten. Sobald der
Geist auf ihnen ruhte, gerieten sie in prophetische Verzückung, die kein Ende nahm.
26 Zwei Männer aber waren im Lager geblieben; der eine hieß Eldad, der andere Medad.
Auch über sie war der Geist gekommen. Sie
standen in der Liste, waren aber nicht zum
Offenbarungszelt hinausgegangen. Sie gerieten im Lager in prophetische Verzückung.
27 Ein junger Mann lief zu Mose und berichtete ihm: Eldad und Medad sind im Lager in

11,7 Zu Bdellium vgl. die Anmerkung zu Gen 2,12.

prophetische Verzückung geraten. 28 Da er-
griff Josua, der Sohn Nuns, der von Jugend
an der Diener des Mose gewesen war, das
Wort und sagte: Mose, mein Herr, hindere sie
daran! 29 Doch Mose sagte zu ihm: Willst du
dich für mich ereifern? Wenn nur das ganze
Volk des Herrn zu Propheten würde, wenn
nur der Herr seinen Geist auf sie alle legte!
30 Dann ging Mose mit den Ältesten Israels in
das Lager zurück.

31 Darauf brach ein Wind los, den der Herr
geschickt hatte, und trieb Wachteln vom
Meer heran. Er warf sie auf das Lager, einen
Tagesmarsch weit in der einen Richtung und
einen Tagesmarsch weit in der anderen Rich-
tung rings um das Lager; zwei Ellen hoch la-
gen sie auf dem Erdboden. 32 Da stand das
Volk auf und sammelte die Wachteln ein, den
ganzen Tag und die ganze Nacht und den
ganzen folgenden Tag. Jeder sammelte min-
destens zehn Hómer. Sie legten sie rings um
das Lager zum Dörren aus. 33 Sie hatten aber
das Fleisch noch zwischen den Zähnen, es
war noch nicht gegessen, da entbrannte der
Zorn des Herrn über das Volk und der Herr
schlug das Volk mit einer bösen Plage. 34 Da-
her nannte man den Ort Kibrot-Taawa
(Giergräber), da man dort die Leute begrub,
die von der Gier gepackt worden waren.
35 Von Kibrot-Taawa brach das Volk nach
Hazerot auf.

4: Ex 12,38 • 7: Ex 16,13–26 • 11: Ex 5,22 • 18: 11,4f • 29: Joël 3,1f • 31: Ex 16,6–13.

Auflehnung Mirjams und Aarons: 12,1–16

12 Als sie in Hazerot waren, redeten
Mirjam und Aaron über Mose wegen
der kuschitischen Frau, die er sich genom-
men hatte. Er hatte sich nämlich eine Ku-
schiterin zur Frau genommen. 2 Sie sagten:
Hat etwa der Herr nur mit Mose gesprochen?
Hat er nicht auch mit uns gesprochen? Das
hörte der Herr. 3 Mose aber war ein sehr
demütiger Mann, demütiger als alle Men-
schen auf der Erde. 4 Kurz darauf sprach der
Herr zu Mose, Aaron und Mirjam: Geht ihr
drei hinaus zum Offenbarungszelt! Da gin-
gen die drei hinaus. 5 Der Herr kam in der
Wolkensäule herab, blieb am Zelteingang
stehen und rief Aaron und Mirjam. Beide
traten vor 6 und der Herr sprach: Hört meine
Worte! Wenn es bei euch einen Propheten
gibt, so gebe ich mich ihm in Visionen zu er-
kennen und rede mit ihm im Traum. 7 Anders
bei meinem Knecht Mose. Mein ganzes Haus
ist ihm anvertraut. 8 Mit ihm rede ich von
Mund zu Mund, von Angesicht zu Angesicht,
nicht in Rätseln. Er darf die Gestalt des
Herrn sehen. Warum habt ihr es gewagt,
über meinen Knecht Mose zu reden? 9 Der
Herr wurde zornig auf sie und ging weg.

10 Kaum hatte die Wolke das Zelt verlas-
sen, da war Mirjam weiß wie Schnee vor
Aussatz. Aaron wandte sich Mirjam zu und
sah: Sie war aussätzig. 11 Da sagte Aaron zu
Mose: Mein Herr, ich bitte dich, lass uns
nicht die Folgen der Sünde tragen, die wir
leichtfertig begangen haben. 12 Mirjam soll
nicht wie eine Totgeburt sein, die schon halb
verwest ist, wenn sie den Schoß der Mutter
verlässt. 13 Da schrie Mose zum Herrn: Ach,
heile sie doch! 14 Der Herr antwortete Mose:
Wenn ihr Vater ihr ins Gesicht gespuckt hät-
te, müsste sie sich dann nicht sieben Tage
lang schämen? Sie soll sieben Tage lang aus
dem Lager ausgesperrt sein; erst dann soll
man sie wieder hereinlassen. 15 So wurde
Mirjam sieben Tage aus dem Lager ausge-
sperrt. Das Volk brach nicht auf, bis man
Mirjam wieder hereinließ. 16 Erst nachher
brach das Volk von Hazerot auf und schlug
dann sein Lager in der Wüste Paran auf.

Der Bericht der Kundschafter: 13,1 – 14,45

13 Der Herr sprach zu Mose: 2 Schick
einige Männer aus, die das Land Ka-
naan erkunden, das ich den Israeliten geben
will. Aus jedem Väterstamm sollt ihr einen
Mann aussenden, und zwar jeweils einen der
führenden Männer. 3 Da schickte Mose von
der Wüste Paran die Männer aus, wie es der
Herr befohlen hatte. Sie alle waren führende
Männer unter den Israeliten 4 und das sind
ihre Namen: aus dem Stamm Ruben Scha-
mua, der Sohn Sakkurs; 5 aus dem Stamm
Simeon Schafat, der Sohn Horis; 6 aus dem
Stamm Juda Kaleb, der Sohn Jefunnes; 7 aus
dem Stamm Issachar Jigal, der Sohn Josefs;
8 aus dem Stamm Efraim Hoschea, der Sohn
Nuns; 9 aus dem Stamm Benjamin Palti, der
Sohn Rafus; 10 aus dem Stamm Sebulon Ga-
diël, der Sohn Sodis; 11 aus dem Josefstamm
Manasse Gadi, der Sohn Susis; 12 aus dem
Stamm Dan Ammiël, der Sohn Gemallis;
13 aus dem Stamm Ascher Setur, der Sohn
Michaels; 14 aus dem Stamm Naftali Nachbi,
der Sohn Wofsis; 15 aus dem Stamm Gad
Geüël, der Sohn Machis. 16 Das waren die
Namen der Männer, die Mose zur Erkundi-
gung des Landes aussandte. Hoschea aber,
den Sohn Nuns, nannte Mose Josua.

17 Als Mose sie ausschickte, um Kanaan er-
kunden zu lassen, sagte er zu ihnen: Zieht
von hier durch den Negeb und steigt hinauf
ins Gebirge! 18 Seht, wie das Land beschaf-
fen ist und ob das Volk, das darin wohnt,

stark oder schwach ist, ob es klein oder groß
ist; 19 seht, wie das Land beschaffen ist, in
dem das Volk wohnt, ob es gut ist oder
schlecht und wie die Städte angelegt sind, in
denen es wohnt, ob sie offen oder befestigt
sind 20 und ob das Land fett oder mager ist,
ob es dort Bäume gibt oder nicht. Habt Mut
und bringt Früchte des Landes mit! Es war
gerade die Zeit der ersten Trauben.
21 Da zogen die Männer hinauf und erkun-
deten das Land von der Wüste Zin bis Rehob
bei Lebo-Hamat. 22 Sie durchzogen zuerst
den Negeb und kamen bis Hebron. Dort leb-
ten Ahiman, Scheschai und Talmai, Söhne
des Anak. Hebron war sieben Jahre vor der
Stadt Zoan, die in Ägypten liegt, erbaut wor-
den. 23 Von dort kamen sie in das Traubental.
Dort schnitten sie eine Rebe mit einer Wein-
traube ab und trugen sie zu zweit auf einer
Stange, dazu auch einige Granatäpfel und
Feigen. 24 Den Ort nannte man später Trau-
bental wegen der Traube, die die Israeliten
dort abgeschnitten hatten.
25 Vierzig Tage, nachdem man sie zur Er-
kundung des Landes ausgeschickt hatte,
machten sie sich auf den Rückweg. 26 Sie ka-
men zu Mose und Aaron und zu der ganzen
Gemeinde der Israeliten in die Wüste Paran
nach Kadesch. Sie berichteten ihnen und der
ganzen Gemeinde und zeigten ihnen die
Früchte des Landes. 27 Sie erzählten Mose:
Wir kamen in das Land, in das du uns ge-
schickt hast: Es ist wirklich ein Land, in dem
Milch und Honig fließen; das hier sind seine
Früchte. 28 Aber das Volk, das im Land
wohnt, ist stark und die Städte sind befestigt
und sehr groß. Auch haben wir die Söhne des
Anak dort gesehen. 29 Amalek wohnt im Ge-
biet des Negeb, die Hetiter, die Jebusiter und
Amoriter wohnen im Gebirge und die Ka-
naaniter wohnen am Meer und am Ufer des
Jordan. 30 Kaleb beruhigte das Volk, das
über Mose aufgebracht war, und sagte: Wir
können trotzdem hinaufziehen und das Land
in Besitz nehmen; wir werden es gewiss be-
zwingen.
31 Die Männer aber, die mit Kaleb zusam-
men nach Kanaan hinaufgezogen waren,
sagten: Wir können nichts gegen dieses Volk
ausrichten; es ist stärker als wir. 32 Und sie
verbreiteten bei den Israeliten falsche Ge-
rüchte über das Land, das sie erkundet hat-
ten, und sagten: Das Land, das wir durch-
wandert und erkundet haben, ist ein Land,
das seine Bewohner auffrisst; alle Leute, die
wir dort gesehen haben, sind hochgewach-
sen. 33 Sogar die Riesen haben wir dort gese-
hen – die Anakiter gehören nämlich zu den
Riesen. Wir kamen uns selbst klein wie
Heuschrecken vor und auch ihnen erschie-
nen wir so.

14 Da erhob die ganze Gemeinde ein
lautes Geschrei und das Volk weinte
die ganze Nacht. 2 Alle Israeliten murrten
über Mose und Aaron und die ganze Gemein-
de sagte zu ihnen: Wären wir doch in Ägyp-
ten oder wenigstens hier in der Wüste gestor-
ben! 3 Warum nur will uns der Herr in jenes
Land bringen? Etwa damit wir durch das
Schwert umkommen und unsere Frauen und
Kinder eine Beute der Feinde werden? Wäre
es für uns nicht besser, nach Ägypten zu-
rückzukehren? 4 Und sie sagten zueinander:
Wir wollen einen neuen Anführer wählen
und nach Ägypten zurückkehren.
5 Da warfen sich Mose und Aaron vor der
ganzen Gemeindeversammlung der Israeli-
ten auf ihr Gesicht nieder. 6 Josua, der Sohn
Nuns, und Kaleb, der Sohn Jefunnes, zwei
von denen, die das Land erkundet hatten,
zerrissen ihre Kleider 7 und sagten zu der
ganzen Gemeinde der Israeliten: Das Land,
das wir durchwandert und erkundet haben,
dieses Land ist überaus schön. 8 Wenn der
Herr uns wohlgesinnt ist und uns in dieses
Land bringt, dann schenkt er uns ein Land,
in dem Milch und Honig fließen. 9 Lehnt
euch nur nicht gegen den Herrn auf! Habt
keine Angst vor den Leuten in jenem Land;
sie werden unsere Beute. Ihr schützender
Schatten ist von ihnen gewichen, denn der
Herr ist mit uns. Habt keine Angst vor ihnen!
10 Doch die ganze Gemeinde drohte Mose
und Aaron zu steinigen.
Da erschien die Herrlichkeit des Herrn am
Offenbarungszelt allen Israeliten, 11 und der
Herr sprach zu Mose: Wie lange verachtet
mich dieses Volk noch, wie lange noch wol-
len sie nicht an mich glauben trotz all der
Zeichen, die ich mitten unter ihnen voll-
bracht habe? 12 Ich will sie mit der Pest
schlagen und vertreiben; aber dich will ich
zu einem Volk machen, das größer und
mächtiger ist als dieses. 13 Da antwortete
Mose dem Herrn: Die Ägypter werden hören,
dass du dieses Volk mit deiner Kraft aus ih-
rer Mitte hierher geführt hast, 14 und sie wer-
den zu den Einwohnern dieses Landes sagen,
sie hätten gehört, dass du, Herr, mitten in
diesem Volk warst, dass du, Herr, sichtbar
erschienen bist, dass deine Wolke über ihnen
stand, dass du ihnen bei Tag in einer Wol-
kensäule und bei Nacht in einer Feuersäule
vorangegangen bist, 15 dass du dann aber
dieses Volk wie einen einzigen Mann umge-
bracht hast. Wenn sie das alles über dich hö-
ren, werden die Völker sagen: 16 Weil Jahwe
nicht imstande war, dieses Volk in das Land

zu bringen, das er ihnen mit einem Eid zuge-
sichert hatte, hat er sie in der Wüste abge-
schlachtet. 17 Gerade jetzt sollte sich die
Kraft meines Herrn in ihrer ganzen Größe
zeigen, wie du gesagt hast: 18 Ich bin Jahwe,
langmütig und reich an Huld, der Schuld und
Frevel wegnimmt, der aber (den Sünder)
nicht ungestraft lässt, der die Schuld der Vä-
ter an den Söhnen verfolgt, an der dritten
und vierten Generation: 19 Verzeih also die-
sem Volk seine Sünde nach deiner großen
Huld, wie du diesem Volk auch schon bisher
vergeben hast, von Ägypten bis hierher.
20 Da sprach der Herr: Ich verzeihe ihm, da
du mich bittest. 21 Doch so wahr ich lebe und
die Herrlichkeit des Herrn das ganze Land
erfüllt: 22 Alle Männer, die meine Herrlich-
keit und meine Zeichen gesehen haben, die
ich in Ägypten und in der Wüste vollbracht
habe und die mich jetzt schon zum zehnten
Mal auf die Probe gestellt und doch nicht auf
mich gehört haben, 23 sie alle werden das
Land nicht zu sehen bekommen, das ich ih-
ren Vätern mit einem Eid zugesichert habe.
Keiner von denen, die mich verachtet haben,
wird es zu sehen bekommen. 24 Meinen Knecht
Kaleb aber, der anders denkt und treu zu mir
hält, ihn werde ich in das Land bringen. Er
darf es betreten und seine Nachkommen sol-
len es erben. 25 [Die Amalekiter und die Ka-
naaniter sitzen in der Ebene.] Brecht also
morgen auf und schlagt eine andere Richtung
ein, in die Wüste, zum Schilfmeer hin!

26 Der Herr sprach zu Mose und Aaron:
27 Wie lange soll das mit dieser bösen Ge-
meinde so weitergehen, die immer über mich
murrt? Ich habe mir das Murren der Israeli-
ten jetzt lange genug angehört. 28 Sag ihnen:
So wahr ich lebe – Spruch des Herrn –, ich
will euch das antun, womit ihr mir die Ohren
vollgeschrien habt: 29 Hier in der Wüste sol-
len eure Leichen liegen bleiben, alle ohne
Ausnahme; jeder von euch, der gemustert
worden ist, wird sterben, alle Männer von
zwanzig Jahren und darüber, die über mich
gemurrt haben. 30 Keiner von euch wird in
das Land kommen, auch wenn ich meine
Hand erhoben und geschworen habe, euch
darin wohnen zu lassen, außer Kaleb, der
Sohn Jefunnes, und Josua, der Sohn Nuns.
31 Eure Kinder aber, von denen ihr gesagt
habt, sie würden eine Beute der Feinde wer-
den, sie werde ich in das Land bringen. Sie
werden das Land kennen lernen, das ihr ver-
schmäht habt. 32 Eure Leichen aber werden
in dieser Wüste liegen bleiben. 33 Eure Söhne
müssen vierzig Jahre lang ihr Vieh in der
Wüste weiden lassen; sie haben so lange un-
ter eurer Untreue zu leiden, bis ihr alle tot in
der Wüste liegt. 34 So viele Tage, wie ihr ge-
braucht habt, um das Land zu erkunden,
nämlich vierzig Tage, so viele Jahre lang –
für jeden Tag ein Jahr – müsst ihr die Folgen
eurer Schuld tragen, also vierzig Jahre lang;
dann werdet ihr erkennen, was es heißt, mir
Widerstand zu leisten. 35 Ich, der Herr, habe
gesprochen. Unwiderruflich werde ich es mit
dieser ganzen bösen Gemeinde so machen,
die sich gegen mich zusammengerottet hat:
In dieser Wüste finden sie ihr Ende, hier
müssen sie sterben.

36 Die Männer, die Mose ausgeschickt hat-
te, um das Land erkunden zu lassen, die
dann aber nach ihrer Rückkehr die ganze
Gemeinde zum Murren verführt hatten,
37 fielen plötzlich tot zu Boden, vor den Au-
gen des Herrn, alle, die über das Land
falsche Gerüchte verbreitet hatten. 38 Nur
Josua, der Sohn Nuns, und Kaleb, der Sohn
Jefunnes, blieben am Leben, als einzige von
allen, die ausgezogen waren, um das Land zu
erkunden.

39 Mose sagte das alles den Israeliten. Da
wurde das Volk sehr traurig. 40 Sie standen
am nächsten Morgen auf, um auf die Höhe
des Gebirges zu steigen; sie sagten: Wir zie-
hen jetzt zu dem Ort hinauf, den der Herr ge-
nannt hat. Ja, wir haben gesündigt. 41 Da
sagte Mose: Warum übertretet ihr den Befehl
des Herrn? Das wird euch nicht gelingen.
42 Zieht nicht hinauf, denn der Herr ist nicht
bei euch; ihr werdet von euren Feinden nur
geschlagen werden. 43 Denn ihr habt dort die
Amalekiter und die Kanaaniter gegen euch,
und ihr werdet durch das Schwert umkom-
men. Weil ihr euch vom Herrn abgewendet
habt, wird der Herr nicht mit euch sein.
44 Doch in ihrem Starrsinn stiegen sie auf die
Höhe des Gebirges hinauf. Aber die Bundes-
lade des Herrn und Mose wichen nicht von
ihrer Stelle mitten im Lager. 45 Da kamen die
Amalekiter und die Kanaaniter, die dort im
Gebirge wohnten, herunter und schlugen die
Israeliten und zersprengten sie bis nach
Horma.

14,18: Ex 34,6f; Ex 20,5; Dtn 5,9 • 28: 14,2 • 31: 14,3 • 36:
1 Kor 10,5.10.

Opfer und Sühne: 15,1–41

15 Der Herr sprach zu Mose: 2 Rede zu
den Israeliten und sag zu ihnen:
Wenn ihr in das Land kommt, das ich euch
zur Besiedlung geben will, 3 und wenn ihr für
den Herrn ein Feueropfer vorbereitet, ein
Brandopfer oder ein Schlachtopfer zur Er-
füllung eines Gelübdes oder als freiwillige
Gabe oder anlässlich eurer Feste, um dem
Herrn einen beruhigenden Duft von einem

Rind oder Schaf darzubringen, 4 dann soll je-
der, der dem Herrn seine Opfergabe bringt,
als Speiseopfer ein Zehntel Feinmehl dar-
bringen, das mit einem viertel Hin Öl ver-
mengt ist. 5 Und beim Brand- oder Schlacht-
opfer sollst du auf je ein Lamm ein viertel
Hin Wein als Trankopfer herrichten. 6 Auf
einen Widder aber sollst du als Speiseopfer
zwei Zehntel Feinmehl herrichten, das mit
einem drittel Hin Öl vermengt ist, 7 und als
Trankopfer sollst du ein drittel Hin Wein
darbringen, als beruhigenden Duft für den
Herrn. 8 Richtest du ein Kalb als Brand- oder
Schlachtopfer zur Erfüllung eines Gelübdes
oder als Heilsopfer zur Ehre des Herrn her,
9 dann bring auf jedes Kalb als Speiseopfer
drei Zehntel Feinmehl dar, das mit einem
halben Hin Öl vermengt ist; 10 als Trankopfer
sollst du in diesem Fall ein halbes Hin Wein
darbringen. Das ist ein Feueropfer und ein
beruhigender Duft für den Herrn.

11 So soll man es bei jedem Rind, bei jedem
Widder, bei jedem jungen Lamm und jeder
jungen Ziege machen. 12 Je nachdem, wie
viele Tiere ihr zum Opfer herrichtet, sollt ihr
es jeweils machen. 13 So soll es jeder Einhei-
mische machen, wenn er ein Feueropfer als
beruhigenden Duft für den Herrn darbringt.
14 Wenn ein Fremder, der bei euch lebt, oder
einer, dessen Familie schon seit Generatio-
nen unter euch lebt, ein Feueropfer als beru-
higenden Duft für den Herrn darbringen
will, dann soll er es ebenso machen wie ihr.
15 Für euch und für die Fremden, die bei euch
leben, gilt ein und dieselbe Regel; das soll bei
euch als feste Regel des Herrn gelten, von
Generation zu Generation, für euch ebenso
wie für den Fremden: 16 Gleiches Gesetz und
gleiches Recht gilt für euch und für die
Fremden, die bei euch leben.

17 Der Herr sprach zu Mose: 18 Rede zu den
Israeliten und sag zu ihnen: Wenn ihr in das
Land kommt, in das ich euch bringe, 19 und
wenn ihr vom Brot des Landes esst, dann
sollt ihr eine Abgabe für den Herrn entrich-
ten. 20 Als Erstlingsgabe von eurem Brotteig
sollt ihr einen Kuchen abgeben. Ihr sollt ihn
wie die Abgabe von der Tenne abliefern.
21 Von dem ersten Gebäck aus eurem Teig
sollt ihr dem Herrn eine Abgabe entrichten,
von Generation zu Generation.

22 Wenn ihr aus Versehen irgendeines die-
ser Gebote, die der Herr dem Mose mitgeteilt
hat, nicht haltet, 23 irgendetwas, was der
Herr euch durch Mose befohlen hat seit dem
Tag, an dem der Herr die Gebote gegeben
hat, und weiterhin von Generation zu Gene-
ration, 24 dann soll, wenn das Versehen vor-
kam, ohne dass die Gemeinde es bemerkte,
die ganze Gemeinde einen Jungstier zum
Brandopfer als beruhigenden Duft für den
Herrn herrichten, ferner das dazugehörende
Speise- und Trankopfer, wie es Vorschrift
ist, sowie einen Ziegenbock als Sündopfer.
25 Der Priester soll die ganze Gemeinde der
Israeliten entsühnen, dann wird ihnen verge-
ben werden; denn es war ein Versehen und
sie haben ihre Opfergabe als Feueropfer für
den Herrn und ihr Sündopfer für ihr Verse-
hen vor den Herrn gebracht. 26 Der ganzen
Gemeinde der Israeliten und den Fremden,
die bei ihnen leben, wird vergeben werden,
denn das ganze Volk war von dem Versehen
betroffen.

27 Wenn ein einzelner versehentlich sün-
digt, dann soll er eine einjährige Ziege als
Sündopfer darbringen. 28 Der Priester soll
die Person, die versehentlich gesündigt hat,
vor dem Herrn entsühnen; dann wird ihr ver-
geben werden. 29 Für die einheimischen Is-
raeliten und für die Fremden, die bei ihnen
leben, gilt das gleiche Gesetz, wenn jemand
etwas aus Versehen tut. 30 Wer aber, sei er
einheimisch oder fremd, etwas vorsätzlich
tut, der begeht eine Gotteslästerung. Ein sol-
cher Mensch soll aus seinem Volk ausge-
merzt werden; 31 denn er hat das Wort des
Herrn verachtet und sein Gesetz gebrochen.
Ein solcher Mensch muss ausgemerzt wer-
den; er hat schwere Schuld auf sich gela-
den.

32 Als die Israeliten in der Wüste waren,
entdeckten sie einmal, dass einer am Sabbat
Holz sammelte. 33 Die Leute, die ihn beim
Holz Sammeln angetroffen hatten, brachten
ihn vor Mose und Aaron und vor die ganze
Gemeinde. 34 Man sperrte ihn ein, weil noch
nicht entschieden war, was mit ihm gesche-
hen sollte. 35 Der Herr sprach zu Mose: Der
Mann ist mit dem Tod zu bestrafen. Die gan-
ze Gemeinde soll ihn draußen vor dem Lager
steinigen. 36 Da führte die ganze Gemeinde
den Mann vor das Lager hinaus und steinigte
ihn zu Tod, wie der Herr es Mose befohlen
hatte.

37 Der Herr sprach zu Mose: 38 Rede zu den
Israeliten und sag zu ihnen, sie sollen sich
Quasten an ihre Kleiderzipfel nähen, von
Generation zu Generation, und sollen an den
Quasten eine violette Purpurschnur anbrin-
gen; 39 sie soll bei euch zur Quaste gehören.
Wenn ihr sie seht, werdet ihr euch an alle
Gebote des Herrn erinnern, ihr werdet sie
halten und eurem Herzen und euren Augen
nicht nachgeben, wenn sie euch zur Untreue
verleiten wollen. 40 Ihr sollt so an alle meine
Gebote denken und sie halten; dann werdet
ihr eurem Gott heilig sein. 41 Ich bin der

Herr, euer Gott, der euch aus Ägypten herausgeführt hat, um für euch Gott zu sein, ich, der Herr, euer Gott.

1–31 ‖ Lev 6,17 – 7,18 • 35: Ex 31,15; 35,2 • 38: Mt 23,5.

Der Aufruhr Korachs, Datans und Abirams: 16,1 – 17,28

16 Korach, der Sohn Jizhars, des Sohnes Kehats, des Sohnes Levis, ferner Datan und Abiram, die Söhne Eliabs, und On, der Sohn Pallus, der Rubeniter, 2 erhoben sich gegen Mose, zusammen mit zweihundertfünfzig führenden Männern aus der Gemeinde, angesehenen Abgeordneten der Versammlung. 3 Sie rotteten sich gegen Mose und Aaron zusammen und sagten zu ihnen: Ihr nehmt euch zu viel heraus. Alle sind heilig, die ganze Gemeinde, und der Herr ist mitten unter ihnen. Warum erhebt ihr euch über die Gemeinde des Herrn? 4 Als Mose das hörte, warf er sich auf sein Gesicht nieder 5 und er sagte zu Korach und seinem ganzen Anhang: Morgen früh wird der Herr zeigen, wer zu ihm gehört, wer der Heilige ist und wer sich ihm nähern darf. Wen der Herr erwählt, der darf sich ihm nähern. 6 Du, Korach, und dein ganzer Anhang, macht Folgendes: Nehmt euch Räucherpfannen, 7 tut Feuer hinein und legt Weihrauch für den Herrn darauf, und zwar morgen! Dann wird sich zeigen, wen der Herr erwählt und wer der Heilige ist. Ihr nehmt euch zu viel heraus, ihr Leviten!

8 Dann sagte Mose zu Korach: Hört, ihr Leviten! 9 Ist es euch noch zu wenig, dass euch der Gott Israels aus der Gemeinde Israels herausgehoben hat, um euch in seine Nähe zu holen, damit ihr an der Wohnstätte des Herrn Dienst tut, vor die Gemeinde tretet und für sie euren Dienst verrichtet? 10 Er hat dich und alle deine Brüder, die Leviten, die bei dir sind, in seine Nähe geholt, doch nun wollt ihr auch noch das Priesteramt. 11 Deshalb rottet ihr, du und dein ganzer Anhang, euch gegen den Herrn zusammen. Über ihn, nicht über Aaron, murrt ihr.

12 Dann ließ Mose Datan und Abiram, die Söhne Eliabs, rufen. Sie aber ließen ihm sagen: Wir kommen nicht. 13 Ist es nicht genug, dass du uns aus einem Land, in dem Milch und Honig fließen, hergeholt hast, um uns in der Wüste sterben zu lassen? Willst du dich auch noch als unser Herrscher aufspielen? 14 Du hast uns nicht in ein Land gebracht, in dem Milch und Honig fließen, und hast uns keine Felder und Weinberge zum Besitz gegeben. Hältst du diese Männer hier etwa für blind? Wir kommen nicht.

15 Da wurde Mose sehr zornig und sagte zum Herrn: Sieh ihre Opfer nicht an! Nicht einen einzigen Esel habe ich ihnen weggenommen, keinem von ihnen habe ich etwas zuleide getan. 16 Dann sagte Mose zu Korach: Du und dein ganzer Anhang, erscheint morgen vor dem Herrn, du, diese Männer und Aaron! 17 Nehmt eure Räucherpfannen mit, tut Weihrauch hinein und bringt eure Räucherpfannen vor den Herrn, jeder seine eigene Räucherpfanne, im Ganzen also zweihundertfünfzig Räucherpfannen, auch du und Aaron, bringt eure Räucherpfannen mit! 18 Jeder nahm also seine Räucherpfanne, sie taten Feuer hinein, legten Weihrauch darauf und traten an den Eingang des Offenbarungszeltes, zusammen mit Mose und Aaron. 19 Korach aber versammelte die ganze Gemeinde bei ihnen am Eingang des Offenbarungszeltes. Da erschien der ganzen Gemeinde die Herrlichkeit des Herrn.

20 Der Herr sprach zu Mose und Aaron: 21 Sondert euch von dieser Gemeinde ab! Ich will ihr auf einen Schlag ein Ende bereiten. 22 Da warfen sie sich auf ihr Gesicht nieder und sagten: Gott, du Gott der Geister, die alle Menschen beleben, ein einzelner Mensch sündigt und du willst der ganzen Gemeinde zürnen? 23 Der Herr antwortete Mose: 24 Sag der Gemeinde: Entfernt euch aus der Nähe der Zelte Korachs, Datans und Abirams!

25 Da stand Mose auf und ging zu Datan und Abiram und die Ältesten Israels folgten ihm. 26 Dann sagte er zur Gemeinde: Geht aus der Nähe der Zelte dieser niederträchtigen Leute weg und rührt nichts von dem an, was ihnen gehört, sonst werdet auch ihr wegen aller ihrer Sünden hingerafft. 27 Da entfernten sie sich aus der Nähe der Zelte Korachs, Datans und Abirams. Datan und Abiram waren herausgekommen und standen am Eingang ihrer Zelte, zusammen mit ihren Frauen, Söhnen und kleinen Kindern. 28 Dann sagte Mose: Daran sollt ihr erkennen, dass der Herr mich gesandt hat, damit ich alle diese Taten vollbringe, und dass ich nicht aus eigenem Antrieb gehandelt habe: 29 Wenn diese Leute sterben, wie jeder Mensch stirbt, und wenn sie nur so wie jeder andere Mensch Rechenschaft ablegen müssen, dann hat der Herr mich nicht gesandt. 30 Wenn aber der Herr etwas ganz Ungewöhnliches tut, wenn die Erde ihren Rachen

16,1–35 Hier sind zwei einst selbstständige Erzählungen, eine von Korach und eine von Datan und Abiram, zusammengearbeitet.

aufreißt und sie verschlingt zusammen mit
allem, was ihnen gehört, wenn sie also le-
bend in die Unterwelt hinabstürzen, dann
werdet ihr erkennen, dass diese Leute den
Herrn beleidigt haben.
31 Kaum hatte er das gesagt, da spaltete
sich der Boden unter ihnen, 32 die Erde öffne-
te ihren Rachen und verschlang sie samt ih-
rem Haus, mit allen Menschen, die zu Ko-
rach gehörten, und mit ihrem ganzen Besitz.
33 Sie und alles, was zu ihnen gehörte, stürz-
ten lebend in die Unterwelt hinab. Die Erde
deckte sie zu und sie waren aus der Gemein-
de verschwunden. 34 Alle Israeliten, die um
sie herumstanden, liefen weg, als sie sie
schreien hörten; sie sagten: Die Erde wird
auch uns noch verschlingen. 35 Vom Herrn
ging ein Feuer aus und fraß die zweihundert-
fünfzig Männer, die den Weihrauch darge-
bracht hatten.

17 Darauf sprach der Herr zu Mose:
2 Sag zum Priester Eleasar, dem
Sohn Aarons, er soll die Räucherpfannen aus
der Asche herausnehmen, denn sie sind hei-
lig. Die Glut aber streut weit auseinander!
3 Die Räucherpfannen der Männer, die we-
gen ihrer Sünde ums Leben gekommen sind,
soll man zu Blech hämmern und damit den
Altar überziehen; denn sie haben die Räu-
cherpfannen vor den Herrn gebracht und da-
mit sind die Pfannen heilig geworden. Sie
sollen für die Israeliten ein Zeichen sein.
4 Da nahm der Priester Eleasar die kupfer-
nen Räucherpfannen der Männer, die im
Feuer umgekommen waren, und hämmerte
daraus einen Überzug für den Altar. 5 Das
sollte den Israeliten ein mahnendes Zeichen
dafür sein, dass kein Unbefugter, keiner, der
nicht zu den Nachkommen Aarons gehört,
sich dem Herrn nähern darf, um für ihn
Weihrauch zu verbrennen; sonst geht es ihm
genauso, wie es der Herr durch Mose dem
Korach und seinem Anhang angekündigt
hatte.
6 Am nächsten Tag murrte die ganze Ge-
meinde der Israeliten über Mose und Aaron;
sie sagten: Ihr habt das Volk des Herrn getö-
tet. 7 Als sich die Gemeinde gegen Mose und
Aaron zusammenrottete und sich dem Of-
fenbarungszelt zuwandte, bedeckte die Wol-
ke das Zelt und die Herrlichkeit des Herrn
erschien. 8 Mose und Aaron gingen vor das
Offenbarungszelt 9 und der Herr sprach zu
Mose: 10 Verlasst diese Gemeinde, denn ich
will sie in einem einzigen Augenblick ver-
nichten. Da warfen sich Mose und Aaron auf
ihr Gesicht nieder 11 und Mose sagte zu
Aaron: Nimm die Räucherpfanne, tu Feuer
vom Altar hinein, und leg Weihrauch darauf;
dann geh schnell zur Gemeinde und entsüh-
ne sie! Denn vom Herrn ist ein Zorngericht
ausgegangen und die Plage hat schon begon-
nen. 12 Da nahm Aaron die Räucherpfanne,
wie Mose gesagt hatte, und lief mitten unter
die Leute, die versammelt waren. Und wirk-
lich, die Plage hatte im Volk schon begon-
nen. Aaron legte Weihrauch in die Pfanne
und entsühnte das Volk. 13 Er trat zwischen
die Toten und die Lebenden und da hörte die
Plage auf. 14 Durch die Plage waren aber be-
reits vierzehntausendsiebenhundert Men-
schen gestorben, nicht gerechnet die Toten,
die wegen Korach umgekommen waren.
15 Darauf kehrte Aaron zu Mose an den Ein-
gang des Offenbarungszeltes zurück; die
Plage hatte aufgehört.
16 Dann sprach der Herr zu Mose: 17 Rede
zu den Israeliten und lass dir jeweils von ei-
ner Großfamilie einen Stab geben, und zwar
von der Großfamilie des Stammesführers, im
Ganzen also zwölf Stäbe, und schreib ihre
Namen darauf!
18 Auf den Stab Levis schreib den Namen
Aaron; denn auf jede Großfamilie eines
Stammesführers kommt ein Stab. 19 Dann
leg die Stäbe in das Offenbarungszelt vor die
Bundesurkunde, dort, wo ich euch begegne.
20 Dann wird der Stab dessen, den ich erwäh-
le, Blätter bekommen. So will ich vor mir das
Murren zum Schweigen bringen, mit dem sie
euch belästigen. 21 Mose berichtete es den Is-
raeliten. Darauf gaben ihm alle Stammes-
führer die Stäbe, jede Großfamilie eines
Stammesführers einen, im Ganzen also
zwölf Stäbe. Auch Aarons Stab war darun-
ter. 22 Mose legte die Stäbe im Offenbarungs-
zelt vor dem Herrn nieder.
23 Als Mose am nächsten Tag zum Zelt der
Bundesurkunde kam, da war der Stab Aa-
rons, der das Haus Levi vertrat, grün gewor-
den; er trieb Zweige, blühte und trug Man-
deln. 24 Da nahm Mose alle Stäbe von ihrem
Platz vor dem Herrn weg und brachte sie zu
den Israeliten hinaus. Als sie die Stäbe sa-
hen, nahm jeder den seinen. 25 Darauf sagte
der Herr zu Mose: Trag den Stab Aarons zu-
rück vor die Bundesurkunde! Dort soll er
aufbewahrt werden als ein Zeichen für alle
Aufsässigen. Mach mir auf diese Weise ihrem
Murren ein Ende, dann werden sie nicht
sterben. 26 Mose tat genau so, wie es ihm der
Herr befohlen hatte. So machte er es. 27 Die
Israeliten aber sagten zu Mose: Sieh her, wir
kommen um, wir gehen zugrunde, alle gehen
wir noch zugrunde. 28 Jeder, der zu nahe an
die Wohnstätte des Herrn kommt, stirbt.
Sollen wir denn alle umkommen?

16,22: 27,16 • 17,25: Hebr 9,4.

Der Dienst und die Entlohnung der Priester und Leviten: 18,1–32

18 Der Herr sprach zu Aaron: Du, deine Söhne und deine ganze Familie, ihr tragt die Verantwortung für das Heiligtum; du und mit dir deine Söhne, ihr tragt die Verantwortung für euer Priesteramt. 2 Aber auch deine Brüder, den Stamm Levi, deinen väterlichen Stamm, lass zusammen mit dir herkommen! Sie sollen sich dir anschließen und dir dienen, während ihr, du und deine Söhne, vor dem Offenbarungszelt seid. 3 Sie sollen sich an deine Anordnungen und an die für das ganze Zelt geltende Ordnung halten. Nur den heiligen Geräten und dem Altar dürfen sie nicht zu nahe kommen, sonst müssen sie sterben und ihr mit ihnen. 4 Sie sollen sich dir anschließen und sich beim ganzen Dienst am Zelt an die Ordnung halten, die am Offenbarungszelt gilt. Kein Unbefugter darf in eure Nähe kommen. 5 Wenn ihr euch an die Ordnung haltet, die am Heiligtum und am Altar gilt, wird der Zorn (Gottes) nicht mehr über die Israeliten kommen. 6 Seht, ich habe eure Brüder, die Leviten, aus den Israeliten euch übergeben; sie sind dem Herrn übergeben, um den Dienst am Offenbarungszelt zu verrichten. 7 Du aber und mit dir deine Söhne, ihr sollt euer Priesteramt in allem ausüben, was den Altar und den Raum hinter dem Vorhang betrifft; dort sollt ihr euren Dienst tun. Als einen Dienst, der ein Geschenk ist, übergebe ich euch das Priesteramt. Wer sich nähert, ohne dazu befugt zu sein, ist mit dem Tod zu bestrafen.

8 Der Herr sagte zu Aaron: Ich selbst übergebe dir jetzt die Verwaltung der Abgaben, die mir entrichtet werden. Von allen heiligen Gaben der Israeliten gebe ich sie dir als Anteil und deinen Söhnen als ein dauerndes Anrecht. 9 Dir soll an den hochheiligen Gaben all das zufallen, was nicht für das Feuer bestimmt ist: alle ihre Opfergaben bei allen ihren Speise-, Sünd- und Schuldopfern, die sie mir als hochheilige Gaben entrichten; dir und deinen Söhnen gehören sie. 10 Esst sie am hochheiligen Ort! Jede männliche Person darf davon essen; sie sollen dir als heilig gelten.

11 Auch das gehört dir: die Abgabe, die die Israeliten bei allem entrichten, was sie darbringen. Dir und deinen Söhnen und Töchtern, die bei dir sind, habe ich diese Abgabe als dauerndes Anrecht gegeben. Jeder, der rein ist in deinem Haus, darf davon essen. 12 Das Beste von allem Öl, das Beste von allem Most und Getreide, die Erstlingsgaben, die sie dem Herrn entrichten, sie habe ich für dich bestimmt. 13 Von allem, was es in ihrem Land gibt, gehören dir die Erstlingsfrüchte, die sie dem Herrn bringen. Jeder, der rein ist in deinem Haus, darf davon essen. 14 Alles, was in Israel geweiht wird, gehört dir. 15 Alle lebenden Wesen, die den Mutterschoß durchbrechen und die man dem Herrn darbringt, Mensch und Vieh, gehören dir. Du musst aber den Erstgeborenen bei den Menschen auslösen und ebenso musst du auch die erstgeborenen Tiere bei unreinem Vieh auslösen, 16 und zwar musst du die, die ausgelöst werden, im Alter von etwa einem Monat, je nachdem, wie du sie einschätzt, mit Geld auslösen, mit fünf Schekel, gerechnet nach dem Schekelgewicht des Heiligtums, das sind zwanzig Gera. 17 Aber die Erstlinge vom Rind, vom Schaf oder von der Ziege darfst du nicht auslösen; sie sind heilig. Ihr Blut sollst du auf den Altar sprengen und ihre Fettteile als Feueropfer zum beruhigenden Duft für den Herrn in Rauch aufgehen lassen. 18 Ihr Fleisch gehört dir, wie auch die Brust vom Darbringungsritus und auch die rechte Keule dir gehören. 19 Alle Abgaben von den heiligen Opfern, die die Israeliten dem Herrn entrichten, habe ich dir und deinen Söhnen und Töchtern, die bei dir sind, als dauerndes Anrecht gegeben. Das soll für dich und auch für deine Nachkommen als ein ewiger »Salzbund« vor dem Herrn gelten.

20 Der Herr sprach zu Aaron: Du sollst in ihrem Land keinen erblichen Besitz haben. Dir gehört unter ihnen kein Besitzanteil; ich bin dein Besitz und dein Erbteil mitten unter den Israeliten. 21 Den Leviten gebe ich als Erbteil den ganzen Zehnten, den die Israeliten entrichten, als Entgelt für den Dienst, den die Leviten verrichten, den Dienst am Offenbarungszelt. 22 Die Israeliten dürfen künftig nicht mehr in die Nähe des Offenbarungszeltes kommen; sonst laden sie eine Sünde auf sich und sterben. 23 Nur der Levit soll am Offenbarungszelt Dienst tun; die Leviten tragen die Verantwortung – das soll bei euch von Generation zu Generation als feste Regel gelten. Darum sollen sie unter den Israeliten keinen Erbbesitz haben. 24 Denn als Erbteil für die Leviten habe ich die Zehnten bestimmt, die die Israeliten dem Herrn als Abgabe entrichten. Darum habe ich zu den Leviten gesagt, sie sollen keinen Erbbesitz unter den Israeliten bekommen.

18,19 Salzbund: Der Ausdruck kommt vielleicht daher, dass durch gemeinsames Essen von Salz ein Freundschaftsverhältnis besiegelt wurde (vgl. Lev 2,13 und 2 Chr 13,5).

25 Der Herr sprach zu Mose: 26 Rede zu den
Leviten und sag zu ihnen: Wenn ihr von den
Israeliten den Zehnten entgegennehmt, den
ich euch von ihnen als euren Anteil zugewie-
sen habe, dann entrichtet davon dem Herrn
eine Abgabe als Zehnten vom Zehnten!
27 Das soll als eure Abgabe angerechnet wer-
den wie bei den anderen die Abgabe vom Ge-
treide der Tenne und vom Inhalt der Kelter.
28 So sollt auch ihr dem Herrn eine Abgabe
von allen euch zustehenden Zehnten entrich-
ten, die ihr von den Israeliten erhaltet; diese
Abgabe für den Herrn sollt ihr dem Priester
Aaron übergeben. 29 Von allem, was man
euch gibt, sollt ihr die ganze Abgabe für den
Herrn leisten, von allem das Beste, als hei-
lige Gabe. 30 Ferner sag zu ihnen: Wenn ihr
davon das Beste abliefert, wird es den Levi-
ten angerechnet wie den anderen der Ertrag
von Tenne und Kelter. 31 Diesen dürft ihr
überall essen, ihr und eure Familien, denn es
gehört euch als Lohn für euren Dienst am
Offenbarungszelt. 32 Ihr dürft aber keine
Sünde auf euch laden, wenn ihr selbst das
Beste abzugeben habt, und ihr dürft die hei-
ligen Gaben der Israeliten nicht entweihen.
Wenn ihr das befolgt, werdet ihr nicht ster-
ben.

Das Reinigungswasser: 19,1–22

19 Der Herr sprach zu Mose und Aaron:
2 Das ist die Verordnung, die der
Herr erlässt: Sag den Israeliten, sie sollen dir
eine fehlerlose, einwandfreie rote Kuh brin-
gen, die noch nie ein Joch getragen hat.
3 Übergebt die Kuh dem Priester Eleasar!
Dann soll man sie vor das Lager hinausfüh-
ren und sie vor seinen Augen schlachten.
4 Der Priester Eleasar nimmt mit seinem Fin-
ger etwas von ihrem Blut und spritzt damit
siebenmal gegen die Vorderseite des Offen-
barungszeltes. 5 Darauf verbrennt man die
Kuh vor seinen Augen. Ihr Fell, ihr Fleisch
und ihr Blut, alles soll man verbrennen, samt
ihrem Mageninhalt. 6 Der Priester nimmt Ze-
dernholz, Ysop und Karmesin und wirft alles
in das Feuer, in dem die Kuh verbrannt wird.
7 Dann wäscht der Priester seine Kleider, ba-
det seinen Körper in Wasser und kehrt nach-
her ins Lager zurück; der Priester bleibt aber
bis zum Abend unrein. 8 Derjenige, der die
Kuh verbrannt hat, wäscht seine Kleider und
badet seinen Körper in Wasser; er bleibt aber
bis zum Abend unrein. 9 Ein reiner Mann
sammelt die Asche der Kuh und legt sie an
einen reinen Ort außerhalb des Lagers. Sie
wird für die Gemeinde der Israeliten zur Zu-
bereitung des Reinigungswassers aufbe-
wahrt. Es ist ein Sündopfer. 10 Derjenige, der
die Asche der Kuh gesammelt hat, wäscht
dann seine Kleider, bleibt aber bis zum
Abend unrein.

Für die Israeliten und für die Fremden, die
bei ihnen leben, gilt die feste Regel: 11 Wer ir-
gendeinen toten Menschen berührt, ist sie-
ben Tage lang unrein. 12 Am dritten Tag ent-
sündigt er sich mit dem Reinigungswasser
und am siebten Tag wird er rein. Wenn er
sich am dritten Tag nicht entsündigt, dann
wird er am siebten Tag nicht rein. 13 Jeder,
der einen toten Menschen, einen Verstorbe-
nen, anrührt und sich nicht entsündigt, hat
die Wohnstätte des Herrn verunreinigt. Ein
solcher Mensch muss aus Israel ausgemerzt
werden, weil er sich nicht hat mit dem Reini-
gungswasser besprengen lassen. Er ist un-
rein; seine Unreinheit haftet ihm immer
noch an.

14 Folgendes Gesetz gilt, wenn ein Mensch
in einem Zelt stirbt: Jeder, der ins Zelt
kommt oder der schon im Zelt ist, wird für
sieben Tage unrein; 15 auch jedes offene Ge-
fäß, das keinen verschnürten Deckel hat, ist
unrein.

16 Jeder, der auf freiem Feld einen mit dem
Schwert Erschlagenen, einen Toten,
menschliche Gebeine oder ein Grab berührt,
ist für sieben Tage unrein.

17 Für den Unreinen nimmt man etwas
Brandasche vom Sündopfer, schüttet sie in
ein Gefäß und gießt Quellwasser darüber.
18 Ein reiner Mann nimmt Ysop, taucht ihn in
das Wasser und bespritzt damit das Zelt so-
wie die Gefäße und die Menschen, die im
Zelt sind, oder den, der Gebeine, einen Er-
schlagenen, einen Toten oder ein Grab be-
rührt hat. 19 Der Reine bespritzt den Unrei-
nen am dritten und am siebten Tag und ent-
sündigt ihn am siebten Tag. Dann wäscht der
Betreffende seine Kleider und badet seinen
Körper in Wasser; am Abend ist er dann rein.
20 Wer aber unrein geworden ist und sich
nicht entsündigt, ein solcher Mensch ist aus
der Versammlung auszumerzen; denn er hat
das Heiligtum des Herrn verunreinigt. Er hat
sich nicht mit dem Reinigungswasser be-
sprengen lassen; er ist unrein. 21 Das soll bei
den Israeliten als feste Regel gelten. Auch
wer das Reinigungswasser verspritzt hat,
wäscht seine Kleider; wer mit dem Reini-
gungswasser in Berührung kommt, ist bis

19,1–13 Rot ist die Farbe des Blutes. Das Reini-
gungswasser ist eine Art Weihwasser, das die Rei-
nigung von Sünde und kultischer Unreinheit sym-
bolisiert (vgl. Hebr 9,13).

zum Abend unrein. 22 Alles, was der Unreine
berührt, ist unrein. Ebenso ist jeder, der ihn
berührt, bis zum Abend unrein.

**Das Wasser aus dem Felsen.
Der Tod Mirjams und Aarons:** 20,1–29

20 Im ersten Monat kam die ganze Ge-
meinde der Israeliten in die Wüste
Zin und das Volk ließ sich in Kadesch nieder.
Dort starb Mirjam und wurde auch dort be-
graben.
2 Da die Gemeinde kein Wasser hatte, rot-
teten sie sich gegen Mose und Aaron zusam-
men. 3 Das Volk geriet mit Mose in Streit; sie
sagten: Wären wir doch umgekommen wie
unsere Brüder, die vor den Augen des Herrn
gestorben sind. 4 Warum habt ihr das Volk
des Herrn in diese Wüste geführt? Nur damit
wir hier zusammen mit unserem Vieh ster-
ben? 5 Wozu habt ihr uns aus Ägypten hier-
her geführt? Nur um uns an diesen elenden
Ort zu bringen, eine Gegend ohne Korn und
Feigen, ohne Wein und Granatäpfel? Nicht
einmal Trinkwasser gibt es. 6 Mose und Aa-
ron verließen die Versammlung, gingen zum
Eingang des Offenbarungszeltes und warfen
sich auf ihr Gesicht nieder. Da erschien ih-
nen die Herrlichkeit des Herrn.
7 Der Herr sprach zu Mose: 8 Nimm deinen
Stab; dann versammelt die Gemeinde, du
und dein Bruder Aaron, und sagt vor ihren
Augen zu dem Felsen, er solle sein Wasser
fließen lassen. Auf diese Weise wirst du für
sie Wasser aus dem Felsen fließen lassen und
ihnen und ihrem Vieh zu trinken geben.
9 Mose holte den Stab von seinem Platz vor
dem Herrn, wie der Herr ihm befohlen hatte.
10 Mose und Aaron riefen die Versammlung
vor dem Felsen zusammen und Mose sagte zu
ihnen: Hört, ihr Meuterer, können wir euch
wohl aus diesem Felsen Wasser fließen las-
sen? 11 Dann hob er seine Hand hoch und
schlug mit seinem Stab zweimal auf den
Felsen. Da kam Wasser heraus, viel Wasser,
und die Gemeinde und ihr Vieh konnten
trinken.
12 Der Herr aber sprach zu Mose und Aa-
ron: Weil ihr mir nicht geglaubt habt und
mich vor den Augen der Israeliten nicht als
den Heiligen bezeugen wolltet, darum wer-
det ihr dieses Volk nicht in das Land hinein-
führen, das ich ihm geben will. 13 Das ist das
Wasser von Meriba (Streitwasser), weil die
Israeliten mit dem Herrn gestritten haben
und er sich als der Heilige erwiesen hat.
14 Mose schickte von Kadesch aus Boten
zum König von Edom und ließ ihm sagen: So
sagt dein Bruder Israel: Du kennst alle Müh-
sal, die uns getroffen hat. 15 Unsere Väter
sind nach Ägypten gezogen und wir haben
viele Jahre in Ägypten gewohnt. Aber die
Ägypter haben uns und unsere Väter
schlecht behandelt. 16 Da haben wir zum
Herrn geschrien und er hat uns gehört. Er
schickte einen Boten und der Bote führte uns
aus Ägypten heraus. Jetzt sind wir in Ka-
desch, einer Stadt an der Grenze deines Ge-
bietes. 17 Wir möchten durch dein Land zie-
hen. Wir werden eure Felder und Weinberge
nicht betreten und kein Brunnenwasser trin-
ken. Wir werden die Königsstraße benutzen
und weder rechts noch links davon abbiegen,
bis wir dein Gebiet durchzogen haben.
18 Edom aber ließ dem Mose sagen: Du wirst
bei mir nicht durchziehen, sonst ziehe ich dir
mit dem Schwert entgegen. 19 Da ließen ihm
die Israeliten sagen: Wir wollen auf der Stra-
ße ziehen. Und wenn wir von deinem Wasser
trinken, ich und meine Herden, dann zahle
ich dafür. Ich will nichts anderes, nur zu Fuß
durch dein Land ziehen. 20 Aber Edom ließ
wieder sagen: Du wirst nicht durchziehen.
Und Edom zog mit schwer bewaffneten
Kriegern Israel entgegen, zur Abwehr ent-
schlossen. 21 Da Edom sich also weigerte, Is-
rael durch sein Gebiet ziehen zu lassen,
musste Israel einen Umweg machen.
22 Die Israeliten brachen von Kadesch auf
und die ganze Gemeinde kam zum Berg Hor.
23 Am Berg Hor, an der Grenze von Edom,
sprach der Herr zu Mose und Aaron: 24 Aaron
wird jetzt mit seinen Vorfahren vereint; er
wird nicht in das Land kommen, das ich für
die Israeliten bestimmt habe; denn ihr habt
euch am Wasser von Meriba gegen meinen
Befehl aufgelehnt. 25 Nimm Aaron und sei-
nen Sohn Eleasar und führ sie auf den Berg
Hor hinauf! 26 Dann nimm Aaron seine Ge-
wänder ab und leg sie seinem Sohn Eleasar
an! Aaron wird dort mit seinen Vätern ver-
eint werden und sterben. 27 Mose tat, was
ihm der Herr befohlen hatte. Sie stiegen vor
den Augen der ganzen Gemeinde auf den
Berg Hor. 28 Mose nahm Aaron die Gewänder
ab und legte sie seinem Sohn Eleasar an.
Dann starb Aaron dort auf dem Gipfel des
Berges, Mose aber und Eleasar stiegen vom
Berg herab. 29 Als die Gemeinde sah, dass
Aaron dahingeschieden war, beweinte ihn
das ganze Haus Israel dreißig Tage lang.

3–4: 11,4–6; 14,1–4; 17,6–14 • 7–13: Ex 17,3–7 • 14: 21,21–24.

Die kupferne Schlange. Kämpfe unterwegs:
21,1–35

21 Als der kanaanitische König von
Arad, der im Negeb saß, hörte, dass
Israel auf dem Weg von Atarim heranzog,

griff er die Israeliten an und machte einige
Gefangene. 2 Da gelobte Israel dem Herrn:
Wenn du mir dieses Volk in meine Gewalt
gibst, dann weihe ich ihre Städte dem Unter-
gang. 3 Der Herr hörte auf Israel und gab die
Kanaaniter in seine Gewalt. Israel weihte sie
und ihre Städte dem Untergang. Daher
nannte man den Ort Horma (Untergangs-
weihe).

4 Die Israeliten brachen vom Berg Hor auf
und schlugen die Richtung zum Schilfmeer
ein, um Edom zu umgehen. Unterwegs aber
verlor das Volk den Mut, 5 es lehnte sich ge-
gen Gott und gegen Mose auf und sagte: Wa-
rum habt ihr uns aus Ägypten heraufge-
führt? Etwa damit wir in der Wüste sterben?
Es gibt weder Brot noch Wasser. Dieser elen-
den Nahrung sind wir überdrüssig. 6 Da
schickte der Herr Giftschlangen unter das
Volk. Sie bissen die Menschen und viele Is-
raeliten starben. 7 Die Leute kamen zu Mose
und sagten: Wir haben gesündigt, denn wir
haben uns gegen den Herrn und gegen dich
aufgelehnt. Bete zum Herrn, dass er uns von
den Schlangen befreit. Da betete Mose für
das Volk. 8 Der Herr antwortete Mose: Mach
dir eine Schlange und häng sie an einer Fah-
nenstange auf! Jeder, der gebissen wird,
wird am Leben bleiben, wenn er sie ansieht.
9 Mose machte also eine Schlange aus Kupfer
und hängte sie an einer Fahnenstange auf.
Wenn nun jemand von einer Schlange gebis-
sen wurde und zu der Kupferschlange auf-
blickte, blieb er am Leben.

10 Die Israeliten brachen auf und schlugen
ihr Lager in Obot auf. 11 Dann brachen sie
von Obot auf und schlugen in Ije-Abarim ihr
Lager auf, in der Wüste, die östlich von
Moab liegt. 12 Von dort brachen sie auf und
schlugen ihr Lager am Bach Sered auf.
13 Von dort brachen sie auf und schlugen das
Lager jenseits des Arnon auf, in der Wüste,
die sich vom Amoritergebiet bis zum Arnon
ausdehnt. Der Arnon bildet nämlich die
Grenze zwischen Moab und den Amoritern.
14 Deshalb heißt es im Buch der Kriege des
Herrn: Waheb in Sufa und die Bäche des Ar-
non 15 und die Wasserscheide, die sich zum
Wohngebiet von Ar hinneigt und sich an das
Gebiet von Moab anlehnt. 16 Von dort ging es
weiter nach Beer (Brunnen); es ist der Brun-
nen, von dem der Herr zu Mose gesagt hat:
Versammle das Volk, damit ich ihnen Was-
ser gebe. 17 Damals sang Israel das folgende
Lied:

Steig auf, Brunnen! Singt über ihn ein
Lied,
18 über den Brunnen, den Heerführer gru-
ben, / den die Edlen des Volkes aushoben /
mit dem Zepter, mit ihren Stäben.

Aus der Wüste (zogen sie weiter) nach
Mattana, 19 von Mattana nach Nahaliël, von
Nahaliël nach Bamot, 20 von Bamot zum Tal
im Grünland von Moab, zum Gipfel des Pis-
ga, der auf das Ödland herabschaut.

21 Israel schickte Boten zum Amoriterkö-
nig Sihon und ließ ihm sagen: 22 Ich möchte
durch dein Land ziehen. Wir werden nicht in
die Felder und Weinberge abbiegen und wir
werden kein Wasser aus euren Brunnen trin-
ken. Wir wollen nur die Königsstraße benut-
zen, bis wir dein Gebiet durchzogen haben.
23 Doch Sihon ließ Israel nicht durch sein Ge-
biet ziehen. Er versammelte sein ganzes Volk
und zog Israel in die Wüste entgegen. Als er
nach Jahaz gekommen war, griff er Israel an.
24 Aber Israel schlug ihn mit scharfem
Schwert und besetzte sein Land vom Arnon
bis zum Jabbok, das heißt bis zu dem Gebiet
der Ammoniter, denn Jaser bildete damals
die Grenze zu den Ammonitern. 25 Die Israe-
liten nahmen alle jene Städte ein und ließen
sich in den Amoriterstädten nieder, in
Heschbon und allen seinen Tochterstädten.
26 Heschbon war nämlich die Hauptstadt Si-
hons, des Amoriterkönigs. Sihon hatte aber
zuvor gegen den ersten König von Moab
Krieg geführt und hatte ihm sein ganzes
Land bis zum Arnon abgenommen.

27 Darum sagen die Spruchdichter: /
Kommt nach Heschbon! / Aufgebaut, neu
gegründet wird Sihons Stadt.

28 Denn von Heschbon ging ein Feuer aus, /
eine Flamme von Sihons Burg, / sie hat
Ar-Moab gefressen / und die Arnonhöhen
verschlungen.

29 Weh dir, Moab, / mit dir ist es aus, Volk
des Kamosch. / Seine Söhne hat er zu
Flüchtlingen gemacht, / seine Töchter zu Ge-
fangenen / des Amoriterkönigs Sihon.

30 Ihre Scholle ist dahin / von Heschbon bis
Dibon, / von Naschim bis Nofach bei Me-
deba.

31 Die Israeliten ließen sich im Land der
Amoriter nieder. 32 Mose schickte Boten aus,
um Jaser auskundschaften zu lassen. Die Is-

21,5 Die »elende Nahrung« ist das Manna.

21,9 König Hiskija hat nach 2 Kön 18,4 die kupferne Schlange aus der Mosezeit vernichtet, weil sie unterdessen als ein heidnisches Fruchtbarkeitssymbol missverstanden worden war. Nach Joh 3,14 ist die kupferne Schlange des Mose ein Urbild für den am Kreuz erhöhten Christus.

21,21–35 Andere Traditionen über Sihon und Og finden sich in Dtn 2,24 – 3,13 und Ri 11,19–22.

raeliten eroberten Jasers Tochterstädte und
vertrieben die Amoriter, die dort wohnten.
33 Dann änderten sie die Richtung und zo-
gen den Weg zum Baschan hinauf. Og, der
König des Baschan, zog ihnen mit seinem
ganzen Volk nach Edreï zum Kampf entge-
gen. 34 Der Herr sagte zu Mose: Hab keine
Angst vor ihm; denn ich gebe ihn mit seinem
ganzen Volk und seinem Land in deine Ge-
walt. Mach mit ihm, was du schon mit dem
Amoriterkönig Sihon gemacht hast, der in
Heschbon saß. 35 Da erschlugen die Israeliten
Og und seine Söhne und sein ganzes Volk;
keiner von ihnen konnte entrinnen. Die Is-
raeliten aber besetzten sein Land.

4–5; 11,4–6; 14,1–4; 17,6–14; 20,2–6 • 11: 33,44–48 • 21: 20,14–21.

Der Seher Bileam: 22,1 – 24,25

22 Die Israeliten brachen auf und
schlugen ihr Lager in den Steppen
von Moab auf, jenseits des Jordan bei Jeri-
cho. 2 Balak, der Sohn Zippors, hatte gese-
hen, was Israel den Amoritern alles angetan
hatte. 3 Moab erschrak sehr vor dem Volk
(der Israeliten), weil es so groß war, und es
packte ihn das Grauen vor den Israeliten.
4 Da sagte Moab zu den Ältesten von Midian:
Jetzt wird uns dieser Haufen ringsum alles
abfressen, wie die Rinder das Gras auf den
Weiden abgrasen.
Damals war Balak, der Sohn Zippors, Kö-
nig von Moab. 5 Er schickte Boten zu Bileam,
dem Sohn Beors, nach Petor am Strom, ins
Land seiner Stammesgenossen, um ihn rufen
zu lassen. Er ließ ihm sagen: Aus Ägypten ist
ein Volk herangezogen, das das ganze Land
bedeckt und nun mir gegenüber sich nieder-
gelassen hat. 6 Darum komm her und ver-
fluch mir dieses Volk; denn es ist zu mächtig
für mich. Vielleicht kann ich es dann schla-
gen und aus dem Land vertreiben. Ich weiß:
Wen du segnest, der ist gesegnet; wen du ver-
fluchst, der ist verflucht. 7 Die Ältesten von
Moab und die Ältesten von Midian machten
sich auf den Weg, mit Wahrsagerlohn in den
Händen. Als sie zu Bileam kamen, wieder-
holten sie ihm die Worte Balaks. 8 Bileam
sagte zu ihnen: Bleibt über Nacht hier, dann
werde ich euch berichten, was der Herr zu
mir sagt. Da blieben die Hofleute aus Moab
bei Bileam.
9 Gott kam zu Bileam und fragte ihn: Wer
sind die Männer, die bei dir wohnen? 10 Bile-
am antwortete Gott: Balak, der Sohn Zip-
pors, der König von Moab, hat Boten zu mir
geschickt und lässt mir sagen: 11 Das Volk,
das aus Ägypten herangezogen ist, bedeckt
das ganze Land. Darum komm und ver-
wünsch es für mich! Vielleicht kann ich es
dann im Kampf besiegen und vertreiben.
12 Gott antwortete Bileam: Geh nicht mit!
Verfluch das Volk nicht; denn es ist geseg-
net.
13 Am Morgen stand Bileam auf und sagte
zu den Hofleuten Balaks: Kehrt in euer Land
zurück; denn der Herr erlaubt mir nicht, mit
euch zu gehen. 14 Da machten sich die Hof-
leute aus Moab auf den Weg und kehrten zu
Balak zurück. Sie berichteten: Bileam hat
sich geweigert, mit uns zu kommen.
15 Balak schickte noch einmal Hofleute
aus, mehr und vornehmere als das erste Mal.
16 Sie kamen zu Bileam und sagten zu ihm:
So sagt Balak, der Sohn Zippors: Lass dich
nicht abhalten, zu mir zu kommen. 17 Ich will
dir einen sehr hohen Lohn geben; alles, was
du von mir verlangst, will ich tun. Nur komm
und verwünsch mir dieses Volk! 18 Bileam
antwortete den Dienern Balaks: Auch wenn
mir Balak sein Haus voll Silber und Gold
gäbe, könnte ich dem Befehl des Herrn, mei-
nes Gottes, nicht zuwiderhandeln, sei es in
einer unwichtigen oder einer wichtigen Sa-
che. 19 Doch bleibt auch ihr jetzt über Nacht
hier, bis ich weiß, was der Herr weiter zu mir
sagt. 20 In der Nacht kam Gott zu Bileam und
sprach zu ihm: Wenn die Männer gekommen
sind, um dich zu holen, dann mach dich auf
den Weg und geh mit! Aber du darfst nur das
tun, was ich dir sage. 21 Am Morgen stand Bi-
leam auf, sattelte seinen Esel und ging mit
den Hofleuten aus Moab.
22 Aber Gott wurde zornig, weil Bileam
mitging, und der Engel des Herrn trat Bile-
am in feindlicher Absicht in den Weg, als Bi-
leam, begleitet von zwei jungen Männern,
auf seinem Esel dahinritt. 23 Der Esel sah den
Engel des Herrn auf dem Weg stehen, mit
dem gezückten Schwert in der Hand, und er
verließ den Weg und wich ins Feld aus. Da
schlug ihn Bileam, um ihn auf den Weg zu-
rückzubringen. 24 Darauf stellte sich der En-
gel des Herrn auf den engen Weg zwischen
den Weinbergen, der zu beiden Seiten Mau-
ern hatte. 25 Als der Esel den Engel des Herrn
sah, drückte er sich an der Mauer entlang
und drückte dabei das Bein Bileams gegen
die Mauer. Da schlug ihn Bileam wieder.

22,5 Der »Strom« ist der Eufrat.

22,23–35 Vgl. 2 Petr 2,16. Die Erzählung vom sprechenden Esel will zeigen, wie töricht die Wahrsagerei der Heiden ist: Selbst ein Esel ist klüger als ein Wahrsager, der meint, die Geheimnisse der Gottheit zu kennen.

26 Der Engel des Herrn ging weiter und stell-
te sich an eine besonders enge Stelle, wo es
weder rechts noch links eine Möglichkeit gab
auszuweichen. 27 Als der Esel den Engel des
Herrn sah, ging er unter Bileam in die Knie.
Bileam aber wurde wütend und schlug den
Esel mit dem Stock.

28 Da öffnete der Herr dem Esel den Mund
und der Esel sagte zu Bileam: Was habe ich
dir getan, dass du mich jetzt schon zum drit-
ten Mal schlägst? 29 Bileam erwiderte dem
Esel: Weil du mich zum Narren hältst. Hätte
ich ein Schwert dabei, dann hätte ich dich
schon umgebracht. 30 Der Esel antwortete
Bileam: Bin ich nicht dein Esel, auf dem du
seit eh und je bis heute geritten bist? War es
etwa je meine Gewohnheit, mich so gegen
dich zu benehmen? Da musste Bileam zuge-
ben: Nein.

31 Nun öffnete der Herr dem Bileam die
Augen und er sah den Engel des Herrn auf
dem Weg stehen, mit dem gezückten Schwert
in der Hand. Da verneigte sich Bileam und
warf sich auf sein Gesicht nieder. 32 Der En-
gel des Herrn sagte zu ihm: Warum hast du
deinen Esel dreimal geschlagen? Ich bin dir
feindlich in den Weg getreten, weil mir der
Weg, den du gehst, zu abschüssig ist. 33 Der
Esel hat mich gesehen und ist mir schon
dreimal ausgewichen. Wäre er mir nicht aus-
gewichen, dann hätte ich dich vielleicht jetzt
schon umgebracht, ihn aber am Leben gelas-
sen. 34 Bileam antwortete dem Engel des
Herrn: Ich habe gesündigt, aber nur, weil ich
nicht wusste, dass du mir im Weg standest.
Jetzt aber will ich umkehren, wenn dir mein
Vorhaben nicht recht ist. 35 Der Engel des
Herrn antwortete Bileam: Geh mit den Män-
nern, aber rede nichts, außer was ich dir
sage. Da ging Bileam mit den Hofleuten
Balaks.

36 Als Balak hörte, dass Bileam kam, ging
er ihm entgegen bis zur Grenzstadt Moabs
am Arnon, unmittelbar an der Grenze. 37 Ba-
lak sagte zu Bileam: Ich hatte dich rufen las-
sen. Warum bist du nicht zu mir gekommen?
Kann ich dir nicht einen hohen Lohn geben?
38 Bileam antwortete Balak: Jetzt bin ich
zwar bei dir. Aber kann ich jetzt etwas re-
den? Ich kann nur sagen, was Gott mir in den
Mund legt. 39 Bileam ging mit Balak weiter
nach Kirjat-Huzot. 40 Balak schlachtete Rin-
der und Schafe und ließ damit Bileam und
die Hofleute, die dabei waren, bewirten.
41 Am nächsten Morgen nahm Balak Bileam
mit sich und führte ihn zu den Baalshöhen
hinauf. Von dort konnte er bis zum Volk se-
hen.

23 Bileam sagte zu Balak: Errichte mir
hier sieben Altäre und stell mir hier
sieben junge Stiere und sieben Widder be-
reit! 2 Balak tat, was Bileam gesagt hatte,
und Balak und Bileam brachten auf jedem
Altar einen jungen Stier und einen Widder
dar. 3 Dann sagte Bileam zu Balak: Bleib bei
deinem Brandopfer stehen! Ich aber will bei-
seite gehen; vielleicht begegnet mir der Herr.
Was er mich sehen lässt, werde ich dir mit-
teilen. Dann ging er auf die kahle Höhe.

4 Gott begegnete Bileam. Bileam sagte zu
ihm: Ich habe sieben Altäre hergerichtet und
auf jedem Altar einen jungen Stier und einen
Widder dargebracht. 5 Da legte der Herr dem
Bileam ein Wort in den Mund und sagte: Geh
zu Balak zurück und sag ihm das und das!
6 Bileam kehrte also zurück. Balak stand bei
seinem Brandopfer und alle Hofleute Moabs
waren bei ihm. 7 Da begann Bileam mit sei-
nem Orakelspruch und sagte:

Aus Aram führte mich Balak her, / der Kö-
nig von Moab vom Ostgebirge: / »Geh, ver-
fluche mir Jakob! / Geh, drohe Israel!«

8 Doch wie soll ich verwünschen, / wen
Gott nicht verwünscht, / wie soll ich dro-
hen, / wem Jahwe nicht droht?

9 Denn vom Gipfel der Felsen sehe ich es, /
von den Höhen aus erblicke ich es: / Dort, ein
Volk, es wohnt für sich, / es zählt sich nicht
zu den Völkern.

10 Wer zählt Jakobs Menge, zahlreich wie
Staub, / wer die Zehntausende Israels? / Oh,
könnte ich den Tod der Gerechten sterben /
und wäre mein Ende dem seinen gleich.

11 Da sagte Balak zu Bileam: Was hast du
mir angetan? Ich habe dich geholt, damit du
meine Feinde verwünschst, und nun hast du
sie stattdessen gesegnet. 12 Bileam antworte-
te: Muß ich nicht das sagen, was der Herr mir
in den Mund legt?

13 Darauf sagte Balak zu ihm: Geh mit mir
an einen anderen Ort, von wo aus du das
Volk sehen kannst. Du wirst freilich nur den
äußersten Rand sehen; ganz wirst du es nicht
sehen. Von dort aus verwünsch es mir! 14 Er
nahm ihn mit zum Späherfeld am Gipfel des
Pisga, errichtete dort sieben Altäre und
brachte auf jedem Altar einen jungen Stier
und einen Widder dar. 15 Bileam sagte zu

22,32 zu abschüssig: Der Sinn des hebräischen Wortes ist unklar. Wenn es hier richtig übersetzt ist, dann ist es wohl in übertragener Bedeutung gemeint.

22,41 bis zum Volk, wörtlich: bis an den äußersten Rand des Volkes (Israel).

23,10 dem seinen, gemeint ist: dem Ende Israels.

Balak: Bleib hier bei deinem Brandopfer ste-
hen, ich aber will dort drüben auf die Begeg-
nung mit dem Herrn warten. 16 Der Herr be-
gegnete Bileam, legte ihm ein Wort in den
Mund und sagte: Kehr zu Balak zurück und
sag ihm das und das! 17 Als Bileam zu Balak
kam, stand er bei seinem Opfer und die Hof-
leute Moabs waren bei ihm. Balak fragte ihn:
Was hat der Herr gesagt? 18 Da begann Bile-
am mit seinem Orakelspruch und sagte:

Auf, Balak, höre, / lausche mir, Sohn Zip-
pors!

19 Gott ist kein Mensch, der lügt, / kein
Menschenkind, das etwas bereut. / Spricht er
etwas und tut es dann nicht, / sagt er etwas
und hält es dann nicht?

20 Sieh her, ich habe es übernommen zu
segnen; / so muss ich segnen, ich kann's nicht
widerrufen.

21 Man erblickt kein Übel in Jakob, / man
sieht kein Unheil in Israel. / Jahwe, sein
Gott, ist bei ihm, / seinem König jubelt Israel
zu.

22 Gott hat sie aus Ägypten geführt. / Er
hat Hörner wie ein Wildstier.

23 Zauberei wirkt nicht gegen Jakob, / Be-
schwörung hilft nicht gegen Israel – / [Jetzt
sagt man zu Jakob, zu Israel: / Was hat Gott
getan?]

24 ein Volk wie ein Löwe, der aufsteht, /
wie ein Raubtier, das sich erhebt. / Es legt
sich nicht hin, / bevor es die Beute gefressen /
und das Blut der Erschlagenen getrunken
hat.

25 Da sagte Balak zu Bileam: Wenn du es
schon nicht verwünschen willst, dann segne
es doch wenigstens nicht! 26 Bileam antwor-
tete Balak: Habe ich es dir nicht gesagt: Ich
muss alles tun, was der Herr mir befiehlt.

27 Darauf sagte Balak zu Bileam: Komm
mit, ich will dich noch an einen anderen Ort
mitnehmen. Vielleicht ist es Gott recht, dass
du mir das Volk von dort aus verfluchst.
28 Balak nahm also Bileam mit auf den Gipfel
des Pegor, der auf das Ödland herabschaut.
29 Bileam sagte zu Balak: Bau mir hier
sieben Altäre und stell mir hier sieben junge
Stiere und sieben Widder bereit! 30 Balak tat,
was Bileam gesagt hatte, und brachte auf
jedem Altar einen jungen Stier und einen
Widder dar.

24 Bileam aber sah, dass es dem Herrn
recht war, wenn er Israel segnete. Er
suchte nicht geheimnisvolle Zeichen, wie er
sonst zu tun pflegte, sondern wandte sein
Gesicht der Wüste zu. 2 Als Bileam aufblick-
te, sah er Israel im Lager, nach Stämmen ge-
ordnet. Da kam der Geist Gottes über ihn,
3 er begann mit seinem Orakelspruch und
sagte:

Spruch Bileams, des Sohnes Beors, /
Spruch des Mannes mit geschlossenem
Auge,

4 Spruch dessen, der Gottesworte hört, /
der eine Vision des Allmächtigen sieht, / der
daliegt mit entschleierten Augen:

5 Jakob, wie schön sind deine Zelte, / wie
schön deine Wohnstätten, Israel!

6 Wie Bachtäler ziehen sie sich hin, / wie
Gärten am Strom, / wie Eichen, vom Herrn
gepflanzt, / wie Zedern am Wasser.

7 Von seinen Schöpfeimern rinnt das Was-
ser, / reichlich Wasser hat seine Saat. / Sein
König ist Agag überlegen, / seine Königs-
herrschaft erstarkt.

8 Ja, Gott hat ihn aus Ägypten geführt. / Er
hat Hörner wie ein Wildstier. / Er frißt die
Völker, die ihm Feind sind, / er zermalmt
ihre Knochen / und zerbricht ihre Pfeile.

9 Er duckt sich, liegt da wie ein Löwe, / wie
ein Raubtier. Wer wagt es, ihn aufzujagen? /
Wer dich segnet, ist gesegnet, / und wer dich
verflucht, ist verflucht.

10 Da wurde Balak zornig auf Bileam. Er
schlug die Hände zusammen und sagte zu Bi-
leam: Ich habe dich gerufen, damit du meine
Feinde verwünschst, du aber hast sie schon
dreimal gesegnet. 11 Geh weg, dorthin, woher
du gekommen bist! Ich habe versprochen, dir
einen hohen Lohn zu geben, aber Jahwe hat
dich daran gehindert, ihn zu erhalten. 12 Bi-
leam antwortete Balak: Habe ich nicht gleich
zu deinen Boten, die du zu mir geschickt
hast, gesagt: 13 Auch wenn mir Balak sein
Haus voll Silber und Gold gibt, kann ich dem
Befehl des Herrn nicht zuwiderhandeln und
nach eigenem Gutdünken Gutes oder Böses
bewirken. Ich muss sagen, was der Herr sagt.
14 Gut, ich gehe jetzt zu meinem Volk zurück.
Ich will dir aber noch verraten, was dieses
Volk deinem Volk in der Zukunft antun
wird. 15 Und er begann mit seinem Orakel-
spruch und sagte:

Spruch Bileams, des Sohnes Beors, /
Spruch des Mannes mit geschlossenem
Auge,

16 Spruch dessen, der Gottesworte hört, /
der die Gedanken des Höchsten kennt, / der
eine Vision des Allmächtigen sieht, / der da-
liegt mit entschleierten Augen:

17 Ich sehe ihn, aber nicht jetzt, / ich erbli-
cke ihn, aber nicht in der Nähe: / Ein Stern

23,23 Der Einschub gibt hier keinen Sinn.

24,17 Wahrscheinlich ist David und sein Sieg über die Moabiter gemeint.

geht in Jakob auf, / ein Zepter erhebt sich in Israel. / Er zerschlägt Moab die Schläfen / und allen Söhnen Sets den Schädel.

18 Edom wird sein Eigentum, / Seïr, sein Feind, wird sein Besitz. / Israel aber wird mächtig und stark.

19 Aus Jakob steigt einer herab / und vernichtet alles, was aus der Stadt entkam.

20 Dann sah Bileam Amalek; er begann mit seinem Orakelspruch und sagte:

Amalek war das erste unter den Völkern, / doch es endet im Untergang.

21 Dann sah Bileam die Keniter; er begann mit seinem Orakelspruch und sagte:

Dein Wohnsitz, Kain, ist sicher und fest, / dein Nest ist auf Felsen gebaut;

22 doch es wird hinweggefegt werden. / Nicht mehr lange, dann führt Assur dich weg.

23 Er begann nochmals mit seinem Orakelspruch und sagte:

Weh, wer wird am Leben bleiben, wenn Gott das tut?

24 Schiffe kommen von den Kittäern, / sie demütigen Assur, sie demütigen Eber. / Doch auch er endet im Untergang.

25 Dann brach Bileam auf und kehrte in seine Heimat zurück und auch Balak zog seines Weges.

22,6: 24,9; Gen 12,3; 27,29 • 24,3: 24,15f • 7: 1 Sam 15,8 • 9: 22,6; Gen 12,3; 27,29 • 13: 22,18 • 15–16: 24,3f.

Der Priester Pinhas: 25,1–18

25 Als sich Israel in Schittim aufhielt, begann das Volk mit den Moabiterinnen Unzucht zu treiben. 2 Sie luden das Volk zu den Opferfesten ihrer Götter ein, das Volk aß mit ihnen und fiel vor ihren Göttern nieder. 3 So ließ sich Israel mit Baal-Pegor ein. Da entbrannte der Zorn des Herrn gegen Israel 4 und der Herr sprach zu Mose: Nimm alle Anführer des Volkes und spieße sie für den Herrn im Angesicht der Sonne auf Pfähle, damit sich der glühende Zorn des Herrn von Israel abwendet. 5 Da sagte Mose zu den Richtern Israels: Jeder soll die von seinen Leuten töten, die sich mit Baal-Pegor eingelassen haben.

6 Unter den Israeliten war einer, der zu seinen Brüdern kam und eine Midianiterin mitbrachte, und zwar vor den Augen des Mose und der ganzen Gemeinde der Israeliten, während sie am Eingang des Offenbarungszeltes weinten. 7 Als das der Priester Pinhas, der Sohn Eleasars, des Sohnes Aarons, sah, stand er mitten in der Gemeinde auf, ergriff einen Speer, 8 ging dem Israeliten in den Frauenraum nach und durchbohrte beide, den Israeliten und die Frau, auf ihrem Lager. Danach nahm die Plage, die die Israeliten getroffen hatte, ein Ende. 9 Im Ganzen aber waren vierundzwanzigtausend Menschen an der Plage gestorben.

10 Der Herr sprach zu Mose: 11 Der Priester Pinhas, der Sohn Eleasars, des Sohnes Aarons, hat meinen Zorn von den Israeliten abgewendet dadurch, dass er sich bei ihnen für mich ereiferte. So musste ich die Israeliten nicht in meinem leidenschaftlichen Eifer umbringen. 12 Darum sage ich: Hiermit gewähre ich ihm meinen Friedensbund. 13 Ihm und seinen Nachkommen wird der Bund des ewigen Priestertums zuteil, weil er sich für seinen Gott ereifert und die Israeliten entsühnt hat.

14 Der Israelit, der zusammen mit der Midianiterin erschlagen worden war, hieß Simri; er war ein Sohn Salus und ein führender Mann aus einer simeonitischen Großfamilie. 15 Die erschlagene Midianiterin hieß Kosbi; sie war die Tochter Zurs, und dieser war das Haupt einer Großfamilie in Midian.

16 Der Herr sprach zu Mose: 17 Greift die Midianiter an und schlagt sie; 18 denn auch sie haben euch arglistig angegriffen, als sie euch mit Pegor und mit ihrer Schwester Kosbi überlisteten, der Tochter eines führenden Midianiters, die erschlagen wurde, als die Plage wegen Pegor ausgebrochen war.

Die zweite Volkszählung: 25,19 – 26,65

26 19 Nach jener Plage 1 sagte der Herr zu Mose und zu dem Priester Eleasar, dem Sohn Aarons: 2 Ermittelt die Gesamtzahl der Gemeinde aller Israeliten, die zwanzig Jahre und älter sind, aller wehrfähigen Israeliten, nach Großfamilien geordnet. 3 Da redeten Mose und der Priester Eleasar zu den Israeliten in den Steppen von Moab, am Jordan bei Jericho, 4 zu allen Männern von zwanzig Jahren und darüber, wie der Herr es Mose befohlen hatte.

Das sind die Israeliten, die aus Ägypten ausgezogen waren: 5 Ruben war der Erstgeborene Israels. Zu den Rubenitern gehörten von Henoch die Sippe der Henochiter, von Pallu die Sippe der Palluiter, 6 von Hezron die Sippe der Hezroniter, von Karmi die Sippe der Karmiter. 7 Das waren die Sippen der Rubeniter. Die Zahl der bei ihnen Gemusterten betrug 43 730 Mann. 8 Der Sohn Pallus war Eliab; 9 die Söhne Eliabs: Nemuël,

24,23 Der Fragesatz ist in H unklar.

24,24 Wer der ist, der im Untergang endet, ist unklar.

Datan und Abiram. Datan und Abiram wa-
ren die Abgeordneten der Gemeinde, die mit
Mose und Aaron in Streit geraten waren, zu-
sammen mit den Anhängern Korachs, als
diese mit dem Herrn in Streit geraten waren.
10 Die Erde tat ihren Rachen auf und ver-
schlang sie und Korach, als seine Anhänger
ums Leben kamen; das Feuer fraß die zwei-
hundertfünfzig Mann und sie wurden zu
einem warnenden Zeichen. 11 Die Söhne Ko-
rachs waren aber dabei nicht ums Leben ge-
kommen.

12 Zu den Simeonitern gehörten folgende
Sippen: von Jemuël die Sippe der Jemuëliter,
von Jamin die Sippe der Jaminiter, von Ja-
chin die Sippe der Jachiniter, 13 von Serach
die Sippe der Serachiter, von Schaul die
Sippe der Schauliter. 14 Das waren die Sip-
pen der Simeoniter, im Ganzen 22 200
Mann.

15 Zu den Gaditern gehörten folgende Sip-
pen: von Zifjon die Sippe der Zifjoniter, von
Haggi die Sippe der Haggiter, von Schuni die
Sippe der Schuniter, 16 von Osni die Sippe
der Osniter, von Eri die Sippe der Eriter,
17 von Arod die Sippe der Aroditer, von Areli
die Sippe der Areliter. 18 Das waren die Sip-
pen der Gaditer mit ihren Gemusterten, im
Ganzen 40 500 Mann.

19 Die Söhne Judas waren: Er und Onan;
Er und Onan aber waren in Kanaan gestor-
ben. 20 Zu Juda gehörten folgende Sippen:
von Schela die Sippe der Schelaniter, von
Perez die Sippe der Pereziter, von Serach die
Sippe der Serachiter. 21 Zu den Perezitern
gehörten von Hezron die Sippe der Hezroni-
ter und von Hamul die Sippe der Hamuliter.
22 Das waren die Sippen Judas mit ihren Ge-
musterten, im Ganzen 76 500 Mann.

23 Zu den Issacharitern gehörten folgende
Sippen: von Tola die Sippe der Tolaiter, von
Puwa die Sippe der Puwaniter, 24 von Ja-
schub die Sippe der Jaschubiter, von Schim-
ron die Sippe der Schimroniter. 25 Das waren
die Sippen Issachars mit ihren Gemusterten,
im Ganzen 64 300 Mann.

26 Zu den Sebulonitern gehörten folgende
Sippen: von Sered die Sippe der Serediter,
von Elon die Sippe der Eloniter, von Jachleel
die Sippe der Jachleeliter. 27 Das waren die
Sippen der Sebuloniter mit ihren Gemuster-
ten, im Ganzen 60 500 Mann.

28 Bei den Josefstämmen Manasse und
Efraim gehörten folgende Sippen 29 zu den
Manassitern: von Machir die Sippe der Ma-
chiriter; Machir zeugte Gilead und von Gile-
ad stammt die Sippe der Gileaditer. 30 Das
sind die Gileaditer: von Ieser die Sippe der
Ieseriter, von Helek die Sippe der Helekiter,
31 von Asriël die Sippe der Asriëliter, von
Schechem die Sippe der Schechemiter, 32 von
Schemida die Sippe der Schemidaiter, von
Hefer die Sippe der Heferiter. 33 Zelofhad,
der Sohn Hefers, hatte keine Söhne, sondern
nur Töchter; die Töchter Zelofhads hießen
Machla, Noa, Hogla, Milka und Tirza. 34 Das
waren die Sippen Manasses mit ihren Ge-
musterten, im Ganzen 52 700 Mann.

35 Zu den Efraimitern gehörten folgende
Sippen: von Schutelach die Sippe der Schu-
telachiter, von Becher die Sippe der Becheri-
ter, von Tahan die Sippe der Tahaniter. 36 Zu
den Schutelachitern gehört von Eran die
Sippe der Eraniter. 37 Das waren die Sippen
der Efraimiter mit ihren Gemusterten, im
Ganzen 32 500 Mann. Das waren die Josef-
stämme nach ihren Sippen.

38 Zu den Benjaminitern gehörten folgende
Sippen: von Bela die Sippe der Belaiter,
von Aschbel die Sippe der Aschbeliter, von
Ahiram die Sippe der Ahiramiter, 39 von
Schufam die Sippe der Schufamiter, von
Hufam die Sippe der Hufamiter. 40 Die Söh-
ne Belas waren Ard und Naaman; von Ard
stammt die Sippe der Arditer, von Naaman
die Sippe der Naamaniter. 41 Das waren die
Benjaminiter nach ihren Sippen; die Zahl
der bei ihnen Gemusterten betrug 45 600
Mann.

42 Zu den Danitern gehörten folgende Sip-
pen: von Schuham die Sippe der Schuhami-
ter. Das waren die Sippen Dans. 43 Die Zahl
der Gemusterten bei den Sippen der Schuha-
miter betrug im Ganzen 64 400 Mann.

44 Zu den Ascheritern gehörten folgende
Sippen: von Jimna die Sippe der Jimnaiter,
von Jischwi die Sippe der Jischwiter, von
Beria die Sippe der Beriaiter. 45 Zu den Be-
riaitern gehörten folgende Sippen: von He-
ber die Sippe der Heberiter, von Malkiël die
Sippe der Malkiëliter. 46 Die Tochter Aschers
hieß Serach. 47 Das waren die Sippen der
Ascheriter mit ihren Gemusterten, im Gan-
zen 53 400 Mann.

48 Zu den Naftalitern gehörten folgende
Sippen: von Jachzeel die Sippe der Jachzee-
liter, von Guni die Sippe der Guniter, 49 von
Jezer die Sippe der Jezeriter, von Schillem
die Sippe der Schillemiter. 50 Das waren die
Sippen Naftalis. Die Zahl der bei ihnen Ge-
musterten betrug 45 400 Mann.

51 Die Gesamtzahl der gemusterten Israeli-
ten betrug 601 730 Mann.

52 Der Herr sprach zu Mose: 53 An diese
Männer soll das Land als Erbbesitz verteilt
werden, entsprechend der Zahl der verzeich-
neten Namen. 54 Wer mehr Namen zählt,
dem sollst du einen größeren Erbbesitz ge-

ben; wer weniger zählt, dem sollst du einen
kleineren Erbbesitz geben. Jedem soll sein
Erbbesitz entsprechend der Zahl der bei ihm
Gemusterten gegeben werden. [55] Doch soll
das Land durch das Los verteilt werden und
sie sollen ihren Erbbesitz nach den Namen
der Stämme ihrer Väter erhalten. [56] Der Erb-
besitz soll durch das Los zwischen den gro-
ßen und den kleinen Stämmen aufgeteilt
werden.

[57] Zu den im Stamm Levi Gemusterten ge-
hörten folgende Sippen: von Gerschon die
Sippe der Gerschoniter, von Kehat die Sippe
der Kehatiter, von Merari die Sippe der
Merariter. [58] Das sind die Sippen Levis: die
Sippe der Libniter, die Sippe der Hebroniter,
die Sippe der Machliter, die Sippe der Mu-
schiter, die Sippe der Korachiter.

Kehat zeugte Amram. [59] Die Frau Amrams
hieß Jochebed; sie war die Tochter Levis, die
dem Levi noch in Ägypten geboren wurde.
Sie gebar dem Amram Aaron und Mose so-
wie deren Schwester Mirjam. [60] Dem Aaron
wurden Nadab, Abihu, Eleasar und Itamar
geboren. [61] Nadab und Abihu aber waren ge-
storben, als sie dem Herrn ein unerlaubtes
Feueropfer darbrachten.
[62] Bei den Leviten wurden im Ganzen
23 000 Mann gemustert, alle männlichen
Personen im Alter von einem Monat und da-
rüber. Sie wurden aber nicht zusammen mit
den Israeliten gemustert; denn ihnen wurde
kein Erbbesitz wie den anderen Israeliten
gegeben.

[63] Das waren die von Mose und dem Pries-
ter Eleasar gemusterten Israeliten, die sie in
den Steppen von Moab am Jordan bei Jeri-
cho gemustert hatten. [64] Unter ihnen war
niemand mehr von denen, die Mose und der
Priester Aaron in der Wüste Sinai gemustert
hatten. [65] Denn über sie hatte der Herr ja ge-
sagt: Sie müssen in der Wüste sterben. Daher
war keiner von ihnen am Leben geblieben
außer Kaleb, der Sohn Jefunnes, und Josua,
der Sohn Nuns.

26,1–65 ‖ 1,1–54 • 26,10: 16,1–35 • 19: Gen 38,3–10 • 33: 27,1–11 • 60: 3,2.4; Lev 10,1–5 • 64: 1; 3 • 65: 14,21–35.

Die Erbordnung: 27,1–11

27 Die Töchter Zelofhads, des Sohnes
Hefers, des Sohnes Gileads, des Soh-
nes Machirs, des Sohnes Manasses, aus den
Sippen Manasses, des Sohnes Josefs, – diese
Töchter hießen Machla, Noa, Hogla, Milka
und Tirza –, [2] kamen zu Mose, zum Priester
Eleasar, zu den Anführern und zur ganzen
Gemeinde an den Eingang des Offenba-
rungszeltes und sagten: [3] Unser Vater ist in
der Wüste gestorben. Er gehörte nicht zu den
Anhängern Korachs, die sich gegen den
Herrn zusammengerottet hatten; denn er
war bereits wegen seiner eigenen Sünde ge-
storben. Aber er hinterließ keine Söhne.
[4] Warum soll nun der Name unseres Vaters
aus seiner Sippe verschwinden, weil er kei-
nen Sohn hatte? Gib uns also eigenen Grund
und Boden bei den Brüdern unseres Vaters!
[5] Mose trug ihren Fall dem Herrn vor [6] und
der Herr sprach zu Mose: [7] Die Töchter Ze-
lofhads haben Recht. Du musst ihnen eige-
nen Grund und Boden als Erbbesitz bei den
Brüdern ihres Vaters geben, also den Erbbe-
sitz ihres Vaters auf sie übertragen. [8] Sag zu
den Israeliten: Wenn jemand ohne Söhne
stirbt, dann übertragt seinen Erbbesitz auf
seine Tochter! [9] Hat er keine Tochter, dann
gebt seinen Erbbesitz seinen Brüdern! [10] Hat
er keine Brüder, dann gebt seinen Erbbesitz
den Brüdern seines Vaters! [11] Hat sein Vater
keine Brüder, dann gebt seinen Erbbesitz
dem nächsten Verwandten aus seiner Sippe;
er soll ihn bekommen. Das wurde für die Is-
raeliten geltendes Recht, wie der Herr es
Mose befohlen hatte.

1: 26,33.

Die Berufung Josuas: 27,12–23

[12] Der Herr sprach zu Mose: Steig auf das
Abarimgebirge dort und sieh dir das Land
an, das ich den Israeliten gegeben habe.
[13] Wenn du es gesehen hast, wirst du mit dei-
nen Vorfahren vereint werden wie dein Bru-
der Aaron; [14] denn ihr habt euch in der Wüste
Zin meinem Befehl widersetzt, als die Ge-
meinde aufbegehrte und ihr vor ihren Augen
hättet bezeugen sollen, dass ich der Heilige
bin. [Das ist das »Streitwasser« von Kadesch
in der Wüste Zin.]

[15] Da sagte Mose zum Herrn: [16] Der Herr,
der Gott der Geister, die alle Menschen bele-
ben, setze einen Mann als Anführer der Ge-
meinde ein, [17] der vor ihnen her in den
Kampf zieht und vor ihnen her wieder in das
Lager einzieht, der sie zum Krieg hinaus-
führt und sie zurückführt; die Gemeinde des
Herrn soll nicht sein wie Schafe, die keinen
Hirten haben. [18] Der Herr antwortete Mose:
Nimm Josua, den Sohn Nuns, einen Mann,
der mit Geist begabt ist, und leg ihm deine
Hand auf! [19] Dann lass ihn vor den Priester
Eleasar und vor die ganze Gemeinde treten
und gib ihm vor ihren Augen deine Anwei-
sungen! [20] Gib ihm einen Teil deiner Würde
ab, damit die ganze Gemeinde der Israeliten
auf ihn hört. [21] Er soll vor den Priester Elea-
sar treten und ihn vor dem Herrn um die

Entscheidungen durch das Urim-Orakel bitten. Nach seinem Befehl sollen sie in den Kampf ziehen und nach seinem Befehl sollen sie wieder in das Lager einziehen, er und mit ihm alle Israeliten und die ganze Gemeinde. 22 Mose tat, was ihm der Herr befohlen hatte. Er nahm Josua und ließ ihn vor den Priester Eleasar und vor die ganze Gemeinde treten. 23 Er legte ihm seine Hände auf und gab ihm seine Anweisungen, wie es der Herr durch Mose befohlen hatte.

13: 20,22–29 • 14: 20,2–13; Ex 17,7 • 16: 16,22 • 17: Mt 9,36; Mk 6,34.

Opfer und Feste: 28,1 – 30,1

28 Der Herr sprach zu Mose: 2 Gib den Israeliten folgenden Befehl und sag zu ihnen: Ihr sollt darauf bedacht sein, zur festgesetzten Zeit meine Opfergaben, meine Speise, durch das Feueropfer als beruhigenden Duft mir darzubringen. 3 Sag ihnen: Das ist das Feueropfer, das ihr dem Herrn darbringen sollt: täglich zwei fehlerlose einjährige Lämmer als regelmäßiges Brandopfer. 4 Das eine Lamm sollst du am Morgen, das zweite Lamm zur Abenddämmerung herrichten, 5 dazu ein zehntel Efa Feinmehl, das mit einem viertel Hin gestoßenen Öls vermengt ist, als Speiseopfer. 6 Das ist das regelmäßige Brandopfer, das am Sinai als beruhigender Duft für den Herrn, als Feueropfer hergerichtet wurde. 7 Das dazugehörende Trankopfer soll aus einem viertel Hin je Lamm bestehen. Am Heiligtum gieß als Trankopfer für den Herrn berauschendes Getränk aus! 8 Das zweite Lamm sollst du zur Abenddämmerung herrichten; ebenso wie am Morgen sollst du es zusammen mit einem Speiseopfer und einem dazugehörenden Trankopfer als Feueropfer, als beruhigenden Duft für den Herrn herrichten. 9 Am Sabbat aber nimm zwei fehlerlose einjährige Lämmer, dazu als Speiseopfer zwei Zehntel Feinmehl, das mit Öl vermengt ist, sowie das dazugehörende Trankopfer; 10 das sei das Sabbatbrandopfer an jedem Sabbat, zusätzlich zum regelmäßigen Brandopfer mit dem entsprechenden Trankopfer.

11 An den Monatsanfängen sollt ihr für den Herrn als Brandopfer zwei einjährige Jungstiere, einen Widder und sieben fehlerlose einjährige Lämmer darbringen, 12 dazu je Jungstier drei Zehntel Feinmehl, das mit Öl vermengt ist, als Speiseopfer, außerdem zwei Zehntel Feinmehl, das mit Öl vermengt ist, als zu dem Widder gehörendes Speiseopfer 13 sowie je Lamm ein Zehntel Feinmehl, das mit Öl vermengt ist, als Speiseopfer; dies sei das Brandopfer als beruhigender Duft, als Feueropfer für den Herrn. 14 Die dazugehörenden Trankopfer bestehen aus einem halben Hin Wein je Jungstier, einem drittel Hin für den Widder und einem viertel Hin Wein je Lamm. Das ist das monatliche Opfer, das in jedem Monat des Jahres am Neumond dargebracht wird.

15 Auch soll man einen Ziegenbock als Sündopfer für den Herrn herrichten, zusätzlich zu dem regelmäßigen Brandopfer und dem dazugehörenden Trankopfer.

16 Am vierzehnten Tag des ersten Monats ist das Paschafest zur Ehre des Herrn. 17 Der fünfzehnte Tag dieses Monats ist ein Festtag. Sieben Tage lang ißt man ungesäuerte Brote. 18 Am ersten Tag findet eine heilige Versammlung statt; an ihm dürft ihr keine schwere Arbeit verrichten; 19 ihr sollt ein Feueropfer darbringen, ein Brandopfer für den Herrn: zwei Jungstiere, einen Widder und sieben fehlerlose einjährige Lämmer. 20 Als das dazugehörende Speiseopfer sollt ihr je Jungstier drei Zehntel Feinmehl, das mit Öl vermengt ist, und zwei Zehntel für den Widder herrichten; 21 außerdem sollst du je Lamm ein Zehntel herrichten, 22 dazu einen Ziegenbock als Sündopfer, um euch zu entsühnen. 23 Das sollt ihr zusätzlich zu dem Morgenopfer herrichten, das zu dem regelmäßigen Brandopfer gehört. 24 Ebenso sollt ihr es während der sieben Tage täglich mit den Speisen und mit dem Feueropfer als dem beruhigenden Duft für den Herrn halten. Das soll zusätzlich zu dem regelmäßigen Brandopfer und dem dazugehörenden Trankopfer geschehen. 25 Am siebten Tag sollt ihr eine heilige Versammlung abhalten; an diesem Tag dürft ihr keine schwere Arbeit verrichten. 26 Auch am Tag der Erstlingsfrüchte, wenn ihr dem Herrn das Speiseopfer vom neuen Getreide darbringt, an eurem Wochenfest, sollt ihr die heilige Versammlung abhalten; auch an diesem Tag dürft ihr keine schwere Arbeit verrichten; 27 ihr sollt als Brandopfer und als beruhigenden Duft für den Herrn zwei Jungstiere, einen Widder und sieben einjährige Lämmer darbringen, 28 ferner als dazugehörendes Speiseopfer je Jungstier drei Zehntel Feinmehl, das mit Öl vermengt ist, zwei Zehntel für den einen Widder 29 und ein Zehntel für jedes der sieben Lämmer, 30 außerdem einen Ziegenbock, um euch zu entsühnen. 31 Das sollt ihr zusätzlich zu dem regelmäßigen Brandopfer, dem dazugehörenden Speiseopfer und den dazugehörenden Trankopfern darbringen. Aber ihr dürft dabei nur fehlerlose Tiere verwenden.

29 Am ersten Tag des siebten Monats
sollt ihr eine heilige Versammlung
abhalten; an diesem Tag dürft ihr keine
schwere Arbeit verrichten. Es soll für euch
ein Tag sein, an dem mit großem Lärm die
Trompete geblasen wird. 2 Richtet als Brand-
opfer, als beruhigenden Duft für den Herrn
einen Jungstier, einen Widder und sieben
fehlerlose einjährige Lämmer her, 3 ferner
als zu dem Stier gehörendes Speiseopfer drei
Zehntel Feinmehl, das mit Öl vermengt ist,
sowie zwei Zehntel für den einen Widder
4 und ein Zehntel für jedes der sieben Läm-
mer, 5 dazu einen Ziegenbock als Sündopfer,
um euch zu entsühnen, 6 das alles zusätzlich
zum monatlichen Brandopfer und zum dazu-
gehörenden Speiseopfer und zusätzlich zum
regelmäßigen Brandopfer, zum dazugehö-
renden Speiseopfer und den dazugehören-
den Trankopfern, wie sie der Vorschrift ent-
sprechen, als beruhigenden Duft, als Feuer-
opfer für den Herrn.

7 Am zehnten Tag dieses siebten Monats
sollt ihr eine heilige Versammlung abhalten.
An diesem Tag sollt ihr euch Enthaltung auf-
erlegen und dürft keinerlei Arbeit verrich-
ten; 8 ihr sollt dem Herrn ein Brandopfer als
beruhigenden Duft darbringen. Dafür sollt
ihr einen Jungstier, einen Widder und sieben
fehlerlose einjährige Lämmer verwenden,
9 ferner als zu dem Stier gehörendes Speise-
opfer drei Zehntel Feinmehl, das mit Öl ver-
mengt ist, sowie zwei Zehntel für den einen
Widder 10 und ein Zehntel für jedes der sie-
ben Lämmer, 11 außerdem einen Ziegenbock
als Sündopfer, und zwar zusätzlich zum
Sündopfer der Entsühnung, zum regelmäßi-
gen Brandopfer, zum dazugehörenden Spei-
seopfer und den dazugehörenden Trankop-
fern.

12 Am fünfzehnten Tag des siebten Monats
sollt ihr eine heilige Versammlung abhalten.
An diesem Tag dürft ihr keine schwere Ar-
beit verrichten; ihr sollt sieben Tage lang ein
Fest zur Ehre des Herrn feiern. 13 Ihr sollt
ein Brandopfer darbringen, als Feueropfer,
als beruhigenden Duft für den Herrn. Drei-
zehn Jungstiere, zwei Widder und vierzehn
fehlerlose einjährige Lämmer sollen es sein,
14 ferner als dazugehörendes Speiseopfer
drei Zehntel Feinmehl, das mit Öl vermengt
ist, für jeden der dreizehn Stiere, zwei Zehn-
tel für jeden der zwei Widder 15 und ein
Zehntel für jedes der vierzehn Lämmer,
16 außerdem ein Ziegenbock als Sündopfer,
das alles zusätzlich zum regelmäßigen
Brandopfer und zum dazugehörenden Spei-
se- und Trankopfer.

17 Am zweiten Tag sollen es zwölf Jung-
stiere, zwei Widder und vierzehn fehlerlose
einjährige Lämmer sein, 18 dazu die Speise-
und Trankopfer, entsprechend der Zahl der
Stiere, Widder und Lämmer, wie es vorge-
schrieben ist, 19 ferner ein Ziegenbock als
Sündopfer, das alles zusätzlich zum regel-
mäßigen Brandopfer sowie zum dazugehö-
renden Speise- und Trankopfer.

20 Am dritten Tag sollen es elf Stiere, zwei
Widder und vierzehn fehlerlose einjährige
Lämmer sein, 21 dazu die Speise- und Trank-
opfer, entsprechend der Zahl der Stiere,
Widder und Lämmer, wie es vorgeschrieben
ist, 22 ferner ein Bock als Sündopfer, das alles
zusätzlich zum regelmäßigen Brandopfer
und zum dazugehörenden Speise- und
Trankopfer.

23 Am vierten Tag sollen es zehn Stiere,
zwei Widder und vierzehn fehlerlose einjäh-
rige Lämmer sein, 24 dazu die Speise- und
Trankopfer, entsprechend der Zahl der Stie-
re, Widder und Lämmer, wie es vorgeschrie-
ben ist, 25 ferner ein Ziegenbock als Sündop-
fer, das alles zusätzlich zum regelmäßigen
Brandopfer und zum dazugehörenden Spei-
se- und Trankopfer.

26 Am fünften Tag sollen es neun Stiere,
zwei Widder und vierzehn fehlerlose einjäh-
rige Lämmer sein, 27 dazu die Speise- und
Trankopfer, entsprechend der Zahl der Stie-
re, Widder und Lämmer, wie es vorgeschrie-
ben ist, 28 ferner ein Bock als Sündopfer, das
alles zusätzlich zum regelmäßigen Brandop-
fer und zum dazugehörenden Speise- und
Trankopfer.

29 Am sechsten Tag sollen es acht Stiere,
zwei Widder und vierzehn fehlerlose einjäh-
rige Lämmer sein, 30 dazu die Speise- und
Trankopfer, entsprechend der Zahl der Stie-
re, Widder und Lämmer, wie es vorgeschrie-
ben ist, 31 ferner ein Bock als Sündopfer, das
alles zusätzlich zum regelmäßigen Brandop-
fer und zum dazugehörenden Speise- und
Trankopfer.

32 Am siebten Tag sollen es sieben Stiere,
zwei Widder und vierzehn fehlerlose einjäh-
rige Lämmer sein, 33 dazu die Speise- und
Trankopfer, entsprechend der Zahl der Stie-
re, Widder und Lämmer, wie es vorgeschrie-
ben ist, 34 ferner ein Bock als Sündopfer, das
alles zusätzlich zum regelmäßigen Brand-
opfer und zum dazugehörenden Speise- und
Trankopfer.

35 Am achten Tag sollt ihr eine Festver-
sammlung abhalten. An diesem Tag dürft ihr
keine schwere Arbeit verrichten; 36 ihr sollt
als Brandopfer, als Feueropfer, als beruhi-
genden Duft für den Herrn einen Stier, einen
Widder und sieben fehlerlose einjährige

Lämmer darbringen, 37 dazu die dem Stier,
dem Widder und den Lämmern entsprechen-
den Speise- und Trankopfer, wie es vorge-
schrieben ist, 38 ferner einen Bock als Sünd-
opfer, das alles zusätzlich zum regelmäßigen
Brandopfer und zum dazugehörenden Spei-
se- und Trankopfer.
39 Das sollt ihr zur Ehre des Herrn an eu-
ren Festtagen tun, abgesehen von euren
Brand-, Speise-, Trank- und Heilsopfern, die
ihr gelobt habt oder freiwillig darbringt.
30 Mose teilte den Israeliten alles genau
so mit, wie es ihm der Herr aufgetra-
gen hatte.

28,2–8: Ex 29,38–46.

Die Gültigkeit von Gelübden: 30,2–17

2 Mose sagte zu den Stammeshäuptern der
Israeliten: Das befiehlt der Herr: 3 Wenn ein
Mann dem Herrn ein Gelübde ablegt oder
sich durch einen Eid zu einer Enthaltung
verpflichtet, dann darf er sein Wort nicht
brechen; genau so, wie er es ausgesprochen
hat, muss er es ausführen.
4 Wenn aber eine Frau dem Herrn ein Ge-
lübde ablegt oder sich zu einer Enthaltung
verpflichtet, während sie noch ledig im Haus
ihres Vaters lebt, 5 dann soll ihr Vater von ih-
rem Gelübde oder von der Enthaltung, zu der
sie sich verpflichtet hat, erfahren. Schweigt
ihr Vater dazu, dann treten die Gelübde oder
jede Enthaltung, zu der sie sich verpflichtet
hat, in Kraft; 6 versagt aber ihr Vater an dem
Tag, an dem er davon erfährt, seine Zustim-
mung, dann tritt das Gelübde oder die Ent-
haltung, zu der sie sich verpflichtet hat,
nicht in Kraft; der Herr wird es ihr erlassen,
weil ihr Vater seine Zustimmung versagt hat.
7 Heiratet sie einen Mann, während sie durch
ein Gelübde oder durch ein voreiliges Wort,
mit dem sie sich verpflichtet hat, gebunden
ist, 8 dann bleiben die Gelübde oder die Ent-
haltung, zu der sie sich verpflichtet hat, in
Kraft, falls ihr Mann an dem Tag, an dem er
davon erfährt, dazu schweigt. 9 Wenn ihr
Mann aber an dem Tag, an dem er davon er-
fährt, seine Zustimmung versagt, dann hat er
ihr Gelübde, an das sie gebunden war, oder
das voreilige Wort, durch das sie sich ver-
pflichtet hatte, außer Kraft gesetzt und der
Herr wird es ihr erlassen.
10 Aber das Gelübde einer Witwe oder ei-
ner verstoßenen Frau – alles, wozu sie sich
verpflichtet hat – bleibt für sie in Kraft.
11 Wenn sie im Haus ihres Mannes etwas ge-
lobt oder sich mit einem Eid zu einer Enthal-
tung verpflichtet hat, 12 dann bleiben alle
Gelübde und jede Enthaltung, zu der sie sich
verpflichtet hat, in Kraft, wenn ihr Mann
zwar davon gehört, aber geschwiegen und
seine Zustimmung nicht versagt hat.
13 Wenn aber ihr Mann an dem Tag, an dem
er davon hörte, ihr Gelübde oder die Ver-
pflichtung zur Enthaltung, die sie ausge-
sprochen hat, außer Kraft gesetzt hat, dann
ist alles aufgehoben; ihr Mann hat es außer
Kraft gesetzt und der Herr wird es ihr erlas-
sen. 14 Ihr Mann kann jedes Gelübde und
jeden Eid, der zu einer Enthaltung verpflich-
tet, anerkennen oder außer Kraft setzen.
15 Schweigt ihr Mann dazu von einem Tag bis
zum andern, dann erkennt er alle Gelübde
und Verpflichtungen zur Enthaltung an. Er
hat sie anerkannt, denn er hat an dem Tag,
an dem er davon erfahren hat, geschwiegen.
16 Hat er aber davon erfahren und setzte sie
erst später außer Kraft, dann trägt er dafür
die Verantwortung.
17 Das sind die Gesetze, die der Herr dem
Mose aufgetragen hat; sie gelten für den
Mann und seine Frau, für den Vater und sei-
ne ledige Tochter, solange sie noch im Haus
ihres Vaters lebt.

Der Midianiterkrieg: 31,1–54

31 Der Herr sprach zu Mose: 2 Nimm für
die Israeliten Rache an den Midiani-
tern! Danach wirst du mit deinen Vorfahren
vereint werden. 3 Da redete Mose zum Volk
und sagte: Rüstet einen Teil eurer Männer
für den Heeresdienst! Sie sollen über Midian
herfallen, um die Rache des Herrn an Midian
zu vollstrecken. 4 Aus jedem Stamm Israels
sollt ihr tausend Mann zum Heer abstellen.
5 Man hob also aus den Tausendschaften Is-
raels je Stamm tausend Mann aus, im Gan-
zen zwölftausend zum Krieg gerüstete Män-
ner. 6 Mose schickte die tausend Mann je
Stamm zum Heer, zusammen mit dem Pries-
ter Pinhas, dem Sohn Eleasars, der die heili-
gen Geräte und die Lärmtrompeten mit-
nahm. 7 Sie zogen gegen Midian zu Feld, wie
der Herr es Mose befohlen hatte, und brach-
ten alle männlichen Personen um. 8 Als sie
die Männer erschlagen hatten, brachten sie
auch noch die Könige von Midian um: Ewi,
Rekem, Zur, Hur und Reba, die fünf Könige
von Midian. Auch Bileam, den Sohn Beors,
brachten sie mit dem Schwert um. 9 Die
Frauen von Midian und deren kleine Kinder
nahmen die Israeliten als Gefangene mit.
Das ganze Vieh und der reiche Besitz der
Midianiter wurde ihre Beute. 10 Alle Städte
im Siedlungsgebiet der Midianiter und ihre
Zeltdörfer brannten sie nieder. 11 Alle
Menschen und das ganze Vieh, das sie erbeu-

tet und geraubt hatten, nahmen sie mit. 12 Sie
brachten die Gefangenen und die geraubte
Beute zu Mose, zum Priester Eleasar und
zur Gemeinde der Israeliten in das Lager in
den Steppen von Moab am Jordan bei
Jericho.
13 Mose, der Priester Eleasar und alle An-
führer der Gemeinde gingen ihnen aus dem
Lager entgegen. 14 Mose aber geriet in Zorn
über die Befehlshaber, die Hauptleute der
Tausendschaften und die Hauptleute der
Hundertschaften, die von dem Kriegszug zu-
rückkamen.
15 Er sagte zu ihnen: Warum habt ihr alle
Frauen am Leben gelassen? 16 Gerade sie ha-
ben auf den Rat Bileams hin die Israeliten
dazu verführt, vom Herrn abzufallen und
dem Pegor zu dienen, sodass die Plage über
die Gemeinde des Herrn kam. 17 Nun bringt
alle männlichen Kinder um und ebenso alle
Frauen, die schon einen Mann erkannt und
mit einem Mann geschlafen haben. 18 Aber
alle weiblichen Kinder und die Frauen, die
noch nicht mit einem Mann geschlafen ha-
ben, lasst für euch am Leben! 19 Schlagt aber
für sieben Tage eure Zelte außerhalb des La-
gers auf! Jeder von euch, der einen Menschen
umgebracht hat, und jeder, der einen Er-
schlagenen berührt hat, muss sich am dritten
und am siebten Tag der Entsündigung unter-
ziehen, ihr selbst wie eure Gefangenen.
20 Auch alle Kleidungsstücke, alle Lederwa-
ren, alle Erzeugnisse aus Ziegenhaaren und
alle Holzgeräte müsst ihr entsündigen.
21 Der Priester Eleasar sagte zu den Män-
nern, die von dem Kriegszug zurückgekehrt
waren: Das ist die gesetzliche Verordnung,
die der Herr dem Mose aufgetragen hat:
22 Nur das Gold, das Silber, das Kupfer, das
Eisen, das Zinn und das Blei, 23 alles, was
Feuer nicht verbrennen kann, sollt ihr
durchs Feuer ziehen, damit es rein wird.
Doch es muss auch noch mit Reinigungswas-
ser entsündigt werden. Alles aber, was im
Feuer verbrennen kann, zieht durchs Was-
ser! 24 Wascht am siebten Tag eure Kleider,
dann seid ihr rein und dürft in das Lager zu-
rückkommen.
25 Der Herr sprach zu Mose: 26 Zähl zusam-
men mit dem Priester Eleasar und den Fami-
lienhäuptern der Gemeinde die Beute, die
gefangenen Menschen und Tiere! 27 Teil die
Beute zur Hälfte zwischen denen, die am
Krieg teilgenommen haben, und der ganzen
Gemeinde. 28 Dann erheb von den Kriegern,
die mit dem Heer ausgezogen sind, als Steuer
für den Herrn je einen von fünfhundert Ge-
fangenen, je ein Tier von fünfhundert Rin-
dern, Eseln, Schafen und Ziegen. 29 Nehmt
sie von dem Beuteanteil der Krieger; dann
gib sie dem Priester Eleasar als Abgabe für
den Herrn! 30 Von dem Anteil der Beute, der
auf die Israeliten entfällt, sollst du je einen
von fünfzig Gefangenen und je ein Tier von
fünfzig Rindern, Eseln, Schafen und Ziegen,
also vom ganzen Vieh, nehmen und den
Leviten übergeben, die auf die Anordnungen
für die Wohnstätte des Herrn zu achten
haben.
31 Mose und der Priester Eleasar taten, was
der Herr dem Mose befohlen hatte. 32 Die
überaus reiche Beute, die das Kriegsvolk im
Heer gemacht hatte, betrug 675 000 Schafe
und Ziegen, 33 72 000 Rinder, 34 61 000 Esel
35 und insgesamt 32 000 Menschen, Frauen,
die noch mit keinem Mann geschlafen hat-
ten. 36 Die Hälfte des Anteils derer, die mit
dem Heer ausgezogen waren, betrug also
337 500 Schafe und Ziegen; 37 die Steuer für
den Herrn von den Schafen und Ziegen be-
trug also 675 Stück. 38 Rinder waren es
36 000, davon fielen 72 als Steuer an den
Herrn. 39 Esel waren es 30 500, davon fielen
61 als Steuer an den Herrn. 40 Menschen wa-
ren es 16 000, davon fielen 32 als Steuer an
den Herrn. 41 Mose übergab die Steuer als
Abgabe für den Herrn dem Priester Eleasar,
wie der Herr es ihm befohlen hatte.
42 Von der für die Israeliten bestimmten
Hälfte, die Mose von der gesamten Beute der
Krieger abgezweigt hatte, 43 von der für die
Gemeinde bestimmten Hälfte – im Ganzen
337500 Schafe und Ziegen, 44 36000 Rinder,
45 30500 Esel 46 und 16000 Menschen – 47 von
dieser für die Israeliten bestimmten Hälfte
also nahm Mose je eine von fünfzig gefange-
nen Frauen und je eines von fünfzig Tieren
und übergab sie den Leviten, die auf die An-
ordnungen für die Wohnstätte des Herrn zu
achten haben, wie der Herr es Mose befohlen
hatte.
48 Die Befehlshaber der Heeresverbände,
die Hauptleute der Tausendschaften und die
Hauptleute der Hundertschaften kamen zu
Mose 49 und sagten: Deine Knechte haben die
Krieger gezählt, die unter unserem Befehl

31,16 *Die Nachricht über Bileam steht im Gegen*satz zu Kap. 22 – 24. Ihr liegt entweder eine andere Tradition zugrunde, oder es handelt sich um eine spätere Kombination aus Kap. 22 – 24 und 25,1–18.

31,27 Zur Teilung der Beute mit denen, die am Feldzug nicht teilgenommen haben, vgl. Jos 22,8 und 1 Sam 30,24f.

31,47 Die hohen Zahlen der Beute erklären sich wohl aus der Vorliebe der Orientalen für Übertreibungen.

standen; kein einziger Mann wird vermisst.
50 Darum bringen wir eine Gabe für den
Herrn, jeder, was er an Goldgeräten, an
Armbändern, Spangen, Siegelringen, Ohr-
ringen und anderen Schmucksachen gefun-
den hat; damit wollen wir uns vor dem Herrn
entsühnen. 51 Mose und der Priester Eleasar
nahmen das Gold und alle Kunstgegenstän-
de von ihnen entgegen. 52 Diese Abgabe an
Gold, die sie für den Herrn von den Haupt-
leuten der Tausendschaften und den Haupt-
leuten der Hundertschaften einsammelten,
betrug im Ganzen 16 750 Schekel. 53 Von den
Kriegern hatte nämlich jeder auch noch für
sich Beute gemacht. 54 Mose und der Priester
Eleasar nahmen das Gold von den Haupt-
leuten der Tausendschaften und von den
Hauptleuten der Hundertschaften entgegen
und brachten es in das Offenbarungszelt, als
Zeichen, das den Herrn an die Israeliten
erinnern sollte.

Die Landzuteilung an die ostjordanischen Stämme: 32,1–42

32 Die Rubeniter und die Gaditer hat-
ten sehr große Viehherden. Als sie
nun das Land Jaser und das Land Gilead
sahen, erschien ihnen diese Gegend gut ge-
eignet für ihre Viehhaltung. 2 Darum kamen
sie zu Mose, zu dem Priester Eleasar und zu
den Anführern der Gemeinde und sagten:
3 Atarot, Dibon, Jaser, Nimra, Heschbon,
Elale, Sibma, Nebo und Beon, 4 das Land,
das der Herr für die Gemeinde Israel erobert
hat, ist gut geeignet für die Viehhaltung und
deine Knechte haben Viehherden. 5 Sie sag-
ten: Wenn wir dein Wohlwollen gefunden
haben, dann gebe man dieses Land deinen
Knechten als Besitz. Nimm uns nicht über
den Jordan mit! 6 Mose antwortete den Gadi-
tern und den Rubenitern: Sollen eure Brüder
in den Krieg ziehen, während ihr hier sitzen
bleibt? 7 Warum wollt ihr den Israeliten den
Mut nehmen, in das Land hinüberzuziehen,
das der Herr für sie bestimmt hat? 8 Genauso
haben es schon eure Väter gemacht, als ich
sie von Kadesch-Barnea ausgeschickt hatte,
damit sie das Land erkundeten. 9 Sie waren
bis zum Traubental hinaufgekommen, hat-
ten das Land gesehen und haben dann den
Israeliten den Mut genommen, sodass sie das
Land nicht mehr betreten wollten, das der
Herr für sie bestimmt hatte. 10 Damals ent-
brannte der Zorn des Herrn und er schwor:
11 Auf keinen Fall werden die, die aus Ägyp-
ten heraufgekommen sind, die Männer von
zwanzig Jahren und darüber, das Land zu
sehen bekommen, das ich Abraham, Isaak
und Jakob mit einem Eid zugesichert habe;
denn sie haben nicht treu zu mir gehalten.
12 Nur der Kenasiter Kaleb, der Sohn Jefun-
nes, und Josua, der Sohn Nuns, waren ausge-
nommen, denn sie hielten treu zum Herrn.
13 Der Zorn des Herrn entbrannte über Israel
und er ließ sie vierzig Jahre lang in der Wüste
umherirren, bis die ganze Generation ausge-
storben war, die getan hatte, was dem Herrn
missfiel. 14 Und jetzt kommt ihr anstelle
eurer Väter, ihr Brut von Sündern, um den
glühenden Zorn des Herrn auf Israel noch
größer zu machen? 15 Wenn ihr euch von ihm
abwendet, wird er dieses ganze Volk noch
länger in der Wüste lassen und ihr richtet
das ganze Volk zugrunde.

16 Doch sie traten noch näher an Mose he-
ran und sagten: Wir errichten hier Pferche
für unser Vieh, unsere Schafe und Ziegen,
und bauen Städte für unsere Kinder. 17 Wir
selbst aber rüsten uns und ziehen bewaffnet
vor den Israeliten her, bis wir sie in ihr Land
gebracht haben. Unterdessen werden unsere
Kinder in den Städten wohnen, die zum
Schutz gegen die Einwohner des Landes be-
festigt sind. 18 Wir kehren nicht in unsere
Häuser zurück, bevor jeder Israelit seinen
Erbbesitz erhalten hat. 19 Wir verlangen auf
der anderen Seite des Jordan keinen Erbbe-
sitz wie sie, wenn wir diesseits, östlich des
Jordan, unseren Erbbesitz bekommen.
20 Mose antwortete ihnen: Wenn ihr das tut,
wenn ihr euch also vor den Augen des Herrn
zum Kampf rüstet 21 und jeder von euch, der
sich gerüstet hat, vor den Augen des Herrn
den Jordan überschreitet und kämpft, bis er
seine Feinde vertrieben hat 22 und das Land
dem Herrn unterworfen ist, dann dürft ihr
nachher umkehren und ihr seid gegenüber
dem Herrn und Israel frei von weiteren Ver-
pflichtungen. Dann soll dieses Land vor den
Augen des Herrn euch als Eigentum gehören.
23 Wenn ihr das aber nicht tut, versündigt ihr
euch gegen den Herrn. Dann habt ihr die
Folgen für eure Sünde zu tragen; das müsst
ihr wissen. 24 Baut euch Städte für eure Kin-
der und errichtet Pferche für eure Schafe
und Ziegen! Aber haltet auch, was ihr ver-
sprochen habt. 25 Da sagten die Gaditer und
die Rubeniter zu Mose: Deine Knechte wer-
den tun, was mein Herr befiehlt. 26 Unsere
Kinder, unsere Frauen und unsere Herden,
unser ganzes Vieh, werden dort in den Städ-
ten von Gilead bleiben. 27 Alle deine Knechte
aber werden sich rüsten und vor den Augen
des Herrn über den Jordan in den Krieg zie-
hen, wie mein Herr befiehlt.

28 Für sie gab Mose dem Priester Eleasar,
Josua, dem Sohn Nuns, und den Familien-

häuptern der israelitischen Stämme folgen-
de Weisung: 29 Er sagte zu ihnen: Wenn die
Gaditer und die Rubeniter, zum Kampf ge-
rüstet, vor den Augen des Herrn mit euch
den Jordan überschreiten und wenn ihr das
Land unterworfen habt, dann gebt ihnen das
Land Gilead zum Besitz! 30 Wenn sie sich
aber nicht rüsten und mit euch hinüberge-
hen, dann sollen sie mitten unter euch in Ka-
naan eigenen Grund und Boden erhalten.
31 Die Gaditer und die Rubeniter antworte-
ten: Was der Herr zu deinen Knechten sagt,
werden wir tun. 32 Wir rüsten uns und ziehen
vor den Augen des Herrn nach Kanaan hinü-
ber, dann bleibt uns jenseits des Jordan un-
ser Erbbesitz erhalten. 33 Da übergab Mose
den Gaditern, den Rubenitern und dem hal-
ben Stamm des Manasse, des Sohnes Josefs,
das Reich des Amoriterkönigs Sihon und das
Reich Ogs, des Königs des Baschan, das
Land mit seinen Städten und deren ganzen
Umgebung, soweit das Land reichte.

34 Die Gaditer erbauten die befestigten
Städte Dibon, Atarot, Aroër, 35 Atrot-Scho-
fan, Jaser, Jogboha, 36 Bet-Nimra und Bet-
Haran und errichteten Schafpferche. 37 Die
Rubeniter erbauten Heschbon, Elale, Kirja-
tajim, 38 Nebo und Baal-Meon, denen sie an-
dere Namen gaben, sowie Sibma. Sie gaben
nämlich den Städten, die sie wieder aufbau-
ten, neue Namen.

39 Die Söhne Machirs, des Sohnes des Ma-
nasse, zogen nach Gilead und eroberten es.
Sie vertrieben die Amoriter, die dort lebten.
40 Da übergab Mose Gilead dem Machir, dem
Sohn des Manasse, und Machir ließ sich dort
nieder. 41 Jaïr, der Sohn des Manasse, zog in
den Kampf und eroberte die Zeltdörfer der
Amoriter; er nannte sie Hawot-Jaïr (Zeltdör-
fer Jaïrs). 42 Nobach zog in den Kampf, er-
oberte Kenat und seine Tochterstädte und
nannte es nach seinem eigenen Namen
Nobach.

9: 14,1–38 • 10–12: 14,21–24.30f.

Das Verzeichnis der Lagerstationen: 33,1–49

33 Das sind die Wegstrecken, die die Is-
raeliten bei ihrem Auszug aus Ägyp-
ten unter der Führung von Mose und Aaron
zurücklegten, nach Abteilungen geordnet.
2 Mose schrieb die Orte, an denen sie zu den
einzelnen Wegstrecken aufbrachen, auf Be-
fehl des Herrn auf. Das sind also die Weg-
strecken in der Reihenfolge, in der die Israe-
liten aufbrachen: 3 Aus Ramses brachen sie
am fünfzehnten Tag des ersten Monats auf.
Am Tag nach dem Paschafest zogen die Is-
raeliten vor den Augen aller Ägypter voll
Zuversicht aus, 4 während die Ägypter ihre
Erstgeborenen begruben, die der Herr bei ih-
nen alle erschlagen hatte, und während der
Herr an ihren Göttern sein Strafgericht voll-
streckte.

5 Die Israeliten brachen von Ramses auf
und schlugen ihr Lager in Sukkot auf. 6 Von
Sukkot brachen sie auf und schlugen ihr La-
ger in Etam, am Rand der Wüste, auf. 7 Von
Etam brachen sie auf, bogen nach Pi-Hahi-
rot gegenüber Baal-Zefon ab und schlugen
ihr Lager vor Migdol auf. 8 Von Pi-Hahirot
brachen sie auf und zogen mitten durch das
Meer in die Wüste. In der Wüste Etam waren
sie drei Tage unterwegs und schlugen dann
ihr Lager in Mara auf. 9 Von Mara brachen
sie auf und kamen nach Elim. In Elim gab es
zwölf Quellen und siebzig Palmen; daher
schlugen sie dort ihr Lager auf. 10 Von Elim
brachen sie auf und schlugen ihr Lager am
Schilfmeer auf. 11 Vom Schilfmeer brachen
sie auf und schlugen ihr Lager in der Wüste
Sin auf. 12 Von der Wüste Sin brachen sie auf
und schlugen ihr Lager in Dofka auf. 13 Von
Dofka brachen sie auf und schlugen ihr La-
ger in Alusch auf. 14 Von Alusch brachen sie
auf und schlugen ihr Lager in Refidim auf;
dort hatte das Volk kein Wasser zu trinken.
15 Von Refidim brachen sie auf und schlugen
ihr Lager in der Wüste Sinai auf. 16 Aus der
Wüste Sinai brachen sie auf und schlugen ihr
Lager in Kibrot-Taawa auf. 17 Von Kibrot-
Taawa brachen sie auf und schlugen ihr La-
ger in Hazerot auf. 18 Von Hazerot brachen
sie auf und schlugen ihr Lager in Ritma auf.
19 Von Ritma brachen sie auf und schlugen
ihr Lager in Rimmon-Perez auf. 20 Von Rim-
mon-Perez brachen sie auf und schlugen ihr
Lager in Libna auf. 21 Von Libna brachen sie
auf und schlugen ihr Lager in Rissa auf.
22 Von Rissa brachen sie auf und schlugen ihr
Lager in Kehelata auf. 23 Von Kehelata bra-
chen sie auf und schlugen ihr Lager am Berg
Schefer auf. 24 Vom Berg Schefer brachen sie
auf und schlugen ihr Lager in Harada auf.
25 Von Harada brachen sie auf und schlugen
ihr Lager in Makhelot auf. 26 Von Makhelot
brachen sie auf und schlugen ihr Lager in
Tahat auf. 27 Von Tahat brachen sie auf und
schlugen ihr Lager in Terach auf. 28 Von
Terach brachen sie auf und schlugen ihr La-
ger in Mitka auf. 29 Von Mitka brachen sie
auf und schlugen ihr Lager in Haschmona
auf. 30 Von Haschmona brachen sie auf und
schlugen ihr Lager in Moserot auf. 31 Von
Moserot brachen sie auf und schlugen ihr
Lager in Bene-Jaakan auf. 32 Von Bene-
Jaakan brachen sie auf und schlugen ihr La-
ger in Hor-Gidgad auf. 33 Von Hor-Gidgad

brachen sie auf und schlugen ihr Lager in
Jotbata auf. 34 Von Jotbata brachen sie auf
und schlugen ihr Lager in Abrona auf. 35 Von
Abrona brachen sie auf und schlugen ihr La-
ger in Ezjon-Geber auf. 36 Von Ezjon-Geber
brachen sie auf und schlugen ihr Lager in
der Wüste Zin, das heißt Kadesch, auf. 37 Von
Kadesch brachen sie auf und schlugen ihr
Lager am Berg Hor am Rand von Edom
auf.

38 Auf Befehl des Herrn stieg der Priester
Aaron auf den Berg Hor und starb dort im
vierzigsten Jahr nach dem Auszug der Israe-
liten aus Ägypten, am ersten Tag des fünften
Monats. 39 Aaron war hundertdreiundzwan-
zig Jahre alt, als er auf dem Berg Hor
starb.

40 Der kanaanitische König von Arad, der
im Negeb, im Süden Kanaans saß, hörte,
dass die Israeliten heranrückten.

41 Vom Berg Hor brachen sie auf und
schlugen ihr Lager in Zalmona auf. 42 Von
Zalmona brachen sie auf und schlugen ihr
Lager in Punon auf. 43 Von Punon brachen
sie auf und schlugen ihr Lager in Obot auf.
44 Von Obot brachen sie auf und schlugen ihr
Lager in Ije-Abarim, im Gebiet von Moab,
auf. 45 Von Ijim brachen sie auf und schlugen
ihr Lager in Dibon-Gad auf. 46 Von Dibon-
Gad brachen sie auf und schlugen ihr Lager
in Almon-Diblatajim auf. 47 Von Almon-Di-
blatajim brachen sie auf und schlugen ihr
Lager im Abarimgebirge vor Nebo auf.
48 Vom Abarimgebirge brachen sie auf und
schlugen ihr Lager in den Steppen von Moab
am Jordan bei Jericho auf; 49 ihr Lager am
Jordan erstreckte sich von Bet-Jeschimot bis
Abel-Schittim in den Steppen von Moab.

3: Ex 14,8 • 8: Ex 14 • 38: 20,22–29 • 40: 21,1.

Die Anweisungen für die Landverteilung:
33,50 – 34,29

50 In den Steppen von Moab, am Jordan bei
Jericho, sprach der Herr zu Mose: 51 Rede zu
den Israeliten und sag zu ihnen: Wenn ihr
den Jordan überschritten und Kanaan betre-
ten habt, 52 dann vertreibt vor euch alle Ein-
wohner des Landes und vernichtet alle ihre
Götterbilder! Alle ihre aus Metall gegosse-
nen Figuren sollt ihr vernichten und alle ihre
Kulthöhen zerstören. 53 Dann nehmt das
Land in Besitz und lasst euch darin nieder;
denn ich habe es euch zum Besitz gegeben.
54 Verteilt das Land durch das Los an eure
Sippen! Einem großen Stamm gebt großen
Erbbesitz, einem kleinen Stamm gebt klei-
nen Erbbesitz! Worauf das Los eines jeden
fällt, das soll ihm gehören. Teilt das Land so
unter die Stämme eurer Väter auf! 55 Wenn
ihr die Einwohner des Landes vor euch nicht
vertreibt, dann werden die, die von ihnen üb-
rig bleiben, zu Splittern in euren Augen und
zu Stacheln in eurer Seite. Sie werden euch
in dem Land, in dem ihr wohnt, in eine große
Gefahr bringen. 56 Dann werde ich mit euch
machen, was ich mit ihnen machen wollte.

34 Der Herr sprach zu Mose: 2 Befiehl
den Israeliten und sag ihnen, wenn
ihr nach Kanaan kommt: Das ist das Land,
das euch als erblicher Besitz zufällt, Kanaan
in seinen jetzigen Grenzen. 3 Eure Südgrenze
soll von der Wüste Zin aus an Edom entlang
verlaufen, und zwar soll sie vom Ende des
Salzmeers im Osten ausgehen. 4 Dann soll
eure Grenze südlich des Skorpionenpasses
sich bis Zin erstrecken. Ihre Ausläufer sollen
bis südlich von Kadesch-Barnea reichen.
Von dort soll sie sich bis Hazar-Addar und
bis Azmon hinziehen. 5 Von Azmon soll die
Grenze zum Grenzbach Ägyptens abbiegen
und die Ausläufer der Grenze sollen bis zum
Meer reichen. 6 Eure Grenze im Westen soll
das Große Meer mit seinem Strand sein. Das
sei eure Westgrenze. 7 Das sei eure Nord-
grenze: Vom Großen Meer sollt ihr euch eine
Linie bis zum Berg Hor abstecken, 8 und vom
Berg Hor eine Linie bis Lebo-Hamat. Die
Ausläufer dieser Grenze sollen bis Zedad
reichen. 9 Dann soll die Grenze weitergehen
bis Sifron und ihre Ausläufer sollen bis Ha-
zar-Enan reichen. Das sei eure Nordgrenze.
10 Als Ostgrenze sollt ihr eine Linie von Ha-
zar-Enan bis Schefam abstecken. 11 Von
Schefam soll die Grenze nach Ribla östlich
von Ajin hinuntersteigen. Dann soll die
Grenze zum Rand des Gebirges östlich des
Sees von Kinneret hinuntergehen. 12 Dann
soll die Grenze zum Jordan hinunterführen
und ihre Ausläufer sollen bis zum Salzmeer
reichen. Das seien die Grenzen rings um euer
Land.

13 Da befahl Mose den Israeliten: Das ist
das Land, das ihr durch das Los als Erbbesitz
verteilen sollt. Der Herr hat befohlen, es den
neuneinhalb Stämmen zu geben; 14 denn der
Stamm der Rubeniter mit seinen Sippen und
der Stamm der Gaditer mit seinen Sippen
und der halbe Stamm Manasse haben ihren
Erbbesitz schon erhalten. 15 Diese zweiein-

34,3–6 Salzmeer wird das Tote Meer wegen seines hohen Salzgehalts genannt; das Große Meer ist das Mittelmeer.

34,11 Der See von Kinneret ist der See Gennesaret.

34,12 Zum Salzmeer vgl. die Anmerkung zu V. 3–6.

halb Stämme haben ihren Erbbesitz jenseits des Jordan erhalten, östlich von Jericho.

16 Der Herr sprach zu Mose: 17 Das sind die Namen der Männer, die das Land unter euch verteilen sollen: der Priester Eleasar und Josua, der Sohn Nuns. 18 Außerdem nehmt zur Verteilung des Landes je einen führenden Mann aus jedem Stamm hinzu! 19 Das sind die Namen dieser Männer: für den Stamm Juda Kaleb, der Sohn Jefunnes; 20 für den Stamm der Simeoniter Schemuël, der Sohn Ammihuds; 21 für den Stamm Benjamin Elidad, der Sohn Kislons; 22 für den Stamm der Daniter der Anführer Bukki, der Sohn Joglis; 23 bei den Josefstämmen für den Stamm der Manassiter der Anführer Hanniël, der Sohn Efods, 24 und für den Stamm der Efraimiter der Anführer Kemuël, der Sohn Schiftans; 25 für den Stamm der Sebuloniter der Anführer Elizafan, der Sohn Parnachs; 26 für den Stamm der Issachariter der Anführer Paltiël, der Sohn Asans; 27 für den Stamm der Ascheriter der Anführer Ahihud, der Sohn Schelomis; 28 für den Stamm der Naftaliter der Anführer Pedahel, der Sohn Ammihuds. 29 Das waren die Männer, die der Herr dazu verpflichtete, in Kanaan den Israeliten ihren Erbanteil zuzuteilen.

33,51: Ex 34,12f • 54: 26,52–56 • 34,14f: 32,1–42.

Die Leviten- und Asylstädte: 35,1–34

35 In der Steppe von Moab, am Jordan bei Jericho, sprach der Herr zu Mose: 2 Befiehl den Israeliten, sie sollen von ihrem Erbbesitz den Leviten einige Städte abgeben, in denen sie sich niederlassen können. Auch die ringsum zu den Städten gehörende Weidefläche sollt ihr den Leviten überlassen. 3 Die Städte sollen ihnen als Wohnsitz gehören und die dazugehörenden Weideflächen sollen ihrem Vieh, ihren Herden und allen ihren Tieren zur Verfügung stehen. 4 Die Weideflächen der Städte, die ihr den Leviten gebt, sollen ringsum von der Stadtmauer zweitausend Ellen nach außen reichen. 5 Außerhalb der Stadt sollt ihr in östlicher Richtung zweitausend Ellen, in südlicher Richtung zweitausend Ellen, in westlicher Richtung zweitausend Ellen und in nördlicher Richtung zweitausend Ellen abmessen. Die Stadt soll also in der Mitte liegen. Das soll den Leviten als Weidefläche der Städte gehören. 6 Unter den Städten, die ihr ihnen abgebt, sollen sechs Asylstädte sein, die ihr als Zufluchtsorte für den bestimmt, der einen Menschen erschlagen hat. Außerdem sollt ihr ihnen weitere zweiundvierzig Städte geben. 7 Im Ganzen sind es achtundvierzig Städte samt ihren Weideflächen, die ihr den Leviten abgeben sollt. 8 Die Zahl der Städte, die ihr vom Landbesitz der Israeliten abgebt, sollt ihr bei einem großen Stamm höher, bei einem kleinen niedriger ansetzen; jeder Stamm soll von seinen Städten den Leviten so viele abgeben, wie es der Größe seines eigenen Erbbesitzes entspricht.

9 Der Herr sprach zu Mose: 10 Rede zu den Israeliten und sag zu ihnen: Wenn ihr den Jordan überschritten und Kanaan betreten habt, 11 dann sollt ihr einige Städte auswählen, die euch als Asylstädte dienen. Dorthin kann einer fliehen, der einen Menschen ohne Vorsatz erschlagen hat. 12 Die Städte sollen euch als Asyl vor dem Bluträcher dienen, sodass der, der getötet hat, nicht sterben muss, bevor er vor dem Gericht der Gemeinde stand. 13 Von den Städten, die ihr abgebt, sollen euch sechs als Asylstädte dienen. 14 Drei dieser Städte sollt ihr jenseits des Jordan und drei in Kanaan bestimmen; sie sollen Asylstädte sein. 15 Den Israeliten, auch den Fremden und den Halbbürgern bei euch, sollen diese sechs Städte als Asyl zur Verfügung stehen; dorthin kann jeder fliehen, der ohne Vorsatz einen Menschen erschlagen hat.

16 Wenn er ihn aber mit einem Eisengerät so geschlagen hat, dass er stirbt, ist er ein Mörder. Der Mörder ist mit dem Tod zu bestrafen. 17 Wenn er ihn mit einem Stein in der Hand, der groß genug ist, jemanden zu töten, so geschlagen hat, dass er stirbt, ist er ein Mörder. Der Mörder ist mit dem Tod zu bestrafen. 18 Auch wenn er ihn mit einem hölzernen Gegenstand, der geeignet ist, einen Menschen zu töten, so geschlagen hat, dass er stirbt, ist er ein Mörder. Der Mörder ist mit dem Tod zu bestrafen.

19 Der Bluträcher darf den Mörder töten; sobald er ihn trifft, darf er ihn töten.

20 Wenn einer einen andern aus Hass stößt oder aus dem Hinterhalt nach ihm wirft, sodass er stirbt, 21 oder wenn er ihn in feindlicher Absicht mit der Hand so schlägt, dass er stirbt, dann soll der, der zugeschlagen hat, mit dem Tod bestraft werden; er ist ein Mörder. Der Bluträcher darf den Mörder töten, sobald er ihn trifft.

22 Wenn aber einer einen andern aus Unachtsamkeit, ohne feindliche Absicht, gestoßen oder ohne Hinterhältigkeit irgendeinen Gegenstand auf ihn geworfen hat 23 oder wenn er, ohne ihn zu sehen, einen Stein, der

35,4 zweitausend Ellen: so nach G und nach dem Zusammenhang (vgl. V. 5); H: tausend Ellen.

einen Menschen töten kann, auf ihn fallen
ließ, sodass er starb – vorausgesetzt, er war
nicht sein Feind und suchte ihn auch nicht
zu schädigen –, 24 dann soll die Gemeinde
zwischen dem, der getötet hat, und dem
Bluträcher nach diesen Grundsätzen ein
Urteil fällen: 25 Die Gemeinde soll den, der
getötet hat, vor der Gewalt des Bluträchers
retten und ihn in die Asylstadt, in die er ge-
flohen war, zurückbringen. Er darf darin
wohnen, bis der Hohepriester stirbt, den
man mit heiligem Öl gesalbt hat. 26 Wenn
der, der getötet hat, das Gebiet der Asylstadt
verlässt, in die er geflohen ist, 27 und der
Bluträcher ihn außerhalb seiner Asylstadt
trifft, darf dieser den, der getötet hat, um-
bringen; dadurch entsteht ihm keine Blut-
schuld. 28 Denn der, der getötet hat, soll bis
zum Tod des Hohenpriesters in der Asylstadt
bleiben; nach dem Tod des Hohenpriesters
kann er zu seinem Land und zu seinem Be-
sitz zurückkehren. 29 Das soll bei euch über-
all, wo ihr wohnt, von Generation zu Gene-
ration als Recht gelten.

30 Wenn irgendjemand einen Menschen er-
schlägt, darf man den Mörder nur aufgrund
von Zeugenaussagen töten; doch aufgrund
der Aussage nur eines einzigen Zeugen darf
man einen Menschen nicht töten. 31 Ihr sollt
kein Sühnegeld annehmen für das Leben ei-
nes Mörders, der schuldig gesprochen und
zum Tod verurteilt ist; denn er muss mit dem
Tod bestraft werden. 32 Auch dürft ihr von
einem, der in eine Asylstadt geflohen ist,
kein Sühnegeld annehmen, sodass er vor
dem Tod des Hohenpriesters in die Heimat
zurückkehren könnte. 33 Ihr dürft das Land,
in dem ihr wohnt, nicht entweihen; denn
Blut entweiht das Land, und man kann das
Land von dem darin vergossenen Blut nur
durch das Blut dessen entsühnen, der es ver-
gossen hat. 34 Verunreinigt nicht das Land,
in dem ihr euch niedergelassen habt und in
dessen Mitte ich selbst wohne; denn ich, der
Herr, wohne mitten unter den Israeliten.

1–34 || Ex 21,12–14; Jos 20,1–9; Dtn 19,1–10 • 30: Dtn 17,6; 19,15.

Weitere Erbrechtsbestimmungen: 36,1–13

36 Die Familienoberhäupter der Nach-
kommen Gileads, des Sohnes Ma-
chirs, des Sohnes Manasses, aus den Sippen
der Nachkommen Josefs, kamen zu Mose
und den führenden Männern, den Familien-
häuptern der Israeliten, um mit ihnen zu
reden. 2 Sie sagten: Der Herr hat meinem
Herrn aufgetragen, das Land durch das Los
als Erbbesitz an die Israeliten zu verteilen.
Mein Herr erhielt aber vom Herrn auch den
Auftrag, den Erbbesitz unseres Bruders
Zelofhad seinen Töchtern zu geben. 3 Wenn
diese nun einen Mann aus einem anderen is-
raelitischen Stamm heiraten, dann geht ihr
Besitz dem Erbbesitz unserer Väter verloren
und wird zum Erbbesitz des Stammes, in den
sie einheiraten; er geht also unserem Erban-
teil verloren. 4 Sobald das Jubeljahr für die
Israeliten kommt, wird ihr Erbbesitz zum
Erbbesitz des Stammes, in den sie einheira-
ten, aber dem Erbbesitz unseres väterlichen
Stammes geht ihr Erbbesitz verloren.

5 Da befahl Mose den Israeliten auf An-
weisung des Herrn: Die Männer vom Stamm
der Söhne Josefs haben Recht. 6 Das ist es,
was der Herr den Töchtern Zelofhads be-
fiehlt: Heiratet, wen ihr wollt, nur müsst ihr
einen Mann aus einer Sippe eures väterli-
chen Stammes heiraten. 7 Der Erbbesitz darf
bei den Israeliten nicht von einem Stamm
auf den andern übergehen; denn jeder Israe-
lit soll fest mit dem Erbbesitz seines väterli-
chen Stammes verbunden bleiben. 8 Jede
Tochter, die Anspruch auf Erbbesitz in ei-
nem israelitischen Stamm hat, muss einen
Mann aus einer Sippe ihres väterlichen
Stammes heiraten, damit bei den Israeliten
jeder im Erbbesitz seiner Väter bleibt. 9 Der
Erbbesitz darf nicht von einem Stamm auf
einen andern übergehen. Denn jeder Israelit
soll fest mit dem Erbbesitz seines Stammes
verbunden bleiben.

10 Die Töchter Zelofhads taten, was der
Herr dem Mose befohlen hatte. 11 Machla,
Tirza, Hogla, Milka und Noa, die Töchter Ze-
lofhads, heirateten Söhne ihrer Onkel; 12 sie
heirateten Männer aus den Sippen der Nach-
kommen Manasses, des Sohnes Josefs. So
blieb ihr Erbbesitz dem Stamm ihrer väterli-
chen Sippe erhalten.

13 Das sind die Gebote und Rechte, die der
Herr den Israeliten in den Steppen von
Moab, am Jordan bei Jericho, durch Mose
gegeben hat.

2: 27,1–11.

36,2 Mose wird in ehrfurchtsvoller Anrede »Herr« genannt. Zum ersten »Herr« vgl. die Anmerkung zu Gen 4,26.

Das Buch Deuteronomium

Das Buch Deuteronomium erzählt von den letzten Lebenstagen des Mose und schließt den Pentateuch ab. Vor seinem Tod verkündet Mose noch einmal das Gesetz vom Sinai. Daher trägt dieses Buch in der griechischen und in der lateinischen Bibel den Namen Deuteronomium (Zweites Gesetz; vgl. 17,18). Die Juden nennen dieses Buch Dewarim (Worte) nach den Anfangsworten Elle haddebarim (Das sind die Worte).

Das Buch Deuteronomium enthält zum Teil sehr alte Texte. Doch in seine jetzige Gestalt wuchs es erst in der ausgehenden Königszeit, im Exil und nach dem Exil hinein. Indem Israel seine späteren Ordnungen und Einsichten bis in die Zeit des Mose zurückverlegt, bekennt es, dass es sich dabei um Gottes Weisung und Setzung handelt, an der man für immer festhalten soll.

Die letzte Wurzel des deuteronomischen Gesetzes ist wahrscheinlich ein Bundestext aus der Richterzeit, der noch in Ex 34,10–26 erhalten ist. Er spiegelt eine Ordnung, in der Jahwe, der Gott Israels, selbst als Herrscher des Volkes galt. Nachdem Israel einen König erhalten hatte, konnte man zunächst mit solchen Vorstellungen nichts anfangen. Die Tradition wurde aber weitergepflegt und in der frühen Königszeit hatte das Bundesgesetz die Gestalt angenommen, die in Ex 20,22 – 23,33, dem sog. Bundesbuch, erhalten ist. Im ausgehenden 8. Jahrhundert scheint man in Juda bei religiösen Reformversuchen, erstmalig wohl unter König Hiskija, auf diese alten Traditionen zurückgegriffen zu haben. In den neu redigierten Text kamen die Gesetze über die Zentralisierung der Opfer, Abgaben und Wallfahrtsfeste an einem einzigen Heiligtum (Jerusalem; vgl. 2 Kön 18,22); irgendwann wurden Gesetze eingefügt, die am alten Text der Zehn Gebote orientiert waren; damals entstand auch die feierliche »deuteronomische Sprache«, die wohl für den öffentlichen Vortrag bei Bundesschluss oder Bundeserneuerung gedacht war. Im Jahr 622 v. Chr. verpflichtete König Joschija von Jerusalem sein Reich auf ein im Tempel gefundenes Gesetz (2 Kön 22f). Dieses dürfte eine Fassung des deuteronomischen Gesetzes gewesen sein, die mit Dtn 6,4 einsetzte und große Teile der jetzigen Kapitel 6 – 28 enthielt. Dieses Gesetz, das im Lauf der Zeit noch viele Erweiterungen erfuhr, war von da an bis zum Untergang Jerusalems (586 v. Chr.), im Exil und auch nach der Heimkehr die Lebensgrundlage des jüdischen Volkes, bis es durch das »Heiligkeitsgesetz« (Lev 19 – 26) ergänzt und dann zusammen mit vielen anderen gesetzlichen Materialien in der Gesetzgebung des Pentateuch zusammengefasst wurde.

Noch zu Lebzeiten Joschijas wurde ein Geschichtswerk verfasst, das von Mose bis zu diesem König reichte. An seinen Anfang wurde das deuteronomische Gesetz gestellt, gewissermaßen als göttlicher Maßstab für die Geschichte des Volkes. Damals wurde es als Moserede stilisiert und mit anderen Reden des Mose umgeben, die zum Teil Rückblicke auf die Wüstenzeit Israels und Ausblicke auf die Geschichte Israels enthalten. Dieses »Deuteronomistische Geschichtswerk« wurde in und nach dem Babylonischen Exil noch mehrfach überarbeitet. Es umfasst jetzt die Bücher Dtn bis 2 Kön. Bei der Herstellung des Pentateuch in nachexilischer Zeit wurde das Buch Deuteronomium von diesem Geschichtswerk abgetrennt und durch einige weitere Texte, vor allem aus der »Priesterschrift«, mit den ersten vier Büchern des Pentateuch verklammert (vgl. die Einleitung zu den Fünf Büchern des Mose).

Das Buch stellt sich jetzt als eine Sammlung von Mosereden dar, die durch ein Überschriftensystem in vier Teile gegliedert ist: 1,1 – 4,43 »Rede« des Mose (Rückblick und Mahnung); 4,44 – 28,68 »Weisung« des Mose (Verkündigung des Gesetzes); 28,69 – 32,52 die »Worte, mit denen der Bund geschlossen wurde« (letzte Verfügungen des Mose); 33,1–29 »Segen« des Mose (mit angehängtem Bericht über seinen Tod und sein Begräbnis 34,1–12). Das Moselied (32,1–43) und der Mosesegen (33,2–29) sind alte Dichtungen.

Man kann das Deuteronomium als Zeugnis der ersten großen theologischen Synthese in Israel betrachten. Hier werden zum ersten Mal unter den Leitgedanken der Verpflichtung Is-

raels auf den ausschließlichen Dienst für seinen Gott Jahwe und des Verhältnisses Gott-Volk nach Art eines Lehnsverhältnisses zwischen einem Herrn und denen, die sich ihm durch einen Vertrag anvertraut haben (»Bund«), die verschiedensten Traditionen zu einer Einheit zusammengefasst. Für uns sind viele Institutionen, die sich in den Gesetzen spiegeln, Vergangenheit. Doch zeigt dieses alle Lebensbereiche in das Gottesverhältnis hineinziehende Buch, dass Gott sich ein Volk schaffen will, als Zeichen unter den Völkern und als Zeuge seiner Herrschaft.

DIE REDE DES MOSE: RÜCKBLICK UND MAHNUNG: 1,1 – 4,43

Ort und Zeit: 1,1–5

1 Das sind die Worte, die Mose vor ganz Israel gesprochen hat. Er sprach sie jenseits des Jordan, in der Wüste, in der Araba, östlich von Suf, zwischen Paran und Tofel, Laban, Hazerot und Di-Sahab. 2 Elf Tage sind es vom Horeb auf dem Weg zum Gebirge Seïr bis nach Kadesch-Barnea. 3 Es war im vierzigsten Jahr, im elften Monat, am ersten Tag des Monats. Mose sagte den Israeliten genau das, was ihm der Herr für sie aufgetragen hatte. 4 Nachdem er Sihon, den König der Amoriter, der in Heschbon seinen Sitz hatte, und Og, den König des Baschan, der in Aschtarot seinen Sitz hatte, bei Edreï geschlagen hatte, 5 begann Mose jenseits des Jordan im Land Moab, diese Weisung aufzuschreiben. Er sagte:

4: 2,24 – 3,11.

Der Aufbruch vom Horeb: 1,6–18

6 Der Herr, unser Gott, hat am Horeb zu uns gesagt: Ihr habt euch lange genug an diesem Berg aufgehalten. 7 Nun wendet euch dem Bergland der Amoriter zu, brecht auf und zieht hinauf! Zieht aus gegen alle seine Bewohner in der Araba, auf dem Gebirge, in der Schefela, im Negeb und an der Meeresküste! Zieht in das Land der Kanaaniter und in das Gebiet des Libanon, bis an den großen Strom, den Eufrat! 8 Hiermit liefere ich euch das Land aus. Zieht hinein und nehmt es in Besitz, das Land, von dem ihr wisst: Der Herr hat euren Vätern Abraham, Isaak und Jakob geschworen, es ihnen und später ihren Nachkommen zu geben.

9 Damals habe ich zu euch gesagt: Ich kann euch nicht allein tragen. 10 Der Herr, euer Gott, hat euch zahlreich gemacht. Ja, ihr seid heute schon so zahlreich wie die Sterne am Himmel. 11 Und der Herr, der Gott eurer Väter, lasse eure Zahl auf das Tausendfache wachsen und segne euch, wie er es euch versprochen hat. 12 Wie soll ich allein euch tragen: eure Bürde, eure Last, eure Rechtshändel? 13 Schlagt für jeden eurer Stämme weise, gebildete und bewährte Männer vor, damit ich sie als eure Führer einsetze. 14 Ihr habt mir geantwortet: Das ist ein guter Vorschlag. Führ ihn aus! 15 Also habe ich die Führer eurer Stämme, weise und bewährte Männer, genommen und sie zu euren Führern ernannt: als Anführer für je tausend, Anführer für je hundert, Anführer für je fünfzig, Anführer für je zehn, und als Listenführer, für jeden eurer Stämme. 16 Damals habe ich eure Richter verpflichtet: Lasst jeden Streit zwischen euren Brüdern vor euch kommen. Entscheidet gerecht, sei es der Streit eines Mannes mit einem Bruder oder mit einem Fremden. 17 Kennt vor Gericht kein Ansehen der Person! Klein wie Groß hört an! Fürchtet euch nicht vor angesehe-

1,1–5 Vorbemerkung zur Rede des Mose 1,6 – 4,40. Die Orts- und Zeitangaben gelten auch für die weiteren Mosereden, vor allem auch für die in 1,5 ausdrücklich genannte »Weisung« 5,1 – 28,68. Die Orts- und Entfernungsangaben sind spätere ergänzende Zusätze, wie sie sich noch mehrfach in Kap. 1 – 4 finden.

1,6 Horeb ist in Dtn der Name des Sinai.

1,7 »Bergland der Amoriter« ist in Dtn der Name für das verheißene Land westlich des Jordan. Es wird hier näher umschrieben und in einer Texterweiterung bis zum Eufrat hin ausgedehnt, ähnlich wie in Dtn 11,24 und Jos 1,4. Das entspricht dem Umfang des davidischen Reichs.

1,8 von dem ihr wisst: Die Wendung ist hier und an anderen Stellen eingefügt, weil man die komplizierte hebräische Satzkonstruktion im Deutschen so am besten wiedergeben kann.

1,9–18 Wahrscheinlich ein Zusatz.

1,16 Im Dtn werden alle Angehörigen des eigenen Volkes als »Brüder« betrachtet. »Fremder« meint hier und häufig in Dtn den Gastbürger mit eingeschränkten Rechten.

1,17 Andere Übersetzungsmöglichkeit: denn das Gericht kommt von Gott.

nen Leuten; denn das Gericht hat mit Gott
zu tun. Und ist euch eine Sache zu schwierig,
legt sie mir vor; dann werde ich sie anhören.
18 Damals habe ich euch alle Vorschriften ge-
geben, nach denen ihr handeln sollt.

6–8: Ex 33,1 • 7: 19,8 • 9–18: Ex 18,13–27; Num 11,11–17 • 10: Hebr 11,12 • 13: 1,15; 5,23; 29,9; 33,5 • 15: 1,13; 16,18 • 16–17: 16,18–20; 17,8–13; 2 Chr 19,5–11; Joh 7,51 • 17: Jak 2,9 • 18: Ex 24,3–8

Israels Unglaube in Kadesch-Barnea: 1,19–46

19 Dann brachen wir auf, verließen den
Horeb und wanderten durch diese ganze gro-
ße und Furcht erregende Wüste – ihr habt sie
erlebt – auf dem Weg zum Amoriterbergland,
wie es uns der Herr, unser Gott, befohlen
hatte. Wir kamen bis Kadesch-Barnea.
20 Dort sagte ich zu euch: Nun seid ihr am
Bergland der Amoriter angekommen, das
der Herr, unser Gott, uns gibt. 21 Sieh, der
Herr, dein Gott, hat dir das Land ausgelie-
fert. Zieh hinauf und nimm es in Besitz, wie
der Herr, der Gott deiner Väter, es dir befoh-
len hat. Fürchte dich nicht und hab keine
Angst! 22 Da seid ihr zu mir gekommen, ihr
alle, und habt gesagt: Wir wollen einige
Männer vorausschicken. Sie sollen uns das
Land auskundschaften und uns Bericht er-
statten über den Weg, den wir hinaufziehen,
und über die Städte, auf die wir treffen wer-
den. 23 Der Vorschlag erschien mir gut. Ich
wählte unter euch zwölf Männer aus, für je-
den Stamm einen. 24 Sie wendeten sich dem
Bergland zu, zogen hinauf, gelangten bis
zum Traubental und erkundeten es. 25 Sie
pflückten einige von den Früchten des Lan-
des, brachten sie zu uns herab und erstatte-
ten uns Bericht. Sie sagten: Das Land, das
der Herr, unser Gott, uns gibt, ist prächtig.
26 Doch ihr habt euch geweigert hinaufzuzie-
hen. Ihr habt euch dem Befehl des Herrn, eu-
res Gottes, widersetzt 27 und habt in euren
Zelten gemurrt. Ihr habt gesagt: Weil er uns
hasst, hat der Herr uns aus Ägypten geführt.
Er will uns in die Gewalt der Amoriter ge-
ben, um uns zu vernichten. 28 Wohin geraten
wir, wenn wir hinaufziehen? Unsere Brüder
haben uns den Mut genommen, als sie be-
richteten: Ein Volk, größer und zahlreicher
als wir, Städte, groß, mit himmelhohen Mau-
ern. Sogar Anakiter haben wir dort gesehen.
29 Da habe ich zu euch gesagt: Ihr dürft nicht
vor ihnen zurückweichen und dürft euch
nicht vor ihnen fürchten. 30 Der Herr, euer
Gott, der euch vorangeht, wird für euch
kämpfen, genau so, wie er vor euren Augen
in Ägypten auf eurer Seite gekämpft hat.
31 Das Gleiche tat er in der Wüste, du hast es
selbst erlebt. Da hat der Herr, dein Gott, dich
auf dem ganzen Weg, den ihr gewandert seid,
getragen, wie ein Vater seinen Sohn trägt,
bis ihr an diesen Ort kamt. 32 Trotzdem habt
ihr nicht an den Herrn, euren Gott, geglaubt,
33 der euch auf dem Weg vorangegangen war,
um euch die Stelle für das Lager zu suchen.
Bei Nacht ging er im Feuer voran, um euch
den Weg zu zeigen, auf dem ihr gehen solltet,
bei Tag in der Wolke. 34 Der Herr hörte euer
lautes Murren, wurde unwillig und schwor:
35 Kein einziger von diesen Männern, von
dieser verdorbenen Generation, soll das
prächtige Land sehen, von dem ihr wisst: Ich
habe geschworen, es euren Vätern zu geben.
36 Nur Kaleb, der Sohn Jefunnes, wird es se-
hen. Ihm und seinen Söhnen werde ich das
Land geben, das er betreten hat. Denn er ist
dem Herrn ganz und gar nachgefolgt.
37 Auch mir grollte der Herr euretwegen und
sagte: Auch du sollst nicht in das Land hi-
neinkommen. 38 Josua, der Sohn Nuns, dein
Gehilfe, wird hineinkommen. Verleih ihm
Macht: Er soll das Land an Israel als Erb-
besitz verteilen. 39 Und eure Kleinen, von de-
nen ihr sagt: Zur Beute werden sie!, und eure
Kinder, die heute noch nichts von Gut und
Böse wissen, sie werden in das Land hinein-
kommen. Ihnen gebe ich es und sie nehmen
es dann auch in Besitz. 40 Ihr aber, wendet
euch zur Wüste, brecht auf und nehmt den
Weg zum Schilfmeer! 41 Ihr habt mir darauf
erwidert: Wir haben vor dem Herrn gesün-
digt. Doch jetzt wollen wir hinaufziehen und
kämpfen, genau so, wie es uns der Herr, un-
ser Gott, befohlen hat. Und jeder legte die
Waffen an und gürtete sich, um ins Bergland
zu ziehen. 42 Doch der Herr sprach zu mir:

1,19–45 Der wegen des Unglaubens Israels misslungene Versuch, das verheißene Land von Süden aus zu erobern, ist nach Num 10,11 ins zweite Jahr des Wüstenzugs zu setzen.

1,24 Das Traubental liegt bei Hebron.

1,28 Andere Lesart: größer und höher gewachsen als wir. Die Anakiter sind eine auch aus ägyptischen Texten bekannte Gruppe aus der Urbevölkerung des Landes. Sie lebten im Gebiet von Hebron.

1,37 Mose wird der Zugang zum verheißenen Land wegen seiner Verantwortung für das Volk verweigert (vgl. 3,26). Anders in Num 20,12 (P); vgl. Dtn 32,51.

1,38 Macht verleihen: Ritus der Amtseinsetzung.

1,41 Andere Übersetzungsmöglichkeit: Jeder legte die Waffen an und zog leichten Sinnes ins Bergland hinauf.

Sag ihnen: Ihr sollt nicht hinaufziehen und nicht kämpfen; denn ich bin nicht in eurer Mitte. Ich will nicht, dass eure Feinde euch niederstoßen.
43 Ich habe euch zugeredet, doch ihr habt nicht gehört. Ihr habt euch dem Befehl des Herrn widersetzt. In eurer Vermessenheit seid ihr ins Bergland gezogen.
44 Da rückten die Amoriter, die dort im Bergland wohnen, gegen euch aus. Sie verfolgten euch wie ein Bienenschwarm und versprengten euch in Seïr bis nach Horma hin.
45 Als ihr zurückkamt, weintet ihr vor dem Herrn. Doch er hat auf eure Klagen nicht gehört und hatte kein Ohr mehr für euch.
46 Dann hieltet ihr euch lange in Kadesch auf – die ganze Zeit, die ihr dort geblieben seid.

19–46: 9,23; 13 – 14 • 19: 29,1 • 28: 9,1f • 29–31: 20,2–4 • 31: 29,1; Apg 13,18 • 33: Ex 13,21f • 36: Jos 14,6–15 • 37: 3,23–27; 4,21f; 31,2 • 38: 3,28; 31,6–8.23 Jos 1,2–9; 13,1–7 • 46: Num 20,1

Der Zug ins Ostjordanland: 2,1–13

2 Dann wendeten wir uns der Wüste zu, brachen auf und nahmen den Weg zum Schilfmeer, wie es der Herr mir befohlen hatte. Wir umzogen lange Zeit das Gebirge Seïr.
2 Dann sagte der Herr zu mir:
3 Ihr seid jetzt lange genug um dieses Gebirge herumgezogen. Wendet euch jetzt nach Norden!
4 Befiehl dem Volk: Ihr werdet jetzt durch das Gebiet von Stammverwandten ziehen, durch das Gebiet der Nachkommen Esaus, die in Seïr wohnen. Wenn sie Furcht vor euch zeigen, dann seid auf der Hut,
5 und beginnt keine Feindseligkeiten gegen sie! Von ihrem Land gebe ich euch keinen Fußbreit; denn das Gebirge Seïr habe ich für Esau zum Besitz bestimmt.
6 Was ihr an Getreide zum Essen braucht, kauft von ihnen für Silber; selbst das Trinkwasser beschafft euch von ihnen gegen Silber!
7 Der Herr, dein Gott, hatte dich reich gesegnet bei der Arbeit deiner Hände. Er wusste, dass du in dieser großen Wüste unterwegs warst. Vierzig Jahre lang war der Herr, dein Gott, bei dir. Nichts hat dir gefehlt.
8 Wir zogen also weg aus dem Gebiet in der Nähe der Söhne Esaus, unserer Stammverwandten, die in Seïr wohnen, weg vom Weg durch die Araba, von Elat und Ez-jon-Geber. Wir wendeten uns (nach Norden) und zogen den Weg zur Wüste Moab entlang.
9 Und der Herr sagte zu mir: Begegne Moab nicht feindlich, beginn keinen Kampf mit ihnen! Von ihrem Land bestimme ich dir kein Stück zum Besitz; denn Ar habe ich für die Nachkommen Lots zum Besitz bestimmt.
10 Einst saßen dort die Emiter, ein Volk, das groß, zahlreich und hoch gewachsen war wie die Anakiter.
11 Wie die Anakiter galten auch sie als Rafaïter, die Moabiter aber nennen sie Emiter.
12 In Seïr saßen einst die Horiter, aber deren Besitz haben die Nachkommen Esaus übernommen. Als sie vordrangen, vernichteten sie die Horiter und setzten sich an deren Stelle, so wie die Israeliten es mit dem Land taten, das ihnen der Herr zum Besitz bestimmt hatte.
13 Und jetzt steht auf und überquert das Tal des Sered! Da überquerten wir das Tal des Sered.

1–25: Num 21,4–20 • 2–8: Num 20,14–21 • 5: Apg 7,5 • 7: 8,4; 28,12; 29,4.

Die Eroberung des Ostjordanlandes: 2,14 – 3,17

14 Die Zeit, die wir von Kadesch-Barnea an gewandert waren, bis wir das Tal des Sered überquerten, betrug achtunddreißig Jahre. So lange dauerte es, bis die Generation der waffenfähigen Männer vollständig ausgestorben war, sodass sich keiner von ihnen mehr im Lager befand, wie es ihnen der Herr geschworen hatte.
15 Der Herr hatte seine Hand gegen sie ausgestreckt und Verwirrung unter ihnen verbreitet, bis sie ausgestorben waren, sodass sich keiner von ihnen mehr im Lager befand.
16 Als alle waffenfähigen Männer ausgestorben und tot waren, sodass keiner von ihnen mehr im Volk lebte,
17 sagte der Herr zu mir:
18 Wenn du heute durch das Gebiet von Moab, durch Ar, ziehst,
19 kommst du nahe an den Ammonitern vorbei. Begegne ihnen nicht feindlich, beginne keine Feindseligkeiten gegen sie! Vom Land der Ammoniter bestimme ich dir kein Stück zum Besitz; denn ich habe es für die Nachkommen Lots zum Besitz bestimmt.
20 Auch dieses gilt als Land der Rafaïter. Einst saßen die Rafaïter darin. Die Ammoniter nennen sie die Samsummiter,
21 ein Volk, das groß, zahlreich und hoch gewachsen war wie die Anakiter. Der Herr vernichtete die Rafaïter, als die Ammoniter eindrangen. Diese übernahmen ihren Besitz und setzten sich an ihre Stelle.
22 Das war das Gleiche, was der

1,46 Die umständliche und zugleich unbestimmte Zeitangabe überspielt die Theorie des Buchs Num, nach der die Israeliten 38 Jahre in Kadesch waren. Nach Dtn 2,1.14 sind die Israeliten bald wieder aufgebrochen und 38 Jahre lang in der Wüste umhergezogen.

2,10–12 Erklärender Zusatz (vgl. die Anmerkung zu 1,1–5).

2,20–23 Erklärender Zusatz (vgl. die Anmerkung zu 1,1–5).

Herr für die Nachkommen Esaus getan hat, die in Seïr sitzen. Als sie vordrangen, vernichtete er die Horiter. Die Nachkommen Esaus übernahmen ihren Besitz und setzten sich an ihre Stelle. So blieb es bis heute. 23 Das Gleiche geschah mit den Awitern, die in einzelnen Dörfern bis nach Gaza hin saßen. Die Kaftoriter, die aus Kaftor ausgewandert waren, vernichteten sie und setzten sich an ihre Stelle. 24 Steht auf, brecht auf und überquert das Tal des Arnon! Hiermit gebe ich Sihon, den König von Heschbon, den Amoriter, mit seinem Land in eure Gewalt. Fang an, in Besitz zu nehmen! Bei Sihon sollst du den Kampf beginnen. 25 Und ich fange heute an, den Völkern überall unter dem Himmel Schrecken und Furcht vor dir ins Gesicht zu zeichnen. Wenn sie von dir nur hören, zittern sie. Sie winden sich vor Angst, wenn sie dich sehen. 26 Da sandte ich aus der Wüste Kedemot Boten zu Sihon, dem König von Heschbon, und ließ ihm folgendes Abkommen vorschlagen: 27 Ich will durch dein Land ziehen. Ich werde mich genau an den Weg halten, ohne ihn rechts oder links zu verlassen. 28 Was ich an Getreide zum Essen brauche, wirst du mir für Silber verkaufen, auch das Trinkwasser wirst du mir gegen Silber geben. Ich werde nur zu Fuß durchziehen, 29 so wie die Nachkommen Esaus, die in Seïr wohnen, und die Moabiter, die in Ar wohnen, es mir erlaubt haben. (Das soll gelten,) bis ich über den Jordan in das Land gezogen bin, das der Herr, unser Gott, uns gibt. 30 Doch Sihon, der König von Heschbon, weigerte sich, uns bei sich durchziehen zu lassen. Denn der Herr, dein Gott, hatte seinen Kampfgeist gestärkt und ihm Mut gemacht, um ihn in deine Gewalt zu geben, wie es inzwischen geschehen ist. 31 Zu mir aber sagte der Herr: Hiermit fange ich an. Ich liefere dir Sihon und sein Land aus. Du fang an, in Besitz zu nehmen! Fang mit seinem Land an! 32 Sihon rückte mit seinem ganzen Volk gegen uns aus, um bei Jahaz zu kämpfen. 33 Der Herr, unser Gott, lieferte ihn uns aus. Wir schlugen ihn, seine Söhne und sein ganzes Volk. 34 Damals eroberten wir alle seine Städte. Wir weihten die ganze männliche Bevölkerung, die Frauen, die Kinder und die Greise der Vernichtung; keinen ließen wir überleben. 35 Als Beute behielten wir nur das Vieh und das, was wir in den eroberten Städten geplündert hatten. 36 Von Aroër am Rand des Arnontals und von der Stadt, die im Tal liegt, bis hin nach Gilead gab es keine befestigte Stadt, deren Mauern für uns zu hoch waren. Alle hat uns der Herr, unser Gott, ausgeliefert. 37 Nur dem Land der Ammoniter hast du dich nicht genähert, dem gesamten Randgebiet des Jabboktals und den Städten im Gebirge, also allem, was der Herr, unser Gott, uns verwehrt hatte.

3 Dann wendeten wir uns dem Weg zum Baschan zu und zogen hinauf. Og, der König des Baschan, rückte mit seinem ganzen Volk gegen uns aus, um bei Edreï zu kämpfen. 2 Der Herr sagte zu mir: Fürchte ihn nicht, denn ich gebe ihn, sein ganzes Volk und sein Land in deine Gewalt. Tu mit ihm, was du mit Sihon getan hast, dem König der Amoriter, der in Heschbon seinen Sitz hatte. 3 Und der Herr, unser Gott, gab auch Og, den König des Baschan, und sein ganzes Volk in unsere Gewalt. Wir schlugen ihn und ließen keinen überleben. 4 Damals eroberten wir alle seine Städte. Es gab keine befestigte Stadt, die wir ihnen nicht genommen hätten: sechzig Städte, den ganzen Bezirk von Argob, das Königreich des Og im Baschan. 5 Alle diese Städte waren durch hohe Mauern, Torflügel und Torbalken befestigt. Hinzu kamen die zahlreichen offenen Landstädte. 6 Wir weihten sie der Vernichtung, wie wir es mit Sihon, dem König von Heschbon, getan hatten. Wir weihten die ganze männliche Bevölkerung und die Frauen, Kinder und Greise der Vernichtung. 7 Alles Vieh und das, was wir in den Städten geplündert hatten, behielten wir als Beute.

8 Damals entrissen wir der Gewalt der beiden Amoriterkönige jenseits des Jordan das Land vom Arnontal bis zum Gebirge Hermon – 9 die Sidonier nennen den Hermon Sirjon, die Amoriter nennen ihn Senir –, 10 alle Städte der Hochebene, ganz Gilead und den ganzen Baschan bis nach Salka und Edreï, das heißt nur die Städte des Königreichs Ogs im Baschan. 11 Denn Og, der König des Baschan, war als Einziger von den letzten Rafaïtern noch übrig geblieben. Sein Bett war aus Eisen. Steht es nicht in Rabba, der Hauptstadt der Ammoniter? Es ist neun gewöhnliche Ellen lang und vier breit. 12 Dieses Land nahmen wir damals in Besitz. Von Aroër an, das am Arnontal liegt, einschließ-

2,34 weihten der Vernichtung: In älteren Bibelübersetzungen stand hier und an ähnlichen Stellen das Wort »Bann« oder »bannen«, das aber missverständlich ist. Gemeint ist die Vernichtung der Bevölkerung, und es ist dabei ein Wort benutzt, das in früheren Zeiten Vernichtung aufgrund von Gelübden oder Götterweisungen bezeichnete. Zur deuteronomischen Kriegstheorie vgl. 20,10–18.

3,9.13f Erklärender Zusatz (vgl. die Anmerkung zu 1,1–5).

lich der Hälfte des Gebirges Gilead und ihrer
Städte, übergab ich es (euch,) den Rubeni-
tern und Gaditern. 13 Den Rest von Gilead
und den ganzen Baschan, soweit er zum
Königreich Ogs gehört hatte, übergab ich
(euch,) der einen Hälfte des Stammes Manas-
se – den ganzen Bezirk von Argob. Diesen
ganzen Baschan bezeichnet man als Land
der Rafaïter. 14 Jaïr, der Sohn Manasses,
übernahm den ganzen Bezirk von Argob ein-
schließlich des Gebiets der Geschuriter und
der Maachatiter und benannte sie nach sei-
nem eigenen Namen: Er nannte den Baschan
Hawot-Jaïr (Zeltdörfer Jaïrs). So heißt er
noch heute. 15 Dem Machir übergab ich Gile-
ad, 16 den Rubenitern und Gaditern aber gab
ich das Gebiet von Gilead bis zum Arnontal,
das Tal selbst und das zugehörige Gebiet bis
zum Jabbok, wo das Tal die Grenze zu den
Ammonitern bildet, 17 dazu die Araba und
den Jordan mit dem zugehörigen Gebiet,
vom See Kinneret bis zum Meer der Araba,
dem Salzmeer am Fuß der Steilhänge des
Pisga, nach Osten hin.

2,15: Ex 14,24 • 25: 11,25; 28,10; Ex 15,14 • 26–37: Num 21,21–25 • 34: 20,16–18 • 3,1–7: Num 21,33–35 • 6: 20,16–18 • 12–17 Num 32; Jos 13,15–33.

Die Vorbereitungen zur Eroberung des Westjordanlandes: 3,18–29

18 Damals wies ich euch an: Der Herr, euer
Gott, hat euch dieses Land gegeben, sodass
ihr es in Besitz nehmen könnt. Doch jetzt, in
Waffen, sollt ihr zunächst mit allen Wehrfä-
higen an der Spitze eurer Brüder, der Israe-
liten, über den Jordan ziehen. 19 Nur eure
Frauen, Kinder, Greise und Herden – ich
weiß, ihr habt viele Herden – können in den
Städten bleiben, die ich für euch bestimmt
habe. 20 Erst wenn der Herr euren Brüdern
wie euch Ruhe verschafft hat, erst wenn
auch sie das Land jenseits des Jordan in Be-
sitz genommen haben, das der Herr, euer
Gott, ihnen gibt, dürft ihr zurückkehren, je-
der zu seinem Besitz, den ich für euch be-
stimmt habe.
21 Damals wies ich Josua an: Du hast mit
eigenen Augen alles gesehen, was der Herr,
euer Gott, mit diesen beiden Königen getan
hat. Das Gleiche wird der Herr mit allen Kö-
nigreichen tun, zu denen du hinüberziehst.
22 Ihr sollt sie nicht fürchten; denn der Herr,
euer Gott, ist es, der für euch kämpft.
23 Damals rief ich den Herrn um Gnade für
mich an: 24 Gott, mein Herr! Du hast ange-
fangen, deinen Knecht deine Macht und dei-
ne starke Hand schauen zu lassen. Welcher
Gott im Himmel oder auf der Erde hat etwas
vollbracht, was deinen Taten und deinen
Siegen vergleichbar wäre? 25 Lass mich doch
hinüberziehen! Lass mich das prächtige
Land jenseits des Jordan sehen, dieses
prächtige Bergland und den Libanon!
26 Doch euretwegen zürnte mir der Herr und
erhörte mich nicht. Der Herr sagte zu mir:
Genug! Trag mir diese Sache niemals wieder
vor! 27 Steig auf den Gipfel des Pisga, richte
die Augen nach Westen, nach Norden, nach
Süden und nach Osten und schau mit eige-
nen Augen hinüber! Doch hinüberziehen
über den Jordan hier wirst du nicht. 28 Setz
Josua ein, verleih ihm Macht und Stärke: Er
soll an der Spitze dieses Volkes hinüberzie-
hen. Er soll an sie das Land als Erbbesitz
verteilen, das du nur schauen darfst. 29 So
blieben wir in der Talschlucht gegenüber
Bet-Pegor.

18–20: Num 32,16f; Jos 1,13 • 21–22: 20,2–4 • 23–27: 1,37 • 27: 34,1–3 • 29: Num 25

Ermahnung und Ausblick: 4,1–40

4 Und nun, Israel, höre die Gesetze und
Rechtsvorschriften, die ich euch zu hal-
ten lehre. Hört und ihr werdet leben, ihr
werdet in das Land, das der Herr, der Gott
eurer Väter, euch gibt, hineinziehen und es
in Besitz nehmen. 2 Ihr sollt dem Wortlaut
dessen, worauf ich euch verpflichte, nichts
hinzufügen und nichts davon wegnehmen;
ihr sollt auf die Gebote des Herrn, eures Got-
tes, achten, auf die ich euch verpflichte. 3 Ihr
habt mit eigenen Augen gesehen, was der
Herr wegen des Baal-Pegor getan hat. Jeden,
der dem Baal-Pegor nachfolgte, hat der
Herr, dein Gott, in deiner Mitte vernichtet.
4 Ihr aber habt euch am Herrn, eurem Gott,
fest gehalten, und darum seid ihr alle heute
noch am Leben.
5 Hiermit lehre ich euch, wie es mir der
Herr, mein Gott, aufgetragen hat, Gesetze
und Rechtsvorschriften. Ihr sollt sie inner-
halb des Landes halten, in das ihr hinein-
zieht, um es in Besitz zu nehmen. 6 Ihr sollt
auf sie achten und sollt sie halten. Denn
darin besteht eure Weisheit und eure Bil-
dung in den Augen der Völker. Wenn sie die-

3,14–17 Wohl spätere Variante zu VV. 12f.
3,29 Bet-Pegor ist der Ort, Baal-Pegor (4,3) der dort verehrte kanaanäische Gott.
4,5 Das deuteronomische Gesetz verpflichtet Israel innerhalb des verheißenen Landes nach dessen Einnahme.
4,6f Hier ist besonders an die Zeit Salomos gedacht, wie sie in 1 Kön 3 – 11 geschildert wird.

ses Gesetzeswerk kennen lernen, müssen sie
sagen: In der Tat, diese große Nation ist ein
weises und gebildetes Volk. 7 Denn welche
große Nation hätte Götter, die ihr so nah
sind, wie Jahwe, unser Gott, uns nah ist, wo
immer wir ihn anrufen? 8 Oder welche große
Nation besäße Gesetze und Rechtsvorschrif-
ten, die so gerecht sind wie alles in dieser
Weisung, die ich euch heute vorlege?

9 Jedoch, nimm dich in Acht, achte gut auf
dich! Vergiss nicht die Ereignisse, die du mit
eigenen Augen gesehen, und die Worte, die
du gehört hast. Lass sie dein ganzes Leben
lang nicht aus dem Sinn! Präge sie deinen
Kindern und Kindeskindern ein! 10 Vergiss
nicht den Tag, als du am Horeb vor dem
Herrn, deinem Gott, standest. Der Herr hatte
zu mir gesagt: Ruf mir das Volk zusammen!
Ich will sie meine Worte hören lassen. Sie
sollen lernen, mich zu fürchten, so lange, wie
sie im Land leben, und sie sollen es auch ihre
Kinder lehren. 11 Ihr wart herangekommen
und standet unten am Berg und der Berg
brannte: Feuer, hoch bis in den Himmel hi-
nauf, Finsternis, Wolken und Dunkel. 12 Der
Herr sprach zu euch mitten aus dem Feuer.
Ihr hörtet den Donner der Worte. Eine Ge-
stalt habt ihr nicht gesehen. Ihr habt nur den
Donner gehört. 13 Der Herr offenbarte euch
seinen Bund, er verpflichtete euch, ihn zu
halten: die Zehn Worte. Er schrieb sie auf
zwei Steintafeln. 14 Mir befahl damals der
Herr, euch Gesetze und Rechtsvorschriften
zu lehren, die ihr in dem Land halten sollt, in
das ihr hinüberzieht, um es in Besitz zu neh-
men.

15 Nehmt euch um eures Lebens willen gut
in Acht! Denn eine Gestalt habt ihr an dem
Tag, als der Herr am Horeb mitten aus dem
Feuer zu euch sprach, nicht gesehen. 16 Lauft
nicht in euer Verderben und macht euch kein
Gottesbildnis, das irgendetwas darstellt,
keine Statue, kein Abbild eines männlichen
oder weiblichen Wesens, 17 kein Abbild ir-
gendeines Tiers, das auf der Erde lebt, kein
Abbild irgendeines gefiederten Vogels, der
am Himmel fliegt, 18 kein Abbild irgendeines
Tiers, das am Boden kriecht, und kein Ab-
bild irgendeines Meerestieres im Wasser un-
ter der Erde. 19 Wenn du die Augen zum
Himmel erhebst und das ganze Himmelsheer
siehst, die Sonne, den Mond und die Sterne,
dann lass dich nicht verführen! Du sollst
dich nicht vor ihnen niederwerfen und ihnen
nicht dienen. Der Herr, dein Gott, hat sie al-
len anderen Völkern überall unter dem Him-
mel zugewiesen. 20 Euch aber hat der Herr
genommen und aus dem Schmelzofen, aus
Ägypten, herausgeführt, damit ihr sein Volk,
sein Erbbesitz werdet – wie ihr es heute seid.
21 Zwar hat der Herr mir wegen eures Mur-
rens gegrollt und mir geschworen, ich dürfe
nicht über den Jordan ziehen und das präch-
tige Land betreten, das der Herr, dein Gott,
dir als Erbbesitz gibt. 22 Ich muss in diesem
Land hier sterben und werde nicht über den
Jordan ziehen. Aber ihr werdet hinüberzie-
hen und dieses prächtige Land in Besitz neh-
men.

23 Nehmt euch in Acht! Vergesst nicht den
Bund, den der Herr, euer Gott, mit euch ge-
schlossen hat. Ihr sollt euch kein Gottesbild-
nis machen, das irgendetwas darstellt, was
der Herr, dein Gott, dir verboten hat. 24 Denn
der Herr, dein Gott, ist verzehrendes Feuer.
Er ist ein eifersüchtiger Gott. 25 Wenn du
Kinder und Kindeskinder zeugst und ihr im
Land heimisch seid, wenn ihr dann ins Ver-
derben lauft und ein Gottesbildnis macht,
das irgendetwas darstellt, wenn ihr also tut,
was in den Augen des Herrn, deines Gottes,
böse ist, und wenn ihr ihn erzürnt – 26 den
Himmel und die Erde rufe ich heute als Zeu-
gen gegen euch an: dann werdet ihr unver-
züglich aus dem Land ausgetilgt sein, in das
ihr jetzt über den Jordan zieht, um es in Be-
sitz zu nehmen. Nicht lange werdet ihr darin
leben. Ihr werdet vernichtet werden. 27 Der
Herr wird euch unter die Völker verstreuen.
Nur einige von euch werden übrig bleiben in
den Nationen, zu denen der Herr euch führt.
28 Dort müsst ihr Göttern dienen, Machwer-
ken von Menschenhand, aus Holz und Stein.
Sie können nicht sehen und nicht hören,
nicht essen und nicht riechen. 29 Dort werdet
ihr den Herrn, deinen Gott, wieder suchen.
Du wirst ihn auch finden, wenn du dich mit
ganzem Herzen und mit ganzer Seele um ihn
bemühst. 30 Wenn du in Not bist, werden alle
diese Worte dich finden. In späteren Tagen
wirst du zum Herrn, deinem Gott, zurück-
kehren und auf seine Stimme hören. 31 Denn
der Herr, dein Gott, ist ein barmherziger
Gott. Er lässt dich nicht fallen und gibt dich
nicht dem Verderben preis und vergisst nicht
den Bund mit deinen Vätern, den er ihnen
beschworen hat.

32 Forsche doch einmal in früheren Zeiten

4,16–20 Umschreibende Erklärung zum ersten der Zehn Gebote. Dabei ist weniger eine bildhafte Jahweverehrung gemeint, als eher die Verehrung anderer Götter unter verschiedensten Gestalten (vgl. 2 Kön 21,3–8; 23,4–14; Ez 8).

4,19 Die für Israel nicht erlaubte Verehrung der Gestirne wird anderen Völkern zugestanden.

nach, die vor dir gewesen sind, seit dem Tag,
als Gott den Menschen auf der Erde schuf;
forsche nach vom einen Ende des Himmels
bis zum andern Ende. Hat sich je etwas so
Großes ereignet wie dieses und hat man je
solche Worte gehört? 33 Hat je ein Volk einen
Gott mitten aus dem Feuer im Donner spre-
chen hören, wie du ihn gehört hast, und ist
am Leben geblieben? 34 Oder hat je ein Gott
es ebenso versucht, zu einer Nation zu kom-
men und sie mitten aus einer anderen he-
rauszuholen unter Prüfungen, unter Zei-
chen, Wundern und Krieg, mit starker Hand
und hoch erhobenem Arm und unter großen
Schrecken, wie es der Herr, euer Gott, in
Ägypten mit euch getan hat, vor deinen Au-
gen? 35 Das hast du sehen dürfen, damit du
erkennst: Jahwe ist der Gott, kein anderer ist
außer ihm. 36 Vom Himmel herab ließ er dich
seinen Donner hören, um dich zu erziehen.
Auf der Erde ließ er dich sein großes Feuer
sehen und mitten aus dem Feuer hast du sei-
ne Worte gehört. 37 Weil er deine Väter lieb
gewonnen hatte, hat er alle Nachkommen ei-
nes jeden von ihnen erwählt und dich dann
in eigener Person durch seine große Kraft
aus Ägypten geführt, 38 um bei deinem An-
griff Völker zu vertreiben, die größer und
mächtiger sind als du, um dich in ihr Land zu
führen und es dir als Erbbesitz zu geben, wie
es jetzt geschieht. 39 Heute sollst du erkennen
und dir zu Herzen nehmen: Jahwe ist der
Gott im Himmel droben und auf der Erde
unten, keiner sonst. 40 Daher sollst du auf
seine Gesetze und seine Gebote, auf die ich
dich heute verpflichte, achten, damit es dir
und später deinen Nachkommen gut geht
und du lange lebst in dem Land, das der
Herr, dein Gott, dir gibt für alle Zeit.

1–4: 30,15–20 • 2: 13,1; Offb 22,18f • 3: 29,1; Num 25,1–9 • 5: 12,1; 31,13 • 7–8: Röm 3,2 • 9–14: 5,2–31; Ex 19 – 20; Dtn 5,24; 29,1; 31,13; 32,46 • 11–12: Hebr 12,18f • 12: Joh 1,18; 5,37; 6,46 • 15–19: Röm 1,23 • 16–19: 5,8f • 19–20: 32,8f; 17,2–5; 29,25 • 20: 9,29; 1 Kön 8,51 • 21: 1,37 • 23: 29,24 • 24: 5,9; Hebr 12,29 • 25–28: 28,15–68 • 26: 30,18f; 31,28 • 28: 27,15; 28,36; Ps 115,4–8; 135,15–18 • 29–31: 30,1–10 • 31: Gen 15,18 • 32–40: 8,2–6 • 34: 34,11f • 35: Mk 12,32; 1 Kor 8,4 • 37: 10,15 • 38: 18,12 • 39: 1 Kor 8,4.

Die Asylstädte im Ostjordanland: 4,41–43

41 Damals hat Mose jenseits des Jordan,
nach Osten hin, drei Städten eine Sonder-
stellung zugewiesen. 42 Dorthin soll jeder,
der einen Menschen getötet hat, fliehen kön-
nen, falls er den andern ohne Vorsatz getötet
hat und nicht schon früher mit ihm verfein-
det gewesen ist. Wenn er in eine dieser Städ-
te flieht, darf er am Leben bleiben. 43 Es sind
Bezer im Wüstengebiet der Hochebene für
die Rubeniter, Ramot in Gilead für die Gadi-
ter und Golan im Baschan für die Manassi-
ter.

41–43: 19,1–10; Num 35,6–15.

DIE VERKÜNDIGUNG DES GESETZES: 4,44 – 28,68

Ort und Zeit: 4,44–49

44 Und das ist die Weisung, die Mose den
Israeliten vorgelegt hat. 45 Das sind die Sat-
zungen, die Gesetze und Rechtsvorschriften,
die Mose den Israeliten verkündet hat, als sie
aus Ägypten zogen. 46 Es geschah jenseits des
Jordan, in der Talschlucht gegenüber Bet-
Pegor, im Land Sihons, des Königs der Amo-
riter, der in Heschbon seinen Sitz hatte. Ihn
hatten Mose und die Israeliten geschlagen,
als sie aus Ägypten zogen. 47 Sie hatten sein
Land und das Land Ogs, des Königs des Ba-
schan, in Besitz genommen, das Land der

4,35.39 Die Frage nach der Existenz fremder Götter stellt das Dtn noch nicht; Israel ist jedoch einzig auf seinen Gott Jahwe verpflichtet. Doch hier wird ähnlich wie in Jes 41,22f; 43,10–13; 44,6 und 45,5 eine streng monotheistische Aussage erreicht.

4,37 Andere Übersetzungsmöglichkeit: Weil er deine Väter lieb gewonnen hatte, hat er »seinen Nachkommen« erwählt. – Dann läge eine für den Leser damals erkennbare Anspielung an Gen 17,19 vor, wo Abraham gesagt bekommt, Gott werde seinen Bund mit ihm über die Isaak-Linie weiterführen.

4,41–43 Die Einrichtung der Asylstädte dient dazu, die bei jeder Tötung mögliche Blutrache zu mildern. Schuldloser Unfall und fahrlässige Tötung werden von der Blutrache ausgenommen, nur noch Totschlag und Mord fallen unter sie.

4,44–5,1a Vorbemerkungen zur Rede des Mose 5,1 – 26,19; 28,1–68. »als sie aus Ägypten zogen« (V. 45) meint ganz unbestimmt: in den Jahren des Anfangs der Volksgeschichte. Die »Weisung« wird nicht einfach geboten, sondern Israel von Mose »vorgelegt«; denn sie ist ein Bundestext, der frei angenommen werden soll (vgl. 26,17–19 und 28,69 – 30,20, ferner Ex 19,7f; 21,1 und 24,3). Auch hinter »Satzungen« (4,45) steht ein Wort, das im Alten Orient »Vertragsurkunde« bedeutet und das in den vorausgehenden Büchern stets mit »Bundesurkunde« übersetzt ist.

4,45 Andere Lesart: die Satzungen, Gesetze und Rechtsvorschriften.

beiden Amoriterkönige jenseits des Jordan,
im Osten, 48 von Aroër am Rand des Arnon-
tals bis zum Gebirge Sion – das ist der Her-
mon – 49 und die ganze Araba jenseits des
Jordan nach Osten hin, bis zum Meer der
Araba unterhalb der Steilhänge des Pisga.

Der Bund am Horeb: Die Zehn Gebote:
5,1–22

5 Mose rief ganz Israel zusammen. Er
sagte zu ihnen: Höre, Israel, die Gesetze
und Rechtsvorschriften, die ich euch heute
vortrage. Ihr sollt sie lernen, auf sie achten
und sie halten.
2 Der Herr, unser Gott, hat am Horeb einen
Bund mit uns geschlossen. 3 Nicht mit unse-
ren Vätern hat der Herr diesen Bund ge-
schlossen, sondern mit uns, die wir heute
hier stehen, mit uns allen, mit den Lebenden.
4 Auge in Auge hat der Herr auf dem Berg
mitten aus dem Feuer mit euch geredet. 5 Ich
stand damals zwischen dem Herrn und euch,
um euch das Wort des Herrn weiterzugeben;
denn ihr wart aus Furcht vor dem Feuer
nicht auf den Berg gekommen. Der Herr
sprach:
6 Ich bin Jahwe, dein Gott, der dich aus
Ägypten geführt hat, aus dem Sklavenhaus.
7 Du sollst neben mir keine anderen Götter
haben. 8 Du sollst dir kein Gottesbildnis ma-
chen, das irgendetwas darstellt am Himmel
droben, auf der Erde unten oder im Wasser
unter der Erde. 9 Du sollst dich nicht vor an-
deren Göttern niederwerfen und dich nicht
verpflichten, ihnen zu dienen. Denn ich, der
Herr, dein Gott, bin ein eifersüchtiger Gott:
Bei denen, die mir Feind sind, verfolge ich
die Schuld der Väter an den Söhnen und an
der dritten und vierten Generation; 10 bei de-
nen, die mich lieben und auf meine Gebote
achten, erweise ich Tausenden meine Huld.
11 Du sollst den Namen des Herrn, deines
Gottes, nicht missbrauchen; denn der Herr
lässt den nicht ungestraft, der seinen Namen
missbraucht.
12 Achte auf den Sabbat: Halte ihn heilig,
wie es dir der Herr, dein Gott, zur Pflicht ge-
macht hat. 13 Sechs Tage darfst du schaffen
und jede Arbeit tun. 14 Der siebte Tag ist ein
Ruhetag, dem Herrn, deinem Gott, geweiht.
An ihm darfst du keine Arbeit tun: du, dein
Sohn und deine Tochter, dein Sklave und
deine Sklavin, dein Rind, dein Esel und dein
ganzes Vieh und der Fremde, der in deinen
Stadtbereichen Wohnrecht hat. Dein Sklave
und deine Sklavin sollen sich ausruhen wie
du. 15 Denk daran: Als du in Ägypten Sklave
warst, hat dich der Herr, dein Gott, mit star-
ker Hand und hoch erhobenem Arm dort he-
rausgeführt. Darum hat es dir der Herr, dein
Gott, zur Pflicht gemacht, den Sabbat zu
halten.
16 Ehre deinen Vater und deine Mutter, wie
es dir der Herr, dein Gott, zur Pflicht ge-
macht hat, damit du lange lebst und es dir
gut geht in dem Land, das der Herr, dein
Gott, dir gibt.
17 Du sollst nicht morden, 18 du sollst nicht
die Ehe brechen, 19 du sollst nicht stehlen,
20 du sollst nicht Falsches gegen deinen
Nächsten aussagen, 21 du sollst nicht nach
der Frau deines Nächsten verlangen und du
sollst nicht das Haus deines Nächsten begeh-
ren, nicht sein Feld, seinen Sklaven oder
seine Sklavin, sein Rind oder seinen Esel,
nichts, was deinem Nächsten gehört.
22 Diese Worte sagte der Herr auf dem Berg
zu eurer vollzähligen Versammlung, mitten
aus dem Feuer, aus Wolken und Dunkel, un-
ter lautem Donner, diese Worte und sonst
nichts. Er schrieb sie auf zwei Steintafeln
und übergab sie mir.

1: 11,32; 12,1; 26,16 • 2–31: Apg 7,38 • 3: 28,69; 29,13f • 4–22: Ex 19f • 6–22 ‖ Ex 20,2–18 • 7: Ex 23,13; 34,14 • 8: 27,15 • 9–10: 7,9f; Ex 34,7; Ex 34,14 • 10: 11,1 • 13: Ex 23,12; 34,21; Lk 13,14 • 14: Mk 2,27; Lk 23,56 • 15: 15,15; 16,12; 24,18.22; Apg 13,17 • 16–21: Mt 19,18f; Mk 10,19; Lk 18,20; Röm 13,9 • 16: Mt 15,4; Mk 7,10; Eph 6,2f • 17f: Jak 2,11; Mt 5,21 • 18: Mt 5,27 • 21: Röm 7,7 • 22–27: Hebr 12,18f.

Die Einsetzung des Mose als Gesetzesmittler:
5,23–33

23 Als ihr den Donner mitten aus der Fins-
ternis gehört hattet und der Berg immer

5,3 Der Vers widerspricht nicht 2,14. In ihren Vätern stand die gegenwärtige Generation selbst am Gottesberg. Die Vergangenheit wird kultisch vergegenwärtigt.

5,6–21 Der Text der Zehn Gebote weist gegenüber Ex 20,2–17 kleine Unterschiede auf. Am wichtigsten ist, dass das Sabbatgebot neu begründet und zum eigentlichen Zentrum des Textes ausgebaut wird. Diese Fassung der Zehn Gebote ist wohl die jüngere.

5,11 Andere Übersetzungsmöglichkeit: Du sollst bei dem Namen des Herrn, deines Gottes, keinen Meineid schwören, denn der Herr spricht den nicht frei, der bei seinem Namen einen Meineid schwört. – Die oben gegebene weitere Übersetzung erlaubt es, auch anderen Missbrauch des Jahwenamens, etwa durch Magie, einzuschließen.

5,14 der in deinen Stadtbereichen Wohnrecht hat, wörtlich: der in deinen Stadttoren ist. – So immer, wenn diese Wendung wiederkehrt.

5,17 Manche Bibelausgaben zählen die VV. 17–20 nur als V. 17; entsprechend ändert sich die Zählung der folgenden Verse.

noch in Feuer stand, seid ihr zu mir gekom-
men – eure Stammesführer und Ältesten –
24 und habt gesagt: Sieh, der Herr, unser
Gott, hat uns seine Herrlichkeit und Macht
gezeigt und wir haben seine donnernde
Stimme mitten aus dem Feuer gehört. Heute
ist es uns geschehen, dass Gott zu Menschen
sprach und sie am Leben blieben. 25 Trotz-
dem: Warum sollen wir noch einmal das Le-
ben aufs Spiel setzen? Denn dieses große
Feuer könnte uns verzehren. Wenn wir noch
einmal die donnernde Stimme des Herrn, un-
seres Gottes, hören, werden wir sterben.
26 Denn welches Wesen aus Fleisch wäre am
Leben geblieben, wenn es wie wir die don-
nernde Stimme des lebendigen Gottes gehört
hätte, als er mitten aus dem Feuer redete?
27 Geh du allein hin! Höre alles, was der
Herr, unser Gott, sagt. Berichte uns dann al-
les, was der Herr, unser Gott, dir gesagt hat,
und wir werden es hören und halten. 28 Der
Herr hörte euer Geschrei, als ihr auf mich
einredetet, und sagte zu mir: Ich habe das
Geschrei dieses Volkes gehört, mit dem es
dich bedrängt hat. Alles, was sie von dir ver-
langen, ist recht. 29 Möchten sie doch diese
Gesinnung behalten, mich fürchten und ihr
Leben lang auf alle meine Gebote achten,
damit es ihnen und ihren Nachkommen im-
mer gut geht. 30 Geh und sag ihnen: Kehrt zu
euren Zelten zurück! 31 Und du, stell dich
hierher zu mir! Ich will dir das ganze Gebot
mitteilen, die Gesetze und Rechtsvorschrif-
ten, die du sie lehren sollst und die sie halten
sollen in dem Land, das ich ihnen gebe und
das sie in Besitz nehmen sollen.

32 Daher sollt ihr darauf achten, dass ihr
handelt, wie es der Herr, euer Gott, euch vor-
geschrieben hat. Ihr sollt weder rechts noch
links abweichen. 33 Ihr sollt nur auf dem Weg
gehen, den der Herr, euer Gott, euch vorge-
schrieben hat, damit ihr Leben habt und es
euch gut geht und ihr lange lebt in dem
Land, das ihr in Besitz nehmt.

23–31: 18,16–19; Ex 20,18–21 • 23: 1,13; 19,12; 27,1; 29,9; 31,9.28 • 24: 4,9; 29,1.

Die Grundforderung Gottes:
Liebe und Furcht: 6,1–25

6 Und das ist das Gebot, das sind die Ge-
setze und Rechtsvorschriften, die ich
euch im Auftrag des Herrn, eures Gottes,
lehren soll und die ihr halten sollt in dem
Land, in das ihr hinüberzieht, um es in Be-
sitz zu nehmen. 2 Wenn du den Herrn, deinen
Gott, fürchtest, indem du auf alle seine Ge-
setze und Gebote, auf die ich dich verpflich-
te, dein ganzes Leben lang achtest, du, dein
Sohn und dein Enkel, wirst du lange leben.
3 Deshalb, Israel, sollst du hören und darauf
achten, (alles, was der Herr, unser Gott, mir
gesagt hat,) zu halten, damit es dir gut geht
und ihr so unermesslich zahlreich werdet,
wie es der Herr, der Gott deiner Väter, dir
zugesagt hat, in dem Land, wo Milch und
Honig fließen.

4 Höre, Israel! Jahwe, unser Gott, Jahwe
ist einzig. 5 Darum sollst du den Herrn, dei-
nen Gott, lieben mit ganzem Herzen, mit
ganzer Seele und mit ganzer Kraft.

6 Diese Worte, auf die ich dich heute ver-
pflichte, sollen auf deinem Herzen geschrie-
ben stehen. 7 Du sollst sie deinen Söhnen
wiederholen. Du sollst von ihnen reden,
wenn du zu Hause sitzt und wenn du auf der
Straße gehst, wenn du dich schlafen legst
und wenn du aufstehst. 8 Du sollst sie als
Zeichen um das Handgelenk binden. Sie sol-
len zum Schmuck auf deiner Stirn werden.
9 Du sollst sie auf die Türpfosten deines Hau-
ses und in deine Stadttore schreiben.

10 Und wenn der Herr, dein Gott, dich in
das Land führt, von dem du weißt: er hat dei-
nen Vätern Abraham, Isaak und Jakob ge-
schworen, es dir zu geben – große und schöne
Städte, die du nicht gebaut hast, 11 mit Gü-
tern gefüllte Häuser, die du nicht gefüllt hast,
in den Felsen gehauene Zisternen, die du
nicht gehauen hast, Weinberge und Ölbäume,
die du nicht gepflanzt hast –, wenn du dann
isst und satt wirst: 12 nimm dich in Acht, dass
du nicht den Herrn vergisst, der dich aus
Ägypten, dem Sklavenhaus, geführt hat.

5,31 Andere Lesart: Ich will dir das ganze Gebot, die Gesetze und die Rechtsvorschriften mitteilen.

6,2f Die den Zusammenhang unterbrechende Erweiterung will die Motive von 5,27–29 noch einmal anklingen lassen.

6,4 Andere Übersetzungsmöglichkeit: Jahwe ist unser Gott, Jahwe allein. – Wie man auch übersetzt, der Vers bietet keine Lehre vom Monotheismus, sondern besagt, dass Jahwe für Israel der einzige Gott ist. Nach Sach 14,9 gilt diese Aussage nicht nur für Israel, sondern für alle Völker. Später wird der Vers als Bekenntnis zum Monotheismus verstanden. Die im Text gegebene Übersetzung zeigt, dass auf die Sprache der Liebeslyrik angespielt wird (vgl. Hld 6,8f).

6,6 Das Herz wird mit einer Schreibtafel verglichen. Da das Herz auch als Sitz des Gedächtnisses galt, ist hier gesagt, man solle »diese Worte« auswendig wissen.

6,7 Du sollst von ihnen reden, andere Übersetzungsmöglichkeit: Du sollst sie aufsagen.

13 Den Herrn, deinen Gott, sollst du fürchten;
ihm sollst du dienen, bei seinem Namen
sollst du schwören. 14 Ihr sollt nicht anderen
Göttern nachfolgen, keinem Gott eines Vol-
kes, das in eurer Nachbarschaft wohnt.
15 Denn der Herr, dein Gott, ist als eifersüch-
tiger Gott in deiner Mitte. Der Zorn des
Herrn, deines Gottes, könnte gegen dich ent-
brennen, er könnte dich im ganzen Land ver-
nichten. 16 Ihr sollt den Herrn, euren Gott,
nicht auf die Probe stellen, wie ihr ihn bei
Massa auf die Probe gestellt habt.

17 Ihr sollt auf die Gebote des Herrn, eures
Gottes, genau achten, auf seine Satzungen
und Gesetze, auf die er dich verpflichtet hat.
18 Du sollst tun, was in seinen Augen richtig
und gut ist. Dann wird es dir gut gehen und
du kannst in das prächtige Land, das der
Herr deinen Vätern mit einem Schwur ver-
sprochen hat, hineinziehen und es in Besitz
nehmen. 19 Der Herr wird alle deine Feinde
vor dir herjagen, wie er es zugesagt hat.

20 Wenn dich morgen dein Sohn fragt: Wa-
rum achtet ihr auf die Satzungen, die Geset-
ze und Rechtsvorschriften, auf die der Herr,
unser Gott, euch verpflichtet hat?, 21 dann
sollst du deinem Sohn antworten: Wir waren
Sklaven des Pharao in Ägypten und der Herr
hat uns mit starker Hand aus Ägypten ge-
führt. 22 Der Herr hat vor unseren Augen ge-
waltige, unheilvolle Zeichen und Wunder an
Ägypten, am Pharao und an seinem ganzen
Haus getan, 23 uns aber hat er dort herausge-
führt, um uns in das Land, das er unseren
Vätern mit einem Schwur versprochen hatte,
hineinzuführen und es uns zu geben. 24 Der
Herr hat uns verpflichtet, alle diese Gesetze
zu halten und den Herrn, unseren Gott, zu
fürchten, damit es uns das ganze Leben lang
gut geht und er uns Leben schenkt, wie wir
es heute haben. 25 Nur dann werden wir (vor
Gott) im Recht sein, wenn wir darauf achten,
dieses ganze Gesetz vor dem Herrn, unserem
Gott, so zu halten, wie er es uns zur Pflicht
gemacht hat.

3: Ex 3,8.17 • 4–5: Mk 12,29–33; • 4: Röm 3,30; 1 Kor 8,4 • 5: 5,10; 11,1; 2 Kön 23,3; Lk 10,27 • 6–9: 11,18–20; 30,11–14 • 8–9: Mt 23,5; Ex 13,9.16 • 10–11: Jos 24,13 • 12–15: 5,6–9 • 13: Mt 4,10; Lk 4,8 • 14: 2 Kön 23,3 • 16: Ex 17,2–7; Num 20,1–13; Mt 4,7; Lk 4,12 • 17: 5,10; 2 Kön 23,3 • 18–19: 16,20; 1,8 • 19: 2,25; Ex 23,27–31; 34,11 • 20: Ex 13,14.

Israel und die Völker des Landes:
7,1–26

7 Wenn der Herr, dein Gott, dich in das
Land geführt hat, in das du jetzt hinein-
ziehst, um es in Besitz zu nehmen, wenn er
dir viele Völker aus dem Weg räumt – Heti-
ter, Girgaschiter und Amoriter, Kanaaniter
und Perisiter, Hiwiter und Jebusiter, sieben
Völker, die zahlreicher und mächtiger sind
als du –, 2 wenn der Herr, dein Gott, sie dir
ausliefert und du sie schlägst, dann sollst du
sie der Vernichtung weihen. Du sollst keinen
Vertrag mit ihnen schließen, sie nicht ver-
schonen 3 und dich nicht mit ihnen ver-
schwägern. Deine Tochter gib nicht seinem
Sohn und nimm seine Tochter nicht für dei-
nen Sohn! 4 Wenn er deinen Sohn verleitet,
mir nicht mehr nachzufolgen, und sie dann
anderen Göttern dienen, wird der Zorn des
Herrn gegen euch entbrennen und wird dich
unverzüglich vernichten. 5 So sollt ihr gegen
sie vorgehen: Ihr sollt ihre Altäre nieder-
reißen, ihre Steinmale zerschlagen, ihre
Kultpfähle umhauen und ihre Götterbilder
im Feuer verbrennen.

6 Denn du bist ein Volk, das dem Herrn,
deinem Gott, heilig ist. Dich hat der Herr,
dein Gott, ausgewählt, damit du unter allen
Völkern, die auf der Erde leben, das Volk
wirst, das ihm persönlich gehört. 7 Nicht weil
ihr zahlreicher als die anderen Völker wäret,
hat euch der Herr ins Herz geschlossen und
ausgewählt; ihr seid das kleinste unter allen
Völkern. 8 Weil der Herr euch liebt und weil
er auf den Schwur achtet, den er euren Vä-
tern geleistet hat, deshalb hat der Herr euch
mit starker Hand herausgeführt und euch
aus dem Sklavenhaus freigekauft, aus der
Hand des Pharao, des Königs von Ägypten.
9 Daran sollst du erkennen: Jahwe, dein
Gott, ist der Gott; er ist der treue Gott; noch
nach tausend Generationen achtet er auf den
Bund und erweist denen seine Huld, die ihn
lieben und auf seine Gebote achten. 10 Denen
aber, die ihm Feind sind, vergilt er sofort
und tilgt einen jeden aus; er zögert nicht,
wenn einer ihm Feind ist, sondern vergilt
ihm sofort. 11 Deshalb sollst du auf das Gebot
achten, auf die Gesetze und Rechtsvorschrif-

6,13 »fürchten« meint die Gottesverehrung in all ihren Formen.

6,17 Andere Lesart: Ihr sollt auf die Gebote des Herrn, eures Gottes, genau achten und auf seine Satzungen und Gesetze, auf die er dich verpflichtet hat.

6,22 Das »Haus« des Pharao ist wohl die Gesamtheit seiner Untertanen (vgl. Gen 41,40).

7,4 mir nicht mehr nachzufolgen: Mose wechselt für einen Augenblick in das Ich Gottes.

7,6 das ihm persönlich gehört: Hier wird in H ein Begriff für Eigentum gebraucht, der schwer zu übersetzen ist. Der Familienvater konnte neben dem Familienbesitz und der König neben dem Krongut noch ganz besonderen, persönlichen Besitz haben. Der betreffende Ausdruck konnte im Alten Orient auch auf die Vasallen eines Großkönigs angewandt werden. Das klingt hier an.

7,11 Andere Lesart: Deshalb sollst du auf das Gebot, die Gesetze und die Rechtsvorschriften achten,

ten, auf die ich dich heute verpflichte, und
du sollst sie halten.
12 Wenn ihr diese Rechtsvorschriften hört,
auf sie achtet und sie haltet, wird der Herr,
dein Gott, dafür auf den Bund achten und
dir die Huld bewahren, die er deinen Vätern
geschworen hat. 13 Er wird dich lieben, dich
segnen und dich zahlreich machen. Er wird
die Frucht deines Leibes und die Frucht dei-
nes Ackers segnen, dein Korn, deinen Wein
und dein Öl, die Kälber, Lämmer und Zick-
lein, in dem Land, von dem du weißt: Er hat
deinen Vätern geschworen, es dir zu geben.
14 Du wirst mehr als die anderen Völker ge-
segnet sein. Weder Mann noch Frau noch
Vieh, nichts wird bei dir unfruchtbar sein.
15 Alle Krankheiten wird der Herr von dir
ablenken. Keine der schweren ägyptischen
Seuchen, die du kennst, wird er dir auferle-
gen, sondern über alle deine Feinde wird er
sie bringen. 16 Du wirst alle Völker verzeh-
ren, die der Herr, dein Gott, für dich be-
stimmt. Du sollst in dir kein Mitleid mit ih-
nen aufsteigen lassen. Und du sollst ihren
Göttern nicht dienen; denn dann liefest du in
eine Falle.
17 Wenn du überlegst: Diese Völker sind
größer als ich – wie sollte ich sie vertreiben
können?, 18 dann sollst du vor ihnen keine
Furcht haben. Du sollst an das denken, was
der Herr, dein Gott, mit dem Pharao und mit
ganz Ägypten gemacht hat: 19 an die schwe-
ren Prüfungen, die du mit eigenen Augen ge-
sehen hast, an die Zeichen und Wunder, an
die starke Hand und den hoch erhobenen
Arm, mit denen der Herr, dein Gott, dich he-
rausgeführt hat. So wird es der Herr, dein
Gott, mit allen Völkern machen, vor denen
du Furcht hast. 20 Außerdem wird der Herr,
dein Gott, Panik unter ihnen ausbrechen las-
sen, so lange, bis auch die ausgetilgt sind, die
überleben konnten und sich vor dir versteckt
haben. 21 Du sollst nicht erschreckt zurück-
weichen, wenn sie angreifen; denn der Herr,
dein Gott, ist als großer und Furcht erregen-
der Gott in deiner Mitte. 22 Doch der Herr,
dein Gott, wird diese Völker dir nur nach
und nach aus dem Weg räumen. Du kannst
sie nicht rasch ausmerzen, weil sonst die wil-
den Tiere überhand nehmen und dir scha-
den. 23 Doch wird der Herr, dein Gott, dir
diese Völker ausliefern. Er wird sie in aus-
weglose Verwirrung stürzen, bis sie vernich-
tet sind. 24 Er wird ihre Könige in deine Ge-
walt geben. Du wirst ihren Namen unter dem
Himmel austilgen. Keiner wird deinem An-
griff standhalten können, bis du sie schließ-
lich vernichtet hast.
25 Ihre Götterbilder sollt ihr im Feuer ver-
brennen. Du sollst nicht das Silber oder Gold
haben wollen, mit dem sie überzogen sind.
Du sollst es nicht an dich nehmen, damit du
dabei nicht in eine Falle läufst. Denn es ist
dem Herrn, deinem Gott, ein Gräuel. 26 Du
sollst aber keinen Gräuel in dein Haus brin-
gen, sonst bist du wie er der Vernichtung ge-
weiht. Du sollst Grauen und Abscheu vor
ihm haben, denn er ist der Vernichtung ge-
weiht.

1–26: Ex 23,20–33; 34,11–16; Ri 2,1–5 • 1–2: 20,17f; Jos 10,40 • 1: Apg 13,19 • 4: 13,3; 28,14 • 5: Ex 23,24; 34,13 • 6–8: 10,15; 14,2.21; 26,18f; 28,9; Ex 19,3–6; 22,30; Röm 9,4; Tit 2,14; 1 Petr 2,9 • 8–11: 8,2–6 • 8–10: 5,6–10 • 8: Hos 11,1; Gen 15,18 • 9: 11,1; 1 Kor 1,9; 10,13 • 12–16: 28,1–14 • 13: 28,4; Lk 1,42 • 15: 28,27; Ex 15,26 • 16: 19,13 • 17–18: 1,28–31; 20,2–4; 18,12 • 18: 29,1 • 25–26: Jos 7 • 25: 7,5; 27,15

Israel und der Reichtum: 8,1–20

8 Ihr sollt auf das ganze Gebot, auf das
ich dich heute verpflichte, achten und
es halten, damit ihr Leben habt und zahl-
reich werdet und in das Land, das der Herr
euren Vätern mit einem Schwur versprochen
hat, hineinziehen und es in Besitz nehmen
könnt.
2 Du sollst an den ganzen Weg denken, den
der Herr, dein Gott, dich während dieser
vierzig Jahre in der Wüste geführt hat, um
dich gefügig zu machen und dich zu prüfen.
Er wollte erkennen, wie du dich entscheiden
würdest: ob du auf seine Gebote achtest oder
nicht. 3 Durch Hunger hat er dich gefügig ge-
macht und hat dich dann mit dem Manna ge-
speist, das du nicht kanntest und das auch
deine Väter nicht kannten. Er wollte dich er-
kennen lassen, dass der Mensch nicht nur
von Brot lebt, sondern dass der Mensch von
allem lebt, was der Mund des Herrn spricht.
4 Deine Kleider sind dir nicht in Lumpen
vom Leib gefallen und dein Fuß ist nicht ge-
schwollen, diese vierzig Jahre lang. 5 Daraus
sollst du die Erkenntnis gewinnen, dass der
Herr, dein Gott, dich erzieht, wie ein Vater
seinen Sohn erzieht. 6 Du sollst auf die Gebo-
te des Herrn, deines Gottes, achten, auf sei-
nen Wegen gehen und ihn fürchten.
7 Wenn der Herr, dein Gott, dich in ein
prächtiges Land führt, ein Land mit Bächen,
Quellen und Grundwasser, das im Tal und
am Berg hervorquillt, 8 ein Land mit Weizen
und Gerste, mit Weinstock, Feigenbaum und

---

auf die ich dich heute verpflichte.
7,25f Das mit »Gräuel« übersetzte Wort, das noch öfter als Begründung von Gesetzen vorkommt, meint etwas Ekelhaftes, dessen man sich schämt.
8,3 Wörtlich: was aus dem Mund des Herrn hervorgeht.

Granatbaum, ein Land mit Ölbaum und Ho-
nig, 9 ein Land, in dem du nicht armselig dein
Brot essen musst, in dem es dir an nichts
fehlt, ein Land, dessen Steine aus Eisen sind,
aus dessen Bergen du Erz gewinnst; 10 wenn
du dort isst und satt wirst und den Herrn,
deinen Gott, für das prächtige Land, das er
dir gegeben hat, preist, 11 dann nimm dich in
acht und vergiss den Herrn, deinen Gott,
nicht, missachte nicht seine Gebote, Rechts-
vorschriften und Gesetze, auf die ich dich
heute verpflichte. 12 Und wenn du gegessen
hast und satt geworden bist und prächtige
Häuser gebaut hast und sie bewohnst,
13 wenn deine Rinder, Schafe und Ziegen
sich vermehren und Silber und Gold sich bei
dir häuft und dein gesamter Besitz sich ver-
mehrt, 14 dann nimm dich in Acht, dass dein
Herz nicht hochmütig wird und du den
Herrn, deinen Gott, nicht vergisst, der dich
aus Ägypten, dem Sklavenhaus, geführt hat;
15 der dich durch die große und Furcht erre-
gende Wüste geführt hat, durch Feuernat-
tern und Skorpione, durch ausgedörrtes
Land, wo es kein Wasser gab; der für dich
Wasser aus dem Felsen der Steilwand her-
vorsprudeln ließ; 16 der dich in der Wüste mit
dem Manna speiste, das deine Väter noch
nicht kannten, (und der das alles tat,) um
dich gefügig zu machen, dich zu prüfen und
dir zuletzt Gutes zu tun. 17 Dann nimm dich
in Acht und denk nicht bei dir: Ich habe mir
diesen Reichtum aus eigener Kraft und mit
eigener Hand erworben. 18 Denk vielmehr an
den Herrn, deinen Gott: Er war es, der dir die
Kraft gab, Reichtum zu erwerben, weil er
seinen Bund, den er deinen Vätern geschwo-
ren hatte, so verwirklichen wollte, wie er es
heute tut.

19 Wenn du aber den Herrn, deinen Gott,
vergisst und anderen Göttern nachfolgst, ih-
nen dienst und dich vor ihnen niederwirfst –
heute rufe ich Zeugen gegen euch an: dann
werdet ihr völlig ausgetilgt werden. 20 Wie
die Völker, die der Herr bei eurem Angriff
austilgt, so werdet auch ihr dafür ausgetilgt
werden, dass ihr nicht auf die Stimme des
Herrn, eures Gottes, gehört habt.

1: 16,20 • 2–6: 4,32–40; 7,8–11; 9,4–7; 10,20–22; 11,1–7; 29,1–8 • 2: 13,4; Gen 22,1; Ex 15,25; 16,4; 20,20 • 3: Ex 17; Num 11,4–9; Mt 4,4; Lk 4,4; 1 Kor 10,3 • 4: 2,7; 29,4 • 5: Hebr 12,7 • 7–20: 6,10–14; 11,10–15; 2 Kön 18,32 • 15: Num 21,4–9; Ex 17,1–7 • 18: Gen 15,18 • 19–20: 28,15–68 • 19: 30,19.

Kein Rechtsanspruch Israels auf das Land: 9,1–8

9 Höre, Israel! Heute wirst du den Jordan
überschreiten, um in das Land von Völ-
kern, die größer und mächtiger sind als du,
hineinzuziehen und ihren Besitz zu überneh-
men. Du wirst in große Städte mit himmel-
hohen Mauern kommen, 2 zu einem großen,
hoch gewachsenen Volk, den Anakitern – du
kennst ja die Redensart und hast sie oft ge-
hört: Wer kann den Söhnen Anaks widerste-
hen? 3 Heute wirst du erkennen, dass der
Herr, dein Gott, wie ein verzehrendes Feuer
selbst vor dir hinüberzieht. Er wird sie ver-
nichten und er wird sie dir unterwerfen, so-
dass du sie unverzüglich vertreiben und aus-
tilgen kannst, wie es der Herr dir zugesagt
hat. 4 Wenn der Herr, dein Gott, sie vor dir
herjagt, sollst du nicht meinen: Ich bin im
Recht, daher lässt mich der Herr in das Land
hineinziehen und es in Besitz nehmen; diese
Völker sind im Unrecht, daher vertreibt sie
der Herr vor mir. 5 Denn nicht, weil du im
Recht bist und die richtige Gesinnung hast,
kannst du in ihr Land hineinziehen und es in
Besitz nehmen. Vielmehr vertreibt der Herr,
dein Gott, diese Völker vor dir, weil sie im
Unrecht sind und weil der Herr die Zusage
einlösen will, die er deinen Vätern Abraham,
Isaak und Jakob mit einem Schwur bekräf-
tigt hat. 6 Du sollst erkennen: Du bist ein
halsstarriges Volk. Daher kann dir der Herr,
dein Gott, dieses prächtige Land nicht etwa
aufgrund eines Rechtsanspruchs geben, da-
mit du es in Besitz nimmst. 7 Denk daran und
vergiss nicht, dass du in der Wüste den Un-
willen des Herrn, deines Gottes, erregt hast.
Von dem Tag an, als du aus Ägypten aus-
zogst, bis zur Ankunft an diesem Ort habt ihr
euch dem Herrn ständig widersetzt. 8 Vor al-
lem am Horeb habt ihr den Unwillen des
Herrn erregt. Damals grollte er euch so sehr,
dass er euch vernichten wollte.

1–6: 18,12; 1–2: 1,28; 11,23 • 2: Num 13,32f • 3: 6,19; 31,3; Hebr 12,29 • 4–7: 8,2–6 • 4–6: Röm 10,3; Phil 3,9 • 4: 6,19.25; 8,17; Röm 10,6 • 5: Gen 15,18 • 6: 9,13; Ex 32,9; Apg 7,51 • 7: 1,26.43; Num 20,10.24; Ez 20,8.13.21; Ps 78,17.40.56.

Der Bundesbruch und die Bundeserneuerung am Horeb: 9,9 – 10,11

9 Als ich auf den Berg gestiegen war, um
die Steintafeln entgegenzunehmen, die Ta-
feln des Bundes, den der Herr mit euch ge-
schlossen hatte, blieb ich vierzig Tage und
vierzig Nächte auf dem Berg, aß kein Brot
und trank kein Wasser. 10 Der Herr übergab
mir die beiden Steintafeln, die mit dem Got-
tesfinger beschrieben waren. Auf den Tafeln
standen alle die Worte, die der Herr am Tag
der Versammlung auf dem Berg mitten aus
dem Feuer zu euch gesprochen hatte.

11 Es war am Ende der vierzig Tage und
der vierzig Nächte, als mir der Herr die bei-
den Steintafeln, die Tafeln des Bundes, über-

gab 12 und zu mir sagte: Steh auf, steig rasch
hinunter, weg von hier; denn dein Volk, das
du aus Ägypten geführt hast, läuft ins Ver-
derben. Sie sind rasch von dem Weg abgewi-
chen, den ich ihnen vorgeschrieben habe. Sie
haben sich ein Bildnis gegossen. 13 Weiter
sagte der Herr zu mir: Ich habe mir dieses
Volk angesehen. Ja, es ist ein halsstarriges
Volk. 14 Lass mich, damit ich sie vernichte,
ihren Namen unter dem Himmel auslösche
und dich zu einem Volk mache, das mächti-
ger und zahlreicher als dieses ist. 15 Ich
wandte mich um und stieg den Berg hinun-
ter. Der Berg stand in Feuer. Ich trug die bei-
den Tafeln des Bundes auf meinen Armen.
16 Und ich sah, was geschehen war: Ja, ihr
hattet euch an dem Herrn, eurem Gott, ver-
sündigt, ihr hattet euch ein Kalb gegossen,
ihr wart rasch von dem Weg abgewichen,
den der Herr euch vorgeschrieben hatte.
17 Ich packte die beiden Tafeln, die ich auf
meinen Armen trug, schleuderte sie fort und
zerschmetterte sie vor euren Augen.

18 Dann warf ich mich vor dem Herrn nie-
der. Wie beim ersten Mal blieb ich vierzig
Tage und vierzig Nächte vor ihm, aß kein
Brot und trank kein Wasser, wegen all der
Sünde, die ihr begangen hattet, indem ihr ta-
tet, was in den Augen des Herrn böse ist, so-
dass ihr ihn erzürntet. 19 Denn ich hatte
Angst vor dem glühenden Zorn des Herrn. Er
war voll Unwillen gegen euch und wollte
euch vernichten. Doch der Herr erhörte mich
auch diesmal. 20 [Auch dem Aaron grollte der
Herr sehr und er wollte ihn vernichten. Da-
mals betete ich auch für Aaron.] 21 Ich nahm
das Kalb, die Sünde, die ihr euch gemacht
hattet, verbrannte es im Feuer, zerstieß es
und zermahlte es vollständig, bis es feiner
Staub war; den Staub streute ich in den
Bach, der vom Berg herunterfließt.

22 Auch in Tabera, in Massa und in Kibrot-
Taawa habt ihr den Unwillen des Herrn er-
regt. 23 Als der Herr euch von Kadesch-Bar-
nea aussandte mit dem Befehl: Zieht hinauf
und nehmt das Land in Besitz, das ich euch
gebe!, da habt ihr euch dem Befehl des
Herrn, eures Gottes, widersetzt, ihr habt ihm
nicht geglaubt und nicht auf seine Stimme
gehört. 24 Ihr habt euch dem Herrn wider-
setzt, seit er euch kennt.

25 Ich warf mich also vor dem Herrn nieder
und lag vor ihm vierzig Tage und vierzig
Nächte lang. Ich warf mich nieder, weil der
Herr gedroht hatte, er werde euch vernich-
ten. 26 Ich betete zum Herrn und sagte: Gott,
mein Herr, bring nicht das Verderben über
dein Volk und deinen Erbbesitz, die du in dei-
ner Macht freigekauft und mit starker Hand
aus Ägypten geführt hast. 27 Denk an deine
Knechte, an Abraham, Isaak und Jakob! Be-
achte nicht den Starrsinn dieses Volkes, sein
Verschulden und seine Sünde, 28 damit man
nicht in dem Land, aus dem du uns geführt
hast, sagt: Offenbar kann der Herr sie nicht
in das Land führen, das er ihnen zugesagt
hat, oder er liebt sie nicht; also hat er sie nur
herausgeführt, um sie in der Wüste sterben
zu lassen. 29 Sie sind aber doch dein Volk und
dein Erbbesitz, die du mit großer Kraft und
hoch erhobenem Arm herausgeführt hast.

10 Damals sagte der Herr zu mir: Hau
zwei Steintafeln zurecht, so wie die
ersten, und steig zu mir auf den Berg! Fertige
auch eine hölzerne Lade an! 2 Ich will auf die
Tafeln die gleichen Worte schreiben wie auf
die ersten, die du zerschmettert hast; diese
Tafeln sollst du dann in die Lade legen. 3 Ich
fertigte eine Lade aus Akazienholz an, hieb
zwei Steintafeln zurecht, so wie die ersten,
und stieg auf den Berg. Ich hielt die beiden
Tafeln in der Hand. 4 Wie bei der ersten In-
schrift schrieb der Herr auf die Tafeln die
Zehn Worte, die er am Tag der Versammlung
auf dem Berg mitten aus dem Feuer zu euch
gesprochen hatte, und der Herr übergab sie
mir. 5 Ich wandte mich um, stieg den Berg hi-
nunter und legte die Tafeln in die Lade, die
ich angefertigt hatte. Dort blieben sie, wie
der Herr es mir befohlen hatte. 6 [Die Israeli-
ten zogen von Beerot-Bene-Jaakan nach Mo-
ser. Dort starb Aaron, dort wurde er auch
begraben. Sein Sohn Eleasar wurde an sei-
ner Stelle Priester. 7 Von dort zogen sie nach
Hor-Gidgad, von Hor-Gidgad nach Jotbata,
einer Gegend, wo es Bäche gab, die immer
Wasser führten.] 8 Damals sonderte der Herr
den Stamm Levi aus, damit er die Lade des
Bundes des Herrn trage, vor dem Herrn ste-
he, vor ihm Dienst tue und in seinem Namen
den Segen spreche. So geschieht es noch heu-
te. 9 Deshalb erhielt Levi nicht wie seine
Brüder Landanteil und Erbbesitz. Der Herr
ist sein Erbbesitz, wie es der Herr, dein Gott,
ihm zugesagt hat.

10 Zu mir aber, als ich wie beim ersten Mal
vierzig Tage und vierzig Nächte lang auf
dem Berg blieb und als der Herr mich auch
diesmal erhörte, weil er dich nicht dem Ver-
derben preisgeben wollte, 11 sprach der Herr:
Steh auf und tritt zum Aufbruch an die Spit-
ze des Volkes! Sie sollen in das Land hinein-

9,24 Andere Lesart: seit ich euch kenne.

10,6f Erklärender Zusatz (vgl. die Anmerkung zu 1,1–5).

ziehen und es in Besitz nehmen, das Land,
von dem du weißt: Ich habe ihren Vätern ge-
schworen, es ihnen zu geben.

9,9–29: Ex 32 • 9: 5,22; Mt 4,2; Lk 4,2 •10–11: 2 Kor 3,3 • 10: Ex 31,18; Apg 7,38; • 14: Ex 32,10; Num 14,12 • 19: Hebr 12,21 • 22: Ex 17,2–7; Num 11 • 23: 1,19–40; Num 13f • 26–29: Ex 32,11–13; Num 14,13–19 • 10,1: Ex 34,1 • 3–5: Hebr 9,4 • 6–7: Num 33,31–33; Num 20,22–29 • 8: 17,9.18; 18,1.5; 21,5; 24,8; 27,9; 31,9 • 9: 12,12; 14,27.29; 18,1f • 11: Ex 32,34; 33,1.

Bundestreue und Ernte: 10,12 – 11,21

12 Und nun, Israel, was fordert der Herr,
dein Gott, von dir außer dem einen: dass du
den Herrn, deinen Gott, fürchtest, indem du
auf allen seinen Wegen gehst, ihn liebst und
dem Herrn, deinem Gott, mit ganzem Herzen
und mit ganzer Seele dienst; 13 dass du ihn
fürchtest, indem du auf die Gebote des Herrn
und seine Gesetze achtest, auf die ich dich
heute verpflichte. Dann wird es dir gut ge-
hen. 14 Sieh, dem Herrn, deinem Gott, gehö-
ren der Himmel, der Himmel über den
Himmeln, die Erde und alles, was auf ihr
lebt. 15 Doch nur deine Väter hat der Herr ins
Herz geschlossen, nur sie hat er geliebt. Und
euch, ihre Nachkommen, hat er später unter
allen Völkern ausgewählt, wie es sich heute
zeigt.

16 Ihr sollt die Vorhaut eures Herzens be-
schneiden und nicht länger halsstarrig sein.
17 Denn der Herr, euer Gott, ist der Gott über
den Göttern und der Herr über den Herren.
Er ist der große Gott, der Held und der
Furchterregende. Er lässt kein Ansehen gel-
ten und nimmt keine Bestechung an. 18 Er
verschafft Waisen und Witwen ihr Recht. Er
liebt die Fremden und gibt ihnen Nahrung
und Kleidung – 19 auch ihr sollt die Fremden
lieben, denn ihr seid Fremde in Ägypten ge-
wesen.

20 Du sollst den Herrn, deinen Gott, fürch-
ten. Ihm sollst du dienen, an ihm sollst du
dich festhalten, bei seinem Namen sollst du
schwören. 21 Er ist dein Lobgesang, er ist
dein Gott. Für dich hat er all das Große und
Furchterregende getan, das du mit eigenen
Augen gesehen hast. 22 Als deine Vorfahren
nach Ägypten zogen, waren sie nur siebzig
an der Zahl; jetzt aber hat der Herr, dein
Gott, dich so zahlreich gemacht wie die Ster-
ne am Himmel.

11 Darum sollst du den Herrn, deinen
Gott, lieben und dein Leben lang
auf seine Dienstordnung, auf seine Geset-
ze, Rechtsvorschriften und Gebote achten.
2/7 Heute sollt ihr erkennen, dass der Herr
euch erzogen hat. Denn nicht eure Kinder,
die die Erziehung durch den Herrn, euren
Gott, nicht kennen gelernt und nicht miter-
lebt haben, sondern ihr selbst habt alle
großen Taten, die der Herr getan hat, mit
eigenen Augen gesehen, seine Macht, seine
starke Hand und seinen hoch erhobenen
Arm, 3 seine Zeichen und seine Taten: was er
in Ägypten mit dem Pharao, dem König von
Ägypten, und mit seinem ganzen Land getan
hat; 4 was er mit dem ägyptischen Heer, den
Rossen und Streitwagen getan hat – das
Wasser des Schilfmeers ließ der Herr über
ihnen zusammenschlagen, als sie euch nach-
setzten, und er riss sie in die Tiefe, sodass sie
heute nicht mehr sind –; 5 was er mit euch in
der Wüste getan hat, bis ihr an diesen Ort ge-
kommen seid; 6 was er mit Datan und Abi-
ram getan hat, den Söhnen Eliabs, des Soh-
nes Rubens – die Erde riss ihren Rachen auf
und verschlang sie mit ihren Familien, ihren
Zelten und ihrem ganzen Tross in der Mitte
von ganz Israel.

8 Daher sollt ihr auf das ganze Gebot, auf
das ich dich heute verpflichte, achten, damit
ihr stark seid und in das Land, in das ihr jetzt
hinüberzieht, um es in Besitz zu nehmen, hi-
neinziehen und es in Besitz nehmen könnt.
9 Ihr sollt darauf achten, damit ihr lange lebt
in dem Land, von dem ihr wißt: Der Herr hat
euren Vätern geschworen, es ihnen und ihren
Nachkommen zu geben, ein Land, in dem
Milch und Honig fließen. 10 Denn das Land,
in das du hineinziehst, um es in Besitz zu
nehmen, ist nicht wie das Land Ägypten, aus
dem ihr ausgezogen seid. Dort musstest du,

10,12 – 11,12 In diesem Stück wechseln immer wieder Gebot und Begründung. In den Begründungen stehen der Reihe nach die wichtigsten Elemente der Heilsgeschichte. Zugleich wird der Gott Israels als Schöpfergott und Spender der Fruchtbarkeit gezeichnet.

10,14 Andere Übersetzungsmöglichkeit: Sieh, dem Herrn, deinem Gott, gehören der Himmel, ja, der hohe Himmel, und die Erde mit allem, was auf ihr lebt.

10,17f Hier werden die wichtigsten Elemente des altorientalischen Königsideals auf Gott übertragen.

10,17 Andere Übersetzungsmöglichkeit: Denn der Herr, euer Gott, ist der wahre Gott und der wahre Herrscher.

10,20 »Sich fest halten«, meint die Loyalität gegenüber einem Oberherrn (vgl. 2 Sam 20,2).

11,2/7 In V. 2 scheint ein Stück des ursprünglichen Textes durch ein Abschreibversehen verloren gegangen zu sein. Deshalb ist der erste Satz entsprechend dem ähnlichen Vers 8,5 ergänzt. Die deutsche Sprache erfordert es, V. 7 zu V. 2 vorzuziehen.

11,7 Vgl. die Anmerkung zu 11,2/7.

wenn der Same gesät war, den Boden künst-
lich bewässern wie in einem Gemüsegarten.
11 Das Land, in das ihr jetzt hinüberzieht, um
es in Besitz zu nehmen, ist ein Land mit Ber-
gen und Tälern und es trinkt das Wasser, das
als Regen vom Himmel fällt. 12 Es ist ein
Land, um das der Herr, dein Gott, sich küm-
mert. Stets ruhen auf ihm die Augen des
Herrn, deines Gottes, vom Anfang des Jahres
bis zum Ende des Jahres.
13 Und wenn ihr auf meine Gebote hört,
auf die ich euch heute verpflichte, wenn ihr
also den Herrn, euren Gott, liebt und ihm mit
ganzem Herzen und mit ganzer Seele dient,
14 dann gebe ich eurem Land seinen Regen
zur rechten Zeit, den Regen im Herbst und
den Regen im Frühjahr, und du kannst Korn,
Most und Öl ernten; 15 dann gebe ich deinem
Vieh sein Gras auf dem Feld und du kannst
essen und satt werden. 16 Aber nehmt euch in
Acht! Lasst euer Herz nicht verführen,
weicht nicht vom Weg ab, dient nicht ande-
ren Göttern und werft euch nicht vor ihnen
nieder! 17 Sonst wird der Zorn des Herrn ge-
gen euch entbrennen; er wird den Himmel
zuschließen, es wird kein Regen fallen, der
Acker wird keinen Ertrag bringen und ihr
werdet unverzüglich aus dem prächtigen
Land getilgt sein, das der Herr euch geben
will.
18 Diese meine Worte sollt ihr auf euer
Herz und auf eure Seele schreiben. Ihr sollt
sie als Zeichen um das Handgelenk binden.
Sie sollen zum Schmuck auf eurer Stirn wer-
den. 19 Ihr sollt sie eure Söhne lehren, indem
ihr von ihnen redet, wenn du zu Hause sitzt
und wenn du auf der Straße gehst, wenn du
dich schlafen legst und wenn du aufstehst.
20 Du sollst sie auf die Türpfosten deines
Hauses und in deine Stadttore schreiben.
21 So sollen die Tage, die ihr und eure Söhne
in dem Land lebt, von dem ihr wißt: der Herr
hat euren Vätern geschworen, es ihnen zu ge-
ben, so zahlreich werden wie die Tage, die
der Himmel sich über der Erde wölbt.

10,12f: 6,4–25; 11,1 • 12: Mi 6,8; • 15: 7,6–8 • 16: 9,6.13; Jer 4,4; Röm 2,29 • 17: 19,16; Apg 10,34; Röm 2,11; Gal 2,6; Eph 6,9; Kol 3,25; 1 Tim 6,15; 1 Petr 1 17; Offb 17,14 • 19: Ex 22,20; 23,9 • 20–22: 8,2–6 • 20: 6,13 • 21: 29,1 • 22: Gen 46,27; Ex 1,5; Apg 7,14; Hebr 11,12 • 11,1–7: 8,2–6 • 1: 5,10; 6,5; 7,9; 10,12; 11,13.22; 13,4; 19,9; 30,6.16.20 • 2/7: 29,1 • 3: Ex 7 – 15 • 4: Ex 14f • 5: Ex 16; Num 21 • 6: Num 16 • 8: 16,20 • 9: 6,3 • 13–17: 28 • 13: 11,1; • 14: Jak 5,7 • 17: 28,23 • 18–20: 6,6–9; 30,11–14.

Die Verheißung der Eroberung des Landes: 11,22–25

22 Wenn ihr auf dieses ganze Gebot, auf
das ich euch heute verpflichte, genau achtet
und es haltet, wenn ihr den Herrn, euren
Gott, liebt, auf allen seinen Wegen geht und
euch an ihm fest haltet, 23 dann wird der
Herr alle diese Völker vor euch vertreiben
und ihr werdet den Besitz von Völkern über-
nehmen, die größer und mächtiger sind als
ihr. 24 Jede Stelle, die euer Fuß berührt, soll
euch gehören, von der Wüste an. Dazu soll der
Libanon euer Gebiet sein, vom Strom, dem
Eufrat, bis zum Meer im Westen. 25 Keiner
wird eurem Angriff standhalten können. Dem
ganzen Land, das ihr betretet, wird der Herr,
euer Gott, Schrecken und Furcht vor euch ins
Gesicht zeichnen, wie er es euch zugesagt hat.

22–25: 18,12; Jos 1,1–9 • 22: 11,1; • 23: 7,1; 1,28; 9,1 • 24: 1,7; 19,8 • 25: 2,25; 28,10.

Überleitung: 11,26–32

26 Seht, heute werde ich euch den Segen
und den Fluch vorlegen: 27 den Segen, weil
ihr auf die Gebote des Herrn, eures Gottes,
auf die ich euch heute verpflichte, hört,
28 und den Fluch für den Fall, dass ihr nicht
auf die Gebote des Herrn, eures Gottes, hört,
sondern von dem Weg abweicht, den ich
euch heute vorschreibe, und anderen Göt-
tern nachfolgt, die ihr früher nicht gekannt
habt.
29 Und wenn der Herr, dein Gott, dich in
das Land geführt hat, in das du jetzt hinein-
ziehst, um es in Besitz zu nehmen, dann
sollst du auf dem Berg Garizim den Segen
und auf dem Berg Ebal den Fluch verkün-
den. 30 [Liegen denn beide nicht jenseits des
Jordan, hinter der Straße, im Westen, im Ge-
biet der Kanaaniter, die in der Araba woh-
nen, gegenüber Gilgal bei den Orakel-Ei-
chen?]
31 Wenn ihr jetzt den Jordan überschreitet,
um in das Land, das der Herr, euer Gott,
euch gibt, hineinzuziehen und es in Besitz zu
nehmen, und wenn ihr es in Besitz genom-
men habt und es bewohnt, 32 dann sollt ihr
auf alle Gesetze und Rechtsvorschriften, die
ich euch heute vorlege, achten und sie halten.

26–28: 28 • 29: 27,2–26 • 31–32: 12–26 • 32: 5,1.

11,13–15 Mose gebraucht teilweise das Ich der Gottesrede. Vielleicht spielt er auf einen bekannten Text an.

11,18 Andere Übersetzungsmöglichkeit: Diese meine Worte sollt ihr auf euren Herzen und auf euren Seelen anbringen.

11,24 Im Hintergrund steht der Rechtsbrauch, zum Zeichen des Besitzantritts ein Grundstück zu betreten (vgl. Ps 60,10).

11,30 Dieser späte Zusatz verlegt Garizim und Ebal in die Nähe von Gilgal. Vermutlich stammt er aus antisamaritanischer Tendenz.

Die Deuteronomische Gesetzessammlung: 12,1 – 26,19

Einleitung: 12,1

12 Das sind die Gesetze und Rechtsvorschriften, auf die ihr achten und die ihr halten sollt in dem Land, das der Herr, der Gott deiner Väter, dir gegeben hat, damit du es in Besitz nimmst. Sie sollen so lange gelten, wie ihr in dem Land leben werdet.

1: 4,5; 5,1; 31,13.

Die Vernichtung fremder Kultstätten: 12,2f

2 Ihr sollt alle Kultstätten zerstören, an denen die Völker, deren Besitz ihr übernehmt, ihren Göttern gedient haben: auf den hohen Bergen, auf den Hügeln und unter jedem üppigen Baum. 3 Ihr sollt ihre Altäre niederreißen und ihre Steinmale zerschlagen. Ihre Kultpfähle sollt ihr im Feuer verbrennen und die Bilder ihrer Götter umhauen. Ihre Namen sollt ihr an jeder solchen Stätte tilgen.

2: 1 Kön 14,23; 2 Kön 16,4; 17,10; Jer 2,20; Hos 4,13 • 3: 7,5.25; Ex 23,24; 34,13.

Eine einzige Kultstätte für Israel: 12,4–7

4 Ihr sollt nicht das Gleiche tun (wie diese Völker), wenn ihr den Herrn, euren Gott, verehrt, 5 sondern ihr sollt nach der Stätte fragen, die der Herr, euer Gott, aus allen euren Stammesgebieten auswählen wird, indem er dort seinen Namen anbringt. Nach seiner Wohnung sollt ihr fragen und dorthin sollst du ziehen. 6 Dorthin sollt ihr eure Brandopfertiere und Schlachtopfertiere bringen, eure Zehnten und Handerhebungsopfer, was ihr dem Herrn gelobt habt und was ihr freiwillig gebt, und die Erstlinge eurer Rinder, Schafe und Ziegen. 7 Dort sollt ihr vor dem Herrn, eurem Gott, das Mahl halten. Ihr sollt fröhlich sein, ihr und eure Familien, aus Freude über alles, was eure Hände geschafft haben, weil der Herr, dein Gott, dich gesegnet hat.

4–28: Ex 20,24; 2 Kön 18,22; Joh 4,20 • 5: 12,21; 14,24; 1 Kön 9,3; 11,36; 14,21; 2 Kön 21,4.7; 1 Kön 6,13; 8,12.

Der Zeitpunkt des Inkrafttretens: 12,8–12

8 Ihr sollt nicht tun, was jeder Einzelne für richtig hält, wie es hier bei uns heute noch geschieht. 9 Denn ihr seid bis jetzt nicht in die Ruhe und in den Erbbesitz eingezogen, die der Herr, dein Gott, dir gibt. 10 Wenn ihr aber den Jordan überschritten habt und in dem Land wohnt, das der Herr, euer Gott, an euch als Erbbesitz verteilt, wenn er euch Ruhe vor allen euren Feinden ringsum verschafft hat und ihr in Sicherheit wohnt, 11 dann sollt ihr alles, wozu ich euch verpflichte, an die Stätte bringen, die der Herr, euer Gott, auswählt, indem er dort seinen Namen wohnen lässt: eure Brandopfertiere und Schlachtopfertiere, eure Zehnten und Handerhebungsopfer und alle eure auserlesenen Gaben, die ihr dem Herrn gelobt habt. 12 Dort sollt ihr vor dem Herrn, eurem Gott, fröhlich sein, ihr, eure Söhne und Töchter, eure Sklaven und Sklavinnen sowie die Leviten, die in euren Stadtbereichen Wohnrecht haben; denn der Levit hat nicht wie ihr Landanteil und Erbbesitz.

10: 2 Sam 7,1.11; 1 Kön 5,5 • 11: 14,23; 16,2.6.11; 26,2; Jer 7,12 • 12: 10,9.

Die Unterscheidung von Opfer und Schlachtung: 12,13–19

13 Nimm dich in Acht! Verbrenn deine Brandopfertiere nicht an irgendeiner Stätte, die dir gerade vor die Augen kommt, 14 sondern nur an der Stätte, die der Herr im Gebiet eines deiner Stämme auswählt. Dort sollst du deine Brandopfertiere verbrennen und dort sollst du alles ausführen, wozu ich dich verpflichte. 15 Doch darfst du immer, wenn du es möchtest, und überall in deinen Stadtbereichen schlachten und Fleisch essen, so weit der Segen reicht, den dir der Herr, dein Gott, geschenkt hat. Jeder, der Reine wie der Unreine, darf davon essen, wie bei Gazelle und Damhirsch. 16 Das Blut aber sollt ihr nicht genießen, sondern wie Wasser auf die Erde schütten. 17 Auch darfst du in deinen Stadtbereichen nicht den Zehnten von Korn, Wein und Öl verzehren, die Erstlinge von Rindern, Schafen und Ziegen, alle Gaben, die du dem Herrn gelobt hast, die freiwilligen Gaben und deine Handerhe-

---

12,5 Ursprünglich lautete der Text vermutlich: indem er dort seinen Namen anbringt, um ihn (dort) wohnen zu lassen. Dorthin sollst du ziehen. – Die Anbringung des Namens an einem Ort, etwa durch eine königliche Inschrift, war im Alten Orient Zeichen der Besitzergreifung und Herrschaft. Das Gleiche meinte der Ausdruck »seinen Namen an einem Ort wohnen lassen«. Beide Wendungen werden in den deuteronomischen Gesetzen nebeneinander gebraucht. Die Rede vom Wohnenlassen des Namens (vgl. 12,11; 14,23; 16,2.6.11; 26,2) wehrt zugleich die Vorstellung ab, Gott selbst wohne im Tempel (vgl. 1 Kön 8,12f;) im Tempel wohnt nur Gottes Name. Das bedeutet: Wenn dieser Name im Tempel angerufen wird, erhört Gott das Gebet. Gott selbst wohnt im Himmel (vgl. 26,15).

bungsopfer. 18 Vor dem Herrn, deinem Gott,
sollst du sie verzehren, an der Stätte, die der
Herr, dein Gott, auswählen wird – du, dein
Sohn und deine Tochter, dein Sklave und
deine Sklavin sowie die Leviten, die in dei-
nen Stadtbereichen Wohnrecht haben –, und
du sollst vor dem Herrn, deinem Gott, fröh-
lich sein und dich freuen über alles, was dei-
ne Hände geschafft haben. 19 Nimm dich in
Acht, und lass die Leviten nicht im Stich, so-
lange du im Land lebst.

15–16: 15,22f; 14,5 • 17–18: 14,22–27 • 19: 14,27.

Das Blut bei Opfer und Schlachtung:
12,20–28

20 Wenn der Herr, dein Gott, dein Gebiet
vergrößert, wie er es dir zugesagt hat, und
du, weil du Appetit auf Fleisch hast, sagst:
Ich möchte gern Fleisch essen, dann darfst
du so viel Fleisch essen, wie du möchtest.
21 Und wenn die Entfernung zu der Stätte,
die der Herr, dein Gott, auswählen wird, in-
dem er dort seinen Namen anbringt, zu groß
ist, dann schlachte, so wie ich es dir erlaubt
habe, Rinder, Schafe oder Ziegen, die der
Herr dir geschenkt hat, und iss in deinen
Stadtbereichen, so viel du möchtest. 22 Auch
sollst du davon essen, wie man von Gazelle
und Damhirsch isst: Der Reine und der Un-
reine dürfen gemeinsam davon essen.
23 Doch beherrsche dich und genieße kein
Blut; denn Blut ist Lebenskraft und du sollst
nicht zusammen mit dem Fleisch die Lebens-
kraft verzehren. 24 Du sollst es nicht genie-
ßen, sondern wie Wasser auf die Erde schüt-
ten. 25 Du sollst es nicht genießen, damit es
dir und später deinen Söhnen gut geht, weil
du tust, was in den Augen des Herrn richtig
ist. 26 Die heiligen Abgaben jedoch, zu denen
du verpflichtet bist, und die Gaben, die du
selbst dem Herrn gelobt hast, sollst du aufla-
den und du sollst damit zu der Stätte ziehen,
die der Herr auswählen wird. 27 Dort sollst
du deine Brandopfertiere auf dem Altar des
Herrn, deines Gottes, darbringen, das
Fleisch und das Blut. Bei deinen Schlachtop-
fertieren soll das Blut auf den Altar des
Herrn, deines Gottes, geschüttet werden, das
Fleisch sollst du essen 28 Achte und höre auf
alle diese Worte, auf die ich dich verpflichte,
damit es dir und später deinen Söhnen im-
mer gut geht, weil du tust, was in den Augen
des Herrn, deines Gottes, gut und richtig ist.

20: 19,8 • 21: 12,5; 14,24 • 22–25: 15,22f.

Das Verbot kanaanäischer Kultbräuche:
12,29–31

29 Wenn der Herr, dein Gott, die Völker, in
deren Land du hineinziehst, um ihren Besitz
zu übernehmen, vor dir niedergestreckt hat,
wenn du ihren Besitz übernommen hast und
dort wohnst, 30 dann nimm dich in Acht!
Lauf nicht hinter ihnen her in die Falle,
nachdem sie bei deinem Angriff vernichtet
worden sind. Erkundige dich nicht nach ih-
ren Göttern und frag nicht: Wie dienen denn
diese Völker ihren Göttern? Ich will das
Gleiche tun wie sie. 31 Wenn du dem Herrn,
deinem Gott, dienst, sollst du nicht das Glei-
che tun wie sie; denn sie haben, wenn sie ih-
ren Göttern dienten, alle Gräuel begangen,
die der Herr hasst. Sie haben sogar ihre Söh-
ne und Töchter im Feuer verbrannt, wenn sie
ihren Göttern dienten.

29–31: 7 • 30: Ex 23,33; 34,12 • 31: 18,9f; 2 Kön 17,31; Jer 7,31; 19,5.

Das Verbot einer Änderung dieses Gesetzes:
13,1

13 Ihr sollt auf den vollständigen Wort-
laut dessen, worauf ich euch ver-
pflichte, achten und euch daran halten. Ihr
sollt nichts hinzufügen und nichts wegneh-
men.

1: 4,2; Offb 22,18f.

Die Anstiftung zum Abfall durch Propheten und Traumseher: 13,2–6

2 Wenn in deiner Mitte ein Prophet oder
ein Traumseher auftritt und dir ein Zeichen
oder Wunder ankündigt, 3 wobei er sagt: Fol-
gen wir anderen Göttern nach, die du bisher
nicht kanntest, und verpflichten wir uns, ih-
nen zu dienen!, und wenn das Zeichen und
Wunder, das er dir angekündigt hatte, ein-
trifft, 4 dann sollst du nicht auf die Worte
dieses Propheten oder Traumsehers hören;
denn der Herr, euer Gott, prüft euch, um zu
erkennen, ob ihr das Volk seid, das den
Herrn, seinen Gott, mit ganzem Herzen und
mit ganzer Seele liebt. 5 Ihr sollt dem Herrn,
eurem Gott, nachfolgen, ihn sollt ihr fürch-
ten, auf seine Gebote sollt ihr achten, auf sei-
ne Stimme sollt ihr hören, ihm sollt ihr die-
nen, an ihm sollt ihr euch fest halten. 6 Der
Prophet oder Traumseher aber soll mit dem
Tod bestraft werden. Er hat euch aufgewie-
gelt gegen den Herrn, euren Gott, der euch

13,1 Manche Bibelausgaben zählen diesen Vers als 12,32; entsprechend ändert sich die Verszählung in Kap. 13.

aus Ägypten geführt und dich aus dem Skla-
venhaus freigekauft hat. Denn er wollte dich
davon abbringen, auf dem Weg zu gehen, den
der Herr, dein Gott, dir vorgeschrieben hat.
Du sollst das Böse aus deiner Mitte weg-
schaffen.

2–19: 5,6–9; Ex 22,19 • 2–4: Mt 24,24; Mk 13,22; 2 Petr 2,1; Offb 13,14 • 2: Jer 23,25–32 • 3: 7,4; 28,14 • 4: 6,5; 8,2; 11,1; 1 Kor 11,19 • 5: 10,20; 2 Kön 23,3 • 6: 21,21; 1 Kor 5,13.

Die geheime Anstiftung zum Abfall: 13,7–12

7 Wenn dein Bruder, der dieselbe Mutter
hat wie du, oder dein Sohn oder deine Toch-
ter oder deine Frau, mit der du schläfst, oder
dein Freund, den du liebst wie dich selbst,
dich heimlich verführen will und sagt: Ge-
hen wir und dienen wir anderen Göttern –
(wobei er Götter meint,) die du und deine
Vorfahren noch nicht kannten, 8 unter den
Göttern der Völker, die in eurer Nachbar-
schaft wohnen, in der Nähe oder weiter ent-
fernt, zwischen dem einen Ende der Erde
und dem andern Ende der Erde –, 9 dann
sollst du nicht nachgeben und nicht auf ihn
hören. Du sollst in dir kein Mitleid mit ihm
aufsteigen lassen, sollst keine Nachsicht für
ihn kennen und die Sache nicht vertuschen.
10 Sondern du sollst ihn anzeigen. Wenn er
hingerichtet wird, sollst du als Erster deine
Hand gegen ihn erheben, dann erst das ganze
Volk. 11 Du sollst ihn steinigen und er soll
sterben; denn er hat versucht, dich vom
Herrn, deinem Gott, abzubringen, der dich
aus Ägypten geführt hat, aus dem Sklaven-
haus. 12 Ganz Israel soll davon hören, damit
sie sich fürchten und nicht noch einmal ei-
nen solchen Frevel in deiner Mitte begehen.

7: 13,3 • 9: 19,13 • 10: 17,7 • 12: 21,21.

Der Abfall einer Stadt: 13,13–19

13 Wenn du aus einer deiner Städte, die der
Herr, dein Gott, dir als Wohnort gibt, er-
fährst: 14 Niederträchtige Menschen sind aus
deiner Mitte herausgetreten und haben ihre
Mitbürger vom Herrn abgebracht, indem sie
sagten: Gehen wir und dienen wir anderen
Göttern, die ihr bisher nicht kanntet!,
15 wenn du dann durch Augenschein und
Vernehmung genaue Ermittlungen ange-
stellt hast und sich gezeigt hat: Ja, es ist
wahr, der Tatbestand steht fest, dieser Gräu-
el ist in deiner Mitte geschehen, 16 dann sollst
du die Bürger dieser Stadt mit scharfem
Schwert erschlagen, du sollst an der Stadt
und an allem, was darin lebt, auch am Vieh,
mit scharfem Schwert die Vernichtungswei-
he vollstrecken. 17 Alles, was du in der Stadt
erbeutet hast, sollst du auf dem Marktplatz
aufhäufen, dann sollst du die Stadt und die
gesamte Beute als Ganzopfer für den Herrn,
deinen Gott, im Feuer verbrennen. Für im-
mer soll sie ein Schutthügel bleiben und nie
wieder aufgebaut werden. 18 Von dem, was
der Vernichtung geweiht war, soll nichts in
deiner Hand zurückbleiben, damit der Herr
von seinem glühenden Zorn ablässt und dir
wieder sein Erbarmen schenkt, sich deiner
annimmt und dich wieder zahlreich macht,
wie er es deinen Vätern geschworen hat 19 für
den Fall, dass du auf die Stimme des Herrn,
deines Gottes, hörst, auf alle seine Gebote,
auf die ich dich heute verpflichte, achtest
und tust, was in den Augen des Herrn, deines
Gottes, richtig ist.

14: 13,3 • 15: 19,18 • 16–17: 20,16–18 • 17: Jos 8,28 • 18: Jos 7.

Das Verbot kanaanäischer Trauerbräuche: 14,1–2

14 Ihr seid Kinder des Herrn, eures Got-
tes. Ihr sollt euch für einen Toten
nicht wund ritzen und keine Stirnglatzen
scheren. 2 Denn du bist ein Volk, das dem
Herrn, deinem Gott, heilig ist, und dich hat
der Herr ausgewählt, damit du unter allen
Völkern, die auf der Erde leben, das Volk
wirst, das ihm persönlich gehört.

1–2: Mt 5,45; 6,9; Lk 6,35; 11,2 • 2: 7,6; 26,18f; Tit 2,14; 1 Petr 2,9.

Die Speiseverbote: 14,3–21a

3 Du sollst nichts essen, was ein Gräuel ist.
4 Dies sind die Großtiere, die ihr essen dürft:
Rind, Lamm, Zicklein, 5 Damhirsch, Gazelle,
Rehbock, Wildziege, Wisent, Wildschaf und
Steinbock. 6 Ihr dürft jedes Großtier essen,
das gespaltene Klauen hat, und zwar ganz

13,6 »Du sollst das Böse aus deiner Mitte wegschaffen« und ähnliche Wendungen stehen am Schluss mehrerer Gesetze, die inhaltlich den Zehn Geboten zuzuordnen sind. Daraus ersieht man, dass die Zehn Gebote ursprünglich eine Liste der todeswürdigen Verbrechen in Israel waren.

13,7 dein Bruder, der dieselbe Mutter hat wie du: In einer polygamen Familie besteht eine besondere Zuneigung zwischen den Kindern der gleichen Mutter.

13,10 So nach G; H: sondern du sollst ihn töten.

14,4–18 Die Übersetzung der Tiernamen ist nicht immer sicher.

14,8.13 In beiden Versen liegt ein sehr früh verderbter Text vor; die Wiederherstellung ist unsicher.

gespaltene Klauen, und das zu den Wieder-
käuern gehört. 7 Von den Großtieren, die
wiederkäuen oder ganz gespaltene Klauen
haben, dürft ihr aber Folgende nicht essen:
Kamel, Hase, Klippdachs. Sie sind zwar
Wiederkäuer, haben aber keine gespaltenen
Klauen. Sie sollen euch als unrein gelten.
8 Ebenso das Wildschwein, denn es hat zwar
gespaltene Klauen, ist aber kein Wiederkäu-
er. Es soll euch als unrein gelten. Vom
Fleisch dieser Tiere dürft ihr nicht essen und
ihr Aas dürft ihr nicht berühren. 9 Von allem,
was im Wasser lebt, dürft ihr Folgendes es-
sen: Alles, was Flossen und Schuppen hat,
dürft ihr essen. 10 Alles, was keine Flossen
und keine Schuppen hat, dürft ihr nicht es-
sen. Es soll euch als unrein gelten. 11 Alle rei-
nen Vögel dürft ihr essen. 12 Dies sind die
Vögel, die ihr nicht essen dürft: Aasgeier,
Schwarzgeier, Bartgeier, 13 Milan, die ver-
schiedenen Bussardarten, 14 alle Arten des
Raben, 15 Adlereule, Kurzohreule, Langohr-
eule und die verschiedenen Falkenarten,
16 Kauz, Bienenfresser, Weißeule, 17 Kleineu-
le, Fischadler, Fischeule, 18 Storch und die
verschiedenen Reiherarten, Wiedehopf, Fle-
dermaus 19 und alles fliegende Kleingetier:
Sie sollen euch als unrein gelten und dürfen
nicht gegessen werden. 20 Alle reinen geflü-
gelten Tiere dürft ihr essen. 21a Ihr dürft kei-
nerlei Aas essen. Du sollst es dem Fremden,
der in euren Stadtbereichen Wohnrecht hat,
zum Essen überlassen oder es einem Auslän-
der verkaufen. Denn du bist ein Volk, das
dem Herrn, deinem Gott, heilig ist.

3–21a ‖ Lev 11,1–47 • 21a: Ex 22,30; Dtn 7,6.

Das Verbot eines Fruchtbarkeitszaubers: 14,21b

21b Du sollst ein Zicklein nicht in der Milch
seiner Mutter kochen.

21b: Ex 23,19; 34,26.

Die jährlichen Abgaben an das Heiligtum: 14,22–27

22 Du sollst jedes Jahr den Zehnten von der
gesamten Ernte geben, die dein Acker er-
bringt aus dem, was du angebaut hast. 23 Vor
dem Herrn, deinem Gott, sollst du an der
Stätte, die er auswählt, indem er dort seinen
Namen wohnen lässt, deinen Zehnten an
Korn, Wein und Öl und die Erstlinge deiner
Rinder, Schafe und Ziegen verzehren, damit
du lernst, den Herrn, deinen Gott, zu fürch-
ten, solange du lebst. 24 Wenn aber der Weg
dorthin deine Kräfte übersteigt, weil die
Stätte, die der Herr auswählt, indem er dort
seinen Namen anbringt, so weit entfernt
liegt und der Herr, dein Gott, dich so geseg-
net hat, dass du den Zehnten nicht dorthin
tragen kannst, 25 dann sollst du alles für Sil-
ber verkaufen, das Silber als deinen Besitz
zusammenbinden, zu der Stätte ziehen, die
der Herr, dein Gott, auswählt, 26 dort für das
Silber alles kaufen, worauf du Appetit hast –
Rinder, Schafe, Ziegen, Wein und Bier, alles,
wonach es deinen Gaumen verlangt –, und
dann sollst du vor dem Herrn, deinem Gott,
Mahl halten und fröhlich sein, du und deine
Familie. 27 Auch sollst du die Leviten, die in
deinen Stadtbereichen Wohnrecht haben,
nicht im Stich lassen, denn sie haben nicht
wie du Landanteil und Erbbesitz.

22–27: 12,17–19 • 23: 12,11; 15,19–23 • 24: 12,5.21 • 27: 10,9.

Der Zehnt für die Armen in jedem dritten Jahr: 14,28f

28 In jedem dritten Jahr sollst du den gan-
zen Zehnten deiner Jahresernte in deinen
Stadtbereichen abliefern und einlagern
29 und die Leviten, die ja nicht wie du Land-
anteil und Erbbesitz haben, die Fremden, die
Waisen und die Witwen, die in deinen Stadt-
bereichen wohnen, können kommen, essen
und satt werden, damit der Herr, dein Gott,
dich stets segnet bei der Arbeit, die deine
Hände tun.

28–29: 26,12–15 • 29: 10,9; 28,12.

Der Verzicht auf Forderungen in jedem siebten Jahr: 15,1–6

15 In jedem siebten Jahr sollst du die
Ackerbrache einhalten. 2 Und so lau-
tet eine Bestimmung für die Brache: Jeder
Gläubiger soll den Teil seines Vermögens,
den er einem andern unter Personalhaftung
als Darlehen gegeben hat, brachliegen las-
sen. Er soll gegen den andern, falls dieser
sein Bruder ist, nicht mit Zwang vorgehen;
denn er hat die Brache für den Herrn ver-
kündet. 3 Gegen einen Ausländer darfst du
mit Zwang vorgehen. Wenn es sich aber um
deinen Bruder handelt, dann lass deinen
Vermögensteil brachliegen! 4 Doch eigent-
lich sollte es bei dir gar keine Armen geben;
denn der Herr wird dich reich segnen in dem

14,28 Wahrscheinlich in jedem dritten Jahr nach einem Sabbatjahr; denn im Sabbatjahr gehörten alle Erträge den Armen (vgl. Ex 23,11).

15,1–6 Das Gesetz über den Verzicht auf Forderungen in jedem siebten Jahr wird als Weiterentwicklung des alten Brauchs der Ackerbrache im siebten Jahr und zum Teil mit den dorthin gehörenden Ausdrücken formuliert.

Land, das der Herr, dein Gott, dir als Erbbe-
sitz gibt und das du in Besitz nimmst, 5 wenn
du auf die Stimme des Herrn, deines Gottes,
hörst, auf dieses Gebot, auf das ich dich heu-
te verpflichte, achtest und es hältst. 6 Wenn
der Herr, dein Gott, dich segnet, wie er es dir
zugesagt hat, dann kannst du vielen Völkern
gegen Pfand leihen, du selbst aber brauchst
nichts zu verpfänden; du wirst über viele
Völker Gewalt haben, über dich aber werden
sie keine Gewalt haben.

1–11: 15,9.12; 31,10; Ex 23,10f • 3: 23,20f • 4–6: 28,1–13 • 6: 28,12 .

Die Kredithilfen an arme Israeliten: 15,7–11

7 Wenn bei dir ein Armer lebt, irgendeiner
deiner Brüder in irgendeinem deiner Stadt-
bereiche in dem Land, das der Herr, dein
Gott, dir gibt, dann sollst du nicht hartherzig
sein und sollst deinem armen Bruder deine
Hand nicht verschließen. 8 Du sollst ihm dei-
ne Hand öffnen und ihm gegen Pfand leihen,
was der Not, die ihn bedrückt, abhilft.
9 Nimm dich in Acht, dass du nicht in nieder-
trächtigem Herzen den Gedanken hegst:
Bald kommt das siebte Jahr, das Brachjahr!,
und deinen armen Bruder böse ansiehst und
ihm nichts gibst, sodass er den Herrn gegen
dich anruft und Strafe für diese Sünde über
dich kommt. 10 Du sollst ihm etwas geben,
und wenn du ihm gibst, soll auch dein Herz
nicht böse darüber sein; denn wegen dieser
Tat wird dich der Herr, dein Gott, segnen in
allem, was du arbeitest, und in allem, was
deine Hände schaffen. 11 Die Armen werden
niemals ganz aus deinem Land verschwin-
den. Darum mache ich dir zur Pflicht: Du
sollst deinem Not leidenden und armen Bru-
der, der in deinem Land lebt, deine Hand
öffnen.

7–8: 1 Joh 3,17 • 9: 15,1 • 11: Mt 26,11; Mk 14,7; Joh 12,8.

Die Selbstverknechtung: 15,12–18

12 Wenn dein Bruder, ein Hebräer – oder
auch eine Hebräerin –, sich dir verkauft, soll
er dir sechs Jahre als Sklave dienen. Im sieb-
ten Jahr sollst du ihn als freien Mann entlas-
sen. 13 Und wenn du ihn als freien Mann ent-
lässt, sollst du ihn nicht mit leeren Händen
entlassen. 14 Du sollst ihm von deinen Scha-
fen und Ziegen, von deiner Tenne und von
deiner Kelter so viel mitgeben, wie er tragen
kann. Wie der Herr, *dein Gott, dich* gesegnet
hat, so sollst du ihn bedenken. 15 Denk daran:
Als du in Ägypten Sklave warst, hat der
Herr, dein Gott, dich freigekauft. Darum
verpflichte ich dich heute auf dieses Gebot.
16 Wenn dieser Sklave dir aber erklärt: Ich
will nicht von dir freigelassen werden – denn
er hat dich und deine Familie lieb gewonnen,
weil es ihm bei dir gut ging –, 17 so nimm ei-
nen Pfriem und stich ihn durch sein Ohr in
die Tür: Dann ist er dein Sklave für immer.
Bei einer Sklavin sollst du das Gleiche tun.
18 Halt es nicht für eine Härte, wenn du ihn
als freien Mann entlassen musst; denn was er
in den sechs Jahren für dich erarbeitet hat,
entspricht dem, was du einem Tagelöhner als
Lohn hättest zahlen müssen. Dann wird der
Herr, dein Gott, dich in allem segnen, was du
tust.

12–18: Ex 21,2–11; Jer 34,8–22 • 12: 15,1; Joh 8,35 • 15: 5,15.

Die Erstgeburt des Viehs: 15,19–23

19 Alle männlichen Erstlinge, die unter dei-
nen Rindern, Schafen und Ziegen geboren
werden, sollst du dem Herrn, deinem Gott,
weihen. Mit einem Erstlingsstier darfst du
nicht arbeiten und ein Erstlingsschaf darfst
du nicht scheren. 20 Jahr für Jahr sollst du
die Erstlinge vor dem Herrn, deinem Gott, an
der Stätte, die der Herr auswählt, essen, du
und deine Familie. 21 Doch wenn ein Tier ei-
nen Fehler hat, wenn es hinkt oder blind ist,
wenn es irgendeinen Makel hat, sollst du es
nicht für den Herrn, deinen Gott, schlachten.
22 In deinen Stadtbereichen sollst du es ver-
zehren; der Reine und der Unreine können
es gemeinsam essen, wie bei Gazelle und
Damhirsch. 23 Nur das Blut sollst du nicht
genießen, sondern wie Wasser auf die Erde
schütten.

19–23: Ex 13,2.11–16; 22,29; 34,19 • 20: 14,23 • 22–23: 12,15f. 22–25.

Das Frühlingsfest: 16,1–8

16 Achte auf den Monat Abib und feiere
dem Herrn, deinem Gott, das Pascha-
fest; denn im Monat Abib hat der Herr, dein
Gott, dich nachts aus Ägypten geführt. 2 Als
Paschatiere für den Herrn, deinen Gott,
sollst du Schafe, Ziegen oder Rinder schlach-
ten an der Stätte, die der Herr auswählen
wird, indem er dort seinen Namen wohnen
lässt. 3 Du sollst nichts Gesäuertes dazu es-
sen. Sieben Tage lang sollst du ungesäuertes

15,14 Andere Lesart: Womit der Herr, dein Gott, dich gesegnet hat, damit sollst du ihn bedenken.

16,1 Andere Übersetzungsmöglichkeit: Achte auf den Neumond im Abib! – Der Monat Abib entspricht dem März/April unseres Kalenders.

Brot dazu essen, die Speise der Bedrängnis, damit du dein ganzes Leben lang des Tages gedenkst, an dem du aus Ägypten gezogen bist. Denn in Hast bist du aus Ägypten gezogen. 4 In deinem ganzen Gebiet soll sieben Tage lang kein Sauerteig zu finden sein und vom Fleisch des Tieres, das du am Abend des ersten Tages schlachtest, darf bis zum andern Morgen nichts übrig bleiben. 5 Du darfst das Paschatier nicht in irgendeinem der Stadtbereiche schlachten, die der Herr, dein Gott, dir geben wird, 6 sondern nur an der Stätte, die der Herr dein Gott, auswählt, indem er dort seinen Namen wohnen lässt. Dort sollst du das Paschatier schlachten, am Abend bei Sonnenuntergang, zu der Stunde, in der du aus Ägypten gezogen bist. 7 Du sollst es an der Stätte kochen und verzehren, die der Herr, dein Gott, ausgewählt hat, und am Morgen darfst du wieder zu deinen Zelten zurückkehren. 8 Sechs Tage sollst du ungesäuertes Brot essen, am siebten Tag ist eine Festversammlung für den Herrn, deinen Gott; da sollst du keine Arbeit tun.

1–17: Ex 23,14–17; 34,18–26 • 1–8: Lk 2,41; Ex 12; 2 Kön 23,21 • 2: 12,11 • 3–4: 26,7; Ex 3,7; 12,11; 13,3–10; 23,18; 34,25; 1 Kor 5,8 • 6: 12,11.

Das Wochenfest: 16,9–12

9 Du sollst sieben Wochen zählen. Wenn man die Sichel an den Halm legt, sollst du beginnen, die sieben Wochen zu zählen. 10 Danach sollst du dem Herrn, deinem Gott, das Wochenfest feiern und dabei eine freiwillige Gabe darbringen, die du danach bemisst, wie der Herr, dein Gott, dich gesegnet hat. 11 Du sollst vor dem Herrn, deinem Gott, fröhlich sein, du, dein Sohn und deine Tochter, dein Sklave und deine Sklavin, auch die Leviten, die in deinen Stadtbereichen Wohnrecht haben, und die Fremden, Waisen und Witwen, die in deiner Mitte leben. Du sollst fröhlich sein an der Stätte, die der Herr, dein Gott, auswählt, indem er dort seinen Namen wohnen lässt. 12 Denk daran: Du bist in Ägypten Sklave gewesen. Daher sollst du auf diese Gesetze achten und sie halten.

9–11: Apg 2,1; 1 Kor 16,8 • 11: 12,11 • 12: 5,15.

Das Laubhüttenfest: 16,13–15

13 Das Laubhüttenfest sollst du sieben Tage lang feiern, nachdem du das Korn von der Tenne und den Wein aus der Kelter eingelagert hast. 14 Du sollst an deinem Fest fröhlich sein, du, dein Sohn und deine Tochter, dein Sklave und deine Sklavin, die Leviten und die Fremden, Waisen und Witwen, die in deinen Stadtbereichen wohnen. 15 Sieben Tage lang sollst du dem Herrn, deinem Gott, das Fest feiern an der Stätte, die der Herr auswählt. Wenn dich der Herr, dein Gott, in allem gesegnet hat, in deiner Ernte und in der Arbeit deiner Hände, dann sollst du wirklich fröhlich sein.

14: 26,11 • 15: 28,12.

Die Verpflichtung zu Wallfahrten: 16,16f

16 Dreimal im Jahr sollen alle deine Männer hingehen, um das Angesicht des Herrn, deines Gottes, an der Stätte, die er auswählt, zu schauen: am Fest der Ungesäuerten Brote, am Wochenfest und am Laubhüttenfest. Man soll nicht mit leeren Händen hingehen, um das Angesicht des Herrn zu schauen, 17 sondern jeder mit seiner Gabe, die dem Segen entspricht, den du vom Herrn, deinem Gott, erhalten hast.

16: Ex 23,14–17; 34,18–23.

Das Verhalten der Richter in den Ortschaften: 16,18–20

18 Richter und Listenführer sollst du in allen Stadtbereichen einsetzen, die der Herr, dein Gott, dir in deinen Stammesgebieten gibt. Sie sollen dem Volk Recht sprechen und gerechte Urteile fällen. 19 Du sollst das Recht nicht beugen. Du sollst kein Ansehen der Person kennen. Du sollst keine Bestechung annehmen; denn Bestechung macht Weise blind und verdreht die Fälle derer, die im Recht sind. 20 Gerechtigkeit, Gerechtigkeit – ihr sollst du nachjagen, damit du Leben hast und das Land in Besitz nehmen kannst, das der Herr, dein Gott, dir gibt.

18–20: 1,16f; 2 Chr 19,5–7 • 18: 1,15; 20,5–9; 29,9; 31,28 • 19–20: Ex 23,1–3.6–8; Jak 2,9 • 20: 6,18f; 8,1; 11,8; Jos 23,5.

Das Verbot nichtjahwistischer Kultsymbole: 16,21f

21 Du sollst neben dem Altar des Herrn, deines Gottes, den du dir baust, keinen Kultpfahl, keinerlei Holz einpflanzen. 22 Du sollst kein Steinmal von der Art errichten, die der Herr, dein Gott, hasst.

21–22: 12,3 • 21: Ex 20,24; 1 Kön 14,15; 2 Kön 21,7; 23,6f; • 22: 1 Kön 14,23; 2 Kön 17,10.

16,16 um das Angesicht des Herrn . . . zu schauen: so nach dem mutmaßlichen Urtext. In den erhaltenen Textzeugen ist zur Wahrung der Unsichtbarkeit Gottes der Text leicht abgeändert: um vor dem Angesicht des Herrn . . . zu erscheinen.

Das Verbot fehlerhafter Opfer: 17,1

17 Du sollst dem Herrn, deinem Gott,
keinen Stier und kein Lamm
schlachten, die einen Fehler, irgendeine
Missbildung haben, denn das ist dem Herrn,
deinem Gott, ein Gräuel.

1: Mal 1,6–9.

Das Verfahren beim Abfall zu Gestirngöttern: 17,2–7

2 Wenn in deiner Mitte, in einem der Stadt-
bereiche, die der Herr, dein Gott, dir gibt, ein
Mann – oder auch eine Frau – lebt, der tut,
was in den Augen des Herrn, deines Gottes,
böse ist, und sich über seinen Bund hinweg-
setzt, 3 wenn er hingeht, anderen Göttern
dient und sich vor ihnen niederwirft – und
zwar vor der Sonne, dem Mond oder dem
ganzen Himmelsheer, was ich verboten ha-
be –, 4 wenn dir das gemeldet wird, wenn du
den Fall anhängig machst, genaue Ermitt-
lungen anstellst und es sich zeigt: Ja, es ist
wahr, der Tatbestand steht fest, dieser Gräu-
el ist in Israel geschehen!, 5 dann sollst du
diesen Mann oder diese Frau, die den Frevel
begangen haben, den Mann oder die Frau, zu
einem deiner Stadttore führen und steinigen
und sie sollen sterben. 6 Wenn es um Leben
oder Tod eines Angeklagten geht, darf er nur
auf die Aussage von zwei oder drei Zeugen
hin zum Tod verurteilt werden. Auf die Aus-
sage eines einzigen Zeugen hin darf er nicht
zum Tod verurteilt werden. 7 Wenn er hin-
gerichtet wird, sollen die Zeugen als Erste
ihre Hand gegen ihn erheben, dann erst das
ganze Volk. Du sollst das Böse aus deiner
Mitte wegschaffen.

2–5: 4,19; 13,2–19; 2 Kön 17,16; 21,3.5; 23,4f; Dtn 29,24 • 4: 19,18 • 6: 19,15; Mt 18,16; Joh 8,17; 2 Kor 13,1; 1 Tim 5,19; Hebr 10,28 • 7: 13,10; 21,21; Joh 8,7; 1 Kor 5,13.

Das sakrale Gerichtsverfahren: 17,8–13

8 Wenn bei einem Verfahren wegen Mord,
Eigentumsdelikt oder Körperverletzung –
also wegen Streitsachen, über die in deinen
Stadtbereichen entschieden werden darf –
der Fall für dich zu ungewöhnlich liegt, dann
sollst du dich aufmachen, zu der Stätte hi-
naufziehen, die der Herr auswählt, 9 und vor
die levitischen Priester und den Richter tre-
ten, der dann amtiert. Du sollst genaue Er-
mittlungen anstellen lassen und sie sollen dir
den Urteilsspruch verkünden. 10 Dann sollst
du dich an den Spruch halten, den sie dir an
dieser Stätte, die der Herr auswählt, verkün-
den, und du sollst auf alles, was sie dich leh-
ren, genau achten und es halten. 11 An den
Wortlaut der Weisung, die sie dich lehren,
und an das Urteil, das sie fällen, sollst du
dich halten. Von dem Spruch, den sie dir ver-
künden, sollst du weder rechts noch links
abweichen. 12 Ein Mann aber, der so vermes-
sen ist, auf den Priester, der dort steht, um
vor dem Herrn, deinem Gott, Dienst zu tun,
oder auf den Richter nicht zu hören, dieser
Mann soll sterben. Du sollst das Böse aus Is-
rael wegschaffen. 13 Das ganze Volk soll da-
von hören, damit sie sich fürchten und nicht
noch einmal so vermessen sind.

8–13: 21,5; Ex 18,13–26; 2 Chr 19,8–11 • 9: 10,8; 19,17; 26,3 • 12–13: 21,21; 20,2.

Der König: 17,14–20

14 Wenn du in das Land, das der Herr, dein
Gott, dir gibt, hineingezogen bist, es in Besitz
genommen hast, in ihm wohnst und dann
sagst: Ich will einen König über mich einset-
zen wie alle Völker in meiner Nachbar-
schaft!, 15 dann darfst du einen König über
dich einsetzen, doch nur einen, den der Herr,
dein Gott, auswählt. Nur aus der Mitte dei-
ner Brüder darfst du einen König über dich
einsetzen. Einen Ausländer darfst du nicht
über dich einsetzen, weil er nicht dein Bru-
der ist. 16 Der König soll sich aber nicht zu
viele Pferde halten. Er soll das Volk nicht
nach Ägypten zurückbringen, um mehr Pfer-
de zu bekommen; denn der Herr hat zu euch
gesagt: Ihr sollt auf diesem Weg nie wieder
zurückkehren. 17 Er soll sich auch keine gro-
ße Zahl von Frauen nehmen, damit sein Sinn
nicht vom rechten Weg abweicht. Er soll
nicht zu viel Silber und Gold anhäufen.
18 Und wenn er seinen Königsthron bestiegen
hat, soll er sich von dieser Weisung, die die
levitischen Priester aufbewahren, auf einer
Schriftrolle eine Zweitschrift anfertigen las-
sen. 19 Sein Leben lang soll er die Weisung
mit sich führen und in der Rolle lesen, damit
er lernt, den Herrn, seinen Gott, zu fürchten,
auf alle Worte dieser Weisung und dieser Ge-
setze zu achten, sie zu halten, 20 sein Herz
nicht über seine Brüder zu erheben und von
dem Gebot weder rechts noch links abzuwei-

17,3 *was ich verboten habe:* vgl. die Anmerkung zu 11,13–15.

17,18 Mit »dieser Weisung« dürfte der Text der Kapitel 5 – 28 gemeint sein. Der Buchname »Deuteronomium« kommt vielleicht von diesem Vers.

18,4 Andere Übersetzungsmöglichkeit: Du sollst ihm das Beste von Korn, Wein und Öl und das Beste aus der Schafschur geben.

chen, damit er lange als König in Israels Mitte lebt, er und seine Nachkommen.

14–20: 1 Sam 7,2 – 8,22; 10,18f 21,1–25 • 15: 1 Sam 10,24; 16,1–13; 2 Sam 5,1–3 • 16: 28,68; Gen 26,2; 2 Sam 8,4; 1 Kön 10,26–29 • 17: 1 Kön 10,14–25; 11,1–8 • 18–20: Jos 1,7–9; 1 Kön 2,1–4 • 18: 10,8; 31,9.26 • 20: 5,32f.

Die Einkünfte der Priester: 18,1–8

18 Die levitischen Priester – der ganze Stamm Levi – sollen nicht wie das übrige Israel Landanteil und Erbbesitz haben. Sie sollen sich von den Opferanteilen des Herrn, von seinem Erbbesitz, ernähren. 2 Der Stamm Levi soll inmitten seiner Brüder leben, aber keinen Erbbesitz haben. Der Herr selbst ist sein Erbbesitz, wie er es ihm zugesagt hat. 3 Und das ist das Recht, das die Priester gegenüber dem Volk haben, gegenüber denen, die ein Schlachtopfertier schlachten, sei es ein Stier oder ein Lamm: Man soll dem Priester den Bug, die Kinnbacken und den Labmagen geben. 4 Du sollst ihm den ersten Ertrag von Korn, Wein und Öl und den ersten Ertrag der Schafschur geben. 5 Denn der Herr, dein Gott, hat den Stamm Levi unter allen deinen Stämmen dazu ausgewählt, dass er im Namen des Herrn dasteht und Dienst tut – Levi und seine Nachkommen, ihr Leben lang. 6 Wenn ein Levit aus einem deiner Stadtbereiche irgendwo in Israel, in dem er als Fremder gewohnt hat, zu der Stätte kommt, die der Herr ausgewählt hat, und zwar, wann immer er möchte, 7 und wenn er dann wie alle seine levitischen Brüder, die dort vor dem Herrn stehen, im Namen des Herrn, seines Gottes, Dienst tut, 8 sollen alle die gleiche Zuteilung erhalten, ohne dass man berücksichtigt, wie groß sein väterliches Vermögen ist.

1–5: 1 Kor 9,13; 1–2: 10,8f; 1 Sam 2,28 • 4: 26,1–11; Ex 23,19 • 5: 10,8• 6–8: 2 Kön 23,9 • 6: Ri 17,7; 19,1.

Die Zauberer und Propheten: 18,9–22

9 Wenn du in das Land hineinziehst, das der Herr, dein Gott, dir gibt, sollst du nicht lernen, die Gräuel dieser Völker nachzuahmen. 10 Es soll bei dir keinen geben, der seinen Sohn oder seine Tochter durchs Feuer gehen lässt, keinen, der Losorakel befragt, Wolken deutet, aus dem Becher weissagt, zaubert, 11 Gebetsbeschwörungen hersagt oder Totengeister befragt, keinen Hellseher, keinen, der Verstorbene um Rat fragt. 12 Denn jeder, der so etwas tut, ist dem Herrn ein Gräuel. Wegen dieser Gräuel vertreibt sie der Herr, dein Gott, vor dir. 13 Du sollst ganz und gar bei dem Herrn, deinem Gott, bleiben. 14 Denn diese Völker, deren Besitz du übernimmst, hören auf Wolkendeuter und Orakelleser. Für dich aber hat der Herr, dein Gott, es anders bestimmt. 15 Einen Propheten wie mich wird dir der Herr, dein Gott, aus deiner Mitte, unter deinen Brüdern, erstehen lassen. Auf ihn sollt ihr hören. 16 Der Herr wird ihn als Erfüllung von allem erstehen lassen, worum du am Horeb, am Tag der Versammlung, den Herrn, deinen Gott, gebeten hast, als du sagtest: Ich kann die donnernde Stimme des Herrn, meines Gottes, nicht noch einmal hören und dieses große Feuer nicht noch einmal sehen, ohne dass ich sterbe. 17 Damals sagte der Herr zu mir: Was sie von dir verlangen, ist recht. 18 Einen Propheten wie dich will ich ihnen mitten unter ihren Brüdern erstehen lassen. Ich will ihm meine Worte in den Mund legen und er wird ihnen alles sagen, was ich ihm auftrage. 19 Einen Mann aber, der nicht auf meine Worte hört, die der Prophet in meinem Namen verkünden wird, ziehe ich selbst zur Rechenschaft. 20 Doch ein Prophet, der sich anmaßt, in meinem Namen ein Wort zu verkünden, dessen Verkündigung ich ihm nicht aufgetragen habe, oder der im Namen anderer Götter spricht, ein solcher Prophet soll sterben. 21 Und wenn du denkst: Woran können wir ein Wort erkennen, das der Herr nicht gesprochen hat?, 22 dann sollst du wissen: Wenn ein Prophet im Namen des Herrn spricht und sein Wort sich nicht erfüllt und nicht eintrifft, dann ist es ein Wort, das nicht der Herr gesprochen hat. Der Prophet hat sich nur angemaßt, es zu sprechen. Du sollst dich dadurch nicht aus der Fassung bringen lassen.

9: 12,31; 20,18; 32,16; 1 Kön 14,24 • 10: 2 Kön 16,3; 21,2.11; 23,13; Dtn 12,31; Ex 22,17; 2 Kön 9,22; 16,3; 17,17; 21,6; 23,10 • 11: 1 Sam 28; 2 Kön 21,6; 23,24 • 12: 4,38; 7,17; 9,1–6; 11,22–25 • 13: 2 Sam 22,24; Mt 5,48 • 14: 18,10 • 15–19: 2 Kön 17,13; Mt 17,5; Mk 9,7; Lk 9,35; Joh 1,21; 6,14; 7,40; Apg 3,22f; 7,37 • 16–19: 5,23–31 • 18: Ex 4,15 • 20: Jer 14,13–18 • 21–22: Jer 28; Ez 33,33.

Die Asylstädte: 19,1–10

19 Wenn der Herr, dein Gott, die Völker, deren Land der Herr, dein Gott, dir geben will, niederstreckt und du ihren Besitz übernimmst und in ihren Städten und Häusern wohnst, 2 sollst du in dem Land, das der

---

18,8 Deutung von H unsicher.
18,15.18 Hier ist Israel zugesagt, dass es immer Propheten haben wird, die ihm den Willen Gottes mitteilen. Später wurde aus diesem Text die Verheißung eines endzeitlichen Propheten herausgelesen.

Herr, dein Gott, dir gibt, damit du es in Be-
sitz nimmst, drei Städten eine Sonderstel-
lung zuweisen. 3 Du sollst die Wegstrecken
berechnen und die Fläche des Landes, das
der Herr, dein Gott, dir als Erbbesitz gibt, in
drei Teile teilen. Dann kann jeder, der einen
Menschen getötet hat, in diese Städte flie-
hen. 4 Und so lautet die Bestimmung für ei-
nen, der jemand getötet hat und dorthin
flieht, um am Leben zu bleiben: Wenn er den
andern ohne Vorsatz erschlagen hat und
nicht schon früher mit ihm verfeindet gewe-
sen ist, 5 zum Beispiel wenn er mit einem an-
dern in den Wald gegangen ist, um Bäume zu
fällen, seine Hand mit der Axt ausgeholt hat,
um einen Baum umzuhauen, das Eisenblatt
sich vom Stiel gelöst und den andern getrof-
fen hat und dieser gestorben ist, dann kann
er in eine dieser Städte fliehen, um am Leben
zu bleiben. 6 Es darf nicht sein, dass der Weg
(zum Heiligtum) zu weit ist, damit nicht der
Bluträcher, der aus Rachedurst den, der ge-
tötet hat, verfolgt, ihn einholt und tödlich
trifft, obwohl kein Recht besteht, ihn zu tö-
ten, da er ja mit dem Getöteten nicht schon
früher verfeindet war. 7 Deshalb mache ich
dir zur Pflicht: Du sollst drei Städten eine
Sonderstellung zuweisen. 8 Und wenn der
Herr, dein Gott, dein Gebiet vergrößert, wie
er es deinen Vätern geschworen hat, und dir
das ganze Land, von dem er gesagt hat, er
werde es deinen Vätern geben, wirklich gibt,
9 weil du auf dieses ganze Gebot, auf das ich
dich heute verpflichte, achtest und es hältst,
indem du den Herrn, deinen Gott, liebst und
dein Leben lang auf seinen Wegen gehst,
dann sollst du diese drei Städte um drei wei-
tere vermehren. 10 So soll verhindert werden,
dass mitten in dem Land, das der Herr, dein
Gott, dir als Erbbesitz gibt, unschuldiges
Blut vergossen wird und Blutschuld über
dich kommt.

1–13: 4,41–43; Ex 21,12–14; Jos 20 • 6: 2 Sam 14,7 • 8: 1,7; 11,24; 12,20; Gen 15,18; Ex 23,31; 34,24; Jos 1,4; 1 Kön 5,1–4 • 9: 11,1 • 10: 19,13; 21,7–9; 22,8; 27,25.

Die Auslieferung eines Mörders aus der Asylstadt: 19,11–13

11 Wenn es sich um einen Mann handelt,
der mit einem andern verfeindet war, wenn
er ihm auflauerte, ihn überfiel und tödlich
traf, sodass er starb, und wenn er in eine die-
ser Städte floh, 12 dann sollen die Ältesten
seiner Stadt ihn von dort holen lassen und in
die Gewalt des Bluträchers geben und er soll
sterben. 13 Du sollst in dir kein Mitleid mit
ihm aufsteigen lassen. Du sollst das Blut des
Unschuldigen aus Israel wegschaffen und es
wird dir gut gehen.

12: 5,23; 21,1–9.19; 22,13–21; 25,5–10 • 13: 7,16; 13,9; 19,21; 25,12; 21,21; 19,10.

Die Grenzverrückung: 19,14

14 An deinem Erbbesitz, der dir in dem
Land zugeteilt werden soll, das der Herr,
dein Gott, dir gibt, damit du es in Besitz
nimmst, sollst du die Grenzmarkierung zu
deinem Nachbarn hin, die die Vorfahren er-
richtet haben, nicht verrücken.

14: 27,17.

Die Zahl der Zeugen: 19,15

15 Wenn es um ein Verbrechen oder ein
Vergehen geht, darf ein einzelner Belas-
tungszeuge nicht Recht bekommen, welches
Vergehen auch immer der Angeklagte be-
gangen hat. Erst auf die Aussage von zwei
oder drei Zeugen darf eine Sache Recht be-
kommen.

15: 17,6; Mt 18,16; Joh 8,17; 2 Kor 13,1; 1 Tim 5,19; Hebr 10,28.

Die falsche Aussage vor Gericht: 19,16–21

16 Wenn jemand vor Gericht geht und als
Zeuge einen andern zu Unrecht der Anstif-
tung zum Aufruhr bezichtigt, 17 wenn die
beiden Parteien mit ihrem Rechtsstreit vor
den Herrn hintreten, vor die Priester und
Richter, die dann amtieren, 18 wenn die Rich-
ter eine genaue Ermittlung anstellen und
sich zeigt: Der Mann ist ein falscher Zeuge,
er hat seinen Bruder fälschlich bezichtigt,
19 dann sollt ihr mit ihm so verfahren, wie er
mit seinem Bruder verfahren wollte. Du
sollst das Böse aus deiner Mitte wegschaffen.
20 Die Übrigen sollen davon hören, damit sie
sich fürchten und nicht noch einmal ein sol-
ches Verbrechen in deiner Mitte begehen.
21 Und du sollst in dir kein Mitleid aufsteigen
lassen: Leben für Leben, Auge für Auge,
Zahn für Zahn, Hand für Hand, Fuß für Fuß.

16–21: 5,20; Ex 23,1 • 17: 17,9; 26,3 • 18: 13,15; 17,4 • 19–20: 21,21 • 19: 1 Kor 5,13; • 21: 19,13; Ex 21,23–25; Mt 5,38.

19,15f Die Funktion des Zeugen und die des Anklägers waren nicht klar geschieden.

19,16 Aufruhr, andere Übersetzungsmöglichkeit: Abfall (vom Herrn). Welches Vergehen hier genau gemeint ist, bleibt unklar.

19,17 Gemeint ist die Anwendung des Gesetzes von 17,8–13 oder die Anrufung eines Gottesentscheids durch den zu Unrecht Angeklagten.

Das Aufgebot des Volksheeres: 20,1–9

20 Wenn du zum Kampf gegen deine
Feinde ausziehst und Pferde und
Wagen und ein Kriegsvolk erblickst, das
zahlreicher ist als du, dann sollst du dich
nicht vor ihnen fürchten; denn der Herr, dein
Gott, der dich aus Ägypten heraufgeführt
hat, ist bei dir. 2 Wenn ihr in den Kampf
zieht, soll der Priester vortreten, dem
Kriegsvolk eine Ansprache halten 3 und zu
ihnen sagen: Höre, Israel! Ihr zieht heute in
den Kampf gegen eure Feinde. Verliert nicht
den Mut! Fürchtet euch nicht, geratet nicht
durcheinander und weicht nicht erschreckt
zurück, wenn sie angreifen. 4 Denn der Herr,
euer Gott, zieht mit euch, um für euch gegen
eure Feinde zu kämpfen und euch zu retten.
5 Dann sollen die Listenführer zum Kriegs-
volk sagen: Ist unter euch einer, der ein neu-
es Haus gebaut und noch nicht eingeweiht
hat? Er trete weg und kehre zu seinem Haus
zurück, damit er nicht im Kampfe fällt und
ein anderer es einweiht. 6 Ist unter euch ei-
ner, der einen Weinberg angelegt und noch
nicht die erste Lese gehalten hat? Er trete
weg und kehre nach Hause zurück, damit er
nicht im Kampfe fällt und ein anderer die
erste Lese hält. 7 Ist unter euch einer, der sich
mit einer Frau verlobt und sie noch nicht ge-
heiratet hat? Er trete weg und kehre nach
Hause zurück, damit er nicht im Kampfe fällt
und ein anderer seine Frau heiratet. 8 Außer-
dem sollen die Listenführer zum Kriegsvolk
sagen: Ist unter euch einer, der sich fürchtet
und keinen Mut hat? Er trete weg und kehre
nach Hause zurück, damit nicht auch noch
seinen Brüdern der Mut genommen wird.
9 Und wenn die Listenführer damit zu Ende
sind, dies dem Kriegsvolk zu sagen, sollen sie
Truppenführer ernennen und ihnen das
Kommando über das Kriegsvolk übertragen.

2–4: 1,29–31; 3,21f; 31,2–6; Ex 14,13f; Jos 23,3–13; Dtn 17,12 • 4: Ex 14,30; Ri 2,18; 6,37; 7,7; 10,12; 1 Sam 7,8; 14,23.39 • 5–9: 16,18; 28,30 • 7: 24,5 • 8: Ri 7,3.

Der Krieg gegen Städte: 20,10–18

10 Wenn du vor eine Stadt ziehst, um sie
anzugreifen, dann sollst du ihr zunächst eine
friedliche Einigung vorschlagen. 11 Nimmt
sie die friedliche Einigung an und öffnet dir
die Tore, dann soll die gesamte Bevölkerung,
die du dort vorfindest, zum Frondienst ver-
pflichtet und dir untertan sein. 12 Lehnt sie
eine friedliche Einigung mit dir ab und will
sich mit dir im Kampf messen, dann darfst
du sie belagern. 13 Wenn der Herr, dein Gott,
sie in deine Gewalt gibt, sollst du alle männ-
lichen Personen mit scharfem Schwert er-
schlagen. 14 Die Frauen aber, die Kinder und
Greise, das Vieh und alles, was sich sonst in
der Stadt befindet, alles, was sich darin
plündern lässt, darfst du dir als Beute neh-
men. Was du bei deinen Feinden geplündert
hast, darfst du verzehren; denn der Herr,
dein Gott, hat es dir geschenkt. 15 So sollst du
mit allen Städten verfahren, die sehr weit
von dir entfernt liegen und nicht zu den
Städten dieser Völker hier gehören. 16 Aus
den Städten dieser Völker jedoch, die der
Herr, dein Gott, dir als Erbbesitz gibt, darfst
du nichts, was Atem hat, am Leben lassen.
17 Vielmehr sollst du die Hetiter und Amori-
ter, Kanaaniter und Perisiter, Hiwiter und
Jebusiter der Vernichtung weihen, so wie es
der Herr, dein Gott, dir zur Pflicht gemacht
hat, 18 damit sie euch nicht lehren, alle Gräu-
el nachzuahmen, die sie begingen, wenn sie
ihren Göttern dienten, und ihr nicht gegen
den Herrn, euren Gott, sündigt.

16–18: 13,16f • 17–18 7,1–4 • 18: 18,9

Die Schonung des Baumbestandes: 20,19f

19 Wenn du eine Stadt längere Zeit hin-
durch belagerst, um sie anzugreifen und zu
erobern, dann sollst du ihrem Baumbestand
keinen Schaden zufügen, indem du die Axt
daran legst. Du darfst von den Bäumen es-
sen, sie aber nicht fällen mit dem Gedanken,
die Bäume auf dem Feld seien der Mensch
selbst, sodass sie von dir belagert werden
müssten. 20 Nur den Bäumen, von denen du
weißt, dass sie keine Fruchtbäume sind,
darfst du Schaden zufügen. Du darfst sie fäl-
len und daraus Belagerungswerk bauen ge-
gen die Stadt, die gegen dich kämpfen will,
bis sie schließlich fällt.

Der Mord durch einen unbekannten Täter: 21,1–9

21 Wenn in dem Land, das der Herr,
dein Gott, dir gibt, damit du es in Be-
sitz nimmst, einer auf freiem Feld ermordet
aufgefunden wird und man nicht weiß, wer
ihn erschlagen hat, 2 dann sollen deine Ältes-
ten und Richter hinausgehen und feststellen,

20,19 die Bäume auf dem Feld seien der Mensch selbst: Von den Bäumen leben die Menschen der Stadt. Wer sie vernichtet, nimmt den Menschen für lange Zeit ihren Lebensunterhalt.

21,1–9 War der Mörder nicht bekannt, dann konnte die Blutrache sich gegen jeden Menschen aus der nächstliegenden Stadt richten. Durch die hier vorgeschriebene rechtlich-rituelle Aktion befreite sich die Stadt von dieser Bedrohung.

wie weit die Städte ringsum von dem Ermor-
deten entfernt sind. [3] Wenn feststeht, welche
Stadt dem Ermordeten am nächsten liegt,
sollen die Ältesten dieser Stadt eine junge
Kuh aussuchen, die noch nicht zur Arbeit
verwendet worden ist, das heißt, die noch
nicht unter dem Joch gegangen ist. [4] Die Äl-
testen dieser Stadt sollen die Kuh in ein aus-
getrocknetes Bachtal bringen, wo weder ge-
ackert noch gesät wird. Dort sollen sie im
Bachbett der Kuh das Genick brechen.
[5] Dann sollen die Priester, die Nachkommen
Levis, herantreten; denn sie hat der Herr,
dein Gott, dazu ausgewählt, vor ihm Dienst
zu tun und im Namen des Herrn den Segen
zu sprechen. Nach ihrem Spruch soll jeder
Rechtsstreit und jeder Fall von Körperver-
letzung entschieden werden. [6] Alle Ältesten
dieser Stadt sollen, weil sie dem Ermordeten
am nächsten sind, über der Kuh, der im
Bachbett das Genick gebrochen wurde, ihre
Hände waschen. [7] Sie sollen feierlich sagen:
Unsere Hände haben dieses Blut nicht ver-
gossen und unsere Augen haben nichts ge-
sehen. [8] Deck es zu, zum Schutz deines
Volkes Israel, das du freigekauft hast, Herr,
und lass kein unschuldig vergossenes Blut
in der Mitte deines Volkes Israel bleiben.
Dann ist das Blut zu ihrem Schutz zuge-
deckt. [9] Du wirst das unschuldig vergossene
Blut aus deiner Mitte wegschaffen können,
wenn du tust, was in den Augen des Herrn
richtig ist.

1–9: 5,17; 19,12 • 5: 10,8; 17,8–13; 19,17 • 6–7: Mt 27,24 • 7–9: 19,10 • 9: 21,21.

Die Heirat einer Kriegsgefangenen: 21,10–14

[10] Wenn du zum Kampf gegen deine
Feinde ausziehst und der Herr, dein Gott, sie
alle in deine Gewalt gibt, wenn du dabei Ge-
fangene machst [11] und unter den Gefangenen
eine Frau von schöner Gestalt erblickst,
wenn sie dein Herz gewinnt und du sie heira-
ten möchtest, [12] dann sollst du sie in dein
Haus bringen und sie soll sich den Kopf
scheren, ihre Nägel kürzen [13] und die Gefan-
genenkleidung ablegen. Sie soll in deinem
Haus wohnen und einen Monat lang ihren
Vater und ihre Mutter beweinen. Danach
darfst du mit ihr Verkehr haben, du darfst
ihr Mann werden und sie deine Frau. [14] Wenn
sie dir aber nicht mehr gefällt, darfst du sie
entlassen, und sie darf tun, was sie will. Auf
keinen Fall darfst du sie für Silber verkau-
fen. Auch darfst du sie nicht als Sklavin
kennzeichnen. Denn du hast sie dir gefügig
gemacht.

Das Erbrecht des erstgeborenen Sohnes: 21,15–17

[15] Wenn ein Mann zwei Frauen hat, eine,
die er liebt, und eine, die er nicht liebt, und
wenn beide ihm Söhne gebären, die geliebte
wie die ungeliebte, und der erstgeborene
Sohn von der ungeliebten stammt, [16] dann
darf er, wenn er sein Erbe unter seine Söhne
verteilt, den Sohn der geliebten Frau nicht
als Erstgeborenen behandeln und damit ge-
gen das Recht des wirklichen Erstgeborenen,
des Sohnes der ungeliebten Frau, verstoßen.
[17] Vielmehr soll er den Erstgeborenen, den
Sohn der Ungeliebten, anerkennen, indem er
ihm von allem, was er besitzt, den doppelten
Anteil gibt. Ihn hat er zuerst gezeugt, er be-
sitzt das Erstgeborenenrecht.

17: Gen 49,3.

Die Verstoßung eines Sohnes: 21,18–21

[18] Wenn ein Mann einen störrischen und
widerspenstigen Sohn hat, der nicht auf die
Stimme seines Vaters und seiner Mutter
hört, und wenn sie ihn züchtigen und er
trotzdem nicht auf sie hört, [19] dann sollen
Vater und Mutter ihn packen, vor die Ältes-
ten der Stadt und die Torversammlung des
Ortes führen [20] und zu den Ältesten der Stadt
sagen: Unser Sohn hier ist störrisch und wi-
derspenstig, er hört nicht auf unsere Stimme,
er ist ein Verschwender und Trinker. [21] Dann
sollen alle Männer der Stadt ihn steinigen
und er soll sterben. Du sollst das Böse aus
deiner Mitte wegschaffen. Ganz Israel soll
davon hören, damit sie sich fürchten.

18–21: 5,16; Ex 21,15.17 • 19: 19,12 • 21: 13,6.12; 17,7.12; 19,13.19; 21,9; 22,21f; 24,7; Ri 20,13.

Die Bestattung von Hingerichteten: 21,22f

[22] Wenn jemand ein Verbrechen begangen
hat, auf das die Todesstrafe steht, wenn er
hingerichtet wird und du den Toten an einen

21,12f Haarescheren, Nägelschneiden und Neueinkleidung sind wahrscheinlich Symbolhandlungen, die besagen, hier beginne ein neues Leben. Der Sinn der Trauer ist die seelische Loslösung von der Vergangenheit.

21,17 den doppelten Anteil, andere Übersetzungsmöglichkeit: zwei Drittel.

21,18–21 Das Gesetz begrenzt die in der patriarchalischen Gesellschaft unbegrenzte väterliche Gewalt auf doppelte Weise: Die Verstoßung eines Sohnes muss über ein öffentliches Gerichtsverfahren laufen und neben dem Vater muss auch die Mutter tätig werden.

Pfahl hängst, [23] dann soll die Leiche nicht
über Nacht am Pfahl hängen bleiben, son-
dern du sollst ihn noch am gleichen Tag be-
graben; denn ein Gehenkter ist ein von Gott
Verfluchter. Du sollst das Land nicht unrein
werden lassen, das der Herr, dein Gott, dir
als Erbbesitz gibt.

22–23: Jos 8,29; Mt 27,57f; Joh 19,31 • 22: Apg 10,39 • 23: Gal 3,13.

Gefundenes Gut: 22,1–3

22 Du sollst nicht untätig zusehen, wie
ein Stier oder ein Lamm deines Bru-
ders sich verläuft. Du sollst dann nicht so
tun, als gingen sie dich nichts an, sondern sie
deinem Bruder zurückbringen. [2] Wenn dein
Bruder nicht in der Nähe wohnt oder wenn
du ihn nicht kennst, sollst du das Tier in dei-
nen Stall tun und es soll dir zur Verfügung
stehen, bis dein Bruder es sucht und du es
ihm zurückgeben kannst. [3] Ebenso sollst du
es mit einem Esel halten, ebenso mit einem
Gewand, ebenso mit allem anderen, was dein
Bruder verloren hat: was er verloren hat und
was du findest. Du kannst gar nicht so tun,
als ginge dich das nichts an.

1–3: Ex 23,4.

Die nachbarschaftliche Hilfe: 22,4

[4] Du sollst nicht untätig zusehen, wie ein
Esel oder ein Ochse deines Bruders auf dem
Weg zusammenbricht. Du sollst dann nicht
so tun, als gingen sie dich nichts an, sondern
ihm helfen, sie wieder aufzurichten.

4: Ex 23,5.

Kleidung und Geschlecht: 22,5

[5] Eine Frau soll nicht die Ausrüstung eines
Mannes tragen und ein Mann soll kein Frau-
enkleid anziehen; denn jeder, der das tut, ist
dem Herrn, deinem Gott, ein Gräuel.

Die Aushebung von Vogelnestern: 22,6f

[6] Wenn du unterwegs auf einem Baum
oder auf der Erde zufällig ein Vogelnest mit
Jungen oder mit Eiern darin findest und die
Mutter auf den Jungen oder auf den Eiern
sitzt, sollst du die Mutter nicht zusammen
mit den Jungen herausnehmen. [7] Sondern du
sollst die Mutter fliegen lassen und nur die
Jungen nehmen, damit es dir gut geht und du
lange lebst.

7: 5,16.

Schutzgeländer an Dachterrassen: 22,8

[8] Wenn du ein neues Haus baust, sollst du
um die Dachterrasse eine Brüstung ziehen.
Du sollst nicht dadurch, dass jemand herun-
terfällt, Blutschuld auf dein Haus legen.

8: 19,10.

Das Verbot von Vermischung: 22,9–11

[9] Du sollst in deinem Weinberg keine an-
deren Pflanzen anbauen, sonst verfällt das
Ganze dem Heiligtum, sowohl was du zu-
sätzlich angebaut hast als auch was der
Weinberg trägt. [10] Du sollst nicht Ochse und
Esel zusammen vor den Pflug spannen. [11] Du
sollst für deine Kleidung kein Mischgewebe
aus Wolle und Flachs verwenden.

Die Quasten: 22,12

[12] Du sollst an den vier Zipfeln des Über-
wurfs, den du trägst, Quasten anbringen.

12: Mt 23,5.

Die Beschuldigung der Ehefrau wegen vorehelichen Verkehrs: 22,13–21

[13] Wenn ein Mann eine Frau geheiratet und
mit ihr Verkehr gehabt hat, sie aber später
nicht mehr liebt [14] und ihr Anrüchiges vor-
wirft, sie in Verruf bringt und behauptet:
Diese Frau habe ich geheiratet, aber als ich
mich ihr näherte, entdeckte ich, dass sie
nicht mehr unberührt war!, [15] wenn Vater
und Mutter des Mädchens dann das Beweis-
stück ihrer Unberührtheit holen und zu den
Ältesten der Stadt ans Tor bringen [16] und der
Vater des Mädchens den Ältesten erklärt: Ich
habe diesem Mann meine Tochter zur Frau
gegeben, aber er liebt sie nicht mehr, [17] ja er
wirft ihr jetzt Anrüchiges vor, indem er sagt:
Ich habe entdeckt, dass deine Tochter nicht
mehr unberührt war!; aber hier ist das Be-
weisstück für die Unberührtheit meiner
Tochter!, und wenn sie das Gewand (aus der
Hochzeitsnacht) vor den Ältesten der Stadt

22,5 Kleidertausch spielte in kanaanäischen Kulten eine Rolle.

22,15 das Beweisstück ihrer Unberührtheit, wörtlich: ihre Unberührtheit. Es gehörte wohl zu den Hochzeitsbräuchen, dass nach dem ersten Verkehr den Eltern das letzte vorhochzeitliche Gewand ihrer Tochter, das als Betttuch gedient hatte und nun Blutspuren aufwies, überreicht wurde. Es konnte deshalb in einem Prozess als Beweisstück dafür dienen, dass die Frau unberührt in die Ehe gekommen war.

ausbreiten, 18 dann sollen die Ältesten dieser Stadt den Mann packen und züchtigen lassen. 19 Sie sollen ihm eine Geldbuße von hundert Silberschekel auferlegen und sie dem Vater des Mädchens übergeben, weil der Mann eine unberührte Israelitin in Verruf gebracht hat. Sie soll seine Frau bleiben. Er darf sie niemals entlassen. 20 Wenn der Vorwurf aber zutrifft, wenn sich keine Beweisstücke für die Unberührtheit des Mädchens beibringen lassen, 21 soll man das Mädchen hinausführen und vor die Tür ihres Vaterhauses bringen. Dann sollen die Männer ihrer Stadt sie steinigen und sie soll sterben; denn sie hat eine Schandtat in Israel begangen, indem sie in ihrem Vaterhaus Unzucht trieb. Du sollst das Böse aus deiner Mitte wegschaffen.

13–29: 5,18.21 • 13–21: 19,12 • 21: 21,21; Gen 34,7; Jos 7,15; Ri 20,6.10; 2 Sam 13,12; 1 Kor 5,13.

Der Ehebruch mit einer verheirateten Frau: 22,22

22 Wenn ein Mann dabei ertappt wird, wie er bei einer verheirateten Frau liegt, dann sollen beide sterben, der Mann, der bei der Frau gelegen hat, und die Frau. Du sollst das Böse aus Israel wegschaffen.

22: 21,21; Joh 8,5.

Der Beischlaf mit der Verlobten eines anderen: 22,23–27

23 Wenn ein unberührtes Mädchen mit einem Mann verlobt ist und ein anderer Mann ihr in der Stadt begegnet und sich mit ihr hinlegt, 24 dann sollt ihr beide zum Tor dieser Stadt führen. Ihr sollt sie steinigen und sie sollen sterben, das Mädchen, weil es in der Stadt nicht um Hilfe geschrien hat, und der Mann, weil er sich die Frau eines andern gefügig gemacht hat. Du sollst das Böse aus deiner Mitte wegschaffen. 25 Wenn der Mann dem verlobten Mädchen aber auf freiem Feld begegnet, sie fest hält und sich mit ihr hinlegt, dann soll nur der Mann sterben, der bei ihr gelegen hat, 26 dem Mädchen aber sollst du nichts tun. Bei dem Mädchen handelt es sich nicht um ein Verbrechen, auf das der Tod steht; denn dieser Fall ist so zu beurteilen, wie wenn ein Mann einen andern überfällt und ihn tötet. 27 Auf freiem Feld ist er ihr begegnet, das verlobte Mädchen mag um Hilfe geschrien haben, aber es ist kein Helfer da gewesen.

24: 1 Kor 5,13.

Der Beischlaf mit einer noch nicht Verlobten: 22,28f

28 Wenn ein Mann einem unberührten Mädchen, das noch nicht verlobt ist, begegnet, sie packt und sich mit ihr hinlegt und sie ertappt werden, 29 soll der Mann, der bei ihr gelegen hat, dem Vater des Mädchens fünfzig Silberschekel zahlen und sie soll seine Frau werden, weil er sie sich gefügig gemacht hat. Er darf sie niemals entlassen.

28–29: Ex 22,15f.

Die Blutschande: 23,1

23 Ein Mann darf eine Frau seines Vaters nicht heiraten; denn er darf das Bett seines Vaters nicht aufdecken.

1: 27,20; 1 Kor 5,1.

Die Aufnahme in die Versammlung des Herrn: 23,2–9

2 In die Versammlung des Herrn darf keiner aufgenommen werden, dessen Hoden zerquetscht sind oder dessen Glied verstümmelt ist. 3 In die Versammlung des Herrn darf kein Bastard aufgenommen werden; auch in der zehnten Generation dürfen seine Nachkommen nicht in die Versammlung des Herrn aufgenommen werden. 4 In die Versammlung des Herrn darf kein Ammoniter oder Moabiter aufgenommen werden, auch nicht in der zehnten Generation. Niemals dürfen ihre Nachkommen in die Versammlung des Herrn aufgenommen werden; 5 denn sie sind euch nicht mit Brot und Wasser auf dem Weg entgegengegangen, als ihr aus Ägypten zogt, und Moab hat Bileam, den Sohn Beors, aus Petor in Mesopotamien gedungen und gegen dich ausgesandt, damit er dich verfluchte – 6 doch der Herr, dein Gott, hat sich geweigert, Bileam zu erhören, und der Herr, dein Gott, hat für dich den Fluch in Segen verwandelt; denn der Herr, dein Gott, liebt dich. 7 Du sollst dich nie und nimmer um einen Friedens- und Freundschaftsvertrag mit ihnen bemühen. 8 Der Edomiter dagegen soll dir kein Gräuel sein; denn er ist

---

22,23 Durch die »Verlobung« erwarb der Bräutigam das Anrecht auf die Frau.

23,1 Manche Bibelausgaben zählen diesen Vers als 22,30; entsprechend ändern sich die Verszahlen von Kap. 23.

23,3 Bastard: in H ein Wort mit umstrittener Bedeutung.

dein Bruder. Der Ägypter soll dir kein Gräuel
sein; denn du hast als Fremder in seinem
Land gewohnt. 9 In der dritten Generation
dürfen ihre leiblichen Nachkommen in die
Versammlung des Herrn aufgenommen wer-
den.

3: Sach 9,6 • 5–6: Num 22–24.

Die Reinheit des Heerlagers: 23,10–15

10 Wenn du ins Feld ziehst und gegenüber
deinen Feinden das Lager aufschlägst, sollst
du dich vor jeder Unsauberkeit hüten.
11 Wenn jemand unter dir ist, der nicht mehr
rein ist, weil nachts etwas geschah, soll er in
das Vorgelände des Lagers gehen und das
Lager nicht betreten. 12 Wenn der Abend
kommt, soll er sich mit Wasser waschen, und
wenn die Sonne untergeht, darf er in das La-
ger zurückkehren. 13 Du sollst im Vorgelände
des Lagers eine Ecke haben, wo du austreten
kannst. 14 In deinem Gepäck sollst du eine
Schaufel haben, und wenn du dich draußen
hinhocken willst, dann grab damit ein Loch
und nachher deck deine Notdurft wieder zu!
15 Denn der Herr, dein Gott, hält sich in der
Mitte deines Lagers auf, um dich der Gefahr
zu entreißen und dir deine Feinde auszulie-
fern. Dein Lager soll heilig sein, damit er bei
dir nichts Anstößiges sieht und sich nicht
von dir abwendet.

Das Verbot der Auslieferung von Flüchtlingen: 23,16f

16 Du sollst einen fremden Untertan, der
vor seinem Herrn bei dir Schutz sucht, sei-
nem Herrn nicht ausliefern. 17 Bei dir soll er
wohnen dürfen, in deiner Mitte, in einem
Ort, den er sich in einem deiner Stadtberei-
che auswählt, wo es ihm gefällt. Du sollst ihn
nicht ausbeuten.

Das Verbot sakraler Prostitution: 23,18f

18 Unter den Frauen Israels soll es keine
sakrale Prostitution geben, und unter den
Männern Israels soll es keine sakrale Prosti-
tution geben. 19 Du sollst weder Dirnenlohn
noch Hundegeld in den Tempel des Herrn,
deines Gottes, bringen. Kein Gelübde kann
dazu verpflichten; denn auch diese beiden
Dinge sind dem Herrn, deinem Gott, ein
Gräuel.

18–19: 1 Kön 14,24; 15,12; 22,47; 2 Kön 23,7.

Zinsen: 23,20f

20 Du darfst von deinem Bruder keine Zin-
sen nehmen: weder Zinsen für Geld noch
Zinsen für Getreide noch Zinsen für sonst et-
was, wofür man Zinsen nimmt. 21 Von einem
Ausländer darfst du Zinsen nehmen, von
deinem Bruder darfst du keine Zinsen neh-
men, damit der Herr, dein Gott, dich segnet
in allem, was deine Hände schaffen, in dem
Land, in das du hineinziehst, um es in Besitz
zu nehmen.

20–21: 15,3; Ex 22,24.

Gelübde: 23,22–24

22 Wenn du vor dem Herrn, deinem Gott,
ein Gelübde machst, sollst du nicht zögern,
es zu erfüllen; sonst wird es der Herr, dein
Gott, von dir einfordern und die Strafe für
diese Sünde wird über dich kommen.
23 Wenn du davon absiehst, Gelübde zu ma-
chen, wird auch die Strafe für diese Sünde
nicht über dich kommen. 24 Was deinem
Mund entfahren ist, darauf sollst du auch
achten und du sollst es halten, da du dem
Herrn, deinem Gott, ja aus freien Stücken
gelobt hast, was dein Mund genannt hat.

22: Mt 5,33.

Früchte am Weg: 23,25f

25 Wenn du in den Weinberg eines andern
kommst, darfst du so viel Trauben essen, wie
du magst, bis du satt bist, nur darfst du
nichts in ein Gefäß tun. 26 Wenn du durch das
Kornfeld eines andern kommst, darfst du mit
der Hand Ähren abreißen, aber die Sichel
darfst du auf dem Kornfeld eines andern
nicht schwingen.

26: Mt 12,1; Mk 2,23; Lk 6,1.

Die Wiederaufnahme einer geschiedenen Ehefrau: 24,1–4

24 Wenn ein Mann eine Frau geheiratet
hat und ihr Ehemann geworden ist,
sie ihm dann aber nicht gefällt, weil er an ihr
etwas Anstößiges entdeckt, wenn er ihr dann
eine Scheidungsurkunde ausstellt, sie ihr

23,16 einen fremden Untertan, andere Übersetzungsmöglichkeit: einen Sklaven (aus dem Ausland).

23,19 Hundegeld: die Bezahlung bei männlicher Prostitution.

23,20f Zumindest innerhalb Israels spielten Darlehen keine Rolle, außer wenn eine Familie in Not geraten war. Das vorausgesetzt, ist ein Darlehen Pflicht der Nächstenliebe und Zins – der damals sehr hoch war – würde seine Natur verkehren.

24,1 Anstößiges: Was genau gemeint ist, wird nicht deutlich. Vielleicht liegt gar keine Einschränkung des Falles auf einen ganz bestimmten Scheidungsgrund vor. Die Ehescheidung wird jedenfalls als selbstverständlich vorausgesetzt.

übergibt und sie aus seinem Haus fortschickt, 2 wenn sie sein Haus dann verlässt, hingeht und die Frau eines anderen Mannes wird, 3 wenn auch der andere Mann sie nicht mehr liebt, ihr eine Scheidungsurkunde ausstellt, sie ihr übergibt und sie aus seinem Haus fortschickt, oder wenn der andere Mann, der sie geheiratet hat, stirbt, 4 dann darf sie ihr erster Mann, der sie fortgeschickt hat, nicht wieder heiraten, sodass sie wieder seine Frau würde, nachdem sie für ihn unberührbar geworden ist. Das wäre dem Herrn ein Gräuel. Du sollst das Land, das der Herr, dein Gott, dir als Erbbesitz gibt, nicht der Sünde verfallen lassen.

1: Mt 5,31; 19,7; Mk 10,4.

Die Befreiung Neuvermählter vom Kriegsdienst: 24,5

5 Wenn ein Mann neu vermählt ist, muss er nicht mit dem Heer ausrücken. Man soll auch keine andere Leistung von ihm verlangen. Ein Jahr lang darf er frei von Verpflichtungen zu Hause bleiben und die Frau, die er geheiratet hat, erfreuen.

5: 20,7.

Verbotenes Pfandgut: 24,6

6 Man darf nicht die Handmühle oder den oberen Mühlstein als Pfand nehmen; denn dann nimmt man das Leben selbst als Pfand.

Der Menschenraub: 24,7

7 Wenn ein Mann dabei ertappt wird, wie er einen seiner Brüder, einen Israeliten, entführt, ihn als Sklaven kennzeichnet und verkauft, dann soll dieser Entführer sterben. Du sollst das Böse aus deiner Mitte wegschaffen.

7: 19,19; 21,21; Ex 21,16; 1 Kor 5,13.

Der Aussatz: 24,8f

8 Nimm dich in Acht, wenn Aussatz als Seuche auftritt. Achte genau auf alles, wozu euch die levitischen Priester anweisen, und haltet es! So wie ich es ihnen aufgetragen habe, sollt ihr darauf achten und es halten. 9 Denkt an das, was der Herr, dein Gott, als ihr aus Ägypten zogt, unterwegs mit Mirjam getan hat.

8: 10,8 • 9: Num 12.

Die Pfandeinbringung und Pfandbehandlung: 24,10–13

10 Wenn du einem andern irgendein Darlehen gibst, sollst du, um das Pfand zu holen, nicht sein Haus betreten. 11 Du sollst draußen stehen bleiben und der Mann, dem du das Darlehen gibst, soll dir ein Pfand nach draußen bringen. 12 Wenn er in Not ist, sollst du sein Pfand nicht über Nacht behalten. 13 Bei Sonnenuntergang sollst du ihm sein Pfand zurückgeben. Dann kann er in seinem Mantel schlafen, er wird dich segnen und du wirst vor dem Herrn, deinem Gott, im Recht sein.

12–13: Ex 22,25f.

Die Lohnauszahlung an den Tagelöhner: 24,14f

14 Du sollst den Lohn eines Notleidenden und Armen unter deinen Brüdern oder unter den Fremden, die in deinem Land innerhalb deiner Stadtbereiche wohnen, nicht zurückhalten. 15 An dem Tag, an dem er arbeitet, sollst du ihm auch seinen Lohn geben. Die Sonne soll darüber nicht untergehen; denn er ist in Not und lechzt danach. Dann wird er nicht den Herrn gegen dich anrufen und es wird keine Strafe für eine Sünde über dich kommen.

14–15: Mt 20,8; Mk 10,19; Jak 5,4; Mal 3,5.

Das Verbot der Sippenhaft: 24,16

16 Väter sollen nicht für ihre Söhne und Söhne nicht für ihre Väter mit dem Tod bestraft werden. Jeder soll nur für sein eigenes Verbrechen mit dem Tod bestraft werden.

16: 7,10; 2 Kön 14,6; Ez 18.

Die sozial Schwachen: 24,17f

17 Du sollst das Recht von Fremden, die Waisen sind, nicht beugen; du sollst das Kleid einer Witwe nicht als Pfand nehmen. 18 Denk daran: Als du in Ägypten Sklave warst, hat dich der Herr, dein Gott, dort freigekauft. Darum mache ich es dir zur Pflicht, diese Bestimmung einzuhalten.

17–18: Ex 22,20–23; 23,9 • 17: 27,19; • 18: 5,15.

Die vergessene Garbe: 24,19

19 Wenn du dein Feld aberntest und eine Garbe auf dem Feld vergisst, sollst du nicht

---

24,7 Möglicherweise ist hier der ursprüngliche Sinn des siebten Gebots zu greifen. »Entführen« in diesem Gesetz und »stehlen« in 5,19 geben dasselbe hebräische Wort wieder.

24,14 Andere Lesart: Du sollst einen Not leidenden und armen Taglöhner unter deinen Brüdern oder unter den Fremden, die in deinem Land innerhalb deiner Stadtbereiche wohnen, nicht ausbeuten.

umkehren, um sie zu holen. Sie soll den
Fremden, Waisen und Witwen gehören, da-
mit der Herr, dein Gott, dich bei jeder Arbeit
deiner Hände segnet.

19: 28,12.

Die Nachlese: 24,20–22

20 Wenn du einen Ölbaum abgeklopft hast,
sollst du nicht auch noch die Zweige absu-
chen. Was noch hängt, soll den Fremden,
Waisen und Witwen gehören. 21 Wenn du in
deinem Weinberg die Trauben geerntet hast,
sollst du keine Nachlese halten. Sie soll den
Fremden, Waisen und Witwen gehören.
22 Denk daran: Du bist in Ägypten Sklave ge-
wesen. Darum mache ich es dir zur Pflicht,
diese Bestimmung einzuhalten.

22: 5,15.

Die Prügelstrafe: 25,1–3

25 Wenn zwei Männer eine Auseinan-
dersetzung haben, vor Gericht gehen
und man zwischen ihnen die Entscheidung
fällt, indem man dem Recht gibt, der im
Recht ist, und den schuldig spricht, der
schuldig ist, 2 dann soll der Richter, falls der
Schuldige zu einer Prügelstrafe verurteilt
wurde, anordnen, dass er sich hinlegt und in
seiner Gegenwart eine bestimmte Anzahl
von Schlägen erhält, wie es seiner Schuld
entspricht. 3 Vierzig Schläge darf er ihm ge-
ben lassen, mehr nicht. Sonst könnte dein
Bruder, wenn man ihm darüber hinaus noch
viele Schläge gibt, in deinen Augen entehrt
werden.

3: 2 Kor 11,24.

Der Ochse beim Dreschen: 25,4

4 Du sollst dem Ochsen zum Dreschen kei-
nen Maulkorb anlegen.

4: 1 Kor 9,9; 1 Tim 5,18.

Die Schwagerehe: 25,5–10

5 Wenn zwei Brüder zusammen wohnen
und der eine von ihnen stirbt und keinen
Sohn hat, soll die Frau des Verstorbenen
nicht die Frau eines fremden Mannes außer-
halb der Familie werden. Ihr Schwager soll
sich ihrer annehmen, sie heiraten und die
Schwagerehe mit ihr vollziehen. 6 Der erste
Sohn, den sie gebiert, soll den Namen des
verstorbenen Bruders weiterführen. So soll
dessen Name in Israel nicht erlöschen.
7 Wenn der Mann aber seine Schwägerin
nicht heiraten will und seine Schwägerin zu
den Ältesten ans Tor hinaufgeht und sagt:
Mein Schwager will dem Namen seines Bru-
ders in Israel keinen Bestand sichern und hat
es deshalb abgelehnt, mit mir die Schwager-
ehe einzugehen!, 8 wenn die Ältesten seiner
Stadt ihn dann vorladen und zur Rede stel-
len, er aber bei seiner Haltung bleibt und er-
klärt: Ich will sie nicht heiraten!, 9 dann soll
seine Schwägerin vor den Augen der Ältes-
ten zu ihm hintreten, ihm den Schuh vom
Fuß ziehen, ihm ins Gesicht spucken und
ausrufen: So behandelt man einen, der sei-
nem Bruder das Haus nicht baut. 10 Ihm soll
man in Israel den Namen geben: Barfüßer-
haus.

5–10: 19,12 • 5–6: Mt 22,24; Mk 12,19; Lk 20,28.

Übergriff beim Streit: 25,11f

11 Wenn zwei Männer, ein Mann und sein
Bruder, miteinander raufen und die Frau des
einen hinzukommt, um ihren Mann aus der
Gewalt des andern, der auf ihn einschlägt, zu
befreien, und wenn sie die Hand ausstreckt
und dessen Schamteile ergreift, 12 dann sollst
du ihr die Hand abhacken. Du sollst in dir
kein Mitleid aufsteigen lassen.

12: 19,13.

Falsches Gewicht und Maß: 25,13–16

13 Du sollst in deinem Beutel nicht zwei
verschiedene Gewichte haben, ein größeres
und ein kleineres. 14 Du sollst in deinem
Haus nicht zwei verschiedene Efa haben, ein
größeres und ein kleineres. 15 Volle und rich-
tige Gewichte sollst du haben, volle und
richtige Hohlmaße sollst du haben, damit du
lange in dem Land lebst, das der Herr, dein
Gott, dir gibt. 16 Denn alle, die so etwas tun,
alle Betrüger, sind dem Herrn ein Gräuel.

Die Vergeltung an den Amalekitern:
25,17–19

17 Denk daran, was Amalek dir unterwegs
angetan hat, als ihr aus Ägypten zogt: 18 wie

25,5–10: Die Schwagerehe war üblich, doch konnte man sie verweigern. Das hatte jedoch Rechtsfolgen, die in den Symbolhandlungen von VV. 9f deutlich werden. Beim Verkauf eines Grundstücks zog man den Schuh aus und gab ihn dem Käufer (vgl. Rut 4,7). Wenn die Frau ihrem Schwager den Schuh auszieht, entzieht sie ihm den Erbbesitz ihres verstorbenen Mannes, der sonst an ihn fiele. Als Frau, der die Schwagerehe verweigert wurde, ist sie öffentlich entehrt. Durch Anspeien gibt sie die Ehrlosigkeit an den Schuldigen weiter.

er unterwegs auf dich stieß und, als du müde und matt warst, ohne jede Gottesfurcht alle erschöpften Nachzügler von hinten niedermachte. 19 Wenn der Herr, dein Gott, dir von allen deinen Feinden ringsum Ruhe verschafft hat in dem Land, das der Herr, dein Gott, dir als Erbbesitz gibt, damit du es in Besitz nimmst, dann lösche die Erinnerung an Amalek unter dem Himmel aus! Du sollst nicht vergessen.

17–19: Ex 17,14; 1 Sam 15 • 19: 12,10.

Die Darbringung der Erstlingsfrüchte: 26,1–11

26 Wenn du in das Land, das der Herr, dein Gott, dir als Erbbesitz gibt, hineinziehst, es in Besitz nimmst und darin wohnst, 2 dann sollst du von den ersten Erträgen aller Feldfrüchte, die du in dem Land, das der Herr, dein Gott, dir gibt, eingebracht hast, etwas nehmen und in einen Korb legen. Dann sollst du zu der Stätte ziehen, die der Herr, dein Gott, auswählt, indem er dort seinen Namen wohnen lässt. 3 Du sollst vor den Priester treten, der dann amtiert, und sollst zu ihm sagen: Heute bestätige ich vor dem Herrn, deinem Gott, dass ich in das Land gekommen bin, von dem ich weiß: Er hat unseren Vätern geschworen, es uns zu geben. 4 Dann soll der Priester den Korb aus deiner Hand entgegennehmen und ihn vor den Altar des Herrn, deines Gottes, stellen. 5 Du aber sollst vor dem Herrn, deinem Gott, folgendes Bekenntnis ablegen:

Mein Vater war ein heimatloser Aramäer. Er zog nach Ägypten, lebte dort als Fremder mit wenigen Leuten und wurde dort zu einem großen, mächtigen und zahlreichen Volk. 6 Die Ägypter behandelten uns schlecht, machten uns rechtlos und legten uns harte Fronarbeit auf. 7 Wir schrien zum Herrn, dem Gott unserer Väter, und der Herr hörte unser Schreien und sah unsere Rechtlosigkeit, unsere Arbeitslast und unsere Bedrängnis. 8 Der Herr führte uns mit starker Hand und hoch erhobenem Arm, unter großem Schrecken, unter Zeichen und Wundern aus Ägypten, 9 er brachte uns an diese Stätte und gab uns dieses Land, ein Land, in dem Milch und Honig fließen. 10 Und siehe, nun bringe ich hier die ersten Erträge von den Früchten des Landes, das du mir gegeben hast, Herr.

Wenn du den Korb vor den Herrn, deinen Gott, gestellt hast, sollst du dich vor dem Herrn, deinem Gott, niederwerfen. 11 Dann sollst du fröhlich sein und dich freuen über alles Gute, das der Herr, dein Gott, dir und deiner Familie gegeben hat: du, die Leviten und die Fremden in deiner Mitte.

1–11: 14,22–27; 18,4; Ex 23,19; 34,26 • 2: 12,10f • 3: 17,9; 19,17 • 5–8: Num 20,15f • 5: Gen 12,10; 18,18; 46,3; 47,4 • 6–9: 6,21–23 • 6: Ex 1,11f; 5,9.23 • 7: Ex 3,7.9 • 8: Ex 3,19; 4,8f.21; 8,19; 15,11.16 • 9: 6,3; Ex 3,8; 23,20 • 11: 16,14.

Das Gebet nach der Ablieferung des Zehnten für die Armen: 26,12–15

12 Wenn du im dritten Jahr, dem Zehntjahr, alle Zehntanteile von deiner Ernte vollständig ausgesondert und für die Leviten, Fremden, Waisen und Witwen abgeliefert hast und sie davon in deinen Stadtbereichen essen und satt werden, 13 dann sollst du vor dem Herrn, deinem Gott, sagen:

Ich habe alle heiligen Abgaben aus meinem Haus geschafft. Ich habe sie für die Leviten und die Fremden, für die Waisen und die Witwen gegeben, genau nach deinem Gebot, auf das du mich verpflichtet hast. Ich habe dein Gebot nicht übertreten und habe es nicht vergessen. 14 Ich habe in der Trauerzeit nicht davon gegessen. Ich habe nichts davon weggeschafft, als ich unrein war. Ich habe nichts davon einem Toten gespendet. Ich habe auf die Stimme des Herrn, meines Gottes, gehört. Ich habe alles so gehalten, wie du es mir zur Pflicht gemacht hast. 15 Blick von deiner heiligen Wohnung, vom Himmel, herab, und segne dein Volk Israel und das Land, das du uns gegeben hast, wie du es unseren Vätern geschworen hattest, das Land, wo Milch und Honig fließen.

12: 14,28f • 15: 28,8.

Der Grund, das Gesetz zu halten: der Bund: 26,16–19

16 Heute, an diesem Tag, verpflichtet dich der Herr, dein Gott, diese Gesetze und die Rechtsvorschriften zu halten. Du sollst auf sie achten und sie halten mit ganzem Herzen und mit ganzer Seele.

17 Heute hast du der Erklärung des Herrn zugestimmt. Er hat dir erklärt: Er will dein

---

26,17–19 *Diese in H sehr kompakten, die Gesetzessammlung abschließenden Sätze interpretieren das Gesetz als »Bund« zwischen Gott und Israel. Entsprechend der Struktur von Verträgen der damaligen Welt nennt jede der beiden Parteien sowohl* ihre eigenen Verpflichtungen als auch die der Gegenseite. Hinter den Formulierungen für die Verpflichtung Gottes steht die Bundesformel: Ihr seid mein Volk und ich bin euer Gott (vgl. 29,12).

Gott werden und du sollst auf seinen Wegen gehen, auf seine Gesetze, Gebote und Rechtsvorschriften achten und auf seine Stimme hören.

18 Und der Herr hat heute deiner Erklärung zugestimmt. Du hast ihm erklärt: Du möchtest das Volk werden, das ihm persönlich gehört, wie er es dir zugesagt hat. Du willst auf alle seine Gebote achten; 19 er soll dich über alle Völker, die er geschaffen hat, erheben – zum Lob, zum Ruhm, zur Zierde –; und du möchtest ein Volk werden, das ihm, dem Herrn, deinem Gott, heilig ist, wie er es zugesagt hat.

16: 5,1 • 17–19: 29,12; 2 Sam 7,24 • 18–19: 7,6 • 19: 28,1.9.

Einschub: Aufträge für die Zeit nach dem Jordanübergang: 27,1–26

27 Mose und die Ältesten Israels befahlen dem Volk: Achtet auf das ganze Gebot, auf das ich euch heute verpflichte. 2 An dem Tag, wenn ihr über den Jordan zieht in das Land, das der Herr, dein Gott, dir gibt, sollst du große Steine aufrichten, sie mit Kalk bestreichen 3 und alle Worte dieser Weisung darauf schreiben, wenn du hinüberziehst, um in das Land, das der Herr, dein Gott, dir gibt, das Land, wo Milch und Honig fließen, hineinzuziehen, wie der Herr, der Gott deiner Väter, es dir zugesagt hat. 4 Wenn ihr über den Jordan zieht, sollt ihr diese Steine, die zu errichten ich euch heute befehle, auf dem Berg Garizim aufrichten. Mit Kalk sollst du sie bestreichen. 5 Dort sollst du dem Herrn, deinem Gott, einen Altar bauen, einen Altar aus Steinen. Du darfst nicht mit Eisenwerkzeug daran arbeiten. 6 Aus unbehauenen Steinen sollst du den Altar des Herrn, deines Gottes, bauen und auf ihm sollst du Brandopfertiere für den Herrn, deinen Gott, verbrennen. 7 Dort sollst du Heilsopfertiere schlachten und verzehren und vor dem Herrn, deinem Gott, fröhlich sein. 8 Und auf die Steine sollst du in schöner Schrift alle Worte dieser Weisung schreiben.

9 Mose und die levitischen Priester sagten zu ganz Israel: Sei still und höre, Israel: Heute, an diesem Tag, bist du das Volk des Herrn, deines Gottes, geworden. 10 Du sollst auf die Stimme des Herrn, deines Gottes, hören und seine Gebote und Gesetze halten, auf die ich dich heute verpflichte.

11 Am gleichen Tag befahl Mose dem Volk: 12 Folgende Stämme sollen sich auf dem Berg Garizim aufstellen, um das Volk zu segnen, wenn ihr den Jordan überschritten habt: Simeon, Levi, Juda, Issachar, Josef und Benjamin. 13 Folgende Stämme sollen sich am Berg Ebal aufstellen, um den Fluch zu sprechen: Ruben, Gad, Ascher, Sebulon, Dan und Naftali. 14 Die Leviten sollen über alle Männer Israels mit lauter Stimme ausrufen: 15 Verflucht ist der Mann, der ein Gottesbildnis, das dem Herrn ein Gräuel ist, ein Künstlermachwerk, schnitzt oder gießt und es heimlich aufstellt. Und das ganze Volk soll ausrufen: Amen. 16 Verflucht, wer Vater oder Mutter schmäht. Und das ganze Volk soll rufen: Amen. 17 Verflucht, wer den Grenzstein seines Nachbarn verrückt. Und das ganze Volk soll rufen: Amen. 18 Verflucht, wer einem Blinden den falschen Weg weist. Und das ganze Volk soll rufen: Amen. 19 Verflucht, wer das Recht der Fremden, die Waisen sind, und das der Witwen beugt. Und das ganze Volk soll rufen: Amen. 20 Verflucht, wer sich mit der Frau seines Vaters hinlegt, denn er deckt das Bett seines Vaters auf. Und das ganze Volk soll rufen: Amen. 21 Verflucht, wer sich mit irgendeinem Tier hinlegt. Und das ganze Volk soll rufen: Amen. 22 Verflucht, wer sich mit seiner Schwester hinlegt, mit der Tochter seines Vaters oder mit der Tochter seiner Mutter. Und das ganze Volk soll rufen: Amen. 23 Verflucht, wer sich mit seiner Schwiegermutter hinlegt. Und das ganze Volk soll rufen: Amen. 24 Verflucht, wer einen andern heimlich erschlägt. Und das ganze Volk soll rufen: Amen. 25 Verflucht, wer sich bestechen lässt, einen unschuldigen Menschen zu töten. Und das ganze Volk soll rufen: Amen. 26 Verflucht, wer nicht die Worte dieser Weisung stützt, indem er sie hält. Und das ganze Volk soll rufen: Amen.

1–13: Jos 8,30–35 • 1: 5,23 • 4: Joh 4,20 • 5–6: Ex 20,25 • 9: 7,6; 10,8; 26,17–19 • 10: 28,1 • 11–13: 11,29 • 15: 4,16.28; 5,8; 7,25; 9,12; 31,29; Ri 17,3; 1 Kön 14,9; 2 Kön 17,16; 21,7 • 16: 5,16; Ex 21,17 • 17: 5,21; 19,14 • 19: 24,17; Ex 22,20–23; 23,9 • 20: 23,1; 2 Sam 16,22; 1 Kor 5,1 • 21: Ex 22,18 • 24: 5,17; Ex 21,12 • 25: 19,10; Ex 23,8 • 26: 2 Kor 3,9; Gal 3,10.

27,4 Garizim, andere Lesart: Ebal; sie stammt aus antisamaritischer Tendenz, denn nach V. 13 ist der Ebal der Berg des Verfluchens und der Tempel der Samariter stand auf dem Garizim.

27,14–26 Vom letzten Satz abgesehen, richten sich die Verfluchungen alle gegen Verbrechen, die im Geheimen geschehen sind. Da menschliche Justiz sie nicht fassen kann, werden sie der göttlichen Ahndung überantwortet.

Der Abschluss der Verkündigung des Gesetzes: 28,1–68

Der Segen für Gehorsam: 28,1–14

28 Wenn du auf die Stimme des Herrn, deines Gottes, hörst, indem du auf alle seine Gebote, auf die ich dich heute verpflichte, achtest und sie hältst, wird dich der Herr, dein Gott, über alle Völker der Erde erheben. 2 Alle diese Segnungen werden über dich kommen und dich erreichen, wenn du auf die Stimme des Herrn, deines Gottes, hörst: 3 Gesegnet bist du in der Stadt, gesegnet bist du auf dem Land. 4 Gesegnet ist die Frucht deines Leibes, die Frucht deines Ackers und die Frucht deines Viehs, die Kälber, Lämmer und Zicklein. 5 Gesegnet ist dein Korb und dein Backtrog. 6 Gesegnet bist du, wenn du heimkehrst, gesegnet bist du, wenn du ausziehst. 7 Der Herr stößt die Feinde, die sich gegen dich erheben, nieder und liefert sie dir aus. Auf einer Straße ziehen sie gegen dich aus, auf sieben Straßen fliehen sie vor dir. 8 Der Herr befiehlt dem Segen, an deiner Seite zu sein: in deinen Speichern und bei allem, was deine Hände schaffen. Der Herr segnet dich in dem Land, das er, dein Gott, dir gibt. 9 Der Herr lässt dich erstehen als das Volk, das ihm heilig ist, wie er es dir unter der Bedingung geschworen hat, dass du auf die Gebote des Herrn, deines Gottes, achtest und auf seinen Wegen gehst. 10 Dann sehen alle Völker der Erde, dass der Name des Herrn über dir ausgerufen ist, und fürchten sich vor dir. 11 Der Herr schenkt dir Gutes im Überfluss bei der Frucht deines Leibes, bei der Frucht deines Viehs und bei der Frucht deines Ackers in dem Land, von dem du weißt: Der Herr hat deinen Vätern geschworen, es dir zu geben. 12 Der Herr öffnet dir den Himmel, seine Schatzkammer voll köstlichen Wassers: Er gibt deinem Land zur rechten Zeit Regen und segnet jede Arbeit deiner Hände. An viele Völker kannst du ausleihen und du brauchst nichts zu entleihen. 13 Der Herr macht dich zum Kopf und nicht zum Schwanz. Du kennst nur den Aufstieg, du kennst keinen Abstieg, wenn du auf die Gebote des Herrn, deines Gottes, auf die ich dich heute verpflichte, hörst, auf sie achtest und sie hältst. 14 Von allen Worten, die ich euch heute vorschreibe, sollst du weder rechts noch links abweichen. Du sollst nicht anderen Göttern nachfolgen und ihnen dienen.

1–14 ‖ Lev 26,3–13; Dtn 28,15–45; 7,12–16; 11,13–15; 30,16 • 1: 26,19 • 4: 7,13; 30,9; Lk 1,42 • 8: 26,15 • 9: 7,6; 26,18f • 10: 2,25; 11,25; 2 Sam 12,28; 1 Kön 8,43; Jer 14,9 • 12: 2,7; 14,29; 16,15; 24,19; 30,9; 15,6 • 14: 7,4; 13,3.

Der Fluch für Ungehorsam: 28,15–68

15 Wenn du nicht auf die Stimme des Herrn, deines Gottes, hörst, indem du nicht auf alle seine Gebote und Gesetze, auf die ich dich heute verpflichte, achtest und sie nicht hältst, werden alle diese Verfluchungen über dich kommen und dich erreichen: 16 Verflucht bist du in der Stadt, verflucht bist du auf dem Land. 17 Verflucht ist dein Korb und dein Backtrog. 18 Verflucht ist die Frucht deines Leibes und die Frucht deines Ackers, die Kälber, Lämmer und Zicklein. 19 Verflucht bist du, wenn du heimkehrst, verflucht bist du, wenn du ausziehst. 20 Verfluchtsein, Verwirrtsein, Verwünschtsein lässt der Herr auf dich los, auf alles, was deine Hände schaffen und was du tust, bis du bald vernichtet und bis du ausgetilgt bist wegen deines Tuns, durch das du mich böswillig verlassen hast. 21 Der Herr heftet die Pest an dich, bis er dich ausgemerzt hat aus dem Land, in das du hineinziehst, um es in Besitz zu nehmen. 22 Der Herr schlägt dich mit Schwindsucht, Fieber und Brand, mit Glut und Trockenheit, Versengung und Vergilbung. Sie verfolgen dich, bis du ausgetilgt bist. 23 Der Himmel über deinem Kopf wird zu Erz, die Erde unter dir wird zu Eisen. 24 Der Herr verwandelt den Regen, den dein Land erhält, in Staub. Asche fällt vom Himmel auf dich herab, bis du vernichtet bist. 25 Der Herr stößt dich nieder und liefert dich deinen Feinden aus. Auf einer Straße ziehst du gegen sie aus, auf sieben Straßen fliehst du vor ihnen. Alle Könige der Erde erschauern vor dir. 26 Deine Leichen liegen da, zum Fraß für alle Vögel des Himmels und für die Tiere der Erde und keiner verscheucht sie. 27 Der Herr schlägt dich mit dem ägyptischen Geschwür, mit Beulen, Krätze und Grind und keiner kann dich heilen. 28 Der Herr schlägt dich mit Wahnsinn, Blindheit und Irresein. 29 Am hellen Mittag

---

28,12 Andere Übersetzungsmöglichkeit: Der Herr *tut dir sein köstliches* Schatzhaus auf, den Himmel.

28,20 zum Ende des Verses vgl. die Anmerkung zu 11,13–15.

28,22 mit Glut und Trockenheit, andere Lesart: mit Glut und Schwert. – Der Vers zählt wahrscheinlich nur menschliche Krankheiten auf.

28,24 Andere Lesart: Der Herr verwandelt den Regen, den dein Land erhält, in Staub und Asche. Beide fallen vom Himmel auf dich herab, bis du vernichtet bist.

tappst du im Dunkel wie ein Blinder. Deine
Wege führen nicht zum Erfolg. Dein Leben
lang wirst du ausgebeutet und ausgeraubt
und niemand hilft dir. 30 Du verlobst dich
mit einer Frau und ein anderer schläft mit
ihr. Du baust ein Haus und wohnst nicht da-
rin. Du legst einen Weinberg an und hältst
nicht einmal die erste Lese. 31 Dein Ochse
wird vor deinen Augen geschlachtet und du
bekommst nicht einmal davon zu essen. Dein
Esel wird dir weggerissen und kehrt nicht
zurück. Deine Schafe und Ziegen werden
deinen Feinden ausgeliefert und niemand
kommt dir zu Hilfe. 32 Deine Söhne und
Töchter werden einem anderen Volk ausge-
liefert, du siehst dir den ganzen Tag nach ih-
nen die Augen aus und zwingst sie doch
nicht herbei. 33 Den Ertrag deines Ackers
und all deinen Gewinn verzehrt ein Volk, das
du früher nicht einmal gekannt hast, und du
wirst dein Leben lang nur ausgebeutet und
misshandelt. 34 Wahnsinn befällt dich bei
dem Anblick, der sich deinen Augen bietet.
35 Der Herr schlägt dich mit bösen Geschwü-
ren am Knie und am Schenkel, und keiner
kann dich heilen. Von der Sohle bis zum
Scheitel bist du krank. 36 Der Herr bringt
dich und den König, den du über dich einge-
setzt hast, zu einem Volk, das du und deine
Väter früher nicht einmal gekannt haben,
und dort musst du anderen Göttern dienen,
Göttern aus Holz und Stein. 37 Alle Völker,
zu denen der Herr dich führt, wenden sich
entsetzt von dir ab, sagen Spottverse über
dich auf und stimmen Hohngelächter an.
38 Viel Saatgut trägst du aufs Feld, aber du
erntest wenig. Das andere hat die Heuschre-
cke gefressen. 39 Weinberge legst du an und
pflegst sie, aber du trinkst keinen Wein und
bringst keinen in den Keller. Der Wurm hat
ihn weggefressen. 40 Ölbäume wachsen über-
all in deinem Land, aber du hast kein Öl, um
dich zu salben. Dein Ölbaum hat die Oliven
abgeworfen. 41 Söhne und Töchter hast du
gezeugt, aber sie sind nicht bei dir. Sie sind
als Gefangene weggezogen. 42 Alle deine
Bäume und Feldfrüchte nimmt das Ungezie-
fer in Besitz. 43 Der Fremde, der in deiner
Mitte wohnt, steigt immer höher nach oben,
hoch über dich hinaus, und du steigst immer
tiefer hinab. 44 Er leiht dir aus und du kannst
ihm nichts ausleihen. Er wird zum Kopf und
du wirst zum Schwanz.

45 Alle diese Verfluchungen werden über
dich kommen, dich verfolgen und dich errei-
chen, bis du vernichtet bist, wenn du auf die
Stimme des Herrn, deines Gottes, nicht hörst
und nicht auf seine Gebote und Gesetze, auf
die er dich verpflichtet hat, achtest. 46 Für
immer werden sie als Zeichen und Wunder
an dir und an deinen Nachkommen haften.

47 Weil du dem Herrn, deinem Gott, nicht
gedient hast aus Freude und Dankbarkeit
dafür, dass alles in Fülle da war, 48 musst du
deinen Feinden dienen, die der Herr gegen
dich ausgesandt hat. Hunger und Durst wirst
du leiden, nackt sein und nichts mehr haben.
Er legt dir ein eisernes Joch auf den Nacken,
bis er dich vernichtet hat. 49 Der Herr trägt
zum Kampf gegen dich ein Volk aus der Fer-
ne herbei, von den Enden der Erde, das wie
ein Adler herabstößt, ein Volk, dessen Spra-
che du noch nie gehört hast, 50 ein Volk mit
unbeweglichem Gesicht, das sich dem Greis
nicht zuwendet und für das Kind kein Mit-
leid zeigt. 51 Es verzehrt die Frucht deines
Viehs und die Frucht deines Ackers, bis du
vernichtet bist. Es lässt dir nichts übrig vom
Korn, vom Wein und vom Öl, von den Käl-
bern, Lämmern und Zicklein, bis es dich
ausgetilgt hat. 52 Es belagert dich in allen
deinen Städten, bis die Mauern fallen, die
hohen, fest gefügten Mauern, auf die du dich
in deinem ganzen Land verlässt. Es belagert
dich in allen deinen Städten in dem ganzen
Land, das der Herr, dein Gott, dir gegeben
hat. 53 In der Not der Belagerung, wenn dein
Feind dich einschnürt, musst du die Frucht
deines eigenen Leibes essen, das Fleisch dei-
ner Söhne und Töchter, die dir der Herr, dein
Gott, geschenkt hat. 54 Der weichlichste und
verwöhnteste Mann blickt dann bei dir miss-
günstig auf seinen Bruder, auf die Frau, mit
der er schläft, und auf den Rest der Kinder,
die er noch übrig gelassen hat, 55 und möchte
niemandem etwas abgeben von dem Fleisch
seiner Kinder, das er isst, weil ihm keine
Nahrung mehr übrig geblieben ist in der Not
der Belagerung, wenn dein Feind dich in al-
len deinen Städten einschnürt. 56 Die weich-
lichste und verwöhnteste Frau, die noch nie
versucht hat, ihren Fuß auf die Erde zu set-
zen vor lauter Verwöhntheit und Verweichli-
chung, blickt missgünstig auf den Mann, mit
dem sie schläft, auf ihren Sohn und ihre
Tochter, 57 auf die Nachgeburt, die zwischen
ihren Beinen hervorkommt, und auf die Kin-
der, die sie noch gebären wird; denn sie will
sie heimlich essen, weil sie nichts mehr hat in
der Not der Belagerung, wenn dein Feind
dich in allen deinen Städten einschnürt.

58 Wenn du nicht auf alle Worte dieser Wei-
sung, die in dieser Urkunde aufgezeichnet
sind, achtest und sie hältst, aus Furcht vor
diesem herrlichen und Furcht erregenden Na-
men, vor Jahwe, deinem Gott, 59 wird der
Herr die Schläge, die er dir und deinen
Nachkommen versetzt, über alles Gewohnte

hinaus steigern zu gewaltigen und hartnä-
ckigen Schlägen, zu schlimmen und hartnä-
ckigen Krankheiten. 60 Er wird alle ägypti-
schen Seuchen, vor denen du Angst hast,
wieder über dich bringen und sie werden an
dir haften bleiben. 61 Auch alle Krankheiten
und Schläge, die nicht in der Urkunde dieser
Weisung aufgezeichnet sind, wird der Herr
über dich bringen, bis du vernichtet bist.
62 Dann werden nur noch wenige Leute von
euch übrig bleiben, statt dass ihr zahlreich
seid wie die Sterne am Himmel; denn du hast
nicht auf die Stimme des Herrn, deines Got-
tes, gehört. 63 So wie der Herr seine Freude
daran hatte, euch Gutes zu tun und euch
zahlreich zu machen, so wird der Herr seine
Freude daran haben, euch auszutilgen und
euch zu vernichten. Ihr werdet aus dem
Land, in das du nun hineinziehst, um es in
Besitz zu nehmen, herausgerissen werden.
64 Der Herr wird dich unter alle Völker ver-
streuen, vom einen Ende der Erde bis zum
anderen Ende der Erde. Dort musst du ande-
ren Göttern dienen, die du und deine Väter
vorher nicht einmal gekannt haben, Göttern
aus Holz und Stein. 65 Unter diesen Nationen
wirst du keine Ruhe finden. Es wird keine
Stelle geben, wohin du deinen Fuß setzen
kannst. Der Herr wird dir dort das Herz er-
zittern, die Augen verlöschen und den Atem
stocken lassen. 66 Du wirst in Lebensgefahr
schweben, bei Nacht und bei Tag erschre-
cken und deines Lebens nicht mehr sicher
sein. 67 Am Morgen wirst du sagen: Wenn es
doch schon Abend wäre!, und am Abend:
Wenn es doch schon Morgen wäre! – um dem
Schrecken zu entfliehen, der dein Herz be-
fällt, und dem Anblick, der sich deinen Au-
gen bietet. 68 Der Herr wird dich auf Schiffen
nach Ägypten zurückbringen, auf einem
Weg, von dem ich dir gesagt hatte: Du sollst
ihn niemals wieder sehen. Dort werdet ihr
euch deinen Feinden als Sklaven und Skla-
vinnen zum Verkauf anbieten, aber niemand
wird euch kaufen.

15–68 ‖ Lev 26,14–38; Dtn 4,25–28; 8,19f; 11,16f; 30,17f • 15–45: 28,1–14 • 21: 1 Kön 8,37 • 23: 11,17; 1 Kön 8,35 • 25: 1 Kön 8,33 • 27: 7,15; 28,60; Ex 9,9; Offb 16,2 • 30: 20,5–7 • 35: Offb 16,2 • 36: 4,28; 17,15; 28,64; 2 Kön 17,4–6; 25,7.11 • 37: 1 Kön 9,7 • 48: Jer 28,13f • 49: Jer 5,15; 1 Kor 14,21 • 52: Jer 5,17 • 53: 2 Kön 6,28f; Jer 19,9 • 59–60: 28,27 • 62: 1,10 • 63: 30,9 • 64: 28,36; Lk 21,24 • 68: 17,16; Gen 26,2; Hos 8,13; 9,3.

DIE LETZTEN VERFÜGUNGEN DES MOSE: 28,69 – 32,52

69 Das sind die Worte, mit denen der Bund
geschlossen wurde, den Mose im Auftrag des
Herrn in Moab mit den Israeliten schloss, zu-
sätzlich zu dem Bund, den er mit ihnen am
Horeb geschlossen hatte.

69: 5,2

Rückblick: 29,1–8

29 Mose rief ganz Israel zusammen und
sagte zu den Israeliten: Ihr habt alles
gesehen, was der Herr in Ägypten vor euren
Augen mit dem Pharao, mit seinem ganzen
Hof und seinem ganzen Land getan hat. 2 Mit
eigenen Augen hast du jene schweren Prü-
fungen, die großen Zeichen und Wunder ge-
sehen. 3 Aber einen Verstand, der wirklich
erkennt, Augen, die wirklich sehen, und Oh-
ren, die wirklich hören, hat der Herr euch bis
zum heutigen Tag nicht gegeben. 4 Ich habe
euch vierzig Jahre lang durch die Wüste ge-
führt. Eure Kleider sind euch nicht in Lum-
pen vom Leib gefallen, deine Schuhe sind dir
nicht an den Füßen zerrissen, 5 ihr habt kein
Brot gegessen und keinen Wein und kein
Bier getrunken, denn ihr solltet erkennen:
Ich bin Jahwe, euer Gott. 6 Und so kamt ihr
bis an diesen Ort. Sihon, der König von
Heschbon, und Og, der König des Baschan,
sind gegen uns zum Kampf ausgerückt und
wir haben sie geschlagen. 7 Wir haben ihnen
ihr Land genommen und es den Rubenitern,
den Gaditern und der Hälfte des Stammes
der Manassiter als Erbbesitz gegeben. 8 Da-
rum achtet auf die Bestimmungen dieses
Bundes und haltet sie, damit euch alles, was
ihr tut, gelingt.

1–8: 8,2–6 • 1–3: 1,19.31; 3,21; 4,3.9.35; 5,24; 7,18f; 10,21; 17,7; 29,16.21 • 3: Mt 13,14; Röm 11,8 • 4: 2,7; 8,4 • 6–7: 2,24 – 3,13 • 8: Jos 1,7f.

Partner und Inhalt des Bundes: 29,9–14

9 Ihr habt euch heute alle vor dem Herrn,
eurem Gott, aufgestellt: eure Anführer,

28,69 Manche Bibelausgaben zählen diesen Vers schon als 29,1; entsprechend ändert sich die Verszählung in Kap. 29. V. 69 ist jedoch Einführung zum Folgenden, nicht Abschluss des Vorangehenden, und steht parallel zu 1,1; 4,44 und 33,1.

29,4f Gottesrede; vgl. die Anmerkung zu 11,13–15.

29,9 eure Anführer, Stammesführer, Ältesten und Listenführer, andere Übersetzungsmöglichkeit: eure Stammesführer, Ältesten und Listenführer.

Stammesführer, Ältesten und Listenführer,
alle Männer Israels, 10 eure Kinder und Grei-
se, eure Frauen und auch die Fremden in dei-
nem Lager, vom Holzarbeiter bis zum Was-
serträger. 11 Du schreitest jetzt zwischen den
Zeichen des Bundes mit dem Herrn, deinem
Gott, hindurch, den Zeichen der Selbstver-
wünschung. Der Herr, dein Gott, schließt
heute mit dir diesen Bund, 12 um dich heute
als sein Volk einzusetzen und dein Gott zu
werden, wie er es dir zugesagt und deinen
Vätern Abraham, Isaak und Jakob geschwo-
ren hat. 13 Nicht mit euch allein schließe ich
diesen Bund und setze diese Verwünschung
in Kraft, 14 sondern ich schließe ihn mit de-
nen, die heute hier bei uns vor dem Herrn,
unserem Gott, stehen, und mit denen, die
heute nicht hier bei uns sind.

9: 1,13; 5,23; 16,18; 33,5 • 10: Jos 9,27 • 12: 26,17–19 • 13–14: 5,3.

Die Strafe für den geheimen Vorbehalt beim Bundesschwur: 29,15–20

15 Ihr wisst noch von unserem Aufenthalt
in Ägypten und von unserem Zug mitten
durch die Völker, deren Gebiet ihr durchzie-
hen musstet. 16 Ihr habt bei ihnen Scheusale
und Götzen aus Holz und Stein, aus Silber
und Gold gesehen. 17 Es soll keinen unter
euch geben, weder Mann noch Frau, weder
Sippe noch Stamm, der heute sein Herz vom
Herrn, unserem Gott, abwendet und anfängt,
den Göttern dieser Völker zu dienen. Es soll
bei euch keine Wurzel wachsen, die Gift und
Wermut hervorbringt, 18 das heißt keinen,
der beim Hören der Worte dieser Verwün-
schung insgeheim folgenden Gegensegen
über sich spricht: Mir soll nichts geschehen,
wenn ich aus eigenem Entschluss etwas tue,
damit Wasserfülle die Dürre beendet. 19 Der
Herr wird sich weigern, ihm zu verzeihen, er
wird schnauben vor Zorn und Eifersucht ge-
gen einen solchen Menschen. Jede Verwün-
schung, die in dieser Urkunde aufgezeichnet
ist, wird auf ihn lauern und der Herr wird
seinen Namen unter dem Himmel auslö-
schen. 20 Entsprechend den Verwünschun-
gen, die beim Abschluss des Bundes gespro-
chen werden und in dieser Urkunde der Wei-
sung einzeln aufgezeichnet sind, wird der
Herr ihn von allen Stämmen Israels abson-
dern, damit es ihm schlecht ergeht.

17: Apg 8,23; Hebr 12,15 • 19–20: 28,15–68; Offb 22,18.

Die Androhung der Vertreibung: 29,21–28

21 Dann wird eine spätere Generation, also
eure Söhne, die nach euch erstehen, und die
Ausländer, die aus fernen Ländern kommen,
die Schläge sehen, die dieses Land getroffen
haben, und die Seuchen, die der Herr in ihm
ausbrechen ließ: 22 Schwefel und Salz bede-
cken es; seine Fläche ist eine einzige Brand-
stätte; es kann nicht besät werden und lässt
nichts aufkeimen; kein Hälmchen kann
wachsen; alles ist wie nach der Zerstörung
von Sodom und Gomorra, Adma und Zebo-
jim, die der Herr in seinem glühenden Zorn
zerstört hat. 23 Dann werden sie und alle Völ-
ker fragen: Warum hat der Herr diesem Land
so etwas angetan? Warum entbrannte dieser
gewaltige Zorn? 24 Und man wird antworten:
Weil sie den Bund verlassen haben, den Jah-
we, der Gott ihrer Väter, mit ihnen geschlos-
sen hatte, als er sie aus Ägypten führte,
25 weil sie angefangen haben, anderen Göt-
tern zu dienen und sich vor ihnen niederzu-
werfen, Göttern, die sie vorher nicht einmal
gekannt hatten und die er ihnen nicht zuge-
wiesen hatte. 26 Deshalb entbrannte der Zorn
des Herrn gegen dieses Land. Deshalb
brachte der Herr den ganzen Fluch, der in
dieser Urkunde aufgezeichnet ist, über das
Land, 27 riss sie mit glühendem Zorn und
großem Unwillen aus ihrem Land heraus
und warf sie in ein anderes Land, in dem sie
heute noch sind.

28 Was noch verborgen ist, steht bei dem
Herrn, unserem Gott. Was schon offenbar
ist, gilt für uns und unsere Kinder auf ewig:

29,11 Wörtlich: Du schreitest jetzt durch in dem Bund deines Gottes und in seiner Verwünschung. – Diese Worte begleiteten wahrscheinlich eine symbolische Handlung, in der man zwischen den Teilen zerstückelter Tiere hindurchschritt. Man brachte dadurch zum Ausdruck, dass es einem so wie den Tieren ergehen soll, wenn man seine Zusage nicht hält (vgl. Gen 15,9f.17; Jer 34,18–20).

29,18 Gemeint ist, dass er insgeheim sich an einen anderen Gott wendet, den er als Regenspender betrachtet. Andere Übersetzungsmöglichkeit: keinen, der sich beim Hören deiner Worte insgeheim Segen verspricht, indem er sagt: Mir soll nichts geschehen, auch wenn ich mit verstocktem Herzen lebe, sodass das bewässerte Land mit dem verdorrten zusammen weggerafft wird. – Bewässertes und verdorrtes Land zusammen würde dann »alle« bedeuten, die Guten und die Sünder.

29,28 Andere Übersetzungsmöglichkeit: Die verhüllte Rolle ist das Exemplar für den Herrn, unseren Gott. Die unverhüllte Rolle ist für alle Zeit das Exemplar für uns und unsere Kinder. Wir sollen alle Bestimmungen dieser Weisung halten. – In diesem Fall würde darauf angespielt, dass bei Bundesschlüssen für jeden der beiden Partner eine Urkunde ausgestellt wurde.

dass wir alle Bestimmungen dieser Weisung
halten sollen.

21–27: 1 Kön 9,8f; Jer 5,19; 13,22; 16,10–13; 22,8f • 22: Gen 14,2; 19,15–29; Jer 49,18; 50,40 • 24: 4,23; 17,2; 31,16.20; Jos 7,11.15; 23,16; Ri 2,20; 1 Kön 11,11; 2 Kön 17,15.38; 18,12 • 25: 4,19 • 28: 32,34.

Die Heimkehrverheißung: 30,1–10

30 Und wenn alle diese Worte über dich
gekommen sind, der Segen und der
Fluch, die ich dir vorgelegt habe, wenn du sie
dir zu Herzen nimmst mitten unter den Völ-
kern, unter die der Herr, dein Gott, dich ver-
sprengt hat, 2 und wenn du zum Herrn, dei-
nem Gott, zurückkehrst und auf seine Stim-
me hörst in allem, wozu ich dich heute ver-
pflichte, du und deine Kinder, mit ganzem
Herzen und mit ganzer Seele, 3 dann wird
der Herr, dein Gott, dein Schicksal wenden,
er wird sich deiner erbarmen, sich dir zukeh-
ren und dich aus allen Völkern zusammen-
führen, unter die der Herr, dein Gott, dich
verstreut hat. 4 Und wenn einige von dir bis
ans Ende des Himmels versprengt sind, wird
dich der Herr, dein Gott, von dort zusam-
menführen, von dort wird er dich holen.
5 Und der Herr, dein Gott, wird dich in das
Land, das deine Väter in Besitz genommen
haben, zurückbringen. Du wirst es wieder in
Besitz nehmen und er wird dich glücklicher
und zahlreicher machen als deine Väter.
6 Der Herr, dein Gott, wird dein Herz und
das Herz deiner Nachkommen beschneiden.
Dann wirst du den Herrn, deinen Gott, mit
ganzem Herzen und mit ganzer Seele lieben
können, damit du Leben hast. 7 Alle diese
Verwünschungen aber wird der Herr, dein
Gott, über deine Feinde und Gegner verhän-
gen, die dich verfolgt haben. 8 Du jedoch
wirst umkehren, auf die Stimme des Herrn
hören und alle seine Gebote, auf die ich dich
heute verpflichte, halten, 9 und der Herr,
dein Gott, wird dir Gutes im Überfluss
schenken, bei jeder Arbeit deiner Hände, bei
der Frucht deines Leibes, bei der Frucht dei-
nes Viehs und bei der Frucht deines Ackers.
Denn der Herr wird sich, wie er sich an dei-
nen Vätern gefreut hat, auch an dir wieder
freuen. Er wird dir Gutes tun, 10 wenn du auf
die Stimme des Herrn, deines Gottes, hörst
und auf seine Gebote und Gesetze achtest,
die in dieser Urkunde der Weisung einzeln
aufgezeichnet sind, und wenn du zum Herrn,
deinem Gott, mit ganzem Herzen und mit
ganzer Seele zurückkehrst.

1–10: 4,29–31; Jer 29,10–14; 32,37–42 • 1: 28,1–68 • 2: 4,30 • 3: 28,64 • 4: Mt 24,31 • 6: 10,16; 11,1; Röm 2,29 • 9: 28,4.11f.63.

Das dem Menschen nahe Gebot: 30,11–14

11 Dieses Gebot, auf das ich dich heute ver-
pflichte, geht nicht über deine Kraft und ist
nicht fern von dir. 12 Es ist nicht im Himmel,
sodass du sagen müsstest: Wer steigt für uns
in den Himmel hinauf, holt es herunter und
verkündet es uns, damit wir es halten kön-
nen? 13 Es ist auch nicht jenseits des Meeres,
sodass du sagen müsstest: Wer fährt für uns
über das Meer, holt es herüber und verkün-
det es uns, damit wir es halten können?
14 Nein, das Wort ist ganz nah bei dir, es ist in
deinem Mund und in deinem Herzen, du
kannst es halten.

11–14: Jer 31,31–34 • 11: 1 Joh 5,3 • 12–14: Röm 10,6–10; Joh 3,13 • 14: 6,6–9; 11,18–20; Röm 2,15.

Segen und Fluch – Leben und Tod: 30,15–20

15 Hiermit lege ich dir heute das Leben und
das Glück, den Tod und das Unglück vor.
16 Wenn du auf die Gebote des Herrn, deines
Gottes, auf die ich dich heute verpflichte,
hörst, indem du den Herrn, deinen Gott,
liebst, auf seinen Wegen gehst und auf seine
Gebote, Gesetze und Rechtsvorschriften
achtest, dann wirst du leben und zahlreich
werden und der Herr, dein Gott, wird dich in
dem Land, in das du hineinziehst, um es in
Besitz zu nehmen, segnen.
17 Wenn du aber dein Herz abwendest und
nicht hörst, wenn du dich verführen lässt,
dich vor anderen Göttern niederwirfst und
ihnen dienst – 18 heute erkläre ich euch:
Dann werdet ihr ausgetilgt werden; ihr wer-
det nicht lange in dem Land leben, in das du
jetzt über den Jordan hinüberziehst, um hi-
neinzuziehen und es in Besitz zu nehmen.
19 Den Himmel und die Erde rufe ich heute
als Zeugen gegen euch an. Leben und Tod
lege ich dir vor, Segen und Fluch. Wähle also
das Leben, damit du lebst, du und deine
Nachkommen. 20 Liebe den Herrn, deinen
Gott, hör auf seine Stimme und halte dich an
ihm fest; denn er ist dein Leben. Er ist die
Länge deines Lebens, das du in dem Land
verbringen darfst, von dem du weißt: Der
Herr hat deinen Vätern Abraham, Isaak und
Jakob geschworen, es ihnen zu geben.

15–20: 4,1–4; 32,47 • 16: 11,1; 28,1–14 • 17–18: 28,15–68 • 18: 8,19 • 19: 4,26; 8,19; 31,28 • 20: 11,1.

Die Einsetzung Josuas durch Mose: 31,1–8

31 Mose trat vor ganz Israel hin und
sprach diese Worte. 2 Er sagte zu ih-
nen: Ich bin jetzt hundertzwanzig Jahre alt.

30,16 Der Anfang des Verses ist nur in G erhalten.

Ich kann nicht mehr in den Kampf ziehen.
Auch hat der Herr zu mir gesagt: Du wirst
den Jordan hier nicht überschreiten. 3 Der
Herr, dein Gott, zieht selbst vor dir hinüber,
er selbst vernichtet diese Völker bei deinem
Angriff, sodass du ihren Besitz übernehmen
kannst. Josua zieht vor dir hinüber, wie es
der Herr zugesagt hat. 4 Der Herr wird an ih-
nen tun, was er an Sihon und Og, den Amo-
riterkönigen, die er vernichtete, und an ih-
rem Land getan hat. 5 Der Herr wird sie euch
ausliefern: Dann sollt ihr an ihnen genau
nach dem Gebot handeln, auf das ich euch
verpflichtet habe. 6 Empfangt Macht und
Stärke: Fürchtet euch nicht und weicht nicht
erschreckt zurück, wenn sie angreifen; denn
der Herr, dein Gott, zieht mit dir. Er lässt
dich nicht fallen und verlässt dich nicht.
7 Mose rief Josua herbei und sagte vor den
Augen ganz Israels zu ihm: Empfange Macht
und Stärke: Du sollst mit diesem Volk in das
Land hineinziehen, von dem du weißt: Der
Herr hat ihren Vätern geschworen, es ihnen
zu geben. Du sollst es an sie als Erbbesitz
verteilen. 8 Der Herr selbst zieht vor dir her.
Er ist mit dir. Er lässt dich nicht fallen und
verlässt dich nicht. Du sollst dich nicht
fürchten und keine Angst haben.

2–6: 20,2–4 • 2: 1,37; 34,7 • 3: 1,38; 9,3 • 4: 7,1–4; 20,16–18 • 7–8: 1,38; Hebr 4,8 • 8: Hebr 13,5.

Die Verlesung des Gesetzes im Sabbatjahr: 31,9–13

9 Mose schrieb diese Weisung auf und
übergab sie den Priestern, den Nachkommen
Levis, die die Lade des Bundes des Herrn
trugen, und allen Ältesten Israels. 10 Mose
schrieb ihnen vor: In jedem siebten Jahr, in
einer der Festzeiten des Brachjahres, beim
Laubhüttenfest, 11 wenn ganz Israel zusam-
menkommt, um an der Stätte, die der Herr
auswählt, das Angesicht des Herrn, deines
Gottes zu schauen, sollst du diese Weisung
vor ganz Israel laut vortragen. 12 Versammle
das Volk – die Männer und Frauen, Kinder
und Greise, dazu die Fremden, die in deinen
Stadtbereichen Wohnrecht haben –, damit
sie zuhören und auswendig lernen und den
Herrn, euren Gott, fürchten und darauf ach-
ten, dass sie alle Bestimmungen dieser Wei-
sung halten. 13 Vor allem ihre Kinder, die das
alles noch nicht kennen, sollen zuhören und
lernen, den Herrn, euren Gott, zu fürchten.
Das sollt ihr so lange tun, wie ihr in dem
Land lebt, in das ihr jetzt über den Jordan
hinüberzieht, um es in Besitz zu nehmen.

9: 5,23; 10,8; 17,18; 31,26 • 13: 4,5; 12,1; 32,46.

Die Erscheinung Gottes: 31,14f

14 Der Herr sagte zu Mose: Sieh, deine Zeit
ist gekommen: Du wirst sterben. Ruf Josua
und tritt mit ihm in das Offenbarungszelt,
damit ich ihn einsetzen kann. Mose und Jo-
sua gingen hin und traten in das Offenba-
rungszelt hinein. 15 Der Herr erschien ihnen
am Zelt in einer Wolkensäule. Die Wolken-
säule stand über dem Eingang des Zeltes.

14: Ex 33,7–11.

Die Offenbarung des Moseliedes: 31,16–22

16 Und der Herr sagte zu Mose: Sieh, du
wirst jetzt bald zu deinen Vätern gebettet
werden. Dann wird dieses Volk sich erheben;
man wird in seiner Mitte Unzucht treiben,
indem man den fremden Göttern des Landes
nachfolgt, in das es jetzt hineinzieht, es wird
mich verlassen und den Bund brechen, den
ich mit ihm geschlossen habe. 17 An jenem
Tag wird mein Zorn gegen sie entbrennen.
Ich werde sie verlassen und mein Angesicht
vor ihnen verbergen. Dann wird dieses Volk
verzehrt werden. Not und Zwang jeder Art
werden es treffen. An jenem Tag wird es sich
fragen: Hat mich diese Not nicht deshalb ge-
troffen, weil mein Gott nicht mehr in meiner
Mitte ist? 18 Aber ich werde an jenem Tag
mein Angesicht nur noch mehr verbergen
wegen all des Bösen, das dieses Volk getan
hat; denn es hat sich anderen Göttern zuge-
wandt. 19 Doch jetzt schreibt dieses Lied auf!
Lehre es die Israeliten! Lass es sie auswendig
lernen, damit dieses Lied mein Zeuge gegen
die Israeliten werde. 20 Wenn ich dieses Volk
in das Land geführt habe, das ich seinen Vä-
tern mit einem Schwur versprochen habe, in
das Land, wo Milch und Honig fließen, und
wenn es gegessen hat und satt und fett ge-

31,1f Andere Lesart: Als Mose damit zu Ende war, diese Worte ganz Israel vorzutragen, sagte er zu ihnen.

31,7 Du sollst mit diesem Volk in das Land hineinziehen, andere Lesart: Du sollst dieses Volk in das Land führen.

31,11 Vgl. die Anmerkung zu 16,16.

31,14f.23 Nachdem Mose Josua in das Amt des Heerführers bei der Landnahme und des Landverteilers nach der Landnahme eingesetzt hat (VV. 7f), bestätigt Gott hier das erste der beiden Ämter; die Bestätigung des zweiten findet sich in Jos 1,6–9.

31,16–21 Diese erste Überleitung zum Moselied spielt nur auf die erste Hälfte des Lieds an, die von Israels Abfall und Bestrafung handelt. Offenbar soll vor allem dieser Teil des Lieds vom Leser beachtet werden. Ähnliches gilt von der zweiten Überleitung in VV. 28f.

worden ist und sich anderen Göttern zugewandt hat, wenn sie ihnen gedient und mich verworfen haben und es so meinen Bund gebrochen hat, 21 dann wird, wenn Not und Zwang jeder Art es treffen, dieses Lied vor ihm als Zeuge aussagen; denn seine Nachkommen werden es nicht vergessen, sondern es auswendig wissen. Ich kenne seine Neigung, die sich schon heute regt, noch ehe ich es in das Land gebracht habe, das ich mit einem Schwur versprochen habe. 22 An jenem Tag schrieb Mose dieses Lied auf und lehrte es die Israeliten.

16: 29,24; 32,12; Ex 34,15f; Ri 2,17; 8,27.33 • 17: 32,20–30 • 19: 32,1–43 • 20: 29,24; 32,13–18 • 21: 31,26; 32,23–25.

Die Einsetzung Josuas durch Gott: 31,23

23 Der Herr aber setzte Josua, den Sohn Nuns, in sein Amt ein und sagte: Empfange Macht und Stärke: Du sollst die Israeliten in das Land führen, das ich ihnen mit einem Schwur versprochen habe. Ich werde bei dir sein.

23: 1,38.

Die Hinterlegung des Gesetzes: 31,24–29

24 Als Mose damit zu Ende war, den Text dieser Weisung in eine Urkunde einzutragen, ohne irgendetwas auszulassen, 25 befahl Mose den Leviten, die die Lade des Bundes des Herrn trugen: 26 Nehmt diese Urkunde der Weisung entgegen und legt sie neben die Lade des Bundes des Herrn, eures Gottes! Dort diene sie als Zeuge gegen euch. 27 Denn ich kenne deine Widersetzlichkeit und deine Halsstarrigkeit. Seht, schon jetzt, wo ich noch unter euch lebe, habt ihr euch dem Herrn widersetzt. Was wird erst nach meinem Tod geschehen? 28 Versammelt um mich alle Ältesten eurer Stämme und alle eure Listenführer, damit ich ihnen diesen Text vortragen und Himmel und Erde gegen sie als Zeugen anrufen kann. 29 Denn ich weiß: Nach meinem Tod werdet ihr ins Verderben laufen und von dem Weg abweichen, den ich euch vorgeschrieben habe. Dann, in künftigen Tagen, wird euch die Not begegnen, weil ihr tut, was in den Augen des Herrn böse ist, und weil ihr ihn durch euer Machwerk erzürnt.

25–26: 17,18; 31,9 • 26–27: Joh 5,45; Dtn 31,12 • 27: 9,6f.24 • 28: 4,26; 5,23; 16,18; 30,19; 32,1 • 29: 4,16.25; 9,12f; 27,15; 32,5.20.23.

Das Lied des Mose: 31,30 – 32,44

30 Und Mose trug der vollzähligen Versammlung Israels den Wortlaut dieses Liedes vor, ohne irgendetwas auszulassen:

32 Hört zu, ihr Himmel, ich will reden, / die Erde lausche meinen Worten.

2 Meine Lehre wird strömen wie Regen, / meine Botschaft wird fallen wie Tau, / wie Regentropfen auf das Gras / und wie Tauperlen auf die Pflanzen.

3 Ich will den Namen des Herrn verkünden. / Preist die Größe unseres Gottes!

4 Er heißt: der Fels. Vollkommen ist, was er tut; / denn alle seine Wege sind recht. / Er ist ein unbeirrbar treuer Gott, / er ist gerecht und gerade.

5 Ein falsches, verdrehtes Geschlecht fiel von ihm ab, / Verkrüppelte, die nicht mehr seine Söhne sind.

6 Ist das euer Dank an den Herrn, / du dummes, verblendetes Volk? / Ist er nicht dein Vater, dein Schöpfer? / Hat er dich nicht geformt und hingestellt?

7 Denk an die Tage der Vergangenheit, / lerne aus den Jahren der Geschichte! / Frag deinen Vater, er wird es dir erzählen, / frag die Alten, sie werden es dir sagen.

8 Als der Höchste (den Göttern) die Völker übergab, / als er die Menschheit aufteilte, / legte er die Gebiete der Völker / nach der Zahl der Götter fest;

9 der Herr nahm sich sein Volk als Anteil, / Jakob wurde sein Erbland.

10 Er fand ihn in der Steppe, / in der Wüste, wo wildes Getier heult. / Er hüllte ihn ein, gab auf ihn Acht / und hütete ihn wie seinen Augenstern,

11 wie der Adler, der sein Nest beschützt / und über seinen Jungen schwebt, / der seine Schwingen ausbreitet, ein Junges ergreift / und es flügelschlagend davonträgt.

12 Der Herr allein hat Jakob geleitet, / kein fremder Gott stand ihm zur Seite.

32,1 meinen Worten, wörtlich: den Worten meines Mundes.
32,3 den Namen des Herrn, andere Übersetzungsmöglichkeit: einen Namen Jahwes. – Auf jeden Fall wird hier angekündigt, dass in diesem Lied für den *unter dem Namen Jahwe* bekannten Gott Israels ein neuer Name ausgerufen werden soll. Er beherrscht das ganze Lied und lautet: der Fels. Unter diesem Namen wurde Gott wohl in Jerusalem verehrt (vgl. Ps 62,8; 89,27).
32,5 Schwieriger, wahrscheinlich verderbter Text.
32,8 nach der Zahl der Götter, andere Lesart: nach der Zahl der Söhne Israels. – Diese Lesart ist jünger. Sie wurde eingeführt, um polytheistische Vorstellungen, die dieses Lied noch ohne Bedenken benutzt, zu beseitigen. Die gemeinte Zahl ist 70. Es gab 70 Götter, die die 70 Völker der Welt regierten. Da Israel (Jakob) 70 Nachkommen hatte, als er nach Ägypten zog (Ex 1,5), erlaubte man sich die Änderung von »Götter« in »Söhne Israels«.

13 Er führte ihn auf die Berge des Landes, / er nährte ihn mit den Früchten des Feldes, / er stillte ihn mit Wein aus den Felsen, / mit Öl aus Felsspalten.

14 Mit Butter von Kühen, Milch von Schafen und Ziegen, / dazu kam Fett von Lämmern, / von Widdern aus Baschan / und von Ziegenböcken, / dazu Feinmehl aus Weizen. / Das Blut der Trauben trankst du gegoren.

15 Und Jakob aß und wurde satt, / Jeschurun wurde fett und bockte. / Ja, fett und voll und feist bist du geworden. / Er stieß den Gott, der ihn geformt hatte, von sich / und hielt den Fels für dumm, der ihn gerettet hatte.

16 Sie weckten seine Eifersucht durch Fremde, / durch gräuliche Wesen reizten sie ihn zum Zorn:

17 Sie opferten Geistern, die keine Gottheiten sind, / und Göttern, die sie früher nicht kannten, / Neulingen, die erst vor kurzem gekommen waren, / vor denen eure Väter sich nicht fürchteten.

18 An den Fels, der dich gezeugt hat, / dachtest du nicht mehr, / du vergaßest den Gott, der dich geboren hat.

19 Da sah der Herr, dass er geschmäht wurde / von seinen Söhnen und Töchtern, / die seinen Zorn erregten.

20 Und er sagte: Ich will mein Gesicht vor ihnen verbergen / und dann sehen, was in Zukunft mit ihnen geschieht. / Denn sie sind eine Generation des Aufruhrs, / Söhne, in denen die Untreue sitzt.

21 Sie haben meine Eifersucht geweckt / durch einen Gott, der kein Gott ist, / mich zum Zorn gereizt durch ihre Götter aus Luft – / so wecke ich ihre Eifersucht / durch ein Volk, das kein Volk ist, / durch ein dummes Volk reize ich sie zum Zorn.

22 In meiner Nase ist Feuer entbrannt. / Es lodert bis in die unterste Totenwelt, / verzehrt die Erde und was auf ihr wächst / und schmilzt die Fundamente der Berge.

23 Immer neue Not bürde ich ihnen auf, / ich setze gegen sie alle meine Pfeile ein.

24 Sie werden ausgemergelt durch den Hunger, / verzehrt durch die Pest und die verheerende Seuche. / Den Zahn der Raubtiere lasse ich auf sie los, / dazu das Gift der im Staube Kriechenden.

25 Auf der Straße raubt das Schwert die Kinder / und in den Zimmern der Schrecken. / Da stirbt der junge Mann und das Mädchen, / der Säugling und der Greis.

26 Ich könnte sagen: Sie sollen nicht mehr sein, / kein Mensch soll später noch an sie denken,

27 müsste ich nicht auch ihren Feind angreifen, / der meinen Zorn erregt, / ihre Gegner, die sich nicht täuschen sollen, / die nicht sagen sollen: Unsere Hand ist erhoben, / der Herr hat nichts von allem getan.

28 Doch diesem Volk fehlt es an Rat, / ihm mangelt es an Verstand.

29 Wären sie klug, so begriffen sie alles / und verstünden, was in Zukunft mit ihnen geschieht.

30 Wie kann ein Einziger hinter tausend herjagen / und zwei zehntausend in die Flucht schlagen, / es sei denn, ihr Fels hat sie verkauft, / der Herr hat sie preisgegeben?

31 Doch der Fels unserer Feinde ist nicht wie unser Fels; / das beweisen unsere Feinde.

32 Ihr Weinstock stammt von dem Weinstock Sodoms, / vom Todesacker Gomorras. / Ihre Trauben sind giftige Trauben / und tragen bittere Beeren.

33 Ihr Wein ist Schlangengift / und Gift von ekligen Ottern.

34 Liegt dies nicht bei mir verborgen, / in meinen Vorratskammern versiegelt

35 bis zum Tag der Strafe und Vergeltung, / bis zu der Zeit, da ihr Fuß wanken wird? / Doch der Tag ihres Verderbens ist nah / und ihr Verhängnis kommt schnell. –

36 Ja, der Herr wird seinem Volk Recht geben / und mit seinen Dienern Mitleid haben. / Er wird sehen: Jede Hand ist ermüdet, / es gibt nur noch Unterdrückte und Hilflose.

37 Und er wird sagen: Wo sind ihre Götter? / Wo ist der Fels, bei dem sie Schutz suchten?

38 Die das Fett ihrer Schlachtopfer essen, / die den Wein ihrer Trankopfer trinken – / die

---

32,13 er nährte ihn mit den Früchten des Feldes, andere Lesart: und er aß von den Früchten des Feldes. – Er stillte ihn mit Wein aus dem Felsen, mit Öl aus den Felsspalten: Es ist wohl an Weinberge und Ölhaine gedacht, die auf felsendurchwachsenen Berghängen angelegt sind. Andere Übersetzungsmöglichkeit: mit Honig aus dem Felsen.

32,15 Die erste Zeile fehlt bei einem Teil der Textzeugen. – Jeschurun: kultischer Name für Israel.

32,19 Andere Lesart: Der Herr sah (es) und er verstieß im Zorn seine Söhne und Töchter.

32,24 im Staube Kriechende: Schlangen.

32,28 diesem Volk: gemeint sind die Gegner Israels.

32,31 In der zweiten Vershälfte ist die Deutung von H unsicher.

32,35 Andere Lesart: Mein ist die Strafe und die Vergeltung zu der Zeit, da ihr Fuß wanken wird. – Röm 12,19 und Hebr 10,30 setzen diese Lesart voraus.

sollen vortreten und euch helfen. / Dieser
Fels soll ein Schutzdach über euch sein.
39 Jetzt seht: Ich bin es, nur ich, / und kein
Gott tritt mir entgegen. / Ich bin es, der tötet
und der lebendig macht. / Ich habe verwun-
det; nur ich werde heilen. / Niemand kann
retten, wonach meine Hand gegriffen hat.
40 Ich hebe meine Hand zum Himmel em-
por / und sage: So wahr ich ewig lebe:
41 Habe ich erst die Klinge meines Schwer-
tes geschliffen, / um das Recht in meine
Hand zu nehmen, / dann zwinge ich meinen
Gegnern die Strafe auf / und denen, die mich
hassen, die Vergeltung.
42 Meine Pfeile mache ich trunken von
Blut, / während mein Schwert sich ins
Fleisch frisst – / trunken vom Blut Erschla-
gener und Gefangener, / ins Fleisch des
höchsten feindlichen Fürsten.
43 Erhebt das Siegesgeschrei, ihr Himmel,
zusammen mit ihm, / werft euch vor ihm nie-
der, ihr Götter! / Denn er erzwingt die Strafe
für das Blut seiner Söhne / und entsühnt das
Land seines Volkes.
44 Dann kam Mose zum Volk und trug ihm
das Lied in seinem vollen Wortlaut vor, er
und Josua, der Sohn Nuns.

4: Röm 9,14; 2 Thess 3,3; Offb 15,3; 16,5 • 5: Mt 17,17; Lk 9,41; Apg 2,40; Phil 2,15; Mt 6,9; Lk 11,2; Joh 8,41 • 8: Apg 17,27; Ps 82 • 15: 33,5.26 • 16: 1 Kor 10,20; Offb 9,20 • 20: Mt 17,17; Lk 9,41 • 21: Röm 10,19; 11,11; 1 Kor 10,22 • 29: Lk 19,42 • 31: 1 Sam 2,2 • 35–36: Lk 21,22; Röm 12,19; Hebr 10,30; 1 Thess 4,6 • 36: 2 Kön 14,26; Ps 135,14 • 39: Jes 43,10–13 • 40: Offb 10,5f • 43: Röm 15,10 G; Hebr 1,6; Offb 6,10; 18,20; 19,2.

Die Mahnung zur Belehrung der nächsten Generation: 32,45–47

45 Als Mose damit zu Ende war, alle diese
Worte vor ganz Israel vorzutragen, 46 sagte er
zu ihnen: Schenkt allen Bestimmungen eure
Beachtung. Heute beschwöre ich euch: Ver-
pflichtet eure Kinder, dass auch sie auf alle
Bestimmungen dieser Weisung achten und
sie halten. 47 Das ist kein leeres Wort, das
ohne Bedeutung für euch wäre, sondern es
ist euer Leben. Wenn ihr diesem Wort folgt,
werdet ihr lange in dem Land leben, in das
ihr jetzt über den Jordan hinüberzieht, um es
in Besitz zu nehmen.

46: 4,9; 31,13 • 47: 4,1–4; 30,15–20.

Gottes Weisung über das Sterben des Mose: 32,48–52

48 Am selben Tag sagte der Herr zu Mose:
49 Geh hinauf in das Gebirge Abarim, das du
vor dir siehst, steig auf den Berg Nebo, der in
Moab gegenüber Jericho liegt, und schau auf
das Land Kanaan, das ich den Israeliten als
Grundbesitz geben werde. 50 Dort auf dem
Berg, den du ersteigst, sollst du sterben und
sollst mit deinen Vorfahren vereint werden,
wie dein Bruder Aaron auf dem Berg Hor ge-
storben ist und mit seinen Vorfahren vereint
wurde. 51 Denn ihr seid mir untreu gewesen
inmitten der Israeliten beim Haderwasser
von Kadesch in der Wüste Zin und habt mich
inmitten der Israeliten nicht als den Heiligen
geehrt. 52 Du darfst das Land von der ande-
ren Talseite aus sehen. Aber du darfst das
Land, das ich den Israeliten geben werde,
nicht betreten.

48–52: Num 27,12–14; 33,47f; Apg 7,45 • 50: Num 20,22–29 • 51: Num 20,2–13.

DER SEGEN DES MOSE: 33,1–29

33 Und das ist der Segen, mit dem
Mose, der Mann Gottes, die Israeli-
ten segnete, bevor er starb.

Einleitung: 33,2–5

2 Er sprach:
Der Herr kam hervor aus dem Sinai, / er
leuchtete vor ihnen auf aus Seïr, / er strahlte
aus dem Gebirge Paran, / er trat heraus aus
Tausenden von Heiligen. / Ihm zur Rechten
flammte vor ihnen das Feuer des Gesetzes.
3 Der du die Völker liebst: / In deiner Hand
sind alle Heiligen eines jeden von ihnen. / Sie
haben sich dir zu Füßen geworfen, / jeder
wird sich erheben, wenn du es befiehlst.
4 Mose hat uns eine Weisung übergeben, /
ein Besitztum für eine Gemeinde Jakobs,

32,45 Hier sind drei verschiedene Textfassungen überliefert. Die Übersetzung folgt der wahrscheinlichsten Rekonstruktion.
33,2–29 Ein sehr alter, mehrfach neu gedeuteter und erweiterter Text. Er ist hier nach der ältesten in Handschriften erfassbaren Gestalt übersetzt. Einleitung und Schluss bilden zusammen einen rahmenden Psalm. Er ist in der hier übersetzten Fassung heilsgeschichtlich zu verstehen
33,2 vor ihnen: vor den Israeliten. Der Vers spricht von der Offenbarung am Sinai, nimmt aber auch anderes aus der Wüstenwanderung Israels hinein. Die »Heiligen« sind die Engel. Der Ausdruck »Tausende von Heiligen« ist in H aber zugleich eine An-

5 und ein König erstand in Jeschurun – /
als sich die Häupter des Volkes versammel-
ten, / die Vereinigung der Stämme Israels.

2: Ri 5,4; Ps 68,8; Mt 25,31; Jud 14 • 3: Apg 20,32; 26,18; Eph 1,18 • 5: 1,13; 29,9; 32,15.

Der Segen über die Stämme:
33,6–25

6 Ruben soll leben, er sterbe nicht aus – /
doch habe er wenig Männer.
7 Und dies sagte er für Juda:
Höre, Herr, die Stimme Judas, / führ ihn
heim zu seinem Volk. / Mit eigenen Händen
kämpfe er dafür – / sei du ihm Hilfe gegen
seine Feinde.
8 Für Levi sagte er:
Levi hat deine Tummim erhalten, / deine
Urim dein treuer Gefolgsmann, / den du in
Massa auf die Probe stelltest, / mit dem du
strittest am Wasser von Meriba; 9 der von
seinem Vater und seiner Mutter sagte: / Ich
habe beide nie gesehen!, / und der seine Brü-
der nicht erkannte / und von seinen Kindern
nichts wissen wollte. / Denn die Leviten ha-
ben auf dein Wort geachtet – / nun wachen
sie über deinen Bund.
10 Sie lehren Jakob deine Rechtsvorschrif-
ten, / Israel deine Weisung. / Sie legen Weih-
rauch auf, damit du ihn riechst, / legen das
Ganzopfer auf deinen Altar.
11 Segne, Herr, Levis Besitz, / freu dich am
Werk seiner Hände! / Zerschlag seinen Fein-
den die Hüften, / seinen Hassern, sodass sie
sich nicht mehr erheben.
12 Für Benjamin sagte er:
In Sicherheit wohne / der Liebling des
Herrn. / Täglich wacht / über ihn der Höchs-
te / und zwischen seinen Schultern wohne
er.
13 Und für Josef sagte er:
Sein Land sei vom Herrn gesegnet / mit
Köstlichem des Himmels, mit Tau, / mit
Grundwasser, das in der Tiefe lagert, 14 mit
Köstlichem aus den Erzeugnissen der Son-
ne, / mit Köstlichem aus dem, was jeden Mo-
nat sprießt,
15 mit dem Besten uralter Berge, / mit
Köstlichem ewiger Hügel,
16 mit Köstlichem des Landes und seiner
Bewohner / und (über ihn komme) die
Gnade dessen, / der im Dornbusch wohnt. /
Das komme über Josefs Haupt, / auf den
Scheitel des Geweihten aus seiner Brüder
Schar.
17 Der Erstling seines Stiers – wie herrlich
ist er! / Seine Hörner sind Büffelhörner. /
Mit ihnen stoße er die Völker alle zusammen
nieder, / die Enden der Welt. / Das sind die
Zehntausende aus Efraim, / das sind die
Tausende aus Manasse.
18 Und für Sebulon sagte er:
Lache, Sebulon, wenn du in See stichst, /
und du, Issachar, in deinen Zelten!
19 Sie werden Völker zum Berge rufen, /
dort werden sie gültige Opfer schlachten. /
Denn sie nähren sich vom Überfluss der
Meere, / von Schätzen, die im Sand verbor-
gen sind.
20 Und für Gad sagte er:
Gepriesen sei der, der Gad Raum schafft. /
Gad lauert wie ein Löwe, / Arm und Kopf
reißt er ab.
21 Das erste Stück hat er sich ausgesucht, /
denn wo der Anteil des Anführers war, / da

---

spielung auf eine weitere Örtlichkeit der Wüstenwanderung: Meribat Kadesch.

33,3 die Völker: hier die zwölf Stämme Israels. Ihre »Heiligen« sind entweder ihre Schutzengel oder die einzelnen Menschen aus den Stämmen.

33,4 Weisung: die deuteronomische Gesetzgebung im Land Moab.

33,5 Einführung des Königtums unter Samuel. Zu Jeschurun vgl. die Anmerkung zu 32,15.

33,7 Entweder die Zeit nach Sauls Tod oder die Zeit nach der Reichsspaltung.

33,8 Tummim und Urim sind Orakelinstrumente. Andere Lesart: Deine Tummim und Urim gebühren deinem treuen Gefolgsmann.

33,10 Wörtlich: Sie legen Weihrauch in deine Nase.

33,12 Andere Lesart: In Sicherheit wohne der Liebling des Herrn an dessen Seite. Täglich wacht er über ihn und zwischen seinen Schultern wohnt er. – Das Wohnen zwischen den Schultern kann sich auf Benjamin beziehen: Er sei an Gottes Schultern, an Gottes Brust geborgen. Oder es kann sich auf Gott beziehen: Sein Heiligtum stehe zwischen den Schultern, d. h. den Bergen des Stammesgebiets von Benjamin.

33,14 Erzeugnisse der Sonne: wohl die Früchte, die nur einmal im Jahr wachsen, im Gegensatz zu dem, »was jeden Monat sprießt«, d. h. während des ganzen Jahres wächst.

33,16 seiner Brüder Schar: die zwölf Söhne Jakobs.

33,17 Josefs »Stier« ist der Gott Israels. Noch in der Königszeit wurde Gott auch in Gestalt eines Stierbildes verehrt. Josef gilt dem Dichter als Gottes Erstgeborener, wird also selbst auch mit einem gewaltigen Stier verglichen.

33,19 Der »Berg« war vielleicht ursprünglich der Tabor. »Schätze, die im Sand verborgen sind«: entweder zugewehtes Strandgut oder der Sand selbst, der für die Glaserzeugung gebraucht wurde.

33,20 Der, »der Gad Raum schafft«, ist Jahwe, der Gott Israels.

33,21 Andere Lesart: Das erste Stück hat er sich ausgesucht, denn dort ist der Anteil des verborge-

versammelten sich die Häupter des Volkes. /
Er tat, was vor dem Herrn recht ist, / (hielt
sich) gemeinsam mit Israel (an) seine Rechts-
vorschriften.
22 Und für Dan sagte er:
Dan ist ein junger Löwe, / der aus dem Ba-
schan hervorspringt.
23 Und für Naftali sagte er:
Naftali, gesättigt mit Gnade, / gefüllt mit
dem Segen des Herrn – / See und Süden
nimm in Besitz!
24 Und für Ascher sagte er:
Mehr als die (anderen) Söhne sei Ascher
gesegnet, / bei seinen Brüdern sei er beliebt, /
er bade seinen Fuß in Öl.
25 Deine Riegel seien von Eisen und Bron-
ze. / Hab Frieden, solange du lebst!

6–25: ‖ Gen 49,3–27 • 8: 1 Sam 14,37–42 G; Ex 17; Num 20,2–13 • 9: Ex 32,27–29; Mt 10,37; Lk 14,26 • 12: 2 Thess 2,13 • 16: Ex 3,2–4.

Schluss: 33,26–29

26 Keiner ist wie der Gott Jeschuruns, / der
in den Himmel steigt, um dir zu helfen, / auf
die Wolken in seiner Hoheit.
27 Eine Wohnung ist der Gott der Urzeit, /
von unten (tragen sie) die Arme des Ewigen. /
Er trieb den Feind vor dir her, / er sagte (zu
dir): Vernichte!
28 So siedelte Israel sich sicher an, / die
Quelle Jakobs für sich allein, / in einem Land
voller Korn und Wein, / dessen Himmel Tau
träufeln lässt.
29 Wie glücklich bist du, Israel! / Wer ist
dir gleich, / du Volk, gerettet durch den
Herrn, / den Schild, der dir hilft, / deine Ho-
heit, wenn das Schwert kommt? Deine Fein-
de werden sich vor dir erniedrigen / und du
setzt deinen Fuß auf ihre Nacken.

28: Gen 27,28.

DER TOD DES MOSE: 34,1–9

34 Mose stieg aus den Steppen von
Moab hinauf auf den Nebo, den Gip-
fel des Pisga gegenüber Jericho, und der
Herr zeigte ihm das ganze Land. Er zeigte
ihm Gilead bis nach Dan hin, 2 ganz Naftali,
das Gebiet von Efraim und Manasse, ganz
Juda bis zum Mittelmeer, 3 den Negeb und
die Jordangegend, den Talgraben von Jeri-
cho, der Palmenstadt, bis Zoar. 4 Der Herr
sagte zu ihm: Das ist das Land, das ich Abra-
ham, Isaak und Jakob versprochen habe mit
dem Schwur: Deinen Nachkommen werde
ich es geben. Ich habe es dich mit deinen Au-
gen schauen lassen. Hinüberziehen wirst du
nicht. 5 Danach starb Mose, der Knecht des
Herrn, dort in Moab, wie es der Herr be-
stimmt hatte. 6 Man begrub ihn im Tal, in
Moab, gegenüber Bet-Pegor. Bis heute kennt
niemand sein Grab.
7 Mose war hundertzwanzig Jahre alt, als
er starb. Sein Auge war noch nicht getrübt,
seine Frische war noch nicht geschwunden.
8 Die Israeliten beweinten Mose dreißig Tage
lang in den Steppen von Moab. Danach war
die Zeit des Weinens und der Klage um Mose
beendet. 9 Josua, der Sohn Nuns, war vom
Geist der Weisheit erfüllt, denn Mose hatte
ihm die Hände aufgelegt. Die Israeliten hör-
ten auf ihn und taten, was der Herr dem
Mose aufgetragen hatte.

1–3: 3,27 • 4: 1,37; 3,26–28; 4,21f; 3,12 • 7: 31,2 • 8: Num 20,29 • 9: Num 27,18–23.

DER ABSCHLUSS DER FÜNF BÜCHER DES MOSE: 34,10–12

10 Niemals wieder ist in Israel ein Prophet
wie Mose aufgetreten. Ihn hat der Herr Auge
in Auge berufen. 11 Keiner ist ihm vergleich-
bar, wegen all der Zeichen und Wunder, die
er in Ägypten im Auftrag des Herrn am Pha-
rao, an seinem ganzen Hof und an seinem
ganzen Land getan hat, 12 wegen all der Be-
weise seiner starken Hand und wegen all der
Furcht erregenden und großen Taten, die
Mose vor den Augen von ganz Israel voll-
bracht hat.

10: Ex 33,11 • 11: Num 12,6–8 • 12: 4,34.

nen Anführers. Er kam zu den Häuptern des Volkes. – Der »verborgene Anführer« ist nach der jüdischen Tradition Mose, der im Gebiet des Stammes Gad an einem unbekannten Ort begraben ist. Bei der Versammlung der »Häupter des Volkes« kann man für die hier übersetzte Textfassung an die deuteronomische Gesetzgebung durch Mose denken.

33,23 See und Süden: See Gennesaret und dessen Südufer. Der Hauptbesitz von Naftali war im galiläischen Bergland. Hier wird nur auf eine Gebietsausdehnung nach Süden hingewiesen.

33,26 Zu Jeschurun vgl. die Anmerkung zu 32,15.

33,28 Quelle Jakobs: alle, die aus Jakob hervorgegangen sind, also das Volk Israel durch die Generationen hindurch.

34,1–3 Ein Teil der Textzeugen bringt eine andere, kürzere Landbeschreibung.

Die Bücher der Geschichte des Volkes Gottes

Das Buch Josua

Dieses Buch ist nach Josua, dem Nachfolger des Mose, benannt. Es berichtet vom Einzug Israels in das verheißene Land und umfasst den Zeitraum vom Tod des Mose bis zum Tod Josuas. In dieser Zeit wird nach der Darstellung des Buches das von Gott verheißene Land westlich des Jordan erobert und durch Josua an die Stämme Israels verteilt, soweit sie nicht schon im Ostjordanland (Ruben, Gad und der halbe Stamm Manasse) Landbesitz erhalten haben (vgl. Num 32). Der Bericht über die feierliche Verpflichtung Israels auf Jahwe, seinen Gott, schließt das Buch ab. Dementsprechend besteht das Buch aus drei Teilen: Eroberung des Westjordanlandes unter Führung Josuas (Kap. 1 – 12); Verteilung des Landes (Kap. 13 – 22); Verpflichtung auf Jahwe (Kap. 23 und 24).

Der erste Teil enthält Erzählungen über die Landnahme, die als rein kriegerisches Unternehmen gesehen wird (doch vgl. Ri 1). Die meisten dieser Erzählungen, ausgenommen der Bericht über die Schlacht bei dem im Norden Palästinas gelegenen Merom (11,1–15), spielen in Mittelpalästina. Dort gewann der Stamm Benjamin, dem Josua angehörte, sein Gebiet. Josua wird zur beherrschenden Gestalt der ganzen Darstellung der Eroberung des Landes: Nach seiner Beauftragung (Kap. 1) wird Jericho erkundet (Kap. 2) und der Jordan überschritten (Kap. 3 und 4). Israel lagert in Gilgal (Kap. 5) und erobert von dort aus durch göttliche Hilfe Jericho (Kap. 6). Nach einem Fehlschlag, der durch einen Diebstahl Achans an dem Jahwe geweihten Beutegut verursacht war, wird Ai erobert (Kap. 7 und 8). Die Gibeoniter erlisten sich einen Vertrag mit Israel (Kap. 9); in der Nähe ihrer Stadt werden fünf Könige der Kanaaniter besiegt (Kap. 10). Über Eroberungen im Süden und Norden wird nur zusammenfassend berichtet (10,28 – 11,23). Eine Liste der in Kanaan besiegten Könige beschließt die Darstellung der Landnahme (Kap. 12).

Die Erzählungen des Buches Josua sind von recht verschiedener Art: Neben Kampfberichten stehen listenartige Angaben, Anweisungen und Berichte über kultische Begehungen, Erzählungen über Auseinandersetzungen in Israel selbst und mit den Bewohnern des Landes. Einige dieser Erzählungen, darunter Kap. 22, »erklären« auffallende Gegebenheiten: den Steinkreis bei Gilgal, die zwölf Steine im Jordan, die Ortsnamen »Hügel der Vorhäute« und Gilgal, den Steinhaufen im Achortal bei Jericho, den Ruinenhügel bei Ai, das Vertragsverhältnis mit Gibeon, den Altar im Ostjordanland. Man bezeichnet sie deshalb als Ätiologien (Ursprungserzählungen).

Der zweite Teil enthält die Angaben über die Verteilung des Landes. Nach dem Befehl Gottes (13,1–7) werden das Ostjordanland (13,15–33) und das Westjordanland an die Stämme verteilt (Kap. 14 – 19). Asyl- und Levitenstädte werden eingerichtet (Kap. 20 und 21). Der Streit um einen Altar östlich des Jordan wird beigelegt (Kap. 22). In der Gebiets- und Grenzbeschreibung der einzelnen Stämme sind vermutlich alte Listen, vor allem über die verwaltungsmäßige Einteilung Judas, verwendet.

Der dritte Teil des Buches enthält zwei Abschiedsreden, in denen Josua Israel zum Gehorsam gegenüber Gott verpflichtet. Diese Verpflichtung übernimmt Israel auf dem »Landtag« zu Sichem (Kap. 23 und 24).

Das Buch Josua, das zum Deuteronomistischen Geschichtswerk gehört (vgl. die Einleitung zum Buch Deuteronomium), will bezeugen, dass Gott die Landverheißung eingelöst hat, und es mahnt Israel, seinem Bund mit Gott treu zu bleiben.

DIE EROBERUNG DES LANDES: 1,1 – 12,24

Der Befehl zur Besetzung des Westjordanlandes: 1,1–18

1 Nachdem Mose, der Knecht des Herrn,
gestorben war, sagte der Herr zu Josua,
dem Sohn Nuns, dem Diener des Mose:
2 Mein Knecht Mose ist gestorben. Mach
dich also auf den Weg und zieh über den Jor-
dan hier mit diesem ganzen Volk in das
Land, das ich ihnen, den Israeliten, geben
werde. 3 Jeden Ort, den euer Fuß betreten
wird, gebe ich euch, wie ich es Mose verspro-
chen habe. 4 Euer Gebiet soll von der Steppe
und vom Libanon an bis zum großen Strom,
zum Eufrat, reichen – das ist das ganze Land
der Hetiter – und bis hin zum großen Meer,
wo die Sonne untergeht. 5 Niemand wird dir
Widerstand leisten können, solange du lebst.
Wie ich mit Mose war, will ich auch mit dir
sein. Ich lasse dich nicht fallen und verlasse
dich nicht. 6 Sei mutig und stark! Denn du
sollst diesem Volk das Land zum Besitz ge-
ben, von dem du weißt: Ich habe ihren Vä-
tern geschworen, es ihnen zu geben. 7 Sei nur
mutig und stark und achte genau darauf,
dass du ganz nach der Weisung handelst, die
mein Knecht Mose dir gegeben hat. Weich
nicht nach rechts und nicht nach links davon
ab, damit du Erfolg hast in allem, was du un-
ternimmst. 8 Über dieses Gesetzbuch sollst
du immer reden und Tag und Nacht darüber
nachsinnen, damit du darauf achtest, genau
so zu handeln, wie darin geschrieben steht.
Dann wirst du auf deinem Weg Glück und
Erfolg haben. 9 Habe ich dir nicht befohlen:
Sei mutig und stark? Fürchte dich also nicht
und hab keine Angst; denn der Herr, dein
Gott, ist mit dir bei allem, was du unter-
nimmst.
10 Da befahl Josua den Listenführern im
Volk: 11 Geht durch das Lager und befehlt
den Leuten: Versorgt euch mit Lebensmit-
teln; denn in drei Tagen werdet ihr den Jor-
dan hier überschreiten, um in das Land hi-
neinzuziehen und es in Besitz zu nehmen,
das der Herr, euer Gott, euch zu eigen gibt.
12 Und den Rubenitern, den Gaditern und
dem halben Stamm Manasse sagte Josua:
13 Erinnert euch an das, was Mose, der
Knecht des Herrn, euch geboten hat: Der
Herr, euer Gott, gewährt euch Ruhe und gibt
euch dieses Land. 14 Eure Frauen, eure Kin-
der und euer Vieh sollen in dem Land blei-
ben, das Mose euch östlich des Jordan gege-
ben hat. Ihr aber sollt mit euren Brüdern
hinübergehen, ihnen kampfbereit mit allen
Kriegern voranziehen und ihnen helfen,
15 bis der Herr euren Brüdern ebenso wie
euch Ruhe gewährt und bis auch sie das
Land in Besitz nehmen, das der Herr, euer
Gott, ihnen gibt. Dann sollt ihr in euren eige-
nen Besitz zurückkehren, in das Land, das
euch Mose, der Knecht des Herrn, östlich des
Jordan gegen Sonnenaufgang als Besitz ge-
geben hat. 16 Sie antworteten Josua: Alles,
was du uns befohlen hast, wollen wir tun
und dahin, wohin du uns schickst, werden
wir gehen. 17 Genauso, wie wir auf Mose ge-
hört haben, wollen wir auch auf dich hören.
Der Herr aber, dein Gott, möge mit dir sein,
wie er mit Mose gewesen ist. 18 Jeder, der sich
deinem Befehl widersetzt und nicht allen
deinen Anordnungen gehorcht, soll mit dem
Tod bestraft werden. Sei nur mutig und
stark!

1: Dtn 34,5 • 3: Dtn 11,24 • 5: Dtn 31,6.8 • 6: Dtn 3,28 • 7: Dtn 5,32; 29,8 • 11: Dtn 3,12–29 • 12–18: 4,12 • 13: Num 32,20–29.

Die Kundschafter in Jericho: 2,1–24

2 Josua, der Sohn Nuns, schickte von
Schittim heimlich zwei Kundschafter
aus und befahl ihnen: Geht, erkundet das
Land, besonders die Stadt Jericho! Sie bra-
chen auf und kamen zu dem Haus einer Dir-
ne namens Rahab; dort wollten sie über-
nachten. 2 Man meldete dem König von Jeri-
cho: Heute Nacht sind ein paar Männer hier-
her gekommen, Israeliten, um das Land aus-
zukundschaften. 3 Da schickte der König von
Jericho Boten zu Rahab und ließ ihr sagen:
Gib die Männer heraus, die bei dir in deinem
Haus eingekehrt sind; denn sie sind gekom-
men, um das ganze Land auszukundschaf-

1,4 Umschreibung des verheißenen Landes in seiner idealen größten Ausdehnung. Syrien-Palästina ist nach den assyrischen Königsinschriften das Hetiterland.

1,6b Vgl. die Anmerkung zu Dtn 1,8.

1,12 Diese Stämme hatten ihren Landanteil bereits im Ostjordanland erhalten (vgl. Num 32).

1,14f östlich, wörtlich: jenseits; vom Standpunkt des Autors aus betrachtet, der in Palästina lebt.

2,1 Schittim lag am Ostrand der Jordansenke, Jericho gegenüber. Das Haus der Rahab scheint eine an der Stadtmauer gelegene (V. 15) Herberge zu sein. Rahab, im Stammbaum Jesu Mt 1,5 als Mutter des Boas genannt, wird Hebr 11,31 wegen ihres Glaubens, Jak 2,25 wegen ihrer guten Werke gerühmt.

ten. 4 Da nahm die Frau die beiden Männer und versteckte sie. (Zu den Boten aber) sagte sie: Ja, die Männer sind zu mir gekommen; doch ich wusste nicht, woher sie waren. 5 Als das Stadttor bei Einbruch der Dunkelheit geschlossen werden sollte, sind die Männer weggegangen; ich weiß aber nicht, wohin sie gegangen sind. Lauft ihnen schnell nach, dann könnt ihr sie noch einholen. 6 Sie hatte aber die Männer auf das flache Dach gebracht und unter den Flachsstängeln versteckt, die auf dem Dach aufgeschichtet waren. 7 Inzwischen hatte man die Verfolgung der Männer aufgenommen, und zwar in Richtung Jordan, zu den Furten hin. Und man hatte das Stadttor geschlossen, nachdem die Verfolger hinausgegangen waren.

8 Bevor die Männer sich niederlegten, stieg Rahab zu ihnen auf das Dach hinauf 9 und sagte zu ihnen: Ich weiß, dass der Herr euch das Land gegeben hat und dass uns Furcht vor euch befallen hat und alle Bewohner des Landes aus Angst vor euch vergehen. 10 Denn wir haben gehört, wie der Herr das Wasser des Schilfmeers euretwegen austrocknen ließ, als ihr aus Ägypten ausgezogen seid. Wir haben auch gehört, was ihr mit Sihon und Og, den beiden Königen der Amoriter jenseits des Jordan, gemacht habt: Ihr habt sie dem Untergang geweiht. 11 Als wir das hörten, zerschmolz unser Herz und jedem stockte euretwegen der Atem; denn der Herr, euer Gott, ist Gott droben im Himmel und hier unten auf der Erde. 12 Nun schwört mir beim Herrn, dass ihr der Familie meines Vaters euer Wohlwollen erweist, wie ich es euch erwiesen habe, und gebt mir ein sicheres Zeichen dafür, 13 dass ihr meinen Vater und meine Mutter, meine Brüder und meine Schwestern und alles, was ihnen gehört, am Leben lasst und dass ihr uns vor dem Tod bewahrt. 14 Die Männer antworteten ihr: Wir bürgen mit unserem Leben für euch, wenn ihr nur unsere Sache nicht verratet. Wenn uns der Herr das Land gibt, werden wir dir unser Wohlwollen und unsere Treue zeigen. 15 Darauf ließ die Frau sie mit einem Seil durch das Fenster die Stadtmauer hinab; das Haus, in dem sie wohnte, war nämlich in die Stadtmauer eingebaut. 16 Sie riet ihnen: Geht ins Gebirge, damit die Verfolger euch nicht finden; dort haltet euch drei Tage lang verborgen, bis die Verfolger zurückgekehrt sind; dann könnt ihr eures Weges gehen. 17 Die Männer sagten zu ihr: Wir können uns nur unter folgender Bedingung an den Eid halten, den du uns hast schwören lassen: 18 Wenn wir in das Land eindringen, musst du diese geflochtene purpurrote Schnur an das Fenster binden, durch das du uns herabgelassen hast, und du musst deinen Vater, deine Mutter, deine Brüder und die ganze Familie deines Vaters bei dir in deinem Haus versammeln. 19 Jeder aber, der aus der Tür deines Hauses heraustritt, ist selbst schuld, wenn sein Blut vergossen wird. Wir sind dann ohne Schuld. Doch bei jedem, der mit dir in deinem Haus bleibt, tragen wir die Schuld, wenn Hand an ihn gelegt wird. 20 Auch wenn du unsere Sache verrätst, brauchen wir uns nicht an den Eid zu halten, den du uns hast schwören lassen. 21 Sie antwortete: Es sei, wie ihr gesagt habt. Dann ließ sie die beiden gehen und band die purpurrote Schnur an das Fenster. 22 Die Männer gingen also und kamen ins Gebirge; dort blieben sie drei Tage, bis die Verfolger (in die Stadt) zurückgekehrt waren. Die Verfolger hatten sie überall gesucht, aber nicht gefunden. 23 Dann machten sich die beiden Männer auf den Rückweg. Sie stiegen vom Gebirge herab, überschritten den Jordan und kamen zu Josua, dem Sohn Nuns. Sie erzählten ihm alles, was sie erfahren hatten, 24 und sagten: Der Herr hat uns das ganze Land ausgeliefert; alle Bewohner des Landes vergehen aus Angst vor uns.

1: 6,22 • 10: Ex 14,21; Num 21,21–26 • 12: 6,25 • 14: 6,22.

Der Übergang über den Jordan: 3,1–17

3 Am frühen Morgen brach Josua mit allen Israeliten von Schittim auf. Als sie an den Jordan kamen, übernachteten sie dort, bevor sie ihn überschritten. 2 Nach drei Tagen gingen die Listenführer durch das Lager 3 und befahlen dem Volk: Wenn ihr die Bundeslade des Herrn, eures Gottes, seht und die levitischen Priester, die sie tragen, dann sollt auch ihr von dort, wo ihr gerade seid, aufbrechen und ihr folgen; 4 nur müsst ihr zwischen ihr und euch einen Abstand von zweitausend Ellen lassen, ihr dürft nicht zu nahe an sie herankommen. So werdet ihr wissen, welchen Weg ihr gehen sollt; denn ihr seid den Weg ja früher noch nie gegangen. 5 Und Josua sagte zum Volk: Heiligt

2,10 Dem Untergang weihen: eine alte Kriegssitte, die auf Gottes Befehl bei der Eroberung des Landes anzuwenden war (vgl. 6,18–24; 10,22–27 und die Anmerkung zu Dtn 2,34).

2,19 ist selbst schuld, wenn sein Blut vergossen wird: wörtlich: sein Blut ist auf seinem Haupt.

3,5 Wie für eine kultische Handlung muss sich das Volk durch sexuelle Enthaltung und Reinigen der Kleider bereit machen.

euch; denn morgen wird der Herr mitten un-
ter euch Wunder tun. 6 Und zu den Priestern
sagte Josua: Nehmt die Bundeslade auf
und zieht dem Volk voran! Und sie nahmen
die Bundeslade auf und gingen dem Volk
voraus.
7 Da sagte der Herr zu Josua: Heute fange
ich an, dich vor den Augen ganz Israels groß
zu machen, damit alle erkennen, dass ich mit
dir sein werde, wie ich mit Mose gewesen
bin. 8 Du aber sollst den Priestern, die die
Bundeslade tragen, befehlen: Wenn ihr zum
Ufer des Jordan kommt, geht in den Jordan
hinein und bleibt dort stehen! 9 Darauf sagte
Josua zu den Israeliten: Kommt her und
hört die Worte des Herrn, eures Gottes!
10 Dann sagte Josua: Daran sollt ihr erken-
nen, dass ein lebendiger Gott mitten unter
euch ist: Er wird die Kanaaniter, die Hetiter,
Hiwiter, Perisiter, Girgaschiter, Amoriter
und Jebusiter vor euren Augen vertreiben.
11 Seht, die Bundeslade des Herrn der ganzen
Erde zieht vor euch her durch den Jordan.
12 Wählt nun zwölf Männer aus den Stäm-
men Israels aus, aus jedem Stamm einen!
13 Sobald die Füße der Priester, die die Lade
des Herrn tragen, des Herrn der ganzen
Erde, im Wasser des Jordan stehen, wird das
Wasser des Jordan, das von oben herab-
kommt, wie abgeschnitten sein und wie ein
Wall dastehen.
14 Als dann das Volk seine Zelte verließ
und aufbrach, um den Jordan zu überschrei-
ten, gingen die Priester, die die Bundeslade
trugen, an der Spitze des Volkes. 15 Und als
die Träger der Lade an den Jordan kamen
und die Füße der Priester, die die Lade tru-
gen, das Wasser berührten – der Jordan war
aber während der ganzen Erntezeit über alle
Ufer getreten –, 16 da blieben die Fluten des
Jordan stehen. Das von oben herabkom-
mende Wasser stand wie ein Wall in weiter
Entfernung, bei der Stadt Adam, die in der
Nähe von Zaretan liegt. Die zum Meer der
Araba, zum Salzmeer, hinabfließenden Flu-
ten dagegen liefen vollständig ab und das
Volk zog Jericho gegenüber durch den Jor-
dan. 17 Die Priester, die die Bundeslade des
Herrn trugen, standen, während ganz Israel
trockenen Fußes hindurchzog, fest und si-
cher mitten im Jordan auf trockenem Boden,
bis das ganze Volk den Jordan durchschrit-
ten hatte.

7: 4,14; 1,5.17 • 13: 4,7 • 16: Ex 14,21; Ps 114,3.

Die zwölf Gedenksteine: 4,1 – 5,1

4 Als das ganze Volk den Jordan durch-
schritten hatte, sagte der Herr zu Josua:
2 Wählt aus dem Volk zwölf Männer aus, aus
jedem Stamm einen, 3 und befehlt ihnen:
Hebt hier, an der Stelle mitten im Jordan, wo
die Priester fest und sicher standen, zwölf
Steine auf, nehmt sie mit hinüber und legt
sie an dem Ort nieder, an dem ihr die nächste
Nacht verbringt. 4 Da rief Josua die zwölf
Männer, die er aus den Israeliten bestimmt
hatte, aus jedem Stamm einen, 5 und sagte zu
ihnen: Geht vor der Lade des Herrn, eures
Gottes, her bis zur Mitte des Jordan; dort soll
jeder von euch einen Stein auf seine Schulter
heben, so viele Steine, wie es Stämme der
Israeliten gibt. 6 Sie sollen unter euch ein
Zeichen sein. Wenn euch eure Söhne morgen
fragen: Was bedeuten diese Steine für euch?,
7 dann antwortet ihnen: (Sie bedeuten,) dass
die Fluten des Jordan vor der Bundeslade
des Herrn wie abgeschnitten waren; als sie
durch den Jordan zog, waren die Fluten des
Jordan wie abgeschnitten. So sind diese
Steine ein ewiges Erinnerungszeichen für die
Israeliten. 8 Die Israeliten taten, was Josua
befohlen hatte, und nahmen zwölf Steine
mitten aus dem Jordan, so viele, wie es
Stämme der Israeliten gab, wie es der Herr
dem Josua befohlen hatte. Sie nahmen sie
mit hinüber zu ihrem Rastplatz und stellten
sie dort auf. 9 Und in der Mitte des Jordan
richtete Josua zwölf Steine auf, dort, wo die
Priester gestanden hatten, die die Bundesla-
de trugen; sie stehen dort bis zum heutigen
Tag. 10 Die Priester aber, die die Lade trugen,
blieben mitten im Jordan stehen, bis alles ge-
schehen war, was der Herr durch Josua dem
Volk befohlen hatte [ganz so, wie Mose dem
Josua befohlen hatte], und das Volk beeilte
sich und zog hinüber. 11 Als das ganze Volk
vollständig hinübergezogen war, zog auch
die Lade des Herrn hinüber und die Priester
(gingen wieder) dem Volk voraus. 12 Die Ru-
beniter, die Gaditer und der halbe Stamm
Manasse zogen kampfbereit vor den Israeli-
ten her, wie es ihnen Mose befohlen hatte.
13 Es waren etwa vierzigtausend bewaffnete
Männer, die vor den Augen des Herrn zum
Kampf in die Steppen von Jericho zogen.
14 An jenem Tag machte der Herr den Jo-
sua in den Augen ganz Israels groß und man
hatte Ehrfurcht vor ihm, wie man vor Mose

3,12 Die Aufgabe der zwölf Männer wird in 4,2–5 mitgeteilt.
3,16 Die Stadt Adam sucht man in der Nähe der Einmündung des Jabbok in den Jordan. Das »Meer der Araba« ist das Tote Meer.
4,1–9.20–24 Hier werden Herkunft und Bedeutung der zwölf Steine im Jordan bzw. in Gilgal erklärt.

zeit seines Lebens Ehrfurcht hatte. 15 Da sagte der Herr zu Josua: 16 Befiehl den Priestern, die die Lade der Bundesurkunde tragen, aus dem Jordan heraufzusteigen. 17 Da befahl Josua den Priestern: Steigt aus dem Jordan herauf! 18 Als nun die Priester, die die Bundeslade des Herrn trugen, aus der Mitte des Jordan heraufstiegen und ihre Füße das Ufer berührten, da kehrte das Wasser des Jordan an seinen Ort zurück und trat wie zuvor wieder über alle Ufer. 19 Das Volk zog am zehnten Tag des ersten Monats durch den Jordan und schlug in Gilgal, am Ostrand des Gebietes von Jericho, sein Lager auf.

20 In Gilgal stellte Josua die zwölf Steine auf, die man aus dem Jordan mitgenommen hatte. 21 Er sagte zu den Israeliten: Wenn eure Söhne morgen ihre Väter fragen: Was bedeuten diese Steine?, 22 dann sollt ihr sie belehren: Hier hat Israel trockenen Fußes den Jordan durchschritten; 23 denn der Herr, euer Gott, hat das Wasser des Jordan vor euren Augen austrocknen lassen, bis ihr hindurchgezogen wart, genau so wie es Jahwe, euer Gott, mit dem Schilfmeer machte, das er vor unseren Augen austrocknen ließ, bis wir hindurchgezogen waren. 24 Daran sollen alle Völker der Erde erkennen, dass die Hand des Herrn stark ist, und ihr sollt allezeit Jahwe, euren Gott, fürchten.

5 Alle Könige der Amoriter jenseits des Jordan im Westen und alle Könige der Kanaaniter am Meer hörten, dass der Herr das Wasser des Jordan vor den Augen der Israeliten austrocknen ließ, bis sie hinübergezogen waren; da zerschmolz ihr Herz und jedem stockte der Atem wegen der Israeliten.

4,12: 1,12–16 • 23: Ex 14,21f.

Die Beschneidung in Gilgal: 5,2–12

2 Damals sagte der Herr zu Josua: Mach dir Steinmesser und ordne wieder eine Beschneidung der Israeliten an, eine zweite! 3 Da machte sich Josua Steinmesser und er beschnitt die Israeliten auf dem »Hügel der Vorhäute«. 4 Josua nahm die Beschneidung vor, weil das ganze Volk, das aus Ägypten ausgezogen war, das heißt die Männer, alle Krieger, nach ihrem Auszug aus Ägypten auf dem Weg durch die Wüste gestorben waren. 5 Als das Volk auszog, waren alle beschnitten. Alle aber, die nach dem Auszug aus Ägypten unterwegs in der Wüste geboren wurden, hatte man nicht beschnitten. 6 Denn vierzig Jahre lang wanderten die Israeliten durch die Wüste. Schließlich war das ganze Volk, alle Krieger, die aus Ägypten ausgezogen waren, umgekommen, weil sie nicht auf die Stimme des Herrn gehört hatten. Der Herr hatte ihnen geschworen, er werde sie das Land nicht schauen lassen, das er ihren Vätern mit einem Eid zugesichert hatte, ein Land, in dem Milch und Honig fließen. 7 Ihre Söhne, die der Herr an ihre Stelle treten ließ, beschnitt Josua; denn sie waren noch unbeschnitten, da man sie unterwegs nicht beschnitten hatte. 8 Als nun das ganze Volk beschnitten war, blieb man an Ort und Stelle, im Lager, bis die Männer wieder gesund waren. 9 Und der Herr sagte zu Josua: Heute habe ich die ägyptische Schande von euch abgewälzt. Darum nennt man diesen Ort bis zum heutigen Tag Gilgal (Wälzplatz).

10 Als die Israeliten in Gilgal ihr Lager hatten, feierten sie am Abend des vierzehnten Tages jenes Monats in den Steppen von Jericho das Pascha. 11 Am Tag nach dem Pascha, genau an diesem Tag, aßen sie ungesäuerte Brote und geröstetes Getreide aus den Erträgen des Landes. 12 Vom folgenden Tag an, nachdem sie von den Erträgen des Landes gegessen hatten, blieb das Manna aus; von da an hatten die Israeliten kein Manna mehr, denn sie aßen in jenem Jahr von der Ernte des Landes Kanaan.

2: Gen 17,10–14 • 6: Num 14,22f • 11: Lev 23,10.14 • 12: Ex 16,35.

Der Anführer des Heeres des Herrn: 5,13–15

13 Als Josua bei Jericho war und Ausschau hielt, sah er plötzlich einen Mann mit einem gezückten Schwert in der Hand vor sich stehen. Josua ging auf ihn zu und fragte ihn: Gehörst du zu uns oder zu unseren Feinden? 14 Er antwortete: Nein, ich bin der Anführer des Heeres des Herrn. Ich bin soeben gekommen. Da warf sich Josua vor ihm zu Boden, um ihm zu huldigen, und fragte ihn: Was befiehlt mein Herr seinem Knecht? 15 Der Anführer des Heeres des Herrn antwortete Josua: Zieh deine Schuhe aus; denn der Ort, wo du stehst, ist heilig. Und Josua tat es.

15: Ex 3,5.

5,2 Eine frühere Beschneidung ist hier vorausgesetzt, sie wird aber in den bekannten Texten nicht erwähnt.

5,9 Der Name Gilgal bedeutet wohl »Steinkreis« (vgl. 4,19 f); er wird hier von galal (wälzen) abgeleitet.

5,11f Ungesäuerte Brote gehören nach Ex 12,18 zum Paschamahl; soeben gereiftes, wohl mit den Ähren geröstetes Getreide (vgl. Lev 2,14) ist die Erstlingsfrucht des Landes. Das Aufhören des Manna bezeichnet das Ende der Wüstenwanderung.

Die Eroberung Jerichos: 6,1–27

6 Jericho hielt wegen der Israeliten die
Tore fest verschlossen. Niemand konnte
heraus und niemand konnte hinein. 2 Da
sagte der Herr zu Josua: Sieh her, ich gebe
Jericho und seinen König samt seinen Krie-
gern in deine Gewalt. 3 Ihr sollt mit allen
Kriegern um die Stadt herumziehen und sie
einmal umkreisen. Das sollst du sechs Tage
lang tun. 4 Sieben Priester sollen sieben Wid-
derhörner vor der Lade hertragen. Am sieb-
ten Tag sollt ihr siebenmal um die Stadt he-
rumziehen und die Priester sollen die Hörner
blasen. 5 Wenn das Widderhorn geblasen
wird und ihr den Hörnerschall hört, soll das
ganze Volk in lautes Kriegsgeschrei ausbre-
chen. Darauf wird die Mauer der Stadt in
sich zusammenstürzen; dann soll das Volk
hinübersteigen, jeder an der nächstbesten
Stelle. 6 Da rief Josua, der Sohn Nuns, die
Priester und sagte: Nehmt die Bundeslade
und lasst sieben Priester sieben Widderhör-
ner vor der Lade des Herrn hertragen. 7 Und
zum Volk sagte er: Zieht rings um die Stadt
herum und lasst die bewaffneten Männer vor
der Lade des Herrn herziehen!

8 Und es geschah so, wie Josua es dem Volk
gesagt hatte: Sieben Priester trugen die sie-
ben Widderhörner vor dem Herrn her und
bliesen im Gehen die Hörner und die Bun-
deslade des Herrn zog hinter ihnen her. 9 Die
bewaffneten Männer gingen vor den Pries-
tern her, die die Hörner bliesen, die Nachhut
folgte der Lade und man blies ständig die
Hörner. 10 Dem Volk aber befahl Josua: Er-
hebt kein Kriegsgeschrei und lasst eure
Stimmen nicht hören! Kein Wort komme aus
eurem Mund bis zu dem Tag, an dem ich zu
euch sage: Erhebt das Kriegsgeschrei! Dann
sollt ihr losschreien.

11 Darauf ließ er die Lade des Herrn um die
Stadt herumziehen und sie einmal umkrei-
sen. Dann kam man zum Lager zurück und
übernachtete im Lager. 12 Früh am anderen
Morgen brach Josua auf und die Priester tru-
gen die Lade des Herrn. 13 Sieben Priester
trugen die sieben Widderhörner der Lade des
Herrn voraus und bliesen ständig die Hör-
ner. Die bewaffneten Männer zogen vor ih-
nen her und die Nachhut folgte der Lade des
Herrn. Man blies ständig die Hörner. 14 So
zogen sie auch am zweiten Tag einmal um
die Stadt herum und kehrten wieder ins La-
ger zurück. Das machten sie sechs Tage lang.

15 Am siebten Tag aber brachen sie beim
Anbruch der Morgenröte auf und zogen, wie
gewohnt, um die Stadt, siebenmal; nur an
diesem Tag zogen sie siebenmal um die
Stadt. 16 Als die Priester beim siebten Mal
die Hörner bliesen, sagte Josua zum Volk:
Erhebt das Kriegsgeschrei! Denn der Herr
hat die Stadt in eure Gewalt gegeben. 17 Die
Stadt mit allem, was in ihr ist, soll zu Ehren
des Herrn dem Untergang geweiht sein. Nur
die Dirne Rahab und alle, die bei ihr im Haus
sind, sollen am Leben bleiben, weil sie die
Boten versteckt hat, die wir ausgeschickt
hatten. 18 Hütet euch aber davor, von dem,
was dem Untergang geweiht ist, etwas zu be-
gehren und wegzunehmen; sonst weiht ihr
das Lager Israels dem Untergang und stürzt
es ins Unglück. 19 Alles Gold und Silber und
die Geräte aus Bronze und Eisen sollen dem
Herrn geweiht sein und in den Schatz des
Herrn kommen. 20 Darauf erhob das Volk das
Kriegsgeschrei und die Widderhörner wur-
den geblasen. Als das Volk den Hörnerschall
hörte, brach es in lautes Kriegsgeschrei aus.
Die Stadtmauer stürzte in sich zusammen,
und das Volk stieg in die Stadt hinein, jeder
an der nächstbesten Stelle. So eroberten sie
die Stadt. 21 Mit scharfem Schwert weihten
sie alles, was in der Stadt war, dem Unter-
gang, Männer und Frauen, Kinder und Grei-
se, Rinder, Schafe und Esel.

22 Zu den beiden Männern, die das Land
erkundet hatten, sagte Josua: Geht zu dem
Haus der Dirne und holt von dort die Frau
und alles, was ihr gehört, wie ihr es ihr ge-
schworen habt. 23 Da gingen die jungen Män-
ner, die Kundschafter, und holten Rahab, ih-
ren Vater, ihre Mutter, ihre Brüder und alles,
was ihr gehörte; sie führten ihre ganze Ver-
wandtschaft (aus der Stadt) heraus und wie-
sen ihnen einen Platz außerhalb des Lagers
Israels an. 24 Die Stadt aber und alles, was
darin war, brannte man nieder; nur das Sil-
ber und Gold und die Geräte aus Bronze und
Eisen brachte man in den Schatz im Haus
des Herrn. 25 Die Dirne Rahab und die Fami-
lie ihres Vaters und alles, was ihr gehörte,
ließ Josua am Leben. So wohnt ihre Familie
bis heute mitten in Israel; denn Rahab hatte
die Boten versteckt, die Josua ausgesandt

6,1 Jericho ist eine bis ins 7. Jahrtausend v. Chr. zurückreichende Stadt; die Eroberung durch Josua ist bisher archäologisch nicht nachgewiesen. Ihre Einnahme wird nach Art einer Prozession mit der Bundeslade geschildert.

6,18 begehren: Text korr. nach G. – Von der Beute, die Gott geweiht war und vernichtet werden musste, durfte nichts weggenommen werden.

hatte, um Jericho auszukundschaften zu las-
sen.

26 Damals schwor Josua: Verflucht beim
Herrn sei der Mann, der es unternimmt, diese
Stadt Jericho wieder aufzubauen. Seinen
Erstgeborenen soll es ihn kosten, wenn er sie
neu gründet, und seinen Jüngsten, wenn er
ihre Tore wieder aufrichtet. 27 Der Herr war
mit Josua und sein Ruhm verbreitete sich im
ganzen Land.

18: Lev 27,28 • 20: Hebr 11,30 • 21: 8,2 • 22: 2,14 • 25: 2,13.

Der Kampf um Ai. Achans Diebstahl:
7,1–26

7 Die Israeliten aber veruntreuten etwas
von dem, was dem Untergang geweiht
war. Denn Achan, der Sohn Karmis, des
Sohnes Sabdis, des Sohnes Serachs, vom
Stamm Juda, nahm etwas von dem, was dem
Untergang geweiht war. Da entbrannte der
Zorn des Herrn über die Israeliten.
2 Josua schickte von Jericho aus einige
Männer nach Ai, das bei Bet-Awen, östlich
von Bet-El liegt, und sagte zu ihnen: Geht
hinauf, und erkundet das Land! Die Männer
gingen hinauf und erkundeten Ai. 3 Als sie zu
Josua zurückkamen, sagten sie zu ihm: Es
braucht nicht das ganze Volk hinaufzuzie-
hen. Etwa zwei- oder dreitausend Mann sol-
len hinaufziehen; sie können Ai besiegen.
Bemüh nicht das ganze Volk dorthin! Denn
dort sind nur wenige Leute. 4 So stiegen vom
Volk etwa dreitausend Mann nach Ai hinauf;
aber sie mussten vor den Männern von Ai die
Flucht ergreifen. 5 Die Männer von Ai er-
schlugen sechsunddreißig von ihnen; die an-
dern verfolgten sie vom Stadttor bis zu den
Steinbrüchen und schlugen sie an der Steige.
Da zerschmolz das Herz des Volkes und
wurde zu Wasser. 6 Josua zerriss seine Klei-
der und warf sich zusammen mit den Ältes-
ten vor der Lade des Herrn mit dem Gesicht
zu Boden und blieb dort bis zum Abend lie-
gen. Sie streuten sich Asche auf das Haupt
7 und Josua sagte: Ach Herr, mein Gott!
Warum hast du dieses Volk über den Jordan
ziehen lassen? Um uns den Amoritern auszu-
liefern, damit sie uns vernichten? Hätten wir
uns doch dazu entschlossen, jenseits des Jor-
dan zu bleiben! 8 Ach Herr, was soll ich sa-
gen, nachdem Israel seinen Feinden den
Rücken gezeigt hat? 9 Das werden die
Kanaaniter und alle Bewohner des Landes
hören und sie werden uns umzingeln und
unseren Namen im ganzen Land ausrotten.
Was willst du dann für deinen großen Namen
tun?
10 Da sagte der Herr zu Josua: Steh auf!
Warum liegst du da, mit dem Gesicht zur
Erde? 11 Israel hat gesündigt. Sie haben sich
sogar gegen meinen Bund vergangen, den ich
ihnen auferlegt habe. Sie haben etwas weg-
genommen von dem, was dem Untergang ge-
weiht war; sie haben es gestohlen; sie haben
es unterschlagen und zu ihren eigenen Sa-
chen getan. 12 Deshalb können die Israeliten
dem Angriff ihrer Feinde nicht mehr stand-
halten und müssen ihren Feinden den Rü-
cken zeigen; denn sie sind nun selbst dem
Untergang geweiht. Ich werde nicht mehr
mit euch sein, wenn ihr bei euch nicht alles,
was dem Untergang geweiht ist, vernichtet.
13 Auf! Heilige das Volk und sag: Heiligt euch
für morgen! Denn so hat der Herr, der Gott
Israels, gesprochen: Bei dir, Israel, ist etwas,
was dem Untergang geweiht ist. Du kannst
dem Angriff deiner Feinde nicht standhal-
ten, solange ihr nicht alles, was dem Unter-
gang geweiht ist, aus eurer Mitte entfernt
habt. 14 Morgen sollt ihr Stamm für Stamm
antreten und der Stamm, den der Herr be-
zeichnet, soll Sippe für Sippe antreten und
die Sippe, die der Herr dann bezeichnet, soll
Großfamilie für Großfamilie antreten und
die Großfamilie, die der Herr dann bezeich-
net, soll Mann für Mann antreten. 15 Bei wem
man dann etwas findet, das dem Untergang
geweiht ist, der soll mit allem, was er hat,
verbrannt werden, weil er sich am Bund des
Herrn vergangen und in Israel eine Schand-
tat verübt hat.

16 Josua ließ also früh am Morgen Israel
Stamm für Stamm antreten; da wurde der
Stamm Juda bezeichnet. 17 Dann ließ er die
Sippen Judas antreten; da wurde die Sippe
der Serachiter bezeichnet. Dann ließ er die
Sippe der Serachiter nach Großfamilien an-
treten; da wurde Sabdi bezeichnet. 18 Dann
ließ er dessen Familie Mann für Mann antre-
ten; da wurde Achan, der Sohn Karmis, der
Enkel Sabdis, des Sohnes Serachs, vom

6,26 Der Fluch deutet auf 1 Kön 16,34 hin.

7,2 Auch die Zerstörung von Ai (Trümmerhaufen) ist wie die von Jericho archäologisch nicht nachgewiesen. – Bet-Awen (Haus des Unheils) ist wohl ein herabwürdigender Name für Bet-El (vgl. Hos 4,15; Am 5,5).

7,6 Das Zerreißen der Kleider und das Bestreuen des Kopfes mit Staub oder Asche waren Zeichen der Trauer und des Schmerzes (vgl. 1 Sam 4,12; 2 Sam 1,2).

7,17 Großfamilien: Text korr. mit S und einigen H-Handschriften. – Zum Ausdruck Großfamilie vgl. die Anmerkung zu Num 1,2.

Stamm Juda bezeichnet. 19 Josua sagte zu Achan: Mein Sohn, gib dem Herrn, dem Gott Israels, die Ehre und leg vor ihm ein Geständnis ab! Sag mir offen, was du getan hast, und verheimliche mir nichts! 20 Achan antwortete Josua: Es ist wahr, ich habe mich gegen den Herrn, den Gott Israels, versündigt. Das und das habe ich getan: 21 Ich sah unter der Beute einen schönen Mantel aus Schinar, außerdem zweihundert Schekel Silber und einen Goldbarren, der fünfzig Schekel wog. Ich wollte es haben und nahm es an mich. Es ist in meinem Zelt im Boden vergraben, das Silber an unterster Stelle. 22 Josua schickte Boten und sie liefen zum Zelt, und wirklich: die Sachen waren im Zelt Achans vergraben, das Silber an unterster Stelle. 23 Sie holten alles aus dem Zelt heraus, brachten es zu Josua und allen Israeliten und breiteten es vor dem Herrn aus.

24 Da nahm Josua Achan, den Sohn Serachs, ebenso das Silber und den Mantel und den Goldbarren, seine Söhne und Töchter, seine Rinder, Esel und Schafe, sein Zelt und seine ganze Habe. Er und ganz Israel brachten alles ins Tal Achor. 25 Dann sagte Josua: Womit du uns ins Unglück gestürzt hast, damit stürzt dich der Herr heute ins Unglück. Und ganz Israel steinigte Achan. [Sie verbrannten sie im Feuer und steinigten sie.] 26 Man errichtete über ihm einen großen Steinhaufen, der bis zum heutigen Tag zu sehen ist, und der Herr ließ ab von seinem glühenden Zorn. Deshalb nennt man diesen Ort bis heute Achortal (Unglückstal).

16: 1 Sam 10,20 • 26: Jes 65,10; Hos 2,17.

Die Vernichtung von Ai: 8,1–29

8 Dann sagte der Herr zu Josua: Fürchte dich nicht und hab keine Angst! Nimm alle kriegstüchtigen Männer, brich auf und zieh nach Ai! Siehe, ich habe den König von Ai und sein Volk, seine Stadt und sein Land in deine Gewalt gegeben. 2 Du sollst es mit Ai und seinem König ebenso machen, wie du es mit Jericho und seinem König gemacht hast. Doch ihren Besitz und das Vieh in der Stadt dürft ihr erbeuten. Leg im Rücken der Stadt einen Hinterhalt! 3 Da brach Josua mit dem ganzen Heer auf und zog nach Ai. Er wählte dreißigtausend kampferprobte Männer aus und schickte sie bei Nacht weg 4 mit dem Befehl: Seht zu, dass ihr im Rücken der Stadt einen Hinterhalt legt, aber *nicht zu weit* entfernt von der Stadt. Dort haltet euch alle bereit! 5 Ich aber werde mit allen Leuten, die bei mir sind, gegen die Stadt vorrücken, und wenn man dann wie beim ersten Mal einen Ausfall macht, werden wir vor ihnen fliehen. 6 Sie werden uns verfolgen, bis wir sie von der Stadt weggelockt haben, denn sie werden denken: Sie fliehen vor uns wie beim ersten Mal. Wenn wir vor ihnen geflohen sind, 7 dann könnt ihr aus dem Hinterhalt hervorbrechen und die Stadt besetzen. Der Herr, euer Gott, wird sie euch ausliefern. 8 Wenn ihr dann die Stadt eingenommen habt, sollt ihr sie in Brand stecken. Handelt nach dem Wort des Herrn! Seht, ich habe es euch befohlen. 9 Dann schickte sie Josua weg und sie legten sich westlich von Ai in den Hinterhalt, zwischen Bet-El und Ai. Josua aber blieb die Nacht über beim Volk.

10 Früh am Morgen stand Josua auf, musterte das Volk und zog zusammen mit den Ältesten Israels an der Spitze des Volkes nach Ai hinauf. 11 Das ganze Heer zog mit ihm hinauf und rückte bis in die Nähe der Stadt vor. Im Norden von Ai schlugen sie ihr Lager auf; zwischen ihnen und Ai lag ein Tal. 12 Dann nahm er etwa fünftausend Mann und legte sie westlich der Stadt, zwischen Bet-El und Ai, in einen Hinterhalt. 13 So stellten sie das Volk auf: Das Lager war im Norden der Stadt und der Hinterhalt westlich der Stadt. Josua aber verbrachte die Nacht unten im Tal.

14 Als das der König von Ai sah, brach er mit den Männern der Stadt am Morgen in aller Eile auf und zog mit seinem ganzen Volk zum (sogenannten) Versammlungsplatz vor der Steppe, um gegen Israel zu kämpfen. Er wusste nicht, dass man ihm im Rücken der Stadt einen Hinterhalt gelegt hatte. 15 Josua und die Israeliten ließen sich von ihnen schlagen und flohen zur Wüste hin. 16 Nun wurde das ganze Volk, das noch in der Stadt war, zu ihrer Verfolgung aufgeboten. Sie verfolgten Josua und wurden so von der Stadt weggelockt. 17 Niemand blieb in Ai [und Bet-El] zurück; alle rückten aus, ließen die Stadt ohne Schutz zurück und verfolgten die Israeliten. 18 Da sagte der Herr zu Josua: Streck das Sichelschwert in deiner Hand gegen Ai aus, denn ich gebe es in deine Gewalt. Josua streckte das Sichelschwert in seiner Hand gegen Ai aus. 19 Als er seine Hand ausstreckte, brachen die Männer im Hinterhalt eiligst aus ihrer Stellung hervor, stürmten in die Stadt, nahmen sie ein und steckten sie sogleich in Brand. 20 Als die Männer von Ai

7,26 Achor klingt an »Achan« an. Mit der Erzählung wird der Name des Achortals gedeutet.

8,12f V. 12 fehlt größtenteils, V. 13 ganz in G; wohl ein Nachtrag.

sich umwandten, sahen sie plötzlich aus der
Stadt Rauch zum Himmel aufsteigen. Aber
sie konnten weder vor noch zurück und hat-
ten keine Möglichkeit zur Flucht. Denn das
Volk, das zur Wüste hin geflohen war, wand-
te sich nun gegen den Verfolger. 21 Als
nämlich Josua und ganz Israel sahen, dass
aus der Stadt Rauch aufstieg, dass also die
Männer aus dem Hinterhalt die Stadt einge-
nommen hatten, machten sie kehrt und
schlugen die Männer von Ai. 22 Denn weil
diese ihnen aus der Stadt nachgerückt wa-
ren, waren sie nun von beiden Seiten her
mitten zwischen die Israeliten geraten. Die
Israeliten schlugen sie so vernichtend, dass
keiner von ihnen mehr übrig blieb, der hätte
entkommen und sich in Sicherheit bringen
können. 23 Den König von Ai aber nahmen
sie lebend gefangen und brachten ihn zu Jo-
sua.

24 Als die Israeliten sämtliche Bewohner
von Ai, die ihnen nachgejagt waren, ohne
Ausnahme auf freiem Feld und in der Wüste
mit scharfem Schwert getötet hatten und
alle gefallen waren, kehrte ganz Israel nach
Ai zurück und machte auch dort alles mit
scharfem Schwert nieder. 25 Es gab an jenem
Tag insgesamt zwölftausend Gefallene,
Männer und Frauen, alle Einwohner von Ai.
26 Josua aber ließ seine Hand mit dem Sichel-
schwert nicht sinken, bis er alle Einwohner
von Ai dem Untergang geweiht hatte. 27 Nur
das Vieh und den Besitz der Stadt nahm Is-
rael für sich als Beute nach dem Befehl, den
der Herr Josua gegeben hatte. 28 Dann
brannte Josua Ai nieder und machte es für
immer zu einem Trümmerhaufen und zu ei-
nem öden Platz; das ist es geblieben bis zum
heutigen Tag. 29 Den König von Ai aber ließ
er an einem Baum aufhängen; dort hing er
bis zum Abend. Als die Sonne unterging,
nahm man die Leiche auf Befehl Josuas von
dem Baum ab und warf sie vor das Tor der
Stadt. Man errichtete über ihr einen großen
Steinhaufen, der noch heute da ist.

6: 7,4 • 29: Dtn 21,23.

Der Bau des Altars und die Verkündigung des Gesetzes: 8,30–35

30 Damals errichtete Josua auf dem Berg
Ebal für den Herrn, den Gott Israels, einen
Altar 31 aus unbehauenen Steinen, die noch
kein eisernes Werkzeug berührt hatte, so wie
Mose, der Knecht des Herrn, es den Israeli-
ten geboten hatte und wie es im Gesetzbuch
des Mose geschrieben steht. Auf diesem Al-
tar brachte man dem Herrn Brandopfer dar
und schlachtete Heilsopfer. 32 Und Josua
brachte dort auf den Steinen eine Abschrift
des Gesetzes des Mose an; er schrieb vor den
Augen der Israeliten darauf. 33 Ganz Israel
und die Ältesten, die Listenführer und die
Richter, standen zu beiden Seiten der Lade
neben den levitischen Priestern, den Trä-
gern der Bundeslade des Herrn, dazu
Fremde und Einheimische. Die eine Hälfte
von ihnen war dem Berg Garizim zuge-
wandt, die andere dem Berg Ebal, wie es
Mose, der Knecht Jahwes, für die Segnung
des Volkes Israel früher angeordnet hatte.
34 Danach verlas Josua das Gesetz im vollen
Wortlaut, Segen und Fluch, genau so, wie es
im Buch des Gesetzes aufgezeichnet ist.
35 Von all dem, was Mose angeordnet hatte,
gab es kein einziges Wort, das Josua nicht
vor der ganzen Versammlung Israels verle-
sen hätte; auch die Frauen und Kinder und
die Fremden, die mit ihnen zogen, waren da-
bei.

30: Dtn 27,2–8 • 31: Ex 20,25 • 32: Ex 24,1–8 • 33: Dtn 11,29; 27,12 f.

Die List der Gibeoniter: 9,1–27

3 Davon hörten alle Könige jenseits des
Jordan, auf dem Gebirge, in der Schefe-
la und an der ganzen Küste des großen Mee-
res bis hin zum Libanon: die Hetiter, die
Amoriter, die Kanaaniter, die Perisiter, die
Hiwiter und die Jebusiter. 2 Sie taten sich
zusammen, um gemeinsam gegen Josua und
Israel den Kampf aufzunehmen.

3 Als die Einwohner von Gibeon erfuhren,
was Josua mit Jericho und Ai gemacht hatte,
4 griffen sie zu einer List. Sie versahen sich
mit Verpflegung, packten alte Säcke und
alte, brüchige und geflickte Weinschläuche
auf ihre Esel und machten sich damit auf den
Weg. 5 Sie zogen alte, geflickte Schuhe und
alte Mäntel an. Das ganze Brot in ihrem Vor-
rat war trocken und krümelig. 6 So zogen sie
zu Josua ins Lager nach Gilgal und sagten zu
ihm und zu den Israeliten: Wir kommen aus
einem fernen Land. Schließt doch einen Ver-
trag mit uns! 7 Da antworteten die Israeliten
den Hiwitern: Vielleicht wohnt ihr mitten in
unserem Gebiet. Wie können wir da einen
Vertrag mit euch schließen? 8 Sie aber sagten
zu Josua: Wir sind deine Knechte. Josua

8,25 Einwohner: Text korr. nach G.

9,1 Gibeon, nördlich von Jerusalem, blieb wie die in V. 17 genannten Städte lange Zeit kanaanäisch.

9,7–9 Weit entfernte Völker konnten milder behandelt werden (Dtn 20,10–15) als die Völker Kanaans (Dtn 7,1–11; 20,16—18), mit denen Israel kein Abkommen schließen durfte.

fragte sie: Wer seid ihr und woher kommt ihr? 9 Sie antworteten ihm: Deine Knechte kommen aus einem weit entfernten Land, angezogen vom Ruhm des Herrn, deines Gottes. Wir haben von seinem Ruhm und von allem gehört, was er in Ägypten getan hat, 10 und auch von allem, was er mit den beiden Königen der Amoriter jenseits des Jordan gemacht hat, mit Sihon, dem König von Heschbon, und mit Og, dem König des Baschan in Aschtarot. 11 Da sagten unsere Ältesten und alle Bewohner des Landes zu uns: Nehmt Verpflegung für unterwegs mit, zieht ihnen entgegen und sagt zu ihnen: Wir sind eure Knechte. Nun schließt mit uns einen Vertrag! 12 Unser Brot hier war noch warm, als wir es aus unseren Häusern als Vorrat mitnahmen an dem Tag, als wir uns auf den Weg zu euch machten. Jetzt aber, seht her: Es ist trocken und krümelig. 13 Auch diese Weinschläuche waren neu, als wir sie füllten; und jetzt, seht her: Sie sind brüchig. Und hier, unsere Mäntel und unsere Schuhe, sie sind durch den weiten Weg ganz abgenützt. 14 Da nahmen die Israeliten etwas von der Verpflegung; aber den Mund des Herrn befragten sie nicht. 15 So gewährte ihnen Josua Frieden und schloss mit ihnen einen Vertrag, sie am Leben zu lassen. Auch die Vorsteher der Gemeinde leisteten ihnen einen Eid.

16 Drei Tage aber, nachdem sie mit ihnen den Vertrag geschlossen hatten, erfuhren sie, dass die Männer aus der Nähe waren und mitten in ihrem Gebiet wohnten. 17 Die Israeliten brachen auf und kamen am dritten Tag zu ihren Städten: nach Gibeon, Kefira, Beerot und Kirjat-Jearim. 18 Aber die Israeliten erschlugen die Einwohner nicht, weil die Vorsteher der Gemeinde ihnen beim Herrn, dem Gott Israels, einen Eid geleistet hatten. Doch die ganze Gemeinde war empört über die Vorsteher. 19 Da sagten alle Vorsteher zu der Gemeinde: Wir haben ihnen beim Herrn, dem Gott Israels, einen Eid geleistet. Darum können wir ihnen nichts tun. 20 Wir wollen es so mit ihnen machen: Wir werden sie am Leben lassen, damit nicht wegen des Eides, den wir ihnen geschworen haben, ein Zorngericht über uns kommt. 21 Die Vorsteher sagten also zu ihnen: Sie sollen am Leben bleiben. So wurden sie Holzfäller und Wasserträger für die ganze Gemeinde, wie es ihnen die Vorsteher sagten.

22 Darauf rief Josua die Gibeoniter und sagte zu ihnen: Warum habt ihr uns getäuscht und gesagt: Wir wohnen sehr weit entfernt von euch, obwohl ihr mitten in unserem Gebiet wohnt? 23 Nun seid ihr verflucht; ihr müsst für immer Sklaven, Holzfäller und Wasserträger für das Haus meines Gottes sein. 24 Sie antworteten Josua: Deinen Knechten wurde genau berichtet, was Jahwe, dein Gott, seinem Knecht Mose befohlen hat: euch das ganze Land zu geben und alle Bewohner des Landes vor euren Augen zu vernichten. Darum hatten wir große Angst vor euch und fürchteten um unser Leben. Deshalb haben wir das getan. 25 Jetzt sind wir in deiner Hand. Mach mit uns, was dir gut und recht erscheint. 26 Daraufhin tat er Folgendes: Er rettete sie zwar aus der Gewalt der Israeliten, sodass sie sie nicht töteten; 27 doch er machte sie an jenem Tag zu Holzfällern und Wasserträgern für die Gemeinde und für den Altar des Herrn an dem Ort, den er erwählen würde. Das sind sie bis zum heutigen Tag geblieben.

3: 6,20f; 8,26.29 • 10: 12,2.4; Num 21,21–35 • 15: 11,19.

Der Krieg mit den fünf Kanaaniter-Königen: 10,1–27

10 Adoni-Zedek, der König von Jerusalem, hörte, dass Josua Ai erobert und dem Untergang geweiht hatte – wie er es mit Jericho und seinem König gemacht hatte, so hatte er es auch mit Ai und seinem König gemacht – und dass die Einwohner von Gibeon mit den Israeliten Frieden geschlossen hatten und weiterhin mitten unter ihnen leben durften. 2 Da bekam er große Angst; denn die Stadt Gibeon war ebenso groß wie die Städte mit Königssitz; sie war größer als Ai und alle ihre Männer waren kampferprobte Krieger. 3 Darum sandte Adoni-Zedek, der König von Jerusalem, Boten an Hoham, den König von Hebron, an Piram, den König von Jarmut, an Jafia, den König von Lachisch, und an Debir, den König von Eglon, und ließ ihnen sagen: 4 Zieht herauf zu mir und helft mir! Wir wollen Gibeon schlagen, weil es mit Josua und den Israeliten Frieden geschlossen hat. 5 Da sammelten sich die fünf Könige der Amoriter

9,14 Mund des Herrn: Gemeint ist eine Entscheidung, vermittelt vielleicht durch einen Seher oder Propheten (vgl. Jer 15,19).

9,21 Holzfällen und Wassertragen waren Sklavendienste. Nach VV. 23.27 waren Gibeoniter Tempelsklaven.

10,1 Jerusalem wurde erst durch David erobert (vgl. 2 Sam 5,6–9).

10,2 er: Text korr. nach S und Vg.

10,3 Städte südlich und südwestlich von Jerusalem.

und zogen mit ihren ganzen Heeren hinauf:
der König von Jerusalem, der König von
Hebron, der König von Jarmut, der König
von Lachisch und der König von Eglon. Sie
belagerten Gibeon und eröffneten den
Kampf gegen die Stadt
6 Darauf sandten die Männer von Gibeon
(Boten) zu Josua ins Lager nach Gilgal und
ließen ihm sagen: Lass deine Knechte nicht
im Stich! Zieh schnell herauf zu uns, rette
uns und komm uns zu Hilfe; denn alle Amo-
riterkönige, die das Bergland bewohnen, ha-
ben sich gegen uns zusammengetan. 7 Da zog
Josua mit dem ganzen Heer, mit allen
kampferprobten Männern, von Gilgal he-
rauf. 8 Der Herr sagte zu Josua: Fürchte dich
nicht vor ihnen; denn ich gebe sie in deine
Gewalt. Keiner von ihnen kann dir standhal-
ten. 9 Nachdem Josua die ganze Nacht von
Gilgal her auf dem Marsch gewesen war,
stieß er plötzlich auf sie. 10 Der Herr versetz-
te sie beim Anblick der Israeliten in Verwir-
rung, sodass Josua ihnen bei Gibeon eine
schwere Niederlage beibringen konnte. Er
verfolgte sie in Richtung auf die Steige von
Bet-Horon und schlug sie bis nach Aseka
und Makkeda zurück. 11 Als sie auf der
Flucht vor Israel an den Abhang von Bet-
Horon kamen, warf der Herr große Steine
auf sie vom Himmel her, bis nach Aseka hin,
sodass viele umkamen. Es kamen mehr
durch die Hagelsteine um, als die Israeliten
mit dem Schwert töteten.
12 Damals, als der Herr die Amoriter den
Israeliten preisgab, redete Josua mit dem
Herrn; dann sagte er in Gegenwart der Israe-
liten:
Sonne, bleib stehen über Gibeon / und du,
Mond, über dem Tal von Ajalon! –
13 Und die Sonne blieb stehen / und der
Mond stand still, / bis das Volk an seinen
Feinden Rache genommen hatte.
Das steht im »Buch des Aufrechten«. Die
Sonne blieb also mitten am Himmel stehen
und ihr Untergang verzögerte sich, ungefähr
einen ganzen Tag lang. 14 Weder vorher noch
nachher hat es je einen solchen Tag gegeben,
an dem der Herr auf die Stimme eines Men-
schen gehört hätte; der Herr kämpfte näm-
lich für Israel.
15 Danach kehrte Josua und mit ihm ganz
Israel in das Lager nach Gilgal zurück. 16 Die
fünf Könige aber waren geflohen und hatten
sich in der Höhle bei Makkeda versteckt.
17 Da meldete man Josua: Wir haben die fünf
Könige gefunden; sie haben sich in der
Höhle bei Makkeda versteckt. 18 Josua sagte:
Wälzt große Steine vor den Eingang der
Höhle und stellt einige Männer davor, um die
Könige zu bewachen. 19 Ihr (anderen) aber
bleibt nicht stehen, sondern verfolgt die
Feinde und macht auch noch die Nachhut
nieder! Lasst sie nicht bis zu ihren Städten
gelangen; denn der Herr, euer Gott, hat sie in
eure Gewalt gegeben. 20 So brachten Josua
und die Israeliten ihnen endgültig eine
schwere Niederlage bei, die sie völlig ver-
nichtete; nur einige Flüchtlinge konnten ent-
kommen und in die festen Städte gelangen.
21 Darauf kehrte das ganze Heer wohlbehal-
ten zu Josua nach Makkeda zurück und kei-
ner wagte es mehr, die Israeliten zu bedro-
hen.
22 Dann sagte Josua: Öffnet den Eingang
der Höhle und bringt die fünf Könige aus der
Höhle zu mir her! 23 Sie taten es und führten
die fünf Könige aus der Höhle heraus: den
König von Jerusalem, den König von He-
bron, den König von Jarmut, den König von
Lachisch und den König von Eglon. 24 Als
man die Könige zu Josua gebracht hatte, rief
Josua alle Israeliten herbei und sagte zu den
Anführern der Krieger, die mit ihm ausgezo-
gen waren: Kommt her, setzt diesen Königen
euren Fuß auf den Nacken! Sie kamen herbei
und setzten ihnen den Fuß auf den Nacken.
25 Und Josua sagte zu ihnen: Fürchtet euch
nicht und habt keine Angst! Seid mutig und
stark! Denn so wird es der Herr mit allen eu-
ren Feinden machen, mit denen ihr kämpfen
werdet. 26 Danach erschlug Josua die Könige
und ließ die Leichen an fünf Bäumen auf-
hängen. Dort blieben sie bis zum Abend hän-
gen. 27 Bei Sonnenuntergang befahl Josua,
sie von den Bäumen abzunehmen und in die
Höhle zu werfen, in der sie sich zuvor ver-
steckt hatten. Dann wälzte man große Steine
vor den Eingang der Höhle; sie liegen dort
bis zum heutigen Tag.

1: 6; 8; 9 • 10: Ex 23,27; Ri 4,15; 1 Sam 7,10 • 12: Hab 3,11 • 13: 2 Sam 1,18 • 27: Dtn 21,23.

Die Eroberung von sechs Städten: 10,28–43

28 Am gleichen Tag nahm Josua Makkeda
ein und erschlug seine Einwohner und seinen
König mit scharfem Schwert. Er weihte sie
und alles, was in der Stadt lebte, dem Un-
tergang; niemand ließ er entkommen. Mit
dem König von Makkeda machte er es, wie

10,12 f Der Sieg, in dem Gott durch ein schweres Unwetter Israel half, wird mit einem Stück aus einem uns nicht bekannten Liederbuch gefeiert und dichterisch ausgemalt.

er es mit dem König von Jericho gemacht
hatte. 29 Dann zog Josua mit ganz Israel von
Makkeda weiter nach Libna und kämpfte
gegen Libna. 30 Der Herr gab auch Libna und
seinen König in die Gewalt Israels. Josua er-
schlug alles, was in ihm lebte, mit scharfem
Schwert; niemand ließ er entkommen. Mit
seinem König machte er es, wie er es mit dem
König von Jericho gemacht hatte. 31 Dann
zog Josua mit ganz Israel von Libna weiter
nach Lachisch, belagerte die Stadt und griff
sie an. 32 Und der Herr gab auch Lachisch in
die Gewalt Israels. Josua nahm die Stadt am
zweiten Tag ein. Er erschlug alles, was in ihr
lebte, mit scharfem Schwert, genau so, wie er
es mit Libna gemacht hatte. 33 Als Horam,
der König von Geser, heranzog, um Lachisch
zu helfen, schlug Josua auch ihn und sein
Volk und ließ niemand übrig, der hätte ent-
kommen können. 34 Dann zog Josua mit ganz
Israel von Lachisch weiter nach Eglon. Sie
belagerten die Stadt und griffen sie an.
35 Noch am gleichen Tag nahmen sie die
Stadt ein und erschlugen ihre Einwohner mit
scharfem Schwert. Alles, was in ihr lebte,
weihte man noch am gleichen Tag dem
Untergang, genau so, wie man es mit La-
chisch gemacht hatte. 36 Von Eglon zog Josua
mit ganz Israel nach Hebron hinauf und griff
es an. 37 Sie nahmen die Stadt ein und er-
schlugen [ihren König und] alles, was in ihr
lebte, ebenso die Einwohner aller ihrer
Tochterstädte, mit scharfem Schwert; nie-
mand ließ er entkommen, genau so, wie er es
mit Eglon gemacht hatte. Er weihte die Stadt
und alles, was in ihr lebte, dem Untergang.
38 Dann wandte sich Josua mit ganz Israel
gegen Debir und griff die Stadt an. 39 Er er-
oberte die Stadt und ihre (Tochter)städte,
nahm ihren König gefangen, erschlug ihre
Einwohner mit scharfem Schwert und weih-
te alles, was in ihr lebte, dem Untergang;
niemand ließ er entkommen. Wie er es mit
Hebron und mit Libna und seinem König ge-
macht hatte, so machte er es auch mit Debir
und seinem König. 40 So schlug Josua das
ganze Land – das Bergland und den Negeb,
die Schefela und ihre Ausläufer – mit allen
seinen Königen. Niemand ließ er entkom-
men; alles, was lebte, weihte er dem Unter-
gang, wie es der Herr, der Gott Israels, be-
fohlen hatte. 41 Josua eroberte (das ganze
Gebiet) von Kadesch-Barnea bis Gaza und
ebenso das ganze Land Goschen und das Ge-
biet bis nach Gibeon. 42 Aller dieser Könige
und ihrer Länder bemächtigte sich Josua mit
einem Schlag; denn der Herr, der Gott Isra-
els, kämpfte für Israel. 43 Dann kehrte Josua
mit ganz Israel in das Lager nach Gilgal zu-
rück.

Der Sieg über die Könige im Norden:
11,1–14

11 Als Jabin, der König von Hazor, das
hörte, schickte er Boten zu Jobab,
dem König von Madon, zum König von
Schimron, zum König von Achschaf 2 und zu
den Königen im Norden auf dem Gebirge
und in der Araba südlich von Kinneret, in
der Schefela und auf den Höhen von Dor im
Westen, 3 zu den Kanaanitern im Osten und
im Westen, zu den Amoritern, Hetitern und
Perisitern, zu den Jebusitern im Gebirge und
den Hiwitern am Fuß des Hermon im Land
Mizpe. 4 Da rückten sie aus mit all ihren
Truppen, einem Heer so groß und zahlreich
wie der Sand am Ufer des Meeres, dazu mit
einer großen Menge von Pferden und Wagen.
5 Alle diese Könige taten sich zusammen,
rückten heran und bezogen gemeinsam ihr
Lager bei den Wassern von Merom, um den
Kampf mit Israel aufzunehmen.
6 Der Herr sagte zu Josua: Fürchte dich
nicht vor ihnen! Denn morgen um diese Zeit
werde ich sie alle erschlagen Israel zu Füßen
legen. Du wirst ihre Pferde lähmen und ihre
Wagen in Brand stecken. 7 Da rückte Josua
mit dem ganzen Heer an den Wassern von
Merom plötzlich gegen sie vor und überfiel
sie. 8 Der Herr gab sie in die Gewalt der Is-
raeliten und die Israeliten schlugen sie und
verfolgten sie bis Groß-Sidon und Misrefot-
Majim und bis zur Ebene von Mizpe im Os-
ten. Sie schlugen sie so vernichtend, dass
keiner von ihnen übrig blieb, der hätte ent-
kommen können. 9 Josua machte mit ihnen,
was der Herr ihm gesagt hatte: Er lähmte
ihre Pferde und steckte ihre Wagen in
Brand.
10 Daraufhin kehrte Josua um und nahm
Hazor ein; ihren König erschlug er mit dem
Schwert. Hazor hatte früher die Oberherr-
schaft über alle diese Königreiche. 11 Die Is-
raeliten erschlugen alles, was in der Stadt
lebte, mit scharfem Schwert und weihten es
dem Untergang. Nichts Lebendiges blieb üb-
rig. Die Stadt selbst steckte man in Brand.

10,37 Nach VV. 23–26 ist der König schon tot.
11,1f Nach der Eroberung des Südens (10,1–11) wird die Unterwerfung des nördlichen Palästina (11,1–14) berichtet. Hauptgegner ist der König von Hazor, einer bedeutenden, alten Stadt. »Kinneret« wird der See Gennesaret und sein Umland genannt.

12 Aller dieser Königsstädte samt ihren
Königen bemächtigte sich Josua; er erschlug
alles mit scharfem Schwert und weihte es
dem Untergang, wie Mose, der Knecht des
Herrn, befohlen hatte. 13 Alle die Städte, die
(heute noch) auf ihren Trümmerhügeln ste-
hen, verbrannte Israel nicht; nur Hazor
brannte Josua nieder. 14 Den ganzen Besitz
aus diesen Städten und das Vieh nahmen die
Israeliten für sich, die Menschen aber er-
schlugen sie alle mit scharfem Schwert und
rotteten sie völlig aus. Niemand ließen sie am
Leben.

1: Ri 4,2.

Das eroberte Land: 11,15 – 12,24

15 Wie der Herr es seinem Knecht Mose be-
fohlen hatte, so hatte es Mose Josua befohlen
und so führte Josua es aus: Er unterließ
nichts von all dem, was der Herr dem Mose
befohlen hatte. 16 So nahm Josua dieses gan-
ze Land ein, das Gebirge und den ganzen Ne-
geb, das ganze Land Goschen und die Sche-
fela, die Araba und das Gebirge Israels mit
seiner Schefela: 17 (das ganze Land) von den
kahlen Bergen, die nach Seïr hin ansteigen,
bis nach Baal-Gad in der Libanonsenke am
Fuß des Hermongebirges. Alle ihre Könige
nahm Josua gefangen und schlug sie tot.
18 Lange Zeit führte Josua gegen alle diese
Könige Krieg. 19 Es gab keine Stadt, die mit
den Israeliten Frieden geschlossen hätte, au-
ßer den Hiwitern, die Gibeon bewohnten.
Alle musste man im Kampf nehmen. 20 Denn
vom Herrn war beschlossen worden, ihr Herz
angesichts des Kampfes mit Israel zu verhär-
ten, um sie dem Untergang zu weihen; Israel
sollte keine Gnade bei ihnen walten lassen,
sondern sie ausrotten, wie es der Herr dem
Mose befohlen hatte.

21 Damals zog Josua auch gegen die Anaki-
ter, die im Gebirge, in Hebron, in Debir, in
Anab, im Bergland von Juda und im Berg-
land von Israel wohnten; er rottete sie über-
all aus und weihte sie samt ihren Städten
dem Untergang. 22 Im Land der Israeliten
blieben keine Anakiter übrig; nur in Gaza,
Gat und Aschdod verblieben sie.

23 Josua nahm das ganze Land ein, genau
so, wie es der Herr zu Mose gesagt hatte, und
Josua verteilte es als Erbbesitz an Israel ent-
sprechend seiner Stammeseinteilung. Dann
war der Krieg zu Ende und das Land hatte
Ruhe.

12 Das sind die Könige des Landes, die
von den Israeliten geschlagen wur-
den, und die Länder, die sie in Besitz nah-
men, jenseits des Jordan im Osten vom Ar-
nontal bis zum Hermongebirge mit der gan-
zen Araba im Osten: 2 Sihon, der Amoriter-
könig, der in Heschbon wohnte; er herrschte
von Aroër am Rand des Arnontales und von
der Mitte des Tals an über das halbe Gilead
bis zum Jabboktal, das die Grenze zu den
Ammonitern bildet, 3 ferner über die Araba
bis zum See Kinneret im Osten und bis zum
Meer der Araba, dem Salzmeer im Osten in
Richtung auf Bet-Jeschimot und im Süden
über das Gebiet am Fuß des Berges Pisga,
4 dann das Gebiet des Og, des Königs von Ba-
schan, der von den Rafaïtern übrig geblieben
war und in Aschtarot und in Edreï wohnte;
5 er herrschte über das Hermongebirge und
Salcha und den ganzen Baschan bis zum Ge-
biet der Geschuriter und der Maachatiter
sowie über das halbe Gilead bis zum Gebiet
Sihons, des Königs von Heschbon. 6 Mose,
der Knecht des Herrn, und die Israeliten hat-
ten sie geschlagen und Mose, der Knecht des
Herrn, hatte das Land den Rubenitern, den
Gaditern und dem halben Stamm Manasse
zum Besitz gegeben. 7 Das sind die Könige
des Landes, die Josua und die Israeliten
jenseits des Jordan im Westen geschlagen
hatten, von Baal-Gad in der Libanonsenke
bis zu den kahlen Bergen, die nach Seïr hin
ansteigen – Josua gab ihr Land den Stämmen
Israels zum Besitz, deren Stammeseinteilung
entsprechend: 8 im Gebirge und in der
Schefela, in der Araba und an den Bergab-
hängen, in der Wüste und im Negeb, (das
Land) der Hetiter, der Amoriter, der Kanaa-
niter, der Perisiter, der Hiwiter und der
Jebusiter:

9 Der König von Jericho: einer; der König
von Ai, das seitlich von Bet-El liegt: einer;
10 der König von Jerusalem: einer; der König
von Hebron: einer; 11 der König von Jarmut:
einer; der König von Lachisch: einer; 12 der
König von Eglon: einer; der König von Geser:
einer; 13 der König von Debir: einer; der Kö-
nig von Geder: einer; 14 der König von Hor-
ma: einer; der König von Arad: einer; 15 der
König von Libna: einer; der König von Adul-
lam: einer; 16 der König von Makkeda: einer;
der König von Bet-El: einer; 17 der König von
Tappuach: einer; der König von Hefer: einer;
18 der König von Afek: einer; der König von
Scharon: einer; 19 der König von Madon: ei-
ner; der König von Hazor: einer; 20 der König
von Schimron-Meron: einer; der König von
Achschaf: einer; 21 der König von Taanach:

12,4 Der Zusatz »das Gebiet des« fehlt in G und nimmt auf 12,1 keine Rücksicht.

einer; der König von Megiddo: einer; [22] der König von Kedesch: einer; der König von Jokneam am Karmel: einer; [23] der König von Dor an der Höhe von Dor: einer; der König von Gojim in Galiläa: einer; [24] der König von Tirza: einer; zusammen: einunddreißig Könige.

11,15: Dtn 20,10–15 • 19: 9,15 • 20: Dtn 7,2 • 21: 14,12–15; Dtn 9,2 • 12,2: 9,10; Num 21,23f • 4: 9,10; Num 21,33; Dtn 3 • 6: Num 32,33.

DIE VERTEILUNG DES LANDES: 13,1 – 22,34

Das Land im Westen: 13,1–14

13 Als Josua alt und hochbetagt war,
sagte der Herr zu ihm: Du bist alt und
hochbetagt, aber vom Land bleibt noch sehr
viel in Besitz zu nehmen. 2 Das ist das Land,
das noch übrig ist: alle Bezirke der Philister
und das ganze Gebiet der Geschuriter 3 vom
Schihor-Fluss östlich von Ägypten bis zum
Gebiet von Ekron im Norden – es wird den
Kanaanitern zugerechnet –, die fünf Philis-
terfürsten von Gaza, Aschdod, Aschkelon,
Gat und Ekron sowie die Awiter 4 im Süden,
das ganze Land der Kanaaniter und Meara,
das zu Sidon gehört, bis nach Afek und bis
zum Gebiet der Amoriter, 5 ferner das Land
der Gibliter und der ganze Libanon im Os-
ten, von Baal-Gad am Fuß des Hermongebir-
ges bis nach Lebo-Hamat. 6 Alle Bewohner
des Berglandes vom Libanon bis nach Misre-
fot-Majim, alle Sidonier werde ich selbst vor
den Israeliten vertreiben. Du aber verlose
das Land unter Israel als Erbbesitz, wie ich
es dir befohlen habe. 7 Verteil nun dieses
Land als Erbbesitz an die neun Stämme und
den halben Stamm Manasse.
8 Die andere Hälfte des Stammes Manasse
und mit ihm die Rubeniter und Gaditer hat-
ten ihren Erbbesitz schon erhalten; ihn hatte
Mose ihnen jenseits des Jordan im Osten ge-
geben, [wie ihn Mose, der Knecht des Herrn,
ihnen zugewiesen hatte], 9 von Aroër am
Rand des Arnontales und von der Stadt an,
die mitten im Tal liegt, also die ganze Ebene
von Medeba bis Dibon, 10 alle Städte des
Amoriterkönigs Sihon, der in Heschbon
herrschte, bis zum Gebiet der Ammoniter,
11 dazu Gilead und das Gebiet der Geschuri-
ter und Maachatiter und das ganze Hermon-
gebirge und den ganzen Baschan bis nach
Salcha, 12 das ganze Reich des Og im Ba-
schan, der in Aschtarot und Edreï herrschte.
Er war vom Rest der Rafaïter übrig geblie-
ben. Mose hatte sie geschlagen und ver-
trieben. 13 Aber die Israeliten vertrieben die
Geschuriter und die Maachatiter nicht; so
wohnen Geschuriter und Maachatiter bis
zum heutigen Tag mitten in Israel.
14 Nur dem Stamm Levi gab Josua keinen
Erbbesitz; der Herr, der Gott Israels, ist sein
Erbteil, wie der Herr ihm gesagt hatte.

3: Ri 3,3 • 8: 13,15–32 • 14: 13,33; 18,7; Num 18,20f; Dtn 18,1.

Die Verteilung des Ostjordanlandes: 13,15–33

15 Die Zuteilung an den Stamm der Rube-
niter hatte also Mose entsprechend ihren
Sippen vorgenommen. 16 Ihnen war zuteil
geworden das Gebiet von Aroër am Rand des
Arnontales und von der Stadt an, die mitten
im Tal liegt: die ganze Ebene bei Medeba,
17 Heschbon und alle seine Städte in der Ebe-
ne, Dibon, Bamot-Baal und Bet-Baal-Meon,
18 Jahaz, Kedemot und Mefaat, 19 Kirjatajim,
Sibma und Zeret-Schahar auf dem Berg im
Tal, 20 Bet-Pegor, die Abhänge des Pisga,
Bet-Jeschimot 21 und alle Städte der Ebene,
das heißt: das ganze Reich des Amoriterkö-
nigs Sihon, der in Heschbon herrschte. Mose
hatte ihn und die Fürsten Midians geschla-
gen: Ewi, Rekem, Zur, Hur und Reba, die
Heerführer Sihons, die im Land wohnten.
22 Auch den Wahrsager Bileam, den Sohn
Beors, hatten die Israeliten zusammen mit
den anderen mit dem Schwert erschlagen.
23 Die Grenze der Rubeniter bildete der Jor-
dan und sein Ufergebiet. Dieses Gebiet mit
seinen Städten und Gehöften ist der Erbbe-
sitz der Rubeniter, entsprechend ihren Sip-
pen.
24 Mose hatte auch die Zuteilung an den
Stamm Gad, die Gaditer, entsprechend ihren
Sippen vorgenommen. 25 Ihnen war zuteil
geworden das Gebiet von Jaser und alle
Städte Gileads, das halbe Land der Ammo-
niter bis Aroër, das gegenüber Rabba liegt,
26 (das Land) von Heschbon bis Ramat-
Mizpe und Betonim und von Mahanajim bis

13,8 Der Anfang des Verses »Die andere Hälfte des Stammes Manasse« ist sinngemäß ergänzt.

13,14 H liest nach Dtn 18,1, aber im Gegensatz zu Jos 13,33: die Feueropfer des Herrn, des Gottes Israels, sind ein Erbteil.

zum Gebiet von Lo-Dabar, 27 dazu im Tal
Bet-Haram, Bet-Nimra, Sukkot und Zafon –
der Rest des Reiches Sihons, des Königs von
Heschbon –, ferner der Jordan und das Ge-
biet bis zum Ende des Sees von Kinneret jen-
seits des Jordan im Osten. 28 Dieses Gebiet
mit seinen Städten und Gehöften ist der Erb-
besitz der Gaditer, entsprechend ihren Sip-
pen.

29 Mose hatte auch die Zuteilung an den
halben Stamm Manasse vorgenommen, [dem
halben Stamm Manasse wurde zuteil] ent-
sprechend seinen Sippen. 30 Sein Gebiet um-
fasste von Mahanajim an den ganzen Ba-
schan, das ganze Reich des Königs Og vom
Baschan und alle Zeltdörfer Jaïrs im Ba-
schan, sechzig Städte. 31 Die Hälfte von Gile-
ad sowie Aschtarot und Edreï, die Königs-
städte des Og vom Baschan, fiel den Nach-
kommen Machirs, des Sohnes Manasses zu,
und zwar der Hälfte der Machiriter entspre-
chend ihren Sippen.

32 Das sind die Gebiete, die Mose in den
Steppen von Moab jenseits des Jordan öst-
lich von Jericho als Erbbesitz verteilt hatte.

33 Dem Stamm Levi aber hatte Mose kei-
nen Erbbesitz zugeteilt. Der Herr, der Gott
Israels, ist ihr Erbteil, wie er es ihnen gesagt
hatte.

15–32 ‖ Num 32,1–42 • 22: Num 22,5; 31,8 • 33: 13,14; 18,7.

Die Verteilung des Westjordanlandes:
14,1–15

14 Das sind die Gebiete, die die Israeli-
ten als Erbbesitz im Land Kanaan
erhielten und die der Priester Eleasar sowie
Josua, der Sohn Nuns, und die Anführer der
Sippen der Israeliten zuteilten – 2 durch das
Los teilten sie es ihnen zu, wie es der Herr
durch Mose befohlen hatte –, den neunein-
halb Stämmen. 3 Denn Mose hatte zweiein-
halb Stämmen ihren Erbbesitz schon jenseits
des Jordan zugewiesen; den Leviten gab er
keinen Erbbesitz in ihrer Mitte. 4 Denn die
Nachkommen Josefs bildeten zwei Stämme,
Manasse und Efraim. Den Leviten gab man
also keinen Landanteil, sondern nur Städte
als Wohnsitz und die dazugehörenden Wei-
deflächen für das Vieh, das sie besaßen. 5 Wie
es der Herr dem Mose befohlen hatte, so
machten es die Israeliten und verteilten das
Land.

6 Damals traten die Judäer in Gilgal an Jo-
sua heran und Kaleb, der Sohn des Kenasi-
ters Jefunne, sagte zu ihm: Du weißt, was der
Herr zu Mose, dem Gottesmann, in Kadesch-
Barnea über mich und dich gesagt hat. 7 Ich
war vierzig Jahre alt, als mich Mose, der
Knecht des Herrn, in Kadesch-Barnea aus-
sandte, damit ich das Land erkundete, und
ich erstattete ihm Bericht, wie ich es mir vor-
genommen hatte. 8 Während meine Brüder,
die mit mir hinaufgezogen waren, das Volk
mutlos machten, hielt ich treu zum Herrn,
meinem Gott. 9 An jenem Tag schwor Mose:
Das Land, das dein Fuß betreten hat, soll dir
und deinen Söhnen für immer als Erbbesitz
gehören, weil du treu zum Herrn, deinem
Gott, gehalten hast. 10 Nun sieh her: Der Herr
hat mich, wie er es versprochen hat, am Le-
ben gelassen. Fünfundvierzig Jahre ist es
her, seit der Herr dieses Wort zu Mose ge-
sprochen hat, als Israel durch die Wüste zog.
Heute bin ich, wie du siehst, fünfundachtzig
Jahre alt. 11 Ich bin immer noch so stark wie
damals, als Mose mich ausgesandt hat; wie
meine Kraft damals war, so ist sie noch heu-
te, wenn es gilt, zu kämpfen, auszuziehen
und heimzukehren. 12 Nun gib mir also die-
ses Bergland, von dem der Herr an jenem Tag
geredet hat. Denn du hast selbst an jenem
Tag gehört, dass Anakiter dort sind und gro-
ße befestigte Städte. Vielleicht ist der Herr
mit mir, sodass ich sie vertreiben kann, wie
der Herr gesagt hat. 13 Da segnete Josua
Kaleb, den Sohn Jefunnes, und gab ihm He-
bron als Erbbesitz. 14 Deshalb gehört Hebron
bis zum heutigen Tag dem Kenasiter Kaleb,
dem Sohn Jefunnes, weil er treu zum Herrn,
dem Gott Israels, gehalten hat. 15 Hebron
hieß früher Kirjat-Arba (Stadt des Arba);
Arba war der größte Mann unter den Anaki-
tern. Danach war der Krieg zu Ende und das
Land hatte Ruhe.

1: Num 34,17 • 2: Num 26,55 • 3: 13,14.33; Dtn 10,9 • 4: 21,1–42 • 6: Num 14,24; Dtn 1,36 • 7: Num 13,6.30 • 8: Num 14,24; 32,11f • 12: 11,21 • 13: 15,13–17; 21,12; Ri 1,20 • 14: Num 32,12.

Das Gebiet des Stammes Juda: 15,1–63

15 An den Stamm der Judäer fiel durch
das Los, entsprechend seinen Sippen,
der Anteil gegen die Grenze Edoms hin, süd-
wärts der Wüste Zin zu gelegen, die im äu-
ßersten Süden ist. 2 Die Südgrenze Judas be-
ginnt am Ende des Salzmeeres, an der (Mee-
res)zunge, die sich nach Süden erstreckt,
3 verläuft dann südlich zur Skorpionen-Stei-
ge, zieht sich hinüber nach Zin, steigt südlich
von Kadesch-Barnea hinauf, führt hinüber
nach Hezron, steigt hinauf nach Addar und

14,2 durch das Los teilten sie es ihnen zu: Text korr. nach G.

14,6 Die Verteilung des Westjordanlandes beginnt mit dem südlich von Juda wohnenden kleinen Stamm der Kalebiter und schreitet nach Norden voran.

wendet sich nach Karka; 4 dann führt sie hi-
nüber nach Azmon, geht hinaus zum Grenz-
bach Ägyptens und läuft am Meer aus. Das
ist die Südgrenze des Stammes Juda.

5 Die Ostgrenze bildet das Salzmeer bis
zur Jordanmündung. Für die Nordseite be-
ginnt die Grenze an der Meereszunge bei der
Jordanmündung. 6 Die Grenze geht dann
nach Bet-Hogla hinauf und läuft nördlich an
Bet-Araba vorbei. Dann zieht sie sich hinauf
zum Stein Bohans, des Sohnes Rubens.
7 Vom Achortal steigt sie empor nach Debir
und wendet sich nordwärts nach Gelilot ge-
genüber der Steige von Adummim, die süd-
lich des Bachtals liegt; dann führt sie hinü-
ber zum Wasser von En-Schemesch und
läuft hinaus zur Rogel-Quelle. 8 Von da an
steigt die Grenze hinauf in das Ben-Hinnom-
Tal südlich des Bergrückens der Jebusiter –
das ist Jerusalem – und weiter empor zum
Gipfel des Berges, der westlich des Hinnom-
Tals am nördlichen Rand der Rafaïter-Ebene
liegt. 9 Vom Gipfel des Berges biegt die
Grenze ab zur Neftoach-Quelle und führt hi-
naus zum Berg Efron. Dann biegt sie ab nach
Baala, das ist Kirjat-Jearim. 10 Von Baala
wendet sich die Grenze nach Westen zum
Berg Seïr, führt dann an der Nordflanke des
Berges von Jearim, das ist Kesalon, vorbei,
hinab nach Bet-Schemesch und hinüber
nach Timna. 11 Dann verläuft sie hinaus zur
Nordflanke von Ekron, biegt ab nach Schik-
karon, geht hinüber zum Berg Baala und hi-
naus nach Jabneel. Die Grenze läuft aus am
Meer. 12 Das große Meer und das Küstenge-
biet bilden die Westgrenze. Das ist das Ge-
biet der Judäer ringsum, entsprechend ihren
Sippen.

13 Kaleb aber, dem Sohn Jefunnes, gab Jo-
sua einen Anteil mitten unter den Judäern,
nach der Anweisung des Herrn an Josua (und
zwar) Kirjat-Arba – Arba war der Vater
Anaks –, das heißt Hebron. 14 Kaleb vertrieb
von dort die drei Anakiter Scheschai, Ahi-
man und Talmai, die Söhne Anaks. 15 Von
dort zog er hinauf zu den Einwohnern von
Debir. Debir hieß früher Kirjat-Sefer. 16 Und
Kaleb sagte: Wer Kirjat-Sefer besiegt und
einnimmt, dem gebe ich meine Tochter Ach-
sa zur Frau. 17 Otniël, der Sohn des Kenas,
eines Bruders Kalebs, nahm die Stadt ein
und Kaleb gab ihm seine Tochter Achsa zur
Frau. 18 Als sie bei Otniël ankam, drängte er
sie, von ihrem Vater ein Stück Land zu ver-
langen. Da ließ sie sich vom Esel herabglei-
ten und Kaleb fragte sie: Was hast du? 19 Sie
antwortete: Gib mir ein Geschenk als Zei-
chen des Segens! Wenn du mich schon ins
Trockenland schickst, dann gib mir auch
Wasserstellen! Da gab er ihr die obere und
die untere Wasserquelle.

20 Das ist der Erbbesitz des Stammes der
Judäer, entsprechend ihren Sippen: 21 Die
Städte im Bereich des Stammes der Judäer
waren folgende:

an der Grenze zu Edom im Negeb: Kab-
zeel, Eder, Jagur, 22 Kina, Dimona, Adada,
23 Kadesch, Hazor, Jitna, 24 Sif, Telem,
Bealot, 25 Hazor-Hadatta, Kerijot-Hezron,
das ist Hazor, 26 Amam, Schema, Molada,
27 Hazar-Gadda, Heschmon, Bet-Pelet,
28 Hazar-Schual, Beerscheba und seine
Tochterstädte, 29 Baala, Ijim, Ezem, 30 Elto-
lad, Kesil, Horma, 31 Ziklag, Madmanna,
Sansanna, 32 Lebaot, Schilhim und En-Rim-
mon: im ganzen neunundzwanzig Städte mit
den dazugehörenden Gehöften;

33 in der Schefela: Eschtaol, Zora, Aschna,
34 Sanoach, En-Gannim, Tappuach, Enajim,
35 Jarmut, Adullam, Socho, Aseka, 36 Schaa-
rajim, Aditajim, Gedera und Gederotajim:
vierzehn Städte mit den dazugehörenden
Gehöften; 37 Zenan, Hadascha, Migdal-Gad,
38 Dilan, Mizpe, Jokteel, 39 Lachisch, Bozkat,
Eglon, 40 Kabbon, Lachmas, Kitlisch, 41 Ge-
derot, Bet-Dagon, Naama und Makkeda:
sechzehn Städte mit den dazugehörenden
Gehöften; 42 Libna, Eter, Aschan, 43 Jiftach,
Aschna, Nezib, 44 Keïla, Achsib und Mare-
scha: neun Städte mit den dazugehörenden
Gehöften; 45 Ekron mit den dazugehörenden
Tochterstädten und Gehöften, 46 von Ekron
bis zum Meer alles, was auf der Seite von
Aschdod liegt, samt den dazugehörenden
Gehöften; 47 Aschdod mit den dazugehören-
den Tochterstädten und Gehöften, Gaza mit
den dazugehörenden Tochterstädten und
Gehöften bis zum Grenzbach Ägyptens und
zum großen Meer mit dem Küstengebiet;

48 auf dem Gebirge: Schamir, Jattir, Socho,

15,4 des Stammes Juda: Text korr. nach G (wörtlich: für sie); H: für euch.
15,7 nach Gelilot: Text korr. (vgl. 18,7); H: Gilgal.
15,9 *zum Berg Efron: Text korr. nach G;* H: zu den Städten des Berges Efron.
15,18 Übersetzung unsicher.
15,19 ein Geschenk als Zeichen des Segens, wörtlich: einen Segen.
15,20–63 Die Aufstellung geht auf alte Ortslisten zurück, in denen die Bezirke Judas umschrieben waren.
15,28 und seine Tochterstädte: Text korr., H ist verderbt, vgl. G.
15,32 En-Rimmon: Text korr. nach Neh 11,29 (vgl. Jos 19,7).

49 Danna, Kirjat-Sanna, das ist Debir,
50 Anab, Eschtemoa, Anim, 51 Goschen, Ho-
lon und Gilo: elf Städte mit den dazugehö-
renden Gehöften; 52 Arab, Duma, Eschan,
53 Janum, Bet-Tappuach, Afeka, 54 Humta,
Kirjat-Arba, das ist Hebron, und Zior: neun
Städte und die dazugehörenden Gehöfte;
55 Maon, Karmel, Sif, Jutta, 56 Jesreel, Jok-
deam, Sanoach, 57 Kaim, Gibea und Timna:
zehn Städte mit den dazugehörenden Gehöf-
ten; 58 Halhul, Bet-Zur, Gedor, 59 Maarat,
Bet-Anot und Eltekon: sechs Städte mit den
dazugehörenden Gehöften; Tekoa, Efrata,
das ist Betlehem, Pegor, Etam, Kulon, Ta-
tam, Schoresch, Kerem, Gallim, Bet-Ter und
Manocho: elf Städte mit den dazugehören-
den Gehöften; 60 Kirjat-Baal, das ist Kirjat-
Jearim, und Rabba: zwei Städte mit den da-
zugehörenden Gehöften;
61 in der Steppe: Bet-Araba, Middin, Se-
chacha, 62 Nibschan, Ir-Melach und En-
Gedi: sechs Städte mit den dazugehörenden
Gehöften.
63 Nur die Jebusiter, die in Jerusalem
wohnten, konnten die Judäer nicht vertrei-
ben und so wohnen die Jebusiter bis zum
heutigen Tag mit den Judäern zusammen in
Jerusalem.

13–19: 14,13–15; Ri 1,10–15 • 17: Ri 3,9.

Das Gebiet der Nachkommen Josefs:
16,1 – 17,18

16 Das war der Anteil, der den Nach-
kommen Josefs durch das Los zufiel:
(Seine Grenze verläuft) vom Jordan bei Jeri-
cho zu den Quellen von Jericho im Osten,
dann von Jericho aus in die Wüste aufstei-
gend und ins Gebirge von Bet-El. 2 Von Bet-
El geht sie nach Lus hinaus und hinüber zum
Gebiet der Arkiter nach Atarot. 3 Dann führt
sie westwärts hinab zum Gebiet der Jafleti-
ter bis zum Gebiet von Unter-Bet-Horon und
Geser und läuft am Meer aus.
4 Erbbesitz erhielten auch die Söhne Jo-
sefs, Manasse und Efraim. 5 Dies war das Ge-
biet der Efraimiter, entsprechend ihren Sip-
pen: Die Grenze ihres Erbbesitzes [im Osten]
verläuft von Atarot-Adar bis Ober-Bet-Ho-
ron 6 und läuft zum Meer. Von Michmetat im
Norden wendet sich die Grenze ostwärts
nach Taanat-Schilo und geht ostwärts daran
vorbei nach Janoach. 7 Von Janoach führt sie
hinab nach Atarot und Naara, berührt Jeri-
cho und läuft am Jordan aus. 8 Von Tappu-
ach geht die Grenze westwärts zum Bach
Kana und läuft am Meer aus. Das ist der
Erbbesitz des Stammes der Efraimiter, ent-
sprechend ihren Sippen; 9 ferner (gehören)
den Efraimitern vereinzelte Städte mitten
im Erbbesitz der Manassiter, und zwar die
Städte samt den dazugehörenden Gehöften.
10 Die Efraimiter konnten aber die Kanaani-
ter, die in Geser wohnten, nicht vertreiben.
So wohnen die Kanaaniter bis zum heutigen
Tag mitten in Efraim; sie wurden aber zu
Fronknechten gemacht.

17 Dem Stamm des Manasse – er war
der Erstgeborene Josefs – fiel durch
das Los folgender Anteil zu: Machir, der
Erstgeborene Manasses, der Vater Gileads, –
er war ein kampferprobter Mann – erhielt
Gilead und den Baschan. 2 Auch die übrigen
Söhne Manasses erhielten einen (Anteil)
entsprechend ihren Sippen: die Söhne
Abiësers, die Söhne Heleks, die Söhne
Asriëls, die Söhne Schechems, die Söhne
Hefers und die Söhne Schemidas; das sind
die männlichen Nachkommen Manasses, des
Sohnes Josefs, mit ihren Sippen. 3 Zelofhad
aber, der Sohn Hefers, des Sohnes Gileads,
des Sohnes Machirs, des Sohnes Manasses,
hatte keine Söhne, sondern nur Töchter.
Seine Töchter hatten folgende Namen:
Machla, Noa, Hogla, Milka und Tirza. 4 Sie
erschienen vor dem Priester Eleasar und vor
Josua, dem Sohn Nuns, und vor den Anfüh-
rern und sagten: Der Herr hat Mose befoh-
len, uns Erbbesitz im Kreis unserer Brüder
zu geben. Da gab er ihnen, gemäß der Anwei-
sung des Herrn, Erbbesitz im Kreis der Brü-
der ihres Vaters. 5 So entfielen auf Manasse,
abgesehen vom Land Gilead und dem
Baschan, die jenseits des Jordan liegen, zehn
Anteile. 6 Denn die Töchter Manasses er-
hielten Erbbesitz im Kreis seiner Söhne. Das
Land Gilead aber erhielten die übrigen
Söhne Manasses.
7 Das Gebiet Manasses reicht vom Gebiet
Aschers bis nach Michmetat, das gegenüber
von Sichem liegt. Von dort verläuft die
Grenze nach Süden bis zu den Einwohnern
von En-Tappuach. 8 Manasse wurde das Ge-
biet von Tappuach zuteil, Tappuach selbst
aber, an der Grenze Manasses, den Efraimi-
tern. 9 Dann zieht sich die Grenze hinab zum
Bach Kana; südlich des Bachs gehören ein-
zelne Städte mitten unter den Städten Ma-
nasses zu Efraim. Nördlich des Bachs ist die
Grenze Manasses; sie läuft am Meer aus.
10 Das Gebiet im Süden gehört Efraim und
das Gebiet im Norden Manasse, dessen
Grenze das Meer bildet. Im Norden grenzen
sie an Ascher, im Osten an Issachar. 11 Ma-

15,59b Dieser Versteil ist nur in G erhalten.

17,11 Sinn und Bedeutung des Zusatzes unsicher.

nasse erhielt in Issachar und in Ascher Bet-
Schean und seine Tochterstädte, Jibleam
und seine Tochterstädte, die Einwohner von
Dor und seinen Tochterstädten, die Einwoh-
ner von En-Dor und seinen Tochterstädten,
die Einwohner von Taanach und seinen
Tochterstädten, die Einwohner von Megiddo
und seinen Tochterstädten [drei Anhöhen].
12 Doch die Manassiter konnten diese Städte
nicht in Besitz nehmen; es gelang den Ka-
naanitern, ihre Wohnsitze in diesem Land zu
halten. 13 Als die Israeliten jedoch stark ge-
worden waren, zwangen sie die Kanaaniter
zur Fron; aber vertreiben konnten sie sie
nicht.
14 Die Nachkommen Josefs sagten zu Jo-
sua: Warum hast du uns nur ein einziges Los
und nur einen einzigen Anteil als Erbbesitz
gegeben, obwohl wir ein zahlreiches Volk
sind, nachdem uns der Herr so sehr gesegnet
hat? 15 Josua antwortete ihnen: Wenn ihr ein
so zahlreiches Volk seid, dann steigt doch hi-
nauf in das Waldgebiet und rodet für euch
dort im Land der Perisiter und Rafaïter,
wenn euch das Gebirge Efraim zu eng ist.
16 Da sagten die Nachkommen Josefs: Das
Bergland reicht für uns nicht aus. Im ebenen
Land aber wohnen die Kanaaniter, die alle
eiserne Kampfwagen haben, wie etwa die
Leute in Bet-Schean und seinen Tochter-
städten und die Leute in der Ebene Jesreel.
17 Josua erwiderte dem Haus Josef, Efraim
und Manasse: Ihr seid ein zahlreiches Volk
und habt große Kraft. Ihr erhaltet nicht nur
einen einzigen Anteil; 18 denn auch das Berg-
land soll euch gehören. Es ist bewaldet; ihr
könnt es roden. Das so gewonnene Land soll
euch gehören, wenn ihr auch die Kanaaniter
nicht vertreiben könnt, weil sie eiserne
Kampfwagen haben und weil sie stark
sind.

17,1: 13,29f; Num 26,29; Ri 5,14 • 3: Num 26,33; 27,1–8; 36,2 • 9: 16,8f • 11: Ri 1,27f.

Das Gebiet der übrigen Stämme:
18,1 – 19,51

18 Die ganze Gemeinde der Israeliten
versammelte sich in Schilo. Dort
schlugen sie das Offenbarungszelt auf; das
ganze Land lag unterworfen vor ihnen.
2 Aber noch waren von den Israeliten sieben
Stämme übrig, die ihren Erbbesitz nicht zu-
geteilt bekommen hatten. 3 Da sagte Josua
zu den Israeliten: Wie lange wollt ihr noch
zögern, hinzugehen und das Land in Besitz
zu nehmen, das der Herr, der Gott eurer Vä-
ter, euch gegeben hat? 4 Bestimmt drei Män-
ner aus jedem Stamm; ich will sie aussenden.
Sie sollen sich auf den Weg machen, durch
das ganze Land ziehen und es im Hinblick
auf ihren Erbbesitz schriftlich aufnehmen.
Dann sollen sie (wieder) zu mir kommen.
5 Ihr sollt es unter euch in sieben Teile auftei-
len. Juda soll auf seinem Gebiet im Süden
bleiben und das Haus Josef soll auf seinem
Gebiet im Norden bleiben. 6 Ihr also sollt das
Land in sieben Teilen schriftlich aufnehmen
und (die Aufzeichnung) zu mir hierher brin-
gen. Ich werde dann hier vor dem Herrn, un-
serem Gott, das Los für euch werfen. 7 Doch
Levi bekommt keinen Anteil unter euch,
denn sein Erbbesitz ist das Priestertum des
Herrn. Und Gad, Ruben und der halbe
Stamm Manasse haben bereits ihren Erbbe-
sitz erhalten; ihn hat Mose, der Knecht des
Herrn, ihnen gegeben, jenseits des Jordan im
Osten.
8 Da machten sich die Männer auf den Weg
und zogen fort. Josua hatte denen, die fort-
zogen, befohlen, das Land schriftlich aufzu-
nehmen, und gesagt: Geht, zieht durch das
Land und nehmt es schriftlich auf! Dann
kommt zu mir zurück und ich will hier in
Schilo vor dem Herrn das Los für euch wer-
fen. 9 Die Männer gingen fort, durchquerten
das Land und zeichneten es in einem Buch
auf, geordnet nach Städten und in sieben
Teile gegliedert. Dann kamen sie wieder zu
Josua ins Lager nach Schilo. 10 Und Josua
warf in Schilo vor den Augen des Herrn das
Los für die Israeliten. So verteilte Josua das
Land an sie, entsprechend ihren Abteilun-
gen.
11 Das (erste) Los fiel auf den Stamm der
Benjaminiter und ihre Sippen. Als ihr Anteil
ergab sich das Gebiet zwischen den Judäern
und den Nachkommen Josefs. 12 Ihre Grenze
im Norden beginnt am Jordan. Dann steigt
sie hinauf zum Bergrücken nördlich von Je-
richo und weiter nach Westen ins Gebirge
und läuft sodann ins Weidegebiet von Bet-
Awen hinaus. 13 Von dort zieht sie sich hinü-
ber nach Lus, südlich am Bergrücken von
Lus, das ist Bet-El, vorbei; dann steigt sie
nach Atrot-Addar hinab zu dem Berg, der
südlich von Unter-Bet-Horon liegt. 14 Da-
rauf biegt sie ab und wendet sich auf der

17,16 Die Wagen hatten eiserne Beschläge. In Israel wurden solche Wagen erst unter Salomo eingeführt (vgl. 1 Kön 10,28f).
17,18 nicht: Text korr. (vgl. V. 13; 16,10).
18,1 Nicht mehr Gilgal (14,6), sondern Schilo, ein zentrales Heiligtum nach 1 Sam 1 – 4 und Jer 7,12, ist jetzt Mittelpunkt aller Stämme Israels.
18,7 Levi: Text korr.; H: die Leviten.

Westseite nach Süden, von dem Berg aus, der
Bet-Horon südlich gegenüberliegt. Sie läuft
aus bei Kirjat-Baal, das ist Kirjat-Jearim,
eine Stadt der Judäer. Das ist die Westseite.
15 Die Südseite (der Grenze) beginnt am
Rand von Kirjat-Jearim. Sie verläuft dann
westwärts hin zur Neftoach-Quelle. 16 Dann
zieht sie sich hinab zum Rand des Berges, der
dem Ben-Hinnom-Tal gegenüber im Norden
der Rafaïter-Ebene liegt. Sie steigt in das
Ben-Hinnom-Tal hinab südlich des Berg-
rückens der Jebusiter und führt zur Rogel-
Quelle hinunter. 17 Dann biegt sie nach Nor-
den ab, geht weiter nach En-Schemesch und
nach Gelilot, gegenüber der Steige von
Adummim, und steigt dann zum Stein des
Bohan, des Sohnes Rubens, hinab. 18 Sie geht
nördlich am Bergrücken von Bet-Araba vor-
bei und führt weiter in die Araba hinunter.
19 Dann führt die Grenze nördlich am Berg-
rücken von Bet-Hogla vorbei und läuft nörd-
lich der Landzunge des Salzmeers aus, am
südlichen Ende des Jordan. Das ist die Süd-
grenze. 20 Der Jordan bildet die Grenze auf
der Ostseite. Das ist der Erbbesitz der Benja-
miniter mit seinen Grenzen ringsum, ent-
sprechend ihren Sippen.

21 Das sind die Städte des Stammes der
Benjaminiter, entsprechend ihren Sippen:
Jericho, Bet-Hogla, Emek-Keziz, 22 Bet-Ara-
ba, Zemarajim, Bet-El, 23 Awim, Para, Ofra,
24 Kefar-Ammoni, Ofni und Geba: zwölf
Städte mit den dazugehörenden Gehöften;
25 ferner Gibeon, Rama, Beerot, 26 Mizpe, Ke-
fira, Moza, 27 Rekem, Jirpeel, Tarala, 28 Zela,
Elef, Jebus, das ist Jerusalem, Gibea und
Kirjat: vierzehn Städte mit den dazugehö-
renden Gehöften. Das ist der Erbbesitz der
Benjaminiter, entsprechend ihren Sippen.

19 Das zweite Los fiel [auf Simeon] auf
den Stamm der Simeoniter und ihre
Sippen. Ihr Erbbesitz lag mitten im Erbbe-
sitz der Judäer. 2 Sie erhielten als Erbbesitz:
Beerscheba, Scheba, Molada, 3 Hazar-Schu-
al, Baala, Ezem, 4 Eltolad, Betul, Horma,
5 Ziklag, Bet-Markabot, Hazar-Susa, 6 Bet-
Lebaot und Scharuhen: dreizehn Städte mit
den dazugehörenden Gehöften; 7 ferner Ajin,
Rimmon, Atar und Aschan: vier Städte mit
den dazugehörenden Gehöften, 8 dazu alle
Gehöfte rings um diese Städte bis hin nach
Baalat-Beer und Ramat-Negeb. Das ist der
Erbbesitz des Stamms der Simeoniter, ent-
sprechend ihren Sippen. 9 Der Erbbesitz der
Simeoniter war ein Stück vom Anteil der Ju-
däer; denn der Anteil der Judäer war für die-
se zu groß. So erhielten die Simeoniter Erb-
besitz mitten in deren Erbbesitz.

10 Das dritte Los fiel auf die Sebuloniter
und ihre Sippen. Das Gebiet ihres Erbbesit-
zes erstreckt sich bis nach Sarid. 11 Ihre
Grenze steigt westwärts nach Marala hinauf,
berührt Dabbeschet und stößt an das Bach-
tal gegenüber von Jokneam. 12 Von Sarid aus
wendet sie sich nach Osten [dem Sonnenauf-
gang zu] zum Gebiet von Kislot-Tabor, läuft
weiter nach Daberat und hinauf nach Jafia.
13 Von dort geht sie wieder ostwärts dem
Sonnenaufgang zu nach Gat-Hefer und Et-
Kazin und weiter nach Rimmon und biegt
dann ab nach Nea. 14 Sie zieht sich um Nea
herum, geht dann in nördlicher Richtung
nach Hannaton und läuft im Tal Jiftach-El
aus. 15 (Dazu kommen) . . . Kattat, Nahalal,
Schimron, Jidala und Betlehem: zwölf Städ-
te mit den dazugehörenden Gehöften. 16 Das
ist der Erbbesitz der Sebuloniter, entspre-
chend ihren Sippen: die Städte mit den da-
zugehörenden Gehöften.

17 Das vierte Los fiel [auf Issachar,] auf die
Issachariter und ihre Sippen. 18 Ihr Gebiet
erstreckt sich bis Jesreel und (umfasst) Ke-
sullot, Schunem, 19 Hafarajim, Schion, Ana-
hara, 20 Rabbit, Kischjon, Ebez, 21 Remet,
En-Gannim, En-Hadda und Bet-Pazzez.
22 Die Grenze berührt Tabor, Schahazajim
und Bet-Schemesch. Dann läuft sie am Jor-
dan aus: Im Ganzen sind es sechzehn Städte
mit den dazugehörenden Gehöften. 23 Das ist
der Erbbesitz der Issachariter, entsprechend
ihren Sippen: die Städte mit den dazugehö-
renden Gehöften.

24 Das fünfte Los fiel auf den Stamm der
Ascheriter und ihre Sippen. 25 Ihr Gebiet
umfasst Helkat, Hali, Beten, Achschaf,
26 Alammelech, Amad und Mischal; es stößt
im Westen an den Karmel und an den Fluss
Libnat. 27 Im Osten dagegen verläuft die
Grenze nach Bet-Dagon, stößt an Sebulon
und berührt im Norden das Tal Jiftach-El,

18,18 Bet-Araba: Text korr. (vgl. V. 22; 15,6.61); H: Araba.

19,1–7 Grenzen des Stammesgebiets von Simeon werden nicht angegeben, weil der Stamm in Juda aufgegangen ist.

19,10–16 Das Stammesgebiet von Sebulon liegt, vom Meer und vom See Gennesaret etwa gleich weit entfernt, nordwestlich an den Tabor angrenzend, mitten im Land.

19,13 und biegt dann ab: Text korr.; H ist verderbt.

19,15 Der Text ist unvollständig überliefert.

19,17–23 Issachars Gebiet erstreckt sich östlich des Tabor bis zum Jordan und umfasst auch den Ortsteil der Jesreelebene.

19,24–31 Ascher erhält das Land am Meer von Tyrus bis südlich des Karmel.

ferner Bet-Emek und Negiël und geht dann
nordwärts nach Kabul 28 – Abdon, Rehob,
Hammon und Kana gehören dazu – und bis
nach Groß-Sidon. 29 Dann wendet sich die
Grenze nach Rama und geht bis zur Festung
Tyrus. Von dort wendet sie sich nach Hosa
und läuft am Meer aus. (Dazu gehören) . . .
Mahaleb, Achsib, 30 Umma, Afek und Rehob:
(im ganzen) zweiundzwanzig Städte mit den
dazugehörenden Gehöften. 31 Das ist der
Erbbesitz des Stammes der Ascheriter, ent-
sprechend ihren Sippen: die Städte mit den
dazugehörenden Gehöften.

32 Das sechste Los fiel auf die Naftaliter
und ihre Sippen. 33 Ihre Grenze geht von He-
lef, von der Eiche bei Zaanannim, aus über
Adami-Nekeb und Jabneel bis nach Lakkum
und läuft am Jordan aus. 34 Umgekehrt geht
die Grenze westwärts nach Asnot-Tabor und
von dort hinaus nach Hukkok. Sie stößt im
Süden an Sebulon; im Westen stößt sie an
Ascher und im Osten [an Juda und] an den
Jordan. 35 (Dazu kommen) die befestigten
Städte Ziddim, Zer, Hammat-Rakkat, Kin-
neret, 36 Adama, Rama, Hazor, 37 Kedesch,
Edreï, En-Hazor, 38 Jiron, Migdal-El, Horem,
Bet-Anat und Bet-Schemesch: neunzehn
Städte mit den dazugehörenden Gehöften.
39 Das ist der Erbbesitz der Naftaliter ent-
sprechend ihren Sippen: die Städte mit den
dazugehörenden Gehöften.

40 Das siebte Los fiel auf den Stamm der
Daniter und ihre Sippen. 41 Das Gebiet
ihres Erbbesitzes umfasste Zora, Eschtaol,
Ir-Schemesch, 42 Schaalbim, Ajalon, Jitla,
43 Elon, Timna, Ekron, 44 Elteke, Gibbeton,
Baalat, 45 Jehud, Bene-Berak, Gat-Rimmon,
46 Me-Jarkon, Rakkon samt dem Gebiet ge-
genüber Jafo. 47 Doch das Gebiet wurde den
Danitern zu eng. Da zogen die Daniter nach
Leschem hinauf, eröffneten den Kampf ge-
gen Leschem, nahmen es ein und erschlugen
seine Einwohner mit scharfem Schwert. Sie
nahmen die Stadt in Besitz und blieben dort.
Sie nannten Leschem von nun an Dan, nach
dem Namen ihres Stammvaters Dan. 48 Das
ist der Erbbesitz des Stammes der Daniter,
entsprechend ihren Sippen: die Städte mit
den dazugehörenden Gehöften.

49 So vollendeten die Israeliten die Vertei-
lung der Gebiete des Landes. Die Israeliten
gaben auch Josua, dem Sohn Nuns, Erbbe-
sitz in ihrer Mitte. 50 Auf Befehl des Herrn
gaben sie ihm die Stadt, die er sich erbeten
hatte: Timnat-Serach im Gebirge Efraim. Er
baute die Stadt wieder auf und wohnte
dort.

51 Das sind die erblichen Anteile, die der
Priester Eleasar und Josua, der Sohn Nuns,
und die Häupter der Großfamilien der Israe-
liten in Schilo vor den Augen des Herrn, am
Eingang des Offenbarungszeltes, den Stäm-
men der Israeliten durch das Los zuteilten.
Dann waren sie mit der Verteilung des Lan-
des fertig.

18,7: 13,14.33 • 19,47: Ri 18,27–29.

Die Asylstädte: 20,1–9

20 Damals sagte der Herr zu Josua:
2 Sag den Israeliten: Bestimmt die
Asylstädte bei euch, von denen ich zu euch
durch Mose gesprochen habe. 3 Dorthin kann
jeder fliehen, der getötet hat, das heißt, der
versehentlich, ohne Vorsatz, einen Menschen
erschlagen hat. Die Städte sollen euch als
Asyl vor dem Bluträcher dienen. 4 Wenn je-
mand in eine von diesen Städten flieht, soll
er am Eingang des Stadttors stehen bleiben
und den Ältesten der Stadt seine Sache vor-
tragen. Sie sollen ihn zu sich in die Stadt
aufnehmen und ihm eine Unterkunft geben,
damit er bei ihnen bleiben kann. 5 Wenn
dann der Bluträcher ihn verfolgt, sollen sie
ihm den, der getötet hat, nicht ausliefern;
denn er hat seinen Nächsten versehentlich
erschlagen und ohne ihn vorher gehasst zu
haben. 6 Er soll in dieser Stadt bleiben, bis er
vor die Gemeinde zur Gerichtsverhandlung
treten kann, bis zum Tod des Hohenpries-
ters, der in jenen Tagen im Amt ist. Dann
darf der, der getötet hat, wieder in seine
Stadt und in sein Haus zurückkehren – in die
Stadt, aus der er geflohen ist.

7 Man wählte also Kedesch in Galiläa, im
Gebirge Naftali, aus, ferner Sichem im Ge-
birge Efraim und Kirjat-Arba, das ist He-
bron, im Gebirge Juda. 8 Jenseits des Jordan
[östlich von Jericho] bestimmte man Bezer in
der Steppe, in der Ebene, vom Stamm Ru-
ben, Ramot in Gilead vom Stamm Gad und
Golan im Baschan vom Stamm Manasse.

19,32–39 Naftalis Gebiet liegt westlich des oberen Jordan und des Sees Gennesaret, östlich von Ascher und Sebulon, nördlich von Issachar.

19,34 Der Zusatz trifft sachlich nicht zu; er fehlt zu Recht in G.

19,40–48 Zunächst siedelte der Stamm Dan im Nordwesten des Stammes Juda (vgl. 15,33.45.57). Später wird der Stamm Dan zur Auswanderung in das Gebiet nördlich des Sees Gennesaret gezwungen (vgl. Ri 1,34; 18,1–29).

19,47a Text korr. (vgl. Ri 1,34); H: Das Gebiet . . . ging hinaus (ging verloren?).

20,7 Man wählte: Text korr. (vgl. Num 35,11); H: Sie heiligten; wohl unter Einfluss des folgenden Namens Kedesch (Heiligtum).

9 Das waren die Asylstädte für alle Israeliten
und für die Fremden, die sich bei ihnen auf-
hielten. Dorthin konnte jeder, der ohne Vor-
satz einen Menschen erschlagen hatte, flie-
hen, um nicht durch die Hand des Bluträ-
chers zu sterben, bevor er vor der Gemeinde
gestanden hätte.

1–9: ‖ Num 35,9–29; Dtn 19,1–10.

Die Städte für die Leviten: 21,1–42

21 Die Familienoberhäupter der Leviten
kamen in Schilo im Land Kanaan zu
dem Priester Eleasar, zu Josua, dem Sohn
Nuns, und zu den Stammeshäuptern der Is-
raeliten 2 und sagten zu ihnen: Der Herr hat
durch Mose befohlen, uns Städte zum Woh-
nen und ihre Weideflächen für unser Vieh zu
geben. 3 Da gaben die Israeliten den Leviten
nach der Anordnung des Herrn aus ihrem
Erbbesitz die folgenden Städte mit ihren
Weideflächen. 4 Als das Los auf die Sippen
der Kehatiter fiel, erhielten unter den Levi-
ten die Nachkommen des Priesters Aaron
durch das Los dreizehn Städte vom Stamm
Juda, vom Stamm der Simeoniter und vom
Stamm Benjamin. 5 Die übrigen Kehatiter
erhielten, entsprechend ihren Sippen, durch
das Los zehn Städte vom Stamm Efraim,
vom Stamm Dan und vom halben Stamm
Manasse. 6 Die Nachkommen Gerschons er-
hielten, entsprechend ihren Sippen, durch
das Los dreizehn Städte vom Stamm Issa-
char, vom Stamm Ascher, vom Stamm Naf-
tali und vom halben Stamm Manasse im Ba-
schan. 7 Die Nachkommen Meraris erhielten,
entsprechend ihren Sippen, zwölf Städte
vom Stamm Ruben vom Stamm Gad und
vom Stamm Sebulon. 8 Diese Städte mit ih-
ren Weideflächen gaben die Israeliten durch
das Los den Leviten, wie es der Herr durch
Mose befohlen hatte.

9 Vom Stamm der Judäer und vom Stamm
der Simeoniter gaben sie ihnen die folgen-
den, namentlich genannten Städte. 10 Sie
wurden den Nachkommen Aarons unter den
Kehatitern, unter den Leviten, zuteil; denn
auf sie fiel das erste Los. 11 Ihnen gab man
die Stadt des Arba, des Vaters Anaks, also
Hebron, im Gebirge Juda, mit seinen Weide-
flächen ringsum. 12 Das Ackerland der Stadt
aber und die dazugehörenden Gehöfte hatte
man Kaleb, dem Sohn Jefunnes, als Besitz
gegeben. 13 Den Nachkommen des Priesters
Aaron gab man also die Asylstadt für solche,
die einen Menschen erschlagen haben, He-
bron mit seinen Weideflächen, ferner Libna
mit seinen Weideflächen, 14 Jattir mit seinen
Weideflächen, Eschtemoa mit seinen Weide-
flächen, 15 Holon mit seinen Weideflächen,
Debir mit seinen Weideflächen, 16 Ajin mit
seinen Weideflächen, Jutta mit seinen Wei-
deflächen und Bet-Schemesch mit seinen
Weideflächen: neun Städte von den zwei
Stämmen (den Judäern und den Simeoni-
tern). 17 Vom Stamm Benjamin (gab man ih-
nen) Gibeon mit seinen Weideflächen, Geba
mit seinen Weideflächen, 18 Anatot mit sei-
nen Weideflächen und Alemet mit seinen
Weideflächen: vier Städte. 19 Im Ganzen er-
hielten die Nachkommen Aarons, die Pries-
ter waren, dreizehn Städte mit ihren Wei-
deflächen. 20 Die Sippen der levitischen Ke-
hatiter, die von den Nachkommen Kehats
außerdem noch vorhanden waren, erhielten
die Städte ihres Anteils vom Stamm Efraim.
21 Man gab ihnen die Asylstädte für solche,
die einen Menschen erschlagen haben, Si-
chem mit seinen Weideflächen im Gebirge
Efraim, ferner Geser mit seinen Weideflä-
chen, 22 Kibzajim mit seinen Weideflächen
und Bet-Horon mit seinen Weideflächen:
vier Städte; 23 vom Stamm Dan erhielten sie
Elteke mit seinen Weideflächen, Gibbeton
mit seinen Weideflächen, 24 Ajalon mit sei-
nen Weideflächen und Gat-Rimmon mit sei-
nen Weideflächen: vier Städte; 25 vom halben
Stamm Manasse erhielten sie Taanach mit
seinen Weideflächen und Gat-Rimmon mit
seinen Weideflächen: zwei Städte. 26 Im
Ganzen erhielten die Sippen der übrigen
Nachkommen Kehats zehn Städte. 27 Den
Gerschonitern aus den levitischen Sippen
gab man vom halben Stamm Manasse die
Asylstadt für solche, die einen Menschen er-
schlagen haben, Golan im Baschan mit
seinen Weideflächen sowie Aschtarot mit
seinen Weideflächen: zwei Städte; 28 vom
Stamm Issachar erhielten sie Kischjon mit
seinen Weideflächen, Daberat mit seinen
Weideflächen, 29 Jarmut mit seinen Weide-
flächen und En-Gannim mit seinen Weide-
flächen: vier Städte; 30 vom Stamm Ascher
erhielten sie Mischal mit seinen Weideflä-
chen, Abdon mit seinen Weideflächen,
31 Helkat mit seinen Weideflächen und
Rehob mit seinen Weideflächen: vier Städte;
32 vom Stamm Naftali erhielten sie die Asyl-
stadt für solche, die einen Menschen erschla-
gen haben, Kedesch in Galiläa mit seinen

21,5f entsprechend ihren Sippen, vom Stamm: Text korr. nach V. 7; H: von den Sippen des Stammes.

21,9–40 Die in 20,7–9 genannten Asylstädte sind auch Levitenstädte; darin besitzen die Leviten Wohn- und Weiderechte.

Weideflächen sowie Hammot-Dor mit seinen
Weideflächen und Kartan mit seinen Weide-
flächen: drei Städte. 33 Im Ganzen erhielten
die Gerschoniter, entsprechend ihren Sip-
pen, dreizehn Städte mit ihren Weideflä-
chen. 34 Den übrigen Leviten, also den Sip-
pen der Nachkommen Meraris, gab man vom
Stamm Sebulon Jokneam mit seinen Weide-
flächen, Karta mit seinen Weideflächen,
35 Dimna mit seinen Weideflächen und Na-
halal mit seinen Weideflächen: vier Städte;
36 dazu vom Stamm Ruben Bezer mit seinen
Weideflächen, Jahaz mit seinen Weideflä-
chen, 37 Kedemot mit seinen Weideflächen
und Mefaat mit seinen Weideflächen: vier
Städte; 38 vom Stamm Gad erhielten sie die
Asylstadt für solche, die einen Menschen er-
schlagen haben, Ramot-Gilead mit seinen
Weideflächen, ferner Mahanajim mit seinen
Weideflächen, 39 Heschbon mit seinen Wei-
deflächen und Jaser mit seinen Weideflä-
chen: zusammen vier Städte. 40 Im Ganzen
erhielten die Merariter entsprechend ihren
Sippen, die unter den Sippen der Leviten
noch übrig waren, als ihren Anteil zwölf
Städte.

41 Die Gesamtanzahl der Levitenstädte
mitten im Besitz der Israeliten betrug acht-
undvierzig, mit ihren Weideflächen. 42 Diese
Städte bestanden jeweils aus der Stadt und
den Weideflächen in ihrer Umgebung; so war
es bei allen diesen Städten.

1–3: 14,4; Num 35,1–8 • 12: 15,13.

Die Ruhe in der neu gewonnenen Heimat:
21,43 – 22,9

43 So gab der Herr Israel das ganze Land,
das er ihren Vätern mit einem Eid zugesi-
chert hatte. Sie nahmen es in Besitz und
wohnten darin. 44 Und der Herr verschaffte
ihnen Ruhe ringsum, genau so, wie er es ih-
ren Vätern mit einem Eid zugesichert hatte.
Keiner von all ihren Feinden konnte ihnen
Widerstand leisten; alle ihre Feinde gab der
Herr in ihre Gewalt. 45 Keine von all den Zu-
sagen, die der Herr dem Haus Israel gegeben
hatte, war ausgeblieben; jede war in Erfül-
lung gegangen.

22 Damals rief Josua die Rubeniter, die
Gaditer und den halben Stamm Ma-
nasse zu sich 2 und sagte zu ihnen: Ihr habt
alles befolgt, was euch Mose, der Knecht des
Herrn, befohlen hat; ihr habt auch mir in al-
lem gehorcht, was ich euch befohlen habe.
3 Ihr habt eure Brüder während dieser lan-
gen Zeit bis heute nicht im Stich gelassen
und habt darauf geachtet, den Befehl des
Herrn, eures Gottes, zu befolgen. 4 Nun hat
der Herr, euer Gott, euren Brüdern Ruhe
verschafft, wie er es ihnen versprochen hat-
te. Kehrt also nun wieder zu euren Zelten zu-
rück, in das Land, das euch gehört und das
euch Mose, der Knecht des Herrn, jenseits
des Jordan gegeben hat. 5 Achtet aber genau
darauf, das Gebot und das Gesetz zu erfül-
len, das euch Mose, der Knecht des Herrn,
gegeben hat: den Herrn, euren Gott, zu lie-
ben, auf allen seinen Wegen zu gehen, seine
Gebote zu halten, euch ihm anzuschließen
und ihm von ganzem Herzen und ganzer See-
le zu dienen. 6 Dann segnete sie Josua und
ließ sie ziehen und sie begaben sich zu ihren
Zelten.

7 Der einen Hälfte des Stammes Manasse
hatte Mose im Baschan (Land) gegeben, der
anderen Hälfte gab Josua bei ihren Brüdern
(Land) auf der anderen Seite des Jordan im
Westen. Als Josua sie nun wieder zu ihren
Zelten ziehen ließ und sie segnete, 8 sagte er
zu ihnen: Mit reichen Schätzen kehrt ihr zu
euren Zelten zurück, mit sehr viel Vieh, mit
Silber und Gold, mit Bronze, Eisen und sehr
vielen Gewändern. Teilt die Beute, die ihr
euren Feinden abgenommen habt, mit euren
Brüdern. 9 So verließen die Rubeniter, die
Gaditer und der halbe Stamm Manasse die
Israeliten und zogen von Schilo im Land Ka-
naan nach Gilead, in das Land, das ihnen ge-
hörte und das sie auf den durch Mose ergan-
genen Befehl des Herrn hin in Besitz genom-
men hatten.

22,1: Num 32,20–22; Dtn 3,18–20.

Der Altar am Jordan: 22,10–34

10 Als sie zu den Steinkreisen am Jordan
kamen, die noch im Land Kanaan liegen, er-
richteten die Rubeniter, die Gaditer und der
halbe Stamm Manasse dort am Jordan einen
Altar von stattlichem Aussehen. 11 Da erhiel-
ten die Israeliten folgende Nachricht:
Schaut, die Rubeniter, die Gaditer und der
halbe Stamm Manasse haben gegenüber dem
Land Kanaan bei den Steinkreisen am Jor-
dan jenseits des Gebiets der Israeliten einen
Altar errichtet. 12 Als die Israeliten das
hörten, versammelte sich die ganze Ge-
meinde Israels in Schilo, um gegen sie ins
Feld zu ziehen. 13 Die Israeliten schickten
den Priester Pinhas, den Sohn Eleasars, zu

21,45 war ausgeblieben, wörtlich: war dahingefal-
len (vgl. 23,14).

22,10–34 Die Kritik an dem Altar geht von dem Grundsatz aus, dass es nur ein einziges Heiligtum in Israel geben darf (vgl. Dtn 12,4–7).

den Rubenitern, den Gaditern und zum hal-
ben Stamm Manasse in Gilead. 14 Mit ihm
gingen zehn Anführer [aus jeder Familie],
aus jedem Stamm Israels je ein Anführer; je-
der gehörte zu den Familienoberhäuptern
der Tausendschaften Israels. 15 Als sie zu den
Rubenitern, den Gaditern und dem halben
Stamm Manasse ins Land Gilead kamen,
sagten sie zu ihnen: 16 So hat die ganze Ge-
meinde des Herrn gesagt: Was soll denn die-
ser Treubruch bedeuten, den ihr gegen den
Gott Israels begeht, indem ihr euch heute
vom Herrn abwendet, indem ihr euch einen
Altar errichtet und euch heute dadurch ge-
gen den Herrn auflehnt? 17 Ist uns der Frevel
von Pegor zu wenig? Von ihm haben wir uns
bis heute noch nicht gereinigt und seinetwe-
gen ist die Plage über die Gemeinde des
Herrn gekommen. 18 Ihr aber wendet euch
heute vom Herrn ab. Wenn ihr euch heute
gegen den Herrn auflehnt, wird sich sein
Zorn morgen gegen die ganze Gemeinde Is-
raels richten. 19 Falls das Land, das euch ge-
hört, unrein ist, dann kommt herüber in das
Land, das dem Herrn gehört und wo die
Wohnstätte des Herrn ist, und siedelt euch
bei uns an! Aber lehnt euch nicht gegen den
Herrn auf und zieht uns nicht dadurch in eu-
ren Aufruhr hinein, dass ihr für euch selber
einen zweiten Altar, neben dem Altar des
Herrn, unseres Gottes, baut. 20 Ist nicht sein
Zorn über die ganze Gemeinde Israels ge-
kommen, als sich Achan, der Sohn Serachs,
treulos an dem Gut vergriffen hatte, das dem
Untergang geweiht war? Und er war nur ein
einzelner Mann. Musste er nicht für seinen
Frevel sterben?

21 Darauf antworteten die Rubeniter, die
Gaditer und der halbe Stamm Manasse den
Befehlshabern der Tausendschaften Israels:
22 Gott, ja Gott, der Herr – Gott, ja Gott, der
Herr, er weiß es und Israel soll es wissen:
Wenn das Untreue, wenn das Auflehnung
gegen den Herrn war, dann soll er uns heute
nicht helfen. 23 Ob wir uns einen Altar er-
richtet haben, um uns vom Herrn abzuwen-
den, und ob wir auf ihm Brandopfer und
Speiseopfer darbringen und Heilsopfer her-
richten wollten, möge der Herr selbst unter-
suchen. 24 Nein, wir haben das nur aus Sorge
getan, und zwar aus folgender Überlegung:
Eure Söhne könnten morgen zu unseren
Söhnen sagen: Was habt ihr mit dem Herrn,
dem Gott Israels, zu tun? 25 Als Grenze hat
der Herr den Jordan zwischen uns und euch,
das heißt den Rubenitern und Gaditern, ge-
legt. Ihr habt keinen Anteil am Herrn. So
könnten eure Söhne unsere Söhne davon ab-
halten, den Herrn zu fürchten. 26 Deshalb
sagten wir uns: Wir wollen einen Altar er-
richten, nicht für Brandopfer und nicht für
Schlachtopfer; 27 er soll vielmehr ein Zeuge
sein zwischen uns und euch und zwischen
den Generationen nach uns dafür, dass wir
den Dienst vor dem Angesicht des Herrn
durch Brandopfer, Schlachtopfer und Heils-
opfer verrichten dürfen. Dann können eure
Söhne morgen nicht unseren Söhnen sagen:
Ihr habt keinen Anteil am Herrn. 28 Wir
dachten: Wenn sie morgen so zu uns und un-
seren Nachkommen sprechen, werden wir zu
ihnen sagen: Seht euch doch die Gestalt des
Altares des Herrn an, den unsere Väter er-
richtet haben, nicht für Brandopfer und
nicht für Schlachtopfer, sondern damit er
Zeuge zwischen uns und euch sei. 29 Es sei
fern von uns, dass wir uns gegen den Herrn
auflehnen und uns heute von ihm abwenden,
indem wir einen zweiten Altar für Brandop-
fer, Speiseopfer und Schlachtopfer neben
dem Altar des Herrn, unseres Gottes, errich-
ten, der vor seiner Wohnstätte steht.

30 Als der Priester Pinhas und die Ober-
häupter der Gemeinde [die Befehlshaber der
Tausendschaften Israels], die bei ihm waren,
hörten, was die Rubeniter, die Gaditer und
die Manassiter sagten, waren sie damit ein-
verstanden. 31 Und der Priester Pinhas, der
Sohn Eleasars, sagte zu den Rubenitern, den
Gaditern und den Manassitern: Jetzt wissen
wir, dass der Herr mitten unter uns ist; denn
ihr habt keinen solchen Treubruch gegen den
Herrn begangen. Dadurch habt ihr die Israe-
liten vor der (strafenden) Hand des Herrn
bewahrt. 32 Dann verließen der Priester Pin-
has, der Sohn Eleasars, und die Oberhäupter
die Rubeniter und Gaditer und kehrten aus
dem Land Gilead ins Land Kanaan zu den
Israeliten zurück. Sie berichteten ihnen alles
33 und die Israeliten waren damit einverstan-
den. Sie priesen Gott und dachten nicht
mehr daran, gegen die Rubeniter und Gadi-
ter ins Feld zu ziehen und das Land zu ver-
wüsten, in dem sie wohnten. 34 Die Rubeniter
und Gaditer nannten den Altar Zeuge, denn
(sie sagten): Er steht mitten unter uns als
Zeuge dafür, dass Jahwe Gott ist.

17: Num 25 • 20: 7,1–26.

22,19 Gott hat sein Heiligtum im Westjordanland. Wenn das Land östlich des Jordan als unrein betrachtet wird, ist die Verehrung Gottes dort nicht möglich. – zieht uns . . . hinein: Text korr.

22,22 soll er uns nicht helfen: Text korr., mit den alten Übersetzungen; H: hilf du uns nicht!

22,34a Zeuge: Text korr., eingefügt mit einigen H-Handschriften und S (vgl. V. 27).

DIE VERPFLICHTUNG AUF JAHWE: 23,1 – 24,33

Josuas Rede an das Volk: 23,1–16

23 Lange Zeit später, nachdem der Herr
Israel Ruhe vor all seinen Feinden
ringsum verschafft hatte und Josua alt und
betagt geworden war, 2 rief Josua ganz Isra-
el, seine Ältesten und Häupter, seine Richter
und Listenführer zusammen und sagte zu ih-
nen: Ich bin nun alt und betagt. 3 Ihr habt
selbst alles gesehen, was der Herr, euer Gott,
mit all diesen Völkern vor euren Augen ge-
macht hat; denn der Herr, euer Gott, hat
selbst für euch gekämpft. 4 Seht, ich habe
euch die Gebiete dieser Völker, die noch üb-
rig geblieben sind, und all der Völker, die ich
vernichtet habe, vom Jordan bis zum großen
Meer im Westen entsprechend euren Stäm-
men als Erbbesitz zugeteilt. 5 Der Herr, euer
Gott, wird sie (auch künftig) vor euren Au-
gen verjagen und sie vor euren Augen ver-
treiben und ihr werdet ihr Land in Besitz
nehmen, wie es euch der Herr, euer Gott,
versprochen hat. 6 Haltet aber immer daran
fest, alles zu beachten und zu tun, was im
Gesetzbuch des Mose geschrieben steht;
weicht nicht nach rechts oder links davon
ab! 7 Vermischt euch nicht mit diesen Völ-
kern, die bei euch noch übrig geblieben sind;
den Namen ihrer Götter sollt ihr nicht nen-
nen und nicht bei ihnen schwören, ihr sollt
ihnen nicht dienen und euch nicht vor ihnen
niederwerfen, 8 sondern am Herrn, eurem
Gott, fest halten, wie ihr es bis heute getan
habt. 9 Der Herr hat vor euren Augen große
und mächtige Völker vertrieben; bis heute
konnte niemand euch standhalten. 10 Ein
Einziger von euch kann tausend verfolgen;
denn der Herr, euer Gott, kämpft selbst für
euch, wie er es euch versprochen hat. 11 Ach-
tet darum um eures Lebens willen sehr da-
rauf, dass ihr (immer) den Herrn, euren Gott,
liebt. 12 Denn wenn ihr euch wirklich von
ihm abwendet und euch diesen Völkern, die
bei euch noch übrig geblieben sind, an-
schließt, wenn ihr euch mit ihnen verschwä-
gert, wenn ihr euch mit ihnen vermischt und
sie sich mit euch vermischen, 13 dann könnt
ihr gewiss sein, dass der Herr, euer Gott, die-
se Völker nicht mehr vor euren Augen ver-
treiben wird. Sie werden zur Schlinge und
zur Falle für euch, zur Peitsche für euren Rü-
cken und zum Stachel in euren Augen, bis
ihr aus diesem schönen Land verschwindet,
das der Herr, euer Gott, euch gegeben hat.
14 Ich selbst muss heute den Weg alles Irdi-
schen gehen. Ihr aber sollt mit ganzem Her-
zen und ganzer Seele erkennen, dass von all
den Zusagen, die der Herr, euer Gott, euch
gegeben hat, keine einzige ausgeblieben ist;
alle sind sie eingetroffen, keine einzige von
ihnen ist ausgeblieben. 15 Wie aber bisher
jede Zusage, die der Herr, euer Gott, euch ge-
geben hat, eingetroffen ist, so wird der Herr,
euer Gott, künftig jede Drohung gegen euch
verwirklichen, bis er euch aus diesem schö-
nen Land hinweggerafft hat, das euch der
Herr, euer Gott, gegeben hat. 16 Wenn ihr
euch gegen den Bund, auf den der Herr, euer
Gott, euch verpflichtet hat, vergeht, wenn ihr
anderen Göttern dient und sie anbetet, dann
wird der Zorn des Herrn gegen euch entbren-
nen und ihr werdet rasch aus dem schönen
Land verschwinden, das er euch gegeben hat.

13: Num 33,55; Ri 2,3.

Die Versammlung des Volkes in Sichem: 24,1–28

24 Josua versammelte alle Stämme Is-
raels in Sichem; er rief die Ältesten
Israels, seine Oberhäupter, Richter und Lis-
tenführer zusammen und sie traten vor Gott
hin. 2 Josua sagte zum ganzen Volk: So
spricht der Herr, der Gott Israels: Jenseits
des Stroms wohnten eure Väter von Urzeiten
an [Terach, der Vater Abrahams und der Va-
ter Nahors] und dienten anderen Göttern.
3 Da holte ich euren Vater Abraham von jen-
seits des Stroms und ließ ihn durch das ganze
Land Kanaan ziehen. Ich schenkte ihm zahl-
reiche Nachkommenschaft und gab ihm
Isaak. 4 Dem Isaak gab ich Jakob und Esau
und ich verlieh Esau das Bergland Seïr, da-
mit er es in Besitz nahm. Jakob aber und sei-
ne Söhne zogen nach Ägypten hinab. 5 Dann
sandte ich Mose und Aaron und strafte
Ägypten durch das, was ich in Ägypten tat.
Danach habe ich euch herausgeführt 6 [ich
führte eure Väter heraus] aus Ägypten und
ihr seid ans Meer gekommen. Die Ägypter

23,1–16 Die erste *Abschiedsrede Josuas* (vgl. 23,2 mit 24,1) ist in Sprache, Stil und Gedankenführung des Dtn gehalten.

23,14 ausgeblieben ist: vgl. die Anmerkung zu 21,45.

24,1–28 Der sog. Landtag zu Sichem ist eine Versammlung der Stämme Israels. Vor ihnen hält Josua eine zweite Abschiedsrede. Auch darin klingen deuteronomische Gedanken an.

aber verfolgten eure Väter mit Wagen und Pferden bis zum Schilfmeer. 7 Da schrien eure Väter zum Herrn und er legte zwischen euch und die Ägypter eine Finsternis und ließ das Meer über sie kommen, sodass es sie überflutete. Mit eigenen Augen habt ihr gesehen, was ich in Ägypten getan habe. Dann habt ihr euch lange in der Wüste aufgehalten. 8 Ich brachte euch in das Land der Amoriter, die jenseits des Jordan wohnten. Sie kämpften mit euch, aber ich gab sie in eure Gewalt; ihr habt ihr Land in Besitz genommen und ich habe sie euretwegen vernichtet. 9 Dann erhob sich der König Balak von Moab, der Sohn Zippors, und kämpfte gegen Israel. Er schickte Boten zu Bileam, dem Sohn Beors, und ließ ihn rufen, damit er euch verflucht. 10 Ich aber wollte keinen Fluch von Bileam hören. Darum musste er euch segnen und ich rettete euch aus seiner Gewalt. 11 Dann habt ihr den Jordan durchschritten und seid nach Jericho gekommen; die Bürger von Jericho kämpften gegen euch, ebenso die Amoriter, die Perisiter, die Kanaaniter, die Hetiter, die Girgaschiter, die Hiwiter und die Jebusiter und ich gab sie in eure Gewalt. 12 Ich habe Panik vor euch hergeschickt. Sie trieb sie vor euch her [die beiden Könige der Amoriter]; das geschah nicht durch dein Schwert und deinen Bogen. 13 Ich gab euch ein Land, um das ihr euch nicht bemüht hattet, und Städte, die ihr nicht erbaut hattet. Ihr habt in ihnen gewohnt und ihr habt von Weinbergen und Ölbäumen gegessen, die ihr nicht gepflanzt hattet. 14 Fürchtet also jetzt den Herrn und dient ihm in vollkommener Treue. Schafft die Götter fort, denen eure Väter jenseits des Stroms und in Ägypten gedient haben, und dient dem Herrn! 15 Wenn es euch aber nicht gefällt, dem Herrn zu dienen, dann entscheidet euch heute, wem ihr dienen wollt: den Göttern, denen eure Väter jenseits des Stroms dienten, oder den Göttern der Amoriter, in deren Land ihr wohnt. Ich aber und mein Haus, wir wollen dem Herrn dienen.

16 Das Volk antwortete: Das sei uns fern, dass wir den Herrn verlassen und anderen Göttern dienen. 17 Denn der Herr, unser Gott, war es, der uns und unsere Väter aus dem Sklavenhaus Ägypten herausgeführt hat und der vor unseren Augen alle die großen Wunder getan hat. Er hat uns beschützt auf dem ganzen Weg, den wir gegangen sind, und unter allen Völkern, durch deren Gebiet wir gezogen sind. 18 Der Herr hat alle Völker vertrieben, auch die Amoriter, die vor uns im Land wohnten. Auch wir wollen dem Herrn dienen; denn er ist unser Gott. 19 Da sagte Josua zum Volk: Ihr seid nicht imstande, dem Herrn zu dienen, denn er ist ein heiliger Gott, ein eifersüchtiger Gott; er wird euch eure Frevel und eure Sünden nicht verzeihen. 20 Wenn ihr den Herrn verlasst und fremden Göttern dient, dann wird er sich von euch abwenden, wird Unglück über euch bringen und euch ein Ende bereiten, obwohl er euch zuvor Gutes getan hat. 21 Das Volk aber sagte zu Josua: Nein, wir wollen dem Herrn dienen. 22 Josua antwortete dem Volk: Ihr seid Zeugen gegen euch selbst, dass ihr euch für den Herrn und für seinen Dienst entschieden habt. [Sie antworteten: Das sind wir.] 23 Schafft also jetzt die fremden Götter ab, die noch bei euch sind, und neigt eure Herzen dem Herrn zu, dem Gott Israels! 24 Das Volk sagte zu Josua: Dem Herrn, unserem Gott, wollen wir dienen und auf seine Stimme hören.

25 So schloss Josua an jenem Tag einen Bund für das Volk und gab dem Volk Gesetz und Recht in Sichem. 26 Josua schrieb alle diese Worte in das Buch des Gesetzes Gottes und er nahm einen großen Stein und stellte ihn in Sichem unter der Eiche auf, die im Heiligtum des Herrn steht. 27 Dabei sagte er zu dem ganzen Volk: Seht her, dieser Stein wird ein Zeuge sein gegen uns; denn er hat alle Worte des Herrn gehört, die er zu uns gesprochen hat. Er soll ein Zeuge sein gegen euch, damit ihr euren Gott nicht verleugnet. 28 Dann entließ Josua das Volk, einen jeden in seinen Erbbesitz.

2: Gen 11,26 • 3: Gen 12 – 24 • 4: Gen 25,19–26; 27; 32,4; 36,1–8; 46,6 • 5: Ex 3 – 15 • 6: Ex 14 • 8: Num 21,25.31 • 9–10: Num 22 – 24; Ri 11,25 • 11: 3,16f; 6,1–11 • 12; 10,1f; Ex 23,27f; Dtn 7,20 • 13: Dtn 6,10f •19: Ex 20,5 •26: Gen 35,4; Ri 9,6.

Die Grabstätten Josuas, Josefs und Eleasars: 24,29–33

29 Nach diesen Ereignissen starb Josua, der Sohn Nuns, der Knecht des Herrn, im Alter von hundertzehn Jahren. 30 Man begrub ihn in Timnat-Serach, im Gebiet seines Erbbesitzes auf dem Gebirge Efraim, nördlich vom Berg Gaasch. 31 Israel aber diente dem Herrn, solange Josua lebte und solange die Ältesten am Leben waren, die Josua überlebten und alles wussten, was der Herr für

24,10 Ich wollte keinen Fluch von Bileam hören, wörtlich: Ich wollte nicht auf Bileam hören.

24,12 Der Zusatz passt besser zu V. 8.

24,25–28 Josua tritt als Bundesmittler auf. Sichem ist ein altes Heiligtum, das bereits in der Patriarchenzeit eine Rolle spielt.

Israel getan hatte. 32 Die Gebeine Josefs, die
die Israeliten aus Ägypten mitgebracht hat-
ten, begrub man in Sichem auf dem Grund-
stück, das Jakob von den Söhnen Hamors,
des Vaters Sichems, für hundert Kesita
erworben hatte; es war den Nachkommen
Josefs als Erbbesitz zuteil geworden. 33 Auch
Eleasar, der Sohn Aarons, starb und man be-
grub ihn in Gibea, (der Stadt) seines Sohnes
Pinhas, die man ihm im Gebirge Efraim ge-
geben hatte.

29: Ri 2,8f • 31: Ri 2,7 • 32: Gen 50,25; 33,19 • 33: Dtn 10,6.

Das Buch der Richter

Das Buch der Richter hat seinen Namen von den »Richtern«, die in der Zeit nach der Landnahme Israels wichtige Leitungsaufgaben erfüllten und einzelne Sippenverbände oder Stammesgruppen aus der Bedrängnis durch Feinde retteten. Zu den Leitungsaufgaben gehörte vor allem die Rechtsprechung (daher der Name »Richter«).

Den Hauptteil des Buches machen die Erzählungen über die verschiedenen Richtergestalten aus (3,7 – 16,31). Voraus geht eine Einleitung, die an das Buch Josua anknüpft; sie bietet eine knappe Beschreibung der Landnahme durch einzelne Stämme und leitet mit einer allgemeinen Charakterisierung der Richterzeit zu den Richtererzählungen über (1,1 – 3,6). Auf den Hauptteil folgen zwei längere Anhänge, in denen die Gründung des Heiligtums von Dan (Kap. 17 und 18) sowie die Schandtat und Bestrafung der Benjaminiter von Gibea (Kap. 19 – 21) berichtet werden.

Die Heldenerzählungen des Hauptteils waren ursprünglich wohl bei einzelnen Stämmen beheimatet. Auffällig breit werden die wunderbare Geburt Simsons und dessen außergewöhnliche Taten geschildert (Kap. 13 – 16). Auch die Geschichte Gideons nimmt einen breiten Raum ein (Kap. 6 – 8); seine Berufung wird mit der Gründung eines Heiligtums verbunden (Kap. 6). Im Debora-Lied (Kap. 5) wird der Sieg über Sisera und sein Heer besungen; es gehört zu den ältesten Texten des Alten Testaments. Die Fabel in 9,8–15 ist ein politischer Text, der unterstreicht, dass man das Königtum in Israel nicht ohne den Willen Gottes erlangen kann.

Die Zeit zwischen Josua und Samuel war nach dem Bild, das das Richterbuch zeichnet, eine Periode, in der sich Israel im Land Kanaan, zumeist gegen Feinde von außen, behaupten musste. Das gelang dem Volk nicht aus eigener Kraft, wie es auch das verheißene Land nicht durch eigene Anstrengung, sondern nur mit Gottes Hilfe erobert hatte. Das Verhältnis Israels zu seinem Gott entschied auch darüber, ob Israel ruhig in seinem Land wohnen konnte. Das war die Überzeugung der Bearbeiter, die die einzelnen Erzählungen zu einem Gesamtbild der Richterzeit zusammenstellten.

Der Geschichtsverlauf wird nach folgenden Leitgedanken des Deuteronomisten beurteilt: Jahwe allein verehren; auf seine Stimme hören; seine Gebote befolgen; anderen Göttern nicht nachlaufen. So kommen die Verfasser zu ihrer in der Konsequenz beeindruckenden Wertung der Richterzeit (Kap. 2) und gewinnen ein Schema, das sie an diese Zeit anlegen können: Abfall von Gott, Strafe, Hilferuf, Umkehr, Rettung, Wohlergehen und Frieden, solange das Volk auf die Richter hört und Gott die Treue hält (so erstmals 3,7–11). Das Richterbuch ist ein eindrucksvolles Zeugnis für den Glauben an den Herrschaftsanspruch Gottes gegenüber seinem Volk, aber auch an seine Treue und Fürsorge.

DIE CHARAKTERISIERUNG DER RICHTERZEIT: 1,1 – 3,6

Die Eroberung des Gebiets der Stämme Juda und Simeon: 1,1–21

1 Nach dem Tod Josuas befragten die Israeliten den Herrn: Wer von uns soll zuerst gegen die Kanaaniter in den Kampf ziehen? 2 Der Herr antwortete: Juda soll (zuerst) hinaufziehen; ich gebe das Land in seine Gewalt. 3 Da sagte Juda zu seinem Bruder Simeon: Zieh mit mir hinauf in das Gebiet, das mir durch das Los zugefallen ist; wir wollen (zusammen) gegen die Kanaaniter kämpfen. Dann werde auch ich mit dir in dein Gebiet ziehen. Da ging Simeon mit ihm. 4 Juda zog hinauf und der Herr gab die Kanaaniter und die Perisiter in ihre Gewalt. Sie schlugen sie bei Besek – (ein Heer von) zehntausend Mann. 5 Sie stießen bei Besek auf Adoni-Besek, kämpften mit ihm und schlugen die Kanaaniter und die Perisiter. 6 Adoni-Besek floh, aber sie verfolgten ihn, ergriffen ihn und hackten ihm die Daumen und die großen Zehen ab. 7 Da sagte Adoni-Besek: Siebzig Könige mit abgehackten Daumen und abgehackten großen Zehen haben unter meinem Tisch (den Abfall) aufgelesen. Wie ich gehandelt habe, so vergilt mir Gott. Man brachte ihn nach Jerusalem und dort starb er. 8 Die Judäer kämpften auch gegen Jerusalem, nahmen es ein, schlugen die Stadt mit scharfem Schwert und steckten sie in Brand. 9 Danach zogen die Judäer weiter, um gegen die Kanaaniter zu kämpfen, die im Gebirge, im Negeb und in der Schefela wohnten.

10 Juda zog auch gegen die Kanaaniter, die in Hebron wohnten – Hebron hieß früher Kirjat-Arba –, und sie schlugen Scheschai, Ahiman und Talmai. 11 Von dort zogen sie weiter gegen die Einwohner von Debir. Debir hieß früher Kirjat-Sefer. 12 Da sagte Kaleb: Wer Kirjat-Sefer schlägt und einnimmt, dem gebe ich meine Tochter Achsa zur Frau. 13 Otniël, der Sohn des Kenas, des jüngeren Bruders Kalebs, nahm die Stadt ein. Da gab ihm Kaleb seine Tochter Achsa zur Frau. 14 Als sie nun ankam, drängte er sie, von ihrem Vater ein Stück Land zu verlangen. Da ließ sie sich vom Esel herabgleiten und Kaleb fragte sie: Was hast du? 15 Sie antwortete: Gib mir ein Geschenk als Zeichen des Segens! Wenn du mich schon ins Trockenland schickst, dann gib mir auch Wasserstellen! Da gab Kaleb ihr die Obere und die Untere Quelle.

16 Die Söhne des Keniters (Hobab), des Schwiegervaters des Mose, waren mit den Judäern von der Palmenstadt zur Wüste Juda südlich von Arad hinaufgezogen; nun zogen sie weiter und ließen sich bei den Amalekitern nieder. 17 Juda aber zog mit seinem Bruder Simeon weiter. Sie schlugen die Kanaaniter, die in Zefat wohnten, weihten die Stadt dem Untergang und nannten sie Horma (Untergangsweihe). 18 Doch Gaza und sein Gebiet, Aschkelon und sein Gebiet, Ekron und sein Gebiet konnte Juda nicht erobern. 19 Der Herr war mit Juda, sodass es das Bergland in Besitz nehmen konnte. Aber die Bewohner der Ebene konnten sie nicht vertreiben, weil sie eiserne Kampfwagen hatten. 20 Dem Kaleb gab man Hebron, wie Mose es angeordnet hatte; er vertrieb von dort die drei Söhne Anaks. 21 Die Benjaminiter konnten die Jebusiter, die in Jerusalem wohnten, nicht vertreiben und so blieben die Jebusiter bei den Benjaminitern in Jerusalem wohnen bis auf den heutigen Tag.

8: Jos 10,40; 11,16–20 • 10–15: Jos 15,13–19 • 13: 3,9 • 16: 4,11; 1 Sam 15,6 • 17: Dtn 20,13–17 • 20: Jos 14,6–15; Jos 14,6–15. 11,21 • 21: Jos 15,63.

Die Eroberung des Gebiets der Nachkommen Josefs: 1,22–36

22 Auch die Nachkommen Josefs zogen hinauf, und zwar nach Bet-El. Und der Herr war mit ihnen. 23 Die Nachkommen Josefs ließen Bet-El beobachten. Die Stadt hieß früher Lus. 24 Als die Wachen einen Mann aus der Stadt herauskommen sahen, sagten sie zu ihm: Zeig uns, wo man in die Stadt eindringen kann, dann werden wir dir unser Wohlwollen beweisen. 25 Er zeigte ihnen eine Stelle, wo sie in die Stadt eindringen konn-

1,4f Besek liegt nördlich von Samaria. Anscheinend wird Adoni-Besek mit Adoni-Zedek von Jerusalem in Verbindung gebracht (vgl. Jos 10).
1,6f Die grausame Sitte soll den Feind kampfunfähig machen.
1,14 drängte er sie: Text korr. nach G (vgl. Jos 15,18).
1,15 ein Geschenk als Zeichen des Segens, wörtlich: einen Segen (vgl. Jos 15,19).
1,16 nun zogen sie weiter und ließen sich ... nieder: Text korr. vgl. G; H: Er ging hin und wohnte beim Volk.
1,18 nicht: Text korr. nach G und V. 19.
1,21 Jerusalem lag zwischen dem Gebiet Judas und dem Benjamins (vgl. Jos 18,16).
1,22 die Nachkommen: so G; H: das Haus.

ten, und sie schlugen die Stadt mit scharfem
Schwert. Den Mann aber und seine ganze
Sippe ließen sie gehen. 26 Der Mann ging in
das Land der Hetiter, erbaute eine Stadt und
nannte sie Lus. Das ist ihr Name bis auf den
heutigen Tag.

27 Manasse konnte (die Einwohner von)
Bet-Schean und seinen Tochterstädten so-
wie von Taanach und seinen Tochterstädten,
die Einwohner von Dor und seinen Tochter-
städten, die Einwohner von Jibleam und sei-
nen Tochterstädten und die Einwohner von
Megiddo und seinen Tochterstädten nicht
vertreiben. So gelang es den Kanaanitern, in
dieser Gegend zu verbleiben. 28 Als die Israe-
liten stark geworden waren, zwangen sie die
Kanaaniter zur Fron, aber vertreiben konn-
ten sie sie nicht.

29 Efraim konnte die Kanaaniter nicht ver-
treiben, die in Geser wohnten. Darum blie-
ben die Kanaaniter mitten unter ihnen in
Geser wohnen.

30 Sebulon konnte die Einwohner von Ki-
tron und die Einwohner von Nahalol nicht
vertreiben. Darum blieben die Kanaaniter
mitten unter ihnen wohnen, aber sie wurden
Fronarbeiter.

31 Ascher konnte die Einwohner von Akko
und die Einwohner von Sidon nicht ver-
treiben, auch nicht (die Einwohner) von
Mahaleb, Achsib, Helba, Afek und Roheb.
32 Darum leben die Ascheriter mitten unter
den Kanaanitern, die in der Gegend wohnen
blieben, weil man sie nicht vertreiben konn-
te.

33 Naftali konnte die Einwohner von Bet-
Schemesch und die Einwohner von Bet-Anat
nicht vertreiben und wohnt deshalb mitten
unter den Kanaanitern, die im Land verblie-
ben sind. Die Einwohner von Bet-Schemesch
und Bet-Anat aber wurden Fronarbeiter.

34 Die Amoriter drängten die Daniter ins
Bergland ab und ließen sie nicht in die Ebene
herabkommen. 35 Es gelang den Amoritern,
in Har-Heres, Ajalon und Schaalbim zu blei-
ben; als aber das Haus Josef ihnen überlegen
war, wurden sie Fronarbeiter. 36 Das Gebiet
der Amoriter reicht von der Skorpionenstei-
ge bis nach Sela und darüber hinaus.

27: Jos 17,11–13 • 29: Jos 16,10 • 34: 18,1.

Die Erscheinung des Engels des Herrn: 2,1–5

2 Der Engel des Herrn kam von Gilgal
nach Bochim hinauf und sagte: Ich habe
euch aus Ägypten heraufgeführt und euch in
das Land gebracht, das ich euren Vätern mit
einem Eid zugesichert hatte. Ich hatte ge-
sagt: Ich werde meinen Bund mit euch nie-
mals aufheben; 2 aber ihr dürft keinen Bund
mit den Bewohnern dieses Landes schließen
und ihre Altäre sollt ihr niederreißen. Doch
ihr habt auf meine Stimme nicht gehört. Wa-
rum habt ihr das getan? 3 Deshalb sage ich
euch jetzt: Ich werde sie nicht vor euren Au-
gen vertreiben, sondern sie sollen euch Wi-
derstand leisten und ihre Götter sollen euch
zu Fall bringen. 4 Als der Engel des Herrn
das zum Volk gesagt hatte, brachen alle
Israeliten in lautes Weinen aus. 5 Darum
nannten sie jenen Ort Bochim (Ort des Wei-
nens). Und sie brachten dort dem Herrn Op-
fer dar.

2: Dtn 7,2–5 • 3: Jos 23,13.

Josuas Tod: 2,6–10

6 Als Josua das Volk ziehen ließ, machten
sich die Israeliten auf den Weg, um das Land
in Besitz zu nehmen; jeder (ging) zu seinem
Erbbesitz. 7 Und das Volk diente dem Herrn,
solange Josua lebte und solange die Ältesten
am Leben waren, die Josua überlebten und
all die großen Taten des Herrn gesehen hat-
ten, die er für Israel getan hatte. 8 Josua, der
Sohn Nuns, der Knecht des Herrn, starb im
Alter von hundertzehn Jahren 9 und man be-
grub ihn in Timnat-Heres, im Gebiet seines
Erbbesitzes auf dem Gebirge Efraim, nörd-
lich vom Berg Gaasch. 10 Auch seine ganze
Generation wurde mit ihren Vätern vereint
und nach ihnen kam eine andere Generation,
die den Herrn und die Taten, die er für Israel
vollbracht hatte, nicht mehr kannte.

7: Jos 24,31 • 9: Jos 24,30.

Die Berufung von Richtern: 2,11–23

11 Die Israeliten taten, was dem Herrn
missfiel, und dienten den Baalen. 12 Sie ver-
ließen den Herrn, den Gott ihrer Väter, der
sie aus Ägypten herausgeführt hatte, und lie-
fen anderen Göttern nach, den Göttern der
Völker, die rings um sie wohnen. Sie warfen
sich vor ihnen nieder und erzürnten dadurch
den Herrn. 13 Als sie den Herrn verließen und
dem Baal und den Astarten dienten, 14 ent-
brannte der Zorn des Herrn gegen Israel. Er
gab sie in die Gewalt von Räubern, die sie
ausplünderten, und lieferte sie der Gewalt
ihrer Feinde ringsum aus, sodass sie ihren

1,31 Mahaleb: Text korr. (vgl. Jos 19,29).
2,3 Widerstand leisten: Text korr., vgl. G.
2,11.13 Baal ist der Gott der Fruchtbarkeit und Gegenspieler Jahwes; Astarte ist eine Fruchtbarkeitsgöttin. Die Baale und Astarten sind die lokalen Ausprägungen dieser Gottheiten.

Feinden keinen Widerstand mehr leisten konnten. 15 Sooft sie auch in den Krieg zogen, war die Hand des Herrn gegen sie, und sie hatten kein Glück, wie der Herr gesagt und ihnen geschworen hatte. So gerieten sie in große Not. 16 Der Herr aber setzte Richter ein, die sie aus der Gewalt der Räuber befreiten. 17 Doch sie gehorchten auch ihren Richtern nicht, sondern gaben sich anderen Göttern hin und warfen sich vor ihnen nieder. Rasch wichen sie von dem Weg ab, den ihre Väter, den Geboten des Herrn gehorsam, gegangen waren. Sie handelten nicht so (wie ihre Väter). 18 Wenn aber der Herr bei ihnen Richter einsetzte, dann war der Herr mit dem Richter und rettete die Israeliten aus der Gewalt ihrer Feinde, solange der Richter lebte; denn der Herr hatte Mitleid mit ihnen, wenn sie über ihre Feinde und Unterdrücker klagten. 19 Sobald aber der Richter gestorben war, wurden sie rückfällig und trieben es noch schlimmer als ihre Väter, liefen anderen Göttern nach, dienten ihnen und warfen sich vor ihnen nieder. Sie ließen nicht ab von ihrem bösen Treiben und von ihrem störrischen Verhalten. 20 Da entbrannte der Zorn des Herrn gegen Israel. Er sagte: Weil dieses Volk meinen Bund übertreten hat, zu dem ich ihre Väter verpflichtet habe, und weil es nicht auf meine Stimme hört, 21 werde auch ich kein einziges der Völker mehr vor ihren Augen vertreiben, die Josua bei seinem Tod noch übrig gelassen hat. 22 Israel soll durch sie auf die Probe gestellt werden, ob es daran fest hält, den Weg des Herrn zu gehen, wie es seine Väter taten, oder nicht. 23 Darum ließ der Herr diese Völker (im Land) und vertrieb sie vorerst nicht. Er hatte sie auch nicht in die Gewalt Josuas gegeben.

14: Lev 26,17.

Fremde Völker unter den Israeliten: 3,1–6

3 Das sind die Völker, die der Herr (im Land) ließ, um durch sie die Israeliten, alle, die von all den Kämpfen um Kanaan nichts mehr wussten, auf die Probe zu stellen 2 – (er tat das) nur, um die Generationen der Israeliten, die das Kriegführen nicht mehr kannten, darin zu unterrichten; denn sie wussten von den Kriegen, die früher waren, nichts mehr –: 3 die fünf Fürsten der Philister und alle Kanaaniter und Sidonier und Hiwiter, die auf dem Libanongebirge wohnen, vom Berg Baal-Hermon bis nach Lebo-Hamat. 4 Sie waren dazu da, dass die Israeliten durch sie auf die Probe gestellt würden und dass in Erfahrung gebracht würde, ob sie den Geboten des Herrn gehorchten, auf die er ihre Väter durch Mose verpflichtet hatte. 5 Die Israeliten wohnten also mitten unter den Kanaanitern, Hetitern, Amoritern, Perisitern, Hiwitern und Jebusitern. 6 Sie nahmen sich deren Töchter zu Frauen und ihre Töchter gaben sie deren Söhnen und sie dienten deren Göttern.

1: 2,21f • 3: Jos 13,3.

DIE EINZELNEN RICHTER: 3,7 – 16,31

Otniël: 3,7–11

7 Die Israeliten taten, was dem Herrn missfiel. Sie vergaßen den Herrn, ihren Gott, und dienten den Baalen und den Kultpfählen. 8 Da entbrannte der Zorn des Herrn gegen die Israeliten und er lieferte sie der Gewalt des Kuschan-Rischatajim aus, des Königs von Aram in Mesopotamien. So mussten die Israeliten acht Jahre lang Kuschan-Rischatajim dienen. 9 Als die Israeliten zum Herrn schrien, gab der Herr den Israeliten einen Retter, der sie befreite: Otniël, den Sohn des Kenas, den jüngeren Bruder Kalebs. 10 Der Geist des Herrn kam über ihn und er wurde Richter in Israel. Er zog in den Kampf und der Herr gab Kuschan-Rischatajim, den König von Aram, in seine Gewalt und Otniël unterwarf Kuschan-Rischatajim. 11 Darauf hatte das Land vierzig Jahre lang Ruhe; dann starb Otniël, der Sohn des Kenas.

9: 1,13; Jos 15,17 • 10: 6,34; 11,29; 13,25; 14,6.19; 15,14.

2,16 Diese Richter sind Männer, die dem Volk zu seinem Recht verhelfen, also Retter aus der Not und insofern Führer des Volkes.

3,3 Die fünf Philisterfürsten herrschten in den Städten Gaza, Gat, Aschdod, Aschkelon und Ekron.

3,9 Andere Lesart: des jüngeren Bruders. – Anscheinend waren die Südstämme von dem feindlichen Einfall betroffen.

3,13 Die Palmenstadt ist Jericho. Der Angriff richtet sich vor allem gegen Benjamin.

Ehud und Schamgar: 3,12–31

12 Und wiederum taten die Israeliten, was
dem Herrn missfiel. Der Herr aber gab
Eglon, dem König von Moab, Macht über Is-
rael, weil sie taten, was dem Herrn missfiel.
13 Eglon verbündete sich mit den Ammoni-
tern und Amalekitern, zog in den Kampf,
schlug Israel und eroberte die Palmenstadt.
14 Darauf mussten die Israeliten achtzehn
Jahre lang Eglon, dem König von Moab, die-
nen. 15 Als aber die Israeliten zum Herrn
schrien, gab ihnen der Herr einen Retter:
Ehud, den Sohn Geras, aus dem Stamm Ben-
jamin, einen Linkshänder. Als nun die Israe-
liten durch ihn Tribut an Eglon, den König
von Moab, schickten, 16 machte sich Ehud ei-
nen Dolch mit zwei Schneiden, eine Spanne
lang, und band ihn unter seinem Gewand an
seine rechte Hüfte. 17 So überbrachte er
Eglon, dem König von Moab, den Tribut.
Eglon aber war ein sehr beleibter Mann.
18 Als Ehud mit der Übergabe des Tributs zu
Ende war, schickte er die Leute, die die Ab-
gaben getragen hatten, weg; 19 er selber aber
kehrte bei den Götterbildern in Gilgal um,
ging (zum König) zurück und sagte: Ich habe
eine geheime Botschaft an dich, König. Da
gebot der König Ruhe und alle Anwesenden
gingen hinaus. 20 Nun trat Ehud zu ihm he-
rein. Eglon saß in seinem kühlen Oberge-
mach, das für ihn allein bestimmt war, und
Ehud sagte: Ich habe eine Botschaft Gottes
für dich. Da erhob sich der König von seinem
Sessel. 21 Ehud aber streckte seine linke
Hand aus, ergriff den Dolch an seiner rech-
ten Hüfte und stieß ihn Eglon in den Leib.
22 Die Klinge drang samt dem Heft hinein
und das Fett umschloss die Klinge. Ehud zog
den Dolch nicht aus dem Leib Eglons heraus
[er ging zum Seiteneingang hinaus], 23 son-
dern schloss die Tür des Obergemachs hinter
sich, schob den Riegel vor und ging zur Halle
hinaus. 24 Als er weggegangen war, kamen
die Diener und sahen, dass die Tür des Ober-
gemachs verriegelt war. Sie meinten, Eglon
verrichte in der kühlen Kammer seine Not-
durft. 25 Sie warteten aber vergeblich. Und
als er die Tür des Obergemachs nicht öffnete,
nahmen sie den Schlüssel und schlossen auf:
Da lag ihr Herr tot auf dem Boden. 26 Ehud
aber war entkommen, während sie gezögert
hatten. Er war bereits an den Götterbildern
vorbeigegangen und hatte sich nach Seïra in
Sicherheit gebracht. 27 Sobald er dort ange-
kommen war, ließ er auf dem Gebirge Efraim
das Widderhorn blasen und die Israeliten
zogen mit ihm vom Gebirge hinab, er an ih-
rer Spitze. 28 Er sagte zu ihnen: Folgt mir,
denn der Herr hat eure Feinde, die Moabiter,
in eure Gewalt gegeben. Sie zogen mit ihm
hinab, besetzten die Jordanübergänge nach
Moab und ließen niemand mehr hinüber.
29 Damals erschlugen sie von Moab etwa
zehntausend Mann, alles starke und kriegs-
tüchtige Männer, und keiner entkam. 30 So
musste sich Moab an jenem Tag der Gewalt
Israels unterwerfen und das Land hatte
achtzig Jahre lang Ruhe.

31 Auf Ehud folgte Schamgar, der Sohn des
Anat. Er erschlug sechshundert Philister mit
einem Ochsenstecken. Auf diese Weise trug
auch er zur Rettung Israels bei.

31: 5,6.

Debora und Barak: 4,1 – 5,31

Der Sieg über Sisera: 4,1–16

Als Ehud gestorben war, taten die Israe-
liten wieder, was dem Herrn missfiel.
2 Darum lieferte sie der Herr der Gewalt Ja-
bins, des Königs von Kanaan, aus, der in Ha-
zor herrschte. Sein Heerführer war Sisera,
der in Haroschet-Gojim wohnte. 3 Da schrien
die Israeliten zum Herrn, denn Sisera besaß
neunhundert eiserne Kampfwagen und hatte
die Israeliten zwanzig Jahre lang grausam
unterdrückt. 4 Damals war Debora, eine Pro-
phetin, die Frau des Lappidot, Richterin in
Israel. 5 Sie hatte ihren Sitz unter der Debo-
ra-Palme zwischen Rama und Bet-El im Ge-
birge Efraim und die Israeliten kamen zu ihr
hinauf, um sich Recht sprechen zu lassen.
6 Sie schickte Boten zu Barak, dem Sohn
Abinoams aus Kedesch-Naftali, ließ ihn rufen
und sagte zu ihm: Der Herr, der Gott Israels,
befiehlt: Geh hin, zieh auf den Berg Tabor
und nimm zehntausend Naftaliter und Sebu-
loniter mit dir! 7 Ich aber werde Sisera, den
Heerführer Jabins, mit seinen Wagen und
seiner Streitmacht zu dir an den Bach Ki-
schon lenken und ihn in deine Hand geben.
8 Barak sagte zu ihr: Wenn du mit mir gehst,
werde ich gehen; wenn du aber nicht mit mir
gehst, werde ich nicht gehen. 9 Sie sagte: Ja,
ich gehe mit dir; aber der Ruhm bei dem Un-
ternehmen, zu dem du ausziehst, wird dann
nicht dir zuteil; denn der Herr wird Sisera
der Hand einer Frau ausliefern. Und Debora
machte sich auf und ging zusammen mit Ba-
rak nach Kedesch. 10 Barak rief Sebulon und
Naftali in Kedesch zusammen und zehn-

3,22 Die Übersetzung des Zusatzes ist unsicher.

tausend Mann folgten ihm (auf den Tabor)
hinauf. Auch Debora ging mit ihm.
11 Der Keniter Heber aber, der sich von
Kain, von den Söhnen Hobabs, des Schwie-
gervaters des Mose, getrennt hatte, hatte sein
Zelt an der Eiche von Zaanannim bei Ke-
desch aufgeschlagen.
12 Als man nun Sisera meldete, dass Barak,
der Sohn Abinoams, auf den Berg Tabor ge-
zogen sei, 13 beorderte Sisera alle seine Wa-
gen – neunhundert eiserne Kampfwagen –
und das ganze Kriegsvolk, das er bei sich
hatte, von Haroschet-Gojim an den Bach Ki-
schon. 14 Da sagte Debora zu Barak: Auf!
Denn das ist der Tag, an dem der Herr den
Sisera in deine Gewalt gegeben hat. Ja, der
Herr zieht selbst vor dir her. Barak zog also
vom Berg Tabor herab und die zehntausend
Mann folgten ihm. 15 Und der Herr brachte
Sisera, alle seine Wagen und seine ganze
Streitmacht [mit scharfem Schwert] vor den
Augen Baraks in große Verwirrung. Sisera
sprang vom Wagen und floh zu Fuß. 16 Barak
verfolgte die Wagen und das Heer bis nach
Haroschet-Gojim. Das ganze Heer Siseras
fiel unter dem scharfen Schwert; nicht ein
einziger Mann blieb übrig.

2: Jos 11,1 • 5: Gen 35,8 • 11: 1,16 • 15: 5,20; Ex 23,27; Jos 10,10; 1 Sam 7,10.

Siseras Tod: 4,17–24

17 Sisera war zu Fuß zum Zelt der Jaël, der
Frau des Keniters Heber, geflohen; denn
zwischen Jabin, dem König von Hazor, und
der Familie des Keniters Heber herrschte
Frieden. 18 Jaël ging Sisera entgegen und
sagte zu ihm: Kehr ein, Herr, kehr ein bei
mir, hab keine Angst Da begab er sich zu ihr
ins Zelt und sie deckte ihn mit einem Tep-
pich zu. 19 Er sagte zu ihr: Gib mir doch et-
was Wasser zu trinken, ich habe Durst. Sie
öffnete einen Schlauch mit Milch und gab
ihm zu trinken; dann deckte sie ihn wieder
zu. 20 Er sagte zu ihr: Stell dich an den Zelt-
eingang, und wenn einer kommt und dich
fragt: Ist jemand hier?, dann antworte: Nein.
21 Doch Jaël, die Frau Hebers, holte einen
Zeltpflock, nahm einen Hammer in die
Hand, ging leise zu Sisera hin und schlug
ihm den Zeltpflock durch die Schläfe, sodass
er noch in den Boden drang. So fand Sisera,
der vor Erschöpfung eingeschlafen war, den
Tod. 22 Da erschien gerade Barak, der Sisera
verfolgte. Jaël ging ihm entgegen und sagte:
Komm, ich zeige dir den Mann, den du
suchst. Er ging mit ihr hinein; da sah er Sise-
ra tot am Boden liegen, mit dem Pflock in
seiner Schläfe.
23 So demütigte Gott an diesem Tag Jabin,
den König von Kanaan, vor den Israeliten
24 und die Faust der Israeliten lag immer
schwerer auf Jabin, dem König von Kanaan,
bis sie Jabin, den König von Kanaan, ganz
vernichtet hatten.

19: 5,25.

Das Debora-Lied: 5,1–31

5 Debora und Barak, der Sohn Abinoams,
sangen an jenem Tag dieses Lied:
2 Dass Führer Israel führten / und das Volk
sich bereit zeigte, / dafür preist den Herrn!
3 Hört, ihr Könige, horcht auf, ihr Fürs-
ten! / Ich will dem Herrn zu Ehren singen, /
ich will zu Ehren des Herrn, / des Gottes
Israels, spielen.
4 Herr, als du auszogst aus Seïr, / als du
vom Grünland Edoms heranschrittest, / da
bebte die Erde, die Himmel ergossen sich, /
ja, aus den Wolken ergoss sich das Wasser.
5 Die Berge wankten vor dem Blick des
Herrn, [das ist der Sinai] / vor dem Blick des
Herrn, des Gottes Israels.
6 In den Tagen Schamgars, des Sohnes des
Anat, / in den Tagen Jaëls lagen die Wege
verlassen da; / wer unterwegs war, musste
Umwege machen.
7 Bewohner des offenen Landes gab es
nicht mehr, / es gab sie nicht mehr in Israel, /
bis du dich erhobst, Debora, / bis du dich
erhobst, Mutter in Israel.
8 Man hatte sich neue Götter erwählt. / Es
gab kein Brot an den Toren. / Schild und
Speer waren nicht mehr zu sehen / bei den
vierzigtausend in Israel.
9 Mein Herz gehört Israels Führern. / Ihr,
die ihr bereit seid im Volk, / preist den
Herrn!
10 Ihr, die ihr auf weißen Eselinnen reitet, /
die ihr auf Teppichen sitzt, / die ihr auf der
Straße dahinzieht, singt!
11 Horch, sie jubeln zwischen den Trän-
ken; / dort besingt man die rettenden Taten
des Herrn, / seine hilfreiche Tat an den Bau-
ern in Israel / Damals zog das Volk des
Herrn hinab zu den Toren.
12 Auf, auf, Debora! Auf, auf, sing ein
Lied! / Erheb dich, Barak, / führ deine Ge-
fangenen heim, / Sohn Abinoams!
13 Dann steige herab, / was übrig ist unter

4,13 Der Bach Kischon durchfließt den Westteil der Jesreelebene.
4,15 Zusatz aus V. 16

5,1 Der Text des Lieds ist vielfach verderbt.
5,8b Text korr.

den Herrlichen des Volkes. / Der Herr steige
herab / mit mir unter den Helden.
14 Aus Efraim zogen sie hinunter ins Tal, /
hinter ihnen Benjamin mit seinen Scharen; /
von Machir stiegen die Führer hinab, / von
Sebulon die, die das Zepter tragen.
15 Die Fürsten Issachars zusammen mit
Debora / und wie Issachar so auch Barak, /
ins Tal getragen von seinen Füßen. / In Ru-
bens Bezirken / überlegte man lange.
16 Warum sitzt du zwischen den Hürden /
und hörst bei den Herden dem Flötenspiel
zu? / In Rubens Bezirken / überlegte man
lange.
17 Gilead bleibt jenseits des Jordan. / Wa-
rum verweilt Dan bei den Schiffen? / Ascher
sitzt am Ufer des Meeres, / bleibt ruhig an
seinen Buchten.
18 Sebulon ist ein Volk, / das sein Leben
aufs Spiel setzt, / auch Naftali auf den Hö-
hen des Feldes.
19 Könige kamen und kämpften, / damals
kämpften Kanaans Könige / in Taanach, an
den Wassern Megiddos, / doch Beute an Sil-
ber machten sie nicht.
20 Vom Himmel her kämpften die Sterne, /
von ihren Bahnen aus kämpften sie gegen
Sisera.
21 Der Bach Kischon schwemmte sie fort, /
der altberühmte Bach, der Bach Kischon. /
Meine Seele soll auftreten mit Macht.
22 Damals stampften die Hufe der Pferde /
im Jagen, im Dahinjagen der Hengste.
23 Ihr sollt Meros verfluchen, / spricht der
Engel des Herrn. / Mit Flüchen flucht seinen
Bewohnern; / denn sie kamen dem Herrn
nicht zu Hilfe, / zu Hilfe dem Herrn unter
den Helden.
24 Gepriesen sei Jaël unter den Frauen, /
die Frau des Keniters Heber, / gepriesen un-
ter den Frauen im Zelt.
25 Er hatte Wasser verlangt, sie gab ihm
Milch, / in einer prächtigen Schale reichte
sie Sahne.
26 Ihre Hand streckte sie aus nach dem
Pflock, / ihre Rechte nach dem Hammer des
Schmieds. / Sie erschlug Sisera, zermalmte
sein Haupt, / zerschlug, durchbohrte seine
Schläfe.
27 Zu ihren Füßen brach er zusammen, fiel
nieder, lag da, / zu ihren Füßen brach er zu-
sammen, fiel nieder. / Wo er zusammen-
brach, da lag er vernichtet.
28 Aus ihrem Fenster blickt Siseras Mut-
ter / und klagt durch das Gitter: / Warum
säumt sein Wagen zu kommen, / warum
zögert der Hufschlag seiner Gespanne?
29 Eine Kluge aus ihren Fürstinnen ant-
wortet ihr, / und sie selbst wiederholt deren
Worte:
30 Sicher machen und teilen sie Beute, /
ein, zwei Frauen für jeden Mann, / Beute an
Kleidern für Sisera, / Beute an Kleidern, /
für meinen Hals als Beute ein, zwei bunte
Tücher.
31 So gehen all deine Feinde zugrunde,
Herr. / Doch die, die ihn lieben, sind wie die
Sonne, / wenn sie aufgeht in ihrer Kraft.
Dann hatte das Land vierzig Jahre lang
Ruhe.

4: Dtn 33,2 • 6: 3,31 • 25: 4,19.

Die Berufung Gideons: 6,1–24

6 Die Israeliten taten, was dem Herrn
missfiel. Da gab sie der Herr in die Ge-
walt Midians, sieben Jahre lang. 2 Als Midian
die Oberhand gewann, machten sich die Is-
raeliten die Schluchten in den Bergen und
die Höhlen und die Bergnester (als Unter-
schlupf) vor den Midianitern zurecht. 3 Doch
immer, wenn die Israeliten gesät hatten, ka-
men Midian, die Amalekiter und die Leute
aus dem Osten und zogen gegen sie heran.
4 Sie belagerten die Israeliten und vernich-
teten die Ernte des Landes bis hin in die Ge-
gend von Gaza. Sie ließen in Israel keine Le-
bensmittel übrig, auch kein Schaf, kein Rind
und keinen Esel. 5 Denn sie zogen mit ihren
Herden und Zelten heran und kamen so
zahlreich wie die Heuschrecken herbei.
Zahllos waren sie selbst und auch ihre Ka-
mele. Sie kamen und verheerten das Land.
6 So verarmte Israel sehr wegen Midian und
die Israeliten schrien zum Herrn. 7 Als nun
die Israeliten wegen Midian zum Herrn
schrien, 8 schickte der Herr einen Propheten
zu den Israeliten. Dieser sagte zu ihnen: So
spricht der Herr, der Gott Israels: Ich selbst
habe euch aus Ägypten heraufgeführt. Ich
habe euch aus dem Sklavenhaus herausge-
führt. 9 Ich habe euch aus der Gewalt Ägyp-

5,14a Text korr.
5,14d H fügt am Schluss, wohl als erklärenden Zusatz im Sinn von »hoher Beamter«, hinzu: Schreiber.
5,15e Text korr. mit V. 16.
5,17 Nicht alle Stämme beteiligten sich am Kampf (vgl. V. 23).
5,20 Gemeint ist ein Eingreifen Jahwes durch ein Unwetter (vgl. V. 21).
5,29 eine Kluge: Text (Einzahl statt Mehrzahl) korr., vgl. S und Vg.
6,1 Die Midianiter waren Kamelnomaden (V. 5); sie fielen wiederholt mit verbündeten Stämmen in Palästina ein.

tens und aus der Gewalt all eurer Unterdrü-
cker befreit. Ich habe sie vor euren Augen
vertrieben und euch ihr Land gegeben.
10 Und ich habe euch gesagt: Ich bin der
Herr, euer Gott. Fürchtet nicht die Götter
der Amoriter, in deren Land ihr wohnt. Aber
ihr habt nicht auf meine Stimme gehört.
11 Der Engel des Herrn kam und setzte sich
unter die Eiche bei Ofra, die dem Abiësriter
Joasch gehörte. Sein Sohn Gideon war gera-
de dabei, in der Kelter Weizen zu dreschen,
um ihn vor Midian in Sicherheit zu bringen.
12 Da erschien ihm der Engel des Herrn und
sagte zu ihm: Der Herr sei mit dir, starker
Held. 13 Doch Gideon sagte zu ihm: Ach,
mein Herr, ist der Herr wirklich mit uns?
Warum hat uns dann all das getroffen? Wo
sind alle seine wunderbaren Taten, von de-
nen uns unsere Väter erzählt haben? Sie sag-
ten doch: Wirklich, der Herr hat uns aus
Ägypten heraufgeführt. Jetzt aber hat uns
der Herr verstoßen und uns der Faust Mi-
dians preisgegeben. 14 Da wandte sich der
Herr ihm zu und sagte: Geh und befrei mit
der Kraft, die du hast, Israel aus der Faust
Midians! Ja, ich sende dich. 15 Er entgegnete
ihm: Ach, mein Herr, womit soll ich Israel
befreien? Sieh doch, meine Sippe ist die
schwächste in Manasse und ich bin der
Jüngste im Haus meines Vaters. 16 Doch der
Herr sagte zu ihm: Weil ich mit dir bin, wirst
du Midian schlagen, als wäre es nur ein
Mann. 17 Gideon erwiderte ihm: Wenn ich
dein Wohlwollen gefunden habe, dann gib
mir ein Zeichen dafür, dass du selbst es bist,
der mit mir redet. 18 Entfern dich doch nicht
von hier, bis ich zu dir zurückkomme; ich
will eine Gabe für dich holen und sie vor dich
hinlegen. Er sagte: Ich werde bleiben, bis du
zurückkommst. 19 Gideon ging (ins Haus) hi-
nein und bereitete ein Ziegenböckchen zu
sowie ungesäuerte Brote von einem Efa
Mehl. Er legte das Fleisch in einen Korb, tat
die Brühe in einen Topf, brachte beides zu
ihm hinaus unter die Eiche und setzte es ihm
vor. 20 Da sagte der Engel Gottes zu ihm:
Nimm das Fleisch und die Brote, und leg sie
hier auf den Felsen, die Brühe aber gieß weg!
Gideon tat es. 21 Der Engel des Herrn streck-
te den Stab aus, den er in der Hand hatte,
und berührte mit seiner Spitze das Fleisch
und die Brote. Da stieg Feuer von dem Fels-
block auf und verzehrte das Fleisch und die
Brote. Der Engel des Herrn aber war Gide-
ons Augen entschwunden. 22 Als nun Gideon
sah, dass es der Engel des Herrn gewesen
war, sagte er: Weh mir, Herr und Gott, ich
habe den Engel des Herrn von Angesicht zu
Angesicht gesehen. 23 Der Herr erwiderte
ihm: Friede sei mit dir! Fürchte dich nicht,
du wirst nicht sterben. 24 Gideon errichtete
an jener Stelle einen Altar für den Herrn und
nannte ihn: Der Herr ist Friede. Der Altar
steht bis zum heutigen Tag in Ofra, (der
Stadt) der Abiësriter.

11: 8,22 • 14: 1 Sam 12,11; Hebr 11,32 • 16: Ex 3,12 • 22: Ex 33,20; Jes 6,5.

Die Zerstörung des Baal-Altars: 6,25–32

25 In jener Nacht sagte der Herr zu Gideon:
Nimm das Rind deines Vaters, den sieben-
jährigen fetten Farren, reiß den Altar des
Baal nieder, der deinem Vater gehört, und
den Kultpfahl daneben hau um! 26 Bau einen
Altar für den Herrn, deinen Gott, auf der
Höhe der Burg hier, entsprechend der vor-
geschriebenen Ordnung, nimm den fetten
Farren und bring ihn mit dem Holz des
Kultpfahls, den du umhaust, als Brandopfer
dar. 27 Da nahm Gideon zehn seiner Knechte
und tat, was der Herr zu ihm gesagt hatte.
Weil er sich aber vor seiner Familie und den
Leuten der Stadt fürchtete, es bei Tag zu tun,
tat er es bei Nacht. 28 Als die Einwohner der
Stadt am Morgen aufstanden, sahen sie, dass
der Altar des Baal zerstört, der Kultpfahl
daneben umgehauen und der fette Farren
auf dem neu erbauten Altar geopfert war.
29 Da sagten sie zueinander: Wer hat das ge-
tan? Sie suchten und forschten nach und
stellten fest: Gideon, der Sohn des Joasch,
hat es getan. 30 Die Einwohner der Stadt sag-
ten deshalb zu Joasch: Gib deinen Sohn he-
raus! Er muss sterben, denn er hat den Altar
des Baal niedergerissen und den Kultpfahl
daneben umgehauen. 31 Joasch erwiderte al-
len, die um ihn herumstanden: Wollt ihr
etwa für Baal streiten? Wollt *ihr* ihn retten?
Wer für ihn streitet, soll noch vor dem Mor-
gen sterben. Wenn Baal Gott ist, soll er für
sich selbst streiten, weil man seinen Altar
niedergerissen hat. 32 Darum nannte man
Gideon seit jenem Tag Jerubbaal – das heißt:
Baal möge gegen ihn streiten –; denn er hat
seinen Altar niedergerissen.

32: 7,1.

6,11 Ofra lag nördlich von Sichem. Der Weizen muss heimlich in der Kelter ausgeklopft werden, um eine Beschlagnahme durch die Philister zu vermeiden. Der Engel des Herrn und Gott wechseln im Text.

6,21 Durch das wunderbare, durch den Engel des Herrn entzündete Feuer wird die Stelle als heiliger Ort bezeichnet und folglich nach V. 24 zur Kultstätte.

6,25.28 fetten (Farren): Text korr.; H: zweiten.

6,32 Jerubbaal erscheint in 7,1 als zweiter Name Gideons und bedeutet »Baal möge (für ihn) streiten« oder »Baal möge sich groß erweisen«.

Das göttliche Zeichen vor der Schlacht gegen die Midianiter: 6,33–40

33 Ganz Midian, Amalek und die Leute aus dem Osten taten sich zusammen, zogen herüber und schlugen in der Ebene Jesreel ihr Lager auf. 34 Da kam der Geist des Herrn über Gideon. Gideon blies ins Widderhorn und rief die Abiësriter, ihm (in den Kampf) zu folgen. 35 Auch schickte er Boten in ganz Manasse umher und rief Manasse, ihm (in den Kampf) zu folgen. Außerdem schickte er Boten in Ascher, Sebulon und Naftali umher und auch diese stießen zu ihnen.

36 Da sagte Gideon zu Gott: Wenn du Israel wirklich durch meine Hand retten willst, wie du gesagt hast – 37 sieh her, ich lege frisch geschorene Wolle auf die Tenne; wenn der Tau allein auf die Wolle fällt und es auf dem ganzen (übrigen) Boden trocken bleibt, dann weiß ich, dass du durch meine Hand Israel retten willst, wie du gesagt hast. 38 Und so geschah es. Als er früh am Morgen hinkam und die Wolle ausdrückte, konnte er den Tau – eine Schale voll Wasser – aus der Wolle herauspressen. 39 Darauf sagte Gideon zu Gott: Dein Zorn möge nicht gegen mich entbrennen, wenn ich noch einmal rede. Ich möchte es nur noch dieses eine Mal mit der Wolle versuchen: Die Wolle allein soll dieses Mal trocken bleiben und auf dem ganzen (übrigen) Boden soll Tau liegen. 40 Und Gott machte es in der folgenden Nacht so: Die Wolle allein blieb trocken und auf dem ganzen übrigen Boden lag Tau.

34: 3,10; 11,29; 13,25.

Der Kampf gegen die Midianiter: 7,1 – 8,3

7 Am frühen Morgen brach Jerubbaal – das ist Gideon – mit allen Leuten, die er bei sich hatte, auf und sie errichteten bei der Harod-Quelle ihr Lager; das Lager Midians war nördlich davon beim Hügel More in der Ebene. 2 Der Herr sagte zu Gideon: Die Leute, die du bei dir hast, sind zu zahlreich, als dass ich Midian in deine Gewalt geben könnte. Sonst könnte sich Israel mir gegenüber rühmen und sagen: Meine eigene Hand hat mich gerettet. 3 Ruf daher so laut, dass die Leute es hören: Wer sich fürchtet und Angst hat, soll umkehren. Gideon musterte sie und darauf kehrten von den Leuten zweiundzwanzigtausend um, während zehntausend bei ihm blieben. 4 Doch der Herr sagte zu Gideon: Die Leute sind immer noch zu zahlreich. Führ sie hinab ans Wasser; dort will ich sie für dich mustern. Von wem ich sagen werde: Er soll mit dir gehen!, der soll mitgehen, und jeder, von dem ich zu dir sagen werde: Dieser soll nicht mit dir gehen!, der soll nicht mitgehen. 5 Gideon führte die Leute zum Wasser hinab und der Herr sagte zu ihm: Stell alle, die das Wasser mit der Zunge auflecken, wie es ein Hund tut, auf einen besonderen Platz, und ebenso alle, die sich zum Trinken hinknien. 6 Die Zahl derer, die das Wasser aufleckten, betrug dreihundert Mann. Alle übrigen Leute aber knieten sich hin, um das Wasser zu trinken, indem sie es mit der Hand zum Mund führten. 7 Der Herr sagte zu Gideon: Durch die dreihundert Mann, die (das Wasser) aufgeleckt haben, will ich euch retten; ich werde Midian in deine Gewalt geben. Alle übrigen Leute sollen nach Hause gehen. 8 Gideon entließ also alle Israeliten, jeden zu seinem Zelt, und sie nahmen die Verpflegung der Leute und ihre Widderhörner mit. Nur die dreihundert Mann behielt er bei sich.

Das Lager Midians lag unterhalb von ihm in der Ebene. 9 In jener Nacht geschah es, dass Jahwe zu ihm sagte: Steh auf, geh zum Lager hinab; denn ich habe es in deine Gewalt gegeben. 10 Wenn du dich aber davor fürchtest hinabzusteigen, dann geh (zuerst allein) mit deinem Diener Pura ins Lager hinab 11 und höre, was man dort redet. Dann wirst du die Kraft bekommen, zum Lager hinabzuziehen. Gideon ging also mit seinem Diener Pura bis unmittelbar an die Krieger im Lager heran. 12 Midian und Amalek und die Leute des Ostens waren in die Ebene eingefallen, zahlreich wie die Heuschrecken, und ihre Kamele waren zahllos wie der Sand am Ufer des Meeres. 13 Als Gideon ankam, erzählte gerade einer dem andern einen Traum. Er sagte: Hör zu, ich hatte einen Traum: Ich sah, wie ein Laib Gerstenbrot ins Lager Midians rollte. Er gelangte bis zum Zelt und stieß dagegen, sodass es umfiel und umgestülpt dalag. Dann brach das Zelt zusammen. 14 Der andere antwortete: Das bedeutet nichts anderes als das Schwert des Israeliten Gideon, des Sohnes des Joasch. Gott hat Midian und das ganze Lager in seine Gewalt gegeben.

15 Als Gideon die Erzählung von dem Traum und seine Deutung hörte, warf er sich

7,1 Die Harod-Quelle liegt in der Jesreelebene am Fuß der Gilboa-Berge.
7,3 musterte sie: Text korr. (vgl V. 4).
7,6 Text durch Umstellung korr., vgl. G.
7,8b Text und Übersetzung unsicher.

nieder und betete. Dann kehrte er ins Lager
Israels zurück und rief: Auf! Der Herr hat
das Lager Midians in eure Gewalt gegeben.
16 Gideon teilte die dreihundert Mann in drei
Abteilungen und gab allen Männern Widder-
hörner und leere Krüge in die Hand; in den
Krügen waren Fackeln. 17 Er sagte zu ihnen:
Seht auf mich und macht alles ebenso wie
ich! Passt auf: Ich gehe nun an den Rand des
Lagers (der Midianiter) und das, was ich ma-
che, müsst auch ihr machen. 18 Wenn ich und
alle, die bei mir sind, das Widderhorn blasen,
dann müsst auch ihr rings um das ganze La-
ger eure Hörner blasen und rufen: Für den
Herrn und Gideon! 19 Gideon und die hun-
dert Mann, die bei ihm waren, gelangten zu
Beginn der mittleren Nachtwache an den
Rand des Lagers (der Midianiter); man hatte
gerade die Wachen aufgestellt. Sie bliesen
das Widderhorn und zerschlugen die Krüge,
die sie in der Hand hatten. 20 Nun bliesen
auch die beiden anderen Abteilungen ihre
Hörner, zerschlugen die Krüge, ergriffen mit
der linken Hand die Fackeln, während sie in
der rechten Hand die Widderhörner hielten,
um zu blasen, und schrien: Das Schwert für
den Herrn und Gideon! 21 Dabei blieben sie
rings um das Lager stehen, jeder an dem
Platz, wo er gerade war. Im Lager liefen alle
durcheinander, schrien und flohen. 22 Als die
dreihundert Männer ihre Hörner bliesen,
richtete der Herr im ganzen Lager das
Schwert des einen gegen den andern. Alle im
Lager flohen bis nach Bet-Schitta, Zereda,
Sefat-Abel-Mehola und Tabbat. 23 Nun wur-
den die Israeliten aus Naftali, Ascher und
ganz Manasse aufgeboten, um die Midianiter
zu verfolgen. 24 Außerdem schickte Gideon
Boten im ganzen Bergland von Efraim um-
her und ließ sagen: Zieht hinab gegen Midian
und nehmt ihm die Wasserstellen weg bis
nach Bet-Bara und (besetzt) den Jordan-
übergang! So wurden alle Männer Efraims
zusammengerufen und sie besetzten die
Wasserstellen bis Bet-Bara und den Jordan-
übergang. 25 Sie nahmen auch die zwei Mi-
dianiterfürsten Oreb (Rabe) und Seeb (Wolf)
gefangen. Oreb töteten sie am Rabenfelsen
und Seeb töteten sie an der Wolfskelter;
dann setzten sie die Verfolgung Midians fort.
Die Köpfe Orebs und Seebs aber brachten sie
zu Gideon über den Jordan.
8 Die Efraimiter aber sagten zu Gideon:
Was hast du uns da angetan, dass du
uns nicht hast rufen lassen, als du ausgezo-
gen bist, um gegen Midian zu kämpfen? Und
sie stritten heftig mit ihm. 2 Er antwortete
ihnen: Was habe ich schon getan im Ver-
gleich zu euch? Ist nicht die Nachlese
Efraims besser als die Weinlese Abiësers?
3 In eure Gewalt hat Gott Oreb und Seeb, die
Fürsten Midians, gegeben. Was vermochte
ich zu tun im Vergleich zu euch? Als er das
sagte, legte sich ihr Zorn gegen ihn.

7,1: 6,32 • 3: Dtn 20,8 • 25: Ps 83,12 • 8,1: 12,1.

Der Feldzug im Ostjordanland: 8,4–21

4 Als Gideon an den Jordan gekommen
und mit den dreihundert Männern, die bei
ihm waren, hinübergegangen war, erschöpft
von der Verfolgung, 5 sagte er zu den Ein-
wohnern von Sukkot: Gebt doch den Leuten,
die mir folgen, einige Laibe Brot, denn sie
sind erschöpft. Ich bin dabei, Sebach und
Zalmunna, die Könige von Midian, zu verfol-
gen. 6 Doch die Oberen von Sukkot entgeg-
neten: Hast du denn Sebach und Zalmunna
schon in deiner Gewalt? Warum sollten wir
deinem Heer Brot geben? 7 Darauf sagte Gi-
deon: Wahrhaftig, wenn der Herr Sebach
und Zalmunna in meine Gewalt gegeben hat,
dann dresche ich euch den Leib mit Wüsten-
dornen und Stechdisteln. 8 Dann zog er von
Sukkot hinauf nach Penuël und sprach die
Leute dort in derselben Weise an, aber die
Einwohner von Penuël antworteten ihm ge-
nauso, wie die Männer von Sukkot geant-
wortet hatten. 9 Da drohte er auch den Män-
nern von Penuël: Wenn ich heil zurückkehre,
werde ich die Burg hier niederreißen.
10 Sebach und Zalmunna befanden sich
mit ihrem Heerlager in Karkor; es waren
etwa fünfzehntausend Mann; das war alles,
was von dem ganzen Heerlager der Leute aus
dem Osten übrig geblieben war. Hundert-
zwanzigtausend mit dem Schwert bewaff-
nete Männer waren gefallen. 11 Gideon zog
auf dem Beduinenweg östlich von Nobach
und Jogboha hinauf und schlug das (feind-
liche) Heer, das sich in Sicherheit wähnte.
12 Sebach und Zalmunna, die beiden Könige
von Midian, flohen, aber er verfolgte sie,
nahm sie gefangen und scheuchte das ganze
Heerlager auseinander.
13 Als Gideon, der Sohn des Joasch, aus
dem Kampf von Maale-Heres zurückkehrte,
14 nahm er einen jungen Mann fest, der zu

7,20 auch die beiden anderen, wörtlich: die drei (dabei ist die Abteilung von V. 19 einbezogen).

7,25 Der Vers erklärt, warum die beiden Orte so genannt werden.

8,2 Gideon verwendet ein Wortspiel.

8,6.15 Wörtlich: Hast du denn die Faust Sebachs und Zalmunnas schon in deiner Hand? – Sukkot und Penuël liegen am Jabbok.

den Leuten von Sukkot gehörte. Er fragte
ihn aus und dieser musste ihm die Oberen
und Ältesten von Sukkot aufschreiben, sie-
benundsiebzig Männer. 15 Als er nun zu den
Einwohnern von Sukkot kam, sagte er: Hier
sind Sebach und Zalmunna, deretwegen ihr
mich verhöhnt habt mit den Worten: Ist denn
Sebach und Zalmunna schon in deiner
Hand? Warum sollten wir deinen erschöpf-
ten Männern Brot geben? 16 Dann ergriff er
die Ältesten der Stadt, die Männer von Suk-
kot, und drosch sie mit den Wüstendornen
und mit den Stechdisteln. 17 Die Burg von
Penuël aber riss er nieder und tötete die
Männer in der Stadt.

18 Dann sagte er zu Sebach und Zalmunna:
Wie sahen die Männer aus, die ihr in Tabor
getötet habt? Sie antworteten: Sie waren wie
du; jeder sah aus wie ein Königssohn. 19 Er
entgegnete: Es waren meine Brüder, die Söh-
ne meiner Mutter. So wahr der Herr lebt:
Hättet ihr sie am Leben gelassen, würde ich
euch nicht töten. 20 Und er sagte zu Jeter, sei-
nem Erstgeborenen: Auf, töte sie! Aber der
Junge zog sein Schwert nicht; er hatte Angst,
weil er noch so jung war. 21 Da sagten Sebach
und Zalmunna: Steh selber auf und schlag
uns nieder! Denn wie der Mann, so seine
Kraft. Da stand Gideon auf und tötete Se-
bach und Zalmunna. Dann nahm er ihren
Kamelen die kleinen Monde ab, die sie am
Hals trugen.

Die Ablehnung der Königswürde: 8,22–35

22 Die Israeliten sagten zu Gideon: Werde
unser Herrscher, du und auch dein Sohn und
dein Enkel; denn du hast uns aus der Gewalt
Midians befreit. 23 Aber Gideon antwortete
ihnen: Ich will nicht über euch herrschen,
und auch mein Sohn soll nicht über euch
herrschen; der Herr soll über euch herr-
schen.

24 Weiter sagte Gideon zu ihnen: Ich
möchte euch um etwas bitten: Jeder von
euch gebe mir einen Ring aus seiner Beute.
Die Feinde hatten nämlich goldene Ringe,
denn sie waren Ismaeliter. 25 Sie antworte-
ten: Wir geben sie dir gern. Sie breiteten ei-
nen Mantel aus und jeder legte einen Ring
aus seiner Beute darauf. 26 Das Gewicht der
goldenen Ringe, um die er gebeten hatte,
betrug tausendsiebenhundert Goldschekel,
ohne die kleinen Monde und die Ohrgehänge
und die Purpurkleider, die die Könige von
Midian getragen hatten, und ohne die Hals-
ketten ihrer Kamele. 27 Gideon machte da-
raus ein Efod und stellte es in seiner Stadt
Ofra auf. Und ganz Israel trieb dort damit
Abgötterei. Das brachte Gideon und sein
Haus zu Fall.

28 Midian aber war von den Israeliten ge-
demütigt, sodass es sein Haupt nicht mehr
erheben konnte. Das Land hatte dann vierzig
Jahre lang Ruhe, solange Gideon lebte. 29 Je-
rubbaal, der Sohn des Joasch, ging heim und
blieb bei seiner Familie. 30 Gideon hatte
siebzig leibliche Söhne, denn er hatte viele
Frauen. 31 Auch seine Nebenfrau, die in Si-
chem war, gebar ihm einen Sohn; dem gab er
den Namen Abimelech. 32 Gideon, der Sohn
des Joasch, starb in hohem Alter und wurde
im Grab seines Vaters Joasch in Ofra, der
Stadt der Abiësriter, begraben. 33 Als Gideon
tot war, trieben die Israeliten wieder Abgöt-
terei mit den Baalen und machten den »Baal
des Bundes« zu ihrem Gott. 34 Die Israeliten
dachten nicht mehr an den Herrn, ihren
Gott, der sie aus der Gewalt all ihrer Feinde
ringsum befreit hatte. 35 Auch dem Haus Je-
rubbaal-Gideon erwiesen sie kein Wohlwol-
len, wie es all dem Guten entsprochen hätte,
das es für Israel getan hatte.

31: 9,1.

Die Wahl Abimelechs zum König: 9,1–6

9 Abimelech, der Sohn Jerubbaals, ging
nach Sichem zu den Brüdern seiner
Mutter und sagte zu ihnen und zur ganzen
Sippe der Familie seiner Mutter: 2 Redet
doch allen Bürgern von Sichem zu und sagt:
Was ist besser für euch: wenn siebzig Män-
ner über euch herrschen, alle Söhne Jerub-
baals, oder wenn nur ein Mann über euch
herrscht? Denkt auch daran, dass ich euer
Fleisch und Bein bin. 3 Da redeten die Brü-
der seiner Mutter seinetwegen allen Bürgern
Sichems zu, und zwar genau mit seinen Wor-
ten, sodass sich ihr Herz Abimelech zuwand-
te. Denn sie sagten sich: Er ist unser Bruder.
4 Sie gaben ihm siebzig Silberstücke aus dem
Tempel des »Baal des Bundes« und Abime-
lech warb damit Männer an, die nichts zu
verlieren hatten und zu allem fähig waren;
sie wurden sein Gefolge. 5 Dann drang er in

8,21 Gideon vollstreckt die Blutrache.
8,24 Die Ismaeliter gelten als Händler (vgl. Gen 37,24–27).
8,27 Efod ist hier ein Kultgegenstand, vielleicht ein Gottesbild.
8,33 Der Baal des Bundes ist der Stadtgott von Sichem (vgl. 9,4).
9,4b Wörtlich: die leer und zuchtlos waren (vgl. 11,3).

labyrinth

labyrinth – lebensweg
nicht geradlinig
zum ziel in der mitte
und wieder zurück

anfängliche begeisterung
mühsames stocken
umkehren – sich neu orientieren
die hoffnung aufs ziel
mut weiterzugehen
leben braucht den hinweg zur mitte
leben braucht auch den rückweg
zu sich selber
den eigenen quellen

Ich bin der Weg und die Wahrheit und das Leben;
niemand kommt zum Vater außer durch mich.

Johannes 14,6

Foto: Gerhard Schmitt, Ludwigsburg

das Haus seines Vaters in Ofra ein und
brachte seine Brüder, die Söhne Jerubbaals,
siebzig Mann, auf ein und demselben Stein
um. Nur Jotam, der jüngste Sohn Jerubbaals,
blieb übrig, weil er sich versteckt hatte. 6 Da
versammelten sich alle Bürger von Sichem
und Bet-Millo, zogen zu der Eiche, die bei
Sichem steht, und machten Abimelech zum
König.

1: 8,31 • 2: Gen 2,23 • 4: 8,33 • 5: 8,35 • 6: Gen 35,4; Jos 24,26.

Die Fabel vom König der Bäume: 9,7–21

7 Als man das Jotam meldete, stellte er sich
auf den Gipfel des Berges Garizim und rief
ihnen mit erhobener Stimme zu:
Hört auf mich, ihr Bürger von Sichem, /
damit Gott auf euch hört.
8 Einst machten sich die Bäume auf, / um
sich einen König zu salben, / und sie sagten
zum Ölbaum: / Sei du unser König!
9 Der Ölbaum sagte zu ihnen: / Soll ich
mein Fett aufgeben, / mit dem man Götter
und Menschen ehrt, / und hingehen, um über
den anderen Bäumen zu schwanken?
10 Da sagten die Bäume zum Feigenbaum: /
Komm, sei du unser König!
11 Der Feigenbaum sagte zu ihnen: / Soll
ich meine Süßigkeit aufgeben / und meine
guten Früchte / und hingehen, um über den
anderen Bäumen zu schwanken?
12 Da sagten die Bäume zum Weinstock: /
Komm, sei du unser König!
13 Der Weinstock sagte zu ihnen: / Soll ich
meinen Most aufgeben, / der Götter und
Menschen erfreut, / und hingehen, um über
den anderen Bäumen zu schwanken?
14 Da sagten alle Bäume zum Dornen-
strauch: / Komm, sei du unser König!
15 Der Dornenstrauch sagte zu den Bäu-
men: / Wollt ihr mich wirklich zu eurem Kö-
nig salben? / Kommt, findet Schutz in mei-
nem Schatten! / Wenn aber nicht, dann soll
vom Dornenstrauch Feuer ausgehen / und
die Zedern des Libanon fressen.
16 Wenn ihr also treu und redlich gehan-
delt habt, als ihr Abimelech zum König
machtet, und wenn ihr an Jerubbaal und sei-
nem Haus gut gehandelt habt, wenn ihr so an
ihm gehandelt habt, wie das Wirken meines
Vaters es verdient, 17 der für euch gekämpft,
sein Leben gewagt und euch aus der Gewalt
Midians befreit hat, 18 während ihr euch
heute gegen das Haus meines Vaters erhoben
habt, seine Söhne, siebzig Männer, auf ein
und demselben Stein umgebracht und Abi-
melech, den Sohn seiner Sklavin, zum König
über die Bürger von Sichem gemacht habt,
weil er euer Bruder ist, – 19 wenn ihr also
heute treu und redlich an Jerubbaal und sei-
nem Haus gehandelt habt, dann sollt ihr eure
Freude haben an Abimelech und er soll seine
Freude an euch haben. 20 Wenn aber nicht,
dann soll Feuer von Abimelech ausgehen
und die Bürger Sichems und Bet-Millos fres-
sen. Und von den Bürgern Sichems und von
Bet-Millo soll Feuer ausgehen und Abi-
melech fressen. 21 Dann machte sich Jotam
davon, floh vor seinem Bruder Abimelech
nach Beer und ließ sich dort nieder.

53: 2 Sam 11,21.

Der Kampf um Sichem: 9,22–49

22 Als Abimelech drei Jahre lang über Isra-
el geherrscht hatte, 23 sandte Gott einen bö-
sen Geist zwischen Abimelech und die Bür-
ger von Sichem, sodass die Bürger von Si-
chem von Abimelech abfielen. 24 Das Verbre-
chen an den siebzig Söhnen Jerubbaals sollte
sich rächen; über ihren Bruder Abimelech,
der sie umgebracht hatte, sollte die Strafe
für das Blutvergießen kommen und ebenso
über die Bürger von Sichem, die ihm tatkräf-
tig bei der Ermordung seiner Brüder gehol-
fen hatten. 25 Die Bürger von Sichem legten
ihm auf den Höhen der Berge einen Hinter-
halt. Sie raubten dort jeden aus, der auf sei-
nem Weg bei ihnen vorbeikam. Das wurde
Abimelech gemeldet.
26 Gaal, der Sohn Ebeds, kam mit seinen
Brüdern und Knechten nach Sichem und die
Bürger von Sichem fassten Vertrauen zu
ihm. 27 Sie gingen aufs Feld hinaus, hielten in
ihren Weinbergen die Weinlese, kelterten
und feierten ein Freudenfest; sie zogen zum
Haus ihres Gottes, aßen und tranken und
verfluchten Abimelech. 28 Gaal, der Sohn
Ebeds, sagte: Wer ist schon Abimelech? Und
was ist Sichem, dass wir Abimelech dienen
sollten? Ist er nicht der Sohn Jerubbaals und
ist nicht Sebul sein Vogt? Dient lieber den
Männern Hamors, des Vaters von Sichem!
Warum sollten wir ihm dienen? 29 Wäre doch
dieses Volk in meiner Gewalt; ich wollte
Abimelech vertreiben. Ich würde zu Abime-
lech sagen: Du hast ein großes Heer, also zieh

9,9 mit dem: Text korr., vgl. G.
9,24 die ihm geholfen hatten, wörtlich: die seine Hände stark gemacht hatten.
9,26 und Knechten: Text korr.
9,29 ich würde . . . sagen: Text korr. nach G. – Du hast ein großes Heer: Text korr.; H: Mach groß (?) dein Heer!

in den Kampf! 30 Als Sebul, der Vogt der
Stadt, von den Reden Gaals, des Sohnes
Ebeds, hörte, entbrannte sein Zorn. 31 Er
schickte Boten zu Abimelech nach Aruma
und ließ ihm sagen: Gaal, der Sohn Ebeds,
und seine Brüder sind nach Sichem gekom-
men und hetzen nun die Stadt gegen dich
auf. 32 Brich also noch in der Nacht mit den
Leuten auf, die du bei dir hast, und leg dich
auf dem freien Feld in einen Hinterhalt!
33 Am Morgen aber brich bei Sonnenaufgang
auf und rück gegen die Stadt vor! Sobald
dann Gaal mit seinen Leuten gegen dich
ausrückt, mach mit ihm, wie es sich für dich
ergibt. 34 Abimelech brach noch in der Nacht
mit allen Leuten, die er bei sich hatte, auf
und sie legten sich in vier Abteilungen bei
Sichem in einen Hinterhalt. 35 Als Gaal, der
Sohn Ebeds, herauskam und vor das Stadt-
tor trat, brach Abimelech mit seinen Leuten
aus dem Hinterhalt hervor. 36 Als Gaal die
Männer sah, sagte er zu Sebul: Sieh, da stei-
gen Leute von den Höhen der Berge herun-
ter. Sebul entgegnete ihm: Du siehst den
Schatten der Berge für Menschen an. 37 Doch
Gaal redete weiter und sagte: Sieh doch, da
kommen Leute vom Nabel des Landes herab
und eine Abteilung kommt aus der Richtung
der Orakel-Eiche. 38 Da sagte Sebul zu ihm:
Wo bleibt nun dein großes Maul, mit dem du
gesagt hast: Wer ist schon Abimelech, dass
wir ihm dienen sollten? Sind das nicht die
Leute, die du verachtet hast? Rück jetzt nur
aus, und kämpfe mit ihnen! 39 Da rückte
Gaal an der Spitze der Bürger von Sichem
aus und kämpfte gegen Abimelech. 40 Aber er
musste vor ihm fliehen und Abimelech ver-
folgte ihn und viele wurden erschlagen, sie
fielen, noch bevor sie das Tor erreicht hatten.
41 Abimelech aber kehrte nach Aruma zurück
und Sebul vertrieb Gaal und seine Brüder; sie
konnten nicht mehr in Sichem bleiben.

42 Am anderen Morgen gingen die Leute
(von Sichem) aufs Feld hinaus. Das meldete
man Abimelech. 43 Er nahm seine Leute,
teilte sie in drei Abteilungen und legte auf
dem Feld einen Hinterhalt. Als er sah, wie
die Leute aus der Stadt herauskamen, über-
fiel er sie und erschlug sie. 44 Abimelech
stürmte mit der Abteilung, die bei ihm war,
vor und bezog am Eingang des Stadttors
Stellung, während die beiden anderen Abtei-
lungen auf die, die auf dem Feld waren, ein-
drangen und sie erschlugen. 45 Abimelech
kämpfte den ganzen Tag gegen die Stadt. Er
eroberte sie und tötete ihre Einwohner.
Dann zerstörte er die Stadt und streute Salz
über sie.

46 Als die Besatzung der Burg von Sichem
davon hörte, zog sie sich in das Gewölbe des
Tempels des »Bundesgottes« zurück. 47 Abi-
melech wurde gemeldet, dass sich die ganze
Besatzung der Burg von Sichem dort ver-
sammelt hatte. 48 Daraufhin stieg Abimelech
mit all seinen Leuten den Berg Zalmon hi-
nauf. Abimelech nahm seine Axt in die
Hand, hieb einen Busch ab, hob ihn auf, legte
ihn auf seine Schulter und sagte zu seinen
Leuten: Macht mir nach, was ihr gesehen
habt, aber schnell! 49 Da hieben auch alle
seine Leute einen Busch ab und zogen hinter
Abimelech her. Sie legten die Zweige auf das
Gewölbe und zündeten sie an und steckten
das Gewölbe über der Besatzung in Brand.
So kam auch die ganze Besatzung der Burg
von Sichem um, etwa tausend Männer und
Frauen.

Der Tod Abimelechs: 9,50–57

50 Dann zog Abimelech nach Tebez, bela-
gerte die Stadt und nahm sie ein. 51 Mitten in
der Stadt aber war eine starke Burg. Dorthin
flohen alle Männer und Frauen, alle Bürger
der Stadt. Sie schlossen hinter sich zu und
stiegen auf das Dach der Burg. 52 Abimelech
rückte an die Burg heran und eröffnete den
Kampf gegen sie. Als er sich dem Burgtor nä-
herte, um es in Brand zu stecken, 53 warf eine
Frau Abimelech einen Mühlstein auf den
Kopf und zerschmetterte ihm den Schädel.
54 Da rief er seinen Waffenträger und sagte
zu ihm: Schnell, zieh dein Schwert und töte
mich! Man soll nicht von mir sagen: Eine
Frau hat ihn umgebracht. Der junge Mann
durchbohrte ihn und er starb.

55 Als die Israeliten sahen, dass Abimelech
tot war, ging jeder zurück in seinen Heimat-
ort. 56 So ließ Gott das Verbrechen, das Abi-
melech an seinem Vater begangen hatte, als
er seine siebzig Brüder umbrachte, auf ihn
selbst zurückfallen. 57 Auch auf die Einwoh-
ner von Sichem ließ Gott alles Böse, das sie
getan hatten, zurückfallen. So kam über sie
der Fluch Jotams, des Sohnes Jerubbaals.

53: 2 Sam 11,21.

9,31 Aruma: Text korr. nach V. 41.
9,37 Nabel des Landes: gemeint ist wohl der Garizim als Mittelpunkt.
9,41 kehrte zurück: Text korr., vgl. G; H: wohnte.
9,44f mit der Abteilung: Text korr., vgl. G. Das Ausstreuen von Salz über der zerstörten Stadt ist eine Symbolhandlung, die eine dauernde Verwüstung andeutet (vgl. Dtn 29,22; Ps 107,34).
9,46.49 Gewölbe: Übersetzung unsicher.
9,48 seine Axt: Text korr., vgl. G.
9,50 Tebez liegt nördlich von Sichem.

Tola und Jaïr: 10,1–5

10 Nach Abimelech trat Tola auf, der
Sohn Puwas, des Sohnes Dodos, um
Israel zu retten, ein Mann aus Issachar. Er
wohnte in Schamir auf dem Gebirge Efraim.
2 Er war dreiundzwanzig Jahre lang Richter
über Israel. Dann starb er und wurde in
Schamir begraben.
3 Nach ihm trat Jaïr aus Gilead auf; er war
zweiundzwanzig Jahre lang Richter über Is-
rael. 4 Er hatte dreißig Söhne, die auf dreißig
Eseln ritten und dreißig Städte besaßen.
Man nennt sie bis auf den heutigen Tag »die
Zeltdörfer Jaïrs«; sie liegen im Land Gilead.
5 Als Jaïr starb, wurde er in Kamon begra-
ben.

1: Gen 46,13; Num 26,23 • 3: Num 32,41; Dtn 3,14; Jos 13,30.

Erneute Unterdrückung der Israeliten: 10,6–16

6 Die Israeliten taten wieder, was dem
Herrn missfiel. Sie dienten den Baalen und
Astarten, den Göttern Arams, den Göttern
Sidons, den Göttern Moabs, den Göttern der
Ammoniter und den Göttern der Philister.
Sie verließen den Herrn und dienten ihm
nicht mehr. 7 Deshalb entbrannte der Zorn
des Herrn über Israel und er lieferte sie der
Gewalt der Philister und der Ammoniter aus.
8 Sie quälten und unterdrückten die Israeli-
ten in jener Zeit achtzehn Jahre lang, alle Is-
raeliten jenseits des Jordan im Land der
Amoriter, nämlich in Gilead. 9 Dann kamen
die Ammoniter über den Jordan, um auch
gegen Juda, Benjamin und das Haus Efraim
Krieg zu führen. Israel geriet in große Be-
drängnis 10 und die Israeliten schrien zum
Herrn: Wir haben gegen dich gesündigt;
denn wir haben unseren Gott verlassen und
den Baalen gedient. 11 Der Herr erwiderte
den Israeliten: Nicht wahr, von Ägypten an
[auch von den Amoritern, Ammonitern und
Philistern her, 12 ebenso die Sidonier, Ama-
lek und Midian] haben sie euch unterdrückt.
Als ihr aber zu mir geschrien habt, habe ich
euch aus ihrer Gewalt befreit. 13 Ihr aber
habt mich verlassen und anderen Göttern
gedient. Darum werde ich euch nicht mehr
retten. 14 Geht und schreit doch zu den Göt-
tern, die ihr euch erwählt habt; sie sollen
euch retten in der Zeit der Not. 15 Die Israe-
liten aber sagten zum Herrn: Wir haben ge-
sündigt. Mach mit uns, was dir gefällt, nur
rette uns heute! 16 Und sie entfernten die
fremden Götter aus ihrer Mitte und dienten
dem Herrn. Da konnte er das Elend Israels
nicht länger ertragen.

Die Wahl Jiftachs zum Richter: 10,17 - 11,11

17 Die Ammoniter wurden aufgeboten und
schlugen ihr Lager in Gilead auf. Auch die
Israeliten versammelten sich; sie bezogen ihr
Lager in Mizpa. 18 Da sagten die Leute [die
führenden Männer Gileads] zueinander: Wer
ist der Mann, der den Kampf gegen die Am-
moniter aufnimmt? Er soll das Oberhaupt al-
ler Bewohner Gileads werden.

11 Jiftach, der Gileaditer, war ein tapfe-
rer Held; er war der Sohn einer Dirne
und Gilead war sein Vater. 2 Auch Gileads
Ehefrau gebar ihm Söhne. Als nun die Söhne
der Ehefrau herangewachsen waren, jagten
sie Jiftach fort und sagten zu ihm: Du sollst
im Haus unseres Vaters nicht erben; denn du
bist der Sohn einer anderen Frau. 3 Da floh
Jiftach vor seinen Brüdern. Er ließ sich im
Land Tob nieder, und Männer, die nichts zu
verlieren hatten, scharten sich um ihn und
zogen mit ihm (zu Streifzügen) aus. 4 Nach
einiger Zeit begannen die Ammoniter Krieg
mit Israel. 5 Als nun die Ammoniter mit Isra-
el Krieg begannen, machten sich die Ältesten
Gileads auf den Weg, um Jiftach aus dem
Land Tob zu holen. 6 Sie sagten zu Jiftach:
Komm, sei unser Anführer, dann können wir
gegen die Ammoniter kämpfen. 7 Jiftach er-
widerte den Ältesten Gileads: Habt ihr mich
nicht gehasst und aus dem Haus meines Va-
ters verjagt? Warum kommt ihr jetzt zu mir,
da ihr in Bedrängnis seid? 8 Die Ältesten Gi-
leads antworteten Jiftach: Eben darum ha-
ben wir uns jetzt dir wieder zugewandt. Du
sollst mit uns gehen und gegen die Ammoni-
ter kämpfen; du sollst unser Oberhaupt und
der Anführer aller Bewohner Gileads wer-
den. 9 Jiftach entgegnete den Ältesten Gile-
ads: Wenn ihr mich zum Kampf gegen die
Ammoniter zurückholt und der Herr sie vor
meinen Augen preisgibt, werde ich dann
wirklich euer Oberhaupt sein? 10 Die Ältes-
ten Gileads antworteten Jiftach: Der Herr
soll unser Zeuge sein: Wirklich, so wie du es
eben gesagt hast, so werden wir es machen.
11 Daraufhin ging Jiftach mit den Ältesten
Gileads und die Leute machten ihn zu ihrem
Oberhaupt und Anführer. Jiftach aber
brachte in Mizpa alle seine Angelegenheiten
vor den Herrn.

10,4 Städte: Text korr. nach den alten Übersetzungen.
10,12 Midian: Text korr. nach G.
10,18 Der Zusatz ist eine Erläuterung im Sinn von 11,5.

Die Verhandlung mit den Ammonitern: 11,12–28

12 Danach schickte Jiftach Boten zum Kö-
nig der Ammoniter und ließ ihn fragen: Was
haben wir gegeneinander, dass du herange-
rückt bist, um in meinem Land Krieg zu füh-
ren? 13 Der König der Ammoniter antwortete
den Boten Jiftachs: Israel hat mir mein Land
zwischen dem Arnon und dem Jabbok, bis
hin zum Jordan, weggenommen, als es aus
Ägypten heraufzog. Gib es jetzt freiwillig
wieder zurück! 14 Darauf schickte Jiftach
noch einmal Boten zum König der Ammoni-
ter 15 und ließ ihm sagen: So spricht Jiftach:
Israel hat das Land Moabs und das Land der
Ammoniter nicht weggenommen. 16 Als Isra-
el aus Ägypten heraufzog, wanderte es durch
die Wüste bis zum Schilfmeer und kam nach
Kadesch. 17 Da schickte Israel Boten zum
König von Edom und ließ ihm sagen: Ich
möchte durch dein Land ziehen. Aber der
König von Edom hörte nicht darauf. Auch
zum König von Moab schickten sie, aber
auch er wollte nicht (hören). Deshalb blieb
Israel in Kadesch. 18 Es zog dann durch die
Wüste, umging das Land Edoms und das
Land Moabs und kam so in das Gebiet öst-
lich vom Land Moabs. Sie schlugen jenseits
des Arnon ihr Lager auf, kamen also gar
nicht in das Gebiet Moabs; denn der Arnon
ist die Grenze Moabs. 19 Dann sandte Israel
Boten zu Sihon, dem König der Amoriter,
dem König von Heschbon, und ließ ihm sa-
gen: Wir möchten durch dein Gebiet in unser
Land ziehen. 20 Sihon aber glaubte nicht,
dass Israel nur durch sein Gebiet durchzie-
hen wollte. Er sammelte daher seine Männer,
schlug in Jahaz sein Lager auf und eröffnete
den Kampf gegen Israel. 21 Der Herr, der
Gott Israels, aber gab Sihon und alle seine
Männer in die Gewalt Israels. Israel schlug
sie und eroberte das ganze Land, das die
Amoriter bewohnten. 22 So nahmen sie das
ganze Land der Amoriter vom Arnon bis zum
Jabbok und von der Wüste bis zum Jordan in
Besitz. 23 Der Herr, der Gott Israels, hat also
die Amoriter vor den Augen seines Volkes Is-
rael vertrieben. Und du willst es nun aus sei-
nem Besitz vertreiben? 24 Ist es nicht so: Wen
Kemosch, dein Gott, vertreibt, dessen Besitz
nimmst du, und wen immer der Herr, unser
Gott, vor unseren Augen vertreibt, dessen
Besitz nehmen wir. 25 Bist du denn wirklich
besser als der Moabiterkönig Balak, der
Sohn Zippors? Hat er denn mit Israel einen
Streit oder einen Krieg angefangen? 26 Israel
saß dreihundert Jahre lang in Heschbon und
seinen Tochterstädten, in Aroër und seinen
Tochterstädten und in allen Städten, die zu
beiden Seiten des Arnon liegen. Warum habt
ihr diese Städte nicht in jener Zeit an euch
gerissen? 27 Was mich betrifft, so habe ich dir
kein Unrecht getan, aber du willst mir Böses
antun, indem du den Kampf gegen mich er-
öffnest. Der Herr soll unser Richter sein; er
möge heute im Streit zwischen den Israeli-
ten und den Ammonitern entscheiden.
28 Doch der König der Ammoniter hörte
nicht auf die Botschaft, die ihm Jiftach
schickte.

18: Num 21,13 • 19: Num 21,21–31 • 25: Num 22,2; Jos 24,9.

Jiftachs Sieg: 11,29–40

29 Da kam der Geist des Herrn über Jiftach
und Jiftach zog durch Gilead und Manasse
nach Mizpa in Gilead und von Mizpa in Gi-
lead zog er gegen die Ammoniter. 30 Jiftach
legte dem Herrn ein Gelübde ab und sagte:
Wenn du die Ammoniter wirklich in meine
Gewalt gibst 31 und wenn ich wohlbehalten
von den Ammonitern zurückkehre, dann
soll, was immer mir (als Erstes) aus der Tür
meines Hauses entgegenkommt, dem Herrn
gehören und ich will es ihm als Brandopfer
darbringen. 32 Darauf zog Jiftach gegen die
Ammoniter in den Kampf und der Herr gab
sie in seine Gewalt. 33 Er schlug sie im gan-
zen Gebiet zwischen Aroër und Minnit bis
hin nach Abel-Keramim vernichtend (und
nahm) zwanzig Städte (ein). So wurden die
Ammoniter vor den Augen der Israeliten ge-
demütigt. 34 Als Jiftach nun nach Mizpa zu
seinem Haus zurückkehrte, da kam ihm sei-
ne Tochter entgegen; sie tanzte zur Pauke.
Sie war sein einziges Kind; er hatte weder ei-
nen Sohn noch eine andere Tochter. 35 Als er
sie sah, zerriss er seine Kleider und sagte:
Weh, meine Tochter! Du machst mich nie-
dergeschlagen und stürzt mich ins Unglück.
Ich habe dem Herrn mit eigenem Mund et-
was versprochen und kann nun nicht mehr
zurück. 36 Sie erwiderte ihm: Mein Vater,
wenn du dem Herrn mit eigenem Mund et-
was versprochen hast, dann tu mit mir, was
du versprochen hast, nachdem dir der Herr
Rache an deinen Feinden, den Ammonitern,
verschafft hat. 37 Und sie sagte zu ihrem Va-
ter: Nur das eine möge mir gewährt werden:
Lass mir noch zwei Monate Zeit, damit ich in
die Berge gehe und zusammen mit meinen

11,37f meine Jugend, wörtlich: meine Jungfrauschaft. – Jiftachs Tochter klagt, dass sie sterben muss, noch ehe sie Frau und Mutter werden konnte.

Freundinnen meine Jugend beweine. 38 Er
entgegnete: Geh nur!, und ließ sie für zwei
Monate fort. Sie aber ging mit ihren Freun-
dinnen hin und beweinte ihre Jugend in den
Bergen. 39 Als zwei Monate zu Ende waren,
kehrte sie zu ihrem Vater zurück und er tat
mit ihr, was er gelobt hatte; sie aber hatte
noch mit keinem Mann Verkehr gehabt. So
wurde es Brauch in Israel, 40 dass Jahr für
Jahr die Töchter Israels (in die Berge) gehen
und die Tochter des Gileaditers Jiftach be-
klagen, vier Tage lang, jedes Jahr.

29: 3,10; 6,34; 13,25.

Der Krieg der Efraimiter gegen Jiftach:
12,1–7

12 Die Männer aus Efraim wurden (zum
Kampf) aufgeboten; sie zogen nach
Zafon und sagten zu Jiftach: Warum bist du
gegen die Ammoniter in den Kampf gezogen
und hast uns nicht aufgefordert, mit dir zu
ziehen? Wir werden dir dein Haus über dem
Kopf anzünden. 2 Jiftach sagte zu ihnen: Ich
selbst und mein Volk lagen mit den Ammoni-
tern in heftigem Streit. Ich habe euch geru-
fen, aber ihr habt mich nicht aus ihrer Ge-
walt befreit. 3 Als ich nun sah, dass ihr mir
nicht helfen wolltet, setzte ich mein Leben
aufs Spiel und zog gegen die Ammoniter und
der Herr gab sie in meine Gewalt. Warum
seid ihr nun heute zu mir heraufgekommen,
um Krieg mit mir anzufangen? 4 Darauf sam-
melte Jiftach alle Männer aus Gilead und
kämpfte gegen Efraim und die Männer aus
Gilead schlugen Efraim. Die Efraimiter hat-
ten gesagt: Ihr seid Flüchtlinge aus Efraim;
Gilead liegt ja mitten in Efraim, mitten in
Manasse. 5 Gilead besetzte die nach Efraim
führenden Übergänge über den Jordan. Und
wenn efraimitische Flüchtlinge (kamen und)
sagten: Ich möchte hinüber!, fragten ihn die
Männer aus Gilead: Bist du ein Efraimiter?
Wenn er Nein sagte, 6 forderten sie ihn auf:
Sag doch einmal »Schibbolet«. Sagte er dann
»Sibbolet«, weil er es nicht richtig ausspre-
chen konnte, ergriffen sie ihn und machten
ihn dort an den Furten des Jordan nieder. So
fielen damals zweiundvierzigtausend Mann
aus Efraim.
7 Jiftach war sechs Jahre lang Richter in
Israel. Dann starb Jiftach, der Gileaditer,
und wurde in seiner Stadt in Gilead begra-
ben.

1: 8,1.

Die Richter Ibzan, Elon und Abdon:
12,8–15

8 Nach ihm war Ibzan aus Betlehem Rich-
ter in Israel. 9 Er hatte dreißig Söhne; dreißig
Töchter gab er nach auswärts (in die Ehe)
und dreißig Töchter führte er seinen Söhnen
von auswärts zu. Ibzan war sieben Jahre
lang Richter in Israel. 10 Dann starb er und
wurde in Betlehem begraben.
11 Nach ihm war Elon, der Sebuloniter,
Richter in Israel; er war zehn Jahre lang
Richter in Israel. 12 Dann starb der Sebuloni-
ter Elon und wurde in Ajalon im Land Sebu-
lon begraben.
13 Nach ihm war Abdon, der Sohn Hillels
aus Piraton, Richter in Israel. 14 Er hatte
vierzig Söhne und dreißig Enkel, die auf
siebzig Eseln ritten. Er war acht Jahre lang
Richter in Israel.
15 Dann starb Abdon, der Sohn Hillels aus
Piraton, und wurde in Piraton, im Land
Efraim, auf dem Amalekiterberg begraben.

Die Ankündigung der Geburt Simsons:
13,1–25

13 Die Israeliten taten wieder, was dem
Herrn missfiel. Deshalb gab sie der
Herr vierzig Jahre lang in die Gewalt der
Philister. 2 Damals lebte in Zora ein Mann
namens Manoach, aus der Sippe der Daniter;
seine Frau war unfruchtbar und hatte keine
Kinder. 3 Der Engel des Herrn erschien der
Frau und sagte zu ihr: Gewiss, du bist un-
fruchtbar und hast keine Kinder; aber du
sollst schwanger werden und einen Sohn ge-
bären. 4 Nimm dich jedoch in Acht und trink
weder Wein noch Bier und iss nichts Unrei-
nes! 5 Denn siehe, du wirst schwanger wer-
den und einen Sohn gebären. Es darf kein
Schermesser an seine Haare kommen; denn
der Knabe wird von Geburt an ein Gott ge-
weihter Nasiräer sein. Er wird damit begin-
nen, Israel aus der Gewalt der Philister zu
befreien. 6 Die Frau ging und sagte zu ihrem
Mann: Ein Gottesmann ist zu mir gekom-
men; er sah aus, wie der Engel Gottes aus-
sieht, überaus Furcht erregend. Ich habe ihn
nicht gefragt, woher er kam, und er hat mir
auch seinen Namen nicht genannt. 7 Er sagte
zu mir: Siehe, du wirst schwanger werden
und einen Sohn gebären. Trink jedoch kei-
nen Wein und kein Bier und iss nichts Unrei-
nes; denn der Knabe wird von Geburt an ein
Gott geweihter Nasiräer sein, bis zum Tag

11,40 Der Brauch wird mit der Vollstreckung des Gelübdes Jiftachs erklärt.

12,6 An der besonderen Aussprache dieses Wortes werden die efraimitischen Flüchtlinge erkannt.

12,7 in seiner Stadt: Text korr. nach G.

13,5 Ein Nasiräer (= Ausgesonderter, Geweihter),

seines Todes. 8 Da betete Manoach zum Herrn und sagte: Bitte, mein Herr, lass doch den Gottesmann, den du gesandt hast, noch einmal zu uns kommen und uns belehren, was wir mit dem Knaben machen sollen, der geboren werden soll. 9 Und Gott erhörte die Bitte Manoachs. Der Engel Gottes kam noch einmal zu der Frau, als sie gerade auf dem Feld war; ihr Mann Manoach war nicht bei ihr. 10 Sie lief schnell zu ihrem Mann, um es ihm mitzuteilen; sie sagte zu ihm: Eben ist der Mann, der damals zu mir gekommen ist, wieder erschienen. 11 Manoach stand auf und folgte seiner Frau. Als er zu dem Mann kam, fragte er ihn: Bist du der Mann, der mit meiner Frau geredet hat? Er antwortete: Ja, ich bin es. 12 Da sagte Manoach: Wenn sich nun dein Wort erfüllt, wie sollen wir es mit dem Knaben halten, was sollen wir mit ihm tun? 13 Der Engel des Herrn antwortete Manoach: Die Frau soll sich vor all dem hüten, was ich ihr gesagt habe. 14 Nichts, was vom Weinstock kommt, darf sie genießen; weder Wein noch Bier darf sie trinken und nichts Unreines essen. Alles, was ich ihr befohlen habe, muss sie beachten. 15 Manoach sagte zum Engel des Herrn: Wir möchten dich gern einladen und dir ein Ziegenböckchen zubereiten. 16 Aber der Engel des Herrn sagte zu Manoach: Auch wenn du mich einlädst, werde ich von deinem Mahl nichts essen. Wenn du aber ein Brandopfer herrichten willst, bring es dem Herrn dar! Manoach wusste nämlich nicht, dass es der Engel des Herrn war. 17 Deshalb fragte Manoach den Engel des Herrn: Wie ist dein Name? Wenn eintrifft, was du gesagt hast, möchten wir dir gern Ehre erweisen. 18 Der Engel des Herrn erwiderte: Warum fragst du mich nach meinem Namen? Er ist wunderbar. 19 Da nahm Manoach das Ziegenböckchen und brachte es zusammen mit einem Speiseopfer auf einem Felsblock dem Herrn dar, der Wunder tut. [Manoach und seine Frau sahen zu.] 20 Als die Flamme vom Altar zum Himmel aufstieg, stieg der Engel des Herrn in der Flamme des Altars mit empor. Als Manoach und seine Frau das sahen, warfen sie sich zu Boden auf ihr Gesicht. 21 Von da an aber erschien der Engel des Herrn dem Manoach und seiner Frau nicht mehr. Da erkannte Manoach, dass es der Engel des Herrn gewesen war, 22 und sagte zu seiner Frau: Sicher müssen wir sterben, weil wir Gott gesehen haben. 23 Doch seine Frau entgegnete ihm: Wenn der Herr uns hätte töten wollen, hätte er nicht aus unserer Hand Brand- und Speiseopfer angenommen und er hätte uns nicht all das sehen und uns auch nichts Derartiges hören lassen. 24 Die Frau gebar einen Sohn und nannte ihn Simson; der Knabe wuchs heran und der Herr segnete ihn. 25 Dann aber begann der Geist des Herrn, ihn umherzutreiben im Lager Dans zwischen Zora und Eschtaol.

4: Num 6,2–21 • 5: Jes 7,14 • 17: Gen 32,30 • 22: Ex 33,20; Jes 6,5 • 25: 3,10; 6,34; 11,29; 1 Sam 10,6.

Simsons Hochzeit: 14,1–20

14 Als Simson (eines Tages) nach Timna hinabging, fiel sein Blick auf eine der jungen Philisterinnen aus Timna. 2 Als er wieder heraufkam, teilte er es seinem Vater und seiner Mutter mit und sagte: Ich habe in Timna eine junge Philisterin gesehen. Gebt sie mir doch zur Frau! 3 Sein Vater und seine Mutter erwiderten ihm: Gibt es denn unter den Töchtern deiner Stammesbrüder und in meinem ganzen Volk keine Frau, sodass du fortgehen und eine Frau von diesen unbeschnittenen Philistern heiraten musst? Simson antwortete seinem Vater: Gib mir diese, denn sie gefällt mir. 4 Sein Vater und seine Mutter wussten nicht, dass es vom Herrn so geplant war, weil er einen Anlass zum Kampf mit den Philistern suchte. Damals herrschten nämlich die Philister über Israel.

5 Simson ging [mit seinem Vater und seiner Mutter] nach Timna. Als sie bei den Weinbergen von Timna waren, kam ihm plötzlich ein brüllender junger Löwe entgegen. 6 Da kam der Geist des Herrn über Simson und Simson zerriss den Löwen mit bloßen Händen, als würde er ein Böckchen zerreißen. Aber seinem Vater und seiner Mutter teilte er nicht mit, was er getan hatte. 7 Dann ging er hinab und redete mit der Frau und sie gefiel Simson. 8 Nach einiger Zeit ging er wieder hin, um sie zu heiraten. Dabei bog er vom Weg ab, um nach dem Kadaver des Löwen

---

wie es Simson auf Weisung Gottes sein soll, muss verschiedene Arten von Enthaltsamkeit auf sich nehmen, die hier auch Simsons Mutter zu beachten hat (vgl. die Anmerkung zu Num 6,1–21).

13,19 der Wunder tut: Text korr., vgl. G. Unter diesem Titel wird Gott anscheinend an diesem Heiligtum bei Zora verehrt (vgl. die VV. 18 und 20). – Der Zusatz stammt aus V. 20.

14,1 Die Philister kamen im Verlauf der Wanderung der sog. Seevölker über Kaftor (Am 9,7, vielleicht Kreta oder Kappadozien) nach Ägypten, wurden zurückgeschlagen und siedelten sich an der Küste Palästinas an, das von ihnen den Namen hat (Palästina = Philisterland).

14,5 Nach V. 6 geht Simson allein nach Timna.

zu sehen. Da fand er im Körper des Löwen
einen Bienenschwarm und Honig. 9 Er löste
den Honig mit den Händen heraus und aß
davon im Weitergehen. Als er zu seinem
Vater und zu seiner Mutter kam, gab er
ihnen davon und sie aßen ebenfalls. Er sagte
ihnen aber nicht, dass er den Honig aus dem
Kadaver des Löwen herausgeholt hatte.
10 Auch sein Vater kam zu der Frau hinab
und Simson veranstaltete dort ein Trinkge-
lage, wie es die jungen Leute zu machen pfle-
gen. 11 Weil man aber vor ihm Angst hatte,
holte man dreißig Männer hinzu, die um ihn
sein sollten. 12 Simson sagte zu ihnen: Ich
will euch ein Rätsel aufgeben. Wenn ihr es
mir in den sieben Tagen des Gelages erraten
und lösen könnt, dann will ich euch dreißig
Hemden und dreißig Festgewänder geben.
13 Wenn ihr mir aber die Lösung nicht sagen
könnt, dann sollt ihr mir dreißig Hemden
und dreißig Festgewänder geben. Sie sagten
zu ihm: Sag uns dein Rätsel, wir möchten es
hören. 14 Er sagte zu ihnen: Vom Fresser
kommt Speise, vom Starken kommt Süßes.
Sie aber konnten es drei Tage lang nicht lö-
sen. 15 Am vierten Tag sagten sie zur Frau
Simsons: Überrede deinen Mann, dass er uns
die Lösung des Rätsels nennt; sonst werden
wir dich samt dem Haus deines Vaters ver-
brennen. Habt ihr uns hierher eingeladen,
um uns arm zu machen? 16 Da weinte die
Frau Simsons vor ihm und sagte: Du hast
eine Abneigung gegen mich und liebst mich
nicht. Du hast den Söhnen meines Volkes ein
Rätsel aufgegeben und hast mir nicht die Lö-
sung gesagt. Er erwiderte ihr: Ich habe es ja
nicht einmal meinem Vater und meiner Mut-
ter gesagt. Wie sollte ich es dir sagen? 17 Sie
aber weinte sieben Tage lang vor ihm, solan-
ge sie Gelage hielten. Am siebten Tag aber
sagte er es ihr, weil sie ihm so zusetzte, und
sie teilte die Lösung den Söhnen ihres Vaters
mit. 18 Und am siebten Tag sagten die Män-
ner der Stadt zu ihm, bevor die Sonne unter-
ging: Was ist süßer als Honig und was ist
stärker als ein Löwe? Er erwiderte ihnen:
Hättet ihr nicht mit meiner Kuh gepflügt,
dann hättet ihr mein Rätsel nicht erraten.
19 Und der Geist des Herrn kam über ihn; er
ging nach Aschkelon hinab und erschlug
dort dreißig Mann von ihnen, nahm ihnen
ihre Kleider und gab die Gewänder denen,
die das Rätsel gelöst hatten. Dann ging er
zornentbrannt hinauf in das Haus seines Va-
ters. 20 Seine Frau erhielt sein Freund, der
der Brautführer gewesen war.

19: 3,10.

Die Vernichtung der Ernte: 15,1–8

15 Einige Zeit danach, zur Zeit der Wei-
zenernte, besuchte Simson seine
Frau. Er brachte ein Ziegenböckchen mit
und sagte (zu ihrem Vater): Ich will zu mei-
ner Frau in die Kammer. Aber ihr Vater ließ
ihn nicht hinein, 2 sondern sagte: Ich dachte,
du magst sie sicher nicht mehr. Darum habe
ich sie deinem Freund gegeben. Aber ist
nicht ihre jüngere Schwester noch schöner
als sie? Die kannst du an ihrer Stelle haben.
3 Simson antwortete ihm: Diesmal bin ich
frei von Schuld, wenn ich den Philistern et-
was Böses antue. 4 Simson ging weg und fing
dreihundert Füchse. Dann nahm er Fackeln,
band je zwei Füchse an den Schwänzen zu-
sammen und befestigte eine Fackel in der
Mitte zwischen zwei Schwänzen. 5 Er zünde-
te die Fackeln an und ließ die Füchse in die
Getreidefelder der Philister laufen. So ver-
brannte er die Garben und das noch stehen-
de Korn, ebenso die Weingärten und die Öl-
bäume. 6 Als die Philister fragten: Wer hat
das getan?, antwortete man: Simson, der
Schwiegersohn des Timniters, weil dieser
ihm seine Frau weggenommen und seinem
Freund gegeben hat. Da zogen die Philister
hinauf und verbrannten die Frau samt dem
Haus ihres Vaters. 7 Darauf sagte ihnen Sim-
son: Wenn ihr es so macht, dann werde ich
nicht mehr aufhören, bis ich an euch Rache
genommen habe. 8 Und er schlug ihnen mit
gewaltigen Schlägen die Knochen entzwei.
Dann ging er weg und hauste in der Felsen-
höhle von Etam.

Simsons Sieg bei Lehi: 15,9–20

9 Die Philister zogen nach Juda herauf,
schlugen dort ihr Lager auf und besetzten
die Gegend von Lehi. 10 Die Männer von Juda
fragten sie: Warum seid ihr gegen uns gezo-
gen? Sie antworteten: Wir sind heraufge-
kommen, um Simson gefangen zu nehmen
und es mit ihm so zu machen, wie er es mit
uns gemacht hat. 11 Da zogen dreitausend

14,11 Weil man aber vor ihm Angst hatte: Text korr. nach G; H: Weil sie ihn aber sahen.
14,15 Am vierten Tag: Text korr. nach G.
14,18 Simson wirft den jungen Leuten vor, sie hätten von seiner Frau die Lösung des Rätsels erzwungen.
15,4b band ... zusammen, wörtlich: wendete Schwanz gegen Schwanz.
15,8 Die Knochen entzwei, wörtlich: Wade auf Schenkel; wohl eine sprichwörtliche Redensart.

Männer aus Juda zur Felsenhöhle von Etam
hinab und sagten zu Simson: Weißt du nicht,
dass die Philister unsere Herren sind? Was
hast du uns da angetan? Er antwortete ihnen:
Wie sie es mit mir gemacht haben, so habe
ich es mit ihnen gemacht. 12 Sie erwiderten
ihm: Wir sind herabgekommen, um dich zu
fesseln und in die Gewalt der Philister zu
geben. Simson sagte zu ihnen: Schwört mir,
dass ihr selber nicht über mich herfallen
werdet. 13 Sie antworteten ihm: Nein, wir
wollen dich nur fesseln und in ihre Gewalt
geben, aber töten wollen wir dich nicht. Sie
fesselten ihn also mit zwei neuen Stricken
und führten ihn aus der Felsenhöhle weg.
14 Als er nach Lehi hinaufkam und die
Philister ihm mit Triumphgeschrei ent-
gegenliefen, kam der Geist des Herrn über
ihn. Die Stricke an seinen Armen wurden
wie Fäden, die vom Feuer versengt werden,
und die Fesseln fielen von seinen Händen.
15 Er fand den noch blutigen Kinnbacken ei-
nes Esels, ergriff ihn mit der Hand und er-
schlug damit tausend Männer. 16 Damals
sagte Simson: Mit dem Kinnbacken eines
Esels habe ich sie gründlich verprügelt; mit
einem Eselskinnbacken habe ich tausend
Männer erschlagen. 17 Als er das gesagt hat-
te, warf er den Kinnbacken weg; daher
nannte man den Ort Ramat Lehi (Kinn-
backenhöhe).

18 Weil er großen Durst hatte, rief er zum
Herrn und sagte: Du hast deinem Knecht
diesen großen Sieg verliehen; jetzt aber soll
ich vor Durst sterben und den Unbeschnitte-
nen in die Hände fallen. 19 Da spaltete Gott
die Höhle von Lehi und es kam Wasser da-
raus hervor, sodass Simson trinken konnte.
Seine Lebensgeister kehrten zurück und er
lebte wieder auf. Deshalb nennt man die
Quelle bei Lehi bis zum heutigen Tag »Quelle
des Rufers«.

20 Simson war zur Zeit der Philister zwan-
zig Jahre lang Richter in Israel.

14: 3,10 • 20: 16,31.

Simson in Gaza: 16,1–3

16 Als Simson (eines Tages) nach Gaza
kam, sah er dort eine Dirne und ging
zu ihr. 2 Als man den Leuten von Gaza be-
richtete: Simson ist hier!, suchten sie überall
(nach ihm) und lauerten ihm [die ganze
Nacht] am Stadttor auf. Die ganze Nacht
über verhielten sie sich still und sagten: Wir
warten bis zum Morgengrauen, dann brin-
gen wir ihn um. 3 Simson aber schlief bis ge-
gen Mitternacht. Dann stand er auf, packte
die Flügel des Stadttors mit den beiden Pfos-
ten und riss sie zusammen mit dem Riegel
heraus. Er lud alles auf seine Schultern und
trug es auf den Gipfel des Berges, der He-
bron gegenüberliegt.

Simson und Delila: 16,4–22

4 Danach verliebte sich Simson in eine
Frau im Tal Sorek; sie hieß Delila. 5 Die
Fürsten der Philister kamen zu ihr und sag-
ten zu ihr: Versuch ihn zu betören und he-
rauszufinden, wodurch er so große Kraft
besitzt und wie wir ihn überwältigen und
fesseln können, um ihn zu bezwingen. Jeder
von uns gibt dir dann elfhundert Silberstü-
cke. 6 Darauf sagte Delila zu Simson: Sag
mir doch, wodurch du so große Kraft besitzt
und wie man dich fesseln kann, um dich nie-
derzuzwingen. 7 Simson sagte zu ihr: Wenn
man mich mit sieben frischen Sehnen fesselt,
die noch nicht getrocknet sind, dann werde
ich schwach und bin wie jeder andere
Mensch. 8 Die Fürsten der Philister brachten
ihr also sieben frische Sehnen, die noch nicht
getrocknet waren, und sie fesselte ihn damit,
9 während einige Männer bei ihr in der Kam-
mer auf der Lauer lagen. Dann rief sie ihm
zu: Simson, die Philister kommen! Er aber
zerriss die Sehnen, wie ein Zwirnfaden reißt,
wenn er dem Feuer zu nahe gekommen ist.
Doch das Geheimnis seiner Kraft wurde
nicht bekannt. 10 Darauf sagte Delila zu
Simson: Du hast mich getäuscht und mir
etwas vorgelogen. Sag mir doch endlich, wo-
mit man dich fesseln kann. 11 Er erwiderte
ihr: Wenn man mich mit neuen Stricken
fesselt, mit denen noch keine Arbeit getan
worden ist, werde ich schwach und bin wie
jeder andere Mensch. 12 Delila nahm also
neue Stricke und band ihn damit. Dann rief
sie ihm zu: Simson, die Philister kommen!,
während wieder einige Männer in der Kam-
mer auf der Lauer lagen. Er aber riss die
Stricke von seinen Armen wie Fäden. 13 Da-
rauf sagte Delila zu Simson: Bis jetzt hast du
mich getäuscht und mir etwas vorgelogen.
Sag mir doch, womit man dich fesseln kann.
Er erwiderte ihr: Wenn du die sieben Locken
auf meinem Kopf mit den Kettfäden des
Webstuhls verknotest und mit dem Pflock

15,16 habe ich sie verprügelt: Text korr. mit G. Das hebräische Wort für Esel und das für gründlich verprügeln bilden ein Wortbild.

16,2 Als man berichtete: ergänzt nach G. Der Zusatz »die ganze Nacht« ist eine Doppelschreibung, die, aus V. 2b genommen, diesem widerspricht.
16,13f Text ergänzt, vgl. G.

festmachst, werde ich schwach und bin wie jeder andere Mensch. 14 Nun wiegte sie ihn in den Schlaf und verknotete die sieben Locken auf seinem Kopf mit den Kettfäden und machte sie mit dem Pflock fest. Dann rief sie ihm zu: Simson, die Philister kommen! Er fuhr aus dem Schlaf hoch und riss den Webepflock mit den Kettfäden heraus. 15 Darauf sagte sie zu ihm: Wie kannst du sagen: Ich liebe dich!, wenn mir dein Herz nicht gehört? Jetzt hast du mich dreimal belogen und mir nicht gesagt, wodurch du so große Kraft besitzt. 16 Als sie ihm mit ihrem Gerede jeden Tag zusetzte und ihn (immer mehr) bedrängte, wurde er es zum Sterben leid; 17 er offenbarte ihr alles und sagte zu ihr: Ein Schermesser ist mir noch nicht an die Haare gekommen; denn ich bin von Geburt an Gott als Nasiräer geweiht. Würden mir die Haare geschoren, dann würde meine Kraft mich verlassen; ich würde schwach und wäre wie jeder andere Mensch. 18 Nun merkte Delila, dass er ihr alles offenbart hatte. Sie schickte jemand zu den Philisterfürsten, um sie zu rufen und ihnen sagen zu lassen: Kommt her! Diesmal hat er mir alles offenbart. Die Philisterfürsten kamen zu ihr herauf und brachten das Geld mit. 19 Delila ließ Simson auf ihren Knien einschlafen, [rief einen Mann] und schnitt dann die sieben Locken auf seinem Kopf ab. So begann sie ihn zu schwächen und seine Kraft wich von ihm. 20 Dann rief sie: Simson, die Philister kommen! Er erwachte aus seinem Schlaf und dachte: Ich werde auch diesmal wie bisher entkommen und die Fesseln abschütteln. Denn er wusste nicht, dass der Herr ihn verlassen hatte. 21 Da packten ihn die Philister und stachen ihm die Augen aus. Sie führten ihn nach Gaza hinab und fesselten ihn mit Bronzeketten und er musste im Gefängnis die Mühle drehen. 22 Doch sein Haar, das man abgeschnitten hatte, fing wieder an zu wachsen.

Gefangenschaft und Tod Simsons: 16,23–31

23 Die Fürsten der Philister versammelten sich, um ihrem Gott Dagon ein großes Opfer darzubringen und ein Freudenfest zu feiern. Sie sagten: Unser Gott hat unseren Feind Simson in unsere Gewalt gegeben. 24 Als das Volk Simson sah, priesen sie ihren Gott und sagten:

Unser Gott hat unseren Feind / in unsere Gewalt gegeben, / ihn, der unser Land verwüstet hat, / der so viele von uns erschlagen hat.

25 Als sie guter Dinge waren, sagten sie: Ruft Simson her, wir wollen unseren Spaß mit ihm treiben. Und sie ließen Simson aus dem Gefängnis holen, damit er ihr Spaßmacher sei. Sie stellten ihn zwischen die Säulen. 26 Simson aber sagte zu dem Jungen, der ihn an der Hand führte: Lass mich los, ich will die Säulen betasten, von denen das Haus getragen wird, und mich daranlehnen. 27 Das Haus war voll von Männern und Frauen; alle Fürsten der Philister waren da und auf dem Flachdach saßen etwa dreitausend Männer und Frauen. Sie alle wollten Simson als Spaßmacher sehen. 28 Simson aber rief zum Herrn und sagte: Herr und Gott, denk doch an mich und gib mir nur noch dieses eine Mal die Kraft, mein Gott, damit ich an den Philistern Rache nehmen kann, wenigstens für eines von meinen beiden Augen. 29 Dann packte Simson die beiden Mittelsäulen, von denen das Haus getragen wurde, und stemmte sich gegen sie, gegen die eine mit der rechten Hand und gegen die andere mit der linken. 30 Er sagte: So mag ich denn zusammen mit den Philistern sterben. Er streckte sich mit aller Kraft und das Haus stürzte über den Fürsten und über allen Leuten, die darin waren, zusammen. So war die Zahl derer, die er bei seinem Tod tötete, größer als die, die er während seines Lebens getötet hatte. 31 Seine Brüder und die ganze Familie seines Vaters kamen herab; sie holten ihn, brachten ihn heim und begruben ihn zwischen Zora und Eschtaol im Grab seines Vaters Manoach.

Simson war zwanzig Jahre lang Richter in Israel.

31: 13,25; 15,20.

NACHTRÄGE: 17,1 – 21,25

Das Heiligtum Michas: 17,1–13

17 Im Gebirge Efraim lebte ein Mann namens Micha. 2 Er sagte zu seiner Mutter: Die elfhundert Silberstücke, die dir jemand weggenommen hat und deretwegen du den Fluch ausgestoßen und ihn sogar vor meinen Ohren wiederholt hast, dieses Geld befindet sich bei mir; ich selber habe es genommen. Seine Mutter sagte: Sei gesegnet

17,2 Beim Verlust von Eigentum sprach man einen Fluch über den Dieb oder unredlichen Finder aus, damit er aus Furcht vor dem im Fluch angedrohten Unheil den Gegenstand zurückgibt (vgl. Lev 5,1

vom Herrn, mein Sohn. 3 Er gab die elfhun-
dert Silberstücke seiner Mutter zurück.
Seine Mutter aber sagte: Ich weihe mein Sil-
ber dem Herrn, damit es wieder meinem
Sohn zugute kommt. Man soll ein mit Metall
überzogenes Gottesbild machen. Fürs Erste
aber will ich es dir wiedergeben. 4 Doch der
Sohn gab das Silber seiner Mutter zurück.
Seine Mutter nahm zweihundert Silberstü-
cke und gab sie einem Goldschmied. Der
machte ein mit Metall überzogenes Gottes-
bild daraus, das dann im Haus Michas aufge-
stellt wurde. 5 So hatte Micha ein Gottes-
haus. Er machte nun ein Efod und Terafim
und stellte einen seiner Söhne dazu an, ihm
als Priester zu dienen. 6 In jenen Tagen gab
es in Israel noch keinen König; jeder tat, was
ihm gefiel.
7 In Betlehem in Juda lebte (damals) ein
junger Mann [aus der Sippe Juda]. Er war
Levit und lebte dort als Fremder. 8 Dieser
Mann zog aus der Stadt, aus Betlehem in
Juda, fort, um sich irgendwo als Fremder
niederzulassen, wo immer es sei. Auf seiner
Wanderung kam er auch ins Gebirge Efraim
zum Haus Michas. 9 Micha fragte ihn: Woher
kommst du? Er antwortete ihm: Ich bin ein
Levit aus Betlehem in Juda und bin unter-
wegs, um mich irgendwo als Fremder nieder-
zulassen, wo immer es sei. 10 Micha sagte zu
ihm: Bleib bei mir und sei mir Vater und
Priester! Ich werde dir jährlich zehn Silber-
stücke geben, dazu die nötigen Kleider und
deinen Lebensunterhalt. [Da ging der Levit.]
11 Der Levit willigte ein, bei ihm zu bleiben,
und der junge Mann wurde für Micha wie ei-
ner seiner Söhne. 12 Micha stellte also den
jungen Leviten als Priester an und er blieb
bei ihm im Haus. 13 Und Micha sagte: Nun
weiß ich, dass der Herr mir Gutes erweisen
wird; denn ich habe einen Leviten als Pries-
ter.

6: 18,1; 19,1; 21,25.

Die Kundschafter aus Dan: 18,1–10

18 Damals gab es noch keinen König in
Israel. Der Stamm der Daniter war
zu jener Zeit dabei, sich einen Erbbesitz zu
suchen, um sich niederzulassen; denn es war
ihm inmitten der Stämme Israels bis zu je-
ner Zeit noch kein Erbbesitz zugefallen.
2 Daher schickten die Daniter von ihrer
Sippe fünf kampferprobte Männer aus Zora
und Eschtaol aus, um das Land zu durch-
streifen und zu erkunden. Sie sagten zu ih-
nen: Geht, erkundet das Land! Die Männer
kamen ins Gebirge Efraim zum Haus Michas
und übernachteten dort. 3 Als sie beim Haus
Michas waren, fiel ihnen die Mundart des
jungen Leviten auf. Sie gingen zu ihm hin
und fragten ihn: Wer hat dich hierher ge-
bracht? Was willst du hier und was tust du
hier? 4 Er antwortete ihnen: Das und das hat
Micha mit mir gemacht; er hat mich ange-
stellt und so wurde ich sein Priester. 5 Sie
sagten zu ihm: Befrag doch Gott für uns,
damit wir erfahren, ob die Reise, die wir
machen, Erfolg haben wird. 6 Der Priester
erwiderte ihnen: Zieht in Frieden weiter!
Der Weg, den ihr gehen wollt, liegt vor den
Augen des Herrn.
7 Die fünf Männer zogen weiter und kamen
nach Lajisch. Sie sahen, dass das Volk dort
ungestört nach Art der Sidonier lebte, ruhig
und sicher. Es gab niemand, der Schaden an-
richtete im Land, keinen Eroberer und keine
Unterdrückung. Sie waren weit entfernt von
den Sidoniern und hatten auch mit den Ara-
mäern nichts zu tun. 8 Als die Männer zu ih-
ren Brüdern nach Zora und Eschtaol kamen,
sagten ihre Brüder zu ihnen: Wie ist es euch
ergangen? 9 Sie antworteten: Auf, lasst uns
gegen jene Leute (in den Kampf) ziehen.
Denn wir haben gesehen, dass das Land sehr
schön ist. Warum wollt ihr zögern? Seid
nicht so träge! Macht euch auf den Weg dort-
hin und nehmt das Land in Besitz! 10 Ihr fin-
det ein sorgloses Volk vor, wenn ihr hin-
kommt. Das Land ist nach allen Seiten hin
weiträumig. Wahrhaftig, Gott hat es in eure
Gewalt gegeben. Es ist ein Ort, wo es an
nichts fehlt, was es auf Erden gibt.

1: 17,6; 1,34; Jos 19,47.

Der Zug der Daniter nach Lajisch: 18,11–31

11 Darauf brachen von dort, also von Zora
und Eschtaol aus, sechshundert mit Waffen
ausgerüstete Männer aus der Sippe der Da-
niter auf. 12 Sie zogen hinauf und schlugen
bei Kirjat-Jearim in Juda ihr Lager auf; des-
halb nennt man diesen Ort bis auf den heuti-
gen Tag »Lager Dans«; es liegt hinter Kirjat-

und die dortige Anmerkung). Die Mutter macht den Fluch nach Klärung der Angelegenheit durch einen Segen unwirksam.

17,5 und stellte an, wörtlich: und füllte die Hand (vgl. Ex 28,41; 29,9.24).

17,7 Der Zusatz fehlt in S, vgl. G.

17,10 Vater: Ehrentitel für Amtsperson. – Der Zusatz widerspricht dem folgenden; wohl falsche Lesart aus V. 11.

18,2 fünf kampferprobte Männer: Text korr. nach G.

18,7 mit den Aramäern: Text korr. nach G; H: mit den Menschen. – Lajisch (Dan) liegt im Quellgebiet des Jordan (vgl. V. 29).

Jearim. 13 Von dort zogen sie hinüber ins Gebirge Efraim und kamen zum Haus Michas. 14 Da sagten die fünf Männer, die unterwegs gewesen waren, um das Land [Lajisch] zu erkunden, zu ihren Brüdern: Wisst ihr auch, dass es in diesen Häusern ein Efod und Terafim sowie ein mit Metall überzogenes Gottesbild gibt? Überlegt also, was ihr tun wollt. 15 Da bogen sie (von ihrem Weg) ab und gingen zum Haus des jungen Leviten [zum Haus Michas] und begrüßten ihn. 16 Die sechshundert mit Waffen ausgerüsteten Daniter blieben am Hoftor stehen, 17 während die fünf Männer, die unterwegs gewesen waren, um das Land zu erkunden, hineingingen. Sie nahmen das Gottesbild mit dem Metallüberzug sowie das Efod und die Terafim, während der Priester am Eingang des Tores bei den sechshundert mit Waffen ausgerüsteten Männern stand. 18 Als die Leute in das Haus Michas eindrangen und das Gottesbild mit dem Metallüberzug, das Efod und die Terafim nahmen, fragte sie der Priester: Was macht ihr da? 19 Sie antworteten ihm: Schweig! Halt den Mund! Geh mit uns und werde uns Vater und Priester! Was ist besser – wenn du Priester im Haus eines einzigen Mannes bist oder wenn du Priester für einen Stamm und eine Sippe in Israel bist? 20 Das erschien dem Priester gut. Er nahm das Efod, die Terafim und das Gottesbild und begab sich damit unter die Leute. 21 Dann brachen sie auf und zogen weiter. Die Kinder, das Vieh und die Habe führten sie an der Spitze des Zuges mit sich.

22 Als sie schon weit vom Haus Michas weg waren, rief Micha die Männer in den Häusern, die in der Nähe lagen, zusammen und sie verfolgten die Daniter. 23 Sie riefen hinter den Danitern her, diese aber wandten sich um und sagten zu Micha: Was ist los? Warum habt ihr euch zusammengetan? 24 Er antwortete: Ihr habt meinen Gott, den ich mir gemacht hatte, und auch den Priester weggenommen und seid davongezogen. Was habe ich jetzt noch? Wie könnt ihr da zu mir sagen: Was ist los? 25 Die Daniter entgegneten ihm: Lass dein Geschwätz, sonst fallen unsere erbitterten Leute über euch her und du bist selbst schuld, wenn du zusammen mit deiner Familie das Leben verlierst. 26 Dann zogen die Daniter auf ihrem Weg weiter. Micha aber sah ein, dass sie stärker waren als er, kehrte um und ging nach Hause zurück. 27 Sie aber nahmen das Bild, das Micha angefertigt hatte, samt dem Priester, den er hatte, und überfielen Lajisch, ein ruhiges und friedliches Volk. Sie erschlugen die Leute mit scharfem Schwert und steckten die Stadt in Brand. 28 Niemand konnte zu Hilfe kommen; denn die Stadt lag weit entfernt von Sidon und hatte auch mit den Aramäern nichts zu tun; sie lag im Tal von Bet-Rehob. Die Daniter bauten die Stadt wieder auf und wohnten in ihr. 29 Sie nannten sie Dan, nach dem Namen ihres Stammvaters Dan, der einst dem Israel geboren worden war. Doch früher hatte die Stadt den Namen Lajisch. 30 Die Daniter stellten das Gottesbild bei sich auf und Jonatan, der Sohn Gerschoms, des Sohnes des Mose, und seine Nachkommen dienten dem Stamm der Daniter als Priester bis zu dem Tag, an dem die Bewohner des Landes in die Gefangenschaft geführt wurden. 31 Sie hatten also das Gottesbild, das Micha gemacht hatte, bei sich aufgestellt und (es stand dort) die ganze Zeit über, solange es das Gotteshaus in Schilo gab.

27: Jos 19,47 • 30: 2 Kön 15,29.

Die Schandtat der Männer von Gibea:
19,1–30

19 In jenen Tagen, als es noch keinen König in Israel gab, lebte im entlegensten Teil des Gebirges Efraim ein Levit als Fremder. Er hatte sich eine Frau aus Betlehem in Juda zur Nebenfrau genommen. 2 Aber seine Nebenfrau wurde zornig auf ihn und verließ ihn; sie ging in das Haus ihres Vaters nach Betlehem in Juda zurück. Dort war sie nun schon vier Monate lang. 3 Da machte sich ihr Mann auf den Weg und zog ihr mit seinem Knecht und zwei Eseln nach, um ihr ins Gewissen zu reden und sie zurückzuholen. Die Frau brachte ihn in das Haus ihres Vaters, und als der Vater der jungen Frau ihn sah, kam er ihm freudig entgegen. 4 Da sein Schwiegervater, der Vater der jungen Frau, ihn dringend darum bat, blieb er drei Tage bei ihm. Sie aßen und tranken und er übernachtete dort. 5 Als sie am vierten Tag frühmorgens aufgestanden waren und er sich auf den Weg machen wollte, sagte der Vater der jungen Frau zu seinem Schwiegersohn: Stärke dich erst noch mit einem Bissen Brot; dann könnt ihr gehen. 6 Sie setzten sich und die beiden aßen und tranken zusammen. Der Vater der jungen Frau aber sagte zu dem Mann: Entschließ

18,28 mit den Aramäern: Text korr. (vgl. die Anmerkung zu V. 7).
18,30 des Mose: Text korr., vgl. G, Vg; H: Manasses, wohl nachträgliche Korrektur.
19,2 wurde zornig: So versteht wohl zu Recht G den Text im Sinn eines Zerwürfnisses.

dich doch, (noch einmal) über Nacht zu blei-
ben, und lass es dir gut gehen! 7 Der Mann
stand auf, um zu gehen; doch sein Schwie-
gervater nötigte ihn, sodass er dort noch ein-
mal übernachtete. 8 Als er sich dann am Mor-
gen des fünften Tages auf den Weg machen
wollte, sagte der Vater der jungen Frau:
Stärke dich erst noch und bleibt hier, bis der
Tag zur Neige geht. So aßen die beiden zu-
sammen. 9 Dann stand der Mann auf, um mit
seiner Nebenfrau und seinem Knecht abzu-
reisen. Sein Schwiegervater aber, der Vater
der jungen Frau, sagte zu ihm: Sieh doch, der
Tag geht zu Ende und es wird Abend. Bleibt
über Nacht hier! Der Tag geht zur Neige;
übernachte hier und lass es dir gut gehen!
Morgen früh könnt ihr euch dann auf den
Heimweg zu deinem Zelt machen. 10 Aber
der Mann wollte nicht mehr übernachten,
sondern erhob sich und ging mit seinen zwei
gesattelten Eseln, seiner Nebenfrau und sei-
nem Knecht fort.

Sie kamen zu einem Ort gegenüber von Je-
bus, das heißt Jerusalem. 11 Als sie dort wa-
ren, war der Tag schon fast zu Ende gegan-
gen. Darum sagte der Knecht zu seinem
Herrn: Komm, wir wollen in der Jebusiter-
stadt hier einkehren und übernachten.
12 Sein Herr antwortete ihm: Wir wollen
nicht in einer Stadt von Fremden, die nicht
zu den Israeliten gehört, einkehren, sondern
nach Gibea weiterziehen. 13 Und er sagte zu
seinem Knecht: Lass uns lieber zu einem an-
deren Ort gehen; wir wollen in Gibea oder
Rama übernachten. 14 Sie zogen also weiter;
als sie bei Gibea, das zu Benjamin gehört,
waren, ging die Sonne unter. 15 Sie bogen da-
her dort (vom Weg) ab, um nach Gibea hi-
neinzugehen und dort zu übernachten. In der
Stadt setzte er sich auf dem Marktplatz nie-
der; aber es fand sich niemand, der ihn in sei-
nem Haus zum Übernachten aufnehmen
wollte.

16 Schließlich kam ein alter Mann am
Abend von seiner Arbeit auf dem Feld. Der
Mann stammte aus dem Gebirge Efraim und
lebte als Fremder in Gibea; die Einwohner
des Ortes waren Benjaminiter. 17 Als der alte
Mann aufsah, erblickte er den Wanderer auf
dem Platz der Stadt und fragte ihn: Woher
kommst du und wohin gehst du? 18 Er ant-
wortete ihm: Wir sind auf der Durchreise
von Betlehem in Juda zum entlegensten Teil
des Gebirges Efraim. Von dort komme ich;
ich war nach Betlehem in Juda gegangen und
bin nun auf dem Weg nach Hause. Aber hier
findet sich niemand, der mich in sein Haus
aufnimmt, 19 obwohl wir alles dabeihaben,
Stroh und Futter für unsere Esel und auch
Brot und Wein für mich, deine Magd und den
Knecht, der bei deinem Diener ist. Es fehlt
also an nichts. 20 Der alte Mann entgegnete:
Sei mir willkommen! Was dir fehlt, das lass
nur meine Sorge sein; auf dem Platz jeden-
falls darfst du nicht übernachten. 21 Und er
führte ihn in sein Haus und schüttete den
Eseln Futter vor. Sie wuschen sich die Füße
und aßen und tranken. 22 Während sie sich's
nun wohl sein ließen, umringten plötzlich ei-
nige Männer aus der Stadt, übles Gesindel,
das Haus, schlugen an die Tür und sagten zu
dem alten Mann, dem Besitzer des Hauses:
Bring den Mann heraus, der in dein Haus ge-
kommen ist; wir wollen unseren Mutwillen
mit ihm treiben. 23 Der Besitzer des Hauses
ging zu ihnen hinaus und sagte zu ihnen:
Nein, meine Brüder, so etwas Schlimmes
dürft ihr nicht tun. Dieser Mann ist als Gast
in mein Haus gekommen; darum dürft ihr
keine solche Schandtat begehen. 24 Da ist
meine jungfräuliche Tochter und seine Ne-
benfrau. Sie will ich zu euch hinausbringen;
ihr könnt sie euch gefügig machen und mit
ihnen tun, was euch gefällt. Aber an diesem
Mann dürft ihr keine solche Schandtat bege-
hen. 25 Doch die Männer wollten nicht auf
ihn hören. Da ergriff der Levit seine Neben-
frau und brachte sie zu ihnen auf die Straße
hinaus. Sie missbrauchten sie und trieben
die ganze Nacht hindurch bis zum Morgen
ihren Mutwillen mit ihr. Sie ließen sie erst
gehen, als die Morgenröte heraufzog. 26 Als
der Morgen anbrach, kam die Frau zurück;
vor der Haustür des Mannes, bei dem ihr
Herr wohnte, brach sie zusammen und blieb
dort liegen, bis es hell wurde.

27 Ihr Herr stand am Morgen auf, öffnete
die Haustür und ging hinaus, um seine Reise
fortzusetzen. Da lag die Frau, seine Neben-
frau, zusammengebrochen am Eingang des
Hauses, die Hände auf der Schwelle. 28 Er
sagte zu ihr: Steh auf, wir wollen gehen!

19,10 und seinem Knecht: Text korr., vgl. G und VV. 11f. – Jebus wird Jerusalem wegen der dort wohnenden Jebusiter genannt.

19,13f Gibea, nördlich von Jerusalem, ist die Stadt Sauls.

19,18 nach Hause: Text korr. nach G und V. 29; H: zum Haus des Herrn.

19,22 unseren Mutwillen mit ihm treiben, wörtlich: ihn erkennen.

19,23f Der Hausherr muss nach den Regeln der Gastfreundschaft den Gast schützen (vgl. die Anmerkung zu Gen 19,8).

Doch sie antwortete nicht. Da legte er sie auf
den Esel und machte sich auf die Heimreise.
29 Als er nach Hause gekommen war, nahm er
ein Messer, ergriff seine Nebenfrau, zer-
schnitt sie in zwölf Stücke, Glied für Glied,
und schickte sie in das ganze Gebiet Israels.
30 Jeder, der das sah, sagte: So etwas ist noch
nie geschehen, so etwas hat man nicht erlebt,
seit die Söhne Israels aus Ägypten heraufge-
zogen sind, bis zum heutigen Tag. Denkt da-
rüber nach, beratet und sagt (was ihr dazu
meint)!

1: 17,6 • 22–24: Gen 19,4–11 • 29: 1 Sam 11,7 • 30: Hos 10,9.

Die Beratung in Mizpa: 20,1–10

20 Alle Israeliten von Dan bis Beer-
scheba und auch die Bewohner von
Gilead kamen herbei und die Gemeinde ver-
sammelte sich einmütig beim Herrn in Miz-
pa. 2 Die Häupter des ganzen Volkes, alle
Stämme Israels, traten zu einer Versamm-
lung des Volkes Gottes zusammen, vierhun-
derttausend Mann zu Fuß, mit Schwertern
bewaffnet. 3 Die Benjaminiter erfuhren, dass
die Israeliten nach Mizpa hinaufgezogen wa-
ren. Die Israeliten sagten: Berichtet, wie die-
ses Verbrechen geschehen ist. 4 Der Levit,
der Mann der ermordeten Frau, antwortete:
Ich bin mit meiner Nebenfrau nach Gibea,
das in Benjamin liegt, gekommen, um zu
übernachten. 5 Da rotteten sich die Bürger
von Gibea gegen mich zusammen und um-
ringten nachts in feindlicher Absicht das
Haus. Sie wollten mich umbringen und mei-
ne Nebenfrau vergewaltigten sie, sodass sie
gestorben ist. 6 Da nahm ich den Leichnam
meiner Nebenfrau, schnitt ihn in Stücke und
schickte sie in alle Gebiete des Erbbesitzes
der Israeliten; denn sie hatten mitten in Isra-
el ein schändliches Verbrechen begangen.
7 Nun seid ihr alle hier, ihr Israeliten; also
besprecht euch miteinander und beratet hier
(was zu tun ist)! 8 Da erhob sich das ganze
Volk wie ein Mann und sagte: Keiner von uns
darf in sein Zelt gehen und keiner von uns
darf in sein Haus zurückkehren. 9 Wir wollen
Folgendes mit Gibea machen: Wir wollen ge-
gen die Stadt (in den Kampf) ziehen. 10 Und
zwar wählen wir aus allen Stämmen Israels
jeweils zehn Männer von hundert und hun-
dert von tausend und tausend von zehntau-
send durch das Los aus. Sie sollen Verpfle-
gung für die Leute holen, die gekommen
sind, um mit Gibea in Benjamin zu machen,
was es nach der Schandtat verdient, die es
mitten in Israel begangen hat.

1: 21,1; 1 Sam 7,5; 10,17.

Der Aufmarsch vor Gibea: 20,11–18

11 So versammelten sich alle Israeliten, ge-
schlossen wie ein Mann, bei der Stadt. 12 Und
die Stämme Israels schickten Boten durch
das ganze Gebiet des Stammes Benjamin
und ließen sagen: Was ist das für eine üble
Tat, die bei euch geschehen ist? 13 Gebt uns
also das üble Gesindel von Gibea heraus, wir
wollen es töten und wollen das Böse in Israel
austilgen. Doch die Benjaminiter wollten
nicht auf die Stimme ihrer Brüder, der Israe-
liten, hören. 14 Sie kamen vielmehr aus ihren
Städten bei Gibea zusammen, um gegen die
Israeliten in den Kampf zu ziehen. 15 Als man
an jenem Tag die Benjaminiter aus den Städ-
ten musterte, zählte man sechsundzwanzig-
tausend mit Schwertern bewaffnete Männer,
ohne die Einwohner von Gibea. [Siebenhun-
dert auserlesene Männer wurden gemustert.]
16 Unter diesen Männern befanden sich sie-
benhundert besonders auserlesene Männer;
sie waren alle Linkshänder und konnten ei-
nen Stein haargenau schleudern, ohne je das
Ziel zu verfehlen. 17 Auch die Männer Israels
ließen sich mustern. Es waren ohne die
Benjaminiter vierhunderttausend mit dem
Schwert bewaffnete Männer, alles tüchtige
Krieger. 18 Sie brachen auf, zogen nach Bet-
El hinauf und befragten Gott. Die Israeliten
sagten: Wer von uns soll zuerst gegen die
Benjaminiter in den Kampf ziehen? Der Herr
antwortete: Zuerst Juda.

Die Niederlage der Israeliten: 20,19–28

19 Die Israeliten brachen am Morgen auf
und bezogen ihr Lager gegenüber Gibea.
20 Dann rückten die Israeliten zum Kampf
gegen die Benjaminiter aus und stellten sich
ihnen gegenüber vor Gibea zum Kampf auf.
21 Die Benjaminiter rückten von Gibea aus
und streckten an diesem Tag zweiundzwan-
zigtausend Israeliten zu Boden. 22 Doch die
Männer Israels fassten wieder Mut und stell-
ten sich noch einmal zum Kampf auf, am
gleichen Ort, wo sie sich am ersten Tag auf-

19,29 So wird die schreckliche Tat auf drastische Weise mitgeteilt und alle werden aufgerufen, den Mord zu rächen.

20,1 Mizpa in Benjamin (Jos 18,26) lag nördlich von Jerusalem, auf der Straße nach Sichem.

20,9 Wir wollen (in den Kampf) ziehen: Text korr. nach G. – »durch das Los« ist in der Übersetzung zu V. 10 gezogen.

20,12 des Stammes: Text korr. nach G und Vg.

gestellt hatten. 23 Die Israeliten waren näm-
lich (inzwischen nach Bet-El) hinaufgezo-
gen, hatten bis zum Abend vor dem Herrn
geweint und ihn gefragt: Sollen wir noch
einmal zum Kampf gegen unseren Bruder
Benjamin antreten? Der Herr hatte geant-
wortet: Zieht hinauf gegen ihn! 24 Als nun die
Israeliten am zweiten Tag gegen die Benja-
miniter vorrückten, 25 zogen ihnen die Ben-
jaminiter wiederum von Gibea aus entgegen
und streckten noch einmal achtzehntausend
Männer aus Israel zu Boden, die alle mit
Schwertern bewaffnet waren. 26 Darauf zo-
gen alle Israeliten, das ganze Volk, hinauf
nach Bet-El. Dort saßen sie klagend vor dem
Herrn; sie fasteten an jenem Tag bis zum
Abend und brachten dem Herrn Brandopfer
und Heilsopfer dar. 27 Dann befragten die Is-
raeliten wieder den Herrn. In Bet-El stand
nämlich in jenen Tagen die Bundeslade Got-
tes 28 und Pinhas, der Sohn Eleasars, des
Sohnes Aarons, tat in jenen Tagen Dienst vor
dem Angesicht des Herrn. Die Israeliten sag-
ten: Sollen wir noch einmal ausrücken zum
Kampf mit unserem Bruder Benjamin oder
sollen wir es aufgeben? Der Herr antwortete:
Zieht hinauf! Denn morgen gebe ich ihn in
eure Gewalt.

28: Num 25,7.

Die Vernichtung der Benjaminiter:
20,29–48

29 Darauf legten die Israeliten rings um Gi-
bea Leute in den Hinterhalt. 30 Am dritten
Tag zogen die Israeliten wieder gegen die
Benjaminiter hinauf und stellten sich, wie
die beiden vorigen Male, bei Gibea auf. 31 Die
Benjaminiter aber rückten gegen die Israeli-
ten aus und ließen sich von der Stadt weglo-
cken; sie begannen, wie die beiden vorigen
Male, auf freiem Feld einzelne Israeliten zu
erschlagen, und zwar an den Straßen, von
denen die eine nach Bet-El, die andere nach
Gibeon hinaufführt, im Ganzen etwa dreißig
Mann. 32 Die Benjaminiter dachten: Sie wer-
den von uns geschlagen wie beim ersten Mal.
Die Israeliten aber sagten: Wir wollen flie-
hen und sie von der Stadt weg zu den Stra-
ßen hinlocken. 33 Alle Israeliten zogen sich
also von ihrem Platz zurück und stellten sich
bei Baal-Tamar wieder auf. Die Israeliten
aber, die westlich von Gibea im Hinterhalt
lagen, brachen aus ihrer Stellung hervor.
34 Darauf rückten zehntausend ausgewählte
Männer aus ganz Israel gegenüber Gibea
heran. Es gab einen schweren Kampf; die
Benjaminiter erkannten nicht, dass das Un-
heil sie ereilte. 35 Der Herr schlug die Benja-
miniter vor den Augen Israels und die Israe-
liten machten an jenem Tag fünfundzwan-
zigtausendundeinhundert Mann aus Benja-
min nieder, alles mit Schwertern bewaffnete
Krieger.
36 Die Benjaminiter sahen, dass sie ge-
schlagen waren. Die Israeliten gaben Benja-
min weiteres Gelände preis; denn sie ver-
trauten auf den Hinterhalt, den sie bei Gibea
gelegt hatten. 37 Die Leute im Hinterhalt
stürmten nun schnell auf Gibea los. Sie ka-
men aus dem Hinterhalt hervor und erschlu-
gen alles in der Stadt mit scharfem Schwert.
38 Die Israeliten hatten mit den Männern im
Hinterhalt verabredet, dass sie eine Rauch-
wolke aus der Stadt aufsteigen lassen soll-
ten. 39 Als nun die Israeliten im Kampf
kehrtmachten und Benjamin anfing, etwa
dreißig Israeliten zu erschlagen, weil sie sag-
ten: Sicher wird Israel von uns völlig ge-
schlagen wie beim ersten Kampf!, 40 da be-
gann aus der Stadt eine hohe Rauchsäule
aufzusteigen. Als die Benjaminiter sich um-
wandten, sahen sie, dass die Stadt wie ein
Ganzopfer zum Himmel emporflammte.
41 Als dann die Israeliten wieder kehrtmach-
ten, gerieten die Benjaminiter in Verwir-
rung; denn sie erkannten, dass das Unglück
sie ereilt hatte. 42 Sie zogen sich vor den Is-
raeliten in Richtung auf die Wüste zurück,
konnten aber dem Kampf nicht entrinnen.
Denn nun kamen auch die Männer (Israels)
aus der Stadt, nahmen die Benjaminiter in
die Zange und vernichteten sie. 43 Sie umzin-
gelten die Benjaminiter und verfolgten sie
von Noha [zertraten sie] bis in die Gegend
östlich von Gibea. 44 Achtzehntausend Mann
aus Benjamin fielen, alles kampferprobte
Männer. 45 Die Übrigen wandten sich um
und flohen auf die Wüste zu, nach Sela-Rim-
mon. Die Israeliten hielten Nachlese und
vernichteten auf den Straßen noch einmal
fünftausend Mann. Bei der Verfolgung, die
sich bis nach Gidom hinzog, erschlugen sie
nochmals zweitausend von ihnen. 46 Die
Gesamtzahl der Gefallenen aus Benjamin
betrug an diesem Tag fünfundzwanzigtau-
send, lauter mit dem Schwert bewaffnete
Krieger. 47 Nur sechshundert Mann konnten
sich absetzen und in die Wüste nach Sela-
Rimmon fliehen; sie blieben vier Monate in
Sela-Rimmon. 48 Die Israeliten aber kehrten
zu den Benjaminitern zurück und erschlugen

20,31 nach Gibeon: Text korr., H: nach Gibea.
20,42 aus der Stadt: Text korr., vgl. G.
20,43 von Noha: Text korr. nach G.

alles, was zu finden war, mit scharfem
Schwert, die Stadt samt Menschen und Vieh.
Ebenso steckten sie alle Städte, die sie
finden konnten, in Brand.

47: 21,13.

Die Sorge um den Rest von Benjamin:
21,1–9

21 Die Israeliten hatten in Mizpa ge-
schworen: Keiner von uns darf seine
Tochter einem Benjaminiter zur Frau geben.
2 Nun kam das Volk nach Bet-El; sie saßen
dort bis zum Abend vor Gott, jammerten laut
und klagten sehr. 3 Sie sagten: Warum, Herr,
Gott Israels, musste das in Israel geschehen,
dass heute ein ganzer Stamm Israels fehlt?
4 Am anderen Morgen in aller Frühe erbaute
das Volk dort einen Altar und brachte
Brandopfer und Heilsopfer dar. 5 Und die
Israeliten fragten: Wer aus allen Stämmen
Israels ist nicht zu der Versammlung zum
Herrn heraufgekommen? Man hatte nämlich
gegen den, der nicht zum Herrn nach Mizpa
hinaufziehen würde, einen feierlichen Schwur
getan und gesagt: Er wird mit dem Tod be-
straft. 6 Nun aber hatten die Israeliten Mitleid
mit ihrem Bruder Benjamin und sagten: Heute
ist ein ganzer Stamm von Israel abgehauen
worden. 7 Wie können wir denen, die übrig ge-
blieben sind, Frauen verschaffen? Wir haben
doch beim Herrn geschworen, ihnen keine von
unseren Töchtern zur Frau zu geben. 8 Darum
fragten sie: Ist etwa einer von den Stämmen
Israels nicht zum Herrn nach Mizpa hinaufge-
zogen? Und tatsächlich war niemand aus Ja-
besch-Gilead zur Versammlung ins Heerlager
gekommen. 9 Denn als man die Leute muster-
te, zeigte es sich, dass keiner der Einwohner
von Jabesch-Gilead da war.

1: 20,1.

Der Feldzug gegen Jabesch-Gilead:
21,10–14

10 Die Gemeinde schickte deshalb zwölf-
tausend Mann von den Kriegsleuten nach
Jabesch-Gilead mit dem Befehl: Geht hin
und erschlagt die Einwohner von Jabesch-
Gilead mit scharfem Schwert, auch Frauen
und Kinder. 11 So sollt ihr es machen: Alles,
was männlich ist, und alle Frauen, die schon
Verkehr mit einem Mann hatten, sollt ihr
dem Untergang weihen. 12 Sie fanden aber
unter den Einwohnern von Jabesch-Gilead
vierhundert jungfräuliche Mädchen, die
noch keinen Verkehr mit einem Mann hat-
ten. Diese brachten sie ins Lager nach Schilo
im Land Kanaan. 13 Darauf schickte die gan-
ze Gemeinde Boten und verhandelte mit den
Benjaminitern, die in Sela-Rimmon waren,
und bot ihnen Frieden an. 14 So kehrten die
Benjaminiter damals zurück und die Israeli-
ten gaben ihnen die Frauen aus Jabesch-
Gilead, die sie dort am Leben gelassen hat-
ten. Aber diese reichten für sie nicht aus.

13: 20,47.

Der Frauenraub in Schilo: 21,15–25

15 Das Volk hatte Mitleid mit Benjamin;
denn der Herr hatte eine Lücke in die
Stämme Israels gerissen. 16 Die Ältesten der
Gemeinde sagten: Wie können wir den übri-
gen Männern Frauen verschaffen, da in Ben-
jamin die Frauen ausgerottet sind? 17 Und sie
sagten: Der Besitz der übrig gebliebenen
Benjaminiter ist ja noch immer da. Kein
Stamm darf in Israel ausgelöscht werden.
18 Von unseren Töchtern können wir ihnen
jedoch keine als Frauen geben; denn die Is-
raeliten haben geschworen: Verflucht sei,
wer den Benjaminitern eine Frau gibt. 19 Sie
sagten also: Da ist doch Jahr für Jahr ein
Fest des Herrn in Schilo nördlich von Bet-El,
östlich der Straße, die von Bet-El nach Si-
chem führt, südlich von Lebona. 20 Und sie
forderten die Benjaminiter auf: Geht hin und
legt euch in den Weinbergen dort auf die
Lauer! 21 Wenn ihr dann seht, wie die Töch-
ter Schilos herauskommen, um im Reigen zu
tanzen, dann kommt aus den Weinbergen
hervor und jeder von euch soll sich von den
Töchtern Schilos eine Frau rauben. Dann
geht heim ins Land Benjamin! 22 Wenn dann
ihre Väter oder Brüder kommen und bei uns
Klage erheben, werden wir zu ihnen sagen:
Vergebt ihnen; denn wir konnten im Kampf
(gegen Jabesch) nicht für jeden eine Frau ge-
winnen und ihr selbst konntet sie ihnen nicht
geben; sonst hättet ihr euch schuldig ge-
macht. 23 Die Benjaminiter machten es so
und jeder nahm sich eines von den tanzenden
Mädchen, die sie raubten. Dann kehrten sie
in ihren Erbbesitz zurück, bauten die Städte
wieder auf und wohnten darin. 24 Auch die
Israeliten gingen dann in Bet-El wieder aus-
einander, jeder zu seinem Stamm und zu sei-
ner Sippe. Jeder zog heim in seinen Erb-
besitz. 25 In jenen Tagen gab es noch keinen
König in Israel; jeder tat, was ihm gefiel.

25: 17,6.

20,48 samt Menschen: Text korr., vgl. Vg, S und einige H-Handschriften.

21,19 Wahrscheinlich ist an das Laubhüttenfest gedacht.

21,22 Vergebt: Text korr.; H: Vergebt uns.

Das Buch Rut

Das Büchlein Rut, eine novellenartige Erzählung, trägt seinen Namen nach der Hauptperson, einer moabitischen Frau, die die Ahnfrau Davids werden sollte. Josephus Flavius, der jüdische, um 90 n. Chr. in griechischer Sprache schreibende Historiker, hat das Büchlein anscheinend als Anhang zum Richterbuch gekannt (vgl. Ri 17 – 21). Die Handlung spielt in der Richterzeit. In der jüdischen Bibel steht das Buch unter den »Fünf Festrollen«, d. h. den kleinen Büchern, die an bestimmten Festen in der Synagoge gelesen wurden (Rut, Hld, Koh, Klgl und Est); in der christlichen Bibel gehört es zu den »Geschichtsbüchern« und folgt auf das Buch der Richter.

Der Aufbau des Buches ist einfach und übersichtlich: Ein gewisser Elimelech aus Betlehem wandert wegen einer Hungersnot ins Moabiterland aus. Dort heiraten seine Söhne moabitische Frauen. Dann sterben aber Elimelech und seine Söhne. Die Witwe Noomi will in ihre Heimat Betlehem zurückkehren. Sie fordert ihre Schwiegertöchter auf, wieder zu ihren Familien zu gehen. Die eine geht, die andere namens Rut aber erklärt, sie wolle bei ihr bleiben. So kommen Noomi und Rut nach Betlehem (Kap. 1). Dort lernt Rut beim Ährenlesen den Gutsbesitzer Boas, einen Verwandten ihres verstorbenen Mannes, kennen, der sie freundlich behandelt (Kap. 2). Auf geschickte Weise wird Boas an seine Löserpflicht erinnert. Er erklärt sich bereit, ein Grundstück aus dem Besitz des verstorbenen Mannes, das Noomi hätte verkaufen müssen, auszulösen und damit auch Rut, die Witwe seines Verwandten, zu heiraten (Kap. 3). Da aber ein noch näherer Verwandter Noomis da ist, kommt es zu Verhandlungen am Stadttor, bei denen der andere zum Verzicht bewogen wird. So geht Boas die »Schwagerehe« (Leviratsehe) ein, zu der er sich als »Löser« verpflichtet fühlt. Er bekommt mit Rut einen Sohn namens Obed. Dieser wird der Vater Isais und Großvater Davids. Der Erzählung wurde später der Stammbaum Davids angeschlossen (Kap. 4).

Die Entstehung des Büchleins wird heute von einigen in die Königszeit, von anderen in die nachexilische Zeit, etwa in die Zeit Esras, datiert. Der Verfasser wollte vielleicht durch den Hinweis auf die moabitische Abstammung Davids einer antimoabitischen Tendenz seiner Zeit, wie sie etwa aus Dtn 23,4–6 spricht, entgegenwirken und zeigen, dass Gott sogar eine moabitische Frau in seinen Heilsplan einfügt. Das Wort Ruts zu ihrer Schwiegermutter »Wohin du gehst, gehe auch ich, und wo du bleibst, da bleibe auch ich. Dein Volk ist mein Volk und dein Gott ist mein Gott« (1,16f) ist das Bekenntnis einer Nichtisraelitin zum Gott Israels. Es zeigt, dass Gott auch den Heiden, die sich zu Abraham und seinen Nachkommen, zum Volk Israel, bekennen, Segen und Heil schenkt (vgl. Gen 12,3).

Die Vorgeschichte: 1,1–5

1 Zu der Zeit, als die Richter regierten,
kam eine Hungersnot über das Land.
Da zog ein Mann mit seiner Frau und seinen
beiden Söhnen aus Betlehem in Juda fort,
um sich als Fremder im Grünland Moabs
niederzulassen. 2 Der Mann hieß Elimelech,
seine Frau Noomi, und seine Söhne hießen
Machlon und Kiljon; sie waren Efratiter aus
Betlehem in Juda. Als sie im Grünland Moabs ankamen, blieben sie dort. 3 Elimelech,
der Mann Noomis, starb und sie blieb mit ihren beiden Söhnen zurück. 4 Diese nahmen
sich moabitische Frauen, Orpa und Rut, und
so wohnten sie dort etwa zehn Jahre lang.

1,3f Nach Dtn 23,4–6 und Neh 13,1–3 dürfen Ammoniter und Moabiter nicht in die Glaubensgemeinschaft Israels aufgenommen werden und darum waren auch Ehen mit Moabiterinnen verboten. Entweder galt dieses Gesetz bei der Abfassung des Buches noch nicht; dann müsste es noch vor Joschija (641–609 v. Chr.) entstanden sein. Oder der Verfasser schrieb in bewusstem Gegensatz zu den rigorosen Ehegesetzen Esras (um 400 v. Chr.), die sich nie voll durchsetzen konnten.

5 Dann starben auch Machlon und Kiljon
und Noomi blieb allein, ohne ihren Mann
und ohne ihre beiden Söhne.

1: Ri 10,1–5; 12,7–15; 1 Sam 7,15–17.

Die Heimkehr: 1,6–22

6 Da brach sie mit ihren Schwiegertöch-
tern auf, um aus dem Grünland Moabs heim-
zukehren; denn sie hatte dort gehört, der
Herr habe sich seines Volkes angenommen
und ihm Brot gegeben. 7 Sie verließ zusam-
men mit ihren beiden Schwiegertöchtern
den Ort, wo sie sich aufgehalten hatte. Als
sie nun auf dem Heimweg in das Land Juda
waren, 8 sagte Noomi zu ihren Schwieger-
töchtern: Kehrt doch beide heim zu euren
Müttern! Der Herr erweise euch Liebe, wie
ihr sie den Toten und mir erwiesen habt.
9 Der Herr lasse jede von euch Geborgenheit
finden bei einem Gatten. Damit küsste sie
beide zum Abschied; doch Orpa und Rut be-
gannen laut zu weinen 10 und sagten zu ihr:
Nein, wir wollen mit dir zu deinem Volk ge-
hen. 11 Noomi sagte: Kehrt doch um, meine
Töchter! Warum wollt ihr mit mir ziehen?
Habe ich etwa in meinem Leib noch Söhne,
die eure Männer werden könnten? 12 Kehrt
um, meine Töchter, und geht; denn ich bin zu
alt, noch einem Mann zu gehören. Selbst
wenn ich dächte, ich habe noch Hoffnung, ja,
wenn ich noch diese Nacht einem Mann ge-
hörte und gar Söhne bekäme: 13 Wolltet ihr
warten, bis sie erwachsen sind? Wolltet ihr
euch so lange abschließen und ohne einen
Mann leben? Nein, meine Töchter! Mir täte
es bitter leid um euch; denn mich hat die
Hand des Herrn getroffen. 14 Da weinten sie
noch lauter. Doch dann gab Orpa ihrer
Schwiegermutter den Abschiedskuss, wäh-
rend Rut nicht von ihr ließ. 15 Noomi sagte:
Du siehst, deine Schwägerin kehrt heim zu
ihrem Volk und zu ihrem Gott. Folge ihr
doch! 16 Rut antwortete: Dränge mich nicht,
dich zu verlassen und umzukehren. Wohin
du gehst, dahin gehe auch ich, und wo du
bleibst, da bleibe auch ich. Dein Volk ist
mein Volk und dein Gott ist mein Gott. 17 Wo
du stirbst, da sterbe auch ich, da will ich be-
graben sein. Der Herr soll mir dies und das an-
tun – nur der Tod wird mich von dir scheiden.
18 Als sie sah, dass Rut darauf bestand, mit ihr
zu gehen, redete sie nicht länger auf sie ein.
19 So zogen sie miteinander bis Betlehem.
Als sie in Betlehem ankamen, geriet die
ganze Stadt ihretwegen in Bewegung. Die
Frauen sagten: Ist das nicht Noomi? 20 Doch
sie erwiderte: Nennt mich nicht mehr Noomi
(Liebliche), sondern Mara (Bittere); denn viel
Bitteres hat der Allmächtige mir getan.
21 Reich bin ich ausgezogen, aber mit leeren
Händen hat der Herr mich heimkehren las-
sen. Warum nennt ihr mich noch Noomi, da
doch der Herr gegen mich gesprochen und
der Allmächtige mir Schlimmes angetan hat?
22 So kehrte Noomi mit Rut, ihrer moabiti-
schen Schwiegertochter, aus dem Grünland
Moabs heim. Zu Beginn der Gerstenernte
kamen sie in Betlehem an.

Rut auf dem Acker des Boas: 2,1–23

2 Noomi hatte einen Verwandten von ih-
rem Mann her, einen Grundbesitzer; er
war aus dem Geschlecht Elimelechs und
hieß Boas. 2 Eines Tages sagte die Moabite-
rin Rut zu Noomi: Ich möchte aufs Feld ge-
hen und Ähren lesen, wo es mir jemand er-
laubt. Sie antwortete ihr: Geh, Tochter! 3 Rut
ging hin und las auf dem Feld hinter den
Schnittern her. Dabei war sie auf ein Grund-
stück des Boas aus dem Geschlecht Elime-
lechs geraten. 4 Und nun kam Boas von Bet-
lehem dazu. Er sagte zu den Schnittern: Der
Herr sei mit euch! Sie antworteten ihm: Der
Herr segne dich. 5 Boas fragte seinen
Knecht, der die Schnitter beaufsichtigte:
Wem gehört dieses Mädchen da? 6 Der
Knecht antwortete: Es ist eine junge Moabi-
terin, die mit Noomi aus dem Grünland
Moabs gekommen ist. 7 Sie hat gesagt: Ich
möchte gern Ähren lesen und bei den Garben
hinter den Schnittern her sammeln. So kam
sie zu uns und hielt aus vom Morgen bis jetzt
und gönnte sich kaum Ruhe. 8 Boas sagte zu
Rut: Höre wohl, meine Tochter, geh auf kein
anderes Feld, um zu lesen; entfern dich nicht
von hier, sondern halte dich an meine
Mägde; 9 behalte das Feld im Auge, wo sie
ernten, und geh hinter ihnen her! Ich werde
meinen Knechten befehlen, dich nicht anzu-
rühren. Hast du Durst, so darfst du zu den
Gefäßen gehen und von dem trinken, was die
Knechte schöpfen. 10 Sie sank vor ihm
nieder, beugte sich zur Erde und sagte: Wie
habe ich es verdient, dass du mich so ach-
test, da ich doch eine Fremde bin? 11 Boas
antwortete ihr: Mir wurde alles berichtet,

1,5f Nach 4,3f besitzt die Familie Elimelechs einen Acker bei Betlehem. Nach Lev 25,23–28 soll der Grundbesitz bei der Sippe bleiben; darum ist der nächste Verwandte eines in Not geratenen Israeliten verpflichtet, den aus Not veräußerten Acker auszulösen. Da die Familie ihres Mannes ausgestorben war, konnte Noomi hoffen, mit dem Grundbesitz für sich und ihre Schwiegertochter eine neue Existenz aufzubauen, wenn ihre Verwandten ihr dabei halfen; darum wagte sie die Heimkehr.

was du nach dem Tod deines Mannes für deine Schwiegermutter getan hast, wie du deinen Vater und deine Mutter, dein Land und deine Verwandtschaft verlassen hast und zu einem Volk gegangen bist, das dir zuvor unbekannt war. 12 Der Herr, der Gott Israels, zu dem du gekommen bist, um dich unter seinen Flügeln zu bergen, möge dir dein Tun vergelten und dich reich belohnen. 13 Sie sagte: Du bist sehr gütig zu mir, Herr. Du hast mir Mut gemacht und so freundlich zu deiner Magd gesprochen und ich bin nicht einmal eine deiner Mägde.

14 Zur Essenszeit sagte Boas zu ihr: Komm und iss von dem Brot, tauch deinen Bissen in die Würztunke! Sie setzte sich neben die Schnitter. Er reichte ihr geröstete Körner und sie aß sich satt und behielt noch übrig. 15 Als sie wieder aufstand zum Ährenlesen, befahl Boas seinen Knechten: Auch wenn sie zwischen den Garben liest, dürft ihr sie nicht schelten. 16 Ihr sollt sogar für sie etwas aus den Bündeln herausziehen und liegen lassen; sie mag es auflesen und ihr dürft sie nicht schelten.

17 So sammelte sie auf dem Feld bis zum Abend. Als sie ausklopfte, was sie aufgelesen hatte, war es etwa ein Efa Gerste. 18 Sie hob es auf, ging in die Stadt und zeigte ihrer Schwiegermutter, was sie aufgelesen hatte. Dann packte sie aus, was sie von ihrer Mahlzeit übrig behalten hatte, und gab es ihr. 19 Ihre Schwiegermutter fragte: Wo hast du heute gelesen und gearbeitet? Gesegnet sei, der auf dich Acht hatte. Sie berichtete ihrer Schwiegermutter, bei wem sie gearbeitet hatte, und sagte: Der Mann, bei dem ich heute gearbeitet habe, heißt Boas. 20 Da sagte Noomi zu ihrer Schwiegertochter: Gesegnet sei er vom Herrn, der seine Gunst den Lebenden und Toten nicht entzogen hat. Und sie erzählte ihr: Der Mann ist mit uns verwandt, er ist einer unserer Löser. 21 Die Moabiterin Rut sagte: Er hat noch zu mir gesagt: Halte dich an meine Knechte, bis sie meine Ernte eingebracht haben. 22 Gut, meine Tochter, sagte Noomi zu Rut, wenn du mit seinen Mägden hinausgehst, dann kann man dich auf einem anderen Feld nicht belästigen.

23 Rut hielt sich beim Ährenlesen an die Mägde des Boas, bis die Gersten- und Weizenernte beendet war. Danach blieb sie bei ihrer Schwiegermutter.

Rut auf der Tenne des Boas: 3,1–15

3 Ihre Schwiegermutter Noomi sagte zu ihr: Meine Tochter, ich möchte dir ein Heim verschaffen, in dem es dir gut geht. 2 Nun ist ja Boas, bei dessen Mägden du warst, ein Verwandter von uns. Heute Abend worfelt er die Gerste auf der Tenne. 3 Wasch dich, salbe dich und zieh dein Obergewand an, dann geh zur Tenne! Zeig dich aber dem Mann nicht, bis er fertig gegessen und getrunken hat. 4 Wenn er sich niederlegt, so merk dir den Ort, wo er sich hinlegt. Geh dann hin, deck den Platz zu seinen Füßen auf und leg dich dorthin! Er wird dir dann sagen, was du tun sollst. 5 Rut antwortete ihr: Alles, was du sagst, will ich tun. 6 Sie ging zur Tenne und tat genauso, wie ihre Schwiegermutter ihr aufgetragen hatte. 7 Als Boas gegessen und getrunken hatte und es ihm wohl zumute wurde, ging er hin, um sich neben dem Getreidehaufen schlafen zu legen. Nun trat sie leise heran, deckte den Platz zu seinen Füßen auf und legte sich nieder. 8 Um Mitternacht schrak der Mann auf, beugte sich vor und fand eine Frau zu seinen Füßen liegen. 9 Er fragte: Wer bist du? Sie antwortete: Ich bin Rut, deine Magd. Breite doch den Saum deines Gewandes über deine Magd, denn du bist Löser. 10 Da sagte er: Gesegnet bist du vom Herrn, meine Tochter. So zeigst du deine Zuneigung noch schöner als zuvor; denn du bist nicht den jungen Männern, ob arm oder reich, nachgelaufen. 11 Fürchte dich nicht, meine Tochter! Alles, was du sagst, will ich dir tun; denn jeder in diesen Mauern weiß, dass du eine tüchtige Frau bist. 12 Gewiss, ich bin Löser, aber es gibt noch einen Löser, der näher verwandt ist als ich. 13 Bleib über Nacht, und wenn er dich dann am Morgen lösen will, gut, so mag er lösen.

2,20 Zum »Löser« vgl. die Anmerkung zu 1,5f und zu Lev 25,25.

3,2–4 Auf der Tenne, die sich im Freien vor der Stadt befindet, wird zunächst das Getreide gedroschen, indem man mit Ochsen ein schlittenartiges, unten mit spitzen Haken versehenes Gerät über das Getreide führt und so die Ähren zerkleinert, wobei die Körner herausfallen. Dann wirft man mit Gabeln oder Schaufeln das gedroschene Getreide hoch, sodass der Wind die Spreu fortträgt, während die schwereren Körner zu Boden fallen. Diesen Reinigungsvorgang nennt man Worfeln. Das durch Worfeln gereinigte Getreide wird in Haufen am Rand der Tenne gesammelt. Um Diebstahl zu verhindern, schläft man über Nacht beim Getreide.

3,9 »Das Gewand über jemand breiten« bedeutet so viel wie »jemand beschützen«. Hier ist an den Schutz der kinderlosen Witwe durch den Vollzug der Leviratsehe gedacht.

Wenn er dich aber nicht lösen will, so werde
ich dich lösen, so wahr der Herr lebt. Bleib
liegen bis zum Morgen! 14 Sie blieb zu seinen
Füßen liegen bis zum Morgen. Doch noch ehe
man einander erkennen konnte, stand sie
auf. Denn Boas wollte nicht bekannt werden
lassen, dass die Frau auf die Tenne gekom-
men war. 15 Er sagte zu ihr: Reich mir das
Tuch, das du umgelegt hast. Sie hielt es hin
und er füllte sechs Maß Gerste hinein und
lud es ihr auf. Dann ging er zur Stadt.

12: Dtn 25,5f.

Der Rat der Schwiegermutter: 3,16–18

16 Rut kam nun zu ihrer Schwiegermutter
und diese fragte: Wie steht es, meine Toch-
ter? Sie erzählte ihr, wie viel Gutes ihr der
Mann erwiesen hatte, 17 und sagte: Diese
sechs Maß Gerste hat er mir gegeben; denn er
meinte: Du sollst nicht mit leeren Händen zu
deiner Schwiegermutter kommen. 18 Noomi
antwortete ihr: Warte ab, meine Tochter, bis
du erfährst, wie die Sache ausgeht; denn der
Mann wird nicht ruhen, ehe er noch heute
die Sache erledigt hat.

Die Verhandlung im Tor: 4,1–12

4 Indes war Boas zum Tor gegangen und
hatte sich dort niedergelassen. Da ging
gerade der Löser vorüber, von dem Boas ge-
sprochen hatte. Er sagte zu ihm: Komm he-
rüber und setz dich hierher! Der kam herü-
ber und setzte sich. 2 Dann holte Boas zehn
Männer von den Ältesten der Stadt und sag-
te: Setzt euch hierher! Sie taten es. 3 Darauf
sagte er zu dem Löser: Das Grundstück, das
unserem Verwandten Elimelech gehört, will
Noomi, die aus dem Grünland Moabs zu-
rückgekehrt ist, verkaufen. 4 Ich dachte, ich
will dich davon unterrichten und dir sagen:
Erwirb es in Gegenwart der hier Sitzenden
und in Gegenwart der Ältesten meines Vol-
kes! Wenn du lösen willst, so löse! Willst du
aber nicht lösen, so sag es mir, damit ich es
weiß; denn außer dir ist niemand zum Lösen
da und ich bin nach dir an der Reihe. Jener
antwortete: Ich werde lösen. 5 Boas fuhr fort:
Wenn du den Acker aus der Hand der Noomi
erwirbst, dann erwirbst du zugleich auch die
Moabiterin Rut, die Frau des Verstorbenen,
um den Namen des Toten auf seinem Erbe
wieder erstehen zu lassen. 6 Der Löser sagte:
Dann kann ich für mich nicht lösen, sonst
schädige ich mein eigenes Erbe. Übernimm
du mein Löserecht; denn ich kann nicht lö-
sen. 7 Früher bestand in Israel folgender
Brauch: Um ein Löse- oder Tauschgeschäft
rechtskräftig zu machen, zog man den Schuh
aus und gab ihn seinem Partner. Das galt in
Israel als Bestätigung. 8 Der Löser sagte nun
zu Boas: Erwirb es!, und er zog seinen Schuh
aus. 9 Boas sagte zu den Ältesten und zu al-
lem Volk: Ihr seid heute Zeugen, dass ich al-
les Eigentum Elimelechs sowie das Kiljons
und Machlons aus der Hand der Noomi er-
worben habe. 10 Auch Rut, die Moabiterin,
die Frau Machlons, habe ich mir zur Frau er-
worben, um den Namen des Verstorbenen
auf seinem Erbe wieder erstehen zu lassen,
damit sein Name unter seinen Verwandten
und innerhalb der Mauern seiner Stadt nicht
erlischt. Ihr seid heute Zeugen. 11 Da ant-
wortete alles Volk im Tor samt den Ältesten:
Wir sind Zeugen. Der Herr mache die Frau,
die in dein Haus kommt, wie Rahel und Lea,
die zwei, die das Haus Israel aufgebaut ha-
ben. Komm zu Reichtum in Efrata und zu
Ansehen in Betlehem! 12 Dein Haus gleiche
dem Haus des Perez, den Tamar dem Juda
geboren hat, durch die Nachkommenschaft,
die der Herr dir aus dieser jungen Frau
geben möge.

3: Lev 25,24f; Jer 32,7f • 6: Dtn 25,7–10 • 11: Gen 29 – 31 •
12: Gen 38,29.

Das gesegnete Kind: 4,13–17

13 So nahm Boas Rut zur Frau und ging zu
ihr. Der Herr ließ sie schwanger werden und
sie gebar einen Sohn. 14 Da sagten die
Frauen zu Noomi: Gepriesen sei der Herr,
der es dir heute nicht an einem Löser hat feh-
len lassen. Sein Name soll in Israel gerühmt
werden. 15 Du wirst jemand haben, der dein
Herz erfreut und dich im Alter versorgt;
denn deine Schwiegertochter, die dich liebt,
hat ihn geboren, sie, die mehr wert ist als sie-
ben Söhne. 16 Noomi nahm das Kind, drückte
es an ihre Brust und wurde seine Wärterin.
17 Die Nachbarinnen wollten ihm einen
Namen geben und sagten: Der Noomi ist ein
Sohn geboren. Und sie gaben ihm den
Namen Obed. Er ist der Vater Isais, des
Vaters Davids.

4,5 Die Auslösung eines Grundstücks und die Leviratsehe bilden für den nächsten Verwandten eine Einheit.

4,7 In Dtn 25,5–9 hat das Ausziehen der Schuhe eine andere Bedeutung: Es soll denjenigen, der die Schwagerehe verweigert, der Schande preisgeben. Hier aber bedeutet es lediglich den Verzicht zugunsten eines anderen.

4,10 Nach Dtn 25,5f ist nur der Bruder, nicht ein weiterer Verwandter zur Leviratsehe verpflichtet;

Der Stammbaum: 4,18–22

18 Das ist die Geschlechterfolge nach Perez: Perez zeugte Hezron, 19 Hezron zeugte Ram, Ram zeugte Amminadab, 20 Amminadab zeugte Nachschon, Nachschon zeugte Salmon, 21 Salmon zeugte Boas, Boas zeugte Obed, 22 Obed zeugte Isai und Isai zeugte David.

Die Samuelbücher

Die Epoche, die mit dem Namen Samuel verbunden ist, ist eine Zeit des Übergangs. Samuel handelt noch wie einer der Richter, er tritt aber auch wie ein Prophet auf. Unter seiner maßgeblichen Mitwirkung entsteht in Israel das Königtum. Weder zwischen den beiden Büchern noch am Ende von 2 Sam ist ein Einschnitt in der Geschichte Israels zu erkennen. Dennoch hat die Abgrenzung und Zweiteilung des ursprünglich einen Samuelbuches innerhalb des Deuteronomistischen Geschichtswerks (dazu vgl. die Einleitung zu Dtn) Sinn und Grund. 1 Sam schließt mit dem Ende des ersten Königs, des Benjaminiters Saul; in 1 Kön beginnt mit Salomo, dem Nachfolger Davids, die Reihe von Herrschern, die einen bereits zur festen Institution gewordenen Thron besteigen.

Der Aufbau der beiden Samuelbücher folgt dem Verlauf der Ereignisse, setzt aber Schwerpunkte, an denen die Darstellung ausführlicher wird. 1 Sam beginnt mit der Kindheitsgeschichte Samuels (Kap. 1 – 3), wohl einer Überlieferung aus Schilo. Daran schließt sich die Lade-Erzählung an (Kap. 4 – 6), zu der sachlich auch 2 Sam 6 gehört. Samuel wirkt als Richter (Kap. 7) und als prophetischer Seher und Gottesmann. Im Auftrag Gottes salbt er Saul zum ersten König Israels (Kap. 8 – 12), dessen Regierungszeit in Kap. 13 – 31 geschildert wird. Nach Sauls Tod wird David, dessen Aufstieg sich seit langem angebahnt hat, König zunächst von Juda (2 Sam 2 – 4), dann von ganz Israel (5,1–5). David erobert Jerusalem (5,6–16), macht es nach einem Sieg über die Philister (5,17–25) zur Hauptstadt und überführt die Bundeslade dorthin (Kap. 6). Gott verheißt ihm durch den Propheten Natan seinen besonderen Beistand und ein ewiges Königtum (Kap. 7).

Von den Kriegen Davids ist in den Kapiteln 8, 10 und 11 die Rede. Kap. 9 berichtet von Davids Großmut gegen den Enkel Sauls, Kap. 11 und 12 von seiner Sünde, Kap. 13 – 19 von den Wirren um die Thronnachfolge und von Abschaloms Aufstand und Ende, Kap. 20 von der Erhebung des Benjaminiters Scheba. Hier schließt 1 Kön an. Außerhalb des Erzählungszusammenhangs stehen die Nachträge über die Hungersnot und über die Blutrache der Gibeoniter (21,1–14), über Davids Helden (21,15–22; 23,8–29) – dazu der Psalm Davids (Kap. 22 = Ps 18) und seine letzten Worte (23,1–7) - sowie über die Volkszählung und ihre Bestrafung (Kap. 24).

Den Autoren, die die Samuelbücher in der vorliegenden Form gestaltet haben, lagen bereits größere Werke vor, die sie aufnahmen und anscheinend nur wenig veränderten: die bereits genannte Lade- Erzählung (1 Sam 4 – 6; 2 Sam 6), die Geschichte von Davids Aufstieg (1 Sam 16,13 – 2 Sam 5) und die Geschichte der Thronfolge (2 Sam 10 – 20; 1 Kön 1 und 2). Die Erzählung von der heiligen Lade diente dazu, Jerusalem als die von Israels Gott erwählte Stadt auszuweisen. Im Ziel mit ihr verwandt ist 2 Sam 24, wo auf den Platz des künftigen Tempels durch die Erscheinung des Engels Jahwes hingewiesen wird. Die beiden

nach Lev 25,25–27 muss aber auch ein weiterer Verwandter, wenn kein näherer vorhanden ist, einen Acker auslösen.

4,18–22 Der Stammbaum Davids findet sich auch in 1 Chr 2,5–15 und in Mt 1,3–6, wo Rut in V. 5 ausdrücklich als die Stammmutter Davids genannt wird; in Mt 1 wird der Stammbaum dann bis auf Jesus weitergeführt. So gilt in der christlichen Tradition Rut als Ahnfrau Jesu.

Darstellungen vom Aufstieg Davids und von seiner Nachfolge sind aus Helden- und Familiengeschichten zusammengefügt. Die Kindheitsgeschichte Samuels (1 Sam 1 – 3) ist mit Überlieferungen des Heiligtums von Schilo eng verbunden. Das Danklied der Hanna (1 Sam 2), das Totenlied auf Saul und Jonatan (2 Sam 1), der Psalm (2 Sam 22) und die letzten Worte Davids (2 Sam 23) sind dem Liedgut Israels entnommen.

Die deuteronomistischen Kreise, die bei der Gestaltung der Samuelbücher tätig waren, trugen an wichtigen Punkten ihre eigene theologische Meinung ein, besonders in ihrer Auffassung vom Königtum. Einer königfreundlichen Strömung, die dem geschichtlichen Hergang eher entsprechen dürfte, steht eine kritische Haltung gegenüber. Hier meldet sich warnend (1 Sam 8 und 10) die deuteronomistische Theologie zu Wort, sie bejaht jedoch die davidische Dynastie, vor allem wegen ihrer Verbindung mit dem Tempel (2 Sam 7). So wird in 2 Sam 7 der Grund für die messianische Erwartung gelegt, die bis ins Neue Testament weiterwirken sollte.

Das erste Buch Samuel

ELI UND SAMUEL: 1,1 – 3,21

Die Geburt Samuels: 1,1–20

1 Einst lebte ein Mann aus Ramatajim,
ein Zufiter vom Gebirge Efraim. Er hieß
Elkana und war ein Sohn Jerohams, des
Sohnes Elihus, des Sohnes Tohus, des Soh-
nes Zufs, ein Efraimiter. 2 Er hatte zwei
Frauen. Die eine hieß Hanna, die andere Pe-
ninna. Peninna hatte Kinder, Hanna aber
hatte keine Kinder. 3 Dieser Mann zog Jahr
für Jahr von seiner Stadt nach Schilo hinauf,
um den Herrn der Heere anzubeten und ihm
zu opfern. Dort waren Hofni und Pinhas, die
beiden Söhne Elis, Priester des Herrn. 4 An
dem Tag, an dem Elkana das Opfer dar-
brachte, gab er seiner Frau Peninna und all
ihren Söhnen und Töchtern ihre Anteile.
5 Hanna aber gab er einen doppelten Anteil;
denn er hatte Hanna lieb, obwohl der Herr
ihren Schoß verschlossen hatte. 6 Ihre Riva-
lin aber kränkte und demütigte sie sehr, weil
der Herr ihren Schoß verschlossen hatte.
7 So machte es Elkana Jahr für Jahr. Sooft
sie zum Haus des Herrn hinaufzogen,
kränkte Peninna sie; und Hanna weinte und
aß nichts. 8 Ihr Mann Elkana fragte sie: Han-
na, warum weinst du, warum isst du nichts,
warum ist dein Herz betrübt? Bin ich dir
nicht viel mehr wert als zehn Söhne?

9 Nachdem man in Schilo gegessen und ge-
trunken hatte, stand Hanna auf und trat vor
den Herrn. Der Priester Eli saß an den Tür-
pfosten des Tempels des Herrn auf seinem
Stuhl. 10 Hanna war verzweifelt, betete zum
Herrn und weinte sehr. 11 Sie machte ein Ge-
lübde und sagte: Herr der Heere, wenn du
das Elend deiner Magd wirklich ansiehst,
wenn du an mich denkst und deine Magd
nicht vergisst und deiner Magd einen männ-
lichen Nachkommen schenkst, dann will ich
ihn für sein ganzes Leben dem Herrn über-
lassen; kein Schermesser soll an sein Haupt
kommen. 12 So betete sie lange vor dem
Herrn. Eli beobachtete ihren Mund; 13 denn
Hanna redete nur still vor sich hin, ihre Lip-
pen bewegten sich, doch ihre Stimme war
nicht zu hören.

Eli hielt sie deshalb für betrunken 14 und
sagte zu ihr: Wie lange willst du dich noch
wie eine Betrunkene aufführen? Sieh zu,
dass du deinen Weinrausch los wirst! 15 Han-
na gab zur Antwort: Nein, Herr! Ich bin eine

1,1 Rama – H hat die spätere Namensform Ramatajim – ist auch die Wirkungsstätte Samuels. – ein Zufiter: Text korr., vgl. G und 9,5.

1,3 Herr der Heere: H: Jahwe Zebaot, von G oft mit Pantokrator (Allherrscher) übersetzt. Mit den Heeren sind die himmlischen Heere, nämlich die Gestirne und die Engel, aber auch die Heere Israels gemeint. – Zu Schilo vgl. die Anmerkung zu Jos 18,1.

1,5 doppelten: Übersetzung unsicher.

1,9 und trat vor den Herrn: ergänzt nach G.

1,11 Samuel wird ähnlich wie ein Nasiräer Gott geweiht (vgl. die Anmerkungen zu Num 6,1–21 und Ri 13,5).

unglückliche Frau. Ich habe weder Wein getrunken noch Bier; ich habe nur dem Herrn mein Herz ausgeschüttet. 16 Halte deine Magd nicht für eine nichtsnutzige Frau; denn nur aus großem Kummer und aus Traurigkeit habe ich so lange geredet. 17 Eli erwiderte und sagte: Geh in Frieden! Der Gott Israels wird dir die Bitte erfüllen, die du an ihn gerichtet hast. 18 Sie sagte: Möge deine Magd Gnade finden vor deinen Augen. Dann ging sie weg; sie aß wieder und hatte kein trauriges Gesicht mehr.

19 Am nächsten Morgen standen sie früh auf und beteten den Herrn an. Dann machten sie sich auf den Heimweg und kehrten in ihr Haus nach Rama zurück. Elkana erkannte seine Frau Hanna; der Herr dachte an sie, 20 und Hanna wurde schwanger. Als die Zeit abgelaufen war, gebar sie einen Sohn und nannte ihn Samuel, denn (sie sagte): Ich habe ihn vom Herrn erbeten.

1: 1 Chr 6,11f.19f.

Samuel wird dem Herrn geweiht: 1,21–28

21 Als dann Elkana mit seiner ganzen Familie wieder hinaufzog, um dem Herrn das jährliche Opfer und die Gaben, die er gelobt hatte, darzubringen, 22 zog Hanna nicht mit, sondern sagte zu ihrem Mann: Ich werde den Knaben erst, wenn er entwöhnt ist, hinaufbringen; dann soll er vor dem Angesicht des Herrn erscheinen und für immer dort bleiben. 23 Ihr Mann Elkana sagte zu ihr: Tu, was dir gefällt. Bleib hier, bis du ihn entwöhnt hast. Wenn nur der Herr sein Wort erfüllt! Die Frau blieb also daheim und stillte ihren Sohn, bis sie ihn entwöhnte. 24 Als sie ihn entwöhnt hatte, nahm sie ihn mit hinauf, dazu einen dreijährigen Stier, ein Efa Mehl und einen Schlauch Wein. So brachte sie ihn zum Haus des Herrn in Schilo; der Knabe aber war damals noch sehr jung. 25 Als sie den Stier geschlachtet hatten, brachten sie den Knaben zu Eli, 26 und Hanna sagte: Bitte, mein Herr, so wahr du lebst, mein Herr, ich bin die Frau, die damals neben dir stand, um zum Herrn zu beten. 27 Ich habe um diesen Knaben gebetet und der Herr hat mir die Bitte erfüllt, die ich an ihn gerichtet habe. 28 Darum lasse ich ihn auch vom Herrn zurückfordern. Er soll für sein ganzes Leben ein vom Herrn Zurückgeforderter sein. Und sie beteten dort den Herrn an.

Danklied der Hanna: 2,1–11

2 Hanna betete. Sie sagte:
Mein Herz ist voll Freude über den Herrn, / große Kraft gibt mir der Herr. / Weit öffnet sich mein Mund gegen meine Feinde; / denn ich freue mich über deine Hilfe.

2 Niemand ist heilig, nur der Herr; / denn außer dir gibt es keinen (Gott); / keiner ist ein Fels wie unser Gott.

3 Redet nicht immer so vermessen, / kein freches Wort komme aus eurem Mund; / denn der Herr ist ein wissender Gott / und bei ihm werden die Taten geprüft.

4 Der Bogen der Helden wird zerbrochen, / die Wankenden aber gürten sich mit Kraft.

5 Die Satten verdingen sich um Brot, / doch die Hungrigen können feiern für immer. / Die Unfruchtbare bekommt sieben Kinder, / doch die Kinderreiche welkt dahin.

6 Der Herr macht tot und lebendig, / er führt zum Totenreich hinab und führt auch herauf.

7 Der Herr macht arm und macht reich, / er erniedrigt und er erhöht.

8 Den Schwachen hebt er empor aus dem Staub / und erhöht den Armen, der im Schmutz liegt; / er gibt ihm einen Sitz bei den Edlen, / einen Ehrenplatz weist er ihm zu. / Ja, dem Herrn gehören die Pfeiler der Erde; / auf sie hat er den Erdkreis gegründet.

9 Er behütet die Schritte seiner Frommen, / doch die Frevler verstummen in der Finsternis; / denn der Mensch ist nicht stark aus eigener Kraft.

10 Wer gegen den Herrn streitet, wird zerbrechen, / der Höchste lässt es donnern am Himmel. / Der Herr hält Gericht bis an die Grenzen der Erde. / Seinem König gebe er Kraft / und erhöhe die Macht seines Gesalbten.

11 Darauf kehrte Elkana in sein Haus nach Rama zurück, der Knabe aber stand von da an im Dienst des Herrn unter der Aufsicht des Priesters Eli.

1,20 Der Name wird nur nach dem Klang des Wortes gedeutet.
1,24 *einen dreijährigen Stier:* Text korr. nach G, vgl. V. 25; H: drei Stiere.
2,1c Wörtlich: Mein Horn ist durch Jahwe erhöht. Das Horn ist Symbol der Kraft. Das Lied der Hanna ist Vorbild für das Magnificat LK 1,46–55.
2,3 so vermessen: Text korr., vgl. G.
2,5 können feiern für immer, wörtlich: hören auf für immer.
2,10 der Höchste: Text korr. (vgl. Ps 18,14). – die Macht, wörtlich: das Horn, vgl. die Anmerkung zu V. 1c.

Die Schuld des Hauses Eli: 2,12–36
12 Die Söhne Elis waren nichtsnutzige
Menschen. Sie kümmerten sich nicht um den
Herrn 13 und sie pflegten sich gegenüber dem
Volk so zu verhalten: Sooft jemand ein
Schlachtopfer darbrachte und das Fleisch
kochte, kam ein Diener des Priesters mit ei-
ner dreizinkigen Gabel in der Hand. 14 Er
stach in den Kessel oder den Topf, in das Be-
cken oder die Schüssel, und alles, was die
Gabel heraufholte, nahm der Priester für
sich. So machten sie es bei allen Israeliten,
die dorthin, nach Schilo, kamen. 15 Noch be-
vor man das Fett in Rauch aufgehen ließ,
kam der Diener des Priesters und sagte zu
dem Mann, der opferte: Gib mir Fleisch zum
Braten für den Priester; er nimmt von dir
aber kein gekochtes Fleisch an, sondern nur
rohes. 16 Wenn ihm der Mann erwiderte: Zu-
erst muss man doch das Fett in Rauch aufge-
hen lassen, dann nimm dir, was dein Herz
begehrt!, sagte ihm der Diener: Nein, gib es
sofort her, sonst nehme ich es mit Gewalt.
17 Die Sünde der jungen Männer war sehr
schwer in den Augen des Herrn; denn sie be-
handelten das Opfer des Herrn mit Verach-
tung.

18 Der junge Samuel aber versah den
Dienst vor dem Angesicht des Herrn, beklei-
det mit dem leinenen Efod. 19 Seine Mutter
machte ihm immer wieder ein kleines Ober-
gewand und brachte es ihm jedes Jahr mit,
wenn sie zusammen mit ihrem Mann hinauf-
zog, um das jährliche Opfer darzubringen.
20 Dann segnete Eli Elkana und seine Frau
und sagte: Der Herr gebe dir für den, den er
von dir erbeten hat, andere Nachkommen-
schaft von dieser Frau. Darauf gingen sie
wieder in ihren Heimatort zurück. 21 Der
Herr aber nahm sich Hannas an; sie wurde
schwanger und bekam noch drei Söhne und
zwei Töchter. Der Knabe Samuel aber wuchs
beim Herrn heran.

22 Eli war sehr alt geworden. Er hörte von
allem, was seine Söhne allen Israeliten anta-
ten, auch, dass sie mit den Frauen schliefen,
die sich vor dem Eingang des Offenbarungs-
zeltes aufhielten. 23 Er sagte zu ihnen: Wa-
rum tut ihr so etwas? Warum muss ich von
allen Leuten solch schlimme Dinge über
euch hören? 24 Nein, meine Söhne, was man,
wie ich höre, im Volk des Herrn über euch
verbreitet, ist nicht gut. 25 Wenn ein Mensch
gegen einen Menschen sündigt, kann Gott
Schiedsrichter sein. Wenn aber ein Mensch
gegen den Herrn sündigt, wer kann dann für
ihn eintreten? Aber sie hörten nicht auf die
Stimme ihres Vaters; denn der Herr war ent-
schlossen, sie umkommen zu lassen. 26 Der
Knabe Samuel aber wuchs heran und ge-
wann immer mehr an Gunst beim Herrn und
auch bei den Menschen.

27 Da kam ein Gottesmann zu Eli und sagte
zu ihm: So spricht der Herr: Habe ich mich
dem Haus deines Vaters nicht deutlich offen-
bart, als deine Vorfahren in Ägypten dem
Haus des Pharao gehörten? 28 Ich habe sie
aus allen Stämmen Israels für mich als Pries-
ter erwählt, damit sie zu meinem Altar hi-
naufgehen, das Rauchopfer darbringen und
vor meinen Augen das Efod tragen. Auch
habe ich dem Haus deines Vaters alle Feuer-
opfer der Israeliten überlassen. 29 Warum
missachtet ihr also aus Missgunst Schlacht-
opfer und Speiseopfer, die ich angeordnet
habe? Warum ehrst du deine Söhne mehr als
mich und warum mästet ihr euch mit dem
Besten aller Gaben meines Volkes Israel?
30 Darum – Spruch des Herrn, des Gottes
Israels:

Ich hatte fest zugesagt: Dein Haus und das
Haus deines Vaters sollen für ewig vor mei-
nem Angesicht ihren Dienst versehen. Nun
aber – Spruch des Herrn: Das sei fern von
mir; denn nur die, die mich ehren, werde ich
ehren, die aber, die mich verachten, geraten
in Schande. 31 Es werden Tage kommen, da
werde ich deinen Arm abhauen und die
Macht deines Vaterhauses vernichten; in
deinem Haus wird es keinen alten Mann
mehr geben. 32 Du wirst voll Neid auf all das
Gute blicken, das der Herr für Israel tun
wird. Nie mehr wird es in deinem Haus einen
alten Mann geben. 33 Nur einen werde ich
nicht wegreißen von meinem Altar, wenn ich
deine Augen brechen und deine Seele ver-
schmachten lasse; aber der ganze Nach-
wuchs deines Hauses wird im besten Man-
nesalter sterben. 34 Und das soll das Zeichen
sein, das sich an deinen beiden Söhnen Hofni
und Pinhas verwirklichen wird: Beide wer-
den an einem Tag sterben. 35 Ich aber werde
mir einen zuverlässigen Priester einsetzen,
der nach meinem Herzen und nach meinem
Sinn handeln wird. Ich will ihm ein Haus
bauen, das Bestand hat, und er wird allezeit

2,13–15 Die Söhne Elis begnügten sich nicht mit den ihnen zustehenden Opferanteilen (vgl. Lev 7,33f; Dtn 18,3).
2,27 deine Vorfahren, wörtlich: sie.
2,29 aus Missgunst: Text korr., vgl. G.
2,30 ihren Dienst versehen, wörtlich: ein und aus gehen.
2,32 voll Neid: Text korr., vgl. V. 29.
2,35 Vgl. die Anmerkung zu V. 30.

vor den Augen meines Gesalbten seinen Dienst versehen. [36] Wer dann von deinem Haus noch übrig ist, wird kommen und sich um ein Geldstück oder einen Laib Brot vor ihm niederwerfen und sagen: Nimm mich doch in eine der Priestergruppen auf, damit ich ein Stück Brot zu essen habe.

15: Lev 7,11–17.28–34 • 26: Lk 2,52 • 28: Dtn 18,1 • 30: Ex 28,1 • 31: 1 Kön 2,27 • 34: 4,11.

Die erste Offenbarung an Samuel: 3,1–21

3 Der junge Samuel versah den Dienst des Herrn unter der Aufsicht Elis. In jenen Tagen waren Worte des Herrn selten; Visionen waren nicht häufig. [2] Eines Tages geschah es: Eli schlief auf seinem Platz; seine Augen waren schwach geworden und er konnte nicht mehr sehen. [3] Die Lampe Gottes war noch nicht erloschen und Samuel schlief im Tempel des Herrn, wo die Lade Gottes stand. [4] Da rief der Herr den Samuel und Samuel antwortete: Hier bin ich. [5] Dann lief er zu Eli und sagte: Hier bin ich, du hast mich gerufen. Eli erwiderte: Ich habe dich nicht gerufen. Geh wieder schlafen! Da ging er und legte sich wieder schlafen. [6] Der Herr rief noch einmal: Samuel! Samuel stand auf und ging zu Eli und sagte: Hier bin ich, du hast mich gerufen. Eli erwiderte: Ich habe dich nicht gerufen, mein Sohn. Geh wieder schlafen!

[7] Samuel kannte den Herrn noch nicht und das Wort des Herrn war ihm noch nicht offenbart worden. [8] Da rief der Herr den Samuel wieder, zum dritten Mal. Er stand auf und ging zu Eli und sagte: Hier bin ich, du hast mich gerufen. Da merkte Eli, dass der Herr den Knaben gerufen hatte. [9] Eli sagte zu Samuel: Geh, leg dich schlafen! Wenn er dich (wieder) ruft, dann antworte: Rede, Herr; denn dein Diener hört. Samuel ging und legte sich an seinem Platz nieder. [10] Da kam der Herr, trat (zu ihm) heran und rief wie die vorigen Male: Samuel, Samuel! Und Samuel antwortete: Rede, denn dein Diener hört. [11] Der Herr sagte zu Samuel: Fürwahr, ich werde in Israel etwas tun, sodass jedem, der davon hört, beide Ohren gellen. [12] An jenem Tag werde ich an Eli vom Anfang bis zum Ende alles verwirklichen, was ich seinem Haus angedroht habe. [13] Ich habe ihm angekündigt, dass ich über sein Haus für immer das Urteil gesprochen habe wegen seiner Schuld; denn er wusste, wie seine Söhne Gott lästern, und gebot ihnen nicht Einhalt. [14] Darum habe ich dem Haus Eli geschworen: Die Schuld des Hauses Eli kann durch Opfer und durch Gaben in Ewigkeit nicht gesühnt werden. [15] Samuel blieb bis zum Morgen liegen, dann öffnete er die Türen zum Haus des Herrn. Er fürchtete sich aber, Eli von der Vision zu berichten. [16] Da rief Eli Samuel und sagte: Samuel, mein Sohn! Er antwortete: Hier bin ich. [17] Eli fragte: Was war es, das er zu dir gesagt hat? Verheimliche mir nichts! Gott möge dir dies und das antun, wenn du mir auch nur eines von all den Worten verheimlichst, die er zu dir gesprochen hat. [18] Da teilte ihm Samuel alle Worte mit und verheimlichte ihm nichts. Darauf sagte Eli: Es ist der Herr. Er tue, was ihm gefällt.

[19] Samuel wuchs heran und der Herr war mit ihm und ließ keines von all seinen Worten unerfüllt. [20] Ganz Israel von Dan bis Beerscheba erkannte, dass Samuel als Prophet des Herrn beglaubigt war. [21] Auch weiterhin erschien der Herr in Schilo: Der Herr offenbarte sich Samuel in Schilo durch sein Wort.

2: 4,15.

VERLUST UND RÜCKKEHR DER BUNDESLADE: 4,1 – 7,1

Die Bundeslade bei den Philistern:
4,1 – 5,12

4 Das Wort Samuels erging an ganz Israel. Israel zog gegen die Philister in den Krieg. Sie schlugen ihr Lager bei Eben-Eser auf und die Philister hatten ihr Lager in Afek. [2] Die Philister rückten in Schlachtordnung gegen Israel vor und der Kampf wogte hin und her. Israel wurde von den Philistern besiegt, die von Israels Heer auf dem Feld etwa viertausend Mann erschlugen. [3] Als das Volk ins Lager zurückkam, sagten die Ältesten Israels: Warum hat der Herr heute die Philister über uns siegen lassen? Wir wollen die Bundeslade des Herrn aus Schilo zu uns holen; er soll in unsere Mitte kommen und uns aus der Gewalt unserer Feinde retten.

3,13 Gott lästern: Text korr. nach G; H: sich Fluch zuziehen.

3,19 und ließ . . . unerfüllt, wörtlich: und ließ keines seiner Worte zu Boden fallen.

4,1 Afek ist ein bedeutender Ort an der Küstenstraße nördlich von Jafo.

4 Das Volk schickte also (Männer) nach Schi-
lo und sie holten von dort die Bundeslade des
Herrn der Heere, der über den Kerubim
thront. Hofni und Pinhas, die beiden Söhne
Elis, begleiteten die Bundeslade Gottes. 5 Als
nun die Bundeslade des Herrn ins Lager
kam, erhob ganz Israel ein lautes Freudenge-
schrei, sodass die Erde dröhnte. 6 Die Philis-
ter hörten das laute Geschrei und sagten:
Was ist das für ein lautes Geschrei im Lager
der Hebräer? Als sie erfuhren, dass die Lade
des Herrn ins Lager gekommen sei, 7 fürchte-
ten sich die Philister; denn sie sagten: Gott
ist zu ihnen ins Lager gekommen. Und sie
riefen: Weh uns! Denn so etwas ist früher nie
geschehen. 8 Weh uns! Wer rettet uns aus der
Hand dieses mächtigen Gottes? Das ist der
Gott, der Ägypten mit allerlei Plagen [in der
Wüste] geschlagen hat. 9 Seid tapfer, Philis-
ter, und seid Männer, damit ihr nicht den
Hebräern dienen müsst, wie sie euch gedient
haben. Seid Männer und kämpft! 10 Da tra-
ten die Philister zum Kampf an und Israel
wurde besiegt, so- dass alle zu ihren Zelten
flohen. Es war eine sehr schwere Niederlage.
Von Israel fielen dreißigtausend Mann Fuß-
volk. 11 Die Lade Gottes wurde erbeutet und
die beiden Söhne Elis, Hofni und Pinhas,
fanden den Tod.

12 Ein Benjaminiter lief vom Schlachtfeld
weg und kam noch am gleichen Tag nach
Schilo, mit zerrissenen Kleidern und Staub
auf dem Haupt. 13 Als er ankam, saß Eli auf
seinem Stuhl neben der Straße und hielt
Ausschau; denn er hatte Angst um die Lade
Gottes. Als der Mann kam und in der Stadt
berichtete, schrie die ganze Stadt auf. 14 Eli
hörte das laute Geschrei und fragte: Was be-
deutet dieser Lärm? Der Mann lief schnell
herbei und berichtete Eli. 15 Eli war acht-
undneunzig Jahre alt; seine Augen waren
starr geworden, sodass er nichts mehr sehen
konnte. 16 Der Mann sagte zu Eli: Ich bin der
Mann, der vom Schlachtfeld gekommen ist;
ich bin heute aus der Schlacht geflohen. Eli
fragte: Wie ist es denn zugegangen, mein
Sohn? 17 Der Bote antwortete: Israel ist vor
den Philistern geflohen. Das Volk hat eine
schwere Niederlage erlitten. Auch deine bei-
den Söhne Hofni und Pinhas sind tot und die
Lade Gottes ist weggeschleppt worden.
18 Als er die Lade Gottes erwähnte, fiel Eli
rückwärts von seinem Stuhl neben dem Tor,
brach sich das Genick und starb, denn er war
ein alter und schwerfälliger Mann. Er war
vierzig Jahre lang Richter in Israel gewe-
sen.

19 Seine Schwiegertochter, die Frau des
Pinhas, war schwanger und stand vor der
Niederkunft. Als sie die Nachricht vernahm,
dass die Lade Gottes weggeschleppt und
dass ihr Schwiegervater und ihr Mann tot
waren, sank sie zu Boden und gebar (ihr
Kind); denn die Wehen waren über sie ge-
kommen. 20 Sie lag im Sterben und die Frau-
en, die um sie herumstanden, sagten: Fürchte
dich nicht, du hast einen Sohn geboren.
Doch sie achtete nicht darauf und antworte-
te nichts. 21 Sie nannte den Knaben Ikabod –
das will besagen: Fort ist die Herrlichkeit
aus Israel – wegen des Verlustes der Lade
Gottes und wegen (des Todes) ihres Schwie-
gervaters und ihres Mannes. 22 Sie sagte:
Fort ist die Herrlichkeit aus Israel, denn die
Lade Gottes ist weggeschleppt worden.

5 Die Philister brachten die Lade Gottes,
die sie erbeutet hatten, von Eben-Eser
nach Aschdod. 2 Dann nahmen sie die Lade
Gottes, brachten sie in den Tempel Dagons
und stellten sie neben Dagon auf. 3 Als die
Einwohner von Aschdod aber am nächsten
Morgen aufstanden, war Dagon vornüber
gefallen und lag vor der Lade des Herrn mit
dem Gesicht auf dem Boden. Sie nahmen
Dagon und stellten ihn wieder an seinen
Platz. 4 Doch als sie am nächsten Morgen in
der Frühe wieder aufstanden, da war Dagon
wieder vornüber gefallen und lag vor der
Lade des Herrn mit dem Gesicht auf dem Bo-
den. Dagons Kopf und seine beiden Hände
lagen abgeschlagen auf der Schwelle. Nur
der Rumpf war Dagon geblieben. 5 Deshalb
treten die Priester Dagons und alle, die in
den Tempel Dagons kommen, bis zum heuti-
gen Tag nicht auf die Schwelle des Dagon
von Aschdod.

6 Die Hand des Herrn lastete schwer auf
den Einwohnern von Aschdod, und er ver-
setzte sie in Schrecken und schlug Aschdod
und sein Gebiet mit der Beulenpest. 7 Als die
Einwohner von Aschdod sahen, was ge-
schah, sagten sie: Die Lade des Gottes Israels
darf nicht bei uns bleiben; denn seine Hand
liegt schwer auf uns und auf unserem Gott

4,4 die beiden: Text korr. nach G; H: und dort die beiden.

4,12 Zerrissene Kleider und Staub auf dem Haupt sind Zeichen der Trauer und des Schmerzes.

4,21 Der Name Ikabod ist volkstümlich gedeutet.

5,2 Dagon war eine bei den Semiten weit verbreitete, auch von den Philistern verehrte Gottheit, vielleicht ein Getreidegott (dagan = Getreide).

5,5 Die Sitte, nicht auf die Schwelle zu treten, wird hier mit der Niederlage Dagons erklärt. Sie entstand aber wohl aus der Scheu, auf die Schwellendämonen zu treten.

Dagon. 8 Sie sandten (Boten) zu allen Fürs-
ten der Philister, riefen sie bei sich zusam-
men und fragten sie: Was sollen wir mit der
Lade des Gottes Israels machen? Die Fürsten
erklärten: Die Lade des Gottes Israels soll
nach Gat hinüberziehen. Darauf brachte
man die Lade des Gottes Israels nach Gat.
9 Doch nachdem man sie nach Gat gebracht
hatte, kam die Hand des Herrn über diese
Stadt und versetzte sie in gewaltigen Schre-
cken. Er schlug die Leute der Stadt, vom
Kleinsten bis zum Größten, sodass Pestbeu-
len bei ihnen aufbrachen.

10 Darauf schickte man die Lade Gottes
nach Ekron. Als die Lade Gottes nach Ekron
kam, schrien die Einwohner von Ekron auf
und sagten: Sie bringen die Lade des Gottes
Israels zu uns herüber, um uns und unser
Volk zu töten. 11 Darauf sandten sie (Boten)
zu allen Fürsten der Philister, riefen sie zu-
sammen und sagten: Schafft die Lade des
Gottes Israels fort! Sie soll an den Ort zu-
rückkehren, an den sie gehört, und nicht uns
und unser Volk töten. Denn ein tödlicher
Schrecken lag über der ganzen Stadt; die
Hand Gottes lastete schwer auf ihr. 12 Die
Leute, die nicht starben, waren mit Pestbeu-
len geschlagen, und der Hilfeschrei der Stadt
stieg zum Himmel empor.

4,1: 29,1 • 11: 2,34; Ps 78,61 • 15: 3,2 • 22: Ps 78,61.

Die Rückkehr der Lade: 6,1 – 7,1

6 Die Lade des Herrn war sieben Monate
lang im Gebiet der Philister. 2 Dann rie-
fen die Philister ihre Priester und Wahrsager
herbei und fragten sie: Was sollen wir mit
der Lade des Herrn machen? Gebt uns Aus-
kunft, auf welche Weise wir sie an den Ort
zurückschicken sollen, an den sie gehört.
3 Sie antworteten: Wenn ihr die Lade des
Gottes Israels zurückschickt, dann schickt
sie nicht ohne Gabe zurück! Ihr müsst viel-
mehr ein Sühnegeschenk entrichten. Dann
werdet ihr Heilung finden und ihr werdet er-
kennen, warum seine Hand nicht von euch
ablässt. 4 Sie fragten weiter: Was für ein
Sühnegeschenk sollen wir ihm entrichten?
Sie antworteten: Fünf goldene Beulen und
fünf goldene Mäuse, entsprechend der Zahl
der Philisterfürsten; denn alle hat die gleiche
Plage getroffen, auch eure Fürsten. 5 Macht
also Abbilder eurer Pestbeulen und der Mäu-
se, die euer Land verwüsten, und gebt dem
Gott Israels die Ehre! Vielleicht lässt er seine
Hand leichter werden über euch, eurem Gott
und eurem Land. 6 Warum wollt ihr euer
Herz verhärten, wie die Ägypter und der
Pharao ihr Herz verhärtet haben? Sie muss-
ten doch auch die Israeliten, nachdem sie sie
übel behandelt hatten, entlassen und diese
konnten fortgehen. 7 Macht also jetzt einen
neuen Wagen; holt zwei säugende Kühe, auf
die noch kein Joch gelegt worden ist, und
spannt die Kühe vor den Wagen; ihre Kälber
aber nehmt ihnen weg und bringt sie nach
Hause! 8 Dann nehmt die Lade des Herrn
und stellt sie auf den Wagen und legt dane-
ben in einer Tasche die goldenen Gegenstän-
de, die ihr ihm als Sühnegabe entrichten
wollt; dann lasst sie fortziehen! 9 Gebt aber
acht: Wenn die Lade in Richtung Bet-Sche-
mesch, also in ihr Gebiet hinaufzieht, dann
war er es, der uns dieses große Unheil zuge-
fügt hat; wenn nicht, dann wissen wir, dass
nicht seine Hand uns getroffen hat, sondern
dass es ein Zufall gewesen ist. 10 Die Leute
machten es so. Sie nahmen zwei säugende
Kühe und spannten sie an den Wagen; ihre
Kälber aber hielten sie zu Hause zurück.
11 Sie stellten die Lade des Herrn auf den
Wagen und auch die Tasche mit den golde-
nen Mäusen und den Abbildern ihrer Ge-
schwüre. 12 Die Kühe aber gingen gerade-
wegs in Richtung Bet-Schemesch; sie folgten
genau der Straße, wichen weder nach rechts
noch nach links ab und brüllten immerzu.
Die Fürsten der Philister folgten ihnen bis
zur Grenze von Bet-Schemesch. 13 Die Leute
von Bet-Schemesch waren gerade im Tal bei
der Weizenernte. Als sie aufblickten und die
Lade sahen, freuten sie sich sehr darüber.
14 Als der Wagen bis zum Feld Joschuas von
Bet-Schemesch gekommen war, blieb er ste-
hen. Dort lag ein großer Stein. Sie spalteten
das Holz des Wagens und brachten die Kühe
dem Herrn als Brandopfer dar. 15 [Die Levi-
ten hatten die Lade des Herrn und die Ta-
sche, die neben ihr stand und in der goldene
Gegenstände waren, herabgehoben und auf
den großen Stein gestellt. Die Männer von
Bet-Schemesch brachten an jenem Tag dem
Herrn Brandopfer und Schlachtopfer dar.]
16 Die fünf Fürsten der Philister sahen zu;
dann kehrten sie am gleichen Tag nach
Ekron zurück.

17 Das sind die goldenen Geschwüre, die
die Philister dem Herrn als Sühnegabe ent-
richtet haben: eines für Aschdod, eines für
Gaza, eines für Aschkelon, eines für Gat, ei-
nes für Ekron, 18 dazu die goldenen Mäuse

6,4 Die Weihgeschenke bilden die erkrankten Körperteile und die Plage ab und sind als Bitte an Gott gedacht.

6,9 Es soll ein Gottesurteil herbeigeführt werden.

6,15 Zusatz im Sinn von Num 4.

6,18 Der große Stein: Text korr., vgl. G.

entsprechend der Zahl der Philisterstädte
unter den fünf Fürsten, von der befestigten
Stadt bis zum offenen Dorf. Der große Stein,
auf den man die Lade des Herrn gestellt hat-
te, liegt noch bis zum heutigen Tag auf dem
Feld des Joschua aus Bet-Schemesch.
19 Der Herr aber strafte die Leute von Bet-
Schemesch, weil sie die Lade des Herrn an-
geschaut hatten. Er erschlug aus dem Volk
siebzig Mann [fünfzigtausend Mann]. Da
trauerte das Volk, weil der Herr einen so
schweren Schlag gegen das Volk geführt hat-
te. 20 Die Männer von Bet-Schemesch sagten:
Wer kann vor dem Herrn, diesem heiligen
Gott, bestehen? Und zu wem soll er von uns
aus hinaufziehen? 21 Sie schickten Boten zu
den Einwohnern von Kirjat-Jearim und lie-
ßen sagen: Die Philister haben die Lade des
Herrn zurückgebracht. Kommt herab und
holt sie zu euch hinauf!

7 Da kamen die Leute von Kirjat-Jearim
und holten die Lade des Herrn zu sich
hinauf. Sie brachten sie in das Haus Abina-
dabs auf der Anhöhe. Und seinen Sohn Elea-
sar weihten sie, dass er die Lade des Herrn
bewache.

6: Ex 8,28; 9,7 • 19: Num 4,20; 2 Sam 6,6f • 21: 1 Chr 13,6; Ps 132,6.

SAMUEL UND SAUL: 7,2 – 15,35

Samuel als Richter: 7,2–17

2 Seit dem Tag, an dem die Lade in Kirjat-
Jearim ihre Wohnung nahm, war eine lange
Zeit vergangen, zwanzig Jahre. Als sich das
ganze Haus Israel klagend an den Herrn
wandte, 3 sagte Samuel zum ganzen Haus Is-
rael: Wenn ihr von ganzem Herzen zum
Herrn zurückkehren wollt, dann schafft die
fremden Götter mitsamt den Astarten aus
eurer Mitte fort! Wendet euer Herz wieder
dem Herrn zu, und dient ihm allein; dann
wird er euch aus der Gewalt der Philister be-
freien. 4 Da entfernten die Israeliten die Baa-
le und Astarten und dienten nur noch dem
Herrn. 5 Darauf sagte Samuel: Versammelt
ganz Israel in Mizpa; ich will für euch zum
Herrn beten. 6 Da versammelten sie sich in
Mizpa, sie schöpften Wasser und gossen es
vor dem Herrn aus. Dort fasteten sie an die-
sem Tag und sagten: Wir haben uns gegen
den Herrn versündigt. Samuel sprach den
Israeliten Recht in Mizpa. 7 Die Philister
erfuhren, dass sich die Israeliten in Mizpa
versammelt hatten, und ihre Fürsten zogen
gegen Israel heran. Als die Israeliten das
hörten, bekamen sie Angst vor den Philis-
tern. 8 Sie sagten zu Samuel: Kehr dich nicht
schweigend von uns ab und hör nicht auf,
zum Herrn, unserem Gott, zu rufen, damit
er uns aus der Hand der Philister befreit.
9 Da nahm Samuel ein junges Lamm und
brachte es dem Herrn als Ganzopfer dar. Er
rief zum Herrn für Israel und der Herr er-
hörte ihn. 10 Als Samuel das Brandopfer dar-
brachte, rückten die Philister schon zum
Kampf gegen Israel heran. Da ließ der Herr
mit gewaltigem Krachen noch am gleichen
Tag einen Donner gegen die Philister er-
schallen und brachte sie so in Verwirrung,
dass sie von den Israeliten geschlagen wur-
den. 11 Nun zogen die Israeliten von Mizpa
aus, verfolgten die Philister bis unterhalb
von Bet-Kar und schlugen sie. 12 Samuel
nahm einen Stein und stellte ihn zwischen
Mizpa und Jeschana auf. Er nannte ihn
Eben-Eser (Stein der Hilfe) und sagte: Bis
hierher hat uns der Herr geholfen. 13 So wur-
den die Philister gedemütigt und drangen
nicht mehr in das Gebiet Israels ein; und die
Hand des Herrn lastete auf den Philistern,
solange Samuel lebte. 14 Die Städte von
Ekron bis Gat, die die Philister Israel wegge-
nommen hatten, kamen an Israel zurück; das
ganze Gebiet dieser Städte entriss Israel den
Philistern wieder. Aber zwischen Israel und
den Amoritern war Friede.
15 Samuel war Richter in Israel, solange er
lebte. 16 Jahr für Jahr zog er umher und
machte die Runde durch Bet-El, Gilgal und
Mizpa und sprach an all diesen Orten Israel
Recht. 17 Dann kehrte er jeweils nach Rama
zurück, denn dort hatte er sein Haus. Auch
dort sprach er Israel Recht und er baute dort
einen Altar für den Herrn.

5: 10,17; Ri 20,1 • 10: 14,15; Ex 14,24; 23,27; Jos 10,10; Ri 4,15.

6,19 Übertreibender Zusatz, der bei einem Teil der Textzeugen fehlt.
6,20 Bet-Schemesch liegt östlich von Aschdod, Kirjat-Jearim westlich von Jerusalem.
7,6 Der Wasser-Ritus ist wohl ein Bußakt.
7,12 Jeschana: Text korr., vgl. G.

Die Forderung nach einem König: 8,1–22

8 Als Samuel alt geworden war, setzte er
seine Söhne als Richter Israels ein.
2 Sein erstgeborener Sohn hieß Joël, sein
zweiter Abija. Sie waren in Beerscheba
Richter. 3 Seine Söhne gingen nicht auf sei-
nen Wegen, sondern waren auf ihren Vorteil
aus, ließen sich bestechen und beugten das
Recht. 4 Deshalb versammelten sich alle Äl-
testen Israels und gingen zu Samuel nach
Rama. 5 Sie sagten zu ihm: Du bist nun alt
und deine Söhne gehen nicht auf deinen We-
gen. Darum setze jetzt einen König bei uns
ein, der uns regieren soll, wie es bei allen
Völkern der Fall ist. 6 Aber Samuel missfiel
es, dass sie sagten: Gib uns einen König, der
uns regieren soll. Samuel betete deshalb zum
Herrn, 7 und der Herr sagte zu Samuel: Hör
auf die Stimme des Volkes in allem, was sie
zu dir sagen. Denn nicht dich haben sie ver-
worfen, sondern mich haben sie verworfen:
Ich soll nicht mehr ihr König sein. 8 Das ent-
spricht ganz ihren Taten, die sie (immer wie-
der) getan haben, seitdem ich sie aus Ägyp-
ten heraufgeführt habe, bis zum heutigen
Tag; sie haben mich verlassen und anderen
Göttern gedient. So machen sie es nun auch
mit dir. 9 Doch hör jetzt auf ihre Stimme,
warne sie aber eindringlich und mach ihnen
bekannt, welche Rechte der König hat, der
über sie herrschen wird.

10 Samuel teilte dem Volk, das einen König
von ihm verlangte, alle Worte des Herrn mit.
11 Er sagte: Das werden die Rechte des Kö-
nigs sein, der über euch herrschen wird: Er
wird eure Söhne holen und sie für sich bei
seinen Wagen und seinen Pferden verwenden
und sie werden vor seinem Wagen herlaufen.
12 Er wird sie zu Obersten über (Abteilungen
von) Tausend und zu Führern über (Abtei-
lungen von) Fünfzig machen. Sie müssen
sein Ackerland pflügen und seine Ernte ein-
bringen. Sie müssen seine Kriegsgeräte und
die Ausrüstung seiner Streitwagen anferti-
gen. 13 Eure Töchter wird er holen, damit sie
ihm Salben zubereiten und kochen und ba-
cken. 14 Eure besten Felder, Weinberge und
Ölbäume wird er euch wegnehmen und sei-
nen Beamten geben. 15 Von euren Äckern
und euren Weinbergen wird er den Zehnten
erheben und ihn seinen Höflingen und Be-
amten geben. 16 Eure Knechte und Mägde,
eure besten jungen Leute und eure Esel wird
er holen und für sich arbeiten lassen. 17 Von
euren Schafherden wird er den Zehnten er-
heben. Ihr selber werdet seine Sklaven sein.
18 An jenem Tag werdet ihr wegen des Kö-
nigs, den ihr euch erwählt habt, um Hilfe
schreien, aber der Herr wird euch an jenem
Tag nicht antworten.

19 Doch das Volk wollte nicht auf Samuel
hören, sondern sagte: Nein, ein König soll
über uns herrschen. 20 Auch wir wollen wie
alle anderen Völker sein. Unser König soll
uns Recht sprechen, er soll vor uns herziehen
und soll unsere Kriege führen. 21 Samuel
hörte alles an, was das Volk sagte, und trug
es dem Herrn vor. 22 Und der Herr sagte zu
Samuel: Hör auf ihre Stimme und setz ihnen
einen König ein! Da sagte Samuel zu den Is-
raeliten: Geht heim, jeder in seine Stadt!

2: 1 Chr 6,13 • 5: Dtn 17,14–20; Apg 13,20f • 7: 10,19; Ex 15,18; Ps 74,12

Die Salbung Sauls zum König: 9,1 – 10,16

9 Damals lebte in Benjamin ein Mann na-
mens Kisch, ein Sohn Abiëls, des Soh-
nes Zerors, des Sohnes Bechorats, des Soh-
nes Afiachs, ein wohlhabender Benjamini-
ter. 2 Er hatte einen Sohn namens Saul, der
jung und schön war; kein anderer unter den
Israeliten war so schön wie er; er überragte
alle um Haupteslänge.

3 Eines Tages verliefen sich die Eselinnen
von Sauls Vater Kisch. Da sagte Kisch zu
seinem Sohn Saul: Nimm einen von den
Knechten, mach dich mit ihm auf den Weg
und such die Eselinnen! 4 Sie durchquerten
das Gebirge Efraim und durchstreiften das
Gebiet von Schalischa, fanden sie aber nicht.
Sie zogen durch das Gebiet von Schaalim –
ohne Erfolg; dann durchwanderten sie das
Land Jemini, fanden sie aber wieder nicht.
5 Als sie in das Gebiet von Zuf gekommen
waren, sagte Saul zu seinem Knecht, der ihn
begleitete: Komm, wir wollen umkehren,
sonst macht sich mein Vater um uns noch
mehr Sorgen als um die Eselinnen. 6 Der
Knecht erwiderte ihm: In dieser Stadt wohnt
doch ein Gottesmann. Er ist sehr angesehen;
alles, was er sagt, trifft mit Sicherheit ein.
Lasst uns jetzt zu ihm gehen; vielleicht kann
er uns sagen, welchen Weg wir hätten gehen
sollen. 7 Saul antwortete dem Knecht: Was

9,1–11,15 Die verschiedenen, teilweise widersprüchlichen Überlieferungen darüber, wie Saul König wurde, sind hier aneinander gereiht: Der Prophet Samuel benennt und salbt ihn (9,1 – 10,16); er wird durch Losentscheid König (10,17–27); er weist sich selbst durch einen Sieg als Führer des Volkes aus (11,1–15).

9,6 »Gottesmann« ist ein Titel für Männer, die von Gott zu einer besonderen Aufgabe erwählt werden, wie Mose (Dtn 33,1) oder die Propheten (1 Kön 13,4–20; 17,18; 2 Kön 1,9f).

sollen wir dem Mann mitbringen, wenn wir hingehen? Das Brot in unseren Taschen ist zu Ende. Wir haben nichts, was wir dem Gottesmann als Geschenk bringen könnten. Oder haben wir sonst etwas? 8 Darauf antwortete ihm der Knecht: Sieh her, ich habe noch einen Viertel-Silberschekel bei mir. Den will ich dem Gottesmann geben, damit er uns Auskunft über den Weg gibt. 9 – Früher sagte man in Israel, wenn man hinging, um Gott zu befragen: Wir wollen zum Seher gehen. Denn wer heute Prophet genannt wird, hieß früher Seher. – 10 Saul sagte zu seinem Knecht: Dein Vorschlag ist gut. Komm, wir wollen hingehen. Sie gingen also in die Stadt, wo der Gottesmann wohnte. 11 Als sie die Steige zur Stadt hinaufgingen, trafen sie einige Mädchen, die herauskamen, um Wasser zu schöpfen. Sie fragten sie: Ist der Seher hier? 12 Sie antworteten ihnen: Ja, er ist da, da vorn. Beeilt euch aber, denn er ist gerade in die Stadt gekommen, weil das Volk heute auf der Kulthöhe ein Opferfest feiert. 13 Wenn ihr in die Stadt kommt, werdet ihr ihn gerade noch treffen, bevor er zur Kulthöhe hinaufsteigt, um am Mahl teilzunehmen. Denn das Volk isst nicht, ehe er kommt, weil er das Opfer segnen muss; erst dann essen die Eingeladenen. Geht also hinauf; denn jetzt könnt ihr ihn treffen. 14 Da gingen sie weiter zur Stadt hinauf. Und als sie zur Mitte der Stadt gekommen waren, kam ihnen gerade Samuel entgegen, der zur Kulthöhe hinaufgehen wollte.

15 Der Herr aber hatte Samuel, einen Tag bevor Saul kam, das Ohr für eine Offenbarung geöffnet und gesagt: 16 Morgen um diese Zeit schicke ich einen Mann aus dem Gebiet Benjamins zu dir. Ihn sollst du zum Fürsten meines Volkes Israel salben. Er wird mein Volk aus der Gewalt der Philister befreien; denn ich habe die Not meines Volkes Israel gesehen und sein Hilfeschrei ist zu mir gedrungen. 17 Als Samuel Saul sah, sagte der Herr zu ihm: Das ist der Mann, von dem ich dir gesagt habe: Der wird über mein Volk herrschen. 18 Saul trat mitten im Tor zu Samuel und fragte: Sag mir doch, wo das Haus des Sehers ist. 19 Samuel antwortete Saul: Ich bin der Seher. Geh vor mir her zur Kulthöhe hinauf! Ihr sollt heute mit mir essen. Morgen früh will ich dich dann weiterziehen lassen. Ich werde dir Auskunft über alles geben, was du auf dem Herzen hast. 20 Über die Eselinnen, die dir vor drei Tagen abhanden gekommen sind, brauchst du dir keine Gedanken zu machen. Sie wurden gefunden. Auf wen aber richtet sich die ganze Sehnsucht Israels? Gilt sie nicht dir und dem ganzen Haus deines Vaters? 21 Da antwortete Saul: Bin ich nicht ein Benjaminiter, also aus dem kleinsten Stamm Israels? Ist meine Sippe nicht die geringste von allen Sippen des Stammes Benjamin? Warum sagst du so etwas zu mir? 22 Samuel nahm Saul und seinen Knecht mit, führte sie in das Haus und wies ihnen die Ehrenplätze unter den Eingeladenen an; es waren etwa dreißig Männer (versammelt). 23 Samuel sagte zum Koch: Bring das Stück her, das ich dir gegeben habe, das, von dem ich dir gesagt habe: Halt es bei dir zurück! 24 Da trug der Koch die Keule auf und setzte sie Saul vor; er sagte: Das ist das, was übrig blieb. Greif zu und iss! Als ich das Volk eingeladen hatte, ist dieses Stück für dich und für diese Stunde aufgehoben worden. An jenem Tag aß Saul zusammen mit Samuel. 25 Dann stiegen sie von der Kulthöhe in die Stadt hinab und Samuel hatte mit Saul auf dem Flachdach eine Unterredung. 26 Früh am Morgen, als die Dämmerung anbrach, rief Samuel zu Saul aufs Dach hinauf: Steh auf! Ich will dir das Geleit geben. Saul stand auf und beide gingen zusammen hinaus. 27 Als sie zur Grenze des Stadtgebietes gekommen waren, sagte Samuel zu Saul: Sag dem Knecht, er soll vorausgehen; du aber bleib nun hier stehen! Ich will dir ein Gotteswort verkünden. Da ging der Knecht voraus.

10 Da nahm Samuel den Ölkrug und goss Saul das Öl auf das Haupt, küsste ihn und sagte: Hiermit hat der Herr dich zum Fürsten über sein Erbe gesalbt. 2 Wenn du jetzt von mir weggehst, wirst du beim Grab der Rahel in Zelzach im Gebiet von Benjamin zwei Männer treffen und sie werden zu dir sagen: Die Eselinnen, nach denen du auf der Suche bist, sind gefunden worden. Doch denkt dein Vater nicht mehr an die Sache mit den Eselinnen, sondern macht sich Sorgen um euch und sagt: Was kann ich nur wegen meines Sohnes unternehmen? 3 Wenn du dann von dort weiterziehst und zur Tabor-Eiche kommst, werden dir dort drei Männer begegnen, die zu Gott nach Bet-El hinaufziehen. Einer trägt ein Böckchen, einer trägt drei Laib Brot und einer trägt einen Schlauch Wein. 4 Sie werden dich grüßen und dir zwei Brote geben; die sollst du von ihnen annehmen. 5 Danach wirst du nach Gibeat-Elohim kommen, wo

9,14.18 Über Ort und Art des Zusammentreffens gab es anscheinend verschiedene Überlieferungen.
9,16 die Not: Text nach G ergänzt.

die Vorposten der Philister stehen. Wenn du
dort in die Stadt hineingehst, wirst du eine
Schar von Propheten treffen, die von der
Kulthöhe herabkommen, und vor ihnen wird
Harfe, Pauke, Flöte und Zither gespielt. Sie
selbst sind in prophetischer Verzückung.
6 Dann wird der Geist des Herrn über dich
kommen und du wirst wie sie in Verzückung
geraten und in einen anderen Menschen ver-
wandelt werden. 7 Wenn du aber all diese
Zeichen erlebst, dann tu, was sich gerade er-
gibt; denn Gott ist mit dir. 8 Hernach geh mir
voraus nach Gilgal hinab! Ich werde dann
bereits auf dem Weg zu dir sein, um Brand-
opfer darzubringen und Heilsopfer zu
schlachten. Sieben Tage musst du warten,
bis ich zu dir komme. Dann werde ich dir
verkünden, was du tun sollst.

9 Als sich Saul nun umwandte, um von
Samuel wegzugehen, verwandelte Gott sein
Herz. Und noch am gleichen Tag trafen alle
diese Zeichen ein. 10 Als sie, Saul und sein
Knecht, nach Gibea gelangten, kam ihnen
tatsächlich eine Schar von Propheten entge-
gen. Der Geist Gottes kam über Saul und
Saul geriet mitten unter ihnen in propheti-
sche Verzückung. 11 Alle, die ihn von früher
kannten, sahen, wie er zusammen mit den
Propheten in Verzückung war. Die Leute
sagten zueinander: Was ist denn nur mit dem
Sohn des Kisch geschehen? Ist auch Saul un-
ter den Propheten? 12 Einer von dort erwi-
derte: Wer ist denn schon deren Vater? So ist
das Sprichwort entstanden: Ist denn auch
Saul unter den Propheten?

13 Als die Verzückung zu Ende war, ging
Saul nach Gibea hinein. 14 Der Onkel Sauls
fragte ihn und seinen Knecht: Wo seid ihr
denn gewesen? Er antwortete: Wir waren
weg, um die Eselinnen zu suchen. Als wir
aber sahen, dass sie nirgends (zu finden) wa-
ren, gingen wir zu Samuel. 15 Sauls Onkel
sagte: Erzähl mir doch, was Samuel euch ge-
sagt hat. 16 Saul antwortete seinem Onkel: Er
hat uns mit Bestimmtheit gesagt, dass die
Eselinnen gefunden worden sind. Die Sache
mit dem Königtum aber, von der Samuel ge-
sprochen hatte, erzählte er ihm nicht.

9,21: 15,17 • 10,1: 15,1 • 2: Gen 35,19f • 6: Ri 13,25 • 8: 11,14; 13,8 • 10: 19,20–24 • 12: 19,24.

Die Wahl Sauls zum König: 10,17–27

17 Samuel rief das Volk zum Herrn nach
Mizpa zusammen. 18 Er sagte zu den Israeli-
ten: So spricht der Herr, der Gott Israels: Ich
habe Israel aus Ägypten heraufgeführt, ich
habe euch aus der Gewalt der Ägypter be-
freit und aus der Gewalt all der Königreiche,
die euch bedrängt haben. 19 Ihr aber habt
heute euren Gott verworfen, der euer Retter
in allen Nöten und Bedrängnissen war, und
ihr habt gesagt: Nein, du sollst einen König
bei uns einsetzen. Stellt euch jetzt also vor
dem Herrn auf, (geordnet) nach euren Stäm-
men und Tausendschaften. 20 Und Samuel
ließ alle Stämme Israels antreten (um das
Los zu werfen). Das Los fiel auf den Stamm
Benjamin. 21 Darauf ließ er den Stamm Ben-
jamin (geordnet) nach seinen Sippen antre-
ten und das Los fiel auf die Sippe Matri. Und
schließlich fiel das Los auf Saul, den Sohn
des Kisch. Man suchte ihn (überall), fand ihn
aber nicht. 22 Sie befragten noch einmal den
Herrn: Ist noch jemand hierher gekommen?
Der Herr antwortete: Ja, aber er hat sich
beim Tross versteckt. 23 Sie liefen hin und
holten ihn von dort. Als er mitten unter das
Volk trat, überragte er alle anderen um
Haupteslänge. 24 Und Samuel sagte zum
ganzen Volk: Habt ihr gesehen, wen der Herr
erwählt hat? Keiner ist ihm gleich im ganzen
Volk. Da jubelte das ganze Volk und sagte:
Es lebe der König! 25 Samuel machte dem
Volk das Königsrecht bekannt, schrieb es in
ein Buch und legte das Buch vor dem Herrn
nieder. Dann entließ Samuel das ganze Volk,
jeden in sein Haus. 26 Auch Saul ging in sein
Haus nach Gibea. Und mit ihm zog eine
Schar von Männern, deren Herz Gott be-
rührt hatte. 27 Niederträchtige Menschen
aber sagten: Was kann uns der schon helfen?
Sie verachteten ihn und brachten ihm kein
Geschenk. Er aber tat, als merkte er es nicht.

17: 7,5 • 19: 8,7 • 20: Jos 7,16 • 25: Dtn 17,14–20 • 27: 11,12.

Hilfe für Jabesch: 11,1–13

11 Da zog der Ammoniter Nahasch
heran und belagerte Jabesch-Gilead.
Die Männer von Jabesch sagten zu Nahasch:
Schließ einen Vertrag mit uns, dann wollen
wir dir dienen. 2 Der Ammoniter Nahasch
erwiderte ihnen: Unter einer Bedingung will
ich mit euch einen Vertrag schließen: Ich ste-
che euch allen das rechte Auge aus und brin-
ge damit Schande über ganz Israel. 3 Die
Ältesten von Jabesch sagten: Lass uns sieben
Tage Zeit! Wir wollen Boten durch das ganze
Gebiet von Israel schicken. Wenn sich nie-

10,13 nach Gibea hinein: Text korr., vgl. G; H: auf die Höhe.

10,19 Nein: Text korr. nach mehreren Textzeugen.

10,25 Das Königsgesetz bezieht sich nicht auf 8,10–18, sondern eher auf das Königsgesetz von Dtn 17,14–20.

mand findet, der uns retten kann, werden
wir uns dir ergeben. 4 Als die Boten nach Gi-
bea-Saul kamen und die Sache dem Volk
vortrugen, brach das ganze Volk in lautes
Weinen aus. 5 Saul kam gerade hinter seinen
Rindern vom Feld her und fragte: Was haben
denn die Leute, dass sie weinen? Sie erzähl-
ten ihm, was die Männer von Jabesch berich-
tet hatten. 6 Als Saul das hörte, kam der
Geist Gottes über ihn und sein Zorn ent-
brannte heftig. 7 Er ergriff ein Gespann Rin-
der und hieb es in Stücke, schickte die Stü-
cke durch Boten in das ganze Gebiet von Is-
rael und ließ sagen: Wer nicht hinter Saul
und Samuel in den Kampf zieht, dessen Rin-
dern soll es ebenso gehen. Da fiel der Schre-
cken des Herrn auf das ganze Volk und sie
rückten aus wie ein Mann. 8 Als Saul sie in
Besek musterte, waren es dreihunderttau-
send Männer aus Israel und dreißigtausend
Männer aus Juda. 9 Sie sagten zu den Boten,
die gekommen waren: Folgendes sollt ihr den
Männern von Jabesch-Gilead sagen: Mor-
gen, wenn die Sonne am heißesten brennt,
bekommt ihr Hilfe. Die Boten gingen heim
und berichteten alles und die Männer von
Jabesch freuten sich. 10 Sie ließen Nahasch
sagen: Morgen werden wir zu euch hinaus-
kommen. Dann könnt ihr mit uns machen,
was euch gefällt. 11 Am nächsten Morgen
stellte Saul das Volk in drei Abteilungen auf.
Um die Zeit der Morgenwache drangen sie
mitten in das Lager ein und zur Zeit der Mit-
tagshitze hatten sie die Ammoniter geschla-
gen. Nur wenige blieben übrig; sie wurden
zerstreut, sodass nicht einmal zwei von ih-
nen beieinander blieben.

12 Da sagte das Volk zu Samuel: Wer hat
damals gesagt: Soll etwa Saul als König über
uns herrschen? Gebt diese Männer heraus,
damit wir sie töten. 13 Saul aber sagte: An
diesem Tag soll niemand getötet werden;
denn heute hat der Herr Israel Hilfe ge-
bracht.

6: Ri 13,25 • 12: 10,27 • 13: 14,45 • 14: 10,8.

Samuels Abschied: 11,14 – 12,25

14 Samuel sagte zum Volk: Kommt, wir
wollen nach Gilgal gehen und dort das Kö-
nigtum erneuern. 15 Da ging das ganze Volk
nach Gilgal. Sie machten dort in Gilgal Saul
vor dem Herrn zum König, schlachteten dem
Herrn Heilsopfer und Saul und alle Männer
Israels waren voll Freude.

12 Samuel sagte zu ganz Israel: Ihr
wisst, ich habe in allem, was ihr mir
gesagt habt, auf euch gehört und einen Kö-
nig bei euch eingesetzt. 2 Seht, hier ist nun
der König, der vor euch in den Krieg ziehen
wird. Ich selbst bin alt und grau geworden
und meine Söhne leben ja mitten unter euch.
Von meiner Jugend an bis zum heutigen Tag
bin ich vor euch hergegangen. 3 Hier stehe
ich; antwortet mir in Gegenwart des Herrn
und seines Gesalbten: Wem habe ich je ein
Rind weggenommen? Wem habe ich einen
Esel weggenommen? Wen habe ich übervor-
teilt, wen ungerecht behandelt? Von wem
habe ich Bestechungsgeld angenommen und
habe beide Augen zugedrückt? Ich will es
euch zurückerstatten. 4 Sie antworteten: Du
hast uns weder übervorteilt noch ungerecht
behandelt, noch hast du von jemand etwas
angenommen. 5 Er sagte zu ihnen: Der Herr
ist Zeuge euch gegenüber und auch sein Ge-
salbter ist heute Zeuge dafür, dass ihr mir
nichts vorwerfen könnt. Sie erwiderten: Sie
sind Zeugen.

6 Und Samuel sagte zum Volk: Der Herr ist
es gewesen, der Mose und Aaron erschaffen
und eure Väter aus Ägypten heraufgeführt
hat. 7 Tretet nun zu mir, damit ich mit euch
vor den Augen des Herrn ins Gericht gehe
und euch alle Wohltaten des Herrn vorhalte,
die er euch und euren Vätern erwiesen hat.
8 Als Jakob nach Ägypten gekommen war
und die Ägypter eure Väter unterdrückten
und sie zum Herrn schrien, da sandte der
Herr Mose und Aaron. Sie führten eure Väter
aus Ägypten heraus und gaben ihnen Wohn-
sitze an diesem Ort. 9 Eure Väter aber verga-
ßen den Herrn, ihren Gott. Da verkaufte er
sie an Sisera, den Feldherrn von Hazor, an
die Philister und an den König von Moab
und diese führten Krieg gegen sie. 10 Da
schrien sie zum Herrn und sagten: Wir haben
gesündigt; denn wir haben den Herrn verlas-
sen und den Baalen und Astarten gedient.
Befrei uns jetzt aus der Gewalt unserer Fein-
de; wir wollen wieder dir dienen. 11 Darauf
sandte der Herr Jerubbaal, Barak, Jiftach
und Samuel und befreite euch aus der Ge-
walt eurer Feinde ringsumher, sodass ihr in

11,4 Gibea-Saul liegt nördlich von Jerusalem. Ausgrabungen haben eine Burg aus der Zeit um 1000 v. Chr. freigelegt, die man mit Saul in Verbindung bringt.

12,5 dass ihr mir nichts vorwerfen könnt, wörtlich: dass ihr in meiner Hand nichts gefunden habt.

12,7 euch vorhalte: ergänzt nach G.

12,8 und die Ägypter eure Väter unterdrückten: ergänzt nach G.

12,11 Bedan: G und S lesen Barak.

Sicherheit leben konntet. 12 Als ihr aber saht, dass Nahasch, der König der Ammoniter, gegen euch ausrückte, sagtet ihr zu mir: Nein, ein König soll über uns herrschen!, obwohl doch der Herr, euer Gott, euer König ist. 13 Seht, hier ist euer König, den ihr verlangt und den ihr euch erwählt habt. Ja, der Herr hat euch einen König gegeben. 14 Wenn ihr den Herrn fürchtet und ihm dient, wenn ihr auf seine Stimme hört und euch seinem Befehl nicht widersetzt, wenn sowohl ihr als auch der König, der über euch herrscht, dem Herrn, eurem Gott, folgt (dann geht es euch gut). 15 Wenn ihr aber nicht auf die Stimme des Herrn hört und euch seinem Befehl widersetzt, dann wird die Hand des Herrn gegen euch (ausgestreckt) sein wie gegen eure Väter.

16 Nun tretet her und seht die große Tat mit an, die der Herr vor euren Augen vollbringen wird. 17 Ist jetzt nicht gerade Weizenernte? Ich werde zum Herrn rufen und er wird Gewitter und Regen schicken. So werdet ihr erkennen und einsehen, wie groß euer Unrecht in den Augen des Herrn ist, das ihr dadurch begangen habt, dass ihr für euch einen König verlangt habt. 18 Samuel rief zum Herrn und der Herr schickte noch am gleichen Tag Gewitter und Regen. Da geriet das ganze Volk in große Furcht vor dem Herrn und vor Samuel 19 und alle sagten zu Samuel: Bete für deine Knechte zum Herrn, deinem Gott, damit wir nicht umkommen; denn wir haben all unseren Sünden noch die Bosheit hinzugefügt, einen König für uns zu verlangen. 20 Samuel erwiderte dem Volk: Fürchtet euch nicht! Ihr habt all dieses Böse getan; doch weicht (von nun an) nicht mehr von der Nachfolge des Herrn ab und dient dem Herrn mit ganzem Herzen! 21 Weicht ja nicht ab und folgt nicht den nichtigen (Göttern), die nichts nützen und nicht retten können, weil sie nichtig sind. 22 Um seines großen Namens willen wird der Herr sein Volk nicht verstoßen; denn er hat sich entschlossen, euch zu seinem Volk zu machen. 23 Auch ich weise es weit von mir, mich am Herrn zu versündigen, und höre deshalb nicht auf, für euch zu beten; ich werde euch den guten und geraden Weg weisen. 24 Nur fürchtet den Herrn und dient ihm treu und von ganzem Herzen! Denn ihr seht, welch große Dinge er an euch getan hat. 25 Wenn ihr aber wieder Böses tut, dann werdet sowohl ihr als auch euer König dahingerafft werden.

11,14: 10,8 • 12,1: 8,6; 11,15 • 8: Ex 3,7f • 9: Ri 4,2; 10,7; 13,1; 3,12 • 10: Ri 10,10 • 11: Ri 6,14; 11,29; Hebr 11,32 • 12: 11,1f; 8,19.

Die Herrschaft Sauls: 13,1–22

13 Saul war . . . Jahre alt, als er König wurde, und er regierte zwei . . . Jahre über Israel. 2 Saul wählte sich dreitausend Mann aus Israel aus; zweitausend davon waren bei Saul in Michmas und auf dem Berg von Bet-El und tausend waren bei Jonatan in Gibea-Benjamin. Den Rest des Volkes entließ er, jeden zu seinem Zelt. 3 Jonatan erschlug den Vogt der Philister, der in Geba saß; die Philister hörten davon. Saul aber ließ im ganzen Land das Widderhorn blasen und ausrufen: Die Hebräer sollen es hören. 4 Und ganz Israel hörte die Kunde: Saul hat den Vogt der Philister erschlagen und dadurch hat sich Israel bei den Philistern verhasst gemacht. Das Volk wurde aufgeboten, Saul nach Gilgal zu folgen. 5 Die Philister versammelten sich zum Kampf gegen Israel; sie hatten dreitausend Wagen und sechstausend Wagenkämpfer und ein Heer so zahlreich wie der Sand am Ufer des Meeres. Sie zogen herauf und schlugen bei Michmas, östlich von Bet-Awen, ihr Lager auf. 6 Als die Israeliten sahen, dass sie in Gefahr gerieten und dass das Volk bedrängt wurde, versteckten sie sich in Höhlen, Schlupflöchern, Felsspalten, Gruben und Zisternen. 7 Viele gingen über den Jordan in das Land Gad und Gilead. Saul war noch in Gilgal und das ganze Volk, das ihm gefolgt war, hatte große Angst. 8 Er wartete in Gilgal sieben Tage auf Samuel, wie vereinbart, aber Samuel kam nicht. Als ihm nun das Volk davonlief, 9 sagte Saul: Bringt das Brandopfer und die Heilsopfer zu mir her! Und er brachte das Opfer dar. 10 Gerade als er mit der Darbringung des Opfers fertig war, kam Samuel. Saul ging ihm entgegen, um ihn zu begrüßen. 11 Samuel aber fragte: Was hast du getan? Saul antwortete: Weil ich sah, dass mir das Volk davonlief und du nicht zu dem vereinbarten Zeitpunkt gekommen bist und die Philister sich bei Michmas versammelt haben, 12 dachte ich: Jetzt werden die Philister

---

12,17 Gewitter und Regen gibt es in der Erntezeit in Palästina äußerst selten.

13,1 Die Zahlen sind nicht überliefert.

13,2 Michmas: nordöstlich von Jerusalem.

13,3 Geba: nordöstlich von Jerusalem.

13,5 dreitausend: Text korr., vgl. G und S; H: dreißigtausend. – Zu Bet-Awen vgl. Jos 7,2 und Hos 4,15 und die dortigen Anmerkungen.

13,7 Viele: Text korr.; H: Hebräer.

gegen mich nach Gilgal herabziehen, noch
ehe ich den Herrn gnädig gestimmt habe.
Darum habe ich es gewagt, das Brandopfer
darzubringen. 13 Samuel erwiderte Saul: Du
hast töricht gehandelt: Hättest du den Befehl
befolgt, den dir der Herr, dein Gott, gegeben
hat, dann hätte er jetzt deine Herrschaft
über Israel für immer gefestigt. 14 Nun aber
wird deine Herrschaft keinen Bestand ha-
ben. Der Herr hat sich einen Mann nach sei-
nem Herzen gesucht und ihn zum Fürsten
seines Volkes gemacht. Denn du hast nicht
befolgt, was der Herr dir befohlen hat.

15 Danach brach Samuel auf und ging von
Gilgal nach Gibea-Benjamin hinauf. Saul
musterte das Volk, das noch bei ihm war; es
waren etwa sechshundert Mann. 16 Saul, sein
Sohn Jonatan und die Leute, die noch bei ih-
nen waren, standen bei Geba-Benjamin,
während die Philister ihr Lager bei Michmas
hatten. 17 Da zogen aus dem Lager der Philis-
ter drei Abteilungen aus, um zu plündern.
Eine Abteilung wandte sich in Richtung Ofra
im Gebiet von Schual; 18 die zweite Abtei-
lung zog in Richtung Bet-Horon, und die
dritte Abteilung wandte sich in Richtung auf
den Hügel, der über das Hyänental weg in
die Wüste hinüberschaut.

19 Damals war im ganzen Land kein
Schmied zu finden. Denn die Philister hatten
sich gesagt: Die Hebräer sollen sich keine
Schwerter und Lanzen machen können.
20 Alle Israeliten mussten zu den Philistern
hinabgehen, wenn jemand sich eine Pflug-
schar, eine Hacke, eine Axt oder eine Sichel
schmieden lassen wollte. 21 Der Preis für das
Schärfen der Pflugscharen, der Hacken, des
Dreizacks und der Äxte und das Einsetzen
des Ochsenstachels betrug ein Pim. 22 Als es
nun zum Krieg kam, fand sich im ganzen
Volk, das bei Saul und Jonatan war, weder
ein Schwert noch ein Speer. Nur Saul und
sein Sohn Jonatan hatten (solche Waffen).

8: 10,8 • 13: 10,8 • 14: 16,1; Apg 13,22 • 19: Ri 5,8.

Jonatans Heldentat: 13,23 – 14,15

23 Ein Posten der Philister rückte gegen
den Pass von Michmas vor.

14 Eines Tages sagte Jonatan, der Sohn
Sauls, zu seinem Waffenträger:
Komm, wir wollen zu dem Posten der Philis-
ter hinübergehen, der da drüben steht. Sei-
nem Vater sagte er aber nichts davon. 2 Saul
saß an der Flurgrenze von Gibea unter dem
Granatapfelbaum, der bei Migron steht. Das
Volk, das er bei sich hatte, zählte etwa sechs-
hundert Mann. 3 Damals trug Ahija, der
Sohn Ahitubs, des Bruder Ikabods, des Soh-
nes des Pinhas, des Sohnes Elis, des Priesters
des Herrn in Schilo, das Efod. Auch das Volk
wusste nicht, dass Jonatan weggegangen
war. 4 An den Übergängen, wo Jonatan zu
dem Posten der Philister hinüberzukommen
versuchte, war hüben und drüben eine Fels-
zacke; die eine nannte man Bozez, die andere
Senne. 5 Die eine Felszacke erhebt sich wie
eine Säule auf der Nordseite, gegenüber von
Michmas, die andere auf der Südseite, ge-
genüber von Geba. 6 Jonatan sagte also zu
seinem Waffenträger: Komm, wir wollen
hinübergehen zu dem Posten dieser Unbe-
schnittenen. Vielleicht wird der Herr für uns
handeln; für den Herrn ist es ja keine
Schwierigkeit zu helfen, sei es durch viele
oder durch wenige. 7 Sein Waffenträger er-
widerte ihm: Tu nur, was du im Sinn hast.
Geh, ich bin mit dabei; ganz wie du willst.
8 Jonatan sagte: Hör zu! Wir wollen zu den
Männern hinübergehen und uns ihnen offen
zeigen. 9 Und wenn sie dann zu uns sagen:
Bleibt stehen, bis wir zu euch kommen!,
dann bleiben wir stehen, wo wir sind, und
gehen nicht zu ihnen hinauf. 10 Wenn sie aber
sagen: Kommt zu uns herauf!, dann wollen
wir zu ihnen hinaufsteigen; denn der Herr
hat sie in unsere Hand gegeben. Das soll für
uns das Zeichen sein. 11 Die beiden zeigten
sich also dem Posten der Philister. Die Phi-
lister sagten: Seht nur, die Hebräer sind aus
ihren Löchern hervorgekommen, in denen
sie sich versteckt hatten. 12 Die Wachtposten
riefen zu Jonatan und seinem Waffenträger
hinüber und sagten: Kommt nur herauf zu
uns, wir werden euch etwas erzählen. Da
sagte Jonatan zu seinem Waffenträger: Geh
hinter mir hinauf; denn der Herr hat sie in
die Gewalt Israels gegeben. 13 Jonatan klet-
terte auf Händen und Füßen hinauf und sein
Waffenträger folgte ihm. Da ergriffen sie vor
Jonatan die Flucht, aber sein Waffenträger,
der hinter ihm war, tötete sie. 14 Das war der
erste Schlag, den Jonatan und sein Waffen-
träger führten. Sie erschlugen etwa zwanzig

13,17 Ofra: nordöstlich von Jerusalem.

13,18 den Hügel: Text korr., vgl. G; H: das Gebiet. – Bet-Horon: westlich von Michmas (vgl. die Anmerkung zu V. 2). – Das Hyänental verläuft wohl in Richtung Jericho.

13,21 ein Pim: eine Gewichtseinheit, zwei Drittel eines Schekels. – Der Vers ist verderbt und unklar. Die hebräischen Bezeichnungen für die eisernen Geräte werden wie die in V. 20 verschieden gedeutet.

14,13 Da ergriffen sie die Flucht: Text korr.; H: Da fielen sie um.

Mann, auf einer Fläche, die ungefähr einen
halben Morgen groß war. 15 Großer Schre-
cken entstand im Lager (der Philister) und
auf dem Feld und im ganzen Volk; auch der
Vorposten und die plündernden Abteilungen
erschraken. Dazu bebte die Erde und es ent-
stand ein Gottesschrecken.

14,15: 7,10

Der Sieg über die Philister: 14,16–23

16 Die Späher Sauls in Gibea-Benjamin sa-
hen ein Getümmel, das wogte und hin und
her lief. 17 Da sagte Saul zu den Leuten, die
bei ihm waren: Prüft einmal und seht nach,
wer von unseren Leuten weggegangen ist.
Sie sahen nach, und tatsächlich fehlten Jo-
natan und sein Waffenträger. 18 Saul sagte
zu Ahija: Bring die Lade Gottes her! Denn
die Lade war an jenem Tag bei den Israeliten
(im Lager). 19 Während Saul mit dem Pries-
ter redete, wurde das Getümmel im Lager
der Philister immer größer. Da sagte Saul zu
dem Priester: Halt ein! 20 Saul aber und alle
Leute, die bei ihm waren, zogen gemeinsam
in den Kampf. Da sahen sie, dass (im Lager
der Philister) jeder sein Schwert gegen den
anderen gerichtet hatte und dass ein ganz
gewaltiges Getümmel entstanden war.
21 Auch die Hebräer, die bis zu diesem Zeit-
punkt aufseiten der Philister gestanden und
mit ihnen in den Krieg gezogen waren,
wandten sich nun (von ihnen) ab, um aufsei-
ten Israels zu sein, das zu Saul und Jonatan
hielt. 22 Als die Israeliten, die sich im Gebirge
Efraim versteckt hatten, hörten, dass die
Philister auf der Flucht waren, setzten auch
sie ihnen im Kampf nach 23 und der Kampf
dehnte sich bis Bet-Awen aus. So rettete der
Herr an jenem Tag Israel.

Sauls Schwur: 14,24–46

24 Die Israeliten aber waren an jenem Tag
in Bedrängnis geraten. Darum stellte Saul
das Volk unter einen Fluch und sagte: Ver-
flucht sei jeder, der vor dem Abend etwas
isst, bevor ich mich an meinen Feinden ge-
rächt habe. Das Volk nahm also bis zum
Abend keine Nahrung zu sich. 25 Nun gab es
in jener ganzen Gegend viele Bienennester,
sodass Honig auf freiem Feld zu finden war.
26 Als das Volk zu den Waben kam und sah,
dass Honig aus ihnen herausfloss, streckte
niemand seine Hand aus, um etwas davon zu
nehmen. Denn das Volk fürchtete den
Schwur (Sauls). 27 Jonatan aber hatte nicht
gehört, wie sein Vater das Volk beschwor. Er
tauchte den Stock, den er in der Hand hielt,
mit der Spitze in eine Honigwabe und führte
den Honig mit der Hand zum Mund. Da
leuchteten seine Augen wieder. 28 Einer aus
dem Volk aber sagte: Dein Vater hat das
Volk mit einem Eid beschworen und gesagt:
Verflucht sei jeder, der heute etwas isst. Das
Volk war aber erschöpft. 29 Jonatan erwider-
te: Mein Vater stürzt das Land ins Unglück.
Seht nur, meine Augen leuchten, weil ich ein
bisschen von diesem Honig gegessen habe.
30 Ja, hätte das Volk heute von der Beute, die
es gemacht hat, ordentlich gegessen! Dann
wäre die Niederlage der Philister noch grö-
ßer geworden.

31 Die Israeliten schlugen an diesem Tag
die Philister (im ganzen Gebiet) zwischen
Michmas und Ajalon, das Volk aber war sehr
erschöpft. 32 Deshalb stürzte sich das Volk
auf die Beute, nahm Schafe, Rinder und Käl-
ber, schlachtete sie, sodass das Blut einfach
auf die Erde floss. Und das Volk aß (das
Fleisch) samt dem Blut. 33 Da meldete man
Saul: Sieh nur, das Volk versündigt sich ge-
gen den Herrn, es isst (das Fleisch) samt dem
Blut. Er sagte: Ihr habt ein Unrecht began-
gen. Wälzt sofort einen großen Stein her!
34 Und er befahl: Geht unter die Leute und
sagt ihnen: Jeder soll sein Rind und sein
Lamm zu mir bringen und es hier schlachten
und essen. Versündigt euch nicht gegen den
Herrn, indem ihr es samt dem Blut esst. Da
brachten die Leute noch in der Nacht alles,
was sie in der Hand hatten, herbei und
schlachteten es dort. 35 Und Saul erbaute
dem Herrn einen Altar. Es war der erste Al-
tar, den er dem Herrn erbaute.

36 Saul sagte: Wir wollen in der Nacht hin-
ter den Philistern herziehen und unter ihnen
plündern, bis der Tag anbricht. Keinen von
ihnen wollen wir übrig lassen. Die Leute
antworteten: Tu nur, was du für richtig
hältst. Der Priester aber sagte: Wir wollen
(erst) hier vor Gott hintreten. 37 Saul fragte
also Gott: Soll ich hinter den Philistern her-
ziehen? Wirst du sie in die Gewalt Israels ge-
ben? Gott aber gab an jenem Tag keine Ant-

14,18f Saul wollte vermutlich Gott befragen, was zu tun sei.
14,25 Der erste Teil des Verses ist verderbt, die Übersetzung ein Versuch.
14,32b So die vielfach angenommene Deutung von H. Andere Übersetzungsmöglichkeit: Und das Volk aß über dem Blut, d. h. auf der Stelle, auf die das Blut geflossen war; dadurch wurde sie heiliger Bereich.
14,34 alles, was: Text korr. nach G. – Der große Stein (V. 32) dient als Altar; das Blut als Sitz des Lebens gehört Gott.

wort. [38] Darauf sagte Saul: Alle Anführer des
Volkes, kommt her und forscht nach, wo-
durch diese Sünde heute zustande gekom-
men ist. [39] So wahr der Herr, der Retter Isra-
els, lebt: Selbst wenn es sich um meinen
Sohn Jonatan handeln würde – er muss ster-
ben. Doch niemand aus dem Volk antworte-
te. [40] Saul aber sagte zu allen Israeliten: Ihr
sollt auf der einen Seite stehen, ich und mein
Sohn Jonatan wollen auf der anderen Seite
stehen. Das Volk antwortete Saul: Tu, was
du für richtig hältst. [41] Darauf sagte Saul
zum Herrn: Gott Israels, gib uns volle Klar-
heit! Da fiel das Los auf Jonatan und Saul,
das Volk aber ging frei aus. [42] Saul sagte:
Werft nun das Los zwischen mir und meinem
Sohn Jonatan! Das Los fiel auf Jonatan.
[43] Da sagte Saul zu Jonatan: Sag mir, was
hast du getan? Jonatan bekannte es ihm und
sagte: Ich habe mit der Spitze des Stockes,
den ich in der Hand hatte, ein wenig Honig
genommen und davon versucht. Ich bin be-
reit zu sterben. [44] Saul erwiderte: Gott möge
mir dies und das antun – Jonatan, du musst
sterben. [45] Aber das Volk sagte zu Saul: Soll
Jonatan sterben, der so viel für die Rettung
Israels getan hat? Das darf nicht sein! So
wahr der Herr lebt: Ihm soll kein Haar ge-
krümmt werden. Denn nur mit Gottes Hilfe
hat er heute diese Tat vollbracht. So befreite
das Volk Jonatan und er brauchte nicht zu
sterben. [46] Saul aber gab die Verfolgung der
Philister auf und zog wieder hinauf und die
Philister kehrten in ihre Städte zurück.

32: Lev 3,17 • 45: 11,13.

Die Kriege Sauls: 14,47–48

[47] Als Saul die Königswürde über Israel er-
langt hatte, führte er ringsum mit all seinen
Feinden Krieg: mit Moab und den Ammoni-
tern, mit Edom und den Königen von Zoba
und mit den Philistern. Wohin er sich auch
wandte, war er siegreich. [48] Er vollbrachte
tapfere Taten, schlug Amalek und befreite
Israel aus der Gewalt derer, die es ausraub-
ten.

Sauls Familie: 14,49–52

[49] Die Söhne Sauls waren Jonatan, Jischwi
und Malkischua. Die ältere seiner beiden
Töchter hieß Merab, die jüngere Michal.
[50] Sauls Frau hieß Ahinoam; sie war eine
Tochter des Ahimaaz. Sein Heerführer hieß
Abner; er war ein Sohn Ners, des Onkels
Sauls; [51] Kisch, der Vater Sauls, und Ner, der
Vater Abners, waren Söhne Abiëls.
[52] Der harte Krieg gegen die Philister hörte
nicht auf, solange Saul lebte. Jeden starken
und kriegstüchtigen Mann, den Saul sah,
nahm er in seinen Dienst.

50: 2 Sam 2,8.

Der Krieg gegen die Amalekiter. Sauls Verstoßung: 15,1–35

15 Samuel sagte zu Saul: Der Herr hatte
mich gesandt, um dich zum König
seines Volkes Israel zu salben. Darum gehor-
che jetzt den Worten des Herrn! [2] So spricht
der Herr der Heere: Ich habe beobachtet, was
Amalek Israel angetan hat: Es hat sich ihm
in den Weg gestellt, als Israel aus Ägypten
heraufzog. [3] Darum zieh jetzt in den Kampf
und schlag Amalek! Weihe alles, was ihm ge-
hört, dem Untergang! Schone es nicht, son-
dern töte Männer und Frauen, Kinder und
Säuglinge, Rinder und Schafe, Kamele und
Esel! [4] Saul bot das Volk auf und musterte es
in Telaim. Es waren zweihunderttausend
Mann Fußvolk [und zehntausend Mann aus
Juda]. [5] Saul rückte bis zur Stadt der Amale-
kiter vor und legte im Bachtal einen Hinter-
halt. [6] Den Kenitern aber ließ er sagen: Auf,
zieht fort, verlasst das Gebiet der Amaleki-
ter, damit ich euch nicht zusammen mit ih-
nen vernichte; denn ihr habt euch gegenüber
allen Israeliten freundlich verhalten, als sie
aus Ägypten heraufzogen. Da verließen die
Keniter das Gebiet der Amalekiter. [7] Saul
aber schlug die Amalekiter (im ganzen Ge-
biet) zwischen Hawila und der Gegend von
Schur, das Ägypten gegenüberliegt. [8] Agag,
den König von Amalek, brachte er lebend in
seine Gewalt; das ganze Volk aber weihte er
mit scharfem Schwert dem Untergang.
[9] Saul und das Volk schonten Agag, ebenso
auch die besten von den Schafen und Rin-
dern, nämlich das Mastvieh und die Läm-
mer, sowie alles, was sonst noch wertvoll
war. Das wollten sie nicht dem Untergang
weihen. Nur alles Minderwertige und Wert-
lose weihten sie dem Untergang.
[10] Deshalb erging das Wort des Herrn an
Samuel: [11] Es reut mich, dass ich Saul zum
König gemacht habe. Denn er hat sich von
mir abgewandt und hat meine Befehle nicht
ausgeführt. Das verdross Samuel sehr und er
schrie die ganze Nacht zum Herrn. [12] Am
nächsten Morgen machte sich Samuel auf

14,47 war er siegreich: Text korr. nach G; H: frevelte er.

15,9 das Mastvieh: Text korr. nach der aramäischen Übersetzung; H: die zweiten.

15,12 Karmel: südlich von Hebron.

den Weg und ging Saul entgegen. Man hatte Samuel mitgeteilt: Saul ist nach Karmel gekommen und hat sich (dort) ein Denkmal errichtet; dann ist er umgekehrt und nach Gilgal hinab weitergezogen. 13 Als Samuel nun zu Saul kam, sagte Saul zu ihm: Gesegnet seist du vom Herrn. Ich habe den Befehl des Herrn ausgeführt. 14 Samuel erwiderte: Und was bedeutet dieses Blöken von Schafen, das mir in die Ohren dringt, und das Gebrüll der Rinder, das ich da höre? 15 Saul antwortete: Man hat sie aus Amalek mitgebracht, weil das Volk die besten von den Schafen und Rindern geschont hat, um sie dem Herrn, deinem Gott, zu opfern. Das übrige haben wir dem Untergang geweiht. 16 Da sagte Samuel zu Saul: Hör auf! Ich will dir verkünden, was der Herr mir heute Nacht gesagt hat. Saul antwortete: Sprich! 17 Samuel sagte: Bist du nicht, obwohl du dir gering vorkommst, das Haupt der Stämme Israels? Der Herr hat dich zum König von Israel gesalbt. 18 Dann hat dich der Herr auf den Weg geschickt und gesagt: Geh und weihe die Amalekiter, die Übeltäter, dem Untergang; kämpfe gegen sie, bis du sie vernichtet hast. 19 Warum hast du nicht auf die Stimme des Herrn gehört, sondern hast dich auf die Beute gestürzt und getan, was dem Herrn missfällt? 20 Saul erwiderte Samuel: Ich habe doch auf die Stimme des Herrn gehört; ich bin den Weg gegangen, auf den der Herr mich geschickt hat; ich habe Agag, den König von Amalek, hergebracht und die Amalekiter dem Untergang geweiht. 21 Aber das Volk hat von der Beute einige Schafe und Rinder genommen, das Beste von dem, was dem Untergang geweiht war, um es dem Herrn, / deinem Gott, in Gilgal zu opfern. 22 Samuel aber sagte:

Hat der Herr an Brandopfern und Schlachtopfern das gleiche Gefallen / wie am Gehorsam gegenüber der Stimme des Herrn? / Wahrhaftig, Gehorsam ist besser als Opfer, / Hinhören besser als das Fett von Widdern.

23 Denn Trotz ist ebenso eine Sünde wie die Zauberei, / Widerspenstigkeit ist ebenso (schlimm) / wie Frevel und Götzendienst. / Weil du das Wort des Herrn verworfen hast, / verwirft er dich als König.

24 Da sagte Saul zu Samuel: Ich habe gesündigt; denn ich habe mich über den Befehl des Herrn und deine Anweisungen hinweggesetzt, ich habe mich vor dem Volk gefürchtet und auf seine Stimme gehört. 25 Darum nimm doch die Sünde von mir weg und kehr mit mir zurück, damit ich den Herrn anbete. 26 Samuel erwiderte Saul: Ich kehre nicht mit dir zurück; denn du hast das Wort des Herrn verworfen und nun hat der Herr dich verworfen, sodass du nicht mehr König von Israel sein kannst. 27 Als Samuel sich umwandte, um wegzugehen, griff Saul nach dem Zipfel seines Mantels, doch der riss ab. 28 Da sagte Samuel zu ihm: So entreißt dir heute der Herr die Herrschaft über Israel und gibt sie einem anderen, der besser ist als du. 29 Er, der ewige Ruhm Israels, kann weder lügen noch bereuen. Er ist doch kein Mensch, sodass er etwas bereuen müsste. 30 Saul erwiderte: Ich habe gesündigt; erweise mir aber jetzt vor den Ältesten des Volkes und vor Israel die Ehre, mit mir zurückzukehren, damit ich den Herrn, deinen Gott, anbete. 31 Da kehrte Samuel um und folgte Saul und Saul betete den Herrn an. 32 Darauf sagte Samuel: Bringt Agag, den König von Amalek, zu mir! Agag wurde in Fesseln zu ihm gebracht und sagte: Wahrhaftig, die Bitterkeit des Todes ist gewichen. 33 Samuel aber erwiderte:

Wie dein Schwert die Frauen um ihre Kinder gebracht, / so sei unter den Frauen deine Mutter kinderlos gemacht.

Und Samuel hieb vor den Augen des Herrn in Gilgal Agag in Stücke. 34 Dann ging Samuel nach Rama und Saul zog hinauf in sein Haus nach Gibea-Saul.

35 Samuel sah Saul vor dem Tag seines Todes nicht mehr. Samuel trauerte um Saul, weil es den Herrn reute, dass er Saul zum König über Israel gemacht hatte.

1: 10,1 • 2: Ex 17,8–16; Dtn 25,17–19 • 6: Ri 1,16 • 7: Gen 20,1; 25,18 • 17: 9,21 • 19: 28,18; 1 Chr 10,13 • 23: 16,1 • 28: 28,17 • 29: Num 23,19 • 35: 19,18–24.

SAUL UND DAVID: 16,1 – 31,13

Davids Salbung zum König: 16,1–13

16 Der Herr sagte zu Samuel: Wie lange willst du noch um Saul trauern? Ich habe ihn doch verworfen; er soll nicht mehr als König über Israel herrschen. Fülle dein Horn mit Öl und mach dich auf den Weg! Ich schicke dich zu dem Betlehemiter Isai; denn ich habe mir einen von seinen Söhnen als König ausersehen. 2 Samuel erwiderte: Wie kann ich da hingehen? Saul wird es erfahren und mich umbringen. Der Herr sagte: Nimm ein junges Rind mit und sag: Ich bin gekommen, um dem Herrn ein Schlachtopfer darzubringen. 3 Lade Isai zum Opfer ein! Ich selbst werde dich dann erkennen lassen, was du tun sollst: Du sollst mir nur den salben, den ich dir nennen werde. 4 Samuel tat, was der Herr befohlen hatte. Als er nach Betlehem kam, gingen ihm die Ältesten der Stadt zitternd entgegen und fragten: Bedeutet dein Kommen Frieden? 5 Er antwortete: Frieden. Ich bin gekommen, um dem Herrn ein Schlachtopfer darzubringen. Heiligt euch und kommt mit mir zum Opfer! Dann heiligte er Isai und seine Söhne und lud sie zum Opfer ein. 6 Als sie kamen und er den Eliab sah, dachte er: Gewiss steht nun vor dem Herrn sein Gesalbter. 7 Der Herr aber sagte zu Samuel: Sieh nicht auf sein Aussehen und seine stattliche Gestalt, denn ich habe ihn verworfen; Gott sieht nämlich nicht auf das, worauf der Mensch sieht. Der Mensch sieht, was vor den Augen ist, der Herr aber sieht das Herz. 8 Nun rief Isai den Abinadab und ließ ihn vor Samuel treten. Dieser sagte: Auch ihn hat der Herr nicht erwählt. 9 Isai ließ Schima kommen. Samuel sagte: Auch ihn hat der Herr nicht erwählt. 10 So ließ Isai sieben seiner Söhne vor Samuel treten, aber Samuel sagte zu Isai: Diese hat der Herr nicht erwählt. 11 Und er fragte Isai: Sind das alle deine Söhne? Er antwortete: Der jüngste fehlt noch, aber der hütet gerade die Schafe. Samuel sagte zu Isai: Schick jemand hin und lass ihn holen; wir wollen uns nicht zum Mahl hinsetzen, bevor er hergekommen ist. 12 Isai schickte also jemand hin und ließ ihn kommen. David war blond, hatte schöne Augen und eine schöne Gestalt. Da sagte der Herr: Auf, salbe ihn! Denn er ist es. 13 Samuel nahm das Horn mit dem Öl und salbte David mitten unter seinen Brüdern. Und der Geist des Herrn war über David von diesem Tag an. Samuel aber brach auf und kehrte nach Rama zurück.

1: 13,14; 15,23 • 3: 1 Chr 11,3 • 10: 17,12; 1 Chr 2,13–15 • 12: 17,42 • 13: 2 Sam 2,4; 5,3; Ps 89,21.

David im Dienst Sauls: 16,14–23

14 Der Geist des Herrn war von Saul gewichen; jetzt quälte ihn ein böser Geist, der vom Herrn kam. 15 Da sagten die Diener Sauls zu ihm: Du siehst, ein böser Geist Gottes quält dich. 16 Darum möge unser Herr seinen Knechten, die vor ihm stehen, befehlen, einen Mann zu suchen, der die Zither zu spielen versteht. Sobald dich der böse Geist Gottes überfällt, soll er auf der Zither spielen; dann wird es dir wieder gut gehen. 17 Saul sagte zu seinen Dienern: Seht euch für mich nach einem Mann um, der gut spielen kann, und bringt ihn her zu mir! 18 Einer der jungen Männer antwortete: Ich kenne einen Sohn des Betlehemiters Isai, der Zither zu spielen versteht. Und er ist tapfer und ein guter Krieger, wortgewandt, von schöner Gestalt, und der Herr ist mit ihm. 19 Da schickte Saul Boten zu Isai und ließ ihm sagen: Schick mir deinen Sohn David, der bei den Schafen ist. 20 Isai nahm einen Esel, dazu Brot, einen Schlauch Wein und ein Ziegenböckchen und schickte seinen Sohn David damit zu Saul. 21 So kam David zu Saul und trat in seinen Dienst; Saul gewann ihn sehr lieb, und David wurde sein Waffenträger. 22 Darum schickte Saul zu Isai und ließ ihm sagen: David soll in meinem Dienst bleiben; denn er hat mein Wohlwollen gefunden. 23 Sooft nun ein Geist Gottes Saul überfiel, nahm David die Zither und spielte darauf. Dann fühlte sich Saul erleichtert, es ging ihm wieder gut und der böse Geist wich von ihm.

14: 18,10; 19,9 • 22: 18,2.

David und Goliat: 17,1–58

17 Die Philister zogen ihre Truppen zum Kampf zusammen. Sie versammelten sich bei Socho, das zu Juda gehört, und schlugen zwischen Socho und Aseka in Efes-Dammim ihr Lager auf. 2 Auch Saul und die Männer Israels sammelten sich; sie schlugen ihr Lager im Terebinthental auf und traten zum Kampf gegen die Philister an. 3 Die Philister standen an dem Berg auf der einen Seite, die Israeliten an dem Berg auf der anderen Seite; zwischen ihnen lag das Tal.

4 Da trat aus dem Lager der Philister ein Vorkämpfer namens Goliat aus Gat hervor. Er war sechs Ellen und eine Spanne groß. 5 Auf seinem Kopf hatte er einen Helm aus Bronze und er trug einen Schuppenpanzer aus Bronze, der fünftausend Schekel wog. 6 Er hatte bronzene Schienen an den Beinen und zwischen seinen Schultern hing ein Sichelschwert aus Bronze. 7 Der Schaft seines Speeres war (so dick) wie ein Weberbaum

---

16,7 Gott sieht: Text ergänzt nach G.

16,14 Die von Gott verliehene Begabung zum Führertum ging Saul verloren; er litt an einer psychischen Störung.

17,1 Socho: westlich von Betlehem. – Der Text des Kapitels lässt erkennen, dass verschiedene Überlieferungen über David miteinander verbunden wurden.

und die eiserne Speerspitze wog sechshun-
dert Schekel. Sein Schildträger ging vor ihm
her. 8 Goliat trat vor und rief zu den Reihen
der Israeliten hinüber: Warum seid ihr aus-
gezogen und habt euch zum Kampf aufge-
stellt? Bin ich nicht ein Philister und seid ihr
nicht die Knechte Sauls? Wählt euch doch ei-
nen Mann aus! Er soll zu mir herunterkom-
men. 9 Wenn er mich im Kampf erschlagen
kann, wollen wir eure Knechte sein. Wenn
ich ihm aber überlegen bin und ihn erschla-
ge, dann sollt ihr unsere Knechte sein und
uns dienen. 10 Und der Philister sagte weiter:
Heute habe ich die Reihen Israels verhöhnt
(und gesagt): Schickt mir doch einen Mann,
damit wir gegeneinander kämpfen können.
11 Als Saul und ganz Israel diese Worte des
Philisters hörten, erschraken sie und hatten
große Angst.

12 David war der Sohn eines Efratiters na-
mens Isai aus Betlehem in Juda, der acht
Söhne hatte. Zur Zeit Sauls war Isai bereits
alt und betagt. 13 Die drei ältesten Söhne
Isais waren zusammen mit Saul in den Krieg
gezogen. Seine drei Söhne, die mit in den
Krieg gezogen waren, hießen Eliab – er war
der Erstgeborene –, der zweite Abinadab, der
dritte Schima. 14 Die drei Ältesten waren
Saul gefolgt. David aber war der jüngste.
15 David kehrte öfters vom Hof Sauls nach
Betlehem zurück, um die Schafe seines Va-
ters zu hüten.

16 Der Philister kam jeden Morgen und
Abend und stellte sich kampfbereit hin –
vierzig Tage lang. 17 Eines Tages sagte Isai zu
seinem Sohn David: Nimm für deine Brüder
ein Efa von diesem gerösteten Korn und die-
se zehn Brote und lauf damit zu ihnen ins
Lager. 18 Und diese zehn Käse bring dem
Obersten der Tausendschaft! Sieh nach, ob
es deinen Brüdern gut geht, und lass dir ein
Pfand (als Lebenszeichen) von ihnen geben!
19 Saul ist mit ihnen und all den anderen Is-
raeliten im Terebinthental und sie kämpfen
gegen die Philister. 20 David brach früh am
Morgen auf, überließ die Herde einem Wäch-
ter, lud die Sachen auf und ging, wie es ihm
Isai befohlen hatte. Als er zur Wagenburg
kam, rückte das Heer gerade in Schlachtord-
nung aus und ließ den Kampfruf erschallen.
21 Israel und die Philister stellten sich, Reihe
gegen Reihe, zum Kampf auf. 22 David legte
das Gepäck ab, überließ es dem Wächter des
Trosses und lief zur Schlachtreihe. Er ging
zu seinen Brüdern und fragte, wie es ihnen
gehe. 23 Während er noch mit ihnen redete,
trat gerade aus den Reihen der Philister ihr
Vorkämpfer, der Philister namens Goliat aus
Gat, hervor; er rief die gewohnten Worte und
David hörte es. 24 Als die Israeliten den
Mann sahen, hatten sie alle große Angst vor
ihm und flohen. 25 Sie sagten: Habt ihr gese-
hen, wie dieser Mann daherkommt? Er
kommt doch nur, um Israel zu verhöhnen.
Wer ihn erschlägt, den wird der König sehr
reich machen; er wird ihm seine Tochter ge-
ben und seine Familie wird er von allen
Steuern in Israel befreien. 26 David fragte die
Männer, die bei ihm standen: Was wird man
für den Mann tun, der diesen Philister er-
schlägt und die Schande von Israel weg-
nimmt? Wer ist denn dieser unbeschnittene
Philister, dass er die Schlachtreihen des le-
bendigen Gottes verhöhnen darf? 27 Die
Leute antworteten ihm dasselbe: Das und
das wird man dem tun, der ihn erschlägt.
28 Sein ältester Bruder Eliab hörte, wie er mit
den Männern redete, und er wurde zornig
auf David. Er sagte: Wozu bist du denn her-
gekommen? Wem hast du denn die paar
Schafe in der Wüste überlassen? Ich kenne
doch deine Keckheit und die Bosheit in dir.
Du bist nur hergekommen, um den Kampf zu
sehen. 29 David erwiderte: Was habe ich denn
jetzt wieder getan? Ich habe doch nur ge-
fragt. 30 Dann wandte er sich von ihm ab und
einem anderen zu und fragte ihn dasselbe.
Die Leute antworteten ihm wie beim ersten
Mal.

31 Als bekannt wurde, was David gesagt
hatte, berichtete man davon auch in Sauls
Umgebung und Saul ließ ihn holen. 32 David
sagte zu Saul: Niemand soll wegen des Phi-
listers den Mut sinken lassen. Dein Knecht
wird hingehen und mit diesem Philister
kämpfen. 33 Saul erwiderte ihm: Du kannst
nicht zu diesem Philister hingehen, um mit
ihm zu kämpfen; du bist zu jung, er aber ist
ein Krieger seit seiner Jugend. 34 David
sagte zu Saul: Dein Knecht hat für seinen
Vater die Schafe gehütet. Wenn ein Löwe
oder ein Bär kam und ein Lamm aus der Her-
de wegschleppte, 35 lief ich hinter ihm her,
schlug auf ihn ein und riss das Tier aus sei-
nem Maul. Und wenn er sich dann gegen
mich aufrichtete, packte ich ihn an der Mäh-
ne und schlug ihn tot. 36 Dein Knecht hat den
Löwen und den Bären erschlagen und die-
sem unbeschnittenen Philister soll es ge-
nauso ergehen wie ihnen, weil er die
Schlachtreihen des lebendigen Gottes ver-
höhnt hat. 37 Und David sagte weiter: Der
Herr, der mich aus der Gewalt des Löwen
und des Bären gerettet hat, wird mich auch
aus der Gewalt dieses Philisters retten. Da
antwortete Saul David: Geh, der Herr sei mit
dir. 38 Und Saul zog David seine Rüstung an;
er setzte ihm einen bronzenen Helm auf den

Kopf und legte ihm seinen Panzer an, 39 und über der Rüstung hängte er ihm sein Schwert um. David versuchte (in der Rüstung) zu gehen, aber er war es nicht gewohnt. Darum sagte er zu Saul: Ich kann in diesen Sachen nicht gehen, ich bin nicht daran gewöhnt. Und er legte sie wieder ab, 40 nahm seinen Stock in die Hand, suchte sich fünf glatte Steine aus dem Bach und legte sie in die Hirtentasche, die er bei sich hatte (und) die (ihm als) Schleudersteintasche (diente). Die Schleuder in der Hand, ging er auf den Philister zu.

41 Der Philister kam immer näher an David heran; sein Schildträger schritt vor ihm her. 42 Voll Verachtung blickte der Philister David an, als er ihn sah; denn David war noch sehr jung, er war blond und von schöner Gestalt. 43 Der Philister sagte zu David: Bin ich denn ein Hund, dass du mit einem Stock zu mir kommst? Und er verfluchte David bei seinen Göttern.

44 Er rief David zu: Komm nur her zu mir, ich werde dein Fleisch den Vögeln des Himmels und den wilden Tieren (zum Fraß) geben. 45 David antwortete dem Philister: Du kommst zu mir mit Schwert, Speer und Sichelschwert, ich aber komme zu dir im Namen des Herrn der Heere, des Gottes der Schlachtreihen Israels, den du verhöhnt hast. 46 Heute wird dich der Herr mir ausliefern. Ich werde dich erschlagen und dir den Kopf abhauen. Die Leichen des Heeres der Philister werde ich noch heute den Vögeln des Himmels und den wilden Tieren (zum Fraß) geben. Alle Welt soll erkennen, dass Israel einen Gott hat. 47 Auch alle, die hier versammelt sind, sollen erkennen, dass der Herr nicht durch Schwert und Speer Rettung verschafft; denn es ist ein Krieg des Herrn und er wird euch in unsere Gewalt geben. 48 Als der Philister weiter vorrückte und immer näher an David herankam, lief auch David von der Schlachtreihe (der Israeliten) aus schnell dem Philister entgegen. 49 Er griff in seine Hirtentasche, nahm einen Stein heraus, schleuderte ihn ab und traf den Philister an der Stirn. Der Stein drang in die Stirn ein und der Philister fiel mit dem Gesicht zu Boden. 50 So besiegte David den Philister mit einer Schleuder und einem Stein; er traf den Philister und tötete ihn, ohne ein Schwert in der Hand zu haben. 51 Dann lief David hin und trat neben den Philister. Er ergriff sein Schwert, zog es aus der Scheide, schlug ihm den Kopf ab und tötete ihn. Als die Philister sahen, dass ihr starker Mann tot war, flohen sie. 52 Die Männer von Israel und Juda aber griffen an, erhoben das Kriegsgeschrei und verfolgten die Philister bis nach Gat und bis vor die Tore von Ekron. Von Schaarajim bis nach Gat und Ekron lagen die erschlagenen Philister am Weg. 53 Nach der Verfolgung kehrten die Israeliten zurück und plünderten das Lager der Philister. 54 David nahm den Kopf des Philisters und brachte ihn nach Jerusalem. Goliats Waffen aber legte er in sein Zelt.

55 Als Saul David dem Philister entgegengehen sah, sagte er zu Abner, seinem Heerführer: Abner, wessen Sohn ist der junge Mann? Abner antwortete: So wahr du lebst, König, ich weiß es nicht. 56 Der König sagte: Dann erkundige dich, wessen Sohn der Knabe ist. 57 Als David zurückkehrte, nachdem er den Philister erschlagen hatte, nahm ihn Abner mit und führte ihn zu Saul. David hatte den Kopf des Philisters noch in der Hand. 58 Saul fragte ihn: Wessen Sohn bist du, junger Mann? David antwortete: Der Sohn deines Knechtes Isai aus Betlehem.

12: 16,10 • 15: 18,2 • 42: 16,12 • 54: 21,10.

Jonatans Freundschaft mit David: 18,1–9

18 Nach dem Gespräch Davids mit Saul schloss Jonatan David in sein Herz. Und Jonatan liebte David wie sein eigenes Leben. 2 Saul behielt David von jenem Tag an bei sich und ließ ihn nicht mehr in das Haus seines Vaters zurückkehren. 3 Jonatan schloss mit David einen Bund, weil er ihn wie sein eigenes Leben liebte. 4 Er zog den Mantel, den er anhatte, aus und gab ihn David, ebenso seine Rüstung, sein Schwert, seinen Bogen und seinen Gürtel. 5 David zog ins Feld und überall, wohin Saul ihn schickte, hatte er Erfolg, sodass Saul ihn an die Spitze seiner Krieger stellte. David war beim ganzen Volk und bei den Dienern Sauls beliebt. 6 Als sie nach Davids Sieg über den Philister heimkehrten, zogen die Frauen aus allen Städten Israels König Saul singend und tanzend mit Handpauken, Freudenrufen und Zimbeln entgegen. 7 Die Frauen spielten und riefen voll Freude:

Saul hat Tausend erschlagen, / David aber Zehntausend.

17,52 nach Gat: Text korr., vgl. G und die zweite Vershälfte; H: bis zu einem Tal.

18,4 Jonatan gibt symbolisch einen Teil seiner selbst als Zeichen der Verbundenheit.

8 Saul wurde darüber sehr zornig. Das Lied
missfiel ihm und er sagte: David geben sie
Zehntausend, mir aber geben sie nur Tau-
send. Jetzt fehlt ihm nur noch die Königs-
würde. 9 Von diesem Tag an war Saul gegen
David voll Argwohn.

2: 16,22; 17,15 • 3: 19,1; 20,8.17; 23,18; 2 Sam 1,26; 21,7 • 6–7: 21,12; 29,5.

Sauls Feindschaft gegen David: 18,10–30

10 Am folgenden Tag kam über Saul wieder
ein böser Gottesgeist, sodass er in seinem
Haus in Raserei geriet. David aber spielte
wie jeden Tag. Saul hatte den Speer in der
Hand. 11 Saul dachte: Ich will David an die
Wand spießen!, und schleuderte den Speer,
aber David wich ihm zweimal aus. 12 Und
Saul begann sich vor David zu fürchten, weil
der Herr mit David war, Saul aber verlassen
hatte. 13 Darum entfernte Saul David aus
seiner Umgebung und machte ihn zum
Obersten einer Tausendschaft. So zog David
an der Spitze der Leute hinaus (in den Krieg)
und wieder heim. 14 David hatte Erfolg, wo-
hin ihn auch sein Weg führte, und der Herr
war mit ihm. 15 Als Saul sah, dass David sehr
erfolgreich war, bekam er noch mehr Angst
vor ihm. 16 Ganz Israel und Juda aber liebte
David, weil er an ihrer Spitze hinaus (in den
Krieg) und wieder heimzog.

17 Saul sagte zu David: Hier ist meine äl-
teste Tochter Merab. Ich will sie dir zur Frau
geben, wenn du dich mir als tapfer erweist
und die Kriege des Herrn führst. Saul dachte
nämlich: Ich will nicht meine Hand gegen
ihn erheben; das sollen die Philister tun.
18 David antwortete Saul: Wer bin ich denn
und was ist schon meine Sippe und die Ver-
wandtschaft meines Vaters in Israel, dass ich
der Schwiegersohn des Königs werden soll-
te? 19 Als aber dann die Zeit kam, in der
Sauls Tochter Merab David zur Frau gege-
ben werden sollte, wurde sie Adriël aus
Mehola zur Frau gegeben. 20 Sauls Tochter
Michal liebte David; dies teilte man Saul
mit. Es war ihm recht; 21 denn er sagte sich:
Ich will sie ihm geben; sie soll ihm zum Ver-
hängnis werden, sodass er den Philistern in
die Hände fällt. Saul sagte zu David: Heute
in zwei Jahren kannst du mein Schwieger-
sohn werden. 22 Seinen Dienern aber befahl
Saul: Redet heimlich mit David und sagt: Du
siehst, dass der König Gefallen an dir hat
und dass alle seine Diener dich gern haben;
du könntest sofort der Schwiegersohn des
Königs werden. 23 Sauls Diener redeten also
in dieser Weise mit David. David aber erwi-
derte: Scheint es euch so leicht zu sein, der
Schwiegersohn des Königs zu werden? Ich
bin doch ein armer und geringer Mann. 24 Die
Diener berichteten Saul: Das und das hat
David gesagt. 25 Saul antwortete: So sollt ihr
David sagen: Der König möchte keine andere
Brautgabe als die Vorhäute von hundert Phi-
listern, um an den Feinden des Königs Rache
zu nehmen. Saul plante nämlich, David den
Philistern in die Hände fallen zu lassen.
26 Seine Diener berichteten David, was Saul
gesagt hatte, und es war David recht, dass er
so der Schwiegersohn des Königs werden
sollte. Die gesetzte Frist war noch nicht um,
27 als David sich auf den Weg machte und mit
seinen Leuten zog; er erschlug zweihundert
von den Philistern, brachte ihre Vorhäute
zum König und legte sie vollzählig vor ihn
hin, um sein Schwiegersohn zu werden. Und
Saul gab ihm seine Tochter Michal zur Frau.
28 Als Saul immer deutlicher erkannte, dass
der Herr mit David war und dass seine Toch-
ter Michal ihn liebte, 29 fürchtete er sich noch
mehr vor David. So wurde Saul für alle Zeit
zum Feind Davids.

30 Die Fürsten der Philister zogen (immer
wieder) in den Kampf; sooft sie aber aus-
rückten, hatte David mehr Erfolg als alle an-
deren Diener Sauls, sodass sein Name immer
mehr galt.

10: 16,14 • 11: 20,33 • 19: 2 Sam 21,8 • 27: 2 Sam 3,14.

Jonatans Vermittlung: 19,1–7

19 Saul redete vor seinem Sohn Jonatan
und vor allen seinen Dienern davon,
dass er David töten wolle. Sauls Sohn Jona-
tan aber hatte David sehr gern; 2 deshalb
berichtete er David davon und sagte: Mein
Vater Saul will dich töten. Nimm dich also
morgen früh in Acht, verbirg dich in einem
Versteck! 3 Ich aber will zusammen mit mei-
nem Vater auf das Feld hinausgehen; dort,
wo du dich versteckt hältst, werde ich stehen
bleiben und mit meinem Vater über dich re-
den, und wenn ich etwas erfahre, werde ich
dir Bescheid geben. 4 Jonatan redete also zu-
gunsten Davids mit seinem Vater und sagte
zu ihm: Der König möge sich doch nicht an
seinem Knecht David versündigen; denn er
hat sich ja auch nicht an dir versündigt und
seine Taten sind für dich sehr nützlich gewe-
sen. 5 Er hat sein Leben aufs Spiel gesetzt
und den Philister erschlagen. Der Herr hat
(durch ihn) ganz Israel viel Hilfe gebracht.

18,21 in zwei Jahren: Text korr., vgl. V. 26

Du hast es selbst gesehen und dich darüber
gefreut. Warum willst du dich nun versündi-
gen und unschuldiges Blut vergießen, indem
du David ohne jeden Grund tötest? 6 Saul
hörte auf Jonatan und schwor: So wahr der
Herr lebt: David soll nicht umgebracht wer-
den. 7 Jonatan rief David und berichtete ihm
alles. Dann führte Jonatan David zu Saul
und David war wieder in Sauls Dienst wie
vorher.

1: 18,3 • 5: 17,50.

Davids Flucht: 19,8–24

8 Der Krieg ging weiter und David zog
wieder gegen die Philister in den Kampf. Er
brachte ihnen eine schwere Niederlage bei
und sie ergriffen die Flucht.

9 Doch wieder kam vom Herrn ein böser
Geist über Saul, während er in seinem Haus
saß und den Speer in der Hand hielt und Da-
vid auf der Zither spielte. 10 Da versuchte
Saul, David mit dem Speer an die Wand zu
spießen; aber er wich Saul aus, sodass der
Speer in die Wand fuhr. David floh und
brachte sich in Sicherheit. Noch in derselben
Nacht 11 schickte Saul Boten zum Haus Da-
vids, die ihm auflauern und ihn am nächsten
Morgen töten sollten. Doch Michal, Davids
Frau, warnte ihn und sagte: Wenn du dich
nicht noch in dieser Nacht in Sicherheit
bringst, wirst du morgen früh umgebracht.
12 Michal ließ David durch das Fenster hi-
nab, sodass er fliehen und sich in Sicherheit
bringen konnte. 13 Dann nahm Michal das
Götterbild, legte es in Davids Bett, umgab
seinen Kopf mit einem Geflecht von Ziegen-
haaren und deckte es mit einem Kleidungs-
stück zu. 14 Als nun Saul die Boten schickte,
die David holen sollten, sagte sie: Er ist
krank. 15 Saul schickte die Boten (zurück),
um nach David zu sehen, und befahl: Bringt
ihn im Bett zu mir her; er soll umgebracht
werden. 16 Als die Boten kamen, entdeckten
sie im Bett ein Götterbild mit einem Geflecht
von Ziegenhaaren um den Kopf. 17 Da sagte
Saul zu Michal: Warum hast du mich so be-
trogen und meinen Feind entkommen lassen,
sodass er sich in Sicherheit bringen konnte?
Michal antwortete Saul: Er hat zu mir ge-
sagt: Lass mich weggehen, sonst bringe ich
dich um. 18 David floh also und brachte sich
in Sicherheit. Er kam zu Samuel nach Rama
und erzählte ihm alles, was Saul ihm ange-
tan hatte. Dann ging er zusammen mit
Samuel ins Prophetenhaus und beide blieben
dort. 19 Als man nun Saul berichtete: David
ist in Rama, und zwar im Prophetenhaus!,
20 da schickte Saul Boten, um David holen zu
lassen. Sobald sie die Schar der Propheten
mit Samuel an ihrer Spitze in prophetischer
Verzückung sahen, kam der Geist Gottes
auch über die Boten Sauls und auch sie
gerieten in Verzückung. 21 Als man Saul
das meldete, schickte er andere Boten; aber
auch sie gerieten in Verzückung. Da schickte
er zum dritten Mal Boten; doch auch sie
gerieten in Verzückung. 22 Darauf ging er
selbst nach Rama. Als er zu der großen Zis-
terne in Sechu kam, fragte er: Wo sind
Samuel und David? Man antwortete ihm: Sie
sind gerade im Prophetenhaus in Rama.
23 Als er von dort zum Prophetenhaus in
Rama weiterging, kam auch über ihn der
Geist Gottes, und er ging in prophetischer
Verzückung weiter, bis er zum Propheten-
haus in Rama kam. 24 Er zog sogar seine
Kleider aus und blieb auch in Samuels Ge-
genwart in Verzückung. Den ganzen Tag und
die ganze Nacht über lag er nackt da. Des-
halb sagt man: Ist denn auch Saul unter den
Propheten?

9: 16,14 • 20–24: 10,10–12 • 24: 10,12.

Jonatans Beistand für David: 20,1–42

20 David floh aus dem Prophetenhaus
in Rama, ging zu Jonatan und hielt
ihm vor: Was habe ich denn getan? Was ist
meine Schuld? Was habe ich gegen deinen
Vater verbrochen, dass er mir nach dem Le-
ben trachtet? 2 Jonatan antwortete ihm: Das
ist undenkbar. Du wirst nicht sterben. Du
weißt doch: Mein Vater tut nichts Wichtiges
oder Unwichtiges, ohne es mir zu offenba-
ren. Warum sollte mein Vater gerade das vor
mir verheimlichen? Nein, das kann nicht
sein. 3 David aber beteuerte nochmals: Dein
Vater weiß genau, dass ich dein Wohlwollen
gefunden habe, und sagt sich: Jonatan soll
das nicht wissen, sonst wird er betrübt.
Aber, so wahr der Herr lebt und so wahr du
selbst lebst: Zwischen mir und dem Tod liegt
nur ein Schritt. 4 Jonatan fragte David: Was
meinst du? Was könnte ich für dich tun?
5 David antwortete Jonatan: Du weißt doch,
morgen ist Neumond. Da müsste ich unbe-
dingt am Mahl des Königs teilnehmen. Lass

19,13 Götterbild: H: Terafim (ein Kultobjekt unbekannter Form).

19,18f Prophetenhaus: in H ein Wort unsicherer Bedeutung; es dürfte sich um eine Prophetenniederlassung handeln (vgl. 2 Kön 6,1f).

20,5 Der Neumond ist wie der Sabbat Fest- und Ruhetag (vgl. 2 Kön 4,23; Hos 2,13; Am 8,5).

mich fortgehen, damit ich mich bis übermorgen Abend auf dem Feld versteckt halte. 6 Wenn dein Vater mich vermisst, dann sag: David hat mich dringend gebeten, in seine Heimatstadt Betlehem gehen zu dürfen, weil dort das jährliche Opfer für die ganze Sippe stattfindet. 7 Wenn er dann sagt: Gut!, dann steht es günstig für deinen Knecht. Wenn er aber in heftigen Zorn gerät, dann kannst du daran erkennen, dass das Unheil von ihm beschlossen ist. 8 Zeig deinem Knecht also deine Freundschaft; denn du hast mit deinem Knecht einen Bund vor dem Herrn geschlossen. Wenn ich Schuld auf mich geladen habe, dann töte mich gleich! Warum willst du mich erst zu deinem Vater bringen? 9 Jonatan antwortete: Das darf nicht mit dir geschehen. Sobald ich sicher weiß, dass mein Vater beschlossen hat, Unheil über dich zu bringen, werde ich es dir auf jeden Fall mitteilen.

10 David aber fragte Jonatan: Wer wird mir die Nachricht bringen, wenn dir dein Vater etwa eine schroffe Antwort gibt? 11 Jonatan sagte zu David: Komm, wir wollen aufs Feld hinausgehen. Beide gingen aufs Feld hinaus. 12 Und Jonatan sagte zu David: Beim Herrn, dem Gott Israels: Wenn ich morgen oder übermorgen um diese Zeit bei meinem Vater in Erfahrung bringe, dass es gut für David steht, dann werde ich jemand schicken und es dir sagen lassen. 13 Der Herr möge Jonatan dies und das antun: Wenn mein Vater Böses gegen dich im Sinn hat, werde ich es dir sagen und werde dich in Frieden gehen lassen. Der Herr möge mit dir sein, wie er mit meinem Vater gewesen ist. 14 Nicht wahr, wenn ich dann noch am Leben bin, wirst du entsprechend der Huld des Herrn an mir handeln. Wenn ich aber umkomme, 15 dann entzieh meinem Haus niemals deine Gunst, selbst wenn der Herr jeden der Feinde Davids auf dem Erdboden ausrottet. 16 So schloss Jonatan einen Bund mit dem Haus David. – Der Herr halte sich schadlos an Davids Feinden. – 17 Und Jonatan ließ auch David bei seiner Liebe zu ihm schwören; denn er liebte ihn wie sein eigenes Leben. 18 Dann sagte Jonatan zu ihm: Morgen ist Neumond. Du wirst vermisst werden; denn man wird deinen Platz beobachten. 19 Übermorgen aber geh weit hinab, an den Ort, wo du dich am Tag der Tat versteckt hattest, und setz dich neben den Stein dort. 20 Ich werde dann drei Pfeile in seine Nähe schießen, als ob ich ein Ziel treffen wollte. 21 Dann gib Acht: Ich schicke meinen Diener (und sage zu ihm): Geh, such nach den Pfeilen! Wenn ich dem Diener ausdrücklich sage: Pass auf, die Pfeile liegen von dir aus herwärts, hol sie!, dann komm, denn es steht günstig für dich und es liegt nichts vor, so wahr der Herr lebt. 22 Wenn ich aber zu dem jungen Mann sage: Pass auf, die Pfeile liegen von dir aus weiter draußen!, dann geh weg, denn der Herr schickt dich fort. 23 Für diese Vereinbarung, die wir, ich und du, getroffen haben, soll der Herr auf ewig mein und dein Zeuge sein. 24 Daraufhin versteckte sich David auf dem Feld.

So kam der Neumond und der König setzte sich zu Tisch, um das Mahl zu halten. 25 Er setzte sich wie jedes Mal auf seinen gewohnten Platz an der Wand; Jonatan saß ihm gegenüber und Abner saß an Sauls Seite. Davids Platz aber blieb leer. 26 Saul sagte an diesem Tag nichts, denn er dachte: Es ist ihm etwas zugestoßen, was ihn unrein sein lässt; sicher ist er nicht rein. 27 Als aber am zweiten Tag, dem Tag nach dem Neumond, der Platz Davids wieder leer blieb, sagte Saul zu seinem Sohn Jonatan: Warum ist der Sohn Isais gestern und heute nicht zum Essen gekommen? 28 Jonatan antwortete Saul: David hat mich dringend gebeten, nach Betlehem gehen zu dürfen. 29 Er sagte: Lass mich gehen; denn in der Stadt findet ein Opfer unserer Sippe statt. Mein Bruder selbst hat mich aufgefordert (zu kommen). Wenn ich dein Wohlwollen gefunden habe, dann möchte ich jetzt gehen und meine Brüder wieder sehen. Deswegen ist David nicht an den Tisch des Königs gekommen. 30 Da wurde Saul zornig über Jonatan und sagte: Du Sohn eines entarteten und aufsässigen Weibes! Ich weiß sehr gut, dass du dich zu deiner eigenen Schande und zur Schande des Schoßes deiner Mutter für den Sohn Isais entschieden hast. 31 Doch solange der Sohn Isais auf Erden lebt, wirst weder du noch dein Königtum Bestand haben. Schick also sofort jemand hin und lass ihn holen; denn er ist ein Kind des Todes. 32 Jonatan antwortete seinem Vater Saul: Warum soll er umgebracht werden? Was hat er getan? 33 Da schleuderte Saul den Speer gegen ihn, um ihn zu töten. Nun wusste Jonatan, dass sein Vater beschlossen hatte, David umzubringen. 34 Voll Zorn stand er vom Tisch auf und aß an diesem zweiten

20,16 Der Sinn des zweiten Satzes ist in H unklar, die Übersetzung ein Versuch.
20,19 Welche Tat gemeint ist, wird aus H nicht deutlich.
20,25 saß ihm gegenüber: Text korr. nach G; H: stand auf.
20,26 Für ein Kultmahl muss man im Zustand kultischer Reinheit sein.

Neumondtag nichts; denn er war bekümmert wegen David, weil sein Vater ihn beschimpft hatte.

35 Am nächsten Morgen ging Jonatan, wie er mit David verabredet hatte, aufs Feld hinaus und ein junger Diener war bei ihm. 36 Er sagte zu dem Diener: Lauf, such die Pfeile, die ich abschieße. Der Diener lief und er schoss einen Pfeil über ihn hinaus. 37 Als der Diener an die Stelle kam, wohin Jonatan den Pfeil geschossen hatte, rief Jonatan dem Diener nach: Liegt der Pfeil von dir aus nicht noch weiter draußen? 38 Und er rief dem Diener nach: Beeil dich, schnell, bleib nicht stehen! Der Diener Jonatans hob den Pfeil auf und kam zu seinem Herrn zurück. 39 Der Diener aber ahnte nichts; nur Jonatan und David wussten von der Vereinbarung. 40 Jonatan gab dem Diener, den er bei sich hatte, seine Waffen und sagte zu ihm: Geh, bring sie in die Stadt! 41 Als der Diener heimgegangen war, verließ David sein Versteck neben dem Stein, warf sich mit dem Gesicht zur Erde nieder und verneigte sich dreimal tief (vor Jonatan). Dann küssten sie einander und beide weinten. David hörte nicht auf zu weinen 42 und Jonatan sagte zu ihm: Geh in Frieden! Für das, was wir beide uns im Namen des Herrn geschworen haben, sei der Herr zwischen mir und dir, zwischen meinen und deinen Nachkommen auf ewig Zeuge.

8: 18,3 • 30: 23,17 • 33: 18,11.

David bei Ahimelech: 21,1–10

21 Dann brach David auf und ging weg, Jonatan aber begab sich in die Stadt zurück. 2 David gelangte nach Nob zu dem Priester Ahimelech. Ahimelech kam David aufgeregt entgegen und fragte ihn: Warum bist du allein und hast niemand bei dir? 3 David antwortete dem Priester Ahimelech: Der König hat mir einen Auftrag gegeben und zu mir gesagt: Niemand darf etwas von der Angelegenheit erfahren, in der ich dich sende und mit der ich dich beauftrage. Darum habe ich meine Leute an einen bestimmten Ort bestellt. 4 Hast du vielleicht etwas zur Hand für mich? Fünf Brote vielleicht? Dann gib sie mir, oder gib mir, was du sonst finden kannst. 5 Der Priester gab David Antwort und sagte: Gewöhnliches Brot habe ich nicht zur Hand, nur heiliges Brot ist da; aber dann müssen sich die jungen Männer von Frauen ferngehalten haben. 6 David antwortete dem Priester: Wir haben uns schon gestern und vorgestern von Frauen ferngehalten. Als ich auszog, waren die Waffen der jungen Männer geheiligt; wenn dies auch ein gewöhnlicher Marsch ist, so wird er doch durch die Waffen geheiligt. 7 Da gab ihm der Priester heiliges Brot, denn es gab dort nur die Schaubrote, die man von (dem Tisch) vor dem Angesicht des Herrn entfernt, um an dem Tag, an dem sie weggenommen werden, frisches Brot aufzulegen. 8 Damals hielt sich dort im Heiligtum des Herrn gerade einer von den Knechten Sauls auf, ein Edomiter namens Doëg; er war der Oberste von Sauls Hirten. 9 David fragte Ahimelech: Hast du einen Speer oder ein Schwert zur Hand? Denn ich konnte weder mein Schwert noch andere Waffen mitnehmen, weil der Auftrag des Königs so dringend war. 10 Der Priester antwortete: Das Schwert des Philisters Goliat, den du im Terebinthental erschlagen hast, liegt hier, in einem Mantel eingewickelt, hinter dem Efod. Wenn du es nehmen willst, nimm es! Außer diesem gibt es keines hier. David sagte: Kein anderes kommt ihm gleich; gib es mir!

2: 22,9–19 • 5: Lev 24,5–9; Ex 19,15 • 7: Mt 12,3f • 10: 17,50f.54.

David in Gat, Adullam und Mizpe:
21,11 – 22,5

11 David brach noch am gleichen Tag auf und floh vor Saul. Er kam zu Achisch, dem König von Gat. 12 Doch die Diener des Achisch sagten zu ihrem Herrn: Ist das nicht David, der König des Landes? Ist das nicht der, von dem man beim Reigentanz gesungen hat: Saul hat Tausend erschlagen, David aber Zehntausend? 13 David nahm sich diese Worte zu Herzen und er fürchtete sich sehr vor Achisch, dem König von Gat. 14 Darum verstellte er sich vor ihnen und tat in ihrer Gegenwart so, als sei er wahnsinnig; er kritzelte auf die Flügel des Tores und ließ sich den Speichel in den Bart laufen. 15 Achisch sagte zu seinen Dienern: Seht ihr nicht, dass der Mann verrückt ist? Warum bringt ihr ihn zu mir? 16 Gibt es bei mir nicht schon genug Verrückte, sodass ihr auch noch diesen Mann

---

20,41 neben dem Stein: Text korr., vgl. V. 19; unklar. – hörte nicht auf zu weinen: H unklar, Übersetzung ein Versuch.
21,2 Nob wird nach Jes 10,32 nördlich von Jerusalem vermutet. Ahimelech ist nach 14,3 ein Urenkel Elis.
21,5–7 Heiliges Brot darf wie die Schaubrote nur im Zustand kultischer Reinheit genossen werden.
21,10 Efod ist hier ein Kultgegenstand unbekannten Aussehens.

zu mir herbringt, damit er bei mir verrückt
spielt? Soll der etwa auch noch in mein Haus
kommen?

22 Darum ging David von dort weg und
brachte sich in der Höhle von Adul-
lam in Sicherheit. Als seine Brüder und seine
Familie davon hörten, kamen sie zu ihm hi-
nab. 2 Auch schlossen sich ihm viele Männer
an, die unter Druck standen, sowie alle mög-
lichen Leute, die Schulden hatten oder ver-
bittert waren, und er wurde ihr Anführer. So
waren etwa vierhundert Mann um ihn. 3 Von
dort zog David nach Mizpe-Moab und sagte
zum König von Moab: Mein Vater und meine
Mutter möchten (von zu Hause) wegziehen
und bei euch bleiben, bis ich weiß, was Gott
mit mir vorhat. 4 So brachte er seine Eltern
zum König von Moab und sie blieben bei
ihm, solange David sich in den unzugängli-
chen Bergen aufhielt. 5 Der Prophet Gad
aber sagte zu David: Bleib nicht in den Ber-
gen, sondern zieh weg und geh wieder ins
Land Juda! Und David zog weg und kam
nach Jaar-Heret.

21,11: 27,2; Ps 56,1 • 12: 18,7 • 14: Ps 34,1 • 22,5: 2 Sam 24,11; 1 Chr 29,29.

Sauls Rache an den Priestern von Nob:
22,6–23

6 Saul hörte, David und die Männer, die er
bei sich hatte, seien entdeckt worden. Er saß
gerade in Gibea unter der Tamariske auf der
Höhe. Er hatte den Speer in der Hand und
alle seine Diener standen um ihn herum. 7 Da
sagte Saul zu seinen Dienern, die um ihn
standen: Hört her, ihr Benjaminiter! Euch
allen wird wohl der Sohn Isais Felder und
Weinberge geben und euch zu Obersten von
Tausendschaften und Hundertschaften ma-
chen, 8 weil ihr euch alle gegen mich ver-
schworen habt. Keiner hat mir etwas davon
gesagt, als mein Sohn einen Bund mit dem
Sohn Isais schloss, und keinem tat es Leid
um mich, sodass er mir mitgeteilt hätte, dass
mein Sohn meinen Knecht dazu angestiftet
hat, mir aufzulauern, wie es jetzt der Fall ist.
9 Da antwortete der Edomiter Doëg, der bei
den Dienern Sauls stand: Ich habe den Sohn
Isais gesehen, wie er gerade nach Nob zu
Ahimelech, dem Sohn Ahitubs, kam. 10 Ahi-
melech befragte für ihn den Herrn und gab
ihm Verpflegung; auch das Schwert des Phi-
listers Goliat gab er ihm.
11 Darauf schickte der König jemand hin
und ließ den Priester Ahimelech, den Sohn
Ahitubs, rufen sowie alle vom Haus seines
Vaters, die Priester von Nob. Als sie alle zum
König gekommen waren, 12 sagte Saul: Hör
her, Sohn Ahitubs! Er antwortete: Hier bin
ich, mein Herr. 13 Saul sagte zu ihm: Warum
habt ihr euch gegen mich verschworen, du
und der Sohn Isais? Du hast ihm doch Brot
und ein Schwert gegeben und für ihn Gott
befragt, sodass er sich gegen mich erheben
und mir auflauern kann, wie es heute der
Fall ist. 14 Ahimelech erwiderte dem König:
Wer hat sich denn von allen deinen Dienern
so sehr bewährt wie David, der Schwieger-
sohn des Königs, der Anführer deiner Leib-
wache, der in deinem Haus hoch geehrt ist?
15 Habe ich denn erst heute begonnen, für ihn
Gott zu befragen? Keineswegs! Der König
möge seinem Knecht und dem ganzen Haus
meines Vaters nichts unterstellen; denn dein
Knecht hat von all dem nichts gewusst, we-
der Wichtiges noch Unwichtiges. 16 Doch der
König sagte: Du bist dem Tod verfallen, Ahi-
melech, du und das ganze Haus deines Va-
ters. 17 Und der König sagte den Läufern, die
bei ihm standen: Umzingelt die Priester des
Herrn und tötet sie! Denn auch sie haben
David die Hand gereicht; sie haben gewusst,
dass er auf der Flucht war, und mir nichts
davon berichtet. Aber die Diener des Königs
wollten ihre Hand nicht erheben, um die
Priester des Herrn niederzustoßen. 18 Da sag-
te der König zu Doëg: Komm her, stoß du die
Priester nieder! Der Edomiter Doëg ging zu
den Priestern hin und stieß sie nieder. Er
brachte an jenem Tag fünfundachtzig Män-
ner um, die das leinene Efod trugen. 19 Auch
die Priesterstadt Nob schlug er mit scharfem
Schwert: Die Männer und Frauen, die Kin-
der und Säuglinge, die Rinder, Esel und
Schafe (erschlug er) mit scharfem Schwert.
20 Nur ein einziger Sohn Ahimelechs, des
Sohnes Ahitubs, namens Abjatar konnte sich
in Sicherheit bringen und zu David fliehen.
21 Abjatar berichtete David, dass Saul die
Priester des Herrn umgebracht hatte. 22 Da
sagte David zu Abjatar: Ich wusste schon an
jenem Tag, als der Edomiter Doëg dort war,
dass er Saul bestimmt alles berichten werde.
Ich selbst bin schuld am Tod all der Leute
aus dem Haus deines Vaters. 23 Bleib bei mir,
fürchte dich nicht; denn der, der mir nach
dem Leben trachtet, trachtet auch dir nach
dem Leben; bei mir bist du in Sicherheit.

9: 21,8; Ps 52,2 • 20: 23,6; Mk 2,26 • 23: 1 Kön 2,26.

22,1 Adullam: südwestlich von Jerusalem.

22,22 Ich selbst bin schuld: Text korr. nach G.

David in Keïla und in der Steppe Sif:
23,1–28

23 Man berichtete David: Die Philister kämpfen gerade gegen Keïla und plündern die Scheunen. 2 Da befragte David den Herrn: Soll ich hinziehen und diese Philister schlagen? Der Herr antwortete David: Geh, schlag die Philister und rette Keïla! 3 Aber die Männer Davids sagten: Schau, wir müssen schon hier in Juda Angst haben, wie viel mehr erst dann, wenn wir nach Keïla gegen die Truppen der Philister ziehen sollen. 4 David befragte daher noch einmal den Herrn und der Herr gab zur Antwort: Brich auf, zieh nach Keïla hinab; denn ich werde die Philister in deine Hand geben. 5 Darauf zog David mit seinen Männern gegen Keïla und kämpfte gegen die Philister. Er trieb ihre Herden weg und brachte den Philistern eine schwere Niederlage bei. So rettete David die Einwohner von Keïla.

6 Als Abjatar, der Sohn Ahimelechs, zu David nach Keïla floh, nahm er auch das Efod mit. 7 Saul aber wurde berichtet, dass David in Keïla war. Und Saul sagte: Gott hat ihn mir ausgeliefert; er hat sich selbst gefangen, indem er in eine Stadt mit Tor und Riegel gegangen ist. 8 Saul bot das ganze Volk zum Kampf auf, um nach Keïla hinabzuziehen und David und seine Männer zu belagern. 9 Als David merkte, dass Saul Böses gegen ihn im Schild führte, sagte er zu dem Priester Abjatar: Bring das Efod her! 10 Dann sprach David: Herr, Gott Israels, dein Knecht hat gehört, dass Saul beabsichtigt, nach Keïla zu kommen, um die Stadt meinetwegen zu vernichten. 11 Werden die Bürger von Keïla mich ihm ausliefern? Wird Saul herabkommen, wie dein Knecht gehört hat? Herr, Gott Israels, teile es deinem Knecht mit! Der Herr antwortete: Er wird herabkommen. 12 David fragte weiter: Werden die Bürger von Keïla mich und meine Männer an Saul ausliefern? Der Herr antwortete: Sie werden euch ausliefern. 13 Da brach David mit seinen Männern auf, etwa sechshundert Mann. Sie verließen Keïla und streiften umher, wie es sich gerade ergab. Als Saul berichtet wurde, dass David aus Keïla entkommen war, ließ er von seinem Plan ab und rückte nicht aus.

14 David setzte sich in der Steppe auf Bergfestungen fest; er ließ sich in den Bergen der Steppe Sif nieder. Saul suchte ihn die ganze Zeit, aber Gott gab ihn nicht in seine Hand. 15 David aber wusste, dass Saul ausgezogen war, weil er ihm nach dem Leben trachtete.

Als David in Horescha in der Steppe Sif war, 16 brach Jonatan, der Sohn Sauls, auf und ging zu David nach Horescha; er stärkte Davids Vertrauen auf Gott. 17 Er sagte zu ihm: Fürchte dich nicht; die Hand meines Vaters Saul wird dich nicht erreichen. Du wirst König über Israel sein und ich werde der Zweite nach dir sein. Auch mein Vater Saul weiß das. 18 Und die beiden schlossen vor dem Herrn (erneut) einen Bund. David blieb in Horescha und Jonatan ging wieder nach Hause.

19 Einige Sifiter gingen zu Saul nach Gibea hinauf und berichteten ihm: David hat sich bei uns auf den Bergfestungen bei Horescha versteckt, und zwar auf der Anhöhe von Hachila südlich von Jeschimon. 20 Wenn es dir, König, beliebt, herabzukommen, dann komm! Es wird dann unsere Sache sein, ihn dem König auszuliefern. 21 Saul erwiderte: Gesegnet seid ihr vom Herrn, weil ihr Mitleid mit mir habt. 22 Geht, haltet euch bereit, forscht nach und merkt euch den Ort, wo er sich aufhält und wer ihn dort gesehen hat; denn man hat mir gesagt, er sei schlau. 23 Beobachtet und erkundet alle Schlupfwinkel, in denen er sich verstecken könnte. Wenn ihr sichere Angaben habt, kehrt zu mir zurück; dann werde ich mit euch gehen. Wenn er wirklich im Land ist, werde ich ihn unter allen Tausendschaften Judas aufspüren. 24 Sie brachen auf und zogen vor Saul her nach Sif. David aber und seine Männer waren in der Steppe Maon, in der Araba südlich von Jeschimon. 25 Saul und seine Männer machten sich auf die Suche. Als man das David meldete, zog er weiter hinunter zu den Felsen in der Steppe Maon und blieb dort. Saul hörte davon und folgte ihm in die Steppe Maon. 26 Saul zog auf der einen Seite des Berges dahin, David und seine Männer auf der anderen Seite des Berges. David versuchte, rasch von Saul wegzukommen, während Saul und seine Männer schon dabei waren, ihn und seine Leute zu umzingeln, um sie gefangen zu nehmen. 27 Doch da kam ein Bote zu Saul und sagte: Komm schnell, die Philister sind in das Land eingefallen. 28 Saul ließ von der Verfolgung Davids ab und zog den Philistern entgegen. Deshalb nennt man diesen Ort Sela-Machlekot (Fels der Trennung).

6: 22,18–20 • 17: 20,30f; 24,21 • 18: 18,3 • 19: 26,1; Ps 54,2 • 23: 27,1.

23,1 Keïla: südlich von Adullam (vgl. die Anmerkung zu 22,1).

23,14f Sif: südlich von Hebron; Horescha: weiter südlich.

Davids Achtung vor Sauls Leben: 24,1–23

24 Von dort zog David hinauf und setzte
sich in den schwer zugänglichen
Bergen bei En-Gedi fest. 2 Als Saul von der
Verfolgung der Philister zurückkehrte, be-
richtete man ihm: Gib Acht, David ist in der
Steppe von En-Gedi. 3 Da nahm Saul drei-
tausend Mann, ausgesuchte Leute aus ganz
Israel, und zog aus, um David und seine
Männer bei den Steinbock-Felsen zu suchen.
4 Auf seinem Weg kam er zu einigen Schaf-
hürden. Dort war eine Höhle. Saul ging hi-
nein, um seine Notdurft zu verrichten. David
aber und seine Männer saßen hinten in der
Höhle. 5 Da sagten die Männer zu David: Das
ist der Tag, von dem der Herr zu dir gesagt
hat: Sieh her, ich gebe deinen Feind in deine
Gewalt und du kannst mit ihm machen, was
dir richtig erscheint. Da stand David auf und
schnitt heimlich einen Zipfel von Sauls Man-
tel ab. 6 Hinterher aber schlug David das Ge-
wissen, weil er einen Zipfel vom Mantel
Sauls abgeschnitten hatte. 7 Er sagte zu sei-
nen Männern: Der Herr bewahre mich davor,
meinem Gebieter, dem Gesalbten des Herrn,
so etwas anzutun und Hand an ihn zu legen;
denn er ist der Gesalbte des Herrn. 8 Und Da-
vid fuhr seine Leute mit scharfen Worten an
und ließ nicht zu, dass sie sich an Saul ver-
griffen. Als Saul die Höhle verlassen hatte
und seinen Weg fortsetzte, 9 stand auch Da-
vid auf, verließ die Höhle und rief Saul nach:
Mein Herr und König! Als Saul sich um-
blickte, verneigte sich David bis zur Erde
und warf sich (vor ihm) nieder. 10 Dann sagte
David zu Saul: Warum hörst du auf die Wor-
te von Leuten, die sagen: Gib acht, David
will dein Verderben. 11 Doch heute kannst du
mit eigenen Augen sehen, dass der Herr dich
heute in der Höhle in meine Gewalt gegeben
hat. Man hat mir gesagt, ich solle dich töten;
aber ich habe dich geschont. Ich sagte: Ich
will nicht die Hand an meinen Herrn legen;
denn er ist der Gesalbte des Herrn. 12 Sieh
her, mein Vater! Hier, der Zipfel deines
Mantels ist in meiner Hand. Wenn ich einen
Zipfel deines Mantels abgeschnitten und dich
nicht getötet habe, dann kannst du erkennen
und einsehen, dass ich weder Bosheit noch
Aufruhr im Sinn habe und dass ich mich nicht
gegen dich versündigt habe; du aber stellst
mir nach, um mir das Leben zu nehmen.
13 Der Herr soll zwischen mir und dir ent-
scheiden. Der Herr soll mich an dir rächen;
aber meine Hand wird dich nicht anrühren,
14 wie das alte Sprichwort sagt: Von den
Frevlern geht Frevel aus; aber meine Hand
soll dich nicht anrühren. 15 Hinter wem zieht
der König von Israel her? Wem jagst du
nach? Einem toten Hund, einem einzigen
Floh! 16 Der Herr soll unser Richter sein und
zwischen mir und dir entscheiden. Er blicke
her, er soll meinen Rechtsstreit führen und
mir dir gegenüber Recht verschaffen.

17 Als David das zu Saul gesagt hatte, ant-
wortete Saul: Ist das nicht deine Stimme,
mein Sohn David? Und Saul begann laut zu
weinen 18 und sagte zu David: Du bist ge-
rechter als ich; denn du hast mir Gutes er-
wiesen, während ich böse an dir gehandelt
habe. 19 Du hast heute bewiesen, dass du gut
an mir gehandelt hast; obwohl der Herr mich
in deine Gewalt gegeben hatte, hast du mich
nicht getötet. 20 Wenn jemand auf seinen
Feind trifft, lässt er ihn dann im Guten sei-
nen Weg weiterziehen? Der Herr möge dir
mit Gutem vergelten, was du mir heute getan
hast. 21 Jetzt weiß ich, dass du König werden
wirst und dass das Königtum in deiner Hand
Bestand haben wird. 22 Darum schwöre mir
nun beim Herrn, dass du meine Nachkom-
men nicht ausrotten und meinen Namen
nicht aus dem Haus meines Vaters austilgen
wirst. 23 Und David schwor es Saul. Saul zog
nach Hause, David aber und seine Männer
stiegen wieder in die unzugänglichen Berge
hinauf.

7: 26,9; 2 Sam 1,14 • 15: 26,20.

David und Abigajil: 25,1–44

25 Samuel starb und ganz Israel ver-
sammelte sich und hielt für ihn die
Totenklage. Man begrub ihn in seinem Haus
in Rama.

Danach brach David auf und zog in die
Steppe Paran hinab. 2 Damals lebte in Maon
ein Mann, der sein Gut in Karmel hatte. Der
Mann war sehr reich; er besaß dreitausend
Schafe und tausend Ziegen. Er war eben da-
bei, in Karmel seine Schafe zu scheren. 3 Der
Mann hieß Nabal und seine Frau Abigajil.
Die Frau war klug und von schöner Gestalt,
aber der Mann war roh und bösartig; er war
ein Kalebiter. 4 David hörte in der Steppe,

24,1 En-Gedi: am Westufer des Toten Meeres.
24,6f Die Tat konnte auch symbolisch als Wegreißen der Herrschaft oder Minderung der Lebenskraft verstanden werden.
24,11 Ich habe dich geschont: Text korr., vgl. die alten Übersetzungen.
24,14 David will sagen: Ich bin kein Frevler.
25,1 Paran ist ein Steppengebiet im Norden der Sinaihalbinsel.
25,2 Karmel: vgl. die Anmerkung zu 15,12.

dass Nabal dabei war, seine Schafe zu sche-
ren. 5 Er schickte zehn junge Männer hin und
sagte zu ihnen: Geht hinauf nach Karmel,
und wenn ihr zu Nabal kommt, entbietet ihm
in meinem Namen den Friedensgruß 6 und
sagt so zu meinem Bruder: Friede sei mit dir,
Friede mit deinem Haus, Friede mit allem,
was dir gehört. 7 Ich habe soeben gehört,
dass du bei der Schafschur bist. Nun sind
deine Hirten mit ihren Schafen bei uns ge-
wesen; wir haben ihnen nichts zuleide getan
und sie haben nichts vermisst, solange sie in
Karmel waren. 8 Frag deine jungen Leute, sie
werden es dir bestätigen. Mögen also meine
jungen Männer dein Wohlwollen finden; wir
sind ja an deinem Festtag gekommen. Darum
gib deinen Knechten und deinem Sohn Da-
vid, was du gerade zur Hand hast. 9 Davids
junge Leute kamen zu Nabal und redeten im
Auftrag Davids, wie er es gesagt hatte, mit
ihm; danach warteten sie ruhig ab. 10 Nabal
aber gab den Knechten Davids zur Antwort:
Wer ist denn David, wer ist der Sohn Isais?
Heute gibt es viele Knechte, die ihren Herren
davongelaufen sind. 11 Soll ich etwa mein
Brot und mein Wasser und was ich für meine
Schafscherer geschlachtet habe, nehmen
und es Männern geben, von denen ich nicht
einmal weiß, woher sie sind? 12 Die Leute Da-
vids kehrten um und kamen (zu David zu-
rück). Als sie angekommen waren, berichte-
ten sie ihm alles, was Nabal gesagt hatte.
13 Da sagte David zu seinen Männern: Jeder
hänge sein Schwert um. Alle hängten ihr
Schwert um; auch David hängte sein
Schwert um. Und sie zogen mit David hi-
nauf, etwa vierhundert Mann, während
zweihundert beim Gepäck blieben.

14 Inzwischen hatte einer der jungen Män-
ner Abigajil, der Frau Nabals, berichtet: Da-
vid hat aus der Steppe Boten geschickt, um
unserem Herrn seine Segenswünsche entbie-
ten zu lassen, aber er hat sie schroff abge-
wiesen. 15 Dabei waren die Männer sehr
freundlich zu uns. Wir wurden nicht be-
schimpft und wir haben nie etwas vermisst
in der ganzen Zeit, in der wir mit ihnen um-
herzogen, als wir auf der Weide waren. 16 Sie
haben bei Tag und bei Nacht eine Mauer um
uns gebildet, die ganze Zeit hindurch, da wir
mit ihnen zusammen waren und unsere
Schafe hüteten. 17 Nun aber überleg dir ge-
nau, was du tun kannst; denn unserem Herrn
und seinem ganzen Haus droht Unheil. Er ist
ein so übler Mensch, dass man nicht mit ihm
reden kann. 18 Da nahm Abigajil in aller Eile
zweihundert Brote und zwei Schläuche
Wein, fünf schon zurechtgemachte Schafe,
fünf Sea geröstetes Korn, hundert Rosinen-
kuchen und zweihundert Feigenkuchen, lud
alles auf Esel 19 und sagte zu ihren Knechten:
Geht mir schon voraus, ich komme euch
gleich nach. Ihrem Mann Nabal aber teilte
sie nichts davon mit.

20 Als sie auf ihrem Esel im Schutz eines
Berges hinabritt, kamen ihr plötzlich David
und seine Männer entgegen, sodass sie mit
ihnen zusammentraf. 21 David hatte eben ge-
sagt: Wahrhaftig, ich habe all das, was die-
sem Mann gehört, ganz umsonst in der Step-
pe beschützt; von all seinem Besitz wurde
nichts vermisst, doch er hat mir Gutes mit
Bösem vergolten. 22 Gott möge mir dies und
das antun, wenn ich von allem, was ihm ge-
hört, bis zum Morgen auch nur einen Mann
übriglasse. 23 Als Abigajil David sah, stieg
sie schnell von ihrem Esel, warf sich vor Da-
vid nieder und verneigte sich bis zur Erde.
24 Sie fiel ihm zu Füßen und sagte: Mich al-
lein, Herr, trifft die Schuld. Möge deine
Magd mit dir reden dürfen; höre, was deine
Magd zu sagen hat. 25 Mein Herr achte nicht
auf diesen üblen Mann Nabal; denn wie sein
Name sagt, so ist er: Nabal (Tor) heißt er und
voll Torheit ist er. Ich, deine Magd, habe die
jungen Leute, die du, mein Herr, geschickt
hast, nicht gesehen. 26 Doch nun, so wahr der
Herr lebt und so wahr du selbst lebst, hat
dich der Herr davor bewahrt, Blutschuld auf
dich zu laden und dir selbst zu helfen. Möge
es deinen Feinden und allen, die gegen mei-
nen Herrn Böses planen, ebenso ergehen wie
Nabal. 27 Dieses Geschenk aber, das deine
Magd meinem Herrn mitgebracht hat, möge
jetzt den jungen Leuten gegeben werden, die
meinem Herrn folgen. 28 Verzeih deiner
Magd ihr Vergehen! Denn der Herr wird
meinem Herrn sicher ein Haus errichten, das
Bestand hat, weil mein Herr die Kriege des
Herrn führt, und man wird dir nichts Böses
vorwerfen können, solange du lebst. 29 Wenn
sich aber ein Mensch erhebt, um dich zu ver-
folgen und dir nach dem Leben zu trachten,
dann sei das Leben meines Herrn beim
Herrn, deinem Gott, eingebunden in den
Beutel des Lebens; das Leben deiner Feinde

25,6 zu meinem Bruder: Text korr., vgl. Vg.
25,8 Die Schafschur wird mit einem Fest abgeschlossen (vgl. Sam 13,23).
25,22 mir: Text korr., vgl. G; H: den Feinden Davids.
25,29 Die Wendung »Beutel des Lebens« hängt damit zusammen, dass man kostbare Dinge (Münzen, Gold) in einem versiegelten Beutel aufbewahrt. So sorgfältig soll Davids Leben verwahrt werden.

aber möge der Herr mit einer Schleuder fort-
schleudern. 30 Wenn dann der Herr meinem
Herrn all das Gute erweist, das er dir ver-
sprochen hat, und dich zum Fürsten über Is-
rael macht, 31 dann sollst du nicht darüber
stolpern und dein Gewissen soll meinem
Herrn nicht vorwerfen können, dass du ohne
Grund Blut vergossen hast und dass sich
mein Herr selbst geholfen hat. Wenn der
Herr aber meinem Herrn Gutes erweist,
dann denk an deine Magd! 32 Da sagte David
zu Abigajil: Gepriesen sei der Herr, der Gott
Israels, der dich mir heute entgegengeschickt
hat. 33 Gepriesen sei deine Klugheit und ge-
priesen seist du, weil du mich heute daran
gehindert hast, Blutschuld auf mich zu laden
und mir selbst zu helfen. 34 Aber so wahr der
Herr, der Gott Israels, lebt, der mich davon
abgehalten hat, dir etwas Böses zu tun: Wä-
rest du mir nicht so schnell entgegengekom-
men, dann wäre von Nabals Männern am an-
deren Morgen keiner mehr übrig gewesen.
35 Und David nahm von ihr entgegen, was sie
ihm gebracht hatte, und sagte zu ihr: Geh in
Frieden hinauf in dein Haus! Denk aber da-
ran: Ich habe auf dich gehört und dich gnä-
dig aufgenommen. 36 Als Abigajil zu Nabal
kam, veranstaltete er in seinem Haus gerade
ein Trinkgelage wie ein König. Nabal war in
fröhlicher Stimmung, aber völlig betrunken.
Darum erzählte sie ihm mit keinem Wort,
was geschehen war, bis zum anderen Mor-
gen. 37 Als dann am Morgen der Rausch Na-
bals vorüber war, berichtete ihm seine Frau,
was sich zugetragen hatte. Da versagte das
Herz in seiner Brust und er war wie verstei-
nert. 38 Nach etwa zehn Tagen schlug der
Herr den Nabal, sodass er starb. 39 Als David
hörte, dass Nabal tot sei, sagte er: Gepriesen
sei der Herr, der meinen Rechtsstreit gegen
Nabal wegen der Schmach, die mir angetan
wurde, geführt hat und der seinen Knecht
von einer bösen Tat zurückgehalten hat; die
Bosheit Nabals aber hat der Herr auf ihn
selbst zurückfallen lassen. Darauf schickte
David (Boten) zu Abigajil (mit dem Ange-
bot), er wolle sie zur Frau nehmen. 40 Die
Diener Davids kamen zu Abigajil nach Kar-
mel, redeten mit ihr und sagten: David
schickt uns zu dir, weil er dich zur Frau neh-
men will. 41 Sie stand auf, verneigte sich bis
zur Erde und sagte: Deine Magd steht als
Dienerin bereit, um den Dienern meines
Herrn die Füße zu waschen. 42 Dann machte
sich Abigajil in aller Eile auf, setzte sich auf
ihren Esel und ihre fünf Mägde folgten ihr.
Sie zog den Boten Davids nach und wurde
seine Frau. 43 Aus Jesreel hatte sich David
zuvor schon Ahinoam zur Frau genommen.
So hatte er zwei Frauen. 44 Saul aber hatte
seine Tochter Michal, die Frau Davids, Palti,
dem Sohn des Lajisch aus Gallim, gegeben.

30: 2 Sam 5,2 • 42: 2 Sam 2,2 • 44: 2 Sam 3,14f.

Erneute Schonung von Sauls Leben:
26,1–25

26 Die Sifiter kamen zu Saul nach Gibea
und sagten: David hält sich auf der
Anhöhe von Hachila gegenüber von Jeschi-
mon auf. 2 Saul machte sich mit dreitausend
Mann, ausgesuchten Kriegern aus Israel, auf
den Weg und zog in die Wüste von Sif hinab,
um dort nach David zu suchen. 3 Er schlug
sein Lager auf der Anhöhe von Hachila am
Weg gegenüber von Jeschimon auf, David
aber blieb in der Wüste. Als er sah, dass Saul
ihm in die Wüste folgte, 4 schickte er Kund-
schafter aus und erfuhr, an welchem Ort sich
Saul aufhielt. 5 Er brach auf und kam zu dem
Ort, wo Saul sein Lager hatte. Und David
konnte die Stelle sehen, wo Saul sich mit sei-
nem Heerführer Abner, dem Sohn Ners, zur
Ruhe hingelegt hatte: Saul schlief mitten im
Lager, während seine Leute rings um ihn he-
rum lagen. 6 Da wandte sich David an den
Hetiter Ahimelech und an Abischai, den
Sohn der Zeruja, den Bruder Joabs, und sag-
te: Wer geht mit mir zu Saul ins Lager hinab?
Abischai antwortete: Ich gehe mit. 7 So ka-
men David und Abischai in der Nacht zu den
Leuten (Sauls) und fanden Saul mitten im
Lager schlafend; sein Speer steckte neben
seinem Kopf in der Erde und rings um ihn
schliefen Abner und seine Leute. 8 Da sagte
Abischai zu David: Heute hat Gott deinen
Feind in deine Hand gegeben. Jetzt werde
ich ihn mit einem einzigen Speerstoß auf den
Boden spießen, einen zweiten brauche ich
nicht dafür. 9 David aber erwiderte Abischai:
Bring ihn nicht um! Denn wer hat je seine
Hand gegen den Gesalbten des Herrn erho-
ben und ist ungestraft geblieben? 10 Und er
fügte hinzu: So wahr der Herr lebt: Der Herr
möge ihn schlagen, ob nun der Tag kommt,
an dem er sterben muss, oder ob er in den
Krieg zieht und dort umkommt. 11 Mich aber
bewahre der Herr davor, dass ich meine
Hand gegen den Gesalbten des Herrn erhebe.
Nimm jetzt den Speer neben seinem Kopf
und den Wasserkrug und lass uns gehen!
12 David nahm den Speer und den Wasser-
krug, die neben Sauls Kopf waren, und sie
gingen weg. Niemand sah und niemand be-

25,36 Der Versschluß lautet wörtlich: erzählte sie ihm weder Kleines noch Großes bis zum Morgenlicht.

merkte etwas, und keiner wachte auf; alle
schliefen, denn der Herr hatte sie in einen
tiefen Schlaf fallen lassen.
13 David ging auf die andere Seite (des
Tals) hinüber und stellte sich in größerer
Entfernung auf den Gipfel des Berges, so-
dass ein weiter Zwischenraum zwischen ih-
nen war. 14 Dann rief er dem Volk und Abner,
dem Sohn Ners, zu: Abner, willst du antwor-
ten? Abner antwortete und sagte: Wer bist
du, warum rufst du nach dem König? 15 Da-
vid antwortete Abner: Bist du nicht ein
Mann, dem keiner in Israel gleicht? Warum
hast du deinen Herrn, den König, nicht be-
wacht? Es ist nämlich einer aus dem Volk ins
Lager eingedrungen, um den König, deinen
Herrn, umzubringen. 16 Das war nicht gut,
was du da gemacht hast. So wahr der Herr
lebt: Ihr habt den Tod verdient, weil ihr eu-
ren Herrn, den Gesalbten des Herrn, nicht
bewacht habt. Sieh doch nach, wo der Speer
des Königs und der Wasserkrug sind, die ne-
ben dem Kopf des Königs standen. 17 Saul er-
kannte die Stimme Davids und sagte: Ist das
deine Stimme, mein Sohn David? David ant-
wortete: Es ist meine Stimme, mein Herr und
König. 18 Dann fragte er: Warum verfolgt ei-
gentlich mein Herr seinen Knecht? Was habe
ich denn getan? Welches Unrecht habe ich
begangen? 19 Möge doch mein Herr, der Kö-
nig, jetzt auf die Worte seines Knechtes hö-
ren: Wenn der Herr dich gegen mich aufge-
reizt hat, möge er ein wohlriechendes Opfer
erhalten. Wenn es aber Menschen waren,
dann sollen sie verflucht sein vor dem Herrn;
denn sie haben mich vertrieben, sodass ich
jetzt nicht mehr am Erbbesitz des Herrn teil-
haben kann. Sie sagen: Geh fort, diene ande-
ren Göttern! 20 Doch mein Blut soll nicht
fern vom Herrn zur Erde fließen. Der König
von Israel ist ausgezogen, um einen einzigen
Floh zu suchen, wie man in den Bergen ein
Rebhuhn jagt. 21 Darauf sagte Saul: Ich habe
gesündigt. Komm zurück, mein Sohn David!
Ja, ich werde dir nichts zuleide tun, weil dir
heute mein Leben so kostbar war. Ich sehe
ein, ich habe töricht gehandelt und schwere
Fehler gemacht. 22 David erwiderte: Seht
her, hier ist der Speer des Königs. Einer von
den jungen Männern soll herüberkommen
und ihn holen. 23 Der Herr wird jedem seine
Gerechtigkeit und Treue vergelten. Obwohl
dich der Herr heute in meine Hand gegeben
hatte, wollte ich meine Hand nicht an den
Gesalbten des Herrn legen. 24 Doch denk da-
ran: Wie dein Leben heute in meinen Augen
wertvoll war, so wird auch mein Leben in
den Augen des Herrn wertvoll sein; er wird
mich aus aller Bedrängnis erretten. 25 Saul
sagte zu David: Gesegnet seist du, mein Sohn
David. Du wirst es sicher vollbringen, dir
wird es auch bestimmt gelingen. Und David
zog weiter, Saul aber kehrte an seinen Ort
zurück.

1: 23,19; Ps 54,2 • 19: Gen 8,21; 4,14.16 • 20: 24,15 • 21:
2 Kön 1,13f.

David bei den Philistern: 27,1 – 28,2

27 David überlegte: Eines Tages werde
ich doch noch durch Saul umge-
bracht. Es bleibt nichts anderes übrig, als
mich im Land der Philister in Sicherheit zu
bringen. Dann wird Saul mich in Ruhe las-
sen und aufhören, mich weiter im ganzen
Gebiet Israels zu suchen, und ich bin seiner
Hand entkommen. 2 David machte sich also
auf den Weg und ging mit den sechshundert
Männern, die bei ihm waren, zu Achisch hi-
nüber, dem Sohn Maochs, dem König von
Gat. 3 Und er blieb mit seinen Leuten bei
Achisch in Gat; alle hatten ihre Familien bei
sich, David seine beiden Frauen: Ahinoam,
die Jesreeliterin, und Abigajil aus Karmel,
die (frühere) Frau Nabals. 4 Als man Saul
meldete, dass David nach Gat geflohen war,
suchte er nicht mehr weiter nach ihm. 5 Da-
vid sagte zu Achisch: Wenn ich dein Wohl-
wollen gefunden habe, dann weise mir einen
Platz in einer der Städte des flachen Landes
zu, wo ich mich niederlassen kann. Warum
soll dein Knecht bei dir in der Königsstadt
wohnen? 6 Da gab ihm Achisch noch am glei-
chen Tag Ziklag. Deshalb gehört Ziklag den
Königen von Juda bis zum heutigen Tag.
7 Die Zeit, die David im Land der Philister
verbrachte, betrug ein Jahr und vier Monate.
8 David zog mit seinen Männern aus und
sie unternahmen Raubzüge bei den Geschu-
ritern, den Geresitern und den Amalekitern;
diese bewohnen von jeher das Gebiet in
Richtung Schur und nach Ägypten zu. 9 Da-
vid verheerte das Land und ließ weder Män-
ner noch Frauen am Leben; Schafe und Rin-
der, Esel, Kamele und Kleider aber nahm er
mit. Wenn er dann zurückkehrte und zu
Achisch kam 10 und Achisch ihn fragte: Wo-
hin habt ihr heute euren Raubzug gemacht?,
antwortete David: Ins Südland von Juda,
oder: Ins Südland der Jerachmeeliter, oder:
Ins Südland der Keniter. 11 Weder Männer
noch Frauen ließ er am Leben und er brachte
niemand nach Gat; denn er sagte sich:
Niemand soll etwas über uns berichten und

26,19 Hier wird die Meinung vertreten, dass ein Gott nur in seinem Land verehrt werden kann.

sagen können: Das und das hat David
gemacht. So hielt er es die ganze Zeit über,
solange er sich im Land der Philister auf-
hielt. 12 Achisch aber schenkte David Ver-
trauen, denn er sagte sich: Er hat sich bei sei-
nem Volk, bei den Israeliten, so verhasst
gemacht, dass er für immer mein Knecht
bleiben muss.

28 In jenen Tagen sammelten die Philis-
ter ihre Truppen, um gegen Israel in
den Kampf zu ziehen. Da sagte Achisch zu
David: Du weißt sehr wohl, dass du samt dei-
nen Männern mit mir ins Feldlager ziehen
musst. 2 David antwortete Achisch: Auf diese
Weise wirst du selbst erfahren, was dein
Knecht tun wird. Achisch sagte zu David:
Gut, ich mache dich für diese ganze Zeit zu
meinem Leibwächter.

27,1: 23,23 • 2: 21,11–16 • 6: 30,1 • 10: 30,29.

Saul bei der Totenbeschwörerin von En-Dor: 28,3–25

3 Samuel war gestorben und ganz Israel
hatte die Totenklage für ihn gehalten und
ihn in seiner Stadt Rama begraben. Saul
aber hatte die Totenbeschwörer und die
Wahrsager aus dem Land vertrieben. 4 Als
sich die Philister gesammelt hatten, rückten
sie heran und schlugen bei Schunem ihr La-
ger auf. Saul versammelte ganz Israel und sie
schlugen ihr Lager im (Bergland von) Gilboa
auf. 5 Als Saul das Lager der Philister sah,
bekam er große Angst und sein Herz begann
zu zittern. 6 Da befragte Saul den Herrn,
aber der Herr gab ihm keine Antwort, weder
durch Träume, noch durch die Losorakel,
noch durch die Propheten. 7 Daher sagte
Saul zu seinen Dienern: Sucht mir eine Frau,
die Gewalt über einen Totengeist hat; ich
will zu ihr gehen und sie befragen. Seine
Diener antworteten ihm: In En-Dor gibt es
eine Frau, die über einen Totengeist Gewalt
hat. 8 Da machte sich Saul unkenntlich, zog
andere Kleider an und ging mit zwei Män-
nern zu der Frau. Sie kamen in der Nacht bei
der Frau an und er sagte zu ihr: Wahrsage
mir durch den Totengeist! Lass für mich den
heraufsteigen, den ich dir nenne. 9 Die Frau
antwortete ihm: Du weißt doch selbst, was
Saul getan hat: Er hat die Totenbeschwörer
und die Wahrsager im Land ausgerottet. Wa-
rum stellst du mir eine Falle, um mich zu tö-
ten? 10 Saul aber schwor ihr beim Herrn und
sagte: So wahr der Herr lebt: Es soll dich in
dieser Sache keine Schuld treffen. 11 Die
Frau sagte: Wen soll ich für dich heraufstei-
gen lassen? Er antwortete: Lass Samuel für
mich heraufsteigen! 12 Als die Frau Samuel
erblickte, schrie sie laut auf und sagte zu
Saul: Warum hast du mich getäuscht? Du
bist ja Saul! 13 Der König sagte zu ihr: Hab
keine Angst! Was siehst du denn? Die Frau
antwortete Saul: Ich sehe einen Geist aus der
Erde heraufsteigen. 14 Er fragte sie: Wie sieht
er aus? Sie antwortete: Ein alter Mann steigt
herauf; er ist in einen Mantel gehüllt. Da er-
kannte Saul, dass es Samuel war. Er verneig-
te sich mit dem Gesicht zur Erde und warf
sich zu Boden. 15 Und Samuel sagte zu Saul:
Warum hast du mich aufgestört und mich
heraufsteigen lassen? Saul antwortete: Ich
bin in großer Bedrängnis. Die Philister füh-
ren Krieg gegen mich und Gott ist von mir
gewichen und hat mir keine Antwort mehr
gegeben, weder durch die Propheten noch
durch die Träume. Darum habe ich dich ge-
rufen, damit du mir sagst, was ich tun soll.
16 Samuel erwiderte: Warum fragst du mich?
Der Herr ist doch von dir gewichen und ist
dein Feind geworden. 17 Er hat getan, was er
durch mich angekündigt hatte: Der Herr hat
dir das Königtum aus der Hand gerissen und
hat es einem anderen, nämlich David, gege-
ben. 18 Weil du nicht auf die Stimme des
Herrn gehört und seinen glühenden Zorn an
Amalek nicht vollstreckt hast, darum hat dir
der Herr heute das getan. 19 Der Herr wird
auch Israel zusammen mit dir in die Gewalt
der Philister geben und morgen wirst du
samt deinen Söhnen bei mir sein; auch das
Heerlager Israels wird der Herr in die Ge-
walt der Philister geben. 20 Da fiel Saul der
Länge nach jäh zu Boden; so sehr war er über
die Worte Samuels erschrocken. Es war auch
keine Kraft mehr in ihm, weil er den ganzen
Tag und die ganze Nacht keinen Bissen ge-
gessen hatte. 21 Die Frau ging zu Saul hin
und sah, dass er ganz verstört war; sie sagte
zu ihm: Deine Magd hat auf deine Stimme
gehört; ich habe mein Leben aufs Spiel ge-
setzt, als ich auf das hörte, was du zu mir ge-
sagt hast. 22 Jetzt aber höre auch du auf die
Stimme deiner Magd! Ich will dir ein Stück
Brot zum Essen geben. Dann wirst du wieder
zu Kräften kommen und kannst deines We-
ges gehen. 23 Er aber weigerte sich und sagte:
Ich esse nichts. Doch seine Diener und die
Frau drängten ihn, bis er auf ihre Stimme
hörte. Er erhob sich vom Boden und setzte
sich aufs Bett. 24 Die Frau hatte ein Mastkalb
im Haus. Sie schlachtete es in aller Eile,
nahm Mehl, knetete Teig und backte un-
gesäuerte Brote. 25 Das alles setzte sie Saul

28,4 Gilboa: ein Bergzug im Südosten der Jesreelebene.

und seinen Knechten vor; sie aßen, standen auf und gingen noch in der gleichen Nacht zurück.

3: 25,1 • 8: 1 Chr 10,13 • 17: 15,28 • 18: 15,18f; Ex 17,14–16 • 19: 31,6.

Davids Entlassung aus dem Heer der Philister: 29,1–11

29 Die Philister versammelten ihr ganzes Heer bei Afek, während die Israeliten ihr Lager an der Quelle bei Jesreel aufgeschlagen hatten. 2 Als nun die Fürsten der Philister mit ihren Hundertschaften und Tausendschaften auf dem Marsch waren – David und seine Männer zogen mit Achisch am Schluss –, 3 fragten die Obersten der Philister: Was sollen diese Hebräer hier? Achisch antwortete den Obersten der Philister: Das ist doch David, der Knecht Sauls, des Königs von Israel, der seit Jahr und Tag bei mir ist. Seit dem Tag, da er übergelaufen ist, bis heute fand ich bei ihm nichts Nachteiliges. 4 Die Obersten der Philister aber wurden zornig auf ihn und sagten zu ihm: Schick den Mann zurück! Er soll an den Ort zurückkehren, den du ihm zugewiesen hast, und nicht mit uns in den Kampf ziehen. Dann kann er sich in der Schlacht nicht gegen uns wenden. Womit könnte er sich die Gunst seines Herrn besser erwerben als mit den Köpfen unserer Leute hier? 5 Ist das nicht der gleiche David, von dem man beim Reigentanz gesungen hat: Saul hat Tausend erschlagen, David aber Zehntausend?

6 Da rief Achisch David zu sich und sagte zu ihm: So wahr Jahwe lebt, du bist ein aufrechter Mann und es wäre in meinen Augen gut, wenn du mit mir ins Feld ziehen und wieder zurückkommen würdest; denn ich habe an dir nichts Unrechtes entdeckt seit dem Tag, an dem du zu mir gekommen bist, bis heute. Aber den Fürsten bist du nicht genehm. 7 Darum kehr jetzt um und zieh in Frieden; so wirst du nichts tun, was den Fürsten der Philister missfällt. 8 David sagte zu Achisch: Was habe ich denn getan? Was hast du an deinem Knecht auszusetzen gehabt von dem Tag an, an dem ich in deinen Dienst getreten bin, bis heute? Warum darf ich nicht mitkommen und gegen die Feinde meines Herrn, des Königs, kämpfen? 9 Achisch antwortete David: Gewiss, mir bist du teuer wie ein Engel Gottes; aber die Obersten der Philister haben gesagt: Er soll nicht mit uns in den Kampf ziehen. 10 Darum brich morgen früh auf, samt den Knechten deines Herrn, die mit dir gekommen sind. Brecht morgen früh auf, sobald es hell wird, und geht (nach Hause)! 11 David machte sich also mit seinen Männern in aller Frühe auf den Weg; er zog noch am Morgen weg und kehrte ins Land der Philister zurück; die Philister aber zogen nach Jesreel hinauf.

5: 18,7.

Davids Feldzug gegen die Amalekiter: 30,1–31

30 Als David und seine Männer am dritten Tag nach Ziklag kamen, waren die Amalekiter in den Negeb und in Ziklag eingefallen und hatten Ziklag erobert und niedergebrannt. 2 Die Frauen und was sonst in der Stadt war, Jung und Alt, hatten sie, ohne jemand zu töten, gefangen genommen und bei ihrem Abzug mit sich weggeführt. 3 Als David mit seinen Männern zur Stadt kam, sah er, dass sie niedergebrannt und die Frauen, Söhne und Töchter gefangen genommen worden waren. 4 Da brachen David und die Leute, die bei ihm waren, in lautes Weinen aus und sie weinten, bis sie keine Kraft mehr zum Weinen hatten. 5 Auch die beiden Frauen Davids, die Jesreeliterin Ahinoam und Abigajil, die (frühere) Frau Nabals aus Karmel, waren gefangen genommen worden. 6 David geriet in große Bedrängnis, denn das Volk drohte ihn zu steinigen; alle im Volk waren gegen ihn erbittert wegen (des Verlustes) ihrer Söhne und Töchter. Aber David fühlte, dass der Herr, sein Gott, ihm Kraft gab. 7 Er sagte zu dem Priester Abjatar, dem Sohn Ahimelechs: Bring das Efod zu mir! Abjatar brachte das Efod zu David. 8 Und David befragte den Herrn: Soll ich diese Räuberbande verfolgen? Werde ich sie einholen? Der Herr antwortete: Verfolg sie! Denn du wirst sie mit Sicherheit einholen und deine Leute befreien. 9 David brach also mit den sechshundert Mann, die bei ihm waren, auf und sie kamen bis zum Bach Besor. Die Nachzügler machten dort Rast. 10 David nahm mit vierhundert Mann die Verfolgung auf; die zweihundert Mann machten Rast, weil sie zu erschöpft waren, um den Bach Besor zu überschreiten.

11 Man griff dort im Gelände einen Ägypter auf und brachte ihn zu David. Sie gaben ihm Brot zu essen und Wasser zu trinken, 12 außerdem gepresste Feigen und zwei Rosinenkuchen. Als er gegessen hatte, kehrten seine Lebensgeister zurück; er hatte nämlich schon drei Tage und drei Nächte keinen Bissen Brot mehr gegessen und keinen Schluck Wasser getrunken. 13 David fragte ihn: Zu wem gehörst du und woher bist du? Er sagte: Ich bin ein junger Ägypter, der Sklave eines

Amalekiters. Mein Herr hat mich zurückge-
lassen, als ich heute vor drei Tagen krank
wurde. 14 Wir waren in das Südland der Ke-
reter und in das Gebiet von Juda und in das
Südland von Kaleb eingefallen und hatten
Ziklag niedergebrannt. 15 David sagte zu
ihm: Kannst du mich zu dieser Räuberbande
hinführen? Er antwortete: Schwöre mir bei
Gott, dass du mich nicht tötest und mich
nicht an meinen Herrn ausliefern wirst; dann
will ich dich zu dieser Räuberbande hinfüh-
ren. 16 Als er David hinführte, sah man die
Amalekiter über die ganze Gegend verstreut;
sie aßen und tranken und feierten, weil sie
im Land der Philister und im Land Juda so
reiche Beute gemacht hatten. 17 David fiel im
Morgengrauen über sie her (und der Kampf
dauerte) bis zum Abend des folgenden Tages;
keiner von ihnen entkam, außer vierhundert
jungen Männern, die sich auf ihre Kamele
setzen und fliehen konnten. 18 David entriss
den Amalekitern alles wieder, was sie erbeu-
tet hatten; auch seine beiden Frauen befreite
er. 19 Nichts fehlte, weder Jung noch Alt, we-
der Söhne noch Töchter, weder von der Beu-
te noch sonst etwas, was die Amalekiter ih-
nen weggenommen hatten. Alles brachte Da-
vid zurück. 20 David nahm auch alle Schafe
und Rinder mit. Man trieb sie vor David her
und sagte: Das ist Davids Beute.

21 David kam zu den zweihundert Mann
zurück, die zu erschöpft gewesen waren, um
ihm zu folgen, und die man am Bach Besor
zurückgelassen hatte. Sie kamen David und
seinen Leuten entgegen, und als David mit
seinen Leuten herankam, entbot er ihnen
den Friedensgruß. 22 Doch einige boshafte
und nichtsnutzige Männer, die mit David ge-
zogen waren, sagten: Sie sind nicht mit uns
gezogen; darum wollen wir ihnen auch
nichts von der Beute geben, die wir zurück-
geholt haben, ausgenommen ihre Frauen
und ihre Kinder. Diese sollen sie mitnehmen
und (nach Hause) gehen. 23 David aber erwi-
derte: So dürft ihr es mit dem, was der Herr
uns gegeben hat, nicht machen, meine Brü-
der. Er hat uns behütet und die Räuberban-
de, die uns überfallen hatte, in unsere Hand
gegeben. 24 Wer würde in dieser Sache auf
euch hören? Nein, der Anteil dessen, der
beim Tross geblieben ist, soll genau so groß
sein wie der Anteil dessen, der in den Kampf
gezogen ist. Man soll die Beute gleichmäßig
verteilen. 25 So geschah es an jenem Tag und
auch weiterhin; denn David machte es zu
Brauch und Recht in Israel und so ist es bis
auf den heutigen Tag geblieben.

26 Als David dann nach Ziklag heimge-
kehrt war, schickte er einen Teil von der
Beute an die Ältesten von Juda, die ihm na-
hestanden, und ließ ihnen sagen: Hier ist ein
Geschenk für euch aus der Beute von den
Feinden des Herrn 27 – an die Ältesten in Bet-
El, in Ramat-Negeb, in Jattir, 28 in Aroër, in
Sifmot, in Eschtemoa, 29 in Karmel, in den
Städten der Jerachmeeliter, in den Städten
der Keniter, 30 in Horma, in Bor-Aschan, in
Atach, 31 und in Hebron, ferner an all die
Orte, wo David auf seinen Streifzügen mit
seinen Männern gewesen war.

1: 27,6 • 24: Num 31,27 • 29: 27,10.

Sauls Ende: 31,1–13

31 Als die Philister gegen Israel kämpf-
ten, flohen die Israeliten vor ihnen;
viele waren gefallen und lagen erschlagen
auf dem Gebirge von Gilboa. 2 Die Philister
verfolgten Saul und seine Söhne und er-
schlugen Sauls Söhne Jonatan, Abinadab
und Malkischua. 3 Um Saul selbst entstand
ein schwerer Kampf. Die Bogenschützen
hatten ihn getroffen und er war sehr schwer
verwundet. 4 Da sagte Saul zu seinem Waf-
fenträger: Zieh dein Schwert und durchboh-
re mich damit! Sonst kommen diese Unbe-
schnittenen, durchbohren mich und treiben
ihren Mutwillen mit mir. Der Waffenträger
wollte es nicht tun; denn er hatte große
Angst. Da nahm Saul selbst das Schwert und
stürzte sich hinein. 5 Als der Waffenträger
sah, dass Saul tot war, stürzte auch er sich in
sein Schwert und starb zusammen mit Saul.
6 So kamen Saul, seine drei Söhne, sein Waf-
fenträger und alle seine Männer an jenem
Tag gemeinsam ums Leben. 7 Als die Israeli-
ten auf der anderen Seite der Ebene und jen-
seits des Jordan sahen, dass die Israeliten ge-
flohen und dass Saul und seine Söhne tot
waren, verließen sie ihre Städte und flohen.
Dann kamen die Philister und besetzten die
Städte.

8 Als am nächsten Tag die Philister kamen,
um die Erschlagenen auszuplündern, fanden
sie Saul und seine drei Söhne, die auf dem
Gebirge von Gilboa gefallen waren. 9 Sie
schlugen ihm den Kopf ab, zogen ihm die
Rüstung aus und schickten beides im Land

30,20 vor David her: Text korr., vgl. Vg.
30,29 Karmel: Text korr. nach G. – Die in VV. 27–31 genannten Städte und Orte liegen wohl alle südlich von Hebron.

der Philister umher, um ihrem Götzentempel und dem Volk die Siegesnachricht zu übermitteln. 10 Die Rüstung Sauls legten sie im Astartetempel nieder; seinen Leichnam aber hefteten sie an die Mauer von Bet-Schean.

11 Als die Einwohner von Jabesch-Gilead hörten, was die Philister mit Saul gemacht hatten, 12 brachen alle kriegstüchtigen Männer auf, marschierten die ganze Nacht hindurch und nahmen die Leiche Sauls und die Leichen seiner Söhne von der Mauer von Bet-Schean ab; sie brachten sie nach Jabesch und verbrannten sie dort. 13 Dann nahmen sie die Gebeine, begruben sie unter der Tamariske von Jabesch und fasteten sieben Tage lang.

1–13 ‖ 1 Chr 10,1–12 • 5–6: 28,19 • 11f: 11,1–11; 2 Sam 21,12.

Das zweite Buch Samuel

KÖNIG DAVID: 1,1 – 9,13

Sauls Tod und Davids Klage: 1,1–27

1 Als David nach dem Tod Sauls von seinem Sieg über die Amalekiter zurückgekehrt war und sich zwei Tage lang in Ziklag aufgehalten hatte, 2 kam am dritten Tag ein Mann aus dem Lager Sauls, mit zerrissenen Kleidern und Staub auf dem Haupt. Als er bei David angelangt war, warf er sich (vor ihm) auf den Boden nieder und huldigte ihm. 3 David fragte ihn: Woher kommst du? Er antwortete ihm: Ich habe mich aus dem Lager Israels gerettet. 4 David sagte zu ihm: Wie stehen die Dinge? Berichte mir! Er erwiderte: Das Volk ist aus dem Kampf geflohen, viele von den Männern sind gefallen und umgekommen; auch Saul und sein Sohn Jonatan sind tot. 5 David fragte den jungen Mann, der ihm die Nachricht brachte: Woher weißt du, dass Saul und sein Sohn Jonatan tot sind? 6 Der junge Mann, der ihm die Nachricht brachte, sagte: Ich kam zufällig auf das Gebirge von Gilboa; da sah ich, wie sich Saul auf seinen Speer stützte und Kriegswagen und Reiter auf ihn eindrangen. 7 Er wandte sich um, und als er mich sah, rief er mich. Ich antwortete: Hier bin ich. 8 Er fragte mich: Wer bist du? Ich gab ihm zur Antwort: Ich bin ein Amalekiter. 9 Da sagte er zu mir: Komm her zu mir und töte mich! Denn mich hat ein Schwächeanfall erfasst, aber noch ist alles Leben in mir. 10 Ich ging also zu ihm hin und tötete ihn; denn ich wusste, dass er seine Niederlage nicht überleben würde. Dann nahm ich den Stirnreif, den er auf dem Kopf trug, und die Spange, die er am Arm hatte, und bringe sie nun hierher zu meinem Herrn. 11 Da fasste David sein Gewand und zerriss es und ebenso (machten es) alle Männer, die bei ihm waren. 12 Sie klagten, weinten und fasteten bis zum Abend wegen Saul, seines Sohnes Jonatan, des Volkes des Herrn und des Hauses Israel, die unter dem Schwert gefallen waren. 13 Und David fragte den jungen Mann, der ihm die Nachricht gebracht hatte: Woher bist du? Er antwortete: Ich bin der Sohn eines Einwanderers aus Amalek. 14 David fragte ihn: Wie kommt es, dass du dich nicht davor gefürchtet hast, deine Hand auszustrecken, um den Gesalbten des Herrn umzubringen? 15 Darauf rief David einen von seinen jungen Männern zu sich und sagte: Komm her, stoß ihn nieder! Und er schlug ihn tot. 16 David aber sagte zu ihm: Dein Blut über dein Haupt; denn dein Mund hat dich verurteilt, als du sagtest: Ich habe den Gesalbten des Herrn getötet.

17 Und David sang die folgende Totenklage auf Saul und seinen Sohn Jonatan; 18 er sagte, man solle es die Söhne Judas als Bogenlied lehren; es steht im »Buch des Aufrechten«:

19 Israel, dein Stolz liegt erschlagen auf deinen Höhen. / Ach, die Helden sind gefallen!

31,10 Bet-Schean: südöstlich der Jesreelebene.
31,12 sie brachten sie: Text korr. nach G; H: sie kamen.
1,18 Die Überschrift des Lieds ist schwer deutbar.

20 Meldet es nicht in Gat, / verkündet es nicht auf Aschkelons Straßen, / damit die Töchter der Philister sich nicht freuen, / damit die Töchter der Unbeschnittenen nicht jauchzen.

21 Ihr Berge in Gilboa, kein Tau und kein Regen / falle auf euch, ihr trügerischen Gefilde. / Denn dort wurde der Schild der Helden befleckt, / der Schild des Saul, als wäre er nicht mit Öl gesalbt.

22 Ohne das Blut von Erschlagenen, / ohne das Mark der Helden / kam der Bogen Jonatans nie zurück; / auch das Schwert Sauls / kehrte niemals erfolglos zurück.

23 Saul und Jonatan, die Geliebten und Teuren, / im Leben und Tod sind sie nicht getrennt. / Sie waren schneller als Adler, / waren stärker als Löwen.

24 Ihr Töchter Israels, um Saul müsst ihr weinen; / er hat euch in köstlichen Purpur gekleidet, / hat goldenen Schmuck auf eure Gewänder geheftet.

25 Ach, die Helden sind gefallen mitten im Kampf. / Jonatan liegt erschlagen auf deinen Höhen.

26 Weh ist mir um dich, mein Bruder Jonatan. / Du warst mir sehr lieb. / Wunderbarer war deine Liebe für mich / als die Liebe der Frauen.

27 Ach, die Helden sind gefallen, / die Waffen des Kampfes verloren.

4: 1 Sam 31,1–4 • 14: 1 Sam 24,7; 26,9 • 15–16: 4,10.22 • 18: Jos 10,13 • 26: 1 Sam 18,3.

David wird König von Juda: 2,1–11

2 Danach befragte David den Herrn: Soll ich in eine der Städte Judas hinaufziehen? Der Herr antwortete ihm: Zieh hinauf! David fragte: Wohin soll ich ziehen? Er antwortete: Nach Hebron. 2 David zog also nach Hebron mit seinen beiden Frauen, Ahinoam aus Jesreel und Abigajil, der (früheren) Frau Nabals aus Karmel. 3 Auch die Männer, die bei ihm waren, führte David hinauf, jeden mit seiner Familie, und sie ließen sich in den Städten um Hebron nieder. 4 Dann kamen die Männer Judas (nach Hebron) und salbten David dort zum König über das Haus Juda.

Als man David berichtete, dass die Einwohner von Jabesch-Gilead Saul begraben hatten, 5 schickte er Boten zu den Männern von Jabesch-Gilead und ließ ihnen sagen: Ihr sollt vom Herrn gesegnet sein, weil ihr Saul, eurem Herrn, dieses Wohlwollen erwiesen und ihn begraben habt. 6 Möge der Herr euch jetzt auch sein Wohlwollen und seine Treue erweisen; auch ich will euch dafür Gutes tun, dass ihr das getan habt. 7 Nun aber zeigt euren Mut und seid tapfer; denn Saul, euer Herr, ist tot, mich aber hat das Haus Juda zu seinem König gesalbt. 8 Doch Abner, der Sohn Ners, der Heerführer Sauls, hatte Ischbaal, den Sohn Sauls, mit sich nach Mahanajim genommen 9 und ihn (dort) zum König über Gilead, Ascher, Jesreel, Efraim und Benjamin und über ganz Israel gemacht. 10 Sauls Sohn Ischbaal war vierzig Jahre alt, als er König von Israel wurde, und er war zwei Jahre König; nur das Haus Juda stand hinter David. 11 Die Zeit, die David in Hebron König über das Haus Juda war, betrug sieben Jahre und sechs Monate.

2: 1 Sam 25,42f • 4: 5,3; 1 Sam 16,13; 31,12f • 8: 1 Sam 14,50 • 10: 4,5.

Der Krieg zwischen David und Ischbaal: 2,12 – 3,1

12 Abner, der Sohn Ners, zog mit den Knechten Ischbaals, des Sohnes Sauls, von Mahanajim nach Gibeon. 13 Auch Joab, der Sohn der Zeruja, und die Knechte Davids waren ausgezogen; sie trafen mit ihnen am Teich von Gibeon zusammen. Die einen blieben diesseits, die anderen jenseits des Teiches. 14 Da sagte Abner zu Joab: Die jungen Männer könnten doch zu einem Kampfspiel vor uns antreten. Joab erwiderte: Sie sollen antreten. 15 Sie stellten sich also auf und es wurde abgezählt: zwölf für Benjamin und Ischbaal, den Sohn Sauls, und zwölf von den Leuten Davids. 16 Jeder fasste seinen Gegner am Kopf und stieß ihm das Schwert in die Seite, sodass alle miteinander fielen. Deshalb nannte man diesen Ort bei Gibeon: Helkat-Hazzurim (Feld der Steinmesser). 17 Der Kampf wurde an jenem Tag sehr hart. Abner und die Israeliten wurden von den Leuten Davids geschlagen. 18 Auch die drei Söhne der Zeruja waren dabei: Joab, Abischai und Asaël. Asaël war so flink auf den Beinen wie eine Gazelle im Gelände. 19 Asaël jagte Abner nach, ohne nach rechts oder links abzuweichen. 20 Da wandte sich Abner um und sagte: Bist du es, Asaël? Asaël antwortete: Ja, ich bin es. 21 Abner sagte zu ihm: Bieg doch

1,21 ihr trügerischen Gefilde: Text korr.; H: ihr Gefilde der Erstlingsgarben.

2,8 Ischbaal: so lautet der Name richtig (vgl. 1 Chr 8,39; 9,39); H verändert den Namen, um den darin enthaltenen Gottesnamen Baal verächtlich zu machen, in Isch-Boschet (Mann der Schande); vgl. auch 4,4.

2,13 Joab, der Sohn Zerujas, der Schwester Davids (1 Chr 2,16), war der Heerführer Davids (vgl. 8,16).

nach rechts oder links ab, greif dir einen von
den jungen Männern und nimm dir seine
Rüstung! Asaël aber wollte nicht von ihm
ablassen. 22 Abner sagte noch einmal zu Asa-
ël: Lass von mir ab! Warum soll ich dich zu
Boden schlagen? Wie könnte ich dann noch
deinem Bruder Joab in die Augen blicken?
23 Als Asaël sich weigerte, von ihm abzulas-
sen, stieß ihm Abner das (stumpfe) Ende des
Speers in den Bauch, sodass der Speer hinten
wieder herauskam. Asaël stürzte zu Boden
und starb auf der Stelle. Alle aber, die an den
Ort kamen, wo Asaël niedergestürzt und ge-
storben war, blieben stehen. 24 Joab und Abi-
schai jedoch jagten Abner nach. Als die Son-
ne unterging, waren sie bis Gibeat-Amma
gelangt, das Giach gegenüber am Weg in die
Steppe von Gibeon liegt. 25 Die Benjaminiter
in der Gefolgschaft Abners sammelten sich,
bildeten eine geschlossene Gruppe und stell-
ten sich auf dem Gipfel eines Hügels auf.
26 Abner rief Joab zu: Soll denn das Schwert
unaufhörlich um sich fressen? Weißt du
nicht, dass das zu einem bitteren Ende füh-
ren wird? Wann endlich wirst du deinen
Leuten befehlen, die Verfolgung ihrer Brü-
der aufzugeben? 27 Joab antwortete: So wahr
Gott lebt: Wenn du nichts gesagt hättest,
dann hätten die Leute erst am Morgen den
Rückzug angetreten und aufgehört, ihre
Brüder zu verfolgen. 28 Dann ließ Joab das
Widderhorn blasen und alle (seine) Leute
machten Halt; sie setzten den Kampf nicht
mehr fort und verfolgten die Israeliten nicht
mehr. 29 Abner und seine Männer durchzo-
gen während jener Nacht die Araba, über-
schritten den Jordan, gingen durch die
Schlucht und kamen nach Mahanajim zu-
rück. 30 Als Joab aufhörte, Abner zu verfol-
gen, und seine Leute wieder sammelte, fehl-
ten außer Asaël von den Leuten Davids
neunzehn Mann. 31 Davids Leute aber hatten
von den Benjaminitern und von den Män-
nern Abners dreihundertsechzig Mann er-
schlagen [die waren tot]. 32 Sie nahmen Asaël
mit und begruben ihn im Grab seines Vaters
in Betlehem. Dann marschierte Joab mit sei-
nen Männern die ganze Nacht hindurch in
Richtung Hebron, das sie bei Tagesanbruch
erreichten.

3 Der Krieg zwischen dem Haus Saul und
dem Haus David zog sich lange hin. Da-
vid wurde immer stärker, während das Haus
Saul immer schwächer wurde.

3,1: 5,10.

Die in Hebron geborenen Söhne Davids: 3,2–5

2 In Hebron wurden David folgende Söhne
geboren: Sein Erstgeborener Amnon stamm-
te von Ahinoam aus Jesreel, 3 sein zweiter,
Kilab, von Abigajil, der (früheren) Frau Na-
bals aus Karmel; der dritte war Abschalom,
der Sohn der Maacha, der Tochter des Kö-
nigs Talmai von Geschur, 4 der vierte Adoni-
ja, der Sohn der Haggit, der fünfte Schefatja,
der Sohn der Abital, 5 der sechste Jitream
von Davids Frau Egla. Diese Söhne wurden
David in Hebron geboren.

2–5: 5,13–16; 1 Chr 3,1–4.

David und Abner: 3,6–21

6 Solange zwischen dem Haus Saul und
dem Haus David Krieg herrschte, hielt Ab-
ner entschieden zum Haus Saul. 7 Saul hatte
eine Nebenfrau namens Rizpa gehabt; sie
war eine Tochter Ajas. Da sagte Ischbaal zu
Abner: Warum bist du zu der Nebenfrau
meines Vaters gegangen? 8 Da wurde Abner
sehr zornig über die Frage Ischbaals und sag-
te: Bin ich denn ein Hundskopf aus Juda? Ich
erweise dem Haus Sauls, deines Vaters, und
seinen Brüdern und Verwandten auch heute
mein Wohlwollen und habe dich nicht in die
Hände Davids fallen lassen. Und du willst
mich jetzt wegen eines Vergehens mit dieser
Frau zur Rechenschaft ziehen? 9 Gott soll
Abner dies und das antun, wenn ich nicht ge-
genüber David so handle, wie der Herr es
ihm geschworen hat: 10 das Königtum dem
Haus Saul zu nehmen und den Thron Davids
aufzustellen in Israel und Juda, von Dan bis
Beerscheba. 11 Darauf konnte Ischbaal Ab-
ner nichts erwidern; denn er hatte Angst vor
ihm. 12 Abner schickte in eigener Sache Bo-
ten zu David und ließ ihm sagen: Wem gehört
das Land? Schließ also einen Vertrag mit
mir; dann werde ich dir helfen, um ganz Is-
rael auf deine Seite zu bringen. 13 David ant-
wortete: Gut, ich will einen Vertrag mit dir
schließen; nur das eine verlange ich von dir:
Du darfst mir nicht unter die Augen treten,
falls du nicht Michal, die Tochter Sauls, mit-
bringst, wenn du kommst und vor mir er-
scheinst. 14 Dann schickte David Boten zu
Ischbaal, dem Sohn Sauls, und ließ ihm sa-
gen: Gib meine Frau Michal heraus, für die
ich die hundert Vorhäute der Philister als
Brautpreis bezahlt habe. 15 Ischbaal schickte
(einen Boten) zu ihrem Mann Paltiël, dem

3,12 in eigener Sache: Bedeutung des betreffenden hebräischen Wortes unsicher.

Sohn des Lajisch, und ließ sie ihm wegneh-
men. 16 Ihr Mann lief bis nach Bahurim wei-
nend hinter ihr her. Erst als Abner zu ihm
sagte: Geh, kehr um!, kehrte er um. 17 Darauf
verhandelte Abner mit den Ältesten Israels
und sagte: Schon seit langer Zeit wollt ihr
David zu eurem König haben. 18 Jetzt müsst
ihr handeln. Denn der Herr hat zu David ge-
sagt: Durch meinen Knecht David will ich
mein Volk Israel aus der Gewalt der Philister
und all seiner Feinde retten. 19 Auch mit den
Benjaminitern redete Abner (in dieser Wei-
se). Dann ging Abner nach Hebron, um Da-
vid alles zu berichten, was Israel und das
ganze Haus Benjamin für gut befunden hat-
ten. 20 So kam Abner mit zwanzig Männern
zu David nach Hebron. David veranstaltete
für Abner und seine Begleiter ein Mahl.
21 Abner sagte zu David: Ich will mich auf
den Weg machen und ganz Israel um meinen
Herrn, den König, sammeln. Sie sollen mit
dir einen Vertrag schließen und du sollst
überall König sein, wo du es wünschst. Da-
mit ließ David Abner in Frieden ziehen.

7: 21,8 • 14–15: 1 Sam 18,27; 25,44.

Abners Tod: 3,22–39

22 Inzwischen kamen die Leute Davids und
Joab von einem Streifzug; sie brachten rei-
che Beute mit. Abner war nicht mehr bei Da-
vid in Hebron; denn David hatte ihn in Frie-
den ziehen lassen. 23 Als Joab mit seiner gan-
zen Mannschaft ankam, meldete man ihm:
Abner, der Sohn Ners, ist zum König gekom-
men und der König hat ihn wieder in Frieden
ziehen lassen. 24 Joab ging zum König und
sagte zu ihm: Was hast du getan? Abner ist
zu dir gekommen. Warum hast du ihn wieder
weggehen lassen? 25 Du kennst doch Abner,
den Sohn Ners. Er ist nur gekommen, um
dich zu täuschen und zu erkunden, wann du
kommst und wann du gehst, und so zu erfah-
ren, was du alles vorhast. 26 Als Joab David
verlassen hatte, schickte er Boten hinter Ab-
ner her, die ihn von Bor-Sira zurückholten.
David aber wusste nichts davon. 27 Als Ab-
ner nach Hebron zurückkehrte, führte ihn
Joab beiseite in das Innere des Tores, als
wolle er ungestört mit ihm reden. Dort stach
er ihn, um Blutrache für seinen Bruder Asaël
zu nehmen, in den Bauch, sodass er starb.
28 Als David später davon hörte, sagte er: Ich
und mein Königtum sind vor dem Herrn für
alle Zeit ohne Schuld am Blut Abners, des
Sohnes Ners. 29 Sie falle auf Joab und seine
ganze Familie zurück. Immer soll es in Joabs
Familie Menschen geben, die an Blutungen
und Aussatz leiden, die an Krücken gehen,
durch das Schwert umkommen und denen es
an Brot mangelt.

30 Joab und sein Bruder Abischai brachten
Abner um, weil er ihren Bruder Asaël bei Gi-
beon im Kampf getötet hatte. 31 David aber
sagte zu Joab und allen Leuten, die bei ihm
waren: Zerreißt eure Kleider, legt Trauerge-
wänder an und geht klagend vor Abner her!
König David selbst aber ging hinter der Bah-
re her. 32 Man begrub Abner in Hebron. Und
der König begann am Grab Abners laut
zu weinen und auch das ganze Volk wein-
te.

33 Der König stimmte die Totenklage für
Abner an und sang:

Musste Abner sterben, / wie ein schlechter
Mensch stirbt?

34 Deine Hände waren nicht gefesselt / und
deine Füße lagen nicht in Ketten. / Du bist
gefallen, / wie man unter der Hand von Ver-
brechern fällt.

Da weinten alle noch mehr um ihn. 35 Als nun
die Leute kamen, um David zum Essen zu
bewegen, während es noch Tag war, schwor
David: Gott soll mir dies und das antun,
wenn ich Brot oder sonst etwas zu mir neh-
me, bevor die Sonne untergeht. 36 Als das
Volk das erfuhr, gefiel es ihm sehr, wie über-
haupt alles, was der König tat, dem ganzen
Volk gefiel. 37 Alle Leute, auch ganz Israel,
erkannten an jenem Tag, dass die Ermor-
dung Abners, des Sohnes Ners, nicht vom
König ausgegangen war. 38 Und der König
sagte zu seinen Dienern: Wisst ihr nicht, dass
heute ein Fürst gefallen ist und ein großer
Mann in Israel? 39 Obwohl ich zum König ge-
salbt worden bin, bin ich heute noch zu
schwach und diese Männer, die Söhne der
Zeruja, sind stärker als ich. Dem, der das
Verbrechen begangen hat, vergelte der Herr
so, wie es seiner bösen Tat entspricht.

27: 2,23 • 28: 1 Kön 2,5 • 30: 2,23 • 39: 2,18.

Ischbaals Tod: 4,1–12

4 Als Ischbaal, der Sohn Sauls, hörte,
dass Abner in Hebron ums Leben ge-
kommen war, verlor er allen Mut und ganz
Israel war bestürzt.

2 Der Sohn Sauls hatte zwei Männer als
Truppenführer; der eine hieß Baana, der an-

3,29 David, der zu schwach ist, um gegen den Mörder Joab vorzugehen (V. 39), begnügt sich mit einem Fluch.

dere Rechab; sie waren Söhne Rimmons aus Beerot, Benjaminiter; denn auch Beerot wird zu Benjamin gerechnet. 3 Die Beerotiter sind nämlich einst nach Gittajim geflohen und leben dort bis zum heutigen Tag als Fremde. 4 Jonatan, der Sohn Sauls, hatte einen Sohn, der an beiden Füßen gelähmt war. Er war fünf Jahre alt gewesen, als die Nachricht vom Tod Sauls und Jonatans aus Jesreel eintraf; seine Amme hatte ihn aufgehoben, um mit ihm zu fliehen, aber in der Eile der Flucht war er ihr vom Arm gefallen; seitdem war er gelähmt. Sein Name war Merib-Baal. 5 Rechab und Baana, die Söhne Rimmons aus Beerot, machten sich auf den Weg und kamen um die heißeste Zeit des Tages zum Haus Ischbaals, der eben seine Mittagsruhe hielt. 6 Die Türhüterin des Hauses war beim Weizenreinigen schläfrig geworden und eingeschlafen; 7 so konnten Rechab und sein Bruder Baana unbemerkt in das Haus eindringen. Ischbaal lag in seinem Schlafzimmer auf dem Bett. Sie schlugen ihn tot, hieben ihm den Kopf ab und nahmen den Kopf mit. Sie gingen die ganze Nacht hindurch auf dem Weg durch die Araba, 8 brachten den Kopf Ischbaals zu David nach Hebron und sagten zum König: Da ist der Kopf deines Feindes Ischbaal, des Sohnes Sauls, der dir nach dem Leben trachtete. Aber der Herr hat heute unserem Herrn, dem König, Rache an Saul und seinen Nachkommen verschafft. 9 David erwiderte Rechab und seinem Bruder Baana, den Söhnen Rimmons aus Beerot: So wahr der Herr lebt, der mich aus aller Not befreit hat: 10 Den, der mir die Nachricht gebracht hat: Saul ist tot!, und der gemeint hat, ein Freudenbote zu sein, den habe ich in Ziklag ergreifen und umbringen lassen; so gab ich ihm den verdienten Botenlohn. 11 Und wenn nun ruchlose Männer einen rechtschaffenen Mann in seinem Haus auf seinem Bett erschlagen haben, sollte ich dann nicht sein Blut von euch zurückfordern und euch von der Erde austilgen? 12 Und David gab seinen Leuten den Befehl, sie zu töten; sie taten es. Sie schlugen ihnen Hände und Füße ab und hängten die Leichen am Teich von Hebron auf. Den Kopf Ischbaals aber nahmen sie und begruben ihn im Grab Abners in Hebron.

1: 3,27 • 4: 9,3 • 5: 2,8 • 10: 1,15.

Die Anerkennung Davids als König von ganz Israel: 5,1–12

5 Alle Stämme Israels kamen zu David nach Hebron und sagten: Wir sind doch dein Fleisch und Bein. 2 Schon früher, als noch Saul unser König war, bist du es gewesen, der Israel in den Kampf und wieder nach Hause geführt hat. Der Herr hat zu dir gesagt: Du sollst der Hirt meines Volkes Israel sein, du sollst Israels Fürst werden. 3 Alle Ältesten Israels kamen zum König nach Hebron; der König David schloss mit ihnen in Hebron einen Vertrag vor dem Herrn und sie salbten David zum König von Israel.

4 David war dreißig Jahre alt, als er König wurde, und er regierte vierzig Jahre lang. 5 In Hebron war er sieben Jahre und sechs Monate König von Juda und in Jerusalem war er dreiunddreißig Jahre König von ganz Israel und Juda.

6 Der König zog mit seinen Männern nach Jerusalem gegen die Jebusiter, die in dieser Gegend wohnten. Die Jebusiter aber sagten zu David: Du kommst hier nicht herein; die Blinden und Lahmen werden dich vertreiben. Das sollte besagen: David wird hier nicht eindringen. 7 Dennoch eroberte David die Burg Zion; sie wurde die Stadt Davids. 8 David sagte an jenem Tag: Jeder, der den Schacht erreicht, soll die Jebusiter erschlagen, auch die Lahmen und Blinden, die David in der Seele verhasst sind. Daher sagt man: Ein Blinder und ein Lahmer kommt nicht ins Haus.

9 David ließ sich in der Burg nieder und nannte sie die Stadt Davids. Und David begann ringsum zu bauen, und zwar vom Millo an bis zur Burg. 10 David wurde immer mächtiger und der Herr, der Gott der Heere, war mit ihm. 11 Hiram, der König von Tyrus, schickte eine Gesandtschaft zu David und ließ ihm Zedernholz überbringen; auch Zimmerleute und Steinmetzen schickte er und sie bauten für David einen Palast. 12 So erkannte David, dass der Herr ihn als König von Israel bestätigt hatte und dass der Herr sein Königtum wegen seines Volkes Israel zu hohem Ansehen gebracht hatte.

1–12 ‖ 1 Chr 11,1–10; 14,1f • 1: 19,13; Gen 2,23 • 2: 1 Sam 13,14; 18,13.16; 25,30; 2 Sam 6,21; 7,8 • 3: 2,4; 1 Sam 16,13 • 4–5: 1 Kön 2,11; 1 Chr 3,4; 29,27 • 6: Jos 15,63; Ri 1,21 • 10: 3,1.

4,4 Merib-Baal: So lautet der Name richtig (vgl. 1 Chr 8,34; 9,40); er wurde ähnlich wie der Name Ischbaal (vgl. Anm. zu 2,8) in H verunstaltet zu Mefiboschet.

4,6 Text korr. nach G; in H nimmt V. 6, teilweise mit anderem Inhalt, V. 7 vorweg.

5,8 Text schwer verständlich.

5,9 Millo: Stadtteil von Jerusalem westlich des Tempelbereichs. Der Name bedeutet »Auffüllung«, »Aufschüttung« o. dgl.

Die in Jerusalem geborenen Söhne Davids: 5,13–16

13 Als David von Hebron gekommen war,
nahm er sich noch Nebenfrauen, auch Frau-
en aus Jerusalem. So wurden ihm noch mehr
Söhne und Töchter geboren. 14 Das sind die
Namen der Söhne, die ihm in Jerusalem
geboren wurden: Schima, Schobab, Natan,
Salomo, 15 Jibhar, Elischua, Nefeg, Jafia,
16 Elischama, Eljada und Elifelet.

13–16 ‖ 1 Chr 14,3–7 • 13: 3,2–5; 1 Chr 3,5–9.

Der Krieg mit den Philistern: 5,17–25

17 Die Philister hörten, dass man David
zum König von Israel gesalbt hatte. Da zogen
alle herauf, um David gefangen zu nehmen.
David erfuhr davon und zog sich in eine
Bergfestung zurück. 18 Als die Philister he-
rankamen und in der Rafaïterebene umher-
streiften, 19 befragte David den Herrn; er
sagte: Soll ich die Philister angreifen? Wirst
du sie in meine Hand geben? Der Herr ant-
wortete David: Greif sie an; denn ich werde
die Philister bestimmt in deine Hand geben.
20 Da zog David nach Baal-Perazim. Dort
schlug er die Philister und sagte: Der Herr
hat die Reihen meiner Feinde vor meinen
Augen durchbrochen, wie Wasser (einen
Damm) durchbricht. Deshalb nennt man je-
nen Ort Baal-Perazim (Herr der Durchbrü-
che).

21 Die Philister ließen dort ihre Götterbil-
der zurück, sodass David und seine Männer
sie mitnehmen konnten.

22 Doch die Philister zogen noch einmal
herauf und streiften in der Rafaïterebene
umher. 23 David befragte wieder den Herrn
und der Herr antwortete ihm: Zieh nicht hi-
nauf, umgeh sie in ihrem Rücken und komm
von den Baka-Bäumen her an sie heran!
24 Wenn du dann in den Wipfeln der Baka-
Bäume ein Geräusch wie von Schritten
hörst, dann beeil dich; denn dann geht der
Herr vor dir her, um das Heer der Philister zu
schlagen. 25 David tat, was der Herr ihm
befohlen hatte, und er schlug die Philister
(im ganzen Gebiet) zwischen Geba und der
Gegend von Geser.

17–25 ‖ 1 Chr 14,8–17 • 18: 23,13; 1 Sam 22,1.

Die Überführung der Bundeslade nach Jerusalem: 6,1–23

6 David versammelte wiederum alle jun-
gen Krieger aus Israel, dreißigtausend
Mann, 2 brach auf und zog mit seinem gan-
zen Heer nach Baala in Juda, um von dort die
Lade Gottes heraufzuholen, über der der
Name des Herrn der Heere, der über den Ke-
rubim thront, ausgerufen worden ist. 3 Sie
stellten die Lade Gottes auf einen neuen Wa-
gen und holten sie so vom Haus Abinadabs,
das auf einem Hügel stand; Usa und Achjo,
die Söhne Abinadabs, lenkten den neuen
Wagen 4 [sie holten sie also aus dem Haus
Abinadabs, das auf dem Hügel stand,] mit
der Lade Gottes und Achjo ging vor der Lade
her. 5 David und das ganze Haus Israel tanz-
ten und sangen vor dem Herrn mit ganzer
Hingabe und spielten auf Zithern, Harfen
und Pauken, mit Rasseln und Zimbeln. 6 Als
sie zur Tenne Nachons kamen, brachen die
Rinder aus und Usa streckte seine Hand
nach der Lade Gottes aus und fasste sie an.
7 Da entbrannte der Zorn des Herrn gegen
Usa und Gott erschlug ihn auf der Stelle we-
gen dieser Vermessenheit, sodass er neben
der Lade Gottes starb. 8 David war sehr er-
regt darüber, dass der Herr den Usa so plötz-
lich dahingerafft hatte, und man nennt den
Ort bis heute darum Perez-Usa (Wegraffung
Usas). 9 An jenem Tag bekam David Angst
vor dem Herrn und er sagte: Wie soll die
Lade des Herrn jemals zu mir kommen?
10 Darum wollte David die Lade des Herrn
nicht zu sich in die Davidstadt bringen las-
sen, sondern stellte sie in das Haus des Obed-
Edom aus Gat. 11 Drei Monate lang blieb die
Lade des Herrn im Haus Obed-Edoms aus
Gat, und der Herr segnete Obed-Edom und
sein ganzes Haus.

12 Als man König David berichtete: Der
Herr hat das Haus Obed-Edoms und alles,
was ihm gehört, um der Lade Gottes willen
gesegnet, da ging David hin und brachte die
Lade Gottes voll Freude aus dem Haus Obed-
Edoms in die Davidstadt hinauf. 13 Sobald
die Träger der Lade des Herrn sechs Schritte
gegangen waren, opferte er einen Stier und
ein Mastkalb. 14 Und David tanzte mit ganzer
Hingabe vor dem Herrn her und trug dabei

5,18 Rafaïterebene: die Ebene südwestlich von Jerusalem.

5,23 Die Baka-Bäume sind wahrscheinlich Mastixsträucher, die im Gebirge Juda häufig vorkommen.

6,2 nach Baala in Juda: Text korr. nach 1 Chr 13,6; H: von den Bürgern Judas.

6,3 Usa und Achjo sind wohl Enkel Abinadabs.

6,5 mit ganzer Hingabe: Text korr. nach G und 1 Chr 13,8; H: mit Zypressenhölzern.

6,8 Der Ortsname wird durch die erzählte Begebenheit erklärt. Den Leviten war es unter Todesstrafe verboten, die Lade zu berühren (vgl. Num 4,15).

das leinene Efod. 15 So brachten David und das ganze Haus Israel die Lade des Herrn unter Jubelgeschrei und unter dem Klang des Widderhorns hinauf. 16 Als die Lade des Herrn in die Davidstadt kam, schaute Michal, Sauls Tochter, aus dem Fenster, und als sie sah, wie der König David vor dem Herrn hüpfte und tanzte, verachtete sie ihn in ihrem Herzen. 17 Man trug die Lade des Herrn in das Zelt, das David für sie aufgestellt hatte, und setzte sie an ihren Platz in der Mitte des Zeltes und David brachte dem Herrn Brandopfer und Heilsopfer dar. 18 Als David mit dem Darbringen der Brandopfer und Heilsopfer fertig war, segnete er das Volk im Namen des Herrn der Heere 19 und ließ an das ganze Volk, an alle Israeliten, Männer und Frauen, je einen Laib Brot, einen Dattelkuchen und einen Traubenkuchen austeilen. Dann gingen alle wieder nach Hause.

20 Als David zurückkehrte, um seine Familie zu begrüßen, kam ihm Michal, die Tochter Sauls, entgegen und sagte: Wie würdevoll hat sich heute der König von Israel benommen, als er sich vor den Augen der Mägde seiner Untertanen bloßgestellt hat, wie sich nur einer vom Gesindel bloßstellen kann. 21 David erwiderte Michal: Vor dem Herrn, der mich statt deines Vaters und seines ganzen Hauses erwählt hat, um mich zum Fürsten über das Volk des Herrn, über Israel, zu bestellen, vor dem Herrn habe ich getanzt; 22 für ihn will ich mich gern noch geringer machen als diesmal und in meinen eigenen Augen niedrig erscheinen. Bei den Mägden jedenfalls, von denen du gesprochen hast, stehe ich in Ehren. 23 Michal aber, die Tochter Sauls, bekam bis zu ihrem Tod kein Kind.

12–23 ‖ 1 Chr 13,1–14 • 2: 1 Sam 6,21; 1 Chr 13,6; Ps 132,3–6 • 7: Num 4,20; 1 Sam 6,19 • 14–19: 1 Chr 15,27f • 19–20: 1 Chr 16,43 • 21: 5,2.

Die Verheißung an David: 7,1–29

7 Als nun der König in seinem Haus wohnte und der Herr ihm Ruhe vor allen seinen Feinden ringsum verschafft hatte, 2 sagte er zu dem Propheten Natan: Ich wohne in einem Haus aus Zedernholz, die Lade Gottes aber wohnt in einem Zelt. 3 Natan antwortete dem König: Geh nur und tu alles, was du im Sinn hast; denn der Herr ist mit dir. 4 Aber in jener Nacht erging das Wort des Herrn an Natan: 5 Geh zu meinem Knecht David und sag zu ihm: So spricht der Herr: Du willst mir ein Haus bauen, damit ich darin wohne? 6 Seit dem Tag, als ich die Israeliten aus Ägypten heraufgeführt habe, habe ich bis heute nie in einem Haus gewohnt, sondern bin in einer Zeltwohnung umhergezogen. 7 Habe ich in der Zeit, als ich bei den Israeliten von Ort zu Ort zog, jemals zu einem der Richter Israels, die ich als Hirten über mein Volk Israel eingesetzt hatte, ein Wort gesagt und sie gefragt: Warum habt ihr mir kein Haus aus Zedernholz gebaut? 8 Sag also jetzt meinem Knecht David: So spricht der Herr der Heere: Ich habe dich von der Weide und von der Herde weggeholt, damit du Fürst über mein Volk Israel wirst, 9 und ich bin überall mit dir gewesen, wohin du auch gegangen bist. Ich habe alle deine Feinde vor deinen Augen vernichtet und ich will dir einen großen Namen machen, der dem Namen der Großen auf der Erde gleich ist. 10 Ich will meinem Volk Israel einen Platz zuweisen und es einpflanzen, damit es an seinem Ort (sicher) wohnen kann und sich nicht mehr ängstigen muss und schlechte Menschen es nicht mehr unterdrücken wie früher 11 und auch von dem Tag an, an dem ich Richter in meinem Volk Israel eingesetzt habe. Ich verschaffe dir Ruhe vor allen deinen Feinden. Nun verkündet dir der Herr, dass der Herr dir ein Haus bauen wird. 12 Wenn deine Tage erfüllt sind und du dich zu deinen Vätern legst, werde ich deinen leiblichen Sohn als deinen Nachfolger einsetzen und seinem Königtum Bestand verleihen. 13 Er wird für meinen Namen ein Haus bauen und ich werde seinem Königsthron ewigen Bestand verleihen. 14 Ich will für ihn Vater sein und er wird für mich Sohn sein. Wenn er sich verfehlt, werde ich ihn nach Menschenart mit Ruten und mit Schlägen züchtigen. 15 Meine Huld aber soll nicht von ihm weichen, wie sie von Saul gewichen ist, den ich vor deinen Augen verstoßen habe. 16 Dein Haus und dein Königtum sollen durch mich auf ewig bestehen bleiben; dein Thron soll auf ewig Bestand haben. 17 Natan sprach zu David genauso, wie es (ihm) gesagt und offenbart worden war.

18 Da ging König David hin und setzte sich vor dem Herrn nieder und sagte: Wer bin ich, mein Herr und Gott, und was ist mein Haus, dass du mich bis hierher geführt hast? 19 Weil das in deinen Augen noch zu wenig war, mein Herr und Gott, hast du dem Haus deines Knechtes sogar Zusagen für die ferne Zukunft gemacht. Ist das eine Weisung, wie

6,23 Die Kinderlosigkeit Michals wird als Strafe für die Verspottung Davids verstanden.

7,1–17 Die Natan-Verheißung bildet die Grundlage für das dauernde Bestehen der Daviddynastie und damit für die messianische Erwartung.

7,7 Richter: Text korr. mit 1 Chr 17,6; H: Stämme.

sie einem (schwachen) Menschen zukommt,
mein Herr und Gott? 20 Was soll David noch
weiter zu dir sagen? Du kennst deinen
Knecht, mein Herr und Gott. 21 Um deines
Wortes willen und nach der Absicht deines
Herzens hast du alle diese großen Taten ge-
tan und deinem Knecht offenbart. 22 Darum
bist du groß, mein Herr und Gott. Ja, keiner
ist dir gleich, und außer dir gibt es keinen
Gott nach allem, was wir mit unseren Ohren
gehört haben. 23 Welches andere Volk auf der
Erde ist wie dein Volk Israel? Wo wäre ein
Gott hingegangen, um ein Volk für sich als
sein Volk freizukaufen und ihm einen Na-
men zu machen und für dieses Volk große
und erstaunliche Taten zu vollbringen, so
wie du ganze Völker und ihre Götter vertrie-
ben hast vor den Augen deines Volkes, das
du dir von den Ägyptern freigekauft hast?
24 Du hast Israel auf ewig zu deinem Volk
bestimmt und du, Herr, bist sein Gott ge-
worden.

25 Doch nun, Herr und Gott, verleih dem
Wort, das du über deinen Knecht und über
sein Haus gesprochen hast, für immer Gel-
tung und tu, was du gesagt hast. 26 Dann
wird dein Name groß sein für ewige Zeiten
und man wird sagen: Der Herr der Heere ist
Israels Gott!, und das Haus deines Knechtes
David wird vor deinen Augen Bestand ha-
ben. 27 Denn du, Herr der Heere, Gott Israels,
hast deinem Knecht offenbart: Ich will dir
ein Haus bauen. Darum fand dein Knecht
den Mut, so zu dir zu beten: 28 Ja, mein Herr
und Gott, du bist der einzige Gott und deine
Worte sind wahr. Du hast deinem Knecht ein
solches Glück zugesagt. 29 So segne jetzt
gnädig das Haus deines Knechtes, damit es
ewig vor deinen Augen Bestand hat. Denn
du, mein Herr und Gott, hast es versprochen
und mit deinem Segen wird das Haus deines
Knechtes für immer gesegnet sein.

1–29 ‖ 1 Chr 17,1–27 • 2: Ps 132,1–5 • 5–6: 1 Kön 5,17; 8,16.27; 1 Chr 22,8; Jes 66,1 • 8: 5,2; 1 Sam 16,11–13 • 9: Gen 12,2 • 12: 1 Kön 8,20 • 13: 1 Kön 5,19; 6,12; Ps 89,4f; Jes 9,6 • 14: Ps 89,27; 2,7; Hebr 1,5; Lk 1,32 • 15: 1 Sam 15,23.26.

Die Siege Davids: 8,1–14

8 Hernach schlug David die Philister. Er
unterwarf sie und nahm ihnen die Zügel
der Herrschaft aus der Hand. 2 Auch die
Moabiter schlug er. Sie mussten sich neben-
einander auf die Erde legen und er maß die
Reihe mit einer Messschnur ab: jeweils zwei
Schnurlängen wurden getötet und jeweils
eine volle Schnurlänge ließ er am Leben. So
wurden die Moabiter David untertan und
tributpflichtig. 3 David schlug auch Hadad-
Eser, den Sohn Rehobs, den König von Zoba,
als dieser ausgezogen war, um seine Macht
am Eufrat wiederzugewinnen. 4 David nahm
von ihm siebzehnhundert Wagenkämpfer
und zwanzigtausend Fußsoldaten gefangen;
er ließ alle Wagenpferde lähmen und behielt
nur hundert (für sich) zurück.

5 Als die Aramäer von Damaskus Hadad-
Eser, dem König von Zoba, zu Hilfe kamen,
erschlug David 22000 von den Aramäern
6 und besetzte das Aramäerreich von Damas-
kus. So wurden die Aramäer David untertan
und tributpflichtig. Der Herr half David bei
allem, was er unternahm.

7 David erbeutete die goldenen Schilde,
die die Krieger Hadad-Esers trugen, und
brachte sie nach Jerusalem. 8 In Tebach und
Berotai, den Städten Hadad-Esers, erbeutete
der König David eine große Menge Bronze.
9 Als Toï, der König von Hamat, hörte, dass
David das ganze Heer Hadad-Esers geschla-
gen hatte, 10 schickte er seinen Sohn Hado-
ram mit Gefäßen aus Gold, Silber und
Bronze zu König David. Er ließ ihm den
Friedensgruß entbieten und ihn dazu be-
glückwünschen, dass er Hadad-Eser im
Krieg geschlagen hatte; Toï lebte nämlich im
Krieg mit Hadad-Eser. 11 König David weih-
te auch diese Gefäße dem Herrn, zusammen
mit dem Gold und Silber, das er von all den
Völkern, die er unterwarf, erbeutet hatte:
12 von Aram und Moab, von den Ammoni-
tern, den Philistern, von Amalek, sowie die
Beute von Hadad-Eser, dem Sohn Rehobs,
dem König von Zoba.

13 So machte sich David einen Namen. Als
er nach dem Sieg über Aram zurückkehrte,
schlug er Edom im Salztal, achtzehntausend
Mann, 14 und setzte in Edom Vögte ein. [In
ganz Edom setzte er Vögte ein.] So wurde
ganz Edom von David unterworfen. Der
Herr half David bei allem, was er unter-
nahm.

1–14 ‖ 1 Chr 18,1–13 • 13: Ps 60,2 • 14: Num 24,18.

7,23 Text korr.; vgl. die alten Übersetzungen und 1 Chr 17,21.

8,1 die Zügel der Herrschaft, wörtlich: den Zaum des Unterarms.

8,2 Nach 1 Sam 22,3 hatte David gute Beziehungen zu den Moabitern. Warum diese Bluttat geschah, ist unbekannt.

8,3 Zoba: ein aramäisches Stadtkönigtum nördlich von Damaskus.

8,9 Hamat: eine Stadt am Orontes.

8,11 erbeutet hatte: Text korr. nach 1 Chr 18,11; H: geheiligt hatte.

8,13 schlug er Edom: Text korr., vgl. G und 1 Chr 18,12.

Die Beamten Davids: 8,15–18

15 David war König von ganz Israel und sorgte für Recht und Gerechtigkeit in seinem ganzen Volk. 16 Joab, der Sohn der Zeruja, war Heerführer und Joschafat, der Sohn Ahiluds, war Sprecher des Königs. 17 Zadok, der Sohn Ahitubs, und Abjatar, der Sohn Ahimelechs, waren Priester, Seraja war Staatsschreiber. 18 Benaja, der Sohn Jojadas, war der Befehlshaber der Kereter und Peleter. Auch die Söhne Davids waren Priester.

15–18 ‖ 20,23–26; 1 Chr 18,14–17 • 17: 1 Sam 22,20; 1 Kön 2,27.

Jonatans Sohn: 9,1–13

9 David sagte: Gibt es noch jemand, der vom Haus Saul übrig geblieben ist? Ich will ihm um Jonatans willen eine Huld erweisen. 2 Zum Haus Sauls gehörte ein Knecht namens Ziba; man rief ihn zu David und der König fragte ihn: Bist du Ziba? Er antwortete: Ja, dein Knecht. 3 Der König fragte ihn: Ist vom Haus Sauls niemand mehr am Leben, dass ich ihm göttliche Huld erweisen könnte? Ziba antwortete dem König: Es gibt einen Sohn Jonatans, der an beiden Füßen gelähmt ist. 4 Der König sagte zu ihm: Wo ist er? Ziba antwortete dem König: Er lebt jetzt im Haus Machirs, des Sohnes Ammiëls, in Lo-Dabar. 5 Da schickte der König David hin und ließ ihn aus dem Haus Machirs, des Sohnes Ammiëls, in Lo-Dabar holen. 6 Als Merib-Baal, der Sohn Jonatans, des Sohnes Sauls, zu David kam, warf er sich (vor ihm) auf sein Gesicht nieder und huldigte ihm. David sagte: Merib-Baal! Er antwortete: Hier ist dein Knecht. 7 David sagte zu ihm: Fürchte dich nicht; denn ich will dir um deines Vaters Jonatan willen eine Huld erweisen: Ich gebe dir alle Felder deines Großvaters Saul zurück und du sollst immer an meinem Tisch essen. 8 Da warf sich Merib-Baal (vor ihm) nieder und sagte: Was ist dein Knecht, dass du dich einem toten Hund zuwendest, wie ich es bin? 9 Der König David rief Ziba, den Diener Sauls, und sagte zu ihm: Alles, was Saul und seiner ganzen Familie gehört hat, gebe ich dem Sohn deines Herrn. 10 Du sollst mit deinen Söhnen und Knechten für ihn das Land bebauen und ihm den Ertrag bringen, damit der Sohn deines Herrn zu essen hat. Merib-Baal selbst aber, der Sohn deines Herrn, soll immer an meinem Tisch essen. Ziba hatte fünfzehn Söhne und zwanzig Knechte. 11 Ziba sagte zum König: Genauso, wie es mein Herr, der König, seinem Knecht befohlen hat, wird es dein Knecht tun. Und Merib-Baal aß am Tisch Davids wie einer von den Söhnen des Königs. 12 Merib-Baal hatte einen kleinen Sohn namens Micha und alle, die im Haus Zibas wohnten, waren Merib-Baals Knechte. 13 Merib-Baal blieb also in Jerusalem; denn er aß immer am Tisch des Königs; er war aber an beiden Füßen gelähmt.

2: 16,1 • 3: 4,4 • 5: 17,27 • 6: 19,25 • 7: 19,29 • 9–11: 19,29f.

DIE GESCHICHTE VON DAVIDS THRONFOLGE: 10,1 – 20,26; 1 Kön 1,1 – 2,46

Der Krieg mit den Ammonitern und den Aramäern: 10,1–19

10 Als darauf der König der Ammoniter starb und sein Sohn Hanun an seiner Stelle König wurde, 2 sagte David: Ich will Hanun, dem Sohn des Nahasch, mein Wohlwollen zeigen, so wie sein Vater mir sein Wohlwollen gezeigt hat. Und David schickte eine Gesandtschaft zu ihm und ließ ihm durch seine Diener sein Beileid zum Tod seines Vaters aussprechen. Als die Diener in das Land der Ammoniter kamen, 3 sagten die Fürsten der Ammoniter zu Hanun, ihrem Herrn: Will David wirklich deinen Vater vor deinen Augen ehren, weil er Leute schickt, die dir sein Beileid aussprechen sollen? Hat David seine Diener nicht viel eher zu dir geschickt, um die Stadt zu durchforschen und auszukundschaften und sie dann verwüsten zu lassen? 4 Darauf ließ Hanun die Diener Davids festnehmen, ihnen die Hälfte des Bartes abscheren und ihnen die Kleider zur Hälfte abschneiden, bis zum Gesäß herauf. So schickte er sie weg. 5 Als man David das meldete, schickte er ihnen jemand entgegen und ließ ihnen, weil sie so schwer geschändet waren, sagen: Bleibt in Jericho und kehrt

---

8,17 Abjatar, der Sohn Ahimelechs: Text korr. nach S und 1 Sam 22,20; 23,6; 30,7; H: Ahimelech, der Sohn Abjatars.

8,18 der Befehlshaber: Text korr. nach 20,23. – Die Kereter und Peleter sind ausländische Söldner im Dienst Davids (vgl. 15,18; 20,7.23; 1 Kön 1,38.44).

9,4 Lo-Dabar: im Ostjordanland.

erst zurück, wenn euer Bart wieder gewachsen ist. 6 Als die Ammoniter merkten, dass sie sich bei David verhasst gemacht hatten, schickten sie (Boten) und warben die Aramäer von Bet-Rehob und von Zoba an, zwanzigtausend Mann Fußvolk, außerdem den König von Maacha mit tausend Mann und die Leute von Tob mit zwölftausend Mann. 7 David erfuhr davon und schickte Joab mit dem ganzen Heer, allen kriegstüchtigen Männern, hin. 8 Die Ammoniter rückten aus und stellten sich vor dem Stadttor zum Kampf auf, während die Aramäer von Zoba und Rehob und die Leute von Tob und Maacha jeweils für sich draußen auf dem freien Feld standen. 9 Als Joab sah, dass ihm ein Angriff von vorn und von hinten drohte, traf er eine Auswahl aus den Kerntruppen Israels und stellte sie gegen die Aramäer auf. 10 Den Rest des Heeres unterstellte er seinem Bruder Abischai, damit er sie den Ammonitern gegenüber aufstelle. 11 Joab sagte: Wenn die Aramäer stärker sind als ich, dann komm du mir zu Hilfe! Wenn die Ammoniter stärker sind als du, dann werde ich dir zu Hilfe kommen. 12 Sei tapfer! Wir wollen mutig für unser Volk und für die Städte unseres Gottes kämpfen. Der Herr aber möge tun, was er für recht hält. 13 Da griff Joab mit seinen Leuten die Aramäer an und diese ergriffen die Flucht vor ihm. 14 Als die Ammoniter sahen, dass die Aramäer flohen, ergriffen auch sie die Flucht vor Abischai und zogen sich in die Stadt zurück. Joab kehrte nach dem Kampf gegen die Ammoniter nach Jerusalem zurück.

15 Die Aramäer sahen, dass sie von Israel geschlagen waren, aber sie sammelten sich wieder. 16 Hadad-Eser schickte Boten und ließ die Aramäer, die diesseits des Stroms wohnten, ausrücken. Sie kamen nach Helam, an ihrer Spitze Schobach, der Oberbefehlshaber Hadad-Esers. 17 Als man das David meldete, versammelte er ganz Israel, überschritt den Jordan und kam nach Helam. Die Aramäer nahmen David gegenüber Aufstellung und eröffneten den Kampf gegen ihn. 18 Doch sie mussten vor den Israeliten fliehen. David vernichtete siebenhundert aramäische Kriegswagen und tötete vierzigtausend Reiter. Auch Schobach, den Oberbefehlshaber des Heeres, schlug er nieder, sodass er an Ort und Stelle starb. 19 Die Könige, die Hadad-Esers Vasallen waren, sahen nun ein, dass sie von den Israeliten besiegt waren. Sie schlossen Frieden mit den Israeliten und unterwarfen sich ihnen. Von da an fürchteten sich die Aramäer, den Ammonitern noch weiter zu helfen.

1–19 ‖ 1 Chr 19,1–19 • 2: 1 Sam 11,1.

David und Batseba: 11,1–27

11 Um die Jahreswende, zu der Zeit, in der die Könige in den Krieg ziehen, schickte David den Joab mit seinen Männern und ganz Israel aus und sie verwüsteten das Land der Ammoniter und belagerten Rabba. David selbst aber blieb in Jerusalem.

2 Als David einmal zur Abendzeit von seinem Lager aufstand und auf dem Flachdach des Königspalastes hin- und herging, sah er von dort aus eine Frau, die badete. Die Frau war sehr schön anzusehen. 3 David schickte jemand hin und erkundigte sich nach ihr. Man sagte ihm: Das ist Batseba, die Tochter Ammiëls, die Frau des Hetiters Urija. 4 Darauf schickte David Boten zu ihr und ließ sie holen; sie kam zu ihm, und er schlief mit ihr – sie hatte sich gerade von ihrer Unreinheit gereinigt. Dann kehrte sie in ihr Haus zurück. 5 Die Frau war aber schwanger geworden und schickte deshalb zu David und ließ ihm mitteilen: Ich bin schwanger.

6 Darauf sandte David einen Boten zu Joab (und ließ ihm sagen): Schick den Hetiter Urija zu mir! Und Joab schickte Urija zu David. 7 Als Urija zu ihm kam, fragte David, ob es Joab und dem Volk gut gehe und wie es mit dem Kampf stehe. 8 Dann sagte er zu Urija: Geh in dein Haus hinab und wasch dir die Füße! Urija verließ das Haus des Königs und es wurde ihm ein Geschenk des Königs nachgetragen. 9 Urija aber legte sich am Tor des Königshauses bei den Knechten seines Herrn nieder und ging nicht in sein Haus hinab. 10 Man berichtete David: Urija ist nicht in sein Haus hinabgegangen. Darauf sagte David zu Urija: Bist du nicht gerade von einer Reise gekommen? Warum bist du nicht in dein Haus hinuntergegangen? 11 Urija antwortete David: Die Lade und Israel und Juda wohnen in Hütten und mein Herr Joab und die Knechte meines Herrn lagern auf freiem Feld; da soll ich in mein Haus

---

10,6 Die aramäischen Städte liegen nördlich der Jordanquellen und im nördlichen Ostjordanland.
10,16 diesseits, wörtlich: jenseits; gemeint ist das Gebiet westlich des Eufrat (vgl. 1 Kön 5,4). »Jenseits des Stroms« ist in assyrischen Texten, vor allem in der Perserzeit, das Gebiet der westlichen Provinzen.
11,1 das Land: so sinngemäß nach 1 Chr 20,1.
11,11 Die Lade Gottes wurde in den Kampf mitgenommen (vgl. 1 Sam 4,3f; Num 10,35f).

gehen, um zu essen und zu trinken und bei
meiner Frau zu liegen? So wahr du lebst und
so wahr deine Seele lebt, das werde ich
nicht tun. 12 Darauf sagte David zu Urija:
Bleib auch heute noch hier; morgen werde
ich dich wegschicken. So blieb Urija an je-
nem Tag in Jerusalem. Am folgenden Tag
13 lud David ihn ein, bei ihm zu essen und zu
trinken, und machte ihn betrunken. Am
Abend aber ging Urija weg, um sich wieder
auf seinem Lager bei den Knechten seines
Herrn niederzulegen; er ging nicht in sein
Haus hinab.
14 Am anderen Morgen schrieb David ei-
nen Brief an Joab und ließ ihn durch Urija
überbringen. 15 Er schrieb in dem Brief:
Stellt Urija nach vorn, wo der Kampf am
heftigsten ist, dann zieht euch von ihm zu-
rück, sodass er getroffen wird und den Tod
findet. 16 Joab hatte die Stadt beobachtet
und er stellte Urija an einen Platz, von dem
er wusste, dass dort besonders tüchtige Krie-
ger standen. 17 Als dann die Leute aus der
Stadt einen Ausfall machten und gegen Joab
kämpften, fielen einige vom Volk, das heißt
von den Kriegern Davids; auch der Hetiter
Urija fand den Tod. 18 Joab schickte (einen
Boten) zu David und ließ ihm den Verlauf
des Kampfes berichten. 19 Und er befahl dem
Boten: Wenn du dem König alles über den
Verlauf des Kampfes bis zu Ende berichtet
hast 20 und wenn dann der König in Zorn ge-
rät und zu dir sagt: Warum seid ihr beim
Kampf so nahe an die Stadt herangegangen?
Habt ihr nicht gewusst, dass sie von der
Mauer herabschießen? 21 Wer hat Abimelech,
den Sohn Jerubbaals, erschlagen? Hat nicht
eine Frau in Tebez einen Mühlstein von der
Mauer auf ihn herabgeworfen, sodass er
starb? Warum seid ihr so nahe an die Mauer
herangegangen?, dann sollst du sagen: Auch
dein Knecht, der Hetiter Urija, ist tot. 22 Der
Bote ging fort, kam zu David und berichtete
ihm alles, was Joab ihm aufgetragen hatte.
23 Der Bote sagte zu David: Die Männer wa-
ren stärker als wir und waren gegen uns bis
aufs freie Feld vorgedrungen; wir aber
drängten sie bis zum Eingang des Tores zu-
rück. 24 Da schossen die Schützen von der
Mauer herab auf deine Knechte, sodass eini-
ge von den Knechten des Königs starben;
auch dein Knecht, der Hetiter Urija, ist tot.
25 Da sagte David zu dem Boten: So sollst du
zu Joab sagen: Betrachte die Sache nicht als
so schlimm; denn das Schwert frisst bald
hier, bald dort. Setz den Kampf gegen die
Stadt mutig fort und zerstöre sie! So sollst
du ihm Mut machen. 26 Als die Frau Urijas
hörte, dass ihr Mann Urija tot war, hielt sie
für ihren Gemahl die Totenklage. 27 Sobald
die Trauerzeit vorüber war, ließ David sie zu
sich in sein Haus holen. Sie wurde seine Frau
und gebar ihm einen Sohn. Dem Herrn aber
missfiel, was David getan hatte.

1: 12,26 • 4: Ex 20,14.17; Dtn 5,18.21 • 21: Ri 9,53f.

Gottes Strafe für David: 12,1–25

12 Darum schickte der Herr den Natan
zu David; dieser ging zu David und
sagte zu ihm: In einer Stadt lebten einst zwei
Männer; der eine war reich, der andere arm.
2 Der Reiche besaß sehr viele Schafe und
Rinder, 3 der Arme aber besaß nichts außer
einem einzigen kleinen Lamm, das er ge-
kauft hatte. Er zog es auf und es wurde bei
ihm zusammen mit seinen Kindern groß. Es
aß von seinem Stück Brot und es trank aus
seinem Becher, in seinem Schoß lag es und
war für ihn wie eine Tochter. 4 Da kam ein
Besucher zu dem reichen Mann und er
brachte es nicht über sich, eines von seinen
Schafen oder Rindern zu nehmen, um es für
den zuzubereiten, der zu ihm gekommen
war. Darum nahm er dem Armen das Lamm
weg und bereitete es für den Mann zu, der zu
ihm gekommen war.
5 Da geriet David in heftigen Zorn über
den Mann und sagte zu Natan: So wahr der
Herr lebt: Der Mann, der das getan hat, ver-
dient den Tod. 6 Das Lamm soll er vierfach
ersetzen, weil er das getan und kein Mitleid
gehabt hat. 7 Da sagte Natan zu David: Du
selbst bist der Mann. So spricht der Herr, der
Gott Israels: Ich habe dich zum König von Is-
rael gesalbt und ich habe dich aus der Hand
Sauls gerettet. 8 Ich habe dir das Haus deines
Herrn und die Frauen deines Herrn in den
Schoß gegeben und ich habe dir das Haus Is-
rael und Juda gegeben, und wenn das zu we-
nig ist, gebe ich dir noch manches andere
dazu. 9 Aber warum hast du das Wort des
Herrn verachtet und etwas getan, was ihm
missfällt? Du hast den Hetiter Urija mit dem
Schwert erschlagen und hast dir seine Frau
zur Frau genommen; durch das Schwert der
Ammoniter hast du ihn umgebracht. 10 Da-
rum soll jetzt das Schwert auf ewig nicht
mehr von deinem Haus weichen; denn du
hast mich verachtet und dir die Frau des
Hetiters genommen, damit sie deine Frau
werde. 11 So spricht der Herr: Ich werde da-

11,21 Jerubbaals: Text korr. nach G (vgl. Ri 7,1); H liest Jerubbeschet, um den Namen des Gottes Baal verächtlich zu machen (vgl. die Anmerkungen zu 2,8; 4,4).

für sorgen, dass sich aus deinem eigenen
Haus das Unheil gegen dich erhebt, und ich
werde dir vor deinen Augen deine Frauen
wegnehmen und sie einem andern geben; er
wird am hellen Tag bei deinen Frauen liegen.
12 Ja, du hast es heimlich getan, ich aber wer-
de es vor ganz Israel und am hellen Tag tun.
13 Darauf sagte David zu Natan: Ich habe ge-
gen den Herrn gesündigt. Natan antwortete
David: Der Herr hat dir deine Sünde verge-
ben; du wirst nicht sterben. 14 Weil du aber
die Feinde des Herrn durch diese Sache zum
Lästern veranlasst hast, muss der Sohn, der
dir geboren wird, sterben.
15 Dann ging Natan nach Hause. Der Herr
aber ließ das Kind, das die Frau des Urija
dem David geboren hatte, schwer krank
werden. 16 David suchte Gott wegen des
Knaben auf und fastete streng; und wenn er
heimkam, legte er sich bei Nacht auf die blo-
ße Erde. 17 Die Ältesten seines Hauses kamen
zu ihm, um ihn dazu zu bewegen, von der
Erde aufzustehen. Er aber wollte nicht und
aß auch nicht mit ihnen. 18 Am siebten Tag
aber starb das Kind. Davids Diener fürchte-
ten sich, ihm mitzuteilen, dass das Kind tot
war; denn sie sagten: Wir haben ihm zugere-
det, als das Kind noch am Leben war; er aber
hat nicht auf uns gehört. Wie können wir
ihm jetzt sagen: Das Kind ist tot? Er würde
ein Unheil anrichten. 19 David jedoch sah,
dass seine Diener miteinander flüsterten,
und merkte daran, dass das Kind tot war. Er
fragte seine Diener: Ist das Kind tot? Sie ant-
worteten: Ja, es ist tot. 20 Da erhob sich Da-
vid von der Erde, wusch sich, salbte sich,
wechselte seine Kleider, ging zum Haus des
Herrn und warf sich (davor) nieder. Als er
dann nach Hause zurückkehrte, verlangte er
(zu essen). Man setzte ihm etwas vor und er
aß. 21 Da fragten ihn seine Diener: Was soll
das bedeuten, was du getan hast? Als das
Kind noch am Leben war, hast du seinetwe-
gen gefastet und geweint. Nachdem aber das
Kind tot ist, stehst du auf und isst. 22 Er ant-
wortete: Als das Kind noch am Leben war,
habe ich gefastet und geweint; denn ich
dachte: Wer weiß, vielleicht ist der Herr mir
gnädig und das Kind bleibt am Leben.
23 Jetzt aber, da es tot ist, warum soll ich da
noch fasten? Kann ich es zurückholen? Ich
werde einmal zu ihm gehen, aber es kommt
nicht zu mir zurück. 24 Und David tröstete
seine Frau Batseba; er ging zu ihr hinein und
schlief mit ihr. Und sie gebar einen Sohn und
er gab ihm den Namen Salomo. Der Herr
liebte Salomo 25 und sandte den Propheten
Natan, damit er ihm um des Herrn willen
den Namen Jedidja (Liebling des Herrn)
gebe.

6: Ex 21,37 • 9: 1 Kön 15,5 • 10: 13,28f; 18,14; 1 Kön 2,24f • 11: 16,22; 20,3 • 13: Ps 51,2.

Die Eroberung von Rabba: 12,26–31

26 Joab kämpfte gegen Rabba, (die Stadt)
der Ammoniter, und er eroberte die Königs-
stadt. 27 Darauf schickte Joab Boten zu
David und ließ ihm sagen: Ich habe gegen
Rabba gekämpft und dabei auch die Wasser-
stadt eingenommen. 28 Darum versammle
jetzt den Rest des Heeres, belagere die Stadt
und nimm sie selbst ein, damit nicht ich sie
einnehme und mein Name über ihr ausgeru-
fen wird. 29 David sammelte also das ganze
Heer, zog nach Rabba, kämpfte gegen die
Stadt und nahm sie ein. 30 Dann nahm er ih-
rem König die Krone vom Haupt, deren Ge-
wicht ein Talent Gold betrug und an der ein
kostbarer Stein war; sie wurde nun Davids
Krone. Und er schaffte eine sehr große Beute
aus der Stadt fort. 31 Auch ihre Einwohner
führte er fort und stellte sie an die Steinsä-
gen, an die eisernen Spitzhacken und an die
eisernen Äxte und ließ sie in den Ziegeleien
arbeiten. So machte er es mit allen Städten
der Ammoniter. Dann kehrte David mit dem
ganzen Heer nach Jerusalem zurück.

26: 11,1 • 30–31: 1 Chr 20,2f.

Amnon und Tamar: 13,1–22

13 Danach geschah folgendes: Abscha-
lom, der Sohn Davids, hatte eine
schöne Schwester namens Tamar und Am-
non, der Sohn Davids, verliebte sich in sie.
2 Amnon war sehr bedrückt und wurde fast
krank wegen seiner Schwester Tamar; denn
sie war Jungfrau und es schien Amnon un-
möglich, ihr etwas anzutun. 3 Nun hatte Am-
non einen Freund namens Jonadab, einen
Sohn des Schima, des Bruders Davids. Jona-
dab war ein sehr kluger Mann. 4 Er sagte zu
Amnon: Warum bist du jeden Morgen so be-
drückt, Sohn des Königs? Willst du es mir

12,25 Der Name Jedidja, der nur hier vorkommt, *weist schon auf die Nachfolge Davids* hin und bringt auch zum Ausdruck, dass Gott nun dem König wieder gnädig ist.

12,26 Rabba: die Hauptstadt des Ammoniterreichs, heute Amman.

12,30 Wahrscheinlich ist eher der Wert als das Gewicht (etwa 41 kg) der Krone gemeint.

12,31 ließ sie arbeiten: Text korr.; H: führte sie hindurch.

13,1 Abschaloms und Tamars Mutter war Maacha; Amnons Mutter war Ahinoam.

offener acker

offen
bereit
offen zu empfangen
bereit zu geben

ohne offenheit
kein neues leben

Mit dem Reich Gottes ist es so, wie wenn ein Mann Samen auf seinen Acker sät; dann schläft er und steht wieder auf, es wird Nacht und wird Tag, der Samen keimt und wächst. Die Erde bringt von selbst ihre Frucht, zuerst den Halm, dann die Ähre, dann das volle Korn in der Ähre.

Markus 4,26–28

Foto: Erich Legler, Friedrichshafen

nicht erzählen? Amnon antwortete ihm: Ich
liebe Tamar, die Schwester meines Bruders
Abschalom. 5 Da sagte Jonadab zu ihm: Leg
dich ins Bett und stell dich krank! Wenn
dann dein Vater kommt, um nach dir zu se-
hen, sag zu ihm: Lass doch meine Schwester
Tamar zu mir kommen und mir etwas zu es-
sen machen; sie soll die Krankenkost vor
meinen Augen zubereiten, sodass ich zuse-
hen und aus ihrer Hand essen kann. 6 Amnon
legte sich also hin und stellte sich krank. Als
der König kam, um nach ihm zu sehen, sagte
Amnon zum König: Meine Schwester Tamar
möge doch zu mir kommen; sie soll mir vor
meinen Augen zwei Kuchen backen und ich
will die Krankenkost aus ihrer Hand essen.
7 David schickte jemand ins Haus der Tamar
und ließ ihr sagen: Geh doch in das Haus dei-
nes Bruders Amnon und mach ihm etwas zu
essen! 8 Tamar ging in das Haus ihres Bru-
ders Amnon, der im Bett lag. Sie nahm Teig,
knetete vor seinen Augen die Kuchen und
backte sie. 9 Dann nahm sie die Pfanne und
legte ihm (das Gericht) vor. Amnon aber
wollte nichts essen, sondern sagte: Schickt
alle hinaus! Als alle aus dem Zimmer hi-
nausgegangen waren, 10 sagte Amnon zu Ta-
mar: Bring das Essen in die (innere) Kam-
mer, ich möchte sie aus deiner Hand essen.
Tamar nahm die Kuchen, die sie zubereitet
hatte, und brachte sie ihrem Bruder Amnon
in die Kammer. 11 Als sie ihm aber die Ku-
chen zum Essen reichte, griff er nach ihr und
sagte zu ihr: Komm, leg dich zu mir, Schwes-
ter! 12 Sie antwortete ihm: Nein, mein Bru-
der, entehre mich nicht! So etwas tut man in
Israel nicht. Begeh keine solche Schandtat!
13 Wohin sollte ich denn in meiner Schande
gehen? Du würdest als einer der niederträch-
tigsten Menschen in Israel dastehen. Rede
doch mit dem König, er wird mich dir nicht
verweigern. 14 Doch Amnon wollte nicht auf
sie hören, sondern packte sie und zwang sie,
mit ihm zu schlafen. 15 Hinterher aber emp-
fand Amnon eine sehr große Abneigung ge-
gen sie; ja, der Hass, mit dem er sie nun hass-
te, war größer als die Liebe, mit der er sie ge-
liebt hatte. Amnon sagte zu ihr: Steh auf, geh
weg! 16 Sie erwiderte ihm: Nicht doch! Wenn
du mich wegschickst, wäre das ein noch grö-
ßeres Unrecht als das, das du mir schon an-
getan hast. Er aber wollte nicht auf sie hö-
ren, 17 sondern rief den jungen Mann, der in
seinen Diensten stand, und sagte: Bringt die-
ses Mädchen da von mir weg auf die Straße
hinaus und schließt die Tür hinter ihr ab!
18 Sein Diener brachte sie hinaus und schloss
die Tür hinter ihr zu. Sie hatte ein Ärmel-
kleid an; denn solche Obergewänder trugen
die Königstöchter, solange sie Jungfrauen
waren. 19 Tamar aber streute sich Asche auf
das Haupt und zerriss das Ärmelkleid, das
sie anhatte, sie legte ihre Hand auf den Kopf
und ging schreiend weg. 20 Ihr Bruder Ab-
schalom fragte sie: War dein Bruder Amnon
mit dir zusammen? Sprich nicht darüber,
meine Schwester, er ist ja dein Bruder.
Nimm dir die Sache nicht so zu Herzen! Von
da an lebte Tamar einsam im Haus ihres
Bruders Abschalom. 21 Doch der König Da-
vid erfuhr von der ganzen Sache und wurde
darüber sehr zornig. 22 Abschalom aber rede-
te nicht mehr mit Amnon, weder im Guten
noch im Bösen; er hasste Amnon, weil dieser
seine Schwester Tamar vergewaltigt hatte.

Abschaloms Rache an Amnon: 13,23–37

23 Zwei Jahre später ließ Abschalom in
Baal-Hazor, das bei Efraim liegt, seine
Schafe scheren und lud alle Söhne des Kö-
nigs ein. 24 Er ging zum König und sagte:
Dein Knecht lässt gerade seine Schafe sche-
ren. Der König möge doch samt seinen Die-
nern seinen Knecht dorthin begleiten. 25 Der
König antwortete Abschalom: Nein, mein
Sohn, wir können doch nicht alle kommen;
wir wollen dir nicht zur Last fallen. Obwohl
Abschalom ihn dringend bat, wollte er nicht
mitgehen, sondern wollte ihn mit dem Se-
gensgruß verabschieden. 26 Da sagte Abscha-
lom: Kann nicht wenigstens mein Bruder
Amnon mit uns gehen? Der König fragte ihn:
Warum soll er mit dir gehen? 27 Abschalom
aber drängte ihn (noch mehr) und der König
ließ Amnon und seine anderen Söhne mit
ihm gehen. 28 Abschalom befahl seinen jun-
gen Leuten: Gebt Acht: Wenn Amnon vom
Wein guter Laune ist, werde ich zu euch sa-
gen: Schlagt Amnon tot! Dann tötet ihn!
Habt keine Angst! Ich selbst habe es euch ja
befohlen. Seid mutig und tapfer! 29 Die jun-
gen Leute Abschaloms machten mit Amnon,
was ihnen Abschalom befohlen hatte. Da
sprangen alle Söhne des Königs auf, stiegen
auf ihre Maultiere und flohen. 30 Sie waren
noch auf dem Weg, als zu David das Gerücht
gelangte: Abschalom hat alle Söhne des Kö-
nigs erschlagen; nicht einer von ihnen ist üb-
rig geblieben. 31 Da stand der König auf, zer-

13,13 Demnach waren Ehen zwischen Halbgeschwistern möglich; nach Lev 18,11; 20,17 und Dtn 27,22 sind sie streng verboten.

13,18 Die beiden Sätze sind singgemäß umgestellt.

13,23 Baal-Hazor: nordöstlich von Bet-El.

riss seine Kleider und warf sich zu Boden.
Auch alle seine Diener, die um ihn herum-
standen, zerrissen ihre Kleider. 32 Jonadab
aber, der Sohn Schimas, des Bruders Davids,
sagte: Mein Herr soll nicht glauben, dass alle
jungen Männer, alle Söhne des Königs, tot
sind. Nur Amnon ist tot; denn Abschalom
war verbittert seit dem Tag, an dem Amnon
seine Schwester vergewaltigte. 33 Mein Herr,
der König, nehme sich die Sache nicht so zu
Herzen und denke nicht: Alle Söhne des Kö-
nigs sind tot. Nur Amnon ist tot.

34 Abschalom aber war geflohen. Der junge
Mann jedoch, der Wache hielt, schaute aus
und sah plötzlich, dass eine Menge Leute auf
dem hinter ihm liegenden Weg von der Seite
des Berges herabkamen. 35 Da sagte Jonadab
zum König: Sieh, da kommen die Söhne des
Königs. Es ist so, wie dein Knecht gesagt hat.
36 Kaum hatte er das gesagt, da kamen die
Söhne des Königs. Sie begannen laut zu
weinen und auch der König und alle seine
Diener brachen in heftiges Weinen aus.
37 Abschalom aber floh und ging zu Talmai,
dem Sohn des Königs Ammihud von Geschur
und David trauerte lange Zeit um seinen
Sohn.

37: 14,23.

Abschaloms Rückkehr: 13,38 – 14,33

38 Abschalom war also geflohen und nach
Geschur gegangen; dort blieb er drei Jahre.
39 Dann aber hörte der König allmählich auf,
gegen Abschalom zu hadern; denn er hatte
sich damit abgefunden, dass Amnon tot war.

14 Als Joab, der Sohn der Zeruja, merk-
te, dass das Herz des Königs sich
wieder Abschalom zuwandte, 2 schickte er
(einen Boten) nach Tekoa und ließ von dort
eine kluge Frau holen. Er sagte zu ihr: Tu so,
als ob du trauerst, zieh Trauergewänder an
und salbe dich nicht mit Öl! Stell dich wie
eine Frau, die schon lange Zeit um einen To-
ten trauert. 3 Dann geh zum König und
sprich Folgendes zu ihm – und Joab sagte
ihr, was sie sagen sollte. 4 Die Frau aus
Tekoa ging zum König, warf sich mit dem
Gesicht auf die Erde nieder, um ihm zu
huldigen und sagte: Hilf mir, mein König!
5 Der König fragte sie: Was hast du? Sie ant-
wortete: Ach, ich bin eine Witwe; mein Mann
ist tot. 6 Deine Magd hatte zwei Söhne. Die
beiden bekamen auf dem Feld Streit mitei-
nander, und weil niemand da war, der sich
zwischen die beiden gestellt hätte, schlug der
eine den anderen tot. 7 Da erhob sich die
ganze Verwandtschaft gegen deine Magd.
Sie sagten: Gib den, der seinen Bruder er-
schlagen hat, heraus, damit wir ihn töten,
weil er seinen Bruder ums Leben gebracht
hat. So wollten sie sogar den Erben vernich-
ten. Sie wollten die Kohle, die mir geblieben
ist, auslöschen, um meinem Mann weder Na-
men noch Nachkommen auf dem Erdboden
zu lassen. 8 Da sagte der König zu der Frau:
Geh nach Hause! Ich werde deine Sache in
Ordnung bringen. 9 Die Frau aus Tekoa er-
widerte dem König: Mein Herr und König,
dann lastet die Schuld auf mir und dem Haus
meines Vaters. Der König aber und sein
Thron werden schuldlos sein. 10 Der König
antwortete: Wenn jemand gegen dich
spricht, bring ihn zu mir; er wird dir nicht
wieder zu nahe treten. 11 Sie aber sagte: Der
König rufe doch den Herrn, deinen Gott, da-
für an, dass der Bluträcher nicht noch mehr
Unheil anrichtet und meinen Sohn um-
bringt. Der König antwortete: So wahr der
Herr lebt, deinem Sohn soll kein Haar ge-
krümmt werden.

12 Darauf sagte die Frau: Deine Magd
möchte meinem Herrn, dem König, noch ein
Wort sagen. Er antwortete: Sprich! 13 Da
fragte die Frau: Warum planst du genau das
Gleiche gegen das Volk Gottes? Wenn der
König ein solches Urteil gefällt hat, spricht
er sich selbst schuldig, da er seinen verstoße-
nen (Sohn) nicht zurückkehren lässt. 14 Wir
müssen alle sterben und sind wie das Wasser,
das man auf die Erde schüttet und nicht wie-
der einsammeln kann. Aber Gott wird dem
das Leben nicht nehmen, der darauf aus ist,
dass ein von ihm Verstoßener nicht verstoßen
bleibt. 15 Dass ich aber hergekommen bin,
um dem König, meinem Herrn, das zu sagen,
geschah, weil die Leute mir Angst machten.
Darum sagte sich deine Magd: Ich will mit
dem König reden; vielleicht wird der König
tun, was seine Magd sagt. 16 Ja, der König
wird (auf mich) hören und seine Magd aus

13,32 Abschalom war verbittert, wörtlich: es lag über Abschaloms Mund.

13,37 Abschaloms Mutter war eine Königstochter aus Geschur (3,3).

13,39 zu hadern: Text korr., vgl. G.

14,1 Tekoa: südlich von Betlehem, Heimat des Propheten Amos.

14,8 Ich werde ... in Ordnung bringen, wörtlich: Ich werde deinetwegen Befehl geben.

14,11c Wörtlich: Keines von den Haaren deines Sohnes soll zu Boden fallen.

14,14 Einen Toten kann man nicht wieder ins Leben rufen, selbst wenn Abschalom verstoßen bleibt. Der Sinn des zweiten Satzes ist nicht ganz klar. Mit V. 15 kehrt die Rede der Frau zu dem angenommenen Fall zurück.

der Hand des Mannes retten, der mich zu-
sammen mit meinem Sohn aus dem Erb-
besitz austilgen will. 17 Deine Magd hat sich
gesagt: Das Wort meines Herrn, des Königs,
wird mich beruhigen; denn mein Herr, der
König, ist gerade so wie der Engel Gottes: Er
hört Gutes und Böses. Der Herr, dein Gott,
sei mit dir.

18 Der König erwiderte der Frau: Verhehl
mir nichts von dem, was ich dich jetzt frage.
Die Frau sagte: Mein Herr und König, rede!
19 Da fragte der König: Hat etwa Joab bei all
dem die Hand im Spiel? Die Frau antwortete:
So wahr du lebst, mein Herr und König, an
all dem, was mein Herr, der König, sagt,
kann man sich unmöglich rechts oder links
vorbeidrücken. Ja, dein Knecht Joab war es,
der mir das befohlen hat; er hat all diese
Worte deiner Magd in den Mund gelegt.
20 Das hat dein Knecht Joab getan, um der
Sache ein anderes Gesicht zu geben. Mein
Herr ist weise wie der Engel Gottes, der alles
weiß, was im Land geschieht.

21 Darauf sagte der König zu Joab: Gut, ich
erfülle dir diese deine Bitte. Geh, bring den
jungen Abschalom zurück! 22 Joab warf sich
mit dem Gesicht auf die Erde nieder und
huldigte (dem König). Er segnete den König
und sagte: Heute hat dein Knecht erkannt,
dass ich dein Wohlwollen gefunden habe,
mein Herr und König, weil der König die Bit-
te seines Knechtes erfüllt hat. 23 Dann brach
Joab auf, ging nach Geschur und brachte
Abschalom nach Jerusalem zurück. 24 Der
König aber sagte: Er soll in sein Haus gehen,
aber er soll mir nicht unter die Augen treten.
Abschalom ging in sein Haus, aber dem Kö-
nig durfte er nicht unter die Augen treten.

25 In ganz Israel gab es keinen schöneren
und lobenswerteren Mann als Abschalom.
Vom Scheitel bis zur Sohle war kein Makel
an ihm. 26 Und wenn er sein Haar schneiden
ließ – das geschah von Zeit zu Zeit, weil es so
schwer wurde, dass er es schneiden lassen
musste – und man wog sein Haar, dann wog
es zweihundert Schekel nach königlichem
Gewicht. 27 Drei Söhne wurden Abschalom
geboren und eine Tochter namens Tamar; sie
wurde eine Frau von großer Schönheit.
28 Abschalom wohnte zwei Jahre lang in Je-
rusalem, ohne dem König unter die Augen zu
treten. 29 Da schickte Abschalom jemand zu
Joab, weil er ihn zum König senden wollte;
aber Joab wollte nicht kommen. Er schickte
noch ein zweites Mal jemand hin, aber er
wollte wieder nicht kommen. 30 Da sagte Ab-
schalom zu seinen Knechten: Seht, das Feld
Joabs, das neben meinem liegt; er hat dort
Gerste (angebaut). Geht hin, steckt es in
Brand! Die Diener Abschaloms steckten das
Feld in Brand. 31 Darauf machte sich Joab
auf den Weg, suchte Abschalom in seinem
Haus auf und fragte ihn: Warum haben deine
Knechte das Feld in Brand gesteckt, das mir
gehört? 32 Abschalom antwortete: Ich hatte
doch jemand zu dir geschickt und dir sagen
lassen: Komm her, ich möchte dich zum Kö-
nig senden. Du sollst ihn fragen: Wozu bin
ich eigentlich von Geschur hergekommen?
Es wäre für mich besser gewesen, ich wäre
dort geblieben. Jetzt aber möchte ich dem
König vor die Augen treten. Wenn eine
Schuld auf mir liegt, soll er mich töten.
33 Joab ging zum König und berichtete ihm
alles und der König ließ Abschalom rufen. Er
kam zum König und fiel vor ihm mit dem
Gesicht zur Erde nieder. Und der König
küsste Abschalom.

14,7: Dtn 19,11–13 • 23: 13,37 • 27: 18,18.

Abschaloms Aufstand gegen David: 15,1–12

15 Einige Zeit danach schaffte sich Ab-
schalom einen Wagen und Pferde an
sowie fünfzig Mann, die immer vor ihm her-
liefen. 2 Früh am Morgen stellte er sich neben
den Weg zum Stadttor, und sooft jemand mit
einer Streitsache zum König vor Gericht ge-
hen wollte, sprach er ihn an und sagte: Aus
welcher Stadt bist du? Wenn der dann ant-
wortete: Dein Knecht ist aus einem der
Stämme Israels!, 3 sagte Abschalom zu ihm:
Was du sagst, ist ja gut und recht, aber beim
König gibt es niemand, der dich anhört.
4 Und Abschalom fügte hinzu: Würde mich
doch jemand zum Richter im Land machen,
damit jeder, der einen Streit oder eine
Rechtssache hat, zu mir kommt; ich würde
ihm Recht verschaffen. 5 Ging dann einer auf
ihn zu, um vor ihm niederzufallen, dann
streckte er die Hand aus, hielt ihn fest und
küsste ihn. 6 So machte es Abschalom bei al-
len Israeliten, die zum König vor Gericht ge-
hen wollten, und so stahl er sich in das Herz
der Israeliten.

7 Nach vier Jahren sagte Abschalom zum
König: Ich möchte nach Hebron gehen, um
ein Gelübde zu erfüllen, das ich dem Herrn
abgelegt habe. 8 Denn dein Knecht hat bei
seinem Aufenthalt in Geschur in Aram das

15,2 Abschalom wendet sich werbend vor allem an die Nordstämme. Der oberste Richter im Land (V. 4) ist der König. Anscheinend gab es auch unter David Grund zur Klage über die Rechtspflege.
15,7 vier: Text korr., vgl. G und S; H: vierzig.

Gelübde gemacht: Wenn der Herr mich wirklich nach Jerusalem zurückkehren lässt, dann will ich für den Herrn einen Gottesdienst feiern. 9 Der König antwortete ihm: Geh in Frieden! Da brach Abschalom auf und ging nach Hebron. 10 Doch (von dort) schickte er Boten an alle Stämme Israels und ließ ihnen sagen: Wenn ihr den Klang des Widderhorns hört, dann sollt ihr rufen: Abschalom ist König in Hebron. 11 Zweihundert Männer aus Jerusalem waren mit Abschalom gegangen; er hatte sie eingeladen und sie waren mit ihm gezogen, ohne von der ganzen Sache etwas zu ahnen. 12 Als er seine Opfer darbrachte, ließ Abschalom auch den Giloniter Ahitofel, den Berater Davids, aus seiner Heimatstadt Gilo kommen. So wurde die Verschwörung immer größer und immer mehr Leute schlossen sich Abschalom an.

1: 1 Kön 1,5 • 8: 13,37f.

Davids Flucht aus Jerusalem: 15,13 – 16,14

13 Als ein Bote kam und David meldete: Das Herz der Israeliten hat sich Abschalom zugewandt!, 14 sagte David zu allen seinen Dienern, die noch bei ihm in Jerusalem waren: Auf, wir müssen fliehen, denn für uns gibt es keine Rettung vor Abschalom. Beeilt euch mit dem Aufbruch, sonst kommt er und holt uns ein, bringt Unglück über uns und schlägt die Stadt mit scharfem Schwert. 15 Die Diener des Königs sagten zu ihm: Ganz wie der Herr und König sich entscheidet. Hier sind deine Knechte. 16 So zog der König fort und sein ganzes Haus folgte ihm. Nur die zehn Nebenfrauen ließ der König zurück; sie sollten das Haus bewachen.

17 Als der König mit den Leuten, die ihm folgten, fortzog, blieben sie beim letzten Haus stehen 18 und alle seine Diener zogen an ihm vorüber, dazu alle Kereter und Peleter und alle Gatiter, jene sechshundert Mann, die ihm aus Gat gefolgt waren; sie alle zogen vor dem König vorüber. 19 Da sagte der König zu Ittai aus Gat: Warum willst auch du mit uns gehen? Kehr um und bleib beim (neuen) König! Denn du bist ein Ausländer und aus deiner Heimat verbannt. 20 Erst gestern bist du gekommen – und schon heute sollte ich dich aufjagen, um mit uns zu gehen? Ich gehe, wohin ich eben gehe. Du aber kehr um und bring deine Brüder in Liebe und Treue zurück! 21 Doch Ittai erwiderte dem König: So wahr der Herr lebt und so wahr mein Herr, der König, lebt: Nur an dem Ort, wo mein Herr, der König, ist, dort wird auch dein Diener sein, sei es um zu leben oder um zu sterben. 22 Da sagte David zu Ittai: Dann geh und zieh (mit deinen Leuten) vorüber! Und der Gatiter zog mit allen seinen Männern und dem ganzen Tross, den er bei sich hatte, vorüber. 23 Alle weinten laut, als die Leute (an David) vorüberzogen. Dann überschritt der König den Bach Kidron und alle zogen weiter auf dem Weg zur Steppe.

24 Auch Zadok und all die Leviten um ihn, die die Bundeslade Gottes trugen, waren dabei. Sie stellten die Lade Gottes nieder und Abjatar brachte Opfer dar, bis alle Leute aus der Stadt vollzählig (an David) vorübergezogen waren. 25 Der König sagte zu Zadok: Bring die Lade Gottes in die Stadt zurück! Wenn ich vor den Augen des Herrn Gnade finde, dann wird er mich zurückführen und mich die Lade und ihre Stätte wieder sehen lassen. 26 Wenn er aber sagt: Ich habe an dir keinen Gefallen!, gut, dann mag er mit mir machen, was ihm gefällt. 27 Und (weiter) sagte der König zu dem Priester Zadok: Siehst du das ein? Kehr in Frieden in die Stadt zurück, ebenso dein Sohn Ahimaaz und Abjatars Sohn Jonatan, eure beiden Söhne. 28 Merkt euch: Ich werde an den Furten zur Steppe warten, bis von euch eine Nachricht kommt, die mir Bescheid gibt. 29 Darauf brachten Zadok und Abjatar die Lade Gottes nach Jerusalem zurück und blieben dort.

30 David stieg weinend und mit verhülltem Haupte den Ölberg hinauf; er ging barfuß und alle Leute, die bei ihm waren, verhüllten ihr Haupt und zogen weinend hinauf. 31 Man hatte David die Nachricht gebracht, dass auch Ahitofel unter den Verschwörern aufseiten Abschaloms war. Da sagte David: Herr, vereitle den Rat Ahitofels!

32 Als David auf den Gipfel des Berges kam, auf dem man sich vor Gott niederwirft, kam ihm plötzlich der Arkiter Huschai entgegen, mit zerrissenen Kleidern und Erde auf dem Haupt. 33 David sagte zu ihm: Wenn du mit mir ziehst, wärest du mir nur eine Last. 34 Wenn du aber in die Stadt zurückkehrst und zu Abschalom sagst: Ich bin dein Knecht, mein König, ich war früher der Knecht deines Vaters, jetzt aber will ich dein Knecht sein!, dann kannst du für mich den Rat Ahitofels durchkreuzen. 35 Die Priester Zadok und Abjatar werden auch dort bei dir sein und du kannst alles, was du aus dem Haus des Königs hörst, den Priestern Zadok und Abjatar berichten. 36 Sie haben dort auch ihre beiden Söhne bei sich, Zadok den

15,32 Hier wird ein uns sonst nicht bekanntes Heiligtum auf dem Ölberg vorausgesetzt.

Ahimaaz und Abjatar den Jonatan; durch sie
könnt ihr mir alles übermitteln, was ihr hört.
37 So kam Huschai, der Freund Davids, in die
Stadt zurück, als Abschalom gerade in Jeru-
salem ankam.

16 Als David vom Gipfel des Berges aus
ein Stück weiterzog, da kam ihm
Ziba, der Diener Merib-Baals, mit einem
Paar gesattelter Esel entgegen. Sie waren
mit zweihundert Broten, hundert Trauben-
kuchen, hundert frischen Früchten und ei-
nem Schlauch Wein beladen. 2 Der König
fragte Ziba: Was hast du damit vor? Ziba
antwortete: Die Esel sind für die königliche
Familie als Reittiere bestimmt, das Brot und
die Früchte zur Verpflegung deiner Diener,
der Wein ist zum Trinken für die, die in der
Steppe müde werden. 3 Der König fragte: Wo
ist der Sohn deines Herrn? Ziba antwortete
dem König: Er ist in Jerusalem geblieben;
denn er hat gesagt: Heute wird mir das Haus
Israel das Königtum meines Vaters wieder-
geben. 4 Da sagte der König zu Ziba: Jetzt
soll alles, was Merib-Baal gehört, dir gehö-
ren. Ziba antwortete: Ich habe mich (vor dir)
niedergeworfen; möge ich Gnade finden vor
deinen Augen, mein Herr und König.

5 Als König David nach Bahurim kam, da
kam plötzlich aus der Stadt ein Mann na-
mens Schimi, ein Sohn Geras aus der Sippe
des Hauses Saul. Er kam David mit Flüchen
entgegen, 6 und warf mit Steinen nach ihm
und allen Dienern des Königs David, obwohl
das ganze Volk und alle Krieger rechts und
links um ihn standen. 7 Schimi schrie und
fluchte: Verschwinde, verschwinde, du Mör-
der, du Niederträchtiger! 8 Der Herr hat all
deine Blutschuld am Haus Sauls, an dessen
Stelle du König geworden bist, auf dich zu-
rückfallen lassen. Der Herr hat das König-
tum in die Hand deines Sohnes Abschalom
gegeben. Nun bist du ins Unglück geraten;
denn du bist ein Mörder. 9 Da sagte Abischai,
der Sohn der Zeruja, zum König: Warum
flucht dieser tote Hund meinem Herrn, dem
König? Ich will hinübergehen und ihm den
Kopf abschlagen. 10 Doch der König antwor-
tete: Was habe ich mit euch zu schaffen, ihr
Söhne der Zeruja? Wenn er flucht und wenn
der Herr ihm gesagt hat: Verfluch David!,
wer darf dann fragen: Warum tust du das?
11 Und weiter sagte David zu Abischai und
all seinen Dienern: Seht, mein leiblicher
Sohn trachtet mir nach dem Leben, wie viel
mehr muss es dann dieser Benjaminiter tun.
Lasst ihn fluchen! Sicherlich hat es ihm der
Herr geboten. 12 Vielleicht sieht der Herr
mein Elend an und erweist mir Gutes für den
Fluch, der mich heute trifft. 13 David und
seine Männer setzten ihren Weg fort; Schimi
ging am Berghang neben ihnen her und
fluchte ununterbrochen, warf mit Steinen
nach ihm und bewarf ihn mit Erde. 14 Er-
schöpft kam der König mit allen Leuten, die
er bei sich hatte, an den Jordan; dort konnte
er wieder Atem schöpfen.

15,16: 16,21; 20,3 • 31: 17,14 • 32: 1 Kön 3,2 • 34: 17,7 • 37: 16,15; 1 Chr 27,33 • 16,3–4: 19,25–31 • 5–12: 19,17–24; 1 Kön 2,8f.

Abschalom in Jerusalem: 16,15 – 17,23

15 Abschalom war mit dem ganzen Heer
der Israeliten nach Jerusalem gekommen;
auch Ahitofel war bei ihm. 16 Als der Arkiter
Huschai, der Freund Davids, zu Abschalom
kam, sagte er zu Abschalom: Es lebe der Kö-
nig, es lebe der König! 17 Abschalom fragte
Huschai: So sieht die Liebe zu deinem
Freund aus? Warum bist du nicht mit deinem
Freund gegangen? 18 Huschai sagte zu Ab-
schalom: Nein, ich gehöre vielmehr zu dem,
den der Herr und dieses Volk und alle Israe-
liten erwählt haben; bei ihm will ich bleiben.
19 Und außerdem: Wem diene ich denn? Doch
nur seinem Sohn. Wie ich vor den Augen dei-
nes Vaters Dienst getan habe, so will ich
auch dir zur Verfügung stehen.

20 Abschalom sagte zu Ahitofel: Gebt einen
Rat, was wir tun sollen. 21 Ahitofel sagte zu
Abschalom: Geh zu den Nebenfrauen deines
Vaters, die er hiergelassen hat, um das Haus
zu bewachen. So wird ganz Israel erfahren,
dass du dich bei deinem Vater verhasst ge-
macht hast, und alle, die zu dir halten, werden
ermutigt. 22 Man errichtete für Abschalom
ein Zelt auf dem Dach, und Abschalom ging
vor den Augen ganz Israels zu den Neben-
frauen seines Vaters. 23 Ein Rat, den Ahitofel
gab, galt in jenen Tagen so viel, als hätte man
ein Gotteswort erbeten. So viel galt jeder Rat
Ahitofels, bei David wie bei Abschalom.

17 Und Ahitofel sagte weiter zu Abscha-
lom: Ich möchte zwölftausend Mann
auswählen, mit ihnen noch heute Nacht auf-
brechen und David nachsetzen. 2 Ich will ihn
überfallen, wenn er noch müde und ermattet
ist, und ihm einen Schrecken einjagen. Alle
Leute, die bei ihm sind, werden fliehen und

16,12 mein Elend: Text korr. nach G.
16,14 an den Jordan: Ortsangabe, die in H fehlt, ergänzt nach G und 15,28.
16,21 Der Rat des angesehenen Ahitofel will erreichen, dass der Bruch Abschaloms mit seinem Vater unheilbar wird und dass dadurch auch die Schwankenden auf die Seite Abschaloms gezogen werden.

ich kann den König, wenn er allein ist, er-
schlagen. 3 Dann werde ich das ganze Volk
zu dir zurückführen, wie eine Neuvermählte
zu ihrem Mann heimgeholt wird. Du trach-
test ja nur dem einen Mann nach dem Leben;
das ganze übrige Volk aber soll Frieden ha-
ben. 4 Der Plan erschien Abschalom und al-
len Ältesten Israels gut.
5 Abschalom aber sagte: Ruft auch den Ar-
kiter Huschai! Wir wollen hören, was er zu
sagen hat. 6 Als Huschai kam, sagte Abscha-
lom zu ihm: Das und das hat Ahitofel gesagt.
Sollen wir seinen Vorschlag ausführen?
Wenn nicht, dann rede du! 7 Da sagte Hu-
schai zu Abschalom: Diesmal ist der Rat, den
Ahitofel gegeben hat, nicht gut. 8 Und er fuhr
fort: Du kennst deinen Vater und seine Män-
ner; sie sind Krieger und von wildem Mut er-
füllt, wie eine Bärin im freien Gelände, der
man die Jungen geraubt hat. Dein Vater ist
ein Krieger, der mit seinen Leuten keine
Nachtruhe hält. 9 Sicher hält er sich jetzt in
einer Höhle oder an einem anderen Ort ver-
steckt. Wenn nun gleich zu Anfang einige
von deinen Leuten fallen und man hört da-
von, wird man sagen: Die Anhänger Abscha-
loms haben eine Niederlage erlitten. 10 Dann
wird auch der Tapferste – und habe er ein
Herz wie ein Löwe – völlig den Mut verlie-
ren; denn ganz Israel weiß, dass dein Vater
ein Held ist und tapfere Männer bei sich hat.
11 Darum rate ich: Alle Israeliten zwischen
Dan und Beerscheba sollen sich bei dir ver-
sammeln, (ein Heer) so zahlreich wie der
Sand am Ufer des Meeres. Du selbst musst
(mit ihnen) in den Kampf ziehen. 12 Wenn wir
ihn dann in einem der Orte, wo er sich auf-
hält, finden, überfallen wir ihn, wie der Tau
auf die Erde fällt; dann wird von ihm und al-
len Männern, die bei ihm sind, auch nicht ei-
ner übrig bleiben. 13 Und wenn er sich in eine
Stadt zurückzieht, so wird ganz Israel Seile
an (den Mauern) jener Stadt befestigen und
wir schleifen sie ins Tal hinab, sodass dort,
wo sie sind, kein Stein mehr zu finden ist.
14 Da sagten Abschalom und alle Israeliten:
Der Rat des Arkiters Huschai ist besser als
der Rat Ahitofels. Der Herr hatte es nämlich
so bestimmt; der gute Rat Ahitofels sollte
durchkreuzt werden, weil der Herr Unheil
über Abschalom bringen wollte.
15 Darauf sagte Huschai zu den Priestern
Zadok und Abjatar: Das und das hat Ahito-
fel Abschalom und den Ältesten Israels gera-
ten und das und das habe ich geraten.
16 Schickt jetzt schnell jemand zu David und
lasst ihm sagen: Bleib heute Nacht nicht bei
den Furten, (die) zur Steppe (hinüberführen),
sondern zieh sofort hinüber, damit nicht der
König samt allen Leuten, die er bei sich hat,
vernichtet wird. 17 Jonatan und Ahimaaz
aber hielten sich an der Rogel-Quelle auf;
eine Magd ging zu ihnen und brachte ihnen
die Nachricht, sie aber gingen zu König Da-
vid und machten ihm Meldung. Sie durften
sich nämlich nicht sehen lassen und konnten
deshalb die Stadt nicht betreten. 18 Doch ein
junger Mann sah sie trotzdem und meldete es
Abschalom. Die beiden aber gingen schnell
weiter und kamen zum Haus eines Mannes in
Bahurim, der in seinem Hof einen Brunnen
hatte. Sie stiegen hinein 19 und die Frau
nahm eine Decke, breitete sie über die Öff-
nung des Brunnens und streute Körner da-
rauf, sodass man nichts merken konnte.
20 Als Abschaloms Knechte zu der Frau ins
Haus kamen, fragten sie: Wo sind Ahimaaz
und Jonatan? Die Frau antwortete ihnen: Sie
sind von hier zum Wasser weitergegangen.
Die Knechte machten sich auf die Suche, als
sie sie aber nicht fanden, kehrten sie nach
Jerusalem zurück. 21 Nachdem sie wegge-
gangen waren, stiegen die beiden aus dem
Brunnen heraus, gingen zu König David und
brachten ihm die Nachricht. Sie sagten zu
David: Brecht auf und geht schnell über den
Fluss hinüber; denn Ahitofel hat gegen euch
den und den Rat erteilt. 22 Da brach David
mit allen Leuten, die noch bei ihm waren,
auf, und zog über den Jordan. Als es Morgen
wurde, war auch nicht mehr einer da, der
den Jordan nicht überschritten hätte.
23 Als Ahitofel sah, dass sein Rat nicht aus-
geführt wurde, sattelte er seinen Esel, brach
auf und kehrte in seine Heimatstadt zurück.
Dann bestellte er sein Haus und erhängte
sich. So starb er und man begrub ihn im
Grab seines Vaters.

16,15: 15,37 • 21: 15,16 • 22: 12,11 • 17,7: 15,34 • 14: 15,31 • 15–21: 15,36.

Davids Vorbereitungen zum Kampf:
17,24 – 18,5

24 Als David nach Mahanajim gekommen
war, überschritt Abschalom mit allen Israeli-

17,3b Text korr. nach G.
17,9 von deinen Leuten, *wörtlich:* von ihnen; gemeint sind die Leute Abschaloms.
17,14 Der Rat Huschais soll David Zeitgewinn bringen.
17,17 Die Rogel-Quelle ist bei Jerusalem, südlich der Vereinigung des Kidrontals mit dem Hinnomtal.
17,20 von hier zum Wasser: Text korr.
17,23 Selbstmord begeht im AT nur jemand, der einem grausamen Tod entgehen will (vgl. Ri 9,54; 1 Sam 31,4; 1 Kön 16,18; 2 Makk 14,43–46).

ten den Jordan. 25 Abschalom hatte Amasa
anstelle Joabs an die Spitze des Heeres gestellt. Amasa war der Sohn eines Ismaeliters
namens Jeter und der Abigal, die eine Tochter des Nahasch und eine Schwester von Joabs Mutter Zeruja war. 26 Die Israeliten unter Abschalom schlugen ihr Lager im Gebiet
von Gilead auf.

27 Als nun David nach Mahanajim gekommen war, brachten ihm Schobi, der Sohn des
Nahasch aus der Ammoniterstadt Rabba,
und Machir, der Sohn Ammiëls aus Lo-Dabar, sowie der Gileaditer Barsillai aus
Roglim 28 Matten und Decken, irdene Gefäße,
Weizen, Gerste, Mehl und geröstetes Korn,
Bohnen und Linsen [und geröstetes Korn];
29 außerdem brachten sie David und seinen
Leuten Honig und Butter, Schafe und Käse
als Nahrung. Denn sie sagten: Das Volk in
der Steppe ist hungrig, durstig und erschöpft.

18 Dann musterte David die Leute, die
bei ihm waren, und setzte Anführer
ein über die einzelnen Tausendschaften und
Hundertschaften. 2 Dann ließ er seine Leute
ausrücken, ein Drittel (von ihnen) unter
Joab, ein Drittel unter Abischai, dem Sohn
der Zeruja und Bruder Joabs, und ein Drittel
unter dem Gatiter Ittai. Der König sagte zu
seinen Leuten: Auch ich will mit euch in den
Kampf ziehen. 3 Doch sie erwiderten: Du
sollst nicht mit uns in den Kampf ziehen;
denn wenn wir fliehen, wird man sich um
uns nicht kümmern; und wenn die Hälfte von
uns stirbt, wird man sich um uns nicht kümmern. Doch du giltst so viel wie zehntausend
von uns und außerdem wäre es besser, wenn
du uns von der Stadt aus zu Hilfe kommen
könntest. 4 Der König antwortete ihnen: Ich
will tun, was ihr für richtig haltet. Darauf
stellte sich der König neben das Tor (der
Stadt) und die Leute zogen nach Hundertschaften und Tausendschaften geordnet hinaus. 5 Und der König befahl Joab, Abischai
und Ittai: Geht mir mit dem Jungen, mit Abschalom, schonend um! Alle Leute hörten,
wie der König seinen Anführern wegen Abschalom diese Anweisung gab.

17,27: 9,4; 19,32; 1 Kön 2,7 • 18,2f: 15,19 • 5: 18,12.

Abschaloms Tod: 18,6–32

6 Die Leute zogen ins Feld, den Israeliten
entgegen, und im Wald Efraim kam es zur
Schlacht. 7 Die Israeliten wurden von den
Leuten Davids geschlagen und erlitten eine
schwere Niederlage; an jenem Tag fielen
zwanzigtausend von ihnen. 8 Der Kampf
breitete sich über die ganze dortige Gegend
aus und der Wald verschlang an jenem Tag
mehr Krieger als das Schwert. 9 Plötzlich
kam Abschalom in das Blickfeld der Krieger
Davids; er ritt auf einem Maultier. Als das
Maultier unter den Ästen einer großen Eiche
hindurchlief, blieb Abschalom mit dem Kopf
fest an der Eiche hängen, sodass er zwischen
Himmel und Erde schwebte und das Maultier unter ihm weglief. 10 Jemand sah es und
meldete Joab: Ich habe gerade Abschalom an
einer Eiche hängen sehen. 11 Joab sagte zu
dem Mann, der ihm das meldete: Wenn du es
gesehen hast, warum hast du ihn nicht sofort
an Ort und Stelle niedergestoßen? Ich hätte
dir dann gern zehn Silberstücke und einen
Gürtel gegeben. 12 Der Mann antwortete
Joab: Auch wenn ich tausend Silberstücke
auf die Hand ausgezahlt erhielte, würde ich
meine Hand nicht gegen den Sohn des Königs erheben; denn der König hat dir, Abischai und Ittai vor unseren Ohren befohlen:
Gebt mir auf den Jungen, auf Abschalom,
Acht! 13 Hätte ich heimtückisch gehandelt
und ihm etwas getan – dem König bleibt ohnehin nichts verborgen –, dann würdest du
dich (aus der Sache) heraushalten. 14 Joab
erwiderte: Ich kann mich nicht noch länger
mit dir aufhalten. Und er nahm drei Spieße
in die Hand und stieß sie Abschalom, der
noch lebend an der Eiche hing, ins Herz.
15 Die zehn Waffenträger Joabs umringten
Abschalom und schlugen ihn tot. 16 Dann
ließ Joab das Widderhorn blasen und die
Krieger hörten auf, die Israeliten zu verfolgen, weil Joab ihnen Einhalt gebot. 17 Sie
nahmen Abschalom und warfen ihn im Wald
in eine tiefe Grube und errichteten über ihm
einen riesigen Steinhaufen. Alle Israeliten
aber flohen, jeder in sein Zelt. – 18 Abschalom hatte sich schon zu Lebzeiten den Gedenkstein, der jetzt im Königstal steht, herbeischaffen und für sich aufstellen lassen;
denn er sagte sich: Ich habe keinen Sohn, der
meinen Namen im Gedächtnis (der Menschen) halten würde. Er benannte den Stein
nach seinem Namen; deshalb heißt er bis
zum heutigen Tag »Abschaloms Hand«

19 Ahimaaz, der Sohn Zadoks, sagte: Ich
will zum König eilen und ihm die freudige
Nachricht bringen, dass der Herr ihm Recht
gegenüber seinen Feinden verschafft hat.
20 Joab sagte zu ihm: Du würdest heute kein
Freudenbote sein. An einem anderen Tag

17,25 Ismaeliters: Text korr. nach 1 Chr 2,17.

17,27 brachten: ergänzt nach G.

kannst du eine gute Nachricht überbringen; heute würdest du nichts Erfreuliches melden; denn der Sohn des Königs ist tot. 21 Und Joab befahl einem Kuschiter: Geh, melde dem König, was du gesehen hast. Der Kuschiter warf sich vor Joab nieder, dann eilte er davon. 22 Ahimaaz, der Sohn Zadoks, sagte noch einmal zu Joab: Mag kommen, was will, ich möchte auch hineilen, hinter dem Kuschiter her. Joab antwortete: Warum willst du denn hinlaufen, mein Sohn? Du bekommst keinen Botenlohn. 23 Doch Ahimaaz sagte: Mag kommen, was will; ich laufe hin. Joab erwiderte: Dann lauf! Ahimaaz lief los, nahm den Weg durch die Jordansenke und überholte den Kuschiter. 24 David saß zwischen den beiden Toren. Der Späher aber war auf das Dach des Tores, auf die Mauer, gestiegen, und als er Ausschau hielt, sah er einen einzelnen Mann herbeilaufen. 25 Der Späher rief dem König die Meldung zu. Der König sagte: Wenn er allein ist, dann bringt er eine gute Nachricht. Während der Mann herankam, 26 sah der Späher noch einen anderen herbeieilen und rief zum Tor hinab: Da läuft noch ein einzelner Mann herbei. Der König sagte: Auch er bringt eine gute Nachricht. 27 Darauf sagte der Späher: Ich sehe, der erste läuft in der Art des Ahimaaz, des Sohnes Zadoks. Und der König sagte: Das ist ein guter Mann, er kommt mit einer guten Nachricht. 28 Ahimaaz rief dem König den Friedensgruß zu, warf sich vor ihm mit dem Gesicht zur Erde nieder und sagte: Gepriesen sei der Herr, dein Gott, der (dir) die Männer ausgeliefert hat, die ihre Hand gegen meinen Herrn, den König, erhoben haben. 29 Der König fragte: Geht es dem Jungen, Abschalom, gut? Ahimaaz antwortete: Ich sah ein großes Getümmel, als Joab den Knecht des Königs, deinen Knecht, wegschickte; darum weiß ich nicht, was da geschah. 30 Der König befahl: Tritt zur Seite und stell dich hierher! Ahimaaz trat zur Seite und blieb dort stehen. 31 Da kam auch der Kuschiter und sagte: Mein Herr, der König, lasse sich die gute Nachricht bringen, dass der Herr dir heute Recht verschafft hat gegenüber allen, die sich gegen dich erhoben hatten. 32 Der König fragte den Kuschiter: Geht es dem Jungen, Abschalom, gut? Der Kuschiter antwortete: Wie dem jungen Mann möge es allen Feinden meines Herrn, des Königs, ergehen, allen, die sich in böser Absicht gegen dich erhoben haben.

12: 18,5 • 18: 14,27.

Davids Klage um Abschalom: 19,1–9a

19 Da zuckte der König zusammen, stieg in den oberen Raum des Tores hinauf und weinte. Während er hinaufging, rief er (immer wieder): Mein Sohn Abschalom, mein Sohn, mein Sohn Abschalom! Wäre ich doch an deiner Stelle gestorben, Abschalom, mein Sohn, mein Sohn! 2 Man meldete Joab: Der König weint und trauert um Abschalom. 3 So wurde der Tag der Rettung für das ganze Volk zu einem Trauertag; denn die Leute hörten an diesem Tag: Der König ist voll Schmerz wegen seines Sohnes. 4 Die Leute schlichen sich an jenem Tag in die Stadt, wie sich Leute davonschleichen, die Schande auf sich geladen haben, weil sie im Kampf geflohen sind. 5 Der König aber hatte sein Gesicht verhüllt und rief laut: Mein Sohn Abschalom! Abschalom, mein Sohn, mein Sohn! 6 Da ging Joab zum König ins Haus hinein und sagte: Du hast heute alle deine Diener offen beschimpft, die dir, deinen Söhnen und Töchtern, deinen Frauen und Nebenfrauen das Leben gerettet haben. 7 Du zeigst ja denen deine Liebe, die dich hassen, und deinen Hass denen, die dich lieben; denn du gabst uns heute zu verstehen, dass dir die Anführer und die Krieger nichts bedeuten. Jetzt weiß ich, dass es in deinen Augen ganz richtig wäre, wenn Abschalom noch am Leben wäre, wir alle aber heute gestorben wären. 8 Doch nun steh auf, geh hinaus und sag deinen Leuten einige anerkennende Worte! Denn ich schwöre dir beim Herrn: Wenn du nicht (zu ihnen) hinausgehst, dann wird bis zur kommenden Nacht keiner mehr bei dir sein und das wird für dich schlimmer sein als alles Unheil, das dir von deiner Jugend an bis jetzt zugestoßen ist. 9 Da stand der König auf und setzte sich in das Tor. Und im Volk wurde bekannt: Der König sitzt im Tor. Da kamen alle Leute zum König.

Davids Rückkehr nach Jerusalem: 19,9b–44

Nachdem die Israeliten geflohen und in ihre Zelte zurückgekehrt waren, 10 stritten sich alle Leute in allen Stämmen Israels und sagten: Der König hat uns aus der Gewalt unserer Feinde befreit, er hat uns aus der Gewalt der Philister gerettet und jetzt hat er vor Abschalom aus dem Land fliehen müssen. 11 Abschalom aber, den wir zu unserem König gesalbt haben, ist im Kampf gefallen. Warum zögert ihr jetzt, den König zurückzuholen? 12 So redete man in ganz Israel. Und

18,23 Doch Ahimaaz sagte: ergänzt nach G.

19,12 V. 12 a und b sind sinngemäß umgestellt.

die Nachricht davon drang bis zum König
vor [in sein Haus]. Da schickte König David
(einen Boten) zu den Priestern Zadok und
Abjatar und ließ ihnen sagen: Sagt zu den
Ältesten Judas: Warum wollt ihr die letzten
sein, die den König in sein Haus zurückho-
len? 13 Ihr seid meine Brüder, ihr seid mein
Fleisch und Bein. Warum wollt ihr die letz-
ten sein, die den König zurückholen? 14 Und
zu Amasa sollt ihr sagen: Bist du nicht mein
Fleisch und Bein? Gott soll mir dies und das
antun, wenn du nicht bei mir für alle Zeit an-
stelle Joabs der Befehlshaber des Heeres sein
wirst. 15 So machte David sich das Herz aller
Männer in Juda geneigt, sodass sie wie ein
Mann zu ihm hielten. Sie sandten dem König
die Aufforderung: Kehr zurück, du selbst
und alle deine Diener! 16 Da machte sich der
König auf den Rückweg und kam an den
Jordan, die Judäer aber, die dem König
entgegengezogen waren, um ihn über den
Jordan zu geleiten, waren bis nach Gilgal ge-
kommen.

17 Auch der Benjaminiter Schimi aus Ba-
hurim, der Sohn Geras, eilte herbei und zog
mit den Männern von Juda dem König David
entgegen. 18 Bei ihm waren tausend Mann
aus Benjamin, darunter Ziba, der Diener des
Hauses Saul, mit seinen fünfzehn Söhnen
und seinen zwanzig Knechten. Sie waren
schon vor dem König an den Jordan gelangt
19 und durchschritten die Furt, um die Fami-
lie des Königs hinüberzugeleiten und alles zu
tun, was dem König gut erschien. Als der
König gerade den Jordan überschreiten
wollte, fiel Schimi, der Sohn Geras, vor ihm
nieder 20 und sagte zu ihm: Mein Herr möge
mir meine Schuld nicht anrechnen; mögest
du nicht an das denken, was dein Knecht
sich an dem Tag zu Schulden kommen ließ,
als mein Herr, der König, Jerusalem verließ;
der König nehme es sich nicht so zu Herzen;
21 denn dein Knecht weiß, dass er gesündigt
hat. Sieh her, ich bin heute als Erster vom
ganzen Haus Josef hergekommen, um mei-
nem Herrn, dem König, entgegenzugehen.
22 Da fragte Abischai, der Sohn der Zeruja:
Müsste nicht Schimi dafür mit dem Tod
bestraft werden, dass er den Gesalbten des
Herrn verflucht hat? 23 David aber sagte:
Was habe ich mit euch zu schaffen, ihr Söhne
der Zeruja? Warum benehmt ihr euch plötz-
lich wie Feinde von mir? Soll heute jemand
in Israel getötet werden, wo ich doch weiß,
dass ich ab heute wieder König von Israel
bin? 24 Und der König sagte zu Schimi: Du
sollst nicht sterben. Der König bekräftigte es
ihm mit einem Schwur.

25 Auch Merib-Baal, der Sohn Sauls, kam
dem König entgegen. Er hatte seine Füße
und seinen Bart nicht mehr gepflegt und sei-
ne Kleider nicht gewaschen seit dem Tag, an
dem der König weggegangen war, bis zu dem
Tag, an dem er wohlbehalten zurückkam.
26 Als er von Jerusalem aus dem König entge-
genkam, fragte ihn der König: Warum bist
du damals nicht mit mir weggegangen,
Merib-Baal? 27 Er antwortete: Mein Herr und
König, mein Diener hat mich hintergangen.
Dein Knecht sagte zu ihm: Ich will mir die
Eselin satteln und mit dem König zusammen
wegreiten; dein Knecht ist ja lahm. 28 Man
hat deinen Knecht bei meinem Herrn, dem
König, verleumdet. Aber mein Herr, der Kö-
nig, ist wie der Engel Gottes; darum tu, was
dir gefällt. 29 Obwohl das ganze Haus meines
Vaters von meinem Herrn, dem König, nichts
anderes als den Tod zu erwarten hatte, hast
du deinen Knecht unter die aufgenommen,
die an deinem Tisch essen. Was habe ich
noch für ein Recht, den König weiterhin an-
zurufen? 30 Der König antwortete ihm: Wa-
rum machst du so (viele) Worte? Ich habe be-
stimmt: Du und Ziba, ihr sollt euch das Land
teilen. 31 Darauf sagte Merib-Baal: Er kann
auch das ganze nehmen, nachdem mein Herr,
der König, wohlbehalten in sein Haus zu-
rückgekehrt ist.

32 Der Gileaditer Barsillai war aus Roglim
herabgekommen und mit dem König an den
Jordan gezogen, um ihn am Jordan zu verab-
schieden. 33 Barsillai war sehr alt, ein Mann
von achtzig Jahren. Er hatte den König ver-
sorgt, als dieser sich in Mahanajim aufhielt;
er war nämlich sehr reich. 34 Der König sagte
zu Barsillai: Zieh mit mir hinüber, ich will
für dich bei mir in Jerusalem sorgen. 35 Doch
Barsillai antwortete dem König: Wie viele
Jahre habe ich denn noch zu leben, dass ich
mit dem König nach Jerusalem hinaufziehen
sollte? 36 Ich bin jetzt achtzig Jahre alt. Kann
ich denn noch Gutes und Böses unterschei-
den? Kann dein Knecht noch Geschmack fin-
den an dem, was er isst und trinkt? Höre ich
denn noch die Stimme der Sänger und
Sängerinnen? Warum soll denn dein Knecht
noch meinem Herrn, dem König, zur Last
fallen? 37 Nur eine kleine Strecke wollte dein

19,16 Gilgal: in der Nähe von Jericho (vgl. 1 Sam 7,16).

19,19 und durchschritten: Text korr.

19,25 Merib-Baal hat wegen des Unglücks, das David getroffen hat, getrauert.

19,26 von Jerusalem aus: Text korr. (vgl. 9,10f); H: nach Jerusalem.

Knecht den König zum Jordan begleiten.
Warum will sich der König bei mir in dieser
Weise erkenntlich zeigen? 38 Dein Knecht
möchte umkehren und in seiner Heimatstadt
beim Grab seines Vaters und seiner Mutter
sterben. Aber hier ist dein Knecht Kimham;
er mag mit meinem Herrn, dem König, hinü-
berziehen. Tu für ihn, was dir gefällt. 39 Der
König erwiderte: Kimham soll mit mir hinü-
berziehen; ich werde für ihn tun, was du für
gut hältst. Alles aber, was du von mir be-
gehrst, will ich für dich tun. 40 Darauf zog
das ganze Volk über den Jordan und auch
der König ging hinüber. Der König küsste
Barsillai und segnete ihn und Barsillai kehr-
te in seinen Heimatort zurück. 41 Der König
aber zog weiter nach Gilgal und Kimham
ging mit ihm. Das ganze Volk von Juda zog
mit dem König, dazu halb Israel.

42 Da kamen alle Israeliten zum König und
sagten zu ihm: Warum haben unsere Brüder,
die Männer von Juda, dich uns geraubt und
den König, seine Familie und alle seine Män-
ner über den Jordan geführt? 43 Alle Judäer
antworteten den Israeliten: Weil der König
uns näher steht. Warum bist du darüber er-
zürnt? Haben wir denn ein Stück vom König
gegessen oder ist er etwa von uns weggetra-
gen worden? 44 Die Israeliten antworteten
den Judäern: Ich habe zehn Anteile am Kö-
nig, außerdem bin ich dir gegenüber der
Erstgeborene. Warum hast du mich also ge-
ring geachtet? War es nicht zuerst mein
Wunsch, meinen König zurückzuholen? Die
Antwort der Judäer hierauf war noch schär-
fer als die Rede der Israeliten.

13: Gen 2,23 • 17–24: 16,5–12; 1 Kön 2,8 • 25–31: 9,6; 16,3f •
29–30: 9,7.9–11 • 32: 17,27.

Schebas Aufstand gegen David: 20,1–22

20 Damals lebte ein niederträchtiger
Mensch namens Scheba, ein Sohn
des Bichri, ein Benjaminiter. Er ließ das
Widderhorn blasen und rief:

Welchen Anteil haben wir an David? / Wir
haben keinen Erbbesitz beim Sohn Isais. / In
deine Zelte, Israel!

2 Da verließen alle Israeliten Davids Ge-
folgschaft und folgten Scheba, dem Sohn
Bichris. Die Männer aus Juda aber hielten
weiter zu ihrem König, vom Jordan bis nach
Jerusalem.

3 Als David in sein Haus nach Jerusalem
zurückkehrte, nahm der König die zehn Ne-
benfrauen, die er zurückgelassen hatte, um
das Haus zu bewachen, und ließ sie in Ge-
wahrsam bringen. Er versorgte sie, ging aber
nicht mehr zu ihnen und sie blieben bis zu
ihrem Tod eingesperrt – schon zu Lebzeiten
des Mannes im Witwenstand. 4 Der König
befahl Amasa: Ruf mir in drei Tagen die
Männer Judas zusammen; dann sei auch du
selbst wieder hier! 5 Amasa ging, um die Ju-
däer zusammenzurufen. Aber er versäumte
die Frist, die der König ihm gesetzt hatte.
6 Da sagte David zu Abischai: Nun wird uns
Scheba, der Sohn Bichris, gefährlicher als
Abschalom. Nimm darum die Knechte dei-
nes Herrn mit und verfolg Scheba, damit er
nicht die befestigten Städte einnimmt und
uns die Augen ausreißt.

7 Da zog Abischai mit Joab und den Kere-
tern und Peletern und allen Helden in den
Kampf. Sie zogen von Jerusalem aus, um
Scheba, den Sohn Bichris, zu verfolgen.

8 Als sie bei dem großen Stein von Gibeon
waren, war Amasa gerade vor ihnen ange-
kommen. Joab trug sein Gewand [seine Klei-
dung] und darüber einen Gurt für das
Schwert. Dieses hing so in einer Scheide an
seiner Hüfte, dass es herausglitt, wenn die
Scheide hervorkam. 9 Joab sagte zu Amasa:
Geht es dir gut, mein Bruder? und griff mit
der rechten Hand nach dem Bart Amasas,
um ihn zu küssen. 10 Amasa aber achtete
nicht auf das Schwert, das Joab in der (lin-
ken) Hand hatte, und Joab stieß es ihm in
den Bauch, sodass seine Eingeweide zu Bo-
den quollen. Amasa starb, ohne dass Joab ein
zweites Mal zustieß. Dann setzten Joab und
sein Bruder Abischai die Verfolgung Sche-
bas, des Sohnes Bichris, fort. 11 Einer von
den Leuten Joabs aber blieb bei Amasa ste-
hen und rief: Wer zu Joab hält und wer zu
David gehört, der folge Joab nach. 12 Amasa
aber hatte sich in seinem Blut mitten auf der
Straße gewälzt. Als der Mann sah, dass alle
Leute stehen blieben, schaffte er Amasa von
der Straße weg auf das Feld und warf ein
Kleidungsstück über ihn, weil jeder, der vor-
beikam und ihn sah, stehen blieb. 13 Erst
nachdem er ihn von der Straße weggeschafft
hatte, zogen alle Männer vorüber und Joab
nach, um Scheba, den Sohn Bichris, zu ver-
folgen.

19,38 *Kimham* ist der Sohn Barsillais; als Unter-
tan Davids ist er dessen Knecht.
19,42 Die Israeliten hatten früher als die Judäer
die Rückführung des Königs geplant; sie fühlen
sich zurückgesetzt.
20,6 und uns die Augen ausreißt: Übersetzung und
Bedeutung unsicher.
20,7 zog Abischai mit Joab: Text korr., vgl. G; H:
zogen mit ihm die Männer Joabs und die . . .
20,8 Text und Sinn unsicher.

14 Scheba zog in allen Stämmen Israels
umher, bis nach Abel-Bet-Maacha. Alle
Bichriter sammelten sich um ihn und folgten
ihm. 15 Als aber die Leute Joabs angekom-
men waren, schlossen sie ihn in Abel-Bet-
Maacha ein; sie schütteten einen Damm ge-
gen die Stadt auf, der bis an die Mauer he-
ranreichte, und alle Leute, die bei Joab ge-
blieben waren, bemühten sich, die Mauer zu
zerstören und zum Einsturz zu bringen. 16 Da
rief eine kluge Frau aus der Stadt: Hört her!
Hört her! Sagt Joab: Komm hierher, ich will
mit dir reden. 17 Er trat zu ihr heran. Die
Frau fragte: Bist du Joab? Er antwortete: Ja,
ich bin es. Da sagte sie zu ihm: Hör auf die
Worte deiner Magd! Er antwortete: Ich höre.
18 Sie sagte: Früher pflegte man zu sagen:
Man frage doch in Abel an, dann kann man
die Sache zu einem (guten) Ende führen.
19 Wir sind die friedlichsten, treuesten Men-
schen in Israel. Du aber bist darauf aus, eine
Stadt, die für Israel (wie) eine Mutter ist, zu
vernichten. Warum zerstörst du das Erbe des
Herrn? 20 Joab antwortete: Das liegt mir ganz
und gar fern: Ich will die Stadt nicht ver-
nichten und zerstören. 21 So ist es nicht. Viel-
mehr hat ein Mann aus dem Gebirge Efraim
namens Scheba, ein Sohn Bichris, seine
Hand gegen den König, gegen David, erho-
ben. Ihn allein gebt heraus! Dann werde ich
von der Stadt abziehen. Die Frau sagte zu
Joab: Gib Acht, sein Kopf wird dir über die
Mauer zugeworfen werden. 22 Dann redete
die kluge Frau mit allen Leuten (in der
Stadt), und sie schlugen Scheba, dem Sohn
Bichris, den Kopf ab und warfen ihn Joab zu.
Da ließ Joab das Widderhorn blasen und alle
zogen von der Stadt ab und gingen wieder zu
ihren Zelten; Joab aber kehrte nach Jerusa-
lem zum König zurück.

1: 1 Kön 12,16 • 3: 12,11; 16,21f • 10: 1 Kön 2,5.

Die Beamten Davids: 20,23–26

23 Joab war Befehlshaber des ganzen Hee-
res der Israeliten und Benaja, der Sohn
Jojadas, war der Befehlshaber der Kereter
und Peleter. 24 Adoniram beaufsichtigte die
Fronarbeiten und Joschafat, der Sohn
Ahiluds, war der Sprecher des Königs.
25 Schewa war Staatsschreiber und Zadok
und Abjatar waren Priester. 26 Auch der
Jaïriter Ira war Davids Priester.

23–26 ‖ 8,16–18; 1 Chr 18,14–17 • 23: 1 Kön 4,4.6.

NACHTRÄGE: 21,1 – 24,25

Die Rache der Gibeoniter und die Treue der Rizpa: 21,1–14

21 Zur Zeit Davids herrschte drei Jahre
hintereinander eine Hungersnot. Da
suchte David den Herrn auf (um ihn zu be-
fragen). Der Herr sagte: Auf Saul und seinem
Haus lastet eine Blutschuld, weil er die Gi-
beoniter getötet hat. 2 Da rief der König die
Gibeoniter zu sich und redete mit ihnen. Die
Gibeoniter stammten nicht von den Söhnen
Israels ab, sondern von einem Rest der Amo-
riter. Obwohl die Israeliten sich ihnen ge-
genüber mit einem Eid (zum Wohlwollen)
verpflichtet hatten, versuchte Saul in seinem
Eifer für die Söhne Israels und Judas, sie zu
vernichten. 3 David sagte also zu den Gibeo-
nitern: Was soll ich für euch tun? Womit
kann ich Sühne leisten, damit ihr dem Erbe
des Herrn wieder Segen bringt? 4 Die Gibeo-
niter antworteten ihm: Wir wollen weder
Silber noch Gold von Saul und seinem Haus;
auch steht es uns nicht zu, jemand in Israel
zu töten. David sagte: Was meint ihr, was
soll ich für euch tun? 5 Sie sagten zum König:
Der Mann, der uns vernichten wollte und der
darauf aus war, uns auszurotten, sodass wir
uns in keinem Gebiet Israels mehr hätten
halten können, 6 von dessen Söhnen soll man
uns sieben Männer geben. Wir wollen sie vor
dem Herrn im Gibea Sauls, des vom Herrn
Erwählten, hinrichten. Der König antworte-
te: Ich will sie euch geben. 7 Merib-Baal, den
Sohn Jonatans, des Sohnes Sauls, aber ver-
schonte der König wegen der Abmachung
zwischen David und Jonatan, dem Sohn
Sauls, die sie mit einem Eid beim Herrn be-
kräftigt hatten. 8 Der König nahm Armoni
und Mefi-Boschet, die beiden Söhne, die Riz-
pa, die Tochter Ajas, dem Saul geboren hat-
te, und die fünf Söhne, die Michal, die Toch-
ter Sauls, dem Adriël, dem Sohn Barsillais
aus Mehola, geboren hatte. 9 Er lieferte sie

20,14 Alle Bichriter sammelten sich um ihn: Text korr. – Abel-Bet-Maacha: in Nordgaliläa.

21,6 Die Gibeoniter wollen die Blutrache ausüben.

21,7 Merib-Baal: H: Mefi-Boschet (vgl. die Anmerkung zu 4,4).

den Gibeonitern aus, die sie auf dem Berg
vor dem Angesicht des Herrn hinrichteten;
so kamen alle sieben auf einmal um. Sie wur-
den in den ersten Tagen der Ernte getötet, zu
Beginn der Gerstenernte. 10 Rizpa, die Toch-
ter Ajas, aber nahm Sackleinen und legte es
für sich auf den Felsen und (sie blieb dort)
bei den Toten vom Beginn der Ernte, bis sich
Wasser vom Himmel über die Toten ergoss.
Sie ließ nicht zu, dass bei Tag die Vögel des
Himmels und bei Nacht die Tiere des Feldes
an sie herankamen. 11 Als David erzählt wur-
de, was Rizpa, die Tochter Ajas und Neben-
frau Sauls, getan hatte, 12 holte er die Gebei-
ne Sauls und die Gebeine seines Sohnes Jo-
natan von den Bürgern von Jabesch-Gilead,
die sie heimlich vom Marktplatz in Bet-
Schean weggenommen hatten, wo die Philis-
ter sie aufgehängt hatten, als sie Israel am
Gilboa schlugen. 13 Er ließ also von dort die
Gebeine Sauls und die Gebeine seines Soh-
nes Jonatan heraufbringen.

Dann sammelte man die Gebeine der Hin-
gerichteten ein 14 und begrub sie zusammen
mit den Gebeinen Sauls und seines Sohnes
Jonatan in Zela im Land Benjamin, im Grab
von Sauls Vater Kisch. Man tat alles, was der
König befohlen hatte, und Gott ließ sich da-
raufhin für das Land gnädig stimmen.

2: Jos 9,3.15.19 • 7: 1 Sam 18,3 • 8: 3,7; 1 Sam 18,19 • 12: 1 Sam 31,12f.

Die Helden Davids und ihre Taten: 21,15–22

15 Wieder einmal kam es zum Krieg zwi-
schen den Philistern und Israel. David zog
mit seinen Leuten hinab. Als sie gegen die
Philister kämpften, wurde David müde.
16 Jischbi aus Nob, ein Rafaïter, dessen Bron-
ze-Speer dreihundert Schekel wog und der
mit einem neuen Schwert umgürtet war, sag-
te, er werde David erschlagen. 17 Aber Abi-
schai, der Sohn der Zeruja, kam David zu
Hilfe und schlug den Philister tot. Damals
leisteten die Männer Davids ihm folgenden
Schwur: Du wirst nicht mehr mit uns in den
Kampf ziehen, damit du nicht die Leuchte
Israels auslöschst.

18 Danach kam es bei Gob wieder zum
Kampf mit den Philistern. Damals erschlug
Sibbechai aus Huscha den Sippai, der zu den
Rafaïtern gehörte.

19 Als es wieder einmal bei Gob zum
Kampf gegen die Philister kam, erschlug
Elhanan, der Sohn Jaïrs aus Betlehem, den
Goliat aus Gat, dessen Speer einem Weber-
baum glich. 20 Dann kam es noch einmal bei
Gat zum Kampf. Da trat ein Mann von rie-
senhafter Größe auf; er hatte an jeder Hand
sechs Finger und an jedem Fuß sechs Zehen,
zusammen vierundzwanzig; auch er stammte
von Rafa ab. 21 Als er Israel verhöhnte, er-
schlug ihn Jonatan, der Sohn von Davids
Bruder Schima.

22 Diese vier stammten von Rafa aus Gat
ab; sie fielen durch die Hand Davids und sei-
ner Krieger.

18–22: 1 Chr 20,4–8.

Davids Dankgebet: 22,1–51

22 David sang dem Herrn an dem Tag,
als ihn der Herr aus der Gewalt all
seiner Feinde und aus der Gewalt Sauls er-
rettet hatte, folgendes Lied:

2 Herr, du mein Fels, meine Burg, mein
Retter,

3 mein Gott, mein Fels, bei dem ich mich
berge, / mein Schild und sicheres Heil, meine
Feste, / meine Zuflucht, mein Helfer, / der
mich vor der Gewalttat rettet.

4 Ich rufe: Der Herr sei gepriesen!, / und
ich werde vor meinen Feinden gerettet.

5 Denn mich umfingen die Wellen des To-
des, / mich erschreckten die Fluten des Ver-
derbens.

6 Die Bande der Unterwelt umstrickten
mich, / über mich fielen die Schlingen des
Todes.

7 In meiner Not rief ich zum Herrn / und
rief zu meinem Gott. / Aus seinem Heiligtum
hörte er mein Rufen, / mein Hilfeschrei
(drang) zu seinen Ohren.

8 Da wankte und schwankte die Erde, / die
Grundfesten des Himmels erbebten. / Sie
wankten, denn sein Zorn war entbrannt.

9 Rauch stieg aus seiner Nase auf, / aus sei-
nem Mund kam verzehrendes Feuer, / glü-
hende Kohlen sprühten aus von ihm.

10 Er neigte den Himmel und fuhr herab, /
zu seinen Füßen dunkle Wolken.

11 Er fuhr auf dem Kerub und flog daher; /
er schwebte auf den Flügeln des Windes.

12 Er hüllte sich in Finsternis, / in dunkles
Wasser und dichtes Gewölk wie in ein Zelt.

13 Von seinem Glanz flammten glühende
Kohlen auf.

14 Da ließ der Herr den Donner vom Him-
mel her dröhnen, / der Höchste ließ seine
Stimme erschallen.

15 Er schoss seine Pfeile und streute sie, / er
schleuderte Blitze und jagte sie dahin.

16 Da wurden sichtbar die Tiefen des Mee-

21,17 Die »Leuchte Israels« ist der König, also David.

21,19 Jaïrs: Text korr. nach 1 Chr 20,5.

22,12 dunkles: Text korr. nach Ps 18.

res, / die Grundfesten der Erde wurden ent-
blößt / durch das Drohen des Herrn, / vor
dem Schnauben seines zornigen Atems.
17 Er griff aus der Höhe herab und fasste
mich, / zog mich heraus aus gewaltigen Was-
sern.
18 Er entriss mich meinen mächtigen Fein-
den, / die stärker waren als ich und mich
hassten.
19 Sie überfielen mich am Tag meines Un-
heils, / doch der Herr wurde mein Halt.
20 Er führte mich hinaus ins Weite, / er be-
freite mich, denn er hatte an mir Gefallen.
21 Der Herr hat mir vergolten, / weil ich ge-
recht bin und meine Hände rein sind.
22 Denn ich hielt mich an die Wege des
Herrn / und fiel nicht ruchlos ab von meinem
Gott.
23 Ja, ich habe alle seine Gebote vor Au-
gen, / weiche von seinen Gesetzen niemals
ab.
24 Ich war vor ihm ohne Makel, / ich nahm
mich in Acht vor der Sünde.
25 Darum hat der Herr mir vergolten, / weil
ich gerecht bin / und weil ich rein bin vor sei-
nen Augen.
26 Gegen den Treuen zeigst du dich treu, /
an dem Aufrichtigen handelst du recht.
27 Gegen den Reinen zeigst du dich rein, /
doch falsch gegen den Falschen.
28 Dem bedrückten Volk bringst du Heil, /
doch die Blicke der Stolzen zwingst du nie-
der.
29 Ja, du bist meine Leuchte, Herr. / Der
Herr macht meine Finsternis hell.
30 Mit dir erstürme ich Wälle, / mit meinem
Gott überspringe ich Mauern.
31 Vollkommen ist Gottes Weg, / das Wort
des Herrn ist im Feuer geläutert. / Ein Schild
ist er für alle, die sich bei ihm bergen.
32 Denn wer ist Gott als allein der Herr, /
wer ist ein Fels, wenn nicht unser Gott?
33 Gott ist meine starke Burg, / er gab mir
meinen Weg ohne Hindernis frei.
34 Er ließ mich springen schnell wie Hir-
sche, / auf hohem Weg ließ er mich gehen.
35 Er lehrte meine Hände kämpfen, /
meine Arme, den ehernen Bogen zu span-
nen.
36 Du gabst mir deine Hilfe zum Schild, /
dein Zuspruch machte mich groß.
37 Du schaffst meinen Schritten weiten
Raum, / meine Knöchel wanken nicht.
38 Ich verfolge meine Feinde und vertilge
sie, / ich kehre nicht um, bis sie vernichtet
sind.
39 Ich vernichte sie, ich schlage sie nieder; /
sie können sich nicht mehr erheben, / sie fal-
len und liegen unter meinen Füßen.
40 Du hast mich zum Kampf mit Kraft um-
gürtet, / hast (alle) in die Knie gezwungen, /
die sich gegen mich erhoben.
41 Meine Feinde hast du zur Flucht ge-
zwungen; / ich konnte die vernichten, die
mich hassen.
42 Sie schreien, doch hilft ihnen niemand, /
sie schreien zum Herrn, doch er gibt keine
Antwort.
43 Ich zermalme sie wie Staub auf der
Erde, / wie Unrat auf der Straße zertrete,
zermalme ich sie.
44 Du rettest mich aus dem Streit meines
Volkes, / bewahrst mich als Haupt ganzer
Völker. / Stämme, die ich früher nicht kann-
te, / sind mir nun untertan.
45 Mir huldigen die Söhne der Fremde; /
sobald sie mich nur hören, gehorchen sie
mir.
46 Die Söhne der Fremde schwinden da-
hin, / sie kommen zitternd aus ihren Burgen
hervor.
47 Es lebt der Herr! Mein Fels sei geprie-
sen! / Der Gott, der Fels meines Heils, sei
hoch erhoben;
48 denn Gott verschaffte mir Vergeltung /
und unterwarf mir die Völker.
49 Du hast mich meinen Feinden entführt, /
mich über meine Gegner erhoben, / dem
Mann der Gewalt mich entrissen.
50 Darum will ich dir danken, Herr, vor
den Völkern, / ich will deinem Namen singen
und spielen.
51 Seinem König verlieh er große Hilfe, /
Huld erwies er seinem Gesalbten, / David
und seinem Stamm auf ewig.

1–51 ‖ Ps 18,1–51.

Davids letzte Worte: 23,1–7

23 Das sind die letzten Worte Davids:
Spruch Davids, des Sohnes Isais, /
Spruch des hochgestellten Mannes, / des Ge-
salbten des Gottes Jakobs, / des Lieblings-
helden der Lieder Israels:
2 Der Geist des Herrn sprach durch mich, /
sein Wort war auf meiner Zunge.

22,27 doch falsch: Text korr. nach Ps 18.
22,28 doch die Blicke der Stolzen: Text korr. nach Ps 18.
22,42a Sie schreien: Text korr. nach Ps 18.
22,46 sie kommen zitternd: Text korr. nach Ps 18.
23,2–7 Davids »letzte Worte« (V. 1) sind keine Abschiedsrede, sondern ein Danklied für die Wohltaten Gottes (V. 5), eingerahmt von einer Weisung für den König (VV. 3f.6f).

3 Der Gott Israels sprach, / zu mir sagte der Fels Israels: / Wer gerecht über die Menschen herrscht, / wer voll Gottesfurcht herrscht,

4 der ist wie das Licht am Morgen, / wenn die Sonne aufstrahlt / an einem Morgen ohne Wolken, / der nach dem Regen grünes Gras / aus der Erde hervorsprießen lässt.

5 Ist nicht mein Haus durch Gott gesichert? / Weil er mir einen ewigen Bund gewährt hat, ist es in allem wohlgeordnet und gut gesichert. / All mein Heil und alles, was ich begehrte, / ließ er es nicht aufsprießen?

6 All die Übeltäter aber sind wie verwehte Dornen; / man fasst sie nicht mit der Hand an.

7 Wenn jemand sie anrühren will, / rüstet er sich mit Eisen und einer Lanze; / sie werden im Feuer verbrannt.

Davids Helden: 23,8–39

8 Das sind die Namen der Helden Davids: Jischbaal, der Hachmoniter, das Haupt der Drei; er schwang seine Streitaxt über achthundert Männer und erschlug sie alle auf einmal. 9 Nach ihm kommt (als Zweiter) der Ahoachiter Eleasar, der Sohn Dodos, unter den drei Helden. Er war bei David in Pas-Dammim, als die Philister sich zum Kampf sammelten. Als sich die Israeliten zurückzogen, 10 hielt er (allein) stand und schlug auf die Philister ein, bis seine Hand erlahmte und am Schwert erstarrte. So verschaffte der Herr an jenem Tag (Israel) einen großen Sieg. Das Volk kehrte wieder um und folgte Eleasar, aber nur noch, um zu plündern. 11 Nach ihm kommt (als dritter) der Harariter Schamma, der Sohn Ages. Einst versammelten sich die Philister bei Lehi. Dort war ein Linsenfeld. Als das Volk vor den Philistern floh, 12 stellte sich Schamma mitten in das Feld, behauptete es und schlug die Philister. So verlieh ihm der Herr einen großen Sieg.

13 Als sich einst das Lager der Philister in der Rafaïterebene befand, kamen drei von den Dreißig zu Beginn der Ernte hinab zur Höhle Adullam. 14 David hielt sich damals in der Bergfestung auf und ein Posten der Philister lag in Betlehem. 15 Da bekam David großen Durst und er sagte: Wer bringt mir Wasser aus der Zisterne am Tor von Betlehem? 16 Da drangen die drei Helden in das Lager der Philister ein, schöpften Wasser aus der Zisterne am Tor von Betlehem, nahmen es mit und brachten es David. Doch er wollte es nicht trinken, sondern goss es für den Herrn als Trankopfer aus 17 und sagte: Das sei fern von mir, Herr, dass ich so etwas tue. Ist es nicht sozusagen das Blut der Männer, die unter Lebensgefahr hingegangen sind? Darum wollte er es nicht trinken. Eine solche Tat vollbrachten die drei Helden.

18 Joabs Bruder Abischai, der Sohn der Zeruja, war der Anführer der Dreißig. Er schwang seinen Speer über dreihundert Männer und erschlug sie; bei den drei Helden hatte er einen großen Namen. 19 Unter den Dreißig war er hoch geehrt und er wurde ihr Anführer, aber an die Drei reichte er nicht heran. 20 Benaja aus Kabzeel, der Sohn Jojadas, war ein tapferer Mann, der große Taten vollbrachte. Er erschlug die beiden Söhne Ariëls aus Moab. Als einmal Schnee gefallen war, kam er zu einer Zisterne und erlegte darin einen Löwen. 21 Auch erschlug er einen Ägypter, einen Furcht erregenden Mann. Der Ägypter hatte einen Speer in der Hand. Benaja aber ging nur mit einem Stock auf ihn los, riss ihm den Speer aus der Hand und tötete ihn mit diesem Speer. 22 Solche Taten vollbrachte Benaja, der Sohn Jojadas. Er hatte bei den drei Helden einen großen Namen. 23 Unter den Dreißig war er hoch geehrt, aber an die Drei reichte er nicht heran. David stellte ihn an die Spitze seiner Leibwache.

24 Zu den Dreißig gehörte Joabs Bruder Asaël, ferner Elhanan aus Betlehem, der Sohn Dodos, 25 Schamma und Elika aus Harod, 26 Helez aus Pelet, Ira aus Tekoa, der Sohn des Ikkesch, 27 Abiëser aus Anatot, Sibbechai aus Huscha, 28 Zalmon, der Ahoachiter, Machrai aus Netofa, 29 Heled aus Netofa, der Sohn Baanas, Ittai aus Gibea in Benjamin, der Sohn Ribais, 30 Benaja aus Piraton, Hiddai aus Nahale-Gaasch, 31 Abialbon aus Bet-Araba, Asmawet aus Bahurim, 32 Eljachba aus Schaalbon, Jaschen aus Nun, 33 Schamma aus Harar, Ahiam aus Harar, der Sohn Scharars, 34 Elifelet aus Maacha,

---

23,4 hervorsprießen lässt: Text korr.
23,5a gesichert: Text korr.
23,7 H liest am Ende des Verses noch ein Wort, das wohl aus dem folgenden Vers hierher geraten ist.
23,8b Text korr., vgl. G und 1 Chr 11,11.
23,9 Pas-Dammim: Text korr., vgl. 1 Chr 11,13.
23,11 bei Lehi: Text korr.
23,15 Da bekam David großen Durst, wörtlich: Da hatte David ein Verlangen.
23,19 Unter den Dreißig: Text korr.; H: Unter den Drei.
23,20 Söhne: eingefügt nach G.
23,27 Sibbechai: Text korr., vgl. G-Handschriften und 1 Chr 11,29.
23,32 Jaschen aus Nun: Text korr., vgl. 1 Chr 11,34 in G-Handschriften.

der Sohn Ahasbais, Eliam aus Gilo, der Sohn
Ahitofels, [35] Hezro aus Karmel, Paarai aus
Arab, [36] Jigal aus Zoba, der Sohn Natans,
Mibhar aus Gad, [37] Zelek, der Ammoniter,
Nachrai aus Beerot, der Waffenträger Joabs,
des Sohnes der Zeruja, [38] Ira aus Jattir, Ga-
reb aus Jattir [39] sowie Urija, der Hetiter. Im
Ganzen (waren es) siebenunddreißig.

8–39 ‖ 1 Chr 11,10–47.

Davids Volkszählung: 24,1–25

24 Der Zorn des Herrn entbrannte noch
einmal gegen Israel und er reizte Da-
vid gegen das Volk auf und sagte: Geh, zähl
Israel und Juda! [2] Der König befahl Joab,
dem Obersten des Heeres, der bei ihm war:
Durchstreift alle Stämme Israels von Dan bis
Beerscheba, und mustert das Volk, damit ich
weiß, wie viele es sind. [3] Joab aber sagte zum
König: Der Herr, dein Gott, möge das Volk
vermehren, hundertmal mehr, als es jetzt ist,
und mein Herr, der König, möge es mit eige-
nen Augen sehen. Warum aber hat mein
Herr, der König, Gefallen an einer solchen
Sache? [4] Doch der König beharrte gegenüber
Joab und den Anführern des Heeres auf sei-
nem Befehl und Joab und die Anführer des
Heeres verließen den König, um das Volk Is-
rael zu mustern. [5] Sie überschritten den Jor-
dan und begannen bei Aroër, rechts von der
Stadt, die mitten im Tal liegt. Dann gingen
sie auf Gad und Jaser zu [6] und weiter nach
Gilead und ins Land der Hetiter nach Ka-
desch. Von dort aus zogen sie nach Dan und
von Dan wandten sie sich nach Sidon.
[7] Dann kamen sie zur Festung Tyrus und zu
all den Städten der Hiwiter und der Kanaa-
niter. Darauf zogen sie in den Negeb von
Juda hinab nach Beerscheba. [8] So durch-
streiften sie das ganze Land und kamen nach
neun Monaten und zwanzig Tagen wieder
nach Jerusalem zurück. [9] Und Joab gab dem
König das Ergebnis der Volkszählung be-
kannt: Israel zählte achthunderttausend
Krieger, die mit dem Schwert kämpfen
konnten, und Juda fünfhunderttausend.

[10] Dann aber schlug David das Gewissen,
weil er das Volk gezählt hatte, und er sagte
zum Herrn: Ich habe schwer gesündigt, weil
ich das getan habe. Doch vergib deinem
Knecht seine Schuld, Herr; denn ich habe
sehr unvernünftig gehandelt. [11] Als David
am Morgen aufstand, war bereits folgendes
Wort des Herrn an den Propheten Gad, den
Seher Davids, ergangen: [12] Geh und sag zu
David: So spricht der Herr: Dreierlei lege ich
dir vor. Wähl dir eines davon! Das werde ich
dir antun. [13] Gad kam zu David, teilte ihm
das Wort mit und sagte: Was soll über dich
kommen? Sieben Jahre Hungersnot in dei-
nem Land? Oder drei Monate, in denen dich
deine Feinde verfolgen und du vor ihnen flie-
hen musst? Oder soll drei Tage lang die Pest
in deinem Land wüten? Überleg dir sehr ge-
nau, was ich dem, der mich gesandt hat, als
Antwort überbringen soll. [14] Da sagte David
zu Gad: Ich habe große Angst. Wir wollen
lieber dem Herrn in die Hände fallen, denn
seine Barmherzigkeit ist groß; den Menschen
aber möchte ich nicht in die Hände fallen.
[15] Da ließ der Herr über Israel eine Pest kom-
men; sie dauerte von jenem Morgen an bis zu
dem festgesetzten Zeitpunkt und es starben
zwischen Dan und Beerscheba siebzigtau-
send Menschen im Volk. [16] Als der Engel sei-
ne Hand gegen Jerusalem ausstreckte, um es
ins Verderben zu stürzen, reute den Herrn
das Unheil und er sagte zu dem Engel, der
das Volk ins Verderben stürzte: Es ist jetzt
genug, lass deine Hand sinken! Der Engel
war gerade bei der Tenne des Jebusiters
Arauna. [17] Als David den Engel sah, der das
Volk schlug, sagte er zum Herrn: Ich bin es
doch, der gesündigt hat; ich bin es, der sich
vergangen hat. Aber diese, die Herde, was
haben denn sie getan? Erheb deine Hand
gegen mich und gegen das Haus meines
Vaters!

[18] Am gleichen Tag kam Gad zu David und
sagte zu ihm: Geh hinauf und errichte dem
Herrn auf der Tenne des Jebusiters Arauna
einen Altar! [19] David ging hinauf, wie es Gad
gesagt und der Herr befohlen hatte.
[20] Arauna hielt gerade Ausschau und sah
den König mit seinen Dienern kommen. Er
ging hinaus, warf sich vor dem König mit
dem Gesicht zur Erde nieder [21] und sagte:
Warum kommt mein Herr, der König, zu sei-
nem Knecht? David antwortete: Um von dir

23,38 aus Jattir: Text korr. vgl. G-Handschriften.
24,1 Der Vers schließt sachlich an 21,1–14 an. Eine Volkszählung wird als Sünde des Misstrauens gegenüber Gott betrachtet; sie konnte als Nachprüfung des Segens, der sich im Wachstum des Volkes ausdrückte (V. 3), verstanden werden.
24,2 durchstreift: Text korr.; Angleichung an V. 4.
24,5 begannen: Text korr., vgl. G; H: lagerten sich.
24,6 nach Kadesch: Text korr., vgl. G. – wandten sie sich: Text korr., vgl. G.
24,15 Die Strafe entspricht dem Vergehen. Wenn das Volk vermindert wird, ist der König, dessen Macht sich mindert, getroffen.
24,18–25 Die Erzählung erklärt, warum die Tenne des Arauna ein heiliger Ort geworden ist. Hier baute Salomo den Tempel (vgl. 1 Chr 22,1; 2 Chr 3,1).

die Tenne zu kaufen und dem Herrn einen
Altar zu errichten, damit die Plage im Volk
aufhört. 22 Arauna antwortete David: Mein
Herr, der König, möge alles nehmen, was er
für gut findet, und es (als Opfer) darbringen.
Sieh her, hier sind die Rinder für das Brand-
opfer und die Dreschschlitten und das Ge-
schirr der Rinder als Brennholz. 23 Das alles
gab [der König] Arauna dem König und sag-
te zu ihm: Der Herr, dein Gott, sei dir gnädig.
24 Der König erwiderte Arauna: Nein, ich
will es dir gegen Bezahlung abkaufen; ich
will dem Herrn, meinem Gott, keine unbe-
zahlten Brandopfer darbringen. David kauf-
te also die Tenne und die Rinder für fünfzig
Silberschekel. 25 Und er baute dort einen Al-
tar für den Herrn und brachte Brandopfer
und Heilsopfer dar; der Herr aber ließ sich
um des Landes willen erweichen und die
Plage hörte auf in Israel.

1–25 ‖ 1 Chr 21,1–26.

Die Bücher der Könige

Die beiden ersten Kapitel von 1 Könige bilden den Abschluss der Geschichte Davids und gehören inhaltlich noch zu den Samuelbüchern. Deshalb wurden die Samuel- und Königsbücher vielfach als Einheit verstanden, für die man die gemeinsame Bezeichnung »Bücher der Könige« (in der griechischen Bibel »Bücher der Königsherrschaften«) gebrauchte. Doch sprechen die Verschiedenheit des Stils, der Sprache, der Darstellungsweise und des Urteils über die Könige Israels für die Selbstständigkeit der Königsbücher.

Die beiden Bücher enthalten die Geschichte der Könige bis zum Babylonischen Exil. Sie sind in folgende Abschnitte gegliedert: 1. die Geschichte Salomos (1 Kön 1 – 11); 2. die Geschichte der getrennten Reiche (1 Kön 12 – 2 Kön 17); 3. die weitere Geschichte des Südreiches Juda (2 Kön 18 – 25). Umfangreiche Abschnitte über das Wirken der Propheten Elija, Elischa und anderer Gottesmänner sind vor allem in 1 Kön 17 – 19 und 2 Kön 1 – 10 eingeschoben. Die Geschichte der einzelnen Könige ist in einen bestimmten Rahmen eingebaut mit Alters- und Datumsangaben, Urteilen über das religiöse Verhalten, Bemerkungen über Tod, Begräbnis und Nachfolger, mit Hinweisen auf Quellenwerke. Die besonderen Aussagen über die einzelnen Könige sind nach Inhalt und Umfang sehr verschieden und werden der Bedeutung der Herrscher nicht immer gerecht. Als besonders wichtig werden ihre Leistungen für Tempel und Gottesdienst und ihr Verhalten zum Bund Gottes mit Israel gewertet. Als Richtlinien gelten dabei die im Deuteronomium festgelegten Normen der Gottesverehrung. Die Könige des Nordreichs werden daher insgesamt wegen des Kultes in Bet-El getadelt, der im Widerspruch zum Gottesdienst in Jerusalem steht. Erfolge und Unglück werden als Lohn und Strafe für Gehorsam oder Abfall gedeutet.

Die Zuverlässigkeit eines Geschichtswerkes beruht auf den Quellen, die bei seiner Abfassung zur Verfügung standen. Die Königsbücher selbst erwähnen eine »Chronik Salomos«, eine »Chronik der Könige von Juda« und eine »Chronik der Könige von Israel« als Werke, in denen der Leser weitere Mitteilungen finden konnte. Viele Anzeichen sprechen dafür, dass noch andere Quellen, z. B. Urkunden, Listen, Prophetengeschichten, Volkserzählungen vorlagen, aus denen einzelne Abschnitte ganz oder in Auszügen übernommen wurden. Oft wurden solche Texte der Absicht des Verfassers entsprechend überarbeitet oder ergänzt; sein persönlicher Beitrag ist vor allem in eingestreuten Ermahnungen oder Betrachtungen zu erkennen (z. B. 2 Kön 17 und 21).

Das letzte Ereignis, das in den Königsbüchern erwähnt wird, ist die Begnadigung des Königs Jojachin um 560 v. Chr. Es wurde offensichtlich erwähnt, um mit einem Lichtblick auf die Zukunft schließen zu können. Das Ende des Babylonischen Exils war demnach noch nicht eingetreten, sodass die Zeit zwischen 560 und 538 als Entstehungszeit der Bücher anzunehmen ist. Ihr Verfasser ist unbekannt. Heute werden die beiden Bücher gewöhnlich dem Deuteronomistischen Geschichtswerk zugerechnet (vgl. die Einleitung zum Buch Deuteronomium).

Das erste Buch der Könige

DIE GESCHICHTE SALOMOS: 1,1 – 11,43

Der Kampf um die Nachfolge Davids: 1,1–27

1 König David war alt und hochbetagt; auch wenn man ihn in Decken hüllte, wurde ihm nicht mehr warm. 2 Da sagten seine Diener zu ihm: Man suche für unseren Herrn, den König, ein unberührtes Mädchen, das ihn bedient und pflegt. Wenn es an seiner Seite schläft, wird es unserem Herrn, dem König, warm werden. 3 Man suchte nun im ganzen Land Israel nach einem schönen Mädchen, fand Abischag aus Schunem und brachte sie zum König. 4 Das Mädchen war überaus schön. Sie pflegte den König und diente ihm; doch der König erkannte sie nicht.

5 Adonija, der Sohn der Haggit, trat anmaßend auf und sagte: Ich werde König sein. Er beschaffte sich Wagen und Besatzung dazu sowie fünfzig Mann, die vor ihm herliefen. 6 Sein Vater David hatte ihn nie in seinem Leben getadelt und nie zu ihm gesagt: Warum tust du das? Auch war Adonija ein sehr stattlicher Mann; seine Mutter hatte ihn nach Abschalom geboren. 7 Er verhandelte mit Joab, dem Sohn der Zeruja, und mit dem Priester Abjatar. Beide stellten sich hinter Adonija. 8 Der Priester Zadok aber und Benaja, der Sohn Jojadas, und der Prophet Natan, auch Schimi, Reï und die Helden Davids schlossen sich ihm nicht an. 9 Adonija schlachtete nun am Stein Sohelet bei der Rogel-Quelle Schafe, Rinder und Mastkälber zum Opfermahl. Er lud dazu alle seine Brüder, die Königssöhne, sowie alle Männer von Juda ein, die im Dienst des Königs standen. 10 Den Propheten Natan jedoch und Benaja sowie die Helden und seinen Bruder Salomo lud er nicht ein.

11 Da sagte Natan zu Batseba, der Mutter Salomos: Hast du nicht gehört, dass Adonija, der Sohn der Haggit, König geworden ist, ohne dass David, unser Herr, davon weiß? 12 Komm nun, ich will dir einen Rat geben, wie du dir und deinem Sohn Salomo das Leben retten kannst. 13 Geh zum König David und sag zu ihm: Mein Herr und König, du hast doch deiner Magd geschworen: Dein Sohn Salomo soll nach mir König sein und er soll auf meinem Thron sitzen. Warum ist nun Adonija König geworden? 14 Noch während du dort mit dem König redest, will auch ich kommen und deine Worte bestätigen. 15 Batseba ging zum König in das Gemach. Er war sehr gealtert und Abischag aus Schunem bediente ihn. 16 Batseba verneigte sich und warf sich vor dem König nieder, und der König fragte sie: Was willst du? 17 Sie sagte: Mein Herr, du selbst hast doch deiner Magd beim Herrn, deinem Gott, geschworen: Dein Sohn Salomo soll nach mir König sein und er soll auf meinem Thron sitzen. 18 Nun aber ist Adonija König geworden und du, mein Herr und König, weißt nichts davon. 19 Er hat eine Menge Rinder, Mastkälber und Schafe geschlachtet und alle Söhne des Königs, den Priester Abjatar und den Feldherrn Joab dazu eingeladen. Doch deinen Knecht Salomo hat er nicht eingeladen. 20 Auf dich, mein Herr und König, sind nun die Augen ganz Israels gerichtet. Du sollst ihnen bekannt geben, wer nach meinem Herrn und König auf dem Thron sitzen wird. 21 Sonst müssen ich und mein Sohn Salomo es büßen, wenn mein Herr und König zu seinen Vätern entschlafen ist.

22 Während sie noch mit dem König redete, kam der Prophet Natan. 23 Man meldete dem König: Der Prophet Natan ist da. Er trat vor den König, warf sich vor ihm nieder, mit dem Gesicht zur Erde, 24 und sagte: Mein Herr und König, du hast wohl verfügt: Adonija soll nach mir König sein und er soll auf mei-

1,4 der König erkannte sie nicht: Er hatte mit ihr keine eheliche Gemeinschaft.

1,5 Ebenso hatte sich Abschalom verhalten, als er nach dem Königtum trachtete (vgl. 2 Sam 15,1). Adonija war jetzt der älteste überlebende Sohn Davids und konnte mit der Thronfolge rechnen.

1,9 Die Machtübernahme sollte mit einem Opfer verbunden werden. Da Opferfeiern von einzelnen Familien öfter begangen wurden (1 Sam 1,3; 16,2; 20,6; 2 Sam 15,7) und zu ihnen Verwandte und Freunde geladen wurden, konnte Adonija seine Anhänger sammeln, ohne Verdacht zu erregen. Zur Rogel-Quelle vgl. 2 Sam 17,17.

1,12 Zur Sicherung ihrer Herrschaft ließen orientalische Könige oft nach Erlangung des Throns ihre einstigen Gegner beseitigen.

nem Thron sitzen. 25 Denn er ist heute hinabgezogen, hat eine Menge Rinder, Mastkälber und Schafe geschlachtet und hat dazu alle Söhne des Königs, die Obersten des Heeres und den Priester Abjatar eingeladen. Sie essen und trinken mit ihm und rufen: Es lebe der König Adonija! 26 Mich aber, deinen Knecht, sowie den Priester Zadok und Benaja, den Sohn Jojadas, und deinen Knecht Salomo hat er nicht eingeladen. 27 Wenn nun diese Verfügung wirklich von meinem Herrn und König ergangen ist, warum hast du dann deinen Knecht nicht wissen lassen, wer nach meinem Herrn und König auf dem Thron sitzen wird?

Die Bestellung Salomos zum Thronfolger: 1,28–37

28 Darauf befahl König David: Ruft mir Batseba! Sie kam zum König herein, trat vor den König hin 29 und der König schwor ihr: So wahr der Herr lebt, der mein Leben aus jeder Gefahr gerettet hat: 30 Ich habe dir beim Herrn, dem Gott Israels, geschworen, dass dein Sohn Salomo nach mir König sein und an meiner Stelle auf meinem Thron sitzen soll, und so will ich es heute wahr machen. 31 Da verneigte sich Batseba bis zur Erde, warf sich vor dem König nieder und rief: Ewig lebe mein Herr, der König David!

32 Hierauf befahl König David: Ruft mir den Priester Zadok, den Propheten Natan und Benaja, den Sohn Jojadas! Sie erschienen vor dem König 33 und dieser trug ihnen auf: Nehmt das Gefolge eures Herrn mit euch, setzt meinen Sohn Salomo auf mein eigenes Maultier und führt ihn zum Gihon hinab! 34 Dort sollen ihn der Priester Zadok und der Prophet Natan zum König von Israel salben und ihr sollt in das Horn stoßen und rufen: Es lebe König Salomo! 35 Dann zieht mit ihm herauf! Er soll kommen, sich auf meinen Thron setzen und König werden an meiner Stelle; denn ihn habe ich zum Fürsten von Israel und Juda bestimmt. 36 Benaja, der Sohn Jojadas, antwortete dem König: So sei es, so füge es der Herr, der Gott meines Herrn und Königs. 37 Wie der Herr mit meinem Herrn und König war, so möge er auch mit Salomo sein. Er mache seinen Thron noch erhabener als den Thron meines Herrn, des Königs David.

Die Thronbesteigung Salomos: 1,38–53

38 Der Priester Zadok, der Prophet Natan und Benaja, der Sohn Jojadas, zogen mit den Keretern und Peletern hinab. Sie setzten Salomo auf das Maultier des Königs David und führten ihn zum Gihon. 39 Der Priester Zadok hatte das Salbhorn aus dem Zelt mitgenommen und salbte Salomo. Hierauf blies man das Widderhorn und alles Volk rief: Es lebe König Salomo! 40 Nun zog das ganze Volk mit ihm hinauf. Dabei spielten sie auf Flöten und waren voller Freude, sodass bei ihrem Geschrei die Erde zu bersten drohte.

41 Das hörten Adonija und alle Geladenen, die bei ihm waren. Sie hatten eben das Mahl beendet. Als Joab den Schall des Hornes hörte, rief er: Was soll das laute Lärmen in der Stadt? 42 Während er noch redete, kam Jonatan, der Sohn des Priesters Abjatar. Adonija rief ihm zu: Komm, du bist ein tüchtiger Mann. Du bringst sicher eine gute Nachricht. 43 Doch Jonatan erwiderte Adonija: Im Gegenteil. Unser Herr, der König David, hat Salomo als König eingesetzt. 44 Er hat mit ihm den Priester Zadok ausgeschickt sowie den Propheten Natan und Benaja, den Sohn Jojadas, samt den Keretern und Peletern und diese haben ihn auf das Maultier des Königs gesetzt. 45 Der Priester Zadok und der Prophet Natan haben ihn am Gihon zum König gesalbt. Von dort sind sie voller Freude hinaufgezogen und die Stadt ist in großer Aufregung. Das war der Lärm, den ihr gehört habt. 46 Salomo hat sich bereits auf den königlichen Thron gesetzt. 47 Auch sind die Diener des Königs gekommen, um unseren Herrn, den König David, zu beglückwünschen und zu rufen: Gott lasse Salomos Ruhm noch größer werden als deinen und er mache seinen Thron noch erhabener als deinen Thron. Dabei hat sich der König auf seinem Lager tief verneigt. 48 Auch hat der König gesagt: Gepriesen sei der Herr, der Gott Israels, der mir heute gewährt hat, dass mein Nachkomme auf meinem Thron sitzt und dass meine Augen das noch sehen dürfen. 49 Da erschraken alle Geladenen, die bei Adonija waren, und brachen auf; jeder ging seines Weges.

50 Adonija fürchtete sich vor Salomo. Er stand auf, eilte zum Altar und ergriff dessen Hörner. 51 Man meldete Salomo: Adonija hat aus Furcht vor König Salomo die Hörner des Altars ergriffen und gesagt: König Salomo

---

1,32 Benaja war der Führer der Leibwache (vgl. 2 Sam 8,18).

1,33 Die Gihon-Quelle liegt näher am Königspalast als die Rogel-Quelle.

1,38 Die Kereter und Peleter waren ausländische Söldner, die David als Leibwache dienten.

1,50 Der Altar als Asylstätte gewährte Adonija Schutz.

schwöre mir zuerst, dass er seinen Knecht nicht mit dem Schwert hinrichten lässt. 52 Salomo versprach: Wenn er sich wie ein rechtschaffener Mann verhält, soll ihm kein Haar gekrümmt werden. Stellt es sich aber heraus, dass er unrecht handelt, muss er sterben. 53 Darauf ließ ihn König Salomo vom Altar wegholen. Als er kam und vor König Salomo niederfiel, befahl ihm dieser: Geh in dein Haus!

Davids letzte Anordnungen und sein Tod: 2,1–12

2 Als die Zeit herankam, da David sterben sollte, ermahnte er seinen Sohn Salomo: 2 Ich gehe nun den Weg alles Irdischen. Sei also stark und mannhaft! 3 Erfüll deine Pflicht gegen den Herrn, deinen Gott: Geh auf seinen Wegen und befolg alle Gebote, Befehle, Satzungen und Anordnungen, die im Gesetz des Mose niedergeschrieben sind. Dann wirst du Erfolg haben bei allem, was du tust, und in allem, was du unternimmst. 4 Und der Herr wird sein Wort wahr machen, das er mir gegeben hat, als er sagte: Wenn deine Söhne auf ihren Weg achten und aufrichtig mit ganzem Herzen und ganzer Seele vor mir leben, wird es dir nie an Nachkommen auf dem Thron Israels fehlen.

5 Du weißt selbst, was Joab, der Sohn der Zeruja, mir angetan hat: was er den beiden Heerführern Israels, Abner, dem Sohn Ners, und Amasa, dem Sohn Jeters, angetan hat. Er hat sie ermordet, hat mit Blut, das im Krieg vergossen wurde, den Frieden belastet und mit unschuldigem Blut den Gürtel an seinen Hüften und die Schuhe an seinen Füßen befleckt. 6 Lass dich von deiner Weisheit leiten und sorge dafür, dass sein graues Haupt nicht unbehelligt in die Unterwelt kommt. 7 Doch die Söhne Barsillais aus Gilead sollst du freundlich behandeln. Sie sollen zu denen gehören, die von deinem Tisch essen; denn sie sind mir ebenso entgegengekommen, als ich vor deinem Bruder Abschalom fliehen musste. 8 Da ist auch Schimi, der Sohn Geras, vom Stamm Benjamin, aus Bahurim. Er hat einen bösen Fluch gegen mich ausgesprochen, als ich nach Mahanajim floh. Doch ist er mir an den Jordan entgegengekommen und ich habe ihm beim Herrn geschworen, dass ich ihn nicht mit dem Schwert hinrichten werde. 9 Jetzt aber lass ihn nicht ungestraft! Du bist ein kluger Mann und weißt, was du mit ihm tun sollst. Schick sein graues Haupt blutig in die Unterwelt!

10 David entschlief zu seinen Vätern und wurde in der Davidstadt begraben. 11 Die Zeit, in der David über Israel König war, betrug vierzig Jahre. In Hebron regierte er sieben und in Jerusalem dreiunddreißig Jahre. 12 Salomo saß nun auf dem Thron seines Vaters David und seine Herrschaft festigte sich mehr und mehr.

5: 2 Sam 3,27; 20,10 • 7: 2 Sam 17,27–29 • 8: 2 Sam 16,5; 19,19–24.

Das Ende der Gegner Salomos: 2,13–46

13 Adonija, der Sohn der Haggit, begab sich zu Batseba, der Mutter Salomos. Sie fragte ihn: Kommst du in friedlicher Absicht? Er antwortete: Ja. 14 Dann fuhr er fort: Ich möchte mit dir reden. Sie erwiderte: Rede nur! 15 Da sagte er: Du weißt, dass mir das Königtum zustand und dass ganz Israel mich als König haben wollte. Doch ist mir die Königswürde entgangen; sie ist meinem Bruder zugefallen, weil sie ihm vom Herrn bestimmt war. 16 Jetzt aber möchte ich eine einzige Bitte an dich richten. Weise mich nicht ab! Sie antwortete: Sprich sie nur aus! 17 Da begann er: Rede doch mit König Salomo; dich wird er nicht abweisen. Bitte ihn, dass er mir Abischag aus Schunem zur Frau gibt. 18 Batseba erwiderte: Gut, ich werde in deiner Angelegenheit mit dem König reden.

19 Als nun Batseba zu König Salomo kam, um mit ihm wegen Adonija zu sprechen, erhob sich der König, ging ihr entgegen und verneigte sich vor ihr. Dann setzte er sich auf seinen Thron und ließ auch für die Königinmutter einen Thron hinstellen. Sie setzte sich an seine rechte Seite 20 und begann: Eine einzige kleine Bitte hätte ich an dich. Weise mich nicht ab! Der König antwortete ihr: Sprich sie nur aus, Mutter! Ich werde dich nicht abweisen. 21 Da bat sie: Man gebe doch Abischag aus Schunem deinem Bruder Adonija zur Frau. 22 Der König Salomo entgegnete seiner Mutter: Warum bittest du für Adonija um Abischag aus Schunem? Fordere

2,5 Damals war David nicht in der Lage, Joab zu bestrafen. Nach israelitischer Vorstellung von Vergeltung entsprachen die Anweisungen Davids an seinen Sohn der auf David lastenden Verpflichtung, den Tod der beiden Männer zu rächen.

2,8f Die alte Zeit glaubte, dass ein einmal ausgesprochener Fluch mit unwiderstehlicher Kraft fortwirkt. David musste daher fürchten, dass seinem Haus Unglück drohte, solange Schimis Fluch nicht gerächt war. Da er selbst durch den Eid gebunden war, sollte Salomo die Drohung beseitigen.

2,19f Die Mutter des Königs hatte als »Herrin« (15,13) eine Ehrenstellung inne.

doch gleich das Königtum für ihn! Er ist ja
mein älterer Bruder und auf seiner Seite ste-
hen der Priester Abjatar und Joab, der Sohn
der Zeruja. 23 Und König Salomo schwor
beim Herrn: Gott soll mir dies und das an-
tun, wenn dieses Ansinnen Adonija nicht das
Leben kostet. 24 So wahr der Herr lebt, der
mich eingesetzt und auf den Thron meines
Vaters David erhoben hat und der mir, wie er
versprochen hat, ein Haus gebaut hat: Noch
heute muss Adonija sterben. 25 Darauf
schickte König Salomo Benaja, den Sohn Jo-
jadas, hinauf und dieser versetzte Adonija
den Todesstoß.

26 Zum Priester Abjatar sagte der König:
Geh auf dein Landgut nach Anatot! Zwar
hast du den Tod verdient; doch will ich dich
heute nicht töten, weil du die Lade Gottes,
des Herrn, vor meinem Vater David getragen
und alle Demütigungen mit meinem Vater
geteilt hast. 27 So setzte Salomo Abjatar als
Priester des Herrn ab und erfüllte das Wort,
das der Herr über das Haus Eli in Schilo ge-
sprochen hatte.

28 Die Kunde davon erreichte Joab. Er
hatte zu Adonija gehalten, sich aber nicht an
Abschalom angeschlossen. Er floh in das
Zelt des Herrn und ergriff die Hörner des Al-
tars. 29 Man meldete dem König Salomo:
Joab ist in das Zelt des Herrn geflohen und
steht neben dem Altar. Salomo sandte Bena-
ja, den Sohn Jojadas, mit dem Auftrag: Geh
hin und stoß ihn nieder! 30 Benaja kam in das
Zelt des Herrn und rief Joab zu: Der König
befiehlt dir herauszukommen. Doch Joab
antwortete: Nein, hier will ich sterben. Be-
naja berichtete dem König: Das hat Joab ge-
sagt, so hat er mir geantwortet. 31 Da gebot
ihm der König: Tu, was er gesagt hat! Stoß
ihn nieder und begrab ihn! Nimm so von mir
und vom Haus meines Vaters das Blut, das
Joab ohne Grund vergossen hat. 32 Der Herr
lasse sein Blut auf sein Haupt kommen, weil
er ohne Wissen meines Vaters zwei Männer,
die gerechter und besser waren als er, nie-
dergestoßen und mit dem Schwert getötet
hat: Abner, den Sohn Ners, den Heerführer
Israels, und Amasa, den Sohn Jeters, den
Heerführer Judas. 33 Ihr Blut komme für im-
mer auf das Haupt Joabs und seiner Nach-
kommen. David aber, seinen Nachkommen,
seinem Haus und seinem Thron sei vom
Herrn immerfort Heil beschieden. 34 Nun
ging Benaja, der Sohn Jojadas, hinauf, stieß
Joab nieder und tötete ihn. Er wurde auf sei-
nem Besitz in der Steppe begraben. 35 Der
König setzte dann Benaja, den Sohn Jojadas,
an seiner Stelle über das Heer und dem
Priester Zadok verlieh er die Stelle Abjatars.

36 Hierauf ließ der König Schimi rufen und
befahl ihm: Bau dir ein Haus in Jerusalem,
bleib hier und geh nicht weg, weder dahin
noch dorthin! 37 Du sollst wissen, dass du
sterben musst, sobald du hinausgehst und
das Kidrontal überschreitest. Du wirst dann
selbst schuld sein an deinem Tod. 38 Schimi
antwortete dem König: Gut, dein Knecht
wird tun, was mein Herr, der König, be-
stimmt hat. So blieb Schimi viele Tage in
Jerusalem. 39 Nach Verlauf von drei Jahren
entflohen zwei Sklaven Schimis zu Achisch,
dem Sohn Maachas, dem König von Gat.
Man meldete Schimi: Deine Sklaven sind in
Gat. 40 Da machte er sich auf, sattelte seinen
Esel und begab sich zu Achisch nach Gat, um
seine Sklaven zu suchen. Er ging hin und
holte sie aus Gat zurück. 41 Es wurde aber
Salomo hinterbracht, dass Schimi von Jeru-
salem nach Gat gegangen und wieder zu-
rückgekehrt sei. 42 Er ließ daher Schimi ru-
fen und hielt ihm vor: Habe ich dich nicht
beim Herrn schwören lassen und dich ge-
warnt: Sobald du weggehst und dich dahin
oder dorthin begibst, so weißt du, dass du
sterben musst? Und du hast geantwortet:
Gut, ich habe es gehört. 43 Warum hast du
den Eid beim Herrn und den Befehl, den ich
dir gegeben habe, nicht beachtet? 44 Und
weiter sagte der König zu Schimi: Du weißt,
wie viel Böses du meinem Vater David ange-
tan hast; jetzt lässt es der Herr auf dich
selbst zurückfallen. 45 Der König Salomo
aber sei gesegnet und der Thron Davids stehe
fest vor dem Herrn in Ewigkeit. 46 Hierauf
erteilte der König dem Benaja, dem Sohn Jo-
jadas, Befehl und dieser ging hinaus und ver-
setzte Schimi den Todesstoß. Die Herrschaft
war nun fest in der Hand Salomos.

26: 1 Sam 22,20–23 • 27: 1 Sam 2,30–36.

Salomos Heirat: 3,1

3 Salomo verschwägerte sich mit dem
Pharao, dem König von Ägypten. Er
nahm eine Tochter des Pharao zur Frau und
brachte sie in die Davidstadt, bis er sein
Haus, das Haus des Herrn und die Mauern
rings um Jerusalem vollendet hatte.

Salomos Bitte um Weisheit: 3,2–15

2 Das Volk opferte zu jener Zeit auf den
Kulthöhen, weil dem Namen des Herrn noch

3,1 Die Heirat bedeutete, dass Salomo von Ägyp-
ten als König anerkannt wurde.

3,2 Kulthöhen in der Nähe vieler Städte galten in
alter Zeit als rechtmäßig (vgl. Ex 20,24), wurden

kein Haus gebaut war. 3 Salomo aber liebte
den Herrn und befolgte die Gebote seines
Vaters David; nur brachte er auf den Kulthö-
hen Schlachtopfer und Rauchopfer dar.
4 So ging der König nach Gibeon, um dort
zu opfern; denn hier war die angesehenste
Kulthöhe. Tausend Brandopfer legte Salomo
auf ihren Altar. 5 In Gibeon erschien der
Herr dem Salomo nachts im Traum und for-
derte ihn auf: Sprich eine Bitte aus, die ich
dir gewähren soll. 6 Salomo antwortete: Du
hast deinem Knecht David, meinem Vater,
große Huld erwiesen; denn er lebte vor dir in
Treue, in Gerechtigkeit und mit aufrichti-
gem Herzen. Du hast ihm diese große Huld
bewahrt und ihm einen Sohn geschenkt, der
heute auf seinem Thron sitzt. 7 So hast du
jetzt, Herr, mein Gott, deinen Knecht anstel-
le meines Vaters David zum König gemacht.
Doch ich bin noch sehr jung und weiß nicht,
wie ich mich als König verhalten soll. 8 Dein
Knecht steht aber mitten in deinem Volk, das
du erwählt hast: einem großen Volk, das man
wegen seiner Menge nicht zählen und nicht
schätzen kann. 9 Verleih daher deinem
Knecht ein hörendes Herz, damit er dein
Volk zu regieren und das Gute vom Bösen zu
unterscheiden versteht. Wer könnte sonst
dieses mächtige Volk regieren? 10 Es gefiel
dem Herrn, dass Salomo diese Bitte aus-
sprach. 11 Daher antwortete ihm Gott: Weil
du gerade diese Bitte ausgesprochen hast
und nicht um langes Leben, Reichtum oder
um den Tod deiner Feinde, sondern um Ein-
sicht gebeten hast, um auf das Recht zu hö-
ren, 12 werde ich deine Bitte erfüllen. Sieh,
ich gebe dir ein so weises und verständiges
Herz, dass keiner vor dir war und keiner
nach dir kommen wird, der dir gleicht.
13 Aber auch das, was du nicht erbeten hast,
will ich dir geben: Reichtum und Ehre, so-
dass zu deinen Lebzeiten keiner unter den
Königen dir gleicht. 14 Wenn du auf meinen
Wegen gehst, meine Gesetze und Gebote be-
folgst wie dein Vater David, dann schenke
ich dir ein langes Leben. 15 Da erwachte Sa-
lomo und merkte, dass es ein Traum war. Als
er nach Jerusalem kam, trat er vor die Bun-
deslade des Herrn, brachte Brand- und
Heilsopfer dar und gab ein Festmahl für alle
seine Diener.

4–15 ‖ 2 Chr 1,3–13.

Das salomonische Urteil: 3,16–28

16 Damals kamen zwei Dirnen und traten
vor den König. 17 Die eine sagte: Bitte, Herr,
ich und diese Frau wohnen im gleichen
Haus, und ich habe dort in ihrem Beisein ge-
boren. 18 Am dritten Tag nach meiner Nie-
derkunft gebar auch diese Frau. Wir waren
beisammen; kein Fremder war bei uns im
Haus, nur wir beide waren dort. 19 Nun starb
der Sohn dieser Frau während der Nacht;
denn sie hatte ihn im Schlaf erdrückt. 20 Sie
stand mitten in der Nacht auf, nahm mir
mein Kind weg, während deine Magd schlief,
und legte es an ihre Seite. Ihr totes Kind aber
legte sie an meine Seite. 21 Als ich am Morgen
aufstand, um mein Kind zu stillen, war es
tot. Als ich es aber am Morgen genau ansah,
war es nicht mein Kind, das ich geboren hat-
te. 22 Da rief die andere Frau: Nein, mein
Kind lebt und dein Kind ist tot. Doch die ers-
te entgegnete: Nein, dein Kind ist tot und
mein Kind lebt. So stritten sie vor dem Kö-
nig. 23 Da begann der König: Diese sagt: Mein
Kind lebt und dein Kind ist tot! und jene
sagt: Nein, dein Kind ist tot und mein Kind
lebt. 24 Und der König fuhr fort: Holt mir ein
Schwert! Man brachte es vor den König.
25 Nun entschied er: Schneidet das lebende
Kind entzwei und gebt eine Hälfte der einen
und eine Hälfte der anderen! 26 Doch nun bat
die Mutter des lebenden Kindes den König –
es regte sich nämlich in ihr die mütterliche
Liebe zu ihrem Kind: Bitte, Herr, gebt ihr
das lebende Kind und tötet es nicht! Doch
die andere rief: Es soll weder mir noch dir
gehören. Zerteilt es! 27 Da befahl der König:
Gebt jener das lebende Kind und tötet es
nicht; denn sie ist seine Mutter. 28 Ganz
Israel hörte von dem Urteil, das der König
gefällt hatte, und sie schauten mit Ehrfurcht
zu ihm auf; denn sie erkannten, dass die
Weisheit Gottes in ihm war, wenn er Recht
sprach.

Die Verwaltung des Reiches: 4,1 – 5,8

4 König Salomo war König von ganz Isra-
el. 2 Dies waren seine obersten Beam-
ten: Asarja, der Enkel Zadoks, war Priester.
3 Elihoref und Ahija, die Söhne Schischas,
waren Staatsschreiber, Joschafat, der Sohn

aber in Dtn 12 verboten. Der Verfasser der Königs-
bücher beurteilt Salomo und die späteren Könige
nach diesem Verbot.

3,4 In Gibeon, nördlich von Jerusalem, befand sich
nach 1 Chr 21,29 und 2 Chr 1,3 das aus der Wüsten-
zeit stammende heilige Zelt.

4,1–6 Die Besetzung der Ämter entspricht der spä-
teren Zeit Salomos. Der Priester Zadok ist bereits
durch seinen Enkel (1 Chr 5,34f) ersetzt. Die Schaf-
fung der Ämter eines Palastvorstehers, eines
Freundes des Königs und eines Vorgesetzten der
Statthalter, die in den Listen Davids noch fehlen,
zeigt den Fortschritt im Ausbau der Verwaltung.

Ahiluds, war Sprecher des Königs. 4 Benaja,
der Sohn Jojadas, war Heerführer [Zadok
und Abjatar waren Priester]. 5 Asarja, der
Sohn Natans, war Vorgesetzter der Statthal-
ter. Sabud, der Sohn Natans, war der Freund
des Königs, 6 Ahischar war Palastvorsteher
und Adoniram, der Sohn Abdas, war Aufse-
her über die Fronarbeiten.

7 Salomo hatte zwölf Statthalter für ganz
Israel, die den König und sein Haus versorg-
ten. Je einen Monat im Jahr hatte ihn jeder
zu versorgen. 8 Das sind ihre Namen: Der
Sohn Hurs (war Statthalter) im Gebirge
Efraim, 9 der Sohn Dekers in Makaz, Schaal-
bim, Bet-Schemesch, Elon und Bet-Hanan,
10 der Sohn Heseds in Arubbot. Ihm unter-
standen Socho und das ganze Gebiet von He-
fer. 11 Dem Sohn Abinadabs unterstand der
ganze Höhenrücken von Dor. Er hatte Tafat,
eine Tochter Salomos, zur Frau. 12 Baana,
der Sohn Ahiluds, verwaltete Taanach, Me-
giddo und ganz Bet-Schean, das an der Seite
von Zaretan unterhalb von Jesreel liegt, (das
ist das ganze Gebiet) von Bet-Schean bis
Abel-Mehola und bis über Jokneam hinaus.
13 Der Sohn Gebers (war Statthalter) in Ra-
mot-Gilead. Ihm unterstanden die Zeltdörfer
Jaïrs, des Sohnes des Manasse, in Gilead und
der Kreis Argob im Baschan, sechzig große
Städte mit Mauern und bronzenen Torrie-
geln. 14 Ahinadab, der Sohn Iddos, (war
Statthalter) in Mahanajim, 15 Ahimaaz in
Naftali. Auch er hatte eine Tochter Salomos,
nämlich Basemat, zur Frau. 16 Baana, der
Sohn Huschais, (war Statthalter) in Ascher
und Bealot, 17 Joschafat, der Sohn Paruachs,
in Issachar, 18 Schimi, der Sohn Elas, in Ben-
jamin. 19 Geber, der Sohn Uris, (verwaltete)
in Gilead das Land Sihons, des Königs der
Amoriter, und Ogs, des Königs des Baschan.
Dazu kam ein Vogt im Land Juda.

20 Das Volk von Juda und Israel war zahl-
reich wie der Sand am Meer. Es hatte zu es-
sen und zu trinken und war glücklich.

5 Salomo war Herrscher über alle Reiche
vom Eufrat bis zum Land der Philister
und bis an die Grenze Ägyptens. Sie entrich-
teten Abgaben und waren Salomo untertan,
solange er lebte.

2 Der tägliche Unterhalt Salomos belief
sich auf dreißig Kor Feinmehl, sechzig Kor
gewöhnliches Mehl, 3 zehn Mastrinder,
zwanzig Weiderinder, hundert Schafe, nicht
gerechnet die Hirsche, Gazellen, Rehe und
das gemästete Geflügel. 4 Denn er herrschte
über das ganze Gebiet diesseits des Stromes,
von Tifsach bis Gaza, über alle Könige dies-
seits des Stromes. Er hatte Frieden ringsum
nach allen Seiten. 5 Juda und Israel lebten in
Sicherheit von Dan bis Beerscheba; ein jeder
saß unter seinem Weinstock und seinem Fei-
genbaum, solange Salomo lebte. 6 Salomo
hatte viertausend Stallplätze für seine Wa-
genpferde und zwölftausend Mann als Be-
satzung für die Wagen.

7 Jene Statthalter, jeder in seinem Monat,
versorgten den König Salomo und alle, die zu
seinem Tisch Zutritt hatten. Sie ließen es an
nichts fehlen. 8 Die Gerste und das Stroh für
die Pferde und Zugtiere brachten sie jeweils
an den Ort, für den jeder zuständig war.

5,6: 10,26; 2 Chr 9,25.

Die Weisheit Salomos: 5,9–14

9 Gott gab Salomo Weisheit und Einsicht
in hohem Maß und Weite des Herzens – wie
Sand am Strand des Meeres. 10 Die Weisheit
Salomos war größer als die Weisheit aller
Söhne des Ostens und alle Weisheit Ägyp-
tens. 11 Er war weiser als alle Menschen, wei-
ser als Etan, der Esrachiter, als Heman, Kal-
kol und Darda, die Söhne Mahols. Sein
Name war bekannt bei allen Völkern rings-
um. 12 Er verfasste dreitausend Sprichwörter
und die Zahl seiner Lieder betrug tausend-
undfünf. 13 Er redete über die Bäume, von
der Zeder auf dem Libanon bis zum Ysop,

4,5 »Freund des Königs« ist hier Amtsbezeichnung. In H steht vor dem Titel »Freund« noch das Wort »Priester«.

4,7–19 Die Gaueinteilung erfasste nur das Gebiet, aus dem später das Nordreich Israel entstand.

5,1 David hatte im Norden das Reich von Damaskus und im Süden die Edomiter unterworfen und beherrschte dadurch das ganze Gebiet vom Eufrat bis an die Grenzen Ägyptens. Die Küstengebiete der Philister blieben aber selbstständig.

5,2f Der große Aufwand diente zur Versorgung aller Personen, die im Dienst des Staates standen.

5,4 Eintragung aus nachexilischer Zeit. Zu »diesseits des Stromes« vgl. die Anmerkung zu 2 Sam 10,16. – Tifsach = Thapsakus am Eufrat.

5,5 Die Formel »von Dan bis Beerscheba« umschreibt die ganze Nord-Süd-Ausdehnung des von Israeliten bewohnten Gebiets. – Unter seinem Weinstock und seinem Feigenbaum sitzen ist Zeichen des Glücks und der Zufriedenheit (vgl. 2 Kön 18,31; Mi 4,4; Sach 3,10).

5,6 Von Salomo wurde der Kriegswagen im israelitischen Heer eingeführt. Seine Besatzung bestand wahrscheinlich aus drei Mann. Wenn jeder Stallplatz zwei Pferde, das Gespann für einen Wagen enthielt, verteilen sich die 12 000 Mann auf 4000 Wagen, so 2 Chr 9,25 (H: 40 000); der Wirklichkeit näher kommt vielleicht die Zahl 1400 in 1 Kön 10,26.

5,10 Söhne des Ostens: die Nomadenstämme der syrisch-arabischen Wüste.

der an der Mauer wächst. Er redete über das Vieh, die Vögel, das Gewürm und die Fische. 14 Von allen Völkern kamen Leute, um die Weisheit Salomos zu hören, Abgesandte von allen Königen der Erde, die von seiner Weisheit vernommen hatten.

9: Ps 139,18 • 11: 1 Chr 2,6; Ps 89,1.

Die Vorbereitungen zum Tempelbau: 5,15–32

15 Hiram, der König von Tyrus, sandte seine Diener zu Salomo; denn er hatte gehört, dass man ihn anstelle seines Vaters zum König gesalbt habe. Hiram war nämlich zeitlebens ein Freund Davids gewesen. 16 Und Salomo ließ Hiram sagen: 17 Du weißt selbst, dass mein Vater David durch Kriege verhindert war, dem Namen des Herrn, seines Gottes, ein Haus zu bauen, da seine Feinde ihn bedrängten, bis der Herr sie ihm unter die Füße legte. 18 Jetzt aber hat mir der Herr, mein Gott, ringsum Ruhe verschafft. Es gibt keinen Widersacher mehr und keine Gefahr. 19 Darum gedenke ich, dem Namen des Herrn, meines Gottes, ein Haus zu bauen; denn er hat meinem Vater David zugesagt: Dein Sohn, den ich an deiner Stelle auf deinen Thron setzen werde, wird meinem Namen das Haus bauen. 20 Befiehl nun, dass man auf dem Libanon Zedern für mich fällt. Meine Knechte sollen mit deinen Knechten arbeiten. Den Lohn für deine Knechte werde ich dir geben, ganz wie du bestimmst. Du weißt ja selbst, dass wir niemand haben, der so gut Holz fällen kann wie die Leute von Sidon.

21 Als Hiram die Botschaft Salomos vernahm, freute er sich sehr und rief aus: Gepriesen sei heute Jahwe, der David einen weisen Sohn als Herrscher über dieses große Volk gegeben hat. 22 Er ließ Salomo sagen: Ich habe die Botschaft vernommen, die du an mich gesandt hast, und werde deinen Wunsch nach Zedern- und Zypressenholz erfüllen. 23 Meine Leute werden es vom Libanon an das Meer schaffen. Ich lasse es dann auf dem Meer an den Ort flößen, den du mir nennen wirst. Dort lasse ich es wieder auseinander nehmen, sodass du es abholen kannst. Du aber erfülle meinen Wunsch und sende Lebensmittel für mein Haus! 24 Also lieferte Hiram so viel Zedern- und Zypressenholz, wie Salomo wollte, 25 und Salomo gab Hiram zwanzigtausend Kor Weizen zum Unterhalt seines Hofes und zwanzig Kor feinstes Öl. Diese Menge lieferte Salomo Jahr für Jahr an Hiram.

26 Der Herr schenkte Salomo Weisheit, wie er es ihm versprochen hatte. Zwischen Salomo und Hiram herrschte Friede und sie schlossen miteinander ein Bündnis.

27 König Salomo ließ Leute aus ganz Israel zum Frondienst ausheben. Dieser umfasste 30 000 Fronpflichtige. 28 Von ihnen schickte er abwechselnd jeden Monat 10 000 Mann auf den Libanon. Einen Monat waren sie auf dem Libanon und zwei Monate zu Hause. Adoniram leitete den Frondienst. 29 Ferner hatte Salomo 70 000 Lastträger und 80 000 Steinhauer im Gebirge, 30 nicht eingerechnet die 3600 Werkführer unter dem Befehl der Statthalter, denen die Leitung der Arbeit oblag. Sie führten die Aufsicht über die Arbeiter. 31 Der König ließ mächtige, kostbare Steine brechen, um mit Quadern das Fundament des Tempels zu legen. 32 Die Bauleute Salomos bearbeiteten mit den Bauleuten Hirams und den Gebalitern das Holz und die Steine und richteten sie her für den Bau des Tempels.

15–32 ‖ 2 Chr 2,2–17 • 19: 2 Sam 7,12f.

Der Tempelbau: 6,1–38

6 Im vierhundertachtzigsten Jahr nach dem Auszug der Israeliten aus Ägypten, im vierten Jahr der Regierung Salomos über Israel, im Monat Siw, das ist der zweite Monat, begann er das Haus des Herrn zu bauen.

2 Das Haus, das König Salomo für den Herrn baute, war sechzig Ellen lang, zwanzig Ellen breit und dreißig Ellen hoch. 3 Die Vorhalle vor dem Hauptraum des Hauses war zwanzig Ellen breit, entsprechend der Breite des Hauses, und zehn Ellen tief in der Längsrichtung des Hauses. 4 Er machte für das Haus Fenster mit Rahmen und Gittern. 5 An die Wände des Hauses, und zwar an die

---

5,15 Zum Verhältnis Hirams zu David vgl. 2 Sam 5,11.

5,29 Die Lastträger und Steinhauer wurden nach 2 Chr 2,16f aus der nichtisraelitischen Bevölkerung genommen. Den hohen Zahlen, die kaum der Wirklichkeit entsprechen, mag eine nicht mehr bekannte Symbolik zugrunde liegen.

5,32 Gebaliter sind die Bewohner der Stadt Gebal (= Byblus) nördlich von Beirut.

6,1–7,51 Die Kap. 6 und 7 bereiten dem Verständnis erhebliche Schwierigkeiten. Besonders die Angaben über den Tempel sind oft schwer verständlich. H ist mehrfach durch Schreibfehler, Erweiterungen und Kürzungen entstellt. Diese Schwierigkeiten, in der Übersetzung teilweise geglättet, werden in den folgenden Anmerkungen nicht ausdrücklich erwähnt.

Wände des Hauptraums und des hinteren Raumes, legte er ringsum einen Anbau mit Kammern. 6 Dieser war im Untergeschoss fünf Ellen, im mittleren sechs und im dritten sieben Ellen breit; die Außenwand des Hauses hatte er abgestuft, um sie nachher nicht beschädigen zu müssen. 7 Beim Bau des Hauses wurden Steine verwendet, die man schon im Steinbruch fertig behauen hatte; Hämmer, Meißel und sonstige eiserne Werkzeuge waren beim Bau des Hauses nicht zu hören. 8 Die Türe zu den unteren Kammern war an der Südseite des Hauses. Über Treppen stieg man zum mittleren und vom mittleren zum dritten Stockwerk hinauf. 9 Als er den Bau des Hauses vollendet hatte, überdeckte er es mit Balken und Brettern aus Zedernholz. 10 Den Anbau führte er um das ganze Haus. Seine Höhe betrug (in jedem Stockwerk) fünf Ellen und Zedernbalken verbanden ihn mit dem Haus.

11 Das Wort des Herrn erging an Salomo: 12 Dieses Haus, das du baust, – wenn du meinen Geboten gehorchst und auf meine Vorschriften achtest und alle meine Befehle ausführst und befolgst, dann werde ich an dir das Wort wahr machen, das ich zu deinem Vater David gesprochen habe. 13 Und ich werde inmitten der Israeliten wohnen und mein Volk Israel nicht verlassen.

14 So vollendete Salomo den Bau des Hauses. 15 Er täfelte seine Innenwände mit Zedernholz aus; vom Fußboden bis zu den Balken der Decke ließ er eine Holzvertäfelung anbringen. Den Fußboden belegte er mit Zypressenholz. 16 Zwanzig Ellen vor der Rückseite des Hauses errichtete er vom Fußboden bis zum Gebälk eine Wand aus Zedernholz und schuf so die Gotteswohnung, das Allerheiligste. 17 Vierzig Ellen lang war der davorliegende Hauptraum. 18 Im Innern hatte das Haus Zedernverkleidung mit eingeschnitzten Blumengewinden und Blütenranken. Alles war aus Zedernholz, kein Stein war zu sehen. 19 Im Innern des Hauses richtete er die Gotteswohnung ein, um die Bundeslade des Herrn aufstellen zu können. 20 Die Wohnung war zwanzig Ellen lang, zwanzig Ellen breit und zwanzig Ellen hoch; er überzog sie mit bestem Gold. Auch ließ er einen Altar aus Zedernholz herstellen. 21 Das Innere des Hauses ließ Salomo mit bestem Gold auskleiden und vor der Gotteswohnung ließ er goldene Ketten anbringen. 22 So überzog er das ganze Haus vollständig mit Gold; auch den Altar vor der Gotteswohnung überzog er ganz mit Gold.

23 In der Gotteswohnung ließ er zwei Kerubim aus Olivenholz anfertigen. Ihre Höhe betrug zehn Ellen. 24 Fünf Ellen maß der eine Flügel des Kerubs und fünf Ellen sein anderer Flügel. Von einem Flügelende bis zum anderen waren es zehn Ellen. 25 Auch der zweite Kerub war zehn Ellen hoch. Beide hatten gleiches Maß und gleiche Gestalt. 26 Der eine Kerub war zehn Ellen hoch und ebenso hoch war der andere. 27 Er stellte die Kerubim mitten in den innersten Raum. Ihre Flügel waren so ausgespannt, dass der Flügel des einen Kerubs die eine Wand, der Flügel des zweiten Kerubs die andere Wand, die Flügel in der Mitte des Raumes aber einander berührten. 28 Er ließ die Kerubim mit Gold überziehen.

29 An allen Wänden des Hauses, im inneren wie im äußeren Raum, ließ er ringsum Kerubim, Palmen und Blütenranken einschnitzen. 30 Auch die Fußböden des hinteren und des vorderen Raumes ließ er mit Gold belegen.

31 Für den Eingang zur Gotteswohnung ließ er Türflügel aus Olivenholz anfertigen. Die Giebelbalken und die Seitenpfosten bildeten ein Fünfeck. 32 An den beiden Türflügeln aus Olivenholz ließ er Kerubim, Palmen und Blütenranken einschnitzen und sie mit Gold überziehen, indem er auf die Kerubim und die Palmen Gold auftragen ließ. 33 Ebenso ließ er für den Eingang zum Hauptraum Türpfosten aus Olivenholz anfertigen, die ein Viereck bildeten, 34 dazu zwei Türflügel aus Zypressenholz. Zwei drehbare Teile hatte der eine Türflügel und zwei drehbare Teile der andere. 35 Er ließ auf ihnen Kerubim, Palmen und Blütenranken einschnitzen und auf das Schnitzwerk dünnes Blattgold legen.

36 Er legte den inneren Hof an (und umgab ihn mit einer Mauer) aus drei Lagen Quadern und einer Lage Zedernbalken.

37 Im vierten Jahr, im Monat Siw, war das Fundament für das Haus des Herrn gelegt worden 38 und im elften Jahr, im Monat Bul, das ist der achte Monat, wurde das Haus mit all seinem Zubehör vollendet, ganz so, wie es geplant war. Sieben Jahre hatte man an ihm gebaut.

1–38 ‖ 2 Chr 3,1–14 • 12: 2 Sam 7,8–16.

6,21 Ketten: Vielleicht ist ein Wort ausgefallen: einen Vorhang an goldenen Ketten.

6,23–28 Die Kerubim hatten wohl menschenähnliches Aussehen. Die Bundeslade wurde zwischen sie gestellt (8,7), sodass sie ihre Flügel über sie breiteten.

6,38 Der Monat Bul entspricht ungefähr unserem Oktober/November.

Die Palastgebäude: 7,1–12

7 An seinem Palast baute Salomo drei-
zehn Jahre, bis er ihn ganz vollendet
hatte.
2 Er baute das Libanonwaldhaus, hundert
Ellen lang, fünfzig Ellen breit und dreißig
Ellen hoch, mit drei Reihen von Zedernsäu-
len und mit Zedernbalken über den Säulen.
3 Eine Decke aus Zedernholz war über den
Kammern, die über den Säulen lagen; es wa-
ren fünfundvierzig Säulen, fünfzehn in jeder
Reihe. 4 In drei Reihen waren Fenster so an-
gebracht, dass dreimal eine Fensterreihe ei-
ner anderen gegenüberstand. 5 Alle Türen
und Fenster waren viereckig gerahmt. Drei-
mal stand eine Fensterreihe der anderen ge-
genüber.
6 Salomo baute die Säulenhalle, fünfzig
Ellen lang und dreißig Ellen breit, davor eine
Halle mit Säulen und einem Vordach.
7 Er schuf die Thronhalle, das ist die Ge-
richtshalle, um darin Recht zu sprechen. Sie
war vom Fußboden bis zum Gebälk mit Ze-
dernholz ausgetäfelt.
8 Sein eigenes Wohnhaus stand im anderen
Hof, von der Halle aus nach innen zu. Es hat-
te die gleiche Bauart. Auch baute Salomo für
die Tochter des Pharao, die er geheiratet hat-
te, ein Haus, das dieser Halle glich.
9 Alle diese Bauten waren vom Grund bis
zu den Gesimsen aus wertvollen Steinen auf-
geführt, die in der Größe von Quadern an der
Innen- wie Außenseite mit der Säge zuge-
schnitten waren ... 10 Die Fundamente be-
standen aus wertvollen, mächtigen Steinblö-
cken, aus Steinen von zehn und Steinen von
acht Ellen. 11 Darüber lagen wertvolle Steine
in der Größe von Quadern sowie Zedernbal-
ken. 12 Der große Hof war rings von einer
Mauer aus drei Lagen Quadern und einer
Lage Zedernbalken umgeben; ebenso der in-
nere Hof um das Haus des Herrn und der Hof
um die Palasthalle.

Die Ausstattung des Tempels: 7,13–51

13 König Salomo ließ Hiram aus Tyrus
kommen. 14 Dieser war der Sohn einer Witwe
aus dem Stamm Naftali. Sein Vater war ein
Bronzeschmied aus Tyrus. Er war mit Weis-
heit, Verstand und Geschick begabt, um jede
Bronze-Arbeit auszuführen. Er kam zum
König Salomo und führte alle Arbeiten für
ihn aus.
15 Er formte die zwei bronzenen Säulen.
Achtzehn Ellen betrug die Höhe der einen
Säule und ein Band von zwölf Ellen um-
spannte sie. Ihre Wandstärke betrug vier
Finger; innen war sie hohl. Ebenso war die
zweite Säule. 16 Dazu machte er zwei Kapi-
telle, um sie oben auf die Säulen zu setzen;
sie waren aus Bronze gegossen. Fünf Ellen
betrug die Höhe des einen Kapitells und fünf
Ellen die Höhe des anderen. 17 Auch machte
er Geflechte [Flechtwerksarbeit, kettenför-
mige Bänder] für die Kapitelle oben auf den
Säulen, und zwar ein Geflecht für das eine
Kapitell und ein Geflecht für das andere.
18 Ferner machte er Granatäpfel und legte sie
in zwei Reihen ringsum über die Geflechte,
sodass sie die Kapitelle oben auf den Säulen
bedeckten. Ebenso verfuhr er mit dem zwei-
ten Kapitell. 19 Die Kapitelle oben auf den
Säulen hatten die Form einer Lilienblüte ...
20 ... 21 Er stellte die Säulen an der Vorhalle
des Tempels auf. Die eine Säule stellte er auf
die rechte Seite und nannte sie Jachin, die
andere stellte er auf die linke Seite und
nannte sie Boas. 22 Oben auf den Säulen wa-
ren lilienförmige Gebilde. So wurde die Ar-
beit an den Säulen zu Ende geführt.
23 Dann machte er das »Meer«. Es wurde
aus Bronze gegossen und maß zehn Ellen von
einem Rand zum andern; es war völlig rund
und fünf Ellen hoch. Eine Schnur von drei-
ßig Ellen konnte es rings umspannen. 24 Un-
terhalb seines Randes waren rundum Ran-
kengebilde. In einer Länge von dreißig Ellen
umsäumten sie das Meer ringsum in zwei
Reihen. Sie wurden beim Guss mitgegossen.
25 Das Meer stand auf zwölf Rindern. Von ih-
nen schauten drei nach Norden, drei nach
Westen, drei nach Süden und drei nach Os-
ten. Das Meer ruhte oben auf den Rindern.
Ihre Hinterteile waren nach innen gekehrt.
26 Die Wand des Meeres war eine Handbreit

7,2 Das Libanonwaldhaus erhielt seinen Namen von den Zedernsäulen, die wie ein Wald in ihm standen. Es übertraf den Tempel an Größe. Zur Zeit Jesajas diente es als Zeughaus (Jes 22,8).

7,9 H zum Teil unverständlich.

7,12 Die gesamten Palastbauten standen in einem Hof, der als der Große Hof bezeichnet wird. Durch die Mauer, die ihn umgab, war die Königsburg als eigener Stadtteil von der Bürgerstadt abgesondert.

7,13 Die Berufung eines ausländischen Künstlers war notwendig, da das Kunstgewerbe in Israel noch wenig entwickelt war.

7,19f H unverständlich.

7,21 Die Namen Jachin und Boas werden verschieden gedeutet. Sie bilden vielleicht einen Satz: »Er (Gott) verleihe Festigkeit mit Kraft«, und drücken die Hoffnung auf den Bestand des Tempels und des Throns aus.

7,23 Nach 2 Chr 4,6 diente das »Meer« den Priestern zu rituellen Waschungen.

dick. Sein Rand war wie der Rand eines
Bechers geformt, einer Lilienblüte gleich. Es
fasste zweitausend Bat.
27 Er machte die zehn fahrbaren Gestelle
aus Bronze. Jedes war vier Ellen lang, vier
Ellen breit und drei Ellen hoch. 28 Und so
waren die Gestelle beschaffen: Sie hatten
Querleisten, und zwar Querleisten zwischen
den Eckleisten. 29 Auf den Querleisten zwi-
schen den Eckleisten waren Bilder von Lö-
wen, Rindern und Kerubim, und ebenso auf
den Eckleisten. Über den Löwen und Rin-
dern sowie unter ihnen waren Kranzgewinde
eingehämmert. 30 Jedes Gestell hatte vier
bronzene Räder und bronzene Achsen. An
den vier Füßen waren Ansätze, die unterhalb
des Kessels angegossen waren ... 31 ... (Der
Kasten des Gestells) war eineinhalb Ellen
hoch. Auch an seiner Öffnung waren Verzie-
rungen. Die Querleisten waren nicht rund,
sondern viereckig. 32 Die vier Räder waren
unter den Querleisten. Ihre Halter waren am
Gestell befestigt. Jedes Rad war eineinhalb
Ellen hoch. 33 Sie waren gearbeitet wie Wa-
genräder. Ihre Halter, Felgen, Speichen und
Naben waren alle gegossen. 34 Die vier An-
sätze waren an den vier Ecken eines jeden
Gestells angebracht und bildeten mit ihm ein
Ganzes. 35 Der Aufsatz des Gestells war eine
halbe Elle hoch und völlig rund. An ihm wa-
ren seine Halter und Leisten angesetzt.
36 Auf die Wandflächen, Halter und Quer-
leisten ließ Salomo Bilder von Kerubim, Lö-
wen und Palmen eingravieren ... 37 In dieser
Weise fertigte Hiram die zehn Gestelle an.
Sie hatten alle gleichen Guss, gleiches Maß
und gleiche Gestalt. 38 Dazu machte er zehn
bronzene Kessel. Jeder fasste vierzig Bat und
hatte eine Weite von vier Ellen. Für jedes der
zehn Gestelle war ein Kessel bestimmt.
39 Fünf von den Gestellen brachte er an die
Südseite des Hauses und fünf an die Nord-
seite. Das »Meer« stellte er an die Südseite
des Hauses, gegen Südosten. 40 Auch machte
Hiram die Töpfe, Schaufeln und Schalen.
So führte Hiram alle Arbeiten zu Ende, die
er dem König Salomo für das Haus des Herrn
anzufertigen hatte: 41 zwei Säulen, zwei be-
ckenförmige Kapitelle oben auf den Säulen,
die zwei Flechtwerke, mit denen man die
beiden beckenförmigen Kapitelle oben auf
den Säulen bedeckte, 42 die vierhundert Gra-
natäpfel für die beiden Flechtwerke, die in
zwei Reihen an jedem Flechtwerk ange-
bracht waren und die beiden beckenförmi-
gen Kapitelle auf den Säulen bedeckten,
43 die zehn fahrbaren Gestelle, die zehn Kes-
sel für die Gestelle, 44 das eine Meer, die
zwölf Rinder unter dem Meer, 45 die Töpfe,
Schaufeln und Schalen. Alle diese Geräte,
die Hiram dem König Salomo für das Haus
des Herrn anfertigte, waren aus glatter
Bronze. 46 In der Jordanau zwischen Sukkot
und Zaretan ließ sie der König in Formen aus
festem Lehm gießen. 47 Und Salomo gab
allen Geräten ihren Platz. Wegen ihrer über-
aus großen Menge war das Gewicht der
Bronze nicht festzustellen.
48 Salomo ließ alle Geräte, die zum Haus
des Herrn gehörten, anfertigen: den golde-
nen Altar, den goldenen Tisch, auf den man
die Schaubrote legte, 49 die fünf Leuchter auf
der rechten und die fünf Leuchter auf der
linken Seite vor der Gotteswohnung, aus
bestem Gold, dazu die goldenen Blüten,
Lampen und Dochtscheren, 50 ferner die Be-
cken, Messer, Schalen, Schüsseln und Pfan-
nen aus bestem Gold. Auch die Stirnseiten
der Türen des inneren Raumes zum Allerhei-
ligsten und die Stirnseiten der beiden Tür-
flügel, die zum Hauptraum führten, waren
mit Gold verkleidet.
51 So wurden alle Arbeiten, die König Sa-
lomo für das Haus des Herrn ausführen ließ,
vollendet. Dann brachte er die Weihegaben
seines Vaters David hinein und legte das Sil-
ber, das Gold und die Geräte in die Schatz-
kammern des Hauses des Herrn.

13–51 ‖ 2 Chr 3,15 – 5,1 • 15: 2 Kön 25,17; Jer 52,21.

Die Übertragung der Bundeslade: 8,1–13

8 Damals versammelte Salomo die Ältes-
ten Israels, alle Stammesführer und die
Häupter der israelitischen Großfamilien bei
sich in Jerusalem, um die Bundeslade des
Herrn aus der Stadt Davids, das ist Zion, he-
raufzuholen. 2 Am Fest im Monat Etanim,
das ist der siebte Monat, kamen alle Männer
Israels bei König Salomo zusammen. 3 In Ge-
genwart aller Ältesten Israels nahmen die
Priester die Lade 4 und brachten sie zugleich
mit dem Offenbarungszelt und den heiligen
Geräten, die im Zelt waren, hinauf. Die

7,30f.36 H teilweise unverständlich.
7,46 Bodenfunde haben gezeigt, dass die hier lebende vorisraelitische Bevölkerung sich auf Metallverarbeitung verstand.
8,2 Der Monat Etanim (Monat »der ständig fließenden Bäche«) entspricht ungefähr unserem September/Oktober. Das Fest ist das Laubhüttenfest.
8,4 Durch die Unterbringung des Offenbarungszeltes von Gibeon im Tempel und seine Vereinigung mit der Bundeslade übernahm der Tempel die Aufgabe des Wanderheiligtums der Wüstenzeit.

Priester und die Leviten übernahmen den Trägerdienst. 5 König Salomo aber und die ganze Gemeinde Israels, die bei ihm vor der Lade versammelt war, schlachteten Schafe und Rinder, die man wegen ihrer Menge nicht zählen und nicht berechnen konnte. 6 Darauf stellten die Priester die Bundeslade des Herrn an ihren Platz, in die Gotteswohnung des Hauses, in das Allerheiligste, unter die Flügel der Kerubim. 7 Denn die Kerubim breiteten ihre Flügel über den Ort, wo die Lade stand, und bedeckten sie und ihre Stangen von oben her. 8 Die Stangen waren so lang, dass man ihre Spitzen im Heiligtum vor der Gotteswohnung sehen konnte; draußen aber waren sie nicht zu sehen. Sie blieben dort bis zum heutigen Tag. 9 In der Lade befanden sich nur die zwei steinernen Tafeln, die Mose am Horeb hineingelegt hatte, die Tafeln des Bundes, den der Herr mit den Israeliten beim Auszug aus Ägypten geschlossen hatte. 10 Als dann die Priester aus dem Heiligtum traten, erfüllte die Wolke das Haus des Herrn. 11 Sie konnten wegen der Wolke ihren Dienst nicht verrichten; denn die Herrlichkeit des Herrn erfüllte das Haus des Herrn. 12 Damals sagte Salomo:

Der Herr hat die Sonne an den Himmel gesetzt; / er selbst wollte im Dunkel wohnen.

13 Ich habe ein fürstliches Haus für dich gebaut, / eine Wohnstätte für ewige Zeiten.

1–13 || 2 Chr 5,2–11; 6,1f.

Die Ansprache des Königs: 8,14–21

14 Dann wandte sich der König um und segnete die ganze Versammlung Israels. Alle standen 15 und er betete: Gepriesen sei der Herr, der Gott Israels. Seine Hand hat ausgeführt, was sein Mund meinem Vater David verheißen hat, als er sprach: 16 Seit dem Tag, da ich mein Volk Israel aus Ägypten führte, habe ich aus keinem der Stämme Israels eine Stadt für den Bau eines Hauses erwählt, um meinen Namen dort wohnen zu lassen. David aber habe ich zum Herrscher über mein Volk Israel erwählt. 17 Mein Vater David wollte dem Namen des Herrn, des Gottes Israels, ein Haus bauen. 18 Doch der Herr sprach zu ihm: Wenn du dir vorgenommen hast, meinem Namen ein Haus zu bauen, hast du einen guten Entschluss gefasst. 19 Doch sollst nicht du das Haus bauen; sondern erst dein leiblicher Sohn soll meinem Namen das Haus bauen. 20 Der Herr hat jetzt sein Versprechen, das er gegeben hat, wahr gemacht: Ich bin an die Stelle meines Vaters David getreten und habe den Thron Israels bestiegen, wie es der Herr zugesagt hatte. Ich habe dem Namen des Herrn, des Gottes Israels, das Haus gebaut 21 und darin einen Raum für die Lade geschaffen. Sie enthält die Tafeln des Bundes, den der Herr mit unseren Vätern geschlossen hat, als er sie aus Ägypten führte.

14–21 || 2 Chr 6,3–11 • 17–19: 2 Sam 7,1–13.

Das Weihegebet: 8,22–53

22 Dann trat Salomo in Gegenwart der ganzen Versammlung Israels vor den Altar des Herrn, breitete seine Hände zum Himmel aus 23 und betete: Herr, Gott Israels, im Himmel oben und auf der Erde unten gibt es keinen Gott, der so wie du Bund und Huld seinen Knechten bewahrt, die mit ungeteiltem Herzen vor ihm leben. 24 Du hast das Versprechen gehalten, das du deinem Knecht, meinem Vater David, gegeben hast. Deine Hand hat heute erfüllt, was dein Mund versprochen hat. 25 Und nun, Herr, Gott Israels, halte auch das andere Versprechen, das du deinem Knecht David, meinem Vater, gegeben hast, als du sagtest: Es soll dir nie an einem Nachkommen fehlen, der vor mir auf dem Thron Israels sitzt, wenn nur deine Söhne darauf achten, ihren Weg so vor mir zu gehen, wie du es getan hast. 26 Gott Israels, möge sich jetzt dein Wort, das du deinem Knecht David, meinem Vater, gegeben hast, als wahr erweisen.

27 Wohnt denn Gott wirklich auf der Erde? Siehe, selbst der Himmel und die Himmel der Himmel fassen dich nicht, wie viel weniger dieses Haus, das ich gebaut habe. 28 Wende dich, Herr, mein Gott, dem Beten und Flehen deines Knechtes zu! Höre auf das Rufen und auf das Gebet, das dein Knecht heute vor dir verrichtet. 29 Halte deine Augen offen über diesem Haus bei Nacht und bei Tag, über der Stätte, von der du gesagt hast, dass dein Name hier wohnen soll. Höre auf das Gebet, das dein Knecht an dieser Stätte verrichtet. 30 Achte auf das Flehen deines Knechtes und deines Volkes Israel, wenn sie an dieser Stätte beten. Höre sie im Himmel, dem Ort, wo du wohnst. Höre sie und verzeih!

31 Wenn sich jemand gegen seinen Nächsten verfehlt und dieser ihm einen Eid abver-

---

8,12 Der erste Satz ist nur in G überliefert.

8,31–51 Der Hauptteil des Gebets fleht nicht um Hilfe in augenblicklicher Not, sondern zählt Fälle auf, die in Zukunft Anlass zu einem Gebet im Tempel geben können. Es lassen sich sieben Bitten feststellen. Die Siebenzahl als heilige Zahl mag beabsichtigt sein.

langt, den er schwören muss, und er dann
kommt und vor deinem Altar in diesem Haus
schwört, 32 so höre du es im Himmel und
greif ein! Verschaff deinen Knechten Recht;
verurteile den Schuldigen und lass sein Tun
auf ihn selbst zurückfallen! Den Schuldlosen
aber sprich frei und vergilt ihm, wie es seiner
Gerechtigkeit entspricht.

33 Wenn dein Volk Israel von einem Feind
geschlagen wird, weil es gegen dich gesün-
digt hat, und dann wieder zu dir umkehrt,
deinen Namen preist und in diesem Haus zu
dir betet und fleht, 34 so höre du es im Him-
mel! Vergib deinem Volk Israel seine Sünde;
lass sie in das Land zurückkommen, das du
ihren Vätern gegeben hast.

35 Wenn der Himmel verschlossen ist und
kein Regen fällt, weil sie gegen dich gesün-
digt haben, und wenn sie dann an diesem Ort
beten, deinen Namen preisen und von ihrer
Sünde lassen, weil du sie demütigst, 36 so
höre du sie im Himmel! Vergib deinen
Knechten und deinem Volk Israel ihre Sün-
den; denn du führst sie den guten Weg, den
sie gehen sollen. Spende Regen deinem Land,
das du deinem Volk zum Erbbesitz gegeben
hast.

37 Wenn im Land Hungersnot herrscht,
wenn Pest ausbricht, wenn Getreidebrand,
Rost, Heuschrecken und Ungeziefer auftre-
ten, wenn Feinde sie im eigenen Land be-
drängen, wenn irgendeine Plage oder
Krankheit sie trifft, 38 (so höre du) jedes Ge-
bet und Flehen eines jeden einzelnen und
deines ganzen Volkes Israel; denn sie alle
kennen die Not ihres Herzens und erheben
ihre Hände zu diesem Haus. 39 Höre sie dann
im Himmel, dem Ort, wo du wohnst, und ver-
zeih! Greif ein, und vergilt jedem, wie es sein
Tun verdient. Du kennst ja ihre Herzen; denn
du allein kennst die Herzen aller Menschen.
40 So werden sie dich fürchten, solange sie in
dem Land leben, das du unseren Vätern ge-
geben hast.

41 Auch Fremde, die nicht zu deinem Volk
Israel gehören, werden wegen deines Na-
mens aus fernen Ländern kommen; 42 denn
sie werden von deinem großen Namen, dei-
ner starken Hand und deinem hoch erhobe-
nen Arm hören. Sie werden kommen und in
diesem Haus beten. 43 Höre sie dann im Him-
mel, dem Ort, wo du wohnst, und tu alles,
weswegen der Fremde zu dir ruft. Dann wer-
den alle Völker der Erde deinen Namen er-
kennen. Sie werden dich fürchten, wie dein
Volk Israel dich fürchtet, und erfahren, dass
dein Name ausgerufen ist über diesem Haus,
das ich gebaut habe.

44 Wenn dein Volk auf dem Weg, den du es
führst, gegen seine Feinde in den Krieg zieht
und wenn es dann zu dir betet, zur Stadt hin-
gewendet, die du erwählt hast, und zu dem
Haus hin, das ich deinem Namen gebaut
habe, 45 so höre du im Himmel sein Beten und
Flehen und verschaff ihm Recht.

46 Wenn sie gegen dich sündigen – es gibt ja
niemand, der nicht sündigt – und du ihnen
zürnst, sie ihren Bedrängern preisgibst und
ihre Feinde sie gefangen fortführen in ein
fernes oder nahes Land, 47 so werden sie im
Land ihrer Gefangenschaft in sich gehen. Sie
werden im Land ihrer Gefangenschaft um-
kehren, zu dir flehen und rufen: Wir haben
gesündigt, Unrecht getan und gefrevelt.
48 Mit ganzem Herzen und ganzer Seele wer-
den sie im Land ihrer Feinde, von denen sie
als Gefangene weggeführt wurden, zu dir
umkehren und zu dir beten, zum Land hin-
gewendet, das du ihren Vätern gegeben hast,
zur Stadt hin, die du erwählt hast, und zum
Haus hin, das ich deinem Namen gebaut
habe. 49 Höre dann im Himmel, dem Ort, wo
du wohnst, ihr Beten und Flehen! Verschaff
ihnen Recht 50 und verzeih deinem Volk, was
es gegen dich gesündigt hat; verzeih ihm alle
Frevel, die es gegen dich begangen hat. Lass
sie bei ihren Unterdrückern Mitleid und Er-
barmen finden! 51 Sie sind ja dein Volk und
dein Eigentum, das du aus dem Schmelzofen,
aus Ägypten, herausgeführt hast.

52 Halte deine Augen offen für das Flehen
deines Knechtes und für das Flehen deines
Volkes Israel! Erhöre sie, sooft sie zu dir ru-
fen. 53 Du hast dir Israel unter allen Völkern
der Erde als Eigentum ausgewählt, wie du es
durch deinen Knecht Mose verkündet hast,
als du unsere Väter aus Ägypten geführt
hast, Herr und Gott.

22–52 ‖ 2 Chr 6,12–40.

Salomos Segen: 8,54–61

54 Als Salomo dieses flehentliche Gebet
zum Herrn beendet hatte, erhob er sich auf
dem Platz vor dem Altar des Herrn, wo er
niedergekniet war und die Hände zum Him-
mel ausgebreitet hatte. 55 Er trat vor die gan-
ze Versammlung Israels, segnete sie und rief
mit lauter Stimme: 56 Gepriesen sei der Herr,
der seinem Volk Israel Ruhe geschenkt hat,

8,35 sie demütigst: Text korr. nach G; H: sie erhörst.

8,63 Zum Heilsopfer vgl. die Anmerkung zu Lev 3,1–17. – Den hohen Zahlen der Opfertiere mag eine uns unbekannte Symbolik zugrunde liegen.

wie er es versprochen hat. Von all den
herrlichen Verheißungen, die er durch sei-
nen Knecht Mose verkündet hat, ist nicht
eine hinfällig geworden. 57 Der Herr, unser
Gott, sei mit uns, wie er mit unseren Vätern
war. Er verlasse uns nicht und verstoße uns
nicht. 58 Er lenke unsere Herzen zu sich hin,
damit wir auf seinen Wegen gehen und die
Gebote, Befehle und Anordnungen befolgen,
die er unseren Vätern gegeben hat. 59 Mögen
diese Worte, die ich flehend vor dem Herrn,
unserem Gott, gesprochen habe, ihm Tag
und Nacht gegenwärtig bleiben. Möge er sei-
nem Knecht und seinem Volk Israel Recht
verschaffen, wie es jeder Tag verlangt, 60 da-
mit alle Völker der Erde erkennen, dass nie-
mand Gott ist als der Herr allein. 61 Euer
Herz aber bleibe ungeteilt beim Herrn, unse-
rem Gott, sodass ihr seinen Gesetzen folgt
und auf seine Gebote achtet, wie es heute ge-
schieht.

Der Abschluss der Feier: 8,62–66

62 Dann brachten der König und mit ihm
ganz Israel vor dem Herrn Opfer dar.
63 Zweiundzwanzigtausend Rinder und hun-
dertzwanzigtausend Schafe ließ Salomo als
Heilsopfer für den Herrn schlachten. So voll-
zogen der König und alle Israeliten die
Weihe des Hauses des Herrn. 64 An jenem
Tag weihte der König auch die Mitte des
Hofes, der vor dem Haus des Herrn war, als
er dort das Brandopfer, das Speiseopfer und
die Fettstücke der Heilsopfer darbrachte.
Der bronzene Altar, der vor dem (Tempel
des) Herrn stand, war nämlich zu klein, um
das Brandopfer, das Speiseopfer und die
Fettstücke der Heilsopfer fassen zu kön-
nen.

65 Salomo feierte damals mit ganz Israel,
das von Lebo-Hamat bis zum Grenzbach
Ägyptens zu einer großen Versammlung vor
dem Herrn, unserem Gott, erschienen war,
das (Laubhütten-)Fest sieben Tage lang [und
nochmals sieben Tage, zusammen vierzehn
Tage]. 66 Am achten Tag entließ er das Volk.
Sie priesen den König und gingen zu ihren
Zelten, frohen Mutes und voll Freude über
all das Gute, das der Herr an seinem Knecht
David und seinem Volk Israel getan hatte.

62–66 || 2 Chr 7,4–10.

Die Verheißung für den Tempel: 9,1–9

9 Nachdem Salomo den Bau des Tempels
und des königlichen Palastes vollendet
und alle Pläne, die er auszuführen wünschte,
verwirklicht hatte, 2 erschien ihm der Herr
zum zweiten Mal, wie er ihm in Gibeon er-
schienen war. 3 Er sprach zu ihm: Ich habe
dein flehentliches Gebet, das du an mich ge-
richtet hast, gehört und dieses Haus, das du
gebaut hast, geheiligt. Meinen Namen werde
ich für immer hierher legen, meine Augen
und mein Herz werden allezeit hier weilen.
4 Wenn du mit ungeteiltem und aufrichtigem
Herzen vor mir den Weg gehst, den dein Va-
ter David gegangen ist, und wenn du alles
tust, was ich dir befohlen habe, wenn du auf
meine Gebote und Rechtsvorschriften ach-
test, 5 dann werde ich deinen Königsthron
auf ewig in Israel bestehen lassen, wie ich es
deinem Vater David zugesichert habe, zu
dem ich gesagt habe: Es soll dir nie an einem
Nachkommen auf dem Thron Israels fehlen.
6 Doch wenn ihr und eure Söhne euch von
mir abwendet und die Gebote und Gesetze,
die ich euch gegeben habe, übertretet, wenn
ihr euch anschickt, andere Götter zu vereh-
ren und anzubeten, 7 dann werde ich Israel in
dem Land ausrotten, das ich ihm gegeben
habe. Das Haus, das ich meinem Namen ge-
weiht habe, werde ich aus meinem Angesicht
wegschaffen und Israel soll zum Gespött und
zum Hohn unter allen Völkern werden.
8 Dieses Haus wird zu einem Trümmerhau-
fen werden und jeder, der vorübergeht, wird
sich entsetzen und zischen. Man wird fragen:
Warum hat der Herr diesem Land und die-
sem Haus das angetan? 9 Und man wird ant-
worten: Weil sie den Herrn, ihren Gott, der
ihre Väter aus Ägypten geführt hat, verlas-
sen, sich an andere Götter gehängt, sich vor
ihnen niedergeworfen und sie verehrt haben,
darum hat der Herr all dieses Unglück über
sie gebracht.

1–9 || 2 Chr 7,11–22 • 2–3: 3,4f • 5: 2 Sam 7,16.

Verschiedene Nachrichten über Salomo: 9,10–28

10 Zwanzig Jahre hatte Salomo an den bei-
den Häusern, dem Tempel des Herrn und
dem königlichen Palast, gebaut. 11 Der König
Hiram von Tyrus hatte ihn dabei mit Zedern-

8,65 Späterer Zusatz, eingefügt in der Annahme, dass die Tempelweihe und das Laubhüttenfest nicht gleichzeitig, sondern nacheinander in je siebentägiger Feier begangen wurden. – Lebo-Hamat: Name einer Landschaft oder eines Ortes zwischen Libanon und Antilibanon oder weiter im Norden, am Orontes.

9,8 wird zu einem Trümmerhaufen werden: sinngemäß korr.; H: wird hoch sein. – Zischen ist ein Zeichen des Spottes.

und Zypressenholz sowie mit Gold in der ge-
wünschten Menge unterstützt. Damals trat
König Salomo zwanzig Städte in der Land-
schaft Galiläa an Hiram ab. 12 Als aber Hi-
ram aus Tyrus herüberkam, um die Städte
anzusehen, die Salomo ihm gegeben hatte,
gefielen sie ihm nicht. 13 Er meinte: Was sind
das für Städte, die du mir gegeben hast, mein
Bruder? – Man nennt sie Land Kabul bis zum
heutigen Tag. 14 Hiram hatte dem König
hundertzwanzig Talente Gold gesandt.

15 So verhielt es sich mit dem Frondienst:
König Salomo hatte Fronarbeiter ausgeho-
ben zum Bau des Tempels, seines Palastes,
des Millo und der Mauern von Jerusalem,
Hazor, Megiddo und Geser. 16 Der Pharao,
der König von Ägypten, war nämlich herauf-
gezogen, hatte Geser erobert und einge-
äschert, die Kanaaniter, die darin wohnten,
getötet und die Stadt als Brautgeschenk sei-
ner Tochter, der Frau Salomos, gegeben.
17 Salomo baute nun Geser wieder auf. Fer-
ner baute er das untere Bet-Horon aus 18 so-
wie Baala und Tamar in der Steppe im Land
(Juda), 19 dazu alle Vorratsstädte, die ihm ge-
hörten, die Städte für die Wagen und ihre
Mannschaft und was er sonst in Jerusalem,
auf dem Libanon und im ganzen Bereich sei-
ner Herrschaft zu bauen wünschte. 20 Die
Reste der Amoriter, Hetiter, Perisiter, Hiwi-
ter und Jebusiter, die nicht zu den Israeliten
gehörten 21 und von denen noch Nachkom-
men im Land lebten – die Israeliten hatten
sie nicht ausrotten können –, hob Salomo als
Fronarbeiter aus und sie blieben es bis zum
heutigen Tag. 22 Von den Israeliten aber
machte Salomo niemand zum Sklaven; sie
waren seine Krieger und Beamten, seine
Obersten und Hauptleute, die Befehlshaber
über seine Wagen und deren Mannschaft.
23 Die Leitung der Arbeiten Salomos oblag
den fünfhundertfünfzig Werkführern unter
dem Befehl der Statthalter. Sie hatten die
Aufsicht über die Leute, die bei den Arbeiten
beschäftigt waren.

24 Als die Tochter des Pharao aus der Da-
vidstadt in ihr Haus hinaufgezogen war, das
Salomo für sie gebaut hatte, baute er den
Millo aus.

25 Dreimal im Jahr brachte Salomo auf
dem Altar, den er für den Herrn erbaut hatte,
Brand- und Heilsopfer dar und ließ seine
Opfergaben vor dem Herrn in Rauch aufge-
hen. Und er vollendete das Haus.

26 König Salomo baute auch eine Flotte in
Ezjon-Geber, das bei Elat an der Küste des
Schilfmeers in Edom liegt. 27 Hiram schickte
seine Leute, geübte Seefahrer, mit den Leu-
ten Salomos zu Schiff aus. 28 Sie fuhren nach
Ofir, holten von dort vierhundertzwanzig
Talente Gold und brachten es dem König
Salomo.

10–28 ‖ 2 Chr 8,1–18 • 15: 2 Sam 5,9.

Die Königin von Saba: 10,1–13

10 Die Königin von Saba hörte vom Ruf
Salomos und kam, um ihn mit Rät-
selfragen auf die Probe zu stellen. 2 Sie kam
nach Jerusalem mit sehr großem Gefolge, mit
Kamelen, die Balsam, eine gewaltige Menge
Gold und Edelsteine trugen, trat bei Salomo
ein und redete mit ihm über alles, was sie
sich vorgenommen hatte. 3 Salomo gab ihr
Antwort auf alle Fragen. Es gab nichts, was
dem König verborgen war und was er ihr
nicht hätte sagen können. 4 Als nun die Kö-
nigin von Saba die ganze Weisheit Salomos
erkannte, als sie den Palast sah, den er ge-
baut hatte, 5 die Speisen auf seiner Tafel, die
Sitzplätze seiner Beamten, das Aufwarten
der Diener und ihre Gewänder, seine Ge-
tränke und sein Opfer, das er im Haus des
Herrn darbrachte, da stockte ihr der Atem.
6 Sie sagte zum König: Was ich in meinem
Land über dich und deine Weisheit gehört
habe, ist wirklich wahr. 7 Ich wollte es nicht
glauben, bis ich nun selbst gekommen bin
und es mit eigenen Augen gesehen habe. Und
wahrlich, nicht einmal die Hälfte hat man
mir berichtet; deine Weisheit und deine
Vorzüge übertreffen alles, was ich gehört
habe. 8 Glücklich sind deine Männer, glück-
lich diese deine Diener, die allezeit vor dir

9,13 Den Namen konnte man verächtlich verstehen als »wie dürres Holz« (vgl. Jes 44,19). Kabul: östlich von Akko.

9,15 Zu Millo vgl. die Anmerkung zu 2 Sam 5,9.

9,16 Vgl. die Anmerkung zu 3,1.

9,17f Der Ausbau der Städte sicherte das Land gegen Angriffe vom Norden und von Ägypten.

9,25 Der König bestritt vielleicht nur den Aufwand für die Opfer, die von den Priestern dargebracht wurden. Die Dreizahl entsprach wohl den drei Hauptfesten (vgl. 2 Chr 8,13). – Opfergaben: Text korr.

9,28 Ofir wird in Südarabien oder an der gegenüberliegenden Küste Afrikas vermutet.

10,1 Saba: wahrscheinlich eine Landschaft im nördlichen Arabien, die auch in assyrischen Texten genannt wird. Andere denken an das berühmte Handelsvolk der Sabäer in Südarabien. – H hat den Zusatz »im Namen des Herrn«; er ist wahrscheinlich durch Verschreibung aus dem Namen Salomo entstanden.

stehen und deine Weisheit hören. 9 Gepriesen
sei Jahwe, dein Gott, der an dir Gefallen
fand und dich auf den Thron Israels setzte.
Weil Jahwe Israel ewig liebt, hat er dich zum
König bestellt, damit du Recht und Gerech-
tigkeit übst. 10 Sie gab dem König hundert-
zwanzig Talente Gold, dazu eine sehr große
Menge Balsam und Edelsteine. Niemals
mehr kam so viel Balsam in das Land, wie
die Königin von Saba dem König Salomo
schenkte.

11 Auch die Flotte Hirams, die Gold aus
Ofir holte, brachte von dort große Mengen
Almuggimholz und Edelsteine. 12 Der König
ließ aus dem Almuggimholz Schnitzarbeiten
für das Haus des Herrn und den königlichen
Palast sowie Zithern und Harfen für die Sän-
ger anfertigen. Solches Almuggimholz ist nie
wieder in das Land gekommen und bis zum
heutigen Tag nicht mehr gesehen worden.

13 König Salomo gewährte der Königin
von Saba alles, was sie wünschte und be-
gehrte. Dazu beschenkte er sie reichlich, wie
es nur der König Salomo vermochte.
Schließlich kehrte sie mit ihrem Gefolge in
ihr Land zurück.

1–13 ‖ 2 Chr 9,1–12.

Salomos Reichtum: 10,14–29

14 Das Gewicht des Goldes, das alljährlich
bei Salomo einging, betrug sechshundert-
sechsundsechzig Goldtalente. 15 Dabei sind
nicht eingerechnet die Abgaben der Kauf-
leute und die Einnahmen, die von den Händ-
lern, von allen Königen Arabiens und von
den Statthaltern des Landes kamen.

16 König Salomo ließ zweihundert Schilde
aus gehämmertem Gold herstellen; sechs-
hundert Goldschekel verwandte er für jeden
Schild. 17 Dazu machte er dreihundert klei-
nere Schilde aus gehämmertem Gold; drei
Minen Gold verwandte er für jeden. Er
brachte sie in das Libanonwaldhaus.

18 Ferner ließ der König einen großen
Thron aus Elfenbein anfertigen und mit bes-
tem Gold überziehen. 19 Sechs Stufen führ-
ten zum Thron hinauf. An seiner Rückseite
war der Kopf eines Jungstiers und zu beiden
Seiten des Sitzes befanden sich Armlehnen.
Zwei Löwen standen neben den Lehnen
20 und zwölf zu beiden Seiten der sechs Stu-
fen. Dergleichen ist noch für kein Königreich
geschaffen worden.

21 Alle Trinkgefäße des Königs Salomo
waren aus Gold; ebenso waren alle Geräte
des Libanonwaldhauses aus bestem Gold.
Silber galt in den Tagen Salomos als wertlos;
22 denn der König hatte eine Tarschischflotte
auf dem Meer, zusammen mit den Schiffen
Hirams. Einmal in drei Jahren kam die Tar-
schischflotte und brachte Gold, Silber, El-
fenbein, Affen und Perlhühner.

23 So übertraf König Salomo alle Könige
der Erde an Reichtum und Weisheit. 24 Alle
Welt begehrte ihn zu sehen und die Weisheit
zu hören, die Gott in sein Herz gelegt hatte.
25 Alle brachten ihm Jahr für Jahr ihre Ga-
ben: silberne und goldene Gefäße, Gewän-
der, Waffen, Balsam, Pferde und Maultiere.

26 Salomo beschaffte sich Wagen und Be-
satzung dazu. Er hatte vierzehnhundert Wa-
gen und zwölftausend Mann als Besatzung
und brachte sie in die Wagenstädte sowie in
die Umgebung des Königs nach Jerusalem.
27 Der König machte das Silber in Jerusalem
so häufig wie die Steine und die Zedern so
zahlreich wie die Maulbeerfeigenbäume in
der Schefela. 28 Man bezog die Pferde für Sa-
lomo aus Ägypten und Koë; die Händler des
Königs kauften sie in Koë. 29 Ein Wagen, der
aus Ägypten kam, kostete sechshundert und
ein Pferd hundertfünfzig Silberschekel.
Ebenso trieb man Handel mit allen hetiti-
schen und aramäischen Königen.

14–28 ‖ 2 Chr 9,13–28 • 26–29 ‖ 2 Chr 1,14–17.

Salomos Bundesbruch: 11,1–8

11 König Salomo liebte neben der Toch-
ter des Pharao noch viele andere aus-
ländische Frauen: Moabiterinnen, Ammoni-
terinnen, Edomiterinnen, Sidonierinnen,
Hetiterinnen. 2 Es waren Frauen aus den
Völkern, von denen der Herr den Israeliten
gesagt hatte: Ihr dürft nicht zu ihnen gehen
und sie dürfen nicht zu euch kommen; denn
sie würden euer Herz ihren Göttern zuwen-

10,11 Algummimholz oder Almuggimholz ist eine nicht näher bestimmbare wertvolle Holzart.

10,12 Die genaue Bedeutung des mit »Schnitzarbeiten« übersetzten Wortes ist unbekannt.

10,14 Das Spiel mit der Zahl sechs lässt eine sinnbildliche Bedeutung vermuten (vgl. Offb 13,18).

10,15 Die Übersetzung setzt geringfügige Korrekturen voraus.

10,16 Die Schilde dienten als Prunkstücke bei feierlichen Auftritten (vgl. 14,28).

10,19 der Kopf eines Jungstiers: Text korr. nach G; H: ein runder Kopf.

10,22 Tarschischflotte: Flotte von Schiffen, die den weiten Weg nach Tarschisch an der Küste Spaniens zurücklegen konnten.

10,26 vierzehnhundert: vgl. die Anmerkung zu 5,6.

10,28 Statt Ägypten (hebräisch Mizrajim) ist vielleicht Muzri (Königreich an der zilizischen Küste, wie Koë) zu lesen.

den. An diesen hing Salomo mit Liebe. 3 Er
hatte siebenhundert fürstliche Frauen und
dreihundert Nebenfrauen. Sie machten sein
Herz abtrünnig. 4 Als Salomo älter wurde,
verführten ihn seine Frauen zur Verehrung
anderer Götter, sodass er dem Herrn, seinem
Gott, nicht mehr ungeteilt ergeben war wie
sein Vater David. 5 Er verehrte Astarte, die
Göttin der Sidonier, und Milkom, den Göt-
zen der Ammoniter. 6 Er tat, was dem Herrn
missfiel, und war ihm nicht so vollkommen
ergeben wie sein Vater David. 7 Damals bau-
te Salomo auf dem Berg östlich von Jerusa-
lem eine Kulthöhe für Kemosch, den Götzen
der Moabiter, und für Milkom, den Götzen
der Ammoniter. 8 Dasselbe tat er für alle sei-
ne ausländischen Frauen, die ihren Göttern
Rauch- und Schlachtopfer darbrachten.

2: Ex 34,16; Dtn 7,3.

Ankündigung des Gerichts: 11,9–13

9 Der Herr aber wurde zornig über Salo-
mo, weil sich sein Herz von ihm, dem Gott
Israels, abgewandt hatte, der ihm zweimal
erschienen war 10 und ihm verboten hatte,
fremden Göttern zu dienen. Doch Salomo
hielt sich nicht an das, was der Herr von ihm
verlangt hatte. 11 Daher sprach der Herr zu
ihm: Weil es so mit dir steht, weil du meinen
Bund gebrochen und die Gebote nicht be-
folgt hast, die ich dir gegeben habe, werde
ich dir das Königreich entreißen und es dei-
nem Knecht geben. 12 Nur deines Vaters Da-
vid wegen werde ich es nicht schon zu deinen
Lebzeiten tun; erst deinem Sohn werde ich es
entreißen. 13 Doch werde ich ihm das König-
tum nicht ganz entreißen; ich lasse deinem
Sohn noch einen Stamm wegen meines
Knechtes David und wegen Jerusalem, der
Stadt, die ich erwählt habe.

9: 3,4–15; 9,1–9.

Salomos Gegner: 11,14–40

14 Der Herr ließ Salomo einen Widersacher
erstehen, den Edomiter Hadad aus der kö-
niglichen Familie von Edom. 15 Als David die
Edomiter geschlagen hatte und sein Heer-
führer Joab hinaufzog, um die Gefallenen zu
begraben, tötete er in Edom alles, was männ-
lich war. 16 Sechs Monate hielt sich Joab mit
ganz Israel in Edom auf, bis er alles, was
männlich war, ausgerottet hatte. 17 Hadad
aber konnte mit einigen Edomitern, die im
Dienst seines Vaters standen, entfliehen und
nach Ägypten entkommen. Er war noch sehr
jung. 18 Sie waren von Midian aufgebrochen
und nach Paran gelangt. Dort nahmen sie
noch andere Männer mit und kamen nach
Ägypten zum Pharao, dem König von Ägyp-
ten. Dieser gab Hadad ein Haus, sorgte für
seinen Unterhalt und schenkte ihm ein
Grundstück. 19 Hadad fand solche Gnade
beim Pharao, dass dieser ihm die Schwester
seiner Gemahlin, der Königin Tachpenes,
zur Frau gab. 20 Die Schwester der Tachpe-
nes gebar ihm den Sohn Genubat und Tach-
penes zog ihn im Haus des Pharao auf. So
lebte Genubat im Haus des Pharao unter
dessen Söhnen. 21 Als nun Hadad in Ägypten
hörte, dass David zu seinen Vätern entschla-
fen und der Heerführer Joab tot war, bat er
den Pharao: Lass mich in mein Land zurück-
kehren! 22 Der Pharao entgegnete ihm: Was
fehlt dir denn bei mir, dass du in dein Land
zurückkehren willst? Doch Hadad antworte-
te: Lass mich ziehen!

23 Gott ließ Salomo noch einen anderen
Widersacher erstehen, Reson, den Sohn Elja-
das, der vor seinem Herrn, dem König Ha-
dad-Eser von Zoba, geflohen war. 24 Als Da-
vid viele Aramäer niedermachen ließ, sam-
melte Reson Männer um sich und wurde An-
führer einer Freischar. Später zog er nach
Damaskus, ließ sich dort nieder und wurde
König in Damaskus. 25 Er war ein Widersa-
cher Israels, solange Salomo lebte, und ver-
mehrte das Unglück, das von Hadad ausging;
er hasste Israel und herrschte über Aram.
26 Auch Jerobeam, der Sohn Nebats, ein Be-
amter Salomos, erhob sich gegen den König.
Er war ein Efratiter aus Zereda; seine Mutter
hieß Zerua und war Witwe. 27 Mit der Erhe-
bung hatte es folgende Bewandtnis: Salomo
baute den Millo und schloss die Lücke in der
Stadt Davids, seines Vaters. 28 Jerobeam war
ein tüchtiger Mann, und als Salomo sah, wie
der junge Mann arbeitete, machte er ihn zum
Aufseher über alle Fronarbeiten des Hauses
Josef. 29 Als in jener Zeit Jerobeam einmal

11,3 Nachahmung der Haremsbräuche orientalischer Herrscher.

11,7 Milkom: Text korr. nach V. 5 und V. 33; H: Moloch.

11,15 geschlagen hatte: Text korr. nach G.

11,23–25 David hatte Hadad-Eser von Zoba besiegt und Damaskus unterworfen (vgl. 2 Sam 8,3–6; 10,16–19). Reson gelang es, sich in Damaskus als König zu behaupten. Das mag zu Beginn der Regierung Salomos geschehen sein.

11,26 Efratiter: Angehöriger des Stammes Efraim. – Zereda: zwischen Jafo und Schilo.

11,27f Die Erhebung Jerobeams steht in zeitlichem Zusammenhang mit dem Bau des Millo (vgl. die Anmerkung zu 2 Sam 5,9).

aus Jerusalem herauskam, begegnete ihm
auf dem Weg der Prophet Ahija aus Schilo.
Dieser war mit einem neuen Mantel beklei-
det. Während nun beide allein auf freiem
Feld waren, 30 fasste Ahija den neuen Man-
tel, den er anhatte, zerriss ihn in zwölf Stü-
cke 31 und sagte zu Jerobeam: Nimm dir zehn
Stücke; denn so spricht der Herr, der Gott Is-
raels: Ich nehme Salomo das Königtum weg
und gebe dir zehn Stämme. 32 Nur ein Stamm
soll ihm verbleiben wegen meines Knechtes
David und wegen Jerusalem, der Stadt, die
ich aus allen Stämmen Israels erwählt habe.
33 Denn er hat mich verlassen und Astarte,
die Göttin der Sidonier, Kemosch, den Gott
der Moabiter, und Milkom, den Gott der
Ammoniter, angebetet. Er ist von meinen
Wegen abgewichen und hat nicht wie sein
Vater David das getan, was mir gefällt; er
hat meine Gebote und Satzungen übertreten.
34 Doch werde ich ihm das Königtum nicht
ganz wegnehmen. Wegen meines Knechtes
David, den ich erwählt habe und der
meine Befehle und Gebote befolgt hat, lasse
ich ihm die Herrschaft, solange er lebt.
35 Erst seinem Sohn werde ich das König-
reich nehmen und dir zehn Stämme geben.
36 Seinem Sohn werde ich einen einzigen
Stamm geben, damit meinem Knecht
David für immer eine Leuchte vor mir
bleibe in Jerusalem, der Stadt, die ich er-
wählt habe, um auf sie meinen Namen zu
legen. 37 Dich aber will ich nehmen, damit du
ganz nach deinem Begehren herrschen
kannst; du sollst König von Israel sein.
38 Wenn du nun auf alles hörst, was ich dir
gebiete, auf meinen Wegen gehst und das
tust, was mir gefällt, wenn du meine Gebote
und Befehle befolgst wie mein Knecht David,
dann werde ich mit dir sein. Ich werde dir ein
Haus bauen, das Bestand hat, wie ich es für
David gebaut habe, und dir Israel überge-
ben. 39 Die Nachkommen Davids werde ich
für den Abfall bestrafen, doch nicht für alle
Zeiten. 40 Salomo suchte nun Jerobeam zu
töten. Doch dieser machte sich auf und floh
nach Ägypten zu Schischak, dem König von
Ägypten. Dort blieb er bis zum Tod Salomos.

38: 2 Sam 7,16.

Salomos Tod: 11,41–43

41 Die übrige Geschichte Salomos, alle sei-
ne Taten und die Beweise seiner Weisheit,
sind aufgezeichnet in der Chronik Salomos.
42 Die Zeit, in der Salomo in Jerusalem über
ganz Israel König war, betrug vierzig Jahre.
43 Er entschlief zu seinen Vätern und wurde
in der Stadt seines Vaters David begraben.
Sein Sohn Rehabeam wurde König an seiner
Stelle.

41–43 ‖ 2 Chr 9,29–31.

DIE GESCHICHTE DER GETRENNTEN REICHE
ERSTER TEIL: 12,1 – 22,54

Der Abfall der zehn Nordstämme: 12,1–19

12 Rehabeam begab sich nach Sichem;
denn dorthin war ganz Israel gekom-
men, um ihn zum König zu machen. 2 Jerobe-
am, der Sohn Nebats, hörte davon, während
er noch in Ägypten war, wohin er vor dem
König Salomo hatte fliehen müssen; er
kehrte jetzt aus Ägypten zurück. 3 Man
sandte zu ihm und ließ ihn rufen. So kamen
also Jerobeam und die ganze Versammlung
Israels (nach Sichem) und sie sagten zu Re-
habeam: 4 Dein Vater hat uns ein hartes Joch
auferlegt. Erleichtere du jetzt den harten
Dienst deines Vaters und das schwere Joch,
das er uns auferlegt hat. Dann wollen wir dir
dienen. 5 Er antwortete ihnen: Geht weg und
kommt nach drei Tagen wieder zu mir! Als
sich das Volk entfernt hatte, 6 beriet sich Kö-
nig Rehabeam mit den älteren Männern, die
zu Lebzeiten seines Vaters Salomo in dessen
Dienst gestanden hatten. Er fragte sie: Wel-
chen Rat gebt ihr mir? Was soll ich diesem
Volk antworten? 7 Sie sagten zu ihm: Wenn
du dich heute zum Diener dieses Volkes
machst, ihnen zu Willen bist, auf sie hörst
und freundlich mit ihnen redest, dann wer-

11,31f Der eine Stamm, der dem Sohn Salomos verbleiben soll, ist Juda. Dass Jerobeam nur zehn statt der erwarteten elf Stämme erhält, erklärt sich aus dem Fehlen Levis, der kein Stammesgebiet besaß. Da auch Simeon nicht mehr als eigener Stamm vorhanden war, sind Efraim und Manasse, die Josefstämme, getrennt mitgezählt.

11,40 Schischak hatte 945 v. Chr. die 21. Dynastie, die mit Salomo verschwägert war, gestürzt.

12,1 Mit »Israel« ist in den Königsbüchern bald das ungeteilte Volk, bald nur die Nordstämme, bald das nach dem Tod Salomos entstandene Nordreich gemeint.

12,2 kehrte . . . zurück: Text korr. nach 2 Chr 10,2; H: blieb in Ägypten.

den sie immer deine Diener sein. 8 Doch er
verwarf den Rat, den die Älteren ihm gege-
ben hatten, und beriet sich mit den jungen
Leuten, die mit ihm groß geworden waren
und jetzt in seinem Dienst standen. 9 Er frag-
te sie: Welchen Rat gebt ihr mir? Was sollen
wir diesem Volk antworten, das zu mir sagt:
Erleichtere das Joch, das dein Vater uns auf-
erlegt hat? 10 Die jungen Leute, die mit ihm
groß geworden waren, sagten zu ihm: So
sollst du diesem Volk antworten, das zu dir
sagt: Dein Vater hat uns ein schweres Joch
auferlegt; erleichtere es uns! So sollst du zu
ihnen sagen: Mein kleiner Finger ist stärker
als die Lenden meines Vaters. 11 Hat mein
Vater euch ein schweres Joch aufgebürdet,
so werde ich es noch schwerer machen. Mein
Vater hat euch mit Peitschen gezüchtigt, ich
werde euch mit Skorpionen züchtigen.

12 Am dritten Tag kamen Jerobeam und
das ganze Volk zu Rehabeam; denn der Kö-
nig hatte ihnen gesagt: Kommt am dritten
Tag wieder zu mir! 13 Der König gab nun
dem Volk eine harte Antwort. Er verwarf
den Rat, den die Älteren ihm erteilt hatten,
14 und antwortete ihnen nach dem Rat der
jungen Leute: Mein Vater hat euer Joch
schwer gemacht. Ich werde es noch schwerer
machen. Mein Vater hat euch mit Peitschen
gezüchtigt, ich werde euch mit Skorpionen
züchtigen. 15 Der König hörte also nicht auf
das Volk; denn der Herr hatte es so be-
stimmt, um das Wort wahr zu machen, das er
durch Ahija von Schilo zu Jerobeam, dem
Sohn Nebats, gesprochen hatte.

16 Als die Israeliten sahen, dass der König
nicht auf sie hörte, gaben sie ihm zur Ant-
wort:

Welchen Anteil haben wir an David? / Wir
haben keinen Erbbesitz beim Sohn Isais. / In
deine Zelte, Israel! / Nun kümmere dich um
dein Haus, David!

So begab sich Israel zu seinen Zelten.
17 Nur über die Israeliten, die in den Städten
Judas wohnten, blieb Rehabeam König.
18 Und als er den Fronaufseher Adoniram
hinschickte, steinigte ihn ganz Israel zu
Tode. Dem König Rehabeam gelang es, den
Wagen zu besteigen und nach Jerusalem zu
entkommen. 19 So fiel Israel vom Haus David
ab und ist abtrünnig bis zum heutigen Tag.

1–19 ‖ 2 Chr 10,1–19 • 15: 11,29–39 • 16: 2 Sam 20,1.

Jerobeam I. von Israel: 12,20–25

20 Als die Israeliten erfuhren, dass Jero-
beam zurückgekehrt war, ließen sie ihn zur
Versammlung rufen und machten ihn zum
König über ganz Israel. Der Stamm Juda al-
lein hielt noch zum Haus David.

21 Rehabeam kam nach Jerusalem und ver-
sammelte das ganze Haus Juda und den
Stamm Benjamin, hundertachtzigtausend
auserlesene Krieger, um gegen das Haus Is-
rael zu kämpfen und das Königtum für Re-
habeam, den Sohn Salomos, zurückzugewin-
nen. 22 Doch das Wort Gottes erging an Sche-
maja, den Mann Gottes: 23 Sag zu Rehabeam,
dem Sohn Salomos, dem König von Juda,
und zum ganzen Haus Juda und Benjamin
und zum übrigen Volk: 24 So spricht der
Herr: Zieht nicht in den Krieg gegen eure
Brüder, die Israeliten! Jeder kehre in sein
Haus zurück; denn ich habe es so verfügt. Sie
hörten auf das Wort des Herrn und kehrten
heim, wie der Herr es befohlen hatte.

25 Jerobeam baute Sichem im Gebirge
Efraim aus und ließ sich dort nieder. Von
Sichem zog er nach Penuël und baute auch
diese Stadt aus.

21–24 ‖ 2 Chr 11,1–5.

Die religiöse Trennung: 12,26–33

26 Jerobeam dachte bei sich: Das Königtum
könnte wieder an das Haus David fallen.
27 Wenn dieses Volk hinaufgeht, um im Haus
des Herrn in Jerusalem Opfer darzubringen,
wird sich sein Herz wieder seinem Herrn,
dem König Rehabeam von Juda, zuwenden.
Mich werden sie töten und zu Rehabeam,
dem König von Juda, zurückkehren. 28 So
ging er mit sich zu Rate, ließ zwei goldene
Kälber anfertigen und sagte zum Volk: Ihr
seid schon zu viel nach Jerusalem hinaufge-
zogen. Hier ist dein Gott, Israel, der dich aus
Ägypten heraufgeführt hat. 29 Er stellte das
eine Kalb in Bet-El auf, das andere brachte
er nach Dan. 30 Dies wurde Anlass zur Sün-
de. Das Volk zog sogar bis nach Dan, vor das
eine Kalb. 31 Auch errichtete er Kulthöhen
und setzte Priester ein, die aus allen Teilen
des Volkes stammten und nicht zu den Söh-
nen Levis gehörten. 32 Für den fünfzehnten
Tag des achten Monats stiftete Jerobeam ein
Fest, das dem Fest in Juda entsprach. Er

12,11 »Skorpione« sind hier Geißeln mit Knoten und Stacheln.
12,17 Israeliten, die in den Städten Judas wohnten: Angehörige der Nordstämme, die sich in Juda niedergelassen hatten.
12,25 Sichem blieb nur kurze Zeit Hauptstadt des Nordreichs. – Penuël lag im Ostjordanland am Mittellauf des Jabbok.
12,28 zum Volk: Text korr. nach G; H: zu ihnen.
12,30 vor das eine Kalb: H unklar.
12,32 Das Fest entsprach dem Laubhüttenfest.

stieg in Bet-El zum Altar hinauf, um den
Kälbern zu opfern, die er hatte anfertigen
lassen. In Bet-El ließ er auch die Priester, die
er für die Kulthöhen bestellt hatte, Dienst
tun. 33 Am fünfzehnten Tag des achten Mo-
nats stieg er zum Altar hinauf, den er in Bet-
El errichtet hatte. Er hatte sich diesen Monat
eigens ausgedacht und diesen Tag zu einem
Fest für die Israeliten bestimmt. An ihm
stieg er zum Altar hinauf, um zu opfern.

28: Ex 32,4.

Der ungehorsame Gottesmann: 13,1–34

13 Während Jerobeam am Altar stand,
um zu opfern, kam ein Gottesmann
aus Juda im Auftrag des Herrn nach Bet-El.
2 Er rief im Auftrag des Herrn gegen den Al-
tar: Altar, Altar! So spricht der Herr: Dem
Haus David wird ein Sohn geboren mit Na-
men Joschija. Dieser wird auf dir die Höhen-
priester hinschlachten, die auf dir opfern,
und die Gebeine von Menschen wird man auf
dir verbrennen. 3 Er gab an jenem Tag auch
ein Zeichen und sprach: Das ist das Zeichen
dafür, dass der Herr gesprochen hat: Der Al-
tar wird zerbersten und die Asche auf ihm
wird zerstreut werden. 4 Als der König die
Worte hörte, die der Gottesmann gegen den
Altar in Bet-El ausrief, streckte er am Altar
seine Hand aus und befahl: Nehmt ihn fest!
Doch die Hand, die er gegen ihn ausgestreckt
hatte, erstarrte; er konnte sie nicht mehr zu-
rückziehen. 5 Der Altar aber zerbarst und die
Asche auf ihm wurde zerstreut, wie es der
Gottesmann im Auftrag des Herrn als Zei-
chen verkündet hatte. 6 Nun ergriff der Kö-
nig das Wort und sagte zu dem Gottesmann:
Besänftige doch den Herrn, deinen Gott, und
bete für mich, dass ich meine Hand wieder
an mich ziehen kann. Da besänftigte der
Gottesmann den Herrn und der König konn-
te seine Hand wieder an sich ziehen; sie war
wie zuvor. 7 Darauf sagte der König zum
Gottesmann: Komm in mein Haus und stärke
dich! Auch möchte ich dir ein Geschenk ge-
ben. 8 Der Gottesmann aber erwiderte dem
König: Ich werde nicht mit dir gehen, auch
wenn du mir die Hälfte deines Hauses gibst.
Ich werde an diesem Ort weder essen noch
trinken. 9 Denn so wurde mir durch das Wort
des Herrn befohlen: Du darfst dort weder
essen noch trinken; und auf dem Weg,
den du gekommen bist, darfst du nicht zu-
rückkehren. 10 Daher schlug er einen ande-
ren Weg ein und kehrte nicht auf dem Weg
zurück, auf dem er nach Bet-El gekommen
war.

11 In Bet-El aber wohnte ein alter Prophet.
Als dessen Söhne heimkamen, erzählten sie
ihm alles, was der Gottesmann an diesem
Tag in Bet-El getan und was er zum König
gesagt hatte. 12 Darauf fragte sie der Vater:
Auf welchem Weg ist er fortgezogen? Die
Söhne hatten gesehen, welchen Weg der Got-
tesmann, der aus Juda gekommen war, ein-
geschlagen hatte. 13 Da befahl er ihnen: Sat-
telt mir den Esel! Sie taten es und er stieg
auf, 14 ritt dem Gottesmann nach und traf
ihn unter einer Eiche sitzend an. Er fragte
ihn: Bist du der Gottesmann, der aus Juda
gekommen ist? Jener antwortete: Ich bin es.
15 Da bat er ihn: Komm in mein Haus und iss
Brot mit mir! 16 Doch jener entgegnete: Ich
kann nicht mit dir zurückkehren und werde
an diesem Ort mit dir weder essen noch trin-
ken. 17 Denn im Auftrag des Herrn ist das
Wort an mich ergangen: Du darfst dort we-
der essen noch trinken und auf dem Weg, den
du gekommen bist, darfst du nicht zurück-
kehren. 18 Der andere aber sagte: Auch ich
bin ein Prophet wie du und ein Engel hat mir
im Auftrag des Herrn befohlen: Hol ihn zu-
rück! Er soll in dein Haus kommen, um zu
essen und zu trinken. So belog er ihn. 19 Nun
kehrte er um und aß und trank im Haus des
Propheten.

20 Während sie bei Tisch saßen, erging das
Wort des Herrn an den Propheten, der ihn
zurückgeholt hatte, 21 und er rief es dem Got-
tesmann aus Juda zu: So spricht der Herr:
Weil du gegen den Befehl des Herrn gehan-
delt und das Verbot übertreten hast, das dir
der Herr, dein Gott, auferlegt hat, 22 weil du
zurückgekehrt bist und an dem Ort gegessen
und getrunken hast, an dem zu essen und zu
trinken er dir verboten hatte, darum soll dei-
ne Leiche nicht in das Grab deiner Väter
kommen. 23 Nachdem der Gottesmann geges-
sen und getrunken hatte, sattelte der Pro-
phet, der ihn zurückgeholt hatte, für ihn den

13,2 Über die Erfüllung der Weissagung berichtet 2 Kön 23,15–18. Der Name Joschija wurde erst aufgrund des Geschehenen eingefügt. – Die Totengebeine bewirkten die größte Verunreinigung des Altars.

13,8 Der Gottesmann sollte durch sein Verhalten ausdrücken, dass zwischen Gott und dem Nordreich keine Verbindung besteht.

13,11 Söhne: H hat Einzahl.

13,23 H wörtlich: sattelte er ihm, dem Propheten, den er zurückgeholt hatte, den Esel.

13,24 Der Auftrag Gottes ist für den Gottesmann ein Schicksal, dem er sich nicht entziehen kann. Weil er sich weigerte, das Fehlen jeglicher Gemeinschaft zwischen Gott und dem Nordreich darzustellen, muss er es in seinem Tod zum Ausdruck brin-

Esel. 24 Er zog fort; doch unterwegs fiel ihn ein Löwe an und tötete ihn. Seine Leiche lag hingestreckt am Weg und der Esel stand neben ihr. Auch der Löwe blieb neben der Leiche stehen. 25 Die Leute, die vorübergingen, sahen die Leiche am Weg liegen und den Löwen neben ihr stehen. Sie kamen und erzählten es in der Stadt, in der der alte Prophet wohnte. 26 Als der Prophet, der ihn vom Weg zurückgeholt hatte, davon hörte, sagte er: Das ist der Gottesmann, der gegen den Befehl des Herrn gehandelt hat. Darum hat ihn der Herr dem Löwen preisgegeben und dieser hat ihn zerrissen und getötet, wie es der Herr ihm angekündigt hatte. 27 Dann befahl er seinen Söhnen: Sattelt mir den Esel! Sie taten es 28 und er machte sich auf und fand die Leiche am Weg hingestreckt; der Esel und der Löwe standen neben ihr. Der Löwe hatte die Leiche nicht gefressen und den Esel nicht zerrissen. 29 Der Prophet hob nun die Leiche auf, legte sie auf den Esel und kam mit ihr in die Stadt zurück, um dem Gottesmann die Totenklage zu halten und ihn zu begraben. 30 Er bestattete ihn in seinem eigenen Grab und man klagte um ihn: Ach, mein Bruder! 31 Nachdem er ihn begraben hatte, sagte er zu seinen Söhnen: Wenn ich gestorben bin, bringt mich in das Grab, in dem der Gottesmann beigesetzt ist, und legt meine Gebeine neben die seinen! 32 Denn das Wort, das er im Auftrag des Herrn gegen den Altar in Bet-El und gegen alle Höhentempel in den Städten Samariens gesprochen hat, wird in Erfüllung gehen.

33 Jerobeam kehrte auch nach diesem Ereignis von seinem bösen Weg nicht um. Er bestellte weiterhin aus allen Teilen des Volkes Priester für die Kulthöhen; jeden, der es wünschte, setzte er als Höhenpriester ein. 34 Das aber wurde dem Haus Jerobeam als Sünde angerechnet, sodass es vernichtet und vom Erdboden vertilgt wurde.

Das kranke Kind Jerobeams: 14,1–18

14 In jener Zeit erkrankte Jerobeams Sohn Abija. 2 Jerobeam befahl daher seiner Frau: Mach dich auf, verkleide dich, damit man nicht erkennt, dass du Jerobeams Frau bist, und geh nach Schilo! Dort wohnt der Prophet Ahija, der mir verkündet hat, dass ich König dieses Volkes sein werde. 3 Nimm zehn Brote, Kuchen und einen Krug Honig mit und geh zu ihm! Er wird dir sagen, was mit dem Kind geschehen wird. 4 Die Frau Jerobeams tat so; sie machte sich auf, ging nach Schilo und kam in das Haus Ahijas. Dieser aber konnte nicht mehr sehen; denn seine Augen waren im Alter starr geworden. 5 Doch der Herr hatte ihm gesagt: Die Frau Jerobeams kommt, um von dir Auskunft über ihren kranken Sohn zu erhalten. Das und das sollst du zu ihr sagen. Wenn sie kommt, wird sie sich verstellen. 6 Sobald sie sich nun der Türe näherte und Ahija das Geräusch ihrer Schritte hörte, rief er: Komm herein, Frau Jerobeams! Warum verstellst du dich? Ich habe dir eine harte Botschaft zu verkünden. 7 Geh heim und sag zu Jerobeam: So spricht der Herr, der Gott Israels: Ich habe dich mitten aus dem Volk emporgehoben und zum Fürsten meines Volkes Israel gemacht. 8 Ich habe das Königtum dem Haus David entrissen und dir gegeben. Du aber bist nicht wie mein Knecht David gewesen, der meine Gebote hielt, mir mit ganzem Herzen folgte und nur das tat, was mir gefällt. 9 Du hast es schlimmer getrieben als alle, die vor dir waren, du bist hingegangen, hast dir andere Götter und Gussbilder gemacht und mich dadurch erzürnt. Mir hast du den Rücken gekehrt. 10 Darum bringe ich Unglück über das Haus Jerobeam und rotte von ihm alles, was männlich ist, bis zum letzten Mann in Israel aus. Ich fege das Haus Jerobeam hinweg, wie man Kot hinwegfegt, bis nichts mehr vorhanden ist. 11 Wer vom Haus Jerobeam in der Stadt stirbt, den werden die Hunde fressen; und wer auf dem freien Feld stirbt, den werden die Vögel des Himmels fressen. Ja, der Herr hat gesprochen. 12 Du aber mach dich auf und geh in dein Haus! Sobald deine Füße die Stadt betreten, wird der Knabe sterben. 13 Ganz Israel wird ihm die Totenklage halten und ihn begraben; denn er allein wird vom Haus Jerobeam ein Grab erhalten, weil im Haus Jerobeam nur an ihm sich etwas fand, was dem Herrn, dem Gott Israels, gefiel. 14 Der Herr aber wird sich einen König von Israel bestellen, der das Haus Jerobeam ausrottet ... 15 Der Herr wird Israel schlagen, dass es schwankt wie das Rohr im Wasser, und er wird Israel aus diesem guten Land, das er den Vätern gegeben hat, ausreißen und es jenseits des Stromes zerstreuen, weil sie sich Kultpfähle gemacht und ihn dadurch erzürnt haben. 16 Er wird Israel preisgeben wegen der Sünden, die Jerobeam begangen und zu denen er

---

gen, indem er von der Grabesgemeinschaft mit seinen Verwandten ausgeschlossen wird.

14,14 H unverständlich.
14,15 dass es schwankt: sinngemäß ergänzt.

Israel verführt hat. 17 Da stand die Frau Je-
robeams auf und ging. Als sie nach Tirza
kam und über die Schwelle des Hauses trat,
starb der Knabe. 18 Ganz Israel begrub ihn
und hielt ihm die Totenklage, wie der Herr
durch seinen Knecht, den Propheten Ahija,
vorausgesagt hatte.

2: 11,29–39 • 10: 16,4; 21,21–24; 2 Kön 9,8.

Jerobeams Tod: 14,19–20

19 Die übrige Geschichte Jerobeams, wel-
che Kriege er führte und wie er regierte, ist
aufgezeichnet in der Chronik der Könige von
Israel. 20 Die Regierungszeit Jerobeams be-
trug zweiundzwanzig Jahre. Er entschlief zu
seinen Vätern und sein Sohn Nadab wurde
König an seiner Stelle.

Rehabeam von Juda: 14,21–31

21 Rehabeam, der Sohn Salomos, war Kö-
nig in Juda. Er war einundvierzig Jahre alt,
als er König wurde, und regierte siebzehn
Jahre in Jerusalem, der Stadt, die der Herr
aus allen Stämmen Israels erwählt hatte, um
seinen Namen auf sie zu legen. Seine Mutter
hieß Naama und war eine Ammoniterin.
22 Juda aber tat, was dem Herrn missfiel. Die
Sünden, die sie begingen, reizten ihn mehr
als alles, was ihre Väter getan hatten.
23 Denn auch sie errichteten Kulthöhen,
Steinmale und Kultpfähle auf allen hohen
Hügeln und unter jedem üppigen Baum.
24 Sogar Hierodulen gab es im Land. Die Is-
raeliten ahmten alle Gräuel der Völker nach,
die der Herr vor ihnen vertrieben hatte.
25 Im fünften Jahr des Königs Rehabeam
zog Schischak, der König von Ägypten, ge-
gen Jerusalem. 26 Er raubte die Schätze des
Tempels und die Schätze des königlichen Pa-
lastes und nahm alles weg, auch alle golde-
nen Schilde, die Salomo hatte anfertigen las-
sen. 27 An deren Stelle ließ König Rehabeam
bronzene anfertigen und übergab sie den Be-
fehlshabern der Läufer, die den Eingang
zum Haus des Königs bewachten. 28 Sooft
nun der König in das Haus des Herrn ging,
trugen die Läufer die Schilde und brachten
sie dann wieder in ihre Wachstube zurück.
29 Die übrige Geschichte Rehabeams und
alle seine Taten sind aufgezeichnet in der
Chronik der Könige von Juda. 30 Es war aber
dauernd Krieg zwischen Rehabeam und Je-
robeam. 31 Rehabeam entschlief zu seinen
Vätern und wurde bei seinen Vätern in der
Davidstadt begraben. Seine Mutter hieß
Naama und war eine Ammoniterin. Sein
Sohn Abija wurde König an seiner Stelle.

21–31 ‖ 2 Chr 12,9–16.

Abija von Juda: 15,1–8

15 Im achtzehnten Jahr des Königs Je-
robeam, des Sohnes Nebats, wurde
Abija König von Juda. 2 Er regierte drei
Jahre in Jerusalem. Seine Mutter hieß Maa-
cha und war eine Enkelin Abschaloms. 3 Er
verfiel allen Sünden, die sein Vater vor ihm
begangen hatte, und sein Herz war nicht
ungeteilt beim Herrn, seinem Gott, wie das
Herz seines Vaters David. 4 Nur Davids we-
gen ließ ihm der Herr, sein Gott, eine Leuch-
te in Jerusalem, indem er seinen Sohn als
Nachfolger einsetzte und Jerusalem beste-
hen ließ. 5 Denn David hatte getan, was dem
Herrn gefiel. Er war sein Leben lang von
keinem Gebot abgewichen, außer in der
Sache Urijas, des Hetiters. 6 Es war aber
Krieg zwischen Rehabeam und Jerobeam,
solange er lebte.
7 Die übrige Geschichte Abijas und alle
seine Taten sind aufgezeichnet in der Chro-
nik der Könige von Juda. Zwischen Abija
und Jerobeam herrschte Krieg. 8 Abija ent-
schlief zu seinen Vätern; man begrub ihn in
der Davidstadt. Sein Sohn Asa wurde König
an seiner Stelle.

1–8 ‖ 2 Chr 13,1–2.22–23 • 5: 2 Sam 11,2–25.

Asa von Juda: 15,9–24

9 Im zwanzigsten Jahr Jerobeams, des Kö-
nigs von Israel, wurde Asa König von Juda.
10 Er regierte einundvierzig Jahre in Jerusa-

14,17 Tirza, nördlich von Sichem, blieb bis Omri (885–874 v. Chr.) Hauptstadt des Nordreichs (vgl. die Anmerkung zu 16,24).

14,23 Pfähle aus Holz standen als Sinnbilder der Göttin Aschera oder Astarte neben oder auf den Altären. Steinmale, sog. Mazzeben, wurden zur Erinnerung an Personen (Gen 35,20) oder besondere Erlebnisse (Gen 28,18; 35,14) errichtet und waren in diesem Fall auch für den frommen Israeliten unbedenklich. Dagegen erscheinen sie zusammen mit heiligen Pfählen in heidnischen Kulten als Symbole des Baal. – Üppige Bäume konnten im wasserarmen Palästina leicht als Offenbarungsstätte einer Fruchtbarkeitsgottheit gedeutet werden.

14,24 Die in der Umwelt Israels geübte kultische Unzucht im Dienst heidnischer Götter war nach Dtn 23,18 verboten und wurde von den Propheten bekämpft (vgl. Jer 3,2; Hos 4,14).

14,27 Die »Läufer« waren ursprünglich die Begleiter des Königs; später dienten sie als Palastwache.

15,2 Nach 2 Chr 13,2 war seine Mutter Michaja, die Tochter Uriëls, aus Gibea.

15,6 Der Vers wiederholt 14,30.

lem. Seine Großmutter hieß Maacha und war
eine Enkelin Abschaloms. 11 Asa tat, was
dem Herrn gefiel, wie sein Vater David. 12 Er
entfernte die Hierodulen aus dem Land und
beseitigte alle Götzenbilder, die seine Väter
gemacht hatten. 13 Auch seine Großmutter
Maacha enthob er ihrer Stellung als Herrin,
weil sie der Aschera ein Schandbild errichtet
hatte. Er ließ ihr Schandbild umhauen und
im Kidrontal verbrennen. 14 Nur die Kulthö-
hen verschwanden nicht. Doch das Herz
Asas war ungeteilt beim Herrn, solange er
lebte. 15 Er brachte auch die Weihegaben sei-
nes Vaters und seine eigenen Weihegaben in
das Haus des Herrn: Silber, Gold und allerlei
Geräte.
16 Zwischen Asa und Bascha, dem König
von Israel, herrschte Krieg, solange sie leb-
ten. 17 Bascha, der König von Israel, zog ge-
gen Juda und baute Rama aus, um Asa, den
König von Juda, daran zu hindern, in den
Krieg zu ziehen. 18 Da nahm Asa alles Silber
und Gold, das in den Schatzkammern des
Tempels noch vorhanden war, dazu alle
Schätze des königlichen Palastes, und ließ
sie durch seine Abgesandten zu Ben-Hadad
bringen, dem Sohn Tabrimmons und Enkel
Hesjons, dem König von Aram, der in Da-
maskus seinen Sitz hatte. Dabei ließ er ihm
sagen: 19 Zwischen mir und dir, zwischen
meinem Vater und deinem Vater, soll ein
Bündnis sein. Ich schicke dir Silber und
Gold als Geschenk. Löse also dein Bündnis
mit Bascha, dem König von Israel, damit er
von mir abzieht. 20 Ben-Hadad hörte auf Kö-
nig Asa. Er sandte seine Heerführer gegen
die Städte Israels und verwüstete Ijon, Dan,
Abel-Bet-Maacha, ganz Kinneret sowie das
ganze Land Naftali. 21 Als Bascha dies er-
fuhr, hörte er auf, Rama auszubauen, und
zog sich nach Tirza zurück. 22 König Asa
aber bot ganz Juda bis zum letzten Mann auf
und ließ die Steine und Balken wegnehmen,
mit denen Bascha Rama ausgebaut hatte.
Mit ihnen baute König Asa Geba in Benja-
min und Mizpa aus.
23 Die ganze übrige Geschichte Asas, alle
seine Erfolge und Taten sowie die Städte, die
er baute, sind aufgezeichnet in der Chronik
der Könige von Juda. In seinem Alter er-
krankte er an den Füßen. 24 Asa entschlief zu
seinen Vätern und wurde bei seinen Vätern
in der Stadt seines Vaters David begraben.
Sein Sohn Joschafat wurde König an seiner
Stelle.

9–12 ‖ 2 Chr 14,1–4 • 13–15 ‖ 2 Chr 15,16–18 • 16–22 ‖ 2 Chr 16,1–6.

Nadab von Israel: 15,25–32

25 Nadab, der Sohn Jerobeams, wurde Kö-
nig von Israel im zweiten Jahr des Königs
Asa von Juda. Er regierte zwei Jahre über Is-
rael 26 und tat, was dem Herrn missfiel. Er
folgte den Wegen seines Vaters und hielt an
der Sünde fest, zu der dieser Israel verführt
hatte. 27 Bascha, der Sohn Ahijas, aus dem
Stamm Issachar, zettelte eine Verschwörung
gegen ihn an und erschlug ihn bei Gibbeton,
das den Philistern gehörte. Nadab belagerte
nämlich damals Gibbeton mit ganz Israel.
28 Im dritten Jahr des Königs Asa von Juda
tötete ihn Bascha und wurde König an seiner
Stelle. 29 Als er aber König geworden war,
beseitigte er das ganze Haus Jerobeam. Er
ließ keinen am Leben, sondern rottete es völ-
lig aus, wie der Herr durch seinen Knecht
Ahija von Schilo vorausgesagt hatte. 30 Das
geschah wegen der Sünden, die Jerobeam
begangen und zu denen er Israel verführt
hatte, und wegen des Ärgers, den er dem
Herrn, dem Gott Israels, bereitet hatte.
31 Die übrige Geschichte Nadabs und alle
seine Taten sind aufgezeichnet in der Chro-
nik der Könige von Israel. 32 Zwischen Asa
und Bascha, dem König von Israel, herrschte
Krieg, solange sie lebten.

29: 14,10f.

Bascha von Israel: 15,33 – 16,7

33 Im dritten Jahr des Königs Asa von Juda
wurde Bascha, der Sohn Ahijas, König über
ganz Israel. Er regierte in Tirza vierund-
zwanzig Jahre 34 und tat, was dem Herrn
missfiel. Er folgte den Wegen Jerobeams und
hielt an der Sünde fest, zu der dieser Israel
verführt hatte.

16 Da erging das Wort des Herrn an
Jehu, den Sohn Hananis, gegen Ba-
scha: 2 Ich habe dich aus dem Staub empor-
gehoben und zum Fürsten meines Volkes Is-
rael gemacht. Du aber bist den Wegen Jero-
beams gefolgt und hast mein Volk Israel zur
Sünde verleitet, sodass sie mich durch ihre

15,13 Zur Stellung der Königin-Mutter vgl. die Anmerkung zu 2,19f.
15,15 seine eigenen Weihegaben: Text korr. nach G und 2 Chr 15,18.
15,17 Rama: nördlich von Jerusalem. Der Besitz der Stadt gab Bascha die Möglichkeit, den Truppen von Juda den Weg zu ihren nördlichen Grenzorten zu versperren.
15,20 Die Städte liegen westlich des Oberlaufs des Jordan.
15,21 zog sich zurück: Text korr. nach G und Vg.

Sünden erzürnten. 3 Darum werde ich Ba-
scha und sein Haus wegfegen und sein Haus
dem Haus Jerobeams, des Sohnes Nebats,
gleichmachen. 4 Wer vom Haus Bascha in der
Stadt stirbt, den werden die Hunde fressen;
und wer auf dem freien Feld stirbt, den wer-
den die Vögel des Himmels fressen.

5 Die übrige Geschichte Baschas, seine Ta-
ten und Erfolge, sind aufgezeichnet in der
Chronik der Könige von Israel. 6 Bascha ent-
schlief zu seinen Vätern und wurde in Tirza
begraben. Sein Sohn Ela wurde König an
seiner Stelle. 7 Das Wort des Herrn war
durch den Propheten Jehu, den Sohn Hana-
nis, an Bascha und sein Haus ergangen, weil
er tat, was dem Herrn missfiel, weil er ihn
durch das Werk seiner Hände erzürnte und
es dem Haus Jerobeam gleichtat, aber auch
weil er dieses ausgerottet hatte.

16,4: 14,10f; 21,21–24; 2 Kön 9,8.

Ela von Israel: 16,8–14

8 Im sechsundzwanzigsten Jahr des Königs
Asa von Juda wurde Ela, der Sohn Baschas,
König von Israel. Er regierte in Tirza zwei
Jahre. 9 Gegen ihn zettelte sein Knecht Sim-
ri, der Befehlshaber der einen Hälfte der
Kriegswagen, eine Verschwörung an. Ela
war in Tirza und hatte sich im Haus Arzas,
des Palastvorstehers in Tirza, völlig betrun-
ken. 10 Simri drang ein und erschlug ihn im
siebenundzwanzigsten Jahr des Königs Asa
von Juda und wurde König an seiner Stelle.
11 Als er aber König geworden war und den
Thron bestiegen hatte, beseitigte er das gan-
ze Haus Bascha. Er ließ nichts am Leben,
was männlich war, keinen Verwandten und
keinen Freund. 12 So rottete Simri das ganze
Haus Bascha aus, wie es der Herr durch den
Propheten Jehu über Bascha vorausgesagt
hatte. 13 Dies geschah wegen aller Sünden,
die Bascha und sein Sohn Ela begangen und
zu denen sie Israel verführt hatten. Durch
ihre Götzen erzürnten sie den Herrn, den
Gott Israels.

14 Die übrige Geschichte Elas und alle
seine Taten sind aufgezeichnet in der Chro-
nik der Könige von Israel.

Simri von Israel: 16,15–20

15 Im siebenundzwanzigsten Jahr des Kö-
nigs Asa von Juda war Simri sieben Tage
König in Tirza. Das Volk belagerte damals
Gibbeton, das den Philistern gehörte. 16 Als
das Kriegsvolk während der Belagerung hör-
te, dass Simri eine Verschwörung angezettelt
und den König erschlagen hatte, rief ganz
Israel Omri, den Befehlshaber des Heeres,
noch am gleichen Tag im Lager zum König
von Israel aus. 17 Omri zog nun mit ganz Isra-
el von Gibbeton hinauf und schloss Tirza ein.
18 Als Simri sah, dass die Stadt genommen
war, zog er sich in den Wohnturm des könig-
lichen Palastes zurück, steckte den Palast
über sich in Brand und fand den Tod. 19 Dies
traf ihn zur Strafe für die Sünden, die er be-
gangen hatte; denn er hatte getan, was dem
Herrn missfiel. Er war den Wegen Jerobeams
gefolgt und hatte an der Sünde festgehalten,
die dieser begangen und zu der er Israel ver-
führt hatte.

20 Die übrige Geschichte Simris und die
Verschwörung, die er angezettelt hat, sind
aufgezeichnet in der Chronik der Könige von
Israel.

15: 15,27.

Omri von Israel: 16,21–28

21 Damals spaltete sich das Volk Israel in
zwei Parteien. Die eine Hälfte des Volkes
stand hinter Tibni, dem Sohn Ginats, und
machte ihn zum König; die andere Hälfte
schloss sich Omri an. 22 Doch die Anhänger
Omris waren stärker als die Gefolgschaft
Tibnis, des Sohnes Ginats, und als Tibni
starb, wurde Omri König.

23 Im einunddreißigsten Jahr des Königs
Asa von Juda wurde Omri König von Israel.
Er regierte zwölf Jahre, davon sechs in Tirza.
24 Dann kaufte er von Schemer für zwei Ta-
lente Silber den Berg Samaria, errichtete
Bauten auf ihm und nannte die Stadt, die er
baute, Samaria, nach dem Namen Schemers,
des Besitzers des Berges. 25 Omri tat, was
dem Herrn missfiel, und trieb es noch
schlimmer als alle seine Vorgänger. 26 Er
folgte ganz den Wegen Jerobeams, des Soh-
nes Nebats, und hielt an der Sünde fest, zu
der dieser die Israeliten verführt hatte, so-
dass sie den Herrn, den Gott Israels, durch
ihre Götzen erzürnten.

27 Die übrige Geschichte Omris, seine Ta-
ten und die Erfolge, die er errang, sind auf-
gezeichnet in der Chronik der Könige von

16,24 Das wichtigste Ereignis in der Geschichte Omris ist die Gründung einer neuen Hauptstadt Samaria. Die Palastanlagen Omris (Umrisse sind zum Teil noch erkennbar) wurden erst unter Ahab zu Ende geführt. Schemer war vielleicht der Name des Berges und des Familienverbands, dem er gehörte. Nach ihm erhielt die Stadt den Namen Schomron, griechisch Samaria.

16,27 Von der Bedeutung und dem Ansehen Omris zeugt die Bezeichnung »Haus Omri« für das Nordreich in assyrischen Inschriften.

Israel. 28 Omri entschlief zu seinen Vätern
und wurde in Samaria begraben. Sein Sohn
Ahab wurde König an seiner Stelle.

Ahab von Israel: 16,29–34

29 Ahab, der Sohn Omris, wurde König von
Israel im achtunddreißigsten Jahr des Kö-
nigs Asa von Juda. Er regierte in Samaria
zweiundzwanzig Jahre über Israel 30 und tat,
was dem Herrn missfiel, mehr als alle seine
Vorgänger. 31 Es war noch das wenigste, dass
er an den Sünden Jerobeams, des Sohnes Ne-
bats, festhielt. Er nahm Isebel, die Tochter
Etbaals, des Königs der Sidonier, zur Frau,
ging hin, diente dem Baal und betete ihn an.
32 Im Baalstempel, den er in Samaria baute,
errichtete er einen Altar für den Baal.
33 Auch stellte er einen Kultpfahl auf und tat
noch vieles andere, womit er den Herrn, den
Gott Israels, mehr erzürnte als alle Könige
Israels vor ihm. 34 In seinen Tagen baute Hiël
aus Bet-El Jericho wieder auf. Um den Preis
seines Erstgeborenen Abiram legte er die
Fundamente und um den Preis seines jüngs-
ten Sohnes Segub setzte er die Tore ein, wie
es der Herr durch Josua, den Sohn Nuns,
vorausgesagt hatte.

34: Jos 6,26.

Elija am Bach Kerit: 17,1–7

17 Der Prophet Elija aus Tischbe in
Gilead sprach zu Ahab: So wahr der
Herr, der Gott Israels, lebt, in dessen Dienst
ich stehe: in diesen Jahren sollen weder Tau
noch Regen fallen, es sei denn auf mein Wort
hin.

2 Danach erging das Wort des Herrn an
Elija: 3 Geh weg von hier, wende dich nach
Osten und verbirg dich am Bach Kerit öst-
lich des Jordan! 4 Aus dem Bach sollst du
trinken und den Raben habe ich befohlen,
dass sie dich dort ernähren. 5 Elija ging weg
und tat, was der Herr befohlen hatte; er be-
gab sich zum Bach Kerit östlich des Jordan
und ließ sich dort nieder. 6 Die Raben brach-
ten ihm Brot und Fleisch am Morgen und
ebenso Brot und Fleisch am Abend und er
trank aus dem Bach. 7 Nach einiger Zeit aber
vertrocknete der Bach; denn es fiel kein Re-
gen im Land.

Elija in Sarepta: 17,8–24

8 Da erging das Wort des Herrn an Elija:
9 Mach dich auf und geh nach Sarepta, das
zu Sidon gehört, und bleib dort! Ich habe
dort einer Witwe befohlen, dich zu versor-
gen. 10 Er machte sich auf und ging nach Sa-
repta. Als er an das Stadttor kam, traf er
dort eine Witwe, die Holz auflas. Er bat sie:
Bring mir in einem Gefäß ein wenig Wasser
zum Trinken! 11 Als sie wegging, um es zu
holen, rief er ihr nach: Bring mir auch einen
Bissen Brot mit! 12 Doch sie sagte: So wahr
der Herr, dein Gott, lebt: Ich habe nichts
mehr vorrätig als eine Hand voll Mehl im
Topf und ein wenig Öl im Krug. Ich lese hier
ein paar Stücke Holz auf und gehe dann
heim, um für mich und meinen Sohn etwas
zuzubereiten. Das wollen wir noch essen und
dann sterben. 13 Elija entgegnete ihr: Fürchte
dich nicht! Geh heim und tu, was du gesagt
hast. Nur mache zuerst für mich ein kleines
Gebäck und bring es zu mir heraus! Danach
kannst du für dich und deinen Sohn etwas
zubereiten; 14 denn so spricht der Herr, der
Gott Israels: Der Mehltopf wird nicht leer
werden und der Ölkrug nicht versiegen bis
zu dem Tag, an dem der Herr wieder Regen
auf den Erdboden sendet. 15 Sie ging und tat,
was Elija gesagt hatte. So hatte sie mit ihm
und ihrem Sohn viele Tage zu essen. 16 Der
Mehltopf wurde nicht leer und der Ölkrug
versiegte nicht, wie der Herr durch Elija ver-
sprochen hatte.

17 Nach einiger Zeit erkrankte der Sohn
der Witwe, der das Haus gehörte. Die Krank-
heit verschlimmerte sich so, dass zuletzt kein
Atem mehr in ihm war. 18 Da sagte sie zu Eli-
ja: Was habe ich mit dir zu schaffen, Mann
Gottes? Du bist nur zu mir gekommen, um an
meine Sünde zu erinnern und meinem Sohn
den Tod zu bringen. 19 Er antwortete ihr: Gib
mir deinen Sohn! Und er nahm ihn von ih-
rem Schoß, trug ihn in das Obergemach hi-
nauf, in dem er wohnte, und legte ihn auf
sein Bett. 20 Dann rief er zum Herrn und sag-
te: Herr, mein Gott, willst du denn auch über
die Witwe, in deren Haus ich wohne, Unheil
bringen und ihren Sohn sterben lassen?
21 Hierauf streckte er sich dreimal über den
Knaben hin, rief zum Herrn und flehte: Herr,
mein Gott, lass doch das Leben in diesen

16,34 Der Tod der beiden Söhne mag auf einem Unglücksfall beruhen; man sah aber darin die Erfüllung des Fluchs.

17,1 der Prophet Elija aus Tischbe: Text korr. nach G.

17,15 und ihrem Sohn: Text sinngemäß korr.; H: und ihrem Haus.

17,18 Die Frau fürchtet, dass sie durch die Gegenwart Elijas in ihrem Haus das Augenmerk seines Gottes auf sich und ihre Sünden gelenkt hat und dass er sie nun durch den Tod ihres Sohnes bestraft.

17,21 Das gleiche Verhalten wird von Elischa in 2 Kön 4,34 und von Paulus in Apg 20,10 berichtet.

Knaben zurückkehren! 22 Der Herr erhörte das Gebet Elijas. Das Leben kehrte in den Knaben zurück und er lebte wieder auf. 23 Elija nahm ihn, brachte ihn vom Obergemach in das Haus hinab und gab ihn seiner Mutter zurück mit den Worten: Sieh, dein Sohn lebt. 24 Da sagte die Frau zu Elija: Jetzt weiß ich, dass du ein Mann Gottes bist und dass das Wort des Herrn wirklich in deinem Mund ist.

Das Gottesurteil auf dem Karmel: 18,1–46

18 Nach langer Zeit – es war im dritten Jahr – erging das Wort des Herrn an Elija: Geh und zeig dich dem Ahab! Ich will Regen auf die Erde senden. 2 Da ging Elija hin, um sich Ahab zu zeigen.

Die Hungersnot war groß in Samaria. 3 Daher rief Ahab den Palastvorsteher Obadja. Dieser war sehr gottesfürchtig. 4 Als Isebel die Propheten des Herrn ausrottete, hatte Obadja hundert von ihnen beiseite genommen, sie zu je fünfzig in einer Höhle verborgen und mit Brot und Wasser versorgt. 5 Ahab befahl nun Obadja: Geh an alle Wasserquellen und Bäche im Land! Vielleicht finden wir Gras, damit wir Pferde und Maultiere am Leben erhalten können und nicht einen Teil des Viehs töten müssen. 6 Sie teilten sich das Land, um es zu durchstreifen. Ahab ging in die eine und Obadja in die andere Richtung.

7 Als nun Obadja unterwegs war, kam ihm Elija entgegen. Obadja erkannte ihn, warf sich vor ihm nieder und rief: Bist du es, mein Herr Elija? 8 Dieser antwortete: Ich bin es. Geh und melde deinem Herrn: Elija ist da. 9 Obadja entgegnete: Was habe ich mir zu Schulden kommen lassen, dass du deinen Knecht an Ahab ausliefern und dem Tod preisgeben willst? 10 So wahr der Herr, dein Gott, lebt: Es gibt kein Volk und kein Reich, wo mein Herr dich nicht hätte suchen lassen. Und wenn man sagte: Er ist nicht hier, dann ließ er dieses Reich oder Volk schwören, dass man dich nicht gefunden habe. 11 Und jetzt befiehlst du: Geh und melde deinem Herrn: Elija ist da. 12 Wenn ich nun von dir weggehe, könnte ja der Geist des Herrn dich an einen Ort tragen, den ich nicht kenne. Käme ich dann zu Ahab, um dich zu melden, und könnte er dich nicht finden, so würde er mich töten. Dabei hat dein Knecht doch von Jugend auf den Herrn gefürchtet. 13 Hat man dir denn nicht berichtet, was ich getan habe, als Isebel die Propheten des Herrn umbrachte? Ich habe doch hundert von ihnen, je fünfzig in einer Höhle, verborgen und mit Brot und Wasser versorgt. 14 Und nun befiehlst du: Geh und melde deinem Herrn: Elija ist da. Ahab würde mich töten. 15 Doch Elija antwortete: So wahr der Herr der Heere lebt, in dessen Dienst ich stehe: Heute noch werde ich ihm vor die Augen treten.

16 Obadja kam zu Ahab und brachte ihm die Nachricht. Ahab ging Elija entgegen. 17 Sobald er ihn sah, rief er aus: Bist du es, Verderber Israels? 18 Elija entgegnete: Nicht ich habe Israel ins Verderben gestürzt, sondern du und das Haus deines Vaters, weil ihr die Gebote des Herrn übertreten habt und den Baalen nachgelaufen seid. 19 Doch schick jetzt Boten aus und versammle mir ganz Israel auf dem Karmel, auch die vierhundertfünfzig Propheten des Baal und die vierhundert Propheten der Aschera, die vom Tisch Isebels essen.

20 Ahab schickte in ganz Israel umher und ließ die Propheten auf dem Karmel zusammenkommen. 21 Und Elija trat vor das ganze Volk und rief: Wie lange noch schwankt ihr nach zwei Seiten? Wenn Jahwe der wahre Gott ist, dann folgt ihm! Wenn aber Baal es ist, dann folgt diesem! Doch das Volk gab ihm keine Antwort. 22 Da sagte Elija zum Volk: Ich allein bin als Prophet des Herrn übrig geblieben; die Propheten des Baal aber sind vierhundertfünfzig. 23 Man gebe uns zwei Stiere. Sie sollen sich einen auswählen, ihn zerteilen und auf das Holz legen, aber kein Feuer anzünden. Ich werde den andern zubereiten, auf das Holz legen und kein Feuer anzünden. 24 Dann sollt ihr den Namen eures Gottes anrufen und ich werde den Namen des Herrn anrufen. Der Gott, der mit Feuer antwortet, ist der wahre Gott. Da rief das ganze Volk: Der Vorschlag ist gut.

25 Nun sagte Elija zu den Propheten des Baal: Wählt ihr zuerst den einen Stier aus und bereitet ihn zu; denn ihr seid die Mehrheit. Ruft dann den Namen eures Gottes an, entzündet aber kein Feuer! 26 Sie nahmen

18,10 Man schrieb dem Prophetenwort eine selbstständig wirkende Macht zu. Ahab glaubt daher, dass Elija die Dürre nicht nur angekündigt, sondern sie auch herbeigeführt hat, und trachtet ihm deshalb nach dem Leben.

18,21 Das Volk fleht sowohl zu Jahwe als auch zu Baal um Regen. Die Rede Elijas schließt aus, dass beide zugleich Gott sein können, und macht dadurch das erwartete Wunder zu einer Entscheidung für Jahwe als den alleinigen Gott.

18,26 Sie tanzten hüpfend: Das hebräische Wort deutet an, dass bei dem Tanz Bewegungen um den Altar ausgeführt werden, die Not und Behinderung ausdrücken. – den sie gebaut hatten: Text korr. nach den meisten alten Übersetzungen; H: den er erbaut hatte.

den Stier, den er ihnen überließ, und bereite-
ten ihn zu. Dann riefen sie vom Morgen bis
zum Mittag den Namen des Baal an und
schrien: Baal, erhöre uns! Doch es kam kein
Laut und niemand gab Antwort. Sie tanzten
hüpfend um den Altar, den sie gebaut hatten.
27 Um die Mittagszeit verspottete sie Elija
und sagte: Ruft lauter! Er ist doch Gott. Er
könnte beschäftigt sein, könnte beiseite ge-
gangen oder verreist sein. Vielleicht schläft
er und wacht dann auf. 28 Sie schrien nun mit
lauter Stimme. Nach ihrem Brauch ritzten
sie sich mit Schwertern und Lanzen wund,
bis das Blut an ihnen herabfloß. 29 Als der
Mittag vorüber war, verfielen sie in Raserei
und das dauerte bis zu der Zeit, da man das
Speiseopfer darzubringen pflegt. Doch es
kam kein Laut, keine Antwort, keine Erhö-
rung.
30 Nun forderte Elija das ganze Volk auf:
Tretet her zu mir! Sie kamen und Elija baute
den zerstörten Altar Jahwes wieder auf. 31 Er
nahm zwölf Steine, nach der Zahl der Stäm-
me der Söhne Jakobs, zu dem der Herr ge-
sagt hatte: Israel soll dein Name sein. 32 Er
fügte die Steine zu einem Altar für den Na-
men des Herrn, zog rings um den Altar einen
Graben und grenzte eine Fläche ab, die zwei
Sea Saat hätte aufnehmen können. 33 So-
dann schichtete er das Holz auf, zerteilte den
Stier und legte ihn auf das Holz. 34 Nun be-
fahl er: Füllt vier Krüge mit Wasser und
gießt es über das Brandopfer und das Holz!
Hierauf sagte er: Tut es noch einmal! Und sie
wiederholten es. Dann sagte er: Tut es zum
dritten Mal! Und sie taten es zum dritten
Mal. 35 Das Wasser lief rings um den Altar.
Auch den Graben füllte er mit Wasser. 36 Zu
der Zeit nun, da man das Speiseopfer darzu-
bringen pflegt, trat der Prophet Elija an den
Altar und rief: Herr, Gott Abrahams, Isaaks
und Israels, heute soll man erkennen, dass du
Gott bist in Israel, dass ich dein Knecht bin
und all das in deinem Auftrag tue. 37 Erhöre
mich, Herr, erhöre mich! Dieses Volk soll er-
kennen, dass du, Herr, der wahre Gott bist
und dass du sein Herz zur Umkehr wendest.
38 Da kam das Feuer des Herrn herab und
verzehrte das Brandopfer, das Holz, die Stei-
ne und die Erde. Auch das Wasser im Graben
leckte es auf. 39 Das ganze Volk sah es, warf
sich auf das Angesicht nieder und rief:
Jahwe ist Gott, Jahwe ist Gott! 40 Elija aber
befahl ihnen: Ergreift die Propheten des
Baal! Keiner von ihnen soll entkommen.
Man ergriff sie und Elija ließ sie zum Bach
Kischon hinabführen und dort töten.
41 Dann sagte Elija zu Ahab: Geh hinauf,
iss und trink; denn ich höre das Rauschen
des Regens. 42 Während Ahab wegging, um
zu essen und zu trinken, stieg Elija zur Höhe
des Karmel empor, kauerte sich auf den Bo-
den nieder und legte seinen Kopf zwischen
die Knie. 43 Dann befahl er seinem Diener:
Geh hinauf und schau auf das Meer hinaus!
Dieser ging hinauf, schaute hinaus und mel-
dete: Es ist nichts zu sehen. Elija befahl: Geh
noch einmal hinauf! So geschah es siebenmal.
44 Beim siebten Mal meldete der Diener: Eine
Wolke, klein wie eine Menschenhand, steigt
aus dem Meer herauf. Darauf sagte Elija:
Geh hinauf und sag zu Ahab: Spanne an und
fahr hinab, damit der Regen dich nicht auf-
hält. 45 Es dauerte nicht lange, da verfinster-
te sich der Himmel durch Sturm und Wolken
und es fiel ein starker Regen. Ahab bestieg
den Wagen und fuhr nach Jesreel. 46 Über
Elija aber kam die Hand des Herrn. Er gür-
tete sich und lief vor Ahab her bis dorthin,
wo der Weg nach Jesreel abzweigt.

31: Gen 32,29; 35,10.

Elija am Horeb: 19,1–13a

19 Ahab erzählte Isebel alles, was Elija
getan, auch dass er alle Propheten
mit dem Schwert getötet habe. 2 Sie schickte
einen Boten zu Elija und ließ ihm sagen: Die
Götter sollen mir dies und das antun, wenn
ich morgen um diese Zeit dein Leben nicht
dem Leben eines jeden von ihnen gleich ma-
che. 3 Elija geriet in Angst, machte sich auf
und ging weg, um sein Leben zu retten. Er
kam nach Beerscheba in Juda und ließ dort
seinen Diener zurück. 4 Er selbst ging eine
Tagereise weit in die Wüste hinein. Dort

18,27 Elija knüpft an Vorstellungen an, die den Baalspropheten bekannt waren.

18,29 Der Hinweis auf das Speiseopfer ist eine Zeitbestimmung: am späten Nachmittag.

18,32 Durch den Graben sollte der Raum um den Altar als heiliger Bezirk abgegrenzt werden.

18,34 Das Übergießen mit Wasser bedeutet vielleicht eine Reinigung des Altars und des Opfers. Zugleich wurde so das Anzünden von Feuer erschwert und das Wunder erschien umso eindrucksvoller.

18,40 Elija sah in den Baalspropheten die Hauptstützen des heidnischen Kults und nützte die Stimmung des Volkes, um der Gefahr eines neuen Abfalls zu begegnen.

19,2 Isebel wagte es nicht, gewaltsam gegen Elija vorzugehen. Ihre Warnung sollte ihn zur Flucht zwingen und seinen Einfluss auf das Volk verhindern.

19,3 geriet in Angst: Text korr. nach G; H: sah.

setzte er sich unter einen Ginsterstrauch und
wünschte sich den Tod. Er sagte: Nun ist es
genug, Herr. Nimm mein Leben; denn ich bin
nicht besser als meine Väter. 5 Dann legte er
sich unter den Ginsterstrauch und schlief
ein. Doch ein Engel rührte ihn an und
sprach: Steh auf und iss! 6 Als er um sich
blickte, sah er neben seinem Kopf Brot, das
in glühender Asche gebacken war, und einen
Krug mit Wasser. Er aß und trank und legte
sich wieder hin. 7 Doch der Engel des Herrn
kam zum zweiten Mal, rührte ihn an und
sprach: Steh auf und iss! Sonst ist der Weg
zu weit für dich. 8 Da stand er auf, aß und
trank und wanderte, durch diese Speise ge-
stärkt, vierzig Tage und vierzig Nächte bis
zum Gottesberg Horeb. 9 Dort ging er in eine
Höhle, um darin zu übernachten. Doch das
Wort des Herrn erging an ihn: Was willst du
hier, Elija? 10 Er sagte: Mit leidenschaftli-
chem Eifer bin ich für den Herrn, den Gott
der Heere, eingetreten, weil die Israeliten
deinen Bund verlassen, deine Altäre zerstört
und deine Propheten mit dem Schwert getö-
tet haben. Ich allein bin übrig geblieben und
nun trachten sie auch mir nach dem Leben.
11 Der Herr antwortete: Komm heraus und
stell dich auf den Berg vor den Herrn! Da zog
der Herr vorüber: Ein starker, heftiger
Sturm, der die Berge zerriss und die Felsen
zerbrach, ging dem Herrn voraus. Doch der
Herr war nicht im Sturm. Nach dem Sturm
kam ein Erdbeben. Doch der Herr war nicht
im Erdbeben. 12 Nach dem Beben kam ein
Feuer. Doch der Herr war nicht im Feuer.
Nach dem Feuer kam ein sanftes, leises Säu-
seln. 13 Als Elija es hörte, hüllte er sein Ge-
sicht in den Mantel, trat hinaus und stellte
sich an den Eingang der Höhle.

Neue Aufträge: 19,13b–18

Da vernahm er eine Stimme, die ihm zu-
rief: Was willst du hier, Elija? 14 Er antwor-
tete: Mit Leidenschaft bin ich für den Herrn,
den Gott der Heere, eingetreten, weil die Is-
raeliten deinen Bund verlassen, deine Altäre
zerstört und deine Propheten mit dem
Schwert getötet haben. Ich allein bin übrig
geblieben und nun trachten sie auch mir
nach dem Leben. 15 Der Herr antwortete
ihm: Geh deinen Weg durch die Wüste zu-
rück und begib dich nach Damaskus! Bist du
dort angekommen, salbe Hasaël zum König
über Aram! 16 Jehu, den Sohn Nimschis,
sollst du zum König von Israel salben und
Elischa, den Sohn Schafats aus Abel-Meho-
la, salbe zum Propheten an deiner Stelle.
17 So wird es geschehen: Wer dem Schwert
Hasaëls entrinnt, den wird Jehu töten. Und
wer dem Schwert Jehus entrinnt, den wird
Elischa töten. 18 Ich werde in Israel sieben-
tausend übrig lassen, alle, deren Knie sich
vor dem Baal nicht gebeugt und deren Mund
ihn nicht geküsst hat.

15: 2 Kön 8,7–15 • 16: 2 Kön 9,1–10.

Die Berufung Elischas: 19,19–21

19 Als Elija von dort weggegangen war,
traf er Elischa, den Sohn Schafats. Er war
gerade mit zwölf Gespannen am Pflügen und
er selbst pflügte mit dem zwölften. Im Vor-
beigehen warf Elija seinen Mantel über ihn.
20 Sogleich verließ Elischa die Rinder, eilte
Elija nach und bat ihn: Lass mich noch mei-
nem Vater und meiner Mutter den Ab-
schiedskuss geben; dann werde ich dir
folgen. Elija antwortete: Geh, aber komm
dann zurück! Bedenke, was ich an dir getan
habe. 21 Elischa ging von ihm weg, nahm sei-
ne zwei Rinder und schlachtete sie. Mit dem
Joch der Rinder kochte er das Fleisch und
setzte es den Leuten zum Essen vor. Dann
stand er auf, folgte Elija und trat in seinen
Dienst.

Aramäerkriege: 20,1–43

20 Ben-Hadad, der König von Aram,
sammelte sein ganzes Heer. In sei-
nem Gefolge waren zweiunddreißig Könige

19,8 Elija begab sich zum Horeb (= Sinai), auf dem das Gesetz verkündet worden war, um das er sich leidenschaftlich bemüht hatte.

19,11–13a Bei der Verkündigung der Gebote erschien Gott am Sinai mit Blitz und Donner, Feuer und Erdbeben (Ex 19,16–19) und offenbarte sich so als heiliger und Furcht erregender Gott. Auch vor Elija bot er diese Kräfte auf; doch waren sie nur seine Vorboten.

19,13b–18 Die Aufträge sind wohl bei anderer Gelegenheit ergangen; sie sind nicht Fortführung der vorausgehenden Offenbarung. Die ersten beiden Aufträge wurden erst durch Elischa verwirklicht und waren wohl ursprünglich an ihn gerichtet.

19,16 Zur Angleichung an die vorher erwähnte Salbung der Könige wird auch die Berufung Elischas als Salbung bezeichnet.

19,20 Der Vorgang erinnert an die Berufung der Jünger Jesu (vgl. Mt 4,19–22). Die volle Ausstattung Elischas zum Propheten erfolgte erst bei der Entrückung Elijas (2 Kön 2).

20,1–43 In diesem Kapitel sind Verhältnisse vorausgesetzt, die unter Ahab nicht bestanden; die Vorgänge fallen in die Zeit des Königs Joasch von Israel, vgl. 2 Kön 13,3.7.17–19.24f. Sie werden hier auf Ahab übertragen.

20,1 Gemeint ist Ben-Hadad III., der Zeitgenosse des Joasch (vgl. 2 Kön 13,24f). Unter Ahab regierte in Damaskus Hadad-Eser.

mit Pferden und Wagen. Er zog herauf, bela-
gerte Samaria und bestürmte es. 2 Dann
schickte er Boten in die Stadt zu Ahab, dem
König von Israel, 3 und ließ ihm sagen: So
spricht Ben-Hadad: Dein Silber und dein
Gold gehören mir. Auch deine Frauen und
deine edlen Söhne gehören mir. 4 Der König
von Israel antwortete: Ganz wie du sagst,
mein Herr und König, soll es geschehen. Ich
gehöre dir mit allem, was ich besitze. 5 Aber
die Boten kamen ein zweites Mal und melde-
ten: So spricht Ben-Hadad: Ich habe dir sa-
gen lassen, dass du mir dein Silber und Gold,
deine Frauen und Söhne ausliefern sollst.
6 Doch morgen um diese Zeit werde ich mei-
ne Leute zu dir schicken, damit sie dein Haus
und auch die Häuser deiner Diener durchsu-
chen und alles, was wertvoll ist, nehmen und
forttragen. 7 Da rief der König von Israel alle
Ältesten des Landes zu sich und sagte: Seht
und erkennt, dass dieser Mann Böses im Sinn
hat. Er hat von mir meine Frauen und Söhne,
mein Silber und Gold gefordert, und ich
habe ihm nichts verweigert. 8 Da antworte-
ten ihm alle Ältesten und das ganze Volk:
Gehorch ihm nicht und willige nicht ein! 9 Er
gab daher den Abgesandten Ben-Hadads
den Bescheid: Sagt zu meinem Herrn, dem
König: Alles, was du zuerst von deinem
Knecht verlangt hast, will ich tun; doch diese
Forderung kann ich nicht erfüllen. Die Boten
zogen ab und meldeten es ihrem Herrn.
10 Darauf sandte Ben-Hadad abermals Boten
(zu Ahab) und ließ ihm sagen: Die Götter sol-
len mir dies und das antun, wenn der Staub
Samarias ausreicht, um allen Leuten in mei-
nem Gefolge die Hand zu füllen. 11 Doch der
König von Israel antwortete: Sagt zu ihm:
Wer den Gürtel anlegt, soll sich nicht rüh-
men wie einer, der ihn bereits ablegt. 12 Als
Ben-Hadad diese Meldung empfing, hielt er
gerade in den Zelten ein Gelage mit den
Königen. Er befahl seinen Leuten anzugrei-
fen und diese begannen den Sturm auf die
Stadt.

13 Doch ein Prophet kam zu Ahab, dem
König von Israel, und sagte: So spricht der
Herr: Siehst du diese gewaltige Menge? Ich
gebe sie heute in deine Hand und du wirst er-
kennen, dass ich der Herr bin. 14 Ahab fragte:
Durch wen? Er erwiderte: So spricht der
Herr: Durch die Truppe der Provinzstatthal-
ter. Als dann der König weiter wissen wollte,
wer den Kampf eröffnen solle, sprach er: Du
selbst. 15 Daraufhin musterte er die Truppe
der Provinzstatthalter; es waren zweihun-
dertzweiunddreißig Mann. Nach ihnen mus-
terte er das ganze Kriegsvolk, die Gesamt-
heit der Israeliten; es waren siebentausend
Mann. 16 Als sie um die Mittagszeit ausrück-
ten, zechte Ben-Hadad mit den zweiunddrei-
ßig Königen, seinen Bundesgenossen, in den
Zelten. 17 Die Truppe der Provinzstatthalter
rückte zuerst aus. Ben-Hadad hatte Beob-
achter ausgesandt und sie meldeten ihm,
dass Leute aus Samaria herauskommen.
18 Er befahl: Wenn sie in friedlicher Absicht
kommen, ergreift sie lebendig! Wenn sie zum
Kampf ausrücken, ergreift sie ebenfalls le-
bendig! 19 Sobald nun die Truppe der Statt-
halter und das Heer, das ihr folgte, aus der
Stadt ausgerückt waren, 20 gelang es jedem
einzelnen, seinen Gegner zu überwinden. Die
Aramäer mussten fliehen und die Israeliten
setzten ihnen nach. Ben-Hadad, der König
von Aram, konnte zu Pferd entkommen,
ebenso einige Wagenkämpfer. 21 Als dann
auch der König von Israel ausrückte, ver-
nichtete er die Pferde und Kriegswagen und
bereitete den Aramäern eine schwere Nie-
derlage.

22 Da erschien der Prophet wieder beim
König von Israel und sagte zu ihm: Sammle
deine Kräfte und überleg dir gut, was du zu
tun hast; denn um die Jahreswende wird der
König von Aram abermals gegen dich ziehen.
23 Zum König von Aram hatten nämlich sei-
ne Ratgeber gesagt: Ihr Gott ist ein Gott der
Berge; darum waren sie uns überlegen. Wenn
wir aber in der Ebene mit ihnen kämpfen,
dann werden wir sie bestimmt besiegen.
24 Tu also folgendes: Entfern die Könige aus
ihrer Stellung und ersetze sie durch Statt-
halter! 25 Dann sammle ein ebenso großes
Heer, wie du es verloren hast, und ebenso
viele Pferde und Kriegswagen, wie du zuvor
hattest. Wir werden in der Ebene mit ihnen
kämpfen und sie gewiss besiegen.

Ben-Hadad befolgte ihren Rat. 26 Um die
Jahreswende musterte er die Aramäer und
rückte zum Krieg gegen Israel bis Afek vor.
27 Auch die Israeliten wurden gemustert und
mit Lebensmitteln versehen. Sie zogen den
Aramäern entgegen und lagerten ihnen ge-

20,2 Der Name Ahab findet sich nur noch in VV. 13f.

20,7 Zur Rettung der Stadt war der König zu den größten persönlichen Opfern bereit. Über das Vermögen der Untertanen wollte er nicht ohne deren Zustimmung verfügen.

20,11 In einer sprichwörtlichen Redensart wird gesagt, dass man sich eines Erfolgs erst rühmen soll, wenn man ihn erlangt hat.

20,26 Afek liegt östlich vom See Gennesaret; vielleicht ist ein Ort in der Nähe von Samaria gemeint.

genüber wie ein paar kleine Ziegenherden;
die Aramäer aber füllten die ganze Gegend.
28 Nun trat der Gottesmann zum König von
Israel hin und sagte: So spricht der Herr:
Weil die Aramäer sagen, dass der Herr ein
Gott der Berge und nicht ein Gott der Ebe-
nen sei, gebe ich diese ganze gewaltige Men-
ge in deine Hand; und ihr werdet erkennen,
dass ich der Herr bin. 29 Sie lagen dann sie-
ben Tage einander gegenüber. Am siebten
Tag kam es zur Schlacht und die Israeliten
töteten vom aramäischen Fußvolk hundert-
tausend Mann an einem Tag. 30 Der Rest floh
in die Stadt Afek; doch die Mauer stürzte
über den siebenundzwanzigtausend Mann,
die übrig geblieben waren, zusammen.

Auch Ben-Hadad war in die Stadt geflo-
hen und irrte von einem Gemach in das an-
dere. 31 Da sagten seine Ratgeber zu ihm: Wir
haben gehört, dass die Könige des Hauses
Israel milde Könige sind. Wir wollen daher
Trauergewänder anlegen und mit Stricken
um den Hals zum König von Israel hinausge-
hen. Vielleicht schenkt er dir das Leben.
32 Sie legten also Trauergewänder an und mit
Stricken um den Hals kamen sie zum König
von Israel. Sie flehten ihn an: Dein Knecht
Ben-Hadad bittet dich, ihm das Leben zu
schenken. Er antwortete: Lebt er noch? Er ist
mein Bruder. 33 Die Männer nahmen das
Wort als gutes Zeichen, gingen sogleich da-
rauf ein und sagten: Ben-Hadad ist dein Bru-
der. Dann befahl der König von Israel: Geht,
bringt ihn zu mir! Als Ben-Hadad kam,
nahm er ihn zu sich auf seinen Wagen. 34 Da
erklärte Ben-Hadad: Die Städte, die mein
Vater deinem Vater weggenommen hat, wer-
de ich zurückgeben und in Damaskus magst
du dir Handelsniederlassungen errichten,
wie mein Vater es in Samaria getan hat. Der
König von Israel erwiderte: Auf diese Abma-
chung hin werde ich dich freilassen. So
schloss er mit ihm einen Vertrag und ließ ihn
frei.

35 Einer von den Prophetenjüngern sprach
im Auftrag des Herrn zu seinem Gefährten:
Schlag mich! Als dieser sich weigerte, ihn zu
schlagen, 36 sagte er zu ihm: Weil du der
Stimme des Herrn nicht gehorcht hast, wird
dich ein Löwe töten, sobald du von mir weg-
gegangen bist. Der Mann hatte sich kaum
von ihm entfernt, als ihn ein Löwe anfiel und
tötete. 37 Hierauf traf der Prophet einen an-
dern und befahl ihm: Schlag mich! Dieser
schlug auf ihn ein und verwundete ihn. 38 So-
gleich begab sich der Prophet zum König
und stellte sich ihm in den Weg. Durch eine
Binde über den Augen hatte er sich unkennt-
lich gemacht. 39 Als der König vorbeikam,
rief er ihn und sagte: Dein Knecht ist in den
Kampf gezogen. Da kam jemand herbei,
brachte mir einen Gefangenen und befahl:
Bewach diesen Mann! Wenn er entkommt,
dann musst du es mit deinem Leben büßen,
oder du musst ein Talent Silber bezahlen.
40 Während nun dein Knecht da und dort zu
tun hatte, konnte der Gefangene entkom-
men. Da sagte der König von Israel: Du hast
dir dein Urteil selbst gesprochen. 41 Sogleich
nahm der Prophet die Binde von den Augen
und der König von Israel erkannte ihn als ei-
nen von den Propheten. 42 Dieser aber sagte
zu ihm: So spricht der Herr: Weil du den
Mann, dessen Verderben ich wollte, aus dei-
ner Hand entlassen hast, muss dein Leben
für sein Leben, dein Volk für sein Volk ein-
stehen. 43 Missmutig und verdrossen ging der
König von Israel nach Hause und kam nach
Samaria.

36: 13,24.

Nabots Weinberg: 21,1–29

21 Danach trug sich Folgendes zu. Nabot
aus Jesreel hatte einen Weinberg in
Jesreel neben dem Palast Ahabs, des Königs
von Samarien. 2 Ahab verhandelte mit Nabot
und schlug ihm vor: Gib mir deinen Wein-
berg! Er soll mir als Gemüsegarten dienen;
denn er liegt nahe bei meinem Haus. Ich will
dir dafür einen besseren Weinberg geben.
Wenn es dir aber lieber ist, bezahle ich dir
den Kaufpreis in Geld. 3 Doch Nabot erwi-
derte: Der Herr bewahre mich davor, dass
ich dir das Erbe meiner Väter überlasse.
4 Darauf kehrte Ahab in sein Haus zurück.
Er war missmutig und verdrossen, weil Na-
bot aus Jesreel zu ihm gesagt hatte: Ich wer-
de dir das Erbe meiner Väter nicht überlas-
sen. Er legte sich auf sein Bett, wandte das
Gesicht zur Wand und wollte nicht essen.
5 Seine Frau Isebel kam zu ihm herein und
fragte: Warum bist du missmutig und willst
nicht essen? 6 Er erzählte ihr: Ich habe mit

20,33 als gutes Zeichen: Text sinngemäß korr.
20,34 Vgl. 2 Kön 13,25. Der König von Israel war zum Frieden bereit, den das Land dringend benötigte. Die Hinrichtung Ben-Hadads hätte seinen Nachfolger nur zur Fortsetzung des Kriegs veranlasst.
20,37 Um beim König mit seiner Erzählung Glauben zu finden, will der Prophet als Verwundeter erscheinen, der vom Schlachtfeld kommt.
20,39f Der König sollte gezwungen werden, sich selbst das Urteil zu sprechen (vgl. 2 Sam 12,1–7).
21,1 Jesreel war neben Samaria Residenzstadt.

Nabot aus Jesreel verhandelt und ihm ge-
sagt: Verkauf mir deinen Weinberg für Geld,
oder wenn es dir lieber ist, gebe ich dir einen
anderen dafür. Doch er hat geantwortet: Ich
werde dir meinen Weinberg nicht geben.
7 Da sagte seine Frau Isebel zu ihm: Du bist
doch jetzt König in Israel. Steh auf, iss und
sei guter Dinge! Ich werde dir den Weinberg
Nabots aus Jesreel verschaffen.
8 Sie schrieb Briefe im Namen Ahabs, ver-
sah sie mit seinem Siegel und schickte sie an
die Ältesten und Vornehmen, die mit Nabot
zusammen in der Stadt wohnten. 9 In den
Briefen schrieb sie: Ruft ein Fasten aus und
lasst Nabot oben vor allem Volk Platz neh-
men! 10 Setzt ihm aber zwei nichtswürdige
Männer gegenüber! Sie sollen gegen ihn als
Zeugen auftreten und sagen: Du hast Gott
und den König gelästert. Führt ihn dann hi-
naus und steinigt ihn zu Tode! 11 Die Männer
der Stadt, die Ältesten und Vornehmen, die
mit ihm zusammen in der Stadt wohnten, ta-
ten, was Isebel ihnen geboten hatte, was in
den Briefen stand, die sie ihnen gesandt hat-
te. 12 Sie riefen ein Fasten aus und ließen Na-
bot oben vor allem Volk Platz nehmen. 13 Es
kamen aber auch die beiden nichtswürdigen
Männer und setzten sich ihm gegenüber. Sie
standen vor dem Volk als Zeugen gegen Na-
bot auf und sagten: Nabot hat Gott und den
König gelästert. Sogleich führte man ihn aus
der Stadt hinaus und steinigte ihn zu Tode.
14 Darauf ließen sie Isebel melden: Nabot
wurde gesteinigt und ist tot. 15 Sobald sie
hörte, dass Nabot gesteinigt wurde und tot
war, sagte sie zu Ahab: Auf, nimm den Wein-
berg Nabots aus Jesreel in Besitz, den er dir
für Geld nicht verkaufen wollte; denn Nabot
lebt nicht mehr; er ist tot. 16 Als Ahab hörte,
dass Nabot tot war, stand er auf und ging
zum Weinberg Nabots aus Jesreel hinab, um
von ihm Besitz zu ergreifen.
17 Da erging das Wort des Herrn an Elija
aus Tischbe: 18 Mach dich auf und geh Ahab,
dem König von Israel, entgegen, der in Sa-
maria seinen Wohnsitz hat. Er ist zum Wein-
berg Nabots hinabgegangen, um von ihm Be-
sitz zu ergreifen. 19 Sag ihm: So spricht der
Herr: Durch einen Mord bist du Erbe gewor-
den? Weiter sag ihm: So spricht der Herr: An
der Stelle, wo die Hunde das Blut Nabots ge-
leckt haben, werden Hunde auch dein Blut
lecken. 20 Ahab sagte zu Elija: Hast du mich
gefunden, mein Feind? Er erwiderte: Ich
habe dich gefunden. Weil du dich hergabst,
das zu tun, was dem Herrn missfällt, 21 werde
ich Unheil über dich bringen. Ich werde dein
Geschlecht hinwegfegen und von Ahabs Ge-
schlecht alles, was männlich ist, bis zum
letzten Mann in Israel ausrotten. 22 Weil du
mich zum Zorn gereizt und Israel zur Sünde
verführt hast, werde ich mit deinem Haus
verfahren wie mit dem Haus Jerobeams, des
Sohnes Nebats, und mit dem Haus Baschas,
des Sohnes Ahijas. 23 Und über Isebel ver-
kündet der Herr: Die Hunde werden Isebel
an der Mauer von Jesreel auffressen. 24 Wer
von der Familie Ahabs in der Stadt stirbt,
den werden die Hunde fressen, und wer auf
dem freien Feld stirbt, den werden die Vögel
des Himmels fressen.
25 Es gab in der Tat niemand, der sich wie
Ahab hergab zu tun, was dem Herrn missfiel,
da seine Frau Isebel ihn verführte. 26 Sein
Tun war überaus verwerflich; er lief den
Götzen nach und folgte den Gebräuchen der
Amoriter, die der Herr vor den Israeliten
vertrieben hatte.
27 Als Ahab diese Drohungen hörte, zerriss
er seine Kleider, trug ein Bußgewand auf
dem bloßen Leib, fastete, schlief im Bußge-
wand und ging bedrückt umher. 28 Da erging
das Wort des Herrn an Elija aus Tischbe:
29 Hast du gesehen, wie Ahab sich vor mir ge-
demütigt hat? Weil er sich vor mir gedemü-
tigt hat, will ich das Unglück nicht schon in
seinen Tagen kommen lassen. Erst in den Ta-
gen seines Sohnes werde ich das Unheil über
sein Haus bringen.

10: Lev 24,16 • 21: 14,10; 16,4; 2 Kön 9,8 • 23: 2 Kön 9,36.

Der Krieg mit den Aramäern, Ahabs Tod:
22,1–40

22 Drei Jahre hatte das Land Ruhe und
gab es keinen Krieg zwischen Aram
und Israel. 2 Als im dritten Jahr Joschafat,
der König von Juda, zum König von Israel
kam, 3 sagte der König von Israel zu seinen
Beamten: Ihr wisst doch, dass Ramot-Gilead
uns gehört. Wir aber zögern, es dem König
von Aram zu entreißen. 4 Und er fragte Jo-
schafat: Würdest du mit mir gegen Ramot-

21,9 Ein allgemeines Fasten konnte bei Unglück und Trauer zur Unterstützung einer Bitte oder zur Aufdeckung einer Schuld angeordnet werden. Der Ehrenplatz, den man Nabot anbot, sollte seine Schuld um so verwerflicher erscheinen lassen.

21,10 lästern: wörtlich: segnen. Nabot soll beschuldigt werden, Fluchworte über den König ausgesprochen zu haben (vgl. Ex 22,27).

21,19 Die Drohung ging am Sohn Ahabs in Erfüllung (vgl. 2 Kön 9,25f).

22,2 Joram, der Sohn Joschafats, war mit Atalja, der Tochter Ahabs, verheiratet (vgl. 2 Kön 8,18).

22,3 Ramot-Gilead, unter Salomo Sitz eines Statthalters (4,13), war an Damaskus gefallen.

Gilead in den Krieg ziehen? Dieser antwortete dem König von Israel: Ich ziehe mit dir, mein Volk mit deinem Volk, meine Pferde mit deinen Pferden.

5 Joschafat bat aber den König von Israel: Befrag doch zuvor den Herrn! 6 Da versammelte der König von Israel die Propheten, gegen vierhundert Mann, und fragte sie: Soll ich gegen Ramot-Gilead zu Felde ziehen, oder soll ich es lassen? Sie gaben den Bescheid: Zieh hinauf! Der Herr gibt die Stadt in die Hand des Königs. 7 Doch Joschafat sagte: Ist hier sonst kein Prophet des Herrn, den wir befragen könnten? 8 Der König von Israel antwortete Joschafat: Es ist noch einer da, durch den wir den Herrn befragen könnten. Doch ich hasse ihn; denn er weissagt mir nie Gutes, sondern immer nur Schlimmes. Es ist Micha, der Sohn Jimlas. Joschafat erwiderte: Der König sage das nicht. 9 Da rief der König von Israel einen Hofbeamten herbei und befahl ihm, unverzüglich Micha, den Sohn Jimlas, zu holen. 10 Der König von Israel und Joschafat, der König von Juda, saßen in königlichen Gewändern auf ihren Thronen. Sie befanden sich auf der Tenne beim Tor Samarias und alle Propheten weissagten vor ihnen. 11 Zidkija, der Sohn Kenaanas, hatte sich eiserne Hörner gemacht und rief: So spricht der Herr: Mit diesen wirst du die Aramäer niederstoßen, bis du sie vernichtet hast. 12 Alle Propheten weissagten in gleicher Weise und riefen: Zieh nach Ramot-Gilead und sei erfolgreich; der Herr gibt die Stadt in die Hand des Königs.

13 Der Bote aber, der Micha holen sollte, redete ihm zu: Die Worte der Propheten waren ohne Ausnahme günstig für den König. Mögen deine Worte ihren Worten gleichen. Sag daher Gutes an! 14 Doch Micha erwiderte: So wahr der Herr lebt: Nur was der Herr mir sagt, werde ich sagen. 15 Als er zum König kam, fragte ihn dieser: Micha, sollen wir gegen Ramot-Gilead zu Felde ziehen, oder sollen wir es lassen? Micha antwortete: Zieh hinauf und sei erfolgreich! Der Herr gibt die Stadt in die Hand des Königs. 16 Doch der König entgegnete: Wie oft muss ich dich beschwören, mir im Namen des Herrn nur die Wahrheit zu sagen? 17 Da sagte Micha: Ich sah ganz Israel über die Berge zerstreut wie Schafe, die keinen Hirten haben. Und der Herr sagte: Sie haben keine Herren mehr. So gehe jeder in Frieden nach Hause. 18 Da wandte sich der König von Israel an Joschafat: Habe ich es dir nicht gesagt? Er weissagt mir nie Gutes, sondern immer nur Schlimmes. 19 Micha aber fuhr fort: Darum – höre das Wort des Herrn: Ich sah den Herrn auf seinem Thron sitzen; das ganze Heer des Himmels stand zu seiner Rechten und seiner Linken. 20 Und der Herr fragte: Wer will Ahab betören, sodass er nach Ramot-Gilead hinaufzieht und dort fällt? Da hatte der eine diesen, der andere jenen Vorschlag. 21 Zuletzt trat der Geist vor, stellte sich vor den Herrn und sagte: Ich werde ihn betören. Der Herr fragte ihn: Auf welche Weise? 22 Er gab zur Antwort: Ich werde mich aufmachen und zu einem Lügengeist im Mund all seiner Propheten werden. Da sagte der Herr: Du wirst ihn betören; du vermagst es. Geh und tu es! 23 So hat der Herr jetzt einen Geist der Lüge in den Mund all deiner Propheten gelegt; denn er hat über dich Unheil beschlossen. 24 Da trat Zidkija, der Sohn Kenaanas, zu Micha, schlug ihn ins Gesicht und rief: Wie, sollte denn der Geist des Herrn von mir gewichen sein, um mit dir zu reden? 25 Micha erwiderte: Du wirst es an jenem Tag erfahren, an dem du von einem Gemach in das andere eilst, um dich zu verstecken. 26 Der König von Israel aber gab den Befehl: Nehmt Micha fest, führt ihn zum Stadtobersten Amon und zum Prinzen Joasch 27 und meldet: So spricht der König: Werft diesen Mann ins Gefängnis, und haltet ihn streng bei Brot und Wasser, bis ich wohlbehalten zurückkomme. 28 Doch Micha erwiderte: Wenn du wohlbehalten zurückkommst, dann hat der Herr nicht durch mich geredet. [Und er sagte: Hört, alle ihr Völker!]

29 Darauf zog der König von Israel mit Joschafat, dem König von Juda, gegen Ramot-Gilead. 30 Der König von Israel sagte zu Joschafat: Ich will mich verkleiden und so in den Kampf ziehen. Du aber behalte deine Gewänder an! So ging der König von Israel verkleidet in den Kampf. 31 Der König von Aram hatte aber den zweiunddreißig Obers-

22,6 Gemeint sind Propheten, die im Dienst des Königs standen und die nach dem Wunsch des Königs redeten.

22,16 Ahab erkennt, dass Micha ironisch spricht.

22,19–23 Der Entschluss zum Unternehmen gegen Ramot-Gilead, bei dem der König den Tod finden sollte, wird als Rat eines von Gott unterschiedenen Geistes, des Lügengeistes, hingestellt. In ähnlicher Weise wird die Anregung zu der für David verhängnisvollen Volkszählung, die in 2 Sam 24,1 dem zürnenden Gott zugeschrieben wird, in 1 Chr 21,1 dem Satan zugeschrieben.

22,28 Zusatz aus Mi 1,2, veranlasst durch die Gleichsetzung des hier genannten Micha mit dem Micha des Prophetenbuches.

ten seiner Kriegswagen befohlen: Greift
niemanden an, er sei hohen oder niederen
Ranges, außer den König von Israel! 32 Als
daher die Obersten der Kriegswagen Joscha-
fat erblickten und ihn für den König von
Israel hielten, stürmten sie auf ihn ein,
sodass er um Hilfe schrie. 33 Doch als sie
sahen, dass er nicht der König von Israel
war, ließen sie von ihm ab. 34 Ein Mann aber
spannte aufs Geratewohl seinen Bogen und
traf den König von Israel zwischen Panzer
und Leibgurt. Dieser befahl daher seinem
Wagenlenker: Wende um und bring mich aus
der Schlacht; denn ich bin verwundet. 35 Da
aber die Schlacht an jenem Tag heftig
wurde, blieb der König im Kampf gegen die
Aramäer aufrecht im Wagen stehen. Am
Abend starb er. Das Blut der Wunde war in
das Innere des Wagens geflossen. 36 Bei Son-
nenuntergang ließ man im Lager ausrufen:
Jeder kehre in seine Stadt, in sein Land zu-
rück! 37 So starb der König; man brachte ihn
nach Samaria und begrub ihn dort. 38 Als
man im Teich von Samaria den Wagen aus-
spülte, leckten Hunde sein Blut, und Dirnen
wuschen sich darin, nach dem Wort, das der
Herr gesprochen hatte.

39 Die übrige Geschichte Ahabs und alle
seine Taten, der Bericht über das Elfenbein-
haus, das er gebaut, und die Städte, die er
ausgebaut hat, sind aufgezeichnet in der
Chronik der Könige von Israel. 40 Ahab ent-
schlief zu seinen Vätern und sein Sohn Ahas-
ja wurde König an seiner Stelle.

4–35 ‖ 2 Chr 18,1–34 • 4: 2 Kön 3,7 • 19: Jes 6,1–3 • 38: 21,19.

Joschafat von Juda: 22,41–51

41 Im vierten Jahr des Königs Ahab von Is-
rael wurde Joschafat, der Sohn Asas, König
von Juda. 42 Er war fünfunddreißig Jahre alt,
als er König wurde, und regierte fünfund-
zwanzig Jahre in Jerusalem. Seine Mutter
hieß Asuba und war eine Tochter Schilhis.
43 Er folgte ganz den Wegen seines Vaters
Asa, ohne von ihnen abzuweichen, und tat,
was dem Herrn gefiel. 44 Nur die Kulthöhen
verschwanden nicht. Das Volk brachte noch
Schlacht- und Rauchopfer auf ihnen dar.
45 Joschafat hatte auch Frieden mit dem Kö-
nig von Israel.

46 Die übrige Geschichte Joschafats, die
Erfolge, die er errang, und die Kriege, die er
führte, sind aufgezeichnet in der Chronik der
Könige von Juda. 47 Er entfernte die letzten
Hierodulen, die in den Tagen seines Vaters
Asa übrig geblieben waren, aus dem Land.
48 In Edom gab es damals keinen König; ein
Statthalter vertrat den König. 49 Auch baute
Joschafat eine Tarschischflotte, die nach
Ofir fahren sollte, um Gold zu holen. Doch
kam es nicht zur Fahrt, da die Schiffe in
Ezjon-Geber zerschellten. 50 Damals sagte
Ahasja, der Sohn Ahabs, zu Joschafat: Meine
Leute sollen mit deinen Leuten auf den
Schiffen fahren. Doch Joschafat lehnte es
ab. – 51 Joschafat entschlief zu seinen Vätern
und wurde bei seinen Vätern in der Stadt
seines Vaters David begraben. Sein Sohn
Joram wurde König an seiner Stelle.

41–51 ‖ 2 Chr 20,31 – 21,1 • 47: 15,12.

Ahasja von Israel: 22,52–54

52 Im siebzehnten Jahr des Königs Joscha-
fat von Juda wurde Ahasja, der Sohn Ahabs,
in Samaria König von Israel. Er regierte
zwei Jahre über Israel 53 und tat, was dem
Herrn missfiel. Er folgte den Wegen seines
Vaters und seiner Mutter und den Wegen Je-
robeams, des Sohnes Nebats, der Israel zur
Sünde verführt hatte. 54 Auch diente er Baal
und betete ihn an. So erzürnte er den Herrn,
den Gott Israels, ganz so, wie es sein Vater
getan hatte.

22,38 Die Weissagung ist nicht überliefert.
22,49 Schiffe, die nach dem Muster der in 10,22 erwähnten gebaut waren.

Das zweite Buch der Könige

DIE GESCHICHTE DER GETRENNTEN REICHE
ZWEITER TEIL: 1,1 – 17,41

Elija und Ahasja: 1,1–18

1 Nach dem Tod Ahabs fiel Moab von Is-
rael ab. 2 Ahasja war in Samaria durch
das Gitter seines Obergemachs gefallen und
hatte sich verletzt. Er sandte Boten ab mit
dem Auftrag: Geht, befragt Beelzebul, den
Gott von Ekron, ob ich von diesem Leiden
genesen werde. 3 Doch der Engel des Herrn
sprach zu Elija aus Tischbe: Mach dich auf,
geh den Boten des Königs von Samaria ent-
gegen und sag zu ihnen: Gibt es denn keinen
Gott in Israel, sodass ihr fortgehen müsst,
um Beelzebul, den Gott von Ekron, zu befra-
gen? 4 Darum: So spricht der Herr: Vom La-
ger, auf das du dich gelegt hast, wirst du nicht
mehr aufstehen; denn du musst sterben. Elija
ging weiter. 5 Die Boten aber kehrten zum
König zurück und er fragte sie: Wie kommt
es, dass ihr schon zurück seid? 6 Sie antwor-
teten ihm: Ein Mann kam uns entgegen und
trug uns auf: Kehrt zum König zurück, der
euch gesandt hat, und sagt zu ihm: So spricht
der Herr: Gibt es denn keinen Gott in Israel,
sodass du Boten aussenden musst, die Beel-
zebul, den Gott von Ekron, befragen sollen?
Darum wirst du von dem Lager, auf das du
dich gelegt hast, nicht mehr aufstehen; denn
du musst sterben. 7 Da fragte er sie: Wie sah
der Mann aus, der euch entgegenkam und
diese Worte zu euch sprach? 8 Sie erwiderten:
Er trug einen Mantel aus Ziegenhaaren und
hatte einen ledernen Gurt um die Hüften. Da
sagte er: Das war Elija aus Tischbe.

9 Er sandte nun den Hauptmann über
Fünfzig und seine Leute zu ihm. Dieser stieg
zu Elija hinauf, der auf dem Gipfel des Ber-
ges saß, und rief ihm zu: Mann Gottes, der
König befiehlt dir herabzukommen. 10 Doch
Elija antwortete dem Hauptmann der Fünf-
zig: Wenn ich ein Mann Gottes bin, so falle
Feuer vom Himmel und verzehre dich und
deine Fünfzig. Sogleich fiel Feuer vom Him-
mel und verzehrte ihn und seine Leute.
11 Darauf sandte der König einen anderen
Hauptmann über Fünfzig und seine Leute zu
ihm. Auch dieser ergriff das Wort und rief
Elija zu: Mann Gottes, so spricht der König:
Komm sofort herab! 12 Doch Elija antworte-
te ihnen: Wenn ich ein Mann Gottes bin, so
falle Feuer vom Himmel und verzehre dich
und deine Fünfzig. Sogleich fiel das Feuer
Gottes vom Himmel und verzehrte ihn und
seine Leute. 13 Nun schickte der König einen
dritten Hauptmann über Fünfzig und seine
Leute. Dieser kam hinauf, kniete vor Elija
nieder und flehte ihn an: Mann Gottes,
möchte doch mein Leben und das Leben dei-
ner fünfzig Knechte kostbar sein in deinen
Augen. 14 Feuer ist vom Himmel gefallen und
hat die ersten zwei Hauptleute und ihre
fünfzig Mann verzehrt. Möchte nun mein
Leben kostbar sein in deinen Augen. 15 Da
sagte der Engel des Herrn zu Elija: Geh mit
ihm hinab und fürchte dich nicht vor ihm!
Elija stand also auf, ging mit ihm zum König
hinab 16 und hielt ihm vor: So spricht der
Herr: Du hast Boten ausgesandt, um Beelze-
bul, den Gott von Ekron, zu befragen, als
gäbe es in Israel keinen Gott, dessen Wort
man einholen könnte. Darum wirst du von
dem Lager, auf das du dich gelegt hast, nicht
mehr aufstehen; denn du musst sterben. 17 So
starb Ahasja nach dem Wort des Herrn, das
Elija verkündet hatte.

(Sein Bruder) Joram wurde König an sei-
ner Stelle im zweiten Jahr Jorams, des Soh-
nes Joschafats, des Königs von Juda; denn er

1,2 Die Bezeichnung Zebul (= Fürst) wurde Baal und anderen Göttern beigelegt; sie ist auch im Namen des Gottes von Ekron enthalten. Mt 10,25 hat die ursprüngliche Namensform Beelzebul. Baalzebub in H ist eine Entstellung des Namens (= Herr der Fliegen).

1,8 Der Mantel war das besondere Kleidungsstück der Propheten (1 Sam 28,14; 1 Kön 19,13.19; 2 Kön 2,8.14; Sach 13,4; Mt 3,4).

1,17 Sein Bruder: eingefügt wegen des Zusammenhangs, vgl. 3,1. Der Regierungswechsel wird hier in das zweite Jahr Jorams, des Nachfolgers Joschafats, in 3,1 dagegen in das 18. Jahr Joschafats datiert. Der Unterschied entstand dadurch, dass in 3,1 die Regierungsjahre Omris und seiner Nachfolger Ahab und Ahasja vom Todesjahr Simris (= 27. Jahr Asas), in 1,17 dagegen, wie in G, erst vom Beginn der Alleinherrschaft Omris (= 31. Jahr Asas, nach Ausschaltung Tibnis) an berechnet wurden.

hatte keinen Sohn. 18 Die übrige Geschichte Ahasjas und seine Taten sind aufgezeichnet in der Chronik der Könige von Israel.

Die Entrückung Elijas: 2,1–18

2 An dem Tag, da der Herr Elija im Wirbelsturm in den Himmel aufnehmen wollte, ging Elija mit Elischa von Gilgal weg. 2 Er sagte zu Elischa: Bleib hier; denn der Herr hat mich nach Bet-El gesandt. Doch Elischa erwiderte: So wahr der Herr lebt und so wahr du lebst: Ich verlasse dich nicht. So gingen sie nach Bet-El. 3 Dort kamen die Prophetenjünger, die in Bet-El waren, zu Elischa heraus und sagten zu ihm: Weißt du, dass der Herr heute deinen Meister über dein Haupt hinweg aufnehmen wird? Er antwortete: Auch ich weiß es. Seid still! 4 Elija aber sagte zu ihm: Bleib hier, Elischa; denn der Herr hat mich nach Jericho gesandt. Elischa erwiderte: So wahr der Herr lebt und so wahr du lebst: Ich verlasse dich nicht. So kamen sie nach Jericho. 5 Dort traten die Prophetenjünger, die in Jericho waren, an Elischa heran und sagten zu ihm: Weißt du, dass der Herr heute deinen Meister über dein Haupt hinweg aufnehmen wird? Er antwortete ihnen: Auch ich weiß es. Seid still! 6 Elija aber bat ihn: Bleib hier; denn der Herr hat mich an den Jordan gesandt. Elischa erwiderte: So wahr der Herr lebt und so wahr du lebst: Ich verlasse dich nicht. So gingen beide miteinander. 7 Fünfzig Prophetenjünger folgten ihnen und blieben dann seitwärts in einiger Entfernung stehen. Die beiden traten an den Jordan. 8 Hier nahm Elija seinen Mantel, rollte ihn zusammen und schlug mit ihm auf das Wasser. Dieses teilte sich nach beiden Seiten und sie schritten trockenen Fußes hindurch. 9 Als sie drüben angekommen waren, sagte Elija zu Elischa: Sprich eine Bitte aus, die ich dir erfüllen soll, bevor ich von dir weggenommen werde. Elischa antwortete: Möchten mir doch zwei Anteile deines Geistes zufallen. 10 Elija entgegnete: Du hast etwas Schweres erbeten. Wenn du siehst, wie ich von dir weggenommen werde, wird es dir zuteil werden. Sonst aber wird es nicht geschehen. 11 Während sie miteinander gingen und redeten, erschien ein feuriger Wagen mit feurigen Pferden und trennte beide voneinander. Elija fuhr im Wirbelsturm zum Himmel empor. 12 Elischa sah es und rief laut: Mein Vater, mein Vater! Wagen Israels und sein Lenker! Als er ihn nicht mehr sah, fasste er sein Gewand und riss es mitten entzwei. 13 Dann hob er den Mantel auf, der Elija entfallen war, kehrte um und trat an das Ufer des Jordan. 14 Er nahm den Mantel, der Elija entfallen war, schlug mit ihm auf das Wasser und rief: Wo ist der Herr, der Gott des Elija? Als er auf das Wasser schlug, teilte es sich nach beiden Seiten und Elischa ging hinüber.

15 Die Prophetenjünger von Jericho, die in der Nähe standen, sahen ihn und sagten: Der Geist des Elija ruht auf Elischa. Sie kamen ihm entgegen und warfen sich vor ihm zur Erde nieder. 16 Dann sagten sie zu ihm: Unter deinen Knechten sind fünfzig starke Männer. Sie sollen auf die Suche nach deinem Meister gehen. Der Geist des Herrn könnte ihn fortgetragen und auf einem der Berge oder in einem der Täler niedergesetzt haben. Doch Elischa entgegnete: Schickt niemand! 17 Als sie aber heftig darauf bestanden, sagte er: Schickt sie also hin! Sie schickten fünfzig Mann aus und diese suchten drei Tage lang. Da sie ihn nicht fanden, 18 kehrten sie zu Elischa zurück. Er hielt sich noch in Jericho auf und sagte zu ihnen: Habe ich euch nicht gesagt: Ihr sollt nicht hingehen?

Die ersten Taten Elischas: 2,19–25

19 Die Männer der Stadt sagten zu Elischa: Unser Herr sieht, dass man in dieser Stadt gut wohnen kann; nur das Wasser ist ungesund und in der Gegend gibt es viele Fehlgeburten. 20 Elischa befahl: Bringt mir eine neue Schüssel und schüttet Salz hinein! Man brachte sie ihm 21 und er ging zur Wasserquelle und warf das Salz hinein mit den Worten: So spricht der Herr: Ich mache dieses Wasser gesund. Es wird keinen Tod und keine Fehlgeburt mehr verursachen. 22 Daher ist das Wasser bis zum heutigen Tag gesund, wie es Elischa vorausgesagt hatte.

23 Von dort ging er nach Bet-El. Während er den Weg hinaufstieg, kamen junge Burschen aus der Stadt und verspotteten ihn: Sie riefen ihm zu: Kahlkopf, komm herauf! Kahlkopf, komm herauf! 24 Er wandte sich um, sah sie an und verfluchte sie im Namen des Herrn. Da kamen zwei Bären aus dem Wald

---

2,1 Gilgal ist nicht der in Jos 4,19 genannte Ort bei Jericho, sondern ein Ort nördlich von Bet-El.

2,3 Prophetenjünger: die Mitglieder der Prophetengemeinschaften.

2,9 Durch die Verleihung von zwei Anteilen des Geistes des Elija fällt Elischa die Stellung eines Erstgeborenen zu (vgl. Dtn 21,17).

2,12 Der Ausruf drückt die Bedeutung Elijas aus. Der Kriegswagen gehörte zur wirkungsvollsten Ausrüstung des damaligen Heeres.

und zerrissen zweiundvierzig junge Leute.
25 Von dort ging er zum Berg Karmel und
kehrte dann nach Samaria zurück.

Joram von Israel: 3,1–27

3 Im achtzehnten Jahr Joschafats, des
Königs von Juda, wurde Joram, der
Sohn Ahabs, in Samaria König von Israel. Er
regierte zwölf Jahre 2 und tat, was dem
Herrn missfiel. Doch trieb er es nicht so
schlimm wie sein Vater und seine Mutter;
denn er entfernte das Steinmal des Baal, das
sein Vater errichtet hatte. 3 Nur an der Sün-
de, zu der Jerobeam, der Sohn Nebats, Israel
verführt hatte, hielt er fest und ließ nicht von
ihr ab.

4 Mescha, der König von Moab, betrieb
Schafzucht und musste dem König von Israel
hunderttausend Lämmer und die Wolle von
hunderttausend Widdern liefern. 5 Nach dem
Tod Ahabs aber fiel der König von Moab
vom König von Israel ab. 6 König Joram
rückte daher zu dieser Zeit von Samaria aus
und musterte ganz Israel. 7 Auch ließ er Jo-
schafat, dem König von Juda, sagen: Der Kö-
nig von Moab ist von mir abgefallen. Willst
du mit mir gegen Moab in den Krieg ziehen?
Joschafat antwortete: Ich ziehe mit dir, mein
Volk mit deinem Volk, meine Pferde mit dei-
nen Pferden. 8 Dann fragte Joram: Auf wel-
chem Weg sollen wir hinaufziehen? Joscha-
fat entschied: Durch die Wüste von Edom.

9 Der König von Israel, der König von Juda
und der König von Edom rückten nun aus.
Als sie bereits einen Weg von sieben Tagen
zurückgelegt hatten, fehlte es dem Heer und
dem Vieh, das sie mitführten, an Wasser.
10 Der König von Israel sagte: Weh uns, der
Herr hat diese drei Könige hierher gerufen,
um sie in die Gewalt der Moabiter zu geben.
11 Joschafat aber fragte: Ist hier kein Prophet
des Herrn, durch den wir den Herrn befragen
könnten? Einer von den Dienern des Königs
von Israel antwortete: Hier ist Elischa, der
Sohn Schafats, der Elija Wasser über die
Hände gegossen hat. 12 Joschafat sagte: Bei
ihm ist das Wort des Herrn.

Da ging der König von Israel mit Joschafat
und dem König von Edom zu ihm hinab.
13 Doch Elischa sagte zum König von Israel:
Was habe ich mit dir zu schaffen? Geh zu den
Propheten deines Vaters und zu den Prophe-
ten deiner Mutter! Der König von Israel ent-
gegnete: Darum geht es jetzt nicht. Der Herr
hat diese drei Könige hierher gerufen, um sie
in die Gewalt der Moabiter zu geben. 14 Eli-
scha antwortete: So wahr der Herr der Heere
lebt, in dessen Dienst ich stehe: Wenn ich
nicht auf Joschafat, den König von Juda,
Rücksicht nähme, dich würde ich nicht be-
achten und keines Blickes würdigen. 15 Aber
nun holt mir einen Harfenspieler! Als der
Spieler über die Saiten fuhr, kam die Hand
des Herrn über Elischa 16 und er rief: So
spricht der Herr: Macht in diesem Tal Grube
neben Grube! 17 Denn so spricht der Herr:
Ihr werdet weder Wind noch Regen sehen.
Doch dieses Tal wird sich mit Wasser füllen
und ihr werdet trinken, wie auch eure Her-
den und euer Vieh. 18 Aber das ist dem Herrn
noch zu wenig. Er wird die Moabiter in eure
Gewalt geben. 19 Ihr werdet alle Festungen
und ihre besten Städte erobern, alle wertvol-
len Bäume fällen, alle Wasserquellen zu-
schütten und alle guten Äcker mit Steinen
verderben. 20 Und wirklich, am nächsten
Morgen, zur Zeit, da man das Speiseopfer
darzubringen pflegt, kam Wasser von Edom
her und die ganze Gegend wurde vom Was-
ser überflutet.

21 Als ganz Moab erfuhr, dass die Könige
zum Krieg gegen das Land anrückten, wur-
den alle aufgeboten, die Waffen tragen
konnten; sie stellten sich an der Grenze auf.
22 Frühmorgens aber, als die Sonne über dem
Wasser aufging, erschien ihnen das Wasser
drüben rot wie Blut. 23 Sie sagten: Das ist
Blut. Die Könige haben sich selbst umge-
bracht; einer hat den andern erschlagen. Auf
jetzt, zur Beute, ihr Moabiter! 24 Doch als sie
sich dem Lager der Israeliten näherten, er-
hoben sich diese und schlugen die Moabiter
in die Flucht. Unaufhörlich drängten die
Israeliten nach und machten sie nieder. 25 Sie
zerstörten die Städte und auf alle guten
Äcker warf jeder seinen Stein, bis sie ganz
bedeckt waren. Auch schütteten sie alle
Wasserquellen zu und fällten alle wertvollen
Bäume. Zuletzt blieb nur noch Kir-Heres
übrig; diese Stadt umstellten und beschossen
die Schleuderer. 26 Als der König von Moab
sah, dass er dem Angriff nicht mehr stand-
halten konnte, sammelte er siebenhundert
mit dem Schwert bewaffnete Männer um
sich und versuchte beim König von Edom

3,5 Über die Erfolge Meschas berichtet ein nach ihm benannter Gedenkstein.

3,20 Der Hinweis auf das Speiseopfer ist Zeitangabe wie in 1 Kön 18,29.

3,22 Die rote Färbung des Wassers könnte vom mitgeführten Sand oder von einer Luftspiegelung kommen, bei der das Wasser unter der aufgehenden Sonne rot erschien.

3,24 drängten die Israeliten nach: Text korr. nach G.

durchzubrechen. Doch es gelang ihnen nicht. 27 Nun nahm er seinen erstgeborenen Sohn, der nach ihm König werden sollte, und brachte ihn auf der Mauer als Brandopfer dar. Da kam ein gewaltiger Zorn über Israel. Sie zogen von Moab ab und kehrten in ihr Land zurück.

2: 1 Kön 16,32 • 7: 1 Kön 22,4.

Das Öl der Witwe: 4,1–7

4 Eine von den Frauen der Prophetenjünger wandte sich laut rufend an Elischa: Mein Mann, dein Knecht, ist gestorben. Du weißt, dass dein Knecht gottesfürchtig war. Nun kommt der Gläubiger, um sich meine beiden Söhne als Sklaven zu nehmen. 2 Elischa fragte sie: Was kann ich für dich tun? Sag mir: Was hast du im Haus? Sie antwortete: Deine Magd hat nichts im Haus als einen Krug Öl. 3 Da sagte er: Geh und erbitte dir auf der Gasse von allen deinen Nachbarn leere Gefäße, aber nicht zu wenige! 4 Dann geh heim, verschließ die Tür hinter dir und deinen Söhnen, gieß Öl in alle diese Gefäße und stell die gefüllten beiseite! 5 Sie ging von ihm weg und verschloss die Tür hinter sich und ihren Söhnen. Diese reichten ihr die Gefäße hin und sie füllte ein. 6 Als alle Gefäße voll waren, sagte sie zu ihrem Sohn: Bring mir noch ein Gefäß! Er antwortete: Es ist keines mehr da. Da floß das Öl nicht mehr weiter. 7 Sie aber kam und erzählte es dem Gottesmann. Dieser befahl ihr: Geh, verkauf das Öl und bezahl deine Schuld! Von dem, was übrig bleibt, magst du mit deinen Söhnen leben.

Die Totenerweckung: 4,8–37

8 Eines Tages ging Elischa nach Schunem. Dort lebte eine vornehme Frau, die ihn dringend bat, bei ihr zu essen. Seither kehrte er zum Essen bei ihr ein, sooft er vorbeikam. 9 Sie aber sagte zu ihrem Mann: Ich weiß, dass dieser Mann, der ständig bei uns vorbeikommt, ein heiliger Gottesmann ist. 10 Wir wollen ein kleines, gemauertes Obergemach herrichten und dort ein Bett, einen Tisch, einen Stuhl und einen Leuchter für ihn bereitstellen. Wenn er dann zu uns kommt, kann er sich dorthin zurückziehen.

11 Als Elischa eines Tages wieder hinkam, ging er in das Obergemach, um dort zu schlafen. 12 Dann befahl er seinem Diener Gehasi: Ruf diese Schunemiterin! Er rief sie, und als sie vor ihm stand, 13 befahl er dem Diener: Sag zu ihr: Du hast dir so viel Mühe um uns gemacht. Was können wir für dich tun? Sollen wir beim König oder beim Obersten des Heeres ein Wort für dich einlegen? Doch sie entgegnete: Ich wohne inmitten meiner Verwandten. 14 Und als er weiter fragte, was man für sie tun könne, sagte Gehasi: Nun, sie hat keinen Sohn und ihr Mann ist alt. 15 Da befahl er: Ruf sie herein! Er rief sie und sie blieb in der Tür stehen. 16 Darauf versicherte ihr Elischa: Im nächsten Jahr um diese Zeit wirst du einen Sohn liebkosen. Sie aber entgegnete: Ach nein, Herr, Mann Gottes, täusche doch deiner Magd nichts vor! 17 Doch die Frau wurde schwanger und im nächsten Jahr, um die Zeit, die Elischa genannt hatte, gebar sie einen Sohn.

18 Als das Kind herangewachsen war, ging es eines Tages zu seinem Vater hinaus zu den Schnittern. 19 Dort klagte es ihm: Mein Kopf, mein Kopf! Der Vater befahl seinem Knecht: Trag das Kind heim zu seiner Mutter! 20 Der Knecht nahm es und brachte es zu ihr. Es saß noch bis zum Mittag auf ihren Knien; dann starb es. 21 Sie stieg nun in das obere Gemach hinauf, legte das Kind auf das Bett des Gottesmannes und schloss die Tür hinter ihm ab. Dann verließ sie das Haus, 22 rief ihren Mann und bat ihn: Schick mir einen von den Knechten und einen Esel! Ich will zum Gottesmann eilen und komme bald zurück. 23 Er wandte ein: Warum gehst du heute zu ihm? Es ist doch nicht Neumond und nicht Sabbat. Doch sie sagte nur: Friede mit dir!, 24 sattelte den Esel und befahl dem Knecht: Treib tüchtig an und halte mich beim Reiten nicht auf, es sei denn, dass ich es dir sage.

25 So reiste sie ab und kam zum Gottesmann auf den Karmel. Als er sie von ferne sah, sagte er zu seinem Diener Gehasi: Da kommt die Schunemiterin. 26 Lauf ihr entgegen und frag sie: Geht es dir gut? Geht es auch deinem Mann und dem Kind gut? Sie antwortete: Es geht gut. 27 Sobald sie aber zum Gottesmann auf den Berg kam, umfasste sie seine Füße. Gehasi trat hinzu, um sie wegzudrängen; aber der Gottesmann wehrte ab: Lass sie; denn ihre Seele ist betrübt. Doch der Herr hat mir den Grund verborgen und mir nicht mitgeteilt. 28 Darauf sagte sie: Habe ich denn meinen Herrn um einen Sohn

4,1 Zahlungsunfähige Schuldner konnten zu Sklaven gemacht werden (vgl. Am 2,6; 8,6; Mt 18,25).
4,8 Schunem: nördlich von Jesreel.
4,13 Die Frau hält eine Vermittlung beim König für unnötig und bezeugt damit die starke Stellung des Familienverbands im israelitischen Staat.
4,23 Aus der Frage geht hervor, dass man an Neumondtagen und Sabbaten Propheten aufsuchte.

gebeten? Habe ich nicht gesagt: Mach mir keine falschen Hoffnungen? 29 Elischa befahl nun Gehasi: Gürte dich, nimm meinen Stab in die Hand und mach dich auf den Weg! Wenn du jemand begegnest, so grüß ihn nicht; und wenn dich jemand grüßt, so antworte ihm nicht! Leg meinen Stab auf das Gesicht des Kindes! 30 Aber die Mutter des Kindes sagte: So wahr der Herr lebt und so wahr du lebst: Ich lasse nicht von dir ab. Da stand er auf und folgte ihr. 31 Gehasi war vorausgeeilt und hatte den Stab auf das Gesicht des Kindes gelegt; doch es kam kein Laut und kein Lebenszeichen. Daher lief er zum Gottesmann zurück und berichtete: Das Kind ist nicht aufgewacht.

32 Als Elischa in das Haus kam, lag das Kind tot auf seinem Bett. 33 Er ging in das Gemach, schloss die Tür hinter sich und dem Kind und betete zum Herrn. 34 Dann trat er an das Bett und warf sich über das Kind; er legte seinen Mund auf dessen Mund, seine Augen auf dessen Augen, seine Hände auf dessen Hände. Als er sich so über das Kind hinstreckte, kam Wärme in dessen Leib. 35 Dann stand er auf, ging im Haus einmal hin und her, trat wieder an das Bett und warf sich über das Kind. Da nieste es siebenmal und öffnete die Augen. 36 Nun rief Elischa seinen Diener Gehasi und befahl ihm, die Schunemiterin zu rufen. Er rief sie, und als sie kam, sagte der Gottesmann zu ihr: Nimm deinen Sohn! 37 Sie trat hinzu, fiel Elischa zu Füßen und verneigte sich bis zur Erde. Dann nahm sie ihren Sohn und ging hinaus.

18–37: 1 Kön 17,17–24 • 34: 1 Kön 17,21; Apg 20,10.

Die ungenießbare Speise: 4,38–41

38 Elischa kehrte nach Gilgal zurück. Im Land herrschte damals eine Hungersnot. Als die Prophetenjünger vor ihm saßen, befahl er seinem Diener: Setz den großen Topf auf und koch ein Gericht für die Prophetenjünger! 39 Einer von ihnen ging auf das Feld hinaus, um Malven zu holen. Dabei fand er ein wildes Rankengewächs und pflückte davon so viele Früchte, wie sein Gewand fassen konnte. Dann kam er zurück und schnitt sie in den Kochtopf hinein, da man sie nicht kannte. 40 Als man sie aber den Männern zum Essen vorsetzte und sie von der Speise kosteten, schrien sie laut und riefen: Der Tod ist im Topf, Mann Gottes. Sie konnten nichts essen. 41 Doch er befahl: Bringt mir etwas Mehl! Er streute das Mehl in den Topf und sagte: Setzt es nun den Leuten zum Essen vor! Jetzt war nichts Schädliches mehr im Topf.

Die Brotvermehrung: 4,42–44

42 Einmal kam ein Mann von Baal-Schalischa und brachte dem Gottesmann Brot von Erstlingsfrüchten, zwanzig Gerstenbrote, und frische Körner in einem Beutel. Elischa befahl seinem Diener: Gib es den Leuten zu essen! 43 Doch dieser sagte: Wie soll ich das hundert Männern vorsetzen? Elischa aber sagte: Gib es den Leuten zu essen! Denn so spricht der Herr: Man wird essen und noch übrig lassen. 44 Nun setzte er es ihnen vor; und sie aßen und ließen noch übrig, wie der Herr gesagt hatte.

Die Heilung des Aramäers Naaman: 5,1–27

5 Naaman, der Feldherr des Königs von Aram, galt viel bei seinem Herrn und war angesehen; denn durch ihn hatte der Herr den Aramäern den Sieg verliehen. Der Mann war tapfer, aber an Aussatz erkrankt. 2 Nun hatten die Aramäer bei einem Streifzug ein junges Mädchen aus dem Land Israel verschleppt. Es war in den Dienst der Frau Naamans gekommen. 3 Es sagte zu seiner Herrin: Wäre mein Herr doch bei dem Propheten in Samaria! Er würde seinen Aussatz heilen. 4 Naaman ging zu seinem Herrn und meldete ihm: Das und das hat das Mädchen aus Israel gesagt. 5 Der König von Aram antwortete: So geh doch hin; ich werde dir ein Schreiben an den König von Israel mitgeben. Naaman machte sich auf den Weg. Er nahm zehn Talente Silber, sechstausend Schekel Gold und zehn Festkleider mit 6 und überbrachte dem König von Israel das Schreiben. Es hatte folgenden Inhalt: Wenn jetzt dieser Brief zu dir gelangt, so wisse: Ich habe meinen Knecht Naaman zu dir geschickt, damit du seinen Aussatz heilst. 7 Als der König von Israel den Brief gelesen hatte, zerriss er seine Kleider und rief: Bin ich denn ein Gott, der töten und zum Leben erwecken kann? Er schickt einen Mann zu mir, damit ich ihn von seinem Aussatz heile. Merkt doch und seht, dass er nur Streit mit mir sucht.

8 Als der Gottesmann Elischa hörte, der König von Israel habe seine Kleider zerrissen, ließ er ihm sagen: Warum hast du deine Kleider zerrissen? Naaman soll zu mir kommen; dann wird er erfahren, dass es in Israel

---

5,6 In Damaskus zählte man Elischa zu den Hofpropheten; daher richtete der König das Schreiben an den König von Israel, der einen Propheten mit der Heilung beauftragen kann.

einen Propheten gibt. 9 So kam Naaman mit seinen Pferden und Wagen und hielt vor dem Haus Elischas. 10 Dieser schickte einen Boten zu ihm hinaus und ließ ihm sagen: Geh und wasch dich siebenmal im Jordan! Dann wird dein Leib wieder gesund, und du wirst rein. 11 Doch Naaman wurde zornig. Er ging weg und sagte: Ich dachte, er würde herauskommen, vor mich hintreten, den Namen Jahwes, seines Gottes, anrufen, seine Hand über die kranke Stelle bewegen und so den Aussatz heilen. 12 Sind nicht der Abana und der Parpar, die Flüsse von Damaskus, besser als alle Gewässer Israels? Kann ich nicht dort mich waschen, um rein zu werden? Voll Zorn wandte er sich ab und ging weg. 13 Doch seine Diener traten an ihn heran und redeten ihm zu: Wenn der Prophet etwas Schweres von dir verlangt hätte, würdest du es tun; wie viel mehr jetzt, da er zu dir nur gesagt hat: Wasch dich und du wirst rein. 14 So ging er also zum Jordan hinab und tauchte siebenmal unter, wie ihm der Gottesmann befohlen hatte. Da wurde sein Leib gesund wie der Leib eines Kindes und er war rein.

15 Nun kehrte er mit seinem ganzen Gefolge zum Gottesmann zurück, trat vor ihn hin und sagte: Jetzt weiß ich, dass es nirgends auf der Erde einen Gott gibt außer in Israel. So nimm jetzt von deinem Knecht ein Dankgeschenk an! 16 Elischa antwortete: So wahr der Herr lebt, in dessen Dienst ich stehe: Ich nehme nichts an. Auch als Naaman ihn dringend bat, es zu nehmen, lehnte er ab. 17 Darauf sagte Naaman: Wenn es also nicht sein kann, dann gebe man deinem Knecht so viel Erde, wie zwei Maultiere tragen können; denn dein Knecht wird keinem andern Gott mehr Brand- und Schlachtopfer darbringen als Jahwe allein. 18 Nur dies möge Jahwe deinem Knecht verzeihen: Wenn mein Herr zur Anbetung in den Tempel Rimmons geht, stützt er sich dort auf meinen Arm. Ich muss mich dann im Tempel Rimmons niederwerfen, wenn er sich dort niederwirft. Dann möge das Jahwe deinem Knecht verzeihen. 19 Elischa antwortete: Geh in Frieden!

Als Naaman schon eine Strecke Weges von ihm entfernt war, 20 sagte sich Gehasi, der Diener Elischas, des Gottesmannes: Mein Herr hat diesen Aramäer Naaman geschont und nichts von dem angenommen, was er mitgebracht hatte. So wahr der Herr lebt: Ich werde ihm nachlaufen und mir etwas von ihm holen. 21 Gehasi eilte ihm also nach. Als ihn Naaman hinter sich herankommen sah, beugte er sich ihm vom Wagen aus zu und fragte: Steht alles gut? 22 Er antwortete: Ja; nur lässt mein Herr sagen: Soeben sind vom Gebirge Efraim zwei junge Männer, zwei Prophetenjünger, zu mir gekommen. Gib ihnen doch ein Talent Silber und zwei Festkleider! 23 Naaman erwiderte: Tu mir den Gefallen und nimm zwei Talente! Er bat ihn dringend darum und tat zwei Talente Silber in zwei Beutel, legte zwei Festkleider dazu und ließ sie durch zwei Diener vor ihm hertragen. 24 Als Gehasi auf der Höhe angekommen war, nahm er ihnen die Geschenke ab und brachte sie in das Haus. Die Männer schickte er weg und sie kehrten zurück. 25 Er selbst ging hinein und trat vor seinen Herrn. Elischa fragte ihn: Woher kommst du, Gehasi? Er antwortete: Dein Knecht ist nirgendwohin gegangen. 26 Da sagte Elischa zu ihm: War nicht mein Geist zugegen, als sich jemand von seinem Wagen aus dir zuwandte? Ist es denn Zeit, Geld anzunehmen und Kleider, Ölgärten, Weinberge, Schafe und Rinder, Knechte und Mägde zu erwerben? 27 Der Aussatz Naamans aber soll für immer an dir und deinen Nachkommen haften. Gehasi ging hinaus und war vom Aussatz weiß wie Schnee.

Das verlorene Beil: 6,1–7

6 Die Prophetenjünger klagten bei Elischa: Der Raum, in dem wir vor dir sitzen, ist zu eng für uns. 2 Wir wollen an den Jordan gehen und dort soll jeder von uns einen Balken holen, damit wir uns hier einen Raum errichten, in dem wir wohnen können. Er antwortete: Geht! 3 Einer aber bat ihn: Erweis uns den Gefallen und geh mit deinen Knechten! Er erwiderte: Ich gehe mit. 4 Er ging also mit ihnen und sie kamen an den Jordan und fällten Bäume. 5 Einem aber fiel beim Fällen seines Stammes die eiserne Klinge des Beils in das Wasser. Er rief laut: Wehe, mein Herr, das Beil ist auch noch geliehen! 6 Der Gottesmann fragte: Wohin ist es gefallen? Er zeigte ihm die Stelle; Elischa schnitt ein Stück Holz ab, warf es dorthin und brachte das Eisen zum Schwimmen. 7 Dann befahl er: Hol es herauf! Der Mann streckte die Hand aus und ergriff es.

5,13 Wenn: Text korr.

5,17 Der besonderen Beziehung Jahwes zum Land Israel wegen will er Opfer auf israelitischer Erde darbringen.

5,18 wenn er sich dort niederwirft: Text korr. nach G; H: wenn ich mich dort niederwerfe.

Die Gefangenen des Propheten: 6,8–23

8 Der König von Aram führte Krieg mit Is-
rael. Er verabredete mit seinen Untergebe-
nen, an einer bestimmten Stelle einen Hin-
terhalt zu legen. 9 Aber der Gottesmann ließ
dem König von Israel sagen: Hüte dich, an
jener Stelle vorbeizugehen; denn die Aramä-
er liegen dort im Hinterhalt. 10 Der König
von Israel schickte nun Späher an die Stelle,
die ihm der Gottesmann genannt und vor der
er ihn gewarnt hatte, und nahm sich dort in
Acht. Als das nicht nur einmal oder zweimal
geschah, 11 wurde der König von Aram beun-
ruhigt. Er rief seine Untergebenen und frag-
te sie: Könnt ihr mir nicht angeben, wer von
den Unsrigen zum König von Israel hält?
12 Da sagte einer von seinen Leuten: Nie-
mand, mein Herr und König, sondern Eli-
scha, der Prophet in Israel, verrät dem König
von Israel, was du in deinem Schlafzimmer
sprichst. 13 Da befahl er: Geht und erkundet,
wo er sich aufhält, damit ich ihn festnehmen
lasse. Man meldete ihm: Er ist in Dotan. 14 Er
schickte also Pferde und Wagen und eine
starke Truppe dorthin. Sie erreichten die
Stadt in der Nacht und umstellten sie. 15 Als
der Diener des Gottesmannes am nächsten
Morgen aufstand und hinaustrat, hatte die
Truppe die Stadt mit Pferden und Wagen
umstellt. Da sagte der Diener zu seinem
Herrn: Wehe, mein Herr, was sollen wir tun?
16 Doch dieser sagte: Fürchte dich nicht! Bei
uns sind mehr als bei ihnen. 17 Dann betete
Elischa: Herr, öffne ihm die Augen, damit er
sieht. Und der Herr öffnete dem Diener die
Augen: Er sah den Berg rings um Elischa voll
von feurigen Pferden und Wagen.

18 Als dann die Aramäer anrückten, betete
Elischa zum Herrn und rief: Schlag doch die-
se Leute mit Verblendung! Und der Herr
schlug sie auf das Wort Elischas hin mit Ver-
blendung. 19 Daraufhin sagte Elischa zu ih-
nen: Das ist nicht der richtige Weg und nicht
die richtige Stadt. Folgt mir! Ich werde euch
zu dem Mann führen, den ihr sucht. Er führ-
te sie aber nach Samaria. 20 Als sie dort an-
gekommen waren, betete Elischa: Herr, öff-
ne ihnen die Augen, damit sie sehen. Der
Herr öffnete ihnen die Augen und sie sahen,
dass sie mitten in Samaria waren.

21 Sobald nun der König von Israel sie er-
blickte, rief er Elischa zu: Soll ich sie tot-
schlagen, mein Vater? 22 Doch dieser erwi-
derte: Töte sie nicht! Erschlägst du denn
jene, die du mit deinem Schwert und Bogen
gefangen nimmst? Setz ihnen Brot und Was-
ser vor, damit sie essen und trinken und
dann zu ihrem Herrn zurückkehren. 23 Der
König gab ihnen reichlich zu essen und zu
trinken und entließ sie zu ihrem Herrn. Seit-
dem kamen keine aramäischen Streifscharen
mehr in das Land Israel.

Die Rettung aus Hungersnot: 6,24 – 7,20

24 Danach sammelte Ben-Hadad, der Kö-
nig von Aram, seine ganze Streitmacht, zog
gegen Samaria und belagerte es. 25 In der
eingeschlossenen Stadt entstand eine große
Hungersnot, sodass der Kopf eines Esels
achtzig Silberschekel kostete und ein Vier-
telkab Milchsterne fünf Silberschekel. 26 Als
der König von Israel einmal auf der Mauer
vorbeischritt, rief ihm eine Frau zu: Hilf mir,
mein Herr und König! 27 Er antwortete:
Wenn dir der Herr nicht hilft, wie soll ich dir
helfen? Soll es etwas von der Tenne oder von
der Kelter sein? 28 Dann fragte er sie: Was
fehlt dir? Sie sagte: Diese Frau hat von mir
verlangt: Gib deinen Sohn her, damit wir ihn
heute aufessen. Meinen Sohn werden wir
dann morgen verzehren. 29 So haben wir
meinen Sohn gekocht und aufgegessen. Als
ich aber am nächsten Tag zu ihr sagte: Gib
jetzt deinen Sohn her, damit wir ihn verzeh-
ren, hatte sie ihren Sohn versteckt. 30 Als der
König die Worte der Frau hörte, zerriss er
seine Kleider, und da er auf der Mauer ent-
langging, sah das Volk, dass er ein Bußge-
wand auf dem bloßen Leib trug. 31 Er rief:
Gott soll mir dies und das antun, wenn Eli-
scha, der Sohn Schafats, bis heute Abend
seinen Kopf behält.

32 Elischa hielt sich in seinem Haus auf
und die Ältesten saßen bei ihm. Der König
hatte einen Mann vor sich her gesandt; aber
noch vor der Ankunft des Boten sagte Eli-
scha zu den Ältesten: Merkt ihr, dass dieser
Sohn eines Mörders (seinen Henker) schickt,
der mir den Kopf abschlagen soll? Gebt nun
Acht! Wenn der Bote kommt, verschließt die
Tür und haltet ihn an der Tür zurück! Sind
nicht schon die Schritte seines Herrn hinter

6,8f Hinterhalt: Text korr. nach G (V. 9).
6,13 Dotan: nördlich von Samaria.
6,24 Ben-Hadad III., der Nachfolger Hasaëls. In Israel regiert Joasch (vgl. 13,24f).
6,25 Milchstern: ein Zwiebelgewächs, das man nur in Notzeiten aß; andere Übersetzungsmöglichkeit: Taubenmist.
6,33 kam der König: H: kam der Bote. – Der König konnte Elischa für die Not verantwortlich machen, wenn sie von ihm angekündigt worden war (vgl. die Anmerkung zu 1 Kön 18,10) oder wenn Elischa gegen den Willen des Königs zum Durchhalten geraten hatte.

ihm zu hören? 33 Noch während er mit ihnen redete, kam der König und sagte: Dieses Elend kommt vom Herrn. Was soll ich noch vom Herrn erwarten?

7

Doch Elischa entgegnete: Hört das Wort des Herrn! So spricht der Herr: Morgen um diese Zeit kostet am Tor von Samaria ein Sea Feinmehl nur noch einen Schekel und auch zwei Sea Gerste kosten nur noch einen Schekel. 2 Doch der Adjutant, auf dessen Arm sich der König stützte, antwortete dem Gottesmann: Selbst wenn der Herr Schleusen am Himmel anbrächte, könnte das nicht geschehen. Elischa erwiderte: Du wirst es mit deinen eigenen Augen sehen, aber nicht davon essen.

3 Vor dem Eingang des Stadttors saßen vier aussätzige Männer. Sie sagten zueinander: Warum sitzen wir hier, bis wir sterben? 4 Wollten wir in die Stadt gehen, in der Hungersnot herrscht, dann sterben wir in ihr. Bleiben wir draußen, dann sterben wir auch. Kommt, wir gehen in das Lager der Aramäer hinüber! Wenn sie uns am Leben lassen, bleiben wir am Leben. Wenn sie uns töten, so sterben wir. 5 Sie machten sich daher in der Abenddämmerung auf, um in das Lager der Aramäer zu gehen. Doch als sie in den Bereich des aramäischen Lagers kamen, war dort niemand zu sehen. 6 Der Herr hatte nämlich das Rollen von Wagen, das Getrampel von Pferden und das Lärmen eines großen Heeres im Lager vernehmen lassen, sodass einer zum andern sagte: Der König von Israel hat die Könige der Hetiter und die Könige von Ägypten gegen uns angeworben, um uns überfallen zu lassen. 7 Sie waren daher in der Dämmerung aufgebrochen und geflohen. Dabei hatten sie ihre Zelte, Pferde und Esel und das ganze Lager, so wie es war, zurückgelassen, um durch die Flucht ihr Leben zu retten. 8 Als nun die Aussätzigen in den Bereich des Lagers kamen, gingen sie in ein Zelt, aßen und tranken, nahmen Silber, Gold und Kleider und entfernten sich, um die Beute zu verstecken. Dann kamen sie zurück, gingen in ein anderes Zelt, machten auch hier ihre Beute und entfernten sich wieder, um sie zu verstecken. 9 Dann aber sagten sie zueinander: Wir handeln nicht recht. Heute ist ein Tag froher Botschaft. Wenn wir schweigen und bis zum Morgengrauen warten, trifft uns Schuld. Kommt also; wir gehen und melden es im Palast des Königs. 10 Sie machten sich auf, riefen die Wächter der Stadt und erzählten ihnen: Wir sind in das Lager der Aramäer gekommen. Aber dort war niemand zu sehen und kein menschlicher Laut zu hören. Die Pferde und Esel waren angebunden und die Zelte standen so da, wie sie waren. 11 Da schlugen die Wächter Lärm und man meldete es drinnen im Palast des Königs.

12 Noch in der Nacht stand der König auf und sagte zu seinen Leuten: Ich will euch erklären, was die Aramäer gegen uns planen. Sie wissen, dass wir Hunger leiden, und haben das Lager nur verlassen, um sich auf dem freien Feld zu verstecken mit dem Hintergedanken: Wenn sie die Stadt verlassen, nehmen wir sie lebendig gefangen und dringen in die Stadt ein. 13 Doch einer von den Leuten schlug vor: Man nehme doch fünf von den noch vorhandenen Pferden. Ihnen mag es ergehen wie den vielen Israeliten, die schon zugrunde gegangen sind. Wir wollen Männer mit den Pferden hinschicken und dann weiter sehen. 14 Man nahm also zwei Wagen mit den Pferden. Der König schickte sie der Streitmacht der Aramäer nach und befahl ihnen: Brecht auf und seht nach! 15 Sie fuhren hinter ihnen her bis an den Jordan und fanden den ganzen Weg mit Kleidern und Waffen übersät, die die Aramäer auf ihrer überstürzten Flucht weggeworfen hatten. Als sie zurückkamen und dem König Meldung erstatteten, 16 strömte das Volk hinaus und plünderte das Lager der Aramäer. Jetzt kostete ein Sea Feinmehl nur noch einen Schekel und auch zwei Sea Gerste kosteten nur noch einen Schekel, wie es der Herr vorausgesagt hatte.

17 Der König hatte die Aufsicht über das Tor dem Adjutanten übertragen, auf dessen Arm er sich zu stützen pflegte. Ihn trat das Volk im Stadttor nieder und so starb er, wie es ihm der Gottesmann vorausgesagt hatte, als der König gekommen war, um mit ihm zu reden. 18 Als nämlich der Gottesmann zum König sagte: Morgen um diese Zeit kosten am Tor von Samaria zwei Sea Gerste nur noch einen Schekel und ein Sea Feinmehl kostet nur noch einen Schekel, 19 hatte der Adjutant dem Gottesmann geantwortet: Selbst wenn der Herr Schleusen am Himmel anbrächte, könnte dies nicht geschehen. Und Elischa hatte ihm erwidert: Du wirst es mit deinen Augen sehen, aber nicht davon essen. 20 So geschah es ihm nun: Das Volk trat ihn im Tor nieder, sodass er starb.

7,1 Man wird Lebensmittel wieder zu normalen Preisen erhalten, sie werden also wieder in genügender Menge vorhanden sein.

7,11 schlugen Lärm: Text korr. nach G.

7,13 H ist durch Doppelschreibung einer Zeile entstellt.

Die Sorge für die Frau aus Schunem: 8,1–6

8 Elischa sagte zu der Frau, deren Sohn
er zum Leben erweckt hatte: Mach dich
auf, zieh mit deiner Familie fort und halte
dich irgendwo in der Fremde auf; denn der
Herr hat eine Hungersnot verhängt. Schon
kommt sie über das Land und sie wird sieben
Jahre dauern. 2 Da machte sich die Frau auf
den Weg und tat, was ihr der Gottesmann
geraten hatte. Sie zog mit ihren Angehörigen
fort und hielt sich sieben Jahre im Land der
Philister auf. 3 Nach Ablauf von sieben Jah-
ren kehrte sie aus dem Land der Philister zu-
rück und ging zum König, um wegen ihres
Hauses und ihrer Felder seine Hilfe zu erbit-
ten. 4 Der König war gerade im Gespräch mit
Gehasi, dem Diener des Gottesmannes, und
hatte ihn aufgefordert: Erzähl mir alles Gro-
ße, das Elischa vollbracht hat. 5 Während
dieser dem König erzählte, wie Elischa den
Toten zum Leben erweckt hatte, kam die
Frau, deren Sohn er zum Leben erweckt hat-
te, um wegen ihres Hauses und ihrer Felder
die Hilfe des Königs zu erbitten. Da sagte
Gehasi: Das, mein Herr und König, ist die
Frau und das ist ihr Sohn, den Elischa zum
Leben erweckt hat. 6 Nun fragte der König
die Frau selbst und sie erzählte ihm alles.
Darauf gab ihr der König einen Beamten mit
und trug ihm auf: Verschaff ihr alles wieder,
was ihr gehört, auch den ganzen Ertrag ihrer
Felder von dem Tag an, da sie das Land ver-
lassen hat, bis heute.

1: 4,32–37.

Elischa in Damaskus: 8,7–15

7 Elischa kam nach Damaskus, wo Ben-
Hadad, der König von Damaskus, krank da-
niederlag. Man meldete ihm, dass der Got-
tesmann gekommen sei. 8 Darauf befahl der
König dem Hasaël: Nimm ein Geschenk, geh
dem Gottesmann entgegen und befrag durch
ihn Jahwe, ob ich von dieser Krankheit wie-
der genesen werde. 9 Hasaël ging Elischa
entgegen; als Geschenk nahm er allerlei
Kostbarkeiten von Damaskus mit, so viel,
wie vierzig Kamele tragen konnten. Er kam
zu Elischa, trat vor ihn hin und sagte: Dein
Sohn Ben-Hadad, der König von Aram, hat
mich zu dir gesandt und lässt fragen: Werde
ich von dieser Krankheit wieder genesen?
10 Elischa antwortete ihm: Geh und sag ihm:
Du wirst genesen. – Doch der Herr hat mir
gezeigt, dass er sterben muss. 11 Hasaël ver-
zog keine Miene und blickte ihn scharf an.
Der Gottesmann aber weinte. 12 Als Hasaël
dann fragte: Warum weint mein Herr?, gab
er zur Antwort: Weil ich weiß, wie viel Leid
du den Israeliten bringen wirst. Du wirst
ihre Festungen in Brand stecken, ihre jungen
Männer mit dem Schwert töten, ihre Kinder
zerschmettern, ihren schwangeren Frauen
den Leib aufschlitzen. 13 Hasaël entgegnete:
Was ist denn dein Knecht, dieser Hund, dass
er so gewaltige Dinge tun könnte? Elischa
antwortete: Der Herr hat dich mir als König
von Aram gezeigt. 14 Hasaël verließ Elischa
und kehrte zu seinem Herrn zurück. Dieser
fragte ihn: Was hat Elischa zu dir gesagt?
Und er gab zur Antwort: Er hat zu mir ge-
sagt, dass du genesen wirst. 15 Am folgenden
Tag aber nahm er eine Decke, tauchte sie ins
Wasser und legte sie ihm über das Gesicht,
sodass er starb. Hasaël wurde König an sei-
ner Stelle.

12: 10,32f; Am 1,3.

Joram von Juda: 8,16–24

16 Im fünften Jahr Jorams, des Sohnes
Ahabs, des Königs von Israel, während
Joschafat noch König von Juda war, wurde
Joram, der Sohn Joschafats, König von Juda.
17 Er war zweiunddreißig Jahre alt, als er
König wurde, und regierte acht Jahre in
Jerusalem. 18 Er folgte den Wegen derKöni-
ge von Israel, wie es das Haus Ahab getan
hatte; denn er hatte eine Tochter Ahabs zur
Frau und er tat, was dem Herrn missfiel.
19 Doch der Herr wollte Juda nicht verderben
wegen seines Knechtes David, dem er ver-
sprochen hatte, er werde ihm für immer eine
Leuchte vor seinen Augen geben.

20 In den Tagen Jorams fiel Edom von Juda
ab und setzte einen eigenen König ein. 21 Jo-
ram zog daher mit all seinen Kriegswagen
nach Zaïr. Während der Nacht griff er an

8,7 Ben-Hadad II., der Vorgänger Hasaëls.

8,10 Der Bescheid des Propheten besteht aus zwei scheinbar sich widersprechenden Sätzen. Der erste wird von manchen so verstanden: Du könntest genesen, aber der Tod wird durch andere Ursachen herbeigeführt werden. Hasaël täuscht den kranken König, indem er ihm den zweiten Teil des Bescheids vorenthält und dadurch auch den Sinn des ersten Teils verfälscht.

8,15 Das Subjekt des Satzes wird nicht ausdrücklich genannt. Wahrscheinlich wurde der König von Hasaël ermordet.

8,16 Das fünfte Jahr Jorams von Israel war erst das 22./23. Jahr Joschafats. Sein Sohn übernahm also die Regierung zu Lebzeiten seines Vaters, vgl. 2 Chr 21,4.

8,21 Joram und die Hauptleute seiner Wagentruppe waren von den Edomitern eingeschlossen, nachdem die Mannschaften geflohen waren. Doch gelang ihnen der Durchbruch und die Flucht.

und schlug die Edomiter, die ihn und die
Obersten der Kriegswagen umzingelt hatten;
seine Leute aber waren in die Zelte geflohen.
22 Doch Edom fiel von Juda ab und ist ab-
trünnig bis zum heutigen Tag. Damals, zur
gleichen Zeit, fiel auch Libna ab.
23 Die übrige Geschichte Jorams und alle
seine Taten sind aufgezeichnet in der Chro-
nik der Könige von Juda. 24 Joram entschlief
zu seinen Vätern und wurde bei seinen Vä-
tern in der Davidstadt begraben. Sein Sohn
Ahasja wurde König an seiner Stelle.

16–24 ‖ 2 Chr 21,5–10 • 19: 1 Kön 11,36.

Ahasja von Juda: 8,25–29

25 Im zwölften Jahr Jorams, des Sohnes
Ahabs, des Königs von Israel, wurde Ahasja,
der Sohn Jorams, König von Juda. 26 Er war
zweiundzwanzig Jahre alt, als er König wur-
de, und regierte ein Jahr in Jerusalem. Seine
Mutter hieß Atalja; sie war eine Enkelin Om-
ris, des Königs von Israel. 27 Er folgte den
Wegen des Hauses Ahab und tat, was dem
Herrn missfiel, wie das Haus Ahab; denn er
war mit dem Haus Ahab verschwägert. 28 Er
zog auch mit Joram, dem Sohn Ahabs, gegen
Hasaël, den König von Aram, nach Ramot-
Gilead in den Krieg. Dabei verwundeten die
Aramäer Joram. 29 König Joram musste
heimkehren, um in Jesreel von den Wunden
Heilung zu suchen, die ihm die Aramäer ge-
schlagen hatten, als er in Ramot gegen ihren
König Hasaël kämpfte. Ahasja, der Sohn Jo-
rams, der König von Juda, kam hinab, um
Joram, den Sohn Ahabs, in Jesreel zu besu-
chen, als er krank daniederlag.

25–29 ‖ 2 Chr 22,2–6.

Der Aufstand Jehus: 9,1–15a

9 Der Prophet Elischa rief einen von den
Prophetenjüngern und trug ihm auf:
Gürte dich, nimm diesen Ölkrug und geh
nach Ramot-Gilead! 2 Wenn du dorthin
kommst, such Jehu, den Sohn Joschafats, des
Sohnes Nimschis! Geh zu ihm, ruf ihn aus
dem Kreis seiner Brüder und begib dich mit
ihm in das innerste Gemach! 3 Dann nimm
den Ölkrug, gieß ihn über seinem Haupt aus
und sag: So spricht der Herr: Ich salbe dich
zum König über Israel. Dann öffne die Tür
und eile unverzüglich fort! 4 Der Propheten-
jünger ging nach Ramot-Gilead. 5 Als er hin-
kam, saßen die Obersten des Heeres gerade
beisammen. Er sagte: Ich habe einen Auftrag
an dich, Oberst. Jehu fragte: An wen von
uns? Der junge Mann antwortete: An dich,
Oberst. 6 Da stand Jehu auf und ging in das
Haus. Der Prophetenjünger goss ihm das Öl
über das Haupt mit den Worten: So spricht
der Herr, der Gott Israels: Ich salbe dich zum
König über das Volk des Herrn, über Israel.
7 Du wirst dem Haus Ahabs, deines Herrn,
schwere Schläge versetzen und ich werde
Rache nehmen für das Blut meiner Knechte,
der Propheten, und für das Blut aller Diener
des Herrn, das Isebel vergossen hat. 8 Das
ganze Haus Ahab wird zugrunde gehen. Ich
werde vom Haus Ahab alles, was männlich
ist, bis zum letzten Mann in Israel ausrotten
9 und es dem Haus Ahab ergehen lassen wie
dem Haus Jerobeams, des Sohnes Nebats,
und dem Haus Baschas, des Sohnes Ahijas.
10 Isebel werden auf der Flur von Jesreel die
Hunde fressen und niemand wird sie be-
graben. Dann öffnete er die Tür und eilte
davon.
11 Als Jehu zu den Leuten seines Herrn he-
rauskam, fragten sie ihn: Steht es gut? Wa-
rum ist denn dieser Verrückte zu dir gekom-
men? Er antwortete: Ihr kennt doch den
Mann und sein Gerede. 12 Doch sie sagten:
Das sind Ausflüchte. Teil uns nur alles mit!
Da gab er zu: So und so hat er zu mir gesagt:
So spricht der Herr: Ich salbe dich zum Kö-
nig über Israel. 13 Sogleich nahmen alle ihre
Kleider, legten sie ihm zu Füßen auf die blo-
ßen Stufen, stießen in das Horn und riefen:
Jehu ist König. 14 So verschwor sich Jehu,
der Sohn Joschafats, des Sohnes Nimschis,
gegen Joram. – Joram hatte mit ganz Israel
vor Ramot-Gilead im Abwehrkampf gegen
Hasaël, den König von Aram, gestanden.
15 Er war dann heimgekehrt, um in Jesreel
Heilung von den Wunden zu suchen, die ihm
die Aramäer geschlagen hatten, als er gegen
ihren König Hasaël kämpfte.

8: 1 Kön 14,10f; 16,4; 21,21–24.

Das Ende der beiden Könige: 9,15b–29

Jehu sagte nun: Wenn ihr einverstanden
seid, lassen wir keinen aus der Stadt ent-
kommen, der nach Jesreel gehen und dort
Meldung machen könnte. 16 Dann bestieg er
seinen Wagen, um selbst nach Jesreel zu fah-
ren; denn dort lag Joram danieder. Auch
Ahasja, der König von Juda, war dorthin ge-
kommen, um Joram zu besuchen. 17 Der
Wächter, der in Jesreel auf dem Turm stand,

8,28 Joram nahm den Versuch, Ramot-Gilead zu erobern, wieder auf (vgl. 1 Kön 22).

9,11 fragten sie: Text korr. nach G; H: fragte er.

9,13 Durch das Hinbreiten ihrer Kleider drücken sie aus, dass sie sich ihm unterwerfen (vgl. Mt 21,8).

sah die Schar Jehus herankommen und meldete: Ich sehe eine Schar. Da befahl Joram: Hol einen Reiter und schick ihn der Schar entgegen! Er soll fragen, ob er in friedlicher Absicht kommt. 18 Als der Reiter sie erreichte, sagte er: Der König lässt fragen, ob ihr in friedlicher Absicht kommt. Doch Jehu antwortete: Was geht es dich an, ob wir in friedlicher Absicht kommen? Reih dich hinter mir ein! Der Wächter meldete: Der Bote hat sie erreicht, kehrt aber nicht mehr zurück. 19 Nun schickte der König einen zweiten Reiter. Dieser kam zu ihnen und sagte: Der König lässt fragen, ob ihr in friedlicher Absicht kommt. Doch Jehu antwortete: Was geht es dich an, ob wir in friedlicher Absicht kommen? Reih dich hinter mir ein! 20 Der Wächter meldete wieder: Er hat sie erreicht, kehrt aber nicht mehr zurück. Die Art, wie ihr Anführer fährt, ist die Art Jehus, des Enkels Nimschis; denn er fährt wie ein Rasender. 21 Da ließ Joram selbst anspannen. Man machte seinen Wagen bereit, und Joram, der König von Israel, und Ahasja, der König von Juda, fuhren, jeder auf seinem Wagen, Jehu entgegen. Sie trafen ihn beim Acker Nabots aus Jesreel. 22 Als Joram Jehu sah, fragte er: Kommst du in friedlicher Absicht, Jehu? Doch dieser erwiderte: Wie sollte ich in friedlicher Absicht kommen, solange die Unzucht deiner Mutter Isebel und ihre vielen Zaubereien andauern? 23 Da lenkte Joram um und wollte fliehen, während er Ahasja zurief: Verrat, Ahasja! 24 Doch Jehu ergriff den Bogen und traf Joram zwischen die Schultern, sodass der Pfeil sein Herz durchbohrte und er in seinem Wagen niedersank. 25 Dann befahl Jehu seinem Adjutanten Bidkar: Nimm ihn, und wirf ihn auf den Acker Nabots aus Jesreel. Denk daran: Ich und du fuhren auf unseren Gespannen hinter seinem Vater Ahab her, als der Herr dieses Wort über ihn verkünden ließ: 26 Fürwahr, ich habe gestern das Blut Nabots und seiner Söhne gesehen – Spruch des Herrn. Ich werde an dir auf diesem Acker Vergeltung üben – Spruch des Herrn. Nimm ihn also und wirf ihn auf den Acker, wie es der Herr gesagt hat.

27 Als Ahasja, der König von Juda, dies sah, floh er in Richtung Bet-Gan. Doch Jehu verfolgte ihn und rief: Schlagt auch diesen nieder! Man schlug ihn beim Anstieg nach Gur, das bei Jibleam liegt, im Wagen nieder. Er kam noch bis Megiddo, wo er starb. 28 Seine Diener brachten ihn nach Jerusalem und begruben ihn bei seinen Vätern in seinem Grab in der Davidstadt. 29 Im elften Jahr Jorams, des Sohnes Ahabs, war Ahasja König von Juda geworden.

26: 1 Kön 21,19.

Das Ende Isebels: 9,30–37

30 Als Jehu nach Jesreel kam und Isebel dies erfuhr, legte sie Schminke auf ihre Augen, schmückte ihr Haupt und schaute durch das Fenster hinab. 31 Während dann Jehu an das Tor trat, rief sie ihm zu: Geht es Simri, dem Mörder seines Herrn, gut? 32 Jehu schaute zum Fenster empor und fragte: Ist jemand da, der zu mir hält? Zwei oder drei Hofleute sahen zu ihm herab 33 und er befahl ihnen: Werft sie herunter! Sie warfen sie herunter und Isebels Blut bespritzte die Wand und die Pferde, die sie zertraten. 34 Dann ging Jehu hinein, um zu essen und zu trinken. Schließlich befahl er: Seht nach dieser Verfluchten und begrabt sie; denn sie ist eine Königstochter. 35 Doch als sie hinkamen, um sie zu begraben, fanden sie von ihr nur noch den Schädel, die Füße und die Hände. 36 Und sie kamen zurück, um es ihm zu melden. Er aber sagte: Das ist das Wort, das der Herr durch seinen Knecht Elija aus Tischbe verkündet hat: Auf der Flur von Jesreel werden die Hunde das Fleisch Isebels fressen. 37 Die Leiche Isebels soll wie Mist auf dem Feld in der Flur Jesreels liegen, sodass man nicht mehr sagen kann: Das ist Isebel.

31: 1 Kön 16,10 • 36: 1 Kön 21,23.

Der Untergang des Hauses Ahab: 10,1–17

10 Ahab hatte siebzig Söhne in Samaria. Jehu sandte nun Briefe nach Samaria an die Fürsten der Stadt, an die Ältesten und die Erzieher der Söhne Ahabs. Darin schrieb er: 2 Wenn jetzt dieses Schreiben zu euch kommt, bedenkt: Bei euch sind die Söhne eures Herrn. Ihr habt die Wagen und die Pferde, eine befestigte Stadt und die Waffen. 3 Seht euch nach dem besten und tüchtigsten

9,29 Nachtrag, der das in 8,25 genannte zwölfte Jahr Jorams berichtigen soll. Da beide Könige im zwölften Jahr Jorams starben und Ahasja nur ein Jahr regierte, muss er im 11. Jahr Jorams König geworden sein.

9,30 Sie weiß, was ihr bevorsteht, und will noch im Tod ihre Würde zeigen.

9,31 Sie bezeichnet höhnisch Jehu als Simri, der den König tötete und sich bereits nach sieben Tagen das Leben nahm (vgl. 1 Kön 16,10.15–18).

10,1 Fürsten der Stadt ... Erzieher der Söhne: Text korr. nach dem Zusammenhang.

unter den Söhnen eures Herrn um, setzt ihn
auf den Thron seines Vaters und kämpft für
das Haus eures Herrn! 4 Doch sie bekamen
große Angst und sagten: Die beiden Könige
konnten ihm nicht standhalten. Wie sollten
wir es können? 5 Daher ließen der Palastvor-
steher, der Stadtoberste, die Ältesten und die
Erzieher dem Jehu melden: Wir sind deine
Knechte und wollen alles tun, was du uns be-
fiehlst; wir werden keinen König aufstellen.
Tu, was du für richtig hältst.

6 Darauf schrieb er einen zweiten Brief an
sie mit folgendem Inhalt: Wenn ihr auf mei-
ner Seite steht und meinen Befehlen gehor-
chen wollt, dann nehmt die Köpfe der Söhne
eures Herrn und kommt morgen um diese
Zeit zu mir nach Jesreel! Die siebzig Söhne
des Königs waren bei den Großen der Stadt,
die sie erzogen. 7 Sobald der Brief angekom-
men war, ergriff man die Söhne des Königs,
machte alle siebzig nieder, legte ihre Köpfe
in Körbe und schickte sie zu Jehu nach Jes-
reel. 8 Als der Bote mit der Meldung eintraf,
dass man die Köpfe der Königssöhne ge-
bracht habe, befahl Jehu: Schichtet sie bis
zum Morgen in zwei Haufen vor dem Tor
auf! 9 Am nächsten Morgen ging er hinaus,
trat vor das Volk und sagte: Ihr seid ohne
Schuld. Ich bin es, der die Verschwörung ge-
gen meinen Herrn angezettelt und ihn getö-
tet hat. Doch wer hat diese alle erschlagen?
10 Erkennt also, dass keine der Drohungen
unerfüllt bleibt, die der Herr gegen das Haus
Ahab ausgesprochen hat. Der Herr hat das
getan, was er durch seinen Knecht Elija ver-
kündet hat. 11 Hierauf ließ Jehu alle vom
Haus Ahab erschlagen, die noch in Jesreel
übrig geblieben waren, alle Großen und Ver-
trauten Ahabs, auch alle seine Priester; kei-
nen von ihnen ließ er entkommen.

12 Dann brach er auf, um nach Samaria zu
ziehen. Als er unterwegs bei Bet-Eked-Roïm
war, 13 traf er die Brüder Ahasjas, des Königs
von Juda. Er fragte sie: Wer seid ihr? Sie
antworteten: Wir sind die Brüder Ahasjas
und sind gekommen, um die Söhne des Kö-
nigs und die Söhne der Herrin zu begrüßen.
14 Da befahl er: Ergreift sie lebendig! Man
ergriff sie lebendig und machte sie am Brun-
nen von Bet-Eked nieder. Es waren zwei-
undvierzig Mann; keinen von ihnen ließ er
am Leben.

15 Von da zog er weiter und traf Jonadab,
den Sohn Rechabs, der ihm entgegenkam. Er
grüßte ihn und fragte: Ist dein Herz aufrich-
tig gegen mich wie mein Herz gegen dich?
Jonadab antwortete: So ist es. (Da sagte
Jehu:) Wenn es so ist, dann reich mir deine
Hand! Da reichte er ihm die Hand und Jehu
nahm ihn zu sich auf den Wagen 16 und sagte:
Komm mit mir und sieh meinen Eifer für
den Herrn! So ließ er ihn bei sich im Wagen
fahren. 17 Als er nach Samaria kam, ließ er
alle erschlagen, die vom Haus Ahab dort
noch übrig geblieben waren. Sie wurden
ausgerottet, wie es der Herr zu Elija gesagt
hatte.

10: 1 Kön 21,18–24 • 15: Jer 35,1–11.

Die Beseitigung der Baalspriester: 10,18–29

18 Jehu versammelte das ganze Volk und
trug ihm vor: Ahab hat Baal nur wenig ge-
dient; Jehu wird ihm eifriger dienen. 19 Ruft
jetzt alle Propheten Baals, alle seine Diener
und Priester zu mir! Keiner darf fernbleiben;
denn ich will ein großes Schlachtopfer für
Baal darbringen. Wer nicht erscheint, soll
sein Leben verlieren. Jehu tat dies aus Hin-
terlist, weil er die Baalsdiener vernichten
wollte. 20 Darauf befahl Jehu: Bereitet eine
Festversammlung zur Ehre Baals vor! Und
um sie einzuberufen, 21 sandte Jehu Boten
durch ganz Israel. Alle Baalsdiener kamen;
es gab keinen, der fernblieb. Sie betraten den
Baalstempel, der sich von einem Ende zum
andern füllte. 22 Nun befahl Jehu dem Ver-
walter der Kleiderkammer, jedem Baalsdie-
ner ein Kleid zu reichen. Nachdem dieser die
Gewänder überreicht hatte, 23 betrat Jehu
mit Jonadab, dem Sohn Rechabs, den Baals-
tempel und forderte die Baalsdiener auf:
Vergewissert euch, dass nur Baalsdiener hier
sind und dass kein Diener Jahwes sich unter
euch befindet. 24 Darauf begannen sie,
Schlacht- und Brandopfer darzubringen.

Jehu hatte aber draußen achtzig Mann
aufgestellt und ihnen gesagt: Wer einen von
den Männern, die ich in eure Hand gebe, ent-
kommen lässt, wird mit seinem Leben dafür
büßen. 25 Nach Beendigung des Brandopfers
befahl er den Läufern und ihren Hauptleu-
ten: Kommt her und macht sie nieder! Kei-
ner darf entrinnen. Die Läufer und ihre
Hauptleute erschlugen sie mit scharfem
Schwert und warfen die Leichen hinaus.
Dann machten sie sich über den Tempel des
Baal her, 26 schafften das Steinmal des

10,13 Brüder: im weiteren Sinn von »Verwandten«; die »Herrin« ist die Königin-Mutter.

10,16 ließ er ihn ... fahren: Text korr. nach G; H: ließen sie ihn ... fahren.

10,25 Zu den Läufern vgl. die Anmerkung zu 1 Kön 14,27. – Der Schluß des Verses in H: machten sie sich über die Stadt des Tempels des Baal her.

Baalstempels weg und verbrannten es. 27 Sie zerschlugen das Steinmal des Baal, rissen den Baalstempel nieder und machten ihn zu einer Stätte des Unrats; das blieb er bis zum heutigen Tag. 28 So beseitigte Jehu den Baal aus Israel. 29 Doch von den Sünden, zu denen Jerobeam, der Sohn Nebats, Israel verführt hatte, den goldenen Kälbern in Bet-El und Dan, ließ Jehu nicht ab.

Verschiedene Angaben über Jehu: 10,30–36

30 Der Herr sprach zu Jehu: Weil du mein Vorhaben genau vollstreckt und am Haus Ahab alles ausgeführt hast, was ich ihm zugedacht hatte, sollen Nachkommen von dir bis in das vierte Geschlecht auf dem Thron Israels sitzen. 31 Doch Jehu war nicht darauf bedacht, mit ganzem Herzen das Gesetz des Herrn, des Gottes Israels, zu befolgen. Er ließ nicht von den Sünden ab, zu denen Jerobeam die Israeliten verführt hatte.

32 In jenen Tagen begann der Herr, Israel zu verkleinern. Hasaël schlug sie in allen Gebieten Israels 33 östlich des Jordan: Er verwüstete das ganze Land Gilead, das Gebiet der Stämme Gad, Ruben und Manasse bis nach Aroër am Arnon, Gilead und den Baschan.

34 Die übrige Geschichte Jehus, alle seine Taten und Erfolge, sind aufgezeichnet in der Chronik der Könige von Israel. 35 Jehu entschlief zu seinen Vätern; man begrub ihn in Samaria. Sein Sohn Joahas wurde König an seiner Stelle. 36 Die Zeit, die Jehu in Samaria König von Israel war, betrug achtundzwanzig Jahre.

Atalja: 11,1–20

11 Als Atalja, die Mutter Ahasjas, sah, dass ihr Sohn tot war, ging sie daran, die ganze Nachkommenschaft der königlichen Familie auszurotten. 2 Doch Joscheba, die Tochter des Königs Joram und Schwester Ahasjas, nahm Joasch, den Sohn Ahasjas, aus dem Kreis der Königssöhne, die ermordet werden sollten, weg und brachte ihn heimlich mit seiner Amme in die Bettenkammer. Dort versteckte sie ihn vor Atalja, sodass er nicht getötet wurde. 3 Er blieb sechs Jahre bei ihr im Haus des Herrn verborgen, während Atalja das Land regierte.

4 Im siebten Jahr bestellte der Priester Jojada die Hundertschaftsführer der Karer und Läufer zu sich. Er führte sie in das Haus des Herrn, schloss mit ihnen ein Abkommen, ließ sie im Haus des Herrn schwören und zeigte ihnen den Sohn des Königs. 5 Dann ordnete er an: Das ist es, was ihr tun sollt: Ein Drittel von der Wache, die am Sabbat aufzieht, soll den Königspalast bewachen, 6 ein Drittel soll am Tor Sur und ein Drittel am Tor hinter den Läufern stehen. Auf diese Weise sollt ihr abwechselnd die Bewachung des Tempels übernehmen. 7 Die zwei Abteilungen aber, die am Sabbat abziehen, sollen im Haus des Herrn beim König als Wache stehen. 8 Schart euch mit der Waffe in der Hand um den König! Wer in die Reihen einzudringen versucht, soll getötet werden. Seid beim König, wenn er auszieht und wenn er einzieht. 9 Die Führer der Hundertschaften befolgten alle Weisungen des Priesters Jojada. Jeder holte seine Leute, sowohl jene, die am Sabbat aufzogen, als auch jene, die am Sabbat abzogen. Sie kamen zum Priester Jojada 10 und dieser gab den Anführern der Hundertschaften die Lanzen und Schilde, die dem König David gehört hatten und sich jetzt im Haus des Herrn befanden. 11 Die Läufer stellten sich mit der Waffe in der Hand von der Südseite des Tempels bis zur Nordseite vor dem Altar und dem Tempel rings um den König auf. 12 Dann führte Jojada den Königssohn heraus und überreichte ihm den Stirnreif und das Königsgesetz. So machten sie ihn zum König, salbten ihn, klatschten in die Hände und riefen: Es lebe der König!

13 Als Atalja das Geschrei des Volkes hörte, kam sie zu den Leuten in das Haus des Herrn. 14 Da sah sie den König am gewohnten Platz bei der Säule stehen; die Obersten und die Trompeter waren bei ihm und alle Bürger des Landes waren voller Freude und bliesen die Trompeten. Atalja zerriss ihre Kleider und schrie: Verrat, Verrat! 15 Doch der Priester Jojada befahl den Hundertschaftsführern, die das Kommando über die Truppen hatten: Führt sie durch die Reihen

---

10,30 Das Vorgehen gegen das Haus Ahab wird als Ausführung der von Gott beschlossenen Strafgerichte anerkannt; anders jedoch in Hos 1,4.

10,33 Dadurch ging das ganze Ostjordanland verloren.

11,2 versteckte sie: Text korr. nach G; H: versteckten sie.

11,3 Durch Atalja, die Tochter Ahabs, war die davidische Linie unterbrochen. Ihre Regierung galt daher als illegitim.

11,4 Karer waren ausländische Söldner wie die Kereter und Peleter. Zu den »Läufern« vgl. die Anmerkung zu 1 Kön 14,27.

11,5 soll den Königspalast bewachen: Text korr. nach G.

hinaus und schlagt jeden mit dem Schwert nieder, der ihr folgen will; denn – so sagte der Priester – sie soll nicht im Haus des Herrn getötet werden. 16 Da legte man Hand an sie, und als sie an den Weg kam, auf dem man die Pferde zum Palast des Königs führt, wurde sie dort getötet.

17 Jojada schloss nun den Bund des Herrn mit König und Volk. Sie versprachen, dass sie das Volk des Herrn sein wollten. Auch König und Volk ließ er einen Bund schließen. 18 Darauf zogen alle Bürger des Landes zum Baalstempel und rissen ihn nieder. Sie zertrümmerten seine Altäre und Bilder vollständig und erschlugen den Baalspriester Mattan vor den Altären. Auch stellte Jojada Posten vor das Haus des Herrn 19 und rief die Hundertschaftsführer, die Karer und Läufer sowie alle Bürger des Landes herbei. Sie führten den König aus dem Haus des Herrn durch das Tor der Läufer hinab in den königlichen Palast. Dort setzte er sich auf den Thron der Könige. 20 Alle Bürger des Landes waren voll Freude und die Stadt blieb ruhig. Atalja aber hatte man vor dem Palast des Königs mit dem Schwert umgebracht.

1–20 ‖ 2 Chr 22,10 – 23,21 • 12: Dtn 17,18.

Joasch von Juda: 12,1–22

12 Joasch war sieben Jahre alt, als er König wurde. 2 Im siebten Jahr Jehus wurde er König und vierzig Jahre regierte er in Jerusalem. Seine Mutter hieß Zibja und stammte aus Beerscheba. 3 Er tat, was dem Herrn gefiel, solange der Priester Jojada ihn unterwies. 4 Nur die Kulthöhen verschwanden nicht. Das Volk brachte noch Schlacht- und Rauchopfer auf ihnen dar.

5 Joasch gab den Priestern die Weisung: Alles Geld, das als Weihegabe in das Haus des Herrn gebracht wird, ferner das Geld, das jemandem durch Schätzung auferlegt wird oder das er nach der Schätzung für andere zu entrichten hat, endlich das Geld, das jemand freiwillig in das Haus des Herrn bringt, 6 das alles sollen die Priester an sich nehmen, jeder von seinen Bekannten. Sie sollen damit die Schäden ausbessern, die man am Tempel feststellt. 7 Als aber die Priester im dreiundzwanzigsten Jahr des Königs Joasch die Schäden des Hauses noch nicht beseitigt hatten, 8 ließ König Joasch den Priester Jojada und die übrigen Priester kommen und hielt ihnen vor: Warum bessert ihr die Schäden am Tempel nicht aus? Von jetzt an dürft ihr das Geld, das von euren Bekannten kommt, nicht mehr an euch nehmen, sondern müsst es unverzüglich zur Ausbesserung der Schäden des Hauses abliefern. 9 Die Priester waren damit einverstanden, dass sie vom Volk kein Geld mehr annehmen durften, aber auch für die Schäden des Hauses nicht mehr aufkommen mussten.

10 Der Priester Jojada nahm nun einen Kasten, bohrte ein Loch in seinen Deckel und stellte ihn neben dem Altar rechts vom Eingang zum Tempel des Herrn auf. Dahinein legten die Priester, die an der Schwelle Wache hielten, alles Geld, das in den Tempel des Herrn gebracht wurde. 11 Wenn sie dann sahen, dass viel Geld im Kasten war, kam der Schreiber des Königs mit dem Hohenpriester. Sie leerten den Kasten, zählten das Geld, das sich im Haus des Herrn befand, 12 und übergaben es abgewogen den Werkmeistern, die die Arbeiten im Haus des Herrn beaufsichtigten. Diese verwendeten es für die Zimmerleute und Bauarbeiter, die im Haus des Herrn beschäftigt waren, 13 für die Maurer und Steinmetzen, ebenso zum Ankauf von Holz und Bruchsteinen, die man zur Beseitigung der Schäden am Haus des Herrn benötigte, und zur Bestreitung aller Unkosten, die bei der Ausbesserung des Hauses entstanden. 14 Man ließ jedoch von dem Geld, das in den Tempel kam, keine silbernen Becken, Lichtscheren, Schalen, Trompeten, auch keinerlei Gold- und Silbergeräte für das Haus des Herrn anfertigen, 15 sondern gab alles den Werkmeistern, die damit das Haus des Herrn instand setzten. 16 Man rechnete mit den Männern, denen man das Geld zur Ausbezahlung an die Arbeiter übergab, nicht ab; denn sie waren zuverlässige Leute. 17 Geld für Schuld- und Sündopfer dagegen wurde nicht an den Tempel abgeführt, sondern gehörte den Priestern.

18 Damals zog Hasaël, der König von Aram, herauf, griff Gat an und eroberte es. Als er sich anschickte, auch gegen Jerusalem zu ziehen, 19 nahm Joasch, der König von Juda, alle Weihegaben, die Joschafat, Joram und Ahasja, seine Vorgänger, die Könige von Juda, gespendet hatten, dazu seine eigenen Weihegaben und alles Gold, das in den Schatzkammern des Tempels und des königlichen Palastes war, und sandte alles an

11,17 Der Bund zwischen König und Volk hatte die Wiedereinsetzung der davidischen Dynastie zum Ziel.

12,11 sie leerten: Text korr. nach 2 Chr 24,11; H: sie verschnürten.

Hasaël, den König von Aram, der daraufhin
von Jerusalem abzog.
20 Die übrige Geschichte des Joasch und
alle seine Taten sind aufgezeichnet in der
Chronik der Könige von Juda. 21 Seine Die-
ner erhoben sich gegen ihn; sie zettelten eine
Verschwörung an und erschlugen ihn im
Haus am Millo beim Abstieg nach Silla.
22 Sabad, der Sohn Schimats, und Josabad,
der Sohn Schomers, seine Diener, waren es,
die ihn erschlugen. So starb er und man be-
grub ihn bei seinen Vätern in der Davidstadt.
Sein Sohn Amazja wurde König an seiner
Stelle.

1–22 ‖ 2 Chr 24,1–27 • 5: Lev 27,1–8.

Joahas von Israel: 13,1–9

13 Im dreiundzwanzigsten Jahr des
Joasch, des Sohnes Ahasjas, des Kö-
nigs von Juda, wurde Joahas, der Sohn Je-
hus, König von Israel. Er regierte siebzehn
Jahre in Samaria 2 und tat, was dem Herrn
missfiel; er hielt an der Sünde fest, zu der
Jerobeam, der Sohn Nebats, Israel verführt
hatte, und ließ nicht von ihr ab. 3 Deswegen
entbrannte der Zorn des Herrn gegen Israel.
Er gab sie in die Gewalt Hasaëls, des Königs
von Aram, und seines Sohnes Ben-Hadad,
die ganze Zeit hindurch.
4 Als aber Joahas den Herrn besänftigte,
erhörte ihn der Herr; denn er sah die Be-
drängnis, die der König von Aram über Isra-
el brachte. 5 Er gab Israel einen Helfer, so-
dass es sich aus der Gewalt Arams befreien
konnte und die Israeliten wieder in ihren
Zelten wohnten wie früher. 6 Doch ließen sie
nicht von der Sünde ab, zu der das Haus Je-
robeam Israel verführt hatte, sondern hiel-
ten an ihr fest. Auch der Kultpfahl blieb in
Samaria stehen.
7 Der Herr ließ vom Heer des Joahas nur
fünfzig Wagenkämpfer, zehn Wagen und
zehntausend Mann Fußtruppen übrig. Alles
andere hatte der König von Aram vernichtet
und dem Staub gleichgemacht, auf den man
tritt.
8 Die übrige Geschichte des Joahas, alle
seine Taten und Erfolge, sind aufgezeichnet
in der Chronik der Könige von Israel. 9 Er
entschlief zu seinen Vätern; man begrub ihn
in Samaria. Sein Sohn Joasch wurde König
an seiner Stelle.

Joasch von Israel: 13,10–13

10 Im siebenunddreißigsten Jahr des Kö-
nigs Joasch von Juda wurde Joasch, der
Sohn des Joahas, König von Israel. Er regier-
te sechzehn Jahre in Samaria 11 und tat, was
dem Herrn missfiel; er ließ nicht von der
Sünde ab, zu der Jerobeam, der Sohn Ne-
bats, Israel verführt hatte.
12 Die übrige Geschichte des Joasch, alle
seine Taten und Erfolge, wie er mit Amazja,
dem König von Juda, Krieg führte, all das ist
aufgezeichnet in der Chronik der Könige von
Israel. 13 Joasch entschlief zu seinen Vätern
und Jerobeam bestieg seinen Thron. Joasch
wurde in Samaria bei den Königen von Israel
begraben.

12–13: 14,15f.

Die Krankheit und der Tod Elischas: 13,14–21

14 Als Elischa von der Krankheit befallen
wurde, an der er sterben sollte, ging Joasch,
der König von Israel, zu ihm hinab. Er wein-
te vor ihm und rief: Mein Vater, mein Vater!
Wagen Israels und sein Lenker! 15 Doch Eli-
scha befahl ihm: Hol einen Bogen und Pfeile!
Er holte sie herbei. 16 Dann sagte Elischa
zum König von Israel: Leg deine Hand auf
den Bogen! Da legte er die Hand auf den Bo-
gen, Elischa aber legte seine Hände auf die
Hände des Königs. 17 Hierauf sagte er: Öffne
das Fenster nach Osten! Der König öffnete es
und Elischa forderte ihn auf zu schießen. Als
er abschoss, rief Elischa: Ein Siegespfeil vom
Herrn, ein Siegespfeil gegen Aram. Du wirst
Aram bei Afek vernichtend schlagen. 18 Wei-
ter sagte er: Nimm die Pfeile! Als der König
von Israel sie genommen hatte, befahl ihm
Elischa, auf den Boden zu schlagen. Der Kö-
nig tat drei Schläge und hielt dann inne.
19 Da wurde der Gottesmann unwillig über
ihn und sagte: Du hättest fünf- oder sechs-
mal schlagen sollen; dann hättest du die Ara-
mäer vernichtend geschlagen. Jetzt aber
wirst du sie nur dreimal schlagen.
20 Elischa starb und man begrub ihn. In je-
nem Jahr fielen moabitische Räuberscharen
in das Land ein. 21 Als man einmal einen To-
ten begrub und eine dieser Scharen erblick-
te, warf man den Toten in das Grab Elischas
und floh. Sobald aber der Tote die Gebeine
Elischas berührte, wurde er wieder lebendig
und richtete sich auf.

14: 2,12 • 19: 13,25.

13,7 Der Vers ist Fortsetzung von V. 3.
13,17 Der König soll die Worte des Propheten durch sinnbildliche Handlungen begleiten. Die Erfüllung der Weissagung berichtet 1 Kön 20,26–30.
13,20 In jenem Jahr: Text korr.; andere Korrektur: Jahr für Jahr.

Die Erfolge gegen Aram: 13,22–25

22 Hasaël, der König von Aram, bedrängte
Israel, solange Joahas lebte. 23 Doch der Herr
war seinem Volk gnädig und hatte Erbarmen
mit ihm. Wegen seines Bundes mit Abraham,
Isaak und Jakob wandte er sich ihm wieder
zu. Er wollte es nicht verderben und hatte es
bis dahin nicht von seinem Angesicht versto-
ßen. 24 Als daher Hasaël, der König von
Aram, starb und sein Sohn Ben-Hadad an
seiner Stelle König wurde, 25 konnte Joasch,
der Sohn des Joahas, Ben-Hadad, dem Sohn
Hasaëls, die Städte wieder entreißen, die
dieser seinem Vater Joahas im Krieg wegge-
nommen hatte. Dreimal schlug ihn Joasch
und gewann die israelitischen Städte zu-
rück.

25: 1 Kön 20,34.

Amazja von Juda: 14,1–22

14 Im zweiten Jahr des Joasch, des Soh-
nes des Joahas, des Königs von Isra-
el, wurde Amazja, der Sohn des Joasch, Kö-
nig von Juda. 2 Er war fünfundzwanzig Jahre
alt, als er König wurde, und regierte neun-
undzwanzig Jahre in Jerusalem. Seine Mut-
ter hieß Joaddan und stammte aus Jerusa-
lem. 3 Er tat, was dem Herrn gefiel, wenn
auch nicht in der Weise seines Ahnherrn
David; sein Verhalten glich dem seines Va-
ters Joasch. 4 Die Kulthöhen verschwanden
nicht; das Volk brachte noch Schlacht- und
Rauchopfer auf ihnen dar.

5 Sobald die Herrschaft fest in seiner Hand
war, ließ er die Diener hinrichten, die seinen
Vater, den König, erschlagen hatten. 6 Die
Söhne der Mörder aber verschonte er, wie
der Herr es geboten hatte und wie es im Ge-
setzbuch des Mose niedergeschrieben ist: Die
Väter sollen nicht für ihre Söhne und die
Söhne nicht für ihre Väter mit dem Tod
bestraft werden, sondern jeder soll nur für
sein eigenes Verbrechen sterben.

7 Er besiegte die Edomiter, zehntausend
Mann, im Salztal, nahm Sela im Kampf und
nannte es Jokteel, wie es bis heute genannt
wird.

8 Damals sandte Amazja Boten an Joasch,
den Sohn des Joahas, des Sohnes Jehus, den
König von Israel, und ließ ihm sagen: Komm,
wir wollen (im Kampf) einander gegenüber-
treten. 9 Doch Joasch, der König von Israel
ließ dem König Amazja von Juda sagen: Der
Dornstrauch auf dem Libanon ließ der Zeder
auf dem Libanon sagen: Gib deine Tochter
meinem Sohn zur Frau! Aber die Tiere des
Libanon liefen über den Dornstrauch und
zertraten ihn. 10 Du hast Edom besiegt und
bist übermütig geworden. Wahre doch dei-
nen Ruhm und bleib zu Hause! Wozu willst
du das Unglück herausfordern und zu Fall
kommen, du und Juda mit dir? 11 Doch
Amazja wollte nicht hören. Daraufhin rück-
te Joasch, der König von Israel, aus. Er und
Amazja, der König von Juda, traten bei Bet-
Schemesch, das zu Juda gehört, einander
gegenüber. 12 Die Judäer wurden von den
Israeliten geschlagen und flohen zu ihren
Zelten. 13 Den König Amazja von Juda, den
Sohn des Joasch, des Sohnes Ahasjas, nahm
König Joasch von Israel bei Bet-Schemesch
gefangen und brachte ihn nach Jerusalem.
Dort riss er die Mauer der Stadt vom Efraim-
tor bis zum Ecktor auf einer Strecke von
vierhundert Ellen nieder, 14 nahm alles Gold
und Silber sowie alle Geräte, die sich im
Haus des Herrn und in den Schatzkammern
des königlichen Palastes befanden, ließ sich
Geiseln stellen und kehrte nach Samaria zu-
rück.

15 Die übrige Geschichte des Joasch, seine
Taten und Erfolge, auch wie er mit Amazja,
dem König von Juda, Krieg führte, all das ist
aufgezeichnet in der Chronik der Könige von
Israel. 16 Joasch entschlief zu seinen Vätern
und wurde in Samaria bei den Königen von
Israel begraben. Sein Sohn Jerobeam wurde
König an seiner Stelle.

17 Amazja, der Sohn des Joasch, der König
von Juda, lebte nach dem Tod des Joasch, des
Sohnes des Joahas, des Königs von Israel,
noch fünfzehn Jahre. 18 Die übrige Ge-
schichte Amazjas ist aufgezeichnet in der
Chronik der Könige von Juda. 19 Gegen ihn
zettelte man in Jerusalem eine Verschwö-
rung an. Er floh nach Lachisch; aber man
sandte Verfolger hinter ihm her nach La-
chisch, die ihn dort erschlugen. 20 Man
brachte ihn auf Pferden nach Jerusalem;
dort wurde er bei seinen Vätern in der Da-
vidstadt begraben. 21 Das ganze Volk von
Juda nahm nun Asarja, der damals sechzehn
Jahre alt war, und machte ihn zum König
anstelle seines Vaters Amazja. 22 Er baute
Elat aus, das er für Juda zurückgewonnen

14,13 *und brachte ihn:* Text korr. nach 2 Chr 25,23; H: und kam.

14,21f V. 21 und vielleicht auch 22 gehören in den Zusammenhang von V. 14.

14,25 Zu Lebo-Hamat vgl. die Anmerkung zu 1 Kön 8,65. Das »Meer der Araba« ist das Tote Meer. Auch Am 6,13 erwähnt Eroberungen im Ostjordanland. Eine entsprechende Weissagung findet sich nicht im AT.

hatte, nachdem der König zu seinen Vätern
entschlafen war.

1–20 ‖ 2 Chr 25,1–4.17–28 • 6: Dtn 24,16; Ez 18,10–23 •
15–16: 13,12f • 21–22: 2 Chr 26,1f.

Jerobeam II. von Israel: 14,23–29

23 Im fünfzehnten Jahr Amazjas, des Soh-
nes des Joasch, des Königs von Juda, wurde
Jerobeam, der Sohn des Joasch, König von
Israel. Er regierte einundvierzig Jahre in Sa-
maria 24 und tat, was dem Herrn missfiel; er
ließ nicht von all den Sünden ab, zu denen
Jerobeam, der Sohn Nebats, Israel verführt
hatte. 25 Er stellte die Grenzen Israels wieder
her von Lebo-Hamat bis zum Meer der Ara-
ba, wie es der Herr, der Gott Israels, durch
seinen Knecht, den Propheten Jona, den
Sohn Amittais aus Gat-Hefer, vorhergesagt
hatte. 26 Denn der Herr sah die bittere Not Is-
raels: dass bis zum letzten Mann alle dahin-
schwanden und dass es für Israel keinen Ret-
ter gab. 27 Er hatte nicht im Sinn, den Namen
Israels unter dem Himmel auszutilgen. Da-
rum half er ihnen durch Jerobeam, den Sohn
des Joasch.

28 Die übrige Geschichte Jerobeams, alle
seine Taten und Erfolge, wie er Krieg führte,
... all das ist aufgezeichnet in der Chronik
der Könige von Israel. 29 Jerobeam entschlief
zu seinen Vätern, den Königen von Israel,
und sein Sohn Secharja wurde König an sei-
ner Stelle.

Asarja (Usija) von Juda: 15,1–7

15 Im siebenundzwanzigsten Jahr Jero-
beams, des Königs von Israel, wurde
Asarja, der Sohn Amazjas, König von Juda.
2 Er war sechzehn Jahre alt, als er König
wurde, und regierte zweiundfünfzig Jahre in
Jerusalem. Seine Mutter hieß Jecholja und
stammte aus Jerusalem. 3 Genau wie sein
Vater Amazja tat er, was dem Herrn gefiel.
4 Nur die Kulthöhen verschwanden nicht;
das Volk brachte noch Schlacht- und Rauch-
opfer auf ihnen dar. 5 Doch der Herr schlug
den König mit Aussatz. Er musste bis zu sei-
nem Tod in einem abgesonderten Haus woh-
nen, während Jotam, der Sohn des Königs,
Vorsteher des Palastes war und die Bürger
des Landes regierte.

6 Die übrige Geschichte Asarjas und alle
seine Taten sind aufgezeichnet in der Chro-
nik der Könige von Juda. 7 Asarja entschlief
zu seinen Vätern; man begrub ihn bei seinen
Vätern in der Davidstadt. Sein Sohn Jotam
wurde König an seiner Stelle.

1–7 ‖ 2 Chr 26,3–4.16–23 • 5: 2 Chr 26,21.

Secharja von Israel: 15,8–12

8 Im achtunddreißigsten Jahr des Königs
Asarja von Juda wurde Secharja, der Sohn
Jerobeams, König von Israel. Er regierte
sechs Monate in Samaria. 9 Wie seine Väter
tat er, was dem Herrn missfiel. Er ließ nicht
von den Sünden ab, zu denen Jerobeam, der
Sohn Nebats, Israel verführt hatte. 10 Gegen
ihn zettelte Schallum, der Sohn des Jabesch,
eine Verschwörung an; er erschlug ihn in
Jibleam und wurde König an seiner Stelle.

11 Die übrige Geschichte Secharjas ist auf-
gezeichnet in der Chronik der Könige von Is-
rael. 12 So erfüllte sich das Wort, das der
Herr zu Jehu gesprochen hatte: Nachkom-
men von dir sollen bis in das vierte Ge-
schlecht auf dem Thron Israels sitzen. So ist
es geschehen.

12: 10,30.

Schallum von Israel: 15,13–16

13 Im neununddreißigsten Jahr Usijas, des
Königs von Juda, wurde Schallum, der Sohn
des Jabesch, König und regierte einen Monat
in Samaria. 14 Gegen ihn zog Menahem, der
Sohn Gadis, von Tirza heran, kam nach
Samaria, erschlug Schallum, den Sohn des
Jabesch, in Samaria und wurde König an
seiner Stelle.

15 Die übrige Geschichte Schallums und
die Verschwörung, die er angezettelt hat,
sind aufgezeichnet in der Chronik der Köni-
ge von Israel. 16 Damals eroberte Menahem
von Tirza aus die Stadt Tifsach und tötete
alle Bewohner der Stadt und ihrer Umge-
bung, weil sie ihm die Tore nicht geöffnet
hatten. Er eroberte sie und ließ ihren
schwangeren Frauen den Leib aufschlitzen.

Menahem von Israel: 15,17–22

17 Im neununddreißigsten Jahr Asarjas,
des Königs von Juda, wurde Menahem, der
Sohn Gadis, König von Israel. Er regierte
zehn Jahre in Samaria 18 und tat, was dem
Herrn missfiel; er ließ nicht von den Sünden

14,28 H: und wie er Damaskus und Hamat für Juda in Israel zurückbrachte. Sinn unklar.

15,1 Der Name des Königs ist in beiden Formen überliefert (vgl. V. 13 und 2 Chr 26,1).

15,2 Die Zeit vom 27. Jahr Jerobeams bis zum 2. Jahr Pekachs (V. 32) umspannt nur 28 Jahre. Die hier genannte Zahl 52 setzt voraus, dass er schon 24 Jahre vor dem Tod Amazjas als Mitregent oder Stellvertreter seines Vaters König geworden war.

15,10 Jibleam: südlich von Jesreel; in H ist der Name entstellt.

ab, zu denen Jerobeam, der Sohn Nebats, Is-
rael verführt hatte. 19 In seinen Tagen kam
Pul, der König von Assur, in das Land. Me-
nahem gab ihm tausend Talente Silber, da-
mit er ihm helfe, seine Herrschaft zu festi-
gen. 20 Um das Geld dem König von Assur
abliefern zu können, musste er den wohlha-
benden Männern in Israel eine Steuer aufer-
legen; fünfzig Silberschekel kamen auf je-
den. Daraufhin zog der König von Assur ab
und blieb nicht länger im Land.
21 Die übrige Geschichte Menahems und
alle seine Taten sind aufgezeichnet in der
Chronik der Könige von Israel. 22 Er ent-
schlief zu seinen Vätern und sein Sohn Pe-
kachja wurde König an seiner Stelle.

Pekachja von Israel: 15,23–26

23 Im fünfzigsten Jahr Asarjas, des Königs
von Juda, wurde Pekachja, der Sohn Mena-
hems, König von Israel. Er regierte zwei Jah-
re in Samaria 24 und tat, was dem Herrn
missfiel; er ließ nicht von den Sünden ab, zu
denen Jerobeam, der Sohn Nebats, Israel
verführt hatte. 25 Gegen ihn zettelte sein Ad-
jutant Pekach, der Sohn Remaljas, eine Ver-
schwörung an und erschlug ihn im Wohn-
turm des königlichen Palastes in Samaria . . .
Er hatte fünfzig Mann aus Gilead bei sich,
tötete Pekachja und wurde König an seiner
Stelle.
26 Die übrige Geschichte Pekachjas und
alle seine Taten sind aufgezeichnet in der
Chronik der Könige von Israel.

Pekach von Israel: 15,27–31

27 Im zweiundfünfzigsten Jahr des Königs
Asarja von Juda wurde Pekach, der Sohn Re-
maljas, König von Israel. Er regierte zwanzig
Jahre in Samaria 28 und tat, was dem Herrn
missfiel; er ließ nicht von den Sünden ab, zu
denen Jerobeam, der Sohn Nebats, Israel
verführt hatte. 29 In den Tagen Pekachs, des
Königs von Israel, zog Tiglat-Pileser, der
König von Assur, heran. Er eroberte Ijon,
Abel-Bet-Maacha, Janoach, Kedesch, Hazor,
Gilead, Galiläa, das ganze Land Naftali, und
verschleppte ihre Bewohner nach Assur.
30 Hoschea aber, der Sohn Elas, zettelte eine
Verschwörung gegen Pekach, den Sohn Re-
maljas, an. Er erschlug ihn und wurde König
an seiner Stelle im zwanzigsten Jahr Jotams,
des Sohnes Usijas.
31 Die übrige Geschichte Pekachs und alle
seine Taten sind aufgezeichnet in der Chro-
nik der Könige von Israel.

Jotam von Juda: 15,32–38

32 Im zweiten Jahr Pekachs, des Sohnes
Remaljas, des Königs von Israel, wurde Jo-
tam, der Sohn Usijas, König von Juda. 33 Er
war fünfundzwanzig Jahre alt, als er König
wurde, und regierte sechzehn Jahre in Jeru-
salem. Seine Mutter hieß Jeruscha und war
eine Tochter Zadoks. 34 Er tat, was dem
Herrn gefiel, genau wie sein Vater Usija.
35 Nur die Kulthöhen verschwanden nicht.
Das Volk brachte noch Schlacht- und
Rauchopfer auf ihnen dar. Er baute das
obere Tor am Haus des Herrn.
36 Die übrige Geschichte Jotams und seine
Taten sind aufgezeichnet in der Chronik der
Könige von Juda. 37 In jenen Tagen begann
der Herr, Rezin, den König von Aram, und
Pekach, den Sohn Remaljas, gegen Juda zie-
hen zu lassen. 38 Jotam aber entschlief zu sei-
nen Vätern und wurde bei seinen Vätern in
der Stadt seines Vaters David begraben. Sein
Sohn Ahas wurde König an seiner Stelle.

32–38 ‖ 2 Chr 27,1–9.

Ahas von Juda: 16,1–20

16 Im siebzehnten Jahr Pekachs, des
Sohnes Remaljas, wurde Ahas, der
Sohn Jotams, König von Juda. 2 Er war
zwanzig Jahre alt, als er König wurde, und

15,19 In seinen Tagen: Text korr. nach G; H: alle seine Tage (mit dem vorausgehenden Satz verbunden). – Pul ist der babylonische Thronname des assyrischen Königs Tiglat-Pileser III. (745–727 v. Chr.). Seine Annalen berichten ausführlich über seine Vasallen und erwähnen unter ihnen auch Menahem von Samaria.

15,20 Von der Steuer wurden auf diese Weise 72 000 Bürger betroffen.

15,25 H unverständlich.

15,29 Die genannten Städte liegen im Norden des Reiches Israel. Naftali ist der Landstrich westlich des Jordan zwischen dem See Gennesaret und dem Hule-See. Assyrische Texte berichten ausführlich über den Feldzug Tiglat-Pilesers.

15,33 In den sechzehn Jahren sind zehn Jahre enthalten, in denen Jotam für seinen erkrankten Vater die Regierungsgeschäfte führte (V. 5). Auf den Tod Usijas folgten daher nicht sechzehn, sondern nur sechs Jahre Jotams. Die Nichtbeachtung dieser Tatsache führte zu Unstimmigkeiten in den Daten Pekachs, Hoscheas und des Ahas, die auch durch nachträgliche Änderungen nicht beseitigt werden konnten.

16,1 In Wirklichkeit ist es das siebte Jahr Pekachs.

16,2 Ahas regierte nur sechs Jahre: drei gleichzeitig mit Pekach (15,27) und drei mit Hoschea (18,1).

regierte sechzehn Jahre in Jerusalem. Er tat
nicht wie sein Vater David, was dem Herrn,
seinem Gott, gefiel, 3 sondern er folgte den
Wegen der Könige von Israel. Er ließ sogar
seinen Sohn durch das Feuer gehen und
ahmte so die Gräuel der Völker nach, die der
Herr vor den Israeliten vertrieben hatte.
4 Auf den Kulthöhen und Hügeln und unter
jedem üppigen Baum brachte er Schlacht-
und Rauchopfer dar.
5 Damals unternahmen Rezin, der König
von Aram, und Pekach, der Sohn Remaljas,
der König von Israel, einen Kriegszug gegen
Jerusalem. Sie schlossen Ahas ein, konnten
ihn aber nicht zum Kampf zwingen. 6 Zur
gleichen Zeit gewann Rezin, der König von
Aram, Elat für Edom zurück. Er vertrieb die
Judäer aus Elat, und die Edomiter kamen
und blieben dort ansässig bis zum heutigen
Tag. 7 Ahas aber sandte Boten an Tiglat-Pi-
leser, den König von Assur, und ließ ihm sa-
gen: Ich bin dein Knecht und dein Sohn; zieh
herauf und rette mich aus der Hand des Kö-
nigs von Aram und des Königs von Israel, die
mich bedrohen. 8 Zugleich nahm Ahas das
Silber und Gold, das sich im Haus des Herrn
und in den Schatzkammern des königlichen
Palastes befand, und sandte es als Huldi-
gungsgeschenk an den König von Assur.
9 Dieser hörte auf ihn, zog gegen Damaskus,
nahm es ein und verschleppte seine Bewoh-
ner nach Kir; Rezin aber ließ er hinrichten.
10 Als König Ahas zu Tiglat-Pileser, dem
König von Assur, nach Damaskus kam und
den Altar in Damaskus sah, schickte er dem
Priester Urija ein Abbild und eine genaue
Beschreibung des Altars. 11 Daraufhin baute
der Priester Urija einen Altar; genau nach
dem Auftrag, den König Ahas von Damaskus
aus erteilt hatte, ließ er ihn anfertigen, bevor
der König aus Damaskus zurückkehrte.
12 Als dann Ahas nach seiner Rückkehr aus
Damaskus den Altar sah, ging er zu ihm hin,
stieg hinauf 13 und verbrannte auf ihm sein
Brand- und Speiseopfer, goss sein Trankop-
fer aus und besprengte den Altar mit dem
Blut seiner Heilsopfer. 14 Den bronzenen Al-
tar aber, der zwischen dem neuen Altar und
dem Tempel vor dem Herrn stand, ließ er von
seinem Platz vor dem Tempel wegrücken
und nördlich vom neuen Altar aufstellen.
15 Zugleich gab er dem Priester Urija die An-
weisung: Auf dem neuen großen Altar sollst
du das Brandopfer am Morgen und das Spei-
seopfer am Abend, das Brandopfer des Kö-
nigs und sein Speiseopfer sowie das Brand-
opfer aller Bürger des Landes, ihr Speiseop-
fer und ihre Trankopfer darbringen. Auf ihn
sollst du auch das Blut aller Brand- und
Schlachtopfer sprengen. Was aber mit dem
bronzenen Altar geschehen soll, will ich
noch überlegen. 16 Der Priester Urija tat al-
les, was König Ahas angeordnet hatte.
17 König Ahas ließ die Leisten an den fahr-
baren Gestellen abtrennen und die Kessel
aus ihnen nehmen, auch das »Meer« von den
bronzenen Rindern, auf denen es ruhte, weg-
nehmen und auf das Steinpflaster setzen.
18 Ferner ließ er den überdachten Sabbat-
gang, den man an den Tempel angebaut hat-
te, und den äußeren Zugang für den König
vom Haus des Herrn entfernen. Er tat dies
mit Rücksicht auf den König von Assur.
19 Die übrige Geschichte des Ahas und
seine Taten sind aufgezeichnet in der Chro-
nik der Könige von Juda. 20 Ahas entschlief
zu seinen Vätern und wurde bei seinen Vä-
tern in der Davidstadt begraben. Sein Sohn
Hiskija wurde König an seiner Stelle.

1–20 ‖ 2 Chr 28,1–27.

Die Eroberung Samarias: 17,1–23

17 Im zwölften Jahr des Königs Ahas
von Juda wurde Hoschea, der Sohn
Elas, in Samaria König von Israel. Er regier-
te neun Jahre 2 und tat, was dem Herrn miss-
fiel, jedoch nicht in dem Maß wie die Könige
von Israel, die vor ihm herrschten. 3 Gegen
ihn zog Salmanassar, der König von Assur.
Hoschea musste sich ihm unterwerfen und
Abgaben entrichten. 4 Dann aber erfuhr der
König von Assur, dass Hoschea an einer Ver-
schwörung beteiligt war. Er hatte nämlich
Boten nach So zum König von Ägypten ge-
sandt und die jährliche Abgabe an den König

16,3 Er ließ ihn durch das Feuer gehen: Er verbrannte ihn als Opfergabe für Baal (vgl. die Anmerkung zu Lev 18,21).
16,4 Vgl. die Anmerkung zu 1 Kön 14,23.
16,5 Damaskus hatte das Nordreich und andere Staaten für ein Bündnis gegen Assur gewonnen. Da Jotam und Ahas den Beitritt verweigerten, kam es zum sog. Syrisch-efraimitischen Krieg. Er gab Anlass zur Immanuel-Weissagung von Jes 7,1–17.
16,6 Edom: Text korr.; H: Aram.
16,10–16 Ahas wollte keinen neuen Kult einführen, sondern nur die Bauweise des Altars übernehmen.
16,17 Die bronzenen Gestelle und das »Meer« waren von Salomo für den Tempel angefertigt worden (vgl. 1 Kön 7,23–39). Ahas war vielleicht durch Not gezwungen, das entbehrliche Metall für andere Zwecke (Tribut an Assur) zu verwenden.
16,18 Sabbatgang: Übersetzung unsicher.
17,4 So: Name der Stadt Saïs, Sitz der 24. Dynastie.

von Assur nicht mehr geleistet. Daher ließ
ihn dieser festnehmen und ins Gefängnis
werfen. 5 Der König von Assur fiel über das
ganze Land her, rückte gegen Samaria vor
und belagerte es drei Jahre lang. 6 Im neun-
ten Jahr Hoscheas eroberte er die Stadt,
verschleppte die Israeliten nach Assur und
siedelte sie in Halach, am Habor, einem
Fluss von Gosan, und in den Städten der
Meder an.

7 Das geschah, weil die Israeliten sich ge-
gen den Herrn, ihren Gott, versündigten, der
sie aus Ägypten, aus der Gewalt des Pharao,
des Königs von Ägypten, heraufgeführt hat-
te. Sie verehrten fremde Götter, 8 ahmten die
Bräuche der Völker nach, die der Herr vor
den Israeliten vertrieben hatte, und folgten
dem Beispiel, das die Könige von Israel ga-
ben. 9 Gegen den Herrn, ihren Gott, ersannen
die Israeliten Dinge, die nicht recht waren.
Sie bauten sich Kulthöhen in allen ihren
Städten, vom Wachtturm angefangen bis zur
befestigten Stadt, 10 errichteten Steinmale
und Kultpfähle auf jedem hohen Hügel und
unter jedem üppigen Baum. 11 Auf allen
Kulthöhen brachten sie Opfer dar wie die
Völker, die der Herr vor ihnen vertrieben
hatte, taten böse Dinge und erzürnten da-
durch den Herrn. 12 Sie dienten den Götzen,
obwohl der Herr es ihnen verboten hatte.
13 Der Herr warnte Israel und Juda durch
alle seine Propheten, durch alle Seher: Kehrt
um von euren bösen Wegen, achtet auf meine
Befehle und meine Gebote genau nach dem
Gesetz, das ich euren Vätern gegeben und
euch durch meine Knechte, die Propheten,
verkündet habe. 14 Doch sie wollten nicht
hören, sondern versteiften ihre Nacken wie
ihre Väter, die nicht auf den Herrn, ihren
Gott, vertrauten. 15 Sie verwarfen seine Ge-
bote und den Bund, den er mit ihren Vätern
geschlossen hatte, und verschmähten die
Warnungen, die er an sie richtete. Sie liefen
nichtigen Göttern nach und wurden selbst
zunichte; sie ahmten die Völker ihrer Umge-
bung nach, obwohl der Herr verboten hatte,
ihrem Beispiel zu folgen. 16 Sie übertraten
alle Gebote des Herrn, ihres Gottes, schufen
sich Gussbilder, zwei Kälber, stellten einen
Kultpfahl auf, beteten das ganze Heer des
Himmels an und dienten dem Baal. 17 Ihre
Söhne und Töchter ließen sie durch das
Feuer gehen, trieben Wahrsagerei und Zau-
berei und gaben sich dazu her zu tun, was
dem Herrn missfiel, und ihn zu erzürnen.
18 Darum wurde der Herr über Israel sehr
zornig. Er verstieß es von seinem Angesicht,
sodass der Stamm Juda allein übrig blieb.

19 Doch auch Juda befolgte nicht die Be-
fehle des Herrn, seines Gottes, sondern ahm-
te die Bräuche nach, die Israel eingeführt
hatte. 20 Darum verwarf der Herr das ganze
Geschlecht Israels. Er demütigte sie und gab
sie Räubern preis; schließlich verstieß er sie
von seinem Angesicht. 21 Er hatte Israel vom
Haus David losgerissen und sie hatten Jero-
beam, den Sohn Nebats, als König einge-
setzt. Jerobeam aber machte Israel vom
Herrn abtrünnig und verführte es zu schwe-
rer Sünde. 22 Die Israeliten begingen all die
Sünden, die Jerobeam begangen hatte, und
ließen nicht von ihnen ab. 23 Schließlich ver-
stieß der Herr Israel von sich, wie er es durch
seine Knechte, die Propheten, angedroht
hatte. So wanderte Israel aus seinem Land
weg in die Verbannung nach Assur und blieb
dort bis zum heutigen Tag.

15: Jer 2,5 • 21: 1 Kön 11,31.

Die Umsiedlung der Bevölkerung: 17,24–28

24 Der König von Assur brachte Leute aus
Babel, Kuta, Awa, Hamat und Sefarwajim in
das Land und siedelte sie anstelle der Israe-
liten in den Städten Samariens an. Sie nah-
men Samarien in Besitz und ließen sich in
seinen Städten nieder. 25 In der ersten Zeit,
in der sie dort wohnten, erwiesen sie dem
Herrn keine Verehrung. Er schickte deshalb
Löwen unter sie, die manche von ihnen töte-
ten. 26 Da meldete man dem König von Assur:
Die Völker, die du weggeführt und in den
Städten Samariens angesiedelt hast, wissen
nicht, wie man den Landesgott verehren soll.
Er hat daher Löwen unter sie gesandt, von
denen sie getötet werden, weil sie nicht wis-
sen, wie man den Landesgott verehren soll.
27 Da befahl der König von Assur: Bringt ei-
nen von den Priestern zurück, die ihr von
dort weggeführt habt. Er soll zu ihnen gehen,
bei ihnen wohnen und sie belehren, wie man
den Landesgott verehren soll. 28 So kam ei-
ner von den Priestern zurück, die man aus
Samarien weggeführt hatte. Er ließ sich in

17,5f Beide Verse sind Parallelbericht zu VV. 3f.

17,6 Samaria *wurde im* Spätherbst 722 v. Chr. erobert. Die Wegführung der Bevölkerung erfolgte erst 720 durch Sargon. Die genannten Gegenden liegen im nördlichen Mesopotamien. Medien ist das Bergland südwestlich des Kaspischen Meers.

17,16 Heer des Himmels: die Sterne, die von den östlichen Völkern als Götter verehrt wurden.

17,24 Die neue Bevölkerung kam aus dem Osten und Norden.

17,27 Er soll zu ihnen gehen: H: Sie sollen . . .

Bet-El nieder und belehrte sie, wie man den
Herrn verehren müsse.

Die Religion der neuen Bevölkerung:
17,29–41

29 Jedes Volk aber schuf sich seine eigenen
Götter und stellte sie in den Höhentempeln
auf, die von den Bewohnern Samariens er-
baut worden waren. Jedes Volk tat dies in
der Stadt, in der es wohnte. 30 Die Leute aus
Babel machten sich Bilder Sukkot-Benots.
Die Ansiedler aus Kuta stellten Bilder Ner-
gals her. Jene aus Hamat schufen Bilder
Aschimas. 31 Die Awiter fertigten Bilder des
Nibhas und des Tartak an. Die, die aus
Sefarwajim gekommen waren, verbrannten
ihre Kinder zur Ehre Adrammelechs und
Anammelechs, der Götter von Sefarwajim.
32 Gleichzeitig verehrten sie aber auch den
Herrn. Auch setzten sie aus ihren eigenen
Reihen Priester für die Kulthöhen ein, die
für sie in den Höhentempeln Dienst taten.
33 So verehrten sie den Herrn und dienten
daneben ihren Göttern nach den Bräuchen
der Völker, aus denen man sie weggeführt
hatte.

34 Bis zum heutigen Tag handeln sie nach
ihren früheren Bräuchen. Sie fürchten den
Herrn nicht und halten sich nicht an die Sat-
zungen und Bräuche, an das Gesetz und die
Gebote, auf die der Herr die Nachkommen
Jakobs, dem er den Namen Israel gegeben
hatte, verpflichtet hat. 35 Der Herr hat näm-
lich mit ihnen einen Bund geschlossen und
ihnen befohlen: Ihr dürft keine fremden Göt-
ter verehren, sie nicht anbeten, ihnen nicht
dienen und ihnen keine Opfer darbringen.
36 Den Herrn allein, der euch mit großer
Kraft und hoch erhobenem Arm aus Ägypten
heraufgeführt hat, sollt ihr fürchten und an-
beten und ihm eure Opfer darbringen. 37 Die
Satzungen und Bräuche, das Gesetz und die
Gebote, die er für euch niedergeschrieben
hat, sollt ihr befolgen und alle Tage erfüllen.
Fremde Götter aber dürft ihr nicht verehren.
38 Ihr sollt den Bund, den er mit euch ge-
schlossen hat, nicht vergessen und fremde
Götter nicht verehren. 39 Den Herrn allein,
euren Gott, sollt ihr fürchten. Er wird euch
aus der Gewalt all eurer Feinde erretten.
40 Doch sie wollten nicht hören, sondern sie
handelten, wie sie es immer schon gewohnt
waren. 41 Sie verehren den Herrn und dienen
zugleich ihren Götzen. Was ihre Väter getan
haben, das tun auch ihre Kinder und Kindes-
kinder bis zum heutigen Tag.

DIE WEITERE GESCHICHTE DES REICHES JUDA: 18,1 – 25,30

Hiskija: 18,1–12

18 Im dritten Jahr Hoscheas, des Soh-
nes Elas, des Königs von Israel, wur-
de Hiskija, der Sohn des Ahas, König von
Juda. 2 Er war fünfundzwanzig Jahre alt, als
er König wurde, und regierte neunundzwan-
zig Jahre in Jerusalem. Seine Mutter hieß
Abi und war eine Tochter Secharjas. 3 Genau
wie sein Vater David tat er, was dem Herrn
gefiel. 4 Er schaffte die Kulthöhen ab, zer-
brach die Steinmale, zerstörte den Kultpfahl
und zerschlug die Kupferschlange, die Mose
angefertigt hatte und der die Israeliten bis zu
jener Zeit Rauchopfer darbrachten – man
nannte sie Nehuschtan (Kupferbild). 5 Er
setzte sein Vertrauen auf den Herrn, den
Gott Israels. Unter allen Königen Judas, die
nach ihm kamen oder vor ihm lebten, war
keiner wie er. 6 Er hing dem Herrn an, ohne
von ihm abzuweichen, und hielt die Gebote,
die der Herr dem Mose gegeben hatte. 7 Da-
her war der Herr mit ihm; in allem, was er
unternahm, hatte er Erfolg. So fiel er vom
König von Assur ab und war ihm nicht län-
ger untertan. 8 Auch schlug er die Philister
bis Gaza und den Umkreis dieser Stadt, vom
Wachtturm bis zur befestigten Stadt.

9 Im vierten Jahr des Königs Hiskija, das
ist im siebten Jahr Hoscheas, des Sohnes
Elas, des Königs von Israel, zog Salmanas-
sar, der König von Assur, gegen Samaria und
belagerte es. 10 Nach drei Jahren, das ist im
sechsten Jahr Hiskijas und im neunten Jahr
Hoscheas, des Königs von Israel, wurde Sa-
maria erobert. 11 Der König von Assur ver-
schleppte die Israeliten nach Assur und
brachte sie nach Halach, an den Habor, ei-

17,30f Die Aufzählung nennt Namen von weniger oder nicht bekannten Gottheiten, die vom Volk mehr verehrt wurden als die Staatsgottheiten. Nergal ist der Gott der Unterwelt, der Sonnenhitze und der Pest.

17,34b–40a Einschaltung, die die Schuld der im Land verbliebenen Israeliten hervorhebt.

18,4 Zum ersten Mal wird berichtet, dass ein judäischer König die Kulthöhen beseitigt. – Zur Kupferschlange vgl. Num 21,4–9 und die Anmerkung zu Num 21,9.

nen Fluss von Gosan, und in die Städte der
Meder. 12 Denn sie hatten auf die Stimme des
Herrn, ihres Gottes, nicht gehört, seinen
Bund gebrochen und die Gebote, die Mose,
der Knecht des Herrn, verkündet hatte,
übertreten und sie nicht befolgt.

1–3: 2 Chr 29,1f • 9–11: 17,5f.

Sanheribs Feldzug gegen Jerusalem: 18,13 – 19,37

Erste Gesandtschaft Sanheribs: 18,13–37

13 Im vierzehnten Jahr des Königs Hiskija
zog Sanherib, der König von Assur, gegen
alle befestigten Städte Judas und nahm sie
ein. 14 Hiskija aber, der König von Juda,
schickte Boten an den König von Assur nach
Lachisch und ließ ihm sagen: Ich habe ge-
fehlt. Lass ab von mir! Alles, was du mir auf-
erlegst, will ich tragen. Der König von Assur
verlangte von Hiskija, dem König von Juda,
dreihundert Talente Silber und dreißig Ta-
lente Gold. 15 Hiskija musste alles Geld ab-
liefern, das sich im Haus des Herrn und in
den Schatzkammern des königlichen Palas-
tes befand. 16 Damals ließ Hiskija, der König
von Juda, die Türen am Tempel des Herrn
und die Pfosten, die er mit Gold und Silber
überzogen hatte, zerschlagen und lieferte
das Metall an den König von Assur.

17 Doch der König von Assur sandte den
Tartan, den Rabsaris und den Rabschake mit
einer großen Streitmacht von Lachisch aus
gegen König Hiskija. Sie zogen nach Jerusa-
lem hinauf, stellten sich an der Wasserlei-
tung des oberen Teiches auf, der an der Wal-
kerfeldstraße liegt, 18 und ließen den König
rufen. Der Palastvorsteher Eljakim, der
Sohn Hilkijas, der Staatsschreiber Schebna
und Joach, der Sohn Asafs, der Sprecher des
Königs, gingen zu ihnen hinaus.

19 Der Rabschake sagte zu ihnen: Sagt zu
Hiskija: So spricht der Großkönig, der König
von Assur: Worauf vertraust du denn, dass
du dich so sicher fühlst? 20 Du glaubst wohl,
bloßes Gerede sei im Krieg schon Rat und
Stärke? Auf wen vertraust du also, dass du
von mir abgefallen bist? 21 Du vertraust ge-
wiss auf Ägypten, dieses geknickte Schilf-
rohr, das jeden, der sich darauf stützt, in die
Hand sticht und sie durchbohrt. Denn so
macht es der Pharao, der König von Ägyp-
ten, mit allen, die ihm vertrauen. 22 Wenn ihr
aber zu mir sagt: Wir vertrauen auf Jahwe,
unseren Gott!, dann bedenkt: Ist nicht gera-
de er der Gott, dessen Kulthöhen und Altäre
Hiskija beseitigt hat? Hat nicht Hiskija in
Juda und Jerusalem angeordnet: Nur vor
diesem Altar in Jerusalem dürft ihr euch nie-
derwerfen? 23 Geh doch mit meinem Herrn,
dem König von Assur, eine Wette ein! Ich
gebe dir zweitausend Pferde: Kannst du die
Reiter für sie stellen? 24 Wie willst du auch
nur einen einzigen Statthalter meines Herrn
in die Flucht schlagen, und wäre es der un-
bedeutendste seiner Knechte? Du vertraust
ja nur auf Ägypten, auf seine Wagen und de-
ren Besatzung. 25 Außerdem: Bin ich denn
gegen den Willen Jahwes heraufgezogen, um
dieses Land zu verwüsten? Jahwe selbst hat
mir befohlen: Zieh gegen dieses Land, und
verwüste es!

26 Da sagten Eljakim, der Sohn Hilkijas,
sowie Schebna und Joach zu dem Rabscha-
ke: Sprich doch aramäisch mit deinen
Knechten; wir verstehen es. Sprich vor den
Ohren des Volkes, das auf der Mauer steht,
nicht judäisch mit uns! 27 Der Rabschake
antwortete ihnen: Hat mich mein Herr etwa
beauftragt, das alles nur zu deinem Herrn
und zu dir zu sagen und nicht vielmehr zu all
den Männern, die auf der Mauer sitzen und
ihren eigenen Kot essen und ihren Harn trin-
ken wie ihr? 28 Dann trat der Rabschake vor
und rief laut auf Judäisch: Hört die Worte
des Großkönigs, des Königs von Assur! 29 So
spricht der König: Lasst euch nicht von His-
kija betören; denn er kann euch nicht aus
meiner Hand retten. 30 Er soll euch nicht ver-
leiten, auf Jahwe zu vertrauen, und sagen:
Jahwe wird uns sicher retten und diese Stadt
wird dem König von Assur nicht in die
Hände fallen. 31 Hört nicht auf Hiskija! Denn
so spricht der König von Assur: Trefft mit

18,13–16 Nach assyrischen Quellen fand der Feldzug 701 v. Chr. statt; das ist das 26. Jahr Hiskijas. Das 14. Jahr ist aus 20,6 errechnet.

18,16 Ähnliches geschah unter Ahas (vgl. 16,17).

18,17–19,36 Die zeitliche Einordnung des hier beschriebenen Vorgangs ist schwer möglich.

18,17 Tartan, Rabsaris und Rabschake: assyrische Beamtenbezeichnungen, etwa Oberfeldherr, Oberkämmerer und Obermundschenk. – In Lachisch, südwestlich von Jerusalem, war das Hauptquartier des assyrischen Heeres. Die Eroberung der Stadt ist auf einem Relief in Ninive dargestellt.

18,21 Der Zug Sanheribs war durch ein Bündnis der westlichen Vasallen mit Ägypten veranlasst.

18,26 Das Aramäische begann vom 8. bis 6. Jh. zur Sprache des Handels und der Diplomatie zu werden. Der Text setzt voraus, dass es in Jerusalem von den höheren Beamten, nicht aber vom Volk verstanden wurde.

18,29 aus meiner Hand: Text korr.; H: aus seiner Hand.

mir ein Abkommen und ergebt euch! Dann
kann jeder von euch von seinem Weinstock
und von seinem Feigenbaum essen und Was-
ser aus seiner Zisterne trinken, 32 bis ich
komme und euch in ein Land bringe, das eu-
rem Land gleicht: in ein Land voll Getreide
und Most, ein Land voll Brot und Wein, ein
Land mit Ölbäumen und Honig. So werdet
ihr am Leben bleiben und nicht umkommen.
Hört nicht auf Hiskija; denn er führt euch in
die Irre, wenn er sagt: Jahwe wird uns retten.
33 Hat denn einer von den Göttern der ande-
ren Völker sein Land vor dem König von As-
sur gerettet? 34 Wo sind die Götter von Ha-
mat und Arpad? Wo sind die Götter von Se-
farwajim, Hena und Awa? Haben sie etwa
Samaria vor mir gerettet? 35 Wer von all den
Göttern der anderen Länder hat sein Land
vor mir gerettet? Wie sollte dann Jahwe Je-
rusalem vor mir retten? 36 Das Volk aber
schwieg und gab ihm keine Antwort; denn
der König hatte befohlen: Ihr dürft ihm nicht
antworten.
37 Der Palastvorsteher Eljakim, der Sohn
Hilkijas, der Staatsschreiber Schebna und
Joach, der Sohn Asafs, der Sprecher des
Königs, zerrissen ihre Kleider, gingen zu
Hiskija und berichteten ihm, was der Rab-
schake gesagt hatte.

13–37 || Jes 36,1–22; 2 Chr 32,1–19 • 17: Jes 7,3.

Die Reaktion des Königs Hiskija: 19,1–7

19 Als König Hiskija das hörte, zerriss
er seine Kleider, legte ein Trauerge-
wand an und ging in das Haus des Herrn.
2 Dann sandte er den Palastvorsteher Elja-
kim, den Staatsschreiber Schebna und die
Ältesten der Priester in Trauergewändern zu
dem Propheten Jesaja, dem Sohn des Amoz.
3 Sie sagten zu ihm: So spricht Hiskija: Heute
ist ein Tag der Not, der Strafe und der
Schande. Die Kinder sind bis an die Öffnung
des Mutterschoßes gelangt, doch den Frauen
fehlt die Kraft zum Gebären. 4 Aber viel-
leicht hört der Herr, dein Gott, alle Worte des
Rabschake, den sein Herr, der König von As-
sur, hergesandt hat, damit er den lebendigen
Gott beschimpft, und vielleicht schickt der
Herr, dein Gott, eine Strafe für die Worte,
die er gehört hat. Darum bete für den Rest,
der noch übrig ist. 5 Jesaja antwortete den
Abgesandten des Königs Hiskija, die zu ihm
gekommen waren: 6 Sagt zu eurem Herrn
Folgendes: So spricht der Herr: Fürchte dich
nicht wegen der Worte, die du gehört hast
und mit denen die Knechte des Königs von
Assur mich verhöhnt haben. 7 Seht, ich lege
einen Geist in ihn, sodass er ein Gerücht hört
und in sein Land zurückkehrt; dort bringe
ich ihn durch das Schwert zu Fall.

1–7 || Jes 37,1–7 • 3: Hos 13,13.

Die zweite Gesandtschaft Sanheribs: 19,8–13

8 Der Rabschake trat den Rückweg an und
fand den König von Assur im Kampf gegen
die Stadt Libna. Sanherib war inzwischen,
wie der Rabschake gehört hatte, von La-
chisch abgezogen. 9 Dann erfuhr Sanherib,
dass Tirhaka, der König von Kusch, zum
Kampf gegen ihn heranzog. Er schickte wie-
derum Boten zu Hiskija mit dem Auftrag:
10 So sollt ihr zu Hiskija, dem König von
Juda, sagen: Lass dir nicht von deinem Gott,
auf den du vertraust, einreden, Jerusalem
werde dem König von Assur nicht in die
Hände fallen. 11 Du hast doch gehört, was die
Könige von Assur mit allen anderen Ländern
gemacht haben. Sie haben sie dem Unter-
gang geweiht. Und du meinst, du wirst geret-
tet? 12 Sind denn die Völker, die von meinen
Vätern vernichtet wurden, von ihren Göttern
gerettet worden, die Völker von Gosan,
Haran und Rezef, die Söhne von Eden, die in
Telassar wohnten? 13 Wo ist der König von
Hamat, der König von Arpad, der König der
Stadt Sefarwajim, wo sind die Könige von
Hena und Awa?

8–13 || Jes 37,8–13.

Das Gebet des Königs: 19,14–19

14 Hiskija nahm das Schreiben von den
Boten in Empfang und las es. Dann ging er
zum Haus des Herrn hinauf, breitete das
Schreiben vor dem Herrn aus 15 und betete
vor dem Herrn; er sagte: Herr, Gott Israels,
der über den Kerubim thront, du allein bist
der Gott aller Reiche der Erde. Du hast den
Himmel und die Erde gemacht. 16 Wende mir
dein Ohr zu, Herr, und höre! Öffne, Herr,
deine Augen und sieh her! Hör alles, was
Sanherib sagt, der seinen Boten hergesandt
hat, um den lebendigen Gott zu verhöhnen.
17 Es ist wahr, Herr, die Könige von Assur
haben die Völker vernichtet, ihre Länder
verwüstet 18 und ihre Götter ins Feuer ge-
worfen. Aber das waren keine Götter, son-
dern Werke von Menschenhand, aus Holz
und Stein; darum konnte man sie vernichten.

19,9 Tirhaka, der 690–664 v. Chr. als dritter Pharao der 25., nubischen Dynastie regierte, war 701 für seinen Bruder Schebitku Oberbefehlshaber des ägyptischen Heeres in Palästina.

19 Nun aber, Herr, unser Gott, rette uns aus
seiner Hand, damit alle Reiche der Erde er-
kennen, dass du, Jahwe, Gott bist, du allein.

14–19 ‖ Jes 37,14–20.

Die Verheißung der göttlichen Hilfe durch Jesaja: 19,20–34

20 Jesaja, der Sohn des Amoz, schickte zu
Hiskija (einen Boten) und ließ ihm sagen: So
spricht der Herr, der Gott Israels: Ich habe
gehört, wie du wegen des Königs Sanherib
von Assur zu mir gebetet hast. 21 Das ist das
Wort des Herrn gegen ihn:

Dich verachtet, dich verspottet / die Jung-
frau, die Tochter Zion.

Die Tochter Jerusalem / schüttelt spöt-
tisch den Kopf über dich.

22 Wen hast du beschimpft und verhöhnt, /
gegen wen die Stimme erhoben, / auf wen
voll Hochmut herabgeblickt? / Auf den Hei-
ligen Israels.

23 Durch deine Gesandten hast du den
Herrn verhöhnt; / du hast gesagt: / Mit mei-
nen zahlreichen Wagen fuhr ich / auf die Hö-
hen der Berge, / in die fernsten Winkel des
Libanon. / Ich fällte seine hohen Zedern, /
seine schönsten Zypressen, / kam bis zu sei-
nen entlegensten Hütten, / in das Dickicht
seiner Wälder.

24 Ich habe Brunnen gegraben / und frem-
des Wasser getrunken. / Ich ließ unter dem
Schritt meiner Füße / alle Ströme Ägyptens
vertrocknen.

25 Hast du nicht gehört: / Schon vor langer
Zeit habe ich es so gefügt, / seit den Tagen
der Vorzeit habe ich es so geplant; / jetzt ließ
ich es kommen. / So konntest du befestigte
Städte zerstören / und in Trümmer verwan-
deln.

26 Ihre Bewohner waren machtlos, / in
Schrecken und Schande gestoßen. / Sie gli-
chen den Pflanzen auf dem Feld / und dem
frischen Grün, / dem Gras auf den Dächern, /
das im Ostwind verdorrt.

27 Ich weiß, ob du ruhst, ob du gehst oder
kommst, / ob du dich gegen mich auflehnst.

28 Weil du gegen mich wütest / und dein
Lärm meine Ohren erreicht hat, / ziehe ich
dir einen Ring durch die Nase / und lege dir
einen Zaum in das Maul. / Auf dem Weg, auf
dem du herankamst, / treibe ich dich wieder
zurück.

29 Und das soll für dich (Hiskija) ein Vor-
zeichen sein: In diesem Jahr isst man, was
von selbst nachwächst, im nächsten Jahr,
was wild wächst; im dritten Jahr aber sollt
ihr wieder säen und ernten, die Weinberge
bepflanzen und ihre Früchte genießen.
30 Wer vom Haus Juda entronnen und übrig
geblieben ist, wird wieder unten Wurzeln
treiben und oben Frucht tragen. 31 Denn von
Jerusalem wird ein Rest ausziehen, vom Berg
Zion ziehen die Geretteten hinaus. Der lei-
denschaftliche Eifer des Herrn wird das voll-
bringen. 32 Darum – so spricht der Herr über
den König von Assur: Er wird nicht in diese
Stadt eindringen; er wird keinen einzigen
Pfeil hineinschießen, er wird nicht unter dem
Schutz seines Schildes gegen sie anrennen
und keinen Damm gegen sie aufschütten.
33 Auf dem Weg, auf dem er gekommen ist,
wird er wieder zurückkehren. Aber in diese
Stadt wird er nicht eindringen – Spruch des
Herrn. 34 Ich werde diese Stadt beschützen
und retten, um meinetwillen und um meines
Knechtes David willen.

20–34 ‖ Jes 37,21–35 • 26: Ps 129,6 • 28: Ez 38,4 • 30: Ps 80,10.

Die Rettung der Stadt: 19,35–37

35 In jener Nacht zog der Engel des Herrn
aus und erschlug im Lager der Assyrer hun-
dertfünfundachtzigtausend Mann. Als man
am nächsten Morgen aufstand, fand man sie
alle als Leichen. 36 Da brach Sanherib, der
König von Assur, auf und kehrte in sein
Land zurück. Er blieb in Ninive. 37 Als er ei-
nes Tages im Tempel seines Gottes Nisroch
betete, erschlugen ihn seine Söhne Adram-
melech und Sarezer mit dem Schwert. Da-
rauf mussten sie in das Land Ararat fliehen
und Sanheribs Sohn Asarhaddon wurde Kö-
nig an seiner Stelle.

35–37 ‖ Jes 37,36–38.

Die Krankheit Hiskijas: 20,1–11

20 In jenen Tagen wurde Hiskija schwer
krank und war dem Tod nahe. Der
Prophet Jesaja, der Sohn des Amoz, kam zu
ihm und sagte: So spricht der Herr: Bestell
dein Haus; denn du wirst sterben, du wirst
nicht am Leben bleiben. 2 Da drehte sich
Hiskija mit dem Gesicht zur Wand und bete-
te zum Herrn: 3 Ach, Herr, denk daran, dass

19,21 »Jungfrau« und »Tochter« sind bei den Propheten Bezeichnungen für die Bevölkerung von Ländern oder Städten.
19,26 Ostwind: Text korr. nach dem Jesaja-Text von Qumran.
19,28 dein Lärm: Text sinngemäß korr.; H: deine Sorglosigkeit.
19,29f Der Spruch setzt voraus, dass zwei Jahre hindurch keine Aussaat, aber eine kärgliche Ernte möglich ist.
19,37 seine Söhne: ergänzt nach Jes 37,38.

ich mein Leben lang treu und mit aufrichtigem Herzen meinen Weg vor deinen Augen gegangen bin und dass ich immer getan habe, was dir gefällt. Und Hiskija begann laut zu weinen. 4 Jesaja hatte aber die innere Stadt noch nicht verlassen, als das Wort des Herrn an ihn erging: 5 Kehr um und sag zu Hiskija, dem Fürsten meines Volkes: So spricht der Herr, der Gott deines Vaters David: Ich habe dein Gebet gehört und deine Tränen gesehen. Nun heile ich dich. Übermorgen wirst du zum Haus des Herrn hinaufgehen; 6 zu deiner Lebenszeit will ich noch fünfzehn Jahre hinzufügen. Und ich will dich und diese Stadt aus der Hand des Königs von Assur retten und diese Stadt beschützen, um meinetwillen und um meines Knechtes David willen.

8 Hiskija aber fragte Jesaja: Was ist das Zeichen dafür, dass der Herr mich heilen wird und ich übermorgen zum Haus des Herrn hinaufgehen werde? 9 Jesaja antwortete: Das soll für dich das Zeichen des Herrn sein, dass der Herr sein Versprechen halten wird: Soll der Schatten zehn Stufen weiter abwärts oder zehn Stufen rückwärts gehen? 10 Hiskija erwiderte: Für den Schatten ist es ein Leichtes, zehn Stufen weiter abwärts zu gehen. Nein, er soll zehn Stufen rückwärts gehen. 11 Da rief der Prophet Jesaja zum Herrn und dieser ließ den Schatten die zehn Stufen zurückgehen, die er auf den Stufen des Ahas bereits herabgestiegen war. 7 Darauf sagte Jesaja: Holt einen Feigenbrei! Man holte ihn, strich ihn auf das Geschwür und der König wurde gesund.

1–11 ‖ Jes 38,1–8; 2 Chr 32,24–26.

Die Gesandtschaft aus Babel: 20,12–21

12 Damals sandte Merodach-Baladan, der Sohn Baladans, der König von Babel, einen Brief und Geschenke an Hiskija; denn er hatte von seiner Krankheit gehört. 13 Hiskija freute sich darüber und zeigte den Gesandten sein ganzes Schatzhaus, das Silber und das Gold, die Vorräte an Balsam und feinem Öl, sein Waffenlager und alle anderen Schätze, die er besaß. Es gab nichts in seinem Haus und in seinem Herrschaftsbereich, das er ihnen nicht gezeigt hätte. 14 Danach kam der Prophet Jesaja zu König Hiskija und fragte ihn: Was haben diese Männer gesagt? Woher sind sie gekommen? Hiskija antwortete: Sie sind aus einem fernen Land, aus Babel, gekommen. 15 Er fragte weiter: Was haben sie in deinem Haus gesehen? Hiskija antwortete: Sie haben alles gesehen, was in meinem Haus ist. Es gibt nichts in meinen Schatzkammern, das ich ihnen nicht gezeigt hätte. 16 Da sagte Jesaja zu Hiskija: Höre das Wort des Herrn: 17 Es werden Tage kommen, an denen man alles, was in deinem Haus ist, alles, was deine Väter bis zum heutigen Tag angesammelt haben, nach Babel bringt. Nichts wird übrig bleiben, spricht der Herr. 18 Auch von deinen eigenen Söhnen, die du noch bekommen wirst, wird man einige mitnehmen und sie werden als Kämmerer im Palast des Königs von Babel dienen müssen. 19 Hiskija sagte zu Jesaja: Das Wort des Herrn, das du mir gesagt hast, ist gut. Und er dachte: Wenn nur zu meinen Lebzeiten noch Friede und Sicherheit herrschen.

20 Die übrige Geschichte Hiskijas und alle seine Erfolge, wie er den Teich und die Wasserleitung angelegt und das Wasser in die Stadt geleitet hat, das alles ist aufgezeichnet in der Chronik der Könige von Juda. 21 Hiskija entschlief zu seinen Vätern und sein Sohn Manasse wurde König an seiner Stelle.

12–19 ‖ Jes 39,1–8.

Manasse: 21,1–18

21 Manasse war zwölf Jahre alt, als er König wurde, und regierte fünfundfünfzig Jahre in Jerusalem. Seine Mutter hieß Hefzi-Bah. 2 Er tat, was dem Herrn missfiel, und ahmte die Gräuel der Völker nach, die der Herr vor den Israeliten vertrieben hatte. 3 Er baute die Kulthöhen wieder auf, die sein Vater Hiskija zerstört hatte, errichtete Altäre für den Baal, ließ einen Kultpfahl anfertigen, wie es schon Ahab, der König von Israel, getan hatte, warf sich vor dem ganzen Heer des Himmels nieder und diente ihm. 4 Auch baute er Altäre im Haus des Herrn, obwohl der Herr gesagt hatte: Auf Jerusalem will ich meinen Namen legen. 5 In

20,8 V. 7 ist wegen des Zusammenhangs nach V. 11 eingereiht.

20,9 soll der Schatten: Text korr. nach G. Es kann sich um die Beobachtung des Schattens an einer Sonnenuhr oder an den Stufen der Treppe handeln.

20,12 Merodach: nach G und Jes 39,1; H: Berodach.

20,13 freute sich: Text korr. nach G und Jes 39,2; H: hörte davon. – Merodach-Baladan hatte sich im Kampf gegen Assur zum König von Babylon gemacht und suchte Bundesgenossen. Hiskija scheint bereit gewesen zu sein und zeigte seine Schätze, um sich als leistungsfähigen Helfer zu empfehlen. Jesaja hatte wiederholt vor solchen Bündnissen gewarnt.

21,3 Heer des Himmels: vgl. die Anmerkung zu 17,16.

den beiden Höfen des Tempels baute er Altäre für das ganze Heer des Himmels. 6 Er ließ seinen Sohn durch das Feuer gehen, trieb Zauberei und Wahrsagerei, bestellte Totenbeschwörer und Zeichendeuter. So tat er vieles, was dem Herrn missfiel und ihn erzürnte. 7 Er brachte auch den Kultpfahl, den er hatte anfertigen lassen, in das Haus, von dem der Herr zu David und dessen Sohn Salomo gesagt hatte: Auf dieses Haus und auf Jerusalem, das ich aus allen Stämmen Israels auserwählt habe, will ich meinen Namen auf ewig legen. 8 Ich werde Israels Fuß nicht mehr unstet außerhalb des Landes wandern lassen, das ich ihren Vätern gegeben habe, wenn sie nur alles befolgen, was ich ihnen geboten habe, und mein ganzes Gesetz einhalten, das ihnen mein Knecht Mose gegeben hat. 9 Doch sie wollten nicht hören und Manasse verführte sie, noch Schlimmeres zu tun als die Völker, die der Herr vor den Augen der Israeliten vernichtet hatte.

10 Da ließ der Herr durch seine Knechte, die Propheten, sagen: 11 Weil Manasse, der König von Juda, diese Gräuel verübt und noch Schlimmeres getrieben hat als die Amoriter vor ihm, weil er auch Juda durch seine Götzen zur Sünde verführt hat, 12 darum – so spricht der Herr, der Gott Israels: Ich bringe Unheil über Jerusalem und Juda, sodass jedem, der davon hört, beide Ohren gellen werden. 13 Ich will an Jerusalem die Messschnur Samarias und die Waage des Hauses Ahab anlegen und Jerusalem auswischen, wie man eine Schüssel auswischt und dann umdreht. 14 Den Rest meines Erbbesitzes will ich preisgeben und den Feinden ausliefern. So wird mein Volk ein Raub und eine Beute all seiner Feinde werden; 15 denn es hat getan, was mir missfällt, und mich erzürnt seit dem Tag, da seine Väter aus Ägypten zogen, bis zum heutigen Tag. 16 Manasse vergoss unschuldiges Blut in Strömen, bis er Jerusalem von einem Ende zum andern damit anfüllte; er verführte Juda zur Sünde, sodass es tat, was dem Herrn missfiel.

17 Die übrige Geschichte Manasses, alle seine Taten und die Sünden, die er beging, sind aufgezeichnet in der Chronik der Könige von Juda. 18 Manasse entschlief zu seinen Vätern und wurde im Garten seines Hauses, im Garten Usas, begraben. Sein Sohn Amon wurde König an seiner Stelle.

1–18 ‖ 2 Chr 33,1–20 • 3: 1 Kön 16,33 • 4: 1 Kön 8,16 • 8: 2 Sam 7,10 • 18: 2 Chr 33,20.

Amon: 21,19–26

19 Amon war zweiundzwanzig Jahre alt, als er König wurde, und regierte zwei Jahre in Jerusalem. Seine Mutter hieß Meschullemet und war eine Tochter des Haruz aus Jotba. 20 Wie sein Vater Manasse tat er, was dem Herrn missfiel, 21 und folgte ganz den Wegen, die sein Vater gegangen war. Er diente den Götzen, die sein Vater verehrt hatte, und warf sich vor ihnen nieder. 22 Er verließ den Herrn, den Gott seiner Väter, und hielt sich nicht an die Wege des Herrn. 23 Gegen ihn zettelten seine Diener eine Verschwörung an und töteten ihn in seinem Haus. 24 Doch die Bürger des Landes erschlugen alle, die sich gegen den König Amon verschworen hatten, und machten seinen Sohn Joschija zum König an seiner Stelle.

25 Die übrige Geschichte Amons, seine Taten, sind aufgezeichnet in der Chronik der Könige von Juda. 26 Man begrub ihn in seinem Grab im Garten Usas und sein Sohn Joschija wurde König an seiner Stelle.

19–24 ‖ 2 Chr 33,21–25.

Joschija, Einleitung: 22,1–2

22 Joschija war acht Jahre alt, als er König wurde, und regierte einunddreißig Jahre in Jerusalem. Seine Mutter hieß Jedida und war eine Tochter Adajas aus Bozkat. 2 Er tat, was dem Herrn gefiel, und folgte ganz den Wegen seines Vaters David, ohne nach rechts oder links abzuweichen.

1–2 ‖ 2 Chr 34,1–2.

Die Auffindung des Gesetzbuches: 22,3–20

3 Im achtzehnten Jahr seiner Regierung sandte König Joschija den Staatsschreiber Schafan, den Sohn Azaljas, des Sohnes Meschullams, in das Haus des Herrn mit dem Auftrag: 4 Geh zum Hohenpriester Hilkija! Er soll das Geld ausschütten, das in das Haus des Herrn gebracht worden ist und das die Wächter an den Schwellen vom Volk gesammelt haben. 5 Man soll es den Werkmeistern geben, die im Haus des Herrn angestellt sind, und diese sollen es für die Arbeiter verwenden, die im Tempel die Schäden des Hauses zu beseitigen haben, 6 für die Zimmerleute, Bauarbeiter, Maurer, sowie zum Ankauf von Holz und Bruchsteinen, die man zur Beseitigung der Schäden am Haus des Herrn benötigt. 7 Doch soll man über das Geld, das

22,3f Es ist das Jahr 623/22 v. Chr. Ähnlich wurde unter Joasch Geld zur Instandsetzung des Tempels beschafft (vgl. 12,10–16).

22,4 ausschütten: korr. nach V. 9; H: fertig machen.

ihnen übergeben wird, nicht abrechnen. Sie sollen auf Treu und Glauben handeln.
8 Damals teilte der Hohepriester Hilkija dem Staatsschreiber Schafan mit: Ich habe im Haus des Herrn das Gesetzbuch gefunden. Hilkija übergab Schafan das Buch und
dieser las es. 9 Darauf begab sich der Staatsschreiber Schafan zum König und meldete ihm: Deine Knechte haben das Geld ausgeschüttet, das sich im Haus vorfand, und es den Werkmeistern übergeben, die im Haus
des Herrn angestellt sind. 10 Dann sagte der Staatsschreiber Schafan zum König: Der Priester Hilkija hat mir ein Buch gegeben.
Schafan las es dem König vor. 11 Als der König die Worte des Gesetzbuches hörte, zerriss
er seine Kleider 12 und befahl dem Priester Hilkija sowie Ahikam, dem Sohn Schafans, Achbor, dem Sohn Michas, dem Staatsschreiber Schafan und Asaja, dem Diener
des Königs: 13 Geht und befragt den Herrn für mich, für das Volk und für ganz Juda wegen dieses Buches, das aufgefunden wurde. Der Zorn des Herrn muss heftig gegen uns entbrannt sein, weil unsere Väter auf die Worte dieses Buches nicht gehört und weil sie nicht getan haben, was in ihm niedergeschrieben ist.
14 Da gingen der Priester Hilkija, Ahikam, Achbor, Schafan und Asaja zur Prophetin Hulda. Sie war die Frau Schallums, des Sohnes Tikwas, des Sohnes des Harhas, des Verwalters der Kleiderkammer, und wohnte in Jerusalem in der Neustadt. Die Abgesandten
trugen ihr alles vor 15 und sie gab ihnen diese Antwort: So spricht der Herr, der Gott Israels: Sagt zu dem Mann, der euch zu mir ge-
schickt hat: 16 So spricht der Herr: Ich bringe Unheil über diesen Ort und seine Bewohner, alle Drohungen des Buches, das der König
von Juda gelesen hat. 17 Denn sie haben mich verlassen, anderen Göttern geopfert und mich durch alle Werke ihrer Hände erzürnt. Darum ist mein Zorn gegen diesen Ort ent-
brannt und er wird nicht erlöschen. 18 Sagt aber zum König von Juda, der euch hergesandt hat, um den Herrn zu befragen: So spricht der Herr, der Gott Israels: Durch die
Worte, die du gehört hast, 19 wurde dein Herz erweicht. Du hast dich vor dem Herrn gedemütigt, als du vernahmst, was ich über diesen Ort und seine Bewohner gesprochen habe: dass sie zu einem Bild des Entsetzens und zum Fluch werden sollen. Du hast deine Kleider zerrissen und vor mir geweint. Darum habe ich dich erhört – Spruch des Herrn.
20 Ich werde dich mit deinen Vätern vereinen und du sollst in Frieden in deinem Grab beigesetzt werden. Deine Augen sollen all das Unheil nicht mehr sehen, das ich über diesen Ort bringen werde. – Sie berichteten dies dem König.

3–20 ‖ 2 Chr 34,8–28.

Die Beseitigung von Missständen: 23,1–27

23 Der König ließ alle Ältesten Judas und Jerusalems bei sich zusammen-
kommen. 2 Er ging zum Haus des Herrn hinauf mit allen Männern Judas und allen Einwohnern Jerusalems, den Priestern und Propheten und allem Volk, Jung und Alt. Er ließ ihnen alle Worte des Bundesbuches vorlesen, das im Haus des Herrn gefunden worden
war. 3 Dann trat der König an die Säule und schloss vor dem Herrn diesen Bund: Er wolle dem Herrn folgen, auf seine Gebote, Satzungen und Gesetze von ganzem Herzen und ganzer Seele achten und die Vorschriften des Bundes einhalten, die in diesem Buch niedergeschrieben sind. Das ganze Volk trat dem Bund bei.
4 Hierauf befahl der König dem Hohenpriester Hilkija, den Priestern des zweiten Ranges und den Wächtern an den Schwellen, alle Gegenstände aus dem Tempel des Herrn hinauszuschaffen, die für den Baal, die Aschera und das ganze Heer des Himmels angefertigt worden waren. Er ließ sie außerhalb Jerusalems bei den Terrassen des Kidrontals verbrennen und die Asche nach
Bet-El bringen. 5 Auch setzte er die Götzenpriester ab, die von den Königen von Juda bestellt worden waren und die auf den Kulthöhen, in den Städten Judas und in der Umgebung Jerusalems Opfer verbrannt sowie dem Baal, der Sonne, dem Mond, den Bildern des Tierkreises und dem ganzen Heer des
Himmels geopfert hatten. 6 Den Kultpfahl schaffte er aus dem Haus des Herrn und aus Jerusalem hinaus in das Kidrontal und verbrannte ihn dort; er zermalmte ihn zu Staub

22,8 Die Reform Joschijas (Kap. 23) betrifft hauptsächlich den Kult, lässt aber den Schluss zu, dass es sich beim aufgefundenen Gesetzbuch um eine Sammlung von Gesetzen handelt, die im wesentlichen Dtn 12–29 entspricht. Sie konnte während der langen Regierung Manasses in Vergessenheit geraten sein.

22,13 in ihm niedergeschrieben ist: Text korr. nach 2 Chr 34,21; H: gegen uns niedergeschrieben ist.

22,20 Der Aufschub der Strafe wird als Wohltat bezeichnet (vgl. 1 Kön 11,35; 21,29; 2 Kön 20,19).

23,3 schloss diesen Bund: Er verpflichtete das Volk zur Befolgung der im Buch verzeichneten Gebote.

und streute diesen auf die Gräber des einfa-
chen Volkes. 7 Ferner riss er die Gemächer
der Hierodulen am Tempel nieder, in denen
die Frauen Schleier für die Aschera webten.
8 Er holte alle Priester aus den Städten Judas
weg und machte die Kulthöhen von Geba bis
Beerscheba, auf denen die Priester geopfert
hatten, unrein. Er zerstörte die Torhöhen,
die am Eingang zum Tor des Stadtobersten
Josua auf der linken Seite dessen waren, der
das Stadttor betrat. 9 Doch durften die Hö-
henpriester nicht an den Altar des Herrn in
Jerusalem treten, sondern nur von den unge-
säuerten Broten inmitten ihrer Brüder essen.
10 Ebenso machte er das Tofet im Tal der
Söhne Hinnoms unrein, damit niemand
mehr seinen Sohn oder seine Tochter für den
Moloch durch das Feuer gehen ließ. 11 Er ent-
fernte die Pferde, die die Könige von Juda zu
Ehren der Sonne am Eingang zum Haus des
Herrn bei der Zelle des Kämmerers Netan-
Melech am Parwar aufgestellt hatten, und
verbrannte die Sonnenwagen im Feuer.
12 Auch die Altäre, die die Könige von Juda
auf dem Dach über dem Obergemach des
Ahas errichtet hatten, sowie die Altäre, die
Manasse in den beiden Höfen des Tempels
aufgestellt hatte, ließ der König abbrechen.
Er schlug sie dort in Trümmer und warf ih-
ren Schutt in das Kidrontal. 13 Desgleichen
entweihte der König die Kulthöhen östlich
von Jerusalem, südlich vom Berg des Verder-
bens, die Salomo, der König von Israel, für
Astarte, die Göttin der Sidonier, für Ke-
mosch, den Götzen der Moabiter, und für
Milkom, den Gräuel der Ammoniter, erbaut
hatte. 14 Er zerbrach die Steinmale, hieb die
Kultpfähle um und füllte ihre Stätten mit
Menschenknochen.

15 Auch den Altar von Bet-El, die Kulthöhe,
die Jerobeam, der Sohn Nebats, der Verfüh-
rer Israels, errichtet hatte, auch diesen Altar
zerstörte er samt der Kulthöhe. Er steckte
das Höhenheiligtum in Brand, zermalmte die
Steine zu Staub und verbrannte den
Kultpfahl. 16 Als Joschija sich umwandte
und die Gräber sah, die dort auf dem Berg
waren, ließ er die Gebeine aus ihnen nehmen
und auf dem Altar verbrennen. So machte er
ihn unrein gemäß dem Wort des Herrn, das
der Gottesmann ausgerufen hatte, der diese
Drohung aussprach. 17 Und als dann der
König fragte: Was ist das für ein Denkmal,
das ich hier sehe?, antworteten ihm die Män-
ner der Stadt: Das ist das Grab des Gottes-
mannes, der aus Juda gekommen war und vo-
rausgesagt hatte, was du am Altar von Bet-El
getan hast. 18 Da befahl er: Lasst ihn ruhen!
Niemand soll seine Gebeine berühren. So
ließ man seine Gebeine samt den Gebeinen
des Propheten, der aus Samaria stammte,
ungestört. 19 Auch beseitigte Joschija alle
Höhentempel in den Städten Samariens, die
die Könige von Israel errichtet und durch die
sie den Herrn erzürnt hatten. Er verfuhr mit
ihnen so, wie er es in Bet-El getan hatte.
20 Alle Höhenpriester, die dort waren, ließ er
auf den Altären niedermachen und Men-
schengebeine auf den Altären verbrennen.
Darauf kehrte er nach Jerusalem zurück.

21 Nun befahl der König dem ganzen Volk:
Feiert das Paschafest zur Ehre des Herrn,
eures Gottes, wie es in diesem Bundesbuch
vorgeschrieben ist. 22 Ein solches Pascha
war nämlich nicht gefeiert worden seit den
Tagen der Richter, die Israel regierten, auch
nicht in der ganzen Zeit der Könige von Isra-
el und Juda. 23 Erst im achtzehnten Jahr des
Königs Joschija wurde dieses Pascha zur
Ehre des Herrn in Jerusalem begangen.
24 Auch die Totenbeschwörer und Zeichen-
deuter, die Hausgötter, Götzen und alle
Gräuel, die im Land Juda und in Jerusalem
zu sehen waren, fegte Joschija hinweg. So
führte er die Worte des Gesetzes aus, die in
dem Buch niedergeschrieben waren, das der

23,7 Hierodulen: Tempeldirnen (vgl. die Anmerkung zu 1 Kön 14,24). Die Bedeutung der Schleier ist unbekannt.

23,8 Es sind Jahwepriester, die auf den Kulthöhen außerhalb Jerusalems Dienst taten (vgl. die Anmerkung zu 1 Kön 3,2). Durch ihre Abberufung hörten die Opfer an jenen Orten auf und der Tempel wurde zur einzigen Kultstätte gemäß Dtn 12,5–18. – Torhöhen sind Opferstätten, die nach dem Vorbild der Kulthöhen an den Stadttoren errichtet wurden.

23,9 Missstände, *die sich an den Kulthöhen* eingestellt hatten, konnten zu Zweifeln an der Eignung dieser Priester führen. Erst Dtn 18,6–8 brachte ihnen die volle Gleichberechtigung.

23,10 Tofet: eine heidnische Kultstätte zu Ehren des Gottes Moloch im Hinnomtal südlich von Jerusalem (vgl. Jes 30,33; Jer 7,32; 19,6.11–14). Zu Moloch vgl. die Anmerkung zu Lev 18,21.

23,11 Die Sonne wurde in der Umwelt Israels als Gottheit verehrt. Die hier gemachte Aussage ist dunkel. Parwar ist wahrscheinlich ein Hof oder Platz an der Westseite des Tempels.

23,12 Die Altäre auf dem Dach des Obergemachs haben wohl dem Gestirnkult gedient.

23,19 Joschija hatte demnach Teile des ehemaligen Nordreichs unter seine Herrschaft gebracht und so das Reich Davids in kleinerem Umfang wiederhergestellt. Durch die Zerstörung von Bet-El war zugleich das Heiligtum beseitigt, das die religiöse Spaltung des Volkes begründet hatte.

23,22 Vgl. die Anmerkung zu 2 Chr 35,18.

Priester Hilkija im Haus des Herrn gefun-
den hatte. 25 Es gab vor ihm keinen König,
der so mit ganzem Herzen, mit ganzer Seele
und mit all seinen Kräften zum Herrn um-
kehrte und so getreu das Gesetz des Mose
befolgte, und auch nach ihm war keiner wie
er.

26 Doch der Herr ließ von der gewaltigen
Glut seines Zornes nicht ab. Sein Zorn war
über Juda entbrannt wegen all der Kränkun-
gen, die Manasse ihm zugefügt hatte.
27 Darum sprach der Herr: Auch Juda will
ich von meinem Angesicht entfernen, wie ich
Israel entfernt habe. Ich verwerfe diese Stadt
Jerusalem, die ich erwählt habe, und das
Haus, von dem ich gesagt habe: Hier wird
mein Name sein.

1–3 ‖ 2 Chr 34,29–33 • 13: 1 Kön 11,7 • 16: 1 Kön 13,2 • 21: 2 Chr 35,1–19 • 25: Dtn 6,5.

Das Ende Joschijas: 23,28–30

28 Die übrige Geschichte Joschijas und alle
seine Taten sind aufgezeichnet in der Chro-
nik der Könige von Juda. 29 In seinen Tagen
unternahm der Pharao Necho, der König von
Ägypten, einen Kriegszug gegen den König
von Assur an den Eufrat. König Joschija
stellte sich ihm entgegen. Doch der Pharao
tötete ihn bei Megiddo, sobald er ihn sah.
30 Die Diener Joschijas hoben den Toten auf
einen Wagen, brachten ihn von Megiddo weg
nach Jerusalem und begruben ihn in seinem
Grab. Dann nahmen die Bürger des Landes
Joahas, den Sohn Joschijas, salbten ihn und
machten ihn zum König an seines Vaters
Stelle.

28–30 ‖ 2 Chr 35,20–24; 36,1.

Joahas: 23,31–35

31 Joahas war dreiundzwanzig Jahre alt,
als er König wurde, und regierte drei Monate
in Jerusalem. Seine Mutter hieß Hamutal
und war eine Tochter Jirmejas aus Libna.
32 Genau wie seine Väter tat er, was dem
Herrn missfiel. 33 Doch der Pharao Necho
setzte ihn zu Ribla im Land Hamat als König
von Jerusalem ab und legte dem Land eine
Geldbuße von hundert Talenten Silber und
einem Talent Gold auf. 34 Dann machte der
Pharao Necho Eljakim, den Sohn Joschijas,
anstelle seines Vaters Joschija zum König
und änderte seinen Namen in Jojakim. Joa-
has aber nahm er fest und brachte ihn nach
Ägypten, wo er starb. 35 Jojakim lieferte dem
Pharao das Silber und das Gold ab. Doch
musste er das Land besteuern, um das Geld
aufbringen zu können, das der Pharao
forderte. Nach dem Vermögen eines jeden
Bürgers trieb er von den Bürgern des Landes
das Silber und das Gold ein, um es an den
Pharao Necho abzuliefern.

32–35 ‖ 2 Chr 36,2–4.

Jojakim: 23,36 – 24,7

36 Jojakim war fünfundzwanzig Jahre alt,
als er König wurde, und regierte elf Jahre in
Jerusalem. Seine Mutter hieß Sebuda und
war eine Tochter Pedajas aus Ruma. 37 Wie
seine Väter tat er, was dem Herrn missfiel.

24 In seinen Tagen zog Nebukadnezzar,
der König von Babel, herauf. Jojakim
war ihm drei Jahre untertan; dann aber fiel
er von ihm ab. 2 Der Herr sandte nun die
Räuberscharen der Chaldäer, Aramäer,
Moabiter und Ammoniter gegen ihn. Er ließ
sie über Juda herfallen und es verwüsten,
wie er durch seine Diener, die Propheten, an-
gedroht hatte. 3 Nur weil der Herr zürnte,
kam dieses Unglück über Juda, sodass er es
von seinem Angesicht verstieß. Es geschah
wegen der Sünde Manasses, für alles, was
dieser getan hatte, 4 auch wegen des un-
schuldigen Blutes, das Manasse vergossen
und mit dem er Jerusalem angefüllt hatte.
Das wollte der Herr nicht mehr verzeihen.

5 Die übrige Geschichte Jojakims und alle
seine Taten sind aufgezeichnet in der Chro-
nik der Könige von Juda. 6 Jojakim ent-
schlief zu seinen Vätern und sein Sohn Joja-
chin wurde König an seiner Stelle. 7 Der Kö-
nig von Ägypten unternahm keinen Kriegs-
zug mehr aus seinem Land; denn der König
von Babel hatte ihm alles genommen, was
vom Grenzbach Ägyptens bis zum Eufrat
den Königen von Ägypten gehört hatte.

23,36–24,6 ‖ 2 Chr 36,5–8.

Jojachin: 24,8–17

8 Jojachin war achtzehn Jahre alt, als er
König wurde, und regierte drei Monate in Je-

23,29 Vgl. die Anmerkung zu 2 Chr 35,20.
23,33 setzte ihn als König ab: Text korr. nach G.
23,34 brachte ihn: Text korr. nach 2 Chr 36,4. Durch die Verleihung eines neuen Namens drückt der Pharao aus, dass Jojakim sein Untertan ist.
23,35 Das Gleiche wird von Menahem berichtet (vgl. 15,20).
24,3 zürnte: Text korr. nach V. 20 und G.
24,7 Ägypten, das die Vorherrschaft über Syrien und Palästina anstrebte, wurde von Nebukadnezzar 605 v. Chr. bei Karkemisch am Eufrat entscheidend geschlagen.

rusalem. Seine Mutter hieß Nehuschta und
war eine Tochter Elnatans aus Jerusalem.
9 Wie sein Vater tat er, was dem Herrn miss-
fiel. 10 In jener Zeit zogen die Truppen Nebu-
kadnezzars, des Königs von Babel, gegen Je-
rusalem und belagerten die Stadt. 11 Als
dann König Nebukadnezzar von Babel selbst
vor der Stadt erschien, während seine Krie-
ger sie belagerten, 12 ging Jojachin, der Kö-
nig von Juda, mit seiner Mutter, seinen Die-
nern, Fürsten und Kämmerern zum König
von Babel hinaus, und dieser nahm ihn im
achten Jahr seiner Regierung fest. 13 Wie der
Herr angedroht hatte, nahm Nebukadnezzar
auch alle Schätze des Hauses des Herrn und
die Schätze des königlichen Palastes weg
und zerbrach alle goldenen Geräte, die Salo-
mo, der König von Israel, im Haus des Herrn
hatte anfertigen lassen. 14 Von ganz Jerusa-
lem verschleppte er alle Vornehmen und alle
wehrfähigen Männer, insgesamt zehntau-
send Mann, auch alle Schmiede und Schlos-
ser. Von den Bürgern des Landes blieben nur
die geringen Leute zurück. 15 Jojachin ver-
schleppte er nach Babel. Auch die Mutter des
Königs, die königlichen Frauen und Käm-
merer sowie die einflussreichen Männer des
Landes verschleppte er von Jerusalem nach
Babel, 16 dazu alle Wehrfähigen, siebentau-
send Mann, die Schmiede und Schlosser,
tausend an der Zahl, lauter kriegstüchtige
Männer. Sie alle verschleppte der babyloni-
sche König nach Babel. 17 Dann machte der
König von Babel den Mattanja, den Onkel
Jojachins, an dessen Stelle zum König und
änderte seinen Namen in Zidkija.

8–17 || 2 Chr 36,9–10.

Zidkija: 24,18 – 25,7

18 Zidkija war einundzwanzig Jahre alt,
als er König wurde, und regierte elf Jahre in
Jerusalem. Seine Mutter hieß Hamutal und
war eine Tochter Jirmejas aus Libna. 19 Er
tat, was dem Herrn missfiel, genauso wie es
Jojakim getan hatte. 20 Weil der Herr über
Juda und Jerusalem erzürnt war, kam es so
weit, dass er sie von seinem Angesicht ver-
stieß.

25 Zidkija hatte sich gegen den König
von Babel empört. Im neunten Re-
gierungsjahr, am zehnten Tag des zehnten
Monats, rückte Nebukadnezzar, der König
von Babel, mit seiner ganzen Streitmacht vor
Jerusalem und belagerte es. Man errichtete
ringsherum einen Belagerungswall. 2 Bis
zum elften Jahr des Königs Zidkija wurde
die Stadt belagert. 3 Am neunten Tag des
vierten Monats war in der Stadt die Hun-
gersnot groß geworden, und die Bürger des
Landes hatten kein Brot mehr. 4 Damals
wurden Breschen in die Stadtmauer geschla-
gen. Der König und alle Krieger verließen
die Stadt bei Nacht auf dem Weg durch das
Tor zwischen den beiden Mauern, das zum
königlichen Garten hinausführt, obwohl die
Chaldäer rings um die Stadt lagen. Sie
schlugen die Richtung nach der Araba ein.
5 Aber die chaldäischen Truppen setzten dem
König nach und holten ihn in den Niederun-
gen von Jericho ein, nachdem alle seine
Truppen ihn verlassen und sich zerstreut
hatten. 6 Man ergriff den König und brachte
ihn nach Ribla, zum König von Babel, und
dieser sprach über ihn das Urteil. 7 Die Söh-
ne Zidkijas machte man vor dessen Augen
nieder. Zidkija ließ er blenden, in Fesseln le-
gen und nach Babel bringen.

24,18 – 25,7 || 2 Chr 36,11–12; Jer 52,1–11.

Das Ende des Reiches Juda: 25,8–26

8 Am siebten Tag des fünften Monats – das
ist im neunzehnten Jahr des Königs Nebu-
kadnezzar, des Königs von Babel – rückte
Nebusaradan, der Kommandant der Leib-
wache und Diener des Königs von Babel, in
Jerusalem ein 9 und steckte das Haus des
Herrn, den königlichen Palast und alle Häu-
ser Jerusalems in Brand. Jedes große Haus
ließ er in Flammen aufgehen. 10 Auch die
Umfassungsmauern Jerusalems rissen die
chaldäischen Truppen, die dem Komman-
danten der Leibwache unterstanden, nieder.
11 Den Rest der Bevölkerung, der noch in der
Stadt geblieben war, sowie alle, die zum Kö-
nig von Babel übergelaufen waren, und den
Rest der Handwerker schleppte Nebusara-
dan, der Kommandant der Leibwache, in die
Verbannung. 12 Nur von den armen Leuten
im Land ließ der Kommandant der Leibwa-
che einen Teil als Wein- und Ackerbauern
zurück.
13 Die bronzenen Säulen am Haus des
Herrn, die fahrbaren Gestelle und das Eher-
ne Meer beim Haus des Herrn zerschlugen
die Chaldäer und nahmen alle Gegenstände
aus Bronze mit nach Babel. 14 Auch die

24,15 Die Gefangennahme erfolgte 597 v. Chr. Babylonische Texte aus der Zeit Nebukadnezzars verzeichnen Lebensmittelzuweisungen an Jojachin und seine Söhne.

25,4 Zwei in H fehlende Wörter sind aus Jer 52,7 ergänzt.

Töpfe, Schaufeln, Messer und Becher sowie
alle bronzenen Geräte, die man beim Tem-
peldienst verwendete, nahmen sie weg.
15 Ebenso nahm der Kommandant der Leib-
wache die Kohlenpfannen und die Schalen
weg, die sämtlich aus Gold oder aus Silber
waren, 16 ferner die zwei Säulen, das eine
»Meer«, die Gestelle, die Salomo für das
Haus des Herrn hatte anfertigen lassen – die
Bronze von all diesen Geräten war nicht zu
wägen. 17 Achtzehn Ellen betrug die Höhe
der einen Säule, und oben hatte sie ein Kapi-
tell aus Bronze. Die Höhe des einen Kapitells
betrug fünf Ellen; das Kapitell umgaben
Flechtwerk und Granatäpfel, alles aus Bron-
ze. Ebenso war es bei der zweiten Säule auf
dem Flechtwerk.
18 Der Kommandant der Leibwache nahm
ferner den Oberpriester Seraja, den zweiten
Priester Zefanja und die drei Schwellen-
wächter mit. 19 Aus der Stadt nahm er einen
Hofbeamten, der Kommandant der Soldaten
war, und fünf Leute vom persönlichen
Dienst des Königs mit, die sich noch in der
Stadt befanden, sowie den Schreiber des
Heerführers, der die Bürger des Landes aus-
zuheben hatte, schließlich sechzig Mann von
der Bürgerschaft, die sich noch in der Stadt
befanden. 20 Nebusaradan, der Kommandant
der Leibwache nahm sie fest und schickte sie
zum König von Babel nach Ribla. 21 Der Kö-
nig von Babel ließ sie in Ribla in der Land-
schaft Hamat hinrichten. So wurde Juda von
seiner Heimat weggeführt.
22 Über das Volk, das im Land Juda geblie-
ben war und das Nebukadnezzar, der König
von Babel, zurückgelassen hatte, setzte er
Gedalja, den Sohn Ahikams und Enkel
Schafans, als Statthalter ein. 23 Als nun alle
Truppenführer und ihre Mannschaften hör-
ten, dass der König von Babel Gedalja als
Statthalter eingesetzt habe, kamen sie zu
ihm nach Mizpa. Es waren Jischmael, der
Sohn Netanjas, Johanan, der Sohn Kare-
achs, Seraja, der Sohn Tanhumets aus Neto-
fa, und Jaasanja, der Sohn des Maachatiters,
mit ihren Leuten. 24 Gedalja schwor ihnen
und ihren Mannschaften und sagte ihnen:
Fürchtet euch nicht vor den chaldäischen
Beamten! Bleibt im Land und dient dem Kö-
nig von Babel; dann wird es euch gut gehen.
25 Aber im siebten Monat kam Jischmael, der
Sohn Netanjas, des Sohnes Elischamas, ein
Mann aus königlichem Geschlecht, mit zehn
Mann. Sie erschlugen Gedalja samt den Ju-
däern und Chaldäern, die bei ihm in Mizpa
waren. 26 Dann machte sich das ganze Volk
vom Kleinsten bis zum Größten mit den Trup-
penführern auf und zog nach Ägypten. Sie
fürchteten sich nämlich vor den Chaldäern.

8–21 ‖ 2 Chr 36,17–21; Jer 52,12–27 • 22: Jer 40,7 – 41,18.

Die Begnadigung Jojachins: 25,27–30

27 Im siebenunddreißigsten Jahr nach der
Wegführung Jojachins, des Königs von Juda,
am siebenundzwanzigsten Tag des zwölften
Monats, begnadigte Ewil-Merodach, der Kö-
nig von Babel, im Jahr seines Regierungsan-
tritts Jojachin, den König von Juda, und ent-
ließ ihn aus dem Kerker. 28 Er söhnte sich mit
ihm aus und wies ihm seinen Sitz oberhalb
des Sitzes der anderen Könige an, die bei
ihm in Babel waren. 29 Er durfte seine Ge-
fängniskleidung ablegen und ständig bei
ihm speisen, solange er lebte. 30 Sein Unter-
halt – ein dauernder Unterhalt – wurde ihm
vom König von Babel in der bestimmten
Menge täglich geliefert, solange er lebte.

27–30 ‖ Jer 52,31–34.

25,27 Es ist das Jahr 561 v. Chr. Ewil-Merodach (babylonisch Amel-Marduk) war der Sohn und Nachfolger Nebukadnezzars.

Die Bücher der Chronik

Die Chronik-Bücher tragen in der hebräischen Bibel die Überschrift »Ereignisse der Tage«. Der Name »Chronik« stammt vom Kirchenlehrer Hieronymus, der die Bücher als »Chronik der gesamten göttlichen Geschichte« bezeichnete. Sie behandeln die Geschichte von Adam bis zum Ende des Babylonischen Exils.

Der erste Teil (Kap. 1 – 9) besteht überwiegend aus Namenslisten, die zumeist genealogisch geordnet sind, die Gliederung des Volkes in Stämme berücksichtigen, eingehender aber nur die königliche und die priesterlich-levitische Linie aufführen. Gelegentlich sind geschichtliche Notizen eingestreut. Erst in 1 Chr 10 beginnt die Darstellung der Geschichte Davids, die bis zum Ende des ersten Buches reicht. Es folgt die Geschichte Salomos (2 Chr 1 – 9) und die Geschichte Judas bis zum Untergang des Reichs (2 Chr 10 – 36). Die in 1 Chr 10 beginnende Geschichte umfasst den gleichen Zeitraum, der auch in 2 Sam und in den Büchern der Könige behandelt wird; größere Abschnitte sind von dort wörtlich übernommen.

Eine umfassende Darstellung der Ereignisse ist nicht angestrebt. Im Mittelpunkt des Interesses stehen das von Gott auserwählte Herrscherhaus David und das auf Gottes Weisung hin gestiftete Heiligtum in Jerusalem. Auf die Geschichte des Nordreichs, das sich von der Dynastie David losgelöst hatte, wird nur selten Bezug genommen und selbst in der Geschichte Davids bleibt unerwähnt, was nicht dem beabsichtigten Ziel dient, nämlich der Verherrlichung des davidischen Königtums und des Kultes in Jerusalem. Ausführlich werden die Leistungen der einzelnen Könige für den Bau und für die Erhaltung des Tempels und ihre Sorge für den Gottesdienst beschrieben. Der Bericht über den Bau des Tempels, der von David vorbereitet und von Salomo ausgeführt wurde, zeigt durch seinen größeren Umfang und seine Stellung in der Mitte des Werkes die Bedeutung des Heiligtums im Glauben Israels an.

Der Verfasser ist unbekannt. Aus der Vorliebe, mit der er von den Tempelsängern berichtet, hat man geschlossen, dass er aus ihrem Kreis stammt. In 1 Chr 3,19–24 werden fünf Generationen nach Serubbabel, der seit 537 v. Chr. in Jerusalem tätig war, gezählt. Wenn der Verfasser damit die Vertreter der davidischen Linie bis zu seiner Zeit mitgeteilt hat, ergibt sich die Zeit um 400 v. Chr. als Abfassungszeit der Bücher. Doch ist eine spätere Abfassung nicht auszuschließen.

Die Zuverlässigkeit des Chronisten wurde vielfach bestritten. Man warf ihm vor, dass er die geschichtlichen Vorgänge nach seinem rigorosen Vergeltungsglauben einseitig darstelle und Verhältnisse der späteren Zeit in frühere Jahre verlege. Diese Fragen bedürfen in jedem einzelnen Fall einer besonderen Prüfung. Größere Abschnitte der Chronik sind jedenfalls geschichtlich zuverlässigen Berichten der Königsbücher entnommen; an der Geschichtlichkeit zahlreicher Mitteilungen, die der Verfasser anderen Quellen entnimmt, zu zweifeln, besteht kein Grund. Man muss die Arbeitsweise des Verfassers berücksichtigen: Er war von der mosaischen Herkunft der gottesdienstlichen Vorschriften des Pentateuch und ihrer dauernden Geltung überzeugt und hielt es daher für angebracht, mit Urkunden und Ordnungen einer späteren Zeit Vorgänge und Verhältnisse früherer Zeiten zu beschreiben. Daher sind die Bücher der Chronik vor allem für das Verständnis der Zeit des Verfassers bedeutsam. Er selbst will in erster Linie der religiösen Belehrung seiner Zeitgenossen dienen.

Das erste Buch der Chronik

GESCHLECHTSREGISTER UND FAMILIENLISTEN: 1,1 – 9,44

Die Nachkommen Adams bis Abraham: 1,1–27

1 Adam, Set, Enosch, 2 Kenan, Mahalalel,
Jered, 3 Henoch, Metuschelach, Lamech,
4 Noach, Sem, Ham und Jafet.
5 Die Söhne Jafets waren: Gomer, Magog,
Madai, Jawan, Tubal, Meschech und Tiras.
6 Die Söhne Gomers waren: Aschkenas, Rifat
und Togarma. 7 Die Söhne Jawans waren:
Elischa, Tarschisch, die Kittäer und die
Rodaniter.
8 Die Söhne Hams waren: Kusch, Ägypten,
Put und Kanaan. 9 Die Söhne des Kusch wa-
ren: Seba, Hawila, Sabta, Ragma und Sabte-
cha; und die Söhne Ragmas waren: Saba und
Dedan. 10 Kusch zeugte Nimrod. Dieser wur-
de der erste Held auf der Erde. 11 Ägypten
zeugte die Luditer, die Anamiter, die Leha-
biter, die Naftuhiter, 12 die Patrositer und
die Kasluhiter, von denen die Philister ab-
stammen, ferner die Kaftoriter. 13 Kanaan
zeugte Sidon, seinen Erstgeborenen, und
Het, 14 ferner die Jebusiter, die Amoriter, die
Girgaschiter, 15 die Hiwiter, die Arkiter, die
Siniter, 16 die Arwaditer, die Zemariter und
die Hamatiter.
17 Die Söhne Sems waren: Elam, Assur,
Arpachschad, Lud, Aram, Uz, Hul, Geter
und Meschech. 18 Arpachschad zeugte Sche-
lach, Schelach zeugte Eber. 19 Eber wurden
zwei Söhne geboren; der eine hieß Peleg (Tei-
lung), denn zu seiner Zeit wurde das Land
geteilt; sein Bruder hieß Joktan. 20 Joktan
zeugte Almodad, Schelef, Hazarmawet,
Jerach, 21 Hadoram, Usal, Dikla, 22 Obal,
Abimaël, Saba, 23 Ofir, Hawila und Jobab.
Das alles waren Söhne Joktans.
24 Sem, Arpachschad, Schelach, 25 Eber,
Peleg, Regu, 26 Serug, Nahor, Terach, 27 Ab-
ram, das ist Abraham.

1–27 || Gen 5,1–32; 10,2–29; 11,10–27.

Die Nachkommen Abrahams: 1,28–42

28 Die Söhne Abrahams waren Isaak und
Ismael. 29 Das ist die Geschlechterfolge nach
ihnen: Der Erstgeborene Ismaels war Neba-
jot; dann kamen Kedar, Adbeel, Mibsam,
30 Mischma, Duma, Massa, Hadad, Tema,
31 Jetur, Nafisch und Kedma. Das waren die
Söhne Ismaels.
32 Die Söhne Keturas, der Nebenfrau
Abrahams: Sie gebar Simran, Jokschan, Me-
dan, Midian, Jischbak und Schuach. Die
Söhne Jokschans waren Saba und Dedan.
33 Die Söhne Midians waren: Efa, Efer, He-
noch, Abida und Eldaa. Sie alle waren Söhne
Keturas.
34 Abraham zeugte Isaak. Die Söhne
Isaaks waren Esau und Israel.
35 Die Söhne Esaus waren: Elifas, Reguël,
Jëusch, Jalam und Korach. 36 Die Söhne des
Elifas waren: Teman, Omar, Zefo, Gatam,
Kenas, Timna und Amalek. 37 Die Söhne Re-
guëls waren: Nahat, Serach, Schamma und
Misa.
38 Die Söhne Seïrs waren: Lotan, Schobal,
Zibon, Ana, Dischon, Ezer und Dischan.
39 Die Söhne Lotans waren Hori und He-
mam. Die Schwester Lotans war Timna.
40 Die Söhne Schobals waren: Alwan, Mana-
hat, Ebal, Schefi und Onam. Die Söhne Zi-
bons waren Aja und Ana. 41 Der Sohn Anas
war Dischon. Die Söhne Dischons waren:
Hemdan, Eschban, Jitran und Keran. 42 Die
Söhne Ezers waren Bilhan, Saawan und
Akan. Die Söhne Dischons waren Uz und
Aran.

28–42 || Gen 25,1–4.12–16; 36,4–28.

Die Herrscher in Edom: 1,43–54

43 Die Könige, die in Edom regierten, bevor
über die Israeliten ein König regierte, waren
folgende: Bela, der Sohn Beors; seine Stadt
hieß Dinhaba. 44 Als Bela starb, wurde König
an seiner Stelle Jobab, der Sohn Serachs, aus
Bozra. 45 Als Jobab starb, wurde König an
seiner Stelle Huscham aus dem Land der
Temaniter. 46 Als Huscham starb, wurde Kö-
nig an seiner Stelle Hadad, der Sohn Bedads,
der Midian im Grünland von Moab schlug;

1,24–27 Der jeweils folgende Name bezeichnet den Sohn des vorausgehenden.

1,28–42 Manche Namen dieser und der folgenden Listen sind durch Schreibfehler entstellt und in Gen sowie in G in anderer Form überliefert. In den folgenden Anmerkungen wird darauf nicht im Einzelnen eingegangen.

seine Stadt hieß Awit. 47 Als Hadad starb,
wurde König an seiner Stelle Samla aus
Masreka. 48 Als Samla starb, wurde König an
seiner Stelle Schaul aus Rehobot am Strom
(Eufrat). 49 Als Schaul starb, wurde König an
seiner Stelle Baal-Hanan, der Sohn Achbors.
50 Als Baal-Hanan starb, wurde König an
seiner Stelle Hadad; seine Stadt hieß Pagu.
Seine Frau hieß Mehetabel; sie war die Toch-
ter Matreds und die Enkelin Me-Sahabs.
51 Als Hadad starb, regierten Häuptlinge
in Edom: Häuptling Timna, Häuptling Alwa,
Häuptling Jetet, 52 Häuptling Oholibama,
Häuptling Ela, Häuptling Pinon, 53 Häupt-
ling Kenas, Häuptling Teman, Häuptling
Mibzar, 54 Häuptling Magdiël, Häuptling
Iram. Das waren die Häuptlinge Edoms.

43–54 ‖ Gen 36,31–43.

Die Söhne Jakobs: 2,1–2

2 Das waren die Söhne Israels: Ruben, Si-
meon, Levi, Juda, Issachar, Sebulon,
2 Dan, Josef, Benjamin, Naftali, Gad und
Ascher.

1–2 ‖ Gen 35,23–26.

Der Stamm Juda: 2,3 – 4,23

Die Nachkommen Judas: 2,3–9

3 Die Söhne Judas waren: Er, Onan und
Schela. Diese drei wurden ihm von der Toch-
ter Schuas, der Kanaaniterin, geboren. Aber
Er, der Erstgeborene Judas, missfiel dem
Herrn und so ließ ihn der Herr sterben. 4 Ju-
das Schwiegertochter Tamar gebar Perez
und Serach. Juda hatte insgesamt fünf Söh-
ne. 5 Die Söhne des Perez waren Hezron und
Hamul, 6 und die Söhne Serachs: Simri,
Etan, Heman, Kalkol und Darda, insgesamt
fünf. 7 Der Sohn Simris war Karmi und der
Sohn Karmis Achan. Dieser brachte Un-
glück über Israel, da er sich an der geweihten
Beute vergriff. 8 Der Sohn Etans war Asarja.
9 Dem Hezron wurden die Söhne Jerachmeel,
Ram und Kaleb geboren.

3–9 ‖ Gen 38,3–7.27–30 • 5: Gen 46,12 • 7: Jos 7.

Die Nachkommen Rams: 2,10–17

10 Ram zeugte Amminadab, Amminadab
zeugte Nachschon, den Anführer der Söhne
Judas, 11 Nachschon zeugte Salmon, Salmon
zeugte Boas, 12 Boas zeugte Obed, Obed
zeugte Isai, 13 Isai zeugte Eliab als Erstgebo-
renen, als zweiten Abinadab, als dritten
Schima, 14 als vierten Netanel, als fünften
Raddai, 15 als sechsten Ozem, als siebten
David. 16 Ihre Schwestern waren Zeruja und
Abigajil. Die Söhne der Zeruja waren Abi-
schai, Joab und Asaël, diese drei. 17 Abigajil
gebar Amasa. Der Vater Amasas war der
Ismaeliter Jeter.

10–15 ‖ Rut 4,19–22.

Die Nachkommen Kalebs: 2,18–24

18 Kaleb, der Sohn Hezrons, zeugte mit sei-
ner Frau Asuba die Jeriot. Deren Söhne wa-
ren Jescher, Schobab und Ardon. 19 Als Asu-
ba starb, heiratete Kaleb Efrata, die ihm den
Hur gebar. 20 Hur zeugte Uri und Uri zeugte
Bezalel.
21 Danach ging Hezron zur Tochter Ma-
chirs, des Vaters Gileads. Er war sechzig
Jahre alt, als er sie nahm, und sie gebar ihm
Segub. 22 Segub zeugte Jaïr. Dieser besaß
dreiundzwanzig Städte im Land Gilead.
23 Doch die Geschuriter und Aramäer nah-
men die Zeltdörfer Jaïrs sowie Kenat und
seine Tochterstädte weg, insgesamt sechzig
Städte. Sie alle hatten den Nachkommen
Machirs, des Vaters Gileads, gehört.
24 Nach dem Tod Hezrons kam Kaleb zu
Efrata. Eine Frau Hezrons war Abija; sie ge-
bar ihm Aschhur, den Vater Tekoas.

22: Ri 10,3.

Die Nachkommen Jerachmeels: 2,25–41

25 Die Söhne Jerachmeels, des Erstgebore-
nen Hezrons, waren: Ram, der Erstgeborene,
ferner Buna, Oren, Ozem und Ahija. 26 Je-
rachmeel hatte noch eine andere Frau na-
mens Atara. Sie war die Mutter Onams.
27 Die Söhne Rams, des Erstgeborenen Je-
rachmeels, waren: Maaz, Jamin und Eker.
28 Die Söhne Onams waren Schammai und
Jada und die Söhne Schammais Nadab und
Abischur. 29 Die Frau Abischurs hieß Abiha-
jil. Sie gebar ihm Achban und Molid. 30 Die
Söhne Nadabs waren Seled und Appajim.
Seled starb ohne Nachkommen. 31 Der Sohn
Appajims war Jischi, der Sohn Jischis Sche-
schan und die Tochter Scheschans Achlai.

2,3–14 Die von Juda zu David führende Linie begegnet auch im Stammbaum Jesu (vgl. Mt 1,3–6 und Lk 3,32f).

2,16 Die Söhne der Zeruja spielen eine wichtige Rolle in der Geschichte Davids. Joab war Befehlshaber des Heeres Davids.

2,20 Bezalel war der Künstler, der unter Mose das heilige Zelt mit der Bundeslade und den heiligen Geräten angefertigt hat (vgl. Ex 36 – 38).

2,31 die Tochter: sinngemäß korr., vgl. V. 34.

32 Die Söhne Jadas, des Bruders von Scham-
mai, waren Jeter und Jonatan. Jeter starb
ohne Nachkommen. 33 Die Söhne Jonatans
waren Pelet und Sasa. Das waren die Nach-
kommen Jerachmeels.
34 Scheschan hatte keine Söhne, sondern
nur Töchter. Scheschan hatte einen ägypti-
schen Sklaven namens Jarha. 35 Diesem gab
Scheschan seine Tochter zur Frau und sie
gebar ihm Attai. 36 Attai zeugte Natan,
Natan zeugte Sabad, 37 Sabad zeugte Eflal,
Eflal zeugte Obed, 38 Obed zeugte Jehu, Jehu
zeugte Asarja, 39 Asarja zeugte Helez, Helez
zeugte Elasa, 40 Elasa zeugte Sismai, Sismai
zeugte Schallum, 41 Schallum zeugte Jekam-
ja und Jekamja zeugte Elischama.

Die zweite Liste der Nachkommen Kalebs: 2,42–55

42 Die Söhne Kalebs, des Bruders Jerach-
meels, waren: Mescha, sein Erstgeborener –
er war der Vater Sifs –, und sein zweiter
Sohn Marescha, der Vater Hebrons. 43 Die
Söhne Hebrons waren: Korach, Tappuach,
Rekem und Schema. 44 Schema zeugte Ra-
ham, den Vater Jorkoams, und Rekem
zeugte Schammai. 45 Der Sohn Schammais
war Maon und Maon war der Vater von Bet-
Zur.
46 Efa, die Nebenfrau Kalebs, gebar Haran,
Moza und Gases. Haran zeugte Jahdai. 47 Die
Söhne Jahdais waren: Regem, Jotam, Ge-
schan, Pelet, Efa und Schaaf. 48 Kalebs Ne-
benfrau Maacha gebar Scheber und Tirhana.
49 Sie gebar auch Schaaf, den Vater Mad-
mannas, sowie Schewa, den Vater Machbe-
nas und Gibeas. Die Tochter Kalebs war
Achsa. 50 Das waren die Nachkommen Ka-
lebs.
Die Söhne Hurs, des Erstgeborenen der
Efrata, waren: Schobal, der Vater von Kirjat-
Jearim, 51 Salmon, der Vater von Betlehem,
und Haref, der Vater von Bet-Gader.
52 Schobal, der Vater von Kirjat-Jearim, hat-
te als Söhne: Reaja und Hazi, den Manahati-
ter. 53 Die Sippenverbände von Kirjat-Jea-
rim waren die Jeteriter, die Putiter, die
Schumatiter und die Mischraïter. Von ihnen
zweigten ab die Zoraïter und die Eschtaoli-
ter. 54 Die Söhne Salmons waren: Betlehem,
die Netofatiter, Atrot-Bet-Joab, die Hälfte
der Manahatiter und der Zoraïter.
55 Die Sippenverbände von Sofer, die Ein-
wohner von Jabez, die Tiratiter, Schimatiter
und Suchatiter waren Keniter, die von Ham-
mat, dem Vater von Bet-Rechab, stammten.

49: Jos 15,16.

Die Nachkommen Davids: 3,1–24

3 Das waren die Söhne Davids, die ihm in
Hebron geboren wurden: Sein Erstgebo-
rener war Amnon von Ahinoam aus Jesreel,
der zweite Daniel von Abigajil aus Karmel,
2 der dritte Abschalom, der Sohn der Ma-
acha, der Tochter des Königs Talmai von Ge-
schur, der vierte Adonija, der Sohn der Hag-
git, 3 der fünfte Schefatja von Abital, der
sechste Jitream von seiner Frau Egla.
4 Sechs wurden ihm in Hebron geboren. Er
regierte dort sieben Jahre und sechs Monate.
Dreiunddreißig Jahre regierte er in Jerusa-
lem.
5 Und diese wurden ihm in Jerusalem ge-
boren: Schima, Schobab, Natan, Salomo –
diese vier waren Söhne der Batseba, der
Tochter Ammiëls –, 6 ferner Jibhar, Elischua,
Elifelet, 7 Nogah, Nefeg, Jafia, 8 Elischama,
Eljada und Elifelet, insgesamt neun. 9 Das ist
die Gesamtheit der Söhne Davids, ohne die
Söhne der Nebenfrauen. Ihre Schwester war
Tamar.
10 Der Sohn Salomos war Rehabeam, des-
sen Sohn war Abija, dessen Sohn Asa, dessen
Sohn Joschafat, 11 dessen Sohn Joram,
dessen Sohn Ahasja, dessen Sohn Joasch,
12 dessen Sohn Amazja, dessen Sohn Asarja,
dessen Sohn Jotam, 13 dessen Sohn Ahas,
dessen Sohn Hiskija, dessen Sohn Manasse,
14 dessen Sohn Amon, dessen Sohn Joschija.
15 Die Söhne Joschijas waren: der Erstgebo-
rene Johanan, der zweite Jojakim, der dritte
Zidkija, der vierte Schallum. 16 Jojakims
Söhne waren: Jojachin und Zidkija. 17 Die
Söhne Jojachins, des Gefangenen, waren:
Schealtiël, 18 Malkiram, Pedaja, Schenazzar,
Jekamja, Hoschama und Nedabja. 19 Die
Söhne Pedajas waren Serubbabel und Schi-
mi. Die Söhne Serubbabels waren Meschul-
lam und Hananja. Ihre Schwester war Sche-
lomit. 20 Meschullams Söhne waren: Haschu-

2,50 Zu Hur, dem Sohn der Efrata, vgl. 2,19.
2,55 Die Keniter waren ein midianitischer Stamm, der sich z. T. an die Israeliten anschloss.
3,10–16 Die Liste nennt aus jeder Generation nur den Inhaber des Königtums. Die Namen sind auch im Stammbaum Jesu enthalten (vgl. Mt 1,6–11).
3,17 Jojachin wurde 597 v. Chr. als Gefangener nach Babel gebracht (vgl. 2 Kön 24,12).
3,19 Serubbabel wird hier als Sohn Pedajas, des dritten Sohns, sonst aber (Esra 3,2; Hag 1,1; Mt 1,12) als Sohn Schealtiëls, des Erstgeborenen Jojachins, bezeichnet.

ba, Ohel, Berechja, Hasadja und Juschab-
Hesed, insgesamt fünf. 21 Die Söhne Hanan-
jas waren: Pelatja, Jeschaja, Refaja, Arnan,
Obadja und Schechanja. 22 Die Söhne
Schechanjas waren Schemaja, Hattusch, Ji-
gal, Bariach, Nearja und Schafat, insgesamt
sechs. 23 Die Söhne Nearjas waren: Eljoënai,
Hiskija und Asrikam, insgesamt drei. 24 Die
Söhne Eljoënais waren: Hodawja, Eljaschib,
Pelaja, Akkub, Johanan, Delaja und Anani,
insgesamt sieben.

1–4: 2 Sam 3,2–5 • 5–8: 2 Sam 5,14–16 • 9: 2 Sam 13,1–22 • 10–19: Mt 1,7–12.

Einzelne Familien des Stammes Juda: 4,1–23

4 Die Söhne Judas waren: Perez, Hezron,
Kaleb, Hur und Schobal. 2 Reaja, der
Sohn Schobals, zeugte Jahat und Jahat zeug-
te Ahumai und Lahad. Das waren die Sippen
der Zoraïter.
3 Und das waren die Söhne Etams: Jesreel,
Jischma und Jidbasch. Der Name ihrer
Schwester war Hazlelponi.
4 Penuel war der Vater Gedors und Eser
der Vater Huschas. Das waren die Nachkom-
men Hurs, des Erstgeborenen der Efrata, des
Vaters von Betlehem.
5 Aschhur, der Vater Tekoas, hatte zwei
Frauen, Hela und Naara. 6 Naara gebar ihm
Ahusam, Hefer, Temni und Ahaschtari. Das
waren die Söhne der Naara. 7 Die Söhne der
Hela waren: Zeret, Zohar und Etnan.
8 Koz zeugte Anub, Zobeba, ferner die Sip-
pen Aharhels, des Sohnes Harums.
9 Jabez war angesehener als seine Brüder.
Seine Mutter hatte ihn Jabez genannt, denn
sie sagte: Ich habe ihn unter Beschwerden
geboren. 10 Doch Jabez rief zum Gott Israels
und sprach: Möchtest du mich segnen und
mein Gebiet erweitern. Möchte deine Hand
mit mir sein, dass du mich freimachst von
Unheil und ich ohne Beschwerden bleibe.
Und Gott erfüllte seine Bitte.
11 Kelub, der Bruder Schuhas, zeugte Me-
hir, den Vater Eschtons. 12 Eschton zeugte
Bet-Rafa, Paseach und Tehinna, den Vater
von Ir-Nahasch. Das sind die Männer von
Recha.
13 Die Söhne des Kenas waren Otniël und
Seraja, die Söhne Otniëls Hatat und Meono-
tai. 14 Meonotai zeugte Ofra. Seraja zeugte
Joab, den Vater von Ge-Haraschim (Tal der
Handwerker); denn sie waren Handwerker.
15 Die Söhne Kalebs, des Sohnes Jefunnes,
waren: Iru, Ela und Naam. Der Sohn Elas
war Kenas.
16 Die Söhne Jehallelels waren: Sif, Sifa,
Tirja und Asarel.
17 Die Söhne Esras waren: Jeter, Mered,
Efer und Jalon. (Bitja, die ägyptische Frau
Mereds,) gebar Mirjam, Schammai und
Jischbach, den Vater von Eschtemoa.
18 Seine judäische Frau gebar: Jered, den Va-
ter von Gedor, Heber, den Vater von Socho,
und Jekutiël, den Vater von Sanoach. Das
waren die Söhne der Bitja, der Tochter des
Pharao, die Mered geheiratet hatte, 19 und
die Söhne seiner judäischen Frau, der
Schwester Nahams, des Vaters von Keïla,
dem Garmiter, und von Eschtemoa, dem
Maachatiter.
20 Die Söhne Schimons waren: Amnon,
Rinna, Ben-Hanan und Tilon. Die Söhne Ji-
schis waren Sohet und Ben-Sohet.
21 Die Söhne Schelas, des Sohnes Judas,
waren: Er, der Vater Lechas, Lada, der Vater
Mareschas, sowie die Sippen des Hauses der
Byssusbearbeiter von Bet-Aschbea, 22 ferner
Jokim und die Männer von Koseba, sowie
Joasch und Saraf, die Moab in Besitz genom-
men hatten, aber wieder nach Betlehem zu-
rückgekehrt waren – die Berichte sind alt-
überliefert. 23 Sie sind die Töpfer und Ein-
wohner von Netaïm und Gedera und wohnen
dort im Dienst des Königs.

Der Stamm Simeon: 4,24–43

24 Die Söhne Simeons waren: Jemuël, Ja-
min, Jarib, Serach und Schaul. 25 Dessen
Sohn war Schallum, dessen Sohn Mibsam
und dessen Sohn Mischma. 26 Der Sohn
Mischmas war Hammuël, dessen Sohn Sak-
kur und dessen Sohn Schimi. 27 Schimi hatte
sechzehn Söhne und sechs Töchter. Doch sei-
ne Brüder waren nicht kinderreich und alle
ihre Sippen erreichten nicht die Zahl der
Söhne Judas.
28 Sie wohnten in Beerscheba, Molada, Ha-
zar-Schual, 29 Baala, Ezem, Eltolad, 30 Betu-
ël, Horma, Ziklag, 31 Bet-Markabot, Hazar-
Susim, Bet-Biri und Schaarajim. Das waren
ihre Städte mit den dazugehörenden Gehöf-
ten, bis David König wurde, 32 dazu noch
Etam, Ajin, Rimmon, Tochen und Aschan,
fünf Städte 33 mit all ihren Gehöften im Um-

3,21 Nach dem korrigierten Text sind alle hier genannten Söhne Hananjas untereinander Brüder. Demnach sind fünf Generationen nach Serubbabel genannt; das ist ein wichtiger Hinweis auf die Entstehungszeit des Buchs, vgl. die Einleitung.

4,1 Der jeweils folgende Name bezeichnet den Sohn des vorhergehenden.

4,9 Jabez erinnert an das Wort ozeb (= Beschwerde).

4,17 Ergänzt aus V. 18.

kreis dieser Städte bis nach Baal hin. Das
waren ihre Wohnsitze und sie hatten ihre ei-
genen Stammeslisten.
34 Meschobab, Jamlech, Joscha, der Sohn
Amazjas, 35 Joël, Jehu, der Sohn Joschibjas,
des Sohnes Serajas, des Sohnes Asiëls, 36 El-
joënai, Jaakoba, Jeschohaja, Asaja, Adiël,
Jesimiël, Benaja, 37 Sisa, der Sohn Schifis,
des Sohnes Allons, des Sohnes Jedajas, des
Sohnes Schimris, des Sohnes Schemajas:
38 Diese namentlich Genannten waren füh-
rende Männer in ihren Sippenverbänden.
Ihre Großfamilien hatten sich stark ver-
mehrt. 39 Daher zogen sie, um Weideplätze
für ihre Schafe und Ziegen zu suchen, zum
Osten des Tals, wo der Weg nach Gedor ab-
zweigt. 40 Sie fanden fette und gute Weide-
plätze. Das Land war nach allen Seiten hin
ausgedehnt, ruhig und friedlich; denn die
früheren Bewohner gehörten zu den Hami-
ten. 41 So kamen diese mit Namen Aufge-
zeichneten in den Tagen des Königs Hiskija
von Juda, zerstörten ihre Zelte und erschlu-
gen die Mëuniter, die sich dort fanden. Sie
weihten sie für immer dem Untergang und
ließen sich an ihrer Stelle nieder; denn es
gab dort Weideplätze für ihre Schafe und
Ziegen.
42 Von den Nachkommen Simeons zogen
fünfhundert Mann in das Gebirge Seïr. Pe-
latja, Nearja, Refaja und Usiël, die Söhne
Jischis, standen an ihrer Spitze. 43 Sie schlu-
gen die Restbevölkerung, die von den Amale-
kitern noch vorhanden war, und wohnen
dort bis zum heutigen Tag.

24: Gen 46,10; Num 26,12–14 • 28: Jos 19,2–8.

Der Stamm Ruben: 5,1–10

5 Die Söhne Rubens, des Erstgeborenen
Israels: Ruben war der Erstgeborene.
Da er aber das Bett seines Vaters entweiht
hatte, wurde sein Erstgeburtsrecht den Söh-
nen Josefs, des Sohnes Israels, gegeben.
Doch richten sich die Stammeslisten nicht
nach dem Erstgeburtsrecht; 2 Juda erlangte
nämlich die Herrschaft über seine Brüder
und einer aus ihm wurde der Fürst, obwohl
das Erstgeburtsrecht bei Josef war. 3 Die
Söhne Rubens, des Erstgeborenen Israels,
waren: Henoch, Pallu, Hezron und Karmi.
4 Der Sohn Joëls war Schemaja, dessen
Sohn Gog, dessen Sohn Schimi, 5 dessen
Sohn Micha, dessen Sohn Reaja, dessen
Sohn Baal, 6 dessen Sohn Beera, den Tiglat-
Pileser, der König von Assur, verschleppte.
Er war der Anführer der Rubeniter. 7 Seine
Brüder wurden, als sie sich nach ihren Ge-
schlechterfolgen in die Stammeslisten ein-
tragen ließen, seinen Familien zugezählt.
Der erste war Jëiël, ihm folgte Secharja.
8 Bela war der Sohn des Asas, des Sohnes
Schemas, des Sohnes Joëls.
Die Rubeniter wohnten in Aroër bis Nebo
und Baal-Meon. 9 Ostwärts wohnten sie bis
an den Rand der Steppe, die sich vom Eufrat
her erstreckt; denn sie besaßen große Herden
im Land Gilead. 10 In den Tagen Sauls führ-
ten sie Krieg mit den Hagaritern. Diese fie-
len in ihre Hand und sie besetzten ihre Zelte
auf der ganzen Ostseite von Gilead.

1: Gen 35,22; 49,3f • 3: Gen 46,9.

Der Stamm Gad: 5,11–17

11 Die Nachkommen Gads wohnten ihnen
gegenüber im Gebiet des Baschan bis Salcha.
12 Ihr Oberhaupt war Joël; Schafam war der
Zweite, dazu kamen Janai und Schafat; sie
wohnten im Baschan. 13 Ihre Brüder mit ih-
ren Großfamilien waren Michael, Meschul-
lam, Scheba, Jorai, Jakan, Sia und Eber, ins-
gesamt sieben.
14 Das waren die Söhne Abihajils, des Soh-
nes Huris, des Sohnes Jaroachs, des Sohnes
Gileads, des Sohnes Michaels, des Sohnes Je-
schischais, des Sohnes Jachdos, des Sohnes
des Bus: ... 15 Ahi, der Sohn Abdiëls, des
Sohnes Gunis, war Haupt ihrer Großfami-
lien. 16 Sie wohnten in Gilead, im Baschan
und seinen Tochterstädten und an allen Wei-
deflächen Scharons bis zu ihren Ausläufern.
17 In den Tagen Jotams, des Königs von Juda,
und in den Tagen Jerobeams, des Königs von
Israel, wurden alle in die Stammeslisten ein-
getragen.

Der Krieg mit Nachbarstämmen: 5,18–22

18 Die Krieger von Ruben, Gad und dem
halben Stamm Manasse, Männer, die Schild
und Schwert trugen, den Bogen spannten
und im Kampf geübt waren, vierundvierzig-
tausendsiebenhundertsechzig Mann, die im
Heer ausrückten, 19 führten Krieg gegen die
Hagariter und gegen Jetur, Nafisch und No-
dab. 20 Sie waren siegreich und konnten die
Hagariter und deren Verbündete in ihre Ge-
walt bringen; denn sie schrien im Kampf zu

5,1 Der Vers will erklären, warum das Buch den Stamm Juda und nicht die Stämme Ruben oder Josef an erster Stelle bringt: Es geschah, weil ihm das Königtum zufiel.

5,8 Die Städte liegen im Süden des Ostjordanlands.

5,14 Die Namen der Söhne fehlen in H.

Gott und dieser ließ sich erbitten, da sie auf ihn vertrauten. 21 So führten sie deren Besitz weg: 50000 Kamele, 250000 Schafe und 2000 Esel, dazu 100000 Personen. 22 Viele Feinde wurden erschlagen und fielen, denn es war ein Krieg Gottes. Die Israeliten siedelten sich an ihrer Stelle an und blieben dort bis zur Verschleppung.

Der Stamm Ost-Manasse: 5,23–26

23 Die Angehörigen des halben Stammes Manasse wohnten in dem Land, das vom Baschan bis Baal-Hermon, zum Senir und zum Hermongebirge reicht. Sie waren sehr zahlreich. 24 Und das waren die Häupter ihrer Großfamilien: Efer, Jischi, Eliël, Asriël, Jirmeja, Hodawja und Jachdiël. Sie waren tapfere Krieger, Männer von Namen, Häupter ihrer Großfamilien. 25 Doch wurden sie dem Gott ihrer Väter untreu und gaben sich den Göttern der Landesbevölkerung hin, die Gott vor ihnen vertrieben hatte. 26 Darum erweckte der Gott Israels den Geist Puls, des Königs von Assur, das heißt den Geist Tiglat-Pilesers, des Königs von Assur. Dieser führte die Rubeniter, die Gaditer und den halben Stamm Manasse in die Verbannung und brachte sie nach Halach, an den Habor, nach Hara und an den Fluss von Gosan. Dort sind sie bis zum heutigen Tag.

26: 2 Kön 17,6.

Der Stamm Levi: 5,27–41

27 Die Söhne Levis waren: Gerschon, Kehat und Merari. 28 Die Söhne Kehats waren: Amram, Jizhar, Hebron und Usiël. 29 Die Kinder Amrams waren: Aaron, Mose und Mirjam. Die Söhne Aarons waren: Nadab, Abihu, Eleasar und Itamar. 30 Eleasar zeugte Pinhas, Pinhas zeugte Abischua, 31 Abischua zeugte Bukki, Bukki zeugte Usi, 32 Usi zeugte Serachja, Serachja zeugte Merajot, 33 Merajot zeugte Amarja, Amarja zeugte Ahitub, 34 Ahitub zeugte Zadok, Zadok zeugte Ahimaaz, 35 Ahimaaz zeugte Asarja, Asarja zeugte Johanan, 36 Johanan zeugte Asarja – dieser war es, der im Tempel, den Salomo in Jerusalem erbaute, das Priesteramt verwaltete –, 37 Asarja zeugte Amarja, Amarja zeugte Ahitub, 38 Ahitub zeugte Zadok, Zadok zeugte Schallum, 39 Schallum zeugte Hilkija, Hilkija zeugte Asarja, 40 Asarja zeugte Seraja, Seraja zeugte Jozadak. 41 Jozadak zog fort, als der Herr Juda und Jerusalem durch Nebukadnezzar in die Verbannung führte.

27–30 || Ex 6,16–25.

Die Nachkommen der drei Söhne Levis: 6,1–15

6 Die Söhne Levis waren: Gerschon, Kehat und Merari. 2 Die Söhne Gerschons hießen Libni und Schimi. 3 Kehats Söhne waren: Amram, Jizhar, Hebron und Usiël. 4 Die Söhne Meraris waren: Machli und Muschi.

Das sind die Sippen der Leviten nach ihren Stammvätern: 5 Der Sohn Gerschons war Libni, dessen Sohn Jahat, dessen Sohn Simma, 6 dessen Sohn Joach, dessen Sohn Iddo, dessen Sohn Serach und dessen Sohn Etni. 7 Der Sohn Kehats war Amminadab, dessen Sohn Korach, dessen Sohn Assir, 8 dessen Sohn Elkana, dessen Sohn Abiasaf, dessen Sohn Assir, 9 dessen Sohn Tahat, dessen Sohn Uriël, dessen Sohn Usija und dessen Sohn Schaul. 10 Die Söhne Elkanas waren Amasai und Ahimot. 11 Der Sohn Elkanas war Elkana, dessen Sohn Zuf, dessen Sohn Tohu, 12 dessen Sohn Eliab, dessen Sohn Jeroham, dessen Sohn Elkana, dessen Sohn Samuel. 13 Die Söhne Samuels waren: Joël, der Erstgeborene, und der zweite war Abija. 14 Der Sohn Meraris war Machli, dessen Sohn Libni, dessen Sohn Schimi, dessen Sohn Usa, 15 dessen Sohn Schima, dessen Sohn Haggija und dessen Sohn Asaja.

11: 1 Sam 1,1 • 13: 1 Sam 8,2.

Abstammung der Sänger: 6,16–32

16 Diese sind es, die David zur Pflege des Gesangs im Haus des Herrn bestellte, nachdem die Lade eine bleibende Stätte gefunden hatte. 17 Sie versahen ihren Dienst als Sänger vor der Wohnstätte des Offenbarungszeltes, bis Salomo das Haus des Herrn in Jerusalem baute. Gemäß ihren Satzungen standen sie in ihrem Dienst. 18 Diese sind es, die mit ihren Söhnen den Dienst besorgten:

Von den Nachkommen der Kehatiter: Heman, der Sänger, der Sohn Joëls, des Sohnes Samuels, 19 des Sohnes Elkanas, des Sohnes

---

5,26 zu Pul: vgl. die Anmerkung zu 2 Kön 15,19.

5,36 Die Zwischenbemerkung ist an falscher Stelle eingereiht. Sie gehört zu dem in V. 35 genannten Asarja (vgl. 1 Kön 4,2).

6,13 Text korr. nach 1 Sam 8,2.

6,16 David ließ die Lade nach Jerusalem bringen und in einem Zelt aufstellen. Unter Salomo erhielt sie im Tempel ihre bleibende Stätte.

6,17 Nach 1 Chr 21,29 und 2 Chr 1,3 befand sich das heilige Zelt (ohne die Bundeslade) zur Zeit Davids in Gibeon; dort wurden auch die Opfer unter Leitung des Priesters Zadok dargebracht (vgl. 1 Chr 16,39). Der Kult hörte dort auf, als Salomo das Zelt nach Jerusalem bringen ließ.

Jerohams, des Sohnes Eliëls, des Sohnes To-
hus, 20 des Sohnes Zufs, des Sohnes Elkanas,
des Sohnes Mahats, des Sohnes Amasais,
21 des Sohnes Elkanas, des Sohnes Joëls, des
Sohnes Asarjas, des Sohnes Zefanjas, 22 des
Sohnes Tahats, des Sohnes Assirs, des Soh-
nes Abiasafs, des Sohnes Korachs, 23 des
Sohnes Jizhars, des Sohnes Kehats, des Soh-
nes Levis, des Sohnes Israels.

24 Sein Bruder war Asaf, der zu seiner
Rechten stand: Er war der Sohn Berechjas,
des Sohnes Schimas, 25 des Sohnes Michaels,
des Sohnes Maasejas, des Sohnes Malkijas,
26 des Sohnes Etnis, des Sohnes Serachs, des
Sohnes Adajas, 27 des Sohnes Etans, des Soh-
nes Simmas, des Sohnes Schimis, 28 des Soh-
nes Jahats, des Sohnes Gerschoms, des Soh-
nes Levis.

29 Die Söhne Meraris, ihre Brüder, standen
zur Linken: Etan, der Sohn Kischis, des Soh-
nes Abdis, des Sohnes Malluchs, 30 des Soh-
nes Haschabjas, des Sohnes Amazjas, des
Sohnes Hilkijas, 31 des Sohnes Amzis, des
Sohnes Banis, des Sohnes Schemers, 32 des
Sohnes Machlis, des Sohnes Muschis, des
Sohnes Meraris, des Sohnes Levis.

19: 1 Sam 1,1.

Die Aufgaben der Leviten und Priester: 6,33–34

33 Ihre Brüder, die Leviten, waren für den
gesamten Dienst an der Wohnstätte des Hau-
ses Gottes bestimmt. 34 Aaron aber und seine
Söhne verbrannten die Opfer auf dem
Brandopferaltar und dem Rauchopferaltar.
Sie besorgten jeden Dienst am Allerheiligs-
ten und vollzogen die Sühne für Israel, genau
wie Mose, der Knecht Gottes, angeordnet
hatte.

Die Nachkommen Aarons: 6,35–38

35 Das sind die Nachkommen Aarons: Sein
Sohn war Eleasar, dessen Sohn Pinhas, des-
sen Sohn Abischua, 36 dessen Sohn Bukki,
dessen Sohn Usi, dessen Sohn Serachja,
37 dessen Sohn Merajot, dessen Sohn Amarja,
dessen Sohn Ahitub, 38 dessen Sohn Zadok,
dessen Sohn Ahimaaz.

35–38: 5,29–34.

Die Wohnsitze der Leviten: 6,39–66

39 Das sind ihre Wohnsitze mit ihren Zelt-
lagern auf ihrem Gebiet: Den Nachkommen
Aarons von der Sippe der Kehatiter, auf die
das erste Los gefallen war, 40 gaben sie He-
bron im Land Juda mit seinen Weideflächen
ringsum. 41 Das Ackerland der Stadt aber
und ihre Gehöfte gaben sie Kaleb, dem Sohn
Jefunnes. 42 Sie gaben den Nachkommen Aa-
rons die Asylstadt Hebron, ferner Libna mit
seinen Weideflächen, Jattir und Eschtemoa
mit seinen Weideflächen, 43 Holon mit seinen
Weideflächen, Debir mit seinen Weideflä-
chen, 44 Aschan mit seinen Weideflächen,
(Jutta mit seinen Weideflächen,) Bet-Sche-
mesch mit seinen Weideflächen. 45 Vom
Stamm Benjamin gaben sie ihnen: (Gibeon
mit seinen Weideflächen,) Geba mit seinen
Weideflächen, Alemet mit seinen Weideflä-
chen, Anatot mit seinen Weideflächen. Ins-
gesamt gehörten ihnen dreizehn Städte mit
ihren Weideflächen. 46 Den übrigen Sippen
von den Nachkommen Kehats gaben sie
durch das Los zehn Städte vom halben
Stamm Manasse.

47 Den Nachkommen Gerschoms gaben die
Israeliten entsprechend ihren Sippen aus
dem Stamm Issachar, aus dem Stamm
Ascher, aus dem Stamm Naftali und aus dem
Stamm Manasse im Baschan dreizehn
Städte. 48 Den Nachkommen Meraris gaben
sie entsprechend ihren Sippen aus dem
Stamm Ruben, aus dem Stamm Gad und aus
dem Stamm Sebulon durch das Los zwölf
Städte.

49 Die Israeliten gaben den Leviten die
Städte samt ihren Weideflächen. 50 Durch
das Los gaben sie ihnen aus dem Stamm
Juda, aus dem Stamm Simeon und aus dem
Stamm Benjamin diese Städte, die sie na-
mentlich bezeichneten.

51 Die Angehörigen der kehatitischen Sip-
pen erhielten durch das Los vom Stamm
Efraim folgende Städte: 52 Man gab ihnen die
Asylstadt Sichem mit ihren Weideflächen
auf dem Gebirge Efraim, ferner Geser mit
seinen Weideflächen, 53 Kibzajim mit seinen
Weideflächen, Bet-Horon mit seinen Weide-
flächen; 54 (vom Stamm Dan: Elteke mit sei-
nen Weideflächen, Gibbeton mit seinen Wei-
deflächen,) Ajalon mit seinen Weideflächen,
Gat-Rimmon mit seinen Weideflächen;
55 vom halben Stamm Manasse: Taanach mit
seinen Weideflächen und Jibleam mit seinen
Weideflächen. Diese gaben sie den Sippen
der übrigen Kehatiter.

6,39–66 Einige Ortsnamen fehlen in H und wurden aus Jos 21 ergänzt.

6,42 Eine Asylstadt ist ein Ort, wohin ein Totschläger fliehen konnte, um vor dem Bluträcher sicher zu sein (vgl. Dtn 19,1–13).

6,44f.54 Ergänzt aus Jos 21,16f.23.

6,55 Die »übrigen« Kehatiter sind jene, die nicht Nachkommen Aarons sind (vgl. 6,39–45).

56 Den Nachkommen Gerschoms gaben sie von den Sippen des halben Stamms Manasse: Golan im Baschan mit seinen Weideflächen, Aschtarot mit seinen Weideflächen; 57 vom Stamm Issachar: Kischjon mit seinen Weideflächen, Daberat mit seinen Weideflächen, 58 Ramot mit seinen Weideflächen, En-Gannim mit seinen Weideflächen; 59 vom Stamm Ascher: Mischal mit seinen Weideflächen, Abdon mit seinen Weideflächen, 60 Helkat mit seinen Weideflächen, Rehob mit seinen Weideflächen; 61 vom Stamm Naftali: Kedesch in Galiläa mit seinen Weideflächen, Hammon mit seinen Weideflächen, Kirjatajim mit seinen Weideflächen.

62 Den übrigen Nachkommen Meraris gaben sie vom Stamm Sebulon: (Jokneam mit seinen Weideflächen, Karta mit seinen Weideflächen,) Rimmon mit seinen Weideflächen, Tabor mit seinen Weideflächen; 63 im Land jenseits des Jordan bei Jericho, östlich des Jordan, vom Stamm Ruben: Bezer in der Steppe mit seinen Weideflächen, Jahaz mit seinen Weideflächen, 64 Kedemot mit seinen Weideflächen, Mefaat mit seinen Weideflächen; 65 vom Stamm Gad: Ramot in Gilead mit seinen Weideflächen, Mahanajim mit seinen Weideflächen, 66 Heschbon mit seinen Weideflächen und Jaser mit seinen Weideflächen.

39–66 || Jos 21,3–39.

Der Stamm Issachar: 7,1–5

7 Die Söhne Issachars waren: Tola, Puwa, Jaschub und Schimron, zusammen vier. 2 Die Söhne Tolas waren: Usi, Refaja, Jeriël, Jachmai, Jibsam und Schemuël. Sie waren Häupter der Großfamilien Tolas, tapfere Krieger, jeder entsprechend seiner Geschlechterfolge. Zur Zeit Davids zählten sie 22 600 Mann. 3 Die Söhne Usis waren: Serachja, Michael, Obadja, Joël und Jischija, insgesamt fünf. Sie alle waren Oberhäupter. 4 Sie hatten, geordnet nach ihrer Geschlechterfolge und nach ihren Großfamilien, ein Kriegsheer von 36 000 Mann zu stellen; denn sie hatten viele Frauen und Kinder. 5 Ihre Brüder aus allen Sippen Issachars waren tapfere Krieger. Ihre Aufzeichnung ergab insgesamt 87 000 Mann.

Der Stamm Benjamin: 7,6–12

6 Die Söhne Benjamins waren: Bela, Becher und Jediaël, insgesamt drei. 7 Die Söhne Belas waren: Ezbon, Usi, Usiël, Jerimot und Ir, insgesamt fünf. Sie waren Häupter ihrer Großfamilien und tapfere Krieger. Ihre Aufzeichnung ergab 22 034 Mann. 8 Die Söhne Bechers waren: Semira, Joasch, Eliëser, Eljoënai, Omri, Jeremot, Abija, Anatot und Alemet. Sie alle waren Söhne Bechers. 9 Die Aufzeichnung entsprechend ihrer Geschlechterfolge nach den Häuptern ihrer Großfamilien und nach den tapferen Kriegern ergab 20 200 Mann. 10 Der Sohn Jediaëls war Bilhan und die Söhne Bilhans waren: Jëusch, Benjamin, Ehud, Kenaana, Setan, Tarschisch und Ahischahar. 11 Sie alle waren Söhne Jediaëls, Häupter ihrer Großfamilien, tapfere Krieger, 17 200 Mann, die im Heer zum Krieg ausrückten.

12 Schuppim und Huppim waren Söhne Irs, Huschim der Sohn Ahers.

6: Gen 46,21.

Der Stamm Naftali: 7,13

13 Die Söhne Naftalis waren: Jachzeel, Guni, Jezer und Schallum, die Nachkommen der Bilha.

13: Gen 46,24.

Der Stamm Manasse: 7,14–19

14 Der Sohn Manasses war Asriël. Seine aramäische Nebenfrau gebar Machir, den Vater Gileads. 15 Machir nahm eine Frau für Huppim und Schuppim. Der Name seiner Schwester war Maacha. Der Name des zweiten (Sohnes Hefers) war Zelofhad. Dieser hatte nur Töchter. 16 Maacha, die Frau Machirs, gebar einen Sohn und nannte ihn Peresch; sein Bruder hieß Scheresch. Dessen Söhne waren Ulam und Rekem. 17 Der Sohn Ulams war Bedan. Das waren die Söhne Gileads, des Sohnes Machirs, des Sohnes Manasses. 18 Seine Schwester Molechet gebar Ischhod, Abiëser und Machla. 19 Die Söhne Schemidas waren Achjan, Schechem, Likhi und Aniam.

Der Stamm Efraim: 7,20–29

20 Der Sohn Efraims war Schutelach. Dessen Sohn war Bered, dessen Sohn Tahat, dessen Sohn Elada, dessen Sohn Tahat, 21 dessen Sohn Sabad und dessen Sohn Schutelach sowie Eser und Elad. Diese erschlug die einheimische Bevölkerung von Gat, weil

6,62 Ergänzt nach Jos 21,34.
7,14–19 Der Text ist nur lückenhaft überliefert.
7,15 Der Name Hefer ist aus Num 26,33 zu entnehmen.

sie hinabgezogen waren, um deren Vieh weg-
zunehmen. 22 Darüber trauerte ihr Vater
Efraim lange Zeit und seine Brüder kamen,
ihn zu trösten. 23 Dann ging er zu seiner
Frau; sie wurde schwanger und gebar einen
Sohn. Er nannte ihn Beria, da er zur Zeit des
Unglücks in seinem Haus geboren wurde.
24 Seine Tochter war Scheera. Sie erbaute
das untere und das obere Bet-Horon sowie
Usen-Scheera.

25 Weitere Söhne (Efraims) waren Refach
und Reschef. Dessen Sohn war Telach, des-
sen Sohn Tahan, 26 dessen Sohn Ladan, des-
sen Sohn Ammihud, dessen Sohn Elischama,
27 dessen Sohn Nun und dessen Sohn Jo-
sua.

28 Ihr Besitz und ihre Wohnplätze waren
Bet-El mit seinen Tochterstädten, gegen Os-
ten Naara, gegen Westen Geser mit seinen
Tochterstädten, Sichem mit seinen Tochter-
städten bis nach Aja und seinen Tochter-
städten. 29 In der Hand der Nachkommen
Manasses waren Bet-Schean mit seinen
Tochterstädten, Taanach mit seinen Toch-
terstädten, Megiddo mit seinen Tochterstäd-
ten und Dor mit seinen Tochterstädten. In
ihnen wohnten die Nachkommen Josefs, des
Sohnes Israels.

20: Num 26,35–37.

Der Stamm Ascher: 7,30–40

30 Die Söhne Aschers waren: Jimna, Jisch-
wa, Jischwi und Beria. Ihre Schwester war
Serach. 31 Die Söhne Berias waren Heber
und Malkiël. Dieser war der Vater von Birsa-
jit. 32 Heber zeugte Jaflet, Schemer, Hotam
und deren Schwester Schua. 33 Die Söhne Ja-
flets waren Pasach, Bimhal und Aschwat.
Das waren die Söhne Jaflets. 34 Die Söhne
Schemers waren: Ahi, Rohga, Hubba und
Aram. 35 Die Söhne seines Bruders Hotam
waren: Zofach, Jimna, Schelesch und Amal.
36 Die Söhne Zofachs waren: Suach, Harne-
fer, Schual, Beri, Jimra, 37 Bezer, Hod,
Schamma, Schilscha, Jitran und Beera.
38 Die Söhne Jitrans waren: Jefunne, Pispa
und Ara. 39 Die Söhne Ullas waren: Arach,
Hanniël und Rizja. 40 Alle diese waren Nach-
kommen Aschers, auserlesene Häupter von
Großfamilien, tapfere Krieger, Häupter
unter den führenden Männern. Ihre Auf-
zeichnung für das Kriegsheer ergab 26 000
Mann.

30: Gen 46,17.

Das zweite Verzeichnis des Stammes Benjamin: 8,1–28

8 Benjamin zeugte Bela als seinen Erst-
geborenen, Aschbel als zweiten, Ach-
rach als dritten, 2 Noha als vierten und Rafa
als fünften. 3 Bela hatte folgende Söhne: Ard,
Gera, Abihud, 4 Abischua, Naaman, Ahoach,
5 Gera, Schefufan und Huram.

6 Und das waren die Söhne Ehuds ... Sie
waren die Familienhäupter der Bewohner
von Geba ... Man führte sie in die Verban-
nung nach Manahat. 7 Naaman, Ahija und
Gera ... Dieser führte sie gefangen fort. Er
zeugte Usa und Ahihud.

8 Schaharajim zeugte im Grünland von
Moab Söhne, nachdem er seine Frauen Hu-
schim und Baara entlassen hatte. 9 Mit seiner
Frau Hodesch zeugte er Jobab, Zibja,
Mescha, Malkam, 10 Jëuz, Sacheja und
Mirma. Das waren seine Söhne, die Häupter
ihrer Großfamilien. 11 Mit Huschim zeugte er
Abitub und Elpaal. 12 Die Söhne Elpaals
waren: Eber, Mischam und Schemed. Dieser
baute Ono und Lod mit seinen Tochter-
städten.

13 Beria und Schema waren die Häupter
der Großfamilien der Einwohner von Ajalon.
Sie vertrieben die Einwohner von Gat.
14 Ihre Brüder waren Elpaal, Schaschak und
Jeroham. 15 Sebadja, Arad, Eder, 16 Michael,
Jischpa und Joha waren Söhne Berias. 17 Se-
badja, Meschullam, Hiski, Heber, 18 Jischme-
rai, Jislia und Jobab waren Söhne Elpaals.
19 Jakim, Sichri, Sabdi, 20 Eliënai, Zilletai,
Eliël, 21 Adaja, Beraja und Schimrat waren
Söhne Schimis. 22 Jischpan, Eber, Eliël,
23 Abdon, Sichri, Hanan, 24 Hananja, Elam,
Antotija, 25 Jifdeja und Penuël waren Söhne
Schaschaks. 26 Schamscherai, Scheharja,
Atalja, 27 Jaareschja, Elija und Sichri waren
Söhne Jerohams. 28 Sie waren Häupter der
Großfamilien entsprechend ihrer Geschlech-
terfolge, ihre Oberhäupter, und wohnten in
Jerusalem.

1: Gen 46,21.

Die Familie Sauls: 8,29–40

29 In Gibeon wohnte Jëiël, der Vater Gibe-
ons. Seine Frau war Maacha 30 und sein erst-
geborener Sohn war Abdon. Ihm folgten Zur,
Kisch, Baal, Ner, Nadab, 31 Gedor, Achjo,
Secher und Miklot. 32 Miklot zeugte Schima.
Auch sie wohnten in Jerusalem bei ihren

7,23 Man hörte im Namen Beria einen Anklang zu beraah (= im Unglück).

8,6f Der Text ist nur lückenhaft überliefert.

8,21 Für Schimi steht in V. 13 Schema.

Brüdern, ihnen gegenüber. 33 Ner zeugte Abner und Kisch zeugte Saul. Saul zeugte Jonatan, Malkischua, Abinadab und Eschbaal. 34 Der Sohn Jonatans war Merib-Baal. Merib-Baal zeugte Micha. 35 Die Söhne Michas waren: Piton, Melech, Tachrea und Ahas. 36 Ahas zeugte Joadda und Joadda zeugte Alemet, Asmawet und Simri. Simri zeugte Moza, 37 Moza zeugte Bina; dessen Sohn war Rafa, dessen Sohn Elasa und dessen Sohn Azel. 38 Azel hatte sechs Söhne und das sind ihre Namen: Asrikam, Bochru, Jischmael, Schearja, Obadja und Hanan. Alle diese waren Söhne Azels. 39 Die Söhne seines Bruders Eschek waren: Ulam, sein Erstgeborener; der zweite war Jëusch und der dritte Elifelet. 40 Die Söhne Ulams waren tapfere Krieger, die den Bogen spannten. Sie hatten viele Söhne und Enkel, insgesamt hundertfünfzig. Alle diese gehörten zu den Nachkommen Benjamins.

9 So ließ sich ganz Israel in die Stammeslisten eintragen. Sie wurden in das Buch der Könige von Israel und Juda aufgenommen.

8,29–38 ‖ 9,35–44 • 33: 1 Sam 31,2 • 34: 2 Sam 9,6.

Jerusalemer Familien nach dem Exil: 9,1–18

Juda wurde wegen seiner Treulosigkeit nach Babel weggeführt. 2 Die ersten Ansiedler, die sich wieder auf ihrem Besitz in ihren Städten niederließen, waren Israeliten, Priester, Leviten und Tempeldiener. 3 In Jerusalem wohnten von den Angehörigen Judas, Benjamins, Efraims und Manasses folgende:

4 Utai, der Sohn Ammihuds, des Sohnes Omris, des Sohnes Imris, des Sohnes Banis, ein Nachkomme des Perez, des Sohnes Judas. 5 Von den Nachkommen Schelas: Asaja, der Erstgeborene, und dessen Söhne. 6 Von den Nachkommen Serachs: Jëuël. Die Zahl ihrer Brüder betrug 690 Mann.

7 Von den Nachkommen Benjamins: Sallu, der Sohn Meschullams, des Sohnes Hodawjas, des Sohnes Senuas; 8 ferner Jibneja, der Sohn Jerohams, und Ela, der Sohn Usis, des Sohnes Michris, sowie Meschullam, der Sohn Schefatjas, des Sohnes Reguëls, des Sohnes Jibnijas; 9 dazu ihre Brüder nach ihrer Geschlechterfolge, insgesamt 956 Mann. Sie alle waren Oberhäupter ihrer Großfamilien.

10 Von den Priestern: Jedaja, Jojarib, Jachin, 11 Asarja, der Sohn Hilkijas, des Sohnes Meschullams, des Sohnes Zadoks, des Sohnes Merajots, des Sohnes Ahitubs, der Fürst des Hauses Gottes; 12 ferner Adaja, der Sohn Jerohams, des Sohnes Paschhurs, des Sohnes Malkijas, und Masai, der Sohn Adiëls, des Sohnes Jachseras, des Sohnes Meschullams, des Sohnes Meschillemots, des Sohnes Immers, 13 sowie ihre Brüder, die Häupter ihrer Großfamilien, insgesamt 1760 Mann. Sie waren tüchtige Männer in der Besorgung des Dienstes im Haus Gottes.

14 Von den Leviten: Schemaja, der Sohn Haschubs, des Sohnes Asrikams, des Sohnes Haschabjas, von den Nachkommen Meraris; 15 ferner Bakbakar, Heresch, Galal, Mattanja, der Sohn Michas, des Sohnes Sichris, des Sohnes Asafs, 16 sowie Abda, der Sohn Schammuas, des Sohnes Galals, des Sohnes Jedutuns, und Berechja, der Sohn Asas, des Sohnes Elkanas, der in den Dörfern der Netofatiter wohnte.

17 Die Torwächter waren: Schallum, Akkub, Talmon und Ahiman. Ihr Bruder Schallum war das Oberhaupt. 18 Er hat bis heute die Wache am Königstor im Osten. Das sind die Torwächter in den Lagern der Leviten.

1–18 ‖ Neh 11,3–19.

Levitische Dienste: 9,19–34

19 Schallum, der Sohn Kores, des Sohnes Abiasafs, des Sohnes Korachs, und seine Brüder aus seiner Großfamilie, die Korachiter, hatten als Wächter den Dienst an den Schwellen des Zeltes zu besorgen. Ihre Väter waren im Lager des Herrn Wächter am Eingang gewesen. 20 Pinhas, der Sohn Eleasars, war einst ihr Anführer – der Herr sei mit ihm. 21 Secharja, der Sohn Meschelemjas, war Torwächter am Eingang des Offenbarungszeltes. 22 Die als Torwächter an den Schwellen ausersehen waren, zählten insgesamt 212 Mann. Sie hatten sich in ihren Dörfern in die Stammeslisten eingetragen und waren von David und dem Seher Samuel in ihr Amt eingesetzt worden. 23 Mit ihren Söhnen standen sie nach der Dienstordnung als Wächter an den Toren zum Haus des Herrn, zum Haus des Zeltes. 24 Sie waren nach den

---

9,2 »Erste Ansiedler« sind nach dem Hinweis auf die Babylonische Gefangenschaft die ersten Heimkehrer unter Serubbabel und Jeschua (vgl. Esra 2). »Israeliten« sind hier (neben Priestern, Leviten und Tempeldienern) die Laien.

9,20 Der Satz »Der Herr sei mit ihm« ist der früheste Beleg für die Sitte, dem Namen einer verehrungswürdigen Person eine Segensformel beizufügen.

vier Himmelsrichtungen aufgestellt, nach
Osten, Westen, Norden und Süden. 25 Ihre
Brüder wohnten in ihren Dörfern und muss-
ten jeweils sieben Tage, von einem Zeitpunkt
zum andern, mit ihnen zum Dienst erschei-
nen. 26 Ständig im Dienst waren nur die vier
obersten Torwächter.

Einige Leviten hatten die Aufsicht über
die Kammern und die Schätze im Haus Got-
tes. 27 Sie blieben auch während der Nacht in
der Nähe des Hauses Gottes; denn ihnen war
die Wache übertragen und sie hatten den
Schlüssel, um jeden Morgen zu öffnen. 28 Ei-
nige von ihnen überwachten die Geräte für
den Dienst. Sie trugen sie abgezählt hinein
und brachten sie abgezählt wieder heraus.
29 Andere waren zur Aufsicht über die sons-
tigen Geräte und alle Geräte des Heiligtums
bestellt. Sie hatten das Feinmehl, den Wein
und das Öl, den Weihrauch und verschieden-
artigen Balsam zu besorgen. 30 Einige von
den Söhnen der Priester bereiteten die Sal-
ben für den Balsam. 31 Mattitja, einer der
Leviten, der Erstgeborene des Korachiters
Schallum, war amtlich mit der Zubereitung
des Backwerks beauftragt. 32 Ein Teil der
Kehatiter, ihrer Amtsbrüder, hatte für die
Schaubrote zu sorgen, die sie jeden Sabbat
aufzulegen hatten.

33 Das waren die Sänger, Häupter der
Großfamilien bei den Leviten, die, von ande-
ren Arbeiten befreit, in den Kammern wohn-
ten, da sie Tag und Nacht im Dienst sein
mussten . . .

34 Das waren die Häupter der Großfami-
lien der Leviten nach ihrer Geschlechterfol-
ge, die Häupter. Sie wohnten in Jerusalem.

Die Familie Sauls: 9,35–44

35 In Gibeon wohnte Jëiël, der Vater Gibe-
ons. Seine Frau war Maacha 36 und sein erst-
geborener Sohn war Abdon. Ihm folgten Zur,
Kisch, Baal, Ner, Nadab, 37 Gedor, Achjo,
Secher und Miklot. 38 Miklot zeugte Schima.
Auch sie wohnten in Jerusalem bei ihren
Brüdern, ihnen gegenüber. 39 Ner zeugte Ab-
ner und Kisch zeugte Saul. Saul zeugte Jona-
tan, Malkischua, Abinadab und Eschbaal.
40 Der Sohn Jonatans war Merib-Baal. Me-
rib-Baal zeugte Micha. 41 Die Söhne Michas
waren: Piton, Melech, Tachrea und Ahas.
42 Ahas zeugte Joadda und Joadda zeugte
Alemet, Asmawet und Simri. Simri zeugte
Moza, 43 Moza zeugte Bina; dessen Sohn war
Refaja, dessen Sohn Elasa und dessen Sohn
Azel. 44 Azel hatte sechs Söhne und das sind
ihre Namen: Asrikam, Bochru, Jischmael,
Schearja, Obadja und Hanan. Das waren die
Söhne Azels.

35–44 ‖ 8,29–38.

DIE GESCHICHTE DAVIDS: 10,1 – 29,30

Das Ende Sauls: 10,1–14

10 Als die Philister gegen Israel kämpf-
ten, flohen die Israeliten vor ihnen.
Viele waren gefallen und lagen erschlagen
auf dem Gebirge Gilboa. 2 Die Philister ver-
folgten Saul und seine Söhne und erschlugen
Sauls Söhne Jonatan, Abinadab und Malki-
schua. 3 Um Saul selbst entstand ein schwe-
rer Kampf. Die Bogenschützen hatten ihn
getroffen und er war schwer verwundet. 4 Da
sagte Saul zu seinem Waffenträger: Zieh
dein Schwert und durchbohre mich damit!
Sonst kommen diese Unbeschnittenen und
treiben mit mir ihren Mutwillen. Der Waf-
fenträger wollte es nicht tun, denn er hatte
große Angst. Da nahm Saul selbst das
Schwert und stürzte sich hinein. 5 Als der
Waffenträger sah, dass Saul tot war, stürzte
auch er sich in sein Schwert und starb. 6 So
kamen Saul und seine drei Söhne ums Le-
ben; sein ganzes Haus starb mit ihm. 7 Als die
Israeliten in der Ebene (Jesreel) sahen, dass
die Krieger Israels geflohen und dass Saul
und seine Söhne tot waren, verließen sie ihre
Städte und flohen. Dann kamen die Philister
und besetzten die Städte.

8 Als am nächsten Tag die Philister ka-
men, um die Erschlagenen auszuplündern,
fanden sie Saul und seine Söhne, die auf dem
Gebirge Gilboa gefallen waren. 9 Sie zogen
ihn aus, nahmen seinen Kopf und seine Rüs-
tung und schickten beides im Land der Phi-
lister umher, um ihren Götzen und dem Volk
die Siegesnachricht zu übermitteln. 10 Die
Rüstung Sauls legten sie im Tempel ihrer

9,33 Die erwartete Aufzählung der Namen fehlt hier.

10,6 In 8,29–38 werden zwar noch zwölf Generationen nach Saul erwähnt. Da sie aber unbedeutend blieben, kann V. 6 sagen, dass mit Saul sein ganzes Haus, d.h. seine Dynastie, ausstarb.

10,10 Zu Dagon vgl. die Anmerkung zu 1 Sam 5,2.

Götter nieder. Seinen Kopf aber hefteten sie
an den Tempel des Dagon. 11 Als die Einwoh-
ner von Jabesch-Gilead hörten, was die Phi-
lister mit Saul gemacht hatten, 12 brachen
alle kriegstüchtigen Männer auf, nahmen die
Leiche Sauls und die Leichen seiner Söhne
und brachten sie nach Jabesch. Sie begruben
ihre Gebeine unter der Terebinthe in Jabesch
und fasteten sieben Tage lang.
13 So starb Saul wegen der Treulosigkeit,
die er gegen den Herrn begangen hatte. Er
hatte das Wort des Herrn nicht befolgt und
den Totengeist befragt, um Auskunft zu su-
chen; 14 an den Herrn aber hatte er sich nicht
gewandt. Darum ließ er ihn sterben und
übergab das Königtum David, dem Sohn
Isais.

1–12 ‖ 1 Sam 31,1–13 • 11: 1 Sam 11 • 13: 1 Sam 15,19; 28,8–19.

Die Anerkennung Davids als König: 11,1–3

11 Ganz Israel versammelte sich bei
David in Hebron und sagte: Wir sind
doch dein Fleisch und Bein. 2 Schon früher,
als Saul noch König war, hast du Israel in
den Kampf und wieder nach Hause geführt.
Und der Herr, dein Gott, hat zu dir gesagt:
Du sollst der Hirt meines Volkes Israel sein,
du sollst der Fürst meines Volkes Israel wer-
den. 3 Alle Ältesten Israels kamen zum König
nach Hebron; David schloss mit ihnen in He-
bron einen Vertrag vor dem Herrn und sie
salbten David zum König von Israel gemäß
dem Wort, das der Herr durch Samuel ver-
kündet hatte.

1–3 ‖ 2 Sam 5,1–3 • 3: 1 Sam 16.

Die Eroberung Jerusalems: 11,4–9

4 David zog mit ganz Israel nach Jerusa-
lem, das ist Jebus. Dort saßen noch die Jebu-
siter, die damals im Land wohnten. 5 Die Je-
busiter aber sagten zu David: Du wirst nicht
in die Stadt hereinkommen. Doch David er-
oberte die Burg Zion; sie wurde die Stadt
Davids. 6 Damals sagte David: Wer als erster
die Jebusiter schlägt, soll Hauptmann und
Anführer werden. Da stieg Joab, der Sohn
der Zeruja, als Erster hinauf und wurde
Hauptmann. 7 David ließ sich in der Burg
nieder und daher nannte man sie Davidstadt.
8 Er baute an der Stadt ringsum vom Millo
an und im Umkreis, während Joab die übrige
Stadt wiederherstellte. 9 David wurde immer
mächtiger und der Herr der Heere war mit
ihm.

4–9 ‖ 2 Sam 5,6–10.

Davids Helden: 11,10–19

10 Das sind die Obersten der Helden Da-
vids, die mit ganz Israel in der Sache des Kö-
nigtums fest zu ihm hielten, um ihn nach
dem Wort des Herrn zum König von Israel zu
machen. 11 Das ist das Verzeichnis der Hel-
den Davids: Jaschobam, der Sohn Hachmo-
nis, war das Haupt der Drei; er schwang
seine Lanze über dreihundert Männer und
erschlug sie alle auf einmal. 12 Nach ihm
kommt der Ahoachiter Eleasar, der Sohn
Dodos. 13 Er war bei David, als die Philister
sich bei Pas-Dammim zum Kampf sammel-
ten. Dort war ein Gerstenfeld. Als das Volk
vor den Philistern floh, 14 stellte er sich mit-
ten in das Feld, behauptete es und schlug die
Philister. So verlieh ihm der Herr einen gro-
ßen Sieg.
15 Als sich einst das Lager der Philister in
der Rafaïterebene befand, kamen drei von
den dreißig Helden zu David in das Felsen-
nest, in die Höhle Adullam. 16 David hielt
sich damals in seiner Bergfestung auf und
ein Posten der Philister lag in Betlehem.
17 Da bekam David großen Durst und er sag-
te: Wer bringt mir Wasser aus der Zisterne
am Tor von Betlehem? 18 Da drangen die drei
Helden in das Lager der Philister ein,
schöpften Wasser aus der Zisterne am Tor
von Betlehem, nahmen es mit und brachten
es David. Doch er wollte es nicht trinken,
sondern goss es als Trankopfer für den Herrn
aus 19 und sagte: Das sei fern von mir, Gott,
dass ich so etwas tue. Soll ich das Blut dieser
Männer trinken, die unter Lebensgefahr hin-
gegangen sind? Denn unter Lebensgefahr
haben sie es geholt. Darum wollte er es nicht
trinken. Eine solche Tat vollbrachten die
drei Helden.

10–19 ‖ 2 Sam 23,8–17.

Weitere Helden Davids: 11,20–47

20 Joabs Bruder Abischai war der Anführer
der Dreißig. Er schwang seinen Speer über
dreihundert Männer und erschlug sie; er

11,1 dein Fleisch und Bein: vgl. die Anmerkung zu Gen 2,21–23.
11,11 Jaschobam ist wohl absichtliche Entstellung des Namens Jischbaal (vgl. 2 Sam 23,8). – drei: H: dreißig. Es gab einen Heldenkreis mit drei und einen größeren mit dreißig Männern.
11,13 In H sind einige Sätze verloren gegangen, sodass der Name des dritten Helden, Schamma, wegfiel und seine Leistungen auf den zweiten übertragen wurden. Sam 23,9–12 ist der volle Wortlaut noch erhalten. Gerste: in 2 Sam 23,11: Linsen.
11,20f dreißig: in H zu »drei« verschrieben.

hatte bei den drei Helden einen großen Na-
men. 21 Unter den Dreißig war er hoch geehrt
und er wurde ihr Anführer, aber an die Drei
reichte er nicht heran.
22 Benaja aus Kabzeel, der Sohn Jojadas,
war ein tapferer Mann, der große Taten voll-
brachte. Er erschlug die beiden Söhne Ariëls
aus Moab. Als einmal Schnee gefallen war,
kam er zu einer Zisterne und erlegte darin
einen Löwen. 23 Auch erschlug er einen rie-
senhaften Ägypter, der fünf Ellen groß war.
Der Ägypter hatte einen Speer gleich einem
Weberbaum in der Hand. Benaja aber ging
nur mit einem Stock auf ihn los, riss ihm den
Speer aus der Hand und tötete ihn mit die-
sem Speer. 24 Solche Taten vollbrachte Bena-
ja, der Sohn Jojadas. Er hatte bei den drei
Helden einen großen Namen. 25 Unter den
Dreißig war er hoch geehrt, aber an die Drei
reichte er nicht heran. David stellte ihn an
die Spitze seiner Leibwache.
26 Tapfere Helden waren Joabs Bruder
Asaël, Elhanan aus Betlehem, der Sohn Do-
dos, 27 Schammot aus Harod, Helez aus Bet-
Pelet, 28 Ira aus Tekoa, der Sohn des Ikkesch,
Abiëser aus Anatot, 29 Sibbechai aus Huscha,
Ilai der Ahoachiter, 30 Mahrai aus Netofa,
Heled aus Netofa, der Sohn Baanas, 31 Ittai
aus Gibea in Benjamin, der Sohn Ribais, Be-
naja aus Piraton, 32 Hiddai aus Nahale-
Gaasch, Abiël aus Bet-Araba, 33 Asmawet
aus Bahurim, Eljachba aus Schaalbim, 34 Ja-
schen der Guniter, Jonatan aus Harar, der
Sohn Schages, 35 Ahiam aus Harar, der Sohn
Sachars, Elifal, der Sohn Urs, 36 Hefer aus
Mechera, Ahija aus Gilo, 37 Hezro aus Kar-
mel, Naarai, der Sohn Esbais, 38 Joël, der
Bruder Natans, Mibhar, der Sohn Hagris,
39 Zelek, der Ammoniter, Nachrai aus Beer-
ot, der Waffenträger Joabs, des Sohnes der
Zeruja, 40 Ira aus Jattir, Gareb aus Jattir,
41 Urija, der Hetiter, Sabad, der Sohn Ach-
lais, 42 Adina, der Sohn Schisas, aus dem
Stamm Ruben, Haupt der Rubeniter und An-
führer von dreißig Mann, 43 Hanan, der Sohn
Maachas, Joschafat aus Meten, 44 Usija aus
Aschtarot, Schama und Jëiël, die Söhne Ho-
tams, aus Aroër, 45 Jediaël, der Sohn Schim-
ris, und sein Bruder Joha aus Tiz, 46 Eliël aus
Mahanajim, Jeribai und Joschawja, die
Söhne Elnaams, Jitma, der Moabiter, 47 Eliël,
Obed und Jaasiël aus Zoba.

20–47 ‖ 2 Sam 23,18–39.

Das dritte Verzeichnis von Anhängern Davids: 12,1–23

12 Diese sind es, die zu David nach
Ziklag kamen, als er sich noch von
Saul, dem Sohn des Kisch, fernhalten muss-
te. Sie gehörten zu den Helden, die ihn im
Kampf unterstützten. 2 Sie waren mit dem
Bogen ausgerüstet und konnten mit der
rechten und mit der linken Hand Steine
schleudern und Pfeile mit dem Bogen ab-
schießen. Von den Stammesbrüdern Sauls,
von Benjamin, kamen: 3 Ahiëser, ihr Anfüh-
rer, ferner Joasch, der Sohn Schemaas, aus
Gibea, Jesiël und Pelet, die Söhne Asmawets,
Beracha und Jehu aus Anatot, 4 Jischmaja
aus Gibeon, ein Held unter den Dreißig und
ihr Anführer, 5 Jirmeja, Jahasiël, Johanan
und Josabad aus Gedera, 6 Elusai, Jerimot,
Bealja, Schemarja und Schefatja aus Haruf,
7 Elkana, Jischija, Asarel, Joëser und Jascho-
bam, die Korachiter, 8 Joëla und Sebadja, die
Söhne Jerohams, aus Gedor.
9 Auch Gaditer traten zu David über und
kamen in die Bergfestung in der Wüste. Sie
waren tapfere Helden, kampfgeübte Krieger
mit Schild und Lanze, waren wie Löwen an-
zusehen und flink wie Gazellen auf den Ber-
gen. 10 Eser war der erste, Obadja der zweite,
Eliab der dritte, 11 Mischmanna der vierte,
Jirmeja der fünfte, 12 Attai der sechste, Eliël
der siebte, 13 Johanan der achte, Elsabad der
neunte, 14 Jirmeja der zehnte, Machbannai
der elfte. 15 Diese waren von den Gaditern
gekommen. Sie waren Hauptleute im Heer.
Der kleinste von ihnen nahm es mit hundert,
der stärkste mit tausend auf. 16 Sie waren es,
die im ersten Monat den Jordan überquerten,
als er über die Ufer getreten war und die
Täler im Osten und Westen abgeschnitten
waren.
17 Auch Angehörige Benjamins und Judas
kamen zu David in die Bergfestung. 18 David
trat zu ihnen heraus, sprach sie an und sagte:
Wenn ihr in friedlicher Absicht zu mir
kommt, um mir zu helfen, so bin ich zur Ge-

11,26–47 Die Namen sind teilweise durch Schreibfehler entstellt. Die Korrekturen stützen sich zumeist auf 2 Sam und G. In 2 Sam schließt die Liste mit Urija; Chr fügt sechzehn weitere Namen hinzu.

12,1 Um sich der Verfolgung durch Saul zu entziehen, war David zum Philisterkönig Achisch übergetreten, der ihm die Stadt Ziklag, nördlich von Beerscheba, als Aufenthalt zuwies (vgl. 1 Sam 27,6).

12,9 Vor seinem Übertritt zu den Philistern hielt sich David längere Zeit in der Bergfestung Adullam, südwestlich von Betlehem, auf und sammelte Anhänger um sich (vgl. 1 Sam 22,1).

meinschaft mit euch bereit. Wenn ihr aber kommt, um mich den Feinden zu verraten, obwohl ich kein Unrecht begangen habe, dann soll der Gott unserer Väter es sehen und euch strafen. [19] Da ergriff ein Geist Amasai, das Haupt der Dreißig, sodass er ausrief: Dir, David, gehören wir. Zu dir, Sohn Isais, stehen wir. Heil, Heil sei dir, Heil deinem Helfer; denn dir hilft dein Gott. Da nahm sie David auf und reihte sie ein unter die Anführer seiner Schar.

[20] Auch von Manasse gingen einige zu David über. David zog damals im Heer der Philister gegen Saul in den Krieg, brachte ihnen aber keine Hilfe, da ihn die Fürsten der Philister nach einer Beratung wegschickten. Sie sagten nämlich: Er könnte um den Preis unserer Köpfe zu seinem Herrn, zu Saul, übergehen. [21] David kehrte daher nach Ziklag zurück. Zu dieser Zeit stießen von Manasse zu ihm: Adnach, Josabad, Jediaël, Michael, Josabad, Elihu und Zilletai, die Häupter der Tausendschaften Manasses. [22] Sie halfen David im Kampf gegen die Räuberscharen (der Amalekiter); denn sie alle waren tapfere Krieger und wurden Oberste im Heer. [23] Tag für Tag kamen Leute zu David, um ihm zu helfen; und so entstand ein großes Heerlager gleich einem Heerlager Gottes.

20: 1 Sam 29.

Die Gefolgschaft bei der Thronerhebung in Hebron:

[24] Das sind die Zahlen aller wehrfähigen Männer, die zu David nach Hebron kamen, um ihm nach dem Wort des Herrn das Königtum Sauls zu übertragen: [25] Aus Juda kamen 6800 wehrfähige Männer, die Schild und Lanze trugen. [26] Aus Simeon kamen 7100 tapfere Krieger, [27] aus Levi 4600 Mann, [28] dazu Jojada, der Fürst der Nachkommen Aarons, mit 3700 Mann [29] und Zadok, ein junger, tapferer Krieger, dessen Großfamilie 22 Führer stellte. [30] Aus Benjamin, den Stammesbrüdern Sauls, kamen 3000 Mann. Ihre Mehrheit war bis dahin in der Gefolgschaft des Hauses Saul geblieben.

[31] Aus Efraim kamen 20800 in ihren Großfamilien hoch angesehene Krieger, [32] aus dem halben Stamm Manasse 18000 Mann, die namentlich dazu bestimmt waren, zu kommen und David zum König zu machen. [33] Von den Angehörigen Issachars, die die Zeiten verstanden und wussten, was Israel zu tun hatte, kamen 200 Oberste mit allen Stammesbrüdern, die ihrem Befehl unterstanden. [34] Aus Sebulon kamen 50 000 wehrfähige Männer, die mit allen Kriegswaffen zu kämpfen verstanden und sich ohne Vorbehalt einordneten. [35] Aus Naftali kamen 1000 Anführer und mit ihnen 37 000 Mann mit Schild und Lanze, [36] aus Dan 28 600 kampfbereite Männer, [37] aus Ascher 40 000 wehrfähige, kampfbereite Männer. [38] Von jenseits des Jordan, aus Ruben, Gad und dem halben Stamm Manasse kamen 120 000 Mann mit allen Waffen eines Kriegsheeres. [39] Alle diese waren Krieger, die sich willig einordneten. Sie kamen in ehrlicher Gesinnung nach Hebron, um David zum König von ganz Israel zu machen; aber auch alle übrigen Israeliten waren einig im Wunsch, David zum König zu machen. [40] Sie blieben drei Tage dort bei David; sie aßen und tranken, denn ihre Stammesbrüder hatten für sie gesorgt. [41] Auch jene, die bis nach Issachar, Sebulon und Naftali hin in ihrer Nähe wohnten, brachten auf Eseln, Kamelen, Maultieren und Rindern Lebensmittel zum Unterhalt herbei: Mehl, Feigen- und Traubenkuchen, Wein, Öl und eine große Menge Rinder und Schafe; denn es herrschte Freude in Israel.

Die Überführung der Bundeslade nach Jerusalem: 13,1–14

13 David besprach sich mit den Obersten der Tausend- und Hundertschaften und mit allen führenden Leuten. [2] Dann sagte er zur ganzen Versammlung Israels: Wenn ihr einverstanden seid und wenn es dem Herrn, unserem Gott, gefällt, schicken wir überallhin Boten zu unseren Brüdern, die in allen Gegenden Israels geblieben sind, sowie zu den Priestern und Leviten, die in ihren Städten und auf ihren Weideflächen wohnen. Sie sollen sich bei uns versammeln [3] und wir wollen die Lade unseres Gottes zu uns heraufholen; denn in den Tagen Sauls haben wir uns nicht um sie gekümmert. [4] Die ganze Versammlung stimmte dem Vorhaben zu, denn der Plan gefiel dem ganzen Volk.

[5] David versammelte nun ganz Israel vom Schihor in Ägypten bis Lebo-Hamat, um die Lade Gottes von Kirjat-Jearim heraufzuho-

---

12,20 (David) brachte ... *keine Hilfe: Text korr.; H: sie brachten ... keine Hilfe.*

13,3 Die Lade war in der Zeit des Priesters Eli von den Philistern erbeutet worden (vgl. 1 Sam 4,11). Sie befand sich nach ihrer Rückgabe an Israel im Haus Abinadabs in Kirjat-Jearim (vgl. 1 Sam 7,1).

13,5 Gemeint ist die Ausdehnung des Landes vom östlichsten Nilarm (Schihor) bis Lebo-Hamat an der syrischen Grenze.

len. 6 Er zog mit ganz Israel nach Baala bei
Kirjat-Jearim, das zu Juda gehörte, um von
dort die Lade Gottes heraufzuholen, über
der der Name des Herrn, der über den Keru-
bim thront, ausgerufen worden ist. 7 Sie hol-
ten die Lade Gottes auf einem neuen Wagen
vom Haus Abinadabs ab; Usa und Achjo
lenkten den Wagen. 8 David und ganz Israel
tanzten und sangen vor Gott mit ganzer Hin-
gabe und spielten auf Zithern, Harfen und
Pauken, mit Zimbeln und Trompeten. 9 Als
sie zur Tenne Kidons kamen, brachen die
Rinder aus und Usa streckte seine Hand aus,
um die Lade festzuhalten. 10 Da entbrannte
der Zorn des Herrn gegen Usa und er er-
schlug ihn, weil er seine Hand nach der Lade
ausgestreckt hatte, sodass er dort vor Gott
starb. 11 David war sehr erregt darüber, dass
der Herr den Usa so plötzlich dahingerafft
hatte, und man nennt den Ort bis heute da-
rum Perez-Usa (Wegraffung Usas). 12 An
jenem Tag bekam David Angst vor Gott,
sodass er sagte: Wie soll ich die Lade Gottes
zu mir bringen? 13 Er ließ sie darum nicht zu
sich in die Davidstadt bringen, sondern
stellte sie in das Haus Obed-Edoms aus
Gat. 14 Drei Monate lang blieb die Lade
Gottes im Haus Obed-Edoms und der Herr
segnete das Haus Obed-Edoms und alles,
was ihm gehörte.

1–14 || 2 Sam 6,12–23.

Das Erstarken des Königtums: 14,1–7

14 Hiram, der König von Tyrus, schickte
eine Gesandtschaft zu David und
ließ ihm Zedernholz überbringen; auch Mau-
rer und Zimmerleute schickte er, die ihm
einen Palast bauen sollten. 2 So erkannte
David, dass ihn der Herr als König von Israel
bestätigt hatte; denn wegen seines Volkes
Israel war Davids Königtum zu hohem Anse-
hen gelangt. 3 David nahm sich noch weitere
Frauen in Jerusalem und zeugte noch Söhne
und Töchter. 4 Das sind die Namen der Söh-
ne, die ihm in Jerusalem geboren wurden:
Schima, Schobab, Natan, Salomo, 5 Jibhar,
Elischua, Elpelet, 6 Nogah, Nefeg, Jafia,
7 Elischama, Beeljada und Elifelet.

1–7 || 2 Sam 5,11–16 • 4–7: 3,5–8.

Krieg mit den Philistern: 14,8–17

8 Die Philister hörten, dass David zum Kö-
nig von ganz Israel gesalbt worden war. Da
zogen alle herauf, um David gefangen zu
nehmen. David erfuhr davon und zog ihnen
entgegen. 9 Als die Philister herankamen und
in der Rafaïterebene umherstreiften, 10 be-
fragte David Gott: Soll ich die Philister an-
greifen? Wirst du sie in meine Hand geben?
Der Herr antwortete ihm: Greif sie an, ich
will sie in deine Hand geben. 11 Da zog David
nach Baal-Perazim. Dort schlug er die Phi-
lister und sagte: Gott hat durch meine Hand
die Reihen meiner Feinde durchbrochen, wie
Wasser (einen Damm) durchbricht. Deshalb
nennt man jenen Ort Baal-Perazim (Herr der
Durchbrüche). 12 Die Philister ließen dort
ihre Götter zurück und David befahl, sie im
Feuer zu verbrennen.

13 Doch die Philister streiften noch einmal
im Tal der Rafaïter umher. 14 David befragte
Gott wieder und Gott antwortete ihm: Zieh
nicht hinter ihnen her, sondern umgeh sie
und komm von den Baka-Bäumen her an sie
heran! 15 Wenn du dann in den Wipfeln der
Baka-Bäume ein Geräusch wie von Schrit-
ten hörst, dann rück zum Kampf aus; denn
Gott geht vor dir her, um das Heer der Phi-
lister zu schlagen. 16 David tat, was Gott ihm
befohlen hatte, und er schlug das Heer der
Philister (im ganzen Gebiet) von Gibeon bis
Geser. 17 So drang der Ruhm Davids in alle
Länder und der Herr legte Furcht vor ihm
auf alle Völker.

8–17 || 2 Sam 5,17–25.

Die Überführung der Lade in die Davidstadt: Die Vorbereitungen: 15,1–24

15 David baute sich Häuser in der Da-
vidstadt; er richtete auch eine Stätte
für die Lade Gottes her und stellte ein Zelt
für sie auf. 2 Damals ordnete er an, dass nur
die Leviten die Lade tragen dürfen; denn sie
hat der Herr erwählt, seine Lade zu tragen
und immerfort bei ihr Dienst zu tun.

3 Hierauf berief David ganz Israel nach Je-
rusalem, um die Lade des Herrn an den Ort
zu bringen, den er für sie hergerichtet hatte.
4 Er ließ die Nachkommen Aarons und die
Leviten kommen: 5 von den Nachkommen
Kehats den Vorsteher Uriël und seine Brü-
der, 120 Mann, 6 von den Nachkommen Me-
raris den Vorsteher Asaja und seine Brüder,
220 Mann, 7 von den Nachkommen Ger-
schoms den Vorsteher Joël und seine Brüder,
130 Mann, 8 von den Nachkommen Elizafans
den Vorsteher Schemaja und seine Brüder,
200 Mann, 9 von den Nachkommen Hebrons
den Vorsteher Eliël und seine Brüder, 80
Mann, 10 von den Nachkommen Usiëls den
Vorsteher Amminadab und seine Brüder,
112 Mann.

11 David rief die Priester Zadok und Abja-
tar sowie die Leviten Uriël, Asaja, Joël,
Schemaja, Eliël und Amminadab zu sich
12 und befahl ihnen: Ihr seid die Familien-

häupter der Leviten. Ihr und eure Brüder,
heiligt euch und bringt die Lade des Herrn,
des Gottes Israels, herauf an den Ort, den ich
für sie hergerichtet habe. 13 Weil ihr beim
ersten Mal nicht beteiligt wart, hat der Herr,
unser Gott, Unglück über uns gebracht; denn
wir sind nicht auf ihn bedacht gewesen, wie
es sich gehört hätte. 14 Da heiligten sich die
Priester und die Leviten, um die Lade des
Herrn, des Gottes Israels, heraufzubringen.
15 Die Leviten hoben die Lade Gottes mit den
Tragstangen auf ihre Schultern, wie es Mose
auf Befehl des Herrn angeordnet hatte.
16 Den Vorstehern der Leviten befahl Da-
vid, sie sollten ihre Stammesbrüder, die Sän-
ger, mit ihren Instrumenten, mit Harfen, Zi-
thern und Zimbeln, aufstellen, damit sie zum
Freudenjubel laut ihr Spiel ertönen ließen.
17 Sie stellten daher die Leviten Heman, den
Sohn Joëls, und seinen Stammesbruder Asaf,
den Sohn Berechjas, auf, ferner von den
Nachkommen Meraris ihren Stammesbruder
Etan, den Sohn Kuschajas. 18 Zu ihnen ka-
men von ihren Brüdern im zweiten Dienst-
rang: Secharja, Jaasiël, Schemiramot, Jehiël,
Unni, Eliab, Benaja, Maaseja, Mattitja, Eli-
felehu, Mikneja, Obed-Edom und Jëiël, [die
Torwächter]. 19 Die Sänger Heman, Asaf und
Etan schlugen die bronzenen Zimbeln. 20 Se-
charja, Jaasiël, Schemiramot, Jehiël, Unni,
Eliab, Maaseja und Benaja spielten nach ela-
mitischer Weise auf Harfen 21 und Mattitja,
Elifelehu, Mikneja, Obed-Edom, Jëiël und
Asasja in der achten Stufe auf Zithern, um
den Gesang zu führen. 22 Kenanja, der Vor-
steher der Leviten, leitete den Vortrag. Er
gab dazu Anweisungen, da er sich darauf
verstand. 23 Berechja und Elkana waren Tor-
wächter für die Lade. 24 Die Priester Sche-
banja, Joschafat, Netanel, Amasai, Secharja,
Benaja und Eliëser bliesen die Trompeten
vor der Lade Gottes. Obed-Edom und Jehija
waren Torwächter für die Lade.

15: Num 7,9.

Der Einzug der Lade: 15,25 – 16,3

25 David, die Ältesten Israels und die Füh-
rer der Tausendschaften, die gegangen wa-
ren, um die Bundeslade des Herrn aus dem
Haus Obed-Edoms heraufzuholen, waren
voller Freude. 26 Damit Gott den Leviten, die
die Bundeslade des Herrn trugen, beistand,
opferte man sieben Stiere und sieben Wid-
der. 27 David war mit einem Mantel aus Bys-
sus bekleidet, ebenso alle Leviten, die die
Lade trugen, sowie die Sänger und Kenanja,
der den Vortrag der Sänger leitete. Dabei
trug David das leinene Efod. 28 So brachte
ganz Israel die Bundeslade des Herrn hinauf
unter großem Jubelgeschrei und unter dem
Klang des Widderhorns, unter dem Lärm der
Trompeten und Zimbeln, beim Spiel der
Harfen und Zithern.
29 Als die Bundeslade des Herrn in die Da-
vidstadt kam, schaute Michal, Sauls Toch-
ter, aus dem Fenster, und als sie sah, wie
König David hüpfte und tanzte, verachtete
sie ihn in ihrem Herzen.

16 Man trug die Lade Gottes in das Zelt,
das David für sie aufgestellt hatte,
setzte sie an ihren Platz in der Mitte des Zel-
tes und brachte Brand- und Heilsopfer vor
Gott dar. 2 Als David mit dem Darbringen
der Brand- und Heilsopfer fertig war, segne-
te er das Volk im Namen des Herrn 3 und ließ
an alle Israeliten, Männer und Frauen, je
einen Laib Brot, einen Dattelkuchen und
einen Traubenkuchen austeilen.

15,25 – 16,3 ‖ 2 Sam 6,12–19.

Das Loblied Davids: 16,4–36

4 David bestellte für den Dienst vor der
Lade des Herrn Leviten, die den Herrn, den
Gott Israels, rühmen, loben und preisen soll-
ten. 5 Er bestellte Asaf als ersten, Secharja
als zweiten, ferner Jaasiël, Schemiramot, Je-
hiël, Mattitja, Eliab, Benaja, Obed-Edom
und Jëiël. Sie sollten die Harfen und Zithern
spielen, Asaf die Zimbeln schlagen 6 und die
Priester Benaja und Jahasiël ständig die
Trompeten blasen vor der Bundeslade Got-
tes.
7 An jenem Tag ließ David Asaf und seine
Amtsbrüder zum ersten Mal diesen Lobpreis
zur Ehre des Herrn vortragen:
8 Dankt dem Herrn! Ruft seinen Namen
an! / Macht unter den Völkern seine Taten
bekannt!
9 Singt ihm und spielt ihm, / sinnt nach
über all seine Wunder!
10 Rühmt euch seines heiligen Namens! /
Alle, die den Herrn suchen, / sollen sich von
Herzen freuen.
11 Fragt nach dem Herrn und seiner
Macht, / sucht sein Antlitz allezeit!
12 Denkt an die Wunder, die er getan hat, /

15,13–15 Der Chronist sieht im Berühren der Lade durch Laien ein Vergehen gegen Num 4,15.

15,17 Von der Abstammung der Sänger berichtet 6,16–32.

15,18 Secharja, Jaasiël: Text korr.; H: Secharja, Sohn Jaasiëls.

15,20f Die Bedeutung der Ausdrücke »nach elamitischer Weise« und »in der achten Stufe« ist unklar.

an seine Zeichen und die Beschlüsse aus seinem Mund!
13 Bedenkt es, ihr Nachkommen seines Knechtes Abraham, / ihr Kinder Jakobs, die er erwählt hat!
14 Er, der Herr, ist unser Gott. / Seine Herrschaft umgreift die Erde.
15 Ewig denkt er an seinen Bund, / an das Wort, das er gegeben hat für tausend Geschlechter,
16 an den Bund, den er mit Abraham geschlossen, / an den Eid, den er Isaak geschworen hat.
17 Er bestimmte ihn als Satzung für Jakob, / als ewigen Bund für Israel.
18 Er sprach: Dir will ich Kanaan geben, / das Land, das dir als Erbe bestimmt ist.
19 Als sie noch gering waren an Zahl, / nur wenige und fremd im Land,
20 und noch zogen von Volk zu Volk, / von einem Reich zum andern,
21 da ließ er sie von niemand bedrücken, / wies ihretwegen Könige zurecht:
22 Tastet meine Gesalbten nicht an, / tut meinen Propheten nichts zuleide!
23 Singt dem Herrn, alle Länder der Erde! / Verkündet sein Heil von Tag zu Tag!
24 Erzählt bei den Völkern von seiner Herrlichkeit, / bei allen Nationen von seinen Wundern!
25 Denn groß ist der Herr und hoch zu preisen, / mehr zu fürchten als alle Götter.
26 Alle Götter der Heiden sind nichtig, / der Herr aber hat den Himmel geschaffen.
27 Hoheit und Pracht sind vor seinem Angesicht, / Macht und Glanz in seinem Heiligtum.
28 Bringt dar dem Herrn, ihr Stämme der Völker, / bringt dar dem Herrn Lob und Ehre!
29 Bringt dar dem Herrn die Ehre seines Namens, / spendet Opfergaben und tretet vor ihn hin! / In heiligem Schmuck werft euch nieder vor dem Herrn,
30 erbebt vor ihm, alle Länder der Erde! / Den Erdkreis hat er gegründet, sodass er nicht wankt.
31 Der Himmel freue sich, die Erde frohlocke. / Verkündet bei den Völkern: Der Herr ist König.
32 Es brause das Meer und alles, was es erfüllt, / es jauchze die Flur und was auf ihr wächst.
33 Jubeln sollen alle Bäume des Waldes vor dem Herrn, / wenn er kommt, um die Erde zu richten.
34 Danket dem Herrn, denn er ist gütig, / denn seine Huld währt ewig.
35 Sagt: Hilf uns, du Gott unsres Heils, / führe uns zusammen, rette uns vor den Völkern!
Wir wollen deinen heiligen Namen preisen, / uns rühmen, weil wir dich loben dürfen.
36 Gepriesen sei der Herr, der Gott Israels, / vom Anfang bis ans Ende der Zeiten.
Und das ganze Volk rief: Amen, und: Lob sei dem Herrn.

8–22 ‖ Ps 105,1–15 • 23–33 ‖ Ps 96,1–13 • 34 ‖ Ps 106,1 • 35–36 ‖ Ps 106,47f.

Der Gottesdienst in Jerusalem und in Gibeon: 16,37–43

37 Auf Befehl Davids blieben Asaf und sei-
ne Brüder vor der Bundeslade des Herrn, um
dauernd den täglichen Dienst bei ihr zu ver-
richten. 38 Bei ihnen waren Obed-Edom und
seine Brüder, achtundsechzig Mann. Obed-
Edom, der Sohn Jedutuns, und Hosa waren
Torwächter.
39 Dem Priester Zadok aber und seinen
Amtsbrüdern, den Priestern, übertrug er den
Dienst vor der Wohnstätte des Herrn auf der
Kulthöhe in Gibeon. 40 Sie sollten täglich am
Morgen und am Abend auf dem Brandopfer-
altar dem Herrn Opfer darbringen und alles
ausführen, was im Gesetz geschrieben steht,
auf das der Herr die Israeliten verpflichtet
hat. 41 Bei ihnen waren Heman und Jedutun
sowie die anderen, die ausgewählt und na-
mentlich dazu bestimmt waren, den Herrn
zu loben: »Denn seine Huld währt ewig.«
42 Heman und Jedutun hatten Trompeten
und Zimbeln für die Spieler und Instrumente
für die Gotteslieder. Die Söhne Jedutuns wa-
ren für das Tor bestellt.
43 Dann ging das ganze Volk wieder nach Hause. Auch David ging heim, um seine Familie zu begrüßen.

43: 2 Sam 6,19f.

Die Verheißung an David: 17,1–15

17 Als nun David in seinem Haus wohnte, sagte er zu dem Propheten Natan: Ich wohne in einem Haus aus Zedernholz,

16,37–41 Nach Chr wurde der liturgische Dienst fortan sowohl vor der Bundeslade in Jerusalem als auch vor dem Zelt in Gibeon vollzogen. Als Sänger wirkten Heman und Jedutun (= Etan, vgl. 15,17) in Gibeon, Asaf in Jerusalem. Da Zadok für den Opferdienst in Gibeon bestellt war, ist anzunehmen, dass Abjatar in Jerusalem wirkte.
16,38 Chr unterscheidet den Sänger Obed-Edom (15,18.21; 16,5) vom Torhüter gleichen Namens (15,24; 16,38; 26,4) und dem Nichtisraeliten aus Gat (13,13f).

die Bundeslade des Herrn aber steht in einem Zelt. 2 Natan antwortete David: Tu alles, was du im Sinn hast; denn Gott ist mit dir. 3 Aber in jener Nacht erging das Wort Gottes an Natan: 4 Geh zu meinem Knecht David und sag zu ihm: So spricht der Herr: Nicht du sollst mir das Haus bauen, damit ich darin wohne. 5 Seit dem Tag, als ich Israel aus Ägypten herausgeführt habe, habe ich bis zum heutigen Tag nie in einem Haus gewohnt, sondern bin von Zelt zu Zelt, von Wohnstätte zu Wohnstätte mitgewandert. 6 Habe ich in der Zeit, als ich bei den Israeliten von Ort zu Ort zog, jemals zu einem der Richter Israels, die ich als Hirten über mein Volk eingesetzt hatte, ein Wort gesagt und sie gefragt: Warum habt ihr mir kein Haus aus Zedernholz gebaut? 7 Sag also jetzt meinem Knecht David: So spricht der Herr der Heere: Ich habe dich von der Weide und von der Herde weggeholt, damit du Fürst meines Volkes Israel wirst, 8 und bin überall mit dir gewesen, wohin du auch gegangen bist. Ich habe alle deine Feinde vor deinen Augen vernichtet und ich will dir einen Namen machen, der dem Namen der Großen auf der Erde gleich ist. 9 Ich will meinem Volk Israel einen Platz zuweisen und will es einpflanzen, damit es an seinem Ort (sicher) wohnen kann und sich nicht mehr ängstigen muss und schlechte Menschen es nicht zugrunde richten wie am Anfang, 10 seit den Tagen, als ich Richter in meinem Volk Israel eingesetzt habe. Ich werfe alle deine Feinde nieder und mache dich groß. Der Herr aber wird dir ein Haus bauen. 11 Wenn deine Tage erfüllt sind und du zu deinen Vätern gehst, dann werde ich einen von deinen Nachkommen, einen von deinen Söhnen, als deinen Nachfolger einsetzen und seinem Königtum Bestand verleihen. 12 Er wird für mich ein Haus bauen und ich werde seinem Thron ewigen Bestand verleihen. 13 Ich will für ihn Vater sein und er wird für mich Sohn sein. Meine Huld will ich ihm nicht entziehen, wie ich sie dem entzogen habe, der vor dir König war. 14 In meinem Haus und in meinem Königtum werde ich ihm ewigen Bestand verleihen; sein Thron wird für immer bestehen bleiben.

15 Natan sprach zu David genau so, wie es (ihm) gesagt und offenbart worden war.

1–15 ‖ 2 Sam 7,1–17.

Das Gebet Davids: 17,16–27

16 Da ging König David hin, setzte sich vor dem Herrn nieder und sagte: Wer bin ich, mein Herr und Gott, und was ist mein Haus, dass du mich bis hierher geführt hast? 17 Weil das in deinen Augen noch zu wenig war, o Gott, hast du dem Haus deines Knechtes Zusagen für eine ferne Zukunft gemacht und mich angeschaut . . ., mein Herr und Gott. 18 Was soll David noch weiter zu dir sagen? Du kennst deinen Knecht. 19 Herr, um deines Knechtes willen und nach der Absicht deines Herzens hast du alle diese großen Taten getan und alle diese großen Dinge offenbart. 20 Herr, keiner ist dir gleich und außer dir gibt es keinen Gott nach allem, was wir mit unseren Ohren gehört haben. 21 Welches andere Volk auf der Erde ist wie dein Volk Israel? Wo wäre ein Gott hingegangen, um ein Volk für sich freizukaufen und sich den Ruhm großer und erstaunlicher Taten zu verschaffen? Du hast vor den Augen deines Volkes, das du von den Ägyptern freigekauft hast, ganze Völker vertrieben.

22 Du hast Israel für immer zu deinem Volk bestimmt und du, Herr, bist sein Gott geworden. 23 Möge doch jetzt auch das Wort, Herr, das du über deinen Knecht und über sein Haus gesprochen hast, sich für immer als wahr erweisen. Tu, was du gesagt hast. 24 Dann wird dein Name sich als wahr erweisen und groß sein für ewige Zeiten und man wird sagen: Der Herr der Heere ist Israels Gott!, und das Haus deines Knechtes David wird vor deinen Augen Bestand haben. 25 Denn du, mein Gott, hast deinem Knecht offenbart: Ich will dir ein Haus bauen. Darum fand dein Knecht den Mut, zu dir zu beten. 26 Ja, Herr, du bist der einzige Gott; du hast deinem Knecht ein solches Glück zugesagt. 27 Du hast jetzt gnädig das Haus deines Knechtes gesegnet, damit es ewig vor deinen Augen Bestand hat. Denn du, Herr, hast es gesegnet und es bleibt für immer gesegnet.

16–27 ‖ 2 Sam 7,18–29 • 24: Ex 3,13–15.

Die Siege Davids: 18,1–13

18 Hernach schlug David die Philister. Er unterwarf sie und nahm ihnen Gat und seine Tochterstädte weg. 2 Auch die Moabiter schlug er; sie wurden David untertan und tributpflichtig.

17,10 und mache dich groß: Text korr. nach G; H: und verkünde dir (nach 2 Sam 7,11).
17,17 H ist unverständlich.
17,18 zu dir sagen: Text korr. nach 2 Sam 7,20.
17,21 Text korr. nach G.

3 David schlug auch Hadad-Eser, den Kö-
nig von Zoba, das in Richtung Hamat liegt,
als dieser ausgezogen war, um seine Macht
am Eufrat zu festigen. 4 David erbeutete von
ihm tausend Wagen und nahm siebentau-
send Wagenkämpfer und zwanzigtausend
Fußsoldaten gefangen; er ließ alle Wagen-
pferde lähmen und behielt nur hundert von
ihnen für sich zurück.
5 Als die Aramäer von Damaskus Hadad-
Eser, dem König von Zoba, zu Hilfe kamen,
erschlug David zweiundzwanzigtausend von
ihnen 6 und besetzte das Aramäerreich von
Damaskus. So wurden die Aramäer David
untertan und tributpflichtig. Der Herr half
David bei allem, was er unternahm. 7 David
erbeutete die goldenen Schilde, die die Krie-
ger Hadad-Esers trugen, und brachte sie
nach Jerusalem. 8 In Tibhat und Kun, den
Städten Hadad-Esers, erbeutete David eine
sehr große Menge Bronze, aus der Salomo
später das »Eherne Meer«, die Säulen und
die bronzenen Geräte anfertigen ließ.
9 Als Toï, der König von Hamat, hörte, dass
David das ganze Heer Hadad-Esers,
des Königs von Zoba, geschlagen hatte,
10 schickte er seinen Sohn Hadoram mit Ge-
fäßen aus Gold, Silber und Bronze zu König
David. Er ließ ihm den Friedensgruß entbie-
ten und ihn dazu beglückwünschen, dass er
Hadad-Eser im Krieg geschlagen hatte. Toï
lebte nämlich im Krieg mit Hadad-Eser.
11 König David weihte auch diese Gefäße
dem Herrn, zusammen mit dem Silber und
Gold, das er von allen Völkern, von Edom
und Moab, von den Ammonitern, Philistern
und Amalekitern erbeutet hatte.
12 Abischai, der Sohn der Zeruja, schlug
von Edom im Salztal achtzehntausend Mann
13 und David setzte in Edom Vögte ein. So
wurde ganz Edom von David unterworfen.
Der Herr half David bei allem, was er unter-
nahm.

1–13 ‖ 2 Sam 8,1–14 • 8: 2 Chr 4.

Die Beamten Davids: 18,14–17

14 David war König von ganz Israel und
sorgte für Recht und Gerechtigkeit in seinem
ganzen Volk. 15 Joab, der Sohn der Zeruja,
war Heerführer. Joschafat, der Sohn Ahi-
luds, war Sprecher des Königs. 16 Zadok, der
Sohn Ahitubs, und Abjatar, der Sohn Ahi-
melechs, waren Priester. Schawscha war
Staatsschreiber. 17 Benaja, der Sohn Jojadas,
war Befehlshaber der Kereter und Peleter.
Die Söhne Davids waren die Ersten an der
Seite des Königs.

14–17 ‖ 2 Sam 8,15–18; 20,23–26.

Der Krieg mit den Ammonitern und Aramäern: 19,1 – 20,3

19 Als darauf Nahasch, der König der
Ammoniter, starb und sein Sohn an
seiner Stelle König wurde, 2 sagte David: Ich
will Hanun, dem Sohn des Nahasch, mein
Wohlwollen zeigen, weil sein Vater auch mir
sein Wohlwollen gezeigt hat. Und David
schickte eine Gesandtschaft zu Hanun und
ließ ihm sein Beileid zum Tod seines Vaters
aussprechen. Als die Diener Davids in das
Land der Ammoniter kamen, um Hanun das
Beileid auszusprechen, 3 sagten die Fürsten
der Ammoniter zu Hanun: Will David wirk-
lich deinen Vater vor deinen Augen ehren,
weil er Leute schickt, die dir sein Beileid
aussprechen sollen? Sind seine Diener nicht
viel eher zu dir gekommen, um das Land
auszukundschaften und zu durchforschen
und es dann zu verwüsten? 4 Darauf ließ Ha-
nun die Diener Davids festnehmen, ihnen
den Bart scheren und ihnen die Kleider zur
Hälfte abschneiden, bis zum Gesäß herauf.
So schickte er sie weg. 5 Sie zogen fort, und
als man David meldete, was mit den Män-
nern geschehen war, schickte er ihnen je-
mand entgegen und ließ ihnen, weil sie so
schwer geschändet waren, sagen: Bleibt in
Jericho und kehrt erst zurück, wenn euer
Bart wieder gewachsen ist.
6 Als die Ammoniter merkten, dass sie sich
bei David verhasst gemacht hatten, schickten
Hanun und die Ammoniter tausend Talente
Silber, um in Mesopotamien, Aram-Maacha
und Zoba Wagenkämpfer samt Wagen anzu-
werben. 7 Sie warben zweiunddreißigtau-
send Kriegswagen an und gewannen den
König von Maacha mit seinen Kriegsleuten.
Diese zogen heran und lagerten vor Medeba.
Auch die Ammoniter sammelten sich aus ih-
ren Städten und zogen in den Kampf. 8 Da-
vid erfuhr davon und schickte Joab mit dem
ganzen Heer, allen kriegstüchtigen Män-
nern, hin. 9 Die Ammoniter rückten aus und
stellten sich vor der Stadt zum Kampf auf,
während die Könige, die gekommen waren,
jeweils für sich draußen auf dem freien Feld

18,4 In 2 Sam 8,4 ist nur von siebzehnhundert Wagenkämpfern die Rede.

18,16 Text korr. nach 1 Sam 22,20; 23,6 und 30,7.

18,17 Nach 2 Sam 8,18 waren die Söhne Davids Priester. Chr vermeidet diese Bezeichnung, da nach dem zu ihrer Zeit geltenden Gesetz nur Angehörige des Stamms Levi Priester sein konnten.

19,7 Medeba: östlich der Nordküste des Toten Meers.

standen. 10 Als Joab sah, dass ihm ein Angriff von vorn und von hinten drohte, traf er eine Auswahl aus der Kerntruppe Israels und stellte sie gegen die Aramäer auf. 11 Den Rest des Heeres unterstellte er seinem Bruder Abischai, damit sie sich den Ammonitern gegenüber aufstellten. 12 Joab sagte: Wenn die Aramäer stärker sind als ich, dann komm du mir zu Hilfe! Wenn die Ammoniter stärker sind als du, dann werde ich dir zu Hilfe kommen. 13 Sei tapfer! Wir wollen mutig für unser Volk und für die Städte unseres Gottes kämpfen. Der Herr aber möge tun, was er für recht hält. 14 Dann griff Joab mit seinen Leuten die Aramäer an und diese ergriffen die Flucht vor ihm. 15 Als die Ammoniter sahen, dass die Aramäer flohen, ergriffen sie die Flucht vor seinem Bruder Abischai und zogen sich in die Stadt zurück. Joab kehrte heim nach Jerusalem.

16 Die Aramäer sahen, dass sie von Israel geschlagen waren. Sie schickten Boten und ließen die Aramäer, die diesseits des Stromes wohnten, ausrücken; an ihrer Spitze stand Schobach, der Oberbefehlshaber Hadad-Esers. 17 Als man das David meldete, versammelte er ganz Israel, überschritt den Jordan, zog gegen sie und nahm ihnen gegenüber Aufstellung. Während er sich den Aramäern gegenüber zum Kampf aufstellte, eröffneten sie den Kampf. 18 Doch sie mussten vor den Israeliten fliehen. David vernichtete siebentausend aramäische Kriegswagen und tötete vierzigtausend Mann von ihren Fußtruppen. Auch Schobach, den Oberbefehlshaber des Heeres, tötete er. 19 Die Vasallen Hadad-Esers sahen nun ein, dass sie von den Israeliten besiegt waren. Sie schlossen Frieden mit David und unterwarfen sich ihm. Von da an hatten die Aramäer kein Verlangen mehr, den Ammonitern zu helfen.

20 Um die Jahreswende, zu der Zeit, in der die Könige in den Krieg ziehen, führte Joab die Streitmacht in das Feld und verwüstete das Land der Ammoniter. Er rückte bis Rabba vor und belagerte es. David selbst blieb in Jerusalem. Joab eroberte Rabba und zerstörte es. 2 David nahm ihrem König die Krone vom Haupt. Er stellte fest, dass ihr Gewicht ein Talent Gold betrug; an ihr war ein kostbarer Stein. Sie wurde nun Davids Krone. Und er schaffte eine sehr große Beute aus der Stadt fort. 3 Auch ihre Einwohner führte er fort und stellte sie an die Steinsägen, an die eisernen Spitzhacken und an die eisernen Äxte. So machte er es mit allen Städten der Ammoniter. Dann kehrte David mit dem ganzen Heer nach Jerusalem zurück.

19,1 – 20,3 || 2 Sam 10,1 – 11,1; 12,30–31.

Einzelne Heldentaten: 20,4–8

4 Danach kam es bei Geser wieder zum Kampf mit den Philistern. Damals erschlug Sibbechai aus Huscha den Sippai, der zu den Rafaïtern gehörte. Die Philister wurden niedergeworfen.

5 Als es wieder einmal zum Kampf gegen die Philister kam, erschlug Elhanan, der Sohn Jaïrs, den Lachmi, den Bruder Goljats aus Gat, dessen Speer einem Weberbaum glich. 6 Dann kam es noch einmal bei Gat zum Kampf. Da trat ein Mann von riesenhafter Größe auf; er hatte je sechs Finger und sechs Zehen, zusammen vierundzwanzig; auch er stammte von Rafa ab. 7 Als er Israel verhöhnte, erschlug ihn Jonatan, der Sohn von Davids Bruder Schima. 8 Diese stammten von Rafa aus Gat ab; sie fielen durch die Hand Davids und seiner Krieger.

4–8 || 2 Sam 21,18–22.

Davids Volkszählung: 21,1–17

21 Der Satan trat gegen Israel auf und reizte David, Israel zu zählen. 2 David befahl Joab und den Anführern des Volkes: Geht, zählt Israel von Beerscheba bis Dan und bringt mir Bescheid, damit ich weiß, wie viele es sind. 3 Joab aber sagte zum König: Der Herr möge sein Volk vermehren, hundertmal mehr, als es jetzt ist. Sind denn nicht alle, mein Herr und König, Untertanen meines Herrn? Warum hat mein Herr diesen Wunsch? Warum soll Israel in Schuld geraten? 4 Doch der König beharrte gegenüber

---

19,16 diesseits: vgl. die Anmerkung zu 2 Sam 10,16.

19,18 In 2 Sam 10,18 ist nur von siebenhundert Wagen die Rede.

20,3 David blieb während der Belagerung Rabbas in Jerusalem. In diese Zeit fällt sein Vergehen mit Batseba, der Frau des Hetiters Urija (vgl. 2 Sam 11,2 – 12,25), über das der Chronist nicht berichtet. – und stellte sie: Text korr. nach 2 Sam 12,31.

20,4 kam es wieder: Text korr. mit G und 2 Sam 21,18.

20,5 Der Chronist will hier den Widerspruch zwischen 1 Sam 17 und 2 Sam 21,19 ausgleichen.

21,1 Zur Verwerflichkeit der Volkszählung vgl. die Anmerkung zu 2 Sam 24,1. Während nach 2 Sam Gott selbst in David den Entschluss zur Volkszählung weckte, wird dies in Chr dem Satan zugeschrieben, der in Ijob 1 – 2 und in Sach 3,1f als Widersacher und Gegenspieler Gottes erscheint.

Joab auf seinem Befehl. So ging Joab weg und durchzog ganz Israel. Als er nach Jerusalem zurückkam, 5 gab er David das Ergebnis der Volkszählung bekannt. Ganz Israel zählte 1 100 000 Krieger, die mit dem Schwert kämpfen konnten, und Juda zählte 470 000 Mann, die mit dem Schwert kämpfen konnten. 6 Levi und Benjamin hatte Joab nicht zusammen mit ihnen gezählt, denn der Befehl des Königs war ihm ein Gräuel.

7 Doch das missfiel Gott; darum schlug er Israel. 8 Nun sagte David zu Gott: Ich habe schwer gesündigt, weil ich das getan habe. Doch vergib deinem Knecht seine Schuld, denn ich habe sehr unvernünftig gehandelt. 9 Der Herr aber sprach zu Gad, dem Seher Davids: 10 Geh und sag zu David: So spricht der Herr: Dreierlei lege ich dir vor. Wähl dir eines davon! Das werde ich dir antun. 11 Gad kam zu David und sagte zu ihm: So spricht der Herr: Wähle dir: 12 drei Jahre Hungersnot, oder drei Monate, in denen du vor deinen Feinden fliehen musst und das Schwert deiner Gegner dich verfolgt, oder drei Tage, in denen das Schwert des Herrn, die Pest, im Land wütet und der Engel des Herrn über alle Gebiete Israels Verderben bringt. Überleg nun, was ich dem, der mich gesandt hat, als Antwort überbringen soll. 13 Da sagte David zu Gad: Ich habe große Angst. Ich will lieber dem Herrn in die Hände fallen, denn seine Barmherzigkeit ist groß. Den Menschen aber möchte ich nicht in die Hände fallen. 14 Da ließ der Herr über Israel eine Pest kommen und es kamen in Israel siebzigtausend Menschen um.

15 Gott sandte einen Engel nach Jerusalem, um es ins Verderben zu stürzen. Doch als er mit der Vernichtung begann, sah es der Herr und das Unheil reute ihn. Er sagte zu dem Engel des Verderbens: Es ist jetzt genug, lass deine Hand sinken! Der Engel des Herrn stand gerade bei der Tenne des Jebusiters Arauna. 16 Als David aufblickte, sah er den Engel des Herrn zwischen Erde und Himmel stehen. Er hielt das gezückte Schwert in der Hand gegen Jerusalem gerichtet. Da fielen David und die Ältesten, die in Trauergewänder gehüllt waren, auf ihr Angesicht nieder 17 und David rief zu Gott: Habe nicht ich befohlen, das Volk zu zählen? Ich bin es doch, der gesündigt und Böses getan hat. Aber diese, die Herde, was haben denn sie getan? Herr, mein Gott, erheb deine Hand zum Schlag gegen mich und gegen das Haus meines Vaters, nicht aber gegen dein Volk!

1–17 ‖ 2 Sam 24,1–17.

Die Bestimmung des Tempelplatzes:
21,18–30

18 Der Engel des Herrn befahl Gad, zu David zu sagen, er solle hinaufgehen und dem Herrn auf der Tenne des Jebusiters Arauna einen Altar errichten. 19 David ging hinauf, wie ihm Gad im Namen des Herrn befohlen hatte. 20 Arauna hatte sich umgewandt und den Engel erblickt. Seine vier Söhne, die bei ihm waren, versteckten sich. Er drosch gerade Weizen. 21 Als nun David zu Arauna kam und dieser aufschaute und David sah, kam er aus der Tenne heraus und warf sich vor David mit dem Gesicht zur Erde nieder. 22 Da sagte David zu Arauna: Überlass mir den Platz der Tenne! Ich möchte auf ihm einen Altar für den Herrn errichten. Um den vollen Kaufpreis sollst du ihn mir geben, damit die Plage im Volk aufhört. 23 Arauna antwortete David: Du magst ihn nehmen; mein Herr und König tue, was er für gut findet. Ich gebe dir die Rinder für die Brandopfer, die Dreschschlitten als Brennholz und den Weizen zum Speiseopfer; ich will dir alles geben. 24 Doch König David sagte zu Arauna: Nein, ich will dir den Platz zum vollen Preis abkaufen. Ich will nicht dein Eigentum wegnehmen und dem Herrn unbezahlte Brandopfer darbringen. 25 So gab David dem Arauna für den Platz sechshundert abgewogene Goldschekel. 26 Er baute dort einen Altar für den Herrn, brachte Brand- und Heilsopfer dar und rief den Herrn an. Dieser antwortete ihm durch Feuer, das vom Himmel auf den Altar des Brandopfers niederfiel. 27 Dem Engel aber gebot der Herr, das Schwert in die Scheide zu stecken.

28 Damals merkte David, dass ihn der Herr auf der Tenne des Jebusiters Arauna erhörte,

21,5 Nach dem Wortlaut ist die Zahl des Stammes Juda in den 1,1 Millionen enthalten. Die Zahlen in 2 Sam 24,9 ergeben 1,3 Millionen. Erfasst wurden nur die Wehrfähigen. Chr ergänzt, dass auch der Stamm Benjamin, auf dessen Gebiet Jerusalem lag, und der Stamm Levi, der den Kultdienst besorgte, in die Zählung nicht einbezogen waren.

21,12 fliehen musst: Text korr. nach G und 2 Sam 24,13.

21,13 Davids Antwort schließt nur die zweite Möglichkeit aus.

21,25 Nach 2 Sam 24,24 betrug der Preis für das Grundstück fünfzig Schekel Silber. Chr nennt eine zwölfmal höhere Zahl und spricht von Goldschekeln. Dadurch wird angedeutet, dass der Platz für alle zwölf Stämme erworben wurde und dass es sich um einen sehr kostbaren Bauplatz, nämlich den Tempelplatz, handelt.

und brachte dort Opfer dar. 29 Die Wohnstätte des Herrn aber, die Mose in der Wüste angefertigt hatte, und der Brandopferaltar waren zu jener Zeit auf der Kulthöhe von Gibeon. 30 Doch David konnte sich nicht mehr dorthin begeben, um Gott aufzusuchen; denn ihn hatte vor dem Schwert des Engels des Herrn Schrecken erfasst.

18–26 ‖ 2 Sam 24,18–25 • 29: Ex 36,8–38; 2 Chr 1,3–5.

Die Vorbereitungen für den Tempelbau: 22,1–19

22 Damals sagte David: Hier soll das Haus Gottes, des Herrn, stehen und hier der Altar für die Brandopfer Israels. 2 Er ließ daher die Fremden im Land Israel zusammenholen und bestellte sie als Steinmetzen, die Quadern für den Bau des Hauses Gottes behauen sollten. 3 Auch ließ er eine Menge Eisen für die Nägel, für die Torflügel und für die Klammern bereitstellen, dazu Bronze in einer Menge, dass sie nicht mehr gewogen werden konnte, 4 und ungezählte Zedernstämme. Die Bewohner von Sidon und Tyrus lieferten David Zedernholz in Menge. 5 David dachte nämlich: Mein Sohn Salomo ist noch jung und unerfahren; das Haus aber, das dem Herrn gebaut werden soll, muss groß werden und in aller Welt Lob und Bewunderung finden. Ich will daher Vorbereitungen dazu treffen. So stellte David vor seinem Tod vieles bereit.

6 Dann rief er seinen Sohn Salomo und trug ihm auf, dem Herrn, dem Gott Israels, ein Haus zu bauen. 7 Er sagte zu ihm: Ich selbst hatte vor, dem Namen des Herrn, meines Gottes, ein Haus zu bauen. 8 Da erging das Wort des Herrn an mich: Du hast viel Blut vergossen und schwere Kriege geführt. Du sollst meinem Namen kein Haus bauen, denn du hast vor meinen Augen viel Blut zur Erde fließen lassen. 9 Doch wurde dir ein Sohn geboren. Dieser wird ein Mann der Ruhe sein: Ich will ihm Ruhe vor allen seinen Feinden ringsum verschaffen. Salomo ist sein Name und in seinen Tagen werde ich Israel Frieden und Ruhe gewähren. 10 Er wird meinem Namen ein Haus bauen; er wird für mich Sohn sein und ich werde für ihn Vater sein. Seinen Königsthron werde ich in Israel festigen für immer. 11 Möge jetzt der Herr mit dir sein, mein Sohn, damit du Erfolg hast und das Haus des Herrn, deines Gottes, baust, wie er es von dir vorausgesagt hat. 12 Nur gebe dir der Herr Klugheit und Einsicht. Er mache dich zum Gebieter in Israel und helfe dir, das Gesetz des Herrn, deines Gottes, zu erfüllen. 13 Du wirst Erfolg haben, wenn du die Gesetze und Rechtsvorschriften gewissenhaft befolgst, die der Herr dem Mose für Israel aufgetragen hat. Sei mutig und stark! Fürchte dich nicht und verzag nicht! 14 Sieh her, trotz aller Not konnte ich für das Haus des Herrn hunderttausend Talente Gold und eine Million Talente Silber bereitstellen. Bronze und Eisen sind in solchen Mengen vorhanden, dass sie nicht gewogen werden können. Auch Holz und Steine habe ich herbeigeschafft und du wirst noch mehr dazutun. 15 Du hast Handwerker in großer Anzahl, Steinmetzen, Maurer, Zimmerleute und zahllose Künstler, die jede Arbeit 16 in Gold, Silber, Bronze und Eisen ausführen können. Auf denn, geh ans Werk und der Herr sei mit dir.

17 Darauf befahl David allen führenden Männern Israels, seinem Sohn Salomo zu helfen: 18 Ist nicht der Herr, euer Gott, mit euch gewesen und hat euch ringsum Ruhe verschafft? Er hat die Bewohner des Landes in meine Gewalt gegeben, sodass nun das Land dem Herrn und seinem Volk unterworfen ist. 19 Richtet daher euer Herz und euren Sinn darauf, den Herrn, euren Gott, zu suchen. Auf denn, baut das Heiligtum Gottes, des Herrn, um dann die Bundeslade des Herrn und die heiligen Geräte Gottes in das Haus zu bringen, das man seinem Namen errichtet.

7: 2 Sam 7 • 8: 1 Kön 5,17 • 10: 17,12.

Die Dienstklassen der Leviten: 23,1–23

23 David war alt und hochbetagt und bestellte seinen Sohn Salomo zum König von Israel. 2 Er versammelte dazu alle

---

21,29 In Gibeon wurden zwar noch die vorgeschriebenen Opfer dargebracht und der kultische Dienst vollzogen (16,39f); doch David vermied es, daran teilzunehmen.

22,1 – 29,9 Einzelne Aussagen dieser Kapitel lassen erkennen, dass dem Chronisten das heilige Zelt der Wüstenzeit nach der Beschreibung von Ex und der nachexilische Tempel vorschwebten.

22,2 In 1 Kön 9,20f wird das von Salomo berichtet. Doch nennt bereits die Beamtenliste Davids in 2 Sam 20,24 einen Aufseher über die Fronarbeiter.

22,9 Der Name Salomo enthält den Wortstamm schalom (= Frieden).

22,14 Die Zahlen für die Gold- und Silbermengen sind ungewöhnlich hoch und daher wohl nur Ausdruck für die Hochschätzung des Tempels.

23,1–26,32 Die Einfügung der folgenden Listen beruht auf der Meinung, dass David bereits den Gottesdienst im neuen Tempel geordnet hat. Sie gehören aber der späteren Zeit an (vgl. 23,24–28).

führenden Männer Israels, die Priester und
Leviten.
3 Die Leviten waren von dreißig Jahren an
aufwärts gezählt worden. Ihre Zahl betrug
38 000 Mann. 4 Von diesen hatten 24 000 den
Dienst im Haus des Herrn zu leiten, 6 000
waren Listenführer und Richter, 5 4 000 Tor-
wächter und 4 000 sollten den Herrn mit den
Instrumenten preisen, die David zum Lob-
preis anfertigen ließ.
6 David teilte die Leviten in Klassen ein
nach den Söhnen Levis: Gerschon, Kehat
und Merari.
7 Zu den Nachkommen Gerschons gehör-
ten Ladan und Schimi. 8 Von den Söhnen La-
dans war Jehiël der erste; ihm folgten Setam
und Joël; insgesamt waren es drei. 9 Die Söh-
ne Jehiëls waren Schelomit, Hasiël und Ha-
ran, insgesamt drei. Sie waren die Familien-
häupter Ladans. 10 Die Söhne Schimis waren
Jahat, Sisa, Jëusch und Beria. Das waren die
vier Söhne Schimis. 11 Jahat war der erste,
Sisa der zweite. Jëusch und Beria hatten nur
wenige Söhne; sie bildeten daher nur eine
Großfamilie und eine Dienstklasse.
12 Die Söhne Kehats waren: Amram,
Jizhar, Hebron und Usiël, insgesamt vier.
13 Die Söhne Amrams waren Aaron und
Mose. Aaron und seine Söhne wurden für
immer dazu bestimmt, Hochheiliges zu be-
treuen, Rauchopfer vor dem Herrn zu ver-
brennen, ihm zu dienen und allezeit in sei-
nem Namen zu segnen. 14 Die Söhne des
Mose aber, des Mannes Gottes, wurden dem
Stamm der Leviten zugerechnet. 15 Die Söh-
ne des Mose waren Gerschom und Eliëser.
16 Von den Söhnen Gerschoms war Schubaël
der erste. 17 Der Erstgeborene Eliësers war
Rehabja. Andere Söhne hatte er nicht. Die
Söhne Rehabjas dagegen waren sehr zahl-
reich. 18 Von den Söhnen Jizhars war Schelo-
mit der erste. 19 Die Söhne Hebrons waren:
der erste Jerija, der zweite Amarja, der dritte
Jahasiël, der vierte Jekamam. 20 Von den
Söhnen Usiëls war Micha der erste und
Jischija der zweite.
21 Die Söhne Meraris waren Machli und
Muschi. Die Söhne Machlis waren Eleasar
und Kisch. 22 Eleasar hinterließ keine Söhne,
als er starb; er hatte nur Töchter und diese
heirateten die Söhne des Kisch, ihre Vettern.
23 Die Söhne Muschis waren: Machli, Eder
und Jeremot, insgesamt drei.

12: 5,28f; 6,3 • 15: Ex 18,3f • 21: 6,4.

Die Aufgaben der Leviten: 23,24–32

24 Das waren die Leviten nach ihren Groß-
familien mit deren Häuptern, wie sie Kopf
für Kopf gezählt und bestellt worden waren.
Sie besorgten, von zwanzig Jahren an auf-
wärts, den Dienst am Haus des Herrn.
27 Nach den letzten Anordnungen Davids
zählte man die Leviten von zwanzig Jahren
an aufwärts. 25 David sagte nämlich: Der
Herr, der Gott Israels, hat seinem Volk Israel
Ruhe verliehen und für immer in Jerusalem
Wohnung genommen. 26 Die Leviten brau-
chen das Zelt und all seine Geräte für den
Dienst nicht mehr zu tragen. 28 Ihre Stellung
im Dienst des Hauses des Herrn an der Seite
der Söhne Aarons verpflichtet sie vielmehr
zur Aufsicht über die Höfe und Kammern,
zur Reinigung alles Heiligen, zum Dienst im
Haus Gottes, 29 zur Besorgung der Schaubro-
te, des Feinmehls für die Speiseopfer und die
ungesäuerten Brote, der Bratpfannen und
des Backwerks sowie zur Überwachung der
Hohl- und Längenmaße. 30 Sie müssen auch
jeden Morgen und Abend bereitstehen, um
den Herrn zu loben und zu preisen. 31 Des-
gleichen sollen sie bei allen Brandopfern, die
an den Sabbaten, Neumonden und Festen
dem Herrn dargebracht werden, vollzählig,
wie es ihre Pflicht ist, immer vor ihm er-
scheinen. 32 So sollen sie den Dienst im Of-
fenbarungszelt, den Dienst am Heiligtum
und die Bedienung der Söhne Aarons, ihrer
Amtsbrüder, bei ihren Verrichtungen im
Haus des Herrn übernehmen.

26: Num 3,5–9.

Die Dienstklassen der Priester: 24,1–19

24 Auch die Nachkommen Aarons wa-
ren in Abteilungen gegliedert. Die
Söhne Aarons waren: Nadab, Abihu, Eleasar
und Itamar. 2 Nadab und Abihu starben vor
ihrem Vater. Da sie keine Söhne hatten,
übernahmen Eleasar und Itamar das Pries-

23,3 Als Beginn des Dienstalters der Leviten werden dreißig Jahre (Num 4,2f.23.30; 1 Chr 23,3), fünfundzwanzig Jahre (Num 8,24) und zwanzig Jahre (1 Chr 23,24.27; 2 Chr 31,17; Esra 3,8) genannt. Zu diesen Änderungen kam es, als in nachexilischer Zeit der liturgische Dienst an Bedeutung gewann und der Aufgabenbereich der Leviten sich vergrößerte.

23,5 die David . . . anfertigen ließ: Text korr. nach G.

23,9 In H steht für Jehiël der Name Schimi, dessen Söhne jedoch in V. 10 genannt werden. Man erwartet einen der Söhne Ladans.

23,27 Vers sinngemäß umgestellt.

tertum. 3 David teilte sie gemeinsam mit Za-
dok, einem Nachkommen Eleasars, und mit
Ahimelech, einem Nachkommen Itamars, in
ihre Dienstklassen ein. 4 Dabei ergab sich,
dass bei den Nachkommen Eleasars mehr
führende Männer waren als bei den Nach-
kommen Itamars. Man teilte daher den
Nachkommen Eleasars sechzehn Oberhäup-
ter von Großfamilien zu und den Nachkom-
men Itamars nur acht für ihre Großfamilien.
5 Doch teilte man diese wie jene durch das
Los ein; denn Fürsten des Heiligtums, Fürs-
ten Gottes, waren sowohl unter den Nach-
kommen Eleasars wie auch unter den Nach-
kommen Itamars. 6 Der Schreiber Schemaja,
der Sohn Netanels, ein Levit, schrieb sie auf
im Beisein des Königs, der führenden Män-
ner, des Priesters Zadok, Abjatars, des Soh-
nes Ahimelechs, sowie der Familienhäupter
der Priester und Leviten. Jeweils zwei Groß-
familien wurden aus der Linie Eleasars und
eine aus der Linie Itamars ausgelost.

7 Das erste Los fiel auf Jojarib, das zweite
auf Jedaja, 8 das dritte auf Harim, das vierte
auf Seorim, 9 das fünfte auf Malkija, das
sechste auf Mijamin, 10 das siebte auf Koz,
das achte auf Abija, 11 das neunte auf Je-
schua, das zehnte auf Schechanja, 12 das elfte
auf Eljaschib, das zwölfte auf Jakim, 13 das
dreizehnte auf Huppa, das vierzehnte auf
Jeschebab, 14 das fünfzehnte auf Bilga, das
sechzehnte auf Immer, 15 das siebzehnte auf
Hesir, das achtzehnte auf Pizzez, 16 das
neunzehnte auf Petachja, das zwanzigste auf
Jeheskel, 17 das einundzwanzigste auf Ja-
chin, das zweiundzwanzigste auf Gamul,
18 das dreiundzwanzigste auf Delaja, das
vierundzwanzigste auf Maasja. 19 Das waren
ihre Dienstklassen, nach denen sie in das
Haus des Herrn kommen mussten, wie es
ihre Pflicht war, die sie von ihrem Vater Aa-
ron übernommen hatten; so hatte es ihm der
Herr, der Gott Israels, befohlen.

1: 5,29 • 2: Lev 10,1f.

Die Levitenordnung: 24,20–31

20 Zu den übrigen Leviten, und zwar zu
den Söhnen Amrams, gehörte Schubaël, zu
den Söhnen Schubaëls Jechdeja. 21 Von Re-
habja, und zwar von den Söhnen Rehabjas,
war Jischija der erste. 22 Zu den Nachkom-
men Jizhars gehörte Schelomit, zu den Söh-
nen Schelomits Jahat. 23 Von den Söhnen
Hebrons war Jerija der erste, Amarja der
zweite, Jahasiël der dritte, Jekamam der
vierte. 24 Der Sohn Usiëls war Micha. Zu den
Söhnen Michas gehörte Schamir. 25 Der Bru-
der Michas war Jischija. Zu den Söhnen Ji-
schijas gehörte Secharja. 26 Die Söhne Mera-
ris waren Machli und Muschi. Der Sohn Jaa-
sijas war Bani. 27 Meraris Nachkommen über
Jaasija waren: Bani, Schoham, Sakkur und
Ibri. 28 Zu Machli gehörten Eleasar, der kei-
ne Kinder hatte, und Kisch. 29 Der Sohn des
Kisch war Jerachmeel. 30 Die Söhne Muschis
waren: Machli, Eder und Jerimot. – Das wa-
ren die Leviten nach ihren Großfamilien.
31 Auch sie warfen das Los wie ihre Brüder,
die Söhne Aarons, im Beisein des Königs Da-
vid, Zadoks und Ahimelechs sowie der Fami-
lienhäupter der Priester und Leviten, und
zwar die Familien des Oberhauptes wie die
seines jüngsten Bruders.

20–31 ‖ 23,17–23.

Die Dienstklassen der Sänger: 25,1–31

25 David und die Obersten des Heeres
sonderten die Söhne Asafs, Hemans
und Jedutuns, die auf Zithern, Harfen und
Zimbeln spielten, für ihren Dienst aus. Und
das ist das Verzeichnis der Männer, die den
Dienst versahen: 2 Von den Söhnen Asafs:
Sakkur, Josef, Netanja und Asarela. Die
Söhne Asafs standen unter der Leitung
Asafs, der nach der Anweisung des Königs
spielte. 3 Von Jedutun: die Söhne Jedutuns:
Gedalja, Zeri, Schimi, Jeschaja, Haschabja
und Mattitja, insgesamt sechs. Sie standen
unter der Leitung ihres Vaters Jedutun, der
zum Lob und Preis des Herrn die Zither
spielte. 4 Von Heman: die Söhne Hemans:
Bukkija, Mattanja, Usiël, Schubaël, Jerimot,
Hananja, Hanani, Eliata, Giddalti, Romam-
ti-Eser, Joschbekascha, Malloti, Hotir, Ma-
hasiot. 5 Sie alle waren Söhne Hemans, des
Sehers des Königs, gemäß der Verheißung
Gottes, der ihm Erhöhung der Macht ver-
sprach. So schenkte Gott dem Heman vier-
zehn Söhne und drei Töchter. 6 Alle diese
spielten unter der Leitung ihrer Väter, näm-
lich Asafs, Jedutuns und Hemans, beim Ge-
sang im Haus des Herrn auf Zimbeln, Harfen
und Zithern. Sie hatten den Dienst im Haus
Gottes nach der Weisung des Königs zu be-
sorgen. 7 Sie zählten zusammen mit ihren
Amtsbrüdern, die im Gesang zu Ehren des
Herrn unterrichtet waren, 288 Mann, lauter
geübte Leute. 8 Sie warfen das Los zur Fest-

24,6 Abjatars, des Sohnes Ahimelechs: Text korr. wie in 18,16, – jeweils zwei: sinngemäß korr. – und eine: Text korr. nach G.

24,10 Zur Priesterklasse Abija gehörte Zacharias, der Vater Johannes' des Täufers (vgl. Lk 1,5).

stellung des Dienstes, und zwar der Geringste
wie der Größte, der Meister wie der Schüler.
9 Das erste Los traf auf Josef,
das zweite auf Gedalja, seine Brüder und
Söhne: 12;
10 das dritte auf Sakkur, seine Söhne und
Brüder: 12;
11 das vierte auf Zeri, seine Söhne und
Brüder: 12;
12 das fünfte auf Netanja, seine Söhne und
Brüder: 12;
13 das sechste auf Bukkija, seine Söhne
und Brüder: 12;
14 das siebte auf Asarela, seine Söhne und
Brüder: 12;
15 das achte auf Jeschaja, seine Söhne und
Brüder: 12;
16 das neunte auf Mattanja, seine Söhne
und Brüder: 12;
17 das zehnte auf Schimi, seine Söhne und
Brüder: 12;
18 das elfte auf Usiël, seine Söhne und Brü-
der: 12;
19 das zwölfte auf Haschabja, seine Söhne
und Brüder: 12;
20 das dreizehnte auf Schubael, seine Söh-
ne und Brüder: 12;
21 das vierzehnte auf Mattitja, seine Söhne
und Brüder: 12;
22 das fünfzehnte auf Jerimot, seine Söhne
und Brüder: 12;
23 das sechzehnte auf Hananja, seine Söh-
ne und Brüder: 12;
24 das siebzehnte auf Joschbekascha, seine
Söhne und Brüder: 12;
25 das achtzehnte auf Hanani, seine Söhne
und Brüder: 12;
26 das neunzehnte auf Malloti, seine Söhne
und Brüder: 12;
27 das zwanzigste auf Eliata, seine Söhne
und Brüder: 12;
28 das einundzwanzigste auf Hotir, seine
Söhne und Brüder: 12;
29 das zweiundzwanzigste auf Giddalti,
seine Söhne und Brüder: 12;
30 das dreiundzwanzigste auf Mahasiot,
seine Söhne und Brüder: 12;
31 das vierundzwanzigste auf Romamti-
Eser, seine Söhne und Brüder: 12.

Torwächter: 26,1–19

26 Bei den Abteilungen der Torwächter
gehörte Meschelemja, der Sohn Ko-
res, ein Nachkomme Abiasafs, zu den Kora-
chitern. 2 Von den Söhnen Meschelemjas war
Secharja der Erstgeborene, Jediaël der zwei-
te, Sebadja der dritte, Jatniël der vierte,
3 Elam der fünfte, Johanan der sechste, El-
joënai der siebte.
4 Von den Söhnen Obed-Edoms war Sche-
maja der Erstgeborene, Josabad der zweite,
Joach der dritte, Sachar der vierte, Netanel
der fünfte, 5 Ammiël der sechste, Issachar
der siebte, Pëulletai der achte. Gott hatte ihn
nämlich gesegnet. 6 Auch seinem Sohn Sche-
maja wurden Söhne geboren. Sie wurden
Oberhäupter in ihren Großfamilien, denn sie
waren tüchtige Männer. 7 Die Söhne Sche-
majas waren Otni, Refaël und Obed. Die
Söhne seines Bruders Elsabad waren Elihu
und Semachja, ebenfalls tüchtige Männer.
8 Diese alle waren Nachkommen Obed-
Edoms. Sie selbst, ihre Söhne und Brüder,
waren tüchtige Leute und zu ihrem Dienst
befähigt: zweiundsechzig Angehörige Obed-
Edoms.
9 Auch Meschelemja hatte Söhne und Brü-
der, achtzehn tüchtige Männer.
10 Ebenso wurden Hosa, einem Nachkom-
men Meraris, Söhne geboren. Schimri war
ihr Oberhaupt. Sein Vater hatte ihn dazu ge-
macht, obwohl er nicht der Erstgeborene
war. 11 Sein zweiter Sohn war Hilkija, der
dritte Tebalja, der vierte Secharja. Insge-
samt hatte Hosa dreizehn Söhne und Brü-
der.
12 Diese Abteilungen der Torwächter be-
sorgten die Wache mit der Gesamtheit ihrer
Männer. Wie ihre Brüder taten sie Dienst im
Haus des Herrn. 13 Sie warfen für jedes ein-
zelne Tor das Los in ihren Großfamilien, der
Geringste wie der Größte. 14 Das Los für das
Osttor fiel auf Meschelemja; für seinen Sohn
Secharja, einen klugen Berater, warf man
das Los und es traf auf das Nordtor. 15 Obed-
Edom fiel das Südtor zu und seinen Söhnen
das Vorratshaus. 16 Auf Hosa traf das West-
tor mit dem Schallechettor an der aufstei-
genden Straße. Eine Wache entsprach der
andern.
17 Im Osten standen täglich sechs Posten,
im Norden täglich vier, im Süden täglich
vier, an den Vorratskammern je zwei. 18 Am
Parbar im Westen waren vier für die Straße
und zwei für den Parbar bestimmt. 19 Das
waren die Abteilungen der Torwächter aus

25,9 In H steht vor Josef noch der Name Asaf.
26,7 Elsabad: Josabad in V. 4 ist derselbe Name, nur mit anderer Gottesbezeichnung gebildet.
26,16 In H steht vor Hosa der Name Schuppim infolge Verschreibung aus dem vorausgehenden Wort.
26,17 täglich: sinngemäß ergänzt.
26,18 Zu Parbar vgl. die Anmerkung zu 2 Kön 23,11; dort: Parwar.

den Nachkommen der Korachiter und den
Nachkommen Meraris.

Die Aufseher über die Schatzkammern: 26,20–28

20 Einige von den Leviten, ihren Stammes-
brüdern, wachten über die Schätze des Hau-
ses Gottes und über die Schätze aus den Wei-
hegaben. 21a Es waren dies die Söhne Ladans,
eines Nachkommen Gerschons, nämlich Je-
hiël 22a mit seinen Söhnen sowie Setam und
sein Bruder Joël. 21b Sie waren die Familien-
häupter Ladans, des Sohnes Gerschons,
22b und wachten über die Schätze im Haus
des Herrn. 23 Zu ihnen kamen Nachkommen
Amrams, Jizhars, Hebrons und Usiëls.
24 Schubaël, der Sohn Gerschoms und Enkel
des Mose, war Oberaufseher über die Schät-
ze gewesen. 25 Sein Stammesbruder aus der
Linie Eliësers war dessen Sohn Rehabja;
dessen Sohn war Jeschaja, dessen Sohn Jo-
ram, dessen Sohn Sichri und dessen Sohn
Schelomit. 26 Schelomit und seine Brüder
hatten die Aufsicht über alle Schätze aus den
Weihegaben, die König David, die Häupter
der Großfamilien, die Obersten der Tausend-
und Hundertschaften und die Obersten des
Heeres gespendet hatten. 27 Diese hatten aus
der Kriegsbeute Weihegaben gestiftet, um
das Haus des Herrn gut auszustatten. 28 Sie
überwachten auch alles, was der Seher
Samuel, Saul, der Sohn des Kisch, Abner,
der Sohn Ners, und Joab, der Sohn der Zeru-
ja, gespendet hatten. Jeder, der eine Weihe-
gabe darbrachte, legte sie in die Hand Sche-
lomits und seiner Brüder.

21a: 23,8 • 23: 23,12f • 24: 23,15–17.

Die Verwaltungsdienste: 26,29–32

29 Von den Nachkommen Jizhars waren
Kenanja und seine Söhne als Beamte und
Richter für die äußeren Angelegenheiten in
Israel bestellt. 30 Von den Nachkommen
Hebrons hatten Haschabja und seine Brü-
der, siebzehnhundert tüchtige Männer, die
Aufsicht über Israel westlich des Jordan in
allen Angelegenheiten des Herrn und im
Dienst des Königs. 31 Haupt der Hebroniter
war Jerija. Im vierzigsten Jahr der Regierung
Davids suchte man anhand der Geschlech-
terlisten die Großfamilien der Hebroniter ab
und fand unter ihnen tüchtige Männer in
Jaser in Gilead. 32 König David setzte Jerija
und seine Stammesbrüder, zweitausendsie-
benhundert tüchtige Männer, Häupter ihrer
Familien, über die Rubeniter, Gaditer und
den halben Stamm Manasse in allen Angele-
genheiten Gottes und des Königs.

Die Heerführer Davids: 27,1–15

27 Die Israeliten nach ihrer Anzahl, die
Familienhäupter, die Obersten der
Tausend- und Hundertschaften und ihre Be-
amten dienten dem König in allen Angele-
genheiten der Abteilungen, die Monat für
Monat das ganze Jahr hindurch antraten und
abzogen. Jede Abteilung war 24 000 Mann
stark.
2 Die erste Abteilung für den ersten Monat
befehligte Jaschobam, der Sohn Sabdiëls. Zu
seiner Abteilung gehörten 24 000 Mann. 3 Er
war ein Nachkomme des Perez und Haupt
aller Obersten des Heeres im ersten Monat.
4 Die Abteilung des zweiten Monats befeh-
ligte der Ahoachiter Dodai, ein Fürst. Zu sei-
ner Abteilung gehörten 24 000 Mann. 5 Der
dritte Heerführer, für den dritten Monat,
war Benaja, der Sohn des Priesters Jojada,
ein Oberhaupt. Zu seiner Abteilung gehörten
24 000 Mann. 6 Dieser Benaja war ein Held
unter den Dreißig und Anführer der Dreißig
sowie seiner eigenen Abteilung. Sein Sohn
war Ammisabad. 7 Der vierte Befehlshaber,
für den vierten Monat, war Asaël, der Bruder
Joabs. Nach ihm war es sein Sohn Sebadja.
Zu seiner Abteilung gehörten 24 000 Mann.
8 Der fünfte, für den fünften Monat, war der
Oberst Schamhut, ein Nachkomme Serachs.
Zu seiner Abteilung gehörten 24 000 Mann.
9 Der sechste, für den sechsten Monat, war
Ira, der Sohn des Ikkesch, aus Tekoa. Zu sei-
ner Abteilung gehörten 24 000 Mann. 10 Der
siebte, für den siebten Monat, war Helez aus
Pelet, ein Efraimiter. Zu seiner Abteilung
gehörten 24 000 Mann. 11 Der achte, für den
achten Monat, war der Huschatiter Sibbe-
chai, ein Nachkomme Serachs. Zu seiner Ab-
teilung gehörten 24 000 Mann. 12 Der neunte,
für den neunten Monat, war Abiëser aus
Anatot vom Stamm Benjamin. Zu seiner Ab-
teilung gehörten 24 000 Mann. 13 Der zehnte,
für den zehnten Monat, war Mahrai aus Ne-
tofa, ein Nachkomme Serachs. Zu seiner Ab-
teilung gehörten 24 000 Mann. 14 Der elfte,
für den elften Monat, war Benaja aus Pira-

26,20 ihren Stammesbrüdern: Text korr. nach G.
26,21f Text aus inhaltlichen Gründen umgestellt.
26,29 Nach Dtn 17,8–13; 19,16f und 21,5 waren die Leviten an der Rechtsprechung beteiligt.
27,2–15 Die Namen der zwölf Befehlshaber sind in der Liste der Helden Davids enthalten (vgl. 11,11–40).
27,4 In H folgen auf den Namen Varianten des Wortes für »Abteilung«.

ton, ein Efraimiter. Zu seiner Abteilung ge-
hörten 24 000 Mann. 15 Der zwölfte, für den
zwölften Monat, war Heldai aus Netofa vom
Geschlecht Otniël. Zu seiner Abteilung ge-
hörten 24 000 Mann.

4: 11,12; 2 Sam 23,9 • 5: 11,22–25.

Die Oberhäupter der Stämme: 27,16–24

16 Diese standen an der Spitze der Stämme
Israels: Fürst bei den Rubenitern war Elië-
ser, der Sohn Sichris; bei Simeon war es
Schefatja, der Sohn Maachas; 17 bei Levi Ha-
schabja, der Sohn Kemuëls; bei Aaron Za-
dok; 18 bei Juda Elihu, ein Bruder Davids; bei
Issachar Omri, der Sohn Michaels; 19 bei
Sebulon Jischmaja, der Sohn Obadjas; bei
Naftali Jerimot, der Sohn Asriëls; 20 bei den
Efraimitern Hoschea, der Sohn Asasjas; bei
der einen Hälfte des Stammes Manasse Joël,
der Sohn Pedajas; 21 bei der anderen Hälfte
des Stammes Manasse in Gilead war es Jid-
do, der Sohn Secharjas; bei Benjamin Jaa-
siël, der Sohn Abners; 22 bei Dan Asarel, der
Sohn Jerohams. Das waren die Anführer der
Stämme Israels.
23 Die Zahl derer, die noch nicht zwanzig
Jahre alt waren, hatte David nicht aufneh-
men lassen; denn der Herr hatte verspro-
chen, dass er Israel zahlreich werden lasse
wie die Sterne des Himmels. 24 Joab, der
Sohn der Zeruja, hatte die Zählung begon-
nen, aber nicht zu Ende geführt, da ihretwe-
gen ein Zorngericht über Israel gekommen
war. So wurde ihre Zahl nicht in die Chronik
des Königs David aufgenommen.

23: 21,1–6 • 24: 21,1–15; 2 Sam 24,1–15.

Die Verwalter des königlichen Besitzes: 27,25–31

25 Asmawet, der Sohn Adiëls, hatte die
Aufsicht über die Schätze des Königs, Jona-
tan, der Sohn Usijas, über die Vorräte auf
dem Land, in den Städten, Dörfern und Tür-
men, 26 Esri, der Sohn Kelubs, über die Feld-
arbeiter, die den Boden zu bestellen hatten,
27 Schimi aus Rama über die Weinberge,
Sabdi aus Schefam über die Weinvorräte in
den Weinbergen, 28 Baal-Hanan aus Bet-Ga-
der über die Öl- und Maulbeerfeigenbäume
in der Schefela, Joasch über die Ölvorräte,
29 Schitrai, der Scharoniter, über die Rinder,
die in der Scharonebene weideten, Schafat,
der Sohn Adlais, über die Rinder in den Tä-
lern, 30 der Ismaeliter Obil über die Kamele,
Jechdeja aus Meronot über die Esel, 31 der
Hagariter Jasis über die Schafe und Ziegen.
Sie alle waren Verwalter des Eigentums, das
dem König David gehörte.

Die höchsten Beamten: 27,32–34

32 Jonatan, der Onkel Davids, war sein Be-
rater. Er war ein kluger, schriftkundiger
Mann. Jehiël, der Sohn Hachmonis, war bei
den Söhnen des Königs. 33 Ahitofel war Be-
rater des Königs, der Arkiter Huschai war
Freund des Königs. 34 Nach Ahitofel war Jo-
jada, der Sohn Benajas (Berater des Königs).
Abjatar war Priester und Joab Heerführer
des Königs.

33: 2 Sam 16,23.

Der Auftrag zum Tempelbau: 28,1–21

28 David versammelte in Jerusalem alle
führenden Männer Israels, die Vor-
steher der Stämme und der Abteilungen, die
im Dienst des Königs standen, die Obersten
der Tausend- und der Hundertschaften, die
Verwalter des ganzen Eigentums und des
Viehbesitzes des Königs und seiner Söhne,
dazu die Hofbeamten, die Helden und alle
tapferen Krieger. 2 Dabei erhob sich König
David und sagte: Hört mich an, meine Brü-
der und mein Volk! Ich selbst hatte vor, für
die Bundeslade des Herrn, den Fußschemel
unseres Gottes, eine Ruhestätte zu errichten,
und traf Vorbereitungen für den Bau. 3 Doch
Gott sprach zu mir: Du sollst meinem Namen
kein Haus bauen; denn du hast Kriege ge-
führt und Blut vergossen. 4 Der Herr, der
Gott Israels, hat mich aus dem ganzen Haus
meines Vaters für immer zum König von Is-
rael auserwählt. Er hat Juda zur Herrschaft
bestimmt und im Haus Juda das Haus mei-
nes Vaters. Unter den Söhnen meines Vaters
hat er an mir Gefallen gefunden, sodass er
mich zum König über Israel machte. 5 Unter
allen meinen Söhnen aber – der Herr hat mir
ja viele Söhne geschenkt – hat er meinen
Sohn Salomo erwählt, dass er auf dem Kö-
nigsthron des Herrn über Israel herrscht.
6 Er sprach zu mir: Dein Sohn Salomo soll
mein Haus und meine Höfe bauen; denn ihn
habe ich mir zum Sohn erwählt und ich wer-
de ihm Vater sein. 7 Ich will seinem König-

27,33 Freund des Königs: eine Amtsbezeichnung (vgl. 1 Kön 4,5).

27,34 war Priester: sinngemäß ergänzt.

28,1 Unter den Helden sind die in 11,11–47 genannten Männer zu verstehen.

28,5 Da Gott der eigentliche König Israels und der König sein Stellvertreter ist, ist der Thron des irdischen Königs in Wirklichkeit der Thron Gottes.

tum ewigen Bestand verleihen, wenn er
mannhaft meine Gebote und Anordnungen
befolgt, wie es heute der Fall ist. 8 Und nun
ermahne ich euch vor den Augen ganz Isra-
els, der Versammlung des Herrn, und vor den
Ohren unseres Gottes: Achtet auf alle Gebote
des Herrn, eures Gottes, und befolgt sie, da-
mit ihr im Besitz des prächtigen Landes
bleibt und es für immer auf eure Söhne nach
euch vererben könnt. 9 Du aber, mein Sohn
Salomo, erkenne den Gott deines Vaters; die-
ne ihm mit ungeteiltem Herzen und williger
Seele; denn der Herr erforscht alle Herzen
und kennt jedes Sinnen der Gedanken. Wenn
du ihn suchst, lässt er sich von dir finden.
Wenn du ihn aber verlässt, verwirft er dich
auf ewig. 10 Sieh nun zu: Der Herr hat dich
erwählt, dass du ihm ein Haus als Heiligtum
erbaust. Sei mutig und geh ans Werk!

11 Darauf übergab David seinem Sohn Sa-
lomo den Plan der Vorhalle, des Hauptraums
mit seinen Schatzkammern, Obergemächern
und Innenräumen und des Raums der Deck-
platte 12 sowie den Plan von allem, was er
sich für die Höfe des Tempels und für alle
Kammern ringsum vorgenommen hatte. Er
gab Anweisungen über die Schätze des Got-
teshauses und die Schätze aus den Weihega-
ben, 13 über die Abteilungen der Priester und
Leviten, über den Vollzug des gesamten
Dienstes am Haus des Herrn und über alle
Geräte, die man zum Dienst im Haus des
Herrn benötigte. 14 Dazu übergab er ihm sei-
ne Berechnungen über das Gold, mit Angabe
des Gewichtes des Goldes für jedes einzelne
Dienstgerät, und über alle silbernen Geräte,
mit Angabe des Gewichtes eines jeden
Dienstgerätes. 15 Er nannte ihm das Gewicht
der goldenen Leuchter mit ihren goldenen
Lampen, mit Angabe des Gewichtes eines je-
den Leuchters und seiner Lampen, sowie der
silbernen Leuchter, mit Angabe des Gewich-
tes eines jeden Leuchters und seiner Lam-
pen, entsprechend der Verwendung eines je-
den Leuchters. 16 Er bestimmte das Gold mit
Angabe des Gewichtes für die einzelnen
Schaubrotetische und des Silbers für die sil-
bernen Tische. 17 Ebenso gab er ihm Aus-
kunft über die Gabeln, Schalen und Kannen
aus purem Gold, über die goldenen Becher,
mit Angabe des Gewichtes eines jeden Be-
chers, auch über die silbernen Becher, mit
Angabe des Gewichtes eines jeden Bechers.
18 Er verordnete geläutertes Gold für den
Räucheraltar, mit Angabe des Gewichtes,
und Gold für den Aufbau des Thronwagens,
die Kerubim, die ihre Flügel ausbreiteten
und die Bundeslade des Herrn bedeckten.
19 All das legte er dar in einer Schrift aus der
Hand des Herrn, die über ihm ruhte, und
erörterte alle Arbeiten, die der Plan vorsah.

20 Dann sagte David zu seinem Sohn Salo-
mo: Sei mutig und stark! Geh ans Werk!
Fürchte dich nicht und verzage nicht! Denn
der Herr, mein Gott, wird mit dir sein. Er
wird dich nicht erlahmen lassen und dich
nicht im Stich lassen, bis alle Arbeiten für
den Dienst des Hauses des Herrn zu Ende
geführt sind. 21 Sieh, die Abteilungen der
Priester und Leviten stehen da, zu jeder
Dienstleistung im Haus Gottes bereit. Bei je-
der Arbeit und zu jedem Dienst werden dir
alle willig nach ihren Fähigkeiten beistehen;
ebenso werden dir die führenden Männer
und das ganze Volk in jeder Angelegenheit
zur Seite stehen.

2: 2 Sam 7,2–17 • 3: 22,8.

Die Spenden für den Tempelbau: 29,1–9

29 Darauf wandte sich König David an
die ganze Versammlung: Mein Sohn
Salomo, den allein Gott erwählt hat, ist noch
jung und unerfahren. Das Werk aber ist
groß; denn wir bauen nicht für Menschen,
sondern für Gott, den Herrn. 2 Nach meinen
besten Kräften habe ich nun für das Haus
meines Gottes Gold beschafft für die golde-
nen, Silber für die silbernen, Bronze für die
bronzenen, Eisen für die eisernen und Holz
für die hölzernen Gegenstände, dazu Scho-
hamsteine mit Einfassungen, Malachit und
buntfarbige Steine sowie allerlei Edelsteine
und Alabaster in Menge. 3 Aus Liebe zum
Haus meines Gottes spende ich aus meinem
Besitz, meinem Gold und Silber, über all das
hinaus, was ich für das Haus des Heiligtums
schon bereitgestellt habe, 4 noch weitere

28,11 Raum der Deckplatte: Der Chronist nennt so das Allerheiligste, weil für ihn die Deckplatte über der Bundeslade der wichtigste Kultgegenstand ist. An ihr vollzieht nach Lev 16,13f der Hohepriester den Sühneritus für die Gemeinde am Versöhnungstag.

28,15f Der Text beschreibt Einrichtungen zur Zeit des Chronisten. 1 Kön 7,48 erwähnt nur einen Schaubrotetisch.

28,18 Thronwagen: Bezeichnung der Bundeslade, im Anschluss an Ez 1, wo Gott, wie sonst auf der Bundeslade, auf Kerubim thront und die Kerubim auf einem Wagen mit vier Rädern stehen.

28,19 über ihm: Text korr. nach G.

29,4 Handelsfahrten nach Ofir sind erst unter Salomo bezeugt (vgl. 1 Kön 9,28).

3 000 Talente Gold vom Ofirgold und 7 000
Talente geläutertes Silber. Man soll damit
die Wände der Räume verkleiden 5 und Gold
zur Verfügung haben für die goldenen und
Silber für die silbernen Gegenstände und für
jede Arbeit von Künstlerhand. Wer ist nun
bereit, seine Hand ebenso für den Herrn zu
füllen?
6 Da zeigten die Häupter der Großfamilien,
die Vorsteher der israelitischen Stämme, die
Obersten der Tausend- und Hundertschaften
und die obersten Beamten des königlichen
Dienstes ihre Freigebigkeit. 7 Sie spendeten
für den Bau des Hauses Gottes 5 000 Talente
Gold, 10 000 Golddariken, 10 000 Talente
Silber, 18 000 Talente Bronze, 100 000 Ta-
lente Eisen. 8 Wer Edelsteine besaß, gab sie
zum Schatz des Hauses des Herrn in die
Hände Jehiëls, eines Nachkommen Ger-
schons. 9 Das Volk freute sich über diese
Freigebigkeit, denn sie hatten mit ungeteil-
tem Herzen willig für den Herrn gespendet.
Auch König David hatte eine große Freude.

1: 22,5 • 3: 22,14.

Das Dankgebet Davids: 29,10–20

10 Da pries David den Herrn vor der gan-
zen Versammlung und rief: Gepriesen bist
du, Herr, Gott unseres Vaters Israel, von
Ewigkeit zu Ewigkeit. 11 Dein, Herr, sind
Größe und Kraft, Ruhm und Glanz und Ho-
heit; dein ist alles im Himmel und auf Erden.
Herr, dein ist das Königtum. Du erhebst dich
als Haupt über alles. 12 Reichtum und Ehre
kommen von dir; du bist der Herrscher über
das All. In deiner Hand liegen Kraft und
Stärke; von deiner Hand kommt alle Größe
und Macht. 13 Darum danken wir dir, unser
Gott, und rühmen deinen herrlichen Namen.
14 Doch wer bin ich und was ist mein Volk,
dass wir die Kraft besaßen, diese Gaben zu
spenden? Von dir kommt ja alles; und was
wir dir gegeben haben, stammt aus deiner
Hand. 15 Denn wir sind nur Gäste bei dir,
Fremdlinge, wie alle unsere Väter. Wie ein
Schatten sind unsere Tage auf Erden und
ohne Hoffnung. 16 Herr, unser Gott, diese
ganze Fülle, die wir bereitgestellt haben, um
dir, deinem heiligen Namen, ein Haus zu
bauen, kam aus deiner Hand; dir gehört al-
les. 17 Ich weiß, mein Gott, dass du die Her-
zen prüfst und an Aufrichtigkeit Gefallen
hast. Mit aufrichtigem Herzen habe ich dies
alles gegeben und ich habe mit Freuden ge-
sehen, wie auch dein Volk, das sich hier ein-
gefunden hat, dir willig spendet. 18 Herr,
Gott unserer Väter Abraham, Isaak und Isra-
el, erhalte diese Gesinnung für immer im
Herzen deines Volkes! Lenke sein Herz auf
dich! 19 Gib auch meinem Sohn Salomo ein
ungeteiltes Herz, damit er auf deine Gebote,
Anordnungen und Gesetze achtet und alles
tut, um den Bau zu errichten, den ich vorbe-
reitet habe. 20 Dann befahl David der ganzen
Versammlung: Preist den Herrn, euren Gott!
Und die ganze Versammlung lobte den
Herrn, den Gott ihrer Väter. Sie verneigten
sich und warfen sich nieder vor dem Herrn
und dem König.

15: Ps 39,13 • 17: Ps 7,10.

Salomos Thronbesteigung: 29,21–25

21 Am folgenden Tag brachten sie dem
Herrn Opfer dar. Sie spendeten zu Brandop-
fern tausend Stiere, tausend Widder, tau-
send Lämmer sowie die dazugehörenden
Trankopfer. Dazu kam eine Menge Schlacht-
opfer für ganz Israel. 22 Voller Freude aßen
und tranken sie an jenem Tag vor dem Herrn
und machten Salomo, den Sohn Davids, zum
zweiten Mal zum König. Sie salbten ihn zum
Fürsten des Herrn und Zadok salbten sie
zum Priester. 23 Salomo setzte sich nun an-
stelle seines Vaters David als König auf den
Thron des Herrn. Er hatte Glück und ganz
Israel leistete ihm Gehorsam. 24 Alle hohen
Beamten und Helden, auch alle Söhne des
Königs David, unterwarfen sich Salomo.
25 Der Herr ließ Salomo überaus mächtig
werden vor den Augen Israels. Er verlieh sei-
nem Königtum einen Glanz, wie ihn kein
König in Israel vor ihm besessen hatte.

Der Abschluss der Geschichte Davids:
29,26–30

26 David, der Sohn Isais, war König von
ganz Israel. 27 Die Zeit, die er in Israel regier-
te, betrug vierzig Jahre. In Hebron regierte
er sieben und in Jerusalem dreiunddreißig
Jahre. 28 Er starb in hohem Alter, satt an Ta-
gen, Reichtum und Ehre. Sein Sohn Salomo
wurde König an seiner Stelle. 29 Die frühere

29,5 Seine Hand für Jahwe füllen: hier nicht Weiheritus, wie Ex 28,41; Lev 8,27; 1 Kön 13,33 in H, sondern: etwas in die Hand nehmen, um es dem Herrn darzubringen.

29,7 Eine Darike ist eine Münze; die Bezeichnung soll auf den Perserkönig Darius I. (522–486 v. Chr.) zurückgehen.

29,24 Vgl. die Anmerkung zu 28,1.

29,29 Die erwähnten Quellenwerke könnten die biblischen Samuelbücher sein, die über die drei Genannten berichten.

und die spätere Geschichte des Königs David ist aufgezeichnet in der Geschichte des Sehers Samuel, in der Geschichte des Propheten Natan und in der Geschichte des Sehers Gad. 30 Sie berichten von seiner ganzen Regierung, seiner Machtentfaltung und von den Zeiten, die über ihn, über Israel und alle Reiche der Länder hinweggegangen sind.

Das zweite Buch der Chronik

DIE GESCHICHTE SALOMOS: 1,1 – 9,31

Salomos Bitte um Weisheit: 1,1–13

1 Salomo, der Sohn Davids, gewann Macht in seinem Königtum, der Herr, sein Gott, war mit ihm und ließ ihn überaus stark werden.

2 Er sprach mit ganz Israel, den Obersten der Tausend- und Hundertschaften, den Richtern, mit allen Fürsten aus ganz Israel und mit den Häuptern der Großfamilien. 3 Dann ging er mit der ganzen Versammlung, die bei ihm war, zur Kulthöhe von Gibeon; denn hier war das Offenbarungszelt Gottes, das Mose, der Knecht des Herrn, in der Wüste angefertigt hatte. 4 Die Lade Gottes jedoch hatte David aus Kirjat-Jearim an den Ort bringen lassen, den er für sie hergerichtet hatte. Er hatte nämlich in Jerusalem ein Zelt für sie aufgestellt. 5 Der bronzene Altar, den Bezalel, der Sohn Uris und Enkel Hurs, gemacht hatte, stand in Gibeon vor der Wohnstätte des Herrn. Ihn suchten Salomo und die ganze Versammlung Israels auf. 6 Salomo stieg dort auf den bronzenen Altar vor dem Herrn beim Offenbarungszelt und brachte auf ihm tausend Brandopfer dar.

7 In jener Nacht erschien Gott dem Salomo und forderte ihn auf: Sprich eine Bitte aus, die ich dir gewähren soll. 8 Salomo antwortete Gott: Du hast meinem Vater David große Huld erwiesen und mich an seiner Stelle zum König gemacht. 9 So möge sich nun, mein Herr und Gott, dein Wort an meinen Vater David als wahr erweisen; denn du hast mich zum König gemacht über ein Volk, das zahlreich ist wie der Staub der Erde. 10 Verleih mir daher Weisheit und Einsicht, damit ich weiß, wie ich mich vor diesem Volk verhalten soll. Denn wer könnte sonst dieses mächtige Volk regieren? 11 Gott antwortete Salomo: Weil dir das am Herzen liegt, weil du nicht um Reichtum, Vermögen, Ehre oder um den Tod deiner Feinde, auch nicht um langes Leben gebeten hast, sondern weil du um Weisheit und Einsicht gebeten hast, um mein Volk zu regieren, zu dessen König ich dich bestellt habe, 12 sollen dir Weisheit und Einsicht zuteil werden. Aber auch Reichtum, Vermögen und Ehre will ich dir geben, wie sie kein König vor dir erlangt hat und auch nach dir keiner haben wird. 13 Darauf ging Salomo von der Kulthöhe in Gibeon, vom Offenbarungszelt, weg nach Jerusalem und herrschte über Israel.

1–13 ‖ 1 Kön 3,4–15 • 4: 1 Chr 15 • 5: Ex 38,1–7 • 8: 1 Chr 17 • 9: Gen 13,16.

Salomos Reichtum: 1,14–17

14 Salomo beschaffte sich Wagen und die Besatzung dazu. Er hatte vierzehnhundert Wagen und zwölftausend Mann als Besatzung und brachte sie in die Wagenstädte sowie in die Umgebung des Königs nach Jerusalem. 15 Der König machte das Silber und das Gold in Jerusalem so häufig wie die Steine und die Zedern so zahlreich wie die Maulbeerfeigenbäume in der Schefela. 16 Man bezog die Pferde für Salomo aus Ägypten und Koë. Die Händler des Königs kauften sie in Koë. 17 Einen Wagen brachten sie aus Ägypten für sechshundert und ein Pferd für hundertfünfzig Silberschekel.

1,3 Der Chronist hält das Opfer auf dem alten Brandopferaltar vor dem heiligen Zelt in Gibeon für rechtmäßig (vgl. 1 Chr 16,39f; 21,29); anders 1 Kön 3,2f.

1,13 von der Kulthöhe: Text korr. nach G.

1,16 Vgl. die Anmerkung zu 1 Kön 10,28.

Ebenso trieb man Handel mit allen hetitischen und aramäischen Königen.

14–17 ‖ 1 Kön 10,26–29.

Die Vorbereitungen zum Tempelbau: 1,18 – 2,17

18 Salomo beschloss, einen Tempel für den Namen des Herrn und eine königliche Residenz für sich zu bauen.

2 Er ließ 70 000 Lastträger und 80 000 Steinhauer im Gebirge auszählen und setzte 3 600 Aufseher über sie. 2 Dann sandte er Boten zu Hiram, dem König von Tyrus, und ließ ihm sagen: Du hast meinem Vater David geholfen und ihm Zedern geliefert, damit er sich ein Haus als Wohnung bauen konnte. 3 Ich möchte jetzt dem Namen des Herrn, meines Gottes, ein Haus bauen und es ihm weihen. Man soll wohlriechendes Räucherwerk vor ihm anzünden, ständig die Brote auflegen und jeden Morgen und jeden Abend, an den Sabbaten, Neumondtagen und Festen des Herrn, unseres Gottes, Brandopfer darbringen. So ist es Israel für ewige Zeiten zur Pflicht gemacht worden. 4 Das Haus, das ich bauen will, soll groß werden, denn unser Gott ist größer als alle Götter. 5 Wer aber besitzt die Kraft, ihm ein Haus zu bauen? Der Himmel und die Himmel der Himmel fassen ihn nicht. Und wer bin ich, dass ich ihm ein Haus baue, wenn auch nur, um Rauchopfer vor ihm darzubringen?

6 Schick mir nun einen fähigen Mann, der Arbeiten in Gold, Silber, Bronze, Eisen, rotem Purpur, Karmesin und blauem Purpur ausführen kann und sich aufs Gravieren versteht. Er soll mit den Künstlern zusammenarbeiten, die bei mir in Juda und Jerusalem sind und die mein Vater David bestellt hat. 7 Liefere mir auch Zedern, Zypressen und Algummimholz vom Libanon! Ich weiß, dass deine Leute die Bäume des Libanon zu fällen verstehen. Meine Leute sollen deinen Leuten dabei helfen. 8 Sie sollen eine Menge Holz herrichten; denn das Haus, das ich bauen will, soll groß und wunderbar werden. 9 Den Arbeitern, die das Holz fällen, gebe ich zum Unterhalt für deine Knechte 20 000 Kor Weizen, 20 000 Kor Gerste, 20 000 Bat Wein und 20 000 Bat Öl.

10 Hiram, der König von Tyrus, antwortete Salomo in einem Schreiben, das er ihm sandte: Weil der Herr sein Volk liebt, hat er dich ihm als König gegeben. 11 Ferner schrieb Hiram: Gepriesen sei der Herr, der Gott Israels, der Himmel und Erde gemacht hat. Er hat dem König David einen weisen Sohn gegeben, der Einsicht und Verstand besitzt, um ein Haus für den Herrn und eine königliche Residenz für sich selbst zu bauen. 12 Ich schicke dir einen fähigen, klugen Mann, Hiram-Abi, 13 den Sohn einer danitischen Frau. Sein Vater stammt aus Tyrus. Er versteht es, Arbeiten in Gold, Silber, Bronze, Eisen, Stein, Holz, rotem und blauem Purpur, Byssus und Karmesin auszuführen, alle Gravierungen zu besorgen und jeden Plan zu entwerfen, der ihm aufgetragen wird. Er wird mit deinen Künstlern und den Künstlern meines Herrn, deines Vaters David, zusammenarbeiten. 14 Den Weizen, die Gerste, das Öl und den Wein, von denen mein Herr gesprochen hat, möge er seinen Knechten liefern. 15 Wir aber werden die Bäume auf dem Libanon fällen, so viele du nötig hast, und sie dir in Flößen auf dem Meer nach Jafo schaffen. Du magst sie dann nach Jerusalem hinaufbringen.

16 Salomo ließ nun alle Fremden zählen, die im Land Israel wohnten, nachdem schon sein Vater David eine Zählung unter ihnen vorgenommen hatte. Es fanden sich 153 600 Mann. 17 Von diesen machte er 70 000 zu Lastträgern, 80 000 zu Steinhauern im Gebirge und 3 600 zu Aufsehern, die das Volk zur Arbeit anhalten sollten.

2,2–17 ‖ 1 Kön 5,15–32 • 5: 1 Kön 8,27 • 12–13: 1 Kön 7,13f.

Der Tempelbau: 3,1–7

3 Salomo begann, das Haus des Herrn in Jerusalem auf dem Berg Morija zu bauen, wo der Herr seinem Vater David erschienen war, an der Stätte, die David bestimmt hatte, auf der Tenne des Jebusiters Arauna. 2 Er begann den Bau im zweiten Monat, im vierten Jahr seiner Regierung.

3 Dies sind die Grundmaße, die Salomo für den Bau des Hauses Gottes festlegte: Die Länge betrug sechzig Ellen – die Elle nach dem früheren Maß gerechnet – und die Breite

---

2,3 Das Brot, das aufgelegt wird, sind die Schaubrote (vgl. Lev 24,6).

2,7 Zu Algummim (Almuggim) vgl. die Anmerkung zu 1 Kön 10,11.

2,9 zum Unterhalt: Text korr. nach G und 1 Kön 5,25. 1 Kön spricht nur von 20 000 Kor Weizen und 20 Kor (= 200 Bat) Öl.

3,1–4,22 H ist einige Male durch Schreibfehler entstellt; sie werden im folgenden nicht eigens vermerkt.

3,1 Morija ist die Gegend, in der Abraham nach Gen 22,2 seinen Sohn opfern sollte. Der Ort des Tempels ist also durch die Opfer Abrahams und Davids (2 Sam 24,25; 1 Chr 21,26; 22,1) im Voraus bezeichnet worden.

zwanzig Ellen. 4 Die Halle vor dem Hauptraum war zwanzig Ellen breit, entsprechend der Breite des Hauses, und zwanzig Ellen hoch. Er überzog sie innen mit purem Gold. 5 Den Hauptraum vertäfelte er mit Zypressenholz, überzog dieses mit echtem Gold und brachte Palmen und kettenförmige Bänder darauf an. 6 Auch schmückte er das Haus mit kostbaren Steinen. Das Gold war Parwajimgold. 7 So überzog er das Haus, die Balken, die Schwellen, seine Wände und Türen mit Gold und ließ in die Wände Kerubim einschnitzen.

1–7 ‖ 1 Kön 6,1–22.29.

Das Allerheiligste: 3,8–14

8 Er schuf den Raum des Allerheiligsten. Seine Länge betrug zwanzig Ellen, der Breite des Hauses entsprechend, und seine Breite zwanzig Ellen. Er überzog es mit echtem Gold im Gewicht von sechshundert Talenten. 9 Für die Nägel verwendete er Gold im Gewicht von fünfzig Schekeln. Auch die Obergemächer ließ er mit Gold verkleiden.

10 Im Raum des Allerheiligsten ließ er zwei Kerubim anfertigen . . . und mit Gold überziehen. 11 Die Flügel der Kerubim hatten zusammen eine Spannweite von zwanzig Ellen. Der Flügel des einen war fünf Ellen lang und berührte die Wand des Hauses Der zweite Flügel war fünf Ellen lang und berührte den Flügel des anderen Kerubs. 12 Der Flügel des zweiten Kerubs war fünf Ellen lang und berührte die Wand des Hauses und auch der andere Flügel war fünf Ellen lang und stieß an den Flügel des ersten Kerubs. 13 Die Flügel dieser Kerubim hatten eine Spannweite von zwanzig Ellen. Sie selbst standen auf ihren Füßen und ihre Gesichter waren dem Innenraum zugewandt. 14 Er verfertigte auch den Vorhang aus blauem und rotem Purpur, aus Karmesin und Byssus und brachte darauf Kerubim an.

8: 1 Kön 6,19f • 10–13 ‖ 1 Kön 6,23–28.

Die Ausstattung des Tempels: 3,15 – 5,1

15 Für die Vorderseite des Hauses machte er zwei Säulen von achtzehn Ellen Höhe. Das Kapitell auf ihnen maß fünf Ellen. 16 Dazu schuf er kettenförmige Bänder und brachte sie oben auf den Säulen an. Auch machte er hundert Granatäpfel und befestigte sie an den kettenförmigen Bändern. 17 Die Säulen stellte er vor dem Tempel auf, die eine auf der rechten, die andere auf der linken Seite. Die rechte nannte er Jachin, die linke Boas.

4 Er ließ einen bronzenen Altar herstellen, zwanzig Ellen lang, zwanzig Ellen breit und zehn Ellen hoch.

2 Dann machte er das »Meer«. Es wurde aus Bronze gegossen, maß zehn Ellen von einem Rand zum andern, war völlig rund und fünf Ellen hoch. Eine Schnur von dreißig Ellen konnte es rings umspannen. 3 Unterhalb seines Rands waren rundum Bilder von Rindern. In einem Band von dreißig Ellen Länge umsäumten sie das Meer ringsum in zwei Reihen. Sie wurden bei seinem Guss mitgegossen. 4 Das Meer stand auf zwölf Rindern. Von ihnen schauten drei nach Norden, drei nach Westen, drei nach Süden und drei nach Osten. Das Meer ruhte oben auf den Rindern. Ihre Hinterteile waren nach innen gekehrt. 5 Die Wand des Meeres war eine Handbreit dick. Sein Rand war wie der Rand eines Bechers geformt, einer Lilienblüte gleich. Es fasste dreitausend Bat. 6 Auch machte er zehn Kessel, von denen er fünf an die Südseite und fünf an die Nordseite brachte. Sie dienten für die Waschungen; was zum Brandopfer gehörte, sollte man in ihnen abspülen. Das Meer war für die Waschungen der Priester bestimmt.

7 Er machte die zehn goldenen Leuchter der Vorschrift gemäß und stellte sie im Tempel auf, fünf auf der rechten und fünf auf der linken Seite. 8 Ferner machte er zehn Tische und brachte sie in den Tempel, fünf auf die rechte und fünf auf die linke Seite. Desgleichen verfertigte er hundert goldene Schalen.

9 Auch schuf er den Vorhof der Priester und den großen Hof mit seinen Toren. Die Torflügel überzog er mit Bronze. 10 Das Meer stellte er an die Südseite des Hauses gegen

3,4 Nach H hätte die Höhe 120 Ellen betragen.
3,6 Der Ausdruck »Parwajimgold« weist wahrscheinlich auf die Herkunft des Goldes hin.
3,9 Die Obergemächer befanden sich im Anbau, der um den Hauptbau und das Allerheiligste lief (vgl. 1 Kön 6,5f).
3,10 H teilweise unverständlich.
3,15 achtzehn: nach 1 Kön 7,15; H: fünfunddreißig.
3,17 Zu den Namen der Säulen vgl. die Anmerkung zu 1 Kön 7,21.
4,1 Der Altar wird im Baubericht von 1 Kön nicht erwähnt; doch wird sein Vorhandensein vorausgesetzt (vgl. 1 Kön 8,22.64).
4,3 H: zehn Ellen.
4,9 Der Hof der Priester wird in 1 Kön 6,36 und 7,12 »innerer Hof« genannt. Die Bezeichnung in Chr deutet an, dass er zu ihrer Zeit nur noch von den Priestern betreten werden durfte.

Südosten. 11 Endlich machte Hiram die Töp-
fe, Schaufeln und Schalen.
So führte Hiram die Arbeiten zu Ende, die
er dem König Salomo für das Haus Gottes
anzufertigen hatte: 12 zwei Säulen, zwei be-
ckenförmige Kapitelle oben auf den Säulen,
die zwei Flechtwerke, mit denen man die
beiden beckenförmigen Kapitelle oben auf
den Säulen bedeckte, 13 die vierhundert Gra-
natäpfel für die beiden Flechtwerke, die in
zwei Reihen an jedem Flechtwerk ange-
bracht waren und die die beiden beckenför-
migen Kapitelle auf den Säulen bedeckten,
14 die zehn fahrbaren Gestelle, die zehn Kes-
sel für die Gestelle, 15 das eine Meer, die
zwölf Rinder unter ihm, 16 die Töpfe, Schau-
feln und Gabeln. Alle diese Geräte machte
Hiram-Abi dem König Salomo für das Haus
des Herrn aus glatter Bronze. 17 In der Jordan-
au zwischen Sukkot und Zereda ließ sie der
König in Formen aus festem Lehm gießen.
18 Salomo ließ alle diese Geräte in überaus
großer Menge anfertigen; das Gewicht der
Bronze war darum nicht festzustellen.

19 Salomo ließ alle Geräte, die zum Haus
Gottes gehörten, anfertigen: den goldenen
Altar, die Tische, auf die man die Schaubrote
legte, 20 die Leuchter mit ihren Lampen aus
bestem Gold, um sie der Vorschrift gemäß
vor der Gotteswohnung anzuzünden, 21 die
goldenen Blüten, Lampen und Dochtscheren
aus bestem Gold, 22 ferner die Messer, Scha-
len, Schüsseln und Pfannen aus bestem
Gold. An den Türen des Hauses waren die
Flügel im inneren Raum gegen das Allerhei-
ligste und die beiden Türflügel, die zum
Hauptraum führten, mit Gold verkleidet.

5 So wurden alle Arbeiten, die Salomo
für das Haus des Herrn ausführen ließ,
vollendet. Dann brachte er die Weihegaben
seines Vaters David hinein und legte das Sil-
ber, das Gold und alle Geräte in die Schatz-
kammern des Hauses Gottes.

3,15 – 5,1 || 1 Kön 7,13–51.

Die Übertragung der Bundeslade: 5,2 – 6,2

2 Damals versammelte Salomo die Ältes-
ten Israels, alle Stammesführer und die
Anführer der israelitischen Großfamilien in
Jerusalem, um die Bundeslade des Herrn aus
der Stadt Davids, das ist Zion, heraufzu-
holen. 3 Am Fest, das ist im siebten Monat,
kamen alle Männer Israels beim König zu-
sammen. 4 In Gegenwart aller Ältesten Isra-
els nahmen die Leviten die Lade 5 und
brachten sie zugleich mit dem Offenba-
rungszelt und den heiligen Geräten, die im
Zelt waren, hinauf. Die Priester und die Le-
viten übernahmen den Trägerdienst. 6 König
Salomo aber und die ganze Gemeinde Isra-
els, die bei ihm vor der Lade versammelt
war, schlachteten Schafe und Rinder, die
man wegen ihrer Menge nicht zählen und
nicht berechnen konnte. 7 Darauf stellten die
Priester die Bundeslade des Herrn an ihren
Platz, in die Gotteswohnung des Hauses, in
das Allerheiligste, unter die Flügel der Keru-
bim. 8 Denn die Kerubim breiteten ihre Flü-
gel über den Ort, wo die Lade stand, und be-
deckten sie und ihre Stangen von oben her.
9 Die Stangen waren so lang, dass man ihre
Spitzen an der Lade vor der Gotteswohnung
sehen konnte; draußen aber waren sie nicht
zu sehen. Sie blieben dort bis zum heutigen
Tag. 10 In der Lade befanden sich nur die
zwei Tafeln, die Mose am Horeb hineingelegt
hatte, die Tafeln des Bundes, den der Herr
mit den Israeliten beim Auszug aus Ägypten
geschlossen hatte.

11 Darauf traten die Priester aus dem Hei-
ligtum. Alle, die gekommen waren, unab-
hängig davon, zu welcher Abteilung sie ge-
hörten, hatten sich geheiligt. 12 Die leviti-
schen Sänger, Asaf, Heman, Jedutun, ihre
Söhne und Brüder, standen alle, in Byssus
gekleidet, mit Zimbeln, Harfen und Zithern
an der Ostseite des Altars. Bei ihnen waren
hundertzwanzig Priester, die auf Trompeten
bliesen. 13 Es kam wie aus einem Mund, wenn
die Trompeter und Sänger gleichzeitig zum
Lob und Preis des Herrn sich vernehmen lie-
ßen. Als sie mit ihren Trompeten, Zimbeln
und Musikinstrumenten einsetzten und den
Herrn priesen, »Denn er ist gütig, denn seine
Huld währt ewig«, erfüllte eine Wolke den
Tempel, das Haus des Herrn. 14 Die Priester
konnten wegen der Wolke ihren Dienst nicht
verrichten; denn die Herrlichkeit des Herrn
erfüllte das Haus Gottes.

6 Damals sagte Salomo: Der Herr sprach,
er wolle im Dunkel wohnen. 2 Ich habe
ein fürstliches Haus für dich gebaut, eine
Wohnstätte für ewige Zeiten.

5,2 – 6,2 || 1 Kön 8,1–13 • 5,13: Ps 106,1; 107,1; 118,1; 136.

5,3 Das Fest ist das Laubhüttenfest.

5,9 bis zum heutigen Tag: Der Chronist übernahm diese Bemerkung unverändert seiner Vorlage. Der Tempel war 586 v. Chr. zerstört worden. Zur Zeit des Chronisten war die Bundeslade nicht mehr vorhanden.

5,11–13 Fehlt in 1 Kön.

Die Ansprache des Königs: 6,3–11

3 Dann wandte sich der König um und seg-
nete die ganze Versammlung Israels. Alle
standen 4 und er betete: Gepriesen sei der
Herr, der Gott Israels. Seine Hand hat ausge-
führt, was sein Mund meinem Vater David
verheißen hat, als er sprach: 5 Seit dem Tag,
da ich mein Volk aus dem Land Ägypten
führte, habe ich aus keinem der Stämme Is-
raels eine Stadt für den Bau eines Hauses er-
wählt, um meinen Namen dort wohnen zu
lassen. Auch habe ich keinen Mann zum
Fürsten meines Volkes Israel erwählt. 6 Nur
Jerusalem habe ich zur Wohnung für meinen
Namen und David zum Herrscher über mein
Volk Israel erwählt. 7 Mein Vater David
wollte dem Namen des Herrn, des Gottes Is-
raels, ein Haus bauen. 8 Doch der Herr
sprach zu ihm: Wenn du dir vorgenommen
hast, meinem Namen ein Haus zu bauen,
hast du einen guten Entschluss gefasst.
9 Doch sollst nicht du das Haus bauen, son-
dern erst dein leiblicher Sohn soll meinem
Namen das Haus bauen. 10 Der Herr hat jetzt
sein Versprechen, das er gegeben hat, wahr
gemacht: Ich bin an die Stelle meines Vaters
David getreten und habe den Thron Israels
bestiegen, wie es der Herr zugesagt hat. Ich
habe dem Namen des Herrn, des Gottes Isra-
els, das Haus gebaut 11 und die Lade darin
aufgestellt. Sie enthält die Tafeln des Bun-
des, den der Herr mit den Israeliten ge-
schlossen hat.

3–11 ‖ 1 Kön 8,14–21.

Das Weihegebet: 6,12–42

12 Dann trat er in Gegenwart der ganzen
Versammlung Israels vor den Altar des
Herrn und breitete seine Hände aus. 13 Sa-
lomo hatte nämlich eine bronzene Tribüne
anfertigen lassen und sie in der Mitte des
Hofes aufgestellt. Sie war fünf Ellen lang,
fünf Ellen breit und drei Ellen hoch. Er trat
auf sie, ließ sich im Angesicht der ganzen
Versammlung Israels auf die Knie nieder,
breitete seine Hände zum Himmel aus 14 und
betete: Herr, Gott Israels, im Himmel und
auf der Erde gibt es keinen Gott, der so wie
du Bund und Huld seinen Knechten be-
wahrt, die mit ungeteiltem Herzen vor ihm
leben. 15 Du hast das Versprechen gehalten,
das du deinem Knecht, meinem Vater David,
gegeben hast. Deine Hand hat heute erfüllt,
was dein Mund versprochen hat. 16 Und nun,
Herr, Gott Israels, halte auch das andere
Versprechen, das du deinem Knecht David,
meinem Vater, gegeben hast, als du sagtest:
Es soll dir nie an einem Nachkommen fehlen,
der vor mir auf dem Thron Israels sitzt, wenn
nur deine Söhne darauf achten, ihren Weg so
nach meinem Gesetz zu gehen, wie du es ge-
tan hast. 17 Herr, Gott Israels, möge sich jetzt
dein Wort, das du deinem Knecht David ge-
geben hast, als wahr erweisen.

18 Wohnt denn Gott wirklich bei den Men-
schen auf der Erde? Siehe, selbst der Himmel
und die Himmel der Himmel fassen dich
nicht, wie viel weniger dieses Haus, das ich
gebaut habe. 19 Wende dich, Herr, mein Gott,
dem Beten und Flehen deines Knechtes zu!
Hör auf das Rufen und auf das Gebet, das
dein Knecht vor dir verrichtet. 20 Halte deine
Augen offen über diesem Haus bei Tag und
bei Nacht, über der Stätte, von der du gesagt
hast, dass du deinen Namen hierher legen
willst. Höre auf das Gebet, das dein Knecht
an dieser Stätte verrichtet. 21 Achte auf das
Flehen deines Knechtes und deines Volkes
Israel, wenn sie an dieser Stätte beten. Höre
sie im Himmel, dem Ort, wo du wohnst. Höre
sie und verzeih!

22 Wenn sich jemand gegen seinen Nächs-
ten verfehlt und dieser ihm einen Eid abver-
langt, den er schwören muss, und er dann
kommt und vor deinem Altar in diesem Haus
schwört, 23 so höre du es im Himmel und
greif ein! Verschaff deinen Knechten Recht!
Vergilt dem Schuldigen und lass sein Tun
auf ihn selbst zurückfallen! Den Schuldlosen
aber sprich frei und vergilt ihm, wie es seiner
Gerechtigkeit entspricht.

24 Wenn dein Volk Israel von einem Feind
geschlagen wird, weil es gegen dich gesün-
digt hat, und dann wieder umkehrt, deinen
Namen preist und in diesem Haus zu dir be-
tet und fleht, 25 so höre du es im Himmel!
Vergib deinem Volk Israel seine Sünde; lass
sie in das Land zurückkommen, das du ihnen
und ihren Vätern gegeben hast.

26 Wenn der Himmel verschlossen ist und
kein Regen fällt, weil sie gegen dich gesün-
digt haben, und wenn sie dann an diesem Ort
beten, deinen Namen preisen und von ihrer
Sünde lassen, weil du sie demütigst, 27 so
höre du sie im Himmel! Vergib deinen
Knechten und deinem Volk Israel ihre Sün-
den; denn du führst sie den guten Weg, den
sie gehen sollen. Spende Regen deinem Land,
das du deinem Volk zum Erbbesitz gegeben
hast.

28 Wenn im Land Hungersnot herrscht,
wenn Pest ausbricht, wenn Getreidebrand,
Rost, Heuschrecken und Ungeziefer auftre-

6,26 sie demütigst: Text korr. nach G; H: sie erhörst.

ten, wenn Feinde sie im eigenen Land bedrängen, wenn irgendeine Plage oder Krankheit sie trifft, 29 (so höre du) jedes Gebet und Flehen eines jeden einzelnen und deines ganzen Volkes Israel; denn sie alle kennen ihre Not und ihr Leid und erheben ihre Hände zu diesem Haus. 30 Höre sie dann im Himmel, dem Ort, wo du wohnst, und verzeih! Vergilt jedem, was sein Tun verdient. Du kennst ja ihre Herzen, denn du allein kennst die Herzen der Menschen. 31 So werden sie dich fürchten und auf deinen Wegen gehen, solange sie in dem Land leben, das du unseren Vätern gegeben hast.

32 Auch Fremde, die nicht zu deinem Volk Israel gehören, werden wegen deines großen Namens, deiner starken Hand und deines hoch erhobenen Armes aus fernem Land kommen. Sie werden kommen und in diesem Haus beten. 33 Höre sie dann im Himmel, dem Ort, wo du wohnst, und tu alles, weswegen der Fremde zu dir ruft. Dann werden alle Völker der Erde deinen Namen erkennen. Sie werden dich fürchten, wie dein Volk Israel dich fürchtet, und erfahren, dass dein Name ausgerufen ist über diesem Haus, das ich gebaut habe.

34 Wenn dein Volk gegen seine Feinde in den Krieg zieht, auf dem Weg, den du es sendest, und wenn es dann zu dir betet, zu dieser Stadt hingewendet, die du erwählt hast, und zu dem Haus hin, das ich deinem Namen gebaut habe, 35 so höre du im Himmel sein Beten und Flehen und verschaff ihm Recht!

36 Wenn sie gegen dich sündigen – es gibt ja niemand, der nicht sündigte – und du ihnen zürnst, sie ihren Bedrängern preisgibst und ihre Feinde sie gefangen fortführen in ein fernes oder nahes Land, 37 so werden sie im Land ihrer Gefangenschaft in sich gehen. Sie werden im Land ihrer Gefangenschaft umkehren, zu dir flehen und rufen: Wir haben gesündigt, Unrecht getan und gefrevelt. 38 Mit ganzem Herzen und ganzer Seele werden sie im Land ihrer Feinde, von denen sie als Gefangene weggeführt wurden, zu dir umkehren und beten, zu dem Land hingewendet, das du ihren Vätern gegeben hast, zu der Stadt hin, die du erwählt hast, und zu dem Haus hin, das ich deinem Namen gebaut habe. 39 Höre dann im Himmel, dem Ort, wo du wohnst, ihr Beten und Flehen. Verschaff ihnen Recht und verzeih deinem Volk, was es gegen dich gesündigt hat.

40 Lass jetzt, mein Gott, deine Augen für das Gebet an diesem Ort offen sein und deine Ohren darauf Acht haben! 41 Herr und Gott, mach dich nun auf zum Ort deiner Ruhe, du und deine machtvolle Lade! Deine Priester, Herr und Gott, sollen sich in Heil kleiden und deine Frommen sich des Glückes freuen. 42 Herr und Gott, weise deinen Gesalbten nicht ab! Sei eingedenk der Hulderweise an David, deinen Knecht!

12–40 ‖ 1 Kön 8,22–52 • 41: Ps 132,8–10 • 42: Jes 55,3.

Der Abschluss der Feier: 7,1–10

7 Als Salomo sein Gebet beendet hatte, fiel Feuer vom Himmel und verzehrte das Brandopfer und die Schlachtopfer. Die Herrlichkeit des Herrn erfüllte den Tempel. 2 Die Priester konnten das Haus des Herrn nicht betreten, da die Herrlichkeit des Herrn es erfüllte. 3 Alle Israeliten sahen, wie das Feuer herabfiel und wie die Herrlichkeit des Herrn über dem Tempel erschien. Sie warfen sich mit dem Gesicht zur Erde auf das Steinpflaster nieder, beteten den Herrn an und priesen ihn: »Denn er ist gütig, denn seine Huld währt ewig.«

4 Dann brachten der König und das ganze Volk vor dem Herrn Opfer dar. 5 Zweiundzwanzigtausend Rinder und hundertzwanzigtausend Schafe ließ König Salomo zum Opfer schlachten. So vollzogen der König und das ganze Volk die Weihe des Hauses Gottes. 6 Die Priester taten ihren Dienst und die Leviten spielten die Instrumente für die Lieder des Herrn. König David hatte diese Geräte anfertigen lassen, um den Herrn zu preisen: »Denn seine Huld währt ewig.« Während die Leviten den Lobpreis Davids vortrugen, bliesen die Priester ihnen gegenüber die Trompeten und ganz Israel nahm daran teil. 7 Salomo weihte auch die Mitte des Hofes, der vor dem Haus des Herrn war, als er dort die Brandopfer und die Fettstücke der Heilsopfer darbrachte. Der bronzene Altar, den Salomo hatte anfertigen lassen, konnte nämlich das Brandopfer, das Speiseopfer und die Fettstücke nicht fassen.

8 Salomo feierte damals mit ganz Israel, das von Lebo-Hamat bis zum Grenzbach Ägyptens zu einer sehr großen Versammlung erschienen war, auch das (Laubhütten-)Fest sieben Tage lang. 9 Am achten Tag hielten sie eine Festversammlung. Die Weihe des Altars

---

6,38 ihrer Feinde: Text korr. nach G und 1 Kön 8,48; H: ihrer Gefangenschaft.

7,1 Wie vom ersten Opfer Aarons (Lev 9,24) und dem Opfer Davids (1 Chr 21,26) wird nun vom ersten Opfer im Tempel gesagt, dass Gott selbst es entzündete und so den Tempel als rechtmäßige Opferstätte anerkannte.

hatten sie nämlich sieben Tage lang gefeiert und auch das Fest dauerte sieben Tage. 10 Am dreiundzwanzigsten Tag des siebten Monats entließ der König das Volk zu seinen Zelten. Sie waren voll Freude und frohen Mutes über das Gute, das der Herr an David, an Salomo und an seinem Volk Israel getan hatte.

3: 5,13 • 4–10 ‖ 1 Kön 8,62–66.

Die göttliche Verheißung für den Tempel: 7,11–22

11 Nachdem Salomo das Haus des Herrn und den königlichen Palast vollendet und alle seine Pläne für das Haus des Herrn und für seinen Palast verwirklicht hatte, 12 erschien ihm der Herr in der Nacht und sprach zu ihm: Ich habe dein Gebet gehört und diesen Ort als Opferstätte für mich erwählt. 13 Wenn ich den Himmel verschließe und kein Regen fällt oder wenn ich der Heuschrecke gebiete, das Land kahl zu fressen, wenn ich die Pest in mein Volk sende 14 und mein Volk, über das mein Name ausgerufen ist, sich demütigt und betet, mich sucht und von seinen schlechten Wegen umkehrt, dann höre ich es im Himmel. Ich verzeihe seine Sünde und bringe seinem Land Heilung. 15 Meine Augen sollen jetzt für das Gebet an diesem Ort offen sein und meine Ohren sollen darauf achten. 16 Ich habe jetzt dieses Haus erwählt und geheiligt, damit mein Name ewig hier sei. Meine Augen und mein Herz werden allezeit hier weilen. 17 Wenn du deinen Weg vor mir gehst, wie ihn dein Vater David gegangen ist, und wenn du alles tust, was ich dir befohlen habe, wenn du auf meine Gesetze und Rechtsvorschriften achtest, 18 dann werde ich deinen Königsthron bestehen lassen, wie ich es deinem Vater David zugesichert habe, zu dem ich gesagt habe: Es soll dir nie an einem Herrscher über Israel fehlen. 19 Doch wenn ihr euch von mir abwendet und meine Gesetze und Gebote, die ich euch gegeben habe, übertretet, wenn ihr euch anschickt, andere Götter zu verehren und euch vor ihnen niederzuwerfen, 20 dann werde ich euch aus meinem Land vertreiben, das ich euch gegeben habe. Dieses Haus, das ich meinem Namen geweiht habe, werde ich aus meinem Angesicht wegschaffen und zum Gespött und zum Hohn unter allen Völkern machen. 21 Jeder, der an diesem Haus, das so erhaben war, vorübergeht, wird sich entsetzen und fragen: Warum hat der Herr diesem Land und diesem Haus das angetan? 22 Und man wird antworten: Weil sie den Herrn, den Gott ihrer Väter, der sie aus Ägypten geführt hat, verlassen und sich an andere Götter gehängt, sich vor ihnen niedergeworfen und sie verehrt haben, darum hat er all dieses Unglück über sie gebracht.

11–22 ‖ 1 Kön 9,1–9 • 13–14: 6,26–28.

Verschiedene Nachrichten über Salomo: 8,1–18

8 Nach Ablauf von zwanzig Jahren, in denen Salomo das Haus des Herrn und seinen Palast gebaut hatte, 2 baute er auch die Städte aus, die Hiram ihm (zurück) gegeben hatte, und siedelte Israeliten darin an.

3 Salomo zog nach Hamat-Zoba und eroberte es. 4 Er baute Tadmor in der Steppe aus und alle Vorratsstädte, die er in Hamat anlegte. 5 Er baute auch das obere und das untere Bet-Horon zu Festungen mit Mauern, Toren und Riegeln aus, 6 ebenso Baala und alle Vorratsstädte, die ihm gehörten, die Städte für die Wagen und ihre Mannschaft und was er sonst in Jerusalem, auf dem Libanon und im ganzen Bereich seiner Herrschaft zu bauen wünschte.

7 Die Reste der Hetiter, Amoriter, Perisiter, Hiwiter und Jebusiter, die nicht zu den Israeliten gehörten 8 und von denen noch Nachkommen im Land lebten – die Israeliten hatten sie nicht ausgerottet – hob Salomo als Fronarbeiter aus und sie blieben es bis zum heutigen Tag. 9 Von den Israeliten aber machte Salomo niemand zum Sklaven für seine Arbeit; sie waren seine Krieger, seine Obersten und Hauptleute, die Befehlshaber über seine Wagen und deren Mannschaft. 10 Zweihundertfünfzig Werkführer, die unter dem Befehl der Statthalter Salomos standen, hatten die Aufsicht über die Arbeiter.

11 Salomo brachte die Tochter des Pharao aus der Davidstadt in das Haus, das er für sie gebaut hatte; denn er sagte: Eine Frau soll nicht im Haus Davids, des Königs von Israel, wohnen; denn die Räume, in die die Lade des Herrn gekommen ist, sind heilig.

12 Damals brachte Salomo auf dem Altar, den er vor der Halle für den Herrn erbaut hatte, Brandopfer dar. 13 Auch an den Sabbaten und Neumondtagen ließ er die Opfer

8,2 Nach 1 Kön 9,11–13 hatte Salomo zwanzig Städte in Galiläa an Hiram abgetreten, die diesem aber nicht gefielen. Der Chronist will sagen, dass Salomo sie wieder zurückerhielt.

8,9 seine Obersten und Hauptleute: Text korr. nach G und 1 Kön 9,22; H: die Obersten seiner Hauptleute.

darbringen, die nach dem Befehl des Mose
für diese Tage angeordnet waren. Das Glei-
che tat er dreimal im Jahr, jeweils an den
Festen, am Fest der Ungesäuerten Brote, am
Wochenfest und am Laubhüttenfest. 14 Dem
Auftrag seines Vaters David folgend, bestell-
te er die Abteilungen der Priester für ihren
Dienst und die Leviten für ihre Aufgabe,
Loblieder zu singen und an der Seite der
Priester Dienst zu tun, wie es für jeden Tag
vorgeschrieben war. Auch bestellte er die
Torwächter nach ihren Abteilungen für die
einzelnen Tore; denn so lautete der Befehl
Davids, des Mannes Gottes. 15 Man wich in
keinem Punkt von den Befehlen ab, die der
König für die Priester und für die Leviten er-
lassen hatte. 16 So wurde das ganze Werk Sa-
lomos planmäßig ausgeführt, vom Tag der
Grundlegung des Hauses des Herrn bis zu
seiner Fertigstellung, bis zur Vollendung des
Hauses des Herrn.
17 Damals begab sich Salomo nach Ezjon-
Geber und Elat an der Küste des Meeres in
Edom. 18 Hiram schickte ihm durch seine
Knechte Schiffe und geübte Seefahrer. Sie
fuhren mit den Leuten Salomos nach Ofir,
holten von dort vierhundertfünfzig Talente
Gold und brachten es dem König Salomo.

1–18 ‖ 1 Kön 9,10–28.

Die Königin von Saba: 9,1–12

9 Die Königin von Saba hörte vom Ruf
Salomos und kam mit sehr großem Ge-
folge, mit Kamelen, die Balsam, eine Menge
Gold und Edelsteine trugen, nach Jerusalem,
um ihn mit Rätselfragen auf die Probe zu
stellen. Sie trat bei Salomo ein und redete
mit ihm über alles, was sie sich vorgenom-
men hatte. 2 Salomo gab ihr Antwort auf alle
Fragen. Es gab nichts, was ihm verborgen
war und was er ihr nicht hätte sagen können.
3 Als nun die Königin von Saba die Weisheit
Salomos erkannte, als sie den Palast sah, den
er gebaut hatte, 4 die Speisen auf seiner Ta-
fel, die Sitzplätze seiner Beamten, das Auf-
warten seiner Diener und ihre Gewänder,
seine Mundschenken und ihre Gewänder,
sein Opfer, das er im Haus des Herrn dar-
brachte, da stockte ihr der Atem. 5 Sie sagte
zum König: Was ich in meinem Land über
dich und deine Weisheit gehört habe, ist
wirklich wahr. 6 Ich wollte es nicht glauben,
bis ich nun selbst gekommen bin und es mit
eigenen Augen gesehen habe. Und wahrhaf-
tig, nicht einmal die Hälfte hat man mir
berichtet von der Größe deiner Weisheit.
Du übertriffst alles, was ich gehört habe.
7 Glücklich sind deine Männer und glücklich
diese deine Diener, die allezeit vor dir stehen
und deine Weisheit hören. 8 Gepriesen sei
Jahwe, dein Gott, der an dir Gefallen gefun-
den und dich auf seinen Thron gesetzt hat,
damit du König bist für Jahwe, deinen Gott.
Weil dein Gott Israel liebt und ihm ewigen
Bestand verleihen will, hat er dich zum Kö-
nig bestellt, damit du Recht und Gerechtig-
keit übst. 9 Sie gab dem König hundertzwan-
zig Talente Gold, dazu eine sehr große Menge
Balsam und Edelsteine. Balsam, wie ihn die
Königin von Saba dem König Salomo
schenkte, gab es nicht wieder.
10 Auch die Leute Hirams und die Leute
Salomos, die Gold aus Ofir holten, brachten
Algummimholz und Edelsteine. 11 Der König
ließ aus dem Algummimholz Schnitzarbei-
ten für das Haus des Herrn und den königli-
chen Palast sowie Zithern und Harfen für die
Sänger anfertigen. Dergleichen hatte man
vordem im Land Juda nicht gesehen.
12 König Salomo gewährte der Königin
von Saba alles, was sie wünschte und be-
gehrte, ausgenommen das, was sie dem Kö-
nig geschenkt hatte. Schließlich kehrte sie
mit ihrem Gefolge in ihr Land zurück.

1–12 ‖ 1 Kön 10,1–13.

Salomos Reichtum: 9,13–28

13 Das Gewicht des Goldes, das alljährlich
bei Salomo einging, betrug sechshundert-
sechsundsechzig Goldtalente. 14 Dabei sind
nicht eingerechnet die Abgaben, die von den
Kaufleuten und Händlern kamen. Auch alle
Könige von Arabien und die Statthalter des
Landes brachten Salomo Gold und Silber.
15 König Salomo ließ zweihundert Schilde
aus gehämmertem Gold herstellen. Sechs-
hundert Schekel gehämmertes Gold ver-
wandte er für jeden Schild. 16 Dazu machte
er dreihundert kleinere Schilde aus gehäm-
mertem Gold. Dreihundert Schekel Gold

8,18 In Chr sind zwei Tatsachen zusammengefasst: Hiram sandte Schiffe, die im Mittelmeer nach Tarschisch fuhren (9,21), und Seeleute, die von Elat aus mit der israelitischen Schiffsbesatzung nach Ofir fuhren.

9,1 Zu Saba vgl. die Anmerkung zu 1 Kön 10,1.

9,4 sein Opfer: Text korr. nach G und 1 Kön 10,5; H: sein Obergemach.

9,8 Vgl. die Anmerkung zu 1 Chr 28,5.

9,10 zu Algummimholz vgl. die Anmerkung zu 1 Kön 10,11.

9,14 die Abgaben: H: die Männer.

9,16 Das Libanonwaldhaus war einer der Palastbauten Salomos (vgl. 1 Kön 7,2–5).

verwendete er für jeden. Er brachte sie in das
Libanonwaldhaus.
17 Ferner ließ der König einen großen
Thron aus Elfenbein anfertigen und mit pu-
rem Gold überziehen. 18 Sechs Stufen führ-
ten zum Thron hinauf. An seiner Rückseite
war ein goldenes Lamm und zu beiden Sei-
ten des Sitzes befanden sich Armlehnen.
Zwei Löwen standen neben den Lehnen
19 und zwölf zu beiden Seiten der sechs Stu-
fen. Dergleichen ist noch für kein Königreich
geschaffen worden.
20 Alle Trinkgefäße des Königs Salomo
waren aus Gold; ebenso waren alle Geräte
des Libanonwaldhauses aus bestem Gold.
Silber galt in den Tagen Salomos als wertlos;
21 denn der König hatte eine Flotte, die mit
den Leuten Hirams nach Tarschisch fuhr.
Einmal in drei Jahren kam die Tarschisch-
flotte und brachte Gold, Silber, Elfenbein,
Affen und Perlhühner.
22 So übertraf König Salomo alle Könige
der Erde an Reichtum und Weisheit. 23 Alle
Könige der Erde begehrten, ihn zu sehen und
die Weisheit zu hören, die Gott in sein Herz
gelegt hatte. 24 Alle brachten ihm Jahr für
Jahr ihre Gaben: silberne und goldene Gefä-
ße, Gewänder, Waffen, Balsam, Pferde und
Maultiere.
25 Salomo hatte viertausend Stallplätze
für seine Pferde sowie Wagen und zwölftau-
send Mann als Besatzung. Er brachte sie in
die Wagenstädte sowie in die Umgebung des
Königs nach Jerusalem. 26 Er war Herrscher
über alle Könige vom Eufrat bis zum Land
der Philister und bis an die Grenze Ägyp-
tens. 27 Salomo machte das Silber in Jerusa-
lem so häufig wie die Steine und die Zedern
so zahlreich wie die Maulbeerfeigenbäume
in der Schefela. 28 Man bezog die Pferde für
Salomo aus Ägypten und aus allen Län-
dern.

13–28 ‖ 1 Kön 10,14–28 • 25: 1 Kön 5,6; 10,26 • 26: 1 Kön 5,1 • 27–28: 1 Kön 10,27f.

Salomos Tod: 9,29–31

29 Die übrige Geschichte Salomos, die frü-
here und die spätere, ist aufgezeichnet in der
Geschichte des Propheten Natan, in der
Weissagung Ahijas aus Schilo und in der Vi-
sion des Sehers Jedo über Jerobeam, den
Sohn Nebats. 30 Salomo war vierzig Jahre in
Jerusalem König über ganz Israel. 31 Er ent-
schlief zu seinen Vätern und man begrub ihn
in der Stadt seines Vaters David. Sein Sohn
Rehabeam wurde König an seiner Stelle.

29–31 ‖ 1 Kön 11,41–43.

DIE GESCHICHTE JUDAS BIS ZUM UNTERGANG: 10,1 – 36,23

Der Abfall der zehn Nordstämme:
10,1 – 11,5

10 Rehabeam begab sich nach Sichem;
denn dorthin war ganz Israel gekom-
men, um ihn zum König zu machen. 2 Jerobe-
am, der Sohn Nebats, hörte davon, während
er in Ägypten war, wohin er vor dem König
Salomo hatte fliehen müssen; er kehrte jetzt
aus Ägypten zurück. 3 Man sandte zu ihm
und ließ ihn rufen. So kamen also Jerobeam
und ganz Israel (nach Sichem) und sie sag-
ten zu Rehabeam: 4 Dein Vater hat uns ein
hartes Joch auferlegt. Erleichtere jetzt den
harten Dienst deines Vaters und das
schwere Joch, das er uns auferlegt hat. Dann
wollen wir dir dienen. 5 Er antwortete ihnen:
Kommt nach drei Tagen wieder zu mir! Als
sich das Volk entfernt hatte, 6 beriet sich Kö-
nig Rehabeam mit den älteren Männern, die
zu Lebzeiten seines Vaters Salomo in dessen
Dienst gestanden hatten. Er fragte sie: Wel-
chen Rat gebt ihr mir? Was soll ich diesem
Volk antworten? 7 Sie sagten zu ihm: Wenn
du gut gegen dieses Volk bist, ihnen zu Wil-
len bist und freundlich mit ihnen redest,
dann werden sie immer deine Diener sein.
8 Doch er verwarf den Rat, den die Älteren
ihm gegeben hatten, und beriet sich mit den
jungen Leuten, die mit ihm groß geworden
waren und jetzt in seinem Dienst standen.
9 Er fragte sie: Welchen Rat gebt ihr mir?
Was sollen wir diesem Volk antworten, das
zu mir sagt: Erleichtere das Joch, das dein

9,18b Text korr. nach 1 Kön 10,19.

9,29 Ahija aus Schilo wirkte unter Salomo und Jerobeam I. (vgl. 1 Kön 11,29–39; 14,2–16). Jedo ist vielleicht der in 12,15 und 13,22 genannte Prophet Iddo.

10,1 »Israel« bezeichnet hier und öfter die Angehörigen der Nordstämme, die nach dem Abfall von der Dynastie Davids das Nordreich Israel bildeten. Daneben kann in Chr mit »Israel« das Gesamtvolk der zwölf Stämme oder auch die Bevölkerung des Südreichs Juda gemeint sein.

Vater uns auferlegt hat. 10 Die jungen Leute, die mit ihm groß geworden waren, sagten zu ihm: So sollst du dem Volk antworten, das zu dir sagt: Dein Vater hat uns ein schweres Joch auferlegt. Erleichtere es uns! So sollst du zu ihnen sagen: Mein kleiner Finger ist stärker als die Lenden meines Vaters. 11 Hat mein Vater euch ein schweres Joch aufgebürdet, so werde ich es noch schwerer machen. Mein Vater hat euch mit Peitschen gezüchtigt, ich werde euch mit Skorpionen züchtigen.

12 Am dritten Tag kamen Jerobeam und das ganze Volk zu Rehabeam; denn der König hatte ihnen gesagt: Kommt am dritten Tag wieder zu mir! 13 Der König gab ihnen nun eine harte Antwort. Er verwarf den Rat der Älteren 14 und antwortete ihnen nach dem Rat der jungen Leute: Mein Vater hat euer Joch schwer gemacht. Ich werde es noch schwerer machen. Mein Vater hat euch mit Peitschen gezüchtigt, ich werde euch mit Skorpionen züchtigen. 15 Der König hörte also nicht auf das Volk; denn Gott hatte es so bestimmt, um das Wort wahr zu machen, das er durch Ahija von Schilo zu Jerobeam, dem Sohn Nebats, gesprochen hatte.

16 Als alle Israeliten sahen, dass der König nicht auf sie hörte, gaben sie ihm zur Antwort:

Welchen Anteil haben wir an David? / Wir haben keinen Erbbesitz beim Sohn Isais. / In deine Zelte, Israel! / Nun kümmere dich um dein Haus, David!

So begab sich ganz Israel zu seinen Zelten. 17 Nur über die Israeliten, die in den Städten Judas wohnten, blieb Rehabeam König. 18 Und als er den Fronaufseher Hadoram hinschickte, steinigten ihn die Israeliten zu Tode. Dem König Rehabeam gelang es, den Wagen zu besteigen und nach Jerusalem zu entkommen. 19 So fiel Israel vom Haus David ab und ist abtrünnig bis zum heutigen Tag.

11 Rehabeam kam nach Jerusalem und versammelte das Haus Juda und Benjamin, hundertachtzigtausend auserlesene Krieger, um gegen die Israeliten zu kämpfen und das Königtum für Rehabeam zurückzugewinnen. 2 Doch das Wort des Herrn erging an Schemaja, den Mann Gottes: 3 Sag zu Rehabeam, dem Sohn Salomos, dem König von Juda, und zu allen Israeliten in Juda und Benjamin: 4 So spricht der Herr: Zieht nicht in den Krieg gegen eure Brüder! Jeder kehre in sein Haus zurück, denn ich habe es so verfügt. Sie hörten auf die Worte des Herrn und sahen davon ab, gegen Jerobeam zu ziehen. 5 Rehabeam blieb in Jerusalem.

10,1 – 11,5 ‖ 1 Kön 12,1–24 • 10,2: 1 Kön 11,26–40 • 15: 1 Kön 11,30–39.

Rehabeam: 11,5 – 12,16

Rehabeam baute Städte in Juda zu Festungen aus. 6 Er baute aus: Betlehem, Etam, Tekoa, 7 Bet-Zur, Socho, Adullam, 8 Gat, Marescha, Sif, 9 Adorajim, Lachisch, Aseka, 10 Zora, Ajalon und Hebron, die alle in Juda und Benjamin lagen, lauter Festungen. 11 Er machte die Festungen stark, setzte Befehlshaber über sie ein und legte Vorräte an Nahrungsmitteln, Öl und Wein in ihnen an. 12 In jede einzelne Stadt brachte er Schilde und Lanzen. So machte er sie sehr stark.

Rehabeam herrschte über Juda und Benjamin. 13 Auch die Priester und Leviten, die (zerstreut) in ganz Israel lebten, stellten sich aus all ihren Gebieten bei ihm ein. 14 Denn die Leviten verließen ihre Weideflächen und ihren Besitz und zogen nach Juda und Jerusalem, weil Jerobeam und seine Söhne ihnen den Priesterdienst für den Herrn verwehrten. 15 Jerobeam bestellte sich eigene Priester für die Kulthöhen, für die Bocksgeister und für die Kälber, die er gemacht hatte. 16 Den Leviten folgten aus allen Stämmen Israels auch andere, die darauf bedacht waren, den Herrn, den Gott Israels, zu suchen. Sie kamen nach Jerusalem, um dem Herrn, dem Gott ihrer Väter, Opfer darzubringen. 17 Sie stärkten das Reich Juda und waren drei Jahre lang eine Stütze für Rehabeam, den Sohn Salomos; denn drei Jahre folgten sie den Wegen Davids und Salomos.

18 Rehabeam nahm sich Mahalat, die Tochter Jerimots, des Sohnes Davids, und der Abihajil, der Tochter Eliabs, des Sohnes Isais, zur Frau. 19 Sie gebar ihm die Söhne Jëusch, Schemarja und Saham. 20 Nach ihr nahm er Maacha, die Enkelin Abschaloms. Sie gebar ihm Abija, Attai, Sisa und Schelomit. 21 Rehabeam aber liebte Maacha, die Enkelin Abschaloms, mehr als seine anderen Frauen und Nebenfrauen. Er hatte nämlich achtzehn Frauen und sechzig Nebenfrauen genommen und achtundzwanzig Söhne und

10,11 Vgl. die Anmerkung zu 1 Kön 12,11.
10,14 Mein Vater: Text korr. nach G und 1 Kön 12,14.
11,6–10 Die Orte liegen südlich und westlich von Jerusalem. Durch ihren Ausbau sollte Juda gegen Angriffe aus Ägypten geschützt werden, das unter dem Pharao Schischak Palästina bedrohte (vgl. Kap. 12).
11,15 Die Einsetzung von Priestern, die nicht dem Stamm Levi angehörten, wurde schon in 1 Kön

sechzig Töchter gezeugt. 22 Abija, den Sohn
der Maacha, bestellte Rehabeam zum Ober-
haupt und Fürsten unter seinen Brüdern;
denn er hatte vor, ihn zum König zu machen.
23 In kluger Weise verteilte er alle Gegenden
Judas und Benjamins und alle festen Städte
an seine Söhne. Auch verschaffte er ihnen
reichlichen Unterhalt und warb viele Frauen
für sie.

12 Als aber seine Herrschaft gefestigt
und er stark geworden war, fiel er
mit ganz Israel vom Gesetz des Herrn ab.
2 Im fünften Jahr des Königs Rehabeam zog
Schischak, der König von Ägypten, gegen Je-
rusalem, da sie dem Herrn untreu geworden
waren. 3 Er kam mit zwölfhundert Wagen
und sechzigtausend Wagenkämpfern. Zahl-
los war das Kriegsvolk, das mit ihm aus
Ägypten kam: Libyer, Sukkijiter und Ku-
schiter. 4 Er eroberte die Festungen in Juda
und rückte vor Jerusalem. 5 Damals kam der
Prophet Schemaja zu Rehabeam und zu den
führenden Leuten Judas, die sich vor Schi-
schak nach Jerusalem zurückgezogen hat-
ten, und sagte zu ihnen: So spricht der Herr:
Ihr habt mich verlassen; darum verlasse
auch ich euch und übergebe euch der Hand
Schischaks. 6 Doch nun demütigten sich die
führenden Leute Israels und der König und
sagten: Der Herr ist gerecht. 7 Als der Herr
sah, dass sie sich demütigten, erging das
Wort des Herrn an Schemaja: Sie haben sich
gedemütigt; darum werde ich sie nicht ver-
derben. Bald werde ich ihnen Rettung brin-
gen und mein Zorn soll sich nicht durch
Schischak über Jerusalem ergießen. 8 Doch
sollen sie ihm untertan werden, damit sie
den Unterschied zwischen meinem Dienst
und dem Dienst der irdischen Reiche erfah-
ren. 9 Schischak, der König von Ägypten, zog
also gegen Jerusalem. Er raubte die Schätze
des Tempels und die Schätze des königlichen
Palastes und nahm alles weg, auch die golde-
nen Schilde, die Salomo hatte anfertigen las-
sen. 10 An deren Stelle ließ König Rehabeam
bronzene anfertigen und übergab sie den Be-
fehlshabern der Läufer, die den Eingang
zum Haus des Königs bewachten. 11 Sooft
nun der König in das Haus des Herrn ging,
kamen die Läufer, trugen die Schilde und
brachten sie dann wieder in ihre Wachstube
zurück. 12 Da der König sich demütigte, ließ
der Zorn des Herrn von ihm ab, so- dass er
ihn nicht ganz zugrunde richtete. Es gab ja
in Juda noch manches Gute. 13 So gewann
König Rehabeam wieder festen Halt in Jeru-
salem und herrschte weiter als König.

Er war einundvierzig Jahre alt, als er Kö-
nig wurde, und regierte siebzehn Jahre in Je-
rusalem, der Stadt, die der Herr aus allen
Stämmen Israels erwählt hatte, um seinen
Namen dorthin zu legen. Seine Mutter hieß
Naama und war eine Ammoniterin. 14 Er tat
Böses und war nicht darauf bedacht, den
Herrn zu suchen.

15 Die frühere und die spätere Geschichte
Rehabeams ist aufgezeichnet in der Ge-
schichte des Propheten Schemaja und des
Sehers Iddo. Sie enthalten auch seinen
Stammbaum. Der Krieg zwischen Rehabeam
und Jerobeam dauerte die ganze Zeit an.
16 Rehabeam entschlief zu seinen Vätern und
wurde in der Davidstadt begraben. Sein
Sohn Abija wurde König an seiner Stelle.

11,15: 1 Kön 12,28 • 12,9–16 ‖ 1 Kön 14,21–31.

Abija: 13,1–23

13 Im achtzehnten Jahr des Königs Je-
robeam wurde Abija König von
Juda. 2 Er regierte drei Jahre in Jerusalem.
Seine Mutter hieß Michaja und war eine
Tochter Uriëls aus Gibea.

Es war aber Krieg zwischen Abija und Je-
robeam. 3 Abija begann den Kampf mit ei-
nem Heer von vierhunderttausend auserlese-
nen Kriegern. Jerobeam stellte ihm acht-
hunderttausend auserlesene, tapfere Krieger
entgegen. 4 Da stieg Abija auf die Höhe des
Berges Zemarajim im Gebirge Efraim und
rief: Hört mich an, Jerobeam und ganz Isra-
el! 5 Wisst ihr denn nicht, dass der Herr, der
Gott Israels, David und seinen Söhnen das
Königtum von Israel in einem Salzbund auf
ewige Zeiten verliehen hat? 6 Doch Jerobe-
am, der Sohn Nebats, der Knecht Salomos,
des Sohnes Davids, erhob sich und empörte
sich gegen seinen Herrn. 7 Um ihn sammelten
sich haltlose, nichtswürdige Leute, die Reha-
beam, dem Sohn Salomos, überlegen waren.
Rehabeam war eben noch jung und zaghaft
und konnte gegen sie nicht aufkommen. 8 Ihr
glaubt nun, euch gegen das Königtum des
Herrn, das in der Hand der Söhne Davids

12,31 getadelt. – Bocksgeister sind in der Volksphantasie Dämonen in Bocksgestalt. – Die »Kälber« *sind die Stierbilder*, die Jerobeam I. in Bet-El und Dan aufstellen ließ (vgl. 1 Kön 12,28f).

11,21 Nachahmung der Haremsbräuche orientalischer Herrscher.

12,8 Die Forderungen Gottes sind leichter zu erfüllen als die Ansprüche der Menschen (vgl. 1 Chr 21,13).

12,10 Läufer: vgl. die Anmerkung zu 1 Kön 14,27.

13,5 Zu »Salzbund« vgl. Num 18,19.

liegt, behaupten zu können, weil ihr ein
großer Haufen seid und die goldenen Kälber
bei euch habt, die Jerobeam zu euren Göt-
tern gemacht hat. [9] Habt ihr nicht die Pries-
ter des Herrn, die Nachkommen Aarons, und
die Leviten verstoßen und euch Priester
bestellt wie die Völker anderer Länder?
Jeder, der mit einem jungen Stier und sieben
Widdern zu euch kam, um sich in das Pries-
teramt einsetzen zu lassen, wurde Priester
der Nichtgötter. [10] Doch unser Gott ist der
Herr. Wir haben ihn nicht verlassen. Die
Nachkommen Aarons dienen ihm als Pries-
ter und die Leviten versehen ihren Dienst.
[11] Jeden Morgen und jeden Abend bringen
sie dem Herrn Brandopfer und wohlriechen-
des Räucherwerk dar, schichten Brote auf
den reinen Tisch und bedienen den goldenen
Leuchter mit seinen Lampen, um sie jeden
Abend anzuzünden; denn wir achten auf die
Anordnung des Herrn, unseres Gottes. Doch
ihr habt ihn verlassen. [12] Seht: Gott ist mit
uns, er steht an unserer Spitze. Bei uns sind
auch seine Priester mit den Lärmtrompeten,
um gegen euch Kriegslärm zu blasen. Israe-
liten, kämpft nicht gegen den Herrn, den
Gott eurer Väter; denn ihr werdet keinen Er-
folg haben.

[13] Doch Jerobeam ließ die Leute im Hinter-
halt eine Umgehung ausführen, um den Ju-
däern in den Rücken zu fallen. So stand seine
Abteilung vor den Judäern, der Hinterhalt
aber in ihrem Rücken. [14] Als daher die Judä-
er sich umwandten, sahen sie, dass ihnen der
Angriff von vorne und von hinten drohte. Sie
schrien zum Herrn und die Priester bliesen
die Trompeten. [15] Dann erhoben die Judäer
das Kriegsgeschrei, und während sie lärm-
ten, schlug Gott den Jerobeam und ganz Is-
rael durch Abija und Juda. [16] Die Israeliten
mussten vor den Judäern fliehen. Gott gab
sie in ihre Gewalt [17] und Abija und seine
Leute versetzten ihnen harte Schläge, sodass
fünfhunderttausend auserlesene Krieger von
ihnen fielen. [18] So wurden die Israeliten
damals gedemütigt, die Judäer aber ge-
wannen die Oberhand; denn sie stützten sich
auf den Herrn, den Gott ihrer Väter. [19] Abija
verfolgte Jerobeam und nahm ihm folgende
Städte weg: Bet-El mit seinen Tochter-
städten, Jeschana mit seinen Tochterstädten
und Efron mit seinen Tochterstädten.
[20] Jerobeam kam in den Tagen Abijas nicht
wieder zu Macht. Schließlich schlug ihn der
Herr und er starb. [21] Abija aber wurde mäch-
tig. Er nahm sich vierzehn Frauen und zeug-
te zweiundzwanzig Söhne und sechzehn
Töchter.

[22] Die übrige Geschichte Abijas, sein Le-
ben und seine Reden sind aufgezeichnet in
den Erläuterungen des Propheten Iddo.
[23] Abija entschlief zu seinen Vätern; man be-
grub ihn in der Davidstadt. Sein Sohn Asa
wurde König an seiner Stelle. In seinen Ta-
gen hatte das Land zehn Jahre Ruhe.

1–23 ‖ 1 Kön 15,1–8.

Asas Erfolge: 14,1–14

14 Asa tat, was gut und recht war in den
Augen des Herrn, seines Gottes. [2] Er
entfernte die fremden Altäre und die Kult-
höhen, zerbrach die Steinmale, hieb die
Kultpfähle um [3] und befahl den Judäern, den
Herrn, den Gott ihrer Väter, zu suchen und
das Gesetz und die Gebote zu halten. [4] Er be-
seitigte die Kulthöhen und die Rauchopfer-
altäre aus allen Städten Judas. Das Reich
hatte Ruhe unter ihm.

[5] Weil das Land Ruhe hatte und weil er in
jenen Jahren keinen Krieg führen musste,
konnte Asa Festungen in Juda ausbauen.
Der Herr hatte ihm nämlich Ruhe verschafft.
[6] Er sagte daher zu den Männern Judas: Wir
wollen diese Städte ausbauen und sie mit
Mauern, Türmen, Toren und Riegeln verse-
hen; denn noch liegt das Land frei vor uns.
Weil wir den Herrn, unseren Gott, eifrig
gesucht haben, hat er uns ringsum Ruhe
verschafft. So konnten sie bauen und hatten
Erfolg.

[7] Asa hatte ein Heer von dreihunderttau-
send Mann aus Juda, die Schild und Lanze
führten, und zweihundertachtzigtausend
Mann aus Benjamin, die den Rundschild tru-
gen und den Bogen spannten. Sie alle waren
tapfere Krieger. [8] Gegen sie zog der Kuschi-
ter Serach mit einem Heer von einer Million
Mann und dreihundert Wagen. Er kam bis
Marescha. [9] Asa zog ihm entgegen und sie
stellten sich im Tal nördlich von Marescha
zum Kampf auf. [10] Doch Asa rief zum Herrn,
seinem Gott, und sagte: Herr, im Streit zwi-
schen einem Mächtigen und einem Schwa-
chen kann niemand so helfen wie du. Hilf
uns, Herr, unser Gott; denn du bist unsere

14,2 Zu »Kulthöhen« vgl. die Anmerkung zu 1 Kön 3,2. – Zu »Steinmalen« und »Kultpfählen« vgl. die Anmerkung zu 1 Kön 14,23.

14,8 Kuschiter sind hier nicht die Bewohner Äthiopiens oder des Sudan, sondern ein kleinerer Volksstamm südlich des israelitischen Siedlungsgebiets, vgl. die Ortsnamen Marescha (VV. 8f) und Gerar (VV. 12f).

14,9 nördlich: Text korr. nach G.

Stütze und in deinem Namen sind wir gegen
diese Übermacht gezogen. Herr, du bist un-
ser Gott und kein Mensch soll etwas gegen
dich vermögen. 11 Da schlug der Herr die Ku-
schiter vor Asa und Juda und die Kuschiter
mussten fliehen; 12 Asa und seine Leute ver-
folgten sie bis Gerar. Von den Kuschitern
fielen so viele, dass sie sich nicht mehr erhol-
ten. Sie zerbrachen vor dem Herrn und
seinem Heerlager. Die Judäer aber machten
reiche Beute. 13 Sie schlugen alle Städte im
Umkreis von Gerar, denn der Schrecken des
Herrn war über sie gekommen. Die Judäer
plünderten sie aus, denn es gab in ihnen viel
zu erbeuten. 14 Auch die Zeltlager bei den
Herden überwältigten sie, führten eine Men-
ge Schafe und Ziegen und Kamele fort und
kehrten dann nach Jerusalem zurück.

1–4 ∥ 1 Kön 15,9–12.

Die Bundeserneuerung unter Asa: 15,1–18

15 Über Asarja, den Sohn Odeds, kam
der Geist Gottes. 2 Er ging zu Asa hi-
naus und sagte zu ihm: Hört mich an, Asa
und ihr alle von Juda und Benjamin! Der
Herr ist mit euch, wenn ihr zu ihm haltet.
Wenn ihr ihn sucht, lässt er sich von euch
finden; wenn ihr ihn aber verlasst, verlässt er
euch. 3 Lange Zeit lebte Israel ohne den wah-
ren Gott, ohne einen belehrenden Priester,
ohne Gesetz. 4 In ihrer Not bekehrten sie sich
zum Herrn, dem Gott Israels, und da sie ihn
suchten, ließ er sich von ihnen finden. 5 In je-
nen Zeiten konnte niemand sicher aus- und
eingehen, denn große Unruhe lag über allen
Bewohnern der Länder. 6 Ein Volk wurde
vom andern bedrängt, eine Stadt von der an-
dern, denn Gott beunruhigte sie durch aller-
lei Not. 7 Ihr aber, seid stark! Eure Hände
sollen nicht erschlaffen, denn euer Tun wird
seinen Lohn finden.

8 Als Asa diese Worte und Weissagungen
des Propheten Asarja, des Sohnes Odeds,
hörte, entfernte er mutig die Götzenbilder
aus dem ganzen Gebiet von Juda und Benja-
min sowie aus den Städten, die er im Gebirge
Efraim erobert hatte. Auch erneuerte er den
Altar des Herrn, der vor dem Tempel des
Herrn stand. 9 Dann versammelte er ganz
Juda und Benjamin sowie die Leute von
Efraim, Manasse und Simeon, die sich bei ih-
nen aufhielten. Sehr viele waren nämlich aus
Israel zu ihm übergegangen, als sie sahen,
dass der Herr, sein Gott, mit ihm war. 10 Im
dritten Monat des fünfzehnten Jahres der
Regierung Asas kamen sie in Jerusalem zu-
sammen 11 und opferten an jenem Tag dem
Herrn siebenhundert Rinder und siebentau-
send Schafe von der Beute, die sie gemacht
hatten. 12 Sie gingen die Verpflichtung ein,
mit ganzem Herzen und ganzer Seele den
Herrn, den Gott ihrer Väter, zu suchen.
13 Wer aber nicht den Herrn, den Gott Isra-
els, suchen würde, sollte getötet werden, sei
er klein oder groß, Mann oder Frau. 14 Das
schworen sie dem Herrn mit lauter Stimme,
unter Freudenrufen, beim Schall der Trom-
peten und Hörner. 15 Ganz Juda freute sich
über den Schwur, denn sie hatten ihn mit
ganzem Herzen geleistet. Und da sie mit bes-
tem Willen den Herrn suchten, ließ er sich
von ihnen finden und verschaffte ihnen
ringsum Ruhe.

16 König Asa enthob auch seine Großmut-
ter Maacha ihrer Stellung als Herrin, weil sie
der Aschera ein Schandbild errichtet hatte.
Er ließ das Schandbild umhauen, es zer-
trümmern und im Kidrontal verbrennen.
17 Nur die Kulthöhen verschwanden nicht
aus Israel. Doch das Herz Asas war ungeteilt
(beim Herrn), solange er lebte. 18 Er brachte
auch die Weihegaben seines Vaters und seine
eigenen Weihegaben in das Haus Gottes: Sil-
ber, Gold und allerlei Geräte.

16–18 ∥ 1 Kön 15,13–15.

Der Krieg Asas mit dem Nordreich:
15,19 – 16,10

19 Es gab keinen Krieg bis zum fünfund-
dreißigsten Jahr der Regierung Asas.

16 Im sechsunddreißigsten Regierungs-
jahr Asas zog Bascha, der König von
Israel, gegen Juda und baute Rama aus, um
Asa, den König von Juda, daran zu hindern,
in den Krieg zu ziehen. 2 Da nahm Asa Silber
und Gold aus den Schatzkammern des Tem-
pels und des königlichen Palastes und sandte
es an Ben-Hadad, den König von Aram, der
in Damaskus seinen Sitz hatte. Dabei ließ er
ihm sagen: 3 Zwischen mir und dir, zwischen
meinem Vater und deinem Vater soll ein
Bündnis sein. Ich schicke dir Silber und
Gold. Löse also dein Bündnis mit Bascha,
dem König von Israel, damit er von mir ab-
zieht. 4 Ben-Hadad hörte auf König Asa. Er

14,12 Das israelitische Heer ist das Heerlager Gottes, des eigentlichen Königs Israels.

15,3–6 Die Verse beschreiben die Zeit der Richter.

15,8 Asarja, des Sohnes: Text sinngemäß ergänzt.

15,19–16,1 Die Zahlen 35 und 36 beruhen auf einem Versehen des Schreibers, da Bascha schon im 26. Jahr Asas starb (vgl. 1 Kön 16,8).

16,1 Vgl. die Anmerkung zu 1 Kön 15,17.

16,4 Abel-Majim heißt in 1 Kön 15,20 Abel-Bet-Maacha.

sandte seine Heerführer gegen die Städte Is-
raels und diese verwüsteten Ijon, Dan und
Abel-Majim sowie alle Vorratshäuser in den
Städten Naftalis. 5 Als Bascha das erfuhr,
hörte er auf, Rama auszubauen, und stellte
die Arbeit ein. 6 König Asa aber holte ganz
Juda herbei und ließ die Steine und Balken
wegnehmen, mit denen Bascha Rama ausge-
baut hatte. Mit ihnen baute er Geba und
Mizpa aus.

7 Damals kam der Seher Hanani zu Asa,
dem König von Juda, und hielt ihm vor: Weil
du dich auf den König von Aram gestützt
hast und nicht auf den Herrn, deinen Gott,
darum ist das Heer des Königs von Aram
deiner Hand entkommen. 8 Hatten nicht
auch die Kuschiter und Libyer ein gewalti-
ges Heer mit sehr vielen Wagen und Wagen-
kämpfern? Weil du dich aber auf den Herrn
stütztest, gab er es in deine Gewalt. 9 Denn
die Augen des Herrn schweifen über die gan-
ze Erde, um denen ein starker Helfer zu sein,
die mit ungeteiltem Herzen zu ihm halten.
Hierin hast du töricht gehandelt, denn von
nun an wirst du Krieg haben. 10 Asa aber
wurde zornig über den Seher. Er ließ ihn im
Gefängnis in den Block legen, denn er war
über ihn sehr aufgebracht. Auch einige aus
dem Volk ließ Asa damals misshandeln.

15,19 – 16,6 ‖ 1 Kön 15,17–22 • 16,8: 14,7–14.

Der Tod Asas: 16,11–14

11 Die frühere und die spätere Geschichte
Asas ist aufgezeichnet im Buch der Könige
von Juda und Israel. 12 Im neununddreißigs-
ten Jahr seiner Regierung erkrankte Asa an
den Füßen. Die Krankheit war sehr heftig.
Aber auch in der Krankheit suchte er nicht
den Herrn, sondern die Ärzte. 13 Asa ent-
schlief zu seinen Vätern; er starb im einund-
vierzigsten Jahr seiner Regierung. 14 Man
setzte ihn bei in seiner Grabstätte, die er sich
in der Davidstadt angelegt hatte. Man legte
ihn auf ein Lager, das mit Balsam und aller-
lei kunstvoll zubereiteten Salben ausgestat-
tet war, und zündete zu seiner Ehre ein
gewaltiges Feuer an.

11–14 ‖ 1 Kön 15,23f.

Joschafats glückliche Regierung: 17,1 – 18,1

17 Joschafat, der Sohn Asas, wurde Kö-
nig anstelle seines Vaters. Er wurde
mächtig in Israel, 2 brachte Truppen in alle
befestigten Städte Judas und legte eine Be-
satzung in das Land Juda und in die Städte
Efraims, die sein Vater Asa erobert hatte.
3 Der Herr war mit Joschafat; denn er folgte
den früheren Wegen seines Vaters und such-
te nicht die Baale auf, 4 sondern den Gott sei-
nes Vaters. Er befolgte seine Gebote und
machte es nicht wie Israel. 5 Darum festigte
der Herr die Königsherrschaft in seiner
Hand. Ganz Juda brachte Joschafat Ge-
schenke, sodass ihm Reichtum und Ehre in
hohem Maß zuteil wurden. 6 Da sein Herz
den Wegen des Herrn folgte, erstarkte sein
Mut und so entfernte er auch die Kulthöhen
und die Kultpfähle aus Juda.

7 Im dritten Jahr seiner Regierung sandte
er seine Beamten Ben-Hajil, Obadja, Sechar-
ja, Netanel und Michaja zur Belehrung des
Volkes in die Städte Judas. 8 Bei ihnen waren
die Leviten Schemaja, Netanja, Sebadja,
Asaël, Schemiramot, Jonatan, Adonija, To-
bija und Tob-Adonija sowie die Priester Eli-
schama und Joram. 9 Sie lehrten in Juda; mit
dem Gesetzbuch des Herrn durchzogen sie
alle Städte Judas und belehrten das Volk.

10 Über alle Königreiche der Länder rings
um Juda kam der Schrecken des Herrn, so-
dass sie mit Joschafat keinen Krieg anfingen.
11 Die Philister brachten ihm Geschenke und
zahlten Tribut. Auch die Araber lieferten
ihm Kleinvieh: siebentausendsiebenhundert
Widder und siebentausendsiebenhundert
Ziegenböcke. 12 So wurde Joschafat immer
mächtiger. Er baute in Juda Burgen und
Vorratsstädte 13 und unternahm viel in den
Städten Judas. In Jerusalem standen tapfere
Krieger zu seiner Verfügung. 14 Und das war
ihre Dienstordnung nach ihren Großfamili-
en: Für Juda waren als Tausendschaftsfüh-
rer bestellt der Oberst Adna mit 300 000 tap-
feren Kriegern 15 und ihm zur Seite der
Oberst Johanan mit 280 000 Mann 16 sowie
Amasja, der Sohn Sichris, der sich freiwillig
(zum Kriegsdienst) für den Herrn gestellt
hatte, mit 200 000 tapferen Kriegern. 17 Aus
Benjamin kam Eljada, ein tapferer Krieger,
mit 200 000 Mann, die Bogen und Schild tru-
gen. 18 Ihm zur Seite stand Josabad mit
180 000 zum Heeresdienst gerüsteten Män-
nern. 19 Sie dienten dem König zusätzlich zu
jenen, die er in die Festungen in ganz Juda
gebracht hatte.

18 So wurden Joschafat Reichtum und
Ehre in hohem Maß zuteil.

17,3 seines Vaters: Infolge eines Missverständnis-
ses des Schreibers steht in H: seines Vaters Da-
vid.
17,10 »Schrecken des Herrn« ist die Furcht vor
Gott, der Joschafat gegen alle Anfeindungen in
Schutz nehmen würde.
18,1 Joram, der Sohn Joschafats, war mit Atalja,
der Tochter Ahabs, verheiratet (vgl. 21,6).

Joschafats Teilnahme am Feldzug Ahabs:
18,1 – 19,3
Joschafat verschwägerte sich mit Ahab.
2 Als er nach einigen Jahren zu Ahab nach
Samaria kam, ließ Ahab für ihn und seine
Leute eine Menge Schafe und Rinder
schlachten und überredete ihn, gegen Ra-
mot-Gilead in den Krieg zu ziehen. 3 Ahab,
der König von Israel, fragte Joschafat, den
König von Juda: Würdest du mit mir gegen
Ramot-Gilead ziehen? Er antwortete: Ich
ziehe mit dir, mein Volk mit deinem Volk.
Ich nehme mit dir am Krieg teil.
4 Joschafat bat aber den König von Israel:
Befrag doch zuvor den Herrn! 5 Da versam-
melte der König von Israel die Propheten,
vierhundert Mann, und fragte sie: Soll ich
gegen Ramot-Gilead zu Felde ziehen oder
soll ich es lassen? Sie gaben den Bescheid:
Zieh hinauf! Gott gibt die Stadt in die Hand
des Königs. 6 Doch Joschafat sagte: Ist hier
sonst kein Prophet des Herrn, den wir befra-
gen könnten? 7 Der König von Israel antwor-
tete Joschafat: Es ist noch einer da, durch
den wir den Herrn befragen könnten. Doch
ich hasse ihn; denn er weissagt mir nie Gu-
tes, sondern immer nur Schlimmes. Es ist
Micha, der Sohn Jimlas. Joschafat erwiderte:
Der König sage das nicht. 8 Da rief der König
von Israel einen Hofbeamten herbei und be-
fahl ihm, unverzüglich Micha, den Sohn Jim-
las, zu holen. 9 Der König von Israel und
Joschafat, der König von Juda, saßen in kö-
niglichen Gewändern auf ihren Thronen. Sie
befanden sich auf der Tenne beim Tor Sama-
rias und alle Propheten weissagten vor ih-
nen. 10 Zidkija, der Sohn Kenaanas, hatte
sich eiserne Hörner gemacht und rief: So
spricht der Herr: Mit diesen wirst du die
Aramäer niederstoßen, bis du sie vernichtet
hast. 11 Alle Propheten weissagten in glei-
cher Weise und riefen: Zieh nach Ramot-
Gilead und sei erfolgreich; der Herr gibt die
Stadt in die Hand des Königs.
12 Der Bote aber, der Micha holen sollte,
redete ihm zu: Die Worte der Propheten wa-
ren ohne Ausnahme günstig für den König.
Mögen deine Worte ihren Worten gleichen.
Sag daher Gutes an! 13 Doch Micha erwider-
te: So wahr der Herr lebt: Nur was Gott mir
sagt, werde ich sagen. 14 Als er zum König
kam, fragte ihn dieser: Micha, sollen wir ge-
gen Ramot-Gilead zu Felde ziehen oder sol-
len wir es lassen? Micha antwortete: Zieht
hinauf und seid erfolgreich! Sie werden eu-
rer Gewalt übergeben werden. 15 Doch der
König entgegnete: Wie oft muss ich dich be-
schwören, mir im Namen des Herrn nur die
Wahrheit zu sagen? 16 Da sagte Micha: Ich
sah ganz Israel über die Berge zerstreut wie
Schafe, die keinen Hirten haben. Und der
Herr sagte: Sie haben keine Herren mehr. So
gehe jeder in Frieden nach Hause. 17 Da
wandte sich der König von Israel an Joscha-
fat: Habe ich es dir nicht gesagt? Er weissagt
mir nie Gutes, sondern immer nur Schlim-
mes. 18 Micha aber fuhr fort: Darum hört das
Wort des Herrn: Ich sah den Herrn auf sei-
nem Thron sitzen; das ganze Heer des Him-
mels stand zu seiner Rechten und seiner Lin-
ken. 19 Und der Herr fragte: Wer will Ahab,
den König von Israel, betören, sodass er nach
Ramot-Gilead hinaufzieht und dort fällt? Da
hatte der eine diesen, der andere jenen Vor-
schlag. 20 Zuletzt trat der Geist vor, stellte
sich vor den Herrn und sagte: Ich werde ihn
betören. Der Herr fragte ihn: Auf welche
Weise? 21 Er gab zur Antwort: Ich werde
mich aufmachen und zu einem Lügengeist
im Mund all seiner Propheten werden. Da
sagte der Herr: Du wirst ihn betören; du ver-
magst es. Geh und tu es! 22 So hat der Herr
jetzt einen Geist der Lüge in den Mund dei-
ner Propheten gelegt; denn er hat über dich
Unheil beschlossen. 23 Da trat Zidkija, der
Sohn Kenaanas, zu Micha, schlug ihn ins Ge-
sicht und rief: Wie, sollte denn der Geist des
Herrn von mir gewichen sein, um mit dir zu
reden? 24 Micha erwiderte: Du wirst es an je-
nem Tag erfahren, an dem du von einem Ge-
mach in das andere eilst, um dich zu verste-
cken. 25 Der König von Israel aber gab den
Befehl: Nehmt Micha fest, führt ihn zum
Stadtobersten Amon und zum Prinzen Jo-
asch 26 und meldet: So spricht der König:
Werft diesen Mann ins Gefängnis, und haltet
ihn streng bei Brot und Wasser, bis ich wohl-
behalten zurückkomme. 27 Doch Micha er-
widerte: Wenn du wohlbehalten zurück-
kommst, dann hat der Herr nicht durch mich
geredet. [Und er sagte: Hört, alle ihr Völ-
ker!]
28 Darauf zog der König von Israel mit Jo-
schafat, dem König von Juda, gegen Ramot-
Gilead. 29 Der König von Israel sagte zu
Joschafat: Ich will mich verkleiden und so in
den Kampf ziehen. Du aber behalte deine
Gewänder an! So ging der König von Israel
verkleidet in den Kampf. 30 Der König von
Aram hatte aber den Obersten seiner
Kriegswagen befohlen: Greift niemanden an,
er sei hohen oder niederen Ranges, außer den

18,20 Zum »Geist« vgl. die Anmerkung zu 1 Kön 22,19–23.

König von Israel. 31 Als daher die Obersten
der Kriegswagen Joschafat erblickten und
ihn für den König von Israel hielten, stürm-
ten sie auf ihn ein, sodass er um Hilfe schrie.
Doch der Herr half ihm und lenkte sie von
ihm weg. 32 Als sie nämlich sahen, dass er
nicht der König von Israel war, ließen sie von
ihm ab. 33 Ein Mann aber spannte aufs Gera-
tewohl seinen Bogen und traf den König von
Israel zwischen Panzer und Leibgurt. Dieser
befahl daher dem Wagenlenker: Wende um
und bring mich aus der Schlacht; denn ich
bin verwundet. 34 Da aber die Schlacht an je-
nem Tag heftig wurde, hielt der König von
Israel den Aramäern gegenüber im Wagen
stand bis zum Abend. Zur Zeit des Sonnen-
untergangs starb er.

19 Joschafat aber, der König von Juda,
kehrte wohlbehalten nach Jerusalem
in sein Haus zurück. 2 Da trat ihm der Seher
Jehu, der Sohn Hananis, entgegen und hielt
ihm vor: Musstest du dem Frevler helfen und
liebst du jene, die den Herrn hassen? So las-
tet nun der Zorn des Herrn auf dir. 3 Doch
fand sich auch Gutes an dir. Du hast die
Kultpfähle aus dem Land beseitigt und dei-
nen Sinn darauf gerichtet, den wahren Gott
zu suchen.

18,1–34 ‖ 1 Kön 22,4–35 • 18: Jes 6,1–3 • 27: Mi 1,2.

Joschafats Sorge für das Recht: 19,4–11

4 Joschafat blieb in Jerusalem. Dann zog er
wieder von Beerscheba bis zum Gebirge
Efraim unter dem Volk umher und führte es
zum Herrn, dem Gott ihrer Väter, zurück.
5 Er bestellte Richter im Land für jede ein-
zelne feste Stadt Judas 6 und gab ihnen die
Weisung: Seht zu, was ihr tut; denn nicht im
Auftrag von Menschen haltet ihr Gericht,
sondern im Auftrag des Herrn. Er steht euch
in der Rechtsprechung zur Seite. 7 Lasst euch
also von der Furcht des Herrn leiten und
handelt gewissenhaft; denn beim Herrn, un-
serem Gott, gibt es keine Ungerechtigkeit,
kein Ansehen der Person, keine Bestechlich-
keit. 8 Außerdem bestellte Joschafat in Jeru-
salem Leviten, Priester und Familienhäupter
für das Gericht des Herrn und für Streitig-
keiten unter den Einwohnern Jerusalems.
9 Er trug ihnen auf: Mit Furcht vor dem
Herrn, mit Festigkeit und ehrlichem Herzen
verfahrt folgendermaßen: 10 Bei jedem
Streitfall, den eure Brüder in ihren Städten
euch vorlegen, mag es sich nun um Blut-
schuld oder um eine Weisung, um ein Gebot
oder um Gesetze und Rechte handeln, sollt
ihr die Beteiligten warnen, damit sie nicht
vor dem Herrn schuldig werden und ein
Zorngericht über euch und eure Brüder
kommt. Das sollt ihr tun, damit ihr euch
nicht versündigt. 11 Seht, der Oberpriester
Amarja ist euer Vorgesetzter in allen Angele-
genheiten des Herrn und Sebadja, der Sohn
Jischmaels, der Fürst des Hauses Juda, in al-
len Angelegenheiten des Königs. Als Beamte
stehen euch die Leviten zur Verfügung. Geht
mutig an die Arbeit und der Herr sei mit
dem, der seine Pflicht erfüllt.

Joschafats Sieg über die Feinde: 20,1–30

20 Danach zogen die Moabiter und Am-
moniter mit einer Anzahl von Mëu-
nitern zum Krieg gegen Joschafat heran.
2 Boten kamen und meldeten Joschafat: Ein
großer Heerhaufen zieht von jenseits des
Meeres, von Edom, gegen dich. Sie stehen
schon in Hazezon-Tamar, das ist En-Gedi.
3 Joschafat geriet in Furcht; er beschloss, den
Herrn zu befragen, und ließ in ganz Juda ein
Fasten ausrufen. 4 Die Judäer versammelten
sich, um vom Herrn (Hilfe) zu erbitten. Auch
aus allen Städten Judas kamen sie herbei,
um den Herrn zu bitten. 5 Joschafat aber trat
im Haus des Herrn, im neuen Vorhof, vor die
Versammlung Judas und Jerusalems 6 und
betete: Herr, Gott unserer Väter, bist nicht
du Gott im Himmel und Herrscher über alle
Reiche der Völker? In deiner Hand liegen
Kraft und Stärke; niemand kann dir wider-
stehen. 7 Hast nicht du, unser Gott, die Be-
wohner dieses Landes vor deinem Volk Israel
vertrieben und für alle Zeiten ihr Gebiet den
Nachkommen Abrahams, deines Freundes,
gegeben? 8 Sie ließen sich darin nieder,
bauten deinem Namen ein Heiligtum und
sagten: 9 Wenn Unglück, Schwert, Über-
schwemmung, Pest oder Hunger über uns
kommen, wollen wir vor dieses Haus und vor
dein Angesicht hintreten; denn dein Name
ist gegenwärtig in diesem Haus. Wir wollen
in unserer Not zu dir rufen und du wirst uns
dann hören und wirst helfen. 10 Da stehen
nun die Ammoniter, Moabiter und die Be-
wohner des Berglands Seïr (an unseren
Grenzen). Du hast den Israeliten bei ihrem

19,5 Die Einsetzung von Richtern in den Städten entspricht dem Gesetz in Dtn 16,18.

19,8 Gemeint sind Streitigkeiten unter den Einwohnern (Text korr. nach G) Jerusalems bei Vergehen gegen das göttliche Gesetz.

20,1 Die Mëuniter sind benannt nach der Stadt Maan im Gebirge Seïr, südlich des Toten Meers. Der Name ist durch G bezeugt; H hat »Ammoniter«, die unmittelbar vorher genannt waren.

20,2 von Edom: sinngemäß korr.; H: von Aram.

Auszug aus Ägypten nicht erlaubt, ihr Gebiet zu betreten. Sie haben sich von ihnen ferngehalten und sie nicht ausgerottet. 11 Dafür erweisen sie uns nun Böses; sie kommen, um uns aus deinem Besitz zu vertreiben, den du uns verliehen hast. 12 Wirst du, unser Gott, nicht über sie Gericht halten? Wir sind machtlos vor dieser gewaltigen Menge, die gegen uns zieht, und wissen nicht, was wir tun sollen. Nur auf dich sind unsere Augen gerichtet.

13 Während ganz Juda, mit Kindern, Frauen und Söhnen, vor dem Herrn stand, 14 kam mitten in der Versammlung der Geist des Herrn über Jahasiël, den Sohn Secharjas, des Sohnes Benajas, des Sohnes Jëiëls, des Sohnes Mattanjas, einen Leviten von den Söhnen Asafs. 15 Er rief: Ihr Judäer alle, ihr Einwohner Jerusalems und du, König Joschafat, merkt auf! So spricht der Herr zu euch: Fürchtet euch nicht und erschreckt nicht vor diesem großen Heerhaufen; denn nicht eure, sondern Gottes Sache ist der Krieg. 16 Zieht morgen gegen sie hinab! Sie werden die Steige von Ziz heraufkommen und ihr werdet am Ausgang des Tals vor der Wüste Jeruël auf sie stoßen. 17 Doch werdet ihr nicht kämpfen müssen. Tretet an, bleibt aber stehen und seht zu, wie der Herr euch Rettung verschafft. Juda und Jerusalem, fürchtet euch nicht und habt keine Angst! Morgen sollt ihr vor ihren Augen ausrücken und der Herr wird mit euch sein. 18 Da verneigte sich Joschafat mit dem Gesicht zur Erde. Auch alle Judäer und die Einwohner Jerusalems fielen vor dem Herrn nieder und beteten ihn an. 19 Darauf erhoben sich von den Leviten die Nachkommen Kehats, und zwar die Nachkommen Korachs, um den Herrn, den Gott Israels, mit lauter und mächtiger Stimme zu preisen.

20 Früh am nächsten Morgen zogen sie in die Wüste von Tekoa. Beim Aufbruch trat Joschafat hin und rief: Hört mir zu, Juda und ihr Einwohner Jerusalems! Vertraut auf den Herrn, euren Gott, dann werdet ihr bestehen. Vertraut auf seine Propheten, dann werdet ihr Erfolg haben. 21 Nachdem er sich mit dem Volk beraten hatte, stellte er Sänger für den Herrn auf, die in heiligem Schmuck dem kampfbereiten Heer voranzogen, Loblieder sangen und riefen: Dankt dem Herrn; denn seine Huld währt ewig. 22 Während sie den Jubelruf und Lobpreis anstimmten, führte der Herr Feinde aus dem Hinterhalt gegen die Ammoniter, Moabiter und die Bewohner des Berglands Seïr, die gegen Juda gezogen waren, sodass sie geschlagen wurden. 23 Darauf stellten sich die Ammoniter und Moabiter gegen die Bewohner des Berglands Seïr, weihten sie dem Untergang und vernichteten sie. Nachdem sie die Bewohner Seïrs vollends aufgerieben hatten, gerieten sie selbst gegeneinander zu ihrem eigenen Verderben. 24 Als daher die Judäer an die Stelle kamen, von der aus man die Wüste überschauen konnte, und ihren Blick auf die feindlichen Scharen richteten, sahen sie nur Leichen am Boden liegen; keiner war entkommen. 25 Da rückte Joschafat mit seinen Leuten an, um die Beute zu sammeln. Sie fanden bei ihnen eine Menge Waren, Kleider, kostbare Geräte und nahmen so viel an sich, dass sie es nicht mehr tragen konnten. Drei Tage plünderten sie, denn die Beute war reichlich. 26 Am vierten Tag sammelten sie sich im Tal Beracha und priesen dort den Herrn. Darum nennt man diese Gegend Tal Beracha (Preistal) bis zum heutigen Tag. 27 Darauf wandten sich alle Männer Judas und Jerusalems mit Joschafat an ihrer Spitze voller Freude zur Heimkehr nach Jerusalem; denn der Herr hatte ihnen Freude über ihre Feinde verliehen. 28 Unter dem Spiel der Harfen, Zithern und Trompeten kamen sie nach Jerusalem zum Haus des Herrn. 29 Der Schrecken Gottes aber erfasste alle Reiche der Länder, als sie hörten, dass der Herr gegen die Feinde Israels gekämpft habe. 30 So hatte das Reich Joschafats Frieden und sein Gott verschaffte ihm ringsum Ruhe.

6: 1 Chr 29,12 • 9: 6,28 • 10: Dtn 2,4–19 • 20: Jes 7,9 • 21: Ps 136,1.

Weitere Nachrichten über Joschafat:
20,31–37

31 Joschafat war König von Juda. Er war fünfunddreißig Jahre alt, als er König wurde, und regierte fünfundzwanzig Jahre in Jerusalem. Seine Mutter hieß Asuba und war eine Tochter Schilhis. 32 Er folgte den Wegen seines Vaters Asa, ohne von ihnen abzuweichen, und tat, was dem Herrn gefiel. 33 Nur die Kulthöhen verschwanden nicht. Das Volk hatte seinen Sinn noch nicht auf den Gott seiner Väter gerichtet.

34 Die übrige Geschichte Joschafats, die frühere und die spätere, ist aufgezeichnet in der Geschichte Jehus, des Sohnes Hananis,

20,25 Kleider: Text korr.
20,33 Der Chronist empfindet es als Mangel, dass nach der Erbauung des Tempels noch Opfer außerhalb Jerusalems dargebracht werden.

die in das Buch der Könige von Israel aufgenommen wurde.

35 Zuletzt verbündete sich Joschafat, der König von Juda, mit Ahasja, dem König von Israel, dessen Tun frevelhaft war. 36 Joschafat schloss mit ihm ein Abkommen, um Schiffe zu bauen, die nach Tarschisch fahren sollten. Sie bauten die Schiffe in Ezjon-Geber. 37 Doch Eliëser, der Sohn Dodawas aus Marescha, weissagte gegen Joschafat: Weil du dich mit Ahasja verbündet hast, wird der Herr dein Werk zerstören. So zerschellten denn die Schiffe und konnten nicht nach Tarschisch fahren.

31–37 ‖ 1 Kön 22,41–50.

Joram: 21,1–20

21 Joschafat entschlief zu seinen Vätern und wurde bei seinen Vätern in der Davidstadt begraben. Sein Sohn Joram wurde König an seiner Stelle. 2 Seine Brüder, die Söhne Joschafats, waren: Asarja, Jehiël, Secharja, Asarja, Michael und Schefatja; sie alle waren Söhne Joschafats, des Königs von Juda. 3 Ihr Vater gab ihnen reiche Geschenke an Silber, Gold und anderen Kostbarkeiten, dazu befestigte Städte in Juda. Das Königtum aber verlieh er Joram; denn dieser war der Erstgeborene. 4 Doch Joram erhob sich gegen das Königtum seines Vaters, gewann die Oberhand und ließ alle seine Brüder und auch einige führende Männer Israels mit dem Schwert hinrichten.

5 Joram war zweiunddreißig Jahre alt, als er König wurde, und regierte acht Jahre in Jerusalem. 6 Er folgte den Wegen der Könige von Israel, wie es das Haus Ahab getan hatte; denn er hatte eine Tochter Ahabs zur Frau und er tat, was dem Herrn missfiel. 7 Doch der Herr wollte das Haus David nicht verderben wegen des Bundes, den er mit David geschlossen hatte, und weil er ihm versprochen hatte, er werde ihm und seinen Söhnen für immer eine Leuchte geben.

8 In den Tagen Jorams fiel Edom von Juda ab und setzte einen eigenen König ein. 9 Joram zog daher mit seinen Obersten und allen Kriegswagen gegen sie. Während der Nacht griff er an und schlug die Edomiter, die ihn und die Obersten der Kriegswagen umzingelt hatten. 10 Doch Edom fiel von Juda ab und ist abtrünnig bis zum heutigen Tag. Damals, zur gleichen Zeit, fiel auch Libna von Juda ab; denn Joram hatte den Herrn, den Gott seiner Väter, verlassen. 11 Auch errichtete er Kulthöhen auf den Bergen Judas und verführte die Einwohner Jerusalems zur Untreue und Juda zum Abfall.

12 Damals traf ein Schreiben des Propheten Elija bei ihm ein. Es hatte folgenden Inhalt: So spricht der Herr, der Gott deines Vaters David: Weil du nicht auf den Wegen deines Vaters Joschafat und auf den Wegen Asas, des Königs von Juda, 13 sondern auf den Wegen der Könige von Israel gegangen bist, weil du Juda und die Einwohner Jerusalems zur Untreue verführt hast, wie es das Haus Ahab getan hat, und weil du deine eigenen Brüder aus der Familie deines Vaters, die besser waren als du, getötet hast, 14 darum wird der Herr dein Volk, deine Söhne und Frauen und deinen ganzen Besitz mit harten Schlägen treffen. 15 Du selbst wirst in schweres Siechtum verfallen und an deinen Eingeweiden erkranken, sodass sie nach Jahr und Tag infolge der Krankheit herausfallen werden.

16 Der Herr reizte nun den Wagemut der Philister und der Araber, die neben den Kuschitern wohnen, gegen Joram auf. 17 Sie zogen gegen Juda, überfielen das Land und nahmen den ganzen Besitz weg, der sich im Palast des Königs fand; auch seine Söhne und Frauen führten sie weg. Es blieb ihm kein Sohn außer Joahas, dem jüngsten von ihnen. 18 Nach all dem schlug der Herr den Joram mit einer unheilbaren Krankheit in den Eingeweiden. 19 Nach Jahr und Tag, zwei Tage vor seinem Ende, fielen infolge der Krankheit seine Eingeweide heraus und er starb unter großen Schmerzen. Das Volk zündete zu seiner Ehre kein Feuer an, wie das bei seinen Vätern geschehen war. 20 Er war zweiunddreißig Jahre alt, als er König wurde, und regierte acht Jahre in Jerusalem. Er ging dahin, von niemand bedauert. Man begrub ihn in der Davidstadt, aber nicht in den Gräbern der Könige.

1 ‖ 1 Kön 22,51 • 5–10 ‖ 2 Kön 8,16–24 • 7: 1 Kön 11,36.

Ahasja: 22,1–9

22 Die Einwohner Jerusalems machten nun seinen jüngsten Sohn Ahasja zum König an seiner Stelle. Alle älteren Brü-

---

20,36 Hier ist Tarschisch in Spanien (9,21) mit Ofir, das von Ezion-Geber aus durch das Rote Meer erreicht wurde, verwechselt.

21,2 Juda: Text korr. nach G; H: Israel, doch vgl. die Anmerkung zu 10,1.

21,8–10 Vgl. die Anmerkung zu 2 Kön 8,21.

21,16 Kuschiter: wie in 14,8.

21,17 Joahas: Im folgenden wird er Ahasja genannt.

der hatte die Räuberbande getötet, die mit
den Arabern in das Lager eingedrungen war.
So kam Ahasja, der Sohn Jorams, des Königs
von Juda, zur Herrschaft. 2 Ahasja war zwei-
undzwanzig Jahre alt, als er König wurde,
und regierte ein Jahr in Jerusalem. Seine
Mutter hieß Atalja; sie war eine Enkelin Om-
ris. 3 Auch er folgte den Wegen des Hauses
Ahab, denn seine Mutter verführte ihn durch
ihren Rat zum Bösen. 4 Wie die Angehörigen
des Hauses Ahab tat er, was dem Herrn miss-
fiel; denn diese stürzten ihn nach dem Tod
seines Vaters durch ihren Rat ins Verder-
ben.

5 Ihrem Rat folgend, zog er mit Joram, dem
Sohn Ahabs, dem König von Israel, gegen
Hasaël, den König von Aram, nach Ramot-
Gilead in den Krieg. Dabei verwundeten die
Aramäer Joram 6 und er musste heimkehren,
um in Jesreel von den Wunden Heilung zu
suchen, die ihm die Aramäer geschlagen hat-
ten, als er in Ramot gegen ihren König Hasa-
ël kämpfte. Ahasja, der Sohn Jorams, der
König von Juda, kam hinab, um Joram, den
Sohn Ahabs, in Jesreel zu besuchen, als er
krank daniederlag. 7 Von Gott aber war es
zum Verderben Ahasjas bestimmt, dass er
sich zu Joram begab. Mit Joram fuhr er nach
seiner Ankunft Jehu, dem Enkel Nimschis,
entgegen, den der Herr gesalbt hatte, damit
er das Haus Ahab ausrotte. 8 Als Jehu seinen
Streit mit dem Haus Ahab austrug, stieß er
auf die Hofleute Judas und die Verwandten
Ahasjas, die im Dienst Ahasjas standen, und
machte sie nieder. 9 Dann ließ er Ahasja su-
chen. Man nahm ihn fest, während er sich in
Samaria verborgen hielt, brachte ihn vor
Jehu und tötete ihn. Doch gab man ihm ein
Grab; denn sie sagten: Er ist ein Enkel Jo-
schafats, der den Herrn mit ganzem Herzen
gesucht hat. Im Haus Ahasjas war nun nie-
mand mehr, der fähig gewesen wäre, die Kö-
nigsherrschaft zu übernehmen.

2–9 ‖ 2 Kön 8,25–29; 9,27f • 7: 2 Kön 9,21 • 8: 2 Kön 10,12–14.

Atalja: 22,10 – 23,21

10 Als Atalja, die Mutter Ahasjas sah, dass
ihr Sohn tot war, ging sie daran, die ganze
Nachkommenschaft der königlichen Familie
des Hauses Juda auszurotten. 11 Doch Jo-
scheba, die Tochter des Königs, nahm Jo-
asch, den Sohn Ahasjas, aus dem Kreis der
Königssöhne, die ermordet werden sollten,
weg und brachte ihn heimlich mit seiner
Amme in die Bettenkammer. Dort versteckte
sie ihn vor Atalja, sodass diese ihn nicht tö-
ten konnte. Joscheba, die Tochter des Königs
Joram und Frau des Priesters Jojada, war die
Schwester Ahasjas. 12 Joasch blieb sechs
Jahre bei ihr im Haus Gottes verborgen,
während Atalja das Land regierte.

23 Doch im siebten Jahr fasste Jojada
Mut und verbündete sich mit den
Hundertschaftsführern, mit Asarja, dem
Sohn Jerohams, Jischmaël, dem Sohn Joha-
nans, Asarja, dem Sohn Obeds, Maaseja, dem
Sohn Adajas, und Elischafat, dem Sohn
Sichris. 2 Sie durchzogen Juda und versam-
melten die Leviten aus allen Städten Judas
sowie die Häupter der israelitischen Großfa-
milien in Jerusalem. 3 Dort schloss die Ver-
sammlung im Haus Gottes einen Bund mit
dem König. Jojada legte ihnen dar: Seht da
den Sohn des Königs! Er soll herrschen, wie
der Herr den Nachkommen Davids verspro-
chen hat. 4 Das ist es, was ihr tun sollt: Ein
Drittel von der Wache, die am Sabbat auf-
zieht, soll bei den Priestern und Leviten sein,
die an den Schwellen wachen. 5 Ein Drittel
soll am Königspalast und ein Drittel am Je-
sodtor stehen. Das ganze Volk aber soll in
den Höfen des Hauses des Herrn bleiben.
6 Niemand darf in das Haus des Herrn kom-
men als nur die Priester und die diensttuen-
den Leviten; diese können eintreten, denn
sie sind heilig. Das ganze Volk aber soll die
Anordnungen des Herrn befolgen. 7 Die
Leviten sollen sich mit der Waffe in der
Hand um den König scharen. Wer in das
Haus einzudringen versucht, soll getötet
werden. Seid beim König, wenn er einzieht
und wenn er auszieht. 8 Die Leviten und Ju-
däer befolgten alle Weisungen des Priesters
Jojada. Jeder holte seine Leute, sowohl jene,
die am Sabbat aufzogen, als auch jene, die
am Sabbat abzogen; denn der Priester Jojada
hatte die Abteilungen nicht entlassen. 9 Er
gab den Anführern der Hundertschaften die
Lanzen sowie die großen und kleinen Schil-
de, die dem König David gehört hatten und
sich jetzt im Haus Gottes befanden. 10 Die

22,2 zweiundzwanzig: so nach G und 2 Kön 8,26; H: zweiundvierzig.

22,5f Vgl. 2 Kön 8,28f.

22,6 von den Wunden: Text korr. nach G und 2 Kön 8,29. Für Ahasja hat H Asarja.

22,10 – 23,21 Vgl. die Anmerkungen zu 2 Kön 11,1–17.

22,10 auszurotten: Text korr. nach G und 2 Kön 11,1.

22,11 Als Frau des Priesters Jojada konnte Joscheba den Königssohn im Tempelbereich verborgen halten.

22,12 bei ihr: Text korr. nach G und 2 Kön 11,3; H: bei ihnen.

kirschblüte

jeder frühling ist ein neuer aufbruch
mit großer kraft brechen die knospen hervor
welch große hoffnung haben sie
keine angst vor frost und kälte
knospen werden zu blüten
voll zuversicht hoffend auf das werk der bienen

hoffnung nicht für sich
denn bald schon werden sie welken und vergehen
vergehen nicht als ende
sondern als wandlung
verwandlung zur reichen frucht

Früh wollen wir dann zu den Weinbergen
gehen und sehen, ob der Weinstock schon treibt,
ob die Rebenblüte sich öffnet,
ob die Granatbäume blühen.
Dort schenke ich dir meine Liebe.

Hohelied 7,13

Foto: Peter Friebe, Germering

ganze Mannschaft stellte er mit der Waffe in der Hand von der Südseite des Tempels bis zur Nordseite vor dem Altar und dem Tempel rings um den König auf. 11 Dann führte man den Königssohn heraus. Man überreichte ihm den Stirnreif und das Königsgesetz und machte ihn so zum König. Jojada und seine Söhne salbten ihn und riefen: Es lebe der König!

12 Als Atalja das Geschrei des Volkes hörte, das herbeilief und dem König zujubelte, kam sie zu den Leuten in das Haus des Herrn. 13 Da sah sie den König am Eingang bei seiner Säule stehen; die Obersten und die Trompeter waren bei ihm und alle Bürger des Landes waren voller Freude und bliesen die Trompeten, während die Sänger mit ihren Instrumenten dastanden und das Zeichen zum Lobpreis gaben. Atalja zerriss ihre Kleider und schrie: Verrat, Verrat! 14 Doch der Priester Jojada befahl den Hundertschaftsführern, die das Kommando über die Truppen hatten: Führt sie durch die Reihen hinaus und jeder, der ihr folgen will, soll mit dem Schwert niedergeschlagen werden. Er sagte: Tötet sie nicht im Haus des Herrn! 15 Da legte man Hand an sie, und als sie zum Eingang des Rosstores am königlichen Palast kam, machte man sie dort nieder.

16 Jojada schloss nun den Bund des Herrn mit dem ganzen Volk und mit dem König. Sie versprachen, dass sie das Volk des Herrn sein wollten. 17 Darauf zog das ganze Volk zum Baalstempel und riss ihn nieder. Sie zertrümmerten seine Altäre und Bilder und erschlugen den Baalspriester Mattan vor den Altären.

18 Dann betraute Jojada die Priester und Leviten mit der Aufsicht über das Haus des Herrn. David hatte sie für das Haus des Herrn in Klassen eingeteilt; nach seiner Anweisung sollten sie unter Freudengesängen und Liedern die Brandopfer für den Herrn darbringen, wie sie im Gesetz des Mose vorgeschrieben sind. 19 Auch stellte er Wächter an die Tore des Hauses des Herrn, damit niemand hereinkäme, der mit einer Unreinheit behaftet wäre. 20 Hierauf nahm Jojada die Hundertschaftsführer, die Vornehmen und Großen des Volkes sowie alle Bürger des Landes und führte den König vom Haus des Herrn hinab. Sie kamen durch das obere Tor in den königlichen Palast und setzten Joasch auf den Königsthron. 21 Alle Bürger des Landes waren voller Freude und die Stadt blieb ruhig. Atalja aber hatte man mit dem Schwert umgebracht.

22,10 – 23,21 ‖ 2 Kön 11,1–20 • 23,11: Dtn 17,18.

Joasch: 24,1–27

24 Joasch war sieben Jahre alt, als er König wurde, und regierte vierzig Jahre in Jerusalem. Seine Mutter hieß Zibja und stammte aus Beerscheba. 2 Joasch tat, was dem Herrn gefiel, solange der Priester Jojada lebte. 3 Jojada warb für ihn zwei Frauen und er zeugte Söhne und Töchter.

4 Danach fasste Joasch den Entschluss, das Haus des Herrn zu erneuern. 5 Er ließ die Priester und die Leviten zusammenkommen und sagte zu ihnen: Geht in die Städte Judas und sammelt Geld von ganz Israel, um Jahr für Jahr Ausbesserungen am Haus eures Gottes vornehmen zu können. Beeilt euch dabei! Als sich aber die Leviten nicht beeilten, 6 rief Joasch den Oberpriester Jojada zu sich und hielt ihm vor: Warum hast du die Leviten nicht angehalten, von Juda und Jerusalem die Abgabe zu erheben, die Mose, der Knecht des Herrn, und die Versammlung Israels für das Zelt der Bundesurkunde vorgeschrieben haben? 7 Die ruchlose Atalja und ihre Bauleute haben das Haus Gottes verfallen lassen und sogar die Weihegaben des Hauses des Herrn für die Baale verwendet. 8 Der König ließ nun einen Kasten anfertigen und außen am Tor des Hauses des Herrn aufstellen. 9 Dann rief man in Juda und Jerusalem aus, man solle die Abgabe für den Herrn entrichten, die Mose, der Knecht Gottes, den Israeliten in der Wüste befohlen hat. 10 Alle führenden Männer und das ganze Volk waren darüber erfreut. Sie brachten ihre Beiträge und warfen sie in den Kasten, bis er voll war. 11 Zu bestimmten Zeiten ließ man den Kasten durch Leviten zur Überprüfung zum König bringen. Wenn man sah, dass viel Geld darin war, kamen der Schreiber des Königs und der Beauftragte des Oberpriesters, leerten den Kasten und trugen ihn wieder an seinen Platz zurück. Das taten sie Tag für Tag und brachten viel Geld zusammen. 12 Der König und Jojada übergaben es den Werkmeistern, die am Haus des Herrn tätig waren, und diese bestellten Maurer und Zimmerleute sowie Eisen- und Bronzeschmiede, die das Haus des Herrn erneuern und seine Schäden beseitigen sollten. 13 Die Werkmeister griffen zu und unter ihrer Lei-

23,14 befahl den Hundertschaftsführern: Text korr. nach G und 2 Kön 11,15; H: führte die Hundertschaftsführer . . . heraus.

23,16 des Herrn: Text korr. nach 2 Kön 11,17.

tung gingen die Ausbesserungsarbeiten gut voran. Sie stellten das Haus Gottes nach seinen Plänen wieder her und erhöhten seine Festigkeit. 14 Als sie fertig waren, brachten sie den Rest des Geldes vor den König und vor Jojada und dieser ließ dafür Geräte für das Haus des Herrn, Kult- und Opfergeräte, Schalen und sonstige Gefäße aus Gold und Silber anfertigen.

Solange Jojada lebte, wurden ständig im Haus des Herrn Opfer dargebracht. 15 Jojada aber wurde alt und satt an Lebenstagen; er war hundertdreißig Jahre alt, als er starb. 16 Man begrub ihn bei den Königen in der Davidstadt; denn er hatte an Israel, für Gott und sein Haus, Gutes getan.

17 Nach dem Tod Jojadas kamen die führenden Männer Judas zum König und warfen sich vor ihm nieder. Dieser hörte damals auf sie, 18 sodass sie den Bund des Herrn, des Gottes ihrer Väter, verließen und die Kultpfähle und Götzenbilder verehrten. Wegen dieser Schuld kam ein Zorngericht über Juda und Jerusalem. 19 Der Herr schickte Propheten zu ihnen, um sie zur Umkehr zum Herrn zu bewegen, aber man hörte nicht auf ihre Warnung. 20 Da kam der Geist Gottes über Secharja, den Sohn des Priesters Jojada. Er trat vor das Volk und hielt ihm vor: So spricht Gott: Warum übertretet ihr die Gebote des Herrn? So könnt ihr kein Glück mehr haben. Weil ihr den Herrn verlassen habt, wird er euch verlassen. 21 Sie aber taten sich gegen ihn zusammen und steinigten ihn auf Befehl des Königs im Hof des Hauses des Herrn. 22 König Joasch dachte nicht mehr an die Treue, mit der ihm Jojada, der Vater Secharjas, gedient hatte, sondern ließ dessen Sohn töten. Dieser aber rief sterbend aus: Der Herr möge es sehen und vergelten.

23 Um die Jahreswende zog das Heer der Aramäer gegen Joasch. Sie drangen nach Juda und Jerusalem vor und machten alle führenden Männer des Volkes nieder. Ihre gesamte Beute brachte man zum König von Damaskus. 24 Mit nur wenig Kriegern war das Heer der Aramäer gekommen; aber der Herr gab ein sehr großes Heer in ihre Gewalt, weil die Israeliten den Herrn, den Gott ihrer Väter, verlassen hatten. So vollzogen die Aramäer an Joasch das Strafgericht. 25 Als sie abzogen und ihn schwer krank zurückließen, verschworen sich seine Diener gegen ihn wegen der Blutschuld am Sohn des Priesters Jojada und erschlugen ihn auf seinem Bett. Man begrub ihn in der Davidstadt, aber nicht in den Gräbern der Könige. 26 Die Verschwörer waren Sabad, der Sohn der Ammoniterin Schimat, und Josabad, der Sohn der Moabiterin Schomer. 27 Weitere Nachrichten über seine Söhne, über die vielen Prophetensprüche gegen ihn und über die Wiederherstellung des Hauses Gottes sind aufgezeichnet in den Erläuterungen zum Buch der Könige. Sein Sohn Amazja wurde König an seiner Stelle.

1–27 ‖ 2 Kön 12,1–22 • 6: Ex 30,12–16; 38,24–26 • 20: 15,2.

Amazja: 25,1–13

25 Amazja war fünfundzwanzig Jahre alt, als er König wurde, und regierte neunundzwanzig Jahre in Jerusalem. Seine Mutter hieß Joaddan und stammte aus Jerusalem. 2 Er tat, was dem Herrn gefiel, wenn auch nicht mit ungeteiltem Herzen. 3 Sobald die Herrschaft fest in seiner Hand war, ließ er die Diener hinrichten, die seinen Vater, den König, erschlagen hatten. 4 Ihre Söhne aber verschonte er, wie es im Gesetz, im Buch des Mose, geschrieben steht, wo der Herr geboten hat: Die Väter sollen nicht für ihre Söhne und die Söhne nicht für ihre Väter mit dem Tod bestraft werden, sondern jeder soll nur für sein eigenes Verbrechen sterben.

5 Amazja versammelte die Judäer aus ganz Juda und Benjamin und stellte sie nach Großfamilien unter den Führern der Tausend- und Hundertschaften auf. Er ließ alle, die zwanzig Jahre und darüber waren, mustern. Ihre Zählung ergab dreihunderttausend auserlesene, wehrfähige Männer, die Lanze und Schild trugen. 6 Dazu ließ er in Israel hunderttausend tapfere Krieger um hundert Silbertalente anwerben. 7 Doch ein Gottesmann kam zu ihm und sagte: Das Heer Israels, o König, soll nicht mit dir ziehen; denn der Herr ist nicht mit Israel, er hilft keinem Efraimiter. 8 Rück vielmehr allein aus und nimm mutig und entschlossen den Kampf auf! Gott könnte dich sonst vor dem Feind zu Fall bringen; denn Gott hat die Macht, zu helfen oder zu stürzen. 9 Amazja erwiderte dem Gottesmann: Wozu habe ich dann den israelitischen Söldnerscharen hundert Talente gegeben? Der Gottesmann antwortete: Der Herr kann dir viel mehr als diese geben. 10 Da schied Amazja die Truppe, die aus Efraim zu ihm gekommen war, aus und ließ sie in ihre Heimat zurückkehren. Sie geriet deswegen in heftigen Zorn über Juda

24,21 Darauf bezieht sich das Wort Jesu in Mt 23,35.

25,2 Die Einschränkung bezieht sich auf V. 14.

und zog grollend in ihr Land zurück.
11 Amazja aber fasste Mut und führte sein
Volk in den Krieg. Er zog in das Salztal und
erschlug von den Seïritern zehntausend
Mann. 12 Zehntausend nahmen die Judäer le-
bend gefangen, führten sie auf die Höhe ei-
nes Felsens und stürzten sie hinab, sodass
alle zerschmettert wurden. 13 Die Angehöri-
gen der Söldnertruppe aber, die Amazja zu-
rückgeschickt und am Kriegszug nicht hatte
teilnehmen lassen, überfielen die Städte
Judas zwischen Samaria und Bet-Horon, er-
schlugen dort dreitausend Mann und mach-
ten reiche Beute.

1–4 ‖ 2 Kön 14,1–6 • 4: Dtn 24,16; Ez 18,10–20 • 7: 19,2; 20,37.

Amazjas Übermut und Tod: 25,14–28

14 Nach der Rückkehr vom Sieg über die
Edomiter stellte Amazja die Götter der Seï-
riter, die er mitgebracht hatte, als Götter für
sich auf, fiel vor ihnen nieder und brachte
ihnen Opfer dar. 15 Da entbrannte der Zorn
des Herrn gegen Amazja. Er sandte einen
Propheten zu ihm und ließ ihm sagen: Wa-
rum suchst du die Götter des Volkes, die ihr
Volk aus deiner Hand nicht retten konnten?
16 Amazja fiel ihm ins Wort und rief: Haben
wir dich zum Berater des Königs bestellt?
Halt ein! Warum soll man dich schlagen? Da
hielt der Prophet inne und sagte: Ich weiß,
dass Gott dein Verderben plant, weil du das
getan und auf meinen Rat nicht gehört hast.
17 Nach einer Beratung sandte Amazja, der
König von Juda, Boten an Joasch, den Sohn
des Joahas, des Sohnes Jehus, den König von
Israel, und ließ ihm sagen: Komm, wir wollen
(im Kampf) einander gegenübertreten.
18 Doch Joasch, der König von Israel, ließ
dem König Amazja von Juda sagen: Der
Dornstrauch auf dem Libanon ließ der Zeder
auf dem Libanon sagen: Gib deine Tochter
meinem Sohn zur Frau! Aber die Tiere des
Libanon liefen über den Dornstrauch und
zertraten ihn. 19 Du denkst: Ich habe Edom
besiegt!, und bist übermütig geworden.
Wahre jetzt deinen Ruhm und bleib zu Hau-
se! Wozu willst du das Unglück herausfor-
dern und zu Fall kommen, du und Juda mit
dir? 20 Doch Amazja wollte nicht hören; denn
Gott hatte es so bestimmt, um sie ihren Fein-
den preiszugeben, weil sie die Götter der
Edomiter suchten. 21 Joasch, der König von
Israel, rückte daraufhin aus. Er und Amazja,
der König von Juda, traten bei Bet-Sche-
mesch, das zu Juda gehört, einander gegen-
über. 22 Die Judäer wurden von den Israeli-
ten geschlagen und flohen zu ihren Zelten.
23 Den König Amazja von Juda, den Sohn des
Joasch, des Sohnes des Joahas, nahm König
Joasch von Israel bei Bet-Schemesch gefan-
gen und brachte ihn nach Jerusalem. Dort
riss er die Mauer der Stadt vom Efraimtor
bis zum Ecktor auf einer Strecke von vier-
hundert Ellen nieder, 24 nahm alles Gold und
Silber sowie alle Geräte, die sich im Haus
Gottes bei Obed-Edom befanden, samt den
Schätzen des königlichen Palastes, ließ sich
Geiseln stellen und kehrte nach Samaria zu-
rück.
25 Amazja, der Sohn des Joasch, der König
von Juda, lebte nach dem Tod des Joasch, des
Sohnes des Joahas, des Königs von Israel,
noch fünfzehn Jahre. 26 Die übrige Geschich-
te Amazjas, die frühere und die spätere, ist
aufgezeichnet im Buch der Könige von Juda
und Israel. 27 Zur Zeit, da Amazja sich vom
Herrn abwandte, bildete sich in Jerusalem
gegen ihn eine Verschwörung. Er floh nach
Lachisch; aber man sandte Verfolger hinter
ihm her nach Lachisch, die ihn dort erschlu-
gen. 28 Man brachte ihn auf Pferden nach
Jerusalem und begrub ihn bei seinen Vätern
in der Davidstadt.

17–28 ‖ 2 Kön 14,8–20 • 24: 1 Chr 26,15.

Usija (Asarja): 26,1–23

26 Das ganze Volk von Juda nahm
Usija, der damals sechzehn Jahre alt
war, und machte ihn zum König anstelle sei-
nes Vaters Amazja. 2 Er baute Elat aus, das
er für Juda zurückgewonnen hatte, nachdem
Amazja zu seinen Vätern entschlafen war.
3 Usija war sechzehn Jahre alt, als er König
wurde, und regierte zweiundfünfzig Jahre in
Jerusalem. Seine Mutter hieß Jecholja und
stammte aus Jerusalem. 4 Genau wie sein Va-
ter Amazja tat er, was dem Herrn gefiel. 5 Er
war bestrebt, Gott zu suchen, solange Se-
charja lebte, der ihn in der Furcht Gottes un-
terwies, und solange er den Herrn suchte,
ließ ihn Gott erfolgreich sein. 6 Er unter-
nahm einen Kriegszug gegen die Philister,
riss die Mauern von Gat, Jabne und Aschdod
nieder und baute Städte bei Aschdod und im
übrigen Gebiet der Philister aus. 7 Gott stand

25,23 Joahas: vgl. die Anmerkung zu 21,17.
25,28 in der Davidstadt: Text korr. nach G und 2 Kön 14,20; H: in der Stadt Judas.
26,4 Der Vergleich mit Amazja ist aus 2 Kön 15,3 übernommen; vgl. aber die Anmerkung zu 25,2.
26,5 in der Furcht: Text korr. nach G. – Secharja ist sonst unbekannt.
26,7 Zu den Meunitern vgl. die Anmerkung zu 20,1.

ihm bei gegen die Philister, gegen die Ara-
ber, die in Gur-Baal wohnten, und gegen die
Mëuniter. 8 Die Ammoniter zahlten ihm Tri-
but und sein Ruhm reichte bis an die Grenze
Ägyptens, denn er war überaus mächtig ge-
worden. 9 In Jerusalem baute Usija Türme
am Ecktor und am Taltor sowie im Winkel
und befestigte sie. 10 Auch in der Steppe bau-
te er Türme und grub viele Zisternen. Er be-
saß nämlich große Herden in der Schefela
und in der Ebene und beschäftigte Acker-
und Weinbauern in den Bergen und im
Fruchtland, denn er liebte den Ackerbau.
11 Usija hatte ein kriegstüchtiges Heer, das,
nach Abteilungen gegliedert, in der Stärke
ausrückte, die der Staatsschreiber Jëiël und
der Amtmann Maaseja unter Aufsicht Ha-
nanjas, eines der Obersten des Königs, bei
der Musterung festgestellt hatten. 12 Unter
den Kriegern waren insgesamt zweitausend-
sechshundert Häupter von Großfamilien.
13 Sie befehligten ein Heer von dreihundert-
siebentausendfünfhundert kampffähigen
Männern, die stark genug waren, um dem
König gegen seine Feinde zu helfen. 14 Für
das ganze Heer stellte Usija Schilde, Lanzen,
Helme, Panzer, Bogen und Schleudersteine
bereit. 15 In Jerusalem ließ er kunstvolle
Wurfmaschinen bauen und auf den Türmen
und Mauerecken aufstellen, um Pfeile und
große Steine abschießen zu können. So wur-
de er weithin berühmt; denn ihm wurde
außergewöhnliche Hilfe zuteil, sodass er an
Macht gewann.

16 Doch als er mächtig geworden war, wur-
de sein Herz übermütig und er handelte ver-
kehrt. Er wurde dem Herrn, seinem Gott, un-
treu und drang in den Tempel des Herrn ein,
um auf dem Rauchopferaltar zu opfern.
17 Aber der Priester Asarja folgte ihm mit
achtzig mutigen Priestern des Herrn. 18 Sie
traten dem König Usija entgegen und sagten
zu ihm: Nicht dir, Usija, steht es zu, dem
Herrn Rauchopfer darzubringen, sondern
den Priestern, den Söhnen Aarons, die ge-
weiht sind, das Rauchopfer darzubringen.
Verlass das Heiligtum; denn du bist untreu
geworden und es gereicht dir nicht zur Ehre
vor Gott, dem Herrn. 19 Usija wurde zornig;
er hielt schon die Räucherpfanne in der
Hand, um das Rauchopfer darzubringen. Als
er sich aber zornig gegen die Priester wand-
te, brach an seiner Stirn der Aussatz hervor.
Es geschah vor den Augen der Priester, wäh-
rend er im Tempel neben dem Rauchopferal-
tar stand. 20 Als daher der Oberpriester
Asarja und alle anderen Priester sich ihm
zuwandten, zeigte sich der Aussatz an seiner
Stirn. Sie drängten ihn eiligst von dort weg
und auch er selbst beeilte sich hinauszukom-
men, da der Herr ihn geschlagen hatte. 21 So
war König Usija aussätzig bis zu seinem Tod.
Da er vom Haus des Herrn ausgeschlossen
war, musste er als Aussätziger in einem abge-
sonderten Haus wohnen, während sein Sohn
Jotam Vorsteher des königlichen Palastes
war und die Bürger des Landes regierte.

22 Die übrige Geschichte Usijas, die frühe-
re und die spätere, schrieb der Prophet Jesa-
ja, der Sohn des Amoz. 23 Usija entschlief zu
seinen Vätern und man begrub ihn bei seinen
Vätern auf dem Feld bei der Grabstätte der
Könige; denn man sagte: Er war aussätzig.
Sein Sohn Jotam wurde König an seiner
Stelle.

1–23 ‖ 2 Kön 14,21–22; 15,1–7.

Jotam: 27,1–9

27 Jotam war fünfundzwanzig Jahre
alt, als er König wurde, und regierte
sechzehn Jahre in Jerusalem. Seine Mutter
hieß Jeruscha und war eine Tochter Zadoks.
2 Er tat, was dem Herrn gefiel, genau wie sein
Vater Usija, aber er drang nicht in den Tem-
pel des Herrn ein. Das Volk jedoch handelte
immer noch verkehrt. 3 Er baute das obere
Tor am Haus des Herrn. Auch an der Mauer
des Ofel baute er viel. 4 Ebenso baute er
Städte im Gebirge Juda aus, errichtete Bur-
gen und Türme in den Waldgebieten, 5 führte
Krieg mit dem König der Ammoniter und be-
siegte ihn. Die Ammoniter mussten ihm in
jenem Jahr hundert Talente Silber, zehntau-
send Kor Weizen und zehntausend Kor Gers-
te abliefern. Die gleiche Abgabe leisteten sie
auch im zweiten und dritten Jahr. 6 So wurde
Jotam mächtig; denn er achtete in seinem
Verhalten auf den Herrn, seinen Gott.

7 Die übrige Geschichte Jotams, alle seine
Kriege und Unternehmungen, sind aufge-
zeichnet im Buch der Könige von Israel und
Juda. 8 Er war fünfundzwanzig Jahre alt, als
er König wurde, und regierte sechzehn Jahre
in Jerusalem. 9 Jotam entschlief zu seinen
Vätern und man begrub ihn in der David-
stadt. Sein Sohn Ahas wurde König an seiner
Stelle.

1–9 ‖ 2 Kön 15,32–38 • 2: 26,16.

Ahas: 28,1–15

28 Ahas war zwanzig Jahre alt, als er
König wurde, und regierte sechzehn
Jahre in Jerusalem. Er tat nicht wie sein Va-

28,1 Wahrscheinlich regierte Ahas nur sechs, nicht sechzehn Jahre (vgl. die Anmerkung zu 2 Kön 16,2).

ter David, was dem Herrn gefiel, 2 sondern er folgte den Wegen der Könige von Israel. Auch ließ er Gussbilder für die Baale anfertigen, 3 opferte im Tal Ben-Hinnom, verbrannte seine Söhne im Feuer und ahmte so die Gräuel der Völker nach, die der Herr vor den Augen der Israeliten vertrieben hatte. 4 Auf den Kulthöhen und Hügeln und unter jedem üppigen Baum brachte er Schlacht- und Rauchopfer dar.

5 Darum gab ihn der Herr, sein Gott, in die Hand des Königs der Aramäer. Sie schlugen ihn, führten ihm viele Gefangene weg und brachten sie nach Damaskus. Ebenso geriet er in die Hand des Königs von Israel. Pekach, der Sohn Remaljas, bereitete ihm eine schwere Niederlage. 6 Er erschlug an einem Tag in Juda hundertzwanzigtausend Mann, lauter tapfere Krieger, da sie den Herrn, den Gott ihrer Väter, verlassen hatten. 7 Sichri, ein efraimitischer Kriegsheld, tötete den Königssohn Maaseja, den Hausvorsteher Asrikam und Elkana, den Zweiten nach dem König. 8 Die Israeliten führten von ihren Stammesbrüdern zweihunderttausend Frauen, Söhne und Töchter als Gefangene weg, machten bei ihnen auch reiche Beute und brachten sie nach Samaria.

9 Dort lebte ein Prophet des Herrn namens Oded. Dieser ging dem Heer entgegen, das nach Samaria zurückkehrte, und hielt ihm vor: Seht, weil der Herr, der Gott eurer Väter, über Juda erzürnt war, hat er sie in eure Hand gegeben. Ihr habt unter ihnen mit einer Wut gemordet, die zum Himmel schreit. 10 Jetzt wollt ihr euch Leute aus Juda und Jerusalem als Knechte und Mägde untertan machen. Steht denn nicht ihr gerade in Schuld vor dem Herrn, eurem Gott? 11 Hört daher jetzt auf mich! Gebt die Gefangenen zurück, die ihr von euren Stammesbrüdern weggeführt habt. Es würde sonst der glühende Zorn des Herrn euch treffen. 12 Darauf traten einige von den Häuptern der Efraimiter, nämlich Asarja, der Sohn Johanans, Berechja, der Sohn Meschillemots, Jehiskija, der Sohn Schallums, und Amasa, der Sohn Hadlais, zu den Heimkehrern vom Feldzug hin, 13 redeten mit ihnen und sagten: Bringt die Gefangenen nicht hierher! Schon liegt eine Schuld vor dem Herrn auf uns und ihr wollt unsere Sünde und Schuld noch vermehren. Ist doch unsere Schuld schon groß genug und der glühende Zorn des Herrn lastet auf Israel. 14 Daraufhin gaben die bewaffneten Krieger in Gegenwart der Obersten und der ganzen Versammlung die Gefangenen und die Beute frei. 15 Männer, die namentlich dazu bestimmt waren, gingen hin und nahmen sich der Gefangenen an. Sie bekleideten alle, die nackt waren, aus der Beute und versahen sie mit Gewändern und Schuhen. Sie gaben ihnen zu essen und zu trinken, salbten die Schwachen unter ihnen und setzten sie auf Esel. So brachten sie die Gefangenen in die Palmenstadt Jericho in die Nähe ihrer Stammesbrüder. Sie selbst kehrten nach Samaria zurück.

1–8 ‖ 2 Kön 16,1–5.

Die Bedrängnis durch Assur: 28,16–27

16 In jener Zeit sandte König Ahas einen Hilferuf an den König von Assur; 17 denn auch die Edomiter waren eingedrungen, hatten Juda besiegt und Gefangene weggeführt. 18 Zugleich überfielen die Philister die Städte der Schefela und des judäischen Negeb, eroberten Bet-Schemesch, Ajalon, Gederot, Socho mit seinen Tochterstädten, Timna mit seinen Tochterstädten und Gimso mit seinen Tochterstädten und setzten sich darin fest; 19 denn der Herr demütigte Juda wegen Ahas', des Königs von Juda, der die Zügellosigkeit in Juda förderte und gegen den Herrn treulos war. 20 Tiglat-Pileser, der König von Assur, kam zu ihm; doch brachte er ihm nur Bedrängnis, aber keine Stärkung. 21 Ahas musste den Tempel, den königlichen Palast und die führenden Männer berauben und alles dem König von Assur geben, fand jedoch keine Hilfe. 22 Selbst in der Zeit der Bedrängnis setzte König Ahas seine Treulosigkeit gegen den Herrn fort. 23 Er brachte den Göttern von Damaskus, die ihn geschlagen hatten, Opfer dar und sagte: Die Götter der aramäischen Könige haben ihren Verehrern geholfen. Ihnen will ich opfern und sie werden mir helfen. Doch sie dienten nur dazu, ihn und ganz Israel zu Fall zu bringen. 24 Ahas ließ die Geräte des Hauses Gottes zusammenholen und zerschlagen, schloss die Tore des Hauses des Herrn und errichtete Altäre an allen Ecken Jerusalems. 25 In jeder einzelnen Stadt Judas baute er Kulthöhen, um anderen Göttern zu opfern. So erzürnte er den Herrn, den Gott seiner Väter.

26 Seine übrige Geschichte und alle seine Unternehmungen, die früheren und die späteren, sind aufgezeichnet im Buch der Könige von Juda und Israel. 27 Ahas entschlief zu seinen Vätern und man begrub ihn in Jeru-

28,16–18 Das geschah während des Syrisch-efraimitischen Kriegs (vgl. 2 Kön 16,5–7).

28,19 König von Juda: Text korr. nach G; H: Israel, vgl. aber die Anmerkung zu 10,1.

salem, innerhalb der Stadt, legte ihn also
nicht in die Gräber der Könige von Israel.
Sein Sohn Hiskija wurde König an seiner
Stelle.

16–27 || 2 Kön 16,7–19.

Einleitung zur Geschichte Hiskijas: 29,1–2

29 Hiskija war fünfundzwanzig Jahre
alt, als er König wurde, und regierte
neunundzwanzig Jahre in Jerusalem. Seine
Mutter hieß Abi und war eine Tochter Se-
charjas. 2 Genau wie sein Vater David tat er,
was dem Herrn gefiel.

1–2 || 2 Kön 18,1–3.

Die Wiederherstellung des Kultes: 29,3–36

3 Im ersten Jahr seiner Regierung, im ers-
ten Monat, öffnete er die Tore des Hauses des
Herrn und setzte sie wieder instand. 4 Darauf
ließ er die Priester und die Leviten kommen,
versammelte sie auf dem Platz im Osten
5 und sagte zu ihnen: Leviten, hört mich an!
Heiligt euch jetzt und heiligt das Haus des
Herrn, des Gottes eurer Väter! Schafft alles
Unreine aus dem Heiligtum! 6 Unsere Väter
haben treulos gehandelt und getan, was dem
Herrn, unserem Gott, missfällt. Sie haben
ihn verlassen und ihre Blicke von der Wohn-
stätte des Herrn abgewandt und ihr den Rü-
cken gekehrt. 7 Sogar die Tore der Vorhalle
(des Tempels) haben sie geschlossen, die
Lampen ausgelöscht, kein Rauchopfer ange-
zündet und dem Gott Israels im Heiligtum
kein Brandopfer dargebracht. 8 Darum kam
der Zorn des Herrn über Juda und Jerusa-
lem. Er machte sie zum Schreckbild, zum
Gegenstand des Entsetzens und zum Ge-
spött, wie ihr es mit eigenen Augen seht.
9 Deswegen sind unsere Väter unter dem
Schwert gefallen und sind unsere Söhne,
Töchter und Frauen in Gefangenschaft.
10 Ich habe nun vor, einen Bund mit dem
Herrn, dem Gott Israels, zu schließen, damit
sein glühender Zorn von uns ablässt. 11 Mei-
ne Söhne, seid jetzt nicht nachlässig! Euch
hat ja der Herr dazu erwählt, dass ihr vor
ihm steht und ihm dient. Ihr sollt seine Die-
ner sein und ihm Opfer darbringen.

12 Da standen folgende Leviten auf: Ma-
hat, der Sohn Amasais, und Joël, der Sohn
Asarjas, von den Nachkommen der Kehati-
ter; Kisch, der Sohn Abdis, und Asarja, der
Sohn Jehallelels, von den Nachkommen Me-
raris; Joach, der Sohn Simmas, und Eden,
der Sohn Joachs, von den Gerschonitern;
13 Schimri und Jëiël von den Nachkommen
Elizafans; Secharja und Mattanja von den
Nachkommen Asafs; 14 Jehiël und Schimi
von den Nachkommen Hemans; Schemaja
und Usiël von den Nachkommen Jedutuns.
15 Sie versammelten ihre Stammesbrüder
und heiligten sich. Dann gingen sie auf Be-
fehl des Königs, der sich auf die Worte des
Herrn stützte, daran, das Haus des Herrn zu
reinigen. 16 Die Priester betraten das Innere
des Hauses des Herrn, um es zu reinigen. Sie
schafften alles Unreine, das sie im Tempel
des Herrn fanden, in den Hof des Hauses des
Herrn. Dort übernahmen es die Leviten und
trugen es in das Kidrontal hinaus. 17 Am
ersten Tag des ersten Monats begannen sie
mit der Reinigung; am achten Tag des Mo-
nats kamen sie zur Vorhalle des Herrn; dann
heiligten sie das Haus des Herrn innerhalb
von acht Tagen. Am sechzehnten Tag des
ersten Monats hatten sie die Arbeit voll-
endet.

18 Darauf gingen sie zum König Hiskija
hinein und meldeten: Wir haben das ganze
Haus des Herrn gesäubert. Den Brandopfer-
altar mit all seinen Geräten, den Tisch für
die Schaubrote mit all seinen Geräten, 19 alle
Geräte, die König Ahas während seiner Re-
gierung durch seine Treulosigkeit entweiht
hat, haben wir instand gesetzt und geheiligt.
Sie stehen nun vor dem Altar des Herrn.

20 Am nächsten Morgen versammelte Kö-
nig Hiskija die führenden Männer der Stadt
und ging mit ihnen in das Haus des Herrn hi-
nauf. 21 Man führte sieben Stiere, sieben
Widder, sieben Lämmer und sieben Ziegen-
böcke als Sündopfer für das Königshaus, für
das Heiligtum und für Juda herbei und der
König befahl den Priestern, den Nachkom-
men Aarons, sie auf dem Altar des Herrn
darzubringen. 22 Man schlachtete die Rinder;
die Priester fingen das Blut auf und spreng-
ten es an den Altar. Dann schlachteten sie
die Widder und sprengten das Blut an den
Altar. Dann schlachteten sie die Lämmer
und sprengten das Blut an den Altar. 23 Zu-
letzt brachte man die Böcke für das Sündop-
fer vor den König und die Versammlung, da-
mit sie die Hände auf sie legten. 24 Dann
schlachteten die Priester die Böcke und
sprengten das Blut als Sündopfer an den Al-
tar, um für ganz Israel Sühne zu erwirken;
denn der König hatte das Brandopfer und
das Sündopfer für ganz Israel bestimmt.
25 Er stellte die Leviten mit Zimbeln, Harfen
und Zithern im Haus des Herrn auf, wie es
der Anordnung Davids, des königlichen Se-
hers Gad und des Propheten Natan ent-
sprach. Diese Weisungen waren vom Herrn
durch seine Propheten ergangen. 26 Die Levi-
ten traten mit den Instrumenten Davids und
die Priester mit ihren Trompeten an. 27 Dann

ließ Hiskija das Brandopfer auf dem Altar
darbringen. Als das Opfer begann, setzten
gleichzeitig auch der Gesang zur Ehre des
Herrn und die Trompeten ein, begleitet von
den Instrumenten Davids, des Königs von Is-
rael. 28 Die ganze Versammlung warf sich
nieder, während der Gesang ertönte und die
Trompeten schmetterten. Dies alles dauerte
bis zum Abschluss des Opfers. 29 Nach der
Darbringung des Brandopfers verneigten
sich der König und alle die sich bei ihm ein-
gefunden hatten, und warfen sich nieder.
30 König Hiskija und die führenden Männer
befahlen den Leviten, den Herrn mit den
Worten Davids und des Sehers Asaf zu prei-
sen. Diese sangen den Lobpreis mit Freuden,
verneigten sich und warfen sich nieder.

31 Hierauf nahm Hiskija das Wort und sag-
te: Ihr steht jetzt mit vollen Händen vor dem
Herrn. Tretet heran und bringt Schlacht-
und Dankopfer zum Haus des Herrn! Da
brachte die Versammlung Schlacht- und
Dankopfer herbei; manche gaben freiwillig
noch Brandopfer hinzu. 32 Die Anzahl der
Brandopfer, die die Versammlung spendete,
betrug siebzig Rinder, hundert Widder und
zweihundert Lämmer. Sie wurden alle als
Brandopfer dem Herrn dargebracht. 33 Die
Weihegaben beliefen sich auf sechshundert
Rinder und dreitausend Schafe. 34 Es waren
aber zu wenig Priester vorhanden, um alle
Brandopfer enthäuten zu können. Daher
halfen ihnen ihre Amtsbrüder, die Leviten,
bis die Arbeit geschehen war und die Pries-
ter sich geheiligt hatten; denn die Leviten
hatten sich eifriger um ihre Heiligung be-
müht als die Priester. 35 Es war aber auch die
Anzahl der Brandopfer sehr groß, die neben
den Fettstücken der Heilsopfer und den zum
Brandopfer gehörenden Trankopfern darge-
bracht werden mussten. So wurde der Dienst
im Haus des Herrn wiederhergestellt. 36 His-
kija und das ganze Volk freuten sich, dass
Gott dies dem Volk gewährt hatte; denn es
war wider Erwarten schnell geschehen.

3–36: 2 Kön 18,4–8 • 25: 1 Chr 16,4–6.

Die Feier des Paschafestes: 30,1 – 31,1

30 Hiskija sandte Boten zu ganz Israel
und Juda, schrieb auch Briefe an
Efraim und Manasse und forderte sie auf,
zum Haus des Herrn nach Jerusalem zu kom-
men und zur Ehre des Herrn, des Gottes Is-
raels, das Pascha zu feiern. 2 Dann beriet er
sich mit seinen Hofleuten und der ganzen
Versammlung in Jerusalem, ob sie das Pa-
scha nicht erst im zweiten Monat begehen
sollten; 3 denn sie konnten es damals nicht
abhalten, da sich nicht genügend Priester ge-
heiligt hatten und das Volk nicht in Jerusa-
lem versammelt war. 4 Der Plan gefiel dem
König und der ganzen Versammlung. 5 Sie
beschlossen, man solle in ganz Israel von
Dan bis Beerscheba ausrufen, dass sie kom-
men und in Jerusalem zur Ehre des Herrn,
des Gottes Israels, das Pascha feiern sollten;
denn man hatte es bisher nicht vollzählig so
gehalten, wie es vorgeschrieben war.

6 Die Eilboten durchzogen nun mit den
Briefen aus der Hand des Königs und seiner
Hofleute ganz Israel und Juda und verkün-
deten im Auftrag des Königs: Israeliten,
kehrt um zum Herrn, dem Gott Abrahams,
Isaaks und Israels, damit er sich dem Rest
zuwendet, der von der Hand der Könige von
Assur verschont geblieben ist. 7 Seid nicht
wie eure Väter und Brüder, die dem Herrn,
dem Gott ihrer Väter, untreu geworden sind,
sodass er sie zu einem Bild des Entsetzens
machte, wie ihr es vor Augen habt. 8 Seid
jetzt nicht hartnäckig wie eure Väter! Reicht
dem Herrn die Hand und kommt in sein Hei-
ligtum, das er für immer geheiligt hat. Dient
dem Herrn, eurem Gott, damit sein Zorn von
euch ablässt. 9 Wenn ihr zum Herrn zurück-
kehrt, werden eure Brüder und Söhne Erbar-
men finden bei denen, die sie als Gefangene
weggeführt haben. Sie werden in dieses
Land zurückkehren dürfen; denn der Herr,
euer Gott, ist gnädig und barmherzig. Er
wird sein Angesicht nicht von euch abwen-
den, wenn ihr zu ihm umkehrt.

10 Die Eilboten zogen von Stadt zu Stadt
durch das Gebiet von Efraim und Manasse
bis nach Sebulon. Doch man lachte und
spottete über sie. 11 Nur einige Männer von
Ascher, Manasse und Sebulon beugten sich
und kamen nach Jerusalem. 12 Auch in Juda
waltete die Hand Gottes und bewirkte, dass
sie einmütig den Befehl des Königs und der
führenden Männer befolgten, wie es dem

29,31 Wörtlich: Ihr habt jetzt eure Hand für den Herrn gefüllt.
29,33 Die Menge der Tiere benötigte man zum Opfermahl, das mit der Einweihungsfeier verbunden war.
29,34 Die Priester und Leviten mussten vor der Ausübung ihres Dienstes »sich heiligen«, d.h. verschiedene Reinigungsriten auf sich nehmen.
30,2 Num 9,10f gestattet in Ergänzung zu Ex 12,6 in besonderen Fällen die Verlegung des Pascha auf den zweiten Monat. Zur Paschafeier des ganzen Volkes vgl. die Anmerkung zu Ex 12,1 – 13,6.
30,9 Im Jahr 722 v. Chr. war das Nordreich untergegangen und ein Teil der Bevölkerung nach Assyrien in die Gefangenschaft verschleppt worden.

Wort des Herrn entsprach. 13 So versammelte sich viel Volk in Jerusalem, um im zweiten Monat das Fest der Ungesäuerten Brote zu begehen. Es war eine sehr große Versammlung. 14 Sie machten sich auf, entfernten die Altäre in Jerusalem, beseitigten alle Rauchopferaltäre und warfen sie in das Kidrontal. 15 Am vierzehnten Tag des zweiten Monats schlachteten sie das Pascha. Die Priester und Leviten aber fühlten sich beschämt. Sie heiligten sich, brachten Brandopfer zum Haus des Herrn 16 und begaben sich pflichtgemäß an ihren Platz, nach dem Gesetz des Mose, des Mannes Gottes. Die Priester sprengten das Blut (an den Altar), das sie von den Leviten entgegennahmen. 17 Weil viele in der Versammlung sich nicht geheiligt hatten, schlachteten die Leviten die Paschalämmer für alle, denen die Reinheit fehlte, die man für die Weihe an den Herrn brauchte. 18 Denn ein großer Teil des Volkes, viele nämlich aus Efraim, Manasse, Issachar und Sebulon, hatten sich nicht gereinigt. Sie aßen das Pascha nicht in der vorgeschriebenen Weise. Doch Hiskija betete für sie und sagte: Der Herr, der Gütige, entsühne 19 jeden, der seinen Sinn darauf richtet, den Herrn, den Gott seiner Väter, zu suchen, auch wenn er nicht die Reinheit besitzt, die dem Heiligtum gebührt. 20 Der Herr hörte auf Hiskija und ließ das Volk unversehrt. 21 So feierten die Israeliten, die sich in Jerusalem eingefunden hatten, das Fest der Ungesäuerten Brote sieben Tage hindurch mit großer Freude. Tag für Tag priesen die Leviten und Priester den Herrn mit lauten Instrumenten. 22 Die Leviten zeigten großes Verständnis für den Dienst des Herrn und Hiskija ermunterte sie zu ihrer Arbeit. Als dann die sieben Tage der Festzeit zu Ende waren, an denen sie Heilsopfer darbrachten und den Herrn, den Gott ihrer Väter, priesen, 23 beschloss die ganze Versammlung, weitere sieben Tage zu feiern, und so machten sie auch diese sieben Tage zu einem Freudenfest. 24 Hiskija, der König von Juda, hatte nämlich tausend Stiere und siebentausend Schafe für die Versammlung gestiftet und die führenden Männer hatten tausend Stiere und zehntausend Schafe für die Versammlung gestiftet; von den Priestern aber hatten sich sehr viele geheiligt. 25 So freute sich die ganze Versammlung Judas, die Priester und die Leviten und alle, die aus Israel gekommen waren, auch die Fremden, die sich aus dem Gebiet Israels eingefunden hatten oder in Juda wohnten. 26 Die Freude war groß in Jerusalem; denn seit den Tagen Salomos, des Sohnes Davids, des Königs von Israel, hatte es dergleichen in Jerusalem nicht mehr gegeben. 27 Zuletzt standen die levitischen Priester auf und segneten das Volk. Gott hörte ihr Rufen und ihr Gebet drang zu seiner heiligen Wohnung, zum Himmel, empor.

31 Nachdem sie dies alles beendet hatten, zogen die anwesenden Israeliten insgesamt in die Städte Judas, zertrümmerten die Steinmale, hieben die Kultpfähle um und zerstörten die Kulthöhen und Altäre in ganz Juda, Benjamin, Efraim und Manasse vollständig. Darauf kehrten alle in ihre Städte auf ihren Besitz zurück.

31,1: 2 Kön 18,4.

Die Neuordnung des Tempeldienstes:
31,2–21

2 Hiskija stellte die Abteilungen der Priester und Leviten nach ihren Dienstklassen auf. Er wies alle Priester und Leviten einzeln in ihren Dienst ein und bestellte sie zum Vollzug der Brand- und Heilsopfer, zu Dienstleistungen und zum Vortrag der Dank- und Lobgesänge an den Toren des Lagers des Herrn.

3 Der Beitrag, den der König aus seinem Vermögen für die Brandopfer leistete, betraf die Opfer am Morgen und am Abend sowie die Brandopfer an den Sabbaten, Neumondtagen und Festen, die durch das Gesetz des Herrn vorgeschrieben waren.

4 Hiskija befahl dem Volk, das heißt, den Einwohnern Jerusalems, die den Priestern und den Leviten zustehenden Anteile abzuliefern, damit sie sich ganz dem Gesetz des Herrn widmen könnten. 5 Sobald der Befehl bekannt wurde, brachten die Israeliten die Ersterträge von Getreide, Most, Öl, Honig und allen Früchten des Feldes reichlich herbei und lieferten den Zehnten von allem vollzählig ab. 6 Ebenso brachten die Israeliten und die Judäer, die in den Städten Judas wohnten, den Zehnten von den Rindern und Schafen sowie den Zehnten von den Weihegaben, die dem Herrn, ihrem Gott, übergeben wurden. Sie reihten Stapel an Stapel. 7 Im dritten Monat fingen sie an, die unterste

30,22 zu Ende waren: Text korr. nach G.
30,26 Hinweis auf das Tempelweihfest unter Salomo.
31,2 Der Ausdruck »Lager des Herrn« vergleicht den Tempelbereich mit dem Zeltlager der Wüstenzeit.
31,4 Nach Num 18,21–32 gehörten den Priestern und Leviten die Zehnten und Erstlingsfrüchte.

Schicht zu legen, und im siebten Monat wa-
ren sie damit fertig. 8 Als dann Hiskija und
die führenden Männer kamen und die aufge-
stapelten Mengen sahen, priesen sie den
Herrn und sein Volk Israel. 9 Hiskija erkun-
digte sich bei den Priestern und den Leviten
wegen der aufgestapelten Mengen 10 und der
Oberpriester Asarja aus dem Haus Zadok
gab zur Antwort: Seitdem man begonnen
hat, die Abgaben in das Haus des Herrn zu
bringen, haben wir zu essen, werden satt und
lassen noch reichlich übrig; denn der Herr
hat sein Volk gesegnet. Diese Menge ist übrig
geblieben.

11 Hiskija ließ nun Kammern im Haus des
Herrn herrichten, und als man sie hergerich-
tet hatte, 12 brachte man die Abgaben, die
Zehnten und die Weihegaben gewissenhaft
dorthin. Der Levit Konanja war Aufseher
über sie und sein Bruder Schimi sein Stell-
vertreter. 13 Ihnen standen auf Anordnung
des Königs Hiskija und Asarjas, des Fürsten
des Hauses Gottes, Jehiël, Asasja, Nahat,
Asaël, Jerimot, Josabad, Eliël, Jismachja,
Mahat und Benaja als Beamte zur Seite.
14 Der Levit Kore, der Sohn Jimnas, der
Wächter am Osttor, wachte über die freiwil-
ligen Spenden an Gott, damit die für den
Herrn bestimmte Abgabe und das Hochheili-
ge abgeliefert würden. 15 Ihm standen Eden,
Minjamin, Jeschua, Schemaja, Amarja und
Schechanja in den Priesterstädten gewissen-
haft zur Seite, damit ihre Amtsbrüder, die
Vornehmen wie die Geringen, abteilungs-
weise ihre Anteile erhielten.

16 Außerdem hatte man für alle, die abtei-
lungsweise in das Haus des Herrn kamen, um
aufgrund ihrer Obliegenheiten und entspre-
chend den Erfordernissen eines jeden Tages
ihren Dienst zu verrichten, Verzeichnisse an-
gelegt. Sie erfassten alle männlichen Perso-
nen, die drei Jahre und darüber waren.
17 Dabei war die Eintragung der Priester
nach Großfamilien geschehen; die Leviten
wurden, von zwanzig Jahren an aufwärts,
nach ihren Obliegenheiten und nach ihren
Abteilungen aufgeschrieben. 18 Die Eintra-
gung erfasste bei jeder Gemeinschaft alle
Kinder, Frauen, Söhne und Töchter; denn
auch diese wurden durch deren ständigen
Dienst geheiligt. 19 Für die Söhne Aarons, die
Priester, die auf den Weideflächen ihrer
Städte wohnten, wurden in jeder einzelnen
Stadt Männer bestellt, die namentlich be-
stimmt waren, um allen männlichen Ange-
hörigen der Priester und allen im Verzeich-
nis stehenden Leviten ihre Anteile zu ge-
ben.

20 So verfuhr Hiskija in ganz Juda. Er tat,
was gut, recht und getreu war vor dem
Herrn, seinem Gott. 21 Bei jedem Unterneh-
men, das er im Dienst des Hauses Gottes
oder für das Gesetz und die Gebote begann,
um seinen Gott zu suchen, handelte er mit
Hingabe seines ganzen Herzens und hatte
Erfolg.

6: Num 18,8–32.

Sanheribs Feldzug gegen Jerusalem:
32,1–23

32 Nach diesen Maßnahmen und diesen
Beweisen der Treue Hiskijas zog
Sanherib, der König von Assur, heran. Er fiel
in Juda ein, belagerte die festen Städte und
gedachte, sie für sich zu erobern. 2 Als Hiski-
ja sah, dass Sanherib herankam und sich
zum Krieg gegen Jerusalem anschickte,
3 überlegte er mit seinen Obersten und Hel-
den, ob man nicht die Wasserquellen außer-
halb der Stadt verstopfen solle. Sie unter-
stützten sein Vorhaben. 4 Man holte viel Volk
zusammen und verstopfte alle Quellen und
den Bach, der mitten durch das Tal fließt;
denn man sagte sich: Wozu sollen die Könige
von Assur bei ihrer Ankunft reichlich Was-
ser finden? 5 Auch unternahm der König An-
strengungen, um die ganze Mauer auszubes-
sern, in der Risse entstanden waren. Er er-
höhte die Türme, baute draußen die andere
Mauer, befestigte den Millo in der David-
stadt und ließ viele Wurfspieße und Schilde
anfertigen. 6 Dann setzte er Kriegsoberste
über das Volk und versammelte sie vor sich
am Platz vor dem Stadttor. Dort sprach er
ihnen Mut zu und sagte: 7 Seid mutig und
tapfer! Fürchtet euch nicht und erschreckt
nicht vor dem König von Assur und dem gro-
ßen Heer, das bei ihm ist; denn bei uns ist
mehr als bei ihm. 8 Bei ihm sind Arme aus
Fleisch, bei uns aber ist der Herr, unser Gott,
der uns hilft und unsere Kriege führt. Das
Volk wurde durch die Worte Hiskijas, des
Königs von Juda, ermutigt.

9 Als dann Sanherib, der König von Assur,
später mit seiner ganzen Streitmacht vor
Lachisch stand, sandte er seine Diener nach
Jerusalem zu Hiskija, dem König von Juda,
und zu allen Judäern, die in Jerusalem

31,14 das Hochheilige: die Anteile, die bei bestimmten Opfern von den Priestern am Heiligtum gegessen werden mussten (vgl. Lev 2,3; 6,10.18; 7,6; 14,13).

32,9–22 Vgl. die Anmerkungen zu 2 Kön 18 und 19.

wohnten. Er ließ ihnen sagen: 10 So spricht
Sanherib, der König von Assur: Worauf ver-
traut ihr denn, dass ihr im belagerten Jeru-
salem bleibt? 11 Hiskija führt euch nur irre,
um euch durch Hunger und Durst umkom-
men zu lassen, wenn er sagt: Der Herr, unser
Gott, wird uns aus der Hand des Königs von
Assur retten. 12 Hat nicht gerade Hiskija sei-
ne Kulthöhen und Altäre beseitigt und in
Juda und Jerusalem angeordnet: Nur vor
einem einzigen Altar dürft ihr euch nieder-
werfen und auf ihm Opfer anzünden?
13 Wisst ihr denn nicht, was ich und meine
Väter mit allen Völkern in anderen Ländern
gemacht haben? Konnten denn die Götter
der Völker in diesen Ländern ihr Land aus
meiner Hand retten? 14 Wer von all den Göt-
tern dieser Völker, die meine Väter dem
Untergang geweiht haben, konnte sein Volk
aus meiner Hand retten? Wie sollte dann
euer Gott euch aus meiner Hand retten?
15 Lasst euch jetzt nicht von Hiskija betören
und euch nicht auf diese Weise irreführen!
Glaubt ihm nicht! Denn kein Gott irgendei-
nes anderen Volkes oder Reiches konnte sein
Volk aus meiner Hand und aus der Hand
meiner Väter retten. Wie viel weniger wird
euer Gott euch aus meiner Hand retten!
16 Noch vieles andere redeten die Abgesand-
ten Sanheribs gegen Gott, den Herrn, und
seinen Knecht Hiskija. 17 Sanherib schrieb
auch einen Brief, in dem er den Herrn, den
Gott Israels, verhöhnte. Er schrieb darin
über ihn: Wie die Götter der Völker in ande-
ren Ländern ihr Volk nicht aus meiner Hand
gerettet haben, so wird auch der Gott Hiski-
jas sein Volk nicht aus meiner Hand retten.
18 Der Bevölkerung Jerusalems, die auf der
Mauer stand, riefen die Abgesandten ihren
Auftrag mit lauter Stimme auf Judäisch zu,
um sie in Furcht und Schrecken zu versetzen
und so die Stadt erobern zu können. 19 Sie re-
deten vom Gott Jerusalems wie von den Göt-
tern der anderen Völker auf der Erde, die nur
ein Werk von Menschen sind. 20 Doch König
Hiskija und der Prophet Jesaja, der Sohn des
Amoz, beteten in dieser Angelegenheit zum
Herrn und riefen zum Himmel. 21 Da sandte
der Herr einen Engel, der alle Kriegshelden,
Fürsten und Hauptleute im Lager des Königs
von Assur vernichtete. Sanherib musste, mit
Schande bedeckt, in sein Land zurückkeh-
ren. Als er in den Tempel seines Gottes kam,
machten ihn dort seine eigenen Söhne mit
dem Schwert nieder. 22 So befreite der Herr
den Hiskija und die Einwohner Jerusalems
aus der Hand Sanheribs, des Königs von As-
sur, und aus der Hand aller Feinde. Er ver-
lieh ihnen ringsum Ruhe. 23 Viele brachten
Gaben für den Herrn nach Jerusalem und
kostbare Geschenke für Hiskija, den König
von Juda. Er war seitdem hochgeehrt in den
Augen aller Völker.

1–23 ‖ 2 Kön 18,13 – 19,37; Jes 36 und 37.

Weitere Nachrichten über Hiskija: 32,24–33

24 In jenen Tagen wurde Hiskija schwer
krank und war dem Tod nahe. Er betete zum
Herrn und dieser erhörte ihn und gab ihm
ein Wunderzeichen. 25 Doch Hiskija zeigte
keine Dankbarkeit für die empfangene
Wohltat und wurde hochmütig. Da kam ein
Zorngericht über ihn und über Juda und Je-
rusalem. 26 Nun aber demütigte sich Hiskija
mit den Einwohnern Jerusalems in seinem
Stolz und so kam das Zorngericht des Herrn
nicht schon in den Tagen Hiskijas über sie.

27 Hiskija wurden Reichtum und Ehre in
hohem Maß zuteil. Er erwarb Schätze an Sil-
ber, Gold, Edelsteinen, Balsam, Schilden
und allerlei kostbaren Geräten. 28 Auch hatte
er Speicher für Getreide, Most und Öl, dazu
Ställe für jede Art von Vieh und Hürden für
die Herden. 29 Er hatte sich nämlich Esel und
einen reichen Besitz an Schafen und Rindern
verschafft, denn Gott hatte ihm ein sehr gro-
ßes Vermögen verliehen. 30 Hiskija war es
auch, der den oberen Abfluss des Gihonwas-
sers verstopfte und es nach Westen in die
Davidstadt hinableitete. Bei allem, was er
unternahm, hatte er Erfolg. 31 So war es
auch, als die babylonischen Obersten ihre
Unterhändler zu ihm sandten, um Auskunft
über das Zeichen zu erlangen, das im Land
erschienen war. Da überließ ihn Gott sich
selbst, um zu erproben, wie er wirklich ge-
sinnt war.

32 Die übrige Geschichte Hiskijas und sei-
ne frommen Taten sind aufgezeichnet in der
Vision des Propheten Jesaja, des Sohnes des
Amoz, und im Buch der Könige von Juda und
Israel. 33 Hiskija entschlief zu seinen Vätern
und man begrub ihn beim Aufgang zu den
Gräbern der Nachkommen Davids. Bei sei-
nem Tod erwiesen ihm ganz Juda und die
Einwohner Jerusalems die Ehre. Sein Sohn
Manasse wurde König an seiner Stelle.

24–26 ‖ 2 Kön 20,1–11 • 31: 2 Kön 20,10–19.

32,22 verlieh ihnen Ruhe: Text korr. nach G.
32,24 erhörte ihn: Text korr. nach G. 2 Kön 20,1–11 berichtet ausführlich über die Heilung und das Wunderzeichen.
32,28 Hürden für die Herden: Text korr. nach G und Vg.
32,29 Esel: Text korr.; H: Städte.

Manasse: 33,1–20

33 Manasse war zwölf Jahre alt, als er
König wurde, und regierte fünfund-
fünfzig Jahre in Jerusalem. 2 Er tat, was dem
Herrn missfiel, und ahmte die Gräuel der
Völker nach, die der Herr vor den Augen der
Israeliten vertrieben hatte. 3 Er baute die
Kulthöhen wieder auf, die sein Vater Hiskija
zerstört hatte, errichtete Altäre für die Baa-
le, ließ Kultpfähle anfertigen, warf sich vor
dem ganzen Heer des Himmels nieder und
diente ihm. 4 Auch baute er solche Altäre im
Haus des Herrn, obwohl der Herr gesagt hat-
te: In Jerusalem soll mein Name auf ewig
bleiben. 5 In den beiden Höfen des Tempels
baute er Altäre für das ganze Heer des Him-
mels. 6 Er ließ im Tal Ben-Hinnom seine Söh-
ne durch das Feuer gehen, trieb Zauberei,
Wahrsagerei und andere geheime Künste,
bestellte Totenbeschwörer und Zeichendeu-
ter. So tat er vieles, was dem Herrn missfiel
und ihn erzürnte. 7 Er brachte auch das Göt-
terbild, das er hatte anfertigen lassen, in das
Haus Gottes, von dem Gott zu David und
dessen Sohn Salomo gesagt hatte: Auf dieses
Haus und auf Jerusalem, das ich aus allen
Stämmen Israels auserwählt habe, will ich
meinen Namen auf ewig legen. 8 Ich werde
Israels Fuß nicht mehr außerhalb des Landes
ziehen lassen, das ich für eure Väter be-
stimmt habe, wenn sie nur alles befolgen,
was ich ihnen im ganzen Gesetz, in den Ge-
boten und Rechtsvorschriften des Mose be-
fohlen habe. 9 Doch Manasse verführte Juda
und die Einwohner Jerusalems, noch
Schlimmeres zu tun als die Völker, die der
Herr vor den Augen der Israeliten vernichtet
hatte. 10 Der Herr redete zu Manasse und zu
seinem Volk. Doch sie achteten nicht darauf.
11 Da ließ der Herr die Heerführer des Kö-
nigs von Assur gegen sie anrücken. Sie er-
griffen Manasse in seinem Versteck, fessel-
ten ihn mit bronzenen Ketten und führten
ihn nach Babel. 12 Als man ihn so bedrängte,
suchte er den Herrn, seinen Gott, zu besänf-
tigen. Er beugte sich tief vor dem Gott seiner
Väter 13 und betete zu ihm. Gott erbarmte
sich seiner; er hörte sein Flehen und ließ ihn
als König nach Jerusalem zurückkehren. So
musste Manasse erfahren, dass der Herr der
wahre Gott ist.
14 Danach baute er draußen an der David-
stadt eine Mauer, die im Tal westlich vom
Gihon gegen das Fischtor lief, sodass er den
Ofel umschloss; er machte sie sehr hoch.
Auch bestellte er Kriegsoberste für alle be-
festigten Städte Judas. 15 Sodann entfernte
er die fremden Götter und das Götzenbild
aus dem Haus des Herrn, auch alle Altäre,
die er auf dem Berg des Hauses des Herrn
und in Jerusalem errichtet hatte, und warf
sie vor die Stadt hinaus. 16 Den Altar des
Herrn aber stellte er wieder her, brachte auf
ihm Heils- und Dankopfer dar und befahl
Juda, dem Herrn, dem Gott Israels, zu die-
nen. 17 Doch opferte das Volk immer noch
auf den Kulthöhen, wenn auch nur dem
Herrn, seinem Gott.
18 Die übrige Geschichte Manasses, sein
Gebet zu seinem Gott und die Worte der Se-
her, die im Namen des Herrn, des Gottes Is-
raels, zu ihm redeten, sind aufgezeichnet in
der Geschichte der Könige von Israel. 19 Sein
Gebet und dessen Erhörung, alle seine Sün-
den und treulosen Taten, die Orte, an denen
er Kulthöhen errichtete und Kultpfähle und
Götzenbilder aufstellte, bevor er sich demü-
tigte, sind aufgezeichnet in der Geschichte
seiner Seher. 20 Manasse entschlief zu seinen
Vätern und man begrub ihn im Garten seines
Hauses. Sein Sohn Amon wurde König an
seiner Stelle.

1–20 ‖ 2 Kön 21,1–18 • 3: 31,1 • 4: 1 Kön 9,3 • 7: 1 Kön 9,3 • 8: 2 Sam 7,10.

Amon: 33,21–25

21 Amon war zweiundzwanzig Jahre alt,
als er König wurde, und regierte zwei Jahre
in Jerusalem. 22 Wie sein Vater Manasse tat
er, was dem Herrn missfiel; er opferte allen
Götzenbildern, die sein Vater Manasse hatte
machen lassen, und verehrte sie. 23 Doch de-
mütigte er sich nicht vor dem Herrn wie sein
Vater Manasse, sondern vermehrte die
Schuld. 24 Gegen ihn zettelten seine Diener
eine Verschwörung an und töteten ihn in sei-
nem Haus. 25 Doch die Bürger des Landes er-

33,3 Heer des Himmels: die Sterne, die vielfach als göttliche Wesen verehrt wurden.

33,6 Er ließ sie durch das Feuer gehen: vgl. die Anmerkung zu 2 Kön 16,3.

33,7 Gemeint ist das Bild der Göttin Aschera, der weiblichen Entsprechung zu Baal (vgl. 2 Kön 21,7).

33,11 In assyrischen Texten wird Manasse als Vasall der Könige Asarhaddon und Assurbanipal erwähnt; von seiner Gefangenschaft ist nicht die Rede.

33,14 Vielleicht Fortsetzung der von Hiskija begonnenen Mauer (vgl. 32,5).

33,19 seiner Seher: Text korr.; der Ausdruck in H wird von manchen Auslegern als Eigenname (Hosai) verstanden.

33,20 im Garten: nach G und 2 Kön 21,18 eingefügt.

schlugen alle, die sich gegen König Amon verschworen hatten, und machten seinen Sohn Joschija zum König an seiner Stelle.

21–25 ‖ 2 Kön 21,19–24.

Joschijas Kampf gegen den Götzendienst: 34,1–7

34 Joschija war acht Jahre alt, als er König wurde, und regierte einunddreißig Jahre in Jerusalem. 2 Er tat, was dem Herrn gefiel, und folgte den Wegen seines Vaters David, ohne nach rechts oder links abzuweichen.

3 Im achten Jahr seiner Regierung, als er noch jung war, begann er, den Gott seines Vaters David zu suchen. Im zwölften Jahr fing er an, Juda und Jerusalem von den Kulthöhen, den Kultpfählen, den Schnitz- und Gussbildern zu reinigen. 4 Vor seinen Augen riss man die Altäre der Baale nieder. Er ließ die Rauchopferaltäre, die auf ihnen standen, zerschlagen, die Kultpfähle zerstören, die Schnitz- und Gussbilder zermalmen, ihren Staub auf die Gräber derer streuen, die ihnen geopfert hatten, 5 und Gebeine von Priestern auf ihren Altären verbrennen. So reinigte er Juda und Jerusalem. 6 Auch in den Städten von Manasse, Efraim, Simeon bis nach Naftali 7 riss er überall auf ihren Plätzen die Altäre nieder, zerstörte die Kultpfähle, zermalmte die Götzenbilder und zertrümmerte die Rauchopferaltäre im ganzen Land Israel. Dann kehrte er nach Jerusalem zurück.

1–2 ‖ 2 Kön 22,1–2.

Die Auffindung des Gesetzbuchs: 34,8–28

8 Im achtzehnten Jahr seiner Regierung, während der Säuberung des Landes und des Tempels, sandte König Joschija Schafan, den Sohn Azaljas, den Stadtobersten Maaseja und den Sprecher des Königs, Joach, den Sohn des Joahas, in das Haus des Herrn, seines Gottes, um es instand setzen zu lassen. 9 Sie kamen zum Hohenpriester Hilkija und man gab das Geld heraus, das in das Haus Gottes gebracht worden war und das die Leviten, die Wächter an den Schwellen, von Manasse, Efraim und dem ganzen übrigen Israel, von ganz Juda, Benjamin und den Einwohnern Jerusalems gesammelt hatten. 10 Sie gaben es den Werkmeistern, die im Haus des Herrn angestellt waren, und diese verwendeten es für die Arbeiter, die im Haus des Herrn tätig waren, um seine Schäden auszubessern und das Haus instand zu setzen. 11 Sie gaben es den Zimmerleuten und Bauarbeitern zum Ankauf von Bruchsteinen und Holz zur Beschaffung der Klammern und zur Erneuerung des Gebälks in den Gebäuden, die von den Königen von Juda vernachlässigt worden waren. 12 Die Männer handelten bei ihrer Arbeit auf Treu und Glauben. Zu ihrer Leitung waren die Leviten Jahat und Obadja von den Nachkommen Meraris sowie Secharja und Meschullam von den Nachkommen Kehats bestellt. Die Leviten, die sich auf die Musikinstrumente verstanden, 13 befehligten die Lastträger und hatten die Aufsicht über alle Arbeiter bei verschiedenen Dienstleistungen. Einzelne Leviten waren Schreiber, Listenführer und Torwächter.

14 Als man das Geld herausnahm, das in das Haus des Herrn gebracht worden war, fand der Priester Hilkija das Buch des Gesetzes des Herrn, das durch Mose verkündet worden war. 15 Hilkija berichtete darüber dem Staatsschreiber Schafan und sagte: Ich habe im Haus des Herrn das Gesetzbuch gefunden. Hilkija übergab Schafan das Buch 16 und dieser brachte es zum König mit der Meldung: Deine Knechte haben alles ausgeführt, was ihnen aufgetragen wurde. 17 Sie haben das Geld ausgeschüttet, das sich im Haus des Herrn vorfand, und es den Aufsehern und Arbeitern gegeben. 18 Dann sagte der Staatsschreiber zum König: Der Priester Hilkija hat mir ein Buch gegeben. Schafan las dem König daraus vor.

19 Als der König die Worte des Gesetzes hörte, zerriss er seine Kleider 20 und befahl dem Priester Hilkija sowie Ahikam, dem Sohn Schafans, Abdon, dem Sohn Michas, dem Staatsschreiber Schafan und Asaja, dem Diener des Königs: 21 Geht und befragt den Herrn für mich und den Rest Israels und Judas wegen des Buches, das aufgefunden wurde. Denn der Zorn des Herrn, der sich über uns ergossen hat, muss groß sein, weil unsere Väter auf das Wort des Herrn nicht geachtet und weil sie nicht getan haben, was in diesem Buch niedergeschrieben ist.

22 Da ging Hilkija mit den Männern, die der König bestimmt hatte, zur Prophetin Hulda. Sie war die Frau Schallums, des Soh-

34,5 Die Berührung mit Totengebeinen zieht die größte Verunreinigung nach sich.

34,8–28 Vgl. die Anmerkungen zu 2 Kön 22.

34,20 Abdon: In 2 Kön 22,12 lautet der Name Achbor.

34,22 Statt Tokhat und Hasra stehen in 2 Kön 22,14 die Namen Tikwa und Harhas.

nes Tokhats, des Sohnes Hasras, des Verwalters der Kleiderkammer, und wohnte in Jerusalem in der Neustadt. Die Abgesandten trugen ihr die Angelegenheit vor [23] und sie gab ihnen diese Antwort: So spricht der Herr, der Gott Israels: Sagt zu dem Mann, der euch zu mir geschickt hat: [24] So spricht der Herr: Ich bringe Unheil über diesen Ort und seine Bewohner, alle Flüche, die im Buch geschrieben stehen, das man dem König von Juda vorgelesen hat. [25] Denn sie haben mich verlassen, anderen Göttern geopfert und mich durch alle Werke ihrer Hände erzürnt. Darum hat sich mein Zorn über diesen Ort ergossen und er wird nicht erlöschen. [26] Sagt aber zum König von Juda, der euch hergesandt hat, um den Herrn zu befragen: So spricht der Herr, der Gott Israels: Durch die Worte, die du gehört hast, [27] wurde dein Herz erweicht. Du hast dich vor Gott gedemütigt, als du seine Drohungen gegen diesen Ort und seine Bewohner vernommen hast. Du hast dich vor mir gedemütigt, deine Kleider zerrissen und hast vor mir geweint. Darum habe ich dich erhört – Spruch des Herrn. [28] Ich werde dich mit deinen Vätern vereinen und du sollst in Frieden in deinem Grab beigesetzt werden. Deine Augen sollen all das Unheil nicht mehr sehen, das ich über diesen Ort und seine Bewohner bringen werde. – Sie berichteten das dem König.

8–28 ‖ 2 Kön 22,3–20.

Die Erneuerung des Bundes: 34,29–33

[29] Der König ließ alle Ältesten Judas und Jerusalems bei sich zusammenkommen. [30] Er ging zum Haus des Herrn hinauf mit allen Männern Judas und den Einwohnern Jerusalems, den Priestern und Leviten und allem Volk, alt und jung. Er ließ ihnen alle Worte des Bundesbuches vorlesen, das im Haus des Herrn gefunden worden war. [31] Dann trat der König an seinen Platz und schloss vor dem Herrn diesen Bund: Er wolle dem Herrn folgen, auf seine Gebote, Satzungen und Gesetze von ganzem Herzen und ganzer Seele achten und die Vorschriften des Bundes durchführen, die in diesem Buch niedergeschrieben sind. [32] Er ließ auch alle, die sich in Jerusalem und Benjamin befanden, dem Bund beitreten und die Einwohner Jerusalems hielten sich an den Bund Gottes, des Gottes ihrer Väter. [33] Joschija entfernte alle Gräuel aus allen Gebieten der Israeliten und veranlasste alle, die in Israel lebten, dem Herrn, ihrem Gott, zu dienen. Solange er lebte, fielen sie nicht mehr vom Herrn, dem Gott ihrer Väter, ab.

29–33 ‖ 2 Kön 23,1–3.

Die Feier des Paschafestes: 35,1–19

35 Joschija feierte in Jerusalem ein Pascha zur Ehre des Herrn. Man schlachtete das Pascha am vierzehnten Tag des ersten Monats. [2] Er ließ die Priester zu ihrem Dienst antreten und ermunterte sie zu ihrer Tätigkeit im Haus des Herrn. [3] Zu den Leviten, die ganz Israel zu unterweisen hatten und dem Herrn heilig waren, sagte er: Die heilige Lade hat man in das Haus gebracht, das Salomo, der Sohn Davids, der König von Israel, gebaut hat. Ihr braucht sie nicht mehr auf euren Schultern zu tragen. Dient nun dem Herrn, eurem Gott, und seinem Volk Israel! [4] Haltet euch bereit nach euren Großfamilien und euren Abteilungen gemäß der Vorschrift Davids, des Königs von Israel, und der Weisung seines Sohnes Salomo. [5] Seid den Familiengruppen eurer Brüder, den Leuten des Volkes, im Heiligtum zu Diensten; ein Teil einer levitischen Großfamilie (soll jeweils bereitstehen). [6] Schlachtet das Pascha und heiligt euch! Bereitet es auch für eure Brüder, damit alles geschieht, was der Herr durch Mose gesagt hat.

[7] Joschija spendete den Leuten aus dem Volk, die sich eingefunden hatten, 30 000 Stück Kleinvieh, Lämmer und junge Ziegen zu Paschaopfern und 3 000 Rinder. Sie stammten aus dem Besitz des Königs. [8] Auch seine hohen Beamten gaben freiwillige Spenden für das Volk, die Priester und die Leviten. Hilkija, Secharja und Jehiël, die Vorsteher des Gotteshauses, gaben den Priestern 2 600 Stück Kleinvieh zu Paschaopfern und 300 Rinder. [9] Konanja und seine Brüder Schemaja und Netanel, ferner Haschabja, Jëiël und Josabad, die Vorsteher der Leviten, spendeten für die Leviten 5 000 Tiere zu Paschaopfern und 500 Rinder. [10] Als man so zum Dienst gerüstet war, traten die Priester an ihren Platz und die Leviten zu ihren Abteilungen gemäß dem Befehl des Königs. [11] Die Leviten schlachteten die Paschaopfer und die Priester sprengten das Blut aus, das sie aus ihrer Hand empfingen. Darauf enthäuteten die Leviten die Tiere. [12] Die zum Brandopfer bestimmten Stücke

---

35,3 hat man ... gebracht: Text korr. nach G; H: bringt.

35,12 Der Bemerkung ist zu entnehmen, dass Teile des Paschalamms wie beim Friedopfer auf dem Altar verbrannt wurden.

legten sie beiseite und gaben sie den Famili-
engruppen des Volkes, damit sie dem Herrn
dargebracht würden, wie es im Buch des
Mose vorgeschrieben war. Ebenso machten
sie es mit den Rindern. 13 Dann brieten sie
das Pascha der Vorschrift gemäß am Feuer.
Die heiligen Gaben kochten sie in Kesseln,
Töpfen und Schüsseln und brachten sie ei-
lends zu allen Angehörigen des Volkes.
14 Hierauf besorgten sie das Pascha für sich
selbst und für die Priester; denn die Priester,
die Nachkommen Aarons, waren mit der
Darbringung der Brandopfer und der Fett-
stücke bis in die Nacht hinein beschäftigt.
Darum bereiteten es die Leviten für sich und
die Priester, die Nachkommen Aarons. 15 Die
Sänger, die Nachkommen Asafs, waren an
ihrem Platz gemäß der Vorschrift Davids,
Asafs, Hemans und Jedutuns, des königli-
chen Sehers. Ebenso standen die Torwächter
an den einzelnen Toren. Sie brauchten ihren
Dienst nicht zu verlassen; denn ihre Amts-
brüder, die Leviten, bereiteten für sie das
Pascha.
16 So war der gesamte Dienst für den
Herrn an jenem Tag gut geordnet. Man feier-
te das Pascha und brachte auf dem Altar des
Herrn Brandopfer dar, wie es König Joschija
befohlen hatte. 17 Sieben Tage lang begingen
damals die Israeliten, die sich eingefunden
hatten, das Pascha und das Fest der Unge-
säuerten Brote. 18 Ein Pascha wie dieses war
seit den Tagen des Propheten Samuel in Isra-
el nicht mehr gefeiert worden. Keiner von
den Königen Israels hat ein Pascha veran-
staltet, wie es Joschija mit den Priestern und
Leviten, mit ganz Juda und den anwesenden
Israeliten und den Einwohnern Jerusalems
feierte. 19 Im achtzehnten Jahr der Regierung
Joschijas wurde dieses Pascha begangen.

1-19: 2 Kön 23,21–23 • 12: Lev 3,8–11 • 13: Ex 12,8.

Das Ende Joschijas: 35,20–27

20 Nachdem Joschija all dies zur Instand-
setzung des Hauses getan hatte, zog Necho,
der König von Ägypten, herauf, um bei Kar-
kemisch am Eufrat zu kämpfen. Joschija
stellte sich ihm entgegen. 21 Necho aber
sandte Boten zu ihm und ließ ihm sagen: Was
habe ich mit dir zu tun, König von Juda?
Nicht gegen dich ziehe ich heute, sondern ge-
gen das Herrscherhaus, das mit mir im Krieg
steht. Gott hat mir Eile geboten; lass daher
ab von Gott, der auf meiner Seite steht; sonst
wird er dich verderben. 22 Doch Joschija zog
sich nicht vor Necho zurück, sondern wagte
es, ihn anzugreifen. Er hörte nicht auf die
Worte Nechos, die aus dem Mund Gottes ka-
men, sondern trat in der Ebene von Megiddo
zum Kampf gegen ihn an. 23 Aber die Bogen-
schützen trafen den König Joschija, der nun
seinen Dienern zurief: Bringt mich weg,
denn ich bin schwer verwundet. 24 Sie hoben
ihn vom Kriegswagen, setzten ihn auf seinen
zweiten Wagen und brachten ihn nach Jeru-
salem. Dort starb er und wurde in den Grä-
bern seiner Väter beigesetzt. Ganz Juda und
Jerusalem trauerten um Joschija. 25 Jeremia
aber hielt Klage über Joschija und alle Sän-
ger und Sängerinnen singen auf ihn Klage-
lieder bis zum heutigen Tag. Es wurde dies
zu einem festen Brauch in Israel. Sie sind
aufgezeichnet in den Klageliedern.
26 Die übrige Geschichte Joschijas und sei-
ne frommen Taten, die ganz dem entspra-
chen, was im Gesetz des Herrn vorgeschrie-
ben ist, 27 seine frühere und spätere Ge-
schichte, all das ist aufgezeichnet im Buch
der Könige von Israel und Juda.

20–24 ∥ 2 Kön 23,28–30.

Joahas: 36,1–4

36 Die Bürger des Landes nahmen nun
Joahas, den Sohn Joschijas, und
machten ihn anstelle seines Vaters zum Kö-
nig in Jerusalem. 2 Joahas war dreiundzwan-
zig Jahre alt, als er König wurde. Er regierte
drei Monate in Jerusalem; 3 dann setzte ihn
der König von Ägypten als König in Jerusa-
lem ab und legte dem Land eine Geldbuße
von hundert Talenten Silber und einem
Talent Gold auf. 4 Er machte Eljakim, den
Bruder des Joahas, zum König von Juda und
Jerusalem und änderte seinen Namen in
Jojakim. Seinen Bruder Joahas aber nahm
Necho fest und brachte ihn nach Ägypten.

1–4 ∥ 2 Kön 23,30–35.

35,18 Im Unterschied zum Pascha Hiskijas, bei dem das erstrebte Ziel nur teilweise erreicht wurde (30,10), war diesmal das ganze Volk vertreten. Das war zum letzten Mal zur Zeit Samuels, nach 2 Kön 23,22 zur Zeit der Richter, der Fall gewesen. Jos 5,10 erwähnt die letzte gemeinsame Paschafeier am Ende der Wüstenwanderung.

35,20 Das Assyrerreich war nach dem Fall Ninives 612 v. Chr. dem Ansturm der Chaldäer erlegen. Ein kleiner Rest versuchte sich noch in Haran zu behaupten. Zu seiner Unterstützung unternahm der Pharao Necho den hier genannten Zug.

35,22 wagte es: Text korr. nach G.

35,25 Das biblische Buch der Klagelieder trauert über den Untergang Jerusalems, ist daher von dem hier genannten verschieden.

Jojakim: 36,5–8

5 Jojakim war fünfundzwanzig Jahre alt,
als er König wurde. Er regierte elf Jahre in
Jerusalem und tat, was dem Herrn, seinem
Gott, missfiel. 6 Gegen ihn zog Nebukadnez-
zar, der König von Babel, herauf und legte
ihn in Ketten, um ihn nach Babel wegzufüh-
ren. 7 Auch einen Teil der Geräte des Hauses
des Herrn brachte Nebukadnezzar nach Ba-
bel und stellte sie in seinem Palast in Babel
auf.

8 Die übrige Geschichte Jojakims, die
Gräueltaten, die er verübte, und was sich
sonst über ihn findet, das alles ist aufge-
zeichnet im Buch der Könige von Israel und
Juda. Sein Sohn Jojachin wurde König an
seiner Stelle. 5–8 ‖ 2 Kön 23,36f; 24,5f.

Jojachin: 36,9–10

9 Jojachin war achtzehn Jahre alt, als er
König wurde. Er regierte drei Monate und
zehn Tage in Jerusalem und tat, was dem
Herrn missfiel. 10 Um die Jahreswende ließ
König Nebukadnezzar ihn samt den kostba-
ren Geräten des Hauses des Herrn nach Ba-
bel bringen. Er machte Zidkija, den Bruder
Jojakims, zum König von Juda und Jerusa-
lem. 9–10 ‖ 2 Kön 24,8–17.

Zidkija: 36,11–16

11 Zidkija war einundzwanzig Jahre alt,
als er König wurde. Er regierte elf Jahre in
Jerusalem 12 und tat, was dem Herrn, seinem
Gott, missfiel; er beugte sich nicht vor dem
Propheten Jeremia, der im Auftrag des
Herrn zu ihm sprach. 13 Auch fiel er vom Kö-
nig Nebukadnezzar ab, der ihn bei Gott ei-
nen Eid hatte schwören lassen. Er versteifte
seinen Nacken, verhärtete sein Herz und
kehrte nicht um zum Herrn, dem Gott Isra-
els. 14 Auch alle führenden Männer Judas
und die Priester und das Volk begingen viel
Untreue. Sie ahmten die Gräueltaten der
Völker nach und entweihten das Haus, das
der Herr in Jerusalem zu seinem Heiligtum
gemacht hatte. 15 Immer wieder hatte der
Herr, der Gott ihrer Väter, sie durch seine
Boten gewarnt; denn er hatte Mitleid mit sei-
nem Volk und seiner Wohnung. 16 Sie aber
verhöhnten die Boten Gottes, verachteten
sein Wort und verspotteten seine Propheten,
bis der Zorn des Herrn gegen sein Volk so
groß wurde, dass es keine Heilung mehr gab.
11–16 ‖ 2 Kön 24,18–20.

Das Ende des Reiches Juda: 36,17–21

17 Der Herr ließ nun den König der Chal-
däer gegen sie heranziehen. Dieser tötete
ihre jungen Krieger in ihrem Heiligtum mit
dem Schwert und verschonte keinen jungen
Mann und keine junge Frau, keinen Greis
und Betagten; alle gab Gott in seine Hand.
18 Nebukadnezzar ließ die großen und klei-
nen Geräte des Hauses Gottes, die Tempel-
schätze und die Schätze des Königs und sei-
ner hohen Beamten insgesamt nach Babel
bringen. 19 Die Chaldäer verbrannten das
Haus Gottes, rissen die Mauern Jerusalems
nieder, legten Feuer an alle seine Paläste und
zerstörten alle wertvollen Geräte. 20 Alle, die
dem Schwert entgangen waren, führte Ne-
bukadnezzar in die Verbannung nach Babel.
Dort mussten sie ihm und seinen Söhnen als
Sklaven dienen, bis das Reich der Perser zur
Herrschaft kam. 21 Da ging das Wort in Er-
füllung, das der Herr durch den Mund Jere-
mias verkündet hatte. Das Land bekam seine
Sabbate ersetzt, es lag brach während der
ganzen Zeit der Verwüstung, bis siebzig
Jahre voll waren.
17–21 ‖ 2 Kön 25,8–21 • 21: Jer 27,7.

Der Beginn der Wiederherstellung Israels: 36,22–23

22 Im ersten Jahr des Königs Kyrus von
Persien sollte sich erfüllen, was der Herr
durch Jeremia gesprochen hatte. Darum er-
weckte der Herr den Geist des Königs Kyrus
von Persien und Kyrus ließ in seinem ganzen
Reich mündlich und schriftlich den Befehl
verkünden: 23 So spricht Kyrus, der König
von Persien: Der Herr, der Gott des Him-
mels, hat mir alle Reiche der Erde verliehen.
Er selbst hat mir aufgetragen, ihm in Jerusa-
lem in Juda ein Haus zu bauen. Jeder unter
euch, der zu seinem Volk gehört – der Herr,
sein Gott, sei mit ihm –, der soll hinauf-
ziehen. 22–23 ‖ Esra 1,1–3.

36,6 Die hier erwähnte Gefangennahme wird sonst nicht berichtet.

36,9 achtzehn: Text korr. nach 2 Kön 24,8; H: acht.

36,10 Jojachin ergab sich freiwillig den Babyloniern und wurde nach Babylon gebracht, wo er bis zu seiner Begnadigung gefangen gehalten wurde (vgl. 2 Kön 25,27). – den Bruder Jojakims: H: seinen Bruder.

36,14 führenden Männer Judas: so mit G; H: Obersten der Priester.

36,21 Während der Dauer der Gefangenschaft blieben große Teile des Landes unbebaut. Auf diese Weise wurde ihm die Ruhe ersetzt, die es wegen der Nichteinhaltung des Sabbatjahrs hatte entbehren müssen (vgl. Lev 26,34f).

Die Bücher Esra und Nehemia

Die Bücher Esra und Nehemia bilden nach weit verbreiteter Meinung zusammen mit den Büchern der Chronik das Chronistische Geschichtswerk. Im Rahmen dieser Geschichtsdarstellung, die mit der Begründung der Gottesherrschaft in Israel unter David und Salomo anhebt, um anschließend am Beispiel der Königszeit die Treulosigkeit des Gottesvolkes, aber auch die dem Sünder stets gewährte Möglichkeit der Umkehr zu verdeutlichen, berichten die Bücher Esra und Nehemia von der heilvollen Wende in der Geschichte des Gottesvolkes nach dem Babylonischen Exil.

Die verbannten Judäer erhalten durch den Erlass des Perserkönigs Kyrus die Erlaubnis, nach Jerusalem heimzukehren und den Tempel wieder aufzubauen (Esra 1 – 6). Als aber nach der Einweihung des neu errichteten Tempels die Festigung des jungen Gemeinwesens ins Stocken gerät, kommt im Auftrag des persischen Königs der Priester und Schriftgelehrte Esra nach Jerusalem, um in der Heimat die Verhältnisse nach dem Gesetz des Mose zu ordnen (Esra 7 – 10). In Verbindung mit ihm bemüht sich auch Nehemia, der bis dahin am persischen Hof eine hohe Beamtenstelle innegehabt hat, um den Wiederaufbau der Mauern Jerusalems (Neh 1 – 6) sowie um die Reform des religiösen Lebens und um die Beseitigung ärgerniserregender Missstände (Neh 7 – 13).

Im Rahmen des Chronistischen Geschichtswerkes stellt der Verfasser der Bücher Esra und Nehemia die Zeit nach dem Babylonischen Exil in Jerusalem und Juda so dar, dass sie deutlich an die Begründung der Gottesherrschaft in Israel nach dem Scheitern des Königtums Sauls erinnert. Der Wiederaufbau Jerusalems, die Einweihung des Tempels und die Neubegründung des religiösen Lebens im Land nach dem Gesetz des Mose bezeichnen darum nach der Meinung des Verfassers die Wende vom Unheil zum Heil, von einer Zeit des Gerichts und des Zorns zu einer Zeit der neuen Zuwendung Gottes zu Israel und Israels zu seinem Gott. Und wie nach chronistischer Darstellung die Zeit Davids nur als Vorstufe zu der als Ideal der Gottesherrschaft geschilderten Zeit Salomos erscheint, so wird auch bei der Neuordnung der Gemeinde unter Esra und Nehemia der Abstand deutlich, der diese Zeit von der noch ausstehenden endgültigen Offenbarung der Herrlichkeit Gottes über Israel trennt.

Die von Esra und Nehemia wiederholt ausgesprochene Mahnung, Gott und seinem Gesetz die Treue zu halten und sich auf seine Führung zu verlassen, gilt daher einer Gemeinde, die sich zwar als »heiliger Same« (Esra 9,2) und als »geretteter Rest« (Esra 9,15) begreift, die aber noch ein endgültiges Heilshandeln Gottes erwartet.

Die Bücher Esra und Nehemia, die auch aramäisch geschriebene Urkunden aus der Perserzeit verwenden (Esra 4,8 – 6,18; 7,12–26), sind zusammen mit den Büchern der Chronik um 400 v. Chr. oder etwas später in Jerusalem verfasst worden.

Das Buch Esra

DIE HEIMKEHR DER JUDEN UND DER WIEDERAUFBAU DES TEMPELS: 1,1 – 6,22

Die Erlaubnis zur Heimkehr und zum Tempelbau: 1,1–11

1 Im ersten Jahr des Königs Kyrus von
Persien sollte sich erfüllen, was der
Herr durch Jeremia gesprochen hatte.
Darum erweckte der Herr den Geist des Kö-
nigs Kyrus von Persien und Kyrus ließ in
seinem ganzen Reich mündlich und schrift-
lich den Befehl verkünden: 2 So spricht der
König Kyrus von Persien: Der Herr, der Gott
des Himmels, hat mir alle Reiche der Erde
verliehen. Er selbst hat mir aufgetragen, ihm
in Jerusalem in Juda ein Haus zu bauen. 3 Je-
der unter euch, der zu seinem Volk gehört –
sein Gott sei mit ihm –, der soll nach Jerusa-
lem in Juda hinaufziehen und das Haus des
Herrn, des Gottes Israels, aufbauen; denn er
ist der Gott, der in Jerusalem wohnt. 4 Und
jeden, der irgendwo übrig geblieben ist, sol-
len die Leute des Ortes, in dem er ansässig
war, unterstützen mit Silber und Gold, mit
beweglicher Habe und Vieh, neben den frei-
willigen Gaben für das Haus Gottes in Jeru-
salem.
5 Die Familienoberhäupter von Juda und
Benjamin sowie die Priester und Leviten,
kurz alle, deren Geist Gott erweckte, mach-
ten sich auf den Weg, um nach Jerusalem zu
ziehen und dort das Haus des Herrn zu bau-
en. 6 Alle ihre Nachbarn unterstützten sie in
jeder Weise mit Silber und Gold, mit beweg-
licher Habe und mit Vieh sowie mit wertvol-
len Dingen, abgesehen von dem, was jeder
für den Tempel spendete. 7 König Kyrus gab
auch die Geräte des Hauses des Herrn zu-
rück, die Nebukadnezzar aus Jerusalem
weggeschleppt und in das Haus seines Gottes
gebracht hatte. 8 König Kyrus von Persien
übergab sie dem Schatzmeister Mitredat und
dieser zählte sie Scheschbazzar, dem Oberen
von Juda, vor. 9 Das war ihre Zahl: 30 gol-
dene Opferschalen, 1000 silberne Opfer-
schalen, 29 Räucherpfannen, 10 30 goldene
Becher, 410 silberne Becher, 1000 sonstige
Geräte. 11 Insgesamt waren es 5400 Geräte
aus Gold und Silber. All das brachte
Scheschbazzar mit, als er mit den Ver-
schleppten von Babel nach Jerusalem zu-
rückkehrte.

1–3 ‖ 2 Chr 36,22f; Jer 25,11f; 29,10 • 2: Jes 44,28; 45,1–4.

Das Verzeichnis der heimkehrenden Laien: 2,1–35

2 Hier folgt eine Liste der Einwohner der
Provinz Juda, die aus der Gefangen-
schaft und der Verschleppung heimzogen.
Nebukadnezzar, der König von Babel, hatte
sie nach Babel gebracht; nun kehrten sie
nach Jerusalem und Juda zurück, jeder in
seine Stadt. 2 Sie kamen zusammen mit Se-
rubbabel, Jeschua, Nehemja, Seraja, Reela-
ja, Mordochai, Bilschan, Misperet, Bigwai,
Rehum und Baana.
Das ist die Zahl der Männer des Volkes
Israel: 3 Nachkommen des Parosch: 2 172.
4 Nachkommen Schefatjas: 372. 5 Nachkom-
men Arachs: 775. 6 Nachkommen des Pahat-
Moab, und zwar Nachkommen Jeschuas und
Joabs: 2 812. 7 Nachkommen Elams: 1 254.
8 Nachkommen Sattus: 945. 9 Nachkommen
Sakkais: 760. 10 Nachkommen Banis: 642.
11 Nachkommen Bebais: 623. 12 Nachkom-
men Asgads: 1 222. 13 Nachkommen Adoni-
kams: 666. 14 Nachkommen Bigwais: 2 056.
15 Nachkommen Adins: 454. 16 Nachkommen
Aters aus der Linie Hiskijas: 98. 17 Nach-
kommen Bezais: 323. 18 Nachkommen Jo-
ras: 112. 19 Nachkommen Haschums: 223.
20 Nachkommen Gibbars: 95. 21 Männer aus
Betlehem: 123. 22 Männer aus Netofa: 56.
23 Männer aus Anatot: 128. 24 Männer aus As-
mawet: 42. 25 Männer aus Kirjat-Jearim, Ke-
fira und Beerot: 743. 26 Männer aus Rama
und Geba: 621. 27 Männer aus Michmas: 122.
28 Männer aus Bet-El und Ai: 223. 29 Männer
aus Nebo: 52. 30 Nachkommen des Magbisch:
156. 31 Nachkommen eines anderen Elam:
1 254. 32 Nachkommen Harims: 320. 33 Män-

1,11 Die angegebene Gesamtzahl der Tempelgeräte übersteigt die Summe der vorher wohl nur als Beispiele genannten Einzelposten (vgl. auch Bar 1,8).

2,2 Männer des Volkes Israel: die Laien im Unterschied zu den in VV. 36–43 genannten Priestern und Leviten.

ner aus Lod, Hadid und Ono: 725. 34 Männer
aus Jericho: 345. 35 Nachkommen Senaas:
3 630.

1–35 ‖ Neh 7,6–38.

Das Verzeichnis der heimkehrenden Priester und Leviten: 2,36–63

36 Von den Priestern: Nachkommen Jeda-
jas vom Haus Jeschua: 973. 37 Nachkommen
Immers: 1 052. 38 Nachkommen Paschhurs:
1 247. 39 Nachkommen Harims: 1 017.
40 Von den Leviten: Nachkommen Jeschu-
as, und zwar Nachkommen Kadmiëls, Bin-
nuis und Hodawjas: 74.
41 Von den Sängern: Nachkommen Asafs:
128.
42 Von den Torwächtern: Nachkommen
Schallums, Nachkommen Aters, Nachkom-
men Talmons, Nachkommen Akkubs, Nach-
kommen Hatitas, Nachkommen Schobais,
im Ganzen: 139.
43 Von den Tempeldienern: Nachkommen
Zihas, Nachkommen Hasufas, Nachkom-
men Tabbaots, 44 Nachkommen des Keros,
Nachkommen Sias, Nachkommen Padons,
45 Nachkommen Lebanas, Nachkommen Ha-
gabas, Nachkommen Akkubs, 46 Nachkom-
men Hagabs, Nachkommen Salmais, Nach-
kommen Hanans, 47 Nachkommen Giddels,
Nachkommen Gahars, Nachkommen Reajas,
48 Nachkommen Rezins, Nachkommen Ne-
kodas, Nachkommen Gasams, 49 Nachkom-
men Usas, Nachkommen Paseachs, Nach-
kommen Besais, 50 Nachkommen Asnas,
Nachkommen der Mëuniter, Nachkommen
der Nefusiter, 51 Nachkommen Bakbuks,
Nachkommen Hakufas, Nachkommen Har-
hurs, 52 Nachkommen Bazluts, Nachkommen
Mehidas, Nachkommen Harschas, 53 Nach-
kommen des Barkos, Nachkommen Siseras,
Nachkommen Temachs, 54 Nachkommen Ne-
ziachs, Nachkommen Hatifas.
55 Von den Nachkommen der Knechte Sa-
lomos: Nachkommen Sotais, Nachkommen
Soferets, Nachkommen Perudas, 56 Nach-
kommen Jaalas, Nachkommen Darkons,
Nachkommen Giddels, 57 Nachkommen
Schefatjas, Nachkommen Hattils, Nachkom-
men des Pocheret-Zebajim und Nachkom-
men des Ami. 58 Die Gesamtzahl der Tempel-
diener und der Nachkommen der Knechte
Salomos betrug 392.
59 Die Folgenden kamen aus Tel-Melach,
Tel-Harscha, Kerub-Addon und Immer,
konnten aber nicht angeben, ob sie ihrer Fa-
milie und Herkunft nach aus Israel stamm-
ten: 60 Nachkommen Delajas, Nachkommen
Tobijas und Nachkommen Nekodas, im
Ganzen 652; 61 dazu bei den Priestern die
Nachkommen Habajas, die Nachkommen
des Koz und die Nachkommen Barsillais;
dieser hatte eine von den Töchtern Barsillais
aus Gilead geheiratet und dessen Namen an-
genommen. 62 Die Genannten suchten ihre
Eintragung im Geschlechterverzeichnis,
aber man fand sie nicht; deshalb wurden sie
aus dem Priesterstand ausgeschlossen. 63 Der
Statthalter untersagte ihnen, vom Hochhei-
ligen zu essen, bis ein Priester für den Los-
entscheid mit Urim und Tummim zur Verfü-
gung stehe.

36–63 ‖ Neh 7,39–65 • 43: 8,20 • 55: 1 Kön 9,20f • 61: 2 Sam 17,27; 19,32 • 63: Lev 2,3; 6,9–11; 7,6–10.33–35; Ex 28,30.

Die Volkszählung: 2,64–70

64 Die ganze Volksgemeinde zählte insge-
samt 42 360 Personen. 65 Dabei waren ihre
Knechte und Mägde nicht mitgerechnet; das
waren im Ganzen 7 337 Personen; dazu ka-
men noch 200 Sänger und Sängerinnen.
66 Pferde hatten sie 736, Maultiere 245, 67 Ka-
mele 435, Esel 6 720.
68 Als sie zum Haus des Herrn in Jerusalem
kamen, machten einige von den Familien-
oberhäuptern großzügige Spenden, damit
man das Gotteshaus an seiner alten Stelle
wieder errichten könne. 69 Ihrem Vermögen
entsprechend gaben sie für den Bauschatz
61 000 Golddariken, 5 000 Minen Silber und
100 Priestergewänder.
70 Die Priester, die Leviten, ein Teil des
Volkes, die Sänger, die Torwächter und die
Tempeldiener ließen sich in ihren Städten
nieder, ebenso alle übrigen Israeliten.

64–70 ‖ Neh 7,66–72.

Der Beginn des Kults und des Tempelbaus: 3,1–13

3 Als der siebte Monat herankam und die
Israeliten bereits in ihren Heimatstäd-
ten waren, versammelte sich das ganze Volk
geschlossen in Jerusalem. 2 Jeschua, der
Sohn des Jozadak, mit seinen Brüdern, den
Priestern, und Serubbabel, der Sohn Scheal-
tiëls, mit seinen Brüdern gingen daran, den
Altar des Gottes Israels wieder aufzubauen,
um auf ihm Brandopfer darzubringen, wie es
im Gesetz des Gottesmannes Mose vorge-
schrieben ist. 3 Sie errichteten den Altar an
seiner alten Stelle, obwohl die Völker der
Nachbarländer sie davon abzuschrecken
suchten, und brachten auf ihm dem Herrn
Brandopfer dar, je ein Brandopfer am Mor-
gen und am Abend. 4 Dann feierten sie der
Vorschrift entsprechend das Laubhüttenfest

und brachten Tag für Tag so viele Opfer dar,
wie es für die einzelnen Tage festgesetzt ist.
5 Von da an brachten sie auch das ständige
Brandopfer wieder dar, ferner die Opfer an
den Neumondtagen und an allen dem Herrn
geheiligten Festzeiten sowie alle freiwilligen
Opfer, die jemand dem Herrn spendete. 6 Am
ersten Tag des siebten Monats hatten sie be-
gonnen, dem Herrn Brandopfer darzubrin-
gen; aber die Fundamente für den Tempel
des Herrn waren noch nicht gelegt. 7 Darum
nahmen sie Steinhauer und Zimmerleute in
Dienst; den Sidoniern und Tyrern lieferten
sie Nahrungsmittel, Getränke und Öl, damit
sie Zedernstämme vom Libanon über das
Meer nach Jafo brachten; das hatte ihnen der
König Kyrus von Persien erlaubt.

8 Im zweiten Monat des zweiten Jahres
nach ihrer Ankunft beim Gotteshaus in Jeru-
salem machten sich ans Werk Serubbabel,
der Sohn Schealtiëls, und Jeschua, der Sohn
des Jozadak, mit ihren übrigen Brüdern,
nämlich den Priestern, Leviten und allen, die
aus der Gefangenschaft nach Jerusalem zu-
rückgekommen waren. Sie bestimmten die
Leviten, die zwanzig Jahre und älter waren,
dazu, die Arbeiten am Haus des Herrn zu lei-
ten.

9 Jeschua, seine Söhne und Brüder, Kad-
miël und seine Söhne sowie die Söhne
Hodawjas traten gemeinsam an, um die an-
zuleiten, die die Arbeiten am Gotteshaus
ausführten; dazu kamen noch die Söhne He-
nadads sowie ihre Söhne und Brüder, eben-
falls Leviten. 10 Als die Bauleute das Funda-
ment für den Tempel des Herrn gelegt hat-
ten, kamen die Priester in ihren Gewändern
und mit den Trompeten, außerdem die Levi-
ten, die Nachkommen Asafs, mit den
Zimbeln, um den Herrn zu preisen nach der
Ordnung Davids, des Königs von Israel.
11 Sie begannen, den Herrn zu loben und zu
preisen: »Denn er ist gütig und seine Huld
gegenüber Israel währt ewig«. Und das gan-
ze Volk erhob ein lautes Jubelgeschrei zum
Preis des Herrn, weil das Fundament für das
Haus des Herrn gelegt war. 12 Viele betagte
Priester, Leviten und Familienoberhäupter
hatten noch den ersten Tempel gesehen. Als
nun vor ihren Augen das Fundament für den
neuen Tempel gelegt wurde, weinten sie laut.
Viele andere aber schrien vor Jubel und
Freude. 13 Man konnte im lauten Freuden-
jubel das Weinen der anderen kaum hören,
so laut war das Geschrei des Volkes und der
Lärm war weithin zu hören.

2: Ex 27,1–8; Lev 6,2 • 3: Ex 29,38–42 • 4: Num 29,12–38 • 7: 1 Kön 5,20–29 • 10: 1 Chr 25 • 11: 2 Chr 5,13; Jer 33,11 • 12: Hag 2,3.

Die Störung beim Tempelbau: 4,1–16

4 Die Feinde von Juda und Benjamin er-
fuhren, dass die Heimkehrer für den
Herrn, den Gott Israels, einen Tempel bau-
ten. 2 Da kamen sie zu Serubbabel und den
Familienoberhäuptern und sagten: Wir wol-
len zusammen mit euch bauen. Denn wie ihr
verehren auch wir euren Gott und opfern
ihm seit der Zeit des Königs Asarhaddon von
Assur, der uns hierher gebracht hat. 3 Aber
Serubbabel, Jeschua und die übrigen Ober-
häupter der Großfamilien Israels erwiderten
ihnen: Es geht nicht, dass wir mit euch zu-
sammen unserem Gott ein Haus bauen, son-
dern wir allein wollen für den Herrn, den
Gott Israels, bauen, wie es uns König Kyrus
von Persien aufgetragen hat. 4 Da machte
das Volk des Landes die Leute von Juda
mutlos und schreckte sie vom Bauen ab.
5 Man bestach sogar königliche Räte gegen
sie, um ihr Vorhaben zu vereiteln; das dauer-
te die ganze Regierungszeit des Perserkönigs
Kyrus bis zur Regierung des Königs Darius
von Persien. 6 Als dann Xerxes König wurde,
setzten sie zu Beginn seiner Herrschaft eine
Anklage gegen die Bewohner von Juda und
Jerusalem auf.

7 In der Zeit des Artaxerxes schrieb Bisch-
lam zusammen mit Mitredat, Tabeel und sei-
nen übrigen Amtsgenossen an den König
Artaxerxes von Persien. Der Brief war ins
Aramäische übersetzt und in aramäischer
Schrift geschrieben. 8 Der Befehlshaber
Rehum und der Schreiber Schimschai
schrieben an den König Artaxerxes folgen-
den Brief gegen Jerusalem: 9 Die Absender:
Der Befehlshaber Rehum und der Schreiber
Schimschai sowie ihre übrigen Amtsgenos-
sen, die Richter, Gesandten, Aufseher und
Verwalter, die Leute aus Erech, Babel und
Susa – das sind Elamiter – 10 und die übrigen
Volksgruppen, die der große und berühmte
Asenappar weggeführt und in den Städten
von Samaria und im übrigen Gebiet jenseits
des Stroms angesiedelt hat. 11 Dies ist nun
eine Abschrift des Briefes, den sie an Arta-
xerxes schickten: An den König Artaxerxes,
von deinen Knechten, den Leuten jenseits

4,1 Heimkehrer: wörtlich: Söhne der Verschleppung.

4,8 Hier wechselt der bis dahin hebräische Text ins Aramäische.

4,10 jenseits des Stroms: vgl. die Anmerkung zu 2 Sam 10,16.

des Stroms. 12 Dem König sei gemeldet: Die
Juden, die aus deiner Nähe wegzogen, sind
zu uns nach Jerusalem gekommen. Sie bauen
die aufrührerische und böse Stadt wieder
auf; sie stellen die Mauern wieder her und si-
chern die Fundamente. 13 Dem König sei nun
gemeldet: Wenn diese Stadt wieder aufge-
baut ist und ihre Mauern vollendet sind,
dann entrichten die Juden keine Steuern,
Abgaben und Zölle mehr. So bringt sie den
Königen schließlich nur Schaden. 14 Nun ist
aber das Salz des Palastes unser Salz; darum
ist es nicht recht, wenn wir mit ansehen, wie
der König erniedrigt wird. Deshalb senden
wir dem König Nachricht: 15 Man möge in
der Chronik deiner Väter nachforschen; du
wirst dann in der Chronik finden und fest-
stellen: Diese Stadt ist eine aufrührerische
Stadt; sie hat Königen und Provinzen
Schaden gebracht und von jeher hat man
in ihr Empörung angestiftet. Deshalb ist
diese Stadt ja auch zerstört worden. 16 Wir
machen also den König darauf aufmerksam:
Wird diese Stadt wieder aufgebaut und wer-
den ihre Mauern vollendet, dann hast du kei-
nen Anteil mehr am Gebiet jenseits des
Stroms.

2: 2 Kön 17,24–41.

Das Verbot der Fortsetzung des Baus:
4,17–24

17 Der König schickte folgende Erwide-
rung: An den Befehlshaber Rehum und den
Schreiber Schimschai sowie ihre übrigen
Genossen, die in Samaria und dem übrigen
Gebiet jenseits des Stroms wohnen, meinen
Gruß. 18 Das Schriftstück, das ihr an uns ge-
sandt habt, ist mir in Übersetzung vorgele-
sen worden. 19 Daraufhin befahl ich nachzu-
forschen, und man fand: Diese Stadt hat sich
von jeher gegen die Könige erhoben und in
ihr gab es immer wieder Aufruhr und Empö-
rung. 20 Mächtige Könige geboten über Jeru-
salem und herrschten über das ganze Gebiet
jenseits des Stroms und ihnen entrichtete
man Steuern, Abgaben und Zölle. 21 Gebt
also Befehl, dass man jenen Männern ihr Tun
verwehrt. Diese Stadt darf nicht wieder auf-
gebaut werden, bis weitere Anordnungen
von mir ergehen. 22 Hütet euch, in dieser Sa-
che nachlässig zu sein; sonst könnte großer
Schaden zum Nachteil der Könige entste-
hen.

23 Sobald das Schreiben des Königs Arta-
xerxes vor Rehum und dem Schreiber
Schimschai sowie ihren Amtsgenossen verle-
sen worden war, gingen diese eilends nach
Jerusalem zu den Juden und hinderten sie
mit Waffengewalt an ihrer Arbeit. 24 So kam
die Arbeit am Gotteshaus in Jerusalem zum
Stillstand und ruhte bis zum zweiten Jahr
der Herrschaft des Perserkönigs Darius.

Die Wiederaufnahme der Bauarbeiten:
5,1–17

5 Damals traten Haggai, der Prophet, und
Sacharja, der Sohn Iddos, auf und spra-
chen als Propheten zu den Juden in Juda und
Jerusalem im Namen des Gottes Israels, der
über ihnen wachte. 2 Daraufhin machten
sich Serubbabel, der Sohn Schealtiëls, und
Jeschua, der Sohn des Jozadak, an die Arbeit
und nahmen den Bau des Gotteshauses in Je-
rusalem wieder auf. Die Propheten Gottes
standen ihnen bei und unterstützten sie.

3 In dieser Zeit kamen Tattenai, der Statt-
halter des Gebiets jenseits des Stroms, und
Schetar-Bosnai sowie ihre Amtsgenossen zu
den Juden und fragten sie: Wer hat euch die
Erlaubnis erteilt, dieses Haus wieder aufzu-
bauen und das Holzwerk innen zu vollenden?
4 Und sie fragten weiter: Wie heißen die
Männer, die diesen Bau aufführen? 5 Aber
über die Ältesten der Juden wachte das Auge
ihres Gottes; so ließ man sie weiterarbeiten,
bis ein Bericht an Darius abgegangen und
die Antwort darauf zurückgekommen sei.

6 Das ist eine Abschrift des Briefes, den
Tattenai, der Statthalter des Gebiets jenseits
des Stroms, und Schetar-Bosnai mit seinen
Amtsgenossen, den Beamten im Gebiet jen-
seits des Stroms, an den König Darius sand-
ten. 7 Sie schickten ihm einen Bericht folgen-
den Inhalts: Dem König Darius alles Gute!
8 Dem König sei gemeldet, dass wir in der
Provinz Juda das Haus des großen Gottes be-
sichtigt haben. Die Leute bauen es mit Qua-
dersteinen und belegen die Wände mit Holz.
Sie betreiben diese Arbeit mit Eifer und sie
geht unter ihren Händen gut voran. 9 Wir be-
fragten die Ältesten: Wer hat euch die Er-
laubnis erteilt, dieses Haus wieder aufzu-
bauen und das Holzwerk innen zu vollenden?
10 Wir fragten sie auch nach ihren Namen,
um sie dir zu melden. Was wir schreiben,
sind die Namen der Männer, die an ihrer
Spitze stehen. 11 Sie gaben uns folgende Ant-
wort: Wir verehren den Gott des Himmels
und der Erde und bauen das Gotteshaus wie-
der auf, das einst viele Jahre lang hier stand;
ein großer König von Israel hat es erbaut und
vollendet. 12 Unsere Väter aber erzürnten
den Gott des Himmels; darum gab er sie in
die Hand des Chaldäers Nebukadnezzar, des
Königs von Babel. Er zerstörte dieses Haus
und verschleppte das Volk nach Babel.
13 Doch im ersten Jahr, als Kyrus König von

Babel war, gab König Kyrus den Befehl, dieses Gotteshaus wieder aufzubauen. 14 Nebukadnezzar hatte auch die goldenen und silbernen Geräte des Gotteshauses aus dem Tempel von Jerusalem weggenommen und in den Tempel von Babel gebracht. König Kyrus ließ sie nun wieder aus dem Tempel von Babel holen und einem Mann namens Scheschbazzar übergeben, den er als Statthalter einsetzte. 15 Er sagte zu ihm: Nimm diese Geräte, zieh heim und bring sie in den Tempel zu Jerusalem! Das Gotteshaus soll an seiner alten Stelle wieder aufgebaut werden. 16 Darauf kam jener Scheschbazzar und legte die Fundamente für das Gotteshaus in Jerusalem. Seitdem baut man daran, bis jetzt; aber es ist noch nicht fertig.

17 Wenn es dem König nun recht ist, so forsche man dort in Babel in den königlichen Schatzhäusern nach, ob wirklich von König Kyrus ein Befehl vorliegt, jenes Gotteshaus in Jerusalem wieder aufzubauen. Seinen Entscheid in der Sache sende dann der König uns zu.

1: Hag 1,1–11; Sach 4,9 • 5: 1 Kön 8,29 • 11: 1 Kön 6 – 8.

Der Weiterbau mit königlicher Unterstützung: 6,1–12

6 Auf Befehl des Königs Darius forschte man nun in den Schatzhäusern nach, dort, wo in Babel die Urkunden aufbewahrt wurden. 2 In der Festung Ekbatana in der Provinz Medien fand man eine Schriftrolle, in der geschrieben war: Beurkundung: 3 Im ersten Jahr des Königs Kyrus hat König Kyrus einen Befehl erlassen, der das Gotteshaus in Jerusalem betrifft: Das Haus soll wieder aufgebaut werden als Ort, an dem man Opfer darbringt. Seine Fundamente sollen erhalten bleiben. Seine Höhe soll sechzig Ellen betragen und seine Breite zwanzig Ellen. 4 Auf drei Lagen Quadersteinen soll eine Lage Holz kommen. Die Kosten bestreitet der königliche Hof. 5 Auch soll man die goldenen und silbernen Geräte des Gotteshauses zurückgeben, die Nebukadnezzar aus dem Tempel von Jerusalem weggenommen und nach Babel gebracht hat. Alles soll wieder an seinen alten Platz in den Tempel von Jerusalem kommen und in das Gotteshaus gebracht werden.

6 Darum, Tattenai, Statthalter des Gebiets jenseits des Stroms, Schetar-Bosnai und eure Amtsgenossen, die Beamten des Gebiets jenseits des Stroms: Haltet euch aus der Sache dort heraus! 7 Lasst die Arbeit an jenem Gotteshaus weitergehen! Der Statthalter der Juden und ihre Ältesten mögen das Gotteshaus an seiner früheren Stelle wieder aufbauen. 8 Auch ordne ich an, wie ihr die Ältesten der Juden dort beim Bau jenes Gotteshauses unterstützen sollt: Aus den königlichen Einkünften, die das Gebiet jenseits des Stroms aufbringt, sollen jenen Männern pünktlich die Kosten bezahlt werden, damit sie nicht aufgehalten werden. 9 Auch ist ihnen jeden Tag ohne Versäumnis zu liefern, was nach den Angaben der Priester von Jerusalem an Stieren, Widdern und Lämmern als Brandopfer für den Gott des Himmels benötigt wird, auch Weizen und Salz, Wein und Öl. 10 So mögen sie dem Gott des Himmels wohlgefällige Opfer darbringen und auch für das Leben des Königs und seiner Söhne beten. 11 Schließlich befehle ich: Jedem, der diesen Erlass missachtet, reiße man einen Balken aus seinem Haus und pfähle ihn auf diesem Balken; sein Haus soll wegen seines Vergehens zu einem Trümmerhaufen gemacht werden. 12 Der Gott aber, der seinen Namen dort wohnen lässt, vernichte jeden König und jedes Volk, die sich unterfangen, den Erlass zu missachten und jenes Gotteshaus in Jerusalem zu zerstören. Ich, Darius, habe den Befehl gegeben; man befolge ihn genau.

Die Vollendung des Baus und die Tempelweihe: 6,13–22

13 Tattenai, der Statthalter des Gebiets jenseits des Stroms, Schetar-Bosnai und ihre Amtsgenossen befolgten genau den Befehl, den der König Darius gesandt hatte, 14 und die Ältesten der Juden bauten weiter. Dank der Wirksamkeit Haggais, des Propheten, und Sacharjas, des Sohnes Iddos, kamen sie gut voran. Sie konnten den Bau vollenden, wie der Gott Israels es geboten und wie Kyrus und Darius sowie der Perserkönig Artaxerxes es befohlen hatten. 15 Das Gotteshaus war fertig am dritten Tag des Monats Adar, im sechsten Jahr der Regierung des Königs Darius. 16 Die Israeliten, die Priester, die Leviten und die übrigen, die heimgekehrt waren, feierten voll Freude die Einweihung dieses Gotteshauses. 17 Bei der Einweihung des Gotteshauses brachten sie als Opfer dar: hundert Stiere, zweihundert Widder und vierhundert Lämmer, dazu als Sündopfer für ganz Israel zwölf Ziegenböcke, entsprechend der Zahl der Stämme Israels. 18 Für den Got-

6,19 Von hier ab ist der Urtext wieder hebräisch, vgl. die Anmerkung zu 4,8.

tesdienst in Jerusalem bestellten sie die
Priester nach ihren Klassen und die Leviten
nach ihren Abteilungen, wie es das Buch des
Mose vorschreibt.
19 Am vierzehnten Tag des ersten Monats
feierten die Heimkehrer das Pascha-Fest.
20 Jeder der Priester und Leviten hatte sich
gereinigt, sodass sie alle rein waren. Die Le-
viten schlachteten das Paschalamm für alle
Heimkehrer und für ihre Brüder, die Pries-
ter, und für sich selbst. 21 Dieses Pascha-
lamm aßen die Israeliten, die aus der Ver-
bannung heimgekehrt waren, sowie alle, die
sich von der Unreinheit der Völker des Lan-
des abgesondert hatten, um mit ihnen zu-
sammen den Herrn, den Gott Israels, zu su-
chen. 22 Sieben Tage lang feierten sie voll
Freude das Fest der Ungesäuerten Brote.
Denn der Herr hatte sie froh gemacht und ih-
nen das Herz des Königs von Assur zuge-
wandt, sodass er sie bei der Arbeit am Haus
Gottes, des Gottes Israels, unterstützte.

14: 5,1; 1,2; 7,19–24 • 16–17: 1 Kön 8,1f.62–65 • 17: 2 Chr 29,20–32 • 18: 1 Chr 24,19 • 19: 2 Chr 35,10–15.

ESRA UND DIE NEUORDNUNG DER GEMEINDE IN JERUSALEM: 7,1 – 10,44

Esra, der Gesetzeslehrer: 7,1–10

7 Nach diesen Ereignissen unter der
Herrschaft des Perserkönigs Artaxerxes
kam Esra, der Sohn Serajas, des Sohnes
Asarjas, des Sohnes Hilkijas, 2 des Sohnes
Schallums, des Sohnes Zadoks, des Sohnes
Ahitubs, 3 des Sohnes Amarjas, des Sohnes
Asarjas, des Sohnes Merajots, 4 des Sohnes
Serachjas, des Sohnes Usis, des Sohnes Buk-
kis, 5 des Sohnes Abischuas, des Sohnes des
Pinhas, des Sohnes Eleasars, des Sohnes des
Hohenpriesters Aaron. 6 Dieser Esra kam
also von Babel herauf. Er war ein Schriftge-
lehrter, kundig im Gesetz des Mose, das der
Herr, der Gott Israels, gegeben hatte. Weil
die Hand des Herrn, seines Gottes, über ihm
war, gewährte der König ihm alles, was er
wünschte. 7 Mit ihm zog im siebten Jahr des
Königs Artaxerxes auch eine Anzahl von Is-
raeliten sowie von Priestern, Leviten, Sän-
gern, Torwächtern und Tempeldienern nach
Jerusalem. 8 Im fünften Monat dieses siebten
Regierungsjahrs des Königs kam Esra in Je-
rusalem an. 9 Den Aufbruch von Babel hatte
er auf den Ersten des ersten Monats festge-
setzt und am Ersten des fünften Monats kam
er in Jerusalem an, da die gütige Hand seines
Gottes über ihm war. 10 Denn Esra war von
ganzem Herzen darauf aus, das Gesetz des
Herrn zu erforschen und danach zu handeln
und es als Satzung und Recht in Israel zu
lehren.

1: 1 Chr 5,29–40.

Der zweite Befehl zur Rückführung: 7,11–23

11 Das ist eine Abschrift des Erlasses, den
der König Artaxerxes dem Priester und
Schriftgelehrten Esra mitgab, dem Schrift-
kundigen in den Geboten und Satzungen, die
der Herr Israel gegeben hatte: 12 Artaxerxes,
der König der Könige, wünscht dem Priester
Esra, dem Schriftkundigen im Gesetz des
Gottes des Himmels, alles Gute. 13 Das ist es,
was ich befehle: Jeder in meinem Reich, der
zum Volk Israel oder seinen Priestern und
Leviten gehört und gewillt ist, nach Jerusa-
lem zu gehen, darf mit dir ziehen. 14 Denn du
bist von dem König und seinen sieben Räten
ausgesandt und sollst nach dem Gesetz dei-
nes Gottes, das in deiner Hand ist, untersu-
chen, wie es in Juda und Jerusalem steht.
15 Auch sollst du das Silber und Gold hin-
bringen, das der König und seine Räte dem
Gott Israels gespendet haben, der in Jerusa-
lem seine Wohnstätte hat. 16 Bring auch alles
Silber und Gold dorthin, das du in der gan-
zen Provinz Babel bekommst, samt den
Spenden, die das Volk Israel und die Priester
für das Haus ihres Gottes in Jerusalem ge-
ben. 17 Von diesem Geld sollst du dann ge-
wissenhaft Stiere, Widder und Lämmer so-
wie die dazugehörenden Speiseopfer und
Trankopfer kaufen und sie auf dem Altar des
Hauses eures Gottes in Jerusalem darbrin-
gen. 18 Das übrige Silber und Gold dürft ihr
nach dem Willen eures Gottes verwenden,
wie es dir und deinen Amtsbrüdern gut
scheint. 19 Auch die Geräte, die man dir für
den Dienst im Haus deines Gottes übergibt,
sollst du dem Gott in Jerusalem abliefern.
20 Den restlichen Bedarf für das Haus deines
Gottes, den du aufzubringen hast, bekommst
du aus den königlichen Schatzhäusern. 21 Ich,
der König Artaxerxes, befehle allen Schatz-
meistern im Gebiet jenseits des Stroms: Al-

7,12–26 Das Schreiben des Artaxerxes ist in aramäischer Sprache überliefert (vgl. 4,8 – 6,18).

les, was der Priester Esra, der Schriftkundi-
ge im Gesetz des Gottes des Himmels, von
euch fordert, soll man pünktlich liefern,
22 und zwar bis zu hundert Talenten Silber,
bis zu hundert Kor Weizen, bis zu hundert
Bat Wein, bis zu hundert Bat Öl, dazu Salz in
jeder Menge. 23 Alles, was der Gott des Him-
mels befiehlt, soll man mit frommem Eifer
liefern für das Haus des Gottes des Himmels,
damit nicht ein Strafgericht das Reich des
Königs und seiner Söhne trifft.

14: Est 1,14 • 15: 2 Makk 3,2 • 20: 6,9.

Neue Anordnungen: 7,24–28

24 Auch wird euch Folgendes bekannt ge-
macht: Niemand ist befugt, irgendeinem
Priester, Leviten, Sänger, Torwächter, Tem-
peldiener oder Arbeiter dieses Gotteshauses
Steuern, Abgaben oder Zölle aufzuerlegen.

25 Du aber, Esra, bestelle Rechtskundige
und Richter nach dem weisen Gesetz deines
Gottes, das in deiner Hand ist; sie sollen dem
ganzen Volk im Gebiet jenseits des Stroms
Recht sprechen, allen, die das Gesetz deines
Gottes kennen; wer es aber nicht kennt, den
sollt ihr es lehren. 26 Doch über jeden, der das
Gesetz deines Gottes und das Gesetz des Kö-
nigs nicht befolgt, halte man streng Gericht
und verurteile ihn je nachdem zum Tod, zum
Ausschluss (aus der Gemeinde), zu einer
Geldstrafe oder zu Gefängnis!

27 Gepriesen sei der Herr, der Gott unserer
Väter! Denn er hat dem König das alles ins
Herz gelegt, um das Haus des Herrn in Jeru-
salem so herrlich auszustatten. 28 Mir hat er
die Gunst des Königs und seiner Räte sowie
all der mächtigen Großen des Königs zuge-
wandt. Ich aber fasste Mut, da die Hand des
Herrn, meines Gottes, über mir war, und
sammelte Familienoberhäupter aus Israel,
die bereit waren, mit mir hinaufzuziehen.

Das Verzeichnis der Heimkehrer: 8,1–20

8 Das sind die Familienoberhäupter und
die bei ihnen Eingetragenen, die unter
der Herrschaft des Königs Artaxerxes mit
mir aus Babel hinaufgezogen sind: 2 Von den
Nachkommen des Pinhas: Gerschom; von
den Nachkommen Itamars: Daniel; von den
Nachkommen Davids: Hattusch, 3 der Sohn
Schechanjas. Von den Nachkommen des Pa-
rosch: Secharja und mit ihm 150 eingetra-
gene Männer. 4 Von den Nachkommen des
Pahat-Moab: Eljoënai, der Sohn Serachjas,
und mit ihm 200 Männer. 5 Von den Nach-
kommen Sattus: Schechanja, der Sohn Jaha-
siëls, und mit ihm 300 Männer. 6 Von den
Nachkommen Adins: Ebed, der Sohn Jona-
tans, und mit ihm 50 Männer. 7 Von den
Nachkommen Elams: Jeschaja, der Sohn
Ataljas, und mit ihm 70 Männer. 8 Von den
Nachkommen Schefatjas: Sebadja, der Sohn
Michaels, und mit ihm 80 Männer. 9 Von den
Nachkommen Joabs: Obadja, der Sohn Je-
hiëls, und mit ihm 218 Männer. 10 Von den
Nachkommen Banis: Schelomit, der Sohn
Josifjas, und mit ihm 160 Männer. 11 Von den
Nachkommen Bebais: Secharja, der Sohn
Bebais, und mit ihm 28 Männer. 12 Von den
Nachkommen Asgads: Johanan, der Sohn
Katans, und mit ihm 110 Männer. 13 Von den
Nachkommen Adonikams: die letzten; sie
heißen: Elifelet, Jëiël und Schemaja und mit
ihnen 60 Männer. 14 Und von den Nachkom-
men Bigwais: Utai, der Sohn Sabbuds, und
mit ihm 70 Männer.

15 Ich ließ alle an dem Fluss zusammen-
kommen, der an Ahawa vorbeifließt. Dort
blieben wir drei Tage. Ich stellte fest, dass
zwar Laienvolk und Priester da waren; doch
fand ich dort keine Leviten. 16 Da schickte
ich einige verständige Männer, nämlich Elië-
ser, Ariël, Schemaja, Elnatan, Jarib, Elna-
tan, Natan, Secharja und Meschullam 17 zu
Iddo, dem Vorsteher der Ortschaft Kasifja;
ich sagte ihnen, was sie zu Iddo und zu sei-
nen Brüdern, die in der Ortschaft Kasifja an-
sässig waren, sagen sollten, damit sie uns
Diener für das Haus unseres Gottes überlie-
ßen. 18 Da die gütige Hand unseres Gottes
über uns war, schickten sie uns einen ein-
sichtigen Mann, einen von den Nachkommen
Machlis, des Sohnes Levis, des Sohnes Isra-
els, nämlich Scherebja, mit seinen Söhnen
und Brüdern, zusammen 18 Männer; 19 fer-
ner von den Nachkommen Meraris den Ha-
schabja und mit ihm Jeschaja samt ihren
Söhnen und Brüdern, 20 Männer; 20 dazu
eine Anzahl von Tempeldienern, die David
und die Obersten dem Tempel geschenkt
hatten, damit sie den Leviten dienten, im
ganzen 220 Tempeldiener. Sie alle sind na-
mentlich aufgezeichnet.

2: Num 25,7–13; 1 Chr 5,29f; 24,1–4 • 20: 2,43–54; 1 Chr 9,2.

Der Bericht über die Reise: 8,21–36

21 Dann rief ich dort am Fluss bei Ahawa
ein Fasten aus; so wollten wir uns vor unse-
rem Gott beugen und von ihm eine glückli-
che Reise erbitten für uns, unsere Familien
und die ganze Habe. 22 Denn ich schämte

7,26 Gemeint ist der Ausschluss aus der Gemeinde der Heimgekehrten (vgl. 10,8).

mich, vom König Soldaten und Reiter zu fordern, die uns gegen Feinde auf dem Weg schützen sollten. Vielmehr hatten wir dem König gesagt: Die Hand unseres Gottes ist schützend über allen, die ihn suchen; doch seine Macht und sein Zorn kommen über alle, die ihn verlassen. 23 Wir fasteten also und suchten in dieser Sache Hilfe bei unserem Gott und er erhörte uns.

24 Dann wählte ich von den Obersten der Priester zwölf aus, dazu Scherebja und Haschabja und mit ihnen noch zehn ihrer Brüder. 25 Ich wog vor ihnen das Silber, das Gold und die Geräte, die Weihegaben, die der König, seine Räte und Großen sowie alle Israeliten, die dort lebten, für das Haus unseres Gottes gestiftet hatten. 26 Ich wog alles und legte es in ihre Hände: sechshundertfünfzig Talente Silber und hundert silberne Geräte, die zwei Talente wogen; ferner hundert Talente Gold 27 und zwanzig goldene Becher im Wert von tausend Golddariken sowie zwei Geräte aus feinster, glänzender Bronze, kostbar wie Gold. 28 Und ich sagte zu ihnen: Ihr seid dem Herrn heilig, auch die Geräte sind heilig; das Silber und das Gold sind Weihegaben für den Herrn, den Gott eurer Väter. 29 Bewacht und behütet das alles, bis ihr es vor den Obersten der Priester und Leviten sowie den Oberhäuptern der Familien Israels in Jerusalem wägt und darbringt, in den Räumen des Hauses des Herrn. 30 Die Priester und Leviten nahmen das Silber, das Gold und die Geräte abgewogen in Empfang, um sie nach Jerusalem in das Haus unseres Gottes zu bringen.

31 Am zwölften Tag des ersten Monats brachen wir von dem Fluss bei Ahawa auf, um nach Jerusalem zu ziehen. Die Hand unseres Gottes war über uns und er beschützte uns unterwegs vor Feinden und Räubern. 32 Als wir nach Jerusalem kamen, ruhten wir dort drei Tage aus. 33 Am vierten Tag wog man im Haus unseres Gottes das Silber und das Gold sowie die Geräte und übergab sie dem Priester Meremot, dem Sohn Urijas; bei ihm waren Eleasar, der Sohn des Pinhas, sowie die Leviten Josabad, der Sohn Jeschuas, und Noadja, der Sohn Binnuis. 34 Man übergab alles, gezählt und gewogen, und verzeichnete gleichzeitig das genaue Gewicht.

35 Die Verschleppten, die jetzt aus der Gefangenschaft heimgekehrt waren, brachten dem Gott Israels Brandopfer dar: zwölf Stiere für ganz Israel, sechsundneunzig Widder und siebenundsiebzig Lämmer, ferner zwölf Ziegenböcke für ein Sündopfer – all das als Brandopfer für den Herrn.

36 Man übergab die Anordnungen des Königs den königlichen Satrapen und den Statthaltern im Gebiet jenseits des Stroms. Sie unterstützten von nun an das Volk und das Haus Gottes.

22: Neh 2,9 • 36: 5,17; 7,11–26.

Das Verbot von Mischehen: 9,1–4

9 Als das vollbracht war, kamen die Obersten zu mir und sagten: Das Volk Israel und die Priester und die Leviten haben sich nicht fern gehalten von der Bevölkerung des Landes und ihren Gräueltaten, von den Kanaanitern, Hetitern, Perisitern, Jebusitern, Ammonitern, Moabitern, Ägyptern und Amoritern. 2 Sie haben von deren Töchtern Frauen genommen für sich und ihre Söhne. So hat sich der heilige Same mit den Völkern des Landes vermischt und die Obersten und Beamten waren bei diesem Treubruch die Ersten. 3 Als ich das hörte, zerriss ich mein Gewand und meinen Mantel; ich raufte mir die Haare und den Bart und setzte mich erschüttert nieder. 4 Da versammelten sich alle um mich, die wegen des Treubruchs der Heimkehrer die Drohungen des Gottes Israels fürchteten. Bis zum Abendopfer saß ich erschüttert da.

1: Dtn 7,1–4; 23,3f • 2: Mal 2,10–12; Neh 13,23–28; Jes 6,13.

Esras Bußgebet: 9,5–15

5 Zur Zeit des Abendopfers erhob ich mich aus meiner Bußübung, mit zerrissenem Gewand und Mantel. Dann warf ich mich auf die Knie, breitete die Hände aus und betete zum Herrn, meinem Gott: 6 Mein Gott, ich schäme mich und wage nicht, die Augen zu dir, mein Gott, zu erheben. Denn unsere Vergehen sind uns über den Kopf gewachsen; unsere Schuld reicht bis zum Himmel. 7 Seit den Tagen unserer Väter bis heute sind wir in großer Schuld. Wegen unserer Vergehen wurden wir, unsere Könige und Priester, den Königen der Länder ausgeliefert, dem Schwert, der Gefangenschaft, der Plünderung und der Schande, wie es noch heute der Fall ist. 8 Jetzt, für einen kurzen Augenblick, hat der Herr, unser Gott, uns Erbarmen gezeigt; er hat einen Rest gerettet und übrig gelassen und uns einen Ruheplatz an seinem heiligen Ort gewährt. So ließ unser Gott unsere Augen aufleuchten, er ließ uns ein wenig aufleben in unserer Knechtschaft. 9 Ja, wir sind Knechte. Aber auch in unserer Knechtschaft hat unser Gott uns nicht verlassen. Er wandte uns die Gunst der Könige von Persien zu. Er ließ uns aufleben, sodass wir das Haus unseres Gottes wieder aufbauen und es aus den Trümmern wieder aufrichten konn-

ten. Er gewährte uns ein geschütztes Gebiet
in Juda und Jerusalem.
10 Aber jetzt, unser Gott, was sollen wir
nach all dem sagen? Wir haben ja deine Ge-
bote verlassen. 11 Du hast durch deine Die-
ner, die Propheten, geboten: Das Land, in
das ihr kommt, um es in Besitz zu nehmen,
ist ein beflecktes Land; denn die Völker im
Land haben es befleckt; in ihrer Unreinheit
haben sie es mit ihren Gräueltaten erfüllt,
vom einen Ende bis zum andern. 12 Darum
dürft ihr eure Töchter nicht ihren Söhnen als
Frauen geben, noch dürft ihr ihre Töchter
für eure Söhne nehmen. Ihr Glück und ihren
Wohlstand sollt ihr nicht begehren. Dann
werdet ihr stark sein und die Güter des Lan-
des genießen und sie euren Kindern vererben
für alle Zeit.
13 Was ist alles über uns gekommen wegen
unserer bösen Taten und unserer großen
Schuld! Dabei hast du, unser Gott, unsere
Schuld mit Nachsicht behandelt und uns
diese Schar von Geretteten gelassen. 14 Kön-
nen wir nach alledem von neuem deine Ge-
bote brechen und uns mit diesen gräuelbela-
denen Völkern verschwägern? Musst du uns
dann nicht zürnen, bis wir ganz vernichtet
sind, sodass kein Rest von Geretteten mehr
übrig bleibt? 15 Herr, Gott Israels, du bist ge-
recht; darum hast du uns als geretteten Rest
übrig gelassen, wie es heute der Fall ist. Nun
stehen wir vor dir mit unserer Schuld. Nein,
so kann niemand vor dir bestehen.

11: Lev 18,24–27; Dtn 7,1.3 Ez 36,17; 37,25.

Die Auflösung der Mischehen:
10,1–17

10 Während Esra vor dem Haus Gottes
auf den Knien lag und weinend sein
Gebet und sein Bekenntnis sprach, versam-
melte sich um ihn eine sehr große Gemeinde
von Männern, Frauen und Kindern aus Isra-
el. Auch das Volk vergoss viele Tränen.
2 Schechanja, der Sohn Jehiëls, einer der
Nachkommen Elams, nahm das Wort und
sagte zu Esra: Ja, wir haben unserem Gott
die Treue gebrochen; wir haben fremde
Frauen aus der Bevölkerung des Landes ge-
heiratet. Doch auch jetzt gibt es noch Hoff-
nung für Israel: 3 Wir wollen jetzt mit unse-
rem Gott einen Bund schließen und uns ver-
pflichten, dass wir alle fremden Frauen samt
ihren Kindern wegschicken nach dem Rat
meines Herrn und aller, die das Gebot unse-
res Gottes fürchten. Man handle nach dem
Gesetz. 4 Steh auf! Denn dir obliegt die Sa-
che. Wir aber stehen dir bei. Fass Mut und
handle! 5 Da stand Esra auf; er ließ die
Obersten der Priester, der Leviten und ganz
Israels schwören, nach diesem Vorschlag zu
handeln, und sie leisteten den Eid. 6 Dann
verließ Esra den Platz vor dem Haus Gottes
und ging in die Kammer Johanans, des Soh-
nes Eljaschibs. Dort verbrachte er die Nacht,
aß aber kein Brot und trank kein Wasser;
denn er trauerte über den Treubruch der
Heimkehrer.
7 Dann machte man in Juda und Jerusalem
allen Heimkehrern bekannt, sie sollten sich
in Jerusalem versammeln. 8 Jeder, der nicht
binnen drei Tagen komme, wie es die Vorste-
her und Ältesten beschlossen hätten, dessen
ganzer Besitz solle der Vernichtung anheim
fallen und er selbst solle aus der Gemeinde
der Heimkehrer ausgeschlossen werden. 9 Da
versammelten sich nach drei Tagen alle
Männer von Juda und Benjamin in Jerusa-
lem; es war am zwanzigsten Tag des neunten
Monats. Das ganze Volk ließ sich auf dem
Platz vor dem Haus Gottes nieder. Alle zit-
terten wegen der Sache, um die es ging, aber
auch wegen des Regens, der niederging.
10 Der Priester Esra stand auf und sagte zu
ihnen: Ihr habt dem Herrn die Treue gebro-
chen; ihr habt fremde Frauen genommen und
so die Schuld Israels noch größer gemacht.
11 So legt nun vor dem Herrn, dem Gott eurer
Väter, ein Bekenntnis ab und tut, was er
wünscht: Trennt euch von der Bevölkerung
des Landes, insbesondere von den fremden
Frauen! 12 Darauf antwortete die ganze Ge-
meinde laut: Alles, was du uns gesagt hast,
müssen wir tun. 13 Aber es sind viele Men-
schen und es ist Regenzeit; da kann man
nicht im Freien bleiben und die Angelegen-
heit ist nicht an einem oder zwei Tagen ab-
zumachen. Denn viele von uns haben sich in
dieser Sache verfehlt. 14 Unsere Vorsteher
sollen darum die ganze Gemeinde vertreten.
Alle, die in unseren Städten fremde Frauen
geheiratet haben, sollen dann zu festgesetz-
ten Zeiten herkommen, dazu die Ältesten
und Richter jeder einzelnen Stadt, bis wir
den Zorn unseres Gottes, der wegen dieser
Sache entbrannt ist, von uns abgewendet
haben.
15 Nur Jonatan, der Sohn Asaëls, und Jach-
seja, der Sohn Tikwas, sprachen gegen die-
sen Vorschlag; Meschullam und der Levit
Schabbetai unterstützten sie. 16 Die Heim-
kehrer machten es aber so, wie vorgeschla-
gen worden war. Der Priester Esra wählte
Männer aus, für jede Großfamilie ein Fami-
lienoberhaupt; alle wurden mit Namen auf-
gerufen. Am ersten Tag des zehnten Monats
traten sie zusammen, um die Sache zu unter-
suchen, 17 und am ersten Tag des ersten

Monats waren sie fertig mit den Fällen aller
Männer, die fremde Frauen geheiratet hat-
ten.

6: Neh 13,4 • 8: 7,26.

Die Liste der Betroffenen: 10,18–44

18 Unter den Priestern fand man folgende,
die fremde Frauen geheiratet hatten: Von
den Nachkommen Jeschuas, des Sohnes des
Jozadak, und seinen Brüdern: Maaseja, Elië-
ser, Jarib und Gedalja. 19 Sie gaben die Hand
darauf, ihre Frauen wegzuschicken, und
brachten für ihre Schuld einen Widder als
Schuldopfer dar. 20 Von den Nachkommen
Immers fand man schuldig: Hanani und Se-
badja; 21 von den Nachkommen Harims:
Maaseja, Elija, Schemaja, Jehiël und Usija;
22 von den Nachkommen Paschhurs: Eljoë-
nai, Maaseja, Jischmael, Netanel, Josabad
und Elasa. 23 Von den Leviten: Josabad,
Schimi, Kelaja, das ist Kelita, Petachja, Juda
und Eliëser. 24 Von den Sängern: Eljaschib.
Von den Torwächtern: Schallum, Telem und
Uri. 25 Unter den Israeliten von den Nach-
kommen des Parosch: Ramja, Jisija, Malkija,
Mijamin, Eleasar, Malkija und Benaja; 26 von
den Nachkommen Elams: Mattanja, Sechar-
ja, Jehiël, Abdi, Jeremot und Elija; 27 von den
Nachkommen Sattus: Eljoënai, Eljaschib,
Mattanja, Jeremot, Sabad und Asisa; 28 von
den Nachkommen Bebais: Johanan, Hanan-
ja, Sabbai und Atlai; 29 von den Nachkom-
men Banis: Meschullam, Malluch, Adaja, Ja-
schub, Scheal und Jeremot; 30 von den Nach-
kommen des Pahat-Moab: Adna, Kelal, Be-
naja, Maaseja, Mattanja, Bezalel, Binnui und
Manasse; 31 von den Nachkommen Harims:
Eliëser, Jischija, Malkija, Schemaja, Simeon,
32 Benjamin, Malluch und Schemarja; 33 von
den Nachkommen Haschums: Mattenai,
Mattatta, Sabad, Elifelet, Jeremai, Manasse
und Schimi; 34 von den Nachkommen Big-
wais: Maadai, Amram, Uël, 35 Benaja, Bedja,
Keluhi, 36 Wanja, Meremot, Eljaschib,
37 Mattanja, Mattenai und Jaasai; 38 von den
Nachkommen Binnuis: Schimi, 39 Schelemja,
Natan und Adaja; 40 von den Nachkommen
Sakkais: Schaschai, Scharai, 41 Asarel, Sche-
lemja, Schemarja, 42 Schallum, Amarja und
Josef; 43 von den Nachkommen Nebos: Jëiël,
Mattitja, Sabad, Sebina, Jaddai, Joël und
Benaja. 44 Alle diese hatten fremde Frauen
geheiratet; sie trennten sich nun von ihren
Frauen, auch wenn sie von ihnen Kinder hat-
ten.

18: 2,36–39 • 19: Lev 5,14–19 • 25–43: 2,3–35.

Das Buch Nehemia

DER WIEDERAUFBAU DURCH NEHEMIA: 1,1 – 6,19

Das Gebet Nehemias: 1,1–11

1 Bericht des Nehemia, des Sohnes Ha-
chaljas. Im Monat Kislew, im zwanzigs-
ten Jahr des Artaxerxes, war ich in der
Festung Susa; 2 da kam Hanani, einer meiner
Brüder, mit einigen Männern aus Juda. Ich
fragte sie, wie es den Juden gehe, den Geret-
teten, die von den Gefangenen übrig geblie-
ben waren, und wie es um Jerusalem stehe.
3 Sie sagten zu mir: Der Rest, der von den Ge-
fangenen übrig geblieben ist, lebt dort in der
Provinz in großer Not und Schmach. Die
Stadtmauer von Jerusalem ist niedergelegt
und die Tore sind abgebrannt. 4 Als ich das
hörte, setzte ich mich nieder und weinte. Ich
trauerte tagelang, fastete und betete zu dem
Gott des Himmels. 5 Ich sagte:

Ach, Herr, Gott des Himmels, du großer
und furchtgebietender Gott! Du hältst deinen
Bund und bewahrst deine Gnade denen, die
dich lieben und deine Gebote halten. 6 Hab
ein aufmerksames Ohr und ein offenes Auge
und hör das Gebet deines Knechtes! Ich bete
jetzt Tag und Nacht vor dir für die Söhne Is-
raels, deine Diener. Ich lege ein Bekenntnis
ab wegen der Sünden der Söhne Israels. Wir
haben gegen dich gesündigt; auch ich und

10,44 Text gestört, daher Übersetzung unsicher.

1,1 Das 20. Jahr des Perserkönigs Artaxerxes I. ist das Jahr 445 v. Chr.

meine Familie haben gesündigt. 7 Wir haben
sehr schlecht gegen dich gehandelt: Wir ha-
ben die Gebote, Gesetze und Anordnungen
missachtet, die du deinem Diener Mose gege-
ben hast. 8 Aber denk an das Wort, das du
deinem Diener Mose aufgetragen hast: Wenn
ihr mir die Treue brecht, dann werde ich
euch unter die Völker zerstreuen; 9 wenn ihr
aber zu mir umkehrt, meine Gebote befolgt
und sie ausführt, dann sammle ich euch wie-
der, selbst die, die bis ans Ende des Himmels
verschlagen wurden; ich bringe sie an den
Ort, den ich erwählt habe, um dort meinen
Namen wohnen zu lassen.
10 Sie sind ja deine Knechte, dein Volk, das
du erlöst hast mit deiner großen Kraft und
deiner starken Hand. 11 Ach, Herr, dein Ohr
höre aufmerksam auf das Gebet deines
Knechtes und das Gebet deiner Knechte, die
von Herzen deinen Namen fürchten: Gewäh-
re deinem Knecht heute Erfolg und lass ihn
Erbarmen finden bei diesem Mann!
Ich war nämlich Mundschenk beim
König.

1: Est 1,2f; Dan 8,2 • 3: Esra 4,21–24 • 4: Esra 9,3 • 5: Dan 9,4 • 8–9: Dtn 30,1–4 • 10: Dtn 9,29.

Die Rückkehr Nehemias: 2,1–10

2 Im Monat Nisan, im zwanzigsten Jahr
des Königs Artaxerxes, nahm ich den
Wein und reichte ihn dem König – mein Amt
war es nämlich, für den Wein zu sorgen. Nie
zuvor hatte der König mein Aussehen
schlecht gefunden; 2 jetzt aber fragte er
mich: Warum siehst du so schlecht aus? Du
bist doch nicht etwa krank? Nein, du hast ge-
wiss Kummer. Ich erschrak sehr; 3 dann sag-
te ich zum König: Der König möge ewig le-
ben. Wie sollte ich nicht schlecht aussehen?
Die Stadt, in der die Gräber meiner Väter
sind, liegt in Trümmern und ihre Tore sind
vom Feuer verzehrt. 4 Der König erwiderte:
Was möchtest du also? Da betete ich zum
Gott des Himmels 5 dann sagte ich zum Kö-
nig: Wenn du, König, es für gut findest und
wenn du deinem Knecht vertraust, so sende
mich nach Juda, damit ich die Stadt wieder
aufbaue, in der die Gräber meiner Väter sind.
6 Darauf fragte mich der König, während
die Königin neben ihm saß: Wie lang soll dei-
ne Reise dauern? Wann kommst du zurück?
Ich nannte ihm eine bestimmte Zeit; der Kö-
nig war einverstanden und ließ mich ziehen.
7 Ich sagte dem König noch: Wenn der König
es für gut findet, dann gebe man mir Briefe
mit an die Statthalter des Gebiets jenseits
des Stroms, damit sie mich bis nach Juda
durchreisen lassen; 8 ferner einen Brief an
Asaf, den Verwalter der königlichen Wälder:
Er soll mir Bauholz liefern für die Tore der
Tempelburg, für die Stadtmauer und für das
Haus, in das ich ziehen will. Der König be-
willigte es mir, weil die gütige Hand meines
Gottes über mir war.
9 So kam ich zu den Statthaltern im Gebiet
jenseits des Stroms und ich übergab ihnen
die Briefe des Königs. Der König hatte mir
auch Hauptleute und Reiter als Geleit gege-
ben. 10 Sanballat, der Horoniter, und Tobija,
der Knecht von Ammon, hörten davon. Es
verdross sie sehr, dass da ein Mann kam, der
sich für das Wohl der Israeliten einsetzte.

7: Esra 4,10f; 7,11 • 9: Esra 8,22.

Der Entschluss zum Mauerbau: 2,11–20

11 So kam ich nach Jerusalem. Dort blieb
ich drei Tage. 12 Dann machte ich mich bei
Nacht auf, nahm aber nur einige wenige
Männer mit. Noch hatte ich keinem Men-
schen mitgeteilt, was mein Gott mir eingege-
ben hatte, für Jerusalem zu tun. Ich nahm
keine Tiere mit außer dem einen, auf dem ich
ritt. 13 So ritt ich bei Nacht zum Taltor hi-
naus. An der Drachenquelle vorbei gelangte
ich zum Aschentor. Dabei besichtigte ich die
Mauern Jerusalems: Sie waren niedergeris-
sen und die Tore vom Feuer verzehrt. 14 Ich
ritt zum Quelltor und zum Königsteich hinü-
ber. Hier konnte ich mit dem Reittier nicht
mehr vorwärts kommen. 15 So ging ich bei
Nacht das Bachtal hinauf und besichtigte die
Mauer. Dann kehrte ich um und kam durch
das Taltor wieder zurück. 16 Die Vorsteher
wussten nicht, wohin ich gegangen war und
was ich vorhatte. Denn ich hatte bis dahin
den Juden nichts mitgeteilt, weder den
Priestern noch den Vornehmen, noch den Be-
amten und den übrigen, die an dem Werk
mitwirken sollten. 17 Jetzt aber sagte ich zu
ihnen: Ihr seht selbst, in welchem Elend wir
leben: Jerusalem liegt in Trümmern und sei-
ne Tore sind abgebrannt. Gehen wir daran
und bauen wir die Mauern Jerusalems wie-
der auf! So machen wir unserer Schande ein
Ende. 18 Dann berichtete ich ihnen, wie die
Hand meines Gottes so gütig über mir gewe-
sen war und was der König mir zugesagt hat-
te. Da sagten sie: Wir wollen ans Werk gehen
und bauen. Und sie nahmen die gute Sache
in die Hand.
19 Als aber Sanballat, der Horoniter, Tobi-
ja, der Knecht von Ammon, und der Araber
Geschem davon hörten, verspotteten sie uns
und sagten verächtlich: Was soll das, was ihr
da macht? Wollt ihr euch etwa gegen den Kö-
nig auflehnen? 20 Ich ließ ihnen antworten:

Der Gott des Himmels wird uns Erfolg ver-
leihen. Wir, seine Knechte, wollen ans Werk
gehen und bauen. Ihr hingegen habt weder
einen Anteil (an der Stadt) noch Anrecht (auf
sie); es gibt keine Erinnerung an euch in Je-
rusalem.

11: Esra 8,32 • 13: 3,13–15; 12,31–34.37 • 19: Esra 4,23.

Der Bericht über den Bau: 3,1–32

3 Der Hohepriester Eljaschib und seine
Brüder, die Priester, machten sich ans
Werk und bauten das Schaftor auf. Sie setz-
ten die Balken ein und brachten die Torflü-
gel an. Sie bauten weiter bis zum Turm der
Hundert, setzten die Balken ein und kamen
bis zum Turm Hananel. 2 Anschließend bau-
ten die Männer von Jericho und daneben
baute Sakkur, der Sohn Imris. 3 Das Fischtor
bauten die Söhne des Senaa; sie setzten die
Balken ein und brachten die Torflügel, Rie-
gel und Sperrbalken an. 4 Neben ihnen ar-
beitete an der Instandsetzung Meremot, der
Sohn Urijas, des Sohnes des Koz. Daneben
arbeitete Meschullam, der Sohn Berechjas,
des Sohnes Meschesabels. Daneben arbeitete
Zadok, der Sohn Baanas. 5 Daneben arbeite-
ten die Leute aus Tekoa. Die Vornehmen un-
ter ihnen freilich beugten den Nacken nicht
zum Dienst für ihre Herren. 6 Jojada, der
Sohn Paseachs, und Meschullam, der Sohn
Besodjas, arbeiteten an der Instandsetzung
des Jeschanators; sie setzten die Balken ein
und brachten die Torflügel, Riegel und
Sperrbalken an. 7 Daneben arbeitete Melatja
aus Gibeon und Jadon aus Meronot sowie die
Leute aus Gibeon und Mizpa, dort wo der
Statthalter des Gebiets jenseits des Stroms
seinen Sitz hatte. 8 Daneben arbeitete Usiël,
der Sohn Harhajas, einer von den Gold-
schmieden; und daneben arbeitete Hananja,
ein Salbenhersteller. Sie befestigten Jerusa-
lem bis zur Breiten Mauer. 9 Daneben arbei-
tete Refaja, der Sohn Hurs, der Vorsteher der
einen Hälfte des Bezirks von Jerusalem.
10 Daneben arbeitete Jedaja, der Sohn
Harumafs, gegenüber seinem Haus; und
daneben arbeitete Hattusch, der Sohn
Haschabnejas. 11 Malkija, der Sohn Harims,
und Haschub, der Sohn des Pahat-Moab, ar-
beiteten an der Instandsetzung des folgen-
den Stückes und des Ofenturms. 12 Daneben
arbeitete Schallum, der Sohn des Lohesch,
der Vorsteher der anderen Hälfte des Bezirks
von Jerusalem. Ihm halfen seine Töchter.
13 Hanun und die Einwohner von Sanoach
arbeiteten an der Instandsetzung des Tal-
tors; sie bauten es auf und brachten die Tor-
flügel, Riegel und Sperrbalken an; sie setzten
auch weitere tausend Ellen der Mauer in-
stand, bis zum Aschentor. 14 Malkija, der
Sohn Rechabs, der Vorsteher des Bezirks von
Bet-Kerem, arbeitete an der Instandsetzung
des Aschentors; er baute es auf und brachte
die Torflügel, Riegel und Sperrbalken an.
15 Schallun, der Sohn Kolhoses, der Vorste-
her des Bezirks von Mizpa, arbeitete an der
Instandsetzung des Quelltors; er baute es
auf, versah es mit einem Dach und brachte
die Torflügel, Riegel und Sperrbalken an.
Weiter setzte er die Mauer am Teich der
Wasserleitung beim Königsgarten instand,
bis zu den Stufen, die von der Davidstadt he-
rabführen. 16 Hinter ihm arbeitete Nehemja,
der Sohn des Asbuk, der Vorsteher der einen
Hälfte des Bezirks von Bet-Zur; er arbeitete
bis zu der Stelle gegenüber den Gräbern Da-
vids und weiter bis zum künstlichen Teich
und zur Kaserne der Leibwache. 17 Hinter
ihm arbeiteten die Leviten, nämlich Rehum,
der Sohn Banis, und daneben Haschabja, der
Vorsteher der einen Hälfte des Bezirks von
Keïla; er arbeitete für seinen Bezirk. 18 Hin-
ter ihm arbeiteten die Brüder dieser Leviten
unter Binnui, dem Sohn des Henadad, dem
Vorsteher der anderen Hälfte des Bezirks
von Keïla. 19 Neben ihm arbeitete Eser, der
Sohn Jeschuas, der Vorsteher von Mizpa, an
der Instandsetzung des folgenden Stückes,
gegenüber dem Aufstieg zum Zeughaus am
Winkel. 20 Hinter ihm arbeitete Baruch, der
Sohn Sabbais, an der Instandsetzung des an-
schließenden Stückes, vom Winkel bis an
den Eingang zum Haus des Hohenpriesters
Eljaschib. 21 Hinter ihm arbeitete Meremot,
der Sohn Urijas, des Sohnes des Koz, am an-
schließenden Stück, vom Eingang bis zum
Ende des Hauses von Eljaschib. 22 Hinter
ihm arbeiteten die Priester, die im Umkreis
wohnten. 23 Dahinter arbeiteten Benjamin
und Haschub gegenüber ihrem Haus und
hinter ihnen arbeitete Asarja, der Sohn
Maasejas, des Sohnes Ananejas, neben sei-
nem Haus. 24 Dahinter arbeitete Binnui, der
Sohn Henadads, an der Instandsetzung des
anschließenden Stückes, vom Haus des
Asarja bis zum Winkel und weiter bis zur
Ecke. 25 Palal, der Sohn Usais, arbeitete ge-
genüber dem Winkel und dem oberen Turm,
der vom königlichen Palast am Wachthof
vorspringt. Hinter ihm arbeiteten Pedaja,
der Sohn des Parosch, 26 und die Tempeldie-
ner, die auf dem Ofel wohnten, bis zu der
Stelle gegenüber dem Wassertor im Osten

3,1 Text korr.; H unklar.

und dem vorspringenden Turm. 27 Dahinter arbeiteten die Leute von Tekoa an der Instandsetzung des anschließenden Stückes, von der Stelle, die dem großen, vorspringenden Turm gegenüberliegt, bis zur Mauer des Ofel. 28 Oberhalb des Rosstors arbeiteten die Priester, jeder seinem Haus gegenüber. 29 Dahinter arbeitete Zadok, der Sohn Immers, seinem Haus gegenüber, und hinter ihm arbeitete Schemaja, der Sohn Schechanjas, der Wächter des Osttors. 30 Dahinter arbeiteten Hananja, der Sohn Schelemjas, und Hanun, der sechste Sohn Zalafs, an der Instandsetzung eines weiteren Stückes. Dahinter arbeitete Meschullam, der Sohn Berechjas, gegenüber seiner Zelle. 31 Hinter ihm arbeitete Malkija, einer von den Goldschmieden, bis zum Haus der Tempeldiener und der Händler, gegenüber dem Wachttor, und bis zum Obergemach an der Ecke. 32 Und zwischen dem Obergemach an der Ecke und dem Schaftor arbeiteten die Goldschmiede und die Händler.

1: Jer 31,38–40; Neh 12,31–39 • 15: 2 Kön 20,20; Joh 9,7 • 25: Jer 32,2 • 29: Ez 40,6.

Der Spott der Feinde: 3,33–38

33 Als Sanballat hörte, dass wir die Mauer aufbauten, wurde er zornig und ärgerte sich sehr. Er spottete über die Juden 34 und sagte vor seinen Brüdern und dem Heer von Samarien: Was machen diese elenden Juden da? Wollen sie Jerusalem wieder für sich befestigen? Wollen sie Opfer darbringen? Wollen sie es an einem Tag vollenden? Können sie die Steine, die doch ausgeglüht sind, aus den Schutthaufen zu neuem Leben aufrichten? 35 Und Tobija von Ammon, der neben ihm stand, sagte: Lasst sie nur bauen! Springt ein Fuchs hinauf, dann reißt er ihre Steinmauer nieder.

36 Hör, unser Gott, wie wir zum Gespött geworden sind. Lass ihren Hohn auf sie selbst zurückfallen! Gib sie der Plünderung und der Gefangenschaft preis! 37 Deck ihr Vergehen nicht zu! Ihre Sünde soll bei dir nicht ausgelöscht sein, denn sie haben die Bauenden beleidigt.

38 Wir bauten an der Mauer weiter und bald hatte sich die Mauer ringsum bis zur Hälfte geschlossen. Das ermutigte das Volk zur weiteren Arbeit.

33: 2,10.19 • 37: Jer 18,23.

Störaktionen von außen: 4,1–17

4 Als aber Sanballat und Tobija sowie die Araber, die Ammoniter und die Leute von Aschdod hörten, dass der Wiederaufbau der Mauer von Jerusalem voranging – denn die Breschen schlossen sich allmählich –, wurden sie wütend 2 und alle zusammen verschworen sich, gegen Jerusalem in den Krieg zu ziehen und dort Unruhe zu stiften. 3 Wir aber beteten zu unserem Gott und stellten Tag und Nacht eine Wache auf, um uns vor ihnen zu schützen. 4 Doch dann sagten die Juden: Den Trägern geht die Kraft aus, denn es liegt zu viel Schutt da; es wird uns nie gelingen, die Mauer aufzubauen. 5 Unsere Feinde aber sagten: Sie sollen nichts merken und nichts von uns sehen, bis wir mitten unter ihnen stehen; dann metzeln wir sie nieder und machen dem Unternehmen ein Ende. 6 Doch die Juden, die bei ihnen lebten, kamen und sagten uns mindestens zehnmal: Aus allen Orten ringsum, wo sie wohnen, ziehen sie gegen uns heran. 7 Da stellte ich unterhalb der Mauer auf dem freien Gelände das Volk nach Sippen geordnet auf, mit Schwertern, Lanzen und Bogen bewaffnet. 8 Ich musterte sie, dann erhob ich mich und sagte zu den Vornehmen, den Beamten und den übrigen Männern: Fürchtet euch nicht vor ihnen! Denkt an den Herrn; er ist groß und furchtgebietend. Kämpft für eure Brüder und Söhne, für eure Töchter und Frauen und für eure Häuser!

9 Unsere Feinde erfuhren, dass uns ihr Vorhaben bekannt geworden war. So vereitelte Gott ihren Plan und wir alle kehrten zu der Mauer zurück, jeder zu seiner Arbeit. 10 Seit jenem Tag arbeitete nur die Hälfte meiner Leute am Bau; die andere Hälfte hielt Lanzen, Schilde, Bogen und Panzer bereit und die Obersten standen hinter dem ganzen Volk Juda, 11 das an der Mauer baute. Die Lastträger arbeiteten so: Mit der einen Hand taten sie ihre Arbeit, in der andern hielten sie den Wurfspieß. 12 Von den Bauleuten hatte jeder sein Schwert um die Hüften gegürtet und so bauten sie. Ständig hatte ich den Hornbläser bei mir 13 und ich sagte zu den Vornehmen, den Beamten und den übrigen: Die Arbeit ist vielfältig und weit ausgedehnt. Wir stehen auf der Mauer zerstreut und weit voneinander entfernt. 14 Wo ihr also das Horn ertönen hört, dort sammelt euch um uns! Unser Gott wird für uns streiten. 15 So arbeiteten wir am Bau, während die Hälfte die Lanzen bereit hielt, vom Anbruch der Morgenröte bis zum Aufgang der Sterne. 16 Damals sagte ich dem Volk noch: Jeder soll mit seinen Leuten auch nachts in Jerusalem bleiben; dann stehen sie uns in der Nacht als Wache zur Verfügung und am Tag zur

Arbeit. 17 Weder ich noch meine Brüder,
weder meine Leute noch die Wachmann-
schaft, die mich begleitete, keiner von uns
zog seine Kleider aus; jeder hatte seine Waffe
an der Seite.

14: Ex 14,14.

Unfriede in den eigenen Reihen: 5,1–13

5 Die Männer des einfachen Volkes und
ihre Frauen erhoben aber laute Klage
gegen ihre jüdischen Stammesbrüder. 2 Die
einen sagten: Wir müssen unsere Söhne und
Töchter verpfänden, um Getreide zu bekom-
men, damit wir zu essen haben und leben
können. 3 Andere sagten: Wir müssen unsere
Felder, Weinberge und Häuser verpfänden,
um in der Hungerzeit Getreide zu bekom-
men. 4 Wieder andere sagten: Auf unsere Fel-
der und Weinberge mussten wir Geld auf-
nehmen für die Steuern des Königs. 5 Wir
sind doch vom selben Fleisch wie unsere
Stammesbrüder; unsere Kinder sind ihren
Kindern gleich und doch müssen wir unsere
Söhne und Töchter zu Sklaven erniedrigen.
Einige von unseren Töchtern sind schon
erniedrigt worden. Wir sind machtlos und
unsere Felder und Weinberge gehören ande-
ren.

6 Als ich ihre Klage und diese Worte hörte,
wurde ich sehr zornig. 7 Ich überlegte mir die
Sache; dann stellte ich die Vornehmen und
die Beamten zur Rede und sagte zu ihnen:
Die eigenen Stammesbrüder bedrückt ihr
mit Schuldforderungen. Und ich berief ih-
retwegen eine große Versammlung ein 8 und
sagte zu ihnen: Wir haben von unseren jüdi-
schen Stammesbrüdern, die an andere Völ-
ker verkauft worden waren, so viele wie
möglich losgekauft. Ihr aber, ihr wollt eure
eigenen Stammesbrüder verkaufen, damit
sie dann wieder an uns verkauft werden. Da
schwiegen sie und wussten nichts zu erwi-
dern. 9 Darauf sagte ich: Was ihr tut, ist nicht
recht. Wollt ihr nicht das Gebot unseres Got-
tes gewissenhaft einhalten, um so dem Hohn
der uns feindlichen Völker zu entgehen?
10 Auch ich und meine Brüder und meine
Leute haben Stammesbrüdern Geld und Ge-
treide geliehen. Erlassen wir ihnen doch die-
se Schuldforderungen. 11 Gebt ihnen unver-
züglich ihre Äcker und Weinberge, ihre Öl-
gärten und Häuser zurück und erlasst ihnen
die Schuld an Geld und Getreide, Wein und
Öl, die sie bei euch haben. 12 Da erklärten sie:
Wir wollen alles zurückgeben und nichts
mehr von ihnen fordern. Wir wollen tun, was
du gesagt hast. Darauf rief ich die Priester
herbei und ließ die Leute schwören, dass sie
ihre Zusage halten würden. 13 Dann schüt-
telte ich den Bausch meines Gewandes aus
und sagte: Genauso schüttle Gott jeden, der
diese Zusage nicht hält, aus seinem Haus
und seinem Eigentum; er sei ebenso ausge-
schüttelt und leer. Die ganze Versammlung
antwortete: Amen, so sei es!, und pries den
Herrn und das Volk erfüllte die Zusage.

1: Jer 34,8–16 • 2: 2 Kön 4,1; Mt 18,25 • 5: Lev 25,39.43 • 8:
Lev 25,47f • 9: Lev 25,35–37 • 11: Dtn 15,1f.

Nehemia als Statthalter: 5,14–19

14 Außerdem verzichtete ich mit meinen
Brüdern auf den Unterhalt, den ich als Statt-
halter hätte beanspruchen können, und zwar
von dem Tag an, an dem mich der König zum
Statthalter in Juda bestellt hatte, vom zwan-
zigsten bis zum zweiunddreißigsten Jahr des
Artaxerxes, also zwölf Jahre lang. 15 Die
Statthalter, die mir vorangingen, hatten das
Volk schwer belastet; sie hatten von ihm täg-
lich vierzig Silberschekel für ihren Unter-
halt erhoben; auch ihre Leute hatten das
Volk unterdrückt. Ich hingegen tat das aus
Gottesfurcht nicht. 16 Auch beim Bau der
Mauer habe ich selbst Hand angelegt. Wir
haben kein Feld gekauft. Alle meine Leute
halfen dort gemeinsam bei der Bauarbeit.
17 An meinem Tisch speisten die führenden
Juden und die Beamten, hundertfünfzig an
der Zahl, sowie die, die von den Völkern
ringsumher zu uns kamen. 18 Täglich wurden
ein Ochse, sechs auserlesene Schafe und
auch Geflügel zubereitet und all das ging auf
meine Kosten. Dazu kam alle zehn Tage eine
Menge von verschiedenen Weinen. Trotzdem
habe ich den Unterhalt eines Statthalters
nicht eingefordert, denn der Frondienst lag
schon schwer genug auf diesem Volk.

19 Denk daran, mein Gott, und lass mir all
das zugute kommen, was ich für dieses Volk
getan habe.

19: 6,14; 13,14.31; Ps 132,1.

Die Abwehr der Feinde: 6,1–19

6 Sanballat, Tobija, der Araber Geschem
und unsere übrigen Feinde erfuhren,
dass ich die Mauer fertig gebaut hatte und
dass in ihr keine Lücke mehr war. Allerdings
hatte ich damals die Torflügel noch nicht in
die Tore eingesetzt. 2 Da ließen Sanballat
und Geschem mir sagen: Komm, wir wollen

4,17 Übersetzung wegen Störungen in H unsi-
cher.

5,13 Im Gewandbausch trug man Feldfrüchte (vgl.
Ps 129,7; Lk 6,38).

uns in Kefirim in der Ebene von Ono treffen.
Sie hatten aber Böses gegen mich im Sinn.
3 Ich schickte Boten an sie mit der Antwort:
Ich arbeite gerade an einem großen Werk;
darum kann ich nicht kommen. Die Arbeit
würde stocken, wenn ich sie verließe und zu
euch käme. 4 Viermal schickten sie mir die
gleiche Einladung und jedes Mal gab ich ih-
nen die gleiche Antwort. 5 Da schickte mir
Sanballat in gleicher Weise zum fünften Mal
seinen Diener; er brachte einen unverschlos-
senen Brief, 6 in dem stand: Unter den Völ-
kern geht das Gerücht um – und Geschem
bestätigt es –, dass du mit den Juden einen
Aufstand planst. Deshalb baust du die Mau-
er auf. Und du willst, wie man sagt, König
der Juden werden. 7 Du hast auch, so hört
man, Propheten bestellt, die in Jerusalem
von dir sagen und ausrufen sollen: Juda hat
einen König. Solche Gerüchte werden aber
dem König zu Ohren kommen. Darum komm
jetzt, wir wollen zusammen beraten. 8 Ich
ließ ihm antworten: Nichts von dem, was du
behauptest, ist geschehen. Das hast du alles
selbst erfunden. 9 Sie alle wollten uns näm-
lich einschüchtern; sie dachten: Dann lassen
sie die Hände von dem Werk und es kommt
nicht zustande. Nun aber rührte ich die Hän-
de erst recht.

10 Eines Tages ging ich in das Haus Sche-
majas, des Sohnes Delajas, des Sohnes Me-
hetabels; er war nämlich dort festgehalten.
Er sagte: Gehen wir zusammen in das Haus
Gottes, ins Innere des Tempels, und ver-
schließen wir die Türen des Tempels! Denn
man wird kommen, um dich zu töten. In der
Nacht wird man kommen, um dich zu töten.
11 Ich erwiderte: Sollte ein Mann wie ich flie-
hen? Wer von meinesgleichen würde am Le-
ben bleiben, wenn er den Tempel beträte? Ich
gehe nicht hin. 12 Ich erkannte deutlich, dass
nicht Gott ihn geschickt hatte; er hatte viel-
mehr diese Prophezeiung über mich nur ge-
sprochen, weil Tobija und Sanballat ihn ge-
dungen hatten. 13 Er war gedungen, damit
ich aus Furcht so handeln und mich versün-
digen sollte. Damit wollten sie mich in üblen
Ruf bringen, um mich verächtlich zu ma-
chen. 14 Mein Gott, vergiss dem Tobija und
dem Sanballat nicht, was sie getan haben,
auch nicht der Prophetin Noadja und den
übrigen Propheten, die mir Angst machen
wollten.

15 Nach zweiundfünfzig Tagen, am Fünf-
undzwanzigsten des Monats Elul, war die
Mauer vollendet. 16 Als alle unsere Feinde es
hörten, fürchteten sich alle Völker rings um
uns her. Ihr Hochmut verging ihnen und sie
mussten einsehen, dass unser Gott es war,
der dieses Werk vollbracht hatte.

17 In jener Zeit sandten die Vornehmen von
Juda auch viele Briefe an Tobija und Briefe
von Tobija gelangten an sie. 18 Denn viele
Menschen in Juda waren ihm durch einen
Eid verpflichtet. Er war nämlich der
Schwiegersohn Schechanjas, des Sohnes
Arachs, und sein Sohn Johanan hatte die
Tochter Meschullams, des Sohnes Berechjas,
geheiratet. 19 Auch rühmten sie vor mir seine
Verdienste und trugen ihm zu, was ich sagte.
Tobija schickte auch Briefe, um mir Furcht
zu machen.

2: Esra 2,33 • 6: Esra 4,11–16 • 11: Num 18,7; 2 Chr 26,16–20 • 12: Jer 23,15–17.

ORDNUNGEN UND REFORMEN: 7,1 – 13,31

Die Fertigstellung der Mauer: 7,1–3

7 Als die Mauer gebaut war und ich die
Torflügel hatte einsetzen lassen, wur-
den die Torwächter bestellt. 2 Zu Befehlsha-
bern über Jerusalem ernannte ich meinen
Bruder Hanani und den Burghauptmann
Hananja; denn dieser war ein zuverlässiger
und gottesfürchtiger Mann, wie es nicht viele
gab. 3 Ich sagte zu ihnen: Die Tore Jerusa-
lems dürfen erst geöffnet werden, wenn die
Sonne heiß scheint; und noch während sie
am Himmel steht, soll man die Tore schlie-
ßen und verriegeln. Auch soll man Wachen
aus den Einwohnern Jerusalems bilden; je-
der soll eine bestimmte Zeit des Wach-
dienstes haben, und zwar jeweils vor seinem
Haus.

Das Verzeichnis der Laienbevölkerung: 7,4–38

4 Nun war die Stadt weit ausgedehnt und
groß; es war aber wenig Volk darin und es
gab nicht viele Häuser, die wieder aufgebaut
waren. 5 Da gab mir mein Gott in den Sinn,
die Vornehmen, die Beamten und das Volk
zusammenzurufen, um sie nach Familien in

7,1 H fügt nach den Torwächtern noch »und die Sänger und Leviten« an, ein unpassender späterer Zusatz.

Listen einzutragen. Ich fand das Familienverzeichnis derer, die zuerst heimgekehrt waren; darin fand ich geschrieben:

[6] Hier folgt eine Liste der Einwohner der Provinz Juda, der Verschleppten, die aus dem Exil heimgekehrt sind. Nebukadnezzar, der König von Babel, hatte sie verschleppt; nun kehrten sie nach Jerusalem und Juda zurück, jeder in seine Stadt. [7] Sie kamen mit Serubbabel, Jeschua, Nehemja, Asarja, Raamja, Nahamani, Mordochai, Bilschan, Misperet, Bigwai, Rehum und Baana.

Das ist die Zahl der Männer des Volkes Israel: [8] Nachkommen des Parosch 2 172. [9] Nachkommen Schefatjas 372. [10] Nachkommen Arachs 652. [11] Nachkommen Pahat-Moabs, und zwar Nachkommen Jeschuas und Joabs, 2 818. [12] Nachkommen Elams 1 254. [13] Nachkommen Sattus 845. [14] Nachkommen Sakkais 760. [15] Nachkommen Binnuis 648. [16] Nachkommen Bebais 628. [17] Nachkommen Asgads 2 322. [18] Nachkommen Adonikams 667. [19] Nachkommen Bigwais 2 067. [20] Nachkommen Adins 655. [21] Nachkommen Aters der Linie Hiskija 98. [22] Nachkommen Haschums 328. [23] Nachkommen Bezais 324. [24] Nachkommen Harifs 112. [25] Nachkommen Gibeons 95. [26] Männer von Betlehem und Netofa 188. [27] Männer von Anatot 128. [28] Männer von Bet-Asmawet 42. [29] Männer von Kirjat-Jearim, Kefira und Beerot 743. [30] Männer von Rama und Geba 621. [31] Männer von Michmas 122. [32] Männer von Bet-El und Ai 123. [33] Männer von dem andern Nebo 52. [34] Nachkommen des andern Elam 1 254. [35] Nachkommen Harims 320. [36] Männer von Jericho 345. [37] Männer von Lod, Hadid und Ono 721. [38] Nachkommen Senaas 3 930.

6–38 ‖ Esra 2,1–35.

Das Verzeichnis der Priester und Leviten: 7,39–65

[39] Von den Priestern: Nachkommen Jedajas vom Haus Jeschua 973. [40] Nachkommen Immers 1052. [41] Nachkommen Paschhurs 1 247. [42] Nachkommen Harims 1 017.

[43] Von den Leviten: Nachkommen Jeschuas, nämlich Kadmiël, Binnui und Hodawja, 74.

[44] Von den Sängern: Nachkommen Asafs 148.

[45] Von den Torwächtern: Nachkommen Schallums, Nachkommen Aters, Nachkommen Talmons, Nachkommen Akkubs, Nachkommen Hatitas, Nachkommen Schobais, zusammen 138.

[46] Von den Tempeldienern: Nachkommen Zihas, Nachkommen Hasufas, Nachkommen Tabbaots, [47] Nachkommen Keros', Nachkommen Sias, Nachkommen Padons, [48] Nachkommen Lebanas, Nachkommen Hagabas, Nachkommen Salmais, [49] Nachkommen Hanans, Nachkommen Giddels, Nachkommen Gahars, [50] Nachkommen Reajas, Nachkommen Rezins, Nachkommen Nekodas, [51] Nachkommen Gasams, Nachkommen Usas, Nachkommen Paseachs, [52] Nachkommen Besais, Nachkommen der Mëuniter, Nachkommen der Nefusiter, [53] Nachkommen Bakbuks, Nachkommen Hakufas, Nachkommen Harhurs, [54] Nachkommen Bazluts, Nachkommen Mehidas, Nachkommen Harschas, [55] Nachkommen Barkos', Nachkommen Siseras, Nachkommen Temachs, [56] Nachkommen Neziachs und Nachkommen Hatifas. [57] Von den Nachkommen der Knechte Salomos: Nachkommen Sotais, Nachkommen Soferets, Nachkommen Perudas, [58] Nachkommen Jaalas, Nachkommen Darkons, Nachkommen Giddels, [59] Nachkommen Schefatjas, Nachkommen Hattils, Nachkommen Pocheret-Zebajims und Nachkommen Amons. [60] Zusammen waren es 392 Tempeldiener und Nachkommen der Knechte Salomos.

[61] Die Folgenden sind aus Tel-Melach, Tel-Harscha, Kerub-Addon und Immer gekommen, konnten aber nicht angeben, ob sie nach Großfamilie und Abkunft überhaupt aus Israel stammten: [62] Nachkommen Delajas, Nachkommen Tobijas und Nachkommen Nekodas, insgesamt 642; [63] dazu bei den Priestern die Nachkommen Habajas, die Nachkommen des Koz und die Nachkommen Barsillais; dieser hatte eine von den Töchtern Barsillais aus Gilead geheiratet und dessen Namen angenommen. [64] Die Genannten suchten ihre Eintragung im Geschlechterverzeichnis; aber man fand sie nicht; deshalb wurden sie aus dem Priesterstand ausgeschlossen; [65] der Statthalter untersagte ihnen, vom Hochheiligen zu essen, bis der Priester mit den Urim und Tummim auftrete.

39–65 ‖ Esra 2,36–63 • 65: Lev 6,9–11; Ex 28,30.

Die Volkszählung: 7,66–72

[66] Die ganze Volksgemeinde zählte insgesamt 42 360 Personen. [67] Dabei waren ihre Knechte und Mägde nicht mitgerechnet; es waren 7 337 Personen. Dazu kamen 245 Sänger und Sängerinnen; und sie hatten 736 Pferde und 245 Maultiere [68] sowie 435 Kamele und 6 720 Esel.

7,67 Die Angaben über Pferde und Maultiere sind nach Esra 2,66 ergänzt.

69 Einige von den Familienoberhäuptern
brachten Spenden für das Werk. Der Statt-
halter spendete für den Bauschatz 1 000
Golddariken, 50 Schalen, 30 Priesterkleider
und 500 (Minen Silber). 70 Von den Familien-
oberhäuptern spendeten einige für den Bau-
schatz 20 000 Golddariken und 2 200 Minen
Silber. 71 Was das übrige Volk spendete, be-
trug 20 000 Golddariken, 2 000 Minen Silber
und 67 Priesterkleider.
72 Die Priester, Leviten, Torwächter und
Sänger, auch ein Teil des Volkes und die
Tempeldiener, ließen sich in ihren Städten
nieder, und ebenso alle übrigen Israeliten in
ihren Städten. Als der siebte Monat heran-
kam, waren die Israeliten bereits in ihren
Städten.

66–72 ‖ Esra 2,64–70.

Die Unterweisung im Gesetz: 8,1–12

8 Das ganze Volk versammelte sich ge-
schlossen auf dem Platz vor dem Was-
sertor und bat den Schriftgelehrten Esra, das
Buch mit dem Gesetz des Mose zu holen, das
der Herr den Israeliten vorgeschrieben hat.
2 Am ersten Tag des siebten Monats brachte
der Priester Esra das Gesetz vor die Ver-
sammlung; zu ihr gehörten die Männer und
die Frauen und alle, die das Gesetz verstehen
konnten. 3 Vom frühen Morgen bis zum Mit-
tag las Esra auf dem Platz vor dem Wasser-
tor den Männern und Frauen und denen, die
es verstehen konnten, das Gesetz vor. Das
ganze Volk lauschte auf das Buch des Geset-
zes. 4 Der Schriftgelehrte Esra stand auf ei-
ner Kanzel aus Holz, die man eigens dafür
errichtet hatte. Neben ihm standen rechts
Mattitja, Schema, Anaja, Urija, Hilkija und
Maaseja und links Pedaja, Mischaël, Malki-
ja, Haschum, Haschbaddana, Secharja und
Meschullam. 5 Esra öffnete das Buch vor al-
ler Augen, denn er stand höher als das ver-
sammelte Volk. Als er das Buch aufschlug,
erhoben sich alle. 6 Dann pries Esra den
Herrn, den großen Gott; darauf antworteten
alle mit erhobenen Händen: Amen, amen!
Sie verneigten sich, warfen sich vor dem
Herrn nieder, mit dem Gesicht zur Erde.
7 Die Leviten Jeschua, Bani, Scherebja, Ja-
min, Akkub, Schabbetai, Hodija, Maaseja,
Kelita, Asarja, Josabad, Hanan und Pelaja
erklärten dem Volk das Gesetz; die Leute
blieben auf ihrem Platz. 8 Man las aus dem
Buch, dem Gesetz Gottes, in Abschnitten vor
und gab dazu Erklärungen, sodass die Leute
das Vorgelesene verstehen konnten.
9 Der Statthalter Nehemia, der Priester
und Schriftgelehrte Esra und die Leviten,
die das Volk unterwiesen, sagten dann zum
ganzen Volk: Heute ist ein heiliger Tag zu
Ehren des Herrn, eures Gottes. Seid nicht
traurig und weint nicht! Alle Leute weinten
nämlich, als sie die Worte des Gesetzes hör-
ten. 10 Dann sagte Esra zu ihnen: Nun geht,
haltet ein festliches Mahl und trinkt süßen
Wein! Schickt auch denen etwas, die selbst
nichts haben; denn heute ist ein heiliger Tag
zur Ehre des Herrn. Macht euch keine Sor-
gen; denn die Freude am Herrn ist eure Stär-
ke. 11 Auch die Leviten beruhigten das ganze
Volk und sagten: Seid still, denn dieser Tag
ist heilig. Macht euch keine Sorgen! 12 Da
gingen alle Leute nach Hause, um zu essen
und zu trinken und auch andern davon zu
geben und um ein großes Freudenfest zu be-
gehen; denn sie hatten die Worte verstanden,
die man ihnen verkündet hatte.

1: Esra 3,1; 7,6 • 6: 5,13; 1 Chr 16,36 • 10: Dtn 14,29; 26,12.

Die Feier des Laubhüttenfestes: 8,13–18

13 Am zweiten Tag versammelten sich die
Familienoberhäupter des ganzen Volkes so-
wie die Priester und Leviten bei dem Schrift-
gelehrten Esra, um die Worte des Gesetzes
weiter kennen zu lernen. 14 Da fanden sie im
Gesetz, das der Herr durch Mose geboten
hat, die Stelle, an der es heißt: Die Israeliten
sollen während des Festes im siebten Monat
in Laubhütten wohnen. 15 Wie man sie unter-
richtet hatte, ließen sie nun in all ihren Städ-
ten und in Jerusalem ausrufen: Geht in die
Berge und holt Zweige von veredelten und
von wilden Ölbäumen, Zweige von Myrten,
Palmen und Laubbäumen zum Bau von
Laubhütten, wie es vorgeschrieben ist. 16 Da
ging das Volk hinaus; man holte Zweige und
baute sich Laubhütten, der eine auf seinem
flachen Dach, andere in ihren Höfen, in den
Vorhöfen des Gotteshauses, auf dem Platz
am Wassertor und auf dem Platz am Efraim-
tor. 17 Die ganze Gemeinde, alle, die aus der
Gefangenschaft heimgekehrt waren, bauten
Laubhütten und wohnten darin. So hatten
die Israeliten es nicht mehr gehalten seit den
Tagen Josuas, des Sohnes Nuns, bis zu die-
sem Tag, und die Freude war überaus groß.
18 Jeden Tag las Esra aus dem Buch des Ge-
setzes Gottes vor, vom ersten Tag bis zum
letzten. So feierte man das Fest sieben Tage
lang; am achten Tag war, wie vorgeschrie-
ben, die Festversammlung.

14: Lev 23,40–42 • 18: Lev 23,36.

7,72 in ihren Städten: ergänzt aus Esra 2,70.
8,2 und alle, die das Gesetz verstehen konnten: die Kinder, die schon das Alter der Vernunft erreicht hatten.

Der Bußgottesdienst: 9,1–5

9 Am vierundzwanzigsten Tag dieses Mo-
nats kamen die Israeliten zu einem Fas-
ten zusammen, in Bußgewänder gehüllt und
das Haupt mit Staub bedeckt. 2 Die, die ihrer
Abstammung nach Israeliten waren, sonder-
ten sich von allen Fremden ab; sie traten vor
und bekannten ihre Sünden und die Verge-
hen ihrer Väter. 3 Sie erhoben sich von ihren
Plätzen und man las drei Stunden lang aus
dem Buch des Gesetzes des Herrn, ihres Got-
tes, vor. Dann bekannten sie drei Stunden
lang ihre Schuld und warfen sich vor dem
Herrn, ihrem Gott, nieder. 4 Auf der Tribüne
der Leviten erhoben sich Jeschua, Bani,
Kadmiël, Schebanja, Bunni, Scherebja, Bani
und Kenani und riefen laut zum Herrn, ih-
rem Gott. 5 Die Leviten Jeschua, Kadmiël,
Bani, Haschabneja, Scherebja, Hodija, Sche-
banja und Petachja sagten: Erhebt euch und
preist den Herrn, euren Gott, von Ewigkeit
zu Ewigkeit! Man preise deinen herrlichen
Namen, obwohl er erhaben ist über allen
Preis und Ruhm.

2: Esra 10,11f • 5: Dan 3,26.

Das Bußgebet: 9,6–37

6 Du, Herr, bist der Einzige. Du hast den
Himmel geschaffen und den Himmel der
Himmel und sein ganzes Heer, die Erde und
alles, was auf ihr ist, die Meere und alles, was
darin lebt. Ihnen allen gibst du das Leben.
Das Heer des Himmels betet dich an. 7 Du,
Herr, bist der Gott, der Abraham auserwählt
hat. Du hast ihn aus Ur in Chaldäa herausge-
führt und ihm den Namen Abraham verlie-
hen. 8 Du hast sein Herz getreu befunden;
deshalb hast du mit ihm den Bund geschlos-
sen (und ihm versprochen), seinen Nachkom-
men das Land der Kanaaniter, Hetiter, Amo-
riter, Perisiter, Jebusiter und Girgaschiter zu
geben, und du hast dein Wort gehalten, denn
du bist gerecht. 9 Du hast das Elend unserer
Väter in Ägypten gesehen und du hast ihren
Notschrei am Schilfmeer gehört. 10 Du hast
Zeichen und Wunder getan am Pharao, an all
seinen Dienern und am ganzen Volk in sei-
nem Land; denn du wusstest, dass sie mit Is-
rael ihren Übermut getrieben hatten. So hast
du dir einen Namen gemacht, der gerühmt
wird bis zum heutigen Tag. 11 Du hast das
Meer vor ihnen zerteilt und sie schritten auf
trockenem Boden mitten durchs Meer; doch
ihre Verfolger hast du in die Tiefe gestürzt
wie einen Stein, der in reißendem Wasser
versinkt. 12 Durch eine Wolkensäule hast du
sie bei Tag geleitet und durch eine Feuersäu-
le bei Nacht, um ihnen den Weg zu erhellen,
den sie gehen sollten. 13 Du bist auf den Berg
Sinai herabgestiegen und hast vom Himmel
her mit ihnen gesprochen; du hast ihnen kla-
re Ordnungen und zuverlässige Gesetze ge-
geben, gute Satzungen und Gebote. 14 Dei-
nen heiligen Sabbat hast du ihnen bekannt
gemacht und hast ihnen durch deinen Diener
Mose Gebote, Satzungen und Anweisungen
gegeben. 15 Du hast ihnen Brot vom Himmel
gegeben, als sie Hunger hatten, und hast
Wasser aus dem Felsen sprudeln lassen, als
sie Durst litten. Endlich hast du ihnen be-
fohlen, in das Land, das du ihnen unter ei-
nem Eid zugesagt hattest, hineinzuziehen
und es in Besitz zu nehmen.

16 Unsere Väter aber wurden hochmütig;
sie waren trotzig und hörten nicht auf seine
Gebote. 17 Sie weigerten sich zu gehorchen
und dachten nicht mehr an die Wunder, die
du an ihnen getan hattest. Hartnäckig setz-
ten sie sich in den Kopf, als Sklaven nach
Ägypten zurückzukehren. Doch du bist ein
Gott, der verzeiht, du bist gnädig und barm-
herzig, langmütig und reich an Huld; darum
hast du sie nicht verlassen. 18 Sie machten
sich sogar ein gegossenes Kalb und sagten:
Das ist dein Gott, der dich aus Ägypten he-
rausgeführt hat!, und sie verübten schwere
Frevel. 19 Du aber hast sie in deinem großen
Erbarmen nicht in der Wüste verlassen. Die
Wolkensäule wich nicht von ihnen bei Tag,
sondern führte sie auf ihrem Weg; ebenso er-
hellte die Feuersäule bei Nacht den Weg, den
sie gehen sollten. 20 Du gabst ihnen deinen
guten Geist, um sie zur Einsicht zu bringen.
Du entzogst ihnen dein Manna nicht und
gabst ihnen Wasser für ihren Durst. 21 Vier-
zig Jahre lang hast du für sie in der Wüste
gesorgt. Sie litten keinen Mangel; ihre Klei-
der zerfielen nicht, ihre Füße schwollen
nicht an. 22 Du hast ihnen ganze Reiche und
Völker ausgeliefert und als Randgebiet zuge-
teilt. So nahmen sie das Land des Königs Si-
hon von Heschbon in Besitz und das Land
des Königs Og des Baschan. 23 Du hast ihre
Nachkommen so zahlreich gemacht wie die
Sterne am Himmel und hast sie in das Land
geführt, von dem du ihren Vätern verspro-
chen hattest, sie würden dort hineinziehen
und es in Besitz nehmen. 24 Und die Nach-
kommen zogen in das Land und nahmen es

9,3 drei Stunden lang, wörtlich: ein Viertel des Tags.

9,6 »Der Himmel der Himmel« ist nach dem damaligen Weltbild der oberste Himmel.

9,17 Übersetzung nach G.

in Besitz. Du hast ihnen die Kanaaniter, die
Bewohner des Landes, unterworfen. Du
gabst sie in ihre Gewalt, die Völker des Lan-
des samt ihren Königen, und sie durften mit
ihnen machen, was sie wollten. 25 Sie erober-
ten befestigte Städte und fruchtbares Acker-
land. Häuser mit all ihrem Reichtum nahmen
sie in Besitz, ausgehauene Zisternen, Wein-
berge, Ölbäume und Obstbäume in Menge.
Sie aßen sich satt, wurden fett und lebten gut
von deinen reichen Gaben.
26 Dann aber wurden sie trotzig; sie em-
pörten sich gegen dich und kehrten deinem
Gesetz den Rücken. Deine Propheten warn-
ten sie zwar und wollten sie zu dir zurück-
führen; doch man tötete sie und verübte
schwere Frevel. 27 Da gabst du unsere Väter
in die Gewalt ihrer Feinde, die sie hart be-
drängten. Wenn sie dann bedrängt wurden,
schrien sie zu dir und du erhörtest sie im
Himmel. In deinem großen Erbarmen schick-
test du ihnen Retter, die sie aus der Gewalt
ihrer Feinde befreiten. 28 Doch sobald sie
Ruhe hatten, taten sie wieder Dinge, die dir
missfielen. Da liefertest du sie wieder der
Gewalt ihrer Feinde aus, die sie unterdrück-
ten. Nun schrien sie wieder zu dir und du er-
hörtest sie im Himmel; oft hast du sie befreit
in deinem großen Erbarmen. 29 Du warntest
sie, um sie zu deinem Gesetz zurückzufüh-
ren. Sie aber waren stolz; sie hörten nicht auf
deine Gebote und versündigten sich gegen
deine Vorschriften; und doch lebt durch sie
der Mensch, der sie befolgt. Sie kehrten dir
trotzig den Rücken zu, waren starrsinnig
und gehorchten dir nicht. 30 Viele Jahre hast
du mit ihnen Geduld gehabt, hast sie ge-
warnt durch deinen Geist, durch deine Pro-
pheten; doch sie hörten nicht. Da gabst du
sie in die Gewalt der benachbarten Völker.
31 In deinem großen Erbarmen hast du sie
aber nicht ausgerottet; du hast sie nicht ver-
lassen, denn du bist ein gnädiger und barm-
herziger Gott.
32 Und jetzt, unser Gott, du großer, starker,
furchtgebietender Gott, der den Bund hält
und uns seine Gnade bewahrt: Achte nicht
gering all die Mühsal, die uns getroffen hat,
unsere Könige und Vorsteher, unsere Pries-
ter und Propheten, unsere Väter und dein
ganzes Volk seit den Tagen der Könige von
Assur bis heute. 33 Du warst gerecht bei al-
lem, was über uns gekommen ist. Du hast
uns deine Treue bewiesen; wir aber haben
gesündigt. 34 Unsere Könige, Vorsteher und
Priester und unsere Väter befolgten dein Ge-
setz nicht; sie missachteten deine Gebote
und die Warnungen, die du an sie gerichtet
hast. 35 Sie lebten in ihrem eigenen König-
reich, in der Fülle des Reichtums, den du ih-
nen gewährt hast, in dem weiten, fruchtba-
ren Land, das du vor sie hingebreitet hast;
sie aber haben dir trotzdem nicht gedient
und sich nicht von ihrem bösen Treiben ab-
gewandt. 36 Darum sind wir heute Knechte.
Du hast unseren Vätern dieses Land gege-
ben, damit sie seine Früchte und seinen
Reichtum genießen; wir aber leben darin als
Knechte. 37 Sein reicher Ertrag geht an die
Könige, die du wegen unserer Sünden über
uns gesetzt hast. Sie verfügen über uns selbst
und unser Vieh nach ihrem Belieben. Darum
sind wir in großer Not.

6: Dtn 6,4; 10,14 • 7: Gen 11,31; 12,1–3 • 8: Gen 15,18–21 • 9: Ex 3,7 • 10: Ex 18,11; Dtn 6,22 • 11: Ex 14f • 12: Ex 13,21f • 13: Ex 19,18 • 14: Ex 20,8–11 • 15: Ex 16,4; 17,6 • 16–17: Num 14,1–4 • 17: Ex 34,6 • 18: Ex 32,4 • 21: Dtn 8,4 • 22: Num 21,21–35 • 23: Dtn 1,10; Jos 12 • 25: Dtn 6,10f; 32,15 • 27: Ri 2,14–19; 3,9 • 28: Ps 106,43 • 29: Sach 7,11f; Lev 18,5 • 30: Jer 7,25f; 44,4–6 • 32: 2 Makk 1,24; Bar 2,11; Dan 9,4 • 37: Dtn 28,31; Jes 1,7; Klgl 5,4.13–15.

Die Verpflichtung auf das Gesetz: 10,1–40

10 Wegen all dem schließen wir nun ei-
nen Vertrag und schreiben ihn nie-
der. Auf der gesiegelten Urkunde stehen die
Namen unserer Obersten, Leviten und Pries-
ter. 2 Auf der gesiegelten Urkunde stehen:
der Statthalter Nehemia, der Sohn Hachal-
jas, und Zidkija, 3 Seraja, Asarja, Jirmeja,
4 Paschhur, Amarja, Malkija, 5 Hattusch,
Schebanja, Malluch, 6 Harim, Meremot,
Obadja, 7 Daniel, Ginneton, Baruch, 8 Me-
schullam, Abija, Mijamin, 9 Maasja, Bilga
und Schemaja; das sind die Priester.
10 Dann die Leviten: Jeschua, der Sohn As-
anjas, Binnui, der Nachkomme Henadads,
und Kadmiël, 11 sodann ihre Brüder Sche-
banja, Hodija, Kelita, Pelaja, Hanan, 12 Mi-
cha, Rehob, Haschabja, 13 Sakkur, Schereb-
ja, Schebanja, 14 Hodija, Bani und Beninu.
15 Dann folgen die Oberhäupter des Vol-
kes: Parosch, Pahat-Moab, Elam, Sattu,
Bani, 16 Bunni, Asgad, Bebai, 17 Adonija, Big-
wai, Adin, 18 Ater, Hiskija, Asur, 19 Hodija,
Haschum, Bezai, 20 Harif, Anatot, Nebai,
21 Magpiasch, Meschullam, Hesir, 22 Mesche-
sabel, Zadok, Jaddua, 23 Pelatja, Hanan,
Anaja, 24 Hoschea, Hananja, Haschub,
25 Lohesch, Pilha, Schobek, 26 Rehum,
Haschabna, Maaseja, 27 Ahija, Hanan, Anan,
28 Malluch, Harim und Baana.
29 Die übrigen vom Volk, von den Priestern

9,30 Wörtlich: Da gabst du sie in die Gewalt der Völker der (anderen) Länder. Gemeint sind die heidnischen Nachbarn Israels (vgl. 10,29; Esra 3,3).

und Leviten, die Torwächter, Sänger und Tempeldiener, alle, die sich von den Völkern der anderen Länder abgesondert und dem Gesetz Gottes zugewandt haben, ihre Frauen, Söhne und Töchter, alle, die das nötige Verständnis besitzen: 30 Sie schließen sich ihren führenden Brüdern an; sie verpflichten sich unter Eid und Schwur, das Gesetz Gottes zu befolgen, das durch Mose, den Diener Gottes, gegeben wurde, und alle Gebote des Herrn, unseres Gottes, seine Vorschriften und Satzungen zu beachten und zu erfüllen.

31 Wir werden unsere Töchter nicht den Völkern im Land zu Frauen geben, noch ihre Töchter für unsere Söhne nehmen. 32 Wenn die Völker des Landes Waren, besonders Getreide jeder Art, am Sabbat zum Verkauf anbieten, werden wir ihnen am Sabbat oder an einem anderen heiligen Tag nichts abnehmen. Wir verzichten in jedem siebten Jahr auf den Ertrag des Bodens und auf jede Schuldforderung. 33 Ferner übernehmen wir die Pflicht, jährlich ein Drittelschekel für den Dienst im Haus unseres Gottes zu geben, 34 für die Schaubrote, das tägliche Speiseopfer und das tägliche Brandopfer, für die Opfer an den Sabbaten, Neumondtagen und Festen, für die Weiheopfer und die Sündopfer, durch die man Israel Sühne verschafft, und für alle Arbeiten im Haus unseres Gottes. 35 Die Lieferung des Brennholzes haben wir ausgelost unter den Priestern, den Leviten und dem Volk. Jede Familie soll es jährlich zu der für sie bestimmten Zeit zum Haus unseres Gottes bringen. Es soll auf dem Altar des Herrn, unseres Gottes, brennen, wie es im Gesetz vorgeschrieben ist. 36 Ferner bringen wir jährlich zum Haus des Herrn die ersten Erträge unserer Felder und die ersten Erträge aller Baumfrüchte, 37 unsere erstgeborenen Söhne und die ersten Jungen unseres Viehs, wie es im Gesetz vorgeschrieben ist. Die ersten Jungen unserer Rinder und Schafe bringen wir zum Haus unseres Gottes für die Priester, die im Haus unseres Gottes Dienst tun. 38 Den Erstanteil von unserem Brotteig und von den Früchten aller Bäume sowie von Wein und Öl bringen wir für die Priester in die Kammern des Hauses unseres Gottes. Den Leviten geben wir den Zehnten vom Ertrag unseres Bodens. Die Leviten selbst erheben den Zehnten an allen Orten, wo wir das Feld bebauen. 39 Wenn die Leviten den Zehnten erheben, soll ein Priester, ein Nachkomme Aarons, die Leviten begleiten. Die Leviten bringen dann den Zehnten vom Zehnten zum Haus unseres Gottes in die Vorratskammern. – 40 In diese Kammern nämlich bringen die Israeliten und die Leviten die Abgaben an Getreide, Wein und Öl. Dort sind die Vorratsbehälter des Heiligtums, der Priester, die Dienst tun, der Torwächter und Sänger. – So werden wir das Haus unseres Gottes nicht im Stich lassen.

29: Esra 6,21; Neh 8,2f • 31: Esra 9,1f; 10,2–11; Ex 34,16; Dtn 7,1–3 • 32: Jer 17,19–22; Neh 13,15–22; Ex 23,10f; Dtn 15,1–3 • 33: Ex 30,13; Mt 17,24 • 35: 13,31; Lev 6,5 • 36: Num 18,12–32 • 37: Ex 13,2.13 • 38: Num 15,20f; Dtn 14,22; Num 18,26–32 • 40: Jer 40,10.

Die Liste der Einwohner Jerusalems:
11,1–19

11 Die Obersten des Volkes ließen sich in Jerusalem nieder. Die übrigen Männer warfen das Los und veranlassten so jeden Zehnten, sich in der heiligen Stadt Jerusalem niederzulassen. Neun Zehntel blieben in den Landstädten. 2 Das Volk aber segnete alle Männer, die sich bereit erklärten, in Jerusalem zu wohnen.

3 Das sind die Oberhäupter des Bezirks, die in Jerusalem und in den Städten Judas wohnten. Alle wohnten in ihren Städten, jeder auf seinem Besitz: die Israeliten, die Priester, die Leviten, die Tempeldiener und die Nachkommen der Knechte Salomos. 4 In Jerusalem wohnten von den Angehörigen der Stämme Juda und Benjamin folgende Männer: von den Angehörigen des Stammes Juda: Ataja, der Sohn Usijas, des Sohnes Secharjas, des Sohnes Amarjas, des Sohnes Schefatjas, des Sohnes Mahalels, von den Nachkommen des Perez; 5 ferner Maaseja, der Sohn Baruchs, des Sohnes Kolhoses, des Sohnes Hasajas, des Sohnes Adajas, des Sohnes Jojaribs, des Sohnes Secharjas, von den Nachkommen Schelas. 6 Die Gesamtzahl der Nachkommen des Perez, die in Jerusalem wohnten, betrug 468 kriegstüchtige Männer. 7 Von den Angehörigen des Stammes Benjamin waren es folgende Männer: Sallu, der Sohn Mechullams, des Sohnes Joëds, des Sohnes Pedajas, des Sohnes Kolajas, des Sohnes Maasejas, des Sohnes Itiëls, des Sohnes Jeschajas, 8 und seine Brüder, insgesamt 928 kriegstüchtige Männer. 9 Ihr Vorsteher war Joël, der Sohn Sichris; Juda, der Sohn Senuas, stand der Stadt als zweiter vor.

10 Von den Priestern: Jedaja, Jojarib, Jachin; 11 Seraja, der Sohn Hilkijas, des Sohnes

10,31 Die »Völker im Land« sind die heidnischen Mitbewohner und Nachbarn Israels (vgl. Esra 9,1f).

10,33 Ein Drittelschekel ist eine Silbermünze.
11,8 Text korr.

Meschullams, des Sohnes Zadoks, des Sohnes Merajots, des Sohnes Ahitubs, der Fürst des Hauses Gottes; 12 dazu ihre Brüder, die den Dienst im Tempel versahen, insgesamt 822 Männer; ferner Adaja, der Sohn Jerohams, des Sohnes Pelaljas, des Sohnes Amzis, des Sohnes Secharjas, des Sohnes Paschhurs, des Sohnes Malkijas, 13 und seine Brüder, 242 Familienoberhäupter; weiter Amaschsai, der Sohn Asarels, des Sohnes Achsais, des Sohnes Meschillemots, des Sohnes Immers, 14 und seine Brüder, 128 kriegstüchtige Männer. Ihr Vorsteher war Sabdiël, der Sohn Haggedolims. 15 Von den Leviten: Schemaja, der Sohn Haschubs, des Sohnes Asrikams, des Sohnes Haschabjas, des Sohnes Bunnis. 16 Von den Oberhäuptern der Leviten: Schabbetai und Josabad, die dem äußeren Dienst des Hauses Gottes vorstanden. 17 Mattanja, der Sohn Michas, des Sohnes Sabdis, des Sohnes Asafs, der den Lobgesang leitete und beim Gebet das Danklied anstimmte; Bakbukja als zweiter unter seinen Brüdern; ferner Abda, der Sohn Schammuas, des Sohnes Galals, des Sohnes Jedutuns. 18 Insgesamt wohnten 284 Leviten in der Heiligen Stadt.

19 Dazu die Torwächter: Akkub, Talmon und ihre Brüder, die an den Toren Wache hielten, insgesamt 172 Männer.

1: 7,4 • 3–19 ‖ 1 Chr 9,2–17 • 10–11: 1 Chr 9,10f.

Die Ansiedlungsbestimmungen: 11,20–36

21 Die Tempeldiener wohnten auf dem Ofel. Ziha und Gischpa standen ihnen vor. 22 Vorsteher der Leviten in Jerusalem war Usi, der Sohn Banis, des Sohnes Haschabjas, des Sohnes Mattanjas, des Sohnes Michas, einer der Nachkommen Asafs, die nach der Dienstordnung des Hauses Gottes zu singen hatten. 23 Für sie galt nämlich eine königliche Vorschrift, die bestimmte, was die Sänger an den einzelnen Tagen zu singen hatten. 24 Petachja, der Sohn Meschesabels, einer der Nachkommen Serachs, des Sohnes Judas, stand dem König in allem, was das Volk betraf, zur Seite.

20 Die übrigen Israeliten, Priester und Leviten wohnten in den anderen Städten Judas, jeder auf seinem Besitztum, 25 und in den Gehöften auf ihren Fluren. Angehörige des Stammes Juda wohnten in Kirjat-Arba und seinen Tochterstädten, in Dibon und seinen Tochterstädten, in Kabzeel und den dazugehörenden Gehöften, 26 in Jeschua, Molada und Bet-Pelet, 27 in Hazar-Schual sowie in Beerscheba und seinen Tochterstädten, 28 in Ziklag sowie in Mechona und seinen Tochterstädten, 29 in En-Rimmon, Zora, Jarmut, 30 Sanoach, Adullam und den zu ihnen gehörenden Gehöften, in Lachisch und seiner Gemarkung sowie in Aseka und seinen Tochterstädten. Sie siedelten also von Beerscheba bis zum Hinnomtal.

31 Angehörige des Sammes Benjamin wohnten in Geba, Michmas und Aja sowie in Bet-El und seinen Tochterstädten, 32 ferner in Anatot, Nob, Ananeja, 33 Hazor, Rama, Gittajim, 34 Hadid, Zeboim, Neballat, 35 Lod und Ono und im Tal der Werkleute. 36 Von den Leviten kamen einige Abteilungen Judas zu Benjamin.

Die Listen von Priester- und Levitenfamilien: 12,1–26

12 Folgende Priester und Leviten kamen herauf, zusammen mit Serubbabel, dem Sohn Schealtiëls, und Jeschua: Seraja, Jirmeja, Esra, 2 Amarja, Malluch, Hattusch, 3 Schechanja, Harim, Meremot, 4 Iddo, Ginneton, Abija, 5 Mijamin, Maadja, Bilga, 6 Schemaja, Jojarib, Jedaja, 7 Sallu, Amok, Hilkija und Jedaja. Das waren die Oberhäupter der Priester zur Zeit Jeschuas. Ferner ihre Brüder, 8 die Leviten: Jeschua, Binnui, Kadmiël, Scherebja, Juda und Mattanja; ihm und seinen Brüdern oblag der Lobgesang. 9 Ihnen gegenüber standen Bakbukja und Unni und ihre Brüder, so wie sie für den Dienst eingeteilt waren.

10 Jeschua zeugte Jojakim, Jojakim zeugte Eljaschib und Eljaschib Jojada; 11 Jojada zeugte Jonatan und Jonatan zeugte Jaddua.

12 In der Zeit Jojakims waren folgende Priester die Oberhäupter ihrer Familien: Meraja in der Familie Seraja, Hananja in der Familie Jirmeja, 13 Meschullam in der Familie Esra, Johanan in der Familie Amarja, 14 Jonatan in der Familie Malluch, Josef in der Familie Schebanja, 15 Adna in der Familie Harim, Helkai in der Familie Meremot, 16 Secharja in der Familie Iddo, Meschullam in der Familie Ginneton, 17 Sichri in der Familie Abija, . . . in der Familie Mijamin, Piltai in der Familie Maadja, 18 Schammua in der Familie Bilga, Jonatan in der Familie Schemaja, 19 Mattenai in der Familie Jojarib, Usi in der Familie Jedaja, 20 Kallai in der Familie Sallu, Eber in der Familie Amok,

11,21 VV. 21–24 passen besser vor V. 20.

12,17 Der Name des Oberhaupts der Familie Mijamin ist ausgefallen

21 Haschabja in der Familie Hilkija, Netanel
in der Familie Jedaja.
22 Die Oberhäupter der levitischen Pries-
terfamilien in der Zeit Eljaschibs, Jojadas,
Johanans und Jadduas sind in der Chronik
verzeichnet bis zur Regierung des Persers
Darius. 23 Von den Leviten sind die Ober-
häupter der Familien in der Chronik ver-
zeichnet bis zur Zeit Johanans, des Sohnes
Eljaschibs. 24 Die Oberhäupter der Leviten
waren: Haschabja, Scherebja, Jeschua, Bin-
nui, Kadmiël und ihre Brüder, die ihnen
beim Lob- und Dankgesang gegenüberstan-
den, Abteilung für Abteilung, nach der Vor-
schrift des Gottesmannes David, 25 nämlich
Mattanja, Bakbukja und Obadja. Meschul-
lam, Talmon und Akkub hielten als Tor-
wächter die Wache an den Vorratskammern
der Tore. 26 Diese Leviten waren im Amt zur
Zeit Jojakims, des Sohnes Jeschuas, des Soh-
nes Jozadaks, und zur Zeit des Statthalters
Nehemia und des Priesters und Schriftge-
lehrten Esra.

Die Einweihung der Mauer: 12,27–43

27 Bei der Einweihung der Mauer Jerusa-
lems holte man die Leviten aus allen ihren
Wohnsitzen nach Jerusalem, um mit frohen
Lobgesängen und mit der Musik von Zim-
beln, Harfen und Zithern die Einweihung zu
vollziehen. 28 Da fanden sich die Sänger aus
dem Umkreis von Jerusalem ein und aus den
Gehöften der Leute von Netofa, 29 aus Bet-
Gilgal und den Gemarkungen von Geba und
Asmawet; die Sänger hatten sich nämlich
rings um Jerusalem Gehöfte gebaut. 30 Die
Priester und Leviten reinigten sich selbst; sie
reinigten auch das Volk, die Tore und die
Mauer.
31 Dann ließ ich die Vorsteher von Juda auf
die Mauer steigen und stellte zwei große
Festchöre auf. Der eine zog oben auf der
Mauer nach rechts dem Aschentor zu. 32 Ihm
folgte Hoschaja mit der einen Hälfte der
Vorsteher von Juda. 33 Dann kamen Asarja,
Esra, Meschullam, 34 Juda, Benjamin, Sche-
maja und Jirmeja; 35 sie waren Priester und
bliesen die Trompeten. Dann kamen Sechar-
ja, der Sohn Jonatans, des Sohnes Schema-
jas, des Sohnes Mattanjas, des Sohnes Mi-
chajas, des Sohnes Sakkurs, des Sohnes
Asafs, 36 und seine Brüder Schemaja, Asarel,
Milalai, Gilalai, Maai, Netanel, Juda und
Hanani mit den Musikinstrumenten des Got-
tesmannes David. Vor ihnen her schritt Esra,
der Schriftgelehrte. 37 Sie zogen zum Quell-
tor, stiegen dann geradeaus die Stufen zur
Davidstadt und den Aufgang zur Mauer hi-
nauf und kamen am Palast Davids entlang
zum Wassertor im Osten. 38 Der zweite Fest-
chor ging nach links – ihm folgte ich mit der
andern Hälfte des Volkes –, oben auf der
Mauer am Ofenturm vorbei zur Breiten Mau-
er, 39 dann über das Efraimtor, das Jeschana-
tor und das Fischtor, am Turm Hananel und
am Tor der Hundert vorbei zum Schaftor; er
machte Halt am Wachtor. 40 Dann stellten
sich die beiden Festchöre im Hof des Hauses
Gottes auf, auch ich und die Hälfte der Be-
amten, die bei mir waren, 41 sowie die Pries-
ter Eljakim, Maaseja, Mijamin, Michaja,
Eljoënai, Secharja und Hananja mit den
Trompeten 42 und (die Leviten) Maaseja,
Schemaja, Eleasar, Usi, Johanan, Malkija,
Elam und Eser. Nun ließen sich die Sänger
hören; ihr Leiter war Jisrachja. 43 An diesem
Tag brachte man große Schlachtopfer dar
und alle freuten sich; denn Gott hatte ihnen
eine große Freude bereitet. Auch die Frauen
und Kinder waren fröhlich und der Jubel in
Jerusalem war weithin zu hören.

27: Esra 3,10 • 30: Esra 6,20 • 31: 2,13–15; 3,1–3 • 36: 2 Chr 29,25–27 • 43: Esra 6,17.

Die Ordnung der heiligen Abgaben: 12,44–47

44 In jener Zeit wurden Männer bestellt zur
Aufsicht über die Kammern, die für die Vor-
räte, Abgaben, Erstlingsfrüchte und Zehn-
ten bestimmt waren. In diesen Kammern
sammelte man von den Feldern der einzelnen
Städte die Anteile, die den Priestern und Le-
viten gesetzlich zukamen. Denn die Juden
waren den Priestern und Leviten, die im
Dienst standen, wohlgesinnt. 45 Sie versahen
den Dienst (im Haus) ihres Gottes und voll-
zogen die Reinigungsriten; auch die Sänger
und Torwächter taten Dienst nach den Vor-
schriften Davids und seines Sohnes Salomo.
46 Denn schon früher, in der Zeit Davids und
Asafs, gab es Vorsteher der Sänger, die zur
Ehre Gottes Lob- und Danklieder vortrugen.
47 Zur Zeit Serubbabels und zur Zeit Nehe-
mias lieferte ganz Israel die Anteile für die
Sänger und Torwächter ab, je nachdem es
der tägliche Bedarf erforderte. Man gab den
Leviten einen heiligen Anteil und die Levi-
ten gaben davon den Söhnen Aarons einen
heiligen Anteil.

44: 10,39f; 13,10–18 • 45: 1 Chr 16,4f.

Weitere Reformen Nehemias: 13,1–14

13 Zu jener Zeit las man dem Volk aus
dem Buch des Mose vor; da fand man
die Stelle, an der steht: Ammoniter und
Moabiter dürfen niemals in die Gemeinde

Gottes eintreten; 2 denn sie sind den Israeli-
ten einst nicht mit Brot und Wasser entge-
gengekommen. Moab hat gegen sie Bileam
gedungen, der sie verfluchen sollte. Doch un-
ser Gott verwandelte den Fluch in einen Se-
gen. 3 Als man dieses Gesetz gehört hatte,
sonderte man aus Israel alle Mischvölker
aus.

4 Früher hatte der Priester Eljaschib die
Kammern des Hauses unseres Gottes be-
treut; er war verwandt mit Tobija 5 und hatte
darum für ihn eine große Kammer einrichten
lassen. Dort bewahrte man früher das Opfer-
mehl und den Weihrauch auf sowie die Be-
hälter und den Zehnten von Getreide, Wein
und Öl, der den Leviten, Sängern und Tor-
wächtern gesetzlich zukam, außerdem die
Abgaben für die Priester. 6 Bei all dem war
ich aber nicht in Jerusalem gewesen; denn im
zweiunddreißigsten Jahr des Artaxerxes, des
Königs von Babel, war ich zum König ge-
reist. Nach einiger Zeit erbat ich aber vom
König (die Erlaubnis zur Abreise) 7 und kam
wieder nach Jerusalem. Nun bemerkte ich
die Untat, die Eljaschib zugunsten Tobijas
begangen hatte, indem er ihm in den Vorhö-
fen des Hauses Gottes eine Kammer einge-
richtet hatte. 8 Das missfiel mir sehr und ich
warf den ganzen Hausrat Tobijas aus der
Kammer hinaus. 9 Dann ließ ich die Kammer
reinigen und brachte die Behälter des Hau-
ses Gottes, das Opfermehl und den Weih-
rauch wieder dorthin.

10 Ich erfuhr auch, dass die Anteile der Le-
viten nicht abgeliefert wurden; darum waren
die Leviten und die Sänger, die den Dienst
zu versehen hatten, weggegangen, jeder auf
seinen Landbesitz. 11 Da machte ich den Be-
amten Vorwürfe und sagte: Warum wird das
Haus Gottes vernachlässigt? Und ich holte
die Leviten wieder zusammen und stellte sie
auf ihren Posten. 12 Nun brachte ganz Juda
wieder den Zehnten von Getreide, Wein und
Öl zu den Vorratskammern. 13 Zur Aufsicht
über die Vorratskammern bestimmte ich den
Priester Schelemja, den Schreiber Zadok
und den Leviten Pedaja. Ihnen stellte ich
Hanan, den Sohn Sakkurs, des Sohnes Mat-
tanjas, an die Seite, denn sie galten als zu-
verlässig. Ihnen oblag es nun, den Zehnten
an ihre Brüder zu verteilen.

14 Denk dafür an mich, mein Gott, und
lösch die guten Taten nicht aus, die ich für
das Haus meines Gottes und seine Ordnung
vollbracht habe.

1: Dtn 23,4–6 • 4: 2,19; 12,44 • 7: Mt 21,12 • 9: 12,30 • 10: 12,47 • 12: 10,38 • 14: 5,19.

Die Sabbatordnung: 13,15–22

15 Damals sah ich in Juda Leute, die am
Sabbat die Kelter traten. Andere brachten
Getreide ein und luden es auf Esel; auch
Wein, Trauben, Feigen und Lasten aller Art
brachten sie am Sabbattag nach Jerusalem.
Ich verwarnte sie, weil sie an diesem Tag Le-
bensmittel verkauften. 16 Die Leute von Ty-
rus, die in Juda wohnten, brachten Fische
und allerlei Waren und verkauften sie am
Sabbat an die Juden, sogar in Jerusalem.
17 Da machte ich den Vornehmen von Juda
Vorwürfe und sagte zu ihnen: Wie könnt ihr
eine solche Untat begehen und den Sabbat
entweihen? 18 Haben das nicht schon eure
Väter getan? Dafür ließ unser Gott all dieses
Unheil über uns und diese Stadt kommen.
Wollt ihr neuen Zorn über Israel bringen, in-
dem ihr den Sabbat entweiht? 19 Ich ließ von
da an vor dem Anbruch des Sabbats, wenn es
in den Toren Jerusalems dunkel wurde, die
Tore schließen und befahl, sie erst nach dem
Sabbat wieder zu öffnen. Auch stellte ich ei-
nige meiner Leute an die Tore, damit am
Sabbattag keine Lasten hereingebracht
wurden. 20 Einmal und ein zweites Mal über-
nachteten die Händler und die Verkäufer
von allerlei Waren draußen vor Jerusalem.
21 Da warnte ich sie und sagte zu ihnen:
Wozu übernachtet ihr gerade vor der Mauer?
Wenn ihr es noch einmal tut, lasse ich euch
festnehmen. Von da an kamen sie nicht mehr
am Sabbat. 22 Den Leviten aber befahl ich,
sie sollten sich reinigen und sich als Wächter
an die Tore stellen, damit man den Sabbat-
tag heilig halte. Auch dafür denk an mich,
mein Gott, und sei mir gnädig in deiner gro-
ßen Huld!

15–16: 10,32; Jer 17,19–27 • 22: 12,30.

Das Verbot der Mischehen: 13,23–31

23 Damals sah ich auch Juden, die Frauen
von Aschdod, Ammon und Moab geheiratet
hatten. 24 Die Hälfte ihrer Kinder redete in
der Sprache von Aschdod oder in der Spra-
che eines der anderen Völker, konnten aber
nicht mehr Jüdisch. 25 Ich machte ihnen Vor-
würfe und verfluchte sie. Einige von ihnen
schlug ich und packte sie bei den Haaren. Ich
beschwor sie bei Gott: Ihr dürft eure Töchter
nicht ihren Söhnen geben noch ihre Töchter
zu Frauen für eure Söhne oder für euch
selbst nehmen. 26 Hat sich nicht wegen sol-
cher Frauen Salomo, der König Israels, ver-
sündigt? Unter den vielen Völkern gab es
keinen König wie ihn. Er wurde von seinem

13,19 Der Sabbat beginnt mit dem Sonnenuntergang.

Gott geliebt; darum hatte ihn Gott zum König über ganz Israel gemacht. Aber selbst ihn haben die fremden Frauen zur Sünde verführt.
27 Und jetzt hört man von euch, dass ihr genau dieselbe Untat begeht und unserem Gott die Treue brecht, indem ihr fremde Frauen heiratet.
28 Einer der Söhne des Hohenpriesters Jojada, des Sohnes Eljaschibs, war der Schwiegersohn des Sanballat von Horon; ihn verwies ich aus meinem Gebiet.
29 Vergiss es ihnen nicht, mein Gott, dass sie das Priestertum und den Bund der Priester und Leviten befleckt haben.
30 So habe ich das Volk von allem gereinigt, was fremd war. Für die Priester und Leviten habe ich Ordnungen aufgestellt, die jedem seinen Dienst zuteilen.
31 Auch habe ich angeordnet, wie man an den festgesetzten Zeiten das Brennholz liefern und die ersten Erträge bringen soll. Denk daran, mein Gott, und halt es mir zugute!

23: Esra 9,1f • 25: Dtn 7,3 • 26: 1 Kön 11,1–8; 10,23; 2 Sam 12,24f • 28: Lev 21,14 • 29: Num 25,12f; Mal 2,8 • 31: 10,35; 13,14; 5,19.

Das Buch Tobit

Das Buch erzählt von einem frommen Israeliten namens Tobit, der nach dem Untergang des Nordreichs Israel in Assyrien lebt und während einer schweren Glaubensprüfung die Hilfe seines Gottes erfährt. Tobit, der seinen Stammesbrüdern in der Fremde nach besten Kräften und selbst unter Lebensgefahr jede Art von Barmherzigkeit erweist, wird vom Unglück verfolgt. Auf der Flucht vor dem Zugriff der staatlichen Behörden büßt er seine Habe ein und verliert durch ein Missgeschick auch noch sein Augenlicht. Statt Mitleid und Liebe erfährt er von seiner Frau nur Vorwürfe und bittere Verkennung (Kap. 1 – 3). In dieser Not schickt Gott seinen Engel Rafael zu Hilfe. Dieser begleitet Tobias, den Sohn Tobits, auf einer gefahrvollen Reise nach Medien, gewinnt ihm dort Sara, die einzige Tochter des reichen Raguël, zur Frau und heilt schließlich Tobit von seiner Blindheit (Kap. 4 – 12). Ein Lobpreis des Rettergottes und Ermahnungen Tobits an seinen Sohn schließen das Buch ab (Kap. 13 und 14).

Das Buch hat nicht die Mitteilung wirklich geschehener Ereignisse, sondern religiöse und sittliche Unterweisung zum Ziel. Der Erzähler versetzt Tobit zwar in das Exil Israels nach Assyrien, doch hat er deutlich das Exil Israels zu einer viel späteren Zeit im Auge: Er denkt an die Weltdiaspora, in der sich Israel nach dem Untergang des davidischen Reichs und nach dem Verlust seiner politischen Selbständigkeit befindet. In dieser Diaspora steht der Angehörige des Gottesvolkes oft allein; er lebt dort ohne den Schutz eines eigenen Staatswesens, ist der Willkür fremder Herrscher ausgeliefert und durch die Berührung mit einer heidnischen Umwelt gefährdet. Auf die Frage, wie sich in dieser Lage der einzelne Gläubige verhalten soll, um die Hilfe seines Gottes zu erlangen, antwortet das Buch Tobit, indem es am Beispiel eines frommen Israeliten die entscheidenden Voraussetzungen für das Eingreifen Gottes darstellt. Die literarische Art des Buches ist daher als Lehrschrift im Gewand einer geschichtlichen Erzählung zu bestimmen.

Die theologische Bedeutung des Buches ist in der Glaubensüberzeugung zu sehen, dass jeder Israelit in den Nöten der Weltdiaspora die rettende Hilfe seines Gottes erfahren kann, wenn er in Treue zu diesem Gott und seinem Gesetz, aber auch zum Gottesvolk und den Überlieferungen der Väter steht. Das Buch ist auch bedeutsam geworden für die Lehre von den Schutzengeln.

Das Buch Tobit ist uns in griechischer Sprache überliefert und wahrscheinlich im 2. Jahrhundert v. Chr. in Palästina verfasst worden. Die in Qumran gefundenen hebräischen und aramäischen Fragmente sind noch nicht endgültig ediert.

EINLEITUNG: 1,1–2

1 Buch der Geschichte Tobits.
Tobit war der Sohn Tobiëls, des Sohnes
Hananels, des Sohnes Aduëls, des Sohnes
Gabaëls. Er gehörte zum Geschlecht Asiëls
und zum Stamm Naftali. 2 Zur Zeit des assy-
rischen Königs Salmanassar wurde er als
Gefangener aus Tisbe verschleppt, einem Ort
südlich von Kedesch-Naftali in Galiläa,
oberhalb Hazor.

2: 2 Kön 17,1–23; 18,9–11.

DIE ANFECHTUNG UND NOT TOBITS: 1,3 – 3,17

Tobit in der Heimat: 1,3–9

3 Ich, Tobit, habe mich mein ganzes Leben
lang an den Weg der Wahrheit und Gerech-
tigkeit gehalten und ich habe den Brüdern
aus meinem Stamm und meinem Volk, die
mit mir zusammen in das Land der Assyrer
nach Ninive gekommen waren, aus Barm-
herzigkeit viel geholfen. 4 Als ich noch in
meiner Heimat im Land Israel lebte – ich war
damals ein junger Mann –, sagte sich das
ganze Geschlecht meines Stammvaters Naf-
tali vom Tempel in Jerusalem los. Jerusalem
war die Stadt, die aus dem ganzen Stammes-
gebiet Israels auserwählt worden war, damit
alle Stämme dort ihre Opfer darbrachten;
dort war der Tempel, die Wohnung des Al-
lerhöchsten, für alle Geschlechter und für
alle Zeiten geweiht und gebaut worden.
5 Alle Stämme, die sich losgesagt hatten, op-
ferten dem Stierbild des Baal, auch das Ge-
schlecht meines Stammvaters Naftali. 6 Nur
ich zog immer wieder zu den Festen nach Je-
rusalem, wie es ganz Israel durch ewige Sat-
zung vorgeschrieben ist. Ich brachte die
Erstlinge, die Zehnten der Feldfrüchte und
die Wolle von der ersten Schafschur mit
7 und gab sie den Priestern, den Söhnen Aa-
rons, für den Altar. Den ersten Zehnten aller
Feldfrüchte gab ich den Leviten, die in Jeru-
salem Dienst taten. Den zweiten Zehnten
verkaufte ich und verwendete den Erlös all-
jährlich für meine Wallfahrt nach Jerusalem.
8 Den dritten Zehnten gab ich denen, für die
er bestimmt war, wie es Debora, die Mutter
meines Vaters, geboten hatte; denn ich war
nach dem Tod meines Vaters völlig verwaist.
9 Als ich ein Mann geworden war, heiratete
ich Hanna, die aus dem Geschlecht unseres
Vaters stammte, und wir bekamen einen
Sohn, den wir Tobias nannten.

6: Ex 23,17; 34,23 • 6–7: Num 18,24–32; Dtn 14,22; 18,4 • 8: Dtn 14,28f; 26,12.

Tobit in der Verbannung: 1,10–22

10 In der Gefangenschaft in Ninive aßen
die Brüder meines Stammes und alle Leute
meines Volkes von den Speisen, die auch die
Heiden aßen. 11 Ich aber hütete mich, davon
zu essen, 12 denn ich dachte mit ganzem Her-
zen an Gott. 13 Der Höchste schenkte mir
Gunst und Ansehen bei Salmanassar und ich
wurde Einkäufer am Hof. 14 Dabei kam ich
auf einer Reise auch nach Medien und ver-
traute Gabaël, dem Bruder des Gabrija, in
der Stadt Rages in Medien zehn Talente Sil-
ber zur Aufbewahrung an. 15 Als Salmanas-
sar starb, wurde sein Sohn Sanherib an sei-
ner Stelle König. Seine Regierungszeit war
von Unruhen erfüllt und ich konnte nicht
mehr nach Medien reisen.
16 Schon zur Zeit Salmanassars hatte ich
den Brüdern meines Stammes aus Barmher-
zigkeit viel geholfen: 17 Ich gab den Hun-
gernden mein Brot und den Nackten meine
Kleider; wenn ich sah, dass einer aus meinem
Volk gestorben war und dass man seinen
Leichnam hinter die Stadtmauer von Ninive
geworfen hatte, begrub ich ihn. 18 Ich begrub
heimlich auch alle, die der König Sanherib
hinrichten ließ, nachdem er wie ein Flücht-
ling aus Judäa heimgekehrt war. Denn viele
ließ er in seiner Wut hinrichten. Wenn aber
der König die Leichen suchen ließ, waren sie
nicht mehr zu finden. 19 Ein Einwohner von
Ninive ging jedoch zum König und erstattete
Anzeige; er sagte, ich sei es, der sie begrabe.

1,1 Tobit ist die gräzisierte Kurzform von Tobijahu. Vg gebraucht für Vater und Sohn die Form Tobias, die in G dem Sohn vorbehalten ist.

1,2 Gedacht ist hier an die Verschleppung der Nordstämme Israels in die assyrische Gefangenschaft 722 v. Chr.

1,18 Der Erzähler denkt an die in 2 Kön 18f und Jes 36f berichteten Ereignisse.

Deshalb musste ich mich verstecken. Als ich
erfuhr, dass man mich suchte, um mich zu
töten, bekam ich Angst und floh. 20 Damals
wurde mir meine ganze Habe geraubt und es
blieb mir nichts mehr als nur meine Frau
Hanna und mein Sohn Tobias. 21 Doch es
dauerte nicht einmal fünfzig Tage, da wurde
Sanherib von seinen beiden Söhnen ermor-
det. Sie mussten in das Gebirge Ararat flie-
hen, aber dann wurde sein Sohn Asarhaddon
an seiner Stelle König. Er machte Achikar,
den Sohn meines Bruders Hanaël, zum Herrn
über das ganze Rechnungswesen und die
ganze Verwaltung seines Reiches. 22 Weil
Achikar ein gutes Wort für mich einlegte,
durfte ich nach Ninive zurückkehren. Achi-
kar war Mundschenk und Siegelbewahrer
sowie Bevollmächtigter für die Verwaltung
des Reiches und das Rechnungswesen. Asar-
haddon hatte ihm, meinem Neffen, die zweit-
höchste Stelle in seinem Reich verliehen.

Tobits Erblindung: 2,1–10

2 Als ich heimkehrte und meine Frau
Hanna und mein Sohn Tobias mir wie-
dergeschenkt waren, veranstaltete man mir
zu Ehren am Pfingsttag – dem Fest der Sie-
ben Wochen – ein Festmahl. 2 Ich setzte mich
zu Tisch; als ich aber die vielen Speisen sah,
sagte ich zu meinem Sohn: Geh zu unseren
Brüdern, und wenn du einen Armen findest,
der dem Herrn treu geblieben ist, bring ihn
her; ich warte auf dich. 3 Er kam zurück und
sagte: Auf dem Marktplatz liegt einer von
unserem Volk, den man erdrosselt hat. 4 Ich
sprang auf, noch ehe ich etwas gegessen hat-
te, und verbarg den Toten bis zum Sonnen-
untergang in einer Hütte. 5 Nach meiner
Rückkehr wusch ich mich und aß voll Trauer
mein Mahl. 6 Ich erinnerte mich an das Wort
des Propheten Amos: Eure Feste sollen sich
in Trauer verwandeln und alle eure Freuden-
lieder in Totenklage. Und ich begann zu wei-
nen. 7 Nach Sonnenuntergang ging ich hi-
naus, um ein Grab zu schaufeln, und begrub
den Toten. 8 Meine Nachbarn aber sagten hä-
misch: Er hat schon gar keine Angst mehr,
wegen dieser Tat hingerichtet zu werden.
Eben erst hat er fliehen müssen und schon
begräbt er wieder die Toten.
9 Als ich ihn begraben hatte und in der
Nacht nach Hause kam, legte ich mich an der
Hofmauer zum Schlafen nieder, weil ich un-
rein geworden war. Mein Gesicht ließ ich un-
bedeckt, 10 *ohne auf die Sperlinge zu achten,*
die in der Mauer nisteten. Da ließen die
Sperlinge ihren warmen Kot in meine offe-
nen Augen fallen, und es bildeten sich weiße
Flecke in meinen Augen. Ich ging zu den
Ärzten, doch sie konnten mir nicht helfen.
Achikar sorgte für meinen Unterhalt, bis er
in die Provinz Elymaïs zog.

6: Am 8,10.

Tobits Verhöhnung durch seine Frau:
2,11–14

11 Meine Frau Hanna fertigte zu Hause
Webarbeiten an, wie sie Frauen zu machen
pflegen, 12 und lieferte sie dann bei den Be-
stellern ab. Einmal geschah es, dass sie ihr
nicht nur den Lohn zahlten, sondern auch
noch ein Ziegenböckchen dazuschenkten.
13 Als sie heimkam, fing das Tier an zu me-
ckern. Ich fragte sie: Wo hast du das Böck-
chen her? Es ist doch nicht etwa gestohlen?
Dann gib es seinen Eigentümern zurück!
Denn was gestohlen ist, darf man nicht es-
sen. 14 Sie erwiderte: Es wurde mir zusätz-
lich zu meinem Lohn geschenkt. Aber ich
glaubte ihr nicht und verlangte, dass sie es
seinen Eigentümern zurückbrachte, und ich
schämte mich ihretwegen. Doch sie antwor-
tete: Wo ist denn der Lohn für deine Barm-
herzigkeit und Gerechtigkeit? Jeder weiß,
was sie dir eingebracht haben.

14: Ijob 2,9.

Tobits Gebet: 3,1–6

3 Da wurde ich traurig und begann zu
weinen. In meinem Schmerz betete ich:
2 Herr, du bist gerecht, alle deine Wege und
Taten zeugen von deiner Barmherzigkeit
und Wahrheit; wahr und gerecht ist dein Ge-
richt in Ewigkeit. 3 Denk an mich und blick
auf mich herab! Straf mich nicht für die
Sünden und Fehler, die ich und meine Väter
dir gegenüber begangen haben. 4 Sie haben
nicht auf deine Gebote gehört. Darum hast
du uns der Plünderung, der Gefangenschaft
und dem Tod preisgegeben; bei allen Völ-
kern, unter die wir zerstreut worden sind,
hast du uns zum Gespött gemacht. 5 Auch
jetzt treffen mich zu Recht deine harten
Strafen, die du über mich kommen lässt we-
gen meiner und meiner Väter Sünden. Denn
wir haben deine Gebote nicht gehalten und
haben den Weg deiner Wahrheit verlassen.
6 Tu also mit mir, was dir gefällt. Lass mei-
nen Geist von mir scheiden; lass mich ster-
ben und zu Staub werden! Es ist besser für
mich, tot zu sein als zu leben. Denn unge-

3,6 ewige Ruhestatt: Gemeint ist das Grab (vgl. Koh 12,5; Ps 49,12; Ez 26,20).

rechte Vorwürfe musste ich anhören und ich
bin sehr betrübt. Lass mich jetzt aus meiner
Not zur ewigen Ruhestatt gelangen! Wende
deine Augen nicht von mir ab!

6: 1 Kön 19,4.

Saras Verhöhnung durch ihre Mägde: 3,7–9

7 Am gleichen Tag geschah es, dass in Ek-
batana in Medien Sara, die Tochter Raguëls,
von den Mägden ihres Vaters ebenfalls be-
schimpft wurde. 8 Sie war mit sieben Män-
nern verheiratet gewesen; doch der böse Dä-
mon Aschmodai hatte sie alle getötet, bevor
sie mit ihr geschlafen hatten. Die Mägde sag-
ten zu ihr: Begreifst du denn nicht, dass du
deine eigenen Männer erwürgst? Sieben hast
du gehabt, doch kein einziger ist dir geblie-
ben. 9 Mit welchem Recht also behandelst du
uns so hart? Wenn sie schon sterben mussten,
dann verschwinde du doch mit ihnen! Hof-
fentlich bekommen wir nie einen Sohn oder
eine Tochter von dir zu sehen.

Saras Gebet: 3,10–15

10 Als Sara das hörte, wurde sie so traurig,
dass sie sich erhängen wollte. Aber sie dach-
te: Ich bin die einzige Tochter meines Vaters.
Wenn ich das täte, wäre es eine große
Schande für ihn und ich wäre schuld daran,
dass der alte Mann vor Kummer ins Grab
sinkt. 11 Darum trat sie ans Fenster und bete-
te: Gepriesen seist du, Herr, mein Gott. Ge-
priesen sei dein heiliger und ehrwürdiger
Name in Ewigkeit. Alle deine Werke sollen
dich ewig preisen. 12 Nun aber, Herr, habe
ich meine Augen und mein Gesicht dir zuge-
wandt. 13 Lass mich von dieser Erde schei-
den, damit ich nicht länger solche Beschimp-
fungen hören muss. 14 Du weißt, Herr, dass
ich frei bin von jeder Sünde mit einem Mann.
15 Weder meinen eigenen Namen noch den
meines Vaters habe ich befleckt in dem
Land, wo ich gefangen bin. Ich bin die einzi-
ge Tochter meines Vaters; er hat kein ande-
res Kind, das ihn beerben könnte. Auch ist
kein naher Verwandter da und kein Sohn ei-
nes Verwandten, dessen Frau ich werden
müsste. Schon sieben Männer habe ich verlo-
ren. Was nützt mir da noch das Leben? Doch
wenn es dir nicht gefällt, mich sterben zu
lassen, dann blick auf mich herab und hab
Erbarmen mit mir, damit ich nicht länger
solche Beschimpfungen hören muss.

11: Dan 6,11.

Gottes Hilfe in Aussicht: 3,16–17

16 Das Gebet beider, Tobits und Saras, fand
Gehör bei der Majestät des großen Rafael.
17 Er wurde gesandt, um beide zu heilen: um
Tobit von den weißen Flecken auf seinen Au-
gen zu befreien und um Sara, die Tochter
Raguëls, mit Tobits Sohn Tobias zu vermäh-
len und den bösen Dämon Aschmodai zu
fesseln. Denn Tobias sollte Sara zur Frau
haben. Und Tobit kehrte zur gleichen Zeit in
sein Haus zurück, als Sara, die Tochter
Raguëls, aus ihrem Zimmer herabkam.

DIE RETTUNG DURCH GOTTES GÜTIGE FÜHRUNG: 4,1 – 12,22

Belehrungen für Tobias: 4,1–21

4 An diesem Tag erinnerte sich Tobit an
das Geld, das er in der Stadt Rages in
Medien bei Gabaël hinterlegt hatte. 2 Er
dachte: Ich habe mir den Tod gewünscht.
Warum soll ich nicht meinen Sohn Tobias
rufen und ihm von dem Geld erzählen, bevor
ich sterbe? 3 Er rief ihn also und sagte: Mein
Sohn, wenn ich gestorben bin, begrab mich!
Lass deine Mutter nicht im Stich, sondern
halte sie in Ehren, solange sie lebt. Tu, was
sie erfreut, und mach ihr keinen Kummer!
4 Denk daran, mein Sohn, dass sie deinetwe-
gen viel Beschwerden hatte, als sie dich in
ihrem Schoß trug. Wenn sie gestorben ist,
begrab sie an meiner Seite im selben Grab!
5 Denk alle Tage an den Herrn, unseren Gott,
mein Sohn, und hüte dich davor, zu sündigen
und seine Gebote zu übertreten. Handle ge-
recht, solange du lebst; geh nicht auf den
Wegen des Unrechts! 6 Denn wenn du dich
an die Wahrheit hältst, wirst du bei allem,
was du tust, erfolgreich sein. 7 Allen, die ge-
recht handeln, hilf aus Barmherzigkeit mit
dem, was du hast. Sei nicht kleinlich, wenn

3,8 Der Dämon Aschmodai wird im AT nur hier genannt. Die jüdische Tradition deutet den Namen mit dem hebräischen Zeitwort hischmid (= verderben) als »Verderber«. Wahrscheinlich ist der Name persisch: aëschma daëva = böser Dämon.

du Gutes tust. Wende deinen Blick niemals
ab, wenn du einen Armen siehst, dann wird
auch Gott seinen Blick nicht von dir abwen-
den. 8 Hast du viel, so gib reichlich von dem,
was du besitzt; hast du wenig, dann zögere
nicht, auch mit dem Wenigen Gutes zu tun.
9 Auf diese Weise wirst du dir einen kostba-
ren Schatz für die Zeit der Not ansammeln.
10 Denn Gutes zu tun rettet vor dem Tod und
bewahrt vor dem Weg in die Finsternis.
11 Wer aus Barmherzigkeit hilft, der bringt
dem Höchsten eine Gabe dar, die ihm ge-
fällt.

12 Mein Sohn, hüte dich vor jeder Art von
Unzucht! Vor allem: nimm eine Frau aus
dem Stamm deiner Väter! Nimm keine frem-
de Frau, die nicht zum Volk deines Vaters
gehört; denn wir stammen von Propheten ab.
Mein Sohn, denk an Noach, Abraham, Isaak
und Jakob, unsere ersten Vorfahren! Sie alle
haben Frauen aus ihrem Stamm geheiratet
und sind mit Kindern gesegnet worden; ihre
Nachkommen werden das Land besitzen.
13 Darum liebe die Brüder aus deinem
Stamm, mein Sohn, fühle dich nicht erhaben
über deine Verwandten und die Söhne und
Töchter deines Volkes und sei nicht zu stolz,
dir aus ihrer Mitte eine Frau zu nehmen.
Denn Stolz führt ins Verderben und bringt
Zerrüttung mit sich. Auch Charakterlosig-
keit führt zu Erniedrigung und großer Not;
die Charakterlosigkeit ist nämlich die Mut-
ter des Hungers.

14 Wenn einer für dich gearbeitet hat, dann
enthalt ihm seinen Lohn nicht vor bis zum
nächsten Tag, sondern zahl ihn sofort aus!
Wenn du Gott auf diese Weise dienst, wird
man auch dir deinen Lohn auszahlen. Gib
Acht auf dich bei allem, was du tust, mein
Sohn, und zeig durch dein Benehmen, dass
du gut erzogen bist. 15 Was dir selbst verhasst
ist, das mute auch einem anderen nicht zu!
Betrink dich nicht; der Rausch soll nicht
dein Begleiter sein. 16 Gib dem Hungrigen
von deinem Brot und dem Nackten von dei-
nen Kleidern! Wenn du Überfluss hast, dann
tu damit Gutes und sei nicht kleinlich, wenn
du Gutes tust. 17 Spende dein Brot beim Be-
gräbnis der Gerechten, gib es nicht den Sün-
dern! 18 Such nur bei Verständigen Rat; ei-
nen brauchbaren Ratschlag verachte nicht!
19 Preise Gott, den Herrn, zu jeder Zeit; bitte
ihn, dass dein Weg geradeaus führt und dass
alles, was du tust und planst, ein gutes Ende
nimmt. Denn kein Volk ist Herr seiner Pläne,
sondern der Herr selbst gibt alles Gute und
er erniedrigt, wen er will, wie es ihm gefällt.
Denk also an meine Lehren, mein Sohn! Lass
sie dir nie aus dem Herzen reißen!

20 Und jetzt will ich dir noch etwas sagen:
Ich habe Gabaël, dem Bruder des Gabrija, in
der Stadt Rages in Medien zehn Talente Sil-
ber zur Aufbewahrung anvertraut. 21 Hab
also keine Angst, mein Sohn, weil wir ver-
armt sind. Du hast ein großes Vermögen,
wenn du nur Gott fürchtest, alle Sünde mei-
dest und das tust, was ihm gefällt.

12: Ps 105,15 • 15: Mt 7,12 • 16: Jes 58,7.

Ein Reisegefährte: 5,1–17

5 Tobias antwortete ihm: Ich will alles
tun, Vater, was du mir aufgetragen
hast. 2 Aber wie soll ich das Geld holen? Ich
kenne Gabaël doch nicht. 3 Da gab ihm der
Vater den Schuldschein und sagte: Such je-
mand, der mit dir auf die Reise geht. Ich will
ihn entlohnen, solange ich noch am Leben
bin. Mach dich also auf den Weg und hol das
Geld ab! 4 Tobias ging auf die Suche nach ei-
nem Begleiter und traf dabei Rafael; Rafael
war ein Engel, aber Tobias wusste es nicht.
5 Er fragte ihn: Könnte ich mit dir nach Ra-
ges in Medien reisen? Bist du mit der Gegend
dort vertraut? 6 Der Engel antwortete: Ich
will mit dir reisen; ich kenne den Weg und
war schon bei unserem Bruder Gabaël zu
Gast. 7 Tobias bat ihn: Wart auf mich, ich
will es meinem Vater sagen. 8 Der Engel ant-
wortete ihm: Geh, aber halte dich nicht auf!
9 Tobias ging nach Hause und sagte zu sei-
nem Vater: Ich habe einen Mann gefunden,
der mit mir reisen will. Da sagte der Vater:
Ruf ihn her zu mir! Ich möchte wissen, aus
welchem Stamm er kommt und ob er auch
zuverlässig genug ist, um dich zu begleiten.
10 Tobias holte den Engel; Rafael kam und sie
begrüßten einander. 11 Tobit fragte ihn: Bru-
der, aus welchem Stamm und aus welcher
Familie kommst du? Sag es mir! 12 Da erwi-
derte Rafael: Geht es dir um den Stamm und
die Familie oder um einen Mann, der gegen
eine Entlohnung mit deinem Sohn auf die
Reise geht? Tobit sagte: Bruder, ich möchte
nur deine Herkunft und deinen Namen wis-
sen. 13 Da antwortete Rafael: Ich bin Asarja,
der Sohn des großen Hananja, einer von den
Brüdern deines Stammes. 14 Darauf sagte
Tobit: Sei willkommen, mein Bruder! Sei mir
nicht böse, dass ich nach deinem Stamm und
deiner Familie gefragt habe. Ich sehe, mein
Bruder, dass du aus einem guten und edlen
Geschlecht stammst. Denn ich habe Hananja
und Natan, die Söhne des großen Schimi,
kennen gelernt, als wir zusammen nach Je-
rusalem pilgerten, um dort den Herrn anzu-
beten und das Erstlingsopfer und den Zehn-
ten unserer Ernte darzubringen. Auch diese

beiden hatten sich nicht beirren lassen, als
unsere Brüder von Gott abfielen. Bruder, du
stammst von guten Vorfahren. [15] Aber sag
mir: Welchen Lohn soll ich dir geben? Eine
Drachme täglich und dazu den Lebensunter-
halt, wie ihn auch mein Sohn erhält? [16] Ich
will dir aber noch etwas zu deinem Lohn
hinzugeben, wenn ihr gesund zurückkehrt.
[17] So einigten sie sich.

Darauf sagte Tobit zu Tobias: Mach dich
fertig zur Reise! Ich wünsche euch alles Gute
auf den Weg. Als der Sohn alles für die Reise
vorbereitet hatte, sagte sein Vater zu ihm:
Mach dich mit dem Mann auf den Weg! Gott,
der im Himmel wohnt, wird euch auf eurer
Reise behüten; sein Engel möge euch beglei-
ten. Da brachen die beiden auf und der Hund
des jungen Tobias lief mit.

Tobits Zuversicht: 5,18–23

[18] Hanna aber, die Mutter des Tobias,
weinte und sagte zu Tobit: Warum hast du
unseren Sohn weggeschickt? War er nicht die
Stütze unseres Alters, als er noch bei uns
ein- und ausging? [19] Wir hätten dieses Geld
gar nicht gebraucht; denn es ist nichts, ver-
glichen mit dem Leben unseres Sohnes.
[20] Was uns der Herr zum Leben gegeben hat,
reicht für uns. [21] Tobit antwortete: Mach dir
keine Sorgen, Schwester, er wird gesund zu-
rückkommen und du wirst ihn wieder sehen.
[22] Denn ein guter Engel begleitet ihn und sei-
ne Reise wird ein gutes Ende nehmen; er
wird sicherlich gesund heimkehren. [23] Da
hörte sie auf zu weinen.

Wunderbare Heilmittel: 6,1–9

6 Die beiden kamen auf ihrer Reise
abends an den Tigris, wo sie übernach-
teten. [2] Als der junge Tobias im Fluss baden
wollte, schoss ein Fisch aus dem Wasser hoch
und wollte ihn verschlingen. [3] Der Engel rief
Tobias zu: Pack ihn! Da packte der junge
Mann zu und warf den Fisch ans Ufer. [4] Und
der Engel sagte zu Tobias: Schneide den
Fisch auf, nimm Herz, Leber und Galle he-
raus und bewahre sie gut auf! [5] Der junge
Tobias tat, was ihm der Engel sagte. Dann
brieten sie den Fisch und aßen ihn.

[6] Als sie weiterreisten und in die Gegend
von Ekbatana kamen, [7] fragte der junge To-
bias den Engel: Asarja, lieber Bruder, wozu
sollen die Leber, das Herz und die Galle des
Fisches gut sein? [8] Rafael antwortete: Wenn
ein Mann oder eine Frau von einem Dämon
oder einem bösen Geist gequält wird, soll
man das Herz und die Leber des Fisches in
Gegenwart dieses Menschen verbrennen;
dann wird er von der Plage befreit. [9] Und
wenn jemand weiße Flecken in den Augen
hat, soll man die Augen mit der Galle be-
streichen; so wird er geheilt.

Der Heiratsplan: 6,10–19

[10] Als sie in der Nähe der Stadt Ekbatana
waren, [11] sagte der Engel zu dem jungen To-
bias: Bruder, heute werden wir bei Raguël
übernachten. Es ist ein Verwandter von dir.
Er hat nur ein einziges Kind, eine Tochter
namens Sara. [12] Ich will mit ihm reden, dass
er sie dir zur Frau geben soll. Denn dir steht
ihr Erbe zu, weil du ihr einziger Verwandter
bist. Das Mädchen ist schön und klug. [13] Da-
rum hör mir zu! Ich will mit ihrem Vater
sprechen, und wenn wir aus Rages zurück-
kommen, feiern wir die Hochzeit. Denn ich
weiß, dass Raguël sie nach dem Gesetz des
Mose keinem anderen Mann geben darf,
sonst wird er mit dem Tod bestraft; denn du
hast vor allen anderen Anspruch auf ihr
Erbe. [14] Der junge Tobias antwortete: Asarja,
Bruder, ich habe gehört, dass das Mädchen
schon mit sieben Männern verheiratet war,
dass aber alle im Brautgemach gestorben
sind. [15] Ich bin der einzige Sohn meines Va-
ters und habe Angst, dass ich ebenso sterben
muss wie die anderen Männer, wenn ich das
Brautgemach betrete. Ein Dämon liebt sie
und bringt alle um, die ihr nahekommen.
Darum habe ich Angst, dass ich sterben muss
und dass ich dann meinen Vater und meine
Mutter aus Kummer um mich ins Grab brin-
ge. Sie haben keinen zweiten Sohn, der sie
dann begraben könnte. [16] Da sagte der Engel
zu ihm: Erinnerst du dich nicht mehr, wie
dein Vater dir aufgetragen hat, nur eine Frau
aus deinem Volk zu heiraten? Darum hör
jetzt auf mich, Bruder! Sie wird deine Frau
werden. Und mach dir keine Sorgen wegen
des Dämons! Noch in dieser Nacht wird sie
deine Frau. [17] Wenn du in das Brautgemach
gehst, nimm etwas Glut aus dem Räucherbe-
cken, leg ein Stück vom Herz und von der
Leber des Fisches darauf und lass es ver-
brennen! Sobald der Dämon den Geruch
spürt, wird er fliehen und in alle Ewigkeit
nicht mehr zurückkommen. [18] Wenn du dann
zu ihr gehst, steht beide auf und ruft den
barmherzigen Gott an; er wird euch helfen
und Erbarmen mit euch haben. Hab also kei-
ne Angst; das Mädchen ist schon immer für
dich bestimmt gewesen. Du wirst sie aus ih-
rer Not befreien; sie wird mit dir ziehen und
wird dir gewiss Kinder schenken. [19] Als To-
bias das hörte, fasste er Zuneigung zu dem
Mädchen und sein Herz gehörte ihr.

15: Gen 44,29.31.

Die Ankunft bei den Verwandten: 7,1–8

7 Als sie in Ekbatana beim Haus Raguëls angelangt waren, kam ihnen Sara entgegen und hieß sie willkommen. Sie erwiderten ihren Gruß und Sara führte sie ins Haus. 2 Da sagte Raguël zu seiner Frau Edna: Wie sieht doch dieser junge Mann meinem Vetter Tobit ähnlich! 3 Raguël fragte die beiden: Woher seid ihr, liebe Brüder? Sie antworteten: Wir gehören zu den Leuten vom Stamm Naftali, die in Ninive in der Gefangenschaft leben. 4 Da fragte er sie: Kennt ihr unseren Bruder Tobit? Sie sagten: Wir kennen ihn. 5 Er fragte weiter: Geht es ihm gut? Sie antworteten: Er lebt und ist gesund. Tobias fügte hinzu: Er ist mein Vater. 6 Da sprang Raguël auf und umarmte ihn unter Tränen; er segnete ihn und sagte: Du bist der Sohn eines guten und edlen Mannes. Als er dann hörte, dass Tobit das Augenlicht verloren hatte, wurde er traurig und weinte; 7 auch seine Frau Edna und seine Tochter Sara brachen in Tränen aus.

Man nahm die beiden Gäste herzlich auf. 8 Man schlachtete einen Widder und setzte ihnen ein reiches Mahl vor.

Tobias und Sara: 7,9–17

9 Da bat Tobias den Rafael: Asarja, mein Bruder, bring doch zur Sprache, worüber du unterwegs mit mir geredet hast, damit die Sache zu einem glücklichen Ende kommt. 10 Rafael teilte Raguël alles mit. Darauf sagte Raguël zu Tobias: Iss und trink und lass es dir gut gehen! Du hast einen Anspruch darauf, mein Kind zu heiraten. Ich muss dir aber die Wahrheit sagen: 11 Ich habe meine Tochter schon sieben Männern zur Frau gegeben; doch jeder, der zu ihr ins Brautgemach ging, ist noch in derselben Nacht gestorben. Aber lass es dir jetzt trotzdem gut gehen! 12 Tobias erwiderte: Ich will nichts essen, ehe ihr sie mir nicht feierlich zur Frau gegeben habt. Da sagte Raguël: Du sollst sie bekommen, sie ist von jetzt an nach Recht und Gesetz deine Frau. Du bist mit ihr verwandt; sie gehört dir. Der barmherzige Gott schenke euch viel Glück. 13 Und er ließ seine Tochter Sara rufen, nahm sie bei der Hand und gab sie Tobias zur Frau; er sagte: Hier, sie ist dein nach dem Gesetz des Mose. Führ sie zu deinem Vater! Und er segnete sie. 14 Dann rief er seine Frau Edna herbei, nahm ein Blatt Papier, schrieb den Ehevertrag und man setzte das Siegel darunter. Darauf begannen sie mit dem Mahl.

15 Raguël rief seine Frau Edna und sagte zu ihr: Schwester, richte das andere Zimmer her und führ Sara hinein. 16 Sie tat, was er sagte, und führte sie hinein. Sara aber begann zu weinen. Ihre Mutter trocknete ihr die Tränen und tröstete sie: 17 Hab Vertrauen, mein Kind! Nach so viel Leid schenke dir der Herr des Himmels und der Erde endlich Freude. Hab nur Vertrauen, meine Tochter!

Die glücklichen Brautleute: 8,1–9

8 Nach der Mahlzeit führten sie Tobias zu Sara. 2 Als er hineinging, erinnerte er sich an die Worte Rafaels; er nahm etwas Glut aus dem Räucherbecken, legte das Herz und die Leber des Fisches darauf und ließ sie verbrennen. 3 Sobald der Dämon den Geruch spürte, floh er in den hintersten Winkel Ägyptens; dort wurde er von dem Engel gefesselt.

4 Als Tobias und Sara in der Kammer allein waren, erhob sich Tobias vom Lager und sagte: Steh auf, Schwester, wir wollen beten, damit der Herr Erbarmen mit uns hat. 5 Und er begann zu beten: Sei gepriesen, Gott unserer Väter; gepriesen sei dein heiliger und ruhmreicher Name in alle Ewigkeit. Die Himmel und alle deine Geschöpfe müssen dich preisen. 6 Du hast Adam erschaffen und hast ihm Eva zur Frau gegeben, damit sie ihm hilft und ihn ergänzt. Von ihnen stammen alle Menschen ab. Du sagtest: Es ist nicht gut, dass der Mensch allein ist; wir wollen für ihn einen Menschen machen, der ihm hilft und zu ihm passt. 7 Darum, Herr, nehme ich diese meine Schwester auch nicht aus reiner Lust zur Frau, sondern aus wahrer Liebe. Hab Erbarmen mit mir und lass mich gemeinsam mit ihr ein hohes Alter erreichen! 8 Und Sara sagte zusammen mit ihm: Amen. 9 Und beide schliefen die Nacht über miteinander.

6: Gen 2,18.

Raguëls Freude: 8,10–21

10 Morgens stand Raguël auf, ging hinaus und hob ein Grab aus. Er dachte: Sicher ist auch dieser Mann gestorben. 11 Als er wieder ins Haus kam, 12 sagte er zu seiner Frau Edna: Schick eine Magd hinauf; sie soll nachsehen, ob er noch lebt. Wenn er nicht mehr lebt, wollen wir ihn begraben, ohne dass es jemand merkt. 13 Die Magd öffnete die Tür, ging hinein und sah, dass die beiden schliefen. 14 Sie ging wieder hinaus und berichtete ihnen, Tobias sei noch am Leben. 15 Da pries Raguël Gott und betete: Sei gepriesen, Gott, mit reinem und heiligem Lobpreis. Deine Heiligen und alle deine Geschöpfe sollen dich preisen. Alle deine

Engel und alle deine Auserwählten sollen
dich preisen in alle Ewigkeit. 16 Sei geprie-
sen, weil du mir diese Freude bereitet hast
und weil nicht eingetroffen ist, was ich be-
fürchtet habe. Du hast uns in deiner großen
Barmherzigkeit geholfen. 17 Sei gepriesen,
weil du mit diesen beiden Menschen Erbar-
men hattest, die die einzigen Kinder ihrer
Eltern sind. Herr, hab Erbarmen mit ihnen
und lass sie ihr Leben in Gesundheit und
Freude verbringen, geschützt von deinem
Erbarmen! 18 Dann befahl er seinen Knech-
ten, das Grab wieder zuzuschütten.
19 Er veranstaltete für das Paar ein Hoch-
zeitsfest, das vierzehn Tage dauerte, 20 und
noch vor Beendigung der Hochzeitsfeier be-
schwor er Tobias, nicht abzureisen, ehe die
vierzehn Tage des Festes zu Ende seien.
21 Dann solle er die Hälfte seines Vermögens
in Empfang nehmen und wohlbehalten zu
seinem Vater zurückkehren. Das übrige, sag-
te er, wirst du erhalten, wenn ich und meine
Frau tot sind.

Rafaels Freundesdienst: 9,1–6

9 Tobias rief Rafael und sagte zu ihm:
2 Asarja, mein Bruder, nimm einen
Knecht und zwei Kamele und reise nach Ra-
ges in Medien zu Gabaël. Hol mir das Geld
und bring Gabaël zur Hochzeit mit! 3 Denn
Raguël hat mich beschworen, noch nicht
wegzugehen. 4 Mein Vater zählt die Tage,
und wenn ich zu lange fortbleibe, wird er
sich große Sorgen machen. 5 Rafael reiste ab,
blieb die Nacht über bei Gabaël und legte
ihm den Schuldschein vor. Gabaël holte die
versiegelten Beutel und gab sie ihm. 6 Am
frühen Morgen brachen sie gemeinsam auf
und kamen zur Hochzeit. Und Tobias pries
seine Frau.

Tobit und Hanna in Sorge: 10,1–7

10 Inzwischen zählte sein Vater Tobit
die Tage. Als die Zeit um war, die für
die Reise vorgesehen war, und die beiden
nicht zurückkamen, 2 dachte er: Vielleicht
hat man sie abgewiesen oder Gabaël ist ge-
storben und niemand ist da, der Tobias das
Geld gibt. 3 Und er machte sich große Sor-
gen. 4 Seine Frau sagte zu ihm: Unserem
Sohn ist etwas zugestoßen; deshalb kommt
er nicht. Sie begann schon, ihn zu beweinen,
und klagte: 5 Alles ist mir gleichgültig ge-
worden, mein Kind, seit ich dich, das Licht
meiner Augen, weggehen ließ. 6 Tobit sagte
zu ihr: Sei ruhig, mach dir keine Sorgen; es
geht ihm gut. 7 Sie aber antwortete: Schweig,
du kannst mich nicht täuschen. Meinem
Sohn ist etwas zugestoßen. Und sie lief jeden
Tag hinaus auf den Weg, auf dem er fortge-
zogen war. Tagsüber aß sie nichts und in der
Nacht hörte sie nicht auf, um ihren Sohn
Tobias zu klagen, bis schließlich die vierzehn
Tage der Hochzeitsfeierlichkeiten um waren,
die Tobias auf die beschwörenden Bitten
Raguëls hin in Ekbatana verbrachte.

Tobias auf der Heimreise: 10,8–14

8 Nun aber bat Tobias den Raguël: Lass
mich heimreisen, sonst geben mein Vater
und meine Mutter die Hoffnung auf, mich je
wieder zu sehen. 9 Sein Schwiegervater bat
ihn: Bleib bei mir; ich will jemand zu deinem
Vater schicken und ihm sagen lassen, wie es
dir geht. Doch Tobias erwiderte: Nein, lass
mich zu meinem Vater zurückkehren! 10 Da
stand Raguël auf, vertraute ihm Sara als sei-
ne Frau an und gab ihm die Hälfte seines
Vermögens: Sklaven, Vieh und Geld. 11 Zum
Abschied segnete er sie und sagte: Meine
Kinder, der Gott des Himmels möge euch mit
Kindern segnen, ehe ich sterbe. 12 Und zu sei-
ner Tochter sagte er: Halte deine Schwieger-
eltern in Ehren; von jetzt an sind sie deine
Eltern. Ich möchte immer nur Gutes von dir
hören. Und er küsste sie. 13 Edna sagte zu To-
bias: Lieber Bruder, der Herr des Himmels
geleite dich nach Hause. Er schenke mir das
Glück, dass ich von dir und meiner Tochter
Sara noch Kinder sehe; dann will ich mich
freuen und dem Herrn danken. Ich vertraue
dir meine Tochter an. Mach ihr keinen Kum-
mer! 14 Dann reiste Tobias ab. Er dankte
Gott, dass er seiner Reise so viel Erfolg be-
schieden hatte, und segnete Raguël und seine
Frau Edna.

8–9: Gen 24,54f.

Tobits Heilung: 11,1–15

11 Als sie auf ihrer Heimreise in die
Nähe von Ninive kamen, sagte Rafael
zu Tobias: 2 Weißt du noch, Bruder, wie es
deinem Vater ging, als du ihn verlassen hast?
3 Wir wollen deshalb deiner Frau vorausge-
hen und das Haus für ihren Empfang vorbe-
reiten. 4 Nimm auch die Galle des Fisches
mit! Sie machten sich auf den Weg und der
Hund lief hinter ihnen her.
5 Hanna saß am Weg und hielt nach ihrem
Sohn Ausschau. 6 Als sie ihn kommen sah,
rief sie seinem Vater zu: Dein Sohn kommt
zurück und mit ihm der Mann, der ihn be-
gleitet hat. 7 Rafael aber sagte zu Tobias: Ich
weiß, dein Vater wird wieder sehen können.
8 Streich ihm die Galle auf die Augen! Sie
wird zwar brennen; aber wenn er sich die

Augen reibt, wird er die weißen Flecken weg-
wischen und wird dich wieder sehen können.
9 Hanna war inzwischen herbeigeeilt, fiel
ihrem Sohn um den Hals und rief: Ich habe
dich wieder gesehen, mein Sohn, jetzt kann
ich ruhig sterben. Und beide brachen in Trä-
nen aus. 10 Auch Tobit versuchte, ihm entge-
genzugehen, stolperte aber an der Tür. Da
lief ihm sein Sohn entgegen 11 und fing ihn
auf. Und er strich seinem Vater die Galle auf
die Augen und sagte: Hab keine Angst, mein
Vater! 12 Tobit rieb sich die Augen, weil sie
brannten; da begannen die weißen Flecken,
sich von den Augenwinkeln aus abzulösen.
13 Und er konnte seinen Sohn sehen, fiel ihm
um den Hals und sagte unter Tränen: 14 Sei
gepriesen, Gott, gepriesen sei dein heiliger
Name in Ewigkeit. Gepriesen seien alle
deine heiligen Engel. Du hast mich gezüch-
tigt und hast wieder Erbarmen mit mir ge-
habt. Denn ich darf meinen Sohn Tobias
wieder sehen. 15 Voll Freude ging der Sohn
mit seinem Vater ins Haus und erzählte ihm,
was für wunderbare Dinge er in Medien er-
lebt hatte.

9: Gen 46,29f.

Saras Ankunft: 11,16–19

16 Dann ging Tobit seiner Schwiegertoch-
ter bis an das Tor von Ninive entgegen. Er
war voll Freude und pries Gott und alle, die
ihn sahen, staunten, dass er wieder sehen
konnte. Tobit aber bezeugte ihnen, dass Gott
Erbarmen mit ihm gehabt hatte. 17 Als Tobit
seiner Schwiegertochter begegnete, segnete
er sie und sagte: Sei willkommen, meine
Tochter! Gepriesen sei Gott, der dich zu uns
geführt hat, und gesegnet seien dein Vater
und deine Mutter. 18 Bei allen Brüdern aus
seinem Stamm in Ninive herrschte große
Freude. 19 Auch Achikar und sein Neffe
Nadab kamen und sieben Tage lang wurde
die Hochzeit des Tobias mit einem fröhlichen
Fest gefeiert.

Rafaels Selbstoffenbarung: 12,1–22

12 Danach rief Tobit seinen Sohn To-
bias zu sich und sagte: Mein Sohn,
vergiss nicht den Lohn für den Mann, der
dich begleitet hat. Du musst ihm aber mehr
geben, als wir ihm versprochen haben. 2 To-
bias antwortete: Vater, ich werde keinen
Schaden erleiden, wenn ich ihm die Hälfte
von all dem gebe, was ich mitgebracht habe.
3 Denn er hat mich gesund zu dir zurückge-
bracht, er hat meine Frau geheilt, er hat
mein Geld abgeholt und auch dich hat er ge-
heilt. 4 Da sagte der alte Tobit: Ja, er hat es
verdient. 5 Dann rief er den Engel zu sich und
sagte: Nimm die Hälfte von allem, was ihr
mitgebracht habt. 6 Der Engel aber nahm die
beiden beiseite und sagte zu ihnen: Preist
Gott und lobt ihn! Gebt ihm die Ehre und be-
zeugt vor allen Menschen, was er für euch
getan hat. Es ist gut, Gott zu preisen und sei-
nen Namen zu verherrlichen und voll Ehr-
furcht seine Taten zu verkünden. Hört nie
auf, ihn zu preisen. 7 Es ist gut, das Geheim-
nis eines Königs zu wahren; die Taten Gottes
aber soll man offen rühmen. Tut Gutes, dann
wird euch kein Unglück treffen. 8 Es ist gut,
zu beten und zu fasten, barmherzig und ge-
recht zu sein. Lieber wenig, aber gerecht, als
viel und ungerecht. Besser barmherzig sein
als Gold aufhäufen. 9 Denn Barmherzigkeit
rettet vor dem Tod und reinigt von jeder
Sünde. Wer barmherzig und gerecht ist, wird
lange leben. 10 Wer aber sündigt, ist der
Feind seines eigenen Lebens. 11 Ich will euch
nichts verheimlichen; ich habe gesagt: Es ist
gut, das Geheimnis eines Königs zu wahren;
die Taten Gottes aber soll man offen rühmen.
12 Darum sollt ihr wissen: Als ihr zu Gott
flehtet, du und deine Schwiegertochter Sara,
da habe ich euer Gebet vor den heiligen Gott
gebracht. Und ebenso bin ich in deiner Nähe
gewesen, als du die Toten begraben hast.
13 Auch als du ohne zu zögern vom Tisch auf-
gestanden bist und dein Essen stehen gelas-
sen hast, um einem Toten den letzten Dienst
zu erweisen, blieb mir deine gute Tat nicht
verborgen, sondern ich war bei dir. 14 Nun
hat mich Gott auch gesandt, um dich und
deine Schwiegertochter Sara zu heilen. 15 Ich
bin Rafael, einer von den sieben heiligen En-
geln, die das Gebet der Heiligen emportra-
gen und mit ihm vor die Majestät des heili-
gen Gottes treten.

16 Da erschraken die beiden und fielen
voller Furcht vor ihm nieder. 17 Er aber sagte
zu ihnen: Fürchtet euch nicht! Friede sei mit
euch. Preist Gott in Ewigkeit! 18 Nicht weil
ich euch eine Gunst erweisen wollte, sondern
weil unser Gott es wollte, bin ich zu euch ge-
kommen. Darum preist ihn in Ewigkeit!
19 Während der ganzen Zeit, in der ihr mich
gesehen habt, habe ich nichts gegessen und
getrunken; ihr habt nur eine Erscheinung ge-
sehen. 20 Jetzt aber dankt Gott! Ich steige
wieder auf zu dem, der mich gesandt hat.
Doch ihr sollt alles, was geschehen ist, in ei-
nem Buch aufschreiben.

21 Als sie wieder aufstanden, sahen sie ihn
nicht mehr. 22 Und sie verkündeten überall,
welch große und wunderbare Dinge Gott ge-
tan hatte und dass ihnen der Engel des Herrn
erschienen war.

9: Dan 4,24 • 13: 2,4f.

DER LOBPREIS DES RETTERGOTTES UND LETZTE MAHNUNGEN: 13,1 – 14,15

Tobits Lobgesang: 13,1–18

13 Und Tobit schrieb zum Lobpreis
Gottes ein Gebet nieder:
2 Gepriesen sei Gott, der in Ewigkeit lebt, /
sein Königtum sei gepriesen. / Er züchtigt
und hat auch wieder Erbarmen; / er führt hi-
nab in die Unterwelt / und führt auch wieder
zum Leben. / Niemand kann seiner Macht
entfliehen.
3 Bekennt euch zu ihm vor allen Völkern, /
ihr Kinder Israels; / denn er selbst hat uns
unter die Völker zerstreut.
4 Verkündet dort seine erhabene Größe, /
preist ihn laut vor allem, was lebt. / Denn er
ist unser Herr und Gott, / er ist unser Vater
in alle Ewigkeit.
5 Er züchtigt uns wegen unserer Sünden, /
doch hat er auch wieder Erbarmen. / Er führt
uns aus allen Völkern zusammen, / von über-
all her, wohin ihr verschleppt worden seid.
6 Wenn ihr zu ihm umkehrt, / von ganzem
Herzen und aus ganzer Seele, / und euch an
seine Wahrheit haltet, / dann kehrt er sich
euch zu / und verbirgt sein Angesicht nicht
mehr vor euch.
7 Wenn ihr dann seht, was er für euch tut, /
bekennt euch laut und offen zu ihm! / Preist
den Herrn der Gerechtigkeit, / rühmt den
ewigen König!
8 Ich bekenne mich zum Herrn / im Land
der Verbannung, / ich bezeuge den Sündern
seine Macht / und erhabene Größe. / Kehrt
um, ihr Sünder, / tut, was recht ist in seinen
Augen. / Vielleicht ist er gnädig und hat mit
euch Erbarmen.
9 Ich will meinen Gott rühmen, / den König
des Himmels, / meine Seele freut sich / über
die erhabene Größe meines Gottes.
10 Alle, die in Jerusalem wohnen, / sollen
sich zu ihm bekennen und sagen: / Jerusa-
lem, du heilige Stadt! / Der Herr bestraft die
Taten deiner Kinder, / doch er hat wieder
Erbarmen / mit den Söhnen der Gerechten.
11 Bekenne dich zum Herrn in rechter Wei-
se, / preise den ewigen König, / damit sein
Zelt von neuem errichtet wird, / dir zur gro-
ßen Freude.
12 Er mache in dir die Gefangenen wieder
froh / und schenke denen, die im Elend le-
ben, seine Liebe, / für alle Zeiten bis in
Ewigkeit.
13 Von weither werden die Völker kom-
men, / um den Namen des Herrn, unseres
Gottes, zu preisen. / Sie tragen Geschenke
herbei, / Geschenke für den himmlischen
König. / Alle Menschen jubeln dir zu.
14 Verflucht sind alle, die dich hassen, / auf
ewig gesegnet alle, die dich lieben.
15 Freu dich und juble / über alle Gerech-
ten! / Sie werden vereint sein / und den
Herrn der Gerechten preisen. / Wohl denen,
die dich lieben; / sie werden sich freuen /
über den Frieden, den du schenkst.
16 Wohl denen, die betrübt waren / über
deine harten Strafen; / denn sie werden sich
über dich freuen, / wenn sie all deine Herr-
lichkeit sehen. / Sie werden sich freuen in
Ewigkeit. / Meine Seele preise Gott, den gro-
ßen König.
17 Denn Jerusalem wird wieder aufgebaut /
aus Saphir und Smaragd; / seine Mauern
macht man aus Edelstein, / seine Türme und
Wälle aus reinem Gold; / Jerusalems Plätze
werden ausgelegt / mit Beryll und Rubinen
und mit Steinen aus Ofir.
18 Halleluja ruft man in all seinen Gassen /
und stimmt in den Lobpreis ein: / Gepriesen
sei Gott; / er hat uns groß gemacht für alle
Zeiten.

2: Dtn 32,39; 1 Sam 2,6; Hos 6,1 • 6: Sach 1,3; Mal 3,7 • 8: Am 5,15; Jona 3,9 • 13: Jes 60,5–9 • 14: Gen 12,3 • 17: Jes 54,11f; Offb 21,18–21.

Letzte Ermahnungen: 14,1–11

14 So beendete Tobit seinen Lobpreis.
2 Er war achtundfünfzig Jahre alt,
als er sein Augenlicht verlor; acht Jahre spä-
ter konnte er wieder sehen. Er blieb immer
wohltätig und hörte nie auf, Gott, den Herrn,
zu fürchten und sich zu ihm zu bekennen.
3 Er wurde sehr alt. Eines Tages rief er seinen
Sohn und dessen Kinder zu sich und sagte:
Mein Sohn, ich bin alt und werde bald aus
dem Leben scheiden. 4 Zieh mit deinen Kin-
dern nach Medien, mein Sohn; denn ich bin
überzeugt, dass der Prophet Jona recht hat-
te, als er sagte, dass Ninive ganz zerstört
werden wird; in Medien aber wird vorläufig
noch Frieden herrschen, bis auch für dieses
Land die Zeit gekommen ist. Ich bin auch
überzeugt davon, dass unsere Brüder, die
noch in der Heimat leben, aus dem gesegne-
ten Land verjagt werden; Jerusalem wird
verlassen sein und das Haus Gottes wird nie-
dergebrannt werden und verwüstet daliegen,
bis eine bestimmte Zeit vergangen ist.
5 Dann wird Gott Erbarmen mit ihnen haben
und sie wieder in die Heimat zurückführen.

Sie werden den Tempel wieder aufbauen, doch nicht so schön, wie der frühere war; er wird stehen, bis die Zeit dieser Welt abgelaufen ist. Dann werden alle aus der Gefangenschaft zurückkehren und Jerusalem in seiner ganzen Pracht wieder aufbauen. In seiner Mitte wird das Haus Gottes errichtet, ein herrlicher Bau, der für alle Zeiten Bestand hat bis in Ewigkeit. Das haben die Propheten über Jerusalem geweissagt. [6] Und alle Völker werden sich dem Herrn, unserem Gott, zuwenden und ihm wahre Ehrfurcht entgegenbringen. Man wird die Götterbilder vergraben und alle Völker werden den Herrn preisen. [7] Sein Volk wird sich zu Gott bekennen und der Herr wird sein Volk groß machen. Alle, die den Weg der Wahrheit und Gerechtigkeit gehen, werden sich freuen; sie werden Gott, den Herrn, lieben und ihren Brüdern Gutes tun. [8] Zieh also fort aus Ninive, mein Sohn; denn es wird alles eintreffen, was der Prophet Jona gesagt hat. [9] Befolge das Gesetz und die Gebote; sei immer barmherzig und gerecht, dann wird es dir gut gehen. Begrab mich und deine Mutter in Ehren; gib ihr ein Grab an meiner Seite! Doch bleibt nicht länger in Ninive! [10] Mein Sohn, denk daran, wie Nadab an Achikar gehandelt hat, der ihn aufgezogen hatte; er hat ihn aus dem Licht in die Finsternis gestoßen und ihm seine Fürsorge übel vergolten. Achikar wurde gerettet; dem Nadab aber wurde sein übles Verhalten vergolten und er stürzte selbst in die Finsternis. Achikar war barmherzig und wurde aus der tödlichen Falle gerettet, die Nadab ihm gestellt hatte. Nadab aber geriet selber in die Falle und ging zugrunde. [11] Daran könnt ihr sehen, meine Kinder, dass die Barmherzigkeit viel vermag und dass die Gerechtigkeit rettet. Als Tobit das gesagt hatte, verstarb er auf seinem Lager. Er war hundertachtundfünfzig Jahre alt geworden und Tobias begrub ihn in Ehren.

4: Jona 3,4 • 5: Esra 6,14; Ez 40 – 48 • 6: Jes 2,2–4.

ABSCHLUSS: 14,12–15

[12] Als Hanna gestorben war, begrub er sie an der Seite seines Vaters. Dann zog er mit seiner Frau und seinen Kindern nach Ekbatana zu seinem Schwiegervater Raguël. [13] Er war von allen geachtet und erreichte ein hohes Alter. Er begrub seine Schwiegereltern in Ehren und erbte ihren Besitz ebenso wie zuvor den Besitz seines Vaters Tobit. [14] Im Alter von hundertsiebenundzwanzig Jahren starb er in Ekbatana in Medien. [15] Vor seinem Tod hörte er noch vom Untergang Ninives, das von Nebukadnezzar und Xerxes erobert wurde. So konnte er sich noch vor seinem Tod über den Fall Ninives freuen.

Das Buch Judit

Das Buch Judit schildert am Beispiel der Bedrohung Israels durch die Macht eines Königs Nebukadnezzar die Gefährdung des Gottesvolkes durch das entartete und gottfeindliche Heidentum aller Zeiten (Kap. 1 – 3). An der durch den Druck der heidnischen Weltmacht hervorgerufenen Glaubenskrise bei den Einwohnern von Betulia (Kap. 4 – 7) und ihrer Überwindung durch die fromme Witwe Judit (Kap. 8 – 16) wird jedoch deutlich, wie sich das Gottesvolk verhalten muss, wenn es in der Bedrängnis die Hilfe Gottes erfahren will. Vorbedingung für das rettende Eingreifen Gottes ist die Umkehr Israels zu seinem göttlichen Herrn und das Vertrauen auf die im göttlichen Heilsplan beschlossene Offenbarung seiner universalen Königsherrschaft. Judit, die als gesetzestreue und gottergebene Frau diese Vorbedingung erfüllt

---

14,15 Die Eroberung Ninives erfolgte 612 v. Chr. Als der Perserkönig Xerxes I. (486–465 v. Chr.) regierte, gehörte Ninive schon längst der Vergangenheit an. Die historisch widersprüchlichen Angaben (vgl. die Einleitung) haben gleichnishaften Sinn: Sie erklären sich aus der Situation des Erzählers, der die Weltmacht Assur mittlerweile durch die Weltmächte Babel und Persien abgelöst sah.

und zur Befreiung Betulias mutig ihr Leben einsetzt, erfährt beispielhaft für ihr Volk die rettende Hilfe Gottes.

Das Buch will nicht von einem bestimmten geschichtlichen Ereignis berichten, sondern zieht gleichsam die Summe aus den Auseinandersetzungen zwischen Israel und seinen heidnischen Widersachern. Man kann deshalb die literarische Art des Buches als Lehrschrift im Gewand einer Geschichtserzählung bezeichnen. Dem Verfasser geht es nicht darum, den wirklichen Verlauf der Geschichte nachzuzeichnen, sondern in freier Darstellung die Mächte und Kräfte sichtbar zu machen, die den Verlauf der Geschichte bestimmen.

Die Bedeutung des Buches besteht darin, dass sowohl die entartete heidnische Weltmacht als eine übergeschichtliche Wirklichkeit wie auch die Glaubenshaltung des bedrängten Gottesvolkes in Anfechtung und Bewährung deutlich vor Augen gestellt werden. Das Hauptgewicht liegt dabei auf der Darstellung der rettenden Hilfe Gottes, der seine universale Königsherrschaft nicht erst am Ende der Zeiten, sondern schon vorher durch das Gericht über seine Feinde und die Feinde seines Volkes offenbart.

Das Buch ist in griechischer Sprache überliefert und wahrscheinlich an der Wende vom 2. zum 1. Jahrhundert v. Chr. in Palästina verfasst worden.

DIE BEDROHUNG: 1,1 – 3,10

Der Krieg zwischen Nebukadnezzar und Arphaxad: 1,1–6

1 Es war im zwölften Jahr des Nebukad-
nezzar, der in der großen Stadt Ninive
als König der Assyrer regierte. Zur gleichen
Zeit regierte damals in Ekbatana Arphaxad
als König der Meder. 2 Arphaxad hatte aus
behauenen Steinen von drei Ellen Breite und
sechs Ellen Länge rings um Ekbatana Mau-
ern errichten lassen, die siebzig Ellen hoch
und fünfzig Ellen breit waren. 3 Die Türme
der Mauern hatte er über den Stadttoren
hundert Ellen hoch aufgeführt; ihre Grund-
fläche war sechzig Ellen breit. 4 Die Stadt-
tore selber hatte er siebzig Ellen hoch und
vierzig Ellen breit machen lassen, damit die
Abteilungen seiner Helden und die Regimen-
ter seiner Fußtruppen genügend Raum zum
Ausrücken hatten.
5 Zu jener Zeit führte König Nebukadnez-
zar Krieg gegen König Arphaxad in der gro-
ßen Ebene, das heißt in der Ebene im Gebiet
von Regu. 6 Arphaxad schlossen sich alle Be-
wohner des Berglandes an sowie alle, die am
Eufrat und Tigris, am Hydaspes und im
Flachland des Elamiterkönigs Arjoch wohn-
ten; es waren viele Völker, die zum Aufgebot
der Söhne Cheleuds zusammenströmten.

Der vergebliche Hilferuf an die Nachbarvölker: 1,7–12

7 Der Assyrerkönig Nebukadnezzar
schickte Boten zu allen Bewohnern Persiens
und zu allen, die ihre Wohnsitze im Westen
hatten, nämlich zu den Bewohnern von Zili-
zien und von Damaskus, zu allen Bewohnern
des Libanon, des Antilibanon und der Küs-
tengebiete, 8 zu den Völkerschaften am Kar-
mel und in Gilead, zu den Bewohnern des
oberen Galiläa und der großen Ebene Jes-
reel, 9 zu allen, die in Samaria und in seinen
Städten und jenseits des Jordan wohnten bis
nach Jerusalem, Batane, Chelus, Kadesch
und zum Grenzbach Ägyptens, zu den Be-
wohnern von Tachpanhes und Ramesse und
den Bewohnern des ganzen Landes Goschen,
10 ja, über Zoan und Memfis hinaus zu allen
Bewohnern Ägyptens bis zu den Grenzen
Äthiopiens.
11 Doch alle Bewohner der ganzen Erde

1,1 Die Angaben stehen im Widerspruch zur Geschichte. Nebukadnezzar (605–562 v. Chr.) war König von Babylon und nicht König der Assyrer in Ninive. Schon sein Vater Nabopolassar hatte 612 v. Chr. Ninive zerstört. Der König von Assur ist seit der mittleren Königszeit für Israel die Verkörperung einer gottwidrigen heidnischen Weltmacht (vgl. Jes 10,5–19). Nebukadnezzar hat 586 v. Chr. Jerusalem zerstört und das Gottesvolk in die Verbannung nach Babylonien geführt (vgl. 2 Kön 25). Daher erscheint der »Assyrerkönig Nebukadnezzar« in Jdt als übergeschichtlicher Repräsentant des gottwidrigen Heidentums und in dieser Eigenschaft ist er mit dem neutestamentlichen »Antichristen« zu vergleichen (vgl. Mk 13,14; 2 Thess 2,4; 1 Joh 2,18; 2 Joh 7; Offb 13,1–10).

missachteten den Befehl des Assyrerkönigs
Nebukadnezzar und leisteten ihm keine
Heeresfolge, denn sie hatten keine Angst vor
ihm; er war in ihren Augen nicht mehr als ein
gewöhnlicher Mensch. Darum beschimpften
sie seine Boten und ließen sie mit leeren
Händen wieder abziehen. 12 Da entbrannte
Nebukadnezzars Zorn über all diese Länder
und er schwor bei seinem Thron und seinem
Reich, an dem ganzen Gebiet von Zilizien,
Damaskus und Syrien Rache zu nehmen und
alle Bewohner Moabs, die Ammoniter, ganz
Judäa und alle Bewohner Ägyptens bis zum
Gebiet der beiden Meere mit seinem Schwert
auszurotten.

Der Sieg über Arphaxad: 1,13–16

13 Im siebzehnten Jahr seiner Regierung
griff er König Arphaxad mit seinem Heer an
und konnte den Kampf für sich entscheiden;
das gesamte Heer des Arphaxad, seine ganze
Reiterei und all seine Wagen jagte er in die
Flucht. 14 Er eroberte seine Städte und drang
bis nach Ekbatana vor; er besetzte die Türme
der Stadt, gab ihre Häuser der Plünderung
preis und machte so ihre Pracht zuschanden.
15 Arphaxad nahm er im Bergland von Regu
gefangen, durchbohrte ihn mit seinen Spee-
ren und setzte seiner Macht für immer ein
Ende. 16 Darauf kehrte er mit seinem ganzen
Gefolge, einer fast unübersehbaren Menge
von Soldaten, nach Ninive zurück. Im Hoch-
gefühl seines Erfolges feierte er dort mit dem
Heer ein Freudenfest, das hundertzwanzig
Tage lang dauerte.

Der Plan Nebukadnezzars: 2,1–3

2 Im achtzehnten Jahr seiner Regierung
erging am zweiundzwanzigsten Tag des
ersten Monats im Palast Nebukadnezzars,
des Königs der Assyrer, der Befehl, an der
ganzen Erde das Strafgericht zu vollstre-
cken, das der König angedroht hatte. 2 Er
rief alle seine Minister und Generäle zusam-
men, hielt mit ihnen eine geheime Beratung
ab und verfügte mit seinem Wort alles Un-
heil über die Erde. 3 Auch seine Berater wa-
ren der Meinung, dass alle zu vernichten sei-
en, die dem Wort des Königs nicht gehorcht
hätten.

Der Auftrag des Holofernes: 2,4–13

4 Als Nebukadnezzar, der König der Assy-
rer, *die Beratung* beendet hatte, bestellte er
Holofernes zu sich, den Oberbefehlshaber
seiner Truppen, der nach ihm den höchsten
Rang einnahm, und sagte zu ihm:
5 So spricht der Großkönig, der Herr der
ganzen Erde: Du sollst von hier ausziehen
und Männer mit dir nehmen, die auf ihren
Mut vertrauen: hundertzwanzigtausend
Mann Fußtruppen und ein Aufgebot von
zwölftausend Pferden und Reitern. 6 Du
sollst gegen alle Länder im Westen zu Feld
ziehen, weil sie meinem Wort nicht gehorcht
haben. 7 Befiehl ihnen, schon Erde und Was-
ser bereitzuhalten. Denn ich will in meinem
Zorn gegen sie zu Felde ziehen; die ganze
Erde werde ich mit den Füßen meiner Trup-
pen bedecken und den Besitz der Menschen
meinen Männern zur Plünderung preisge-
ben. 8 Ihre Täler sollen sich mit Gefallenen
füllen; jeder Bach und Fluss soll übervoll
werden von Toten. 9 Ihre Gefangenen will ich
bis an die Grenzen der Erde verschleppen.
10 Zieh also aus und erobere mir ihr ganzes
Gebiet! Alle, die sich dir ergeben, sollst du
mir aufbewahren für den Tag ihrer Bestra-
fung. 11 Alle aber, die Widerstand leisten,
sollst du schonungslos dem Tod und der
Plünderung preisgeben in deinem ganzen
Machtbereich. 12 Bei meinem Leben und bei
der Macht meines Königtums – ich habe ge-
sprochen und ich werde meinen Entschluss
ausführen. 13 Du aber wag es nicht, auch nur
einen einzigen Befehl deines Herrn zu über-
treten. Erfülle, was ich dir befohlen habe;
führ es unverzüglich aus!

Die Aufstellung des Heeres: 2,14–20

14 Holofernes ging von seinem Herrn weg
und rief alle Befehlshaber, Feldherren und
Hauptleute der assyrischen Truppen zusam-
men. 15 Er hob für das Heer die besten Leute
aus, wie ihm sein Herr befohlen hatte: hun-
dertzwanzigtausend Mann Fußvolk und
zwölftausend berittene Bogenschützen,
16 und teilte sie in Kampftruppen ein. 17 Für
den Transport der Kriegsgeräte beschaffte er
sich eine gewaltige Menge von Kamelen,
Eseln und Maultieren; außerdem brachte er
eine unübersehbare Herde von Schafen, Rin-
dern und Ziegen für ihre Verpflegung zu-
sammen, 18 dazu reichlich Proviant für alle
und sehr viel Gold und Silber aus dem Palast
des Königs.
19 Darauf setzte er sich mit seinem ganzen
Heer in Marsch, um dem König Nebukad-
nezzar voranzuziehen und alle Länder im

1,12 ganz Judäa, andere Lesart: ganz Idumäa.

2,7 Die Übergabe von Erde und Wasser ist Zeichen der Unterwerfung.

Westen mit seinen Wagen, Reitern und Elite-
truppen zu überfluten. 20 Eine Masse von
Hilfsvölkern schloss sich ihnen an, unüber-
sehbar wie ein Heuschreckenschwarm und
wie der Sand der Erde; man konnte ihre
Menge nicht zählen.

Der Kriegszug des Holofernes: 2,21–27

21 Von Ninive zogen sie drei Tagesmärsche
weit bis zur Ebene von Bektilet und schlugen
jenseits von Bektilet in der Nähe des Gebir-
ges, das im Norden von Ober-Zilizien liegt,
ihr Lager auf. 22 Von dort rückte Holofernes
mit seiner ganzen Streitmacht, seinen Fuß-
truppen, Reitern und Wagen, gegen das
Bergland vor. 23 Er eroberte Put und Lud und
plünderte die Rassiter und Ismaeliter aus,
die am Rand der Wüste südlich des Cheleer-
landes wohnten. 24 Dann überschritt er den
Eufrat und zog durch Mesopotamien; er zer-
störte alle befestigten Städte am Fluss Habor
bis hin zum Meer. 25 Er eroberte das Gebiet
von Zilizien und machte alle nieder, die ihm
Widerstand leisteten. So kam er in das Ge-
biet von Jafet, das im Süden liegt und Ara-
bien vorgelagert ist. 26 Er kreiste alle Midia-
niter ein, steckte ihre Zeltlager in Brand und
raubte ihr Vieh. 27 Zur Zeit der Weizenernte
stieg er in die Ebene von Damaskus hinab,
brannte die Felder nieder, vernichtete die
Herden, das Klein- und Großvieh, plünderte
die Städte, verheerte die Ebenen und er-
schlug alle jungen Männer mit scharfem
Schwert.

Die Besetzung der Reiche an der Meeresküste: 2,28 – 3,8

28 Furcht und Zittern befiel alle Bewohner
der Küstengebiete, in Sidon und Tyrus, in
Sur und Okina sowie alle Einwohner von
Jamnia; auch die Einwohner von Aschdod
und Aschkelon bekamen große Angst vor
ihm.

3 Sie schickten Boten zu ihm mit einem
Friedensangebot und ließen ihm sagen:
2 Wir, die Sklaven des großen Königs Nebu-
kadnezzar, liegen dir zu Füßen. Tu mit uns,
wie du willst. 3 Unsere Gehöfte, alle unsere
Ortschaften und Weizenfelder, die Herden,
das Klein- und Großvieh in allen Hürden an
unseren Lagerplätzen stehen dir zur Verfü-
gung. Verfahr damit nach deinem Belieben!
4 Auch unsere Städte mit ihren Einwohnern
sind dir untertan. Komm und verfahr mit ih-
nen nach deinem Willen! 5 Mit dieser Bot-
schaft kamen die Männer zu Holofernes.

6 Da stieg er mit seinen Truppen zur Küste
hinab, besetzte die befestigten Städte und
hob dort die tüchtigsten Männer aus zur Ver-
stärkung seines Heeres. 7 Die Einwohner der
Städte und des Landes empfingen ihn mit
Kränzen und unter Tanz und Paukenschlag.
8 Doch er ließ alle ihre Kulthöhen zerstören
und ihre Götterhaine umhauen. Ihm war die
Macht gegeben, alle Götter der Erde zu ver-
nichten. Alle Völker sollten nur Nebukad-
nezzar verehren und alle Stämme und Natio-
nen ihn als Gott anrufen.

Die Bedrohung des Gottesvolkes: 3,9–10

9 So kam er in das Gebiet von Jesreel nahe
bei Dotan, das vor dem großen Gebirgszug
von Judäa liegt. 10 Er schlug zwischen Gab-
bai und Skythopolis sein Lager auf und blieb
dort einen Monat, um den ganzen Tross sei-
nes Heeres zusammenzuziehen.

DAS GOTTESVOLK IN GROSSER BEDRÄNGNIS: 4,1 – 7,32

Die Gefahr: 4,1–3

4 Die Israeliten, die in Judäa wohnten,
hörten von allem, was Holofernes, der
oberste Feldherr des Assyrerkönigs Nebu-
kadnezzar, den Völkern angetan und wie er
alle ihre Heiligtümer geplündert und ver-
nichtet hatte. 2 Da befiel sie Furcht und
Schrecken vor ihm und sie hatten Angst um
Jerusalem und den Tempel des Herrn, ihres
Gottes. 3 Denn sie waren noch nicht lange
aus der Gefangenschaft heimgekehrt; erst
kürzlich hatte sich das ganze Volk von Judäa
wieder gesammelt und waren die heiligen
Geräte, der Altar und der Tempel nach der
Entweihung neu geweiht worden.

Die Vorbereitung des Widerstandes: 4,4–8

4 Sie schickten Boten in das ganze Gebiet
von Samarien und Kona, nach Bet-Horon,
Abel-Majim und Jericho sowie nach Choba,
Hazor und in das Tal von Salim. 5 Sie besetz-
ten alle hohen Bergkuppen, befestigten die
Ortschaften und versahen sie mit Lebens-
mitteln für den Krieg, denn ihre Felder wa-
ren eben abgeerntet worden. 6 Jojakim, der
zu jener Zeit Hoherpriester in Jerusalem
war, schrieb an die Einwohner von Betulia
und Betomestajim, das Jesreel gegenüber vor
der Ebene nahe bei Dotan liegt, 7 sie sollten
die Gebirgspässe besetzt halten. Durch sie
konnte man nach Judäa vordringen. Es war

aber auch leicht, den Vormarsch der Heranrückenden dort aufzuhalten; die Gebirgswege waren nämlich so schmal, dass jeweils nur zwei Mann nebeneinander hindurchgehen konnten. 8 Die Israeliten taten, was ihnen der Hohepriester Jojakim und die Ältesten des ganzen Volkes Israel in Jerusalem befohlen hatten.

Das Flehen zu Gott um Rettung: 4,9–15

9 Alle Männer Israels aber flehten Gott inständig an und taten Buße unter strengem Fasten. 10 Sie selbst, ihre Frauen, ihre Kinder und ihr Vieh, aber auch alle Fremden, die bei ihnen wohnten, die Tagelöhner und Sklaven, legten Bußgewänder an. 11 Alle Israeliten in Jerusalem, ihre Frauen und Kinder warfen sich vor dem Tempel nieder, streuten sich vor dem Herrn Asche auf das Haupt und legten Bußgewänder an. 12 Selbst den Altar umhüllten sie mit einem Bußgewand. Sie schrien alle einmütig in stürmischen Gebeten zu dem Gott Israels, er möge doch nicht zulassen, dass man ihre Kinder raube, ihre Frauen als Beute verteile, die Städte ihres Erbbesitzes zerstöre und das Heiligtum entweihe und verwüste, zum Gespött für die Heiden. 13 Und der Herr hörte ihr Rufen und sah auf ihre Not. Das Volk fastete mehrere Tage lang in ganz Judäa und in Jerusalem vor dem Heiligtum des Herrn, des Allmächtigen. 14 Auch der Hohepriester Jojakim mit der ganzen Priesterschaft im Tempel und den Dienern des Herrn legten Bußgewänder an; so brachten sie das tägliche Brandopfer dar und dazu die gelobten und die freiwilligen Opfergaben des Volkes. 15 Auf ihren Kopfbund hatten sie Asche gestreut und sie riefen mit aller Macht zum Herrn, er möge doch gnädig auf das ganze Haus Israel herabschauen.

10f: Jona 3,7f.

Der Kriegsrat bei Holofernes: 5,1–4

5 Holofernes, dem Oberbefehlshaber des assyrischen Heeres, wurde gemeldet, dass die Israeliten sich zum Krieg gerüstet, die Gebirgspässe gesperrt, alle hohen Bergkuppen befestigt und in der Ebene Hindernisse angelegt hatten. 2 Da entbrannte sein Zorn. Er berief alle Fürsten von Moab, die Heerführer von Ammon und alle Statthalter der Küstengebiete zu sich 3 und sagte zu ihnen: Sagt mir, ihr Söhne Kanaans, was ist das für ein Volk, das da im Bergland haust? Wie heißen die Städte, die es bewohnt? Wie groß ist die Streitmacht dieser Leute und worin liegt ihre Kraft und Stärke? Wer gebietet über sie als König und Anführer ihres Heeres? 4 Und warum haben sie allein von allen Bewohnern des Westens es abgelehnt, mir zu huldigen?

Die Rede des Ammoniters Achior: 5,5–21

5 Da antwortete ihm Achior, der Anführer aller Ammoniter: Möge mein Herr anhören, was sein Knecht ihm zu sagen hat. Ich will dir die Wahrheit sagen über dieses Volk, das in dem Bergland hier in deiner Nähe wohnt; kein falsches Wort soll aus dem Mund deines Knechtes kommen. 6 Diese Leute stammen von den Chaldäern ab. 7 Sie hatten sich zuerst in Mesopotamien niedergelassen, weil sie den Göttern ihrer Väter im Land der Chaldäer nicht mehr dienen wollten. 8 Sie waren nämlich von dem Glauben ihrer Vorfahren abgewichen und hatten ihre Verehrung dem Gott des Himmels zugewandt, zu dessen Erkenntnis sie gelangt waren. Deshalb hatten die Chaldäer sie aus dem Bereich ihrer Götter vertrieben und sie waren nach Mesopotamien geflohen, wo sie sich einige Zeit aufhielten. 9 Doch ihr Gott gebot ihnen, ihren Wohnsitz zu verlassen und in das Land Kanaan weiterzuziehen. Hier ließen sie sich nieder und wurden reich an Gold, Silber und an riesigen Herden. 10 Weil aber eine Hungersnot über das Land Kanaan hereinbrach, zogen sie nach Ägypten und blieben dort, solange sie Nahrung fanden. Dort wuchsen sie zu einer gewaltigen Menge heran und ihr Volk war nicht mehr zu zählen. 11 Da schritt der König von Ägypten gegen sie ein. Arglistig befahl er ihnen, in mühseliger Arbeit Ziegel herzustellen. Man unterdrückte sie und machte sie zu Sklaven. 12 Sie aber schrien zu ihrem Gott und dieser schlug das ganze Land Ägypten mit Plagen, gegen die es keine Abhilfe gab. Darauf jagten die Ägypter sie aus ihrem Land fort. 13 Gott aber trocknete das Rote Meer vor ihnen aus. 14 Er führte sie den Weg zum Sinai und nach Kadesch-Barnea und sie vertrieben alle Bewohner der Wüste. 15 Dann ließen sie sich im Land der Amoriter nieder und vernichteten mit ihrem Heer alle Einwohner von Heschbon. Danach überschritten sie den Jordan, nahmen das ganze Bergland in Besitz, 16 verjagten die Kanaaniter, die Perisiter, Jebusiter, Sichemiter und alle Girgaschiter und ließen sich dort für lange Zeit nieder. 17 Solange sie sich nicht gegen ihren Gott versündigten, blieb das Glück ihnen treu; denn ihnen steht ein Gott bei, der das Unrecht hasst. 18 Als sie aber von dem Weg abwichen, den er ihnen gewiesen hatte,

wurden sie in vielen Kriegen mehr und mehr aufgerieben und schließlich als Gefangene in ein fremdes Land verschleppt. Der Tempel ihres Gottes wurde dem Erdboden gleichgemacht und ihre Städte fielen ihren Feinden in die Hand. 19 Jetzt aber haben sie sich wieder ihrem Gott zugewandt und sind aus den Ländern heimgekehrt, in die sie verstreut worden waren. Sie haben Jerusalem, wo ihr Heiligtum steht, wieder in Besitz genommen und das verlassene Bergland von neuem besiedelt. 20 Wenn nun, mein Herr und Gebieter, auf diesem Volk eine Schuld lastet und sie sich gegen ihren Gott versündigt haben und wenn wir uns vergewissert haben, dass dieser Anlass zum Unheil bei ihnen vorliegt, dann können wir hinaufziehen und sie vernichtend schlagen. 21 Wenn aber ihr Volk sich nichts zu Schulden kommen ließ, dann möge mein Herr nur ja davon Abstand nehmen. Sonst würde ihnen nämlich ihr Herr und Gott Hilfe leisten und wir müssten uns dann vor aller Welt schämen.

6: Gen 11,28.31 • 9: Gen 12,1 • 10: Gen 46,5–7; Ex 1,7 • 11: Ex 1,11–14 • 12: Ex 5,4–19; 7–12 • 13: Ex 14 • 14: Dtn 1,2 • 15: Num 21,21–31 • 16: Jos 11,1–12 • 18: Ri 2,11–15; 2 Kön 17,6–23; 25,1–21.

Die feindliche Reaktion des Heeres: 5,22–24

22 Diese Rede des Achior rief bei allen Soldaten, die im Umkreis des Zeltes standen, Empörung hervor. Die Offiziere des Holofernes sowie alle Bewohner der Küstengebiete und von Moab forderten, man solle ihn niederhauen. 23 Sie sagten: Wir haben doch keine Angst vor den Israeliten. Sie sind doch ein Volk, das weder die Macht noch die Kraft hat für einen harten Feldzug. 24 Darum, Gebieter Holofernes, wollen wir hinaufziehen; sie sollen deinem ganzen Heer zum Fraß dienen.

Die Rede des Holofernes an Achior: 6,1–9

6 Als sich der Lärm bei den Männern, die um den Kriegsrat herumstanden, gelegt hatte, sagte Holofernes, der Oberbefehlshaber der assyrischen Streitmacht, in Gegenwart des ganzen Söldnerheeres zu Achior und zu allen Moabitern: 2 Wer bist du denn, Achior, und was bedeuten schon diese Söldner Efraims, dass du dich heute in unserer Mitte als Prophet aufspielst und erklärst, man dürfe das Volk Israel nicht bekriegen, weil sein Gott ihm Hilfe leiste? Gibt es denn überhaupt einen Gott außer Nebukadnezzar? Er wird seine Macht aufbieten und sie vom Erdboden vertilgen, ohne dass ihr Gott sie rettet. 3 Wir aber, seine Knechte, werden sie schlagen wie einen einzigen Mann. Sie werden dem Ansturm unserer Reiterei nicht widerstehen können; 4 mit ihr werden wir sie vernichten, sodass die Berge von ihrem Blut getränkt und die Felder mit ihren Leichen übersät sein werden. Sie werden uns nicht standhalten, sondern restlos untergehen. Das sagt der König Nebukadnezzar, der Herr der ganzen Erde; er hat es so bestimmt und seine Worte können nicht zurückgenommen werden.

5 Aber du, Achior, Söldner aus Ammon, hast diese Worte an deinem Unglückstag gesprochen. Du sollst mir von heute an nicht mehr unter die Augen treten, bis ich die Rache an diesem Volk aus Ägypten vollstreckt habe. 6 Wenn ich dann zurückkomme, soll das Schwert meines Heeres und die Lanze meiner Gefolgsleute auch deine Rippen durchbohren und du wirst zusammen mit ihren Toten dahinsinken. 7 Meine Diener werden dich auf das Bergland schaffen und dich in einen der Orte an den Gebirgspässen bringen. 8 Dort sollst du gemeinsam mit ihnen umkommen. 9 Wenn du aber in deinem Herzen die Hoffnung hegst, dass sie nicht überwältigt werden, dann brauchst du nicht vor Angst zu zittern. Ich habe gesprochen und keines meiner Worte wird unerfüllt bleiben.

2: 2 Kön 18,28–35.

Die Auslieferung Achiors: 6,10–13

10 Darauf befahl Holofernes den Dienern, die in seinem Zelt bereitstanden, Achior festzunehmen, ihn nach Betulia zu bringen und an die Israeliten auszuliefern. 11 Seine Diener ergriffen ihn, führten ihn aus dem Lager in die Ebene hinaus und brachten ihn in das Bergland hinauf. So gelangten sie zu den Quellen unterhalb von Betulia. 12 Als die Männer in der Stadt sie erblickten, griffen sie zu den Waffen und liefen aus der Stadt hinaus auf den Gipfel des Berges; die mit Schleudern bewaffneten Männer versperrten den Gegnern den Aufstieg, indem sie Steine hinabschleuderten. 13 Die Feinde suchten Deckung im Schutz der Bergwand; dann fesselten sie Achior, ließen ihn am Fuß des Abhangs liegen und kehrten zu ihrem Herrn zurück.

Achior in Betulia: 6,14–21

14 Die Israeliten kamen aus ihrer Stadt herunter zu Achior und banden ihn los; sie führten ihn nach Betulia und brachten ihn vor die leitenden Männer ihrer Stadt. 15 Das waren in jenen Tagen Usija, der Sohn Mi-

chas, aus dem Stamm Simeon, Kabri, der
Sohn Otniëls, und Karmi, der Sohn Malkiëls.
16 Sie beriefen alle Ältesten der Stadt zu ei-
ner Versammlung; auch alle jungen Männer
und die Frauen liefen herbei. Sie stellten
Achior in die Mitte der versammelten Menge
und Usija fragte ihn, was vorgefallen sei.
17 Achior berichtete ihnen über die Verhand-
lungen im Kriegsrat des Holofernes und teil-
te ihnen alles mit, was er im Kreis der assy-
rischen Heerführer gesagt hatte, aber auch,
was Holofernes prahlerisch gegen das Haus
Israel geäußert hatte. 18 Da warf sich das
Volk nieder, betete zu Gott und rief: 19 Herr,
Gott des Himmels, blick herab und sieh ihre
Überheblichkeit, hab Erbarmen mit unse-
rem gedemütigten Volk und schau heute
gnädig auf die Schar derer, die dir geweiht
sind. 20 Dann sprachen sie Achior Mut zu und
lobten ihn sehr. 21 Usija nahm ihn aus der
Versammlung mit nach Hause und gab ein
Gastmahl für die Ältesten. Während der
ganzen Nacht aber riefen sie den Gott Israels
um Hilfe an.

Der Anfang der Belagerung von Betulia:
7,1–7

7 Am folgenden Tag befahl Holofernes
seinem ganzen Heer und allen seinen
Hilfsvölkern, gegen Betulia vorzurücken, die
Gebirgspässe zu besetzen und den Kampf
gegen die Israeliten zu eröffnen. 2 So begann
an jenem Tag der Aufbruch des ganzen Hee-
res. Die einsatzfähige Streitmacht zählte zu-
sammen hundertsiebzigtausend Mann Fuß-
truppen und zwölftausend Berittene, nicht
eingerechnet den Tross und die dazugehöri-
gen Mannschaften; es war eine gewaltige
Menge. 3 Sie schlugen in der Ebene bei Betu-
lia an der Quelle ihr Lager auf und besetzten
ein Gebiet, das sich in der Breite von Dotan
bis Jibleam und in der Länge von Betulia bis
Kyamon gegenüber Jesreel erstreckte. 4 Als
die Israeliten ihre große Zahl sahen, waren
sie tief bestürzt, und einer sagte zum andern:
Diese Leute werden das ganze Land auffres-
sen; weder die hohen Berge noch die Täler
und Hügel werden ihre Last tragen können.
5 Dennoch griffen alle zu den Waffen; sie
zündeten auf ihren Stadttürmen Feuer an
und hielten die ganze Nacht hindurch Wa-
che. 6 Am nächsten Tag rückte Holofernes
mit seiner ganzen Reiterei an, vor den Augen
der Israeliten in Betulia. 7 Er ließ die Pässe
erkunden, die zu ihrer Stadt hinaufführten,
spürte ihre Wasserquellen auf und nahm sie
in Besitz. Er stellte dort bewaffnete Posten
auf und kehrte zu seinem Heer zurück.

Die Rede der Heerführer an Holofernes:
7,8–15

8 Da kamen zu ihm alle Heerführer der
Edomiter, alle Hauptleute der Moabiter und
die Befehlshaber der Küstengebiete. Sie sag-
ten: 9 Möge doch unser Gebieter einen Rat
anhören, damit deinem Heer kein Schaden
entsteht. 10 Dieses Volk der Israeliten ver-
traut nämlich weniger auf seine Speere als
vielmehr auf die Höhe der Berge, die es be-
wohnt; denn es ist gar nicht so leicht, zu den
Gipfeln ihrer Berge vorzudringen. 11 Darum,
Gebieter, tritt gegen sie nicht in einer geord-
neten Feldschlacht an; dann wird kein einzi-
ger Mann von deinen Leuten fallen. 12 Bleib
in deinem Lager und spar jeden Mann deines
Heeres! Es genügt, wenn deine Knechte die
Wasserquelle in ihren Besitz bringen, die am
Fuß des Berges entspringt. 13 Denn dort ho-
len die Bewohner Betulias ihr Wasser. Dann
wird der Durst sie umbringen und sie müs-
sen ihre Stadt ausliefern. Wir aber wollen
mit unseren Leuten auf die benachbarten
Berggipfel steigen und dort Wache stehen,
damit niemand die Stadt verlassen kann.
14 Dann werden sie mit ihren Frauen und
Kindern vor Hunger verschmachten, und
bevor noch das Schwert über sie kommt,
werden sie hingestreckt auf den Gassen vor
ihren Häusern liegen. 15 So wirst du sie
schwer dafür büßen lassen, dass sie dir Wi-
derstand geleistet haben und dir nicht mit
der Bitte um Frieden entgegengekommen
sind.

Die Verzögerungstaktik des Holofernes:
7,16–18

16 Diese Worte gefielen dem Holofernes
und all seinen Offizieren und er befahl, den
Rat zu befolgen. 17 Darauf machten sich eine
Abteilung der Ammoniter und mit ihnen
fünftausend Assyrer auf den Weg; sie schlu-
gen in der Ebene ein Lager auf und besetzten
die Brunnen und Quellen der Israeliten.
18 Die Edomiter und die Ammoniter aber
schlugen im Bergland gegenüber von Dotan
ein Lager auf. Außerdem schickten sie Ab-
teilungen nach Süden und Osten gegen die
Stadt Egrebel, die in der Nähe von Chus am
Bach Mochmur liegt. Das übrige Heer der
Assyrer hatte sein Lager in der Ebene und
bedeckte das ganze Land; ihre Zelte und ihr
Tross bildeten ein riesiges Heerlager; es war
eine gewaltige Menge.

Der Wassermangel in Betulia: 7,19–22

19 Die Israeliten aber schrien zum Herrn,
ihrem Gott. Sie hatten allen Mut verloren, da

sie ringsum von ihren Feinden eingeschlos-
sen waren und es kein Entrinnen mehr gab.
20 Nachdem die Belagerung durch das ganze
Heer der Assyrer mit ihrem Fußvolk, ihren
Wagen und Reitern vierunddreißig Tage ge-
dauert hatte, ging in sämtlichen Behältern
der Einwohner von Betulia das Wasser zur
Neige. 21 Auch die Zisternen wurden leer.
Die Belagerten konnten sich an keinem ein-
zigen Tag mehr satt trinken, weil sie nur ein
bestimmtes Maß an Wasser zugeteilt beka-
men. 22 Ihre Kinder verschmachteten; die
Frauen und jungen Männer wurden ohn-
mächtig vor Durst, sie fielen auf den Straßen
der Stadt und in den Torwegen um, denn sie
hatten keine Kraft mehr.

Die Verzweiflung der Bewohner von Betulia: 7,23–29

23 Da versammelte sich das ganze Volk, die
jungen Männer, die Frauen und Kinder, bei
Usija und den leitenden Männern der Stadt,
erhoben ein lautes Geschrei und riefen den
Ältesten zu: 24 Gott sei Richter zwischen uns
und euch. Ihr habt ein schweres Unrecht an
uns begangen, weil ihr mit den Assyrern
nicht friedlich verhandeln wolltet. 25 Jetzt
gibt es für uns keine Rettung mehr; denn
Gott hat uns an sie verkauft. Darum müssen
wir verdursten und vor ihren Augen elend
zugrunde gehen. 26 Ruft sie also jetzt herbei
und liefert die ganze Stadt den Soldaten des
Holofernes und seinem Heer zur Plünderung
aus! 27 Es ist besser für uns, ihnen als Beute
in die Hände zu fallen. Wenn wir auch zu
Sklaven gemacht werden, so bleiben wir
doch wenigstens am Leben und brauchen
nicht mit eigenen Augen den Tod unserer
Säuglinge und das Dahinsterben unserer
Frauen und Kinder mit anzusehen. 28 Wir be-
schwören euch beim Himmel und bei der
Erde, bei unserem Gott, dem Herrn unserer
Väter, der uns für unsere Sünden und die
Vergehen unserer Väter bestraft, Gott möge
nicht am heutigen Tag diese Drohung an uns
wahr machen. 29 Und in der Versammlung
erhob sich ein allgemeines heftiges Klagen;
alle schrien mit lauter Stimme zu Gott, dem
Herrn.

Usijas ermutigende Antwort: 7,30–32

30 Doch Usija sagte zu ihnen: Fasst Mut,
Brüder! Wir wollen noch fünf Tage aushal-
ten. In dieser Zeit wird der Herr, unser Gott,
uns sein Erbarmen wieder zuwenden; er
wird uns nicht für immer verlassen. 31 Soll-
ten aber diese Tage vergehen, ohne dass uns
geholfen wird, dann will ich tun, was ihr ge-
fordert habt. 32 Dann ließ er das Volk ausei-
nander gehen, jeden auf seinen Posten, und
sie begaben sich wieder auf die Mauern und
Türme der Stadt. Die Frauen und Kinder
aber schickte er in ihre Häuser zurück. In
der Stadt herrschte tiefe Niedergeschlagen-
heit.

31: 1 Sam 11,3.

DIE RETTUNG DES GOTTESVOLKES: 8,1 – 16,25

Herkunft und Leben der Judit: 8,1–8

8 Davon hörte in jenen Tagen Judit, die
Tochter Meraris, des Sohnes des Uz, des
Sohnes Josefs, des Sohnes Usiëls, des Sohnes
Hilkijas, des Sohnes Hananjas, des Sohnes
Gideons, des Sohnes Rafains, des Sohnes
Ahitubs, des Sohnes Elijas, des Sohnes Hil-
kijas, des Sohnes Eliabs, des Sohnes Natana-
els, des Sohnes Schelumiëls, des Sohnes Zu-
rischaddais, des Sohnes Simeons, des Sohnes
Israels. 2 Ihr Mann Manasse, der aus ihrem
Stamm und ihrer Sippe war, hatte zur Zeit
der Gerstenernte den Tod gefunden. 3 Als er
nämlich bei den Garbenbindern auf dem
Feld stand, traf ihn ein Hitzschlag; er musste
sich zu Bett legen und starb in seiner Hei-
matstadt Betulia. Man begrub ihn bei seinen
Vätern auf dem Feld zwischen Dotan und
Jibleam. 4 Nun lebte Judit schon drei Jahre
und vier Monate als Witwe in ihrem Haus.
5 Sie hatte für sich auf dem flachen Dach ih-
res Hauses ein Zelt aufstellen lassen, hatte
ein Trauergewand angelegt und trug die
Kleider einer Witwe. 6 Sie fastete, seit sie
Witwe war, alle Tage, außer am Sabbat und
am Vortag des Sabbats, am Neumond und
am Vortag des Neumonds und an den Festen
und Freudentagen des Hauses Israel. 7 Sie
hatte eine schöne Gestalt und ein blühendes
Aussehen. Ihr Gatte Manasse hatte ihr Gold
und Silber, Knechte und Mägde, Vieh und
Felder hinterlassen, die sie in ihrem Besitz
hielt. 8 Niemand konnte ihr etwas Böses
nachsagen, denn sie war sehr gottesfürchtig.

1: Num 1,6; 2,12.

Judits Stellung zur Verzweiflung der Bewohner: 8,9–10

9 Judit hörte von den Vorwürfen des Vol-
kes gegen das Stadtoberhaupt, als es wegen

des Wassermangels den Mut verlor. Ebenso
erfuhr sie, was Usija den Leuten geantwortet
hatte und dass er ihnen unter Eid verspro-
chen hatte, nach Ablauf von fünf Tagen die
Stadt an die Assyrer auszuliefern. 10 Da ließ
sie durch ihre Dienerin, die ihrem ganzen
Hauswesen vorstand, die Ältesten ihrer Hei-
matstadt, Kabri und Karmi, herbeiholen.

Judits Gespräch mit den Ältesten der Stadt:
8,11–36

11 Als sie zu ihr kamen, sagte sie zu ihnen:
Hört mich an, ihr Vorsteher der Einwohner
von Betulia! Es war nicht recht, was ihr heu-
te vor dem Volk gesagt habt. Durch diesen
Eid, den ihr geschworen habt, habt ihr Gott
und euch selbst festgelegt; denn ihr habt er-
klärt, dass ihr die Stadt unseren Feinden
ausliefern wollt, wenn der Herr euch nicht
inzwischen Hilfe schickt. 12 Wer seid ihr
denn, dass ihr am heutigen Tag Gott auf die
Probe stellt und euch vor allen Leuten an die
Stelle Gottes setzt? 13 Ihr wollt den Herrn,
den Allmächtigen, auf die Probe stellen und
kommt doch ewig zu keiner Erkenntnis.
14 Nicht einmal die Tiefe des Menschenher-
zens könnt ihr ergründen und die Gedanken
seines Geistes erfassen. Wie wollt ihr dann
Gott erforschen, der das alles geschaffen
hat? Wie wollt ihr seine Gedanken erkennen
und seine Absichten verstehen? Nein, meine
Brüder, reizt den Herrn, unseren Gott, nicht
zum Zorn! 15 Auch wenn er nicht gewillt ist,
uns in diesen fünf Tagen Hilfe zu schaffen, so
hat doch er zu bestimmen, zu welcher Zeit er
uns helfen oder uns vor den Augen unserer
Feinde vernichten will. 16 Versucht nicht, die
Entscheidungen des Herrn, unseres Gottes,
zu erzwingen; denn Gott ist nicht wie ein
Mensch, dem man drohen kann, und wie ein
Menschenkind, das man beeinflussen kann.
17 Darum wollen wir die Rettung von ihm er-
warten und ihn um Hilfe anrufen. Er wird
unser Flehen erhören, wenn es seinem Willen
entspricht. 18 Denn eines gab es bei uns nicht
und gibt es auch heute nicht: Es gibt weder
einen Stamm noch eine Familie, weder einen
Gau noch eine Stadt, die von Menschen ge-
machte Götter anbeten, wie es in früherer
Zeit geschah. 19 Damals wurden unsere Väter
dem Schwert und der Plünderung preisgege-
ben und mussten vor den Augen unserer
Feinde schwere Niederlagen erleiden. 20 Wir
aber kennen keinen anderen Gott als ihn al-
lein. Daher dürfen wir hoffen, dass er uns
und unser Volk nicht im Stich lassen wird.
21 Wenn wir nämlich überwältigt werden,
dann wird auch ganz Judäa erobert und un-
ser Heiligtum geplündert werden. Von uns
aber wird Gott für die Entweihung des Hei-
ligtums blutige Rechenschaft fordern. 22 Uns
wird er die Ermordung unserer Brüder, die
Entvölkerung des Landes, die Verwüstung
unseres Erbbesitzes zur Last legen, inmitten
der Heiden, bei denen wir als Sklaven dienen
und unseren Herren Anlass zu Spott und
Verachtung sein werden. 23 Unsere Knecht-
schaft wird dann nicht mehr zum Guten ge-
wendet werden, sondern der Herr, unser
Gott, wird sie für uns zur Schande werden
lassen. 24 Daher, liebe Brüder, wollen wir
jetzt unseren Stammesbrüdern beweisen,
dass wir für ihr Leben einstehen und dass
das Heiligtum, der Tempel und der Altar,
sich auf uns verlassen können. 25 Bei alldem
aber lasst uns dem Herrn, unserem Gott,
danken, dass er uns ebenso prüft wie
schon unsere Väter. 26 Denkt daran, was er
mit Abraham machte, wie er Isaak prüfte
und was Jakob im syrischen Mesopotamien
erlebte, als er die Schafe Labans, des
Bruders seiner Mutter, hütete. 27 Denn wie er
diese Männer im Feuer geläutert hat, um
ihr Herz zu prüfen, so hat er auch mit uns
kein Strafgericht vor, sondern der Herr
züchtigt seine Freunde, um sie zur Einsicht
zu führen.

28 Da sagte Usija zu ihr: Alles, was du ge-
sagt hast, kam aus einem edlen Herzen und
es gibt niemand, der deinen Worten wider-
sprechen kann. 29 Deine Weisheit wird ja
nicht erst heute offenbar, sondern schon von
deiner frühesten Jugend an kennt das ganze
Volk deine Einsicht und weiß, wie edel die
Gedanken deines Herzens sind. 30 Aber das
Volk leidet furchtbaren Durst; sie zwangen
uns zu tun, was wir ihnen versprochen ha-
ben, und einen Eid auf uns zu laden, den wir
nicht brechen dürfen. 31 Doch bete du jetzt
für uns, denn du bist eine gottesfürchtige
Frau. Dann wird der Herr Regen schicken,
um unsere Zisternen zu füllen, und wir brau-
chen nicht zu verschmachten.

32 Da sagte Judit zu ihnen: Hört mich an!
Ich will eine Tat vollbringen, von der man
noch in fernsten Zeiten den Kindern unseres
Volkes erzählen wird. 33 Kommt diese Nacht
an das Tor, wenn ich mit meiner Dienerin hi-
nausgehe. Bevor die Frist abgelaufen ist, die
ihr für die Übergabe der Stadt an unsere
Feinde gesetzt habt, wird der Herr durch
meine Hand Israel gnädig Hilfe bringen.
34 Fragt nicht nach meinem Vorhaben; denn
ich werde euch nichts mitteilen, bevor das
vollendet ist, was ich tun will.

35 Da sagten Usija und die Stadtältesten zu
ihr: Geh in Frieden! Gott, der Herr, sei dein

Führer bei dem Strafgericht an unseren
Feinden. 36 Dann verließen sie das Zelt und
kehrten auf ihre Posten zurück.

16: Num 23,19 • 27: Dtn 8,16; Jer 10,24; Weish 3,1–10.

Judits Gebet: 9,1–14

9 Judit warf sich auf ihr Gesicht nieder,
streute sich Asche auf das Haupt und
öffnete das Bußgewand, das sie trug. Es war
gerade die Zeit, zu der man an jenem Abend
in Jerusalem im Haus Gottes das Rauchopfer
darbrachte. Und Judit rief laut zum Herrn;
sie sagte: 2 Herr, du Gott meines Stammva-
ters Simeon! Du hast ihm das Schwert in die
Hand gegeben zur Bestrafung der Fremden,
die den Gürtel der Jungfrau lösten, um sie zu
beflecken, die ihre Schenkel entblößten, um
sie zu schänden, und ihren Schoß entweihten
zu ihrer Schande. Du hattest nämlich gebo-
ten: Das darf nicht geschehen. Und dennoch
taten sie es. 3 Deswegen gabst du ihre Fürs-
ten Mördern preis und tauchtest zur Vergel-
tung das Lager, das ihrer Arglist gedient
hatte, in Blut; du erschlugst die Knechte
samt ihren Herren, ja auch die Herren auf ih-
ren Thronen. 4 Du gabst ihre Frauen dem
Raub und ihre Töchter der Gefangenschaft
preis und ihren ganzen Besitz gabst du dei-
nen geliebten Söhnen; denn sie glühten vor
Eifer für dich, hatten Abscheu vor der Befle-
ckung ihres Blutes und riefen zu dir um Hil-
fe. Gott, mein Gott, erhöre auch mich, die
Witwe! 5 Du hast bewirkt, was damals war
und auch was vorher und später geschah.
Doch auch was jetzt geschieht und noch
kommen wird, hast du erdacht und es ist ein-
getroffen, was du geplant hast. 6 Deine Be-
schlüsse standen da und sagten: Hier sind
wir! Denn alle deine Wege sind schon ge-
bahnt und dein Gericht ist eine beschlossene
Sache. 7 Sieh doch auf die Assyrer! Sie ver-
fügen über ein gewaltiges Heer, brüsten sich
mit ihren Rossen und Reitern, sind stolz auf
die Schlagkraft ihres Fußvolkes, vertrauen
auf ihre Schilde und Speere, ihre Bogen und
Schleudern und wollen nicht einsehen, dass
du der Herr bist, der den Kriegen ein Ende
setzt. 8 »Herr« ist dein Name. Brich ihre
Stärke mit deiner Macht und vernichte ihre
Kraft in deinem Zorn! Denn sie haben be-
schlossen, dein Heiligtum zu entweihen, das
Zelt, in dem dein herrlicher Name wohnt, zu
beflecken und die Hörner deines Altars mit
dem Schwert abzuschlagen. 9 Schau dir ih-
ren Übermut an und lass deinen Zorn auf ihr
Haupt herabfahren! Schenke mir, der Wit-
we, die Kraft zu der Tat, die ich plane.
10 Schlag den Knecht wie den Herrn und den
Herrn wie den Diener durch meine listigen
Worte; brich ihren Trotz durch die Hand ei-
ner Frau! 11 Denn deine Macht stützt sich
nicht auf die große Zahl, deine Herrschaft
braucht keine starken Männer, sondern du
bist der Gott der Schwachen und der Helfer
der Geringen; du bist der Beistand der Ar-
men, der Beschützer der Verachteten und der
Retter der Hoffnungslosen. 12 Ja, du Gott
meines Vaters und Gott deines Erbbesitzes
Israel, du Herr des Himmels und der Erde,
Schöpfer der Meere und König deiner gan-
zen Schöpfung, erhöre mein Gebet! 13 Lass
meine listigen Worte Wunden und Striemen
schlagen bei denen, die gegen deinen Bund
und dein heiliges Haus, gegen den Berg Zion
und den Wohnsitz deiner Söhne Böses be-
schlossen haben. 14 Lass dein ganzes Volk
und alle Stämme erkennen und wissen, dass
du der wahre Gott bist, der Gott aller Macht
und Stärke, und dass es für dein Volk Israel
keinen anderen Beschützer gibt als dich
allein.

1: Ex 30,8 • 2: Gen 34,25f • 6: Ps 33,9 • 7: Ps 46,10; 83,19 •
14: Jes 37,20.

Judits Gang ins feindliche Lager: 10,1–19

10 Als sie ihr flehentliches Gebet zu
dem Gott Israels beendet und alles
gesagt hatte, 2 stand sie auf, rief ihre Diene-
rin und stieg in das Haus hinab, wo sie sich
am Sabbat und an den Festtagen aufzuhal-
ten pflegte. 3 Dort legte sie das Bußgewand
ab, das sie trug, zog ihre Witwenkleider aus,
wusch ihren Körper mit Wasser und salbte
sich mit einer wohlriechenden Salbe. Hie-
rauf ordnete sie ihre Haare, setzte ein Dia-
dem auf und zog die Festkleider an, die sie zu
Lebzeiten ihres Gatten Manasse getragen
hatte. 4 Auch zog sie Sandalen an, legte ihre
Fußspangen, Armbänder, Fingerringe, Ohr-
gehänge und all ihren Schmuck an und
machte sich schön, um die Blicke aller Män-
ner, die sie sähen, auf sich zu ziehen. 5 Ihrer
Dienerin gab sie einen Schlauch Wein und
ein Gefäß mit Öl; sie füllte einen Sack mit
Gerstenmehl, getrockneten Feigen und
reinen Broten, verpackte all diese Dinge
sorgfältig und lud sie ihrer Dienerin auf.
6 Darauf gingen sie zum Stadttor von Betulia
hinaus. Dort trafen sie Usija sowie Kabri
und Karmi, die Ältesten der Stadt, auf ihrem

9,2 Judit beruft sich auf das Strafgericht, das ihr Stammvater Simeon zusammen mit seinem Bruder Levi an Sichem vollstreckt hat (vgl. Gen 34).

Posten. 7 Als sie Judits verwandeltes Aussehen sahen und die Kleider, die sie angelegt hatte, kamen sie aus dem Staunen über ihre Schönheit nicht mehr heraus und sagten zu ihr: 8 Der Gott unserer Väter mache dich zu einem Werkzeug seiner Gnade und lasse dein Vorhaben gelingen, zum Ruhm Israels und zur Verherrlichung Jerusalems. 9 Sie aber neigte sich vor Gott im Gebet und sagte dann zu ihnen: Gebt Befehl, dass mir das Stadttor geöffnet wird; ich will hinausgehen und tun, was ihr mit mir besprochen habt. Da befahlen sie den jungen Männern, das Tor für sie zu öffnen, wie sie es gewünscht hatte. 10 Man öffnete das Tor und Judit ging mit ihrer Dienerin hinaus. Die Männer in der Stadt aber sahen ihr nach, bis sie den Berg hinabgestiegen und durch das Tal gegangen war und man sie nicht mehr sehen konnte.

11 Als sie im Tal weitergingen, begegneten ihr assyrische Vorposten. 12 Sie hielten sie fest und fragten: Zu welchem Volk gehörst du? Woher kommst du und wohin gehst du? Sie antwortete: Ich gehöre zum Volk der Hebräer und laufe von ihnen fort, weil sie euch doch bald zum Fraß vorgeworfen werden. 13 Ich will zu Holofernes, dem Oberbefehlshaber eures Heeres, gehen und ihm eine zuverlässige Nachricht bringen; ich will ihm zeigen, welchen Weg er einschlagen muss, um das ganze Bergland in seinen Besitz zu bringen, ohne dass dabei einer von seinen Leuten Leib und Leben verliert. 14 Als die Männer ihre Worte hörten und ihr Gesicht betrachteten, dessen Schönheit sie bezauberte, sagten sie: 15 Du hast dein Leben gerettet, weil du dich beeilt hast, von dort oben unserem Herrn entgegenzugehen. Komm jetzt zu seinem Zelt! Einige von uns werden dich begleiten und dich ihm übergeben. 16 Hab keine Angst, wenn du vor ihm stehst. Sag ihm, was du zu sagen hast, dann wird er dich gnädig behandeln. 17 Darauf wählten sie von ihren Leuten hundert Männer zum Geleit für Judit und ihre Dienerin aus; diese führten sie zum Zelt des Holofernes.

18 Im ganzen Lager entstand eine große Unruhe; denn die Nachricht von Judits Ankunft hatte sich schon in den Zelten herumgesprochen. Die Leute eilten herbei und umringten sie, als sie vor dem Zelt des Holofernes stand, bis man sie ihm angemeldet hatte. 19 Sie bewunderten ihre Schönheit und übertrugen ihre Bewunderung auch auf die Israeliten. Einer sagte zum andern: Wer kann dieses Volk verachten, das solche Frauen in seiner Mitte hat? Es wäre nicht klug, auch nur einen einzigen Mann von ihnen übrig zu lassen; wenn man sie laufen lässt, sind sie imstande, noch die ganze Welt zu überlisten.

Die Begegnung mit Holofernes: 10,20–23

20 Schließlich kamen die Leibwächter des Holofernes und sein ganzes Gefolge heraus und führten sie in das Zelt. 21 Holofernes lag auf seinem Lager unter einem Mückennetz aus Purpur und Gold, in das Smaragde und andere Edelsteine eingewebt waren. 22 Als man ihm Judit anmeldete, trat er in den Vorraum des Zeltes hinaus, wobei ihm silberne Leuchter vorangetragen wurden. 23 Sobald er und sein Gefolge Judit erblickten, gerieten sie alle in Erstaunen über die Schönheit ihres Gesichts. Sie warf sich vor ihm nieder und huldigte ihm, doch seine Diener richteten sie wieder auf.

Das Gespräch des Holofernes mit Judit: 11,1–23

11 Holofernes sagte zu ihr: Nur Mut, Frau, fürchte dich nicht! Ich habe noch keinem Menschen etwas zuleid getan, der sich für den Dienst Nebukadnezzars, des Königs der ganzen Erde, entschieden hat. 2 Ich hätte auch jetzt gegen dein Volk, das im Bergland wohnt, nie meinen Speer erhoben, wenn es mir nicht seine Verachtung gezeigt hätte; das haben sie sich selbst zu verdanken. 3 Sag mir jetzt, warum du von ihnen entflohen und zu uns übergelaufen bist. Es war deine Rettung, dass du hergekommen bist. Sei unbesorgt, du wirst heute Nacht und auch weiterhin am Leben bleiben. 4 Niemand wird dir ein Leid antun. Im Gegenteil, man wird dich gut behandeln, wie es die Diener meines Herrn, des Königs Nebukadnezzar, gewohnt sind.

5 Judit sagte zu ihm: Nimm die Worte deiner Sklavin gnädig auf und erlaube deiner Magd, vor dir zu reden. Ich erzähle meinem Herrn in dieser Nacht keine Lüge. 6 Wenn du dem Rat deiner Magd folgst, dann wird Gott dein Unternehmen zu einem guten Ende führen, und mein Herr wird sein Ziel nicht verfehlen. 7 Denn so wahr Nebukadnezzar lebt, der König der ganzen Erde, und so wahr die Macht dessen gilt, der dich aussandte, um alle Welt zur Ordnung zu rufen: Du machst ihm nicht nur die Menschen untertan; auch die wilden Tiere, das Vieh und die Vögel werden dank deiner Tatkraft unter der Herrschaft Nebukadnezzars und seines ganzen Hauses leben. 8 Wir haben nämlich von deiner Weisheit und von den großartigen Fähigkeiten deines Geistes gehört; aller Welt ist bekannt, dass du allein im ganzen Reich

tüchtig bist, erfolgreich durch dein Wissen und bewundernswert in der Kriegführung. 9 Was die Rede betrifft, die Achior in deinem Kriegsrat gehalten hat, so sind uns seine Ausführungen zu Ohren gekommen; denn die Männer von Betulia haben ihn am Leben gelassen und er hat ihnen alles berichtet, was er bei dir gesprochen hat. 10 Darum sage ich dir, mein Herr und Gebieter, verachte seine Rede nicht, sondern nimm sie dir zu Herzen! Sie entspricht nämlich der Wahrheit: Unser Volk kann tatsächlich nur dann bestraft werden und das Schwert hat nur dann Gewalt über sie, wenn sie sich gegen ihren Gott versündigt haben.

11 Jetzt aber ist es so, dass mein Herr nicht unverrichteter Dinge wieder abziehen muss. Der Tod wird über sie kommen; denn eine Sünde hat von ihnen Besitz ergriffen und sie werden ihren Gott zum Zorn reizen, sobald sie das Unerlaubte wirklich tun. 12 Als ihnen nämlich die Lebensmittel ausgingen und der Wasservorrat immer knapper wurde, beschlossen sie, sich über ihr Vieh herzumachen, und sie sind gewillt, all das zu verzehren, was Gott ihnen in seinem Gesetz als Nahrung verboten hat. 13 Auch die Erstertråge des Getreides und den Zehnten von Wein und Öl, die sie als Weihegaben für die Dienst tuenden Priester unseres Gottes in Jerusalem aufbewahrt haben, beschlossen sie, restlos zu verzehren; dabei darf keiner aus dem Volk die Weihegaben auch nur mit den Händen anrühren. 14 Sie haben Boten nach Jerusalem geschickt, weil die dortige Bevölkerung ebenso gehandelt hat; nun sollen die Boten ihnen den Schulderlass des Ältestenrates besorgen. 15 Doch folgendes wird geschehen: Sobald ihnen der Schulderlass mitgeteilt ist und sie zur Tat schreiten, werden sie dir noch am gleichen Tag zu ihrem Verderben ausgeliefert. 16 Daher bin ich, deine Sklavin, von ihnen weggelaufen, nachdem ich das alles durchschaut hatte. Ja, Gott hat mich gesandt, damit ich mit dir die Dinge vollbringe, über die alle Welt, wenn sie davon erfährt, in Staunen gerät. 17 Deine Sklavin ist eine gottesfürchtige Frau und dient Tag und Nacht dem Gott des Himmels. Jetzt will ich bei dir bleiben, mein Herr; doch in der Nacht wird deine Sklavin in die Schlucht hinausgehen. Ich will zu Gott beten und er wird mir sagen, wann sie ihre Sünden begangen haben. 18 Dann will ich kommen und es dir mitteilen. Du aber wirst mit deinen Truppen ausziehen und keiner von ihnen wird dir Widerstand leisten. 19 Ich werde dich quer durch Judäa bis nach Jerusalem führen und dort mitten in der Stadt deinen Feldherrnstuhl aufrichten. Du wirst sie wegführen wie Schafe, die keinen Hirten haben, und kein Hund wird gegen dich bellen. Das wurde mir kraft meiner Sehergabe offenbart und ich bin hergesandt worden, um es dir kundzutun.

20 Ihre Worte gefielen Holofernes und seinem ganzen Gefolge. Sie staunten über die Weisheit und sagten: 21 Es gibt von einem Ende der Erde bis zum andern keine zweite Frau, die so bezaubernd aussieht und so verständig reden kann. 22 Holofernes sagte zu ihr: Dein Gott hat wohl daran getan, dass er dich aus deinem Volk hersandte; so wird uns der Sieg zuteil, aber jene, die meinen Herrn verachtet haben, wird das Verderben treffen. 23 Wahrhaftig, du bist wunderschön und verstehst ausgezeichnet zu reden. Wenn du tust, was du versprochen hast, dann soll dein Gott auch mein Gott sein; du sollst im Palast des Königs Nebukadnezzar wohnen und in aller Welt berühmt sein.

7: Jer 27,6 • 13: Dtn 14,22; 18,4.

Judits Sorge um die rituelle Reinheit:
12,1–9

12 Dann ließ er sie in den Raum führen, wo sein silbernes Tafelgerät aufgestellt war, und befahl, ihr von den feinen Speisen auf seinem Tisch vorzusetzen und von seinem Wein zu trinken zu geben. 2 Doch Judit sagte: Ich werde nichts davon nehmen, damit ich keinen Anstoß errege. Man soll mir statt dessen von meinem Vorrat zu essen geben, den ich mitgebracht habe. 3 Da fragte Holofernes: Wenn aber dein Vorrat erschöpft ist, woher sollen wir dann solche Nahrungsmittel beschaffen? Wir haben ja niemand aus deinem Volk bei uns. 4 Judit erwiderte: Bei deinem Leben, mein Herr, noch bevor deine Magd ihren Vorrat aufgebraucht hat, wird der Herr durch meine Hand vollbringen, was er beschlossen hat. 5 Darauf führten die Diener des Holofernes sie in das Zelt, wo sie bis Mitternacht schlief. Um die Zeit der Morgenwache stand sie auf, 6 schickte einen Boten zu Holofernes und ließ ihm sagen: Möge mein Herr Anweisung geben, dass man deine Sklavin zum Gebet hinausgehen lässt. 7 Da befahl Holofernes seinen Leibwächtern, sie nicht daran zu hindern. So verbrachte sie drei Tage im Lager und ging jede Nacht in die Schlucht von Betulia hinaus, um sich im Lager an der Wasserquelle zu baden. 8 Wenn sie aus dem Bad herausstieg, flehte sie zu dem Herrn, dem Gott Israels, er möge ihr Vorhaben gelingen lassen und ihrem Volk wieder aufhelfen. 9 Dann kehrte sie im Zustand der Reinheit zurück und blieb in dem

Zelt, bis sie gegen Abend ihr Essen zu sich
nahm.

2: Dan 1,8.

Judit beim Gastmahl des Holofernes: 12,10–20

10 Am vierten Tag gab Holofernes ein
Gastmahl nur für seine Dienerschaft; von
den Männern, die sonst um ihn waren, lud er
keinen ein. 11 Dem Eunuchen Bagoas, der
sein ganzes Eigentum zu verwalten hatte,
gab er den Auftrag: Geh und rede der Heb-
räerin zu, die deiner Obhut anvertraut ist,
dass sie zu uns kommt und mit uns isst und
trinkt. 12 Es wäre wahrhaftig eine Schande
für uns, wenn wir eine solche Frau gehen lie-
ßen, ohne mit ihr zusammen gewesen zu sein.
Sie selber würde uns auslachen, wenn wir sie
nicht an uns rissen. 13 Bagoas ging weg, trat
bei Judit ein und sagte: Möge das schöne
Mädchen nicht zögern, zu meinem Herrn zu
kommen; sie soll ihm gegenüber den Ehren-
platz einnehmen, mit uns Wein trinken und
fröhlich sein und heute den assyrischen
Mädchen gleich werden, die im Palast Nebu-
kadnezzars ihren Dienst tun. 14 Judit entgeg-
nete: Wer bin ich, dass ich meinem Herrn wi-
dersprechen dürfte? Ich will unverzüglich al-
les tun, was er wünscht; das soll mir eine
Freude sein bis zum Tag meines Todes.

15 Judit stand auf, legte ihr bestes Kleid
und ihren ganzen Schmuck an. Ihre Dienerin
eilte voraus und legte für sie gegenüber von
Holofernes die Teppiche auf den Boden, die
sie von Bagoas als Lager für ihre täglichen
Mahlzeiten erhalten hatte. 16 Darauf trat Ju-
dit ein und nahm Platz. Holofernes aber war
über sie ganz außer sich vor Entzücken. Sei-
ne Leidenschaft entbrannte und er war be-
gierig danach, mit ihr zusammen zu sein.
Denn seit er sie gesehen hatte, lauerte er auf
eine günstige Gelegenheit, um sie zu verfüh-
ren. 17 Als Holofernes sie aufforderte: Trink
doch und sei vergnügt mit uns!, 18 erwiderte
Judit: Gern will ich trinken, Herr, denn ich
habe in meinem ganzen Leben noch keine
solche Ehre erfahren wie heute. 19 Sie griff
zu, aß und trank vor seinen Augen, was ihre
Dienerin zubereitet hatte. 20 Holofernes wur-
de ihretwegen immer fröhlicher und trank so
viel Wein, wie er noch nie zuvor in seinem
Leben an einem einzigen Tag getrunken
hatte.

Judits Rettungstat: 13,1–10

13 Als es dann Nacht geworden war,
brachen seine Diener eilig auf. Ba-
goas schloss von außen das Zelt und trennte
so die Diener von seinem Herrn. Sie suchten
ihr Nachtlager auf, denn sie waren alle von
dem ausgedehnten Mahl ermüdet. 2 Judit al-
lein blieb in dem Zelt zurück, wo Holofernes,
vom Wein übermannt, vornüber auf sein La-
ger gesunken war. 3 Judit hatte ihrer Diene-
rin befohlen, draußen vor ihrem Schlafge-
mach stehen zu bleiben und wie alle Tage zu
warten, bis sie herauskäme; sie werde näm-
lich zum Gebet hinausgehen. Im gleichen
Sinne hatte sie auch mit Bagoas gesprochen.
4 Inzwischen hatte sich die ganze Gesell-
schaft entfernt und es befand sich kein
Mensch mehr im Schlafgemach des Holofer-
nes. Judit trat an das Lager des Holofernes
und betete still: Herr, du Gott aller Macht,
sieh in dieser Stunde gnädig auf das, was
meine Hände zur Verherrlichung Jerusalems
tun werden. 5 Jetzt ist der Augenblick ge-
kommen, dass du dich deines Erbbesitzes
annimmst und dass ich mein Vorhaben aus-
führe, zum Verderben der Feinde, die sich
gegen uns erhoben haben. 6 Dann ging sie
zum Bettpfosten am Kopf des Holofernes
und nahm von dort sein Schwert herab. 7 Sie
ging ganz nahe zu seinem Lager hin, ergriff
sein Haar und sagte: Mach mich stark, Herr,
du Gott Israels, am heutigen Tag! 8 Und sie
schlug zweimal mit ihrer ganzen Kraft auf
seinen Nacken und hieb ihm den Kopf ab.
9 Dann wälzte sie seinen Rumpf von dem
Lager und riss das Mückennetz von den
Tragstangen herunter. 10 Kurz danach ging
sie hinaus und übergab den Kopf des
Holofernes ihrer Dienerin, die ihn in einen
Sack steckte. Sie machten sich dann beide
wie gewöhnlich auf den Weg, als wollten sie
zum Beten gehen. Sie gingen jedoch, nach-
dem sie das Lager durchquert hatten, um
die Schlucht herum, stiegen den Berg nach
Betulia hinauf und gelangten vor das Stadt-
tor.

Judits Rückkehr nach Betulia und der Jubel des Volkes: 13,1–17

11 Schon von weitem rief Judit den Wäch-
tern am Tor zu: Öffnet, öffnet schnell das
Tor! Gott ist mit uns, ja, unser Gott ist mit
uns. Er offenbart in Israel seine segensreiche
Macht, an unseren Feinden aber seine stra-
fende Gewalt. Das hat er auch heute be-
wiesen. 12 Als die Männer in der Stadt ihre
Stimme hörten, eilten sie zum Stadttor hi-
nunter und riefen die Ältesten der Stadt zu-
sammen. 13 Alle liefen herbei, vom Kleinsten
bis zum Größten, denn sie konnten es nicht
fassen, dass Judit zurückgekommen war. Sie
öffneten das Tor und ließen die beiden

Frauen herein. Dann zündeten sie ein Feuer an, um den Platz zu beleuchten, und umringten sie. 14 Judit aber rief ihnen laut zu: Lobt Gott, ja, lobt ihn! Lobt Gott! Er hat dem Haus Israel sein Erbarmen nicht entzogen, sondern er hat in dieser Nacht unsere Feinde durch meine Hand vernichtend getroffen. 15 Dann zog sie den Kopf aus dem Sack und zeigte ihn den Männern mit den Worten: Seht, das ist der Kopf des Holofernes, des Oberbefehlshabers der assyrischen Truppen, und hier ist das Mückennetz, unter dem er in seinem Rausch lag. Der Herr hat ihn durch die Hand einer Frau erschlagen. 16 So wahr der Herr lebt, der mich auf dem Weg beschützt hat, den ich gegangen bin: Zwar hat ihn mein Anblick verführt und in das Verderben gestürzt, aber er hat mich durch keine Sünde befleckt oder geschändet. 17 Das Volk war zutiefst ergriffen; sie verneigten sich, warfen sich vor Gott nieder und riefen einmütig: Gepriesen seist du, unser Gott, der du am heutigen Tag die Feinde deines Volkes vernichtet hast.

Usijas Lob für Judit: 13,18–20

18 Usija aber sagte: Meine Tochter, du bist von Gott, dem Allerhöchsten, mehr gesegnet als alle anderen Frauen auf der Erde. Gepriesen sei der Herr, unser Gott, der Himmel und Erde geschaffen hat. Durch seine Hilfe ist es dir gelungen, dem Anführer unserer Feinde den Kopf abzuschlagen. 19 Die Erinnerung an dein Vertrauen soll in Ewigkeit nicht aus den Herzen der Menschen entschwinden, die sich an die Macht Gottes erinnern. 20 Gott möge dir ewigen Ruhm schenken und dich reich mit seinem Segen belohnen. Denn in der Not unseres Volkes hast du dein Leben nicht geschont; nein, du hast entschlossen unseren Untergang von uns abgewehrt, du bist vor unserem Gott auf geradem Weg gegangen. Und alles Volk rief: Amen, amen.

Judits Anweisungen: 14,1–5

14 Da sagte Judit zu ihnen: Hört mich an, meine Brüder! Nehmt diesen Kopf und hängt ihn an der Zinne eurer Stadtmauer auf! 2 Wenn dann der Morgen anbricht und die Sonne über der Erde aufgeht, greift alle zu den Waffen und rückt mit allen wehrfähigen Männern zum Stadttor hinaus! Ihr müsst einen Anführer an ihre Spitze stellen und dann so tun, als ob ihr hinabsteigen und die assyrischen Vorposten in der Ebene angreifen wollt; in Wirklichkeit aber dürft ihr nicht hinabgehen. 3 Dann werden die feindlichen Vorposten sich kampfbereit machen, in ihr Lager eilen und die Anführer der assyrischen Truppen wecken. Wenn sie vor dem Zelt des Holofernes zusammenströmen, ihn aber nicht finden, werden sie, von Schrecken gepackt, vor euch flüchten. 4 Ihr aber und die Bewohner des ganzen Landes Israel setzt ihnen nach und macht sie auf der Flucht nieder! 5 Doch zuvor ruft mir noch den Ammoniter Achior, damit er sich den Mann ansieht und ihn wiedererkennt, der das Haus Israel verachtet und der ihn als einen Todgeweihten zu uns geschickt hat.

1: 2 Makk 15,35.

Achiors Lob für Judit und seine Bekehrung: 14,6–10

6 Da rief man Achior aus dem Haus des Usija herbei. Als er kam und in der Hand eines Mannes aus der Volksmenge den Kopf des Holofernes erblickte, fiel er ohnmächtig zu Boden. 7 Nachdem man ihn wieder aufgerichtet hatte, warf er sich Judit zu Füßen, verneigte sich vor ihr und sagte: Gepriesen seist du in allen Zelten Judas und bei allen Völkern. Wer immer deinen Namen hört, wird vor Schrecken erzittern. 8 Doch jetzt erzähl mir, was du in diesen Tagen getan hast. Judit berichtete ihm vor dem ganzen Volk alles, was sie getan hatte, angefangen von dem Tag ihres Weggangs bis zu dem Augenblick ihres jetzigen Gesprächs. 9 Als sie mit ihrem Bericht fertig war, brach das Volk in lauten Jubel aus und erhob in der Stadt ein Freudengeschrei. 10 Achior aber, der begriff, dass der Gott Israels diese Tat vollbracht hatte, glaubte aus ganzem Herzen an Gott; er ließ sich beschneiden und wurde von da an dem Haus Israel zugerechnet und so ist es bis auf den heutigen Tag geblieben.

Die Verwirrung der Assyrer: 14,11–19

11 Sobald der Morgen anbrach, hängte man den Kopf des Holofernes an der Mauer auf. Alle Männer griffen zu den Waffen und zogen in Scharen zu den Wegen, die in das Gebirge hinaufführten. 12 Als die Assyrer sie sahen, meldeten sie es ihren Anführern; diese eilten zu den Feldherren, Obersten und allen Offizieren. 13 Sie trafen sich beim Zelt des Holofernes und sagten zu dem Verwalter seines gesamten Eigentums: Weck doch unseren Herrn! Diese Sklaven wagen es herabzukommen und bieten uns den Kampf an, um vollends in ihr Verderben zu rennen. 14 Da ging Bagoas hinein und klatschte vor dem Zeltvorhang; denn er war der Meinung,

Holofernes schlafe mit Judit. 15 Als niemand Gehör gab, schlug er den Vorhang zurück und trat in das Schlafgemach ein. Da fand er Holofernes tot ausgestreckt auf der Schwelle liegen und sah, dass ihm der Kopf abgeschlagen worden war. 16 Er stieß einen lauten Schrei aus und zerriss unter Weinen, Stöhnen und lautem Klagen seine Kleider. 17 Dann eilte er in das Zelt, wo Judit untergebracht war; als er sie nicht mehr vorfand, stürzte er unter die Soldaten hinaus und schrie: 18 Diese Sklaven haben Verrat geübt! Ein einzelnes Weib der Hebräer hat Schande über das ganze Haus des Königs Nebukadnezzar gebracht. Seht her: Holofernes liegt am Boden und er hat keinen Kopf mehr. 19 Als sie das hörten, zerrissen die Führer des assyrischen Heeres ihre Kleider; tiefe Bestürzung ergriff sie und ihr Klagegeschrei schallte laut durch das Lager.

Die Flucht der Assyrer: 15,1–7

15 Als die Männer in den Zelten hörten, was geschehen war, packte sie das Entsetzen. 2 Furcht und Schrecken überfiel sie und keiner wollte mehr bei dem andern bleiben. Sie stoben auseinander und liefen auf allen Wegen in der Ebene und im Gebirge davon. 3 Auch die, die auf den Berghöhen rings um Betulia ihr Lager hatten, wandten sich zur Flucht. Nun aber machten sich die wehrfähigen Israeliten über sie her. 4 Usija schickte Boten nach Betomestajim, Bebai, Choba und Kola sowie in das ganze übrige Land Israel. Sie berichteten, was sich zugetragen hatte, und forderten die Bevölkerung auf, sich ebenfalls auf die Feinde zu stürzen und sie zu vernichten. 5 Sobald die Israeliten das hörten, fielen sie einmütig über die Feinde her, verfolgten sie bis nach Choba und schlugen sie nieder. Auch die Bewohner Jerusalems und des ganzen Berglandes fanden sich ein; denn man hatte ihnen gemeldet, was mit dem Heer ihrer Feinde geschehen war. Die Bewohner von Gilead und Galiläa fielen den Assyrern in die Flanke. Sie fügten ihnen schwere Verluste zu, bis sie über das Gebiet von Damaskus hinaus waren. 6 Die zurückgebliebenen Einwohner von Betulia machten sich über das Lager der Assyrer her, plünderten es und verschafften sich großen Reichtum. 7 Was übrig blieb, nahmen die Israeliten an sich, als sie von der Verfolgung zurückkehrten. Auch die Dörfer und Gehöfte im Bergland und in der Ebene machten große Beute; denn es gab davon eine unermessliche Menge.

Der Jubel über Judit: 15,8–14

8 Der Hohepriester Jojakim und der Ältestenrat von Israel, die in Jerusalem wohnten, kamen herbei, um die rettende Tat zu sehen, die der Herr für Israel getan hatte, aber auch um Judit aufzusuchen und sie zu beglückwünschen. 9 Sie traten bei ihr ein, lobten sie wie aus einem Mund und sagten zu ihr: Du bist der Ruhm Jerusalems, du bist die große Freude Israels und der Stolz unseres Volkes. 10 Mit deiner Hand hast du das alles getan, du hast segensreiche Taten für Israel vollbracht und Gott hat daran Gefallen gehabt. Sei gesegnet vom Herrn, dem Allmächtigen, für ewige Zeiten. Und alles Volk rief: Amen.

11 Dreißig Tage lang plünderte die Menge das feindliche Lager. Man schenkte Judit das Zelt des Holofernes, alle seine silbernen Geräte, die Ruhebetten, die Gefäße und alle übrigen Einrichtungsgegenstände. Sie nahm ihren Anteil an der Beute und packte ihn auf ihr Maultier; auch ihre Wagen ließ sie anspannen und verstaute die Beute darauf.

12 Alle Frauen in Israel eilten herbei, um Judit zu sehen, und sangen ihr Lob. Als sie sich ihr zu Ehren zu einem Festreigen aufstellten, nahm Judit belaubte Zweige in die Hand und gab auch den umstehenden Frauen davon. 13 Sie und ihre Begleiterinnen setzten sich Kränze von Ölzweigen auf, und so ging sie vor dem ganzen Volk her und führte den Festreigen der Frauen an. Ihr folgten alle Männer von Israel in Waffen und mit Kränzen geschmückt. Von allen Lippen ertönten Loblieder. 14 Judit aber stimmte im Beisein von ganz Israel das folgende Danklied an und alles Volk sang den Lobpreis mit, im Wechsel mit ihr.

Judits Lobgesang: 16,1–17

16 Judit sang:
Stimmt ein Lied an für meinen Gott unter Paukenschall, / singt für den Herrn unter Zimbelklang! / Preist ihn und singt sein Lob, / rühmt seinen Namen und ruft ihn an!

2 Denn der Herr ist ein Gott, / der den Kriegen ein Ende setzt; / er führte mich heim in sein Lager inmitten des Volkes / und rettete mich aus der Gewalt der Feinde.

3 Assur kam von den Bergen des Nordens / mit seiner unzählbaren Streitmacht; / die Masse der Truppen verstopfte die Täler, / sein Reiterheer bedeckte die Hügel.

4 Brandschatzen wollten sie mein Gebiet, / die Jugend morden mit scharfem Schwert, / den zarten Säugling am Boden zerschmet-

junges grün

junges grün
zart und fein
hat seine kraft
aus dem starken holz

junges grün
neu und klein
ist durch den stamm
verwurzelt mit der vergangenheit

An jenem Tag wird es der Spross aus der
Wurzel Isais sein,
der dasteht als Zeichen für die Nationen;
die Völker suchen ihn auf;
sein Wohnsitz ist prächtig.

Jesaja 11,10

Foto: Peter Friebe, Germering

tern, / die Kinder als Beute verschleppen, /
als billigen Raub die Mädchen entführen.
5 Doch der Herr, der Allmächtige, gab sie
preis, / er gab sie der Vernichtung preis /
durch die Hand einer Frau.
6 Ihr Held fiel nicht durch die Kraft junger
Männer, / nicht Söhne von Riesen erschlugen
ihn, / noch traten ihm hohe Recken entge-
gen. / Nein, Judit, Meraris Tochter, / bannte
seine Macht mit dem Reiz ihrer Schönheit.
7 Sie legte ihr Witwengewand ab, / um den
Bedrängten in Israel zu helfen. / Sie salbte
ihr Gesicht mit duftendem Öl,
8 sie schmückte ihre Haare mit einem Dia-
dem / und zog ein Leinenkleid an, um ihn zu
verführen.
9 Ihre Sandalen bezauberten sein Auge. /
So schlug ihre Schönheit sein Herz in
Bann. / Das Schwert traf seinen Nacken mit
Wucht.
10 Die Perser erschraken vor ihrer Kühn-
heit, / die Meder erstarrten vor ihrem Mut.
11 Jubel erfüllte mein armes Volk – / sie
aber gerieten in Schrecken. / Die Meinen wa-
ren schwach – / sie aber packte Entsetzen. /
Die einen stimmten den Schlachtruf an – /
die anderen ergriffen die Flucht.
12 Erbärmliches Volk! Man stieß sie nie-
der / und schlug sie nieder wie Kinder von
Ehebrecherinnen; / sie kamen um durch das
Heer meines Herrn.
13 Ich singe meinem Gott ein neues Lied; /
Herr, du bist groß und voll Herrlichkeit. /
Wunderbar bist du in deiner Stärke, / keiner
kann dich übertreffen.
14 Dienen muss dir deine ganze Schöp-
fung. / Denn du hast gesprochen und alles
entstand. / Du sandtest deinen Geist, um
den Bau zu vollenden. / Kein Mensch kann
deinem Wort widerstehen.
15 Meere und Berge erbeben in ihrem
Grund, / vor dir zerschmelzen die Felsen wie
Wachs. / Doch wer dich fürchtet, der erfährt
deine Gnade.
16 Zu gering ist jedes Opfer, um dich zu er-
freuen, / alle Fettstücke sind nichts beim Op-
fer für dich. / Wer den Herrn fürchtet, der ist
groß für immer.
17 Doch weh den Völkern, die mein Volk
bekämpfen. / Am Tag des Gerichts straft sie
der allmächtige Herr, / er schickt Feuer und
Würmer in ihr Gebein; / in Ewigkeit sollen
sie heulen vor Schmerz.

1: Ps 150,4 • 2: Ps 46,10 • 13: Ps 33,3; 96,1; 144,9; Jes 42,10 • 17: Jes 66,24.

Das Siegesfest in Jerusalem: 16,18–20

18 Als sie nach Jerusalem gekommen wa-
ren, warfen sie sich vor Gott zum Gebet nie-
der. Die Leute reinigten sich und brachten
ihre Brandopfer, ihre freiwilligen Opfer und
ihre sonstigen Gaben dar. 19 Judit stiftete
dem Heiligtum alles, was ihr das Volk aus
der Beute des Holofernes überlassen hatte.
Auch das Mückennetz, das sie aus seinem
Schlafgemach mitgenommen hatte, schenkte
sie Gott als Weihegabe. 20 Drei Monate lang
feierte das Volk vor dem Heiligtum in Jeru-
salem ein Freudenfest und Judit blieb bei
ihnen.

Die letzten Jahre Judits: 16,21–25

21 Nach Ablauf dieser Zeit kehrte jeder in
seinen Erbbesitz zurück. Judit ging nach Be-
tulia und blieb auf ihrem Anwesen. Solange
sie lebte, war sie im ganzen Land hochge-
rühmt. 22 Viele hätten sie gern zur Frau ge-
habt; aber seit ihr Gatte Manasse gestorben
und zu seinen Vätern gerufen war, durfte
kein Mann sie mehr berühren ihr Leben lang.
23 Sie erlebte ein sehr hohes Alter und wurde
im Haus ihres Mannes hundertfünf Jahre alt.
Ihrer Dienerin schenkte sie die Freiheit. Sie
starb in Betulia und man bestattete sie in
der Grabhöhle ihres Gatten Manasse. 24 Das
Haus Israel betrauerte sie sieben Tage lang.
Vor ihrem Tod hatte sie noch ihren Besitz an
alle Verwandten ihres Gatten Manasse und
an die Angehörigen ihrer eigenen Familie
verteilt. 25 Niemand aber wagte mehr, die Is-
raeliten zu beunruhigen, solange Judit lebte
und auch noch lange Zeit nach ihrem Tod.

16,10 Die Erwähnung von Persern und Medern in einem Lied, das die Niederlage der Assyrer zum Gegenstand hat, erklärt sich leicht, wenn man den übergeschichtlichen Charakter der heidnischen Weltmacht beachtet (vgl. die Anmerkung zu 1,1).

Das Buch Ester

Die Jüdin Ester und ihr Onkel Mordechai auf der einen, König Artaxerxes und Haman auf der anderen Seite sind die Hauptpersonen des Buches, in dem es um die Abwendung einer drohenden Judenverfolgung im Perserreich geht. Das Buch hat einen geschichtlichen Hintergrund, weil es schon in alter Zeit Judenverfolgungen gab. Es erzählt, wie Ester, die Pflegetochter Mordechais, anstelle der verstoßenen Waschti von Artaxerxes zur Königin erhoben wird. Mordechai hat durch die Aufdeckung einer Verschwörung dem König das Leben gerettet (Kap. 1 und 2). Haman, der zweite Mann im Reich, hasst aus Missgunst gegen Mordechai die Juden und erwirkt einen königlichen Erlass zu ihrer Ausrottung; sie wird durch das Los (pûr) auf den 13. Adar (Februar–März) festgesetzt (Kap. 3). Auf Veranlassung Mordechais geht Ester unter Lebensgefahr zum König, erlangt sein Wohlwollen und erreicht den Sturz Hamans (Kap. 4 – 7). Mordechai tritt an Hamans Stelle, Ester erhält Hamans Besitz und erwirkt gegen den ersten Erlass des Königs einen zweiten, der den Juden erlaubt, sich ihrer Feinde zu erwehren (Kap. 8). Das geschieht am 13. Adar im Perserreich und am 14. Adar in der Hauptstadt Susa, worauf der 14. Adar für die Juden in den Provinzen und der 15. für die in Susa lebenden Juden zum Festtag erklärt wird (Purimfest, abgeleitet von pûr); Mordechai und Ester rufen in Briefen zur Feier dieses Festes auf (Kap. 9). Ein Bericht über die Taten des Königs und über die Amtsführung Mordechais schließen das Buch ab (Kap. 10).

Der Verfasser ist über die Zustände am persischen Hof und in Susa gut informiert, verfährt aber recht frei und ungenau mit geschichtlichen Tatsachen, was sich besonders daran zeigt, dass er den Perserkönig Artaxerxes unmittelbar auf den Babylonier Nebukadnezzar folgen lässt (2,6). Die novellenartige Erzählung ist mit märchenhaften Zügen ausgeschmückt. Das Buch, dessen Abfassung vermutlich nach der Perserzeit, etwa um 300 v. Chr., anzusetzen ist, erklärt die Entstehung des jüdischen Purimfestes.

Das Buch Ester steht im dritten Teil der hebräischen Bibel unter den »Fünf Festrollen« (vgl. die Einleitung zu Rut). Seine Aufnahme in die Bibel fand es erst nach längeren Diskussionen unter den Schriftgelehrten. Das hängt damit zusammen, dass das Buch recht profan anmutet, wie auch das Purimfest ein weltliches Fest ist. Gott wird im hebräischen Esterbuch nicht erwähnt. Dem suchte die griechische Fassung abzuhelfen, indem sie außer anderen Erweiterungen die Gebete Mordechais und Esters (nach 4,17), den Traum Mordechais (vor 1,1) und seine Deutung (nach 10,3) einfügte. Hier wird ausdrücklich von Gott gesprochen. Diese Erweiterungen, die auch den judenfeindlichen Erlass (nach 3,13), eine Schilderung der Audienz Esters (in 5,1 und 2) und den Gegenerlass des Königs (nach 8,12) bringen, stehen in der griechischen Bibel an der jeweils passenden Stelle. In der lateinischen Bibel sind sie gesammelt als Anhang an den Schluss gestellt. Stil, Sprachcharakter und Denkweise zeigen, dass die Zusätze von Anfang an griechisch geschrieben waren.

Das spannend geschriebene Buch bringt, auch wenn es in der hebräischen Fassung Gott nicht nennt, den Glauben an Gott als Retter und Befreier zum Ausdruck; dazu genügt dem gläubigen Leser bereits eine Andeutung (4,14; 6,13). Das Beispiel Esters und Mordechais zeigt auch, was der Einzelne im Vertrauen auf Gott zum Besten seines Volkes zu tun vermag.

Die folgende Übersetzung hält sich in der Textanordnung an die griechische Bibel und zählt in den deuterokanonischen Zusätzen die Verse nach Buchstaben.

MORDECHAI UND DIE VERSCHWÖRUNG GEGEN KÖNIG ARTAXERXES: 1,1a–r

Der Traum Mordechais:
1,1a–l G = 11,2–12 Vg

1 1a Im zweiten Jahr der Regierung des Großkönigs Artaxerxes, am ersten Tag des Monats Nisan, hatte Mordechai, der Sohn Jaïrs, des Sohnes Schimis, des Sohnes des Kisch, aus dem Stamm Benjamin, einen Traum. 1b Der Jude Mordechai wohnte in der Stadt Susa; er war ein angesehener Mann, der am Hof des Königs diente. 1c Er gehörte zu denen, die der babylonische König Nebukadnezzar mit Jojachin, dem König von Juda, aus Jerusalem verschleppt hatte. 1d Er hatte folgenden Traum: Es gab Geschrei und Lärm, Donner und Erdbeben und ein Tumult entstand auf der Erde. 1e Plötzlich kamen zwei große Drachen, beide bereit zu kämpfen. Sie brüllten laut 1f und durch ihr Brüllen wurden alle Völker zum Kampf aufgereizt, sodass sie gegen das Volk der Gerechten Krieg führten. 1g Es war ein Tag des Dunkels und der Finsternis; Bedrängnis und Not, Unheil und großer Tumult waren auf der Erde. 1h Das ganze Volk der Gerechten geriet in Bestürzung. Sie fürchteten Unheil und rechneten mit ihrem Untergang. Da schrien sie zu Gott. 1i Auf ihr Rufen hin wurde aus einer kleinen Quelle ein großer Strom mit viel Wasser. 1k Licht und Sonne schienen wieder; die Niedrigen wurden erhöht und sie vernichteten die Angesehenen. 1l Als Mordechai diesen Traum gehabt hatte, erwachte er. Den ganzen Tag überlegte er, was Gott wohl beschlossen habe, und versuchte, auf jede nur mögliche Weise den Traum zu verstehen.

1c: 2 Kön 24,8.15 • 1d: 10,3a–k • 1k: 8,16.

Die Aufdeckung der Verschwörung:
1,1m–r G = 12,1–6 Vg

1m Mordechai schlief im Palast in der Nähe der zwei Hofbeamten Gabata und Teresch, die den Palast bewachten. 1n Dabei hörte er, was sie miteinander überlegten; er versuchte, über ihre Pläne Genaueres zu erfahren, und entdeckte, dass sie einen Anschlag gegen König Artaxerxes vorbereiteten. Er zeigte sie beim König an 1o und der König verhörte die beiden Beamten. Sie gestanden und wurden hingerichtet. 1p Zur Erinnerung ließ der König diese Begebenheit aufzeichnen; auch Mordechai machte Aufzeichnungen darüber. 1q Und der König beauftragte Mordechai, im Palast zu dienen, und belohnte ihn für seine Tat mit reichen Geschenken. 1r Aber der Bugäer Haman, der Sohn Hammedatas, ein angesehener Mann beim König, suchte wegen der beiden Hofbeamten des Königs Unheil über Mordechai und sein Volk zu bringen.

1m–p: 2,21–23; 6,2f • 1p: 6,1; 10,2 • 1q: 6,3 • 1r: 3,1f.5f.

DIE ERHEBUNG ESTERS ZUR KÖNIGIN: 1,1 – 2,23

Das Mahl im Königspalast: 1,1–9

1 Es war zur Zeit des Artaxerxes, jenes Artaxerxes, der von Indien bis Kusch über hundertsiebenundzwanzig Provinzen herrschte. 2 Drei Jahre, nachdem König Artaxerxes in der Burg Susa den Thron seines Reiches bestiegen hatte, 3 gab er ein Festmahl für alle seine Fürsten und Beamten. Die Obersten des Heeres von Persien und Medien, die Vornehmen und die Statthalter der Provinzen waren erschienen 4 und er stellte viele Tage lang seinen ganzen Reichtum und seine königliche Pracht, seine Herrlichkeit und seinen ungeheueren Prunk zur Schau, hundertachtzig Tage lang. 5 Am Ende dieser Tage gab der König allen, die in der Burg Susa waren, vom Größten bis zum Ge-

1,1a G liest in allen Teilen des Buches den Namen des Königs als Artaxerxes. H liest Ahaschwerosch, dessen griechische Form sonst Xerxes lautet. Gemeint ist Xerxes I. (486–465 v. Chr.).
1,1b Susa ist neben Babylon und Ekbatana eine der Residenzen des Perserreichs.
1,1d–l Der Traum wird in 10,3b–f gedeutet.
1,1m–p Vgl. 2,21–23.
1,1r Bugäer: sonst wird Haman als Agagiter bezeichnet.
1,3 Die Obersten des Heeres: Text korr.; H: das Heer.

ringsten, sieben Tage lang im Hofgarten des
Palastes ein Festmahl. 6 Weißes Leinen, vio-
letter Purpurstoff und andere feine Gewebe
waren mit weißen und roten Schnüren in sil-
bernen Ringen an Alabastersäulen aufge-
hängt. Auf dem Mosaikboden aus Alabaster,
weißem und buntem Marmor und Perlmutt-
steinen standen goldene und silberne Ruhe-
lager. 7 Man trank aus goldenen Gefäßen,
von denen keines den andern gleich war.
Großzügig ließ der König seinen Wein aus-
schenken. 8 Bei dem Gelage sollte keinerlei
Zwang herrschen. Denn der König hatte sei-
nen Palastbeamten befohlen: Jeder kann
tun, was ihm beliebt. 9 Auch Königin Wasch-
ti gab ein Festmahl für die Frauen, die im
Palast des Königs Artaxerxes lebten.

Die Verstoßung der Königin Waschti:
1,10–22

10 Als König Artaxerxes am siebten Tag
vom Wein angeheitert war, befahl er Mehu-
man, Biseta, Harbona, Bigta, Abagta, Setar
und Karkas, den sieben Hofbeamten, die ihn
persönlich bedienten, 11 die Königin Waschti
im königlichen Diadem vor ihn zu bringen,
damit das Volk und die Fürsten ihre Schön-
heit bewunderten; denn sie war sehr schön.
12 Aber die Königin Waschti weigerte sich,
dem Befehl des Königs, den die Hofbeamten
überbracht hatten, zu folgen und zu kom-
men. Da wurde der König erbost und es
packte ihn großer Zorn.
13 Er besprach sich mit den Weisen, die
sich in der Geschichte auskennen; denn er
pflegte seine Angelegenheiten vor den Kreis
der Gesetzes- und Rechtskundigen zu brin-
gen, 14 die zu ihm Zutritt hatten, nämlich
Karschena, Schetar, Admata, Tarschisch,
Meres, Marsena, Memuchan, die sieben
Fürsten Persiens und Mediens. Sie hatten
freien Zugang zum König und nahmen den
ersten Rang im Königreich ein. 15 Er fragte:
Was soll man nach dem Gesetz mit der Köni-
gin Waschti tun, nachdem sie dem Befehl des
Königs Artaxerxes, den ihr die Hofbeamten
überbracht haben, nicht gefolgt ist? 16 Da
sagte Memuchan zum König und zu den
Fürsten: Nicht nur gegen den König, sondern
auch gegen alle Fürsten und alle Völker, die
in all den Provinzen des Königs Artaxerxes
leben, hat sich Königin Waschti verfehlt.
17 Denn das Verhalten der Königin wird al-
len Frauen bekannt werden, und sie werden
die Achtung vor ihren Ehemännern verlieren
und sagen: König Artaxerxes befahl der Kö-
nigin Waschti, vor ihm zu erscheinen; aber
sie kam nicht. 18 Von heute an werden alle
Fürstinnen Persiens und Mediens, die vom
Verhalten der Königin hören, dies allen
Fürsten des Königs vorhalten und es gibt viel
Ärger und Verdruss. 19 Wenn es dem König
recht ist, möge ein unwiderruflicher könig-
licher Erlass ergehen, der in den Gesetzen
der Perser und Meder aufgezeichnet wird:
Waschti darf dem König Artaxerxes nicht
mehr unter die Augen treten. Der König aber
verleihe den Rang der Königin einer ande-
ren, die würdiger ist als sie. 20 Wenn die An-
ordnung, die der König erlässt, in seinem
ganzen großen Reich bekannt wird, dann
werden alle Frauen ihren Ehemännern, den
vornehmsten wie den geringsten, die gebüh-
rende Achtung erweisen. 21 Der Vorschlag
gefiel dem König und den Fürsten und der
König handelte nach Memuchans Worten.
22 Er sandte Schreiben an alle königlichen
Provinzen, an jede Provinz in ihrer eigenen
Schrift und an jedes Volk in seiner Sprache,
damit alle Männer Herr in ihrem Haus blie-
ben [redend in der Sprache seines Volkes].

22: 3,12; 8,9.

Der Entschluss des Königs: 2,1–4

2 Als sich nach einiger Zeit der Zorn des
Königs gelegt hatte, erinnerte er sich
wieder an Waschti und an das, was sie getan
und was man über sie beschlossen hatte. 2 Da
sagten die Pagen des Königs: Man sollte für
den König schöne junge Mädchen suchen.
3 Der König soll in jeder Provinz seines Rei-
ches Männer beauftragen, alle schönen jun-
gen Mädchen in den Frauenpalast auf der
Burg Susa zu bringen und dem königlichen
Kämmerer Hegai, dem Aufseher der Frauen,
zu übergeben. Dort sollen sie der nötigen
Schönheitspflege unterzogen werden. 4 Und
das Mädchen, das dem König gefällt, soll an-
stelle Waschtis Königin werden. Der König
fand den Vorschlag gut und handelte nach
ihm.

1,13 die sich in der Geschichte auskennen, wörtlich: die die Zeiten kennen. Andere Deutung: die wissen, was jeweils in einer bestimmten Zeit zu tun ist (vgl. 1 Chr 12,33).

1,22 Dieser Zusatz fehlt in G.

2,5f Mordechai (= dem Gott Marduk gehörig) ist ein babylonischer Name. Nicht er selber, sondern wohl Kisch ist mit Jojachin in die Verbannung geführt worden (597 v. Chr.).

Ester am königlichen Hof: 2,5–14

5 In der Burg Susa lebte ein Jude namens
Mordechai. Er war der Sohn Jaïrs, des Soh-
nes Schimis, des Sohnes des Kisch, aus dem
Stamm Benjamin. 6 Er war mit den Ver-
schleppten aus Jerusalem gekommen, die der
babylonische König Nebukadnezzar zusam-
men mit König Jojachin deportiert hatte.
7 Er war der Vormund von Hadassa, der
Tochter seines Onkels, die auch Ester hieß.
Sie hatte keinen Vater und keine Mutter
mehr. Das Mädchen war von schöner Gestalt
und großer Anmut. Nach dem Tod ihres Va-
ters und ihrer Mutter hatte Mordechai sie als
seine Tochter angenommen. 8 Als der Befehl
und Erlass des Königs bekannt wurde,
brachte man viele Mädchen zur Burg Susa
und gab sie in die Obhut Hegais. Auch Ester
wurde in den Königspalast geholt und Hegai,
dem Aufseher der Frauen, übergeben. 9 Das
Mädchen fand sein Gefallen und seine
Gunst. Er war sehr darauf bedacht, dass sie
die nötige Pflege und die richtige Kost er-
hielt; außerdem gab er ihr sieben auserlesene
Dienerinnen aus dem Königshaus. Später
ließ er sie mit ihren Dienerinnen in die
schönsten Räume des Frauenpalastes umzie-
hen. 10 Ester hatte nichts von ihrem Volk und
ihrer Abstammung erzählt; denn Mordechai
hatte sie angewiesen, nichts davon zu sagen.
11 Jeden Tag ging Mordechai zum Hof des
Frauenpalastes, um zu erfahren, wie es Ester
ging und was mit ihr geschah. 12 Der Reihe
nach wurden alle Mädchen zu König Arta-
xerxes geholt. Zuvor waren sie, wie es für die
Frauen Vorschrift war, zwölf Monate lang
gepflegt worden; denn so lange dauerte ihre
Schönheitspflege: sechs Monate Myrrhenöl
und sechs Monate Balsam und andere
Schönheitsmittel der Frauen. 13 Dann gingen
die Mädchen zum König und alles, was sie
sich aus dem Haus der Frauen wünschten,
gab man ihnen in den Königspalast mit.
14 Am Abend gingen sie hinein und am Mor-
gen kamen sie zurück und wurden in den
zweiten Frauenpalast gebracht und dem
königlichen Kämmerer Schaaschgas anver-
traut, dem Aufseher der Nebenfrauen. Sie
durften nicht mehr zum König gehen, außer
wenn der König Gefallen an ihnen gefunden
hatte und sie ausdrücklich rufen ließ.

5–6: 1,1a–c • 7: 8,1 • 14: 4,11.

Esters Erhebung zur Königin: 2,15–20

15 Eines Tages war Ester, die Tochter Abi-
hajils, des Onkels Mordechais, der sie als sei-
ne Tochter angenommen hatte, an der Reihe,
zum König zu gehen. Sie wollte nichts mit-
nehmen, außer was der königliche Kämme-
rer Hegai, der Aufseher der Frauen, ihr na-
helegte. Ester aber gefiel allen, die sie sahen.
16 Es war im zehnten Monat, dem Monat Te-
bet, im siebten Jahr der Regierung des Kö-
nigs, als Ester zu Artaxerxes in den königli-
chen Palast geholt wurde. 17 Und der König
liebte Ester mehr als alle Frauen zuvor und
sie gewann seine Gunst und Zuneigung mehr
als alle anderen Mädchen. Er setzte ihr das
königliche Diadem auf und machte sie an-
stelle Waschtis zur Königin. 18 Der König
veranstaltete zu Ehren Esters ein großes
Festmahl für alle seine Fürsten und Diener.
Den Provinzen gewährte er einen Steuerer-
lass und mit königlicher Freigebigkeit teilte
er Geschenke aus. 19 Damals, als man die
Mädchen [zum zweiten Mal] zusammenhol-
te, hatte Mordechai einen Posten am Tor des
königlichen Palastes. 20 Ester aber erzählte
nichts von ihrer Abstammung und ihrem
Volk, wie Mordechai ihr aufgetragen hatte.
Ester hielt sich an die Worte Mordechais, wie
früher, als sie noch seine Pflegetochter war.

Die Aufdeckung einer Verschwörung: 2,21–23

21 In jenen Tagen, als Mordechai einen
Posten am Tor des königlichen Palastes hat-
te, planten Bigtan und Teresch, zwei unzu-
friedene königliche Kämmerer, die zu den
Türhütern gehörten, einen Anschlag auf Kö-
nig Artaxerxes. 22 Mordechai erfuhr davon
und berichtete es der Königin Ester. Ester
sagte es im Auftrag Mordechais dem König
weiter. 23 Die Sache wurde untersucht und
aufgedeckt. Man hängte die beiden auf und
hielt das Ereignis in der Chronik fest, die für
den König geführt wurde.

21–23: 1,1m–p • 21: 6,1 f.

2,7 Hadassa (= Myrthe) ist der hebräische, Ester (= Stern) ist der babylonische Name für die Nichte und Adoptivtochter Mordechais.

3,1 Vgl. die Anmerkung zu 1,1r. – »Agagiter« erinnert an den König Agag von Amalek, den Feind Israels in 1 Sam 15.

HAMANS ANSCHLAG GEGEN DIE JUDEN: 3,1–15

Der Racheplan: 3,1–6

3 Nach diesen Ereignissen zeichnete König Artaxerxes den Agagiter Haman, den Sohn Hammedatas, in besonderer Weise aus und gab ihm einen höheren Rang als allen anderen Fürsten seiner Umgebung. 2 Alle königlichen Diener am Tor des Palastes fielen vor Haman nieder und huldigten ihm; denn so hatte es der König ihm zu Ehren befohlen. Mordechai aber fiel nicht nieder und huldigte ihm nicht. 3 Da sagten die königlichen Diener am Tor des Palastes zu Mordechai: Warum setzt du dich über das Gebot des Königs hinweg? 4 Das sagten sie jeden Tag zu ihm, doch er hörte nicht auf sie. Sie meldeten es Haman, weil sie sehen wollten, ob Mordechai mit seiner Begründung Erfolg haben werde; er hatte ihnen nämlich gesagt, er sei Jude. 5 Als Haman merkte, dass Mordechai nicht vor ihm niederfiel und ihm nicht huldigte, wurde er sehr zornig. 6 Aber es schien ihm nicht genug, nur Mordechai zu beseitigen. Da man ihm gesagt hatte, welchem Volk Mordechai angehörte, wollte Haman alle Juden im Reich des Artaxerxes vernichten – das ganze Volk Mordechais.

Der Ausrottungsplan: 3,7–11

7 Im ersten Monat, dem Monat Nisan, im zwölften Jahr des Königs Artaxerxes, warf man in Gegenwart Hamans das Pur, das ist das Los, über die einzelnen Tage und Monate und das Los fiel auf den dreizehnten Tag des zwölften Monats, des Monats Adar. 8 Darauf sagte Haman zu König Artaxerxes: Es gibt ein Volk, das über alle Provinzen deines Reiches verstreut lebt, aber sich von den anderen Völkern absondert. Seine Gesetze sind von denen aller anderen Völker verschieden; auch die Gesetze des Königs befolgen sie nicht. Es ist nicht richtig, dass der König ihnen das durchgehen lässt. 9 Wenn der König einverstanden ist, soll ein schriftlicher Erlass herausgegeben werden, sie auszurotten. Dann kann ich den Schatzmeistern zehntausend Talente Silber übergeben und in die königlichen Schatzkammern bringen lassen. 10 Da zog der König seinen Siegelring vom Finger und gab ihn dem Agagiter Haman, dem Sohn Hammedatas, dem Feind der Juden, 11 und er sagte zu Haman: Das Silber lasse ich dir; mach mit dem Volk, was dir richtig erscheint.

7: 9,24 • 8: Num 23,9; Dtn 4,5–8 • 10: 8,2; Gen 41,42.

Der Erlass: 3,12–15

3,13a–g: G = 13,1–7 Vg

12 Am dreizehnten Tag des ersten Monats wurden die Schreiber des Königs gerufen. Man schrieb an die Satrapen des Königs, die Statthalter der einzelnen Provinzen und die Fürsten aller Völker der einzelnen Provinzen in ihrer eigenen Schrift und Sprache alles genau so, wie es Haman befohlen hatte. Der Erlass war im Namen des Königs Artaxerxes geschrieben und mit dem Siegelring des Königs gesiegelt. 13 Durch Eilboten sandte man das Schreiben an alle königlichen Provinzen (mit dem Befehl): Man solle alle Juden, Jung und Alt, auch Kinder und Frauen, am gleichen Tag, dem dreizehnten Tag im zwölften Monat, dem Monat Adar, erschlagen, ermorden und ausrotten und ihren Besitz plündern.

13a Hier ist eine Abschrift des Briefes: Der Großkönig Artaxerxes schreibt den Statthaltern der hundertsiebenundzwanzig Provinzen von Indien bis Kusch und den untergeordneten Behörden: 13b Als Herrscher über viele Völker und Gebieter über die ganze Welt habe ich beschlossen – nicht aus überheblicher Willkür, sondern in meinem allzeit bewiesenen Streben nach Milde und Güte –, meinen Untertanen in jeder Hinsicht ein ruhiges Leben zu sichern, die Entwicklung des Reiches zu fördern, es bis an die Grenzen mit guten Straßen zu versehen und allen Menschen wieder den ersehnten Frieden zu schenken. 13c Als ich meine Ratgeber fragte, wie das erreicht werden könnte, hat Haman, der sich bei uns durch seine Besonnenheit hervorgetan und seine unwandelbare edle Gesinnung und feste Treue unter Beweis gestellt hat und der im Reich den zweithöchsten Rang innehat, 13d uns darauf hingewiesen, dass sich ein bestimmtes heimtückisches Volk unter alle Nationen der Erde gemischt habe, das durch seine Gesetze zu jedem anderen Volk in Gegensatz stehe. Es missachte ununterbrochen die Anordnungen unserer Könige, sodass die Verwaltung des ganzen Reiches beeinträchtigt ist, obwohl sie von

---

3,7 Text korr. nach G (vgl. 8,12). – Pûr, ein assyrisches Wort, bedeutet »Los«.

3,13a Kusch ist der heutige Sudan und ein Teil Äthiopiens.

uns ausgezeichnet geleitet wird. 13e So sind
wir zu der Ansicht gelangt, dass dieses Volk
als einziges sich gegen alle Menschen ohne
Ausnahme feindselig verhält, nach abson-
derlichen und befremdlichen Gesetzen lebt
und sich gegen die Interessen unseres Landes
stellt und die schlimmsten Verbrechen be-
geht, sodass im Reich keine geordneten Ver-
hältnisse eintreten können. 13f Darum ord-
nen wir an: Alle, die euch Haman, der Leiter
der Staatskanzlei, unser zweiter Vater, in
seinem Brief näher beschrieben hat, sollen
am vierzehnten Tag des Monats Adar des
laufenden Jahres samt ihren Frauen und
Kindern ohne Gnade und Erbarmen durch
das Schwert ihrer Feinde radikal ausgerottet
werden. 13g So werden diese seit jeher feind-
seligen Menschen an einem einzigen Tag ei-
nes gewaltsamen Todes sterben und in die
Unterwelt hinabfahren, unser Land aber
wird sich in Zukunft einer beständigen und
ungestörten Ruhe erfreuen.
14 In jede einzelne Provinz wurde eine Ab-
schrift des Erlasses geschickt, und dieser
wurde als Gesetz veröffentlicht, damit alle
Völker für diesen Tag bereit seien. 15 Die Bo-
ten ritten hinaus, durch königlichen Befehl
zur Eile gedrängt. Während das Gesetz in
der Burg Susa veröffentlicht wurde, saßen
der König und Haman beisammen und tran-
ken; die Stadt Susa aber war in großer Auf-
regung.

13f: Gen 45,8.

DIE ABWENDUNG DER GEFAHR: 4,1 – 7,10

Esters Vermittlung: 4,1–17

4 Als Mordechai von allem, was gesche-
hen war, erfuhr, zerriss er seine Kleider,
hüllte sich in Sack und Asche, ging in die
Stadt und erhob ein lautes Klagegeschrei.
2 So kam er bis vor das Tor des Königspalas-
tes; aber es war nicht erlaubt, im Trauerge-
wand durch das Tor des Palastes zu gehen.
3 Auch in allen Provinzen herrschte bei den
Juden überall große Trauer, sobald der Er-
lass und das Gesetz des Königs eintrafen.
Man fastete, weinte und klagte. Viele schlie-
fen in Sack und Asche. 4 Als die Dienerinnen
und Kämmerer zu Ester kamen und ihr be-
richteten, erschrak die Königin sehr. Sie
schickte Mordechai Gewänder, damit er sich
bekleiden und das Trauergewand ablegen
könne. Doch er nahm sie nicht an. 5 Da rief
Ester den königlichen Kämmerer Hatach,
den der König zu ihrem Diener bestimmt
hatte, und schickte ihn zu Mordechai, um zu
erfahren, was vorgefallen sei und warum er
sich so seltsam verhalte. 6 Hatach ging zu
Mordechai auf den Marktplatz vor das Tor
des Palastes hinaus. 7 Und Mordechai er-
zählte ihm alles, was geschehen war, und
sagte ihm sogar, wie viel Silber Haman in die
königlichen Schatzkammern liefern wollte,
sobald er die Juden ausgerottet hätte. 8 Er
gab ihm auch eine Abschrift des Erlasses
über die Ausrottung der Juden, der in Susa
veröffentlicht worden war; ihn sollte Hatach
Ester zeigen, ihr alles erzählen und sie drin-
gend bitten, zum König zu gehen und ihn in-
ständig um Gnade für ihr Volk anzuflehen.
9 Hatach kam und berichtete Ester, was Mor-
dechai gesagt hatte. 10 Ester schickte Hatach
wieder zu Mordechai und ließ ihm sagen:
11 Alle Diener des Königs und alle Einwoh-
ner der königlichen Provinzen wissen, dass
für jeden, Mann oder Frau, der zum König in
den inneren Hof geht, ohne gerufen worden
zu sein, das gleiche Gesetz gilt: Man tötet
ihn. Nur wenn der König ihm das goldene
Zepter entgegenstreckt, bleibt er am Leben.
Ich bin schon dreißig Tage nicht mehr zum
König gerufen worden. 12 Hatach teilte Mor-
dechai mit, was Ester gesagt hatte. 13 Morde-
chai ließ Ester erwidern: Glaub ja nicht, weil
du im Königspalast lebst, könntest du dich
als Einzige von allen Juden retten. 14 Wenn
du in diesen Tagen schweigst, dann wird den
Juden anderswoher Hilfe und Rettung kom-
men. Du aber und das Haus deines Vaters
werden untergehen. Wer weiß, ob du nicht
gerade dafür in dieser Zeit Königin gewor-
den bist? 15 Ester ließ Mordechai antworten:
16 Geh und ruf alle Juden zusammen, die in
Susa leben. Fastet für mich! Esst und trinkt
drei Tage und Nächte lang nichts! Auch ich
und meine Dienerinnen wollen ebenso fas-
ten. Dann will ich zum König gehen, obwohl
es gegen das Gesetz verstößt. Wenn ich um-
komme, komme ich eben um. 17 Mordechai
ging weg und tat alles genau so, wie es Ester
ihm befohlen hatte.

11: 5,2; 8,4.

3,13f Vater: hier ein Ehrentitel.

Das Gebet Mordechais:
4,17a–i G = 13,8–18 Vg

17a Mordechai dachte an alle die Taten des Herrn und er betete zum Herrn: 17b Herr, Herr, König, du Herrscher über alles! Deiner Macht ist das All unterworfen und niemand kann sich dir widersetzen, wenn du Israel retten willst; 17c denn du hast Himmel und Erde gemacht und alles, was wir unter dem Himmel bestaunen. Du bist der Herr über alles und niemand kann es wagen, sich dir, dem Herrn, entgegenzustellen. 17d Du kennst alles. Du weißt, Herr, dass es weder aus Hochmut, noch aus Überheblichkeit, noch aus Ruhmsucht geschah, wenn ich mich vor dem überheblichen Haman nicht niedergeworfen habe. Denn ich würde gern seine Fußsohlen küssen, wenn es für die Rettung Israels von Nutzen wäre. 17e Ich habe so gehandelt, weil ich nicht die Ehre eines Menschen über die Ehre Gottes stellen wollte. Ich werde mich vor niemand niederwerfen, außer vor dir, meinem Gott, und ich handle nicht aus Überheblichkeit so. 17f Und nun, Herr und Gott, König, Gott Abrahams, verschone dein Volk! Denn sie blicken voll Hass auf uns und wollen uns ins Verderben stürzen; sie sind darauf aus zu vernichten, was von Anfang an dein Erbbesitz war. 17g Übersieh dein Erbteil nicht, das du dir von den Ägyptern losgekauft hast. 17h Hör auf mein Flehen, hab Erbarmen mit deinem Erbbesitz und verwandle unsere Trauer in Freude, damit wir am Leben bleiben und deinen Namen preisen Herr; lass den Mund derer, die dich loben, nicht verstummen! 17i Auch ganz Israel schrie mit aller Kraft (zum Herrn); denn der Tod stand ihnen vor Augen.

17b: 2 Chr 20,6f.

Das Gebet der Ester:
4,17k–z G = 14,1–19 Vg

17k Auch die Königin Ester wurde von Todesangst ergriffen und suchte Zuflucht beim Herrn. Sie legte ihre prächtigen Gewänder ab und zog die Kleider der Notzeit und Trauer an. Statt der kostbaren Salben tat sie Asche und Staub auf ihr Haupt, vernachlässigte ihren Körper, und wo sie sonst ihren prunkvollen Schmuck trug, hingen jetzt ihre Haare in Strähnen herab. Und sie betete zum Herrn, dem Gott Israels: 17l Herr, unser König, du bist der Einzige. Hilf mir! Denn ich bin allein und habe keinen Helfer außer dir; die Gefahr steht greifbar vor mir. 17m Von Kindheit an habe ich in meiner Familie und meinem Stamm gehört, dass du, Herr, Israel aus allen Völkern erwählt hast; du hast dir unsere Väter aus allen ihren Vorfahren als deinen ewigen Erbbesitz ausgesucht und hast an ihnen gehandelt, wie du es versprochen hattest. 17n Wir aber haben uns gegen dich verfehlt und du hast uns unseren Feinden ausgeliefert, weil wir ihre Götter verehrt haben. Du bist gerecht, Herr. 17o Jetzt aber ist es unseren Feinden nicht mehr genug, uns grausam zu unterjochen, sondern sie haben ihren Götzen geschworen, dein Versprechen zu vereiteln, deinen Erbbesitz zu vernichten, den Mund derer, die dich loben, verstummen zu lassen und das Licht deines Tempels und das Feuer auf deinem Altar auszulöschen. 17p Stattdessen wollen sie den Heiden den Mund öffnen, damit sie ihre nichtigen Götzen preisen und auf ewige Zeiten einen sterblichen König verherrlichen. 17q Überlass dein Zepter, Herr, nicht den nichtigen Götzen! Man soll nicht höhnisch über unseren Sturz lachen. Lass ihre Pläne sich gegen sie selbst kehren; den aber, der all das gegen uns veranlasst hat, mach zum warnenden Beispiel! 17r Denk an uns, Herr! Offenbare dich in der Zeit unserer Not und gib mir Mut, König der Götter und Herrscher über alle Mächte! 17s Leg mir in Gegenwart des Löwen die passenden Worte in den Mund und stimm sein Herz um, damit er unseren Feind hasst und ihn und seine Gesinnungsgenossen vernichtet. 17t Uns aber rette mit deiner Hand! Hilf mir, denn ich bin allein und habe niemand außer dir, o Herr! 17u Du kennst alles. Du weißt auch, dass ich den Prunk der Heiden hasse und das Bett eines Unbeschnittenen und Fremden verabscheue. 17v Du weißt, dass ich das Zeichen meiner Würde verabscheue und es an den Tagen meines öffentlichen Auftretens nur unter Zwang auf dem Kopf trage. 17w Ich verabscheue es wie die blutigen Stofffetzen zur Zeit meiner Unreinheit und trage es nicht an den Tagen, an denen ich meine Ruhe habe. 17x Deine Magd hat nicht am Tisch Hamans gegessen, ich habe keinem königlichen Gelage durch meine Anwesenheit Glanz verliehen und habe keinen Opferwein getrunken. 17y Seit deine Magd hierher kam, bist du für sie der einzige Grund, sich zu freuen, Herr, du Gott Abrahams. 17z Gott, du hast Macht über alle: Erhöre das Flehen der Verzweifelten und

4,17s »Löwe« wird hier der König genannt.

4,17u Heiden, wörtlich: Gesetzlose, d.h. Menschen, die nicht nach dem Gesetz der Juden leben.

befrei uns aus der Hand der Bösen! Befrei
mich von meinen Ängsten!

17m: Dtn 6,20–25; Ps 78,3–7; Dtn 7,6; Ri 2,6; Ps 105,6–15 • 17w: Lev 15,19.

Die Audienz beim König: 5,1–4
5,1a–f. 2a.b. G = 15,4–19 Vg

5 Am dritten Tag legte Ester ihre königli-
chen Gewänder an und ging in den inne-
ren Palasthof, der vor dem Haus des Königs
lag. Der König saß im Königshaus auf sei-
nem Königsthron, dem Eingang gegenüber.
2 Als der König die Königin Ester im Hof ste-
hen sah, fand sie Gnade vor seinen Augen.
Der König streckte ihr das goldene Zepter
entgegen, das er in der Hand hielt. Ester trat
näher und berührte die Spitze des Zepters.
[5,1 Am dritten Tag legte Ester, als sie ihr
Gebet beendet hatte, ihr Bußgewand ab und
zog ihre Prunkgewänder an. 1a Nachdem sie
ihre strahlende Schönheit wiedergewonnen
hatte, betete sie zu dem allsehenden Gott
und Retter. Dann nahm sie zwei Dienerinnen
mit; auf die eine stützte sie sich nach der Art
der vornehmen Frauen, die andere ging hin-
ter ihr und trug ihr die Schleppe. 1b Sie selbst
strahlte in blühender Schönheit, ihr Gesicht
war bezaubernd und heiter, ihr Herz aber
war beklommen vor Furcht. 1c Sie durch-
schritt alle Türen und blieb vor dem König
stehen. Er saß auf seinem königlichen Thron,
angetan mit seinen Prunkgewändern voll
Gold und Edelsteinen. Der Anblick war
Furcht erregend. 1d Als er aufblickte und die
Königin in wildem Zorn mit feuerrotem Ge-
sicht ansah, wurde sie bleich, fiel in Ohn-
macht und sank auf die Schulter der Diene-
rin, die vorausging. 1e Da erweichte Gott das
Herz des Königs. Besorgt sprang er vom
Thron auf und nahm sie in seine Arme, bis sie
wieder zu sich kam. Dann redete er ihr mit
freundlichen Worten zu und sagte: 1f Was
hast du, Ester? Ich bin dein Bruder, sei unbe-
sorgt! Du sollst nicht sterben; denn unser
Befehl gilt nur für die anderen. Komm her!
2 Dann nahm er das goldene Zepter, legte es
ihr auf den Nacken, küsste sie und sagte:
Nun rede mit mir! 2a Da sagte sie zu ihm: Ich
sah dich, Herr, wie einen Engel Gottes und
mein Herz erschrak aus Furcht vor deinem
majestätischen Anblick; denn du bist herr-
lich, Herr, und dein Gesicht ist voll Wohl-
wollen. 2b Während sie mit ihm redete, fiel
sie wieder in Ohnmacht. Der König war sehr
bestürzt und sein ganzes Gefolge suchte ihr
Mut zu machen.] 3 Der König sagte zu ihr:
Was willst du, Königin Ester? Was hast du
für einen Wunsch? Auch wenn es die Hälfte
meines Reiches wäre, du sollst es erhalten.
4 Ester antwortete: Wenn es dem König ge-
fällt, möge er heute mit Haman zu dem Fest-
mahl kommen, das ich für ihn vorbereitet
habe.

1f: 4,11 • 3: 5,6; 7,2; 9,12; Mk 6,23.

Die Einladung zum Festmahl bei Ester:
5,5–8

5 Der König sagte: Holt in aller Eile Ha-
man her, damit wir Esters Wunsch erfüllen
können. Und der König kam mit Haman zu
dem Festmahl, das Ester vorbereitet hatte.
6 Als sie beim Wein saßen, sagte der König zu
Ester: Was hast du für eine Bitte? Sie wird
dir erfüllt. Was hast du für einen Wunsch?
Selbst wenn es die Hälfte des Reiches wäre,
man wird es dir geben. 7 Ester antwortete:
Das ist meine Bitte und mein Wunsch:
8 Wenn ich beim König Gnade gefunden
habe und es ihm gefällt, mir zu geben, wo-
rum ich bitte, und meinen Wunsch zu erfül-
len, dann möge der König auch morgen mit
Haman zu dem Festmahl kommen, das ich
für sie veranstalte. Morgen will ich dann die
Frage des Königs beantworten.

Hamans Racheplan gegen Mordechai:
5,9–14

9 Haman ging an diesem Tag fröhlich und
gut gelaunt nach Hause. Als er aber am Tor
des Königspalastes Mordechai sah, der sich
nicht erhob und keinerlei Ehrfurcht vor ihm
zeigte, geriet er in Zorn über Mordechai.
10 Doch er ließ sich nichts anmerken. Er ging
nach Hause und rief seine Freunde und seine
Frau Seresch zu sich. 11 Und er erzählte ih-
nen von seinem gewaltigen Reichtum und
von seinen vielen Söhnen, von all der Macht,
die ihm der König verliehen habe, und wie er
ihn hoch über alle anderen Fürsten und
königlichen Diener gestellt habe. 12 Haman
sagte: Auch Königin Ester hat an dem Fest-
mahl, das sie veranstaltete, nur den König
und mich teilnehmen lassen. Und auch mor-
gen bin ich von ihr zusammen mit dem König
eingeladen. 13 Aber mein Glück ist noch
nicht vollkommen, solange ich den Juden
Mordechai am Tor des Palastes sitzen sehe.

5,1–2b Der Zusatz ist eine in G überlieferte Erweiterung zu 5,1–2.

5,8 auch morgen: eingefügt mit G. – Die Frage des Königs beantworten, wörtlich: nach dem Wort des Königs handeln.

14 Da sagten seine Frau Seresch und alle seine Freunde zu ihm: Man könnte doch einen Galgen errichten, fünfzig Ellen hoch. Du aber sag morgen früh dem König, man solle Mordechai daran aufhängen. Dann kannst du mit dem König frohen Herzens zu dem Mahl gehen. Der Vorschlag gefiel Haman sehr und er ließ den Galgen aufstellen.

Die Erhöhung Mordechais: 6,1–14

6 In jener Nacht konnte der König nicht einschlafen. Darum ließ er sich das Buch der Denkwürdigkeiten, die Chronik, bringen und man las ihm daraus vor. 2 Da fand man den Bericht, wie Mordechai Bigtan und Teresch anzeigte, die beiden königlichen Kämmerer, die zu den Türhütern gehörten und einen Anschlag auf den König Artaxerxes geplant hatten. 3 Der König fragte: Welche Belohnung und Auszeichnung hat Mordechai dafür erhalten? Die Diener des Königs, die um ihn waren, antworteten: Er hat nichts erhalten. 4 Da fragte der König: Wer steht draußen im Hof? Haman aber war gerade in den äußeren Hof des Königspalastes gekommen, um dem König zu sagen, man solle Mordechai an dem Galgen aufhängen, den er für ihn hatte aufstellen lassen. 5 Die Diener antworteten dem König: Haman steht im Hof. Der König sagte: Er soll hereinkommen. 6 Haman trat ein. Der König fragte ihn: Was soll mit einem Mann geschehen, den der König besonders ehren will? Haman dachte: Wen könnte der König wohl mehr ehren wollen als mich? 7 Deshalb sagte Haman zum König: Wenn der König einen Mann besonders ehren will, 8 lasse er ein königliches Gewand holen, das sonst der König selbst trägt, und ein Pferd, auf dem sonst der König reitet und dessen Kopf königlich geschmückt ist. 9 Das Gewand und das Pferd soll man einem der vornehmsten Fürsten des Königs geben und er soll den Mann, den der König besonders ehren will, bekleiden, ihn auf dem Pferd über den Platz der Stadt führen und vor ihm ausrufen: So geht es einem Mann, den der König besonders ehren will. 10 Darauf sagte der König zu Haman: Hol in aller Eile das Gewand und das Pferd und tu alles, was du gesagt hast, mit dem Juden Mordechai, der am Tor des Palastes sitzt. Und lass nichts von dem aus, was du vorgeschlagen hast. 11 Haman nahm das Gewand und das Pferd, kleidete Mordechai ein, führte ihn auf dem Pferd über den Platz der Stadt und rief vor ihm aus: So geht es einem Mann, den der König besonders ehren will. 12 Dann kehrte Mordechai zum Tor des Palastes zurück. Haman aber eilte nach Haus, traurig und mit verhülltem Kopf. 13 Und er erzählte seiner Frau Seresch und seinen Freunden alles, was ihm zugestoßen war. Seine weisen [Ratgeber] und seine Frau Seresch sagten: Wenn Mordechai, der dich schon zu stürzen begonnen hat, zum Volk der Juden gehört, wirst du nichts gegen ihn ausrichten, sondern du wirst gewiss durch ihn zu Fall kommen. 14 Als sie noch redeten, trafen die königlichen Kämmerer ein, um Haman in Eile zu dem Festmahl zu holen, das Ester vorbereitet hatte.

2: 2,21–23.

Hamans Ende: 7,1–10

7 Der König und Haman kamen zu dem Mahl, das die Königin Ester gab, 2 und der König sagte auch am zweiten Tag zu Ester, als sie beim Wein saßen: Was hast du für eine Bitte, Königin Ester? Sie wird dir erfüllt. Was hast du für einen Wunsch? Selbst wenn es die Hälfte des Reiches wäre – man wird es dir geben. 3 Die Königin Ester antwortete: Wenn ich beim König Wohlwollen gefunden habe und wenn es ihm gefällt, dann möge mir und meinem Volk das Leben geschenkt werden. Das ist meine Bitte und mein Wunsch. 4 Man hat mich und mein Volk verkauft, um uns zu erschlagen, zu ermorden und auszurotten. Wenn man uns als Sklaven und Sklavinnen verkaufen würde, hätte ich nichts gesagt; denn dann gäbe es keinen Feind, der es wert wäre, dass man seinetwegen den König belästigt. 5 Da sagte der König Artaxerxes zu Königin Ester: Wer ist der Mann? Wo ist der Mensch, der es wagt, so etwas zu tun? 6 Ester antwortete: Dieser gefährliche Feind ist der verbrecherische Haman hier. Da erschrak Haman vor dem König und der Königin. 7 Der König aber stand auf, verließ voll Zorn das Trinkgelage und ging in den Garten des Palastes. Haman trat zu Ester und flehte sie um sein Leben an; denn er sah, dass sein Untergang beim König besiegelt war. 8 Als der König aus dem Garten wieder in den Raum zurückkam, in dem

5,14 Das Aufhängen am Galgen dient nicht der Hinrichtung, sondern der Zurschaustellung der Leiche; deshalb die außergewöhnliche Höhe des Galgens (vgl. 9,13).

7,8 Das Verhüllen des Gesichts bedeutet, dass Hamans Schicksal schon besiegelt ist.

das Trinkgelage stattfand, hatte sich Haman über das Polster geworfen, auf dem Ester lag. Der König sagte: Tut man jetzt sogar hier in meiner Gegenwart der Königin Gewalt an? Kaum hatte der König das gesagt, da verhüllte man schon das Gesicht Hamans. 9 Harbona, einer der Hofbeamten, sagte zum König: Vor dem Haus Hamans steht schon ein fünfzig Ellen hoher Galgen; ihn hat Haman für Mordechai aufgestellt, der dem König durch seine Anzeige einen guten Dienst erwiesen hat. Der König befahl: Hängt ihn daran auf! 10 Da hängten sie Haman an den Galgen, den er für Mordechai errichtet hatte, und der Zorn des Königs legte sich.

2: 5,6.

DIE RETTUNG DER JUDEN: 8,1 – 10,3

Mordechais Erhöhung und Esters erneute Bitte: 8,1–6

8 Noch am gleichen Tag schenkte König Artaxerxes der Königin Ester das Haus des Judenfeindes Haman. Mordechai aber erhielt Zutritt zum König; denn Ester hatte dem König gesagt, wie nahe Mordechai mit ihr verwandt war. 2 Der König zog seinen Siegelring, den er Haman hatte abnehmen lassen, vom Finger und gab ihn Mordechai. Ester machte Mordechai zum Verwalter von Hamans Haus. 3 Ester redete noch einmal mit dem König; sie fiel ihm weinend zu Füßen und flehte ihn an, das drohende Unheil, das der Agagiter Haman gegen die Juden geplant hatte, von ihnen abzuwenden. 4 Der König streckte Ester sein goldenes Zepter entgegen und Ester stand auf und trat vor den König. 5 Sie sagte: Wenn es dem König gefällt und ich sein Wohlwollen gefunden habe, wenn ihm mein Vorschlag richtig erscheint und ich seine Gunst genieße, dann soll durch einen schriftlichen Erlass die Anordnung widerrufen werden, die der Agagiter Haman, der Sohn Hammedatas, in der Absicht getroffen hat, die Juden in allen königlichen Provinzen auszurotten. 6 Denn wie könnte ich das Unglück mit ansehen, das mein Volk trifft, wie könnte ich den Untergang meines Stammes mit ansehen?

Der Erlass zum Schutz der Juden: 8,7–17
8,7–11.12a–x. 13–17 G = 8,7–12; 16,1–24;
8,13–17 Vg

7 Da sagte König Artaxerxes zu Königin Ester und zu dem Juden Mordechai: Ich habe Ester das Haus Hamans übergeben, den man am Galgen aufgehängt hat, weil er seine Hand gegen die Juden erhob. 8 Jetzt aber sollt ihr im Namen des Königs einen schriftlichen Erlass zugunsten der Juden herausgeben, wie er euch richtig erscheint. Siegelt ihn mit dem königlichen Siegelring; denn ein Schreiben, das im Namen des Königs verfasst und mit dem königlichen Siegelring gesiegelt ist, kann nicht mehr rückgängig gemacht werden. 9 Da rief man die königlichen Schreiber; es war der dreiundzwanzigste Tag im dritten Monat, dem Monat Siwan. Und so, wie es Mordechai befahl, wurde zugunsten der Juden ein schriftlicher Erlass herausgegeben und an die Satrapen, Statthalter und Fürsten der hundertsiebenundzwanzig Provinzen von Indien bis Kusch geschickt, für jede einzelne Provinz in ihrer eigenen Schrift und für jedes einzelne Volk in seiner eigenen Sprache. 10 Man verfasste die Schreiben im Namen des Königs Artaxerxes, siegelte mit dem königlichen Siegelring und verschickte sie mit Eilboten auf Postpferden, die aus den königlichen Gestüten stammten. 11 Mit diesem Erlass gestattete der König den Juden in allen Städten, sich zusammenzutun, um für ihr Leben einzutreten, um in jedem Volk und in jeder Provinz alle ihre Gegner samt ihren Frauen und Kindern zu erschlagen, zu ermorden und auszurotten und ihren Besitz zu plündern; 12 das sollte in allen Provinzen des Königs Artaxerxes am gleichen Tag geschehen, am dreizehnten Tag im zwölften Monat, dem Monat Adar.

12a Dies ist eine Abschrift des Briefes: 12b Der Großkönig Artaxerxes entbietet den Statthaltern der hundertsiebenundzwanzig Provinzen von Indien bis Kusch und allen, denen unsere Angelegenheiten am Herzen liegen, seinen Gruß. 12c Viele, die aufgrund der überreichen Güte ihrer Wohltäter hoch geehrt waren, waren damit noch nicht zufrieden; sie versuchten nicht nur, unseren Untertanen zu schaden, sondern sie konnten auch den Überfluss nicht ertragen und pla-

8,1–2 Mordechai tritt an Hamans Stelle.

nen sogar Anschläge gegen ihre eigenen
Wohltäter. 12d Sie wollen nicht nur die
Dankbarkeit unter den Menschen beseitigen,
sondern sie sind durch die Prahlerei derer,
die vom Guten nichts wissen wollen, über-
heblich geworden und meinen, dem Gericht
des alles durchschauenden Gottes, der das
Böse hasst, entfliehen zu können. 12e Schon
viele, die als Herrscher eingesetzt waren, hat
der schlechte Einfluss von Freunden, die mit
den Staatsgeschäften betraut waren, mit-
schuldig am Tod Unschuldiger gemacht und
sie in schreckliches Unglück gestürzt. 12f Das
lautere Wohlwollen der Herrschenden wur-
de durch ihre böswilligen und verlogenen
Ratschläge getäuscht. 12g Das ersieht man
schon aus den altüberlieferten Geschichten;
noch viel deutlicher aber wird es, wenn ihr
all das untersucht, was vor euren Augen ge-
schehen ist: Die Niederträchtigkeit derer, die
ihr hohes Amt missbrauchten, hat zu großem
Unrecht geführt. 12h In Anbetracht der ver-
änderten Lage nehmen wir uns vor, in Zu-
kunft darauf zu achten, dass alle Menschen
im Reich ungestört und in Frieden leben
können; 12i alles, was uns zur Kenntnis ge-
bracht wird, werden wir erst nach genaue-
rem Zusehen entscheiden.

12k So ging es auch mit dem Mazedonier
Haman, dem Sohn Hammedatas. Obwohl er
in Wahrheit dem persischen Volk und unse-
rer Güte sehr fern stand, wurde er bei uns
gastlich aufgenommen. 12l Er erfuhr unsere
Liebe zu den Menschen, die wir allen Völ-
kern erweisen, in so reichem Maß, dass er so-
gar als unser Vater ausgerufen wurde und als
der zweite Mann neben dem König bei allen
immer höchste Verehrung genoss. 12m Doch
er ertrug seine hohe Würde nicht, sondern er
wollte uns die Herrschaft und das Leben
rauben. 12n Er versuchte, Mordechai, unseren
Retter und steten Wohltäter, und Ester, die
untadelige Mitinhaberin der Königswürde,
durch hinterhältige Intrigen mit ihrem gan-
zen Volk ins Verderben zu stürzen. 12o Auf
diese Weise glaubte er, uns aller Freunde zu
berauben und die Herrschaft über die Perser
den Mazedoniern verschaffen zu können.
12p Wir aber finden, dass die Juden, die die-
ser Erzschurke ausrotten wollte, keine Auf-
rührer sind, sondern dass sie als Bürger nach
sehr gerechten Gesetzen leben, 12q als Kinder
des höchsten, größten und lebendigen Got-
tes, der unser Reich, wie schon zu Zeiten un-
serer Vorfahren, in der schönsten Ordnung
erhält. 12r Es wird daher gut sein, wenn ihr
euch nicht nach den Schreiben richtet, die
euch Haman, der Sohn Hammedatas, ge-
schickt hat. Denn ihr Verfasser ist mit seiner
ganzen Familie vor den Toren Susas gekreu-
zigt worden; der über alles herrschende Gott
hat ihm nämlich sehr bald die wohlverdiente
Strafe geschickt.

12s Ihr sollt überall eine Abschrift dieses
Briefes öffentlich aushängen, damit man die
Juden nach ihren eigenen Gesetzen leben
lässt. Man soll ihnen helfen, sich an dem ei-
nen Tag, der für ihre Verfolgung festgesetzt
war, gegen alle zu verteidigen, von denen sie
angegriffen werden; es ist der dreizehnte Tag
im zwölften Monat, dem Monat Adar.
12t Diesen Tag hat der alles beherrschende
Gott statt zu einem Tag der Vernichtung für
das auserwählte Volk zu einem Tag der
Freude gemacht. 12u Daher sollt ihr neben
euren großen Gedenktagen einen weiteren
besonderen Festtag mit aller Freude feiern,
damit er von jetzt an uns und allen uns treu
ergebenen Persern Heil bringt; für die aber,
die uns bedrohen, soll er ein Mahnmal des
Untergangs sein. 12x Jede Stadt und jede
Provinz, die nicht danach handelt, wird ohne
Erbarmen mit Feuer und Schwert verwüstet.
Kein Mensch wird sie mehr betreten, selbst
den Tieren und Vögeln soll sie für immer ver-
hasst sein.

13 In jeder einzelnen Provinz wurde eine
Abschrift des Erlasses als Gesetz für alle
Völker veröffentlicht; die Juden sollten be-
reit sein, sich an diesem Tag an ihren Fein-
den zu rächen. 14 Die Boten ritten auf Post-
pferden, die aus den (königlichen) Gestüten
stammten, hinaus, durch königlichen Befehl
zu großer Eile gedrängt. Auch in der Burg
Susa wurde das Gesetz veröffentlicht. 15 Als
Mordechai den König verließ, trug er ein kö-
nigliches Gewand aus violettem Purpur und
weißem Leinen, eine große goldene Krone
und einen Mantel aus kostbarem Leinen und
rotem Purpur und die Stadt Susa war voll
Jubel und Freude. 16 Die Juden waren glück-
lich, sie jauchzten vor Freude und waren
wieder angesehen. 17 In jeder Provinz und in
jeder Stadt, überall, wo der Erlass des Königs
und sein Befehl bekannt wurde, jauchzten
die Juden vor Freude, sie aßen und tranken
und ließen es sich an diesem Tag gut gehen.
In allen Völkern der Erde bekannten sich
viele zum Judentum; denn ein Schrecken
vor den Juden hatte sie befallen. 17: Ps 105,38.

8,12x Die Ausgaben von G übergehen die Buchstaben v und w bei der Zählung der Verse.

Der Siegestag der Juden: 9,1–19

9 Am dreizehnten Tag im zwölften Monat, dem Monat Adar, sollte der Erlass des Königs und sein Befehl ausgeführt werden. Es war der Tag, an dem die Gegner der Juden gehofft hatten, sie zu überwältigen. Doch nun überwältigten umgekehrt die Juden ihre Feinde. 2 In allen Provinzen des Königs Artaxerxes taten sich die Juden in den Städten zusammen und überfielen die, die den Untergang der Juden geplant hatten. Niemand konnte ihnen standhalten; denn alle Völker hatte Schrecken vor ihnen befallen; 3 auch alle Fürsten der Provinzen, die Satrapen, Statthalter und königlichen Beamten, waren aufseiten der Juden; denn Schrecken vor Mordechai hatte sie befallen. 4 Mordechai war nämlich im Königspalast hoch angesehen und es war in allen Provinzen bekannt geworden, dass er immer einflussreicher wurde. 5 So metzelten die Juden alle ihre Feinde mit dem Schwert nieder; es gab ein großes Blutbad. Sie machten mit ihren Gegnern, was sie wollten. 6 In der Burg Susa brachten die Juden fünfhundert Männer um 7 und auch Parschandata, Dalfon, Aspata, 8 Porata, Adalja, Aridata, 9 Parmaschta, Arisai, Aridai und Wajesata, 10 die zehn Söhne des Judenfeindes Haman, des Sohnes Hammedatas, töteten sie, aber sie vergriffen sich nicht an ihrem Besitz. 11 Als man an jenem Tag dem König meldete, wie viele Menschen in der Burg Susa erschlagen worden waren, 12 sagte er zur Königin Ester: In der Burg Susa haben die Juden ein Blutbad angerichtet; man hat fünfhundert Männer, auch die zehn Söhne Hamans umgebracht. Was haben sie dann wohl in den übrigen königlichen Provinzen getan? Hast du einen Wunsch? Er wird dir erfüllt werden. Hast du eine Bitte? Sie soll erfüllt werden. 13 Ester antwortete: Wenn es dem König gefällt, soll den Juden in Susa erlaubt werden, auch morgen nach dem Gesetz von heute zu handeln. Außerdem soll man die zehn Söhne Hamans an den Galgen hängen. 14 Der König befahl, es solle so geschehen. Man gab also in Susa noch einen Erlass heraus und hängte die zehn Söhne Hamans auf. 15 Auch am vierzehnten Tag des Monats Adar taten sich die Juden in Susa zusammen und töteten dort dreihundert Männer; aber an ihrem Besitz vergriffen sie sich nicht. 16 Die übrigen Juden in den königlichen Provinzen versammelten sich, um für ihr Leben einzutreten; sie verschafften sich Ruhe vor ihren Feinden und töteten fünfundsiebzigtausend ihrer Gegner; aber an ihrem Besitz vergriffen sie sich nicht. 17 Das geschah am dreizehnten Tag des Monats Adar, am vierzehnten Tag des Monats jedoch war Ruhe. Sie feierten ihn als Festtag mit Essen und Trinken. 18 Die Juden in Susa aber versammelten sich am Dreizehnten und Vierzehnten des Monats; bei ihnen war am Fünfzehnten wieder Ruhe, und sie feierten ihn als Festtag mit Essen und Trinken. 19 Deswegen begehen die Juden in den unbefestigten Orten auf dem Land den vierzehnten Tag des Monats Adar als Festtag, den sie mit Essen und Trinken feiern und an dem sie sich gegenseitig beschenken.

Die Einführung des Purimfestes: 9,20–32

20 Mordechai schrieb alles auf, was geschehen war. Er schickte Schreiben an alle Juden in allen Provinzen des Königs Artaxerxes nah und fern 21 und machte ihnen zur Pflicht, den vierzehnten und den fünfzehnten Tag des Monats Adar in jedem Jahr als Festtag zu begehen. 22 Das sind die Tage, an denen die Juden wieder Ruhe hatten vor ihren Feinden; es ist der Monat, in dem sich ihr Kummer in Freude verwandelte und ihre Trauer in Glück. Sie sollten sie als Festtage mit Essen und Trinken begehen und sich gegenseitig beschenken und auch den Armen sollten sie Geschenke geben. 23 So wurde bei den Juden das, was sie damals zum ersten Mal taten und was Mordechai ihnen vorschrieb, zu einem festen Brauch. 24 Denn der Agagiter Haman, der Sohn Hammedatas, der Feind aller Juden, hatten den Plan gefasst, die Juden auszurotten, und hatte das Pur, das heißt das Los geworfen, um sie in Schrecken zu versetzen und auszurotten. 25 Als das dem König bekannt wurde, ordnete er in einem Schreiben an: Sein böser Plan gegen die Juden solle auf ihn selbst zurückfallen; man hänge ihn und seine Söhne an den Galgen. 26 Darum nennt man diese Tage das Purimfest, nach dem Wort Pur. Wegen all dem, was in diesem Schreiben stand und was sie selbst gesehen und erlebt hatten, 27 machten es sich die Juden zur Pflicht und erklärten es zur unverbrüchlichen Satzung für sich, für ihre Nachkommen und für alle, die sich ihnen anschließen würden, diese beiden Tage alljährlich, wie vorgeschrieben, zur festgesetzten Zeit zu begehen. 28 Diese Tage sollten in Erinnerung bleiben und in jeder Generation, in jeder Familie, in jeder Provinz und in jeder Stadt begangen werden. Die Juden sollten nie aufhören, das Purimfest zu feiern, diese Tage sollten bei ihren Nachkommen nie vergessen werden. 29 Um den

Purim-Erlass mit allem Nachdruck zu bestätigen, verfassten die Königin Ester, die Tochter Abihajils, und der Jude Mordechai ein zweites Schreiben. 30 Sie schickten es mit Glück- und Segenswünschen an alle Juden in den hundertsiebenundzwanzig Provinzen des Reiches des Artaxerxes, 31 um das Datum der Purimtage festzulegen, wie es der Jude Mordechai und Königin Ester angeordnet und wie sie es selbst sich und ihren Nachkommen zur Pflicht gemacht hatten. Das Schreiben enthielt die Vorschriften für das Fasten und die Wehklage. 32 Esters Worte bestätigten die Anordnungen für das Purimfest, und alles wurde in einer Urkunde aufgezeichnet.

Der Bericht über die Taten des Artaxerxes und die Stellung Mordechais: 10,1–3

10 König Artaxerxes verpflichtete das Land und die Inseln zum Frondienst. 2 Alle großen und eindrucksvollen Taten und der genaue Bericht über die hohe Stellung Mordechais, die ihm der König verliehen hatte, sind in der Chronik der Könige von Medien und Persien aufgezeichnet. 3 Denn der Jude Mordechai war der zweite Mann nach König Artaxerxes, er war bei den Juden hoch angesehen und beliebt bei allen seinen Stammesbrüdern. Er suchte das Wohl seines Volkes und war auf das Wohlergehen all seiner Nachkommen bedacht.

Die Deutung des Traumes Mordechais: 10,3a–k G = 10,4–13 Vg

3a Da sagte Mordechai: Durch Gott ist das alles geschehen. 3b Ich erinnere mich an den Traum, den ich darüber hatte. Nichts davon ist unerfüllt geblieben. 3c Die kleine Quelle, die zum großen Strom mit viel Wasser wurde, als das Licht und die Sonne wieder schienen, dieser Strom ist Ester; der König heiratete sie und machte sie zur Königin. 3d Die beiden Drachen sind ich und Haman. 3e Die Völker sind die, die gemeinsam das Andenken an die Juden auslöschen wollten. 3f Mein Volk aber, das sind die Israeliten; sie haben zu Gott geschrien und sind gerettet worden. Der Herr hat sein Volk gerettet, der Herr hat uns von allen diesen Leiden erlöst, Gott hat große Zeichen und Wunder getan, wie sie unter den Völkern noch nie geschehen sind. 3g Deshalb machte er zwei Lose, eines für das Volk Gottes und eines für alle anderen Völker. 3h Die beiden Lose fielen auf die Zeit und die Stunde und den Tag, an dem vor den Augen Gottes und mitten unter allen Völkern die Entscheidung fiel. 3i Gott hat sich an sein Volk, das sein Erbbesitz ist, erinnert und ihm zu seinem Recht verholfen. 3k Diese Tage im Monat Adar, der vierzehnte und der fünfzehnte, sollen zu allen Zeiten und in allen Generationen unter den Augen Gottes in seinem Volk Israel mit ausgelassener Freude gemeinsam gefeiert werden.

3b: 1,1a–l.

Die Unterschrift zum griechischen Esterbuch: 10,31 G = 11,1 Vg

31 Im vierten Jahr der Regierung des Ptolemäus und der Kleopatra überbrachten Dositheus, der, wie er sagte, Priester und Levit war, und sein Sohn Ptolemäus den vorliegenden Purimbericht. Sie sagten, er sei echt; Lysimachus, der Sohn des Ptolemäus, ein Mann aus Jerusalem, habe ihn übersetzt.

Die Bücher der Makkabäer

Die beiden Makkabäer-Bücher gehören nicht zum hebräischen Alten Testament, sondern zu den sog. deuterokanonischen, nur griechisch überlieferten Büchern der Bibel. Den Hauptinhalt der beiden Bücher bilden die Kämpfe der Juden gegen die Seleuziden im 2. Jahrhundert v. Chr. Sie werden unternommen, um die religiöse und politische Freiheit des jüdischen Volkes wiederzugewinnen. Benannt sind die Bücher nach dem Ehrennamen Makkaba (= Hämmerer), der Judas, dem Haupthelden dieser Kämpfe, und später auch seinen Brüdern beigelegt wurde.

10,31 Empfänger des Briefs sind die Juden von Alexandria. Offenbar soll das Fest dort eingeführt werden. Wann das geschah, lässt sich bei der Unbestimmtheit der Zeitangaben nicht sagen. – Purimbericht: G liest (im Anklang an »Purim«): Brief über Phrurai (= Wachen).

Das 1. Buch der Makkabäer berichtet über die Zeit von 175–134 v. Chr., vor allem über das Vorhaben des Seleuziden Antiochus Epiphanes, der mit Hilfe jüdischer Parteigänger den Tempel entweiht und dem jüdischen Volk griechische Lebensweise aufzwingen will (Kap. 1). Dagegen erhebt sich Mattatias, der zum Heiligen Krieg aufruft (Kap. 2). Den Hauptteil des Buches nimmt die Schilderung der militärischen Unternehmungen der drei Söhne des Mattatias, Judas, Jonatan und Simeon, ein. Judas gelingt es, 165 v. Chr. den Tempel wieder einzuweihen und den Opferdienst erneut in Gang zu setzen. Er sucht ein Bündnis mit den Römern (3,1 – 9,22). Jonatan (161–143) wird zum Hohenpriester ernannt und bemüht sich um die Verbindung mit Rom und Sparta (9,23 – 12,52). Simeon (143–135), von den Seleuziden Demetrius II. und Antiochus VII. anerkannt, erhält das Doppelamt des Hohenpriesters und Fürsten in Israel; unter ihm lebt das Volk in Frieden und Wohlstand (Kap. 13 – 16).

Das 1. Buch der Makkabäer war ursprünglich hebräisch abgefasst; erhalten ist es nur in griechischer Übersetzung. Sein Verfasser ist ein palästinensischer Jude, der wohl gegen 100 v. Chr., sicher vor der Eroberung Jerusalems durch Pompeius (63 v. Chr.), sein Werk geschaffen hat. Er steht in der Glaubensüberlieferung seines Volkes und schreibt religiös gedeutete Geschichte. Im Unglück des Volkes sieht er die Strafe für Schuld und Vergehen; nur im Einklang mit der Offenbarung und in Treue zu ihr vermag das jüdische Volk die Feinde zu besiegen, die nationale Selbständigkeit zu erlangen und so der Gottesherrschaft den Weg zu bereiten. Dabei ist der Verfasser ein entschiedener Gegner jeder Anpassung; er lehnt alle Hellenisierungsbestrebungen ab. Voll Bewunderung blickt er auf den Kampf seines Volkes für Gesetz und Tempel in seiner ruhmreichen Geschichte zurück.

Das 2. Buch der Makkabäer ist nicht, wie man erwarten könnte, die Fortsetzung von 1 Makk, vielmehr eine ausgestaltende Parallele (Kap. 1 – 8 und 11 – 13) zu den Berichten von 1 Makk 1 – 7. Auch in der literarischen Gattung ist ein beachtlicher Unterschied festzustellen. Ursprünglich griechisch abgefasst, stellt 2 Makk sich selbst als Auszug aus einem größeren Werk des Jason von Zyrene dar (2,19–32). Der Verfasser schreibt in einem belehrenden Stil und zeigt sich mit griechischen Persönlichkeiten und Einrichtungen bestens vertraut. Viel betonter als in 1 Makk ist der Rückbezug der Geschichte auf Gott geschildert. Die ganze Sympathie des Verfassers gilt Judas dem Makkabäer. Selbst die Verfolgung ist ihm ein Zeichen der göttlichen Barmherzigkeit, die das Volk auf den rechten Weg zurückführen will.

Das Buch richtet sich an die Juden in Alexandria, um sie für das Geschick ihres Volkes in der Heimat, vor allem für den Tempel und die heiligen Schriften zu interessieren. Dieser Absicht dient der Aufbau des Buches: Nach dem schrecklichen Tod des Antiochus folgt die Einsetzung des Tempelweihfestes (9,1 – 10,8). Der zweite Teil ist vergleichbar gestaltet: Nach dem Tod Nikanors, der den Tempel bedroht, wird ein Einweihungsfest beschlossen (Kap. 14 und 15).

Das 2. Makkabäerbuch dürfte nach 160 v. Chr. entstanden sein. Wenn auch die Herkunft und Zuverlässigkeit mancher Berichte nicht nachprüfbar ist und der Verfasser seine Darstellung ausgeschmückt hat (vgl. 2,29), so ist die historische Treue nicht zu gering einzuschätzen; sie wird weithin durch Parallelen in 1 Makk bestätigt. Das Buch ist vor allem wegen seiner fortgeschrittenen Lehre über die Auferstehung der Toten, über das Gebet für die Verstorbenen, über die Verdienste der Märtyrer und die Fürbitte der Heiligen bedeutsam. Diese theologischen Aussagen begründen und rechtfertigen die Stellung des Buches im alttestamentlichen Kanon.

Das erste Buch der Makkabäer

DIE VERFOLGUNG DES VOLKES ISRAEL: 1,1–64

Der Beginn der griechischen Herrschaft: 1,1–10

1 Der Mazedonier Alexander, Sohn des Philippus, zog damals vom Land der Kittäer aus. Er besiegte Darius, den König der Perser und Meder, und wurde als erster König von Griechenland sein Nachfolger.

2 Er führte viele Kriege, eroberte zahlreiche Festungen und ließ die Könige der Erde erschlagen; 3 er kam bis an das Ende der Welt, plünderte viele Völker aus und die ganze Erde lag ihm wehrlos zu Füßen. Da wurde sein Herz stolz und überheblich. 4 Er stellte ein sehr großes Heer auf, herrschte über Länder, Völker und Fürsten und machte sie sich tributpflichtig. 5 Doch dann sank er aufs Krankenlager und fühlte seinen Tod nahen. 6 Er rief seine höchsten Offiziere zusammen, die mit ihm aufgewachsen waren, und verteilte sein Reich unter sie, solange er noch lebte. 7 Zwölf Jahre hatte Alexander regiert, als er starb.

8 Seine Offiziere übernahmen die Regierung, jeder in seinem Bereich. 9 Nach seinem Tod setzten sich alle die Königskrone auf; ebenso hielten es ihre Nachkommen lange Zeit hindurch. Sie brachten großes Unglück über die Erde.

10 Aus ihnen ging ein besonders gottloser Spross hervor, Antiochus Epiphanes, der Sohn des Königs Antiochus. Er war als Geisel in Rom gewesen und trat im Jahr 137 der griechischen Herrschaft die Regierung an.

10: Dan 7,24f; 8,23–25; 11,21–45; 2 Makk 4,7.

Das Aufkommen der Verräter: 1,11–15

11 Zu dieser Zeit traten Verräter am Gesetz in Israel auf, die viele (zum Abfall) überredeten. Sie sagten: Wir wollen einen Bund mit den fremden Völkern schließen, die rings um uns herum leben; denn seit wir uns von ihnen abgesondert haben, geht es uns schlecht. 12 Dieser Vorschlag gefiel ihnen 13 und einige aus dem Volk fanden sich bereit, zum König zu gehen. Der König gab ihnen die Erlaubnis, nach den Gesetzen der fremden Völker zu leben. 14 Sie errichteten in Jerusalem eine Sportschule, wie es bei den fremden Völkern Brauch ist, 15 und ließen bei sich die Beschneidung rückgängig machen. So fielen sie vom heiligen Bund ab, vermischten sich mit den fremden Völkern und gaben sich dazu her, Böses zu tun.

11–15 || 2 Makk 4,9–13.

Der Angriff der Heiden auf den Tempel: 1,16–28

16 Als Antiochus sah, dass sich seine Herrschaft gefestigt hatte, fasste er den Plan, auch König von Ägypten zu werden und so über zwei Reiche zu herrschen. 17 Er drang mit vielen Soldaten in Ägypten ein, mit Streitwagen und Kriegselefanten, mit Reitern und einer großen Flotte, 18 und führte Krieg gegen Ptolemäus, den König von Ägypten. Ptolemäus wurde von ihm geschlagen und musste fliehen, nachdem viele seiner Leute im Kampf gefallen waren. 19 Die befestigten Städte Ägyptens wurden erobert und das Land geplündert.

20 Antiochus wandte sich nach seinem Sieg über Ägypten im Jahr 143 gegen Israel und rückte mit zahlreichen Truppen hinauf vor Jerusalem. 21 In seiner Vermessenheit betrat er sogar das Heiligtum; er raubte den goldenen Rauchopferaltar, den Leuchter samt seinem Zubehör, 22 den Tisch für die Schaubrote, die Opfer- und Trinkschalen, die goldenen Rauchfässer, den Vorhang, die Kronen und den goldenen Schmuck von der Vorderseite des Tempels. Von allem ließ er das Gold abschlagen. 23 Dann nahm er das Silber, das Gold, die kostbaren Geräte, und was er von den versteckten Schätzen finden konnte,

---

1,1 Die Kittäer sind eigentlich die Bewohner der Insel Zypern, im weiteren Sinn die Bewohner aller Inseln im östlichen Mittelmeerraum, schließlich alle Griechen überhaupt. – Griechenland ist hier das von Griechen bewohnte westliche Kleinasien einschließlich Griechenlands und Mazedoniens.

1,7 Er starb im Juni 323 v. Chr.

1,10 Die griechische (seleuzidische) Zeitrechnung beginnt mit dem Jahr 312 v. Chr. Das 137. Jahr ist also 175 v. Chr.

1,17 Es handelt sich um den ersten Feldzug gegen Ptolemäus Philometor im Jahr 169 v. Chr.

24 und ließ alles in sein Land schleppen. Er
richtete ein Blutbad an und führte ganz vermessene Reden.

25 Da kam große Trauer über das ganze
Land Israel.

26 Die Vornehmen und Alten stöhnten; /
die Mädchen und jungen Männer verloren
ihre Kraft / und die Schönheit der Frauen
verfiel.

27 Jeder Bräutigam stimmte die Totenklage an, / die Braut saß trauernd in ihrem
Gemach.

28 Das Land zitterte um seine Bewohner. /
Das ganze Haus Jakob war mit Schande bedeckt.

16–24 ‖ 2 Makk 5,1.11–21 • 16–24; Dan 11,25–28.

Die Verwüstung der Stadt Jerusalem:
1,29–40

29 Zwei Jahre später schickte der König einen Beamten in die Städte von Judäa mit
dem Auftrag, die Steuern einzutreiben. Er
kam mit zahlreichen Truppen nach Jerusalem.
30 Hinterlistig bot er den Einwohnern
zunächst Frieden an. Als man ihm Glauben
schenkte, fiel er plötzlich über die Stadt her,
richtete großen Schaden in ihr an und brachte viele Israeliten um.
31 Er ließ die Stadt
plündern und in Brand stecken und die Häuser und Stadtmauern ringsum niederreißen.
32 Frauen und Kinder schleppte man in die
Sklaverei und ihren Besitz nahm man als
Beute mit.
33 Um die Davidstadt bauten sie
eine hohe und feste Mauer mit mächtigen
Türmen, damit sie ihnen als Burg dienen
konnte.
34 Sie legten eine heidnische Besatzung hinein, Männer, die sich nicht an das
Gesetz hielten. Diese setzten sich dort fest,
35 versahen sich mit Waffen und Proviant
und brachten auch die Beute, die sie in Jerusalem gemacht hatten, dort unter. So wurden
sie zu einer großen Gefahr.

36 Aus dem Hinterhalt bedrohten sie das
Heiligtum; / immer waren sie für Israel ein
schlimmer Feind.

37 Rings um den Tempel vergossen sie unschuldiges Blut / und entweihten die heilige
Stätte.

38 Jerusalems Einwohner flohen vor ihnen / und Ausländer zogen in die Stadt ein. /
Ihren eigenen Kindern wurde die Stadt
fremd / und ihre Söhne verließen sie.

39 Ihr Heiligtum wurde leer wie die
Wüste, / ihre Feste verwandelten sich in
Trauer. / Ihre Sabbate wurden verhöhnt; /
statt geehrt zu sein, war sie verachtet.

40 So groß ihre Herrlichkeit gewesen war, /
so groß war nun ihre Schande. / Von ihrer
Höhe ist sie herabgestürzt, / jetzt liegt sie in
Trauer.

29–30: 2 Makk 5,24–26.

Die Verfolgung der treuen Israeliten:
1,41–64

41 Damals schrieb der König seinem ganzen Reich vor, alle sollen zu einem einzigen
Volk werden 42 und jeder solle seine Eigenart
aufgeben. Alle Völker fügten sich dem Erlass
des Königs. 43 Auch vielen Männern aus Israel gefiel der Gottesdienst, den er angeordnet
hatte; sie opferten den Götterbildern und
entweihten den Sabbat. 44 Der König schickte Boten nach Jerusalem und in die Städte
Judäas mit der schriftlichen Anordnung,
man solle eine Lebensform übernehmen, die
dem Land fremd war. 45 Brand-, Schlacht- und Trankopfer im Heiligtum seien einzustellen, Sabbate und Feste zu entweihen,
46 das Heiligtum und die Heiligen zu schänden. 47 Man solle statt dessen Altäre, Heiligtümer und Tempel für die fremden Götter errichten sowie Schweine und andere unreine
Tiere opfern. 48 Ihre Söhne dürften sie nicht
mehr beschneiden, vielmehr sollten sie sich
mit jeder denkbaren Unreinheit und Schande beflecken. 49 So sollte das Gesetz in Vergessenheit geraten und alle seine Vorschriften sollten hinfällig werden. 50 Wer aber des
Königs Anordnung nicht befolge, müsse
sterben. 51 Ähnliche Anweisungen erließ er
für sein ganzes Reich.

Er setzte Beamte ein, die die Durchführung im ganzen Volk überwachen sollten;
auch gab er den Befehl, der Reihe nach in allen Städten Judäas einen Opfergottesdienst
zu halten.

52 Viele aus dem Volk schlossen sich ihnen
an; sie alle fielen vom Gesetz ab und trieben
es schlimm im Land. 53 Die Israeliten mussten sich vor ihnen verstecken, wo immer sie
Zuflucht fanden.

54 Am fünfzehnten Kislew des Jahres 145
ließ der König auf dem Brandopferaltar den
unheilvollen Gräuel aufstellen; auch in den
Städten Judäas ringsum baute man Altäre.
55 Vor den Haustüren und auf den Plätzen
opferte man Weihrauch. 56 Alle Buchrollen
des Gesetzes, die man fand, wurden zerrissen

1,44 Noch 198 v. Chr. hatte Antiochus III. den Juden zugestanden, nach dem mosaischen Gesetz leben zu dürfen.

1,54 Unheilvoller Gräuel: wohl ein Altar zu Ehren eines Fruchtbarkeitsgottes.

und verbrannt. 57 Wer im Besitz einer Bundesrolle angetroffen wurde oder zum Gesetz hielt, wurde aufgrund der königlichen Anordnung zum Tod verurteilt. 58 Sie ließen Israel ihre Macht fühlen und gingen mit Gewalt gegen alle vor, die sie Monat für Monat in den Städten aufspürten. 59 Am fünfundzwanzigsten des Monats (Kislew) brachten sie auf dem Altar, den sie über dem Brandopferaltar errichtet hatten, ein Opfer dar. 60 Frauen, die ihre Kinder hatten beschneiden lassen, wurden auf Befehl (des Königs) hingerichtet; 61 dabei hängte man die Säuglinge an den Hals ihrer Mütter. Auch ihre Familien brachte man um samt denen, die die Beschneidung vorgenommen hatten. 62 Dennoch blieben viele aus Israel fest und stark; sie aßen nichts, was unrein war. 63 Lieber wollten sie sterben, als sich durch die Speisen unrein machen und den heiligen Bund entweihen. So starben sie. 64 Ein gewaltiger Zorn lag auf Israel.

41–64: 2 Makk 6f • 45–46: Dan 9,27; 11,31 • 54: Dan 9,27; 11,31 • 60–61: 2 Makk 6,10.

DER AUFSTAND GEGEN DIE VERFOLGER: 2,1–70

Mattatias und seine Söhne: 2,1–14

2 Damals trat ein Priester auf aus dem Geschlecht des Jojarib namens Mattatias; sein Vater war Johanan, der Sohn Simeons. Er stammte aus Jerusalem, hatte sich aber in Modeïn niedergelassen. 2 Er hatte fünf Söhne: Johanan, den man auch Gaddi nannte, 3 Simeon mit dem Beinamen Tassi, 4 Judas, der als der Makkabäer bekannt wurde, 5 Eleasar, dem man den Namen Awaran gab, und Jonatan, der auch Apphus hieß.

6 Als er das gotteslästerliche Treiben in Judäa und in Jerusalem sah, sagte er:

7 Ach, warum bin ich geboren, dass ich erleben muss, / wie man mein Volk vernichtet / und die heilige Stadt zerstört? / Ohnmächtig musste man zusehen, / wie sie in die Gewalt ihrer Feinde geriet, / wie die heilige Stätte Fremden in die Hände fiel.

8 Ihr Tempel wurde wie ein ehrloser Mann,

9 ihre Kostbarkeiten schleppte man als Beute fort. / Auf den Plätzen erschlug man ihre kleinen Kinder; / ihre jungen Männer fielen unter dem Schwert des Feindes.

10 Welches Volk hat nicht ein Stück des Reiches erhalten, / hat sich nicht seinen Anteil an der Beute errafft?

11 Ihren ganzen Schmuck nahm man ihr weg. / Die Freie wurde zur Sklavin.

12 Seht, unser Heiligtum, / unsere Zierde und unser Ruhm, liegt verödet; / fremde Völker haben es entweiht.

13 Wozu leben wir noch?

14 Und Mattatias und seine Söhne zerrissen ihre Gewänder, zogen Bußkleider an und gaben sich tiefer Trauer hin.

1: *1 Chr* 24,7.

Der Aufstand des Mattatias: 2,15–28

15 Da kamen die Beamten, die vom König den Auftrag hatten, die Einwohner zum Abfall von Gott zu zwingen, in die Stadt Modeïn, um die Opfer durchzuführen. 16 Viele Männer aus Israel kamen zu ihnen; auch Mattatias und seine Söhne mussten erscheinen.

17 Da wandten sich die Leute des Königs an Mattatias und sagten: Du besitzt in dieser Stadt Macht, Ansehen und Einfluss und hast die Unterstützung deiner Söhne und Verwandten. 18 Tritt also als erster vor und tu, was der König angeordnet hat. So haben es alle Völker getan, auch die Männer in Judäa und alle, die in Jerusalem geblieben sind. Dann wirst du mit deinen Söhnen zu den Freunden des Königs gehören; auch wird man dich und deine Söhne mit Silber, Gold und vielen Geschenken überhäufen.

19 Mattatias aber antwortete mit lauter Stimme: Auch wenn alle Völker im Reich des Königs ihm gehorchen und jedes von der Religion seiner Väter abfällt und sich für seine Anordnungen entscheidet – 20 ich, meine Söhne und meine Verwandten bleiben beim Bund unserer Väter. 21 Der Himmel bewahre uns davor, das Gesetz und seine Vorschriften zu verlassen. 22 Wir gehorchen den Befehlen des Königs nicht und wir weichen weder nach rechts noch nach links von unserer Religion ab.

23 Kaum hatte er das gesagt, da trat vor aller Augen ein Jude vor und wollte auf dem Altar von Modeïn opfern, wie es der König angeordnet hatte. 24 Als Mattatias das sah, packte ihn leidenschaftlicher Eifer; er bebte vor Erregung und ließ seinem gerechten Zorn freien Lauf: Er sprang vor und erstach

2,18 Freund des Königs: eine ehrenvolle Auszeichnung, die am persischen Hof erblich war.

den Abtrünnigen über dem Altar. 25 Zusammen mit ihm erschlug er auch den königlichen Beamten, der sie zum Opfer zwingen wollte, und riss den Altar nieder; 26 der leidenschaftliche Eifer für das Gesetz hatte ihn gepackt und er tat, was einst Pinhas mit Simri, dem Sohn des Salu, gemacht hatte. 27 Dann ging Mattatias durch die Stadt und rief laut: Wer sich für das Gesetz ereifert und zum Bund steht, der soll mir folgen. 28 Und er floh mit seinen Söhnen in die Berge; ihren ganzen Besitz ließen sie in der Stadt zurück.

17–22: Dan 11,32 • 26: Num 25,6–15.

Der Kampf am Sabbat: 2,29–41

29 Damals gingen viele, die Recht und Gerechtigkeit suchten, in die Wüste hinunter, um dort zu leben. 30 Ihre Kinder und ihre Frauen und auch ihr Vieh nahmen sie mit; denn ihre Lage zu Hause war unerträglich geworden. 31 Aber man meldete den Beauftragten des Königs und der Besatzung, die in der Davidstadt von Jerusalem war: Die Leute, die die Anordnung des Königs missachtet haben, sind in die Wüste zu den Höhlen hinabgezogen. 32 Da setzte ihnen eine starke Truppe nach; als sie die Juden eingeholt hatte, stellte sie sich ihnen gegenüber auf und machte sich zum Kampf bereit. An jenem Tag war gerade Sabbat. 33 Die Soldaten riefen ihnen zu: Jetzt ist noch Zeit. Kommt heraus und tut, was der König sagt; dann bleibt ihr am Leben. 34 Die Juden antworteten: Wir gehen nicht hinaus und tun nicht, was der König sagt; wir werden den Sabbat nicht entweihen. 35 Da gingen die Soldaten sofort zum Angriff über. 36 Die Juden gaben keine Antwort mehr; sie warfen nicht einmal Steine auf sie, noch versperrten sie die Eingänge der Höhlen. 37 Denn sie sagten: Wir wollen lieber alle sterben, als schuldig werden. Himmel und Erde sind unsere Zeugen, dass ihr uns gegen jedes Recht umbringt. 38 Am Sabbat begannen die Soldaten den Kampf; so starben die Juden mit ihren Frauen und Kindern, etwa tausend Menschen, und auch ihr Vieh kam zusammen mit ihnen um.

39 Als Mattatias und seine Anhänger das erfuhren, hielten sie für die Toten eine große Trauerfeier ab. 40 Sie sagten zueinander: Wenn wir alle so handeln, wie unsere Brüder gehandelt haben, und nicht gegen die fremden Völker für unser Leben und unsere Gesetze kämpfen, dann vertilgen sie uns bald von der Erde. 41 Und sie beschlossen noch am gleichen Tag: Wenn uns jemand am Sabbat angreift, werden wir gegen ihn kämpfen, damit wir nicht alle umkommen wie unsere Brüder in den Höhlen.

29: 2 Makk 6,11.

Erste Erfolge der Aufständischen: 2,42–48

42 Damals schloss sich ihnen auch die Gemeinschaft der Hasidäer an; das waren tapfere Männer aus Israel, die alle dem Gesetz treu ergeben waren. 43 Auch alle anderen, die vor dem Unheil flohen, kamen zu ihnen und verstärkten ihre Reihen. 44 Sie stellten eine bewaffnete Streitmacht auf

und sie erschlugen die Sünder in ihrem Zorn, / die Frevler in ihrem Grimm.

Wer übrig blieb, musste zu den Nachbarvölkern fliehen, um sein Leben zu retten.
45 Mattatias und seine Anhänger zogen durch das ganze Land und rissen die Altäre nieder.
46 Alle unbeschnittenen Kinder, die sie in dem Gebiet Israels fanden, beschnitten sie gewaltsam.

47 Sie verfolgten die frechen Frevler; / in allem, was sie taten, hatten sie Glück.

48 Sie entrissen das Gesetz der Gewalt fremder Völker / und der Hand der Könige. / Dem Sünder ließen sie keine Macht.

Vermächtnis und Tod des Mattatias:
2,49–70

49 Schließlich kam für Mattatias die Zeit, dass er sterben musste. Da sagte er zu seinen Söhnen:

Nun sind über uns Hochmut und Strafe gekommen, / die Zeit des Zusammenbruchs und lodernder Zorn.

50 Jetzt ereifert euch für das Gesetz, meine Söhne, / setzt euer Leben ein für den Bund unserer Väter!

51 Denkt an die Taten, / die unsere Väter zu ihren Zeiten vollbrachten; / erwerbt euch großen Ruhm / und einen ewigen Namen!

52 Wurde Abraham nicht für treu befunden in der Erprobung / und wurde ihm das nicht als Gerechtigkeit angerechnet?

53 Josef hielt das Gebot, als man ihn bedrängte, / und wurde Herr über Ägypten.

54 Pinhas, unser Ahnherr, ereiferte sich für Gottes Sache / und empfing den Bund ewigen Priestertums.

2,42 »Hasidäer« (hasidim) bedeutet »Fromme«; eine jüdische Gemeinschaft, die sich später (150 v. Chr.) in Pharisäer und Essener aufspaltete.

2,49–70 Zum »Vermächtnis« des Mattatias vgl. den Lobpreis der Väter in Sir 44 – 50.

2,54 Der gegenwärtige Hohepriester Simon II. wird in die Ahnenreihe des Aaron und Pinhas gestellt.

55 Weil Josua seinen Auftrag erfüllte, / wurde er Richter in Israel.

56 Kaleb sprach als Zeuge vor dem Volk die Wahrheit; / darum bekam er ein Erbteil im Land.

57 David hielt die Treue; / darum erhielt er den Königsthron als ewiges Erbe.

58 Elija kämpfte mit leidenschaftlichem Eifer für das Gesetz / und wurde in den Himmel aufgenommen.

59 Hananja, Asarja und Mischaël hatten Vertrauen; / darum wurden sie aus den Flammen gerettet.

60 Weil Daniel unschuldig war, / wurde er dem Rachen der Löwen entrissen.

61 Überdenkt unsere ganze Vergangenheit: / Keiner, der ihm vertraut, kommt zu Fall.

62 Habt keine Angst vor den Worten eines bösen Menschen! / Seine Herrlichkeit verfällt der Fäulnis und den Würmern.

63 Heute noch reckt er sich hoch empor, / morgen schon ist er verschwunden; / denn er ist wieder zu Staub geworden / und mit seinen Plänen ist's aus.

64 Meine Söhne, seid stark und mutig im Kampf für das Gesetz; / denn durch das Gesetz werdet ihr euch Ruhm erwerben.

65 Da ist Simeon, euer Bruder. Ich weiß, dass er ein kluger Mann ist. Hört immer auf ihn! Er soll euer Vater sein. 66 Judas, der Makkabäer, ist seit seiner Jugend ein tapferer Krieger. Er soll an der Spitze eures Heeres stehen und den Kampf für sein Volk führen. 67 Schart alle um euch, die das Gesetz halten. Nehmt Rache für euer Volk! 68 Zahlt es den fremden Völkern heim! Achtet auf das, was das Gesetz befiehlt.

69 Und nachdem er sie gesegnet hatte, wurde er mit seinen Vätern vereint. 70 Er starb im Jahr 146. Man setzte ihn im Grab seiner Väter in Modeïn bei und ganz Israel hielt feierlich die Totenklage um ihn.

52: Gen 22; 15,6 • 53: Gen 39,7–15; 41,38–44 • 54: Num 25,6–13 • 55: Ex 17,9–13; Num 27,15–23 • 56: Num 13,30; 14,6f.24; Jos 14,6–14 • 57: 1 Sam 24; 26; 2 Sam 7 • 58: 1 Kön 18,40; 19,10; 2 Kön 2,1–13 • 59: Dan 3 • 60: Dan 6 • 63: Ps 37,35f; 146,3f.

DIE TATEN DES JUDAS: 3,1 – 9,22

Das Loblied auf Judas: 3,1–9

3 An die Stelle des Mattatias trat sein Sohn Judas mit dem Beinamen der Makkabäer. 2 Alle seine Brüder unterstützten ihn, wie auch alle, die sich seinem Vater angeschlossen hatten. Freudig kämpften sie für Israel.

3 Er machte sein Volk weithin berühmt. / Als Kriegsheld zog er seinen Panzer an, / legte seine Waffen um und führte Krieg; / sein Schwert war der Schutz seines Heeres.

4 Er glich im Kampf einem Löwen, / einem jungen Löwen, der sich brüllend auf die Beute stürzt.

5 Er verfolgte die Sünder und spürte sie auf; / er vertilgte alle, die sein Volk verwirrten.

6 Aus Furcht vor ihm verloren die Sünder den Mut, / alle Übeltäter vergingen vor Angst. / Seiner Hand gelang die Befreiung.

7 Vielen Königen schaffte er großen Verdruss, / doch Jakob erfreute er mit seinen Taten. / Sein Andenken sei ewig gepriesen.

8 Er zog durch die Städte Judäas, / vernichtete die Frevler im Land / und wandte Gottes Zorn von Israel ab.

9 Man sprach von ihm bis ans Ende der Welt; / er sammelte wieder, was verloren war.

1–9: 2 Makk 8,1–7.

Abwehr heidnischer Angriffe: 3,10–26

10 Apollonius sammelte Truppen aus den fremden Völkern und dazu ein großes Heer aus Samarien, um gegen Israel Krieg zu führen. 11 Als Judas davon erfuhr, zog er ihm entgegen und besiegte und erschlug ihn. Viele kamen in diesem Kampf um; die Übrigen flohen. 12 Danach holte man sich die Beute. Judas nahm das Schwert des Apollonius an sich; er gebrauchte es in jedem Kampf, solange er lebte.

13 Seron, der Befehlshaber der Streitkräfte in Syrien, hörte, dass Judas eine Gemeinschaft von Getreuen um sich geschart hatte, die mit ihm in den Kampf auszogen. 14 Da dachte er: Ich will mir einen Namen machen und im Reich berühmt werden: Ich werde einen Feldzug unternehmen gegen Judas und seine Leute, die das Wort des Königs verachten. 15 Ein großes Heer ruchloser Männer schloss sich ihm an und zog zu seiner Unterstützung mit ihm hinauf, um an den Israeli-

---

2,62 Gemeint ist Antiochus IV. Epiphanes.

3,10 Nach Josephus Flavius war Apollonius Gouverneur von Samaria.

ten Rache zu nehmen. 16 Er kam bis zur Stei-
ge von Bet-Horon. Judas zog ihm mit ganz
wenigen Männern entgegen. 17 Als diese das
Heer sahen, das gegen sie ausgerückt war,
sagten sie zu Judas: Wie können wir mit so
wenigen Leuten gegen eine solche Über-
macht kämpfen? Außerdem sind wir ganz
erschöpft; denn wir haben heute noch nichts
gegessen.
18 Judas antwortete: Es kann leicht sein,
dass viele wenigen in die Hände fallen; für
den Himmel macht es keinen Unterschied,
ob er durch viele oder wenige Rettung
bringt. 19 Denn der Sieg im Kampf liegt nicht
an der Größe des Heeres, sondern an der
Kraft, die vom Himmel kommt. 20 Diese Leu-
te da ziehen voll Hochmut und Bosheit gegen
uns in den Kampf, um uns mit unseren Frau-
en und Kindern auszurotten und unsere Habe
zu plündern. 21 Wir aber kämpfen für unser
Leben und für unsere Gesetze. 22 Der Himmel
wird sie vor unseren Augen vernichtend
schlagen. Darum habt keine Angst vor ihnen!
23 Kaum hatte er das gesagt, da stürzte er
sich überraschend auf die Feinde und Seron
und sein Heer wurden vor seinen Augen auf-
gerieben. 24 Sie verfolgten ihn von der Steige
von Bet-Horon bis in die Ebene hinab und es
fielen gegen achthundert Mann von ihnen;
die Übrigen flohen ins Land der Philister.
25 Da begann man, sich vor Judas und sei-
nen Brüdern zu fürchten, / Schrecken befiel
die Völker ringsum.
26 Selbst der König hörte seinen Namen; /
die ganze Welt erzählte von den Kämpfen
des Judas.

18: 1 Sam 14,6.

Die Kriegsvorbereitungen des Antiochus Epiphanes: 3,27–37

27 Als König Antiochus von diesen Ereig-
nissen hörte, wurde er sehr zornig. Er
schickte Boten aus und zog alle Streitkräfte
seines Reiches zusammen: ein gewaltig gro-
ßes Heer. 28 Dann öffnete er seine Schatz-
kammer, gab seinen Truppen Sold für ein
Jahr und befahl ihnen, sich für jeden Fall be-
reitzuhalten. 29 Doch merkte er, dass das
Geld im Staatsschatz ausging. Auch kamen
nur noch wenig Steuern aus dem Land ein,
weil er Streit und Unglück über das Land
gebracht hatte, als er die uralten Bräuche
aufhob. 30 Er war also besorgt, dass er, wie es
schon einige Male vorgekommen war, nicht
mehr so aufwendig wie früher leben und kei-
ne Geschenke mehr verteilen könnte. Er war
nämlich bisher besonders freigebig gewesen,
mehr als die Könige vor ihm. 31 In seiner gro-
ßen Verlegenheit beschloss er, nach Persien
zu ziehen, um in jenen Provinzen die Steuern
einzutreiben und auf diese Weise viel Geld
zusammenzubringen. 32 Als seinen Statthal-
ter über das Gebiet zwischen dem Eufrat
und der Grenze Ägyptens ließ er Lysias zu-
rück, einen Mann, der sehr angesehen war
und aus königlicher Familie stammte. 33 Ihm
übertrug er auch bis zu seiner Rückkehr die
Erziehung seines Sohnes Antiochus. 34 Fer-
ner überließ er ihm die Hälfte der Truppen
und die Kriegselefanten und gab ihm Anwei-
sungen über alle anstehenden Maßnahmen,
auch gegen die Bewohner von Judäa und Je-
rusalem. 35 Er sagte, er solle ein Heer gegen
Israel schicken, um seine Macht zu brechen,
um alles zu vernichten, was von Jerusalem
noch übrig sei, und sogar die Erinnerung an
die Juden auslöschen. 36 Er solle Menschen
aus fremden Völkern in ihrem ganzen Gebiet
ansiedeln und das Land an sie verlosen.
37 Die andere Hälfte der Truppen nahm der
König mit sich; er brach im Jahr 147 von sei-
ner Hauptstadt Antiochia auf, überquerte
den Eufrat und marschierte in die östlichen
Provinzen.

Der Angriff des Gorgias und des Nikanor: 3,38–45

38 Lysias aber wählte Ptolemäus aus, den
Sohn des Dorymenes, außerdem Nikanor
und Gorgias, tapfere Männer, die zu den
Freunden des Königs gehörten, 39 und
schickte sie mit vierzigtausend Mann und
siebentausend Reitern auf den Weg. Sie soll-
ten in Judäa einmarschieren und das Land
verwüsten, wie es der König befohlen hatte.
40 Sie brachen also mit ihrem ganzen Heer
auf, zogen bis Emmaus und schlugen dort in
der Ebene ihr Lager auf. 41 Als die Händler in
jener Gegend von ihnen hörten, kamen sie
mit viel Silber und Gold und mit Fußfesseln
zum Lager, um die Israeliten als Sklaven
aufzukaufen. Dem Heer schlossen sich auch
noch Truppen aus Syrien und aus dem Land
der Philister an.
42 Als Judas und seine Brüder sahen, dass
großes Unheil drohte und die feindlichen
Truppen schon auf ihrem Gebiet ihr Lager
aufschlugen, und als sie erfuhren, welche

3,24 »Land der Philister« ist altertümliche Redeweise für das Küstengebiet am Mittelmeer. Davon ist der Name Palästina abgeleitet.

3,37 die östlichen Provinzen: die Hochebene des Iran.

Befehle der König gegeben hatte, um das Volk völlig zu vernichten, 43 sagten sie zueinander: Wir wollen die Trümmer unseres Volkes wiederaufbauen und für unser Volk und das Heiligtum kämpfen. 44 Und sie kamen zusammen, um sich zum Kampf zu rüsten, aber auch, um zu beten und Gnade und Mitleid zu erflehen.

45 Jerusalem war menschenleer wie eine Wüste, / von den Kindern der Stadt / ging keines mehr ein oder aus. / Die heilige Stätte war entweiht. / Ausländer hausten in der Burg, / sie war ein Gasthaus für fremde Völker. / Die Freude war aus Jakob verschwunden, / Flöte und Harfe waren verstummt.

38–45 ‖ 2 Makk 8,8–15 • 38: 2 Makk 4,45; 1 Makk 7,26; 2 Makk 10,14.

Der Bittgottesdienst in Mizpa: 3,46–60

46 Sie versammelten sich also und gingen nach Mizpa. Das ist ein Ort, der Jerusalem gegenüber liegt und an dem die Israeliten früher eine Gebetsstätte hatten. 47 Sie fasteten an jenem Tag, zogen Bußkleider an, streuten sich Staub auf das Haupt und zerrissen ihre Gewänder. 48 Sie breiteten die Gesetzesrolle aus, um eine Entscheidung zu erhalten, so wie die fremden Völker ihre Götterbilder befragen. 49 Auch brachten sie die priesterlichen Gewänder, die Erstlingsfrüchte und den Zehnten herbei, befahlen den Nasiräern, deren Zeit abgelaufen war, sich zu versammeln, 50 und schrien laut zum Himmel: Was sollen wir mit diesen Dingen und diesen Menschen tun, wo sollen wir sie hinbringen? 51 Man entweiht und schändet dein Heiligtum; deine Priester leben in Trauer und Elend. 52 Sieh her: Man führt fremde Völker zusammen, um uns auszurotten. Du weißt, was sie mit uns vorhaben. 53 Wie können wir ihrem Angriff standhalten, wenn du uns nicht hilfst? 54 Dabei ließen sie die Trompeten blasen und schrien laut.

55 Danach setzte Judas Heerführer ein, jeweils über tausend, hundert, fünfzig und zehn. 56 Alle, die (kurz zuvor) ein Haus gebaut, eine Frau geheiratet oder Weinberge angelegt hatten oder die Angst hatten, ließ er nach Hause zurückkehren, wie es das Gesetz vorschreibt. 57 Danach brach das Heer auf und schlug südlich von Emmaus sein Lager auf. 58 Judas sagte: Legt eure Waffen an und seid tapfer! Macht euch bereit, morgen früh mit diesen fremden Völkern zu kämpfen, die man zusammengeführt hat, um uns und unser Heiligtum zu vernichten. 59 Denn wir wollen lieber im Kampf fallen, als zusehen, wie Unglück über unser Volk und über das Heiligtum kommt. 60 Doch wie der Himmel will, so soll es geschehen.

46–60 ‖ 2 Makk 8,16–23 • 46: Ri 20,1–3; 1 Sam 7,5f • 49: Dtn 26; Num 6 • 56: Dtn 20,5–9.

Der Sieg über Gorgias: 4,1–25

4 Gorgias aber nahm eine Abteilung von fünftausend Mann und tausend ausgesuchten Reitern und brach mit ihnen in der Nacht auf. 2 Er wollte nämlich das jüdische Heer überfallen und überraschend schlagen; Leute aus der Burg zeigten ihm den Weg. 3 Doch Judas erfuhr davon und brach selbst mit seinen Männern auf, um das Lager der königlichen Streitkräfte vor Emmaus anzugreifen, 4 solange die anderen Truppen vom Lager getrennt waren. 5 Gorgias erreichte noch in der Nacht das Lager der Juden, fand aber niemand. Daher suchte er sie in den Bergen, denn er dachte: Sie sind vor uns geflohen.

6 Bei Tagesanbruch erschien Judas mit dreitausend Mann in der Ebene. Doch sie waren nicht so ausgerüstet und bewaffnet, wie sie es wünschten. 7 Als sie das Kriegslager der fremden Völker sahen, das stark, fest gebaut und ringsum von Reiterei umgeben war – lauter gut ausgebildete Soldaten –, 8 da sagte Judas zu seinen Männern: Habt keine Angst vor ihrer Übermacht und fürchtet euch nicht vor ihrer Kampfkraft! 9 Denkt daran, wie unsere Väter im Roten Meer gerettet wurden, als der Pharao sie mit seinem Heer verfolgte. 10 Lasst uns den Himmel anrufen, dass er uns gewogen ist und des Bundes mit unseren Vätern gedenkt und dass er dieses Heer heute vor unseren Augen vernichtend schlägt. 11 Dann werden alle Völker erkennen, dass es einen gibt, der Israel loskauft und rettet.

12 Als die fremden Soldaten aufblickten, sahen sie die Juden heranrücken. 13 Da kamen sie aus ihrem Lager heraus, um zu kämpfen; die Männer des Judas aber bliesen die Widderhörner. 14 Die beiden Heere stießen aufeinander und die fremden Völker wurden vernichtend geschlagen und flohen in die Ebene. 15 Alle, die nicht schnell genug waren, fielen unter dem Schwert. Die Juden verfolgten sie bis nach Geser und in die Ebene von Idumäa, Aschdod und Jamnia und erschlugen ungefähr dreitausend von ihnen. 16 Dann hörte Judas mit seinen Leuten auf, sie zu verfolgen, und kehrte um. 17 Er sagte zu seinen Männern: Fallt noch nicht über die Beute her; denn uns steht noch ein Kampf bevor. 18 Gorgias steht mit seinen Truppen dicht vor uns in den Bergen. Stellt euch also

zum Kampf gegen eure Feinde auf und greift
sie an; nachher könnt ihr in aller Ruhe eure
Beute holen. 19 Während Judas noch sprach,
sah man eine Abteilung der Feinde hinter
dem Berg auftauchen. 20 Als sie merkten,
dass ihre Leute geschlagen waren und die
Juden das Lager angezündet hatten – der
weithin sichtbare Rauch zeigte an, was ge-
schehen war –, 21 bekamen sie bei diesem An-
blick große Angst. Als sie außerdem sahen,
dass das Heer des Judas kampfbereit in der
Ebene stand, 22 flohen sie alle ins Land der
Philister.

23 Jetzt erst machte sich Judas an die Plün-
derung des Lagers. Sie erbeuteten viel Gold
und Silber, violette und rote Purpurstoffe
und andere reiche Schätze. 24 Auf dem Rück-
marsch priesen und lobten sie den Himmel:
»Denn er ist gütig, denn seine Huld währt
ewig«. 25 So wurde Israel an jenem Tag wun-
derbar gerettet.

1–25 ‖ 2 Makk 8,23–29 • 2: 1,33 • 24: Ps 118,1.

Der erste Angriff des königlichen Heeres unter Lysias: 4,26–35

26 Die Philister, die sich hatten retten kön-
nen, kamen zu Lysias und meldeten ihm, was
geschehen war. 27 Auf diese Nachricht hin
war er bestürzt und in großer Sorge. Denn
der Feldzug gegen Israel war nicht so verlau-
fen, wie er es gewollt hatte; der Auftrag des
Königs war nicht ausgeführt worden. 28 Da-
rum warb er im nächsten Jahr sechzigtau-
send Söldner an, ausgesuchte Männer, dazu
fünftausend Reiter, um wieder gegen die Ju-
den zu Felde zu ziehen. 29 Sie zogen nach
Idumäa und schlugen in Bet-Zur ihr Lager
auf. Judas aber kam ihnen mit zehntausend
Mann entgegen.

30 Als Judas das gewaltige Heerlager der
Feinde erblickte, sprach er folgendes Gebet:
Gepriesen seist du, Retter Israels. Du hast
den wütenden Riesen durch deinen Knecht
David erschlagen; du hast das Kriegslager
der Philister Jonatan, dem Sohn Sauls, und
seinem Waffenträger in die Hand gegeben.
31 Gib dieses Heer deinem Volk Israel preis!
Sie sollen beschämt werden samt ihrem Fuß-
volk und ihrer Reiterei. 32 Jag ihnen einen
Schrecken ein und lass ihren kühnen Mut
schwinden! Ihr Untergang soll sie erschüt-
tern. 33 Schlag sie nieder durch das Schwert
derer, die dich lieben. Dann werden alle, die
deinen Namen kennen, dein Lob singen.

34 Als nun die Heere aufeinanderstießen,
fielen etwa fünftausend von den Soldaten
des Lysias. 35 Als Lysias sah, welche Nieder-
lage sein Heer erlitten hatte und wie kühn
die Leute des Judas waren, bereit tapfer zu
leben oder zu sterben, kehrte er nach Antio-
chia zurück. Dort warb er Söldner an, um
mit noch stärkerer Macht noch einmal gegen
Judäa zu ziehen.

26–35: 2 Makk 11,1–12 • 30: 1 Sam 17; 14,1–23.

Die Reinigung und Weihe des Tempels: 4,36–61

36 Judas und seine Brüder aber sagten: Un-
sere Feinde sind nun vernichtend geschla-
gen. Wir wollen nach Jerusalem hinaufzie-
hen, den Tempel reinigen und ihn neu wei-
hen. 37 Das ganze Heer versammelte sich also
und zog zum Berg Zion hinauf. 38 Da sahen
sie das Heiligtum verödet daliegen. Der
Brandopferaltar war entweiht; die Tore hat-
te man verbrannt. In den Vorhöfen wuchs
Unkraut wie in einem Wald oder auf einem
Berg und die Nebengebäude waren verfal-
len. 39 Da zerrissen sie ihre Gewänder, be-
gannen laut zu klagen und streuten sich
Staub auf das Haupt. 40 Sie warfen sich nie-
der, mit dem Gesicht zur Erde. Sie bliesen
die Signaltrompeten und schrien zum Him-
mel. 41 Dann befahl Judas einer Schar seiner
Männer, die Besatzung der Burg zu belagern,
bis das Heiligtum gereinigt sei. 42 Er wählte
untadelige und gesetzestreue Priester aus,
43 damit sie das Heiligtum reinigten und die
entweihten Steine an einen unreinen Ort tru-
gen. 44 Sie berieten, was sie mit dem entweih-
ten Brandopferaltar tun sollten. 45 Es kam
ihnen der gute Gedanke, ihn niederzureißen;
denn er hätte ihnen Schande gebracht, da die
fremden Völker ihn entweiht hatten. So ris-
sen sie den Altar nieder 46 und legten die
Steine an einen passenden Ort auf dem Tem-
pelberg nieder, bis ein Prophet komme und
entscheide, was damit geschehen solle.
47 Dann nahmen sie unbehauene Steine, wie
es das Gesetz vorschreibt, und errichteten ei-
nen neuen Altar, der genauso aussah wie der
alte. 48 Auch das Heiligtum und die Innen-
räume des Tempels bauten sie wieder auf
und reinigten die Vorhöfe. 49 Sie fertigten
neue heilige Geräte an und stellten den
Leuchter, den Rauchopferaltar und den
Tisch in den Tempel. 50 Dann brachten sie
auf dem Altar ein Rauchopfer dar, zündeten

4,29 Bet-Zur ist ein Ort an der Südgrenze von Judäa und liegt an der Straße von Jerusalem nach Hebron.

4,46 Auch sonst ist die Rede davon, dass die Prophetie unterbrochen ist: 9,27; vgl. Ps 74,9; Klgl 2,9; Ez 7,26.

die Lichter an dem Leuchter an, sodass der Tempel hell wurde, 51 legten Schaubrote auf den Tisch und hängten den Vorhang auf. So beendeten sie alle Arbeiten, die sie sich vorgenommen hatten.

52 Am Fünfundzwanzigsten des neunten Monats – das ist der Monat Kislew – im Jahr 148 standen sie früh am Morgen auf 53 und brachten auf dem neuen Brandopferaltar, den sie errichtet hatten, Opfer dar, so wie sie das Gesetz vorschreibt. 54 Zur gleichen Zeit und am selben Tag, an dem ihn die fremden Völker entweiht hatten, wurde er neu geweiht, unter Liedern, Zither- und Harfenspiel und dem Klang der Zimbeln. 55 Das ganze Volk warf sich nieder auf das Gesicht, sie beteten an und priesen den Himmel, der ihnen Erfolg geschenkt hatte. 56 Acht Tage lang feierten sie die Altarweihe, brachten mit Freuden Brandopfer dar und schlachteten Heils- und Dankopfer. 57 Sie schmückten die Vorderseite des Tempels mit Kränzen und kleinen Schilden aus Gold; sie erneuerten die Tore und auch die Nebengebäude, die sie wieder mit Türen versahen. 58 Im Volk herrschte sehr große Freude; denn die Schande, die ihnen die fremden Völker zugefügt hatten, war beseitigt. 59 Judas fasste mit seinen Brüdern und mit der ganzen Gemeinde Israels den Beschluss, Jahr für Jahr zur selben Zeit mit festlichem Jubel die Tage der Altarweihe zu begehen, und zwar acht Tage lang, vom fünfundzwanzigsten Kislew an.

60 In jener Zeit errichteten sie rund um den Zionsberg auch hohe Mauern mit festen Türmen, damit die fremden Völker nicht mehr in dieses Gebiet eindringen und es entweihen konnten, wie sie es vorher getan hatten. 61 Und Judas ordnete Truppen ab, um ihn zu bewachen. Auch Bet-Zur ließ er befestigen und legte eine Besatzung hinein, um das Volk gegen Idumäa abzusichern.

36–61: 2 Makk 10,1–8 • 38: Ps 74,2–7 • 44: 1,54 • 46: 14,41 • 47: Ex 20,25 • 49: Ex 37,10–29.

Die Feldzüge gegen die Idumäer und Ammoniter: 5,1–8

5 Als aber die Völker ringsum hörten, dass die Juden den Altar neu errichtet und das Heiligtum wieder geweiht hatten, sodass alles war wie früher, gerieten sie in heftigen Zorn. 2 Sie beschlossen, alle aus dem Stamm Jakobs, die bei ihnen wohnten, auszurotten, und begannen, im Volk Tod und Verderben zu verbreiten.

3 Da griff Judas die Nachkommen Esaus an, die jenen Teil Idumäas bewohnten, der Akrabattene heißt; sie hatten nämlich die Grenze nach Israel abgeriegelt. Er brachte ihnen eine schwere Niederlage bei, ließ sie seine Macht fühlen und ihren Besitz plündern. 4 Auch dachte er daran, welche Untaten die Beoniter begangen hatten; sie hatten nämlich den Juden an den Wegen aufgelauert und waren für das Volk wie ein Netz und eine Falle gewesen. 5 Daher schloss er sie jetzt in ihre Fliehtürme ein und belagerte sie; er weihte sie dem Untergang und verbrannte die Türme mit allen, die darin waren. 6 Dann zog er hinüber gegen die Ammoniter. Er traf auf eine starke Streitmacht mit vielen Kriegern; ihr Anführer war Timotheus. 7 Judas verwickelte sie in zahlreiche Gefechte und sie wurden von ihm vernichtend geschlagen und besiegt. 8 Er eroberte auch die Stadt Jaser und ihre Tochterstädte. Dann kehrte er nach Judäa zurück.

1–2: 12,53 • 3–8: 2 Makk 10,15–23 • 5: Jos 6,17 • 6: Dtn 2,18f • 8: Num 21,31f.

Die Vorbereitungen zur Rettung der Juden in Galiläa und in Gilead: 5,9–20

9 Da rotteten sich die Völker des Landes Gilead gegen die Israeliten, die in ihrem Gebiet lebten, zusammen, um sie zu töten. Doch diese konnten sich in die Festung Datema flüchten. 10 Sie schrieben an Judas und seine Brüder einen Brief mit folgendem Inhalt: Die Völker ringsum haben sich gegen uns zusammengerottet, um uns zu vernichten. 11 Sie stehen bereit, um zu kommen und die Festung zu erobern, in die wir geflohen sind. Timotheus führt ihre Streitkräfte an. 12 Darum komm her und rette uns aus ihrer Gewalt, denn viele von uns sind schon gefallen. 13 Auch unsere Brüder, die unter den Leuten von Tubi lebten, hat man umgebracht, ihre Frauen gefangen genommen, ihre Kinder und ihren Besitz geraubt. Etwa tausend Männer sind dort umgekommen.

14 Judas und seine Brüder hatten den Brief noch nicht zu Ende gelesen, da kamen andere Boten aus Galiläa in zerrissenen Kleidern und brachten ihnen die Nachricht: 15 Die Einwohner von Ptolemaïs, Tyrus und Sidon

4,59 Das Tempelweihfest (Hanukka) ist eines der jüngsten Feste im Kalender Israels.

5,3 Akrabattene: eine Gegend im Nordosten des Negeb.

5,6 Ammoniter: Volk im Gebiet um die heutige Stadt Amman.

5,15 Ptolemaïs ist der griechische Name für die Hafenstadt Akko (Ri 1,31).

und dem ganzen oberen Galiläa, soweit es
Fremdstämmige bewohnen, haben sich zu-
sammengetan, um uns auszurotten.
16 Als Judas und das Volk das hörten, be-
riefen sie eine große Versammlung ein, um zu
beraten, was sie für ihre bedrängten Brüder
tun sollten, die von den Feinden angegriffen
wurden. 17 Judas sagte zu seinem Bruder Si-
meon: Such dir geeignete Männer aus, mach
dich auf den Weg und befrei deine Brüder in
Galiläa; ich und mein Bruder Jonatan wollen
nach Gilead ziehen. 18 Als Anführer des Vol-
kes ließ er Josef, den Sohn Secharjas, und
Asarja mit dem Rest des Heeres zur Bewa-
chung Judäas zurück.
19 Er gab ihnen den Befehl: Übernehmt die
Führung dieser Leute, aber lasst euch in kei-
nen Kampf mit fremden Völkern ein, bevor
wir zurückgekehrt sind. 20 Simeon erhielt
dreitausend Mann zugeteilt, mit denen er
nach Galiläa ziehen sollte, Judas dagegen
achttausend Mann für Gilead.

Die Feldzüge nach Galiläa und Gilead:
5,21–54

21 Simeon zog also nach Galiläa. Dort lie-
ferte er den fremden Völkern zahlreiche Ge-
fechte und sie wurden vor seinen Augen ver-
nichtend geschlagen. 22 Er verfolgte sie bis
an die Tore von Ptolemaïs. Von den fremden
Völkern fielen ungefähr dreitausend Mann
und Simeon machte reiche Beute bei ihnen.
23 Dann führte er die Juden aus Galiläa und
Arbatta mit ihren Frauen und Kindern und
ihrem ganzen Besitz unter großem Jubel
nach Judäa zurück.
24 Judas, der Makkabäer, und sein Bruder
Jonatan hatten indessen den Jordan über-
schritten und waren drei Tagesmärsche
durch die Steppe gezogen. 25 Dort trafen sie
auf die Nabatäer, die ihnen freundlich be-
gegneten und ihnen alles erzählten, was ih-
ren Brüdern in Gilead zugestoßen war.
26 Viele von ihnen würden in Bosora, Bosor,
Alema, Kaspin, Maked und Karnajim festge-
halten, lauter großen, befestigten Städten.
27 Auch in den übrigen Städten Gileads halte
man sie fest und morgen wolle man sich an-
schicken, die Festungen zu belagern und zu
erstürmen. Alle sollten an einem einzigen
Tag umgebracht werden.
28 Da kehrte Judas mit seinem Heer über-
raschend um. Er nahm den Weg durch die
Steppe von Bosora, eroberte die Stadt, er-
schlug mit scharfem Schwert die gesamte
männliche Bevölkerung, plünderte die Stadt
völlig aus und brannte sie nieder.
29 Noch in der gleichen Nacht brach er
wieder auf und sie zogen bis vor die Festung
Datema. 30 Als sie gegen Morgen Ausschau
hielten, da sahen sie ein unzählbar großes
Heer; die Soldaten schleppten Sturmleitern
und Belagerungsmaschinen heran, um die
Festung zu erstürmen und gingen schon zum
Angriff gegen die Juden über. 31 Judas sah,
dass der Kampf bereits begonnen hatte: Der
Lärm aus der Stadt, Trompetengeschmetter
und lautes Geschrei drangen bis zum Him-
mel. 32 Da rief er den Männern in seinem
Heer zu: Kämpft heute für unsere Brüder!
33 Dann griff er die Feinde mit drei Abteilun-
gen von hinten an; seine Leute bliesen die
Trompeten und beteten laut. 34 Sobald das
Heer des Timotheus merkte, dass es der
Makkabäer war, liefen sie vor ihm davon. Er
brachte ihnen eine schwere Niederlage bei;
etwa achttausend Mann von ihnen fielen an
diesem Tag.
35 Danach wandte sich Judas gegen Alema.
Er griff die Stadt an und eroberte sie, er-
schlug die gesamte männliche Bevölkerung,
ließ die Stadt plündern und brannte sie nie-
der. 36 Von dort brach er auf und eroberte
Kaspin, Maked, Bosor und die übrigen Städ-
te Gileads.
37 Nach diesen Ereignissen sammelte Ti-
motheus ein neues Heer und schlug gegen-
über von Rafon, jenseits der Schlucht, sein
Lager auf. 38 Judas schickte Späher aus, die
das Lager erkunden sollten. Sie meldeten
ihm: Alle Völker, die rings um uns wohnen,
sind zu ihm gestoßen; es ist ein gewaltiges
Heer. 39 Auch arabische Hilfstruppen hat er
angeworben. Sie haben auf der anderen Sei-
te der Schlucht ihr Lager bezogen und ste-
hen bereit, gegen dich zum Kampf auszurü-
cken. Da zog Judas ihnen entgegen. 40 Als er
sich mit seinem Heer dem Bach, der durch
die Schlucht führte, näherte, sagte Timo-
theus zu seinen Heerführern: Wenn er zuerst
über den Bach zu uns herüberkommt, kön-
nen wir ihm nicht standhalten; dann wird er
uns sicherlich überwältigen. 41 Wenn er aber
Angst hat und sein Lager jenseits des Baches
aufschlägt, dann gehen wir zu ihm hinüber
und werden ihn überwältigen. 42 Als Judas
sich dem Gebirgsbach genähert hatte, ließ er
Heeresschreiber in der Schlucht antreten
und gab ihnen den Befehl: Niemand darf hier
Halt machen, sondern alle sollen zum Kampf
vorrücken. 43 Er selbst ging als erster über

5,25 Die Nabatäer (Hauptstadt Petra) waren im Gebiet südlich des Toten Meeres zum Roten Meer hin ansässig.

den Bach, den Feinden entgegen, und alle seine Krieger folgten ihm. Und die fremden Völker wurden von ihm vernichtend geschlagen; sie warfen ihre Waffen weg und flüchteten sich in das Heiligtum von Karnajim.
44 Aber die Juden eroberten die Stadt und verbrannten das Heiligtum mit allen, die darin waren. So wurde Karnajim gedemütigt und niemand konnte Judas mehr Widerstand leisten.

45 Nun sammelte Judas alle Israeliten, die in Gilead lebten, jung und alt, mit ihren Frauen und Kindern und ihrem Besitz, eine gewaltige Menschenmenge, um mit ihnen
nach Judäa zu ziehen. 46 Sie kamen bis Efron. Diese große und stark befestigte Stadt lag auf ihrem Weg. Man konnte sie weder links noch rechts umgehen, sondern musste
mitten durch sie hindurchziehen. 47 Aber die Einwohner der Stadt schlossen vor ihnen die Tore und versperrten sie außerdem mit Stei-
nen. 48 Da schickte Judas Unterhändler zu ihnen mit dem friedlichen Vorschlag: Wir wollen durch euer Land ziehen, um in unser Land zu kommen. Keiner wird euch etwas Böses tun; wir wollen nur durchmarschieren. Aber die Einwohner wollten ihnen die Tore
nicht öffnen. 49 Nun ließ Judas im Heer den Befehl ausrufen, jeder solle dort Stellung be-
ziehen, wo er gerade sei. 50 Da stellten sich die Krieger auf und Judas ließ die Stadt den ganzen Tag und die ganze Nacht hindurch
angreifen, bis sie fiel. 51 Er erschlug ihre gesamte männliche Bevölkerung mit scharfem Schwert, zerstörte die Stadt völlig und ließ sie plündern. Dann marschierte er über die Leichen der Erschlagenen hinweg durch die Stadt.

52 Sie überquerten den Jordan in der gro-
ßen Ebene gegenüber von Bet-Schean. 53 Ju-
das sorgte dafür, dass die Nachzügler zusammenblieben, und auf dem ganzen Weg sprach er den Leuten Mut zu, bis sie Judäa
erreichten. 54 Dann zogen sie mit Jubel und Freude zum Berg Zion hinauf und brachten dort Brandopfer dar; denn keiner von ihnen war gefallen, alle waren wohlbehalten heimgekehrt.

24–54: 2 Makk 12,10–31 • 33: 1 Sam 11,11 • 40: 1 Sam 14,9f • 45: Jer 31,8 • 48: Num 20,14.17f • 51: Jos 6,17 • 54: Jer 31,12.

Die wahren Führer Israels: 5,55–68

55 Zu der Zeit, als Judas und Jonatan in Gilead waren und als sein Bruder Simeon in
Galiläa vor Ptolemaïs lag, 56 hörten die Heerführer Josef, der Sohn Secharjas, und Asarja von den kühnen Taten, die jene vollbracht
hatten. 57 Da sagten sie: Auch wir wollen uns einen Namen machen und einen Feldzug gegen die fremden Völker ringsum führen.
58 Sie gaben also den Soldaten, die sie bei sich hatten, den Befehl, gegen Jamnia zu zie-
hen. 59 Aber Gorgias und seine Männer rückten ihnen aus der Stadt zum Kampf entge-
gen. 60 Josef und Asarja wurden geschlagen und bis an die Grenze von Judäa verfolgt. An jenem Tag fielen fast zweitausend aus dem
Volk Israel. 61 Das Volk hatte eine schwere Niederlage erlitten, weil sie nicht auf Judas und seine Brüder gehört hatten, sondern sich einbildeten, auch sie könnten große Taten
vollbringen. 62 Doch sie waren nicht aus dem Geschlecht derer, die mit der Rettung Israels beauftragt waren.

63 Der große Judas und seine Brüder dagegen erwarben sich hohen Ruhm bei ganz Israel und bei allen Völkern, überall wo ihr
Name bekannt wurde. 64 Die Leute kamen
herbei, um sie zu beglückwünschen. 65 Judas und seine Brüder zogen auch zum Kampf gegen die Nachkommen Esaus im Süden. Er schlug Hebron und seine Tochterstädte, eroberte ihre Festungen und brannte ihre Türme ringsum nieder.

66 Dann zog er gegen das Philisterland. Als
das Heer dabei durch Marescha kam, 67 fielen einige Priester im Kampf. Sie waren schlecht beraten gewesen, in den Krieg zu ziehen, um Heldentaten zu vollbringen.
68 Dann machte Judas eine Ausweichbewegung und zog nach Aschdod im Land der Philister. Dort zerstörte er die Altäre der Philister, verbrannte ihre Götterbilder, plünderte die Städte und kehrte dann nach Judäa zurück.

56: 5,18f • 68: Dtn 7,5.

Das Ende des Antiochus Epiphanes und die Thronbesteigung des Antiochus V.: 6,1–17

6 König Antiochus durchzog unterdessen die östlichen Provinzen. Er hörte von einer Stadt in Persien namens Elymaïs, die berühmt war wegen ihres Reichtums an Sil-
ber und Gold. 2 Auch gibt es in ihr einen sehr reichen Tempel; der mazedonische König Alexander, der Sohn des Philippus, der als erster Grieche König geworden war, hatte dort goldene Schilde, Rüstungen und Waffen
hinterlassen. 3 Antiochus marschierte also hin und versuchte, die Stadt zu erobern und zu plündern. Doch er blieb ohne Erfolg; denn die Einwohner der Stadt hatten von seinem

6,1 Elymaïs ist wohl in der Nähe der persischen Hauptstadt Susa gelegen.

Plan erfahren 4 und leisteten ihm bewaffne-
ten Widerstand. Er musste fluchtartig abzie-
hen und machte sich sehr niedergeschlagen
auf den Rückweg nach Babylon.
5 Noch in Persien erreichte ihn ein Bote
mit der Nachricht, dass die Heere, die in Ju-
däa einmarschiert waren, geschlagen wor-
den waren. 6 Auch Lysias, der an der Spitze
einer starken Streitmacht in den Kampf
gezogen war, habe gegen die Juden eine
schwere Niederlage erlitten. Deren Bewaff-
nung und Kampfkraft habe sich durch die
große Beute, die sie bei den geschlagenen Ar-
meen machten, verstärkt. 7 Den Gräuel, den
er auf dem Altar in Jerusalem hatte aufstel-
len lassen, hätten sie wieder entfernt und
den Tempelbezirk wie früher mit hohen
Mauern umgeben, ebenso seine Stadt Bet-
Zur.
8 Als der König das hörte, war er bestürzt
und sehr beunruhigt. Er musste sich nieder-
legen, da ihn eine Schwäche befiel; so nie-
dergeschlagen war er, weil seine Pläne ge-
scheitert waren. 9 So ging es mehrere Tage.
Er bekam immer neue Anfälle tiefer Schwer-
mut und rechnete schon damit, dass er ster-
ben müsse. 10 Er rief seine Freunde zusam-
men und sagte zu ihnen: Der Schlaf flieht
meine Augen und ich bin vor Sorgen zusam-
mengebrochen. 11 Ich habe mich gefragt: Wie
bin ich nur in diese große Not und Bedräng-
nis geraten, in der ich mich jetzt befinde? Ich
war während meiner Regierung doch immer
leutselig und beliebt. 12 Jetzt fallen mir die
bösen Dinge ein, die ich in Jerusalem getan
habe. Ich habe dort alle Geräte aus Silber
und Gold mitgenommen, ja, ich habe ohne
Grund den Auftrag gegeben, die Bewohner
Judäas auszurotten. 13 Deswegen ist dieses
Unglück über mich gekommen, das weiß ich
jetzt. Und nun sterbe ich ganz verzweifelt in
einem fremden Land.
14 Er rief Philippus, einen seiner Freunde,
zu sich und setzte ihn als Herrscher über sein
ganzes Königreich ein. 15 Er überreichte ihm
das königliche Diadem, sein Gewand und
seinen Siegelring und gab ihm den Auftrag,
seinen Sohn Antiochus anzuleiten und zu er-
ziehen, bis er die Regierung übernehmen
könne. 16 Dann starb König Antiochus dort
im Jahr 149.
17 Als Lysias erfuhr, dass der König tot
war, setzte er als dessen Nachfolger seinen
Sohn Antiochus ein, dessen Erziehung ihm
während seiner Minderjährigkeit oblag, und
gab ihm den Beinamen Eupator.

1–17: 2 Makk 9; 1,11–17 • 7: 4,45 • 17: 3,32f.

Der zweite Angriff des königlichen Heeres unter Lysias: 6,18–54

18 Die Besatzung der Burg in Jerusalem
schloss die Israeliten, die im Tempel waren,
von allen Seiten ein. Sie versuchte unaufhör-
lich, Unheil anzurichten, und die Fremden
hatten an ihnen einen starken Rückhalt.
19 Judas fasste daher den Plan, sie zu ver-
nichten, und berief alle wehrfähigen Männer
zur Belagerung zusammen. 20 Sie kamen und
man begann im Jahr 150 mit der Belagerung;
dabei baute man sogar Wurf- und Belage-
rungsmaschinen. 21 Einige von der Besat-
zung konnten den Belagerungsring durch-
brechen; zu ihnen stießen mehrere Ruchlose
aus Israel. 22 Sie begaben sich zum König
und sagten: Wie lange zögerst du, uns unser
Recht zu verschaffen und für unsere Brüder
Rache zu nehmen? 23 Wir haben deinem Va-
ter bereitwillig gedient; wir haben so gelebt,
wie er es sagte, und haben seine Anordnun-
gen befolgt. 24 Deswegen sind uns unsere ei-
genen Landsleute fremd geworden; ja, sie
haben jeden von uns, den sie fanden, umge-
bracht und haben unseren Besitz geraubt.
25 Doch nicht allein gegen uns haben sie die
Hand erhoben, sondern auch gegen alle ihre
Nachbarn. 26 Jetzt sind sie sogar vor die Burg
von Jerusalem gezogen, um sie zu erobern;
außerdem haben sie den Tempel und Bet-Zur
befestigt. 27 Wenn du ihnen nicht bald zuvor-
kommst, werden sie noch mehr unternehmen
und du wirst sie nicht mehr aufhalten
können.
28 Als der König das hörte, wurde er zor-
nig. Er ließ alle seine Freunde zu sich kom-
men, sowohl die Anführer des Fußvolks als
auch die der Reiterei. 29 Auch aus anderen
Reichen und von den Inseln kamen Söldner-
truppen zu ihm. 30 Im Ganzen bestand sein
Heer aus hunderttausend Mann Fußvolk,
zwanzigtausend Reitern und zweiunddreißig
Kriegselefanten.
31 Sie zogen durch Idumäa und belagerten
Bet-Zur. Der Kampf zog sich lange hin. Sie
bauten auch Belagerungsmaschinen; die Be-
lagerten machten jedoch einen Ausfall, ver-
brannten sie und schlugen sich tapfer. 32 Da
zog Judas von der Burg in Jerusalem ab und
schlug dem königlichen Heer gegenüber bei
Bet-Sacharja sein Lager auf. 33 Am nächsten
Morgen ließ der König das Heer in aller Frü-
he aufbrechen und in einem Eilmarsch nach
Bet-Sacharja marschieren. Die Truppen
schwärmten aus und man stieß in die Trom-
peten. 34 Den Elefanten hielt man den Saft
von Trauben und Maulbeeren vor, um sie

zum Kampf zu reizen. 35 Darauf verteilte man die Tiere auf die einzelnen Abteilungen. Zu jedem Elefanten stellten sie tausend Mann; diese hatten Kettenpanzer an und auf dem Kopf bronzene Helme. Außerdem waren jedem Tier fünfhundert ausgesuchte Reiter zugeordnet; 36 sie hatten sich schon vorher immer bei den Tieren aufgehalten und waren ihnen überall gefolgt, wohin sie auch gingen. 37 Jedes Tier trug einen befestigten, gut gesicherten Turm aus Holz, der kunstfertig angeschnallt war, dazu vier Soldaten, die von dem Turm aus kämpften, sowie seinen indischen Lenker. 38 Die übrige Reiterei stellte der König außen an die beiden Flügel des Heeres, um die Gegner zu beunruhigen und die eigenen Reihen zu decken. 39 Als die Sonne sich in den goldenen und ehernen Schilden brach, da strahlten die Berge wider und leuchteten auf wie brennende Fackeln. 40 Ein Teil des königlichen Heeres stellte sich oben auf den Bergen, ein anderer unten in der Ebene auf. Dann begannen sie, sicher und geordnet vorzurücken. 41 Da zitterten alle, die das Getöse der Menge hörten und sahen, wie die Massen aufmarschierten und die Waffen aneinanderschlugen; denn es war ein gewaltig großes und starkes Heer.

42 Judas rückte mit seinen Truppen ebenfalls vor und es kam zum Kampf; dabei fielen vom Heer des Königs sechshundert Mann. 43 Eleasar Awaran sah einen Elefanten, dessen Panzer königlichen Schmuck trug und der alle anderen Tiere überragte. Da er glaubte, darauf sitze der König, 44 opferte er sich, um sein Volk zu retten und sich ewigen Ruhm zu erwerben. 45 Er lief mutig auf ihn zu, mitten in die feindliche Schlachtreihe hinein, teilte nach links und rechts tödliche Hiebe aus und schlug sich eine Bresche durch die Reihen. 46 So drang er bis zu dem Elefanten vor, stellte sich unter ihn und durchbohrte ihn. Das Tier brach zusammen und fiel auf ihn, sodass er erdrückt wurde. 47 Als die Juden die Stärke und das Ungestüm der königlichen Truppen sahen, wichen sie ihnen aus.

48 Die Truppen des königlichen Heeres rückten daraufhin nach Jerusalem hinauf, um die Juden dort zum Kampf zu stellen. Der König schlug in Judäa und am Berg Zion ein Lager auf.

49 Mit der Besatzung von Bet-Zur schloss er Frieden und sie verließ die Stadt. Dort waren nämlich während der Belagerung die Nahrungsmittel ausgegangen; denn man beging im Land ein Sabbatjahr. 50 Der König ließ Bet-Zur besetzen und legte eine Garnison hinein, um es zu sichern.

51 Dann belagerte er viele Tage lang den Tempel. Er ließ Wurf- und Belagerungsmaschinen, auch Brand- und Steinschleudern aufstellen, dazu Armbrüste für Pfeile und kleinere Schleudermaschinen. 52 Aber die Juden bauten ebenfalls Maschinen und der Kampf zog sich lange hin. 53 Doch die Vorratsräume waren leer, weil das Jahr ein siebtes Jahr war; zudem hatten die, die man bei den fremden Völkern gerettet und nach Judäa gebracht hatte, den Rest der Vorräte aufgebraucht. 54 Die Besatzung litt daher Hunger und die Truppen liefen auseinander, jeder ging nach Hause; nur wenige Männer blieben beim Tempel zurück.

18–54 ‖ 2 Makk 13,1f.9–26 • 18: 1,33–36 • 49: Lev 25,2–7.

Der Religionsfriede des Lysias: 6,55–63

55 Da hörte Lysias, Philippus, den König Antiochus noch zu seinen Lebzeiten zum Erzieher seines Sohnes Antiochus bestimmt hatte, bis dieser die Regierung antreten könne, 56 sei aus Persien und Medien zurückgekehrt, zusammen mit den Truppen, die den (verstorbenen) König begleitet hatten; er versuche, die Regierung an sich zu bringen. 57 Daher entschloss sich Lysias, möglichst rasch abzuziehen; er sagte zum König, zu den Offizieren und den Soldaten: Unsere Lage wird von Tag zu Tag schwieriger. Es gibt wenig zu essen und der Ort, den wir belagern, ist stark befestigt. Überdies ruht auf uns die Sorge um das Reich. 58 Reichen wir darum diesen Leuten die Hand und schließen wir Frieden mit ihnen und ihrem ganzen Volk! 59 Wir wollen ihnen zugestehen, dass sie wie früher nach ihren Gesetzen leben können. Denn weil wir ihre Gesetze abschaffen wollten, haben sie sich gegen uns aufgelehnt und all das getan. 60 Der König und die Heerführer waren mit diesem Vorschlag einverstanden; er ließ den Juden Frieden anbieten und sie nahmen ihn an. 61 Der König und die Heerführer leisteten ihnen einen Eid; darauf verließen die Juden die Festung. 62 Aber als der König den Berg Zion betrat und sah, wie stark der Ort befestigt war, brach er den Eid, den er geschworen hatte, und gab den Befehl, die Mauer ringsum einzureißen. 63 Dann zog er in Eilmärschen ab und kehrte nach Antiochia zurück. Er fand die Stadt im Besitz des Philippus, eröffnete den Kampf gegen ihn und nahm die Stadt mit Gewalt.

55–63 ‖ 2 Makk 11,13–15 (38) • 55: 6,14f.

Neue Angriffe auf Israel nach der Thronbesteigung des Demetrius I.: 7,1–25

7 Im Jahr 151 floh Demetrius, der Sohn des Seleukus, aus Rom, landete mit nur wenigen Männern in einer Stadt am Meer und rief sich dort zum König aus. 2 Als er in den Palast seiner Väter einzog, nahmen die Truppen Antiochus und Lysias fest, um sie ihm auszuliefern. 3 Das wurde ihm mitgeteilt; er aber sagte: Ich will ihr Gesicht nicht sehen. 4 Da brachten die Truppen die beiden um und Demetrius setzte sich auf den Thron seines Reiches.

5 Alle Gesetzlosen und Frevler aus Israel kamen zu ihm. Ihr Anführer war Alkimus, der Hoherpriester werden wollte. 6 Sie verklagten das Volk beim König und sagten: Judas und seine Brüder haben alle deine Freunde umgebracht und uns aus unserer Heimat vertrieben. 7 Schick darum einen Mann, dem du vertraust, er soll kommen und sich das ganze Unheil ansehen, das sie uns und dem Land des Königs zugefügt haben. Dann soll er sie und alle, die sie unterstützen, bestrafen.

8 Der König wählte Bakchides, einen der Freunde des Königs; er hatte den Befehl jenseits des Stroms, galt viel im Reich und war dem König treu ergeben. 9 Mit ihm schickte er den ruchlosen Alkimus, den er als Hohenpriester einsetzte, und gab ihm den Auftrag, an den Israeliten Vergeltung zu üben.

10 Sie brachen mit einem großen Heer auf und zogen nach Judäa. Er schickte Boten an Judas und seine Brüder und bot ihnen mit hinterlistigen Worten Frieden. 11 Doch diese glaubten ihnen nicht; denn sie sahen, dass sie mit einem großen Heer gekommen waren.

12 Eine Gruppe von Schriftgelehrten ging indessen gemeinsam zu Alkimus und Bakchides, um eine gerechte Lösung zu suchen. 13 Auch bemühten sich die Hasidäer, als erste von den Israeliten, bei ihnen um Frieden. 14 Sie sagten sich nämlich: Ein Priester aus der Familie des Aaron ist zusammen mit den Truppen hergekommen; er wird uns nichts Böses tun. 15 Alkimus unterhielt sich auch friedlich mit ihnen, ja, er schwor ihnen: Wir werden euch und euren Freunden kein Leid zufügen. 16 Sie glaubten ihm; er aber ließ sechzig von ihnen festnehmen und noch am selben Tag hinrichten, genau wie geschrieben steht: 17 Die Leichen deiner Frommen haben sie rings um Jerusalem zerstreut und ihr Blut haben sie vergossen und keiner hat sie begraben. 18 Da begann das ganze Volk, sich vor ihnen zu fürchten und zu zittern. Man sagte: Bei ihnen gibt es weder Treue noch Recht; denn sie haben den Vertrag gebrochen trotz des Eides, den sie geschworen haben.

19 Bakchides marschierte von Jerusalem nach Bet-Sajit und schlug dort sein Lager auf. Er ließ viele von den Männern, die zu ihm übergelaufen waren, festnehmen, dazu auch einige Männer aus dem Volk, und befahl, sie an der großen Zisterne niederzumetzeln. 20 Er übergab das Land dem Alkimus und ließ zu seiner Unterstützung einen Teil der Truppen zurück. Dann kehrte Bakchides zum König zurück.

21 Alkimus aber kämpfte um das Hohepriesteramt. 22 Alle Unruhestifter im Volk sammelten sich um ihn; sie rissen die Macht über Judäa an sich und stürzten Israel tief ins Unglück. 23 Judas sah all das Unheil, das Alkimus und seine Anhänger bei den Israeliten anrichteten; sie waren schlimmer als die Ausländer. 24 Da brach er auf, zog durch das Gebiet von ganz Judäa und übte an den Überläufern Vergeltung, sodass sie sich nicht mehr frei im Land bewegen konnten. 25 Alkimus merkte, dass Judas und seine Leute an Macht gewannen, und da er einsah, dass er ihnen nicht gewachsen war, wandte er sich wieder an den König und brachte schwere Anklagen gegen sie vor.

1–25 ‖ 2 Makk 14,1–10 • 13: 2,42 • 17: Ps 79,2f.

Der Angriff und die Niederlage des Nikanor: 7,26–50

26 Da schickte der König einen seiner bedeutendsten Anführer, Nikanor, der ein erbitterter Gegner Israels war; er trug ihm auf, das Volk zu vernichten. 27 Nikanor kam mit einem großen Heer nach Jerusalem. Er schickte Boten zu Judas und seinen Brüdern und sprach hinterlistig von Frieden. Er sagte: 28 Ich will keinen Krieg mit euch. Darum will ich mich in Begleitung von nur ein paar Leuten in aller Freundschaft mit euch treffen, um über den Frieden zu reden. 29 Er kam auch zu Judas und sie begrüßten einander freundschaftlich. Seine Soldaten hielten sich indessen bereit, den Judas zu verschleppen. 30 Judas aber erfuhr, dass er in böser Absicht gekommen war. Da wurde er vorsichtig und wollte nicht mehr mit ihm zusammenkommen. 31 Nun merkte Nikanor, dass sein Plan entdeckt worden war, und er zog aus, um Judas bei Kafar-Salama zum Kampf zu stellen. 32 Aber fast fünfhundert von den Leuten des

7,8 jenseits des Stroms: das Gebiet, das sich vom Eufrat bis an die Grenze Ägyptens erstreckt.

Nikanor fielen und seine Soldaten mussten
sich in die Davidstadt flüchten.
33 Nach diesen Ereignissen ging Nikanor
zum Berg Zion hinauf. Aus dem Tempelbe-
zirk kamen ihm Priester und Älteste des Vol-
kes entgegen, um ihn friedlich zu begrüßen
und ihm das Opfer zu zeigen, das man für
den König darbrachte. 34 Er aber verhöhnte
und verspottete sie und machte sie unrein. Er
prahlte 35 und schwor voller Zorn: Wenn Ju-
das und sein Heer mir nicht sofort ausgelie-
fert werden, dann stecke ich dieses Haus in
Brand, sobald ich heil zurück bin. Dann ging
er wütend weg. 36 Die Priester gingen wieder
hinein, stellten sich vor den Altar und den
Tempel, weinten und sagten: 37 Du hast die-
ses Haus erwählt, damit dein Name darüber
ausgerufen werde; es sollte für dein Volk ein
Haus des Betens und Flehens sein. 38 Übe
Vergeltung an diesem Menschen und an sei-
nem Heer! Sie sollen unter dem Schwert fal-
len. Denk an ihre Lästerungen und lass sie
nicht weiterleben!
39 Nikanor verließ Jerusalem und schlug in
Bet-Horon sein Lager auf; dort stieß eine
Abteilung Soldaten aus Syrien zu ihm. 40 Ju-
das dagegen hatte mit dreitausend Mann
sein Lager bei Hadascha und er betete: 41 Da-
mals, als die Leute des Königs von Assur
über dich gelästert hatten, kam dein Engel
und erschlug hundertfünfundachtzigtau-
send von ihnen. 42 Schlag heute dieses Heer
vor unseren Augen genauso, damit die, die
von ihnen übrig bleiben, erkennen, dass Ni-
kanor schlimme Worte gegen dein Heiligtum
ausgestoßen hat. Richte ihn, wie es sein Ver-
brechen verdient.
43 Am Dreizehnten des Monats Adar stie-
ßen die Heere aufeinander und das Heer des
Nikanor wurde vernichtend geschlagen; er
selbst fiel als erster im Kampf. 44 Als sein
Heer sah, dass Nikanor gefallen war, warfen
sie die Waffen weg und flohen. 45 Die Juden
verfolgten sie einen Tagesmarsch weit, von
Hadascha bis nach Geser, und bliesen mit
den Signaltrompeten hinter ihnen her. 46 Aus
allen umliegenden Dörfern Judäas kamen
die Männer heraus und umzingelten die
Flüchtenden. Da wandten sich die Feinde
gegeneinander und alle fielen unter dem
Schwert; nicht einer von ihnen blieb übrig.
47 Die Juden nahmen ihnen ihre Ausrüs-
tungen weg und machten reiche Beute. Dem
Nikanor schlugen sie den Kopf ab und eben-
so die rechte Hand, die er so vermessen aus-
gestreckt hatte; sie brachten beides nach Je-
rusalem und hängten es dort öffentlich auf.
48 Im Volk herrschte große Freude; sie begin-
gen diesen Tag als einen großen Festtag
49 und beschlossen, den dreizehnten Adar
künftig jedes Jahr zu feiern.
50 Danach hatte Judäa für kurze Zeit
Ruhe.

26–50 ‖ 2 Makk 14,11 – 15,36 • 26: 3,38 • 36: Joël 2,17 • 41: 2 Kön 18,17–35; 19,35.

Das Bündnis des Judas mit Rom: 8,1–32

8 Judas hörte, wie man von den Römern
erzählte, sie seien geübt im Kriegfüh-
ren, erwiesen allen, die zu ihnen hielten,
Wohlwollen und schlössen Freundschaft mit
jedem, der sie darum bitte. Sie seien in der
Tat kriegstüchtige Männer. 2 Man berichtete
ihm auch von ihren Feldzügen und von ihren
kühnen Unternehmungen gegen die Galater,
die sie unterworfen und tributpflichtig ge-
macht hatten, 3 ebenso von ihren Taten in
Spanien: Dort hatten sie die Silber- und
Goldbergwerke erobert 4 und durch ihre
Klugheit und Ausdauer das ganze Land an
sich gebracht, obgleich es von ihnen weit
entfernt liegt. Die Könige, die vom Ende der
Welt gegen sie herangezogen waren, hatten
sie besiegt und ihnen eine vernichtende Nie-
derlage beigebracht; die Übrigen mussten
ihnen jährlich Tribut zahlen. 5 Philippus und
Perseus, die Könige der Kittäer, und alle an-
deren, die sich gegen sie auflehnten, hatten
sie im Krieg vernichtend geschlagen und un-
terworfen. 6 Als Antiochus, der Großkönig
von Asien, mit hundertzwanzig Elefanten,
mit Reiterei, Streitwagen und einem gewal-
tigen Heer gegen sie zum Kampf auszog,
wurde er von ihnen vernichtend geschlagen.
7 Sie nahmen ihn lebendig gefangen und er-
legten ihm und seinen Nachfolgern einen ho-
hen Tribut auf; er musste Geiseln stellen und
einen Teil seines Gebietes abtreten. 8 Sie
nahmen ihm die Provinzen Indien, Medien
und Lydien ab, einige der besten Länder, die
er besaß, und schenkten sie dem König Eu-
menes. 9 Als die Bewohner von Griechenland
den Plan fassten, in den Krieg zu ziehen, um
die Römer zu vernichten, 10 wurde diesen die
Sache bekannt. Sie schickten nur einen ein-
zigen Befehlshaber aus, um gegen sie Krieg
zu führen. Von den Griechen wurden viele
verwundet und kamen um. Die Römer führ-
ten ihre Frauen und Kinder gefangen weg,
plünderten ihre Habe und nahmen das Land
in Besitz; sie schleiften ihre Festungen und

8,1–16 Das Lob auf die Römer steht in betontem Gegensatz zur Abneigung gegen die Griechen.

8,2 Galater: jene Gallier, die um 200 v. Chr. südlich der Alpen wohnten.

machten sich die Griechen untertan; so ist es
geblieben bis auf den heutigen Tag. 11 Auch
alle anderen Reiche und die Inseln, die sich
irgendwann gegen sie erhoben, hatten sie
besiegt und sich untertan gemacht. 12 Ihren
Freunden aber und allen, die sich auf sie ver-
ließen, hielten sie die Freundschaft. Sie un-
terwarfen die Könige nah und fern, und wer
ihren Namen hörte, hatte Angst vor ihnen.
13 Wem sie aber zur Herrschaft verhelfen
wollen, der wird König und ebenso setzen sie
ab, wen sie wollen. Auf diese Weise sind sie
sehr groß geworden.

14 Bei all dem setzt sich keiner von ihnen
eine Krone auf oder legt Purpurgewänder
an, um damit zu prunken. 15 Vielmehr haben
sie sich eine Ratsversammlung (den Senat)
geschaffen und jeden Tag halten dreihun-
dertundzwanzig Ratsherren darüber Rat,
wie das Volk gut zu regieren sei. 16 Einem
einzigen Mann übertragen sie vertrauensvoll
für ein Jahr die Regierung über sich und die
Herrschaft über ihr ganzes Land. Alle gehor-
chen dem einen, ohne dass es Neid oder
Eifersucht unter ihnen gibt.

17 Judas wählte Eupolemus, den Sohn Jo-
hanans und Enkel des Koz, aus, sowie Jason,
den Sohn Eleasars, und schickte sie nach
Rom, um mit den Römern ein Freundschafts-
und Waffenbündnis zu schließen, 18 damit
das Joch von Judäa genommen werde; denn
die Römer sahen ja, wie die Könige der Grie-
chen Israel in Knechtschaft hielten. 19 Sie
reisten also nach Rom – es war ein sehr wei-
ter Weg –, traten vor den Senat und sagten:
20 Judas, der Makkabäer, seine Brüder und
das jüdische Volk haben uns zu euch ge-
schickt. Wir wollen mit euch ein Friedens-
bündnis schließen und als eure Bundes-
genossen und Freunde eingeschrieben wer-
den.

21 Der Senat war mit dem Vorschlag ein-
verstanden. 22 Dies ist eine Abschrift der Ur-
kunde, die sie auf Bronzetafeln aufzeichnen
und nach Jerusalem schicken ließen, damit
die Erinnerung an das Friedensbündnis
ständig gegenwärtig bleibe:

23 Den Römern und dem jüdischen Volk
soll es zu Wasser und zu Land immer wohl
ergehen; Schwert und Feind mögen ihnen
fern bleiben. 24 Wenn Rom oder irgendeinem
seiner Bundesgenossen in seinem ganzen
Machtbereich zuerst ein Krieg droht, 25 wird
das jüdische Volk, je nachdem es die Lage er-
fordert, bereitwillig mit in den Kampf zie-
hen. 26 Den Kriegführenden brauchen keine
Nahrungsmittel, keine Waffen, kein Geld
und auch keine Schiffe geliefert zu werden,
wenn Rom es so für richtig hält. Sie werden
ihren Verpflichtungen ohne Gegenleistung
nachkommen. 27 Ebenso werden die Römer,
wenn das jüdische Volk zuerst in einen Krieg
verwickelt wird, bereitwillig mitkämpfen, je
nach den Umständen. 28 Den Bundesgenos-
sen brauchen keine Nahrungsmittel, Waffen,
kein Geld und auch keine Schiffe geliefert zu
werden, wenn Rom es so für richtig hält; sie
werden ihren Verpflichtungen ohne Hinter-
list nachkommen.

29 Das ist der Wortlaut des Vertrags, den
die Römer mit dem Volk der Juden geschlos-
sen haben.

30 Wenn später die beiden Parteien etwas
hinzufügen oder streichen wollen, können
sie es nach ihrem Belieben tun. Die Zusätze
oder Streichungen werden gültig sein.

31 Dem König Demetrius aber haben wir
geschrieben wegen des Unrechts, das er den
Juden zugefügt hat: Warum lastet dein Joch
so schwer auf unseren Freunden und Bun-
desgenossen, den Juden? 32 Wenn sie jetzt
noch einmal deinetwegen vorstellig werden,
verhelfen wir ihnen zu ihrem Recht und füh-
ren gegen dich Krieg zu Wasser und zu
Land.

17: 12,1f; 15,15; 2 Makk 4,11.

Die letzte Schlacht und der Tod des Judas:
9,1–22

9 Demetrius erfuhr, dass Nikanor und
sein Heer im Kampf gefallen waren. Da
schickte er Bakchides und Alkimus zum
zweiten Mal nach Judäa und gab ihnen die
im Süden stehende Armee mit. 2 Sie nahmen
den Weg nach Gilgal, schlugen vor Mesalot
in der Gegend von Arbela ihr Lager auf, er-
oberten die Stadt und brachten viele Men-
schen um. 3 Im ersten Monat des Jahres 152
schlugen sie ihr Lager bei Jerusalem auf.
4 Von dort zogen sie mit zwanzigtausend
Mann und zweitausend Reitern nach Berea.
5 Judas aber hatte mit dreitausend ausge-
wählten Soldaten sein Lager bei Elasa.

6 Als die Juden die Übermacht der feindli-
chen Truppen sahen, bekamen sie große
Angst. Viele liefen aus dem Lager fort, so-
dass am Ende nur noch achthundert Mann
übrig waren. 7 Judas sah, dass sich sein Heer
auflöste, während der Kampf unmittelbar
bevorstand. Er wurde sehr bestürzt, denn er
hatte keine Zeit mehr, seine Leute wie-
der zusammenzubringen. 8 Niedergeschlagen
sagte er zu denen, die noch da waren: Auf!

8,30 Der Vertrag entspricht der Politik des römischen Senats. Den Juden brachte er kaum einen Vorteil.

Wir wollen gegen unsere Feinde hinaufzie-
hen. Vielleicht können wir doch gegen sie
kämpfen. 9 Sie aber widersprachen ihm und
sagten: Es ist unmöglich. Wir wollen lieber
jetzt unser Leben retten und dann mit unse-
ren Brüdern zurückkommen und gegen sie
kämpfen. Wir sind zu wenige. 10 Judas ant-
wortete: Auf keinen Fall werde ich vor ihnen
fliehen. Wenn unsere Zeit gekommen ist,
dann wollen wir für unsere Brüder tapfer in
den Tod gehen; auf unsere Ehre soll kein
Schatten fallen.

11 Da rückte das feindliche Heer aus sei-
nem Lager aus und bezog ihnen gegenüber
Stellung; die Reiterei wurde in zwei Grup-
pen geteilt, die Schleuderer und Bogenschüt-
zen gingen vor der Streitmacht her, ebenso
die Reihe der tapferen Vorkämpfer. 12 Bak-
chides war auf dem rechten Flügel. Die bei-
den Flügel der Schlachtreihe näherten sich
und man blies die Trompeten. Auch die Leu-
te des Judas stießen in die Trompeten. 13 Die
Erde bebte vor dem Getöse, das die Heere
machten, und vom Morgen bis zum Abend
dauerte der Kampf Mann gegen Mann. 14 Als
Judas bemerkte, dass Bakchides mit dem
Kern seiner Truppe rechts stand, scharten
sich alle tapferen Männer um ihn 15 und der
rechte Flügel der Feinde wurde von ihnen
vernichtend geschlagen; sie verfolgten sie bis
zum Gebirge von Aschdod. 16 Als die Trup-
pen auf dem linken Flügel sahen, dass der
rechte geschlagen war, schwenkten sie um
und folgten den Spuren des Judas und seiner
Leute. 17 Es entwickelte sich ein erbitterter
Kampf, in dem beide Seiten schwere Verlus-
te erlitten. 18 Auch Judas fiel; die Übrigen
flohen.

19 Jonatan und Simeon holten ihren Bru-
der und bestatteten ihn im Grab seiner Väter
in Modeïn. 20 Ganz Israel beweinte ihn und
hielt um ihn eine große Totenklage ab. Sie
trauerten viele Tage lang und sagten: 21 Ach,
der Held ist gefallen, Israels Retter.

22 Die übrige Geschichte des Judas, seine
anderen Feldzüge und kühnen Unterneh-
mungen, die er durchführte, und seine sons-
tigen großen Taten – all das ist hier nicht er-
wähnt worden; es wäre zu viel geworden.

21: 2 Sam 1,27.

DIE TATEN JONATANS: 9,23 – 12,52

Die Wahl Jonatans zum Anführer Israels:
9,23–31

23 Nach dem Tod des Judas erhoben die
Abtrünnigen in allen Teilen Israels wiede-
rum ihr Haupt und alle Übeltäter wagten
sich wieder ans Licht. 24 In jenen Tagen gab
es eine furchtbare Hungersnot; wie die Ver-
räter, so wurde auch das Land untreu.
25 Bakchides wählte die abtrünnigen Männer
aus und machte sie zu Herren des Landes.
26 Diese spürten die Anhänger des Judas auf,
verhörten sie und brachten sie zu Bakchides.
Er nahm Rache an ihnen und ließ sie miss-
handeln. 27 Große Bedrängnis herrschte in
Israel, wie seit den Tagen der Propheten
nicht mehr.

28 Da kamen alle Anhänger des Judas zu-
sammen und sagten zu Jonatan: 29 Seit dein
Bruder Judas tot ist, gibt es keinen mehr, der
gegen die Feinde, gegen Bakchides und ge-
gen die Gegner unseres Volkes in den Krieg
zieht, wie er es getan hat. 30 Darum haben
wir dich heute gewählt. So wie er sollst du
uns anführen und leiten in unserem Kampf.
31 Jonatan übernahm also die Führung und
trat die Nachfolge seines Bruders Judas
an.

Kleinkrieg an den Grenzen Judäas: 9,32–49

32 Bakchides erfuhr davon und trachtete
ihm nach dem Leben. 33 Als Jonatan und sein
Bruder Simeon mit ihrer ganzen Gefolg-
schaft das hörten, flohen sie in die Wüste von
Tekoa und hielten sich bei der mit Wasser
gefüllten Zisterne von Asfar auf. 34 [Aber
Bakchides erfuhr davon, und zwar am Sab-
bat; er ging mit all seinen Leuten auf die an-
dere Seite des Jordan.] 35 Er schickte seinen
Bruder Johanan an der Spitze seiner Truppe
zu den mit ihm befreundeten Nabatäern und
ließ sie bitten, ihr zahlreiches Gepäck bei ih-
nen aufbewahren zu dürfen. 36 Doch die Söh-
ne Jambris aus Medeba zogen aus, ergriffen
Johanan mit allem, was er bei sich hatte, und
nahmen ihn mit.

37 Darauf meldete man Jonatan und sei-
nem Bruder Simeon: Die Söhne Jambris wol-
len eine große Hochzeit veranstalten und die

9,33 Tekoa: Heimat des Propheten Amos, südöst-
lich von Betlehem (vgl. Am 1,1).

9,34 Der Vers ist vermutlich eine versehentliche
Doppelschreibung von V. 43.

9,35 Er schickte: Gemeint ist Jonatan.

Braut, die Tochter eines der vornehmen Her-
ren Kanaans, in einem großen Festzug aus
Nadabat heimführen. 38 Da dachten sie da-
ran, dass die Söhne Jambris das Blut ihres
Bruders Johanan vergossen hatten; sie zogen
hinauf und versteckten sich im Gebirge.
39 Plötzlich sahen sie einen lärmenden Zug
mit viel Gepäck daherziehen. Der Bräuti-
gam, seine Freunde und seine Brüder kamen
ihnen mit Pauken, Liedern und in starker
Bewaffnung entgegen. 40 Sie fielen aus dem
Hinterhalt über sie her und richteten unter
ihnen ein Blutbad an; viele wurden erschla-
gen, die Übrigen flohen ins Gebirge. Ihre
ganze Habe nahmen sie als Beute mit.
41 Da wurde die Hochzeit zur Trauerfeier
und der Klang ihrer Lieder zur Totenklage.
42 Auf diese Weise rächten sie das Blut ih-
res Bruders; dann kehrten sie in das Dickicht
am Jordan zurück.
43 Als Bakchides davon erfuhr, kam er am
Sabbat mit einem großen Heer an das Ufer
des Jordan. 44 Jonatan sagte zu seinen Leu-
ten: Kommt, wir müssen um unser Leben
kämpfen. Noch nie waren wir in einer sol-
chen Lage. 45 Die Feinde haben uns einge-
schlossen; auf beiden Seiten ist das Wasser
des Jordan mit seinen Sümpfen und seinem
Dickicht. Wir können nicht ausweichen.
46 Darum schreit laut zum Himmel, damit ihr
aus der Hand eurer Feinde gerettet werdet.
47 Darauf begann der Kampf Mann gegen
Mann. Jonatan holte aus, um Bakchides zu
erschlagen, der aber konnte ihm ausweichen.
48 Dann sprangen Jonatan und seine Leute in
den Jordan und schwammen ans andere
Ufer. Die Feinde aber setzten ihnen nicht
über den Jordan nach. 49 Vom Heer des Bak-
chides fielen an jenem Tag ungefähr tausend
Mann.

35: 5,25.

Die Festigung der königlichen Herrschaft in Judäa: 9,50–57

50 Bakchides kehrte nach Jerusalem zu-
rück. Er legte in Judäa befestigte Städte an:
die Festungen bei Jericho, Emmaus, Bet-Ho-
ron, Bet-El, Timna, Faraton und Tefon. Er
versah sie mit hohen Mauern und Toren; an
den Toren brachte er Querbalken zum Ver-
riegeln an. 51 Dann legte er Besatzungen hi-
nein, die das Volk Israel im Zaum halten
sollten. 52 Auch in den Städten Bet-Zur und
Geser und an der Burg von Jerusalem ließ er
Befestigungsarbeiten ausführen und Trup-
pen und Proviant hineinbringen. 53 Von den
Männern, die eine führende Stellung im
Land innehatten, nahm er die Söhne als Gei-
seln und hielt sie in der Burg von Jerusalem
gefangen.
54 Im zweiten Monat des Jahres 153 befahl
Alkimus, die Mauer des inneren Tempelvor-
hofs einzureißen. Er ließ mit den Abbruchar-
beiten beginnen, um zu zerstören, was die
Propheten erbaut hatten. 55 Doch dann wur-
de Alkimus vom Schlag getroffen und sein
Plan wurde nicht ausgeführt. Er konnte den
Mund nicht mehr öffnen; er war gelähmt und
konnte kein Wort mehr sagen, nicht einmal
mehr sein Testament machen. 56 Wenig spä-
ter starb Alkimus unter großen Qualen.
57 Als Bakchides sah, dass Alkimus tot war,
kehrte er zum König zurück und Judäa hatte
zwei Jahre lang Ruhe.

Neuer Kleinkrieg und Erfolge Jonatans: 9,58–73

58 Danach kamen alle Verräter zu einer Be-
ratung zusammen. Sie sagten: Jonatan und
seine Anhänger leben sorglos in ihren Häu-
sern und fühlen sich sicher. Wenn wir jetzt
Bakchides kommen lassen, kann er alle in ei-
ner einzigen Nacht festnehmen. 59 Sie gingen
also zu ihm und besprachen sich mit ihm.
60 Bakchides machte sich mit einem großen
Heer auf den Weg. Er schickte heimlich Brie-
fe an alle seine Verbündeten in Judäa mit der
Aufforderung, Jonatan und seine Anhänger
gefangen zu nehmen. Aber es gelang ihnen
nicht; denn ihr Vorhaben war bekannt ge-
worden. 61 Stattdessen ließ Jonatan von den
im Land wohnenden Männern, die für den
verbrecherischen Anschlag verantwortlich
waren, fünfzig ergreifen und töten.
62 Dann setzten sich Jonatan und Simeon
mit ihren Anhängern in die Wüste nach Bet-
Basi ab. Jonatan ließ dort alles wieder auf-
bauen, was in Trümmern lag, und befestigte
den Ort. 63 Als Bakchides davon erfuhr, zog
er alle seine Truppen zusammen und erteilte
den Leuten von Judäa entsprechende An-
weisungen. 64 Er rückte gegen Bet-Basi vor
und schlug dort sein Lager auf. Er ließ Bela-
gerungsmaschinen aufstellen und berannte
den Ort viele Tage lang. 65 Da ließ Jonatan
seinen Bruder Simeon in der Stadt zurück; er
selbst ging mit einer Hand voll Leute in die
Dörfer der Umgebung. 66 Dabei schlug er den

9,45 Die Juden befinden sich in einer der zahlreichen Jordanwindungen.

9,54 Gemeint sind wohl Propheten aus der Zeit nach der Rückkehr aus dem Exil, wie Haggai und Sacharja.

Odomera und seine Sippe; auch überfiel er
ein Zeltlager des Stammes Fasiron. Sie be-
gannen zu siegen und rückten verstärkt wie-
der hinauf. 67 Simeon aber machte mit seinen
Leuten einen Ausfall aus der Stadt und
steckte die Belagerungsmaschinen in Brand.
68 Bakchides wurde von ihnen angegriffen
und vernichtend geschlagen. Sie bereiteten
ihm großen Verdruss, weil das von ihm ge-
plante Unternehmen zu einem völligen Fehl-
schlag wurde.

69 Da wurde Bakchides sehr wütend über
die Verräter, die ihm den Rat gegeben hat-
ten, in das Land zu kommen. Er brachte viele
von ihnen um und beschloss, in sein Land
zurückzukehren. 70 Sobald Jonatan davon
hörte, schickte er Gesandte zu ihm, um einen
Friedensvertrag mit ihm abzuschließen und
die Gefangenen freizubekommen. 71 Bakchi-
des nahm die Vorschläge Jonatans an und
schwor ihm, nie wieder in seinem Leben et-
was gegen ihn zu unternehmen. 72 Auch ließ
er die Gefangenen frei, die er vorher in Judäa
gemacht hatte. Dann zog er ab und kehrte
nach Hause zurück. Judäa betrat er nie
wieder.

73 Darauf ruhten in Israel die Waffen. Jo-
natan ließ sich in Michmas nieder und be-
gann, als Richter über das Volk zu herr-
schen. Die Frevler in Israel aber rottete er
aus.

73: Ri 2,16.

Das Bündnisangebot des Demetrius I.: 10,1–14

10 Im Jahr 160 zog Alexander Epipha-
nes, der Sohn des Antiochus, gegen
Ptolemaïs und besetzte es. Die Einwohner
nahmen ihn auf und er trat dort die Herr-
schaft an. 2 Als König Demetrius das hörte,
sammelte er viele Truppen und zog gegen ihn
in den Kampf.

3 An Jonatan schickte Demetrius einen
Brief mit Friedensbeteuerungen und ver-
sprach ihm hohe Würden. 4 Denn er dachte:
Wir wollen schnell mit ihm Frieden schlie-
ßen, bevor er sich mit Alexander gegen uns
verbündet. 5 Sonst erinnert er sich nämlich
an all das Unheil, das wir ihm, seinen Brü-
dern und seinem Volk angetan haben. 6 Er
gab Jonatan die Vollmacht, Truppen auszu-
heben und als seine Verbündeten auszurüs-
ten. Auch versprach er, die in der Burg von
Jerusalem festgehaltenen Geiseln freizulas-
sen.

7 Jonatan kam nach Jerusalem und las den
Brief der ganzen Bevölkerung und der Be-
satzung der Burg laut vor. 8 Als sie hörten,
dass er vom König die Vollmacht erhalten
hatte, Truppen auszuheben, bekamen sie
große Angst. 9 Die Besatzung der Burg lie-
ferte dem Jonatan die Geiseln aus und er
gab sie ihren Eltern zurück. 10 Jonatan ließ
sich in Jerusalem nieder und begann in der
Stadt mit Bauarbeiten und Ausbesserungen.
11 Er gab den Handwerkern den Auftrag, den
Berg Zion und die Stadtmauern mit Quader-
steinen zu befestigen. Das führten sie auch
aus.

12 Darauf flohen die Fremden aus den Fes-
tungen, die Bakchides erbaut hatte. 13 Sie
machten sich alle davon und kehrten nach
Hause zurück. 14 Nur in Bet-Zur blieben von
denen, die vom Gesetz und von den Geboten
abgefallen waren, einige zurück; dort fanden
sie nämlich Zuflucht.

11: 2 Sam 5,9.

Die Einsetzung Jonatans zum Hohenpriester durch Alexander: 10,15–21

15 König Alexander erfuhr, was Demetrius
Jonatan alles zugesichert hatte. Man berich-
tete ihm auch von den Kriegen und den Hel-
dentaten Jonatans und seiner Brüder und
von den zahlreichen Mühen, die sie auf sich
genommen hatten. 16 Da sagte er: Können
wir noch einmal solch einen Mann finden
wie ihn? Wir wollen ihn zu unserem Freund
und Verbündeten machen. 17 Er schrieb also
einen Brief und schickte ihn an Jonatan. Der
Brief hatte folgenden Inhalt: 18 König Ale-
xander grüßt seinen Bruder Jonatan. 19 Wir
haben gehört, dass du ein tapferer Mann
bist; du bist es wert, unser Freund zu sein.
20 Darum ernennen wir dich heute zum Ho-
henpriester über dein Volk; du darfst den
Titel Freund des Königs führen. Halte zu uns
und bewahre uns die Freundschaft! Zugleich
übersandte er ihm den Purpurmantel und ei-
nen goldenen Kranz.

21 Im siebten Monat des Jahres 160 legte
Jonatan am Laubhüttenfest das heilige Ge-
wand an. Er hob Truppen aus und ver-
schaffte sich eine Menge Waffen.

10,1 *Alexander hieß in Wirklichkeit* Balas; er gab sich als Sohn des Epiphanes aus und hatte mit dieser Täuschung Erfolg. – Zu Ptolemaïs: vgl. die Anmerkung zu 5,15.

10,20 So vereinigt Jonatan das Amt des Hohenpriesters, des weltlichen Oberhauptes und des Heerführers in seiner Person.

10,21 Nach der griechisch-seleuzidischen Zeitrechnung, d.h. 152 v. Chr.

Die Zugeständnisse des Demetrius I. an Jonatan: 10,22–45

22 Als Demetrius davon hörte, war er bestürzt. Er sagte: Was haben wir da gemacht! 23 Alexander ist uns zuvorgekommen. Er hat die Freundschaft der Juden gewonnen, sodass sie ihn unterstützen. 24 Doch ich will ihnen auch schreiben. Ich will ihnen gut zureden und versprechen, sie auszuzeichnen und zu beschenken. Vielleicht werden sie mich dann unterstützen.

25 Er schrieb ihnen also folgenden Brief: König Demetrius grüßt das jüdische Volk. 26 Ihr habt die Verträge, die ihr mit uns geschlossen habt, gehalten, habt uns die Freundschaft bewahrt und euch nicht unseren Feinden angeschlossen. Wir haben es vernommen und uns darüber gefreut. 27 Bleibt uns auch weiterhin treu! Wir werden euch das Gute vergelten, das ihr uns erweist. 28 Wir werden euch viele Verpflichtungen erlassen und euch Geschenke machen. 29 Von heute an erkläre ich euch für frei und erlasse allen Juden die Kopfsteuer, die Salzsteuer und die Lieferung der Kränze. 30 Von heute an verzichte ich für immer auf den dritten Teil der Erträge der Felder und auf die Hälfte der Erträge der Bäume, die mir aus Judäa zustehen sowie aus den drei Bezirken Samariens und Galiläas, die an Judäa angeschlossen worden sind. 31 Jerusalem sei heilig und unantastbar und soll mit seiner Umgebung vom Zehnten und von der Steuer befreit sein. 32 Ich verzichte auch auf die Befehlsgewalt über die Burg von Jerusalem. Ich gestatte dem Hohenpriester, selbst die Männer auszuwählen, die er als Wache in die Burg legen will. 33 In meinem ganzen Reich lasse ich alle Juden, die als Gefangene aus Judäa verschleppt worden sind, ohne Lösegeld frei. Auch ihre Tiere darf niemand zum Frondienst heranziehen. 34 An allen Festen, Sabbaten, Neumonden und Feiertagen sowie drei Tage vor und nach einem Fest braucht kein Jude in meinem Reich Steuern oder Schulden zu bezahlen. 35 Niemand soll einen von ihnen in irgendeiner Sache belangen oder belästigen dürfen. 36 Bis zu dreißigtausend Juden sollen in das königliche Heer aufgenommen werden und den gleichen Sold erhalten wie alle anderen Soldaten des Königs. 37 Sie sollen auch in den großen Festungen des Königs Dienst tun und Vertrauensstellungen im Reich einnehmen. Ihre Offiziere und Befehlshaber sind aus ihren eigenen Reihen zu wählen. Sie dürfen nach ihren eigenen Gesetzen leben, ganz so, wie es der König für Judäa angeordnet hat. 38 Die drei Bezirke, die von der Provinz Samarien abgetrennt und Judäa angeschlossen worden sind, sollen unter gemeinsamer Verwaltung zu Judäa gehören und nur dem Hohenpriester unterstellt sein. 39 Ptolemaïs und das angrenzende Gebiet vermache ich als Geschenk dem Tempel von Jerusalem; daraus soll der nötige Aufwand für den Tempeldienst bestritten werden.

40 Auf eigene Rechnung will ich aus geeigneten Orten jährlich fünfzehntausend Silberschekel aufbringen. 41 Alles, was die Behörden von den in den früheren Jahren üblichen Zuwendungen noch nicht bezahlt haben, sollen sie von nun an für die Arbeiten am Tempel zur Verfügung stellen. 42 Auch die fünftausend Silberschekel, die bisher vom Jahresaufkommen des Tempels als Steuer erhoben wurden, werden erlassen und sollen den diensttuenden Priestern zukommen. 43 Jeder, der sich in das Heiligtum von Jerusalem flüchtet oder in das zum Tempel gehörende Gebiet, wird mit seinem ganzen Besitz, den er in meinem Reich hat, von jeder Schuld dem König gegenüber und von jeder anderen geschäftlichen Verpflichtung frei sein. 44 Die Kosten für die Arbeiten am Heiligtum, sowohl für Neubauten wie für Ausbesserungen, gehen zu Lasten des Königs, 45 ebenso gehen die Kosten für den Bau der Mauern in Jerusalem und für die Stadtmauern, die es umgeben, auf die Rechnung des Königs, schließlich auch die Mauerbauten in Judäa.

38: 10,31; 11,28–34.

Das Bündnis zwischen Jonatan und Alexander: 10,46–66

46 Als Jonatan und das Volk diese Versprechungen hörten, glaubten sie ihnen nicht und gingen nicht darauf ein; denn sie dachten an das große Unheil, das er in Israel angerichtet, und in welche Not er sie gebracht hatte. 47 Sie hielten zu Alexander, weil er ihnen zuerst Frieden angeboten hatte, und sie kämpften die ganze Zeit auf seiner Seite.

48 König Alexander zog große Truppenmassen zusammen und schlug Demetrius gegenüber sein Lager auf. 49 Die beiden Könige eröffneten den Kampf gegeneinander. Das Heer des Demetrius floh; Alexander setzte ihm nach und gewann die Oberhand. 50 Er kämpfte hartnäckig, bis die Sonne unter-

10,29 Unter »Kränzen« verstand man Geschenke, die dem Herrscher gemacht wurden.

ging. An jenem Tag fiel Demetrius in der
Schlacht.
51 Alexander schickte Gesandte zu Ptole-
mäus, dem König von Ägypten, und ließ ihm
folgendes sagen: 52 Ich bin in mein Reich zu-
rückgekehrt, habe mich auf den Thron mei-
ner Väter gesetzt und die Herrschaft ange-
treten. Ich habe Demetrius besiegt und
unser Land in meine Gewalt gebracht. 53 Ich
habe mit ihm gekämpft; er wurde mit seinem
Heer von uns vernichtend geschlagen. So ha-
ben wir uns auf den Thron seines Reiches ge-
setzt. 54 Lasst uns nun miteinander Freund-
schaft schließen. Gib mir deine Tochter zur
Frau, damit wir uns durch diese Heirat mit-
einander verschwägern. Ich werde dir und
ihr Geschenke machen, die deiner würdig
sind.
55 König Ptolemäus antwortete: Welch
glücklicher Tag, an dem du in das Land dei-
ner Väter zurückgekehrt bist und dich auf
den Thron ihres Reiches gesetzt hast. 56 Ich
will auf deinen Vorschlag eingehen. Doch
komm mir bis Ptolemaïs entgegen, damit wir
uns kennen lernen. Dann werde ich mich mit
dir verschwägern, wie du geschrieben hast.
57 Ptolemäus verließ Ägypten und nahm
seine Tochter Kleopatra mit sich. Im Jahr
162 kam er nach Ptolemaïs. 58 Als König Ale-
xander mit ihm zusammenkam, gab er ihm
seine Tochter zur Frau. Er veranstaltete in
Ptolemaïs eine glänzende Hochzeit für sie,
wie es bei Königen üblich ist.
59 König Alexander schrieb an Jonatan, er
möge doch zu ihm kommen und sich mit ihm
treffen. 60 Da begab sich Jonatan mit glän-
zendem Gefolge nach Ptolemaïs und traf
dort die beiden Könige. Er brachte ihnen
und ihren Freunden Silber, Gold und viele
Geschenke mit. So gewann er sie für sich.
61 Aber ehrlose Männer aus Israel, Verräter,
traten gemeinsam auf und klagten ihn an.
Doch der König schenkte ihnen keine Beach-
tung. 62 Vielmehr gab er die Anweisung, Jo-
natan anstelle der Gewänder, die er trug, mit
Purpur zu bekleiden. Das geschah 63 und der
König ließ ihn neben sich Platz nehmen.
Dann sagte er zu seinen höchsten Beamten:
Nehmt ihn mit in die Stadt und gebt be-
kannt, dass niemand ihn in irgendeiner Sa-
che anklagen darf; keiner darf ihm aus ir-
gendeinem Grund Ungelegenheiten bereiten.
64 Als die Ankläger sahen, dass er öffentlich
geehrt wurde und mit Purpur bekleidet war,
machten sie sich alle davon. 65 Der König ließ
Jonatan noch weitere Ehrungen zukommen:
Er ließ ihn in das Verzeichnis seiner ersten
Freunde aufnehmen und ernannte ihn zum
Befehlshaber und Statthalter. 66 Darauf
kehrte Jonatan in Frieden und voll Freude
nach Jerusalem zurück.

Sieg Jonatans über ein Heer des Demetrius II.: 10,67–89

67 Im Jahr 165 kam Demetrius, der Sohn
des Demetrius, aus Kreta in das Land seiner
Väter. 68 Als König Alexander das hörte, war
er sehr bestürzt und kehrte nach Antiochia
zurück. 69 Demetrius ernannte Apollonius
zum Statthalter von Zölesyrien. Dieser
brachte ein großes Heer zusammen und
schlug sein Lager bei Jamnia auf. Von dort
schickte er dem Hohenpriester Jonatan diese
Botschaft:
70 Nur du allein stellst dich gegen uns. Dei-
netwegen verlacht und verhöhnt man mich.
Was maßt du dir uns gegenüber an in deinen
Bergen? 71 Wenn du dich auf deine Truppen
verlassen kannst, dann komm doch herunter
zu uns in die Ebene; dort wollen wir unsere
Kräfte messen. Denn bei mir befinden sich
die Truppen aus den Städten. 72 Frag doch
nach und erkundige dich, wer ich bin und
wer die Leute sind, die auf meiner Seite ste-
hen. Man wird dir sagen, dass ihr uns nicht
standhalten könnt. Schon zweimal wurden
deine Vorfahren in ihrem Land in die Flucht
geschlagen. 73 In der Ebene wirst du dich
auch diesmal gegen die Reiterei und gegen
eine solche Streitmacht nicht halten können;
da gibt es nämlich keinen Stein und keinen
Kiesel und auch keinen Schlupfwinkel, in
den man fliehen kann.
74 Als Jonatan die Worte des Apollonius
vernahm, war er empört und rückte mit
zehntausend Mann aus Jerusalem aus. Sein
Bruder Simeon ging zu seiner Unterstützung
mit. 75 Vor Jafo schlug er sein Lager auf. Die
Einwohner der Stadt verschlossen die Tore
vor ihm; denn Apollonius hatte eine Besat-
zung nach Jafo gelegt. Als die Juden aber an-
griffen, 76 bekamen die Einwohner Angst
und übergaben die Stadt und Jonatan nahm
Jafo in Besitz. 77 Das erfuhr Apollonius, der
mit dreitausend Reitern und einem großen
Heer ein Lager bezogen hatte. Er zog auf
Aschdod zu, als wolle er durch die Stadt zie-
hen. Zugleich rückte er in die Ebene vor,
weil er sich auf seine starke Reiterei verließ.
78 Jonatan aber setzte ihm nach bis vor Asch-
dod. Dort gerieten die Heere aneinander.

10,57f Kleopatra: Tochter des Ptolemäus VI. Philometor.

79 Apollonius hatte tausend Reiter in einem Hinterhalt zurückgelassen. 80 Jonatan bemerkte den Hinterhalt, aber die Reiter umzingelten sein Heer und schossen vom frühen Morgen bis zum Abend mit Pfeilen auf seine Leute. 81 Aber die Männer hielten stand, wie Jonatan befohlen hatte, und die Pferde der Feinde wurden müde. 82 Dann ließ Simeon seine Streitkräfte ausschwärmen und griff die feindlichen Fußtruppen an. Da die Reiterei erschöpft war, wurde das Heer von ihm in die Flucht geschlagen. 83 Die Reiterei wurde über die ganze Ebene hin zersprengt und floh nach Aschdod; sie gingen in den Tempel Dagons, ihres Götzenbildes, um sich zu retten. 84 Jonatan steckte Aschdod und die Nachbarorte in Brand und plünderte sie; er brannte auch den Tempel des Dagon nieder mit allen, die sich dorthin geflüchtet hatten. 85 Es waren etwa achttausend Mann, die durch das Schwert oder im Feuer umkamen.

86 Von dort brach Jonatan auf und schlug sein Lager bei Aschkelon auf. Die Einwohner kamen ihm in einem festlichen Zug aus der Stadt entgegen. 87 Dann kehrten Jonatan und seine Leute mit großer Beute nach Jerusalem zurück.

88 Als König Alexander davon hörte, erwies er ihm noch weitere Ehren. 89 Er übersandte ihm eine goldene Spange, wie man sie Angehörigen der königlichen Familie verleiht; auch übergab er ihm die Stadt Ekron mit ihrem ganzen Gebiet zum Besitz.

72: 1 Sam 4,1–11 • 83: 1 Sam 5,1–5.

Der Untergang Alexanders: 11,1–19

11 Damals zog der König von Ägypten Truppen zusammen, so zahlreich wie der Sand am Ufer des Meeres, dazu viele Schiffe; denn er wollte mit List die Herrschaft über das Reich Alexanders gewinnen, um es seinem Reich anzugliedern. 2 Er rückte in Syrien ein, aber so, als komme er in friedlicher Absicht. Die Einwohner der Städte öffneten ihm die Tore und gingen ihm entgegen. König Alexander hatte es so angeordnet, weil Ptolemäus sein Schwiegervater war. 3 Jedes Mal, wenn Ptolemäus eine Stadt betreten hatte, ließ er eine Abteilung seiner Truppen als Besatzung dort. 4 Als er nach Aschdod zog, zeigte man ihm den niedergebrannten Tempel Dagons und die durch das Feuer verwüstete Stadt und Umgebung von Aschdod. Dazu häufte man an seinem Weg die Leichen der Erschlagenen und Verbrannten aus dem Krieg mit Jonatan auf. 5 Man erzählte dem König, was Jonatan getan hatte, um ihn in ein schlechtes Licht zu setzen, aber der König schwieg dazu. 6 Jonatan kam dem König in Jafo mit einem glänzenden Gefolge entgegen. Sie begrüßten einander und blieben die Nacht über dort. 7 Anschließend begleitete Jonatan den König bis zum Fluss Eleutherus; dann kehrte er nach Jerusalem zurück.

8 König Ptolemäus aber brachte alle Küstenstädte bis nach Seleuzia am Meer in seine Gewalt; denn er führte gegen Alexander Böses im Schild. 9 Dem König Demetrius ließ er durch Gesandte mitteilen: Wir wollen einen Bund miteinander schließen. Ich will dir meine Tochter geben, die Alexander jetzt zur Frau hat. Du sollst im Reich deines Vaters als König herrschen. 10 Ich bereue, dass ich ihm meine Tochter gegeben habe; denn er hat versucht, mich zu ermorden. 11 Ptolemäus aber machte Alexander deswegen so schlecht, weil er sein Reich haben wollte. 12 Er nahm ihm seine Tochter weg und gab sie Demetrius zur Frau. So brach er mit Alexander und es wurde überall bekannt, dass sie zu Feinden geworden waren.

13 Ptolemäus zog in Antiochia ein und setzte sich die Krone von Asien auf; zwei Kronen trug er nun: die von Ägypten und die von Asien. 14 König Alexander war zu dieser Zeit gerade in Zilizien, weil die Bevölkerung jenes Gebietes von ihm abzufallen drohte. 15 Sobald er von den Vorfällen hörte, zog er zum Kampf gegen Ptolemäus aus. Dieser rückte ihm mit einem starken Heer entgegen und schlug ihn in die Flucht. 16 Alexander floh nach Arabien, weil er glaubte, dort einen Zufluchtsort zu finden; nun stand König Ptolemäus auf der Höhe seiner Macht. 17 Der Araber Sabdiël ließ Alexander den Kopf abschlagen und an Ptolemäus schicken. 18 Doch drei Tage später starb auch König Ptolemäus. Seine Besatzungstruppen wurden von den Einwohnern der befestigten Städte niedergemacht. 19 So kam im Jahr 167 Demetrius an die Herrschaft.

4: 10,84f.

Das Bündnis zwischen Jonatan und Demetrius II.: 11,20–37

20 Zur selben Zeit rief Jonatan die Männer von Judäa zusammen, um die Burg von Jerusalem zu belagern. Sie stellten viele Belage-

10,89 Die »Angehörigen der königlichen Familie« sind eine Ehrenklasse, die höher als die »Freunde des Königs« stehen.

11,8 Seleuzia am Meer: Hafen der Stadt Antiochia.

rungsmaschinen gegen sie auf. 21 Da gingen
einige Verräter, Feinde ihres eigenen Volkes,
zum König und berichteten ihm, Jonatan be-
lagere die Burg. 22 Als der König das hörte,
wurde er sehr wütend. Kaum hatte er die
Nachricht erhalten, da begab er sich sofort
nach Ptolemaïs. Er erteilte Jonatan schrift-
lich den Befehl, die Belagerung abzubrechen
und sofort zu einer Unterredung zu ihm nach
Ptolemaïs zu kommen. 23 Als Jonatan die
Nachricht erhielt, befahl er, die Belagerung
fortzusetzen; dann wählte er sich einige Be-
gleiter aus den Ältesten Israels und den
Priestern aus und wagte die Reise. 24 Mit Sil-
ber, Gold, Gewändern und mit vielen ande-
ren Geschenken fuhr er zum König nach Pto-
lemaïs. Es gelang ihm, den König umzustim-
men. 25 Einige Verräter aus dem Volk brach-
ten zwar Beschuldigungen gegen ihn vor,
26 aber der König verhielt sich ihm gegen-
über wie seine Vorgänger und erwies ihm
Ehre in Gegenwart all seiner Freunde. 27 Er
bestätigte ihn im Hohenpriesteramt und in
allen anderen Würden, die man ihm bis da-
hin übertragen hatte, und verlieh ihm den
Titel Freund ersten Ranges. 28 Jonatan bat
den König, Judäa, die drei Bezirke und Sa-
marien steuerfrei zu machen, und versprach,
ihm dafür dreihundert Talente zu geben.
29 Der König war einverstanden und stellte
Jonatan über alle diese Punkte folgende Ur-
kunde aus:

30 König Demetrius grüßt seinen Bruder
Jonatan und das jüdische Volk. 31 Wir haben
euretwegen unserem Verwandten Lasthenes
einen Brief geschrieben, dessen Abschrift
wir auch euch zu eurer Unterrichtung zu-
kommen lassen: 32 König Demetrius grüßt
Vater Lasthenes. 33 Das mit uns befreundete
jüdische Volk ist seinen Verpflichtungen uns
gegenüber nachgekommen. Darum haben
wir beschlossen, ihnen ihre Freundschaft zu
vergelten. 34 Wir bestätigen ihnen den Besitz
von Judäa und den drei Bezirken Efraim,
Lod und Ramatajim. Diese sind mit allem,
was zu ihnen gehört, von Samarien abge-
trennt und zu Judäa geschlagen worden. Für
alle, die in Jerusalem opfern, gelte das als
Ersatz für die königlichen Steuern, die der
König bei ihnen bisher jährlich von den Er-
trägen der Felder und Bäume erhoben hat.
35 Wir überlassen ihnen auch alle unsere an-
deren Einkünfte, den Zehnten und die Steu-
ern, die uns von jetzt an zustehen, ferner die
Abgaben aus den Salzteichen und die Krän-
ze, auf die wir Anspruch haben. 36 Nichts da-
von soll je rückgängig gemacht werden.
37 Lasst euch nun eine Abschrift machen; sie
soll Jonatan übergeben und auf dem Heili-
gen Berg an einem Ort, der allen zugänglich
ist, aufgestellt werden.

34: 10,38.

Jonatans Hilfe für Demetrius II.: 11,38–51

38 Als König Demetrius feststellte, dass
unter seiner Herrschaft im Land Ruhe
herrschte und dass niemand sich ihm wider-
setzte, schickte er alle seine Soldaten nach
Hause, außer den Söldnertruppen, die er bei
den Völkern auf den Inseln angeworben hat-
te. Das nahmen ihm die Soldaten, die schon
unter seinen Vorgängern gedient hatten,
sehr übel. 39 Tryphon, der früher zur Umge-
bung Alexanders gehört hatte, merkte, wie
unzufrieden alle Soldaten über Demetrius
waren. Er reiste daher zu dem Araber Jamli-
ku, der Antiochus, den kleinen Sohn Alexan-
ders, aufzog, 40 und drängte ihn, ihm den
Jungen mitzugeben, damit er seinem Vater
als König nachfolgen könne. Er unterrichte-
te ihn auch über das Vorgehen des Demetrius
und wie dieser sich die Feindschaft seiner
Truppen zugezogen hatte. Tryphon blieb
längere Zeit dort.

41 Jonatan hatte inzwischen König Demet-
rius gebeten, die Besatzungstruppen aus der
Burg von Jerusalem und aus den anderen
Festungen abzuziehen; sie verhielten sich
nämlich feindlich gegen Israel. 42 Demetrius
ließ Jonatan sagen: Nicht nur das will ich für
dich und dein Volk tun; ich werde dich und
dein Volk hoch zu Ehren bringen, sobald ich
Gelegenheit dazu habe. 43 Im Augenblick
wäre es aber gut, wenn du mir Männer
schicktest, die mir im Kampf helfen können.
Alle meine Truppen sind nämlich von mir
abgefallen.

44 Jonatan sandte ihm dreitausend kampf-
erfahrene Männer nach Antiochia. Als sie
beim König eintrafen, freute er sich sehr
über ihre Ankunft. 45 Da rotteten sich etwa
hundertzwanzigtausend Einwohner mitten
in der Stadt zusammen, um den König um-
zubringen. 46 Der König flüchtete sich in den
Palast, aber die Einwohner besetzten die
Durchgangsstraßen der Stadt und begannen
den Kampf. 47 Da rief der König die Juden zu
Hilfe. Sie fanden sich sofort vollzählig bei
ihm ein, schwärmten in die Stadt aus und er-
schlugen an jenem Tag fast hunderttausend
Menschen. 48 Sie steckten auch die Stadt in
Brand und machten große Beute. So retteten
sie den König. 49 Als nun die Einwohner be-
merkten, dass die Stadt der Willkür der Ju-
den ausgeliefert war, verloren sie jeden Mut;
sie schrien zum König und flehten: 50 Schließ
Frieden mit uns! Wenn nur die Juden aufhö-

ren, gegen uns und die Stadt zu kämpfen!
51 Sie warfen die Waffen weg und schlossen
Frieden. Die Juden aber wurden vom König
und von allen seinen Untertanen geehrt. Man
sprach von ihnen in seinem ganzen Reich
und sie kehrten mit reicher Beute nach Jeru-
salem zurück.

Jonatans Parteinahme für Antiochus VI.:
11,52–74

52 König Demetrius hatte die Macht wieder
fest in seiner Hand und das Land war ruhig
unter seiner Herrschaft. 53 Da hielt er nichts
von dem, was er versprochen hatte. Er brach
mit Jonatan und vergalt ihm die erwiesene
Freundschaft nicht, sondern setzte ihm hart
zu. 54 Danach kehrte Tryphon mit dem klei-
nen Antiochus zurück. Der Knabe trat die
Herrschaft an und setzte sich die Krone auf.
55 Alle Truppen, die Demetrius davongejagt
hatte, schlossen sich ihm an. Sie kämpften
gegen Demetrius und schlugen ihn in die
Flucht. 56 Tryphon erbeutete die Elefanten
und nahm Antiochia ein.
57 Danach schrieb Antiochus der Jüngere
an Jonatan: Ich bestätige dich im Hohen-
priesteramt und unterstelle dir die vier Be-
zirke. Du darfst auch den Titel »Freund des
Königs« führen. 58 Und er ließ Jonatan gol-
denes Tafelgerät überbringen und gewährte
ihm das Vorrecht, aus goldenen Bechern zu
trinken, sich in Purpur zu kleiden und eine
goldene Spange zu tragen. 59 Jonatans Bru-
der Simeon machte er zum Befehlshaber
über alle Truppen, die zwischen der Tyri-
schen Steige und der ägyptischen Grenze ih-
ren Standort hatten. 60 Darauf brach Jona-
tan auf, zog durch das Gebiet jenseits des
Stroms und wandte sich dann gegen die
Städte in der Küstenebene. Alle Truppen in
Syrien schlossen sich ihm als Verbündete an.
Als er vor Aschkelon erschien, bereiteten
ihm die Bürger vor der Stadt einen glänzen-
den Empfang. 61 Von dort zog er nach Gaza.
Doch die Einwohner von Gaza schlossen die
Tore. Jonatan belagerte die Stadt, brannte
die Häuser in der Umgebung nieder und
plünderte sie aus. 62 Daraufhin baten die
Einwohner Gazas Jonatan um Frieden. Er
schloss mit ihnen einen Vertrag, nahm die
Söhne der führenden Familien als Geiseln
und ließ sie nach Jerusalem bringen. Dann
zog er durch das Land bis nach Damaskus.
63 Dabei erfuhr Jonatan, dass die Feldher-
ren des Demetrius mit einem großen Heer
nach Kedesch in Galiläa gezogen seien, um
seine Maßnahmen zu durchkreuzen. 64 Daher
rückte er gegen sie vor. Seinen Bruder Sime-
on aber hatte er im Land zurückgelassen.
65 Simeon schlug sein Lager vor Bet-Zur auf,
belagerte die Stadt lange Zeit und schloss sie
ein. 66 Schließlich baten sie ihn um Frieden.
Er ging darauf ein, vertrieb die Feinde von
dort, besetzte die Stadt und legte Truppen
hinein.
67 Jonatan bezog mit seinem Heer ein La-
ger am See Gennesaret. Morgens brachen sie
früh auf und zogen in die Ebene von Hazor.
68 Dort stießen sie auf fremde Truppen. Diese
hatten einen Teil ihrer Männer in den Bergen
als Hinterhalt gegen Jonatan zurückgelassen
und griffen ihn nun von vorn an. 69 Dann
brachen die Truppen, die im Hinterhalt la-
gen, aus ihrer Stellung hervor und griffen in
den Kampf ein. 70 Da liefen alle Soldaten Jo-
natans davon. Keiner blieb zurück, außer
den Truppenführern Mattatias, dem Sohn
Abschaloms, und Judas, dem Sohn Halfis.
71 Jonatan aber zerriss sein Gewand, streute
sich Staub auf das Haupt und betete. 72 Dann
nahm er den Kampf gegen die Feinde auf
und schlug sie in die Flucht. 73 Als seine Leu-
te, die davongelaufen waren, das sahen,
kehrten sie zu ihm zurück und machten sich
mit ihm an die Verfolgung, bis sie das Lager
der Feinde bei Kedesch erreichten. Dort
machten sie Halt. 74 An jenem Tag fielen von
den fremden Truppen etwa dreitausend
Mann. Darauf kehrte Jonatan nach Jerusa-
lem zurück.

Jonatans Bündnisse mit Rom und Sparta:
12,1–23

12 Als Jonatan sah, dass die Zeit für ihn
günstig war, wählte er einige Männer
aus und sandte sie nach Rom, um den
Freundschaftsvertrag mit den Römern zu
bestätigen und zu erneuern. 2 Auch nach
Sparta und nach anderen Orten schickte er
Briefe gleicher Art. 3 Die Abgesandten reis-
ten nach Rom, traten vor den Senat und sag-
ten: Uns schicken der Hohepriester Jonatan
und das jüdische Volk, um das frühere
Freundschaftsbündnis mit den Römern zu
erneuern. 4 Man gab ihnen Briefe mit an die
Behörden der Orte unterwegs mit der An-

11,54 Der »kleine Antiochus« ist Antiochus VI. Dionysos.

11,60 Gemeint ist das Gebiet westlich des Eufrat; vgl. die Anmerkung zu 2 Sam 10,16.

12,1 Die Römer hatten nichts zur Unterstützung des Judas Makkabäus getan. Auch diese Gesandtschaft blieb ohne Erfolg.

weisung, sie sicher nach Judäa weiterzuleiten.

5 Hier ist eine Abschrift des Briefes, den Jonatan an die Spartaner schrieb: 6 Der Hohepriester Jonatan, der Ältestenrat des Volkes, die Priester und das ganze jüdische Volk grüßen ihre Brüder, die Spartaner. 7 Schon vor längerer Zeit hat euer König Arëus an den Hohenpriester Onias einen Brief gerichtet, in dem steht, dass ihr unsere Brüder seid, wie aus der Abschrift hervorgeht. 8 Onias empfing den Abgesandten ehrenvoll und nahm den Brief entgegen, in dem ausdrücklich vom Freundschaftsbündnis die Rede war. 9 So etwas haben wir zwar nicht nötig; denn unser Trost sind die heiligen Bücher, die wir besitzen. 10 Dennoch wollten wir diese Botschaft an euch senden und die brüderliche Gemeinschaft und Freundschaft mit euch erneuern, damit wir euch nicht fremd werden. Viel Zeit ist nämlich verflossen, seit ihr eure Gesandtschaft zu uns geschickt hattet. 11 Wir haben seither an allen Festen und an allen Tagen, die dafür vorgesehen sind, bei unseren Opfern und Gebeten ständig an euch gedacht. Denn so gehört es sich und es entspricht ja auch der Sitte, an die Brüder zu denken. 12 Wir freuen uns über euren Ruhm. 13 Wir selbst waren in großer Not und sind in viele Kämpfe verwickelt worden; denn die Könige ringsum führten Krieg gegen uns. 14 Dennoch wollten wir wegen dieser Kriege weder euch noch den anderen Verbündeten und Freunden zur Last fallen. 15 Denn wir haben den Himmel selbst als Helfer und Beistand. Darum sind wir vor unseren Feinden gerettet worden und unsere Feinde liegen gedemütigt am Boden.

16 Jetzt haben wir Numenius, den Sohn des Antiochus, und Antipater, den Sohn Jasons, als Gesandte zu den Römern geschickt, um das alte Freundschaftsbündnis mit ihnen zu erneuern. 17 Wir haben ihnen aufgetragen, auf ihrer Reise auch euch zu besuchen, euch Grüße zu bestellen und unseren Brief zu überreichen, in dem wir euch anbieten, die brüderliche Gemeinschaft mit uns zu erneuern. 18 Es wäre freundlich von euch, uns darauf Antwort zu geben.

19 Und hier ist die Abschrift des Briefes, den die Spartaner an Onias gesandt hatten: 20 Arëus, König der Spartaner, grüßt den Hohenpriester Onias. 21 In einer Schrift über die Spartaner und Juden fand sich die Nachricht, dass sie Brüder sind und beide von Abraham abstammen. 22 Da wir dies erfahren haben, wäre es freundlich von euch, uns zu schreiben, wie es euch geht. 23 Wir schreiben euch wieder. Eure Herden und eure Habe gehören uns und unsere euch. Wir geben den Auftrag, dass man euch darüber Auskunft gibt.

1–2: 8,17–32 • 7: 2 Makk 5,9.

Der Feldzug gegen die Truppen des Demetrius II.: 12,24–34

24 Jonatan erfuhr, dass die Feldherren des Demetrius mit einem noch größeren Heer als zuvor zurückgekehrt waren, um gegen ihn zu kämpfen. 25 Er brach von Jerusalem auf und traf in der Gegend von Hamat auf sie. Er wollte ihnen nämlich keine Zeit lassen, in sein Land einzudringen. 26 Späher, die er in ihr Lager geschickt hatte, meldeten ihm bei ihrer Rückkehr, dass die Feinde sich zu einem nächtlichen Überfall vorbereitet hatten. 27 Bei Sonnenuntergang befahl daher Jonatan seinen Leuten, wach zu bleiben und die ganze Nacht kampfbereit unter Waffen zu stehen. Rings um das Lager stellte er Posten auf. 28 Als die Gegner merkten, dass Jonatan mit seinen Leuten kampfbereit war, packte sie Furcht und Schrecken. Sie zündeten in ihrem Lager Wachfeuer an und zogen ab. 29 Jonatan und seine Leute bemerkten bis zum Morgen nichts; denn sie sahen die Feuer brennen. 30 Jonatan nahm zwar die Verfolgung auf, konnte die Feinde aber nicht mehr einholen; denn sie hatten den Eleutherus bereits überschritten.

31 Jonatan wandte sich nun gegen die sabadäischen Araber, schlug sie und plünderte sie aus. 32 Dann brach er nach Damaskus auf und zog durch das ganze dazwischen liegende Gebiet.

33 Auch Simeon war aufgebrochen. Er marschierte auf Aschkelon und auf die Festungen in jenem Gebiet zu; dann wandte er sich überraschend gegen Jafo und besetzte es. 34 Er hatte nämlich gehört, dass die Einwohner vorhatten, die Festung den Leuten des Demetrius zu übergeben. Daher legte er eine Besatzung hinein, um die Stadt zu bewachen.

Die Belagerung der Burg von Jerusalem durch Jonatan: 12,35–38

35 Als Jonatan zurückgekehrt war, ließ er die Ältesten des Volkes zusammenkommen und beriet mit ihnen über die Anlage von Festungen in Judäa. 36 Auch sollten die Mau-

12,9 die heiligen Bücher: Gemeint sind die Schriften des Alten Testaments, die um diese Zeit zum Kanon vereinigt werden.

ern von Jerusalem erhöht werden; ferner sei zwischen der Burg und der Stadt eine hohe Mauer zu errichten, um die Burg völlig von der Stadt abzuschneiden, damit die Besatzung weder etwas kaufen noch verkaufen könne. 37 So kam man zum Ausbau der Stadt zusammen. Als ein Teil der Mauer oberhalb des Tales im Osten einstürzte, besserte man sie wieder aus und gab ihr den Namen Kafnata. 38 Simeon baute Hadid in der Schefela aus, befestigte es und versah es mit Toren und die Tore mit Querbalken zum Verriegeln.

Der Verrat des Tryphon an Jonatan:
12,39–52

39 Tryphon strebte nach der Herrschaft über Asien und wollte sich selbst die Königskrone aufsetzen; deshalb trachtete er König Antiochus nach dem Leben. 40 Doch er fürchtete, dass Jonatan das nicht zulassen und Krieg gegen ihn führen werde. So suchte er nach Mitteln und Wegen, ihn in seine Gewalt zu bekommen und umzubringen. Darum zog er nach Bet-Schean.

41 Jonatan rückte ihm mit vierzigtausend kampferprobten Männern nach Bet-Schean entgegen. 42 Als Tryphon sah, dass Jonatan ein großes Heer bei sich hatte, fürchtete er sich, etwas gegen ihn zu unternehmen. 43 Er bereitete ihm einen glänzenden Empfang, stellte ihn all seinen Freunden vor, machte ihm Geschenke und befahl seinen Freunden und Soldaten: Gehorcht ihm wie mir selbst! 44 Dann sagte er zu Jonatan: Warum hast du dieses ganze Heer bemüht? Es droht doch kein Krieg. 45 Lass sie nach Hause gehen, wähl dir einige Männer als Begleitung aus und geh mit mir nach Ptolemaïs! Ich werde dir die Stadt und die übrigen Festungen übergeben und auch alle anderen Truppen und alle Behörden. Nur deswegen bin ich gekommen, dann ziehe ich wieder ab. 46 Jonatan vertraute ihm und tat, was Tryphon ihm vorgeschlagen hatte. Er entließ seine Truppen und sie zogen nach Judäa ab. 47 Dreitausend Mann behielt er bei sich, von denen er zweitausend in Galiläa ließ; nur tausend begleiteten ihn. 48 Sobald Jonatan Ptolemaïs betreten hatte, schlossen die Einwohner die Tore, nahmen ihn fest und erschlugen alle, die mit ihm gekommen waren, mit dem Schwert. 49 Tryphon entsandte außerdem Fußvolk und Reiterei nach Galiläa und in die Große Ebene, um alle Truppen Jonatans niederzumachen. 50 Als diese merkten, dass Jonatan mit seinen Begleitern den Feinden in die Hände gefallen und umgekommen war, machten sie einander Mut und marschierten kampfbereit in bester Ordnung weiter. 51 Als die Verfolger sahen, dass Jonatans Männer um ihr Leben kämpfen würden, kehrten sie um. 52 Die jüdischen Truppen kamen unversehrt in Judäa an. Sie trauerten um Jonatan und seine Begleiter und waren voller Angst; auch ganz Israel war in großer Trauer.

39: 11,39f.

DIE TATEN SIMEONS: 12,53 – 16,24

Die Wahl Simeons zum Anführer Israels:
12,53 – 13,11

53 Alle Völker ringsum versuchten, Israel zu vernichten. Denn sie sagten sich: Sie haben keinen Führer und Helfer mehr. Nun wollen wir gegen sie kämpfen und die Erinnerung an sie austilgen.

13 Simeon erfuhr, dass Tryphon ein großes Heer zusammengebracht hatte, um in Judäa einzufallen und es zu vernichten. 2 Auch merkte er, wie das Volk voller Angst und Furcht war. Darum ging er nach Jerusalem hinauf und rief das Volk zusammen. 3 Er sprach ihnen Mut zu und sagte: Ihr wisst selbst, wie ich, meine Brüder und meine Familie sich für unsere Gesetze und für das Heiligtum eingesetzt und welche Kämpfe und Gefahren wir dafür auf uns genommen haben. 4 Alle meine Brüder sind nun für Israel gestorben; ich allein bin übrig geblieben. 5 Ich denke nicht daran, im Augenblick der Not mein Leben zu schonen. Denn ich bin nicht mehr wert als meine Brüder. 6 Vielmehr will ich mein Volk, das Heiligtum, unsere Frauen und Kinder rächen. Denn alle Völker haben sich zusammengetan, um uns auszurotten, weil sie uns hassen. 7 Sobald das Volk seine Worte hörte, fasste es neuen Mut 8 und rief laut: Sei du unser Füh-

12,38 Schefela: der an die Küstenebene anschließende hügelige Landstreifen, der dem judäischen Bergland vorgelagert ist.

12,49 die Große Ebene: die Ebene von Megiddo, auch die »Ebene Jesreel« genannt.

rer anstelle deiner Brüder Judas und Jona-
tan! 9 Nimm unseren Kampf in deine Hand!
Alles, was du befiehlst, wollen wir tun. 10 Si-
meon rief alle kampffähigen Männer zusam-
men, ließ den Bau der Mauern von Jerusalem
so schnell wie möglich zu Ende führen und
sicherte die Stadt nach allen Seiten. 11 Jona-
tan, den Sohn des Abschalom, schickte er
mit einem ansehnlichen Heer nach Jafo. Die-
ser vertrieb die Einwohner und blieb in der
Stadt.

12,53: 5,1f.

Tryphons Feldzug gegen Jerusalem und Jonatans Tod: 13,12–30

12 Tryphon brach mit einem großen Heer
von Ptolemaïs auf, um in Judäa einzufallen.
Jonatan nahm er als Gefangenen mit sich.
13 Simeon schlug sein Lager bei Hadid am
Rand der Ebene auf. 14 Da erfuhr Tryphon,
Simeon habe anstelle seines Bruders Jonatan
die Führung übernommen und werde den
Kampf gegen ihn fortsetzen. Er schickte zu
ihm Unterhändler mit der Botschaft: 15 Wir
halten deinen Bruder Jonatan nur fest, weil
er der königlichen Schatzkammer Geld
schuldet für die Ämter, die er innehat.
16 Schick uns also hundert Talente Silber
und zwei seiner Söhne als Geiseln, damit er
nicht von uns abfällt, sobald er wieder frei
ist; dann werden wir ihn freilassen.

17 Simeon merkte wohl, dass ihr Vorschlag
nicht ehrlich gemeint war. Dennoch ließ er
das Geld und die Kinder holen, um sich beim
Volk nicht verhasst zu machen. 18 Sonst hät-
te man nämlich gesagt: Jonatan musste ster-
ben, weil Simeon das Geld und die Kinder
für ihn nicht ausgeliefert hat. 19 So lieferte er
die Kinder und die hundert Talente aus; aber
es zeigte sich, dass Tryphon ein Lügner war;
denn er ließ Jonatan nicht frei.

20 Danach rückte Tryphon heran, um in
Judäa einzufallen und es zu verwüsten. Er
machte dabei einen Umweg über Adora; aber
Simeon trat ihm mit seinem Heer überall
entgegen, wo er ins Land eindringen wollte.
21 Die Besatzung der Burg von Jerusalem
schickte Boten zu Tryphon, die ihn zur Eile
drängten und ihn aufforderten, von der Wüs-
te her einen Durchbruch zu versuchen und
Nahrungsmittel für sie heranzuschaffen.
22 Daraufhin stellte Tryphon die gesamte
Reiterei bereit, um durchzubrechen; aber in
jener Nacht fiel sehr viel Schnee und er
konnte wegen des Schnees nicht durchkom-
men. Da zog er ab nach Gilead. 23 In der
Nähe von Baskama ließ er Jonatan umbrin-
gen und begraben. 24 Dann zog Tryphon ab
und kehrte in sein Land zurück.

25 Simeon schickte einige Männer, um die
Gebeine seines Bruders Jonatan holen und in
Modeïn, der Stadt seiner Väter, bestatten zu
lassen. 26 Ganz Israel hielt eine große Toten-
klage für ihn ab und trauerte viele Tage um
ihn. 27 Simeon ließ ein hohes, weithin sicht-
bares Denkmal über dem Grab seines Vaters
und seiner Brüder errichten. Für die Vorder-
und Rückseite verwendete er behauene Stei-
ne. 28 Auch ließ er sieben Pyramiden bauen,
von denen jeweils zwei einander gegenüber-
standen: für den Vater, die Mutter und die
vier Brüder. 29 Um die Pyramiden ließ er eine
kunstvolle Anlage errichten, indem er sie mit
hohen Säulen umgab. An den Säulen ließ er
zum ewigen Gedenken Rüstungen anbringen
und neben den Rüstungen Schiffe einmei-
ßeln. Das Denkmal sollte für alle sichtbar
sein, die auf dem Meer vorüberfahren.
30 Dieses Grabmal, das er in Modeïn errich-
tete, steht noch heute dort.

Das Bündnis zwischen Simeon und Demetrius II.: 13,31–42

31 Tryphon ließ den jungen König Antio-
chus heimtückisch ermorden, 32 trat seine
Nachfolge an und setzte sich die Krone von
Asien auf. Er richtete im Land großes Unheil
an.

33 Simeon legte in Judäa Festungen an,
umgab sie mit hohen Türmen und gewaltigen
Mauern, versah sie mit Toren und Riegeln
und ließ Proviant in die Festungen bringen.
34 Dann wählte Simeon einige Männer aus,
die er zu König Demetrius sandte, um einen
Steuernachlass für das Land zu erwirken.
Denn Tryphon war nur auf Ausbeutung aus.
35 König Demetrius antwortete ihm mit fol-
gendem Brief:

36 König Demetrius grüßt Simeon, den Ho-
henpriester und Freund der Könige, sowie
die Ältesten und das jüdische Volk. 37 Den
goldenen Kranz und den Palmzweig, den ihr
gesandt habt, haben wir erhalten. Wir sind
bereit, ein für alle Mal Frieden mit euch zu
schließen und die Behörden anzuweisen,
euch Nachlass zu gewähren. 38 Alles, was wir
euch bestätigt haben, bleibt in Kraft; auch
die Festungen, die ihr angelegt habt, dürfen
bestehen bleiben. 39 Wir vergeben euch alle
Nachlässigkeiten und Verfehlungen, die ihr
bis auf den heutigen Tag begangen habt, und
erlassen euch den Kranz, den ihr noch schul-

13,20 Adora: südwestlich von Hebron; schon Rehabeam hatte es befestigt (vgl. 2 Chr 11,9).

det. Sollten noch andere Abgaben von Jeru-
salem erhoben worden sein, sollen sie künf-
tig wegfallen. 40 Wenn ihr Leute habt, die ge-
eignet sind, in unserer Leibgarde Dienst zu
tun, sollen sie angenommen werden. Zwi-
schen uns soll Friede herrschen.
41 Im Jahr 170 wurde das Joch der fremden
Völker von Israel genommen. 42 Das Volk be-
gann, Urkunden und Verträge mit der For-
mel einzuleiten: Im Jahr 1 der Regierung Si-
meons, des Hohenpriesters, Befehlshabers
und Führers der Juden.

31: 12,39 • 41: Jer 30,8.

Die endgültige Befreiung Israels:
13,43 – 14,3

43 Damals zog Simeon nach Geser, schloss
die Stadt mit seinen Truppen ein, errichtete
einen Belagerungsturm und ließ ihn an die
Stadt heranschieben. Man schlug eine Bre-
sche in einen Turm der Stadtmauer und be-
setzte ihn. 44 Dann sprang die Mannschaft
des Belagerungsturms in die Stadt hinein. Es
entstand ein großes Durcheinander in der
Stadt. 45 Ihre Bürger stiegen mit Frauen und
Kindern auf die Mauern, zerrissen ihre Ge-
wänder, schrien laut und baten Simeon, mit
ihnen Frieden zu schließen. 46 Sie sagten:
Vergilt uns nicht nach unserer Schuld, son-
dern nach deiner Güte! 47 Simeon ließ sich
erweichen und stellte den Kampf ein. Er ver-
trieb sie jedoch aus der Stadt und ließ die
Häuser, in denen Götterbilder waren, ent-
sühnen; dann zog er feierlich mit Lobliedern
und Preisgesängen in die Stadt ein. 48 Er ent-
fernte alles Unreine und siedelte gesetzes-
treue Männer an. Dann ließ er die Stadt noch
stärker befestigen und baute auch für sich
ein Haus in der Stadt.
49 Die Besatzung der Burg von Jerusalem
war von jeder Verbindung mit dem Land ab-
geschnitten; sie konnten weder etwas kaufen
noch etwas verkaufen und hatten fast nichts
mehr zu essen; eine beträchtliche Anzahl von
ihnen kam durch den Hunger um. 50 Da ba-
ten sie Simeon um Frieden. Er gewährte ihn,
vertrieb sie aber von dort und entsühnte die
Burg von jeder Befleckung. 51 Am dreiund-
zwanzigsten Tag des zweiten Monats im Jahr
171 zogen die Israeliten unter der Musik von
Harfen, Zimbeln und Zithern mit Hymnen
und Gesängen in die Burg ein; sie trugen
Palmzweige in den Händen und sangen
Freudenlieder. Denn Israel war von einem
gefährlichen Feind befreit. 52 Simeon setzte
fest, dass dieser Tag jährlich feierlich began-
gen werden solle. Er ließ die zur Burg hin ge-
legene Seite des Tempelbergs noch stärker
befestigen und nahm mit seinem Gefolge
Wohnung in der Burg. 53 Als Simeon sah,
dass sein Sohn Johanan zu einem Mann he-
rangewachsen war, machte er ihn zum Be-
fehlshaber aller Streitkräfte und Johanan
ließ sich in Geser nieder.

14 Im Jahr 172 zog König Demetrius
seine Truppen zusammen und brach
nach Medien auf, um Hilfstruppen für den
Kampf gegen Tryphon zu gewinnen. 2 Als
Arsakes, der König von Persien und Medien,
erfuhr, dass Demetrius in sein Gebiet einge-
drungen war, sandte er einen seiner Feldher-
ren mit dem Auftrag aus, Demetrius leben-
dig gefangen zu nehmen. 3 Der Feldherr
machte sich auf den Weg, schlug das Heer
des Demetrius, nahm ihn gefangen und
brachte ihn zu Arsakes, der ihn ins Gefäng-
nis warf.

13,43 – 14,3 ‖ 2 Makk 10,32–38 • 13,49: 12,36 • 50: 1,33–36.

Das Loblied auf Simeon: 14,4–15

4 Das Land Judäa hatte Ruhe, solange Si-
meon lebte. / Er sorgte für das Wohl seines
Volkes. / Sie freuten sich jeden Tag über sei-
ne Macht / und seinen Ruhm.
5 Sein Ruhm wuchs, als er den Hafen von
Jafo gewann; / so öffnete er einen Weg zu den
Inseln.
6 Er erweiterte das Gebiet seines Volkes /
und gewann die Herrschaft über das ganze
Land.
7 Viele Verbannte führte er wieder zu-
rück. / Er eroberte Geser, Bet-Zur und die
Burg / und vernichtete darin alles, was un-
rein war. / Niemand widersetzte sich ihm.
8 Sie bebauten in Frieden ihr Land; / der
Boden gab seinen Ertrag, / die Bäume auf
dem Feld ihre Frucht.
9 Auf den Plätzen saßen die Alten; / alle
sprachen über ihr Glück. / Die jungen Män-
ner / gingen im Schmuck ihrer Waffen um-
her.
10 Er versorgte die Städte mit Nahrung /
und baute sie zu Festungen aus. / Sein Name
wurde berühmt bis an das Ende der Welt.
11 Er brachte dem Land den Frieden, / in
Israel herrschte Jubel und Freude.
12 Jeder saß unter seinem Weinstock und
seinem Feigenbaum / und niemand schreck-
te sie auf.
13 Der Feind verschwand aus dem Land; /

14,2 Arsakes ist Mitridates I. (171–138 v. Chr.), der Gründer des Partherreiches; er entriss Demetrius Medien und Persien.

in jenen Tagen wurden die Könige besiegt.
14 Er stärkte alle Schwachen im Land / und setzte sich ein für das Gesetz. / Alle Verräter und Sünder aber rottete er aus.
15 Das Heiligtum baute er prachtvoll aus, / viele Geräte für den Tempel schaffte er an.

4: Ri 2,18; 3,11 • 6: Ex 34,24; Jes 54,2f • 8: Sach 8,12 • 9: Sach 8,4f • 12: Mi 4,4 • 14: Ps 72,4.

Die Erneuerung der Bündnisse mit Sparta und Rom: 14,16–24

16 Als man in Rom – und auch in Sparta – erfuhr, dass Jonatan tot war, war man sehr bestürzt. 17 Als man aber hörte, sein Bruder Simeon habe seine Nachfolge als Hoherpriester angetreten und das Land mit seinen Städten sei fest in seiner Hand, 18 schrieben sie ihm auf Bronzetafeln einen Brief und boten ihm an, das Freundschaftsbündnis mit ihm zu erneuern, das sie mit seinen Brüdern Judas und Jonatan geschlossen hatten. 19 Diese Botschaft wurde vor der Volksversammlung in Jerusalem verlesen.

20 Hier ist eine Abschrift des Briefes, den die Spartaner schickten: Die Regierung und die Stadt der Spartaner grüßen den Hohenpriester Simeon, die Ältesten, die Priester und das ganze übrige jüdische Volk, ihre Brüder. 21 Die Gesandten, die ihr zu unserem Volk geschickt habt, haben uns von eurem Ruhm und eurem Ansehen berichtet und wir haben uns über ihren Besuch sehr gefreut. 22 Was sie vor dem Rat des Volkes gesagt haben, haben wir, wie folgt, schriftlich festgehalten:

Numenius, der Sohn des Antiochus, und Antipater, der Sohn Jasons, sind als Gesandte der Juden zu uns gekommen, um die Freundschaft mit uns zu erneuern. 23 Das Volk hat beschlossen, ihnen einen glänzenden Empfang zu bereiten und die Niederschrift ihrer Rede im Staatsarchiv zu hinterlegen, damit das Volk von Sparta sie nicht vergisst. – Eine Abschrift davon schickten sie an den Hohenpriester Simeon.

24 Danach sandte Simeon den Numenius mit einem großen goldenen Schild, der tausend Minen wog, nach Rom, um das Bündnis mit den Römern zu bekräftigen.

18: 8,17–32; 12,3 • 24: 15,15.

Die Bestätigung Simeons durch das jüdische Volk: 14,25–49

25 Als man im Volk davon erfuhr, sagte man: Wie können wir Simeon und seinen Söhnen danken? 26 Denn er, seine Brüder und seine ganze Familie waren uns Halt und Stütze. Er hat den Kampf gegen Israels Feinde geführt und sie vertrieben und mit seinen Brüdern dem Volk die Freiheit errungen. Man fertigte Bronzetafeln an, die man auf dem Berg Zion an Säulen befestigte 27 und auf denen folgendes stand:

Am achtzehnten Tag des Monats Elul im Jahr 172 – das ist im dritten Jahr der Regierung des großen Hohenpriesters Simeon in Asaramel – 28 wurde auf der großen Versammlung der Priester, des Volkes, der Führer des Volkes und der Ältesten des Landes uns Folgendes bekanntgegeben: 29 Als wiederholt im Land Krieg ausbrach, scheuten Simeon, der Sohn des Mattatias, aus der Familie Jojaribs, und seine Brüder keine Gefahr. Sie stellten sich den Feinden ihres Volkes entgegen, um ihr Heiligtum und das Gesetz zu erhalten, und verschafften ihrem Volk großen Ruhm. 30 Jonatan führte sein Volk zusammen; er wurde ihr Hoherpriester, bis er mit seinen Vätern vereint wurde. 31 Als darauf ihre Feinde den Plan fassten, in das Land einzufallen, um es zu vernichten und ihr Heiligtum anzutasten, 32 erhob sich Simeon und kämpfte für sein Volk. Aus eigenen Mitteln brachte er viel Geld auf und versorgte die Krieger seines Volkes mit Waffen und Verpflegung. 33 Er ließ die Städte Judäas befestigen, besonders Bet-Zur, das an der Grenze von Judäa liegt; er legte eine jüdische Besatzung dorthin, wo zuvor ein Waffenlager der Feinde gewesen war. 34 Auch die Städte Jafo am Meer und Geser bei Aschdod ließ er befestigen. Früher wohnten dort die Feinde, er aber siedelte Juden an und ließ ihnen alles zukommen, was sie zu ihrem Unterhalt brauchten. 35 Als das Volk sah, wie treu Simeon war und welchen Ruhm er seinem Volk zu verschaffen suchte, machten sie ihn zu ihrem Führer und Hohenpriester zum Dank für all diese Taten, für die Gerechtigkeit und Treue, die er seinem Volk bewies, und für sein Bestreben, auf jede Weise sein Volk zu fördern. 36 Es ist ihm zu seiner Zeit gelungen, die Fremden aus dem Land zu vertreiben, vor allem die, die in der Davidstadt in Jerusalem wohnten und sich eine Burg gebaut hatten, aus der sie Ausfälle machten, die Umgebung des Tempels entweihten und seiner Heiligkeit großen Schaden zufügten. 37 Er siedelte in der Davidstadt Juden an und ließ sie befestigen, um Land und Stadt zu sichern. Auch ließ er die Mauern von Jerusa-

---

14,27 Asaramel ist hebräisch; es heißt entweder »Vorhof des Volkes Gottes« oder ist verderbt aus sar-am-el (Fürst des Volkes Gottes).

lem höher machen. 38 Demgemäß bestätigte ihn König Demetrius im Hohenpriesteramt. 39 Er ernannte ihn zu seinem Freund und zeichnete ihn durch hohe Ehren aus. 40 Denn er hatte gehört, dass Rom die Juden Freunde, Verbündete und Brüder genannt und den Gesandten Simeons einen glänzenden Empfang bereitet hatte.

41 Darum beschlossen die Juden und ihre Priester, Simeon solle für immer ihr Anführer und Hoherpriester sein, bis ein wahrer Prophet auftrete. 42 Auch solle er ihr Befehlshaber sein und für das Heiligtum Sorge tragen; durch ihn seien die Beamten zu ernennen für die Arbeiten am Tempel, für das Land, das Heer und die Festungen. 43 [Er solle für das Heiligtum Sorge tragen.] Alle hätten ihm zu gehorchen. Jede Urkunde im Land müsse in seinem Namen ausgestellt werden. Auch dürfe er sich in Gold und Purpur kleiden. 44 Keinem aus dem Volk oder aus der Priesterschaft sei es erlaubt, eine dieser Bestimmungen außer Kraft zu setzen, gegen seine Anordnungen zu verstoßen, ohne seine Erlaubnis im Land eine Versammlung einzuberufen, Purpur zu tragen oder eine goldene Spange anzulegen. 45 Jeder, der dem zuwiderhandle oder sich nicht daran halte, mache sich strafbar.

46 Das ganze Volk beschloss, diese Verfügungen zugunsten Simeons zu erlassen. 47 Simeon nahm an; er willigte ein, Hoherpriester, Befehlshaber und Fürst der Juden und ihrer Priester zu sein und in allem den Vorsitz zu führen. 48 Sie ließen diese Urkunde auf Bronzetafeln schreiben und im Vorhof des Tempels für alle sichtbar aufstellen. 49 Eine Abschrift davon sei in der Schatzkammer für Simeon und seine Söhne zu hinterlegen.

41: 4,46.

Das Bündnis zwischen Simeon und Antiochus VII.: 15,1–14

15 Antiochus, der Sohn des Königs Demetrius, schickte von den Inseln ein Schreiben an Simeon, den Priester und Fürsten der Juden, und an das ganze Volk. 2 Es hatte folgenden Inhalt: König Antiochus grüßt Simeon, den Hohenpriester und Fürsten, und das jüdische Volk. 3 Ein paar Verbrecher haben die Herrschaft über das Reich unserer Väter an sich gerissen. Ich will nun das Reich wieder übernehmen und in ihm die alte Ordnung wiederherstellen. Ich habe zahlreiche Streitkräfte angeworben, mehrere Kriegsschiffe ausgerüstet 4 und will mit ihnen landen, um alle zur Rechenschaft zu ziehen, die unser Land verwüstet und so viele Städte in meinem Reich entvölkert haben.

5 Ich bestätige dir den Erlass aller Steuern, auf die die Könige vor mir verzichtet haben, und aller sonstigen Geschenke, die sie dir erlassen haben. 6 Hiermit gestatte ich dir, eigene Münzen für dein Land zu prägen. 7 Jerusalem und das Heiligtum sollen frei sein. Du darfst alle Waffen behalten, die du dir beschafft hast, dazu alle Festungen, die du angelegt hast und die in deiner Hand sind. 8 Alle Schulden an die königliche Kasse, auch die künftigen Forderungen der Krone, seien dir von jetzt an für immer erlassen. 9 Sobald wir die Herrschaft angetreten haben, werden wir dich, dein Volk und den Tempel mit hohen Ehren auszeichnen, sodass sich euer Ruhm über die ganze Welt verbreitet.

10 Im Jahr 174 kam Antiochus in das Land seiner Väter. Alle Truppen schlossen sich ihm an; nur wenige blieben bei Tryphon. 11 Antiochus verfolgte ihn und Tryphon flüchtete nach Dor am Meer. 12 Er hatte gemerkt, dass für ihn schlimme Zeiten angebrochen waren; denn seine Truppen hatten ihn verlassen. 13 Antiochus belagerte Dor mit hundertzwanzigtausend Soldaten und achttausend Reitern. 14 Er schloss die Stadt ein und ließ sie mit den Schiffen vom Meer her angreifen. So setzte er ihr zu Wasser und zu Land hart zu und ließ niemand hinein oder heraus.

Nachträge zum Vertrag mit Rom: 15,15–24

15 Zu dieser Zeit kam Numenius mit seinen Begleitern aus Rom zurück; er hatte Briefe mit folgendem Inhalt an verschiedene Könige und Länder bei sich:

16 Der römische Konsul Luzius grüßt König Ptolemäus. 17 Die jüdischen Gesandten sind als Freunde und Verbündete zu uns gekommen, um das alte Freundschaftsbündnis zu erneuern; der Hohepriester Simeon und das jüdische Volk hatten sie geschickt. 18 Sie brachten auch einen goldenen Schild im Wert von tausend Minen mit. 19 Wir haben

---

14,47 Diese Titelverleihung bedeutet einen großen Schritt hin zur Autonomie.

15,1 Antiochus: Antiochus VII. Sidetes.

15,11 Dor: eine Küstenfestung südlich des Karmel.

15,16 Lucius Caecilius Metellus Calvus war 142 v. Chr. Konsul.

nun beschlossen, Könige und Länder schrift-
lich anzuweisen, nichts gegen die Juden zu
unternehmen, gegen sie, ihre Städte und ihr
Land keinen Krieg zu führen und ihre Geg-
ner nicht zu unterstützen. 20 Auch beschlos-
sen wir, den Schild von ihnen anzunehmen.
21 Wenn nun irgendwelche Verbrecher aus
ihrem Land zu euch geflohen sind, so liefert
sie dem Hohenpriester Simeon aus, damit er
sie nach dem jüdischen Gesetz bestrafen
kann. 22 Im gleichen Sinn schrieb Luzius an
die Könige Demetrius, Attalus, Ariarathes
und Arsakes 23 sowie an alle folgenden Län-
der: nach Sampsame, Sparta, Delos, Myn-
dos, Sikyon, Karien, Samos, Pamphylien,
Lyzien, Halikarnass, Rhodos, Phaselis, Kos,
Side, Arwad, Gortyna, Knidos, Zypern und
Zyrene. 24 Eine Abschrift schickten die Rö-
mer an den Hohenpriester Simeon.

15: 14,24.

Die Entfremdung zwischen Simeon und Antiochus VII.: 15,25–36

25 König Antiochus belagerte Dor von der
Vorstadt aus. Er ließ seine Truppen ununter-
brochen gegen die Stadt anrennen, stellte
Belagerungsmaschinen auf und hielt Try-
phon eingeschlossen, sodass niemand hinein
oder heraus konnte. 26 Simeon sandte dem
König zu seiner Unterstützung zweitausend
ausgesuchte Krieger, dazu Silber und Gold
und viel Kriegsausrüstung. 27 Aber der Kö-
nig wollte es nicht annehmen; er brach viel-
mehr mit ihm und machte alles rückgängig,
was er vorher mit ihm vertraglich vereinbart
hatte. 28 Er schickte einen seiner Freunde na-
mens Athenobius als Unterhändler zu ihm
und ließ ihm sagen: Ihr habt Jafo, Geser und
die Burg von Jerusalem besetzt, Städte mei-
nes Königreiches. 29 Ihr Gebiet habt ihr ver-
wüstet und großen Schaden im Land ange-
richtet und viele Orte in meinem Reich habt
ihr an euch gerissen. 30 Nun gebt die Städte
wieder heraus, die ihr besetzt habt; ebenso
entrichtet die Steuern für die Orte außerhalb
Judäas, die ihr euch angeeignet habt. 31 An-
dernfalls gebt als Ersatz fünfhundert Talen-
te Silber, weitere fünfhundert Talente für
den Schaden, den ihr angerichtet habt, und
für die Steuern der Städte. Sonst kommen
wir und führen Krieg gegen euch. 32 Atheno-
bius, der Freund des Königs, kam nach Jeru-
salem. Als er die Prachtentfaltung Simeons,
den Schrank mit den goldenen und silbernen
Geräten und den großen Hofstaat sah, war er
sehr erstaunt. Er meldete Simeon die Worte
des Königs; 33 doch der gab zur Antwort: Wir
haben kein fremdes Land besetzt und uns
nichts angeeignet, was uns nicht gehörte,
sondern wir haben nur das Erbe unserer Vä-
ter zurückgeholt, das unsere Feinde zu Un-
recht vorübergehend an sich gerissen hatten.
34 Wir nutzen nur die Gelegenheit und halten
das Erbe unserer Väter fest. 35 Was aber Jafo
und Geser betrifft, auf die du Anspruch er-
hebst, so ist zu sagen: Diese Städte haben
unserem Volk und Land großen Schaden zu-
gefügt. Wir wollen für sie hundert Talente
zahlen.

Athenobius gab ihm keine Antwort, 36 son-
dern ging wütend zum König zurück. Er un-
terrichtete ihn über die Antwort Simeons,
über seine Prachtentfaltung und über alles,
was er gesehen hatte. Da geriet der König in
heftigen Zorn.

32: 1 Kön 10,4f.

Der Sieg der Söhne Simeons über Kendebäus: 15,37 – 16,10

37 Tryphon entkam auf einem Schiff nach
Orthosia. 38 Der König ernannte Kendebäus
zum Befehlshaber über die Küste und teilte
ihm Fußtruppen und Reiterei zu. 39 Er gab
ihm den Auftrag, an der Grenze Judäas ein
Lager aufzuschlagen, den Ort Kidron auszu-
bauen und mit festen Toren zu versehen, um
gegen die Juden Krieg zu führen, während er
selbst die Verfolgung des Tryphon aufnahm.
40 Kendebäus zog nach Jamnia und begann,
das jüdische Volk zu reizen, Überfälle auf Ju-
däa zu machen, Juden gefangen zu nehmen
und zu ermorden. 41 Er baute Kidron aus und
legte Reiter und Fußtruppen hinein. Diese
unternahmen Streifzüge auf den Straßen Ju-
däas, wie ihnen der König befohlen hatte.
16 Da kam Johanan von Geser herauf
und berichtete seinem Vater Simeon
von den Unternehmungen des Kendebäus.
2 Simeon rief seine beiden ältesten Söhne,
Judas und Johanan, zu sich und sagte zu ih-
nen: Ich, meine Brüder und meine Familie
haben von Jugend an bis auf den heutigen
Tag die Kriege Israels geführt. Oft gelang es
uns, Israel zu retten. 3 Nun bin ich alt gewor-
den; ihr aber seid durch des Himmels Gnade
herangewachsen. Tretet an meine und mei-
nes Bruders Stelle, zieht aus und kämpft für
unser Volk! Der Himmel möge euch helfen.
4 Er hob im Land zwanzigtausend besonders
kampferprobte Männer aus, dazu Reiter. Sie
zogen gegen Kendebäus und blieben über
Nacht in Modeïn. 5 Früh am nächsten Mor-
gen rückten sie aus in die Ebene. Plötzlich
trafen sie auf ein großes Heer, Fußvolk und
Reiterei. Es lag aber eine Schlucht zwischen
ihnen. 6 Johanan machte mit seinen Leuten

dem Feind gegenüber Halt. Als er merkte,
dass sie Angst hatten, die Schlucht zu durch-
queren, ging er als erster hinüber. Das sahen
seine Männer und folgten ihm auf die andere
Seite. 7 Dann zog er das Heer auseinander
und ließ die Reiterei sich mitten zwischen
dem Fußvolk aufstellen; die Reiterei des
Feindes war nämlich sehr stark. 8 Man stieß
in die Trompeten und Kendebäus wurde
samt seinem Heer geschlagen und hatte viele
Gefallene zu beklagen. Der Rest floh in die
Festung. 9 Bei dieser Gelegenheit wurde Ju-
das, der Bruder des Johanan, verwundet. Jo-
hanan aber nahm die Verfolgung auf, bis er
nach Kidron kam, das Kendebäus ausgebaut
hatte. 10 Da flohen sie weiter in die Türme bei
Aschdod. Johanan ließ die Stadt in Brand
stecken; dabei kamen etwa zweitausend
Feinde um. Johanan aber kehrte wohlbehal-
ten nach Judäa zurück.

16,10: 10,84.

Die Ermordung Simeons und der Regierungsantritt Johanans: 16,11–24

11 Ptolemäus, der Sohn Abubs, war Be-
fehlshaber in der Ebene von Jericho. Er be-
saß viel Silber und Gold; 12 denn er war der
Schwiegersohn des Hohenpriesters. 13 Da
wurde er stolz; er wollte die Herrschaft über
das Land an sich reißen und plante einen
heimtückischen Anschlag, um Simeon und
seine Söhne aus dem Weg zu räumen. 14 Als
Simeon die Städte in jener Gegend besuchte,
um dort nach dem Rechten zu sehen, kam er
mit seinen Söhnen Judas und Mattatias im
elften Monat, das ist der Schebat, des Jahres
177 nach Jericho. 15 Der Sohn Abubs hatte
eine kleine Festung namens Dok erbaut.
Dort nahm er sie voll Hinterlist auf. Er ver-
anstaltete für sie ein großes Gelage, hielt
aber im Hintergrund einige Männer ver-
steckt. 16 Als Simeon und seine Söhne be-
trunken waren, sprangen Ptolemäus und sei-
ne Leute auf, griffen zu ihren Waffen, dran-
gen zu Simeon in den Speisesaal ein und er-
schlugen ihn und seine beiden Söhne und ei-
nige aus seinem Gefolge. 17 So beging Ptole-
mäus einen gemeinen Verrat und vergalt Gu-
tes mit Bösem.

18 Ptolemäus berichtete darüber dem Kö-
nig in einem Brief und bat ihn, ihm Truppen
zu Hilfe zu schicken und ihm das Land und
die Städte zu übergeben. 19 Auch schickte er
einige Männer nach Geser, um Johanan er-
morden zu lassen. Die Hauptleute forderte er
schriftlich auf, zu ihm zu kommen; er wolle
ihnen Silber und Gold und andere Geschen-
ke geben. 20 Wieder andere schickte er aus,
damit sie Jerusalem und den Tempelberg be-
setzten. 21 Aber jemand lief voraus und mel-
dete Johanan in Geser, sein Vater und seine
Brüder seien tot; er sagte: Er hat bereits Leu-
te ausgeschickt, um auch dich umbringen zu
lassen.

22 Als Johanan das hörte, erschrak er sehr.
Die Männer aber, die kamen, um ihn zu er-
morden, ließ er ergreifen und niedermachen;
denn er wusste, dass sie ihn umbringen woll-
ten.

23 Die weitere Geschichte Johanans, die
Kriege, die er führte, die Taten, die er voll-
brachte, auch wie er die Mauern bauen ließ
und was er sonst unternahm – 24 all das steht
in der Chronik seines Hohenpriestertums ge-
schrieben, von dem Tag an, da er anstelle sei-
nes Vaters Hoherpriester wurde.

23: 1 Kön 11,41; 14,29.

16,24 1 Makk schließt ab mit dem Beginn der Amtszeit des Hohenpriesters Johanan, gewöhnlich Johannes Hyrkanus genannt, des ersten Hasmonäers (134–104 v. Chr.).

Das zweite Buch der Makkabäer

BRIEFE DER JUDEN JERUSALEMS AN DIE JUDEN IN ÄGYPTEN: 1,1 – 2,18

Der erste Brief zum Tempelweihfest: 1,1–9

1 Wir, eure Brüder, die Juden aus Jerusalem und aus dem Land Judäa, grüßen euch, unsere Brüder, die Juden, die in Ägypten wohnen, und wünschen euch Frieden. 2 Gott möge euch Gutes erweisen und seines Bundes gedenken, den er mit seinen treuen Dienern Abraham, Isaak und Jakob geschlossen hat. 3 Er gebe euch allen ein Herz, das euch fähig macht, ihn zu fürchten und seiner Lehre mutig und bereitwillig zu folgen. 4 Er öffne euer Herz für sein Gesetz und für die Gebote und schenke euch Frieden. 5 Er erhöre eure Gebete, schenke euch Versöhnung und verlasse euch nicht in der Not. 6 So beten wir hier für euch.

7 Unter der Regierung des Demetrius, im Jahr 169, haben wir Juden euch geschrieben: In der höchsten Not, die in diesen Jahren über uns kam, als Jason und sein Anhang vom Heiligen Land und vom Königreich abfielen, 8 verbrannten sie das Tempeltor und vergossen unschuldiges Blut. Wir aber beteten zum Herrn und er hat uns erhört. So konnten wir wieder Brand- und Speiseopfer darbringen; wir zündeten die Leuchter an und legten die Schaubrote aus. 9 Und nun begeht die Tage des Laubhüttenfestes im Monat Kislew! Geschrieben im Jahr 188.

7: 1 Makk 10,67; 2 Makk 4,7–22 • 8: 1 Makk 4,38.

Der zweite Brief zum Tempelweihfest: 1,10 – 2,18

10 Die Bewohner Jerusalems und Judäas, der Hohe Rat und Judas wünschen dem Aristobul, dem Lehrer des Königs Ptolemäus, aus dem Geschlecht der gesalbten Priester, und den Juden Ägyptens Glück und Heil. 11 Wir danken Gott von Herzen, der uns aus großen Gefahren errettet hat. So sind wir bereit, selbst mit einem König zu streiten. 12 Gott selbst nämlich hat alle verjagt, die gegen die Heilige Stadt gekämpft haben. 13 Denn als der Fürst mit seinem Heer, das als unüberwindlich galt, nach Persien zog, fanden sie im Tempel der Nanäa den Tod. Die Priester der Nanäa hatten sie nämlich überlistet. 14 Unter dem Vorwand, sich mit der Göttin zu vermählen, war Antiochus mit seinen Freunden, die ihn begleiteten, zum Tempel gekommen; sozusagen als Mitgift wollte er sich dabei die großen Reichtümer aneignen. 15 Die Priester der Nanäa legten die Schätze für sie auch bereit und Antiochus ging mit einigen wenigen Männern in den heiligen Bezirk. Sobald er aber das Heiligtum betreten hatte, schlossen sie das Tor. 16 Sie öffneten eine geheime Tür an der Decke, warfen schwere Steine herab, zerschmetterten den Fürsten (und seine Begleiter), zerstückelten sie, schnitten ihnen die Köpfe ab und warfen sie hinaus zu denen, die draußen stehen geblieben waren. 17 Für all das sei unser Gott gepriesen: Er hat die Sünder dem Untergang preisgegeben.

18 Wir wollen nun am fünfundzwanzigsten Kislew die Reinigung des Tempels feiern. Darum hielten wir es für unsere Pflicht, euch davon zu benachrichtigen, damit auch ihr sie wie die Tage des Laubhüttenfestes feiern könnt und wie die Tage des Feuers. (Letztere erinnern an den Tag,) an dem Nehemia nach dem Aufbau von Tempel und Altar erstmals wieder Opfer darbrachte. 19 Denn als unsere Väter nach Persien in die Verbannung geführt wurden, nahmen die Priester, die fromm geblieben waren, etwas von dem Feuer des Altars mit und verbargen es heimlich im Schacht eines leeren Brunnens. Sie versteckten es so, dass die Stelle allen unbekannt blieb. 20 Darüber vergingen viele Jahre. Doch als es Gott gefiel, sandte der König von Persien den Nehemia her. Der schickte die Nachkommen jener Priester aus, um das Feuer holen zu lassen, das ihre Väter einst versteckt hatten. 21 Als sie uns erklärten, kein Feuer gefunden zu haben, sondern nur

---

1,1 Seit langem gab es jüdische Kolonien in Ägypten. Die am meisten bekannte in Elefantine geht bis in die Anfänge des 6. Jh. v. Chr. zurück.

1,7.9 Das Jahr 169 entspricht dem Jahr 143 v. Chr., das Jahr 188 dem Jahr 124 v. Chr. (vgl. die Anmerkung zu 1 Makk 1,10).

1,9 Mit dem Laubhüttenfest im Monat Kislew (Dezember) ist in Wirklichkeit das Tempelweihfest gemeint.

1,13 Der Tempel der Nanäa, vergleichbar dem der Artemis von Ephesus, den Antiochus IV. berauben wollte, befand sich in Elymaïs.

eine dicke Flüssigkeit, befahl er ihnen, etwas
davon zu schöpfen und zu ihm zu bringen.
Das Opfer wurde hergerichtet. Dann ließ Ne-
hemia von den Priestern das Brennholz, und
was darauf lag, mit diesem zähflüssigen
Wasser begießen. 22 So geschah es. Nach ei-
niger Zeit brach die Sonne hervor, die von
Wolken verdeckt gewesen war. Da flammte
ein großes Feuer auf und alle staunten.
23 Während das Opfer verbrannte, beteten
die Priester und alle Anderen, die bei ihnen
waren; Jonatan stimmte an und die Übrigen,
darunter auch Nehemia, beteten laut mit.

24 Das Gebet aber lautete so: Herr, o Herr,
du Gott und Schöpfer aller Dinge, furchtba-
rer, starker, gerechter und barmherziger
Gott! Du allein bist König und du bist gütig.
25 Du allein gibst alle Gaben. Nur du bist ge-
recht, allmächtig und ewig. Du rettest Israel
aus aller Not. Du hast unsere Väter erwählt
und sie heilig gemacht. 26 Nimm dieses Opfer
an für dein ganzes Volk Israel! Behüte dein
Erbteil und mach es heilig! 27 Sammle uns
aus der Zerstreuung, befrei alle, die bei den
Heiden in Knechtschaft leben, schau auf die
Verachteten und Verabscheuten! Dadurch
sollen die Heiden erkennen, dass du unser
Gott bist. 28 Strafe die stolzen und frechen
Unterdrücker! 29 Pflanz dein Volk an deinem
heiligen Ort ein! Denn so hat es Mose zuge-
sagt.

30 Die Priester begleiteten die Loblieder,
die man sang, mit Musik. 31 Als das Opfer
verbrannt war, ließ Nehemia das übrig ge-
bliebene Wasser auf große Steine schütten.
32 Da entzündete sich eine lodernde Flamme.
Sie verzehrte sich im Schein des Feuers, das
vom Altar her leuchtete. 33 Dieses Ereignis
wurde überall bekannt und man meldete
dem persischen König, an der Stelle, an der
die Priester, die in die Verbannung gingen,
das Feuer versteckt hätten, sei das Wasser
zum Vorschein gekommen, das die Leute des
Nehemia dann über das Opfer gossen.
34 Nachdem der König die Sache geprüft hat-
te, ließ er den Ort umfrieden und für heilig
erklären. 35 Auch nahm der König viele kost-
bare Geschenke und verteilte sie unter die,
denen er wohlgesinnt war. 36 Die Leute um
Nehemia nannten das Wasser Neftar, das
heißt: Reinigung. Bei den meisten aber heißt
es Neftai.

2 In den Schriften steht, Jeremia, der
Prophet sei es gewesen, der befohlen
habe, etwas von dem Feuer – wie schon ge-
sagt – zu nehmen, als sie in die Verbannung
geführt wurden. 2 Der Prophet habe ferner
den Verbannten das Gesetz übergeben und ih-
nen eingeschärft, die Gebote des Herrn nicht
zu vergessen noch im Herzen irre zu werden,
wenn sie die goldenen und silbernen Götzen
und ihren Prunk sähen. 3 Mit manchen Re-
den solcher Art ermahnte er sie, das Gesetz
nicht aus ihrem Herzen schwinden zu lassen.
4 In dem Buch stand weiter zu lesen, dass der
Prophet einen Gottesspruch empfangen
habe und daraufhin das Zelt und die Lade
hinter sich hertragen ließ. Er sei hinausge-
gangen zu dem Berg, auf den Mose gestiegen
war, um das von Gott verheißene Erbteil zu
sehen. 5 Dort fand Jeremia eine Höhle wie
ein Haus. Er trug das Zelt, die Lade und den
Rauchopferaltar hinein; dann verschloss er
den Eingang. 6 Einige von seinen Begleitern
gingen hin, um sich den Weg zu markieren;
aber sie konnten ihn nicht finden. 7 Als Jere-
mia davon hörte, schalt er sie und sagte: Die
Stelle soll unbekannt bleiben, bis Gott sein
Volk wieder sammelt und ihm wieder gnädig
ist. 8 Dann aber bringt der Herr dies alles
wieder ans Licht und die Herrlichkeit des
Herrn wird erscheinen und auch die Wolke,
genauso wie sie sich in den Tagen des Mose
gezeigt hat und in der Zeit, als Salomo bete-
te, dass der Ort hochheilig werden möge.

9 Es wurde ferner erzählt, wie jener Weise
bei der Einweihung und bei der Vollendung
des Tempels opferte. 10 So wie Mose zum
Herrn gebetet hatte – und dann war Feuer
vom Himmel gefallen und hatte die Opfer-
stücke verzehrt –, so betete auch Salomo und
das Feuer fiel herab und verzehrte die
Brandopfer. 11 Mose sagte: Weil man das
Sündopfer nicht gegessen hat, wurde es ver-
brannt. 12 Ebenso hat auch Salomo acht Tage
lang gefeiert.

13 Das gleiche wird auch in den Schriften
und in den Erinnerungen Nehemias erzählt;
dort steht auch, wie er eine Bücherei anlegte
und die Bücher der Könige und der Prophe-
ten und die (Lieder) Davids sammelte, auch
königliche Urkunden über Weihegaben.
14 Genauso hat auch Judas alle Bücher wie-
der gesammelt, die in dem Krieg, den wir
führen mussten, zerstreut worden waren. Sie
befinden sich heute bei uns. 15 Sollten euch
einige davon fehlen, so lasst sie durch Boten
holen!

16 Wir haben euch geschrieben, weil wir
nun die Tempelreinigung begehen wollen.

1,36 Neftar (= Erdöl): Manche lesen Naftan, andere Nafta.

2,1 Diese Schriften sind, ebenso wie die Erinnerungen des Nehemia (V. 13), verloren gegangen.

2,13 Erinnerungen Nehemias: ein sonst unbekanntes, nicht-kanonisches Werk.

Ihr werdet gut daran tun, diese Tage mitzu-
feiern. 17 Gott hat sein ganzes Volk gerettet
und allen das Erbe und die Königsherrschaft
und das Priestertum und die Heiligung ver-
liehen, 18 wie er es durch das Gesetz verhei-
ßen hat. Darum hoffen wir nun, dass Gott
bald mit uns Erbarmen hat und uns aus der
ganzen Welt an seinen heiligen Ort zusam-
menführt. Denn er hat uns schon aus großen
Gefahren gerettet und hat den heiligen Ort
gereinigt.

1,12f: 9,1–29 • 19: Lev 6,5 • 29: Dtn 30,3–5 • 2,2: Bar 6 • 4: Dtn 34 • 7: Jer 3,16 • 8: Ex 24,16; 40,34–38; 1 Kön 8,10f • 10: Lev 9,23f; 2 Chr 7,1 • 11: Lev 10,16f • 12: 1 Kön 8,65f • 14: 1 Makk 1,56 • 16: 1 Makk 4,59 • 17: Ex 19,5f.

DAS VORWORT DES VERFASSERS: 2,19–32

19 Die Ereignisse um den Makkabäer Judas
und seine Brüder – wie sie den erhabenen
Tempel reinigten und den Altar wieder ein-
weihten; 20 ferner die Kriege, die sie gegen
Antiochus Epiphanes und seinen Sohn Eu-
pator führten; 21 die himmlischen Erschei-
nungen, die den ruhmreichen und tapferen
Verteidigern des Judentums halfen, sodass es
ihnen, obschon sie nur wenige waren, gelang,
das ganze Land zurückzuerobern, die Mas-
sen der Barbaren zu verjagen, 22 auch das auf
der ganzen Welt hochberühmte Heiligtum
wiederzugewinnen, die Stadt zu befreien, die
Gesetze, die abgeschafft werden sollten, wie-
der in Kraft zu setzen – denn der Herr war
ihnen in seiner großen Güte gnädig –, 23 all
das hat Jason aus Zyrene in fünf Büchern ge-
nau beschrieben. Wir nun wollen versuchen,
es hier in einem einzigen Buch kurz zusam-
menzufassen. 24 Wir bemerkten nämlich die
Flut der Zahlen und wie schwierig es wegen
der Menge des Stoffes ist, sich in die ge-
schichtliche Darstellung einzuarbeiten. 25 So
nahmen wir uns vor, die, die gern lesen, zu
unterhalten, denen, die mit Eifer auswendig
lernen, zu helfen, allen aber, die das Buch
auf irgendeine Weise in die Hand bekom-
men, zu nützen. 26 Uns ist es allerdings nicht
leicht gefallen, in mühseliger Arbeit diesen
Auszug anzufertigen; es hat vielmehr
Schweiß und durchwachte Nächte gekostet.
27 Wer ein Gastmahl anordnet und den Nut-
zen anderer sucht, hat es ja auch nicht leicht.
Dennoch haben wir die Mühe gern auf uns
genommen, um uns viele zu Dank zu ver-
pflichten. 28 Die Einzelheiten genau zu un-
tersuchen, überließen wir dem Geschichts-
schreiber. Wir haben uns nur darum bemüht,
einen ordentlichen Auszug anzufertigen.
29 Wenn man ein neues Haus baut, muss sich
der Architekt um das ganze Gebäude küm-
mern; Dekorateur und Maler dagegen müs-
sen nur das prüfen, was zur Ausschmückung
nötig ist. Ähnlich beurteile ich auch unsere
Aufgabe. 30 Sich daran zu machen, die über-
lieferten Nachrichten kritisch zu beurteilen
und bis ins einzelne genau zu untersuchen,
ist Sache des Historikers. 31 Wer aber nur
nacherzählen will, darf die Darstellung
straffen, auch wenn die genaue Ausarbei-
tung nach den Regeln der Geschichtsschrei-
bung dabei zu kurz kommt.

32 Nun aber wollen wir sofort mit unserer
Erzählung beginnen; wir haben uns schon
allzu lang mit dem Vorwort aufgehalten und
es wäre ja unsinnig, vor der Erzählung viele
Worte zu machen, die Erzählung selbst aber
zu kürzen.

JERUSALEM UNTER GOTTES SCHUTZ: 3,1–40

Die Heilige Stadt: 3,1–3

3 Die Bewohner der Heiligen Stadt lebten
in tiefem Frieden und hielten die Geset-
ze aufs treueste; denn der Hohepriester Oni-
as war ein frommer Mann und hasste alles
Böse. 2 Darum ehrten sogar die Könige den
Ort und schmückten das Heiligtum mit den
kostbarsten Weihegaben. 3 So bestritt Seleu-
kus, der König Asiens, aus seinen eigenen
Einkünften alle Kosten, die durch den Op-
ferdienst entstanden.

2,23 Jason war ein Gelehrter und gehörte der bedeutenden jüdischen Gemeinde in Zyrene an.

3,1 Onias III. ist der Sohn Simeons III., der in Sir 50,1–21 gepriesen wird.

3,3 »Asien« ist hier Bezeichnung für den Vorderen Orient.

Der Verrat Simeons am Tempel: 3,4–7

4 Ein gewisser Simeon aus dem Stamm
Benjamin war als Tempelvorsteher einge-
setzt worden. Er entzweite sich jedoch mit
dem Hohenpriester wegen der Marktord-
nung in der Stadt. 5 Weil er sich gegen Onias
nicht durchsetzen konnte, ging er zu Apollo-
nius, dem Sohn des Tharseas, der damals Be-
fehlshaber in Zölesyrien und Phönizien war.
6 Er erzählte ihm, der Tempelschatz in Jeru-
salem sei voll von unvorstellbaren Reichtü-
mern; unzählbar sei die Menge des Geldes.
Sie stehe in keinem Verhältnis zu dem, was
man für die Opfer aufwenden müsse, und
lasse sich leicht für den König beschlagnah-
men. 7 Als Apollonius mit dem König zusam-
mentraf, berichtete er, was man ihm über
die Gelder hinterbracht hatte. Der aber
bestimmte seinen Kanzler Heliodor und
schickte ihn auf den Weg mit dem Auftrag,
sich die erwähnten Gelder ausliefern zu
lassen.

Der Anschlag auf den Tempelschatz:
3,8–14a

8 Heliodor machte sich sofort auf die Reise,
angeblich um die Städte in Zölesyrien und
Phönizien zu besuchen, in Wirklichkeit je-
doch, um das Vorhaben des Königs auszu-
führen. 9 Als er nach Jerusalem kam, wurde
er vom Hohenpriester der Stadt freundlich
empfangen. Da gab er bekannt, welche An-
zeige gemacht worden sei, und teilte den
wahren Grund seiner Anwesenheit mit. Er
fragte, ob sich die Sache wirklich so verhal-
te. 10 Der Hohepriester erklärte ihm, es han-
dele sich um hinterlegtes Gut von Witwen
und Waisen; 11 ein Teil gehöre auch Hyrka-
nus, dem Sohn des Tobija, einem sehr ein-
flussreichen Mann. – So hatte der ruchlose
Simeon gelogen. – Alles zusammen belaufe
sich nur auf vierhundert Talente Silber und
zweihundert Talente Gold. 12 Man dürfe aber
doch denen nicht Unrecht tun, die ihr Ver-
trauen auf die Heiligkeit des Ortes und auf
die Würde und Unantastbarkeit des weltbe-
rühmten Heiligtums gesetzt hätten. 13 Helio-
dor berief sich jedoch auf die Befehle, die er
vom König erhalten hatte, und bestand da-
rauf, alles für die königliche Schatzkammer
zu beschlagnahmen. 14 Am festgesetzten Tag
schickte er sich an hineinzugehen, um eine
Untersuchung der Schätze anzustellen.

Der Bittgottesdienst um die Rettung des Tempels: 3,14b–22

Da geriet die ganze Stadt in nicht geringe
Bestürzung. 15 Die Priester warfen sich in ih-
ren heiligen Gewändern vor dem Altar nie-
der und riefen den Himmel an: Er habe die
Hinterlegung von Geld durch Gesetze geord-
net; so solle er es jetzt denen, die es hinterlegt
hatten, unversehrt bewahren. 16 Wer aber die
Gestalt des Hohenpriesters sah, dem blutete
das Herz. Wie er aussah und wie sein Gesicht
sich verfärbt hatte, verriet seine innere Qual.
17 Furcht und Zittern nämlich hatten den
Mann befallen und er bebte am ganzen Leib.
Allen, die ihn sahen, wurde der Schmerz sei-
nes Herzens offenbar. 18 Die Leute stürzten
in Scharen aus den Häusern heraus zum öf-
fentlichen Gebet; denn dem Tempel drohte
Schande. 19 Die Frauen zogen Trauerkleider
an, die die Brüste freiließen, und drängten
sich auf die Straßen. Von den jungen Mäd-
chen aber, die man sonst eingeschlossen
hielt, liefen die einen an die Türen, die an-
dern auf die Mauern; einige beugten sich aus
den Fenstern heraus. 20 Sie alle streckten die
Hände zum Himmel empor und beteten fle-
hentlich. 21 Es war zum Erbarmen, wie die
Menge sich in heillosem Durcheinander zu
Boden warf und wie der Hohepriester sich in
seinem Kummer so schrecklich ängstigte.
22 So riefen sie zum Herrn, dem Allherrscher,
er möge das anvertraute Gut denen, die es
hinterlegt hatten, unversehrt und ganz si-
cher bewahren.

Die Bestrafung des Tempelräubers: 3,23–30

23 Heliodor jedoch machte sich daran, sei-
nen Entschluss auszuführen. 24 Schon stand
er mit der Leibwache an der Schatzkammer.
Da ließ der Herr der Geister und aller Macht
eine gewaltige Erscheinung sichtbar werden.
Alle, die ihn frech begleitet hatten, erschra-
ken vor Gottes Macht; ihre Kräfte verließen
sie und sie bekamen große Angst. 25 Denn es
erschien ihnen ein Pferd mit einem schreck-
lichen Reiter darauf; das Pferd war mit
prächtigem Geschirr geschmückt. Es stürm-
te wild auf Heliodor ein und traf ihn heftig
mit den Vorderhufen. Sein Reiter aber trug
eine goldene Rüstung. 26 Noch zwei andere
junge Männer erschienen, voll gewaltiger
Kraft, in strahlender Schönheit und herrlich
gekleidet. Sie traten auf Heliodor zu und
peitschten von beiden Seiten auf ihn ein;
pausenlos schlugen sie ihn mit vielen Hie-
ben. 27 Da stürzte er zu Boden und es wurde
ihm schwarz vor den Augen. Man hob ihn
schnell auf und legte ihn auf eine Bahre.
28 Eben noch war er mit großem Gefolge und
der ganzen Leibwache zu der genannten
Schatzkammer gekommen; nun trug man
ihn hilflos hinaus. Deutlich hatte man die

Herrschermacht Gottes erkannt. 29 So lag er da, durch Gottes Macht gestürzt, der Sprache beraubt, ohne jede Hoffnung auf Rettung. 30 Die Juden aber priesen den Herrn, der an seinem Ort so herrlich seine Macht gezeigt hatte; und das Heiligtum, das eben noch voll war von Angst und Verwirrung, war erfüllt von Freude und Jubel; denn der allmächtige Herr hatte sich offenbart.

Die Bekehrung des Tempelräubers: 3,31–40

31 Sehr bald kamen ein paar Vertraute Heliodors zu Onias und baten ihn, er möge doch den Höchsten anrufen und so dem das Leben schenken, der in den letzten Zügen lag. 32 Aus Sorge, der König könne der Meinung verfallen, Heliodor sei einem hinterhältigen Anschlag der Juden zum Opfer gefallen, brachte der Hohepriester ein Opfer dar, damit der Mann wieder gesund würde. 33 Während der Hohepriester noch mit dem Versöhnungsopfer beschäftigt war, erschienen dem Heliodor dieselben jungen Männer wie zuvor, in der gleichen Kleidung. Sie traten zu ihm und sagten: Danke dem Hohenpriester Onias vielmals; denn seinetwegen schenkt der Herr dir gnädig das Leben. 34 Der Himmel hat dich gezüchtigt. Nun verkünde du allen die gewaltige Kraft Gottes! Nach diesen Worten entschwanden sie.

35 Da ließ Heliodor dem Herrn ein Opfer darbringen und machte ihm große Gelübde, weil er ihn am Leben gelassen hatte. Er nahm Abschied von Onias und zog mit seinen Truppen zum König zurück. 36 Vor allen Menschen bezeugte er die Taten des größten Gottes, die er mit eigenen Augen gesehen hatte. 37 Als der König ihn fragte, wer geeignet sei, noch einmal nach Jerusalem geschickt zu werden, gab er zur Antwort: 38 Wenn du einen Feind oder einen Hochverräter weißt, dann schick ihn dorthin! Du kannst sicher sein, dass er geprügelt zurückkommt, wenn er überhaupt am Leben bleibt; denn an jenem Ort wirkt wahrhaftig eine göttliche Kraft. 39 Er, der im Himmel wohnt, ist selbst der Wächter und Schützer jenes Ortes; und wer in böser Absicht dorthin kommt, den schlägt er nieder.

40 Das waren die Ereignisse um Heliodor und um die Rettung des Tempels.

DER EINBRUCH DER SÜNDE: 4,1–50

Neue Umtriebe Simeons: 4,1–6

4 Der oben genannte Simeon, der den Tempelschatz und das Vaterland verraten hatte, verleumdete Onias, er sei es gewesen, der Heliodor habe schlagen lassen und der das Unheil ins Werk gesetzt habe. 2 Den Wohltäter der Stadt, den fürsorglichen Beschützer seiner Mitbürger und Eiferer für die Gesetze, wagte er einen Hochverräter zu nennen. 3 Die Feindschaft verschärfte sich derart, dass einer von den Vertrauten Simeons mehrere Morde verübte. 4 Onias erkannte, dass der Streit unerträglich wurde und dass außerdem Apollonius, der Sohn des Menestheus, Befehlshaber von Zölesyrien und Phönizien, die Bosheit Simeons noch unterstützte. 5 Darum begab er sich zum König, nicht um die Mitbürger zu verklagen, sondern weil er das allgemeine und das besondere Wohl des ganzen Volkes im Auge hatte. 6 Er erkannte nämlich, dass ohne Einschreiten des Königs der öffentliche Friede nicht wiederherzustellen sei; denn Simeon würde nicht von seiner Raserei ablassen.

Die Einführung heidnischer Sitten in Jerusalem: 4,7–22

7 Seleukus starb und Antiochus mit dem Beinamen Epiphanes übernahm die Herrschaft. Da erschlich sich Jason, der Bruder des Onias, das Hohepriesteramt. 8 Bei einer Unterredung versprach er dem König nämlich dreihundertsechzig Talente Silber, dazu noch aus anderen Einkünften achtzig Talente. 9 Außerdem wolle er sich schriftlich verpflichten, weitere hundertfünfzig Talente zu zahlen, wenn er die Vollmacht erhalte, eine Sportschule und einen Übungsplatz für junge Leute zu errichten – denn daran sei ihm sehr gelegen – sowie den Einwohnern Jerusalems das antiochenische Bürgerrecht zu verleihen. 10 Der König war einverstanden.

Sobald Jason das Amt an sich gebracht hatte, führte er unter seinen Landsleuten die griechische Lebensart ein. 11 Er schaffte die günstigen Privilegien ab, die die Juden durch Vermittlung des Johanan vom König erhalten hatten. Dieser Johanan war der Vater des Eupolemus, der als Gesandter nach Rom ge-

gangen war, um dort ein Freundschafts-
bündnis zu schließen. Jason hob die alther-
gebrachte Verfassung auf und führte neue,
widerrechtliche Gebräuche ein. 12 Absicht-
lich ließ er unmittelbar unterhalb der Burg
eine Sportschule errichten und die Söhne der
besten Familien brachte er dazu, den grie-
chischen Hut aufzusetzen. 13 So kam das
Griechentum in Mode; man fiel ab zu der
fremden Art. Schuld daran war die maßlose
Schlechtigkeit des ruchlosen Jason, der den
Namen des Hohenpriesters zu Unrecht trug.
14 Schließlich kümmerten sich die Priester
nicht mehr um den Dienst am Altar; der
Tempel galt in ihren Augen nichts und für
die Opfer hatten sie kaum mehr Zeit. Dafür
gingen sie eilig auf den Sportplatz, sobald
die Aufforderung zum Diskuswerfen erging,
um an dem Spiel, das vom Gesetz verboten
war, teilzunehmen. 15 Die Ehren ihres Vater-
landes achteten sie gering, auf griechische
Auszeichnungen dagegen waren sie ganz
versessen. 16 Darum sollten sie auch in große
Not geraten. Gerade die, denen sie alles
nachmachten und denen sie ganz gleich wer-
den wollten, wurden ihre Feinde und Peini-
ger. 17 Man kann sich nämlich nicht leichthin
über die göttlichen Gesetze hinwegsetzen.
Aber das wird die Folgezeit deutlich zeigen.

18 Als der König die Wettkämpfe besuchte,
die alle fünf Jahre in Tyrus ausgetragen wer-
den, 19 sandte der nichtswürdige Jason Män-
ner aus Jerusalem, die das antiochenische
Bürgerrecht erworben hatten, als Zuschauer
dorthin und gab ihnen dreihundert Silber-
drachmen mit für das Opfer an Herakles.
Doch baten die Überbringer, das Geld nicht
zum Opfer zu verwenden, weil sich das nicht
zieme, sondern es für einen anderen Zweck
zurückzulegen. 20 Nach der Absicht des Auf-
traggebers wäre es also für das Heraklesop-
fer bestimmt gewesen; es lag allein an den
Überbringern, dass man es zur Ausrüstung
der Galeeren verwendete.

21 Zur Thronbesteigung des Königs Philo-
metor entsandte Antiochus den Apollonius,
den Sohn des Menestheus, nach Ägypten.
Dabei brachte er in Erfahrung, dass der ägyp-
tische König seiner Politik feindlich gegen-
überstehe, und sorgte sich um seine Sicher-
heit. Er zog deshalb nach Jafo und von dort
nach Jerusalem. 22 Jason und die Stadt berei-
teten ihm einen großartigen Empfang; unter
Fackelschein und Freudengeschrei hielt er
seinen Einzug. Dann brachte er seine Trup-
pen wieder nach Phönizien ins Quartier.

7: 1 Makk 1,10 • 10: 1 Makk 1,11–15 • 11: 1 Makk 8,17.

Das Hohepriesteramt in der Hand der Sünder: 4,23–29

23 Drei Jahre darauf schickte Jason den
Menelaus, den Bruder des vorhin erwähnten
Simeon, zum König; er sollte ihm das Geld
überbringen und schwebende Verhandlun-
gen über wichtige Staatsgeschäfte zum Ab-
schluss bringen. 24 Menelaus verschaffte sich
jedoch Empfehlungen an den König, trat als
bedeutender Mann auf und schmeichelte
ihm, überbot Jason um dreihundert Talente
Silber und brachte so das Amt des Hohen-
priesters an sich. 25 Mit der königlichen Er-
nennungsurkunde kam er zurück. Sonst
hatte er nichts an sich, was des hohenpries-
terlichen Amtes würdig gewesen wäre.
Statt dessen besaß er die Leidenschaft eines
rohen Tyrannen und die Wut eines wilden
Tieres. 26 Jason, der seinen eigenen Bruder
hinterlistig verdrängt hatte, wurde nun
selbst durch einen anderen hinterlistig ver-
drängt und als Flüchtling ins Ammoniter-
land vertrieben.

27 Menelaus hatte sich zwar der Herrschaft
bemächtigt, machte jedoch keine Anstalten,
das Geld aufzubringen, das er dem König
versprochen hatte, 28 obschon Sostratus, der
Befehlshaber der Burg, ihn wiederholt
mahnte; dieser hatte nämlich die Gelder
einzutreiben. Deswegen bestellte der König
beide vor sich. 29 Menelaus ließ als Stellver-
treter im Hohenpriesteramt seinen Bruder
Lysimachus zurück, Sostratus aber Krates,
den Befehlshaber der zyprischen Truppen.

23: 3,4; 4,1.

Die Ermordung des rechtmäßigen Hohenpriesters: 4,30–38

30 In diesem Augenblick brach in den
Städten Tarsus und Mallus ein Aufstand aus,
weil sie Antiochis, der Nebenfrau des Kö-
nigs, als Geschenk vermacht worden waren.
31 In großer Eile begab sich der König dort-
hin, um die Sache beizulegen, und ließ als
seinen Stellvertreter einen hohen Beamten,
Andronikus, zurück. 32 Da glaubte Menelaus,
eine günstige Gelegenheit gefunden zu ha-
ben: Er entwendete aus dem Tempel einige
goldene Geräte und schenkte sie Androni-
kus; andere hatte er nach Tyrus und in die
benachbarten Städte verkaufen können.
33 Onias, der davon sichere Kenntnis erhal-
ten hatte, tadelte ihn scharf; er hatte sich in
einen Asylort bei Daphne, einem Vorort An-
tiochias, zurückgezogen. 34 Menelaus ging
deswegen zu Andronikus, sprach mit ihm

4,33 Daphne war ein Heiligtum der Götter Apollo und Artemis.

unter vier Augen und redete ihm zu, Onias
aus dem Weg zu schaffen. Andronikus suchte
Onias auf. Da er sich zur Hinterlist hatte
verleiten lassen, erhob er die rechte Hand
zum Schwur, reichte sie dann Onias und
überredete ihn, trotz seines Argwohns den
Ort zu verlassen. Dann ließ ihn Andronikus,
ohne das Recht zu scheuen, auf der Stelle
umbringen. 35 Nicht nur die Juden, sondern
auch viele aus anderen Völkern entsetzten
sich über dieses Unrecht und waren empört
über die Ermordung des Mannes.
36 Als der König aus den Orten Ziliziens
zurückkam, gingen die Juden der Stadt zu
ihm und beschwerten sich. Wie sie, waren
auch die Griechen sehr entrüstet, weil man
Onias gegen alle Ordnung ermordet hatte.
37 Antiochus wurde von Herzen betrübt; es
ergriff ihn Mitleid und er vergoss Tränen,
weil der Verstorbene ein so besonnener und
edler Mann gewesen war. 38 Dann entbrann-
te sein Zorn; er ließ Andronikus sofort den
Purpur abnehmen, die Kleider vom Leib rei-
ßen und ihn so durch die ganze Stadt führen,
bis zu der Stelle, an der er das Verbrechen
gegen Onias begangen hatte. Dort ließ er den
Mörder hinrichten. So hat ihm der Herr mit
der verdienten Strafe vergolten.

34: Dan 9,26.

Der Raub am Tempelschatz: 4,39–50

39 In der Stadt aber verging sich Lysima-
chus mit Wissen des Menelaus mehrmals am
Tempelschatz. Als sich das Gerücht davon
weit verbreitete, rottete sich das Volk gegen
Lysimachus zusammen. Viele goldene Gerä-
te waren schon verschleppt worden. 40 Als
nun die Menge sich erhob und in heftigen
Zorn geriet, bewaffnete Lysimachus fast
dreitausend Mann und begann gewaltsam
gegen die Leute vorzugehen. Ein gewisser
Auranus führte sie an, der ebenso alt wie
wahnsinnig war. 41 Als die Leute merkten,
dass Lysimachus angreifen ließ, rafften sie
Steine zusammen oder dicke Stöcke – ein
paar füllten ihre Hände sogar mit der Asche,
die dort lag – und schleuderten alles durch-
einander gegen die Männer des Lysimachus.
42 So verwundeten sie viele von ihnen, einige
streckten sie nieder, alle aber jagten sie in
die Flucht. Den Tempelräuber selbst aber
schlugen sie beim Schatzhaus tot.
43 Wegen dieser Sache wurde gegen Mene-
laus ein gerichtliches Verfahren eingeleitet.
44 Als der König nach Tyrus kam, erhoben
drei Männer, die vom Hohen Rat geschickt
waren, vor ihm die Anklage. 45 Menelaus war
schon verloren; da versprach er Ptolemäus,
dem Sohn des Dorymenes, viel Geld, damit
er den König zu seinen Gunsten überrede.
46 Ptolemäus nahm also den König in einen
Säulengang beiseite, als wolle er ihn etwas
ausruhen lassen, und stimmte ihn um. 47 Da-
rauf sprach der König den Menelaus, der an
dem ganzen Unheil schuld war, von den An-
klagepunkten frei; die Unglücklichen aber,
die, selbst wenn sie vor Skythen gesprochen
hätten, wegen erwiesener Unschuld freige-
sprochen worden wären, verurteilte er zum
Tod. 48 Unverzüglich mussten sie die unge-
rechte Strafe erleiden, sie, die doch nur für
ihre Stadt, ihr Volk und die heiligen Geräte
eingetreten waren. 49 Sogar Einwohner von
Tyrus entrüsteten sich darüber und gaben
ihnen ein prunkvolles Begräbnis.
50 Menelaus aber blieb aufgrund der Hab-
gier der Mächtigen im Amt. Seine Bosheit
nahm immer mehr zu und er wurde zu einem
großen Feind seiner Mitbürger.

45: 8,8; 1 Makk 3,38.

DER EINBRUCH DES UNHEILS: 5,1 – 7,42

Ein Vorzeichen: 5,1–4

5 Um diese Zeit unternahm Antiochus
seinen zweiten Feldzug gegen Ägypten.
2 Da erschienen fast vierzig Tage lang über
der ganzen Stadt Reiter, die durch die Lüfte
jagten, in golddurchwirkten Gewändern;
Lanzenträger rückten in Abteilungen zum
Kampf aus, Schwerter zuckten. 3 Reiterscha-
ren ordneten sich zur Schlacht, Angriffe
wurden gemacht, von beiden Seiten rannte
man gegeneinander an, Schilde bewegten
sich, Speere gab es in Menge, Wurfgeschosse
flogen, goldener Waffenschmuck blitzte auf
und man sah Rüstungen aller Art. 4 Alle be-
teten deshalb, die Erscheinung möge etwas
Gutes bedeuten.

1: 1 Makk 1,17.

4,47 Die Skythen waren ein wegen ihrer Grausamkeit berüchtigtes Reitervolk am Schwarzen Meer (vgl. auch 7,4).

Der Bürgerkrieg in Jerusalem: 5,5–10

5 Es kam aber das falsche Gerücht auf, An-
tiochus sei gestorben. Da unternahm Jason
mit nicht weniger als tausend Mann einen
überraschenden Angriff auf die Stadt. Er
drängte die Verteidiger auf der Mauer rasch
in die Enge; als er die Stadt ganz besetzt hat-
te, flüchtete sich Menelaus in die Burg. 6 Ja-
son aber richtete unter seinen Mitbürgern
ein schonungsloses Blutbad an, ohne zu be-
denken, dass Glück gegenüber den eigenen
Leuten das größte Unglück ist. Es sah aus,
als habe er Feinde und nicht Landsleute be-
siegt und ausgeplündert. 7 Dennoch konnte
er die Herrschaft nicht an sich reißen. Sein
Anschlag brachte ihm am Schluss nur
Schande und er musste zum zweiten Mal in
das Ammoniterland fliehen.

8 Er nahm schließlich ein böses Ende. Are-
tas, der Fürst der Araber, ließ ihn gefangen
setzen; er aber entkam und floh von Stadt zu
Stadt. Von allen gehetzt, als Verräter der Ge-
setze verhasst, verwünscht als Henker des
Vaterlandes und seiner Mitbürger, verschlug
es ihn nach Ägypten. 9 Und wie er viele Men-
schen aus ihrem Vaterland in die Fremde ge-
trieben hatte, so kam er selbst in der Fremde
um, nämlich bei den Spartanern, zu denen er
übers Meer gefahren war, um bei ihnen
Schutz zu finden; die Spartaner waren ja mit
den Juden verwandt. 10 So wie er viele ohne
Grab hatte daliegen lassen, so trauerte jetzt
auch niemand um ihn; auch er erhielt keiner-
lei Begräbnis und kein Grab bei seinen
Vätern.

9: 1 Makk 12,7.

Der Überfall des heidnischen Königs: 5,11–20

11 Als dem König zu Ohren kam, was ge-
schehen war, glaubte er, Judäa wolle von
ihm abfallen. Wütend wie ein wildes Tier
brach er daher mit seinem Heer von Ägypten
auf und nahm die Stadt mit Waffengewalt
ein. 12 Er befahl seinen Soldaten, alle, die ih-
nen begegneten, rücksichtslos niederzuhau-
en und auch die zu erschlagen, die sich auf
das Dach ihrer Häuser geflüchtet hätten.
13 Sie richteten unter Jung und Alt ein großes
Blutbad an; junge Männer, Frauen und Kin-
der kamen um, man erstach Mädchen und
Säuglinge. 14 In nur drei Tagen verlor die
Stadt achtzigtausend Einwohner; vierzig-
tausend fanden im Kampf den Tod, ebenso
viele, wie man ermordet hatte, wurden in die
Sklaverei verkauft.

15 Doch das genügte dem König noch nicht;
in seiner Frechheit betrat er den heiligsten
Tempel der ganzen Erde unter der Führung
des Menelaus, der die Gesetze und sein Va-
terland verraten hatte. 16 Seine blutbefleck-
ten Hände griffen nach den heiligen Geräten,
und was andere Könige gestiftet hatten, um
Glanz und Würde des Ortes zu erhöhen, raff-
te er mit unreinen Händen zusammen.

17 In seinem Übermut erkannte Antiochus
nicht, dass der Herr nur für eine kurze Zeit
zornig war, weil die Einwohner der Stadt ge-
sündigt hatten, und deswegen nicht auf den
Ort achtete. 18 Hätten sich die Juden damals
nicht in viele Sünden verstrickt, dann wäre
ihm, sobald er sich vorwagte, seine Frechheit
durch Peitschenhiebe ausgetrieben worden,
ähnlich wie dem Heliodor, der von König Se-
leukus zur Durchsuchung der Schatzkam-
mer ausgeschickt worden war. 19 Aber der
Herr hat nicht das Volk erwählt wegen des
Ortes, sondern den Ort wegen des Volkes.
20 Deswegen litt auch der Ort mit unter den
Unglücksschlägen, die das Volk trafen, wie
er später Anteil hatte an seinem Glück. Als
der Allherrscher zürnte, lag der Ort verlas-
sen da; als aber der große Herr sich wieder
versöhnen ließ, wurde er in aller Pracht wie-
derhergestellt.

11–16 ‖ 1 Makk 1,20–24 • 17: 6,12–17.

Jerusalem in der Hand der Heiden: 5,21–27

21 Antiochus also ließ tausendachthundert
Talente aus dem Tempel schaffen und zog ei-
lig ab nach Antiochia. In seiner Vermessen-
heit glaubte er, das Land schiffbar und das
Meer gangbar machen zu können – so über-
heblich war er. 22 Er ließ bei seinem Abzug
mehrere Befehlshaber zurück, die das Volk
unterdrücken sollten. In Jerusalem war es
Philippus, seiner Herkunft nach ein Phry-
gier, seiner Gesinnung nach ein Barbar,
noch wilder als der, der ihn eingesetzt hatte;
23 auf dem Berg Garizim war es Andronikus.
Dazu kam Menelaus, der sich seinen Mitbür-
gern gegenüber noch herrischer aufführte als
die anderen; denn er hasste die jüdischen
Bürger.

24 Außerdem schickte der König den An-
führer der Mysier, Apollonius, mit einem
Heer von zweiundzwanzigtausend Mann; er
hatte ihm befohlen, alle wehrfähigen Män-
ner umzubringen, die Frauen und Kinder
aber in die Sklaverei zu verkaufen. 25 Als
Apollonius in Jerusalem ankam, spielte er
zunächst den Friedfertigen. Er wartete bis
zum heiligen Sabbattag. Als er nun bemerk-
te, dass die Juden sich jeder Arbeit enthiel-
ten, gab er seinen Leuten Befehl, zu den
Waffen zu greifen und auszurücken. 26 Alle,
die zum festlichen Gottesdienst gegangen

waren, ließ er niederstechen. Dann fielen sie mit der blanken Waffe in die Stadt ein und erschlugen viele Menschen.

27 Judas aber, mit dem Beinamen der Makkabäer, schloss sich mit neun Gefährten zusammen und zog sich in die Wüste zurück. Er lebte mit seinen Leuten in den Bergen wie die Tiere. Sie ernährten sich die ganze Zeit nur von Pflanzen, um nicht ebenfalls unrein zu werden.

24–26: 1 Makk 1,29f • 27: 1 Makk 2,28; Hebr 11,38.

Die Verfolgung der jüdischen Religion: 6,1–11

6 Nicht lange darauf schickte der König einen alten Athener; der sollte die Juden zwingen, die Gesetze ihrer Väter aufzugeben und ihr Leben nicht mehr durch Gottes Gesetze lenken zu lassen. 2 Auch sollte er den Tempel zu Jerusalem schänden und ihn Zeus, dem Herrscher des Olymp, weihen; ähnlich sollte er den Tempel auf dem Berg Garizim nach Zeus, dem Hüter des Gastrechts, benennen, was der (gastfreundlichen) Art der Einwohner jenes Ortes entgegenkam. 3 Der Ansturm der Bosheit war kaum zu ertragen und allen zuwider. 4 Denn die Heiden erfüllten das Heiligtum mit wüstem Treiben und mit Gelagen. Sie gaben sich mit Dirnen ab und ließen sich in den heiligen Vorhöfen mit Frauen ein. Auch brachten sie vieles hinein, was nicht hineingehörte. 5 Auf den Brandopferaltar häuften sie unerlaubte und vom Gesetz verbotene Dinge. 6 Man konnte weder den Sabbat halten noch die alten Feste begehen, ja, man durfte sich überhaupt nicht mehr als Jude bekennen. 7 Zu ihrer Erbitterung mussten die Einwohner sich jeden Monat am Geburtstag des Königs zum Opfermahl führen lassen und am Fest der Dionysien zwang man sie, zu Ehren des Dionysos mit Efeu bekränzt in der Prozession mitzugehen. 8 Auf Vorschlag der Einwohner von Ptolemaïs wurde in den benachbarten griechischen Städten ein Beschluss bekannt gegeben, sie sollten mit den Juden ebenso verfahren und Opfermahlzeiten veranstalten. 9 Wer sich aber nicht entschließen wolle, zur griechischen Lebensweise überzugehen, sei hinzurichten.

Da konnte man nun das Elend sehen, das hereinbrach. 10 Man führte nämlich zwei Frauen vor, die ihre Kinder beschnitten hatten. Darauf hängte man ihnen die Säuglinge an die Brüste, führte sie öffentlich in der Stadt umher und stürzte sie dann von der Mauer. 11 Andere waren in der Nähe zusammengekommen, um heimlich in Höhlen den Sabbat zu begehen. Sie wurden an Philippus verraten, und da sie sich wegen der Würde des heiligen Tages scheuten, sich zu wehren, wurden sie alle zusammen verbrannt.

1–11 ‖ 1 Makk 1,45–59 • 10: 1 Makk 1,60 • 11: 1 Makk 2,29–38.

Eine Geschichtsbetrachtung des Verfassers: 6,12–17

12 An dieser Stelle möchte ich die Leser des Buches ermahnen, sich durch die schlimmen Ereignisse nicht entmutigen zu lassen. Sie mögen bedenken, dass die Strafen unser Volk nicht vernichten, sondern erziehen sollen. 13 Denn wenn die Sünder nicht lange geschont, sondern sofort bestraft werden, ist das ein Zeichen großer Güte. 14 Bei den anderen Völkern wartet der Herr geduldig, bis das Maß ihrer Sünden voll ist; dann erst schlägt er zu. Mit uns aber beschloss er, anders zu verfahren, 15 damit er uns nicht am Ende verurteilen müsse, wenn wir es mit unseren Sünden bis zum Äußersten getrieben hätten. 16 Daher entzieht er uns nie sein Erbarmen, sondern er erzieht sein Volk durch Unglück und lässt es nicht im Stich. 17 Das soll uns zur Beherzigung gesagt sein. Nach dieser kurzen Abschweifung aber wollen wir mit der Erzählung fortfahren.

12–16: 5,17–20; 7,18f.32f.38 • 13: Weish 11,9f; 12,2.22.

Das Martyrium des Eleasar: 6,18–31

18 Unter den angesehensten Schriftgelehrten war Eleasar, ein Mann von hohem Alter und edlen Gesichtszügen. Man sperrte ihm den Mund auf und wollte ihn zwingen, Schweinefleisch zu essen. 19 Er aber zog den ehrenvollen Tod einem Leben voll Schande vor, ging freiwillig auf die Folterbank zu 20 und spuckte das Fleisch wieder aus. In solcher Haltung mussten alle herantreten, die sich standhaft wehrten zu essen, was man nicht essen darf – nicht einmal um des geliebten Lebens willen. 21 Die Leute, die bei dem gesetzwidrigen Opfermahl Dienst taten und die den Mann von früher her kannten, nahmen ihn heimlich beiseite und redeten ihm zu, er solle sich doch Fleisch holen las-

6,2 Auf dem Garizim hatten die Samariter ihren Tempel errichtet.

6,7 Dionysos war der griechische Gott des Weins.

6,8 der Einwohner von Ptolemaïs: Text korr. nach Vg.

6,18 Viele Kirchenväter haben Eleasar als einen vorchristlichen Märtyrer gepriesen.

sen, das er essen dürfe, und es selbst zuberei-
ten. Dann solle er tun, als ob er von dem Op-
ferfleisch esse, wie es der König befohlen
habe. 22 Wenn er es so mache, entgehe er dem
Tod; weil sie alte Freunde seien, würden sie
ihn mit Nachsicht behandeln.

23 Er aber fasste einen edlen Entschluss,
wie es sich gehörte für einen Mann, der so alt
und wegen seines Alters angesehen war, in
Würde ergraut, der von Jugend an vorbild-
lich gelebt und – was noch wichtiger ist – den
heiligen, von Gott gegebenen Gesetzen ge-
horcht hatte. So erklärte er ohne Umschwei-
fe, man solle ihn ruhig zur Unterwelt schi-
cken. 24 Wer so alt ist wie ich, soll sich nicht
verstellen. Viele jungen Leute könnten sonst
glauben, Eleasar sei mit seinen neunzig Jah-
ren noch zu der fremden Lebensart überge-
gangen. 25 Wenn ich jetzt heucheln würde,
um eine geringe, kurze Zeit länger zu leben,
würde ich sie irreleiten meinem Alter aber
Schimpf und Schande bringen. 26 Vielleicht
könnte ich mich für den Augenblick der
Bestrafung durch die Menschen entziehen;
doch nie, weder lebendig noch tot, werde ich
den Händen des Allherrschers entfliehen.
27 Darum will ich jetzt wie ein Mann sterben
und mich so meines Alters würdig zeigen.
28 Der Jugend aber hinterlasse ich ein leuch-
tendes Beispiel, wie man mutig und mit
Haltung für die ehrwürdigen und heiligen
Gesetze eines schönen Todes stirbt. Nach
diesen Worten ging er geradewegs zur Fol-
terbank.

29 Da schlug die Freundlichkeit, die ihm
seine Begleiter eben noch erwiesen hatten, in
Feindschaft um; denn was er gesagt hatte,
hielten sie für Wahnsinn. 30 Als man ihn zu
Tod prügelte, sagte er stöhnend: Der Herr
mit seiner heiligen Erkenntnis weiß, dass ich
dem Tod hätte entrinnen können. Mein Kör-
per leidet qualvoll unter den Schlägen, mei-
ne Seele aber erträgt sie mit Freuden, weil
ich ihn fürchte. 31 So starb er; durch seinen
Tod hinterließ er nicht nur der Jugend, son-
dern den meisten aus dem Volk ein Beispiel
für edle Gesinnung und ein Denkmal der
Tugend.

18: 1 Makk 1,62–64; Hebr 11,35; Lev 11,7f.

Das Martyrium der sieben Brüder und ihrer Mutter: 7,1–42

7 Ein andermal geschah es, dass man sie-
ben Brüder mit ihrer Mutter festnahm.
Der König wollte sie zwingen, entgegen dem
göttlichen Gesetz Schweinefleisch zu essen,
und ließ sie darum mit Geißeln und Riemen
peitschen. 2 Einer von ihnen ergriff für die
andern das Wort und sagte: Was willst du
uns fragen und von uns wissen? Eher sterben
wir, als dass wir die Gesetze unserer Väter
übertreten. 3 Da wurde der König zornig und
befahl, Pfannen und Kessel heiß zu machen.
4 Kaum waren sie heiß geworden, ließ er ih-
rem Sprecher die Zunge abschneiden, ihm
nach Skythenart die Kopfhaut abziehen und
Nase, Ohren, Hände und Füße stückweise
abhacken. Dabei mussten die anderen Brü-
der und die Mutter zuschauen. 5 Den gräss-
lich Verstümmelten, der noch atmete, ließ er
ans Feuer bringen und in der Pfanne braten.
Während sich der Dunst aus der Pfanne nach
allen Seiten verbreitete, sprachen sie und
ihre Mutter einander Mut zu, in edler Hal-
tung zu sterben. Sie sagten: 6 Gott der Herr
schaut auf uns und gewiss hat er Erbarmen
mit uns. Denn so hat es Mose klar gesagt in
dem Lied, in dem er öffentlich das Volk
anklagte: Und er wird mit seinen Dienern
Erbarmen haben.

7 Als der erste der Brüder auf diese Weise
gestorben war, führten sie den zweiten zur
Folterung. Sie zogen ihm die Kopfhaut samt
den Haaren ab und fragten ihn: Willst du es-
sen, bevor wir dich Glied für Glied foltern?
8 Er antwortete in seiner Muttersprache:
Nein! Deshalb wurde er genauso wie der
erste gefoltert. 9 Als er in den letzten Zügen
lag, sagte er: Du Unmensch! Du nimmst uns
dieses Leben; aber der König der Welt wird
uns zu einem neuen, ewigen Leben auferwe-
cken, weil wir für seine Gesetze gestorben
sind.

10 Nach ihm folterten sie den dritten. Als
sie seine Zunge forderten, streckte er sie so-
fort heraus und hielt mutig die Hände hin.
11 Dabei sagte er gefasst: Vom Himmel habe
ich sie bekommen und wegen seiner Gesetze
achte ich nicht auf sie. Von ihm hoffe ich sie
wiederzuerlangen. 12 Sogar der König und
seine Leute staunten über den Mut des jun-
gen Mannes, dem die Schmerzen nichts be-
deuteten.

13 Als er tot war, quälten und misshandel-
ten sie den vierten genauso. 14 Dieser sagte,
als er dem Ende nahe war: Gott hat uns die
Hoffnung gegeben, dass er uns wieder aufer-
weckt. Darauf warten wir gern, wenn wir
von Menschenhand sterben. Für dich aber
gibt es keine Auferstehung zum Leben.

15 Anschließend nahmen sie sich den fünf-
ten vor und misshandelten ihn. 16 Der sah
den König an und sagte: Du bist ein vergäng-
licher Mensch und doch hast du die Macht
unter den Menschen zu tun, was du willst.
Aber glaub nicht, unser Volk sei von Gott
verlassen. 17 Mach nur so weiter! Du wirst

seine gewaltige Kraft spüren, wenn er dich
und deine Nachkommen züchtigt.
18 Nach ihm holten sie den sechsten. Ster-
bend sagte er: Lass dich nicht täuschen! Du
wirst nichts ausrichten. Denn wir sind selbst
schuld an unserem Leid, weil wir gegen un-
seren Gott gesündigt haben. Darum konnte
so Unfassbares geschehen. 19 Glaub aber ja
nicht, dass du heil davonkommst; denn du
hast es gewagt, mit Gott zu kämpfen.
20 Auch die Mutter war überaus bewun-
dernswert und sie hat es verdient, dass man
sich an sie mit Hochachtung erinnert. An ei-
nem einzigen Tag sah sie nacheinander ihre
sieben Söhne sterben und ertrug es tapfer,
weil sie dem Herrn vertraute. 21 In edler Ge-
sinnung stärkte sie ihr weibliches Gemüt mit
männlichem Mut, redete jedem von ihnen in
ihrer Muttersprache zu und sagte: 22 Ich weiß
nicht, wie ihr in meinem Leib entstanden
seid, noch habe ich euch Atem und Leben ge-
schenkt; auch habe ich keinen von euch aus
den Grundstoffen zusammengefügt. 23 Nein,
der Schöpfer der Welt hat den werdenden
Menschen geformt, als er entstand; er kennt
die Entstehung aller Dinge. Er gibt euch
gnädig Atem und Leben wieder, weil ihr
jetzt um seiner Gesetze willen nicht auf euch
achtet. 24 Antiochus aber glaubte, sie verach-
te ihn, und er hatte den Verdacht, sie wolle
ihn beschimpfen.
Nun war nur noch der Jüngste übrig. Auf
ihn redete der König nicht nur mit guten
Worten ein, sondern versprach ihm unter
vielen Eiden, ihn reich und sehr glücklich zu
machen, wenn er von der Lebensart seiner
Väter abfalle; auch wolle er ihn zu seinem
Freund machen und ihn mit hohen Staats-
ämtern betrauen. 25 Als der Junge nicht da-
rauf einging, rief der König die Mutter und
redete ihr zu, sie solle dem Knaben doch ra-
ten, sich zu retten. 26 Erst nach langem Zure-
den willigte sie ein, ihren Sohn zu überreden.
27 Sie beugte sich zu ihm nieder, und den
grausamen Tyrannen verspottend, sagte sie
in ihrer Muttersprache: Mein Sohn, hab Mit-
leid mit mir! Neun Monate habe ich dich in
meinem Leib getragen, ich habe dich drei
Jahre gestillt, dich ernährt, erzogen und für
dich gesorgt, bis du nun so groß geworden
bist. 28 Ich bitte dich, mein Kind, schau dir
den Himmel und die Erde an; sieh alles, was
es da gibt, und erkenne: Gott hat das aus
dem Nichts erschaffen und so entstehen auch
die Menschen. 29 Hab keine Angst vor diesem
Henker, sei deiner Brüder würdig und nimm
den Tod an! Dann werde ich dich zur Zeit
der Gnade mit deinen Brüdern wiederbe-
kommen.
30 Kaum hatte sie aufgehört, da sagte der
Junge: Auf wen wartet ihr? Dem Befehl des
Königs gehorche ich nicht; ich höre auf den
Befehl des Gesetzes, das unseren Vätern
durch Mose gegeben wurde. 31 Du aber, der
sich alle diese Bosheiten gegen die Hebräer
ausgedacht hat, du wirst Gottes Händen
nicht entkommen. 32 Denn wir leiden nur,
weil wir gesündigt haben. 33 Wenn auch der
lebendige Herr eine kurze Zeit lang zornig
auf uns ist, um uns durch Strafen zu erzie-
hen, so wird er sich doch mit seinen Dienern
wieder versöhnen. 34 Du Ruchloser aber, du
größter Verbrecher der Menschheit, überheb
dich nicht und werde nicht durch falsche
Hoffnungen übermütig, wenn du deine Hand
gegen die Kinder des Himmels erhebst.
35 Denn noch bist du dem Gericht des all-
mächtigen Gottes, der alles sieht, nicht ent-
ronnen. 36 Unsere Brüder sind nach kurzem
Leiden mit der göttlichen Zusicherung ewi-
gen Lebens gestorben; du jedoch wirst beim
Gericht Gottes die gerechte Strafe für deinen
Übermut zahlen. 37 Ich gebe wie meine Brü-
der Leib und Leben hin für die Gesetze unse-
rer Väter und rufe zu Gott, er möge seinem
Volk bald wieder gnädig sein; du aber sollst
unter Qualen und Schlägen bekennen müs-
sen, dass nur er Gott ist. 38 Bei mir und mei-
nen Brüdern möge der Zorn des Allherr-
schers aufhören, der sich zu Recht über un-
ser ganzes Volk ergossen hat.
39 Da wurde der König zornig und verfuhr
mit ihm noch schlimmer als mit den anderen
– so sehr hatte ihn der Hohn verletzt. 40 Auch
der Jüngste starb also mit reinem Herzen
und vollendetem Gottvertrauen. 41 Zuletzt
starb nach ihren Söhnen die Mutter.
42 Soviel sei über die Opfergelage und die
schlimmen Misshandlungen berichtet.

1: Lev 11,7f • 6: Dtn 32,36 • 9: 7,11.14.23.29.36; 12,43f; 14,46; Dan 12,2 • 22: Ijob 10,8–12; Ps 139,13–15 • 28: Ijob 26,7.

7,41 In der christlichen Überlieferung gelten die sieben makkabäischen Brüder als Märtyrer, denen man im Mittelmeerraum viele Kirchen weihte.

DIE WIEDERHERSTELLUNG JERUSALEMS: 8,1 – 10,8

Der Aufstand des Makkabäers Judas: 8,1–7

8 Judas aber, den man auch Makkabäer nennt, und seine Leute schlichen sich heimlich in die Dörfer und holten ihre Verwandten zu sich; auch gewannen sie die treu gebliebenen Juden, sodass sie etwa sechstausend Mann zusammenbrachten. 2 Sie riefen zum Herrn, er möge auf das von allen geschundene Volk schauen und Mitleid haben mit dem Tempel, den ruchlose Menschen entweiht hätten, 3 er möge auch der Stadt gnädig sein, die zerstört werde und bald dem Erdboden gleichgemacht sei, und auf das unschuldig vergossene Blut hören, das (anklagend) zu ihm aufschreie. 4 Er solle daran denken, dass man entgegen jedem Recht unschuldige Kinder ermordet und seinen Namen gelästert habe, und zeigen, dass er das Böse hasse.

5 Sobald der Makkabäer eine Streitmacht aufgestellt hatte, konnten ihn die Heiden nicht mehr aufhalten; denn der Herr hatte seinem Zorn Gnade folgen lassen. 6 Er überfiel Städte und Dörfer und steckte sie in Brand. Da er günstige Stellungen bezog, jagte er nicht wenige Feinde in die Flucht. 7 Meist nutzte er die Nächte zu solchen Unternehmungen und der Ruf seiner Kühnheit verbreitete sich überall

1–7 ‖ 1 Makk 2,42–48 • 1: 5,27.

Der Sieg des Judas über Nikanor und andere Feinde: 8,8–36

8 Philippus merkte, dass der Mann rasch an Macht gewann und von Tag zu Tag erfolgreicher wurde; er schrieb daher an Ptolemäus, den Befehlshaber von Zölesyrien und Phönizien, er solle der Sache des Königs zu Hilfe kommen. 9 Dieser benannte sofort Nikanor, den Sohn des Patroklus, der zu den ersten Freunden des Königs gehörte, und ließ ihn an der Spitze eines Heeres von mindestens zwanzigtausend Mann aus aller Herren Länder ausrücken, mit dem Auftrag, die gesamte Bevölkerung Judäas auszurotten. Er gab ihm auch Gorgias mit, einen im Kriegswesen erfahrenen Befehlshaber.

10 Der König musste den Römern noch zweitausend Talente Kriegsschulden auszahlen; Nikanor beschloss, diese Summe aus dem Verkauf gefangener Juden aufzubringen. 11 Unverzüglich ließ er durch Boten in den Hafenstädten bekannt geben, man könne zu ihm kommen und jüdische Sklaven kaufen; für ein Talent versprach er neunzig Personen zu liefern. Er ahnte nicht, dass ihn bald die Strafe des Allherrschers ereilen würde.

12 Judas hörte vom Anmarsch Nikanors und ließ seinen Leuten bekannt geben, dass jener mit seinem Heer in der Nähe ein Lager aufgeschlagen habe. 13 Die Feiglinge und die, die dem Urteil Gottes misstrauten, liefen weg und machten sich davon. 14 Die anderen aber verkauften alles, was sie noch hatten; zugleich baten sie den Herrn, sie zu retten; denn der verruchte Nikanor habe sie schon verkauft, bevor er ihnen überhaupt begegnet sei, 15 und wenn er es schon nicht ihretwegen tun wolle, dann doch wegen der Bündnisse, die er mit ihren Vätern geschlossen habe, und weil über ihnen selbst sein heiliger und herrlicher Name ausgerufen worden sei.

16 Der Makkabäer ließ seine Leute zusammenkommen, sechstausend an der Zahl. Er redete ihnen zu, sich von den Feinden nicht aus der Fassung bringen zu lassen und nicht ängstlich zu werden, weil die Heiden in solchen Massen ohne jeden Grund gegen sie heranrückten. Sie sollten tapfer kämpfen 17 und sich stets vor Augen halten, mit welch frechem Übermut man entgegen allem Recht den heiligen Ort behandelt habe, wie übel man der Stadt mitgespielt und wie schlimm man sie zugerichtet habe und dass die von den Vorfahren ererbte Verfassung aufgelöst worden sei. 18 Er sagte: Sie verlassen sich auf ihre Waffen und auf die Kühnheit, mit der sie angreifen; wir aber verlassen uns auf den allmächtigen Gott, der unsere Angreifer und die ganze Welt mit einem einzigen Wink vernichten kann. 19 Weiter zählte er ihnen auf, wie oft Gott ihren Vorfahren geholfen habe, etwa gegen Sanherib, als hundertfünfundachtzigtausend Mann den Tod fanden. 20 Er erwähnte auch die Schlacht mit den Galatern in Babylon: Da waren sie, zusammen mit viertausend Mazedoniern nur achttausend Mann stark, zum Kampf angetreten, und als die Mazedonier in eine verzweifelte Lage gerieten, schlugen sie, weil der Himmel ihnen half, mit sechstausend Mann hundertzwanzigtausend vernichtend und machten reiche Beute.

21 So machte er ihnen Mut, damit sie bereit wären, für die Gesetze und das Vaterland zu sterben. Dann teilte er sein Heer in vier Ab-

8,8 Philippus ist »Vorsteher« von Jerusalem.

teilungen ein. 22 An die Spitze der einzelnen
Gruppen stellte er seine Brüder Simeon, Jo-
sef und Jonatan, denen er je fünfzehnhun-
dert Mann zuwies, 23 und außerdem den
Eleasar. Er selbst las aus der Heiligen
Schrift vor und gab die Losung aus: Mit Got-
tes Hilfe! Dann trat er vor die erste Reihe
und griff Nikanor an.
24 Da ihnen der Allherrscher im Kampf
half, machten sie mehr als neuntausend
Feinde nieder, verwundeten und verstüm-
melten den größten Teil des Heeres Nikanors
und zwangen alle Übrigen zur Flucht. 25 Da-
bei erbeuteten sie auch das Geld der Leute,
die gekommen waren, um sie zu kaufen. Sie
verfolgten sie eine Strecke weit, kehrten
dann aber um, weil sie keine Zeit mehr hat-
ten. 26 Es war nämlich am Tag vor dem Sab-
bat; darum setzten sie ihnen nicht länger
nach. 27 Sie nahmen den Feinden die Waffen
weg und zogen ihnen die Rüstungen aus.
Dann feierten sie den Sabbat; begeistert
priesen sie den Herrn und lobten seine Taten.
Durch seinen Schutz hatten sie diesen Tag
erleben können, an dem er ihnen von neuem
seine Gnade zugewandt hatte.
28 Nach dem Sabbat verteilten sie die Beu-
te. Zuerst gaben sie davon den Misshandel-
ten und den Witwen und Waisen; den Rest
verteilten sie unter sich selbst und ihre Kin-
der. 29 Danach hielten sie einen Bittgottes-
dienst ab und baten den barmherzigen
Herrn, er möge sich mit seinen Dienern wie-
der völlig aussöhnen.
30 Sie kämpften auch gegen die Truppen
des Timotheus und des Bakchides, töteten
von ihnen über zwanzigtausend Mann und
eroberten einige hoch in den Bergen gele-
gene Festungen. Die reiche Beute verteilten
sie zu gleichen Teilen unter sich und unter
die Misshandelten, die Waisen und Witwen
und unter die alten Leute. 31 Sie sammelten
die Waffen der Erschlagenen ein und be-
wahrten sie sorgfältig an geeigneten Orten
auf. Die übrige Beute schafften sie nach Je-
rusalem.
32 Auch Phylarches, einen ganz ruchlosen
Mann aus der Umgebung des Timotheus, tö-
teten sie; er hatte den Juden viel Böses getan.
33 Bei der Siegesfeier in der Vaterstadt ver-
brannten sie die Männer, die die heiligen
Tore angezündet hatten, sowie den Kallis-
thenes; er hatte sich in ein kleines Haus ge-
flüchtet. So erhielt er den verdienten Lohn
für seine Verruchtheit.
34 Der dreimal verfluchte Nikanor aber,
der die tausend Händler mitgebracht hatte,
um die Juden zu verkaufen, 35 wurde von de-
nen, die er verachtet hatte, mit Hilfe des
Herrn gedemütigt. Er musste sein Prachtge-
wand ausziehen und sich wie ein entlaufener
Sklave mitten durch das Land allein nach
Antiochia durchschlagen, wo er völlig nie-
dergeschlagen über den Verlust seines Hee-
res ankam. 36 Er, der sich unterfangen hatte,
den Tribut für die Römer aus den Gefange-
nen Jerusalems aufzubringen, musste nun
verkünden, dass die Juden jemanden hätten,
der für sie kämpfe, und dass sie deshalb un-
verwundbar seien; denn sie achteten auf die
Gesetze, die jener erlassen hatte.

8–36 ‖ 1 Makk 3,38 – 4,25 • 8: 5,22; 4,45 • 15: Jer 14,9 • 19: 2 Kön 19,35 • 30: 1 Makk 5,6; 7,8 • 33: 1,8.

Das Gottesgericht über den heidnischen König: 9,1–29

9 Etwa zur selben Zeit musste Antiochus
mit Schimpf und Schande aus Persien
abziehen. 2 Er war in die Stadt, die man Per-
sepolis nennt, einmarschiert. Bei dem Ver-
such, den Tempel auszurauben und eine
Besatzung in die Stadt zu legen, erhob sich
die Bevölkerung in Massen und griff zu den
Waffen. Die Truppen wurden geschlagen
und Antiochus von den Einwohnern verjagt;
er musste schmählich den Rückzug antre-
ten.
3 In der Gegend von Ekbatana erhielt er
die Nachricht von der Niederlage Nikanors
und der Truppen des Timotheus. 4 Da geriet
er in heftigen Zorn und glaubte, seine Wut
über die unglückliche Flucht an den Juden
auslassen zu können. Darum befahl er dem
Wagenlenker, ohne Unterbrechung bis zum
Ziel durchzufahren. Aber schon drohte ihm
das Gericht des Himmels; denn in seiner Ver-
messenheit sagte er: Sobald ich in Jerusalem
bin, mache ich die Stadt zu einem Friedhof
für alle Juden.
5 Doch der Herr, der alles sieht, Israels
Gott, traf ihn, ohne dass es jemand sehen
konnte, mit einem Schlag, für den es keine
Heilung gab. Kaum hatte er zu reden aufge-
hört, da spürte er in seinen Eingeweiden
quälende Schmerzen, die kein Arzt lindern
konnte. 6 Damit geschah ihm ganz recht, hat-
te er doch die Eingeweide anderer durch
zahllose ausgefallene Foltern gequält. 7 Den-
noch blieb sein Stolz ungebrochen; die Ver-
messenheit hatte ihn ganz und gar in Besitz
genommen. Glühende Wut gegen die Juden
verzehrte ihn und er befahl dem Wagenlen-
ker, noch schneller zu fahren. Doch dann ge-
schah es: In voller Fahrt fiel er aus dem da-
hinrasenden Wagen und stürzte so schwer,
dass er sich alle Glieder verrenkte. 8 Eben
noch hatte er in maßloser Aufgeblasenheit
geglaubt, er könne den Wogen des Meeres

gebieten und die Gipfel der Berge auf einer
Waage wiegen. Nun lag er auf der Erde und
man musste ihn auf eine Bahre legen. So
zeigte sich an ihm sichtbar Gottes Macht.
9 Aus den Augen des Verruchten krochen
Würmer; während er noch lebte, verfaulte
sein Fleisch unter Schmerzen und Qualen
und der Verwesungsgeruch, der von ihm aus-
ging, verpestete das ganze Lager. 10 Kurz zu-
vor hatte er noch geglaubt, er könne nach
den Sternen des Himmels greifen; jetzt
konnte es niemand mehr bei ihm aushalten,
so unerträglich war der Gestank.

11 Da endlich begann der Gepeinigte, von
seinem maßlosen Hochmut abzulassen und
unter Gottes Schlägen zur Einsicht zu kom-
men; denn seine Schmerzen wurden immer
schlimmer. 12 Als er seinen Geruch selbst
nicht mehr ertragen konnte, sagte er: Wenn
man nur ein sterblicher Mensch ist, soll man
sich Gott unterordnen und nicht überheblich
sein. 13 Der Verbrecher rief sogar den Herrn
an, fand aber bei ihm kein Erbarmen mehr.
Er gelobte, 14 die Heilige Stadt, die er kurzer-
hand hatte dem Erdboden gleichmachen und
in einen Friedhof umwandeln wollen, in den
Rang einer freien Stadt zu erheben. 15 Hatte
er zuerst beschlossen, die Juden nicht einmal
eines Grabes zu würdigen, sondern sie samt
den Säuglingen den Raubvögeln und den
wilden Tieren zum Fraß vorzuwerfen, so
wollte er sie nun alle den Bürgern von Athen
gleichstellen. 16 Er versprach, den heiligen
Tempel, den er zuvor geplündert hatte, mit
den schönsten Weihegeschenken auszu-
schmücken, die heiligen Geräte um ein Viel-
faches zu ersetzen und die nötigen Aufwen-
dungen für die Opfer aus eigenen Mitteln
aufbringen. 17 Ja, er wollte sogar selbst
Jude werden und überall hingehen, wo Men-
schen wohnen, um Gottes Macht zu verkün-
den.

18 Trotzdem ließen seine Schmerzen nicht
nach; denn das gerechte Gericht Gottes war
über ihn gekommen. Da gab er alle Hoffnung
auf und schrieb den Juden einen Brief, der
eigentlich eine Bittschrift war. Der Brief
hatte diesen Inhalt:

19 Seinen guten jüdischen Bürgern
wünscht Antiochus, König und Befehlsha-
ber, viel Freude, Gesundheit und Wohlerge-
hen. 20 Ich danke Gott sehr, wenn ihr gesund
seid und wenn es auch euren Kindern und
eurem Besitz nach Wunsch ergeht. Dafür
setze ich meine Hoffnung auf den Himmel.
21 Ich erinnere mich in Liebe an die Achtung
und freundliche Hochschätzung, die ihr mir
entgegengebracht habt. Bei meiner Rück-
kehr aus Persien zog ich mir eine Krankheit
zu, die mich sehr belastet. Darum hielt ich es
für nötig, für die öffentliche Sicherheit aller
Bürger zu sorgen. 22 Nicht dass ich mich
schon aufgegeben hätte – ich habe vielmehr
gute Hoffnung, wieder gesund zu werden.
23 Aber ich dachte daran, dass schon mein
Vater jedes Mal einen Nachfolger bestimmte,
wenn er sich mit seinem Heer im Osten auf-
hielt. 24 Falls dann etwas Unvorhergesehenes
eintrat oder ein Missgeschick gemeldet wur-
de, wussten die Bewohner des Reiches, wem
die Regierung übertragen worden war, und
sie brauchten sich nicht zu beunruhigen.
25 Auch sehe ich, wie die Machthaber an den
Grenzen unseres Landes, unsere Nachbarn,
nur auf eine günstige Gelegenheit lauern und
die kommende Entwicklung abwarten. Da-
rum habe ich in aller Form meinen Sohn An-
tiochus zum Nachfolger bestimmt; ihn habe
ich den meisten von euch ja schon oft anver-
traut und empfohlen, wenn ich plötzlich in
die östlichen Provinzen hinaufziehen muss-
te. An ihn habe ich einen Brief geschrieben,
den ich beilege. 26 Ich bitte euch eindring-
lich: Denkt daran, wie viel Gutes ich eurer
Gemeinschaft und jedem einzelnen von euch
erwiesen habe, und bewahrt mir und meinem
Sohn euer Wohlwollen! 27 Ich bin überzeugt,
dass er meine Politik der Güte und Freund-
schaft weiterführen und in gutem Einver-
nehmen mit euch bleiben wird.

28 Der Menschenmörder und Gotteslläste-
rer endete also fern seiner Heimat im Gebir-
ge auf jämmerliche Weise, unter entsetzli-
chen Schmerzen, ganz wie er sie anderen zu-
gefügt hatte. 29 Sein Jugendfreund Philippus
ließ den Leichnam überführen; dann begab
er sich nach Ägypten zu Ptolemäus Philome-
tor, weil er dem Sohn des Antiochus nicht
traute.

1–29 || 1 Makk 6,1–16; 2 Makk 1,11–17 • 5: Apg 12,20–23 • 8: Ps 65,7f; Jes 40,12 • 9: Apg 12,23; Sir 7,17.

Die Reinigung des entweihten Tempels:
10,1–8

10 Der Makkabäer aber und seine Leute
konnten unter der Führung des
Herrn das Heiligtum und die Stadt wieder in

9,9 Aus den Augen, andere Lesart: Aus dem Leib.
9,12 nicht überheblich sein, andere Lesart: nicht wie Gott sein wollen.

10,1–8 Im Herbst 164 v. Chr. starb Antiochus; im Dezember des gleichen Jahres wurde der Tempel gereinigt.

Besitz nehmen. 2 Sie rissen die Altäre ein, die die Heiden auf dem Tempelplatz errichtet hatten, und legten die Umfriedungsmauern nieder. 3 Den Tempel selbst reinigten sie und bauten einen neuen Brandopferaltar. Sie schlugen Feuer aus Steinen und zündeten so die Opfer an, die sie nach zweijähriger Unterbrechung wieder darbringen konnten. Auch bemühten sie sich um Räucherwerk, Leuchter und Schaubrote.

4 Dann warfen sie sich auf die Erde nieder und flehten zum Herrn, dass sie nie wieder in solches Unglück gerieten. Für den Fall, dass sie noch einmal sündigen sollten, wollten sie lieber von ihm selbst in Güte gezüchtigt werden als in die Hände frecher und barbarischer Heiden fallen.

5 Es traf sich, dass die Reinigung des Tempels auf den gleichen Tag fiel, an dem ihn die Fremden entweiht hatten, nämlich auf den fünfundzwanzigsten Kislew. 6 Sie feierten acht Tage lang ein fröhliches Fest nach Art des Laubhüttenfestes; dabei dachten sie daran, dass sie noch vor kurzem das Laubhüttenfest wie wilde Tiere in den Höhlen der Berge verbracht hatten. 7 Sie nahmen Stäbe, die sie mit grünen Blättern umwunden hatten, in die Hand und Laubzweige – auch Palmzweige – und brachten dem Loblieder dar, der den Weg zur Reinigung des Ortes bereitet hatte, der sein Eigentum ist. 8 Sie setzten durch eine öffentliche Entschließung und Abstimmung fest, dass das ganze jüdische Volk jedes Jahr diese Tage festlich zu begehen habe.

1–8 ‖ 1 Makk 4,36–61 • 4: 2 Sam 24,14; 1 Chr 21,13 • 6: 5,27.

DIE EREIGNISSE UNTER ANTIOCHUS EUPATOR: 10,9 – 13,26

Der Regierungsantritt des Antiochus Eupator: 10,9–13

9 So starb Antiochus, den man Epiphanes nannte. 10 Jetzt wollen wir noch berichten, was unter Antiochus Eupator geschah, dem Sohn dieses ruchlosen Menschen. Dabei fassen wir kurz zusammen, welches Unheil aus den kriegerischen Verwicklungen entstand.

11 Als Eupator seine Herrschaft antrat, ernannte er einen Mann namens Lysias zum Reichsverweser; außerdem machte er ihn zum Befehlshaber über Zölesyrien und Phönizien und zum Oberkommandierenden über die dort liegenden Truppen. 12 Ptolemäus, mit dem Zunamen Makron, hatte als erster den Juden Gerechtigkeit widerfahren lassen, weil ihnen so viel Unrecht geschehen war; er hatte versucht, den Streit mit ihnen friedlich beizulegen. 13 Seine Vertrauten verklagten ihn deswegen bei Eupator. Schon vorher hatte er allerorten als Verräter gegolten; denn er hatte Zypern, das ihm von Philometor anvertraut worden war, verlassen und war zu Antiochus Epiphanes übergelaufen. Da er seine ehrenvolle Stellung nicht mehr in Ehren verwalten konnte, machte er seinem Leben durch Gift ein Ende.

11: 1 Makk 3,32f; 6,17 • 12: 4,45.

Die Kämpfe mit den Idumäern und mit Timotheus: 10,14–38

14 Gorgias wurde Befehlshaber in dieser Gegend; er warb Söldner an und führte Krieg gegen die Juden, wo er nur konnte. 15 Außer ihm machten auch die Idumäer, die eine Reihe gut gelegener Festungen besaßen, den Juden zu schaffen. Sie hatten Flüchtlinge aus Jerusalem bei sich aufgenommen und begannen, Krieg zu führen.

16 Die Männer um den Makkabäer hielten einen Bittgottesdienst ab und baten Gott, ihr Bundesgenosse zu sein. Dann berannten sie die Festungen der Idumäer. 17 Sie eroberten sie im Sturm, schlugen die Verteidiger auf den Mauern in die Flucht und machten jeden nieder, der ihnen in die Hände fiel. Dabei töteten sie mindestens zwanzigtausend Mann. 18 Nicht weniger als neuntausend Mann konnten sich in zwei stark befestigte Burgen flüchten, die für eine Belagerung mit allem aufs Beste ausgerüstet waren. 19 Der Makkabäer zog ab, da seine Anwesenheit an einem anderen Ort dringend notwendig war. Doch ließ er Simeon und Josef zurück, ferner Zachäus mit seinen Leuten; sie reichten aus, um die Burgen zu belagern. 20 Simeons Soldaten nahmen jedoch aus Habgier Bestechungsgelder an und ließen für siebzigtausend Drachmen einige Leute aus den Burgen entweichen. 21 Sobald der Makkabäer davon erfuhr, rief er die Führer des Volkes zusammen und erhob Anklage: Man habe die Brüder um Geld verkauft, da man zu deren Schaden die Feinde freigelassen habe. 22 Er ließ die Verräter hinrichten und eroberte die beiden Burgen auf der Stelle. 23 Mit seinen Waffen hatte er überall Erfolg und so vernichtete er in den beiden Festungen über zwanzigtausend Mann.

24 Timotheus – derselbe, den die Juden
schon einmal geschlagen hatten – sammelte
ein großes Söldnerheer und brachte auch
ziemlich viel Reiterei aus der Provinz Asien
zusammen. Damit rückte er an, um Judäa zu
erobern. 25 Als er schon in der Nähe war, rie-
fen die Männer des Makkabäers Gott um
Hilfe an, streuten sich Erde auf das Haupt
und zogen Bußgewänder an. 26 Sie warfen
sich vor den Stufen des Brandopferaltars
nieder und baten den, der ihnen wieder gnä-
dig war, ihren Feinden feindlich gesinnt zu
sein und ihren Widersachern zu widerstehen,
wie das Gesetz sagt. 27 Nach diesem Gebet
nahmen sie ihre Waffen, verließen die Stadt
und rückten Timotheus entgegen. Als sie sich
den Feinden näherten, hielten sie sich zu-
nächst zurück. 28 Sobald aber die Sonne auf-
ging und es hell wurde, stießen die beiden
Heere aufeinander. Die einen hatten als
Bürgschaft für einen glücklichen Sieg neben
ihrer Tapferkeit nur ihr Gottvertrauen; die
anderen ließen sich im Kampf durch ihre
wilde Wut treiben. 29 Schon war die Schlacht
heftig entbrannt, da erschienen den Kämp-
fenden vom Himmel her fünf herrliche Reiter
auf goldgezäumten Pferden und stellten sich
an die Spitze der Juden. 30 Zwei von ihnen
nahmen den Makkabäer in ihre Mitte, deck-
ten ihn mit ihren Rüstungen und schützten
ihn vor jeder Verwundung; auf die Feinde
aber schossen sie Pfeile und Blitze. Diese
wurden geblendet und flohen verwirrt nach
allen Seiten. 31 So kamen zwanzigtausend-
fünfhundert Mann und sechshundert Reiter
um.

32 Timotheus selbst flüchtete sich mit an-
deren in eine Festung namens Geser, die sehr
stark befestigt war; ihr Kommandant war
Chäreas. 33 Die Truppen des Makkabäers be-
lagerten vier Tage lang voll Begeisterung die
Festung. 34 Die Verteidiger, die sich in ihren
Befestigungen sicher fühlten, führten läster-
liche Reden und schrien freche Worte herun-
ter. 35 Am Morgen des fünften Tages packte
zwanzig junge Männer aus dem Heer des
Makkabäers der Zorn, als sie die Läster-
reden hörten. Sie stürmten mutig auf die
Mauer los und schlugen in wilder Wut jeden
nieder, der sich ihnen in den Weg stellte.
36 Andere umgingen die Stadt und erzwan-
gen sich mit demselben Mut den Zugang zu
den Verteidigern; sie legten Feuer an die
Türme und steckten sie in Brand und ver-
brannten so die Lästerer bei lebendigem
Leib. Wieder andere brachen die Tore auf,
ließen die übrigen Truppen ein und erober-
ten die Stadt im Handstreich. 37 Timotheus,
der sich in einer Zisterne versteckt hatte,
stachen sie nieder, ebenso seinen Bruder
Chäreas und den Apollophanes. 38 Darauf
priesen sie mit Lob- und Dankliedern den
Herrn, der so Großes für Israel getan und
ihnen den Sieg geschenkt hatte.

14: 1 Makk 3,38 • 15: 1 Makk 5,3 • 18: 1 Makk 5,4f • 24: 1 Makk 5,6f; 2 Makk 8,30; 12,10.21–25 • 26: Ex 23,22.

Der Sieg des Judas über Lysias: 11,1–12

11 Der Reichsverweser Lysias, des Kö-
nigs Vormund und Verwandter, war
über diese Ereignisse sehr verärgert. 2 Er zog
daher in kürzester Zeit an die achtzigtau-
send Mann zusammen, dazu seine ganze Rei-
terei, und marschierte gegen die Juden. Er
hatte vor, aus der Stadt Jerusalem eine grie-
chische Siedlung zu machen, 3 das Heiligtum
ebenso wie die heidnischen Kultstätten zu
besteuern und das Amt des Hohenpriesters
jedes Jahr für Geld auszuschreiben. 4 Doch
rechnete er überhaupt nicht mit der Macht
Gottes, sondern stützte seine Überlegungen
allein auf die Zehntausende von Fußtrup-
pen, die Tausende von Reitern und seine
achtzig Elefanten. 5 Er drang in Judäa ein,
rückte vor die Festung Bet-Zur, die hundert-
fünfzig Stadien von Jerusalem entfernt liegt,
und bestürmte sie.

6 Als die Leute des Makkabäers von der
Belagerung der Festung erfuhren, flehten sie
mit dem ganzen Volk unter Klagen und Wei-
nen den Herrn an, er möge doch einen guten
Engel schicken, um Israel zu retten. 7 Der
Makkabäer griff als erster nach den Waffen
und hielt eine anfeuernde Rede an die ande-
ren: Sie sollten, zusammen mit ihm, die Ge-
fahr auf sich nehmen und ihren Brüdern zu
Hilfe eilen. Geschlossen und voll Kampfes-
mut brachen sie auf.

8 Sie waren noch in der Nähe von Jerusa-
lem, da erschien ihnen ein Reiter und zog in
einem weißen Gewand und einer blinkenden
goldenen Waffenrüstung vor ihnen her. 9 Ge-
meinsam priesen sie den barmherzigen Gott
und ihr Mut wurde so groß, dass sie bereit
gewesen wären, nicht nur Menschen, son-
dern auch die wildesten Tiere und eiserne
Mauern zusammenzuschlagen. 10 Sie rückten
mit ihrem himmlischen Bundesgenossen,
zum Kampf bereit, vor; denn der Herr hatte
Erbarmen mit ihnen. 11 Sie stürzten sich wie
Löwen auf die Feinde und erschlugen elftau-
send von ihnen, dazu sechzehnhundert Rei-
ter. Alle Übrigen jagten sie in die Flucht;
12 die meisten davon waren verwundet und
konnten nur das nackte Leben retten. Auch
Lysias selbst konnte sich nur durch eine
schimpfliche Flucht retten.

1–12 ‖ 1 Makk 4,26–35 • 6: Ex 23,20.

Der Friedensschluss des Lysias mit den Juden: 11,13–38

13 Da Lysias jedoch nicht ohne Verstand
war und über die erlittene Niederlage nach-
dachte, begriff er, dass die Hebräer unbe-
siegbar waren, weil der starke Gott auf ihrer
Seite kämpfte. 14 Darum schickte er Unter-
händler, die auf einen Friedensvertrag drän-
gen und jeder annehmbaren Bedingung zu-
stimmen sollten; er ließ sagen, er wolle auch
dem König sehr zureden, mit ihnen Freund-
schaft zu schließen. 15 Der Makkabäer ging
auf alle Vorschläge des Lysias ein, ohne in-
des seinen Vorteil zu vernachlässigen. Alle
Forderungen, die er für die Juden stellte und
dem Lysias schriftlich vorlegte, nahm der
König an.
16 Lysias schrieb an die Juden einen Brief,
der folgenden Inhalt hatte:
Lysias grüßt das jüdische Volk. 17 Eure Ab-
gesandten Johanan und Abschalom haben
euer Antwortschreiben vorgelegt, das unten
beigefügt ist, und mich gebeten, die darin
geäußerten Forderungen zu genehmigen.
18 Was in die Zuständigkeit des Königs fällt,
habe ich ihm dargelegt; er ist auf jede an-
nehmbare Bedingung eingegangen. 19 Wenn
ihr weiterhin die Politik der Regierung wohl-
wollend aufnehmt, werde ich mich bemühen,
euch Vorteile zu verschaffen. 20 Was die Ein-
zelheiten betrifft, habe ich euren und meinen
Unterhändlern aufgetragen, mit euch zu ver-
handeln. 21 Lebt wohl! Im Jahr 148, am Vier-
undzwanzigsten des Monats Dioskorus.
22 Im Brief des Königs stand dies:
König Antiochus grüßt seinen Bruder Ly-
sias. 23 Nachdem unser Vater zu den Göttern
hinübergegangen ist, wollen wir, dass die
Untertanen des Reichs ungestört ihren Be-
schäftigungen nachgehen können. 24 Ande-
rerseits haben wir erfahren, dass die Juden
mit der von meinem Vater gewünschten
Übernahme griechischer Sitten nicht einver-
standen sind, es vielmehr vorziehen, auf ihre
eigene Art zu leben, und verlangen, dass man
ihnen wieder gestattet, ihren Gewohnheiten
zu folgen. 25 Wir beschließen darum, dass
auch dieses Volk ungestört bleibt, und verfü-
gen, dass man ihnen ihr Heiligtum zurück-
gibt und dass sie ihr Leben so einrichten
können, wie es schon zur Zeit ihrer Vorfah-
ren Brauch war. 26 Du wirst nun am besten
zu ihnen Gesandte schicken und ihnen die
Hand zum Frieden reichen, damit sie die
Grundlinien unserer Politik erkennen, Ver-
trauen fassen und ihre Angelegenheiten zu
ihrer Zufriedenheit regeln können.
27 Der Brief des Königs an das Volk lautete
so:
König Antiochus grüßt den Rat und alle
übrigen Juden. 28 Wir hoffen, dass es euch
gut geht; auch wir erfreuen uns guter Ge-
sundheit.
29 Menelaus hat uns wissen lassen, dass ihr
nach Hause zu eurer Arbeit zurückkehren
wollt. 30 Jedem also, der bis zum dreißigsten
Tag des Monats Xanthikus heimkehrt, wird
Friede angeboten mit der Zusicherung,
31 dass die Juden ihre gewohnten Speisevor-
schriften und Gesetze befolgen dürfen; kei-
ner von ihnen darf dabei irgendwie belangt
werden für Vergehen, die er in Unkenntnis
der Verhältnisse begangen hat. 32 Ich habe
Menelaus zu eurer Beruhigung zu euch ge-
schickt.
33 Lebt wohl! Im Jahr 148, am Fünfzehnten
des Monats Xanthikus.
34 Auch die Römer schickten ihnen einen
Brief; er hatte folgenden Inhalt:
Die römischen Gesandten Quintus Mem-
mius und Titus Manius grüßen das jüdische
Volk. 35 Auch wir sind einverstanden mit den
Bedingungen, die Lysias, der Verwandte des
Königs, mit euch ausgehandelt hat. 36 Lasst
uns die Vorschläge, die er dem König unter-
breiten will, zukommen, sobald ihr sie ge-
prüft habt, damit wir eure Sache vortra-
gen können, wie es für euch am günstigsten
ist; wir sind nämlich auf dem Weg nach An-
tiochia. 37 Teilt uns deswegen auch umge-
hend durch Boten eure Meinung darüber
mit.
38 Lebt wohl! Im Jahr 148, am Fünfzehnten
des Monats Xanthikus.

13–38 || 1 Makk 6,55–63.

Die Rache an den Judenverfolgern in Jafo und Jamnia: 12,1–9

12 Nach dem Abschluss der Verträge
kehrte Lysias zum König zurück. Die
Juden begannen, wieder ihre Felder zu be-
stellen. 2 Die Befehlshaber in jener Gegend
aber, Timotheus, Apollonius, der Sohn des
Gennäus, ferner Hieronymus, Demophon
und auch Nikanor, der Statthalter von Zy-
pern, ließen die Juden nicht in Ruhe und
Frieden leben.
3 Die Einwohner von Jafo begingen folgen-

11,21 Gemeint ist das Frühjahr 164 v. Chr.
11,23 Vergöttlichung und kultische Verehrung der Herrscher war bei den Seleuziden ebenso üblich wie bei den Lagiden in Ägypten.

des entsetzliche Verbrechen: Sie luden die
Juden, die unter ihnen wohnten, ein, mit ih-
ren Frauen und Kindern in Schiffe, die sie
zur Verfügung stellten, einzusteigen. Sie ta-
ten, als ob sie nichts Böses gegen sie im
Schild führten, 4 sondern aufgrund eines öf-
fentlichen Beschlusses der Stadt handelten.
Die Juden nahmen das Angebot an, da sie
den Frieden wollten und keinen bösen Ver-
dacht hegten. Aber als sie auf dem offenen
Meer waren, wurden die Boote versenkt;
mindestens zweihundert Menschen ertran-
ken. 5 Als Judas von der schrecklichen Tat
gegen die Angehörigen seines Volkes erfuhr,
gab er sie seinen Männern bekannt, 6 rief
Gott, den gerechten Richter, an und überfiel
die Mörder, die sich mit dem Blut seiner Brü-
der befleckt hatten. In der Nacht zündete er
den Hafen an, verbrannte die Schiffe und
stach alle nieder, die sich dorthin geflüchtet
hatten. 7 Die Stadt selbst hatte ihre Tore ver-
rammelt. So musste er abziehen, aber er
nahm sich vor, wiederzukommen und die
ganze Stadt Jafo zu vernichten. 8 Als er er-
fuhr, dass die Bürger von Jamnia mit den Ju-
den, die bei ihnen lebten, dasselbe tun woll-
ten, 9 überfiel er auch die Leute von Jamnia
bei Nacht und steckte den Hafen samt der
Flotte in Brand. Der Feuerschein war zwei-
hundertvierzig Stadien weit bis nach Jerusa-
lem zu sehen.

Die erfolgreichen Feldzüge des Judas jenseits des Jordan: 12,10–31

10 Von dort zogen sie weiter gegen Timo-
theus. Sie waren gerade neun Stadien weit
marschiert, da griffen fünftausend Araber
mit fünfhundert Reitern Judas an. 11 Nach
hitzigem Kampf gewannen die Männer des
Judas die Oberhand; denn Gott half ihnen.
Die bedrängten Nomaden baten Judas um
Frieden, versprachen, ihm und seinen Leu-
ten Vieh zu liefern und ihnen auch sonst gute
Dienste zu erweisen. 12 Da Judas der Ansicht
war, ihre Hilfe könne ihnen tatsächlich bei
vielen Gelegenheiten von Nutzen sein, war er
damit einverstanden, mit ihnen Frieden zu
schließen. Die Araber verpflichteten sich
durch Handschlag und zogen sich zu ihren
Zelten zurück.

13 Judas griff auch eine Stadt namens Ka-
spin an; sie war ringsum mit Wällen und
Mauern befestigt. Ihre Bevölkerung setzte
sich aus Menschen verschiedenster Völker
zusammen. 14 Weil sie sich auf ihre hohen
Mauern und auf ihre Vorräte verließen,
wurden sie immer unverschämter gegen die
Leute des Judas, beschimpften sie, lästerten
Gott und schrien unflätige Worte. 15 Die
Männer des Judas riefen den großen Herrn
der Welt an, der Jericho zur Zeit Josuas ohne
Rammböcke und Belagerungsmaschinen zu
Boden geschmettert hatte. Dann stürmten
sie mit dem Mut von Löwen gegen die Mau-
ern an, 16 und weil Gott es so wollte, konnten
sie die Stadt einnehmen. Sie richteten in ihr
ein unbeschreibliches Blutbad an, sodass ein
zwei Stadien breiter See, der neben der
Stadt lag, von dem Blut, das in ihn geflossen
war, angefüllt zu sein schien.

17 Dann marschierten sie siebenhundert-
fünfzig Stadien weiter, bis sie zum Charax
kamen, wo die sogenannten Tubianer-Juden
wohnten. 18 Timotheus trafen sie dort nicht
an; denn er war, ohne etwas unternommen
zu haben, von dort abgezogen. Aber er hatte
in einem stark befestigten Ort eine Garnison
zurückgelassen. 19 Dositheus und Sosipater,
zwei Offiziere aus dem Stab des Makkabä-
ers, rückten aus und töteten die über zehn-
tausend Mann starke Besatzung, die Timo-
theus in der Festung zurückgelassen hatte.
20 Dann teilte der Makkabäer sein Heer in
mehrere Gruppen auf, übertrug jeweils ei-
nem seiner Offiziere den Befehl über eine
Gruppe und zog in Eilmärschen gegen Timo-
theus, der über hundertzwanzigtausend
Mann an Fußtruppen und zweitausendfünf-
hundert Reiter verfügte.

21 Als Timotheus vom Anmarsch des Judas
erfuhr, schickte er Frauen, Kinder und den
übrigen Tross in eine Stadt namens Karna-
jim voraus. Diesen Ort konnte man kaum be-
lagern, da er wegen zahlreicher Engpässe
fast unzugänglich war. 22 Kaum zeigte sich
die erste Abteilung des Judas, da gerieten die
Feinde in Furcht und Schrecken, denn der,
der alles überschaut, ließ eine Erscheinung
sichtbar werden. Sie rannten in wilder
Flucht davon, jeder in eine andere Richtung.
Dabei fügten sie vielfach einander selbst
Schaden zu, ja, sie durchbohrten sich gegen-
seitig mit den Spitzen ihrer Schwerter.
23 Doch Judas setzte ihnen stürmisch nach
und erschlug von den Verruchten gegen drei-
ßigtausend Mann. 24 Timotheus selbst fiel
den Leuten des Dositheus und des Sosipater
in die Hände. Er flehte mit schönen, doch
falschen Worten, ihn unbehelligt freizulas-
sen; die Eltern und Brüder sehr vieler Juden
seien in der Gewalt seiner Leute und es kön-
ne sein, dass man auf sie keine Rücksicht
nehme. 25 Mit vielen Worten brachte er sie
dazu, seinen Versprechungen, er werde diese
Menschen unversehrt zurückgeben, zu glau-
ben. Um die Brüder zu retten, ließen sie ihn
laufen.

26 Darauf zog Judas gegen Karnajim und
das Heiligtum der Atargatis und erschlug
fünfundzwanzigtausend Menschen. 27 Als sie
geschlagen und vernichtet waren, rückte Ju-
das vor das stark befestigte Efron, dessen
große Einwohnerschaft sich aus vielen Völ-
kern zusammensetzte. Junge und kräftige
Männer standen vor den Mauern und wehr-
ten sich tapfer. In der Stadt selbst war eine
große Anzahl von Wurfmaschinen mit Ge-
schossen aufgestellt. 28 Da riefen die Juden
zum Herrn, der den Ansturm der Feinde mit
Macht zermalmt; sie brachten die Stadt in
ihre Gewalt und töteten in ihr etwa fünfund-
zwanzigtausend Menschen.
29 Dann brachen sie auf und zogen in Eil-
märschen von dort nach Skythopolis, das
sechshundert Stadien von Jerusalem ent-
fernt liegt. 30 Die Juden, die dort wohnten,
stellten jedoch den Einwohnern von Skytho-
polis das Zeugnis aus, sie seien freundlich zu
ihnen und hätten ihnen in der bösen Zeit ihr
Mitgefühl bewiesen. 31 Da bedankten sie sich
und forderten sie auf, auch in Zukunft dem
jüdischen Volk wohlgesinnt zu bleiben. Da-
rauf begaben sie sich nach Jerusalem, da das
Wochenfest unmittelbar bevorstand.

10–31 || 1 Makk 5,24–54 • 15: Jos 6,20.

Die bestrafte Untreue einiger Juden und das Sühnopfer für die Toten: 12,32–45

32 Nach dem sogenannten Pfingstfest zo-
gen sie in Eilmärschen gegen Gorgias, den
Befehlshaber der Idumäer. 33 Er rückte mit
dreitausend Fußsoldaten und vierhundert
Reitern aus. 34 Als sie zum Kampf antraten,
fielen einige von den Juden. 35 Dositheus, ein
Reiter von den Leuten Bakenors, ein sehr
starker Mann, packte Gorgias fest am Man-
tel und zog mit allen Kräften an ihm. Aber
als er den Verfluchten lebendig gefangen
nehmen wollte, preschte ein thrakischer Rei-
ter heran und schlug ihm den Arm ab. Gor-
gias konnte sich nach Marescha flüchten.
36 Die Leute Esris kämpften weiter bis zur
Erschöpfung. Da rief Judas zum Herrn, er
solle als ihr Bundesgenosse und Bahnbrecher
im Kampf erscheinen. 37 In der Sprache sei-
ner Väter erhob er das Kriegsgeschrei und
stimmte Preislieder an, drang unversehens
auf die Leute des Gorgias ein und schlug sie
in die Flucht.
38 Daraufhin führte Judas das Heer in die
Stadt Adullam. Als der siebte Tag der Woche
anbrach, reinigten sie sich, wie es bei ihnen
Brauch war, und begingen dort den Sabbat.
39 Am nächsten Tag kamen die Leute des Ju-
das, um die Leichen der Gefallenen zu über-
führen – es war inzwischen höchste Zeit ge-
worden – und sie inmitten ihrer Angehörigen
in den Familiengräbern zu bestatten. 40 Da
entdeckten sie, dass alle Toten unter ihren
Kleidern Amulette der Götter von Jamnia
trugen, obwohl das den Juden vom Gesetz
her verboten ist. Da wurde allen klar, dass
die Männer deswegen gefallen waren, 41 und
sie priesen nun alle das Wirken des Herrn,
des gerechten Richters, der das Verborgene
ans Licht bringt. 42 Anschließend hielten sie
einen Bittgottesdienst ab und beteten, dass
die begangene Sünde wieder völlig ausge-
löscht werde. Der edle Judas aber ermahnte
die Leute, sich von Sünden rein zu halten; sie
hätten ja mit eigenen Augen gesehen, welche
Folgen das Vergehen der Gefallenen gehabt
habe. 43 Er veranstaltete eine Sammlung, an
der sich alle beteiligten, und schickte etwa
zweitausend Silberdrachmen nach Jerusa-
lem, damit man dort ein Sündopfer darbrin-
ge. Damit handelte er sehr schön und edel;
denn er dachte an die Auferstehung. 44 Hätte
er nicht erwartet, dass die Gefallenen aufer-
stehen werden, wäre es nämlich überflüssig
und sinnlos gewesen, für die Toten zu beten.
45 Auch hielt er sich den herrlichen Lohn vor
Augen, der für die hinterlegt ist, die in
Frömmigkeit sterben. Ein heiliger und from-
mer Gedanke! Darum ließ er die Toten
entsühnen, damit sie von der Sünde befreit
werden.

32: 10,14 • 40: Dtn 7,25.

Ein erfolgloser Angriff auf Jerusalem: 13,1–26

13 Im Jahr 149 erfuhren die Leute des
Judas, dass Antiochus Eupator mit
einem großen Heer gegen Judäa marschierte.
2 Er wurde begleitet von dem Reichsverwe-
ser Lysias, seinem Vormund. Jeder führte
ein Heer von hundertzehntausend griechi-
schen Fußsoldaten, fünftausendreihundert
Reitern, zweiundzwanzig Elefanten und
dreihundert Sichelwagen. 3 Ihnen schloss
sich auch Menelaus an; er redete heuchle-

12,26 Atargatis ist die große syrische Göttin, vergleichbar der Astarte. Karnajim scheint das Heiligtum der gehörnten Astarte zu sein.

12,29 Skythopolis ist der griechische Name für Bet-Schean.

12,45 In diesem Vers steht der einzige alttestamentliche Hinweis auf einen Zwischenzustand, der als Läuterungsort verstanden wird.

risch auf den König ein, nicht um das Vater-
land zu retten, sondern weil er glaubte, er
habe Aussicht, wieder in sein Amt (als Ho-
herpriester) eingesetzt zu werden. 4 Der
höchste König über allen Königen aber ließ
Antiochus zornig werden auf den Verruch-
ten, und als Lysias andeutete, dieser sei an
allem Unglück schuld, befahl er, ihn nach
Beröa zu schaffen und dort umzubringen. So
ist es Brauch in jener Gegend. 5 Es gibt dort
nämlich einen fünfzig Ellen hohen Turm, der
mit glühender Asche gefüllt ist. In ihm ist
eine drehbare Maschine angebracht, die sich
nach allen Seiten schräg zur Asche neigt.
6 Wer des Tempelraubes schuldig ist oder ein
anderes schweres Verbrechen begangen hat,
den stoßen dort alle in den Tod. 7 Auf diese
Weise fand der Gesetzesbrecher Menelaus
den Tod. Nicht einmal Erde zum Begräbnis
wurde ihm zuteil. 8 Damit geschah ihm nur
recht; denn er hatte viele Verbrechen gegen
den Altar begangen, dessen Feuer und Asche
heilig sind. Nun fand er in Asche den Tod.
9 Der König aber hatte das Herz eines Bar-
baren; er begann, den Juden noch weit
Schlimmeres in Aussicht zu stellen als das,
was zur Zeit seines Vaters geschehen war.
10 Judas hörte davon und ließ dem Volk be-
kannt geben, man solle Tag und Nacht zum
Herrn beten. Wenn je zu einer Zeit, dann
müsse er ihnen jetzt helfen. Man wolle ihnen
das Gesetz, das Vaterland und den heiligen
Tempel rauben. 11 Gerade erst habe das Volk
ein wenig aufatmen können; Gott möge doch
nicht zulassen, dass sie den ruchlosen Heiden
in die Hände fielen. 12 Drei Tage lang lagen
sie ohne Unterbrechung auf den Knien und
flehten unter Tränen und Fasten gemeinsam
den barmherzigen Herrn an. Judas sprach
ihnen Mut zu; dann gab er ihnen den Befehl,
sich bereitzuhalten. 13 Auf einer geheimen
Sitzung der Ältesten ließ er den Beschluss
fassen, man solle, bevor der König in Judäa
eindringen und die Stadt in seine Gewalt
bringen könne, ausrücken und die Sache mit
Gottes Hilfe entscheiden. 14 Er stellte den
Ausgang dem Schöpfer der Welt anheim und
feuerte seine Männer an, bis zum Tod tapfer
für Gesetze, Heiligtum, Stadt, Vaterland und
Verfassung zu kämpfen. Dann schlug er bei
Modeïn ein Lager auf. 15 Er gab seinen Trup-
pen als Losung die Worte: Gottes Sieg. Mit
den besten seiner jungen Krieger, die er
eigens ausgewählt hatte, überfiel er nachts
das Zelt des Königs, erschlug etwa zweitau-
send Mann und erstach den Leitelefanten
des Königs mitsamt seinem Treiber. 16 Als sie
schließlich das ganze Lager in Furcht und
Verwirrung gebracht hatten, zogen sie sich
siegreich wieder zurück. 17 Bei Tagesan-
bruch war alles vorbei; der Herr hatte ihnen
mit seiner schützenden Macht beigestan-
den.
18 Nachdem der König diese Kostprobe jü-
discher Tapferkeit erhalten hatte, versuchte
er, das Land mit Hilfe von List zu besetzen.
19 Er rückte gegen die starke jüdische Fes-
tung Bet-Zur vor, wurde aber zurückge-
schlagen; dann stieß er wieder vor und
wurde wieder geschlagen. 20 Judas ließ die
Besatzung mit allem versorgen, was sie
brauchte. 21 Ein jüdischer Soldat namens
Rhodokus aber verriet den Feinden die mili-
tärischen Geheimnisse. Er wurde verhört,
festgenommen und eingekerkert. 22 Dann
verhandelte der König zum zweiten Mal mit
der Besatzung von Bet-Zur, schloss mit ihnen
einen Vertrag und zog ab. Dabei stieß er
auf das Heer des Judas und erlitt eine
Schlappe.
23 Da erfuhr er, dass Philippus in Antiochia
abgefallen sei; er hatte ihn dort zurückgelas-
sen, um die Regierungsgeschäfte zu führen.
Der König war sehr niedergeschlagen. Er
sprach freundlich mit den Juden, gab ihnen
nach, sicherte ihnen eidlich die Erfüllung al-
ler gerechten Ansprüche zu, versöhnte sich
mit ihnen und brachte ein Opfer dar, ehrte
den Tempel und bewies dem Ort sein Wohl-
wollen. 24 Für den Makkabäer gab er einen
Empfang. Als Befehlshaber über das ganze
Gebiet Ptolemaïs bis zu den Gerrenern ließ
er den Hegemonides zurück 25 und begab
sich dann nach Ptolemaïs. Die Einwohner
dieser Stadt waren nämlich über die Verträ-
ge sehr verärgert; sie hatten sich heftig be-
schwert und wollten die Abmachungen
rückgängig machen. 26 Lysias trat auf die
Rednerbühne, gab Rechenschaft, so gut er
konnte, überredete, beschwichtigte, stimmte
die Leute um und brach dann nach Antiochia
auf.

So verliefen der Anmarsch und der Abzug des Königs.

1–26 ‖ 1 Makk 6,28–63.

DER FELDZUG NIKANORS: 14,1 – 15,36

Die Intrige des Hohenpriesters Alkimus gegen Judas: 14,1–14

14 Drei Jahre später erfuhren die Leute
des Judas, dass Demetrius, der Sohn
des Seleukus, mit starken Truppen und einer
Flotte im Hafen von Tripolis gelandet sei.
2 Antiochus und dessen Vormund Lysias
habe er aus dem Weg räumen lassen und das
Land in seine Gewalt gebracht.
3 Damals lebte ein Mensch namens Alki-
mus; er war früher einmal Hoherpriester ge-
wesen, hatte sich aber schon vor der Zeit der
Religionsvermischung freiwillig unrein ge-
macht. Wie er wohl wusste, hatte er sich
dadurch in eine ausweglose Lage gebracht,
sodass er nie wieder an den heiligen Altar
treten konnte. 4 Darum kam er um das Jahr
151 zu König Demetrius und überreichte ihm
einen goldenen Kranz mit einem Palmzweig,
dazu Ölzweige, wie sie am Heiligtum ge-
bräuchlich sind. An diesem Tag unternahm
er weiter nichts. 5 Als aber Demetrius ihn vor
seinen Rat rufen ließ und ihn fragte, wie die
Stimmung unter den Juden sei und welche
Pläne sie hätten, ergriff er die Gelegenheit,
um sie für sein eigenes wahnwitziges Vorha-
ben zu nutzen. Er antwortete:
6 Es gibt unter den Juden Leute, die sich
Hasidäer nennen; sie stehen unter der Füh-
rung des Makkabäers Judas. Sie hetzen zu
Krieg und Aufruhr und lassen das Reich
nicht zur Ruhe kommen. 7 Dadurch wurde
mir meine ehrenvolle Stellung geraubt, die
mir aufgrund meiner Abstammung zu-
kommt, nämlich das Amt des Hohenpries-
ters. Nun bin ich hierher gekommen, 8 ein-
mal weil ich der königlichen Sache aufrich-
tig ergeben bin, dann aber auch aus Sorge
für meine Mitbürger. Denn der Unverstand
der eben genannten Leute hat unser ganzes
Volk in nicht geringes Elend gestürzt.
9 Wenn du, mein König, dir einen genauen
Überblick über die Lage verschafft hast,
dann sorge für das Land und für unser be-
drängtes Volk; du bist ja gegen jedermann
freundlich und wohlgesinnt. 10 Solange aber
Judas noch lebt, kann es im Reich keinen
Frieden geben.
11 Kaum hatte er das vorgebracht, da hetz-
ten die anderen Vertrauten des Königs, die
den Bestrebungen des Judas feindlich gegen-
überstanden, Demetrius noch mehr auf.
12 Dieser berief sofort Nikanor, dem er das
Kommando über die Elefanten gegeben hat-
te, und setzte ihn zum Befehlshaber über
Judäa ein. Er schickte ihn weg 13 mit dem
schriftlichen Auftrag, Judas zu beseitigen,
seine Anhänger zu zerstreuen, Alkimus aber
als Hohenpriester über den allerhöchsten
Tempel einzusetzen. 14 Dem Nikanor schlos-
sen sich in Scharen die Heiden an, die vor
Judas aus Judäa geflohen waren; denn sie
glaubten, das Unglück und Missgeschick der
Juden werde ihnen Glück bringen.

1–14 ‖ 1 Makk 7,1–26.

Die Freundschaft zwischen Nikanor und Judas: 14,15–25

15 Als die Juden vom Anmarsch Nikanors
erfuhren und hörten, dass zusammen mit ihm
die Heiden anrückten, streuten sie sich Erde
auf das Haupt und flehten Gott an, der sein
Volk für ewige Zeiten geschaffen hat und
sich immer vor aller Welt sichtbar seines
Erbteils annimmt. 16 Auf Beschluss ihres An-
führers brachen sie sofort auf und trafen bei
dem Dorf Dessau auf die Feinde. 17 Simeon,
der Bruder des Judas, war zwar schon mit
Nikanor zusammengestoßen und hatte sich
langsam zurückziehen müssen, weil sein
Gegner ihn völlig unvermutet überrascht
hatte. 18 Aber Nikanor kam zu Ohren, wie
tapfer die Männer des Judas seien und wie
mutig sie für ihr Vaterland kämpften; darum
wich er der Entscheidung in offener Schlacht
aus. 19 Er schickte statt dessen Posidonius,
Theodotus und Mattatias, um Friedensver-
handlungen aufzunehmen. 20 Nach langen
Überlegungen legte der Anführer den Leuten
seine Ansicht dar. Es zeigte sich, dass man
einer Meinung war, und so billigte man die
Verträge. 21 Man verabredete einen Termin,
um sich unter Ausschluss der Öffentlichkeit
an einem bestimmten Ort zu treffen. Von je-
der Seite fuhr ein Wagen vor und man stellte
Stühle auf. 22 Auf Anordnung des Judas hiel-
ten sich Bewaffnete in günstiger Stellung
bereit, damit die Feinde nicht heimtückisch
überraschend einen Anschlag verüben konn-
ten. Doch die Unterredung verlief ohne Zwi-
schenfälle.
23 Nikanor hielt sich in Jerusalem auf,
ohne irgendwelchen Anstoß zu erregen; er
entließ die Anhänger, die ihm massenweise

14,3 Alkimus hatte die griechische Lebensweise angenommen.

zugeströmt waren. 24 Auch hatte er Judas
ständig um sich und war ihm herzlich zuge-
tan. 25 Er redete ihm zu, er solle heiraten und
eine Familie gründen. So heiratete Judas
und es ging ihm gut und er freute sich seines
Lebens.

15–25 ‖ 1 Makk 7,27–29 • 16: 1 Makk 7,31f.

Die Entzweiung zwischen Judas und Nikanor: 14,26–36

26 Dem Alkimus blieb nicht verborgen,
dass die beiden einander wohlgesinnt waren.
Er verschaffte sich die abgeschlossenen Ver-
träge, begab sich zu Demetrius und hinter-
brachte ihm, Nikanor handle dem Staats-
wohl zuwider: Er habe Judas, den Feind sei-
nes Reiches, zum Nachfolger bestimmt.
27 Der König war sehr aufgebracht und ge-
reizt durch die Verleumdungen dieses
Schurken. Er schrieb an Nikanor, dass er die
Verträge für untragbar halte, und befahl
ihm, den Makkabäer auf der Stelle gefesselt
nach Antiochia zu schaffen. 28 Nikanor ge-
riet beim Empfang dieser Nachricht in große
Bestürzung. Es war ihm sehr zuwider, die
Vereinbarungen zu brechen; denn Judas hat-
te ja kein Unrecht getan. 29 Da er sich aber
dem König nicht widersetzen konnte, warte-
te er auf eine günstige Gelegenheit, um sei-
nen Auftrag mit Hilfe einer List ausführen
zu können. 30 Doch der Makkabäer merkte,
dass Nikanor ihm gegenüber immer abwei-
sender wurde und dass seine gewohnte
Freundlichkeit sich abkühlte. Er wusste,
dass diese Schroffheit nichts Gutes bedeuten
könne. Darum rief er eine Anzahl von seinen
Leuten zusammen und versteckte sich mit
ihnen vor Nikanor.

31 Als Nikanor dahinter kam, dass ihn der
Mann geschickt überlistet hatte, begab er
sich zum allerhöchsten, heiligen Tempel, ge-
rade als die Priester die vorgeschriebenen
Opfer darbrachten, und befahl ihnen, Judas
auszuliefern. 32 Als diese unter Eid versi-
cherten, sie wüssten nicht, wo sich der Ge-
suchte zur Zeit aufhalte, 33 erhob er die rech-
te Hand gegen den Tempel und schwor:
Wenn ihr mir Judas nicht gefesselt heraus-
gebt, werde ich dieses Gotteshaus dem Erd-
boden gleichmachen, den Brandopferaltar
niederreißen und an seiner Stelle dem Dio-
nysos einen herrlichen Tempel errichten.
34 Nach diesen Worten ging er weg.

Die Priester erhoben ihre Hände zum
Himmel und riefen zu dem, der immer unser
Volk beschützt. Sie beteten: 35 Herr, du bist
auf nichts angewiesen; dennoch hat es dir
gefallen, einen Tempel bauen zu lassen, in
dem du unter uns wohnst. 36 Nun, heiliger
Herr, von dem alle Heiligung ausgeht, be-
wahre dieses Haus, das vor kurzem erst ent-
sühnt wurde, unbefleckt in Ewigkeit.

26–36 ‖ 1 Makk 7,30–38.

Der Tod Rasis: 14,37–46

37 Unter den Ältesten der Stadt Jerusalem
gab es einen Mann namens Rasi. Er war sei-
nen Mitbürgern freundlich zugetan, stand in
hohem Ansehen und hieß wegen seiner Güte
Vater der Juden. Dieser Mann wurde bei Ni-
kanor angezeigt. 38 Er hatte sich nämlich
schon vor der Zeit der Religionsvermischung
offen für das Judentum entschieden und sich
dafür bis zum Äußersten mit Leib und Leben
eingesetzt. 39 Nikanor beschloss, seine Ab-
neigung gegen die Juden sichtbar zu bekun-
den, und schickte über fünfhundert Soldaten
aus, um ihn verhaften zu lassen. 40 Er glaubte
nämlich, durch seine Festnahme den Juden
einen schweren Schlag zu versetzen.

41 Schon waren die Truppen dabei, den
Turm zu besetzen; sie versuchten, sich den
Eingang durch das Hoftor mit Gewalt zu er-
zwingen, und riefen nach Feuer, um die
Türen in Brand zu setzen. Rasi war von allen
Seiten umzingelt. Da stürzte er sich in das
Schwert; 42 denn er wollte lieber in Ehren
sterben als den Verruchten in die Hände fal-
len und eine schimpfliche Behandlung erfah-
ren, die seiner edlen Herkunft unwürdig
war. 43 In der Hast aber hatte er sich nicht
sofort tödlich getroffen; die Männer stürm-
ten bereits durch die Türen herein. Da lief er
mutig hinauf auf die Mauer und stürzte sich
entschlossen auf die Menge hinab. 44 Weil
diese sofort zurückwich, entstand ein freier
Raum und er fiel mitten auf den leeren Platz.
45 Doch er lebte immer noch; in höchster Er-
regung erhob er sich, während das Blut in
Strömen aus seinen schrecklichen Wunden
schoss, durchbrach im Laufschritt die Menge
und stellte sich auf einen steil abfallenden
Felsen. 46 Fast schon verblutet, riss er sich
die Eingeweide aus dem Leib, packte sie mit
beiden Händen und schleuderte sie auf die
Leute hinunter; dabei rief er den Herrn über
Leben und Tod an, er möge sie ihm wieder-
geben. So starb er.

41: 1 Sam 31,4 • 46: 7,11.14.23.29.36.

14,46 Selbstmord kommt in der Bibel nur in ganz aussichtslosen Lagen vor (vgl. 1 Sam 31,4).

Nikanors Lästerungen: 15,1–5

15 Nikanor erfuhr, dass Judas sich mit
seinen Männern in der Gegend von
Samaria aufhielt; da beschloss er, sie ohne
jede Gefahr am Ruhetag anzugreifen. 2 Aber
die Juden, die gezwungen waren, ihn zu be-
gleiten, sagten: Bring sie doch nicht um, als
seist du ein wildes Tier oder ein Barbar.
Halte den Tag in Ehren, der von dem, der die
ganze Welt überblickt, in besonderer Weise
mit Heiligkeit ausgezeichnet wurde. 3 Der
dreimal Verfluchte fragte, ob es im Himmel
wirklich einen Herrscher gebe, der befohlen
habe, den Sabbat zu begehen. 4 Sie bekann-
ten: Der lebendige Herr selbst, der Herr-
scher im Himmel, hat angeordnet, den Sab-
bat zu halten. 5 Da erwiderte er: Und ich bin
der Herrscher auf der Erde; ich befehle, die
Waffen zu ergreifen und zu tun, was das
Staatswohl verlangt. Dennoch gelang es ihm
nicht, seinen verbrecherischen Plan auszu-
führen.

4: Ex 20,8–11; Dtn 5,12–15.

Die Ermutigung der Kämpfer durch Judas:
15,6–24

6 Nikanor, der in seinem Stolz seinen Kopf
hoch trug, hatte beschlossen, öffentlich ein
Denkmal seines Sieges über die Männer des
Judas zu errichten. 7 Der Makkabäer aber
hörte nicht auf, sein Vertrauen und all seine
Hoffnung auf die Hilfe des Herrn zu setzen.
8 Er ermahnte seine Männer, sich vor den an-
rückenden Heiden nicht zu fürchten. Sie
sollten daran denken, wie der Himmel ihnen
in der Vergangenheit geholfen habe; auch
jetzt dürften sie vom Allherrscher den Sieg
erwarten. 9 Mit Worten aus dem Gesetz und
aus den Propheten flößte er ihnen Mut ein,
erinnerte sie auch an die Kämpfe, die sie
schon bestanden hatten, und stärkte so ihren
Kampfesmut.

10 Nachdem er ihre Begeisterung geweckt
hatte, spornte er sie noch weiter an, indem er
sie daran erinnerte, wie die Heiden die Ver-
träge nicht gehalten und ihre Schwüre ge-
brochen hatten. 11 So wappnete er jeden von
ihnen, nicht mit der Sicherheit, die Schild
und Lanze verleihen, sondern mit dem Mut,
den rechte Worte entfachen. Auch erzählte
er ihnen einen überaus glaubwürdigen
Traum, der alle sehr erfreute. 12 Er hatte fol-
gendes gesehen: Ihm war der frühere Hohe-
priester *Onias* erschienen, ein edler und
gerechter Mann, bescheiden im Umgang, von
gütigem Wesen und besonnen im Reden, von
Kindheit an in allem aufs Gute bedacht; die-
ser breitete seine Hände aus und betete für
das ganze jüdische Volk. 13 In gleicher Hal-
tung erschien dann ein Mann mit grauem
Haar, von herrlicher Gestalt; der Glanz einer
wunderbaren, überwältigenden Hoheit ging
von ihm aus. 14 Onias begann zu reden und
sagte: Das ist der Freund seiner Brüder, der
viel für das Volk und die heilige Stadt betet,
Jeremia, der Prophet Gottes. 15 Dann streck-
te Jeremia die rechte Hand aus und übergab
ihm ein goldenes Schwert; dabei sagte er:
16 Nimm das heilige Schwert, das Gott dir
schenkt. Mit ihm wirst du die Feinde
schlagen.

17 Die Worte des Judas gaben ihnen Zuver-
sicht; denn sie waren sehr schön und hatten
die Kraft, zur Tapferkeit anzuspornen und
die Jugend mit männlichem Mut zu erfüllen.
Man beschloss, kein Lager zu beziehen, son-
dern kühn anzugreifen und mit allem Mut im
Kampf Mann gegen Mann die Entscheidung
herbeizuführen; denn die Stadt, die Religion
und das Heiligtum seien in Gefahr. 18 Sie
fürchteten weniger um Frauen und Kinder,
um Brüder und Verwandte als um die Heilig-
keit des Tempels. 19 Die in der Stadt Zurück-
gebliebenen waren hauptsächlich in Angst
wegen des Angriffs draußen auf offenem
Feld. 20 Alle warteten, dass die Entscheidung
falle. Schon hatten die Feinde sich vereinigt
und ihr Heer rückte geordnet vor; die Ele-
fanten wurden aufgestellt, wo es am güns-
tigsten war; die Reiterei verteilte sich auf die
Flügel. 21 Der Makkabäer sah, wie die Mas-
sen der Feinde dastanden, die verschiedenen
Waffengattungen, die zur Wildheit gereizten
Tiere. Da erhob er seine Hände zum Himmel
und rief zum Herrn, der Wunder vollbringt.
Denn er wusste, dass es nicht auf die Waffen
ankommt, sondern dass denen der Sieg
zufällt, die Gott für würdig erachtet. 22 Da-
bei sprach er dieses Gebet: Unser Herrscher,
du hast zu Hiskija, dem König von Juda,
deinen Engel gesandt und er erschlug im
Heer Sanheribs hundertfünfundachtzigtau-
send Mann. 23 Herrscher im Himmel, sende
auch jetzt einen guten Engel vor uns her,
damit er Furcht und Schrecken verbreitet.
24 Vor deinem gewaltigen Arm sollen alle er-
schrecken, die lästernd gegen dein heiliges
Volk heranziehen. So sprach er.

12: 3,1 • 22: 2 Kön 19,35.

15,14 Jeremia ist beispielhaft durch sein Fürbittgebet (vgl. Jer 7,16; 11,14; 14,11; 15,11; 18,20; 37,3; 42,2.12).

Die Niederlage und der Tod Nikanors:
15,25–36

25 Die Truppen Nikanors rückten mit
Trompetengeschmetter und Kampfliedern
vor. 26 Die Leute des Judas dagegen griffen
die Feinde unter Beten und Flehen an. 27 Mit
den Händen kämpften sie, im Herzen beteten
sie zu Gott. Mindestens fünfunddreißigtau-
send Mann streckten sie zu Boden, hocher-
freut, dass Gott sich so sichtbar offenbarte.
28 Schon war der Kampf beendet und sie
wollten voller Freude aufbrechen, da ent-
deckten sie Nikanor, der in seiner Rüstung
erschlagen dalag. 29 Es gab ein großes Ge-
schrei und Getümmel und sie priesen den
Herrn in der Sprache ihrer Väter. 30 Judas,
der immer mit Leib und Seele für seine Mit-
bürger gestritten hatte, der von Jugend an
seinen Landsleuten herzlich zugetan war,
gab den Befehl, ihm den Kopf und eine Hand
mitsamt dem Arm abzuschlagen und nach
Jerusalem zu bringen.
31 Sobald er dort angekommen war, rief er
seine Landsleute zusammen und befahl den
Priestern, sich vor dem Altar aufzustellen;
auch schickte er Boten zu der Besatzung der
Burg. 32 Dann zeigte er den Kopf des Verbre-
chers Nikanor und die Hand des Lästerers,
die dieser prahlend gegen das heilige Haus
des Allherrschers ausgestreckt hatte. 33 Die
Zunge des ruchlosen Nikanor ließ er heraus-
schneiden, zerstückeln und den Vögeln zum
Fraß vorwerfen; den Arm ließ er vor dem
Tempel aufhängen als Zeichen des bestraf-
ten Wahnsinns. 34 Alle priesen den Herrn im
Himmel, der seine Macht so sichtbar gezeigt
hatte, und riefen: Gepriesen sei der, der sei-
nen Ort vor der Entweihung bewahrt hat.
35 Den Kopf Nikanors hängte Judas an die
Burg als ein für alle sichtbares und offen-
kundiges Zeichen der Hilfe des Herrn. 36 In
einer öffentlichen Abstimmung beschlossen
alle einstimmig, diesen Tag nicht ohne Feier
vergehen zu lassen, sondern ihm einen be-
sonderen Rang zu verleihen; es ist der drei-
zehnte Tag des zwölften Monats, der auf ara-
mäisch Adar heißt, der Tag vor dem Morde-
chai-Tag.

25–36 || 1 Makk 7,39–49 • 36: Est 9,19.31; 10,3k.

NACHWORT: 15,37–39

37 Das waren die Ereignisse, die mit Nika-
nor zusammenhingen. Seit jener Zeit blieb
die Stadt im Besitz der Hebräer. Darum höre
ich hier mit der Erzählung auf. 38 Ist sie gut
und geschickt erzählt, habe ich mein Ziel er-
reicht; ist sie aber schlecht oder mittelmäßig
– ich habe mein Bestes getan. 39 Es ist gleich
ungesund, unvermischten Wein oder pures
Wasser zu trinken. Wein mit Wasser ver-
mischt hingegen schmeckt vorzüglich. Ähn-
lich hängt es auch vom Aufbau der Erzäh-
lung ab, ob sie den Geist des Lesers erfreut,
dem dieses Buch in die Hände kommt. Damit
will ich schließen.

37: 1 Makk 7,27–50.

15,37 die Stadt: die Heilige Stadt Jerusalem mit dem Berg Zion als Zentrum.

Die Bücher der Lehrweisheit und die Psalmen

Das Buch Ijob

Das Buch Ijob, eines der Hauptwerke der Weltliteratur, ist nach seiner zentralen Gestalt benannt, da uns sein Verfasser unbekannt ist. Die uns heute vorliegende Form hat das Buch in nachexilischer Zeit gefunden. Man hatte sich aber mit der Thematik des Buches schon früher in Israel beschäftigt (vgl. Ez 14,14.20). Um 200 v. Chr. liegt es jedenfalls vor (vgl. Sir 49,9).

Die in Prosa gehaltene Rahmenerzählung (1,1 – 2,10 und 42,7–17) geht auf eine alte Volksüberlieferung von einem vorbildlichen, frommen und gerechten Mann zurück. In diese Rahmenerzählung ist der Hauptteil in dichterischer Form eingefügt (3,1 – 42,6): Nach einer einleitenden Klage Ijobs (3,1–26) folgen drei Redegänge aus je einer Rede der drei Freunde und einer Entgegnung Ijobs (4,1 – 27,23) – der letzte Redegang ist allerdings nur bruchstückhaft erhalten –, ein Lied über die Weisheit (Kap. 28), eine Schlussrede Ijobs (29,1 – 31,40), die das Eingreifen Gottes herbeiführen will, vier Reden des sonst nicht bekannten Weisheitslehrers Elihu (32,1 – 37,24) und schließlich zwei Gottesreden mit je einer Antwort Ijobs (38,1 – 42,6).

Als Erweiterungen des ursprünglichen Textes werden vielfach das Lied über die Weisheit (Kap. 28) und die Reden Elihus angesehen. Der Verfasser erweist sich als mit dem Bildungsgut der Weisheitslehre vertraut, er verarbeitet naturkundliches Wissen seiner Zeit und kennt alte Mythen. Auch das biblische Überlieferungsgut hat er stets lebendig vor Augen.

Ob der Verfasser außerbiblische Quellen bei der Abfassung seines Werkes benutzt hat, bleibt umstritten. Zwar besitzen Form und Inhalt des Buches eine außerbiblische Vorgeschichte: Die Form des Dialogs findet sich z. B. in Weisheitsschriften Ägyptens; für den Inhalt wird auf Parallelen in der sog. mesopotamischen Ijobliteratur verwiesen, die sich mit der Ungerechtigkeit und dem Leiden eines Unschuldigen beschäftigt. Doch verbieten es Gesamtkomposition und Aussageabsicht des Buches, von literarischer Abhängigkeit zu sprechen.

Gattungsmäßig gehört das Buch zur Weisheitsliteratur. Es verwendet Redeformen aus den Bereichen der Weisheit, des Rechts und der Psalmen: längere, erörternde Reden mit überwiegend polemischem Charakter, die für »Streitgespräche« unter Weisheitslehrern und »Parteireden« im Gerichtsverfahren charakteristisch sind; Klagen (an Gott gerichtete Klagen, Sich-Beklagen, Verklagen der Gegner); auch fehlen nicht hymnische Elemente. Alle Einzelformen sind der Aussageabsicht des Buches dienstbar gemacht.

Der Hauptteil besteht in einer Auseinandersetzung mit dem im alten Israel verbreiteten Vergeltungsglauben, nach welchem es dem wirklich guten Menschen in seinem Leben gut, dem Sünder dagegen schlecht ergeht. Leid ist dann nur Strafe für begangene Sünden. Ijobs Freunde vertreten diese Ansicht; doch Ijob wehrt sich entschieden gegen ihre Annahme, auch er habe sich verfehlt und deshalb treffe ihn jetzt Gottes Strafe.

Schließlich wendet sich Ijob angesichts des Rätsels seines für ihn unverständlichen und ungerechtfertigten Leids an Gott selber als den Helfer, auf den allein er in seiner Not seine ganze Hoffnung setzt. Gott führt das Rätsel des Leidens des Gerechten keiner eigentlichen Lösung zu, vielmehr weist er Ijob auf sein Unvermögen hin, die Pläne Gottes zu durchschauen. Der Einblick in Gottes Absicht bei der Weltlenkung und in seinen Ratschluss, nach dem er Glück und Unglück, Freud und Leid zuteilt, bleibt dem Menschen versagt. So ergibt sich dann Ijob demütig in Gottes Willen. Er überwindet jeden Gedanken an einen ihm feindlich gesinnten und ihn ungerecht quälenden Gott zugunsten eines immer stärker werdenden Vertrauens auf den immer gerechten Gott, der nicht wie Ijobs Freunde den Menschen verurteilt, sondern ihn jenseits einer engherzigen Vergeltungsvorstellung annimmt und nach dem Leid (vgl. Kap. 19) zu sich führt.

Das Buch Ijob zeigt einen Menschen im Leid, der Gott immer größer als den Menschen sein lässt und sich ganz dieser Größe Gottes anheimgibt. Das Leid bleibt ein ungelöstes Rätsel, das sich aller vernunftgemäßen Erklärung entzieht. Aber durch das Leid stößt Gott neu zur Glaubensentscheidung an.

DIE RAHMENERZÄHLUNG: 1,1 – 2,10

Ijobs Rechtlichkeit: 1,1–5

1 Im Lande Uz lebte ein Mann mit Namen
Ijob. Dieser Mann war untadelig und
rechtschaffen; er fürchtete Gott und mied
das Böse. 2 Sieben Söhne und drei Töchter
wurden ihm geboren. 3 Er besaß siebentau-
send Stück Kleinvieh, dreitausend Kamele,
fünfhundert Joch Rinder und fünfhundert
Esel, dazu zahlreiches Gesinde. An Ansehen
übertraf dieser Mann alle Bewohner des Os-
tens. 4 Reihum hielten seine Söhne ein Gast-
mahl, ein jeder an seinem Tag in seinem
Haus. Dann schickten sie hin und luden auch
ihre Schwestern ein, mit ihnen zu essen und
zu trinken. 5 Wenn die Tage des Gastmahls
vorbei waren, schickte Ijob hin und entsühn-
te sie. Früh am Morgen stand er auf und
brachte so viele Brandopfer dar, wie er Kin-
der hatte. Denn Ijob sagte: Vielleicht haben
meine Kinder gesündigt und Gott gelästert
in ihrem Herzen. So tat Ijob jedes Mal.

1: Ez 14,14.20; Gen 22,12.

Zwei Bewährungsproben: 1,6 – 2,10

Der Verlust des Reichtums: 1,6–22

6 Nun geschah es eines Tages, da kamen
die Gottessöhne, um vor den Herrn hinzutre-
ten; unter ihnen kam auch der Satan. 7 Der
Herr sprach zum Satan: Woher kommst du?
Der Satan antwortete dem Herrn und
sprach: Die Erde habe ich durchstreift, hin
und her. 8 Der Herr sprach zum Satan: Hast
du auf meinen Knecht Ijob geachtet? Seines-
gleichen gibt es nicht auf der Erde, so unta-
delig und rechtschaffen, er fürchtet Gott und
meidet das Böse. 9 Der Satan antwortete dem
Herrn und sagte: Geschieht es ohne Grund,
dass Ijob Gott fürchtet? 10 Bist du es nicht,
der ihn, sein Haus und all das Seine ringsum
beschützt? Das Tun seiner Hände hast du ge-
segnet; sein Besitz hat sich weit ausgebreitet
im Land. 11 Aber streck nur deine Hand
gegen ihn aus und rühr an all das, was sein
ist; wahrhaftig, er wird dir ins Angesicht
fluchen.
12 Der Herr sprach zum Satan: Gut, all sein
Besitz ist in deiner Hand, nur gegen ihn
selbst streck deine Hand nicht aus! Darauf
ging der Satan weg vom Angesicht des
Herrn.
13 Nun geschah es eines Tages, dass seine
Söhne und Töchter im Haus ihres erstgebo-
renen Bruders aßen und Wein tranken. 14 Da
kam ein Bote zu Ijob und meldete: Die Rin-
der waren beim Pflügen und die Esel weide-
ten daneben. 15 Da fielen Sabäer ein, nahmen
sie weg und erschlugen die Knechte mit
scharfem Schwert. Ich ganz allein bin ent-
ronnen, um es dir zu berichten. 16 Noch ist
dieser am Reden, da kommt schon ein ande-
rer und sagt: Feuer Gottes fiel vom Himmel,
schlug brennend ein in die Schafe und
Knechte und verzehrte sie. Ich ganz allein
bin entronnen, um es dir zu berichten.
17 Noch ist dieser am Reden, da kommt schon
ein anderer und sagt: Die Chaldäer stellten
drei Rotten auf, fielen über die Kamele her,
nahmen sie weg und erschlugen die Knechte
mit scharfem Schwert. Ich ganz allein bin

1,1 Das Land Uz liegt vermutlich in Arabien (vgl. Gen 36,28; Klgl 4,21). Ijob ist ein schon früh belegter Name und bedeutet vielleicht »der Angefeindete«.
1,3 Die »Bewohner des Ostens« sind die Bewohner Arabiens.
1,5 In H steht für »lästern« euphemistisch »segnen«.
1,6 Die »Gottessöhne« werden in G mit den Engeln gleichgesetzt. Sie gehören zum Hofstaat Jahwes (vgl. 38,7). In Ps 29,1 wird dieselbe Wendung mit »die Himmlischen«, in Ps 82,1 und 89,7 mit »Götter« wiedergegeben.
1,11 Statt »fluchen« steht in H euphemistisch »segnen« (vgl. Anmerkung zu 1,5).
1,16 Feuer Gottes: der Blitz (vgl. 2 Kön 1,10).

entronnen, um es dir zu berichten. 18 Noch ist
dieser am Reden, da kommt schon ein ande-
rer und sagt: Deine Söhne und Töchter aßen
und tranken Wein im Haus ihres erstgebore-
nen Bruders. 19 Da kam ein gewaltiger Wind
über die Wüste und packte das Haus an allen
vier Ecken; es stürzte über die jungen Leute
und sie starben. Ich ganz allein bin entron-
nen, um es dir zu berichten. 20 Nun stand Ijob
auf, zerriss sein Gewand, schor sich das
Haupt, fiel auf die Erde und betete an.
21 Dann sagte er:

Nackt kam ich hervor aus dem Schoß mei-
ner Mutter; / nackt kehre ich dahin zurück. /
Der Herr hat gegeben, der Herr hat genom-
men; / gelobt sei der Name des Herrn.

22 Bei alldem sündigte Ijob nicht und äu-
ßerte nichts Ungehöriges gegen Gott.

6: Sach 3,1f • 21: Ps 22,10; Jes 44,2.

Der Verlust der Gesundheit: 2,1–10

2 Nun geschah es eines Tages, da kamen
die Gottessöhne, um vor den Herrn hin-
zutreten; unter ihnen kam auch der Satan,
um vor den Herrn hinzutreten. 2 Da sprach
der Herr zum Satan: Woher kommst du? Der
Satan antwortete dem Herrn: Die Erde habe
ich durchstreift, hin und her. 3 Der Herr
sprach zum Satan: Hast du auf meinen
Knecht Ijob geachtet? Seinesgleichen gibt es
nicht auf der Erde, so untadelig und recht-
schaffen; er fürchtet Gott und meidet das
Böse. Noch immer hält er fest an seiner
Frömmigkeit, obwohl du mich gegen ihn
aufgereizt hast, ihn ohne Grund zu verder-
ben. 4 Der Satan antwortete dem Herrn und
sagte: Haut um Haut! Alles, was der Mensch
besitzt, gibt er hin für sein Leben. 5 Doch
streck deine Hand aus und rühr an sein Ge-
bein und Fleisch; wahrhaftig, er wird dir ins
Angesicht fluchen. 6 Da sprach der Herr zum
Satan: Gut, er ist in deiner Hand. Nur schone
sein Leben! 7 Der Satan ging weg vom Ange-
sicht Gottes und schlug Ijob mit bösartigem
Geschwür von der Fußsohle bis zum Schei-
tel. 8 Ijob setzte sich mitten in die Asche und
nahm eine Scherbe, um sich damit zu scha-
ben. 9 Da sagte seine Frau zu ihm: Hältst du
immer noch fest an deiner Frömmigkeit?
Lästere Gott und stirb! 10 Er aber sprach zu
ihr: Wie eine Törin redet, so redest du. Neh-
men wir das Gute an von Gott, sollen wir
dann nicht auch das Böse annehmen? Bei all
dem sündigte Ijob nicht mit seinen Lippen.

DIE STREITREDEN: 2,11 – 31,40

Der Besuch der Freunde: 2,11–13

11 Die drei Freunde Ijobs hörten von all
dem Bösen, das über ihn gekommen war.
Und sie kamen, jeder aus seiner Heimat: Eli-
fas aus Teman, Bildad aus Schuach und Zo-
far aus Naama. Sie vereinbarten hinzuge-
hen, um ihm ihre Teilnahme zu bezeigen und
um ihn zu trösten.

12 Als sie von fern aufblickten, erkannten
sie ihn nicht; sie schrien auf und weinten. Je-
der zerriss sein Gewand; sie streuten Asche
über ihr Haupt gegen den Himmel. 13 Sie sa-
ßen bei ihm auf der Erde sieben Tage und
sieben Nächte; keiner sprach ein Wort zu
ihm. Denn sie sahen, dass sein Schmerz sehr
groß war.

11: Bar 3,23.

Ijobs Klage

Die Last des Lebens: 3,1–26

3 Danach tat Ijob seinen Mund auf und
verfluchte seinen Tag. 2 Ijob ergriff das
Wort und sprach:

3 Ausgelöscht sei der Tag, an dem ich gebo-
ren bin, / die Nacht, die sprach: Ein Mann ist
empfangen.

4 Jener Tag werde Finsternis, / nie frage
Gott von oben nach ihm, / nicht leuchte über
ihm des Tages Licht.

5 Einfordern sollen ihn Dunkel und Fins-
ternis, / Gewölk über ihn sich lagern, / Ver-
finsterung am Tag mache ihn schrecklich.

6 Jene Nacht, das Dunkel raffe sie hin-
weg, / sie reihe sich nicht in die Tage des

2,4 *»Haut für Haut« ist vielleicht eine sprichwörtliche Redewendung aus dem Tauschhandel.*

2,5 Vgl. die Anmerkung zu 1,11.

2,9 Vgl. die Anmerkung zu 1,5.

2,11 Die drei Städte liegen in Arabien.

3,5 Verfinsterung am Tag: Text korr.; H: Bitternisse des Tags.

3,6 sie reihe sich: Text korr. nach S und Vg; H: sie freue sich.

Jahres, / sie füge sich nicht zur Zahl der
Monde.
7 Ja, diese Nacht sei unfruchtbar, / kein
Jubel komme auf in ihr.
8 Verwünschen sollen sie die Verflucher
der Tage, / die es verstehen, den Levíatan zu
wecken.
9 Verfinstert seien ihrer Dämmerung Ster-
ne; / sie harre auf das Licht, jedoch um-
sonst; / die Wimpern der Morgenröte schaue
sie nicht.
10 Denn sie hat die Pforten / an meiner
Mutter Leib nicht verschlossen, / nicht das
Leid verborgen vor meinen Augen.
11 Warum starb ich nicht vom Mutterschoß
weg, / kam ich aus dem Mutterleib und ver-
schied nicht gleich?
12 Weshalb nur kamen Knie mir entgegen, /
wozu Brüste, dass ich daran trank?
13 Still läge ich jetzt und könnte rasten, /
entschlafen wäre ich und hätte Ruhe
14 bei Königen, bei Ratsherren im Land, /
die Grabkammern für sich erbauten,
15 oder bei Fürsten, reich an Gold, / die
ihre Häuser mit Silber gefüllt.
16 Wie die verscharrte Fehlgeburt wäre ich
nicht mehr, / Kindern gleich, die das Licht
nie geschaut.
17 Dort hören Frevler auf zu toben, / dort
ruhen aus, deren Kraft erschöpft ist.
18 Auch Gefangene sind frei von Sorgen, /
hören nicht mehr die Stimme des Treibers.
19 Klein und Groß ist dort beisammen, /
der Sklave ist frei von seinem Herrn.
20 Warum schenkt er dem Elenden Licht /
und Leben denen, die verbittert sind?
21 Sie warten auf den Tod, der nicht
kommt, / sie suchen ihn mehr als verborgene
Schätze.
22 Sie würden sich freuen über einen Hü-
gel; / fänden sie ein Grab, sie würden froh-
locken.
23 Wozu Licht für den Mann auf verborge-
nem Weg, / den Gott von allen Seiten ein-
schließt?
24 Bevor ich noch esse, kommt mir das
Seufzen, / wie Wasser strömen meine Klagen
hin.
25 Was mich erschreckte, das kam über
mich, / wovor mir bangte, das traf mich
auch.
26 Noch hatte ich nicht Frieden, nicht Rast,
nicht Ruhe, / fiel neues Ungemach mich
an.

1–12: Jer 20,14–18 • 11: 10,18f; Koh 4,2; 6,3 • 14: Jes 14,9–11; Ez 32,18–32 • 16: Ps 58,9 • 23: Klgl 3,2 • 24: Ps 42,4 • 25: Spr 10,24.

Die erste Rede des Elifas: 4,1–5,27

Die Vergeltung: 4,1–11

4 Da antwortete Elifas von Teman und
sprach:
2 Versucht man ein Wort an dich, ist es dir
lästig? / Doch die Rede aufzuhalten, wer ver-
mag es?
3 Sieh, viele hast du unterwiesen / und er-
schlaffte Hände stark gemacht.
4 Dem Strauchelnden halfen deine Worte
auf, / wankenden Knien gabst du Halt.
5 Nun kommt es über dich, da gibst du
auf, / nun fasst es dich an, da bist du ver-
stört.
6 Ist deine Gottesfurcht nicht deine Zuver-
sicht, / dein lauterer Lebensweg nicht deine
Hoffnung?
7 Bedenk doch! Wer geht ohne Schuld zu-
grunde? / Wo werden Redliche im Stich ge-
lassen?
8 Wohin ich schaue: Wer Unrecht pflügt, /
wer Unheil sät, der erntet es auch.
9 Durch Gottes Atem gehen sie zugrunde, /
sie schwinden hin im Hauch seines Zornes.
10 Des Löwen Brüllen, des Leuen Knur-
ren, / des Junglöwen Zähne werden ent-
täuscht.
11 Der Löwe verendet aus Mangel an Beu-
te, / die Jungen der Löwin zerstreuen sich.

7: Spr 12,21 • 10: Spr 28,15.

Ein Traum: 4,12–21

12 Zu mir hat sich ein Wort gestohlen, / ge-
flüstert hat es mein Ohr erreicht.
13 Im Grübeln und bei Nachtgesichten, /
wenn tiefer Schlaf die Menschen überfällt,
14 kam Furcht und Zittern über mich / und
ließ erschaudern alle meine Glieder.
15 Ein Geist schwebt an meinem Gesicht
vorüber, / die Haare meines Leibes sträuben
sich.
16 Er steht, ich kann sein Aussehen nicht
erkennen, / eine Gestalt nur vor meinen Au-
gen, / ich höre eine Stimme flüstern:
17 Ist wohl ein Mensch vor Gott gerecht, /
ein Mann vor seinem Schöpfer rein?
18 Selbst seinen Dienern traut er nicht, /
zeiht seine Engel noch des Irrtums.
19 Wie erst jene, die im Lehmhaus woh-
nen, / die auf den Staub gegründet sind; /
schneller als eine Motte werden sie zer-
drückt.
20 Vom Morgen bis zum Abend werden sie

3,8 Anklang an einen alten Mythos (vgl. Ps 74,14).

3,22 einen Hügel: Text korr.; H: ein Jauchzen.

zerschlagen, / für immer gehen sie zugrunde,
unbeachtet.
21 Wird nicht das Zelt über ihnen abgebro-
chen, / sodass sie sterben ohne Einsicht?
13: 33,15 • 16: 1 Kön 19,12 • 17: 15,14; Ps 143,2.

Die Verantwortlichkeit des Menschen: 5,1–7

5 Ruf doch! Ist einer, der dir Antwort
gibt? / An wen von den Heiligen willst
du dich wenden?
2 Den Toren bringt der Ärger um, / Leiden-
schaft tötet den Narren.
3 Wohl sah ich einen Toren Wurzel fassen, /
doch plötzlich musste ich seine Wohnstatt
verwünschen.
4 Weit weg vom Heil sind seine Kinder, /
werden zertreten im Tor, sind ohne Helfer.
5 Seine Ernte verzehrt der Hungernde, /
selbst aus Dornen holt er sie heraus, / Durs-
tige lechzen nach seinem Gut.
6 Denn nicht aus dem Staub geht Unheil
hervor, / nicht aus dem Ackerboden sprosst
die Mühsal,
7 sondern der Mensch ist zur Mühsal gebo-
ren, / wie Feuerfunken, die hochfliegen.
1: Ps 89,6 • 4: Ps 109,10 • 7: Gen 3,17–19.

Die Unterwerfung unter Gott: 5,8–27

8 Ich aber, ich würde Gott befragen / und
Gott meine Sache vorlegen,
9 der Großes und Unergründliches tut, /
Wunder, die niemand zählen kann.
10 Er spendet Regen über die Erde hin /
und sendet Wasser auf die weiten Fluren,
11 um Niedere hoch zu erheben, / damit
Trauernde glücklich werden.
12 Er zerbricht die Ränke der Listigen, /
damit ihre Hände nichts Rechtes vollbrin-
gen.
13 Weise fängt er in ihrer List, / damit der
Schlauen Plan sich überstürzt.
14 Am hellen Tag stoßen sie auf Finster-
nis, / am Mittag tappen sie umher wie in der
Nacht.
15 Er rettet vor dem Schwert ihres Mun-
des, / aus der Hand des Starken den Ar-
men.
16 Hoffnung wird den Geringen zuteil, / die
Bosheit muss ihr Maul verschließen.
17 Ja, wohl dem Mann, den Gott zurecht-
weist. / Die Zucht des Allmächtigen ver-
schmähe nicht!
18 Denn er verwundet und er verbindet, / er
schlägt, doch seine Hände heilen auch.
19 In sechs Drangsalen wird er dich ret-
ten, / in sieben rührt kein Leid dich an.
20 In Hungerzeiten rettet er dich vom
Tod, / im Krieg aus der Gewalt des Schwer-
tes.
21 Du bist geborgen vor der Geißel der
Zunge, / brauchst nicht zu bangen, dass Ver-
wüstung kommt.
22 Über Verwüstung und Hunger kannst
du lachen, / von wilden Tieren hast du nichts
zu fürchten.
23 Mit den Steinen des Feldes bist du ver-
bündet, / die Tiere des Feldes werden Frie-
den mit dir halten.
24 Du wirst erfahren, dass dein Zelt in
Frieden bleibt; / prüfst du dein Heim, so
fehlt dir nichts.
25 Du wirst erfahren, dass deine Nachkom-
men zahlreich sind, / deine Sprösslinge wie
das Gras der Erde.
26 Bei voller Kraft steigst du ins Grab, / wie
man Garben einbringt zu ihrer Zeit.
27 Ja, das haben wir erforscht, so ist es. /
Wir haben es gehört. Nimm auch du es an!
9: 9,10 • 11: 1 Sam 2,7f • 14: Joh 12,35 • 16: Ps 107,42 • 17: Ps 94,12 • 18: Dtn 32,39 • 20: Ps 33,19 • 21: Ps 12,3–5 • 23: Jes 11,6–8; Hos 2,20 • 25: Dtn 28,4.11.

Ijobs Gegenrede: 6,1 – 7,21

Das unerträgliche Los: 6,1–13

6 Da antwortete Ijob und sprach:
2 Ach, würde doch mein Gram gewo-
gen, / legte man auf die Waage auch mein
Leid!
3 Denn nun ist es schwerer als der Sand
des Meeres, / darum reden meine Worte
irr.
4 Die Pfeile des Allmächtigen stecken in
mir, / mein Geist hat ihr Gift getrunken, /
Gottes Schrecken stellen sich gegen mich.
5 Schreit denn der Wildesel beim Gras /
oder brüllt der Stier bei seinem Futter?
6 Isst man denn ungesalzene Speise? / Wer
hat Geschmack an fadem Schleim?
7 Ich sträube mich, daran zu rühren, / das
alles ist mir wie verdorbenes Brot.
8 Käme doch, was ich begehre, / und gäbe
Gott, was ich erhoffe.
9 Und wollte Gott mich doch zermalmen, /

5,1 Die »Heiligen« sind die Engel im Hofstaat Gottes (vgl. die Anmerkung zu 1,6).
5,4 Das Stadttor ist der Ort der Gerichtsverhandlung.
5,27 Wir haben es gehört: Text korr. nach G und S; H: Hör es!
6,7b Text korr.; H: Diese sind wie die Krankheit meines Brotes.

seine Hand erheben, um mich abzuschneiden.

10 Das wäre noch ein Trost für mich; / ich hüpfte auf im Leid, mit dem er mich nicht schont. / Denn ich habe die Worte des Heiligen nicht verleugnet.

11 Was ist meine Kraft, dass ich aushalten könnte, / wann kommt mein Ende, dass ich mich gedulde?

12 Ist meine Kraft denn Felsenkraft, / ist mein Fleisch denn aus Erz?

13 Gibt es keine Hilfe mehr für mich, / ist mir jede Rettung entschwunden?

4: Ps 38,3; 88,16.

Die Enttäuschung über die Freunde: 6,14–30

14 Des Freundes Liebe gehört dem Verzagten, / auch wenn er den Allmächtigen nicht mehr fürchtet.

15 Meine Brüder sind trügerisch wie ein Bach, / wie Wasserläufe, die verrinnen;

16 trüb sind sie vom Eis, / wenn über ihnen der Schnee schmilzt.

17 Zur Zeit der Hitze versiegen sie; / wenn es heiß wird, verdunsten sie in ihrem Bett.

18 Karawanen biegen ab vom Weg, / folgen ihnen in die Wüste und kommen um.

19 Nach ihnen spähen Karawanen aus Tema, / auf sie vertrauen Handelszüge aus Saba.

20 In ihrer Hoffnung werden sie betrogen, / kommen hin und sind enttäuscht.

21 So seid ihr jetzt ein Nein geworden: / Ihr schaut das Entsetzliche und schaudert.

22 Habe ich denn gesagt: Gebt mir etwas, / von eurem Vermögen zahlt für mich?

23 Rettet mich aus dem Griff des Bedrängers, / kauft mich los aus der Hand der Tyrannen!

24 Belehrt mich, so werde ich schweigen; / worin ich fehlte, macht mir klar!

25 Wie wurden redliche Worte verhöhnt, / was kann euer Tadel rügen?

26 Gedenkt ihr, Worte zu tadeln? / Spricht der Verzweifelte in den Wind?

27 Selbst um ein Waisenkind würdet ihr würfeln, / sogar euren Freund verschachern.

28 Habt endlich die Güte, wendet euch mir zu, / ich lüge euch nicht ins Gesicht.

29 Kehrt um, kein Unrecht soll geschehen, / kehrt um, noch bin ich im Recht.

30 Ist denn Unrecht auf meiner Zunge / oder schmeckt mein Gaumen das Schlechte nicht?

15: Jer 15,18 • 19: Jes 21,14.

Die Not des Lebens: 7,1–10

7 Ist nicht Kriegsdienst des Menschen Leben auf der Erde? / Sind nicht seine Tage die eines Tagelöhners?

2 Wie ein Knecht ist er, der nach Schatten lechzt, / wie ein Tagelöhner, der auf den Lohn wartet.

3 So wurden Monde voll Enttäuschung mein Erbe / und Nächte voller Mühsal teilte man mir zu.

4 Lege ich mich nieder, sage ich: / Wann darf ich aufstehn? / Wird es Abend, bin ich gesättigt mit Unrast, bis es dämmert.

5 Mein Leib ist gekleidet in Maden und Schorf, / meine Haut schrumpft und eitert.

6 Schneller als das Weberschiffchen eilen meine Tage, / der Faden geht aus, sie schwinden dahin.

7 Denk daran, dass mein Leben nur ein Hauch ist. / Nie mehr schaut mein Auge Glück.

8 Kein Auge gewahrt mich, das nach mir sieht, / suchen mich deine Augen, dann bin ich nicht mehr da.

9 Die Wolke schwindet, vergeht, / so steigt nie mehr auf, wer zur Unterwelt fuhr.

10 Nie kehrt er zurück in sein Haus, / nie mehr erblickt ihn sein Ort.

1: 14,14 • 4: Koh 2,23; Sir 40,5 • 6: Ps 39,6; Jes 38,12 • 7: Ps 78,39 • 9: Weish 2,4.

Die unbegreifliche Heimsuchung: 7,11–21

11 So wehre ich nicht meinem Mund, / mit bedrängtem Geist will ich reden, / mit betrübter Seele will ich klagen.

12 Bin ich das Meer, der Meeresdrache, / dass du gegen mich eine Wache stellst?

13 Sagte ich: Mein Lager soll mich trösten, / mein Bett trage das Leid mit mir!,

14 so quältest du mich mit Träumen / und mit Gesichten jagtest du mich in Angst.

15 Erwürgt zu werden, zöge ich vor, / den Tod diesem Totengerippe.

16 Ich mag nicht mehr. Ich will nicht ewig

6,14 Übersetzung unsicher.
6,16b schmilzt, wörtlich: sich verbirgt.
6,18a Karawanen biegen ab vom Weg: Text korr.; H: Es werden abgebogen die Pfade ihres (= der Bäche) Weges.
6,25a Andere Übersetzungsmöglichkeit: Wie können redliche Worte kränkend sein?
7,5b Text korr.; H: meine Hand schrumpft und wird verworfen.
7,6b Text korr.; H: sie gehen zu Ende ohne Hoffnung.
7,12 Anklang an einen alten Mythos (vgl. 3,8).

leben. / Lass ab von mir; denn nur ein Hauch
sind meine Tage.
17 Was ist der Mensch, dass du groß ihn
achtest / und deinen Sinn auf ihn richtest,
18 dass du ihn musterst jeden Morgen / und
jeden Augenblick ihn prüfst?
19 Wie lange schon schaust du nicht weg
von mir, / lässt mich nicht los, sodass ich den
Speichel schlucke?
20 Hab ich gefehlt? / Was tat ich dir, du
Menschenwächter? / Warum stellst du mich
vor dich als Zielscheibe hin? / Bin ich dir
denn zur Last geworden?
21 Warum nimmst du mein Vergehen nicht
weg, / lässt du meine Schuld nicht nach? /
Dann könnte ich im Staub mich betten; /
suchtest du mich, wäre ich nicht mehr da.

15: Tob 3,6 • 16: Ps 144,4 • 17: Ps 144,3 • 18: Ps 17,3; 139 • 19: Ps 39,14.

Die erste Rede Bildads: 8,1–22

Das Gesetz der Vergeltung: 8,1–7

8 Da antwortete Bildad von Schuach und
sprach:
2 Wie lange noch willst du derlei reden? /
Nur heftiger Wind sind die Worte deines
Mundes.
3 Beugt etwa Gott das Recht / oder beugt
der Allmächtige die Gerechtigkeit?
4 Haben deine Kinder gefehlt gegen ihn, /
gab er sie der Gewalt ihres Frevels preis.
5 Wenn du mit Eifer Gott suchst, / an den
Allmächtigen dich flehend wendest,
6 wenn du rein bist und recht, / dann wird
er über dich wachen, / dein Heim herstellen,
wie es dir zusteht.
7 Und war dein Anfang auch gering, / dein
Ende wird gewaltig groß.

3: 34,10–12; Dtn 32,4.

Das Zeugnis der Erfahrung: 8,8–22

8 Ja, frag nur das frühere Geschlecht / und
merk dir, was die Väter erforschten.
9 Wir sind von gestern nur und wissen
nichts, / wie Schatten sind auf Erden unsre
Tage.
10 Unterweisen sie dich nicht, sprechen sie
nicht zu dir, / geben sie dir nicht Worte aus
ihrem Herzen:
11 Wächst ohne Sumpf das Schilfrohr
hoch, / wird Riedgras ohne Wasser groß?
12 In Blüte und noch nicht gemäht, / ver-
welkt es schon vor allem Gras.
13 So enden alle, die Gott vergessen, / des
Ruchlosen Hoffen wird zunichte.
14 Ein Spinngewebe ist seine Zuversicht, /
ein Spinnennetz sein Verlass.
15 Stützt er sich auf sein Haus, es hält nicht
stand, / klammert er sich daran, es bleibt
nicht stehen.
16 Er steht im Saft vor der Sonne, / seine
Zweige überwuchern den Garten,
17 im Geröll verflechten sich seine Wur-
zeln, / zwischen Steinen halten sie sich
fest.
18 Doch Gott tilgt ihn aus an seiner Stät-
te, / sie leugnet ihn: Nie habe ich dich gese-
hen.
19 Siehe, das ist die Freude seines Weges /
und ein anderer sprießt aus dem Staub.
20 Ja, Gott verschmäht den Schuldlosen
nicht, / die Hand der Boshaften aber hält er
nicht fest.
21 Mit Lachen wird er deinen Mund noch
füllen, / deine Lippen mit Jubel.
22 Deine Hasser werden sich kleiden in
Schmach, / das Zelt der Frevler besteht nicht
mehr.

8: 15,18; Ps 78,3f • 13: Spr 10,28 • 22: Ps 6,11; Spr 14,11.

Ijobs Gegenrede: 9,1 – 10,22

Gottes Macht: 9,1–13

9 Da antwortete Ijob und sprach:
2 Wahrhaftig weiß ich, dass es so ist: /
Wie wäre ein Mensch bei Gott im Recht!
3 Wenn er mit ihm rechten wollte, / nicht
auf eins von tausend könnt er ihm Rede ste-
hen.
4 Weisen Sinnes und stark an Macht – / wer
böte ihm Trotz und bliebe heil?
5 Er versetzt Berge; sie merken es nicht, /
dass er in seinem Zorn sie umstürzt.
6 Er erschüttert die Erde an ihrem Ort, /
sodass ihre Säulen erzittern.
7 Er spricht zur Sonne, sodass sie nicht
strahlt, / er versiegelt die Sterne.
8 Er spannt allein den Himmel aus / und
schreitet einher auf den Höhen des Mee-
res.
9 Er schuf das Sternbild des Bären, den
Orion, / das Siebengestirn, die Kammern des
Südens.

7,20d dir zur Last: H: mir zu Last.
8,13a Wörtlich: So sind die Wege aller.
9,6 Die Erde steht nach israelitischer Anschauung auf Säulen (vgl. Ps 75,4).

10 Er schuf so Großes, es ist nicht zu erforschen, / Wunderdinge, sie sind nicht zu zählen.
11 Zieht er an mir vorüber, ich seh ihn nicht, / fährt er daher, ich merk ihn nicht.
12 Rafft er hinweg, wer hält ihn zurück? / Wer darf zu ihm sagen: Was tust du da?
13 Gott hält seinen Zorn nicht zurück, / unter ihm mussten selbst Rahabs Helfer sich beugen.

2: Ps 143,2 • 5: Ps 46,3; Jes 13,13 • 7: Bar 3,34f • 9: Am 5,8 • 10: 5,9 • 11: 23,8f • 12: Weish 12,12 • 13: 26,12; Ps 89,11.

Die Ohnmacht des Menschen: 9,14–35

14 Wie sollte denn ich ihm entgegnen, / wie meine Worte gegen ihn wählen?
15 Und wär ich im Recht, ich könnte nichts entgegnen, / um Gnade müsste ich bei meinem Richter flehen.
16 Wollte ich rufen, würde er mir Antwort geben? / Ich glaube nicht, dass er auf meine Stimme hört.
17 Er, der im Sturm mich niedertritt, / ohne Grund meine Wunden mehrt,
18 er lässt mich nicht zu Atem kommen, / er sättigt mich mit Bitternis.
19 Geht es um Kraft, er ist der Starke, / geht es um Recht, wer lädt mich vor?
20 Wär ich im Recht, mein eigener Mund spräche mich schuldig, / wäre ich gerade, er machte mich krumm.
21 Schuldlos bin ich, doch achte ich nicht auf mich, / mein Leben werfe ich hin.
22 Einerlei; so sag ich es denn: / Schuldlos wie schuldig bringt er um.
23 Wenn die Geißel plötzlich tötet, / spottet er über der Schuldlosen Angst.
24 Die Erde ist in Frevlerhand gegeben, / das Gesicht ihrer Richter deckt er zu. / Ist er es nicht, wer ist es dann?
25 Schneller als ein Läufer eilen meine Tage, / sie fliehen dahin und schauen kein Glück.
26 Sie gleiten vorbei wie Kähne aus Schilf, / dem Adler gleich, der auf Beute stößt.
27 Sage ich: Ich will meine Klage vergessen, / meine Miene ändern und heiter blicken!,
28 so graut mir vor all meinen Schmerzen; / ich weiß, du sprichst mich nicht frei.
29 Ich muss nun einmal schuldig sein, / wozu müh ich mich umsonst?
30 Wollte ich auch mit Schnee mich waschen, / meine Hände mit Lauge reinigen,
31 du würdest mich doch in die Grube tauchen, / sodass meinen Kleidern vor mir ekelt.
32 Denn du bist kein Mensch wie ich, / dem ich entgegnen könnte: / Lasst uns zusammen zum Gericht gehen!
33 Gäbe es doch einen Schiedsmann zwischen uns! / Er soll seine Hand auf uns beide legen.
34 Er nehme von mir seine Rute, / sein Schrecken soll mich weiter nicht ängstigen;
35 dann will ich reden, ohne ihn zu fürchten. / Doch so ist es nicht um mich bestellt.

22: Koh 9,2 • 25: Weish 5,9 • 30: Ps 51,9; Jes 1,18; Jer 2,22 • 32: Koh 6,10 • 34: 13,21.

Ijobs Klage: 10,1–22

10 Zum Ekel ist mein Leben mir geworden, / ich lasse meiner Klage freien Lauf, / reden will ich in meiner Seele Bitternis.
2 Ich sage zu Gott: Sprich mich nicht schuldig, / lass mich wissen, warum du mich befehdest.
3 Nützt es dir, dass du Gewalt verübst, / dass du das Werk deiner Hände verwirfst, / doch über dem Plan der Frevler aufstrahlst?
4 Hast du die Augen eines Sterblichen, / siehst du, wie Menschen sehen?
5 Sind Menschentage deine Tage gleich / und deine Jahre wie des Mannes Tage,
6 dass du Schuld an mir suchst, / nach meiner Sünde fahndest,
7 obwohl du weißt, dass ich nicht schuldig bin / und keiner mich deiner Hand entreißt?
8 Deine Hände haben mich gebildet, mich gemacht; / dann hast du dich umgedreht und mich vernichtet.
9 Denk daran, dass du wie Ton mich geschaffen hast. / Zum Staub willst du mich zurückkehren lassen.
10 Hast du mich nicht ausgegossen wie Milch, / wie Käse mich gerinnen lassen?
11 Mit Haut und Fleisch hast du mich umkleidet, / mit Knochen und Sehnen mich durchflochten.
12 Leben und Huld hast du mir verliehen, / deine Obhut schützte meinen Geist.
13 Doch verbirgst du dies in deinem Herzen; / ich weiß, das hattest du im Sinn.

9,13 Rahab ist Name für das Urchaos oder für das mythische Chaosmeer.
10,8b dann hast du dich umgedreht: Text korr. nach G.
10,10 Nach der hier ausgesprochenen Vorstellung entsteht das Kind im Mutterleib durch die Gerinnung des Mutterblutes unter dem Einfluss des männlichen Samens.

14 Sündige ich, wirst du mich bewachen, / mich nicht freisprechen von meiner Schuld.
15 Wenn ich schuldig werde, dann wehe mir! / Bin ich aber im Recht, darf ich das Haupt nicht erheben, / bin gesättigt mit Schmach und geplagt mit Kummer.
16 Erhebe ich es doch, jagst du mich wie ein Löwe / und verhältst dich wieder wunderbar gegen mich.
17 Neue Zeugen stellst du gegen mich, / häufst deinen Unwillen gegen mich, / immer neue Heere führst du gegen mich.
18 Warum ließest du mich aus dem Mutterschoß kommen, / warum verschied ich nicht, ehe mich ein Auge sah?
19 Wie nie gewesen wäre ich dann, / vom Mutterleib zum Grab getragen.
20 Sind wenig nicht die Tage meines Lebens? / Lass ab von mir, damit ich ein wenig heiter blicken kann,
21 bevor ich fortgehe ohne Wiederkehr / ins Land des Dunkels und des Todesschattens,
22 ins Land, so finster wie die Nacht, / wo Todesschatten herrscht und keine Ordnung, / und wenn es leuchtet, ist es wie tiefe Nacht.

4: 1 Sam 16,7 • 7: 33,9 • 8: Gen 2,7 • 10: Ps 139,13.15 • 16: Jes 38,13 • 18: 3,11–16; Koh 4,2 • 20: 7,7; 14,1; Ps 39,14 • 21: 16,22; Ps 49,20.

Die erste Rede Zofars: 11,1–20

Die Größe Gottes: 11,1–12

11 Da antwortete Zofar von Naama und sprach:
2 Soll dieser Wortschwall ohne Antwort bleiben / und soll der Maulheld Recht behalten?
3 Dein Geschwätz lässt Männer schweigen, / du darfst spotten, ohne dass einer dich beschämt.
4 Du sagtest: Rein ist meine Lehre / und lauter war ich stets in deinen Augen.
5 O, dass Gott doch selber spräche, / seine Lippen öffnete gegen dich.
6 Er würde dich der Weisheit Tiefen lehren, / dass sie wie Wunder sind für den klugen Verstand. / Wisse, dass Gott dich zur Rechenschaft zieht in deiner Schuld.
7 Die Tiefen Gottes willst du finden, / bis zur Vollkommenheit des Allmächtigen vordringen?
8 Höher als der Himmel ist sie, was machst du da? / Tiefer als die Unterwelt, was kannst du wissen?
9 Länger als die Erde ist ihr Maß, / breiter ist sie als das Meer.
10 Wenn er daherfährt und gefangen nimmt, / wenn er zusammentreibt, wer hält ihn ab?
11 Denn er kennt die falschen Leute, / sieht das Unrecht und nimmt es wahr.
12 Kommt denn ein Hohlkopf zur Besinnung, / wird ein Wildesel als ein Mensch geboren?

6: 32,13; Sir 4,18; Röm 11,33 • 7: Ps 139,17 • 8: Ps 139,8 • 12: 39,5–8.

Die Aufgabe des Menschen: 11,13–20

13 Wenn du selbst dein Herz in Ordnung bringst / und deine Hände zu ihm ausbreitest –
14 wenn Unrecht klebt an deiner Hand, entfern es / und lass nicht Schlechtigkeit in deinem Zelte wohnen! –,
15 dann kannst du makellos deine Augen erheben, / fest stehst du da und brauchst dich nicht zu fürchten.
16 Dann wirst du auch das Ungemach vergessen, / du denkst daran wie an Wasser, das verlief.
17 Heller als der Mittag erhebt sich dann dein Leben, / die Dunkelheit wird wie der Morgen sein.
18 Du fühlst dich sicher, weil noch Hoffnung ist; / geborgen bist du, du kannst in Ruhe schlafen.
19 Du kannst dich lagern, ohne dass jemand dich schreckt, / und viele mühen sich um deine Gunst.
20 Doch der Frevler Augen verschmachten, / jede Zuflucht schwindet ihnen; / ihr Hoffen ist, das Leben auszuhauchen.

16: Ps 58,8 • 17: 17,12.

Ijobs Gegenrede: 12,1 – 14,22

Das Schweigen Gottes: 12,1–6

12 Da antwortete Ijob und sprach:
2 Wahrhaftig, ihr seid besondere

10,15c geplagt mit Kummer: Text korr.; H: sieh mein Elend!
10,17 H ist unsicher überliefert.
10,20a Tage meines Lebens: Text korr. nach G.
11,6bc Wunder: Text korr. – dass Gott dich zur Rechenschaft zieht: Text korr.; H: dass Gott deiner Schuld Vergessen schenkt.
11,8 Höher als: Text korr.
11,14b in deinem Zelte: Text korr.; in H Mehrzahl.
11,18b geborgen bist du: Text korr.

Leute / und mit euch stirbt die Weisheit aus.
3 Ich habe auch Verstand wie ihr, / ich falle
nicht ab im Vergleich mit euch. / Wer wüsste
wohl dergleichen nicht?
4 Zum Spott für die eigenen Freunde soll
ich sein, / ich, der Gott anruft, dass er mich
hört, / ein Spott der Fromme, der Gerechte.
5 Dem Unglück Hohn! So denkt, wer ohne
Sorge ist, / wer fest sich weiß, wenn Füße
wanken.
6 In Ruhe sind der Gewaltmenschen Zelte, / voll Sicherheit sind sie, die Gott erzürnen, / die wähnen, Gott mit ihrer Hand zu
greifen.

3: 13,2 • 5: Ps 123,4.

Das unbegreifliche Walten Gottes: 12,7–25

7 Doch frag nur die Tiere, sie lehren es
dich, / die Vögel des Himmels, sie künden es
dir.
8 Rede zur Erde, sie wird dich lehren, / die
Fische des Meeres erzählen es dir.
9 Wer wüsste nicht bei alledem, / dass die
Hand des Herrn dies gemacht hat?
10 In seiner Hand ruht die Seele allen Lebens / und jeden Menschenleibes Geist.
11 Darf nicht das Ohr die Worte prüfen, /
wie mit dem Gaumen man die Speisen
schmeckt?
12 Findet sich bei Greisen wirklich Weisheit / und ist langes Leben schon Einsicht?
13 Bei ihm allein ist Weisheit und Heldenkraft, / bei ihm sind Rat und Einsicht.
14 Wenn er einreißt, baut keiner wieder
auf; / wen er einschließt, dem wird nicht
mehr geöffnet.
15 Wenn er die Wasser dämmt, versiegen
sie, / lässt er sie frei, zerwühlen sie das
Land.
16 Bei ihm ist Macht und Klugheit, / sein
ist, wer irrt und wer irreführt.
17 Er lässt Ratsherren barfuß gehen, / Richter macht er zu Toren.
18 Fesseln von Königen löst er auf / und
bindet einen Gurt um ihre Hüften.
19 Er lässt Priester barfuß gehen, / alte Geschlechter bringt er zu Fall.
20 Das Wort entzieht er den Bewährten, /
den Ältesten nimmt er die Urteilskraft.
21 Verachtung gießt er auf die Edlen, / den
Starken lockert er den Gurt.
22 Verborgenes enthüllt er aus dem Dunkel, / Finsternis führt er ans Licht.
23 Völker lässt er wachsen und tilgt sie
aus; / er breitet Völker aus und rafft sie dann
hinweg.
24 Den Häuptern des Landes nimmt er den
Verstand, / lässt sie irren in wegloser Wüste.
25 Sie tappen umher im Dunkel ohne
Licht, / er lässt sie irren wie Trunkene.

10: Weish 7,16 • 11: 34,3 • 13: Spr 8,14; Dan 2,20 • 14: Ps 127,1; Jes 22,22 • 19: Lk 1,52 • 21: Ps 107,40.

Das leere Gerede der Freunde: 13,1–12

13 Seht, all das hat mein Auge gesehen, / mein Ohr gehört und wohl gemerkt.
2 Was ihr wisst, weiß ich auch; / ich falle
nicht ab im Vergleich mit euch.
3 Doch ich will zum Allmächtigen reden, /
mit Gott zu rechten ist mein Wunsch.
4 Ihr aber seid nur Lügentüncher, / untaugliche Ärzte alle.
5 Dass ihr endlich schweigen wolltet; / das
würde Weisheit für euch sein.
6 Hört doch meinen Rechtsbeweis, / merkt
auf die Streitreden meiner Lippen!
7 Wollt ihr für Gott Verkehrtes reden / und
seinetwegen Lügen sprechen?
8 Wollt ihr für ihn Partei ergreifen, / für
Gott den Rechtsstreit führen?
9 Ginge es gut, wenn er euch durchforschte, / könnt ihr ihn täuschen, wie man Menschen täuscht?
10 In harte Zucht wird er euch nehmen, /
wenn ihr heimlich Partei ergreift.
11 Wird seine Hoheit euch nicht schrecken, / nicht Schrecken vor ihm euch überfallen?
12 Eure Merksätze sind Sprüche aus
Staub, / eure Schilde Schilde aus Lehm.

2: 12,3.

Die Verteidigung der eigenen Unschuld: 13,13–28

13 Schweigt vor mir, damit ich reden
kann. / Dann komme auf mich, was mag.
14 Meinen Leib nehme ich zwischen die
Zähne, / in meine Hand leg ich mein Leben.
15 Er mag mich töten, ich harre auf ihn; /
doch meine Wege verteidige ich vor ihm.
16 Schon das wird mir zum Heile dienen, /
kein Ruchloser kommt ja vor sein Angesicht.
17 Hört nun genau auf meine Rede, / was
ich erkläre vor euren Ohren.
18 Seht, ich bringe den Rechtsfall vor; / ich
weiß, ich bin im Recht.
19 Wer ist es, der mit mir streitet? / Gut,

12,18a Fesseln: H (mit anderer Vokalisierung): Zucht.
12,23b rafft sie dann hinweg: Text korr.
13,14 Sinn: Ich riskiere mein Leben.

dann will ich schweigen und verscheiden.
20 Zwei Dinge nur tu mir nicht an, / dann
verberge ich mich nicht vor dir:
21 Zieh deine Hand von mir zurück; / nicht
soll die Angst vor dir mich schrecken.
22 Dann rufe und ich will Rede stehen /
oder ich rede und du antworte mir!
23 Wie viel habe ich an Sünden und Verge-
hen? / Meine Schuld und mein Vergehen sag
mir an!
24 Warum verbirgst du dein Angesicht /
und siehst mich an als deinen Feind?
25 Verwehtes Laub willst du noch scheu-
chen, / dürre Spreu noch forttreiben?
26 Denn Bitterkeit verschreibst du mir, /
teilst mir die Sünden meiner Jugend zu.
27 In den Block legst du meine Füße, / du
überwachst auch alle meine Pfade / und
zeichnest einen Strich um meiner Füße Soh-
len.
28 Er selbst zerfällt wie Verfaultes, / dem
Kleide gleich, das die Motte fraß.

24: Ps 44,25; 88,15; Ijob 33,10 • 25: Ps 83,14 • 26: Ps 25,7 • 27: 33,11 • 28: Ps 39,12; Jes 50,9; 51,8.

Ijobs Hoffnungslosigkeit: 14,1–22

14 Der Mensch, vom Weib geboren, /
knapp an Tagen, unruhvoll,
2 er geht wie die Blume auf und welkt, /
flieht wie ein Schatten und bleibt nicht be-
stehen.
3 Doch über ihm hältst du dein Auge of-
fen / und ihn bringst du ins Gericht mit
dir.
4 Kann denn ein Reiner von Unreinem
kommen? / Nicht ein Einziger.
5 Wenn seine Tage fest bestimmt sind /
und die Zahl seiner Monde bei dir, / wenn du
gesetzt hast seine Grenzen, / sodass er sie
nicht überschreitet,
6 schau weg von ihm! Lass ab, / damit er
seines Tags sich freue wie ein Tagelöhner.
7 Denn für den Baum besteht noch Hoff-
nung, / ist er gefällt, so treibt er wieder, / sein
Sprössling bleibt nicht aus.
8 Wenn in der Erde seine Wurzel altert
und / sein Stumpf im Boden stirbt,
9 vom Dunst des Wassers sprosst er wie-
der / und wie ein Setzling treibt er Zweige.
10 Doch stirbt ein Mann, so bleibt er kraft-
los, / verscheidet ein Mensch, wo ist er
dann?
11 Die Wasser schwinden aus dem Meer, /
der Strom vertrocknet und versiegt.
12 So legt der Mensch sich hin, steht nie
mehr auf; / die Himmel werden vergehen, eh'
er erwacht, / eh' er aus seinem Schlaf ge-
weckt wird.
13 Dass du mich in der Unterwelt versteck-
test, / mich bergen wolltest, bis dein Zorn
sich wendet, / ein Ziel mir setztest und dann
an mich dächtest!
14 Wenn einer stirbt, lebt er dann wieder
auf? / Alle Tage meines Kriegsdienstes
harrte ich, / bis einer käme, um mich abzulö-
sen.
15 Du riefest und ich gäbe Antwort, / du
sehntest dich nach deiner Hände Werk.
16 Dann würdest du meine Schritte zäh-
len, / auf meinen Fehltritt nicht mehr ach-
ten.
17 Versiegelt im Beutel wäre mein Verge-
hen, / du würdest meinen Frevel übertün-
chen.
18 Jedoch der Berg, der fällt, zergeht, / von
seiner Stätte rückt der Fels.
19 Das Wasser zerreibt Steine, / Platzregen
spült das Erdreich fort; / so machst du das
Hoffen des Menschen zunichte.
20 Du bezwingst ihn für immer, so geht er
dahin, / du entstellst sein Gesicht und
schickst ihn fort.
21 Sind seine Kinder in Ehren, er weiß es
nicht; / sind sie verachtet, er merkt es
nicht.
22 Sein Leib fühlt nur die eigenen Schmer-
zen, / seine Seele trauert nur um sich
selbst.

1: 10,20; Ps 39,5 • 2: Ps 90,5f; Koh 6,12 • 4: 4,17; 15,14; 25,4; Ps 51,7 • 5: Ps 39,6; 139,16 • 6: Ps 39,14 • 7: 19,10; Jes 6,13 • 10: Koh 3,21 • 11: Jes 19,5 • 13: Jes 26,20 • 14: 7,1 • 16: 10,6 • 20: 21,21.

Die zweite Rede des Elifas: 15,1–35

Die Sündigkeit aller Menschen: 15,1–16

15 Da antwortete Elifas von Teman und
sprach:
2 Gibt ein Weiser windige Kunde zur Ant-
wort, / füllt er sein Inneres mit Ostwind an,
3 um zu rechten mit Gerede, das nichts
taugt, / mit Worten, in denen kein Nutzen
liegt?
4 Du brichst sogar die Gottesfurcht, / zer-
störst das Besinnen vor Gott.
5 Denn deine Schuld belehrt deinen
Mund, / die Sprache der Listigen hast du ge-
wählt.
6 Dein eigener Mund verurteilt dich, nicht
ich, / deine Lippen zeugen gegen dich.

13,28 Der Vers leitet 14,1–6 ein.

14,3b und ihn: Text korr. nach G, S, Vg; H: und mich.

7 Bist du als erster Mensch geboren, /
kamst du zur Welt noch vor den Hügeln?
8 Hast du gelauscht im Rate Gottes / und
die Weisheit an dich gerissen?
9 Was weißt du, das wir nicht wissen, / verstehst du, was uns nicht bekannt ist?
10 Auch unter uns sind Alte, sind Ergraute, / die älter sind an Tagen als dein Vater.
11 Ist zu gering dir Gottes Tröstung, / ein
Wort, das sanft mit dir verfährt?
12 Wie reißt doch dein Herz dich fort, / wie
überheben sich deine Augen,
13 dass gegen Gott deinen Zorn du wendest / und Worte (gegen ihn) aus deinem
Mund stößt?
14 Was ist der Mensch, dass rein er wäre, /
der vom Weib Geborene, dass er im Recht
sein könnte?
15 Sieh doch, selbst seinen Heiligen traut er
nicht / und der Himmel ist nicht rein vor
ihm.
16 Geschweige denn ein Unreiner und Verderbter, / ein Mensch, der Verkehrtes trinkt
wie Wasser.

7: Sir 49,16; Spr 8,25 • 8: Jes 40,13; Jer 23,18 • 9: Röm 11,34 • 10: 32,7 • 14: 4,17; 14,4 • 16: 34,7.

Die Hoffnungslosigkeit des Frevlers: 15,17–35

17 Verkünden will ich dir, hör mir zu! / Was
ich geschaut, will ich erzählen,
18 was Weise zu berichten wissen, / was
ihre Väter ihnen nicht verhehlten.
19 Ihnen allein war das Land gegeben, /
kein Fremder ging unter ihnen einher.
20 Der Frevler bebt in Ängsten all seine
Tage, / die Zahl der Jahre ist dem Tyrannen
verborgen.
21 In seinen Ohren hallen Schreckensrufe, /
mitten im Frieden kommt der Verwüster
über ihn.
22 Er kann nicht hoffen, dem Dunkel zu
entfliehen, / aufgespart ist er für das
Schwert.
23 Er irrt umher nach Brot, wo (er es finde), / er weiß, dass ihn ein schwarzer Tag bedroht.
24 Not und Drangsal erschrecken ihn, / sie
packen ihn wie ein kampfbereiter König.
25 Denn gegen Gott erhebt er seine Hand, /
gegen den Allmächtigen erkühnt er sich.
26 Halsstarrig rennt er gegen ihn an / mit
den dicken Buckeln seiner Schilde.
27 Mit Fett bedeckt er sein Gesicht, / tut
Fett um seine Hüfte.
28 Er wohnt in zerstörten Städten, / in
Häusern, darin niemand wohnt, / die man zu
Trümmerstätten bestimmt.
29 Er wird nicht reich; sein Besitz hat nicht
Bestand; / zur Erde neigt sich seine Ähre
nicht.
30 Der Finsternis entrinnt er nicht, / die
Flammenglut dörrt seinen Schößling aus, /
er schwindet dahin beim Hauch seines Mundes.
31 Er baue nicht auf eitlen Trug; / denn
sein Erwerb wird nur Enttäuschung sein.
32 Bevor sein Tag kommt, welkt er hin /
und sein Palmzweig grünt nicht mehr.
33 Er stößt ihn ab wie der Weinstock saure
Trauben, / wie der Ölbaum wirft er seine
Blüten fort.
34 Unfruchtbar ist der Ruchlosen Rotte /
und Feuer verzehrt die Zelte der Bestechung.
35 Von Mühsal schwanger, gebären sie nur
Unheil; / nur Trug ist, was ihr Schoß hervorbringt.

18: 8,8; Dtn 32,7 • 21: 18,11 • 25: Ps 75,6 • 27: Ps 73,7 • 31: 20,6f • 34: 20,26 • 35: Ps 7,15; Jes 59,4; Gal 6,8.

Ijobs Gegenrede: 16,1 – 17,16

Die leidigen Tröster: 16,1–5

16 Da antwortete Ijob und sprach:
2 Ähnliches habe ich schon viel gehört; / leidige Tröster seid ihr alle.
3 Sind nun zu Ende die windigen Worte, /
oder was sonst reizt dich zum Widerspruch?
4 Auch ich könnte reden wie ihr, / wenn ihr
an meiner Stelle wäret, / schöne Worte über
euch machen / und meinen Kopf über euch
schütteln.
5 Ich könnte euch stärken mit meinem
Mund, / nicht sparen das Beileid meiner Lippen.

Gottes ungerechter Angriff: 16,6–17

6 Rede ich, hört doch mein Schmerz nicht
auf; / schweige ich, so weicht er nicht vor
mir.
7 Jetzt aber hat er mich erschöpft. / Den
Kreis der Freunde hast du mir verstört
8 und mich gepackt. / Mein Verfall erhebt
sich / und tritt als Zeuge gegen mich auf; / er
widerspricht mir ins Gesicht.

15,18b was ihre Väter ihnen nicht verhehlten: Text korr.; H: was sie vor ihren Vätern nicht verhehlten.

15,27b Übersetzung unsicher.

16,5b nicht: Text korr. nach G.

9 Sein Zorn zerreißt, befehdet mich, /
knirscht gegen mich mit den Zähnen, / mein
Gegner schärft die Augen gegen mich.
10 Sie sperren ihr Maul gegen mich auf, /
schlagen voll Hohn mich auf die Wangen, /
scharen sich gegen mich zusammen.
11 Gott gibt mich dem Bösen preis, / in die
Hand der Frevler stößt er mich.
12 In Ruhe lebte ich, da hat er mich er-
schüttert, / mich im Nacken gepackt, mich
zerschmettert, / mich als Zielscheibe für sich
aufgestellt.
13 Seine Pfeile umschwirren mich, / scho-
nungslos durchbohrt er mir die Nieren, /
schüttet meine Galle zur Erde.
14 Bresche über Bresche bricht er mir, /
stürmt wie ein Krieger gegen mich an.
15 Ein Trauergewand hab ich meiner Haut
genäht, / mein Horn in den Staub gesenkt.
16 Mein Gesicht ist vom Weinen rot / und
Dunkel liegt auf meinen Wimpern.
17 Doch kein Unrecht klebt an meinen
Händen / und mein Gebet ist lauter.

9: 18,4 • 12: Klgl 3,11 • 13: 6,4 • 17: 33,9.

Der Zeuge im Himmel: 16,18–22

18 O Erde, deck mein Blut nicht zu / und
ohne Ruhstatt sei mein Hilfeschrei!
19 Nun aber, seht, im Himmel ist mein Zeu-
ge, / mein Bürge in den Höhen.
20 Da meine Freunde mich verspotten, /
tränt zu Gott hin mein Auge.
21 Recht schaffe er dem Mann bei Gott /
und zwischen Mensch und Mensch.
22 Denn nur noch wenig Jahre werden
kommen, / dann muss ich den Pfad beschrei-
ten, / auf dem man nicht wiederkehrt.

18: Ps 9,13; Offb 6,10 • 19: 19,25 • 22: 10,21.

Die Klage des Verhöhnten: 17,1–10

17 Mein Geist ist verwirrt, / meine Tage
sind ausgelöscht, / nur Gräber blei-
ben mir.
2 Wahrhaftig, nur Spott begleitet mich. /
In Bitterkeit verbringt mein Auge die Nacht.
3 Hinterleg die Bürgschaft für mich bei
dir! / Wer würde sonst den Handschlag für
mich leisten?
4 Ihr Herz hast du der Einsicht verschlos-
sen, / darum lässt du sie nicht triumphie-
ren.
5 Zum Teilen lädt einer die Freunde ein, /
während die Augen seiner Kinder ver-
schmachten.
6 Zum Spott für die Leute stellte er mich
hin, / ich wurde einer, dem man ins Gesicht
spuckt.
7 Vor Kummer ist mein Auge matt, / all
meine Glieder schwinden wie Schatten da-
hin.
8 Darüber entsetzen sich die Redlichen, /
der Reine empört sich über den Ruchlosen.
9 Doch der Gerechte hält fest an seinem
Weg, / wer reine Hände hat, gewinnt an
Kraft.
10 Ihr alle, kehrt um, kommt wieder her, /
ich finde ja noch keinen Weisen bei euch.

1: Ps 143,4 • 6: 30,9 • 8: Jes 52,15.

Die Not des Verzweifelten: 17,11–16

11 Dahin sind meine Tage, / zunichte meine
Pläne, meine Herzenswünsche.
12 Sie machen mir die Nacht zum Tag, /
das Licht nähert sich dem Dunkel.
13 Ich habe keine Hoffnung. / Die Unter-
welt wird mein Haus, / in der Finsternis
breite ich mein Lager aus.
14 Zur Grube rufe ich: Mein Vater bist
du!, / Meine Mutter, meine Schwester!, zum
Wurm.
15 Wo ist dann meine Hoffnung / und wo
mein Glück? Wer kann es schauen?
16 Fahren sie zur Unterwelt mit mir hi-
nab, / sinken wir vereint in den Staub?

12: 11,17; Joh 8,12 • 13: Ps 88,19 • 14: Sir 10,11 • 15: 19,10 .

Die zweite Rede Bildads: 18,1–21

Die Selbstverteidigung Bildads: 18,1–4

18 Da antwortete Bildad von Schuach
und sprach:
2 Wann endlich macht ihr Schluss mit den
Reden? / Nehmt Einsicht an, dann reden
wir.
3 Warum sind wir wie Vieh geachtet, / gel-
ten als unrein in euren Augen?
4 Du, der sich selbst zerfleischt in seinem
Zorn, / soll deinetwegen die Erde sich ent-
völkern, / der Fels von seiner Stelle rücken?

Das Schicksal des Frevlers: 18,5–21

5 Ja, der Frevler Licht erlischt, / die
Flamme seines Feuers strahlt nicht auf.

16,18 Anspielung an die Blutrache: Das nicht von Erde bedeckte Blut schreit nach Rache (vgl. Gen 4,10).
17,6a Zum Spott: Text korr.
17,7b schwinden dahin: Text korr.
17,15b mein Glück: Text korr. nach G; H: meine Hoffnung.

6 Das Licht in seinem Zelte dunkelt, / seine
Leuchte über ihm erlischt.
7 Eng wird sein gewaltiger Schritt, / sein
eigner Plan bringt ihn zu Fall.
8 Denn mit seinen Füßen gerät er ins
Netz / und über Flechtwerk schreitet er da-
hin.
9 Das Klappnetz packt ihn an der Ferse, /
die Schlinge hält ihn fest.
10 Versteckt am Boden liegt sein Fang-
strick, / die Falle für ihn auf dem Pfad.
11 Ringsum ängstigen ihn Schrecken / und
scheuchen ihn auf Schritt und Tritt.
12 Hungrig nach ihm ist sein Unheil, / das
Verderben steht bereit zu seinem Sturz.
13 Es frisst die Glieder seines Leibes, / sei-
ne Glieder frisst des Todes Erstgeborener.
14 Ausgerissen wird aus seinem Zelt die
Zuversicht, / du treibst ihn fort zum König
der Schrecken.
15 Ihm Fremdes wohnt in seinem Zelt, /
Schwefel wird auf seinen Hof gestreut.
16 Von unten her verdorren seine Wur-
zeln, / von oben welken seine Zweige.
17 Sein Andenken schwindet von der
Erde, / kein Name bleibt ihm weit und
breit.
18 Sie stoßen ihn vom Licht ins Dunkel /
und jagen ihn vom Erdkreis fort.
19 Kein Spross, kein Stamm bleibt ihm in
seinem Volk, / am Ort seines Aufenthaltes
keiner, der ihn überlebt.
20 Über seinen Tag schaudern die im Wes-
ten, / die im Osten packt das Grauen.
21 Ja, so geht es mit der Wohnung des Frev-
lers, / mit dem Ort des Menschen, der Gott
nicht kennt.

5: 21,17 • 7: Ps 18,37; Spr 4,12 • 8: 22,10; Ps 35,7f; 140,6 • 11: 15,21; Weish 17,10–14 • 14: Ps 52,7 • 15: Dtn 29,22; Ps 11,6; Jes 34,9 • 17: Ps 9,6; 34,17; Spr 10,7 • 19: Ps 37,28; 109,13.

Ijobs Gegenrede: 19,1–29

Die Zurückweisung der Schmähung: 19,1–5

19 Da antwortete Ijob und sprach:
2 Wie lange noch wollt ihr mich quä-
len / und mich mit Worten niedertreten?
3 Zum zehnten Mal schon schmäht ihr
mich / und schämt euch nicht, mich zu belei-
digen.
4 Ging ich wirklich unwissend fehl, / mein
Fehltritt weilt doch allein bei mir.
5 Wollt ihr wirklich großtun gegen mich /
und mir meine Schmach beweisen?

Das unbegreifliche Verhalten Gottes: 19,6–12

6 Erkennt doch, dass Gott mich nieder-
drückt, / da er sein Netz rings um mich
warf.
7 Schrei ich: Gewalt!, wird mir keine Ant-
wort, / rufe ich um Hilfe, gibt es kein
Recht.
8 Meinen Pfad hat er versperrt; ich kann
nicht weiter, / Finsternis legt er auf meine
Wege.
9 Meiner Ehre hat er mich entkleidet, / die
Krone mir vom Haupt genommen.
10 Er brach mich ringsum nieder, ich muss
dahin; / er riss mein Hoffen aus wie einen
Baum.
11 Sein Zorn ist gegen mich entbrannt, /
gleich seinen Gegnern gelte ich ihm.
12 Vereint rückten seine Scharen an, /
bahnten gegen mich den Weg, / lagerten sich
rings um mein Zelt.

7: Klgl 3,7–9; Hab 1,2 • 9: 29,14 • 10: 14,7f • 11: 33,10.

Die Entfremdung der Verwandten und Freunde: 19,13–22

13 Meine Brüder hat er von mir entfernt, /
meine Bekannten sind mir entfremdet.
14 Meine Verwandten, Bekannten blieben
aus, / die Gäste meines Hauses haben mich
vergessen.
15 Als Fremder gelte ich meinen Mägden, /
von anderem Stamm bin ich in ihren Au-
gen.
16 Rufe ich meinen Knecht, so antwortet er
nicht; / mit eigenem Mund muss ich ihn an-
flehen.
17 Mein Atem ist meiner Frau zuwider; /
die Söhne meiner Mutter ekelt es vor mir.
18 Buben selbst verachten mich, / stehe ich
auf, verhöhnen sie mich.
19 Alle meine Gefährten verabscheuen
mich, / die ich liebe, lehnen sich gegen mich
auf.
20 An Haut und Fleisch klebt mein Ge-
bein, / nur das Fleisch an meinen Zähnen
blieb.
21 Erbarmt, erbarmt euch meiner, ihr,
meine Freunde! / Denn Gottes Hand hat
mich getroffen.

18,8b Gemeint ist das Flechtwerk, das als Gitter über die Fanggrube gelegt wird.
18,13b »Des Todes Erstgeborener« ist wohl die Pest als schlimmste Krankheit.
18,14b »König der Schrecken« steht für das Totenreich.

22 Warum verfolgt ihr mich wie Gott, /
warum werdet ihr an meinem Fleisch nicht
satt?

13: Ps 31,12; 38,12; 69,9; 88,19 • 19: Ps 41,10; Sir 6,8.

Ijobs Hoffnung und Vertrauen: 19,23–29

23 Dass doch meine Worte geschrieben
würden, / in einer Inschrift eingegraben
24 mit eisernem Griffel und mit Blei, / für
immer gehauen in den Fels.
25 Doch ich, ich weiß: mein Erlöser lebt, /
als Letzter erhebt er sich über dem Staub.
26 Ohne meine Haut, die so zerfetzte, / und
ohne mein Fleisch werde ich Gott schauen.
27 Ihn selber werde ich dann für mich
schauen; / meine Augen werden ihn sehen,
nicht mehr fremd. / Danach sehnt sich mein
Herz in meiner Brust.
28 Wenn ihr sagt: Wie wollen wir ihn ver-
folgen / und den Grund der Sache an ihm
finden!,
29 dann bangt für euch selber vor dem
Schwert; / denn heftiger Zorn verdient das
Schwert, / damit ihr wißt: Es gibt ein Ge-
richt.

25: 16,19 • 29: Ps 58,12.

Die zweite Rede Zofars: 20,1–29

Ijobs unbegründeter Vorwurf: 20,1–3

20 Da antwortete Zofar von Naama und
sprach:
2 Darum drängt mich meine Erregung zur
Antwort / und deswegen stürmt es in mir.
3 Schmähende Rüge muss ich hören, / doch
der Geist meiner Einsicht lässt mich entgeg-
nen.

Das Schicksal des Frevlers: 20,4–29

4 Weißt du das nicht von Urzeit her, / seit
Gott Menschen auf die Erde gesetzt hat:
5 dass kurz nur währt der Frevler Jubel, /
einen Augenblick nur des Ruchlosen Freu-
de?
6 Steigt auch sein Übermut zum Himmel /
und rührt sein Kopf bis ans Gewölk,
7 wie sein Kot vergeht er doch für immer; /
die ihn gesehen haben, werden fragen: Wo ist
er?
8 Wie ein Traum verfliegt er / und ist nicht
mehr zu finden, / wird weggescheucht wie
ein Gesicht der Nacht.
9 Das Auge, das ihn sah, erblickt ihn nicht
wieder, / seine Stätte schaut ihn nie mehr.
10 Seine Söhne müssen bei Armen bet-
teln, / ihre Hände geben seine Habe zu-
rück.
11 Strotzen von Jugendkraft auch seine
Glieder, / sie betten sich doch mit ihm in den
Staub.
12 Schmeckt süß das Böse in seinem
Mund, / birgt er es unter seiner Zunge,
13 spart er es auf und will nicht von ihm
lassen, / hält er es auch tief in seinem Gau-
men fest,
14 in seinem Innern verwandelt sich die
Speise, / sie wird in seinem Leib ihm zu Nat-
terngift.
15 Das Gut, das er verschlungen hat, speit
er aus; / aus seinem Leib treibt Gott es he-
raus.
16 Das Gift von Nattern saugt er ein, / es
tötet ihn der Viper Zunge.
17 Nicht darf er Bäche von Öl schauen, /
nicht Flüsse, die von Milch und Honig flie-
ßen.
18 Zurückgeben muss er seinen Gewinn, /
genießen darf er ihn nicht, / darf sich nicht
freuen am ertauschten Gut.
19 Denn Arme schlug er nieder, ließ sie lie-
gen, / raubte das Haus, das er nicht gebaut.
20 Denn kein Genug kennt er in seinem
Bauch, / drum entkommt er nicht mit seinen
Schätzen.
21 Nichts entgeht seinem Fraß, / darum
hält sein Glück auch nicht stand.
22 Trotz vollen Überflusses kommt er in
Not, / die ganze Wucht des Elends fällt ihn
an.
23 Und so geschieht es: Um des Frevlers
Bauch zu füllen, / lässt Gott auf ihn die Glu-
ten seines Zornes los, / lässt auf ihn regnen
seine Schläge.
24 Flieht er vor dem Eisenpanzer, / durch-
bohrt ihn der Bogen aus Bronze.
25 In den Rücken fährt ihm Gottes Ge-
schoss, / ein Blitz in seine Galle. / Schrecken
gehen über ihn hin.
26 Nur finsteres Unheil ist für ihn aufbe-
wahrt, / Feuer, von niemand entfacht, ver-
zehrt ihn, / frisst noch den letzten Mann in
seinem Zelt.
27 Der Himmel enthüllt seine Schuld, / die
Erde bäumt sich gegen ihn auf.
28 Die Flut wälzt sein Haus hinweg, / Was-

19,26 H unklar.
19,27 Für »Herz« steht in H »Nieren« als Sitz des Seelenlebens.
20,17a von Öl: Text korr.
20,28b seines Zorns: des Zorns Gottes.

serströme am Tag seines Zorns.
29 Das ist des Frevlers Anteil von Gott, /
das Erbe, das Gott ihm zuspricht.

6: Ps 37,35 • 8: Ps 73,20 • 12: Spr 20,17; Sir 40,30 • 16: Dtn 32,33 • 18: Ps 109,11 • 19: Ps 109 16 • 22: 21,17 • 26: 15,23.34 • 29: 27,13.

Ijobs Gegenrede: 21,1–34

Die Bitte um Geduld: 21,1–6

21 Da antwortete Ijob und sprach:
2 Hört, hört doch auf mein Wort, / das
wäre mir schon Trost von euch.
3 Ertragt mich, sodass ich reden kann. /
Habe ich geredet, dann könnt ihr spotten.
4 Richt ich an Menschen meine Klage, /
hab ich nicht Grund zur Ungeduld?
5 Wendet euch mir zu und erstarrt / und
legt die Hand auf den Mund!
6 Denk ich daran, bin ich erschreckt / und
Schauder packt meinen Leib.

4: 6,26 • 5: 29,9; 40,4.

Das Glück des Frevlers: 21,7–21

7 Warum bleiben Frevler am Leben, / werden alt und stark an Kraft?
8 Ihre Nachkommen stehen fest vor ihnen, / ihre Sprösslinge vor ihren Augen.
9 Ihre Häuser sind in Frieden, ohne
Schreck, / die Rute Gottes trifft sie nicht.
10 Ihr Stier bespringt und fehlt nicht, / die
Kühe kalben und verwerfen nicht.
11 Wie Schafe treiben sie ihre Kinder aus, /
ihre Kleinen tanzen und springen.
12 Sie singen zu Pauke und Harfe, / erfreuen sich am Klang der Flöte,
13 verbrauchen ihre Tage im Glück / und
fahren voll Ruhe ins Totenreich.
14 Und doch sagten sie zu Gott: Weiche von
uns! / Deine Wege wollen wir nicht kennen.
15 Was ist der Allmächtige, dass wir ihm
dienen, / was nützt es uns, wenn wir ihn angehen?
16 Doch in ihrer Hand liegt nicht das
Glück; / der Frevler Denkart ist mir fern.
17 Wie oft erlischt der Frevler Lampe, /
kommt Unheil über sie, / teilt er Verderben
zu in seinem Zorn?
18 Wie oft werden sie wie Stroh vor dem
Wind, / wie Spreu, die der Sturm entführt?
19 Nicht dessen Kindern spare Gott sein
Unheil auf, / ihm selbst vergelte er, sodass er
es spürt.
20 Mit eigenen Augen soll er sein Unglück
schauen, / vom Grimm des Allmächtigen soll
er trinken.
21 Denn was kümmert ihn sein Haus, wenn
er dahin ist, / wenn abgeschnitten seiner
Monde Zahl?

7: Ps 73,3–12; Jer 12,1f; Mal 3,15.18 • 12: Jes 5,12; Am 6,5 • 13: Ps 73,3 • 14: 22,17; Ps 95,10 • 15: Mal 3,14f • 17: 18,5 • 18: Ps 1,4 • 20: Ps 75,9 • 21: 14,21f; Koh 9,5f.

Der trügerische Trost: 21,22–34

22 Darf man Gott Erkenntnis lehren, / ihn,
der die Erhabenen richtet?
23 Der eine stirbt in vollem Glück, / ist
ganz in Frieden, sorgenfrei.
24 Seine Schenkel sind voll von Fett, / getränkt mit Mark sind seine Knochen.
25 Der andere stirbt mit bitterer Seele /
und hat kein Glück genossen.
26 Zusammen liegen sie im Staub / und
Gewürm deckt beide zu.
27 Ja, euer Denken kenn ich wohl, / die
Ränke, die ihr sinnt gegen mich.
28 Ihr sagt: Wo ist das Haus des Edlen /
und wo das Zelt, in dem Frevler wohnen?
29 Habt ihr nie die fahrenden Leute befragt / und ihre Zeichen genau beachtet?
30 Dass am Unglückstag der Böse verschont
wird, / weggebracht am Tag des Zorns.
31 Wer hält ihm seinen Lebenswandel vor, /
was er getan hat, wer vergilt es ihm?
32 Er aber wird zur Gruft geleitet, / bei seinem Grab hält man die Wacht.
33 Ein Labsal sind für ihn die Schollen des
Schachts, / hinter ihm her zieht alle Welt, /
vor ihm die Menge ohne Zahl.
34 Wie wollt ihr mich mit Nichtigem trösten? / Eure Antworten bleiben Betrug.

22: Jes 40,13 • 26: Koh 9,2f • 30: Röm 2,3–6.

Die dritte Rede des Elifas: 22,1–30

Ijobs angebliche Freveltaten: 22,1–11

22 Da antwortete Elifas von Teman und
sprach:
2 Kann denn der Mensch Gott nützen? /
Nein, sich selber nützt der Kluge.
3 Ist es dem Allmächtigen von Wert, / dass
du gerecht bist, / ist es für ihn Gewinn, wenn
du unsträfliche Wege gehst?
4 Wegen deiner Gottesfurcht sollte er dich
strafen, / vor Gericht mit dir gehen?
5 Ist nicht groß deine Bosheit, / ohne Ende
dein Verschulden?

21,3b könnt ihr: Text korr.; H: kannst du.
21,19a Nicht: Text korr.
21,20a Unglück: Übersetzung unsicher.
21,24a Schenkel: Übersetzung unsicher.

6 Du pfändest ohne Grund deine Brüder, / ziehst Nackten ihre Kleider aus.
7 Den Durstigen tränkst du nicht mit Wasser, / dem Hungernden versagst du das Brot.
8 Dem Mann der Faust gehört das Land, / der Günstling darf darin wohnen.
9 Witwen hast du weggeschickt mit leeren Händen, / der Verwaisten Arme zerschlagen.
10 Deswegen liegen Fallstricke rings um dich her / und jäher Schrecken ängstigt dich
11 oder Dunkel, worin du nicht siehst, / und Wasserflut, die dich bedeckt.

3: 35,7; Lk 17,7–10 • 6: Ex 22,25f; Dtn 24,12f • 7: Jes 58,7; Ez 18,7; Mt 25,42 • 9: Ex 22,21f • 10: 18,8–11; 19,6 • 11: Ps 69,2f.

Der allwissende Gott: 22,12–20

12 Ist Gott nicht wie der Himmel hoch? / Schau, wie die höchsten Sterne ragen.
13 Und da sagst du: Was weiß denn Gott? / Richtet er denn durch das dunkle Gewölk?
14 Wolken umhüllen ihn, sodass er nicht sieht, / am Himmelskreis geht er einher.
15 Willst du dem Pfad der Vorzeit folgen, / den die Männer des Unheils zogen,
16 die vor der Zeit dahingerafft wurden, / über deren Grund sich ein Strom ergoss?
17 Die sagten zu Gott: Weiche von uns!, / und: Was tut uns der Allmächtige an?
18 Und doch, er hat ihre Häuser mit Gütern gefüllt / und das Planen der Bösen blieb ihm fern.
19 Sehen werden, sich freuen die Gerechten, / der Reine wird sie verspotten:
20 Wahrhaftig, vernichtet sind unsere Gegner, / ihren Rest hat das Feuer verzehrt.

12: Jes 40,26 • 13: 35,13; Ps 73,11; Jes 29,15 • 14: Sir 24,5; Jer 23,23f • 17: 21,14 • 19: Ps 58,11.

Die Mahnung zu Umkehr und Demut: 22,21–30

21 Werde sein Freund und halte Frieden! / Nur dadurch kommt das Gute dir zu.
22 Nimm doch Weisung an aus seinem Mund, / leg dir seine Worte ins Herz:
23 Kehrst du zum Allmächtigen um, / so wirst du aufgerichtet. Hältst Unrecht deinem Zelt du fern,
24 wirfst in den Staub das Edelgold, / zum Flussgestein das Feingold,
25 dann wird der Allmächtige dein Edelgold / und erlesenes Silber für dich sein.
26 Dann wirst du am Allmächtigen dich erfreuen / und zu Gott dein Angesicht heben.
27 Flehst du ihn an, so hört er dich / und du wirst deine Gelübde erfüllen.
28 Beschließt du etwas, dann trifft es ein / und Licht überstrahlt deine Wege.
29 Wer hochmütig redet, den duckt er, / doch hilft er dem, der die Augen senkt.
30 Er rettet den, der schuldlos ist; / durch deiner Hände Reinheit wird er gerettet.

26: 27,10 • 29: Ps 18,28; Jes 2,11–17; Lk 1,52f; 1 Petr 5,5.

Ijobs Gegenrede: 23,1–24,25

Der Ruf nach Gott, dem Richter: 23,1–17

23 Da antwortete Ijob und sprach:
2 Auch heute ist meine Klage Widerspruch; / schwer lastet seine Hand auf meinem Seufzen.
3 Wüßte ich doch, wie ich ihn finden könnte, / gelangen könnte zu seiner Stätte.
4 Ich wollte vor ihm das Recht ausbreiten, / meinen Mund mit Beweisen füllen.
5 Wissen möchte ich die Worte, die er mir entgegnet, / erfahren, was er zu mir sagt.
6 Würde er in der Fülle der Macht mit mir streiten? / Nein, gerade er wird auf mich achten.
7 Dort würde ein Redlicher mit ihm rechten / und ich käme für immer frei von meinem Richter.
8 Geh ich nach Osten, so ist er nicht da, / nach Westen, so merke ich ihn nicht,
9 nach Norden, sein Tun erblicke ich nicht; / bieg ich nach Süden, sehe ich ihn nicht.
10 Doch er kennt den Weg, den ich gehe; / prüfte er mich, ich ginge wie Gold hervor.
11 Mein Fuß hielt fest an seiner Spur, / seinen Weg hielt ich ein und bog nicht ab.
12 Das Gebot seiner Lippen gab ich nicht auf; / seines Mundes Worte barg ich im Herzen.
13 Doch er bleibt sich gleich. Wer stimmt ihn um? / Wonach ihn gelüstet, das führt er aus.
14 Ja, er vollendet, was er mir bestimmt hat; / und Ähnliches hat er noch viel im Sinn.
15 Darum erschrecke ich vor seinem Angesicht; / denk ich daran, gerate ich in Angst vor ihm.

22,8b Andere Übersetzungsmöglichkeiten: der Erfolgreiche, der Mächtige.
22,17a von uns: Text korr.; H: von ihnen.
22,18b ihm: Text korr.; H: mir.
23,2b seine Hand: Text korr. nach G und S; H: meine Hand.
23,9b bieg ich: Text korr.; H: biegt er.
23,12b im Herzen: Text korr.

16 Gott macht mein Herz verzagt, / der Allmächtige versetzt mich in Schrecken.
17 Denn bin ich nicht von Finsternis umschlossen, / bedeckt nicht Dunkel mein Angesicht?

4: 9,14 • 8: 9,11; Ps 139,7–10 • 10: Ps 17,3; 139,1–6; Weish 3,6 • 11: Ps 17,5 • 13: Jes 55,10f; Ps 115,3 • 15: Ps 119,120.

Der Übermut der Sünder: 24,1–17

24 Warum hat der Allmächtige keine Fristen bestimmt? / Warum schauen, die ihn kennen, seine Gerichtstage nicht?
2 Jene verrücken die Grenzen, / rauben Herden und führen sie zur Weide.
3 Den Esel der Waisen treiben sie fort, / pfänden das Rind der Witwe.
4 Vom Weg drängen sie die Armen, / es verbergen sich alle Gebeugten des Landes.
5 Sieh, wie Wildesel in der Steppe / ziehen sie zu ihrer Arbeit aus;
die Steppe suchen sie nach Nahrung ab, / nach Brot für ihre Kinder.
6 Auf dem Feld schneiden sie des Nachts, / halten im Weinberg des Frevlers Nachlese.
7 Nackt verbringen sie die Nacht, ohne Kleider, / haben keine Decke in der Kälte.
8 Vom Regen der Berge sind sie durchnässt, / klammern sich ohne Schutz an den Fels.
9 Von der Mutterbrust reißen sie die Waisen, / den Säugling des Armen nehmen sie zum Pfand.
10 Nackt müssen sie gehen, ohne Kleid, / hungernd tragen sie Garben.
11 Zwischen Mauern pressen sie Öl, / treten die Kelter und müssen doch dürsten.
12 Aus der Stadt stöhnen Sterbende, / der Erschlagenen Leben schreit laut. / Doch Gott achtet nicht auf ihr Flehen.
13 Sie sind die Rebellen gegen das Licht; / sie nehmen seine Wege nicht wahr, / bleiben nicht auf seinen Pfaden.
14 Ist kein Licht, erhebt sich der Mörder, / tötet Elende und Arme; / in der Nacht gleicht er dem Dieb.
15 Auch des Ehebrechers Auge achtet auf Dämmerung. / Kein Auge, sagt er, soll mich erspähen!, / eine Hülle legt er aufs Gesicht.
16 Im Finstern bricht er ein in die Häuser; / tagsüber verstecken sie sich; / sie wollen nichts wissen vom Licht.
17 Denn Finsternis ist für sie der Morgen zugleich, / denn mit ihren Schrecken sind sie wohl vertraut.

2: Dtn 27,17 • 3: Dtn 24,17 • 4: Dtn 15,11 • 7: Dtn 24,12f • 12: Offb 6,10f • 13: 38,15; Joh 3,20; Eph 5,8–14 • 14: Ps 10,8f • 15: Spr 7,9f.

Das Ende der Frevler: 24,18–25

18 Schnell reißt ihn das Wasser fort; / verflucht ist ihr Anteil auf Erden; / nicht wendet er den Weg den Weinbergen zu.
19 Dürre und Hitze raffen das Schneewasser weg, / die Unterwelt den Sünder.
20 Der Mutterschoß vergisst ihn, / Gewürm labt sich an ihm;
nie mehr wird an ihn gedacht; / ja, wie Holz wird Frevel zerschmettert.
21 Er tut Böses der Unfruchtbaren, der Kinderlosen, / keiner Witwe erweist er Gutes.
22 Gott reißt die Starken hinweg in seiner Macht; / steht er auf, ist niemand seines Lebens sicher.
23 Sicherheit gibt er ihm, er traue darauf; / aber seine Augen überwachen ihren Weg.
24 Sie kommen hoch für kurze Zeit, dann ist es aus. / Sie werden umgebogen, alle mit der Faust gepackt / und wie Ährenspitzen abgeschnitten.
25 Ist es nicht so? Wer straft mich Lügen / und bringt meine Rede zum Schweigen?

24: 30,4.

Die dritte Rede Bildads

Die Sündhaftigkeit aller Menschen: 25,1–6

25 Da antwortete Bildad von Schuach und sprach:
2 Herrschaft und Schrecken sind bei ihm, / der Frieden schafft in seinen Höhen.
3 Kann man seine Scharen zählen / und über wem erhebt sich nicht sein Licht?
4 Wie wäre ein Mensch gerecht vor Gott, / wie wäre rein der vom Weib Geborene?
5 Siehe, selbst der Mond glänzt nicht hell, / die Sterne sind nicht rein in seinen Augen,
6 geschweige denn der Mensch, die Made, / der Menschensohn, der Wurm.

4: 4,17; 15,14.

24,12a Sterbende: Text korr. nach S; H: Menschen.
24,14a Ist kein Licht: Text korr.; H: Bei Licht (= Bei Tage).
24,18–25 In den Kapiteln 24 – 27 ist die Reihenfolge des Textes vermutlich gestört. Ein logischer Ablauf und ein besseres Verständnis ergibt sich, wenn man liest: Dritte Rede Bildads: 25,1–6 + 26,5–14. Dritte Rede Zofars: 27,7–23 + 24,18–25. Die Abschnitte 26,1–4 + 27,1–6 gehören wohl zu Ijobs Schlussrede und sind also vor 29,1 einzuordnen.

Ijobs Gegenrede: 26,1 – 27,23

Leere Worte ohne Wahrheit: 26,1–4

26 Da antwortete Ijob und sprach:
2 Wie hilfst du doch dem Schwachen
auf, / stehst du bei dem kraftlosen Arm!
3 Wie gut rätst du dem, der nicht weise ist, /
tust ihm Wissen in Fülle kund!
4 Wem trägst du die Reden vor / und wes-
sen Atem geht von dir aus?

Die Größe der Allmacht Gottes: 26,5–14

5 Die Totengeister zittern drunten, / die
Wasser mit ihren Bewohnern.
6 Nackt liegt die Unterwelt vor ihm, / keine
Hülle deckt den Abgrund.
7 Er spannt über dem Leeren den Nor-
den, / hängt die Erde auf am Nichts.
8 Er bindet das Wasser in sein Gewölk; /
doch birst darunter die Wolke nicht.
9 Er verschließt den Anblick seines
Throns / und breitet darüber sein Gewölk.
10 Eine Grenze zieht er rund um die Was-
ser / bis an den Rand von Licht und Finster-
nis.
11 Die Säulen des Himmels erzittern, / sie
erschrecken vor seinem Drohen.
12 Durch seine Kraft stellt still er das
Meer, / durch seine Klugheit zerschmettert
er Rahab.
13 Durch seinen Hauch wird heiter der
Himmel, / seine Hand durchbohrt die flüch-
tige Schlange.
14 Siehe, das sind nur die Säume seines
Waltens; / wie ein Flüstern ist das Wort, / das
wir von ihm vernehmen.
Doch das Donnern seiner Macht, / wer
kann es begreifen?

6: Ps 139,8.11f; Spr 15,11 • 10: Gen 1,7.14 • 12: 7,12; 9,13; Jes 51,9f • 13: Jes 27,1 • 14: Sir 43,32.

Die Unschuldsbeteuerung vor den Freunden: 27,1–6

27 Dann setzte Ijob seine Rede fort und
sprach:
2 So wahr Gott lebt, der mir mein Recht
entzog, / der Allmächtige, der meine Seele
quälte:
3 Solange noch Atem in mir ist / und Got-
tes Hauch in meiner Nase,
4 soll Unrecht nicht von meinen Lippen
kommen, / noch meine Zunge Falsches re-
den.
5 Fern sei es mir, euch Recht zu geben, / ich
gebe, bis ich sterbe, meine Unschuld nicht
preis.
6 An meinem Rechtsein halt ich fest und
lass es nicht; / mein Herz schilt keinen mei-
ner Tage.

2: 34,5f • 3: 33,4; Gen 2,7 • 5: 33,9.

Der Untergang der Frevler: 27,7–23

7 Mein Feind sei wie ein Frevler, / mein
Gegner wie ein Bösewicht.
8 Denn was ist des Ruchlosen Hoffen, /
wenn er dahingeht, / wenn Gott das Leben
von ihm nimmt?
9 Wird Gott sein Schreien hören, / wenn
über ihn die Drangsal kommt?
10 Kann er sich des Allmächtigen erfreu-
en / und Gott anrufen zu jeder Zeit?
11 Ich will euch belehren über Gottes Tun, /
nicht verhehlen, was der Allmächtige plant.
12 Ihr habt es ja alle selbst gesehen. /
Warum führt ihr nichtige Reden?
13 Das ist des Frevlers Anteil bei Gott, / der
Gewalttätigen Erbe, / das sie vom Allmächti-
gen empfangen:
14 Werden zahlreich seine Söhne, / fürs
Schwert sind sie bestimmt; / nie werden
seine Kinder satt an Brot.
15 Was übrig bleibt, wird durch den Tod
begraben / und seine Witwen weinen nicht.
16 Häuft er auch Silber auf wie Staub / und
beschafft er sich Kleider wie Lehm:
17 er schafft sie zwar an; / doch anziehen
wird sie der Gerechte, / das Silber wird der
Schuldlose erben.
18 Er baut wie die Spinne sein Haus / und
wie die Hütte, die der Wächter aufstellt.
19 Reich legt er sich schlafen, nichts ist ihm
genommen. / Macht er die Augen auf, ist
nichts mehr da.
20 Schrecken holt ihn ein wie eine Wasser-
flut, / der Sturmwind trägt ihn fort bei
Nacht.
21 Der Ostwind hebt ihn hoch, er muss da-
hin, / er weht ihn weg von seinem Ort.
22 Er stürzt sich auf ihn schonungslos, /
seiner Gewalt will er entfliehen.
23 Man klatscht über ihn in die Hände /
und zischt ihn fort von seiner Stätte.

10: 22,26 • 13: 20,29 • 15: Ps 78,64 • 17: Koh 2,26; Sir 11,18; 14,4 • 18: 8,14.

27,18a wie die Spinne: Text korr.; H: wie die Motte.

Das Lied über die Weisheit: 28,1–28

Die Erhabenheit der Weisheit: 28,1–19

28 Wohl gibt es einen Fundort für das
Silber, / eine Stätte für das Gold, wo
man es läutert.
2 Eisen holt man aus der Erde, / Gestein
wird zu Kupfer geschmolzen.
3 Es setzt der Mensch dem Finstern eine
Grenze; / er forscht hinein bis in das Letzte,
ins düstere, dunkle Gestein.
4 Stollen gräbt ein fremdes Volk; / verges-
sen, ohne Halt für den Fuß, / hängt es,
schwebt es, den Menschen fern.
5 Die Erde, daraus das Brotkorn kommt, /
wird in den Tiefen wie mit Feuer zerstört.
6 Fundort des Saphirs ist ihr Gestein / und
Goldstaub findet sich darin.
7 Kein Raubvogel kennt den Weg dahin; /
kein Falkenauge hat ihn erspäht.
8 Das stolze Wild betritt ihn nicht, / kein
Löwe schreitet über ihn.
9 An harte Kiesel legt er die Hand, / von
Grund auf wühlt er Berge um.
10 In Felsen haut er Stollen ein / und lauter
Kostbarkeiten erblickt sein Auge.
11 Sickerbäche dämmt er ein, / Verborge-
nes bringt er ans Licht.
12 Die Weisheit aber, wo ist sie zu finden /
und wo ist der Ort der Einsicht?
13 Kein Mensch kennt die Schicht, in der
sie liegt; / sie findet sich nicht in der Leben-
den Land.
14 Die Urflut sagt: Bei mir ist sie nicht. /
Der Ozean sagt: Bei mir weilt sie nicht.
15 Man kann nicht Feingold für sie geben, /
nicht Silber als Preis für sie wägen.
16 Nicht wiegt sie Gold aus Ofir auf, / kein
kostbarer Karneol, kein Saphir.
17 Gold und Glas stehen ihr nicht gleich, /
kein Tausch für sie ist Goldgerät,
18 nicht zu reden von Korallen und Kris-
tall; / weit über Perlen geht der Weisheit
Besitz.
19 Der Topas von Kusch kommt ihr nicht
gleich / und reinstes Gold wiegt sie nicht
auf.

1: Weish 6,22; Sir 24 • 12: Sir 1,6; Bar 3,15 • 13: Bar 3,29–31 • 17: Weish 7,9.

Gottes Weg: 28,20–28

20 Die Weisheit aber, wo kommt sie her /
und wo ist der Ort der Einsicht?
21 Verhüllt ist sie vor aller Lebenden
Auge, / verborgen vor den Vögeln des Him-
mels.
22 Abgrund und Tod sagen: / Unser Ohr
vernahm von ihr nur ein Raunen.
23 Gott ist es, der den Weg zu ihr weiß, /
und nur er kennt ihren Ort.
24 Denn er blickt bis hin zu den Enden der
Erde; / was unter dem All des Himmels ist,
sieht er.
25 Als er dem Wind sein Gewicht schuf /
und die Wasser nach Maß bestimmte,
26 als er dem Regen das Gesetz schuf / und
einen Weg dem Donnergewölk,
27 damals hat er sie gesehen und gezählt, /
sie festgestellt und erforscht.
28 Doch zum Menschen sprach er: / Seht,
die Furcht vor dem Herrn, das ist Weisheit, /
das Meiden des Bösen ist Einsicht.

23: Spr 2,6; 8,27–30; Bar 3,37 • 25–26: 36,27–33; Weish 11,20; Jes 40,12–14 • 26: Ps 135,7 • 27: Sir 1,8f • 28: Spr 1,7; 8,13; Sir 1,11.21.

Ijobs Schlußrede: 29,1– 31,40

Die gesegnete Vergangenheit: 29,1–25

29 Dann setzte Ijob seine Rede fort und
sprach:
2 Dass ich doch wäre / wie in längst vergan-
genen Monden, / wie in den Tagen, da mich
Gott beschirmte,
3 als seine Leuchte über meinem Haupt
erstrahlte, / in seinem Licht ich durch das
Dunkel ging.
4 So, wie ich in den Tagen meiner Frühzeit
war, / als Gottes Freundschaft über meinem
Zelte stand,
5 als der Allmächtige noch mit mir war, /
meine Kinder mich umgaben,
6 als meine Schritte sich in Milch geba-
det, / Bäche von Öl der Fels mir ergoss.
7 Ging ich durchs Tor zur Stadt hinauf, /
ließ ich auf dem Platz meinen Sitz aufstel-
len;
8 sahen mich die Jungen, so traten sie
scheu beiseite, / die Alten standen auf und
blieben stehen.
9 Fürsten hielten mit Reden sich zurück /
und legten ihre Hand auf ihren Mund.
10 Der Edlen Stimme blieb stumm, / am
Gaumen klebte ihre Zunge.
11 Hörte mich ein Ohr, pries es mich glück-
lich, / das Auge, das mich sah, stimmte mir
zu.
12 Denn ich rettete den Armen, der schrie, /
die Waise, die ohne Hilfe war.
13 Der Segen des Verlorenen kam über
mich / und jubeln ließ ich der Witwe Herz.

28,4a Sinn von H unklar.

14 Ich bekleidete mich mit Gerechtigkeit, /
wie Mantel und Kopfbund umhüllte mich
mein Recht.
15 Auge war ich für den Blinden, / dem
Lahmen wurde ich zum Fuß.
16 Vater war ich für die Armen, / des Unbe-
kannten Rechtsstreit prüfte ich.
17 Ich zerschmetterte des Bösen Kiefer, /
entriss die Beute seinen Zähnen.
18 So dachte ich: Mit meinem Nest werde
ich verscheiden / und gleich dem Phönix
meine Tage mehren.
19 Meine Wurzel reiche bis an das Was-
ser, / auf meinen Zweigen nächtige Tau.
20 Neu bleibe mir meine Ehre, / mein Bo-
gen verjünge sich in meiner Hand.
21 Auf mich horchten und warteten sie, /
lauschten schweigend meinem Rat.
22 Wenn ich sprach, nahm keiner das
Wort; / es träufelte nieder auf sie meine
Rede.
23 Sie harrten auf mich wie auf Regen, /
sperrten den Mund wie nach Spätregen
auf.
24 Lächelte ich denen zu, die ohne Vertrau-
en, / sie wiesen das Leuchten meines Ge-
sichts nicht ab.
25 Ich bestimmte ihr Tun, ich saß als
Haupt, / thronte wie ein König inmitten der
Schar, wie einer, der Trauernde tröstet.

3: Ps 18,29 • 4: 1,10 • 5: Ps 127,3–5; 128,3 • 6: 20,17 • 8: Lev 19,32 • 9: 21,5; Weish 8,12 • 12: 6,14; Ps 72,12f; Jes 11,4 • 14: 19,9; Ps 132,9; Jes 59,17 • 16: Spr 29,7 • 23: Dtn 32,2 • 24: Spr 16,15.

Die schreckliche Gegenwart: 30,1–31

30 Jetzt aber lachen über mich, / die jün-
ger sind als ich an Tagen, / deren Vä-
ter ich nicht für wert geachtet, / sie bei den
Hunden meiner Herde anzustellen.
2 Was sollte mir auch ihrer Hände Kraft? /
Geschwunden war ihre Rüstigkeit
3 durch Mangel und durch harten Hun-
ger; / Leute, die das dürre Land abnagen, /
das Gras der Wüste und der Wüstenei.
4 Sie pflücken Salzmelde im Gesträuch /
und Ginsterwurzeln sind ihr Brot.
5 Aus der Gemeinschaft wurden sie ver-
jagt; / man schreit ihnen nach wie einem
Dieb.
6 Am Hang der Täler müssen sie wohnen, /
in Erdhöhlen und in Felsgeklüft.
7 Zwischen Sträuchern schreien sie kläg-
lich, / drängen sich zusammen unter wildem
Gestrüpp.
8 Blödes Gesindel, Volk ohne Namen, /
wurden sie aus dem Land hinausge-
peitscht.
9 Jetzt aber bin ich ihr Spottlied, / bin zum
Klatsch für sie geworden.
10 Sie verabscheuen mich, rücken weit von
mir weg, / scheuen sich nicht, mir ins Ge-
sicht zu speien.
11 Denn Gott löste mein Seil und beugte
mich nieder, / sie aber ließen die Zügel vor
mir schießen.
12 Zur rechten Seite erhebt sich eine
Schar, / treibt meine Füße weg, / wirft gegen
mich ihre Unheilsdämme auf.
13 Meinen Pfad reißen sie auf, helfen zu
meinem Verderben / und niemand wehrt ih-
nen.
14 Wie durch eine breite Bresche kommen
sie heran, / wälzen sich unter Trümmern
her.
15 Schrecken stürzen auf mich ein, / ver-
jagt wie vom Wind ist mein Adel, / wie eine
Wolke entschwand mein Heil.
16 Und nun zerfließt die Seele in mir, / des
Elends Tage packen mich an.
17 Des Nachts durchbohrt es mir die Kno-
chen, / mein nagender Schmerz kommt nicht
zur Ruh.
18 Mit Allgewalt packt er mich am Kleid, /
schnürt wie der Gürtel des Rocks mich ein.
19 Er warf mich in den Lehm, / sodass ich
Staub und Asche gleiche.
20 Ich schreie zu dir und du erwiderst mir
nicht; / ich stehe da, doch du achtest nicht
auf mich.
21 Du wandelst dich zum grausamen Feind
gegen mich, / mit deiner starken Hand be-
fehdest du mich.
22 Du hebst mich in den Wind, fährst mich
dahin, / lässt mich zergehen im Sturmge-
braus.
23 Ja, ich weiß, du führst mich zum Tod, /
zur Sammelstätte aller Lebenden.
24 Doch nicht an Trümmer legt er die
Hand. – / Schreit man nicht um Hilfe beim
Untergang?
25 Weinte ich nicht um den, der harte Tage
hatte, / grämte sich nicht meine Seele über
den Armen?
26 Ja, ich hoffte auf Gutes, doch Böses

29,17b entriss: Text korr.; H: warf hin.
29,25c Vielleicht späterer Zusatz.
30,4a Die Salzmelde ist ein salzig schmeckendes Kraut.
30,13b wehrt: Text korr.; H: hilft.
30,18a packt er: Text korr.
30,19a Er warf mich: Text korr.
30,20b nicht: Text korr.
30,24 Übersetzung unsicher.

kam, / ich harrte auf Licht, doch Finsternis kam.
27 Mein Inneres kocht und kommt nicht zur Ruhe, / mich haben die Tage des Elends erreicht.
28 Geschwärzt, doch nicht von der Sonne gebrannt, / stehe ich auf in der Gemeinde, schreie laut.
29 Den Schakalen wurde ich zum Bruder, / den Straußenhennen zum Freund.
30 Die Haut an mir ist schwarz, / von Fieberglut brennen meine Knochen.
31 Zur Trauer wurde mein Harfenspiel, / mein Flötenspiel zum Klagelied.

9: Ps 69,13; Klgl 3,14 • 12: Ps 109,6 • 21: 34,6 • 22: Ps 109,23 • 30: Ps 119,83; Klgl 3,4.

Erneute Unschuldsbeteuerung vor Gott:
31,1–34

31 Einen Bund schloss ich mit meinen Augen, / nie eine Jungfrau lüstern anzusehen.
2 Was wäre sonst mein Teil von Gott dort oben, / mein Erbe vom Allmächtigen in der Höhe?
3 Ist nicht Verderben dem Frevler bestimmt / und Missgeschick den Übeltätern?
4 Sieht er denn meine Wege nicht, / zählt er nicht alle meine Schritte?
5 Wenn ich in Falschheit einherging, / wenn zum Betrug mein Fuß eilte,
6 dann wäge Gott mich auf gerechter Waage, / so wird er meine Unschuld anerkennen.
7 Wenn mein Schritt vom Wege wich, / mein Herz meinen Augen folgte, / an meinen Händen Makel klebte,
8 dann esse ein anderer, was ich säe, / entwurzelt werde, was mir sprosst.
9 Wenn sich mein Herz von einer Frau betören ließ / und ich an der Tür meines Nachbarn lauerte,
10 dann mahle meine Frau einem andern / und andere sollen sich beugen über sie.
11 Denn das wäre eine Schandtat / und ein Verbrechen, von Richtern zu strafen.
12 Denn das wäre Feuer, das zum Abgrund frisst / und meine ganze Habe entwurzelt.
13 Wenn ich das Recht meines Knechts missachtet / und das meiner Magd im Streit mit mir,
14 was könnt ich tun, wenn Gott sich erhöbe, / was ihm entgegnen, wenn er mich prüfte?
15 Hat nicht mein Schöpfer auch ihn im Mutterleib geschaffen, / hat nicht der Eine uns im Mutterschoß gebildet?
16 Wenn ich der Armen Wunsch versagte, / verschmachten ließ der Witwe Augen,
17 wenn ganz allein ich meinen Bissen aß, / das Waisenkind aber nicht davon aß –
18 von Jugend an hat wie ein Vater er mich großgezogen, / vom Mutterschoß an mich geleitet –,
19 wenn ich den Verlorenen sah ohne Kleid / und ohne Decke den Verarmten,
20 wenn nicht seine Lenden mir dankten, / er nicht von der Schur meiner Lämmer sich wärmte,
21 wenn meine Hand der Waise drohte, / weil ich am Tor Helfer für mich sah,
22 dann falle die Schulter mir vom Nacken, / breche der Arm mir aus dem Gelenk.
23 Ja, Schrecken träfe mich, Gottes Verderben, / vor seiner Hoheit hielte ich nicht stand.
24 Wenn ich auf Gold meine Hoffnung setzte, / zum Feingold sprach: Du meine Zuversicht!,
25 wenn ich mich freute, dass groß mein Vermögen, / dass viel erreicht hat meine Hand,
26 wenn ich die leuchtende Sonne sah, wie sie strahlte, / den Mond, wie er herrlich dahinzog,
27 wenn heimlich sich mein Herz betören ließ / und meine Hand dem Mund zum Kuss sich bot,
28 auch das wäre ein Verbrechen, vom Richter zu strafen, / denn Gott da droben hätte ich verleugnet.
29 Wenn ich am Unglück meines Feinds mich freute / und triumphierte, dass Unheil ihn traf –
30 habe ich doch meinem Mund zu sündigen verboten, / sein Leben mit Fluch zu verwünschen.
31 Wenn meine Zeltgenossen nicht gestanden: / Wer wurde von seinem Fleisch nicht gesättigt?
32 Kein Fremder musste draußen übernachten, / dem Wanderer tat meine Tür ich auf.
33 Wenn ich nach Menschenart meine Frevel verhehlte, / meine Schuld verbarg in meiner Brust,
34 weil ich die große Menge scheute / und die Verachtung der Sippen mich schreckte, /

31,29b triumphierte: Text korr.

31,32b Wanderer: Text korr.; H hat eine andere Vokalisierung.

so schwiege ich still und ginge nicht zur Tür
hinaus.

1–34: Ps 26 • 1: Sir 9,5; Mt 5,27–29 • 4: Ps 139,2 • 9: Spr 7 • 11: Dtn 22,22–24; Spr 6,32–35 • 13: Ex 21,2f; Lev 25,39f; Jer 34,8f • 15: Spr 17,5 • 16: 22,9; Tob 4,7–11; Jes 58,7; Mt 25,35f • 24: Ps 49,7; 52,9; Spr 11,28; Sir 31,5–10 • 26: Dtn 4,19; Jer 8,2; Ez 8,16 • 29: Spr 24,17f; Mt 5,43–48 • 33: Ps 32,5.

Ijobs Warten auf Gottes Antwort: 31,35–40

35 Gäbe es doch einen, der mich hört. / Das
ist mein Begehr, dass der Allmächtige mir
Antwort gibt: / Hier ist das Schriftstück, das
mein Gegner geschrieben.
36 Auf meine Schulter wollte ich es he-
ben, / als Kranz es um den Kopf mir win-
den.
37 Ich täte die Zahl meiner Schritte ihm
kund, / ich nahte mich ihm wie ein Fürst.
38 Wenn über mich mein Acker schrie, /
seine Furchen miteinander weinten,
39 wenn seinen Ertrag ich verzehrte, ohne
zu bezahlen, / das Verlangen seines Herrn
ich unerfüllt ließ,
40 sollen Dornen wachsen statt Weizen, /
statt Gerste stinkendes Kraut.

Zu Ende sind die Worte Ijobs.

DIE REDEN ELIHUS: 32,1 – 37,24

Die erste Rede Elihus: 32,1 – 33,33

Die Selbstvorstellung: 32,1–22

32 Nun hörten jene drei Männer auf,
Ijob zu entgegnen, weil er gerecht
war in seinen Augen. 2 Da entbrannte der
Zorn Elihus, des Sohnes Barachels, des Busi-
ters aus dem Geschlecht Ram. Gegen Ijob
entbrannte sein Zorn, weil er sich vor Gott
für gerecht hielt. 3 Auch gegen seine drei
Freunde entbrannte sein Zorn, weil sie keine
Antwort mehr fanden, um Ijob schuldig zu
sprechen. 4 Elihu aber hatte Ijob gegenüber
mit Worten gezögert, weil jene älter waren
als er. 5 Doch als Elihu sah, dass die drei Män-
ner keine Antwort mehr wussten, entbrannte
sein Zorn. 6 Da ergriff Elihu, der Sohn Bara-
chels, der Busiter, das Wort und sprach:
Noch bin ich jung an Jahren, / doch ihr
seid hochbetagt; / deshalb hielt ich mich zu-
rück und scheute mich, / euch mein Wissen
zu beweisen.
7 Ich dachte: Mag erst das Alter reden, /
der Jahre Fülle Weisheit künden.
8 Jedoch, es ist der Geist im Menschen, /
des Allmächtigen Hauch, der ihn verständig
macht.
9 Die alt an Jahren sind, nicht immer sind
sie weise / noch Greise stets des Rechten
kundig.
10 Darum sage ich: Hört mich an! / Bewei-
sen will auch ich mein Wissen.
11 Seht, gewartet habe ich auf eure Worte, /
gelauscht auf eure klugen Sprüche, / bis ihr
die rechten Worte fändet.
12 Ich bin euch aufmerksam gefolgt, / doch
seht, keiner hat Ijob widerlegt, / keiner von
euch ihm zu entgegnen vermocht.
13 Sagt nicht: Wir haben die Weisheit ge-
funden: / Gott wird ihn verstoßen, nicht ein
Mensch.
14 Nicht gegen mich richten sich seine Re-
den, / nicht mit euren Worten werd ich ihm
entgegnen.
15 Besiegt sind sie, geben keine Antwort
mehr, / die Worte sind ihnen ausgegangen.
16 Soll ich nun warten, wenn sie nicht re-
den, / wenn sie dastehen, nichts mehr zu sa-
gen wissen?
17 So will auch ich nun meinen Teil erwi-
dern, / beweisen will auch ich mein Wissen.
18 Denn angefüllt bin ich mit Worten, /
mich drängt der Geist in meiner Brust.
19 Mein Inneres ist wie Wein, der keine
Luft hat, / wie neue Schläuche muss es bers-
ten.
20 Reden will ich, dann wird mir leichter, /
ich öffne meine Lippen und entgegne.
21 Ich ergreife für niemand Partei / und
sage keinem Schmeichelworte.
22 Denn ich versteh mich nicht aufs
Schmeicheln, / sonst raffte mich mein
Schöpfer bald hinweg.

6: Ps 119,100 • 7: 15,10; Sir 25,4–6 • 8: Spr 2,6 • 9: Weish 4,8 • 13: 11,6 • 19: Jer 20,9; Mt 9,17.

Die Zusammenfassung der Argumente Ijobs: 33,1–13

33 Du aber, Ijob, hör doch auf meine
Rede, / all meinen Worten leih dein
Ohr!
2 Siehe, ich habe meinen Mund geöffnet, /
schon spricht am Gaumen meine Zunge.
3 Gerade sind die Worte meines Herzens, /
lautere Weisheit reden meine Lippen.

32,9a Die alt an Jahren sind: Text korr.

4 Gottes Geist hat mich erschaffen, / der
Atem des Allmächtigen mir das Leben gegeben.
5 Wenn du kannst, so gib mir Antwort! /
Leg es mir vor und stell dich!
6 Schau, ich bin wie du vor Gott, / auch ich
bin nur aus Lehm geformt.
7 Furcht vor mir braucht dich nicht zu erschrecken, / Druck von mir nicht auf dir lasten.
8 Jedoch, du sprachst vor meinen Ohren /
und ich vernahm der Worte Laut:
9 Rein bin ich und ohne Sünde, / makellos
und ohne Schuld.
10 Vorwürfe sucht Gott gegen mich zu finden, / er sieht mich an als seinen Feind.
11 Meine Füße legt er in den Block, / er
überwacht alle meine Pfade.
12 Da bist du nicht im Recht, sage ich dir, /
denn Gott ist größer als der Mensch.
13 Weshalb hast du mit ihm gehadert, /
weil er all deinen Worten nicht erwidert?

4: Gen 2,7 • 6: 10,8 • 9: 10,7; 16,17; 23,10; 27,5 • 10: 13,24; 19,11 • 11: 13,27.

Gottes vielfältige Zeichen: 33,14–33

14 Denn einmal redet Gott / und zweimal,
man achtet nicht darauf.
15 Im Traum, im Nachtgesicht, / wenn tiefer Schlaf auf die Menschen fällt, / im
Schlummer auf dem Lager,
16 da öffnet er der Menschen Ohr / und
schreckt sie auf durch Warnung,
17 um von seinem Tun den Menschen abzubringen, / den Hochmut aus dem Manne auszutreiben,
18 seine Seele vor dem Grab zu retten, /
sein Leben davor, in den Todesschacht hinabzusteigen.
19 Er wird gemahnt durch Schmerz auf seinem Lager / und ständig ist Kampf in seinen
Gliedern.
20 Am Brot verspürt sein Leben Ekel / und
seine Seele an der Lieblingsspeise.
21 Es schwindet sein Fleisch, man sieht's
nicht mehr. / Abgemagert bis auf die Knochen, / die man sonst nicht sieht.
22 Dem Grabe nähert sich seine Seele, /
sein Leben den Todesboten.
23 Wenn dann ein Engel ihm zur Seite
steht, / ein Mittler, einer von den Tausenden, / dem Menschen zu verkünden, was
recht ist,
24 wenn dieser sich erbarmt und spricht: /
Erlös ihn, dass er nicht ins Grab absteige, /
Lösegeld hab ich für ihn gefunden!,
25 dann blüht sein Fleisch in Jugendfrische, / zu Jugendtagen kehrt er zurück.
26 Betet er zu Gott, so ist er ihm gnädig, / er
darf sein Angesicht schauen in festlichem
Jubel. / Dem Menschen gibt er die Gerechtigkeit wieder.
27 Er singt bei den Menschen und spricht: /
Gesündigt hatte ich und das Recht verkehrt; / doch hat er mir nicht mit Gleichem
vergolten,
28 meine Seele erlöst vor dem Abstieg ins
Grab, / mein Leben darf schauen das Licht.
29 Sieh, alles das pflegt Gott zu tun, / zweimal, ja dreimal mit den Menschen,
30 um fern zu halten seine Seele von dem
Grab, / um ihm zu leuchten mit dem Licht
des Lebens.
31 Merk auf, Ijob, hör mich an, / schweig
still, dass ich rede!
32 Hast Worte du bereit, entgegne mir! /
Sprich nur; denn gern gebe ich dir Recht.
33 Wenn aber nicht, hör du mich an! /
Schweig still, damit ich dich Weisheit lehre.

15: 4,12–16 • 19: Spr 3,12 • 20: Ps 107,18 • 21: 19,20 • 25: Ps 103,5 • 30: Ps 56,14.

Die zweite Rede Elihus: 34,1–37

Die Verwegenheit Ijobs: 34,1–9

34 Dann ergriff Elihu das Wort und
sprach:
2 Ihr Weisen, hört meine Worte, / ihr Kundigen, leiht mir Gehör!
3 Denn das Ohr prüft die Worte / und der
Gaumen schmeckt die Speise.
4 Lasst das Recht uns untersuchen, / erkennen unter uns, was gut ist.
5 Denn Ijob sagt: Ich bin im Recht, / doch
Gott hat mir mein Recht entzogen.
6 Meinem Recht zuwider soll ich lügen? /
Unheilbar traf mich ohne Schuld der Pfeil.
7 Wo ist ein Mann wie Ijob, / der Lästerung
wie Wasser trinkt,
8 der hingeht, um sich den Übeltätern zuzugesellen, / und mit den Frevlern Umgang
pflegt?
9 Er sagte ja: Es nützt dem Menschen
nichts, / dass er in Freundschaft lebt mit
Gott.

3: 12,11 • 6: 9,15 • 7: 15,16.

33,13b deinen: Text korr.; H: seinen.
33,16b schreckt sie auf durch Warnung: Text korr.
33,17 von seinem Tun: Text korr. – auszutreiben: Text korr.

Das gerechte Handeln des Allmächtigen:
34,10–15

10 Darum hört mir zu, ihr Männer mit Verstand! / Fern ist es Gott, Unrecht zu tun, / und dem Allmächtigen, Frevel zu üben.
11 Nein, was der Mensch tut, das vergilt er ihm, / nach eines jeden Verhalten lässt er es ihn treffen.
12 Nein, wahrhaftig, nie tut Gott unrecht / und der Allmächtige beugt nicht das Recht.
13 Wer hat ihm seine Erde anvertraut / und wer den ganzen Erdkreis hingestellt?
14 Wenn er auf ihn den Sinn nur richtet, / seinen Geist und Atem zu sich holt,
15 muss alles Fleisch zusammen sterben, / der Mensch zum Staube wiederkehren.

11: Ps 62,13; Spr 24,12; Sir 16,14 • 12: Gen 18,25 • 14–15: Ps 104,29f; Gen 2,7; Koh 3,20; Gen 3,19.

Gottes Macht: 34,16–24

16 Hast du Verstand, so höre dies, / lausche dem Laut meiner Worte!
17 Kann, wer das Recht hasst, Herrschaft führen? / Und willst du den Gerechten, / den Erhabenen verklagen,
18 ihn, der zum König sagt: Du Nichtsnutz!, / zu Edelmännern: Bösewicht!,
19 der nicht auf Fürsten Rücksicht nimmt, / vornehm nicht vor arm begünstigt; / denn alle sind sie seiner Hände Werk.
20 Sie sterben plötzlich, mitten in der Nacht; / das Volk gerät in Aufruhr und sie müssen fort. / Starke müssen weichen, / ohne dass eine Hand sich rührt.
21 Denn seine Augen schauen auf des Menschen Wege, / alle seine Schritte sieht er wohl.
22 Kein Dunkel gibt es, keine Finsternis, / wo sich die Übeltäter bergen könnten.
23 Denn dem Menschen setzt er keine Frist, / zu Gott ins Gericht zu gehen.
24 Gewaltige knickt er ohne Verhör / und stellt andere an ihren Platz.

17: Röm 3,5 • 18: Jes 40,23f • 19: Sir 35,16 • 21: Jer 32,19; Hebr 4,13 • 22: Ps 139,12 • 24: Dan 2,21.

Gottes Recht: 34,25–37

25 Wahrhaftig, Gott kennt ja ihre Taten, / er stürzt sie bei Nacht und sie sind zermalmt.
26 Wie Frevler schlägt er sie / an einem Ort, wo man es sieht,
27 deshalb, weil sie von ihm wichen, / nicht achteten auf alle seine Wege.
28 So lässt er der Armen Geschrei zu sich kommen, / er hört das Geschrei der Gebeugten.
29 Hält er sich still, wer spricht ihn schuldig? / Verbirgt er sein Gesicht, wer nimmt ihn wahr? / Über Volk und Menschen aber wacht er,
30 damit nicht ruchlose Menschen herrschen, / die dem Volk zum Fallstrick werden.
31 Denn nicht ist's an Gott, zu sagen: / Geirrt habe ich, ich mach's nicht wieder falsch.
32 Was ich nicht sehe, lehre du mich! / Tat ich Unrecht, ich will es nicht mehr tun.
33 Soll er nach deinem Sinn vergelten, / weil du verwirfst?
So musst ja du entscheiden, nicht ich, / und was du weißt, das sage an!
34 Verständige Männer werden zu mir sagen, / ein jeder Weise, der mich hört:
35 Bar des Wissens redet Ijob / und unbedacht sind seine Worte.
36 Wohlan, weiter werde Ijob geprüft, / weil er nach der Frevler Art erwidert.
37 Denn Frevel fügt er noch zu seiner Sünde, / in unserer Mitte höhnt er laut, / mehrt seine Worte gegen Gott.

29: Weish 12,2.

Die dritte Rede Elihus: 35,1–16

Gottes Überlegenheit: 35,1–8

35 Dann ergriff Elihu das Wort und sprach:
2 Hältst du das für ein Rechtsverfahren? / Du behauptest bloß: Gerecht bin ich vor Gott.
3 Du sagst: Was nützt es mir, / was habe ich davon, dass ich nicht sündige?
4 Ich will mit Worten dir erwidern / und deinen Freunden auch mit dir.
5 Schau den Himmel an und sieh, / blick zu den Wolken auf hoch über dir!
6 Wenn du gesündigt hast, was tust du ihm, / sind zahlreich deine Frevel, was schadest du ihm?
7 Tust du recht, was gibst du ihm / oder was empfängt er aus deiner Hand?
8 Menschen wie dich trifft dein Frevel, / dein Gerechtsein nur die Menschenkinder.

3: 7,20 • 7: 22,3; Lk 17,10.

34,23a Frist: Text korr.
34,29c wacht er: Text korr.
34,31a Text korr.
35,3a mir: Text korr.; H: dir.

Gottes Langmut: 35,9–16

9 Sie schreien über der Bedrücker Menge, / rufen um Hilfe unter dem Arm der Großen.

10 Doch keiner fragt: Wo ist Gott, mein Schöpfer, / der Loblieder schenkt bei Nacht,

11 der uns mehr lehrt als die Tiere der Erde / und uns weiser macht als die Vögel des Himmels?

12 Dort schreien sie und doch antwortet er nicht / wegen des Übermuts der Bösen.

13 Wahrhaftig umsonst, Gott hört es nicht / und der Allmächtige sieht es nicht an.

14 Gar wenn du sagst, du sähest ihn nicht – / das Gericht steht bei ihm, du aber harre auf ihn!

15 Jetzt aber, da sein Zorn nicht straft / und er nicht groß des Frevels achtet,

16 reißt Ijob sinnlos auf den Mund, / macht große Worte im Unverstand.

13: 22,13.

Die vierte Rede Elihus: 36,1 – 37,24

Über die Vergeltung Gottes: 36,1–14

36 Dann fuhr Elihu fort und sprach:

2 Wart ein wenig, ich will es dir künden, / ich hab für Gott noch mehr zu sagen.

3 Ich rufe mein Wissen weit hinaus, / meinem Schöpfer verschaff ich Recht.

4 Denn wahrhaftig, meine Worte sind kein Trug, / ein Mann vollkommenen Wissens steht vor dir.

5 Denn Gott ist gewaltig, doch verwirft er nicht, / gewaltig an Kraft und an Weisheit.

6 Den Frevler lässt er nicht am Leben, / doch den Gebeugten schafft er Recht.

7 Er wendet seine Augen nicht von dem Gerechten; / Könige auf dem Thron: / für immer setzt er sie ein, sie werden groß.

8 Doch sind in Fesseln sie geschlagen, / gefangen in des Elends Stricken,

9 so hält er ihnen ihr Tun vor / und ihr Vergehen, weil sie stolz geworden.

10 Er öffnet ihr Ohr zur Warnung, / fordert sie auf, vom Bösen zu lassen.

11 Wenn sie gehorchen und ihm dienen, / vollenden sie im Glück ihre Tage, / in Wonnen ihre Jahre.

12 Hören sie nicht, so fahren sie zum Todesschacht hinab, / verscheiden im Unverstand.

13 Ruchlos Gesinnte hegen Groll, / schreien nicht um Hilfe, wenn er sie fesselt.

14 Jung schon muss ihre Seele sterben, / wie das Leben der Lustknaben ist ihr Leben.

7: Dan 4,14 • 8: 2 Chr 33,11-13; Ps 107,10.

Über das Leid: 36,15–21

15 Den Geplagten rettet Gott durch seine Plage / und öffnet durch Bedrängnis sein Ohr.

16 Auch dich entreißt er dem Rachen der Bedrängnis, / in Weite stehst du, nicht in Enge, / voll ist deine Tafel von fetten Speisen.

17 Doch wenn du wie ein Frevler richtest, / wird Recht und Gericht dich treffen.

18 Zornglut verleite dich nicht beim Schicksalsschlag / und reiches Lösegeld verführe dich nicht.

19 Wird dein Schreien aus der Not dich führen / und alle Anstrengungen voll Kraft?

20 Sehne nicht die Nacht herbei, / die Völker von ihrer Stätte vertreibt.

21 Hüte dich und wende dich nicht zum Bösen! / Denn darum wirst du durch Leid geprüft.

Über Gottes Größe: 36,22–33

22 Sieh, groß ist Gott in seiner Macht. / Wer ist ein Lehrer wie er?

23 Wer will ihm weisen seinen Weg? / Wer kann ihm sagen: Du tust Unrecht?

24 Denk daran, hoch sein Werk zu preisen, / von dem die Menschen Lieder singen.

25 Alle Welt schaut es voll Staunen, / von ferne nur erblickt es der Mensch.

26 Sieh, Gott ist groß, nicht zu begreifen, / unerforschlich ist die Zahl seiner Jahre.

27 Denn er zieht die Wassertropfen herauf, / als Regen ergießen sie sich aus der Flut.

28 Durch ihn rieseln die Wolken, / träufeln nieder auf die vielen Menschen.

29 Wer gar versteht der Wolke Schweben, / den Donnerhall aus seinem Zelt?

30 Sieh, darüber breitet er sein Licht / und deckt des Meeres Wurzeln zu.

31 Denn damit richtet er die Völker, / gibt Speise in reicher Fülle.

36,14b Anspielung an die sakrale Prostitution im kanaanäischen Kult.

36,19f Sinn unklar.

36,29a Wer: Text korr. – Schweben: Text korr.

32 Mit leuchtenden Blitzen füllt er beide Hände, / bietet sie auf gegen den, der angreift.

33 Ihn kündigt an sein Donnerhall, / wenn er im Zorn gegen den Frevel eifert.

22: Ps 95,3; Dan 2,47 • 23: Jes 40,13; Röm 11,33f • 26: Ps 145,3 • 27: 28,25f • 29: Ps 18,10–15 • 31: Ps 104,13f.

Über Gottes Macht: 37,1–13

37 Darum erbebt mein Herz sehr heftig, / pocht erregt an seiner Stelle.

2 Hört, hört das Toben der Stimme Gottes, / welch ein Grollen seinem Mund entfährt.

3 Unter dem ganzen Himmel lässt er es los / und seinen Blitz über die Säume der Erde.

4 Hinter ihm brüllt der Donner drein, / er dröhnt mit erhabener Stimme.

Nicht hält er (die Blitze) zurück, / wenn sein Donner gehört wird.

5 Gott dröhnt mit seiner Stimme, wunderbar, / er schafft große Dinge, wir verstehen sie nicht:

6 Dem Schnee befiehlt er: Fall zur Erde!, / dem Regenschwall, seinen mächtigen Güssen.

7 Er versiegelt die Hand aller Menschen, / sodass alle Welt sein Tun erkennt.

8 Die Tiere verkriechen sich in ihr Versteck, / sie lagern in ihren Höhlen.

9 Aus seiner Kammer kommt der Sturm, / von den Winden des Nordens die Kälte.

10 Durch Gottes Hauch entsteht das Eis, / liegt starr des Wassers Fläche.

11 Auch belädt er die Wolken mit Nass, / streut umher die leuchtenden Wolken.

12 Sie ziehen hin und her, wie er sie lenkt, / um alles, was er gebietet, / zu wirken auf dem Kreis der Erde.

13 Sei es als Zuchtrute, sei es auch für seine Erde, / sei es als Erweis seiner Huld, / so lässt er es sie treffen.

2: Ps 29 • 4: Ps 29,3f • 5: 5,9 • 7–8: Ps 104,19–23 • 10: Ps 147,17.

Über die Furcht vor Gott: 37,14–24

14 Hör dir dies an, Ijob! Steh still, / um die Wunder Gottes zu betrachten.

15 Weißt du, wie Gott ihnen Auftrag gibt, / wie das Licht seiner Wolke aufstrahlt?

16 Weißt du um der Wolke Schweben, / um die Wunderwerke des Allwissenden?

17 Du, dem die Kleider vor Hitze glühen, / wenn die Erde unter dem Südwind liegt,

18 wölbst du gleich ihm das Wolkenfirmament, / das fest ist wie ein gegossener Spiegel?

19 Lehre du uns, was wir ihm sagen sollen. / Wir können wegen des Dunkels nichts vorbringen.

20 Muß man ihm erst erzählen, wenn ich rede? / Muß es erst einer sagen, / damit es ihm mitgeteilt wird?

21 Und nun, wenn man das Sonnenlicht nicht sieht, / ist es verdunkelt durch die Wolken, / ein Windhauch bläst und fegt sie weg.

22 Vom Norden naht ein Lichtglanz, / um Gott her ist schreckliche Herrlichkeit.

23 Den Allmächtigen ergründen wir nicht, / er ist erhaben an Macht und Recht, / er ist reich an Gerechtigkeit; Recht beugt er nicht.

24 Darum sollen die Menschen ihn fürchten. / Keinen sieht er an, wie weise sie auch sind.

16: Spr 8,28 • 18: Gen 1,6 • 22: Ex 24,16.

DIE ANTWORT GOTTES: 38,1 – 41,26

Die erste Rede Gottes

Fragen zum Geheimnis der Schöpfung:
38,1 – 40,2

38 Da antwortete der Herr dem Ijob aus dem Wettersturm und sprach:

2 Wer ist es, der den Ratschluss verdunkelt / mit Gerede ohne Einsicht?

3 Auf, gürte deine Lenden wie ein Mann: / Ich will dich fragen, du belehre mich!

4 Wo warst du, als ich die Erde gegründet? / Sag es denn, wenn du Bescheid weißt.

5 Wer setzte ihre Maße? Du weißt es ja. / Wer hat die Messschnur über ihr gespannt?

6 Wohin sind ihre Pfeiler eingesenkt? /

36,33 Text korr.
37,7a Gemeint ist: Gott zwingt die Menschen zur Untätigkeit.
37,10 entsteht: Text korr.; H hat eine andere Vokalisierung.
37,20bc Text unsicher.
38,1–39,30 In diesen beiden Kapiteln ist die Nachwirkung der sog. weisheitlichen Listenwissenschaft des Alten Orient erkennbar.

Oder wer hat ihren Eckstein gelegt,
7 als alle Morgensterne jauchzten, / als jubelten alle Gottessöhne?
8 Wer verschloss das Meer mit Toren, / als schäumend es dem Mutterschoß entquoll,
9 als Wolken ich zum Kleid ihm machte, / ihm zur Windel dunklen Dunst,
10 als ich ihm ausbrach meine Grenze, / ihm Tor und Riegel setzte
11 und sprach: Bis hierher darfst du und nicht weiter, / hier muss sich legen deiner Wogen Stolz?
12 Hast du je in deinem Leben dem Morgen geboten, / dem Frührot seinen Ort bestimmt,
13 dass es der Erde Säume fasse / und dass die Frevler von ihr abgeschüttelt werden?
14 Sie wandelt sich wie Siegelton, / (die Dinge) stehen da wie ein Gewand.
15 Den Frevlern wird ihr Licht entzogen, / zerschmettert der erhobene Arm.
16 Bist du zu den Quellen des Meeres gekommen, / hast du des Urgrunds Tiefe durchwandert?
17 Haben dir sich die Tore des Todes geöffnet, / hast du der Finsternis Tore geschaut?
18 Hast du der Erde Breiten überblickt? / Sag es, wenn du das alles weißt.
19 Wo ist der Weg zur Wohnstatt des Lichts? / Die Finsternis, wo hat sie ihren Ort,
20 dass du sie einführst in ihren Bereich, / die Pfade zu ihrem Haus sie führst?
21 Du weißt es ja; du wurdest damals ja geboren / und deiner Tage Zahl ist groß.
22 Bist du zu den Kammern des Schnees gekommen, / hast du die Kammern des Hagels gesehen,
23 den ich für Zeiten der Drangsal aufgespart, / für den Tag des Kampfes und der Schlacht?
24 Wo ist der Weg dorthin, wo das Licht sich verteilt, / der Ostwind sich über die Erde zerstreut?
25 Wer grub der Regenflut eine Rinne, / einen Weg für das Donnergewölk,
26 um Regen zu senden auf unbewohntes Land, / auf die Steppe, darin niemand wohnt,
27 um zu sättigen die Wildnis und Öde / und frisches Gras sprossen zu lassen?
28 Hat der Regen einen Vater / oder wer zeugte die Tropfen des Taus?
29 Aus wessen Schoß ging das Eis hervor, / des Himmels Reif, wer hat ihn geboren?
30 Wie Stein erstarren die Wasser / und wird fest die Fläche der Flut.
31 Knüpfst du die Bande des Siebengestirns / oder löst du des Orions Fesseln?
32 Führst du heraus des Tierkreises Sterne zur richtigen Zeit, / lenkst du die Löwin samt ihren Jungen?
33 Kennst du die Gesetze des Himmels, / legst du auf die Erde seine Urkunde nieder?
34 Erhebst du zu den Wolken deine Stimme, / dass dich die Woge des Wassers bedeckt?
35 Entsendest du die Blitze, dass sie eilen / und dir sagen: Wir sind da?
36 Wer verlieh dem Ibis Weisheit / oder wer gab Einsicht dem Hahn?
37 Wer zählt in Weisheit die Wolken, / und die Schläuche des Himmels, wer schüttet sie aus,
38 wenn der Erdboden hart wird, als sei er gegossen, / und Erdschollen zusammenkleben?
39 Erjagst du Beute für die Löwin, / stillst du den Hunger der jungen Löwen,
40 wenn sie sich ducken in den Verstecken, / im Dickicht auf der Lauer liegen?
41 Wer bereitet dem Raben seine Nahrung, / wenn seine Jungen schreien zu Gott und umherirren ohne Futter?

39 Kennst du der Steinböcke Wurfzeit, / überwachst du das Werfen der Hirsche?
2 Zählst du die Monde, die tragend sie füllen, / kennst du die Zeit ihres Wurfs?
3 Sie kauern sich, werfen ihre Jungen, / werden los ihre Wehen.
4 Ihre Jungen erstarken, wachsen im Freien, / laufen hinaus und kehren nicht zu ihnen zurück.
5 Wer hat das Maultier freigelassen, / des Wildesels Fesseln, wer schloss sie auf?
6 Ich gab ihm zur Behausung die Steppe, / zu seiner Wohnung die salzige Trift.
7 Er verlacht das Lärmen der Stadt, / hört nicht des Treibers Geschrei.
8 Die Berge sucht er nach Weide ab, / jeglichem Grün spürt er nach.
9 Wird dir der Wildstier dienen wollen, / bleibt er an deiner Krippe zur Nacht?
10 Hältst du am Seil ihn in der Furche, / pflügt er die Täler hinter dir her?
11 Traust du ihm, weil er so stark ist? / Überlässt du ihm deine Arbeit?
12 Glaubst du ihm, dass er wiederkommt /

38,8a Wer: Text korr.
38,20b sie führst: Text korr.; H: begreifst.
38,30a erstarren, wörtlich: verbergen sich.

und deine Saat auf die Tenne bringt?

13 Lustig schlägt die Straußenhenne die Flügel. / Ist ihre Schwinge darum so / wie die des Storches und Falken?

14 Nein, sie gibt der Erde ihre Eier preis, / lässt sie erwärmen im Sand,

15 vergisst, dass sie ein Fuß zerdrücken, / das Wild des Feldes sie zertreten kann;

16 sie behandelt ihre Jungen hart wie Fremde; / war umsonst ihre Mühe, es erschreckt sie nicht.

17 Denn Gott ließ sie Weisheit vergessen, / gab ihr an Verstand keinen Teil.

18 Im Augenblick aber, wenn sie hochschnellt, / verlacht sie das Ross und seinen Reiter.

19 Gabst du dem Ross die Heldenstärke, / kleidest du mit einer Mähne seinen Hals?

20 Läßt du wie Heuschrecken es springen? / Furchtbar ist sein stolzes Wiehern.

21 Es scharrt im Tal und freut sich, / zieht mit Macht dem Kampf entgegen.

22 Es spottet der Furcht und kennt keine Angst / und kehrt nicht um vor dem Schwert.

23 Über ihm klirrt der Köcher, / Speer und Sichelschwert blitzen.

24 Mit Donnerbeben wirbelt es den Staub auf, / steht nicht still beim Klang des Horns.

25 Sooft das Horn hallt, wiehert es »hui« / und wittert den Kampf schon von weitem, / der Anführer Lärm und das Schlachtgeschrei.

26 Kommt es von deiner Einsicht, / dass der Falke sich aufschwingt / und nach Süden seine Flügel ausbreitet?

27 Fliegt auf dein Geheiß der Adler so hoch / und baut seinen Horst in der Höhe?

28 Auf Felsen wohnt und nächtigt er, / auf der Felsenzacke und an steiler Wand.

29 Von dort erspäht er die Beute, / seine Augen schauen ins Weite.

30 Nach Blut schon gieren seine Jungen; / wo Erschlagene sind, ist er zur Stelle.

40 Da antwortete der Herr dem Ijob und sprach:

2 Mit dem Allmächtigen will der Tadler rechten? / Der Gott anklagt, antworte drauf!

38,2: 42,3; Jdt 8,12; Jes 40,13 • 4: Jes 40,12 • 5: Sach 1,16 • 6: Ps 118,22 • 7: Ps 19,2; 148,2f; Bar 3,34f • 8: 2 Makk 9,8; Ps 33,7 • 11: Ps 65,8; 104,6–9; Spr 8,29 • 22: Ps 147,17; Sir 43,14f • 23: Ex 9,18–26 • 25: Jes 30,30 • 31: 9,9; Am 5,8 • 35: Bar 3,35 • 39: Ps 104,21f • 41: Ps 147,9 • 39,13–16: Klgl 4,3 • 26: Jer 8,7 • 30: Mt 24,28 • 40,2: Jdt 8,12.

Ijobs Antwort: 40,3–5

3 Da antwortete Ijob dem Herrn und sprach:

4 Siehe, ich bin zu gering. Was kann ich dir erwidern? / Ich lege meine Hand auf meinen Mund.

5 Einmal habe ich geredet, ich tu es nicht wieder; / ein zweites Mal, doch nun nicht mehr!

5: Ps 62,12.

Die zweite Rede Gottes

Gottes Weisheit und Macht: 40,6 – 41,26

6 Da antwortete der Herr dem Ijob aus dem Wettersturm und sprach:

7 Auf, gürte deine Lenden wie ein Mann! / Ich will dich fragen, du belehre mich!

8 Willst du wirklich mein Recht zerbrechen, / mich schuldig sprechen, damit du Recht behältst?

9 Hast du denn einen Arm wie Gott, / dröhnst du wie er mit Donnerstimme?

10 So schmücke dich mit Hoheit und mit Majestät / und kleide dich in Prunk und Pracht!

11 Lass die Fluten deines Zornes sich ergießen, / schau an jeden Stolzen, demütige ihn!

12 Schau an jeden Stolzen, zwing ihn nieder! / Zertritt die Frevler auf der Stelle!

13 Verbirg sie insgesamt im Staub, / schließ sie leibhaftig im Erdinnern ein!

14 Dann werde auch ich dich preisen, / weil deine Rechte den Sieg dir verschaffte.

15 Sieh doch das Nilpferd, das ich wie dich erschuf. / Gras frisst es wie ein Rind.

16 Sieh doch die Kraft in seinen Lenden / und die Stärke in den Muskeln seines Leibs!

17 Wie eine Zeder lässt es hängen seinen Schwanz; / straff sind verflochten seiner Schenkel Sehnen.

18 Seine Knochen sind Röhren von Erz, / wie Eisenstangen sein Gebein.

19 Es ist der Anfang der Wege Gottes; / der es gemacht hat, gab ihm sein Schwert.

20 Doch die Berge tragen ihm Futter zu / und alle Tiere des Feldes spielen dort.

21 Es lagert unter Kreuzdornbüschen, / in dem Versteck von Schilf und Sumpf.

22 Kreuzdornbüsche decken es mit Schatten, / die Pappeln am Fluss umgeben es.

23 Schwillt auch der Fluss, es zittert nicht, /

39,13bc Sinn von H unklar.
40,19b Sinn von H unklar.

40,23a Schwillt: Text korr.; H: Bedrückt.
40,23b Flut, wörtlich: Jordan.

bleibt ruhig, wenn auch die Flut ihm ins Maul dringt.
24 Kann man an den Augen es fassen, / mit Haken ihm die Nase durchbohren?
25 Kannst du das Krokodil am Angelhaken ziehen, / mit der Leine seine Zunge niederdrücken?
26 Legst du ein Binsenseil ihm in die Nase, / durchbohrst du mit einem Haken seine Backe?
27 Fleht es dich groß um Gnade an? / Richtet es zärtliche Worte an dich?
28 Schließt es einen Pakt mit dir, / sodass du es dauernd nehmen kannst zum Knecht?
29 Kannst du mit ihm wie mit einem Vogel spielen, / bindest du es für deine Mädchen an?
30 Feilschen darum die Jagdgenossen, / verteilen sie es stückweise unter die Händler?
31 Kannst du seine Haut mit Spießen spicken, / mit einer Fischharpune seinen Kopf?
32 Leg nur einmal deine Hand daran! / Denk an den Kampf! Du tust es nie mehr.
41 Sieh, das Hoffen darauf wird enttäuscht; / sein bloßer Anblick bringt zu Fall.
2 So kühn ist keiner, es zu reizen; / wer könnte ihm wohl trotzen?
3 Wer begegnete ihm und bliebe heil? / Unter dem ganzen Himmel gibt es so einen nicht.
4 Ich will nicht schweigen von seinen Gliedern, / wie groß und mächtig, wie wohlgeschaffen es ist.
5 Wer öffnet die Hülle seines Kleides, / wer dringt in seinen Doppelpanzer ein?
6 Wer öffnet die Tore seines Mauls? / Rings um seine Zähne lagert Schrecken.
7 Reihen von Schilden sind sein Rücken, / verschlossen mit Siegel aus Kieselstein.
8 Einer reiht sich an den andern, / kein Lufthauch dringt zwischen ihnen durch.
9 Fest haftet jeder an dem andern, / sie sind verklammert, lösen sich nicht.
10 Sein Niesen lässt Licht aufleuchten; / seine Augen sind wie des Frührots Wimpern.
11 Aus seinem Maul fahren brennende Fackeln, / feurige Funken schießen hervor.
12 Rauch dampft aus seinen Nüstern / wie aus kochendem, heißem Topf.
13 Sein Atem entflammt glühende Kohlen, / eine Flamme schlägt aus seinem Maul hervor.
14 Stärke wohnt in seinem Nacken, / vor ihm her hüpft bange Furcht.
15 Straff liegt seines Wanstes Fleisch, / wie angegossen, unbewegt.
16 Sein Herz ist fest wie Stein, / fest wie der untere Mühlstein.
17 Erhebt es sich, erschrecken selbst die Starken; / vor Schrecken wissen sie nicht aus noch ein.
18 Trifft man es, kein Schwert hält stand, / nicht Lanze noch Geschoss und Pfeil.
19 Eisen achtet es wie Stroh, / Bronze wie morsch gewordenes Holz.
20 Kein Bogenpfeil wird es verjagen, / in Stoppeln verwandeln sich ihm / die Steine der Schleuder.
21 Wie Stoppeln dünkt ihm die Keule, / es lacht nur über Schwertergerassel.
22 Sein Unteres sind Scherbenspitzen; / ein Dreschbrett breitet es über den Schlamm.
23 Die Tiefe lässt es brodeln wie den Kessel, / macht das Meer zu einem Salbentopf.
24 Es hinterlässt eine leuchtende Spur; / man meint, die Flut sei Greisenhaar.
25 Auf Erden gibt es seinesgleichen nicht, / dazu geschaffen, um sich nie zu fürchten.
26 Alles Hohe blickt es an; / König ist es über alle stolzen Tiere.

40,13: Num 16,31–34 • 25: Jes 27,1; Ez 32,2 • 26: Ez 29,4 • 41,12: Offb 9,17.

Ijobs Umkehr und Unterwerfung: 42,1–6

42 Da antwortete Ijob dem Herrn und sprach:
2 Ich hab erkannt, dass du alles vermagst; / kein Vorhaben ist dir verwehrt.
3 Wer ist es, der ohne Einsicht den Rat verdunkelt? / So habe ich denn im Unverstand geredet über Dinge, / die zu wunderbar für mich und unbegreiflich sind.
4 Hör doch, ich will nun reden, / ich will dich fragen, du belehre mich!
5 Vom Hörensagen nur hatte ich von dir vernommen; / jetzt aber hat mein Auge dich geschaut.
6 Darum widerrufe ich und atme auf, / in Staub und Asche.

3: 38,2.

41,3a ihm: Text korr.; H: mir.
41,4 Sinn von H unklar.
41,6a Maul, wörtlich: Gesicht.
41,7a sein Rücken: Text korr.; H: sein Hochmut.
41,12b Sinn von H unklar.
42,6a widerrufe ich, wörtlich: verwerfe ich. – und atme auf: übersetzt nach der dem betreffenden hebräischen Wort entsprechenden arabischen Wurzel.

DIE RAHMENERZÄHLUNG: 42,7–17

Ijobs Rechtfertigung: 42,7–9

7 Als der Herr diese Worte zu Ijob gespro-
chen hatte, sagte der Herr zu Elifas von Te-
man: Mein Zorn ist entbrannt gegen dich
und deine beiden Gefährten; denn ihr habt
nicht recht von mir geredet wie mein Knecht
Ijob. 8 So nehmt nun sieben Jungstiere und
sieben Widder, geht hin zu meinem Knecht
Ijob und bringt ein Brandopfer für euch dar!
Mein Knecht Ijob aber soll für euch Fürbitte
einlegen; nur auf ihn nehme ich Rücksicht,
dass ich euch nichts Schlimmeres antue.
Denn ihr habt nicht recht von mir geredet
wie mein Knecht Ijob. 9 Da gingen Elifas von
Teman, Bildad von Schuach und Zofar von
Naama hin und taten, was der Herr ihnen ge-
sagt hatte. Und der Herr nahm Rücksicht auf
Ijob.

Ijobs neues Glück: 42,10–17

10 Der Herr wendete das Geschick Ijobs,
als er für seinen Nächsten Fürbitte einlegte;
und der Herr mehrte den Besitz Ijobs auf das
Doppelte.

11 Da kamen zu ihm alle seine Brüder, alle
seine Schwestern und alle seine früheren Be-
kannten und speisten mit ihm in seinem
Haus. Sie bezeigten ihm ihr Mitleid und trös-
teten ihn wegen all des Unglücks, das der
Herr über ihn gebracht hatte. Ein jeder
schenkte ihm eine Kesita und einen goldenen
Ring.

12 Der Herr aber segnete die spätere Le-
benszeit Ijobs mehr als seine frühere. Er be-
saß vierzehntausend Schafe, sechstausend
Kamele, tausend Joch Rinder und tausend
Esel. 13 Auch bekam er sieben Söhne und drei
Töchter.

14 Die erste nannte er Jemima, die zweite
Kezia und die dritte Keren-Happuch. 15 Man
fand im ganzen Land keine schöneren Frau-
en als die Töchter Ijobs; ihr Vater gab ihnen
Erbbesitz unter ihren Brüdern. 16 Ijob lebte
danach noch hundertvierzig Jahre; er sah
seine Kinder und Kindeskinder, vier Ge-
schlechter. 17 Dann starb Ijob, hochbetagt
und satt an Lebenstagen.

10: Jak 5,11 • 15: Ps 144,12 • 16: Ps 128,6 • 17: Gen 25,8.

Die Psalmen

Ähnlich wie die Bücher des Mose ist diese Sammlung von 150 Einzelliedern, die eines der bedeutendsten Bücher der Heiligen Schrift und auch der gesamten Weltliteratur darstellen, in fünf Bücher eingeteilt: Ps 1 – 41; 42 – 72; 73 – 89; 90 – 106; 107 – 150. Die griechische und die lateinische Bibel haben eine leicht abweichende Zählweise der Psalmen (vgl. Anhang dieser Bibelausgabe). Die heutige Reihenfolge und Anordnung der Psalmen in der hebräischen Bibel, die eine gewisse Korrespondenz zu den Büchern des Mose aufweist, ist höchstwahrscheinlich von ihrem Gebrauch im Synagogengottesdienst her zu verstehen. Thematisch berühren die Psalmen fast alle Fragen und Probleme der alttestamentlichen Theologie. Die neuere Forschung befasst sich besonders mit den verschiedenen Psalmengattungen und ihrem »Sitz im Leben« sowie mit der Überlieferung der einzelnen Psalmen bis zu ihrer jetzigen Gestalt. Man unterscheidet heute vor allem folgende Gattungen: Hymnen, Danklieder, Klagelieder eines Einzelnen und des Volkes, Bittpsalmen, Wallfahrtslieder, Königslieder, Weisheitslieder, »messianische Psalmen«.

42,11 Kesita: ursprünglich altes Metallgewicht unbekannter Schwere, später Zahlungsmittel. – Ring: ein Nasenreif oder ein Ohrring.

42,14 Die Namen der drei Töchter bedeuten: Täubchen, Zimtblüte und Schminkhörnchen.

Dass der Psalter eine Sonderstellung unter den Schriften des Alten Testaments einnimmt, wird kaum bezweifelt. Denn die Psalmen lassen einen einzigartigen Einblick in die innere Struktur der Offenbarung tun. Der Psalter gibt nämlich davon Kunde, dass die Offenbarung sich nicht nur als monologes Sprechen und Handeln Gottes ereignet, sondern dass Gott sich im auserwählten Volk einen Partner bereitet hat, der mit in das Offenbarungsgeschehen einbezogen wird. Die Offenbarung ist demnach ein dialogischer Vorgang: Gott handelt und spricht nicht nur auf das Volk hin, sondern Israel spricht und handelt mit (vgl. Ex 19,8, wo das Volk sich einmütig bereit erklärt, Gottes Auserwählung anzunehmen). Von der Aufnahme des Dialogs durch das auserwählte Volk künden wie kein anderes biblisches Buch die Psalmen: Sie sind die in der Offenbarung und aus ihr erfolgte Antwort auf Gottes offenbartes Wort. Das sollen einige Entsprechungen der Psalmen zu wichtigen alttestamentlichen Texten zeigen:

Schöpfungstat und -werk Gottes: Gen 1 – Ps 104.
Der Mensch: Gen 1,26–28 – Ps 8.
Gottes Heiligkeit: Jes 6 – Ps 99.
Das Meerwunder: Ex 13 – 15 – Ps 66.
Lobpreis des Bundesgottes: Ex 19 – 24 – Ps 97.
Von Ägypten ins Gelobte Land: Ps 114.
Von der Patriarchenzeit bis zur Landverleihung: Ps 105.
Gottes Heilswerk an Zion: 2 Sam 6 – Ps 48.
Der Neue Bund: Jer 31,31–34; Ez 36,24–28 – Ps 51,12–14.
Der Messias als König: Jes 9,1–6; 11,1–5; Mi 5,1–3 – Ps 2; 72; 110.
Der Messias als Leidensmann: Jes 53 – Ps 22.

Natürlich decken sich die Inhalte der angeführten einander entsprechenden Texte nicht vollauf; aber Hauptmotive werden vom lobpreisenden Gottesvolk aufgegriffen, neu interpretiert, um andere Offenbarungsgehalte vermehrt und weiter entfaltet.

Noch etwas anderes geht aus den Psalmen hervor, nämlich dass Israels wichtigste und vornehmste Aufgabe, ja der Grund seiner Sonderexistenz im Gotteslob, im Gott gemäßen Kult besteht. Vom Kult her dürfte auch Licht auf die heutige Anordnung der Psalmen fallen. In Neh 8,1–6 ist ein Muster für den Synagogengottesdienst enthalten, der im Exil oder in der nachexilischen Zeit neben dem Tempelgottesdienst aufkommt. Weil der Opferdienst auf den Tempel beschränkt bleibt, handelt es sich im Synagogengottesdienst um den Typus eines reinen Lesegottesdienstes, der in etwa unserem Wortgottesdienst vergleichbar ist. Er enthält als wesentliche Bestandteile:

1. *Nach Einleitungsgebeten folgt die Lesung des fälligen Abschnitts aus dem Pentateuch. Die fünf Bücher des Mose sind in einer einjährigen oder dreijährigen Leseordnung auf die Sabbate des Jahres verteilt (für die Feste sind besondere Texte ausgesucht).*
2. *Dann antwortet das Volk mit dem zugeordneten, vielleicht gesungenen Psalm.*
3. *An den Psalm schließt eine zweite Lesung aus den Propheten und eine Homilie an.*
4. *Segensgebete beschließen den Gottesdienst.*

Mit ziemlicher Sicherheit lässt sich also sagen, dass zur Zeit der Wiederherstellung der nachexilischen Gemeinde unter Esra und Nehemia der Psalter seine heutige Gestalt erhalten hat. Für die einzelnen Psalmen wird man insgesamt eine Entstehungszeit von mehreren Jahrhunderten, von David bis Esra, anzunehmen haben. Weiter deutet ihre Verwendung im Synagogengottesdienst auch eine vom Kult her bestimmte Anordnung und Reihung verschiedener Texteinheiten im Pentateuch an und legt sie nahe. So hat man also für das Verständnis der einzelnen Psalmen und des gesamten Psalters viel mehr als bisher deren Verwendung im Gottesdienst zu berücksichtigen.

Der Psalter hat seinen hohen Rang als Gebetbuch des alten Bundesvolkes auch für Christus und die junge Kirche behalten. Die Kirche hat mit den Psalmen auf die in Christus erfüllte Offenbarung geantwortet. Bis heute verwendet sie daher in der Nachfolge des Herrn den Psalter vor allen anderen Gebetstexten für den Gottesdienst in seiner vielfältigen Gestalt.

DAS ERSTE BUCH

Die beiden Wege

1 Wohl dem Mann, der nicht dem Rat der
Frevler folgt, / nicht auf dem Weg der
Sünder geht, / nicht im Kreis der Spötter
sitzt,
2 sondern Freude hat an der Weisung des
Herrn, / über seine Weisung nachsinnt bei
Tag und bei Nacht.
3 Er ist wie ein Baum, / der an Wasserbä-
chen gepflanzt ist,
der zur rechten Zeit seine Frucht bringt /
und dessen Blätter nicht welken.
Alles, was er tut, / wird ihm gut gelingen.
4 Nicht so die Frevler: / Sie sind wie Spreu,
die der Wind verweht.
5 Darum werden die Frevler im Gericht
nicht bestehen / noch die Sünder in der Ge-
meinde der Gerechten.
6 Denn der Herr kennt den Weg der Ge-
rechten, / der Weg der Frevler aber führt in
den Abgrund.

1: 26,4f; Spr 4,14 • 2: 112,1; Jos 1,8 • 3: 92,13; Jer 17,8 • 4: 35,5; Ijob 21,18 • 6: 119,1; Spr 10,28.

Der Herr und sein Gesalbter

2 Warum toben die Völker, / warum ma-
chen die Nationen vergebliche Pläne?
2 Die Könige der Erde stehen auf, / die
Großen haben sich verbündet gegen den
Herrn und seinen Gesalbten.
3 »Lasst uns ihre Fesseln zerreißen / und
von uns werfen ihre Stricke!«
4 Doch er, der im Himmel thront, lacht, /
der Herr verspottet sie.
5 Dann aber spricht er zu ihnen im Zorn, /
in seinem Grimm wird er sie erschrecken:
6 »Ich selber habe meinen König einge-
setzt / auf Zion, meinem heiligen Berg.«
7 Den Beschluss des Herrn will ich kund-
tun. / Er sprach zu mir: »Mein Sohn bist du. /
Heute habe ich dich gezeugt.
8 Fordre von mir und ich gebe dir die Völ-
ker zum Erbe, / die Enden der Erde zum Ei-
gentum.
9 Du wirst sie zerschlagen mit eiserner
Keule, / wie Krüge aus Ton wirst du sie zer-
trümmern.«
10 Nun denn, ihr Könige, kommt zur Ein-
sicht, / lasst euch warnen, ihr Gebieter der
Erde!
11 Dient dem Herrn in Furcht / und küsst
ihm mit Beben die Füße,
12 damit er nicht zürnt / und euer Weg
nicht in den Abgrund führt.
Denn wenig nur und sein Zorn ist ent-
brannt. / Wohl allen, die ihm vertrauen!

1: Offb 11,18; Apg 4,25f • 2: Offb 19,19 • 4: 59,9 • 7: 89,27f; Apg 13,33; Hebr 1,5; 5,5 • 8–9: 72,8; Offb 2,26f • 9: 110,5f; Offb 12,5; 19,15.

Hilferuf in Feindesnot

3 [Ein Psalm Davids, als er vor seinem
Sohn Abschalom floh.]
2 Herr, wie zahlreich sind meine Bedrän-
ger; / so viele stehen gegen mich auf.
3 Viele gibt es, die von mir sagen: / »Er fin-
det keine Hilfe bei Gott.« [Sela]
4 Du aber, Herr, bist ein Schild für mich, /
du bist meine Ehre und richtest mich auf.
5 Ich habe laut zum Herrn gerufen; / da er-
hörte er mich von seinem heiligen Berg.
[Sela]
6 Ich lege mich nieder und schlafe ein, / ich
wache wieder auf, denn der Herr beschützt
mich.
7 Viele Tausende von Kriegern fürchte ich
nicht, / wenn sie mich ringsum belagern.
8 Herr, erhebe dich, / mein Gott, bring mir
Hilfe!
Denn all meinen Feinden hast du den Kie-
fer zerschmettert, / hast den Frevlern die
Zähne zerbrochen.
9 Beim Herrn findet man Hilfe. / Auf dein
Volk komme dein Segen! [Sela]

1: 2 Sam 15 • 2: 25,19 • 4: 7,11; 18,3; 33,20; 84,12; 115,9–11; Gen 15,1; Dtn 33,29; Spr 30,5; Sir 34,16 • 6: 4,9 • 7: 27,3 • 9: Jona 2,10.

Gottes Schutz in der Nacht

4 [Für den Chormeister. Mit Saitenspiel.
Ein Psalm Davids.]
2 Wenn ich rufe, erhöre mich, / Gott, du
mein Retter!
Du hast mir Raum geschaffen, als mir

2,8 dir: ergänzt nach G und S.
2,11b Text korr.; H ist kaum verständlich: und jauchzt mit Beben, küsst den Sohn (in H zum Teil bereits V. 12).
3,1 Die sog. Psalmenüberschriften, die in dieser Übersetzung in eckigen Klammern stehen, sind späte Zusätze. Sie enthalten musikalische Hinweise, deren Bedeutung wir nicht kennen, und Vermutungen über Verfasser und Entstehungsverhältnisse, die der jüdischen Tradition entnommen sind.
3,3b Das hier und oft in den Psalmen stehende Wort »Sela« ist ebenfalls ein musikalischer Hinweis unbekannter Bedeutung.
4,2b Wörtlich: Gott meiner Gerechtigkeit.

angst war. / Sei mir gnädig und hör auf mein
Flehen!
3 Ihr Mächtigen, wie lange noch schmäht
ihr meine Ehre, / warum liebt ihr den Schein
und sinnt auf Lügen? [Sela]
4 Erkennt doch: Wunderbar handelt der
Herr an den Frommen, / der Herr erhört
mich, wenn ich zu ihm rufe.
5 Ereifert ihr euch, so sündigt nicht! / Bedenkt es auf eurem Lager und werdet still!
[Sela]
6 Bringt rechte Opfer dar / und vertraut
auf den Herrn!
7 Viele sagen: »Wer lässt uns Gutes erleben?« / Herr, lass dein Angesicht über uns
leuchten!
8 Du legst mir größere Freude ins Herz, /
als andere haben bei Korn und Wein in
Fülle.
9 In Frieden leg ich mich nieder und schlafe ein; / denn du allein, Herr, lässt mich sorglos ruhen.

5: Eph 4,26 • 6: 51,19.21; 1 Petr 2,5 • 7: 31,17; 44,4; 67,2; 80,4; Num 6,25f • 9: 3,6.

Ein Gebet zum Morgenopfer

5 [Für den Chormeister. Zum Flötenspiel.
Ein Psalm Davids.]
2 Höre meine Worte, Herr, / achte auf mein
Seufzen!
3 Vernimm mein lautes Schreien, mein König und mein Gott, / denn ich flehe zu dir.
4 Herr, am Morgen hörst du mein Rufen, /
am Morgen rüst ich das Opfer zu, halte Ausschau nach dir.
5 Denn du bist kein Gott, dem das Unrecht
gefällt; / der Frevler darf nicht bei dir weilen.
6 Wer sich brüstet, besteht nicht vor deinen Augen; / denn dein Hass trifft alle, die
Böses tun.
7 Du lässt die Lügner zugrunde gehn, /
Mörder und Betrüger sind dem Herrn ein
Gräuel.
8 Ich aber darf dein Haus betreten / dank
deiner großen Güte,
ich werfe mich nieder in Ehrfurcht / vor
deinem heiligen Tempel.
9 Leite mich, Herr, in deiner Gerechtigkeit, / meinen Feinden zum Trotz; / ebne deinen Weg vor mir!
10 Aus ihrem Mund kommt kein wahres
Wort, / ihr Inneres ist voll Verderben.
Ihre Kehle ist ein offenes Grab, / aalglatt
ist ihre Zunge.
11 Gott, lass sie dafür büßen; / sie sollen
fallen durch ihre eigenen Ränke.
Verstoße sie wegen ihrer vielen Verbrechen; / denn sie empören sich gegen dich.
12 Doch alle sollen sich freuen, die auf dich
vertrauen, / und sollen immerfort jubeln.
Beschütze alle, die deinen Namen lieben, /
damit sie dich rühmen.
13 Denn du, Herr, segnest den Gerechten. /
Wie mit einem Schild deckst du ihn mit deiner Gnade.

3: 44,5; 84,4 • 4: 88,14; Weish 16,28 • 5: 34,17 • 6–7: Spr 6,16–19 • 8: 26,8; 138,2 • 9: 25,4 • 10: Röm 3,13.

Ein Bußgebet in Todesnot

6 [Für den Chormeister. Mit Saitenspiel
nach der Achten. Ein Psalm Davids.]
2 Herr, strafe mich nicht in deinem Zorn /
und züchtige mich nicht in deinem Grimm!
3 Sei mir gnädig, Herr, ich sieche dahin; /
heile mich, Herr, denn meine Glieder zerfallen!
4 Meine Seele ist tief verstört. / Du aber,
Herr, wie lange säumst du noch?
5 Herr, wende dich mir zu und errette
mich, / in deiner Huld bring mir Hilfe!
6 Denn bei den Toten denkt niemand mehr
an dich. / Wer wird dich in der Unterwelt
noch preisen?
7 Ich bin erschöpft vom Seufzen, / jede
Nacht benetzen Ströme von Tränen mein
Bett, / ich überschwemme mein Lager mit
Tränen.
8 Mein Auge ist getrübt vor Kummer, / ich
bin gealtert wegen all meiner Gegner.
9 Weicht zurück von mir, all ihr Frevler; /
denn der Herr hat mein lautes Weinen gehört.
10 Gehört hat der Herr mein Flehen, / der
Herr nimmt mein Beten an.
11 In Schmach und Verstörung geraten all
meine Feinde, / sie müssen weichen und gehen plötzlich zugrunde.

2: 38,2; Jer 10,24 • 3: Jer 17,14 • 4: 13,2f; 42,6 • 6: 30,10; 88,11–13; 115,17; Sir 17,27; Jes 38,18; Bar 2,17 • 9: 119,115; Mt 7,23 • 11: 35,4; 40,15.

Gebet in Verfolgung

7 [Ein Klagelied Davids, das er dem
Herrn sang wegen des Benjaminiters
Kusch.]

4,4a wunderbar handelt der Herr ...: Text korr.
4,4b mich: ergänzt nach G.
5,10a Text korr. nach G, S und der aramäischen Übersetzung; H: Aus seinem Mund.
6,3b Text korr.; H: denn meine Glieder sind erschrocken.
6,8b Wörtlich: und es (das Auge) ist matt (alt) geworden.

2 Herr, mein Gott, ich flüchte mich zu dir; /
hilf mir vor allen Verfolgern und rette
mich,
3 damit mir niemand wie ein Löwe das Le-
ben raubt, / mich zerreißt, und keiner ist da,
der mich rettet.
4 Wenn ich das getan habe, Herr, mein
Gott, / wenn an meinen Händen Unrecht
klebt,
5 wenn ich meinem Freunde Böses tat, /
wenn ich den quälte, der mich grundlos be-
drängt hat,
6 dann soll mich der Feind verfolgen und
ergreifen; / er richte mein Leben zugrunde
und trete meine Ehre mit Füßen. [Sela]
7 Herr, steh auf in deinem Zorn, / erheb
dich gegen meine wütenden Feinde!
Wach auf, du mein Gott! / Du hast zum
Gericht gerufen. / Der Herr richtet die Völker.
8 Um dich stehe die Schar der Völker im
Kreis; / über ihnen throne du in der Höhe!
9 Herr, weil ich gerecht bin, verschaff mir
Recht / (und tu an mir Gutes), weil ich
schuldlos bin!
10 Die Bosheit der Frevler finde ein Ende, /
doch gib dem Gerechten Bestand, / gerech-
ter Gott, der du auf Herz und Nieren
prüfst.
11 Ein Schild über mir ist Gott, / er rettet
die Menschen mit redlichem Herzen.
12 Gott ist ein gerechter Richter, / ein Gott,
der täglich strafen kann.
13 Wenn der Frevler sein Schwert wieder
schärft, / seinen Bogen spannt und zielt,
14 dann rüstet er tödliche Waffen gegen
sich selbst, / bereitet sich glühende Pfeile.
15 Er hat Böses im Sinn; / er geht schwan-
ger mit Unheil und Tücke gebiert er.
16 Er gräbt ein Loch, er schaufelt es aus, /
doch er stürzt in die Grube, die er selber ge-
macht hat.
17 Seine Untat kommt auf sein eigenes
Haupt, / seine Gewalttat fällt auf seinen
Scheitel zurück.
18 Ich will dem Herrn danken, denn er ist
gerecht; / dem Namen des Herrn, des Höchs-
ten, will ich singen und spielen.

3: 17,12 • 4–5: Ijob 31,7–34 • 6: 143,3 • 7: 9,20 • 9: 18,21–27 • 10: 26,2; Jer 11,20; 17,10; 20,12; Offb 2,23 • 11: 3,4 • 13: 11,2 • 14: Jes 50,11 • 15: Ijob 15,35; Jes 59,4 • 16: 9,16; 35,7f; 57,7; Spr 26,27; Koh 10,8 • 18: 9,12; 18,50; 30,5; 57,8f; 68,5.33; 71,23; 92,2; 104,33; 135,3; 138,2; 146,2.

Die Herrlichkeit des Schöpfers – die Würde des Menschen

8 [Für den Chormeister. Nach dem Kel-
terlied. Ein Psalm Davids.]
2 Herr, unser Herrscher, / wie gewaltig ist
dein Name auf der ganzen Erde; / über den
Himmel breitest du deine Hoheit aus.
3 Aus dem Mund der Kinder und Säuglinge
schaffst du dir Lob, / deinen Gegnern zum
Trotz; / deine Feinde und Widersacher müs-
sen verstummen.
4 Seh ich den Himmel, das Werk deiner
Finger, / Mond und Sterne, die du befes-
tigt:
5 Was ist der Mensch, dass du an ihn
denkst, / des Menschen Kind, dass du dich
seiner annimmst?
6 Du hast ihn nur wenig geringer gemacht
als Gott, / hast ihn mit Herrlichkeit und Ehre
gekrönt.
7 Du hast ihn als Herrscher eingesetzt über
das Werk deiner Hände, / hast ihm alles zu
Füßen gelegt:
8 All die Schafe, Ziegen und Rinder / und
auch die wilden Tiere,
9 die Vögel des Himmels und die Fische im
Meer, / alles, was auf den Pfaden der Meere
dahinzieht.
10 Herr, unser Herrscher, / wie gewaltig ist
dein Name auf der ganzen Erde!

3: Mt 21,16 • 5: 144,3 • 5–7: Gen 1,26–28; Hebr 2,6–8; 1 Kor 15,27; Eph 1,22.

Gott, der Retter der Armen und Bedrängten

9 [Für den Chormeister. Nach der Weise
»Stirb für den Sohn!« Ein Psalm Da-
vids.]
2 Ich will dir danken, Herr, aus ganzem
Herzen, / verkünden will ich all deine Wun-
der.
3 Ich will jauchzen und an dir mich freu-
en, / für dich, du Höchster, will ich singen
und spielen.
4 Denn zurückgewichen sind meine Fein-
de, / gestürzt und vergangen vor deinem An-
gesicht.
5 Du hast mir Recht verschafft und für

7,6bc Wörtlich: er trete mein Leben zu Boden und trete meine Ehre in den Staub.
7,7c Text korr.
7,7d Der Herr richtet die Völker: in H Anfang von V.9.
7,8b Text korr.
7,13a Text korr.
8,2c Text korr.; H ist unklar.
8,3 Lob: nach G; H: Bollwerk. – Andere Übersetzungsmöglichkeit: Besungen wird dein Glanz am Himmel von der Kinder und Säuglinge Mund. Du hast ein Bollwerk errichtet, deinen Feinden zum Trotz.
8,6a G, S und Vg übersetzen: als die Engel.

mich entschieden, / dich auf den Thron ge-
setzt als ein gerechter Richter.
6 Du hast die Völker bedroht, die Frevler
vernichtet, / ihren Namen gelöscht für im-
mer und ewig.
7 Die Feinde sind dahin, zerschlagen für
immer. / Du hast Städte entvölkert, ihr
Ruhm ist versunken.
8 Der Herr aber thront für ewig; / er stellt
seinen Thron auf zum Gericht.
9 Er richtet den Erdkreis gerecht, / er
spricht den Völkern das Urteil, das sie ver-
dienen.
10 So wird der Herr für den Bedrückten zur
Burg, / zur Burg in Zeiten der Not.
11 Darum vertraut dir, wer deinen Namen
kennt; / denn du, Herr, verlässt keinen, der
dich sucht.
12 Singt dem Herrn, der thront auf dem
Zion, / verkündet unter den Völkern seine
Taten!
13 Denn er, der jede Blutschuld rächt,
denkt an die Armen / und ihren Notschrei
vergisst er nicht.
14 Sei mir gnädig in meiner Not; / Herr,
sieh doch, wie sie mich hassen!
Führ mich herauf von den Pforten des To-
des, / 15 damit ich all deinen Ruhm verkünde
in den Toren von Zion / und frohlocke, weil
du mir hilfst.
16 Völker versanken in der Grube, die sie
selber gegraben; / im Netz, das sie heimlich
gelegt, hat ihr Fuß sich verfangen.
17 Kundgetan hat sich der Herr: Er hielt
sein Gericht; / im eigenen Werk hat sich der
Frevler verstrickt. [Zwischenspiel. Sela]
18 Hinabfahren müssen die Frevler zum
Totenreich, / alle Heiden, die Gott verges-
sen.
19 Doch der Arme ist nicht auf ewig verges-
sen, / des Elenden Hoffnung ist nicht für im-
mer verloren.
20 Erheb dich, Herr, damit nicht der
Mensch triumphiert, / damit die Völker ge-
richtet werden vor deinem Angesicht.
21 Wirf Schrecken auf sie, o Herr! / Erken-
nen sollen die Völker: Sie sind nur Men-
schen. [Sela]

2: 138,1 • 9: 96,13 • 12: 108,4 • 13: Ijob 34,28 • 14: 30,4; 49,16; 56,14; 68,21; 71,20; 86,13; 116,8; Weish 16,13; Jona 2,7 • 16: 7,16 • 20: 7,7.

Ein Hilferuf gegen gewalttätige Menschen

10 Herr, warum bleibst du so fern, / ver-
birgst dich in Zeiten der Not?
2 In seinem Hochmut quält der Frevler die
Armen. / Er soll sich fangen in den Ränken,
die er selbst ersonnen hat.
3 Denn der Frevler rühmt sich nach Her-
zenslust, / er raubt, er lästert und verachtet
den Herrn.
4 Überheblich sagt der Frevler: / »Gott
straft nicht. Es gibt keinen Gott.« / So ist
sein ganzes Denken.
5 Zu jeder Zeit glückt ihm sein Tun. / Hoch
droben und fern von sich wähnt er deine
Gerichte.
6 Er sagt in seinem Herzen: »Ich werde nie-
mals wanken. / Von Geschlecht zu Ge-
schlecht trifft mich kein Unglück.«
7 Sein Mund ist voll Fluch und Trug und
Gewalttat; / auf seiner Zunge sind Verder-
ben und Unheil.
8 Er liegt auf der Lauer in den Gehöften /
und will den Schuldlosen heimlich ermor-
den; / seine Augen spähen aus nach dem Ar-
men.
9 Er lauert im Versteck wie ein Löwe im
Dickicht, / er lauert darauf, den Armen zu
fangen; / er fängt den Armen und zieht ihn in
sein Netz.
10 Er duckt sich und kauert sich nieder, /
seine Übermacht bringt die Schwachen zu
Fall.
11 Er sagt in seinem Herzen: »Gott vergisst
es, / er verbirgt sein Gesicht, er sieht es nie-
mals.«
12 Herr, steh auf, Gott, erheb deine Hand, /
vergiss die Gebeugten nicht!
13 Warum darf der Frevler Gott verachten /
und in seinem Herzen sagen: »Du strafst
nicht«?
14 Du siehst es ja selbst; / denn du schaust
auf Unheil und Kummer.
Der Schwache vertraut sich dir an; / du
bist den Verwaisten ein Helfer.
15 Zerbrich den Arm des Frevlers und des
Bösen, / bestraf seine Frevel, / sodass man
von ihm nichts mehr findet.
16 Der Herr ist König für immer und
ewig, / in seinem Land gehen die Heiden zu-
grunde.

9,15a Wörtlich: in den Toren der Tochter Zion.
9,17b Wörtlich: im Werk seiner Hände, er fängt den Frevler.
10,6b Nach G; H ist unklar.
10,8 Nach G.
10,10b H ist unklar; andere Übersetzungsmöglichkeit für V. 10: Zerschmettert stürzen die Schwachen nieder und fallen in seine Gewalt.
10,14b H hat zusätzlich: um es in deine Hand zu geben. – Sinn unklar.

17 Herr, du hast die Sehnsucht der Armen gestillt, / du stärkst ihr Herz, du hörst auf sie:

18 Du verschaffst den Verwaisten und Bedrückten ihr Recht. / Kein Mensch mehr verbreite Schrecken im Land.

4: 14,1 • 7: Röm 3,14 • 8: 11,2 • 9: 17,12 • 11: 64,6; 73,11; 94,7; Ijob 22,13f; Jes 29,15; Ez 8,12; 9,9 • 16: 24,7–10 • 18: 68,6; 146,9; Ex 22,21; Dtn 10,18.

Gottes Blick auf den Menschen

11 [Für den Chormeister. Von David.] Beim Herrn finde ich Zuflucht. / Wie könnt ihr mir sagen: »In die Berge flieh wie ein Vogel«?

2 Schon spannen die Frevler den Bogen, / sie legen den Pfeil auf die Sehne,
um aus dem Dunkel zu treffen / die Menschen mit redlichem Herzen.

3 Gerät alles ins Wanken, / was kann da der Gerechte noch tun?

4 Der Herr weilt in seinem heiligen Tempel, / der Thron des Herrn ist im Himmel.
Seine Augen schauen herab, / seine Blicke prüfen die Menschen.

5 Der Herr prüft Gerechte und Frevler; / wer Gewalttat liebt, den hasst er aus tiefster Seele.

6 Auf die Frevler lasse er Feuer und Schwefel regnen; / sengender Wind sei ihr Anteil.

7 Denn der Herr ist gerecht, er liebt gerechte Taten; / wer rechtschaffen ist, darf sein Angesicht schauen.

2: 7,13; 10,8; 37,14.32; 64,4f; 119,95 • 4: Hab 2,20 • 6: 140,11; Gen 19,24; Ijob 18,15.

Die Falschheit der Menschen – die Treue Gottes

12 [Für den Chormeister. Nach der Achten. Ein Psalm Davids.]

2 Hilf doch, o Herr, die Frommen schwinden dahin, / unter den Menschen gibt es keine Treue mehr.

3 Sie lügen einander an, einer den andern, / mit falscher Zunge und zwiespältigem Herzen reden sie.

4 Der Herr vertilge alle falschen Zungen, / jede Zunge, die vermessen redet.

5 Sie sagen: »Durch unsre Zunge sind wir mächtig; / unsre Lippen sind unsre Stärke. Wer ist uns überlegen?«

6 Die Schwachen werden unterdrückt, die Armen seufzen. / Darum spricht der Herr: »Jetzt stehe ich auf, / dem Verachteten bringe ich Heil.«

7 Die Worte des Herrn sind lautere Worte, / Silber, geschmolzen im Ofen, / von Schlacken geschieden, geläutert siebenfach.

8 Du, Herr, wirst uns behüten / und uns vor diesen Leuten für immer erretten,

9 auch wenn die Frevler frei umhergehen / und unter den Menschen die Gemeinheit groß wird.

2: 14,3; Mi 7,2 • 3–5: 15,2f; 28,3; 52,4–6; 55,22; 116,11; 120,2f; Ijob 5,21; Jes 59,3f; Jer 9,7 • 7: 18,31; 19,8f; 119,140; Spr 30,5.

Klage und Vertrauen in großer Not

13 [Für den Chormeister. Ein Psalm Davids.]

2 Wie lange noch, Herr, vergisst du mich ganz? / Wie lange noch verbirgst du dein Gesicht vor mir?

3 Wie lange noch muss ich Schmerzen ertragen in meiner Seele, / in meinem Herzen Kummer Tag für Tag? / Wie lange noch darf mein Feind über mich triumphieren?

4 Blick doch her, erhöre mich, Herr, mein Gott, / erleuchte meine Augen, damit ich nicht entschlafe und sterbe,

5 damit mein Feind nicht sagen kann: / »Ich habe ihn überwältigt«,
damit meine Gegner nicht jubeln, / weil ich ihnen erlegen bin.

6 Ich aber baue auf deine Huld, / mein Herz soll über deine Hilfe frohlocken.
Singen will ich dem Herrn, / weil er mir Gutes getan hat.

2: 6,4; 42,10; 89,47; Klgl 5,20; Hab 1,2.

Die Torheit der Gottesleugner

14 [Für den Chormeister. Von David.] Die Toren sagen in ihrem Herzen: / »Es gibt keinen Gott.«
Sie handeln verwerflich und schnöde; / da ist keiner, der Gutes tut.

2 Der Herr blickt vom Himmel herab auf die Menschen, / ob noch ein Verständiger da ist, der Gott sucht.

3 Alle sind sie abtrünnig und verdorben, / keiner tut Gutes, auch nicht ein Einziger.

4 Haben denn all die Übeltäter keine Einsicht? / Sie verschlingen mein Volk.

11,1d Nach G und Hieronymus.
11,3a Wörtlich: Wenn die Grundfesten eingerissen werden.
11,6a H fügt nach »Schwefel« hinzu: »Schlinge (Verhängnis)«, vielleicht eine weitere göttliche Waffe.
11,6b Text korr.; H: sei der Anteil ihres Bechers.
12,6c dem Verachteten, wörtlich: dem, gegen den man schnaubt.
12,7bc Nach Hieronymus.
13,3a Text korr.; H ist unverständlich.

Sie essen das Brot des Herrn, / doch seinen
Namen rufen sie nicht an.
5 Es trifft sie Furcht und Schrecken; / denn
Gott steht auf der Seite der Gerechten.
6 Die Pläne der Armen wollt ihr vereiteln, /
doch ihre Zuflucht ist der Herr.
7 Ach, käme doch vom Zion Hilfe für Isra-
el! / Wenn einst der Herr das Geschick seines
Volkes wendet, / dann jubelt Jakob, dann
freut sich Israel.

1–7 ‖ Ps 53,1–7 • 1–3: Röm 3,10–12 • 1: 10,4; Jes 32,6; Mi 7,2; • 2: 33,13–15 • 3: 12,2; Gen 6,12 • 4: Mi 3,3 • 7: 126,1f; Jes 35,10.

Die Bedingungen für den Eintritt ins Heiligtum

15 [Ein Psalm Davids.]
Herr, wer darf Gast sein in deinem
Zelt, / wer darf weilen auf deinem heiligen
Berg?
2 Der makellos lebt und das Rechte tut; /
der von Herzen die Wahrheit sagt / 3 und mit
seiner Zunge nicht verleumdet;
der seinem Freund nichts Böses antut /
und seinen Nächsten nicht schmäht;
4 der den Verworfenen verachtet, / doch
alle, die den Herrn fürchten, in Ehren hält;
der sein Versprechen nicht ändert, / das er
seinem Nächsten geschworen hat;
5 der sein Geld nicht auf Wucher ausleiht /
und nicht zum Nachteil des Schuldlosen Be-
stechung annimmt.
Wer sich danach richtet, / der wird nie-
mals wanken.

2–3: 12,3–5 • 5: Ex 22,24; 23,8.

Gott, der Anteil seiner Getreuen

16 [Ein Lied Davids.]
Behüte mich, Gott, denn ich vertraue
dir. / 2 Ich sage zum Herrn: »Du bist mein
Herr; / mein ganzes Glück bist du allein.«
3 An den Heiligen im Lande, den Herr-
lichen, / an ihnen nur hab ich mein Gefal-
len.
4 Viele Schmerzen leidet, wer fremden
Göttern folgt. / Ich will ihnen nicht opfern, /
ich nehme ihre Namen nicht auf meine Lip-
pen.
5 Du, Herr, gibst mir das Erbe und reichst
mir den Becher; / du hältst mein Los in dei-
nen Händen.
6 Auf schönem Land fiel mir mein Anteil
zu. / Ja, mein Erbe gefällt mir gut.
7 Ich preise den Herrn, der mich beraten
hat. / Auch mahnt mich mein Herz in der
Nacht.
8 Ich habe den Herrn beständig vor Au-
gen. / Er steht mir zur Rechten, ich wanke
nicht.
9 Darum freut sich mein Herz und froh-
lockt meine Seele; / auch mein Leib wird
wohnen in Sicherheit.
10 Denn du gibst mich nicht der Unterwelt
preis; / du lässt deinen Frommen das Grab
nicht schauen.
11 Du zeigst mir den Pfad zum Leben. / Vor
deinem Angesicht herrscht Freude in Fülle, /
zu deiner Rechten Wonne für alle Zeit.

2: 73,25 • 5: 23,5 • 6: 73,26 • 8–11: Apg 2,25–28 • 10: Apg 2,31; 13,35 • 11: 25,4.

Das Gebet eines Verfolgten

17 [Ein Gebet Davids.]
Höre, Herr, die gerechte Sache, /
achte auf mein Flehen, / vernimm mein Ge-
bet von Lippen ohne Falsch!
2 Von deinem Angesicht ergehe mein Ur-
teil; / denn deine Augen sehen, was recht
ist.
3 Prüfst du mein Herz, / suchst du mich
heim in der Nacht und erprobst mich, / dann
findest du an mir kein Unrecht.
Mein Mund verging sich nicht, / 4 trotz al-
lem, was die Menschen auch treiben; / ich
halte mich an das Wort deiner Lippen.
5 Auf dem Weg deiner Gebote gehn meine
Schritte, / meine Füße wanken nicht auf dei-
nen Pfaden.
6 Ich rufe dich an, denn du, Gott, erhörst
mich. / Wende dein Ohr mir zu, vernimm
meine Rede!
7 Wunderbar erweise deine Huld! / Du ret-
test alle, die sich an deiner Rechten vor den
Feinden bergen.
8 Behüte mich wie den Augapfel, den Stern
des Auges, / birg mich im Schatten deiner
Flügel
9 vor den Frevlern, die mich hart bedrän-
gen, / vor den Feinden, die mich wütend um-
ringen.
10 Sie haben ihr hartes Herz verschlossen, /
sie führen stolze Worte im Mund,
11 sie lauern mir auf, jetzt kreisen sie mich
ein; / sie trachten danach, mich zu Boden zu
strecken,
12 so wie der Löwe voll Gier ist zu zerrei-

15,4 Nach G und S; H ist verderbt.
16,2–4 Sinn von H ist nicht ganz klar.
16,6b mein: ergänzt nach G und S.
17,3c findest du: Text korr. nach G und S.
17,10a ihr hartes Herz, wörtlich: ihr Fett.
17,11a sie lauern mir auf: Text korr.; H: unsere Schritte.

ßen, / wie der junge Löwe, der im Hinterhalt
lauert.
13 Erheb dich, Herr, tritt dem Frevler ent-
gegen! / Wirf ihn zu Boden, mit deinem
Schwert entreiß mich ihm!
14 Rette mich, Herr, mit deiner Hand vor
diesen Leuten, / vor denen, die im Leben
schon alles haben.
Du füllst ihren Leib mit Gütern, / auch
ihre Söhne werden noch satt / und hinterlas-
sen den Enkeln, was übrig bleibt.
15 Ich aber will in Gerechtigkeit dein An-
gesicht schauen, / mich satt sehen an deiner
Gestalt, wenn ich erwache.

3: 139,1; Ijob 7,18; 23,10 • 4–5: Ijob 23,11f • 7–8: 36,8; 57,2; 61,5; 63,8; 91,4; Ex 37,9; Mt 23,37 • 8: Dtn 32,10; Sach 2,12 • 12: 7,3; 10,9; 22,14.22; 35,17; 57,5; 58,7 • 14: 73,12 • 15: Num 12,8; Offb 22,4.

Ein Danklied des Königs für Rettung und Sieg

18 [Für den Chormeister. Von David,
dem Knecht des Herrn, der dem
Herrn die Worte dieses Liedes sang an dem
Tag, als ihn der Herr aus der Gewalt all sei-
ner Feinde und aus der Hand Sauls errettet
hatte.
2 Er sprach:]
Ich will dich rühmen, Herr, meine Stärke, /
3 Herr, du mein Fels, meine Burg, mein Ret-
ter,
mein Gott, meine Feste, in der ich mich
berge, / mein Schild und sicheres Heil, meine
Zuflucht.
4 Ich rufe: Der Herr sei gepriesen!, / und ich
werde vor meinen Feinden gerettet.
5 Mich umfingen die Fesseln des Todes, /
mich erschreckten die Fluten des Verder-
bens.
6 Die Bande der Unterwelt umstrickten
mich, / über mich fielen die Schlingen des
Todes.
7 In meiner Not rief ich zum Herrn / und
schrie zu meinem Gott.
Aus seinem Heiligtum hörte er mein Ru-
fen, / mein Hilfeschrei drang an sein Ohr.
8 Da wankte und schwankte die Erde, / die
Grundfesten der Berge erbebten. / Sie wank-
ten, denn sein Zorn war entbrannt.
9 Rauch stieg aus seiner Nase auf, / aus sei-
nem Mund kam verzehrendes Feuer, / glühen-
de Kohlen sprühten aus von ihm.
10 Er neigte den Himmel und fuhr herab, /
zu seinen Füßen dunkle Wolken.
11 Er fuhr auf dem Kerub und flog daher; /
er schwebte auf den Flügeln des Windes.
12 Er hüllte sich in Finsternis, / in dunkles
Wasser und dichtes Gewölk wie in ein Zelt.
13 Von seinem Glanz erstrahlten die Wol-
ken, / Hagel fiel nieder und glühende
Kohlen.
14 Da ließ der Herr den Donner im Himmel
erdröhnen, / der Höchste ließ seine Stimme
erschallen.
15 Er schoss seine Pfeile und streute sie, / er
schleuderte Blitze und jagte sie dahin.
16 Da wurden sichtbar die Tiefen des Mee-
res, / die Grundfesten der Erde wurden ent-
blößt
vor deinem Drohen, Herr, / vor dem
Schnauben deines zornigen Atems.
17 Er griff aus der Höhe herab und fasste
mich, / zog mich heraus aus gewaltigen Was-
sern.
18 Er entriss mich meinen mächtigen Fein-
den, / die stärker waren als ich und mich
hassten.
19 Sie überfielen mich am Tag meines Un-
heils, / doch der Herr wurde mein Halt.
20 Er führte mich hinaus ins Weite, / er be-
freite mich, denn er hatte an mir Gefal-
len.
21 Der Herr hat gut an mir gehandelt und
mir vergolten, / weil ich gerecht bin und mei-
ne Hände rein sind.
22 Denn ich hielt mich an die Wege des
Herrn / und fiel nicht ruchlos ab von meinem
Gott.
23 Ja, ich habe alle seine Gebote vor Au-
gen, / weise seine Gesetze niemals ab.
24 Ich war vor ihm ohne Makel, / ich nahm
mich in Acht vor der Sünde.
25 Darum hat der Herr mir vergolten, weil
ich gerecht bin / und meine Hände rein sind
vor seinen Augen.
26 Gegen den Treuen zeigst du dich treu, /
an dem Aufrichtigen handelst du recht.
27 Gegen den Reinen zeigst du dich rein, /
doch falsch gegen den Falschen.
28 Dem bedrückten Volk bringst du Heil, /
doch die Blicke der Stolzen zwingst du nie-
der.
29 Du, Herr, lässt meine Leuchte erstrah-
len, / mein Gott macht meine Finsternis
hell.

17,14b ist verderbt.
18,2 Text korr.; H: Ich will dich lieben.
18,13a die Wolken: Text korr. nach G und 2 Sam 22,14.
18,14 Text korr. nach G und 2 Sam 22,14; H fügt am Schluss hinzu: Hagel und glühende Kohlen.
18,15 Text korr. nach 2 Sam 22,15.
18,16a Text korr.; H: des Wassers des Meeres.

30 Mit dir erstürme ich Wälle, / mit meinem
Gott überspringe ich Mauern.
31 Vollkommen ist Gottes Weg, / das Wort
des Herrn ist im Feuer geläutert. / Ein Schild
ist er für alle, die sich bei ihm bergen.
32 Denn wer ist Gott als allein der Herr, /
wer ist ein Fels, wenn nicht unser Gott?
33 Gott hat mich mit Kraft umgürtet, / er
führte mich auf einen Weg ohne Hindernis.
34 Er ließ mich springen schnell wie Hir-
sche, / auf hohem Weg ließ er mich gehen.
35 Er lehrte meine Hände zu kämpfen, /
meine Arme, den ehernen Bogen zu span-
nen.
36 Du gabst mir deine Hilfe zum Schild, /
deine Rechte stützt mich; / du neigst dich mir
zu und machst mich groß.
37 Du schaffst meinen Schritten weiten
Raum, / meine Knöchel wanken nicht.
38 Ich verfolge meine Feinde und hole sie
ein, / ich kehre nicht um, bis sie vernichtet
sind.
39 Ich schlage sie nieder; / sie können sich
nicht mehr erheben, sie fallen und liegen un-
ter meinen Füßen.
40 Du hast mich zum Kampf mit Kraft um-
gürtet, / hast alle in die Knie gezwungen, die
sich gegen mich erhoben.
41 Meine Feinde hast du zur Flucht ge-
zwungen; / ich konnte die vernichten, die
mich hassen.
42 Sie schreien, doch hilft ihnen niemand, /
sie schreien zum Herrn, doch er gibt keine
Antwort.
43 Ich zermalme sie zu Staub vor dem
Wind, / schütte sie auf die Straße wie Un-
rat.
44 Du rettest mich vor zahllosem Kriegs-
volk, / du machst mich zum Haupt über gan-
ze Völker.
Stämme, die ich früher nicht kannte, sind
mir nun untertan. / 45 Sobald sie mich nur
hören, gehorchen sie.
Mir huldigen die Söhne der Fremde, /
46 sie kommen zitternd aus ihren Burgen her-
vor.
47 Es lebt der Herr! Mein Fels sei geprie-
sen. / Der Gott meines Heils sei hoch erho-
ben;
48 denn Gott verschaffte mir Vergeltung /
und unterwarf mir die Völker.
49 Du hast mich von meinen Feinden be-
freit, / mich über meine Gegner erhoben, /
dem Mann der Gewalt mich entrissen.
50 Darum will ich dir danken, Herr, vor
den Völkern, / ich will deinem Namen singen
und spielen.
51 Seinem König verlieh er große Hilfe, /
Huld erwies er seinem Gesalbten, / David
und seinem Stamm auf ewig.

18,1–51 ǁ 2 Sam 22,1–51 • 3: 92,16; 27,5; 31,3; 3,4 • 5: 42,8 • 5–7: 116,3f • 8: 68,9 • 9: 97,3; Ex 19,18 • 10–17: 144,5–7 • 11: 99,1; 104,3 • 14–15: 77,18f • 16: 77,17; Ex 15,8 • 17: 32,6; 144,7 • 20: 31,9 • 28: Ijob 22,29 • 29: Ijob 29,3 • 31: 25,4; 12,7; 8,4; Spr 30,5 • 32: Jes 44,8; Ps 92,16 • 34: Hab 3,19; Jes 58,14 • 35: 144,1 • 37: Ijob 18,7 • 41: 21,13 • 44: 2,8 • 46: Mi 7,17 • 47: 92,16 • 48: 144,2 • 50: 108,4; 7,18; Röm 15,9 • 51: 20,7; 89,29f; 144,10.

Lob der Schöpfung – Lob des Gesetzes

19 [Für den Chormeister. Ein Psalm Da-
vids.]
2 Die Himmel rühmen die Herrlichkeit
Gottes, / vom Werk seiner Hände kündet das
Firmament.
3 Ein Tag sagt es dem andern, / eine Nacht
tut es der andern kund,
4 ohne Worte und ohne Reden, / unhörbar
bleibt ihre Stimme.
5 Doch ihre Botschaft geht in die ganze
Welt hinaus, / ihre Kunde bis zu den Enden
der Erde.
Dort hat er der Sonne ein Zelt gebaut. /
6 Sie tritt aus ihrem Gemach hervor wie ein
Bräutigam;
sie frohlockt wie ein Held / und läuft ihre
Bahn.
7 Am einen Ende des Himmels geht sie
auf / und läuft bis ans andere Ende; / nichts
kann sich vor ihrer Glut verbergen.
8 Die Weisung des Herrn ist vollkommen, /
sie erquickt den Menschen.
Das Gesetz des Herrn ist verlässlich, / den
Unwissenden macht es weise.
9 Die Befehle des Herrn sind richtig, / sie
erfreuen das Herz;
das Gebot des Herrn ist lauter, / es er-
leuchtet die Augen.
10 Die Furcht des Herrn ist rein, / sie be-
steht für immer.
Die Urteile des Herrn sind wahr, / gerecht
sind sie alle.
11 Sie sind kostbarer als Gold, als Feingold

18,30a Text korr.; H ist unklar.
18,34b Wörtlich: auf meinen Höhen.
18,36c Text korr.; in H andere Vokalisierung.
18,40b alle: ergänzt nach G.
18,44 Text leicht korr.
18,46 Text korr.; in H geht eine zusätzliche Verszeile (46a) voraus: Die Söhne der Fremde verschmachten und kommen.
18,49b Nach 2 Sam 22,49.
19,5a Text korr. nach G.
19,6c Ergänzt nach G und S.
19,8a Textvorschlag für die Psalmodie: Die Weisung des Herrn ist vollkommen und gut.

in Menge. / Sie sind süßer als Honig, als Ho-
nig aus Waben.
12 Auch dein Knecht lässt sich von ihnen
warnen; / wer sie beachtet, hat reichen
Lohn.
13 Wer bemerkt seine eigenen Fehler? /
Sprich mich frei von Schuld, die mir nicht
bewusst ist!
14 Behüte deinen Knecht auch vor vermes-
senen Menschen; / sie sollen nicht über mich
herrschen.
Dann bin ich ohne Makel / und rein von
schwerer Schuld.
15 Die Worte meines Mundes mögen dir ge-
fallen; / was ich im Herzen erwäge, stehe dir
vor Augen, / Herr, mein Fels und mein Erlö-
ser.

2: 50,6; Sir 43,1f • 5: Röm 10,18 • 8–9: 12,7 • 11: 119,72 • 15: 92,16.

Bitte für den König

20 [Für den Chormeister. Ein Psalm
Davids.]
2 Der Herr erhöre dich am Tag der Not, /
der Name von Jakobs Gott möge dich schüt-
zen.
3 Er sende dir Hilfe vom Heiligtum / und
stehe dir bei vom Zion her.
4 An all deine Speiseopfer denke er, / neh-
me dein Brandopfer gnädig an. [Sela]
5 Er schenke dir, was dein Herz begehrt, /
und lasse all deine Pläne gelingen.
6 Dann wollen wir jubeln über deinen
Sieg, / im Namen unsres Gottes das Banner
erheben. / All deine Bitten erfülle der Herr.
7 Nun bin ich gewiss: / der Herr schenkt
seinem Gesalbten den Sieg;
er erhört ihn von seinem heiligen Himmel
her / und hilft ihm mit der Macht seiner
Rechten.
8 Die einen sind stark durch Wagen, die
andern durch Rosse, / wir aber sind stark im
Namen des Herrn, unsres Gottes.
9 Sie sind gestürzt und gefallen; / wir blei-
ben aufrecht und stehen.
10 Herr, verleihe dem König den Sieg! / Er-
hör uns am Tag, da wir rufen!

2: Spr 18,10 • 5: 21,3; 37,4 • 7: 18,51 • 8: 33,16f; 147,10f; Dtn 20,1; Jdt 9,7; Spr 21,31; Jes 31,1; Hos 1,7.

Dank für den Sieg des Königs

21 [Für den Chormeister. Ein Psalm
Davids.]
2 An deiner Macht, Herr, freut sich der Kö-
nig; / über deine Hilfe, wie jubelt er laut!
3 Du hast ihm den Wunsch seines Herzens
erfüllt, / ihm nicht versagt, was seine Lippen
begehrten. [Sela]
4 Du kamst ihm entgegen mit Segen und
Glück, / du kröntest ihn mit einer goldenen
Krone.
5 Leben erbat er von dir, du gabst es ihm, /
viele Tage, für immer und ewig.
6 Groß ist sein Ruhm durch deine Hilfe, /
du hast ihn bekleidet mit Hoheit und
Pracht.
7 Du machst ihn zum Segen für immer; /
wenn du ihn anblickst, schenkst du ihm
große Freude.
8 Denn der König vertraut auf den Herrn, /
die Huld des Höchsten lässt ihn niemals
wanken.
9 Deine Hand wird all deine Feinde fin-
den; / wer dich hasst, den trifft deine
Rechte.
10 Du lässt sie glühen wie einen feurigen
Ofen, / sobald du erscheinst.
Der Herr verschlingt sie im Zorn, / das
Feuer verzehrt sie.
11 Du wirst ihre Brut von der Erde vertil-
gen; / ihr Geschlecht (verschwindet) aus der
Mitte der Menschen.
12 Schmieden sie auch böse und listige Plä-
ne, / richten sie doch nichts aus gegen
dich.
13 Du schlägst sie alle in die Flucht, / wenn
du mit deinem Bogen auf sie zielst.
14 Erhebe dich, Herr, in deiner Macht! /
Deiner siegreichen Kraft wollen wir singen
und spielen.

3: 20,5 • 4: 132,18 • 5: 61,7; 1 Kön 3,14 • 7: Gen 12,2; 48,20; 1 Chr 17,27 • 11: 109,13.

Gottverlassenheit und Heilsgewissheit

22 [Für den Chormeister. Nach der
Weise »Hinde der Morgenröte«. Ein
Psalm Davids.]
2 Mein Gott, mein Gott, warum hast du
mich verlassen, / bist fern meinem Schreien,
den Worten meiner Klage?
3 Mein Gott, ich rufe bei Tag, doch du gibst
keine Antwort; / ich rufe bei Nacht und finde
doch keine Ruhe.
4 Aber du bist heilig, / du thronst über dem
Lobpreis Israels.
5 Dir haben unsre Väter vertraut, / sie ha-
ben vertraut und du hast sie gerettet.
6 Zu dir riefen sie und wurden befreit, / dir

20,4b Wörtlich: er erkläre dein Brandopfer für fett.

20,10 Nach G; H: Herr, gib den Sieg! Der König wird uns antworten am Tag, da wir ihn rufen.
21,13b auf sie, wörtlich: auf ihr Gesicht.

vertrauten sie und wurden nicht zuschan-
den.
7 Ich aber bin ein Wurm und kein
Mensch, / der Leute Spott, vom Volk verach-
tet.
8 Alle, die mich sehen, verlachen mich, /
verziehen die Lippen, schütteln den
Kopf:
9 »Er wälze die Last auf den Herrn, / der
soll ihn befreien!
Der reiße ihn heraus, / wenn er an ihm Ge-
fallen hat.«
10 Du bist es, der mich aus dem Schoß mei-
ner Mutter zog, / mich barg an der Brust der
Mutter.
11 Von Geburt an bin ich geworfen auf
dich, / vom Mutterleib an bist du mein
Gott.
12 Sei mir nicht fern, denn die Not ist
nahe / und niemand ist da, der hilft.
13 Viele Stiere umgeben mich, / Büffel von
Baschan umringen mich.
14 Sie sperren gegen mich ihren Rachen
auf, / reißende, brüllende Löwen.
15 Ich bin hingeschüttet wie Wasser, / ge-
löst haben sich all meine Glieder. / Mein
Herz ist in meinem Leib wie Wachs zerflos-
sen.
16 Meine Kehle ist trocken wie eine Scher-
be, / die Zunge klebt mir am Gaumen, / du
legst mich in den Staub des Todes.
17 Viele Hunde umlagern mich, / eine Rotte
von Bösen umkreist mich. / Sie durchbohren
mir Hände und Füße
18 Man kann all meine Knochen zählen; /
sie gaffen und weiden sich an mir.
19 Sie verteilen unter sich meine Kleider /
und werfen das Los um mein Gewand.
20 Du aber, Herr, halte dich nicht fern! /
Du, meine Stärke, eil mir zu Hilfe!
21 Entreiße mein Leben dem Schwert, /
mein einziges Gut aus der Gewalt der
Hunde!
22 Rette mich vor dem Rachen des Löwen, /
vor den Hörnern der Büffel rette mich
Armen!
23 Ich will deinen Namen meinen Brüdern
verkünden, / inmitten der Gemeinde dich
preisen.
24 Die ihr den Herrn fürchtet, preist ihn, /
ihr alle vom Stamm Jakobs, rühmt ihn; / er-
schauert alle vor ihm, ihr Nachkommen Isra-
els!
25 Denn er hat nicht verachtet, / nicht ver-
abscheut das Elend des Armen.
Er verbirgt sein Gesicht nicht vor ihm; / er
hat auf sein Schreien gehört.
26 Deine Treue preise ich in großer Ge-
meinde; / ich erfülle meine Gelübde vor de-
nen, die Gott fürchten.
27 Die Armen sollen essen und sich sätti-
gen; / den Herrn sollen preisen, die ihn su-
chen. / Aufleben soll euer Herz für immer.
28 Alle Enden der Erde sollen daran den-
ken / und werden umkehren zum Herrn: /
Vor ihm werfen sich alle Stämme der Völker
nieder.
29 Denn der Herr regiert als König; / er
herrscht über die Völker.
30 Vor ihm allein sollen niederfallen die
Mächtigen der Erde, / vor ihm sich alle nie-
derwerfen, die in der Erde ruhen.
[Meine Seele, sie lebt für ihn; / 31 mein
Stamm wird ihm dienen.]
Vom Herrn wird man dem künftigen Ge-
schlecht erzählen, / 32 seine Heilstat verkün-
det man dem kommenden Volk; / denn er hat
das Werk getan.

2: Mt 27,46 • 4: Jes 6,3 • 5–6: 25,2f • 7: Ijob 25,6; Jes 41,14; 53,3 • 8: 109,25; Mt 27,39 • 9: Weish 2,18–20; Mt 27,43 • 10: Jes 44,2.24 • 11: 71,6 • 12: 22,20; 35,22; 38,22f; 40,14; 71,12 • 14: 17,12; 1 Petr 5,8 • 16: Joh 19,28 • 19: Mt 27,35; Joh 19,23f • 20: 22,12 • 22: 17,12; 2 Tim 4,17 • 23: 22,26; 9,15; 26,12; 35,18; 40,10f; 107,32; 109,30; 111,1; Hebr 2,12 • 26: 66,13 • 27: 69,33 • 28: Jes 45,22; Tob 13,13 • 29: 24,7–10 • 31–32: 48,14; 71,18; 78,3–6; 102,19; 145,4.

Der gute Hirt

23 [Ein Psalm Davids.]
Der Herr ist mein Hirte, / nichts wird
mir fehlen.
2 Er lässt mich lagern auf grünen Auen /
und führt mich zum Ruheplatz am Wasser.
3 Er stillt mein Verlangen; / er leitet mich
auf rechten Pfaden, treu seinem Namen.
4 Muss ich auch wandern in finsterer
Schlucht, / ich fürchte kein Unheil;
denn du bist bei mir, / dein Stock und dein
Stab geben mir Zuversicht.
5 Du deckst mir den Tisch / vor den Augen
meiner Feinde.
Du salbst mein Haupt mit Öl, / du füllst
mir reichlich den Becher.

22,9a Er wälze: Text korr.; H: Wälze.
22,16a Meine Kehle: Text korr.; H: Meine Kraft.
22,17a Viele: ergänzt nach G und der aramäischen Übersetzung.
22,17c Sie durchbohren: Übersetzung unsicher; Text korr. nach G; H: wie ein Löwe.
22,22b Nach G und S; H: vor den Hörnern der Büffel hast du mich erhört.
22,28c Text korr. nach mehreren G-Handschriften und S; H: Vor dir.
22,30 H ist stark verderbt.

6 Lauter Güte und Huld werden mir folgen
mein Leben lang / und im Haus des Herrn
darf ich wohnen für lange Zeit.

1: 80,2; 95,7; Gen 48,15; Jes 40,11; Ez 34,2; Mi 7,14; Joh 10,11
• 2: Ez 34,13–15; Offb 7,17 • 3: 25,4; Spr 4,11 • 4: Jes 50,10 •
5: 36,9; 92,11; 16,5 • 6: 27,4; 42,3; 63,3; 65,5; 84,3–5.11.

Der Einzug des Herrn in sein Heiligtum

24 [Ein Psalm Davids.]
Dem Herrn gehört die Erde und was
sie erfüllt, / der Erdkreis und seine Bewoh-
ner.
2 Denn er hat ihn auf Meere gegründet, /
ihn über Strömen befestigt.
3 Wer darf hinaufziehn zum Berg des
Herrn, / wer darf stehn an seiner heiligen
Stätte?
4 Der reine Hände hat und ein lauteres
Herz, / der nicht betrügt und keinen Meineid
schwört.
5 Er wird Segen empfangen vom Herrn /
und Heil von Gott, seinem Helfer.
6 Das sind die Menschen, die nach ihm fra-
gen, / die dein Antlitz suchen, Gott Jakobs.
[Sela]
7 Ihr Tore, hebt euch nach oben, / hebt
euch, ihr uralten Pforten; / denn es kommt
der König der Herrlichkeit.
8 Wer ist der König der Herrlichkeit? / Der
Herr, stark und gewaltig, / der Herr, mächtig
im Kampf.
9 Ihr Tore, hebt euch nach oben, / hebt
euch, ihr uralten Pforten; / denn es kommt
der König der Herrlichkeit.
10 Wer ist der König der Herrlichkeit? / Der
Herr der Heerscharen, / er ist der König der
Herrlichkeit. [Sela]

1: 50,12; 89,12; 95,5; 136,6; Ex 9,29; Dtn 10,14; Jes 42,5; 1 Kor
10,26 • 3–6: 118,19f • 6: 27,8 • 7–10: 10,16; 22,29; 29,10; 47,8f;
93,1; 96,10; 97,1; 98,6; 99,1; 145,11; 146,10; Ex 15,18; Jes 52,7.

Die Bitte um Vergebung und Leitung

25 [Von David.]
Zu dir, Herr, erhebe ich meine See-
le. / 2 Mein Gott, auf dich vertraue ich.
Lass mich nicht scheitern, / lass meine
Feinde nicht triumphieren!
3 Denn niemand, der auf dich hofft, wird
zuschanden; / zuschanden wird, wer dir
schnöde die Treue bricht.
4 Zeige mir, Herr, deine Wege, / lehre mich
deine Pfade!
5 Führe mich in deiner Treue und lehre
mich; / denn du bist der Gott meines Heiles. /
Auf dich hoffe ich allezeit.
6 Denk an dein Erbarmen, Herr, / und an
die Taten deiner Huld; / denn sie bestehen
seit Ewigkeit.
7 Denk nicht an meine Jugendsünden und
meine Frevel! / In deiner Huld denk an mich,
Herr, denn du bist gütig.
8 Gut und gerecht ist der Herr, / darum
weist er die Irrenden auf den rechten Weg.
9 Die Demütigen leitet er nach seinem
Recht, / die Gebeugten lehrt er seinen
Weg.
10 Alle Pfade des Herrn sind Huld und
Treue / denen, die seinen Bund und seine Ge-
bote bewahren.
11 Um deines Namens willen, Herr, verzeih
mir; / denn meine Schuld ist groß.
12 Wer ist der Mann, der Gott fürchtet? /
Ihm zeigt er den Weg, den er wählen soll.
13 Dann wird er wohnen im Glück, / seine
Kinder werden das Land besitzen.
14 Die sind Vertraute des Herrn, die ihn
fürchten; / er weiht sie ein in seinen Bund.
15 Meine Augen schauen stets auf den
Herrn; / denn er befreit meine Füße aus dem
Netz.
16 Wende dich mir zu und sei mir gnädig; /
denn ich bin einsam und gebeugt.
17 Befrei mein Herz von der Angst, / führe
mich heraus aus der Bedrängnis!
18 Sieh meine Not und Plage an/ und ver-
gib mir all meine Sünden!
19 Sieh doch, wie zahlreich meine Feinde
sind, / mit welch tödlichem Hass sie mich
hassen!
20 Erhalte mein Leben und rette mich, /
lass mich nicht scheitern! / Denn ich nehme
zu dir meine Zuflucht.
21 Unschuld und Redlichkeit mögen mich
schützen, / denn ich hoffe auf dich, o Herr.
22 O Gott, erlöse Israel / aus all seinen Nö-
ten!

1: 86,4; 143,8 • 3: Jes 49,23 • 4: 5,9; 16,11; 27,11; 86,11;
119,30.35; 128,1; 139,24; 143,8; Ijob 21,14 • 7: Ijob 13,26 • 10:
Tob 3,2 • 12: 32,8 • 13: 37,9.29 • 15: 123,1f; 141,8f • 16: 86,16;
119,132 • 19: 3,2 • 20: 86,2 • 22: 130,8.

Die Bitte eines unschuldig Verfolgten

26 [Von David.]
Verschaff mir Recht, o Herr; denn
ich habe ohne Schuld gelebt. / Dem Herrn
habe ich vertraut, ohne zu wanken.

23,6b im Haus . . . wohnen: Text korr. nach G, S und der aramäischen Übersetzung; H: ins Haus des Herrn kehre ich zurück.
24,6b Nach S.
25,17a Text korr.; H: Nöte haben mein Herz weit (einsichtig?) gemacht.
25,21b o Herr: ergänzt nach G.

2 Erprobe mich, Herr, und durchforsche
mich, / prüfe mich auf Herz und Nieren!
3 Denn mir stand deine Huld vor Augen, /
ich ging meinen Weg in Treue zu dir.
4 Ich saß nicht bei falschen Menschen, / mit
Heuchlern hatte ich keinen Umgang.
5 Verhasst ist mir die Schar derer, die Un-
recht tun; / ich sitze nicht bei den Frevlern.
6 Ich wasche meine Hände in Unschuld; /
ich umschreite, Herr, deinen Altar,
7 um laut dein Lob zu verkünden / und all
deine Wunder zu erzählen.
8 Herr, ich liebe den Ort, wo dein Tempel
steht, / die Stätte, wo deine Herrlichkeit
wohnt.
9 Raff mich nicht hinweg mit den Sün-
dern, / nimm mir nicht das Leben zusammen
mit dem der Mörder!
10 An ihren Händen klebt Schandtat, / ihre
Rechte ist voll von Bestechung.
11 Ich aber gehe meinen Weg ohne
Schuld. / Erlöse mich und sei mir gnä-
dig!
12 Mein Fuß steht auf festem Grund. / Den
Herrn will ich preisen in der Gemeinde.

1: 59,4f • 2: 7,10; 17,3; 139,23 • 3: 119,1; 86,11 • 4–5: 1,1 • 6: 73,13; Dtn 21,6f; Mt 27,24 • 8: 27,4 • 9: 28,3 • 10: Ex 23,8 • 12: 22,23.

Die Gemeinschaft mit Gott

27 [Von David.]
Der Herr ist mein Licht und mein
Heil: / Vor wem sollte ich mich fürchten?
Der Herr ist die Kraft meines Lebens: / Vor
wem sollte mir bangen?
2 Dringen Frevler auf mich ein, / um mich
zu verschlingen,
meine Bedränger und Feinde, / sie müssen
straucheln und fallen.
3 Mag ein Heer mich belagern: / Mein Herz
wird nicht verzagen.
Mag Krieg gegen mich toben: / Ich bleibe
dennoch voll Zuversicht.
4 Nur eines erbitte ich vom Herrn, / danach
verlangt mich:
Im Haus des Herrn zu wohnen / alle Tage
meines Lebens,
die Freundlichkeit des Herrn zu schauen /
und nachzusinnen in seinem Tempel.
5 Denn er birgt mich in seinem Haus / am
Tag des Unheils;
er beschirmt mich im Schutz seines Zel-
tes, / er hebt mich auf einen Felsen empor.
6 Nun kann ich mein Haupt erheben / über
die Feinde, die mich umringen.
Ich will Opfer darbringen in seinem Zelt,
Opfer mit Jubel; / dem Herrn will ich singen
und spielen.
7 Vernimm, o Herr, mein lautes Rufen; / sei
mir gnädig und erhöre mich!
8 Mein Herz denkt an dein Wort: »Sucht
mein Angesicht!« / Dein Angesicht, Herr,
will ich suchen.
9 Verbirg nicht dein Gesicht vor mir; / wei-
se deinen Knecht im Zorn nicht ab! / Du
wurdest meine Hilfe.
Verstoß mich nicht, verlass mich nicht, /
du Gott meines Heiles!
10 Wenn mich auch Vater und Mutter ver-
lassen, / der Herr nimmt mich auf.
11 Zeige mir, Herr, deinen Weg, / leite mich
auf ebener Bahn trotz meiner Feinde!
12 Gib mich nicht meinen gierigen Gegnern
preis; / denn falsche Zeugen stehen gegen
mich auf und wüten.
13 Ich aber bin gewiss, zu schauen / die
Güte des Herrn im Land der Lebenden.
14 Hoffe auf den Herrn und sei stark! / Hab
festen Mut und hoffe auf den Herrn!

1: 97,11; 56,5; Mi 7,8 • 2: Ijob 19,22 • 3: 3,7 • 4: 23,6 • 5: 31,21 • 8: 24,6; 105,4; Dtn 4,29 • 10: Jes 49,15 • 11: 25,4 • 12: 35,11 • 13: 52,7; 56,14; 116,9; 142,6; Jes 38,11 • 14: 31,25.

Hilferuf in Todesgefahr und Dank für Erhörung

28 [Von David.]
Zu dir rufe ich, Herr, mein Fels. /
Wende dich nicht schweigend ab von
mir!
Denn wolltest du schweigen, / würde ich
denen gleich, die längst begraben sind.
2 Höre mein lautes Flehen, wenn ich zu dir
schreie, / wenn ich die Hände zu deinem
Allerheiligsten erhebe.
3 Raff mich nicht weg mit den Übeltätern
und Frevlern, / die ihren Nächsten freund-
lich grüßen, / doch Böses hegen in ihrem
Herzen.
4 Vergilt ihnen, wie es ihrem Treiben ent-
spricht / und ihren bösen Taten. Vergilt
ihnen, wie es das Werk ihrer Hände ver-
dient. / Wende ihr Tun auf sie selbst zurück!
5 Denn sie achten nicht auf das Walten des
Herrn / und auf das Werk seiner Hände.
Darum reißt er sie nieder / und richtet sie
nicht wieder auf.
6 Der Herr sei gepriesen. / Denn er hat
mein lautes Flehen erhört.
7 Der Herr ist meine Kraft und mein
Schild, / mein Herz vertraut ihm.
Mir wurde geholfen. Da jubelte mein

28,8a Text korr. nach G und S.

Herz; / ich will ihm danken mit meinem
Lied.
8 Der Herr ist die Stärke seines Volkes, / er
ist Schutz und Heil für seinen Gesalbten.
9 Hilf deinem Volk und segne dein Erbe, /
führe und trage es in Ewigkeit!

1: 92,16; 143,7 • 2: 134,2; Dan 6,11 • 3: 26,9; 62,5; Spr 26,24–28 • 4: 62,13 • 5: Jes 5,12f • 9: 29,11; Dtn 9,29.

Gottes Herrlichkeit im Gewitter

29 [Ein Psalm Davids.]
Bringt dar dem Herrn, ihr Himmli-
schen, / bringt dar dem Herrn Lob und
Ehre!
2 Bringt dar dem Herrn die Ehre seines
Namens, / werft euch nieder vor dem Herrn
in heiligem Schmuck!
3 Die Stimme des Herrn erschallt über den
Wassern. / Der Gott der Herrlichkeit don-
nert, / der Herr über gewaltigen Wassern.
4 Die Stimme des Herrn ertönt mit
Macht, / die Stimme des Herrn voll Majes-
tät.
5 Die Stimme des Herrn zerbricht die Ze-
dern, / der Herr zerschmettert die Zedern des
Libanon.
6 Er lässt den Libanon hüpfen wie ein
Kalb, / wie einen Wildstier den Sirjon.
7 Die Stimme des Herrn sprüht flammen-
des Feuer, / 8 die Stimme des Herrn lässt die
Wüste beben, / beben lässt der Herr die Wüs-
te von Kadesch.
9 Die Stimme des Herrn wirbelt Eichen
empor, / sie reißt ganze Wälder kahl. / In sei-
nem Palast rufen alle: O herrlicher Gott!
10 Der Herr thront über der Flut, / der Herr
thront als König in Ewigkeit.
11 Der Herr gebe Kraft seinem Volk. / Der
Herr segne sein Volk mit Frieden.

1: 103,20f • 2: 96,8f • 3–4: Ijob 37,4 • 6: 114,4; Dtn 3,8f • 10: 24,7–10; Bar 3,3 • 11: 28,9.

Dank für die Rettung aus Todesnot

30 [Ein Psalm. Ein Lied zur Tempelwei-
he. Von David.]
2 Ich will dich rühmen, Herr, / denn du
hast mich aus der Tiefe gezogen / und lässt
meine Feinde nicht über mich triumphie-
ren.
3 Herr, mein Gott, ich habe zu dir ge-
schrien / und du hast mich geheilt.
4 Herr, du hast mich herausgeholt aus dem
Reich des Todes, / aus der Schar der Todge-
weihten mich zum Leben gerufen.
5 Singt und spielt dem Herrn, ihr seine
Frommen, / preist seinen heiligen Namen!
6 Denn sein Zorn dauert nur einen Augen-
blick, / doch seine Güte ein Leben lang.
Wenn man am Abend auch weint, / am
Morgen herrscht wieder Jubel.
7 Im sicheren Glück dachte ich einst: / Ich
werde niemals wanken.
8 Herr, in deiner Güte / stelltest du mich
auf den schützenden Berg.
Doch dann hast du dein Gesicht verbor-
gen. / Da bin ich erschrocken.
9 Zu dir, Herr, rief ich um Hilfe, / ich flehte
meinen Herrn um Gnade an.
10 (Ich sagte:) / Was nützt dir mein Blut,
wenn ich begraben bin? / Kann der Staub
dich preisen, deine Treue verkünden?
11 Höre mich, Herr, sei mir gnädig! / Herr,
sei du mein Helfer!
12 Da hast du mein Klagen in Tanzen ver-
wandelt, / hast mir das Trauergewand aus-
gezogen und mich mit Freude umgürtet.
13 Darum singt dir mein Herz und will
nicht verstummen. / Herr, mein Gott, ich will
dir danken in Ewigkeit.

1: Esra 6,16; 1 Makk 4,36–54 • 3: Ex 15,26 • 4: 9,14 • 5: 7,18; 97,12 • 6: Jes 54,7f • 10: 6,6 • 12: 126; Jes 61,3.

Gott, die sichere Zuflucht

31 [Für den Chormeister. Ein Psalm
Davids.]
2 Herr, ich suche Zuflucht bei dir. / Lass
mich doch niemals scheitern; / rette mich in
deiner Gerechtigkeit!
3 Wende dein Ohr mir zu, / erlöse mich
bald!
Sei mir ein schützender Fels, / eine feste
Burg, die mich rettet.
4 Denn du bist mein Fels und meine Burg; /
um deines Namens willen wirst du mich füh-
ren und leiten.
5 Du wirst mich befreien aus dem Netz, das
sie mir heimlich legten; / denn du bist meine
Zuflucht.
6 In deine Hände lege ich voll Vertrauen
meinen Geist; / du hast mich erlöst, Herr, du
treuer Gott.
7 Dir sind alle verhasst, die nichtige Göt-
zen verehren, / ich aber verlasse mich auf
den Herrn.

29,9ab Text korr. durch Vokaländerung; andere Übersetzungsmöglichkeit: Die Stimme des Herrn versetzt Hirschkühe in Wehen, bringt die Ziegen zur Frühgeburt.
30,5b Wörtlich: preist sein heiliges Gedenken.
30,8 auf den schützenden Berg, wörtlich: auf feste Berge.
30,13a Text korr. nach G.
31,7a Dir sind: Text korr. nach G, S und Vg; H: Mir sind.

8 Ich will jubeln und über deine Huld mich
freuen; / denn du hast mein Elend ange-
sehn, / du bist mit meiner Not vertraut.
9 Du hast mich nicht preisgegeben der Ge-
walt meines Feindes, / hast meinen Füßen
freien Raum geschenkt.
10 Herr, sei mir gnädig, denn mir ist
angst; / vor Gram zerfallen mir Auge, Seele
und Leib.
11 In Kummer schwindet mein Leben da-
hin, / meine Jahre verrinnen im Seufzen.
Meine Kraft ist ermattet im Elend, / meine
Glieder sind zerfallen.
12 Zum Spott geworden bin ich all meinen
Feinden, / ein Hohn den Nachbarn, ein
Schrecken den Freunden; / wer mich auf der
Straße sieht, der flieht vor mir.
13 Ich bin dem Gedächtnis entschwunden
wie ein Toter, / bin geworden wie ein zerbro-
chenes Gefäß.
14 Ich höre das Zischeln der Menge – Grau-
en ringsum. / Sie tun sich gegen mich zusam-
men; / sie sinnen darauf, mir das Leben zu
rauben.
15 Ich aber, Herr, ich vertraue dir, / ich
sage: »Du bist mein Gott.«
16 In deiner Hand liegt mein Geschick; /
entreiß mich der Hand meiner Feinde und
Verfolger!
17 Lass dein Angesicht leuchten über dei-
nem Knecht, / hilf mir in deiner Güte!
18 Herr, lass mich nicht scheitern, / denn
ich rufe zu dir.
Scheitern sollen die Frevler, / verstummen
und hinabfahren ins Reich der Toten.
19 Jeder Mund, der lügt, soll sich schlie-
ßen, / der Mund, der frech gegen den Gerech-
ten redet, / hochmütig und verächtlich.
20 Wie groß ist deine Güte, Herr, / die du
bereithältst für alle, die dich fürchten und
ehren;
du erweist sie allen, / die sich vor den Men-
schen zu dir flüchten.
21 Du beschirmst sie im Schutz deines An-
gesichts / vor dem Toben der Menschen. Wie
unter einem Dach bewahrst du sie / vor dem
Gezänk der Zungen.
22 Gepriesen sei der Herr, der wunderbar
an mir gehandelt / und mir seine Güte erwie-
sen hat zur Zeit der Bedrängnis.
23 Ich aber dachte in meiner Angst: / Ich
bin aus deiner Nähe verstoßen.
Doch du hast mein lautes Flehen gehört, /
als ich zu dir um Hilfe rief.
24 Liebt den Herrn, all seine Frommen! /
Seine Getreuen behütet der Herr, / doch den
Hochmütigen vergilt er ihr Tun mit vollem
Maß.
25 Euer Herz sei stark und unverzagt, / ihr
alle, die ihr wartet auf den Herrn.

2–4: 71,1–3 • 3: 102,3 • 4: 92,16; 23,3 • 5: 25,15; 140,6 • 6: Lk 23,46; Apg 7,59 • 8: 9,3 • 9: 18,20 • 10: 6,8 • 10–11: 38,11 • 11: 6,3 • 12: 38,12; 41,10; 44,14f; 55,13f; 69,9.12f; 79,4; 88,9.19; 89,42; Ijob 19,13–19 • 14: 41,6; Jer 20,10 • 15: 140,7 • 16: 139,16 • 17: 4,7 • 21: 27,5; Ijob 5,21 • 23: Jona 2,5 • 24: 62,13 • 25: 27,14.

Freude über die Vergebung

32 [Von David. Ein Weisheitslied.]
Wohl dem, dessen Frevel vergeben /
und dessen Sünde bedeckt ist.
2 Wohl dem Menschen, dem der Herr die
Schuld nicht zur Last legt / und dessen Herz
keine Falschheit kennt.
3 Solang ich es verschwieg, waren meine
Glieder matt, / den ganzen Tag musste ich
stöhnen.
4 Denn deine Hand lag schwer auf mir bei
Tag und bei Nacht; / meine Lebenskraft war
verdorrt wie durch die Glut des Sommers.
[Sela]
5 Da bekannte ich dir meine Sünde / und
verbarg nicht länger meine Schuld vor dir.
Ich sagte: Ich will dem Herrn meine Frevel
bekennen. / Und du hast mir die Schuld ver-
geben. [Sela]
6 Darum soll jeder Fromme in der Not zu
dir beten; / fluten hohe Wasser heran, ihn
werden sie nicht erreichen.
7 Du bist mein Schutz, bewahrst mich vor
Not; / du rettest mich und hüllst mich in
Jubel. [Sela]
8 »Ich unterweise dich und zeige dir den
Weg, den du gehen sollst. / Ich will dir raten;
über dir wacht mein Auge.«
9 Werdet nicht wie Ross und Maultier, / die
ohne Verstand sind. Mit Zaum und Zügel
muss man ihr Ungestüm bändigen, / sonst
folgen sie dir nicht.
10 Der Frevler leidet viele Schmerzen, /
doch wer dem Herrn vertraut, den wird er
mit seiner Huld umgeben.
11 Freut euch am Herrn und jauchzt, ihr
Gerechten, / jubelt alle, ihr Menschen mit
redlichem Herzen!

1: 65,4; 78,38; 85,3; 103,3; Jes 1,18; 38,17; Jer 31,34; 1 Joh 1,9 • 1–2: Röm 4,7f • 4: 38,3; 102,5f • 5: 38,19 • 6: 66,12 • 8: 25,12; 119,1; 33,18 • 11: 33,1.

31,11c im Elend: Text korr. nach G und S; H: in meiner Schuld.
31,12b Text korr.
31,20 Herr: ergänzt nach G.
31,22c zur Zeit der Bedrängnis: Text korr.; H: in der befestigten Stadt.
32,4b Text korr.
32,6a Text korr.; H ist verderbt.

Ein Loblied auf den mächtigen und gütigen Gott

33 Ihr Gerechten, jubelt vor dem Herrn; / für die Frommen ziemt es sich, Gott zu loben.

2 Preist den Herrn mit der Zither, / spielt für ihn auf der zehnsaitigen Harfe!

3 Singt ihm ein neues Lied, / greift voll in die Saiten und jubelt laut!

4 Denn das Wort des Herrn ist wahrhaftig, / all sein Tun ist verlässlich.

5 Er liebt Gerechtigkeit und Recht, / die Erde ist erfüllt von der Huld des Herrn.

6 Durch das Wort des Herrn wurden die Himmel geschaffen, / ihr ganzes Heer durch den Hauch seines Mundes.

7 Wie in einem Schlauch fasst er das Wasser des Meeres, / verschließt die Urflut in Kammern.

8 Alle Welt fürchte den Herrn; / vor ihm sollen alle beben, die den Erdkreis bewohnen.

9 Denn der Herr sprach und sogleich geschah es; / er gebot und alles war da.

10 Der Herr vereitelt die Beschlüsse der Heiden, / er macht die Pläne der Völker zunichte.

11 Der Ratschluss des Herrn bleibt ewig bestehen, / die Pläne seines Herzens überdauern die Zeiten.

12 Wohl dem Volk, dessen Gott der Herr ist, / der Nation, die er sich zum Erbteil erwählt hat.

13 Der Herr blickt herab vom Himmel, / er sieht auf alle Menschen.

14 Von seinem Thronsitz schaut er nieder / auf alle Bewohner der Erde.

15 Der ihre Herzen gebildet hat, / er achtet auf all ihre Taten.

16 Dem König hilft nicht sein starkes Heer, / der Held rettet sich nicht durch große Stärke.

17 Nichts nützen die Rosse zum Sieg, / mit all ihrer Kraft können sie niemand retten.

18 Doch das Auge des Herrn ruht auf allen, die ihn fürchten und ehren, / die nach seiner Güte ausschaun;

19 denn er will sie dem Tod entreißen / und in der Hungersnot ihr Leben erhalten.

20 Unsre Seele hofft auf den Herrn; / er ist für uns Schild und Hilfe.

21 Ja, an ihm freut sich unser Herz, / wir vertrauen auf seinen heiligen Namen.

22 Lass deine Güte über uns walten, o Herr, / denn wir schauen aus nach dir.

1: 32,11; 92,2 • 2: 92,4 • 3: 40,4; 96,1; 98,1; 144,9; 149,1; Jdt 16,1.13; Jes 42,10; Offb 5,9; 14,3 • 5: 119,64 • 6: Gen 1,6–8.14–18; Joh 1,3 • 7: Ijob 38,8–11 • 8: 67,8 • 9: 148,5; Gen 1,3–26; Sir 39,16; Jes 48,13 • 10–11: Spr 19,21 • 11: Jes 40,8; 46,10 • 12: 144,15; Ex 19,6; Dtn 7,6 • 13–15: 14,2; 102,20; 2 Chr 16,9; Ijob 34,21; Sir 15,18f • 15: 94,9–11 • 16–17: 20,8; 1 Sam 14,6; 17,45–47 • 18: 32,8; 34,16; Sir 34,19 • 19: 37,19; Ijob 5,20 • 20: 3,4; 115,9–11 • 22: 90,17.

Unter Gottes Schutz

34 [Von David, als er sich vor Abimelech wahnsinnig stellte und dieser ihn fortjagte und er ging.]

2 Ich will den Herrn allezeit preisen; / immer sei sein Lob in meinem Mund.

3 Meine Seele rühme sich des Herrn; / die Armen sollen es hören und sich freuen.

4 Verherrlicht mit mir den Herrn, / lasst uns gemeinsam seinen Namen rühmen.

5 Ich suchte den Herrn und er hat mich erhört, / er hat mich all meinen Ängsten entrissen.

6 Blickt auf zu ihm, so wird euer Gesicht leuchten / und ihr braucht nicht zu erröten.

7 Da ist ein Armer; er rief und der Herr erhörte ihn. / Er half ihm aus all seinen Nöten.

8 Der Engel des Herrn umschirmt alle, die ihn fürchten und ehren, / und er befreit sie.

9 Kostet und seht, wie gütig der Herr ist; / wohl dem, der zu ihm sich flüchtet!

10 Fürchtet den Herrn, ihr seine Heiligen; / denn wer ihn fürchtet, leidet keinen Mangel.

11 Reiche müssen darben und hungern; / wer aber den Herrn sucht, braucht kein Gut zu entbehren.

12 Kommt, ihr Kinder, hört mir zu! / Ich will euch in der Furcht des Herrn unterweisen.

13 Wer ist der Mensch, der das Leben liebt / und gute Tage zu sehen wünscht?

14 Bewahre deine Zunge vor Bösem / und deine Lippen vor falscher Rede!

15 Meide das Böse und tu das Gute; / suche Frieden und jage ihm nach!

16 Die Augen des Herrn blicken auf die Gerechten, / seine Ohren hören ihr Schreien.

17 Das Antlitz des Herrn richtet sich gegen die Bösen, / um ihr Andenken von der Erde zu tilgen.

33,7a Text korr. nach G, Vg und der aramäischen Übersetzung.
34,6a euer Gesicht: Text korr.; H: ihr Gesicht.
34,11a Reiche: Text korr. nach G und S; H: junge Löwen.

18 Schreien die Gerechten, so hört sie der Herr; / er entreißt sie all ihren Ängsten.
19 Nahe ist der Herr den zerbrochenen Herzen, / er hilft denen auf, die zerknirscht sind.
20 Der Gerechte muss viel leiden, / doch allem wird der Herr ihn entreißen.
21 Er behütet all seine Glieder, / nicht eines von ihnen wird zerbrochen.
22 Den Frevler wird seine Bosheit töten; / wer den Gerechten hasst, muss es büßen.
23 Der Herr erlöst seine Knechte; / straflos bleibt, wer zu ihm sich flüchtet.

1: 1 Sam 21,11–16 • 2: 145,2 • 7: 91,15 • 8: 35,5f; 91,11; Gen 32,2f; Ex 14,19 • 9: 1 Petr 2,3 • 11: Lk 1,53 • 13–17: 1 Petr 3,10–12 • 15: 37,27; Spr 3,7; Hebr 12,14 • 16: 33,18 • 17: 109,15; Ijob 18,17 • 19: 51,19; 145,18 • 20: 2 Kor 1,5.

Bitte um Rettung vor falschen Anklägern

35 [Von David.]
Streite, Herr, gegen alle, die gegen mich streiten, / bekämpfe alle, die mich bekämpfen!
2 Ergreife Schild und Waffen; / steh auf, um mir zu helfen!
3 Schwing den Speer und die Lanze gegen meine Verfolger! / Sag zu mir: »Ich bin deine Hilfe.«
4 In Schmach und Schande sollen alle fallen, / die mir nach dem Leben trachten.
Zurückweichen sollen sie und vor Scham erröten, / die auf mein Unglück sinnen.
5 Sie sollen werden wie Spreu vor dem Wind; / der Engel des Herrn stoße sie fort.
6 Ihr Weg soll finster und schlüpfrig sein; / der Engel des Herrn verfolge sie.
7 Denn sie haben mir ohne Grund ein Netz gelegt, / mir ohne Grund eine Grube gegraben.
8 Unvermutet ereile ihn das Verderben; / er fange sich selbst in seinem Netz, / er falle in die eigene Grube.
9 Meine Seele aber wird jubeln über den Herrn / und sich über seine Hilfe freuen.
10 Mit Leib und Seele will ich sagen: / Herr, wer ist wie du?
Du entreißt den Schwachen dem, der stärker ist, / den Schwachen und Armen dem, der ihn ausraubt.
11 Da treten ruchlose Zeugen auf. / Man wirft mir Dinge vor, von denen ich nichts weiß.
12 Sie vergelten mir Gutes mit Bösem; / ich bin verlassen und einsam.
13 Ich aber zog ein Bußkleid an, als sie erkrankten, / und quälte mich ab mit Fasten. / Nun kehre mein Gebet zurück in meine Brust.
14 Als wäre es ein Freund oder ein Bruder, / so ging ich betrübt umher,
wie man Leid trägt um die Mutter, / trauernd und tief gebeugt.
15 Doch als ich stürzte, lachten sie / und taten sich zusammen.
Sie taten sich gegen mich zusammen / wie Fremde, die ich nicht kenne.
Sie hören nicht auf, mich zu schmähen; /
16 sie verhöhnen und verspotten mich, / knirschen gegen mich mit den Zähnen.
17 Herr, wie lange noch wirst du das ansehn? / Rette mein Leben vor den wilden Tieren, / mein einziges Gut vor den Löwen!
18 Ich will dir danken in großer Gemeinde, / vor zahlreichem Volk dich preisen.
19 Über mich sollen die sich nicht freuen, / die mich ohne Grund befeinden.
Sie sollen nicht mit den Augen zwinkern, / die mich grundlos hassen.
20 Denn was sie reden, dient nicht dem Frieden; / gegen die Stillen im Land ersinnen sie listige Pläne.
21 Sie reißen den Mund gegen mich auf und sagen: / »Dir geschieht recht. Jetzt sehen wir's mit eigenen Augen.«
22 Du hast es gesehen, Herr. So schweig doch nicht! / Herr, bleib mir nicht fern!
23 Wach auf, tritt ein für mein Recht, / verteidige mich, mein Gott und mein Herr!
24 Verschaff mir Recht nach deiner Gerechtigkeit, Herr, mein Gott! / Sie sollen sich über mich nicht freuen.
25 Lass sie nicht denken: »Recht so! Das freut uns.« / Sie sollen nicht sagen: »Wir haben ihn verschlungen.«
26 In Schmach und Schande sollen alle fallen, / die sich über mein Unglück freuen,
in Schimpf und Schande sich kleiden, / die gegen mich prahlen.
27 Alle sollen sich freuen und jubeln, / die wünschen, dass ich im Recht bin.
Sie sollen jederzeit sagen: »Groß ist der

34,18a die Gerechten: ergänzt nach G, S und der aramäischen Übersetzung.
35,8c Wörtlich: er falle hinein zum Verderben.
35,10a Wörtlich: Alle meine Knochen sollen sagen.
35,12b ich bin ... einsam, wörtlich: Kinderlosigkeit meiner Seele.
35,15de H ist unverständlich.
35,16 Text korr.

Herr, / er will das Heil seines Knechtes.«
28 Meine Zunge soll deine Gerechtigkeit
verkünden, / dein Lob alle Tage.

4: 40,15 • 5: 1,4; 83,14; 34,8 • 6: 73,18; Jer 23,12 • 7: Jer 18,20 • 7–8: 7,16; Ijob 18,8f • 10: 71,19; 77,14; 89,7f; 113,5; Ex 15,11 • 11: 27,12; Mt 26,59f • 12: 38,21; 109,5; Jer 18,20 • 13: 109,4 • 17: 17,12 • 18: 22,23 • 19: 25,19; 69,5; Joh 15,25 • 21: 40,16; Klgl 2,16 • 22: 38,22; Hab 1,13; Ps 22,12 • 26: 40,15 • 27: 40,17 • 28: 71,15.

Gott, die Quelle des Lebens

36 [Für den Chormeister. Von David,
dem Knecht des Herrn.]
2 Der Frevler spricht: »Ich bin entschlos-
sen zum Bösen.« / In seinen Augen gibt es
kein Erschrecken vor Gott.
3 Er gefällt sich darin, / sich schuldig zu
machen und zu hassen.
4 Die Worte seines Mundes sind Trug und
Unheil; / er hat es aufgegeben, weise und gut
zu handeln.
5 Unheil plant er auf seinem Lager, / er be-
tritt schlimme Wege und scheut nicht das
Böse.
6 Herr, deine Güte reicht, so weit der Him-
mel ist, / deine Treue, so weit die Wolken
ziehn.
7 Deine Gerechtigkeit steht wie die Berge
Gottes, / deine Urteile sind tief wie das
Meer.
Herr, du hilfst Menschen und Tieren. /
8 Gott, wie köstlich ist deine Huld!
Die Menschen bergen sich im Schatten
deiner Flügel, / 9 sie laben sich am Reichtum
deines Hauses; / du tränkst sie mit dem
Strom deiner Wonnen.
10 Denn bei dir ist die Quelle des Lebens, /
in deinem Licht schauen wir das Licht.
11 Erhalte denen, die dich kennen, deine
Huld / und deine Gerechtigkeit den Men-
schen mit redlichem Herzen!
12 Lass mich nicht kommen unter den Fuß
der Stolzen; / die Hand der Frevler soll mich
nicht vertreiben.
13 Dann brechen die Bösen zusammen, / sie
werden niedergestoßen und können nie wie-
der aufstehn.

2: 14,1; Röm 3,18 • 5: Mi 2,1 • 6: 57,11; 108,5 • 8: 17,7f • 9: 65,5; 46,5 • 10: 16,11; 97,11; Jer 2,13; Joh 4,14.

Gott, der Anwalt der Guten

37 [Von David.]
Errege dich nicht über die Bösen, /
wegen der Übeltäter ereifere dich nicht!
2 Denn sie verwelken schnell wie das Gras, /
wie grünes Kraut verdorren sie.
3 Vertrau auf den Herrn und tu das Gute, /
bleib wohnen im Land und bewahre Treue!
4 Freu dich innig am Herrn! / Dann gibt er
dir, was dein Herz begehrt.
5 Befiehl dem Herrn deinen Weg und ver-
trau ihm; / er wird es fügen.
6 Er bringt deine Gerechtigkeit heraus wie
das Licht / und dein Recht so hell wie den
Mittag.
7 Sei still vor dem Herrn und harre auf
ihn! / Erhitze dich nicht über den Mann, dem
alles gelingt, / den Mann, der auf Ränke
sinnt.
8 Steh ab vom Zorn und lass den Grimm; /
erhitze dich nicht, es führt nur zu Bö-
sem.
9 Denn die Bösen werden ausgetilgt; / die
aber auf den Herrn hoffen, werden das Land
besitzen.
10 Eine Weile noch und der Frevler ist
nicht mehr da; / schaust du nach seiner Woh-
nung – sie ist nicht mehr zu finden.
11 Doch die Armen werden das Land be-
kommen, / sie werden Glück in Fülle genie-
ßen.
12 Der Frevler sinnt auf Ränke gegen den
Gerechten / und knirscht gegen ihn mit den
Zähnen.
13 Der Herr verlacht ihn, / denn er sieht,
dass sein Tag kommt.
14 Die Frevler zücken das Schwert / und
spannen ihren Bogen;
sie wollen den Schwachen und Armen fäl-
len / und alle hinschlachten, die den rechten
Weg gehn.
15 Ihr Schwert dringe in ihr eigenes Herz /
und ihre Bogen sollen zerbrechen.
16 Besser das wenige, das der Gerechte be-
sitzt, / als der Überfluss vieler Frevler.
17 Denn die Arme der Frevler werden zer-
schmettert, / doch die Gerechten stützt der
Herr.
18 Der Herr kennt die Tage der Bewähr-
ten, / ihr Erbe hat ewig Bestand.
19 In bösen Zeiten werden sie nicht zu-
schanden, / sie werden satt in den Tagen des
Hungers.
20 Doch die Frevler gehen zugrunde, / die
Feinde des Herrn sind wie die Pracht der
Auen: / Sie schwinden dahin, wie Rauch
schwinden sie hin.
21 Der Frevler muss borgen und kann nicht
bezahlen, / doch freigebig schenkt der Ge-
rechte.
22 Denn wen der Herr segnet, der wird das

36,2a Text korr. nach G.

37,7b dem alles gelingt, wörtlich: dem sein Weg gelingt.

Land besitzen, / aber wen er verflucht, der
wird ausgetilgt.
23 Der Herr festigt die Schritte des Man-
nes, / er hat Gefallen an seinem Weg.
24 Auch wenn er strauchelt, stürzt er nicht
hin; / denn der Herr hält ihn fest an der
Hand.
25 Einst war ich jung, nun bin ich alt, / nie
sah ich einen Gerechten verlassen noch seine
Kinder betteln um Brot.
26 Allzeit ist er mildtätig, gern leiht er
aus, / seine Kinder werden zum Segen.
27 Meide das Böse und tu das Gute, / so
bleibst du wohnen für immer.
28 Denn der Herr liebt das Recht / und ver-
lässt seine Frommen nicht.
Doch das Geschlecht der Frevler wird aus-
getilgt, / sie werden für immer vernichtet.
29 Die Gerechten werden das Land besit-
zen / und darin wohnen für alle Zeiten.
30 Der Mund des Gerechten bewegt Worte
der Weisheit / und seine Zunge redet, was
recht ist.
31 Er hat die Weisung seines Gottes im
Herzen, / seine Schritte wanken nicht.
32 Der Frevler belauert den Gerechten /
und sucht ihn zu töten.
33 Der Herr überlässt ihn nicht seiner
Hand, / lässt nicht zu, dass man ihn vor Ge-
richt verurteilt.
34 Hoffe auf den Herrn / und bleib auf sei-
nem Weg!
Er wird dich erhöhen zum Erben des Lan-
des; / du wirst sehen, wie der Frevler ver-
nichtet wird.
35 Ich sah einen Frevler, bereit zu Gewalt-
tat; / er reckte sich hoch wie eine grünende
Zeder.
36 Wieder ging ich vorüber und er war
nicht mehr da; / ich suchte ihn, doch er war
nicht zu finden.
37 Achte auf den Frommen und schau auf
den Redlichen! / Denn Zukunft hat der
Mann des Friedens.
38 Die Sünder aber werden alle zusammen
vernichtet; / die Zukunft der Frevler ist Un-
tergang.
39 Die Rettung der Gerechten kommt vom
Herrn, / er ist ihre Zuflucht in Zeiten der
Not.
40 Der Herr hilft ihnen und rettet sie, / er
rettet sie vor den Frevlern;
er schenkt ihnen Heil, / denn sie suchen
Zuflucht bei ihm.

1: Spr 23,17; 24,19 • 2: 90,5f • 4: 20,5 • 5: 119,1; 55,23; Spr 3,5; 16,3 • 6: Ijob 11,17; Spr 4,18 • 8: Eph 4,26 • 9: 25,13 • 10: Ijob 20,8f • 11: Mt 5,5 • 13: 59,9; Ijob 18,20 • 14: 11,2 • 16: Spr 15,16; 16,8 • 17: 10,15 • 19: 33,19 • 20: 68,3 • 22: Spr 2,21f • 24: 145,14; Spr 24,16 • 27: 34,15; Am 5,14 • 29: 25,13; Jes 60,21 • 30: Spr 10,31 • 31: 40,9 • 32: 11,2 • 35: 92,8 • 35–36: Ijob 20,6f • 39: 46,2.

Die Klage eines Kranken

38 [Ein Psalm Davids. Zum Weihrauch-
opfer.]
2 Herr, strafe mich nicht in deinem Zorn /
und züchtige mich nicht in deinem Grimm!
3 Denn deine Pfeile haben mich getroffen, /
deine Hand lastet schwer auf mir.
4 Nichts blieb gesund an meinem Leib,
weil du mir grollst; / weil ich gesündigt,
blieb an meinen Gliedern nichts heil.
5 Denn meine Sünden schlagen mir über
dem Kopf zusammen, / sie erdrücken mich
wie eine schwere Last.
6 Mir schwären, mir eitern die Wunden /
wegen meiner Torheit.
7 Ich bin gekrümmt und tief gebeugt, / den
ganzen Tag geh ich traurig einher.
8 Denn meine Lenden sind voller Brand, /
nichts blieb gesund an meinem Leib.
9 Kraftlos bin ich und ganz zerschlagen, /
ich schreie in der Qual meines Herzens.
10 All mein Sehnen, Herr, liegt offen vor
dir, / mein Seufzen ist dir nicht verborgen.
11 Mein Herz pocht heftig, mich hat die
Kraft verlassen, / geschwunden ist mir das
Licht der Augen.
12 Freunde und Gefährten bleiben mir fern
in meinem Unglück / und meine Nächsten
meiden mich.
13 Die mir nach dem Leben trachten, legen
mir Schlingen; / die mein Unheil suchen,
planen Verderben, / den ganzen Tag haben
sie Arglist im Sinn.
14 Ich bin wie ein Tauber, der nicht hört, /
wie ein Stummer, der den Mund nicht auf-
tut.
15 Ich bin wie einer, der nicht mehr hören
kann, / aus dessen Mund keine Entgegnung
kommt.
16 Doch auf dich, Herr, harre ich; / du wirst
mich erhören, Herr, mein Gott.
17 Denn ich sage: Über mich sollen die sich
nicht freuen, / die gegen mich prahlen, wenn
meine Füße straucheln.

37,28cd sinngemäß umgestellt; Text korr.; H: sie werden für immer bewahrt.
37,35b Text korr.; H: und er entwickelte sich wie eine lebenskräftige Pflanze.
37,36a Text korr. nach G, S und Hieronymus; H: ging er vorüber.
38,11 Der sinnstörende Einschub »auch sie« in H, der nach »Licht der Augen« steht, bleibt wie in einigen G-Handschriften und S unübersetzt.

18 Ich bin dem Fallen nahe, / mein Leid steht mir immer vor Augen.
19 Ja, ich bekenne meine Schuld, / ich bin wegen meiner Sünde in Angst.
20 Die mich ohne Grund befehden, sind stark; / viele hassen mich wegen nichts.
21 Sie vergelten mir Gutes mit Bösem, / sie sind mir Feind; denn ich trachte nach dem Guten.
22 Herr, verlass mich nicht, bleib mir nicht fern, mein Gott! /
23 Eile mir zu Hilfe, Herr, du mein Heil!

2: 6,2 • 3: 32,4; Ijob 6,4 • 5: 40,13; Esra 9,6 • 11: 31,10 • 12: 31,12 • 13: 35,20 • 17: 13,5; 35,19 • 19: 32,5; 51,5; 2 Sam 12,13; Ijob 31,33; Spr 28,13; Hos 14,3; Jak 5,16 • 21: 35,12 • 22–23: 22,12.

Die Not des vergänglichen Menschen

39 [Für den Chormeister. Von Jedutun. Ein Psalm Davids.]
2 Ich sagte: Ich will auf meine Wege achten, / damit ich nicht sündige mit meiner Zunge.
Ich lege meinem Mund einen Zaum an, / solange der Frevler vor mir steht.
3 So blieb ich stumm und still; / ich schwieg, vom Glück verlassen, / doch mein Schmerz war aufgerührt.
4 Heiß wurde mir das Herz in der Brust, / bei meinem Grübeln entbrannte ein Feuer; / da musste ich reden:
5 Herr, tu mir mein Ende kund und die Zahl meiner Tage! / Lass mich erkennen, wie sehr ich vergänglich bin!
6 Du machtest meine Tage nur eine Spanne lang, / meine Lebenszeit ist vor dir wie ein Nichts. / Ein Hauch nur ist jeder Mensch. [Sela]
7 Nur wie ein Schatten geht der Mensch einher, / um ein Nichts macht er Lärm. / Er rafft zusammen und weiß nicht, wer es einheimst.
8 Und nun, Herr, worauf soll ich hoffen? / Auf dich allein will ich harren.
9 Entreiß mich allen, die mir Unrecht tun, / und überlass mich nicht dem Spott der Toren!
10 Ich bin verstummt, ich tue den Mund nicht mehr auf. / Denn so hast du es gefügt.
11 Nimm deine Plage weg von mir! / Unter der Wucht deiner Hand vergehe ich.
12 Du strafst und züchtigst den Mann wegen seiner Schuld, / du zerstörst seine Anmut wie Motten das Kleid, / ein Hauch nur ist jeder Mensch. [Sela]
13 Hör mein Gebet, Herr, vernimm mein Schreien, / schweig nicht zu meinen Tränen!
Denn ich bin nur ein Gast bei dir, / ein Fremdling wie all meine Väter.
14 Wende dein strafendes Auge ab von mir, / sodass ich heiter blicken kann, / bevor ich dahinfahre und nicht mehr da bin.

5: 90,12 • 6–7: 90,9f; 109,23; 144,4; Ijob 7,6f; 14,2; Jak 4,14 • 7: 49,18 • 12: Ijob 13,28 • 13: 119,19; Lev 25,23; Hebr 11,13; 1 Petr 2,11 • 14: Ijob 7,19; 10,21; 14,6.

Dank, Hingabe und Bitte

40 [Für den Chormeister. Ein Psalm Davids.]
2 Ich hoffte, ja ich hoffte auf den Herrn. / Da neigte er sich mir zu und hörte mein Schreien.
3 Er zog mich herauf aus der Grube des Grauens, / aus Schlamm und Morast.
Er stellte meine Füße auf den Fels, / machte fest meine Schritte.
4 Er legte mir ein neues Lied in den Mund, / einen Lobgesang auf ihn, unsern Gott.
Viele werden es sehen, sich in Ehrfurcht neigen / und auf den Herrn vertrauen.
5 Wohl dem Mann, der auf den Herrn sein Vertrauen setzt, / sich nicht zu den Stolzen hält / noch zu treulosen Lügnern.
6 Zahlreich sind die Wunder, die du getan hast, / und deine Pläne mit uns; / Herr, mein Gott, nichts kommt dir gleich.
Wollte ich von ihnen künden und reden, / es wären mehr, als man zählen kann.
7 An Schlacht- und Speiseopfern hast du kein Gefallen, / Brand- und Sündopfer forderst du nicht.
Doch das Gehör hast du mir eingepflanzt; /
8 darum sage ich: Ja, ich komme. / In dieser Schriftrolle steht, was an mir geschehen ist.
9 Deinen Willen zu tun, mein Gott, macht mir Freude, / deine Weisung trag ich im Herzen.
10 Gerechtigkeit verkünde ich in großer Gemeinde, / meine Lippen verschließe ich nicht; Herr, du weißt es.
11 Deine Gerechtigkeit verberge ich nicht im Herzen, / ich spreche von deiner Treue und Hilfe,
ich schweige nicht über deine Huld und Wahrheit / vor der großen Gemeinde.
12 Du, Herr, verschließ mir nicht dein Er-

38,20a Text korr.

39,14a Text korr.; H ist unverständlich.

barmen, / deine Huld und Wahrheit mögen mich immer behüten!

13 Denn Leiden ohne Zahl umfangen mich, / meine Sünden holen mich ein, / ich vermag nicht mehr aufzusehn.

Zahlreicher sind sie als die Haare auf meinem Kopf, / der Mut hat mich ganz verlassen.

14 Gewähre mir die Gunst, Herr, und reiß mich heraus; / Herr, eile mir zu Hilfe!

15 In Schmach und Schande sollen alle fallen, / die mir nach dem Leben trachten.

Zurückweichen sollen sie und vor Scham erröten, / die sich über mein Unglück freuen.

16 Vor Schande sollen alle schaudern, / die zu mir sagen: »Dir geschieht recht.«

17 Alle, die dich suchen, frohlocken; / sie mögen sich freuen in dir.

Die dein Heil lieben, sollen immer sagen: / Groß ist Gott, der Herr.

18 Ich bin arm und gebeugt; / der Herr aber sorgt für mich.

Meine Hilfe und mein Retter bist du. / Mein Gott, säume doch nicht!

3: 69,15f • 4: 33,3 • 5: 1,1; Jer 17,7 • 6: 139,17f • 7–9: Hebr 10,5–7 • 7: 50,7–15; 51,18f; 69,31f; 1 Sam 15,22; Jes 1,11; Jer 6,20; Am 5,22; • 9: 37,31; Joh 4,34 • 10: 22,23 • 13: 38,5 • 14: 22,12 • 14–18 ‖ Ps 70,1–6 • 15: 35,4 • 16: 35,21 • 17: 35,27.

Das Gebet eines Kranken und Verfolgten

41 [Für den Chormeister. Ein Psalm Davids.]

2 Wohl dem, der sich des Schwachen annimmt; / zur Zeit des Unheils wird der Herr ihn retten.

3 Ihn wird der Herr behüten / und am Leben erhalten.

Man preist ihn glücklich im Land. / Gib ihn nicht seinen gierigen Feinden preis!

4 Auf dem Krankenbett wird der Herr ihn stärken; / seine Krankheit verwandelst du in Kraft.

5 Ich sagte: Herr, sei mir gnädig, / heile mich; denn ich habe gegen dich gesündigt.

6 Meine Feinde reden böse über mich: / »Wann stirbt er endlich und wann vergeht sein Name?«

7 Besucht mich jemand, / so kommen seine Worte aus falschem Herzen.

Er häuft in sich Bosheit an, / dann geht er hinaus und redet.

8 Im Hass gegen mich sind sich alle einig; / sie tuscheln über mich und sinnen auf Unheil:

9 »Verderben hat sich über ihn ergossen; / wer einmal daliegt, steht nicht mehr auf.«

10 Auch mein Freund, dem ich vertraute, / der mein Brot aß, hat gegen mich geprahlt.

11 Du aber, Herr, sei mir gnädig; / richte mich auf, damit ich ihnen vergelten kann.

12 Daran erkenne ich, dass du an mir Gefallen hast: / wenn mein Feind nicht über mich triumphieren darf.

13 Weil ich aufrichtig bin, hältst du mich fest / und stellst mich vor dein Antlitz für immer.

14 Gepriesen sei der Herr, der Gott Israels, / von Ewigkeit zu Ewigkeit. Amen, ja amen.

2: Spr 14,21; Mt 5,7 • 5: 6,3 • 6: 22,7f; 44,14f; 71,7; 89,51; 102,9; 109,25; 123,3f • 10: 31,12; Obd 7; Joh 13,18 • 14: Neh 9,5.

DAS ZWEITE BUCH

Sehnsucht nach dem lebendigen Gott

42 [Für den Chormeister. Ein Weisheitslied der Korachiter.]

2 Wie der Hirsch lechzt nach frischem Wasser, / so lechzt meine Seele, Gott, nach dir.

3 Meine Seele dürstet nach Gott, / nach dem lebendigen Gott.

Wann darf ich kommen und / Gottes Antlitz schauen?

4 Tränen waren mein Brot bei Tag und bei Nacht; / denn man sagt zu mir den ganzen Tag: / »Wo ist nun dein Gott?«

5 Das Herz geht mir über, wenn ich daran denke: / wie ich zum Haus Gottes zog in festlicher Schar, / mit Jubel und Dank in feiernder Menge.

6 Meine Seele, warum bist du betrübt / und bist so unruhig in mir?

Harre auf Gott; denn ich werde ihm noch danken, / meinem Gott und Retter, auf den ich schaue.

7 Betrübt ist meine Seele in mir, darum denke ich an dich / im Jordanland, am Hermon, am Mizar-Berg.

8 Flut ruft der Flut zu beim Tosen deiner

40,15b Text korr. nach 70,3; H fügt hinzu: um es hinwegzuraffen.

41,10b Text korr.

42,5b Übersetzung nicht ganz sicher.

42,6d Text korr.

Wasser, / all deine Wellen und Wogen gehen
über mich hin.
9 Bei Tag schenke der Herr seine Huld; /
ich singe ihm nachts und flehe zum Gott
meines Lebens.
10 Ich sage zu Gott, meinem Fels: / »Warum
hast du mich vergessen?
Warum muss ich trauernd umhergehen, /
von meinem Feind bedrängt?«
11 Wie ein Stechen in meinen Gliedern / ist
für mich der Hohn der Bedränger;
denn sie rufen mir ständig zu: / »Wo ist
nun dein Gott?«
12 Meine Seele, warum bist du betrübt /
und bist so unruhig in mir?
Harre auf Gott; denn ich werde ihm noch
danken, / meinem Gott und Retter, auf den
ich schaue.

2–3: 63,2; 84,3; 143,6 • 3: 27,4 • 4: 80,6; 102,10; Ijob 3,24 • 5: 122,1 • 6: 62,6 • 8: 18,5; 32,6; 69,2f.16; 88,8.18; 124,4f; Ijob 22,11; Jona 2,4.6 • 10: 92,16 • 11: 42,4; 79,10; 115,2; Joël 2,17; Mi 7,10.

43 Verschaff mir Recht, o Gott, / und
führe meine Sache gegen ein treulo-
ses Volk! / Rette mich vor bösen und tücki-
schen Menschen!
2 Denn du bist mein starker Gott. / Warum
hast du mich verstoßen?
Warum muss ich trauernd umhergehen, /
von meinem Feind bedrängt?
3 Sende dein Licht und deine Wahrheit, /
damit sie mich leiten;
sie sollen mich führen zu deinem heiligen
Berg / und zu deiner Wohnung.
4 So will ich zum Altar Gottes treten, zum
Gott meiner Freude. / Jauchzend will ich
dich auf der Harfe loben, / Gott, mein Gott.
5 Meine Seele, warum bist du betrübt / und
bist so unruhig in mir?
Harre auf Gott; denn ich werde ihm noch
danken, / meinem Gott und Retter, auf den
ich schaue.

3: 97,11.

Klage in Kriegsnot

44 [Für den Chormeister. Ein Weis-
heitslied der Korachiter.]
2 Gott, wir hörten es mit eigenen Ohren, /
unsere Väter erzählten uns
von dem Werk, das du in ihren Tagen voll-
bracht hast, / in den Tagen der Vorzeit.
3 Mit eigener Hand hast du Völker vertrie-
ben, / sie aber eingepflanzt.
Du hast Nationen zerschlagen, / sie aber
ausgesät.
4 Denn sie gewannen das Land nicht mit
ihrem Schwert, / noch verschaffte ihr Arm
ihnen den Sieg;
nein, deine Rechte war es, dein Arm und
dein leuchtendes Angesicht; / denn du hat-
test an ihnen Gefallen.
5 Du, mein König und mein Gott, / du bist
es, der Jakob den Sieg verleiht.
6 Mit dir stoßen wir unsere Bedränger nie-
der, / in deinem Namen zertreten wir unsere
Gegner.
7 Denn ich verlasse mich nicht auf meinen
Bogen, / noch kann mein Schwert mir hel-
fen;
8 nein, du hast uns vor unsern Bedrängern
gerettet; / alle, die uns hassen, bedeckst du
mit Schande.
9 Wir rühmen uns Gottes den ganzen Tag /
und preisen deinen Namen auf ewig. [Sela]
10 Doch nun hast du uns verstoßen und mit
Schmach bedeckt, / du ziehst nicht mit un-
serm Heer in den Kampf.
11 Du lässt uns vor unsern Bedrängern flie-
hen / und Menschen, die uns hassen, plün-
dern uns aus.
12 Du gibst uns preis wie Schlachtvieh, /
unter die Völker zerstreust du uns.
13 Du verkaufst dein Volk um ein Spott-
geld / und hast an dem Erlös keinen Ge-
winn.
14 Du machst uns zum Schimpf für die
Nachbarn, / zu Spott und Hohn bei allen, die
rings um uns wohnen.
15 Du machst uns zum Spottlied der Völ-
ker, / die Heiden zeigen uns nichts als Ver-
achtung.
16 Meine Schmach steht mir allzeit vor Au-
gen / und Scham bedeckt mein Gesicht
17 wegen der Worte des lästernden Spöt-
ters, / wegen der rachgierigen Blicke des
Feindes.
18 Das alles ist über uns gekommen / und
doch haben wir dich nicht vergessen, / uns
von deinem Bund nicht treulos abgewandt.
19 Unser Herz ist nicht von dir gewichen, /
noch hat unser Schritt deinen Pfad verlas-
sen.
20 Doch du hast uns verstoßen an den Ort
der Schakale / und uns bedeckt mit Finster-
nis.
21 Hätten wir den Namen unseres Gottes
vergessen / und zu einem fremden Gott die
Hände erhoben,

42,12d Text korr.
43,1 Ps 42 und 43 bilden ein einziges Lied, wie der Kehrvers 42,6.12 und 43,5 zeigt.
43,4ab Text korr.; H: zum Gott der Freude meines Jubels.
43,5d Text korr. wie in 42,6d und 12d.
44,5a Text korr.

22 würde Gott das nicht ergründen? / Denn er kennt die heimlichen Gedanken des Herzens.

23 Nein, um deinetwillen werden wir getötet Tag für Tag, / behandelt wie Schafe, / die man zum Schlachten bestimmt hat.

24 Wach auf! Warum schläfst du, Herr? / Erwache, verstoß nicht für immer!

25 Warum verbirgst du dein Gesicht, / vergisst unsere Not und Bedrängnis?

26 Unsere Seele ist in den Staub hinabgebeugt, / unser Leib liegt am Boden.

27 Steh auf und hilf uns! / In deiner Huld erlöse uns!

2: 78,3; Dtn 4,9; 2 Sam 7,22f • 3: 78,55; 80,9 • 4: Dtn 8,17f; Jos 24,12; 4,7 • 5: 5,3 • 6: 60,14 • 10: 60,12 • 11: Dtn 28,25 • 12: Dtn 28,64 • 13: Jes 52,3 • 14: 79,4; 80,7 • 23: Röm 8,36 • 24: 74,1; 83,2 • 25: 89,47; Ijob 13,24 • 26: 7,6; 119,25.

Ein Lied zur Hochzeit des Königs

45 [Für den Chormeister. Nach der Weise »Lilien«. Ein Weisheitslied der Korachiter. Ein Liebeslied.]

2 Mein Herz fließt über von froher Kunde, / ich weihe mein Lied dem König. / Meine Zunge gleicht dem Griffel des flinken Schreibers.

3 Du bist der Schönste von allen Menschen, / Anmut ist ausgegossen über deine Lippen; / darum hat Gott dich für immer gesegnet.

4 Gürte, du Held, dein Schwert um die Hüfte, / kleide dich in Hoheit und Herrlichkeit!

5 Zieh aus mit Glück, kämpfe für Wahrheit und Recht! / Furcht gebietende Taten / soll dein rechter Arm dich lehren.

6 Deine Pfeile sind scharf, dir unterliegen die Völker, / die Feinde des Königs verlieren den Mut.

7 Dein Thron, du Göttlicher, steht für immer und ewig; / das Zepter deiner Herrschaft ist ein gerechtes Zepter.

8 Du liebst das Recht und hasst das Unrecht, / darum hat Gott, dein Gott, dich gesalbt mit dem Öl der Freude / wie keinen deiner Gefährten.

9 Von Myrrhe, Aloe und Kassia duften all deine Gewänder, aus Elfenbeinhallen erfreut dich Saitenspiel.

10 Königstöchter gehen dir entgegen, / die Braut steht dir zur Rechten / im Schmuck von Ofirgold.

11 Höre, Tochter, sieh her und neige dein Ohr, / vergiss dein Volk und dein Vaterhaus!

12 Der König verlangt nach deiner Schönheit; / er ist ja dein Herr, verneig dich vor ihm!

13 Die Töchter von Tyrus kommen mit Gaben, / deine Gunst begehren die Edlen des Volkes.

14 Die Königstochter ist herrlich geschmückt, / ihr Gewand ist durchwirkt mit Gold und Perlen.

15 Man geleitet sie in bunt gestickten Kleidern zum König, / Jungfrauen sind ihr Gefolge, / ihre Freundinnen führt man zu dir.

16 Man geleitet sie mit Freude und Jubel, / sie ziehen ein in den Palast des Königs.

17 An die Stelle deiner Väter treten einst deine Söhne; / du bestellst sie zu Fürsten im ganzen Land.

18 Ich will deinen Namen rühmen von Geschlecht zu Geschlecht; / darum werden die Völker dich preisen immer und ewig.

7–8: Hebr 1,8f • 11: Gen 12,1 • 15: Ez 16,10–13 • 17: 2 Chr 21,3.

Gott, unsre Burg

46 [Für den Chormeister. Von den Korachitern. Nach der Weise »Mädchen«. Ein Lied.]

2 Gott ist uns Zuflucht und Stärke, / ein bewährter Helfer in allen Nöten.

3 Darum fürchten wir uns nicht, wenn die Erde auch wankt, / wenn Berge stürzen in die Tiefe des Meeres,

4 wenn seine Wasserwogen tosen und schäumen / und vor seinem Ungestüm die Berge erzittern.

Der Herr der Heerscharen ist mit uns, / der Gott Jakobs ist unsre Burg. [Sela]

5 Die Wasser eines Stromes erquicken die Gottesstadt, / des Höchsten heilige Wohnung.

6 Gott ist in ihrer Mitte, darum wird sie niemals wanken; / Gott hilft ihr, wenn der Morgen anbricht.

7 Völker toben, Reiche wanken, / es dröhnt sein Donner, da zerschmilzt die Erde.

8 Der Herr der Heerscharen ist mit uns, / der Gott Jakobs ist unsre Burg. [Sela]

9 Kommt und schaut die Taten des

44,26b Wörtlich: klebt am Boden.
45,5a Text korr.; H: Kämpfe für die Sache der Wahrheit, der Armut und des Rechts!
45,10a Text korr.; H: Königstöchter unter deinen Kostbarkeiten.
45,13a Nach G.
46,4cd Der Kehrvers von V. 8 und V. 12 wurde auch hier eingefügt.

Herrn, / der Furchtbares vollbringt auf der Erde.

10 Er setzt den Kriegen ein Ende / bis an die Grenzen der Erde;

er zerbricht die Bogen, zerschlägt die Lanzen, / im Feuer verbrennt er die Schilde.

11 »Lasst ab und erkennt, dass ich Gott bin, / erhaben über die Völker, erhaben auf Erden.«

12 Der Herr der Heerscharen ist mit uns, / der Gott Jakobs ist unsre Burg. [Sela]

2: 37,39; 61,4 • 3: 75,4; Ijob 9,5f • 6: 90,14; 2 Kön 19,35 • 9: 66,5 • 10: 76,4; Jes 2,4; Ez 39,9f • 11: 83,19.

Gott, der König aller Völker

47 [Für den Chormeister. Ein Psalm der Korachiter.]

2 Ihr Völker alle, klatscht in die Hände; / jauchzt Gott zu mit lautem Jubel!

3 Denn Furcht gebietend ist der Herr, der Höchste, / ein großer König über die ganze Erde.

4 Er unterwirft uns Völker / und zwingt Nationen unter unsre Füße.

5 Er wählt unser Erbland für uns aus, / den Stolz Jakobs, den er liebt. [Sela]

6 Gott stieg empor unter Jubel, / der Herr beim Schall der Hörner.

7 Singt unserm Gott, ja singt ihm! / Spielt unserm König, spielt ihm!

8 Denn Gott ist König der ganzen Erde. / Spielt ihm ein Psalmenlied!

9 Gott wurde König über alle Völker, / Gott sitzt auf seinem heiligen Thron.

10 Die Fürsten der Völker sind versammelt / als Volk des Gottes Abrahams.

Denn Gott gehören die Mächte der Erde; / er ist hoch erhaben.

3: 95,3 • 4: 2,8 • 5: Dtn 32,9 • 6: 68,19; 98,6 • 8–9: 24,7–10 • 9: Jer 10,7 • 10: 87,4–6.

Die Stadt des großen Königs

48 [Ein Lied. Ein Psalm der Korachiter.]

2 Groß ist der Herr und hoch zu preisen / in der Stadt unsres Gottes.

3 Sein heiliger Berg ragt herrlich empor; / er ist die Freude der ganzen Welt.

Der Berg Zion liegt weit im Norden; / er ist die Stadt des großen Königs.

4 Gott ist in ihren Häusern bekannt / als ein sicherer Schutz.

5 Denn seht: Die Könige vereinten sich / und zogen gemeinsam heran;

6 doch als sie aufsahen, erstarrten sie vor Schreck, / sie waren bestürzt und liefen davon.

7 Dort packte sie das Zittern, / wie die Wehen eine gebärende Frau,

8 wie der Sturm vom Osten, / der die Schiffe von Tarschisch zerschmettert.

9 Wie wir's gehört hatten, so erlebten wir's jetzt / in der Stadt des Herrn der Heere,

in der Stadt unsres Gottes; / Gott lässt sie ewig bestehen. [Sela]

10 Über deine Huld, o Gott, denken wir nach / in deinem heiligen Tempel.

11 Wie dein Name, Gott, so reicht dein Ruhm bis an die Enden der Erde; / deine rechte Hand ist voll von Gerechtigkeit.

12 Der Berg Zion freue sich, / die Töchter Judas sollen über deine gerechten Urteile jubeln.

13 Umkreist den Zion, / umschreitet ihn, zählt seine Türme!

14 Betrachtet seine Wälle, / geht in seinen Palästen umher, / damit ihr dem kommenden Geschlecht erzählen könnt:

15 »Das ist Gott, unser Gott für immer und ewig. / Er wird uns führen in Ewigkeit.«

2: 95,3; 96,4; 145,3 • 3: 50,2; 78,68f; Jes 14,13; Klgl 2,15 • 4: 46,6 • 5: Ri 5,19 • 7: Ex 15,14 • 8: Jes 2,16 • 11: 113,3; Mal 1,11 • 12: 97,8 • 13: 122,3; Jes 26,1 • 14: 22,31f • 15: 102,28.

Die Vergänglichkeit des Menschen

49 [Für den Chormeister. Ein Psalm der Korachiter.]

2 Hört dies an, ihr Völker alle, / vernehmt es, alle Bewohner der Erde,

3 ihr Leute aus dem Volk und vom Adel, / Reiche und Arme zusammen!

4 Mein Mund spreche weise Worte; / was mein Herz ersinnt, sei voller Einsicht.

5 Ich wende mein Ohr einem Weisheitsspruch zu, / ich enthülle mein Geheimnis beim Harfenspiel.

6 Warum soll ich mich in bösen Tagen fürchten, / wenn mich der Frevel tückischer Feinde umgibt?

7 Sie verlassen sich ganz auf ihren Besitz / und rühmen sich ihres großen Reichtums.

8 Loskaufen kann doch keiner den andern / noch an Gott für ihn ein Sühnegeld zahlen

9 – für das Leben ist jeder Kaufpreis zu hoch, / für immer muss man davon abstehn –,

10 damit er auf ewig weiterlebt / und niemals das Grab schaut.

46,10d Andere Übersetzungsmöglichkeit: verbrennt er die Wagen.
47,7a Nach G.
47,9a Nach G.
47,10c die Mächte: Text korr.; H: die Schilde.
48,15b Nach G.

11 Denn man sieht: Weise sterben; / genauso gehen Tor und Narr zugrunde, / sie müssen andern ihren Reichtum lassen.
12 Das Grab ist ihr Haus auf ewig, / ist ihre Wohnung für immer, / ob sie auch Länder nach ihren Namen benannten.
13 Der Mensch bleibt nicht in seiner Pracht; / er gleicht dem Vieh, das verstummt.
14 So geht es denen, die auf sich selbst vertrauen, / und so ist das Ende derer, die sich in großen Worten gefallen. [Sela]
15 Der Tod führt sie auf seine Weide wie Schafe, / sie stürzen hinab zur Unterwelt.
Geradewegs sinken sie hinab in das Grab; / ihre Gestalt zerfällt, die Unterwelt wird ihre Wohnstatt.
16 Doch Gott wird mich loskaufen aus dem Reich des Todes, / ja, er nimmt mich auf. [Sela]
17 Lass dich nicht beirren, wenn einer reich wird / und die Pracht seines Hauses sich mehrt;
18 denn im Tod nimmt er das alles nicht mit, / seine Pracht steigt nicht mit ihm hinab.
19 Preist er sich im Leben auch glücklich / und sagt zu sich: / »Man lobt dich, weil du dir's wohl sein lässt«,
20 so muss er doch zur Schar seiner Väter hinab, / die das Licht nie mehr erblicken.
21 Der Mensch in Pracht, doch ohne Einsicht, / er gleicht dem Vieh, das verstummt.

2–3: Spr 8,4 • 5: 78,2 • 7: 52,9; Ijob 31,24f; Jer 9,22 • 8–9: Spr 11,4; Mt 16,26 • 11: Koh 2,13; Ps 49,18 • 12: Koh 12,5 • 13: Koh 3,19 • 15: 55,16 • 16: 9,14; 16,10; 73,24; Hos 13,14; Gen 5,24 • 17–18: Sir 11,18f • 18: 49,11; 39,7; Koh 2,18.21f; 5,14; 6,2; Sir 11,18; Lk 12,20; 1 Tim 6,7 • 20: Ijob 10,21f.

Der rechte Gottesdienst

50 [Ein Psalm Asafs.]
Der Gott der Götter, der Herr, spricht, / er ruft der Erde zu / vom Aufgang der Sonne bis zum Untergang.
2 Vom Zion her, der Krone der Schönheit, / geht Gott strahlend auf.
3 Unser Gott kommt und schweigt nicht; / Feuer frisst vor ihm her; um ihn stürmt es gewaltig.
4 Dem Himmel droben und der Erde ruft er zu, / er werde sein Volk nun richten:
5 »Versammelt mir all meine Frommen, / die den Bund mit mir schlossen beim Opfer.«
6 Die Himmel sollen seine Gerechtigkeit künden; / Gott selbst wird Richter sein. [Sela]
7 »Höre, mein Volk, ich rede. / Israel, ich klage dich an, / ich, der ich dein Gott bin.
8 Nicht wegen deiner Opfer rüg ich dich, / deine Brandopfer sind mir immer vor Augen.
9 Doch nehme ich von dir Stiere nicht an / noch Böcke aus deinen Hürden.
10 Denn mir gehört alles Getier des Waldes, / das Wild auf den Bergen zu Tausenden.
11 Ich kenne alle Vögel des Himmels, / was sich regt auf dem Feld, ist mein Eigen.
12 Hätte ich Hunger, ich brauchte es dir nicht zu sagen, / denn mein ist die Welt und was sie erfüllt.
13 Soll ich denn das Fleisch von Stieren essen / und das Blut von Böcken trinken?
14 Bring Gott als Opfer dein Lob / und erfülle dem Höchsten deine Gelübde!
15 Rufe mich an am Tag der Not; / dann rette ich dich und du wirst mich ehren.«
16 Zum Frevler aber spricht Gott: / »Was zählst du meine Gebote auf / und nimmst meinen Bund in deinen Mund?
17 Dabei ist Zucht dir verhasst, / meine Worte wirfst du hinter dich.
18 Siehst du einen Dieb, so läufst du mit, / du machst dich mit Ehebrechern gemein.
19 Dein Mund redet böse Worte / und deine Zunge stiftet Betrug an.
20 Von deinem Bruder redest du schändlich, / auf den Sohn deiner Mutter häufst du Verleumdung.
21 Das hast du getan und ich soll schweigen? / Meinst du, ich bin wie du? / Ich halte es dir vor Augen und rüge dich.
22 Begreift es doch, ihr, die ihr Gott vergesst! / Sonst zerreiße ich euch und niemand kann euch retten.
23 Wer Opfer des Lobes bringt, ehrt mich; / wer rechtschaffen lebt, dem zeig ich mein Heil.«

1: Dtn 10,17 • 2: 48,3 • 3: 97,3f; Jes 63,19; Dan 7,10 • 4: Dtn 32,1; Jes 1,2 • 5: Ex 24,4–11 • 6: 19,2; 97,6 • 7: Ex 20,2; • 7–15: 40,7 • 12: 24,1 • 14: 119,108; 66,13; Hebr 13,15 • 15: 91,15 • 16: Röm 2,17–24 • 23: 50,14; 91,16.

Bitte um Vergebung und Neuschaffung

51 [Für den Chormeister. Ein Psalm Davids, 2 als der Prophet Natan zu

49,12a Das Grab: Text korr. nach G, S und der aramäischen Übersetzung H: Ihr Inneres.
49,15 H ist stark verderbt.
50,11a Text korr. nach G; H: die Vögel der Berge.
50,20a schändlich: Text korr.
50,23b Text korr.

ihm kam, nachdem sich David mit Batseba
vergangen hatte.]
3 Gott, sei mir gnädig nach deiner Huld, /
tilge meine Frevel nach deinem reichen Er-
barmen!
4 Wasch meine Schuld von mir ab / und
mach mich rein von meiner Sünde!
5 Denn ich erkenne meine bösen Taten, /
meine Sünde steht mir immer vor Augen.
6 Gegen dich allein habe ich gesündigt, /
ich habe getan, was dir missfällt.
So behältst du recht mit deinem Urteil, /
rein stehst du da als Richter.
7 Denn ich bin in Schuld geboren; / in Sün-
de hat mich meine Mutter empfangen.
8 Lauterer Sinn im Verborgenen gefällt
dir, / im Geheimen lehrst du mich Weis-
heit.
9 Entsündige mich mit Ysop, dann werde
ich rein; / wasche mich, dann werde ich wei-
ßer als Schnee.
10 Sättige mich mit Entzücken und Freu-
de! / Jubeln sollen die Glieder, die du zer-
schlagen hast.
11 Verbirg dein Gesicht vor meinen Sün-
den, / tilge all meine Frevel!
12 Erschaffe mir, Gott, ein reines Herz /
und gib mir einen neuen, beständigen
Geist!
13 Verwirf mich nicht von deinem Ange-
sicht / und nimm deinen heiligen Geist nicht
von mir!
14 Mach mich wieder froh mit deinem
Heil / mit einem willigen Geist rüste mich
aus!
15 Dann lehre ich Abtrünnige deine Wege /
und die Sünder kehren um zu dir.
16 Befrei mich von Blutschuld, Herr, du
Gott meines Heiles, / dann wird meine Zunge
jubeln über deine Gerechtigkeit.
17 Herr, öffne mir die Lippen / und mein
Mund wird deinen Ruhm verkünden.
18 Schlachtopfer willst du nicht, ich würde
sie dir geben; / an Brandopfern hast du kein
Gefallen.
19 Das Opfer, das Gott gefällt, ist ein zer-
knirschter Geist, / ein zerbrochenes und zer-
schlagenes Herz wirst du, Gott, nicht ver-
schmähen.
20 In deiner Huld tu Gutes an Zion; / bau
die Mauern Jerusalems wieder auf!
21 Dann hast du Freude an rechten Op-
fern, / an Brandopfern und Ganzopfern, /
dann opfert man Stiere auf deinem Altar.

2: 2 Sam 12 • 3: Lk 18,13 • 5: Jes 59,12 • 6: Röm 3,4 • 7: Ijob 14,4; Joh 3,6 • 9: Num 19,18; Jes 1,18 • 10: 6,3 • 12: Ez 36,26f • 13–14: Röm 8,9.14–16 • 18: 40,7 • 19: 34,19; Jes 57,15; 66,2; Dan 3,39 • 20: 147,2 • 21: 4,6.

**Die Überheblichkeit des Bösen –
das Vertrauen des Frommen**

52 [Für den Chormeister. Ein Weis-
heitslied Davids, 2 als der Edomiter
Doëg zu Saul kam und ihm meldete: David
ist in das Haus des Ahimelech gegangen.]
3 Was rühmst du dich deiner Bosheit, du
Mann der Gewalt, / was prahlst du allzeit
vor dem Frommen?
4 Du Ränkeschmied, du planst Verder-
ben; / deine Zunge gleicht einem scharfen
Messer.
5 Du liebst das Böse mehr als das Gute /
und Lüge mehr als wahrhaftige Rede.
[Sela]
6 Du liebst lauter verderbliche Worte, / du
tückische Zunge.
7 Darum wird Gott dich verderben für im-
mer, / dich packen und herausreißen aus dei-
nem Zelt, / dich entwurzeln aus dem Land
der Lebenden. [Sela]
8 Gerechte werden es sehen und sich
fürchten; / sie werden über ihn lachen und
sagen:
9 »Seht, das ist der Mann, / der nicht zu
Gott seine Zuflucht nahm;
auf seinen großen Reichtum hat er sich
verlassen / und auf seinen Frevel gebaut.«
10 Ich aber bin im Haus Gottes wie ein grü-
nender Ölbaum; / auf Gottes Huld vertraue
ich immer und ewig.
11 Ich danke dir, Herr, in Ewigkeit; / denn
du hast das alles vollbracht.
Ich hoffe auf deinen Namen im Kreis der
Frommen; / denn du bist gütig.

2: 1 Sam 22,9f • 4: 59,8 • 4–6: 12,3–5 • 5: Jer 9,4; Joh 3,19f • 7: 27,13; Ijob 18,14 • 8: 58,11; 91,8; Ijob 22,19 • 9: 49,7 • 10: 92,13–16 • 11: 54,8.

Die Torheit der Gottesleugner

53 [Für den Chormeister. Nach der
Weise »Krankheit«. Ein Weisheits-
lied Davids.]
2 Die Toren sagen in ihrem Herzen: / »Es
gibt keinen Gott.«
Sie handeln verwerflich und schnöde; / da
ist keiner, der Gutes tut.
3 Gott blickt vom Himmel herab auf die
Menschen, / ob noch ein Verständiger da ist,
der Gott sucht.

51,10a Text korr.
52,3bc Text korr. nach S; H erlaubt auch die Übersetzung: Was rühmst du dich, dass Gottes Huld allezeit (auf deiner Seite) ist.

sinnmitte

das zeitende:
verwelkt, auf dem kompost verfaulend

das sinnende:
aufgeblüht, erstrahlend in farbiger schönheit

der sinn
ist die mitte
des lebens

Auf der Flur erscheinen die Blumen;
die Zeit zum Singen ist da.
Die Stimme der Turteltaube ist zu hören
in unserem Land.

Hohelied 2,12

Foto: Peter Friebe, Germering

4 Alle sind sie abtrünnig und verdorben, /
keiner tut Gutes, auch nicht ein Einziger.
5 Haben denn die Übeltäter keine Ein-
sicht? / Sie verschlingen mein Volk.
Sie essen Gottes Brot, / doch seinen Na-
men rufen sie nicht an.
6 Es trifft sie Furcht und Schrecken, / ob-
wohl doch nichts zu fürchten ist.
Deinen Bedrängern hat Gott die Glieder
zerschlagen. / Gott lässt sie scheitern, denn
er hat sie verworfen.
7 Ach käme doch vom Zion Hilfe für Isra-
el! / Wenn Gott einst das Geschick seines
Volkes wendet, / dann jubelt Jakob, dann
freut sich Israel.

1–7 ǁ Ps 14.

Hilferuf eines Bedrängten

54 [Für den Chormeister. Mit Saiten-
spiel. Ein Weisheitslied Davids, 2 als
die Sifiter kamen und Saul meldeten: David
hält sich bei uns verborgen.]
3 Hilf mir, Gott, durch deinen Namen, /
verschaff mir Recht mit deiner Kraft!
4 Gott, höre mein Flehen, / vernimm die
Worte meines Mundes!
5 Denn es erheben sich gegen mich stolze
Menschen, / freche Leute trachten mir nach
dem Leben; / sie haben Gott nicht vor Augen.
[Sela]
6 Doch Gott ist mein Helfer, / der Herr be-
schützt mein Leben.
7 Auf meine Gegner falle das Unheil zu-
rück. / Weil du treu bist, vernichte sie!
8 Freudig bringe ich dir dann mein Opfer
dar / und lobe deinen Namen, Herr; denn du
bist gütig.
9 Der Herr hat mich herausgerissen aus all
meiner Not / und mein Auge kann auf meine
Feinde herabsehn.

2: 1 Sam 23,19; 26,1 • 5: 86,14 • 6: 118,7 • 7: 143,12 • 8: 52,11 • 9: 59,11; 91,8; 92,12; 112,8; 118,7.

Klage und Vertrauen eines Alleingelassenen

55 [Für den Chormeister. Mit Saiten-
spiel. Ein Weisheitslied Davids.]
2 Vernimm, o Gott, mein Beten; / verbirg
dich nicht vor meinem Flehen!
3 Achte auf mich und erhöre mich! / Unstet
schweife ich umher und klage.
4 Das Geschrei der Feinde macht mich ver-
stört; / mir ist angst, weil mich die Frevler
bedrängen.
Sie überhäufen mich mit Unheil / und be-
fehden mich voller Grimm.
5 Mir bebt das Herz in der Brust; / mich
überfielen die Schrecken des Todes.
6 Furcht und Zittern erfassten mich; / ich
schauderte vor Entsetzen.
7 Da dachte ich: »Hätte ich doch Flügel wie
eine Taube, / dann flöge ich davon und käme
zur Ruhe.«
8 Weit fort möchte ich fliehen, / die Nacht
verbringen in der Wüste. [Sela]
9 An einen sicheren Ort möchte ich eilen /
vor dem Wetter, vor dem tobenden Sturm.
10 Entzweie sie, Herr, verwirr ihre Spra-
che! / Denn in der Stadt sehe ich Gewalttat
und Hader.
11 Auf ihren Mauern umschleicht man sie
bei Tag und bei Nacht; / sie ist voll Unheil
und Mühsal.
12 In ihr herrscht Verderben; / Betrug und
Unterdrückung weichen nicht von ihren
Märkten.
13 Denn nicht mein Feind beschimpft
mich, / das würde ich ertragen;
nicht ein Mann, der mich hasst, tritt frech
gegen mich auf, / vor ihm könnte ich mich
verbergen.
14 Nein, du bist es, ein Mensch aus meiner
Umgebung, / mein Freund, mein Vertrau-
ter,
15 mit dem ich, in Freundschaft verbun-
den, / zum Haus Gottes gepilgert bin inmit-
ten der Menge.
16 Der Tod soll sie überfallen, / lebend sol-
len sie hinabfahren ins Totenreich. / Denn
ihre Häuser und Herzen sind voller Bos-
heit.
17 Ich aber, zu Gott will ich rufen, / der
Herr wird mir helfen.
18 Am Abend, am Morgen, am Mittag
seufze ich und stöhne; / er hört mein Kla-
gen.
19 Er befreit mich, bringt mein Leben in
Sicherheit / vor denen, die gegen mich
kämpfen, / wenn es auch viele sind, die gegen
mich angehen.

53,4a Text korr. nach G und der aramäischen Übersetzung; vgl. auch 14,3.
53,6c Wörtlich: Gott zerstreut die Gebeine deines Belagerers. Text korr. nach G.
53,6d Text korr. nach G.
54,5a stolze Menschen: Text korr.; H: Fremde.
55,4c Wörtlich: Sie lassen Unheil auf mich herabfallen.
55,19b H ist verderbt.

20 Gott hört mich und beugt sie nieder, / er, der als König thront seit Ewigkeit. [Sela]

Denn sie kehren nicht um / und fürchten Gott nicht.

21 Der Feind legt Hand an Gottes Freunde, / er entweiht Gottes Bund.

22 Glatt wie Butter sind seine Reden, / doch in seinem Herzen sinnt er auf Streit;

seine Worte sind linder als Öl / und sind doch gezückte Schwerter.

24 Du aber, Gott, wirst sie hinabstürzen in die tiefste Grube. / Gewalttätige und Betrüger erreichen nicht die Mitte ihres Lebens. / Ich aber setze mein Vertrauen auf dich.

23 Wirf deine Sorge auf den Herrn, er hält dich aufrecht! / Er lässt den Gerechten niemals wanken.

8: Jer 9,1 • 10: Jer 5,1; 6,6; Zef 3,1 • 13–14: 31,12 • 14: Jer 9,3.7; Mt 26,21–24 • 16: 49,15; Num 16,33; Jes 5,14 • 20: 93,2 • 22: 57,5; 62,5; 64,4 • 24: 102,25 • 23: 37,5; 1 Petr 5,7.

Das Vertrauensbekenntnis eines Angefeindeten

56 [Für den Chormeister. Nach der Weise »Stumme Taube der Ferne«. Ein Lied Davids. Aus der Zeit, als die Philister ihn in Gat ergriffen.]

2 Sei mir gnädig, Gott, denn Menschen stellen mir nach; / meine Feinde bedrängen mich Tag für Tag.

3 Täglich stellen meine Gegner mir nach; / ja, es sind viele, die mich voll Hochmut bekämpfen.

4 An dem Tag, da ich mich fürchten muss, / setze ich auf dich mein Vertrauen.

5 Ich preise Gottes Wort. / Ich vertraue auf Gott und fürchte mich nicht. / Was können Menschen mir antun?

6 Sie verdrehen meine Worte den ganzen Tag; / auf mein Verderben geht ihr ganzes Sinnen.

7 Sie lauern und spähen und beobachten genau meine Schritte; / denn sie trachten mir nach dem Leben.

8 Sie haben gefrevelt; es gibt für sie kein Entrinnen. / In deinem Zorn, o Gott, wirf die Völker zu Boden!

9 Mein Elend ist aufgezeichnet bei dir. / Sammle meine Tränen in einem Krug, / zeichne sie auf in deinem Buch!

10 Dann weichen die Feinde zurück an dem Tag, da ich rufe. / Ich habe erkannt: Mir steht Gott zur Seite.

11 Ich preise Gottes Wort, / ich preise das Wort des Herrn.

12 Ich vertraue auf Gott und fürchte mich nicht. / Was können Menschen mir antun?

13 Ich schulde dir die Erfüllung meiner Gelübde, o Gott; / ich will dir Dankopfer weihen.

14 Denn du hast mein Leben dem Tod entrissen, / meine Füße bewahrt vor dem Fall.

So gehe ich vor Gott meinen Weg / im Licht der Lebenden.

1: 1 Sam 21,11f • 5: 27,1; 118,6; Jes 51,12; Mt 10,28; Röm 8,31 • 9: 2 Kön 20,5 • 10: 124,1f; Röm 8,31 • 13: 66,13 • 14: 9,14; 116,8f; Ijob 33,30.

Geborgenheit im Schutz Gottes

57 [Für den Chormeister. Nach der Weise »Zerstöre nicht!«. Ein Lied Davids, als er vor Saul in die Höhle floh.]

2 Sei mir gnädig, o Gott, sei mir gnädig; / denn ich flüchte mich zu dir.

Im Schatten deiner Flügel finde ich Zuflucht, / bis das Unheil vorübergeht.

3 Ich rufe zu Gott, dem Höchsten, / zu Gott, der mir beisteht.

4 Er sende mir Hilfe vom Himmel; / meine Feinde schmähen mich. [Sela] / Gott sende seine Huld und Treue.

5 Ich muss mich mitten unter Löwen lagern, / die gierig auf Menschen sind.

Ihre Zähne sind Spieße und Pfeile, / ein scharfes Schwert ihre Zunge.

7 Sie haben meinen Schritten ein Netz gelegt / und meine Seele gebeugt.

Sie haben mir eine Grube gegraben; / doch fielen sie selbst hinein. [Sela]

6 Erheb dich über die Himmel, o Gott! / Deine Herrlichkeit erscheine über der ganzen Erde.

8 Mein Herz ist bereit, o Gott, / mein Herz ist bereit, / ich will dir singen und spielen.

9 Wach auf, meine Seele! / Wacht auf, Harfe und Saitenspiel! / Ich will das Morgenrot wecken.

10 Ich will dich vor den Völkern preisen, Herr, / dir vor den Nationen lobsingen.

11 Denn deine Güte reicht, so weit der Himmel ist, / deine Treue, so weit die Wolken ziehn.

56,3b Andere Übersetzungsmöglichkeit: ja, es sind viele, die mich bekämpfen, Allerhöchster.
56,6a Wörtlich: Sie kränken meine Worte.
56,8a es gibt für sie kein Entrinnen: Text korr.; H: würden sie trotz der Untat entkommen?
56,9c Wörtlich: sind sie nicht in deinem Buch?
57,7b sie haben meine Seele gebeugt: Text korr. nach G; H hat die Einzahl: er hat . . . gebeugt.

12 Erheb dich über die Himmel, o Gott; /
deine Herrlichkeit erscheine über der ganzen
Erde.

1: 1 Sam 22,1; 24,4 • 2: 17,7f • 5: 17,12; 55,22; 59,8 • 7: 140,6; 7,16 • 8–12 ‖ 108,2–6 • 8: 7,18; • 9: Ijob 38,12 • 10: 7,18; 108,4 • 11: 36,6.

Gott, der gerechte Richter

58 [Für den Chormeister. Nach der
Weise »Zerstöre nicht!«. Ein Lied
Davids.]
2 Sprecht ihr wirklich Recht, ihr Mächti-
gen? / Richtet ihr die Menschen gerecht?
3 Nein, ihr schaltet im Land nach Willkür, /
euer Herz ist voll Bosheit; / eure Hände bah-
nen dem Unrecht den Weg.
4 Vom Mutterschoß an sind die Frevler
treulos, / von Geburt an irren sie vom Weg ab
und lügen.
5 Ihr Gift ist wie das Gift der Schlange, /
wie das Gift der tauben Natter, die ihr Ohr
verschließt,
6 die nicht auf die Stimme des Beschwö-
rers hört, / der sich auf Zaubersprüche ver-
steht.
7 O Gott, zerbrich ihnen die Zähne im
Mund! / Zerschlage, Herr, das Gebiss der
Löwen!
8 Sie sollen vergehen wie verrinnendes
Wasser, / wie Gras, das verwelkt auf dem
Weg,
9 wie die Schnecke, die sich auflöst in
Schleim; / wie eine Fehlgeburt sollen sie die
Sonne nicht schauen.
10 Ehe eure Töpfe das Feuer des Dorn-
strauchs spüren, / fege Gott die Feinde hin-
weg, ob frisch, ob verdorrt.
11 Wenn er die Vergeltung sieht, freut sich
der Gerechte; / er badet seine Füße im Blut
des Frevlers.
12 Dann sagen die Menschen: »Der Gerech-
te erhält seinen Lohn; / es gibt einen Gott,
der auf Erden Gericht hält.«

3: Mi 2,1 • 5: 140,4; Dtn 32,33 • 7: 3,8; 17,12 • 8: Ijob 11,16; Weish 16,29; Ps 90,5f • 9: Ijob 3,16 • 10: Ijob 27,21; Nah 1,10 • 11: 52,8; 68,24 • 12: Ijob 19,29; Mal 3,18.

Klage und Zuversicht eines Verfolgten

59 [Für den Chormeister. Nach der
Weise »Zerstöre nicht!«. Ein Lied
Davids, als Saul hinschickte und man das
Haus bewachte, um ihn zu töten.]
2 Entreiß mich den Feinden, mein Gott, /
beschütze mich vor meinen Gegnern!
3 Entreiß mich denen, die Unrecht tun, /
rette mich vor den Mördern!
4 Sieh her: Sie lauern mir auf, / Mächtige
stellen mir nach.
Ich aber habe keinen Frevel begangen und
keine Sünde; / 5 Herr, ich bin ohne Schuld.
Sie stürmen vor und stellen sich auf. /
Wach auf, komm mir entgegen, sieh her!
6 Herr, du Gott der Heerscharen, Gott Is-
raels, / werde wach, suche alle Völker heim! /
Sei keinem treulosen Frevler gnädig! [Sela]
7 Abend für Abend kommen sie wieder, /
sie kläffen wie Hunde, durchstreifen die
Stadt.
8 Ja, sie geifern mit ihrem Maul. / Die
Schwerter zwischen ihren Lippen, wer
nimmt sie wahr?
9 Du aber, Herr, verlachst sie; / du spottest
über alle Völker.
10 Meine Stärke, an dich will ich mich hal-
ten, / denn du, Gott, bist meine Burg.
11 Mein huldreicher Gott kommt mir ent-
gegen; / Gott lässt mich herabsehen auf
meine Gegner.
12 Töte sie nicht, / damit mein Volk nicht
vergisst. In deiner Kraft zerstreue sie, / wirf
sie nieder, Herr, unser Schild!
13 Wegen der Sünde ihres Mundes, wegen
all ihrer Reden / sollen sie sich in ihrem
Hochmut verfangen; / denn sie fluchen und
verbreiten nur Lügen.
14 Vernichte sie im Zorn, / vernichte sie; sie
sollen zugrunde gehen.
Sie sollen erkennen, dass Gott der Herr-
scher in Jakob ist / und bis an das Ende der
Erde. [Sela]
15 Abend für Abend kommen sie wieder, /
sie kläffen wie Hunde, durchstreifen die
Stadt.
16 Sie streunen umher, gierig nach Fraß; /
werden sie nicht satt, dann knurren sie.
17 Ich aber will deine Macht besingen, /
will über deine Huld jubeln am Morgen.
Denn du bist eine Burg für mich, / bist
meine Zuflucht am Tag der Not.

58,2 Sinn nicht ganz klar.
58,8b Text korr.
58,10b H ist unverständlich; »die Feinde« ist ergänzt.
59,10a Text korr. nach G und der aramäischen Übersetzung.
59,10b Text korr. nach Hieronymus; H: denn Gott ist meine Burg.
59,16b Das hebräische Zeitwort ist doppeldeutig: sie verbringen die Nacht, oder: sie knurren.

18 Meine Stärke, dir will ich singen und
spielen; / denn du, Gott, bist meine Burg,
mein huldreicher Gott.

1: 1 Sam 19,11 • 4–5: 26,1 • 8: 52,4; 55,22 • 9: 2,4; 37,13; Weish 4,18 • 10: 9,10f • 11: 54,9 • 13: Spr 12,13; 18,7 • 14: 83,19 • 17: 90,14.

Bitte um Hilfe nach einer Niederlage

60 [Für den Chormeister. Nach der Wei-
se »Lilie des Zeugnisses«. Ein Lied
Davids zum Lehren, 2 als er mit den Aramä-
ern Mesopotamiens und den Aramäern von
Zoba kämpfte und als Joab umkehrte und
die Edomiter im Salztal schlug, zwölftau-
send Mann.]
3 Du hast uns verworfen, o Gott, und zer-
schlagen. / Du hast uns gezürnt. Richte uns
wieder auf!
4 Erschüttert hast du das Land und gespal-
ten. / Heile seine Risse! Denn es kam ins
Wanken.
5 Du hast dein Volk hart geprüft, / du gabst
uns betäubenden Wein zu trinken.
6 Für alle, die dich fürchten, hast du ein
Zeichen aufgestellt, / zu dem sie fliehen kön-
nen vor dem Bogen. [Sela]
7 Hilf mit deiner Rechten, erhöre uns, / da-
mit die gerettet werden, die du so sehr
liebst.
8 Gott hat in seinem Heiligtum gespro-
chen: / »Ich will triumphieren, will Sichem
verteilen / und das Tal von Sukkot vermes-
sen.
9 Mein ist Gilead, mein auch Manasse, /
Efraim ist der Helm auf meinem Haupt, /
Juda mein Herrscherstab.
10 Doch Moab ist mein Waschbecken, / auf
Edom werfe ich meinen Schuh, / ich trium-
phiere über das Land der Philister.«
11 Wer führt mich hin zu der befestigten
Stadt, / wer wird mich nach Edom gelei-
ten?
12 Gott, hast denn du uns verworfen? / Du
ziehst ja nicht aus, o Gott, mit unseren Hee-
ren.
13 Bring uns doch Hilfe im Kampf mit dem
Feind! / Denn die Hilfe von Menschen ist
nutzlos.
14 Mit Gott werden wir Großes vollbrin-
gen; / er selbst wird unsere Feinde zertre-
ten.

2: 2 Sam 8,3.13 • 5: 75,9; Jes 51,17 • 7–14 ‖ 108,7–14 • 9: Gen 49,10 • 10: Jes 11,14 • 12: 44,10 • 14: 44,6.

Fürbitte für den König

61 [Für den Chormeister. Mit Saiten-
spiel. Von David.]
2 Gott, höre mein Flehen, / achte auf mein
Beten!
3 Vom Ende der Erde rufe ich zu dir; / denn
mein Herz ist verzagt. / Führe mich auf den
Felsen, der mir zu hoch ist!
4 Du bist meine Zuflucht, / ein fester Turm
gegen die Feinde.
5 In deinem Zelt möchte ich Gast sein auf
ewig, / mich bergen im Schutz deiner Flügel.
[Sela]
6 Denn du, o Gott, hast meine Gelübde ge-
hört / und denen das Erbe gegeben, / die dei-
nen Namen fürchten.
7 Füge den Tagen des Königs noch viele
hinzu! / Seine Jahre mögen dauern / von Ge-
schlecht zu Geschlecht.
8 Er throne ewig vor Gottes Angesicht. /
Huld und Treue mögen ihn behüten.
9 Dann will ich allzeit deinem Namen sin-
gen und spielen / und Tag für Tag meine Ge-
lübde erfüllen.

3: 27,4f • 4: 71,3; Spr 18,10 • 5: 17,7f • 7: 21,5; 72,5 • 8: 89,5.30.34.37 • 9: 7,18; 66,13.

Vertrauen auf Gottes Macht und Huld

62 [Für den Chormeister. Nach Jedu-
tun. Ein Psalm Davids.]
2 Bei Gott allein kommt meine Seele zur
Ruhe, / von ihm kommt mir Hilfe.
3 Nur er ist mein Fels, meine Hilfe, meine
Burg; / darum werde ich nicht wanken.
4 Wie lange rennt ihr an gegen einen Einzi-
gen, / stürmt alle heran wie gegen eine fal-
lende Wand, / wie gegen eine Mauer, die ein-
stürzt?
5 Ja, sie planen, ihn von seiner Höhe zu
stürzen; / Lügen ist ihre Lust.
Sie segnen mit ihrem Mund, / doch in ih-
rem Herzen fluchen sie. [Sela]
6 Bei Gott allein kommt meine Seele zur
Ruhe; / denn von ihm kommt meine Hoff-
nung.
7 Nur er ist mein Fels, meine Hilfe, meine
Burg; / darum werde ich nicht wanken.
8 Bei Gott ist mein Heil, meine Ehre; / Gott
ist mein schützender Fels, meine Zuflucht.
9 Vertrau ihm, Volk (Gottes), zu jeder
Zeit! / Schüttet euer Herz vor ihm aus! /
Denn Gott ist unsere Zuflucht. [Sela]

60,6b dem Bogen: Text durch Änderung der Vokale korr. nach G und S; H: der Wahrheit.
60,10c Text korr.; H: über mich jauchze (vgl. 108,10).
61,8b Text korr.
62,3b Text korr. (vgl. V. 7b).
62,8b Gott, wörtlich: bei Gott.

10 Nur ein Hauch sind die Menschen, / die
Leute nur Lug und Trug.
Auf der Waage schnellen sie empor, /
leichter als ein Hauch sind sie alle.
11 Vertraut nicht auf Gewalt, / verlasst
euch nicht auf Raub!
Wenn der Reichtum auch wächst, / so ver-
liert doch nicht euer Herz an ihn!
12 Eines hat Gott gesagt, / zweierlei habe
ich gehört:
Bei Gott ist die Macht; / 13 Herr, bei dir ist
die Huld.
Denn du wirst jedem vergelten, / wie es
seine Taten verdienen.

2: 37,7; Jes 30,15 • 5: 28,3 • 6: 42,6; Mi 7,7 • 8: 3,4; 92,16 • 9: Jes 26,4 • 10: 39,6f; Jes 40,15 • 11: Mt 19,22; Lk 12,15–21; 1 Tim 6,17 • 12: Ijob 40,5 • 13: 28,4; 31,24; 91,8; 94,2.23; 2 Sam 3,39; Ijob 34,11; Klgl 3,64; Jer 50,29; Röm 2,6; 2 Tim 4,14.

Sehnsucht nach Gott

63 [Ein Psalm Davids, als er in der Wüs-
te Juda war.]
2 Gott, du mein Gott, dich suche ich, / mei-
ne Seele dürstet nach dir.
Nach dir schmachtet mein Leib / wie dür-
res, lechzendes Land ohne Wasser.
3 Darum halte ich Ausschau nach dir im
Heiligtum, / um deine Macht und Herrlich-
keit zu sehen.
4 Denn deine Huld ist besser als das Le-
ben; / darum preisen dich meine Lippen.
5 Ich will dich rühmen mein Leben lang, /
in deinem Namen die Hände erheben.
6 Wie an Fett und Mark wird satt meine
Seele, / mit jubelnden Lippen soll mein
Mund dich preisen.
7 Ich denke an dich auf nächtlichem La-
ger / und sinne über dich nach, wenn ich wa-
che.
8 Ja, du wurdest meine Hilfe; / jubeln kann
ich im Schatten deiner Flügel.
9 Meine Seele hängt an dir, / deine rechte
Hand hält mich fest.
10 Viele trachten mir ohne Grund nach dem
Leben, / aber sie müssen hinabfahren in die
Tiefen der Erde.
11 Man gibt sie der Gewalt des Schwertes
preis, / sie werden eine Beute der Scha-
kale.
12 Der König aber freue sich an Gott. / Wer
bei ihm schwört, darf sich rühmen. / Doch
allen Lügnern wird der Mund verschlossen.

1: 1 Sam 23,14 • 2: 42,2f • 3: 26,8 • 6: 23,5; 43,4 • 7: 119,148; Jes 26,9 • 8: 17,7f • 12: 21,2; 107,42.

Bitte um Schutz vor den Feinden

64 [Für den Chormeister. Ein Psalm
Davids.]
2 Höre, o Gott, mein lautes Klagen, / schüt-
ze mein Leben vor dem Schrecken des Fein-
des!
3 Verbirg mich vor der Schar der Bösen, /
vor dem Toben derer, die Unrecht tun.
4 Sie schärfen ihre Zunge wie ein
Schwert, / schießen giftige Worte wie Pfei-
le,
5 um den Schuldlosen von ihrem Versteck
aus zu treffen. / Sie schießen auf ihn, plötz-
lich und ohne Scheu.
6 Sie sind fest entschlossen zu bösem Tun. /
Sie planen, Fallen zu stellen, / und sagen:
»Wer sieht uns schon?«
7 Sie haben Bosheit im Sinn, / doch halten
sie ihre Pläne geheim.
Ihr Inneres ist heillos verdorben, / ihr Herz
ist ein Abgrund.
8 Da trifft sie Gott mit seinem Pfeil; / sie
werden jählings verwundet.
9 Ihre eigene Zunge bringt sie zu Fall. /
Alle, die es sehen, schütteln den Kopf.
10 Dann fürchten sich alle Menschen; / sie
verkünden Gottes Taten / und bedenken sein
Wirken.
11 Der Gerechte freut sich am Herrn und
sucht bei ihm Zuflucht. / Und es rühmen sich
alle Menschen mit redlichem Herzen.

4: 55,22 • 5: 11,2 • 6: Spr 1,11f; Ps 10,11.

Dank für Gottes Gaben

65 [Für den Chormeister. Ein Psalm
Davids. Ein Lied.]
2 Dir gebührt Lobgesang, Gott, auf dem
Zion, / dir erfüllt man Gelübde.
3 Du erhörst die Gebete. / Alle Menschen
kommen zu dir 4 unter der Last ihrer Sün-
den.
Unsere Schuld ist zu groß für uns, / du
wirst sie vergeben.
5 Wohl denen, die du erwählst und in deine
Nähe holst, / die in den Vorhöfen deines Hei-
ligtums wohnen.

63,10a ohne Grund: Text korr.; H: zum Verderben.
64,3b Andere Übersetzungsmöglichkeit: vor der Verschwörung derer, . . .
64,6c Text korr.
64,7bc Text korr.
64,9 Text korr.
65,2a Text korr.
65,4b für uns: Text korr.; H: für mich.

Wir wollen uns am Gut deines Hauses sät-
tigen, / am Gut deines Tempels.
6 Du vollbringst erstaunliche Taten, / er-
hörst uns in Treue, du Gott unsres Heiles,
du Zuversicht aller Enden der Erde / und der fernsten Gestade.
7 Du gründest die Berge in deiner Kraft, /
du gürtest dich mit Stärke.
8 Du stillst das Brausen der Meere, / das
Brausen ihrer Wogen, das Tosen der Völ-
ker.
9 Alle, die an den Enden der Erde woh-
nen, / erschauern vor deinen Zeichen; / Ost
und West erfüllst du mit Jubel.
10 Du sorgst für das Land und tränkst es; /
du überschüttest es mit Reichtum.
Der Bach Gottes ist reichlich gefüllt, / du schaffst ihnen Korn; so ordnest du alles.
11 Du tränkst die Furchen, ebnest die
Schollen, / machst sie weich durch Regen,
segnest ihre Gewächse.
12 Du krönst das Jahr mit deiner Güte, /
deinen Spuren folgt Überfluss.
13 In der Steppe prangen die Auen, / die
Höhen umgürten sich mit Jubel.
14 Die Weiden schmücken sich mit Her-
den, / die Täler hüllen sich in Korn. / Sie
jauchzen und singen.

4: 32,1 • 5: 23,6; 36,9 • 8: 89,10; Ijob 38,11; Jes 17,12 • 10–11: 104,10–15; Joël 2,22–24 • 13: 96,12.

Aufruf zum Lobpreis

66 [Für den Chormeister. Ein Lied. Ein Psalm.]
Jauchzt vor Gott, alle Länder der Erde! /
2 Spielt zum Ruhm seines Namens! / Ver-
herrlicht ihn mit Lobpreis!
3 Sagt zu Gott: »Wie Ehrfurcht gebietend
sind deine Taten; / vor deiner gewaltigen
Macht müssen die Feinde sich beugen.«
4 Alle Welt bete dich an und singe dein
Lob, / sie lobsinge deinem Namen! [Sela]
5 Kommt und seht die Taten Gottes! /
Staunenswert ist sein Tun an den Menschen:
6 Er verwandelte das Meer in trockenes
Land, / sie schritten zu Fuß durch den
Strom; / dort waren wir über ihn voll Freu-
de.
7 In seiner Kraft ist er Herrscher auf
ewig; / seine Augen prüfen die Völker. / Die
Trotzigen können sich gegen ihn nicht erhe-
ben. [Sela]
8 Preist unsern Gott, ihr Völker; / lasst laut
sein Lob erschallen!
9 Er erhielt uns am Leben / und ließ unse-
ren Fuß nicht wanken.
10 Du hast, o Gott, uns geprüft / und uns
geläutert, wie man Silber läutert.
11 Du brachtest uns in schwere Bedräng-
nis / und legtest uns eine drückende Last auf
die Schulter.
12 Du ließest Menschen über unsere Köpfe
schreiten. / Wir gingen durch Feuer und
Wasser. / Doch du hast uns in die Freiheit
hinausgeführt.
13 Ich komme mit Opfern in dein Haus; /
ich erfülle dir meine Gelübde,
14 die ich einst dir versprach, / die dir mein
Mund in der Not gelobte.
15 Fette Tiere bringe ich dir als Brandopfer
dar, / zusammen mit dem Rauch von Wid-
dern; / ich richte dir Rinder und Böcke zu.
[Sela]
16 Ihr alle, die ihr Gott fürchtet, kommt
und hört; / ich will euch erzählen, was er mir
Gutes getan hat.
17 Zu ihm hatte ich mit lauter Stimme ge-
rufen / und schon konnte mein Mund ihn
preisen.
18 Hätte ich Böses im Sinn gehabt, / dann
hätte der Herr mich nicht erhört.
19 Gott aber hat mich erhört, / hat auf mein
drängendes Beten geachtet.
20 Gepriesen sei Gott; denn er hat mein Ge-
bet nicht verworfen / und mir seine Huld
nicht entzogen.

1: 98,4; 100,1 • 5: 46,9 • 6: Ex 14,21f; Jos 3,16f • 9: 121,3 • 10: Jes 48,10; Spr 17,3 • 12: Jes 43,2 • 13–14: 22,26; 50,14; 61,9; 76,12; 116,14.18; Num 30,3; Jona 2,10 • 18–19: Spr 28,9; Joh 9,31.

Dank für den Segen Gottes

67 [Für den Chormeister. Mit Saitenspiel. Ein Psalm. Ein Lied.]
2 Gott sei uns gnädig und segne uns. / Er
lasse über uns sein Angesicht leuchten,
[Sela]
3 damit auf Erden sein Weg erkannt wird /
und unter allen Völkern sein Heil.
4 Die Völker sollen dir danken, o Gott, /
danken sollen dir die Völker alle.
5 Die Nationen sollen sich freuen und ju-
beln. / Denn du richtest den Erdkreis ge-
recht.

65,6d Text korr.
65,10c reichlich, wörtlich: (Der Bach Gottes ist) mit Wasser (gefüllt).
65,12b Wörtlich: deine Spuren triefen von Fett.
66,11b auf die Schulter, wörtlich: um unsere Hüften.
66,12c Text korr.
66,15 Nach G.
66,17b Wörtlich: Rühmen war unter meiner Zunge.
67,3a sein Weg: Text korr.; H: dein Weg.
67,5b Mit G ergänzt.

Du richtest die Völker nach Recht / und regierst die Nationen auf Erden. [Sela]
6 Die Völker sollen dir danken, o Gott, / danken sollen dir die Völker alle.
7 Das Land gab seinen Ertrag. / Es segne uns Gott, unser Gott.
8 Es segne uns Gott. / Alle Welt fürchte und ehre ihn.

2: 4,7 • 5: 98,9 • 7: 85,13.

Ein Lied auf Gottes Sieg und Herrschaft

68 [Für den Chormeister. Ein Psalm Davids. Ein Lied.]
2 Gott steht auf, seine Feinde zerstieben; / die ihn hassen, fliehen vor seinem Angesicht.
3 Sie verfliegen, wie Rauch verfliegt; / wie Wachs am Feuer zerfließt, / so vergehen die Frevler vor Gottes Angesicht.
4 Die Gerechten aber freuen sich und jubeln vor Gott; / sie jauchzen in heller Freude.
5 Singt für Gott, spielt seinem Namen; / jubelt ihm zu, ihm, der auf den Wolken einherfährt!
Preist seinen Namen! / Freut euch vor seinem Angesicht!
6 Ein Vater der Waisen, ein Anwalt der Witwen / ist Gott in seiner heiligen Wohnung.
7 Gott bringt die Verlassenen heim, / führt die Gefangenen hinaus in das Glück; / doch die Empörer müssen wohnen im dürren Land.
8 Gott, als du deinem Volk voranzogst, / als du die Wüste durchschrittest, [Sela] /
9 da bebte die Erde,
da ergossen sich die Himmel vor Gott, / vor Gott, dem Herrn vom Sinai, vor Israels Gott.
10 Gott, du ließest Regen strömen in Fülle / und erquicktest dein verschmachtendes Erbland.
11 Deine Geschöpfe finden dort Wohnung; / Gott, in deiner Güte versorgst du den Armen.
12 Der Herr entsendet sein Wort; / groß ist der Siegesbotinnen Schar.
13 Die Könige der Heere fliehen, sie fliehen. / Im Haus verteilt man die Beute.
14 Was bleibt ihr zurück in den Hürden? / Du Taube mit silbernen Schwingen, mit goldenem Flügel!
15 Als der Allmächtige die Könige vertrieb, / fiel Schnee auf dem Zalmon.
16 Ein Gottesberg ist der Baschanberg, / ein Gebirge, an Gipfeln reich, ist der Baschan.
17 Warum blickt ihr voll Neid, ihr hohen Gipfel, / auf den Berg, den Gott sich zum Wohnsitz erwählt hat? / Dort wird der Herr wohnen in Ewigkeit.
18 Die Wagen Gottes sind zahllos, tausendmal tausend. / Vom Sinai zieht der Herr zu seinem Heiligtum.
19 Du zogst hinauf zur Höhe, / führtest Gefangene mit;
du nahmst Gaben entgegen von den Menschen. / Auch Empörer müssen wohnen bei Gott, dem Herrn.
20 Gepriesen sei der Herr, Tag für Tag! / Gott trägt uns, er ist unsre Hilfe. [Sela]
21 Gott ist ein Gott, der uns Rettung bringt, / Gott, der Herr, führt uns heraus aus dem Tod.
22 Denn Gott zerschmettert das Haupt seiner Feinde, / den Kopf des Frevlers, der in Sünde dahinlebt.
23 Der Herr hat gesprochen: »Ich bringe (sie) vom Baschan zurück, / ich bringe (sie) zurück aus den Tiefen des Meeres.
24 Dein Fuß wird baden im Blut, / die Zunge deiner Hunde ihren Anteil bekommen an den Feinden.«
25 Gott, sie sahen deinen Einzug, / den Einzug meines Gottes und Königs ins Heiligtum:
26 voraus die Sänger, die Saitenspieler danach, / dazwischen Mädchen mit kleinen Pauken.
27 Versammelt euch und preist unsern Gott, / den Herrn in der Gemeinde Israels:
28 voran der kleine Stamm Benjamin, / im Zug die Fürsten von Juda, / die Fürsten von Sebulon, die Fürsten von Naftali.
29 Biete auf, o Gott, deine Macht, / die Gottesmacht, die du an uns erwiesen hast /

67,8b Alle Welt, wörtlich: Alle Enden der Erde.
68,3a Sie verfliegen, wie Rauch verfliegt: Text korr.; H: Wie Rauch verweht wird, den du auseinander wehst.
68,5c Text korr.
68,13b Text korr.
68,18b Text korr.; H: Der Herr ist unter ihnen, (der vom) Sinai (ist) im Heiligtum.
68,24 Text korr. nach G, S und der aramäischen Übersetzung; H: damit du (Feinde) zerschmetterst, wobei dein Fuß im Blut (watet).
68,27b in der Gemeinde: Text korr.; H: ihr aus dem Brunnen Israels.
68,28b im Zug, wörtlich: im Lärmen der Menge.
68,29a o Gott: Text korr.; H: dein Gott.

30a von deinem Tempel aus, hoch über Jeru-
salem.
31 Wehr ab das Untier im Schilf, die Rotte
der Starken, / wehr ab die Herrscher der
Völker!
Sie sind gierig nach Silber, tritt sie nie-
der; / zerstreue die Völker, die Lust haben
am Krieg.
30b Könige kommen mit Gaben, / 32 aus
Ägypten bringt man Geräte von Erz, / Kusch
erhebt zu Gott seine Hände.
33 Ihr Königreiche der Erde, singt für
Gott, / singt und spielt für den Herrn,
[Sela]
34 der dahinfährt über den Himmel, den
uralten Himmel, / der seine Stimme erhebt,
seine machtvolle Stimme.
35 Preist Gottes Macht! / Über Israel ragt
seine Hoheit empor, / seine Macht ragt bis zu
den Wolken.
36 Gott in seinem Heiligtum ist voll Majes-
tät, Israels Gott; / seinem Volk verleiht er
Stärke und Kraft. Gepriesen sei Gott.

2: Num 10,35; Jes 33,3 • 3: 92,10 • 5: 7,18; 18,11; Dtn 33,26; Jes 19,1 • 6: 10,18 • 7: 146,7 • 8: Ex 13,21; Dtn 33,2 • 9: 18,8; 77,19; 97,4; 99,1; 104,32; 114,6f; Ex 19,18; Ri 5,4f; Sir 16,18f; Jes 63,19; Hab 3,6 • 12: Jes 52,7 • 14: Ri 5,16.23 • 15: Ri 9,48 • 17: 132,13; Ez 43,7 • 18: 2 Kön 6,17 • 19: 47,6; Eph 4,8–10 • 20: 145,2; Jes 46,3f; 63,9 • 21: 9,14 • 24: 58,11; 1 Kön 21,19; 22,38 • 25: 24,7; 2 Sam 6,13–15 • 26: 149,3; 2 Sam 6,5 • 28: Ri 20,43–48; Jes 8,23 • 29: 80,3 • 31: Ez 29,2f • 32: 72,10; Jes 18,7; 45,14; Apg 8,27 • 33: 7,18.

Der Hilferuf eines unschuldig Verfolgten

69 [Für den Chormeister. Nach der Wei-
se »Lilien«. Von David.]
2 Hilf mir, o Gott! / Schon reicht mir das
Wasser bis an die Kehle.
3 Ich bin in tiefem Schlamm versunken /
und habe keinen Halt mehr;
ich geriet in tiefes Wasser, / die Strömung
reißt mich fort.
4 Ich bin müde vom Rufen, / meine Kehle
ist heiser,
mir versagen die Augen, / während ich
warte auf meinen Gott.
5 Zahlreicher als die Haare auf meinem
Kopf / sind die, die mich grundlos hassen.
Zahlreich sind meine Verderber, meine
verlogenen Feinde. / Was ich nicht geraubt
habe, soll ich erstatten.
6 Gott, du kennst meine Torheit, / meine
Verfehlungen sind dir nicht verborgen.
7 Wer auf dich hofft, Herr, du Herr der
Heere, / soll durch mich nicht scheitern;
wer dich sucht, Gott Israels, / gerate durch
mich nicht in Schande.
8 Denn deinetwegen erleide ich Schmach /
und Schande bedeckt mein Gesicht.
9 Entfremdet bin ich den eigenen Brü-
dern, / den Söhnen meiner Mutter wurde ich
fremd.
10 Denn der Eifer für dein Haus hat mich
verzehrt; / die Schmähungen derer, die dich
schmähen, haben mich getroffen.
11 Ich nahm mich durch Fasten in Zucht, /
doch es brachte mir Schmach und Schan-
de.
12 Ich ging in Sack und Asche, / doch sie
riefen Spottverse hinter mir her.
13 Man redet über mich in der Versamm-
lung am Tor, / von mir singen die Zecher
beim Wein.
14 Ich aber bete zu dir, / Herr, zur Zeit der
Gnade.
Erhöre mich in deiner großen Huld, / Gott,
hilf mir in deiner Treue!
15 Entreiß mich dem Sumpf, / damit ich
nicht versinke.
Zieh mich heraus aus dem Verderben, /
aus dem tiefen Wasser!
16 Lass nicht zu, dass die Flut mich über-
schwemmt, / die Tiefe mich verschlingt, / der
Brunnenschacht über mir seinen Rachen
schließt.
17 Erhöre mich, Herr, in deiner Huld und
Güte, / wende dich mir zu in deinem großen
Erbarmen!
18 Verbirg nicht dein Gesicht vor deinem
Knecht; / denn mir ist angst. Erhöre mich
bald!
19 Sei mir nah und erlöse mich! / Befrei
mich meinen Feinden zum Trotz!
20 Du kennst meine Schmach und meine
Schande. / Dir stehen meine Widersacher
alle vor Augen.
21 Die Schande bricht mir das Herz, / ganz
krank bin ich vor Schmach;
umsonst habe ich auf Mitleid gewartet, /
auf einen Tröster, doch ich habe keinen ge-
funden.
22 Sie gaben mir Gift zu essen, / für den
Durst reichten sie mir Essig.
23 Der Opfertisch werde für sie zur Falle, /
das Opfermahl zum Fangnetz.

68,31b Text korr.
68,31cd Text korr.
68,36a in seinem Heiligtum: Text korr.; H: aus deinem Heiligtum.
69,11a Text korr.; H: Ich weinte beim Fasten meiner Seele.
69,15c Text korr.; H: Lass mich gerettet werden vor denen, die mich hassen.
69,23 Nach der aramäischen Übersetzung.

24 Blende ihre Augen, sodass sie nicht
mehr sehen; / lähme ihre Hüften für im-
mer!
25 Gieß über sie deinen Grimm aus, / dein
glühender Zorn soll sie treffen!
26 Ihr Lagerplatz soll veröden, / in ihren
Zelten soll niemand mehr wohnen.
27 Denn sie verfolgen den Mann, den du
schon geschlagen hast, / und mehren den
Schmerz dessen, der von dir getroffen ist.
28 Rechne ihnen Schuld über Schuld an, /
damit sie nicht teilhaben an deiner Gerech-
tigkeit.
29 Sie seien aus dem Buch des Lebens ge-
tilgt / und nicht bei den Gerechten verzeich-
net.
30 Ich aber bin elend und voller Schmer-
zen; / doch deine Hilfe, o Gott, wird mich er-
höhen.
31 Ich will den Namen Gottes rühmen im
Lied, / in meinem Danklied ihn preisen.
32 Das gefällt dem Herrn mehr als ein Op-
ferstier, / mehr als Rinder mit Hörnern und
Klauen.
33 Schaut her, ihr Gebeugten, und freut
euch; / ihr, die ihr Gott sucht: euer Herz lebe
auf!
34 Denn der Herr hört auf die Armen, / er
verachtet die Gefangenen nicht.
35 Himmel und Erde sollen ihn rühmen, /
die Meere und was sich in ihnen regt.
36 Denn Gott wird Zion retten, / wird Ju-
das Städte neu erbauen.
Seine Knechte werden dort wohnen und
das Land besitzen, / 37 ihre Nachkommen
sollen es erben; / wer seinen Namen liebt,
soll darin wohnen.

2–3: 42,8 • 3: 40,3 • 4: Jes 38,14 • 5: 35,19; Joh 15,25 • 8: 44,23; Jer 15,15 • 9: 31,12 • 10: 119,139; Joh 2,17; Röm 15,3 • 12: Klgl 3,14 • 13: Ijob 30,9 • 14: 102,14; Jes 49,8 • 15: 40,3 • 16: 42,8; Gen 29,3 • 18: 102,3; 143,7 • 21: Klgl 1,2 • 22: Klgl 3,15; Mt 27,34.48 • 23–24: Röm 11,9f • 26: Apg 1,20 • 27: 71,11; Jes 53,4 • 29: 139,16; Ex 32,32; Jes 4,3; Dan 7,10; 12,1; Mal 3,16; Lk 10,20; Phil 4,3; Offb 3,5; 20,12 • 32: 40,7 • 33: 22,27 • 36: 51,20; Jes 44,26; Ez 36,10 • 37: Jes 65,9.

Bitte um Gottes Hilfe

70 [Für den Chormeister. Von David.
Zum Weihrauchopfer.]
2 Gott, komm herbei, um mich zu retten, /
Herr, eil mir zu Hilfe!

3 In Schmach und Schande sollen alle fal-
len, / die mir nach dem Leben trachten.
Zurückweichen sollen sie und vor Scham
erröten, / die sich über mein Unglück freu-
en.
4 Beschämt sollen sich alle abwenden, die
lachen und höhnen / und sagen: »Dir ge-
schieht recht.«
5 Alle, die dich suchen, frohlocken; / sie
mögen sich freuen in dir.
Die dein Heil lieben, sollen immer sagen: /
»Groß ist Gott, der Herr.«
6 Ich aber bin arm und gebeugt. / Eile, o
Gott, mir zu Hilfe!
Meine Hilfe und mein Retter bist du. /
Herr, säume doch nicht!

1–6 ‖ 40,14–18.

Gott, die Zuflucht bis ins Alter

71 Herr, ich suche Zuflucht bei dir. /
Lass mich doch niemals scheitern!
2 Reiß mich heraus und rette mich in dei-
ner Gerechtigkeit, / wende dein Ohr mir zu
und hilf mir!
3 Sei mir ein sicherer Hort, / zu dem ich
allzeit kommen darf.
Du hast mir versprochen zu helfen; / denn
du bist mein Fels und meine Burg.
4 Mein Gott, rette mich aus der Hand des
Frevlers, / aus der Faust des Bedrückers und
Schurken!

5 Herr, mein Gott, du bist ja meine Zuver-
sicht, / meine Hoffnung von Jugend auf.
6 Vom Mutterleib an stütze ich mich auf
dich, / vom Mutterschoß an bist du mein Be-
schützer; / dir gilt mein Lobpreis allezeit.
7 Für viele bin ich wie ein Gezeichneter, /
du aber bist meine starke Zuflucht.
8 Mein Mund ist erfüllt von deinem Lob, /
von deinem Ruhm den ganzen Tag.
9 Verwirf mich nicht, wenn ich alt bin, /
verlass mich nicht, wenn meine Kräfte
schwinden.
10 Denn meine Feinde reden schlecht von
mir, / die auf mich lauern, beraten gemein-
sam;
11 sie sagen: »Gott hat ihn verlassen. / Ver-
folgt und ergreift ihn! / Für ihn gibt es kei-
nen Retter.«
12 Gott, bleib doch nicht fern von mir! /
Mein Gott, eil mir zu Hilfe!
13 Alle, die mich bekämpfen, / sollen schei-
tern und untergehn;
über sie komme Schmach und Schande, /
weil sie mein Unglück suchen.

69,27c Text korr. nach G; H: und sie zählen den Schmerz.
70,5d der Herr: ergänzt mit einigen hebräischen Handschriften (vgl. Ps 40,17).
71,13c Wörtlich: sie sollen sich kleiden in Schmach und Schande.

14 Ich aber will jederzeit hoffen, / all dei-
nen Ruhm noch mehren.
15 Mein Mund soll von deiner Gerechtig-
keit künden / und von deinen Wohltaten
sprechen den ganzen Tag; / denn ich kann sie
nicht zählen.
16 Ich will kommen in den Tempel Gottes,
des Herrn, / deine großen und gerechten Ta-
ten allein will ich rühmen.
17 Gott, du hast mich gelehrt von Jugend
auf / und noch heute verkünde ich dein wun-
derbares Walten.
18 Auch wenn ich alt und grau bin, / o Gott,
verlass mich nicht,
damit ich von deinem machtvollen Arm
der Nachwelt künde, / den kommenden Ge-
schlechtern von deiner Stärke / 19 und von
deiner Gerechtigkeit, Gott, die größer ist als
alles.
Du hast Großes vollbracht. / Mein Gott,
wer ist wie du?
20 Du ließest mich viel Angst und Not er-
fahren. / Belebe mich neu, / führe mich he-
rauf aus den Tiefen der Erde!
21 Bring mich wieder zu Ehren! / Du wirst
mich wiederum trösten.
22 Dann will ich dir danken mit Saiten-
spiel / und deine Treue preisen; mein Gott,
du Heiliger Israels, / ich will dir auf der Har-
fe spielen.
23 Meine Lippen sollen jubeln, / denn dir
will ich singen und spielen, / meine Seele, die
du erlöst hast, soll jubeln.
24 Auch meine Zunge soll von deiner Ge-
rechtigkeit reden den ganzen Tag. / Denn
alle, die mein Unglück suchen, müssen vor
Scham erröten und scheitern.

1–2: 31,2f • 3: 92,16 • 4: 140,2 • 6: 22,11 • 7: 31,12; Jes 52,14 • 9: Jes 46,4 • 11: 3,3; 22,9; 69,27 • 12: 22,12 • 13: 35,4 • 15: 35,28 • 18: 22,31f • 19: 40,6; 72,18; 86,8 • 20: 9,14 • 22: Jes 6,3; 43,3 • 23: 7,18 • 24: 40,15.

Der Friedenskönig und sein Reich

72 [Von Salomo.]
Verleih dein Richteramt, o Gott, dem
König, / dem Königssohn gib dein gerechtes
Walten!
2 Er regiere dein Volk in Gerechtigkeit /
und deine Armen durch rechtes Urteil.
3 Dann tragen die Berge Frieden für das
Volk / und die Höhen Gerechtigkeit.
4 Er wird Recht verschaffen den Gebeug-
ten im Volk, / Hilfe bringen den Kindern der
Armen, / er wird die Unterdrücker zermal-
men.
5 Er soll leben, solange die Sonne bleibt
und der Mond, / bis zu den fernsten Ge-
schlechtern.
6 Er ströme wie Regen herab auf die Fel-
der, / wie Regenschauer, die die Erde benet-
zen.
7 Die Gerechtigkeit blühe auf in seinen Ta-
gen / und großer Friede, bis der Mond nicht
mehr da ist.
8 Er herrsche von Meer zu Meer, / vom
Strom bis an die Enden der Erde.
9 Vor ihm sollen seine Gegner sich beu-
gen, / Staub sollen lecken all seine Feinde.
10 Die Könige von Tarschisch und von den
Inseln bringen Geschenke, / die Könige von
Saba und Seba kommen mit Gaben.
11 Alle Könige müssen ihm huldigen, / alle
Völker ihm dienen.
12 Denn er rettet den Gebeugten, der um
Hilfe schreit, / den Armen und den, der kei-
nen Helfer hat.
13 Er erbarmt sich des Gebeugten und
Schwachen, / er rettet das Leben der Ar-
men.
14 Von Unterdrückung und Gewalttat be-
freit er sie, / ihr Blut ist in seinen Augen
kostbar.
15 Er lebe und Gold von Saba soll man ihm
geben! / Man soll für ihn allezeit beten, /
stets für ihn Segen erflehen.
16 Im Land gebe es Korn in Fülle. / Es rau-
sche auf dem Gipfel der Berge.
Seine Frucht wird sein wie die Bäume des
Libanon. / Menschen blühn in der Stadt wie
das Gras der Erde.
17 Sein Name soll ewig bestehen; / solange
die Sonne bleibt, sprosse sein Name.
Glücklich preisen sollen ihn alle Völker /
und in ihm sich segnen.
18 Gepriesen sei der Herr, der Gott Is-
raels! / Er allein tut Wunder.
19 Gepriesen sei sein herrlicher Name in
Ewigkeit! / Seine Herrlichkeit erfülle die
ganze Erde. / Amen, ja amen.
[Ende der Gebete Davids, des Sohnes
Isais.]

2: 2 Sam 23,3; Spr 31,8f • 4: 10,18 • 5: 61,7; 89,37f • 8: Sach 9,10 • 9: Jes 49,23; Mi 7,17 • 10: 68,32; 1 Kön 10,1–13; Jes 60,9 • 11: 2,8; 47,9 • 12–13: Ijob 29,12 • 14: 9,13; 116,15 • 15: 61,7f • 16: Jes 27,6; Am 9,13 • 17: 21,7; Gen 12,3; 22,18 • 18: 41,14; 136,4 • 19: Jes 6,3; Num 14,21.

71,16 Andere Übersetzungsmöglichkeit: Ich will kommen mit den Großtaten Gottes, des Herrn.
72,5a Text korr. nach G.
72,6b benetzen: Text unsicher.
72,7a H unklar.
72,9a seine Gegner: Text korr.; H: Schiffe, oder: Dämonen; G: Äthiopier; S: Inseln.

DAS DRITTE BUCH

Das scheinbare Glück der Frevler

73 [Ein Psalm Asafs.]
Lauter Güte ist Gott für Israel, / für
alle Menschen mit reinem Herzen.
2 Ich aber – fast wären meine Füße ge-
strauchelt, / beinahe wäre ich gefallen.
3 Denn ich habe mich über die Prahler er-
eifert, / als ich sah, dass es diesen Frevlern so
gut ging.
4 Sie leiden ja keine Qualen, / ihr Leib ist
gesund und wohlgenährt.
5 Sie kennen nicht die Mühsal der Sterbli-
chen, / sind nicht geplagt wie andere Men-
schen.
6 Darum ist Hochmut ihr Halsschmuck, /
wie ein Gewand umhüllt sie Gewalttat.
7 Sie sehen kaum aus den Augen vor Fett, /
ihr Herz läuft über von bösen Plänen.
8 Sie höhnen, und was sie sagen, ist
schlecht; / sie sind falsch und reden von oben
herab.
9 Sie reißen ihr Maul bis zum Himmel auf /
und lassen auf Erden ihrer Zunge freien
Lauf.
10 Darum wendet sich das Volk ihnen zu /
und schlürft ihre Worte in vollen Zügen.
11 Sie sagen: »Wie sollte Gott das merken? /
Wie kann der Höchste das wissen?«
12 Wahrhaftig, so sind die Frevler: / Immer
im Glück, häufen sie Reichtum auf Reich-
tum.
13 Also hielt ich umsonst mein Herz rein /
und wusch meine Hände in Unschuld.
14 Und doch war ich alle Tage geplagt /
und wurde jeden Morgen gezüchtigt.
21 Mein Herz war verbittert, / mir bohrte
der Schmerz in den Nieren;
22 ich war töricht und ohne Verstand, / war
wie ein Stück Vieh vor dir.
15 Hätte ich gesagt: »Ich will reden wie
sie«, / dann hätte ich an deinen Kindern Ver-
rat geübt.
16 Da sann ich nach, um das zu begreifen; /
es war eine Qual für mich,
17 bis ich dann eintrat ins Heiligtum Got-
tes / und begriff, wie sie enden.
18 Ja, du stellst sie auf schlüpfrigen
Grund, / du stürzt sie in Täuschung und
Trug.
19 Sie werden plötzlich zunichte, / werden
dahingerafft und nehmen ein schreckliches
Ende,
20 wie ein Traum, der beim Erwachen ver-
blasst, / dessen Bild man vergisst, wenn man
aufsteht.
23 Ich aber bleibe immer bei dir, / du hältst
mich an meiner Rechten.
24 Du leitest mich nach deinem Rat-
schluss / und nimmst mich am Ende auf in
Herrlichkeit.
25 Was habe ich im Himmel außer dir? /
Neben dir erfreut mich nichts auf der
Erde.
26 Auch wenn mein Leib und mein Herz
verschmachten, / Gott ist der Fels meines
Herzens / und mein Anteil auf ewig.
27 Ja, wer dir fern ist, geht zugrunde; / du
vernichtest alle, die dich treulos verlassen.
28 Ich aber – Gott nahe zu sein ist mein
Glück. / Ich setze auf Gott, den Herrn, mein
Vertrauen. / Ich will all deine Taten verkün-
den.

2: 37,1; Jer 12,1 • 3–12: Ijob 21,7–13 • 6: 17,10 • 7: Ijob 15,27; Jer 5,28 • 11: 10,11 • 12: 17,14 • 13: 26,6; Mal 3,14 • 14: Ijob 7,18 • 19: 49,15 • 20: Ijob 20,8 • 23: 121,5; Röm 8,35–39 • 24: 16,10; 49,16 • 26: 142,6; Num 18,20; Dtn 10,9; Klgl 3,24.

Klage über die Verwüstung des Heiligtums

74 [Ein Weisheitslied Asafs.]
Warum, Gott, hast du uns für immer
verstoßen? / Warum ist dein Zorn gegen die
Herde deiner Weide entbrannt?
2 Denk an deine Gemeinde, die du vorzei-
ten erworben, / als Stamm dir zu Eigen er-
kauft, / an den Berg Zion, den du zur Woh-
nung erwählt hast.
3 Erheb deine Schritte zu den uralten
Trümmern! / Der Feind hat im Heiligtum al-
les verwüstet.
4 Deine Widersacher lärmten an deiner
heiligen Stätte, / stellten ihre Banner auf als
Zeichen des Sieges.
5 Wie einer die Axt schwingt im Dickicht
des Waldes, / 6 so zerschlugen sie all das

73,4b Text korr.

73,10a das Volk ihnen zu, wörtlich: sein Volk hierher.

73,10b Text korr.; H: Wasser in Fülle schlürfen sie.

73,15 Text korr. nach S und der aramäischen Übersetzung.

73,20 Wörtlich: Wie ein Traum nach dem Erwachen, Herr, in der Stadt vertreibst du ihr (Götzen)bild.

73,25 außer dir: ergänzt.

74,5 Text korr.; H: Es sah sich an, wie wenn man im Unterholz die Äxte hoch emporhebt.

74,6a Text korr.; H: und dann all das Schnitzwerk.

Schnitzwerk mit Beil und Hammer.

7 Sie legten an dein Heiligtum Feuer, / entweihten die Wohnung deines Namens bis auf den Grund.

8 Sie sagten in ihrem Herzen: »Wir zerstören alles.« / Und sie verbrannten alle Gottesstätten ringsum im Land.

9 Zeichen für uns sehen wir nicht, / es ist kein Prophet mehr da, / niemand von uns weiß, wie lange noch.

10 Wie lange, Gott, darf der Bedränger noch schmähen, / darf der Feind ewig deinen Namen lästern?

11 Warum ziehst du die Hand von uns ab, / hältst deine Rechte im Gewand verborgen?

12 Doch Gott ist mein König von alters her, / Taten des Heils vollbringt er auf Erden.

13 Mit deiner Macht hast du das Meer zerspalten, / die Häupter der Drachen über den Wassern zerschmettert.

14 Du hast die Köpfe des Levíatan zermalmt, / ihn zum Fraß gegeben den Ungeheuern der See.

15 Hervorbrechen ließest du Quellen und Bäche, / austrocknen Ströme, die sonst nie versiegen.

16 Dein ist der Tag, dein auch die Nacht, / hingestellt hast du Sonne und Mond.

17 Du hast die Grenzen der Erde festgesetzt, / hast Sommer und Winter geschaffen.

18 Denk daran: Der Feind schmäht den Herrn, / ein Volk ohne Einsicht lästert deinen Namen.

19 Gib dem Raubtier das Leben deiner Taube nicht preis; / das Leben deiner Armen vergiss nicht für immer!

20 Blick hin auf deinen Bund! / Denn voll von Schlupfwinkeln der Gewalt ist unser Land.

21 Lass den Bedrückten nicht beschämt von dir weggehn! / Arme und Gebeugte sollen deinen Namen rühmen.

22 Erheb dich, Gott, und führe deine Sache! / Bedenke, wie die Toren dich täglich schmähen.

23 Vergiss nicht das Geschrei deiner Gegner, / das Toben deiner Widersacher, das ständig emporsteigt.

1: 77,8; 80,5 • 2: Ex 15,17; Dtn 7,6; Ps 76,3 • 7: 2 Kön 25,9; Jes 64,10 • 8: Klgl 2,9 • 11: Jes 52,10 • 13: Ex 14,21f; Ps 89,11; Jes 51,9f • 15: Ex 17,6; Jos 3,16 • 16: 104,19.

Gott, der gerechte Richter

75 [Für den Chormeister. Nach der Weise »Zerstöre nicht!«. Ein Psalm Asafs. Ein Lied.]

2 Wir preisen dich, Gott, wir preisen dich; / dein Name ist denen nahe, die deine Wunder erzählen.

3 »Ja, zu der Zeit, die ich selbst bestimme, / halte ich Gericht nach meinem Recht.

4 Die Erde mit allen, die auf ihr wohnen, mag wanken; / doch ich selbst habe ihre Säulen auf festen Grund gestellt.« [Sela]

5 Ich sage zu den Stolzen: Seid nicht so vermessen!, / und zu den Frevlern: Brüstet euch nicht mit eurer Macht!

6 Brüstet euch nicht stolz mit eurer Macht, / redet nicht so überheblich daher!

7 Denn weder vom Osten noch vom Westen / noch aus der Wüste kommt die Erhöhung.

8 Nein, der Richter ist Gott; / den einen erniedrigt er, den andern erhöht er.

9 Ja, in der Hand des Herrn ist ein Becher, / herben, gärenden Wein reicht er dar;
ihn müssen alle Frevler der Erde trinken, / müssen ihn samt der Hefe schlürfen.

10 Ich aber werde jubeln für immer; / dem Gott Jakobs will ich singen und spielen.

11 »Ich schlage die ganze Macht der Frevler nieder; / doch das Haupt des Gerechten wird hoch erhoben.«

4: 24,2; 104,5; 1 Sam 2,8 • 5: 1 Sam 2,3 • 6: 94,4 • 7: Jer 3,23; Mt 24,23–28 • 8: 1 Sam 2,7; Dan 2,21 • 9: 60,5; Ijob 21,20; Jer 25,15f; Hab 2,16.

Der Weltenrichter auf dem Zion

76 [Für den Chormeister. Mit Saitenspiel. Ein Psalm Asafs. Ein Lied.]

2 Gott gab sich zu erkennen in Juda, / sein Name ist groß in Israel.

3 Sein Zelt erstand in Salem, / seine Wohnung auf dem Zion.

4 Dort zerbrach er die blitzenden Pfeile des Bogens, / Schild und Schwert, die Waffen des Krieges. [Sela]

5 Du bist furchtbar und herrlich, / mehr als die ewigen Berge.

6 Ausgeplündert sind die tapferen Streiter, / sie sinken hin in den Schlaf; / allen Helden versagen die Hände.

74,11b hältst verborgen: Text korr.; H: mach ein Ende!
74,14b Text korr.; H: dem Volk von Dämonen.
74,20a deinen: nach G und S.
74,20bc Andere Übersetzungsmöglichkeit: Denn die Winkel des Landes sind voll von Stätten der Gewalt.
75,7b Text korr.
75,10a jubeln: Text korr. nach G; H: verkünden.
76,5a furchtbar: nach der aramäischen Übersetzung und nach der griechischen von Theodotion; H: leuchtend.
76,5b Text korr. nach G.

7 Wenn du drohst, Gott Jakobs, / erstarren
Rosse und Wagen.
8 Furchtbar bist du. Wer kann bestehen
vor dir, / vor der Gewalt deines Zornes?
9 Vom Himmel her machst du das Urteil
bekannt; / Furcht packt die Erde, und sie
verstummt,
10 wenn Gott sich erhebt zum Gericht, / um
allen Gebeugten auf der Erde zu helfen.
[Sela]
11 Denn auch der Mensch voll Trotz muss
dich preisen / und der Rest der Völker dich
feiern.
12 Legt Gelübde ab und erfüllt sie dem
Herrn, eurem Gott! / Ihr alle ringsum, bringt
Gaben ihm, den ihr fürchtet.
13 Er nimmt den Fürsten den Mut; / Furcht
erregend ist er für die Könige der Erde.

3: 87,2; 132,13 • 4: 46,10; Jdt 9,7 • 6: 2 Kön 19,35; Jer 51,39.57 • 8: Dtn 7,21; Nah 1,6 • 12: 66,13.

Gottes Weg mit seinem Volk

77 [Für den Chormeister. Nach Jedu-
tun. Ein Psalm Asafs.]
2 Ich rufe zu Gott, ich schreie, / ich rufe zu
Gott, bis er mich hört.
3 Am Tag meiner Not suche ich den
Herrn; / unablässig erhebe ich nachts meine
Hände, / meine Seele lässt sich nicht trös-
ten.
4 Denke ich an Gott, muss ich seufzen; /
sinne ich nach, dann will mein Geist verza-
gen. [Sela]
5 Du lässt mich nicht mehr schlafen; / ich
bin voll Unruhe und kann nicht reden.
6 Ich sinne nach über die Tage von einst, /
ich will denken an längst vergangene Jah-
re.
7 Mein Herz grübelt bei Nacht, / ich sinne
nach, es forscht mein Geist.
8 Wird der Herr mich denn auf ewig ver-
stoßen / und mir niemals mehr gnädig
sein?
9 Hat seine Huld für immer ein Ende, / ist
seine Verheißung aufgehoben für alle Zei-
ten?
10 Hat Gott seine Gnade vergessen, / im
Zorn sein Erbarmen verschlossen? [Sela]
11 Da sagte ich mir: »Das ist mein
Schmerz, / dass die Rechte des Höchsten so
anders handelt.«
12 Ich denke an die Taten des Herrn, / ich
will denken an deine früheren Wunder.
13 Ich erwäge all deine Werke / und will
nachsinnen über deine Taten.
14 Gott, dein Weg ist heilig. / Wo ist ein
Gott, so groß wie unser Gott?
15 Du allein bist der Gott, der Wunder tut, /
du hast deine Macht den Völkern kundgetan.
16 Du hast mit starkem Arm dein Volk er-
löst, / die Kinder Jakobs und Josefs. [Sela]
17 Die Wasser sahen dich, Gott, / die Was-
ser sahen dich und bebten. / Die Tiefen des
Meeres tobten.
18 Die Wolken gossen ihr Wasser aus, / das
Gewölk ließ die Stimme dröhnen, / auch dei-
ne Pfeile flogen dahin.
19 Dröhnend rollte dein Donner, / Blitze
erhellten den Erdkreis, / die Erde bebte und
wankte.
20 Durch das Meer ging dein Weg, / dein
Pfad durch gewaltige Wasser, / doch nie-
mand sah deine Spuren.
21 Du führtest dein Volk wie eine Herde /
durch die Hand von Mose und Aaron.

3: 50,15; 88,2 • 5: 119,148 • 6: 143,5 • 8: 13,2; 74,1; 85,6; 89,47; Klgl 3,31 • 10: Jes 49,14f • 11: Mal 3,6 • 13: 143,5 • 14: 18,31f; 35,10 • 15: 98,1 • 16: Neh 1,10 • 17: 18,16; 114,3; Nah 1,4 • 18: 18,15 • 18–19: Hab 3,9–11 • 19: 68,9; 97,4 • 20: Neh 9,11; Jes 43,16; 51,10 • 20–21: Ex 14,21–31 • 21: 78,52; Jes 63,11–14; Mi 6,4.

Die Geschichte Israels als Mahnung und Warnung

78 [Ein Weisheitslied Asafs.]
Mein Volk, vernimm meine Wei-
sung! / Wendet euer Ohr zu den Worten mei-
nes Mundes!
2 Ich öffne meinen Mund zu einem
Spruch; / ich will die Geheimnisse der Vor-
zeit verkünden.
3 Was wir hörten und erfuhren, / was uns
die Väter erzählten,
4 das wollen wir unseren Kindern nicht
verbergen, / sondern dem kommenden Ge-
schlecht erzählen:
die ruhmreichen Taten und die Stärke des
Herrn, / die Wunder, die er getan hat.
5 Er stellte sein Gesetz auf in Jakob, / gab
in Israel Weisung / und gebot unseren Vä-
tern, ihre Kinder das alles zu lehren,
6 damit das kommende Geschlecht davon
erfahre, / die Kinder späterer Zeiten; / sie
sollten aufstehen und es weitergeben an ihre
Kinder,

76,11 dich feiern: Text korr.; H: du gürtest dich. – Andere Übersetzungsmöglichkeit: Ja, das grimmige Edom soll dich preisen, der Rest Hamats dich feiern.

77,3b Mit den Übersetzungen des Symmachus und des Hieronymus.

77,7 Nach G und S.

77,14 Nach G.

77,19a Text korr.

7 damit sie ihr Vertrauen auf Gott setzen, /
die Taten Gottes nicht vergessen / und seine
Gebote bewahren
8 und nicht werden wie ihre Väter, / jenes
Geschlecht voll Trotz und Empörung, / das
wankelmütige Geschlecht, dessen Geist
nicht treu zu Gott hielt.
9 Die Söhne Efraims, Kämpfer mit Pfeil
und Bogen, / wandten den Rücken am Tag
der Schlacht;
10 Gottes Bund hielten sie nicht, / sie wei-
gerten sich, seiner Weisung zu folgen.
11 Sie vergaßen die Taten des Herrn, / die
Wunder, die er sie sehen ließ.
12 Vor den Augen ihrer Väter vollbrachte
er Wunder / im Land Ägypten, im Gefilde
von Zoan.
13 Er spaltete das Meer und führte sie hin-
durch, / er ließ das Wasser fest stehen wie ei-
nen Damm.
14 Er leitete sie bei Tag mit der Wolke / und
die ganze Nacht mit leuchtendem Feuer.
15 Er spaltete Felsen in der Wüste / und
gab dem Volk reichlich zu trinken wie mit
Wassern der Urflut.
16 Er ließ Bäche aus dem Gestein entsprin-
gen, / ließ Wasser fließen gleich Strömen.
17 Doch sie sündigten weiter gegen ihn, /
sie trotzten in der Wüste dem Höchsten.
18 In ihrem Herzen versuchten sie Gott, /
forderten Nahrung für den Hunger.
19 Sie redeten gegen Gott; sie fragten: /
»Kann uns denn Gott den Tisch decken in
der Wüste?
20 Zwar hat er an den Felsen geschlagen, /
sodass Wasser floss und Bäche strömten.
Kann er uns auch Brot verschaffen / und
sein Volk mit Fleisch versorgen?«
21 Das hörte der Herr und war voll
Grimm; / Feuer flammte auf gegen Jakob, /
Zorn erhob sich gegen Israel,
22 weil sie Gott nicht glaubten / und nicht
auf seine Hilfe vertrauten.
23 Dennoch gebot er den Wolken droben /
und öffnete die Tore des Himmels.
24 Er ließ Manna auf sie regnen als Spei-
se, / er gab ihnen Brot vom Himmel.
25 Da aßen die Menschen Wunderbrot; /
Gott gab ihnen Nahrung in Fülle.
26 Er ließ den Ostwind losbrechen droben
am Himmel, / führte in seiner Macht den
Südwind herbei,
27 ließ Fleisch auf sie regnen wie Staub, /
gefiederte Vögel wie Sand am Meer.
28 Er ließ sie mitten ins Lager fallen, / rings
um Israels Zelte.
29 Da aßen alle und wurden satt; / er hatte
ihnen gebracht, was sie begehrten.
30 Noch aber hatten sie ihre Gier nicht ge-
stillt, / noch war die Speise in ihrem Mund,
31 da erhob sich gegen sie Gottes Zorn; / er
erschlug ihre Führer / und streckte die jun-
gen Männer Israels nieder.
32 Doch sie sündigten trotz allem weiter /
und vertrauten nicht seinen Wundern.
33 Darum ließ er ihre Tage schwinden wie
einen Hauch / und ihre Jahre voll Schrecken
vergehen.
34 Wenn er dreinschlug, fragten sie nach
Gott, / kehrten um und suchten ihn.
35 Sie dachten daran, dass Gott ihr Fels
ist, / Gott, der Höchste, ihr Erlöser.
36 Doch sie täuschten ihn mit falschen
Worten / und ihre Zunge belog ihn.
37 Ihr Herz hielt nicht fest zu ihm, / sie
hielten seinem Bund nicht die Treue.
38 Er aber vergab ihnen voll Erbarmen die
Schuld / und tilgte sein Volk nicht aus.
Oftmals ließ er ab von seinem Zorn / und
unterdrückte seinen Groll.
39 Denn er dachte daran, dass sie nichts
sind als Fleisch, / nur ein Hauch, der vergeht
und nicht wiederkehrt.
40 Wie oft haben sie ihm in der Wüste ge-
trotzt, / ihn gekränkt in der Steppe!
41 Immer wieder stellten sie ihn auf die
Probe, / sie reizten den heiligen Gott Is-
raels.
42 Sie dachten nicht mehr an seine mächti-
ge Hand, / an den Tag, als er sie vom Unter-
drücker befreite,
43 als er in Ägypten Zeichen tat / und Wun-
der im Gefilde von Zoan:
44 Er verwandelte ihre Flüsse und Bäche in
Blut; / sie konnten daraus nicht mehr trin-
ken.
45 Er schickte einen Schwarm von Fliegen,
der fraß sie auf, / ein Heer von Fröschen, das
vertilgte sie.
46 Ihre Ernte überließ er den Grillen / und
den Heuschrecken den Ertrag ihrer Mü-
hen.
47 Ihre Reben zerschlug er mit Hagel, / ihre
Maulbeerbäume mit Körnern aus Eis.
48 Ihr Vieh überließ er der Pest / und ihre
Herden den Seuchen.
49 Er ließ die Glut seines Zorns auf sie los: /
Grimm und Wut und Bedrängnis, / Boten des
Unheils in Scharen.

78,36b Wörtlich: und mit ihrem Mund täuschten sie ihn.

78,48a Text korr.; H: überließ er dem Hagel.

50 Er ließ seinem Zorn freien Lauf; / er be-
wahrte sie nicht vor dem Tod / und lieferte
ihr Leben der Pest aus.
51 Er schlug in Ägypten alle Erstgeburt, /
in den Zelten Hams die Blüte der Jugend.
52 Dann führte er sein Volk hinaus wie
Schafe, / leitete sie wie eine Herde durch die
Wüste.
53 Er führte sie sicher, sie mussten nichts
fürchten, / doch ihre Feinde bedeckte das
Meer.
54 Er brachte sie in sein heiliges Land, / in
die Berge, die er erwarb mit mächtiger
Hand.
55 Er vertrieb die Völker vor ihnen, / ließ in
ihren Zelten die Stämme Israels wohnen /
und teilte ihnen ihr Erbteil zu.
56 Doch sie versuchten Gott und trotzten
dem Höchsten; / sie hielten seine Satzungen
nicht.
57 Wie ihre Väter fielen sie treulos von ihm
ab, / sie wandten sich ab wie ein Bogen, der
versagt.
58 Sie erbitterten ihn mit ihrem Kult auf
den Höhen / und reizten seine Eifersucht mit
ihren Götzen.
59 Als Gott es sah, war er voll Grimm / und
sagte sich los von Israel.
60 Er verwarf seine Wohnung in Schilo, /
das Zelt, wo er unter den Menschen wohn-
te.
61 Er gab seine Macht in Gefangenschaft, /
seine heilige Lade fiel in die Hand des Fein-
des.
62 Er lieferte sein Volk dem Schwert aus; /
er war voll Grimm über sein Eigentum.
63 Die jungen Männer fraß das Feuer; /
den jungen Mädchen sang man kein Braut-
lied.
64 Die Priester wurden mit dem Schwert
erschlagen; / die Witwen konnten die Toten
nicht beweinen.
65 Da erwachte der Herr wie aus dem
Schlaf, / wie ein Held, der betäubt war vom
Wein.
66 Er schlug seine Feinde zurück / und gab
sie ewiger Schande preis.
67 Das Zelt Josefs verwarf er, / dem Stamm
Efraim entzog er die Erwählung.
68 Doch den Stamm Juda erwählte er, / den
Berg Zion, den er liebt.
69 Dort baute er sein hoch aufragendes
Heiligtum, / so fest wie die Erde, / die er für
immer gegründet hat.
70 Und er erwählte seinen Knecht David; /
er holte ihn weg von den Hürden der Scha-
fe, / 71 von den Muttertieren nahm er ihn
fort,
damit er sein Volk Jakob weide / und sein
Erbe Israel.
72 Er sorgte als Hirt für sie mit lauterem
Herzen / und führte sie mit klugen Hän-
den.

2: 49,5; Mt 13,35 • 3: 44,2 • 3–6: 22,31f • 5: 147,19 • 8: Dtn 32,5f.20 • 12: Num 13,22 • 13: Ex 14,21f • 14: Ex 13,21 • 15f: Ex 17,6; Num 20,11 • 17: Ez 20,13 • 18: 106,14; Ex 16,3 • 21: Num 11,1 • 23: Mal 3,10 • 24: Ex 16,4.14f; Joh 6,31 • 25: 105,40 • 30: Num 11,33 • 32: Num 14,11 • 33: Num 14,22f • 34: Num 21,7; Jes 26,16 • 35: 92,16 • 36f: Jes 29,13 • 37: 95,10 • 38: Ex 32,14; Num 14,20; Jes 48,9; Hos 11,8f • 39: 103,14–16; Ijob 7,7 • 40: Dtn 9,22 • 41: 71,22 • 42: 106,21 • 43: 135,9; 78,12 • 44: Ex 7,17–21 • 45: Ex 8,17–20 • 46: Ex 10,4–15 • 47: Ex 9,18–25 • 48: Ex 9,3–7 • 50: Ex 9,8–10 • 51: 105,36; 135,8; 136,10; Ex 12,29f • 52: 77,21 • 53: Ex 14,19–31 • 54: 114,2; Ex 15,17 • 55: 44,3; Jos 24,8–13 • 57: Hos 7,16 • 58: Dtn 32,16.21 • 60: 1 Sam 1,3; Jer 7,12 • 61: 1 Sam 4,11.22 • 63: Jer 7,34 • 64: 1 Sam 4,11; Ijob 27,15 • 66: 1 Sam 5,6–12 • 68: 2 Chr 6,6 • 69: 48,3 • 70–71: 89,21; 1 Sam 16,11–13; 2 Sam 7,8.

Die Klage über die Zerstörung Jerusalems

79 [Ein Psalm Asafs.]
Gott, die Heiden sind eingedrungen
in dein Erbe, / sie haben deinen heiligen
Tempel entweiht / und Jerusalem in Trüm-
mer gelegt.
2 Die Leichen deiner Knechte haben sie
zum Fraß gegeben den Vögeln des Himmels, /
die Leiber deiner Frommen den Tieren des
Feldes.
3 Ihr Blut haben sie wie Wasser vergossen /
rings um Jerusalem, / und keiner hat sie be-
graben.
4 Zum Schimpf sind wir geworden / in den
Augen der Nachbarn, / zu Spott und Hohn
bei allen, die rings um uns wohnen.
5 Wie lange noch, Herr? Willst du auf ewig
zürnen? / Wie lange noch wird dein Eifer lo-
dern wie Feuer?
6 Gieß deinen Zorn aus über die Heiden, /
die dich nicht kennen, / über jedes Reich, das
deinen Namen nicht anruft.
7 Denn sie haben Jakob aufgezehrt / und
seine Felder verwüstet.
8 Rechne uns die Schuld der Vorfahren
nicht an! / Mit deinem Erbarmen komm uns
eilends entgegen! / Denn wir sind sehr er-
niedrigt.
9 Um der Ehre deines Namens willen / hilf
uns, du Gott unsres Heils! / Um deines Na-
mens willen reiß uns heraus und vergib uns
die Sünden!

78,51a alle Erstgeburt, wörtlich: den Erstling ihrer Zeugungskraft.
78,54b H: zu dem Berg, den . . .
78,61b seine heilige Lade: H: seine Pracht (als Bezeichnung der Lade).

10 Warum dürfen die Heiden sagen: / »Wo
ist nun ihr Gott?«
Lass kund werden an den Heiden vor un-
sern Augen, / wie du das vergossene Blut dei-
ner Knechte vergiltst.
11 Das Stöhnen der Gefangenen dringe zu
dir. / Befrei die Todgeweihten durch die
Kraft deines Armes!
12 Zahl unsern Nachbarn siebenfach
heim / die Schmach, die sie dir, Herr, ange-
tan.
13 Wir aber, dein Volk, die Schafe deiner
Weide, / wollen dir ewig danken, / deinen
Ruhm verkünden von Geschlecht zu Ge-
schlecht.

1: 2 Kön 25,8–10; Klgl 1,10 • 2: Jer 7,33 • 2–3: 1 Makk 7,17 • 3: Jer 14,16 • 4: 31,12; Zef 2,8 • 5: 89,47 • 6: Sir 36,1–6; Ps 14,4 • 6–7: Jer 10,25 • 9: Ez 20,44; 36,22 • 10: 42,11; Joël 4,21 • 11: 102,21 • 12: 137,7–9 • 13: 95,7

Bitte für Israel, den Weinstock Gottes

80 [Für den Chormeister. Nach der Wei-
se »Lilien«. Ein Zeugnis. Ein Psalm
Asafs.]
2 Du Hirte Israels, höre, / der du Josef wei-
dest wie eine Herde!
Der du auf den Kerubim thronst, erschei-
ne / 3 vor Efraim, Benjamin und Manasse!
Biete deine gewaltige Macht auf / und
komm uns zu Hilfe!
4 Gott, richte uns wieder auf! / Lass dein
Angesicht leuchten, dann ist uns geholfen.
5 Herr, Gott der Heerscharen, wie lange
noch zürnst du, / während dein Volk zu dir
betet?
6 Du hast sie gespeist mit Tränenbrot, / sie
überreich getränkt mit Tränen.
7 Du machst uns zum Spielball der Nach-
barn / und unsere Feinde verspotten uns.
8 Gott der Heerscharen, richte uns wieder
auf! / Lass dein Angesicht leuchten, dann ist
uns geholfen.
9 Du hobst in Ägypten einen Weinstock
aus, / du hast Völker vertrieben, ihn aber
eingepflanzt.
10 Du schufst ihm weiten Raum; / er hat
Wurzeln geschlagen / und das ganze Land
erfüllt.
11 Sein Schatten bedeckte die Berge, / sei-
ne Zweige die Zedern Gottes.
12 Seine Ranken trieb er bis hin zum
Meer / und seine Schößlinge bis zum Eu-
frat.
13 Warum rissest du seine Mauern ein? /
Alle, die des Weges kommen, plündern ihn
aus.
14 Der Eber aus dem Wald wühlt ihn um, /
die Tiere des Feldes fressen ihn ab.
15 Gott der Heerscharen, wende dich uns
wieder zu! / Blick vom Himmel herab, und
sieh auf uns!
Sorge für diesen Weinstock / 16 und für
den Garten, den deine Rechte gepflanzt
hat.
17 Die ihn im Feuer verbrannten wie Keh-
richt, / sie sollen vergehen vor deinem dro-
henden Angesicht.
18 Deine Hand schütze den Mann zu deiner
Rechten, / den Menschensohn, den du für
dich groß und stark gemacht.
19 Erhalt uns am Leben! / Dann wollen wir
deinen Namen anrufen und nicht von dir
weichen.
20 Herr, Gott der Heerscharen, richte uns
wieder auf! / Lass dein Angesicht leuchten,
dann ist uns geholfen.

2: 23,1; 95,7 • 4: 85,5; 4,7 • 6: 42,4 • 7: 44,14 • 9: Jer 2,21 • 11–12: Dtn 11,24 • 13: 89,41f • 17: Ez 15,2–4.

Aufruf zur Treue gegen Gott

81 [Für den Chormeister. Nach dem
Kelterlied. Von Asaf.]
2 Jubelt Gott zu, er ist unsre Zuflucht; /
jauchzt dem Gott Jakobs zu!
3 Stimmt an den Gesang, schlagt die Pau-
ke, / die liebliche Laute, dazu die Harfe!
4 Stoßt in die Posaune am Neumond / und
zum Vollmond, am Tag unsres Festes!
5 Denn das ist Satzung für Israel, / Ent-
scheid des Gottes Jakobs.
6 Das hat er als Gesetz für Josef erlassen, /
als Gott gegen Ägypten auszog.
Eine Stimme höre ich, die ich noch nie ver-
nahm: / 7 Seine Schulter hab ich von der
Bürde befreit, / seine Hände kamen los vom
Lastkorb.
8 Du riefst in der Not / und ich riss dich he-
raus;
ich habe dich aus dem Gewölk des Don-
ners erhört, / an den Wassern von Meríba ge-
prüft. [Sela]
9 Höre, mein Volk, ich will dich mahnen! /
Israel, wolltest du doch auf mich hören!
10 Für dich gibt es keinen andern Gott. /
Du sollst keinen fremden Gott anbeten.
11 Ich bin der Herr, dein Gott, / der dich

79,11b Andere Übersetzungsmöglichkeit: Lass am Leben die Todgeweihten!
79,12a Wörtlich: Zahl siebenfach in den Schoß unserer Nachbarn!
80,7b Nach G, S und der griechischen Übersetzung des Symmachus.
80,16 Text korr.; H fügt aus V. 18 hinzu: und den Sohn, den du großzogst.

heraufgeführt hat aus Ägypten. / Tu deinen
Mund auf! Ich will ihn füllen.
12 Doch mein Volk hat nicht auf meine
Stimme gehört; / Israel hat mich nicht gewollt.
13 Da überließ ich sie ihrem verstockten
Herzen / und sie handelten nach ihren eigenen Plänen.
14 Ach dass doch mein Volk auf mich
hörte, / dass Israel gehen wollte auf meinen
Wegen!
15 Wie bald würde ich seine Feinde beugen, / meine Hand gegen seine Bedränger
wenden.
16 Alle, die den Herrn hassen, müssten Israel schmeicheln / und das sollte für immer
so bleiben.
17 Ich würde es nähren mit bestem Weizen / und mit Honig aus dem Felsen sättigen.

4: Lev 23,24; Num 10,10 • 7: Ex 1,14; 6,6 • 8: Ex 17,1–7; Num 20,13; Ps 95,8 • 10–11: Ex 20,2f • 12: 95,7 • 13: Jer 7,24 • 15: 66,3 • 17: 147,14; Dtn 32,13.

Bitte um Gottes Eingreifen als Richter

82 [Ein Psalm Asafs.]
Gott steht auf in der Versammlung
der Götter, / im Kreis der Götter hält er Gericht.
2 »Wie lange noch wollt ihr ungerecht richten / und die Frevler begünstigen? [Sela]
3 Verschafft Recht den Unterdrückten und
Waisen, / verhelft den Gebeugten und Bedürftigen zum Recht!
4 Befreit die Geringen und Armen, / entreißt sie der Hand der Frevler!«
5 Sie aber haben weder Einsicht noch Verstand, / sie tappen dahin im Finstern. / Alle
Grundfesten der Erde wanken.
6 »Wohl habe ich gesagt: Ihr seid Götter, /
ihr alle seid Söhne des Höchsten.
7 Doch nun sollt ihr sterben wie Menschen, / sollt stürzen wie jeder der Fürsten.«
8 Erheb dich, Gott, und richte die Erde! /
Denn alle Völker werden dein Erbteil sein.

1: 136,2f; 1 Kön 22,19 • 2: 58,3 • 3: Ex 23,6; Dtn 1,17; Jes 1,17 • 6: Joh 10,34 • 8: 67,5.

Eine Bitte um Hilfe gegen Feinde des Volkes

83 [Ein Lied. Ein Psalm Asafs.]
2 Schweig doch nicht, o Gott, bleib
nicht still, / o Gott, bleib nicht stumm!
3 Sieh doch, deine Feinde toben; / die dich
hassen, erheben das Haupt.
4 Gegen dein Volk ersinnen sie listige Pläne / und halten Rat gegen die, die sich bei dir
bergen.
5 Sie sagen: »Wir wollen sie ausrotten als
Volk; / an den Namen Israel soll niemand
mehr denken.«
6 Ja, sie halten einmütig Rat / und schließen ein Bündnis gegen dich:
7 Edoms Zelte und die Ismaeliter, / Moab
und die Hagariter,
8 Gebal, Ammon und Amalek, / das Philisterland und die Bewohner von Tyrus.
9 Zu ihnen gesellt sich auch Assur / und
leiht seinen Arm den Söhnen Lots. [Sela]
10 Mach es mit ihnen wie mit Midian und
Sisera, / wie mit Jabin am Bach Kischon,
11 die du bei En-Dór vernichtet hast. / Sie
wurden zum Dung für die Äcker.
12 Mach ihre Fürsten wie Oreb und Seeb, /
wie Sebach und Zalmunna mach all ihre
Führer! / 13 Sie sagten: »Wir wollen Gottes
Land erobern.«
14 Mein Gott, lass sie dahinwirbeln wie
Staub, / wie Spreu vor dem Wind!
15 Wie das Feuer, das ganze Wälder verbrennt, / wie die Flamme, die Berge versengt,
16 so jage sie davon mit deinem Sturm /
und schrecke sie mit deinem Wetter!
17 Bedecke mit Schmach ihr Gesicht, / damit sie, Herr, nach deinem Namen fragen.
18 Beschämt sollen sie sein und verstört
für immer, / sollen vor Schande zugrunde
gehn.
19 Sie sollen erkennen, dass du es bist. Herr
ist dein Name. / Du allein bist der Höchste
über der ganzen Erde.

3: 35,20 • 6: 2,2 • 10: Ri 7,23–25; Jes 9,3; 10,26; Ri 4,15f • 12: Ri 7,25; Ri 8,21 • 14: 35,5 • 19: 46,11; 59,14; 100,3; Dtn 4,39; Jes 43,10; Dan 3,45.

Die Freude am Heiligtum

84 [Für den Chormeister. Nach dem Kelterlied. Ein Psalm der Korachiter.]

81,10 Textvorschlag für die Psalmodie: Du sollst dich nicht niederwerfen vor einem fremden Gott.
81,16 Israel: H: ihm.
81,17a Text korr.; H: Er hat es genährt.
82,8b Wörtlich: Denn du besitzt Erbteil an den Völkern.
83,12 Text korr. nach G.
83,14a Wörtlich: Mein Gott, mach sie der Distel gleich!

2 Wie liebenswert ist deine Wohnung, Herr
der Heerscharen! / 3 Meine Seele verzehrt
sich in Sehnsucht / nach dem Tempel des
Herrn.
Mein Herz und mein Leib jauchzen ihm
zu, / ihm, dem lebendigen Gott.
4 Auch der Sperling findet ein Haus / und
die Schwalbe ein Nest für ihre Jungen – /
deine Altäre, Herr der Heerscharen, mein
Gott und mein König.
5 Wohl denen, die wohnen in deinem
Haus, / die dich allezeit loben. [Sela]
6 Wohl den Menschen, die Kraft finden in
dir, / wenn sie sich zur Wallfahrt rüsten.
7 Ziehen sie durch das trostlose Tal, / wird
es für sie zum Quellgrund / und Frühregen
hüllt es in Segen.
8 Sie schreiten dahin mit wachsender
Kraft; / dann schauen sie Gott auf dem
Zion.
9 Herr der Heerscharen, höre mein Beten, /
vernimm es, Gott Jakobs! [Sela]
10 Gott, sieh her auf unsern Schild, / schau
auf das Antlitz deines Gesalbten!
11 Denn ein einziger Tag in den Vorhöfen
deines Heiligtums / ist besser als tausend
andere.
Lieber an der Schwelle stehen im Haus
meines Gottes / als wohnen in den Zelten der
Frevler.
12 Denn Gott der Herr ist Sonne und
Schild. / Er schenkt Gnade und Herrlich-
keit;
der Herr versagt denen, die rechtschaffen
sind, keine Gabe. / 13 Herr der Heerscharen,
wohl dem, der dir vertraut!

3: 27,4 • 4: 5,3 • 5: 23,6 • 10: 89,19 • 11: 27,4 • 12: 3,4.

Bitte um das verheißene Heil

85 [Für den Chormeister. Ein Psalm der
Korachiter.]
2 Einst hast du, Herr, dein Land begnadet /
und Jakobs Unglück gewendet,
3 hast deinem Volk die Schuld vergeben, /
all seine Sünden zugedeckt, [Sela]
4 hast zurückgezogen deinen ganzen
Grimm / und deinen glühenden Zorn ge-
dämpft.
5 Gott, unser Retter, richte uns wieder
auf, / lass von deinem Unmut gegen uns ab!
6 Willst du uns ewig zürnen, / soll dein
Zorn dauern von Geschlecht zu Ge-
schlecht?
7 Willst du uns nicht wieder beleben, / so-
dass dein Volk sich an dir freuen kann?
8 Erweise uns, Herr, deine Huld / und ge-
währe uns dein Heil!
9 Ich will hören, was Gott redet: / Frieden
verkündet der Herr seinem Volk und seinen
Frommen, / den Menschen mit redlichem
Herzen. [Sela]
10 Sein Heil ist denen nahe, die ihn fürch-
ten. / Seine Herrlichkeit wohne in unserm
Land.
11 Es begegnen einander Huld und Treue; /
Gerechtigkeit und Friede küssen sich.
12 Treue sprosst aus der Erde hervor; / Ge-
rechtigkeit blickt vom Himmel hernieder.
13 Auch spendet der Herr dann Segen / und
unser Land gibt seinen Ertrag.
14 Gerechtigkeit geht vor ihm her / und
Heil folgt der Spur seiner Schritte.

2: Jer 31,23 • 3: 32,1 • 5: 80,4 • 6: 77,8; 79,5 • 9: Jer 29,11 • 11:
61,8; 89,15 • 12: Jes 45,8 • 13: 67,7 • 14: Jes 58,8.

Der Hilferuf eines Armen zu Gott

86 [Ein Gebet Davids.]
Wende dein Ohr mir zu, erhöre mich,
Herr! / Denn ich bin arm und gebeugt.
2 Beschütze mich, denn ich bin dir erge-
ben! / Hilf deinem Knecht, der dir vertraut!
3 Du bist mein Gott. Sei mir gnädig, o
Herr! / Den ganzen Tag rufe ich zu dir.
4 Herr, erfreue deinen Knecht; / denn ich
erhebe meine Seele zu dir.
5 Herr, du bist gütig und bereit zu verzei-
hen, / für alle, die zu dir rufen, reich an
Gnade.
6 Herr, vernimm mein Beten, / achte auf
mein lautes Flehen!
7 Am Tag meiner Not rufe ich zu dir; / denn
du wirst mich erhören.
8 Herr, unter den Göttern ist keiner wie
du / und nichts gleicht den Werken, die du
geschaffen hast.
9 Alle Völker kommen und beten dich an, /

84,3b dem Tempel, wörtlich: den (Tempel-)Vorhöfen des Herrn.
84,8b Text korr.; H: er erscheint (ihnen), der Gott der Götter auf dem Zion.
84,9 H: Herr, Gott der Heerscharen.
85,5b Wörtlich: zerbrich deinen Unmut gegen uns!
85,9d H fügt hinzu: und sie sollen nicht zur Torheit zurückkehren.
85,13a Segen, wörtlich: das Gute.
85,14b Text korr.; H: er achtet auf den Weg seiner Schritte.
86,3 »Du bist mein Gott« wurde aus V. 2 hierher genommen.
86,8 »die du geschaffen hast« wurde aus V. 9 hierher genommen.

sie geben, Herr, deinem Namen die Ehre.
10 Denn du bist groß und tust Wunder; / du
allein bist Gott.

11 Weise mir, Herr, deinen Weg; / ich will
ihn gehen in Treue zu dir.
Richte mein Herz darauf hin, / allein deinen Namen zu fürchten!
12 Ich will dir danken, Herr, mein Gott, /
aus ganzem Herzen, / will deinen Namen ehren immer und ewig.
13 Du hast mich den Tiefen des Totenreichs
entrissen. / Denn groß ist über mir deine
Huld.

14 Gott, freche Menschen haben sich gegen
mich erhoben, / die Rotte der Gewalttäter
trachtet mir nach dem Leben; / doch dich haben sie nicht vor Augen.
15 Du aber, Herr, bist ein barmherziger
und gnädiger Gott, / du bist langmütig, reich
an Huld und Treue.
16 Wende dich mir zu und sei mir gnädig, /
gib deinem Knecht wieder Kraft / und hilf
dem Sohn deiner Magd!
17 Tu ein Zeichen und schenke mir Glück! /
Alle, die mich hassen, sollen es sehen und
sich schämen, / weil du, Herr, mich gerettet
und getröstet hast.

4: 25,1; 143,8 • 7: 50,15 • 9: 22,28; Offb 15,4 • 11: 25,4; 26,3; Joh 14,6 • 13: 9,14 • 14: 54,5 • 15: 116,5 • 16: 25,16.

Ein Loblied auf Zion, die Mutter aller Völker

87 [Ein Psalm der Korachiter. Ein
Lied.]
2 Der Herr liebt (Zion), seine Gründung
auf heiligen Bergen; / mehr als all seine Stätten in Jakob liebt er die Tore Zions.
3 Herrliches sagt man von dir, / du Stadt
unseres Gottes. [Sela]
4 Leute aus Ägypten und Babel / zähle ich
zu denen, die mich kennen;
auch von Leuten aus dem Philisterland, /
aus Tyrus und Kusch / sagt man: Er ist dort
geboren.
5 Doch von Zion wird man sagen: / Jeder
ist dort geboren. / Er, der Höchste, hat Zion
gegründet.
6 Der Herr schreibt, wenn er die Völker
verzeichnet: / Er ist dort geboren. [Sela]
7 Und sie werden beim Reigentanz singen: / All meine Quellen entspringen in dir.

2: 76,3; 78,68 • 4–5: Jes 19,24f • 6: Jes 4,3 • 7: 149,3; Jes 12,3.

Die Klage eines Kranken und Einsamen

88 [Ein Lied. Ein Psalm der Korachiter.
Für den Chormeister. Nach der Weise »Krankheit« zu singen. Ein Weisheitslied
Hemans, des Esrachiters.]
2 Herr, du Gott meines Heils, / zu dir
schreie ich am Tag und bei Nacht.
3 Lass mein Gebet zu dir dringen, / wende
dein Ohr meinem Flehen zu!
4 Denn meine Seele ist gesättigt mit Leid, /
mein Leben ist dem Totenreich nahe.
5 Schon zähle ich zu denen, die hinabsinken ins Grab, / bin wie ein Mann, dem alle
Kraft genommen ist.
6 Ich bin zu den Toten hinweggerafft / wie
Erschlagene, die im Grabe ruhen;
an sie denkst du nicht mehr, / denn sie sind
deiner Hand entzogen.
7 Du hast mich ins tiefste Grab gebracht, /
tief hinab in finstere Nacht.
8 Schwer lastet dein Grimm auf mir, / all
deine Wogen stürzen über mir zusammen.
[Sela]
9 Die Freunde hast du mir entfremdet, /
mich ihrem Abscheu ausgesetzt; / ich bin gefangen und kann nicht heraus.
10 Mein Auge wird trübe vor Elend. / Jeden
Tag, Herr, ruf ich zu dir; / ich strecke nach
dir meine Hände aus.
11 Wirst du an den Toten Wunder tun, /
werden Schatten aufstehn, um dich zu preisen? [Sela]
12 Erzählt man im Grab von deiner Huld, /
von deiner Treue im Totenreich?
13 Werden deine Wunder in der Finsternis
bekannt, / deine Gerechtigkeit im Land des
Vergessens?
14 Herr, darum schreie ich zu dir, / früh am
Morgen tritt mein Gebet vor dich hin.
15 Warum, o Herr, verwirfst du mich, / warum verbirgst du dein Gesicht vor mir?
16 Gebeugt bin ich und todkrank von früher Jugend an, / deine Schrecken lasten auf
mir und ich bin zerquält.
17 Über mich fuhr die Glut deines Zorns
dahin, / deine Schrecken vernichten mich.
18 Sie umfluten mich allzeit wie Wasser /
und dringen auf mich ein von allen Seiten.
19 Du hast mir die Freunde und Gefährten
entfremdet; / mein Vertrauter ist nur noch
die Finsternis.

2: 77,3 • 3: 17,6; 119,170 • 4: Ijob 17,1; 33,22 • 5: 143,7 • 8: 42,8 • 9: 31,12 • 11–13: 6,6 • 14: 5,4 • 15: Ijob 13,24 • 16: Ijob 6,4; 20,25 • 18: 42,8 • 19: 31,12; Ijob 17,13.

87,2b Andere Übersetzungsmöglichkeit: mehr als alle anderen Orte in Jakob.
88,6a Text korr.
88,8 Wörtlich: und alle deine Wogen beugst du hernieder.

Das Klagelied über die Verwerfung des Hauses David

89 [Ein Weisheitslied Etans, des Esra-
chiters.]
2 Von den Taten deiner Huld, Herr, will ich
ewig singen, / bis zum fernsten Geschlecht
laut deine Treue verkünden.
3 Denn ich bekenne: Deine Huld besteht
für immer und ewig; / deine Treue steht fest
im Himmel.
4 »Ich habe einen Bund geschlossen mit
meinem Erwählten / und David, meinem
Knecht, geschworen:
5 Deinem Haus gebe ich auf ewig Bestand /
und von Geschlecht zu Geschlecht richte ich
deinen Thron auf.« [Sela]
6 Die Himmel preisen, Herr, deine Wun-
der / und die Gemeinde der Heiligen deine
Treue.
7 Denn wer über den Wolken ist wie der
Herr, / wer von den Göttern ist dem Herrn
gleich?
8 Gewaltig ist Gott im Rat der Heiligen, /
für alle rings um ihn her ist er groß und
furchtbar.
9 Herr, Gott der Heerscharen, wer ist wie
du? / Mächtig bist du, Herr, und von Treue
umgeben.
10 Du beherrschst die Empörung des Mee-
res; / wenn seine Wogen toben – du glättest
sie.
11 Rahab hast du durchbohrt und zertre-
ten, / deine Feinde zerstreut mit starkem
Arm.
12 Dein ist der Himmel, dein auch die
Erde; / den Erdkreis und was ihn erfüllt hast
du gegründet.
13 Nord und Süd hast du geschaffen, / Ta-
bor und Hermon jauchzen bei deinem Na-
men.
14 Dein Arm ist voll Kraft, / deine Hand ist
stark, deine Rechte hoch erhoben.
15 Recht und Gerechtigkeit sind die Stüt-
zen deines Thrones, / Huld und Treue schrei-
ten vor deinem Antlitz her.
16 Wohl dem Volk, das dich als König zu
feiern weiß! / Herr, sie gehen im Licht deines
Angesichts.
17 Sie freuen sich über deinen Namen zu
jeder Zeit, / über deine Gerechtigkeit jubeln
sie.
18 Denn du bist ihre Schönheit und Stär-
ke, / du erhöhst unsre Kraft in deiner
Güte.
19 Ja, unser Schild gehört dem Herrn, / un-
ser König dem heiligen Gott Israels.
20 Einst hast du in einer Vision zu deinen
Frommen gesprochen: / »Einen Helden habe
ich zum König gekrönt, / einen jungen Mann
aus dem Volk erhöht.
21 Ich habe David, meinen Knecht, gefun-
den / und ihn mit meinem heiligen Öl ge-
salbt.
22 Beständig wird meine Hand ihn halten /
und mein Arm ihn stärken.
23 Kein Feind soll ihn täuschen, / kein
ruchloser Mensch kann ihn bezwingen.
24 Vor ihm will ich die Feinde zerschmet-
tern / und alle, die ihn hassen, schlage ich
nieder.
25 Meine Treue und meine Huld begleiten
ihn / und in meinem Namen erhebt er sein
Haupt.
26 Ich lege seine Hand auf das Meer, / über
die Ströme herrscht seine Rechte.
27 Er wird zu mir rufen: Mein Vater bist
du, / mein Gott, der Fels meines Heiles.
28 Ich mache ihn zum erstgeborenen
Sohn, / zum Höchsten unter den Herrschern
der Erde.
29 Auf ewig werde ich ihm meine Huld be-
wahren, / mein Bund mit ihm bleibt allzeit
bestehen.
30 Sein Geschlecht lasse ich dauern für im-
mer / und seinen Thron, solange der Himmel
währt.
31 Wenn seine Söhne meine Weisung ver-
lassen, / nicht mehr leben nach meiner Ord-
nung,
32 wenn sie meine Gesetze entweihen, /
meine Gebote nicht mehr halten,
33 dann werde ich ihr Vergehen mit der
Rute strafen / und ihre Sünde mit Schlä-
gen.
34 Doch ich entziehe ihm nicht meine
Huld, / breche ihm nicht die Treue.
35 Meinen Bund werde ich nicht entwei-
hen; / was meine Lippen gesprochen haben, /
will ich nicht ändern.
36 Eines hab ich geschworen, so wahr ich
heilig bin, / und niemals werde ich David be-
lügen:
37 Sein Geschlecht soll bleiben auf ewig, /
sein Thron habe Bestand vor mir wie die
Sonne;
38 er soll ewig bestehen wie der Mond, / der
verlässliche Zeuge über den Wolken.« [Sela]
39 Nun aber hast du deinen Gesalbten ver-

89,3b deine Treue steht fest: Text korr.; H: du befestigst deine Treue.
89,11a Text korr.
89,17b jubeln sie: Text korr.; H: erheben sie sich.
89,20b gekrönt: Text korr.
89,34a Text korr.; H: ich breche ihm nicht.

stoßen, / ihn verworfen und mit Zorn überschüttet,
40 hast den Bund mit deinem Knecht zerbrochen, / zu Boden getreten seine Krone.
41 Eingerissen hast du all seine Mauern, /
in Trümmer gelegt seine Burgen.
42 Alle, die des Weges kommen, plündern
ihn aus, / er wird zum Gespött seiner Nachbarn.
43 Du hast die Hand seiner Bedränger
hoch erhoben, / hast all seine Feinde erfreut.
44 Du hast die Spitze seines Schwertes umgekehrt, / hast im Kampf ihm den Sieg verweigert.
45 Du hast ein Ende gemacht seinem
Glanz / und seinen Thron zu Boden geworfen.
46 Du hast ihm die Tage der Jugend verkürzt / und ihn bedeckt mit Schande. [Sela]
47 Wie lange noch, Herr? Verbirgst du dich
ewig? / Soll dein Zorn wie Feuer brennen?
48 Bedenke, Herr: Was ist unser Leben, /
wie vergänglich hast du alle Menschen erschaffen!
49 Wo ist der Mann, der ewig lebt und den
Tod nicht schaut, / der sich retten kann vor
dem Zugriff der Unterwelt? [Sela]
50 Herr, wo sind die Taten deiner Huld geblieben, / die du David in deiner Treue geschworen hast?
51 Herr, denk an die Schmach deines
Knechtes! / Im Herzen brennt mir der Hohn
der Völker,
52 mit dem deine Feinde mich schmähen,
Herr, / und die Schritte deines Gesalbten
verhöhnen.
53 Gepriesen sei der Herr in Ewigkeit. /
Amen, ja amen.

2: Jes 63,7 • 4: 132,11; 2 Sam 7,8–16 • 5: Apg 2,30 • 7: 29,1 • 7–9: 35,10; 136,2f • 8: Ijob 1,6 • 10: 65,8; Mt 8,26 • 11: 74,13f; Ijob 26,12 • 12: 24,1 • 15: 97,2; 85,11 • 16: 47,2 • 19: 84,10 • 20–21: 1 Sam 13,14; 16,13 • 21: 78,70; Apg 13,22 • 22: Jes 42,1 • 25: 1 Sam 2,10 • 26: 72,8 • 27–28: 2,7; 2 Sam 7,14 • 28: Kol 1,15.18; Offb 1,5 • 29: 18,51; Jes 55,3 • 30: 61,8; 2 Sam 7,16 • 33: 2 Sam 7,14 • 34: Jer 31,36f • 38: 72,7; Sir 43,6 • 41–42: 80,13 • 42: 31,12 • 47: 77,8; 79,5 • 47–48: 90,9f • 51: 41,6 • 52: Hebr 11,26.

DAS VIERTE BUCH

Der ewige Gott – der vergängliche Mensch

90 [Ein Gebet des Mose, des Mannes
Gottes.]
Herr, du warst unsere Zuflucht / von Geschlecht zu Geschlecht.
2 Ehe die Berge geboren wurden, / die Erde
entstand und das Weltall, / bist du, o Gott,
von Ewigkeit zu Ewigkeit.
3 Du lässt die Menschen zurückkehren
zum Staub / und sprichst: »Kommt wieder,
ihr Menschen!«
4 Denn tausend Jahre sind für dich / wie
der Tag, der gestern vergangen ist, / wie eine
Wache in der Nacht
5 Von Jahr zu Jahr säst du die Menschen
aus; / sie gleichen dem sprossenden Gras.
6 Am Morgen grünt es und blüht, / am
Abend wird es geschnitten und welkt.
7 Denn wir vergehen durch deinen Zorn, /
werden vernichtet durch deinen Grimm.
8 Du hast unsre Sünden vor dich hingestellt, / unsere geheime Schuld in das Licht
deines Angesichts.
9 Denn all unsre Tage gehn hin unter deinem Zorn, / wir beenden unsere Jahre wie
einen Seufzer.
10 Unser Leben währt siebzig Jahre, / und
wenn es hoch kommt, sind es achtzig.
Das Beste daran ist nur Mühsal und Beschwer, / rasch geht es vorbei, wir fliegen
dahin.
11 Wer kennt die Gewalt deines Zornes /
und fürchtet sich vor deinem Grimm?
12 Unsre Tage zu zählen, lehre uns! / Dann
gewinnen wir ein weises Herz.
13 Herr, wende dich uns doch endlich zu! /
Hab Mitleid mit deinen Knechten!
14 Sättige uns am Morgen mit deiner
Huld! / Dann wollen wir jubeln und uns
freuen all unsre Tage.
15 Erfreue uns so viele Tage, wie du uns gebeugt hast, / so viele Jahre, wie wir Unglück
erlitten.
16 Zeig deinen Knechten deine Taten / und
ihren Kindern deine erhabene Macht!
17 Es komme über uns die Güte des Herrn,
unsres Gottes. / Lass das Werk unsrer Hände

89,44a Übersetzung unsicher.
89,48 Text korr.
89,51a deines Knechtes: Text korr.; H: deiner Knechte.
89,51b Text korr.; H: Im Herzen trage ich alle die vielen Völker.
90,5 Text korr.
90,7 werden vernichtet, wörtlich: werden erschreckt.
90,11b Text korr.; H: und wie die Furcht vor dir ist dein Grimm.

gedeihen, / ja, lass gedeihen das Werk unsrer
Hände!

3: 146,4 • 4: 2 Petr 3,8 • 5–6: 37,2; 58,8; 102,12; 103,15; Ijob 14,2; Jes 40,6f • 8: 109,15; Hos 7,2 • 9–10: 39,6; 89,48; 102,12; 109,23; 144,4; Ijob 7,6.16; 14,1f; Koh 6,12; Weish 2,5 • 10: Gen 6,3; Sir 18,9 • 12: 39,5f • 14: 46,6; 143,8; Klgl 3,23 • 16: Jes 5,12.

Unter dem Schutz des Höchsten

91 Wer im Schutz des Höchsten wohnt /
und ruht im Schatten des Allmächti-
gen,
2 der sagt zum Herrn: »Du bist für mich
Zuflucht und Burg, / mein Gott, dem ich ver-
traue.«
3 Er rettet dich aus der Schlinge des Jä-
gers / und aus allem Verderben.
4 Er beschirmt dich mit seinen Flügeln, /
unter seinen Schwingen findest du Zu-
flucht, / Schild und Schutz ist dir seine
Treue.
5 Du brauchst dich vor dem Schrecken der
Nacht nicht zu fürchten, / noch vor dem
Pfeil, der am Tag dahinfliegt,
6 nicht vor der Pest, die im Finstern
schleicht, / vor der Seuche, die wütet am
Mittag.
7 Fallen auch tausend zu deiner Seite, / dir
zur Rechten zehnmal tausend, / so wird es
doch dich nicht treffen.
8 Ja, du wirst es sehen mit eigenen Augen, /
wirst zuschauen, wie den Frevlern vergolten
wird.
9 Denn der Herr ist deine Zuflucht, / du
hast dir den Höchsten als Schutz erwählt.
10 Dir begegnet kein Unheil, / kein Un-
glück naht deinem Zelt.
11 Denn er befiehlt seinen Engeln, / dich zu
behüten auf all deinen Wegen.
12 Sie tragen dich auf ihren Händen, / da-
mit dein Fuß nicht an einen Stein stößt;
13 du schreitest über Löwen und Nattern, /
trittst auf Löwen und Drachen.
14 »Weil er an mir hängt, will ich ihn ret-
ten; / ich will ihn schützen, denn er kennt
meinen Namen.
15 Wenn er mich anruft, dann will ich ihn
erhören. / Ich bin bei ihm in der Not, / befreie
ihn und bringe ihn zu Ehren.
16 Ich sättige ihn mit langem Leben / und
lasse ihn schauen mein Heil.«

2: 18,3 • 3: 124,7 • 4: 17,7f • 5: Spr 3,25 • 6: Jer 15,8 • 7: Dtn 7,15 • 8: 54,9; 62,13 • 10: Ijob 5,19.24 • 11: 34,8; Hebr 1,14 • 11–12: Mt 4,6 • 12: Spr 3,23 • 13: Lk 10,19 • 14: 9,11; 119,132 • 15: 50,15; Sach 13,9 • 16: 50,23.

Ein Loblied auf die Treue Gottes

92 [Ein Psalm. Ein Lied für den Sabbat-
tag.]
2 Wie schön ist es, dem Herrn zu danken, /
deinem Namen, du Höchster, zu singen,
3 am Morgen deine Huld zu verkünden /
und in den Nächten deine Treue
4 zur zehnsaitigen Laute, zur Harfe, / zum
Klang der Zither.
5 Denn du hast mich durch deine Taten
froh gemacht; / Herr, ich will jubeln über die
Werke deiner Hände.
6 Wie groß sind deine Werke, o Herr, / wie
tief deine Gedanken!
7 Ein Mensch ohne Einsicht erkennt das
nicht, / ein Tor kann es nicht verstehen.
8 Wenn auch die Frevler gedeihen / und
alle, die Unrecht tun, wachsen, / so nur, da-
mit du sie für immer vernichtest.
9 Herr, du bist der Höchste, / du bleibst auf
ewig.
10 Doch deine Feinde, Herr, wahrhaftig,
deine Feinde vergehen; / auseinander getrie-
ben werden alle, die Unrecht tun.
11 Du machtest mich stark wie einen
Stier, / du salbtest mich mit frischem Öl.
12 Mein Auge blickt herab auf meine Ver-
folger, / auf alle, die sich gegen mich erhe-
ben; / mein Ohr hört vom Geschick der Bö-
sen.
13 Der Gerechte gedeiht wie die Palme, / er
wächst wie die Zedern des Libanon.
14 Gepflanzt im Haus des Herrn, / gedeihen
sie in den Vorhöfen unseres Gottes.
15 Sie tragen Frucht noch im Alter / und
bleiben voll Saft und Frische;
16 sie verkünden: Gerecht ist der Herr; /
mein Fels ist er, an ihm ist kein Unrecht.

2: 33,1–3 • 6: 104,24; 139,17f • 7: Weish 13,1 • 8: 37,35f • 10: 68,2f; 125,5 • 11: 23,5 • 12: 54,9 • 13: 1,3 • 14: 52,10 • 16: 18,3; 18,47; 19,15; 28,1; 42,10; 62,8; 78,35; 94,22; 95,1; 144,1; Gen 49,24; Dtn 32,4.15.18.37.

Das Königtum Gottes

93 Der Herr ist König, bekleidet mit
Hoheit; / der Herr hat sich bekleidet
und mit Macht umgürtet.

91,2 Text korr. nach G.
91,3b Andere Übersetzungsmöglichkeit: und aus der Pest des Verderbens; oder: und vor dem (Verderben bringenden) Wort (G). Die hebräischen Ausdrücke für Pest (deber) und Wort (dabar) können leicht verwechselt werden, zumal man keine Vokale schrieb.
91,9a H: Denn du, Herr, bist meine Zuflucht.
92,8a Wörtlich: Wenn auch die Frevler aufsprießen wie Gras.
92,11b Nach S und der aramäischen Übersetzung; H: übergossen werde ich mit Öl.

Der Erdkreis ist fest gegründet, / nie wird
er wanken.
2 Dein Thron steht fest von Anbeginn, / du
bist seit Ewigkeit.
3 Fluten erheben sich, Herr, / Fluten erhe-
ben ihr Brausen, / Fluten erheben ihr To-
sen.
4 Gewaltiger als das Tosen vieler Wasser, /
gewaltiger als die Brandung des Meeres / ist
der Herr in der Höhe.
5 Deine Gesetze sind fest und verlässlich; /
Herr, deinem Haus gebührt Heiligkeit / für
alle Zeiten.

1: 24,7–10; 75,4; 104,5 • 2: 9,8; 90,2 • 3–4: 29,10 • 5: 19,8.

Gott, der Anwalt der Gerechten

94 Gott der Vergeltung, o Herr, / du
Gott der Vergeltung, erscheine!
2 Erhebe dich, Richter der Erde, / vergilt
den Stolzen ihr Tun!
3 Wie lange noch dürfen die Frevler, o
Herr, / wie lange noch dürfen die Frevler
frohlocken?
4 Sie führen freche Reden, / alle, die Un-
recht tun, brüsten sich.
5 Herr, sie zertreten dein Volk, / sie unter-
drücken dein Erbteil.
6 Sie bringen die Witwen und Waisen um /
und morden die Fremden.
7 Sie denken: Der Herr sieht es ja nicht, /
der Gott Jakobs merkt es nicht.
8 Begreift doch, ihr Toren im Volk! / Ihr
Unvernünftigen, wann werdet ihr klug?
9 Sollte der nicht hören, der das Ohr ge-
pflanzt hat, / sollte der nicht sehen, der das
Auge geformt hat?
10 Sollte der nicht strafen, der die Völker
erzieht, / er, der die Menschen Erkenntnis
lehrt?
11 Der Herr kennt die Gedanken der Men-
schen: / Sie sind nichts als ein Hauch.
12 Wohl dem Mann, den du, Herr, erziehst, /
den du mit deiner Weisung belehrst.
13 Du bewahrst ihn vor bösen Tagen, / bis
man dem Frevler die Grube gräbt.
14 Ja, der Herr wird sein Volk nicht versto-
ßen / und niemals sein Erbe verlassen.
15 Nun spricht man wieder Recht nach Ge-
rechtigkeit; / ihr folgen alle Menschen mit
redlichem Herzen.
16 Wer wird sich für mich gegen die Frevler
erheben, / wer steht für mich ein gegen den,
der Unrecht tut?
17 Wäre nicht der Herr meine Hilfe, / bald
würde ich im Land des Schweigens woh-
nen.
18 Wenn ich sage: »Mein Fuß gleitet aus«, /
dann stützt mich, Herr, deine Huld.
19 Mehren sich die Sorgen des Herzens, / so
erquickt dein Trost meine Seele.
20 Kann sich mit dir der bestechliche Rich-
ter verbünden, / der willkürlich straft, gegen
das Gesetz?
21 Sie wollen das Leben des Gerechten ver-
nichten / und verurteilen schuldlose Men-
schen.
22 Doch meine Burg ist der Herr, / mein
Gott ist der Fels meiner Zuflucht.
23 Er wird ihnen ihr Unrecht vergelten /
und sie wegen ihrer Bosheit vernichten; /
vernichten wird sie der Herr, unser Gott.

1: Dtn 32,35; Nah 1,2 • 2: Jer 51,56; Ps 62,13 • 4: 75,6 • 6: Ex 22,21f; Ez 22,7 • 7: 10,11 • 8: Spr 1,22; 8,5 • 9: 33,15; Ex 4,11; Spr 20,12 • 11: 1 Kor 3,20 • 12: 119,71; Ijob 5,17 • 14: 1 Sam 12,22 • 17: 115,17 • 18: 145,14 • 19: 2 Kor 1,4f • 22: 92,16 • 23: 7,17; Spr 5,22; Ps 62,13.

Aufruf zur Treue gegen Gott

95 Kommt, lasst uns jubeln vor dem
Herrn / und zujauchzen dem Fels
unsres Heiles!
2 Lasst uns mit Lob seinem Angesicht na-
hen, / vor ihm jauchzen mit Liedern!
3 Denn der Herr ist ein großer Gott, / ein
großer König über allen Göttern.
4 In seiner Hand sind die Tiefen der Erde, /
sein sind die Gipfel der Berge.
5 Sein ist das Meer, das er gemacht hat, /
das trockene Land, das seine Hände gebil-
det.
6 Kommt, lasst uns niederfallen, uns vor
ihm verneigen, / lasst uns niederknien vor
dem Herrn, unserm Schöpfer!
7 Denn er ist unser Gott, / wir sind das
Volk seiner Weide, / die Herde, von seiner
Hand geführt.
Ach, würdet ihr doch heute auf seine
Stimme hören! / 8 »Verhärtet euer Herz nicht
wie in Meríba, / wie in der Wüste am Tag von
Massa!
9 Dort haben eure Väter mich versucht, /
sie haben mich auf die Probe gestellt und
hatten doch mein Tun gesehen.
10 Vierzig Jahre war mir dies Geschlecht
zuwider / und ich sagte: Sie sind ein Volk,
dessen Herz in die Irre geht; / denn meine
Wege kennen sie nicht.

93,4b Text korr.; H: mehr als die Herrlichkeit der Brandungen.
94,20 der bestechliche Richter, wörtlich: ein Richterstuhl des Verderbens.
95,10a dies: ergänzt nach G.
96,8b Wörtlich: und tretet ein in seine (Tempel-) Vorhöfe!
96,10c H: Der Erdkreis ist gegründet.

11 Darum habe ich in meinem Zorn ge-
schworen: / Sie sollen nicht kommen in das
Land meiner Ruhe.«

1: 92,16 • 2: 100,2 • 3: 47,3; 48,2; 96,4; 99,2; 113,4; 136,2f; 145,3; Ijob 36,22 • 5: 24,1 • 7: 100,3 • 7–11: Hebr 3,7–11.15; 4,1–10 • 8: 81,8 • 9: Num 14,22; Dtn 6,16 • 10: Num 14,30.34; Dtn 32,5.20; Ijob 21,14 • 11: Num 14,22f; Ps 132,14; Ez 20,15.

Der Herr, König und Richter aller Welt

96 Singt dem Herrn ein neues Lied, /
singt dem Herrn, alle Länder der
Erde!
2 Singt dem Herrn und preist seinen Na-
men, / verkündet sein Heil von Tag zu Tag!
3 Erzählt bei den Völkern von seiner Herr-
lichkeit, / bei allen Nationen von seinen
Wundern!
4 Denn groß ist der Herr und hoch zu prei-
sen, / mehr zu fürchten als alle Götter.
5 Alle Götter der Heiden sind nichtig, / der
Herr aber hat den Himmel geschaffen.
6 Hoheit und Pracht sind vor seinem Ange-
sicht, / Macht und Glanz in seinem Heilig-
tum.
7 Bringt dar dem Herrn, ihr Stämme der
Völker, / bringt dar dem Herrn Lob und
Ehre!
8 Bringt dar dem Herrn die Ehre seines Na-
mens, / spendet Opfergaben und tretet ein in
sein Heiligtum!
9 In heiligem Schmuck werft euch nieder
vor dem Herrn, / erbebt vor ihm, alle Länder
der Erde!
10 Verkündet bei den Völkern: / Der Herr
ist König.
Den Erdkreis hat er gegründet, sodass er
nicht wankt. / Er richtet die Nationen so, wie
es recht ist.
11 Der Himmel freue sich, die Erde frohlo-
cke, / es brause das Meer und alles, was es er-
füllt.
12 Es jauchze die Flur und was auf ihr
wächst. / Jubeln sollen alle Bäume des Wal-
des
13 vor dem Herrn, wenn er kommt, / wenn
er kommt, um die Erde zu richten.
Er richtet den Erdkreis gerecht / und die
Nationen nach seiner Treue.

1–13: 1 Chr 16,23–33 • 1: 33,3 • 3: 108,4 • 4: 48,2; 95,3 • 7–9: 29,1f • 10: 24,7–10; 75,3f • 11: 98,7 • 12: Jes 55,12 • 13: 98,9; 9,9; Apg 17,31.

Aufruf zur Freude über den Herrscher der Welt

97 Der Herr ist König. Die Erde frohlo-
cke. / Freuen sollen sich die vielen
Inseln.
2 Rings um ihn her sind Wolken und Dun-
kel, / Gerechtigkeit und Recht sind die Stüt-
zen seines Throns.
3 Verzehrendes Feuer läuft vor ihm her /
und frisst seine Gegner ringsum.
4 Seine Blitze erhellen den Erdkreis; / die
Erde sieht es und bebt.
5 Berge schmelzen wie Wachs vor dem
Herrn, / vor dem Antlitz des Herrschers aller
Welt.
6 Seine Gerechtigkeit verkünden die Him-
mel, / seine Herrlichkeit schauen alle Völ-
ker.
7 Alle, die Bildern dienen, werden zuschan-
den, / alle, die sich der Götzen rühmen. / Vor
ihm werfen sich alle Götter nieder.
8 Zion hört es und freut sich, / Judas Töch-
ter jubeln, Herr, über deine Gerichte.
9 Denn du, Herr, bist der Höchste über der
ganzen Erde, / hoch erhaben über alle Göt-
ter.
10 Ihr, die ihr den Herrn liebt, hasst das
Böse! / Er behütet das Leben seiner From-
men, / er entreißt sie der Hand der Frevler.
11 Ein Licht erstrahlt den Gerechten / und
Freude den Menschen mit redlichem Her-
zen.
12 Ihr Gerechten, freut euch am Herrn /
und lobt seinen heiligen Namen!

1: 24,7–10 • 2: 89,15 • 3: 18,9 • 4: 77,19 • 5: 68,3; Mi 1,4 • 6: 50,6 • 8: 48,12 • 9: 83,19; 95,3; 136,2f • 10: 121,7f • 11: 27,1; 43,3; 112,4; Spr 13,9; Jes 58,10; Joh 8,12 • 12: 30,5.

Ein neues Lied auf den Richter und Retter

98 [Ein Psalm.]
Singt dem Herrn ein neues Lied; /
denn er hat wunderbare Taten vollbracht.
Er hat mit seiner Rechten geholfen / und
mit seinem heiligen Arm.
2 Der Herr hat sein Heil bekannt gemacht /
und sein gerechtes Wirken enthüllt vor den
Augen der Völker.
3 Er dachte an seine Huld / und an seine
Treue zum Hause Israel.
Alle Enden der Erde / sahen das Heil uns-
res Gottes.
4 Jauchzt vor dem Herrn, alle Länder der
Erde,/ freut euch, jubelt und singt!
5 Spielt dem Herrn auf der Harfe, / auf der
Harfe zu lautem Gesang!
6 Zum Schall der Trompeten und Hörner /
jauchzt vor dem Herrn, dem König!
7 Es brause das Meer und alles, was es er-
füllt, / der Erdkreis und seine Bewohner.
8 In die Hände klatschen sollen die Strö-
me, / die Berge sollen jubeln im Chor

97,11a Text korr.; H: Licht ist gesät den Gerechten.

9 vor dem Herrn, wenn er kommt, / um die Erde zu richten.

Er richtet den Erdkreis gerecht, / die Nationen so, wie es recht ist.

1: 33,3; Jes 59,16; 63,5 • 6: 24,7–10 • 7: 96,11 • 8: 96,12f • 9: 96,13; 67,5.

Der heilige Gott auf dem Zion

99 Der Herr ist König: Es zittern die Völker. / Er thront auf den Kerubim: Es wankt die Erde.

2 Groß ist der Herr auf Zion, / über alle Völker erhaben.

3 Preisen sollen sie deinen großen, majestätischen Namen. / Denn er ist heilig.

4 Stark ist der König, er liebt das Recht. / Du hast die Weltordnung fest begründet, / hast Recht und Gerechtigkeit in Jakob geschaffen.

5 Rühmt den Herrn, unseren Gott; / werft euch am Schemel seiner Füße nieder! / Denn er ist heilig.

6 Mose und Aaron sind unter seinen Priestern, / Samuel unter denen, die seinen Namen anrufen; / sie riefen zum Herrn und er hat sie erhört.

7 Aus der Wolkensäule sprach er zu ihnen; / seine Gebote hielten sie, / die Satzung, die er ihnen gab.

8 Herr, unser Gott, du hast sie erhört; / du warst ihnen ein verzeihender Gott, / aber du hast ihre Frevel vergolten.

9 Rühmt den Herrn, unsern Gott, / werft euch nieder an seinem heiligen Berge! / Denn heilig ist der Herr, unser Gott.

1: 24,7–10; 80,2 • 2: 48,2; 95,3 • 3: 111,9 • 5: 132,7 • 6: Jer 15,1 • 7: Ex 33,9; Num 12,5 • 8: Ex 32,11; 34,7.

Lobgesang des Volkes beim Einzug ins Heiligtum

100 [Ein Psalm zum Dankopfer.] Jauchzt vor dem Herrn, alle Länder der Erde! / 2 Dient dem Herrn mit Freude! / Kommt vor sein Antlitz mit Jubel!

3 Erkennt: Der Herr allein ist Gott. / Er hat uns geschaffen, wir sind sein Eigentum, / sein Volk und die Herde seiner Weide.

4 Tretet mit Dank durch seine Tore ein! / Kommt mit Lobgesang in die Vorhöfe seines Tempels! / Dankt ihm, preist seinen Namen!

5 Denn der Herr ist gütig, / ewig währt seine Huld, / von Geschlecht zu Geschlecht seine Treue.

2: 95,2 • 3: 83,19; 95,7; Jes 64,7 • 5: 107,1.

Die Vorsätze eines Königs

101 [Ein Psalm Davids.] Von Gnade und Recht will ich singen; / dir, o Herr, will ich spielen.

2 Ich will auf den Weg der Bewährten achten. / Wann kommst du zu mir? / Ich lebe in der Stille meines Hauses mit lauterem Herzen.

3 Ich richte mein Auge nicht auf Schändliches; / ich hasse es, Unrecht zu tun, es soll nicht an mir haften.

4 Falschheit sei meinem Herzen fern; / ich will das Böse nicht kennen.

5 Wer den Nächsten heimlich verleumdet, / den bring ich zum Schweigen.

Stolze Augen und hochmütige Herzen / kann ich nicht ertragen.

6 Meine Augen suchen die Treuen im Land; / sie sollen bei mir wohnen. / Wer auf rechten Wegen geht, der darf mir dienen.

7 In meinem Haus soll kein Betrüger wohnen; / kein Lügner kann vor meinen Augen bestehen.

8 Morgen für Morgen spreche ich das Urteil / über die Frevler im Land, / um in der Stadt des Herrn alle auszurotten, die Unrecht tun.

1: 7,18 • 2: 26,11f • 5: Spr 21,4 • 6: Spr 14,35 • 8: Jer 21,12; Zef 3,5; Spr 20,26.

Das Gebet eines Unglücklichen

102 [Gebet eines Unglücklichen, wenn er in Verzweiflung ist und vor dem Herrn seine Sorge ausschüttet.]

2 Herr, höre mein Gebet! / Mein Schreien dringe zu dir.

3 Verbirg dein Antlitz nicht vor mir! / Wenn ich in Not bin, wende dein Ohr mir zu! / Wenn ich dich anrufe, erhöre mich bald!

4 Meine Tage sind wie Rauch geschwunden, / meine Glieder wie von Feuer verbrannt.

5 Versengt wie Gras und verdorrt ist mein Herz, / sodass ich vergessen habe, mein Brot zu essen.

99,4a H: Und die Stärke des Königs liebt das Recht.
99,6b Vorschlag für die Psalmodie: auch Samuel rief seinen Namen an.
100,3b wir sind sein Eigentum: so nach einigen alten Übersetzungen. Nach anderen alten Übersetzungen: und nicht wir (haben uns erschaffen).
101,2c in der Stille, wörtlich: inmitten.
101,8ab Wörtlich: Morgen für Morgen will ich vernichten alle Frevler im Land.

6 Vor lauter Stöhnen und Schreien / bin ich
nur noch Haut und Knochen.
7 Ich bin wie eine Dohle in der Wüste, / wie
eine Eule in öden Ruinen.
8 Ich liege wach und ich klage / wie ein einsamer Vogel auf dem Dach.
9 Den ganzen Tag schmähen mich die
Feinde; / die mich verhöhnen, nennen meinen Namen beim Fluchen.
10 Staub muss ich essen wie Brot, / mit
Tränen mische ich meinen Trank;
11 denn auf mir lasten dein Zorn und dein
Grimm. / Du hast mich hochgerissen und zu
Boden geschleudert.
12 Meine Tage schwinden dahin wie Schatten, / ich verdorre wie Gras.
13 Du aber, Herr, du thronst für immer und
ewig, / dein Name dauert von Geschlecht zu
Geschlecht.
14 Du wirst dich erheben, dich über Zion
erbarmen; / denn es ist Zeit, ihm gnädig zu
sein, die Stunde ist da.
15 An Zions Steinen hängt das Herz deiner
Knechte, / um seine Trümmer tragen sie
Leid.
16 Dann fürchten die Völker den Namen
des Herrn / und alle Könige der Erde deine
Herrlichkeit.
17 Denn der Herr baut Zion wieder auf /
und erscheint in all seiner Herrlichkeit.
18 Er wendet sich dem Gebet der Verlassenen zu, / ihre Bitten verschmäht er nicht.
19 Dies sei aufgeschrieben für das kommende Geschlecht, / damit das Volk, das
noch erschaffen wird, den Herrn lobpreise.
20 Denn der Herr schaut herab aus heiliger
Höhe, / vom Himmel blickt er auf die Erde
nieder;
21 er will auf das Seufzen der Gefangenen
hören / und alle befreien, die dem Tod geweiht sind,
22 damit sie den Namen des Herrn auf dem
Zion verkünden / und sein Lob in Jerusalem,
23 wenn sich dort Königreiche und Völker
versammeln, / um den Herrn zu verehren.
24 Er hat meine Kraft auf dem Weg gebrochen, / er hat meine Tage verkürzt.
25 Darum sage ich: Raff mich nicht weg in
der Mitte des Lebens, / mein Gott, dessen
Jahre Geschlecht um Geschlecht überdauern!
26 Vorzeiten hast du der Erde Grund gelegt, / die Himmel sind das Werk deiner Hände.
27 Sie werden vergehen, du aber bleibst; /
sie alle zerfallen wie ein Gewand;
du wechselst sie wie ein Kleid / und sie
schwinden dahin.
28 Du aber bleibst, der du bist, / und deine
Jahre enden nie.
29 Die Kinder deiner Knechte werden (in
Sicherheit) wohnen, / ihre Nachkommen vor
deinem Antlitz bestehen.

3: 31,3; 69,18; 143,7 • 4: 38,8f • 6: Ijob 19,20 • 9: 41,6 • 10: 42,4 • 12: 90,9f • 13: 145,13; 135,13; Klgl 5,19 • 14: 69,14 • 17: 51,20; Jes 60,1 • 19: 22,31f • 20: 11,4; 33,13 • 21: 79,11 • 23: Jes 60,3–10; Lk 13,29f • 24: 89,46 • 25: 55,24 • 26–28: Jes 51,6–8; Hebr 1,10–12 • 28: Hebr 13,8 • 29: 69,36f.

Ein Loblied auf den gütigen und verzeihenden Gott

103 [Von David.]
Lobe den Herrn, meine Seele, /
und alles in mir seinen heiligen Namen!
2 Lobe den Herrn, meine Seele, / und vergiss nicht, was er dir Gutes getan hat:
3 der dir all deine Schuld vergibt / und all
deine Gebrechen heilt,
4 der dein Leben vor dem Untergang rettet / und dich mit Huld und Erbarmen
krönt,
5 der dich dein Leben lang mit seinen Gaben sättigt; / wie dem Adler wird dir die
Jugend erneuert.
6 Der Herr vollbringt Taten des Heiles, /
Recht verschafft er allen Bedrängten.
7 Er hat Mose seine Wege kundgetan, / den
Kindern Israels seine Werke.
8 Der Herr ist barmherzig und gnädig, /
langmütig und reich an Güte.
9 Er wird nicht immer zürnen, / nicht ewig
im Groll verharren.
10 Er handelt an uns nicht nach unsern
Sünden / und vergilt uns nicht nach unsrer
Schuld.
11 Denn so hoch der Himmel über der Erde
ist, / so hoch ist seine Huld über denen, die
ihn fürchten.
12 So weit der Aufgang entfernt ist vom
Untergang, / so weit entfernt er die Schuld
von uns.

102,6 Wörtlich: Vor lauter Jammern klebt mein Gebein am Fleisch.
102,8 und ich klage wie: Text korr.; H: und ich bin wie . . .
102,12 Text korr.; H: Meine Tage (sind) wie ein lang sich dehnender Schatten (d. h.: es geht dem Ende entgegen).
103,5 dein Leben lang: Text korr.
103,11b so hoch: Text korr.; H: so stark.

13 Wie ein Vater sich seiner Kinder er-
barmt, / so erbarmt sich der Herr über alle,
die ihn fürchten.
14 Denn er weiß, was wir für Gebilde sind; /
er denkt daran: Wir sind nur Staub.
15 Des Menschen Tage sind wie Gras, / er
blüht wie die Blume des Feldes.
16 Fährt der Wind darüber, ist sie dahin; /
der Ort, wo sie stand, weiß von ihr nichts
mehr.
17 Doch die Huld des Herrn währt immer
und ewig / für alle, die ihn fürchten und eh-
ren;
sein Heil erfahren noch Kinder und En-
kel; / 18 alle, die seinen Bund bewahren, / an
seine Gebote denken und danach handeln.
19 Der Herr hat seinen Thron errichtet im
Himmel, / seine königliche Macht beherrscht
das All.
20 Lobt den Herrn, ihr seine Engel, / ihr
starken Helden, die seine Befehle vollstre-
cken, / seinen Worten gehorsam!
21 Lobt den Herrn, all seine Scharen, / sei-
ne Diener, die seinen Willen vollziehen!
22 Lobt den Herrn, all seine Werke, / an je-
dem Ort seiner Herrschaft! / Lobe den
Herrn, meine Seele!

2: Dtn 4,9 • 3: 32,1; Ex 15,26 • 5: Ijob 33,25; Jes 40,31 • 6: 146,7 • 7: 90,16 • 8: 116,5 • 9: Jes 57,16; Jer 3,12 • 11: 36,6; Jes 55,9 • 13: 145,9; Jdt 16,15; Lk 15,11–24 • 14: 146,4 • 15: 90,5f • 16: Ijob 7,10 • 17: Ex 20,6; Lk 1,50 • 18: 25,10 • 20–22: 29,1; 148,2–4 • 22: 145,10; Dan 3,57.

Ein Loblied auf den Schöpfer

104 Lobe den Herrn, meine Seele! /
Herr, mein Gott, wie groß bist du! /
Du bist mit Hoheit und Pracht bekleidet.
2 Du hüllst dich in Licht wie in ein Kleid, /
du spannst den Himmel aus wie ein Zelt.
3 Du verankerst die Balken deiner Woh-
nung im Wasser. / Du nimmst dir die Wolken
zum Wagen, / du fährst einher auf den Flü-
geln des Sturmes.
4 Du machst dir die Winde zu Boten / und
lodernde Feuer zu deinen Dienern.
5 Du hast die Erde auf Pfeiler gegründet; /
in alle Ewigkeit wird sie nicht wanken.
6 Einst hat die Urflut sie bedeckt wie ein
Kleid, / die Wasser standen über den Ber-
gen.
7 Sie wichen vor deinem Drohen zurück, /
sie flohen vor der Stimme deines Donners.
8 Da erhoben sich Berge und senkten sich
Täler / an den Ort, den du für sie bestimmt
hast.
9 Du hast den Wassern eine Grenze ge-
setzt, / die dürfen sie nicht überschreiten; /
nie wieder sollen sie die Erde bedecken.
10 Du lässt die Quellen hervorsprudeln in
den Tälern, / sie eilen zwischen den Bergen
dahin.
11 Allen Tieren des Feldes spenden sie
Trank, / die Wildesel stillen ihren Durst da-
raus.
12 An den Ufern wohnen die Vögel des
Himmels, / aus den Zweigen erklingt ihr Ge-
sang.
13 Du tränkst die Berge aus deinen Kam-
mern, / aus deinen Wolken wird die Erde
satt.
14 Du lässt Gras wachsen für das Vieh, /
auch Pflanzen für den Menschen, die er an-
baut,
damit er Brot gewinnt von der Erde /
15 und Wein, der das Herz des Menschen er-
freut,
damit sein Gesicht von Öl erglänzt / und
Brot das Menschenherz stärkt.
16 Die Bäume des Herrn trinken sich satt, /
die Zedern des Libanon, die er gepflanzt
hat.
17 In ihnen bauen die Vögel ihr Nest, / auf
den Zypressen nistet der Storch.
18 Die hohen Berge gehören dem Stein-
bock, / dem Klippdachs bieten die Felsen
Zuflucht.
19 Du hast den Mond gemacht als Maß für
die Zeiten, / die Sonne weiß, wann sie unter-
geht.
20 Du sendest Finsternis und es wird
Nacht, / dann regen sich alle Tiere des Wal-
des.
21 Die jungen Löwen brüllen nach Beute, /
sie verlangen von Gott ihre Nahrung.
22 Strahlt die Sonne dann auf, so schlei-
chen sie heim / und lagern sich in ihren Ver-
stecken.
23 Nun geht der Mensch hinaus an sein
Tagwerk, / an seine Arbeit bis zum Abend.
24 Herr, wie zahlreich sind deine Werke! /
Mit Weisheit hast du sie alle gemacht, / die
Erde ist voll von deinen Geschöpfen.
25 Da ist das Meer, so groß und weit, / darin
ein Gewimmel ohne Zahl: kleine und große
Tiere.
26 Dort ziehen die Schiffe dahin, / auch der
Levíatan, den du geformt hast, um mit ihm
zu spielen.
27 Sie alle warten auf dich, / dass du ihnen
Speise gibst zur rechten Zeit.

104,13b Text korr.; H ist unverständlich.

104,25a so groß und weit, wörtlich: groß und weit nach beiden Seiten.

28 Gibst du ihnen, dann sammeln sie ein; / öffnest du deine Hand, werden sie satt an Gutem.

29 Verbirgst du dein Gesicht, sind sie verstört; / nimmst du ihnen den Atem, so schwinden sie hin / und kehren zurück zum Staub der Erde.

30 Sendest du deinen Geist aus, so werden sie alle erschaffen / und du erneuerst das Antlitz der Erde.

31 Ewig währe die Herrlichkeit des Herrn; / der Herr freue sich seiner Werke.

32 Er blickt auf die Erde und sie erbebt; / er rührt die Berge an und sie rauchen.

33 Ich will dem Herrn singen, solange ich lebe, / will meinem Gott spielen, solange ich da bin.

34 Möge ihm mein Dichten gefallen. / Ich will mich freuen am Herrn.

35 Doch die Sünder sollen von der Erde verschwinden / und es sollen keine Frevler mehr da sein. / Lobe den Herrn, meine Seele! / Halleluja!

1: 40,17 • 2: Ijob 9,8; Jes 40,22; 44,24 • 3: 18,11; 68,5 • 4: Hebr 1,7 • 5: 75,4 • 7–9: Spr 8,29 • 9: Ijob 38,8–11; Jer 5,22; Gen 9,11–15 • 10: 74,15 • 12: Ez 31,6–9 • 13: 65,10f; Ijob 36,31 • 14: 147,8f • 15: Ri 9,13; Koh 10,19; Sir 31,27 • 19: 74,16; Sir 43,6–8 • 21: 17,12; Ijob 38,39 • 22: Ijob 37,8 • 24: Spr 8,22–31 • 25: Sir 43,25 • 26: 107,23 • 27–28: 145,15f • 27: 136,25;• 29: 30,8; 146,4 • 30: Gen 2,7 • 32: 144,5 • 33: 7,18; 146,2 • 34: 19,15.

Ein Loblied auf den Herrn der Geschichte

105 Dankt dem Herrn! Ruft seinen Namen an! / Macht unter den Völkern seine Taten bekannt!

2 Singt ihm und spielt ihm, / sinnt nach über all seine Wunder!

3 Rühmt euch seines heiligen Namens! / Alle, die den Herrn suchen, sollen sich von Herzen freuen.

4 Fragt nach dem Herrn und seiner Macht; / sucht sein Antlitz allezeit!

5 Denkt an die Wunder, die er getan hat, / an seine Zeichen und die Beschlüsse aus seinem Mund.

6 Bedenkt es, ihr Nachkommen seines Knechtes Abraham, / ihr Kinder Jakobs, die er erwählt hat.

7 Er, der Herr, ist unser Gott. / Seine Herrschaft umgreift die Erde.

8 Ewig denkt er an seinen Bund, / an das Wort, das er gegeben hat für tausend Geschlechter,

9 an den Bund, den er mit Abraham geschlossen, / an den Eid, den er Isaak geschworen hat.

10 Er bestimmte ihn als Satzung für Jakob, / als ewigen Bund für Israel.

11 Er sprach: Dir will ich Kanaan geben, / das Land, das dir als Erbe bestimmt ist.

12 Als sie noch gering waren an Zahl, / nur wenige und fremd im Land,

13 und noch zogen von Volk zu Volk, / von einem Reich zum andern,

14 da ließ er sie von niemand bedrücken, / wies ihretwegen Könige zurecht:

15 »Tastet meine Gesalbten nicht an, / tut meinen Propheten nichts zuleide!«

16 Dann aber rief er den Hunger ins Land, / entzog ihnen allen Vorrat an Brot.

17 Doch hatte er ihnen einen Mann vorausgesandt: / Josef wurde als Sklave verkauft.

18 Man spannte seine Füße in Fesseln / und zwängte seinen Hals ins Eisen

19 bis zu der Zeit, als sein Wort sich erfüllte / und der Spruch des Herrn ihm Recht gab.

20 Da sandte der König einen Boten und ließ ihn frei, / der Herrscher der Völker ließ ihn heraus.

21 Er bestellte ihn zum Herrn über sein Haus, / zum Gebieter über seinen ganzen Besitz.

22 Er sollte die Fürsten lenken nach seinem Sinn / und die Ältesten Weisheit lehren.

23 Und Israel kam nach Ägypten, / Jakob wurde Gast im Lande Hams.

24 Da mehrte Gott sein Volk gewaltig, / machte es stärker als das Volk der Bedrücker.

25 Er wandelte ihren Sinn zum Hass gegen sein Volk, / sodass sie an seinen Knechten tückisch handelten.

26 Dann sandte er Mose, seinen Knecht, / und Aaron, den Gott sich erwählte.

27 Sie wirkten unter ihnen seine Zeichen, / im Lande Hams seine Wunder.

28 Er sandte Finsternis, da wurde es dunkel; / doch achteten sie nicht auf sein Wort.

29 Er verwandelte ihre Gewässer in Blut / und ließ ihre Fische sterben.

30 Ihr Land wimmelte von Fröschen / bis hinein in den Palast des Königs.

31 Er gebot, da kamen Schwärme von Fliegen / und von Stechmücken über das ganze Gebiet.

32 Er schickte ihnen Hagel statt Regen, / flammendes Feuer auf ihr Land.

33 Er zerschlug ihnen Weinstock und Feigenbaum / und knickte in ihrem Gebiet die Bäume um.

105,22a Text korr. nach G, S und Vg.
105,27a Text korr. nach S.
105,28b Text korr.; H: und sie widerstrebten nicht seinem Wort.

34 Er gebot, da kamen Schwärme von Grillen / und Wanderheuschrecken in gewaltiger Zahl.
35 Sie fraßen alles Grün in ihrem Land, / sie fraßen die Frucht ihrer Felder.
36 Er erschlug im Land jede Erstgeburt, / die ganze Blüte der Jugend.
37 Er führte sein Volk heraus mit Silber und Gold; / in seinen Stämmen fand sich kein Schwächling.
38 Bei ihrem Auszug waren die Ägypter froh; / denn Schrecken vor ihnen hatte sie alle befallen.
39 Eine Wolke breitete er aus, um sie zu decken, / und Feuer, um die Nacht zu erleuchten.
40 Als sie ihn baten, schickte er Wachteln / und sättigte sie mit Brot vom Himmel.
41 Er öffnete den Felsen und Wasser entquoll ihm, / wie ein Strom floss es dahin in der Wüste.
42 Denn er dachte an sein heiliges Wort / und an Abraham, seinen Knecht.
43 Er führte sein Volk heraus in Freude, / seine Erwählten in Jubel.
44 Er gab ihnen die Länder der Völker / und ließ sie den Besitz der Nationen gewinnen,
45 damit sie seine Satzungen hielten / und seine Gebote befolgten. / Halleluja!

1–15: 1 Chr 16,8–22; Ps 108,4 • 3: Dtn 4,29 • 4: 27,8 • 8: 111,5; Dtn 7,9 • 9: Gen 17,1–21; 26,3 • 11: Gen 12,7; 15,18 • 12: Dtn 26,5 • 14: Gen 12,17; 20,3.7 • 16: Gen 41,54 • 17: Gen 37,28; 45,5 • 18: Gen 39,20 • 19–22: Gen 41,38–45 • 23: Gen 46,1–7; 47,11 • 24: Ex 1,7.12 • 25: Ex 1,9–11.15–22 • 26: Ex 3,10; 4,14–16 • 28: Ex 10,21–29 • 29: Ex 7,14–25 • 30: Ex 7,26 – 8,11 • 31: Ex 8,12–28 • 32–33: Ex 9,13–35 • 34–35: Ex 10,1–20 • 36: 78,51 • 37: Ex 12,35f • 38: Ex 12,33 • 39: 78,14 • 40: 78,24; Ex 16,2–36; Weish 16,20 • 41: 78,15; Ex 17,1–7 • 44–45: Dtn 4,37–40.

Gottes Güte – Israels Undank

106 Halleluja!
Danket dem Herrn; denn er ist gütig, / denn seine Huld währt ewig.
2 Wer kann die großen Taten des Herrn erzählen, / all seinen Ruhm verkünden?
3 Wohl denen, die das Recht bewahren / und zu jeder Zeit tun, was gerecht ist.
4 Denk an mich, Herr, aus Liebe zu deinem Volk, / such mich auf und bring mir Hilfe!
5 Lass mich das Glück deiner Erwählten schauen, / an der Freude deines Volkes mich freuen, / damit ich gemeinsam mit deinem Erbe mich rühmen kann.
6 Wir haben zusammen mit unsern Vätern gesündigt, / wir haben Unrecht getan und gefrevelt.
7 Unsre Väter in Ägypten begriffen deine Wunder nicht, / dachten nicht an deine reiche Huld / und trotzten dem Höchsten am Schilfmeer.
8 Er aber hat sie gerettet, um seinen Namen zu ehren / und seine Macht zu bekunden.
9 Er bedrohte das Schilfmeer, da wurde es trocken; / wie durch eine Steppe führte er sie durch die Fluten.
10 Er rettete sie aus der Hand derer, die sie hassten, / erlöste sie aus der Gewalt des Feindes.
11 Ihre Bedränger bedeckte das Wasser, / nicht einer von ihnen blieb übrig.
12 Nun glaubten sie Gottes Worten / und sangen laut seinen Lobpreis.
13 Doch sie vergaßen schnell seine Taten, / wollten auf seinen Ratschluss nicht warten.
14 Sie wurden in der Wüste begehrlich / und versuchten Gott in der Öde.
15 Er gab ihnen, was sie von ihm verlangten; / dann aber erfasste sie Ekel und Überdruss.
16 Sie wurden im Lager eifersüchtig auf Mose / und auf Aaron, den Heiligen des Herrn.
17 Die Erde tat sich auf, sie verschlang den Datan / und bedeckte die Rotte Abírams.
18 Feuer verbrannte die Rotte, / Flammen verzehrten die Frevler.
19 Sie machten am Horeb ein Kalb / und warfen sich vor dem Gussbild nieder.
20 Die Herrlichkeit Gottes tauschten sie ein / gegen das Bild eines Stieres, der Gras frisst.
21 Sie vergaßen Gott, ihren Retter, / der einst in Ägypten Großes vollbrachte,
22 Wunder im Lande Hams, / Furcht erregende Taten am Schilfmeer.
23 Da fasste er einen Plan und er hätte sie vernichtet, / wäre nicht Mose, sein Erwählter, für sie in die Bresche gesprungen, / sodass Gott sie im Zorn nicht vertilgte.
24 Sie verschmähten das köstliche Land; / sie glaubten seinen Verheißungen nicht.
25 In ihren Zelten murrten sie, / hörten nicht auf die Stimme des Herrn.
26 Da erhob er gegen sie die Hand, / um sie niederzustrecken noch in der Wüste,

105,36b Wörtlich: den Erstling all ihrer Kraft.
105,40a Text korr.; H: Als er bat.
106,7c dem Höchsten am Schilfmeer: Text korr.; H: am Meer, am Schilfmeer.

27 ihre Nachkommen unter die Völker zu zerstreuen, / sie in alle Welt zu versprengen.

28 Sie hängten sich an den Báal-Pegór / und aßen die Opfer der toten Götzen.

29 Sie erbitterten Gott mit ihren schändlichen Taten, / bis über sie eine schwere Plage kam.

30 Pinhas trat auf und hielt Gericht; / so wurde die Plage abgewandt.

31 Das rechnete Gott ihm als Gerechtigkeit an, / ihm und seinem Geschlecht für immer und ewig.

32 An den Wassern von Meríba reizten sie Gottes Zorn, / ihretwegen erging es Mose übel.

33 Denn sie hatten seinen Geist erbittert, / sein Mund redete unbedacht.

34 Sie rotteten die Völker nicht aus, / wie ihnen der Herr einst befahl.

35 Sie vermischten sich mit den Heiden / und lernten von ihren Taten.

36 Sie dienten ihren Götzen; / die wurden ihnen zur Falle.

37 Sie brachten ihre Söhne und Töchter dar / als Opfer für die Dämonen.

38 Sie vergossen schuldloses Blut, / das Blut ihrer Söhne und Töchter,
die sie den Götzen Kanaans opferten; / so wurde das Land durch Blutschuld entweiht.

39 Sie wurden durch ihre Taten unrein / und brachen Gott mit ihrem Tun die Treue.

40 Der Zorn des Herrn entbrannte gegen sein Volk, / er empfand Abscheu gegen sein Erbe.

41 Er gab sie in die Hand der Völker / und die sie hassten, beherrschten sie.

42 Ihre Feinde bedrängten sie, / unter ihre Hand mussten sie sich beugen.

43 Oft hat er sie befreit; / sie aber trotzten seinem Beschluss / und versanken in ihrer Schuld.

44 Doch als er ihr Flehen hörte, / sah er auf ihre Not

45 und dachte ihnen zuliebe an seinen Bund; / er hatte Mitleid in seiner großen Gnade.

46 Bei denen, die sie verschleppten, / ließ er sie Erbarmen erfahren.

47 Hilf uns, Herr, unser Gott, / führe uns aus den Völkern zusammen!
Wir wollen deinen heiligen Namen preisen, / uns rühmen, weil wir dich loben dürfen.

48 Gepriesen sei der Herr, der Gott Israels, / vom Anfang bis ans Ende der Zeiten. / Alles Volk soll sprechen: Amen. / Halleluja!

1: 107,1 • 2: Joh 21,25 • 3: Jes 56,1f • 6: Lev 26,40; Dan 9,5 • 7: 78,11–17 • 8: Ez 39,25 • 9: Ex 14,21f; Jes 63,11–14 • 12: Ex 14,31; 15,1–21 • 14: 78,18; Num 11,4–6 • 16: Num 16,1–3 • 17–18: Num 16,31–35 • 19–20: Ex 32,1–6 • 20: Jer 2,11; Röm 1,23 • 21: 78,42 • 23: Ex 32,11–14 • 24: Num 14,2–4 • 26: Num 14,23.29 • 27: Lev 26,33; Ez 20,23 • 28: Num 25,1–3 • 30: Num 25,7–11 • 31: Num 25,12f • 32: Num 20,2–13 • 34–36: Dtn 7,1–5; Ri 1,18 – 2,5 • 36: Ri 2,11–13 • 37–38: Lev 18,21 • 38–39: Num 35,33f • 40–42: Ri 2,14f • 43: Ri 2,16 • 45: Lev 26,42 • 46: Esra 9,9 • 47–48: 1 Chr 16,35f.

DAS FÜNFTE BUCH

Ein Danklied der Erlösten

107 Danket dem Herrn, denn er ist gütig, / denn seine Huld währt ewig.

2 So sollen alle sprechen, die vom Herrn erlöst sind, / die er von den Feinden befreit hat.

3 Denn er hat sie aus den Ländern gesammelt, / vom Aufgang und Niedergang, vom Norden und Süden.

4 Sie, die umherirrten in der Wüste, im Ödland, / und den Weg zur wohnlichen Stadt nicht fanden,

5 die Hunger litten und Durst, / denen das Leben dahinschwand,

6 die dann in ihrer Bedrängnis schrien zum Herrn, / *die er ihren Ängsten entriss*

7 und die er führte auf geraden Wegen, / sodass sie zur wohnlichen Stadt gelangten:

8 sie alle sollen dem Herrn danken für seine Huld, / für sein wunderbares Tun an den Menschen,

9 weil er die lechzende Seele gesättigt, / die hungernde Seele mit seinen Gaben erfüllt hat.

10 Sie, die saßen in Dunkel und Finsternis, / gefangen in Elend und Eisen,

11 die den Worten Gottes getrotzt / und verachtet hatten den Ratschluss des Höchsten,

12 deren Herz er durch Mühsal beugte, / die stürzten und denen niemand beistand,

13 die dann in ihrer Bedrängnis schrien zum Herrn, / die er ihren Ängsten entriss,

106,27a zu zerstreuen: Text korr.; H: niederzustrecken, (wie in V. 26b).

106,28 Wörtlich: die Opfer der Toten.

106,43b Text korr.; H: ihrem Beschluss.

14 die er herausführte aus Dunkel und
Finsternis / und deren Fesseln er zerbrach:
15 sie alle sollen dem Herrn danken für seine Huld, / für sein wunderbares Tun an den
Menschen,
16 weil er die ehernen Tore zerbrochen, /
die eisernen Riegel zerschlagen hat.
17 Sie, die dahinsiechten in ihrem sündhaften Treiben, / niedergebeugt wegen ihrer
schweren Vergehen,
18 denen vor jeder Speise ekelte, / die nahe
waren den Pforten des Todes,
19 die dann in ihrer Bedrängnis schrien
zum Herrn, / die er ihren Ängsten entriss,
20 denen er sein Wort sandte, die er heilte /
und vom Verderben befreite:
21 sie alle sollen dem Herrn danken für seine Huld, / für sein wunderbares Tun an den
Menschen.
22 Sie sollen ihm Dankopfer weihen, / mit
Jubel seine Taten verkünden.
23 Sie, die mit Schiffen das Meer befuhren /
und Handel trieben auf den großen Wassern,
24 die dort die Werke des Herrn bestaunten, / seine Wunder in der Tiefe des Meeres
25 – Gott gebot und ließ den Sturmwind
aufstehn, / der hoch die Wogen türmte –,
26 die zum Himmel emporstiegen / und hinabfuhren in die tiefste Tiefe, / sodass ihre
Seele in der Not verzagte,
27 die wie Trunkene wankten und
schwankten, / am Ende waren mit all ihrer
Weisheit,
28 die dann in ihrer Bedrängnis schrien
zum Herrn, / die er ihren Ängsten entriss
29 – er machte aus dem Sturm ein Säuseln, / sodass die Wogen des Meeres schwiegen –,
30 die sich freuten, dass die Wogen sich legten / und er sie zum ersehnten Hafen führte:
31 sie alle sollen dem Herrn danken für seine Huld, / für sein wunderbares Tun an den
Menschen.
32 Sie sollen ihn in der Gemeinde des Volkes rühmen, / ihn loben im Kreis der Alten.
33 Er machte Ströme zur dürren Wüste, /
Oasen zum dürstenden Ödland,
34 fruchtbares Land zur salzigen Steppe; /
denn seine Bewohner waren böse.
35 Er machte die Wüste zum Wasserteich, /
verdorrtes Land zu Oasen.
36 Dort siedelte er Hungernde an, / sie
gründeten wohnliche Städte.
37 Sie bestellten Felder, pflanzten Reben /
und erzielten reiche Ernten.
38 Er segnete sie, sodass sie sich gewaltig
vermehrten, / gab ihnen große Mengen an
Vieh.
39 Dann aber wurden sie geringer an
Zahl, / gebeugt unter der Last von Leid und
Kummer.
40 Er goss über die Edlen Verachtung aus, /
ließ sie umherirren in wegloser Wüste.
41 Die Armen hob er aus dem Elend empor / und vermehrte ihre Sippen, einer Herde
gleich.
42 Die Redlichen sehn es und freuen sich, /
doch alle bösen Menschen verstummen.
43 Wer ist weise und beachtet das alles, /
wer begreift die reiche Huld des Herrn?

1: 106,1; 118,1.29; 136,1f.26 • 3: Jes 43,5f • 4: Dtn 8,15 • 5: Jes 49,10 • 6: 50,15 • 9: Jes 55,1; Lk 1,53 • 10: Ijob 36,8f • 11: 106,43; Spr 1,25 • 14: Jes 42,7.16 • 16: Jes 45,2 • 18: Ijob 6,6f; 33,20 • 20: Weish 16,12; Mt 8,8 • 23–24: Sir 43,24f • 25: Jona 1,4 • 27: Spr 23,34 • 28: Jona 1,14f • 29: 65,8; Mt 8,26 • 32: 22,23 • 33: Jes 42,15; 50,2 • 34: Gen 19,24–26; Dtn 29,22; Sir 39,23 • 35: Jes 41,18 • 36: Ez 36,35 • 37: Jes 65,21 • 38: Dtn 7,13f • 40: Ijob 12,21.24 • 41: 113,7 • 42: Ijob 22,19; 5,16; Ps 63,12.

Gott, Hilfe und Schutz seines Volkes

108 [Ein Lied. Ein Psalm Davids.]
2 Mein Herz ist bereit, o Gott, /
mein Herz ist bereit, / ich will dir singen und
spielen.
Wach auf, meine Seele! / 3 Wacht auf,
Harfe und Saitenspiel! / Ich will das Morgenrot wecken.
4 Ich will dich vor den Völkern preisen,
Herr, / dir vor den Nationen lobsingen.
5 Denn deine Güte reicht, so weit der Himmel ist, / deine Treue, so weit die Wolken
ziehn.
6 Erheb dich über die Himmel, o Gott! /
Deine Herrlichkeit erscheine über der ganzen Erde.
7 Hilf mit deiner Rechten, erhöre uns, / damit die gerettet werden, die du so sehr
liebst.
8 Gott hat in seinem Heiligtum gesprochen: / »Ich will triumphieren, will Sichem
verteilen / und das Tal von Sukkot vermessen.
9 Mein ist Gilead, mein auch Manasse, /

107,17a Text korr.; H: die Toren in ihrem sündhaften Treiben.
107,20 vom Verderben, wörtlich: aus ihren Gruben.
108,2b Ergänzt aus 57,8.
108,2d Text korr. nach 57,9.
108,5a Text korr. nach 57,11.
108,7b Text korr. nach 60,7.

Efraim ist der Helm auf meinem Haupt, /
Juda mein Herrscherstab.
10 Doch Moab ist mein Waschbecken, / auf
Edom werfe ich meinen Schuh, / ich triumphiere über das Land der Philister.«
11 Wer führt mich hin zu der befestigten
Stadt, / wer wird mich nach Edom geleiten?
12 Gott, hast denn du uns verworfen? / Du
ziehst ja nicht aus, o Gott, mit unsern Heeren.
13 Bring uns doch Hilfe im Kampf mit dem
Feind! / Denn die Hilfe von Menschen ist
nutzlos.
14 Mit Gott werden wir Großes vollbringen; / er selbst wird unsere Feinde zertreten.

2–6 ‖ 57,8–12 • 4: 9,12; 18,50; 57,10; 96,3; 105,1 • 5: 36,6 • 7–14 ‖ 60,7–14.

Bitte um Hilfe gegen erbarmungslose Feinde

109 [Für den Chormeister. Ein Psalm Davids.]
Gott, den ich lobe, schweig doch nicht! /
2 Denn ein Mund voll Frevel, ein Lügenmaul
hat sich gegen mich aufgetan.
Sie reden zu mir mit falscher Zunge, /
3 umgeben mich mit Worten voll Hass / und
bekämpfen mich ohne Grund.
4 Sie befeinden mich, während ich für sie
bete, / 5 sie vergelten mir Gutes mit Bösem, /
mit Hass meine Liebe.
6 Sein Frevel stehe gegen ihn auf als Zeuge, / ein Ankläger trete an seine Seite.
7 Aus dem Gericht gehe er verurteilt hervor, / selbst sein Gebet werde zur Sünde.
8 Nur gering sei die Zahl seiner Tage, / sein
Amt soll ein andrer erhalten.
9 Seine Kinder sollen zu Waisen werden /
und seine Frau zur Witwe.
10 Unstet sollen seine Kinder umherziehen
und betteln, / aus den Trümmern ihres Hauses vertrieben.
11 Sein Gläubiger reiße all seinen Besitz an
sich, / Fremde sollen plündern, was er erworben hat.
12 Niemand sei da, der ihm die Gunst bewahrt, / keiner, der sich der Waisen erbarmt.
13 Seine Nachkommen soll man vernichten, / im nächsten Geschlecht schon erlösche
sein Name.
14 Der Herr denke an die Schuld seiner Väter, / ungetilgt bleibe die Sünde seiner Mutter.
15 Ihre Schuld stehe dem Herrn allzeit vor
Augen, / ihr Andenken lösche er aus auf Erden.
16 Denn dieser Mensch dachte nie daran,
Gnade zu üben; / er verfolgte den Gebeugten
und Armen / und wollte den Verzagten töten.
17 Er liebte den Fluch – der komme über
ihn; / er verschmähte den Segen – der bleibe
ihm fern.
18 Er zog den Fluch an wie ein Gewand; /
der dringe wie Wasser in seinen Leib, / wie
Öl in seine Glieder.
19 Er werde für ihn wie das Kleid, in das er
sich hüllt, / wie der Gürtel, der ihn allzeit
umschließt.
20 So lohne der Herr es denen, die mich
verklagen, / und denen, die Böses gegen mich
reden.
21 Du aber, Herr und Gebieter, / handle an
mir, wie es deinem Namen entspricht, / reiß
mich heraus in deiner gütigen Huld!
22 Denn ich bin arm und gebeugt, / mir
bebt das Herz in der Brust.
23 Wie ein flüchtiger Schatten schwinde
ich dahin; / sie schütteln mich wie eine Heuschrecke ab.
24 Mir wanken die Knie vom Fasten, / mein
Leib nimmt ab und wird mager.
25 Ich wurde für sie zum Spott und zum
Hohn, / sie schütteln den Kopf, wenn sie
mich sehen.
26 Hilf mir, Herr, mein Gott, / in deiner
Huld errette mich!
27 Sie sollen erkennen, dass deine Hand
dies vollbracht hat, / dass du, o Herr, es getan hast.
28 Mögen sie fluchen – du wirst segnen. /
Meine Gegner sollen scheitern, dein Knecht
aber darf sich freuen.
29 Meine Ankläger sollen sich bedecken
mit Schmach, / wie in einen Mantel sich in
Schande hüllen.

109,1–31 Dieser Psalm ist ein so genannter Fluchpsalm. Er ist für Fromme gedacht, die, vielleicht wegen Bestechlichkeit der Richter, nicht hoffen können, in einem Gerichtsverfahren Recht zu bekommen. VV. 2–5 und 21–31 setzen mehrere, VV. 6–20 nur einen Prozessgegner voraus; das deutet darauf hin, dass der Verfasser in VV. 6–20 einen bereits vorgeformten Text eingearbeitet hat. Die schrecklichen Flüche erklären sich als äußerstes Mittel der Notwehr gegen übermächtige Feinde, die nur durch einen Appell an Gottes Gerechtigkeit abgewehrt werden können.

109,4 Sie befeinden mich: H fügt hinzu: für meine Liebe.

109,10b Text korr.

109,13b sein Name: Text korr.; H: ihr Name.

109,28b Text korr.; H: Sie treten auf, aber sie scheitern.

30 Ich will den Herrn preisen mit lauter
Stimme, / in der Menge ihn loben.
31 Denn er steht dem Armen zur Seite, / um
ihn vor falschen Richtern zu retten.

1: 35,22; 83,2 • 2: 31,19 • 4–5: Spr 17,13; Ps 35,12f • 8: Apg 1,20 • 9: Ex 22,23; Jer 18,21 • 10: Ijob 5,4f • 11: Ijob 20,18 • 12–13: Jes 14,21 • 13: 21,11 • 14: Ex 20,5 • 15: 90,8; 34,17 • 18: Num 5,24 • 23: 39,6f • 25: 41,6 • 27: 64,10 • 28: Jes 65,13f; Lk 6,27f • 29: Jer 20,11 • 30: 22,23.

Die Einsetzung des priesterlichen Königs auf dem Zion

110 [Ein Psalm Davids.]
So spricht der Herr zu meinem
Herrn: / Setze dich mir zur Rechten / und ich
lege dir deine Feinde als Schemel unter die
Füße.
2 Vom Zion strecke der Herr das Zepter
deiner Macht aus: / »Herrsche inmitten dei-
ner Feinde!«
3 Dein ist die Herrschaft am Tage deiner
Macht / (wenn du erscheinst) in heiligem
Schmuck;
ich habe dich gezeugt noch vor dem Mor-
genstern, / wie den Tau in der Frühe.
4 Der Herr hat geschworen und nie wird's
ihn reuen: / »Du bist Priester auf ewig nach
der Ordnung Melchisedeks.«
5 Der Herr steht dir zur Seite; / er zer-
schmettert Könige am Tage seines Zornes.
6 Er hält Gericht unter den Völkern, er
häuft die Toten, / die Häupter zerschmettert
er weithin auf Erden.
7 Er trinkt aus dem Bach am Weg; / so
kann er (von neuem) das Haupt erheben.

1: Mt 22,44; Apg 2,34f; Hebr 1,13; 8,1; 10,12f; 12,2 • 3: 2,7 • 4: Gen 14,18; Hebr 5,6 • 5–6: 2,9.

Ein Preislied auf die Wundertaten des Herrn

111 Halleluja!
Den Herrn will ich preisen von
ganzem Herzen / im Kreis der Frommen, in-
mitten der Gemeinde.
2 Groß sind die Werke des Herrn, / kostbar
allen, die sich an ihnen freuen.
3 Er waltet in Hoheit und Pracht, / seine
Gerechtigkeit hat Bestand für immer.
4 Er hat ein Gedächtnis an seine Wunder
gestiftet, / der Herr ist gnädig und barmher-
zig.
5 Er gibt denen Speise, die ihn fürchten, /
an seinen Bund denkt er auf ewig.
6 Er hat seinem Volk seine machtvollen
Taten kundgetan, / um ihm das Erbe der Völ-
ker zu geben.
7 Die Werke seiner Hände sind gerecht und
beständig, / all seine Gebote sind verläss-
lich.
8 Sie stehen fest für immer und ewig, / ge-
schaffen in Treue und Redlichkeit.
9 Er gewährte seinem Volk Erlösung / und
bestimmte seinen Bund für ewige Zeiten. /
Furcht gebietend ist sein Name und heilig.
10 Die Furcht des Herrn ist der Anfang der
Weisheit; / alle, die danach leben, sind klug. /
Sein Ruhm hat Bestand für immer.

1: 22,23 • 4: Ex 12,1–28; Ps 116,5 • 5: 105,8; 145,15 • 9: 130,8; Jer 32,40 • 10: Spr 1,7; 9,10.

Der Segen der Gottesfurcht

112 Halleluja!
Wohl dem Mann, der den Herrn
fürchtet und ehrt / und sich herzlich freut an
seinen Geboten.
2 Seine Nachkommen werden mächtig im
Land, / das Geschlecht der Redlichen wird
gesegnet.
3 Wohlstand und Reichtum füllen sein
Haus, / sein Heil hat Bestand für immer.
4 Den Redlichen erstrahlt im Finstern ein
Licht: / der Gnädige, Barmherzige und Ge-
rechte.
5 Wohl dem Mann, der gütig und zum Hel-
fen bereit ist, / der das Seine ordnet, wie es
recht ist.
6 Niemals gerät er ins Wanken; / ewig
denkt man an den Gerechten.
7 Er fürchtet sich nicht vor Verleumdung; /
sein Herz ist fest, er vertraut auf den
Herrn.
8 Sein Herz ist getrost, er fürchtet sich
nie; / denn bald wird er herabschauen auf
seine Bedränger.
9 Reichlich gibt er den Armen, / sein Heil
hat Bestand für immer; / er ist mächtig und
hoch geehrt.
10 Voll Verdruss sieht es der Frevler, / er
knirscht mit den Zähnen und geht zugrun-
de. / Zunichte werden die Wünsche der Frev-
ler.

1: 1,1f; 128,1 • 2: Spr 20,7 • 3: 128,2 • 4: 97,11; 116,5 • 5: Ijob 29,12f • 6: Spr 10,7 • 8: 54,9 • 9: Spr 22,9; 2 Kor 9,9.

Ein Loblied auf Gottes Hoheit und Huld

113 Halleluja!
Lobet, ihr Knechte des Herrn, /
lobt den Namen des Herrn!
2 Der Name des Herrn sei gepriesen / von
nun an bis in Ewigkeit.
3 Vom Aufgang der Sonne bis zum Unter-
gang / sei der Name des Herrn gelobt.

110,3 H ist schwer verständlich; die Übersetzung ist ein Versuch nach G.

4 Der Herr ist erhaben über alle Völker, /
seine Herrlichkeit überragt die Himmel.
5 Wer gleicht dem Herrn, unserm Gott, / im
Himmel und auf Erden,
6 ihm, der in der Höhe thront, / der hinab-
schaut in die Tiefe,
7 der den Schwachen aus dem Staub em-
porhebt / und den Armen erhöht, der im
Schmutz liegt?
8 Er gibt ihm einen Sitz bei den Edlen, / bei
den Edlen seines Volkes.
9 Die Frau, die kinderlos war, lässt er im
Hause wohnen; / sie wird Mutter und freut
sich an ihren Kindern. / Halleluja!

1: 135,1 • 4: 95,3; 148,13 • 5: 35,10 • 6–7: Jes 57,15 • 7–8: 1 Sam 2,8 • 9: 1 Sam 2,5; Jes 54,1; Lk 1,57f.

Ein Lobpreis auf die Befreiung Israels

114 Als Israel aus Ägypten auszog, /
Jakobs Haus aus dem Volk mit
fremder Sprache,
2 da wurde Juda Gottes Heiligtum, / Israel
das Gebiet seiner Herrschaft.
3 Das Meer sah es und floh, / der Jordan
wich zurück.
4 Die Berge hüpften wie Widder, / die Hü-
gel wie junge Lämmer.
5 Was ist mit dir, Meer, dass du fliehst, /
und mit dir, Jordan, dass du zurückweichst?
6 Ihr Berge, was hüpft ihr wie Widder, /
und ihr Hügel, wie junge Lämmer?
7 Vor dem Herrn erbebe, du Erde, / vor
dem Antlitz des Gottes Jakobs,
8 der den Fels zur Wasserflut wandelt /
und Kieselgestein zu quellendem Wasser.

1: Ex 12,41 • 2: Ex 19,6; Jer 2,3; Dtn 7,6 • 3: 66,6 • 4: 29,6 • 6–7: 68,9 • 8: 78,15f; Jes 48,21.

Der Gott Israels und die Götter der anderen Völker

115 Nicht uns, o Herr, bring zu Ehren, /
nicht uns, sondern deinen Na-
men, / in deiner Huld und Treue!
2 Warum sollen die Völker sagen: / »Wo ist
denn ihr Gott?«
3 Unser Gott ist im Himmel; / alles, was
ihm gefällt, das vollbringt er.
4 Die Götzen der Völker sind nur Silber
und Gold, / ein Machwerk von Menschen-
hand.
5 Sie haben einen Mund und reden nicht, /
Augen und sehen nicht;
6 sie haben Ohren und hören nicht, / eine
Nase und riechen nicht;
7 mit ihren Händen können sie nicht grei-
fen, / mit den Füßen nicht gehen, / sie brin-
gen keinen Laut hervor aus ihrer Kehle.
8 Die sie gemacht haben, sollen ihrem
Machwerk gleichen, / alle, die den Götzen
vertrauen.
9 Israel, vertrau auf den Herrn! / Er ist für
euch Helfer und Schild.
10 Haus Aaron, vertrau auf den Herrn! / Er
ist für euch Helfer und Schild.
11 Alle, die ihr den Herrn fürchtet, vertraut
auf den Herrn! / Er ist für euch Helfer und
Schild.
12 Der Herr denkt an uns, er wird uns seg-
nen, / er wird das Haus Israel segnen, / er
wird das Haus Aaron segnen.
13 Der Herr wird alle segnen, die ihn fürch-
ten, / segnen Kleine und Große.
14 Es mehre euch der Herr, / euch und eure
Kinder.
15 Seid gesegnet vom Herrn, / der Himmel
und Erde gemacht hat.
16 Der Himmel ist der Himmel des Herrn, /
die Erde aber gab er den Menschen.
17 Tote können den Herrn nicht mehr
loben, / keiner, der ins Schweigen hinab-
fuhr.
18 Wir aber preisen den Herrn / von nun an
bis in Ewigkeit. / Halleluja!

1: Ez 36,22f • 2: 42,11 • 3: 135,6; Ijob 23,13; Weish 12,18 • 4–8: 135,15–18; Dtn 4,28; Weish 15,15; Jes 44,9–11; Bar 6,3.7 • 9–11: 33,20; 3,4; 118,2–4 • 14: 127,3; Dtn 1,11 • 15: 134,3 • 16: 8,7; Gen 1,28 • 17: 6,6; 94,17.

Der Dank für Rettung aus Todesnot

116 Ich liebe den Herrn; / denn er hat
mein lautes Flehen gehört
2 und sein Ohr mir zugeneigt / an dem Tag,
als ich zu ihm rief.
3 Mich umfingen die Fesseln des Todes, /
mich befielen die Ängste der Unterwelt, /
mich trafen Bedrängnis und Kummer.
4 Da rief ich den Namen des Herrn an: /
»Ach Herr, rette mein Leben!«
5 Der Herr ist gnädig und gerecht, / unser
Gott ist barmherzig.
6 Der Herr behütet die schlichten Her-
zen; / ich war in Not und er brachte mir Hil-
fe.
7 Komm wieder zur Ruhe, mein Herz! /
Denn der Herr hat dir Gutes getan.
8 Ja, du hast mein Leben dem Tod ent-

113,5f Die beiden Verse sind aus sachlichen Gründen folgendermaßen umgestellt: 5a/6b und 5b/6a.
113,8a ihm: Text korr. nach G, S, Vg; H: mir.
115,4a Wörtlich: Ihre Götzen sind nur Silber und Gold.
116,2b an dem Tag: H: in meinen Tagen (im Sinn von: mein Leben lang).

rissen, / meine Tränen (getrocknet), / meinen
Fuß (bewahrt vor) dem Gleiten.
9 So gehe ich meinen Weg vor dem Herrn /
im Land der Lebenden.

3–4: 18,5–7; Jona 2,3 • 5: 86,15; 103,8; 111,4; 112,4; 145,8; Ex 34,6; Mi 7,18 • 8: 9,14; 56,14 • 9 27,13.

Ein Lied zum Dankopfer

10 Voll Vertrauen war ich, auch wenn ich
sagte: / Ich bin so tief gebeugt.
11 In meiner Bestürzung sagte ich: / Die
Menschen lügen alle.
12 Wie kann ich dem Herrn all das vergel-
ten, / was er mir Gutes getan hat?
13 Ich will den Kelch des Heils erheben /
und anrufen den Namen des Herrn.
14 Ich will dem Herrn meine Gelübde erfül-
len / offen vor seinem ganzen Volk.
15 Kostbar ist in den Augen des Herrn / das
Sterben seiner Frommen.
16 Ach Herr, ich bin doch dein Knecht, /
dein Knecht bin ich, der Sohn deiner Magd. /
Du hast meine Fesseln gelöst.
17 Ich will dir ein Opfer des Dankes brin-
gen / und anrufen den Namen des Herrn.
18 Ich will dem Herrn meine Gelübde erfül-
len / offen vor seinem ganzen Volk,
19 in den Vorhöfen am Haus des Herrn, / in
deiner Mitte, Jerusalem. / Halleluja!

11: 12,3; Röm 3,4 • 14: 66,13 • 15: 72,14 • 18: 66,13.

Aufruf an alle Völker zum Lob Gottes

117 Lobet den Herrn, alle Völker, /
preist ihn, alle Nationen!
2 Denn mächtig waltet über uns seine
Huld, / die Treue des Herrn währt in Ewig-
keit. / Halleluja!

1: Röm 15,11.

Eine Dankliturgie

118 Danket dem Herrn, denn er ist
gütig, / denn seine Huld währt
ewig.
2 So soll Israel sagen: / Denn seine Huld
währt ewig.
3 So soll das Haus Aaron sagen: / Denn sei-
ne Huld währt ewig.
4 So sollen alle sagen, die den Herrn fürch-
ten und ehren: / Denn seine Huld währt
ewig.
5 In der Bedrängnis rief ich zum Herrn; /
der Herr hat mich erhört und mich frei ge-
macht.
6 Der Herr ist bei mir, ich fürchte mich
nicht. / Was können Menschen mir antun?
7 Der Herr ist bei mir, er ist mein Helfer; /
ich aber schaue auf meine Hasser herab.
8 Besser, sich zu bergen beim Herrn, / als
auf Menschen zu bauen.
9 Besser, sich zu bergen beim Herrn, / als
auf Fürsten zu bauen.

10 Alle Völker umringen mich; / ich wehre
sie ab im Namen des Herrn.
11 Sie umringen, ja, sie umringen mich; /
ich wehre sie ab im Namen des Herrn.
12 Sie umschwirren mich wie Bienen, / wie
ein Strohfeuer verlöschen sie; / ich wehre sie
ab im Namen des Herrn.
13 Sie stießen mich hart, sie wollten mich
stürzen; / der Herr aber hat mir geholfen.
14 Meine Stärke und mein Lied ist der
Herr; / er ist für mich zum Retter gewor-
den.
15 Frohlocken und Jubel erschallt in den
Zelten der Gerechten: / »Die Rechte des
Herrn wirkt mit Macht!
16 Die Rechte des Herrn ist erhoben, / die
Rechte des Herrn wirkt mit Macht!«
17 Ich werde nicht sterben, sondern leben, /
um die Taten des Herrn zu verkünden.
18 Der Herr hat mich hart gezüchtigt, /
doch er hat mich nicht dem Tod überge-
ben.
19 Öffnet mir die Tore zur Gerechtigkeit, /
damit ich eintrete, um dem Herrn zu dan-
ken.
20 Das ist das Tor zum Herrn, / nur Gerech-
te treten hier ein.
21 Ich danke dir, dass du mich erhört hast; /
du bist für mich zum Retter geworden.
22 Der Stein, den die Bauleute verwarfen, /
er ist zum Eckstein geworden.
23 Das hat der Herr vollbracht, / vor unse-
ren Augen geschah dieses Wunder.
24 Dies ist der Tag, den der Herr gemacht
hat; / wir wollen jubeln und uns an ihm freu-
en.
25 Ach, Herr, bring doch Hilfe! / Ach, Herr,
gib doch Gelingen!
26 Gesegnet sei er, der kommt im Namen
des Herrn. / Wir segnen euch vom Haus des
Herrn her. / 27 Gott, der Herr, erleuchte
uns.

Mit Zweigen in den Händen / schließt euch
zusammen zum Reigen / bis zu den Hörnern
des Altars!
28 Du bist mein Gott, dir will ich danken; /
mein Gott, dich will ich rühmen.

118,14a Text korr.; »mein« ist ergänzt.

118,27 Nach G.

29 Dankt dem Herrn, denn er ist gütig, /
denn seine Huld währt ewig.

1: 107,1 • 2–4: 115,9–13; 135,19f • 6: 56,5; Hebr 13,6 • 7: 54,6.9 • 8–9: 62,6; 146,3; Jer 17,5 • 12: Dtn 1,44 • 13: 129,1f • 14: Ex 15,2; Jes 12,2 • 17: 6,6 • 18: 2 Kor 6,9 • 19–20: Jes 26,2 • 22: Jes 28,16; Apg 4,11; 1 Petr 2,7 • 22–23: Neh 6,16; Mt 21,42 • 26: Mt 21,9; 23,39 • 29: 107,1.

Ein Lobgesang auf Gottes Wort

119 (Alef)
Wohl denen, deren Weg ohne Tadel ist, / die leben nach der Weisung des Herrn.
2 Wohl denen, die seine Vorschriften befol-
gen / und ihn suchen von ganzem Herzen,
3 die kein Unrecht tun / und auf seinen
Wegen gehn.
4 Du hast deine Befehle gegeben, / damit
man sie genau beachtet.
5 Wären doch meine Schritte fest darauf
gerichtet, / deinen Gesetzen zu folgen!
6 Dann werde ich niemals scheitern, /
wenn ich auf all deine Gebote schaue.
7 Mit lauterem Herzen will ich dir dan-
ken, / wenn ich deine gerechten Urteile
lerne.
8 Deinen Gesetzen will ich immer folgen. /
Lass mich doch niemals im Stich!

(Bet)
9 Wie geht ein junger Mann seinen Pfad
ohne Tadel? / Wenn er sich hält an dein
Wort.
10 Ich suche dich von ganzem Herzen. /
Lass mich nicht abirren von deinen Gebo-
ten!
11 Ich berge deinen Spruch im Herzen, /
damit ich gegen dich nicht sündige.
12 Gepriesen seist du, Herr. / Lehre mich
deine Gesetze!
13 Mit meinen Lippen verkünde ich / alle
Urteile deines Mundes.
14 Nach deinen Vorschriften zu leben /
freut mich mehr als großer Besitz.
15 Ich will nachsinnen über deine Befehle /
und auf deine Pfade schauen.
16 Ich habe meine Freude an deinen Geset-
zen, / dein Wort will ich nicht vergessen.

(Gimel)
17 Tu deinem Knecht Gutes, erhalt mich
am Leben! / Dann will ich dein Wort befol-
gen.
18 Öffne mir die Augen / für das Wunder-
bare an deiner Weisung!
19 Ich bin nur Gast auf Erden. / Verbirg
mir nicht deine Gebote!
20 In Sehnsucht nach deinem Urteil / ver-
zehrt sich allezeit meine Seele.
21 Du drohst den Stolzen. / Verflucht sei,
wer abirrt von deinen Geboten.
22 Nimm von mir Schmach und Verach-
tung! / Denn was du vorschreibst, befolge
ich.
23 Wenn auch Fürsten gegen mich bera-
ten: / dein Knecht sinnt nach über deine Ge-
setze.
24 Deine Vorschriften machen mich froh; /
sie sind meine Berater.

(Dalet)
25 Meine Seele klebt am Boden. / Durch
dein Wort belebe mich!
26 Ich habe dir mein Geschick erzählt und
du erhörtest mich. / Lehre mich deine Geset-
ze!
27 Lass mich den Weg begreifen, den deine
Befehle mir zeigen, / dann will ich nachsin-
nen über deine Wunder.
28 Meine Seele zerfließt vor Kummer. /
Richte mich auf durch dein Wort!
29 Halte mich fern vom Weg der Lüge; / be-
gnade mich mit deiner Weisung!
30 Ich wählte den Weg der Wahrheit; / nach
deinen Urteilen hab ich Verlangen.
31 Ich halte an deinen Vorschriften fest. /
Herr, lass mich niemals scheitern!
32 Ich eile voran auf dem Weg deiner Gebo-
te, / denn mein Herz machst du weit.

(He)
33 Herr, weise mir den Weg deiner Geset-
ze! / Ich will ihn einhalten bis ans Ende.
34 Gib mir Einsicht, damit ich deiner Wei-
sung folge / und mich an sie halte aus gan-
zem Herzen.
35 Führe mich auf dem Pfad deiner Gebo-
te! / Ich habe an ihm Gefallen.
36 Deinen Vorschriften neige mein Herz
zu, / doch nicht der Habgier!
37 Wende meine Augen ab von eitlen Din-
gen; / durch dein Wort belebe mich!
38 Erfülle deinem Knecht die Verheißung, /
die allen gilt, die dich fürchten und ehren.
39 Wende die Schande ab, vor der mir
graut; / denn deine Entscheide sind gut.
40 Nach deinen Befehlen hab ich Verlan-
gen. / Gib mir neue Kraft durch deine Ge-
rechtigkeit!

119,18a Wörtlich: Öffne mir die Augen, damit ich sehe.
119,25a Wörtlich: klebt am Staub.
119,25b Text korr. mit einigen Handschriften; H: gemäß deinem Wort.
119,37b durch dein Wort: Text korr.; H: durch deine Wege.

(Waw)
41 Herr, deine Huld komme auf mich herab / und deine Hilfe, wie du es verheißen hast.
42 Dann kann ich dem, der mich schmäht, erwidern; / denn ich vertraue auf dein Wort.
43 Entziehe meinem Mund nicht das Wort der Wahrheit! / Ich hoffe so sehr auf deine Entscheide.
44 Ich will deiner Weisung beständig folgen, / auf immer und ewig.
45 Dann schreite ich aus auf freier Bahn; / denn ich frage nach deinen Befehlen.
46 Deine Gebote will ich vor Königen bezeugen / und mich nicht vor ihnen schämen.
47 An deinen Geboten habe ich meine Freude, / ich liebe sie von Herzen.
48 Ich erhebe meine Hände zu deinen Geboten; / nachsinnen will ich über deine Gesetze.

(Sajin)
49 Denk an das Wort für deinen Knecht, / durch das du mir Hoffnung gabst.
50 Das ist mein Trost im Elend: / Deine Verheißung spendet mir Leben.
51 Frech verhöhnen mich die Stolzen; / ich aber weiche nicht ab von deiner Weisung.
52 Denke ich an deine Urteile seit alter Zeit, / Herr, dann bin ich getröstet.
53 Zorn packt mich wegen der Frevler, / weil sie deine Weisung missachten.
54 Zum Lobgesang wurden mir deine Gesetze / im Haus meiner Pilgerschaft.
55 In der Nacht denke ich, Herr, an deinen Namen; / ich will deine Weisung beachten.
56 Deine Befehle zu befolgen / ist das Glück, das mir zufiel.

(Chet)
57 Mein Anteil ist der Herr; / ich habe versprochen, dein Wort zu beachten.
58 Ich suche deine Gunst von ganzem Herzen. / Sei mir gnädig nach deiner Verheißung!
59 Ich überdenke meine Wege, / zu deinen Vorschriften lenke ich meine Schritte.
60 Ich eile und säume nicht, / deine Gebote zu halten.
61 Auch wenn mich die Stricke der Frevler fesseln, / vergesse ich deine Weisung nicht.
62 Um Mitternacht stehe ich auf, um dich zu preisen / wegen deiner gerechten Entscheide.
63 Ich bin ein Freund all derer, die dich fürchten und ehren, / und aller, die deine Befehle befolgen.
64 Von deiner Güte, Herr, ist die Erde erfüllt. / Lehre mich deine Gesetze!

(Tet)
65 Du hast deinem Knecht Gutes erwiesen, / o Herr, nach deinem Wort.
66 Lehre mich Erkenntnis und rechtes Urteil! / Ich vertraue auf deine Gebote.
67 Ehe ich gedemütigt wurde, ging mein Weg in die Irre; / nun aber halte ich mich an deine Verheißung.
68 Du bist gut und wirkst Gutes. / Lehre mich deine Gesetze!
69 Stolze verbreiten über mich Lügen, / ich aber halte mich von ganzem Herzen an deine Befehle.
70 Abgestumpft und satt ist ihr Herz, / ich aber ergötze mich an deiner Weisung.
71 Dass ich gedemütigt wurde, war für mich gut; / denn so lernte ich deine Gesetze.
72 Die Weisung deines Mundes ist mir lieb, / mehr als große Mengen von Gold und Silber.

(Jod)
73 Deine Hände haben mich gemacht und geformt. / Gib mir Einsicht, damit ich deine Gebote lerne.
74 Wer dich fürchtet, wird mich sehen und sich freuen; / denn ich warte auf dein Wort.
75 Herr, ich weiß, dass deine Entscheide gerecht sind; / du hast mich gebeugt, weil du treu für mich sorgst.
76 Tröste mich in deiner Huld, / wie du es deinem Knecht verheißen hast.
77 Dein Erbarmen komme über mich, damit ich lebe; / denn deine Weisung macht mich froh.
78 Schande über die Stolzen, die mich zu Unrecht bedrücken! / Ich aber sinne nach über deine Befehle.
79 Mir sollen sich alle zuwenden, die dich fürchten und ehren / und die deine Vorschriften kennen.
80 Mein Herz richte sich ganz nach deinen Gesetzen; / dann werde ich nicht zuschanden.

(Kaf)
81 Nach deiner Hilfe sehnt sich meine Seele; / ich warte auf dein Wort.
82 Meine Augen sehnen sich nach deiner Verheißung, / sie fragen: Wann wirst du mich trösten?

119,47b von Herzen: ergänzt aus G.
119,48a H fügt hinzu: die ich liebe.
119,66a H fügt vor »Erkenntnis« ein: Gutes.

83 Ich bin wie ein Schlauch voller Risse, /
doch deine Gesetze habe ich nicht verges-
sen.
84 Wie viele Tage noch bleiben deinem
Knecht? / Wann wirst du meine Verfolger
richten?
85 Stolze stellen mir Fallen, / sie handeln
nicht nach deiner Weisung.
86 Zuverlässig sind all deine Gebote. / Zu
Unrecht verfolgt man mich. Komm mir zu
Hilfe!
87 Fast hätte man mich von der Erde aus-
getilgt; / dennoch halte ich fest an deinen Be-
fehlen.
88 In deiner großen Huld lass mich leben /
und ich will beachten, was dein Mund mir
gebietet.

(Lamed)
89 Herr, dein Wort bleibt auf ewig, / es
steht fest wie der Himmel.
90 Deine Treue währt von Geschlecht zu
Geschlecht; / du hast die Erde gegründet, sie
bleibt bestehen.
91 Nach deiner Ordnung bestehen sie bis
heute / und dir ist alles dienstbar.
92 Wäre nicht dein Gesetz meine Freude, /
ich wäre zugrunde gegangen in meinem
Elend.
93 Nie will ich deine Befehle vergessen; /
denn durch sie schenkst du mir Leben.
94 Ich bin dein, errette mich! / Ich frage
nach deinen Befehlen.
95 Frevler lauern mir auf, um mich zu ver-
nichten; / doch mein Sinn achtet auf das, was
du gebietest.
96 Ich sah, dass alles Vollkommene Gren-
zen hat; / doch dein Gebot kennt keine
Schranken.

(Mem)
97 Wie lieb ist mir deine Weisung; / ich sin-
ne über sie nach den ganzen Tag.
98 Dein Gebot macht mich weiser als all
meine Feinde; / denn immer ist es mir
nahe.
99 Ich wurde klüger als all meine Lehrer; /
denn über deine Vorschriften sinne ich
nach.
100 Mehr Einsicht habe ich als die Alten; /
denn ich beachte deine Befehle.
101 Von jedem bösen Weg halte ich meinen
Fuß zurück; / denn ich will dein Wort befol-
gen.
102 Ich weiche nicht ab von deinen Ent-
scheiden, / du hast mich ja selbst unterwie-
sen.
103 Wie köstlich ist für meinen Gaumen
deine Verheißung, / süßer als Honig für mei-
nen Mund.
104 Aus deinen Befehlen gewinne ich Ein-
sicht, / darum hasse ich alle Pfade der
Lüge.

(Nun)
105 Dein Wort ist meinem Fuß eine Leuch-
te, / ein Licht für meine Pfade.
106 Ich tat einen Schwur und ich will ihn
halten: / Ich will deinen gerechten Entschei-
dungen folgen.
107 Herr, ganz tief bin ich gebeugt. / Durch
dein Wort belebe mich!
108 Herr, nimm mein Lobopfer gnädig an /
und lehre mich deine Entscheide!
109 Mein Leben ist ständig in Gefahr, /
doch ich vergesse nie deine Weisung.
110 Frevler legen mir Schlingen, / aber ich
irre nicht ab von deinen Befehlen.
111 Deine Vorschriften sind auf ewig mein
Erbteil; / denn sie sind die Freude meines
Herzens.
112 Mein Herz ist bereit, dein Gesetz zu er-
füllen / bis ans Ende und ewig.

(Samech)
113 Zwiespältige Menschen sind mir von
Grund auf verhasst, / doch dein Gesetz ist
mir lieb.
114 Du bist mein Schutz und mein Schild, /
ich warte auf dein Wort.
115 Weicht zurück von mir, ihr Bösen! / Ich
will die Gebote meines Gottes befolgen.
116 Stütze mich, damit ich lebe, wie du es
verheißen hast. / Lass mich in meiner Hoff-
nung nicht scheitern!
117 Gib mir Halt, dann finde ich Rettung; /
immer will ich auf deine Gesetze schauen.
118 Alle, die sich von deinen Gesetzen ent-
fernen, verwirfst du; / denn ihr Sinnen und
Trachten ist Lüge.
119 Alle Frevler im Land sind für dich wie
Schlacken, / darum liebe ich, was du gebie-
test.
120 Aus Ehrfurcht vor dir erschauert mein
Leib, / vor deinen Urteilen empfinde ich hei-
lige Scheu.

(Ajin)
121 Ich tue, was recht und gerecht ist. / Gib

119,107b Text korr., vgl. V. 25b.
119,109a Wörtlich: Mein Leben halte ich ständig in der Hand.
119,83a Text korr.; H: Ich bin wie ein Schlauch im Rauch.
119,119a sind für dich wie Schlacken: so nach mehreren alten Übersetzungen; H und andere Übersetzungen: schaffst du fort wie Schlacken.

mich meinen Bedrückern nicht preis!
122 Verbürg dich für das Wohl deines
Knechtes, / damit die Stolzen mich nicht unterdrücken.
123 Meine Augen sehnen sich nach deiner
Hilfe, / nach deiner gerechten Verheißung.
124 Handle an deinem Knecht nach deiner
Huld / und lehre mich deine Gesetze!
125 Ich bin dein Knecht. Gib mir Einsicht, /
damit ich verstehe, was du gebietest.
126 Herr, es ist Zeit zu handeln; / man hat
dein Gesetz gebrochen.
127 Darum liebe ich deine Gebote / mehr
als Rotgold und Weißgold.
128 Darum lebe ich genau nach deinen Befehlen; / ich hasse alle Pfade der Lüge.

(Pe)
129 Deine Vorschriften sind der Bewunderung wert; / darum bewahrt sie mein Herz.
130 Die Erklärung deiner Worte bringt Erleuchtung, / den Unerfahrenen schenkt sie
Einsicht.
131 Weit öffne ich meinen Mund / und lechze nach deinen Geboten; / denn nach ihnen
hab ich Verlangen.
132 Wende dich mir zu, sei mir gnädig, / wie
es denen gebührt, die deinen Namen lieben.
133 Festige meine Schritte, wie du es verheißen hast. / Lass kein Unrecht über mich
herrschen!
134 Erlöse mich aus der Gewalt der Menschen; / dann will ich deine Befehle halten.
135 Lass dein Angesicht leuchten über deinem Knecht / und lehre mich deine Gesetze!
136 Tränenbäche strömen aus meinen Augen, / weil man dein Gesetz nicht befolgt.

(Zade)
137 Herr, du bist gerecht / und deine Entscheide sind richtig.
138 Du hast deine Vorschriften erlassen in
Gerechtigkeit / und in großer Treue.
139 Der Eifer für dich verzehrt mich; / denn
meine Gegner vergessen deine Worte.
140 Deine Worte sind rein und lauter; / dein
Knecht hat sie lieb.
141 Ich bin gering und verachtet, / doch ich
vergesse nie deine Befehle.
142 Deine Gerechtigkeit bleibt ewig Gerechtigkeit, / deine Weisung ist Wahrheit.
143 Mich trafen Not und Bedrängnis, / doch
deine Gebote machen mich froh.
144 Deine Vorschriften sind auf ewig gerecht. / Gib mir Einsicht, damit ich lebe.

(Qof)
145 Erhöre mich, Herr, ich rufe von ganzem
Herzen; / deine Gesetze will ich halten.
146 Ich rufe zu dir; errette mich, / dann will
ich deinen Vorschriften folgen.
147 Schon beim Morgengrauen komme ich
und flehe; / ich warte auf dein Wort.
148 Meine Augen eilen den Nachtwachen
voraus; / denn ich sinne nach über deine Verheißung.
149 Höre auf meine Stimme in deiner
Huld; / belebe mich, Herr, durch deine Entscheide!
150 Mir nähern sich tückische Verfolger; /
sie haben sich weit von deiner Weisung entfernt.
151 Doch du bist nahe, Herr, / und alle deine Gebote sind Wahrheit.
152 Aus deinen Vorschriften weiß ich seit
langem, / dass du sie für ewig bestimmt
hast.

(Resch)
153 Sieh mein Elend an und rette mich; /
denn ich habe deine Weisung nicht vergessen.
154 Verschaff mir Recht und erlöse mich; /
nach deiner Weisung erhalte mein Leben!
155 Fern bleibt den Frevlern das Heil; /
denn sie fragen nicht nach deinen Gesetzen.
156 Herr, groß ist dein Erbarmen; / durch
deine Entscheide belebe mich!
157 Viele verfolgen und quälen mich, / doch
von deinen Vorschriften weich ich nicht ab.
158 Wenn ich Abtrünnige sehe, empfinde
ich Abscheu, / weil sie dein Wort nicht befolgen.
159 Sieh an, wie sehr ich deine Vorschriften
liebe; / Herr, in deiner Huld belebe mich!
160 Das Wesen deines Wortes ist Wahrheit, / deine gerechten Urteile haben alle auf
ewig Bestand.

(Schin)
161 Fürsten verfolgen mich ohne Grund, /
doch mein Herz fürchtet nur dein Wort.
162 Ich freue mich über deine Verheißung /
wie einer, der reiche Beute gemacht hat.
163 Ich hasse die Lüge, sie ist mir ein Gräuel, / doch deine Weisung habe ich lieb.
164 Siebenmal am Tag singe ich dein Lob /
wegen deiner gerechten Entscheide.
165 Alle, die deine Weisung lieben, empfangen Heil in Fülle; / es trifft sie kein Unheil.
166 Herr, ich hoffe auf deine Hilfe / und befolge deine Gebote.

119,128a Text geringfügig korr.

167 Meine Seele beachtet, was du gebie-
test, / und liebt es von Herzen.
168 Ich folge deinen Vorschriften und Be-
fehlen; / denn alle meine Wege (liegen offen)
vor dir.

(Taw)
169 Herr, zu dir dringe mein Rufen. / Gib
mir Einsicht, getreu deinem Wort!
170 Mein Flehen komme vor dein Ange-
sicht. / Reiß mich heraus getreu deiner Ver-
heißung!
171 Meine Lippen sollen überströmen von
Lobpreis; / denn du lehrst mich deine Geset-
ze.
172 Meine Zunge soll deine Verheißung be-
singen; / denn deine Gebote sind alle ge-
recht.
173 Deine Hand sei bereit, mir zu helfen; /
denn ich habe mir deine Befehle erwählt.
174 Ich sehne mich, Herr, nach deiner
Hilfe / und deine Weisung macht mich froh.
175 Lass meine Seele leben, damit sie dich
preisen kann. / Deine Entscheidungen mö-
gen mir helfen.
176 Ich bin verirrt wie ein verlorenes
Schaf. / Suche deinen Knecht! / Denn deine
Gebote habe ich nicht vergessen.

1–3: 1,1f.6; 26,3; 32,8; 37,5; 139,3; 142,4; 143,10; Tob 4,19; Spr 4,11 • 19: 39,13 • 21: Dtn 27,26; Jer 11,3 • 25: 44,26 • 29: 119,104 • 30: 25,4 • 35: 25,4 • 46: Mt 10,18 • 55: 119,62.148; 63,7 • 62: 119,55 • 64: 33,5 • 70: 17,10 • 71: 94,12 • 72: 119,103.127; 19,11 • 73: Ijob 10,8 • 81: 130,5 • 82: 123,2 • 83: Ijob 30,30 • 89: Jes 40,8 • 91: 148,6 • 95: 11,2 • 97: 1,2 • 100: Weish 4,8f • 101: Spr 1,15; 4,27 • 103: 119,72 • 104: 119,29.128 • 105: Spr 6,23; Joh 8,12; 2 Petr 1,19 • 108: 19,15; 50,14.23 • 110: 140,6 • 113: 1 Kön 18,21 • 115: 6,9; 139,19 • 119: Jes 1,25 • 120: Ijob 4,14f; 23,15 • 127: 119,72 • 128: 119,104 • 132: 25,16; 86,16; 91,14 • 134: 125,3 • 135: 4,7 • 136: Esra 9,3f • 139: 69,10 • 140: 12,7 • 148: 119,55 • 158: 139,21 • 160: Joh 17,17 • 166: Gen 49,18 • 168: Spr 5,21 • 170: 88,3; 79,11 • 176: Jes 53,6; Jer 50,6; Lk 15,4–7.

Ein Hilferuf gegen Verleumder

120 [Ein Wallfahrtslied.]
Ich rief zum Herrn in meiner Not /
und er hat mich erhört.
2 Herr, rette mein Leben vor Lügnern, /
rette es vor falschen Zungen!
3 Was soll er dir tun, was alles dir antun, /
du falsche Zunge?
4 Scharfe Pfeile von Kriegerhand / und
glühende Ginsterkohlen dazu.
5 Weh mir, dass ich als Fremder in Me-
schech bin / und bei den Zelten von Kedar
wohnen muss!
6 Ich muss schon allzu lange wohnen / bei
Leuten, die den Frieden hassen.
7 Ich verhalte mich friedlich; / doch ich
brauche nur zu reden, dann suchen sie Hader
und Streit.

1: Jona 2,3 • 2: 12,3–5; Sir 51,2 • 4: 140,11 • 6: 35,20; 140,3 • 7: Röm 12,18.

Der Wächter Israels

121 [Ein Wallfahrtslied.]
Ich hebe meine Augen auf zu den
Bergen: / Woher kommt mir Hilfe?
2 Meine Hilfe kommt vom Herrn, / der
Himmel und Erde gemacht hat.
3 Er lässt deinen Fuß nicht wanken; / er,
der dich behütet, schläft nicht.
4 Nein, der Hüter Israels / schläft und
schlummert nicht.
5 Der Herr ist dein Hüter, der Herr gibt dir
Schatten; / er steht dir zur Seite.
6 Bei Tag wird dir die Sonne nicht scha-
den / noch der Mond in der Nacht.
7 Der Herr behüte dich vor allem Bösen, /
er behüte dein Leben.
8 Der Herr behüte dich, wenn du fortgehst
und wiederkommst, / von nun an bis in
Ewigkeit.

2: 124,8 • 3: 66,9; 1 Sam 2,9 • 4: 1 Kön 18,27 • 5: 16,8; 73,23 • 6: Jes 25,4; 49,10 • 7–8: Num 6,24–26 • 7: 97,10 • 8: Dtn 28,6; Tob 5,17.

Ein Lied zur Wallfahrt nach Jerusalem

122 [Ein Wallfahrtslied Davids.]
Ich freute mich, als man mir sag-
te: / »Zum Haus des Herrn wollen wir pil-
gern.«
2 Schon stehen wir in deinen Toren, Jeru-
salem: /
3 Jerusalem, du starke Stadt, / dicht
gebaut und fest gefügt.
4 Dorthin ziehen die Stämme hinauf, die
Stämme des Herrn, / wie es Israel geboten
ist, / den Namen des Herrn zu preisen.
5 Denn dort stehen Throne bereit für das
Gericht, / die Throne des Hauses David.
6 Erbittet für Jerusalem Frieden! / Wer
dich liebt, sei in dir geborgen.
7 Friede wohne in deinen Mauern, / in dei-
nen Häusern Geborgenheit.
8 Wegen meiner Brüder und Freunde / will
ich sagen: In dir sei Friede.
9 Wegen des Hauses des Herrn, unseres
Gottes, / will ich dir Glück erflehen.

1: 42,5; Jes 2,3 • 3: 48,13f • 4: Dtn 16,16 • 5: Dtn 17,8f; 1 Kön 7,7; 2 Chr 19,8 • 6: Tob 13,14 • 9: 26,8; 128,5.

120,4b Vorschlag für die Psalmodie: und glühende Kohlen dazu.
120,7a Text korr.; H: Ich (bin) Friede.
122,2 Wörtlich: Schon stehen unsere Füße in deinen Toren.
122,7b Wörtlich: in seinen Palästen Geborgenheit.

Aufblick zu Gott

123 [Ein Wallfahrtslied.]
Ich erhebe meine Augen zu dir, /
der du hoch im Himmel thronst.
2 Wie die Augen der Knechte auf die Hand
ihres Herrn, / wie die Augen der Magd auf
die Hand ihrer Herrin,
so schauen unsre Augen auf den Herrn,
unsern Gott, / bis er uns gnädig ist.
3 Sei uns gnädig, Herr, sei uns gnädig! /
Denn übersatt sind wir vom Hohn der Spötter,
4 übersatt ist unsre Seele von ihrem
Spott, / von der Verachtung der Stolzen.

1: 141,8; 1 Kön 8,30 • 2: 25,15; 119,82 • 3: 41,6; Neh 3,36.

Israels Dank für die Befreiung

124 [Ein Wallfahrtslied Davids.]
Hätte sich nicht der Herr für uns
eingesetzt / – so soll Israel sagen –,
2 hätte sich nicht der Herr für uns eingesetzt, / als sich gegen uns Menschen erhoben,
3 dann hätten sie uns lebendig verschlungen, / als gegen uns ihr Zorn entbrannt
war.
4 Dann hätten die Wasser uns weggespült, / hätte sich über uns ein Wildbach ergossen.
5 Dann hätten sich über uns die Wasser ergossen, / die wilden und wogenden Wasser.
6 Gelobt sei der Herr, / der uns nicht ihren
Zähnen als Beute überließ.
7 Unsre Seele ist wie ein Vogel dem Netz
des Jägers entkommen; / das Netz ist zerrissen und wir sind frei.
8 Unsre Hilfe steht im Namen des Herrn, /
der Himmel und Erde gemacht hat.

3: Spr 1,12 • 4: 42,8 • 7: Spr 6,5 • 8: 121,2.

Gott, der Beschützer seines Volkes

125 [Ein Wallfahrtslied.]
Wer auf den Herrn vertraut, steht
fest wie der Zionsberg, / der niemals wankt,
der ewig bleibt.
2 Wie Berge Jerusalem rings umgeben, / so
ist der Herr um sein Volk von nun an auf
ewig.
3 Das Zepter des Frevlers soll nicht auf
dem Erbland der Gerechten lasten, / damit
die Hand der Gerechten nicht nach Unrecht
greift.
4 Herr, tu Gutes den Guten, / den Menschen mit redlichem Herzen!
5 Doch wer auf krumme Wege abbiegt, /
den jage, Herr, samt den Frevlern davon! /
Frieden über Israel!

1: Spr 10,30 • 2: Dtn 32,10; Mt 28,20 • 3: 119,134 • 4: 18,26f • 5: 92,10.

Tränen und Jubel

126 [Ein Wallfahrtslied.]
Als der Herr das Los der Gefangenschaft Zions wendete, / da waren wir alle
wie Träumende.
2 Da war unser Mund voll Lachen / und
unsere Zunge voll Jubel.
Da sagte man unter den andern Völkern: /
»Der Herr hat an ihnen Großes getan.«
3 Ja, Großes hat der Herr an uns getan. /
Da waren wir fröhlich.
4 Wende doch, Herr, unser Geschick, / wie
du versiegte Bäche wieder füllst im Südland.
5 Die mit Tränen säen, / werden mit Jubel
ernten.
6 Sie gehen hin unter Tränen / und tragen
den Samen zur Aussaat.
Sie kommen wieder mit Jubel / und bringen ihre Garben ein.

1: 14,7 • 2: Ijob 8,21; Ez 36,36 • 3: Lk 1,49 • 4: Dtn 30,3 • 5–6: Jes 25,8f; Bar 4,23; Mt 5,4; Joh 16,20; Offb 21,4; Joh 12,24.

Die Mühe des Menschen und der Segen Gottes

127 [Ein Wallfahrtslied Salomos.]
Wenn nicht der Herr das Haus
baut, / müht sich jeder umsonst, der daran
baut.
Wenn nicht der Herr die Stadt bewacht, /
wacht der Wächter umsonst.
2 Es ist umsonst, dass ihr früh aufsteht /
und euch spät erst niedersetzt,
um das Brot der Mühsal zu essen; / denn
der Herr gibt es den Seinen im Schlaf.
3 Kinder sind eine Gabe des Herrn, / die
Frucht des Leibes ist sein Geschenk.
4 Wie Pfeile in der Hand des Kriegers, / so
sind Söhne aus den Jahren der Jugend.

123,4a Wörtlich: übersatt ist unsere Seele vom Spott der Übermütigen.
124,8a In vielen Gebeten der katholischen Liturgie ist die herkömmliche Übersetzung gebräuchlich: Unsere Hilfe ist im Namen des Herrn.
125,3bc Wörtlich: damit nicht auch die Gerechten ihre Hände nach Unrecht ausstrecken.
125,5a Text korr.; H: auf ihre krummen Wege.
127,2d den Seinen: Text korr.; H: seinem Geliebten; andere Übersetzungsmöglichkeit: zu Recht gibt der Herr den Seinen den Schlaf.

5 Wohl dem Mann, der mit ihnen den Köcher gefüllt hat! / Beim Rechtsstreit mit ihren Feinden scheitern sie nicht.

1: Ijob 12,14 • 1f: Mt 6,25–34 • 2: Spr 3,24–26; 10,22; Sir 11,11 • 3: 115,14; 128,3; Gen 33,5 • 5: Ijob 5,4.

Haussegen

128 [Ein Wallfahrtslied.]
Wohl dem Mann, der den Herrn fürchtet und ehrt / und der auf seinen Wegen geht!
2 Was deine Hände erwarben, kannst du genießen; / wohl dir, es wird dir gut ergehn.
3 Wie ein fruchtbarer Weinstock ist deine Frau / drinnen in deinem Haus.
Wie junge Ölbäume sind deine Kinder / rings um deinen Tisch.
4 So wird der Mann gesegnet, / der den Herrn fürchtet und ehrt.
5 Es segne dich der Herr vom Zion her. / Du sollst dein Leben lang das Glück Jerusalems schauen
6 und die Kinder deiner Kinder sehn. / Frieden über Israel!

1: 112,1 • 2: 112,3 • 3: 127,3; Ijob 29,5; Ps 144,12 • 5: 134,3 • 5–6: Gal 6,16 • 6: Ijob 42,16.

Hoffnung in der Bedrängnis

129 [Ein Wallfahrtslied.]
Sie haben mich oft bedrängt von Jugend auf / – so soll Israel sagen –,
2 sie haben mich oft bedrängt von Jugend auf, / doch sie konnten mich nicht bezwingen.
3 Die Pflüger haben auf meinem Rücken gepflügt, / ihre langen Furchen gezogen.
4 Doch der Herr ist gerecht, / er hat die Stricke der Frevler zerhauen.
5 Beschämt sollen alle weichen, / alle, die Zion hassen.
6 Sie sollen wie das Gras auf den Dächern sein, / das verdorrt, noch bevor man es ausreißt.
7 Kein Schnitter kann seine Hand damit füllen, / kein Garbenbinder den Arm.
8 Keiner, der vorübergeht, wird sagen: / »Der Segen des Herrn sei mit euch.« – / Wir aber segnen euch im Namen des Herrn.

2: 118,13; Joh 16,33 • 3: 66,12; Jes 51,23 • 6: Jes 37,27 • 8: Rut 2,4.

Bitte in tiefer Not

130 [Ein Wallfahrtslied.]
Aus der Tiefe rufe ich, Herr, zu dir: / 2 Herr, höre meine Stimme!
Wende dein Ohr mir zu, / achte auf mein lautes Flehen!
3 Würdest du, Herr, unsere Sünden beachten, / Herr, wer könnte bestehen?
4 Doch bei dir ist Vergebung, / damit man in Ehrfurcht dir dient.
5 Ich hoffe auf den Herrn, es hofft meine Seele, / ich warte voll Vertrauen auf sein Wort.
6 Meine Seele wartet auf den Herrn / mehr als die Wächter auf den Morgen.
Mehr als die Wächter auf den Morgen /
7 soll Israel harren auf den Herrn.
Denn beim Herrn ist die Huld, / bei ihm ist Erlösung in Fülle.
8 Ja, er wird Israel erlösen / von all seinen Sünden.

1: Jona 2,3 • 2: 5,2f • 3: 143,2; Nah 1,6 • 4: 32,1; Jes 55,7; Mi 7,18 • 5: 119,81 • 6: Jes 21,11 • 7–8: 25,22; Mt 1,21 • 7: Jes 30,18.

Der Frieden in Gott

131 [Ein Wallfahrtslied.]
Herr, mein Herz ist nicht stolz, / nicht hochmütig blicken meine Augen.
Ich gehe nicht um mit Dingen, / die mir zu wunderbar und zu hoch sind.
2 Ich ließ meine Seele ruhig werden und still; / wie ein kleines Kind bei der Mutter ist meine Seele still in mir.
3 Israel, harre auf den Herrn / von nun an bis in Ewigkeit!

1: Sir 3,21; 23,4; 1 Petr 5,5 • 2: 62,2 • 3: 130,7.

Die Erwählung Davids und des Zion

132 [Ein Wallfahrtslied.]
O Herr, / denk an David, denk an all seine Mühen,
2 wie er dem Herrn geschworen, / dem starken Gott Jakobs gelobt hat:
3 »Nicht will ich mein Zelt betreten / noch mich zur Ruhe betten,
4 nicht Schlaf den Augen gönnen / noch Schlummer den Lidern,
5 bis ich eine Stätte finde für den Herrn, / eine Wohnung für den starken Gott Jakobs.«
6 Wir hörten von seiner Lade in Efrata, /

127,5b Beim Rechtsstreit mit ihren Feinden, wörtlich: Wenn sie reden mit Feinden im Tor.
128,2a kannst du genießen: so mit G; H: fürwahr, du kannst es genießen.
129,1f Wörtlich: von meiner Jugend auf.
132,6 von seiner Lade, wörtlich: von ihr.

fanden sie im Gefilde von Jáar.
[7] Lasst uns hingehen zu seiner Wohnung / und niederfallen vor dem Schemel seiner Füße!
[8] Erheb dich, Herr, komm an den Ort deiner Ruhe, / du und deine machtvolle Lade!
[9] Deine Priester sollen sich bekleiden mit Gerechtigkeit / und deine Frommen sollen jubeln.
[10] Weil David dein Knecht ist, / weise deinen Gesalbten nicht ab!
[11] Der Herr hat David geschworen, / einen Eid, den er niemals brechen wird:
»Einen Spross aus deinem Geschlecht / will ich setzen auf deinen Thron.
[12] Wenn deine Söhne meinen Bund bewahren, / mein Zeugnis, das ich sie lehre,
dann sollen auch ihre Söhne / auf deinem Thron sitzen für immer.«
[13] Denn der Herr hat den Zion erwählt, / ihn zu seinem Wohnsitz erkoren:
[14] »Das ist für immer der Ort meiner Ruhe; / hier will ich wohnen, ich hab ihn erkoren.
[15] Zions Nahrung will ich reichlich segnen, / mit Brot seine Armen sättigen.
[16] Seine Priester will ich bekleiden mit Heil, / seine Frommen sollen jauchzen und jubeln.
[17] Dort lasse ich Davids Macht erstarken / und stelle für meinen Gesalbten ein Licht auf.
[18] Ich bedecke seine Feinde mit Schande; / doch auf ihm erglänzt seine Krone.«

3–5: 2 Sam 7,1f; 1 Chr 28,2 • 6: 1 Sam 7,1; 2 Sam 6,2 • 7: 99,5 • 8: Num 10,35f • 8–10: 2 Chr 6,41f • 9: Ijob 29,14 • 11: 89,4f • 13: 68,17; 76,3; 78,68 • 14: 1 Kön 8,13 • 16: 132,9; Jes 61,10 • 17: 1 Kön 11,36; Lk 1,69.

Ein Lob der brüderlichen Eintracht

133 [Ein Wallfahrtslied Davids.]
Seht doch, wie gut und schön ist es, / wenn Brüder miteinander in Eintracht wohnen.
[2] Das ist wie köstliches Salböl, / das vom Kopf hinabfließt auf den Bart, auf Aarons Bart, / das auf sein Gewand hinabfließt.
[3] Das ist wie der Tau des Hermon, / der auf den Berg Zion niederfällt. / Denn dort spendet der Herr Segen und Leben in Ewigkeit.

1: Gen 13,8 • 2: Ex 29,7; 30 25.30 • 3: Dtn 28,8.

Nächtliches Loblied im Tempel

134 [Ein Wallfahrtslied.]
Wohlan, nun preiset den Herrn, / all ihr Knechte des Herrn,
die ihr steht im Haus des Herrn, / zu nächtlicher Stunde.
[2] Erhebt eure Hände zum Heiligtum / und preist den Herrn!
[3] Es segne dich der Herr vom Zion her, / (der Herr,) der Himmel und Erde gemacht hat.

1: 135,1f • 2: 28,2 • 3: 128,5; 115,15.

Loblied auf Gottes Wirken in Schöpfung und Geschichte

135 Halleluja!
Lobt den Namen des Herrn, / lobt ihn, ihr Knechte des Herrn,
[2] die ihr steht im Haus des Herrn, / in den Vorhöfen am Haus unsres Gottes.
[3] Lobt den Herrn, denn der Herr ist gütig. / Singt und spielt seinem Namen, denn er ist freundlich.
[4] Der Herr hat sich Jakob erwählt, / Israel wurde sein Eigentum.
[5] Ja, das weiß ich: Groß ist der Herr, / unser Herr ist größer als alle Götter.
[6] Alles, was dem Herrn gefällt, vollbringt er, / im Himmel, auf der Erde, in den Meeren, in allen Tiefen.
[7] Er führt Wolken herauf vom Ende der Erde, / er lässt es blitzen und regnen, / aus seinen Kammern holt er den Sturmwind hervor.
[8] Er erschlug Ägyptens Erstgeburt, / bei Menschen und beim Vieh.
[9] Gegen dich, Ägypten, sandte er Zeichen und Wunder, / gegen den Pharao und all seine Knechte.
[10] Er schlug viele Völker nieder / und tötete mächtige Könige:
[11] Sihon, den König der Amoriter, / Og, den König von Baschan, / und alle Reiche Kanaans.
[12] Ihr Land gab er Israel zum Erbe, / zum Erbe Israel, seinem Volk.
[13] Herr, dein Name währt ewig, / das Gedenken an dich, Herr, dauert von Geschlecht zu Geschlecht.
[14] Denn der Herr verschafft Recht seinem Volk; / er hat mit seinen Knechten Mitleid.

132,11c Wörtlich: (Einen) von deiner Leibesfrucht.
132,15 Zions Nahrung, wörtlich: Seine Nahrung.
133,2bc Andere Übersetzungsmöglichkeit: in den Bart Aarons, der hinuntergeht bis zum Saum seines Gewandes.
135,9a Wörtlich: In deine Mitte, Ägypten.

15 Die Götzen der Heiden sind nur Silber
und Gold, / ein Machwerk von Menschen-
hand.
16 Sie haben einen Mund und reden nicht, /
Augen und sehen nicht;
17 sie haben Ohren und hören nicht; / auch
ist kein Hauch in ihrem Mund.
18 Die sie gemacht haben, sollen ihrem
Machwerk gleichen, / alle, die den Götzen
vertrauen.
19 Haus Israel, preise den Herrn! / Haus
Aaron, preise den Herrn!
20 Haus Levi, preise den Herrn! / Alle, die
ihr den Herrn fürchtet, preist den Herrn!
21 Gepriesen sei der Herr auf Zion, / er, der
thront in Jerusalem. / Halleluja!

1: 113,1 • 4: 33,12 • 5: 95,3; 136,2f • 6: 115,3 • 7: Jer 10,13; Ijob 37,9 • 8: 78,51 • 9: 78,42–51 • 10–12: 136,17–22; Num 21,21–24.33–35 • 12: Jos 11,23 • 13: 102,13 • 14: Dtn 32,36 • 15–18: 115,4–6.8 • 19–20: 115,9–11.

Danklitanei für Gottes ewige Huld

136 Dankt dem Herrn, denn er ist
gütig, / denn seine Huld währt
ewig!
2 Dankt dem Gott aller Götter, / denn seine
Huld währt ewig!
3 Dankt dem Herrn aller Herren, / denn
seine Huld währt ewig!
4 Der allein große Wunder tut, / denn seine
Huld währt ewig,
5 der den Himmel geschaffen hat in Weis-
heit, / denn seine Huld währt ewig,
6 der die Erde über den Wassern gegründet
hat, / denn seine Huld währt ewig,
7 der die großen Leuchten gemacht hat, /
denn seine Huld währt ewig,
8 die Sonne zur Herrschaft über den Tag, /
denn seine Huld währt ewig,
9 Mond und Sterne zur Herrschaft über die
Nacht, / denn seine Huld währt ewig.
10 Der die Erstgeburt der Ägypter schlug, /
denn seine Huld währt ewig,
11 und Israel herausführte aus ihrer
Mitte, / denn seine Huld währt ewig,
12 mit starker Hand und erhobenem Arm, /
denn seine Huld währt ewig,
13 der das Schilfmeer zerschnitt in zwei
Teile, / denn seine Huld währt ewig,
14 und Israel hindurchführte zwischen den
Wassern, / denn seine Huld währt ewig,
15 und den Pharao ins Meer stürzte samt
seinem Heer, / denn seine Huld währt
ewig.
16 Der sein Volk durch die Wüste führte, /
denn seine Huld währt ewig,
17 der große Könige schlug, / denn seine
Huld währt ewig,
18 und mächtige Könige tötete, / denn seine
Huld währt ewig,
19 Sihon, den König der Amoriter, / denn
seine Huld währt ewig,
20 und Og, den König von Baschan, / denn
seine Huld währt ewig,
21 und der ihr Land zum Erbe gab, / denn
seine Huld währt ewig,
22 der es Israel gab, seinem Knecht, / denn
seine Huld währt ewig.
23 Der an uns dachte in unsrer Erniedri-
gung, / denn seine Huld währt ewig,
24 und uns den Feinden entriss, / denn sei-
ne Huld währt ewig,
25 der allen Geschöpfen Nahrung gibt, /
denn seine Huld währt ewig.
26 Dankt dem Gott des Himmels, / denn
seine Huld währt ewig.

1: 107,1 • 2: 82,1; 86,8; 89,7–9; 95,3; 97,9; 135,5; Ex 18,11; Dtn 10,17; Dan 2,47 • 4: 72,18; Ex 15,11 • 5: Spr 3,19; Jer 10,12 • 6: 24,2 • 7–9: Gen 1,14–18; Jer 31,35 • 10: 78,51 • 11–15: 78,52f • 17–22: 135,10–12 • 21: 44,3 • 23: Lk 1,48 • 24: 106,43f; Lk 1,71 • 25: 145,15f.

Heimweh nach dem Zion in der Verbannung

137 An den Strömen von Babel, / da
saßen wir und weinten, / wenn
wir an Zion dachten.
2 Wir hängten unsere Harfen / an die Wei-
den in jenem Land.
3 Dort verlangten von uns die Zwingherren
Lieder, / unsere Peiniger forderten Jubel: /
»Singt uns Lieder vom Zion!«
4 Wie könnten wir singen die Lieder des
Herrn, / fern, auf fremder Erde?
5 Wenn ich dich je vergesse, Jerusalem, /
dann soll mir die rechte Hand verdorren.
6 Die Zunge soll mir am Gaumen kleben, /
wenn ich an dich nicht mehr denke, / wenn
ich Jerusalem nicht zu meiner höchsten
Freude erhebe.
7 Herr, vergiss den Söhnen Edoms nicht
den Tag von Jerusalem; / sie sagten: »Reißt

136,14a Wörtlich: und Israel hindurchführte durch seine Mitte.
136,15a Wörtlich: und den Pharao ins Schilfmeer stürzte.
136,22a Wörtlich: als Erbe für Israel, seinen Knecht.
137,5b Text korr.; H: dann soll meine rechte Hand (die Kunst des Spielens) vergessen.
137,7–9 Zu diesem Fluch vgl. die Anmerkung zu 109,1–31. Hier geht es aber um übermächtige feindliche Völker.

nieder, bis auf den Grund reißt es nie-
der!«
8 Tochter Babel, du Zerstörerin! / Wohl
dem, der dir heimzahlt, was du uns getan
hast!
9 Wohl dem, der deine Kinder packt / und
sie am Felsen zerschmettert!

1: Ez 3,15; Klgl 3,48 • 2: Klgl 5,14 • 5: Jer 51,50 • 6: 22,16 • 7: Klgl 4,21f; Ez 25,12–14; 35; Obd 8–15 • 8: Jes 14,22; Jer 50; 51 • 9: Jes 13,16.18; Hos 14,1; Röm 12,19.

Dank für Gottes Hilfe

138 [Von David.]
Ich will dir danken aus ganzem
Herzen, / dir vor den Engeln singen und spie-
len;
2 ich will mich niederwerfen zu deinem
heiligen Tempel / hin und deinem Namen
danken für deine Huld und Treue.
Denn du hast die Worte meines Mundes
gehört, / deinen Namen und dein Wort über
alles verherrlicht.
3 Du hast mich erhört an dem Tag, als ich
rief; / du gabst meiner Seele große Kraft.
4 Dich sollen preisen, Herr, alle Könige der
Welt, / wenn sie die Worte deines Mundes
vernehmen.
5 Sie sollen singen von den Wegen des
Herrn; / denn groß ist die Herrlichkeit des
Herrn.
6 Ja, der Herr ist erhaben; / doch er schaut
auf die Niedrigen / und die Stolzen erkennt
er von fern.
7 Gehe ich auch mitten durch große Not: /
du erhältst mich am Leben.
Du streckst die Hand aus gegen meine wü-
tenden Feinde / und deine Rechte hilft mir.
8 Der Herr nimmt sich meiner an. / Herr,
deine Huld währt ewig. / Lass nicht ab vom
Werk deiner Hände!

1: 7,18; 9,2; 111,1 • 2: 5,8; Dan 6,11 • 4: 68,33; Jes 2,3 • 6: Jes 57,15; Lk 1,51f • 7: 23,4.

Der Mensch vor dem allwissenden Gott

139 [Für den Chormeister. Ein Psalm
Davids.]
Herr, du hast mich erforscht und du
kennst mich. / 2 Ob ich sitze oder stehe, du
weißt von mir. / Von fern erkennst du meine
Gedanken.
3 Ob ich gehe oder ruhe, es ist dir be-
kannt; / du bist vertraut mit all meinen We-
gen.
4 Noch liegt mir das Wort nicht auf der
Zunge – / du, Herr, kennst es bereits.
5 Du umschließt mich von allen Seiten /
und legst deine Hand auf mich.
6 Zu wunderbar ist für mich dieses Wis-
sen, / zu hoch, ich kann es nicht begreifen.
7 Wohin könnte ich fliehen vor deinem
Geist, / wohin mich vor deinem Angesicht
flüchten?
8 Steige ich hinauf in den Himmel, so bist
du dort; / bette ich mich in der Unterwelt,
bist du zugegen.
9 Nehme ich die Flügel des Morgenrots /
und lasse mich nieder am äußersten Meer,
10 auch dort wird deine Hand mich ergrei-
fen / und deine Rechte mich fassen.
11 Würde ich sagen: »Finsternis soll mich
bedecken, / statt Licht soll Nacht mich um-
geben«, / 12 auch die Finsternis wäre für dich
nicht finster,
die Nacht würde leuchten wie der Tag, /
die Finsternis wäre wie Licht.
13 Denn du hast mein Inneres geschaffen, /
mich gewoben im Schoß meiner Mutter.
14 Ich danke dir, dass du mich so wunder-
bar gestaltet hast. / Ich weiß: Staunenswert
sind deine Werke.
15 Als ich geformt wurde im Dunkeln, /
kunstvoll gewirkt in den Tiefen der Erde, /
waren meine Glieder dir nicht verborgen.
16 Deine Augen sahen, wie ich entstand, /
in deinem Buch war schon alles verzeich-
net;
meine Tage waren schon gebildet, / als
noch keiner von ihnen da war.
17 Wie schwierig sind für mich, o Gott,
deine Gedanken, / wie gewaltig ist ihre
Zahl!
18 Wollte ich sie zählen, es wären mehr als
der Sand. / Käme ich bis zum Ende, wäre ich
noch immer bei dir.
19 Wolltest du, Gott, doch den Frevler tö-

137,8a du Zerstörerin: H: du zu Verwüstende.
138,2c Ergänzt aus G; dort steht dieser Satz in V. 1.
138,2d Text korr.; H etwa: du hast Versprechen gemacht, die deinen Namen übersteigen.
138,3b Nach G; H: du machtest mich ungestüm.
139,3a es ist dir bekannt, wörtlich: du prüfst es; oder: du misst es.
139,5a Wörtlich: Du umschließt mich von hinten und von vorn.
139,10a mich ergreifen: Text korr.; H: mich leiten.
139,11a Text korr. nach den Übersetzungen von Symmachus und Hieronymus; H: Finsternis soll mich zermalmen.
139,14 Text korr. nach G, S und Hieronymus.
139,16a Text korr.; H ist unklar.
139,18b Käme ich bis zum Ende: Text korr.; H: Erwachte ich.

ten! / Ihr blutgierigen Menschen, lasst ab von mir!

20 Sie reden über dich voll Tücke / und missbrauchen deinen Namen.
21 Soll ich die nicht hassen, Herr, die dich hassen, / die nicht verabscheuen, die sich gegen dich erheben?
22 Ich hasse sie mit glühendem Hass; / auch mir sind sie zu Feinden geworden.
23 Erforsche mich, Gott, und erkenne mein Herz, / prüfe mich und erkenne mein Denken!
24 Sieh her, ob ich auf dem Weg bin, der dich kränkt, / und leite mich auf dem altbewährten Weg!

1: 33,15; 44,22; Jer 12,3 • 2: 2 Kön 19,27; Ijob 31,4 • 5: Ijob 1,10 • 6: 92,6; 131,1; Röm 11,33 • 7–10: Ijob 23,8f; Sir 16,17f; Jer 23,23f; Am 9,2f • 8: Ijob 11,8 • 9: Jona 1,3 • 11–12: Ijob 26,6; 34,22; Dan 2,22 • 13–15: Ijob 10,8–11; Weish 7,1f • 15: Ijob 1,21 • 16: 69,29; Ijob 14,5 • 17: 92,6; Ijob 11,7 • 18: 40,6; Sir 18,5–7 • 19: 119,115 • 23: 17,3; 26,2 • 24: 25,4.

Hilferuf zu Gott, dem Anwalt des Armen

140 [Für den Chormeister. Ein Psalm Davids.]
2 Rette mich, Herr, vor bösen Menschen, / vor gewalttätigen Leuten schütze mich!
3 Denn sie sinnen in ihrem Herzen auf Böses, / jeden Tag schüren sie Streit.
4 Wie die Schlangen haben sie scharfe Zungen / und hinter den Lippen Gift wie die Nattern. [Sela]
5 Behüte mich, Herr, vor den Händen der Frevler, / vor gewalttätigen Leuten schütze mich, / die darauf sinnen, mich zu Boden zu stoßen.
6 Hochmütige legen mir heimlich Schlingen, / Böse spannen ein Netz aus, / stellen mir Fallen am Wegrand. [Sela]
7 Ich sage zum Herrn: Du bist mein Gott. / Vernimm, o Herr, mein lautes Flehen!
8 Herr, mein Gebieter, meine starke Hilfe, / du beschirmst mein Haupt am Tag des Kampfes.
9 Herr, erfülle nicht die Wünsche des Frevlers, / lass seine Pläne nicht gelingen! [Sela]
10 Die mich umzingeln, sollen das Haupt nicht erheben; / die Bosheit ihrer Lippen treffe sie selbst.
11 Er lasse glühende Kohlen auf sie regnen, / er stürze sie hinab in den Abgrund, / sodass sie nie wieder aufstehn.
12 Der Verleumder soll nicht bestehen im Land, / den Gewalttätigen treffe das Unglück Schlag auf Schlag.
13 Ich weiß, der Herr führt die Sache des Armen, / er verhilft den Gebeugten zum Recht.
14 Deinen Namen preisen nur die Gerechten; / vor deinem Angesicht dürfen nur die Redlichen bleiben.

2: 71,4 • 4: 55,22; 58,5; Röm 3,13 • 6: 57,7; 141,9; 142,4; Ijob 18,8 • 7: 31,15 • 10: 7,17 • 11: 11,6; 120,4; Num 16,31f • 13: 9,19; 34,7 • 14: 11,7.

Bitte um Bewahrung vor Sünde

141 [Ein Psalm Davids.]
Herr, ich rufe zu dir. Eile mir zu Hilfe; / höre auf meine Stimme, wenn ich zu dir rufe.
2 Wie ein Rauchopfer steige mein Gebet vor dir auf; / als Abendopfer gelte vor dir, wenn ich meine Hände erhebe.
3 Herr, stell eine Wache vor meinen Mund, / eine Wehr vor das Tor meiner Lippen!
4 Gib, dass mein Herz sich bösen Worten nicht zuneigt, / dass ich nichts tue, was schändlich ist,
zusammen mit Menschen, die Unrecht tun. / Von ihren Leckerbissen will ich nicht kosten.
5 Der Gerechte mag mich schlagen aus Güte: / Wenn er mich bessert, ist es Salböl für mein Haupt;
da wird sich mein Haupt nicht sträuben. / Ist er in Not, will ich stets für ihn beten.
6 Haben ihre Richter sich auch die Felsen hinabgestürzt, / sie sollen hören, dass mein Wort für sie freundlich ist.
7 Wie wenn man Furchen zieht und das Erdreich aufreißt, / so sind unsre Glieder hingestreut an den Rand der Unterwelt.
8 Mein Herr und Gott, meine Augen richten sich auf dich; / bei dir berge ich mich. Gieß mein Leben nicht aus!
9 Vor der Schlinge, die sie mir legten, bewahre mich, / vor den Fallen derer, die Unrecht tun!

139,20b deinen Namen: Text korr.; H: deine Städte; oder: deine Feinde.
140,5c Wörtlich: darauf sinnen, meine Schritte zu Fall zu bringen.
140,6b Text korr.
140,9f Text korr. durch Verschiebung der Versgrenze und Wiederholung der Negation von V. 9 in V. 10.
140,13b Wörtlich: er richtet den Gebeugten nach dem Armenrecht.
141,5d Andere Übersetzungsmöglichkeit: Denn stets (wird laut) mein Gebet trotz ihrer Bosheit, oder: wenn es ihnen schlecht geht . . .
141,6b H ist unverständlich.

10 Die Frevler sollen sich in ihren eigenen
Netzen fangen, / während ich heil entkom-
me.

2: 134,2; Ex 30,7f; Num 28,4; Jdt 9,1 • 3: 39,2; Jak 3,5f • 5: Spr 9,8; 27,5f • 8–9: 25,15 • 9: 140,6 • 10: 7,16.

Hilferuf in schwerer Bedrängnis

142 [Ein Weisheitslied Davids, als er
in der Höhle war. Ein Gebet.]
2 Mit lauter Stimme schrei ich zum
Herrn, / laut flehe ich zum Herrn um Gna-
de.
3 Ich schütte vor ihm meine Klagen aus, /
eröffne ihm meine Not.
4 Wenn auch mein Geist in mir verzagt, /
du kennst meinen Pfad.
Auf dem Weg, den ich gehe, / legten sie mir
Schlingen.
5 Ich blicke nach rechts und schaue aus, /
doch niemand ist da, der mich beachtet.
Mir ist jede Zuflucht genommen, / nie-
mand fragt nach meinem Leben.
6 Herr, ich schreie zu dir, / ich sage: Meine
Zuflucht bist du, / mein Anteil im Land der
Lebenden.
7 Vernimm doch mein Flehen; / denn ich
bin arm und elend.
Meinen Verfolgern entreiß mich; / sie sind
viel stärker als ich.
8 Führe mich heraus aus dem Kerker, / da-
mit ich deinen Namen preise.
Die Gerechten scharen sich um mich, /
weil du mir Gutes tust.

1: 63,1 • 4: 143,4; 140,6 • 6: 91,2; 73,26; 27,13 • 8: 88,9.

Gebet um Kraft und Hilfe gegen Feinde

143 [Ein Psalm Davids.]
Herr, höre mein Gebet, vernimm
mein Flehen; / in deiner Treue erhöre mich,
in deiner Gerechtigkeit!
2 Geh mit deinem Knecht nicht ins Ge-
richt; / denn keiner, der lebt, ist gerecht vor
dir.
3 Der Feind verfolgt mich, tritt mein Leben
zu Boden, / er lässt mich in der Finsternis
wohnen wie längst Verstorbene.
4 Mein Geist verzagt in mir, / mir erstarrt
das Herz in der Brust.
5 Ich denke an die vergangenen Tage, / sin-
ne nach über all deine Taten, / erwäge das
Werk deiner Hände.
6 Ich breite die Hände aus (und bete) zu
dir; / meine Seele dürstet nach dir wie lech-
zendes Land. [Sela]
7 Herr, erhöre mich bald, / denn mein Geist
wird müde;
verbirg dein Antlitz nicht vor mir, / damit
ich nicht werde wie Menschen, die längst be-
graben sind.
8 Lass mich deine Huld erfahren am frü-
hen Morgen; / denn ich vertraue auf
dich.
Zeig mir den Weg, den ich gehen soll; /
denn ich erhebe meine Seele zu dir.
9 Herr, entreiß mich den Feinden! / Zu dir
nehme ich meine Zuflucht.
10 Lehre mich, deinen Willen zu tun; denn
du bist mein Gott. / Dein guter Geist leite
mich auf ebenem Pfad.
11 Um deines Namens willen, Herr, erhalt
mich am Leben, / führe mich heraus aus der
Not in deiner Gerechtigkeit!
12 Vertilge in deiner Huld meine Feinde, /
lass all meine Gegner untergehn! / Denn ich
bin dein Knecht.

2: 130,3; Ijob 4,17; 9,2; 25,4; Koh 7,20 • 3: Klgl 3,6 • 4: 142,4; Ijob 17,1 • 5: 77,6–13 • 6: 42,2 • 7: 69,18; 102,3; 28,1; 88,5 • 8: 90,14; 25,1f • 10: 119,1 • 12: 54,7.

Danklied auf das Glück des Gottesvolkes

144 [Von David]
Gelobt sei der Herr, der mein Fels
ist, / der meine Hände den Kampf gelehrt
hat, meine Finger den Krieg.
2 Du bist meine Huld und Burg, / meine
Festung, mein Retter,
mein Schild, dem ich vertraue. / Er macht
mir Völker untertan.
3 Herr, was ist der Mensch, dass du dich
um ihn kümmerst, / des Menschen Kind, dass
du es beachtest?
4 Der Mensch gleicht einem Hauch, / seine
Tage sind wie ein flüchtiger Schatten.
5 Herr, neig deinen Himmel und steig
herab, / rühre die Berge an, sodass sie rau-
chen.
6 Schleudre Blitze und zerstreue die Fein-
de, / schieß deine Pfeile ab und jag sie da-
hin!
7 Streck deine Hände aus der Höhe herab
und befreie mich; / reiß mich heraus aus ge-
waltigen Wassern, / aus der Hand der Frem-
den!
8 Alles, was ihr Mund sagt, ist Lüge, /
Meineide schwört ihre Rechte.

142,7b Wörtlich: denn ich bin sehr schwach.
143,7e Wörtlich: die hinabgestiegen sind zur Grube.
143,9b meine Zuflucht: Text korr. nach G.
143,10c Text korr.; H: leite mich auf ebenem Land.
144,2d mir Völker: Text korr.; H: mein Volk.

9 Ein neues Lied will ich, o Gott, dir sin-
gen, / auf der zehnsaitigen Harfe will ich dir
spielen,
10 der du den Königen den Sieg verleihst /
und David, deinen Knecht, errettest.
Vor dem bösen Schwert 11 errette mich, /
entreiß mich der Hand der Fremden!
Alles, was ihr Mund sagt, ist Lüge, / Mein-
eide schwört ihre Rechte.
12 Unsre Söhne seien wie junge Bäume, /
hoch gewachsen in ihrer Jugend,
unsre Töchter wie schlanke Säulen, / die
geschnitzt sind für den Tempel.
13 Unsre Speicher seien gefüllt, / überquel-
lend von vielerlei Vorrat;
unsre Herden mögen sich tausendfach
mehren, / vieltausendfach auf unsren Flu-
ren.
14 Unsre Kühe mögen tragen, ohne zu ver-
werfen und ohne Unfall; / kein Wehgeschrei
werde laut auf unsern Straßen.
15 Wohl dem Volk, dem es so ergeht, /
glücklich das Volk, dessen Gott der Herr
ist!

1: 18,35; 92,16 • 2: 3,4; 18,3.48 • 3: 8,5; Ijob 7,17 • 4: 39,6f; 90,9 • 5–7: 18,10–17 • 5: 104,32; Jes 63,19 • 9: 33,3 • 10: 18,51 • 12: 128,3; Ijob 42,15 • 13: 107,37f • 15: 33,12.

Lobpreis der Größe und Güte Gottes

145 [Ein Loblied Davids.]
Ich will dich rühmen, mein Gott
und König, / und deinen Namen preisen im-
mer und ewig;
2 ich will dich preisen Tag für Tag / und
deinen Namen loben immer und ewig.
3 Groß ist der Herr und hoch zu loben, /
seine Größe ist unerforschlich.
4 Ein Geschlecht verkünde dem andern
den Ruhm deiner Werke / und erzähle von
deinen gewaltigen Taten.
5 Sie sollen vom herrlichen Glanz deiner
Hoheit reden; / ich will deine Wunder besin-
gen.
6 Sie sollen sprechen von der Gewalt dei-
ner erschreckenden Taten; / ich will von dei-
nen großen Taten berichten.
7 Sie sollen die Erinnerung an deine große
Güte wecken / und über deine Gerechtigkeit
jubeln.
8 Der Herr ist gnädig und barmherzig, /
langmütig und reich an Gnade.
9 Der Herr ist gütig zu allen, / sein Erbar-
men waltet über all seinen Werken.
10 Danken sollen dir, Herr, all deine Wer-
ke / und deine Frommen dich preisen.
11 Sie sollen von der Herrlichkeit deines
Königtums reden, / sollen sprechen von dei-
ner Macht,
12 den Menschen deine machtvollen Taten
verkünden / und den herrlichen Glanz deines
Königtums.
13 Dein Königtum ist ein Königtum für
ewige Zeiten, / deine Herrschaft währt von
Geschlecht zu Geschlecht.
[Der Herr ist treu in all seinen Worten, /
voll Huld in all seinen Taten]
14 Der Herr stützt alle, die fallen, / und
richtet alle Gebeugten auf.
15 Aller Augen warten auf dich / und du
gibst ihnen Speise zur rechten Zeit.
16 Du öffnest deine Hand / und sättigst al-
les, was lebt, nach deinem Gefallen.
17 Gerecht ist der Herr in allem, was er
tut, / voll Huld in all seinen Werken.
18 Der Herr ist allen, die ihn anrufen,
nahe, / allen, die zu ihm aufrichtig rufen.
19 Die Wünsche derer, die ihn fürchten, er-
füllt er, / er hört ihr Schreien und rettet
sie.
20 Alle, die ihn lieben, behütet der Herr, /
doch alle Frevler vernichtet er.
21 Mein Mund verkünde das Lob des
Herrn. / Alles, was lebt, preise seinen heili-
gen Namen immer und ewig!

2: 34,2; 68,20 • 3: 95,3 • 4: 78,4 • 8: 116,5 • 9: 103,13; Weish 11,24 • 10: 103,22 • 11–13: 24,7–10 • 14: 94,18; 146,8 • 15–16: 104,27f; 136,25 • 16: Mt 6,25f • 17: Dtn 32,4 • 18: Dtn 4,7; Jes 55,6; 58,9; Jer 29,13 • 19: 34,18; Spr 10,24; Joh 9,31 • 20: Ri 5,31 • 21: Sir 39,35.

Preislied auf Gott, den Herrn und Helfer Israels

146 Halleluja!
Lobe den Herrn, meine Seele! /
2 Ich will den Herrn loben, solange ich lebe, /
meinem Gott singen und spielen, solange ich
da bin.
3 Verlasst euch nicht auf Fürsten, / auf
Menschen, bei denen es doch keine Hilfe
gibt.
4 Haucht der Mensch sein Leben aus / und
kehrt er zurück zur Erde, / dann ist es aus
mit all seinen Plänen.

144,10b Text korr.; H: David, seinen Knecht.
144,14 Andere Übersetzungsmöglichkeit: Unsere Gaue ohne Lasten, kein Durchbruch und kein Auszug, kein Geschrei auf unseren Plätzen.
145,12a Text korr. nach G und S; H: seine machtvollen Taten.
145,13 Der eingeklammerte Textteil fehlt in H; Rekonstruktion nach G, S und Vg.
146,4c Wörtlich: an jenem Tag ist es aus.

5 Wohl dem, dessen Halt der Gott Jakobs
ist / und der seine Hoffnung auf den Herrn,
seinen Gott, setzt.
6 Der Herr hat Himmel und Erde ge-
macht, / das Meer und alle Geschöpfe; / er
hält ewig die Treue.
7 Recht verschafft er den Unterdrückten, /
den Hungernden gibt er Brot; / der Herr be-
freit die Gefangenen.
8 Der Herr öffnet den Blinden die Augen, /
er richtet die Gebeugten auf.
9 Der Herr beschützt die Fremden / und
verhilft den Waisen und Witwen zu ihrem
Recht.
Der Herr liebt die Gerechten, / doch die
Schritte der Frevler leitet er in die Irre.
10 Der Herr ist König auf ewig, / dein Gott,
Zion, herrscht von Geschlecht zu Ge-
schlecht. Halleluja!

2: 7,18; 104,33 • 3: 118,8f • 4: 90,3; 103,14; 104,29; Gen 3,19; Ijob 10,9; Koh 12,7 • 5: Jer 17,7 • 6: Apg 4,24; 14,15 • 7: 103,6; 68,7; Jes 61,1 • 8: 145,14 • 9: 10,18 • 10: 24,7–10.

Bekenntnis zu Gott, dem Retter Israels

147 Halleluja!
Gut ist es, unserm Gott zu sin-
gen; / schön ist es, ihn zu loben.
2 Der Herr baut Jerusalem wieder auf, / er
sammelt die Versprengten Israels.
3 Er heilt die gebrochenen Herzen / und
verbindet ihre schmerzenden Wunden.
4 Er bestimmt die Zahl der Sterne / und
ruft sie alle mit Namen.
5 Groß ist unser Herr und gewaltig an
Kraft, / unermesslich ist seine Weisheit.
6 Der Herr hilft den Gebeugten auf / und
erniedrigt die Frevler.
7 Stimmt dem Herrn ein Danklied an, /
spielt unserm Gott auf der Harfe!
8 Er bedeckt den Himmel mit Wolken, /
spendet der Erde Regen / und lässt Gras auf
den Bergen sprießen.
9 Er gibt dem Vieh seine Nahrung, / gibt
den jungen Raben, wonach sie schreien.
10 Er hat keine Freude an der Kraft des
Pferdes, / kein Gefallen am schnellen Lauf
des Mannes.
11 Gefallen hat der Herr an denen, die ihn
fürchten und ehren, / die voll Vertrauen war-
ten auf seine Huld.

1: 92,2 • 2: 51,20; Jes 11,12; Jer 31,10 • 3: Ijob 5,18; Jes 61,1; Jer 33,6 • 4: Jes 40,26; Bar 3,34f • 5: 145,3; Jes 40,28 • 6: 145,14; 75,8; Lk 1,52 • 8: 104,11–14; Ijob 5,10; Jer 14,22; Joël 2,23 • 9: Ijob 38,41; Lk 12,24 • 10–11: 20,8; 1 Sam 16,7.

Dank für Gottes Güte

12 Jerusalem, preise den Herrn, / lobsinge,
Zion, deinem Gott!
13 Denn er hat die Riegel deiner Tore fest
gemacht, / die Kinder in deiner Mitte geseg-
net;
14 er verschafft deinen Grenzen Frieden /
und sättigt dich mit bestem Weizen.
15 Er sendet sein Wort zur Erde, / rasch eilt
sein Befehl dahin.
16 Er spendet Schnee wie Wolle, / streut
den Reif aus wie Asche.
17 Eis wirft er herab in Brocken, / vor sei-
ner Kälte erstarren die Wasser.
18 Er sendet sein Wort aus und sie schmel-
zen, / er lässt den Wind wehen, dann rieseln
die Wasser.
19 Er verkündet Jakob sein Wort, / Israel
seine Gesetze und Rechte.
20 An keinem andern Volk hat er so gehan-
delt, / keinem sonst seine Rechte verkündet.
Halleluja!

12: Jer 33,10f • 14: 81,17 • 15: 33,9; Weish 18,15 • 15–18: Ijob 38,20–30 • 17: Ijob 37,10 • 19–20: Dtn 4,8 • 19: 78,5.

Danklitanei auf Gott, den Schöpfer und Herrn

148 Halleluja!
Lobt den Herrn vom Himmel
her, / lobt ihn in den Höhen:
2 Lobt ihn, all seine Engel, / lobt ihn, all
seine Scharen;
3 lobt ihn, Sonne und Mond, / lobt ihn, all
ihr leuchtenden Sterne;
4 lobt ihn, alle Himmel / und ihr Wasser
über dem Himmel!
5 Loben sollen sie den Namen des Herrn; /
denn er gebot, und sie waren erschaffen.
6 Er stellte sie hin für immer und ewig, / er
gab ihnen ein Gesetz, das sie nicht übertre-
ten.
7 Lobt den Herrn, ihr auf der Erde, / ihr
Seeungeheuer und all ihr Tiefen,
8 Feuer und Hagel, Schnee und Nebel, / du
Sturmwind, der sein Wort vollzieht,
9 ihr Berge und all ihr Hügel, / ihr Frucht-
bäume und alle Zedern,
10 ihr wilden Tiere und alles Vieh, /
Kriechtiere und gefiederte Vögel,

146,6b Wörtlich: das Meer und alles, was in ihnen ist.

146,9c In H steht dieser Versteil am Ende von V. 8.

147,6b erniedrigt die Frevler: H fügt hinzu: bis zum Boden.

147,17b Text korr.; H: Wer wird bestehen vor seinem Frost?

147,20b Text korr.; H: und seine Rechte lernten sie nicht kennen.

11 ihr Könige der Erde und alle Völker, /
ihr Fürsten und alle Richter auf Erden,
12 ihr jungen Männer und auch ihr Mäd-
chen, / ihr Alten mit den Jungen!
13 Loben sollen sie den Namen des Herrn; /
denn sein Name allein ist erhaben, / seine
Hoheit strahlt über Erde und Himmel.
14 Seinem Volk verleiht er Macht, / das ist
ein Ruhm für all seine Frommen, / für Isra-
els Kinder, das Volk, das ihm nahen darf.
Halleluja!

1–2: Lk 2,13f • 1–4: 103,20–22; Ijob 38,7 • 5: 33,9 • 6: 119,91; Jer 31,35f • 9: Jes 44,23 • 14: Dtn 4,7.

Ein Kampflied des Gottesvolkes

149 Halleluja!
Singt dem Herrn ein neues Lied! /
Sein Lob erschalle in der Gemeinde der
Frommen.
2 Israel soll sich über seinen Schöpfer freu-
en, / die Kinder Zions über ihren König
jauchzen.
3 Seinen Namen sollen sie loben beim Rei-
gentanz, / ihm spielen auf Pauken und Har-
fen.
4 Der Herr hat an seinem Volk Gefallen, /
die Gebeugten krönt er mit Sieg.
5 In festlichem Glanz sollen die Frommen
frohlocken, / auf ihren Lagern jauchzen:
6 Loblieder auf Gott in ihrem Mund, / ein
zweischneidiges Schwert in der Hand,
7 um die Vergeltung zu vollziehn an den
Völkern, / an den Nationen das Strafge-
richt,
8 um ihre Könige mit Fesseln zu binden, /
ihre Fürsten mit eisernen Ketten,
9 um Gericht über sie zu halten, so wie ge-
schrieben steht. / Herrlich ist das für all sei-
ne Frommen. Halleluja!

1: 33,3 • 2: 100,3; 24,7–10 • 3: 68,26; 81,3 • 4: Jes 62,4 • 6: 2 Makk 15,27.

Das große Halleluja

150 Halleluja!
Lobt Gott in seinem Heiligtum, /
lobt ihn in seiner mächtigen Feste!
2 Lobt ihn für seine großen Taten, / lobt
ihn in seiner gewaltigen Größe!
3 Lobt ihn mit dem Schall der Hörner, /
lobt ihn mit Harfe und Zither!
4 Lobt ihn mit Pauken und Tanz, / lobt ihn
mit Flöten und Saitenspiel!
5 Lobt ihn mit hellen Zimbeln, / lobt ihn
mit klingenden Zimbeln!
6 Alles, was atmet, / lobe den Herrn! Hal-
leluja!

1: Dan 3,53 • 3–5: 2 Sam 6,5 • 4: 149,3 • 6: Offb 5,13.

Das Buch der Sprichwörter

Sprichwörter sind bei allen Völkern sehr verbreitet und nehmen besonders in den Literaturen des Alten Orients eine bedeutende Stelle ein. Im alten Israel war es vor allem der wegen seiner Weisheit berühmte König Salomo, dem zahlreiche Lieder und gelehrte Aussprüche zugeschrieben wurden (1 Kön 5,12–14). Kein Wunder, dass die spätere Tradition in ihm auch den Verfasser des Buches der Sprichwörter gesehen hat (1,1). Ausdrücklich wird er als Verfasser der beiden Hauptsammlungen 10,1 – 22,16 und 25,1 – 29,27 genannt. Weil in den Sammlungen seiner Sprichwörter schriftlich und mündlich überliefertes Material zusammengetragen und fortlaufend erweitert wurde, ist es nicht möglich, den Anteil Salomos an den beiden Hauptsammlungen herauszuschälen. Von der zweiten salomonischen Sammlung wird erwähnt, dass sie von den »Männern Hiskijas, des Königs von Juda«, zusammengestellt wurde (25,1).

Eine zweite Blütezeit erlebte die Weisheitsliteratur in der nachexilischen Epoche. Damals entstanden die Bücher Ijob und Kohelet und etwas später Sirach und Weisheit. In dieser Spätzeit sind auch die Anhänge an die zwei genannten salomonischen Sammlungen angefügt worden: »Worte von Weisen« (22,17 – 24,34), »Worte Agurs« (30,1–14), die Zahlensprüche (30,15–33), »Worte an Lemuël« (31,1–9) sowie, als Abschluss des Buches, das Loblied auf die tüchtige Frau (31,10–31). Von den Sprichwörtersammlungen hebt sich die lange Einleitung (Kap. 1 – 9) ab. In ihr stehen größtenteils zusammenhängende Mahnungen eines Weisheitsleh-

rers, der vor Torheit warnt und Weisheit empfiehlt. Für die Endfassung des Buchs kommt somit die Nachexilszeit bis hinab zur griechischen Übersetzung in Frage, also etwa 500 bis 200 v. Chr. Herkunft und Alter der einzelnen Teile und erst recht der einzelnen Sprichwörter können sehr verschieden sein.

Die Schlüsselwörter »Weisheit« und »Torheit« sind nicht allein vom Verstand her aufzufassen. »Weisheit« ist vielmehr der Inbegriff einer charaktervollen, religiös und sittlich intakten Verhaltensweise in allen Lebenslagen. Das ganze Buch hat eine erzieherische Tendenz; daher spricht besonders in den ersten neun Kapiteln der Weisheitslehrer wie ein Vater zu seinem Sohn.

Für die nachexilische Entwicklung der Weisheitsliteratur ist typisch, dass die »Weisheit« (in 9,13–18 auch die »Torheit«) personifiziert wird und selbstständig redend und handelnd auftritt (vgl. schon 1,20–33). Im Hymnus 8,22–36 stellt sie sich als Erstling der Schöpfung vor. Da sie in Wirklichkeit die göttliche Weisheit selbst ist, steht sie Gott bei der Weltschöpfung zur Verfügung. Sie kann aber auch den Menschen und dem Volk Israel mitgeteilt werden.

Die eigentlichen Sprichwörter, die den größten Teil des Buches ausfüllen, haben ihre Wurzel im Volksmund. Deshalb sind sie manchmal etwas derb, stellen drastische Vergleiche an und bieten alltägliche und allgemein menschliche Lebenserfahrungen. Gelegentlich formulieren sie, um einprägsame Kürze zu erreichen, einseitig. Der Vorteil und der materielle Nutzen der Weisheit wird im Sprichwort besonders stark betont. Doch steht selbst hinter den profanen Sprichwörtern eine religiöse Grundhaltung und wenigstens ein Siebtel aller Verse nimmt auf den Gottesglauben Bezug. Der Grundsatz »Anfang der Weisheit ist die Gottesfurcht« (vgl. 1,7; 9,10; Ps 111,10; Sir 1,14) rückt alles Streben nach Weisheit, auch das rein innerweltliche, in eine Beziehung zu Gott. Im Neuen Testament wird unser Buch oft wörtlich oder dem Sinn nach angeführt. Einige Sprichwörter sind auch in den deutschen Sprachschatz eingegangen (vgl. 16,18; 24,16; 25,21f; 26,27).

EINLEITUNG: 1,1–7

1 Sprichwörter Salomos, des Sohnes Davids, / des Königs von Israel:
2 um Weisheit zu lernen und Zucht, / um kundige Rede zu verstehen,
3 um Zucht und Verständnis zu erlangen, / Gerechtigkeit, Rechtssinn und Redlichkeit,
4 um Unerfahrenen Klugheit zu verleihen, / der Jugend Kenntnis und Umsicht.
5 Der Weise höre und vermehre sein Wissen, / der Verständige lerne kluge Führung,
6 um Sinnspruch und Gleichnis zu verstehen, / die Worte und Rätsel der Weisen.
7 Gottesfurcht ist Anfang der Erkenntnis, / nur Toren verachten Weisheit und Zucht.

5: 9,9 • 7: 9,10; Ps 111,10; Sir 1,14.

EINE SAMMLUNG VON WEISHEITSLEHREN: 1,8 – 9,18

Die Warnung vor Verführung und Unerfahrenheit: 1,8 – 3,35

8 Höre, mein Sohn, auf die Mahnung des Vaters / und die Lehre deiner Mutter verwirf nicht!
9 Sie sind ein schöner Kranz auf deinem Haupt / und eine Kette für deinen Hals.
10 Mein Sohn, wenn dich Sünder locken, / dann folg ihnen nicht,
11 wenn sie sagen: Geh mit uns, / wir wollen darauf lauern, Blut zu vergießen, / ohne Grund dem Arglosen nachzustellen;
12 wie die Unterwelt wollen wir sie lebendig verschlingen, / Männer in ihrer Kraft, als wären sie dem Grab verfallen.
13 Manch kostbares Stück werden wir finden, / mit Beute unsere Häuser füllen.
14 Wirf dein Los in unserm Kreis, / gemeinsam sei uns der Beutel.
15 Mein Sohn, geh nicht mit ihnen, / halte deinen Fuß fern von ihrem Pfad!

16 Denn ihre Füße laufen dem Bösen nach, /
sie eilen, Blut zu vergießen.
17 Umsonst wird das Netz ausgespannt /
vor den Augen aller Vögel;
18 sie aber lauern auf ihr eigenes Blut, / sie
trachten sich selbst nach dem Leben.
19 So enden alle, die sich durch Raub berei-
chern: / Wer ihn an sich nimmt, dem raubt er
das Leben.
20 Die Weisheit ruft laut auf der Straße, /
auf den Plätzen erhebt sie ihre Stimme.
21 Am Anfang der Mauern predigt sie, / an
den Stadttoren hält sie ihre Reden:
22 Wie lang noch, ihr Törichten, liebt ihr
Betörung, / gefällt den Zuchtlosen ihr
dreistes Gerede, / hassen die Toren Erkennt-
nis?
23 Wendet euch meiner Mahnung zu! /
Dann will ich auf euch meinen Geist ausgie-
ßen / und meine Worte euch kundtun.
24 Als ich rief, habt ihr euch geweigert, /
meine drohende Hand hat keiner beachtet;
25 jeden Rat, den ich gab, habt ihr ausge-
schlagen, / meine Mahnung gefiel euch
nicht.
26 Darum werde auch ich lachen, / wenn
euch Unglück trifft, / werde spotten, wenn
Schrecken über euch kommt,
27 wenn der Schrecken euch wie ein Un-
wetter naht / und wie ein Sturm euer Un-
glück hereinbricht, / wenn Not und Drangsal
euch überfallen.
28 Dann werden sie nach mir rufen, doch
ich höre nicht; / sie werden mich suchen,
aber nicht finden.
29 Weil sie die Einsicht hassten / und nicht
die Gottesfurcht wählten,
30 meinen Rat nicht wollten, / meine ganze
Mahnung missachteten,
31 sollen sie nun essen von der Frucht ih-
res Tuns / und von ihren Plänen sich sätti-
gen.
32 Denn die Abtrünnigkeit der Haltlosen
ist ihr Tod, / die Sorglosigkeit der Toren ist
ihr Verderben.
33 Wer aber auf mich hört, wohnt in Si-
cherheit, / ihn stört kein böser Schrecken.

8: 6,20; 23,22 • 16: Jes 59,7; Röm 3,15 • 20: 8,1–3; Sir 24,1f.

2 Mein Sohn, wenn du meine Worte an-
nimmst / und meine Gebote beher-
zigst,
2 der Weisheit Gehör schenkst, / dein Herz
der Einsicht zuneigst,
3 wenn du nach Erkenntnis rufst, / mit lau-
ter Stimme um Einsicht bittest,
4 wenn du sie suchst wie Silber, / nach ihr
forschst wie nach Schätzen,
5 dann wirst du die Gottesfurcht begreifen /
und Gotteserkenntnis finden.
6 Denn der Herr gibt Weisheit, / aus sei-
nem Mund kommen Erkenntnis und Ein-
sicht.
7 Für die Redlichen hält er Hilfe bereit, /
den Rechtschaffenen ist er ein Schild.
8 Er hütet die Pfade des Rechts / und be-
wacht den Weg seiner Frommen.
9 Dann begreifst du, was Recht und Ge-
rechtigkeit ist, / Redlichkeit und jedes gute
Verhalten;
10 denn Weisheit zieht ein in dein Herz, /
Erkenntnis beglückt deine Seele.
11 Besonnenheit wacht über dir / und Ein-
sicht behütet dich.
12 Sie bewahrt dich vor dem Weg des Bö-
sen, / vor Leuten, die Verkehrtes reden,
13 die den rechten Weg verlassen, / um auf
dunklen Pfaden zu gehen,
14 die sich freuen am bösen Tun / und ju-
beln über die Verkehrtheit des Schlechten,
15 deren Pfade krumm verlaufen / und de-
ren Straßen in die Irre führen.
16 Sie bewahrt dich vor der Frau des an-
dern, / vor der Fremden, die verführerisch
redet,
17 die den Gefährten ihrer Jugend verlässt /
und den Bund ihres Gottes vergisst;
18 ihr Haus sinkt hinunter zur Totenwelt, /
ihre Straße führt zu den Totengeistern hi-
nab.
19 Wer zu ihr geht, kehrt nie zurück, / fin-
det nie wieder die Pfade des Lebens.
20 Darum geh auf dem Weg der Guten, /
halte dich an die Pfade der Gerechten;
21 denn die Redlichen werden das Land be-
wohnen, / wer rechtschaffen ist, wird darin
bleiben.
22 Die Frevler aber werden aus dem Land
verstoßen, / die Verräter aus ihm weggeris-
sen.

7: Ps 3,4 • 16: 6,24–35; 7,5 • 18: 5,5 • 21: Ps 37,11; Mt 5,5.

3 Mein Sohn, vergiss meine Lehre nicht,
bewahre meine Gebote in deinem Her-
zen!
2 Denn sie vermehren die Tage und Jahre

1,17f Sinn: *Die Vögel meiden ein Netz,* das sie sehen; die Verführer aber rennen in ihr eigenes Verderben.

1,20–33 Die Weisheit wird als Bußpredigerin personifiziert.

2,17 Im AT ist die Ehe ein Bund vor Gott (vgl. Mal 2,14); sie ist auch Symbol für den Bund Gottes mit dem Volk (vgl. Hos 2; Jer 2,2; 3,1–13).

deines Lebens / und bringen dir Wohlergehen.

3 Nie sollen Liebe und Treue dich verlassen; / binde sie dir um den Hals, / schreib sie auf die Tafel deines Herzens!

4 Dann erlangst du Gunst und Beifall / bei Gott und den Menschen.

5 Mit ganzem Herzen vertrau auf den Herrn, / bau nicht auf eigene Klugheit;

6 such ihn zu erkennen auf all deinen Wegen, / dann ebnet er selbst deine Pfade.

7 Halte dich nicht selbst für weise, / fürchte den Herrn und fliehe das Böse!

8 Das ist heilsam für deine Gesundheit / und erfrischt deine Glieder.

9 Ehre den Herrn mit deinem Vermögen, / mit dem Besten von dem, was du erntest.

10 Dann füllen sich deine Scheunen mit Korn, / deine Fässer laufen über von Wein.

11 Mein Sohn, verachte nicht die Zucht des Herrn, / widersetz dich nicht, wenn er dich zurechtweist.

12 Wen der Herr liebt, den züchtigt er, / wie ein Vater seinen Sohn, den er gern hat.

13 Wohl dem Mann, der Weisheit gefunden, / dem Mann, der Einsicht gewonnen hat.

14 Denn sie zu erwerben ist besser als Silber, / sie zu gewinnen ist besser als Gold.

15 Sie übertrifft die Perlen an Wert, / keine kostbaren Steine kommen ihr gleich.

16 Langes Leben birgt sie in ihrer Rechten, / in ihrer Linken Reichtum und Ehre;

17 ihre Wege sind Wege der Freude, / all ihre Pfade führen zum Glück.

18 Wer nach ihr greift, dem ist sie ein Lebensbaum, / wer sie fest hält, ist glücklich zu preisen.

19 Der Herr hat die Erde mit Weisheit gegründet / und mit Einsicht den Himmel befestigt.

20 Durch sein Wissen brechen die tiefen Quellen hervor / und träufeln die Wolken den Tau herab.

21 Mein Sohn, lass beides nicht aus den Augen: / Bewahre Umsicht und Besonnenheit!

22 Dann werden sie dir ein Lebensquell, / ein Schmuck für deinen Hals;

23 dann gehst du sicher deinen Weg / und stößt mit deinem Fuß nicht an.

24 Gehst du zur Ruhe, so schreckt dich nichts auf, / legst du dich nieder, erquickt dich dein Schlaf.

25 Du brauchst dich vor jähem Erschrecken nicht zu fürchten / noch vor dem Verderben, das über die Frevler kommt.

26 Der Herr wird deine Zuversicht sein, / er bewahrt deinen Fuß vor der Schlinge.

27 Versag keine Wohltat dem, der sie braucht, / wenn es in deiner Hand liegt, Gutes zu tun.

28 Wenn du jetzt etwas hast, / sag nicht zu deinem Nächsten: / Geh, komm wieder, morgen will ich dir etwas geben.

29 Sinne nichts Böses gegen deinen Nächsten, / der friedlich neben dir wohnt.

30 Bring niemand ohne Grund vor Gericht, / wenn er dir nichts Böses getan hat.

31 Beneide den Gewalttätigen nicht, / wähle keinen seiner Wege;

32 denn ein Gräuel ist dem Herrn der Ränkeschmied, / die Redlichen sind seine Freunde.

33 Der Fluch des Herrn fällt auf das Haus des Frevlers, / die Wohnung der Gerechten segnet er.

34 Die Zuchtlosen verspottet er, / den Gebeugten erweist er seine Gunst.

35 Die Weisen erlangen Ehre, / die Toren aber häufen Schande auf sich.

2: 4,10 • 3: Ps 85,11 • 4: 1 Sam 2,26; Lk 2,52 • 15: 8,11 • 23: Ps 91,5–12 • 27: Sir 4,1–10 • 28: Jak 2,15f • 34: Jak 4,6; 1 Petr 5,5.

Die Mahnung zur Weisheit: 4,1–27

4 Ihr Söhne, hört auf die Mahnung des Vaters, / merkt auf, damit ihr Einsicht lernt;

2 denn gute Lehre gebe ich euch. / Lasst nicht ab von meiner Weisung!

3 Als ich noch ein Knabe war bei meinem Vater, / das zarte und einzige Kind meiner Mutter,

4 da lehrte er mich und sagte zu mir: / Nimm dir meine Worte zu Herzen, / folge meinen Geboten und du wirst leben.

5 Erwirb dir Weisheit, erwirb dir Einsicht, / vergiss sie nicht, weich nicht ab von meinen Worten!

6 Lass nicht von ihr und sie wird dich behüten, / liebe sie und sie wird dich beschützen.

7 Anfang der Weisheit ist: Erwirb dir

3,18 Der Lebensbaum im Paradies (Gen 2,9) ist Symbol für langes und glückliches Leben (vgl. 11,30; 13,12; 15,4).

3,19f Die göttliche Schöpfungsweisheit wird poetisch personifiziert (vgl. 8,22–31). Zugrunde liegt das geozentrische Weltbild der Alten.

4,4–7: Text in H und G nicht einheitlich.

Weisheit, / erwirb dir Einsicht mit deinem ganzen Vermögen!

8 Halte sie hoch, dann wird sie dich erhöhen; / sie bringt dich zu Ehren, wenn du sie umarmst.

9 Sie setzt dir einen schönen Kranz auf das Haupt, / eine prächtige Krone wird sie dir schenken.

10 Höre, mein Sohn, und nimm meine Worte an, / dann mehren sich die Jahre deines Lebens.

11 Den Weg der Weisheit zeige ich dir, / ich leite dich auf ebener Bahn.

12 Wenn du gehst, ist dein Schritt nicht beengt, / wenn du läufst, wirst du nicht straucheln.

13 Halt fest an der Zucht und lass davon nicht ab, / bewahre sie; denn sie ist dein Leben.

14 Betritt nicht den Pfad der Frevler, / beschreite nicht den Weg der Bösen!

15 Meide ihn, geh nicht auf ihm, / kehr dich von ihm ab und geh vorbei!

16 Denn sie schlafen nicht, ehe sie Böses tun; / der Schlaf flieht sie, bis sie Verbrechen begehen.

17 Sie essen das Brot des Unrechts / und trinken den Wein der Gewalttat.

18 Doch der Pfad der Gerechten / ist wie das Licht am Morgen; / es wird immer heller bis zum vollen Tag.

19 Der Weg der Frevler ist wie dunkle Nacht; / sie merken nicht, worüber sie fallen.

20 Mein Sohn, achte auf meine Worte, / neige dein Ohr meiner Rede zu!

21 Lass sie nicht aus den Augen, / bewahre sie tief im Herzen!

22 Denn Leben bringen sie dem, der sie findet, / und Gesundheit seinem ganzen Leib.

23 Mehr als alles hüte dein Herz; / denn von ihm geht das Leben aus.

24 Vermeide alle Falschheit des Mundes / und Verkehrtheit der Lippen halt von dir fern!

25 Deine Augen sollen geradeaus schauen / und deine Blicke richte nach vorn!

26 Ebne die Straße für deinen Fuß / und alle deine Wege seien geordnet.

27 Bieg nicht ab, weder rechts noch links, / halt deinen Fuß vom Bösen zurück!

5: 23,23.

Die Warnung vor der fremden Frau: 5,1–23

5 Mein Sohn, merk auf meinen weisen Rat, / neige meiner Einsicht dein Ohr zu,

2 damit du Besonnenheit bewahrst / und deine Lippen auf Klugheit achten.

3 Denn die Lippen der fremden Frau triefen von Honig, / glatter als Öl ist ihr Mund.

4 Doch zuletzt ist sie bitter wie Wermut, / scharf wie ein zweischneidiges Schwert.

5 Ihre Füße steigen zur Totenwelt hinab, / ihre Schritte gehen der Unterwelt zu.

6 Den ebenen Pfad zum Leben verfehlt sie, / sie geht krumme Wege und merkt es nicht.

7 Nun denn, ihr Söhne, hört auf mich, / weicht nicht ab von den Worten, die mein Mund spricht.

8 Halte deinen Weg von ihr fern, / komm ihrer Haustür nicht nahe!

9 Sonst schenkst du andern deine Kraft, / deine Jahre einem Rücksichtslosen;

10 sonst sättigen sich Fremde an deinem Besitz, / die Frucht deiner Arbeit / kommt in das Haus eines andern

11 und am Ende wirst du stöhnen, / wenn dein Leib und dein Fleisch dahinsiechen.

12 Dann wirst du bekennen: / Weh mir, ich habe die Zucht gehasst, / mein Herz hat die Warnung verschmäht;

13 ich habe nicht auf die Stimme meiner Erzieher gehört, / mein Ohr nicht meinen Lehrern zugeneigt.

14 Fast hätte mich alles Unheil getroffen / in der Versammlung und in der Gemeinde.

15 Trink Wasser aus deiner eigenen Zisterne, / Wasser, das aus deinem Brunnen quillt.

16 Sollen deine Quellen auf die Straße fließen, / auf die freien Plätze deine Bäche?

17 Dir allein sollen sie gehören, / kein Fremder soll teilen mit dir.

18 Dein Brunnen sei gesegnet; / freu dich der Frau deiner Jugendtage,

19 der lieblichen Gazelle, der anmutigen Gämse! / Ihre Liebkosung mache dich immerfort trunken, / an ihrer Liebe berausch dich immer wieder!

20 Warum solltest du dich an einer Fremden berauschen, / den Busen einer andern umfangen?

4,27 G und Vg fügen zwei weitere Verse an: Denn die Wege zur Rechten kennt Gott, doch krumm sind die Wege zur Linken. Er aber wird deine Pfade eben machen und deine Bahnen in Frieden geleiten.

5,1–23 Der junge Mann wird besonders oft und eindringlich vor der »fremden« Frau, d.h. der bereits verheirateten, gewarnt. In der späten Nachexilszeit setzte sich die Einehe immer mehr durch.

5,14 Auf Ehebruch stand nach Lev 20,10 und Dtn 22,22 die Todesstrafe, die von der Versammlung am Stadttor verhängt wurde (vgl. Dan 13,41).

5,15 D.h.: Begnüge dich mit deiner eigenen Frau!

21 Denn der Weg eines jeden liegt offen vor den Augen des Herrn, / er achtet auf alle seine Pfade.

22 Der Frevler verfängt sich in der eigenen Schuld, / die Stricke seiner Sünde halten ihn fest.

23 Er stirbt aus Mangel an Zucht, / wegen seiner großen Torheit stürzt er ins Verderben.

1–23: 7,1–27 • 3: Sir 26,9–27 • 5: 2,18; 7,27.

Die Weisheit im täglichen Leben: 6,1–19

6 Mein Sohn, hast du deinem Nächsten Bürgschaft geleistet, / hast du einem Fremden den Handschlag gegeben,

2 hast du dich durch deine Worte gebunden, / bist du gefangen durch deine Worte,

3 dann tu doch dies, mein Sohn: Reiß dich los; / denn du bist in die Hände deines Nächsten geraten. / Geh eilends hin und bestürm deinen Nächsten!

4 Gönne deinen Augen keinen Schlaf, / keinen Schlummer deinen Wimpern,

5 entreiß dich seiner Hand wie eine Gazelle, / wie ein Vogel der Hand des Jägers!

6 Geh zur Ameise, du Fauler, / betrachte ihr Verhalten und werde weise!

7 Sie hat keinen Meister, / keinen Aufseher und Gebieter,

8 und doch sorgt sie im Sommer für Futter, / sammelt sich zur Erntezeit Vorrat.

9 Wie lang, du Fauler, willst du noch daliegen, / wann willst du aufstehen von deinem Schlaf?

10 Noch ein wenig schlafen, / noch ein wenig schlummern, / noch ein wenig die Arme verschränken, um auszuruhen.

11 Da kommt schon die Armut wie ein Strolch über dich, / die Not wie ein zudringlicher Bettler.

12 Ein Nichtsnutz, ja ein Gauner, / wer daherkommt mit Lügen im Mund,

13 wer mit den Augen zwinkert, mit den Füßen deutet, / Zeichen gibt mit den Fingern.

14 Tücke im Herzen, stets voll böser Ränke, / zettelt er jederzeit Händel an.

15 Darum wird plötzlich das Verderben über ihn kommen, / im Nu, ohne Rettung, wird er zerschmettert.

16 Sechs Dinge sind dem Herrn verhasst, / sieben sind ihm ein Gräuel:

17 Stolze Augen, eine falsche Zunge, / Hände, die unschuldiges Blut vergießen,

18 ein Herz, das finstere Pläne hegt, / Füße, die schnell dem Bösen nachlaufen,

19 ein falscher Zeuge, der Lügen zuflüstert, / und wer Streit entfacht unter Brüdern.

1: 11,15; 17,18; 20,16; Sir 29,14–20 • 6: 30,25 • 10: 24,33f • 13: 10,10.

Die eheliche Treue: 6,20 – 7,27

20 Achte, mein Sohn, auf das Gebot deines Vaters, / missachte nicht die Lehre deiner Mutter!

21 Binde sie dir für immer aufs Herz / und winde sie dir um den Hals!

22 Wenn du gehst, geleitet sie dich, / wenn du ruhst, behütet sie dich, / beim Erwachen redet sie mit dir.

23 Denn eine Leuchte ist das Gebot / und die Lehre ein Licht, / ein Weg zum Leben sind Mahnung und Zucht.

24 Sie bewahren dich vor der Frau des Nächsten, / vor der glatten Zunge der Fremden.

25 Begehre nicht in deinem Herzen ihre Schönheit, / lass dich nicht fangen durch ihre Wimpern!

26 Einer Dirne zahlt man bis zu einem Laib Brot, / die Frau eines andern jagt dir das kostbare Leben ab.

27 Trägt man denn Feuer in seinem Gewand, / ohne dass die Kleider in Brand geraten?

28 Kann man über glühende Kohlen schreiten, / ohne sich die Füße zu verbrennen?

29 So ist es mit dem, der zur Frau seines Nächsten geht. / Keiner bleibt ungestraft, der sie berührt.

30 Verachtet man nicht den Dieb, / auch wenn er nur stiehlt, / um sein Verlangen zu stillen, weil er Hunger hat?

31 Wird er ertappt, so muss er siebenfach zahlen, / den ganzen Besitz seines Hauses geben.

32 Wer Ehebruch treibt, ist ohne Verstand, / nur wer sich selbst vernichten will, / lässt sich darauf ein.

33 Schläge und Schande bringt es ihm ein, / unaustilgbar ist seine Schmach.

34 Denn Eifersucht bringt den Ehemann in Wut, / er kennt keine Schonung am Tag der Rache.

35 Kein Sühnegeld nimmt er an; / magst du auch Geschenke häufen, er willigt nicht ein.

7 Mein Sohn, achte auf meine Worte, / meine Gebote verwahre bei dir!

6,1–5 Eine Warnung für Unerfahrene. Der Bürge kann leicht betrogen werden.

6,16–19 Ein so genannter Zahlenspruch (vgl. 30,15–33).

2 Achte auf meine Gebote, damit du am
Leben bleibst, / hüte meine Lehre wie deinen
Augapfel!
3 Binde sie dir an die Finger, / schreib sie
auf die Tafel deines Herzens!
4 Sag zur Weisheit: Du bist meine Schwes-
ter!, / und nenne die Klugheit deine Freun-
din!
5 Sie bewahrt dich vor der Frau eines an-
dern, / vor der Fremden, die verführerisch
redet.
6 Vom Fenster meines Hauses, / durch das
Gitter, habe ich ausgeschaut;
7 da sah ich bei den Unerfahrenen, / da be-
merkte ich bei den Burschen / einen jungen
Mann ohne Verstand:
8 Er ging über die Straße, bog um die
Ecke / und nahm den Weg zu ihrem Haus;
9 als der Tag sich neigte, in der Abenddäm-
merung, / um die Zeit, da es dunkel wird und
die Nacht kommt.
10 Da! Eine Frau kommt auf ihn zu, / im
Kleid der Dirnen, mit listiger Absicht;
11 voll Leidenschaft ist sie und unbändig, /
ihre Füße blieben nicht mehr im Haus;
12 bald auf den Gassen, bald auf den Plät-
zen, / an allen Straßenecken lauert sie.
13 Nun packt sie ihn, küsst ihn, / sagt zu
ihm mit keckem Gesicht:
14 Ich war zu Heilsopfern verpflichtet /
und heute erfüllte ich meine Gelübde.
15 Darum bin ich ausgegangen, dir entge-
gen, / ich habe dich gesucht und gefunden.
16 Ich habe Decken über mein Bett gebrei-
tet, / bunte Tücher aus ägyptischem Leinen;
17 ich habe mein Lager besprengt / mit
Myrrhe, Aloe und Zimt.
18 Komm, wir wollen bis zum Morgen in
Liebe schwelgen, / wir wollen die Liebeslust
kosten.
19 Denn mein Mann ist nicht zu Hause, / er
ist auf Reisen, weit fort.
20 Den Geldbeutel hat er mitgenommen, /
erst am Vollmondstag kehrt er heim.
21 So macht sie ihn willig mit viel Überre-
dung, / mit schmeichelnden Lippen verführt
sie ihn.
22 Betört folgt er ihr, / wie ein Ochse, den
man zum Schlachten führt, / wie ein Hirsch,
den das Fangseil umschlingt,
23 bis ein Pfeil ihm die Leber zerreißt; / wie
ein Vogel, der in das Netz fliegt / und nicht
merkt, dass es um sein Leben geht.
24 Darum, ihr Söhne, hört auf mich, / ach-
tet auf meine Reden!
25 Dein Herz schweife nicht ab auf ihre
Wege, / verirre dich nicht auf ihre Pfade!
26 Denn zahlreich sind die Erschlagenen, /
die sie gefällt hat; / viele sind es, die sie er-
mordet hat;
27 ihr Haus ist ein Weg zur Unterwelt, / er
führt zu den Kammern des Todes.

7,5: 2,16; 6,24 • 24: 1,8; 4,1; 5,7 • 27: 5,5; 9,18.

Die Weisheit als Gabe Gottes:
8,1 – 9,18

8 Ruft nicht die Weisheit, / erhebt nicht
die Klugheit ihre Stimme?
2 Bei der Stadtburg, auf den Straßen, / an
der Kreuzung der Wege steht sie;
3 neben den Toren, wo die Stadt beginnt, /
am Zugang zu den Häusern ruft sie laut:
4 Euch, ihr Leute, lade ich ein, / meine
Stimme ergeht an alle Menschen:
5 Ihr Unerfahrenen, werdet klug, / ihr Tö-
richten, nehmt Vernunft an!
6 Hört her! Aufrichtig rede ich. / Redlich
ist, was meine Lippen reden.
7 Die Wahrheit spricht meine Zunge, / Un-
rechtes ist meinen Lippen ein Gräuel.
8 Alle meine Worte sind recht, / keines von
ihnen ist hinterhältig und falsch.
9 Für den Verständigen sind sie alle klar /
und richtig für den, der Erkenntnis fand.
10 Nehmt lieber Bildung an als Silber, / lie-
ber Verständnis als erlesenes Gold!
11 Ja, Weisheit übertrifft die Perlen an
Wert, / keine kostbaren Steine kommen ihr
gleich.
12 Ich, die Weisheit, verweile bei der Klug-
heit, / ich entdecke Erkenntnis und guten
Rat.
13 Gottesfurcht verlangt, Böses zu has-
sen. / Hochmut und Hoffart, schlechte Ta-
ten / und einen verlogenen Mund hasse
ich.
14 Bei mir ist Rat und Hilfe; / ich bin die
Einsicht, bei mir ist Macht.
15 Durch mich regieren die Könige / und
entscheiden die Machthaber, wie es Recht
ist;
16 durch mich versehen die Herrscher ihr
Amt, / die Vornehmen und alle Verwalter des
Rechts.
17 Ich liebe alle, die mich lieben, / und wer
mich sucht, der wird mich finden.

7,6–27 Hier wird das Thema »fremde Frau« breit entfaltet. Untergang und Tod sind immer das Ende.

8,1-21 Die Weisheit tritt als Mahnrednerin auf wie in 1,20-33.

18 Reichtum und Ehre sind bei mir, / angesehener Besitz und Glück;
19 meine Frucht ist besser als Gold und Feingold, / mein Nutzen übertrifft wertvolles Silber.
20 Ich gehe auf dem Weg der Gerechtigkeit, / mitten auf den Pfaden des Rechtes,
21 um denen, die mich lieben, Gaben zu verleihen / und ihre Scheunen zu füllen.
22 Der Herr hat mich geschaffen im Anfang seiner Wege, / vor seinen Werken in der Urzeit;
23 in frühester Zeit wurde ich gebildet, / am Anfang, beim Ursprung der Erde.
24 Als die Urmeere noch nicht waren, / wurde ich geboren, / als es die Quellen noch nicht gab, die wasserreichen.
25 Ehe die Berge eingesenkt wurden, / vor den Hügeln wurde ich geboren.
26 Noch hatte er die Erde nicht gemacht und die Fluren / und alle Schollen des Festlands.
27 Als er den Himmel baute, war ich dabei, / als er den Erdkreis abmaß über den Wassern,
28 als er droben die Wolken befestigte / und Quellen strömen ließ aus dem Urmeer,
29 als er dem Meer seine Satzung gab / und die Wasser nicht seinen Befehl übertreten durften,
30 als er die Fundamente der Erde abmaß, / da war ich als geliebtes Kind bei ihm.
Ich war seine Freude Tag für Tag / und spielte vor ihm allezeit.
31 Ich spielte auf seinem Erdenrund / und meine Freude war es, bei den Menschen zu sein.
32 Nun, ihr Söhne, hört auf mich! / Wohl dem, der auf meine Wege achtet.
33 Hört die Mahnung und werdet weise, / lehnt sie nicht ab!
34 Wohl dem, der auf mich hört, / der Tag für Tag an meinen Toren wacht / und meine Türpfosten hütet.
35 Wer mich findet, findet Leben / und erlangt das Gefallen des Herrn.
36 Doch wer mich verfehlt, der schadet sich selbst; / alle, die mich hassen, lieben den Tod.

9 Die Weisheit hat ihr Haus gebaut, / ihre sieben Säulen behauen.
2 Sie hat ihr Vieh geschlachtet, ihren Wein gemischt / und schon ihren Tisch gedeckt.
3 Sie hat ihre Mägde ausgesandt / und lädt ein auf der Höhe der Stadtburg:
4 Wer unerfahren ist, kehre hier ein. / Zum Unwissenden sagt sie:
5 Kommt, esst von meinem Mahl / und trinkt vom Wein, den ich mischte.
6 Lasst ab von der Torheit, dann bleibt ihr am Leben, / und geht auf dem Weg der Einsicht!
7 Wer den Zuchtlosen tadelt, erntet Schimpf, / wer den Frevler rügt, erntet Schande.
8 Rüge den Zuchtlosen nicht; sonst hasst er dich. / Rüge den Weisen, dann liebt er dich.
9 Unterrichte den Weisen, damit er noch weiser wird; / belehre den Gerechten, damit er dazulernt.
10 Anfang der Weisheit ist die Gottesfurcht, / die Kenntnis des Heiligen ist Einsicht.
11 Ja, durch mich werden deine Tage zahlreich, / nehmen die Jahre deines Lebens zu.
12 Bist du weise, so bist du weise zum eigenen Nutzen, / bist du aber unbeherrscht, hast du allein es zu tragen.
13 Frau Torheit fiebert nach Verführung; / das ist alles, was sie versteht.
14 Sie sitzt vor der Tür ihres Hauses / auf einem Sessel bei der Stadtburg,
15 um die Vorübergehenden einzuladen, / die geradeaus ihre Pfade gehen:
16 Wer unerfahren ist, kehre hier ein. / Zum Unwissenden sagt sie:
17 Süß ist gestohlenes Wasser, / heimlich entwendetes Brot schmeckt lecker.
18 Und er weiß nicht, dass Totengeister dort hausen, / dass ihre Gäste in den Tiefen der Unterwelt sind.

8,1: Sir 24,1f • 11: 3,15 • 16: Weish 6,20 • 18: Weish 8,5 • 22: Weish 8,2–4 • 27–28: Ijob 28,24–27 • 9,3: 8,2 • 10: 1,7 • 12: 11,17 • 18: 7,27.

8,22–33 Zur personifizierten Weisheit des Schöpfergottes vgl. die Einleitung.

8,22a So mit S, Vg und der aramäischen Übersetzung; andere Übersetzungsmöglichkeit: als Erstling seiner Schöpfungswerke.

9,1–18: Die Personifikation der Weisheit – auch der Torheit – wird beibehalten; beide laden zum Gastmahl ein. Dazwischen sind später zweimal drei Lehrsprüche (VV. 7–12) eingeschoben worden.

DIE ERSTE SALOMONISCHE SPRUCHSAMMLUNG: 10,1 – 22,16

10 Sprichwörter Salomos:
Ein kluger Sohn macht dem Vater Freude, / ein dummer Sohn ist der Kummer seiner Mutter.

2 Unrecht Gut gedeiht nicht, / Gerechtigkeit aber rettet vor dem Tod.

3 Das Verlangen des Gerechten sättigt der Herr, / die Gier der Frevler stößt er zurück.

4 Lässige Hand bringt Armut, / fleißige Hand macht reich.

5 Wer im Sommer sammelt, ist ein kluger Mensch; / in Schande gerät, wer zur Erntezeit schläft.

6 Segen ruht auf dem Haupt des Gerechten, / im Mund der Frevler versteckt sich Gewalttat.

7 Das Andenken des Gerechten ist gesegnet, / der Name der Frevler vermodert.

8 Verständiger Sinn nimmt die Gebote an, / wer Törichtes redet, kommt zu Fall.

9 Wer aufrichtig seinen Weg geht, geht sicher, / wer krumme Wege geht, wird durchschaut.

10 Wer mit den Augen zwinkert, schafft Leid, / wer offen tadelt, stiftet Frieden.

11 Der Mund des Gerechten ist ein Lebensquell, / im Mund der Frevler versteckt sich Gewalttat.

12 Hass weckt Streit, / Liebe deckt alle Vergehen zu.

13 Auf den Lippen des Einsichtigen findet man Weisheit, / auf den Rücken des Unverständigen passt der Stock.

14 Weise verbergen ihr Wissen, / der Mund des Toren ist drohendes Verderben.

15 Dem Reichen ist seine Habe eine feste Burg, / dem Armen bringt seine Armut Verderben.

16 Der Besitz des Gerechten führt zum Leben, / das Einkommen des Frevlers zur Sünde.

17 Den Weg zum Leben geht, wer Zucht bewahrt; / wer Warnung missachtet, geht in die Irre.

18 Wer Hass verbirgt, heuchelt; / wer Verleumdung ausstreut, ist ein Tor.

19 Bei vielem Reden bleibt die Sünde nicht aus, / wer seine Lippen zügelt, ist klug.

20 Erlesenes Silber ist die Zunge des Gerechten, / das Sinnen des Frevlers ist wenig wert.

21 Die Lippen des Gerechten leiten viele, / die Toren sterben an Unverstand.

22 Der Segen des Herrn macht reich, / eigene Mühe tut nichts hinzu.

23 Des Toren Freude ist es, Böses zu tun, / des Verständigen Freude, weise zu sein.

24 Was der Frevler fürchtet, kommt über ihn, / was die Gerechten ersehnen, wird ihnen zuteil.

25 Wenn der Sturm daherbraust, ist der Frevler verloren, / der Gerechte ist fest gegründet für immer.

26 Wie Essig für die Zähne und Rauch für die Augen / ist der Faule für den, der ihn schickt.

27 Gottesfurcht bringt langes Leben, / doch die Jahre der Frevler sind verkürzt.

28 Die Hoffnung der Gerechten blüht auf, / die Erwartung der Frevler wird zunichte.

29 Dem Schuldlosen ist der Herr eine Zuflucht, / Verderben aber den Übeltätern.

30 Der Gerechte wird niemals wanken, / doch die Frevler bleiben nicht im Land wohnen.

31 Der Mund des Gerechten bringt Weisheit hervor, / eine Zunge voll Falschheit aber wird abgeschnitten.

32 Die Lippen des Gerechten achten auf das, was gefällt, / der Mund der Frevler aber auf das, was verkehrt ist.

10: 6,13; 16,30 • 13: 19,29; 26,3 • 24: Ps 7,4–6; Weish 11,16 • 25: Mt 7,24–27

11 Falsche Waage ist dem Herrn ein Gräuel, / volles Gewicht findet sein Gefallen.

2 Kommt Übermut, kommt auch Schande, / doch bei den Bescheidenen ist die Weisheit zu Hause.

3 Die Redlichen leitet ihre Lauterkeit, / die Verräter richtet ihre Falschheit zugrunde.

4 Reichtum hilft nicht am Tag des Zorns, / Gerechtigkeit aber rettet vor dem Tod.

10,1f Im Unterschied zum Vorausgehenden folgen nun in der ersten salomonischen Sammlung 375 Sprichwörter, größtenteils Zweizeiler in dichterischem Parallelismus. *Ihr Alter reicht* von König Salomo (etwa 930 v. Chr.) bis zum letzten nachexilischen Redaktor (um 200 v. Chr.). Wahrscheinlich liegen zwei Teilsammlungen vor: 10,1 – 15,33 und 16,1 – 22,16. – 10,1b lautet genau wie 15,20a, 2b wie 11,4b. Die ältesten Sprichwörter bestanden wohl nur aus Einzeilern.

10,2b Gerechtigkeit, andere Übersetzungsmöglichkeit: Mildtätigkeit (vgl. Sir 3,30b; Tob 4,10f; 12,9).

10,4 Vg schiebt noch ein (= G hinter 9,12): Wer sich aufs Lügen stützt, der weidet Wind; er jagt hinter fliegenden Vögeln her.

10,10b So nach G.

5 Dem Lauteren ebnet seine Gerechtigkeit den Weg, / der Frevler aber kommt durch seine Bosheit zu Fall.
6 Die Redlichen rettet ihre Gerechtigkeit, / die Verräter schlägt ihre eigene Gier in Fesseln.
7 Beim Tod des Frevlers wird sein Hoffen zunichte, / die falsche Erwartung schwindet dahin.
8 Der Gerechte wird aus der Not gerettet, / an seine Stelle tritt der Böse.
9 Vom Mund des Ruchlosen droht dem Nächsten Verderben, / die Gerechten befreien sich durch ihre Umsicht.
10 Wenn es dem Gerechten gut geht, freut sich die Stadt; / sie jubelt beim Untergang der Frevler.
11 Eine Stadt kommt hoch durch den Segen der Redlichen, / durch den Mund der Frevler wird sie niedergerissen.
12 Wer den Nächsten verächtlich macht, / ist ohne Verstand, / doch ein kluger Mensch schweigt.
13 Wer als Verleumder umhergeht, / gibt Geheimnisse preis, / der Verlässliche behält eine Sache für sich.
14 Fehlt es an Führung, kommt ein Volk zu Fall, / Rettung ist dort, wo viele Ratgeber sind.
15 Wer für einen Fremden bürgt, ist übel daran; / wer den Handschlag ablehnt, geht sicher.
16 Eine liebenswerte Frau kommt zu Ehren, / Sitz der Schande ist ein Weib, das gute Sitten hasst. / Die Faulen bringen es zu nichts, / wer fleißig ist, kommt zu Reichtum.
17 Die Güte eines Menschen kommt ihm selbst zugute, / der Hartherzige schneidet sich ins eigene Fleisch.
18 Der Frevler erzielt trügerischen Gewinn, / wer Gerechtigkeit sät, hat beständigen Ertrag.
19 Wer in der Gerechtigkeit fest steht, erlangt das Leben, / wer dem Bösen nachjagt, den Tod.
20 Verkehrte Menschen sind dem Herrn ein Gräuel, / er hat Gefallen an denen, die den rechten Weg gehen.
21 Gewiss, der Böse bleibt nicht ungestraft, / doch die Söhne der Gerechten werden gerettet.
22 Ein goldener Ring im Rüssel eines Schweins / ist ein Weib, schön, aber sittenlos.
23 Das Begehren der Gerechten führt zu vollem Glück, / die Hoffnung der Frevler endet im Zorngericht.
24 Mancher teilt aus und bekommt immer mehr, / ein anderer kargt übers Maß und wird doch ärmer.
25 Wer wohltätig ist, wird reich gesättigt, / wer andere labt, wird selbst gelabt.
26 Wer Getreide zurückhält, den verwünschen die Leute, / wer Korn auf den Markt bringt, auf dessen Haupt kommt Segen.
27 Wer Gutes erstrebt, sucht das Gefallen Gottes; / wer nach dem Bösen trachtet, den trifft es.
28 Wer auf seinen Reichtum vertraut, der fällt, / die Gerechten aber sprossen wie grünes Laub.
29 Wer sein Haus verkommen lässt, erntet Wind, / und der Tor wird Sklave des Weisen.
30 Die Frucht der Gerechtigkeit ist ein Lebensbaum, / Gewalttat raubt die Lebenskraft.
31 Wird dem Gerechten vergolten auf der Erde, / dann erst recht dem Frevler und Sünder.

1: Dtn 25,13–16 • 13: 20,19; Sir 27,17 • 14: 13,10; Sir 37,7–14 • 15: 6,1–5 • 17: 9,12 • 19: 12,28; Dtn 30,15f • 21: 16,5; Ps 112,2 • 24: Ps 37,21f • 29: Koh 2,11 • 31: 1 Petr 4,18.

12 Wer Zucht liebt, liebt Erkenntnis, / wer Zurechtweisung hasst, ist dumm.
2 Der Gute findet Gefallen beim Herrn, / den Heimtückischen aber spricht er schuldig.
3 Wer unrecht tut, hat keinen Bestand, / doch die Wurzel der Gerechten sitzt fest.
4 Eine tüchtige Frau ist die Krone ihres Mannes, / eine schändliche ist wie Fäulnis in seinen Knochen.
5 Die Gedanken der Gerechten trachten nach Recht, / die Pläne der Frevler sind auf Betrug aus.
6 Die Reden der Frevler sind ein Lauern auf Blut, / die Redlichen rettet ihr Mund.
7 Die Frevler werden gestürzt und sind dahin, / das Haus der Gerechten hat Bestand.
8 Nach dem Maß seiner Klugheit wird ein jeder gelobt, / verkehrter Sinn fällt der Verachtung anheim.
9 Besser unbeachtet bleiben / und seine Arbeit verrichten, / als großtun und kein Brot haben.
10 Der Gerechte weiß, was sein Vieh braucht, / doch das Herz der Frevler ist hart.

11,7 Text unsicher, da in G abweichend. 11,16 So nach G. 11,30b So nach G.

11 Wer sein Feld bestellt, wird satt von Brot, / wer nichtigen Dingen nachjagt, ist ohne Verstand.

12 Schwankender Lehm ist die Burg der Bösen, / die Wurzel der Gerechten hat festen Grund.

13 Der Böse verfängt sich im Lügengespinst, / der Gerechte entkommt der Bedrängnis.

14 Von der Frucht seines Mundes wird der Mensch reichlich gesättigt, / nach dem Tun seiner Hände wird ihm vergolten.

15 Der Tor hält sein eigenes Urteil für richtig, / der Weise aber hört auf Rat.

16 Der Tor zeigt sogleich seinen Ärger, / klug ist, wer Schimpfworte einsteckt.

17 Wer Wahrheit spricht, sagt aus, was recht ist, / der falsche Zeuge aber betrügt.

18 Mancher Leute Gerede verletzt wie Schwertstiche, / die Zunge der Weisen bringt Heilung.

19 Ein Mund, der die Wahrheit sagt, / hat für immer Bestand, / eine lügnerische Zunge nur einen Augenblick.

20 Wer auf Böses sinnt, betrügt sich selbst, / wer heilsamen Rat gibt, erntet Freude.

21 Kein Unheil trifft den Gerechten, / doch die Frevler erdrückt das Unglück.

22 Lügnerische Lippen sind dem Herrn ein Gräuel, / doch wer zuverlässig ist in seinem Tun, der gefällt ihm.

23 Ein kluger Mensch verbirgt sein Wissen, / das Herz der Toren schreit die Narrheit hinaus.

24 Die Hand der Fleißigen erringt die Herrschaft, / die lässige Hand muss Frondienste leisten.

25 Kummer im Herzen bedrückt den Menschen, / ein gutes Wort aber heitert ihn auf.

26 Der Gerechte findet fette Weide, / der Weg der Frevler führt in die Irre.

27 Bequemlichkeit erjagt sich kein Wild, / kostbare Güter erlangt der Fleißige.

28 Der Pfad der Gerechtigkeit führt zum Leben, / der Weg der Abtrünnigen führt zum Tod.

4: 31,11f • 10: Dtn 25,4; Sir 7,22 • 11: 28,19 • 18: Ps 57,5.

13 Ein weiser Sohn ist die Frucht der Erziehung des Vaters, / der zuchtlose aber hört nicht auf Mahnung.

2 Von der Frucht seiner Worte zehrt der Gute, / aber die Verräter begehren Gewalttat.

3 Wer seine Lippen hütet, bewahrt sein Leben, / wer seinen Mund aufreißt, den trifft Verderben.

4 Das Verlangen des Faulen regt sich vergebens, / das Verlangen der Fleißigen wird befriedigt.

5 Verlogene Worte hasst der Gerechte, / der Frevler handelt schändlich und schimpflich.

6 Gerechtigkeit behütet den Schuldlosen auf seinem Weg, / Frevler bringt die Sünde zu Fall.

7 Mancher stellt sich reich und hat doch nichts, / ein anderer stellt sich arm und hat großen Besitz.

8 Der Reichtum eines Mannes ist das Lösegeld für sein Leben, / der Arme jedoch hört nichts von Loskauf.

9 Das Licht der Gerechten strahlt auf, / die Lampe der Frevler erlischt.

10 Der Leichtsinnige stiftet aus Übermut Zank, / doch wer sich beraten lässt, der ist klug.

11 Schnell errafftes Gut schwindet schnell, / wer Stück für Stück sammelt, wird reich.

12 Hingehaltene Hoffnung macht das Herz krank, / erfülltes Verlangen ist ein Lebensbaum.

13 Wer gute Worte missachtet, erleidet Schaden, / wer Ehrfurcht hat vor dem Gebot, bleibt unversehrt.

14 Die Lehre des Weisen ist ein Lebensquell, / um den Schlingen des Todes zu entgehen.

15 Rechte Einsicht bringt Gunst, / aber den Verrätern bringt ihr Verhalten den Untergang.

16 Der Kluge tut alles mit Überlegung, / der Tor verbreitet nur Dummheit.

17 Ein gewissenloser Bote richtet Unheil an, / ein zuverlässiger Bote bringt Heilung.

18 Armut und Schande erntet ein Verächter der Zucht, / doch wer Tadel beherzigt, wird geehrt.

19 Ein erfüllter Wunsch tut dem Herzen wohl, / vom Bösen zu lassen ist dem Toren ein Gräuel.

20 Wer mit Weisen unterwegs ist, wird weise, / wer mit Toren verkehrt, dem geht es übel.

21 Unglück verfolgt die Sünder, / den Ge-

12,12 Text verderbt; die alten Übersetzungen sind kaum verständlich.

12,26–28 Der Text ist schlecht erhalten und darum schwer zu deuten.

13,13 Vg schiebt hier (G hinter V. 9) ein: Trügerische Seelen irren in Sünden; die Gerechten aber haben Mitleid und Erbarmen.

rechten wird mit Gutem vergolten.

22 Der Gute hinterlässt seinen Enkeln das Erbe, / der Besitz des Sünders wird für den Gerechten aufgespart.

23 In der Hand der Vornehmen ist reichlich Nahrung, / der Arme wird zu Unrecht dahingerafft.

24 Wer die Rute spart, hasst seinen Sohn, / wer ihn liebt, nimmt ihn früh in Zucht.

25 Der Gerechte hat zu essen, bis sein Hunger gestillt ist, / der Bauch der Frevler aber muss darben.

14: 14,27 • 22: Ijob 27,13–17 • 24: 29,17.

14 Frau Weisheit hat ihr Haus gebaut, / die Torheit reißt es nieder mit eigenen Händen.

2 Wer geradeaus seinen Weg geht, fürchtet den Herrn, / wer krumme Wege geht, verachtet ihn.

3 Im Mund des Toren ist eine Rute für seinen Rücken, / den Weisen behüten seine Lippen.

4 Wo keine Ochsen sind, bleibt die Krippe leer, / reicher Ertrag kommt durch die Kraft des Stieres.

5 Ein zuverlässiger Zeuge lügt nicht, / aber ein falscher Zeuge flüstert Lügen zu.

6 Der Zuchtlose sucht Weisheit, doch vergebens, / dem Verständigen fällt die Erkenntnis leicht.

7 Tritt einem törichten Mann gegenüber / und du erfährst keine verständigen Worte.

8 Die Weisheit des Klugen gibt ihm Einsicht in seinen Weg, / aber die Dummheit der Toren führt zu Täuschung.

9 In den Zelten der Toren wohnt Schuld, / das Haus der Rechtschaffenen findet Gefallen.

10 Das Herz allein kennt seinen Kummer, / auch in seine Freude mischt sich kein Fremder.

11 Das Haus der Frevler wird zertrümmert, / das Zelt der Redlichen gedeiht.

12 Manch einem scheint sein Weg der rechte, / aber am Ende sind es Wege des Todes.

13 Auch beim Lachen kann ein Herz leiden, / das Ende der Freude ist Gram.

14 Dem Untreuen werden seine Vergehen vergolten, / dem guten Menschen seine edlen Taten.

15 Der Unerfahrene traut jedem Wort, / der Kluge achtet auf seinen Schritt.

16 Der Weise hat Scheu und meidet das Böse, / der Tor lässt sich gehen und ist vermessen.

17 Der Zornige handelt töricht, / der Ränkeschmied ist verhasst.

18 Die Unerfahrenen verfallen der Torheit, / die Klugen krönen sich mit Erkenntnis.

19 Die Bösen müssen sich bücken vor den Guten / und die Frevler an der Tür des Gerechten.

20 Selbst seinem Nächsten ist der Arme verhasst, / der Reiche aber hat viele Freunde.

21 Wer seinen Nächsten verachtet, sündigt; / wohl dem, der Erbarmen hat mit den Notleidenden.

22 Gewiss geht in die Irre, wer Böses plant; / Liebe und Treue erlangt, wer Gutes plant.

23 Jede Arbeit bringt Erfolg, / leeres Geschwätz führt nur zu Mangel.

24 Die Krone der Weisen ist ihre Klugheit, / der Kranz der Toren ist ihre Narrheit.

25 Ein verlässlicher Zeuge rettet Leben, / wer Lügen zuflüstert, der täuscht.

26 Der Gottesfürchtige hat feste Zuversicht, / noch seine Söhne haben eine Zuflucht.

27 Die Gottesfurcht ist ein Lebensquell, / um den Schlingen des Todes zu entgehen.

28 Viel Volk ist der Glanz des Königs, / wenig Leute sind des Fürsten Untergang.

29 Der Langmütige ist immer der Klügere, / der Jähzornige treibt die Torheit auf die Spitze.

30 Ein gelassenes Herz bedeutet Leben für den Leib, / doch Knochenfraß ist die Leidenschaft.

31 Wer den Geringen bedrückt, schmäht dessen Schöpfer, / ihn ehrt, wer Erbarmen hat mit dem Bedürftigen.

32 Durch seine Bosheit wird der Frevler gestürzt, / der Gerechte findet Zuflucht in seiner Redlichkeit.

33 Im Herzen des Verständigen ruht Weisheit, / im Innern der Toren ist sie nicht bekannt.

34 Gerechtigkeit erhöht ein Volk, / der Völker Schmach ist die Sünde.

35 Die Gunst des Königs ruht auf dem klugen Diener, / den schändlichen aber trifft sein Zorn.

3: 26,3 • 12: 16,25; Sir 21,10; Mt 7,13 • 19: Lk 16,24–31 • 20: 19,4; Sir 13,21–23 • 21: Mt 5,7 • 27: 13,14 • 31: 17,5.

13,23 Text unsicher.
14,9 Text unsicher; korr. nach G.
14,17b Nach S wäre die Antithese zu lesen: der Besonnene aber bleibt ruhig.
14,24 Text und Übersetzung unsicher.
14,32b Redlichkeit: nach G; H und Vg kaum richtig: in seinem Tod.

15 Eine sanfte Antwort dämpft die Erregung, / eine kränkende Rede reizt zum Zorn.
2 Die Zunge der Weisen verkündet Erkenntnis, / der Mund der Narren sprudelt Torheit hervor.
3 An jedem Ort sind die Augen des Herrn, / sie wachen über Gute und Böse.
4 Eine sanfte Zunge ist ein Lebensbaum, / eine falsche Zunge bricht das Herz.
5 Der Tor verschmäht die Zucht seines Vaters, / wer auf Zurechtweisung achtet, ist klug.
6 Im Haus des Gerechten gibt es reichen Vorrat, / was der Frevler erwirbt, wird zerschlagen.
7 Die Lippen der Weisen streuen Erkenntnis aus, / das Herz der Toren ist verkehrt.
8 Das Opfer der Frevler ist dem Herrn ein Gräuel, / am Gebet der Rechtschaffenen aber hat er Gefallen.
9 Ein Gräuel ist dem Herrn der Weg des Frevlers, / wer aber der Gerechtigkeit nachjagt, den liebt er.
10 Schlimme Strafe trifft den, der den rechten Pfad verlässt, / wer Zurechtweisung hasst, muss sterben.
11 Totenreich und Unterwelt liegen offen vor dem Herrn, / wie viel mehr die Herzen der Menschen.
12 Ein Zuchtloser liebt es nicht, dass man ihn rügt, / zu weisen Menschen begibt er sich nicht.
13 Ein fröhliches Herz macht das Gesicht heiter, / Kummer im Herzen bedrückt das Gemüt.
14 Das Herz des Verständigen sucht Erkenntnis, / der Mund der Toren ergeht sich in Torheit.
15 Der Bedrückte hat lauter böse Tage, / der Frohgemute hat ständig Feiertag.
16 Besser wenig in Gottesfurcht / als reiche Schätze und keine Ruhe.
17 Besser ein Gericht Gemüse, wo Liebe herrscht, / als ein gemästeter Ochse und Hass dabei.
18 Ein hitziger Mensch erregt Zank, / ein langmütiger besänftigt den Streit.
19 Der Weg des Faulen ist wie ein Dornengestrüpp, / der Pfad der Redlichen aber ist gebahnt.
20 Ein kluger Sohn macht dem Vater Freude, / nur ein törichter Mensch verachtet seine Mutter.
21 Torheit macht dem Unverständigen Freude, / der einsichtige Mann geht den geraden Weg.
22 Wo es an Beratung fehlt, da scheitern die Pläne, / wo viele Ratgeber sind, gibt es Erfolg.
23 Jeden freut es, wenn er (kluge) Antwort geben kann, / und wie gut ist doch ein Wort zur rechten Zeit.
24 Einen Lebenspfad zur Höhe gibt es für den Klugen, / damit er der Totenwelt drunten entgeht.
25 Das Haus der Stolzen reißt der Herr nieder, / den Grenzstein der Witwe aber macht er fest.
26 Die Pläne des Bösen sind dem Herrn ein Gräuel, / aber freundliche Reden gefallen ihm.
27 Wer sich durch Raub bereichert, zerstört sein Haus, / wer Bestechung von sich weist, wird lange leben.
28 Der Gerechte überlegt sich im Herzen jede Antwort, / aber der Mund der Frevler sprudelt Schlechtes hervor.
29 Fern ist der Herr den Frevlern, / doch das Gebet der Gerechten hört er.
30 Strahlende Augen erfreuen das Herz, / frohe Kunde labt den Leib.
31 Ein Ohr, das auf heilsame Mahnungen hört, / hält sich unter den Weisen auf.
32 Wer Zucht abweist, verachtet sich selbst; / wer aber auf Mahnungen hört, erwirbt Verstand.
33 Gottesfurcht erzieht zur Weisheit / und Demut geht der Ehre voran.

8: 21,27; Sir 7,9 • 11: Ps 139,8; Sir 42,18 • 13: Sir 13,25f • 16: 17,1; Ps 37,16 • 23: 25,11 • 25: Dtn 19,14 • 27: Jes 1,23 • 28: 19,28.

16 Der Mensch entwirft die Pläne im Herzen, / doch vom Herrn kommt die Antwort auf der Zunge.
2 Jeder meint, sein Verhalten sei fehlerlos, / doch der Herr prüft die Geister.
3 Befiehl dem Herrn dein Tun an, / so werden deine Pläne gelingen.
4 Alles hat der Herr für seinen Zweck erschaffen, / so auch den Frevler für den Tag des Unheils.

15,16 Solche Lehrsätze zeigen, dass der materielle Nutzen der Weisheit, der zwar öfter hervorgehoben wird, nicht das höchste Glück ausmacht.
15,26b gefallen ihm, wörtlich: sind rein; »rein« ist kultischer Ausdruck, Gegensatz zu »Gräuel«.
15,28 Die Beherrschung der Zunge ist ein Lieblingsthema der Weisen.
16,4b Kurze und überspitzte Redeweise des Volksmunds.

5 Ein Gräuel ist dem Herrn jeder Hochmütige, / er bleibt gewiss nicht ungestraft.

6 Durch Liebe und Treue wird Schuld gesühnt, / durch Gottesfurcht weicht man dem Bösen aus.

7 Gefallen dem Herrn die Wege eines Menschen, / so versöhnt er auch seine Feinde mit ihm.

8 Besser wenig und gerecht / als viel Besitz und Unrecht.

9 Des Menschen Herz plant seinen Weg, / doch der Herr lenkt seinen Schritt.

10 Gottesentscheid kommt von den Lippen des Königs, / sein Mund verfehlt sich nicht, wenn er ein Urteil fällt.

11 Rechte Waage und Waagschalen sind Sache des Herrn, / sein Werk sind alle Gewichtssteine im Beutel.

12 Frevlerisches Tun ist Königen ein Gräuel, / denn ein Thron steht fest durch Gerechtigkeit.

13 Gerechte Lippen gefallen dem König, / wer aufrichtig redet, den liebt er.

14 Des Königs Grimm gleicht Todesboten, / aber ein Weiser kann ihn besänftigen.

15 Im leuchtenden Gesicht des Königs liegt Leben, / sein Wohlwollen gleicht der Regenwolke im Frühjahr.

16 Weisheit erwerben ist besser als Gold, / Einsicht erwerben vortrefflicher als Silber.

17 Böses zu meiden ist das Ziel der Rechtschaffenen; / wer auf seinen Weg achtet, bewahrt sein Leben.

18 Hoffart kommt vor dem Sturz / und Hochmut kommt vor dem Fall.

19 Besser bescheiden sein mit Demütigen, / als Beute teilen mit Stolzen.

20 Wer auf das Wort des Herrn achtet, findet Glück; / wohl dem, der auf ihn vertraut.

21 Wer ein weises Herz hat, den nennt man verständig, / gefällige Rede fördert die Belehrung.

22 Wer Verstand besitzt, dem ist er ein Lebensquell, / die Strafe der Toren ist die Torheit selbst.

23 Das Herz des Weisen macht seinen Mund klug, / es mehrt auf seinen Lippen die Belehrung.

24 Freundliche Worte sind wie Wabenhonig, / süß für den Gaumen, heilsam für den Leib.

25 Manch einem scheint sein Weg der rechte, / aber am Ende sind es Wege des Todes.

26 Der Hunger des Arbeiters arbeitet für ihn, / denn sein Mund treibt ihn an.

27 Ein Taugenichts ist ein Ofen voll Unheil, / auf seinen Lippen ist es wie sengendes Feuer.

28 Ein tückischer Mensch erregt Streit, / ein Verleumder entzweit Freunde.

29 Der Gewalttätige verführt seinen Nächsten, / er bringt ihn auf einen Weg, der nicht gut ist.

30 Wer mit den Augen zwinkert, sinnt auf Tücke; / wer die Lippen verzieht, hat das Böse schon vollbracht.

31 Graues Haar ist eine prächtige Krone, / auf dem Weg der Gerechtigkeit findet man sie.

32 Besser ein Langmütiger als ein Kriegsheld, / besser, wer sich selbst beherrscht, als wer Städte erobert.

33 Im Bausch des Gewandes schüttelt man das Los, / doch jede Entscheidung kommt allein vom Herrn.

2: 21,2 • 3: Ps 37,5; 1 Petr 5,7 • 5: 11,21 • 8: 15,16 • 10: 25,2 • 11: Mi 6,11 • 12: 25,5 • 14: 19,12 • 21: Sir 6,5 • 25: 14,12 • 26: Koh 6,7 • 30: 6,13; 10,10 • 33: 18,18; 1 Sam 14,41f.

17 Besser ein trockenes Stück Brot und Ruhe dabei / als ein Haus voll Braten und dabei Streit.

2 Ein kluger Knecht wird Herr über einen missratenen Sohn / und mit den Brüdern teilt er das Erbe.

3 Der Schmelztiegel ist für Silber da, der Ofen für Gold, / die Herzen aber prüft der Herr.

4 Der Übeltäter achtet auf böse Lippen, / der Lügner horcht hin auf eine verderbte Zunge.

5 Wer den Armen verspottet, schmäht dessen Schöpfer, / wer sich über ein Unglück freut, bleibt nicht ungestraft.

6 Eine Krone der Alten sind Kindeskinder, / der Kinder Ruhm sind ihre Väter.

7 Dem Toren stehen hochtönende Worte nicht an, / noch viel weniger dem Edlen die Sprache der Lüge.

8 Bestechungsgeld ist ein Zauberstein in den Augen des Gebers; / wohin er sich wendet, hat er Erfolg.

9 Wer Fehler zudeckt, sucht Freundschaft; / wer eine Sache weiterträgt, trennt Freunde.

10 Tadel erschüttert einen Verständigen mehr / als hundert Schläge einen Toren.

11 Der Böse trachtet nach Aufruhr, / aber ein strenger Gerichtsbote wird gegen ihn ausgesandt.

12 Lieber einer Bärin begegnen, der man die Jungen geraubt hat, / als einem Toren in seinem Unverstand.

16,15b Im März und April fällt der sehnlichst erwartete »Spätregen«.

13 Vergilt einer Gutes mit Bösem, / weicht
das Unheil nicht von seinem Haus.
14 Wer Streit anfängt, entfesselt eine Was-
serflut, / drum halt ein, ehe der Zank aus-
bricht.
15 Wer Schuldige freispricht / und wer Un-
schuldige verurteilt, / beide sind dem Herrn
ein Gräuel.
16 Wozu denn Geld in der Hand des To-
ren? / Etwa um Weisheit zu kaufen, da ihm
doch der Verstand fehlt?
17 Der Freund erweist zu jeder Zeit Liebe, /
als Bruder für die Not ist er geboren.
18 Ohne Verstand ist, wer Handschlag leis-
tet, / wer Bürgschaft übernimmt für einen
andern.
19 Verbrechen liebt, wer Streit liebt; / wer
seine Tür zu hoch macht, will den Einsturz.
20 Wer ein unaufrichtiges Herz hat, findet
kein Glück, / wer sich beim Reden verstellt,
stürzt ins Unheil.
21 Wer einen Toren zeugt, dem bringt es
Gram; / der Vater eines Narren kann sich
nicht freuen.
22 Ein fröhliches Herz tut dem Leib wohl, /
ein bedrücktes Gemüt lässt die Glieder ver-
dorren.
23 Bestechung aus dem Gewandbausch
nimmt der Frevler an, / um die Pfade des
Rechts zu verkehren.
24 Vor dem Blick des Verständigen steht
Weisheit, / doch die Augen des Toren
schweifen bis ans Ende der Erde.
25 Ein törichter Sohn bereitet seinem Vater
Verdruss / und Kummer seiner Mutter, die
ihn geboren hat.
26 Schon eine Geldstrafe für den Unschul-
digen ist nicht gut, / aber Edle schlagen zu
lassen ist gegen das Recht.
27 Wer sich zurückhält beim Reden hat
tiefe Einsicht, / wer kühl überlegt, ist ein
verständiger Mann.
28 Auch ein Tor kann als weise gelten,
wenn er schweigt, / als einsichtig, wenn er
seine Lippen verschließt.

1: 15,16f • 3: 1 Petr 1,7 • 5: 14,31 • 8: 18,16 • 17: 18,24; Sir 37,5 • 18: 6,1–5 • 23: 21,14 • 25: 19,13; Sir 16,1–3 • 27: Sir 20,6–8.

18 Der Abtrünnige sucht nach einem
Vorwand, / um loszubrechen mit al-
ler Gewalt.
2 Der Tor hat kein Gefallen an Einsicht, /
vielmehr daran, sein Herz zur Schau zu stel-
len.
3 Kommt Frevel, kommt auch Verach-
tung / und mit der Schandtat die Schmach.
4 Tiefe Wasser sind die Worte aus dem
Mund eines Menschen, / ein sprudelnder
Bach, eine Quelle der Weisheit.
5 Es ist nicht gut, einen Schuldigen zu be-
günstigen / und den Unschuldigen abzuwei-
sen vor Gericht.
6 Die Lippen des Toren beginnen Streit, /
sein Mund schreit nach Schlägen.
7 Dem Toren wird sein Mund zum Verder-
ben; / seine Lippen werden ihm selbst zur
Falle.
8 Die Worte des Verleumders sind wie Le-
ckerbissen, / sie gleiten hinab in die Kam-
mern des Leibes.
9 Wer lässig ist bei seiner Arbeit, / ist schon
ein Bruder des Mörders.
10 Ein fester Turm ist der Name des
Herrn, / dorthin eilt der Gerechte und ist
geborgen.
11 Für den Reichen ist sein Vermögen wie
eine feste Stadt, / wie eine hohe Mauer – in
seiner Einbildung.
12 Vor dem Sturz ist das Herz des Men-
schen überheblich, / aber der Ehre geht De-
mut voran.
13 Gibt einer Antwort, bevor er gehört
hat, / ist es Torheit und Schande für ihn.
14 Der Geist des Menschen überwindet die
Krankheit, / doch einen zerschlagenen Geist,
wer kann den aufrichten?
15 Das Herz des Verständigen erwirbt sich
Erkenntnis, / das Ohr der Weisen sucht Er-
kenntnis.
16 Geschenke schaffen dem Geber Raum /
und geleiten ihn vor die Großen.
17 Recht bekommt in seinem Streitfall der
Erste, / aber dann kommt der andere und
geht der Sache nach.
18 Streitigkeiten beendet das Los, / es ent-
scheidet zwischen Mächtigen.
19 Ein getäuschter Bruder ist verschlosse-
ner als eine Festung, / Streitigkeiten sind wie
der Sperrriegel einer Burg.
20 Von der Frucht seines Mundes wird ein
jeder satt, / vom Ertrag seiner Lippen wird
er gesättigt.
21 Tod und Leben stehen in der Macht der
Zunge; / wer sie liebevoll gebraucht, genießt
ihre Frucht.

17,23a Die bauschigen Falten des Gewands über der Brust dienten als Tasche.
18,1a einem Vorwand: nach G; H: einer Begierde.
18,2b Herz: kann Denkweise und überhaupt das Innere bedeuten.
18,14 Zugrunde liegt wohl die Einsicht, dass physische Leiden leichter heilbar sind als psychische.

wüste

wüstenerfahrungen
für alle notwendig
tiefer zum kern des lebens vorstoßen
sich der wüste stellen
sich trauen wahrzunehmen
unter die oberfläche des alltags schauen
klären
was wichtig ist
klarheit des herzens
die spuren zu erfülltem leben finden
aufbruch

Elija ging eine Tagereise weit in die Wüste hinein. Dort setzte er sich unter einen Ginsterstrauch und wünschte sich den Tod. Dann legte er sich unter den Ginsterstrauch und schlief ein. Doch ein Engel rührte ihn an und sprach: Steh auf und iss! Als er um sich blickte, sah er neben seinem Kopf Brot, das in glühender Asche gebacken war, und einen Krug mit Wasser. Er aß und trank und wanderte, durch diese Speise gestärkt, vierzig Tage und vierzig Nächte bis zum Gottesberg Horeb.

1 Könige 19,4–8

Foto: Claudia Schmitt, Hagen

22 Wer eine Frau gefunden, hat Glück gefunden / und das Gefallen des Herrn erlangt.

23 Flehentlich redet der Arme, / der Reiche aber antwortet mit Härte.

24 Manche Freunde führen ins Verderben, / manch ein lieber Freund ist anhänglicher als ein Bruder.

8: 26,22 • 9: 28,24 • 10: Ps 61,4 • 11: 10,15 • 12: 16,18; 15,33 • 13: Sir 32,7–9 • 16: 17,8; 21,14 • 18: 16,33.

19 Besser ein Armer, der schuldlos seinen Weg geht, als einer mit verlogenen Lippen, der ein Tor ist.

2 Schon unvernünftige Begierde ist nicht gut, / und wer hastig rennt, tritt fehl.

3 Die Torheit verdirbt dem Menschen den Weg / und dann grollt sein Herz gegen den Herrn.

4 Besitz vermehrt die Zahl der Freunde, / der Arme aber wird von seinem Freund verlassen.

5 Ein falscher Zeuge bleibt nicht ungestraft, / wer Lügen flüstert, wird nicht entrinnen.

6 Viele umschmeicheln den Vornehmen / und jeder will der Freund eines freigebigen Mannes sein.

7 Vom Armen wollen alle seine Brüder nichts wissen, / erst recht bleiben ihm seine Freunde fern. / [Gute Einsicht ist denen nahe, die sich um sie kümmern, / ein verständiger Mann findet sie. / Wer viel redet, versündigt sich.] / Wer Worten nachjagt, wird nicht entrinnen.

8 Wer Verstand erwirbt, liebt sich selbst, / wer Einsicht bewahrt, findet sein Glück.

9 Ein falscher Zeuge bleibt nicht ungestraft, / wer Lügen flüstert, geht zugrunde.

10 Wohlleben steht dem Toren nicht an, / noch weniger einem Knecht, über Fürsten zu herrschen.

11 Einsicht macht den Menschen langmütig, / sein Ruhm ist es, über Verfehlungen hinwegzugehen.

12 Wie das Knurren des Löwen ist der Zorn des Königs, / doch wie Tau auf dem Gras ist seine Gunst.

13 Ein Unglück für den Vater ist ein törichter Sohn / und wie ein ständig tropfendes Dach das Gezänk einer Frau.

14 Haus und Habe sind das Erbe der Väter, / doch eine verständige Frau kommt vom Herrn.

15 Faulheit versenkt in Schlaf, / ein träger Mensch muss hungern.

16 Wer (Gottes) Gebot bewahrt, bewahrt sein Leben, / wer seine Wege verachtet, muss sterben.

17 Wer Erbarmen hat mit dem Elenden, leiht dem Herrn; / er wird ihm seine Wohltat vergelten.

18 Züchtige deinen Sohn, solange noch Hoffnung ist, / doch lass dich nicht hinreißen, ihn zu töten.

19 Der maßlos Jähzornige muss büßen; / denn willst du schlichten, machst du es noch ärger.

20 Hör auf guten Rat und nimm Zucht an, / damit du weise wirst für die Zukunft.

21 Viele Pläne fasst das Herz des Menschen, / doch nur der Ratschluss des Herrn hat Bestand.

22 Die Menschen streben nach Gewinn, / doch besser ein Armer als ein Betrüger.

23 Die Gottesfurcht führt zum Leben; / gesättigt geht man zur Ruhe, / von keinem Übel heimgesucht.

24 Greift der Faule mit der Hand in die Schüssel, / bringt er sie nicht einmal zum Mund zurück.

25 Schlägst du den Zuchtlosen, so wird der Unerfahrene klug; / weist man den Verständigen zurecht, gewinnt er Einsicht.

26 Wer den Vater misshandelt, die Mutter wegjagt, / ist ein verkommener, schändlicher Sohn.

27 Gibst du es auf, mein Sohn, auf Mahnung zu hören, / so entziehst du dich den Worten der Einsicht.

28 Ein nichtsnutziger Zeuge verspottet das Recht, / der Mund der Frevler sprudelt Unheil hervor.

29 Für die Zuchtlosen stehen Ruten bereit / und Schläge für den Rücken der Toren.

1: 28,6 • 3: Sir 15,11–20 • 4: 14,20; Sir 13,21 • 5: 21,28 • 12: 16,14 • 13: 27,15 • 24: 26,15 • 25: 21,11 • 28: 15,28 • 29: 10,13.

18,22 G und Vg: eine gute Frau. Sie fügen an: Wer eine gute Frau verstößt, verstößt das Glück; wer eine Ehebrecherin aufnimmt, ist töricht und frevelhaft.

19,7 Das Eingeklammerte fehlt in H, steht aber in G und gehört vielleicht zum ursprünglichen Textbestand.

19,15a Text umstritten.

19,16b Vielleicht zu korrigieren: wer seine Worte verachtet.

19,18b Andere Übersetzungsmöglichkeit: und achte nicht auf sein Jammern; oder: doch lass dich nicht hinreißen zum Jähzorn!

19,19b Übersetzung unsicher.

19,22a Text korr.

19,29a Ruten: nach G; H: Strafgerichte.

20 Ein Zuchtloser ist der Wein, ein Lärmer das Bier; / wer sich hierin verfehlt, wird nie weise.

2 Wie das Knurren des Löwen ist der Grimm des Königs; / wer ihn erzürnt, verwirkt sein Leben.

3 Es ehrt den Menschen, vom Streit abzulassen, / jeder Tor aber bricht los.

4 Der Faule pflügt nicht im Herbst; / sucht er in der Erntezeit, so ist nichts da.

5 Ein tiefes Wasser sind die Pläne im Herzen des Menschen, / doch der Verständige schöpft es herauf.

6 Viele Menschen rühmen sich ihrer Güte, / aber wer findet einen, auf den Verlass ist?

7 Wer als Gerechter unbescholten seinen Weg geht: / Wohl den Kindern, die er hinterlässt.

8 Ein König auf dem Richterstuhl / sondert mit seinem Scharfblick alles Böse aus.

9 Wer kann sagen: Ich habe mein Herz geläutert, / rein bin ich von meiner Sünde?

10 Zweierlei Gewicht und zweierlei Maß, / beide sind dem Herrn ein Gräuel.

11 An seinem Treiben lässt schon der Knabe erkennen, / ob sein Tun lauter und redlich sein wird.

12 Das Ohr, das hört, und das Auge, das sieht, / der Herr hat sie beide geschaffen.

13 Liebe nicht den Schlaf, damit du nicht arm wirst; / halte deine Augen offen und du hast Brot genug.

14 Schlecht, schlecht, sagt der Käufer; / geht er aber weg, so rühmt er sich.

15 Gold gibt es und viele Perlen, / ein kostbarer Schmuck aber sind verständige Lippen.

16 Nimm ihm das Kleid, denn er hat für einen andern gebürgt, / fremder Leute wegen pfände bei ihm!

17 Süß schmeckt dem Menschen das Brot der Lüge, / hernach aber füllt sich sein Mund mit Kieseln.

18 Pläne kommen durch Beratung zustande. / Darum führe den Kampf mit Überlegung!

19 Geheimnisse verrät, wer als Verleumder umhergeht. / Darum lass dich nicht ein mit einem Schwätzer!

20 Wer seinem Vater flucht und seiner Mutter, / dessen Lampe erlischt zur Zeit der Finsternis.

21 Ein Besitz, schnell errafft am Anfang, / ist nicht gesegnet an seinem Ende.

22 Sag nicht: Ich will das Böse vergelten. / Vertrau auf den Herrn, er wird dir helfen.

23 Ein Gräuel ist dem Herrn zweierlei Gewicht, / eine falsche Waage ist nicht recht.

24 Der Herr lenkt die Schritte eines jeden. / Wie könnte der Mensch seinen Weg verstehen?

25 Eine Falle ist es, unbedacht zu rufen: Geweiht!, / und erst nach dem Gelübde zu überlegen.

26 Ein weiser König sondert die Frevler aus / und vergilt ihnen ihre Untat.

27 Der Herr wacht über den Atem des Menschen, / er durchforscht alle Kammern des Leibes.

28 Güte und Treue behüten den König, / er stützt seinen Thron durch Güte.

29 Der Ruhm der Jungen ist ihre Kraft, / die Zier der Alten ihr graues Haar.

30 Blutige Striemen läutern den Bösen / und Schläge die Kammern des Leibes.

1: 23,29–35; Sir 31,25–30 • 2: 16,14; 19,12 • 8: 20,26 • 10: 16,11 • 13: 6,6–11 • 16: 27,13 • 19: 11,13 • 22: Sir 28,1–6; Röm 12,17–21 • 23: 16,11 • 25: Ri 11,29–40 • 28: Ps 61,8.

21 Wie ein Wasserbach ist das Herz des Königs in der Hand des Herrn; / er lenkt es, wohin er will.

2 Jeder meint, sein Verhalten sei richtig, / doch der Herr prüft die Herzen.

3 Gerechtigkeit üben und Recht / ist dem Herrn lieber als Schlachtopfer.

4 Hoffart der Augen, Übermut des Herzens – / die Leuchte der Frevler versagt.

5 Die Pläne des Fleißigen bringen Gewinn, / doch der hastige Mensch hat nur Mangel.

6 Wer Schätze erwirbt mit verlogener Zunge, / jagt nach dem Wind, er gerät in die Schlingen des Todes.

7 Gewalttat reißt die Frevler hinweg, / denn sie weigern sich, das Rechte zu tun.

8 Der Weg des Unehrlichen ist gewunden, / aber das Tun des Lauteren ist gerade.

9 Besser in einer Ecke des Daches wohnen / als eine zänkische Frau im gemeinsamen Haus.

10 Das Verlangen des Frevlers geht nach dem Bösen, / sein Nächster findet bei ihm kein Erbarmen.

11 Muß der Zuchtlose büßen, / so wird der Unerfahrene weise, / belehrt man den Weisen, so nimmt er Einsicht an.

20,26b H: und lässt über sie das Rad (des Dreschwagens?) gehen.

21,6b Text korr.; andere Übersetzungsmöglichkeit: wird wie ein Hauch verjagt in die Schlingen des Todes.

12 Der Gerechte handelt klug am Haus des
Frevlers, / wenn er die Frevler ins Unheil
stürzt.
13 Wer sein Ohr verschließt vor dem
Schreien des Armen, / wird selbst nicht er-
hört, wenn er um Hilfe ruft.
14 Eine heimliche Gabe besänftigt den
Zorn, / ein Geschenk aus dem Gewand-
bausch den heftigen Grimm.
15 Der Gerechte freut sich, wenn Recht ge-
schieht, / doch den Übeltäter versetzt das in
Schrecken.
16 Wer abirrt vom Weg der Einsicht, / wird
bald in der Versammlung der Totengeister
ruhen.
17 Der Not verfällt, wer Vergnügen liebt, /
wer Wein und Salböl liebt, wird nicht reich.
18 Für den Gerechten dient der Frevler als
Lösegeld, / anstelle des Redlichen der Treu-
lose.
19 Besser in der Wüste hausen / als Ärger
mit einer zänkischen Frau.
20 Ein kostbarer Schatz ist in der Wohnung
des Weisen, / aber ein törichter Mensch ver-
geudet ihn.
21 Wer nach Gerechtigkeit und Güte
strebt, / findet Leben und Ehre.
22 Der Weise ersteigt die Stadt der Mächti-
gen / und stürzt das Bollwerk, auf das sie
vertraut.
23 Wer seinen Mund und seine Zunge be-
hütet, / der behütet sein Leben vor Drang-
sal.
24 Der Freche und Stolze, einen Zuchtlosen
nennt man ihn, / er handelt in maßlosem
Übermut.
25 Den Faulen bringt sein Begehren um, /
denn zu arbeiten weigern sich seine Hän-
de;
26 den ganzen Tag begehrt er voll Gier, /
der Gerechte aber gibt, ohne zu geizen.
27 Das Opfer der Frevler ist (dem Herrn)
ein Gräuel, / zumal wenn es in schlechter
Absicht dargebracht wird.
28 Ein falscher Zeuge geht zugrunde, / wer
aber zu hören versteht, redet erfolgreich.
29 Der Frevler zeigt Trotz in seiner Miene, /
der Redliche ordnet seine Wege.
30 Keine Weisheit gibt es, keine Einsicht, /
keinen Rat gegenüber dem Herrn.
31 Das Ross wird gerüstet für den Tag der
Schlacht, / doch der Sieg steht beim Herrn.

2: 16,2 • 3: Ps 51,18f; Hos 6,6 • 9: 25,24 • 11: 19,25 • 14: 17,23 • 22: 24,5; Koh 9,14–18 • 27: 15,8 • 28: 19,5.9.

22

Guter Ruf ist kostbarer als großer
Reichtum, / hohes Ansehen besser
als Silber und Gold.
2 Reiche und Arme begegnen einander, /
doch der Herr hat sie alle erschaffen.
3 Der Kluge sieht das Unheil und verbirgt
sich, / die Unerfahrenen laufen weiter und
müssen es büßen.
4 Der Lohn für Demut und Gottesfurcht /
ist Reichtum, Ehre und Leben.
5 Dornen und Schlingen liegen auf dem
Weg des Falschen; / wer sein Leben behütet,
bleibt ihnen fern.
6 Erzieh den Knaben für seinen Lebens-
weg, / dann weicht er auch im Alter nicht da-
von ab.
7 Der Reiche hat die Armen in seiner Ge-
walt, / der Schuldner ist seines Gläubigers
Knecht.
8 Wer Unrecht sät, erntet Unheil, / der Ste-
cken seines Übermuts versagt.
9 Wer ein gütiges Auge hat, wird geseg-
net, / weil er den Armen von seinem Brot
gibt.
10 Vertreib den Zuchtlosen, so schwindet
der Zank, / Streiten und Schimpfen hören
auf.
11 Wer die Lauterkeit des Herzens liebt – /
wegen seiner gefälligen Rede wird der König
sein Freund.
12 Die Augen des Herrn behüten den Ein-
sichtigen, / das Gerede des Verräters bringt
er zu Fall.
13 Der Faule sagt: Ein Löwe ist draußen, /
mitten auf der Straße käme ich ums Leben.
14 Der Mund fremder Frauen ist eine tiefe
Grube; / wem der Herr zürnt, der fällt hi-
nein.
15 Steckt Torheit im Herzen des Knaben, /
die Rute der Zucht vertreibt sie daraus.
16 Wer den Armen bedrückt, macht ihn
reich, / wer dem Reichen gibt, macht ihn
arm.

2: 29,13 • 3: 27,12 • 13: 26,13.

21,12a Andere Übersetzungsmöglichkeit: Der Gerechte belehrt das Haus des Frevlers; oder: Der Gerechte gibt Acht auf ...
21,18 Nach den Sprichwörtern würde schon auf dieser Erde am Ende alles gerecht ausgehen: Ijob und Koh bezweifeln das.
22,2 Soziale Unterschiede gibt es immer. Da aber vor dem Schöpfer alle Menschen gleich sind, sollen die Gegensätze möglichst gemildert werden.
22,11 Übersetzung unsicher; G hat Änderungen und Einschübe.
22,12a Wörtlich: behüten Einsicht.

DIE WORTE VON WEISEN: 22,17 – 24,33

Eine Sprichwörtersammlung: 22,17 – 23,11

17 Worte von Weisen:
Neige mir dein Ohr zu und hör auf meine Worte, / nimm dir meine Lehren zu Herzen!
18 Schön ist es, wenn du sie in deinem Innern bewahrst; / sie mögen fest wie ein Zeltpflock auf deinen Lippen haften.
19 Damit dein Vertrauen auf dem Herrn steht, / lehre ich dich heute seinen Weg.
20 Habe ich nicht dreißig Sätze für dich aufgeschrieben / als wissenswerte Ratschläge,
21 um dir verlässliche Worte mitzuteilen, / damit du deinem Auftraggeber antworten kannst?
22 Beraube den Schwachen nicht, denn er ist ja so schwach, / zertritt den Armen nicht am Tor!
23 Denn der Herr führt den Rechtsstreit für sie / und raubt denen das Leben, die sie berauben.
24 Befreunde dich nicht mit dem Jähzornigen, / verkehre nicht mit einem Hitzkopf,
25 damit du dich nicht an seine Pfade gewöhnst / und dir eine Schlinge legst für dein Leben.
26 Sei nicht unter denen, die sich durch Handschlag verpflichten, / die Bürgschaft leisten für Schulden;
27 wenn du nicht zahlen kannst, / nimmt man dein Bett unter dir weg.
28 Verschieb nicht die alte Grenze, / die deine Väter gesetzt haben.
29 Siehst du einen, der gewandt ist in seinem Beruf: / vor Königen wird er dienen. / [Nicht wird er vor Niedrigen dienen.]

23 Wenn du zu Tisch sitzt bei einem Herrscher, / so achte nur auf das, was vor dir steht.
2 Setz ein Messer an deine Kehle, / wenn du ein gieriger Mensch bist.
3 Sei nicht begierig auf seine Leckerbissen, / sie sind eine trügerische Speise.
4 Müh dich nicht ab, um Reichtum zu erwerben / und dabei deine Einsicht aufzugeben.
5 Flüchtig ist er; schaust du nach ihm, ist er weg; / plötzlich macht er sich Flügel und fliegt wie ein Adler zum Himmel.
6 Iss nicht das Brot des Geizigen, / sei nicht begierig auf seine Leckerbissen!
7 Denn sie schmecken in der Kehle wie etwas Ekliges. / Er sagt zu dir: Iss und trink!, / doch sein Herz ist dir nicht zugetan.
8 Den Bissen, den du gegessen hast, musst du erbrechen / und deine freundlichen Worte hast du vergeudet.
9 Rede nicht vor den Ohren eines Törichten, / denn er missachtet deine klugen Worte.
10 Verschieb nicht die alte Grenze, / dring nicht in die Felder der Waisen vor!
11 Denn ihr Anwalt ist mächtig, / er wird ihre Sache gegen dich führen.

23,23: Jes 1,17f • 26: 6,1–5; 20,16 • 28: 23,10 • 23,1–13: Sir 31,12–21 • 10: 22,28.

Mahnungen: 23,12–35

12 Öffne dein Herz für die Zucht, / dein Ohr für verständige Reden!
13 Erspar dem Knaben die Züchtigung nicht; / wenn du ihn schlägst mit dem Stock, wird er nicht sterben.
14 Du schlägst ihn mit dem Stock, / bewahrst aber sein Leben vor der Unterwelt.
15 Mein Sohn, wenn dein Herz weise ist, / so freut sich auch mein eigenes Herz.
16 Mein Inneres ist voll Jubel, / wenn deine Lippen reden, was recht ist.
17 Dein Herz ereifere sich nicht wegen der Sünder, / sondern eifere stets nach Gottesfurcht!
18 Denn sicher gibt es eine Zukunft, / deine Hoffnung wird nicht zerschlagen.
19 Höre, mein Sohn, und sei weise, / lenk dein Herz auf geraden Weg!
20 Gesell dich nicht zu den Weinsäufern, / zu solchen, die im Fleischgenuß schlemmen;

22,17 Eine leichte Textkorrektur nach G stellt die Überschrift dieses ersten Anhangs an die erste salomonische Hauptsammlung wieder her. Eine erste Sammlung von »Worten von Weisen« reicht bis zur nächsten Überschrift in 24,23. Sie enthält drei kurze Teilsammlungen, von denen die erste (22,17 – 23,11) besondere Beachtung verdient, weil sie abhängig ist vom ägyptischen Weisheitsbuch des Amen-em-ope (etwa 10. Jh. v. Chr.). Das ägyptische Spruchgut wurde in Auswahl und unter Angleichung an den Glauben Israels übernommen. Angehängt ist eine weitere Sammlung von »Sprichwörtern von Weisen« (24,23–34).

22,22b Am Stadttor finden die Rats- und Gerichtsverhandlungen statt.

23,12–35 Nach Mahnungen, die vom ägyptischen Weisheitsbuch abhängig sind (vgl. die Anmerkung zu 22,17 und die Einleitung), folgt ein Abschnitt mit väterlichen Lehren; er endet mit einem sarkastischen Spottlied auf den Trunkenbold in VV. 29–35.

21 denn Säufer und Schlemmer werden
arm, / Schläfrigkeit kleidet in Lumpen.
22 Hör auf deinen Vater, der dich gezeugt
hat, / verachte deine Mutter nicht, wenn sie
alt wird.
23 Erwirb dir Wahrheit und verkauf sie
nicht mehr: / Weisheit, Zucht und Einsicht!
24 Laut jubelt der Vater des Gerechten; /
wer einen weisen Sohn hat, kann sich über
ihn freuen.
25 Deine Eltern mögen sich freuen; / jubeln
möge die Mutter, die dich gebar.
26 Gib mir dein Herz, mein Sohn, / deine
Augen mögen an meinen Wegen Gefallen
finden;
27 denn die Ehebrecherin ist eine tiefe
Grube, / die fremde Frau ein enger Brun-
nen.
28 Ja, wie ein Räuber lauert sie auf / und
mehrt die Verräter unter den Menschen.
29 Wer hat Ach? Wer hat Weh? / Wer Ge-
zänk? Wer Klage? / Wer hat Wunden wegen
nichts? / Wer trübe Augen?
30 Jene, die bis in die Nacht beim Wein sit-
zen, / die kommen, um den Mischwein zu
probieren.
31 Schau nicht nach dem Wein, / wie er röt-
lich schimmert, / wie er funkelt im Becher: /
Er trinkt sich so leicht!
32 Zuletzt beißt er wie eine Schlange, / ver-
spritzt Gift gleich einer Viper.
33 Deine Augen sehen seltsame Dinge, /
dein Herz redet wirres Zeug.
34 Du bist wie einer, der auf hoher See
schläft, / der einschläft über dem Steuer des
Schiffes.
35 Man hat mich geschlagen, doch es tat
mir nicht weh, / man hat mich gehauen, aber
ich habe nichts gespürt.
Wann wache ich auf? / Von neuem will ich
zum Wein greifen.

13: 13,24; 19,18; 22,15; 29,15.17; Sir 30,1–13 • 18: 24,14 • 21: Sir 18,33 • 22: 1,8; 30,17; Sir 3,1–16 • 23: 4,7 • 27: 22,14 • 28: 7,12 • 30: 20,1.

Lebensregeln: 24,1–22

24 Sei nicht neidisch auf böse Men-
schen, / such keinen Umgang mit ih-
nen!
2 Denn ihr Herz sinnt auf Gewalttat, / Un-
heil reden ihre Lippen.
3 Durch Weisheit wird ein Haus gebaut, /
durch Umsicht gewinnt es Bestand.
4 Durch Klugheit werden die Kammern
gefüllt / mit allerlei wertvollen, köstlichen
Gütern.
5 Der Weise ist dem Starken überlegen, /
ein verständiger Mensch dem robusten.
6 Denn durch Überlegung gewinnst du den
Kampf, / viele Ratgeber verhelfen zum
Sieg.
7 Zu hoch hängt dem Toren die Weisheit, /
am Tor tut er den Mund nicht auf.
8 Wer stets darauf aus ist, Böses zu tun, /
den nennt man einen Ränkeschmied.
9 Das Trachten des Toren ist Sünde, / der
Zuchtlose ist den Menschen ein Gräuel.
10 Zeigst du dich lässig am Tag der Be-
drängnis, / so wird auch deine Kraft be-
drängt.
11 Befrei jene, die man zum Tod schleppt; /
die zur Hinrichtung wanken, rette sie doch!
12 Wolltest du sagen: Gott weiß von uns
nichts; – / hat er, der die Herzen prüft, keine
Kenntnis? / Hat er, der über dich wacht, kein
Wissen?
Ja, er vergilt jedem Menschen, / wie sein
Tun es verdient.
13 Iss Honig, mein Sohn, denn er ist gut, /
Wabenhonig ist süß für den Gaumen.
14 Wisse: Genauso ist die Weisheit für
dich. / Findest du sie, dann gibt es eine Zu-
kunft, / deine Hoffnung wird nicht zerschla-
gen.
15 Belaure nicht frevlerisch die Wohnung
des Gerechten, / zerstöre sein Ruhelager
nicht!
16 Denn siebenmal fällt der Gerechte und
steht wieder auf, / doch die Frevler stürzen
ins Unglück.
17 Freu dich nicht über den Sturz deines
Feindes, / dein Herz juble nicht, wenn er
strauchelt,
18 damit nicht der Herr es sieht und miss-
billigt / und seinen Zorn von ihm abwendet.
19 Erhitz dich nicht wegen der Übeltäter, /
ereifere dich nicht wegen der Frevler!
20 Denn für den Bösen gibt es keine Zu-
kunft, / die Lampe der Frevler erlischt.
21 Fürchte den Herrn, mein Sohn, und den
König; / mit diesen beiden überwirf dich
nicht!

23,23 Fehlt in G und unterbricht den Zusammenhang, ist also wohl ein Zusatz.
24,1–22 Diese Lebensregeln bilden einen eigenen Abschnitt mit zweiundzwanzig Versen entsprechend der Anzahl der Buchstaben im hebräischen Alphabet.
24,7b Vgl. die Anmerkung zu 22,22b.
24,10 Text von H unklar; wahrscheinlich verderbt. Mit einem Wortspiel soll wohl gesagt werden: Wer anderen in der Bedrängnis nicht hilft (vgl. V. 11), bringt sich selbst in Bedrängnis.

22 Denn plötzlich geht von ihnen Verderben aus / und unvermutet kommt Unheil von beiden.

1: Ps 37,1 • 5: 21,22 • 6: 11,14; 20,18 • 16: Ps 37,24 • 21: 1 Petr 2,17.

Weisheitssprüche: 24,23–34

23 Auch folgende Sprichwörter stammen von Weisen: / Im Gericht auf die Person sehen ist nicht recht.

24 Wer zum Schuldigen sagt: Unschuldig bist du!, / den verfluchen die Menschen, / verwünschen die Leute.

25 Denen aber, die entscheiden, wie es recht ist, geht es gut; / über sie kommt Segen und Glück.

26 Einen Kuss auf die Lippen gibt, / wer richtig antwortet.

27 Nimm draußen deine Arbeit auf und bestell dein Feld, / danach gründe deinen Hausstand!

28 Tritt gegen deinen Nächsten nicht als falscher Zeuge auf, / betrüge nicht mit deinen Worten!

29 Sag nicht: Wie er mir getan hat, / so will ich auch ihm tun, / einem jedem will ich vergelten, / wie es seine Taten verdienen.

30 Am Acker eines Faulen ging ich vorüber, / am Weinberg eines unverständigen Menschen:

31 Sieh da, er war ganz überwuchert von Disteln, / seine Fläche mit Unkraut bedeckt, / seine Steinmauer eingerissen.

32 Ich sah es und machte mir meine Gedanken, / ich betrachtete es und zog die Lehre daraus:

33 Noch ein wenig schlafen, noch ein wenig schlummern, / noch ein wenig die Arme verschränken, um auszuruhen.

34 Da kommt schon die Armut wie ein Strolch über dich, / die Not wie ein zudringlicher Bettler.

23: 28,21 • 28: Ex 20,16; Dtn 5,20 • 29: 20,22 •33–34: 6,10f.

DIE ZWEITE SALOMONISCHE SPRUCHSAMMLUNG: 25,1 – 29,27

25 Auch das sind Sprichwörter Salomos, die die Männer Hiskijas, des Königs von Juda, sammelten.

2 Gottes Ehre ist es, eine Sache zu verhüllen, / des Königs Ehre ist es, eine Sache zu erforschen.

3 Der Himmel so hoch und die Erde so tief / und das Herz des Königs: sie sind nicht zu erforschen.

4 Scheidet man die Schlacken vom Silber, / gelingt dem Feinschmied das Gefäß.

5 Scheidet man den Frevler vom König, / erlangt dessen Thron Bestand durch Gerechtigkeit.

6 Rühme dich nicht vor dem König / und stell dich nicht an den Platz der Großen;

7 denn besser, man sagt zu dir: Rück hier herauf, / als dass man dich nach unten setzt wegen eines Vornehmen.

Was deine Augen sahen, / 8 bring es nicht
übereilt als Streitfall vor;

denn was willst du später tun, / wenn dein Nächster dich bloßstellt?

9 Trag deinen Streit mit deinem Nächsten aus, / doch verrate nicht das Geheimnis eines andern,

10 sonst wird dich schmähen, wer es hört, / und dein Geschwätz wird auf dich zurückfallen.

11 Wie goldene Äpfel auf silbernen Schalen / ist ein Wort, gesprochen zur rechten Zeit.

12 Wie ein goldener Ring und Schmuck aus Feingold / ist ein weiser Mahner für ein Ohr, das zuhört.

13 Wie kühlender Schnee an einem Sommertag / ist ein verlässlicher Bote für den, der ihn sendet; / er erquickt die Seele seines Herrn.

14 Aufziehende Wolken mit Wind, doch kein Regen, / so ist ein Mann, der Versprechungen macht und nicht hält.

15 Mit Geduld wird ein Vorgesetzter umgestimmt, / sanfte Zunge bricht Knochen.

16 Findest du Honig, iss nur, so viel dir bekommt, / sonst wirst du ihn satt und erbrichst ihn.

24,23a Überschrift eines weiteren Anhangs, der bis V. 34 reicht (vgl. 22,17). Auch diesen Anhang schließt in VV. 30–34 ein Spottlied ab, hier auf den faulen Landwirt.

25,1–29,27 Die zweite salomonische Hauptsammlung umfasst nur die Kapitel 25 – 29. Auch sie ist in zwei Hälften zu teilen: Kap. 25 – 27 und Kap. 28f. – Hiskija (728–699 v. Chr.) war einer der tüchtigsten Könige Judas, sodass die Mitteilung, unter ihm habe eine Gruppe von Gelehrten die Weisheitssprüche zusammengestellt, durchaus glaubwürdig ist.

25,10b Übersetzung unsicher.

25,14b Wörtlich: Ein Mann, der mit erlogener Gabe prahlt.

17 Mach dich rar im Haus deines Nächsten, / sonst wird er dich satt und verabscheut dich.
18 Keule und Schwert und scharfer Pfeil: / das ist einer, der falsch aussagt / gegen seinen Nächsten.
19 Schlechter Zahn und stolpernder Fuß: / der Verräter am Tag der Not.
20 Essig auf Laugensalz – / (so ist,) wer Lieder singt vor einem missmutigen Herzen.
[Wie die Motte am Kleid, der Wurm im Holz, / so nagt der Kummer am Herzen des Menschen.]
21 Hat dein Feind Hunger, gib ihm zu essen, / hat er Durst, gib ihm zu trinken;
22 so sammelst du glühende Kohlen auf sein Haupt / und der Herr wird es dir vergelten.
23 Der Nordwind bringt Regen, / eine heimtückische Zunge zornige Gesichter.
24 Besser in einer Ecke des Daches wohnen / als eine zänkische Frau im gemeinsamen Haus.
25 Kühles Wasser für eine durstige Kehle / ist eine gute Nachricht aus fernem Land.
26 Ein getrübter Brunnen, ein verschütteter Quell / ist ein Gerechter, der vor dem Frevler wankt.
27 Zu viel Honig essen ist nicht gut: / Ebenso spare mit ehrenden Worten!
28 Eine Stadt mit eingerissener Mauer / ist ein Mann, der sich nicht beherrscht.

2: 16,10 • 5: 16,12 • 6: Sir 13,9f • 7: Lk 14,7–11 • 11: 15,23 • 21: Röm 12,20 • 24: 21,9.

26 Wie Schnee im Sommer und Regen zur Erntezeit, / so unpassend ist Ehre für einen Toren.
2 Wie der Spatz wegflattert und die Schwalbe davonfliegt, / so ist ein unverdienter Fluch; er trifft nicht ein.
3 Dem Pferd die Peitsche, dem Esel den Zaum, / dem Rücken der Toren den Stock.
4 Antworte dem Toren nicht, wie es seine Dummheit verdient, / damit nicht auch du ihm gleich wirst.
5 Antworte dem Toren, wie es seine Dummheit verdient, / damit er sich nicht einbildet, ein Weiser zu sein.
6 Die Füße haut sich ab, Schaden muss leiden, / wer Botschaft sendet durch einen Toren.
7 Schlaff wie die Schenkel des Lahmen / ist ein Weisheitsspruch im Mund der Toren.
8 Den Stein bindet in der Schleuder fest, / wer einem Toren Ehre erweist.
9 Ein Dornzweig geriet in die Hand eines Betrunkenen: / ein Weisheitsspruch in den Mund der Toren.
10 Ein Schütze, der alle verwundet – / ein Tor und ein Betrunkener, wenn sie vorübergehen.
11 Wie ein Hund, der zurückkehrt zu dem, was er erbrochen hat, / so ist ein Tor, der seine Dummheit wiederholt.
12 Siehst du jemand, der sich selbst für weise hält – / mehr Hoffnung gibt es für den Toren als für ihn.
13 Der Faule sagt: Ein Löwe ist auf dem Weg, / ein Raubtier ist auf den Straßen.
14 Die Tür dreht sich in ihrer Angel / und der Faule in seinem Bett.
15 Greift der Faule mit der Hand in die Schüssel, / ist er zu träg, sie zum Mund zurückzubringen.
16 Der Faule hält sich selbst für weiser / als sieben, die klug antworten können.
17 Einen vorbeilaufenden Hund packt bei den Ohren, / wer sich in einen Streit mischt, der ihn nichts angeht.
18 Wie ein Verrückter, der Brandpfeile schleudert, / Pfeile und tödliche Waffen,
19 so ist einer, der seinen Nächsten täuscht / und dazu sagt: Ich mach doch nur Spaß.
20 Ist kein Holz mehr da, erlischt das Feuer; / wo kein Verleumder ist, legt sich der Streit.
21 Wie Kohlen die Glut und Holz das Feuer, / so schürt ein zänkischer Mensch den Streit.
22 Die Worte des Verleumders sind wie Leckerbissen, / sie gleiten hinab in die Kammern des Leibes.
23 Silberglasur über Tongeschirr – / glatte Lippen und ein böses Herz.
24 Mit seinen Reden verstellt sich der Gehässige, / doch in seinem Herzen ist er voll Tücke.
25 Klingt seine Stimme auch freundlich, trau ihm nicht, / denn sieben Gräuel sind in seinem Herzen.
26 Hüllt sich sein Hass auch in Heuchelei, / seine Schlechtigkeit wird bloßgestellt in der Volksversammlung.

25,20a H schickt voraus: Ein das Kleid Ablegender am kalten Tag. Hier sind Buchstaben aus V. 19b wiederholt und missdeutet worden.
25,20c Fehlt in H, steht aber in allen alten Übersetzungen und ist daher wohl ursprünglich.
25,27b Nach G; H ist verderbt.
26,10 H ist verderbt, will vielleicht sagen: Toren (und Betrunkene) sind unnütz, ja gefährlich.

27 Wer eine Grube gräbt, fällt selbst hi-
nein, / wer einen Stein hochwälzt, auf den
rollt er zurück.
28 Eine verlogene Zunge führt zum Zusam-
menbruch, / ein heuchlerischer Mund verur-
sacht den Sturz.

3: 10,13 • 4: Sir 22,13 • 11: 2 Petr 2,22 • 12: 29,20 • 13: 22,13 •
15: 19,24 • 20: Sir 28,10–12 • 22: 18,8 • 27: Ps 7,16; Sir 27,25f.

27 Rühme dich nicht des morgigen Ta-
ges, / denn du weißt nicht, was der
Tag gebiert.
2 Rühmen soll dich ein anderer, nicht dein
eigener Mund, / ein Fremder, nicht deine ei-
genen Lippen.
3 Schwer ist der Stein und eine Last ist der
Sand, / doch der Ärger mit einem Toren ist
schwerer als beide.
4 Mag der Zorn grausam sein / und über-
schäumend die Wut, / wer aber besteht vor
der Eifersucht?
5 Besser offener Tadel / als Liebe, die sich
nicht zeigt.
6 Treu gemeint sind die Schläge eines
Freundes, / doch trügerisch die Küsse eines
Feindes.
7 Der Satte tritt Honig mit Füßen, / doch
dem Hungrigen schmeckt alles Bittere süß.
8 Wie ein Vogel, der aus seinem Nest flüch-
tet, / so ist ein Mensch, der aus seiner Heimat
fliehen muss.
9 Salböl und Weihrauch erfreuen das
Herz, / die Herzlichkeit eines Freundes er-
freut mehr als duftendes Holz.
10 Deinen Freund und deines Vaters
Freund gib nicht auf, / geh nicht in das Haus
deines Bruders, wenn du in Not bist.
Besser ein Nachbar in der Nähe / als ein
Bruder in der Ferne.
11 Sei weise, mein Sohn, und erfreue mein
Herz, / damit ich dem antworten kann, der
mich beschimpft.
12 Der Kluge sieht das Unheil und verbirgt
sich, / die Unerfahrenen laufen weiter und
müssen es büßen.
13 Nimm ihm das Kleid; / denn er hat für
einen andern gebürgt, / fremder Leute wegen
pfände bei ihm!
14 Wer seinen Nächsten zu laut begrüßt, /
dem wird es frühmorgens als Verwünschung
ausgelegt.
15 Ein ständig tropfendes Dach in der Re-
genzeit / und eine zänkische Frau gleichen
einander.
16 Wer sie fest hält, hält den Wind fest /
und seine Hand greift nach Öl.
17 Eisen wird an Eisen geschliffen; / so
schleift einer den Charakter des andern.
18 Wer einen Feigenbaum pflegt, wird sei-
ne Frucht essen, / wer auf seinen Herrn Acht
gibt, wird geehrt.
19 Wie Wasser ein Spiegel ist für das Ge-
sicht, / so ist das Herz des Menschen ein
Spiegel für den Menschen.
20 Unterwelt und Totenreich sind uner-
sättlich / und unersättlich sind die Augen
des Menschen.
21 Der Schmelztiegel prüft das Silber, der
Ofen das Gold, / der Mensch aber wird ge-
prüft im Urteil dessen, der ihn lobt.
22 Zerstampfst du den Toren auch mit dem
Stößel, / [im Mörser zwischen den Kör-
nern,] / seine Torheit weicht nicht von ihm.
23 Kümmere dich um das Aussehen deiner
Schafe / und sorge für deine Herden;
24 denn Besitz bleibt nicht für ewig / und
Reichtum nicht für alle Zeit.
25 Kommt das Gras hervor, erscheint das
Grün, / sammelt man die Kräuter auf den
Bergen,
26 dann gibt es Lämmer für deine Klei-
dung, / Böcke als Kaufpreis für Äcker
27 und genug Ziegenmilch für dich als
Nahrung, / als Nahrung für dein Haus / [und
Lebensunterhalt für deine Mägde].

1: Lk 12,19f • 3: Sir 22,15 • 11: Ps 119,42 • 12: 22,3 • 13:
20,16 • 15: 19,13 • 20: 30,15f; Jes 5,14.

28 Der Frevler flieht, auch wenn ihn
keiner verfolgt, / der Gerechte fühlt
sich sicher wie ein Löwe.
2 Durch seine Frevel bekommt ein Land
viele Herrscher, / durch einen verständigen,
einsichtsvollen Mann erhält die Ordnung Be-
stand.
3 Ein Vornehmer, der die Armen unter-
drückt, / ist wie Regen, der alles weg-
schwemmt und kein Brot bringt.
4 Wer die Lehre preisgibt, rühmt den Frev-
ler, / wer die Lehre beachtet, bekämpft ihn.
5 Böse Menschen verstehen nicht, was
recht ist, / die aber, die den Herrn suchen,
verstehen alles.
6 Besser ein Armer, der schuldlos seinen

27,6b trügerisch, andere Übersetzungsmöglichkeit: reichlich.
27,9c Andere Übersetzungsmöglichkeit: mehr als eigenes Planen.
28,2 Der Text ist schwierig. Er bezieht sich möglicherweise auf die rasch wechselnden Regierungen des Nordreichs Israel. Nach G wäre zu übersetzen: Durch die Frevel eines Gewalttätigen werden Streitigkeiten geweckt; durch einen verständigen Mann erlöschen sie.
28,3a Vornehmer: G: Frevelhafter.

Weg geht, / als ein Reicher, der krumme Wege geht.

7 Wer sich an die Lehre hält, ist ein verständiger Sohn, / wer mit Verschwendern umgeht, macht seinem Vater Schande.

8 Wer sein Vermögen durch Zins und Aufschlag vermehrt, / sammelt für den, der Erbarmen hat mit den Armen.

9 Wendet einer sein Ohr ab, um die Lehre nicht zu hören, / dann ist sogar sein Gebet ein Gräuel.

10 Wer Rechtschaffene irreführt auf einen bösen Weg, / der fällt in seine eigene Grube; / die Schuldlosen aber erlangen Gutes.

11 Der Reiche hält sich selbst für klug, / doch ein verständiger Armer durchschaut ihn.

12 Haben Gerechte die Oberhand, gibt es glanzvolle Zeiten, / erheben sich die Frevler, verstecken sich die Menschen.

13 Wer seine Sünden verheimlicht, hat kein Glück, / wer sie bekennt und meidet, findet Erbarmen.

14 Wohl dem Menschen, der stets Gott fürchtet; / wer aber sein Herz verhärtet, fällt ins Unglück.

15 Ein grollender Löwe, ein gieriger Bär – / ein frevelhafter Herrscher über ein schwaches Volk.

16 Mancher Fürst ist klein an Verstand und groß als Unterdrücker; / wer Ausbeutung hasst, hat ein langes Leben.

17 Ein Mensch, auf dem Blutschuld lastet, / ist flüchtig bis zum Grab; man halte ihn nicht.

18 Wer schuldlos seinen Weg geht, dem wird geholfen, / wer krumme Wege geht, fällt in die Grube.

19 Wer sein Feld bestellt, wird satt von Brot, / wer nichtigen Dingen nachjagt, wird satt von Armut.

20 Ein ehrlicher Mensch erntet vielfachen Segen, / wer aber hastet, um sich zu bereichern, bleibt nicht ungestraft.

21 Auf die Person sehen ist nicht recht, / für einen Bissen Brot wird mancher zum Verbrecher.

22 Nach Reichtum giert ein neidischer Mensch / und bedenkt nicht, dass Mangel über ihn kommen wird.

23 Wer einen andern zurechtweist, / findet schließlich Dank, / mehr als der Schmeichler.

24 Wer Vater oder Mutter beraubt / und meint, er tue kein Unrecht, / macht sich zum Genossen des Mörders.

25 Der Habgierige erregt Streit, / wer auf den Herrn vertraut, wird reichlich gelabt.

26 Wer auf seinen eigenen Verstand vertraut, ist ein Tor, / wer in Weisheit seinen Weg geht, wird gerettet.

27 Wer dem Armen gibt, hat keinen Mangel, / wer seine Augen verschließt, wird viel verflucht.

28 Erheben sich die Frevler, dann verbergen sich die Menschen, / gehen sie zugrunde, dann kommen die Gerechten an die Macht.

5: 1 Kor 2,14 • 6: 19,1 • 8: Ex 22,24 • 12: 28,28; 29,2 • 13: Ps 32,2–5 • 17: Gen 4,12 • 19: 12,11 • 20: Sir 11,10f • 21: 24,23 • 24: 18,9 • 28: 28,12

29

Wer bei Tadel halsstarrig bleibt, / wird plötzlich zerschmettert / und es gibt keine Heilung.

2 Kommen die Gerechten an die Macht, dann freut sich das Volk, / herrscht der Frevler, dann stöhnt das Volk.

3 Wer Weisheit liebt, erfreut seinen Vater; / wer mit Dirnen verkehrt, verschleudert das Vermögen.

4 Ein König richtet das Land auf durch Pflege des Rechts, / wer Abgaben erpresst, zerstört es.

5 Wer seinem Nächsten schmeichelt, / breitet ihm ein Netz vor die Füße.

6 In Sünde verstrickt sich der Böse, / doch der Gerechte jubelt und freut sich.

7 Der Gerechte hat Verständnis für den Rechtsstreit der Armen, / der Frevler aber kennt kein Verständnis.

8 Hetzer bringen eine Stadt in Aufruhr, / Weise beschwichtigen die Erregung.

9 Rechtet ein Weiser mit einem Toren, / tobt dieser und lacht und gibt keine Ruhe.

10 Mörder hassen den Schuldlosen, / Rechtschaffene bemühen sich um sein Leben.

11 Ein Tor lässt seiner ganzen Erregung freien Lauf, / aber ein Weiser hält sie zurück.

12 Achtet ein Herrscher auf Lügen, / werden alle seine Beamten zu Schurken.

13 Der Arme und der Ausbeuter begegnen einander, / der Herr gibt beiden das Augenlicht.

14 Spricht ein König den Geringen zuverlässig Recht, / hat sein Thron für immer Bestand.

15 Rute und Rüge verleihen Weisheit, / ein zügelloser Knabe macht seiner Mutter Schande.

28,17b Andere Übersetzungsmöglichkeit: man unterstütze ihn nicht.

16 Herrschen die Frevler, dann herrscht die Sünde, / doch die Gerechten erleben ihren Sturz.

17 Züchtige deinen Sohn, so wird er dir Verdruss ersparen / und deinem Herzen Freude machen.

18 Ohne prophetische Offenbarung verwildert das Volk; / wohl ihm, wenn es die Lehre bewahrt.

19 Durch Worte wird kein Sklave gebessert, / er versteht sie wohl, aber kehrt sich nicht daran.

20 Siehst du einen, der eilfertig ist im Reden, / mehr Hoffnung gibt es für den Toren als für ihn.

21 Ein Sklave, verwöhnt von Jugend an, / wird am Ende widerspenstig.

22 Ein aufbrausender Mensch erregt Streit, / ein Jähzorniger begeht viele Sünden.

23 Hochmut erniedrigt den Menschen, / doch der Demütige kommt zu Ehren.

24 Wer mit dem Dieb teilt, hasst sich selbst, / er hört die Verfluchung, doch er macht keine Anzeige.

25 Die Angst des Menschen führt ihn in die Falle; / wer auf den Herrn vertraut, ist gesichert.

26 Viele suchen die Gunst des Herrschers, / aber das Recht kommt für alle vom Herrn.

27 Der Übeltäter ist den Gerechten ein Gräuel. / Der Rechtschaffene ist für den Frevler ein Gräuel.

2: 28,12.28 • 4: 29,14 • 7: Jes 1,17f • 8: Sir 28,14 • 13: 22,2 • 15: 13,24; 22,15; 23,13; Sir 30,1 • 20: 26,12.

DIE WORTE AGURS: 30,1–14

30 Worte Agurs, des Sohnes des Jake aus Massa.
Spruch des Mannes Laïtiël: / Ich mühte mich ab mit Gott und bin am Ende.

2 Denn ich bin zu dumm für einen Menschen, / ich habe keinen Menschenverstand,

3 ich habe keine Weisheit gelernt / und keine Kenntnis des Heiligen erlangt.

4 Wer stieg zum Himmel hinauf und kam wieder herab? / Wer sammelte den Wind in seine Fäuste? / Wer band das Wasser in ein Gewand? / Wer setzte fest alle Enden der Erde? / Wie ist sein Name und wie der Name seines Sohnes, wenn du es weißt?

5 Jede Rede Gottes ist im Feuer geläutert; / ein Schild ist er für alle, die bei ihm sich bergen.

6 Füg seinen Worten nichts hinzu, / sonst überführt er dich und du stehst als Lügner da.

7 Um zweierlei bitte ich dich, / versag es mir nicht, bevor ich sterbe:

8 Falschheit und Lügenwort halt fern von mir; / gib mir weder Armut noch Reichtum, / nähr mich mit dem Brot, das mir nötig ist,

9 damit ich nicht, satt geworden, dich verleugne / und sage: Wer ist denn der Herr?,
damit ich nicht als Armer zum Dieb werde / und mich am Namen meines Gottes vergreife.

10 Verleumde nicht den Knecht bei seinem Herrn, / sonst verflucht er dich und du musst es büßen.

11 Ein Geschlecht, das seinem Vater flucht / und seine Mutter nicht segnet;

12 ein Geschlecht, das rein ist in den eigenen Augen, / doch nicht gewaschen von seinem Schmutz;

13 ein Geschlecht – wie überheblich sind seine Augen / und wie hochmütig seine Wimpern;

14 ein Geschlecht, dessen Zähne Schwerter / und dessen Gebiss Messer sind, / um die Notleidenden aus dem Land wegzufressen / und die Armen weg aus der Menschheit.

3: 9,10 • 4: Ijob 38,1–35 • 5: Ps 18,31 • 9: Sir 5,1–3.

29,17a Wörtlich: so wird er dir Ruhe gewähren.

29,24b vgl. die Anmerkungen zu Lev 5,1 und Ri 17,2.

30,1–14 Die zwei letzten Kapitel bringen Anhänge an die zweite salomonische Sammlung. Die Worte Agurs aus dem ismaëlitischen Massa (?) scheinen bis 30,14 zu reichen. Sie stehen in G hinter 24,22. Das Gebet in VV. 7–9, der Vers 10 und die VV. 11–14 sind inhaltlich selbstständig.

30,1 Laïtiël, der Beiname Agurs, konnte verstanden werden als: Ich mühte mich ab mit Gott.

30,7–9 Das Stichwort »Lüge« veranlasste wohl den Einschub des Gebets des Bescheidenen.

30,11a.12a.13a.14a Der Anfang dieser Worte meint sinngemäß: Weh dem Geschlecht . . .

DIE ZAHLENSPRÜCHE: 30,15–33

15 Der Blutegel hat zwei Töchter: Gib! – Gib!

Drei sind es, die nie satt werden, / vier sagen nie: Genug:

16 Die Unterwelt und der unfruchtbare Mutterschoß, / die Erde, die nicht satt wird an Wasser, / und das Feuer, das nie sagt: Genug!

17 Ein Auge, das den Vater verspottet / und die alte Mutter verachtet, / das hacken die Raben am Bach aus, / die jungen Adler fressen es auf.

18 Drei Dinge sind mir unbegreiflich, / vier vermag ich nicht zu fassen:

19 den Weg des Adlers am Himmel, / den Weg der Schlange über den Felsen, / den Weg des Schiffes auf hoher See, / den Weg des Mannes bei der jungen Frau.

20 So benimmt sich die ehebrecherische Frau: / Sie isst, wischt sich den Mund / und sagt: Ich habe nichts Böses getan.

21 Unter dreien erzittert das Land, / unter vieren wird es ihm unerträglich:

22 unter einem Sklaven, wenn er König wird, / und einem Toren, wenn er Brot im Überfluss hat,

23 unter einer Verschmähten, wenn sie geheiratet wird, / und einer Sklavin, wenn sie ihre Herrin verdrängt.

24 Vier sind die Kleinsten auf Erden / und sind doch die Allerklügsten:

25 Die Ameisen sind kein starkes Volk / und besorgen sich doch im Sommer ihr Futter;

26 Klippdachse sind ein Volk ohne Macht / und doch bauen sie ihre Wohnung im Fels;

27 die Heuschrecken haben keinen König / und doch schwärmen sie alle geordnet aus;

28 Eidechsen fängst du mit der Hand / und doch wohnen sie in Königspalästen.

29 Drei sind es, die stolz einherschreiten, / vier haben einen stolzen Gang:

30 der Löwe, der Held unter den Tieren, / der vor keinem umkehrt;

31 der Hahn, der einherstolziert, und der Leitbock / und der König, wenn er vor seinem Volk auftritt wie ein Gott.

32 Wenn du dich stolz erhoben und dabei blamiert hast / oder wenn du nachdenkst – so leg die Hand auf den Mund!

33 Denn stößt man Milch, so gibt es Butter, / stößt man die Nase, so gibt es Blut, / stößt man den Zorn, so gibt es Streit.

25: 6,6–8 • 26: Ps 104,18.

DIE WORTE AN LEMUËL: 31,1–9

31 Worte an Lemuël, den König von Massa, mit denen ihn seine Mutter ermahnt hat:

2 Was soll ich dir sagen, Lemuël, mein Erstgeborener, / du Sohn meines Schoßes, / was, du Sohn meiner Gelübde?

3 Gib deine Kraft nicht den Frauen hin, / dein Tun und Treiben nicht denen, die Könige verderben.

4 Könige sollen sich nicht, Lemuël, / Könige sollen sich nicht mit Wein betrinken, / Fürsten nicht berauschenden Trank begehren.

5 Er könnte beim Trinken seine Pflicht vergessen / und das Recht aller Notleidenden verdrehen.

6 Gebt berauschenden Trank dem, der zusammenbricht, / und Wein denen, die im Herzen verbittert sind.

7 Ein solcher möge trinken und seine Armut vergessen / und nicht mehr an seine Mühsal denken.

8 Öffne deinen Mund für den Stummen, / für das Recht aller Schwachen!

9 Öffne deinen Mund, richte gerecht, / verschaff dem Bedürftigen und Armen Recht!

2: 1 Sam 1,11 • 5: Koh 10,16.

30,15–33 Die selbstständige Gruppe der Zahlensprüche und die Worte an Lemuël (31,1–9) stehen in G hinter 24,34.

30,15a Wohl ein versprengtes Fragment. – Der Blutegel ist Bild für den Habsüchtigen; seine beiden »Töchter« sind seine Saug- und Haftorgane.

30,17 Eine Unterbrechung, wohl verursacht durch das Stichwort »Adler« in V. 19. Eine andere Erweiterung ist V. 20.

30,31 H ist unklar.

30,32a blamiert, wörtlich: als Tor erwiesen.

31,1 Wie Agur (vgl. 30,1) stammt auch Lemuël aus dem nordarabischen Massa. Sprachliche Anklänge an das Aramäische und der eigenartige Inhalt weisen auf nichtisraelitischen Ursprung hin.

31,2a Ergänzt nach G; H hat kein Zeitwort.

31,3b dein Tun und Treiben, wörtlich: deine Wege.

DAS LOB DER TÜCHTIGEN FRAU: 31,10–31

10 Eine tüchtige Frau, wer findet sie? / Sie
übertrifft alle Perlen an Wert.
11 Das Herz ihres Mannes vertraut auf sie /
und es fehlt ihm nicht an Gewinn.
12 Sie tut ihm Gutes und nichts Böses / alle
Tage ihres Lebens.
13 Sie sorgt für Wolle und Flachs / und
schafft mit emsigen Händen.
14 Sie gleicht den Schiffen des Kauf-
manns: / Aus der Ferne holt sie ihre Nah-
rung.
15 Noch bei Nacht steht sie auf, / um ihrem
Haus Speise zu geben / [und den Mägden,
was ihnen zusteht].
16 Sie überlegt es und kauft einen Acker, /
vom Ertrag ihrer Hände pflanzt sie einen
Weinberg.
17 Sie gürtet ihre Hüften mit Kraft / und
macht ihre Arme stark.
18 Sie spürt den Erfolg ihrer Arbeit, / auch
des Nachts erlischt ihre Lampe nicht.
19 Nach dem Spinnrocken greift ihre
Hand, / ihre Finger fassen die Spindel.
20 Sie öffnet ihre Hand für den Bedürf-
tigen / und reicht ihre Hände dem Ar-
men.
21 Ihr bangt nicht für ihr Haus vor dem
Schnee; / denn ihr ganzes Haus hat wollene
Kleider.
22 Sie hat sich Decken gefertigt, / Leinen
und Purpur sind ihr Gewand.
23 Ihr Mann ist in den Torhallen geachtet, /
wenn er zu Rat sitzt mit den Ältesten des
Landes.
24 Sie webt Tücher und verkauft sie, / Gür-
tel liefert sie dem Händler.
25 Kraft und Würde sind ihr Gewand, / sie
spottet der drohenden Zukunft.
26 Öffnet sie ihren Mund, dann redet sie
klug / und gütige Lehre ist auf ihrer Zun-
ge.
27 Sie achtet auf das, was vorgeht im
Haus, / und isst nicht träge ihr Brot.
28 Ihre Söhne stehen auf und preisen sie
glücklich, / auch ihr Mann erhebt sich und
rühmt sie:
29 Viele Frauen erwiesen sich tüchtig, /
doch du übertriffst sie alle.
30 Trügerisch ist Anmut, vergänglich die
Schönheit, / nur eine gottesfürchtige Frau
verdient Lob.
31 Preist sie für den Ertrag ihrer Hände, /
ihre Werke soll man am Stadttor loben.

15: 27,27.

Das Buch Kohelet

Das Buch Kohelet wurde um die Mitte des 3. Jahrhunderts v. Chr. geschrieben. Der Verfasser, der sich selbst Kohelet nennt, ist uns nicht bekannt. Palästina gehörte damals zum Ptolemäerreich. Es war die Zeit noch vor den hellenistischen Religionsverfolgungen und vor der nationalen Erhebung der Makkabäer. Die gebildete Oberschicht von Judäa war wohlhabend und weltoffen. Man versuchte, die Traditionen Israels mit der die Welt beherrschenden griechischen Bildung und Lebensform zu einer neuen Einheit zu verschmelzen.

Das Buch Kohelet ist das eindrucksvollste Zeugnis dieses Bemühens. Die Bildungstraditionen Israels, ja des ganzen Orients, besonders auch Ägyptens, sind Kohelet bekannt (zur »Weisheit« vgl. die Einleitung zu Spr). Sein Denken und Fühlen ist von den Schriftstellern, die man in den griechischen Schulen liest, und von der sogenannten Popularphilosophie bestimmt. Seine Sprache ist ein ganz neuartiges Hebräisch, in dem einerseits die aramäische Alltagssprache, andererseits manches griechische Wort- und Satzmuster durchschlägt. Das Buch lehnt sich nur noch teilweise an die poetische Gestalt der alten Lehrschriften an. Es ent-

31,10–31 Dieses Lied dürfte zu den jüngsten Teilen des Buches gehören. In H beginnen die Verse der Reihe nach mit den Buchstaben des hebräischen Alphabets.

hält auch schon viele Merkmale der damals aufkommenden Predigt von Wanderphilosophen (»Diatribe«).

Das Buch entwirft zunächst eine Lehre vom Kosmos (1,4–11). Der herrliche, ewig kreisende Kosmos ist die Bühne, auf der die vergänglichen Menschen kommen und gehen. Sprache, Sinne und Gedächtnis der Menschen können die Fülle der Welt nicht erfassen. Es folgt als grundlegender Teil des Buches die Lehre vom Menschen (1,12 – 3,15). Kohelet versetzt sich in die höchste menschliche Möglichkeit: Er sieht sich als gebildeten, weltgestaltenden und das Leben voll auskostenden Herrscher und fragt dann nach dem Sinn. Angesichts des sicher kommenden Todes erweist sich selbst dann alles als »Windhauch«. Jeder Augenblick ist von Gott her bestimmt; der Mensch kann ihn weder berechnen noch in den Griff bekommen. Er kann nur in Furcht das, was ihm jeweils gegeben wird, annehmen. Dieses Daseinsverständnis bestätigt sich dann in einem anschließenden Teil, der die Übel der Welt anhand ausgewählter Beispiele aus dem öffentlichen, wirtschaftlichen und familiären Leben kritisiert (3,16 – 6,10). Im nächsten Teil werden Beispiele traditioneller Spruchweisheit und die weisheitliche Theorie über den Zusammenhang von Tun und Ergehen kritisch überprüft (6,11 – 9,6). Am Ende steht wieder das Thema Tod. Daran schließt sich die Ethik an, die Weisung für die rechte Lebensführung (9,7 – 12,7). Sie ist sehr vielfältig, doch ist sie geleitet von der Mahnung, in Gottesfurcht die Gabe des jeweiligen Augenblicks zu ergreifen: jede Freude zu genießen und überall da, wo es sich anbietet, tatkräftig zu handeln. Denn jedes »Jetzt« ist die dem Menschen gegebene Zeit. Er soll nie vergessen, dass er auf Alter und Tod zugeht. Aus dieser Ethik sind die Anweisungen über das religiöse Verhalten herausgenommen und schon vorher als eine Art Zwischenstück in die Gesellschaftskritik eingesetzt (4,17 – 5,6). So bilden sie im Gesamtaufbau des Buches eine Art Mitte.

Im modernen Denken wird man mit dem Buch Kohelet vor allem die Existenzphilosophie vergleichen können. Doch ist im Buch Kohelet bei aller Neigung zur Erfahrungsweisheit und zur kritischen Auseinandersetzung mit gängigen Meinungen zugleich eine sehr radikale Theorie von der Bindung der Welt an Gott vorausgesetzt. Nach ihr kann nichts, auch nicht das Böseste und Schlimmste, von der Allursächlichkeit Gottes ausgenommen werden. Und von Gott her ist letztlich alles »schön«. Dies sollte man nicht übersehen, wenn man beim Lesen des Buches von Melancholie überwältigt wird und Kohelet gerade deshalb als modern empfinden möchte. Wer Kohelet als Teil des ganzen Kanons der heiligen Schriften liest, wird das Buch, ohne dabei die Härte seines Fragens und Denkens preiszugeben, mit der Botschaft vom Handeln Gottes in der Geschichte verbinden.

BUCHTITEL: 1,1

1 Worte Kohelets, des Davidsohnes, der König in Jerusalem war.

1: 1,12; Spr 1,1; 1 Kön 8,1.

VORSPRUCH: 1,2–3

2 Windhauch, Windhauch, sagte Kohelet,
Windhauch, Windhauch, das ist alles Windhauch.
3 Welchen Vorteil hat der Mensch von
all seinem Besitz, für den er sich anstrengt
unter der Sonne?

2: 12,8; Ijob 7,16; Ps 39,6; 62,10; Röm 8,20 • 3: 2,11.18–22; 3,9; 5,15.17; 9,9.

1,3 Besitz, für den er sich anstrengt: ein Leitmotiv des Buches; in H ein Wortspiel. Das Wort für »Besitz« meint sowohl die menschliche Arbeit, die den Besitz hervorbringt, als auch den durch die Arbeit und Mühe erworbenen Besitz selbst.

WECHSEL, DAUER UND VERGESSEN: 1,4–11

4 Eine Generation geht, eine andere
kommt. / Die Erde steht in Ewigkeit.
5 Die Sonne, die aufging und wieder unter-
ging, / atemlos jagt sie zurück an den Ort, wo
sie wieder aufgeht.
6 Er weht nach Süden, dreht nach Norden,
dreht, dreht, weht, der Wind. / Weil er sich
immerzu dreht, kehrt er zurück, der Wind.
7 Alle Flüsse fließen ins Meer, / das Meer
wird nicht voll.
Zu dem Ort, wo die Flüsse entspringen, /
kehren sie zurück, um wieder zu entsprin-
gen.
8 Alle Dinge sind rastlos tätig, / kein
Mensch kann alles ausdrücken,
nie wird ein Auge satt, wenn es beobach-
tet, / nie wird ein Ohr vom Hören voll.
9 Was geschehen ist, wird wieder gesche-
hen, / was man getan hat, wird man wieder
tun: / Es gibt nichts Neues unter der Son-
ne.
10 Zwar gibt es bisweilen ein Ding, von
dem es heißt: / Sieh dir das an, das ist etwas
Neues – / aber auch das gab es schon in den
Zeiten, die vor uns gewesen sind.
11 Nur gibt es keine Erinnerung an die Frü-
heren / und auch an die Späteren, die erst
kommen werden,
auch an sie wird es keine Erinnerung ge-
ben / bei denen, die noch später kommen
werden.

4–11: 3,11–15 • Sir 14,18 • 8: 5,9; 8,17; Spr 27,20 • 9: 3,15; 6,10; 4,13–16 • 11: 2,16; 9,5.

DIE BEDINGTHEIT DES MENSCHEN – DIE UNDURCHSCHAUBARKEIT GOTTES: 1,12 – 3,15

Drei Überblicke: 1,12 – 2,2

12 Ich, Kohelet, war in Jerusalem König
über Israel. 13 Ich hatte mir vorgenommen,
das Wissen daraufhin zu untersuchen und zu
erforschen, ob nicht alles, was unter dem
Himmel getan wurde, ein schlechtes Ge-
schäft war, für das die einzelnen Menschen
durch Gottes Auftrag sich abgemüht haben.
14 Ich beobachtete alle Taten, die unter der
Sonne getan wurden. Das Ergebnis: Das ist
alles Windhauch und Luftgespinst.
15 Was krumm ist, kann man nicht gerade
biegen; / was nicht da ist, kann man nicht
zählen.
16 Ich überlegte mir Folgendes: Ich habe
mein Wissen immerzu vergrößert, sodass ich
jetzt darin jeden übertreffe, der vor mir über
Jerusalem geherrscht hat. Oft konnte ich
Wissen und Können beobachten. 17 So habe
ich mir vorgenommen zu erkennen, was Wis-
sen wirklich ist, und zu erkennnen, was Ver-
blendung und Unwissen wirklich sind. Ich
erkannte, dass auch dies ein Luftgespinst ist.
18 Denn:
Viel Wissen, viel Ärger, / wer das Können
mehrt, der mehrt die Sorge.

2 Ich dachte mir: Auf, versuch es mit der
Freude, genieß das Glück! Das Ergeb-
nis: Auch das ist Windhauch.
2 Über das Lachen sagte ich: Wie verblen-
det!, / über die Freude: Was bringt sie schon
ein?

1,13: 3,10; 8,9.16f; 5,13 • 14: 2,11; 4,4 • 15: 7,13; Spr 27,22 • 16: 2,9; 1 Kön 5,9f • 17: 2,12; 7,25; 8,16f • 18: 2,23; 5,16; Spr 22,15 • 2,1: 2,3.10.24; 3,12; Weish 2,6 • 2: Spr 14,13; 20,1; 23,29–35.

Menschliches Glück durch Weltgestaltung: 2,3–11

3 Ich trieb meine Forschung an mir selbst,
indem ich meinen Leib mit Wein lockte,
während mein Verstand das Wissen auf die
Weide führte, und indem ich das Unwissen
gefangen nahm. Ich wollte dabei beobach-
ten, wo es vielleicht für die einzelnen Men-

1,5 Nach dem antiken Weltbild muss die Sonne nachts unterhalb der Erdscheibe wieder zum östlichen Horizont zurückkehren.

1,8 Alle Dinge sind rastlos tätig, andere Übersetzungsmöglichkeit: Alle Worte sind überanstrengt.

1,9 Dass es »nichts Neues unter der Sonne« gibt, ist entgegen unserer Empfindung eine positive Aussage.

1,10c Andere Übersetzungsmöglichkeit: aber schon seit Ewigkeiten hat es das gegeben, was sich vor unseren Augen ereignet hat.

1,12–3,15: In diesem Teil des Buches spielt der Verfasser in literarischer Fiktion die Rolle eines Königs.

1,14 Luftgespinst, andere Übersetzungsmöglichkeit: Haschen nach Luft. So auch später, wenn dieses Wort wiederkommt.

2,3 Der Sinn von H ist stellenweise nicht klar.

schen möglich ist, sich unter dem Himmel
Glück zu verschaffen während der wenigen
Tage ihres Lebens. 4 Ich vollbrachte meine
großen Taten:

Ich baute mir Häuser, / ich pflanzte Weinberge.

5 Ich legte mir Gärten und Parks an, / darin pflanzte ich alle Arten von Bäumen.

6 Ich legte Wasserbecken an, / um aus ihnen den sprossenden Baumbestand zu bewässern.

7 Ich kaufte Sklaven und Sklavinnen, / obwohl ich schon hausgeborene Sklaven besaß.

Auch Vieh besaß ich in großer Zahl, Rinder, Schafe, Ziegen, / mehr als alle meine Vorgänger in Jerusalem.

8 Ich hortete auch Silber und Gold / und, als meinen persönlichen Schatz, Könige und ihre Provinzen.

Ich besorgte mir Sänger und Sängerinnen / und die Lust jedes Menschen: einen großen Harem.

9 Ich war schon groß gewesen, doch ich gewann noch mehr hinzu, sodass ich alle meine
Vorgänger in Jerusalem übertraf. Und noch
mehr: Mein Wissen stand mir zur Verfügung
10 und was immer meine Augen sich wünschten, verwehrte ich ihnen nicht. Ich musste
meinem Herzen keine einzige Freude versagen. Denn mein Herz konnte immer durch
meinen ganzen Besitz Freude gewinnen. Und
das war mein Anteil, den ich durch meinen
ganzen Besitz gewinnen konnte. 11 Doch
dann dachte ich nach über alle meine Taten,
die meine Hände vollbracht hatten, und über
den Besitz, für den ich mich bei diesem Tun
angestrengt hatte. Das Ergebnis: Das ist alles Windhauch und Luftgespinst. Es gibt
keinen Vorteil unter der Sonne.

3: 2,1 • 4: 1 Kön 7; Hld 8,11 • 5: Hld 4,13 • 6: Neh 2,14 • 7: 1 Kön 10,5; 5,3; 8,63; 10,23 • 8: 1 Kön 10,21; 5,1–8; 2 Sam 19,36; 1 Kön 11,3 • 9: 1,16; 1 Kön 10,23; 5,9–14 • 10: 2,1.24; 3,12.22; 5,17f; 8,15; 9,6–9; 11,7–10 • 11: 1,3.

Bildung und Besitz in ihrer Bedingtheit:
2,12–23

12 Ich dachte nach, indem ich beobachtete,
was Wissen wirklich ist und was Verblendung und Unwissen wirklich sind. Außerdem: Was für ein Mann wird auf den König
folgen, den sie einst eingesetzt haben? 13 Ich
beobachtete: Es gibt einen Vorteil, den das
Wissen bietet, aber nicht das Unwissen, wie
es einen Vorteil gibt, den das Licht bietet,
aber nicht die Dunkelheit:

14 Der Gebildete hat Augen im Kopf, der Ungebildete tappt im Dunkeln.

Aber ich erkannte auch: Beide trifft ein
und dasselbe Geschick. 15 Da dachte ich mir:
Was den Ungebildeten trifft, trifft also auch
mich. Warum bin ich dann über die Maßen
gebildet? Und ich überlegte mir, dass auch
das Windhauch ist. 16 Denn an den Gebildeten gibt es ebenso wenig wie an den Ungebildeten eine Erinnerung, die ewig währt, weil
man schon in den Tagen, die bald kommen,
beide vergessen wird. Wie ist es möglich,
dass der Gebildete ebenso sterben muss wie
der Ungebildete? 17 Da verdross mich das Leben. Denn das Tun, das unter der Sonne getan wurde, lastete auf mir als etwas Schlimmes. Denn es ist alles Windhauch und Luftgespinst.

18 Mich verdross auch mein ganzer Besitz,
für den ich mich unter der Sonne anstrenge
und den ich dem Menschen lassen muss, der
nach mir kommt. 19 Wer weiß, ob er ein Wissender ist oder ein Unwissender? Jedenfalls
wird er über meinen ganzen Besitz verfügen,
für den ich mich unter der Sonne angestrengt und mein Wissen eingesetzt habe.
Auch das ist Windhauch.

20 Ich stellte mich um und überließ mich
der Verzweiflung über meinen ganzen Besitz, für den ich mich unter der Sonne angestrengt hatte. 21 Denn es kommt vor, dass ein
Mensch, dessen Besitz durch Wissen, Können und Erfolg erworben wurde, ihn einem
andern, der sich nicht dafür angestrengt hat,
als dessen Anteil überlassen muss. Auch das
ist Windhauch und etwas Schlimmes, das
häufig vorkommt. 22 Was erhält der Mensch
dann durch seinen ganzen Besitz und durch
das Gespinst seines Geistes, für die er sich
unter der Sonne anstrengt?

23 Alle Tage besteht sein Geschäft nur aus Sorge und Ärger / und selbst in der Nacht kommt sein Geist nicht zur Ruhe. Auch das ist Windhauch.

12: 1,17; 7,25 • 13: 6,8 • 14: 8,1; 10,2; 3,19; 9,2f; Ijob 9,22 • 15: 7,16 • 16: 1,11; 9,5; Weish 2,4; Ps 49,11 • 17: 5,12; 6,1f • 18–19: 2,12; 6,1–7; Ps 39,7 • 18: 1 Kön 12,1–17 • 21: 6,2; Sir 11,18f • 22: 1,3 • 23: 1,18; 5,16; 8,16f; 11,10; Ijob 7,1–4.

2,8 einen großen Harem: Übersetzung nicht ganz sicher.

2,12 Dieser Vers deutet nacheinander die beiden Themen an, die dann entfaltet werden: Wissen endet mit dem Tod (2,13–17) und Besitz endet mit dem Tod (2,18–23).

2,20–23 Nicht nur nach dem Tod, sondern sogar schon während des Lebens kann man seinen Besitz verlieren. Dieser Gedanke leitet zu 2,24 – 3,9 über, wo dargelegt wird, dass auch während des Lebens kein Augenblick ganz in der Hand des Menschen selbst ist.

Gottes Handeln in seiner Vollkommenheit und Undurchschaubarkeit: 2,24 – 3,15

24 Nicht im Menschen selbst gründet das Glück, dass er essen und trinken und durch seinen Besitz das Glück selbst kennen lernen kann. Ich habe vielmehr beobachtet, dass dies von Gottes Verfügung abhängt. 25 Denn wer hat zu essen, wer weiß zu genießen, wenn nicht ich? 26 Aber es gibt Menschen, denen Gott wohlwill. Es sind die, denen er Wissen, Können und Freude geschenkt hat. Und es gibt Menschen, deren Leben verfehlt ist. Es sind diejenigen, die er mit dem Geschäft beauftragt hat, zu sammeln und zu horten und dann alles denen zu geben, denen er wohl will. Auch das ist Windhauch und Luftgespinst.

3 Alles hat seine Stunde. Für jedes Geschehen unter dem Himmel gibt es eine bestimmte Zeit:

2 eine Zeit zum Gebären / und eine Zeit zum Sterben, / eine Zeit zum Pflanzen / und eine Zeit zum Abernten der Pflanzen,

3 eine Zeit zum Töten / und eine Zeit zum Heilen, / eine Zeit zum Niederreißen / und eine Zeit zum Bauen,

4 eine Zeit zum Weinen / und eine Zeit zum Lachen, / eine Zeit für die Klage / und eine Zeit für den Tanz;

5 eine Zeit zum Steinewerfen / und eine Zeit zum Steinesammeln, / eine Zeit zum Umarmen / und eine Zeit, die Umarmung zu lösen,

6 eine Zeit zum Suchen / und eine Zeit zum Verlieren, / eine Zeit zum Behalten / und eine Zeit zum Wegwerfen,

7 eine Zeit zum Zerreißen / und eine Zeit zum Zusammennähen, / eine Zeit zum Schweigen / und eine Zeit zum Reden,

8 eine Zeit zum Lieben / und eine Zeit zum Hassen, / eine Zeit für den Krieg / und eine Zeit für den Frieden.

9 Wenn jemand etwas tut – welchen Vorteil hat er davon, dass er sich anstrengt? 10 Ich sah mir das Geschäft an, für das jeder Mensch durch Gottes Auftrag sich abmüht. 11 Gott hat das alles zu seiner Zeit auf vollkommene Weise getan. Überdies hat er die Ewigkeit in alles hineingelegt, doch ohne dass der Mensch das Tun, das Gott getan hat, von seinem Anfang bis zu seinem Ende wieder finden könnte. 12 Ich hatte erkannt: Es gibt kein in allem Tun gründendes Glück, es sei denn, ein jeder freut sich und so verschafft er sich Glück, während er noch lebt, 13 wobei zugleich immer, wenn ein Mensch isst und trinkt und durch seinen ganzen Besitz das Glück kennen lernt, das ein Geschenk Gottes ist. 14 Jetzt erkannte ich: Alles, was Gott tut, geschieht in Ewigkeit. Man kann nichts hinzufügen und nichts abschneiden und Gott hat bewirkt, dass die Menschen ihn fürchten. 15 Was auch immer geschehen ist, war schon vorher da, und was geschehen soll, ist schon geschehen und Gott wird das Verjagte wieder suchen.

2,24: 2,10 • 25: 9,1 • 26: 7,26; Ijob 27,16f; Spr 13,22; 28,8 • 3,1: 3,17; 8,5f; 9,11f; Ps 31,16 • 2: 7,17; Ijob 5,26; Jes 28,23–29 • 7: Spr 15,23 • 8: 9,1 • 9: 1,3 • 10: 1,13 • 11: 11,5; 3,14f; 7,14.23–29; 8,16f; Ps 139,13–18 • 12: 2,10 • 13: 2,24f • 14–15: 1,4–11 • 14: Spr 30,6; Sir 18,6; 42,21 • 15: 1,9; Sir 5,3.

DIE ÜBEL DER WELT: 3,16 – 4,16

Unrecht bei Gericht: 3,16–22

16 Noch etwas habe ich beobachtet unter der Sonne: An der Stätte, wo man Urteil spricht, geschieht Unrecht; an der Stätte, wo man gerechtes Urteil sprechen sollte, geschieht Unrecht. 17 Da dachte ich mir: Gott ist es, der den Unschuldigen wie den Schuldigen verurteilt. Denn eine bestimmte Zeit für jedes Geschehen und für jedes Tun gibt es (auch) dort. 18 Was die einzelnen Menschen angeht, dachte ich mir, dass Gott sie herausgegriffen hat und dass sie selbst (daraus) erkennen müssen, dass sie eigentlich Tiere sind. 19 Denn jeder Mensch unterliegt dem Geschick und auch die Tiere unterliegen dem Geschick. Sie haben ein und dasselbe Geschick. Wie diese sterben, so sterben jene. Beide haben ein und denselben Atem. Einen Vorteil des Menschen gegenüber dem Tier

---

3,11b Andere Übersetzungsmöglichkeit: Überdies hat er den Menschen eine Vorstellung von der Ewigkeit eingegeben . . .

3,17 Wenn menschliche Richter Unschuldige zum Tod verurteilen, muss das zugleich als Tun Gottes betrachtet werden; denn 3,1 gilt auch bei menschlichen Gerichtsentscheidungen. Von 3,18 ab wird dann erwogen, welche Absicht Gott dabei haben könnte.

3,18 Die »einzelnen Menschen«, die Gott »herausgegriffen« hat, sind die unschuldig zum Tod Verurteilten. In H ein Wortspiel: sie selbst (hemmah) – Tiere (behemah).

3,19a Wörtlich: Denn jeder Mensch ist Geschick und auch die Tiere sind Geschick. Oder: Denn jeder Mensch ist ein Zufall und auch die Tiere sind Zufall.

gibt es da nicht. Beide sind Windhauch.
20 Beide gehen an ein und denselben Ort. Bei-
de sind aus Staub entstanden, beide kehren
zum Staub zurück. 21 Wer weiß, ob der Atem
der einzelnen Menschen wirklich nach oben
steigt, während der Atem der Tiere ins Erd-
reich hinabsinkt? 22 So habe ich eingesehen:
Es gibt kein Glück, es sei denn, der Mensch
kann durch sein Tun Freude gewinnen. Das
ist sein Anteil. Wer könnte es ihm ermögli-
chen, etwas zu genießen, das erst nach ihm
sein wird?

16–22: 8,12b–15 • 16: 5,7 • 17: 3,1; 11,3 • 19: 2,14; Ps 49,13.21 • 20: 6,6; 12,7; Gen 2,7; 3,19; Ps 103,14; 104,29; 146,4; Ijob 34,14f; Sir 17,1; 40,11; Weish 2,2f • 22: 2,10; 6,12.

Ausbeutung und Konkurrenzkampf: 4,1–6

4 Dann wieder habe ich alles beobachtet,
was unter der Sonne getan wird, um
Menschen auszubeuten. Sieh, die Ausgebeu-
teten weinen und niemand tröstet sie; von
der Hand ihrer Ausbeuter geht Gewalt aus
und niemand tröstet sie. 2 Da preise ich im-
mer wieder die Toten, die schon gestorben
sind, und nicht die Lebenden, die noch leben
müssen. 3 Glücklicher aber als beide preise
ich den, der noch nicht geworden ist, der
noch nicht das schlimme Tun gesehen hat,
das unter der Sonne getan wird. 4 Denn ich
beobachtete: Jede Arbeit und jedes erfolgrei-
che Tun bedeutet Konkurrenzkampf zwi-
schen den Menschen. Auch das ist Wind-
hauch und Luftgespinst.

5 Der Ungebildete legt die Hände in den
Schoß / und hat doch sein Fleisch zum Es-
sen.

6 Besser eine Hand voll und Ruhe, / als
beide Hände voll und Arbeit und Luftge-
spinst.

1: 5,7 • 2: 7,2; Ijob 3,20–23 • 3: 6,3–5; Jer 20,18 • 5: Spr 6,10; 24,33 • 6: 6,5; Spr 15,16; 16,8; 17,1.

Der allein stehende Mensch: 4,7–12

7 Und wieder habe ich etwas unter der
Sonne beobachtet, das Windhauch ist. 8 Es
kommt vor, dass jemand allein steht und nie-
manden bei sich hat. Ja, er besitzt nicht ein-
mal einen Sohn oder Bruder. Aber sein Be-
sitz ist ohne Grenzen und überdies kann
sein Auge vom Reichtum nicht genug be-
kommen. Doch für wen strenge ich mich
dann an und warum gönne ich mir kein
Glück? Auch das ist Windhauch und ein
schlechtes Geschäft. 9 Zwei sind besser als
einer allein, falls sie nur reichen Ertrag aus
ihrem Besitz ziehen. 10 Denn wenn sie hinfal-
len, richtet einer den anderen auf. Doch
wehe dem, der allein ist, wenn er hinfällt,
ohne dass einer bei ihm ist, der ihn aufrich-
tet. 11 Außerdem:

Wenn zwei zusammen schlafen, wärmt ei-
ner den andern; / einer allein – wie soll er
warm werden?

12 Und wenn jemand einen Einzelnen auch
überwältigt, / zwei sind ihm gewachsen /
und eine dreifache Schnur reißt nicht so
schnell.

8: 1,8; 5,9; Spr 27,20; Koh 2,18–20 • 11: 1 Kön 1,1–4.

Wankelmütige Volksgunst: 4,13–16

13 Besser ein junger Mann, der niedriger
Herkunft, aber gebildet ist, / als ein König,
der alt, aber ungebildet ist –
weil er es nicht mehr verstand, auf Ratschlä-
ge zu hören. 14 Der junge Mann wurde aus
dem Gefängnis befreit und wurde König, ob-
wohl er, während der andere schon regierte,
arm zur Welt gekommen war. 15 Aber ich
habe beobachtet, dass alle Lebenden, die un-
ter der Sonne umherlaufen, sich auf die Seite
des nächsten jungen Mannes stellten, der
statt seiner hochkommt. 16 Die Volksmenge
nimmt kein Ende, gleichgültig, wer an ihre
Spitze getreten ist. Im Übrigen werden die
Späteren auch mit ihm nicht zufrieden sein.
Denn auch das ist Windhauch und Luftge-
spinst.

13–16: Sir 11,1–6 • 13: Spr 17,2 • 16: 1,9–11.

RATSCHLÄGE FÜR DAS RELIGIÖSE VERHALTEN: 4,17 – 5,6

Hören, Opfern und Sprechen im Gottesdienst: 4,17 – 5,2

17 Zügle deinen Schritt, wenn du zum Got-
teshaus gehst.
Tritt ein, um zuzuhören, / und nicht, wie
die Ungebildeten, um Opfer abzugeben.
Sie verstehen nicht einmal, Böses zu tun.

5 Sei nicht zu schnell mit dem Mund, ja
selbst innerlich fiebere nicht, vor Gott

4,13–16 Kohelet beginnt hier zwar mit einem damals allgemein bekannten Sprichwort, meint aber von Anfang an einen bestimmten Fall. Das wird aus dem plötzlichen Umsprung in die Form des Berichts deutlich. Kohelet spricht dabei von drei verschiedenen Männern, die nacheinander herrschten.

4,17 Wortgottesdienst steht über Opfergottesdienst.

das Wort zu ergreifen. Gott ist im Himmel, du bist auf der Erde, also mach wenig Worte!

2 Im Traum schließt man viele Geschäfte ab, der Ungebildete macht viele Worte.

4,17–5,2: Jak 1,19 • 4,17: 1 Sam 15,22; Spr 15,7f; Hos 6,6 • 5,2: 10,14; Spr 10,19.

Gelübde: 5,3–6

3 Wenn du Gott ein Gelübde machst, / dann zögere nicht, es zu erfüllen.

Die Ungebildeten gefallen Gott nicht: / Was du gelobst, erfülle!

4 Es ist besser, wenn du nichts gelobst, / als wenn du etwas gelobst und nicht erfüllst.

5 Lass nicht zu, dass dein Mund / dein Fleisch in Sünde stürzt.

Erkläre nie vor dem Boten: / Es war ein Versehen.

Warum soll Gott zürnen über das, was du redest, / und vernichten, was deine Hände tun?

6 Vielmehr, wo Träume sich mehren und Windhauch und viele Worte, / da fürchte du Gott!

3–6: Spr 20,25; Sir 18,22f • 3: Num 30,3; Dtn 23,22 • 5: Lev 4f; Num 15,22–31; 35,9–25.

ÜBER ARMUT UND REICHTUM: 5,7 – 6,10

Beamtenherrschaft: 5,7–8

7 Wenn du beobachtest, dass in der Provinz die Armen ausgebeutet und Gericht und Gerechtigkeit nicht gewährt werden, dann wundere dich nicht über solche Vorgänge:

Ein Mächtiger deckt den andern, / hinter beiden stehen noch Mächtigere

8 und es ist auf jeden Fall ein Vorteil für das Land, wenn das bebaute Feld einem König untersteht.

7: 3,16; 4,1; Ex 23,6–9.

Die Nutzlosigkeit des Reichtums: 5,9–11

9 Wer das Geld liebt, / bekommt vom Geld nie genug;

wer den Luxus liebt, / hat nie genug Einnahmen – auch das ist Windhauch.

10 Mehrt sich das Vermögen, / so mehren sich auch die, die es verzehren.

Was für ein Erfolg bleibt dem Besitzer? / Seine Augen dürfen zusehen.

11 Süß ist der Schlaf des Arbeiters, / ob er wenig oder viel zu essen hat.

Dem Reichen raubt sein voller Bauch / die Ruhe des Schlafs.

9: 1,8; 4,8 • 10: Spr 19,6.

Verlust des Reichtums: 5,12–16

12 Es gibt etwas Schlimmes, etwas wie eine Krankheit, das ich unter der Sonne beobachtet habe: wenn Reichtum, der für seinen Besitzer ängstlich gehütet wurde, diesem Schlimmes brachte. 13 Durch ein schlechtes Geschäft ging ihm dieser Reichtum verloren. Er hatte einen Sohn gezeugt, aber jetzt hat er nichts mehr, das ihm gehört. 14 Wie er aus dem Leib seiner Mutter herausgekommen ist – nackt, wie er kam, muss er wieder gehen. Von seinem Besitz darf er überhaupt nichts forttragen, nichts, das er als ihm gehörig mitnehmen könnte. 15 So ist auch dies etwas Schlimmes, etwas wie eine Krankheit. Genau wie er kam, muss er gehen. Welchen Vorteil bringt es ihm, dass er sich anstrengt für den Wind? 16 Auch wird er während seines ganzen restlichen Lebens sein Essen im Dunkeln einnehmen; er wird sich häufig ärgern und Krankheit und Unmut werden ihn plagen.

12: 2,17 • 14: Ijob 1,21; Ps 49,17f; 1 Tim 6,7 • 16: 2,23.

Unverwerteter Reichtum: 5,17 – 6,2

17 Dies ist etwas, was ich eingesehen habe: Das vollkommene Glück besteht darin, dass jemand isst und trinkt und das Glück kennen lernt durch seinen eigenen Besitz, für den er sich unter der Sonne anstrengt während der wenigen Tage seines Lebens, die Gott ihm geschenkt hat. Denn das ist sein Anteil. 18 Außerdem: Immer wenn Gott einem Menschen Reichtum und Wohlstand geschenkt und ihn ermächtigt hat, davon zu essen und seinen Anteil fortzutragen und durch seinen Besitz Freude zu gewinnen, besteht das eigentliche Geschenk Gottes darin, 19 dass

5,5 Unter dem »Boten« ist *wahrscheinlich* der Priester zu verstehen (vgl. Mal 2,7).

5,8 Andere Übersetzungsmöglichkeit: wenn ein König sich um das Ackerland kümmert. – Gegenüber einem Beamtenstaat wird ausgedehnter königlicher Grundbesitz als das geringere Übel betrachtet.

5,13 Durch ein schlechtes Geschäft, andere Übersetzungsmöglichkeit: Durch ein schlimmes Ereignis.

dieser Mensch sich nicht so oft daran erinnern muss, wie wenige Tage sein Leben zählt, weil Gott ihn sich um die Freude seines Herzens bemühen lässt.

6 Doch es gibt etwas Schlimmes, das ich unter der Sonne beobachtet habe; es lastet häufig auf dem Menschen: 2 Gott schenkt einem Menschen so viel Reichtum, Wohlstand und Geltung, dass ihm nichts fehlt von allem, was er sich wünschen könnte; aber Gott ermächtigt ihn nicht, davon zu essen, sondern ein Fremder isst es auf. Das ist Windhauch und eine schlimme Krankheit.

5,17: 2,10 • 6,1–9: 2,18–23 • 1: 2,17; 8,6 • 2: Lk 12,20.

Langes Leben und Reichtum ohne Freude: 6,3–5

3 Wenn ein Mann hundert Söhne zeugt und viele Jahre lebt, sodass seine Lebenszeit wirklich lang ist, wenn er sich selbst aber seines Vermögens doch nicht bedienen kann, um sich satt zu essen, auch wenn niemals ein Grab auf ihn warten würde – ich sage: Eine Fehlgeburt hat es besser als er. 4 Denn:

Als Windhauch kam sie, ins Dunkel geht sie, / in Dunkel bleibt ihr Name gehüllt.

5 Sie hat auch die Sonne nicht gesehen und nicht gekannt. So hat sie Ruhe, er nicht.

3: 4,3; Ijob 3,10–16; Jer 20,17 • 5: 4,6.

Langes Leben in Armut und ohne Freude: 6,6–10

6 Und wenn er zweimal tausend Jahre lebte, aber das Glück nicht kennen lernte: Gehen nicht beide zu ein und demselben Ort? 7 Alles Arbeiten des Menschen ist für den Rachen des Totenreichs, und dessen Schlund wird niemals voll. 8 Denn was hat der Gebildete dem Ungebildeten voraus, was nutzt es dem Armen, auch wenn er etwas kann, noch unter den Lebenden zu weilen?

9 Besser, etwas vor Augen zu haben / als ein hungriger Rachen.

Aber auch das ist Windhauch und Luftgespinst. 10 Was auch immer jemand war, er hat vorher schon seinen Namen bekommen; es war erkannt, dass er nur ein Mensch sein wird, und er kann nicht mit dem streiten, der mächtiger als er ist.

10: 1,9; 3,14f; Gen 1; Am 3,2; Jer 1,5; Ijob 9; Weish 12,12.

ALTE SPRUCHWEISHEITEN – KRITISCH ÜBERPRÜFT: 6,11 – 9,6

Einleitung: 6,11–12

11 Es gibt viele Worte, die nur den Windhauch vermehren. Was nützt das dem Menschen? 12 Denn: Wer kann erkennen, was für den Menschen besser ist in seinem Leben, während der wenigen Tage seines Lebens voll Windhauch, die er wie ein Schatten verbringt? Und wer kann dem Menschen verkünden, was nach ihm unter der Sonne geschehen wird?

12: 3,22; 7,14f; 8,7.13; 9,9; 10,14; 1 Chr 29,15; Ps 39,7; Ijob 14,1.

Zum Thema: Nachruhm: 7,1–4

7 Besser ein guter Name als Parfüm – / und der Tag eines Todes als der Tag einer Geburt;

2 besser der Gang in ein Haus, wo man trauert, / als der Gang in ein Haus, wo man trinkt.

Weil dies das Ende jedes Menschen ist, / macht, wer noch lebt, sich Gedanken.

3 Besser sich ärgern als lachen; / denn bei einem vergrämten Gesicht wird das Herz heiter.

6,3 Auch wenn niemals ein Grab auf ihn warten würde, Sinn: Wenn das Unmögliche einträte, dass er unsterblich wäre.

6,7 Andere Übersetzungsmöglichkeit: Alles Arbeiten des Menschen ist für seinen Mund und doch wird sein Rachen niemals voll.

6,10 Derjenige, der jedem Menschen schon vorher seinen Namen gibt und ihn in seiner menschlichen Begrenztheit durchschaut, ist Gott. Ob mit dem Mächtigeren, mit dem ein Mensch nicht streiten kann, der Tod gemeint ist oder Gott, bleibt ungesagt.

6,11f Beispiele solcher »Worte« werden in 7,1 – 9,6 angeführt und kritisiert. Die Fragen in 6,12 deuten den Aufbau dieses kommenden Abschnitts an.

7,1 In H ein Wortspiel zwischen »Name« (schem) und »Parfüm« (schemen tob). »Name« meint den guten Ruf, aber auch den Nachruhm über den Tod hinaus (vgl. Spr 10,7; Ijob 18,17). An diese Nuance des Sprichworts knüpft die eigene Überlegung Kohelets an. Ihr Anfang ist, wie immer im Folgenden, in der Übersetzung durch einen Gedankenstrich gekennzeichnet.

4 Das Herz der Gebildeten ist im Haus, wo
man trauert, / das Herz der Ungebildeten im
Haus, wo man sich freut.

1: Spr 22,1; Sir 41,11–13 • 2: 11,9–12,7; Sir 7,36 • 3: 1 Kor 3,10f.

Zum Thema: Bildung: 7,5–7

5 Besser die Mahnrede eines Gebildeten
anhören, / als dem Gesang der Ungebildeten
lauschen;
6 denn wie das Prasseln der Dornen unter
dem Kessel, / so ist das Lachen des Ungebil-
deten. – Aber auch das ist Windhauch, denn:
7 Erpressung verblendet den Gebildeten /
und Bestechung verdirbt den Verstand.

5: Spr 13,1; 15,32 • 7: Ex 23,8; Dtn 16,19.

Zum Thema: Zurückhaltung und Hängen am Hergebrachten: 7,8–10

8 Besser der Ausgang einer Sache als ihr
Anfang, / besser der Vorsichtige als der Stür-
mische.
9 Lass dich nicht aufregen, sodass du dich
ärgerst, / denn Ärger steckt in den Ungebil-
deten. –
10 Doch frag nicht: Wie kommt es, dass die
früheren Zeiten besser waren als unsere?
Denn deine Frage zeugt nicht von Wissen.

8: Spr 24,20 • 9: Spr 22,24.

Zum Thema: Wissen als Mittel zu langem Leben: 7,11–18

11 Wissen ist so viel wert wie Erbbesitz, / es
ist sogar mehr wert für die, welche die Sonne
sehen;
12 denn wer sich im Schatten des Wissens
birgt, der ist auch im Schatten des Geldes; /
aber das ist der Vorteil des Könnens: Das
Wissen erhält seinen Besitzer am Leben. –
13 Doch sieh ein, dass Gottes Tun noch hin-
zukommt.
Denn:
Wer kann gerade biegen, was er gekrümmt
hat?
14 Am Glückstag erfreue dich deines
Glücks und am Unglückstag sieh ein: Auch
diesen hat Gott geschaffen, genau wie jenen,
sodass der Mensch von dem, was nach ihm
kommt, gar nichts herausfinden kann.
15 In
meinen Tagen voll Windhauch habe ich bei-
des beobachtet: Es kommt vor, dass ein ge-
setzestreuer Mensch trotz seiner Gesetzes-
treue elend endet, und es kommt vor, dass ei-
ner, der sich nicht um das Gesetz kümmert,
trotz seines bösen Tuns ein langes Leben
hat.
16 Halte dich nicht zu streng an das Ge-
setz und sei nicht maßlos im Erwerb von
Wissen! Warum solltest du dich selbst rui-
nieren?
17 Entfern dich nicht zu weit vom Ge-
setz und verharre nicht im Unwissen: Wa-
rum solltest du vor der Zeit sterben?
18 Es ist
am besten, wenn du an dem einen fest hältst,
aber auch das andere nicht loslässt. Wer
Gott fürchtet, wird sich in jedem Fall richtig
verhalten.

11: Spr 16,16 • 12: Spr 3,1f.13–18 • 13: 1,15 • 14: 3,11; Ijob 2,10; Sir 11,14 • 15: 8,14; 9,1f; Ps 73,12–14; Ijob 21,7 • 16: 2,15; Lk 18,9–14 • 17: 3,2 • 18: Spr 10,27.

Zum Thema: Wissen als Schutz: 7,19–22

19 Das Wissen ist für den Gebildeten ein
stärkerer Schutz/ als zehn Machthaber zu-
sammen, / die in der Stadt geherrscht ha-
ben. –
20 Doch gibt es auf der Erde keinen einzi-
gen Menschen, der so gesetzestreu wäre, dass
er stets richtig handelt, ohne je einen Fehler
zu begehen.
21 Hör auch nicht auf all die
Worte, die man so sagt. Denn niemals wirst
du einen Untergebenen über dich schimpfen
hören,
22 und doch bist du dir bewusst, dass
auch du sehr oft über andere geschimpft
hast.

19: 9,16; Spr 21,22; 24,5 • 20: 1 Kön 8,46; Ps 14,3; Ijob 15,14–16; Röm 1,18–3,20; 5,12; 1 Joh 1,8.

Zum Thema: Überliefertes Wissen und Wissen aus Beobachtung: 7,23 – 8,1a

23 Auf allen Wegen habe ich es mit dem
Wissen versucht. Ich habe gesagt: Ich will
lernen und dadurch gebildet werden. Aber
das Wissen blieb für mich in der Ferne.

7,6 In H ein Wortspiel: Gesang (schir) – Dornen (sirim) – Kessel (sir) – Ungebildeter (kesil).

7,12 Diese Bildungstheorie ist von der Überzeugung getragen, der Mensch könne mit seinem Wissen die Zukunft überschaubar und beherrschbar machen; dadurch ließe sich vorzeitiger Tod vermeiden. Wichtig ist dabei die Annahme eines Zusammenhangs zwischen menschlichem Verhalten und späterem Ergehen. Das stellt Kohelet im Folgenden immer wieder in Frage. Deshalb kommt er dann auch zu einer anderen Ethik.

7,13 Beweisführung mit der Aussage von 1,15.

7,18 Andere Übersetzungsmöglichkeit: Wer Gott fürchtet, wird beiden Gefahren entgehen. – An dieser Stelle ist Gottesfurcht jenes Ethos, das sich aus der Einsicht von 7,13 ergibt: dass Gottes Handeln letztlich alle Ereignisse bestimmt und dass es sich nicht nach Regeln festlegen lässt (vgl. 3,14).

7,19–22 Der Behauptung der Tradition, das Wissen schütze vor Gefahren, begegnet Kohelet mit der These, es gebe überhaupt keinen Menschen, der es fertig bringt, fehlerfrei nach Wissen und Erziehung zu handeln.

7,23–25 Diese den Abschnitt einleitenden Sätze

24 Fern ist alles, was geschehen ist, / und tief, tief versunken – / wer könnte es wieder finden?

25 So habe ich, genauer: mein Verstand, mich umgestellt. Ich wollte forschend und suchend erkennen, was dasjenige Wissen wirklich ist, das Einzelbeobachtungen zusammenrechnet. Ferner wollte ich erkennen, ob Gesetzesübertretung mit mangelnder Bildung und Unwissen mit Verblendung zusammenhängt. 26 Immer wieder finde ich die Ansicht, stärker als der Tod sei die Frau. Denn:

Sie ist ein Ring von Belagerungstürmen / und ihr Herz ist ein Fangnetz, / Fesseln sind ihre Arme.

Wem Gott wohlwill, der kann sich vor ihr retten, / wessen Leben verfehlt ist, wird von ihr eingefangen.

27 Aber sieh dir an, was ich, Beobachtung um Beobachtung, herausgefunden habe, sagte Kohelet, bis ich schließlich das Rechenergebnis fand, 28 oder vielmehr: wie ich immer wieder suchte und nichts fand:

Von tausend Menschen habe ich nur einen wieder gefunden, / aber der, den ich von ihnen allen wieder gefunden habe, war keine Frau.

29 Sieh dir an, was ich als Einziges herausgefunden habe:

Gott hat die Menschen rechtschaffen gemacht, / aber sie haben sich in allen möglichen Berechnungen versucht.

8 Wer ist hier gebildet? Wer versteht es, ein Wort zu deuten?

7,24: 1,11; 3,11 • 25: 1,17 • 26: Ri 16,4–21; Spr 2,16–19; 5,2–6; Koh 2,26; Spr 22,14 • 27: 1,2; 12,8 • 8,1a: 2,14; Spr 16,13f .

Zum Thema: Gebildete und König: 8,1b–4

Das Wissen eines Menschen macht seine Miene strahlend / und seine strengen Züge lösen sich. –

2 Ich (dagegen sage): Achte auf die Befehle des Königs, und zwar im Hinblick auf den vor Gott geleisteten Eid. 3 Entferne dich nicht hastig aus seiner Gegenwart und versteife dich nicht auf eine Sache, wenn sie schlimm auszugehen droht. Denn alles, wozu er sich entscheidet, setzt er auch durch. 4 Hinter dem Wort des Königs steht nun einmal die Macht. Wer also kann ihm sagen: Was tust du?

3: 10,4; Spr 20,2 .

Zum Thema: Schicksal des gebildeten Gesetzestreuen und des ungebildeten Gesetzesübertreters: 8,5–12a

5 Wer auf das Gebot achtet, den trifft nichts Schlimmes, / der Verstand des Gebildeten weiß die rechte Zeit. –

6 Allerdings:

Es gibt die rechte Zeit für jedes Geschehen und:

Schlimmes Geschick lastet häufig auf dem Menschen und:

7 Er weiß nicht, was geschehen wird. / Wie es geschehen wird – wer verkündet es ihm?

8 Es gibt keinen Menschen, der Macht hat über den Wind, / sodass er den Wind einschließen könnte.

Es gibt keine Macht über den Sterbetag. / Es gibt im Krieg keinen Urlaub. / Selbst ein Gesetzesbruch kann die Gesetzesbrecher nicht retten.

9 All dies habe ich beobachtet, als ich mich zu einer Zeit, wo ein Mensch seine Macht über den andern Menschen dazu benutzte, diesem zu schaden, mit jedem Tun beschäftigte, das unter der Sonne getan wurde. 10 Dabei habe ich beobachtet, wie Menschen, die das Gesetz übertreten hatten, ein Begräbnis erhielten, während andere, die recht getan hatten, ankamen und vom Ort des Heiligtums wieder weggehen und bald in der Stadt vergessen sein werden. Auch das ist Windhauch. 11 Denn:

Wo keine Strafe verhängt wird, / ist die Bosheit schnell am Werk.

Deshalb wächst im Herzen der Menschen die Lust, Böses zu tun. 12 Denn:

---

dienen innerhalb von 6,11 – 9,6 auch als Rückblick und Vorblick.

7,28 Widerspricht der in 7,26a zitierten Vorstellung. Kohelet nimmt diese Aussage ganz wörtlich und widerlegt sie durch die Erfahrung: Auch die Frauen sind sterblich.

7,29 Schwer übersetzbarer Text, der auf einem Wortspiel beruht. Das hebräische Wort für »Berechnungen« (es bedeutet auch »Wurfmaschinen«) verweist auf die Kriegstechnik. Kohelet spielt immer noch auf 7,25f an.

8,1a Andere Lesart: Wer tut es dem Gebildeten gleich? Wer dem, der es versteht, ein Wort zu deuten? – Wählt man diese Lesart, dann bilden die beiden Fragen nicht mehr das Ende des vorangehenden Abschnitts, sondern den Anfang des folgenden.

8,2–4 Kohelet widerspricht der Meinung von der Unwiderstehlichkeit des Gebildeten durch den Hinweis auf die größere Durchsetzungskraft der realen Machtverhältnisse. Er kleidet den Hinweis in Ratschläge für das Verhalten bei Hof.

8,6–12 Die Beweisführung greift zunächst auf 2,17 und 6,1.12 zurück, dann weist sie auf Sprichwörter und auf gemachte Erfahrungen hin. Am Ende stehen Schlussfolgerungen in Spruchform.

Ein Sünder kann hundertmal Böses tun / und dennoch lange leben.

5–6: 3,1 • 5: Spr 19,16 • 6: 2,17; 6,1 • 7: 6,12 • 8: Spr 30,4; Koh 9,12 • 9: 1,13 • 10: Ijob 21,27–34.

Weiterführung: 8,12b–15

Freilich kenne ich das Wort:
Denen, die Gott fürchten, wird es gut gehen, / weil sie sich vor ihm fürchten;
13 dem, der das Gesetz übertritt, wird es nicht gut gehen / und er wird kein langes Leben haben, gleich dem Schatten, / weil er sich nicht vor Gott fürchtet. –
14 Doch es gibt etwas, das auf der Erde getan wurde und Windhauch ist:
Es gibt gesetzestreue Menschen, denen es so ergeht, / als hätten sie wie Gesetzesbrecher gehandelt;
und es gibt Gesetzesbrecher, / denen es so ergeht, / als hätten sie wie Gesetzestreue gehandelt.
Ich schloss daraus, dass auch dies Windhauch ist. 15 Da pries ich die Freude; denn es gibt für den Menschen kein Glück unter der Sonne, es sei denn, er isst und trinkt und freut sich. Das soll ihn begleiten bei seiner Arbeit während der Lebenstage, die Gott ihm unter der Sonne geschenkt hat.

12b–15: 3,16–22 • 12–13: Ps 37,17–20; Spr 10,27 • 13: 6,12 • 14: 7,15; Ps 73,2–12; Jer 12,1 • 15: 2,10.

Zum Thema: Grenzen der Erkenntnis: 8,16 – 9,6

16/17 Als ich mir vorgenommen hatte zu erkennen, was Wissen wirklich ist, und zu beobachten, welches Geschäft eigentlich auf der Erde getätigt wird, da sah ich ein, dass der Mensch, selbst wenn er seinen Augen bei Tag und Nacht keinen Schlaf gönnt, das Tun Gottes in seiner Ganzheit nicht wieder finden kann, das Tun, das unter der Sonne getan wurde. Deshalb strengt der Mensch, danach suchend, sich an und findet es doch nicht wieder. Selbst wenn der Gebildete behauptet, er erkenne – er kann es doch nicht wieder finden.

9 Denn ich habe über dies alles nachgedacht und dies alles überprüft, wobei sich ergab: Die Gesetzestreuen und Gebildeten mit ihrem Tun stehen unter Gottes Verfügung. Der Mensch erkennt nicht, ob er geliebt ist oder ob er verschmäht ist. So liegt auch bei ihnen beides offen vor ihnen. 2 Beides – wie bei allen Menschen. Aber ein und dasselbe Geschick trifft den Gesetzestreuen und den Gesetzesbrecher, den Guten, den Reinen und den Unreinen, den Opfernden und den, der nicht opfert. Dem Guten ergeht es wie dem Sünder, dem Schwörenden ebenso wie dem, der den Schwur scheut. 3 Das ist das Schlimme an allem, was unter der Sonne getan wurde, dass alle dann ein und dasselbe Geschick trifft und dass in den Menschen überdies die Lust zum Bösen wächst und Verblendung ihren Geist erfasst, während sie leben und danach, wenn sie zu den Toten müssen – 4 ja, wer würde da ausgenommen? Für jeden Lebenden gibt es noch Zuversicht. Denn:
Ein lebender Hund ist besser als ein toter Löwe.
5 Und: Die Lebenden erkennen, dass sie sterben werden; die Toten aber erkennen überhaupt nichts mehr. Sie erhalten auch keine Belohnung mehr; denn die Erinnerung an sie ist in Vergessenheit versunken. 6 Liebe, Hass und Eifersucht gegen sie, all dies ist längst erloschen. Auf ewig haben sie keinen Anteil mehr an allem, was unter der Sonne getan wurde.

8,16/17: 1,8.13.17; 2,23; 3,11; 11,5; Sir 18,5 • 9,1: 7,15; 2,24; 3,8 • 2: 2,14; 7,15 • 3: 8,11 • 5: 1,11 • 6: 2,10.

RATSCHLÄGE KOHELETS: 9,7 – 12,8

Freude und kraftvolles Handeln: 9,7–10

7 Also: Iss freudig dein Brot und trink vergnügt deinen Wein; denn das, was du tust, hat Gott längst so festgelegt, wie es ihm gefiel. 8 Trag jederzeit frische Kleider und nie fehle duftendes Öl auf deinem Haupt. 9 Mit einer Frau, die du liebst, genieß das Leben alle Tage deines Lebens voll Windhauch, die er dir unter der Sonne geschenkt hat, alle deine Tage voll Windhauch. Denn das ist dein Anteil am Leben und an dem Besitz, für

9,3f Andere Lesart: und danach müssen sie zu den Toten. Wer unter die Lebenden eingereiht ist, für den gibt es noch Zuversicht.

9,5f Andere Übersetzungsmöglichkeit: Sie erhalten auch keine Belohnung mehr, ihre Erinnerung ist geschwunden, ihre Liebe, ihr Hass und ihre Eifersucht sind längst erloschen.

9,7–10 Dieser Abschnitt gehört zu einer Art Rahmen. VV. 7–9 bringen schon Motive des Schlussgedichts 11,9 – 12,7. In V. 10 wird 11,4–8, der Abschnitt vor dem Schlussgedicht, angekündigt. Innerhalb dieses Rahmens stehen in 9,11 – 11,3 in lockerer Folge verschiedene Sentenzen und Ratschläge.

den du dich unter der Sonne anstrengst.
10 Alles, was deine Hand, solange du Kraft
hast, zu tun vorfindet, das tu! Denn es gibt
weder Tun noch Rechnen noch Können noch
Wissen in der Unterwelt, zu der du unterwegs bist.

7: 2,10 • 9: Spr 5,18f.

Zufall und Zeit: 9,11–12

11 Wiederum habe ich unter der Sonne beobachtet:

Nicht den Schnellen gehört im Wettlauf der Sieg, / nicht den Tapferen der Sieg im Kampf, / auch nicht den Gebildeten die Nahrung, / auch nicht den Klugen der Reichtum, / auch nicht den Könnern der Beifall, / sondern jeden treffen Zufall und Zeit.

12 Außerdem: Der Mensch kennt seine Zeit nicht.

Wie Fische, die ins Unglücksnetz geraten sind, / wie Vögel, die ins Klappnetz geraten sind, / ebenso verfangen sich die einzelnen Menschen in ihre Unglückszeit, / wenn sie plötzlich über sie herabfällt.

11–12: 3,1 • 11: Spr 16,9; Röm 9,6.

Wissen und Macht: 9,13–18

13 Auch Folgendes habe ich unter der Sonne beobachtet, ein Beispiel von Wissen, das
ich für bedeutsam hielt: 14 Es war eine kleine
Stadt. Die hatte nur wenige Einwohner. Ein
mächtiger König zog gegen sie aus. Er
schloss sie ein und baute gegen sie hohe Belagerungstürme. 15 In der Stadt fand sich ein
armer, aber gebildeter Mann. Der rettete die
Stadt durch sein Wissen. Später aber erinnerte sich kein Mensch mehr an diesen armen Mann. 16 Da sagte ich:

Wissen ist besser als Macht, / aber das Wissen des Armen gilt nichts / und niemand will seine Worte hören.

17 Bedächtige Worte von Gebildeten hört man sich lieber an / als das Geschrei des Herrschers der Ungebildeten

18 und Wissen ist besser als Waffen – / aber ein Einziger, der falsch entscheidet, / kann viele Werte zerstören.

16: 7,19; Spr 24,5; Sir 13,22f • 17: Spr 21,22.

Dummheit: 10,1–3

10 Sterbende Fliegen – da stinkt und gärt sogar das (duftende) Öl für die Schönheitspflege; / schwerer als Wissen und Geltung wiegt eine kleine Dummheit.

2 Der Verstand des Gebildeten wählt den rechten Weg, / der Verstand des Ungebildeten den linken;

3 doch der Dumme – welchen Weg er auch einschlägt, / ihm fehlt der Verstand, / obwohl er von jedem andern gesagt hat: Er ist dumm.

2: 2,14.

Gelassenheit: 10,4

4 Wenn der Herrscher gegen dich in Zorn gerät, bewahre die Ruhe; / denn Gelassenheit bewahrt vor großen Fehlern.

4: 8,2–4.

Ungerechte Behandlung bei Hof: 10,5–7

5 Es gibt etwas Schlimmes, das ich unter der Sonne beobachtet habe – solch ein Versehen, wie es vom Machthaber zu kommen pflegt:

6 Die Dummheit wurde auf höchste Posten gestellt / und Reiche müssen unten sitzen.

7 Ich habe Sklaven hoch zu Pferd gesehen / und Fürsten, die wie Sklaven zu Fuß gehen mussten.

6: Spr 30,22.

Lauernde Gefahren: 10,8–9

8 Wer eine Grube gräbt, kann hineinfallen, / wer eine Mauer einreißt, den kann die Schlange beißen,

9 wer Steine bricht, kann sich dabei verletzen, / wer Holz spaltet, bringt sich dadurch in Gefahr.

8: Ps 7,16; 9,16; 35,8; 57,7; Spr 26,27; Sir 27,26.

Anwendung des Wissens: 10,10–11

10 Wenn die Axt stumpf geworden ist / und ihr Benutzer hat sie nicht vorher geschliffen, / dann braucht er mehr Kraft – / Wissen hätte ihm den Vorteil gebracht, dass er sein Werkzeug vorbereitet hätte.

11 Der Schlangenbeschwörer hat keinen Vorteil, / wenn die Schlange beißt, bevor er sie beschworen hat.

11: Sir 12,13.

Der Ungebildete: 10,12–15

12 Worte aus dem Mund des Gebildeten finden Beifall, / jedes Wort von den Lippen

9,15 Andere Übersetzungsmöglichkeit: Der hätte die Stadt durch sein Wissen retten können. Aber kein Mensch dachte an diesen Mann.

10,1 Wörtlich: Sterbende Fliegen – da stinken und gären die Wässer des Parfümherstellers.

10,4b Andere Übersetzungsmöglichkeit: Gib deine Stellung nicht auf!

10,5 Versehen: ironisch gemeint.

10,10d Wörtlich: Der Vorteil, vorzubereiten, ist Wissen.

des Ungebildeten bringt ihn selbst in Ver-
wirrung.
13 Wenn er redet, steht Dummheit am An-
fang, / am Ende schlimme Verblendung.
14 Und der Dumme redet endlos. Dabei kann
doch der Mensch nicht erkennen, was ge-
schehen wird. Und was nach ihm geschieht –
wer verkündet es ihm? 15 Die Arbeit er-
schöpft die Ungebildeten: Keiner hat es ver-
standen, in die Stadt zu ziehen.

12: Spr 10,32; 15,2; Sir 21,16 • 14: 5,2; 6,12.

Königshof und Schicksal des Volks: 10,16–17

16 Weh dir, Land, / dessen König ein Knabe
ist / und dessen Fürsten schon früh am Mor-
gen tafeln.
17 Wohl dir, Land, / dessen König von ed-
lem Geschlecht ist
und dessen Fürsten zur richtigen Zeit ta-
feln, / beherrscht und nicht wie Zecher.

16: Jes 3,4; 5,11; Spr 31,4–7.

Faulheit: 10,18

18 Ist einer träge, so senkt sich das Ge-
bälk, / lässt er die Hände sinken, so dringt
der Regen ins Haus.

18: Spr 20,4.

Geld: 10,19

19 Man schlemmt und will dabei lachen, /
der Wein erfreut die Lebenden, / das Geld
macht alles möglich.

19: Ps 104,15.

Vom Reden über Mächtige: 10,20

20 Nicht einmal in Gedanken / schimpf auf
den König, / nicht einmal im Schlafzimmer
schimpf auf einen Reichen;
denn die Vögel des Himmels können dein
Wort verbreiten, / alles, was Flügel hat, /
könnte die Nachricht weitermelden.

Berechenbarkeit und Unberechenbarkeit der Zukunft: 11,1–3

11 Leg dein Brot auf die Wasserfläche, /
denn noch nach vielen Tagen wirst
du es wieder finden –
2 verteil dein Kapital auf sieben oder gar
auf acht; / denn du weißt nicht, welches Un-
glück über das Land kommt.
3 Wenn die Wolken sich mit Regen füllen, /
schütten sie ihn auch über das Land aus;
wenn ein Baum nach Süden oder Norden
fällt – / wohin der Baum auch fällt, da bleibt
er liegen.

3: 3,17.

Tatkräftiges Handeln: 11,4–8

4 Wer ständig nach dem Wind schaut,
kommt nicht zum Säen, / wer ständig die
Wolken beobachtet, kommt nicht zum Ern-
ten.
5 Wie du den Weg des Windes ebenso wenig
wie das Werden des Kindes im Leib der
Schwangeren erkennen kannst, so kannst du
auch das Tun Gottes nicht erkennen, der al-
les tut. 6 Am Morgen beginne zu säen, auch
gegen Abend lass deine Hand noch nicht ru-
hen; denn du kannst nicht im Voraus erken-
nen, was Erfolg haben wird, das eine oder
das andere, oder ob sogar beide zugleich zu
guten Ergebnissen führen.
7 Dann wird das Licht süß sein / und den
Augen wird es wohl tun, die Sonne zu se-
hen.
8 Denn selbst wenn ein Mensch viele Jahre
zu leben hat, / freue er sich in dieser ganzen
Zeit / und er denke zugleich an die dunklen
Tage: / Auch sie werden viele sein. / Alles,
was kommt, ist Windhauch.

5: 3,11; 8,17; Ps 139,15.

Freude in der Jugend im Blick auf Alter und Tod: 11,9 – 12,7

9 Freu dich, junger Mann, in deiner Ju-
gend, / sei heiteren Herzens in deinen frühen
Jahren!
Geh auf den Wegen, die dein Herz dir
sagt, / zu dem, was deine Augen vor sich se-
hen.
[Aber sei dir bewusst, dass Gott dich für all
das vor Gericht ziehen wird.]
10 Halte deinen Sinn von Ärger frei / und
schütz deinen Leib vor Krankheit; / denn die
Jugend und das dunkle Haar sind Wind-
hauch.

10,15 Andere Übersetzungsmöglichkeit: Wer es nicht versteht, in die Stadt zu ziehen, der macht sich müde als ungelernter Arbeiter. – Es ist an die Lage des Landproletariats gedacht.

10,16 Knabe: andere Übersetzungsmöglichkeit: Sklave. Für diese Übersetzung spräche V. 17, der von einem König aus »edlem Geschlecht« handelt.

11,8e Andere Übersetzungsmöglichkeit: Jeder, der (zur Welt) kommt, ist Windhauch (d. h. er muss sterben).

11,9 Die zweite Vershälfte ist vermutlich vom Verfasser des zweiten Nachworts hinzugefügt worden (vgl. 12,14).

11,10 Andere Übersetzungsmöglichkeit: denn die Jugend und die Morgenröte sind . . .

12 Denk an deinen Schöpfer in deinen
frühen Jahren, / ehe die Tage der
Krankheit kommen und die Jahre dich errei-
chen, / von denen du sagen wirst: Ich mag sie
nicht!,
2 ehe Sonne und Licht und Mond und Ster-
ne erlöschen / und auch nach dem Regen
wieder Wolken aufziehen:
3 am Tag, da die Wächter des Hauses zit-
tern, / die starken Männer sich krümmen, /
die Müllerinnen ihre Arbeit einstellen, weil
sie zu wenige sind, / es dunkel wird bei den
Frauen, die aus den Fenstern blicken,
4 und das Tor zur Straße verschlossen
wird; / wenn das Geräusch der Mühle ver-
stummt, / steht man auf beim Zwitschern
der Vögel, / doch die Töne des Lieds verklin-
gen;
5 selbst vor der Anhöhe fürchtet man sich
und vor den Schrecken am Weg; / der Man-
delbaum blüht, / die Heuschrecke schleppt
sich dahin, / die Frucht der Kaper platzt, /
doch ein Mensch geht zu seinem ewigen
Haus / und die Klagenden ziehen durch die
Straßen –
6 ja, ehe die silberne Schnur zerreißt, / die
goldene Schale bricht, / der Krug an der
Quelle zerschmettert wird, / das Rad zerbro-
chen in die Grube fällt,
7 der Staub auf die Erde zurückfällt als
das, was er war, / und der Atem zu Gott zu-
rückkehrt, / der ihn gegeben hat.

11,9–12,7: 7,1–4 • 11,10: 2,23 • 12,5: Sir 25,20a • 7: 3,20f.

Rahmenvers:
12,8

8 Windhauch, Windhauch, sagte Kohelet,
das ist alles Windhauch.

8: 1,2.

ZWEI NACHWORTE VON HERAUSGEBERN: 12,9–14

Das erste Nachwort: 12,9–11

9 Kohelet war ein Gelehrter. Außerdem hat
er einfachen Leuten Kenntnisse beigebracht.
Er hörte zu und prüfte, er hat viele Sprich-
wörter selbst in Form gebracht. 10 Kohelet
hat sich bemüht, gut formulierte Worte zu
entdecken, und hier sind diese wahren Worte
sorgfältig aufgeschrieben.
11 Worte von Gelehrten sind wie Ochsen-
stecken, / Sprüche aus Sammlungen aber sit-
zen wie eingetriebene Nägel – / sie sind die
Gabe eines einzigen Hirten.

9: 1 Kön 5,12.

Das zweite Nachwort: 12,12–14

12 Im Übrigen, mein Sohn, lass dich war-
nen! Es nimmt kein Ende mit dem vielen Bü-
cherschreiben und viel Studieren ermüdet
den Leib. 13 Hast du alles gehört, so lautet
der Schluss:
Fürchte Gott und achte auf seine Ge-
bote!
Das allein hat jeder Mensch nötig. 14 Denn
Gott wird jedes Tun vor das Gericht bringen,
das über alles Verborgene urteilt, es sei gut
oder böse.

13: 3,14; 5,6; 7,18; Dtn 10,12; Spr 1,7; Sir 1,13 • 14: 11,9.

12,3f Allegorie; gemeint sind Arme, Beine, Zähne, Augen, Mund und Ohren des alternden Menschen.
12,4d Wörtlich: Alle Töchter des Liedes ducken sich. – Die »Töchter des Liedes« sind in der Übersetzung als Töne der Melodie verstanden. Es könnte sich aber auch um eine poetische Umschreibung für die Vögel handeln, die verstummen.
12,5 Das »ewige Haus« ist das Grab.
12,11 Hier ist vom Vorteil schriftlicher Aufzeichnungen gegenüber mündlicher Lehre die Rede. Vielleicht hatte Kohelet selbst nur mündlich gelehrt und der Verfasser des ersten Nachwortes mag seine von den Schülern auswendig gelernten oder in privaten Aufzeichnungen festgehaltenen Lehren gesammelt und als Buch veröffentlicht haben.
12,12–14 Das zweite Nachwort bringt einige Absicherungen an dem Buch an, damit dieses Buch als rechtgläubig gelten kann.

Das Hohelied

Das Hohelied, wörtlich übersetzt »Das Lied der Lieder«, d. h. »Das schönste Lied«, besingt in einer Folge von Gedichten die Liebe von Mann und Frau, die sich verbinden, sich verlieren, sich suchen und finden. Ähnlich wie das Buch der Sprichwörter und Kohelet gehört es zur Weisheitsliteratur und wird nach der Überlieferung König Salomo zugeschrieben. In der jüdischen Liturgie wurde es die Festrolle für das Paschafest (vgl. die Einleitung zu Rut). Als im 1. Jahrhundert n. Chr. in jüdischen Kreisen Zweifel an seiner kanonischen Geltung erhoben wurden, löste man sie durch die Berufung auf die Tradition. Die Kirche hat das Hohelied immer als Teil der Heiligen Schrift betrachtet.

Bei keinem alttestamentlichen Buch klaffen die Auslegungen so weit auseinander wie hier. Neben der neuen Meinung, das Hohelied entstamme dem Kult der Fruchtbarkeitsgöttin Astarte und übertrage den im Alten Orient weit verbreiteten Ritus der heiligen Hochzeit auf die Jahwe-Verehrung, nimmt die Auffassung zu, es handle sich bei diesem Buch um eine realistische Darstellung und Verherrlichung der ehelichen Liebe (vgl. die Aussage von Gen 2,24). Der »Sitz im Leben« wäre dann eine israelitische Hochzeitsfeier. Dafür sprechen die sogenannten Beschreibungslieder (4,1–7; 5,10–16; 7,2–10), die die Schönheit von Braut und Bräutigam preisen.

Älter ist jedoch die allegorische Auslegung: Die Liebe Gottes zu seinem Volk wird dargestellt unter dem Bild der Liebe zwischen Eheleuten (vgl. Hos 1–3). Von den christlichen Schriftstellern wurde später das Hohelied auf die Verbindung Christi mit der Kirche oder auf die mystische Einheit der Seele mit Gott ausgedeutet.

Der Verfasser des Hohelieds verfügt über ursprüngliche dichterische Kraft und ist ein guter Kenner der Heiligen Schrift. Vielleicht ist die Form seiner Lieder von Ägypten her beeinflusst. Ähnlich wie in den ägyptischen Liebesliedern ist kein Aufbauplan festzustellen. Wegen sprachlicher Eigentümlichkeiten (Aramaismen, ein persisches Wort in 4,13, ein griechisches Wort in 3,9) ist wohl an nachexilische Abfassungszeit in Palästina zu denken. Mit Blick auf die biblische Theologie ist neben der Deutung auf die gottgewollte eheliche Gemeinschaft die Auslegung auf die Verbindung Christus und Kirche durchaus zu rechtfertigen. Dafür spricht vor allem das Gewicht der Tradition.

1 Das Hohelied Salomos.
2 Mit Küssen seines Mundes bedecke er
mich. / Süßer als Wein ist deine Liebe.
3 Köstlich ist der Duft deiner Salben, /
dein Name hingegossenes Salböl; / darum
lieben dich die Mädchen.
4 Zieh mich her hinter dir! Lass uns eilen! /
Der König führt mich in seine Gemächer.
Jauchzen lasst uns, deiner uns freuen, /
deine Liebe höher rühmen als Wein. / Dich
liebt man zu Recht.
5 Braun bin ich, doch schön, / ihr Töchter
Jerusalems,
wie die Zelte von Kedar, / wie Salomos
Decken.
6 Schaut mich nicht so an, / weil ich gebräunt bin. / Die Sonne hat mich verbrannt.
Meiner Mutter Söhne waren mir böse, /
ließen mich Weinberge hüten; / den eigenen
Weinberg konnte ich nicht hüten.
7 Du, den meine Seele liebt, / sag mir: Wo
weidest du die Herde? / Wo lagerst du am
Mittag?
Wozu soll ich erst umherirren / bei den
Herden deiner Gefährten?
8 Wenn du das nicht weißt, / du schönste
der Frauen,
dann folge den Spuren der Schafe, / dann
weide deine Zicklein / dort, wo die Hirten
lagern.

1,5d wie Salomos Decken, andere Lesart: wie die Decken von Schalma (nordarabischer Beduinenstamm).

1,7d umherirren: Text korr.; H: wie eine verhüllte Frau.

9 Mit der Stute an Pharaos Wagen / ver-
gleiche ich dich, meine Freundin.
10 Schön sind deine Wangen zwischen den
Kettchen, / dein Hals in der Perlenschnur.
11 Machen wir dir noch goldene Kettchen, /
kleine Silberkugeln daran.
12 Solange der König an der Tafel liegt, /
gibt meine Narde ihren Duft.
13 Mein Geliebter ruht wie ein Beutel mit
Myrrhe / an meiner Brust.
14 Eine Hennablüte ist mein Geliebter mir /
aus den Weinbergen von En-Gedi.
15 Schön bist du, meine Freundin, / ja, du
bist schön. / Zwei Tauben sind deine Au-
gen.
16 Schön bist du, mein Geliebter, verlo-
ckend. / Frisches Grün ist unser Lager,
17 Zedern sind die Balken unseres Hau-
ses, / Zypressen die Wände.

2: 4,10 • 4: 4,10 • 12: 1,3.

2 Ich bin eine Blume auf den Wiesen des
Scharon, / eine Lilie der Täler.
2 Eine Lilie unter Disteln / ist meine
Freundin unter den Mädchen.
3 Ein Apfelbaum unter Waldbäumen / ist
mein Geliebter unter den Burschen.
In seinem Schatten begehre ich zu sitzen. /
Wie süß schmeckt seine Frucht meinem Gau-
men!
4 In das Weinhaus hat er mich geführt. /
Sein Zeichen über mir heißt Liebe.
5 Stärkt mich mit Traubenkuchen, / er-
quickt mich mit Äpfeln; / denn ich bin krank
vor Liebe.
6 Seine Linke liegt unter meinem Kopf, /
seine Rechte umfängt mich.
7 Bei den Gazellen und Hirschen auf der
Flur / beschwöre ich euch, Jerusalems Töch-
ter:
Stört die Liebe nicht auf, / weckt sie
nicht, / bis es ihr selbst gefällt.
8 Horch! Mein Geliebter! / Sieh da, er
kommt.
Er springt über die Berge, / hüpft über die
Hügel.
9 Der Gazelle gleicht mein Geliebter, / dem
jungen Hirsch.
Ja, draußen steht er / an der Wand unsres
Hauses;
er blickt durch die Fenster, / späht durch
die Gitter.
10 Der Geliebte spricht zu mir: / Steh auf,
meine Freundin, / meine Schöne, so komm
doch!
11 Denn vorbei ist der Winter, / verrauscht
der Regen.
12 Auf der Flur erscheinen die Blumen; /
die Zeit zum Singen ist da.
Die Stimme der Turteltaube / ist zu hören
in unserem Land.
13 Am Feigenbaum reifen die ersten Früch-
te; / die blühenden Reben duften.
Steh auf, meine Freundin, / meine Schöne,
so komm doch!
14 Meine Taube im Felsennest, / versteckt
an der Steilwand,
dein Gesicht lass mich sehen, / deine Stim-
me hören!
Denn süß ist deine Stimme, / lieblich dein
Gesicht.
15 Fangt uns die Füchse, / die kleinen
Füchse!
Sie verwüsten die Weinberge, / unsre blü-
henden Reben.
16 Der Geliebte ist mein / und ich bin sein; /
er weidet in den Lilien.
17 Wenn der Tag verweht / und die Schat-
ten wachsen,
komm du, mein Geliebter, / der Gazelle
gleich,
dem jungen Hirsch / auf den Balsamber-
gen.

6: 8,3 • 7: 3,5; 5,8; 8,4 • 11: 7,13 • 16: 6,3 • 17: 8,14.

3 Des Nachts auf meinem Lager suchte
ich ihn, / den meine Seele liebt. / Ich
suchte ihn und fand ihn nicht.
2 Aufstehen will ich, die Stadt durchstrei-
fen, / die Gassen und Plätze, / ihn suchen,
den meine Seele liebt.
Ich suchte ihn und fand ihn nicht.
3 Mich fanden die Wächter / bei ihrer Run-
de durch die Stadt.
Habt ihr ihn gesehen, / den meine Seele
liebt?
4 Kaum war ich an ihnen vorüber, / fand
ich ihn, den meine Seele liebt.
Ich packte ihn, ließ ihn nicht mehr los, / bis
ich ihn ins Haus meiner Mutter brachte, / in
die Kammer derer, die mich geboren hat.
5 Bei den Gazellen und Hirschen der Flur /
beschwöre ich euch, Jerusalems Töchter:
Stört die Liebe nicht auf, / weckt sie
nicht, / bis es ihr selbst gefällt.
6 Wer ist sie, / die da aus der Steppe he-
raufsteigt / in Säulen von Rauch,
umwölkt von Myrrhe und Weihrauch, /
von allen Wohlgerüchen der Händler?
7 Sieh da, das ist Salomos Sänfte;

2,2a Wörtlich: Wie eine Lilie.
2,3a Wörtlich: Wie ein Apfelbaum.
2,17 Balsambergen: Text korr.; H: Beter-Bergen (ein hebräischer Ortsname, vgl. 8,14).

sechzig Helden geleiten sie, / Israels Helden,
8 alle vertraut mit dem Schwert, / geschult für den Kampf;
jeder trägt sein Schwert an der Hüfte / gegen die Schrecken der Nacht.
9 Einen Tragsessel ließ König Salomo zimmern / aus Holz vom Libanon,
10 die Pfosten in Silber, / die Lehne in Gold,
der Sitz in Purpur, / das Innere mit Steinen belegt.
11 Ihr Töchter Jerusalems, kommt heraus / und schaut, ihr Töchter Zions, / König Salomo mit der Krone!
Damit hat ihn seine Mutter gekrönt / am Tage seiner Hochzeit, / an dem Tag seiner Herzensfreude.

1: 5,6 • 3: 5,7 • 4: 8,2 • 5: 2,7; 5,8; 8,4 • 6: 6,10; 8,5.

4 Schön bist du, meine Freundin, / ja, du bist schön.
Hinter dem Schleier / deine Augen wie Tauben.
Dein Haar gleicht einer Herde von Ziegen, / die herabzieht von Gileads Bergen.
2 Deine Zähne sind wie eine Herde / frisch geschorener Schafe, / die aus der Schwemme steigen.
Jeder Zahn hat sein Gegenstück, / keinem fehlt es.
3 Rote Bänder sind deine Lippen; / lieblich ist dein Mund.
Dem Riss eines Granatapfels gleicht deine Schläfe / hinter dem Schleier.
4 Wie der Turm Davids ist dein Hals, / in Schichten von Steinen erbaut;
tausend Schilde hängen daran, / lauter Waffen von Helden.
5 Deine Brüste sind wie zwei Kitzlein, / wie die Zwillinge einer Gazelle, / die in den Lilien weiden.
6 Wenn der Tag verweht und die Schatten wachsen, / will ich zum Myrrhenberg gehen, / zum Weihrauchhügel.
7 Alles an dir ist schön, meine Freundin; / kein Makel haftet dir an.
8 Komm doch mit mir, meine Braut, vom Libanon, / weg vom Libanon komm du mit mir!
Weg vom Gipfel des Amana, / von den Höhen des Senir und Hermon;
weg von den Lagern der Löwen, / den Bergen der Panther.
9 Verzaubert hast du mich, / meine Schwester Braut; / ja verzaubert
mit einem (Blick) deiner Augen, / mit einer Perle deiner Halskette.
10 Wie schön ist deine Liebe, / meine Schwester Braut;
wie viel süßer ist deine Liebe als Wein, / der Duft deiner Salben köstlicher als alle Balsamdüfte.
11 Von deinen Lippen, Braut, tropft Honig; / Milch und Honig ist unter deiner Zunge.
Der Duft deiner Kleider ist wie des Libanon Duft.
12 Ein verschlossener Garten ist meine Schwester Braut, / ein verschlossener Garten, / ein versiegelter Quell.
13 Ein Lustgarten sprosst aus dir, / Granatbäume mit köstlichen Früchten, / Hennadolden, Nardenblüten,
14 Narde, Krokus, Gewürzrohr und Zimt, / alle Weihrauchbäume,
Myrrhe und Aloe, / allerbester Balsam.
15 Die Quelle des Gartens bist du, / ein Brunnen lebendigen Wassers, / Wasser vom Libanon.
16 Nordwind, erwache! Südwind, herbei! / Durchweht meinen Garten, / lasst strömen die Balsamdüfte!
Mein Geliebter komme in seinen Garten / und esse von den köstlichen Früchten.

1: Gen 24,65; Hld 6,5 • 2: 6,6 • 3: 6,7 • 5: 7,4 • 10: 1,2.4.

5 Ich komme in meinen Garten, Schwester Braut; / ich pflücke meine Myrrhe, den Balsam;
esse meine Wabe samt dem Honig, / trinke meinen Wein und die Milch.
Freunde, esst und trinkt, / berauscht euch an der Liebe!
2 Ich schlief, doch mein Herz war wach. / Horch, mein Geliebter klopft:
Mach auf, meine Schwester und Freundin, / meine Taube, du Makellose!
Mein Kopf ist voll Tau, / aus meinen Locken tropft die Nacht.
3 Ich habe mein Kleid schon abgelegt – / wie soll ich es wieder anziehen?
Die Füße habe ich gewaschen – / soll ich sie wieder beschmutzen?
4 Mein Geliebter streckte die Hand durch die Luke; / da bebte mein Herz ihm entgegen.

3,10d mit Steinen: Text korr.; H: mit Holz der Liebe.
4,2 Die beiden Zahnreihen sind parallel, symmetrisch und lückenlos.
4,13 Allegorie; gemeint sind die Braut, ihre Glieder, ihr Haar usw.
4,15a des Gartens: Text korr.; H: der Gärten.

5 Ich stand auf, dem Geliebten zu öffnen. /
Da tropften meine Hände von Myrrhe am
Griff des Riegels.
6 Ich öffnete meinem Geliebten: / Doch der
Geliebte war weg, verschwunden. / Mir
stockte der Atem: Er war weg.
Ich suchte ihn, ich fand ihn nicht. / Ich rief
ihn, er antwortete nicht
7 Da fanden mich die Wächter bei ihrer
Runde durch die Stadt; / sie schlugen, sie
verletzten mich.
Den Mantel entrissen sie mir, / die Wächter der Mauern.
8 Ich beschwöre euch, Jerusalems Töch-
ter: / Wenn ihr meinen Geliebten findet,
sagt ihm, / ich bin krank vor Liebe.
9 Was hat dein Geliebter den andern vo-
raus, / du schönste der Frauen?
Was hat dein Geliebter den andern voraus, / dass du so uns beschwörst?
10 Mein Geliebter ist weiß und rot, / ist
ausgezeichnet vor Tausenden.
11 Sein Haupt ist reines Gold. / Seine Lo-
cken sind Rispen, rabenschwarz.
12 Seine Augen sind wie Tauben an Was-
serbächen; / (die Zähne,) in Milch gebadet,
sitzen fest.
13 Seine Wangen sind wie Balsambeete, /
darin Gewürzkräuter sprießen,
seine Lippen wie Lilien; / sie tropfen von flüssiger Myrrhe.
14 Seine Finger sind wie Stäbe aus Gold, /
mit Steinen aus Tarschisch besetzt.
Sein Leib ist wie eine Platte aus Elfenbein, / mit Saphiren bedeckt.
15 Seine Schenkel sind Marmorsäulen, /
auf Sockeln von Feingold.
Seine Gestalt ist wie der Libanon, / erlesen wie Zedern.
16 Sein Mund ist voll Süße; / alles ist Won-
ne an ihm.
Das ist mein Geliebter, / ja, das ist mein Freund, / ihr Töchter Jerusalems.

6: 3,1 • 7: 3,3 • 8: 2,7; 3,5.

6 Wohin ist dein Geliebter gegangen, / du schönste der Frauen?
Wohin wandte sich dein Geliebter? / Wir wollen ihn suchen mit dir.
2 In seinen Garten ging mein Geliebter / zu
den Balsambeeten,
um in den Gartengründen zu weiden, / um Lilien zu pflücken.
3 Meinem Geliebten gehöre ich / und mir
gehört der Geliebte, / der in den Lilien wei-
det.
4 Schön wie Tirza bist du, meine Freun-
din, / lieblich wie Jerusalem, / prächtig wie
Himmelsbilder.
5 Wende deine Augen von mir, / denn sie
verwirren mich.
Dein Haar gleicht einer Herde von Ziegen, / die von Gilead herabziehen.
6 Deine Zähne sind wie eine Herde von
Mutterschafen, / die aus der Schwemme stei-
gen.
Jeder Zahn hat sein Gegenstück, / keinem fehlt es.
7 Dem Riss eines Granatapfels gleicht dei-
ne Schläfe / hinter deinem Schleier.
8 Sechzig Königinnen (hat Salomo), / acht-
zig Nebenfrauen / und Mädchen ohne Zahl.
9 Doch einzig ist meine Taube, die Makel-
lose, / die Einzige ihrer Mutter, / die Erwähl-
te ihrer Gebärerin.
Erblicken sie die Mädchen, / sie preisen sie; / Königinnen und Nebenfrauen rühmen sie.
10 Wer ist, die da erscheint wie das Mor-
genrot, / wie der Mond so schön,
strahlend rein wie die Sonne, / prächtig wie Himmelsbilder?
11 In den Nussgarten stieg ich hinab, / um
nach dem Sprossen der Palme zu sehen,
um zu sehen, ob der Weinstock treibt, / die Granatbäume blühen.
12 Da entführte mich meine Seele, / ich
weiß nicht wie, / zu den Wagen meines edlen
Volkes.

2: 4,12–16 • 3: 2,16 • 4: 6,10 • 5: 4,1 • 6: 4,2 • 7: 4,3 • 10: 6,4 • 11: 7,13.

7 Wendе dich, wende dich, Schulammit! / Wende dich, wende dich, / damit wir dich betrachten.
Was wollt ihr an Schulammit sehen? / Den Lager-Tanz!
2 Wie schön sind deine Schritte in den San-
dalen, / du Edelgeborene.
Deiner Hüften Rund ist wie Geschmeide, / gefertigt von Künstlerhand.
3 Dein Schoß ist ein rundes Becken, /
Würzwein mangle ihm nicht.
Dein Leib ist ein Weizenhügel, / mit Lilien umstellt.
4 Deine Brüste sind wie zwei Kitzlein, / wie
die Zwillinge einer Gazelle.

5,8 sagt ihm, wörtlich: Was sollt ihr ihm melden?
5,12c Wörtlich: fest in der Fassung.
5,14a Wörtlich: Seine Hände.
6,4 Tirza war eine der alten Königsstädte des Nordreichs Israel.
6,12 Sinn von H unklar.

5 Dein Hals ist ein Turm aus Elfenbein. /
Deine Augen sind wie die Teiche zu Hesch-
bon / beim Tor von Bat-Rabbim.
Deine Nase ist wie der Libanonturm, / der
gegen Damaskus schaut.
6 Dein Haupt gleicht oben dem Karmel; /
wie Purpur sind deine Haare; / ein König
liegt in den Ringeln gefangen.
7 Wie schön bist du und wie reizend, / du
Liebe voller Wonnen!
8 Wie eine Palme ist dein Wuchs; / deine
Brüste sind wie Trauben.
9 Ich sage: Ersteigen will ich die Palme; /
ich greife nach den Rispen.
Trauben am Weinstock seien mir deine
Brüste, / Apfelduft sei der Duft deines
Atems,
10 dein Mund köstlicher Wein, / der glatt in
mich eingeht, / der Lippen und Zähne mir
netzt.
11 Ich gehöre meinem Geliebten / und ihn
verlangt nach mir.
12 Komm, mein Geliebter, wandern wir auf
das Land, / schlafen wir in den Dörfern.
13 Früh wollen wir dann zu den Weinber-
gen gehen / und sehen, ob der Weinstock
schon treibt,
ob die Rebenblüte sich öffnet, / ob die Gra-
natbäume blühen. / Dort schenke ich dir
meine Liebe.
14 Die Liebesäpfel duften; / an unsrer Tür
warten alle köstlichen Früchte,
frische und solche vom Vorjahr; / für dich
hab ich sie aufgehoben, Geliebter.

4: 4,5 • 12: 2,10 • 13: 6,11.

8 Ach, wärst du doch mein Bruder, / ge-
nährt an der Brust meiner Mutter.
Träfe ich dich dann draußen, / ich würde
dich küssen; / niemand dürfte mich deshalb
verachten.
2 Führen wollte ich dich, / in das Haus
meiner Mutter dich bringen, / die mich erzo-
gen hat.
Würzwein gäbe ich dir zu trinken, / Gra-
natapfelmost.
3 Seine Linke liegt unter meinem Kopf, /
seine Rechte umfängt mich.
4 Ich beschwöre euch, Jerusalems Töch-
ter: / Was stört ihr die Liebe auf, / warum
weckt ihr sie, / ehe ihr selbst es gefällt?
5 Wer ist sie, / die aus der Steppe herauf-
steigt, / auf ihren Geliebten gestützt?
Unter dem Apfelbaum hab ich dich ge-
weckt, / dort, wo deine Mutter dich emp-
fing, / wo deine Gebärerin in Wehen lag.
6 Leg mich wie ein Siegel auf dein Herz, /
wie ein Siegel an deinen Arm!
Stark wie der Tod ist die Liebe, / die Lei-
denschaft ist hart wie die Unterwelt.
Ihre Gluten sind Feuergluten, / gewaltige
Flammen.
7 Auch mächtige Wasser können die Liebe
nicht löschen; / auch Ströme schwemmen sie
nicht weg.
Böte einer für die Liebe den ganzen Reich-
tum seines Hauses, / nur verachten würde
man ihn.
8 Wir haben eine kleine Schwester, / noch
ohne Brüste.
Was tun wir mit unsrer Schwester, / wenn
jemand um sie wirbt?
9 Ist sie eine Mauer, / bauen wir silberne
Zinnen auf ihr.
Ist sie eine Tür, / versperren wir sie mit ei-
nem Zedernbrett.
10 Ich bin eine Mauer, / meine Brüste glei-
chen Türmen.
Da hab ich in seinen Augen / Gefallen ge-
funden.
11 Salomo besaß einen Weinberg in Baal-
Hamon; / den Weinberg übergab er Hütern.
Für seine Frucht würde jeder / tausend
Silberstücke bezahlen.
12 Mein eigener Weinberg liegt vor mir. /
Die tausend lass ich dir, Salomo, / und zwei-
hundert noch denen, / die seine Früchte hü-
ten.
13 Die du in den Gärten weilst, / auf deine
Stimme lauschen die Freunde; / lass sie mich
hören!
14 Fort, fort, mein Geliebter, / der Gazelle
gleich,
dem jungen Hirsch / auf den Balsamber-
gen.

3: 2,6 • 4: 2,7; 3,5; 5,8 • 5: 3,6 • 14: 2,17.

7,6c Ringeln, wörtlich: Tränkrinnen.

7,10b in mich: Text korr.; H: in meinen Geliebten.

Das Buch der Weisheit

Den Titel »Buch der Weisheit« trägt dieses Buch in der lateinischen Bibel; in der griechischen Bibel heißt es »Weisheit Salomos«. Das Buch stammt aus der jüdischen Diaspora in Ägypten, wahrscheinlich aus Alexandria, dem berühmten Zentrum hellenistischer Wissenschaft. Es ist das späteste Buch des Alten Testaments. Die Verfolgung gesetzestreuer Juden durch abgefallene Juden (Kap. 2) weist in die Zeit zwischen 80 und 30 v. Chr.; damals hatte auch die Weltmacht Rom den Juden ihre Gunst entzogen.

Der Verfasser ist stolz auf seine jüdische Religion und auf sein Volk; er ist aber auch hellenistisch gebildet und offen für die Schönheit der Natur (Kap. 13). Er versteht es, sich in seiner griechischen Muttersprache klar und genau auszudrücken. Die Bibel las er in der griechischen Übersetzung der Septuaginta. Philosophische Gedankengänge, wie sie die Griechen zu seiner Zeit kannten, waren ihm für seine Darstellung der Offenbarung des Alten Testaments hilfreich. Indem er in der Person des Königs Salomo spricht (vgl. 9,7), stellt er sich, wie der Verfasser von Spr 1 – 9 und wie Kohelet, in die Reihe der Weisheitslehrer Israels. Er nennt Salomo jedoch nicht mit Namen, wie er auch sonst keine Namen nennt, um die allgemein menschliche Geltung dieser Weisheit herauszuheben.

Der Verfasser wendet sich tröstend und mahnend an seine verfolgten Glaubensgenossen, aber auch drohend und warnend an ihre Verfolger, die abgefallenen Juden, und einladend und werbend an seine heidnische Umwelt, indem er die Offenbarungsreligion als Gabe der Weisheit darstellt.

Die herkömmliche Dreiteilung des Buches (Kap. 1 – 5; 6 – 9; 10 – 19) ist zwar inhaltlich berechtigt; der kunstvolle Aufbau ermöglicht aber eine genauere Abgrenzung der Teile:

Der erste Teil gliedert sich in sieben Abschnitte. Er beginnt und schließt mit einer Mahnrede (1,1–15 und 6,1–21); beide Mahnreden richten sich an die Herrscher der Erde, die aufgefordert werden, die Gerechtigkeit zu lieben (1,1–15) und die Weisheit zu suchen (6,1–21). Wie der erste und siebte, so entsprechen sich auch der zweite und sechste Abschnitt (1,16 – 2,24 und 4,20 – 5,23): Dem Triumph der Sünder über die Gerechten wird der Triumph der Gerechten über die Sünder gegenübergestellt. Die drei mittleren Abschnitte (3,1–12; 3,13 – 4,6; 4,7–19) versuchen mit dem Ausblick auf die Unsterblichkeit eine Lösung der Lebensrätsel, um die sich auch Ijob, Kohelet und Jesus Sirach bemühen.

Im zweiten Teil lassen sich ebenfalls sieben Abschnitte feststellen. Nach einer Einleitung (6,22–25) wird ausgeführt, dass auch der Weise ein sterblicher Mensch ist wie alle anderen (7,1–6). Er hat um Weisheit gebetet und sie als kostbarste Gabe erhalten (7,7–14). Er bittet Gott darum, gemäß der Weisheit denken und lehren zu können (7,15–21). Dann beschreibt er das Wesen der Weisheit in leuchtenden Farben (7,22 – 8,1). Er stellt die Weisheit als Lehrerin der Tugend vor (8,2–8). Die Weisheit wird ihm zur Lebensgefährtin (8,9–18).

Der dritte Teil (8,19 – 19,22) ist ein einziges großes Gebet Salomos. Er bittet Gott um die Weisheit (9,1–19). Dann betrachtet er das rettende Wirken der Weisheit an sieben Beispielen (10,1 – 11,4) und das strafende und rettende Eingreifen Gottes in sieben Gegenüberstellungen (11,5 – 19,22). Eingeschaltet sind zwei Abschnitte über die Art Gottes zu strafen (11,15 – 12,27) und über die Torheit des Götzendienstes (13,1 – 15,19). Die Auszugserzählungen des Buches Exodus schmückt der Verfasser nach Art der jüdischen Schrifterklärung und der griechischen Redekunst frei aus und übersteigert sie, um das Handeln Gottes eindrucksvoll darzustellen. Da er keinen Namen nennt, bekommen die biblischen Ereignisse, auf die er sich bezieht, eine weit reichende, umfassende Bedeutung.

Die Griechisch sprechenden Juden der Diaspora haben das Buch der Weisheit wie auch andere deuterokanonische Bücher gern gelesen. Von ihnen hat es die Kirche in ihren Kanon übernommen. Durch seine klare Lehre von der Unsterblichkeit, die erhabene Schau des göttlichen Wirkens im Zusammenklang von Allmacht, Gerechtigkeit und Barmherzigkeit und durch die Aussagen über die aus Gottes Wesen hervorgehende und mit ihm aufs Innigste verbundene Weisheit (7,22 – 8,1) ist das Buch der krönende Abschluss der alttestamentlichen Weisheitsliteratur und führt bis an die Schwelle des Neuen Testaments heran. Paulus spielt öfter auf Texte dieses Buches an, vgl. besonders Röm 1,23–32; 11,33.

AUFFORDERUNG ZU EINEM LEBEN NACH DER WEISHEIT: 1,1 – 6,21

Die Mahnung zu gerechtem Leben: 1,1–15

1 Liebt Gerechtigkeit, ihr Herrscher der
Erde, / denkt in Frömmigkeit an den
Herrn, / sucht ihn mit reinem Herzen!
2 Denn er lässt sich finden von denen, die
ihn nicht versuchen, / und zeigt sich denen,
die ihm nicht misstrauen.
3 Verkehrte Gedanken trennen von Gott; /
wird seine Macht herausgefordert, / dann
weist sie die Toren zurück.
4 In eine Seele, die auf Böses sinnt, / kehrt
die Weisheit nicht ein, / noch wohnt sie in ei-
nem Leib, / der sich der Sünde hingibt.
5 Denn der heilige Geist, der Lehrmeister,
flieht vor der Falschheit, / er entfernt sich
von unverständigen Gedanken / und wird
verscheucht, wenn Unrecht naht.
6 Die Weisheit ist ein menschenfreundli-
cher Geist, / doch lässt sie die Reden des Läs-
terers nicht straflos; / denn Gott ist Zeuge
seiner heimlichen Gedanken, / untrüglich
durchschaut er sein Herz / und hört seine
Worte.
7 Der Geist des Herrn erfüllt den Erdkreis /
und er, der alles zusammenhält, kennt jeden
Laut.
8 Darum bleibt keiner verborgen, der Bö-
ses redet, / das Strafurteil geht nicht an ihm
vorüber.
9 Die Pläne des Frevlers werden unter-
sucht; / der Herr erfährt von seinen Reden /
und bestraft seine Vergehen.
10 Denn das eifersüchtige Ohr hört alles, /
kein leises Murren bleibt ihm verborgen.
11 Hütet euch also vor unnützem Murren /
und verwehrt eurer Zunge das Verleumden! /
Denn euer heimliches Reden verhallt nicht
ungehört / und ein Mund, der lügt, tötet die
Seele.
12 Jagt nicht dem Tod nach in den Irrungen
eures Lebens / und zieht nicht durch euer
Handeln das Verderben herbei!
13 Denn Gott hat den Tod nicht gemacht /
und hat keine Freude am Untergang der Le-
benden.
14 Zum Dasein hat er alles geschaffen / und
heilbringend sind die Geschöpfe der Welt. /
Kein Gift des Verderbens ist in ihnen, / das
Reich des Todes hat keine Macht auf der
Erde; / 15 denn die Gerechtigkeit ist unsterb-
lich.

1: 1 Chr 29,17 • 2: Jer 29,13f • 6: 7,23; 1 Sam 16,7; Jer 17,9f; Sir 42,18 • 7: Jer 23,23–25; Weish 8,1 • 11: Spr 19,5.9 • 13: 2,23f; Ez 18,23.32 • 15: 3,4; 6,18.

Vom Treiben der Frevler: 1,16 – 2,24

16 Die Frevler aber holen winkend und ru-
fend den Tod herbei / und sehnen sich nach
ihm wie nach einem Freund; / sie schließen
einen Bund mit ihm, / weil sie es verdienen,
ihm zu gehören.
2 Sie tauschen ihre verkehrten Gedanken
aus und sagen: Kurz und traurig ist un-
ser Leben; / für das Ende des Menschen gibt
es keine Arznei / und man kennt keinen, der
aus der Welt des Todes befreit.
2 Durch Zufall sind wir geworden / und
danach werden wir sein, als wären wir nie
gewesen. / Der Atem in unserer Nase ist
Rauch / und das Denken ist ein Funke, / der
vom Schlag des Herzens entfacht wird;
3 verlöscht er, dann zerfällt der Leib zu
Asche / und der Geist verweht wie dünne
Luft.

1,1 Die Anrede ist an die Herrscher (wörtlich: Richter) der Erde gerichtet, weil der Verfasser als König Salomo spricht. Angeredet *sind* aber auch die unter Verfolgung leidenden Juden.

1,5 Der heilige Geist ist im AT die von Gott ausgehende Kraft, die den Menschen zu außerordentlichen Taten und zu prophetischem Reden befähigt.

1,6 seiner heimlichen Gedanken, wörtlich: seiner Nieren. Die Nieren sind im semitischen Denken Sitz der innersten Empfindungen. Das Herz gilt als geistige Mitte, als Sitz der Gedanken und Willensentschlüsse.

1,10 Gott ist eifersüchtig auf seine Ehre bedacht (vgl. Ex 20,5; Jos 24,19; Jes 42,8; Ez 36,22f; 39,25).

4 Unser Name wird bald vergessen, / nie-
mand denkt mehr an unsere Taten. / Unser
Leben geht vorüber wie die Spur einer Wol-
ke / und löst sich auf wie ein Nebel, / der von
den Strahlen der Sonne verscheucht / und
von ihrer Wärme zu Boden gedrückt wird.
5 Unsere Zeit geht vorüber wie ein Schat-
ten, / unser Ende wiederholt sich nicht; / es
ist versiegelt und keiner kommt zurück.
6 Auf, lasst uns die Güter des Lebens ge-
nießen / und die Schöpfung auskosten, / wie
es der Jugend zusteht.
7 Erlesener Wein und Salböl sollen uns
reichlich fließen, / keine Blume des Früh-
lings darf uns entgehen.
8 Bekränzen wir uns mit Rosen, ehe sie ver-
welken;
9 keine Wiese bleibe unberührt / von unse-
rem ausgelassenen Treiben. / Überall wollen
wir Zeichen der Fröhlichkeit zurücklassen; /
das ist unser Anteil, das fällt uns zu.
10 Lasst uns den Gerechten unterdrücken, /
der in Armut lebt, / die Witwe nicht schonen /
und das graue Haar des betagten Greises
nicht scheuen!
11 Unsere Stärke soll bestimmen, was Ge-
rechtigkeit ist; / denn das Schwache erweist
sich als unnütz.
12 Lasst uns dem Gerechten auflauern! / Er
ist uns unbequem und steht unserem Tun im
Weg. / Er wirft uns Vergehen gegen das Ge-
setz vor / und beschuldigt uns des Verrats an
unserer Erziehung.
13 Er rühmt sich, die Erkenntnis Gottes zu
besitzen, / und nennt sich einen Knecht des
Herrn.
14 Er ist unserer Gesinnung ein lebendiger
Vorwurf, / schon sein Anblick ist uns läs-
tig;
15 denn er führt ein Leben, / das dem der
andern nicht gleicht, / und seine Wege sind
grundverschieden.
16 Als falsche Münze gelten wir ihm; / von
unseren Wegen hält er sich fern wie von Un-
rat. / Das Ende der Gerechten preist er
glücklich / und prahlt, Gott sei sein Vater.
17 Wir wollen sehen, ob seine Worte wahr
sind, / und prüfen, wie es mit ihm ausgeht.
18 Ist der Gerechte wirklich Sohn Gottes, /
dann nimmt sich Gott seiner an / und ent-
reißt ihn der Hand seiner Gegner.
19 Roh und grausam wollen wir mit ihm
verfahren, / um seine Sanftmut kennen zu
lernen, / seine Geduld zu erproben.
20 Zu einem ehrlosen Tod wollen wir ihn
verurteilen; / er behauptet ja, es werde ihm
Hilfe gewährt.
21 So denken sie, aber sie irren sich; / denn
ihre Schlechtigkeit macht sie blind.
22 Sie verstehen von Gottes Geheimnissen
nichts, / sie hoffen nicht auf Lohn für die
Frömmigkeit / und erwarten keine Auszeich-
nung für untadelige Seelen.
23 Gott hat den Menschen zur Unvergäng-
lichkeit erschaffen / und ihn zum Bild seines
eigenen Wesens gemacht.
24 Doch durch den Neid des Teufels kam
der Tod in die Welt / und ihn erfahren alle,
die ihm angehören.

1,16: Jes 28,15.18; Weish 2,24 • 2,4: Koh 9,5 • 5: Ijob 8,9; 7,9 • 6: Koh 9,7–10 • 10: Hab 1,4; Ex 22,21; Lev 19,32 • 18: Ps 22,9; Mt 27,42f • 20: 5,4 • 23: 1,14; 3,4; Gen 1,26f • 24: Gen 3,1–5; Joh 8,44; Weish 1,16.

Das jenseitige Los der Guten und der Bösen:
3,1–12

3 Die Seelen der Gerechten sind in Gottes
Hand / und keine Qual kann sie berüh-
ren.
2 In den Augen der Toren sind sie gestor-
ben, / ihr Heimgang gilt als Unglück,
3 ihr Scheiden von uns als Vernichtung; /
sie aber sind in Frieden.
4 In den Augen der Menschen wurden sie
gestraft; / doch ihre Hoffnung ist voll Un-
sterblichkeit.
5 Ein wenig nur werden sie gezüchtigt; /
doch sie empfangen große Wohltat. / Denn
Gott hat sie geprüft / und fand sie seiner
würdig.
6 Wie Gold im Schmelzofen hat er sie er-
probt / und sie angenommen als ein vollgül-
tiges Opfer.
7 Beim Endgericht werden sie aufleuch-
ten / wie Funken, die durch ein Stoppelfeld
sprühen.

2,13 Der Verfasser hat bei der Verfolgung des Gerechten den Gottesknecht von Deuterojesaja (vgl. die Einleitung zu Jes) und Ps 22 vor Augen. Das griechische Wort für Kind (pais) ist in G Übersetzung des hebräischen Wortes für Knecht (ebed).

2,23seines eigenen Wesens: nach anderen Textzeugen: seiner Ewigkeit.

3,2 Der Verfasser vermeidet für die Gerechten die Ausdrücke »Tod« und »sterben« (vgl. V. 3a; 4,7.10f.16f); nur die Sünder lässt er vom Tod und Sterben der Gerechten sprechen (2,20). Der Tod, der durch den Neid des Teufels in die Welt gekommen ist, ist für den Verfasser zwar der leibliche Tod, aber nur insofern er zum ewigen Tod führt (4,19f; 17,20), also der Tod der Sünder (2,24).

3,4 Wie in 3,1.3b.5a.6b handelt es sich um das jenseitige Leben der Gerechten. Die Gerechten können auch noch nach dem Martyrium die Hoffnung auf die Unsterblichkeit haben, weil die Auferstehung des Leibes noch aussteht.

3,7 Beim Endgericht, wörtlich: In der Zeit ihrer Heimsuchung.

8 Sie werden Völker richten / und über Nationen herrschen / und der Herr wird ihr König sein in Ewigkeit.

9 Alle, die auf ihn vertrauen, werden die Wahrheit erkennen / und die Treuen werden bei ihm bleiben in Liebe. / Denn Gnade und Erbarmen wird seinen Erwählten zuteil.

10 Die Frevler aber werden für ihre Pläne bestraft, / sie, die den Gerechten missachtet haben / und vom Herrn abgefallen sind.

11 Unglücklich sind alle, die Weisheit und Belehrung verachten; / leer ist ihre Hoffnung, vergeblich sind ihre Mühen / und wertlos ihre Taten.

12 Ihre Frauen sind unverständig / und ihre Kinder böse, / fluchbeladen ist ihr Geschlecht.

3: Jes 57,2 • 7: Dan 12,3; Mt 13,43 • 8: 1 Kor 6,2 • 9: 4,15 • 11: Sir 34,1 • 12: 12,11.

Kinderlose Gerechte und kinderreiche Frevler: 3,13 – 4,6

13 Selig ist die Kinderlose, die unschuldig blieb / und kein Lager der Sünde kannte; / sie wird gleich einer Mutter geehrt, / wenn die Seelen ihren Lohn empfangen.

14 Selig ist auch der Kinderlose, / der sich nicht frevelhaft verging / und gegen den Herrn nichts Böses plante; / besondere Gnade wird seiner Treue zuteil / und ein gar köstlicher Anteil am Tempel des Herrn.

15 Denn ruhmreich ist der Lohn guter Mühe / und unvergänglich die Wurzel der Klugheit.

16 Doch die Kinder von Ehebrechern verkümmern / und die Nachkommen einer sündigen Verbindung schwinden dahin.

17 Auch wenn sie lange leben, gelten sie nichts / und ehrlos ist am Ende ihr Alter.

18 Sterben sie früh, so haben sie keine Hoffnung / und keinen Trost am Tag des Gerichts;

19 denn schlimm ist das Ende eines schuldhaften Geschlechts.

4 Besser ist Kinderlosigkeit mit Tugend; unsterblich ist ihr Ruhm, / sie steht in Ehren bei Gott und bei den Menschen.

2 Ist sie zugegen, ahmt man sie nach; / ist sie entschwunden, sehnt man sie herbei. / In der Ewigkeit triumphiert sie, / geschmückt mit dem Kranz, / Siegerin im Wettstreit um einen edlen Preis.

3 Doch die große Kinderschar der Frevler bringt keinen Nutzen; / sie ist ein unechtes Gewächs, / treibt keine Wurzeln in die Tiefe / und fasst keinen sicheren Grund.

4 Breitet es auch eine Zeit lang üppig seine Zweige aus, / so wird es doch vom Wind hin und her geschüttelt / und von der Gewalt der Stürme entwurzelt.

5 Die Äste, die noch schwach sind, werden geknickt; / ihre Frucht ist unbrauchbar, unreif und ungenießbar, / zu gar nichts geeignet.

6 Denn die Kinder eines sündigen Beischlafs / treten im Gericht als Zeugen auf / für die Schlechtigkeit ihrer Eltern.

3,14: Jes 56,3 • 16–19: 4,3–6; Sir 41,5–7 • 4,2: 5,16 • 3: Sir 23,25.

Der frühe Heimgang des Gerechten und das lange Leben der Frevler: 4,7–19

7 Der Gerechte aber, kommt auch sein Ende früh, / geht in Gottes Ruhe ein.

8 Denn ehrenvolles Alter besteht nicht in einem langen Leben / und wird nicht an der Zahl der Jahre gemessen.

9 Mehr als graues Haar bedeutet für die Menschen die Klugheit / und mehr als Greisenalter wiegt ein Leben ohne Tadel.

10 Er gefiel Gott und wurde von ihm geliebt; / da er mitten unter Sündern lebte, wurde er entrückt.

11 Er wurde weggenommen, / damit nicht Schlechtigkeit seine Einsicht verkehrte / und Arglist seine Seele täuschte.

12 Denn der Reiz des Bösen verdunkelt das Gute / und der Taumel der Begierde verdirbt den arglosen Sinn.

13 Früh vollendet, hat der Gerechte doch ein volles Leben gehabt;

14 da seine Seele dem Herrn gefiel, / enteilte sie aus der Mitte des Bösen. / Die Leute sahen es, ohne es zu verstehen; / sie nahmen es sich nicht zu Herzen,

15 dass Gnade und Erbarmen seinen Auserwählten zuteil wird, / Belohnung seinen Heiligen.

16 Der Gerechte, der entschlafen ist, / verurteilt die Frevler, die noch leben, / die früh vollendete Jugend / das hohe Alter des Ungerechten.

17 Die Frevler sehen das Ende des Weisen, / verstehen aber nicht, was der Herr mit ihm

---

3,13 – 4,6 Kinderlosigkeit gilt sonst im AT als Unglück und Schande (Gen 30,23; 1 Sam 1,6f.15f; vgl. Lk 1,25) oder gar als Strafe (Lev 20,20f); im Blick auf die ewige Vergeltung werden hier die Kinderlosen, die Gott treu dienen, der Mutter zahlreicher Kinder gleich geachtet.

3,13cd Wörtlich: denn sie wird Frucht haben bei der Heimsuchung der Seelen.

3,14a der Kinderlose, wörtlich: der Eunuch.

3,14e ein gar köstlicher, wörtlich: ein mehr beglückender (als wenn er Kinder hätte).

wollte / und warum er ihn in Sicherheit
brachte.
18 Sie sehen es und gehen darüber hin-
weg; / doch der Herr lacht über sie.
19 Dann werden sie verachtete Leichen
sein, / ewiger Spott bei den Toten. / Sie wer-
den verstummen, / wenn er sie kopfüber
hinabstürzt / und aus ihren Grundfesten
reißt. / Sie werden völlig vernichtet und er-
leiden Qualen; / die Erinnerung an sie ver-
schwindet.

7: Jes 57,2 • 10: Gen 5,24; Sir 44,16; Hebr 11,5 • 14: Jes 57,1 • 15: 3,9 • 18: Ps 2,4 • 19: Jes 14,16–19; Ijob 18,17.

Die Bösen und die Guten im Endgericht:
4,20 – 5,23

20 Zitternd kommen sie zum Gericht über
ihre Sünden; / ihre Vergehen treten ihnen
entgegen und überführen sie.
5 Dann wird der Gerechte voll Zuversicht
dastehen vor denen, die ihn bedrängt /
und seine Mühen verachtet haben.
2 Wenn sie ihn sehen, packt sie entsetzliche
Furcht / und sie geraten außer sich / über sei-
ne unerwartete Rettung.
3 Jetzt denken sie anders; / seufzend und
voll Angst sagen sie zueinander:
4 Dieser war es, den wir einst verlachten, /
verspotteten und verhöhnten, wir Toren. /
Sein Leben hielten wir für Wahnsinn / und
sein Ende für ehrlos.
5 Jetzt zählt er zu den Söhnen Gottes, / bei
den Heiligen hat er sein Erbteil.
6 Also sind wir vom Weg der Wahrheit ab-
geirrt; / das Licht der Gerechtigkeit strahlte
uns nicht / und die Sonne ging nicht für uns
auf.
7 Bis zum Überdruss gingen wir die Pfade
des Unrechts / und des Verderbens / und
wanderten durch weglose Wüsten, / aber den
Weg des Herrn erkannten wir nicht.
8 Was nützte uns der Übermut, / was
brachten uns Reichtum und Prahlerei?
9 All das ist vorbei wie ein Schatten, / wie
eine flüchtige Nachricht.
10 Wie wenn ein Schiff durch die wogende
Flut fährt: / Ist es vorübergezogen, so ist von
ihm keine Spur mehr zu finden, / kein Pfad
seines Kiels in den Wellen.
11 Wie wenn ein Vogel durch die Luft
fliegt: / Kein Zeichen findet sich von seiner
Bahn,
er peitscht die leichte Luft mit seinem Flü-
gelschlag / und durchschneidet sie mit ge-
waltig rauschenden Schwingen, / doch bleibt
kein Zeichen seines Weges in ihr zurück.
12 Oder wie wenn ein Pfeil auf das Ziel ge-
schossen wird: / Die geteilte Luft strömt so-
fort wieder zusammen, / sodass man seine
Bahn nicht mehr erkennt.
13 So sind wir ins Dasein getreten, um hin-
zuschwinden; / wir hatten keinerlei Tugend
aufzuweisen, / sondern wurden von unserer
Schlechtigkeit verschlungen.
14 Ja, die Hoffnung des Frevlers ist wie die
Spreu, die der Wind verweht, / wie der
Gischt, den der Sturm verjagt, / wie der
Rauch, den der Wind zerstäubt; / sie schwin-
det wie die Erinnerung an einen flüchtigen
Gast.
15 Die Gerechten aber leben in Ewigkeit, /
der Herr belohnt sie, der Höchste sorgt für
sie.
16 Darum werden sie aus der Hand des
Herrn / das Reich der Herrlichkeit empfan-
gen und die Krone der Schönheit.
Denn er wird sie mit seiner Rechten behü-
ten / und mit seinem Arm beschützen.
17 Er rüstet sich mit seinem Eifer / und
macht die Schöpfung zur Waffe, mit der er
die Feinde bestraft.
18 Als Panzer zieht er Gerechtigkeit an /
und als Helm setzt er strenges Gericht auf.
19 Als Schild nimmt er unüberwindliche
Heiligkeit / 20 und grimmigen Zorn schärft er
zum Schwert; / zusammen mit ihm kämpft
die ganze Welt gegen die Toren.
21 Treffsicher fahren die Blitzespfeile da-
hin; / abgeschossen aus den Wolken wie von
einem wohlgerundeten Bogen, / fliegen sie
auf ihr Ziel.
22 Eine Steinschleuder entsendet Hagel-
körner, / die voll von göttlichem Zorn sind.
Das Wasser des Meeres wütet gegen die
Feinde / und Ströme schlagen grimmig über
ihnen zusammen.
23 Der Atem des Allmächtigen erhebt sich
gegen sie / und trägt sie wie ein Sturm da-
von.
So bringt die Gesetzlosigkeit Verheerung
über die ganze Erde / und das böse Tun
stürzt die Throne der Mächtigen.

4: 3,2f • 5: 2,18; Kol 1,12 • 6: Ps 119,30.151 • 7: Ps 95,10 • 14: Ps 1,4; Jes 29,5; Ps 68,3 • 16: Jes 62,3; 41,10 • 17–19: Eph 6,13–17 • 18: Jes 59,17 • 21: Hab 3,11 • 22: Jos 10,11; Ex 14,27f; 15,10 • 23: 5,14; Jes 24,3; Sir 10,14; Lk 1,52.

4,20–5,23 Gegenstück zu 1,16 – 2,24: Im Endgericht müssen die Sünder in Gegenwart des von ihnen verachteten und verfolgten Gerechten ihren Irrtum und ihr verfehltes Leben beklagen.

5,13 Vg fügt als V. 14 hinzu: So sprachen in der Unterwelt die, die gesündigt haben. – Entsprechend verschiebt sich in Vg die Verszählung.
5,14 Gischt: so nach S und der altlateinischen Übersetzung; G: Reif.

Die Mahnung, die Weisheit zu suchen:
6,1–21

6 Hört also, ihr Könige, und seid verständig, / lernt, ihr Gebieter der ganzen Welt!
2 Horcht, ihr Herrscher der Massen, / die ihr stolz seid auf Völkerscharen!
3 Der Herr hat euch die Gewalt gegeben, / der Höchste die Herrschaft, / er, der eure Taten prüft und eure Pläne durchforscht.
4 Ihr seid Diener seines Reichs, / aber ihr habt kein gerechtes Urteil gefällt, das Gesetz nicht bewahrt / und die Weisung Gottes nicht befolgt.
5 Schnell und furchtbar wird er kommen und euch bestrafen; / denn über die Großen ergeht ein strenges Gericht.
6 Der Geringe erfährt Nachsicht und Erbarmen, / doch die Mächtigen werden gerichtet mit Macht.
7 Denn der Herrscher des Alls scheut niemand / und weicht vor keiner Größe zurück.
Er hat Klein und Groß erschaffen / und trägt gleiche Sorge für alle;
8 den Mächtigen aber droht strenge Untersuchung.
9 An euch also, ihr Herrscher, richten sich meine Worte, / damit ihr Weisheit lernt und nicht sündigt.
10 Wer das Heilige heilig hält, wird geheiligt, / und wer sich darin unterweisen lässt, findet Schutz.
11 Verlangt also nach meinen Worten; / sehnt euch danach und ihr werdet gute Belehrung empfangen.
12 Strahlend und unvergänglich ist die Weisheit; / wer sie liebt, erblickt sie schnell, / und wer sie sucht, findet sie.
13 Denen, die nach ihr verlangen, / gibt sie sich sogleich zu erkennen.
14 Wer sie am frühen Morgen sucht, braucht keine Mühe, / er findet sie vor seiner Türe sitzen.
15 Über sie nachzusinnen ist vollkommene Klugheit; / wer ihretwegen wacht, wird schnell von Sorge frei.
16 Sie geht selbst umher, um die zu suchen, die ihrer würdig sind; / freundlich erscheint sie ihnen auf allen Wegen / und kommt jenen entgegen, die an sie denken.
17 Ihr Anfang ist aufrichtiges Verlangen nach Bildung; / das eifrige Bemühen um Bildung aber ist Liebe.
18 Liebe ist Halten ihrer Gebote; / Erfüllen der Gebote sichert Unvergänglichkeit, /
19 und Unvergänglichkeit bringt in Gottes Nähe.
20 So führt das Verlangen nach Weisheit zur Herrschaft hinauf.
21 Ihr Herrscher der Völker, wenn ihr Gefallen an Thronen und Zeptern habt, / dann ehrt die Weisheit, damit ihr ewig herrscht.

1: Ps 2,10 • 3: Röm 13,1; 1 Chr 28,9 • 7: Ijob 34,19; Weish 12,13 • 8: Lk 12,48 • 12: Spr 8,17 • 14: Spr 8,34 • 16: Spr 8,2f • 18: Joh 14,23.

DAS WESEN UND WIRKEN DER WEISHEIT: 6,22 – 8,18

Einleitung: 6,22–25
22 Ich will verkünden, was die Weisheit ist und wie sie wurde, / und will euch kein Geheimnis verbergen.
Ich will ihre Spur vom Anfang der Schöpfung an verfolgen, / ihre Kenntnis will ich verbreiten / und nicht an der Wahrheit vorbeigehen.
23 Verzehrender Neid soll mich nicht auf meinem Weg begleiten; / denn er hat mit der Weisheit nichts gemein.
24 Eine große Anzahl von Weisen ist Heil

6,1–8 Salomo nimmt die Anrede an die Herrscher wieder auf; mit »also« zeigt er, dass er sie auch in 1,16 – 5,23 als seine Hörer voraussetzt, obwohl er sie nicht mehr direkt anredet. Die Mahnung, verständig zu sein, nimmt auf das Weltgericht Bezug (5,17–23). Die Könige sollen sich nicht mit ihrer Herrschermacht brüsten, sondern bedenken, dass sie sich als Diener Gottes und seines Reiches vor dem strengen Richter zu verantworten haben.
6,1 Vg fügt vor V. 1 ein: Besser ist Weisheit als Kraft und ein kluger Mann (ist besser) als ein starker. Dieser Vers ist in Vg als V. 1 gezählt; entsprechend verschiebt sich die Verszählung.
6,17–21 Ein sog. Kettenschluss, der zeigt, wie das Verlangen nach Weisheit in Gottes Nähe und damit zur Herrschaft führt.
6,21 Einige wichtige Vg-Handschriften fügen als V. 23 hinzu: Liebt das Licht der Weisheit, ihr alle, die ihr den Völkern vorsteht. – Die VV. 22–25 werden in Vg als VV. 24–27 gezählt.
6,22–25 Salomo will seine Weisheit neidlos mitteilen und möglichst viele weise machen, weil eine große Zahl von Weisen der Welt Heil, Frieden und Glück bringen kann.

für die Welt, / ein kluger König ist Wohlstand für das Volk.
25 Lasst euch also durch meine Worte unterweisen; / es wird euch von Nutzen sein.

22: Spr 8,22–31 • 23: 7,13 • 24: Spr 11,14.

Der sterbliche Mensch als Empfänger der Weisheit: 7,1–6

7 Auch ich bin ein sterblicher Mensch wie alle anderen, / Nachkomme des ersten, aus Erde gebildeten Menschen.
Im Schoß der Mutter wurde ich zu Fleisch
geformt, / 2 zu dem das Blut in zehn Monaten
gerann durch den Samen des Mannes / und die Lust, die im Beischlaf hinzukam.
3 Geboren atmete auch ich die gemeinsame Luft, / ich fiel auf die Erde, die Gleiches von allen erduldet, / und Weinen war mein erster Laut wie bei allen.
4 In Windeln und mit Sorgen wurde ich
aufgezogen; / 5 kein König trat anders ins Dasein.
6 Alle haben den einen gleichen Eingang zum Leben; / gleich ist auch der Ausgang.

Die Gottesgabe der Weisheit:
7,7–14

7 Daher betete ich und es wurde mir Klugheit gegeben; / ich flehte und der Geist der Weisheit kam zu mir.
8 Ich zog sie Zeptern und Thronen vor, / Reichtum achtete ich für nichts im Vergleich mit ihr.
9 Keinen Edelstein stellte ich ihr gleich; / denn alles Gold erscheint neben ihr wie ein wenig Sand / und Silber gilt ihr gegenüber so viel wie Lehm.
10 Ich liebte sie mehr als Gesundheit und Schönheit / und zog ihren Besitz dem Lichte vor; / denn niemals erlischt der Glanz, / der von ihr ausstrahlt.
11 Zugleich mit ihr kam alles Gute zu mir, / unzählbare Reichtümer waren in ihren Händen.
12 Ich freute mich über sie alle, / weil die Weisheit lehrt, sie richtig zu gebrauchen, / wusste aber nicht, dass sie auch deren Ursprung ist.
13 Uneigennützig lernte ich und neidlos gebe ich weiter; / ihren Reichtum behalte ich nicht für mich.
14 Ein unerschöpflicher Schatz ist sie für die Menschen; / alle, die ihn erwerben, erlangen die Freundschaft Gottes. / Sie sind empfohlen durch die Gaben der Unterweisung.

7: 8,21 • 8: Spr 8,11 • 9: Spr 3,14 • 10: 7,29f • 11: 1 Kön 3,13; Spr 3,16; 8,18 • 13: 6,22 • 14: 7,28.

Bitte um die Gabe der Lehre:
7,15–21

15 Mir aber gewähre Gott, nach meiner Einsicht zu sprechen / und zu denken, wie die empfangenen Gaben es wert sind;
denn er ist der Führer der Weisheit / und hält die Weisen auf dem rechten Weg.
16 Wir und unsere Worte sind in seiner Hand, / auch alle Klugheit und praktische Erfahrung.
17 Er verlieh mir untrügliche Kenntnis der Dinge, / sodass ich den Aufbau der Welt und das Wirken der Elemente verstehe,
18 Anfang und Ende und Mitte der Zeiten, / die Abfolge der Sonnenwenden und den Wandel der Jahreszeiten,
19 den Kreislauf der Jahre und die Stellung der Sterne,
20 die Natur der Tiere und die Wildheit der Raubtiere, / die Gewalt der Geister und die Gedanken der Menschen, / die Verschiedenheit der Pflanzen und die Kräfte der Wurzeln.
21 Alles Verborgene und alles Offenbare habe ich erkannt; / denn es lehrte mich die Weisheit, die Meisterin aller Dinge.

17: 1 Kön 5,9f • 20: 1 Kön 5,13 • 21: 8,5f; 9,9.

Das Wesen der Weisheit:
7,22 – 8,1

22 In ihr ist ein Geist, / gedankenvoll, heilig, einzigartig, mannigfaltig, zart, beweglich, / durchdringend, unbefleckt, klar, / unverletzlich, das Gute liebend, scharf,
23 nicht zu hemmen, wohltätig, menschenfreundlich, / fest, sicher, ohne Sorge, alles vermögend, alles überwachend / und alle Geister durchdringend, / die denkenden, reinen und zartesten.
24 Denn die Weisheit ist beweglicher als alle Bewegung; / in ihrer Reinheit durchdringt und erfüllt sie alles.
25 Sie ist ein Hauch der Kraft Gottes / und reiner Ausfluss der Herrlichkeit des Allherr-

7,1–6 Auch der weise König Salomo ist nur ein armseliger Mensch, dem die Weisheit nicht angeboren ist.
7,7–14 Nur durch das Gebet (vgl. 8,21 – 9,19 und 1 Kön 3,6–9) kann Salomo die Weisheit als Geschenk von Gott erhalten.
7,22f Es werden einundzwanzig (7 mal 3) Eigenschaften der Weisheit aufgezählt.

schers; / darum fällt kein Schatten auf sie.
26 Sie ist der Widerschein des ewigen Lichts, / der ungetrübte Spiegel von Gottes Kraft, / das Bild seiner Vollkommenheit.
27 Sie ist nur eine und vermag doch alles; / ohne sich zu ändern, erneuert sie alles.
Von Geschlecht zu Geschlecht tritt sie in heilige Seelen ein / und schafft Freunde Gottes und Propheten;
28 denn Gott liebt nur den, / der mit der Weisheit zusammenwohnt.
29 Sie ist schöner als die Sonne / und übertrifft jedes Sternbild. / Sie ist strahlender als das Licht;
30 denn diesem folgt die Nacht, / doch über die Weisheit siegt keine Schlechtigkeit.
8 Machtvoll entfaltet sie ihre Kraft von einem Ende zum andern / und durchwaltet voll Güte das All.

7,26: Hebr 1,3; Kol 1,15 • 27: Ps 104,30 • 28: Sir 4,14 • 8,1: 1,7; 12,18; 15,1.

Die Weisheit als Lehrerin der Tugend: 8,2–8

2 Sie habe ich geliebt und gesucht von Jugend auf, / ich suchte sie als Braut heimzuführen / und fand Gefallen an ihrer Schönheit.
3 Im Umgang mit Gott beweist sie ihren Adel, / der Herr über das All gewann sie lieb.
4 Eingeweiht in das Wissen Gottes, / bestimmte sie seine Werke.
5 Ist Reichtum begehrenswerter Besitz im Leben, / was ist dann reicher als die Weisheit, die in allem wirkt?
6 Wenn Klugheit wirksam ist, / wer in aller Welt ist ein größerer Meister als sie?
7 Wenn jemand Gerechtigkeit liebt, / in ihren Mühen findet er die Tugenden.
Denn sie lehrt Maß und Klugheit, / Gerechtigkeit und Tapferkeit, / die Tugenden, die im Leben der Menschen nützlicher sind als alles andere.
8 Wenn jemand nach reicher Erfahrung strebt: / sie kennt das Vergangene und errät das Kommende,
sie versteht, die Worte schön zu formen und Rätselhaftes zu deuten; / sie weiß im Voraus Zeichen und Wunder / und kennt den Ausgang von Perioden und Zeiten.

2: Sir 15,2 • 4: 9,4 • 5–7: 7,11–14 • 5: 7,22 • 8: Sir 42,19; Spr 1,6.

Die Weisheit als Lebensgefährtin: 8,9–18

9 So beschloss ich, sie als Lebensgefährtin heimzuführen; / denn ich wusste, dass sie mir guten Rat gibt / und Trost in Sorge und Leid.
10 Mit ihr werde ich Ruhm beim Volke haben / und trotz meiner Jugend vom Alter geehrt sein.
11 Ich werde als scharfsinniger Richter gelten / und in den Augen der Mächtigen Staunen erregen.
12 Schweige ich, so warten sie in Spannung, / spreche ich, so merken sie auf, / rede ich länger, so legen sie die Hand auf den Mund.
13 Mit ihr werde ich Unsterblichkeit erlangen / und ewigen Ruhm bei der Nachwelt hinterlassen.
14 Völker werde ich sorgsam leiten / und Nationen werden mir untertan sein.
15 Schreckliche Tyrannen werden mich fürchten, wenn sie von mir hören; / in der Volksversammlung werde ich mich als tüchtig und im Krieg als tapfer erweisen.
16 Komme ich nach Hause, / dann werde ich bei ihr ausruhen;
denn der Umgang mit ihr hat nichts Bitteres, / das Leben mit ihr kennt keinen Schmerz, / sondern nur Frohsinn und Freude.
17 Als ich dies bei mir überlegte und in meinem Herzen erwog, / dass das Leben mit der Weisheit Unsterblichkeit bringt,
18 die Freundschaft mit ihr reine Freude / und die Mühen ihrer Hände unerschöpflichen Reichtum,
dass stete Gemeinschaft mit ihr Klugheit bringt / und das Zwiegespräch mit ihr Ruhm –, / da ging ich auf die Suche nach ihr, um sie heimzuführen.

9: Spr 8,14 • 12: Ijob 29,21–23; 29,9 • 14: Spr 8,15f • 16: Sir 15,6 • 18: Spr 8,18.

8,2–8 Salomo hat die Weisheit von Jugend auf geliebt, weil sie mit Gott in innigster Verbindung steht, alle Güter gewährt, die vier Kardinaltugenden lehrt, die alle anderen in sich enthalten, und so zu einem rechtschaffenen Leben anleitet.

SALOMOS GROSSES GEBET: DAS WALTEN DER WEISHEIT IN DER GESCHICHTE: 8,19 – 19,22

Das Gebet um Weisheit: 8,19 – 9,19

Einleitung: 8,19–21

19 Ich war ein begabtes Kind und hatte
eine gute Seele erhalten, 20 oder vielmehr:
gut, wie ich war, kam ich in einen unverdor-
benen Leib. 21 Ich erkannte aber, dass ich die
Weisheit nur als Geschenk Gottes erhalten
könne – und schon hier war es die Klugheit,
die mich erkennen ließ, wessen Gnadenge-
schenk sie ist. Daher wandte ich mich an den
Herrn und sprach zu ihm aus ganzem Her-
zen:

21: Spr 2,6; Weish 7,7.

Die Bitte um Weisheit: 9,1–19

9 Gott der Väter und Herr des Erbarmens, / du hast das All durch dein Wort gemacht.

2 Den Menschen hast du durch deine Weisheit erschaffen, / damit er über deine Geschöpfe herrscht.

3 Er soll die Welt in Heiligkeit und Gerechtigkeit leiten / und Gericht halten in rechter Gesinnung.

4 Gib mir die Weisheit, die an deiner Seite thront, / und verstoß mich nicht aus der Schar deiner Kinder!

5 Ich bin ja dein Knecht, der Sohn deiner Magd, / ein schwacher Mensch, dessen Leben nur kurz ist, / und gering ist meine Einsicht in Recht und Gesetz.

6 Wäre einer auch vollkommen unter den Menschen, / er wird kein Ansehen genießen, wenn ihm deine Weisheit fehlt.

7 Du bist es, der mich zum König deines Volkes / und zum Richter deiner Söhne und Töchter erwählt hat.

8 Du hast befohlen, einen Tempel auf deinem heiligen Berg zu bauen / und einen Altar in der Stadt deiner Wohnung, / ein Abbild des heiligen Zeltes, das du von Anfang an entworfen hast.

9 Mit dir ist die Weisheit, die deine Werke kennt / und die zugegen war, als du die Welt erschufst.

Sie weiß, was dir gefällt / und was recht ist nach deinen Geboten.

10 Sende sie vom heiligen Himmel / und schick sie vom Thron deiner Herrlichkeit,

damit sie bei mir sei und alle Mühe mit mir teile / und damit ich erkenne, was dir gefällt.

11 Denn sie weiß und versteht alles; / sie wird mich in meinem Tun besonnen leiten / und mich in ihrem Lichtglanz schützen.

12 Dann wird dir mein Handeln gefallen; / ich werde dein Volk gerecht regieren / und des Throns meines Vaters würdig sein.

13 Denn welcher Mensch kann Gottes Plan erkennen, / oder wer begreift, was der Herr will?

14 Unsicher sind die Berechnungen der Sterblichen / und hinfällig unsere Gedanken;

15 denn der vergängliche Leib beschwert die Seele / und das irdische Zelt belastet den um vieles besorgten Geist.

16 Wir erraten kaum, was auf der Erde vorgeht, / und finden nur mit Mühe,

was doch auf der Hand liegt; / wer kann dann ergründen, was im Himmel ist?

17 Wer hat je deinen Plan erkannt, wenn du ihm nicht Weisheit gegeben / und deinen heiligen Geist aus der Höhe gesandt hast?

18 So wurden die Pfade der Erdenbewohner gerade gemacht / und die Menschen lernten, was dir gefällt;

19 durch die Weisheit wurden sie gerettet.

2: Gen 1,26–28 • 3: Lk 1,75 • 4: 2 Chr 1,10 • 5: Ps 116,16; Ijob 14,1 • 8: 1 Kön 5,19; Ps 132,13f; Ex 29,9.40; Hebr 8,2 • 9: 8,4; Spr 8,27–30 • 10: 9,4 • 11: 10,11–14; 11,1 • 13: Jes 40,13 G; Röm 11,34 • 15: 2 Kor 5,1 • 16: Joh 3,12 • 17: Joh 3,13; 1 Kor 2,16; Jes 32,15 • 18: Bar 4,4.

Die rettende Macht der Weisheit – sieben Beispiele: 10,1 – 11,4

Adam: 10,1–3

10 Sie hat den Urvater der Welt nach
seiner Erschaffung behütet, als er
noch allein war; sie hat ihn aus seiner Sünde
befreit 2 und ihm die Kraft gegeben, über al-
les zu herrschen. 3 Ein Ungerechter aber, der
in seinem Zorn von ihr abfiel, ging durch

9,8 Nach Ex 25,9.40 sollte Mose das heilige Zelt nach dem Muster bauen, das Gott ihm gezeigt hatte. Da der Tempel nach dem Vorbild des heiligen Zeltes gebaut war, ist er ebenfalls nach jenem Muster gebaut. Nach anderer Auffassung ist mit dem »Zelt« der Himmel gemeint.

9,19 Einige Vg–Handschriften fügen hinzu: alle, die dir gefallen haben, Herr, von Anfang an.

seine Leidenschaft zugrunde, die ihn zum
Brudermord trieb.

1: Sir 49,16; Gen 5,1 • 2: 9,2; Gen 1,28 • 3: Gen 4,3–15.

Noach: 10,4

4 Die Weisheit hat die Erde, die seinetwe-
gen überflutet wurde, wieder gerettet und
den Gerechten auf wertlosem Holz durch die
Wasser gesteuert.

4: Sir 44,17f; Weish 14,6f.

Abraham: 10,5

5 Als die Völker, einmütig nur in ihrer
Schlechtigkeit, durch die Verwirrung ihrer
Sprache getrennt wurden, erwählte sie den
Gerechten und behütete ihn, sodass er vor
Gott ohne Tadel war und trotz der Liebe zu
seinem Kind stark blieb.

5: Gen 11,1–9; 12,1–3; 15,1–6; 22,1–12; Sir 44,19f.

Lot: 10,6–9

6 Als die Frevler zugrunde gingen, rettete
sie einen Gerechten, sodass er vor dem Feuer
fliehen konnte, das auf die fünf Städte fiel;
7 von ihrer Schlechtigkeit zeugen heute noch
rauchendes Ödland und Pflanzen, die zur
Unzeit Früchte tragen, und eine Salzsäule
ragt als Denkmal einer ungläubigen Seele
empor. 8 Jene, die an der Weisheit achtlos
vorübergingen, erlitten nicht nur Schaden,
weil sie das Gute nicht erkannten, sondern
sie hinterließen auch den Lebenden ein
Mahnmal ihrer Torheit, damit nicht verbor-
gen bleibe, worin sie sich verfehlt hatten.
9 Die Weisheit aber rettete ihre Diener aus
jeglicher Mühsal.

6: Gen 19,23–25 • 7: Gen 19,26; Lk 17,32.

Jakob: 10,10–12

10 Einen Gerechten, der vor dem Zorn des
Bruders floh, geleitete sie auf geraden We-
gen, zeigte ihm das Reich Gottes und ent-
hüllte ihm heilige Geheimnisse. Sie machte
ihn reich bei seiner harten Arbeit und ver-
mehrte den Ertrag seiner Mühen. 11 Sie half
ihm gegen die Habsucht seiner Unterdrücker
und verschaffte ihm Wohlstand. 12 Sie be-
schützte ihn vor seinen Feinden und gab ihm
Sicherheit vor seinen Verfolgern. In einem
harten Kampf verlieh sie ihm den Sieges-
preis, damit er erkannte, dass Gottesfurcht
stärker als alles andere ist.

10: Gen 27,41–45; 28,10–15; 30,31–43 • 12: Gen 31 – 33; Hos 12,4–7.

Josef: 10,13–14

13 Einen Gerechten, der verkauft worden
war, ließ sie nicht im Stich, sondern bewahr-
te ihn vor der Sünde. 14 Sie stieg mit ihm in
den Kerker hinab und verließ ihn während
seiner Gefangenschaft nicht, bis sie ihm das
königliche Zepter brachte und Gewalt über
seine Bedrücker. Sie überführte alle, die ihn
beschuldigt hatten, als Lügner und verlieh
ihm ewigen Ruhm.

13: Gen 39; Ps 105,17f • 14: Gen 41,39–47; Ps 105,19–22 .

Das Volk Israel: 10,15 – 11,4

15 Sie hat ein heiliges Volk, ein untadeliges
Geschlecht, aus der Gewalt einer Nation ge-
rettet, die es unterdrückte. 16 Sie ging in die
Seele eines Dieners des Herrn ein und wider-
stand schrecklichen Königen durch Zeichen
und Wunder. 17 Sie gab den Heiligen den
Lohn ihrer Mühen und geleitete sie auf wun-
derbarem Weg. Sie wurde ihnen am Tag zum
Schutz und in der Nacht zum Sternenlicht.
18 Sie führte sie durch das Rote Meer und ge-
leitete sie durch gewaltige Wasser. 19 Ihre
Feinde aber ließ sie in der Flut ertrinken und
spülte sie aus der Tiefe des Abgrunds ans
Land. 20 Darum plünderten die Gerechten
die Frevler aus, sie priesen, Herr, deinen hei-
ligen Namen und lobten einmütig deine
schützende Hand. 21 Denn die Weisheit hat
den Mund der Stummen geöffnet und die
Zungen der Unmündigen hat sie beredt ge-
macht.

11 Sie ließ alles gelingen, was sie unter
der Führung des heiligen Propheten
unternahmen. 2 Sie zogen durch eine unbe-
wohnte Wüste und schlugen in unwegsamen
Gegenden ihre Zelte auf. 3 Sie leisteten ihren
Feinden Widerstand und wehrten ihre Geg-
ner ab. 4 Als sie dürsteten und dich anriefen,
wurde ihnen Wasser aus schroffem Fels ge-
geben, sodass sie ihren Durst stillen konnten
aus hartem Gestein.

10,15: 18,7; 19,1–9; Ex 12,37–42; Ps 106,10f • 16: Ex 7 – 12; Ps 78,43–51; 105,27–37 • 17: Ex 13,21f; Ps 78,14; 105,39 • 18: Ex 14,21f; Ps 78,13; 106,9 • 19: 18,5; Ps 106,11 • 20: Ex 15,1–21 • 11,1: Hos 12,14 • 3: Ex 17,8–16 • 4: Ex 17,1–7; Ps 78,15f; 105,41.

Das Volk Gottes und seine Feinde – sieben Vergleiche: 11,5 – 19,22

Das Wasser des Nil – das Wasser aus dem Felsen: 11,5–14

5 Denn was ihren Feinden zur Strafe wur-
de, das empfingen sie als Wohltat in ihrer

10,16 Der »Diener des Herrn« ist Mose.
11,5 Vg formuliert 5b etwas anders und fügt als V. 6 hinzu: indem es ihnen an Getränk mangelte und die Israeliten freuten sich, als sie Überfluss hatten. Die VV. 6–26 zählt dann Vg als VV. 7–27.

Not. 6 Der ständig fließende Strom wurde durch schmutziges Blut getrübt. 7 So wurden jene für den befohlenen Kindermord gestraft. Diesen aber gabst du wider Erwarten reichlich Wasser, 8 nachdem du ihnen vorher durch ihren Durst gezeigt hattest, wie ihre Gegner von dir bestraft wurden. 9 Denn als sie geprüft und, wenn auch nur milde, zurechtgewiesen wurden, da erkannten sie, wie die Frevler im Zorn gerichtet und gepeinigt worden waren. 10 Sie hast du wie ein mahnender Vater auf die Probe gestellt, die Frevler aber wie ein strenger König gerichtet und verurteilt. 11 Fern von den Gerechten wurden sie ebenso geplagt wie damals, als sie ihnen noch nahe waren; 12 denn zweifaches Leid und Seufzen brachte ihnen die Erinnerung an das Vergangene: 13 Als sie nämlich hörten, dass ihre eigene Bestrafung jenen sogar zur Wohltat geworden war, da erkannten sie das Wirken des Herrn. 14 Den sie einst ausgesetzt und weggeworfen, den sie mit Hohn abgewiesen hatten, den mussten sie am Ende von allem bestaunen, nachdem sie einen viel schlimmeren Durst gelitten hatten als die Gerechten.

6: Ps 78,44; 105,29 • 7: Ex 1,15-22 • 8: 11,4; 16,4 • 9: 12,21f • 10: Dtn 8,5; Spr 3,11f • 14: Ex 2,3.15; 5,23; 10,28.

Erste Einschaltung: Gottes Art zu strafen:
11,15 – 12,27

15 Zur Strafe für ihre frevlerische Torheit, in die sie sich verirrt hatten, als sie vernunftloses Gewürm und armseliges Ungeziefer verehrten, sandtest du ihnen eine Menge vernunftloser Tiere. 16 Sie sollten erkennen: Man wird mit dem gestraft, womit man sündigt.

17 Für deine allmächtige Hand, die aus ungeformtem Stoff die Welt gestaltet hat, wäre es keine Schwierigkeit gewesen, eine Menge von Bären gegen sie zu senden oder grimmige Löwen 18 oder unbekannte, neu geschaffene, wuterfüllte Tiere, die Feuer sprühenden Atem aushauchen oder zischenden Dampf ausstoßen oder schreckliche Funken aus den Augen sprühen. 19 Nicht nur ihre verderbliche Gewalt hätte sie zermalmen, schon ihr Furcht erregender Anblick hätte sie vernichten können. 20 Aber abgesehen davon hätten sie durch einen einzigen Hauch fallen können, verfolgt von deinem Strafgericht und fortgeweht vom Sturm deiner Macht.

Du aber hast alles nach Maß, Zahl und Gewicht geordnet. 21 Denn du bist immer imstande, deine große Macht zu entfalten. Wer könnte der Kraft deines Arms widerstehen? 22 Die ganze Welt ist ja vor dir wie ein Stäubchen auf der Waage, wie ein Tautropfen, der am Morgen zur Erde fällt.

23 Du hast mit allen Erbarmen, weil du alles vermagst, und siehst über die Sünden der Menschen hinweg, damit sie sich bekehren. 24 Du liebst alles, was ist, und verabscheust nichts von allem, was du gemacht hast; denn hättest du etwas gehasst, so hättest du es nicht geschaffen. 25 Wie könnte etwas ohne deinen Willen Bestand haben, oder wie könnte etwas erhalten bleiben, das nicht von dir ins Dasein gerufen wäre? 26 Du schonst alles, weil es dein Eigentum ist, Herr, du Freund des Lebens.

12 Denn in allem ist dein unvergänglicher Geist. 2 Darum bestrafst du die Sünder nur nach und nach; du mahnst sie und erinnerst sie an ihre Sünden, damit sie sich von der Schlechtigkeit abwenden und an dich glauben, Herr.

3 Du hast auch die früheren Bewohner deines heiligen Landes gehasst, 4 weil sie abscheuliche Verbrechen verübten, Zauberkünste und unheilige Festbräuche; 5 sie waren erbarmungslose Kindermörder und verzehrten beim Opfermahl Menschenfleisch und Menschenblut. Darum beschlossest du, mitten im Gelage die Teilnehmer 6 und deren Eltern, die mit eigener Hand hilflose Wesen töteten, durch die Hände unserer Väter zu vernichten; 7 denn das Land, das dir vor allen anderen teuer ist, sollte eine seiner würdige Bevölkerung von Gotteskindern erhalten. 8 Doch selbst mit jenen gingst du schonend um, weil sie Menschen waren; du sandtest deinem Heer Hornissen voraus, um sie nach und nach zu vernichten. 9 Obgleich du die Macht hattest, in einer Schlacht die Frevler den Gerechten in die Hand zu geben oder sie durch wilde Tiere oder ein unerbittliches Wort mit einem Schlag auszurotten,

11,15 Die Ägypter verehrten Krokodile, Schlangen, Eidechsen, Frösche, Käfer, Fliegen, überhaupt den größten Teil der in Ägypten heimischen Tierwelt.

11,17 Den Ausdruck »ungeformter Stoff« übernimmt der Verfasser aus der griechischen Philosophie, aber nicht im Sinn einer ungeschaffenen Materie, er bezieht sich vielmehr auf Gen 1,2.

12,4f Dtn 18,9f.12 warnt vor Kinderopfern, die bei den Kanaanitern bezeugt sind (vgl. die Anmerkungen zu Gen 22,1–19 und zu Lev 18,21).

12,8 Von Hornissen sprechen G und Vg in Ex 23,28; Dtn 7,20; Jos 24,12. Heute wird das entsprechende hebräische Wort gewöhnlich mit »Entmutigung«, »Furcht« oder »Panik« wiedergegeben. In Ex 23,29f und Dtn 7,22 wird die allmähliche Ausrottung der Kanaaniter als Rücksichtnahme Gottes auf Israel gedeutet; anders Ri 2,3.20–23; 3,1–4.

10 vollzogst du doch erst nach und nach die
Strafe und ließest so Zeit für die Umkehr.
Dabei wusstest du genau, dass ihr Ursprung
böse und ihre Schlechtigkeit angeboren war
und dass sich ihr Denken in Ewigkeit nicht
ändern werde; 11 sie waren schon von Anfang
an ein verfluchter Stamm.

Keine Furcht vor irgendjemand hat dich
dazu bestimmt, sie für ihre Sünden ohne
Strafe zu lassen. 12 Denn wer darf sagen: Was
hast du getan? Wer vermag sich deinem Ur-
teilsspruch zu widersetzen? Wer könnte dich
anklagen wegen des Untergangs von Völ-
kern, die du selbst geschaffen hast? Wer
wollte gegen dich auftreten als Anwalt
schuldiger Menschen? 13 Denn es gibt keinen
Gott außer dir, der für alles Sorge trägt; da-
her brauchst du nicht zu beweisen, dass du
gerecht geurteilt hast. 14 Kein König und
kein Herrscher kann dich zur Rede stellen
wegen der Menschen, die du gestraft hast.

15 Gerecht, wie du bist, verwaltest du das
All gerecht und hältst es für unvereinbar mit
deiner Macht, den zu verurteilen, der keine
Strafe verdient. 16 Deine Stärke ist die
Grundlage deiner Gerechtigkeit und deine
Herrschaft über alles lässt dich gegen alles
Nachsicht üben. 17 Stärke beweist du, wenn
man an deine unbeschränkte Macht nicht
glaubt, und bei denen, die sie kennen, strafst
du die trotzige Auflehnung. 18 Weil du über
Stärke verfügst, richtest du in Milde und be-
handelst uns mit großer Nachsicht; denn die
Macht steht dir zur Verfügung, wann immer
du willst.

19 Durch solches Handeln hast du dein
Volk gelehrt, dass der Gerechte menschen-
freundlich sein muss, und hast deinen Söh-
nen die Hoffnung geschenkt, dass du den
Sündern die Umkehr gewährst. 20 Du hast
die Feinde deiner Kinder, auch wenn sie den
Tod verdienten, sehr nachsichtig und nur
nach und nach gestraft und ihnen Zeit und
Möglichkeit gegeben, sich von ihrer Schlech-
tigkeit abzuwenden. 21 Aber wie viel umsich-
tiger noch hast du deine Söhne bestraft, de-
ren Vätern du Gutes verheißen hast, als du
mit ihnen unter Eid den Bund schlossest.
22 Während du uns erziehst, geißelst du unse-
re Feinde zehntausendfach, damit wir als
Richter deine Güte uns zum Vorbild nehmen
und auf Erbarmen hoffen, wenn wir selber
vor dem Gericht stehen.

23 Du hast jene, die in Torheit und Unrecht
dahinlebten, mit ihren eigenen Gräueln ge-
peinigt. 24 Allzu weit waren sie in die Irre ge-
gangen, als sie die allerhässlichsten und ver-
achtetsten Tiere für Götter hielten und wie
unverständige Kinder sich täuschen ließen.
25 Darum hast du ihnen wie unvernünftigen
Kindern eine Strafe gesandt, die sie zum Ge-
spött machte. 26 Wer sich aber durch eine
Strafe, die ihn zum Gespött macht, nicht
warnen lässt, der wird eine Strafe erleiden,
die der Macht Gottes entspricht. 27 In ihren
Leiden wurden sie zornig über die Tiere, die
sie für Götter hielten und mit denen sie jetzt
gestraft wurden. So erfuhren sie jenen, von
dem sie vorher nichts wissen wollten, und er-
kannten ihn als den wahren Gott; deshalb
war ja auch die äußerste Strafe über sie ge-
kommen.

11,15: 12,23–27; 15,18 – 16,1 • 16: Ri 1,7 • 17: Gen 1,2; Weish 12,9 • 18: Ijob 4,10–14 • 20: Ijob 4,9; Sir 1,9 • 21: 2 Chr 20,6 • 22: Jes 40,15 • 23: 12,18; Ps 145,9 • 26: Jona 4,11• 12,1: 1,7; Ps 104,30 • 4–5: 14,23–29 • 7: Jos 11,14.20; Dtn 11,12; Ps 47,5; Dtn 14,1 • 8: 11,26 • 9: 11,17f • 10: 12,2; 11,23 • 12: Ijob 9,12; Jes 45,9; Ijob 9,19 • 13: 6,7; 15,1 • 15: Ps 9,9; 11,7 • 16: 11,24; 15,1 • 18: 11,23 • 19: 1,6; 12,2 • 20: 12,10 • 21: 12,18; 11,9f; Gen 15,18; Dtn 7,8 • 23: 11,15 • 25: 15,14 • 27: 16,16; 18,13; Ex 5,2; 14,25.

Zweite Einschaltung: Die Torheit des Götzendienstes: 13,1 – 15,19

13 Töricht waren von Natur alle Men-
schen, denen die Gotteserkenntnis
fehlte. Sie hatten die Welt in ihrer Vollkom-
menheit vor Augen, ohne den wahrhaft Sei-
enden erkennen zu können. Beim Anblick
der Werke erkannten sie den Meister nicht,
2 sondern hielten das Feuer, den Wind, die
flüchtige Luft, den Kreis der Gestirne, die
gewaltige Flut oder die Himmelsleuchten für
weltbeherrschende Götter. 3 Wenn sie diese,
entzückt über ihre Schönheit, als Götter an-
sahen, dann hätten sie auch erkennen sollen,
wie viel besser ihr Gebieter ist; denn der Ur-
heber der Schönheit hat sie geschaffen.
4 Und wenn sie über ihre Macht und ihre
Kraft in Staunen gerieten, dann hätten sie
auch erkennen sollen, wie viel mächtiger je-
ner ist, der sie geschaffen hat; 5 denn von der
Größe und Schönheit der Geschöpfe lässt
sich auf ihren Schöpfer schließen. 6 Dennoch
verdienen jene nur geringen Tadel. Vielleicht
suchen sie Gott und wollen ihn finden, gehen
aber dabei in die Irre. 7 Sie verweilen bei der
Erforschung seiner Werke und lassen sich
durch den Augenschein täuschen; denn
schön ist, was sie schauen. 8 Doch auch sie
sind unentschuldbar: 9 Wenn sie durch ihren
Verstand schon fähig waren, die Welt zu er-
forschen, warum fanden sie dann nicht eher
den Herrn der Welt?

10 Unselig aber sind jene, die auf Totes ihre
Hoffnung setzen und Werke von Menschen-
hand als Götter bezeichnen, Gold und Silber,
kunstvolle Gebilde und Tiergestalten oder
einen nutzlosen Stein, ein Werk uralter Her-
kunft. 11 Da sägte ein Holzschnitzer einen ge-

eigneten Baum ab, entrindete ihn ringsum
geschickt, bearbeitete ihn sorgfältig und
machte daraus ein nützliches Gerät für den
täglichen Gebrauch. 12 Die Abfälle seiner
Arbeit verwendete er, um sich die Nahrung
zu bereiten, und aß sich satt. 13 Was dann
noch übrig blieb und zu nichts brauchbar
war, ein krummes, knotiges Stück Holz, das
nahm er, schnitzte daran so eifrig und fach-
gemäß, wie man es tut, wenn man am Abend
von der Arbeit abgespannt ist, formte es zum
Bild eines Menschen 14 oder machte es einem
armseligen Tier ähnlich, beschmierte es mit
Mennig und roter Schminke, überstrich alle
schadhaften Stellen, 15 machte ihm eine wür-
dige Wohnstatt, stellte es an der Wand auf
und befestigte es mit Eisen. 16 So sorgte er
dafür, dass es nicht herunterfiel, wusste er
doch, dass es sich nicht helfen kann; es ist ein
Bild und braucht Hilfe.

17 Aber wenn er um Besitz, Ehe und Kinder
betet, dann schämt er sich nicht, das Leblose
anzureden. Um Gesundheit ruft er das
Kraftlose an, 18 Leben begehrt er vom Toten.
Hilfe erfleht er vom ganz Hilflosen und gute
Reise von dem, was nicht einmal den Fuß be-
wegen kann. 19 Für seine Arbeit, für Gewinn
und Erfolg seines Handwerks bittet er um
Kraft von einem, dessen Hände völlig kraft-
los sind.

14 Ein anderer, der sich zu einer See-
fahrt rüstet, auf der er wilde Wogen
durchqueren wird, ruft ein Holz an, das ge-
brechlicher ist als das Fahrzeug, das ihn
trägt. 2 Das Fahrzeug hat der Erwerbstrieb
ersonnen und die Weisheit eines Künstlers
hergestellt. 3 Deine Vorsehung, Vater, steuert
es; denn du hast auch im Meer einen Weg ge-
bahnt und in den Wogen einen sicheren Pfad.
4 Damit zeigst du, dass du imstande bist, aus
jeder Lage zu retten, so dass auch jemand,
der keine Erfahrung hat, ein Schiff besteigen
kann. 5 Du willst, dass die Werke deiner
Weisheit nicht ungenutzt bleiben. Darum
vertrauen Menschen ihr Leben sogar einem
winzigen Holz an und fahren wohlbehalten
auf einem Floß durch die Brandung. 6 So hat
auch in der Urzeit beim Untergang der über-
mütigen Riesen die Hoffnung der Welt sich
auf ein Floß geflüchtet und, durch deine
Hand gesteuert, der Welt den Samen eines
neuen Geschlechtes hinterlassen. 7 Denn Se-
gen ruht auf dem Holz, durch das Gerechtig-
keit geschieht. 8 Fluch hingegen trifft das
von Händen geformte Holz und seinen Bild-
ner, ihn, weil er es bearbeitet hat, jenes, weil
es Gott genannt wurde, obwohl es vergäng-
lich ist. 9 Denn Gott sind in gleicher Weise
Frevler wie Frevel verhasst; 10 mit dem Bild-
ner wird sein Werk der Strafe verfallen.
11 Darum kommt auch über die Götzenbilder
der Völker das Gericht, weil sie in Gottes
Schöpfung zum Gräuel geworden sind, zum
Anstoß für die Seelen der Menschen und zur
Schlinge für die Füße der Toren.

12 Mit dem Gedanken an Götzenbilder be-
ginnt der Abfall und ihre Erfindung führt
zur Sittenverderbnis. 13 Weder waren sie von
Anfang an da, noch werden sie ewig bleiben.
14 Durch die eitle Ruhmsucht der Menschen
sind sie in die Welt gekommen; darum ist ih-
nen auch ein jähes Ende zugedacht. 15 Be-
drückt durch allzu frühe Trauer ließ ein Va-
ter von seinem Kind, das gar schnell hinweg-
gerafft wurde, ein Bildnis machen; so ehrte
er einen toten Menschen als Gott und führte
bei seinen Leuten geheime Kulte und festli-
che Bräuche ein. 16 Im Lauf der Zeit verfes-
tigte sich die frevelhafte Sitte und wurde
schließlich als Gesetz befolgt; 17 die Stand-
bilder erhielten auf Anordnung der Herr-
scher göttliche Verehrung. Konnten die Men-
schen einen König nicht unmittelbar ehren,
weil er weit weg wohnte, dann vergegenwär-
tigten sie den Fernen; sie machten von dem
verehrten König ein Bildnis, das allen sicht-
bar war, um dem Abwesenden, als ob er ge-
genwärtig wäre, mit Eifer zu huldigen. 18 Der
Ehrgeiz des Künstlers führte dazu, dass auch
jene, die den König gar nicht kannten, ihm
göttliche Verehrung erwiesen. 19 Wohl um
dem Herrscher zu gefallen, bot er seine ganze
Kunst auf, um ihn schöner darzustellen, als
er war. 20 Von der Anmut des Bildes hingeris-
sen, betete die Menge den, der noch kurz zu-
vor nur als Mensch geehrt wurde, jetzt wie
einen Gott an. 21 Der Welt ist dies zum Ver-
hängnis geworden: Die Menschen haben, un-
ter dem Druck von Unglück oder Herrscher-
macht, Stein und Holz den Namen beigelegt,
der mit niemand geteilt werden kann.

22 Als ob es nicht genug wäre, in der Er-
kenntnis Gottes zu irren, nennen sie in dem
heftigen Zwiespalt, den die Unwissenheit in
ihr Leben bringt, so große Übel auch noch
Frieden. 23 Bei kindermörderischen Fest-
bräuchen, heimlichen Kulten oder wilden
Gelagen mit fremdartigen Sitten 24 halten
sie weder Leben noch Ehe rein, sondern ei-
ner tötet heimtückisch den andern oder be-
leidigt ihn durch Ehebruch. 25 Alles ist ein
wirres Gemisch von Blut und Mord, Dieb-

14,12–21 Die Götzenverehrung ist unter dem Druck von Unglück (V. 15) und Herrscherstolz (VV. 16–20) entstanden. Für beides gab es auch in Ägypten Beispiele.

stahl und Betrug, Verdorbenheit, Untreue, Aufruhr und Meineid; [26] es herrscht Umkehrung der Werte, undankbare Vergesslichkeit, Befleckung der Seelen, widernatürliche Unzucht, Zerrüttung der Ehen, Ehebruch und Zügellosigkeit. [27] Die Verehrung der namenlosen Götzenbilder ist aller Übel Anfang, Ursache und Höhepunkt. [28] Sie rasen im Freudentaumel, weissagen Lügen, leben in Ungerechtigkeit oder schwören leichthin einen Meineid. [29] Im Vertrauen auf leblose Götzen fürchten sie nicht, dass ihre Meineide ihnen schaden könnten. [30] Jedoch für beides wird sie die gerechte Strafe treffen: dass sie sich von Gott eine verkehrte Vorstellung machten, indem sie Götzenbilder verehrten, und dass sie unter Missachtung der Heiligkeit des Eides hinterlistig und ungerecht schworen. [31] Es ist nie die Macht derer, bei denen sie schworen, sondern immer die den Sündern gebührende Strafe, die die Vergehen der Frevler verfolgt.

15 Du aber, unser Gott, bist gütig, wahrhaftig und langmütig; voll Erbarmen durchwaltest du das All. [2] Auch wenn wir sündigen, gehören wir dir, da wir deine Stärke kennen; doch wir wollen nicht sündigen, da wir wissen, dass wir dein Eigentum sind. [3] Denn es ist vollendete Gerechtigkeit, dich zu verstehen; und deine Stärke zu kennen ist die Wurzel der Unsterblichkeit. [4] Die arglistige Erfindung der Menschen hat uns nicht verführt, die unfruchtbare Arbeit der Maler, eine mit bunten Farben besudelte Gestalt. [5] Ihr Anblick erregt die Sehnsucht der Toren und weckt in ihnen das Verlangen nach der leblosen Gestalt eines toten Bildes. [6] Liebhaber des Bösen und solcher Hoffnungen würdig sind alle, die es anfertigen, die nach ihm verlangen und die es anbeten.

[7] Der Töpfer knetet mühsam den weichen Ton, um daraus Gefäße zu unserem Gebrauch zu formen. Aus dem gleichen Lehm bildet er solche, die sauberen Zwecken dienen, und solche für das Gegenteil, alle in gleicher Weise; über den Gebrauch eines jeden entscheidet der Töpfer. [8] Aus dem gleichen Lehm formt er in verkehrter Mühe auch einen nichtigen Gott, er, der vor kurzem aus Erde entstand und bald dorthin zurückkehrt, woher er genommen ist, wenn seine Seele, das ihm anvertraute Darlehen, zurückgefordert wird. [9] Doch es kümmert ihn nicht, dass er dahinschwinden wird und nur ein kurzes Leben hat. Er wetteifert *mit Goldschmieden* und *Silbergießern*, er ahmt Kupferschmiede nach und sieht seinen Ruhm darin, Trugbilder zu formen. [10] Asche ist sein Herz, noch weniger wert als Erdenstaub seine Hoffnung, und sein Leben ist wertloser als Lehm. [11] Seinen eigenen Bildner hat er nämlich nicht erkannt, den, der ihm eine wirkende Seele eingehaucht und Lebensatem eingeblasen hat. [12] Nein, er hält unser Leben für ein Kinderspiel, das Dasein für einen einträglichen Jahrmarkt; er sagt, man müsse aus allem, auch aus Schlechtem, Gewinn ziehen. [13] Denn er weiß besser als alle, dass er sündigt, wenn er aus dem gleichen Erdenstoff nicht nur zerbrechliche Gefäße, sondern auch Götzenbilder fertigt.

[14] Ganz unverständig aber und ärmer als eines Kindes Seele waren die Feinde, die dein Volk knechteten. [15] Sie hielten alle Götzen der Völker für Götter, Götter, die weder ihre Augen gebrauchen können, um zu sehen, noch ihre Nase, um die Luft zu atmen, noch ihre Ohren, um zu hören, noch die Finger ihrer Hände, um zu tasten, und deren Füße nicht gehen können. [16] Ein Mensch hat sie gemacht, einer, dem der Geist nur geliehen ist, hat sie gebildet; kein Mensch hat die Kraft, einen Gott zu bilden, der auch nur ihm selber ähnlich wäre. [17] Als Sterblicher schafft er mit frevelhaften Händen nur Totes. Er ist besser als seine angebeteten Gebilde; denn er bekam einmal Leben, diese aber nie. [18] Sie verehren sogar die widerlichsten Tiere, die dümmsten im Vergleich mit den anderen, [19] solche, die nicht einmal schön sind, sodass man an ihnen Gefallen finden könnte, soweit das beim Anblick von Tieren möglich ist, die zudem Gottes Lob und seinen Segen verloren haben.

13,1: Ps 14,1; 92,7; Apg 14,17; 17,27; Röm 1,19f • 3: Dtn 4,19; Ijob 31,26f • 4: Ps 8,4; 104,24 • 10: 15,5.17; Jes 44,9–20; Jer 10,3–9; Ps 135,15–18 • 11: Jes 40,20; 44,9–20 • 18: 15,15 • 14,3: Jes 43,16 • 4: Ps 107,28–30 • 5: Gen 1,28 • 6: Gen 6 – 8; Bar 3,26–28; Weish 10,4; Sir 44,17f • 8: Dtn 27,15 • 9–10: Dtn 7,25f • 11: Jes 2,18f; Jer 10,15; Weish 14,14; Ps 106,36 • 12: 15,5; Num 25,1f • 14: 14,10f • 15: 12,4 • 21: Jes 42,8 • 22: Röm 1,24–32 • 23: 12,4f • 24: Lev 18,24 • 27: 14,12 • 15,1: 8,1; Ex 34,6; Ps 86,5.15 • 2: 12,16–18 • 3: Hos 6,6; 1 Joh 2,3–6 • 4: 13,14; 14,20 • 6: 14,8–10 • 7: Jer 18,3f; Röm 9,21 • 8: Gen 2,7; 3,19; Koh 12,7; Lk 12,20 • 10: 3,18; 5,14; 14,29; 2 Makk 7,14 • 13: 15,7f • 14: 12,24 • 15: Ps 115,4–7 • 17: 13,10 • 18–19: 11,15; 12,24 • 19: Gen 1,21f.25; 3,14.

Frösche – Wachteln: 16,1–4

16 Darum wurden sie mit Recht durch ähnliche Tiere gezüchtigt und durch eine Menge von Ungeziefer gequält. [2] Während sie auf solche Weise gezüchtigt wurden, hast du deinem Volk eine Wohltat erwiesen und mit den Wachteln seinem heftigen Ver-

15,14–19 Der Weise redet noch einmal vom Götzendienst der Ägypter, um dann in 16,1 den in 11,15 begonnenen Vergleich zu Ende zu führen.

langen eine fremdartige Nahrung gegeben. 3 Während jenen in ihrem Hunger die Esslust verging wegen der Hässlichkeit der gegen sie gesandten Tiere, bekamen diese nach nur kurzer Entbehrung sogar eine fremdartige Speise. 4 Über jene Unterdrücker sollte unabwendbarer Hunger kommen; diese aber sollten nur kurz spüren wie ihre Feinde gequält wurden.

1: 11,15; 12,23–27; Ex 7,26 – 8,11; Ps 78,45; 105,30 • 2: Ex 16,13; Ps 78,26f; 105,40 • 4: 11,8f.

Heuschrecken und Stechfliegen – giftige Schlangen: 16,5–14

5 Auch damals, als die schreckliche Wut wilder Tiere über sie hereinbrach und sie durch die Bisse tückischer Schlangen umkamen, dauerte dein Zorn nicht bis ans Ende. 6 Zur Warnung wurden sie nur kurz in Schrecken versetzt und bekamen ein Rettungszeichen, damit sie sich an die Vorschrift deines Gesetzes erinnerten. 7 Wer sich dorthin wandte, wurde nicht durch das gerettet, was er anschaute, sondern durch dich, den Retter aller. 8 Dadurch hast du unsere Feinde überzeugt, dass du es bist, der aus allem Übel erlöst. 9 Denn sie wurden durch die Bisse der Heuschrecken und der Stechfliegen getötet, ohne dass es ein Heilmittel für sie gab; sie verdienten es ja, durch solches Ungeziefer gezüchtigt zu werden. 10 Deine Söhne aber wurden nicht einmal durch die Zähne Gift spritzender Schlangen überwältigt; denn dein Erbarmen kam ihnen zu Hilfe und heilte sie. 11 Sie wurden gebissen, aber schnell wieder gerettet, damit sie sich an deine Worte erinnerten; denn sie sollten nicht in tiefes Vergessen versinken, sondern sich ungehindert deiner Wohltaten erfreuen. 12 Weder Kraut noch Wundpflaster machte sie gesund, sondern dein Wort, Herr, das alles heilt. 13 Du hast Gewalt über Leben und Tod; du führst zu den Toren der Unterwelt hinab und wieder herauf. 14 Ein Mensch kann zwar in seiner Schlechtigkeit töten; doch den entschwundenen Geist holt er nicht zurück und die weggenommene Seele kann er nicht befreien.

5: Num 21,5–9; Weish 18,20 • 6: Joh 3,14f • 7: Jes 45,21 • 9: Ex 8,12–28; 10,1–20; Ps 78,45f; 105,34f • 12: Ps 107,20 • 13: 1 Sam 2,6 • 14: Ps 49,8f; Mt 16,26.

Hagel – Manna: 16,15–29

15 Unmöglich ist es, deiner Hand zu entfliehen. 16 Denn die Frevler, die behaupten, dich nicht zu kennen, wurden durch die Kraft deines Armes gezüchtigt: Ungewöhnliche Regengüsse, Hagelschauer und schreckliche Wolkenbrüche peitschten auf sie nieder und Feuer verzehrte sie. 17 Das Seltsamste war, dass das Wasser, das sonst alles löscht, die Kraft des Feuers noch verstärkte; denn die Natur kämpft für die Gerechten. 18 Das eine Mal wurde die Flamme gezähmt, damit sie nicht die Tiere verzehrte, die gegen die Ruchlosen gesandt waren; diese sollten sehen und erkennen, dass sie von Gottes Strafe verfolgt wurden. 19 Das andere Mal brannte die Flamme mit ungewöhnlicher Kraft mitten im Wasser, um die Erzeugnisse des schuldbeladenen Landes zu vernichten.

20 Dein Volk dagegen nährtest du mit der Speise der Engel und unermüdlich gabst du ihm fertiges Brot vom Himmel. Deine Gabe gewährte jeden Genuss und entsprach jedem Geschmack; 21 sie offenbarte deine zarte Liebe zu deinen Kindern. Sie erfüllte das Verlangen eines jeden, der sie genoss, und verwandelte sich in alles, was einer wollte. 22 Schnee und Eis hielten dem Feuer stand und schmolzen nicht. Deine Kinder sollten erkennen, dass nur die Früchte der Feinde vom Feuer vernichtet wurden, das im Hagel brannte und in den Regengüssen blitzte, 23 und dass es umgekehrt sogar seine eigene Kraft vergaß, damit die Gerechten Nahrung hätten. 24 Denn die Schöpfung, die dir, ihrem Schöpfer, dient, steigert ihre Kräfte, um die Schuldigen zu bestrafen, und hält sie zurück, um denen Gutes zu tun, die auf dich vertrauen. 25 Darum diente sie auch damals deinem Geschenk, das alle ernährte, und verwandelte sich in alles, was die Bittenden wünschten. 26 Deine geliebten Söhne, Herr, sollten daraus lernen: Nicht die verschiedenartigen Früchte ernähren den Menschen, sondern dein Wort erhält alle, die dir vertrauen. 27 Denn dasselbe, das vom Feuer nicht vernichtet wurde, schmolz sogleich, wenn es ein flüchtiger Sonnenstrahl erwärmte. 28 So sollte man erkennen, dass man, um dir zu danken, der Sonne zuvorkommen und sich noch vor dem Aufgang des Lichtes an dich wen-

16,9 In Ex 10,17 wird die Heuschreckenplage als Tod bezeichnet, da sie eine todbringende Hungersnot zur Folge hat. Der Verfasser deutet und steigert diese Aussage, indem er die Bisse der Heuschrecken selbst als todbringend bezeichnet. Im gleichen Sinn deutet er die Stechmückenplage.

16,18 Vielleicht ist das Feuer gemeint, das die Ägypter anzündeten, um die Heuschreckenschwärme zu vernichten, wie es noch heute geschieht.

16,22 G vergleicht in Num 11,7 das Manna mit Eis (H mit Bdelliumharz, in Ex 16,14 mit Reif).

den muss. 29 Denn die Hoffnung des Un-
dankbaren schmilzt wie winterlicher Reif
und verrinnt wie unnützes Wasser.

15: Tob 13,2 • 16: Ex 9,13–35 • 17: 16,22; Ex 9,24 • 18: 12,27 • 19: 16,17.22 • 20: Ex 16; Num 11,6–9; Ps 78,23–25; 105,40 • 22: 16,19 • 23: 19,21 • 24: 19,18 • 26: Dtn 8,3; Mt 4,4; Lk 4,4 • 27: Ex 16,21; Num 11,8 • 28: Ps 57,9; 92,3 • 29: 15,10.

Finsternis – Feuersäule: 17,1 – 18,4

17 Groß und nicht zu ergründen sind
deine Entscheide; darum verfiel in
Irrtum, wer sich nicht belehren ließ. 2 Denn
die Frevler meinten, das heilige Volk knech-
ten zu können; und jetzt lagen sie da, Gefan-
gene der Finsternis, Gefesselte einer langen
Nacht, eingeschlossen in den Häusern, von
der ewigen Vorsehung verbannt. 3 Sie glaub-
ten, mit ihren geheimen Sünden unter der
dunklen Decke der Vergessenheit verborgen
zu sein; da packte sie furchtbares Entsetzen.
Sie wurden durch Trugbilder aufgeschreckt
und auseinander gejagt. 4 Auch der geheims-
te Winkel, in den sie sich flüchteten, konnte
sie nicht vor Furcht bewahren; Schrecken
erregendes Getöse umbrauste sie, und düste-
re Gespenster mit finsteren Mienen tauchten
auf. 5 Keine Kraft irgendeines Feuers war
stark genug, Licht zu bringen; nicht einmal
der strahlende Glanz der Gestirne vermochte
es, diese entsetzliche Nacht zu erhellen.
6 Nur einen schaurigen Feuerherd, der sich
von selbst entzündet hatte, sahen sie aufglü-
hen; verschwand die Erscheinung, so hielten
sie, außer sich vor Entsetzen, die Dinge, die
sie sahen, für noch schlimmer. 7 Da versag-
ten die Gaukeleien der Zauberkunst und die
Probe auf das prahlerische Wissen fiel
schmählich aus. 8 Jene, die immer verspra-
chen, Furcht und Verwirrung von der kran-
ken Seele zu bannen, krankten nun selber an
einer lächerlichen Angst. 9 Auch wenn nichts
Schreckliches sie ängstigte, wurden sie
durch raschelndes Getier und zischelnde
Schlangen aufgescheucht und vergingen vor
Furcht. Nicht einmal in die Luft wollten sie
blicken, der man doch nirgends entfliehen
kann. 10 Denn die Schlechtigkeit bezeugt
selbst ihr feiges Wesen, wenn sie gestraft
wird. Unter dem Druck des Gewissens be-
fürchtet sie immer das Schlimmste. 11 Furcht
ist ja nichts anderes als der Verzicht auf die
von der Vernunft angebotene Hilfe. 12 Je
weniger man solche Hilfe erwartet, umso
schlimmer erscheint es, die Ursache der Qual
nicht zu kennen. 13 In Wahrheit hatte jene
Nacht keine Gewalt; aus den Tiefen der
machtlosen Totenwelt war sie heraufgestie-
gen. Sie aber, die wie sonst schlafen wollten,
14 wurden bald durch Schreckgespenster
aufgescheucht, bald durch Mutlosigkeit ge-
lähmt; denn plötzliche und unerwartete
Furcht hatte sie befallen. 15 So wurde jeder
dort, wo er zu Boden sank, ein Gefangener,
der in einen Kerker ohne Eisenfesseln einge-
schlossen war. 16 Ob Bauer oder Hirt oder ein
Taglöhner, der einsam arbeitete, alle wurden
überrascht und mussten sich dem unentrinn-
baren Zwang fügen, alle wurden durch die
gleiche Kette der Finsternis gefesselt. 17 Das
Pfeifen des Windes, der wohlklingende Ge-
sang der Vögel auf den Zweigen der Bäume,
das Rauschen ungestüm strömender Wasser,
das wilde Donnern stürzender Felsen, 18 das
Laufen hüpfender Tiere, die man nicht sehen
konnte, das laute Gebrüll wilder Raubtiere,
das aus den Schluchten der Berge zurückge-
worfene Echo: alles und jedes jagte ihnen
lähmende Furcht ein. 19 Die ganze Welt
stand in strahlendem Licht und alle gingen
ungehindert ihrer Arbeit nach. 20 Nur über
jene breitete sich drückende Nacht aus, Bild
der Finsternis, die sie dereinst aufnehmen
sollte. Doch mehr als unter der Finsternis lit-
ten sie unter ihrer eigenen Angst.

18 Deinen Heiligen dagegen strahlte
hellstes Licht. Die anderen hörten
ihre Stimme, ohne sie selbst zu sehen, und
priesen sie glücklich, mochten diese vorher
noch so viel erduldet haben. 2 Sie dankten
ihnen, dass sie für das früher erlittene Un-
recht keine Rache nahmen, und baten um
Verzeihung für ihr feindliches Verhalten.
3 Statt jener Finsternis gabst du den Deinen
eine flammende Feuersäule als Führerin auf
unbekanntem Weg, als freundliche Sonne
auf ihrer ruhmvollen Wanderung. 4 Jene hin-
gegen hatten es verdient, des Lichtes beraubt
und in Finsternis gefangen zu sein, weil sie
einst deine Söhne eingeschlossen und gefan-
gen hielten, durch die das unvergängliche
Licht des Gesetzes der Welt gegeben werden
sollte.

17,1: Röm 11,33; Weish 5,6 • 2: Ex 1,11–14; 10,21–23; Ps 105,28 • 3: Ps 64,6f; Weish 18,17 • 7: 18,13; Ex 8,14f • 9: Ps 53,6; Spr 28,1 • 10: 17,6; Gen 4,14 • 15: 17,2; 18,4 • 18: 17,9 • 20: Ijob 10,21f; Mt 22,13; Jud 13 • 18,1: Ex 10,23 • 3: 10,17; Ex 13,21f; 40,36–38; Ps 78,14; 105,39 • 4: 17,2; Ps 119,105; Spr 6,23.

Tod der Erstgeborenen – Tod in der Wüste: 18,5–25

5 Sie hatten beschlossen, die Kinder der
Heiligen zu töten, und nur ein einziges Kind
wurde ausgesetzt und gerettet. Zur Strafe
hast du ihnen viele ihrer eigenen Kinder
weggenommen und sie alle auf einmal in ge-

17,1–20 Malt die Qualen des bösen Gewissens aus.

18,5 Das »Kind« ist Mose (vgl. 11,14; Ex 2,1–10).

waltiger Wasserflut vernichtet. 6 Jene Nacht
wurde unseren Vätern vorher angekündigt;
denn sie sollten zuversichtlich sein und si-
cher wissen, welchen eidlichen Zusagen sie
vertrauen konnten. 7 So erwartete dein Volk
die Rettung der Gerechten und den Unter-
gang der Feinde. 8 Während du die Gegner
straftest, hast du uns zu dir gerufen und ver-
herrlicht. 9 Denn im Verborgenen feierten
die frommen Söhne der Guten ihr Opferfest;
sie verpflichteten sich einmütig auf das gött-
liche Gesetz, dass die Heiligen in gleicher
Weise Güter wie Gefahren teilen sollten, und
sangen schon im Voraus die Loblieder der
Väter. 10 Da hallte ihnen das wirre Geschrei
der Feinde entgegen und sie hörten die laute
Klage über die toten Kinder. 11 Das gleiche
Urteil traf Herrn und Knecht; der Mann aus
dem Volk und der König hatten das gleiche
Leid zu tragen. 12 Durch die gleiche Todesart
hatten alle zusammen unzählige Tote. Es
waren nicht genügend Lebende da, um sie zu
begraben; denn mit einem Schlag waren die
besten Nachkommen vernichtet worden.
13 Bisher waren sie durch die Künste ihrer
Zauberer ungläubig geblieben; jetzt aber
mussten sie beim Untergang der Erstgebore-
nen bekennen: Dieses Volk ist Gottes Sohn.
14 Als tiefes Schweigen das All umfing und
die Nacht bis zur Mitte gelangt war, 15 da
sprang dein allmächtiges Wort vom Himmel,
vom königlichen Thron herab als harter
Krieger mitten in das dem Verderben ge-
weihte Land. 16 Es trug das scharfe Schwert
deines unerbittlichen Befehls, trat hin und
erfüllte alles mit Tod; es berührte den Him-
mel und stand auf der Erde. 17 Plötzlich
schreckten sie furchtbare Traumgesichte auf
und ungeahnte Ängste überfielen sie. 18 Ei-
ner stürzte hier, ein anderer dort halb tot zu
Boden und bekannte, aus welchem Grund er
sterben musste. 19 Denn die erschreckenden
Träume hatten es ihnen vorausgesagt; sie
sollten nicht umkommen, ohne zu wissen,
warum sie so Schlimmes erlitten.

20 Auch die Gerechten lernten eine Probe
des Todes kennen: Eine große Anzahl wurde
in der Wüste dahingerafft; doch der Zorn
hielt nicht lange an. 21 Ein Mann ohne Tadel
sprang als Vorkämpfer ein mit der Waffe sei-
nes heiligen Dienstes, mit Gebet und süh-
nendem Räucherwerk. Er trat dem Zorn ent-
gegen, machte dem Unheil ein Ende und
zeigte so, dass er dein Diener war. 22 Er über-
wand die Not nicht durch Körperkraft und
nicht durch Waffengewalt, sondern durch
das Wort bezwang er den Strafenden, indem
er ihn an die eidlich bekräftigten Bündnisse
mit den Vätern erinnerte. 23 Denn als die To-
ten sich schon häuften, trat er dazwischen,
hielt seinen Ansturm auf und schnitt ihm
den Weg zu den Lebenden ab. 24 Auf seinem
langen Gewand war die ganze Welt dar-
gestellt, auf den vier Reihen der Edelsteine
waren die ruhmreichen Namen der Väter
eingeschnitten und auf seinem Stirnband
dein hoheitsvoller Name. 25 Davor wich der
Verderber voll Furcht zurück; denn es ge-
nügte schon diese Probe des Zornes.

5: 11,7; Ex 1,15–17; 12,29f; Ps 78,51; 105,36; Weish 10,19; Ex 14,27f • 9: 2 Chr 30,21f • 10: Ex 12,29f • 12: Num 33,4 • 13: 17,7; Ex 7,11–13; 8,3; 12,31f; Weish 5,5; Ex 4,22f • 14: Ex 11,4; 12,23.29 • 15: Ps 107,20; 147,15.18 • 16: Jes 55,11; Weish 5,20; Hebr 4,12 • 17: 17,3; Ijob 4,13f • 20: Num 17,6–14 • 21: Ex 28,1; Num 17,16–26 • 23: Num 17,11–13 • 24: Ex 28,17–21; Sir 45,11; Ex 28,36–38; Sir 45,12 • 25: Ex 12,23.

Untergang im Meer – Rettung durch das Meer: 19,1–17

19 Über die Frevler kam erbarmungslo-
ser Zorn, bis sie vernichtet waren;
denn Gott wusste im Voraus, wie sie sich
verhalten würden: 2 Sie selbst hatten den
Abzug der Gerechten gestattet und sie sogar
dazu gedrängt; dann aber änderten sie ihren
Sinn und verfolgten sie. 3 Sie waren noch mit
der Bestattung der Toten beschäftigt und
klagten an ihren Gräbern, als sie in ihrer
Torheit einen anderen Entschluss fassten
und denen wie Entlaufenen nachsetzten, de-
nen sie flehentlich zugeredet hatten wegzu-
gehen. 4 Das selbst verschuldete Verhängnis
trieb sie in diesen Untergang und ließ sie al-
les vergessen, was geschehen war; denn sie
sollten über die bisherigen Plagen hinaus die
äußerste Strafe erleiden.

5 Deinem Volk aber sollte sich ein uner-
warteter Weg eröffnen, während jene einen
ungewöhnlichen Tod fanden. 6 Das Wesen
der ganzen Schöpfung wurde neu gestaltet;
sie gehorchte deinen Befehlen, damit deine
Kinder unversehrt bewahrt blieben. 7 Man
sah die Wolke, die das Lager überschattete,
trockenes Land tauchte auf, wo zuvor Was-
ser war; es zeigte sich ein Weg ohne Hinder-
nisse durch das Rote Meer, eine grüne Ebene

18,9 Später wurden beim Paschamahl die Psalmen 113–118 gesungen (vgl. Mt 26,30).

18,15 Das göttliche Wort, nämlich der Vernichtungsbeschluss Gottes, wird hier personifiziert; in Offb 19,11–21 zieht Christus, der »das Wort Gottes« heißt, vom Himmel zum Vernichtungskampf gegen die feindlichen Könige aus.

18,21–24 Gemeint ist der Hohepriester Aaron. Zu seinem Gewand vgl. Ex 28,5.

18,23 Ansturm: so nach Vg; G: Zorn (vgl. V. 20).

stieg aus der gewaltigen Flut. 8 Von deiner
Hand behütet, zogen sie vollzählig hindurch
und sahen staunenswerte Wunder. 9 Sie wei-
deten wie Rosse, hüpften wie Lämmer und
lobten dich, Herr, ihren Retter. 10 Denn sie
dachten zudem auch an das, was im fremden
Land geschehen war: wie Mücken nicht von
Tieren, sondern von der Erde hervorge-
bracht wurden und wie der Fluss nicht Was-
sertiere, sondern eine Menge Frösche aus-
warf. 11 Schließlich sahen sie auch Vögel auf
eine neue Weise entstehen, als sie, um ihre
Gier zu befriedigen, nach üppigen Speisen
verlangten. 12 Zu ihrem Trost entstiegen
nämlich Wachteln dem Meer.

13 Die Strafen kamen über die Sünder
nicht ohne Warnung durch wuchtige Blitze.
Mit Recht mussten sie für ihre bösen Taten
leiden, weil sie einen so schlimmen Frem-
denhass gezeigt hatten. 14 Während andere
die Unbekannten, die zu ihnen kamen, nicht
aufnahmen, machten diese sogar Gäste, die
ihre Wohltäter waren, zu Sklaven. 15 Noch
mehr: Gewiss wird auch jene eine Strafe
treffen, weil sie Fremde feindselig empfan-
gen hatten; 16 diese aber haben Gäste, die sie
festlich aufgenommen hatten und die schon
die gleichen Bürgerrechte genossen, mit
schwerem Frondienst geplagt. 17 Wie jene an
der Türe des Gerechten mit Blindheit ge-
schlagen wurden, so auch diese, als sie von
dichter Finsternis umgeben waren und jeder
versuchte, seine Türe zu finden.

1: Ex 14,13f • 2: Ex 12,31–33; 14,3–31 • 3: 18,12 • 4: 12,27 • 5: 10,18f • 6: 5,20; 16,24; 19,10f.18 • 7: Ex 14,19–22 • 9: Jes 63,13f; Ex 15 • 10: 16,9; Ex 8,12f; Weish 16,1; Ex 7,28 – 8,2 • 11: 16,2; 19,19 • 12: Num 11,31f • 13: Ex 9,18; Weish 12,26 • 14: Ri 19,15–30; Gen 47,25 • 17: Gen 19,10f; Weish 17,2; Ex 10,21–23.

Schluss: 19,18–22

18 Die Elemente verändern sich unterei-
nander, wie auf einer Harfe die Töne den
Rhythmus ändern und doch den gleichen
Klang behalten. Dies lässt sich aus der Be-
trachtung der Geschehnisse deutlich erken-
nen. 19 Landtiere verwandelten sich in Was-
sertiere und schwimmende Tiere stiegen ans
Land. 20 Das Feuer steigerte im Wasser die
ihm eigene Kraft und das Wasser vergaß sei-
ne löschende Wirkung. 21 Flammen verzehr-
ten nicht das Fleisch der hinfälligen Tiere,
die hineingerieten, noch schmolz im Feuer
die eisartige, leicht schmelzende himmlische
Speise. 22 In allem hast du, Herr, dein Volk
groß gemacht und verherrlicht; du hast es
nicht im Stich gelassen, sondern bist ihm im-
mer und überall beigestanden.

18: 16,25 • 20: 16,17f • 21: 16,22f • 22: Jes 41,10.

Das Buch Jesus Sirach

Als Verfasser des Buches wird in 50,27 und 51,30 ein Weisheitslehrer namens »Jesus, Sohn Eleasars, des Sohnes Sirachs« genannt. Die hebräisch-jüdische Bezeichnung des Buches lautet kurz Ben Sira; die griechische Bibel nennt es Siracides, die lateinische Liber Ecclesiasticus. Nach dem Vorwort des griechischen Übersetzers, eines Enkels des Verfassers, kommen als Abfassungszeit die Jahre um 180 v. Chr. in Betracht; Abfassungsort ist Jerusalem (vgl. die Anmerkung zu 50,27b).

Inhaltlich handelt es sich um eine lockere Sammlung von Lebens- und Verhaltensregeln, mit denen sich der Verfasser vor allem an die Jugend wendet, um sie für die Aufgaben und Schwierigkeiten des Lebens zu erziehen. Das Werk ist vom Buch der Sprichwörter abhängig, unterscheidet sich aber von diesem dadurch, dass es die weisheitlichen Themen mehr zusammenhängend und oft in Gegensatzpaaren behandelt: Weisheit und Torheit, Armut und Reichtum, Zucht und Zuchtlosigkeit, Gesundheit, Krankheit und Tod, Sklaven und Herren,

19,11f Der Verfasser deutet »vom Meer her« (Num 11,31) so, wie wenn die Wachteln aus dem Meer aufgetaucht wären.
19,14–17 Noch schlimmer als die Bewohner von Sodom (vgl. Gen 19,4–11), weil sie die Nachkommen Jakobs, der mit seinen Söhnen vom Pharao nach Ägypten eingeladen worden war (Gen 45,17f), nicht nach den Regeln des Gastrechts behandelten, sondern zu Fronsklaven machten (Ex 1,11–14).
19,17 Der »Gerechte« ist Lot.

wasser

wasser
erhält leben
macht wüste zu garten
reinigt von schmutz

wasser
zerstörende kaft
urgewalt des chaos
gefährliche tiefen

wasser
geheimnisvoll
tiefgründig
wohltuend

ich bin wasser für dich
du bist wasser für mich

Die Quelle des Gartens bist du,
ein Brunnen lebendigen Wassers,
Wasser von den Bergen des Libanon.
Hohelied 4,15

Foto: Erich Legler, Friedrichshafen

Freunde und Frauen. Haupttugend ist immer die Gottesfurcht (Kap. 1). Etwa die Mitte und den Höhepunkt des ganzen Buches bildet der Weisheitshymnus in Kap. 24. Nach der frommen Naturbetrachtung von 42,15 – 43,33 folgt als letztes Thema das »Lob der Väter« (44,1 – 50,24), ein kurzer Überblick über die alttestamentliche Heilsgeschichte.

Der Verfasser verbindet harmonisch die Treue zum althergebrachten Glauben mit der Offenheit für die Probleme seiner Zeit. Den Hellenismus, der auch in jüdischen Kreisen mehr und mehr Eingang findet, bekämpft er nicht, so weit er sich mit der jüdischen Religion vereinbaren lässt. Das mosaische Gesetz weitet sich bei ihm zur göttlichen Schöpfungsordnung, die für alle Zeiten Wert und Gültigkeit besitzt. So bietet das Buch Jesus Sirach über die Zeit des damaligen kulturellen Umbruchs hinaus humane und sittlich-religiöse Leitsätze für den Weg zu echter Weisheit.

Als spätes Werk fand dieses Buch keine Aufnahme mehr in den jüdischen Kanon. Die Kirche übernahm es wie die anderen deuterokanonischen Bücher als Heilige Schrift. Im Neuen Testament, besonders im Jakobusbrief, sowie in den frühchristlichen Schriften stehen zahlreiche Anspielungen oder sogar Zitate aus dem Buch Jesus Sirach. Hieronymus behauptet, er habe den hebräischen Text noch gekannt. Später war das Buch jedoch nur noch in den alten Übersetzungen vorhanden. In diesen lassen sich viele erklärende und erweiternde Zusätze nachweisen. Im Jahr 1896 und in der folgenden Zeit wurden fünf hebräische Handschriftenfragmente aus dem 11. oder 12. Jh. n. Chr., die aus einem Abstellraum (»Genisa«) der Synagoge in Alt-Kairo stammen, entdeckt, sodass seither etwa zwei Drittel des hebräischen Textes bekannt sind. Aber auch diese hebräischen Fragmente enthalten einen Text, der Zusätze und Wiederholungen aufweist. Offenbar hat man schon im ersten vorchristlichen und bis ins zweite nachchristliche Jahrhundert den griechischen wie den hebräischen Text der zeitgenössischen Denk- und Sprechweise angepasst. Nahe an die Zeit des Verfassers reichen einige wertvolle, freilich nur kurze hebräische Fragmente heran, die neuestens in Qumran (6,20–31; 51,12–20) und in Masada (39,27– 44,17 mit Lücken) ans Licht kamen.

DAS VORWORT ZUR GRIECHISCHEN ÜBERSETZUNG

Vieles und Großes ist uns durch das Gesetz, die Propheten und die anderen Schriften, die ihnen folgen, geschenkt worden. Dafür ist Israel zu loben wegen seiner Bildung und Weisheit. Doch soll jeder, der sie zu lesen versteht, nicht nur sich selbst daran bilden, sondern die Gelehrten sollen auch imstande sein, andere durch Wort und Schrift zu fördern.

So befasste sich mein Großvater Jesus sorgfältig mit dem Gesetz, mit den Propheten und mit den anderen von den Vätern überkommenen Schriften. Er verschaffte sich eine gründliche Kenntnis von ihnen und fühlte sich dann gedrängt, auch selbst etwas zu schreiben, um dadurch Bildung und Weisheit zu fördern. Wer es sich mit Liebe aneignet, wird es in einem gesetzestreuen Leben noch vermehren. Ihr seid nun aufgefordert, mit Wohlwollen und Aufmerksamkeit zu lesen. Doch mögt ihr Nachsicht üben, wenn wir vielleicht einige der schwer zu übersetzenden Ausdrücke unbefriedigend wiedergegeben haben. Es ist ja nicht gleich, ob man etwas in der hebräischen Grundsprache liest oder ob es in eine andere Sprache übertragen wird. Nicht nur dieses Buch, sondern auch das Gesetz, die Propheten und die übrigen Schriften weisen keinen geringen Unterschied auf, wenn man sie in der Grundsprache liest.

Ich kam im achtunddreißigsten Jahr des Königs Euergetes nach Ägypten und hielt mich dort eine Zeit lang auf. Da ich dort eine ähnlich hohe Bildung vorfand, habe ich es für notwendig gehalten, auch selbst Fleiß und Mühe aufzuwenden, um dieses Buch zu übersetzen. Inzwischen habe ich mit rastlosem Eifer und mit Sachkenntnis das Werk abgeschlossen, um es für jene herauszugeben, die sich auch in der Fremde weiterbilden wollen und sich vorgenommen haben, nach dem Gesetz zu leben.

Vorwort: Für die Datierung ist die Angabe wichtig, dass der Enkel im 38. Jahr des Königs Euergetes (170–111 v. Chr.) nach Ägypten kam, also 132 v. Chr. Er wird um 152 v. Chr. geboren sein. Dann ist sein Vater vermutlich um 182 v. Chr. geboren. Der Verfasser schrieb wahrscheinlich in fortgeschrittenem Alter, wohl nicht vor 180 v. Chr.

ERZIEHUNG ZUR WEISHEIT: 1,1 – 4,19

Die Quelle der Weisheit: 1,1–10

1 Alle Weisheit stammt vom Herrn / und
ewig ist sie bei ihm.
2 Den Sand des Meeres, die Tropfen des
Regens / und die Tage der Vorzeit, wer hat
sie gezählt?
3 Die Höhe des Himmels, die Breite der
Erde / und die Tiefe des Meeres, wer hat sie
gemessen?
4 Früher als sie alle ist die Weisheit er-
schaffen, / von Ewigkeit her die verständige
Einsicht.
6 Die Wurzel der Weisheit – wem wurde sie
enthüllt, / ihre Pläne – wer hat sie durch-
schaut?
8 Nur einer ist weise, höchst Ehrfurcht ge-
bietend: / der auf seinem Thron sitzt, der
Herr.
9 Er hat sie geschaffen, geschaut und ge-
zählt, / sie ausgegossen über all seine Wer-
ke.
10 Den Menschen ist sie unterschiedlich
zugeteilt; / er spendet sie denen, die ihn
fürchten.

1: Spr 2,6; Weish 7,25.

Die Krone der Weisheit: 1,11–20

11 Die Gottesfurcht ist Ruhm und Ehre, /
Hoheit ist sie und eine prächtige Krone.
12 Die Gottesfurcht macht das Herz froh, /
sie gibt Freude, Frohsinn und langes Le-
ben.
13 Dem Gottesfürchtigen geht es am Ende
gut, / am Tag seines Todes wird er geprie-
sen.
14 Anfang der Weisheit ist die Gottes-
furcht, / den Glaubenden ist sie angeboren.
15 Bei den Frommen hat sie einen dauern-
den Wohnsitz / und bei ihren Nachkommen
wird sie bleiben.
16 Fülle der Weisheit ist die Gottesfurcht, /
sie labt die Menschen mit ihren Früchten.
17 Ihr ganzes Haus füllt sie mit Schätzen
an, / die Speicher mit ihren Gütern.
18 Krone der Weisheit ist die Gottes-
furcht, / sie lässt Heil und Gesundheit
sprossen.
19 Verständnis und weise Einsicht gießt sie
aus, / sie erhöht den Ruhm aller, die an ihr
fest halten.
20 Wurzel der Weisheit ist die Gottes-
furcht, / ihre Zweige sind langes Leben.

12: Spr 4,10 • 13: 11,28 • 14: Spr 1,7; Ps 111,10 • 17: Spr 8,18f • 19: Spr 4,8.

Der Feind der Weisheit: 1,21–30

21 Die Gottesfurcht hält Sünden fern, / wer
in ihr verbleibt, vertreibt allen Zorn.
22 Ungerechter Zorn kann nicht Recht be-
halten, / wütender Zorn bringt zu Fall.
23 Der Geduldige hält aus bis zur rechten
Zeit, / doch dann erfährt er Freude.
24 Bis zur rechten Zeit hält er mit seinen
Worten zurück, / dann werden viele seine
Klugheit preisen.
25 In den Kammern der Weisheit liegen
kluge Sinnsprüche, / doch dem Sünder ist
die Gottesfurcht ein Gräuel.
26 Begehrst du Weisheit, so halte die Gebo-
te / und der Herr wird dir die Weisheit
schenken.
27 Denn die Gottesfurcht ist Weisheit und
Bildung, / an Treue und Demut hat Gott Ge-
fallen.
28 Sei nicht misstrauisch gegen die Gottes-
furcht / und nahe ihr nicht mit zwiespälti-
gem Herzen!
29 Sei kein Heuchler vor den Menschen /
und hab Acht auf deine Lippen!
30 Überhebe dich nicht, damit du nicht
fällst / und Schande über dich bringst;
sonst enthüllt der Herr, was du verbirgst, /
und bringt dich zu Fall inmitten der Ge-
meinde,
weil du dich der Gottesfurcht genaht
hast, / obwohl dein Herz voll Trug war.

27: Spr 15,33 • 30: Spr 16,18.

Vertrauen und Treue gegen Gott: 2,1–18

2 Mein Sohn, wenn du dem Herrn dienen
willst, / dann mach dich auf Prüfung
gefasst!
2 Sei tapfer und stark, / zur Zeit der Heim-
suchung überstürze nichts!

1,5.7 sind spätere Zusätze, sie lauten:
5 Die Quelle der Weisheit ist das Wort Gottes in der Höhe; / ihre Wege sind die ewigen Gebote.
7 Die Kenntnis der Weisheit, wem wurde sie offenbart? Ihre mannigfachen Wege, wer hat sie erkannt?

1,10b So mit einigen Textzeugen und nach dem Zusammenhang; die meisten G-Handschriften: die ihn lieben.

1,19a Oder mit S: Sie ist ein starker Stab und eine herrliche Stütze.

1,30 So mit S. – Vg zählt in Kap. 1 40 Verse.

[3] Hänge am Herrn und weiche nicht ab, / damit du am Ende erhöht wirst.
[4] Nimm alles an, was über dich kommen mag, / halt aus in vielfacher Bedrängnis!
[5] Denn im Feuer wird das Gold geprüft / und jeder, der Gott gefällt, im Schmelzofen der Bedrängnis.
[6] Vertrau auf Gott, er wird dir helfen, / hoffe auf ihn, er wird deine Wege ebnen.
[7] Ihr, die ihr den Herrn fürchtet, / hofft auf sein Erbarmen, / weicht nicht ab, damit ihr nicht zu Fall kommt.
[8] Ihr, die ihr den Herrn fürchtet, vertraut auf ihn / und er wird euch den Lohn nicht vorenthalten.
[9] Ihr, die ihr den Herrn fürchtet, hofft auf Heil, / auf immer währende Freude und auf Erbarmen!
[10] Schaut auf die früheren Generationen und seht: / Wer hat auf den Herrn vertraut / und ist dabei zuschanden geworden?
Wer hoffte auf ihn und wurde verlassen? / Wer rief ihn an und er erhörte ihn nicht?
[11] Denn gnädig und barmherzig ist der Herr; / er vergibt die Sünden und hilft zur Zeit der Not.
[12] Weh den mutlosen Herzen und den schlaffen Händen, / dem Menschen, der auf zweierlei Wegen geht.
[13] Weh dem schlaffen Herzen, weil es nicht glaubt; / darum wird es keinen Schutz haben.
[14] Weh euch, die ihr die Hoffnung verloren habt. / Was werdet ihr tun, wenn euch der Herr zur Rechenschaft zieht?
[15] Wer den Herrn fürchtet, ist nicht ungehorsam gegen sein Wort, / wer ihn liebt, hält seine Wege ein.
[16] Wer den Herrn fürchtet, sucht ihm zu gefallen, / wer ihn liebt, ist erfüllt von seinem Gesetz.
[17] Wer den Herrn fürchtet, macht sein Herz bereit / und demütigt sich vor ihm.
[18] Besser ist es, in die Hände des Herrn zu fallen / als in die Hände der Menschen.
Denn wie seine Größe, so ist sein Erbarmen, / und wie sein Name, so sind auch seine Werke.

6: Spr 3,6 • 8: 16,14; 51,30 • 10: Ps 37,25 • 14: 17,24; 41,2 • 18: 2 Sam 24,14.

Ehrfurcht gegen die Eltern: 3,1–16

3 Hört, ihr Söhne, was das Recht des Vaters ist, / und handelt danach, damit es euch gut geht.
[2] Denn der Herr hat den Kindern befohlen, ihren Vater zu ehren, / und die Söhne verpflichtet, das Recht ihrer Mutter zu achten.
[3] Wer den Vater ehrt, erlangt Verzeihung der Sünden, / [4] und wer seine Mutter achtet, / gleicht einem Menschen, der Schätze sammelt.
[5] Wer den Vater ehrt, wird Freude haben an den eigenen Kindern, / und wenn er betet, wird er Erhörung finden.
[6] Wer den Vater achtet, wird lange leben, / und wer seiner Mutter Ehre erweist, der erweist sie dem Herrn.
[7] Wer den Herrn fürchtet, ehrt seinen Vater / und dient seinen Eltern wie Vorgesetzten.
[8] Mein Sohn, ehre deinen Vater in Wort und Tat, / damit aller Segen über dich kommt.
[9] Der Segen des Vaters festigt die Wurzel, / doch der Fluch der Mutter reißt die junge Pflanze aus.
[10] Such deinen Ruhm nicht darin, den Vater herabzusetzen, / denn das ist keine Ehre für dich.
[11] Die Ehre eines Menschen ist die seines Vaters; / wer seine Mutter verachtet, sündigt schwer.
[12] Mein Sohn, wenn dein Vater alt ist, nimm dich seiner an / und betrübe ihn nicht, solange er lebt.
[13] Wenn sein Verstand abnimmt, sieh es ihm nach / und beschäme ihn nicht in deiner Vollkraft!
[14] Denn die Liebe zum Vater wird nicht vergessen, / sie wird als Sühne für deine Sünden eingetragen.
[15] Zur Zeit der Bedrängnis wird sie dir vergolten werden; / sie lässt deine Sünden schmelzen wie Wärme den Reif.
[16] Wie ein Gotteslästerer handelt, wer seinen Vater im Stich lässt, / und von Gott ist verflucht, wer seine Mutter kränkt.

2: Ex 20,12; Dtn 5,16; Spr 10,1 • 11: Spr 30,17 • 13: Spr 23,22.

2,6b Übersetzung nach S und Origenes; weniger gut G: Ebne deine Wege und hoffe auf ihn!
2,8b G hat leicht geändert: und euer Lohn wird nicht ausbleiben.
2,9b Erbarmen: nach G, wie in V. 7a; S: Rettung.
2,12b dem Menschen: nach S; G verschärft: dem Sünder.
2,18d Fehlt in G zu Unrecht.
3,9 So nach H; G: Denn der Segen des Vaters baut den Kindern feste Häuser, doch der Fluch der Mutter reißt die Fundamente aus.

Bescheidenheit: 3,17–31

17 Mein Sohn, bei all deinem Tun bleibe
bescheiden / und du wirst mehr geliebt wer-
den als einer, der Gaben verteilt.
18 Je größer du bist, umso mehr bescheide
dich, / dann wirst du Gnade finden bei
Gott.
20 Denn groß ist die Macht Gottes / und
von den Demütigen wird er verherrlicht.
21 Such nicht zu ergründen, was dir zu
wunderbar ist, / untersuch nicht, was dir
verhüllt ist.
22 Was dir zugewiesen ist, magst du durch-
forschen, / doch das Verborgene hast du
nicht nötig.
23 Such nicht hartnäckig zu erfahren, / was
deine Kraft übersteigt. / Es ist schon zu viel,
was du sehen darfst.
24 Vielfältig sind die Gedanken der Men-
schen, / schlimmer Wahn führt in die Irre.
25 [Wer kein Auge hat, dem fehlt das
Licht, / wer keine Einsicht hat, dem fehlt
die Weisheit.]
26 Ein trotziges Herz nimmt ein böses
Ende, / wer aber das Gute liebt, den wird es
geleiten.
27 Ein trotziges Herz schafft sich viel
Leid / und der Frevler häuft Sünde auf
Sünde.
28 Für die Wunde des Übermütigen gibt es
keine Heilung, / denn ein giftiges Kraut hat
in ihm seine Wurzeln.
29 Ein weises Herz versteht die Sinnsprü-
che [der Weisen], / ein Ohr, das auf die Weis-
heit hört, macht Freude.
30 Wie Wasser loderndes Feuer löscht, / so
sühnt Mildtätigkeit Sünde.
31 Wer Gutes tut, dem begegnet es auf sei-
nen Wegen, / sobald er wankt, findet er eine
Stütze.

18: Spr 3,34 • 29: Spr 2,2 • 31: Spr 11,18–20.

Mildtätigkeit: 4,1–10

4 Mein Sohn, entzieh dem Armen nicht
den Lebensunterhalt / und lass die Au-
gen des Betrübten nicht vergebens warten!
2 Enttäusche den Hungrigen nicht / und
das Herz des Unglücklichen errege nicht!
3 Verweigere die Gabe dem Bedürftigen
nicht 4 und missachte nicht die Bitten des
Geringen!
5 Verbirg dich nicht vor dem Verzweifel-
ten / und gib ihm keinen Anlass, dich zu
verfluchen.
6 Schreit der Betrübte im Schmerz seiner
Seele, / so wird Gott, sein Fels, auf sein Weh-
geschrei hören.
7 Mach dich beliebt in der Gemeinde, /
beuge das Haupt vor dem, der sie führt.
8 Neige dem Armen dein Ohr zu / und er-
widere ihm freundlich den Gruß!
9 Rette den Bedrängten vor seinen Bedrän-
gern; / ein gerechtes Gericht sei dir nicht wi-
derwärtig.
10 Sei den Waisen wie ein Vater / und den
Witwen wie ein Gatte!
Dann wird Gott dich seinen Sohn nen-
nen, / er wird Erbarmen mit dir haben / und
dich vor dem Grab bewahren.

6: Dtn 32,3f • 9: Spr 17,15; 31,8f • 10: Ijob 29,12f .

Der Weg zum Leben: 4,11–19

11 Die Weisheit belehrt ihre Söhne, / sie
mahnt eindringlich alle, die auf sie achten.
12 Wer sie liebt, liebt das Leben, / wer sie
sucht, wird Gott gefallen.
13 Wer sie ergreift, findet Ehre beim
Herrn / und wird unter Gottes Segen le-
ben.
14 Der Dienst an ihr ist Dienst am Heilig-
tum; / wer sie liebt, den liebt der Herr.
15 Wer auf mich hört, wird gerecht rich-
ten, / wer mir zuhört, wohnt in meinen in-
nersten Kammern.
16 Hat er Vertrauen zu mir, wird er mich
erlangen, / auch seine Nachkommen werden
mich besitzen.
17 Denn unerkannt gehe ich mit ihm / und
prüfe ihn durch Versuchungen.
Furcht und Bangen lasse ich über ihn
kommen, / bis sein Herz von mir erfüllt ist.
18 Dann wende ich mich ihm zu, / zeige ihm
den geraden Weg und enthülle ihm meine
Geheimnisse.
19 Weicht er ab, so verwerfe ich ihn / und
überlasse ihn denen, die ihn vernichten.

12: Spr 8,35; 12,2; 18,22 • 17: 2,1.

3,18 Der folgende V. 19 entfällt, da nur von wenigen Textzeugen überliefert.

3,25 Fehlt im älteren G- und im Vg-Text; späterer Zusatz.

3,29b G: Ein aufmerksames Ohr ist der Wunsch des Weisen.

4,2–5 Text korr.; in H und G Doppelungen.

4,9b Nach G: Sei nicht feig im Gericht!

4,10cd G: Dann wirst du wie ein Sohn des Höchsten sein; er wird dich mehr lieben als deine Mutter.

DIE GOTTESFURCHT IM LEBEN DER GEMEINSCHAFT: 4,20 – 18,14

Die echte und die falsche Scham: 4,20–30

20 Mein Sohn, achte auf die rechte Zeit /
und scheue das Unrecht! Deiner selbst sollst
du dich nicht schämen müssen.
21 Es gibt eine Scham, die Sünde bringt, /
und eine Scham, die Ehre und Ruhm einträgt.
22 Sei nicht parteiisch, dir selbst zum Schaden, / strauchle nicht, dir selbst zum Fall.
23 Halte zur rechten Zeit dein Wort nicht
zurück, / verbirg deine Weisheit nicht!
24 Denn die Weisheit zeigt sich in der
Rede / und die Einsicht in der Antwort der
Zunge.
25 Widerstreite der Wahrheit nicht; / deiner Torheit sollst du dich schämen.
26 Schäme dich nicht, von der Sünde umzukehren, / leiste nicht trotzig Widerstand!
27 Unterwirf dich nicht dem Toren, / nimm
keine Rücksicht auf den Herrscher!
28 Bis zum Tod setz dich ein für das
Recht, / dann wird der Herr für dich kämpfen.
29 Sei nicht prahlerisch mit deinen Worten / und schlaff und matt in deinem Tun!
30 Spiel nicht in deinem Haus den Löwen, /
vor dem sich deine Knechte fürchten müssen.

20: Koh 3,1 • 21: 41,16 – 42,8 • 26: 5,7.

Das rechte Verhalten gegen den Besitz: 4,31 – 5,8

31 Deine Hand sei nicht ausgestreckt zum
Nehmen / und verschlossen beim Zurückgeben.
5 Verlass dich nicht auf deinen Reichtum /
und sag nicht: Ich kann es mir leisten.
2 Folg nicht deinem Herzen und deinen
Augen, / um nach dem Begehren deiner Seele
zu leben.
3 Sag nicht: Wer vermag etwas gegen meine Macht? / Denn der Herr rächt die Verfolgten.
4 Sag nicht: Ich habe gesündigt, / doch was
ist mir geschehen? / Denn der Herr hat viel
Geduld.
5 Verlass dich nicht auf die Vergebung, /
füge nicht Sünde an Sünde,
6 indem du sagst: Seine Barmherzigkeit ist
groß, / er wird mir viele Sünden verzeihen.
Denn Erbarmen ist bei ihm, aber auch
Zorn, / auf den Frevlern ruht sein Grimm.
7 Zögere nicht, dich zu ihm zu bekehren, /
verschieb es nicht Tag um Tag!
Denn sein Zorn bricht plötzlich aus, / zur
Zeit der Vergeltung wirst du dahingerafft.
8 Vertrau nicht auf trügerische Schätze; /
sie nützen nichts am Tag des Zorns.

5,1: Ps 62,11 • 5: 7,8 • 8: Spr 11,4.

Die Verantwortung beim Reden: 5,9 – 6,4

9 Worfle nicht bei jedem Wind / und geh
nicht auf jedem Pfad!
10 Bleib fest bei deiner Überzeugung, / eindeutig sei deine Rede.
11 Sei schnell bereit zum Hören, / aber bedächtig bei der Antwort!
12 Nur wenn du imstande bist, antworte
deinem Mitmenschen, / wenn nicht, leg die
Hand auf den Mund!
13 Ehre und Schmach liegen in der Hand
des Schwätzers, / des Menschen Zunge ist
sein Untergang.
14 Lass dich nicht doppelzüngig nennen /
und verleumde niemand mit deinen Worten!
Denn für den Dieb ist Schande bestimmt, /
schlimme Schmach für den Doppelzüngigen.
15 Im Kleinen wie im Großen handle nicht
unrecht, / sei nicht statt eines Freundes ein
Feind!
6 Schlimmen Ruf und Schande erntet die
schmähsüchtige Frau, / ebenso schlecht
ist der doppelzüngige Mann.
2 Verfall nicht der Macht deiner Gier; / sie
wird wie ein Stier deine Kraft abweiden.
3 Dein Laub wird sie fressen, deine Früchte verderben / und dich zurücklassen wie
einen dürren Baum.
4 Freche Gier richtet ihre Opfer zugrunde /
und macht sie zum Gespött des Feindes.

5,11: Jak 1,19 • 12: Spr 30,32 • 13: 23,8; Spr 10,14.

Die Freundschaft: 6,5–17

5 Sanfte Rede erwirbt viele Freunde, /
freundliche Lippen sind willkommen.
6 Viele seien es, die dich grüßen, / dein Vertrauter aber sei nur einer aus tausend.
7 Willst du einen Freund gewinnen, / ge-

5,3b Andere Übersetzungsmöglichkeit nach G: Denn der Herr ist ein strenger Richter.

5,9a Zu »worfeln« vgl. die Anmerkung zu Rut 3,2–4.

winne ihn durch Erprobung, / schenk ihm
nicht zu schnell dein Vertrauen!
8 Mancher ist Freund je nach der Zeit, / am
Tag der Not hält er nicht stand.
9 Mancher Freund wird zum Feind, / unter
Schmähungen deckt er den Streit mit dir
auf.
10 Mancher ist Freund als Gast am Tisch, /
am Tag des Unheils ist er nicht zu finden.
11 In deinem Glück ist er eins mit dir, / in
deinem Unglück trennt er sich von dir.
12 Trifft dich ein Unglück, wendet er sich
gegen dich / und hält sich vor dir verbor-
gen.
13 Von deinen Feinden halte dich fern, / vor
deinen Freunden sei auf der Hut!
14 Ein treuer Freund ist wie ein festes
Zelt; / wer einen solchen findet, hat einen
Schatz gefunden.
15 Für einen treuen Freund gibt es keinen
Preis, / nichts wiegt seinen Wert auf.
16 Das Leben ist geborgen bei einem
treuen Freund, / ihn findet, wer Gott fürch-
tet.
17 Wer den Herrn fürchtet, hält rechte
Freundschaft, / wie er selbst, so ist auch sein
Freund.

5: Spr 15,4 • 7: 19,4 • 10: 37,4; Spr 19,4.

Der Weg zur Weisheit: 6,18–37

18 Mein Sohn, lerne Zucht von Jugend an /
und du wirst Weisheit gewinnen, bis du er-
graut bist.
19 Wie ein Pflüger und Schnitter geh auf
sie zu / und warte auf ihren reichen Er-
trag!
Du wirst in ihrem Dienst nur wenig Mühe
haben / und bald ihre Früchte genießen.
20 Rau ist sie für den Toren, / wer ohne Ein-
sicht ist, erträgt sie nicht.
21 Wie ein schwerer Stein lastet sie auf
ihm, / er zögert nicht, sie abzuwerfen.
22 Denn die Zucht ist wie ihr Name, / vie-
len ist sie unbequem.
23 Höre, mein Sohn, nimm meine Lehre
an, / verschmäh nicht meinen Rat!
24 Bring deine Füße in ihre Fesseln, / dei-
nen Hals unter ihr Joch!
25 Beuge deinen Nacken und trage sie, /
werde ihrer Stricke nicht überdrüssig!
26 Mit ganzem Herzen schreite auf sie zu, /
mit voller Kraft halte ihre Wege ein!
27 Frage und forsche, suche und finde! /
Hast du sie erfasst, lass sie nicht wieder los!
28 Denn schließlich wirst du bei ihr Ruhe
finden, / sie wandelt sich dir in Freude.
29 Ihre Fessel wird dir zum sicheren
Schutz, / ihre Stricke werden zu goldenen
Gewändern.
30 Ein Goldschmuck ist ihr Joch, / ihre
Garne sind ein Purpurband.
31 Als Prachtgewand kannst du sie anle-
gen, / sie aufsetzen als herrliche Krone.
32 Wenn du willst, mein Sohn, kannst du
weise werden, / du wirst klug, wenn du dein
Herz darauf richtest.
33 Bist du bereit zu hören, so wirst du be-
lehrt, / neigst du dein Ohr, erlangst du Bil-
dung.
34 Verweile gern im Kreis der Alten, / wer
weise ist, dem schließ dich an!
35 Lausche gern jeder ernsten Rede, / kei-
nen Weisheitsspruch lass dir entgehen!
36 Achte auf den, der Weisheit hat, und
suche ihn auf; / dein Fuß trete seine Tür-
schwelle aus.
37 Achte auf die Furcht vor dem Herrn, /
sinn allezeit über seine Gebote nach!
Dann gibt er deinem Herzen Einsicht, / er
macht dich weise, wie du es begehrst.

25: 51,26 • 31: Spr 4,9 • 37: Ps 1,2.

Gefahren für den Weisen: 7,1–17

7 Tu nichts Böses, so trifft dich nichts
Böses. / 2 Bleib der Sünde fern, so mei-
det sie dich.
3 Säe nicht in Furchen des Unrechts, / da-
mit du es nicht siebenfach erntest.
4 Begehr von Gott kein Herrscheramt / und
vom König keinen Ehrenplatz!
5 Halte dich nicht für gerecht vor Gott, /
nicht für klug vor dem König!
6 Begehr nicht, Herrscher zu werden, /
wenn dir die Kraft fehlt, dem Übermut zu
steuern;
du würdest sonst den Vornehmen fürch-
ten / und deine Ehre beflecken.
7 Setz dich nicht ins Unrecht bei der Ver-
sammlung am Tor, / bring dich nicht selbst
zu Fall vor der Gemeinde!
8 Sinne nicht darauf, die Sünde zu wieder-
holen; / schon bei einer bleibst du nicht
straflos.
9 Sag nicht: Auf die Menge meiner Gaben

6,11b G: und gegen deine Sklaven tritt er freimütig auf.

6,16a Wörtlich: Ein treuer Freund ist ein Beutel des Lebens. Zu diesem Bild vgl. die Anmerkung zu 1 Sam 25,29. Wie eine Kostbarkeit in einem Beutel verborgen wird, so ist das Leben bei Gott und bei einem Freund gut aufgehoben.

7,7 Vor Parteilichkeit, besonders bei den Gerichtssitzungen am Tor der Stadt, wird im AT oft gewarnt (vgl. Lev 19,15; Spr 17,15; 24,23f; Jes 1,17.23).

wird Gott sehen, / und wenn ich dem Höchsten opfere, nimmt er es an.
10 Sei nicht kleinmütig beim Gebet / und nicht säumig beim Wohltun!
11 Blick nicht geringschätzig auf einen Verbitterten; / bedenk, dass einer da ist, der erhöht und erniedrigt.
12 Sinne nicht auf Unrecht gegen deinen Bruder, / auch nicht gegen den Freund und Gefährten.
13 Jede Lüge missfalle dir; / denn sie hat nichts Gutes zu erhoffen.
14 Rede nicht heimlich in der Versammlung der Fürsten / und wiederhol nicht die Worte beim Gebet!
15 Sei nicht leichtfertig bei der schweren Arbeit auf dem Acker, / denn von Gott ist sie zugewiesen.
16 Überschätz dich nicht vor dem Volk; / bedenk, dass der Zorn nicht ausbleibt.
17 Demütige deinen Stolz ganz tief, / denn was den Menschen erwartet, ist die Verwesung.
[Sag nicht vorschnell: Welch ein Widersinn! / Überlass es Gott und willige ein in seinen Weg!]

3: Spr 22,8; Ijob 4,8 • 8: 5,5f • 14: 11,8 • 16: Spr 16,18 • 17: Weish 15,10.

Das rechte Verhalten im häuslichen Kreis: 7,18–28

18 Wechsle keinen Freund für Geld, / einen treuen Bruder nicht für Gold aus Ofir!
19 Verachte nicht eine kluge Frau; / liebenswürdige Güte ist mehr wert als Perlen.
20 Misshandle einen Sklaven nicht, der dir treu dient, / auch nicht einen Tagelöhner, der sich willig einsetzt.
21 Einen klugen Sklaven liebe wie dich selbst, / verweigere ihm die Freilassung nicht!
22 Hast du Vieh, so schau darauf; / ist es brauchbar, so behalt es!
23 Hast du Söhne, nimm sie in Zucht / und gib ihnen Frauen in jungen Jahren!
24 Hast du Töchter, so behüte ihren Leib; / zeig dich ihnen nicht allzu freundlich!
25 Bring die Tochter aus dem Haus, dann zieht die Sorge aus; / doch verheirate sie nur mit einem verständigen Mann!
26 Hast du eine Frau, so verstoße sie nicht / und schenk dein Vertrauen keiner Geschiedenen!
27 Ehre deinen Vater von ganzem Herzen, / vergiss niemals die Schmerzen deiner Mutter!
28 Denk daran, dass sie dir das Leben gaben. / Wie kannst du ihnen vergelten, was sie für dich taten?

27–28: Tob 4,3f • 27: 3,1–16.

Die Erfüllung heiliger Pflichten: 7,29–36

29 Fürchte Gott von ganzem Herzen, / seine Priester halt in Ehren!
30 Liebe deinen Schöpfer mit aller Kraft / und lass seine Diener nie im Stich!
31 Ehre Gott und achte den Priester, / entrichte ihm den Anteil, wie es dir geboten ist:
den Speiseanteil vom Schuldopfer und die freiwillige Abgabe, / die gesetzlichen Schlachtopfer und die heilige Abgabe.
32 Streck deine Hand auch dem Armen entgegen, / damit dein Segen vollkommen sei.
33 Schenk jedem Lebenden deine Gaben / und auch dem Toten versag deine Liebe nicht!
34 Entzieh dich nicht den Weinenden, / vielmehr trauere mit den Trauernden!
35 Säume nicht, den Kranken zu besuchen, / dann wirst du von ihm geliebt.
36 Bei allem, was du tust, denk an das Ende, / so wirst du niemals sündigen.

Takt und Klugheit: 8,1–19

8 Streite nicht mit einem Mächtigen, / damit du ihm nicht in die Hände fällst.
2 Kämpf nicht gegen einen Reichen an, / sonst wirft er zu deinem Verderben sein Geld ins Gewicht.
Schon viele hat das Geld übermütig gemacht, / die Herzen der Großen hat es verführt.
3 Zank nicht mit einem Schwätzer / und leg nicht noch Holz auf das Feuer!
4 Pflege keinen Umgang mit einem Toren; / er wird die Weisen doch nur verachten.
5 Beschäm keinen, der sich von der Sünde bekehrt hat; / denk daran, dass wir alle schuldig sind.

7,15 Die Landwirtschaft ist dem Menschen von Gott aufgetragen (vgl. Gen 2,15; 3,23; Jes 28,24–26).
7,17cd Fehlt in G und S.
7,23b Im Orient verheiratet der Vater seine Söhne und Töchter.
7,26 Im AT waren Polygamie und Ehescheidung möglich (vgl. 25,14; Dtn 24,1; Spr 30,23; Mt 19,7f; Mk 10,4f).

6 Beschimpf keinen alten Mann, / denn
auch mancher von uns wird ein Greis.
7 Freu dich nicht, wenn einer gestorben
ist, / bedenk: Wir alle werden sterben.
8 Verwirf die Rede der Weisen nicht, / wirf
dich vielmehr auf ihre Sinnsprüche!
Denn dadurch wirst du Bildung lernen, /
um vor Fürsten stehen zu können.
9 Verachte nicht die Überlieferung der Al-
ten, / die sie übernommen haben von ihren
Vätern.
Dann wirst du Einsicht lernen, / um ant-
worten zu können, sobald es notwendig ist.
10 Entzünde nicht die Glut des Frevlers, /
damit du in der Flamme seines Feuers nicht
verbrennst.
11 Weich einem Zuchtlosen nicht aus, /
sonst lauert er heimlich auf deine Reden.
12 Borge keinem, der mächtiger ist als du. /
Hast du geborgt, so hast du verloren.
13 Bürge für keinen, der höher steht als
du. / Hast du gebürgt, so musst du zahlen.
14 Rechte nicht mit einem Richter; / denn
er spricht Recht, wie es ihm beliebt.
15 Mit einem Gewalttätigen geh nicht des
Wegs, / damit du nicht schweres Unheil über
dich bringst.
Denn er läuft rücksichtslos weiter / und
du gehst zugrunde durch seinen Unver-
stand.
16 Einem Jähzornigen biete nicht die
Stirn / und reite mit ihm nicht durch die
Wüste!
Leicht wiegt in seinen Augen die Blut-
schuld; / wenn kein Helfer da ist, bringt er
dich um.
17 Führe kein vertrauliches Gespräch mit
einem Toren; / er kann dein Geheimnis nicht
für sich behalten.
18 Vor einem Fremden tu nichts, was ge-
heim bleiben soll; / du weißt nicht, wie er
sich am Ende verhält.
19 Öffne dein Herz nicht jedem Menschen /
und wirf das Glück nicht von dir!

1: Koh 10,20 • 3: 28,10 • 4: 9,15f; Spr 23,9 • 12: 29,1–20 • 13: Spr 6,1–5 • 16: 28,8; Spr 22,24.

Der rechte Umgang mit Frauen: 9,1–9

9 Sei nicht eifersüchtig gegen die Frau an
deiner Brust, / damit sie nicht auf böse
Gedanken gegen dich selbst kommt.
2 Liefere dich nicht einer Frau aus, / damit
sie nicht Gewalt bekommt über dich.
3 Nah dich nicht einer fremden Frau, / da-
mit du nicht in ihre Netze fällst.
4 Verkehr nicht mit einer Saitenspielerin, /
damit du nicht durch ihre Töne gefangen
wirst.
5 Denk nicht zu viel an ein Mädchen, / da-
mit du nicht seinetwegen der Strafe ver-
fällst.
6 Gib dich nicht mit einer Dirne ab, / damit
sie dich nicht um dein Erbe bringt.
7 Schau nicht umher auf den Wegen zur
Stadt, / streif nicht umher in ihren abgelege-
nen Winkeln!
8 Verhüll dein Auge vor einer reizvollen
Frau, / blick nicht auf eine Schönheit, die dir
nicht gehört.
Wegen einer Frau kamen schon viele ins
Verderben, / sie versengt ihre Liebhaber wie
Feuer.
9 Streck dich nicht mit einer Verheirateten
zum Weingelage hin, / sitz nicht berauscht
mit ihr zusammen, / damit du ihr nicht dein
Herz zuneigst und verblutend ins Grab
sinkst.

3: Spr 2,16 • 4: Spr 6,25 • 5: Ijob 31,1 • 6: Spr 5,10; 29,3 • 8: Spr 5,5.

Der rechte Umgang von Mann zu Mann: 9,10–18

10 Gib einen alten Freund nicht auf; / denn
ein neuer hält nicht zu dir.
Neuer Freund, neuer Wein: / Nur alt
trinkst du ihn gern.
11 Sei nicht neidisch auf einen bösen Men-
schen; / denn du weißt nicht, wann sein Tag
ihn erreicht.
12 Liebäugle nicht mit einem übermütigen
Menschen, der Erfolg hat, / bedenk, dass er
nicht bis zum Tod straflos bleibt.
13 Bleib dem Menschen fern, der Macht hat
zu töten, / und setz dich nicht Todesängsten
aus!
Nahst du dich ihm, so verfehle dich nicht, /
sonst nimmt er dir das Leben.
Wisse, dass du dich zwischen Schlingen
bewegst / und über eine Fanggrube schrei-
test.
14 Antworte deinem Nächsten, so gut du
kannst, / du selbst aber berate dich mit Wei-
sen!
15 Stell deine Überlegung zusammen mit
Verständigen an / und berate alles in ihrem
Kreis!

8,8ab Auch in H liegt ein Wortspiel vor.

9,5b Der Verfasser hat vor allem die materiellen und sozialen Nachteile im Auge (vgl. Ex 22,15f; Dtn 22,29). Sittliche Beweggründe sind oft weniger wirkungsvoll.

9,13 Es ist wohl an die heidnischen Herrscher Ägyptens oder Syriens gedacht, die wegen ihrer Willkür und Grausamkeit bekannt waren.

9,15b G: und berate alles nach dem Gesetz des Höchsten!

16 Gerechte Männer seien deine Tischgenossen, / dein Ruhm bestehe in der Gottesfurcht.

17 Die Hände der Weisen fassen das Richtige an, / ein redegewandter Weiser ist Herrscher in seinem Volk.

18 Gefürchtet in der Stadt ist der Schwätzer, / ein prahlerischer Mund ist verhasst.

11: Ps 37,13 • 13: Spr 29,5 • 15: 6,34–37 • 16: 10,22; 25,6 • 17: 20,27.

Der weise Herrscher: 10,1–18

10 Ein weiser Herrscher festigt sein Volk, / die Regierung eines Verständigen ist wohl geordnet.

2 Wie der Herrscher des Volkes, so seine Beamten, / wie das Haupt der Stadt, so ihre Bewohner.

3 Ein König ohne Zucht richtet die Stadt zugrunde, / volkreich wird die Stadt durch kluge Fürsten.

4 In Gottes Hand liegt die Herrschaft über den Erdkreis; / er setzt zur rechten Zeit den rechten Mann über ihn.

5 In Gottes Hand liegt der Erfolg eines Menschen, / er verleiht dem Gesetzgeber seine Würde.

6 Füg dem Nächsten keinerlei Unrecht zu, / geh nie den Weg des Übermuts!

7 Dem Herrn und den Menschen ist Übermut verhasst, / Unterdrückung gilt bei beiden als Untat.

8 Die Herrschaft geht von einem Volk auf das andere über / wegen Gewalttat und Übermut.

9 Warum überhebt sich der Mensch aus Staub und Asche, / dessen Leib schon zu Lebzeiten verwest?

10 Ein wenig Krankheit bringt den Arzt in Erregung: / Heute König, morgen tot!

11 Stirbt der Mensch, so wird ihm Moder zuteil, / Maden, Geschmeiß und Gewürm.

12 Mit dem Trotz des Menschen fängt sein Übermut an, / wenn sich sein Herz abkehrt von seinem Schöpfer.

13 Ein See der Maßlosigkeit ist die Sünde, / aus ihr quillt Unrecht hervor.

Darum wirkt Gott Wunder und Plagen / und schlägt den Sünder bis zur Vernichtung.

14 Gott stürzt den Thron der Stolzen / und setzt an ihre Stelle die Demütigen.

16 Gott verwischt die Spuren der Völker, / ihren Wurzelstock schlägt er ab bis auf den Grund.

17 Er fegt sie aus dem Land und rottet sie aus, / ihr Andenken lässt er von der Erde verschwinden.

18 Maßlosigkeit ziemt dem Menschen nicht, / frecher Zorn nicht dem von einer Frau Geborenen.

1: Spr 20,8 • 2: Spr 29,12 • 4: Spr 21,1.

Die wahre und die falsche Ehre: 10,19 – 11,9

19 Welches Geschlecht ist geachtet? Das des Menschen. / Welches Geschlecht ist geachtet? Das des Gottesfürchtigen.

Welches Geschlecht ist verachtet? Das des Menschen. / Welches Geschlecht ist verachtet? Das des Gesetzesübertreters.

20 Unter Brüdern ist ihr Oberhaupt geehrt, / aber in Gottes Augen der Gottesfürchtige.

22 Gast und Fremder, Ausländer und Armer: / ihr Ruhm ist die Gottesfurcht.

23 Keinen verständigen Armen soll man verachten / und keinen Gewalttätigen ehren.

24 Fürsten, Richter und Herrscher sind geehrt, / doch keiner ist größer als der Gottesfürchtige.

25 Einem verständigen Sklaven müssen Freie dienen, / doch ein kluger Mann braucht nicht zu klagen.

26 Spiel nicht den Weisen, wenn du arbeiten sollst, / tu nicht vornehm, wenn du in Not bist.

27 Besser einer, der arbeitet und großen Reichtum gewinnt, / als einer, der vornehm tut und nichts zu essen hat.

28 Mein Sohn, in Demut ehre dich selbst, / beurteile dich, wie du es verdienst.

29 Wer wird den rechtfertigen, der sich selbst ins Unrecht setzt? / Wer wird den ehren, der sich selbst die Ehre abspricht?

30 Es gibt Arme, die wegen ihrer Klugheit geehrt sind. / Es gibt Leute, die wegen ihres Reichtums geehrt sind.

31 Wird einer als Armer geehrt, wie viel

9,17a Text unsicher; G, kaum richtig: Ein Werk aus Künstlerhand findet Lob.
10,1a G und S: erzieht sein Volk.
10,3a G und S: richtet sein Volk zugrunde.
10,10a Text unsicher; vielleicht nach G: Eine längere Krankheit spottet des Arztes.
10,15 Fehlt in H und ist wohl nur sinngemäße Wiederholung von VV. 16a und 14b. G: Die Wurzeln der Völker hat Gott ausgerissen und Demütige an ihre Stelle gepflanzt.
10,16b Andere Übersetzungsmöglichkeit nach G: er vernichtet sie bis auf den Grund der Erde.
10,21 Schlecht bezeugter Zusatz: Anfang der Annahme (durch Gott) ist die Gottesfurcht; Anfang der Verwerfung sind Verhärtung und Überhebung.

mehr, wenn er reich wird. / Wird einer als Reicher verachtet, wie viel mehr, wenn er arm wird.

11 Weisheit erhebt das Haupt des Armen / und lässt ihn unter Fürsten sitzen.

2 Lobe keinen Menschen wegen seiner (schönen) Gestalt, / verachte keinen Menschen wegen seines (bescheidenen) Aussehens!

3 Unansehnlich unter den geflügelten Tieren ist die Biene / und doch bringt sie den besten Ertrag ein.

4 Spotte nicht über das Kleid eines Betrübten, / verhöhne keinen, der Trauertag hat.

Denn unbegreiflich sind die Fügungen des Herrn, / verborgen ist den Menschen sein Tun.

5 Viele, die unterdrückt waren, bestiegen den Thron, / viele, an die niemand dachte, trugen die Krone.

6 Viele, die hoch standen, wurden tief verachtet / und Angesehene wurden den Niedrigen ausgeliefert.

7 Tadle nicht, ehe du geprüft hast; / zuerst untersuche, dann weise zurecht!

8 Gib keine Antwort, bevor du gehört hast, / sprich nicht mitten in einer Rede!

9 Wenn du nicht beleidigt wirst, reg dich nicht auf! / Nimm nicht teil am Streit der Übermütigen!

10,25: Spr 17,2 • 26: Spr 12,9 • 11,8: Spr 18,13.

Die rechte Einstellung zum Erwerb:
11,10–28

10 Mein Sohn, warum willst du dir so viel Mühe bereiten? / Es bleibt doch keiner ungestraft, der zu hastig vorandrängt.

Läufst du zu rasch, erreichst du das Ziel nicht; / fliehst du zu schnell, entkommst du nicht.

11 Da müht sich einer, plagt sich und hastet, / doch umso mehr bleibt er zurück.

12 Da ermattet einer und bricht unterwegs zusammen, / ist arm an Kraft und reich an Schwäche,

doch das Auge des Herrn schaut ihn gütig an, / er schüttelt den schmutzigen Staub von ihm ab.

13 Er richtet sein Haupt auf und erhöht ihn, / sodass viele über ihn staunen.

14 Gutes und Böses, Leben und Tod, / Armut und Reichtum kommen vom Herrn.

15 [Weisheit, Einsicht und Kenntnis des Gesetzes sind vom Herrn, / Liebe und Rechtschaffenheit kommen von ihm.

16 Irrtum und Finsternis sind für die Sünder erschaffen; / wer sich des Bösen rühmt, mit dem wird das Böse alt.]

17 Der Lohn des Herrn für den Gerechten steht fest, / sein Wille setzt sich für immer durch.

18 Mancher wird reich, weil er sich plagt, / doch verwirkt er seinen Erwerb.

19 Er sagt zwar zu gegebener Zeit: Ich habe Ruhe gefunden, / nun will ich meine Güter genießen.

Aber er weiß nicht, wie lange es dauert; / er hinterlässt sie andern und stirbt.

20 Mein Sohn, steh fest in deiner Pflicht und geh ihr nach, / bei deinem Tun bleibe bis ins Alter!

21 Wundere dich nicht über die Übeltäter; / früh morgens mach dich auf zum Herrn und hoffe auf sein Licht!

Denn leicht ist es in den Augen des Herrn, / den Armen plötzlich und schnell reich zu machen.

22 Gottes Segen ist der Lohn des Gerechten, / zur bestimmten Zeit blüht seine Hoffnung auf.

23 Sag nicht: Ich habe meine Wünsche erfüllt, / was geht mir noch ab?

24 Sag nicht: Ich bin versorgt, / welches Unheil könnte über mich kommen?

25 Das Glück von heute lässt das Unglück vergessen, / das Unglück von heute lässt das Glück vergessen.

26 Denn leicht ist es in den Augen des Herrn, / am Todestag dem Menschen nach seinen Taten zu vergelten.

27 Schlimme Zeit lässt die Lust vergessen, / das Ende des Menschen gibt über ihn Auskunft.

28 Preise niemand glücklich vor seinem Tod; / denn erst an seinem Ende erkennt man den Menschen.

12: Jes 52,14f • 19: Lk 12,19f; Sir 14,15 • 22: Spr 10,22.

Die rechte Vorsicht: 11,29 – 13,23

29 Bring nicht jeden Menschen ins Haus; / denn viele Wunden schlägt der Verleumder.

30 Wie ein im Korb gefangener Vogel ist das Herz des Übermütigen / oder wie ein Spion, der eine Bresche erspäht.

11,10–28 Religiöse Einstellung hält sich an das Sprichwort: An Gottes Segen ist alles gelegen. Damit werden menschliche Anstrengungen nicht überflüssig; aber die Weisheitslehrer des AT wenden sich gegen maßlose Besitzgier und gegen den Wahn, dass Reichtum dauerndes Glück garantiert.

11,18 Übersetzung unsicher.

31 Der Verleumder verkehrt Gutes in Bö-
ses / und deine besten Absichten bringt er
in Verdacht.
32 Einen Funken entfacht er zum Brand, /
der Niederträchtige lauert auf Blut.
33 Hüte dich vor einem Bösen, denn er
zeugt Böses. / Warum willst du für immer ei-
nen Makel davontragen?
34 Nimmst du den Fremden auf, entfrem-
det er dich deiner Lebensart; / er entzweit
dich mit deiner Familie.
12 Wenn du Gutes tust, wisse, wem du
es tust, / dann wirst du Dank ernten
für deine Wohltat.
2 Tu dem Gerechten Gutes; dann findest
du Lohn, / wenn nicht von ihm, so doch vom
Herrn.
3 Ohne Dank bleibt, wer einen Frevler be-
schenkt, / auch hat er kein gutes Werk voll-
bracht.
4 Gib dem Guten, nicht aber dem Bösen, /
unterstütze den Demütigen, gib nicht dem
Hochmütigen!
5 Rüste ihn nicht mit Kampfwaffen aus, /
sonst greift er dich selbst mit ihnen an.
Doppeltes Übel trifft dich [in der Zeit der
Not] / für all das Gute, das du ihm getan
hast.
6 Denn auch Gott hasst die Bösen, / den
Frevlern vergilt er mit Strafe.
8 Im Glück erkennt man den Freund
nicht, / aber im Unglück bleibt der Feind
nicht verborgen.
9 Im Glück ist auch der Feind ein Freund; /
im Unglück wendet auch der Freund sich
ab.
10 Trau niemals einem Feind; / denn seine
Bosheit gleicht dem rostenden Eisen.
11 Zeigt er sich auch willig und tut unter-
würfig, / nimm dich in Acht und hüte dich
vor ihm!
Sei zu ihm wie ein Spiegelputzer / und be-
achte die letzten Spuren des Rostes!
12 Lass ihn nicht an deiner Seite stehen, /
sonst stürzt er dich und tritt an deine
Stelle.
Lass ihn nicht zu deiner Rechten sitzen, /
sonst strebt er nach deinem Sitz.
Zu spät begreifst du dann meine Worte /
und stimmst in meine Klage ein.
13 Wer bedauert den Schlangenbeschwö-
rer, wenn er gebissen wird, / und den, der
sich reißenden Tieren nähert?
14 Ihnen gleicht, wer mit einem Schurken
verkehrt / und sich in seine Sünden ver-
strickt.
15 Solange er neben dir steht, zeigt er sich
nicht offen, / wankst du aber, hält er nicht
stand.
16 Auf seinen Lippen hat der Gegner süße
Worte, / doch in seinem Herzen sinnt er auf
Verderben.
Mag auch der Feind mit seinen Augen wei-
nen, / findet er Gelegenheit, wird er an Blut
nicht satt.
17 Trifft dich ein Unglück, findet er sich
ein; / als heuchelnder Helfer sucht er dich zu
stürzen.
18 Er schüttelt den Kopf und schwingt die
Hand, / doch unter viel dunklem Gerede än-
dert er das Gesicht.
13 Wer Pech anrührt, dem klebt es an
der Hand; / wer mit einem Zuchtlo-
sen umgeht, nimmt seine Art an.
2 Wie willst du tragen, was dir zu schwer
ist? / Ist einer reicher als du, wie kannst du
mit ihm zusammengehen?
Wie kann der irdene Topf mit dem Kessel
zusammengehen? / Der Kessel stößt an ihn
und er zerbricht.
3 Der Reiche tut Unrecht und prahlt noch
damit, / der Arme leidet Unrecht und muss
um Gnade bitten.
4 Bist du ihm nützlich, ist er um dich be-
müht, / brichst du zusammen, lässt er dich
im Stich.
5 Hast du etwas, gibt er dir schöne Worte, /
doch er macht dich arm, ohne dass es ihm
Leid tut.
6 Hat er dich nötig, schmeichelt er dir, / er
lächelt dir zu und macht dir Hoffnung.
7 Solange es Vorteil bringt, hält er dich
zum Besten, / zweimal, dreimal täuscht er
dich.
Sieht er dich dann wieder, geht er an dir
vorbei / und schüttelt den Kopf über dich.

11,34 Fremde beherbergen ist an sich ein Werk der Barmherzigkeit. Aber hier ist der Fremde so viel wie der Verleumder und abtrünnige Verführer. Auch beim Almosengeben ist Vorsicht am Platz (vgl. 12,1–6).
12,5 H wörtlich: Die Waffen des Brotes gib ihm nicht. – Nach G wäre V. 5ab zu übersetzen: Halte das Brot zurück und gib es ihm nicht; sonst bekommt er dich dadurch in seine Gewalt. Der Zusatz in 5c fehlt zu Recht in G.
12,7 In G Wiederholung von V. 4a.
12,10f Der Vergleich meint die immer wieder auftretenden Gefahren von seiten des Feindes. Dieser Vergleich wird in V. 11 beibehalten: Wie ein Spiegelputzer auf jeden Rostfleck achten muss, so soll man seinen Gegner nicht aus den Augen verlieren.
13,6 G hat den Zusatz: Er redet dir freundlich zu und fragt: Was brauchst du? Und er beschämt dich bei seinen Gastmählern.

8 Gib Acht, wag dich nicht zu weit vor /
und werde nicht wie die, denen der Verstand
fehlt.
9 Naht sich ein Vornehmer, halte dich
fern, / umso mehr wird er dich an sich zie-
hen.
10 Dräng dich nicht vor, sonst musst du
dich wieder zurückziehen; / zieh dich aber
nicht ganz zurück, sonst wirst du vergessen.
11 Sei nicht zu sicher im freien Umgang mit
ihm, / trau nicht seinen vielen Reden!
Mit seinen vielen Reden sucht er dich zu
verführen, / er lächelt dir zu und forscht dich
aus.
12 Grausam handelt der Mächtige und
kennt kein Mitleid, / gegen das Leben vieler
schmiedet er heimliche Pläne.
13 Gib Acht und sei vorsichtig, / geh nicht
mit gewalttätigen Menschen!
15 Jedes Lebewesen liebt seinesgleichen, /
jeder Mensch den, der ihm ähnlich ist.
16 Jedes Lebewesen hat seinesgleichen um
sich, / mit seinesgleichen gehe auch der
Mensch zusammen.
17 Geht etwa der Wolf mit dem Lamm zu-
sammen? / Ebenso wenig der Frevler mit
dem Gerechten.
18 Lebt etwa die Hyäne mit dem Hund in
Frieden / und der Reiche in Frieden mit dem
Armen?
19 Des Löwen Beute sind die Wildesel in
der Wüste; / so sind die Geringen die Weide
des Reichen.
20 Ein Gräuel für den Stolzen ist die De-
mut, / ein Gräuel für den Reichen ist der
Arme.
21 Wankt ein Reicher, wird er vom Freund
gestützt, / wankt ein Geringer, wird er vom
Freund gestürzt.
22 Redet ein Reicher, so hat er viele Hel-
fer. / Sein törichtes Gerede nennen sie
schön.
Redet ein Geringer, ruft man: Pfui! / Mag
er auch klug reden, für ihn ist kein Platz.
23 Redet ein Reicher, dann schweigen alle, /
sie erheben seine Klugheit bis zu den Wol-
ken.
Redet ein Geringer, heißt es: Wer ist denn
das? / Stolpert er, dann stoßen sie ihn
noch.

12,8: 6,8–13; 37,1–6; Spr 19,4.

Der rechte Genuss: 13,24 – 14,19

24 Gut ist der Reichtum, wenn keine
Schuld an ihm klebt; / schlimm ist die Ar-
mut, die aus Übermut entstand.
25 Das Herz des Menschen verändert sein
Gesicht / und macht es heiter oder traurig.
26 Zeichen des glücklichen Herzens ist ein
frohes Gesicht; / Sorgen und Kummer sind
quälendes Grübeln.
14 Wohl dem Menschen, dem sein eige-
ner Mund keine Vorwürfe macht, /
der nicht klagen muss vor Kummer über sei-
ne Sünden.
2 Wohl dem Menschen, der sich nicht
selbst tadeln muss / und dessen Hoffnung
nicht aufhört.
3 Einem Engherzigen steht Reichtum
nicht an. / Wozu braucht ein Geiziger
Gold?
4 Wer gegen sich selbst geizt, sammelt für
einen andern; / in seinen Gütern wird ein
Fremder schwelgen.
5 Wer sich selbst nichts gönnt, wem kann
der Gutes tun? / Er wird seinem eigenen
Glück nicht begegnen.
6 Keiner ist schlimmer daran als einer, der
sich selbst nichts gönnt, / ihn selbst trifft die
Strafe für seine Missgunst.
7 Tut er etwas Gutes, dann tut er es aus
Versehen / und am Ende zeigt er seine
Schlechtigkeit.
8 Schlimm ist ein Geizhals, / der sein Ge-
sicht abwendet und die Hungernden verach-
tet.
9 Dem Auge des Toren ist sein Besitz zu
klein, / ein geiziges Auge trocknet die Seele
aus.
10 Das Auge des Geizigen hastet nach Spei-
se, / Unruhe herrscht an seinem Tisch.
[Ein gütiges Auge mehrt das Brot, / selbst
eine schwache Quelle spendet Wasser auf
den Tisch.]
11 Mein Sohn, wenn du imstande bist,

13,10 Das Verhältnis des einfachen Mannes zum reichen Machthaber bringt viele Gefahren mit sich. Es wird ein taktvoller Mittelweg zwischen Aufdringlichkeit und Schüchternheit empfohlen. Der Reiche ist immer der Überlegene (VV. 22f).

13,14 Nur in wenigen nichthebräischen Textzeugen überliefert (stört den Zusammenhang): Wenn du davon hörst, noch schlaftrunken, wach auf! Mit ganzer Lebenskraft liebe den Herrn und ruf ihn an zu deinem Heil!

14,5b Andere Übersetzungsmöglichkeit nach G: Er kann sich seiner Güter nicht freuen.

14,8b Andere Übersetzungsmöglichkeit nach Vg: Wer sein Gesicht abwendet, verachtet sich selbst.

14,9b Andere Übersetzungsmöglichkeit nach H: Wer seinem Nächsten den Besitz wegnimmt, richtet seinen eigenen Besitz zugrunde.

14,10 Der Zusatz fehlt in G und Vg. – H wörtlich: eine trockene Quelle.

pflege dich selbst; / so weit du kannst, lass es
dir gut gehen!
12 Denk daran, dass der Tod nicht säumt /
und die Frist bis zur Unterwelt dir unbe-
kannt ist.
13 Bevor du stirbst, tu Gutes dem Freund; /
beschenk ihn, so viel du vermagst.
14 Versag dir nicht das Glück des heutigen
Tages; / an der Lust, die dir zusteht, geh
nicht vorbei!
15 Musst du nicht einem andern deinen Be-
sitz hinterlassen, / den Erben, die das Los
werfen über das, was du mühsam erworben
hast?
16 Beschenk den Bruder und gönn auch dir
etwas; / denn in der Unterwelt ist kein Ge-
nuss mehr zu finden.
17 Wir alle werden alt wie ein Kleid; / es ist
ein ewiges Gesetz: Alles muss sterben.
18 Wie sprossende Blätter am grünen
Baum / – das eine welkt, das andere wächst
nach –,
so sind die Geschlechter von Fleisch und
Blut: / das eine stirbt, das andere reift he-
ran.
19 Alle ihre Werke vermodern, / was ihre
Hände schufen, folgt ihnen nach.

14,6: Spr 11,17 • 14: Koh 7,14.

Das rechte Suchen nach Weisheit:
14,20 – 15,10

20 Wohl dem Menschen, der nachsinnt über
die Weisheit, / der sich bemüht um Ein-
sicht,
21 der seinen Sinn richtet auf ihre Wege /
und auf ihre Pfade achtet,
22 der ihr nachgeht wie ein Späher / und an
ihren Eingängen lauert,
23 der durch ihre Fenster schaut / und an
ihren Türen horcht,
24 der sich bei ihrem Haus niederlässt / und
seine Zeltstricke an ihrer Mauer befestigt,
25 der neben ihr sein Zelt aufstellt / und so
eine gute Wohnung hat,
26 der sein Nest in ihr Laub baut / und in
ihren Zweigen die Nacht verbringt,
27 der sich in ihrem Schatten vor der Hitze
verbirgt / und im Schutz ihres Hauses
wohnt.

15 Wer den Herrn fürchtet, handelt so, /
und wer am Gesetz fest hält, erlangt
die Weisheit.
2 Sie geht ihm entgegen wie eine Mutter, /
wie eine junge Gattin nimmt sie ihn auf.
3 Sie nährt ihn mit dem Brot der Klugheit /
und tränkt ihn mit dem Wasser der Ein-
sicht.
4 Er stützt sich auf sie und kommt nicht zu
Fall, / er vertraut auf sie und wird nicht ent-
täuscht.
5 Sie erhöht ihn über seine Gefährten, / sie
öffnet ihm den Mund in der Versammlung.
6 Sie lässt ihn Jubel und Freude finden, /
unvergänglichen Ruhm wird sie ihm verlei-
hen.
7 Für schlechte Menschen ist sie uner-
reichbar, / Unbeherrschte werden sie nicht
schauen.
8 Den Zuchtlosen ist sie fern. / Lügner den-
ken nicht an sie.
9 Schlecht klingt das Gotteslob im Mund
des Frevlers, / es ist ihm von Gott nicht zuge-
teilt.
10 Im Mund des Weisen erklinge das Got-
teslob / und wer dazu Vollmacht hat, unter-
richte darin.

15,2: 51,13–21; Spr 7,4.

Die Verantwortung des Menschen: 15,11–20

11 Sag nicht: Meine Sünde kommt von
Gott. / Denn was er hasst, das tut er nicht.
12 Sag nicht: Er hat mich zu Fall gebracht. /
Denn er hat keine Freude an schlechten
Menschen.
13 Verabscheuungswürdiges hasst der
Herr; / alle, die ihn fürchten, bewahrt er da-
vor.
14 Er hat am Anfang den Menschen er-
schaffen / und ihn der Macht der eigenen
Entscheidung überlassen.
15 [Er gab ihm seine Gebote und Vorschrif-
ten.] / Wenn du willst, kannst du das Gebot
halten; / Gottes Willen zu tun ist Treue.
16 Feuer und Wasser sind vor dich hinge-
stellt; / streck deine Hände aus nach dem,
was dir gefällt.
17 Der Mensch hat Leben und Tod vor
sich; / was er begehrt, wird ihm zuteil.

14,16b Nach der Vorstellung der Alten gibt es in der Unterwelt nur ein Schattendasein.
14,20 Neue Abschnitte beginnen oft mit einer Empfehlung der Weisheit, die dichterisch personifiziert wird (vgl. 51,13–21; Spr 8,34).
15,1–16,7 Dieser Text ist seit 1958 auch aus einem zweiten hebräischen Fragment bekannt, das sich enger an den ursprünglichen G-Text anschließt, während die bisher bekannte Handschrift eine spätere Bearbeitung erfuhr.
15,1 Gottesfurcht, Weisheit und Gesetzestreue sind für den Weisen identisch (vgl. 1,16; 19,20).
15,15a Nur in Vg.

18 Überreich ist die Weisheit des Herrn; / stark und mächtig ist er und sieht alles.
19 Die Augen Gottes schauen auf das Tun des Menschen, / er kennt alle seine Taten.
20 Keinem gebietet er zu sündigen / und die Betrüger unterstützt er nicht.

17: Dtn 30,15.19; Jer 21,8 • 19: 17,15 • 20: Ps 5,5–7.

Die Sünde und ihre Folgen: 16,1–23

16 Wünsch dir nicht schöne Kinder, wenn sie nichts taugen, / und freu dich nicht über missratene Söhne!
2 Mögen sie auch zahlreich sein, freu dich nicht über sie, / wenn sie keine Gottesfurcht besitzen.
3 Verlass dich nicht auf ihre Lebensdauer, / setz kein Vertrauen in ihre Zukunft!

Besser als tausend ist einer [der Gottes Willen tut], / besser kinderlos sterben, als schlimme Nachkommen haben.
4 Durch einen einzigen Verständigen vermehrt sich die Stadt, / durch die Sippe der Abtrünnigen verödet sie.
5 Viel von dem hat mein Auge gesehen, / mehr noch hat mein Ohr vernommen:
6 Im Kreis der Frevler flammt Feuer auf; / gegen ein sündiges Volk entbrennt der Zorn.
7 Er hat den Fürsten der Vorzeit nicht verziehen, / als sie sich in ihrer Stärke empörten.
8 Er hat die Mitbürger Lots nicht geschont, / als sie zügellos waren in ihrem Übermut.
9 Er hat das todgeweihte Volk nicht geschont, / das wegen seiner Sünden das Land verlor,
10 auch nicht die sechshunderttausend Mann Fußvolk; / sie wurden dahingerafft wegen ihres verbrecherischen Herzens.
11 Wie erst ergeht es dem Einzelnen, der halsstarrig ist: / Ein Wunder wäre es, wenn er straflos bliebe.

Denn bei Gott sind Erbarmen und Zorn, / er vergibt und verzeiht, / doch auch den Zorn schüttet er aus.
12 Sein Erbarmen ist so groß wie sein Strafen, / jeden richtet er nach seinen Taten.
13 Der Verbrecher entkommt nicht mit seinem Raub, / doch der Hoffnung des Gerechten setzt Gott kein Ende.
14 Jedem Wohltätigen wird sein Lohn zuteil, / jeder empfängt nach seinen Taten.
15 [Der Herr verhärtete das Herz des Pharao, / der ihn nicht erkannte, / obwohl seine Werke unter dem Himmel offenbar waren.
16 Sein Erbarmen ist allen seinen Geschöpfen sichtbar, / sein Licht und sein Dunkel hat er den Menschen zugeteilt.]
17 Sag nicht: Ich bin vor Gott verborgen, / wer denkt an mich in der Höhe?

In der großen Menge bleibe ich unbemerkt, / was bin ich in der Gesamtzahl der Menschen?
18 Der Himmel, der höchste Himmel, das Meer und das Land, / sie wanken, wenn er sie heimsucht.
19 Der Untergrund der Berge und die Grundfesten der Erde, / sie erbeben gewaltig, wenn er sie anschaut.
20 Doch an mich denkt er nicht / und wer achtet auf meine Wege?
21 Sündige ich, sieht mich kein Auge, / betrüge ich ganz heimlich, wer weiß es? –
22 Das gerechte Tun, wer macht es bekannt? / Und was darf ich hoffen, wenn ich das Gebot halte?
23 Nur ein Unvernünftiger behauptet solches, / nur ein törichter Mensch denkt so.

6: Num 16,35 • 7: Gen 6,4 • 8: Gen 19,24 • 9: Ex 23,33; 33,3 • 10: 46,8; Ex 12,37; Num 14,22f.29f • 12: Ijob 34,11 • 21: 23,18 • 23: Ps 14,1.

Gottes Wege mit den Menschen: 16,24 – 17,10

24 Hört auf mich und lernt von meiner Erfahrung, / richtet euren Sinn auf meine Worte!
25 Wohl überlegt trage ich meine Gedanken vor / und bescheiden teile ich mein Wissen mit:
26 Als Gott am Anfang seine Werke erschuf / und ihnen zu ihrem Dasein Gesetze gab,
27 hat er ihre Aufgabe für immer festgelegt / und ihren Machtbereich für alle Zeiten.

Sie ermatten nicht und werden nicht müde, / sie lassen nicht nach in ihrer Kraft.
28 Keines seiner Werke verdrängt das andere / und bis in Ewigkeit widerstreben sie seinem Befehl nicht.

16,1–3 Missratene Söhne sind ein Unglück, weil sie *der Strafe Gottes verfallen.* Dafür folgen nun Beispiele aus der Geschichte.
16,15f Die beiden Verse fehlen in fast allen G-Handschriften; sie passen auch inhaltlich nicht in den Zusammenhang.
16,24 G hat Einzahl und beginnt mit der Anrede »Mein Sohn«.
16,27 Von hier ab ist bis Kap. 31 fast nichts vom hebräischen Text erhalten.

[29] Dann hat der Herr auf die Erde geblickt / und sie mit seinen Gütern erfüllt.
[30] Mit allerlei Lebewesen bedeckte er ihre Fläche / und sie kehren wieder zu ihr zurück.

17 Der Herr hat die Menschen aus Erde erschaffen / und lässt sie wieder zu ihr zurückkehren.
[2] Gezählte Tage und eine bestimmte Zeit wies er ihnen zu / und gab ihnen Macht über alles auf der Erde.
[3] Ihm selbst ähnlich hat er sie mit Kraft bekleidet / und sie nach seinem Abbild erschaffen.
[4] Auf alle Wesen legte er die Furcht vor ihnen, / über Tiere und Vögel sollten sie herrschen.
[6] Er bildete ihnen Mund und Zunge, Auge und Ohr / und ein Herz zum Denken gab er ihnen.
[7] Mit kluger Einsicht erfüllte er sie / und lehrte sie, Gutes und Böses zu erkennen.
[8] Er zeigte ihnen die Größe seiner Werke, / um die Furcht vor ihm in ihr Herz zu pflanzen.
[9] Sie sollten für immer seine Wunder rühmen / [10] und seinen heiligen Namen loben.

17,1: 40,11; Gen 3,19 • 3–4: Gen 1,26; 9,2; Weish 9,2f.

Die Erwählung Israels: 17,11–23

[11] Er hat ihnen Weisheit geschenkt / und ihnen das Leben spendende Gesetz gegeben.
[12] Einen ewigen Bund hat er mit ihnen geschlossen / und ihnen seine Gebote mitgeteilt.
[13] Ihre Augen sahen seine machtvolle Herrlichkeit, / ihr Ohr vernahm seine gewaltige Stimme.
[14] Er sprach zu ihnen: Hütet euch vor allem Unrecht! / Er schrieb ihnen ihr Verhalten gegenüber dem Nächsten vor.
[15] Ihre Wege liegen allezeit offen vor ihm, / sie sind nicht verborgen vor seinen Augen.
[17] Für jedes Volk bestellte er einen Herrscher, / Israel aber ist der Erbbesitz des Herrn.
[19] Alle ihre Taten stehen vor ihm wie die Sonne, / seine Augen ruhen stets auf ihren Wegen.
[20] Ihre Frevel sind vor ihm nicht verborgen, / alle ihre Sünden stehen dem Herrn vor Augen.
[22] Das Almosen eines jeden ist bei ihm wie ein Siegelring, / des Menschen Wohltat behütet er wie einen Augapfel.
[23] Schließlich erhebt er sich und vergilt ihnen, / er lässt die Vergeltung über ihr Haupt kommen.

11: 45,5 • 12: Ex 24,8.

Reue und Umkehr: 17,24–32

[24] Den Reumütigen aber gewährt er Umkehr / und tröstet die Hoffnungslosen / [und bestimmte sie für ein Leben in der Wahrheit].
[25] Wende dich zum Herrn, lass ab von der Sünde, / bete vor ihm und beseitige das Ärgernis!
[26] Kehre zum Höchsten zurück und wende dich ab vom Bösen, / hasse stets das Schlechte!
[27] Wer wird in der Unterwelt den Höchsten loben / anstelle derer, die leben und ihn preisen?
[28] Beim Toten, der nicht mehr ist, verstummt der Lobgesang; / nur der Lebende und Gesunde preist den Herrn.
[29] Wie groß ist das Erbarmen des Herrn / und seine Nachsicht gegen alle, die umkehren zu ihm.
[30] Denn nicht wie Gott ist der Mensch, / Gottes Gedanken sind nicht wie die Gedanken der Menschen.
[31] Was ist heller als die Sonne? / Und selbst sie verfinstert sich; / so ist auch das Begehren von Fleisch und Blut böse.
[32] Das Heer in der Höhe zieht er zur Rechenschaft, / erst recht die Menschen, die nur Staub und Asche sind.

27: Jes 38,18f • 28: Ps 115,17f; Bar 2,17f • 30: Jes 55,8 • 32: Ijob 4,18; 25,5f.

16,29f In einem kurzen Rückblick auf den Schöpfungsbericht wird die Mannigfaltigkeit und Hinfälligkeit aller Lebewesen herausgestellt. In Kap. 17 wird die Betrachtung auf den Menschen und auf das Volk Israel konzentriert.
17,5 Entfällt (später Zusatz).
17,6–10 Text verderbt; aus den alten Übersetzungen erschlossen.
17,16.18.21: Zusätze aus verschiedenen G-Handschriften.
17,23 Die Vergeltung im Gericht bezieht sich natürlich auf die Sünder von V. 20.
17,24 Die schroffe Unterscheidung zwischen Guten und Bösen wird abgeschwächt durch eine weitere Gruppe von Menschen: die Reumütigen.
17,24c Nur in Vg überliefert.
17,27f Vgl. die Anmerkung zu 14,16b. In Verbindung mit V. 26 wird gesagt, dass nur im irdischen Leben Umkehr und Gottesverehrung möglich sind.
17,30 Übersetzung vorwiegend nach S.
17,32 Das »Heer in der Höhe« sind, im Anschluss an die Sonne in V. 31, die Sterne, die man als eine Heerschar personifizierte und in die Nähe der Engel rückte (vgl. Ri 5,20; Ijob 38,7; Jes 24,21; Bar 3,34f).

Die Größe Gottes: 18,1–14

18 Der Herr, der in Ewigkeit lebt, hat alles insgesamt erschaffen, / der Herr allein erweist sich als gerecht.

4 Keiner vermag seine Werke zu verkünden. / Wer ergründet seine großen Taten?

5 Wer kann seine gewaltige Größe beschreiben / und seine großen Taten aufzählen bis zum Ende?

6 Man kann nichts wegnehmen und nichts hinzutun, / unmöglich ist es, die Wunder des Herrn zu ergründen.

7 Ist der Mensch am Ende angelangt, / steht er noch am Anfang, / wenn er es aufgibt, ist er ratlos.

8 Was ist der Mensch und wozu nützt er? / Was ist gut an ihm und was ist schlecht?

9 Das Leben eines Menschen dauert / höchstens hundert Jahre.

10 Wie ein Wassertropfen im Meer und wie ein Körnchen im Sand, / so verhalten sich die wenigen Jahre zu der Zeit der Ewigkeit.

11 Darum hat der Herr mit ihnen Geduld / und er gießt über sie sein Erbarmen aus.

12 Er sieht und weiß, dass ihr Ende schlimm ist; / darum hat er so viel Nachsicht mit ihnen.

13 Das Erbarmen des Menschen gilt nur seinem Nächsten, / das Erbarmen des Herrn allen Menschen.

Er weist zurecht, erzieht und belehrt / und führt wie ein Hirt seine Herde zurück.

14 Glücklich alle, die auf sein Erbarmen hoffen / und seine Gebote annehmen.

6: 42,21 • 7: Ps 139,18.

VERSCHIEDENE MAHNUNGEN UND WARNUNGEN: 18,15 – 24,34

Das Verhalten des Weisen: 18,15–29

15 Mein Sohn, bring keinen Makel auf deine Wohltaten / und füg zu keiner Gabe kränkende Worte!

16 Vertreibt nicht der Tau die Hitze? / So ist das Wort mehr als die Gabe.

17 Ist das Wort nicht mehr wert als die Gabe? / Dem Gütigen steht beides wohl an.

18 Der Tor schmäht in liebloser Weise, / die Gabe des Geizigen macht die Augen traurig.

19 Bevor du redest, unterrichte dich, / und ehe du krank wirst, sorge für die Gesundheit!

20 Noch vor dem Gericht erforsche dich selbst, / dann wird dir in der Stunde der Prüfung verziehen.

21 Demütige dich, ehe du zu Fall kommst; / zur Zeit der Sünde lass Umkehr erkennen!

22 Säume nicht, ein Gelübde rechtzeitig einzulösen, / warte nicht bis zum Tod, um davon frei zu werden.

23 Ehe du gelobst, überdenk dein Gelübde, / sei nicht wie einer, der den Herrn versucht.

24 Denk an den Zorn am Ende der Tage, / an die Zeit der Vergeltung, wenn er sein Gesicht abwendet.

25 Denk zur Zeit des Überflusses an die Zeit des Hungers, / in den Tagen des Reichtums an Armut und Not!

26 Vom Morgen zum Abend wechselt die Zeit, / alles eilt dahin vor dem Herrn.

27 Ein Weiser nimmt sich immer in Acht, / in Zeiten der Sünde hütet er sich vor Verfehlung.

28 Jeder Verständige soll Weisheit lehren; / wer sie gefunden hat, soll ihr Lob verkünden.

29 Wer klug zu reden vermag, ist selbst ein Weisheitslehrer / und trägt in Bescheidenheit seine Sinnsprüche vor.

15: 41,22 • 23: Spr 20,25; Koh 5,3f • 29: 16,25; 24,32f.

Die Beherrschung der Begierden: 18,30 – 19,17

30 Folg nicht deinen Begierden, / von deinen Gelüsten halte dich fern!

31 Wenn du erfüllst, was deine Seele begehrt, / erfüllst du das Begehren deines Feindes.

18,2f Die beiden Verse sind späte Zusätze.

18,9 Hier die runde Zahl hundert; Ps 90,10: siebzig, höchstens achtzig Jahre.

18,14 So mit S; G: Er erbarmt sich derer, die Zucht annehmen und eifrig nach seinen Geboten suchen.

18,24 Jenseitige Strafe kennt Sirach noch nicht. Er denkt an den zuletzt doch eintreffenden Zorn Gottes.

18,25 Das Stichwort »Denk an« leitet zur Mahnung über, im Glück an das drohende Unglück zu denken, da die Zeiten wechseln.

18,28 Übersetzung nach S.

32 Freu dich nicht über ein wenig Lust; / doppelt so schwer wird dann die Armut sein.

33 Sei kein Fresser und Säufer; / denn sonst bleibt nichts im Beutel.

19 Wer das tut, wird niemals reich, / wer das wenige gering schätzt, richtet sich zugrunde.

2 Wein und Weiber machen das Herz zügellos; / wer sich an Dirnen hängt, wird frech.

3 [Moder und Würmer nehmen ihn in Besitz, / freche Gier richtet den zugrunde, über den sie herrscht.]

4 Wer schnell vertraut, ist leichtfertig, / wer sündigt, verfehlt sich gegen sich selbst.

5 Wer sich über eine Schlechtigkeit freut, wird selbst verachtet, / [wer den Lüsten widerstrebt, krönt sein Leben.

6 Wer seine Zunge beherrscht, lebt ohne Streit;] / wer Gerede verbreitet, dem fehlt es an Verstand.

7 Verbreite niemals ein Gerede, / dann wird auch dich niemand schmähen.

8 Rede weder über Freund noch Feind; / wenn du einen Freund hast, enthülle nichts über ihn!

9 Denn wer dich hört, wird sich vor dir hüten / und dir zur gegebenen Zeit seinen Groll zeigen.

10 Hast du etwas gehört, so sterbe es in dir; / sei unbesorgt, es wird dich nicht zerreißen.

11 Um eines Wortes willen kommt der Tor in Wehen / wie eine Gebärende durch ihre Leibesfrucht.

12 Wie ein Pfeil im Schenkel sitzt, / so steckt das Wort im Leib des Toren.

13 Stell den Freund zur Rede, ob er etwas getan hat, / und wenn er es getan hat – damit er es nicht wieder tut.

14 Stell deinen Nächsten zur Rede, ob er etwas gesagt hat, / und wenn er es gesagt hat – damit er es nicht wiederholt.

15 Stell den Freund zur Rede, denn oft gibt es Verleumdung; / trau nicht jedem Wort!

16 Mancher gleitet aus, doch ohne Absicht. / Wer hätte noch nie mit seiner Zunge gesündigt?

17 Stell deinen Nächsten zur Rede, ehe du ihm Vorwürfe machst. / Gib dem Gesetz des Höchsten Raum!

19,3: 10,11; 6,4 • 8–9: 22,26 • 17: Lev 19,17.

Rechte und falsche Klugheit: 19,20–30

20 Alle Weisheit ist Furcht vor dem Herrn; / in jeder Weisheit liegt Erfüllung des Gesetzes.

22 Schlechtes zu kennen ist keine Weisheit, / der Rat der Sünder ist keine Klugheit.

23 Es gibt eine Schläue, die ein Gräuel ist, / und es gibt Einfältige, die nichts Schlechtes tun.

24 Besser ist es, arm an Klugheit und gottesfürchtig zu sein, / als reich an Einsicht, aber das Gesetz zu übertreten.

25 Es gibt eine listige Schläue, doch sie ist ungerecht; / mancher verstellt sich, um Rechtschaffenheit vorzutäuschen.

26 Mancher geht gebeugt und traurig einher, / doch sein Inneres ist voll Tücke.

27 Er schlägt den Blick nieder und stellt sich taub; / wo er nicht durchschaut wird, tritt er gegen dich auf.

28 Wenn ihm die Kraft fehlt, Unrecht zu tun, / tut er doch Böses, sobald er Gelegenheit findet.

29 Am Aussehen erkennt man den Menschen, / am Gesichtsausdruck erkennt ihn der Weise.

30 Die Kleidung des Menschen offenbart sein Verhalten, / die Schritte des Menschen zeigen, was an ihm ist.

Das rechtzeitige Reden und Schweigen: 20,1–26

20 Manche Ermahnung geschieht zur Unzeit; / mancher schweigt und der ist weise.

2 Keinen Dank erntet, wer den Zornigen zurechtweist;

3 wer Lob erteilt, bleibt vor Schimpf bewahrt.

4 Wie ein Entmannter, der bei einem Mädchen liegt, / ist einer, der mit Gewalt das Recht durchsetzen will.

18,33b Andere Übersetzungsmöglichkeit: während du nichts im Beutel hast.

19,1 Wer das tut: nach H. – »das wenige« in b meint die im Einzelfall nicht besonders hohen Ausgaben des Schlemmers; erst die maßlose Gewohnheit ist gefährlich.

19,3 Wohl nicht ursprünglich, sondern aus 10,11 und 6,4 zusammengestellt. Der erste Halbvers fehlt in H und S.

19,5b.6a Nur in einigen G-Handschriften.

19,8b G kaum richtig: Wenn es für dich keine Sünde ist, enthülle nichts! (Vgl. 27,16–21).

19,11f Sinn der Vergleiche: Der Tor kann nichts für sich behalten.

19,18.19.21 Späte Zusätze.

19,30 So nach S.

20,2 G: Wie ist es doch besser zurechtzuweisen, als zu zürnen.

20,4 Der eigenartige Vergleich soll dartun, wie widerwärtig und erfolglos äußere Nötigung ist.

5 Mancher schweigt und gilt als weise, /
mancher wird trotz vielen Redens verach-
tet.
6 Mancher schweigt, weil er keine Antwort
weiß, / mancher schweigt, weil er die rechte
Zeit beachtet.
7 Der Weise schweigt bis zur rechten Zeit, /
der Tor aber achtet nicht auf die rechte
Zeit.
8 Wer viele Worte macht, wird zum Ekel, /
der Anmaßende wird gehasst.
9 Mancher Erfolg wird dem Menschen zum
Schaden, / mancher Gewinn wird zum Ver-
lust.
10 Es gibt Geschenke, von denen man
nichts hat, / es gibt Geschenke, die man dop-
pelt vergüten muss.
11 Es gibt Demütigung um der Ehre wil-
len; / mancher erhob sein Haupt aus der Er-
niedrigung.
12 Mancher kauft vieles billig ein / und
muss es doch siebenfach bezahlen.
13 Wer klug zu reden weiß, macht sich be-
liebt, / die Liebenswürdigkeit der Toren ist
umsonst.
14 Vom Geschenk eines Toren hast du
nichts, / denn sieben Augen hat er, nicht nur
eines.
15 Er gibt wenig und schimpft viel, / er
reißt den Mund auf wie ein Ausrufer.
Heute leiht er, morgen fordert er zurück; /
solch ein Mensch ist verhasst.
16 Der Tor sagt: Ich habe keinen Freund, /
meine Wohltaten finden keinen Dank.
17 Alle, die sein Brot essen, haben böse
Zungen: / Wie oft und wie viel verlachen sie
ihn!
18 Besser ein Fehltritt auf dem Boden als
ein Fehltritt durch die Zunge; / so schnell
wird auch der Sturz der Bösen kommen.
19 Ein Wort zur Unzeit ist ein Braten ohne
Salz, / im Mund des Ungebildeten findet es
sich dauernd.
20 Ein Sinnspruch aus dem Mund des To-
ren wird verachtet, / denn er spricht ihn
nicht zur rechten Zeit.
21 Mancher sündigt nicht, obwohl er arm
ist; / er lässt sich in seiner Ruhe nicht stö-
ren.
22 Mancher richtet aus Scham sich selbst
zugrunde; / weil er (seine Not) verbirgt, geht
er unter.
23 Mancher gibt aus Scham dem Freund
Versprechen / und macht ihn sich ohne
Grund zum Feind.
24 Ein schlimmer Schandfleck am Men-
schen ist die Lüge; / im Mund des Ungebilde-
ten findet sie sich dauernd.
25 Besser ein Dieb als einer, der immer nur
lügt; / beide aber werden zugrunde gehen.
26 Das Ende des Lügners ist Schmach, /
immerfort haftet seine Schande an ihm.

6: 37,20; Spr 17,28 • 7: 21,25f; Spr 29,11 • 19: 22,6; Spr 26,7 •
24: 20,19 • 25: 5,14.

Verschiedene Sprichwörter: 20,27–31

27 Wer weise ist im Reden, kommt voran, /
ein kluger Mann ist bei den Machthabern be-
liebt.
28 Wer das Land bebaut, schichtet hohe
Garbenstöße auf; / wer den Machthabern ge-
fällt, kann manches Unrecht gutmachen.
29 Geschenke und Gaben blenden die Au-
gen der Weisen, / wie ein Zügel im Maul len-
ken sie Vorwürfe ab.
30 Verborgene Weisheit und versteckter
Schatz: / was nützen sie beide?
31 Besser einer, der seine Torheit ver-
birgt, / als einer, der seine Weisheit ver-
birgt.

29: Dtn 16,19.

Die Grundlehre des Weisen: 21,1–10

21 Mein Sohn, hast du gesündigt, tu es
nicht wieder / und bete wegen deiner
früheren Sünden!
2 Flieh vor der Sünde wie vor der Schlan-
ge; / kommst du ihr zu nahe, so beißt sie
dich.
Löwenzähne sind ihre Zähne, / sie rauben
den Menschen das Leben.
3 Wie ein zweischneidiges Schwert ist je-

20,13a Andere Übersetzungsmöglichkeit: Der Weise macht sich mit wenigen Worten beliebt.
20,14 Nach S wäre zu übersetzen: Das Geschenk des Toren nützt ihm nichts, weil seine Augen siebenfach auf die Vergeltung gerichtet sind. Logischer G: Der Tor (= der Geizige) rechnet mit reichlichen Gegengaben, sodass du von seinem Geschenk keinen Nutzen hast.
20,19a So nach S; G: Ein widerwärtiger Mensch – ein Wort zur Unzeit!
20,21b Übersetzung unsicher.
20,22–26 Es handelt sich um unaufrichtige Versprechungen eines verlegenen Schuldners. Das führt zum allgemeinen Thema »Lüge« in VV. 24–26.
20,27a Andere Übersetzungsmöglichkeit: Der Weise bringt sich mit wenigen Worten voran (vgl. V. 13a).
20,28 Sinn: Wie ein tüchtiger Landwirt reiche Ernte einbringt, so kann ein kluger Diplomat manches Unrecht verhindern.
20,30f Wie 41,14f ohne Zusammenhang mit dem Kontext.

des Unrecht; / für die Wunde, die es schlägt,
gibt es keine Heilung.
4 Gewalttat und Hochmut verwüsten den
Wohlstand, / das Haus des Übermütigen
stürzt ein.
5 Das Gebet aus dem Mund des Armen
dringt zu den Ohren Gottes / und rasch
kommt Gottes Gericht.
6 Wer Ermahnung hasst, folgt der Spur des
Sünders; / wer den Herrn fürchtet, nimmt sie
sich zu Herzen.
7 Von weitem erkennt man den Schwät-
zer; / der Erfahrene merkt es, wenn jener
entgleist.
8 Baut einer sein Haus mit fremdem Geld, /
sammelt er Steine für einen Schutthaufen.
9 Ein Bündel Werg ist die Versammlung
der Ruchlosen, / ihr Ende ist die Feuerflam-
me.
10 Der Weg der Sünder ist frei von Stei-
nen; / doch sein Ende ist die Tiefe der Un-
terwelt.

10: Spr 7,27.

Der Weise und der Tor: 21,11 – 22,2

11 Wer das Gesetz befolgt, beherrscht sei-
nen Trieb / und Gottesfurcht ist vollendete
Weisheit.
12 Der Unkluge lässt sich nicht erziehen; /
doch es gibt auch Klugheit, die viel Bitter-
keit einträgt.
13 Das Wissen des Weisen schwillt an wie
ein Bach, / wie ein lebendiger Quell ist sein
Rat.
14 Das Herz des Toren ist wie eine gebors-
tene Zisterne: / Es hält keine Weisheit
fest.
15 Hört der Verständige ein weises Wort, /
lobt er es und fügt andere hinzu.
Hört es der Leichtfertige, lacht er darü-
ber, / er wirft es weit hinter sich.
16 Das Gespräch des Toren ist wie eine
Last auf der Reise, / doch auf den Lippen des
Verständigen findet sich Anmut.
17 Die Rede des Weisen begehrt man in der
Versammlung / und seine Worte überdenkt
man im Herzen.
18 Wie *ein* Gefängnis ist dem Toren die
Weisheit, / Erkenntnis ist dem Unverständi-
gen wie eine Fessel.
19 Wie Ketten an den Füßen ist dem Unver-
nünftigen die Zucht / und wie Handschellen
an der rechten Hand.
20 Der Tor lacht mit lauter Stimme, / der
Kluge aber lächelt kaum leise.
21 Wie ein goldener Schmuck ist dem Wei-
sen die Zucht / und wie eine Spange am
rechten Arm.
22 Der Fuß des Toren eilt rasch ins Haus, /
der Besonnene aber wartet bescheiden.
23 Der Tor blickt durch die Tür ins Haus
hinein, / der Wohlerzogene bleibt draußen
stehen.
24 Ungezogen ist es, an der Tür zu hor-
chen, / der Verständige aber verschließt sei-
ne Ohren.
25 Die Lippen der Frevler erzählen ihre
eigene Torheit, / die Worte der Verständigen
sind wohl abgewogen.
26 Die Toren haben ihr Herz auf der Zun-
ge, / die Weisen haben ihre Zunge im Her-
zen.
27 Verflucht der Ruchlose den Gerechten, /
so verflucht er sich selbst.
28 Sich selbst besudelt der Verleumder; /
wo er wohnt, ist er verhasst.
22 Einem beschmutzten Stein gleicht
der Faule, / jeder ruft Pfui, weil er
ekelhaft ist.
2 Einem Ballen Kot gleicht der Faule, / je-
der, der ihn berührt hat, schüttelt sich die
Hand ab.

21,12: 19,22 • 16: Koh 10,12 • 20: Koh 7,6.

Missratene Kinder und unbelehrbare Toren:
22,3–18

3 Schande für den Vater ist ein missratener
Sohn, / eine (missratene) Tochter ist ihm zur
Schmach geboren.
4 Eine kluge Tochter bringt ihrem Mann
Besitz ein, / eine schändliche macht ihrem
Vater Kummer;
5 die trotzige bereitet dem Vater und dem
Gatten Schande, / von beiden wird sie ver-
achtet.
6 Wie Musik zur Trauer ist eine Rede zur
falschen Zeit, / Schläge und Zucht aber zeu-
gen stets von Weisheit.
9 Wer einen Toren belehrt, leimt Scherben
zusammen, / er sucht einen Schlafenden aus
tiefem Schlummer zu wecken.

21,10a Sinn: Die Sünder eilen ohne Hindernis dem Untergang entgegen.
21,14a Zisterne: nach S; G: Krug.
21,18 Übersetzung vorwiegend nach S; G, weniger wahrscheinlich: Wie ein verwüstetes Haus, so ist dem Toren die Weisheit und die Erkenntnis des Unvernünftigen sind unverständliche Reden.
21,25a Text unsicher.
21,27a G unrichtig: den Satan.
22,3–5 Elternsorgen, besonders mit den Töchtern (vgl. 7,24f; 16,1–3; 42,9–14).
22,7f Späte Zusätze.

10 Wer mit einem Toren redet, redet einen Schlafenden an; / schließlich fragt dieser: Was ist denn?

11 Über einen Toten weine, / denn das Lebenslicht erlosch ihm;

über einen Toren weine, / denn die Einsicht erlosch ihm.

Weniger weine über einen Toten, denn er ruht aus; / das schlechte Leben des Toren ist schlimmer als der Tod.

12 Die Trauer um den Toten währt sieben Tage, / die um den Toren und Ruchlosen alle Tage seines Lebens.

13 Mit einem Unvernünftigen mach nicht viele Worte / und geh nicht mit einem Schwein!

Hüte dich vor ihm, damit du dich nicht zu ärgern brauchst / und nicht besudelt wirst, wenn es sich schüttelt.

Geh ihm aus dem Weg und du wirst Ruhe finden / und keinen Verdruss haben mit seinem Unverstand.

14 Was ist schwerer als Blei? / Wie könnte es anders heißen als: der Tor?

15 Sand, Salz und Eisenblöcke / sind leichter zu tragen als ein unvernünftiger Mensch.

16 Holzgebälk, eingelassen ins Mauerwerk, / löst sich bei keiner Erschütterung:

So ist ein Herz, gestützt auf überlegten Rat; / zu keiner Zeit verzagt es.

17 Ein Herz, das auf kluge Überlegung gegründet ist, / ist (fest) wie Sandverputz an glatter Mauer.

18 Steinchen, die obenauf liegen, / halten dem Wind nicht stand:

So ist ein feiges Herz mit törichter Gesinnung: / Vor keinem Schrecken hält es stand.

3: Spr 17,21 • 5: Spr 12,4 • 6: 30,1; Spr 23,13f • 14: 21,16; Spr 27,3.

Die Treue des Weisen: 22,19–26

19 Wer ins Auge stößt, treibt Tränen heraus; / wer ins Herz stößt, treibt Freundschaft hinaus.

20 Wer mit Steinen nach Vögeln wirft, verscheucht sie; / wer den Freund beschimpft, vertreibt die Freundschaft.

21 Hast du gegen den Freund das Schwert gezogen, / verzweifle nicht: Es gibt einen Rückweg.

22 Hast du den Mund aufgetan gegen den Freund, / verzage nicht: Es gibt eine Versöhnung.

Doch bei Beschimpfung, Geheimnisverrat und tückischem Schlag / entflieht jeder Freund.

23 Halte dem Nächsten in der Armut die Treue, / dann kannst du mit ihm auch sein Glück genießen.

Halte bei ihm aus in der Zeit der Not, / dann hast du auch Anteil an seinem Besitz.

24 Dem Feuer gehen Rauch und Qualm voraus, / ebenso dem Blutvergießen Streitereien.

25 Ist dein Freund verarmt, beschäme ihn nicht / und versteck dich nicht vor ihm!

26 Hast du einen Freund, plaudere von ihm nichts aus, / sonst wird sich jeder, der dich hört, vor dir hüten.

23: 6,7–12; 12,8f • 25: 6,12 • 26: 19,8f.

Gebet um Selbstbeherrschung: 22,27 – 23,6

27 Wer setzt eine Wache vor meinen Mund, / vor meine Lippen ein kunstvolles Siegel,

damit ich durch sie nicht zu Fall komme / und meine Zunge mich nicht ins Verderben stürzt?

23 Herr, Vater und Gebieter meines Lebens, / bring mich durch sie nicht zu Fall!

2 Wer hält eine Peitsche bereit für mein Denken / und eine Zuchtrute für mein Herz,

um ihre Vergehen nicht zu schonen / und ihnen keine Sünden zu gestatten,

3 damit meine Fehler sich nicht mehren, / meine Sünden sich nicht häufen / und ich nicht zu Fall komme vor meinen Feinden, / sodass mein Gegner sich über mich freuen könnte?

4 Herr, Vater und Gott meines Lebens, / überlass mich nicht ihrem Plan!

5 Übermütige Augen gib mir nicht, / halte fern von mir die Begierde!

6 Unzucht und Sinnenlust sollen mich nicht ergreifen, / schamloser Gier gib mich nicht preis!

22,17b Text unsicher.
22,22c *tückischer Schlag:* jede Art von Hinterlist und Verleumdung; sie sind schlimmer als ein gelegentliches Zerwürfnis.
22,25f Übersetzung in Anlehnung an S.
22,26 G kaum verständlich: Wenn mich seinetwegen Schlimmes trifft, wird jeder, der es hört, sich vor ihm hüten.
23,1–6 Ein inniges Gebet um Lauterkeit bis in die innersten Gedanken, was aber Wachsamkeit und die Hilfe Gottes voraussetzt.

Eine Unterweisung über das Reden: 23,7–15

7 Ihr Söhne, vernehmt die Unterweisung
über das Reden; / wer sie beachtet, verfehlt
sich nicht.
8 Durch seine Lippen verstrickt sich der
Sünder, / Lästerer und Stolze stürzen durch
sie.
9 Gewöhn deinen Mund nicht ans Schwören, / den Namen des Heiligen zu nennen, gewöhn dir nicht an!
10 Wie ein Sklave, der dauernd straffällig
wird, / von Striemen nie frei bleibt, / so
bleibt von Sünde nicht rein, / wer immerfort
schwört und Gottes Namen ausspricht.
11 Ein Mensch, der viel schwört, häuft
Schuld auf sich, / die Strafrute weicht nicht
von seinem Haus.

Verfehlt er sich unbedacht, / lastet seine Sünde auf ihm;

übersieht er den Schwur, sündigt er doppelt, / schwört er falsch, bleibt er nicht ungestraft; / ja, sein Haus wird von Leiden erfüllt.

12 Es gibt ein Reden, das der Pest vergleichbar ist; / möge es sich im Erbland Jakobs nicht finden.

Den Frommen liegt dies alles fern, / sie wälzen sich nicht in Sünden.

13 Gewöhn deinen Mund nicht an Zuchtlosigkeit; / denn es kommt dabei zu sündhaften Reden.
14 Denk an Vater und Mutter, wenn du im
Kreis der Großen sitzt, / damit du bei ihnen
keinen Anstoß erregst / und nicht durch dein
Benehmen dich zum Toren machst / und
wünschen musst, nicht geboren zu sein, / und
den Tag deiner Geburt verfluchst.
15 Hat sich einer an schändliche Reden gewöhnt, / nimmt er sein Leben lang keine Zucht mehr an.

9: 27,14.

Warnung vor Unzucht: 23,16–27

16 Zwei Gruppen von Menschen häufen die
Sünden, / drei ziehen den Zorn herbei:

Leidenschaftliche Begierde, sie brennt wie Feuer / und erlischt nicht, bis sie sich verzehrt hat;

der Mensch, der am eigenen Leib Unzucht treibt / und nicht aufhört, bis das Feuer verglüht;

17 der Wollüstige, dem jedes Brot süß
schmeckt, / der nicht aufhört, bis er tot ist;
18 der Mensch, der Ehebruch treibt auf seinem Lager, / der bei sich denkt: Wer sieht mich?

Dunkel umgibt mich, Wände verbergen mich, / keiner sieht mich, warum sollte ich mich fürchten zu sündigen?

19 Er denkt nicht an den Höchsten, / nur
die Augen der Menschen fürchtet er.

Er bedenkt nicht, dass die Augen des Herrn / zehntausendmal heller sind als die Sonne,

dass sie alle Wege des Menschen sehen / und die geheimsten Winkel durchdringen.

20 Schon ehe es geschieht, ist ihm alles bekannt, / ebenso, wenn es vollbracht ist.
21 Jener wird auf den Straßen der Stadt
verurteilt; / wo er es nicht vermutet, da wird
er ergriffen.
22 So auch die Frau, die ihren Mann verlässt / und von einem andern einen Erben zur Welt bringt:
23 Erstens war sie dem Gesetz des Höchsten untreu, / zweitens hat sie sich gegen ihren Gatten vergangen,

drittens hat sie in Unzucht die Ehe gebrochen / und von einem andern Kinder zur Welt gebracht.

24 Sie wird vor die Gemeinde geführt / und
ihre Kinder werden es büßen müssen.
25 Ihre Sprösslinge werden keine Wurzel
treiben / und ihre Zweige keine Frucht bringen.
26 Ihr Andenken hinterlässt sie zum
Fluch, / ihre Schande wird niemals getilgt.
27 Alle Bewohner des Landes werden erkennen, / alle Nachkommen werden einsehen:

Nichts ist besser als die Furcht vor dem Herrn, / nichts süßer, als seine Gebote zu halten.

17: 26,12; Spr 7,5–27 • 23: Spr 2,17 • 27: 46,10; Koh 12,13.

Lob der Weisheit: 24,1–22

24 Die Weisheit lobt sich selbst, / sie
rühmt sich bei ihrem Volk.
2 Sie öffnet ihren Mund in der Versammlung Gottes / und rühmt sich vor seinen Scharen:
3 Ich ging aus dem Mund des Höchsten
hervor / und wie Nebel umhüllte ich die
Erde.
4 Ich wohnte in den Höhen, / auf einer
Wolkensäule stand mein Thron.
5 Den Kreis des Himmels umschritt ich al-

23,11 Es werden verschiedene juristische Unterscheidungen gemacht wie später bei Mt 5,34–37.

23,27a Nach S; in G ausgefallen.

24,1–22 Zur Personifizierung der Weisheit vgl. die Einleitung zu Spr.

lein, / in der Tiefe des Abgrunds ging ich umher.

6 Über die Fluten des Meeres und über alles Land, / über alle Völker und Nationen hatte ich Macht.

7 Bei ihnen allen suchte ich einen Ort der Ruhe, / ein Volk, in dessen Land ich wohnen könnte.

8 Da gab der Schöpfer des Alls mir Befehl; / er, der mich schuf, wusste für mein Zelt eine Ruhestätte.

Er sprach: In Jakob sollst du wohnen, / in Israel sollst du deinen Erbbesitz haben.

9 Vor der Zeit, am Anfang, hat er mich erschaffen / und bis in Ewigkeit vergehe ich nicht.

10 Ich tat vor ihm Dienst im heiligen Zelt / und wurde dann auf dem Zion eingesetzt.

11 In der Stadt, die er ebenso liebt wie mich, fand ich Ruhe, / Jerusalem wurde mein Machtbereich.

12 Ich fasste Wurzel bei einem ruhmreichen Volk, / im Eigentum des Herrn, in seinem Erbbesitz.

13 Wie eine Zeder auf dem Libanon wuchs ich empor, / wie ein wilder Ölbaum auf dem Hermongebirge.

14 Wie eine Palme in En-Gedi wuchs ich empor, / wie Oleandersträucher in Jericho,

wie ein prächtiger Ölbaum in der Schefela, / wie eine Platane am Wasser wuchs ich empor.

15 Wie Zimt und duftendes Gewürzrohr, / wie beste Myrrhe strömte ich Wohlgeruch aus,

wie Galbanum, Onyx und Stakte, / wie Weihrauchwolken im heiligen Zelt.

16 Ich breitete wie eine Terebinthe meine Zweige aus / und meine Zweige waren voll Pracht und Anmut.

17 Wie ein Weinstock trieb ich schöne Ranken, / meine Blüten wurden zu prächtiger und reicher Frucht.

19 Kommt zu mir, die ihr mich begehrt, / sättigt euch an meinen Früchten!

20 An mich zu denken ist süßer als Honig, / mich zu besitzen ist besser als Wabenhonig. / [Mein Andenken reicht bis zu den fernsten Generationen.]

21 Wer mich genießt, den hungert noch, / wer mich trinkt, den dürstet noch.

22 Wer auf mich hört, wird nicht zuschanden, / wer mir dient, fällt nicht in Sünde. / [Wer mich ans Licht hebt, hat ewiges Leben.]

3: Spr 2,6 • 4: Weish 9,4 • 9: Spr 8,22–31 • 20: Ps 19,11.

Weisheit und Gotteswort: 24,23–34

23 Dies alles ist das Bundesbuch des höchsten Gottes, / das Gesetz, das Mose uns vorschrieb als Erbe für die Gemeinde Jakobs.

25 Es ist voll von Weisheit, wie der Pischonfluss (voll Wasser ist), / wie der Tigris in den Tagen der ersten Ähren;

26 es strömt über von Einsicht, / ähnlich der Flut des Eufrat, / ähnlich dem Jordan in den Tagen der Ernte;

27 es fließt von Belehrung über, ähnlich dem Nil, / ähnlich dem Gihon in den Tagen der Weinlese.

28 Wer als Erster es erforschte, kam nicht ans Ende, / ebenso wenig ergründet es der Letzte.

29 Übervoll wie das Meer ist sein Sinn, / sein Rat ist tiefer als der Ozean.

30 Ich selbst war wie ein Bewässerungsgraben, / wie ein Kanal, der hinabfließt zum Garten.

31 Ich dachte: Ich will meinen Garten tränken, / meine Beete bewässern.

Da wurde mir der Kanal zum Strom / und mein Strom wurde zum Meer.

32 So strahle ich weiterhin Belehrung aus wie die Morgenröte, / ich lasse sie leuchten bis in die Ferne.

33 Weiterhin gieße ich Lehre aus wie Prophetenworte / und hinterlasse sie den fernsten Generationen.

34 Seht, nicht allein für mich habe ich mich geplagt, / sondern für alle, die Weisheit suchen.

23: Dtn 33,4; Bar 4,1

24,14b »Oleandersträucher« nach S; kaum richtig G: Rosensträucher.

24,15 Nennt die aromatischen Bestandteile des Weihrauchs.

24,18 Nur wenige Textzeugen von G und Vg haben diesen Vers; Vg: *Ich bin die Mutter der schönen Liebe, der Gottesfurcht, der Erkenntnis und der frommen Hoffnung. In mir ist alle Lieblichkeit des Weges und der Wahrheit, in mir alle Hoffnung des Lebens und der Tugend.*

24,20.22 Die Zusätze nur in lateinischen Textzeugen.

24,24 Schlecht bezeugter Zusatz, der in G anders lautet als in Vg.

24,30–34 Der Weisheitslehrer wollte zunächst einen kleinen Ausschnitt vom Strom der Weisheit abzweigen, wurde aber von der Fülle ihres Reichtums mitgerissen.

DIE ERFAHRUNGEN DES WEISHEITSLEHRERS: 25,1 – 42,14

Männer und Frauen: 25,1 – 26,27

25 Drei Dinge gefallen mir, / sie sind Gott und den Menschen angenehm: Eintracht unter Brüdern, Liebe zwischen Freunden, / Mann und Frau, die einander verstehen.

2 Drei Gruppen von Menschen sind mir verhasst, / ihre Lebensweise verabscheue ich sehr: / den hochmütigen Armen, / den betrügerischen Reichen, / den ehebrecherischen Greis ohne Vernunft.

3 Hast du in der Jugend nicht gesammelt, / wie wirst du im Alter etwas haben?

4 Wie gut steht Hochbetagten rechtes Urteil an / und den Alten, Rat zu wissen.

5 Wie gut steht Hochbetagten Weisheit an, / würdigen Männern Überlegung und Rat.

6 Ein Ehrenkranz der Alten ist reiche Erfahrung, / ihr Ruhm ist die Gottesfurcht.

7 Neun, die ich im Sinn habe, preise ich, / zehn führe ich rühmend im Mund:

Einen Mann, der Freude hat an seinen Kindern, / und einen, der den Sturz seiner Feinde erlebt.

8 Wohl dem Gatten einer klugen Frau / und der nicht gleichsam mit einem Gespann von Ochs und Esel pflügen muss.

Wohl dem, der nicht durch seine Zunge zu Fall kommt / und der keinem dienen muss, der unter ihm steht.

9 Wohl dem, der einen Freund fand / und der zu Ohren sprechen darf, die hören.

10 Wie groß ist einer, der Weisheit fand; / doch keiner übertrifft den Gottesfürchtigen.

11 Die Furcht vor dem Herrn überragt alles; / wer an ihr fest hält, ist mit niemand vergleichbar.

13 Jede Wunde, nur keine Herzenswunde; / jede Bosheit, nur keine Frauenbosheit.

14 Jedes Ungemach, nur kein Ungemach durch die zurückgesetzte Frau, / jede Rache, nur keine Rache durch die Nebenfrau.

15 Kein Gift ist schlimmer als Schlangengift, / kein Zorn schlimmer als Frauenzorn.

16 Lieber mit einem Löwen oder Drachen zusammenhausen, / als bei einer bösen Frau wohnen.

17 Die Schlechtigkeit einer Frau macht ihr Aussehen düster / und verfinstert ihr Gesicht wie das einer Bärin.

18 Sitzt ihr Mann im Freundeskreis, / muss er unwillkürlich seufzen.

19 Kaum eine Bosheit ist wie Frauenbosheit; / das Los des Sünders treffe auf sie.

20 Wie ein sandiger Aufstieg für die Füße eines Greises / ist eine zungenfertige Frau für einen stillen Mann.

21 Fall nicht herein auf die Schönheit einer Frau, / begehre nicht, was sie besitzt.

22 Denn harte Knechtschaft und Schande ist es, / wenn eine Frau ihren Mann ernährt.

23 Bedrücktes Herz und düsteres Gesicht / und ein wundes Herz: eine böse Frau;

schlaffe Hände und zitternde Knie: / eine Frau, die ihren Mann nicht glücklich macht.

24 Von einer Frau nahm die Sünde ihren Anfang, / ihretwegen müssen wir alle sterben.

25 Gib dem Wasser keinen Abfluss / und einer schlechten Frau keine Freiheit!

26 Geht sie dir nicht zur Seite, / trenn sie von deinem Leib!

26 Eine gute Frau – wohl ihrem Mann! / Die Zahl seiner Jahre verdoppelt sich.

2 Eine tüchtige Frau pflegt ihren Mann; / so vollendet er seine Jahre in Frieden.

3 Eine gute Frau ist ein guter Besitz; / er wird dem zuteil, der Gott fürchtet;

4 ob reich, ob arm, sein Herz ist guter Dinge, / sein Gesicht jederzeit heiter.

5 Vor drei Dingen bangt mir das Herz, / vor vieren befällt mich die Furcht:

Gerede in der Stadt, Auflauf der Massen und Verleumdung – / schlimmer sind sie alle als der Tod.

6 Eine eifersüchtige Frau bringt Kummer und Betrübnis, / die Geißel der Zunge ist allen (vieren) gemeinsam.

25,1 Der neue Hauptteil betont wieder die sozialen Tugenden, besonders ein harmonisches Eheleben.

25,9a Freund: nach S und Vg; G: Einsicht; das wäre dasselbe wie V. 10a.

25,12 Später Zusatz: Die Furcht vor dem Herrn ist der Anfang der Liebe zu ihm, der Glaube Anfang der Gemeinschaft mit ihm.

25,14f Der Zusammenhang verlangt, dass an die zurückgesetzte Nebenfrau zu denken ist, obwohl G und S männlich übersetzen (»Hasser«, »Feind«). Ähnlich haben G und S in V. 15a das sicher richtige »Gift« fälschlich mit »Kopf« übersetzt, da im Hebräischen beide Wörter gleich aussehen.

25,21b Nach S; G: Begehre nicht nach einer Frau!

7 Ein scheuerndes Ochsenjoch ist eine böse Frau; / wer sie nimmt, fasst einen Skorpion an.
8 Großer Verdruss ist eine trunksüchtige Frau; / sie kann ihre Schande nicht verbergen.
9 Die lüsterne Frau verrät sich durch ihren Augenaufschlag, / an ihren Wimpern wird sie erkannt.
10 Gegen eine Schamlose verstärke die Wache, / damit sie keine Gelegenheit findet und ausnützt.
11 Auf eine Frau mit frechem Blick gib Acht; / sei nicht überrascht, wenn sie dir untreu wird.
12 Wie ein durstiger Wanderer den Mund auftut und vom ersten besten Wasser trinkt, / so lässt sie sich vor jedem Pfahl nieder und öffnet den Köcher vor dem Pfeil.
13 Die Anmut der Frau entzückt ihren Mann, / ihre Klugheit erfrischt seine Glieder.
14 Eine Gottesgabe ist eine schweigsame Frau, / unbezahlbar ist eine Frau mit guter Erziehung.
15 Anmut über Anmut ist eine schamhafte Frau; / kein Preis wiegt eine auf, die sich selbst beherrscht.
16 Wie die Sonne aufstrahlt in den höchsten Höhen, / so die Schönheit einer guten Frau als Schmuck ihres Hauses.
17 Wie die Lampe auf dem heiligen Leuchter scheint, / so ein schönes Gesicht auf einer edlen Gestalt.
18 Wie goldene Säulen auf silbernem Sockel / sind schlanke Beine auf wohlgeformten Füßen.
19 [Mein Sohn, bewahre die Blüte deiner Jugend gesund, / gib deine Kraft nicht Fremden hin!
20 Hast du auf dem ganzen Feld einen fruchtbaren Acker ausgesucht, / streu getrost deine Saat aus zur Fortpflanzung deines Geschlechts!
21 Dann werden deine Kinder dich umgeben, / sie werden groß werden im Vertrauen auf das edle Geschlecht.
22 Eine käufliche Frau ist dem Auswurf gleichzuachten, / eine Verheiratete ist für ihre Liebhaber wie ein Turm des Todes.
23 Eine ruchlose Frau wird dem Frevler zuteil, / eine fromme erhält, wer den Herrn fürchtet.
24 Eine schamlose Frau zerstört die Scham, / eine anständige Frau hat Scheu auch vor dem eigenen Mann.
25 Eine unverschämte Frau wird wie ein Hund geachtet, / eine schamhafte fürchtet den Herrn.
26 Eine Frau, die ihren Mann ehrt, erscheint allen als weise, / eine Frau, die ihn verachtet, wird von allen als ruchlos erkannt.
27 Eine großsprecherische und zungenfertige Frau / erscheint wie eine schmetternde Kriegstrompete.

Ein jeder Mann, der dazu schweigen [muss, muss sein Leben in Kriegsunruhen verbringen.]

25,2: 42,8 • 4: Spr 16,31; Ijob 32,7 • 11: 40,26f • 19: 26,23 • 24: Gen 3,6 • 26,4: 13,26 • 8: Spr 6,33 • 21: Ps 128,3.

Verschiedene Warnungen: 26,28 – 27,15

28 Über zwei Dinge ist mein Herz betrübt, / über drei packt mich der Zorn:

Ein vermögender Mann, der arm wird und darben muss, / und angesehene Männer, wenn sie missachtet werden;

wer von der Gerechtigkeit zur Sünde abweicht, / den bestimmt der Herr für das Schwert.

29 Schwerlich bleibt ein Kaufmann frei von Schuld; / ein Händler wird sich nicht rein halten von Sünde.

27 Des Geldes wegen haben schon viele gesündigt; / wer es anzuhäufen sucht, schaut nicht genau hin.
2 Zwischen zwei Steine lässt sich ein Pflock stecken; / so drängt sich zwischen Kauf und Verkauf die Sünde.
3 Hältst du nicht fest an der Gottesfurcht, / stürzt plötzlich und bald dein Haus zusammen.
4 Im Sieb bleibt, wenn man es schüttelt, der Abfall zurück; / so entdeckt man die Fehler eines Menschen, wenn man über ihn nachdenkt.

26,16–18 In der orientalischen Lyrik, so auch in Hld, wird die schöne Körpergestalt mit dem Leuchter und mit Säulen des Tempels verglichen.
26,19–27 Der Abschnitt fehlt bei den meisten Textzeugen. Die Sprache ist derber als sonst in Sir. Also wohl späterer Zusatz.
26,19a Nach G; S: Nimm dich in Acht zur Zeit deiner Jugend!
26,20 Die Ehe wird mit einem fruchtbaren Acker verglichen.
26,21b Nach G.
26,27 Text verderbt und unsicher.
27,1b Wörtlich: wer es anzuhäufen sucht, wendet sein Auge ab. – Das kann Unehrlichkeit bedeuten oder sich auf die Not des Armen beziehen: Er ist rücksichtslos.
27,4–7 In schwierigen Vergleichen wird genaue Menschenkenntnis empfohlen. Nur ein überlegtes Urteil kann den wirklichen Charakter des anderen entdecken.

5 Töpferware wird nach der Brennhitze
des Ofens eingeschätzt, / ebenso der Mensch
nach dem Urteil, das man über ihn fällt.
6 Der Art des Baumes entspricht seine
Frucht; / so wird ein jeder nach seiner Gesinnung beurteilt.
7 Lobe keinen Menschen, ehe du ihn beurteilt hast; / denn das ist die Prüfung für jeden.
8 Strebst du nach Gerechtigkeit, so erlangst du sie, / wie ein Prachtgewand kannst du sie anlegen.
9 Vögel lassen sich bei ihresgleichen nieder; / Treue kommt zu denen, die sie üben.
10 Der Löwe lauert auf Beute; / so auch die
Sünde auf alle, die Unrecht tun.
11 Die Rede des Frommen ist immer klug, /
der Tor aber ändert sich wie der Mond.
12 Im Kreis von Toren schau auf die Zeit, /
im Kreis von Verständigen aber verweile!
13 Die Rede der Toren ist abscheulich, / ihr
Lachen schwelgt in sündhafter Lust.
14 Beim Gerede dessen, der viel schwört,
sträuben sich die Haare, / bei seinem Gezänk
hält man sich die Ohren zu.
15 Zu Blutvergießen führt der Streit der
Übermütigen, / ihr Schimpfen ist unerträglich.

27,11: 5,10 • 14: 23,9–11.

Die Lauterkeit und die Wahrhaftigkeit: 27,16–30

16 Wer Geheimes verrät, zerstört das Vertrauen, / er findet keinen Freund, der zu ihm steht.
17 Liebe den Freund und sei ihm treu! /
Hast du aber seine Geheimnisse verraten, /
brauchst du ihm nicht mehr nachzugehen.
18 Denn wie ein Mensch, der seinen Besitz
vertan hat, / so hast du die Freundschaft des
Gefährten vertan.
19 Und wie man einen Vogel aus der Hand
wegfliegen lässt, / so hast du den Freund
weggehen lassen und fängst ihn nie wieder ein.
20 Lauf ihm nicht nach, denn er ist schon
zu weit, / wie eine Gazelle aus der Schlinge
ist er entflohen.
21 Eine Wunde lässt sich verbinden, ein
Streit beilegen, / doch wer ein Geheimnis
verrät, hat keine Hoffnung.
22 Wer mit dem Auge zwinkert, plant Böses, / wer einen solchen Menschen sieht, /
hält sich von ihm fern.
23 Ins Gesicht hinein macht er dir schöne
Worte / und bewundert deine Reden;
nachher aber dreht er seine Worte um /
und bringt dich durch deine eigenen Worte
zu Fall.
24 Vieles ist mir verhasst, aber nichts so
wie er; / auch der Herr wird ihn hassen.
25 Wer einen Stein hochwirft, auf den fällt
er zurück, / wer hinterlistig schlägt, verwundet sich selbst.
26 Wer eine Grube gräbt, fällt selbst hinein, / wer eine Schlinge legt, verfängt sich in ihr.
27 Wer Unrecht tut, auf den rollt es zurück / und er weiß nicht, woher es ihm kommt.
28 Spott und Schimpf treffen den Übermütigen, / wie ein Löwe lauert die Rache auf ihn.
29 Schlingen und Netze fangen die, die sie
machen, / und lassen sie nicht los bis zum
Tag ihres Todes.
30 Groll und Zorn, auch diese sind abscheulich, / nur der Sünder hält daran fest.

16: 19,8 • 19: 22,22 • 22: Spr 6,13f • 26: Spr 26,27; Koh 10,8.

Zwietracht und Vergebung: 28,1–26

28 Wer sich rächt, an dem rächt sich der
Herr; / dessen Sünden behält er im
Gedächtnis.
2 Vergib deinem Nächsten das Unrecht, /
dann werden dir, wenn du betest, auch deine
Sünden vergeben.
3 Der Mensch verharrt im Zorn gegen den
andern, / vom Herrn aber sucht er Heilung
zu erlangen?
4 Mit seinesgleichen hat er kein Erbarmen, / aber wegen seiner eigenen Sünden
bittet er um Gnade?
5 Obwohl er nur ein Wesen aus Fleisch ist,
verharrt er im Groll, / wer wird da seine
Sünden vergeben?
6 Denk an das Ende, lass ab von der Feindschaft, / denk an Untergang und Tod / und
bleib den Geboten treu!
7 Denk an die Gebote und grolle dem
Nächsten nicht, / denk an den Bund des
Höchsten und verzeih die Schuld!

27,11a Andere Übersetzungsmöglichkeit: Die Rede des Weisen (S und andere).
27,16b Wörtlich: keinen Freund nach seiner Seele, d.h. der mit ihm eins ist, oder: wie er ihn sich wünscht.
27,29 Vorwiegend nach S; G: In der Falle fangen sich, die sich freuen über den Sturz des Frommen, und Schmerz verzehrt sie vor ihrem Tod.
28,3b Heilung bedeutet Vergebung, da nach alter Auffassung Sünde und Krankheit eng zusammenhängen.

8 Bleib fern dem Streit, dann verringerst du die Zahl der Sünden; / denn ein jähzorniger Mensch entfacht Streit.

9 Ein sündiger Mensch bringt Freunde durcheinander, / zwischen friedliche Leute schleudert er Zwietracht.

10 Je nach dem Brennstoff flammt das Feuer auf, / je nach dem Einfluss wächst der Streit.

Je nach der Macht eines Menschen wütet sein Zorn, / je nach dem Reichtum steigert er seine Wut.

11 Ein schneller Funke entzündet das Feuer, / ein schneller Streit führt zu Blutvergießen.

12 Bläst du den Funken an, flammt er auf; / spuckst du darauf, so erlischt er: / Beides kommt aus deinem Mund.

13 Der Verleumder sei verflucht; / viele, die friedlich lebten, hat er zugrunde gerichtet.

14 Der Verleumder hat schon viele zum Wanken gebracht / und sie von Volk zu Volk getrieben;

feste Städte hat er zerstört, / Paläste von Großen umgestürzt.

15 Der Verleumder hat tüchtige Frauen weggejagt / und sie des Ertrags ihrer Mühen beraubt.

16 Wer auf ihn achtet, findet keine Ruhe, / er kann nicht in Frieden wohnen.

17 Peitschenhieb schlägt Striemen, / Zungenhieb zerbricht Knochen.

18 Viele sind gefallen durch ein scharfes Schwert, / noch viel mehr sind gefallen durch die Zunge.

19 Wohl dem, der vor ihr geschützt ist / und ihrer Wut nicht anheimfällt,

der nicht ihr Joch ziehen muss, / nicht an ihre Stricke gebunden ist.

20 Denn ihr Joch ist ein eisernes Joch, / ihre Stricke sind eherne Stricke.

21 Der Tod durch sie ist ein schlimmer Tod, / besser als sie ist die Unterwelt.

22 Keine Macht hat sie über Fromme, / sie werden nicht versengt durch ihre Flamme.

23 Wer den Herrn verlässt, verfällt ihr, / sie flammt an ihm auf und erlischt nicht mehr.

Sie stürzt sich auf ihn wie ein Löwe, / wie ein Panther zerreißt sie ihn.

24 Schau, deinen Weinberg umzäunst du mit Dornen, / mach auch Tür und Riegel an deinen Mund!

25 Dein Silber und Gold verwahrst du abgewogen, / mach auch für deine Worte Waage und Gewicht!

26 Hüte dich, dass du durch sie nicht strauchelst / und nicht zu Fall kommst vor den Augen dessen, der darauf lauert.

1: Spr 20,22 • 3: Ps 30,3 • 10: Spr 26,20f • 11: 22,24 • 18: Spr 18,21 • 26: 25,8.

Borgen und Bürgen: 29,1–20

29 Wer dem Nächsten borgt, erweist Liebe, / wer ihm unter die Arme greift, erfüllt die Gebote.

2 Borge dem Nächsten, wenn er in Not ist, / doch gib dem Nächsten auch zurück zur rechten Zeit!

3 Halte dein Wort und sei treu gegen ihn, / dann bekommst du stets, was du nötig hast.

4 Viele Schuldner bitten um ein Darlehen, / doch dann verärgern sie ihre Helfer.

5 Bis er etwas bekommt, küsst er dem andern die Hand / und redet mit ihm unterwürfig wegen seines Geldes.

Am Tag der Rückzahlung aber enttäuscht er ihn, / weil er erst nach langer Zeit zurückerstattet.

6 Ist er auch zahlungsfähig, bringt er kaum die Hälfte / und betrachtet es wie einen Fund;

ist er es nicht, bringt er ihn um sein Geld / und macht sich ihn leichtfertig zum Feind.

Fluchen und Schimpfen zahlt er ihm zurück, / statt mit Ehre vergilt er mit Schmach.

7 Viele sind nicht aus Härte zurückhaltend, / sie fürchten nur unnötigen Ärger.

8 Hab dennoch Geduld mit dem Bedürftigen / und lass ihn nicht auf die Wohltat warten!

9 Um des Gebotes willen nimm dich des Armen an, / lass ihn in seiner Not nicht leer weggehen!

10 Setz dein Geld ein für den Bruder und Freund, / lass es nicht rosten unter dem Stein, bis es verdirbt.

11 Leg dir einen Schatz an nach den Geboten des Höchsten; / der wird dir mehr nützen als Gold.

12 Wohltaten verschnüre und leg sie in deine Vorratskammer, / sie werden dich retten aus allem Unheil.

28,13f Verleumder: S hat beide Mal »die dritte Zunge«, d. h. der Zwischenträger, der Ohrenbläser.
28,17–26 Die böse Zunge ist für die Weisheitslehrer ein weit verbreitetes Übel (vgl. 19,16; 25,8; Jak 3,1–12).
28,17b Im positiven Sinn sagt Spr 25,15, dass eine sanfte Zunge Knochen zu zerbrechen vermag.
28,24–26 Nach S.
29,1b Zum Borgen als Gebot vgl. V. 9 und V. 11 und Dtn 15,7–11.

13 Besser als ein fester Schild und eine schwere Lanze / werden sie für dich gegen den Feind streiten.

14 Der gute Mensch bürgt für den Nächsten; / nur wer die Scham verloren hat, flieht vor seinem Bürgen.

15 Vergiss nie die Gefälligkeit des Bürgen, / gab er doch sich selbst für dich hin.

16 Der Sünder missachtet die Gefälligkeit des Bürgen, / 17 doch seinen Schöpfer missachtet, / wer seinen Helfer missachtet.

18 Bürgschaft hat schon viele Vermögende zugrunde gerichtet, / hat sie umhergeworfen wie eine Woge im Meer;

reiche Männer hat sie heimatlos gemacht, / sodass sie umherirrten bei fremden Völkern.

19 Der Sünder wird in Bürgschaft verwickelt, / wer trüben Geschäften nachjagt, fällt in Prozesse.

20 Steh für den Nächsten ein, so gut du kannst, / doch sei auf der Hut, dass du nicht hereinfällst.

1: Ps 37,26; 112,5 • 12: 3,30; 17,22 • 14: 8,13; Spr 6,1–5 • 17: Spr 17,5.

Heimat und Fremde: 29,21–28

21 Das Wichtigste zum Leben sind Brot und Wasser, / Kleidung und Wohnung, um die Blöße zu bedecken.

22 Besser das Leben eines Armen unter schützendem Dach / als köstliche Leckerbissen in der Fremde.

23 Ob wenig oder viel, sei zufrieden, / dann hörst du keinen Vorwurf in der Fremde.

24 Schlimm ist ein Leben von einem Haus zum andern; / wo du fremd bist, darfst du den Mund nicht auftun.

25 Ohne Dank reichst du Trank und Speise / und musst noch bittere Worte hören:

26 Komm, Fremder, deck den Tisch, / und wenn du etwas hast, gib mir zu essen!

27 Fort, Fremder, ich habe eine Ehrenpflicht: / Ein Bruder kam zu Gast, ich brauche das Haus.

28 Für einen Mann mit Bildung ist es hart, / geschmäht zu werden, wenn man in der Fremde lebt, / oder beschimpft zu werden, wenn man einem geborgt hat.

Die Kinder: 30,1–13

30 Wer seinen Sohn liebt, hält den Stock für ihn bereit, / damit er später Freude erleben kann.

2 Wer seinen Sohn in Zucht hält, / wird Freude an ihm haben und kann sich bei Bekannten seiner rühmen.

3 Wer seinen Sohn unterweist, / erweckt den Neid des Feindes, / bei seinen Freunden kann er auf ihn stolz sein.

4 Stirbt der Vater, so ist es, als wäre er nicht tot; / denn er hat sein Abbild hinterlassen.

5 Solange er lebt, sieht er ihn und freut sich, / wenn er stirbt, ist er nicht betrübt:

6 Er hat seinen Feinden einen Rächer hinterlassen / und seinen Freunden einen, der ihnen dankbar ist.

7 Wer den Sohn verzärtelt, muss ihm einst die Wunden verbinden; / dann zittert bei jedem Aufschrei sein Herz.

8 Ein ungebändigtes Pferd wird störrisch, / ein zügelloser Sohn wird unberechenbar.

9 Verzärtle den Sohn und er wird dich enttäuschen; / scherze mit ihm und er wird dich betrüben.

10 Lach nicht mit ihm, sonst bekommst du Kummer / und beißt dir am Ende die Zähne aus.

11 Lass ihn nicht den Herrn spielen in der Jugend; / lass dir seine Bosheiten nicht gefallen!

12 Beug ihm den Kopf in Kindestagen; / schlag ihn aufs Gesäß, solange er noch klein ist,

sonst wird er störrisch und widerspenstig gegen dich / und du hast Kummer mit ihm.

13 Halte deinen Sohn in Zucht und mach ihm das Joch schwer, / sonst überhebt er sich gegen dich in seiner Torheit.

1: Spr 23,13 • 2: Spr 15,20 • 3: Spr 23,24f • 8: Spr 29,15.

Gesundheit und Reichtum: 30,14 – 31,11

14 Besser arm und gesunde Glieder / als reich und mit Krankheit geschlagen.

15 Ein Leben in Gesundheit ist mir lieber als Gold, / ein frohes Herz lieber als Perlen.

29,14–20 Viele Sprichwörter empfehlen zwar, dem Nächsten in der Not auszuhelfen, mahnen aber auch zur nötigen Vorsicht.

29,16f Nach S; G: Die Güter des Bürgen verwüstet der Sünder und der in seiner Gesinnung Undankbare lässt seinen Retter im Stich.

29,25a Nach G; S: Ein Fremdling bist du und trinkst Schmach.

16 Kein Reichtum geht über den Reichtum gesunder Glieder, / kein Gut über die Freude des Herzens.

17 Besser sterben als ein unnützes Leben, / besser Ruhe für immer als dauerndes Leid.

18 Leckerbissen, einem verschlossenen Mund dargereicht, / sind wie Opfergaben, die man vor ein Götzenbild hinstellt;

19 was nützen sie den Götzen der Heiden, / die nicht essen und nicht riechen können?

Ihnen gleicht einer, der Reichtum besitzt, / ihn aber nicht genießen kann.

20 Mit den Augen erblickt er ihn und seufzt / wie ein Entmannter, der ein Mädchen umarmt.

21 Überlass dich nicht der Sorge, / schade dir nicht selbst durch dein Grübeln!

22 Herzensfreude ist Leben für den Menschen, / Frohsinn verlängert ihm die Tage.

23 Überrede dich selbst und beschwichtige dein Herz, / halte Verdruss von dir fern!

Denn viele tötet die Sorge / und Verdruss hat keinen Wert.

24 Neid und Ärger verkürzen das Leben, / Kummer macht vorzeitig alt.

25 Der Schlaf des Fröhlichen wirkt wie eine Mahlzeit, / das Essen schlägt gut bei ihm an.

31 Schlaflosigkeit wegen des Reichtums zehrt am Fleisch, / die Sorge um ihn nimmt der Schlummer.

2 Die Sorge um den Lebensunterhalt verscheucht den Schlummer, / mehr als schwere Krankheit vertreibt sie ihn.

3 Der Reiche müht sich ab, um ein Vermögen zu sammeln; / ist er zur Ruhe gekommen, frönt er dem Genuss.

4 Der Arme plagt sich und verbraucht seine Kraft; / wenn er ruht, muss er hungern.

5 Wer das Gold liebt, bleibt nicht ungestraft, / wer dem Geld nachjagt, versündigt sich.

6 Viele sind es, die sich vom Gold fesseln lassen, / die ihr Vertrauen auf Perlen setzen.

7 Eine Falle ist das für den Toren, / jeder Einfältige lässt sich damit fangen.

8 Wohl dem Mann, der schuldlos befunden wird, / der sich nicht aus Habgier versündigt.

9 Wo gibt es den? Wir wollen ihn preisen. / Denn Staunenswertes hat er in seinem Volk vollbracht.

10 Wo gibt es einen, der sich in solcher Prüfung bewährt hat? / Das wird ihm zur Ehre gereichen.

Wer konnte sündigen und sündigte nicht, / Böses tun, tat es aber nicht?

11 Darum ist sein Glück von Dauer, / die Gemeinde verkündet sein Lob.

30,17: Koh 4,2 • 31,3: 11,18f • 11: 39,10; 44,15.

Das Benehmen bei Tisch: 31,12 – 32,13

12 Mein Sohn, sitzt du am Tisch eines Großen, / dann reiß den Rachen nicht auf!

13 Sag nicht: Es ist reichlich da. / Denk daran, wie hässlich ein gieriges Auge ist.

Schlimmeres als das Auge hat Gott nicht erschaffen; / darum muss es bei jeder Gelegenheit weinen.

14 Wohin schon ein anderer blickt, / dahin streck deine Hand nicht aus, / sonst triffst du mit ihm in der Schüssel zusammen.

15 Sorge für einen Nächsten wie für dich selbst / und denk an all das, was auch dir zuwider ist.

16 Iss wie ein gesitteter Mann, was vor dir liegt, / und sei nicht gierig, sonst verabscheut man dich.

17 Hör als Erster auf, wie es der Anstand verlangt, / und schlürfe nicht, sonst erregst du Anstoß.

18 Auch wenn du unter vielen sitzt, / streck die Hand nicht vor dem Nachbarn aus!

19 Hat ein wohlerzogener Mensch nicht mit wenig genug? / So wird es ihm in seinem Bett nicht übel.

20 Schmerz, Schlaflosigkeit und Qual / und Magendrücken hat der törichte Mensch.

Gesunden Schlaf hat einer, der den Magen nicht überlädt; / steht er am Morgen auf, fühlt er sich wohl.

30,18 Der »verschlossene Mund« ist der des Kranken.

30,20b Vgl. die Anmerkung zu 20,4.

30,21–24 Eine moderne und doch alte Einsicht, dass psychische Depressionen körperlich krank machen können.

31,1 – 36,13 *G hat 33,16 – 36,13 hinter 30,25 eingereiht;* vgl. Anm. zu 33,16–33 und zu 36,16. Vg stimmt in der Kapitelzählung mit H und S überein, hat aber infolge von Doppelübersetzungen und Einschüben eine abweichende Verszählung. Hier wird die Kapitelzählung nach H und Vg, die Verszählung aber nach G beibehalten.

31,6 Übersetzung unsicher. Andere Übersetzungsmöglichkeit: Zahlreich sind die Schlingen des Goldes und die Stricke an den Perlen.

31,8a Andere Übersetzungsmöglichkeit: Wohl dem Reichen.

31,8b aus Habgier, wörtlich: hinter dem Gold her (G), oder: hinter dem Mammon her (H und S); das Wort »Mammon« begegnet hier zum ersten Mal.

31,10a Text korrigiert nach G und Vg.

21 Hast du dich dennoch von Leckerbissen
verführen lassen, / steh auf, erbrich sie und
du hast Ruhe.
22 Höre, mein Sohn, und verachte mich
nicht / und du wirst schließlich meine Worte
begreifen.
Bei all deinem Tun sei bescheiden, / so
wird dich kein Schaden treffen.
23 Wer bei Tisch anständig ist, wird ge-
lobt, / sein guter Ruf steht fest.
24 Wer sich bei Tisch schlecht benimmt, /
wird öffentlich beschimpft, / sein schlechter
Ruf steht fest.
25 Auch beim Wein spiel nicht den starken
Mann! / Schon viele hat der Rebensaft zu
Fall gebracht.
26 Wie der Ofen das Werk des Schmiedes
prüft, / so ist der Wein eine Probe für die
Zuchtlosen.
27 Wie ein Lebenswasser ist der Wein für
den Menschen, / wenn er ihn mäßig trinkt.
Was ist das für ein Leben, wenn man kei-
nen Wein hat, / der doch von Anfang an zur
Freude geschaffen wurde?
28 Frohsinn, Wonne und Lust bringt
Wein, / zur rechten Zeit und genügsam ge-
trunken.
29 Kopfweh, Hohn und Schimpf / bringt
Wein, getrunken in Erregung und Zorn.
30 Zu viel Wein ist eine Falle für den
Toren, / er schwächt die Kraft und schlägt
viele Wunden.
31 Beim Weingelage nörgle nicht am Nach-
barn herum, / verspotte ihn nicht, wenn er
heiter ist.
Sag zu ihm kein schmähendes Wort / und
streite mit ihm nicht vor den Leuten!

32 Wenn du das Gastmahl leitest, über-
heb dich nicht, / sei unter den Gästen
wie einer von ihnen!
Sorg erst für sie, dann setz dich selbst, /
trag erst auf, was sie brauchen, dann lass
dich nieder,
2 damit du dich über sie freuen kannst /
und für dein gutes Benehmen Beifall findest.
3 Ergreife das Wort, alter Mann, denn dir
steht es an. / Doch schränke die Belehrung
ein / und halte den Gesang nicht auf!
4 Wo man singt, schenk nicht kluge Reden
aus! / Was willst du zur Unzeit den Weisen
spielen?
5 Ein Rubin an goldenem Geschmeide, /
das ist ein schönes Lied beim Weingelage.
6 Ein Smaragdsiegel in goldener Fas-
sung, / das ist ein Gesang bei köstlichem
Wein.
7 Als Jüngerer ergreife das Wort nur, wenn
du musst, / wenn man dich nachdrücklich
zwei- oder dreimal auffordert.
8 Dräng die Worte zusammen, fasse dich
kurz, / sei wie einer, der etwas weiß, aber
auch schweigen kann.
9 Im Kreis der Vornehmen überheb dich
nicht, / behellige Ältere nicht durch viele
Fragen!
10 Vor dem Hagel leuchtet der Blitz, / vor
dem Bescheidenen leuchtet die Gunst.
11 Wenn es Zeit ist, bleib nicht länger, / geh
nach Haus und sei nicht ausgelassen;
12 dort sei lustig und überlass dich deiner
Stimmung, / in Gottesfurcht, nicht in Unver-
stand.
13 Und für all das preise deinen Schöpfer, /
der dich mit seinen Gaben erfreut hat.

31,16: Spr 23,1f • 25: Spr 20,1 • 27: Ps 104,15; Koh 10,19 • 30: Spr 23,29–35 • 31: 22,22 • 32,2: Spr 3,4 • 5: 49,1.

Der Weise und das Gesetz Gottes:
32,14 – 33,6

14 Wer Gott sucht, nimmt Belehrung an, /
wer sich ihm zuwendet, erhält Antwort.
15 Wer im Gesetz forscht, entdeckt seinen
Wert, / wer aber heuchelt, verfängt sich da-
rin.
16 Wer den Herrn fürchtet, weiß, was recht
ist, / aus dem Dunkel lässt er sicheren Rat
aufleuchten.
17 Der Ruchlose lehnt Zurechtweisung
ab, / er verdreht das Gesetz, wie er es
braucht.
18 Der Weise verbirgt die Einsicht nicht, /
der Überhebliche und der Zuchtlose lehnen
Belehrung ab.
19 Tu nichts ohne Rat und Überlegung, /
dann hast du dir nach der Tat nichts vorzu-
werfen.
20 Geh nicht auf einem Weg voller Fallstri-
cke, / dann werden deine Füße nicht ansto-
ßen und straucheln.
21 Fühle dich unterwegs nie sicher vor
Räubern / 22 und sei vorsichtig auf deinen
Pfaden!
23 Bei all deinem Tun achte auf dich
selbst; / denn wer dies tut, beachtet das Ge-
bot.
24 Wer das Gesetz hält, achtet auf sich

Kap. 32 In G als Kap. 35 gezählt.
32,2 Vorwiegend nach G; H verderbt.
32,3–9 Offenbar pflegte man bei Gastmählern Tischreden zu halten. Sie sollen kurz sein und die Geselligkeit nicht stören.
32,12b G: und sündige nicht durch übermütige Rede! Die VV. 11 und 12 sind unsicher überliefert.
32,24a Andere Übersetzungsmöglichkeit: Wer das Gesetz hält, behütet sein Leben.

selbst; / wer auf den Herrn vertraut, wird
nicht zuschanden.

33 Wer den Herrn fürchtet, den trifft
kein Unheil; / fällt er in Versuchung,
wird er wieder befreit.
2 Wer das Gesetz verabscheut, ist nicht
weise, / er schwankt wie ein Schiff im
Sturm.
3 Ein verständiger Mann ist redekundig, /
seine Weisung ist zuverlässig wie ein Losent-
scheid.
4 Richte deine Rede erst zurecht, dann hal-
te sie! / Zuerst ein Haus zum Wohnen, dann
zieh ein!
5 Wie ein Wagenrad ist das Herz des To-
ren, / wie ein rollendes Rad sind seine Ge-
danken.
6 Wie ein geiles Ross ist ein gehässiger
Freund, / unter jedem Reiter wiehert es.

32,16: Spr 28,5 • 23: Spr 16,17 • 24: Spr 19,16; Ps 22,6 • 33,1: Spr 12,21.

Die Rangordnung der Dinge: 33,7–19

7 Warum unterscheidet sich ein Tag vom
andern, / wo doch alles Licht im Jahr von der
Sonne kommt?
8 Durch die Weisheit des Herrn sind sie un-
terschieden / und es gibt unter ihnen Feier-
tage.
9 Die einen hat er gesegnet und geheiligt, /
die andern zu gewöhnlichen Tagen ge-
macht.
10 Alle Menschen sind aus Lehm geformt, /
aus Staub ist der Mensch gemacht.
11 Die Weisheit des Herrn hat sie unter-
schieden / und ihre Wege verschieden festge-
setzt.
12 Die einen von ihnen segnete und erhöhte
er, / die einen heiligte er und ließ sie sich
nahe kommen;
die andern verfluchte und erniedrigte er /
und stieß sie aus ihrem Amt.
13 Wie Ton in der Hand des Töpfers, / ge-
formt nach seinem Belieben,
so ist der Mensch in der Hand seines
Schöpfers, / von ihm erhält er sein Ge-
schick.
14 Neben dem Bösen das Gute, neben dem
Leben der Tod, / neben dem Guten der Frev-
ler.
15 Schau hin auf alle Werke Gottes: / Alle
sind sie paarweise geschaffen, eins ent-
spricht dem andern.
16 Auch ich bin als Letzter eifrig gewesen, /
wie einer, der Nachlese hält hinter den Win-
zern.
17 Mit Gottes Segen bin ich vorangekom-
men, / wie ein Winzer habe ich die Kelter ge-
füllt.
18 Seht, nicht für mich allein habe ich mich
geplagt, / sondern für alle, die Bildung su-
chen.
19 Hört auf mich, ihr Großen des Volkes, /
ihr Vorsteher der Gemeinde, horcht auf!

10: Ijob 10,9 • 15: 42,24 • 18: 24,34.

Die Herrschaft im Haus: 33,20–33

20 Sohn und Frau, Bruder und Freund, /
lass sie nicht herrschen über dich, solange du
lebst.
21 Solange noch Leben und Atem in dir
sind, / mach dich von niemand abhängig!
Übergib keinem dein Vermögen, / sonst
musst du ihn wieder darum bitten.
22 Besser ist es, dass deine Söhne dich bit-
ten müssen, / als dass du auf die Hände dei-
ner Söhne schauen musst.
23 In allen deinen Taten behaupte dich als
Herr / und beschmutze deine Ehre nicht!
24 Wenn deine Lebenstage gezählt sind, /
an deinem Todestag, verteil das Erbe!
25 Futter, Stock und Last für den Esel, /
Brot, Schläge und Arbeit für den Sklaven!
26 Gib deinem Sklaven Arbeit, sonst sucht
er das Nichtstun. / Trägt er den Kopf hoch,
wird er dir untreu.
27 Joch und Strick beugen den Nacken, /
dem schlechten Sklaven gehören Block und
Folter.
28 Gib deinem Sklaven Arbeit, damit er
sich nicht auflehnt; / 29 denn einem Müßigen
fällt viel Schlechtigkeit ein.
30 Befiehl ihn zur Arbeit, wie es ihm ge-

33,1–16 In G als Kap. 36 gezählt (in H nur schlecht erhalten).
33,3b Nach G: und das Gesetz ist für ihn zuverlässig. – Im Vorausgehenden ist immer das Gesetz Gottes gemeint. – Zum Losentscheid vgl. Jos 7,14–18; 18,6.10; 1 Sam 10,20; 14,41f; Jona 1,7.
33,4b: G: Fasse die Lehre zusammen, dann antworte!
33,8b G: und er hat die Zeiten und Feste verschieden gemacht.
33,12 Sirach denkt wohl an das Volk Israel, besonders die Priester und Leviten. Dagegen werden die einheimischen Kanaaniter verflucht.
33,14b Nach H und S wäre anzufügen: neben dem Licht die Finsternis.
33,16–33: In G als 30,25–40 gezählt, vermutlich infolge Vertauschung von Handschriftenblättern.
33,16–19: Nach den Gegensatzpaaren schildert der Verfasser seine eigene Aufgabe.
33,25.27: Vielleicht liegt dem Text ein altes Sprichwort zugrunde, dessen Härte die VV. 30–33 mildern.
33,26b Nach G: Lass seine Hände müßig, dann wird er Freiheit suchen.

bührt; / gehorcht er nicht, leg ihn in schwere Ketten!
Aber gegen keinen sei maßlos / und tu nichts ohne gutes Recht!
31 Hast du nur einen einzigen Sklaven, / halt ihn wie dich selbst; / denn wie dich selbst hast du ihn nötig.
Hast du nur einen einzigen Sklaven, / betrachte ihn als Bruder, / wüte nicht gegen dein eigenes Blut!
32 Behandelst du ihn schlecht / und er läuft weg und ist verschwunden, / 33 wie willst du ihn wieder finden?

22: 40,29; Ps 123,2 • 23: 7,6 • 25: Spr 26,3 • 30: Spr 29,19.

Leere Träume und Gottesfurcht: 34,1–20

34 Nichtige und trügerische Hoffnung ist Sache des Toren / und Träume regen nur Törichte auf.
2 Wie einer, der nach Schatten greift und dem Wind nachjagt, / so ist einer, der sich auf Träume verlässt.
3 Das Traumbild ist ein Spiegel, / das Abbild eines Gesichts gegenüber dem Gesicht selbst.
4 Wie kann Reines vom Unreinen kommen? / Wie kann Wahres von der Lüge kommen?
5 Wahrsagung, Zeichendeuterei und Träume sind nichtig: / Was du erhoffst, macht das Herz sich vor.
6 Sind sie nicht vom Höchsten zur Warnung gesandt, / so schenk ihnen keine Beachtung!
7 Träume haben schon viele in die Irre geführt, / weil sie ihnen vertrauten, sind sie gestrauchelt.
8 Das Gesetz wird zuverlässig in Erfüllung gehen. / Vollkommen ist Weisheit in einem ehrlichen Mund.
9 Wer viel gereist ist, hat reiches Wissen / und der Erfahrene redet verständig.
10 Wer nichts erfahren hat, weiß wenig, /
11 der Vielgereiste nimmt zu an Klugheit.
12 Vieles habe ich auf meinen Reisen gesehen, / viele Dinge habe ich durchgestanden.
13 Oft musste ich Todesgefahren bestehen, / aber ich wurde gerettet und sie gingen vorüber.
14 Der Geist der Gottesfürchtigen wird leben; / 15 denn ihr Hoffen ist auf ihren Retter gerichtet.
16 Wer den Herrn fürchtet, verzagt nicht / und hat keine Angst, denn der Herr ist seine Hoffnung.
17 Wohl dem, der den Herrn fürchtet. /
18 Auf wen vertraut er und wer ist seine Stütze?
19 Die Augen des Herrn ruhen auf denen, die ihn lieben; / er ist ein starker Schild, eine mächtige Stütze, / Schutz vor dem Glutwind, / Schatten in der Mittagshitze, / Halt vor dem Straucheln, Hilfe vor dem Fall,
20 Freude für das Herz, Licht für die Augen, / Heilung, Leben und Segen.

4: Ijob 14,4 • 6: Ijob 33,14–18.

Opfer und Gebet: 34,21 – 35,22a

21 Ein Brandopfer von unrechtem Gut ist eine befleckte Gabe, / 22 Opfer des Bösen gefallen Gott nicht.
23 Kein Gefallen hat der Höchste an den Gaben der Sünder, / auch für eine Menge Brandopfer vergibt er die Sünden nicht.
24 Man schlachtet den Sohn vor den Augen des Vaters, / wenn man ein Opfer darbringt vom Gut der Armen.
25 Kärgliches Brot ist der Lebensunterhalt der Armen, / wer es ihnen vorenthält, ist ein Blutsauger.
26 Den Nächsten mordet, wer ihm den Unterhalt nimmt, / 27 Blut vergießt, wer dem Arbeiter den Lohn vorenthält.
28 Einer baut auf, einer reißt nieder – / was haben sie mehr davon als die Mühe?
29 Einer segnet, einer flucht – / auf wessen Stimme wird der Herr hören?
30 Reinigt sich einer von einem Toten, berührt ihn aber wieder, / was nützt ihm dann die Waschung?
31 So ist ein Mensch, der seiner Sünden wegen fastet, / aber hingeht und dasselbe wieder tut.
Wer wird sein Gebet erhören / und was hat er von seinem Fasten?

35 Viele Opfer bringt dar, wer das Gesetz befolgt; / 2 Heilsopfer spendet, wer die Gebote hält;
3 Speiseopfer bringt dar, wer Liebe erweist; / 4 Dankopfer spendet, wer Almosen gibt:

33,31f G etwa: denn mit Blut hast du ihn erworben. – G hat auch eine andere Zeilenfolge.
Kap. 34 In G als Kap. 31 gezählt.
34,1a Nach G.
34,12b Nach S; G: und mehr als meine Worte ist mein Wissen.
34,14 – 35,5 Soziale Haltung ist wertvoller als alle Opfergaben, erst recht, wenn die Opfer auf Kosten der Armen erfolgen.
Kap. 35 In G als Kap. 32 gezählt.

5 Abkehr vom Bösen findet das Gefallen
des Herrn: / als Sühne gilt ihm die Abkehr
vom Unrecht.
6 Erscheine nicht mit leeren Händen vor
dem Herrn, / 7 denn das alles muss gesche-
hen, weil es angeordnet ist.
8 Die Opfergabe des Gerechten macht den
Altar glänzend von Fett / und ihr Wohlge-
ruch steigt zum Höchsten auf.
9 Das Opfer des Gerechten ist angenehm, /
sein Gedenkopfer wird nicht vergessen wer-
den.
10 Freigebig ehre den Herrn, / nicht gering
sei die Gabe in deinen Händen.
11 Bei all deinen guten Werken zeig ein fro-
hes Gesicht / und weihe deinen Zehnten mit
Freude!
12 Wie Gott dir gegeben hat, so gib auch
ihm, / freigebig und so gut, wie du kannst.
13 Denn er ist ein Gott, der vergilt, / sie-
benfach wird er es dir erstatten.
14 Versuche nicht, ihn zu bestechen, / denn
er nimmt nichts an;
15 vertrau nicht auf Opfergaben, / die
durch Unterdrückung erworben sind.
Er ist ja der Gott des Rechts, / bei ihm gibt
es keine Begünstigung.
16 Er ist nicht parteiisch gegen den Ar-
men, / das Flehen des Bedrängten hört er.
17 Er missachtet nicht das Schreien der
Waise / und der Witwe, die viel zu klagen
hat.
18 Rinnt nicht die Träne über die Wange /
19 und klagt nicht Seufzen gegen den, der sie
verursacht?
[Denn von der Wange steigt sie zum Him-
mel empor; / der Herr achtet darauf und es
missfällt ihm.]
20 Die Nöte des Unterdrückten nehmen
ein Ende, / das Schreien des Elenden ver-
stummt.
21 Das Flehen des Armen dringt durch die
Wolken, / es ruht nicht, bis es am Ziel ist.
Es weicht nicht, bis Gott eingreift / 22 und
Recht schafft als gerechter Richter.

34,21: 35,14f • 27: 7,20• 35,4: Spr 21,3 • 6: Ex 23,15; Dtn 16,16 • 8: Ps 20,4 • 9: Lev 2,2 • 21: 21,5.

Gottes Hilfe für das Volk: 35,22b–26

Auch wird der Herr nicht säumen / und
wie ein Kriegsheld sich nicht aufhalten las-
sen, / bis er die Hüften des Gewalttätigen
zerschmettert
23 und an den Völkern Vergeltung geübt
hat, / bis er das Zepter des Hochmuts zer-
schlagen / und den Stab des Frevels zerbro-
chen hat,
24 bis er dem Menschen sein Tun vergolten
hat / und seine Taten entsprechend seinen
Absichten,
25 bis er den Rechtsstreit für sein Volk ent-
schieden / und es durch seine Hilfe erfreut
hat.
26 Köstlich ist das Erbarmen des Herrn in
der Zeit der Not, / wie die Regenwolke in der
Zeit der Dürre.

24: Spr 24,12.

Ein Gebet um Rettung: 36,1–22

36 Rette uns, du Gott des Alls, / 2 und
wirf deinen Schrecken auf alle Völ-
ker!
3 Schwing deine Hand gegen das fremde
Volk, / damit es deine mächtigen Taten
sieht.
4 Wie du dich an uns vor ihren Augen als
heilig bezeugt hast, / so verherrliche dich an
ihnen vor unseren Augen,
5 damit sie erkennen, wie wir es erkann-
ten: / Es gibt keinen Gott außer dir.
6 Erneuere die Zeichen, wiederhole die
Wunder, / 7 zeige die Macht deiner Hand und
die Kraft deines rechten Armes!
8 Weck deinen Zorn, ergieß deinen Groll, /
9 beuge den Gegner, wirf den Feind zu Bo-
den!
10 Beschleunige das Ende und schau auf
die Zeit! / Denn wer darf zu dir sagen: Was
tust du?
11 Wer entkommt, der werde von der Glut
deines Zornes verzehrt, / die Peiniger deines
Volkes sollen zugrunde gehen.
12 Bring das Haupt der Fürsten Moabs

35,6–13 Sirach lehnt die Opfervorschriften nicht grundsätzlich ab; aus Gehorsam soll man sie einhalten (vgl. V. 7).

35,11 Vgl. 2 Kor 9,7: Einen fröhlichen Geber liebt Gott.

35,15 – 36,22 Die unterdrückte Witwe und alle Bedrängten (VV. 17f) *werden zum Symbol* für das bedrängte Volk, dem Gott zu Hilfe kommen wird. Daran schließt sich in 36,1–22 das Gebet um Rettung des Volkes an, das endzeitliche Hoffnung anklingen lässt.

35,19bc Nur in Vg.

35,20 Text unklar; nach G etwa: Wer Gott wohlgefällig dient, der wird angenommen und sein Bittruf erreicht die Wolken.

Kap. 36 In G als Kap. 33 gezählt.

36,3a Das fremde Volk (G: Die fremden Völker) sind die Griechen und ihre syrischen Verbündeten, die damals Judäa beherrschten.

36,4 Sinn: Wie der heilige Gott sein Volk vor den Augen der Heiden bestraft hat, so möge er nun an diesen seine Allmacht zeigen.

zum Schweigen, / das sagt: Es gibt keinen
außer mir.
13 Sammle alle Stämme Jakobs, / 16 verteil
den Erbbesitz wie in den Tagen der Vorzeit!
17 Hab Erbarmen mit dem Volk, das deinen
Namen trägt, / mit Israel, den du deinen
Erstgeborenen nanntest.
18 Hab Erbarmen mit deiner heiligen
Stadt, / mit Jerusalem, dem Ort, wo du
wohnst.
19 Erfülle Zion mit deinem Glanz / und
deinen Tempel mit deiner Herrlichkeit!
20 Leg Zeugnis ab für das, was du ehedem
verfügt hast; / erfülle die Weissagung, / die
in deinem Namen ergangen ist.
21 Gib allen ihren Lohn, die auf dich hoffen, / und bestätige so deine Propheten!
22 Erhöre das Gebet deiner Diener; / du
hast doch Gefallen an deinem Volk.
Alle Enden der Erde sollen erkennen: / Du
bist der ewige Gott.

17: Jer 31,9; Weish 18,13.

Die kluge Wahl des Vertrauten:
36,23 – 37,26

23 Der Hals schluckt jede Speise, / doch die
eine Speise schmeckt besser als die andere.
24 Der Gaumen prüft geschenkte Leckerbissen, / das kluge Herz die Leckerbissen der
Lüge.
25 Ein tückischer Sinn verursacht Leid, /
doch ein kluger Mann gibt es ihm zurück.
26 Eine Frau nimmt jeden beliebigen
Mann, / doch die eine Frau ist schöner als die
andere.
27 Eine schöne Frau macht das Gesicht
strahlend, / sie übertrifft alle Lust der Augen.
28 Hat sie dazu noch eine friedfertige Sprache, / so zählt ihr Gatte nicht zu den gewöhnlichen Menschen.
29 Wer eine Frau gewinnt, macht den besten Gewinn: / eine Hilfe, die ihm entspricht,
eine stützende Säule.
30 Fehlt die Mauer, so wird der Weinberg
verwüstet, / fehlt die Frau, ist einer rastlos
und ruhelos.
31 Wer traut einer Horde Soldaten, / die
dahinstürmt von Stadt zu Stadt?
So steht es mit einem Mann, der kein Heim
hat: / Er geht zur Ruhe, wo es gerade Abend
wird.

37 Jeder Freund sagt: Ich bin dein
Freund. / Doch mancher Freund ist
nur dem Namen nach Freund.
2 Ist es nicht ein tödlicher Schmerz, / wenn
ein gleich gesinnter Freund zum Feind
wird?
3 Weh, treuloser Freund, wozu bist zu geschaffen? / Um die weite Erde mit Falschheit
zu erfüllen?
4 Übel ist ein Freund, der nur nach dem
Tisch sieht; / zur Zeit der Not hält er sich
fern.
5 Ein guter Freund kämpft mit dem
Feind, / er hält den Schild gegen den Widersacher.
6 Vergiss nicht den Kampfgefährten! /
Hast du Beute gemacht, lass ihn nicht leer
ausgehen!
7 Jeder Ratgeber weist mit der Hand die
Richtung, / doch mancher rät einen Weg zum
eigenen Vorteil.
8 Hüte dich vor dem Ratgeber! / Erforsche
zuerst, was seine Absicht ist.
Denn auch er denkt an sich selbst. / Doch
warum soll das Los ihm zufallen?
9 Er sagt zu dir: Dein Weg ist der rechte. /
Dann stellt er sich beiseite und schaut zu,
wie du arm wirst.
10 Berate dich nicht mit deinem Neider; /
vor dem, der eifersüchtig ist, verbirg Geheimes!
11 Berate dich nicht mit einer Frau über
ihre Nebenbuhlerin, / mit einem Feind über
den Kampf gegen ihn, / mit einem Händler
über das Geschäft, / mit einem Käufer über
die Ware, / mit einem Geizhals über die Liebestätigkeit, / mit einem Unbarmherzigen
über das Glück des Mitmenschen, / mit einem Faulen über seine Arbeit, / mit einem
Arbeiter über die Aussaat, / mit einem trägen Sklaven über die Menge der Arbeit.
Vertraue dich nie diesen Menschen an, /
wenn du Rat einholst.
12 Doch berate dich mit einem stets Besonnenen, / von dem du weißt, dass er die Gebote

36,12a das Haupt: vermutlich im Sinn von Oberhaupt; gemeint ist der gottfeindliche König. Statt »Fürsten Moabs« liest G: Fürsten der Feinde; es liegt aber eine Anspielung an Num 24,17 vor, die wohl ursprünglich ist.
36,16 In G steht 33,1–15 vor 36,16; darum müssen bei richtiger Einordnung die VV. 14 und 15 jetzt fehlen (vgl. die Anmerkung zu 31,1 – 36,13).
37,7–9 Nach dem Freund wird auch der Ratgeber eigens erwähnt. Beiden gegenüber ist kluge Vorsicht geboten.
37,11 Wo einer persönlich betroffen ist, wird er nie ganz sachlich urteilen, daher als Ratgeber ungeeignet sein.
37,12d G: und der Mitleid mit dir hat.

hält, / mit einem, dessen Herz denkt wie dein
Herz / und der dir hilft, wenn du strauchelst.
13 Doch achte auch auf den Rat deines Ge-
wissens. / Wer ist dir treuer als dieses?
14 Das Gewissen des Menschen gibt ihm
bessere Auskunft / als sieben Wächter auf
der Warte.
15 Bei alledem bete zu Gott! / Er wird in
Treue deine Schritte lenken.
16 Der Anfang eines jeden Werkes ist das
Wort, / der Anfang jeder Tat die Überle-
gung.
17 Die Wurzel der Pläne ist das Herz. /
18 Vier Reiser wachsen daraus hervor: Gutes
und Böses, Leben und Tod. / Doch die Zunge
hat Gewalt über sie alle.
19 Es gibt Weise, die für viele weise sind, /
für sich selber aber sind sie Toren.
20 Es gibt Weise, die trotz ihres Wortes ver-
achtet sind, / von allen Genüssen sind sie
ausgeschlossen.
21 [Denn vom Herrn wurde ihm keine Huld
zuteil, / weil ihm alle Weisheit fehlt.]
22 Es gibt Weise, die für sich selbst weise
sind; / die Frucht ihres Wissens zeigt sich an
ihrem Leib.
23 Es gibt Weise, die für ihr Volk weise
sind; / die Frucht ihres Wissens ist von
Dauer.
24 Wer weise ist für sich selbst, sättigt sich
an Genüssen, / alle, die ihn sehen, preisen
ihn glücklich.
25 [Des Menschen Leben währt zählbare
Tage, / das Leben des Volkes Israel unzähl-
bare Tage.]
26 Wer weise ist für das Volk, erlangt
Ehre, / sein Ruhm wird dauernd weiterle-
ben.

36,27: 26,13–18 • 29: Spr 18,22; Gen 2,18 • 30: Jes 5,5; Gen 4,12 • 31: 29,21–28 • 37,1: 6,5–17; 12,8f; Spr 20,6 • 15: Spr 16,9 • 18: Spr 18,21.

Krankheit und Tod: 37,27 – 38,23

27 Mein Sohn, prüfe dich in deiner Lebens-
weise, / beobachte, was dir schlecht be-
kommt, und meide es!
28 Denn nicht alles ist für alle gut, / nicht
jeder kann jedes wählen.
29 Giere nicht nach jedem Genuss, / stürz
dich nicht auf alle Leckerbissen!
30 Denn im Übermaß des Essens steckt die
Krankheit, / der Unmäßige verfällt heftigem
Erbrechen.
31 Schon viele sind durch Unmäßigkeit ge-
storben, / wer sich aber beherrscht, verlän-
gert sein Leben.

38 Schätze den Arzt, weil man ihn
braucht; / denn auch ihn hat Gott er-
schaffen.
2 Von Gott hat der Arzt die Weisheit, / vom
König empfängt er Geschenke.
3 Das Wissen des Arztes erhöht sein
Haupt, / bei Fürsten hat er Zutritt.
4 Gott bringt aus der Erde Heilmittel her-
vor, / der Einsichtige verschmähe sie nicht.
5 Wurde nicht durch ein Holz das Wasser
süß, / sodass Gottes Macht sich zeigte?
6 Er gab dem Menschen Einsicht, / um sich
durch seine Wunderkräfte zu verherrli-
chen.
7 Durch Mittel beruhigt der Arzt den
Schmerz, / ebenso bereitet der Salbenmi-
scher die Arznei,
8 damit Gottes Werke nicht aufhören / und
die Hilfe nicht von der Erde verschwindet.
9 Mein Sohn, bei Krankheit säume nicht, /
bete zu Gott; denn er macht gesund.
10 Lass ab vom Bösen, mach deine Hände
rechtschaffen, / reinige dein Herz von allen
Sünden!
11 Bring den beruhigenden Duft eines Ge-
denkopfers dar, / mach die Gabe fett, wenn
dein Vermögen es erlaubt.
12 Doch auch dem Arzt gewähre Zutritt! /
Er soll nicht fernbleiben; denn auch er ist
notwendig.
13 Zu gegebener Zeit liegt in seiner Hand
der Erfolg; / denn auch er betet zu Gott,
14 er möge ihm die Untersuchung gelingen
lassen / und die Heilung zur Erhaltung des
Lebens.
15 Wer gegen seinen Schöpfer sündigt, /

37,13f Für »Gewissen« sagt der Hebräer »Herz«. Der Rat des »Herzens« ist stets der beste.
37,16–18 Eine psychologische Überlegung: Aus den Plänen des Herzens entspringt das Gute und das Böse.
37,19–26 Die psychologischen Betrachtungen führen Sirach zur Aufzählung verschiedener Gruppen von »Weisen«, die ihre Lehren unter das Volk bringen wollen, daher: *»weise für ihr Volk«* (VV. 23.26). »Weise für sich selbst« (VV. 22.24) sind die praktischen Lebenskünstler (Epikureer), die auf Erfolg und Gewinn aus sind. Ihnen stehen die Idealisten gegenüber, die es zu nichts bringen (VV. 19f).
37,27–31 Hier wird eine Empfehlung zur Mäßigkeit eingeschoben. Wie bei den Folgen der Unmäßigkeit in 31,19–21 werden nicht moralische Gesichtspunkte angeführt, sondern gesundheitliche.
38,1–15 Eine einzigartige Empfehlung des Arztes. Anscheinend gab es damals wie heute Leute, die ärztliche Behandlung als Angriff gegen die göttliche Vorsehung ansahen. Freilich ist letzten Endes Gottes Hilfe ausschlaggebend.
38,15b Wörtlich: »muss sich dem Arzt in die Hände einschließen.« So eine Randlesart von H und alle alten Übersetzungen. – Krankheit galt als Strafe für Sünden.

muss die Hilfe des Arztes in Anspruch nehmen.

16 Mein Sohn, um den Toten lass Tränen fließen, / trauere und stimm das Klagelied an!

Bestatte seinen Leib, wie es ihm zusteht, / verbirg dich nicht bei seinem Hinscheiden!

17 Sei betrübt, mein Sohn, und überlass dich heftiger Klage, / halte die Trauer ein, wie es ihm gebührt,

einen Tag oder zwei, der Nachrede wegen; / dann tröste dich über den Kummer hinweg!

18 Aus Kummer entsteht Unheil; / denn ein trauriges Herz bricht die Kraft.

19 Schlimmer als der Tod ist dauernder Kummer, / ein leidvolles Leben ist ein Fluch für das Herz.

20 Lenke deinen Sinn nicht mehr auf den Toten, / lass von der Erinnerung an ihn ab / und denk an die Zukunft!

21 Denk nicht mehr an ihn; / denn es gibt für ihn keine Hoffnung. / Was kannst du ihm nützen? Dir aber schadest du.

22 Denk daran, dass seine Bestimmung auch deine Bestimmung ist: / Gestern er und heute du.

23 Wie der Tote ruht, ruhe auch die Erinnerung an ihn, / tröste dich, wenn sein Leben erloschen ist.

38,5: Ex 15,23–25 • 19: 30,17.

Aufgabe und Stellung des Schriftgelehrten:
38,24 – 39,11

24 Die Weisheit des Schriftgelehrten vermehrt das Wissen. / Wer frei ist von Arbeit, kann sich der Weisheit widmen.

25 Wie kann sich einer der Weisheit widmen, / der den Pflug hält und mit dem Treiberstachel prahlt,

der Rinder auf die Weide treibt, Ochsen zurückholt, / sich mit den Jungstieren unterhält,

26 der seinen Sinn auf das Eggen der Furchen richtet / und darauf bedacht ist, die Mast zu vollenden?

27 Arbeiten muss auch der Handwerker und Künstler, / der Tag und Nacht beschäftigt ist,

der Siegelringe schneidet oder dessen Aufgabe es ist, / in das bunte Gewebe Abwechslung zu bringen,

der seinen Sinn auf die Wiedergabe des Musters richtet / und darauf bedacht ist, das Werk schön zu vollenden.

28 Ebenso der Schmied, der am Amboss sitzt / und auf die eisernen Geräte achtet,

dem der Hauch des Feuers das Fleisch schmelzen lässt / und den die Hitze des Ofens durchglüht,

dem der Lärm des Hammers das Ohr betäubt / und dessen Augen auf das Muster des Gerätes gebannt sind,

der seinen Sinn auf die Vollendung der Stücke richtet / und darauf bedacht ist, das fertige Werk zu verzieren.

29 Ebenso der Töpfer, der vor seiner Arbeit sitzt / und mit seinen Füßen die Scheibe dreht,

der unaufhörlich um seine Arbeit besorgt ist / und dessen ganzer Eifer der großen Anzahl gilt,

30 der mit dem Arm den Ton knetet / und ihm mit den Füßen die Zähigkeit nimmt,

der seinen Sinn auf die Vollendung der Glasur richtet / und darauf bedacht ist, den Ofen richtig zu erhitzen.

31 Sie alle verlassen sich auf ihre Hände / und jeder ist erfahren in seinem Geschäft.

32 Ohne sie wird keine Stadt besiedelt, / und wo sie sich niederlassen, hungern sie nicht.

33 Aber zur Volksversammlung werden sie nicht hinzugezogen, / in der Gemeinde ragen sie nicht hervor.

Sie sitzen auf keinem Richterstuhl / und kennen sich nicht aus in Recht und Gesetz.

Weise Bildung offenbaren sie nicht, / Sinnsprüche sind bei ihnen nicht zu finden.

34 Sie kennen sich nur in weltlichen Berufen aus, / ihr Sinnen richtet sich auf die Ausübung des Gewerbes.

Anders, wer sich der Gottesfurcht widmet / und das Gesetz des Höchsten erforscht.

38,16–23 Der Verfasser empfiehlt bei der Totenklage einen Mittelweg. Offensichtlich will er die Pietät nicht verletzen. Aber als Realist mahnt er zu Mäßigung und Vernunft.

38,16d G: Vernachlässige nicht sein Begräbnis! (vgl. 16c). Aus Angst vor ritueller Unreinheit (vgl. die Einleitung zu Lev) mag mancher das Sterbehaus verlassen haben.

38,19 Text unsicher, da in H ausgefallen; in G verderbt.

38,24–39,11 Im Gegensatz zur Handarbeit wird die bevorzugte Stellung des Schriftgelehrten geschildert. Die Beschreibung der Handwerker und Künstler (38,24–30) ist teilweise unklar.

38,25 Text unsicher.

38,30 Text unsicher.

38,32b Nach S; G: Sie müssen nicht in der Fremde wohnen und nicht umherziehen.

38,34d Gesetz des Höchsten: nach G; S hier und 39,8: Gesetz des Lebens (vgl. 17,11; 45,5).

39 Die Weisheit aller Vorfahren ergrün-
det er / und beschäftigt sich mit den
Weissagungen;
2 er achtet auf die Reden berühmter Män-
ner / und in die Tiefen der Sinnsprüche
dringt er ein.
3 Er erforscht den verborgenen Sinn der
Gleichnisse / und verweilt über den Rätseln
der Sinnsprüche.
4 Im Kreis der Großen tut er Dienst / und
erscheint vor den Fürsten;
er bereist das Land fremder Völker, / er-
fährt Gutes und Böses unter den Men-
schen;
5 er richtet seinen Sinn darauf, / den
Herrn, seinen Schöpfer, zu suchen, / und be-
tet zum Höchsten;
er öffnet seinen Mund zum Gebet / und
fleht wegen seiner Sünden.
6 Wenn Gott, der Höchste, es will, / wird er
mit dem Geist der Einsicht erfüllt:
Er bringt eigene Weisheitsworte hervor /
und im Gebet preist er den Herrn.
7 Er versteht sich auf Rat und Erkenntnis /
und erforscht die Geheimnisse;
8 er trägt verständige Lehre vor / und das
Gesetz des Herrn ist sein Ruhm.
9 Viele loben seine Einsicht; / sie wird nie-
mals vergehen.
Sein Andenken wird nicht schwinden, /
sein Name lebt fort bis in ferne Geschlech-
ter.
10 Von seiner Weisheit erzählt die Gemein-
de, / sein Lob verkündet das versammelte
Volk.
11 Solange er lebt, wird er mehr gelobt als
tausend andere; / geht er zur Ruhe ein, ge-
nügt ihm sein Nachruhm.

38,34: Ps 1,2 • 39,2: Spr 1,5f; Weish 8,8 • 10: 44,15.

Die Einladung zum Gotteslob: 39,12–35

12 Weiterhin will ich mit Überlegung re-
den; / denn ich bin angefüllt wie der volle
Mond.
13 Hört mich, ihr frommen Söhne, und ihr
werdet gedeihen / wie die Zeder, die am
Wasserlauf wächst.
14 Ihr werdet Duft verströmen wie der
Weihrauch, / ihr werdet Blüten treiben wie
die Lilie.
Erhebt die Stimme und singt im Chor, /
preist den Herrn für all seine Werke!
15 Verherrlicht seinen Namen, / feiert ihn
mit Lobgesang, / mit Liedern zu Harfe und
Saitenspiel!
Sprecht unter lautem Jubel: / 16 Alle Wer-
ke Gottes sind gut, / sie genügen zur rechten
Zeit für jeden Bedarf.
17 Durch sein Wort stellt er das Meer hin
wie einen Wall, / durch den Befehl seines
Mundes seinen Wasserspeicher.
18 Was er will, geschieht ohne Verzug, /
kein Hindernis gibt es für seine Hilfe.
19 Das Tun aller Menschen liegt vor ihm, /
nichts ist verborgen vor seinen Augen.
20 Von Ewigkeit zu Ewigkeit blickt er her-
nieder. / Gibt es eine Grenze für seine Hil-
fe?
Nichts ist klein und gering bei ihm, /
nichts ist für ihn zu unbegreiflich und zu
schwer.
21 Man sage nicht: Wozu dies, wozu das? /
Denn alles ist für seinen besonderen Zweck
bestimmt.
Man sage nicht: Dies ist schlechter als
das. / Denn alles ist zu seiner Zeit von
Wert.
22 Sein Segen strömt über wie der Nil, / wie
der Eufrat tränkt er den Erdkreis.
23 So hat auch sein Zorn ganze Völker ver-
trieben, / er hat wasserreiches Land zur
Salzwüste gemacht.
24 Seine Pfade sind für die Rechtschaffen-
den eben, / wie sie für die Verbrecher unweg-
sam sind.
25 Von Anbeginn hat er Gutes den Guten
zugeteilt, / doch den Schlechten Gutes und
Schlechtes.
26 Das Nötigste im Leben des Menschen
sind: / Wasser, Feuer, Eisen und Salz, / kräf-
tiger Weizen, Milch und Honig, / Blut der
Trauben, Öl und Kleidung.
27 All dies dient den Guten zum Guten, /
doch für die Schlechten verwandelt es sich in
Schlechtes.
28 Es gibt Winde, die für das Gericht ge-
schaffen sind / und durch ihr Wüten Berge
versetzen.
Ihre Kraft schütten sie aus zur Zeit des
Verderbens / und stillen den Zorn ihres
Schöpfers.
29 Feuer und Hagel, Hunger und Pest, /
auch sie sind für das Gericht erschaffen,

39,13b So mit S; G: *wie die Rose.*
39,14c Nach S; G verderbt.
39,20bc Fehlt in G.
39,21 Zeilenfolge nach H.
39,23 Anspielung auf die Vertreibung der Kanaaniter und den Untergang von Sodom.
39,29 »Feuer« bedeutet oft den Blitz. Die verheerenden Naturkräfte sind eigens geschaffen, um an den Schlechten das Gericht zu vollstrecken.

30 reißende Tiere, Skorpion und Natter, / rächendes Schwert zur Vernichtung der Frevler:
Alle diese Dinge sind zu ihrem Zweck erschaffen, / sie sind im Speicher aufbewahrt / und zu ihrer Zeit werden sie losgelassen.
31 Wenn er ihnen befiehlt, jauchzen sie auf, / sie erfüllen ihren Auftrag, / ohne seinem Wort zu widerstreben.
32 Darum stand es bei mir von Anfang an fest, / ich bedachte es und lege es schriftlich nieder:
33 Alle Werke Gottes sind gut, / sie genügen zur rechten Zeit für jeden Bedarf.
34 Man sage nicht: Dies ist schlechter als das. / Denn alles ist zu seiner Zeit von Wert.
35 Nun jubelt von ganzem Herzen / und preist den Namen des Heiligen!

16: 39,33 • 19: 15,19; Weish 1,7–10 • 21: Spr 16,4; Koh 3,11; Sir 39,34 • 24: Ps 18,26f • 28–30: 40,10 • 33: 39,16 • 34: 39,21.

Das Übel in der Welt: 40,1–11

40 Große Mühsal hat Gott den Menschen zugeteilt, / ein schweres Joch ihnen auferlegt
von dem Tag, an dem sie aus dem Schoß ihrer Mutter hervorgehen, / bis zum Tag ihrer Rückkehr zur Mutter aller Lebenden:
2 ihr Grübeln und die Angst ihres Herzens, / der Gedanke an die Zukunft, an den Tag ihres Todes.
3 Von dem, der auf hohem Thron sitzt, / bis zu dem, der in Staub und Asche sitzt,
4 von dem, der Krone und Stirnreif trägt, / bis zu dem, der ein Kleid aus Fellen trägt:
5 Zorn, Eifersucht, Sorge und Schrecken, / Todesangst, Zank und Streit.
Noch auf dem Bett zur Ruhezeit / verwirrt der nächtliche Schlaf ihm den Sinn.
6 Bald wird er, nach einem Augenblick der Ruhe, / von schrecklichen Träumen aufgejagt,
bald in die Irre getrieben durch Vorspiegelungen seiner Seele, / wie ein Flüchtling, der dem Verfolger entrinnt;
7 gerade während er sich rettet, wacht er auf / und wundert sich über die Angst um nichts.
8 Hinzu kommt über alles Lebende, vom Menschen bis zum Vieh, / und über die Sünder siebenfach:
9 Pest und Blut, Fieber und Schwert, / Untergang und Verderben, Hunger und Tod.
10 Für den Frevler ist das Übel erschaffen / und seinetwegen kommt die Vernichtung.
11 Alles, was von der Erde stammt, / kehrt zur Erde zurück, / was aus der Höhe stammt, zur Höhe.

1: Ijob 1,21; Ps 139,15 • 6–7: Ijob 7,13–15 • 10: 39,28–30 • 11: 17,1.

Der Wert der Treue: 40,12–17

12 Jede Bestechung und Ungerechtigkeit wird ausgerottet, / Treue aber besteht für immer.
13 Der Reichtum des Frevlers ist wie ein reißender Bach, / wie ein mächtiger Fluss beim Gewitterregen.
14 Schwillt er an, dann werden Felsen bewegt, / doch plötzlich versiegt er für immer.
15 Der Schössling des Gewalttätigen treibt keinen Spross; / denn die Wurzel des Ruchlosen liegt auf einem Felsenriff,
16 wie Riedgras am Bachrand, / das schneller als jedes Gras verdorrt.
17 Liebe aber wird in Ewigkeit nicht ausgetilgt, / Barmherzigkeit besteht für immer.

17: 3,30.

Die höchsten Güter: 40,18–27

18 Überfluss und Verdienst machen das Leben angenehm, / doch mehr als beide, einen Schatz zu finden.
19 Nachkommenschaft und Städtebau geben dem Namen Bestand, / doch mehr als beide, Weisheit zu finden.
Viehzucht und Ackerbau lassen den Leib gedeihen, / doch mehr als beide eine treue Frau.
20 Wein und Bier erfreuen das Herz, / doch mehr als beide die Freundesliebe.

40,6f Text unsicher.
40,7a Andere Übersetzungsmöglichkeit: noch schlafbedürftig wacht er auf.
40,11 Gott schenkt den Lebensatem (Gen 2,7), den er beim Tod wieder zurücknimmt. Die Unterscheidung von Leib und Geist setzt sich erst allmählich durch.
40,13 Sinn des Vergleichs: Je wilder der Sturzbach bei Gewitterregen anschwillt, desto rascher vertrocknet er wieder. G: Der Reichtum des Frevlers versiegt wie ein Bach, wie ein starker Donner beim Gewitter erschallt.
40,14a H und G sind verderbt.
40,17a Diese Lesart wird durch die Fragmente aus Masada bestätigt. G: Liebe aber ist ein Paradies in Segnungen (vgl. V. 27a).
40,19cd In G zu Unrecht ausgefallen. Die Reihe erreicht die Zehnzahl. »Leib« nach dem Masada-Text gibt einen guten Sinn.

21 Flöte und Harfe verschönern das Lied, /
doch mehr als beide eine reine Stimme.
22 Anmut und Schönheit entzücken das
Auge, / doch mehr als beide die Blumen des
Feldes.
23 Freund und Gefährte leiten zur rechten
Zeit, / doch mehr als beide eine verständige
Frau.
24 Bruder und Helfer nützen in der Zeit der
Not, / doch mehr als beide eine rettende Liebesgabe.
25 Gold und Silber stützen den Fuß, / doch
mehr als beide ein guter Rat.
26 Reichtum und Macht erheben das Herz, /
doch mehr als beide die Gottesfurcht.
Hat man Gottesfurcht, so gibt es keine
Not, / neben ihr braucht man keine Stütze zu
suchen;
27 die Gottesfurcht ist wie ein gesegnetes
Paradies, / über seine ganze Pracht (breitet
sich) ihr schirmendes Dach.

23: 25,1 • 26: 25,11; Ps 34,10.

Das Betteln: 40,28–30

28 Mein Sohn, lebe nicht vom Betteln! /
Besser sterben, als aufdringlich sein.
29 Wer nach dem Tisch anderer schauen
muss, / dessen Leben ist nicht als Leben zu
rechnen.
Geschenkte Leckerbissen beschmutzen
die Kehle, / dem verständigen Mann bereiten
sie Magenschmerzen.
30 Im Mund des Frechen ist Betteln süß, /
doch in seinem Innern brennt es wie Feuer.

Der Tod: 41,1–13

41 Tod, wie bitter ist es, an dich zu denken, / für den, der ruhig sein Heim
bewohnt,
für den, der ohne Sorge ist und in allem
Erfolg hat / und noch kräftig genug ist, die
Lust zu genießen.
2 Tod, wie gut ist es, dass du auferlegt
bist, / für den betrübten und kraftlosen
Menschen,
für den, der strauchelt und überall anstößt, / der verzweifelt ist und die Hoffnung
verloren hat.
3 Fürchte dich nicht vor dem Tod, / weil er
dir auferlegt ist.
Denk daran: / Vorfahren und Nachkommen trifft es wie dich.
4 Er ist das Los, das allen Sterblichen von
Gott bestimmt ist. / Was sträubst du dich gegen das Gesetz des Höchsten?
Ob tausend Jahre, ob hundert oder zehn, /
im Totenreich gibt es keine Beschwerde über
die Lebensdauer.
5 Eine verächtliche Brut ist das Geschlecht
der Bösen, / ein törichtes Gezücht haust in
der Wohnung des Frevlers.
6 Dem Sohn des Verbrechers geht die
Herrschaft verloren, / seine Nachkommen
leben für immer in Schande.
7 Einen schlechten Vater verfluchen die
Kinder, / denn seinetwegen werden sie verachtet.
8 Weh euch, ihr ruchlosen Männer, / die ihr
das Gesetz des Höchsten verlassen habt.
9 Wenn ihr euch vermehrt, ist es zum Unglück, / wenn ihr Kinder zeugt, ist es zur
Trauer;
wenn ihr strauchelt, ist es zur dauernden
Freude, / wenn ihr sterbt, ist es zum Fluch.
10 Alles, was aus dem Nichts kommt, /
kehrt in das Nichts zurück; / so auch der
Ruchlose aus dem Leeren ins Leere.
11 Ein Hauch ist der Mensch dem Leibe
nach, / doch der Name des Frommen wird
nicht getilgt.
12 Sei besorgt um deinen Namen; denn er
begleitet dich / treuer als tausend kostbare
Schätze.
13 Das Gut des Lebens währt zählbare
Tage, / das Gut des Namens unzählige
Tage.

2: 30,17 • 6: 23,25f • 10: 40,11 • 11: Spr 10,7; 22,1.

Das Verbergen der Weisheit: 41,14–15

14 Verborgene Weisheit und versteckter
Schatz, / was nützen sie beide?
15 Besser ist einer, der seine Torheit verbirgt, / als einer, der seine Weisheit verbirgt.

Die rechte und die falsche Scham:
41,16 – 42,8

16 Hört, Söhne, die Lehre von der Scham, /
lernt, was Scham ist nach meinem Urteil.
Nicht jede Scham ziemt sich, / nicht jedes
Schamempfinden ist empfehlenswert.
17 Schäme dich vor Vater und Mutter der
Unzucht, / vor Fürst und Herrscher der
Lüge,
18 vor dem Herrn und der Herrin des Betrugs, / vor Gemeinde und Volk der Sünde, /
vor dem Gefährten und Freund der Untreue,
19 vor dem Ort, an dem du wohnst, der Unterschlagung. / (Schäme dich,) Eid und Vertrag zu verletzen,

41,3 Das allgemeine Todesschicksal auch in 14,17–19; 38,22.

41,14f Vgl. die Anmerkung zu 20,30f.

den Ellbogen aufzustemmen beim Mahl, /
eine erbetene Gabe zu verweigern,
21 deinen Bruder abzuweisen, / die Verteilung der Opferanteile zu unterlassen,
20 einen Gruß nicht zu erwidern, / einer
Verheirateten nachzuschauen, / den Blick
auf eine fremde Frau zu werfen,
22 mit deiner Magd dich abzugeben / und
dich ihrem Bett zu nähern.
(Schäme dich) der üblen Nachrede gegenüber dem Freund, / und wenn du geschenkt
hast, zu schimpfen,
42 ein Wort, das du gehört hast, weiterzutragen / und ein vertrauliches Gespräch zu verraten.
Dann bist du in der Tat schamhaft / und
findest Gunst bei allen Menschen.
Aber nimm keine falsche Rücksicht / und
schäme dich nicht folgender Dinge:
2 des Gesetzes des Höchsten und seiner
Satzung, / des gerechten Urteils, das nicht
den Schuldigen freispricht,
3 der Abrechnung mit dem Geschäftsfreund und dem Kaufmann, / der Verteilung
von Erbe und Besitz,
4 der Säuberung von Waagschalen und
Waage, / der Reinigung von Maß und Gewicht, / des Einkaufs, ob viel oder wenig,
5 des Handelns um den Kaufpreis mit dem
Krämer, / der häufigen Züchtigung der Kinder / und der Schläge für einen schlechten
und trägen Sklaven.
6 (Schäme dich nicht,) eine schlimme Frau
in Gewahrsam zu halten / und dort abzuschließen, wo viele Hände sind,
7 ein Verzeichnis aufzustellen, wenn du
etwas hinterlegt hast, / auch Einnahme und
Ausgabe immer aufzuschreiben,
8 einen Unverständigen und Toren zurechtzuweisen / und einen haltlosen Greis,
der Unzucht treibt.
Dann bist du in Wahrheit vorsichtig / und
ein behutsamer Mann vor den Augen aller
Menschen.

41,16: 4,20–26 • 22: 31,31; 18,15 • 42,1: 19,7f • 5: 30,1; 33,25–33 • 6: 26,10f • 8: Spr 10,13; Sir 25,2.

Die Sorgen des Vaters um seine Tochter:
42,9–14

9 Eine Tochter ist für den Vater ein Schatz,
den er hütet, / die Sorge um sie nimmt ihm
den Schlaf:
in ihrer Jugend, dass sie nicht verschmäht
wird, / nach der Heirat, dass sie nicht verstoßen wird,
10 als Mädchen, dass sie nicht verführt
wird, / bei ihrem Gatten, dass sie nicht untreu wird,
im Haus ihres Vaters, dass sie nicht
schwanger wird, / im Haus ihres Gatten,
dass sie nicht kinderlos bleibt.
11 Mein Sohn, wache streng über deine
Tochter, / damit sie dich nicht in schlechten
Ruf bringt,
kein Stadtgespräch und keinen Volksauflauf erregt, / dich nicht beschämt in der Versammlung am Stadttor.
Wo sie sich aufhält, sei kein Fenster, / kein
Ausblick auf die Wege ringsum.
12 Keinem Mann zeige sie ihre Schönheit /
und unter Frauen halte sie sich nicht auf.
13 Denn aus dem Kleid kommt die Motte, /
aus der einen Frau die Schlechtigkeit der andern.
14 Besser ein unfreundlicher Mann als eine
freundliche Frau / und (besser) eine gewissenhafte Tochter als jede Art von Schmach.

9: 7,24; Dtn 24,1.

DER LOBPREIS GOTTES IN NATUR UND GESCHICHTE: 42,15 – 50,24

Das Lob des Schöpfers in der Natur:
42,15–25

15 Nun will ich der Werke Gottes gedenken; / was ich gesehen habe, will ich erzählen:
Durch Gottes Wort entstanden seine Wer-

41,19a der Unterschlagung; nach dem Masada-Text; andere H-Überlieferung: des Übermuts; G: des Diebstahls.
41,19c Die griechisch-römische Sitte, sich beim Mahl auf den linken Ellenbogen zu stützen, galt den Juden als unanständig (vgl. 9,9).
41,20–22 Umstellung und Übersetzung nach dem Masada-Text.
41,21a deinen Bruder, wörtlich: dein Fleisch.
42,7 Das Hinterlegte soll nach Menge und Gewicht (G) notiert werden. »Einnahme« und »Ausgabe« beziehen sich wohl auch noch auf das Hinterlegte.
42,14b G: und eine schändliche Tochter gereicht zur Schmach.
42,15 Der letzte Abschnitt bringt nicht mehr Weisheitsregeln im engeren Sinn, sondern einen Lobpreis auf Gott, den Schöpfer der Welt (42,15 – 43,33) und Lenker seines auserwählten Volkes (44,1 – 50,24).

ke; / seine Lehre ist ein Ausfluss seiner Lie-
be.
16 Über allem strahlt die leuchtende Son-
ne, / die Herrlichkeit des Herrn erfüllt alle
seine Werke.
17 Die Heiligen Gottes vermögen nicht, /
alle seine Wunder zu erzählen.
Gott gibt seinen Heerscharen die Kraft, /
vor seiner Herrlichkeit zu bestehen.
18 Meerestiefe und Menschenherz durch-
forscht er / und er kennt alle ihre Geheim-
nisse.
Der Höchste hat Kenntnis von allem, / bis
in die fernste Zeit sieht er das Kommende.
19 Vergangenheit und Zukunft macht er
kund / und enthüllt die Rätsel des Verborge-
nen.
20 Es fehlt ihm keine Einsicht, / kein Ding
entgeht ihm.
21 Seine machtvolle Weisheit hat er fest ge-
gründet, / er ist der Einzige von Ewigkeit
her.
Nichts ist hinzuzufügen, nichts wegzuneh-
men, / er braucht keinen Lehrmeister.
22 Alle seine Werke sind vortrefflich, /
doch sehen wir nur einen Funken und ein
Spiegelbild.
23 Alles lebt und besteht für immer, / für
jeden Gebrauch ist alles bereit.
24 Jedes Ding ist vom andern verschieden, /
keines von ihnen hat er vergeblich ge-
macht.
25 Eines ergänzt durch seinen Wert das an-
dere. / Wer kann sich satt sehen an ihrer
Pracht?

15: Gen 1; Ps 33,6; Weish 9,1 • 18: Spr 15,11 • 20: Ps 139,1–4 • 21: 18,6; Koh 3,14 • 24–25: 33,14f; Koh 3,1–8.

Die Größe Gottes in der Schöpfung: 43,1–33

43 Die Schönheit der Höhe, das klare
Firmament und der gewaltige Him-
mel / sind ein herrlicher Anblick.
2 Die Sonne geht auf und erglänzt in vol-
lem Licht, / ein staunenswertes Gestirn, das
Werk des Höchsten.
3 Steht sie in der Mittagshöhe, / versetzt sie
die Welt in Glut, / wer hält es aus in ihrer
Hitze?
4 Ein brennender Schmelzofen ist das
Kunstwerk des Gießers; / der Pfeil der Sonne
setzt Berge in Brand;
ihre Feuerzunge verbrennt das bewohnte
Land, / ihr Licht versengt das Auge.
5 Ja, groß ist der Herr, ihr Schöpfer, / sein
Wort lässt seinen Helden erstrahlen.
6 Der Mond führt die Zeiten herauf; / er
herrscht bis ans Ende und dient für immer
als Zeichen.
7 Durch ihn werden Fristen und Festzeiten
bestimmt, / ist er erschöpft, freut er sich wie-
der auf seinen Umlauf.
8 Der Neumond ist so, wie sein Name
sagt: / Er erneuert sich selbst. / Wie stau-
nenswert ist er in seinem Wechsel.
Er ist ein Fahrzeug für das Heer der Wol-
ken in der Höhe / und lässt durch seinen
Glanz das Himmelsgewölbe erglühen.
9 Des Himmels Schönheit und Pracht sind
die Sterne, / ein strahlender Schmuck in den
Höhen Gottes.
10 Durch Gottes Wort stehen sie geordnet
da / und ermatten nicht bei ihrer Nachtwa-
che.
11 Schau den Regenbogen an und preise
seinen Schöpfer; / denn überaus schön und
herrlich ist er.
12 Über den Himmelskreis erstreckt er sich
in seiner Pracht, / Gottes Hand hat ihn
machtvoll ausgespannt.
13 Gottes Machtwort zeichnet den Blitz
hin, / lässt die Brandpfeile seines Gerichtes
leuchten.
14 Zu seinem Dienst hat er einen Speicher
geöffnet, / lässt er Wolken fliegen wie Vögel.
15 Seine Allmacht ballt die Wolken zusam-
men / und schlägt aus ihnen Hagelsteine.
17a Seines Donners Stimme lässt die Erde
beben, / 16 mit seiner Kraft erschüttert er die
Berge.
Sein Wort hetzt den Südwind auf, / 17b den
tobenden Nordwind, den Sturm und Orkan.
Seinen Schnee streut er aus wie Vogel-
schwärme; / wie einfallende Heuschrecken
wirbelt er herab.
18 Sein weißer Glanz blendet die Augen, /
bei seinem Rieseln bebt das Herz.
19 Auch den Reif schüttet er aus wie Salz /
und lässt Eisblumen sprießen wie Dornen.

43,5b Die Sonne, im Hebräischen männlich, wird auch in Ps 19,6 mit einem Helden verglichen.
43,8d Text unsicher; gemeint ist wohl, dass der Mond den höchsten Wolken als Schiff dient.
43,10 Die Sterne sind wie ein geordnetes Heer; jeder hat seinen bestimmten Posten (vgl. Bar 3,34f).
43,14 Die atmosphärischen Kräfte sind nach dichterischer Vorstellung in einem Speicher am Rand des Himmels untergebracht, von wo sie Gott zur gegebenen Zeit herauskommen lässt (vgl. 39,30).
43,17a Gehört dem Zusammenhang nach vor V. 16.
43,17c–25 Schnee und Eis werden besonders eindrucksvoll beschrieben, weil sie in Palästina etwas Seltenes sind; sie werden vom frostigen Nordwind verursacht. Fremdartig ist auch der ungeheure Ozean.

20 Den kalten Nordwind lässt er wehen, / wie Erdschollen lässt er die Quellen erstarren.

Jedes stehende Gewässer überzieht er / und kleidet den Teich wie mit einem Panzer.

21 Das Grün der Berge versengt er wie durch Hitze, / die sprossende Flur wie durch Flammenglut.

22 Linderung für alles ist das Träufeln der Wolken, / der Tau, der sich ergießt, um das Trockene zu erfrischen.

23 Sein kluger Plan bändigte das Meer / und pflanzte Inseln im Ozean ein.

24 Die Seefahrer erzählen von der Weite des Meeres; / hören es unsere Ohren, so erschaudern wir.

25 Dort gibt es Wunderwesen, die erstaunlichsten seiner Werke, / allerlei Getier und die Ungeheuer des Weltmeers.

26 In seinem Dienst hat sein Bote Erfolg / und durch sein Wort vollzieht er seinen Willen.

27 Sagten wir noch mal so viel, wir kämen an kein Ende; / darum sei der Rede Schluss: Er ist alles!

28 Wir können (ihn) nur loben, aber nie erfassen, / ist er doch größer als alle seine Werke.

29 Überaus Ehrfurcht gebietend ist der Herr, / unbegreiflich ist seine Stärke.

30 Ihr, die ihr den Herrn lobt, singt laut, so viel ihr könnt; / denn nie wird es genügen.

Ihr, die ihr ihn preist, schöpft neue Kraft, werdet nicht müde; / denn fassen könnt ihr es nie.

31 Wer hat ihn gesehen, dass er erzählen könnte, / und wer kann ihn loben, wie es ihm entspricht?

32 Die Menge des Verborgenen ist größer als das Genannte, / nur wenige von seinen Werken habe ich gesehen.

33 Alles hat der Herr gemacht / und den Frommen hat er Weisheit verliehen.

5: Ps 19,6 • 6–7: Gen 1,14–18; Ps 104,19 • 11: 50,7 • 17a: Ps 29,8 • 19: Ps 147,16–18 • 23–24: Ps 104,5f • 25: Ps 104,25f • 27: Weish 1,7; 7,22 – 8,1 • 28: Ps 96,4; 145,3.

Das Lob der Väter Israels: 44,1–15

44 Die ehrwürdigen Männer will ich preisen, / unsere Väter, wie sie aufeinander folgten.

2 Viel Ehre hat der Höchste ausgeteilt, / viel von seiner Größe, seit den Tagen der Vorzeit:

3 Männer, die über die Erde als Könige herrschten / und die berühmt waren durch ihre Macht;

die Rat erteilten durch ihre Einsicht, / die prophetisch alle Dinge erschauten;

4 Fürsten des Volkes wegen ihrer Klugheit, / angesehen wegen ihres Scharfsinns;

redekundig durch ihre Kenntnis der Schriften, / Lehrer von Sinnsprüchen durch ihre Lebenserfahrung;

5 Dichter von Liedern in Versmaß, / Verfasser von geschriebenen Sinnsprüchen;

6 tüchtige Männer, auf Macht gestützt, / unbehelligt in ihrem Wohnsitz:

7 Sie alle waren geehrt zu ihrer Zeit / und ihr Ruhm blühte in ihren Tagen.

8 Manche hinterließen einen Namen, / sodass man ihr Lob weitererzählte.

9 Andere blieben ohne Nachruhm; / sie sind erloschen, sobald sie starben.

Sie sind, als wären sie nie gewesen, / und ebenso auch ihre Kinder.

10 Jene aber sind die ehrwürdigen Männer, / deren Hoffnung nicht vergeht.

11 Bei ihren Nachkommen bleibt ihr Gut, / ihr Erbe bei ihren Enkeln.

12 Ihre Nachkommen halten fest an ihrem Bund / und ebenso ihre Kinder, um der Väter willen.

13 Ihre Nachkommen haben für immer Bestand, / ihr Ruhm wird niemals ausgelöscht.

14 Ihr Leib ist in Frieden bestattet, / ihr Name lebt fort von Geschlecht zu Geschlecht.

15 Von ihrer Weisheit erzählt die Gemeinde, / ihr Lob verkündet das versammelte Volk.

8–9: Koh 2,16 • 13: 39,9 • 15: 39,10.

Das Beispiel Henochs: 44,16

16 Henoch ging seinen Weg mit dem Herrn und wurde entrückt: / ein Beispiel der Gotteserkenntnis für alle Zeiten.

16: Gen 5,24; Hebr 11,5.

Das Vorbild Noachs: 44,17–18

17 Der gerechte Noach wurde untadelig be-

43,20b Nach dem Masada-Text; G: auf dem Wasser gefriert das Eis.

43,26 Zu Gottes Wort als Bote vgl. Ps 147,15–18.

44,1 Zur natürlichen Offenbarung kommt die Offenbarung in der Heilsgeschichte Israels. Die folgende »Biblische Geschichte« beginnt mit Henoch und reicht bis zum Hohenpriester Simeon, der zur Zeit des Verfassers lebte.

44,3–6 Die zwölf Ehrentitel können nicht auf bestimmte Einzelgestalten bezogen werden.

44,9 Dass es im Verlauf der Geschichte auch Versager gab, wird als Kontrast kurz erwähnt. Betont wird, dass auch die Nachkommen am Segen oder am Unheil ihrer Väter teilhaben.

funden, / zur Zeit des Untergangs war er ein
neuer Anfang.
Durch ihn blieb ein Rest erhalten, / der
Bund mit ihm beendete die Sintflut.
18 Ein ewiger Bund wurde mit ihm ge-
schlossen: / Nie wieder sollte alles Leben
vernichtet werden.

17: Gen 6,9 • 18: Gen 8,21; 9,9–11.

Die Bedeutung Abrahams: 44,19–21

19 Abraham wurde der Vater vieler Völ-
ker, / seine Ehre blieb makellos.
20 Er hielt das Gebot des Höchsten / und
trat in einen Bund mit ihm.
Wie ihm befohlen wurde, hat er sich be-
schnitten; / in der Prüfung wurde er treu be-
funden.
21 Darum hat ihm Gott mit einem Eid zu-
gesichert, / durch seine Nachkommen die
Völker zu segnen,
sie zahlreich zu machen wie den Staub auf
der Erde / und seine Nachkommen zu erhö-
hen wie die Sterne,
ihnen Besitz zu geben von Meer zu Meer, /
vom Eufrat bis an die Grenzen der Erde.

19: Gen 17,4f • 20: Gen 15,18; 17,24; 22,1–19; Hebr 11,8 • 21: Gen 12,3; 13,16; 15,5.18.

Der Segen Isaaks und Jakobs: 44,22–23

22 Das Gleiche sicherte er Isaak zu / um
Abrahams, seines Vaters willen.
23 Den Bund mit allen Vorfahren übertrug
er auf ihn. / Auch auf Israels Haupt ruhte der
Segen.
Er bestätigte ihm die Erstgeburt / und
übergab ihm sein Erbe.
Er bestimmte es für die Stämme, / zum
Anteil für die Zwölf.
Er ließ von ihm einen Mann abstammen, /
der bei allen Lebenden in Ansehen stand:

22: Gen 17,19 • 23: Gen 27,27–29; 35,12; Ex 2,1f .

Die Größe des Mose: 45,1–5

45 Geliebt von Gott und den Men-
schen: / Mose, sein Andenken sei
zum Segen.
2 Er nannte ihn einen Gott / und stärkte
ihn zu Furcht erregenden Taten.
3 Durch sein Wort ließ er schnell die Zei-
chen geschehen / und verlieh ihm Macht vor
dem König.
Er sandte ihn zum Volk / und zeigte ihm
seine Herrlichkeit.
4 Wegen seiner Treue und Bescheidenheit /
erwählte er ihn aus allen Sterblichen.
5 Er ließ ihn seine Stimme hören / und zu
der dunklen Wolke herantreten.
In seine Hand legte er die Gebote, / die
Lehre voll Leben und Einsicht,
um Jakob seine Gesetze zu lehren / und Is-
rael seine Satzungen und Vorschriften.

2: Ex 4,16; 7,1 • 3: Ex 8 – 11; 6,13; 19,3.7.10 • 4: Num 12,3 • 5: Ex 19,15–21.

Die Erwählung Aarons: 45,6–22

6 Gleich ihm erhöhte er einen Heiligen: /
Aaron aus dem Stamm Levi.
7 Er hat ihn bestellt für das ewige Priester-
amt / und über ihn seine Hoheit ausgebrei-
tet.
Er beglückte ihn mit seiner Herrlichkeit /
und umhüllte ihn mit dem schönsten
Schmuck.
8 Er kleidete ihn ganz in Pracht / und
schmückte ihn mit herrlichen Gewändern: /
mit Beinkleidern, Leibrock und Oberge-
wand.
9 Dessen Saum verzierte er mit Glöckchen
im Kreis / und mit klingenden Granatäpfeln
ringsum.
Sie sollten bei seinen Schritten lieblichen
Klang geben, / damit er im Heiligtum zu hö-
ren war und sein Volk aufmerksam wurde.
10 Auch schmückte er ihn mit den heiligen
Gewändern aus Gold, / aus violettem und ro-
tem Purpur – einer Kunstweberarbeit –, / mit
der Lostasche für den Schiedsspruch, dem
Efod,
11 und dem Gürtel aus Karmesin – einer
Weberarbeit –, / mit den Edelsteinen, gesto-
chen wie Siegel / und eingefasst – einer
Steinschneiderarbeit –;
auf ihnen standen in eingeschnittener
Schrift / die Namen der Stämme Israels, / um
sie (bei Gott) in Erinnerung zu bringen;
12 sodann der Goldreif auf dem Kopf-
bund, / die Rosette mit der eingravierten
Inschrift: Heilig!
Eine herrliche Pracht, eine gewaltige Aus-
zeichnung, / eine Augenweide, eine voll-
endete Schönheit.
13 Vorher hat es nichts Ähnliches gegeben /
und niemals darf es ein Unbefugter tragen.

44,23c Andere Übersetzungsmöglichkeit nach G: Er erkannte (= bevorzugte) ihn in seinen Segnungen.
45,2 G: Er machte ihn der Herrlichkeit der Heiligen gleich und machte ihn groß zum Schrecken der Feinde.
45,8–12 Zu dieser knappen und schwer zu deutenden Beschreibung des hohenpriesterlichen Ornats vgl. besonders Ex 28.
45,11def Wörtlich: zur Erinnerung, in eingeschnittener Schrift, nach der Zahl der Stämme Israels.

Nur seinen Söhnen hat er dies anver-
traut / und so halten es seine Söhne für alle
Zeiten.
14 Sein Speiseopfer wird ganz verbrannt, /
zweimal täglich, als regelmäßiges Opfer.
15 Mose hat ihn in sein Amt eingesetzt /
und ihn mit heiligem Öl gesalbt.
So wurde ihm ein ewiger Bund gewährt
und auch seinen Nachkommen, / solange der
Himmel steht:
den Dienst zu tun, für Gott Priester zu
sein / und sein Volk in seinem Namen zu
segnen.
16 Er hat ihn erwählt aus allen Lebenden, /
damit er Brandopfer und Fettstücke dar-
bringe,
den beruhigenden Duft des Gedenkopfers
aufsteigen lasse / und für die Söhne Israels
Sühne erwirke.
17 Er gab ihm seine Gebote / und Voll-
macht über Gesetz und Recht.
So unterwies Aaron sein Volk im Gesetz /
und Israels Söhne im Recht.
18 Als sich Unbefugte gegen ihn empörten /
und in der Wüste auf ihn eifersüchtig wur-
den,
die Leute um Datan und Abiram / sowie
Korach und sein Anhang, in heftiger Wut,
19 da sah es der Herr und wurde zornig, /
er vernichtete sie in seinem glühenden
Zorn.
Er bewirkte ein Wunder gegen sie / und
vertilgte sie in den Flammen seines Feu-
ers.
20 Das Ansehen Aarons vermehrte er noch /
und gab ihm sein Erbteil:
Die heiligen Erstlinge gab er ihm zur Nah-
rung, / 21a die Gaben für den Herrn sollten
sie essen.
20d Die Schaubrote wurden sein Anteil /
21b und die Abgaben sollten ihm und seinen
Nachkommen zufallen.
22 Vom Landbesitz des Volkes aber sollte
er nichts erben, / in ihrer Mitte kein Erbteil
erhalten;
denn der Herr ist sein Anteil / und sein
Erbe inmitten der Söhne Israels.

7: Ex 28,43 • 8: Ex 28,39–42 • 10: Ex 28,4f.30; Lev 8,8 • 11: Ex 28,39; 28,12f • 12: Ex 28,36–38 • 14: Lev 6,12–16 • 15: Lev 8,1–13 • 17: 45,26 • 18: Num 16 • 20: Num 18,12f • 20d: Ex 25,30; Lev 24,5–9 • 22: Num 18,20; Ps 16,5.

Die Bestimmung des Pinhas: 45,23–26

23 Ferner Pinhas, der Sohn Eleasars: / Er
bekam als Dritter das hohe Amt, / weil er
sich einsetzte für den Gott des Alls / und für
sein Volk in die Bresche trat, / als er dem An-
trieb seines Herzens folgte / und für die Söh-
ne Israels Sühne erwirkte.
24 Darum hat der Herr auch für ihn eine
Bestimmung getroffen, / einen Heilsbund
gestiftet: / Er sollte das Heiligtum versor-
gen.
So sollte ihm und seinen Söhnen / das Ho-
hepriesteramt gehören für ewige Zeiten.
25 Sein Bund mit David, dem Sohn Isais
aus dem Stamm Juda, / bestand in der Erb-
nachfolge eines Herrschers von Gottes Gna-
den; / ebenso gehört die Erbnachfolge Aa-
rons Pinhas und seinen Söhnen.
Nun lobt den gütigen Herrn, / der euch mit
Ehre gekrönt hat.
26 Er gebe euch Weisheit ins Herz, / sein
Volk in Gerechtigkeit zu lenken,
damit euer Glück nie endet / noch euer ho-
hes Amt bis in fernste Zeiten.

23: Num 25,7–13; Ez 13,5; 22,30 • 25: 2 Sam 7,16; 1 Kön 8,25 • 26: 50,23.

Die Tapferkeit Josuas und Kalebs: 46,1–10

46 Ein tapferer Kriegsheld war Josua,
der Sohn Nuns, / der Mose im Amt
des Propheten zur Seite stand.
Er war dazu geschaffen, seinem Namen
entsprechend, / für die Erwählten Gottes
eine große Hilfe zu sein,
an den Feinden Rache zu nehmen / und Is-
rael in sein Erbland zu führen.
2 Wie herrlich war er, wenn er die Hand er-
hob / und das Sichelschwert schwang gegen
eine Stadt.
3 Wer konnte ihm standhalten, / wenn er
die Kriege des Herrn führte?
4 Blieb nicht auf seinen Befehl die Sonne
stehen, / wurde nicht ein Tag doppelt so lang?
5 Er rief zu Gott, dem Höchsten, / als er in
Not war, umringt von seinen Feinden;
der höchste Gott erhörte ihn / und ließ Ha-
gelsteine und Eis regnen.
6 Er schleuderte sie auf das feindliche
Volk, / am Abhang vernichtete er die Geg-
ner.

45,20f Textumstellung nach H.
45,21a Gemeint sind die Leviten.
45,23 Eleasar, nach der priesterlichen Überlieferung der dritte Sohn Aarons und sein Nachfolger, wird nur beiläufig erwähnt. Berühmter war sein Sohn Pinhas.
45,25b Wörtlich: eines Mannes vor seiner Herrlichkeit. Gemeint sind Salomo und die ganze davidische Dynastie.
45,25ef Fehlt in G, ist aber doch wohl ursprünglich als Überleitung zu V. 26. Aufforderung zum Gotteslob auch 50,22a.
46,1c Der Name Josua bedeutet »Jahwe hilft«; dementsprechend besser G, wie oben, als H: in seinen Tagen (vgl. 43,8).

So sollten alle dem Untergang geweihten
Völker erkennen, / wie genau der Herr ihre
Kämpfe beobachtet.
Auch war er dem Herrn in allem ergeben /
7 und bewies Treue in den Tagen des Mose.
Josua und Kaleb, der Sohn Jefunnes, / sie
blieben standhaft beim Aufruhr des Volkes,
wandten das Zorngericht von der Gemein-
de ab / und machten dem üblen Gerede ein
Ende.
8 Darum wurden sie beide auch ver-
schont, / als Einzige von den sechshundert-
tausend Männern des Fußvolks,
und in ihr Erbland geführt, / in das Land,
wo Milch und Honig fließen.
9 Gott gab dem Kaleb Kraft, / die ihm bis
ins Greisenalter erhalten blieb,
damit er die Höhen des Landes besetzen
konnte; / auch seine Nachkommen behielten
das Erbe.
10 Dadurch sollten alle Söhne Jakobs er-
kennen, / wie gut es ist, dem Herrn in allem
ergeben zu sein.

1: Jos 1,1 • 4: Jos 10,12f • 5: 46,16; Jos 10,10f • 7: Num 14,6–10.30 • 8: 16,10 • 9: Jos 14,10–12.

Die Treue der Richter: 46,11–12

11 Dann die Richter, jeder mit seinem Na-
men: / alle, die sich nicht beirren ließen und
nicht abtrünnig wurden von Gott. / Ihr An-
denken sei zum Segen.
12 Ihre Gebeine mögen von ihrer Stätte em-
porsprossen / und ihren Ruhm erneuern an
den Söhnen.

12: 49,10.

Die Verdienste Samuels: 46,13–20

13 Geschätzt von seinem Volk, geliebt von
seinem Schöpfer, / mit Sehnsucht erwartet
von Geburt an, / dem Herrn geweiht im Pro-
phetenamt: / Samuel, der Richter und Pries-
ter.
Auf Gottes Wort hin führte er das König-
tum ein / und salbte Fürsten für das Volk.
14 Im Auftrag des Herrn berief er die Ver-
sammlung ein / und wachte über die Zelte
Jakobs.
15 Als Seher wurde er befragt wegen seiner
Zuverlässigkeit / und war in seinem Wort ein
verlässlicher Prophet.
16 Auch er rief zu Gott, / als er das Milch-
lamm opferte;
17 da donnerte der Herr vom Himmel her, /
unter gewaltigem Dröhnen ließ er seine
Stimme hören.
18 Er demütigte die feindlichen Heerfüh-
rer / und vernichtete alle Fürsten der Philis-
ter.
19 Als Samuel sich dann zur Ruhe legte, /
rief er den Herrn und seinen Gesalbten als
Zeugen an:
Von wem nahm ich Geschenke an, / und
seien es nur Sandalen?
Aber niemand brachte etwas gegen ihn
vor. / [Bis zu seinem Ende zeigte sich seine
Weisheit vor Gott und allen Menschen.]
20 Er wurde sogar befragt, nachdem er
schon gestorben war, / und kündigte dem
König sein Schicksal an.
Aus der Erde erhob er seine Stimme und
weissagte, / um den Frevel des Volkes zu be-
enden.

13: 1 Sam 1,11; 8,9; 10,1 • 14: 1 Sam 7,5; 10,17 • 15: 1 Sam 3,19–21 • 16: 46,5; 47,5; 1 Sam 7,9f • 18: 1 Sam 7,13 • 19: 1 Sam 12,3f • 20: 1 Sam 28,6–25.

Die Erwählung Davids: 47,1–11

47 Nach ihm stand Natan auf, / um vor
David hinzutreten.
2 Wie das Fett herausgehoben ist aus dem
Opferfleisch, / so David aus Israel.
3 Er spielte mit Löwen, als wären es Zie-
gen, / mit Bären, als wären es Schafe.
4 In seiner Jugend erschlug er den Riesen /
und befreite das Volk von der Schmach,
indem er mit der Hand die Schleuder
schwang / und Goliats Hochmut zerbrach.
5 Denn er hatte Gott, den Höchsten, ange-
rufen / und dieser gab seiner rechten Hand
Kraft,
um den kampferprobten Mann niederzu-
strecken / und die Macht seines Volkes zu
mehren.
6 Darum haben ihn die Frauen besungen /
und ihm zugerufen: Zehntausend (erschlug
er)!
7 Als er die Krone trug, führte er Krieg /
und demütigte ringsum die Feinde.
Er schlug die feindlichen Philister / und
zerbrach ihre Macht bis heute.
8 Bei allen seinen Taten stimmte er Loblie-
der an / auf Gott, den Höchsten, mit rühmen-
den Worten.
Er liebte seinen Schöpfer von ganzem Her-
zen, / alle Tage pries er ihn mit Liedern.

46,16a Weist auf V. 5 zurück.
46,17b So nach G und S. Zum Donner als Stimme Gottes vgl. Ps 29.
46,19 Der Zusatz fehlt in G und S.
47,8–10 Sirach würdigt, wie der Chronist, David vor allem als Psalmendichter und Begründer des Gottesdienstes.

9 Vor dem Altar ließ er Saiteninstrumente aufstellen / und schuf Psalmweisen für die Harfenbegleitung.
10 Den Festen verlieh er Glanz / und verschönerte die Feiertage im Kreislauf des Jahres.
Vom Lobgesang auf Gottes heiligen Namen / hallte das Heiligtum wider schon vor dem Morgen.
11 Der Herr verzieh ihm seine Sünde / und begründete seine Macht für immer.
Er übergab ihm das Königsgesetz / und festigte seinen Thron über Israel.

2: Lev 3; 1 Sam 16 • 4: 1 Sam 17 • 6: 1 Sam 18,6–8 • 7: 2 Sam 5,17–25 • 9: 1 Chr 15,16 – 16,43 • 11: 2 Sam 12,1–14; 7,12–16.

Die Weisheit und die Torheit Salomos: 47,12–24

12 Seinetwegen erstand ihm als Nachfolger / ein weiser Sohn, der in Sicherheit leben konnte.
13 Salomo war König in friedlichen Tagen, / Gott verschaffte ihm Ruhe ringsum.
Er baute ein Haus für den Namen des Herrn / und errichtete ein Heiligtum für immer.
14 Wie weise warst du in deiner Jugend, / von Bildung strömtest du über wie der Nil.
15 Die Erde bedecktest du mit deinem Wissen, / bis zur Himmelshöhe ließest du Lieder aufsteigen.
16 Bis zu den fernsten Inseln gelangte dein Ruhm / und man begehrte danach, dich zu hören.
17 Durch Lied und Sinnspruch, Rätsel und Gleichnis / hast du die Völker in Staunen versetzt.
18 Du wurdest benannt nach dem Namen des Hochgeehrten, / der auch über Israel ausgerufen ist.
Gold hast du angehäuft wie Eisen / und das Silber vermehrt wie Blei.
19 Doch gabst du dich den Frauen hin / und ließest sie herrschen über deinen Leib.
20 Du hast deine Ehre befleckt / und dein Ehebett entweiht.
So hast du Zorn über deine Nachkommen gebracht / und Klage über dein Ehelager,
21 indem das Volk unter zwei Zepter kam / und aus Efraim ein abtrünniges Reich wurde.
22 Gott aber hat seine Huld nicht aufgegeben / und keines seiner Worte unerfüllt gelassen.
Er hat seinem Erwählten den Spross und Sohn nicht ausgerottet, / die Nachkommen seine Freundes nicht ausgetilgt.
So hat er Jakob einen Rest gelassen / und David einen Wurzelspross aus ihm selbst.
23 Salomo entschlief in Verzweiflung / und hinterließ einen starrköpfigen Sohn,
reich an Torheit, arm an Einsicht: / Rehabeam, der durch seinen Entschluss das Volk entzweite.
Dann stand Jerobeam auf, der Sohn Nebats; / sein Andenken sei ausgelöscht.
Er sündigte und verführte Israel zur Sünde. / Er verschuldete Efraims Fall /
24 und die Vertreibung aus ihrem Land.
Ihre Sünde wurde sehr groß, /
25 allem Bösen gaben sie sich hin.

12: 1 Kön 5,5 • 13: 1 Kön 6 • 15: 1 Kön 5,12–14 • 18: 2 Sam 12,25; 1 Kön 10,14–29 • 19: 1 Kön 11,1–10 • 21: 1 Kön 11,11; 12,16–20 • 23: 1 Kön 12,13–19.26–33 • 24: 2 Kön 17,21–23.

Der Eifer Elijas: 48,1–11

48 Da stand ein Prophet auf wie Feuer, / seine Worte waren wie ein brennender Ofen.
2 Er entzog ihnen ihren Vorrat an Brot, / durch sein Eifern verringerte er ihre Zahl.
3 Auf Gottes Wort hin verschloss er den Himmel / und dreimal ließ er Feuer herniederfallen.
4 Wie Ehrfurcht gebietend warst du, Elija, / wer dir gleichkommt, kann sich rühmen.
5 Einen Verstorbenen hast du vom Tod erweckt, / aus der Unterwelt, nach Gottes Willen.
6 Könige hast du ins Grab geschickt, / Vornehme von ihren Lagern hinweg.
7 Am Sinai hast du Strafbefehle vernommen, / am Horeb Urteile der Rache.
8 Könige hast du gesalbt für die Vergeltung / und einen Propheten als deinen Nachfolger.
9 Du wurdest im Wirbelsturm nach oben entrückt, / in Feuermassen himmelwärts.

47,12a Seinetwegen: deutet an, dass der Glanz Salomos auf die Verdienste Davids zurückzuführen ist.
47,15 Text unsicher; G: Deine Seele bedeckte die Erde und du hast sie angefüllt mit Rätselsprüchen.
47,16b Nach S; G: und du wurdest geliebt in deinem Frieden.
47,22c Der Erwählte ist David.
47,23 Text zum Teil unsicher und mit späteren Erweiterungen.
47,24 G hat die Zeilen umgestellt.
48,2a Wörtlich: Er zerbrach ihnen den Brotstab (vgl. die Anmerkung zu Lev 26,26).
48,9 G verdeutlicht nach 2 Kön 2,11: Du wurdest im Feuersturm entrückt und in einem Wagen mit Feuerpferden.

10 Von dir sagt die Schrift, / du stehst be-
reit für die Endzeit,
um den Zorn zu beschwichtigen, bevor er
entbrennt, / um den Söhnen das Herz der Vä-
ter zuzuwenden / und Jakobs Stämme wie-
der aufzurichten.
11 Wohl dem, der dich sieht und stirbt; /
denn auch er wird leben.

1: 1 Kön 17,1 • 3: 1 Kön 18,38; 2 Kön 1,10.12 • 5: 1 Kön 17,17–24 • 6: 1 Kön 21,20–24; 2 Kön 1,4.6.16 • 7: 1 Kön 19,15–17 • 9: 2 Kön 2,1–11 • 10: Mal 3,23.

Die Wundermacht Elischas: 48,12–16

12 Elija ist im Wirbelsturm entschwun-
den, / Elischa wurde mit seinem Geist er-
füllt.
Doppelt so viele Zeichen wirkte er, / zu
Wundern wurden alle Worte aus seinem
Mund.
Solange er lebte, hat er vor niemand gezit-
tert, / kein Sterblicher hatte Macht über sei-
nen Geist.
13 Nichts war für ihn unerreichbar, / noch
im Grab zeigte sein Leichnam Propheten-
kraft.
14 In seinem Leben vollbrachte er Wunder /
und bei seinem Tod erstaunliche Taten.
15 Trotz allem bekehrte das Volk sich
nicht; / sie ließen nicht ab von ihren Sünden,
bis sie aus ihrem Land verschleppt / und in
alle Welt verstreut wurden.
Aber für Juda ist ein kleiner Rest geblie-
ben / und dem Haus David noch ein Fürst.
16 Von ihnen taten einige, was recht ist, /
andere verübten unerhörten Frevel.

13: 2 Kön 13,21.

Das Werk Hiskijas: 48,17–21

17 Hiskija sicherte seine Stadt, / indem er
Wasser hineinleitete.
Mit dem Eisen durchbrach er Felsen / und
dämmte den Teich zwischen Bergen ein.
18 In seinen Tagen zog Sanherib herauf /
und entsandte den Rabschake.
Dieser streckte seine Hand gegen Zion
aus / und übermütig lästerte er Gott.
19 Da zitterten sie trotz allem Übermut ih-
res Herzens / und wanden sich wie eine Ge-
bärende.
20 Sie riefen zu Gott, dem Höchsten, / und
streckten nach ihm die Hände aus.
Er hörte auf ihr lautes Flehen / und half
ihnen durch Jesaja.
21 Er schlug die Assyrer in ihrem Lager /
und verwirrte sie durch eine Seuche.

17: 2 Kön 20,20; Jes 22,11 • 18: 2 Kön 18,13 – 19,37; Jes 36; 2 Chr 32,1–23.

Das Wort Jesajas: 48,22–25

22 Denn Hiskija hatte das Rechte getan, /
war fest geblieben auf Davids Wegen,
die der Prophet Jesaja ihm gewiesen hat-
te, / der große und zuverlässige Seher.
23 Auf Jesajas Befehl ging die Sonne zu-
rück / und er verlängerte dem König das
Leben.
24 Mit großer Geisteskraft schaute er die
Zukunft / und tröstete die Trauernden in
Zion.
25 Für fernste Zeit verkündete er das Kom-
mende / und das Verborgene, bevor es ge-
schah.

23: 2 Kön 20,4–11; Jes 38,4–8.

Die Treue Joschijas: 49,1–3

49 Der Name Joschija gleicht duften-
dem Weihrauch, / würzig und vom
Salbenmischer zubereitet.
Sein Andenken ist süß wie Honig im
Mund / und wie ein Lied beim Weingelage.
2 Denn er litt wegen unserer Treulosig-
keit / und machte den abscheulichen Götzen
ein Ende.
3 Er richtete sein Herz ganz auf Gott / und
bewies Treue in Zeiten des Unrechts.

2: 2 Kön 22f.

Die Verdienste späterer großer Männer Israels: 49,4–13

4 Außer David, Hiskija und Joschija / ha-
ben alle Könige ruchlos gehandelt:
Bis zu ihrem Untergang haben die Könige
von Juda / das Gesetz des Höchsten verlas-
sen.
5 Ihre Macht gaben sie an andere hin, / ihre
Ehre an ein fremdes Volk.
6 Sie zündeten die Heilige Stadt an, / so-
dass die Straßen verödeten,

48,11 Text sehr unsicher; G: Glücklich die, die dich sehen und die in der Liebe gestorben sind; denn auch wir werden leben.

48,15 Bezieht sich auf die assyrische Gefangenschaft der Nordstämme.

48,21b So nach H; G verdeutlicht nach 2 Kön 19,35: und sein Engel vertilgte sie.

48,23a Auf Jesajas Befehl, wörtlich: Durch seine Hand (S); G: In seinen Tagen.

49,4 Sirach urteilt in seiner kurzen Aufzählung noch strenger als der Verfasser der Königsbücher und der Chronist.

49,6a »Sie« können die Babylonier sein, das »fremde Volk« von V. 5b; aber gemeint sind wohl eher die Könige von Juda (vgl. V. 7), die indirekt den Untergang herbeigeführt haben.

7 zur Strafe dafür, dass sie Jeremia miss-
handelt haben, / obwohl er vom Mutterleib
an zum Propheten geschaffen war,
um auszureißen, niederzureißen und zu
vernichten, / aber auch um aufzubauen, ein-
zupflanzen und zu stärken.
8 Ezechiel sah eine Vision / und beschrieb
die Gestalten am Thronwagen.
9 Er gedachte auch des Ijob, / der die Wege
der Gerechtigkeit einhielt.
10 Ferner die Zwölf Propheten: / Ihre Ge-
beine mögen von ihrer Stätte emporspros-
sen.
Sie brachten Heilung für Jakobs Volk /
und halfen ihm durch zuverlässige Hoff-
nung.
11 Wie könnten wir Serubbabel gebührend
preisen, / war er doch wie ein Siegelring an
der rechten Hand,
12 ebenso Jeschua, den Sohn des Jozadak? /
Sie beide erbauten zu ihrer Zeit das Gottes-
haus;
sie errichteten den heiligen Tempel, / der
zu dauernder Herrlichkeit bestimmt ist.
13 Nehemia, sein Andenken in Ehren! / Er
baute unsere Trümmer wieder auf
und stellte das Zerstörte wieder her, / Tore
und Riegel setzte er ein.

7: Jer 1,5.10 • 8: Ez 1,4–28; 10 • 9: Ez 14,14.20 • 10: 46,12 • 11: Hag 2,23 • 12: Esra 3,8 – 6,18 • 13: Neh 2,17 – 7,1.

Rückblick auf die Großen des Anfangs:
49,14–16

14 Kaum einer auf Erden kommt Henoch
gleich, / darum wurde er auch lebend ent-
rückt.
15 Gab es je einen Mann wie Josef? / Selbst
sein Leichnam wurde sorgfältig erhalten.
16 Sem, Set und Enosch sind hoch geehrt, /
aber Adam übertrifft alle Menschen an
Ruhm.

14: 44,16 • 15: Gen 50,25f; Ex 13,19.

Die Größe des Hohenpriesters Simeon:
50,1–21

50 Der größte unter seinen Brüdern, der
Ruhm seines Volkes, / ist der Priester
Simeon, der Sohn Johanans.
Zu seiner Zeit wurde das Gotteshaus aus-
gebessert, / in seinen Tagen der Tempel be-
festigt.
2 Zu seiner Zeit wurde die Mauer gebaut, /
die Zinnen der Gotteswohnung beim Kö-
nigspalast.
3 In seinen Tagen wurde der Teich gegra-
ben, / ein Becken, groß wie ein Meer.
4 Er hat sein Volk gegen Plünderung gesi-
chert, / seine Stadt gegen den Feind befes-
tigt.
5 Wie herrlich, wenn er herausschaute aus
dem Zelt, / wenn er heraustrat zwischen dem
Vorhang:
6 wie ein leuchtender Stern zwischen den
Wolken, / wie der Vollmond in den Tagen des
Festes,
7 wie die strahlende Sonne über dem Kö-
nigspalast, / wie ein Regenbogen, der in den
Wolken erscheint,
8 wie Blütenzweige in den Tagen des Fes-
tes, / wie eine Lilie an Wasserläufen, / wie
das Grün des Libanon an Sommertagen,
9 wie Weihrauchfeuer auf dem Speiseop-
fer, / wie ein vergoldetes Gefäß, mit dem
Hammer getrieben / und mit Edelsteinen be-
setzt,
10 wie ein üppiger Ölbaum voll von Früch-
ten, / wie ein wilder Ölbaum mit saftigen
Zweigen.
11 (Wie herrlich,) wenn er die Prachtge-
wänder angelegt / und sich mit allem
Schmuck bekleidet hatte,
wenn er emporstieg zum erhabenen Altar /
und die Einfassung des heiligen Raumes mit
Glanz erfüllte,
12 wenn er die Opferstücke aus der Hand
seiner Brüder nahm, / während er selbst bei
dem aufgeschichteten Holz stand.
Rings umgab ihn der Kranz seiner Söhne /
wie junge Zedern auf dem Libanon.
Wie Pappeln am Bach umstanden ihn /
13 alle Söhne Aarons in ihrer Pracht,
die Feueropfer des Herrn in ihrer Hand /
vor der ganzen Versammlung Israels,
14 bis er den Dienst am Altar vollendet /
und das Opferholz für den Höchsten geord-
net hatte.

49,10 Die zwölf Kleinen Propheten werden hier zum ersten Mal als eine Einheit erwähnt. Wie bei Jesaja werden besonders ihre Heilsweissagungen betont.
49,13 G hat die Zeilen c und d vertauscht.
49,15 G hat 50,1a hier eingesetzt und so mit Josef verknüpft.
49,16a Nach G wäre zu übersetzen: Sem und Set sind unter den Menschen hoch geehrt (vgl. die Anmerkung zu Gen 4,26).
50,1 Zum Abschluss seiner »Biblischen Geschichte« beschreibt Sirach den Hohenpriester Simeon im liturgischen Dienst, wie er ihn wohl noch selber gesehen hat. Gemeint ist Simeon II., der 218–192 v. Chr. Hoherpriester war. Sein Vater trägt in G den Namen Onias.
50,4b G: gegen Belagerung.
50,6b Das »Fest« ist das Paschafest.
50,7a Königspalast: nach H; G: Tempel des Höchsten.
50,10b G: wie eine Zypresse, die in die Wolken ragt.

15 Dann streckte er die Hand nach dem Be-
cher aus / und opferte von dem Blut der
Trauben;
er goss es aus an den Fuß des Altars / zum
beruhigenden Duft für den Höchsten, den
König des Alls.
16 Jetzt stießen die Söhne Aarons in die ge-
triebenen Trompeten, / sie bliesen mit ge-
waltigem Schall zur Erinnerung vor dem
Höchsten.
17 Alle Versammelten beeilten sich / und
warfen sich auf ihr Gesicht zur Erde nie-
der,
um den Höchsten anzubeten, / den Heili-
gen Israels.
18 Dann stimmte man die Gesänge an / und
ließ zur Musik süßen Jubel ertönen.
19 Alles Volk jubelte / im Gebet vor dem
Barmherzigen,
bis der Priester den Dienst des Herrn voll-
endet / und ihm die vorgeschriebenen Opfer
dargebracht hatte.
20 Dann stieg er herab und erhob seine
Hände / über die ganze Gemeinde Israels.
Der Segen des Herrn war auf seinen Lip-
pen, / den Namen des Herrn nennen zu dür-
fen, war sein Ruhm.
21 Sie aber fielen zum zweiten Mal nieder, /
um den Segen von ihm zu empfangen.

5: Lev 16 • 16: Num 10,2–10 • 20: Lev 9,22; Num 6,23–27.

Aufforderung zum Lobpreis Gottes: 50,22–24

22 Nun lobt den Herrn, den Gott des Alls, /
der Wunderbares auf der Erde vollbringt,
der einen Menschen erhöht vom Mutter-
schoß an / und an ihm handelt nach seinem
Gefallen.
23 Er gebe euch Weisheit ins Herz / und der
Friede sei mit euch.
24 Beständig bleibe seine Huld bei Sime-
on; / er erhalte ihm den Bund mit Pinhas,
der weder ihm gebrochen werden soll /
noch seinen Nachkommen, solange der Him-
mel steht.

23: 45,26.

DIE ANHÄNGE: 50,25 – 51,30

Die Abgrenzung gegen die Nachbarn Israels: 50,25–26

25 Zwei Völker verabscheue ich / und das
dritte ist kein Volk:
26 Die Bewohner von Seïr und vom Philis-
terland / und das törichte Volk, das in Si-
chem wohnt.

26: 2 Kön 17,24.

Das Schlusswort des Verfassers: 50,27–29

27 Weise Bildung und passende Sinnsprü-
che / von Jesus, dem Sohn Eliasars, des Soh-
nes Sirachs,
dessen Herz von Schriftauslegung über-
strömte / und der Einsicht hervorquellen
ließ.
28 Wohl dem Mann, der hierüber nach-
sinnt; / wer es sich zu Herzen nimmt, wird
weise.
29 Wer danach handelt, hat Kraft zu al-
lem; / denn die Gottesfurcht ist ihr tiefster
Inhalt.

Das Danklied: 51,1–12

51 Ich will dich preisen, mein Herr und
König, / ich will dich loben, Gott
meines Heils.
Ich will deinen Namen verkünden, / du
Hort meines Lebens,
2 denn du hast mich vom Tod errettet. / Du
hast meinen Leib vor dem Grab bewahrt, /
meinen Fuß dem Griff der Unterwelt ent-
rissen.
Du hast mich befreit von der Geißel böser
Zungen, / von den Lippen treuloser Lügner.
Gegen meine Widersacher standest du mir
zur Seite, / 3 in deiner großen Huld hast du
mir geholfen

50,20d Nur am Versöhnungstag durfte der Hohepriester den Namen »Jahwe« aussprechen, was sonst aus Ehrfurcht verboten war.
50,22 Man soll Gott loben für die Auserwählung des Hohenpriesters.
50,22c einen Menschen: G fälschlich: unsere Tage.
50,23f Die Mahnung zur Treue gegen das aaronitische Priestertum ist vielleicht ein Hinweis darauf, dass Sirach den Niedergang des hohepriesterlichen Amtes befürchtet.
50,26 Seïr ist das Edomiterland (vgl. Gen 32,4; 33,16).
50,27b G nennt den Verfasser »Bürger von Jerusalem«; vgl. die Einleitung.
50,29 tiefster Inhalt: G hat hier einen Ausdruck, der ein hebräisches Wort mit der Bedeutung »das Wesen, der tiefste Sinn« wiedergibt.
51,1–12 Nach dem Schlusswort 50,27–29 bildet das beigefügte Danklied einen Nachtrag.

aus der Schlinge derer, die auf meinen Fall lauern, / aus der Hand jener, die mir nach dem Leben trachten.

Aus vielen Nöten hast du mich erlöst, / 4 aus der Bedrängnis der Flammen, die mich umringten, / aus Gluten, die nicht (wirklich) geschürt,

5 aus dem Schoß der Flut, nicht (wirklich) von Wasser, / (sondern) von schändlichen Lippen und Erfindern von Lüge, / 6 von den Pfeilen der falschen Zunge.

Schon war ich dem Tod nahe / und mein Leben den Tiefen der Unterwelt.

7 Ich wandte mich nach allen Seiten und fand keinen Helfer, / ich spähte nach einem Beistand, doch keiner war da.

8 Da dachte ich an das Erbarmen des Herrn, / an die Taten seiner Huld, die seit Ewigkeit bestehen.

Er hilft allen, die auf ihn vertrauen, / und erlöst sie aus jeder Gefahr.

9 So erhob ich von der Erde meine Stimme, / ich schrie von den Toren der Unterwelt her.

10 Ich rief: Herr, mein Vater bist du, / mein Gott, mein rettender Held.

Verlass mich nicht am Tag der Not, / am Tag der Vernichtung und Verwüstung!

11 Deinen Namen will ich allzeit loben, / an dich denken im Gebet.

Da hörte der Herr meine Stimme / und achtete auf mein Flehen.

12 Er erlöste mich von allem Unheil / und rettete mich am Tag der Not.

Darum danke ich dem Herrn / und will seinen Namen loben und verherrlichen.

Danket dem Herrn, denn er ist gut, / denn seine Huld währt ewig.

Danket dem Gott der Lobgesänge, / denn seine Huld währt ewig.

Danket dem Wächter Israels, / denn seine Huld währt ewig.

Danket dem Schöpfer des Alls, / denn seine Huld währt ewig.

Danket dem Erlöser Israels, / denn seine Huld währt ewig.

Danket dem, der Israels Versprengte sammelt, / denn seine Huld währt ewig.

Danket dem Erbauer seiner Stadt und seines Heiligtums, / denn seine Huld währt ewig.

Danket dem, der dem Haus David Macht verlieh, / denn seine Huld währt ewig.

Danket dem, der Zadoks Söhne zu Priestern erwählt hat, / denn seine Huld währt ewig.

Danket dem Schild Abrahams, / denn seine Huld währt ewig.

Danket dem Fels Isaaks, / denn seine Huld währt ewig.

Danket dem Starken Jakobs, / denn seine Huld währt ewig.

Danket dem, der Zion erwählt hat, / denn seine Huld währt ewig.

Danket dem König der höchsten Könige, / denn seine Huld währt ewig.

Seinem Volk verleiht er Macht – / das ist ein Ruhm für all seine Frommen, / für Israels Söhne, das Volk, das sich ihm nahen darf. Halleluja!

1: Ex 15,2 • 2: Ps 120,2 • 3: Ps 103,8; 35,4 • 4: Ijob 20,26 • 8: Ps 25,6 • 10: Ps 89,27 • 12: 1 Chr 16,34; Ps 106,1; 107,1; 118,1; 136,1; Gen 49,24; Ps 148,14.

Nachwort auf die Weisheit: 51,13–30

13 Als ich jung und noch nicht unstet war, / suchte ich eifrig die Weisheit.

14 Sie kam zu mir in ihrer Schönheit / und bis zuletzt will ich sie erstreben.

15 Und wie nach dem Blühen die Trauben reifen, / die das Herz erfreuen,

so schritt mein Fuß auf geradem Weg; / denn schon von Jugend an habe ich sie erkannt.

16 Nur kurz hörte ich hin / und schon fand ich Belehrung in Menge.

17 Sie ist für mich zur Amme geworden; / meinem Lehrer will ich danken.

18 Ich hatte im Sinn, Freude zu erleben, / ich strebte ohne Rast nach Glück.

19 Ich verlangte brennend nach ihr / und wandte von ihr meinen Blick nicht ab.

20 Ich richtete mein Verlangen auf sie / und auf ihren Höhen wanke ich nicht.

Meine Hand öffnete ihre Tore / und ich nahm sie leibhaftig wahr.

Ich habe ihretwegen meine Hände gerei-

51,4b.5a Eine Bemerkung sagt jeweils, dass die Feuerflammen und Wasserfluten nur bildlich aufzufassen sind.

51,8 Nach G und Vg wird Gott direkt angeredet, wie auch in V. 12.

51,11b G: dich preisen im Gebet; V. 11c fehlt in G.

51,12 Ob das litaneiartige Lied von Sirach selbst stammt, ist unsicher, da es in G und S fehlt.

51,13–30 Die Liebe zur Weisheit wird dichterisch als bräutliches Verhältnis beschrieben; so schon in 14,20–27 und 15,1–6 und auch in Weish 8,12–18.

51,13–20 So nach dem H-Text von Qumran, der die alphabetische Ordnung der Verse besser bewahrt hat als die anderen H-Zeugen.

51,17 Text unsicher.

51,20 Der Freund der Weisheit betritt das Haus der geliebten Braut. Text und Zeilenfolge unsicher.

nigt / und ich fand die Weisheit in ihrer
Reinheit.
Einsicht erwarb ich durch sie von Anfang
an, / darum lasse ich nicht von ihr.
21 Mein Herz war erregt, sie zu schauen, /
darum erwarb ich sie als kostbares Gut.
22 Der Herr gab meinen Lippen Erfolg, /
mit meiner Zunge will ich ihm danken.
23 Kehrt bei mir ein, ihr Unwissenden, /
verweilt in meinem Lehrhaus!
24 Wie lange noch wollt ihr das alles ent-
behren / und eure Seele dürsten lassen?
25 Ich öffne meinen Mund und sage von
ihr: / Erwerbt euch Weisheit, es kostet
nichts.
26 Beugt euren Nacken unter ihr Joch / und
nehmt ihre Last auf euch!
Denen, die sie suchen, ist sie nahe, / und
wer sich ihr ganz hingibt, findet sie.
27 Seht mit eigenen Augen, dass ich mich
nur wenig bemühte, / aber viel Ruhe gefun-
den habe.
28 Hört auf meine knapp bemessene Leh-
re! / Durch sie werdet ihr viel Silber und
Gold erwerben.
29 Eure Seele freue sich an meinem Lehr-
stuhl, / meines Liedes sollt ihr euch nicht
schämen.
30 Tut eure Werke vor der Zeit (der Vergel-
tung), / so wird er euch den Lohn geben zur
rechten Zeit.
[Gepriesen sei der Herr auf ewig, / gelobt
sei sein Name für alle Zeiten.

Die Weisheit des Jesus, des Sohnes Eleasars, des Sohnes Sirachs.

Der Name des Herrn sei gepriesen / von nun an bis in Ewigkeit.]

13: Weish 8,2; Sir 14,20–27 • 20: 15,2; Spr 8,34 • 23: Spr 9,4 • 24: Am 8,11 • 25: Spr 4,7; Jes 55,1 • 26: Dtn 30,11–14; Röm 10,8 • 28: Spr 16,16; Mt 13,44–46 • 30: 50,27; Ps 113,2.

51,23b Hier wird zum ersten Mal das Lehrhaus der Schriftgelehrten genannt, wenn es auch wahrscheinlich nur bildhaft für die Weisheitslehre steht.
51,28 Am Ende des Buches wird die Aufforderung, das Werk anzunehmen, immer eindringlicher. V. 28b will nicht behaupten, dass man durch Weisheit materielle Reichtümer erwirbt. Der Sinn ist: Weisheit macht den eigentlichen Reichtum aus.
51,30ab Eine letzte Mahnung, das Gute rechtzeitig zu tun.
51,30cd Dieser Lobpreis wie auch der jüngere am Schluss, fehlt in G und ist späterer Zusatz, ebenso die dazwischenliegende nochmalige Schlussbemerkung, die bei den Textzeugen verschieden lang ist.

Die Bücher der Propheten

Das Buch Jesaja

Der Prophet Jesaja aus Jerusalem (etwa 740–701 v. Chr.) hat mit seiner Verkündigung den Grundstock des Buches geschaffen, das seinen Namen trägt. Aus dem Inhalt der von ihm überlieferten Prophetenworte schließt man, dass er, im Todesjahr des Königs Usija (739 v. Chr.) berufen (Kap. 6), in vier wichtigen Perioden der Geschichte Judas das Wort Jahwes verkündete. Zunächst befasste er sich in Drohworten (Kap. 1 – 3 und 5) mit den Zuständen in Juda und Jerusalem. Im Syrisch-efraimitischen Krieg (734/33 v. Chr.) warnte er vor einem Bündnis mit Assur (7,1 – 9,6). Beim ersten Versuch des Königs Hiskija, sich an einem Aufstand gegen die Assyrer zu beteiligen (716–711 v. Chr.), erhob er warnend seine Stimme (Kap. 18; 20; 28 – 30; auch Teile von Kap. 14). Endlich trat er beim Angriff des assyrischen Königs Sanherib (um 701 v. Chr.) auf, um das rettende Eingreifen Gottes gegen den überheblichen Feind anzusagen (Worte in den Kapiteln 10; 14; 28 – 30).

Vom Leben des Propheten ist uns wenig bekannt. Er dürfte den gebildeten höheren Kreisen entstammen; anscheinend war er mit einer prophetisch begabten Frau verheiratet (8,3) und hatte wohl mehrere Kinder (vgl. 7,3; 8,1–3). Die Worte Jesajas, die in Kap. 1 – 39 überliefert sind, wurden von seinen Schülern (8,16) und anderen vielfach kommentiert und beträchtlich erweitert; so wurden sie später in seinem Geist an jeweils neue Situationen angepasst. Dem Propheten kam es vor allem darauf an, die Menschen zu Glauben und Vertrauen gegenüber dem heiligen und erhabenen Gott aufzurufen, der nach seinem weisen Plan die Weltgeschichte und besonders die Geschicke seines Volkes lenkt. Dieses gläubige Hinschauen auf den Herrn bedeutet zugleich, seinem Willen zu entsprechen im politischen wie im sozialen Handeln, insbesondere den Armen gegenüber. Der Ernst der prophetischen Botschaft Jesajas drückt sich vor allem in den scharfen Gerichtsworten aus.

Verschiedene Überschriften (1,1; 2,1; 13,1) weisen darauf hin, dass der erste Teil des Buches (Kap. 1 – 39) eine lange Entstehungsgeschichte hat. Noch heute ist ihm anzusehen, dass einer ersten Sammlung (Kap. 2 – 5 und 9,6 – 11,16) die sogenannte Denkschrift des Propheten (6,1 bis 9,5) eingefügt und schließlich Kap. 1 als eine Art Zusammenfassung seiner Worte vorausgestellt wurde. Jes 24 – 27 sind apokalyptische Texte (die sog. »große Jesaja-Apokalypse«) und tragen das Kolorit einer späten Zeit an sich. Die Jesajaerzählungen (Kap. 36 – 39) sind fast ganz aus dem zweiten Königsbuch übernommen. So entstand ein Prophetenbuch, das wie bei der Denkschrift in großen Zügen das Grundschema erkennen lässt, nach dem die prophetischen Bücher zusammengestellt wurden: Drohungen gegen das eigene Volk (Kap. 1 – 12); Drohungen gegen andere Völker (Kap. 13 – 23); Verheißungen, die hier allerdings Drohreden einschließen, für das eigene Volk (Kap. 24 – 35); ein geschichtlicher Anhang rundet das Ganze ab (Kap. 36 – 39). Für das Neue Testament und die christliche Verkündigung sind in besonderer Weise die messianischen Texte wichtig (Kap. 7; 9,1–6; 11; 28,16f).

In eine ganz andere Welt versetzen uns die Kapitel 40 – 55. Hier befindet sich Juda im Babylonischen Exil; zu ihm spricht ein Prophet, der den Auftrag erhält (40,1–11), das unmittelbar bevorstehende rettende Eingreifen Gottes anzukündigen. Gott erweckt Kyrus (44,28 bis 45,8), damit er das Volk aus der Gefangenschaft entlässt. Dann wird Jahwe, der als der alleinige durch Schöpfung und geschichtliches Handeln ausgewiesene Gott über die Völker herrscht, sein Volk in einem neuen, wunderbaren Exodus nach Zion heimführen. Dort wird er als König Israels herrschen, das er wieder aufblühen lässt. In diese überschwängliche

Heilsprophetie sind vier Texte über den »Gottesknecht« eingefügt (42,1–9; 49,1–9; 50,4–9; 52,13 – 53,12), der als der Erwählte Jahwes zum »Bund des Volkes und Licht der Heiden« bestimmt, wie ein Prophet gesendet, mit Aufgaben für Israel und die Völker betraut, nach Leiden und Todesnot errettet und schließlich verherrlicht wird. Durch die sogenannten Gottesknechttexte hat dieser Teil des Jesajabuches weit in die Zukunft gewirkt. Die neutestamentliche Urgemeinde nahm sie auf und sah sie im Wirken und im Weg Jesu erfüllt. Der Verfasser von Jes 40 – 55 ist unbekannt. Man nennt ihn Deuterojesaja (Zweiter Jesaja).

In Jes 56 – 66 wechselt die Situation wieder. Hier sind verschiedenartige Texte zusammengestellt, die sich an die Heimgekehrten richten. Sie schöpfen vielfach aus Jes 40 – 55, sprechen aber deutlich die veränderte Lage an. Ein Prophet erhebt seine Stimme (Kap. 60 – 62), der sich durch Gottes Geist zur Verkündigung einer frohen Botschaft gesandt weiß (Kap. 61; vgl. Lk 4,16–19); man nennt ihn Tritojesaja (Dritter Jesaja). Dieser Teil des Jesajabuches enthält in loser Anordnung Heils- und Gerichtsworte. Besonders hervorzuheben sind die Verheißung für die Fremden (56,1–8), die Mahnung zur wahren Frömmigkeit (58,1–14), das leuchtende Bild von der Gottesstadt (Kap. 60 und 62), das Gebet zu Gott, unserem Vater, in Gestalt einer Volksklage (63,7 – 64,11). Mit dem Blick auf den neuen Himmel und die neue Erde (Kap. 66) schließt das Jesajabuch.

Unter den Funden von Qumran befand sich eine vollständig erhaltene Jesaja-Handschrift aus dem 2. Jahrhundert v. Chr. Sie ist damit etwa tausend Jahre älter als die meisten bisher bekannten hebräischen Handschriften des Alten Testaments.

I. TEIL
DER ERSTE JESAJA (PROTOJESAJA): 1,1 – 39,8

WORTE ÜBER JUDA UND JERUSALEM AUS DER FRÜHZEIT DES PROPHETEN: 1,1 – 12,6

Einleitung: 1,1

1 Vision des Jesaja, des Sohnes des Amoz,
über Juda und Jerusalem, die er zu der
Zeit hatte, als Usija, Jotam, Ahas und Hiskija
Könige von Juda waren.

1: Mi 1,1.

Die Untreue des Volkes: 1,2–4

2 Hört, ihr Himmel! Erde, horch auf! /
Denn der Herr spricht:
Ich habe Söhne großgezogen und emporgebracht, / doch sie sind von mir abgefallen.
3 Der Ochse kennt seinen Besitzer / und
der Esel die Krippe seines Herrn;
Israel aber hat keine Erkenntnis, / mein
Volk hat keine Einsicht.
4 Weh dem sündigen Volk, der schuldbeladenen Nation, / der Brut von Verbrechern,
den verkommenen Söhnen!
Sie haben den Herrn verlassen, / den Heiligen Israels haben sie verschmäht / und ihm
den Rücken gekehrt.

2: 23,4 • 3: Lk 2,16 • 4: 30,9.

Die Folgen der Sünde: 1,5–9

5 Wohin soll man euch noch schlagen? / Ihr
bleibt ja doch abtrünnig.
Der ganze Kopf ist wund, / das ganze Herz
ist krank:
6 Vom Kopf bis zum Fuß kein heiler
Fleck, / nur Beulen, Striemen und frische
Wunden,
sie sind nicht ausgedrückt, nicht verbunden, / nicht mit Öl gelindert.
7 Euer Land ist verödet, / eure Städte sind
niedergebrannt.

1,1 Die Überschrift hat wohl ursprünglich Jes 1 – 12 eingeleitet.

1,2–31 Die Einleitungsrede bietet wie eine vorangestellte Zusammenfassung wichtige Themen der Verkündigung des Propheten.

1,4 Der »Heilige Israels« ist in Jes Bezeichnung für Jahwe, den heiligen Gott (vgl. 6,3).

1,7 Sodom: Text korr. nach V. 9.

Fremde verzehren vor euren Augen den Ertrag eurer Äcker; / verödet wie das zerstörte Sodom ist euer Land.
8 Die Tochter Zion steht verlassen da / wie eine Hütte im Weinberg,
wie eine Wächterhütte im Gurkenfeld / [wie eine belagerte Stadt].
9 Hätte der Herr der Heere nicht einen Rest für uns übrig gelassen, / wir wären wie Sodom geworden, / wir glichen Gomorra.

8: 24,20 • 9: Gen 19,1–29.

Der falsche und der wahre Gottesdienst: 1,10–17

10 Hört das Wort des Herrn, ihr Herrscher von Sodom! / Vernimm die Weisung unseres Gottes, du Volk von Gomorra!
11 Was soll ich mit euren vielen Schlachtopfern?, / spricht der Herr.
Die Widder, die ihr als Opfer verbrennt, / und das Fett eurer Rinder habe ich satt; / das Blut der Stiere, der Lämmer und Böcke ist mir zuwider.
12 Wenn ihr kommt, um mein Angesicht zu schauen – / wer hat von euch verlangt, dass ihr meine Vorhöfe zertrampelt?
13 Bringt mir nicht länger sinnlose Gaben, / Rauchopfer, die mir ein Gräuel sind.
Neumond und Sabbat und Festversammlung – / Frevel und Feste – ertrage ich nicht.
14 Eure Neumondfeste und Feiertage / sind mir in der Seele verhasst,
sie sind mir zur Last geworden, / ich bin es müde, sie zu ertragen.
15 Wenn ihr eure Hände ausbreitet, / verhülle ich meine Augen vor euch.
Wenn ihr auch noch so viel betet, / ich höre es nicht. / Eure Hände sind voller Blut.
16 Wascht euch, reinigt euch! / Lasst ab von eurem üblen Treiben! / Hört auf, vor meinen Augen Böses zu tun!
17 Lernt, Gutes zu tun! / Sorgt für das Recht!
Helft den Unterdrückten! / Verschafft den Waisen Recht, / tretet ein für die Witwen!

11: Am 5,21–23 • 17: Am 5,24.

Der Rechtsstreit Gottes mit seinem Volk: 1,18–20

18 Kommt her, wir wollen sehen, / wer von uns Recht hat, / spricht der Herr.
Wären eure Sünden auch rot wie Scharlach, / sie sollen weiß werden wie Schnee.
Wären sie rot wie Purpur, / sie sollen weiß werden wie Wolle.
19 Wenn ihr bereit seid zu hören, / sollt ihr den Ertrag des Landes genießen.
20 Wenn ihr aber trotzig seid und euch weigert, / werdet ihr vom Schwert gefressen. / Ja, der Mund des Herrn hat gesprochen.

Das Gericht über Jerusalem: 1,21–31

21 Ach, sie ist zur Dirne geworden, die treue Stadt. / Einst war dort das Recht in voller Geltung,
die Gerechtigkeit war dort zu Hause, / jetzt aber herrschen die Mörder.
22 Dein Silber wurde zu Schlacke, / dein Wein ist verwässert.
23 Deine Fürsten sind Aufrührer / und eine Bande von Dieben,
alle lassen sich gerne bestechen / und jagen Geschenken nach.
Sie verschaffen den Waisen kein Recht, / die Sache der Witwen gelangt nicht vor sie.
24 Darum – Spruch Gottes, des Herrn der Heere, / des Starken Israels:
Weh meinen Gegnern, / ich will Rache nehmen an ihnen, / mich rächen an meinen Feinden.
25 Ich will meine Hand gegen dich wenden, / deine Schlacken will ich mit Lauge ausschmelzen, / all dein Blei schmelze ich aus.
26 Ich will dir wieder Richter geben wie am Anfang / und Ratsherrn wie zu Beginn.
Dann wird man dich die Burg der Gerechtigkeit nennen, / die treue Stadt.
27 Zion wird durch das Recht gerettet, / wer dort umkehrt, durch die Gerechtigkeit.
28 Doch alle Abtrünnigen und Sünder werden zerschmettert. / Wer den Herrn verlässt, wird vernichtet.
29 Ihr werdet in Schande stürzen / wegen der Eichen, die euch gefallen,
und werdet euch schämen / wegen der (heiligen) Haine, die ihr so gern habt.
30 Ihr werdet wie eine Eiche, deren Blätter verwelken, / und wie ein Garten, dessen Wasser versiegt ist.
31 Dann wird der Starke zu Werg / und sein Tun zum zündenden Funken;
beide verbrennen zusammen / und niemand kann löschen.

22: Ez 22,18 • 25: Ez 22,18f; Mal 3,3; Spr 25,4 • 29: 65,3.

1,10 Angeredet ist die Stadt Jerusalem.

1,17 den Unterdrückten: Text korr. nach den alten Übersetzungen.

1,24 Der »Starke Israels« ist Bezeichnung für Jahwe (vgl. »der Starke Jakobs« Gen 49,24).

1,29 Heidnische Kultbräuche werden oft bei heili-

Jerusalem als Mittelpunkt des messianischen Reiches: 2,1–5

2 Das Wort, das Jesaja, der Sohn des Amoz, in einer Vision über Juda und Jerusalem gehört hat.

2 Am Ende der Tage wird es geschehen:
Der Berg mit dem Haus des Herrn / steht fest gegründet als höchster der Berge;
er überragt alle Hügel. / Zu ihm strömen alle Völker.
3 Viele Nationen machen sich auf den Weg. / Sie sagen: Kommt,
wir ziehen hinauf zum Berg des Herrn / und zum Haus des Gottes Jakobs.
Er zeige uns seine Wege, / auf seinen Pfaden wollen wir gehen.
Denn von Zion kommt die Weisung des Herrn, / aus Jerusalem sein Wort.
4 Er spricht Recht im Streit der Völker, / er weist viele Nationen zurecht.
Dann schmieden sie Pflugscharen aus ihren Schwertern / und Winzermesser aus ihren Lanzen.
Man zieht nicht mehr das Schwert, Volk gegen Volk, / und übt nicht mehr für den Krieg.
5 Ihr vom Haus Jakob, kommt, / wir wollen unsere Wege gehen im Licht des Herrn.

2 ‖ Mi 4,1–3 • 3: 51,4 • 4: Joël 4,10.

Der Tag Jahwes: 2,6–22

6 Ja, du hast dein Volk, das Haus Jakob, verstoßen; / denn es ist voll von Zauberern und Wahrsagern wie das Volk der Philister / und überflutet von Fremden.
7 Sein Land ist voll Silber und Gold, / zahllos sind seine Schätze.
Sein Land ist voll von Pferden, / zahllos sind seine Wagen.
8 Sein Land ist voll von Götzen. / Alle beten das Werk ihrer Hände an, / das ihre Finger gemacht haben.
9 Doch die Menschen müssen sich ducken, / jeder Mann muss sich beugen. / Verzeih ihnen nicht!
10 Verkriech dich im Felsen, / verbirg dich im Staub
vor dem Schrecken des Herrn / und seiner strahlenden Pracht!
11 Da senken sich die stolzen Augen der Menschen, / die hochmütigen Männer müssen sich ducken, / der Herr allein ist erhaben an jenem Tag.
12 Denn der Tag des Herrn der Heere kommt / über alles Stolze und Erhabene, / über alles Hohe – es wird erniedrigt –,
13 über alle hoch ragenden Zedern des Libanon / und alle Eichen des Baschan,
14 über alle hohen Berge und alle stattlichen Hügel,
15 über jeden hohen Turm und jede steile Mauer,
16 über alle Tarschisch-Schiffe / und die kostbaren Segler.
17 Die stolzen Menschen müssen sich ducken, / die hochmütigen Männer sich beugen, / der Herr allein ist erhaben an jenem Tag.
18 Die Götzen aber schwinden alle dahin.
19 Verkriecht euch in Felshöhlen und Erdlöchern / vor dem Schrecken des Herrn
und vor seiner strahlenden Pracht, / wenn er sich erhebt, um die Erde zu erschrecken.
20 An jenem Tag nimmt jeder seine silbernen und goldenen Götzen, / die er gemacht hat, um sie anzubeten, / und wirft sie den Fledermäusen und Ratten hin;
21 und man wird sich in den Spalten und Höhlen der Felsen verkriechen / vor dem Schrecken des Herrn
und vor seiner strahlenden Pracht, / wenn er sich erhebt, um die Erde zu erschrecken.
22 [Lasst doch ab vom Menschen; / in seiner Nase ist nur ein Lufthauch. / Was bedeutet er schon?]

7: 31,1 • 9: 2,11.17; 5,15 • 10: 2,19.21 • 11: 2,9.17; 5,15 • 13: Sach 11,2 • 14: 30,25 • 16: Ps 48,8 • 17: 2,9.11; 5,15 • 19: 2,10 • 21: 2,10.

Die Beseitigung der führenden Schichten: 3,1–15

3 Seht, Gott, der Herr der Heere, / nimmt Jerusalem und Juda jede Stütze und Hilfe
[jede Unterstützung mit Brot / und jede Unterstützung mit Wasser]:
2 den Helden und Krieger, / den Richter und den Propheten, / den Wahrsager und den Ältesten,
3 den Hauptmann, den Höfling, den Ratsherrn, / den weisen Zauberer und den klugen Beschwörer.
4 Ich mache junge Burschen zu ihren Fürsten. / Willkür soll über sie herrschen.

---

gen Bäumen vollzogen (vgl. Jer 2,20; Hos 4,13). – Ihr werdet: Text korr. nach H-Handschriften und der aramäischen Übersetzung.

2,6 Übersetzung unsicher. – von Zauberern: Text korr.; H: vom Osten.

2,9c Sinn nicht klar.

2,16 Tarschisch-Schiffe: seetüchtige Schiffe, die bis Tarschisch (Tartessus) in Spanien fahren konnten.

2,18 schwinden dahin: nach dem Qumran-Text.

2,20 den Ratten: nach dem Qumran-Text.

5 Dann bedrängt im Volk einer den andern / und jeder bedrängt seinen Nächsten.

Die Jungen sind frech zu den Alten, / die Geringen zu den geachteten Männern.

6 Dann fasst einer im Haus seines Vaters / den Bruder am Arm und sagt:

Du hast noch einen Mantel, / du musst unser Anführer sein. / Sei der Herr dieser Trümmer!

7 Der aber wird an jenem Tag schreien: / Ich bin doch kein Arzt

und in meinem Haus gibt es kein Brot / und es gibt keinen Mantel. / Macht mich nicht zum Führer des Volkes!

8 Ja, Jerusalem stürzt und Juda fällt; / denn ihre Worte und ihre Taten richten sich gegen den Herrn, / sie trotzen den Augen seiner Majestät.

9 Ihre frechen Gesichter klagen sie an, / wie Sodom reden sie ganz offen von ihren Sünden. / Weh ihnen, sie bereiten sich selber ihr Unglück.

10 Wohl dem Gerechten, denn ihm geht es gut; / er wird die Frucht seiner Taten genießen.

11 Weh dem Frevler, ihm geht es schlecht; / denn was er selber getan hat, das wird man ihm antun.

12 Mein Volk – seine Herrscher sind voller Willkür, / Wucherer beherrschen das Volk.

Mein Volk, deine Führer führen dich in die Irre, / sie bringen dich ab vom richtigen Weg.

13 Der Herr steht bereit, um Recht zu sprechen; / er steht da, um sein Volk zu richten.

14 Der Herr geht ins Gericht / mit den Ältesten und den Fürsten seines Volkes:

Ihr, ihr habt den Weinberg geplündert; / eure Häuser sind voll von dem, was ihr den Armen geraubt habt.

15 Wie kommt ihr dazu, mein Volk zu zerschlagen? / Ihr zermalmt das Gesicht der Armen – / Spruch des Herrn der Heere.

1: Lev 26,26 • 4: Koh 10,16 • 12: 9,15 • 15: Am 2,6–8.

Die hochmütigen Frauen von Jerusalem: 3,16 – 4,1

16 Der Herr sprach: Weil die Töchter Zions hochmütig sind, ihre Hälse recken und mit verführerischen Blicken daherkommen, immerzu trippelnd daherstolzieren und mit ihren Fußspangen klirren, 17 darum wird der Herr den Scheitel der Töchter Zions mit Schorf bedecken und ihre Schläfen kahl werden lassen. 18 An jenem Tag wird ihnen der Herr ihren Schmuck wegnehmen: die Fußspangen, die kleinen Sonnen und Monde, 19 die Ohrgehänge und Armkettchen, die Schleier 20 und Turbane, die Fußkettchen und die Prachtgürtel, die Riechfläschchen und die Amulette, 21 die Fingerringe und Nasenreife, 22 die Festkleider und Umhänge, die Umschlagtücher und Täschchen 23 und die Spiegel, die feinen Schleier, die Schals und Kopftücher.

24 Dann habt ihr Moder statt Balsam, / Strick statt Gürtel, Glatze statt kunstvolle Locken,

Trauergewand statt Festkleid, / ja, Schande statt Schönheit.

25 Deine Männer sterben durchs Schwert, / deine jungen Krieger fallen im Kampf.

26 Zions Tore ächzen und klagen; / ausgeplündert sitzt es am Boden.

4 An jenem Tag klammern sich sieben Frauen an einen einzigen Mann und sagen: Wir wollen unser eigenes Brot essen und uns selber kleiden, nur lass uns deinen Namen tragen, nimm die Schande von uns!

3,16: 32,9–14.

Die Rettung der Übriggebliebenen: 4,2–6

2 An jenem Tag wird, was der Herr sprossen lässt, für alle Israeliten, die entronnen sind, eine Zierde und Ehre sein; die Früchte des Landes sind ihr Stolz und Ruhm. 3 Dann wird der Rest von Zion und wer in Jerusalem noch übrig ist, heilig genannt werden, jeder, der in Jerusalem in das Verzeichnis derer, die am Leben bleiben sollen, eingetragen ist. 4 Wenn der Herr durch den Sturm des Gerichts und den Sturm der Läuterung von den Töchtern Zions den Kot abgewaschen und aus Jerusalems Mitte die Blutschuld weggespült hat, 5 dann kommt er und über dem ganzen Gebiet des Berges Zion und seinen Festplätzen erscheint bei Tag eine Wolke und bei Nacht Rauch und eine strahlende Feuerflamme. Denn über allem liegt als

3,10 Wohl dem Gerechten: Text korr.
3,13 sein Volk: Text korr. nach G.
3,16–23 Die hebräischen Wörter für Mode- und Schmuckartikel sind nicht immer sicher zu deuten.
3,24d Schande: nach dem Qumran-Text.
4,2 was der Herr sprossen lässt: Anklang an den messianischen Ausdruck »Spross« in Jer 23,5; 33,15; Sach 3,8; 6,12.
4,3 Das Verzeichnis erinnert an Bürgerlisten (vgl. Ez 13,9; Ps 87,6).
4,4 Andere Übersetzungsmöglichkeit: den Geist des Gerichts und den Geist der Läuterung.
4,5 kommt er: Text korr. nach G.

Schutz und Schirm die Herrlichkeit des
Herrn; 6 sie spendet bei Tag Schatten vor der
Hitze und ist Zuflucht und Obdach bei
Unwetter und Regen.

5: Ex 13,21f.

Das Lied vom Weinberg: 5,1–7

5 Ich will ein Lied singen von meinem geliebten Freund, / ein Lied vom Weinberg meines Liebsten.
Mein Freund hatte einen Weinberg / auf
einer fruchtbaren Höhe.
2 Er grub ihn um und entfernte die Steine /
und bepflanzte ihn mit den edelsten Reben.
Er baute mitten darin einen Turm / und
hieb eine Kelter darin aus.
Dann hoffte er, / dass der Weinberg süße
Trauben brächte, / doch er brachte nur saure
Beeren.
3 Nun sprecht das Urteil, Jerusalems Bürger und ihr Männer von Juda, / im Streit
zwischen mir und dem Weinberg!
4 Was konnte ich noch für meinen Weinberg tun, / das ich nicht für ihn tat?
Warum hoffte ich denn auf süße Trauben? / Warum brachte er nur saure Beeren?
5 Jetzt aber will ich euch kundtun, / was
ich mit meinem Weinberg mache:
Ich entferne seine schützende Hecke; / so
wird er zur Weide.
Seine Mauer reiße ich ein; / dann wird er
zertrampelt.
6 Zu Ödland will ich ihn machen. / Man
soll seine Reben nicht schneiden / und soll
ihn nicht hacken;
Dornen und Disteln werden dort wuchern. / Ich verbiete den Wolken, ihm Regen
zu spenden.
7 Ja, der Weinberg des Herrn der Heere /
ist das Haus Israel
und die Männer von Juda sind die Reben, /
die er zu seiner Freude gepflanzt hat.
Er hoffte auf Rechtsspruch – / doch siehe
da: Rechtsbruch,
und auf Gerechtigkeit – / doch siehe da:
Der Rechtlose schreit.

1–7: Mt 21,33–43 • 2: 27,2–4; Jer 2,21 • 6: 7,23–25.

Sechs Weherufe über das trotzige Israel:
5,8–24

8 Weh euch, die ihr Haus an Haus reiht /
und Feld an Feld fügt,
bis kein Platz mehr da ist / und ihr allein
im Land ansässig seid.
9 Meine Ohren hören das Wort des Herrn
der Heere: / Wahrhaftig, alle eure Häuser
sollen veröden.
So groß und schön sie auch sind: / Sie sollen unbewohnt sein.
10 Ein Weinberg von zehn Morgen bringt
nur ein Bat Wein, / ein Hómer Saatgut bringt
nur ein Efa Korn.
11 Weh euch, die ihr schon früh am Morgen / hinter dem Bier her seid
und sitzen bleibt bis spät in die Nacht, /
wenn euch der Wein erhitzt.
12 Bei ihren Gelagen spielt man Zither und
Harfe, / Pauken und Flöten;
aber was der Herr tut, beachten sie nicht, /
was seine Hände vollbringen, sehen sie
nicht.
13 Darum muss mein Volk in die Verbannung; / denn es hat keine Erkenntnis.
Seine Reichen sterben vor Hunger, / die
Masse der Armen verschmachtet vor
Durst.
14 Darum sperrt die Unterwelt ihren Rachen auf, / maßlos weit reißt sie ihr Maul
auf,
sodass des Volkes Pracht und Reichtum
hinabfährt, / der ganze lärmende, johlende
Haufen.
15 Die Menschen müssen sich ducken, / jeder Mann muss sich beugen, / die stolzen Augen werden sich senken.
16 Doch der Herr der Heere ist erhaben, /
wenn er Gericht hält,
durch seine Gerechtigkeit / erweist der
heilige Gott sich als heilig.
17 Dann grasen dort Lämmer wie auf der
Weide, / in den Ruinen weiden fette Schafe.
18 Weh euch, die ihr die Strafe wie mit
Ochsenstricken herbeizieht / und die Sünde
wie mit Wagenseilen.
19 Ihr sagt: Was er tun will, das tue er
schnell; / er soll sich beeilen, damit wir es sehen;

5,1 Als Weinstock und Weinberg des Herrn (Jer 2,21; Ez 15; Ps 80,9–16) wird Israel bezeichnet. Das Weinberglied beginnt wie ein Liebeslied und wird dann zum Gerichtswort.

5,2 Die Kelter war ein im Felsen ausgehauener Steintrog.

5,9 hören: ergänzt nach G. – Die Strafe entspricht, auch im folgenden Wehruf (VV. 13f), dem Vergehen (V. 10).

5,10 Morgen, wörtlich: Joch, Gespann.

5,13 sterben: Text korr. nach den alten Übersetzungen. – die Masse der Armen, wörtlich: seine Masse.

5,18a mit Ochsenstricken: Text korr. in Anlehnung an V. 18b.

was der Heilige Israels plant, treffe bald
ein; / wir wollen es wissen.
20 Weh denen, die das Böse gut und das
Gute böse nennen, / die die Finsternis zum
Licht und das Licht zur Finsternis machen, /
die das Bittere süß und das Süße bitter ma-
chen.
21 Weh denen, die in ihren eigenen Augen
weise sind / und sich selbst für klug halten.
22 Weh denen, die Helden sind, / wenn es
gilt, Wein zu trinken, / und tapfer, wenn es
gilt, starke Getränke zu brauen,
23 die den Schuldigen für Bestechungsgeld
freisprechen / und dem Gerechten sein Recht
vorenthalten.
24 Darum: Wie des Feuers Zunge die Stop-
peln frisst / und wie das Heu in der Flamme
zusammensinkt,
so soll ihre Wurzel verfaulen / und ihre
Blüte wie Staub aufgewirbelt werden.
Denn sie haben die Weisung des Herrn der
Heere von sich gewiesen / und über das Wort
des Heiligen Israels gelästert.

9: 6,11 • 12: Ijob 21,12; Am 6,5f • 14: Hab 2,5 • 15: 2,9.11.17 • 21: Spr 3,7; Röm 12,16 • 23: Ex 23,7f; Spr 17,15 • 24: Joël 2,5; Ijob 18,16.

Die Ankündigung der assyrischen Invasion: 5,25–30

25 Darum entbrennt der Zorn des Herrn
gegen sein Volk; / er streckt seine Hand aus
gegen das Volk und schlägt zu.
Da erzittern die Berge / und die Leichen
liegen auf den Gassen wie Abfall.
Doch bei all dem lässt sein Zorn nicht
nach, / seine Hand bleibt ausgestreckt.
26 Er stellt ein Feldzeichen auf / für ein
Volk in der Ferne,
er pfeift es herbei vom Ende der Erde / und
schon kommen sie eilig heran.
27 Kein Müder ist unter ihnen, keiner, der
stolpert, / keiner, der einnickt und schläft.
Bei keinem löst sich der Gürtel von den
Hüften, / noch reißt ein Schuhriemen ab.
28 Ihre Pfeile sind scharf, / alle ihre Bogen
gespannt.
Die Hufe ihrer Pferde sind hart wie Kie-
sel, / die Räder sausen dahin wie der
Sturm.
29 Es ist ein Lärm wie das Brüllen des Lö-
wen, / wie wenn ein Junglöwe brüllt.
Er knurrt und packt seine Beute, / er
schleppt sie fort / und niemand reißt sie ihm
weg.
30 Und es dröhnt über ihnen an jenem Tag /
wie das Brausen des Meeres.
Wohin man blickt auf der Erde: / nur Fins-
ternis voller Angst; / das Licht ist durch
Wolken verdunkelt.

26: Jer 5,15; Jes 7,18 • 30: 8,22.

Die Berufung des Propheten: 6,1–13

6 Im Todesjahr des Königs Usija sah ich
den Herrn. Er saß auf einem hohen und
erhabenen Thron. Der Saum seines Gewan-
des füllte den Tempel aus. 2 Serafim standen
über ihm. Jeder hatte sechs Flügel: Mit zwei
Flügeln bedeckten sie ihr Gesicht, mit zwei
bedeckten sie ihre Füße und mit zwei flogen
sie. 3 Sie riefen einander zu:
Heilig, heilig, heilig ist der Herr der
Heere. / Von seiner Herrlichkeit ist die ganze
Erde erfüllt.
4 Die Türschwellen bebten bei ihrem lau-
ten Ruf und der Tempel füllte sich mit
Rauch.
5 Da sagte ich: Weh mir, ich bin verloren.
Denn ich bin ein Mann mit unreinen Lippen
und lebe mitten in einem Volk mit unreinen
Lippen und meine Augen haben den König,
den Herrn der Heere, gesehen. 6 Da flog einer
der Serafim zu mir; er trug in seiner Hand
eine glühende Kohle, die er mit einer Zange
vom Altar genommen hatte. 7 Er berührte
damit meinen Mund und sagte:
Das hier hat deine Lippen berührt: Deine
Schuld ist getilgt, / deine Sünde gesühnt.
8 Danach hörte ich die Stimme des Herrn,
der sagte: Wen soll ich senden? Wer wird für
uns gehen? Ich antwortete: Hier bin ich,
sende mich! 9 Da sagte er:
Geh und sag diesem Volk: / Hören sollt ihr,
hören, aber nicht verstehen. / Sehen sollt ihr,
sehen, aber nicht erkennen.
10 Verhärte das Herz dieses Volkes, / ver-
stopf ihm die Ohren, / verkleb ihm die Au-
gen,

5,26 für ein Volk: Text korr.; Einzahl wie Jer 5,15. Gemeint sind die Assyrer (vgl. 7,18–20; 10,5–19). Diese fielen zwischen 735 und 701 v. Chr. mehrmals in Palästina ein.

6,1 Demnach fand die Berufung 739 v. Chr. statt; zur Vision vgl. 1 Kön 22,19–23.

6,2f Serafim (= die Brennenden) bilden als himmlische Wesen den Hofstaat Gottes; sie werden als Mischwesen mit Schlangengestalt, Gesicht, Händen und Flügeln vorgestellt. Mit ihrem Ruf bezeugen sie, dass »der Herr der Heere« der absolut Heilige ist, der in seiner Herrlichkeit seine Größe und Macht kundtut.

6,4 Erdbeben, Feuer und Rauch gehören zur Gotteserscheinung (vgl. Ex 19,18).

6,5 ich bin verloren, andere Übersetzungsmöglichkeit: ich muss schweigen.

6,9f Die Verkündigung Jesajas führt zur Verstockung des Volkes statt zur Umkehr. – Verhärte; wörtlich: Verfette.

damit es mit seinen Augen nicht sieht /
und mit seinen Ohren nicht hört,
damit sein Herz nicht zur Einsicht
kommt / und sich nicht bekehrt und nicht
geheilt wird.
11 Ich fragte: Wie lange, Herr? / Er antwor-
tete:
Bis die Städte verödet sind und unbe-
wohnt, / die Häuser menschenleer, / bis das
Ackerland zur Wüste geworden ist.
12 Der Herr wird / die Menschen weit weg
treiben; / dann ist das Land leer und verlas-
sen.
13 Bleibt darin noch ein Zehntel übrig – /
auch sie werden schließlich vernichtet,
wie bei einer Eiche oder Terebinthe, / von
der nur der Stumpf bleibt, wenn man sie
fällt. [Ihr Stumpf ist heiliger Same.]

9: Mt 13,14f par; Joh 12,39–41; Apg 28,25–27 • 11: 5,9.

Die Weissagung über den Immanuel:
7,1–25

7 In der Zeit, als Ahas, der Sohn Jotams,
des Sohnes Usijas, König von Juda war,
zogen Rezin, der König von Aram, und Pe-
kach, der Sohn Remaljas, der König von Is-
rael, gegen Jerusalem in den Krieg; aber sie
konnten die Stadt nicht einnehmen. 2 Als
man dem Haus David meldete: Aram hat sich
mit Efraim verbündet!, da zitterte das Herz
des Königs und das Herz seines Volkes, wie
die Bäume des Waldes im Wind zittern. 3 Der
Herr aber sagte zu Jesaja: Geh zur Walker-
feldstraße hinaus, zusammen mit deinem
Sohn Schear-Jaschub (Ein Rest kehrt um),
an das Ende der Wasserleitung des oberen
Teiches, um Ahas zu treffen. 4 Sag zu ihm:
Bewahre die Ruhe, fürchte dich nicht! Dein
Herz soll nicht verzagen wegen dieser beiden
Holzscheite, dieser rauchenden Stummel,
wegen des glühenden Zorns Rezins von
Aram und des Sohnes Remaljas. 5 Zwar pla-
nen Aram, Efraim und der Sohn Remaljas
Böses gegen dich und sagen: 6 Wir wollen ge-
gen Juda ziehen, es an uns reißen und für uns
erobern; dann wollen wir den Sohn Tabeals
dort zum König machen. 7 Doch so spricht
Gott, der Herr:
Das kommt nicht zustande, / das wird
nicht geschehen.
8 Denn das Haupt von Aram ist Damas-
kus / und das Haupt von Damaskus ist Re-
zin.
Noch fünfundsechzig Jahre, dann wird
Efraim zerschlagen, / es wird aufhören, ein
Volk zu sein.
9 Das Haupt von Efraim ist Samaria / und
das Haupt von Samaria ist der Sohn Remal-
jas. / Glaubt ihr nicht, so bleibt ihr nicht.
10 Der Herr sprach noch einmal zu Ahas; er
sagte: 11 Erbitte dir vom Herrn, deinem Gott,
ein Zeichen, sei es von unten, aus der Unter-
welt, oder von oben, aus der Höhe. 12 Ahas
antwortete: Ich will um nichts bitten und
den Herrn nicht auf die Probe stellen. 13 Da
sagte Jesaja: Hört her, ihr vom Haus David!
Genügt es euch nicht, Menschen zu belästi-
gen? Müßt ihr auch noch meinen Gott beläs-
tigen? 14 Darum wird euch der Herr von sich
aus ein Zeichen geben: Seht, die Jungfrau
wird ein Kind empfangen, sie wird einen
Sohn gebären und sie wird ihm den Namen
Immanuel (Gott mit uns) geben. 15 Er wird
Butter und Honig essen bis zu der Zeit, in der
er versteht, das Böse zu verwerfen und das
Gute zu wählen. 16 Denn noch bevor das
Kind versteht, das Böse zu verwerfen und
das Gute zu wählen, wird das Land verödet
sein, vor dessen beiden Königen dich das
Grauen packt. 17 Der Herr wird Tage kom-
men lassen über dich und dein Volk und das
Haus deines Vaters [durch den König von
Assur], wie man sie nicht mehr erlebt hat,
seit Efraim von Juda abgefallen ist.
18 An jenem Tag wird der Herr den Fliegen
an den Mündungen des Nil in Ägypten pfei-
fen und den Bienen im Land Assur 19 und alle
kommen und lassen sich nieder in den
Schluchten und Felsspalten, in allen Hecken
und an allen Wasserstellen. 20 An jenem Tag
wird der Herr mit dem Messer, das er jenseits
des Eufrat gekauft hat [mit dem König von
Assur], euch den Kopf kahl scheren und die
Schamhaare abrasieren; auch den Bart
schneidet er ab.
21 An jenem Tag wird ein Mann nur eine
junge Kuh und ein paar Schafe halten.

6,13e Vermutlich ein späterer Zusatz, der die Drohung mildert.
7,1 Ziel des sogenannten Syrisch-efraimitischen Kriegs (734/33 v. Chr.) ist es, Juda als Verbündeten gegen Assyrien zu gewinnen.
7,3 Der symbolische *Name des Sohns* ist Mahnung und Warnung für Ahas, der anscheinend die Anlagen zur Wasserversorgung inspiziert.
7,4 Die beiden Könige können nicht mehr gefährlich werden; ihr Schicksal ist bereits besiegelt: 732 v. Chr. erfolgt die Eroberung von Damaskus, 722 die Eroberung von Samaria.
7,8cd Bezieht sich auf die Ansiedlung einer fremden Oberschicht in Samaria um 720 v. Chr.
7,9 Der letzte Satz ist in H ein Wortspiel.
7,14 Jungfrau: nach G und Mt 1,23; das hebräische Wort almáh wird auch als »junge Frau« gedeutet. Nach V. 16 besagt das Zeichen, dass das Unheil in wenigen Jahren hereinbricht.

22 Aber sie werden so viel Milch geben, dass
man Butter essen kann. Ja, Butter und Honig
essen alle, die im Land übrig geblieben sind.
23 An jenem Tag wird jedes Grundstück, auf
dem jetzt tausend Weinstöcke im Wert von
tausend Silberstücken stehen, voll von Dor-
nen und Disteln sein. 24 Nur mit Pfeil und
Bogen geht man dorthin; denn das ganze
Land ist voll von Dornen und Disteln. 25 Aus
Angst vor den Dornen und Disteln geht man
auf keinen von all den Bergen mehr, die man
jetzt noch mit der Hacke bearbeitet. Man
treibt die Rinder dorthin und lässt die Scha-
fe dort weiden.

1: 2 Kön 16,5–9 • 3: 36,2 • 9: 28,16; 30,15; 2 Chr 20,20 • 14: Mt 1,23; Lk 1,31; Mi 5,2 • 16: 8,4 • 18: 5,26.

Die Geburt eines Sohnes des Propheten:
8,1–4

8 Der Herr sagte zu mir: Nimm eine große
Tafel und schreib darauf mit einem ge-
wöhnlichen Griffel: Maher-Schalal-Hasch-
Bas (Schnelle Beute – Rascher Raub). 2 Und
ich nahm mir zuverlässige Zeugen, den
Priester Urija und Secharja, den Sohn Jebe-
rechjas. 3 Dann ging ich zu der Prophetin
und sie wurde schwanger und gebar einen
Sohn. Da sagte der Herr zu mir: Gib ihm den
Namen Maher-Schalal-Hasch-Bas! 4 Denn
noch bevor der Knabe »Vater« und »Mutter«
sagen lernt, wird man den Reichtum von
Damaskus und die Beute von Samaria dem
König von Assur vorantragen.

4: 7,16.

Warnung vor Unglauben und Untreue:
8,5–23

5 Weiter sagte der Herr zu mir: 6 Weil die-
ses Volk die ruhig dahinfließenden Wasser
von Schiloach verachtet und vor Rezin und
dem Sohn Remaljas verzagt, 7 darum wird
der Herr die gewaltigen und großen Wasser
des Eufrat [den König von Assur und seine
ganze Macht] über sie dahinfluten lassen.
Und der Fluss wird alle seine Kanäle über-
fluten und über alle Ufer treten. 8 Auch auf
Juda wird er übergreifen, er wird es überflu-
ten und überschwemmen, bis er den Leuten
an den Hals reicht. Die Ausläufer seiner Flu-
ten bedecken weit und breit dein Land, Im-
manuel.

9 Tobt, ihr Völker! Ihr werdet doch zer-
schmettert. / Horcht auf, ihr Enden der
Erde!

Rüstet nur! Ihr werdet doch zerschmet-
tert. / Rüstet! Ihr werdet zerschmettert.

10 Macht nur Pläne! Sie werden vereitelt. /
Was ihr auch sagt, es kommt nicht zustan-
de. / Denn »Gott ist mit uns«.

11 Denn so sprach der Herr, als seine Hand
mich packte und er mich davon abhielt, auf
dem Weg dieses Volkes zu gehen:

12 Nennt nicht alles Verschwörung, / was
dieses Volk Verschwörung nennt.

Was es fürchtet, sollt ihr nicht fürchten; /
wovor es erschrickt, davor sollt ihr nicht er-
schrecken.

13 Den Herrn der Heere sollt ihr heilig hal-
ten; / vor ihm sollt ihr euch fürchten, / vor
ihm sollt ihr erschrecken.

14 Er wird das Heiligtum sein für die bei-
den Reiche Israels: / der Stein, an dem man
anstößt, / der Felsen, an dem man zu Fall
kommt.

Eine Schlinge und Falle wird er sein / für
alle, die in Jerusalem wohnen.

15 Viele stolpern darüber, / sie fallen und
zerschellen; / sie verstricken und verfangen
sich.

16 Ich will diese Warnung sorgfältig be-
wahren / und die Lehre in meinen Jüngern
wie mit einem Siegel verschließen.

17 Ich will auf den Herrn warten, / der jetzt
sein Angesicht vor dem Haus Jakob ver-
hüllt, / auf ihn will ich hoffen.

18 Seht, ich und die Kinder, / die der Herr
mir geschenkt hat,

wir sind in Israel ein (warnendes) Zei-
chen, / ein Mahnmal vom Herrn der Heere, /
der auf dem Berg Zion wohnt.

19 Wenn man euch sagt: Befragt die Toten-
geister und Zauberkundigen, die flüstern
und murmeln!, (dann erwidert:) Soll ein Volk
nicht lieber seinen Gott befragen? Warum
soll man für die Lebenden die Toten befra-
gen? 20 Lehre und Warnung: Wer nicht so
denkt, für den gibt es kein Morgenrot. 21 Er

8,1f mit einem gewöhnlichen Griffel, wörtlich: mit Menschengriffel. – Der symbolische Name verkündet Unheil (V. 4). Die beiden Zeugen (zur Notwendigkeit von mindestens zwei Zeugen vgl. Dtn 17,6 und 19,15) bürgen dafür, dass Jesaja den Namen aufgeschrieben hat.

8,6 Schiloach ist der Kanal, der Wasser von der Gihonquelle am Osthang des Zion in den unteren Teich führte, ein Bild für das stille Walten Gottes.

8,10 Anklang an den Namen Immanuel in 7,14 und 8,8.

8,11 Der »Weg des Volkes« ist Misstrauen und Ungehorsam gegenüber Gott und seinem Wort.

8,14 Gott wird im Zionsheiligtum als schützender Fels (Ps 62,8) oder als Fels des Heils (Ps 89,27) gepriesen; vgl. auch die Anmerkung zu Dtn 32,3.

8,19f Textüberlieferung und Sinn unsicher. Totenbeschwörung war nach Lev 19,31 und Dtn 18,10f verboten.

wandert umher, verdrossen und hungrig. Und wenn er hungert, dann wird er wütend und er verflucht seinen König und seinen Gott. Er blickt nach oben
22 und blickt zur Erde; aber überall sieht er nur Not, Finsternis und beängstigendes Dunkel. Doch die Finsternis wird verscheucht;
23 denn wer jetzt in Not ist, bleibt nicht im Dunkel.

Einst hat er das Land Sebulon und das Land Naftali verachtet, aber später bringt er die Straße am Meer wieder zu Ehren, das Land jenseits des Jordan, das Gebiet der Heiden.

12: 1 Petr 3,14f • 14: Röm 9,32f • 15: 28,13 • 18: Hebr 2,13 • 22: 5,30 • 23: Mt 4,13–16.

Die Verheißung der Geburt des göttlichen Kindes: 9,1–6

9 Das Volk, das im Dunkel lebt, / sieht ein helles Licht;
über denen, die im Land der Finsternis wohnen, / strahlt ein Licht auf.
2 Du erregst lauten Jubel / und schenkst große Freude.
Man freut sich in deiner Nähe, / wie man sich freut bei der Ernte, / wie man jubelt, wenn Beute verteilt wird.
3 Denn wie am Tag von Midian zerbrichst du das drückende Joch, / das Tragholz auf unserer Schulter und den Stock des Treibers.
4 Jeder Stiefel, der dröhnend daherstampft, / jeder Mantel, der mit Blut befleckt ist, / wird verbrannt, wird ein Fraß des Feuers.
5 Denn uns ist ein Kind geboren, / ein Sohn ist uns geschenkt.
Die Herrschaft liegt auf seiner Schulter; / man nennt ihn: Wunderbarer Ratgeber, Starker Gott, / Vater in Ewigkeit, Fürst des Friedens.
6 Seine Herrschaft ist groß / und der Friede hat kein Ende.
Auf dem Thron Davids herrscht er über sein Reich; / er festigt und stützt es durch Recht und Gerechtigkeit, / jetzt und für alle Zeiten.
Der leidenschaftliche Eifer des Herrn der Heere / wird das vollbringen.

1: 60,2 • 3: 10,27; 14,25; Ri 7.

Die Ankündigung des Strafgerichts über Israel: 9,7–20

7 Der Herr hat ein Wort gegen Jakob geschleudert, / es fiel in Israel nieder.
8 Das ganze Volk sollte zur Einsicht kommen, / Efraim und wer in Samaria wohnt, / alle, die hochmütig prahlten:
9 Die Ziegelmauern sind gefallen, / jetzt bauen wir mit Quadern;
die Maulbeerbäume hat man gefällt, / jetzt pflanzen wir Zedern.
10 Da stachelte der Herr Jakobs Gegner auf / und hetzte seine Feinde gegen ihn,
11 Aram im Osten, die Philister im Westen, / und sie fraßen Israel mit gierigem Maul.
Doch bei all dem lässt sein Zorn nicht nach, / seine Hand bleibt ausgestreckt.
12 Aber das Volk kehrte nicht um zu dem, der es schlug; / sie suchten den Herrn der Heere nicht.
13 Da schnitt der Herr dem Volk Israel den Kopf und den Schwanz ab, / Palmzweig und Binse am selben Tag:
14 Die Ältesten und Vornehmen, sie sind der Kopf; / der Schwanz sind die Propheten, die Lügen verkünden.
15 Die Führer dieses Volks sind Verführer; / wer sich von ihnen führen lässt, / wird in die Irre geleitet.
16 Deshalb verschont der Herr weder die Männer, / noch hat er mit den Witwen und Waisen Erbarmen.
Denn alle sind ruchlos und böse; / aus jedem Mund kommt verruchtes Geschwätz.
Doch bei all dem lässt sein Zorn nicht nach, / seine Hand bleibt ausgestreckt.
17 Denn ihre Bosheit loderte auf wie ein Feuer, / das Dornen und Disteln verzehrt.
Es entzündete das Dickicht des Waldes, / sodass es in Rauchschwaden aufging.
18 Der Zorn des Herrn der Heere versengte das Land; / das Volk wurde ein Raub der Flammen. / Keiner verschonte den andern:
19 Man fraß rechts und blieb hungrig, / man fraß links und wurde nicht satt. / Jeder fraß seinen Nachbarn.
20 Manasse fraß Efraim und Efraim Manasse / und beide zusammen fraßen Juda.
Doch bei all dem lässt sein Zorn nicht nach, / seine Hand bleibt ausgestreckt.

11: 9,16.20; 5,25 • 13: 19,15 • 15: 3,12.

8,23 Text unsicher; der zweite Satz leitet zum folgenden Abschnitt über, der die Wende durch die Geburt des Heilskönigs verkündet.
9,2 Jubel: Text korr.
9,5f Große Namen werden dem Königskind, ähnlich wie dem Pharao, bei der Thronbesteigung verliehen; sie sagen aus, wie der Sohn als Herrscher regieren wird. Mit Lk 1,32f werden VV. 5f in der Liturgie des Weihnachtsfestes auf Jesus Christus bezogen.
9,10 Jakobs Gegner: Text korr.; H: die Gegner Rezins.
9,13 Palmzweig und Binse: die vornehmen und die geringen Leute.
9,19 seinen Nachbarn: Text korr. nach G.

Ein Wehruf über die ungerechten Richter:
10,1–4

10 Weh denen, die unheilvolle Gesetze
erlassen / und unerträgliche Vor-
schriften machen,
2 um die Schwachen vom Gericht fern zu
halten / und den Armen meines Volkes ihr
Recht zu rauben,
um die Witwen auszubeuten / und die
Waisen auszuplündern.
3 Was wollt ihr tun, wenn die Strafe naht, /
wenn das Unwetter von fern heraufzieht?
Zu wem wollt ihr flüchten, um Hilfe zu
finden, / wo euren Reichtum verstecken?
4 Ihr werdet euch unter Gefangenen (am
Boden) krümmen / und werdet unter Er-
schlagenen liegen.
Doch bei all dem lässt sein Zorn nicht
nach, / seine Hand bleibt ausgestreckt.

Die Androhung der Vernichtung Assurs:
10,5–34

5 Weh Assur, dem Stock meines Zorns! /
Es ist der Knüppel in meiner wütenden
Hand.
6 Gegen ein ruchloses Volk schicke ich
ihn, / auf die Nation, der ich zürne, lasse ich
ihn los,
damit er Beute erbeutet und raubt wie ein
Räuber, / sie zertritt wie den Staub auf den
Straßen.
7 Doch Assur stellt es sich nicht so vor, /
sein Herz plant es anders,
es hat nur Vernichtung im Sinn, / die Aus-
rottung nicht weniger Völker.
8 Denn es sagt: Ist nicht jeder meiner Fürs-
ten ein König? / 9 Ging es nicht Kalne genau
so wie Karkemisch, / Hamat wie Arpad,
Samaria wie Damaskus?
10 Wie meine Hand die Königreiche der
Götter erobert hat, / deren Götterbilder die
von Jerusalem und Samaria übertrafen,
11 wie ich es mit Samaria und seinen Göt-
tern gemacht habe, / so mache ich es auch
mit Jerusalem und seinen Göttern.
12 Wenn der Herr sein Werk auf dem Berg
Zion und in Jerusalem vollendet hat, dann
straft er das hochmütige Gebaren und die
dreiste Überheblichkeit des Königs von As-
sur; 13 denn er hat gesagt:
Das alles habe ich mit meiner starken
Hand / und mit meiner Weisheit vollbracht; /
denn ich bin klug.
Die Grenzen zwischen den Völkern habe
ich aufgehoben, / ihre Schätze geplündert, /
wie ein Held habe ich die Könige vom Thron
gestoßen.
14 Wie man in ein Nest greift, so griff
meine Hand / nach dem Reichtum der Völ-
ker.
Wie man verlassene Eier sammelt, / so
habe ich alle Länder der Erde gesammelt.
Da war keiner, der mit den Flügeln
schlug, / keiner, der den Schnabel aufriss
und piepste.
15 Prahlt denn die Axt gegenüber dem, der
mit ihr hackt, / oder brüstet die Säge sich vor
dem, der mit ihr sägt?
Das wäre, wie wenn der Stock den Mann
schwingt, der ihn hochhebt, / oder wie wenn
der Knüppel den hochhebt, der nicht aus
Holz ist.
16 Darum schickt Gott, der Herr der Hee-
re, / den feisten Männern (von Assur) die
Schwindsucht.
Er entfacht ein Feuer unter Assurs
Pracht, / ein loderndes Feuer.
17 Israels Licht wird zum Feuer, / sein Hei-
liger wird zur Flamme.
Sie brennt und verzehrt die Dornen und
Disteln von Assur / an einem einzigen Tag.
18 Seinen herrlichen Wald, seinen frucht-
baren Garten, / mit Stumpf und Stiel ver-
nichtet er ihn; / es ist, wie wenn ein Kranker
dahinsiecht.
19 Von den Bäumen in seinem Wald / blei-
ben nur wenige übrig, / selbst ein Kind kann
sie zählen.
20 An jenem Tag wird Israels Rest – und
wer vom Haus Jakob entkommen ist – sich
nicht mehr auf den stützen, der ihn schlägt,
sondern er stützt sich in beständiger Treue
auf den Herrn, auf den Heiligen Israels.
21 Ein Rest kehrt um zum starken Gott, /
ein Rest von Jakob.
22 Israel, wenn auch dein Volk so zahlreich
ist / wie der Sand am Meer – / nur ein Rest
von ihnen kehrt um.
Die Vernichtung ist beschlossen, / die Ge-
rechtigkeit flutet heran.
23 Ja, Gott, der Herr der Heere, vollstreckt

10,1–4 Gehört inhaltlich zu 5,8–24.
10,5 in meiner Hand: Text korr.; H: in ihrer Hand. V. 5b ist wie in G umgestellt.
10,9 Kalne in Nordsyrien wurde 738 v. Chr. von Tiglat-Pileser III., Karkemisch am mittleren Eufrat 717 von Sargon II., Arpad nördlich von Aleppo 740 von Tiglat-Pileser III. erobert; Damaskus fiel 732, Samaria 722.
10,12 straft er: Text korr. nach G.
10,15 Assur ist nur ein Werkzeug in der Hand Gottes.
10,16-19 Gerichtswort über Assur in verschiedenen Bildern.

auf der ganzen Erde die Vernichtung, die er
beschlossen hat.
24 Darum – so spricht Gott, der Herr der
Heere: Fürchte dich nicht, mein Volk, das
auf dem Berg Zion wohnt, vor Assur, das
dich mit dem Stock schlägt und das seinen
Knüppel gegen dich erhebt wie einst die
Ägypter. 25 Nur noch ganz kurze Zeit, dann
wird mein grimmiger Zorn sie völlig ver-
nichten, 26 dann schwingt der Herr der Heere
über sie die Peitsche, wie einst, als er Midian
am Rabenfels schlug. Er erhebt seinen Stab
über das Meer wie einst in Ägypten.
27 An jenem Tag fällt Assurs Last von dei-
ner Schulter, / sein Joch wird von deinem
Nacken genommen.
28 Assur zieht von Rimmon herauf, / rückt
gegen Aja vor,
marschiert durch Migron / und lässt sei-
nen Tross in Michmas zurück.
29 Sie passieren den Pass und übernachten
in Geba. / Rama erschrickt und es flieht Gi-
bea-Saul.
30 Lass deine Stimme gellen, Tochter Gal-
lim! / Lausche, Lajescha! Anatot, antworte
ihr!
31 Madmena flüchtet, / die Bewohner von
Gebim ergreifen die Flucht.
32 Heute noch wird er in Nob Stellung be-
ziehen / und seine Hand drohend gegen den
Berg der Tochter Zion erheben, / gegen Jeru-
salems Hügel.
33 Seht, Gott, der Herr der Heere, / schlägt
mit schrecklicher Gewalt die Zweige ab.
Die mächtigen Bäume werden gefällt / und
alles, was hoch ist, wird niedrig.
34 Das Dickicht des Waldes wird mit dem
Eisen gerodet, / der Libanon fällt durch die
Hand eines Mächtigen.

9: 36,18–20; 2 Kön 18,34f • 15: Röm 9,20f • 21: Röm 9,27f •
26: Ri 7,25; Ex 14,16.26 • 27: 9,3; 14,25.

Die Ankündigung des messianischen Reiches: 11,1–16

11 Doch aus dem Baumstumpf Isais
wächst ein Reis hervor, / ein junger
Trieb aus seinen Wurzeln bringt Frucht.
2 Der Geist des Herrn lässt sich nieder auf
ihm: / der Geist der Weisheit und der Ein-
sicht,
der Geist des Rates und der Stärke, / der
Geist der Erkenntnis und der Gottesfurcht.
3 [Er erfüllt ihn mit dem Geist der Gottes-
furcht.] / Er richtet nicht nach dem Augen-
schein / und nicht nur nach dem Hörensagen
entscheidet er,
4 sondern er richtet die Hilflosen gerecht /
und entscheidet für die Armen des Landes,
wie es recht ist.
Er schlägt den Gewalttätigen / mit dem
Stock seines Wortes
und tötet den Schuldigen / mit dem Hauch
seines Mundes.
5 Gerechtigkeit ist der Gürtel um seine
Hüften, / Treue der Gürtel um seinen Leib.
6 Dann wohnt der Wolf beim Lamm, / der
Panther liegt beim Böcklein.
Kalb und Löwe weiden zusammen, / ein
kleiner Knabe kann sie hüten.
7 Kuh und Bärin freunden sich an, / ihre
Jungen liegen beieinander. / Der Löwe frisst
Stroh wie das Rind.
8 Der Säugling spielt vor dem Schlupfloch
der Natter, / das Kind streckt seine Hand in
die Höhle der Schlange.
9 Man tut nichts Böses mehr / und begeht
kein Verbrechen / auf meinem ganzen heili-
gen Berg;
denn das Land ist erfüllt von der Erkennt-
nis des Herrn, / so wie das Meer mit Wasser
gefüllt ist.
10 An jenem Tag wird es der Spross aus der
Wurzel Isais sein, / der dasteht als Zeichen
für die Nationen;
die Völker suchen ihn auf; / sein Wohnsitz
ist prächtig.
11 An jenem Tag wird der Herr seine Hand
von neuem erheben, / um den übrig gebliebe-
nen Rest seines Volkes zurückzugewinnen,
von Assur und Ägypten, von Patros und
Kusch, / von Elam, Schinar und Hamat / und
von den Inseln des Meeres.
12 Er stellt für die Völker ein Zeichen auf, /
um die Versprengten Israels wieder zu sam-
meln, / um die Zerstreuten Judas zusammen-
zuführen von den vier Enden der Erde.
13 Dann hört der Neid Efraims auf, / die
Feinde Judas werden vernichtet.
Efraim ist nicht mehr eifersüchtig auf
Juda / und Juda ist nicht mehr Efraims
Feind.

10,28 Assur zieht von Rimmon herauf: Text korr.
10,28–32 Die Orte liegen nördlich von Jerusalem.
10,33f Strafwort über Juda und Jerusalem, an das sich das Heilswort 11,1–10 anschließt, das einen vom Geist Gottes erfüllten gerechten Herrscher aus davidischem Geschlecht und paradiesischen Frieden ankündigt.
11,4 den Gewalttätigen: Text korr.
11,7 freunden sich an: Text korr.
11,11 Patros ist Oberägypten, Kusch der heutige Sudan mit Teilen Äthiopiens; Elam liegt östlich von Babylon; Schinar ist das babylonische Tiefland; Hamat liegt am Orontes in Syrien.
11,13 Die Rivalität zwischen dem Nordreich Israel

14 Sie stoßen nach Westen vor wie im
Flug, / den Philistern in die Flanke; / vereint
plündern sie die Völker des Ostens aus.
Sie ergreifen Besitz von Edom und Moab, /
die Ammoniter müssen ihnen gehorchen.
15 Der Herr trocknet die Bucht des ägypti-
schen Meeres aus; / er schwingt in glühen-
dem Zorn seine Faust gegen den Eufrat
und zerschlägt ihn in sieben einzelne Bä-
che, / sodass man in Sandalen hindurchge-
hen kann.
16 So entsteht eine Straße für den Rest sei-
nes Volkes, / der übrig gelassen wurde von
Assur,
eine Straße, wie es sie für Israel gab, / als
es aus Ägypten heraufzog.

4: Ps 72,4; 2 Thess 2,8 • 6–7: 65,25 • 9: Hab 2,14 • 10: Röm 15,12.

Das Danklied der Geretteten: 12,1–6

12 An jenem Tag wirst du sagen: / Ich
danke dir, Herr.
Du hast mir gezürnt, / doch dein Zorn hat
sich gewendet / und du hast mich getrös-
tet.
2 Ja, Gott ist meine Rettung; / ihm will ich
vertrauen und niemals verzagen.
Denn meine Stärke und mein Lied ist der
Herr. / Er ist für mich zum Retter gewor-
den.
3 Ihr werdet Wasser schöpfen voll Freude /
aus den Quellen des Heils.
4 An jenem Tag werdet ihr sagen: / Dankt
dem Herrn! Ruft seinen Namen an!
Macht seine Taten unter den Völkern be-
kannt, / verkündet: Sein Name ist groß und
erhaben!
5 Preist den Herrn; / denn herrliche Taten
hat er vollbracht; / auf der ganzen Erde soll
man es wissen.
6 Jauchzt und jubelt, ihr Bewohner von
Zion; / denn groß ist in eurer Mitte der Hei-
lige Israels.

2: Ex 15,2; Ps 118,14.

WORTE ÜBER EINZELNE VÖLKER: 13,1 – 23,18

Das Gericht über Babel: 13,1 – 14,23

Die Vernichtung Babels: 13,1–22

13 Ausspruch über Babel – eine Vision,
die Jesaja, der Sohn des Amoz,
hatte:
2 Stellt auf einem kahlen Berg ein Feldzei-
chen auf, / erhebt die Stimme und ruft meine
Helden herbei!
Winkt mit der Hand: / Sie sollen einziehen
durch die Tore der Edlen.
3 Ich selbst habe meine heiligen Krieger
aufgeboten, / ich habe sie alle zusammenge-
rufen,
meine hochgemuten, jauchzenden Hel-
den, / damit sie meinen Zorn vollstrecken.
4 Horch, es dröhnt im Gebirge / wie der
Lärm von zahllosen Menschen.
Horch, ganze Königreiche brausen heran, /
viele Völker kommen zusammen. / Der Herr
der Heere mustert die Truppen.
5 Sie kommen aus einem fernen Land, vom
Ende des Himmels: / der Herr und die Waf-
fen seines Zorns, / um das ganze Land zu
verwüsten.
6 Schreit auf, denn der Tag des Herrn ist
nahe; / er kommt wie eine zerstörende Macht
vom Allmächtigen.
7 Da sinken alle Hände herab / und das
Herz aller Menschen verzagt.
8 Sie sind bestürzt; sie werden von Krämp-
fen und Wehen befallen, / wie eine Gebären-
de winden sie sich.
Einer starrt auf den andern, / wie Feuer
glüht ihr Gesicht.
9 Seht, der Tag des Herrn kommt, / voll
Grausamkeit, Grimm und glühendem Zorn;
dann macht er die Erde zur Wüste / und
die Sünder vertilgt er.
10 Die Sterne und Sternbilder am Himmel /
lassen ihr Licht nicht mehr leuchten.
Die Sonne ist dunkel, schon wenn sie auf-
geht, / der Mond lässt sein Licht nicht mehr
scheinen.
11 Dann bestrafe ich den Erdkreis für seine
Verbrechen / und die Bösen für ihre Verge-
hen.

(Efraim) und dem Südreich Juda, die häufig zu kriegerischen Verwicklungen führte, wird überwunden.
11,15 trocknet ... aus: Text korr. nach G; H: weihte ... dem Untergang.
13,2 meine Helden, wörtlich: sie (ergänzt nach V. 3).
13,3 meine heiligen Krieger, wörtlich: meine Geheiligten. – Zum Krieg unterzieht man sich bestimmten Reinigungsriten (»sich heiligen«).
13,9–13 Das göttliche Gericht weitet sich über die Welt aus.

Dem Hochmut der Stolzen mache ich ein
Ende / und werfe die hochmütigen Tyrannen
zu Boden.
12 Die Menschen mache ich seltener als
Feingold, / die Menschenkinder rarer als
Golderz aus Ofir.
13 Dann wird der Himmel erzittern / und
die Erde beginnt an ihrem Ort zu wanken
wegen des Grimms des Herrn der Heere /
am Tag seines glühenden Zorns.
14 Wie aufgescheuchte Gazellen, / wie eine
Schafherde, die niemand zusammenhält,
so eilt dann jeder zu seinem Volk, / so
flieht jeder in sein Land.
15 Man sticht jeden nieder, dem man be-
gegnet; / wen man zu fassen bekommt, der
fällt unter dem Schwert.
16 Vor ihren Augen werden ihre Kinder
zerschmettert, / ihre Häuser geplündert, ihre
Frauen geschändet.
17 Seht, ich stachle die Meder gegen sie
auf, / denen das Silber nichts gilt / und das
Gold nichts bedeutet.
18 Ihre Bogen strecken die jungen Männer
nieder; / mit der Leibesfrucht haben sie kein
Erbarmen, / mit den Kindern kein Mitleid.
19 Wie es Sodom und Gomorra erging, / als
Gott sie zerstörte,
so wird es Babel ergehen, / dem Kleinod
unter den Königreichen, / dem Schmuck-
stück der stolzen Chaldäer.
20 Für immer wird es unbewohnt sein, / bis
zu den fernsten Generationen / wird es nicht
mehr besiedelt.
Nicht einmal ein Beduine / schlägt dort
sein Zelt auf, / kein Hirt lässt seine Herde
dort lagern.
21 Dort haben nur Wüstenhunde ihr La-
ger, / die Häuser sind voller Eulen,
Strauße lassen sich dort nieder / und
Böcke springen umher.
22 Hyänen heulen in Babels Palästen, / in
den Lustschlössern heulen Schakale.
Die Zeit (seines Endes) steht nahe bevor, /
Babels (letzte) Tage verzögern sich nicht.

1–22: 21,1–10; 47,1–15; Jer 50f; Offb 17f • 5: Jer 50,25 • 6: Joël 1,15 • 10: Mt 24,29 • 15–16: 2 Kön 8,12; Hos 14,1; Ps 137,9 • 19: Jer 49,18 • 20: 34,10–15 • 21: 34,14; Jer 50,39.

Das Spottlied auf den König von Babel:
14,1–21

14 Der Herr wird mit Jakob Erbarmen
haben und Israel von neuem erwäh-
len. Er wird ihnen Ruhe gewähren in ihrer
Heimat; Fremde gesellen sich ihnen bei und
schließen sich an das Haus Jakob an. 2 Die
Völker werden Israel nehmen und in seine
Heimat zurückführen und im Land des
Herrn wird das Haus Israel sie zu Leibeige-
nen machen, zu Knechten und Mägden. Es
wird die gefangen halten, die es gefangen
hielten, und wird die unterdrücken, die es
einst unterdrückten. 3 Und wenn der Herr
dir dann Ruhe gewährt nach deinen Leiden,
deiner Unruhe und der harten Knechtschaft,
die du erdulden musstest, 4 dann wirst du auf
den König von Babel dieses Spottlied sin-
gen:
Ach, der Unterdrücker fand sein Ende, /
ein Ende nahm die Not.
5 Der Herr hat die Knüppel der Frevler
zerbrochen, / den Stock der Tyrannen,
6 der in seinem Zorn die Völker erschlug, /
sie schlug ohne Ende,
der die Völker in seiner Wut zertrat / und
sie verfolgte ohne jedes Erbarmen.
7 Nun hat die ganze Welt Ruhe und Frie-
den, / man bricht in Jubel aus.
8 Selbst die Zypressen und die Zedern des
Libanon / machen sich über dich lustig:
Seit du am Boden liegst, kommt keiner
mehr her, / um uns zu fällen.
9 Das Totenreich drunten gerät in Erre-
gung, / wenn du hinabkommst.
Deinetwegen weckt es die Totengeister
auf, / alle Fürsten der Erde,
alle Könige der Völker lässt es aufstehen /
von ihren Thronen.
10 Sie alle rufen dir zu: / Auch du bist nun
kraftlos geworden wie wir, / jetzt bist du uns
gleich.
11 Hinabgeschleudert zur Unterwelt ist
deine Pracht / samt deinen klingenden Har-
fen.
Auf Würmer bist du gebettet, / Maden sind
deine Decke.
12 Ach, du bist vom Himmel gefallen, / du
strahlender Sohn der Morgenröte.
Zu Boden bist du geschmettert, / du Be-
zwinger der Völker.
13 Du aber hattest in deinem Herzen ge-
dacht: / Ich ersteige den Himmel;
dort oben stelle ich meinen Thron auf, /
über den Sternen Gottes;
auf den Berg der (Götter-)versammlung
setze ich mich, / im äußersten Norden.
14 Ich steige weit über die Wolken hinauf, /
um dem Höchsten zu gleichen.
15 Doch in die Unterwelt wirst du hinabge-
worfen, / in die äußerste Tiefe.
16 Jeder, der dich sieht, starrt dich an, / er
blickt genau auf dich hin und denkt:

14,12–21 Der Text verwendet mythische Bilder. Nach babylonischer Anschauung wurde Helel, der Sohn der Morgenröte, in die Unterwelt gestürzt, als er in den Himmel aufsteigen wollte.

berge

herausforderung und bedrohung
mühe und belohnung

fest
unverrückbar
hoch
gottnahe
unüberwindbar
dann doch oben

über den berg kommen
glaube kann berge versetzen
versetzt mein glaube mich über den berg

Bei Gott allein kommt meine Seele zur Ruhe;
denn von ihm kommt meine Hoffnung.
Nur er ist mein Fels, meine Hilfe, meine Burg;
darum werde ich nicht wanken.
Bei Gott ist mein Heil, meine Ehre;
Gott ist mein schützender Fels, meine Zuflucht.

Psalm 62,6–8

Foto: Gerhard Schmitt, Ludwigsburg

Ist das der Mann, der die Königreiche in Schrecken versetzte, / der die Erde erbeben ließ,
17 der die Welt zur Wüste gemacht hat, / ihre Städte zerstörte, / der die Gefangenen nicht nach Hause entließ?
18 Alle Könige der Völker ruhen in Ehren, / jeder in seinem Grab;
19 du aber wurdest hingeworfen ohne Begräbnis, / wie ein verachteter Bastard.

Mit Erschlagenen bist du bedeckt, / die vom Schwert durchbohrt sind, / wie ein zertretener Leichnam.

Mit denen, die in steinerne Grüfte hinabsteigen, /
20 bist du nicht vereint im Grab.

Du hast dein eigenes Land zugrunde gerichtet, / hingemordet dein eigenes Volk;

darum soll man die Namen der Nachkommen dieses Verbrechers / niemals mehr nennen.
21 Richtet eine Schlachtbank her für seine Söhne / wegen der Sünden des Vaters,

damit sie sich niemals wieder erheben und die Welt erobern / und den Erdkreis mit Städten erfüllen.

1: 61,5 • 11: Am 5,23 • 13: Jer 51,53.

Die völlige Verwüstung Babels: 14,22–23

22 Ich will mich gegen Babel erheben – Spruch des Herrn der Heere –, mit Stumpf und Stiel will ich seinen Namen und Samen vernichten – Spruch des Herrn.
23 Ich mache es zum Platz für die Eulen und zu einem sumpfigen Teich, mit meinem vernichtenden Besen fege ich es hinweg – Spruch des Herrn der Heere.

22: Ijob 18,19 • 23: 34,11.

Das Gericht über andere Völker: 14,24 – 21,17

Die Ankündigung der Vernichtung des assyrischen Heeres: 14,24–27

24 Der Herr der Heere hat geschworen: / Wie ich es erdacht habe, so wird es geschehen; / wie ich es plante, so wird es auch kommen.
25 In meinem eigenen Land will ich Assur zerschmettern, / ich will es auf meinen Bergen zertreten.

Dann wird sein Joch von ihnen genommen / und seine Last fällt von ihrer Schulter.
26 Das ist der Plan, der für die ganze Erde beschlossen ist, / das ist die Hand, die über alle Völker ausgestreckt ist.
27 Denn der Herr der Heere hat es beschlossen. / Wer kann es vereiteln?

Seine Hand ist ausgestreckt. / Wer will sie zurückbiegen?

25: 9,3; 10,27.

Die Ankündigung des Gerichts über die Philister: 14,28–32

28 Im Todesjahr des Königs Ahas erging folgender Ausspruch:
29 Freu dich nicht, Land der Philister, / weil der Stock zerbrochen ist, der dich schlug;

denn aus der Schlange geht wie aus einer Wurzel eine Natter hervor / und ihre Frucht ist ein fliegender Drache.
30 Auf meiner Wiese weiden die Schwachen, / dort leben die Armen in Sicherheit;

deine Wurzeln aber lasse ich verhungern, / den Rest von dir werde ich erschlagen.
31 Schreit auf, ihr Tore, jammere, o Stadt, / verzage, Land der Philister!

Denn von Norden kommt Rauch / und keiner entfernt sich aus den Reihen des Heeres.
32 Was gibt man den Gesandten der Völker zur Antwort? / Der Herr hat Zion gegründet, / die Armen seines Volkes finden dort ihre Zuflucht.

29: 30,6.

Ankündigung des Gerichts über Moab: 15,1 – 16,14

15 Ausspruch über Moab:
Über Nacht wurde Ar verwüstet, / ging Moab zugrunde.

Über Nacht wurde Kir verwüstet, / ging Moab zugrunde.
2 Die Tochter Dibon steigt zu den Kulthöhen hinauf, / um dort zu klagen.

Über Nebo und Medeba jammert Moab. / Jeder Kopf ist kahl geschoren, / alle Bärte hat man abgeschnitten.
3 Auf den Gassen geht man in Trauerge-

14,19 Bastard, wörtlich: Spross.
14,20 dieses Verbrechers: Text korr., Einzahl nach G und S.
14,21 Vielleicht Städte, die der Eroberer neu erbaut.
14,22 In H zwei Wortspiele.
14,25 von ihnen: Gemeint sind die Israeliten.
14,29 Der »Stock« ist ein feindlicher Herrscher, vielleicht Tiglat-Pileser III., der 727 v. Chr. starb.
15,1f Kir, auch Kir-Heres (16,7.11), ist die Hauptstadt Moabs, südlich des Arnon. Die in Jes 15f genannten Orte liegen alle östlich des Toten Meers.
15,2 Tochter Dibon: Text korr. nach Jer 48,18.

wändern, / alle weinen auf den Dächern und
Plätzen / und zerfließen in Tränen.
4 Heschbon schreit und Elale, / bis nach
Jahaz ist ihre Stimme zu hören.
Darum zittern die Krieger von Moab, /
ihre Seele verzagt.
5 Mein Herz schreit auf wegen Moab; / bis
nach Zoar fliehen die Menschen [bis Eglat-
Schelischija].
Die Steige von Luhit steigt man weinend
hinauf. / Auf dem Weg nach Horonajim
schreien die Leute über das Unglück.
6 Die Quellen von Nimrim versiegen; / das
Gras ist verwelkt;
verdorrt sind die Wiesen; / alles Grün ist
verschwunden.
7 Darum schleppen sie ihre letzte Habe /
und ihre Vorräte über den Weidenbach
fort.
8 Überallhin dringt das Klagegeschrei, /
bis an die Grenzen von Moab.
Bis nach Eglajim hört man das Jammern, /
man hört es bis Beer-Elim.
9 Voll Blut sind die Bäche von Dibon. /
Doch ich bringe über Dibon noch größeres
Unglück:
Löwen über die aus Moab Entronnenen, /
über den Rest von Adama.

16 Schickt Lämmer für den Herrscher
des Landes / von Sela durch die
Wüste zum Berg der Tochter Zion!
2 Wie flüchtende Vögel, aus dem Nest ver-
scheucht, / so sind die Töchter Moabs an den
Furten des Arnon.
3 Mach einen Plan, triff eine Entschei-
dung! / Wie die Nacht breite deinen Schatten
aus am helllichten Tag,
versteck die Verjagten, / verrate die Flüch-
tigen nicht!
4 Lass die Flüchtlinge Moabs bei dir ver-
weilen; / versteck sie bei dir vor ihrem Ver-
folger!
Ist der Unterdrücker beseitigt, / der Ver-
folger vernichtet / und sind die Eroberer aus
dem Land verschwunden,
5 dann wird durch (Gottes) Huld ein Thron
errichtet; / darauf sitzt [im Zelt Davids] ein
zuverlässiger Richter, / der das Recht sucht
und die Gerechtigkeit fördert.
6 Wir haben von Moabs Stolz gehört – / es
ist stolz über die Maßen –
von seinem Dünkel (haben wir gehört), /
von seinem Stolz und Übermut, / und sein
Geschwätz ist nicht wahr.
7 Darum jammert Moab laut um Moab, /
alle jammern laut.
Den Traubenkuchen von Kir-Heres wei-
nen sie nach; / sie sind ganz niedergeschla-
gen.
8 Denn die Pflanzungen von Heschbon
sind verwelkt, / verwelkt ist der Weinstock
von Sibma.
Die Herren der Völker haben seine Reben
zertreten, / die bis Jaser reichten, bis in die
Wüste hinaus sich verloren,
seine Ranken breiteten sich aus, / sie zogen
sich hin bis zum Meer.
9 Darum weine ich, wie Jaser um dich
weint, Weinstock von Sibma; / ich benetze
euch mit meinen Tränen, Heschbon und Ela-
le. / Es gibt bei euch keinen Jubel mehr über
Weinlese und Ernte;
10 verschwunden sind Freude und Jubelge-
schrei aus dem fruchtbaren Land; / in den
Weinbergen jauchzt man nicht mehr / und
jubelt nicht mehr.
Niemand stampft mehr in der Kelter die
Trauben. / Verstummt ist das Jauchzen.
11 Darum jammert mein Herz um Moab
wie eine Zither, / mein Inneres klagt um Kir-
Heres.
12 Wenn aber Moab auf seiner Kulthöhe er-
scheint / und sich abmüht (mit Opfern),
wenn es in sein Heiligtum geht, um zu be-
ten: / Es wird nichts erreichen.
13 Dieses Wort hat der Herr einst über
Moab gesprochen.
14 Jetzt aber hat der Herr so gesprochen: In
drei Jahren – drei Söldnerjahren – wird Mo-
abs Macht und all seine Pracht ganz gering;
was aber übrig bleibt, wird schwach und un-
ansehnlich sein.

15,2: 16,12; Jer 48,37 • 3: Jer 48,38 • 4: Jer 48,34 • 5: Jer 48,4f • 16,1: 2 Kön 3,4 • 4: 29,20 • 5: 9,6; Jer 23,5 • 6: Jer 48,29–39 • 11: Jer 48,36 • 14: 21,16.

Die Ankündigung des Gerichts über Damaskus und über das Nordreich Israel:
17,1–11

17 Ausspruch über Damaskus.
Seht hin: Damaskus verschwindet /
und wird keine Stadt mehr sein, / es wird zu
einem Haufen von Trümmern.
2 Die Städte um Aroër sind verlassen; / sie

15,7 Der Weidenbach liegt im Süden Moabs.
15,9 Text und Übersetzung unsicher.
16,1 Sinn unklar; vielleicht eine Aufforderung, auf dem Zion durch Gaben um Schutz und Hilfe zu bitten (vgl. VV. 3f).
16,10 verstummt ist: Text korr. nach G.
16,13f Nachtrag, der ein erneutes Gerichtswort bringt. Mit »Söldnerjahren« wird die Zeit der Mühsal bezeichnet.

gehören den Herden, die dort ungestört la-
gern.
3 Mit dem Bollwerk von Efraim ist es zu
Ende, / mit dem Königreich von Damaskus.
Dem Rest von Aram wird es gehen wie der
Macht der Israeliten – / Spruch des Herrn
der Heere.
4 An jenem Tag schrumpft Jakobs Macht
zusammen, / das Fett seines Leibes schwin-
det dahin.
5 Dann wird es sein, wie wenn ein Schnit-
ter die Halme packt / und mit seinem Arm
die Ähren abmäht.
Dann wird es sein, wie wenn jemand Äh-
ren aufliest / in der Rafaïterebene:
6 Nur ein Rest bleibt für die Nachlese üb-
rig / wie beim Abernten der Ölbäume:
zwei, drei reife Oliven an den oberen Ästen
des Baumes, / vier oder fünf an seinen Zwei-
gen – / Spruch des Herrn, des Gottes Isra-
els.
7 An jenem Tag werden die Menschen auf
ihren Schöpfer blicken / ihre Augen werden
auf den Heiligen Israels schauen.
8 Sie blicken nicht mehr auf die Altäre, /
das Machwerk ihrer Hände,
sie schauen nicht mehr auf das, was ihre
Finger gemacht haben, / auf die Kultpfähle
und die Räucheraltäre.
9 An jenem Tag sind deine befestigten
Städte verlassen / wie die Städte der Hiwiter
und Amoriter,
die man verlassen hat aus Furcht vor den
Israeliten; / es wird eine schaurige Öde ent-
stehen.
10 Denn du hast den Gott, der dich rettet,
vergessen; / an den Felsen, auf dem du
Zuflucht findest, / hast du nicht mehr ge-
dacht.
Leg nur liebliche Gärten an, / bepflanze
sie mit Setzlingen aus der Fremde,
11 pfleg sie an dem Tag, an dem du sie
pflanzt, / lass sie wachsen an dem Morgen,
an dem du sie säst:
Dahin ist die Ernte am Tag deiner Krank-
heit / und des heillosen Schmerzes.

6: 24,13 • 8: 27,9.

Der Wehruf über die Assyrer: 17,12–14

12 Weh, welch Getöse von zahlreichen Völ-
kern; / wie das Tosen des Meeres, so tosen
sie.
Man hört das Toben der Nationen; / wie
das Toben gewaltiger Fluten, so toben sie.
13 [Die Nationen toben wie das Toben ge-
waltiger Fluten.] / Doch der Herr wird ihnen
drohen, / dann fliehen sie weit in die
Ferne,
dahingejagt vom Wind wie die Spreu auf
den Bergen, / wie Disteln, die der Sturm vor
sich herrollt.
14 Am Abend herrscht plötzlich Schre-
cken, / doch ehe es Morgen wird – ver-
schwunden sind sie.
Das ist das Schicksal derer, die uns aus-
plündern wollen, / das Los derer, die uns be-
rauben wollen.

13: Ps 83,14.

Ankündigung des Gerichts über Kusch:
18,1–7

18 Weh dem Land der Heuschrecken-
schwärme / jenseits der Flüsse von
Kusch.
2 Es schickt seine Boten aus auf dem Nil, /
in Papyruskähnen über das Wasser.
Geht, ihr schnellen Boten, / zu dem hoch
gewachsenen Volk mit der glänzenden
Haut,
zu der Nation, die man weit und breit
fürchtet, / zu dem Volk, das kraftvoll alles
zertritt, / dessen Land von den Flüssen
durchschnitten wird.
3 Ihr Bewohner der Welt, ihr Bürger der
Erde, / seht alle hin,
wenn man das Zeichen aufstellt auf den
Bergen, horcht alle auf, / wenn man das Wid-
derhorn bläst.
4 Denn so hat der Herr zu mir gesprochen: /
Ich will mir alles betrachten von meinem
Platz aus,
unbewegt wie die glühende Hitze am Mit-
tag, / wie die Dunstwolken in der Hitze des
Sommers.
5 Ja, noch vor der Ernte, wenn die Blüte
vorbei ist / und die Frucht zur Traube heran-
reift,
schneidet er die Reben ab mit dem Mes-
ser; / er entfernt die Triebe, er reißt sie ab.
6 Sie alle werden den Raubvögeln der Ber-
ge überlassen / und den wilden Tieren im
Land.
Den Sommer über sitzen die Raubvögel
darauf / und im Winter sind dort die wilden
Tiere.

17,5 ein Schnitter: Text korr. – Die Rafaïterebene liegt zwischen Jerusalem und Betlehem.
17,9ab Text korr.; vgl. G.
17,10f Hier werden Praktiken verurteilt, die Fruchtbarkeit und Leben garantieren sollen.
18,1 der Heuschreckenschwärme, wörtlich: des Flügelgeschwirrs. – Zu Kusch vgl. die Anmerkung zu 11,11; gemeint sind die Äthiopier, die Herodot die größten und schönsten aller Menschen nennt.
18,5f Eine Warnung zuerst an Juda.

7 In jener Zeit werden von dem hoch gewachsenen Volk mit der glänzenden Haut dem Herrn der Heere Geschenke gebracht, von der Nation, die man weit und breit fürchtet, von dem Volk, das kraftvoll alles zertritt, dessen Land von Flüssen durchschnitten wird. Man bringt die Geschenke an den Ort, wo der Name des Herrn der Heere gegenwärtig ist: zum Berg Zion.

1: Dtn 28,42.

Ankündigung des Gerichts über Ägypten: 19,1–25

19 Ausspruch über Ägypten.
Seht, der Herr fährt auf einer leichten Wolke daher; / er kommt nach Ägypten.

Vor seinem Angesicht zittern die Götter Ägyptens, / den Ägyptern verzagt das Herz in der Brust.

2 Ich hetze Ägypter gegen Ägypter / und sie kämpfen gegeneinander:

Bruder gegen Bruder, Nachbar gegen Nachbar, / Stadt gegen Stadt, Gau gegen Gau.

3 Der Geist Ägyptens gerät mitten in ihm in Verwirrung, / ich vereitle seine Pläne.

Dann befragen sie die Götter und die Zauberer, / die Totengeister und die Gelehrten.

4 Doch ich gebe die Ägypter in die Gewalt eines strengen Herrn, / ein harter König wird über sie herrschen – / Spruch Gottes, des Herrn der Heere.

5 Das Wasser im Meer versiegt, / der Fluss trocknet aus.

6 Die Kanäle Ägyptens verbreiten üble Gerüche, / seicht und trocken sind die Arme des Nil, Binsen und Schilfrohr verwelken.

7 Das Riedgras am Nil, an der Mündung des Nil, / alle Saaten am Nil sind vertrocknet, sie sind verweht und dahin.

8 Die Fischer klagen und trauern, / alle, die ihre Angel auswerfen im Nil.

Wer sein Netz im Wasser auslegen will, / ist bekümmert.

9 Wer Flachs anbaut, erntet Enttäuschung. / Die Hechlerinnen und die Weber erblassen;

10 die Seiler sind niedergeschlagen; / alle Arbeiter verlieren den Mut.

11 Die Fürsten von Zoan sind Narren; / was die Weisen dem Pharao raten, ist Unsinn.

Wie könnt ihr zum Pharao sagen: / Ich bin der Sohn eines Weisen, / der Sohn von königlichen Ahnen?

12 Wo sind denn deine weisen Berater? / Sie sollen dir sagen und erklären, / was der Herr der Heere beschlossen hat über Ägypten.

13 Die Fürsten von Zoan sind dumm / und die Fürsten von Memfis lassen sich täuschen. / Die Führer der Stämme führen Ägypten in die Irre.

14 Der Herr hat ihnen einen Geist eingegossen, der sie schwindlig macht, / sodass sie Ägypten in die Irre führen bei allem, was es tut, / und es nun wie ein Betrunkener taumelt, der sich erbricht.

15 So wird in Ägypten niemand mehr etwas vollbringen, / niemand, weder Kopf noch Schwanz, / weder Palme noch Binse.

16 An jenem Tag werden die Ägypter wie
die Weiber sein: Sie erschrecken und zittern,
wenn der Herr der Heere seine Faust gegen
sie schwingt. 17 Das Land Juda wird für
Ägypten zum Schrecken werden. Sooft man
Judas Namen erwähnt, erschrickt Ägypten
vor dem Plan, den der Herr der Heere gegen
Ägypten gefasst hat.
18 An jenem Tag werden fünf Städte in
Ägypten die Sprache Kanaans sprechen und
beim Herrn der Heere schwören. Eine von
ihnen wird Ir-Heres (Sonnenstadt) heißen.
19 An jenem Tag wird es für den Herrn mitten
in Ägypten einen Altar geben und an
Ägyptens Grenze wird ein Steinmal für den
Herrn aufgestellt. 20 Das wird ein Zeichen
und Zeugnis für den Herrn der Heere in
Ägypten sein: Wenn sie beim Herrn gegen
ihre Unterdrücker Klage erheben, wird er
ihnen einen Retter schicken, der für sie
kämpft und sie befreit. 21 Der Herr wird sich
den Ägyptern offenbaren und die Ägypter
werden an jenem Tag den Herrn erkennen;
sie werden ihm Schlachtopfer und Speiseopfer darbringen, sie werden dem Herrn Gelübde ablegen und sie auch erfüllen. 22 Der
Herr wird die Ägypter zwar schlagen, er
wird sie aber auch heilen: Wenn sie zum
Herrn umkehren, lässt er sich durch ihre Bitte erweichen und heilt sie. 23 An jenem Tag
wird eine Straße von Ägypten nach Assur
führen, sodass die Assyrer nach Ägypten und
die Ägypter nach Assur ziehen können. Und
Ägypten wird zusammen mit Assur (dem

19,4 Der »strenge Herr« ist wohl Sargon II.
19,9 Die Hechlerinnen erblassen: Text korr.
19,11 Zoan (= Tanis): im Nordosten des Nildeltas.
19,13 Memfis: südlich von Kairo am westlichen Nilufer.

Herrn) dienen. 24 An jenem Tag wird Israel
als Drittes dem Bund von Ägypten und Assur
beitreten, zum Segen für die ganze Erde.
25 Denn der Herr der Heere wird sie segnen
und sagen: Gesegnet ist Ägypten, mein Volk,
und Assur, das Werk meiner Hände, und Is-
rael, mein Erbbesitz.

15: 9,13.

Die Verschleppung der Ägypter und der Kuschiter: 20,1–6

20 2 Der Herr hatte durch Jesaja, den
Sohn des Amoz gesprochen und ge-
sagt: Geh, leg dein Bußgewand ab und zieh
deine Schuhe aus! Jesaja hatte es getan und
war nackt und barfuß umhergegangen. In
dem Jahr nun, in dem im Auftrag des Königs
Sargon von Assur ein Feldherr nach Asch-
dod kam, es belagerte und eroberte, 3 sagte
der Herr: Dass mein Knecht Jesaja drei Jahre
lang nackt und barfuß umherging, ist ein
(warnendes) Zeichen und Sinnbild für Ägyp-
ten und Kusch: 4 So werden die gefangenen
Ägypter und die aus ihrer Heimat vertriebe-
nen Kuschiter, Jung und Alt, vom König von
Assur nackt und barfuß weggeführt – mit
entblößtem Gesäß, zur Schande Ägyptens.
5 Dann wird man erschrecken und sich schä-
men, weil man nach Kusch Ausschau gehal-
ten und mit Ägypten geprahlt hat. 6 Und die
Bewohner der Küstenstädte werden an je-
nem Tag sagen: Seht, so geht es denen, nach
denen wir Ausschau hielten und zu denen
wir flohen, um Hilfe und Rettung vor dem
König von Assur zu finden. Wie können dann
wir noch entkommen?

Erneute Ankündigung des Gerichts über Babel: 21,1–10

21 Ausspruch über die Wüste am Meer:
Wie die Stürme im Negeb toben, / so
kommt Unheil aus der Wüste, / aus dem
schaurigen Land.

2 Eine schreckliche Vision wurde mir ge-
zeigt: / Der Empörer empört sich, der Ver-
nichter vernichtet.

Zieh herauf, Elam! / Medien, beginne mit
der Belagerung! / Ich mache allem Seufzen
ein Ende.

3 Darum zittert mein ganzer Leib, /
Krämpfe befallen mich / wie die Wehen eine
gebärende Frau.

Ich bin betäubt von dem, was ich höre, /
bestürzt von dem, was ich sehe.

4 Mein Herz pocht wild, mich schüttelt ein
Schauder. / Das ersehnte Dunkel des Abends
macht der Herr für mich zum Schrecken.

5 Man deckt den Tisch, legt die Polster zu-
recht / und isst und trinkt. / Steht auf, ihr
Fürsten, ölt euren Schild ein!

6 Denn so hat der Herr zu mir gesagt: /
Geh, stell einen Späher auf! / Was er sieht,
soll er melden.

7 Sieht er Wagen und Pferdegespanne, / ei-
nen Zug von Eseln, einen Zug von Kamelen, /
soll er darauf achten, genau darauf achten.

8 Der Späher rief: / Herr, den ganzen Tag
stehe ich auf meinem Posten, / die ganze
Nacht halte ich Wache.

9 Seht, dort kommt ein Zug von Männern,
dazu Pferdegespanne. / Und er begann zu ru-
fen:

Gefallen ist Babel, gefallen, / und all seine
Götterbilder hat man zu Boden geschmet-
tert.

10 Du mein zerschlagenes, zerdroschenes
Volk! / Was ich hörte vom Herrn der Heere, /
von Israels Gott, das verkünde ich euch.

2: 33,1 • 5: Dan 5 • 9: Jer 51,8; Offb 14,8; 18,2.

Der Spruch über Edom: 21,11–12

11 Ausspruch über Edom.

Aus Seïr ruft man mir zu: / Wächter, wie
lange noch dauert die Nacht? / Wächter, wie
lange noch dauert die Nacht?

12 Der Wächter antwortet: / Es kommt der
Morgen, es kommt auch die Nacht. / Wenn
ihr fragen wollt, kommt wieder und fragt!

Die Ankündigung des Gerichts über Arabien: 21,13–17

13 Ausspruch über Arabien.

Übernachtet im Gebüsch, in der Steppe, /
ihr Karawanen von Dedan!

14 Bringt den Durstigen Wasser, / ihr Be-
wohner der Gegend von Tema! / Kommt den
Fliehenden entgegen mit Brot!

15 Denn sie sind vor den Schwertern geflo-
hen, / vor dem gezückten Schwert,

20,1f Der Verständlichkeit wegen sind die beiden Verse umgestellt.

20,6 Die philistäische Küste mit Aschdod. Diese Stadt hatte sich 712 v. Chr. gegen Sargon II. empört.

21,1 Nach V. 9 ist Babel gemeint. – Wüste am Meer: Bedeutung unklar.

21,8 Der Späher: Qumran-Text: Der Seher; H: Der Löwe.

21,11 Edom: Text korr. mit G; H: Duma. Der Spruch ist ein sog. Wächterlied.

21,13f Dedan und Tema sind Orte an der Karawanenstraße in Südarabien, östlich vom Roten Meer; Kedar: nördlich von Tema.

vor dem gespannten Bogen, / vor dem schweren Kampf.

16 Denn so hat der Herr zu mir gesagt: Noch ein Jahr – ein Söldnerjahr –, dann ist es mit der ganzen Macht Kedars zu Ende. 17 Von den Bogenschützen in Kedar bleiben nur wenige übrig. Der Herr, der Gott Israels, hat gesprochen.

Das Gericht über Jerusalem: 22,1–25

Die unverbesserlichen Einwohner Jerusalems: 22,1–14

22 Ausspruch über das Tal der Vision. Was ist mit dir? / Warum sind deine Bewohner alle auf die Dächer gestiegen,

2 du Stadt voll Lärm und Gedränge, / du fröhliche Burg?

Deine Toten wurden nicht vom Schwert getötet, / sie sind nicht im Krieg gefallen.

3 Alle deine Anführer sind gemeinsam geflohen, / ohne einen einzigen Bogenschuss wurden sie gefangen;

alle, die man von dir noch fand, wurden gefesselt, / wenn sie auch noch so weit flohen.

4 Darum sage ich: Blickt von mir weg, / ich weine in bitterem Schmerz.

Bemüht euch nicht, mich zu trösten / über die Misshandlung der Tochter, meines Volkes.

5 Denn einen Tag der Bestürzung, der Verwüstung und Verwirrung / schickt Gott, der Herr der Heere.

Im Tal der Vision macht man gewaltigen Lärm / und stürmt mit Geschrei gegen den Berg an.

6 Elam hat den Köcher umgehängt, / vor die Wagen Arams sind Pferde gespannt, / Kir hat den Schild aus der Hülle genommen.

7 Deine herrlichen Täler füllten sich mit Wagen, / vor deinem Tor stellten sich die Reiter auf.

8 So nahm er Juda jeden Schutz. / Ihr aber habt an jenem Tag nach euren Waffen im »Waldhaus« gesehen;

9 ihr habt festgestellt, wie rissig die (Mauer der) Davidstadt war; / ihr habt im unteren Teich das Wasser gesammelt

10 und habt Jerusalems Häuser gezählt; / ihr habt die Häuser abgerissen / und (mit den Steinen) die Mauer befestigt;

11 ihr habt zwischen den beiden Mauern ein Becken angelegt, / um das Wasser des alten Teiches zu sammeln,

doch ihr habt nicht auf den geblickt, der alles bewirkt; / ihr habt nicht auf den geschaut, der alles aus der Ferne bestimmt.

12 An jenem Tag befahl Gott, der Herr der Heere, zu weinen und zu klagen, / sich eine Glatze zu scheren und Trauergewänder zu tragen.

13 Doch was sieht man: Freude und Frohsinn, / Rindertöten und Schafeschlachten, / Fleischessen und Weintrinken,

(und ihr sagt:) Lasst uns essen und trinken, / denn morgen sind wir tot.

14 Der Herr der Heere hat mir offenbart: / Diese Schuld wird euch bis zu eurem Tod nicht vergeben, / spricht Gott, der Herr der Heere.

1: 22,5 • 5: 22,1 • 11: 2 Kön 20,20; Sir 48,17 • 13: 1 Kor 15,32.

Die Absetzung Schebnas: 22,15–19

15 So spricht Gott, der Herr der Heere: Auf, geh zu dem Verwalter hier, zu Schebna, dem Palastvorsteher, 16 und sag: Wie kommst du dazu und wer bist du denn, dass du dir hier ein Grab aushauen lässt? – Da lässt er sich hoch oben ein Grab aushauen, im Felsen sich eine Wohnung ausmeißeln! – 17 Gib Acht, der Herr wird dich in hohem Bogen wegschleudern. 18 Er wird dich zu einem Knäuel zusammenwickeln und wie einen Ball in ein geräumiges Land rollen. Dort wirst du sterben; dorthin kommen dann deine Prunkwagen, du Schandfleck im Haus deines Herrn. 19 Ich verjage dich aus deinem Amt, ich vertreibe dich von deinem Posten.

15: 36,3.11.22.

Die Einsetzung Eljakims: 22,20–25

20 An jenem Tag werde ich meinen Knecht Eljakim, den Sohn Hilkijas, berufen. 21 Ich bekleide ihn mit deinem Gewand und lege ihm deine Schärpe um. Ich übergebe ihm dein Amt und er wird für die Einwohner Jerusalems und für das Haus Juda ein Vater sein. 22 Ich lege ihm den Schlüssel des Hauses David auf die Schulter. Wenn er öffnet, kann niemand schließen; wenn er

---

21,16 Vgl. die Anmerkung zu 16,13f.
22,3 H schwer verständlich, daher Übersetzung unsicher.
22,6 Aram: Text korr. nach G; H: Adam.
22,8 Zu »Waldhaus«, auch »Libanonwaldhaus« genannt, vgl. die Anmerkung zu 1 Kön 7,2.
22,11 aus der Ferne, andere Übersetzungsmöglichkeit: im Voraus.
22,19 Ich vertreibe dich: Text korr. nach den alten Übersetzungen (1. statt 3. Person).

schließt, kann niemand öffnen. 23 Ich schlage
ihn an einer festen Stelle als Pflock ein; er
wird in seinem Vaterhaus den Ehrenplatz
einnehmen.
24 Wenn sich aber all die vielen Mitglieder
seines Vaterhauses mit Kindern und Kindes-
kindern an ihn hängen, alle die Kännchen,
die Töpfe und Krüge, 25 an jenem Tag –
Spruch des Herrn der Heere – wird der
Pflock, den man an der festen Stelle einge-
schlagen hat, nachgeben. Er wird herausbre-
chen und herunterfallen, sodass alles zer-
bricht, was an ihm aufgehängt war. Wahr-
haftig, der Herr hat gesprochen.

22: Mt 16,19; Offb 3,7.

Das Gericht über Tyrus und Sidon: 23,1–18

23 Ausspruch über Tyrus.
Jammert, ihr Tarschisch-Schiffe; /
denn euer Hafen wurde zerstört.
Bei der Heimfahrt aus dem Land der Kit-
täer / wurde es ihnen bekannt.
2 Verstummt, ihr Bewohner der Küste, /
ihr Kaufleute von Sidon,
die ihr über das Meer fahrt / und deren Bo-
ten das große Wasser überqueren.
3 Die Saaten am Fluss, die Ernten am Nil
brachten reichen Ertrag; / Sidon wurde zum
Handelsplatz für die Völker.
4 Schäme dich, Sidon; / denn zu dir sagt
das Meer [die Festung am Meer]:
Ich lag nicht in Wehen und habe nicht ge-
boren / und ich zog weder Söhne noch Töch-
ter groß.
5 Wenn das die Ägypter erfahren, / zittern
sie wie einst bei der Nachricht aus Tyrus.
6 Fahrt nach Tarschisch hinüber; / jam-
mert, ihr Bewohner der Küste!
7 Ist das eure fröhliche Stadt, / in den Ta-
gen der Vorzeit gegründet, / die Stadt, die
ihre Siedler aussandte in weiteste Fernen?
8 Wer hat das über Tyrus beschlossen, / das
einst Kronen verschenkte,
dessen Kaufleute wie Fürsten auftraten /
und dessen Händler die vornehmsten Herren
der Erde waren?
9 Der Herr der Heere hat beschlossen, / die
ganze Pracht zuschanden zu machen / und
den Stolz aller vornehmen Herren der Erde
zu brechen.
10 Bebau dein Land [wie am Nil], Tochter
Tarschisch, / es gibt keinen Hafen mehr.
11 Der Herr hat seine Hand ausgestreckt
über das Meer, / er hat die Königreiche er-
schüttert.
Er hat den Befehl erlassen, / Kanaans Bur-
gen in Trümmer zu legen.
12 Er sagte: Nie mehr sollst du fröhlich
sein, / Tochter Sidon, du vergewaltigte Jung-
frau.
Steh auf, fahr zu den Kittäern – / auch dort
findest du keine Ruhe.
13 [Denn die Chaldäer waren das Volk –
nicht Assur ist es gewesen –, die Sidon zum
Aufenthalt der Wüstentiere machen wollten.
Sie stellten ihre Belagerungstürme auf, zer-
störten die Paläste und machten sie zu einem
Trümmerhaufen.]
14 Jammert, ihr Tarschisch-Schiffe, / denn
euer Hafen wurde zerstört.
15 Dann wird Tyrus siebzig Jahre lang – so-
lange wie ein König lebt – vergessen sein.
Nach siebzig Jahren aber wird es Tyrus ge-
hen, wie es im Lied von der Dirne heißt:
16 Nimm die Zither, / durchstreife die
Stadt, / vergessene Dirne!
Spiele schön / und singe viel, / damit man
an dich denkt.
17 Nach siebzig Jahren wird sich der Herr
wieder um Tyrus kümmern: Die Stadt wird
wieder ihren Dirnenlohn erhalten und mit
allen Königreichen der Welt, die es auf Er-
den gibt, Unzucht treiben. 18 Aber ihr Ge-
winn und ihr Dirnenlohn wird dem Herrn als
heilige Gabe gehören. Er wird nicht ange-
sammelt und gehortet, sondern wird denen,
die in der Nähe des Herrn wohnen, als reiche
Nahrung und prächtige Kleidung dienen.

1: 23,14; 2,16 • 4: 1,2 • 8: Offb 18,23 • 14: 23,1; 2,16 • 17: Offb 17,2.

22,24 mit Kindern und Kindeskindern, wörtlich: die Schösslinge und die Blätter.
23,1–3 Übersetzung unsicher. Das »Land der Kittäer« ist Zypern.
23,10 Bebau: Text korr. nach G und dem Qumran-Text.
23,13 Text durch spätere Zusätze völlig entstellt.

DIE JESAJA-APOKALYPSE: 24,1 – 27,13

Die Ankündigung des Weltgerichts:
24,1–23

24 Seht her! Der Herr verheert und verwüstet die Erde; / er verändert ihr
Gesicht / und zerstreut ihre Bewohner.
2 Dann geht es dem Laien wie dem Priester, / dem Knecht wie dem Herrn,
der Magd wie der Herrin, / dem Käufer wie dem Verkäufer,
dem Gläubiger wie dem Schuldner, / dem, der ausleiht, wie dem, der leiht.
3 Verheert wird die Erde, verheert, / geplündert wird sie, geplündert. / Ja, der Herr hat es gesagt.
4 Die Erde welkt, sie verwelkt, / die Welt zerfällt, sie verwelkt, / Himmel und Erde zerfallen.
5 Die Erde ist entweiht durch ihre Bewohner; / denn sie haben die Weisungen übertreten,
die Gesetze verletzt, / den ewigen Bund gebrochen.
6 Darum wird ein Fluch die Erde zerfressen; / ihre Bewohner haben sich schuldig gemacht.
Darum schwinden die Bewohner der Erde dahin, / nur wenige Menschen werden übrig gelassen.
7 Der Wein ist dahin, die Rebe verwelkt; / alle, die einst so heiter waren, seufzen und stöhnen.
8 Verstummt ist der fröhliche Klang der Trommeln, / der Lärm der Übermütigen ist zu Ende, / verstummt ist der fröhliche Klang der Zither.
9 Man trinkt keinen Wein mehr bei frohem Gesang, / das Bier der Zecher ist bitter geworden.
10 Die öde Stadt liegt in Trümmern, / alle Häuser sind für den Zutritt verschlossen.
11 Auf den Gassen jammern die Leute: / Es gibt keinen Wein mehr!
Jede Freude ist verschwunden, / aller Jubel hat die Erde verlassen.
12 Von der Stadt blieben nur noch Ruinen, / auch das Tor wurde zertrümmert.
13 Dann ist es unter den Völkern auf der Erde, / wie wenn man Oliven abschlägt, / wie bei der Nachlese, wenn die Ernte vorbei ist.
14 Sie beginnen zu jubeln, / sie preisen die Größe des Herrn.
Jauchzt, ihr im Westen,
15 / ehrt den Herrn, ihr im Osten!
Und ihr auf den Inseln im Meer, / preist den Namen des Herrn, des Gottes Israels!
16 Von den äußersten Enden der Erde hören wir Lieder: / Preis dem Gerechten!
Ich aber sage: / Weh mir! Elend, Elend kommt über mich.
Treulose handeln treulos, / ja, die Treulosen brechen die Treue.
17 Grauen, Grube und Garn warten auf euch, / ihr Bewohner der Erde.
18 Wer dem Lärm des Grauens entflieht, / fällt in die Grube.
Wer aus der Grube entkommt, / fängt sich im Garn.
Die Schleusen hoch droben werden geöffnet, / die Fundamente der Erde werden erschüttert.
19 Die Erde birst und zerbirst, / die Erde bricht und zerbricht, / die Erde wankt und schwankt.
20 Wie ein Betrunkener taumelt die Erde, / sie schwankt wie eine wacklige Hütte.
Ihre Sünden lasten auf ihr; / sie fällt und kann sich nicht mehr erheben.
21 An jenem Tag wird der Herr hoch droben / das Heer in der Höhe zur Rechenschaft ziehen / und auf der Erde die Könige der Erde.
22 Sie werden zusammengetrieben / und in eine Grube gesperrt;
sie werden ins Gefängnis geworfen / und nach einer langen Zeit wird er sie strafen.
23 Dann muss der Mond sich schämen, / muss die Sonne erbleichen.
Denn der Herr der Heere ist König auf dem Berg Zion und in Jerusalem, / er offenbart seinen Ältesten seine strahlende Pracht.

4: 33,9; Jer 12,4; 23,10; Am 1,2 • 5: Jer 3,2.9 • 13: 17,6 • 17: Jer 48,43f • 20: 1,8 • 23: 60,19.

24,1 – 27,13 Dieser Abschnitt wird »Jesaja-Apokalypse« genannt, weil er apokalyptische Motive (Weltgericht, Auferstehung, eschatologisches Heil) enthält. Er stammt aus spätalttestamentlicher Zeit.
24,4 Text korr.
24,5 Anscheinend ist an den Noachbund gedacht (vgl. Gen 9,8–17).
24,14 Sie: Gemeint sind vielleicht die Übriggebliebenen.
24,15a Text und Übersetzung unsicher.
24,17a Der H-Text enthält ein Wortspiel.
24,21 Das »Heer in der Höhe« sind die Sterne, die wie die Könige in das Weltgericht hineingezogen werden.
24,23c Text korr. nach G.

Der Dank für den Untergang der feindlichen Stadt: 25,1–5

25 Herr, du bist mein Gott, / ich will dich rühmen und deinen Namen preisen.
Denn du hast wunderbare Pläne verwirklicht, / von fern her zuverlässig und sicher.
2 Du hast die Stadt zu einem Steinhaufen gemacht, / die starke Burg zu einem Trümmerfeld,
die Paläste der Fremden zu einem verwüsteten Ort, / den man in Ewigkeit nicht mehr aufbaut.
3 Darum ehren dich mächtige Völker; / vor dir fürchten sich die Städte der gewalttätigen Nationen.
4 Du bist die Zuflucht der Schwachen, / die Zuflucht der Armen in ihrer Not;
du bietest ihnen ein Obdach bei Regen und Sturm / und Schatten bei glühender Hitze.
Denn der Sturm der Gewaltigen ist wie ein Regenguss im Winter, / wie die Hitze im trockenen Land.
5 Du bringst den Lärm der Fremden zum Schweigen, / wie ein Wolkenschatten die Hitze mildert, / das Lied der Gewaltigen lässt du verstummen.

Das Festmahl auf dem Berg Zion: 25,6–8

6 Der Herr der Heere wird auf diesem Berg / für alle Völker ein Festmahl geben
mit den feinsten Speisen, / ein Gelage mit erlesenen Weinen,
mit den besten und feinsten Speisen, / mit besten, erlesenen Weinen.
7 Er zerreißt auf diesem Berg die Hülle, die alle Nationen verhüllt, / und die Decke, die alle Völker bedeckt.
8 Er beseitigt den Tod für immer. / Gott, der Herr, wischt die Tränen ab von jedem Gesicht.
Auf der ganzen Erde nimmt er von seinem Volk die Schande hinweg. / Ja, der Herr hat gesprochen.

8: Hos 13,14; 1 Kor 15,26.54; Offb 7,17.

Der Dank für die Vernichtung Moabs: 25,9–12

9 An jenem Tag wird man sagen: / Seht, das ist unser Gott,
auf ihn haben wir unsere Hoffnung gesetzt, / er wird uns retten.
Das ist der Herr, auf ihn setzen wir unsere Hoffnung. / Wir wollen jubeln und uns freuen über seine rettende Tat.
10 Ja, die Hand des Herrn ruht auf diesem Berg. / Moab aber wird an Ort und Stelle zerstampft, / wie Stroh in der Jauche zerstampft wird.
11 Wenn Moab darin auch mit den Händen rudert / wie der Schwimmer beim Schwimmen,
so drückt er den Stolzen doch nieder, / auch wenn seine Hände sich wehren.
12 Deine festen, schützenden Mauern werden niedergerissen; / der Herr stürzt sie zu Boden; sie liegen im Staub.

Das Siegeslied: 26,1–6

26 An jenem Tag singt man in Juda dieses Lied:
Wir haben eine befestigte Stadt, / zu unserem Schutz baute der Herr Mauern und Wälle.
2 Öffnet die Tore, / damit ein gerechtes Volk durch sie einzieht, / ein Volk, das dem Herrn die Treue bewahrt.
3 Sein Sinn ist fest; / du schenkst ihm Ruhe und Frieden; / denn es verlässt sich auf dich.
4 Verlasst euch stets auf den Herrn; / denn der Herr ist ein ewiger Fels.
5 Er hat die Bewohner des hohen Berges hinabgestürzt, / die hoch aufragende Stadt;
er hat sie zu Boden geworfen, / in den Staub hat er sie gestoßen.
6 Sie wird zermalmt von den Füßen der Armen, / unter den Tritten der Schwachen.

2: Ps 118,19f • 5: 25,12.

Das Lied auf die Gerechtigkeit Gottes: 26,7–19

7 Der Weg des Gerechten ist gerade, / du ebnest dem Gerechten die Bahn.
8 Herr, auf das Kommen deines Gerichts / vertrauen wir.
Deinen Namen anzurufen und an dich zu denken / ist unser Verlangen.
9 Meine Seele sehnt sich nach dir in der Nacht, / auch mein Geist ist voll Sehnsucht nach dir.
Denn dein Gericht ist ein Licht für die Welt, / die Bewohner der Erde lernen deine Gerechtigkeit kennen.

25,2 Die namentlich nicht genannte Stadt ist Symbol für die gottfeindliche Macht; welche Stadt gemeint ist, lässt sich nicht mit Sicherheit sagen.
25,4e im Winter: Text korr.
25,5 lässt du verstummen: Text korr. (2. statt 3. Person).
25,6f.10 Der »Berg« ist der Zion. Hülle und Decke sind Zeichen der Trauer.
26,9c ein Licht: eingefügt mit G.

10 Aber der Frevler lernt nie, was gerecht
ist, / auch wenn du ihm Gnade erweist.
Selbst im Land der Gerechtigkeit tut er
noch Unrecht, / doch er wird den erhabenen
Glanz des Herrn nicht erblicken.
11 Herr, deine Hand ist erhoben, / doch dei-
ne Gegner sehen es nicht;
aber sie werden es sehen / und sie werden
beschämt sein
von deiner leidenschaftlichen Liebe zu
deinem Volk; / ja, Feuer wird sie verzehren.
12 Herr, du wirst uns Frieden schenken; /
denn auch alles, was wir bisher erreichten,
hast du für uns getan.
13 Herr, unser Gott, es beherrschten uns
andere Herren als du, / doch nur *deinen* Na-
men werden wir rühmen.
14 Die Toten werden nicht leben, / die Ver-
storbenen stehen nie wieder auf;
denn du hast sie bestraft und vernichtet, /
jede Erinnerung an sie hast du getilgt.
15 Du hast dein Volk vermehrt, o Herr, / du
hast es vermehrt;
du hast deine Herrlichkeit erwiesen, / auf
allen Seiten hast du die Grenzen des Landes
erweitert.
16 Herr, in der Not suchten wir dich; / wir
schrien in unserer Qual, als du uns straf-
test.
17 Wie eine schwangere Frau, / die nahe
daran ist, ihr Kind zu gebären,
die sich in ihren Wehen windet und
schreit, / so waren wir, Herr, in deinen Au-
gen.
18 Wir waren schwanger und lagen in We-
hen; / doch als wir gebaren, war es ein
Wind.
Wir brachten dem Land keine Rettung, /
kein Erdenbewohner wurde geboren.
19 Deine Toten werden leben, / die Leichen
stehen wieder auf; / wer in der Erde liegt,
wird erwachen und jubeln.
Denn der Tau, den du sendest, / ist ein Tau
des Lichts; / die Erde gibt die Toten he-
raus.

11: Ex 15,6; Hebr 10,27 • 14: 26,19 • 19: 26,14.

Das Gericht über die Feinde: 26,20 – 27,1

20 Auf, mein Volk, geh in deine Kammern /
und verschließ die Tür hinter dir!
Verbirg dich für kurze Zeit, / bis der Zorn
vergangen ist.
21 Denn der Herr verlässt den Ort, wo er
ist, / um die Erdenbewohner für ihre Schuld
zu bestrafen.
Dann deckt die Erde das Blut, das sie
trank, wieder auf / und verbirgt die Ermor-
deten nicht mehr in sich.
27 An jenem Tag bestraft der Herr mit
seinem harten, großen, starken
Schwert den Leviatan, die schnelle Schlan-
ge, den Leviatan, die gewundene Schlange.
Den Drachen im Meer wird er töten.

27,1: Ijob 26,13; Ps 74,14.

Das Lied vom Weinberg Israel:
27,2–6

2 An jenem Tag gibt es einen prächtigen
Weinberg. / Besingt ihn in einem Lied!
3 Ich, der Herr, bin sein Wächter, / immer
wieder bewässere ich ihn.
Damit niemand ihm schadet, / bewache
ich ihn bei Tag und bei Nacht.
4 Ich habe jetzt keinen Zorn mehr. / Fände
ich Dornen und Disteln darin,
ich würde sie alle bekämpfen, / ich würde
sie alle zusammen verbrennen,
5 es sei denn, man sucht bei mir Schutz /
und schließt mit mir Frieden, ja Frieden mit
mir.
6 In künftigen Tagen schlägt Jakob wieder
Wurzel, / Israel blüht und gedeiht / und der
Erdkreis füllt sich mit Früchten.

2–6: 5,1–7.

Die Entsühnung Israels:
27,7–9

7 Hat er sie geschlagen, / wie er ihre Schlä-
ger schlug?
Hat er sie umgebracht, / wie er ihre Mör-
der umgebracht hat?
8 Du hast sie aufgescheucht und verjagt /
und so gegen sie den Rechtsstreit geführt.
Mit einem heftigen Sturm / jagte er sie am
Tag des Ostwinds davon.
9 Darum sei dadurch Jakobs Schuld wie-
der gesühnt, / darin bestehe die volle Befrei-
ung von seiner Sünde,
dass er alle Altarsteine vernichtet, wie
man Kalksteine zerschlägt. / Nie mehr soll
man Kultpfähle und Rauchopferaltäre er-
richten.

9: 17,8.

26,14 Die toten Zwingherren werden sich nicht mehr erheben.
26,16 Text korr.
26,19 Im Bild von der Auferstehung wird von der Wiederherstellung Israels gesprochen.
26,21 Das Blut, das nicht mit Erde bedeckt ist, schreit nach Rache (vgl. Gen 4,10f; Ijob 16,18).
27,1 Leviatan, gewundene Schlange und Drache bezeichnen in mythischer Sprache das Meer; sie werden zum Bild für die gottfeindliche Macht.
27,7 ihre Mörder: Text korr. nach dem Qumran-Text.

Die Bestrafung des Gegners:
27,10–11

10 Ja, die befestigte Stadt ist einsam ge-
worden, / ein entvölkerter Ort, verlassen wie
die Steppe.
Dort weiden die Rinder und legen sich nie-
der. / Sie fressen die Zweige ab.
11 Wenn dann die Äste verdorren, bricht
man sie ab / und die Frauen kommen und
machen Feuer damit.
Es ist ein Volk ohne Einsicht; / deshalb hat
sein Schöpfer kein Erbarmen mit ihm, / er,
der es geformt hat, ist ihm nicht gnädig.

Die Sammlung der verstreuten Israeliten:
27,12–13

12 An jenem Tag wird der Herr Ähren aus-
klopfen / vom Eufrat bis zum Grenzbach
Ägyptens;
dann, ihr Söhne Israels, liest man euch
auf, / einen nach dem andern.
13 An jenem Tag wird man das große Wid-
derhorn blasen, / dann kommen die Verirr-
ten aus Assur nach Hause / und die in Ägyp-
ten Verstreuten kehren zurück;
sie fallen vor dem Herrn in Jerusalem nie-
der, / auf dem heiligen Berg.

WORTE ÜBER ISRAEL UND JUDA AUS DER SPÄTEREN ZEIT DES PROPHETEN: 28,1 – 35,10

Der Untergang Samarias: 28,1–4

28 Weh der stolzen Krone der betrunke-
nen Efraimiter, / ihrem verwelkten
Kranz von prächtigen Blumen,
auf dem Gipfel über dem fruchtbaren Tal /
derer, die der Wein überwältigt hat.
2 Seht, der Herr schickt einen gewaltigen
Helden: / Wie ein Hagelschlag, wie ein ver-
heerender Sturm,
wie ein Wolkenbruch mit seinen mächti-
gen Fluten / wirft er alles mit Macht zu Bo-
den.
3 Mit seinen Füßen zertritt er die stolze
Krone / der betrunkenen Efraimiter.
4 Dann geht es dem verwelkten Kranz von
prächtigen Blumen, / auf dem Gipfel über
dem fruchtbaren Tal, / wie einer frühreifen
Feige vor der Ernte:
Wer sie erblickt, der verschlingt sie, /
kaum dass er sie in der Hand hat.

Der heilige Rest: 28,5–6

5 An jenem Tag wird der Herr der Heere
für den Rest seines Volkes / zu einer herrli-
chen Krone und einem prächtigen Kranz;
6 er verleiht dem, der zu Gericht sitzt, den
Geist des Rechts / und gibt denen Kraft, die
den Feind zum Stadttor hinausdrängen.

Die untreuen Priester und Propheten in Jerusalem: 28,7–15

7 Sogar diese hier schwanken, berauscht
vom Wein, / und taumeln, betäubt vom
Bier.
Priester und Propheten schwanken vom
Bier, / sind überwältigt vom Wein.
Sie taumeln vom Bier, / sie schwanken bei
ihren Visionen, / sie torkeln, wenn sie ihr Ur-
teil verkünden.
8 Alle Tische sind voll von Erbrochenem, /
sind voll von Kot bis auf den letzten Fleck.
9 Wen will der Mann denn Erkenntnis leh-
ren, / wem das Gehörte erklären?
Kindern, die man eben von der Milch ent-
wöhnte, / die man gerade von der Brust
nahm?
10 Was soll sein Gestammel, sein Papperla-
papp, / sein Geschwätz bald hier, / sein Ge-
schwätz bald dort?
11 Ja, mit stammelnder Lippe und fremder
Zunge / redet er künftig zu diesem Volk.
12 Er hatte zu ihnen gesagt: So findet ihr
Ruhe; / gönnt doch den Müden die Rast, /
hier ist der Ort der Erholung. / Sie aber woll-
ten nicht hören.
13 Darum ergeht das Wort des Herrn an
sie / in Form von Gestammel, von Papperla-
papp,

27,12f Der Text spricht von der Sammlung und Heimkehr der Juden aus der Diaspora.
28,1–4 Die »Krone auf dem Berg« ist Samaria. Dieses Bild und das vom Blumenkranz durchdringen sich.
28,6b den Feind, wörtlich: den Kampf.
28,10–13 Papperlapapp: H: zaw lazaw, zaw lazaw, qaw laqaw, qaw laqaw, verächtliche Nachäffung der Propheten. – »Er« in VV. 11f ist Jahwe.

von Geschwätz bald hier / und Geschwätz bald dort,
damit sie gehen und hintenüberfallen, / damit sie sich verfangen und verstricken / und schließlich zerschellen.
14 Darum hört das Wort des Herrn, ihr Spötter, / ihr Sprüchemacher bei diesem Volk in Jerusalem.
15 Ihr habt gesagt: Wir haben mit dem Tod ein Bündnis geschlossen, / wir haben mit der Unterwelt einen Vertrag gemacht.
Wenn die Flut heranbraust, / erreicht sie uns nicht;
denn wir haben unsere Zuflucht zur Lüge genommen / und uns hinter der Täuschung versteckt.

7: 29,9 • 11: 33,19; 1 Kor 14,21 • 12: 30,15; Jer 6,16 • 13: 8,15 • 15: Am 9,10.

Die ungläubigen Spötter: 28,16–22

16 Darum – so spricht Gott, der Herr:
Seht her, ich lege einen Grundstein in Zion, / einen harten und kostbaren Eckstein,
ein Fundament, das sicher und fest ist: / Wer glaubt, der braucht nicht zu fliehen.
17 Als Senkblei nehme ich das Recht / und als Wasserwaage die Gerechtigkeit.
Aber der Hagelsturm fegt eure Lügenzuflucht hinweg / und das Wasser schwemmt euer Versteck fort;
18 euer Bündnis mit dem Tod ist dann gelöst, / euer Vertrag mit der Unterwelt hat keinen Bestand.
Wenn die Flut heranbraust, / werdet ihr wie zertrampeltes Weideland.
19 Sooft sie heranbraust, reißt sie euch mit. / Morgen für Morgen braust sie heran, / sie kommt bei Tag und bei Nacht. / Dann wird man nur noch mit Entsetzen das Gehörte erklären.
20 Das Bett ist zu kurz, / man kann sich nicht ausstrecken,
die Decke ist zu schmal, / man kann sich nicht einhüllen.
21 Denn der Herr wird sich erheben wie am Berg Perazim, / wie im Tal bei Gibeon wird er toben
und seine Tat vollbringen, seine seltsame Tat, / sein Werk vollenden, sein befremdliches Werk.
22 Darum lasst jetzt euren Spott, / sonst werden eure Fesseln noch fester.
Denn ich habe es von.Gott, dem Herrn der Heere, gehört: / Die Vernichtung der ganzen Welt ist beschlossen.

16: 7,9; Röm 9,33; 10,11; 1 Petr 2,6 • 19: 28,9 • 21: 2 Sam 5,17–25; Jos 10,10–14 • 22: 10,23.

Das Gleichnis vom Bauern: 28,23–29

23 Horcht auf, hört meine Stimme, / gebt Acht, hört auf mein Wort!
24 Pflügt denn der Bauer jeden Tag, um zu säen, / beackert und eggt er denn jeden Tag seine Felder?
25 Nein, wenn er die Äcker geebnet hat, / streut er Kümmel und Dill aus,
sät Weizen und Gerste / und an den Rändern den Dinkel.
26 So unterweist und belehrt ihn sein Gott, / damit er es recht macht.
27 Auch fährt man nicht mit dem Dreschschlitten über den Dill / und mit den Wagenrädern über den Kümmel,
sondern man klopft den Dill mit dem Stock aus / und den Kümmel mit Stecken.
28 Zermalmt man etwa das Getreide (beim Dreschen)? / Nein, man drischt es nicht endlos,
man lässt die Wagenräder und die Hufe der Tiere / nicht darüber gehen, bis es zermalmt ist.
29 Auch dies lehrt der Herr der Heere; / sein Rat ist wunderbar, er schenkt großen Erfolg.

29: 9,5.

Die Belagerung und die Rettung der Stadt: 29,1–8

29 Weh dir, Ariël, Ariël, / du Stadt, die David einst belagert hat! / Fügt nur Jahr an Jahr, feiert nur Fest auf Fest!
2 Ich greife Ariël an, / sodass man jammert und stöhnt. / Du wirst für mich wie ein Opferherd sein.
3 Ringsum werde ich dich belagern, / ich ziehe Gräben um dich herum / und schütte Wälle gegen dich auf.
4 Dann wirst du am Boden liegen und winseln, / deine Worte dringen dumpf aus dem Staub.
Wie wenn aus der Erde ein Totengeist spricht, / so tönt deine Stimme; / deine Worte sind nur noch ein Geflüster im Staub.
5 Doch wie feiner Staub wird der Haufen der Belagerer sein, wie dahinfliegende Spreu

28,14b Sprüchemacher, andere Übersetzungsmöglichkeit: Herrscher.
28,16f ich lege: Text korr. nach G. V.16.17ab unterbrechen den Text; V. 17cd schließt an V. 15 an.
28,20 Anscheinend ein Sprichwort.
29,1f »Ariël« ist Jerusalem. Das Wort bedeutet vielleicht »Opferherd«.

die Schar der Unterdrücker. Dann geschieht
es – plötzlich, ganz plötzlich: 6 Vom Herrn
der Heere wirst du mit Donner und Getöse
und mit lautem Dröhnen heimgesucht, mit
Wind und Wirbelsturm und mit Flammen
verzehrenden Feuers. 7 Dann wird es dem
Haufen all der Völker, die gegen Ariël kämp-
fen, all denen, die es umzingeln, belagern
und bestürmen, gehen wie in einem Traum,
einer nächtlichen Vision: 8 Wie wenn ein
Hungriger träumt, dass er isst, dann aber
aufwacht und immer noch hungrig ist, und
wie wenn ein Durstiger träumt, dass er
trinkt, dann aber aufwacht und immer noch
matt ist und Durst hat, so wird es dem Hau-
fen all der Völker gehen, die gegen den Berg
Zion in den Krieg ziehen.

1: 2 Sam 5,6–8 • 6: 30,30.

Drohungen gegen die Verblendeten: 29,9–16

9 Starrt einander an und erstarrt, / seid
verblendet und blind!
Seid berauscht, doch nicht vom Wein, /
taumelt, doch nicht vom Bier!
10 Denn der Herr hat über euch einen Geist
der Ohnmacht gebracht; / er hat eure Augen
[die Propheten] verschlossen und euren Kopf
[die Seher] verhüllt.
11 So wurde für euch jede Offenbarung wie
die Worte in einem versiegelten Buch: Wenn
man es einem Menschen gibt, der lesen kann,
und zu ihm sagt: Lies es mir vor!, dann ant-
wortet er: Ich kann es nicht lesen, denn es ist
versiegelt. 12 Und wenn man das Buch einem
Mann gibt, der nicht lesen kann, und zu ihm
sagt: Lies es mir vor!, dann antwortet er: Ich
kann nicht lesen.
13 Der Herr sagte:
Weil dieses Volk sich mir nur mit Worten
nähert / und mich bloß mit den Lippen ehrt, /
sein Herz aber fern hält von mir,
weil seine Furcht vor mir / nur auf einem
angelernten menschlichen Gebot beruht,
14 darum will auch ich in Zukunft an die-
sem Volk seltsam handeln, / so seltsam, wie
es niemand erwartet.
Dann wird die Weisheit seiner Weisen ver-
gehen / und die Klugheit seiner Klugen ver-
schwinden.
15 Weh denen, die ihre geheimen Pläne vor
dem Herrn verbergen, / damit im Dunkel
bleibt, was sie tun.
Sie sagen: Wer sieht uns schon / und wer
kennt uns?
16 Weh euch, die ihr alles verdreht. / Ist
denn der Ton so viel wie der Töpfer?
Sagt denn das Werk von dem, der es her-
stellt: / Er hat mich nicht gemacht?
Oder sagt der Topf von dem Töpfer: / Er
versteht nichts?

9: 28,7 • 10: 19,14 • 14: 1 Kor 1,19 • 16: 45,9; Jer 18,1–6; Röm 9,20f.

Friede und Glück für Israel: 29,17–24

17 Nur noch kurze Zeit, / dann verwandelt
sich der Libanon in einen Garten / und der
Garten wird zu einem Wald.
18 An jenem Tag hören alle, die taub sind, /
sogar Worte, die nur geschrieben sind, / und
die Augen der Blinden sehen selbst im Dun-
keln und Finstern.
19 Die Erniedrigten freuen sich wieder
über den Herrn / und die Armen jubeln über
den Heiligen Israels.
20 Denn der Unterdrücker ist nicht mehr
da, / der Schurke ist erledigt, / ausgerottet
sind alle, die Böses tun wollen,
21 die andere als Verbrecher verleumden, /
die dem Richter, der am Tor sitzt, Fallen
stellen / und den Unschuldigen um sein
Recht bringen mit haltlosen Gründen.
22 Darum – so spricht der Herr zum Haus
Jakob, / der Herr, der Abraham losgekauft
hat:
Nun braucht sich Jakob nicht mehr zu
schämen, / sein Gesicht muss nicht mehr er-
bleichen.
23 Wenn das Volk sieht, was meine Hände
in seiner Mitte vollbringen, / wird es meinen
Namen heilig halten.
Es wird den Heiligen Jakobs als heilig ver-
ehren / und erschrecken vor Israels Gott.
24 Dann kommen die Verwirrten zur Ein-
sicht / und wer aufsässig war, lässt sich be-
lehren.

17: 32,15 • 20: 16,4.

Die Nutzlosigkeit des Bündnisses mit Ägypten: 30,1–7

30 Weh den trotzigen Söhnen – Spruch
des Herrn –, / die einen Plan ausfüh-
ren, der nicht von mir ist,
und ein Bündnis schließen, / das nicht
nach meinem Sinn ist; / sie häufen Sünde auf
Sünde.
2 Sie machen sich auf den Weg nach Ägyp-
ten, / ohne meinen Mund zu befragen.
Sie suchen beim Pharao Zuflucht und

29,9ab In H ein Wortspiel.
29,13b mit Worten, wörtlich: mit seinem Mund.
29,16 Töpfer und Ton sind Bild für die vollständige Abhängigkeit des Menschen von Gott.

Schutz / und flüchten in den Schatten Ägyp-
tens.
3 Doch der Schutz des Pharao bringt euch
nur Schande, / die Flucht in den Schatten
Ägyptens bringt euch nur Schmach.
4 Wenn auch Israels Fürsten nach Zoan
gingen / und seine Boten nach Hanes:
5 Sie werden doch alle enttäuscht von dem
Volk, / das nichts nützt,
das niemand Nutzen und Hilfe ver-
schafft, / sondern nur Schande und Schmach
bringt.
6 Ausspruch über die Tiere des Negeb:
Durch ein Land der Ängste und Nöte, / der
jungen Löwen, der knurrenden Löwen, / der
Nattern und fliegenden Schlangen
bringen sie ihren Reichtum / auf dem Rü-
cken der Esel,
ihre Schätze auf dem Höcker der Kamele /
zu dem Volk, das nichts nützt.
7 Nichtig und nutzlos ist die Hilfe Ägyp-
tens; / darum nenne ich es: die untätige
Rahab.

1: 31,1; 2 Kön 18,21; Jer 2,18.

Die Bestrafung des trotzigen Volkes:
30,8–17

8 Nun geh, schreib es vor ihren Augen auf
eine Tafel, / ritz es als Inschrift ein, / damit
es für künftige Zeiten auf immer bezeugt
ist:
9 Sie sind ein trotziges Volk, missratene
Söhne, / Söhne, die auf die Weisung des
Herrn nicht hören.
10 Sie sagen zu den Sehern: Seht nichts!, /
und zu den Propheten: Erschaut für uns ja
nicht, was wahr ist,
sondern sagt, was uns schmeichelt, / er-
schaut für uns das, was uns täuscht.
11 Weicht nur ab vom rechten Weg, / ver-
lasst den richtigen Pfad, / lasst uns in Ruhe
mit dem Heiligen Israels!
12 Darum – so spricht der Heilige Israels: /
Weil ihr dieses Wort missachtet,
weil ihr auf Ränke vertraut / und euch auf
das Falsche verlasst,
13 darum wird eure Schuld für euch sein /
wie ein herabfallendes Bruchstück / von ei-
ner hoch aufragenden Mauer, / die dann
plötzlich, urplötzlich einstürzt.
14 Sie zerbricht wie der Krug eines Töp-
fers, / den man ohne Erbarmen zerschlägt,
sodass sich unter all den Stücken keine
Scherbe mehr findet, / mit der man Feuer
vom Herd holen kann / oder Wasser schöpfen
aus der Zisterne.
15 Denn so spricht der Herr, der Heilige Is-
raels:
Nur in Umkehr und Ruhe liegt eure Ret-
tung, / nur Stille und Vertrauen verleihen
euch Kraft.
Doch ihr habt nicht gewollt, / 16 sondern
gesagt:
Nein, auf Rossen wollen wir dahinflie-
gen. / Darum sollt ihr jetzt fliehen.
Ihr habt gesagt: Auf Rennpferden wollen
wir reiten. / Darum rennen die Verfolger
euch nach.
17 Tausende werden zittern, wenn ein Ein-
ziger droht, / wenn nur fünf euch drohen, er-
greift ihr alle die Flucht,
bis das, was von euch übrig ist, aussieht, /
wie ein Fahnenmast auf dem Gipfel eines
Berges, / wie ein Feldzeichen auf dem Hü-
gel.

9: 1,4 • 10: Am 2,12; 7,12f • 17: Dtn 32,30.

Die Begnadigung des Volkes:
30,18–26

18 Darum wartet der Herr darauf, / euch
seine Gnade zu zeigen,
darum erhebt er sich, / um euch sein Er-
barmen zu schenken.
Denn der Herr ist ein Gott des Rechtes; /
wohl denen, die auf ihn warten.
19 Ja, du Volk auf dem Berg Zion, / das in
Jerusalem wohnt, / du brauchst jetzt nicht
mehr zu weinen.
Der Herr ist dir gnädig, wenn du um Hilfe
schreist; / er wird dir antworten, sobald er
dich hört.
20 Auch wenn dir der Herr bisher nur we-
nig Brot und nicht genug Wasser gab, / so
wird er, dein Lehrer, sich nicht mehr verber-
gen.
Deine Augen werden deinen Lehrer se-
hen, / 21 deine Ohren werden es hören, wenn
er dir nachruft:
Hier ist der Weg, auf ihm müsst ihr gehen, /
auch wenn ihr selbst rechts oder links gehen
wolltet.
22 Dann wirst du deine Götzen aus Silber /
und deine Götterbilder aus Gold entwei-
hen.

30,4 Zu Zoan vgl. die Anmerkung zu 19,11. Hanes: südlich von Memfis. Hierher kommen die Boten Hiskijas 703/2 v. Chr.

30,6 Spricht von den Gefahren, die für die Gesandtschaft Hiskijas von den Tieren drohen.

30,7 Ägypten wird sich nicht, wie einst Rahab (das Urmeer), die gegen den Schöpfergott kämpfte, erheben, sondern untätig bleiben.

30,10b zu den Propheten; wörtlich: zu den Schauenden.

30,16 In H zwei Wortspiele.

30,17a werden zittern: Text korr.

Wie Abfall wirfst du sie weg und sagst: /
Hinaus mit euch!
23 Dann spendet er Regen für die Saat, / die
du auf den Acker gesät hast.
Das Korn, das auf dem Acker heranreift, /
wird üppig und fett sein. / Auf weiten Wiesen weidet dein Vieh an jenem Tag.
24 Die Rinder und Esel, die dir bei der
Feldarbeit helfen, / bekommen würziges
Futter zu fressen, / das man mit Schaufel
und Gabel gemischt hat.
25 Auf allen hohen Bergen und stattlichen
Hügeln / gibt es Bäche voll Wasser
am Tag des großen Mordens, / wenn die
Türme einstürzen.
26 Zu der Zeit, wenn der Herr die Leiden
seines Volkes heilt und seine Wunden verbindet, wird das Licht des Mondes so hell sein wie das Licht der Sonne und das Licht der Sonne wird siebenmal so stark sein wie das Licht von sieben Tagen.

18: Ps 2,12 • 25: 2,14.

Das Gericht über Assur: 30,27–33

27 Seht her, der Herr [sein Name] kommt
aus der Ferne. / Sein Zorn ist entflammt, / gewaltig drohend, zieht er heran.
Seine Lippen sind voll grollendem Zorn, /
seine Zunge ist wie ein verzehrendes Feuer,
28 sein Atem wie ein reißender Bach, / der
bis an den Hals reicht.
Er spannt die Völker ins Joch / und legt
den Nationen den Zaum an, / um sie in die Irre und ins Unheil zu führen.
29 Dann singt ihr Lieder wie in der Nacht, /
in der man sich heiligt für das Fest.
Ihr freut euch von Herzen / wie die Pilger,
die unter dem Klang ihrer Flöten / zum Berg des Herrn, zu Israels Felsen, hinaufziehen.
30 Der Herr lässt seine mächtige Stimme
erschallen / und man sieht, wie sein Arm herabzuckt
mit zornigem Grollen und verzehrendem
Feuer, / mit Sturm, Gewitter und Hagel.
31 Vor der Stimme des Herrn wird Assur
erschrecken, / wenn er zuschlägt mit seinem Stock,
32 jedes Mal, wenn die Zuchtrute auf Assur
herabsaust, / mit der der Herr auf es einschlägt.
Unter dem Klang von Pauken und Zithern / und bei schwungvollem Reigentanz kämpft er gegen Assur.
33 Ja, schon längst ist eine Feuerstelle bereitet, / auch für den König ist sie bestimmt; / tief ist sie und weit;
ein Holzstoß ist da, Feuer und Brennholz
in Menge, / der Atem des Herrn brennt darin wie ein Schwefelstrom.

27: 29,6 • 30: 30,27; 29,6.

Erneute Warnung vor Ägypten: 31,1–3

31 Weh denen, die nach Ägypten ziehen, / um Hilfe zu finden, / und sich auf Pferde verlassen,
die auf die Menge ihrer Wagen vertrauen /
und auf ihre zahlreichen Reiter.
Doch auf den Heiligen Israels blicken sie
nicht / und fragen nicht nach dem Herrn.
2 Aber auch er ist klug; er führt das Unheil
herbei; / er nimmt sein Wort nicht zurück.
Er erhebt sich gegen dieses Haus von Verbrechern / und gegen die Helfer derer, die Böses tun.
3 Auch der Ägypter ist nur ein Mensch und
kein Gott, / seine Pferde sind nur Fleisch, nicht Geist.
Streckt der Herr seine Hand aus, / dann
kommt der Beschützer zu Fall
und ebenso fällt auch sein Schützling; / sie
gehen alle beide zugrunde.

1–3: 30,1–7.

Jahwes Kampf für seine Getreuen: 31,4–9

4 So hat der Herr zu mir gesagt:
Wie der Löwe über seiner Beute knurrt, /
der junge Löwe, gegen den man alle Hirten zusammenruft,
wie er vor ihrem Geschrei nicht erschrickt / und sich bei ihrem Lärm nicht duckt,
so ist der Herr der Heere, wenn er herabsteigt, / um auf dem Gipfel des Berges Zion, auf seiner Anhöhe, zu kämpfen.
5 Wie ein Vogel mit ausgebreiteten Flügeln / wird der Herr der Heere Jerusalem
schützen, / es beschirmen und befreien, verschonen und retten.
6 Kehrt um zu ihm, Israels Söhne, / zu ihm,
von dem ihr euch so weit entfernt habt.
7 An jenem Tag verachtet ihr all die silbernen und goldenen Götzen, / die ihr mit euren schuldbefleckten Händen gemacht habt.
8 Assur wird fallen durch das Schwert,
doch nicht durch das eines Mannes; / das

30,25cd.26 Apokalyptischer Ausblick auf die Endzeit.
30,32 Text unsicher.

31,8f Assur wird durch das Eingreifen Gottes vernichtet. – Seine starken Helden vergehen, wörtlich: Sein Fels vergeht. – Feuer und Ofen (vgl. Gen 15,17) sind Zeichen der göttlichen Gegenwart.

Schwert wird es vernichten, doch nicht das eines Menschen.

Es wird vor dem Schwert die Flucht ergreifen, / seine jungen Männer werden zur Fron gezwungen.

9 Seine starken Helden vergehen vor Grauen, / seine Fürsten lassen die Feldzeichen im Stich – Spruch des Herrn,

der in Zion einen Feuerherd hat, / in Jerusalem einen glühenden Ofen.

7: 2,20.

Das Reich der Gerechtigkeit: 32,1–8

32 Seht: Ein König wird kommen, der gerecht regiert, / und Fürsten, die herrschen, wie es recht ist.

2 Jeder von ihnen wird wie ein Zufluchtsort vor dem Sturm sein, / wie ein schützendes Dach beim Gewitter,

wie Wassergräben an einem dürren Ort, / wie der Schatten eines mächtigen Felsens im trockenen Land.

3 Dann sind die Augen der Sehenden nicht mehr verklebt, / die Ohren der Hörenden hören wieder zu.

4 Das Herz der Unbesonnenen gewinnt Erkenntnis und Einsicht, / die Zunge der Stammelnden redet wieder deutlich und klar.

5 Der Dummkopf wird nicht mehr edel genannt / und der Schurke wird nicht mehr für vornehm gehalten.

6 Denn der Dummkopf redet nur Unsinn / und er hat nur Unheil im Sinn,

er handelt ruchlos / und redet lästerlich über den Herrn.

Er lässt den Hungrigen darben, / den Durstigen lässt er nicht trinken.

7 Die Waffen des Schurken bringen Unglück, / er plant nur Verbrechen,

um die Schwachen durch trügerische Worte ins Verderben zu stürzen, / selbst wenn der Arme beweist, dass er im Recht ist.

8 Der Edle aber plant nur Edles / und tritt für das Edle ein.

1: 11,3–5; Jer 23,5 • 3–5: 6,9f.

Die leichtsinnigen Frauen: 32,9–14

9 Ihr sorglosen Frauen, hört meine Stimme, / ihr selbstsicheren Töchter, hört auf mein Wort!

10 Über Jahr und Tag werdet ihr zittern, / auch wenn ihr jetzt so selbstsicher seid;

denn die Weinernte ist vernichtet, / es gibt keine Obsternte mehr.

11 Zittert, ihr Sorglosen, / erschreckt, ihr selbstsicheren Frauen,

zieht euch aus, entkleidet euch / und legt das Trauerkleid an!

12 Schlagt euch an die Brust / und klagt um die prächtigen Felder, / die fruchtbaren Reben,

13 um die Äcker meines Volkes, / auf denen nur Dornen und Disteln wachsen,

um all die Häuser voll Jubel, / um die fröhliche Stadt.

14 Denn die Paläste sind verlassen, / der Lärm der Stadt ist verstummt.

Der Hügel der Burg mit dem Wachtturm / ist für immer verödet;

dort tummeln sich die Wildesel, / dort weiden die Herden.

9–14: 3,16 – 4,1 • 9: Am 4,1–3; 6,1.

Die Wirkung des Geistes aus der Höhe: 32,15–20

15 Wenn aber der Geist aus der Höhe über uns ausgegossen wird, / dann wird die Wüste zum Garten / und der Garten wird zu einem Wald.

16 In der Wüste wohnt das Recht, / die Gerechtigkeit weilt in den Gärten.

17 Das Werk der Gerechtigkeit wird der Friede sein, / der Ertrag der Gerechtigkeit sind Ruhe und Sicherheit für immer.

18 Mein Volk wird an einer Stätte des Friedens wohnen, / in sicheren Wohnungen, an stillen und ruhigen Plätzen.

19 Aber der Wald stürzt in jähem Sturz, / die Stadt versinkt in der Tiefe.

20 Wohl euch! Ihr könnt an allen Gewässern säen / und eure Rinder und Esel frei laufen lassen.

15: 29,17 • 17: 30,15 • 18: 33,20.

Der Weheruf über den Feind: 33,1

33 Weh dir, der du immer zerstörst / und selbst nie zerstört worden bist.

Weh dir, du Empörer, / gegen den sich noch niemand empört hat.

Denn wenn du alles zerstört hast, / wirst du selbst zerstört.

Wenn du das Ziel deiner Empörung erreicht hast, / wirst du selbst zum Ziel einer Empörung.

1: 21,2.

Ein Gebet in der Not: 33,2–6

2 Herr, hab mit uns Erbarmen; / denn wir hoffen auf dich.

32,19 stürzt: Text korr. nach der aramäischen Übersetzung.

Sei uns ein helfender Arm an jedem Mor-
gen, / sei in der Not unsere Rettung!
3 Vor dem lauten Getöse fliehen die Natio-
nen; / wenn du dich erhebst, flüchten die
Völker nach allen Seiten.
4 Man rafft Beute zusammen, / so wie die
Heuschrecken alles erraffen;
wie die Grashüpfer springen, / so springt
man und raubt.
5 Der Herr ist erhaben, er wohnt in der
Höhe; / er wird Zion mit Recht und Gerech-
tigkeit erfüllen.
6 Es wird sichere Zeiten erleben. / Weisheit
und Erkenntnis sind der Reichtum, der es
rettet; / sein Schatz ist die Furcht vor dem
Herrn.

5: 1,21.

Die Verödung des Landes: 33,7–9

7 Hört: Draußen schreien die Krieger (vor
Angst), / bitterlich weinen die Boten des
Friedens.
8 Die Wege sind verödet, / die Straßen sind
leer.
Den Vertrag hat man gebrochen, / man
verachtet die Zeugen (des Bundes) / und
schätzt die Menschen gering.
9 Das Land welkt in Trauer dahin, / der Li-
banon ist beschämt, seine Bäume verdor-
ren.
Die Scharon-Ebene ist zur Steppe gewor-
den, / entlaubt sind Baschan und Karmel.

7: 29,1f; 22,4 • 8: Ri 5,6 • 9: 24,4; Am 1,2.

Das Gericht über die Sünder: 33,10–16

10 Jetzt stehe ich auf, spricht der Herr, /
jetzt erhebe ich mich, jetzt richte ich mich
auf.
11 Ihr seid schwanger mit Heu / und bringt
Stroh zur Welt. / Mein Atem ist wie ein Feu-
er, das euch verzehrt.
12 Die Völker werden zu Kalk verbrannt. /
Sie lodern wie abgehauene Dornen im Feu-
er.
13 Ihr in der Ferne, hört, was ich tue; / ihr
in der Nähe, erkennt meine Kraft!
14 Die Sünder in Zion beginnen zu zittern, /
ein Schauder erfasst die ruchlosen Men-
schen.
Wer von uns hält es aus neben dem verzeh-
renden Feuer, / wer von uns hält es aus ne-
ben der ewigen Glut?
15 Wer rechtschaffen lebt und immer die
Wahrheit sagt, / wer es ablehnt, Gewinn zu
erpressen,
wer sich weigert, Bestechungsgelder zu
nehmen, / wer sein Ohr verstopft, um keinen
Mordplan zu hören, / und die Augen schließt,
um nichts Böses zu sehen:
16 der wird auf den Bergen wohnen, / Fel-
senburgen sind seine Zuflucht;
man reicht ihm sein Brot / und seine Was-
serquelle versiegt nicht.

10: Ps 12,6 • 14: Dtn 4,24; Hebr 12,29 • 15: Ps 15; 24,3–5.

Die bessere Zukunft: 33,17–24

17 Deine Augen werden den König in seiner
Schönheit erblicken, / sie sehen ein weites
Land.
18 Dein Herz denkt an die (früheren)
Schrecken zurück: / Wo ist der, der damals
zählte,
wo ist der, der abwog? / Wo ist der, der die
Türme gezählt hat?
19 Du wirst das freche Volk nicht mehr se-
hen, / das Volk mit der dunklen, unverständ-
lichen Sprache, / mit den gestammelten,
sinnlosen Worten.
20 Schau auf Zion, die Stadt unserer Fes-
te! / Deine Augen werden Jerusalem se-
hen,
den Ort der Ruhe, / das Zelt, das man nicht
abbricht,
dessen Pflöcke man niemals mehr aus-
reißt, / dessen Stricke nie mehr zerreißen.
21 Ja, dort wird der Herr unser mächtiger
Gott sein. / Es ist ein Ort mit breiten Flüssen
und Strömen.
Keine Ruderboote fahren auf ihnen; / kein
Prunkschiff segelt darauf,
23a denn die Taue sind schlaff, / sie halten
den Mastbaum nicht fest, / man kann kein
Segel mehr spannen.
22 Ja, der Herr ist unser Richter, / der Herr
gibt uns Gesetze; / der Herr ist unser König,
er wird uns retten.
23b Dann verteilen die Blinden große Beute
untereinander, / die Lahmen machen einen
ergiebigen Raubzug.

33,7 die Krieger: in H ein Wort unsicherer Bedeutung.
33,8f die Zeugen: Text korr. nach dem Qumran-Text. – Scharon: die fruchtbare Ebene zwischen Jaffa und Karmel.
33,11c Mein Atem: Text korr. nach Vg und der aramäischen Übersetzung; H: Euer Atem.
33,17f Der »König« ist Gott (vgl. V. 22). – V. 18 denkt an Tribut und Steuern, die fremde Beamte eintreiben.
33,22f In H ist die Reihenfolge der Sätze durcheinandergeraten.
33,23b verteilen die Blinden: Text korr.

24 Kein Mensch in der Stadt wird mehr sagen: / Ich bin krank.
Dem Volk, das in Zion wohnt, / ist seine Schuld vergeben.

20: 32,18.

Die Ankündigung des Gerichts über Edom:
34,1–17

34 Kommt her, ihr Völker, und hört, / horcht auf, ihr Nationen!
Die Erde und alles, was sie erfüllt, / die Welt und alles, was auf ihr sprosst, sollen es hören,
2 dass der Herr über alle Völker erzürnt ist, / dass er zornig ist auf all ihre Heere.
Er hat sie dem Untergang geweiht / und zum Schlachtopfer bestimmt.
3 Die Erschlagenen wirft man hinaus, / der Gestank ihrer Leichen steigt auf,
die Berge triefen von ihrem Blut, / 4 alle Hügel zerfließen.
Wie eine Buchrolle rollt sich der Himmel zusammen, / sein ganzes Heer welkt dahin,
wie Laub am Weinstock verwelkt, / wie Früchte am Feigenbaum schrumpfen.
5 Am Himmel erscheint das Schwert des Herrn. / Seht her, es fährt auf Edom herab, / auf das Volk, das der Herr im Gericht dem Untergang weiht.
6 Das Schwert des Herrn ist voll Blut, / es trieft von Fett,
vom Blut der Lämmer und Böcke, / vom Nierenfett der Widder;
denn der Herr hält in Bozra ein Opferfest ab, / ein großes Schlachtfest in Edom.
7 Da fallen die Büffel und Kälber, / die Stiere und Ochsen.
Ihr Land wird betrunken vom Blut, / ihr Erdreich ist getränkt von Fett.
8 Denn der Herr hat einen Tag der Rache bestimmt, / ein Jahr der Vergeltung für den Streit um Zion.
9 In Edoms Bächen wird das Wasser zu Pech, / sein Boden verwandelt sich in Schwefel, / sein Land wird zu brennendem Pech.
10 Es erlischt nicht bei Tag und bei Nacht, / der Rauch steigt unaufhörlich empor.
Das Land ist für Generationen verödet, / nie mehr zieht jemand hindurch.
11 Dohlen und Eulen nehmen es in Besitz, / Käuze und Raben hausen darin.
Der Herr spannt die Messschnur »Öde« darüber, / er legt das Senkblei »Leere« an.
12 Die Bocksgeister werden dort ihr Unwesen treiben. / Die Edlen Edoms leben nicht mehr.
Man ruft dort keinen König mehr aus, / mit all seinen Fürsten hat es ein Ende.
13 An seinen Palästen ranken sich Dornen empor, / in den Burgen wachsen Nesseln und Disteln.
Das Land wird zu einem Ort für Schakale, / zu einem Platz für die Strauße.
14 Wüstenhunde und Hyänen treffen sich hier, / die Bocksgeister begegnen einander.
Auch Lilit (das Nachtgespenst) ruht sich dort aus / und findet für sich eine Bleibe.
15 Der Kauz hat hier sein sicheres Nest, / er legt seine Eier und brütet sie aus.
Auch die Geier sammeln sich hier, / einer neben dem andern.
16 Forscht nach im Buch des Herrn, / dort werdet ihr lesen:
Keines dieser Tiere ist ausgeblieben, / keines braucht seinen Gefährten zu suchen;
denn der Mund des Herrn hat es befohlen, / sein Geist hat sie zusammengeführt.
17 Er selbst hat für sie das Los geworfen, / er hat mit eigener Hand das Land vermessen und ihnen zugeteilt:
Für immer sollen sie es besitzen, / von Generation zu Generation darin wohnen.

3: Joël 2,20 • 10–15: 13,20–22 • 11: 14,23; Zef 2,14 • 13: Hos 9,6; Jes 35,7 • 14: 13,21.

Die Verheißung des messianischen Heils:
35,1–10

35 Die Wüste und das trockene Land sollen sich freuen, / die Steppe soll jubeln und blühen.
2 Sie soll prächtig blühen wie eine Lilie, / jubeln soll sie, jubeln und jauchzen.
Die Herrlichkeit des Libanon wird ihr geschenkt, / die Pracht des Karmel und der Ebene Scharon.
Man wird die Herrlichkeit des Herrn sehen, / die Pracht unseres Gottes.
3 Macht die erschlafften Hände wieder stark / und die wankenden Knie wieder fest!
4 Sagt den Verzagten: / Habt Mut, fürchtet euch nicht!

34,4a Hügel: Text korr.; H: das Heer des Himmels (aus V. 5).
34,5 erscheint: Text korr. nach dem Qumran-Text. – das Schwert des Herrn, wörtlich: mein Schwert.
34,6e Bozra: südöstlich des Toten Meeres.
34,12ab Ergänzt nach G; in H ist nur erhalten: seine Edlen.
34,13d Strauße, wörtlich: Töchter der Wüste.
34,15b seine Eier: Text korr.
34,16f Später wird man im Jesaja-Buch nachlesen und feststellen, dass das Gericht über Edom eingetroffen ist. – der Mund des Herrn: Text korr. nach H-Handschriften und G.

Seht, hier ist euer Gott! / Die Rache Gottes
wird kommen und seine Vergeltung; / er
selbst wird kommen und euch erretten.
5 Dann werden die Augen der Blinden ge-
öffnet, / auch die Ohren der Tauben sind
wieder offen.
6 Dann springt der Lahme wie ein
Hirsch, / die Zunge des Stummen jauchzt
auf.
In der Wüste brechen Quellen hervor / und
Bäche fließen in der Steppe.
7 Der glühende Sand wird zum Teich / und
das durstige Land zu sprudelnden Quellen.
An dem Ort, wo jetzt die Schakale sich
lagern, / gibt es dann Gras, Schilfrohr und
Binsen.
8 Eine Straße wird es dort geben; / man
nennt sie den Heiligen Weg.
Kein Unreiner darf ihn betreten. / Er ge-
hört dem, der auf ihm geht. / Unerfahrene
gehen nicht mehr in die Irre.
9 Es wird keinen Löwen dort geben, / kein
Raubtier betritt diesen Weg,
keines von ihnen ist hier zu finden. / Dort
gehen nur die Erlösten.
10 Die vom Herrn Befreiten kehren zu-
rück / und kommen voll Jubel nach Zion.
Ewige Freude ruht auf ihren Häuptern. /
Wonne und Freude stellen sich ein, / Kum-
mer und Seufzen entfliehen.

3: Hebr 12,12 • 10: 51,11.

GESCHICHTLICHER ANHANG: 36,1 – 39,8

Sanheribs Feldzug gegen Jerusalem: 36,1 – 37,38

Die erste Gesandtschaft Sanheribs: 36,1–22

36 Im vierzehnten Jahr des Königs His-
kija zog Sanherib, der König von As-
sur, gegen alle befestigten Städte Judas und
nahm sie ein. 2 Der König von Assur sandte
den Rabschake mit einer großen Streitmacht
von Lachisch aus nach Jerusalem gegen Kö-
nig Hiskija. Er stellte sich an der Wasserlei-
tung des oberen Teiches auf, der an der Wal-
kerfeldstraße liegt. 3 Der Palastvorsteher El-
jakim, der Sohn Hilkijas, der Staatsschrei-
ber Schebna und der Sprecher des Königs
Joach, der Sohn Asafs, gingen zu ihm hi-
naus.
4 Da sagte der Rabschake zu ihnen: Sagt zu
Hiskija: So spricht der Großkönig, der König
von Assur: Worauf vertraust du denn, dass
du dich so sicher fühlst? 5 Du glaubst wohl,
bloßes Gerede sei im Krieg schon Rat und
Stärke? Auf wen vertraust du also, dass du
von mir abgefallen bist? 6 Du vertraust ge-
wiss auf Ägypten, dieses geknickte Schilf-
rohr, das jeden, der sich darauf stützt, in die
Hand sticht und sie durchbohrt. Denn so
macht es der Pharao, der König von Ägyp-
ten, mit allen, die ihm vertrauen. 7 Wenn ihr
aber zu mir sagt: Wir vertrauen auf Jahwe,
unseren Gott, dann bedenkt: Ist nicht gerade
er der Gott, dessen Kulthöhen und Altäre
Hiskija beseitigt hat? Hat nicht Hiskija in
Juda und Jerusalem angeordnet: Nur vor
diesem Altar in Jerusalem dürft ihr euch nie-
derwerfen? 8 Geh doch mit meinem Herrn,
dem König von Assur, eine Wette ein! Ich
gebe dir zweitausend Pferde. Kannst du die
Reiter für sie stellen? 9 Wie willst du auch
nur einen einzigen Statthalter meines Herrn
in die Flucht schlagen, und wäre es der un-
bedeutendste seiner Knechte? Du vertraust
ja nur auf Ägypten, auf seine Wagen und de-
ren Besatzung. 10 Außerdem: Bin ich denn
gegen den Willen Jahwes heraufgezogen, um
dieses Land zu verwüsten? Jahwe selbst hat
mir befohlen: Zieh gegen dieses Land und
verwüste es! 11 Da sagten Eljakim, Schebna
und Joach zu dem Rabschake: Sprich doch
aramäisch mit deinen Knechten! Wir verste-
hen es. Sprich vor den Ohren des Volkes, das
auf der Mauer steht, nicht judäisch mit uns!
12 Der Rabschake antwortete ihnen: Hat
mich mein Herr etwa beauftragt, das alles
nur zu deinem Herrn und zu dir zu sagen und
nicht vielmehr zu all den Männern, die auf
der Mauer sitzen und ihren eigenen Kot es-
sen und ihren Harn trinken wie ihr? 13 Dann
trat der Rabschake vor und rief laut auf Ju-
däisch: Hört die Worte des Großkönigs, des
Königs von Assur! 14 So spricht der König:
Lasst euch nicht von Hiskija betören; denn
er kann euch nicht retten. 15 Er soll euch
nicht verleiten, auf Jahwe zu vertrauen, und
sagen: Jahwe wird uns sicher retten, diese
Stadt wird dem König von Assur nicht in die

36,1 – 39,8 Stimmt weithin mit 2 Kön überein; nur das Lied des Hiskija ist Eigengut von Jes. – Vgl. die Anmerkungen zu 2 Kön 18,13 – 20,19.

36,2 Rabschake ist ein assyrischer Beamtentitel, der etwa »Obermundschenk« bedeutet.

Hände fallen. 16 Hört nicht auf Hiskija! Denn so spricht der König von Assur: Trefft mit mir ein Abkommen und ergebt euch! Dann kann jeder von euch von seinem Weinstock und von seinem Feigenbaum essen und Wasser aus seiner Zisterne trinken, 17 bis ich komme und euch in ein Land bringe, das eurem Land gleicht: in ein Land voll Getreide und Most, ein Land voll Brot und Wein. 18 Lasst euch von Hiskija nicht in die Irre führen, wenn er sagt: Jahwe wird uns retten. Hat denn einer von den Göttern der anderen Völker sein Land vor dem König von Assur gerettet? 19 Wo sind die Götter von Hamat und Arpad? Wo sind die Götter von Sefarwajim? Haben sie etwa Samaria vor mir gerettet? 20 Wer von all den Göttern der anderen Länder hat sein Land vor mir gerettet? Wie sollte denn Jahwe Jerusalem vor mir retten? 21 Die Männer aber schwiegen und gaben ihm keine Antwort; denn der König hatte befohlen: Ihr dürft ihm nicht antworten.

22 Der Palastvorsteher Eljakim, der Sohn Hilkijas, der Staatsschreiber Schebna und der Sprecher des Königs Joach, der Sohn Asafs, zerrissen ihre Kleider, gingen zu Hiskija und berichteten ihm, was der Rabschake gesagt hatte.

1–22 ‖ 2 Kön 18,13–37; 2 Chr 32,1–19 • 6: Ez 29,6f.

Die Reaktion des Königs Hiskija: 37,1–7

37 Als König Hiskija das hörte, zerriss er seine Kleider, legte ein Trauergewand an und ging in das Haus des Herrn. 2 Dann sandte er den Palastvorsteher Eljakim, den Staatsschreiber Schebna und die Ältesten der Priester in Trauergewändern zum Propheten Jesaja, dem Sohn des Amoz. 3 Sie sagten zu ihm: So spricht Hiskija: Heute ist ein Tag der Not, der Strafe und der Schande. Die Kinder sind bis an die Öffnung des Mutterschoßes gelangt, doch den Frauen fehlt die Kraft zum Gebären. 4 Aber vielleicht hört der Herr, dein Gott, die Worte des Rabschake, den sein Herr, der König von Assur, hergesandt hat, damit er den lebendigen Gott beschimpft; und vielleicht schickt der Herr, dein Gott, eine Strafe für die Worte, die er gehört hat. Darum bete für den Rest, der noch übrig ist.

5 Jesaja antwortete den Abgesandten des Königs Hiskija, die zu ihm gekommen waren: 6 Sagt zu eurem Herrn Folgendes: So spricht der Herr: Fürchte dich nicht wegen der Worte, die du gehört hast und mit denen die Knechte des Königs von Assur mich verhöhnt haben. 7 Seht, ich lege einen Geist in ihn, sodass er ein Gerücht hört und in sein Land zurückkehrt; dort bringe ich ihn durch das Schwert zu Fall.

1–7 ‖ 2 Kön 19,1–7 • 3: Hos 13,13.

Die zweite Gesandtschaft Sanheribs: 37,8–13

8 Der Rabschake trat den Rückweg an und fand den König von Assur im Kampf gegen die Stadt Libna. Sanherib war inzwischen, wie der Rabschake gehört hatte, von Lachisch abgezogen.

9 Dann erfuhr Sanherib, dass Tirhaka, der König von Kusch, zum Kampf gegen ihn heranzog. Er schickte wiederum Boten zu Hiskija mit dem Auftrag: 10 So sollt ihr zu Hiskija, dem König von Juda, sagen: Lass dir nicht von deinem Gott, auf den du vertraust, einreden, Jerusalem werde dem König von Assur nicht in die Hände fallen. 11 Du hast doch gehört, was die Könige von Assur mit allen anderen Ländern gemacht haben: Sie haben sie dem Untergang geweiht. Und du meinst, du wirst gerettet? 12 Sind denn die Völker, die von meinen Vätern vernichtet wurden, von ihren Göttern gerettet worden, die Völker von Gosan, Haran und Rezef, die Söhne von Eden, die in Telassar wohnten? 13 Wo ist der König von Hamat, der König von Arpad, der König der Stadt Sefarwajim, wo sind die Könige von Hena und Awa?

8–13 ‖ 2 Kön 19,8–13.

Das Gebet des Königs: 37,14–20

14 Hiskija nahm das Schreiben von den Boten in Empfang und las es. Dann ging er zum Haus des Herrn hinauf, breitete das Schreiben vor dem Herrn aus und 15 betete zum Herrn. Er sagte: 16 Herr der Heere, Gott Israels, der über den Kerubim thront, du allein bist der Gott aller Reiche der Erde. Du hast den Himmel und die Erde gemacht. 17 Wende mir dein Ohr zu, Herr, und höre! Öffne, Herr, deine Augen und sieh her! Hör alles, was Sanherib sagt, der seinen Boten hergesandt hat, um den lebendigen Gott zu verhöhnen. 18 Es ist wahr, Herr, die Könige von Assur haben alle Völker vernichtet und ihre Länder verwüstet 19 und ihre Götter ins Feuer geworfen. Aber das waren keine Götter, sondern Werke von Menschenhand, aus Holz und Stein; darum konnte man sie vernichten. 20 Nun aber, Herr, unser Gott, rette uns aus

37,9 wiederum: Text korr. nach 2 Kön 19,9 und G.

37,20 Gott bist: eingefügt mit 2 Kön 19,19 und dem Qumran-Text.

seiner Hand, damit alle Reiche der Erde
erkennen, dass du, Jahwe, Gott bist, du
allein.

14–20 ‖ 2 Kön 19,14–19.

Die Verheißung der göttlichen Hilfe: 37,21–35

21 Jesaja, der Sohn des Amoz, schickte zu
Hiskija einen Boten und ließ ihm sagen: So
spricht der Herr, der Gott Israels: Ich habe
gehört, wie du wegen des Königs Sanherib
von Assur zu mir gebetet hast. 22 Das ist das
Wort des Herrn gegen ihn:

Dich verachtet, dich verspottet / die Jungfrau, die Tochter Zion.
Die Tochter Jerusalem / schüttelt spöttisch den Kopf über dich.
23 Wen hast du beschimpft und verhöhnt, / gegen wen die Stimme erhoben,
auf wen voll Hochmut herabgeblickt? / Auf den Heiligen Israels.
24 Durch deine Gesandten hast du den Herrn verhöhnt; / du hast gesagt:
Mit meinen zahlreichen Wagen fuhr ich auf die Höhen der Berge, / in die fernsten Winkel des Libanon.
Ich fällte seine hohen Zedern, / seine schönsten Zypressen,
kam bis zu seinen entlegensten Höhen, / in das Dickicht seiner Wälder.
25 Ich habe Brunnen gegraben / und fremdes Wasser getrunken.
Ich ließ unter dem Schritt meiner Füße / alle Ströme Ägyptens vertrocknen.
26 Hast du es nicht gehört? / Schon vor langer Zeit habe ich es so gefügt,
seit den Tagen der Vorzeit habe ich es so geplant, / jetzt ließ ich es kommen.
So konntest du befestigte Städte zerstören / und in Trümmer verwandeln.
27 Ihre Bewohner waren machtlos, / in Schrecken und Schande gestoßen.
Sie glichen den Pflanzen auf dem Feld, / dem frischen Grün,
dem Gras auf den Dächern, / das im Ostwind verdorrt.
28 Ich weiß, ob du ruhst, ob du gehst oder kommst, / ob du dich gegen mich auflehnst.
29 Weil du gegen mich wütest / und dein Lärm meine Ohren erreicht hat,
ziehe ich dir einen Ring durch die Nase / und lege dir einen Zaum in das Maul.
Auf dem Weg, auf dem du herankamst, / treibe ich dich wieder zurück.

30 Und das soll für dich (Hiskija) ein Vor-
zeichen sein: In diesem Jahr isst man, was
von selbst nachwächst, im nächsten Jahr,
was wild wächst; im dritten Jahr aber sollt
ihr wieder säen und ernten, die Weinberge
bepflanzen und ihre Früchte genießen.
31 Wer vom Haus Juda entronnen und übrig
geblieben ist, wird unten wieder Wurzeln
treiben und oben Frucht tragen. 32 Denn von
Jerusalem wird ein Rest (in das Land) hi-
nausziehen, vom Berg Zion ziehen die Geret-
teten hinaus. Der leidenschaftliche Eifer des
Herrn der Heere vollbringt das. 33 Darum –
so spricht der Herr über den König von As-
sur: Er wird nicht in diese Stadt eindringen;
er wird keinen einzigen Pfeil hineinschießen,
er wird nicht unter dem Schutz seines Schil-
des gegen sie anrennen und wird keinen
Damm gegen sie aufschütten. 34 Auf dem
Weg, auf dem er gekommen ist, wird er wie-
der zurückkehren. Aber in diese Stadt wird
er nicht eindringen – Spruch des Herrn.
35 Ich werde diese Stadt beschützen und ret-
ten, um meinetwillen und um meines Knech-
tes David willen.

21–35 ‖ 2 Kön 19,20–34 • 27: Ps 129,6.

Die Rettung der Stadt: 37,36–38

36 In jener Nacht zog der Engel des Herrn
aus und erschlug im Lager der Assyrer hun-
dertfünfundachtzigtausend Mann. Als man
am nächsten Morgen aufstand, fand man sie
alle als Leichen. 37 Da brach Sanherib, der
König von Assur, auf und kehrte in sein
Land zurück. Er blieb in Ninive. 38 Als er ei-
nes Tages im Tempel seines Gottes Nisroch
betete, erschlugen ihn seine Söhne Adram-
melech und Sarezer mit dem Schwert. Da-
rauf mussten sie in das Land Ararat fliehen
und Sanheribs Sohn Asarhaddon wurde an
seiner Stelle König.

36–38 ‖ 2 Kön 19,35–37.

Weitere Nachrichten über Jesaja und Hiskija: 38,1 – 39,8

Die Krankheit Hiskijas: 38,1–8

38 In jenen Tagen wurde Hiskija schwer
krank und war dem Tod nahe. Der
Prophet Jesaja, der Sohn des Amoz, kam zu
ihm und sagte: So spricht der Herr: Bestell
dein Haus; denn du wirst sterben, du wirst

37,21 Ich habe gehört: eingefügt mit 2 Kön 19,20 und G.

37,25 fremdes: eingefügt mit 2 Kön 19,24 und dem Qumran-Text.

37,27 verdorrt: Text korr. nach dem Qumran-Text.

nicht am Leben bleiben. 2 Da drehte sich Hiskija mit dem Gesicht zur Wand und betete zum Herrn: 3 Ach Herr, denk daran, dass ich mein Leben lang treu und mit aufrichtigem Herzen meinen Weg vor deinen Augen gegangen bin und dass ich immer getan habe, was dir gefällt. Und Hiskija begann laut zu weinen. 4 Da erging das Wort des Herrn an Jesaja: 5 Geh zu Hiskija und sag zu ihm: So spricht der Herr, der Gott deines Vaters David: Ich habe dein Gebet gehört und deine Tränen gesehen. Ich will zu deiner Lebenszeit noch fünfzehn Jahre hinzufügen. 6 [Und ich will dich und diese Stadt aus der Gewalt des Königs von Assur retten und diese Stadt beschützen.] 7 Das soll für dich das Zeichen des Herrn sein, dass der Herr sein Versprechen halten wird: 8 Siehe, ich lasse den Schatten, der auf den Stufen des Ahas bereits herabgestiegen ist, wieder zehn Stufen hinaufsteigen. Da stieg der Schatten auf den Stufen, die er bereits herabgestiegen war, wieder zehn Stufen hinauf.

1–8 ‖ 2 Kön 20,1–6.

Das Danklied Hiskijas: 38,9–20

9 Ein Lied, das König Hiskija von Juda verfasst hat, als er nach seiner Krankheit wieder genesen war:

10 Ich sagte: In der Mitte meiner Tage / muss ich hinab zu den Pforten der Unterwelt, / man raubt mir den Rest meiner Jahre.

11 Ich sagte: Ich darf den Herrn nicht mehr schauen / im Land der Lebenden,

keinen Menschen mehr sehen / bei den Bewohnern der Erde.

12 Meine Hütte bricht man über mir ab, / man schafft sie weg wie das Zelt eines Hirten.

Wie ein Weber hast du mein Leben zu Ende gewoben, / du schneidest mich ab wie ein fertig gewobenes Tuch.

Vom Anbruch des Tages bis in die Nacht / gibst du mich völlig preis;

13 bis zum Morgen schreie ich um Hilfe. / Wie ein Löwe zermalmt er all meine Knochen.

14 Ich zwitschere wie eine Schwalbe, / ich gurre wie eine Taube.

Meine Augen blicken ermattet nach oben: / Ich bin in Not, Herr. Steh mir bei!

15 Was kann ich ihm sagen, was soll ich reden, / da er es selber getan hat?

Es flieht mich der Schlaf; / denn meine Seele ist verbittert.

16 Herr, ich vertraue auf dich; / du hast mich geprüft. / Mach mich gesund und lass mich wieder genesen!

17 Du hast mich aus meiner bitteren Not gerettet, / du hast mich vor dem tödlichen Abgrund bewahrt; / denn all meine Sünden warfst du hinter deinen Rücken.

18 Ja, in der Unterwelt dankt man dir nicht, / die Toten loben dich nicht;

wer ins Grab gesunken ist, / kann nichts mehr von deiner Güte erhoffen.

19 Nur die Lebenden danken dir, / wie ich am heutigen Tag. / Von deiner Treue erzählt der Vater den Kindern.

20 Der Herr war bereit, mir zu helfen; / wir wollen singen und spielen im Haus des Herrn, / solange wir leben.

12: 2 Kor 5,1; 2 Petr 1,13f; Ijob 7,6 • 17: Ps 103,3f; Mi 7,19 • 18: Ps 6,6 • 19: Dtn 4,9.

Ein Nachtrag über die Krankheit Hiskijas: 38,21–22

21 Darauf sagte Jesaja: Man hole einen Feigenbrei und streiche ihn auf das Geschwür, damit der König gesund wird. 22 Hiskija aber fragte Jesaja: Was ist das Zeichen dafür, dass ich wieder zum Haus des Herrn hinaufgehen werde?

21: 2 Kön 20,7f.

Die Gesandtschaft aus Babel: 39,1–8

39 Damals sandte Merodach-Baladan, der Sohn Baladans, der König von Babel, einen Brief und Geschenke an Hiskija; denn er hatte von seiner Krankheit und von seiner Genesung gehört. 2 Hiskija freute sich darüber und zeigte den Gesandten sein Schatzhaus, das Silber und das Gold, die Vorräte an Balsam und feinem Öl, sein ganzes Waffenlager und alle anderen Schätze, die er besaß. Es gab nichts in seinem Haus und in seinem ganzen Herrschaftsbereich, das er ihnen nicht gezeigt hätte. 3 Danach kam der Prophet Jesaja zu König Hiskija und fragte ihn: Was haben diese Männer gesagt? Woher kamen sie? Hiskija antwortete: Sie sind aus einem fernen Land, aus Babel,

38,12 hast du gewoben: Text korr. (2. statt 1. Person). – gewoben, wörtlich: aufgerollt.
38,13 H wiederholt am Ende V. 12ef.
38,15 was soll ich reden: Text korr., vgl. den Qumran-Text; H: und er hat mir gesagt. – 15c: Text korr. nach S.
38,16 H ist unverständlich, die Übersetzung ein Versuch.
38,17 Übersetzung unsicher.
38,21f Die Verse gehören zu 38,1–8, vielleicht vor V. 7.

zu mir gekommen. 4 Er fragte weiter: Was haben sie in deinem Haus gesehen? Hiskija antwortete: Sie haben alles gesehen, was in meinem Haus ist. Es gibt nichts in meinen Schatzkammern, das ich ihnen nicht gezeigt hätte. 5 Da sagte Jesaja zu Hiskija: Höre das Wort des Herrn der Heere: 6 Es werden Tage kommen, an denen man alles, was in deinem Haus ist, alles, was deine Väter bis zum heutigen Tag angesammelt haben, nach Babel bringt. Nichts wird übrig bleiben, spricht der Herr. 7 Auch von deinen eigenen Söhnen, die du noch bekommen wirst, wird man einige mitnehmen und sie werden als Kämmerer im Palast des Königs von Babel dienen müssen. 8 Hiskija sagte zu Jesaja: Das Wort des Herrn, das du mir gesagt hast, ist gut. Und er dachte: Zu meinen Lebzeiten herrscht ja noch Friede und Sicherheit.

1–8 ‖ 2 Kön 20,12–19.

II. TEIL
DER ZWEITE JESAJA (DEUTEROJESAJA): 40,1 – 55,13

EINLEITUNG: DIE VERHEISSUNG DER HEIMKEHR: 40,1–11

40 Tröstet, tröstet mein Volk, / spricht euer Gott.
2 Redet Jerusalem zu Herzen / und verkündet der Stadt,
dass ihr Frondienst zu Ende geht, / dass ihre Schuld beglichen ist;
denn sie hat die volle Strafe erlitten / von der Hand des Herrn / für all ihre Sünden.
3 Eine Stimme ruft: / Bahnt für den Herrn einen Weg durch die Wüste!
Baut in der Steppe eine ebene Straße / für unseren Gott!
4 Jedes Tal soll sich heben, / jeder Berg und Hügel sich senken.
Was krumm ist, soll gerade werden, / und was hüglig ist, werde eben.
5 Dann offenbart sich die Herrlichkeit des Herrn, / alle Sterblichen werden sie sehen. / Ja, der Mund des Herrn hat gesprochen.
6 Eine Stimme sagte: Verkünde! / Ich fragte: Was soll ich verkünden?
Alles Sterbliche ist wie das Gras / und all seine Schönheit ist wie die Blume auf dem Feld.
7 Das Gras verdorrt, die Blume verwelkt, / wenn der Atem des Herrn darüber weht. / Wahrhaftig, Gras ist das Volk.
8 Das Gras verdorrt, die Blume verwelkt, / doch das Wort unseres Gottes bleibt in Ewigkeit.
9 Steig auf einen hohen Berg, / Zion, du Botin der Freude!
Erheb deine Stimme mit Macht, / Jerusalem, du Botin der Freude!
Erheb deine Stimme, fürchte dich nicht! / Sag den Städten in Juda: / Seht, da ist euer Gott.
10 Seht, Gott der Herr, kommt mit Macht, / er herrscht mit starkem Arm.
Seht, er bringt seinen Siegespreis mit: / Alle, die er gewonnen hat, gehen vor ihm her.
11 Wie ein Hirt führt er seine Herde zur Weide, / er sammelt sie mit starker Hand.
Die Lämmer trägt er auf dem Arm, / die Mutterschafe führt er behutsam. 12

2: Jer 16,18 • 3: Mt 3,3; Mk 1,3; Lk 3,4–6; Joh 1,23; Jes 62,10 • 6–7: Ps 103,15; Jak 1,10; 1 Petr 1,24f • 8: Ps 119,89 • 10: 62,11; Offb 22,12.

PREIS DER ERHABENHEIT GOTTES: 40,12–20; 41,6–7; 40,21–31

12 Wer misst das Meer mit der hohlen Hand? / Wer kann mit der ausgespannten Hand den Himmel vermessen? / Wer misst den Staub der Erde mit einem Scheffel?
Wer wiegt die Berge mit einer Waage / und mit Gewichten die Hügel?

40,1 – 55,13 Vgl. die Einleitung zu Jes.
40,2e Wörtlich: »sie hat Zweifaches empfangen«. Das Strafrecht fordert in bestimmten Fällen doppelte Wiedergutmachung (vgl. Ex 22,3.6.8).
40,6–8 Spricht vom Verkündigungsauftrag an Deuterojesaja.
40,6 Ich fragte: Text korr. nach G, vgl. den Qumran-Text.
40,12 Scheffel: H: Schalisch (ein Hohlmaß unbekannter Größe).

13 Wer bestimmt den Geist des Herrn? /
Wer kann sein Berater sein und ihn unter-
richten?
14 Wen fragt er um Rat / und wer vermittelt
ihm Einsicht?
Wer kann ihn über die Pfade des Rechts
belehren? / Wer lehrt ihn das Wissen / und
zeigt ihm den Weg der Erkenntnis?
15 Seht, die Völker sind wie ein Tropfen am
Eimer, / sie gelten so viel wie ein Stäubchen
auf der Waage. / Ganze Inseln wiegen nicht
mehr als ein Sandkorn.
16 Der Libanon reicht nicht aus für das
Brennholz, / sein Wild genügt nicht für die
Opfer.
17 Alle Völker sind vor Gott wie ein
Nichts, / für ihn sind sie wertlos und nich-
tig.
18 Mit wem wollt ihr Gott vergleichen /
und welches Bild an seine Stelle setzen?
19 Der Handwerker gießt ein Götterbild, /
der Goldschmied überzieht es mit Gold / und
fertigt silberne Ketten dazu.
20 Wer arm ist, wählt für ein Weihege-
schenk / ein Holz, das nicht fault;
er sucht einen fähigen Meister, / der ihm
das Götterbild aufstellt, / sodass es nicht
wackelt.
41,6 Dabei hilft einer dem andern; / er sagt
zu seinem Bruder: Pack an!
41,7 So ermuntert der Handwerker den
Goldschmied, / der, der glättet, den Schmied
am Amboss;
er sagt: Die Lötung ist gut!, / dann befes-
tigt er das Ganze mit Nägeln, / damit es nicht
wackelt.
40,21 Wisst ihr es nicht, hört ihr es nicht, /
war es euch nicht von Anfang an bekannt?
Habt ihr es nicht immer wieder erfahren /
seit der Grundlegung der Erde?
22 Er ist es, der über dem Erdenrund
thront; / wie Heuschrecken sind ihre Bewoh-
ner.
Wie einen Schleier spannt er den Himmel
aus, / er breitet ihn aus wie ein Zelt zum
Wohnen.
23 Er macht die Fürsten zunichte, / er
nimmt den Richtern der Erde jeden Ein-
fluss.
24 Kaum sind sie gesät und gepflanzt, /
kaum wurzelt ihr Stamm in der Erde,
da bläst er sie an, sodass sie verdorren; /
der Sturm trägt sie fort wie Spreu.
25 Mit wem wollt ihr mich vergleichen? /
Wem sollte ich ähnlich sein?, spricht der Hei-
lige.
26 Hebt eure Augen in die Höhe und seht: /
Wer hat die (Sterne) dort oben erschaffen?
Er ist es, der ihr Heer täglich zählt und
heraufführt, / der sie alle beim Namen ruft.
Vor dem Allgewaltigen und Mächtigen /
wagt keiner zu fehlen.
27 Jakob, warum sagst du, / Israel, warum
sprichst du:
Mein Weg ist dem Herrn verborgen, / mei-
nem Gott entgeht mein Recht?
28 Weißt du es nicht, hörst du es nicht? /
Der Herr ist ein ewiger Gott, / der die weite
Erde erschuf.
Er wird nicht müde und matt, / uner-
gründlich ist seine Einsicht.
29 Er gibt dem Müden Kraft, / dem Kraft-
losen verleiht er große Stärke.
30 Die Jungen werden müde und matt, /
junge Männer stolpern und stürzen.
31 Die aber, die dem Herrn vertrauen, /
schöpfen neue Kraft, / sie bekommen Flügel
wie Adler.
Sie laufen und werden nicht müde, / sie
gehen und werden nicht matt.

40,13: Jer 23,18; Röm 11,34 • 18: 40,25; 46,5 • 41,7: Jer 10,4 • 40,21: 40,28 • 25: 40,18 • 26: Ps 147,4 • 28: 40,21 • 31: Ps 103,5.

DAS GERICHT ÜBER DIE VÖLKER: 41,1–29

Die Berufung des Kyrus: 41,1–5

41 Ihr Inseln, hört schweigend auf
mich, / ihr Völker, wartet auf mich!
Sie sollen kommen und ihre Sache vortra-
gen, / wir wollen vor Gericht gehen, alle zu-
sammen.
2 Wer hat im Osten den geweckt, / dem Ge-
rechtigkeit folgt auf Schritt und Tritt?
Wer gibt ihm die Völker preis / und unter-
wirft ihm die Könige?
Sein Schwert macht sie zu Staub, / sein
Bogen macht sie zu Spreu, die verweht.

40,20f Die Verse 41,6f gehören nach ihrem Inhalt hierher; sie stehen in Kap. 41 isoliert.
40,20 Sinn von H teilweise unklar.
40,21 seit der Grundlegung: Text korr.
41,1 ihr Völker, wartet auf mich: Text korr.; H: und Völker schöpfen neue Kraft (aus 40,31 eingedrungen).
41,2f Gemeint ist der Perserkönig Kyrus.

3 Er verfolgt sie, rückt unversehrt vor, / berührt kaum mit den Füßen den Weg.
4 Wer hat das bewirkt und vollbracht? / Er, der von Anfang an die Generationen (ins Dasein) rief.

Ich, der Herr, bin der Erste / und noch bei den Letzten bin ich derselbe.
5 Die Inseln sehen es und geraten in Furcht, / die Enden der Erde erzittern; / sie nähern sich und kommen herbei.

2: 41,25; 45,13; 46,11 • 4: 44,6; 48,12; Offb 1,8.17.

Trost für Israel: 41,8–16

8 Du, mein Knecht Israel, / du, Jakob, den ich erwählte, / Nachkomme meines Freundes Abraham:
9 Ich habe dich von den Enden der Erde geholt, / aus ihrem äußersten Winkel habe ich dich gerufen.

Ich habe zu dir gesagt: Du bist mein Knecht, / ich habe dich erwählt und dich nicht verschmäht.
10 Fürchte dich nicht, denn ich bin mit dir; / hab keine Angst, denn ich bin dein Gott.

Ich helfe dir, ja, ich mache dich stark, / ja, ich halte dich mit meiner hilfreichen Rechten.
11 Schmach und Schande kommt über alle, / die sich über dich erhitzen.

Die Männer, die mit dir streiten, / werden zunichte und gehen zugrunde.
12 Du wirst sie suchen, aber nicht mehr finden, / die Männer, die mit dir zanken.

Sie werden zunichte und finden ihr Ende, / die Männer, die dich bekriegen.
13 Denn ich bin der Herr, dein Gott, / der deine rechte Hand ergreift

und der zu dir sagt: Fürchte dich nicht, ich werde dir helfen.
14 Fürchte dich nicht, du armer Wurm Jakob, / du Würmlein Israel!

Ich selber werde dir helfen – Spruch des Herrn. / Der Heilige Israels löst dich aus.
15 Zu einem Dreschschlitten mache ich dich, / zu einem neuen Schlitten mit vielen Schneiden.

Berge wirst du dreschen und sie zermalmen / und Hügel machst du zu Spreu.
16 Du worfelst sie und es verweht sie der Wind, / es zerstreut sie der Sturm.

Du aber jubelst über den Herrn, / du rühmst dich des Heiligen Israels.

8: Jak 2,23 • 10: 43,5 • 13: 42,6; 45,1 • 16: 61,10.

Der wunderbare Auszug aus Babel: 41,17–20

17 Die Elenden und Armen suchen Wasser, / doch es ist keines da; / ihre Zunge vertrocknet vor Durst.

Ich, der Herr, will sie erhören, / ich, der Gott Israels, verlasse sie nicht.
18 Auf den kahlen Hügeln lasse ich Ströme hervorbrechen / und Quellen inmitten der Täler.

Ich mache die Wüste zum Teich / und das ausgetrocknete Land zur Oase.
19 In der Wüste pflanze ich Zedern, / Akazien, Ölbäume und Myrten.

In der Steppe setze ich Zypressen, / Platanen und auch Eschen.
20 Dann werden alle sehen und erkennen, / begreifen und verstehen,

dass die Hand des Herrn das alles gemacht hat, / dass der Heilige Israels es erschaffen hat.

18: Ps 114,8 • 19: 60,13.

Die Nichtigkeit der heidnischen Götter: 41,21–29

21 Bringt eure Sache vor, spricht der Herr, / schafft eure Beweise herbei, spricht Jakobs König.
22 Sie sollen vorbringen und uns kundtun, / was sich ereignen wird.

Was bedeutet das Vergangene? Teilt es uns mit, / damit auch wir unseren Sinn darauf richten.

Oder lasst uns das Zukünftige hören, / damit wir das Ende erfahren.
23 Tut kund, was später noch kommt, / damit wir erkennen: Ja, ihr seid Götter.

Ja, tut Gutes oder Böses, / damit wir alle zusammen es sehen und staunen.
24 Seht, ihr seid nichts, / euer Tun ist ein Nichts; / einen Gräuel wählt, wer immer euch wählt.
25 Ich habe ihn im Norden geweckt und er kam; / im Osten habe ich ihn beim Namen gerufen.

Er hat die Fürsten wie Lehm zertreten, /

41,6f Vgl. die Anmerkung zu 40,20f.
41,14 Würmlein Israel: H: Leute Israels. – Zu »der Heilige Israels« vgl. die Anmerkung zu 1,4. – »Auslösen, loskaufen, erlösen«, meint die Befreiung aus der babylonischen Knechtschaft, wobei der Prophet auf die »Löser«-Pflicht anspielt (vgl. die Anmerkung zu Lev 25,25).
41,15f Zum »Dreschschlitten« und »Worfeln« vgl. die Anmerkung zu Rut 3,2–4.
41,23 Die Götter sollen Gutes oder Böses, d. h. irgendetwas tun und so ihre Macht beweisen.
41,25 ihn: Gemeint ist Kyrus (vgl. 41,2). – habe ich ihn beim Namen gerufen: Text korr. (vgl. 45,3). – Er hat . . . zertreten: Text korr.

wie ein Töpfer den Ton stampft.
26 Wer hat es kundgetan von Anfang an, / sodass wir es wussten?

Wer hat es im Voraus kundgetan, / sodass wir sagen konnten: Es ist richtig?

Niemand hat es kundgetan, / niemand hat es gemeldet, / keiner hörte von euch ein einziges Wort.
27 Ich habe Zion als Erster (gesagt): / Sieh her, da ist es!, / und habe Jerusalem einen Freudenboten geschickt.
28 Ich blickte umher, doch niemand war da, / keiner von diesen hier konnte mir raten / und Antwort geben auf meine Fragen.
29 Seht her: Sie alle sind nichts, / ihr Tun ist ein Nichts; / windig und wesenlos sind die Bilder der Götter.

23: 44,7 • 25: 41,2; 45,3 • 27: 40,9; 52,7.

DAS ERSTE LIED VOM GOTTESKNECHT: 42,1–9

42 Seht, das ist mein Knecht, den ich stütze; / das ist mein Erwählter, an ihm finde ich Gefallen.

Ich habe meinen Geist auf ihn gelegt, / er bringt den Völkern das Recht.
2 Er schreit nicht und lärmt nicht / und lässt seine Stimme nicht auf der Straße erschallen.
3 Das geknickte Rohr zerbricht er nicht / und den glimmenden Docht löscht er nicht aus; / ja, er bringt wirklich das Recht.
4 Er wird nicht müde und bricht nicht zusammen, / bis er auf der Erde das Recht begründet hat. / Auf sein Gesetz warten die Inseln.
5 So spricht Gott, der Herr, / der den Himmel erschaffen und ausgespannt hat, / der die Erde gemacht hat und alles, was auf ihr wächst,

der den Menschen auf der Erde den Atem verleiht / und allen, die auf ihr leben, den Geist:
6 Ich, der Herr, habe dich aus Gerechtigkeit gerufen, / ich fasse dich an der Hand.

Ich habe dich geschaffen und dazu bestimmt, / der Bund für mein Volk / und das Licht für die Völker zu sein:
7 blinde Augen zu öffnen, / Gefangene aus dem Kerker zu holen

und alle, die im Dunkel sitzen, / aus ihrer Haft zu befreien.
8 Ich bin Jahwe, das ist mein Name; / ich überlasse die Ehre, die mir gebührt, keinem andern, / meinen Ruhm nicht den Götzen.
9 Seht, das Frühere ist eingetroffen, / Neues kündige ich an.

Noch ehe es zum Vorschein kommt, / mache ich es euch bekannt.

1: Mt 12,18–21; 3,17; Jes 51,4 • 4: 51,4 • 6: 41,9; 49,6.8; Lk 2,32 • 8: 48,11 • 9: 48,6.

VERHEISSUNG DES AUSZUGS AUS BABEL: 42,10 – 44,23

Der Sieg Gottes: 42,10–17

10 Singt dem Herrn ein neues Lied, / verkündet seinen Ruhm bis ans Ende der Erde!

Es jauchze das Meer und alles, was es erfüllt, / die Inseln und ihre Bewohner.
11 Die Wüste und ihre Städte sollen sich freuen, / die Dörfer, die Kedar bewohnt.

Die Bewohner von Sela sollen singen vor Freude / und jubeln auf den Gipfeln der Berge.
12 Sie sollen die Herrlichkeit des Herrn verkünden, / seinen Ruhm auf den Inseln verbreiten.
13 Der Herr zieht in den Kampf wie ein Held, / er entfacht seine Leidenschaft wie ein Krieger.

Er erhebt den Schlachtruf und schreit, / er zeigt sich als Held gegenüber den Feinden.
14 Ich hatte sehr lange geschwiegen, / ich war still und hielt mich zurück.

Wie eine Gebärende will ich nun schreien, / ich schnaube und schnaufe.
15 Die Berge und Hügel dörre ich aus / und lasse ihr Gras völlig vertrocknen.

Flüsse mache ich zu festem Boden / und Teiche lege ich trocken.
16 Blinde führe ich auf Wegen, die sie nicht kennen, / auf unbekannten Pfaden lasse ich sie wandern.

42,6 Im Gottesknecht soll sich die Bundeszusage für das Volk Gottes erfüllen.
42,10 Es jauchze: Text korr.
42,11 sollen sich freuen: H: sollen (ihre Stimme) erheben.

Die Finsternis vor ihren Augen mache ich
zu Licht; / was krumm ist, mache ich gera-
de.
Das sind die Taten, die ich vollbrachte, /
und ich lasse davon nicht mehr ab.
17 Alle müssen weichen und werden be-
schämt, / die auf Götzenbilder vertrauen,
die zu gegossenen Bildern sagen: / Ihr seid
unsere Götter.

10: Ps 33,3 • 16: 40,4 • 17: Ps 97,7.

Israel, der blinde und taube Knecht Gottes: 42,18–25

18 Ihr, die ihr taub seid, hört, / ihr Blinden,
blickt auf und seht her!
19 Wer ist so blind wie mein Knecht / und
so taub wie der Bote, den ich sende?
Wer ist so blind wie mein Vertrauter / und
so taub wie der Knecht des Herrn?
20 Vieles sieht er, aber er beachtet es
nicht; / die Ohren hat er offen und hört doch
nicht.
21 Der Herr hatte um seiner Gerechtigkeit
willen beschlossen, / das Gesetz groß und
herrlich zu machen.
22 Doch jetzt sind sie ein beraubtes, ausge-
plündertes Volk; / alle sind in den Kerker ge-
worfen, ins Gefängnis gesperrt.
Sie wurden als Beute verschleppt / und
kein Retter war da;
sie wurden ausgeplündert und niemand
sagte: / Gib es zurück
23 Wer von euch vernimmt diese Worte, /
wer merkt auf und hört künftig darauf?
24 Wer lieferte Jakob den Plünderern aus /
und Israel den Räubern?
Hat nicht der Herr es getan, / gegen den
wir gesündigt hatten?
Sie wollten nicht auf seinen Wegen ge-
hen, / sie hörten nicht auf sein Gesetz.
25 Da goss er über sie seinen glühenden
Zorn aus / und den Schrecken des Krieges:
Ringsum hat er sie umlodert, / doch sie
merkten es nicht;
du hast sie in Brand gesetzt, / doch sie
nahmen es sich nicht zu Herzen.

20: 6,9.

Die Heimkehr Israels: 43,1–7

43 Jetzt aber – so spricht der Herr, / der
dich geschaffen hat, Jakob, / und der
dich geformt hat, Israel:
Fürchte dich nicht, denn ich habe dich aus-
gelöst, / ich habe dich beim Namen gerufen, /
du gehörst mir.
2 Wenn du durchs Wasser schreitest, bin
ich bei dir, / wenn durch Ströme, dann reißen
sie dich nicht fort.
Wenn du durchs Feuer gehst, wirst du
nicht versengt, / keine Flamme wird dich
verbrennen.
3 Denn ich, der Herr, bin dein Gott, / ich,
der Heilige Israels, bin dein Retter.
Ich gebe Ägypten als Kaufpreis für dich, /
Kusch und Seba gebe ich für dich.
4 Weil du in meinen Augen teuer und wert-
voll bist / und weil ich dich liebe,
gebe ich für dich ganze Länder / und für
dein Leben ganze Völker.
5 Fürchte dich nicht, denn ich bin mit dir. /
Vom Osten bringe ich deine Kinder herbei, /
vom Westen her sammle ich euch.
6 Ich sage zum Norden: Gib her!, / und zum
Süden: Halt nicht zurück!
Führe meine Söhne heim aus der Ferne, /
meine Töchter vom Ende der Erde!
7 Denn jeden, der nach meinem Namen be-
nannt ist, / habe ich zu meiner Ehre erschaf-
fen, / geformt und gemacht.

5: 41,10 • 7: Jer 14,9.

Gott, der einzige Retter: 43,8–13

8 Bringt das Volk her, das blind ist, ob-
wohl es Augen hat, / und taub, obwohl es
Ohren hat.
9 Alle Völker sollen sich versammeln, / die
Nationen sollen zusammenkommen.
Wer von ihnen kündigt dies an / und wer
kann uns sagen, was früher war?
Sie sollen ihre Zeugen stellen, / damit sie
Recht bekommen, / damit man (die Zeugen)
hört und sagt: Es ist wahr.
10 Ihr seid meine Zeugen – Spruch des
Herrn – / und auch mein Knecht, den ich er-
wählte,
damit ihr erkennt und mir glaubt / und
einseht, dass ich es bin.
Vor mir wurde kein Gott erschaffen / und
auch nach mir wird es keinen geben.
11 Ich bin Jahwe, ich, / und außer mir gibt
es keinen Retter.
12 Ich habe es selbst angekündet und euch
gerettet, / ich habe es euch zu Gehör ge-
bracht.

42,19 mein Vertrauter: Bedeutung des Wortes in H unklar.
42,22 in den Kerker geworfen, wörtlich: gebunden in Löchern.
43,1d ausgelöst: vgl. die Anmerkung zu 41,14.
43,4 ganze Länder: Text korr.; H: Menschen.
43,7 Alle, die zum Volk Gottes gehören, auch die in der weiten Diaspora, sind seine Kinder (vgl. 1,2; 63,16; 64,7).

Kein fremder (Gott) ist bei euch gewesen. /
Ihr seid meine Zeugen – Spruch des Herrn.
Ich allein bin Gott; / 13 auch künftig werde
ich es sein.
Niemand kann mir etwas entreißen. / Ich
handle. Wer kann es rückgängig machen?

9: 48,3.

Der Weg durch die Wüste: 43,14–21

14 So spricht der Herr, euer Erlöser, / der
Heilige Israels:
Um euretwillen schicke ich (Boten) nach
Babel / und reiße alle Riegel heraus, / die
Chaldäer aber werden mit Ketten gefesselt.
15 Ich bin der Herr, euer Heiliger, / euer
König, Israels Schöpfer.
16 So spricht der Herr, der einen Weg
durchs Meer bahnt, / einen Pfad durch das
gewaltige Wasser,
17 der Wagen und Rosse ausziehen lässt, /
zusammen mit einem mächtigen Heer;
doch sie liegen am Boden und stehen nicht
mehr auf, / sie sind erloschen und verglüht
wie ein Docht.
18 Denkt nicht mehr an das, was früher
war; / auf das, was vergangen ist, sollt ihr
nicht achten.
19 Seht her, nun mache ich etwas Neues. /
Schon kommt es zum Vorschein, merkt ihr es
nicht?
Ja, ich lege einen Weg an durch die Step-
pe / und Straßen durch die Wüste.
20 Die wilden Tiere werden mich preisen, /
die Schakale und Strauße,
denn ich lasse in der Steppe Wasser flie-
ßen / und Ströme in der Wüste, / um mein
Volk, mein erwähltes, zu tränken.
21 Das Volk, das ich mir erschaffen habe, /
wird meinen Ruhm verkünden.

18: 65,17 • 19: Offb 21,5 • 21: 1 Petr 2,9.

Die Schuld Israels und die Gnade Gottes: 43,22–28

22 Jakob, du hast mich nicht gerufen, / Is-
rael, du hast dir mit mir keine Mühe ge-
macht.
23 Du brachtest mir keine Lämmer als
Brandopfer dar / und mit Schlachtopfern
hast du mich nicht geehrt.
Ich habe dich nicht zu Speiseopfern ge-
zwungen / und von dir keinen Weihrauch ge-
fordert und dich dadurch geplagt.
24 Du hast mir für dein Geld kein Gewürz-
rohr gekauft / und hast mich nicht gelabt mit
dem Fett deiner Opfer.
Nein, du hast mir mit deinen Sünden Ar-
beit gemacht, / mit deinen üblen Taten hast
du mich geplagt.
25 Ich, ich bin es, der um meinetwillen dei-
ne Vergehen auslöscht, / ich denke nicht
mehr an deine Sünden.
26 Lade mich vor, gehen wir miteinander
vor Gericht; / verteidige dich, damit du
Recht bekommst.
27 Schon dein Urahn hat gesündigt; / deine
Anführer sind mir untreu geworden;
28 deine Fürsten haben mein Heiligtum
entweiht. / Darum habe ich Jakob preisgege-
ben, / damit man es dem Untergang weiht, /
und Israel, damit man es verspottet.

25: 44,22.

Die Ausgießung des Geistes: 44,1–5

44 Jetzt aber höre, Jakob, mein
Knecht, / Israel, den ich erwählte.
2 So spricht der Herr, dein Schöpfer, / der
dich im Mutterleib geformt hat, der dir
hilft:
Fürchte dich nicht, Jakob, mein Knecht, /
du, Jeschurun, den ich erwählte.
3 Denn ich gieße Wasser auf den dürsten-
den Boden, / rieselnde Bäche auf das trocke-
ne Land.
Ich gieße meinen Geist über deine Nach-
kommen aus / und meinen Segen über deine
Kinder.
4 Dann sprossen sie auf wie das Schilf-
gras, / wie Weidenbäume an Wassergräben.
5 Der eine sagt: Ich gehöre dem Herrn. /
Ein anderer benennt sich mit dem Namen
Jakobs.
Einer schreibt auf seine Hand: für den
Herrn. / Ein anderer wird ehrenvoll mit dem
Namen Israel benannt.

43,14e H ist verderbt, daher Übersetzung unsicher; vgl. G.
43,16f Dieses Gotteswort erinnert an den Auszug aus Ägypten und die Rettung am Schilfmeer (vgl. Ex 14).
43,19 Straßen: *nach dem Qumran-Text*; H: Ströme (aus V. 20).
43,22–24 Israel hat Gott, der all das nicht braucht, nicht wirklich gedient, sondern ihm nur Arbeit gemacht.
43,26b verteidige dich, wörtlich: zähl auf.
43,28a Text korr., vgl. G; H: und ich entweihte die Fürsten des Heiligtums.
44,2d Jeschurun (»der Redliche«, vielleicht im Gegensatz zu »Jakob«, was als »Betrüger« gedeutet wird; vgl. Hos 12,3f) ist Ehrenname für Israel (vgl. Dtn 32,15; 33,5.26).
44,4 das Schilfgras, wörtlich: das Gras zwischen Wassern; Text korr., ergänzt nach G.

Gottes Ewigkeit und Einzigkeit: 44,6–8

6 So spricht der Herr, Israels König, / sein
Erlöser, der Herr der Heere:
Ich bin der Erste, ich bin der Letzte, / außer mir gibt es keinen Gott.
7 Wer ist mir gleich? Er soll sich melden, /
er tue es mir kund und beweise es mir.
Wer hat von Anfang an die Zukunft verkündet? / Sie sollen uns sagen, was alles noch kommt.
8 Erschreckt nicht und fürchtet euch
nicht! / Habe ich es euch nicht schon längst
zu Gehör gebracht und verkündet?
Ihr seid meine Zeugen: Gibt es einen Gott außer mir? / Es gibt keinen Fels außer mir, ich kenne keinen.

6: 41,4 • 7: 41,23.

Die Hilflosigkeit der Götzen: 44,9–20

9 Ein Nichts sind alle, die ein Götterbild
formen; / ihre geliebten Götzen nützen
nichts.
Wer sich zu seinen Göttern bekennt, sieht nichts, / ihm fehlt es an Einsicht; darum wird er beschämt.
10 Wer sich einen Gott macht / und sich ein
Götterbild gießt, / hat keinen Nutzen davon.
11 Seht her, alle, die sich ihm anschließen,
werden beschämt, / die Schmiede sind nichts
als Menschen.
Sie sollen sich alle versammeln und vor mich treten; / dann werden sie alle von Schrecken gepackt und beschämt.
12 Der Schmied facht die Kohlenglut an, /
er formt (das Götterbild) mit seinem Hammer / und bearbeitet es mit kräftigem
Arm.
Dabei wird er hungrig und hat keine Kraft mehr. / Trinkt er kein Wasser, so wird er ermatten.
13 Der Schnitzer misst das Holz mit der
Messschnur, / er entwirft das Bild mit dem
Stift / und schnitzt es mit seinem Messer;
er umreißt es mit seinem Zirkel / und formt die Gestalt eines Mannes,
das prächtige Bild eines Menschen; / in einem Haus soll es wohnen.
14 Man fällt eine Zeder, wählt eine Eiche /
oder sonst einen mächtigen Baum,
den man stärker werden ließ / als die übrigen Bäume im Wald.
Oder man pflanzt einen Lorbeerbaum, / den der Regen groß werden lässt.
15 Das Holz nehmen die Menschen zum
Heizen; / man macht ein Feuer und wärmt
sich daran.
Auch schürt man das Feuer und bäckt damit Brot. / Oder man schnitzt daraus einen Gott / und wirft sich nieder vor ihm;
man macht ein Götterbild / und fällt vor ihm auf die Knie.
16 Den einen Teil des Holzes wirft man ins
Feuer / und röstet Fleisch in der Glut / und
sättigt sich an dem Braten.
Oder man wärmt sich am Feuer und sagt: / Oh, wie ist mir warm! Ich spüre die Glut.
17 Aus dem Rest des Holzes aber macht
man sich einen Gott, / ein Götterbild, vor das
man sich hinkniet,
zu dem man betet und sagt: / Rette mich, du bist doch mein Gott!
18 Unwissend sind sie und ohne Verstand; /
denn ihre Augen sind verklebt,
sie sehen nichts mehr / und ihr Herz wird nicht klug.
19 Sie überlegen nichts, / sie haben keine
Erkenntnis und Einsicht, / sodass sie sich
sagen würden:
Den einen Teil habe ich ins Feuer geworfen, / habe Brot in der Glut gebacken / und Fleisch gebraten und es gegessen.
Aus dem Rest des Holzes aber habe ich mir / einen abscheulichen Götzen gemacht / und nun knie ich nieder vor einem Holzklotz.
20 Wer Asche hütet, / den hat sein Herz
verführt und betrogen.
Er wird sein Leben nicht retten / und wird nicht sagen: / Ich halte ja nur ein Trugbild in meiner rechten Hand.

12–17: Jer 10,3f.

Die Erlösung Israels: 44,21–23

21 Denk daran, Jakob, und du, Israel, / dass
du mein Knecht bist.
Ich habe dich geschaffen, du bist mein Knecht; / Israel, ich vergesse dich nicht.
22 Ich fege deine Vergehen hinweg wie eine
Wolke / und deine Sünden wie Nebel. / Kehr
um zu mir; denn ich erlöse dich.
23 Jauchzt, ihr Himmel, denn der Herr hat
gehandelt; / jubelt, ihr Tiefen der Erde!
Brecht in Jubel aus, ihr Berge, / ihr Wälder mit all euren Bäumen!
Denn der Herr hat Jakob erlöst / und an Israel bewiesen, wie herrlich er ist.

22: 43,25 • 23: 49,13; 55,12; Ps 96,11–13; Jes 49,3.

44,7c Text korr.
44,12 Text unklar.
44,16b in der Glut: Text korr. nach G (vgl. V. 19).
44,20ab Nimmt wohl ein Sprichwort auf.

DIE ANKÜNDIGUNG DER BEFREIUNG DURCH KYRUS: 44,24 – 48,22

Die Berufung und die Aufgabe des Kyrus:
44,24 – 45,8

24 So spricht der Herr, dein Erlöser, / der dich im Mutterleib geformt hat:
Ich bin der Herr, der alles bewirkt, / der ganz allein den Himmel ausgespannt hat, / der die Erde gegründet hat aus eigener Kraft,
25 der das Wirken der Zauberer vereitelt / und die Wahrsager zu Narren macht,
der die Weisen zum Rückzug zwingt / und ihre Klugheit als Dummheit entlarvt,
26 der das Wort seiner Knechte erfüllt / und den Plan ausführt, den seine Boten verkünden,
der zu Jerusalem sagt: Du wirst wieder bewohnt!, / und zu den Städten Judas: Ihr werdet wieder aufgebaut werden, / ich baue eure Ruinen wieder auf!,
27 der zum tiefen Meer sagt: Trockne aus, / ich lasse deine Fluten versiegen!,
28 der zu Kyrus sagt: Mein Hirt – / alles, was ich will, wird er vollenden!,
der zu Jerusalem sagt: Du wirst wieder aufgebaut werden!, / und zum Tempel: Du wirst wieder dastehen.
45 So spricht der Herr zu Kyrus, seinem Gesalbten, / den er an der rechten Hand gefasst hat,
um ihm die Völker zu unterwerfen, um die Könige zu entwaffnen, / um ihm die Türen zu öffnen und kein Tor verschlossen zu halten:
2 Ich selbst gehe vor dir her / und ebne die Berge ein.
Ich zertrümmere die bronzenen Tore / und zerschlage die eisernen Riegel.
3 Ich gebe dir verborgene Schätze / und Reichtümer, die im Dunkel versteckt sind.
So sollst du erkennen, dass ich der Herr bin, / der dich bei deinem Namen ruft, ich, Israels Gott.
4 Um meines Knechtes Jakob willen, / um Israels, meines Erwählten, willen / habe ich dich bei deinem Namen gerufen;
ich habe dir einen Ehrennamen gegeben, / ohne dass du mich kanntest.
5 Ich bin der Herr und sonst niemand; / außer mir gibt es keinen Gott.
Ich habe dir den Gürtel angelegt / ohne dass du mich kanntest,
6 damit man vom Aufgang der Sonne bis zu ihrem Untergang erkennt, / dass es außer mir keinen Gott gibt. / Ich bin der Herr und sonst niemand.
7 Ich erschaffe das Licht und mache das Dunkel, / ich bewirke das Heil und erschaffe das Unheil. / Ich bin der Herr, der das alles vollbringt.
8 Taut, ihr Himmel, von oben, / ihr Wolken, lasst Gerechtigkeit regnen!
Die Erde tue sich auf und bringe das Heil hervor, / sie lasse Gerechtigkeit sprießen. / Ich, der Herr, will es vollbringen.

44,24: 44,2; Ijob 9,8 • 26: Am 3,7 • 28: 2 Chr 36,23; Esra 1,1–4 • 45,3: 41,25 • 6: 59,19; 45,18 • 7: Am 3,6.

Gegen die Unzufriedenen und die Zweifler:
45,9–13

9 Weh dem, der mit seinem Schöpfer rechtet, / er, eine Scherbe unter irdenen Scherben.
Sagt denn der Ton zu dem Töpfer: / Was machst du mit mir?,
und zu dem, der ihn verarbeitet: / Du hast kein Geschick?
10 Weh dem, der zum Vater sagt: Warum zeugtest du mich?, / und zur Mutter: Warum brachtest du mich zur Welt?
11 So spricht der Herr, / der Heilige Israels und sein Schöpfer:
Wollt ihr mir etwa Vorwürfe machen wegen meiner Kinder / und Vorschriften über das Werk meiner Hände?
12 Ich habe die Erde gemacht / und die Menschen auf ihr geschaffen.
Ich habe den Himmel ausgespannt mit meinen Händen / und ich befehle seinem ganzen Heer.
13 Ich habe ihn (Kyrus) aus Gerechtigkeit zum Aufbruch veranlasst. / Alle Wege ebne ich ihm.
Er baut meine Stadt wieder auf, / mein verschlepptes Volk lässt er frei,
aber nicht für Lösegeld oder Geschenke. / Der Herr der Heere hat gesprochen.

9: 29,16; Jer 18,6; Röm 9,20f.

44,26a H: seines Knechtes; gemeint sind die Propheten als Boten Gottes.
44,28 der zu Jerusalem sagt . . . und zum Tempel: Text korr.; vgl. Vg und G.
45,1 um die Könige zu entwaffnen, wörtlich: um den Gürtel an den Hüften der Könige zu lösen.
45,8 Dieser Vers hat die Anregung zum Lied »Tauet, Himmel, den Gerechten« gegeben.
45,9 kein Geschick, wörtlich: keine Hände; Text korr.
45,11c Text korr.

Die Huldigung der Heidenvölker: 45,14–25

14 So spricht der Herr:
Die Ägypter mit ihren Erträgen, / die Kuschiter mit ihrem Gewinn
und die groß gewachsenen Sebaiter / werden zu dir kommen und dir gehören; / in Ketten werden sie hinter dir herziehen.
Sie werfen sich nieder vor dir und bekennen: / Nur bei dir gibt es einen Gott / und sonst gibt es keinen.
15 Wahrhaftig, du bist ein verborgener Gott. / Israels Gott ist der Retter.
16 Schmach und Schande kommt über sie alle, / die Götzenschmiede geraten in Schande.
17 Israel aber wird vom Herrn gerettet, / wird für immer errettet.
Über euch kommt keine Schande und Schmach mehr / für immer und ewig.
18 Denn so spricht der Herr, der den Himmel erschuf, / er ist der Gott, der die Erde geformt und gemacht hat –
er ist es, der sie erhält, / er hat sie nicht als Wüste geschaffen,
er hat sie zum Wohnen gemacht –: / Ich bin der Herr und sonst niemand.
19 Ich habe nicht im Verborgenen geredet, / irgendwo in einem finsteren Land.
Ich habe nicht zum Geschlecht Jakobs gesagt: / Sucht mich im leeren Raum!
Ich bin der Herr, der die Wahrheit spricht / und der verkündet, was recht ist.
20 Versammelt euch, kommt alle herbei, / tretet herzu, die ihr aus den Völkern entkommen seid.
Wer hölzerne Götzen umherträgt, hat keine Erkenntnis, / wer einen Gott anbetet, der niemanden rettet.
21 Macht es bekannt, bringt es vor, / beratet euch untereinander:
Wer hat das alles seit langem verkündet / und längst im Voraus angesagt?
War es nicht ich, der Herr? / Es gibt keinen Gott außer mir; / außer mir gibt es keinen gerechten und rettenden Gott.
22 Wendet euch mir zu und lasst euch erretten, / ihr Menschen aus den fernsten Ländern der Erde; / denn ich bin Gott und sonst niemand.
23 Ich habe bei mir selbst geschworen / und mein Mund hat die Wahrheit gesprochen, / es ist ein unwiderrufliches Wort:
Vor mir wird jedes Knie sich beugen / und jede Zunge wird bei mir schwören:
24 Nur beim Herrn – sagt man von mir – gibt es Rettung und Schutz. / Beschämt kommen alle zu ihm, die sich ihm widersetzten.
25 Alle Nachkommen Israels bekommen ihr Recht / und erlangen Ruhm durch den Herrn.

16: 41,11 • 18: 45,6 • 19: 48,16 • 23: Röm 14,11; Phil 2,10f.

Der Sturz der Götzen Babels und die Allmacht Jahwes: 46,1–7

46 Bel bricht zusammen, / Nebo krümmt sich am Boden.
Babels Götter werden auf Tiere geladen. / Eine Last seid ihr, eine aufgebürdete Last für das ermüdete Vieh.
2 Die Tiere krümmen sich und brechen zusammen, / sie können die Lasten nicht retten; / sie müssen selbst mit in die Gefangenschaft ziehen.
3 Hört auf mich, ihr vom Haus Jakob, / und ihr alle, die vom Haus Israel noch übrig sind,
die mir aufgebürdet sind vom Mutterleib an, / die von mir getragen wurden, seit sie den Schoß ihrer Mutter verließen.
4 Ich bleibe derselbe, so alt ihr auch werdet, / bis ihr grau werdet, will ich euch tragen.
Ich habe es getan / und ich werde euch weiterhin tragen,/ ich werde euch schleppen und retten.
5 Mit wem wollt ihr mich vergleichen, / neben wen mich stellen?
An wem wollt ihr mich messen, / um zu sehen, ob wir uns gleichen?
6 Man schüttet Gold aus dem Beutel / und wiegt Silber ab auf der Waage.
Man bezahlt einen Goldschmied, damit er einen Gott daraus macht. / Man kniet nieder und wirft sich sogar zu Boden.
7 Man trägt ihn auf der Schulter / und schleppt ihn umher;
dann stellt man ihn wieder auf seinen Platz / und dort bleibt er stehen; / er rührt sich nicht von der Stelle.
Ruft man ihn an, so antwortet er nicht; / wenn man in Not ist, kann er nicht helfen.

1: Jer 50,2 • 3–4: 63,9 • 4: Ps 71,18 • 5: 40,18.

45,16a sie alle: nach G die Gegner Gottes.
45,20 Angeredet sind die aus den Völkern, die den Kampf überlebt haben.
46,1 Bel (= Baal, Herr), genauer Bel Marduk, der Gott der Stadt Babylon, verkörpert die Schöpfermacht und Weltherrschaft. Nebo (vgl. den Namen Nebukadnezzar), der Gott der Weisheit und der Schreibkunst, hält die Schicksalstafeln in der Hand. – Die Übersetzung 46,1d ist unsicher.
46,3d Wörtlich: vom Mutterschoß an.

Kyrus, das Werkzeug Jahwes: 46,8–13

8 Denkt daran und achtet darauf, / ihr
Treulosen, nehmt es zu Herzen!
9 Denkt an das, was früher galt, in uralten
Zeiten: / Ich bin Gott und sonst niemand, /
ich bin Gott und niemand ist wie ich.
10 Ich habe von Anfang an die Zukunft ver-
kündet / und lange vorher gesagt, was erst
geschehen sollte.
Ich sage: Mein Plan steht fest, / und alles,
was ich will, führe ich aus.
11 Ich habe aus dem Osten einen Adler ge-
rufen, / aus einem fernen Land rief ich den
Mann, / den ich brauchte für meinen Plan.
Ich habe es gesagt und ich lasse es kom-
men. / Ich habe es geplant und ich führe es
aus.
12 Hört auf mich, ihr Verzagten, / denen
das Heil noch fern ist.
13 Ich selbst bringe euch das Heil, / es ist
nicht mehr fern; / meine Hilfe verzögert sich
nicht.
Ich bringe Hilfe für Zion / und verleihe Is-
rael meine strahlende Pracht.

9: 43,18 • 10: 41,22f.26; 44,7f; Ps 115,3.

Der Sturz Babels: 47,1–15

47 Steig herab, Tochter Babel, / Jung-
frau, setz dich in den Staub!
Setz dich auf die Erde; / es gibt keinen
Thron mehr (für dich), Tochter Chaldäas. /
Jetzt nennt man dich nicht mehr die Feine,
die Zarte.
2 Nimm die Mühle und mahle das Mehl! /
Weg mit dem Schleier!
Heb deine Schleppe hoch, entblöße die
Beine / und wate durchs Wasser!
3 Deine Scham wird entblößt, / man sieht
deine Schande.
Unerbittlich nehme ich Rache, / 4 spricht
unser Erlöser;
»Herr der Heere« heißt er / und »Der Hei-
lige Israels«.
5 Setz dich hin und verstumme! / Geh hi-
naus ins Dunkel, Tochter Chaldäas!
Denn nun nennt dich niemand mehr /
»Herrin der Reiche«.
6 Ich war zornig über mein Volk, / ich ent-
weihte mein Erbe / und gab es in deine Ge-
walt.
Doch du hast ihm kein Erbarmen ge-
schenkt, / du hast den Greisen ein zu schwe-
res Joch auferlegt.
7 Du dachtest: / Ich bleibe für immer und
ewig die Herrin.
Du hast dir das alles nicht zu Herzen ge-
nommen, / hast nie an das Ende gedacht.
8 Nun aber höre, du üppiges Weib, / die du
in Sicherheit lebst / und in deinem Herzen
denkst:
Ich und sonst niemand! / Niemals sitze ich
da als Witwe, / Kinderlosigkeit kenne ich
nicht.
9 Doch beides wird dich ereilen, / plötz-
lich, am gleichen Tag:
Kinderlos wirst du und Witwe, / in voller
Schwere trifft dich das Unheil,
trotz all deiner Zauberei / und trotz der
Macht deiner beschwörenden Formeln.
10 Du hast dich auf deine bösen Taten ver-
lassen / und gedacht: Es sieht mich ja kei-
ner.
Deine Weisheit und dein Wissen verleite-
ten dich, in deinem Herzen zu denken: / Ich
und sonst niemand!
11 Doch es wird ein Unheil über dich kom-
men, / das du nicht wegzaubern kannst.
Ein Verderben wird dich überfallen, / das
du nicht zu bannen vermagst.
Und plötzlich wird dein Untergang kom-
men, / an den du niemals gedacht hast.
12 Dann stell dich hin / mit deinen be-
schwörenden Formeln
und mit deinen vielen Zaubersprüchen, /
mit denen du dich seit deiner Jugend abge-
müht hast.
Vielleicht kannst du dir helfen, / vielleicht
das Unglück verscheuchen.
13 Du hast dir große Mühe gemacht / mit
deinen vielen Beratern;
sollen sie doch auftreten und dich retten, /
sie, die den Himmel deuten
und die Sterne betrachten, / die dir an je-
dem Neumond verkünden, was kommt.
14 Wie die Spreu werden sie sein, / die das
Feuer verbrennt.
Sie können sich nicht retten / vor der Ge-
walt der Flammen.
Das wird keine Glut sein, an der man sich
wärmt, / kein Feuer, um das man herum-
sitzt.
15 So geht es all deinen Zauberern, / um
die du dich seit deiner Jugend bemüht
hast.
Sie machen sich alle davon, / keiner will
dir mehr helfen.

2: Nah 3,5 • 8: Zef 2,15; Offb 18,7 • 9: 47,12 • 12: 47,9; Dan 2,2.

46,12 ihr Verzagten: Text korr. nach G.
47,1f Aus der Königin wird beim Gericht Gottes eine Sklavin.
47,4 spricht: ergänzt mit G.
47,10–13 In Babylonien standen Magie und Astrologie in hoher Blüte.

Der Erweis der Gottheit des Herrn durch Weissagungen: 48,1–11

48 Hört her, ihr vom Haus Jakob, / die ihr den Namen Israels tragt / und Judas Nachkommen seid,

die ihr beim Namen des Herrn schwört / und euch bekennt zu Israels Gott, / aber nicht offen und ehrlich.

2 Sie nennen sich nach der Heiligen Stadt / und verlassen sich auf Israels Gott, / der »Herr der Heere« genannt wird.

3 Was früher war, hatte ich schon längst im Voraus verkündet, / es kam aus meinem Mund, ich ließ es hören; / plötzlich habe ich gehandelt und es traf ein.

4 Weil ich wusste, dass du halsstarrig bist, / dass dein Nacken eiserne Sehnen hat / und deine Stirn aus Bronze ist,

5 hatte ich es dir schon längst im Voraus verkündet; / ich ließ es dich hören, bevor es geschah, damit du nicht sagst:

Mein Götterbild hat das vollbracht, / mein geschnitztes und gegossenes Bild hat es befohlen.

6 Du hast es gehört. Betrachte nun alles! / Willst du es nicht andern verkünden?

Von jetzt an lasse ich dich etwas Neues hören, / etwas Verborgenes, von dem du nichts weißt.

7 Eben erst kam es zustande, / nicht schon vor langer Zeit.

Zuvor hast du nichts erfahren davon, / damit du nicht sagst: Das habe ich längst schon gewusst.

8 Du hast davon nichts gehört und gewusst, / dein Ohr war bisher nicht offen.

Denn ich wusste, dass du treulos sein wirst, / man nennt dich »abtrünnig vom Mutterleib an«.

9 Doch um meines Namens willen / halte ich meinen Zorn lange zurück,

um meiner Ehre willen bezähme ich mich, / um dich nicht vernichten zu müssen.

10 Ich habe dich geläutert, doch nicht wie Silber: / Im Schmelzofen des Elends prüfte ich dich.

11 Nur um meinetwillen handle ich jetzt, / denn sonst würde mein Name entweiht; / ich überlasse die Ehre, die mir gebührt, keinem andern.

3: 43,9 • 6: 42,9 • 10: Dtn 4,20 • 11: 42,8.

Kyrus, der Beauftragte Jahwes: 48,12–16

12 Jakob, höre auf mich, / höre mich, Israel, den ich berief: / Ich bin es, ich, der Erste und auch der Letzte.

13 Meine Hand hat die Fundamente der Erde gelegt, / meine Rechte hat den Himmel ausgespannt; / ich rief ihnen zu und schon standen sie alle da.

14 Versammelt euch alle und hört – / wer von den Göttern hat so etwas jemals verkündet? –:

Der, den der Herr liebt, wird meinen Willen an Babel vollstrecken / und sein Arm wird es an den Chaldäern bewirken.

15 Ich habe gesprochen und ich habe ihn auch berufen, / ich habe ihn kommen lassen / und er wird seinen Weg erfolgreich beenden.

16 Kommt her zu mir und hört, was ich sage: / Ich habe von Anfang an nicht im Verborgenen geredet; / seit das alles geschieht, bin ich dabei. / [Und jetzt hat Gott, der Herr, mich und seinen Geist gesandt.]

12: 44,6 • 13: Ps 33,9 • 16: 45,19.

Die Lehre aus der Vergangenheit: 48,17–19

17 So spricht der Herr, dein Erlöser, / der Heilige Israels:

Ich bin der Herr, dein Gott, / der dich lehrt, was Nutzen bringt,

und der dich auf den Weg führt, / den du gehen sollst.

18 Hättest du doch auf meine Gebote geachtet! / Dein Glück wäre wie ein Strom / und dein Heil wie die Wogen des Meeres.

19 Deine Nachkommen wären (zahlreich) wie der Sand / und deine leiblichen Kinder wie seine Körner. / Ihr Name wäre in meinen Augen nicht getilgt und gelöscht.

18: Dtn 5,29; Ps 81,14–17 • 19: Gen 22,17.

Die glückliche Heimkehr aus Babel: 48,20–22

20 Heraus aus Babel, flieht aus Chaldäa! / Verkündet es jauchzend, damit man es hört.

Ruft es hinaus bis ans Ende der Erde! / Ruft: Der Herr hat seinen Knecht Jakob ausgelöst.

21 Sie litten keinen Durst, als er sie durch die Wüste führte; / Wasser ließ er für sie aus dem Felsen sprudeln, / er spaltete den Felsen und es strömte das Wasser.

[22 Die Ruchlosen finden keinen Frieden, spricht der Herr.]

20: 52,11; Jer 51,6; Offb 18,4 • 21: Ex 17,6 • 22: 57,21.

48,6 Willst du, wörtlich Wollt ihr.
48,10b prüfte: Text korr. nach dem Qumran-Text; H: erwählte.
48,11 mein Name: ergänzt nach G.
48,16 Zusatz aus einem anderen Zusammenhang (vgl. 61,1).

DAS ZWEITE LIED VOM GOTTESKNECHT: 49,1–9c

49 Hört auf mich, ihr Inseln, / merkt auf, ihr Völker in der Ferne!

Der Herr hat mich schon im Mutterleib berufen; / als ich noch im Schoß meiner Mutter war, hat er meinen Namen genannt.

2 Er machte meinen Mund zu einem scharfen Schwert, / er verbarg mich im Schatten seiner Hand.

Er machte mich zum spitzen Pfeil / und steckte mich in seinen Köcher.

3 Er sagte zu mir: Du bist mein Knecht, Israel, / an dem ich meine Herrlichkeit zeigen will.

4 Ich aber sagte: Vergeblich habe ich mich bemüht, / habe meine Kraft umsonst und nutzlos vertan.

Aber mein Recht liegt beim Herrn / und mein Lohn bei meinem Gott.

5 Jetzt aber hat der Herr gesprochen, / der mich schon im Mutterleib zu seinem Knecht gemacht hat,

damit ich Jakob zu ihm heimführe / und Israel bei ihm versammle.

So wurde ich in den Augen des Herrn geehrt / und mein Gott war meine Stärke.

6 Und er sagte:

Es ist zu wenig, dass du mein Knecht bist, / nur um die Stämme Jakobs wieder aufzurichten / und die Verschonten Israels heimzuführen.

Ich mache dich zum Licht für die Völker; / damit mein Heil bis an das Ende der Erde reicht.

7 So spricht der Herr, der Befreier Israels, sein Heiliger, / zu dem tief verachteten Mann,

dem Abscheu der Leute, / dem Knecht der Tyrannen:

Könige werden es sehen und sich erheben, / Fürsten werfen sich nieder,

um des Herrn willen, der treu ist, / um des Heiligen Israels willen, der dich erwählt hat.

8 So spricht der Herr:

Zur Zeit der Gnade will ich dich erhören, / am Tag der Rettung dir helfen.

Ich habe dich geschaffen und dazu bestimmt, / der Bund zu sein für das Volk,

aufzuhelfen dem Land / und das verödete Erbe neu zu verteilen,

9 den Gefangenen zu sagen: Kommt heraus!, / und denen, die in der Finsternis sind: Kommt ans Licht!

2: Offb 19,15; Jes 51,16 • 4: 1 Kor 15,58 • 6: 42,6; Apg 13,47 • 8: 2 Kor 6,2.

DIE WIEDERHERSTELLUNG DES ZION: 49,9d – 50,3

Die wunderbare Heimkehr: 49,9d–13

Auf allen Bergen werden sie weiden, / auf allen kahlen Hügeln finden sie Nahrung.

10 Sie leiden weder Hunger noch Durst, / Hitze und Sonnenglut schaden ihnen nicht.

Denn er leitet sie voll Erbarmen / und führt sie zu sprudelnden Quellen.

11 Alle Berge mache ich zu Wegen / und meine Straßen werden gebahnt sein.

12 Seht her: Sie kommen von fern, / die einen von Norden und Westen, / andere aus dem Land der Siniter.

13 Jubelt, ihr Himmel, jauchze, o Erde, / freut euch, ihr Berge!

Denn der Herr hat sein Volk getröstet / und sich seiner Armen erbarmt.

10: Offb 7,16 • 11: 40,4 • 12: Lk 13,29 • 13: 44,23.

Gottes Trost für Zion: 49,14 – 50,3

14 Doch Zion sagt: Der Herr hat mich verlassen, / Gott hat mich vergessen.

15 Kann denn eine Frau ihr Kindlein vergessen, / eine Mutter ihren leiblichen Sohn?

Und selbst wenn sie ihn vergessen würde: / ich vergesse dich nicht.

16 Sieh her: Ich habe dich eingezeichnet in meine Hände, / deine Mauern habe ich immer vor Augen.

17 Deine Erbauer eilen herbei / und alle, die dich zerstört und verwüstet haben, ziehen davon.

18 Blick auf und schau umher: / Alle versammeln sich und kommen zu dir.

So wahr ich lebe – Spruch des Herrn: / Du

49,5e bei ihm: Text korr. nach dem Qumran-Text und G.

49,9d auf allen Bergen: Text korr. nach dem Qumran-Text; H: auf den Wegen.

49,12c Siniter: wahrscheinlich die Einwohner von Syene, heute Assuan in Oberägypten.

49,16 Das Bild bezieht sich auf den Bauplan Jerusalems.

sollst sie alle wie einen Schmuck anlegen, /
du sollst dich mit ihnen schmücken wie eine
Braut.
19 Denn dein ödes, verheertes, zerstörtes
Land / wird jetzt zu eng für seine Bewohner, / weit weg sind alle, die dich verschlingen wollten.
20 Bald wirst du, die du kinderlos warst, /
mit eigenen Ohren hören, wie deine Kinder
sagen:
Mir ist der Platz hier zu eng, / rück zur
Seite, ich will mich setzen.
21 Dann wirst du dich in deinem Herzen
fragen: / Wer hat mir diese (Kinder) geboren?
Ich war doch kinderlos und unfruchtbar, /
war verbannt und verstoßen.
Wer hat mir die Kinder herangezogen? /
Ich war doch allein übrig geblieben. / Wo
kommen sie her?
22 So spricht Gott, der Herr: / Sieh her, ich
hebe die Hand in Richtung der Völker, / ich
errichte für die Nationen ein Zeichen / und
sie bringen auf ihren Armen deine Söhne
herbei / und tragen deine Töchter auf ihren
Schultern.
23 Könige werden deine Kinder pflegen /
und Fürstinnen ihre Ammen sein.
Mit dem Gesicht zur Erde werfen sie sich
nieder vor dir / und lecken dir den Staub von
den Füßen.
Dann wirst du erkennen, dass ich der Herr
bin / und dass keiner beschämt wird, der auf
mich hofft.
24 Kann man einem Starken die Beute entreißen? / Kann einem Mächtigen der Gefangene entkommen?
25 So spricht der Herr: / Auch einem Starken entreißt man den Gefangenen, / und einem Mächtigen entkommt seine Beute.
Ich selbst will mit deinem Gegner streiten, / ich selbst will deine Söhne befreien.
26 Deinen Unterdrückern gebe ich ihr eigenes Fleisch zu essen, / sie sollen sich an ihrem
Blut berauschen wie an Most.
Dann werden alle Sterblichen erkennen, /
dass ich, der Herr, dein Retter bin / und ich,
der Starke Jakobs, dein Erlöser.
50 So spricht der Herr:
Wo ist denn die Scheidungsurkunde, / mit der ich eure Mutter fortgeschickt
habe?
Wo ist mein Gläubiger, / dem ich euch verkauft habe?
Seht, wegen eurer bösen Taten wurdet ihr
verkauft, / wegen eurer Vergehen wurde eure
Mutter fortgeschickt.
2 Warum war niemand da, als ich kam, /
warum gab niemand Antwort, als ich rief?
Ist meine Hand denn zu schwach, um zu
befreien, / fehlt mir die Kraft, um zu retten?
Durch meine Drohung trockne ich das
Meer aus. / Ich mache Flüsse zur Wüste,
sodass die Fische verfaulen aus Mangel an
Wasser / und sterben vor Durst.
3 Ich kleide den Himmel in Schwarz / und
hülle ihn in ein Trauergewand. 4

49,15: 1 Kön 3,26; Jer 31,20 • 18: 60,4 • 20: 54,1 • 22: 62,10; 60,4 • 23: 60,16; Ps 72,9 • 26: 60,16 • 50,1: Dtn 24,1 • 2: 59,1 • 3: Offb 6,12.

DAS DRITTE LIED VOM GOTTESKNECHT: 50,4–9

4 Gott, der Herr, gab mir die Zunge eines
Jüngers, / damit ich verstehe, die Müden zu
stärken durch ein aufmunterndes Wort.
Jeden Morgen weckt er mein Ohr, / damit
ich auf ihn höre wie ein Jünger.
5 Gott, der Herr, hat mir das Ohr geöffnet. /
Ich aber wehrte mich nicht / und wich nicht
zurück.
6 Ich hielt meinen Rücken denen hin, / die
mich schlugen,
und denen, die mir den Bart ausrissen, /
meine Wangen.
Mein Gesicht verbarg ich nicht / vor
Schmähungen und Speichel.
7 Doch Gott, der Herr, wird mir helfen; /
darum werde ich nicht in Schande enden.
Deshalb mache ich mein Gesicht hart wie
einen Kiesel; / ich weiß, dass ich nicht in
Schande gerate.
8 Er, der mich freispricht, ist nahe. / Wer
wagt es, mit mir zu streiten?
Lasst uns zusammen vortreten! / Wer ist
mein Gegner im Rechtsstreit? / Er trete zu
mir heran.
9 Seht her, Gott, der Herr, wird mir helfen. / Wer kann mich für schuldig erklären?
Seht: Sie alle zerfallen / wie ein Gewand,
das die Motten zerfressen.

6: Mt 26,67f • 7: Ez 3,8f • 9: 51,8.

49,24b einen Mächtigen: Text korr. nach dem Qumran-Text und den alten Übersetzungen; H: einem Gerechten; gemeint ist der König von Babel.
50,1 In bildhafter Aussage ist Israel die Gemahlin Jahwes, vgl. Hos 1 – 3. Der zweite Satz verwendet das Bild von der Schuldknechtschaft, in die ein Vater seine Kinder verkauft.
50,4 Hören und Verkünden sind Aufgabe des Got-

MAHNUNG ZUM VERTRAUEN: 50,10 – 52,12

Die mächtige Hilfe Gottes: 50,10 – 51,8

10 Wer von euch den Herrn fürchtet, / der
höre auf die Stimme seines Knechtes.
Wer im Dunkel lebt und wem kein Licht
leuchtet, / der vertraue auf den Namen des
Herrn / und verlasse sich auf seinen Gott.
11 Ihr alle aber, die ihr Feuer legt / und
Brandpfeile entzündet,
sollt in die Glut eures eigenen Feuers lau-
fen / und in die Brandpfeile geraten, die ihr
entflammt habt.
Durch meine Hand kommt das über
euch; / am Ort der Qualen werdet ihr lie-
gen.

51 Hört auf mich, die ihr der Gerechtig-
keit nachjagt / und die ihr den Herrn
sucht.
Blickt auf den Felsen, aus dem ihr gehauen
seid, / auf den Schacht, aus dem ihr heraus-
gebohrt wurdet.
2 Blickt auf Abraham, euren Vater, / und
auf Sara, die euch gebar.
Er war allein, als ich ihn rief; / doch ich
habe ihn gesegnet / und ihm viele Nachkom-
men geschenkt.
3 Denn der Herr hat Erbarmen mit Zion, /
er hat Erbarmen mit all seinen Ruinen.
Seine Wüste macht er wie Eden, / seine
Öde wie den Garten des Herrn.
Freude und Fröhlichkeit findet man dort, /
Lobpreis und den Klang von Liedern.
4 Horcht her, ihr Völker, / hört auf mich,
ihr Nationen!
Denn von mir kommt die Weisung / und
mein Recht wird zum Licht der Völker.
5 Plötzlich ist meine Gerechtigkeit da /
und von mir kommt die Hilfe.
Mein Arm verschafft den Völkern ihr
Recht; / auf mich hoffen die Inseln, / sie war-
ten auf meinen Arm.
6 Blickt auf zum Himmel, / betrachtet die
Erde hier unten!
Der Himmel zerflattert wie Rauch, / die
Erde zerfällt wie ein Kleid; / ihre Bewohner
sterben wie die Fliegen.
Doch meine hilfreiche Gnade bleibt für
immer bestehen, / meine Gerechtigkeit wird
niemals erschüttert.
7 Hört auf mich, die ihr das Recht kennt, /
du Volk, das mein Gesetz im Herzen trägt.
Fürchtet euch nicht vor der Beschimpfung
durch Menschen, / erschreckt nicht vor ih-
rem Spott!
8 Denn man frisst sie, wie die Motte das
Kleid, / man frisst sie, wie die Schabe die
Wolle.
Doch meine Gerechtigkeit bleibt für im-
mer bestehen / und von Generation zu Gene-
ration meine hilfreiche Gnade.

50,10: 9,1 • 51,1: 51,7 • 4: 2,3; 42,6; 49,6 • 5: 42,4 • 7: 51,1; Mt 5,11 • 8: 50,9.

Der starke Arm Jahwes: 51,9–16

9 Wach auf, wach auf, bekleide dich mit
Macht, / Arm des Herrn!
Wach auf wie in den früheren Tagen, / wie
bei den Generationen der Vorzeit!
Warst du es nicht, der die Rahab zerhieb /
und den Drachen durchbohrte?
10 Warst du es nicht, der das Meer aus-
trocknen ließ, / die Wasser der großen Flut,
der die Tiefen des Meeres zum Weg ge-
macht hat, / damit die Erlösten hindurchzie-
hen konnten?
11 Die vom Herrn Befreiten kehren zu-
rück / und kommen voll Jubel nach Zion.
Ewige Freude ruht auf ihren Häuptern. /
Wonne und Freude stellen sich ein, / Kum-
mer und Seufzen entfliehen.
12 Ich bin es, ja ich, der euch tröstet. / Was
hast du, dass du dich fürchtest vor sterbli-
chen Menschen, / vor Menschen, die dahin-
schwinden wie Gras?
13 Warum vergisst du den Herrn, deinen
Schöpfer, / der den Himmel ausgespannt und
die Fundamente der Erde gelegt hat?
Warum zitterst du dauernd vor der Wut
dessen, der dich bedrängt, / der darauf aus-
geht, dich zu vernichten? / Wo ist denn die
Wut dessen, der dich bedrängt?
14 Bald wird der Gefesselte freigelassen; /
er wird nicht im Kerker sterben / und es
mangelt ihm nicht mehr an Brot.
15 Ich bin doch der Herr, dein Gott, / der
das Meer aufwühlt, sodass die Wogen tosen. /
Herr der Heere ist sein Name.

---

tesknechts, der als Prophet das Gotteswort empfängt und weitergibt.

50,11b entzündet: Text korr.

51,4 ihr Völker, ihr Nationen: Text korr. nach einigen H-Handschriften und S; H: mein Volk, meine Nation.

51,5a plötzlich: ergänzt nach G.

51,9 Rahab und Drache (H: Tannin) sind Urweltungeheuer (vgl. die Anmerkung zu 27,1). Der Schöpfergott Jahwe hat sie besiegt; mit diesem Sieg wird hier seine Rettungstat an Israel beim Auszug aus Ägypten verbunden.

16 Ich habe dir meine Worte in den Mund gelegt, / im Schatten meiner Hand habe ich dich verborgen,

als ich den Himmel ausspannte und die Fundamente der Erde legte / und zu Zion sagte: Du bist mein Volk.

9: 52,1; Ijob 26,12f; Ps 89,11 • 10: Ex 14,21f • 11: 35,10 • 15: Jer 31,35 • 16: 59,21; 49,2; Hos 2,25.

Der Zornbecher Gottes: 51,17–23

17 Raff dich auf, raff dich auf, / steh auf, Jerusalem!

Du hast aus dem Becher des Zorns getrunken, / den der Herr in der Hand hielt.

Du hast aus dem betäubenden Becher getrunken / und ihn geleert.

18 Da war von all den Söhnen, die sie gebar, / keiner, der sie geführt hat.

Da war von all den Söhnen, die sie aufzog, / keiner, der sie bei der Hand nahm.

19 Beides hat dich getroffen / – doch wer klagt schon um dich? –:

Verheerung und Zerstörung, Hunger und Schwert. / Doch wer tröstet dich schon?

20 An allen Straßenecken lagen deine Söhne hilflos da, / wie Wildschafe im Netz,

überwältigt vom Zorn des Herrn, / vom Schelten deines Gottes.

21 Darum hör doch her, du Ärmste, / die du betrunken bist, aber nicht vom Wein:

22 So spricht der Herr, dein Gott und Gebieter, / der für sein Volk kämpft:

Schon nehme ich dir den betäubenden Becher aus der Hand, / den Kelch meines Zorns; / du sollst daraus nicht mehr trinken.

23 Ich reiche ihn denen, die dich quälten, / die zu dir sagten: Wirf dich zu Boden, / wir schreiten über dich weg.

So musstest du deinen Rücken zum Fußboden machen, / zum Weg für die, die über dich schritten.

17: Jer 25,15–19; Ps 60,5; 75,9; Offb 16,19.

Das neue Heil für Zion: 52,1–12

52 Wach auf, Zion, wach auf, / zieh das Gewand deiner Macht an!

Zieh deine Prunkkleider an, / Jerusalem, du heilige Stadt! / Denn Unbeschnittene und Unreine werden dich nicht mehr betreten.

2 Schüttle den Staub von dir ab, / steh auf, du gefangenes Jerusalem!

Löse die Fesseln von deinem Hals, / gefangene Tochter Zion!

3 Denn so spricht der Herr: / Umsonst wurdet ihr verkauft / und ihr sollt nicht mit Geld losgekauft werden.

4 Denn so spricht Gott, der Herr: / Nach Ägypten zog mein Volk einst hinab, / um dort in der Fremde zu leben. / Auch von Assur wurde es ohne Grund unterdrückt.

5 Aber was erlebe ich jetzt – Spruch des Herrn –? / Man nahm mein Volk, ohne zu bezahlen,

und nun prahlen seine Beherrscher – Spruch des Herrn –; / ständig, jeden Tag wird mein Name gelästert.

6 Darum soll mein Volk an jenem Tag meinen Namen erkennen / und wissen, dass ich es bin, der sagt: Ich bin da.

7 Wie willkommen sind auf den Bergen / die Schritte des Freudenboten,

der Frieden ankündigt, / der eine frohe Botschaft bringt und Rettung verheißt, / der zu Zion sagt: Dein Gott ist König.

8 Horch, deine Wächter erheben die Stimme, / sie beginnen alle zu jubeln.

Denn sie sehen mit eigenen Augen, / wie der Herr nach Zion zurückkehrt.

9 Brecht in Jubel aus, jauchzt alle zusammen, / ihr Trümmer Jerusalems!

Denn der Herr tröstet sein Volk, / er erlöst Jerusalem.

10 Der Herr macht seinen heiligen Arm frei / vor den Augen aller Völker.

Alle Enden der Erde / sehen das Heil unseres Gottes.

11 Fort, fort! Zieht von dort weg! / Fasst nichts Unreines an!

Zieht von dort weg! / Haltet euch rein; / denn ihr tragt die Geräte des Herrn.

12 Doch zieht nicht weg in Hast, / geht nicht fort in Eile;

denn der Herr geht vor euch her / und er, Israels Gott, beschließt auch euren Zug.

1: 51,9; Offb 21,27 • 3: 45,13; 1 Petr 1,18 • 5: Röm 2,24 • 8: Num 14,14 • 10: Ps 98,1–3 • 11: 48,20; 2 Kor 6,17 • 12: Ex 12,11; Dtn 16,3; Jes 58,8.

51,16 Text unklar. – als ich ausspannte: Text korr. nach V. 13 und S.

51,17f Der »Becher des Zorns« (vgl. VV. 21–23) ist Bild für das göttliche Strafgericht. – »sie« in V. 18 ist Jerusalem.

51,19 tröstet: Text korr. nach dem Qumran-Text und den alten Übersetzungen (3. statt 1. Person).

51,23 Die Sieger schritten über die Besiegten hinweg, die sich zu Boden werfen mussten.

52,10 Gott will eingreifen und für sein Volk kämpfen.

52,11 Befehl zum Auszug aus Babel, der wie in einer Prozession erfolgen soll.

DAS VIERTE LIED VOM GOTTESKNECHT: 52,13 – 53,12

13 Seht, mein Knecht hat Erfolg, / er wird groß sein und hoch erhaben.
14 Viele haben sich über ihn entsetzt, / so entstellt sah er aus, nicht mehr wie ein Mensch, / seine Gestalt war nicht mehr die eines Menschen.
15 Jetzt aber setzt er viele Völker in Staunen, / Könige müssen vor ihm verstummen.
Denn was man ihnen noch nie erzählt hat, / das sehen sie nun;
was sie niemals hörten, / das erfahren sie jetzt.

53 Wer hat unserer Kunde geglaubt? / Der Arm des Herrn – wem wurde er offenbar?
2 Vor seinen Augen wuchs er auf wie ein junger Spross, / wie ein Wurzeltrieb aus trockenem Boden.
Er hatte keine schöne und edle Gestalt, / sodass wir ihn anschauen mochten.
Er sah nicht so aus, / dass wir Gefallen fanden an ihm.
3 Er wurde verachtet und von den Menschen gemieden, / ein Mann voller Schmerzen, / mit Krankheit vertraut.
Wie einer, vor dem man das Gesicht verhüllt, / war er verachtet; wir schätzten ihn nicht.
4 Aber er hat unsere Krankheit getragen / und unsere Schmerzen auf sich geladen.
Wir meinten, er sei von Gott geschlagen, / von ihm getroffen und gebeugt.
5 Doch er wurde durchbohrt wegen unserer Verbrechen, / wegen unserer Sünden zermalmt.
Zu unserem Heil lag die Strafe auf ihm, / durch seine Wunden sind wir geheilt.
6 Wir hatten uns alle verirrt wie Schafe, / jeder ging für sich seinen Weg.
Doch der Herr lud auf ihn / die Schuld von uns allen.
7 Er wurde misshandelt und niedergedrückt, / aber er tat seinen Mund nicht auf.
Wie ein Lamm, das man zum Schlachten führt, / und wie ein Schaf angesichts seiner Scherer, / so tat auch er seinen Mund nicht auf.
8 Durch Haft und Gericht wurde er dahingerafft, / doch wen kümmerte sein Geschick?
Er wurde vom Land der Lebenden abgeschnitten / und wegen der Verbrechen seines Volkes zu Tode getroffen.
9 Bei den Ruchlosen gab man ihm sein Grab, / bei den Verbrechern seine Ruhestätte,
obwohl er kein Unrecht getan hat / und kein trügerisches Wort in seinem Mund war.
10 Doch der Herr fand Gefallen an seinem zerschlagenen (Knecht), / er rettete den, der sein Leben als Sühnopfer hingab.
Er wird Nachkommen sehen und lange leben. / Der Plan des Herrn wird durch ihn gelingen.
11 Nachdem er so vieles ertrug, erblickt er das Licht. / Er sättigt sich an Erkenntnis.
Mein Knecht, der gerechte, macht die vielen gerecht; / er lädt ihre Schuld auf sich.
12 Deshalb gebe ich ihm seinen Anteil unter den Großen / und mit den Mächtigen teilt er die Beute,
weil er sein Leben dem Tod preisgab / und sich unter die Verbrecher rechnen ließ.
Denn er trug die Sünden von vielen / und trat für die Schuldigen ein.

52,14: Weish 5,2 • 15: Röm 15,21 • 53,1: Joh 12,38; Röm 10,16 • 2: 11,1.10 • 4: Mt 8,17 • 5: 1 Petr 2,24f • 6: 56,11 • 7: Apg 8,32f; Offb 5,6.12; 13,8 • 9: 1 Petr 2,22 • 11: Dan 12,3; Röm 5,19 • 12: Röm 4,25; Lk 22,37; Hebr 9,28; Joh 1,29; Röm 5,16; 1 Petr 2,24.

52,13 – 53,12 Zusammengesetzt aus Gottesworten (52,13–15; 53,11d.12), einem Bericht über das Leiden des »Knechts« (53,1–9) und der Ankündigung der Erhöhung des »Knechts« (53,10.11a–c). Im Einzelnen ist der hebräische Text gelegentlich unklar.

53,8 seines Volkes: Text korr. nach dem Qumran-Text; H: meines Volkes.

53,11 Licht: eingefügt nach dem Qumran-Text und G.

DIE VERHEISSUNG DES GLÜCKS IM NEUEN ZION: 54,1 – 55,5

Der Segen Gottes für das Volk: 54,1–10

54 Freu dich, du Unfruchtbare, die nie gebar, / du, die nie in Wehen lag, brich in Jubel aus und jauchze!

Denn die Einsame hat jetzt viel mehr Söhne / als die Vermählte, spricht der Herr.

2 Mach den Raum deines Zeltes weit, / spann deine Zelttücher aus, ohne zu sparen. / Mach die Stricke lang und die Pflöcke fest!

3 Denn nach rechts und links breitest du dich aus. / Deine Nachkommen werden Völker beerben / und verödete Städte besiedeln.

4 Fürchte dich nicht, du wirst nicht beschämt; / schäme dich nicht, du wirst nicht enttäuscht.

Denn die Schande in deiner Jugend wirst du vergessen, / an die Schmach deiner Witwenschaft wirst du nicht mehr denken.

5 Denn dein Schöpfer ist dein Gemahl, / »Herr der Heere« ist sein Name.

Der Heilige Israels ist dein Erlöser, / »Gott der ganzen Erde« wird er genannt.

6 Ja, der Herr hat dich gerufen / als verlassene, bekümmerte Frau.

Kann man denn die Frau verstoßen, / die man in der Jugend geliebt hat?, / spricht dein Gott.

7 Nur für eine kleine Weile habe ich dich verlassen, / doch mit großem Erbarmen hole ich dich heim.

8 Einen Augenblick nur verbarg ich vor dir mein Gesicht / in aufwallendem Zorn;

aber mit ewiger Huld habe ich Erbarmen mit dir, / spricht dein Erlöser, der Herr.

9 Wie in den Tagen Noachs soll es für mich sein: / So wie ich damals schwor,

dass die Flut Noachs die Erde nie mehr überschwemmen wird, / so schwöre ich jetzt, dir nie mehr zu zürnen / und dich nie mehr zu schelten.

10 Auch wenn die Berge von ihrem Platz weichen / und die Hügel zu wanken beginnen –

meine Huld wird nie von dir weichen / und der Bund meines Friedens nicht wanken, / spricht der Herr, der Erbarmen hat mit dir.

1: Gal 4,27; Jes 62,4 • 5: Hos 2,18 • 7: Ps 30,6 • 8: 60,10 • 9: Gen 9,8–17 • 10: Ez 34,25; 37,26.

Das neue Jerusalem: 54,11–17

11 Du Ärmste, vom Sturm Gepeitschte, / die ohne Trost ist,

sieh her: Ich selbst lege dir ein Fundament aus Malachit / und Grundmauern aus Saphir.

12 Aus Rubinen mache ich deine Zinnen, / aus Beryll deine Tore / und alle deine Mauern aus kostbaren Steinen.

13 Alle deine Söhne werden Jünger des Herrn sein / und groß ist der Friede deiner Söhne.

14 Du wirst auf Gerechtigkeit gegründet sein. / Du bist fern von Bedrängnis,

denn du brauchst dich nicht mehr zu fürchten / und bist fern von Schrecken; / er kommt an dich nicht heran.

15 Wenn dich jemand angreift, misslingt es, / denn es geschieht ohne mich; / wer dich angreift, fällt im Kampf gegen dich.

16 Ich habe den Schmied erschaffen, / der das Kohlenfeuer entfacht und Waffen erzeugt, / wie es seinem Handwerk entspricht.

Ich habe auch den, der vernichtet, erschaffen, / damit er zerstört.

17 Keine Waffe wird etwas ausrichten, die man gegen dich schmiedet; / jede Zunge, die dich vor Gericht verklagt, strafst du Lügen.

Das ist das Erbteil der Knechte des Herrn: / Von mir kommt ihre Rettung – Spruch des Herrn.

11–12: Tob 13,17; Offb 21,18–21 • 13: Joh 6,45 • 14: Ps 91,10.

Die Teilnahme des ganzen Volkes am Heil: 55,1–5

55 Auf, ihr Durstigen, kommt alle zum Wasser! / Auch wer kein Geld hat, soll kommen.

Kauft Getreide und esst, kommt und kauft ohne Geld, / kauft Wein und Milch ohne Bezahlung!

2 Warum bezahlt ihr mit Geld, was euch nicht nährt, / und mit dem Lohn eurer Mühen, / was euch nicht satt macht?

Hört auf mich, dann bekommt ihr das Beste zu essen / und könnt euch laben an fetten Speisen.

54,1 Angeredet ist Jerusalem.

54,2 spann . . . aus: Text korr. nach den alten Übersetzungen.

54,4–6 Die Zeit des Gerichts über Jerusalem ist vorbei.

3 Neigt euer Ohr mir zu und kommt zu
mir, / hört, dann werdet ihr leben.
Ich will einen ewigen Bund mit euch
schließen / gemäß der beständigen Huld, die
ich David erwies.
4 Seht her: Ich habe ihn zum Zeugen für
die Völker gemacht, / zum Fürsten und Ge-
bieter der Nationen.
5 Völker, die du nicht kennst, wirst du ru-
fen; / Völker, die dich nicht kennen, eilen zu
dir,
um des Herrn, deines Gottes, des Heiligen
Israels willen, / weil er dich herrlich gemacht
hat.

1: Joh 7,37; Offb 22,17 • 3: 61,8; 2 Chr 6,42; Apg 13,34.

EPILOG: MAHNUNG ZUR UMKEHR UND ZUM VERTRAUEN AUF GOTTES WORT: 55,6–13

6 Sucht den Herrn, solange er sich finden
lässt, / ruft ihn an, solange er nahe ist.
7 Der Ruchlose soll seinen Weg verlassen, /
der Frevler seine Pläne.
Er kehre um zum Herrn, / damit er Erbar-
men hat mit ihm,
und zu unserem Gott; / denn er ist groß im
Verzeihen.
8 Meine Gedanken sind nicht eure Gedan-
ken / und eure Wege sind nicht meine
Wege – / Spruch des Herrn.
9 So hoch der Himmel über der Erde ist, /
so hoch erhaben sind meine Wege über eure
Wege / und meine Gedanken über eure Ge-
danken.
10 Denn wie der Regen und der Schnee vom
Himmel fällt / und nicht dorthin zurück-
kehrt,
sondern die Erde tränkt und sie zum Kei-
men und Sprossen bringt, / wie er dem Sä-
mann Samen gibt und Brot zum Essen,
11 so ist es auch mit dem Wort, / das meinen
Mund verlässt:
Es kehrt nicht leer zu mir zurück, / son-
dern bewirkt, was ich will, / und erreicht all
das, wozu ich es ausgesandt habe.
12 Voll Freude werdet ihr fortziehen, /
wohlbehalten kehrt ihr zurück.
Berge und Hügel brechen bei eurem An-
blick in Jubel aus, / alle Bäume auf dem Feld
klatschen Beifall.
13 Statt Dornen wachsen Zypressen, / statt
Brennnesseln Myrten.
Das geschieht zum Ruhm des Herrn / als
ein ewiges Zeichen, das niemals getilgt wird.

10: 2 Kor 9,10 • 12: 44,23 • 13: 56,5.

III. TEIL
DER DRITTE JESAJA (TRITOJESAJA): 56,1 – 66,24

VERHEISSUNG AN DIE FREMDEN UND DIE KINDERLOSEN: 56,1–8

56 So spricht der Herr:
Wahrt das Recht und sorgt für Ge-
rechtigkeit; / denn bald kommt von mir das
Heil, / meine Gerechtigkeit wird sich bald
offenbaren.
2 Wohl dem Mann, der so handelt, / wohl
dem Menschen, der daran fest hält,
den Sabbat zu halten und nie zu entwei-
hen / und seine Hand vor jeder bösen Tat zu
bewahren.
3 Der Fremde, der sich dem Herrn ange-
schlossen hat, soll nicht sagen: / Sicher wird
der Herr mich ausschließen aus seinem
Volk.
Der Verschnittene soll nicht sagen: / Ich
bin nur ein dürrer Baum.
4 Denn so spricht der Herr: / Den Ver-
schnittenen, die meine Sabbate halten,
die gerne tun, was mir gefällt, / und an
meinem Bund fest halten,
5 ihnen allen errichte ich in meinem
Haus / und in meinen Mauern ein Denk-
mal,
ich gebe ihnen einen Namen, / der mehr
wert ist als Söhne und Töchter:
Einen ewigen Namen gebe ich ihnen, / der
niemals ausgetilgt wird.
6 Die Fremden, die sich dem Herrn ange-

55,3f Durch seine Siege hat David die Macht und Zuwendung Gottes zu seinem Volk bezeugt.

56,1 – 66,24 Vgl. die Einleitung zu Jes.

schlossen haben, / die ihm dienen und seinen Namen lieben,

um seine Knechte zu sein, / alle, die den Sabbat halten

und ihn nicht entweihen, / die an meinem Bund fest halten,

7 sie bringe ich zu meinem heiligen Berg / und erfülle sie in meinem Bethaus mit Freude.

Ihre Brandopfer und Schlachtopfer finden Gefallen auf meinem Altar, / denn mein Haus wird ein Haus des Gebets für alle Völker genannt.

8 Spruch Gottes, des Herrn, / der die verstoßenen Israeliten sammelt:

Noch mehr, als ich schon von ihnen gesammelt habe, / will ich dort versammeln.

2: 58,13 • 5: 55,13 • 7: Mk 11,17 • 8: Ps 147,2.

EINE DROHUNG GEGEN DIE FÜHRER DES VOLKES: 56,9 – 57,13

9 Ihr Tiere auf dem Feld, kommt alle und fresst, / kommt alle, ihr Tiere im Wald!

10 Die Wächter des Volkes sind blind, / sie merken allesamt nichts.

Es sind lauter stumme Hunde, / sie können nicht bellen.

Träumend liegen sie da / und haben gern ihre Ruhe.

11 Aber gierig sind diese Hunde, sie sind unersättlich. / So sind die Hirten: Sie verstehen nicht aufzumerken.

Jeder geht seinen eigenen Weg / und ist ausschließlich auf seinen eigenen Vorteil bedacht;

12 (er sagt:) Kommt her, ich hole Wein. / Wir trinken uns voll mit Bier.

Und wie heute, so soll es auch morgen sein; / hoch soll es hergehen.

57 Der Gerechte kommt um, / doch niemand nimmt es sich zu Herzen.

Die Frommen werden dahingerafft, / doch es kümmert sich niemand darum.

Weil das Unrecht herrscht, / wird der Gerechte dahingerafft.

2 Aber er gelangt zum Frieden; / und wer seinen Weg geradeaus ging, / ruht aus auf seinem Lager.

3 Ihr aber, ihr Söhne der Zauberin, kommt herbei, / ihr Kinder eines Ehebrechers und einer Dirne!

4 Über wen macht ihr euch lustig, / gegen wen reißt ihr das Maul auf, / wem streckt ihr die Zunge heraus?

Ihr seid doch selbst Kinder des Frevels, / eine Lügenbrut.

5 Ihr geratet in Gier unter den Eichen, / unter jedem üppigen Baum.

Ihr schlachtet Kinder in den Schluchten / und in den Klüften der Felsen.

6 Zwischen den glatten Wänden der Schlucht erfüllt sich dein Schicksal, / doch gerade sie werden dir zum Verhängnis;

auch für sie hast du Trankopfer ausgegossen und Speiseopfer dargebracht. / Und das soll ich ruhig mit ansehen?

7 Auf hoch aufragenden Bergen / hast du dein Lager aufgeschlagen.

Auch dorthin stiegst du hinauf, / um Schlachtopfer darzubringen.

8 Hinter Türen und Pfosten / hast du dein Erinnerungszeichen angebracht.

Du hast dich von mir freigemacht und bist hinaufgestiegen / und hast dir dort ein breites Lager zurechtgemacht.

Dann kauftest du dir Leute, deren Beilager du liebtest; / du hast ihre Kraft bestaunt.

9 Für den Moloch hast du dein Öl verschwendet / und deine Salben aufgehäuft.

Du hast deine Boten in die Ferne geschickt, / bis tief hinab in die Unterwelt.

10 Auf dem langen Weg bist du müde geworden, / aber du hast nie gesagt: Es ist umsonst!

Immer wieder hast du neue Kraft gefunden, / darum bist du nicht schwach geworden.

11 Wen hast du denn so sehr gescheut und gefürchtet, / dass du mich betrogen hast?

An mich hast du nicht gedacht, / um mich hast du dich nicht gekümmert.

Nicht wahr, weil ich schwieg und mich verbarg, / hast du mich nicht gefürchtet?

12 Ich will verraten, wie es um deine Ge-

56,9 Die wilden Tiere sättigen sich an den Leichen derer, die im Strafgericht Gottes umgekommen sind.

57,5f Hinweis auf den Kult der Fruchtbarkeitsgötter und auf die Kinderopfer für Moloch.

57,8 kauftest du: Text korr. – du hast ihre Kraft bestaunt, wörtlich: »du hast die Hand geschaut«, verhüllende Aussage für das männliche Glied.

57,9 Moloch: entstellt aus Melech (= König), Beiname Baals.

57,10c Wörtlich: hast du das Leben deiner Hand gefunden. Sinn unklar, vgl. die Anmerkung zu V. 8.

57,11e mich verbarg: Text korr. nach G.

rechtigkeit und um dein Tun bestellt ist: / Sie
werden dir nichts mehr nützen.
13 Wenn du um Hilfe schreist, / dann sollen
doch deine vielen Götzen dich retten;
aber sie alle trägt der Wind davon, / ein
Hauch bläst sie weg.
Doch wer mir vertraut, / wird das Land
zum Erbe bekommen / und meinen heiligen
Berg besitzen.

56,9: Jer 12,9 • 11: 53,6 • 57,1: Mi 7,2 • 13: 60,21; 65,9.

EINE VERHEISSUNG FÜR DIE FROMMEN: 57,14–21

14 Bahnt eine Straße, ebnet den Weg, / ent-
fernt die Hindernisse auf dem Weg meines
Volkes!
15 Denn so spricht der Hohe und Erhabe-
ne, / der ewig Thronende, dessen Name »Der
Heilige« ist:
Als Heiliger wohne ich in der Höhe, / aber
ich bin auch bei den Zerschlagenen und Be-
drückten,
um den Geist der Bedrückten wieder auf-
leben zu lassen / und das Herz der Zerschla-
genen neu zu beleben.
16 Denn ich klage nicht für immer an, /
noch will ich für immer zürnen.
Sonst müsste ihr Geist vor mir vergehen /
und ihr Atem, den ich erschuf.
17 Kurze Zeit zürnte ich wegen der Sünde
(des Volkes), / ich schlug es und verbarg
mich voll Zorn.
Treulos ging es seine eigenen Wege. / 18 Ich
sah, welchen Weg es ging.
Aber ich will es heilen und führen und
wiederum trösten, / 19 seinen Trauernden
schaffe ich Lob auf den Lippen.
Friede, Friede den Fernen und den Nahen,
spricht der Herr, / ich werde sie heilen.
20 Aber die Ruchlosen sind wie das aufge-
wühlte Meer, / das nie zur Ruhe kommen
kann / und dessen Wasser Schmutz aufwühlt
und Schlamm.
21 Die Ruchlosen finden keinen Frieden, /
spricht mein Gott.

14: 40,3; 62,10 • 15: Ps 113,5–9; Jes 66,1f; Ps 51,19 • 16: Ps 103,98; Jer 3,12 • 19: Eph 2,17 • 20: Jer 49,23 • 21: 48,22.

DIE VORBEREITUNG AUF DAS KOMMENDE HEIL: 58,1 – 59,21

Die wahre Frömmigkeit: 58,1–14

58 Rufe aus voller Kehle, halte dich
nicht zurück! / Lass deine Stimme
ertönen wie eine Posaune!
Halt meinem Volk seine Vergehen vor /
und dem Haus Jakob seine Sünden!
2 Sie suchen mich Tag für Tag; / denn sie
wollen meine Wege erkennen.
Wie ein Volk, das Gerechtigkeit übt / und
das vom Recht seines Gottes nicht ablässt,
so fordern sie von mir ein gerechtes Ur-
teil / und möchten, dass Gott ihnen nah ist.
3 Warum fasten wir und du siehst es
nicht? / Warum tun wir Buße und du merkst
es nicht?
Seht, an euren Fasttagen macht ihr Ge-
schäfte / und treibt alle eure Arbeiter zur
Arbeit an.
4 Obwohl ihr fastet, gibt es Streit und
Zank / und ihr schlagt zu mit roher Ge-
walt.
So wie ihr jetzt fastet, / verschafft ihr eu-
rer Stimme droben kein Gehör.
5 Ist das ein Fasten, wie ich es liebe, / ein
Tag, an dem man sich der Buße unterzieht:
wenn man den Kopf hängen lässt, so wie
eine Binse sich neigt, / wenn man sich mit
Sack und Asche bedeckt?
Nennst du das ein Fasten / und einen Tag,
der dem Herrn gefällt?
6 Nein, das ist ein Fasten, wie ich es liebe: /
die Fesseln des Unrechts zu lösen, / die Stri-
cke des Jochs zu entfernen,
die Versklavten freizulassen, / jedes Joch
zu zerbrechen,
7 an die Hungrigen dein Brot auszuteilen, /
die obdachlosen Armen ins Haus aufzuneh-
men,
wenn du einen Nackten siehst, ihn zu be-
kleiden / und dich deinen Verwandten nicht
zu entziehen.
8 Dann wird dein Licht hervorbrechen wie
die Morgenröte / und deine Wunden werden
schnell vernarben.
Deine Gerechtigkeit geht dir voran, / die
Herrlichkeit des Herrn folgt dir nach.

57,13b deine vielen Götzen: H unklar.

57,19a Lob auf den Lippen, wörtlich: Frucht der Lippen.

9 Wenn du dann rufst, / wird der Herr dir
Antwort geben,
und wenn du um Hilfe schreist, wird er sagen: / Hier bin ich.
Wenn du der Unterdrückung bei dir ein Ende machst, / auf keinen mit dem Finger zeigst und niemand verleumdest,
10 dem Hungrigen dein Brot reichst / und
den Darbenden satt machst,
dann geht im Dunkel dein Licht auf / und deine Finsternis wird hell wie der Mittag.
11 Der Herr wird dich immer führen, / auch
im dürren Land macht er dich satt / und stärkt deine Glieder.
Du gleichst einem bewässerten Garten, / einer Quelle, deren Wasser niemals versiegt.
12 Deine Leute bauen die uralten Trümmer-
stätten wieder auf, / die Grundmauern aus der Zeit vergangener Generationen stellst du wieder her.
Man nennt dich den Maurer, der die Risse ausbessert, / den, der die Ruinen wieder bewohnbar macht.
13 Wenn du am Sabbat nicht aus dem Haus
gehst / und an meinem heiligen Tag keine Geschäfte machst,
wenn du den Sabbat (den Tag der) Wonne nennst, / einen Ehrentag den heiligen Tag des Herrn,
wenn du ihn ehrst, indem du keine Gänge machst, / keine Geschäfte betreibst und keine Verhandlungen führst,
14 dann wirst du am Herrn deine Wonne
haben, / dann lasse ich dich über die Höhen der Erde dahinfahren
und das Erbe deines Vaters Jakob genießen. / Ja, der Mund des Herrn hat gesprochen.

1: Mi 3,8 • 4: Ex 21,18 • 6: 61,1 • 7: Mt 25,35f • 8: 52,12 • 9: 30,19; 65,24 • 11: Jer 31,12 • 12: 61,4; Am 9,11 • 14: Ijob 22,26; Ps 37,4.

Die Hindernisse für das kommende Heil: 59,1–21

59 Seht her, die Hand des Herrn ist nicht zu kurz, / um zu helfen,
sein Ohr ist nicht schwerhörig, / sodass er nicht hört.
2 Nein, was zwischen euch und eurem Gott
steht, / das sind eure Vergehen;
eure Sünden verdecken sein Gesicht, / sodass er euch nicht hört.
3 Denn eure Hände sind mit Blut befleckt, /
eure Finger mit Unrecht.
Eure Lippen lügen, / eure Zunge flüstert (Worte voll) Bosheit.
4 Keiner bringt gerechte Klagen vor, / kei-
ner hält ehrlich Gericht.
Man stützt sich auf Nichtigkeiten / und stellt haltlose Behauptungen auf;
man geht schwanger mit Unheil / und bringt Verderben zur Welt.
5 Schlangeneier brüten sie aus / und weben
Spinnengewebe.
Wer von ihren Eiern isst, muss sterben; / zerdrückt man eines, kriecht eine Natter heraus.
6 Die Fäden, die sie spinnen, taugen nicht
zu Gewändern, / man kann sich nicht bekleiden mit dem, was sie erzeugen.
Ihre Taten sind Taten des Unheils, / Gewalttat ist in ihren Händen.
7 Sie laufen dem Bösen nach, / schnell sind
sie dabei, / unschuldiges Blut zu vergießen.
Ihre Gedanken sind Gedanken des Unheils, / Scherben und Verderben sind auf ihren Straßen.
8 Den Weg des Friedens kennen sie nicht, /
auf ihren Spuren gibt es kein Recht.
Sie gehen krumme Pfade; / keiner, der ihnen folgt, lernt den Frieden kennen.
9 Darum bleibt das Recht von uns fern, /
die Gerechtigkeit erreicht uns nicht.
Wir hoffen auf Licht, / doch es bleibt finster;
wir hoffen auf den Anbruch des Tages, / doch wir gehen im Dunkeln.
10 Wir tasten uns wie Blinde an der Wand
entlang / und tappen dahin, als hätten wir keine Augen.
Wir stolpern am Mittag, als wäre schon Dämmerung, / wir leben im Finstern wie die Toten.
11 Wir brummen alle wie Bären / und gur-
ren wie Tauben.
Wir hoffen auf unser Recht, doch es kommt nicht, / und auf die Rettung, doch sie bleibt uns fern.
12 Denn unsere Frevel gegen dich sind
zahlreich, / unsere Sünden klagen uns an.
Wir sind uns unserer Vergehen bewusst, / wir kennen unsere Schuld:
13 Untreue und Verleugnung des Herrn, /
Abkehr von unserem Gott.

58,10a dein Brot: Text korr. nach H-Handschriften und den alten Übersetzungen.
58,12e Ruinen: Text korr ; H: Pfade.
58,13a nicht aus dem Haus gehst, wörtlich: deinen Fuß zurückhältst.
58,14b Wer den Sabbat hält, wird alle Schwierigkeiten überwinden.
59,10 im Finstern: in H ein Wort unbekannter Bedeutung.
59,11ab Hier ist an Äußerungen der Trauer gedacht.

Wir reden von Gewalttat und Aufruhr, /
wir haben Lügen im Herzen und sprechen sie
aus.
14 So weicht das Recht zurück, / die Ge-
rechtigkeit bleibt in der Ferne.
Die Redlichkeit kommt auf dem Markt-
platz zu Fall, / die Rechtschaffenheit findet
nirgendwo Einlass.
15 Jede Redlichkeit wird vermisst, / wer
das Böse meidet, wird ausgeraubt.
Das hat der Herr gesehen / und ihm miss-
fiel, dass es kein Recht mehr gab.
16 Er sah, dass keiner sich regte, / und war
entsetzt, dass niemand einschritt.
Da half ihm sein eigener Arm, / seine eige-
ne Gerechtigkeit war seine Stütze.
17 Er legte die Gerechtigkeit an wie einen
Panzer / und setzte den Helm der Hilfe
auf.
Er machte die Rache zu seinem Gewand /
und umhüllte sich mit leidenschaftlichem
Eifer wie mit einem Mantel.
18 Wie es die Taten verdienen, so übt er
Vergeltung; / er zürnt seinen Gegnern
und vergilt seinen Feinden; / bis hin zu den
Inseln übt er Vergeltung.
19 Dann fürchtet man im Westen den Na-
men des Herrn / und im Osten seine Herr-
lichkeit.
Ja, er kommt wie ein reißender Strom, /
den der Sturm des Herrn vor sich her-
treibt.
20 Doch für Zion kommt er als Erlöser /
und für alle in Jakob,
die umkehren von ihrer Sünde – / Spruch
des Herrn.
21 Das ist der Bund, den ich mit ihnen
schließe, spricht der Herr: Mein Geist, der
auf dir ruht, soll nicht von dir weichen und
meine Worte, die ich dir in den Mund gelegt
habe, sollen immer in deinem Mund bleiben
und im Mund deiner Kinder und im Mund
deiner Enkel, jetzt und in Ewigkeit – spricht
der Herr.

1: 50,2 • 2: 1,15 • 4: Ijob 15,35; Ps 7,15 • 7: Spr 1,16; Röm 3,15–17 • 10: Dtn 28,29 • 12: Jer 14,7 • 16–17: 63,5; Weish 5,16–20 • 18: 66,6 • 19: 45,6; Ps 102,16 • 20: Röm 11,26f • 21: 51,16; Jer 1,9.

DIE KÜNFTIGE HERRLICHKEIT ZIONS: 60,1 – 62,12

Die Wallfahrt der Völker zum gesegneten Jerusalem: 60,1–22

60 Auf, werde licht denn es kommt dein
Licht / und die Herrlichkeit des
Herrn geht leuchtend auf über dir.
2 Denn siehe, Finsternis bedeckt die Erde /
und Dunkel die Völker,
doch über dir geht leuchtend der Herr
auf, / seine Herrlichkeit erscheint über dir.
3 Völker wandern zu deinem Licht / und
Könige zu deinem strahlenden Glanz.
4 Blick auf und schau umher: / Sie alle ver-
sammeln sich und kommen zu dir.
Deine Söhne kommen von fern, / deine
Töchter trägt man auf den Armen herbei.
5 Du wirst es sehen und du wirst strahlen, /
dein Herz bebt vor Freude und öffnet sich
weit.
Denn der Reichtum des Meeres strömt dir
zu, / die Schätze der Völker kommen zu
dir.
6 Zahllose Kamele bedecken dein Land, /
Dromedare aus Midian und Efa.
Alle kommen von Saba, / bringen Weih-
rauch und Gold / und verkünden die ruhm-
reichen Taten des Herrn.
7 Alle Schafe von Kedar scharen sich bei
dir, / die Widder von Nebajot stehen in dei-
nem Dienst.
Als willkommene Opfer steigen sie auf
meinen Altar; / so verherrliche ich mein
herrliches Haus.
8 Wer sind die, die heranfliegen wie Wol-
ken, / wie Tauben zu ihrem Schlag?
9 Die Schiffe kommen bei mir zusammen, /
voran die Schiffe von Tarschisch,
um deine Söhne mit ihrem Gold und Sil-
ber / aus der Ferne zu bringen,
zum Ruhm des Herrn, deines Gottes, / des
Heiligen Israels, / weil er dich herrlich ge-
macht hat.
10 Fremde bauen deine Mauern, / ihre Kö-
nige stehen in deinem Dienst.
Denn in meinem Zorn habe ich dich ge-
schlagen, / aber in meinem Wohlwollen zeige
ich dir mein Erbarmen.
11 Deine Tore bleiben immer geöffnet, / sie
werden bei Tag und bei Nacht nicht ge-
schlossen,
damit man den Reichtum der Völker zu dir
hineintragen kann; / auch ihre Könige führt
man herbei.

60,1 – 62,12 Diese Kapitel gehören nach Thema und Gedankenführung enger zusammen und sind darin mit Jes 40 – 55 verwandt.

60,9 Die Schiffe kommen . . . zusammen: Text korr.; H: Auf mich harren die Inseln.

12 Denn jedes Volk und jedes Reich, / das dir nicht dient, geht zugrunde, / die Völker werden völlig vernichtet.
13 Die Pracht des Libanon kommt zu dir, / Zypressen, Platanen und Eschen zugleich,
um meinen heiligen Ort zu schmücken; / dann ehre ich den Platz, wo meine Füße ruhen.
14 Gebückt kommen die Söhne deiner Unterdrücker zu dir, / alle, die dich verachtet haben, werfen sich dir zu Füßen.
Man nennt dich »Die Stadt des Herrn« / und »Das Zion des Heiligen Israels«.
15 Dafür, dass du verlassen warst und verhasst / und niemand dich besucht hat,
mache ich dich zum ewigen Stolz, / zur Freude für alle Generationen.
16 Du wirst die Milch der Völker saugen / und an der Brust von Königen trinken.
Dann wirst du erkennen, / dass ich, der Herr, dein Retter bin / und ich, der Starke Jakobs, dein Erlöser.
17 Statt Kupfer bringe ich Gold, / statt Eisen bringe ich Silber, / statt Holz Kupfer und statt Steine Eisen.
Ich setze den Frieden als Aufsicht über dich ein / und die Gerechtigkeit als deinen Vogt.
18 Man hört nichts mehr von Unrecht in deinem Land, / von Verheerung und Zerstörung in deinem Gebiet.
Deine Mauern nennst du »Rettung« / und deine Tore »Ruhm«.
19 Bei Tag wird nicht mehr die Sonne dein Licht sein, / und um die Nacht zu erhellen, scheint dir nicht mehr der Mond,
sondern der Herr ist dein ewiges Licht, / dein Gott dein strahlender Glanz.
20 Deine Sonne geht nicht mehr unter / und dein Mond nimmt nicht mehr ab;
denn der Herr ist dein ewiges Licht, / zu Ende sind deine Tage der Trauer.
21 Dein Volk besteht nur aus Gerechten; / sie werden für immer das Land besitzen / als aufblühende Pflanzung des Herrn,
als das Werk seiner Hände, / durch das er seine Herrlichkeit zeigt.
22 Der Kleinste wird zu einer Tausendschaft, / der Geringste zu einem starken Volk.
Ich, der Herr, führe es schnell herbei, / sobald es Zeit dafür ist.

1: Offb 21,23 • 3: 2,2–5; Offb 21,24 • 4: 49,18; 66,12 • 5: Offb 21,24 • 6: Ps 72,10; Mt 2,11 • 9: 55,5 • 10: 61,5; 54,8 • 11: Offb 21,25f • 13: 41,19 • 14: Offb 3,9 • 15: 62,4 • 16: 49,23; 66,11; 49,26 • 18: Jer 6,7 • 21: 57,13; 65,9; Mt 5,5; Jes 61,3.

Die frohe Botschaft des Gesalbten Jahwes:
61,1–11

61 Der Geist Gottes, des Herrn, ruht auf mir; / denn der Herr hat mich gesalbt.
Er hat mich gesandt, damit ich den Armen eine frohe Botschaft bringe / und alle heile, deren Herz zerbrochen ist,
damit ich den Gefangenen die Entlassung verkünde / und den Gefesselten die Befreiung,
2 damit ich ein Gnadenjahr des Herrn ausrufe, / einen Tag der Vergeltung unseres Gottes, / damit ich alle Trauernden tröste,
3 die Trauernden Zions erfreue, / ihnen Schmuck bringe anstelle von Schmutz,
Freudenöl statt Trauergewand, / Jubel statt der Verzweiflung.
Man wird sie »Die Eichen der Gerechtigkeit« nennen, / »Die Pflanzung, durch die der Herr seine Herrlichkeit zeigt«.
4 Dann bauen sie die uralten Trümmerstätten wieder auf / und richten die Ruinen ihrer Vorfahren wieder her.
Die verödeten Städte erbauen sie neu, / die Ruinen vergangener Generationen.
5 Fremde stehen bereit und führen eure Herden auf die Weide, / Ausländer sind eure Bauern und Winzer.
6 Ihr alle aber werdet »Priester des Herrn« genannt, / man sagt zu euch »Diener unseres Gottes«.
Was die Völker besitzen, werdet ihr genießen, / mit ihrem Reichtum könnt ihr euch brüsten.
7 Doppelte Schande mussten sie ertragen, / sie wurden angespuckt und verhöhnt;
darum erhalten sie doppelten Besitz in ihrem Land, / ewige Freude wird ihnen zuteil.
8 Denn ich, der Herr, liebe das Recht, / ich hasse Verbrechen und Raub.
Ich bin treu und gebe ihnen den Lohn, / ich schließe mit ihnen einen ewigen Bund.
9 Ihre Nachkommen werden bei allen Nationen bekannt sein / und ihre Kinder in allen Völkern.
Jeder, der sie sieht, wird erkennen: / Das sind die Nachkommen, die der Herr gesegnet hat.

60,19b die Nacht: eingefügt mit G und dem Qumran-Text.
60,21d seiner Hände: Text korr. nach G und dem Qumran-Text; H: meiner Hände.
61,3 erfreue: Text korr. – Schmuck anstelle von Schmutz, wörtlich: »einen Turban anstelle von Staub«. Staub streut man sich bei Trauer auf den Kopf. In H ein Wortspiel.
61,7 Schande: Text korr.; H: eure Schande. – sie wurden angespuckt: Text korr.; H: sie jubeln.

10 Von Herzen will ich mich freuen über den Herrn. / Meine Seele soll jubeln über meinen Gott.

Denn er kleidet mich in Gewänder des Heils, / er hüllt mich in den Mantel der Gerechtigkeit,

wie ein Bräutigam sich festlich schmückt / und wie eine Braut ihr Geschmeide anlegt.

11 Denn wie die Erde die Saat wachsen lässt / und der Garten die Pflanzen hervorbringt,

so bringt Gott, der Herr, Gerechtigkeit hervor / und Ruhm vor allen Völkern.

1: Lk 4,18f; Jes 58,6 • 2: 34,8; 63,4 • 3: 60,21 • 4: 58,12 • 5: 60,10 • 6: Ex 19,6; 1 Petr 2,5.9; Offb 1,6; 20,6 • 8: Ps 37,28; Jes 55,3 • 9: 65,23 • 10: 41,16; Offb 21,2.

Die verherrlichte Stadt Gottes: 62,1–12

62 Um Zions willen kann ich nicht schweigen, / um Jerusalems willen nicht still sein,

bis das Recht in ihm aufstrahlt wie ein helles Licht / und sein Heil aufleuchtet wie eine brennende Fackel.

2 Dann sehen die Völker deine Gerechtigkeit / und alle Könige deine strahlende Pracht.

Man ruft dich mit einem neuen Namen, / den der Mund des Herrn für dich bestimmt.

3 Du wirst zu einer prächtigen Krone / in der Hand des Herrn,

zu einem königlichen Diadem / in der Rechten deines Gottes.

4 Nicht länger nennt man dich »Die Verlassene« / und dein Land nicht mehr »Das Ödland«,

sondern man nennt dich »Meine Wonne« / und dein Land »Die Vermählte«.

Denn der Herr hat an dir seine Freude / und dein Land wird mit ihm vermählt.

5 Wie der junge Mann sich mit der Jungfrau vermählt, / so vermählt sich mit dir dein Erbauer.

Wie der Bräutigam sich freut über die Braut, / so freut sich dein Gott über dich.

6 Auf deine Mauern, Jerusalem, stellte ich Wächter. / Weder bei Tag noch bei Nacht dürfen sie schweigen.

Ihr, die ihr den Herrn (an Zion) erinnern sollt, / gönnt euch keine Ruhe!

7 Lasst auch ihm keine Ruhe, / bis er Jerusalem wieder aufbaut, / bis er es auf der ganzen Erde berühmt macht.

8 Der Herr hat geschworen bei seiner rechten Hand / und bei seinem starken Arm:

Nie mehr gebe ich dein Korn / deinen Feinden zu essen.

Nie mehr trinken Fremde deinen Wein, / für den du so hart gearbeitet hast.

9 Nein, wer das Korn geerntet hat, soll es auch essen / und den Herrn dafür preisen.

Wer den Wein geerntet hat, soll ihn auch trinken / in den Vorhöfen meines Heiligtums.

10 Zieht durch die Tore ein und aus / und bahnt dem Volk einen Weg!

Baut, ja baut eine Straße / und räumt die Steine beiseite! / Stellt ein Zeichen auf für die Völker!

11 Hört, was der Herr bis ans Ende der Erde bekannt macht: / Sagt der Tochter Zion:

Sieh her, jetzt kommt deine Rettung. / Siehe, er bringt seinen Siegespreis mit:

Alle, die er gewonnen hat, / gehen vor ihm her.

12 Dann nennt man sie »Das heilige Volk«, / »Die Erlösten des Herrn«.

Und dich nennt man / »Die begehrte, die nicht mehr verlassene Stadt«.

2: Offb 2,17; 3,12 • 4: 54,1; 60,15 • 5: 65,19 • 8–9: 65,21f • 10: 40,3; 57,14; 49,22 • 11: Mt 21,5; Jes 40,10.

VÖLKERGERICHT UND ENDZEITLICHES HEIL: 63,1 – 66,24

Die Ankündigung des Gerichts an den Völkern: 63,1–6

63 Wer ist jener, der aus Edom kommt, / aus Bozra in rot gefärbten Gewändern?

Er schreitet in prächtigen Kleidern daher / in seiner gewaltigen Kraft.

Ich bin es, ich verkünde Gerechtigkeit, / ich bin der mächtige Helfer.

2 Warum aber ist dein Gewand so rot, / ist dein Kleid wie das eines Mannes, der die Kelter tritt?

3 Ich allein trat die Kelter; / von den Völkern war niemand dabei.

61,10e sich festlich schmückt: Text korr.; H: Priesterdienst tut.

62,5b dein Erbauer: Text korr.; H: deine Söhne.

63,1 Er schreitet: Text korr. nach Symmachus und Vg. – Gott wird als siegreicher Krieger geschildert.

Da zertrat ich sie voll Zorn, / zerstampfte sie in meinem Grimm.

Ihr Blut spritzte auf mein Gewand / und befleckte meine Kleider.

4 Denn ein Tag der Rache lag mir im Sinn / und das Jahr der Erlösung war gekommen.

5 Ich sah mich um, doch niemand wollte mir helfen; / ich war bestürzt, weil keiner mir beistand.

Da half mir mein eigener Arm, / mein Zorn war meine Stütze.

6 Ich zertrat die Völker in meinem Zorn, / ich zerschmetterte sie in meinem Grimm / und ihr Blut ließ ich zur Erde rinnen.

3: Offb 14,20; 19,15.13 • 4: 34,8; 61,2 • 5: 59,16.

Das Gebet des Volkes um Gottes Erscheinen:
63,7 – 64,11

7 Die Huld des Herrn will ich preisen, / die ruhmreichen Taten des Herrn,

alles, was der Herr für uns tat, / seine große Güte,

die er dem Haus Israel erwies / in seiner Barmherzigkeit und seiner großen Huld.

8 Er sagte: Sie sind doch mein Volk, / meine Söhne, die nicht enttäuschen. / Er wurde ihr Retter in jeder Not.

9 Nicht ein Bote oder ein Engel, / sondern sein Angesicht hat sie gerettet.

In seiner Liebe und seinem Mitleid / hat er selbst sie erlöst.

Er hat sie emporgehoben und sie getragen / in all den Tagen der Vorzeit.

10 Sie aber lehnten sich gegen ihn auf / und betrübten seinen heiligen Geist.

Da wandelte er sich und wurde ihr Feind, / ja, er führte Krieg gegen sie.

11 Nun dachten sie an die Tage der Vorzeit, / die Zeit seines Knechtes Mose:

Wo ist der, der den Hirten seiner Schafe aus dem Meer herausgeführt hat? / Wo ist der, der seinen heiligen Geist in ihn gelegt hat,

12 der an der rechten Seite des Mose ging / und ihm half mit mächtigem Arm,

der das Wasser vor ihnen zerteilte, / um sich ewigen Ruhm zu verschaffen,

13 der sie durch die Fluten führte wie Pferde durch die Steppe, / ohne dass sie strauchelten?

14 Der Geist des Herrn ließ sie zur Ruhe kommen, / wie das Vieh, das ins Tal hinabzieht.

So führtest du einst dein Volk, / um dir herrlichen Ruhm zu verschaffen.

15 Blick vom Himmel herab und sieh her / von deiner heiligen, herrlichen Wohnung!

Wo ist dein leidenschaftlicher Eifer / und deine Macht,

dein großes Mitleid und dein Erbarmen? / Halte dich nicht von uns fern!

16 Du bist doch unser Vater; / denn Abraham weiß nichts von uns,

Israel will uns nicht kennen. / Du, Herr, bist unser Vater, / »Unser Erlöser von jeher« wirst du genannt.

17 Warum lässt du uns, Herr, von deinen Wegen abirren / und machst unser Herz hart, / sodass wir dich nicht mehr fürchten?

Kehre zurück um deiner Knechte willen, / um der Stämme willen, die dein Eigentum sind.

18 Erst vor kurzem haben unsere Feinde dein heiliges Volk vertrieben; / dein Heiligtum haben sie zertreten.

19 Uns geht es, als wärest du nie unser Herrscher gewesen, / als wären wir nicht nach deinem Namen benannt.

Reiß doch den Himmel auf und komm herab, / sodass die Berge zittern vor dir.

64 Komm wie ein Feuer, das Reisig entzündet, / wie ein Feuer, das Wasser zum Sieden bringt.

Mach deinen Feinden deinen Namen bekannt, / sodass die Völker zittern vor dir,

2 wenn du schreckliche und nie erwartete Taten vollbringst. / [Komm herab, sodass die Berge zittern vor dir.]

3 Seit Menschengedenken hat man noch nie vernommen, / kein Ohr hat gehört, kein Auge gesehen,

dass es einen Gott gibt außer dir, / der denen Gutes tut, die auf ihn hoffen.

4 Ach, kämst du doch denen entgegen, / die tun, was recht ist, / und nachdenken über deine Wege.

Ja, du warst zornig; / denn wir haben gegen dich gesündigt, / von Urzeit an sind wir treulos geworden.

5 Wie unreine (Menschen) sind wir alle ge-

63,6 ich zerschmetterte sie: Text korr. nach vielen H-Handschriften (vgl. 14,25); H: ich machte sie trunken.
63,11–14 Es wird an den Auszug aus Ägypten erinnert.
63,11b seines Knechtes: Text korr.; H: seines Volkes.
63,15e Halte . . . fern: Text korr.; vgl. G und 64,11.
63,16 Israels Stammväter können dem Volk nicht helfen.
64,2 Der Zusatz ist eine irrtümliche Wiederholung aus 63,19.
64,3 kein Ohr hat gehört: Text korr.; H: sie haben nicht gehört.
64,4 H unklar, Übersetzung im Anschluss an G.

worden, / unsere ganze Gerechtigkeit ist wie
ein schmutziges Kleid.
Wie Laub sind wir alle verwelkt, / unsere
Schuld trägt uns fort wie der Wind.
6 Niemand ruft deinen Namen an, / keiner
rafft sich dazu auf, fest zu halten an dir.
Denn du hast dein Angesicht vor uns verborgen / und hast uns der Gewalt unserer Schuld überlassen.
7 Und doch bist du, Herr, unser Vater. /
Wir sind der Ton und du bist unser Töpfer, / wir alle sind das Werk deiner Hände.
8 Herr, zürne uns doch nicht allzu sehr, /
denk nicht für immer an unsere Schuld! / Sieh doch her: Wir alle sind dein Volk.
9 Deine heiligen Städte sind zur Wüste ge-
worden. / Zion ist eine Wüste, Jerusalem eine Öde.
10 Unser heiliger, herrlicher Tempel, / wo
unsere Väter dich priesen,
ist ein Raub der Flammen geworden; / alles, was uns lieb war, liegt nun in Trümmern.
11 Kannst du dich bei all dem zurückhal-
ten, Herr, / kannst du schweigen und uns so sehr erniedrigen?

63,7: Ps 89,2 • 9: 46,3f • 11: Hebr 13,20 • 13: Ps 106,9 • 15: Dtn 26,15; Jes 64,11 • 18: Offb 11,2 • 64,3: 2 Sam 7,22; 1 Kor 2,9 • 11: 63,15.

Gegen die Götzendiener: 65,1–16d

65 Ich wäre zu erreichen gewesen für die, / die nicht nach mir fragten,
ich wäre zu finden gewesen für die, / die nicht nach mir suchten.
Ich sagte zu einem Volk, / das meinen Namen nicht anrief: / Hier bin ich, hier bin ich.
2 Den ganzen Tag streckte ich meine Hän-
de aus / nach einem abtrünnigen Volk,
das einen Weg ging, der nicht gut war, / nach seinen eigenen Plänen,
3 nach einem Volk, / das in seinem Trotz
mich ständig ärgert.
Sie bringen Schlachtopfer dar in Gärten / und Rauchopfer auf Ziegeln;
4 sie sitzen in Grabkammern / und ver-
bringen die Nächte in Höhlen;
sie essen das Fleisch von Schweinen / und haben Brühe von verdorbenem Fleisch in ihren Töpfen;
5 sie sagen: Bleib, wo du bist, komm mir
nicht nahe, / sonst bist du geweiht.
Diese Menschen sind wie Rauch in meiner Nase, / wie ein immer brennendes Feuer.
6 Seht her, alles ist aufgeschrieben bei
mir / und ich werde nicht schweigen, / sondern zahle ihnen heim, wie sie es verdienen;
7 ich zahle ihnen den Lohn aus für ihre
Schuld / und die Schuld ihrer Väter, spricht der Herr.
Weil sie auf den Bergen Weihrauch verbrannten / und mich auf den Hügeln verhöhnten,
messe ich ihnen ihren Lohn zu / und zahle ihnen heim, wie sie es verdienen.
8 So spricht der Herr: / Sobald sich Saft in
der Traube findet, / sagt man: Verdirb sie nicht, denn es ist Segen darin.
Ebenso will ich um meiner Knechte willen handeln, / um nicht alle vernichten zu müssen.
9 Ich lasse aus Jakob Nachkommen her-
vorgehen / und aus Juda einen Erben für meine Berge.
Meine Auserwählten sollen das Land besitzen / und meine Knechte sollen dort wohnen.
10 Für mein Volk, das nach mir fragt, /
wird dann (die Ebene) Scharon zur Schafweide / und das Achortal zum Lagerplatz der Rinder.
11 Euch aber, die ihr den Herrn verlassen, /
meinen heiligen Berg vergessen,
dem Glücksgott den Tisch gedeckt / und dem Gott des Schicksals den Weinkrug gefüllt habt,
12 überantworte ich dem Schwert: / Ihr
müsst euch alle ducken und werdet geschlachtet.
Denn ihr gabt keine Antwort, als ich euch rief, / als ich zu euch redete, hörtet ihr nicht,
sondern ihr habt getan, was mir missfällt, / und habt euch für das entschieden, / was ich nicht will.
13 Darum – so spricht Gott, der Herr: /

65,1 nach mir: eingefügt mit dem Qumran-Text und den alten Übersetzungen.
65,3–5 Aufzählung heidnischer Kultbräuche.
65,5b Wörtlich: sonst mache ich dich heilig. – Die kultische Heiligkeit (vgl. Ez 44,19; 46,20), hier aus dem Kult fremder Götter, überträgt sich auf alle, die damit in Berührung kommen.
65,6 wie sie es verdienen, wörtlich: in ihren Gewandbausch; so erhielt der Arbeiter seinen Lohn in Naturalien.
65,7 und zahle ihnen heim, wie sie es verdienen: Text korr. nach V. 6.
65,10 Die Scharon-Ebene liegt zwischen Jaffa und dem Karmel, das Achor-Tal nordwestlich von Jericho.

Meine Knechte sollen essen, / doch ihr leidet Hunger.
Meine Knechte sollen trinken, / doch ihr leidet Durst.
Meine Knechte sollen sich freuen, / doch ihr müsst euch schämen.
14 Meine Knechte sollen aus Herzenslust jubeln, / doch ihr werdet schreien vor Herzeleid und heulen vor Verzweiflung.
15 Ihr müsst euren Namen dazu hergeben, / dass meine Auserwählten ihn beim Eid / als Fluchwort gebrauchen und sagen:
Genauso töte dich Gott, der Herr. / Meinen Knechten aber wird man einen anderen Namen geben.
16 Wer sich segnet im Land, / wird sich Segen wünschen von Gott, dem Getreuen,
und wer schwört im Land, / wird schwören bei Gott, dem Getreuen.

1–2: Röm 10,20f • 9: 57,13; 60,21 • 10: 33,9; 1 Chr 27,29 • 12: 34,2; 66,4; Jer 7,13.27.

Das endzeitliche Heil: 65,16e–25

Ja, vergessen sind die früheren Nöte, / sie sind meinen Augen entschwunden.
17 Denn schon erschaffe ich einen neuen Himmel / und eine neue Erde.
Man wird nicht mehr an das Frühere denken, / es kommt niemand mehr in den Sinn.
18 Nein, ihr sollt euch ohne Ende freuen und jubeln / über das, was ich erschaffe.
Denn ich mache aus Jerusalem Jubel / und aus seinen Einwohnern Freude.
19 Ich will über Jerusalem jubeln / und mich freuen über mein Volk.
Nie mehr hört man dort lautes Weinen / und lautes Klagen.
20 Dort gibt es keinen Säugling mehr, / der nur wenige Tage lebt,
und keinen Greis, / der nicht das volle Alter erreicht;
wer als Hundertjähriger stirbt, / gilt noch als jung, / und wer nicht hundert Jahre alt wird, / gilt als verflucht.
21 Sie werden Häuser bauen / und selbst darin wohnen, / sie werden Reben pflanzen / und selbst ihre Früchte genießen.
22 *Sie bauen nicht,* / damit ein anderer in ihrem Haus wohnt,
und sie pflanzen nicht, / damit ein anderer die Früchte genießt.
In meinem Volk werden die Menschen so alt / wie die Bäume.
Was meine Auserwählten mit eigenen Händen erarbeitet haben, / werden sie selber verbrauchen.
23 Sie arbeiten nicht mehr vergebens, / sie bringen nicht Kinder zur Welt für einen jähen Tod.
Denn sie sind die Nachkommen der vom Herrn Gesegneten / und ihre Sprösslinge zusammen mit ihnen.
24 Schon ehe sie rufen, gebe ich Antwort, / während sie noch reden, erhöre ich sie.
25 Wolf und Lamm weiden zusammen, / der Löwe frisst Stroh wie das Rind / [doch die Schlange nährt sich von Staub].
Man tut nichts Böses mehr / und begeht kein Verbrechen / auf meinem ganzen heiligen Berg, spricht der Herr.

16e: 43,18 • 17: 66,22 • 19: 62,5; Offb 21,4 • 20: Sach 8,4 • 21–22: 62,8f; Ps 128,2 • 23: 61,9 • 24: 58,9 • 25: 11,6f; Gen 3,14; Jes 11,9.

Die Beschreibung der Endzeit: 66,1–24

66 So spricht der Herr:
Der Himmel ist mein Thron / und die Erde der Schemel für meine Füße.
Was wäre das für ein Haus, / das ihr mir bauen könntet?
Was wäre das für ein Ort, / an dem ich ausruhen könnte?
2 Denn all das hat meine Hand gemacht; / es gehört mir ja schon – Spruch des Herrn.
Ich blicke auf den Armen und Zerknirschten / und auf den, der zittert vor meinem Wort.
3 Man opfert Rinder – und erschlägt Menschen; / man opfert Schafe – und erwürgt Hunde;
man bringt Speiseopfer dar – / und auch Schweineblut;
man spendet Weihrauch – / und preist einen Götzen.
Wie diese Menschen ihre eigenen Wege wählen / und an ihren Götterbildern Gefallen haben,
4 so wähle ich für sie die Strafe aus / und bringe über sie Schrecken.
Denn sie gaben keine Antwort, als ich sie rief, / als ich zu ihnen redete, hörten sie nicht;
sondern sie haben getan, was mir missfällt, / und haben sich für das entschieden, was ich nicht will.
5 Hört das Wort des Herrn, / die ihr zittert vor seinem Wort!

65,15 Meinen Knechten: Text korr., vgl. G; H: Seinen Knechten.

66,3 Die Opfer für Jahwe stehen neben Opfern (Menschen-, Hunde- und Schweineopfern) für andere Götter.

Eure Brüder, die euch hassen, / die euch um meines Namens willen verstoßen,
sie sagen: Der Herr soll doch seine Herrlichkeit zeigen, / damit wir eure Freude miterleben. / Aber sie werden beschämt.
6 Horcht: Getöse dringt aus der Stadt, / Getöse aus dem Tempel. / Horcht: Der Herr vergilt seinen Feinden ihr Tun.
7 Noch ehe die Frau ihre Wehen bekommt, / hat sie schon geboren;
ehe die Wehen über sie kamen, / brachte sie einen Knaben zur Welt.
8 Wer hat so etwas je gehört, / wer hat je dergleichen gesehen?
Wird ein Land an einem einzigen Tag geboren, / kommt ein Volk auf einmal zur Welt?
Doch Zion, kaum in den Wehen, / hat schon ihre Kinder geboren.
9 Hätte ich ihr etwa den Schoß öffnen sollen, / ohne sie gebären zu lassen?, spricht der Herr.
Sollte ich, der die Frauen gebären lässt, / ihnen den Schoß verschließen?, spricht dein Gott.
10 Freut euch mit Jerusalem! / Jubelt in der Stadt, alle, die ihr sie liebt.
Seid fröhlich mit ihr, / alle, die ihr über sie traurig wart.
11 Saugt euch satt an ihrer tröstenden Brust, / trinkt und labt euch an ihrem mütterlichen Reichtum!
12 Denn so spricht der Herr: / Seht her: Wie einen Strom / leite ich den Frieden zu ihr
und den Reichtum der Völker / wie einen rauschenden Bach.
Ihre Kinder wird man auf den Armen tragen / und auf den Knien schaukeln.
13 Wie eine Mutter ihren Sohn tröstet, / so tröste ich euch; / in Jerusalem findet ihr Trost.
14 Wenn ihr das seht, wird euer Herz sich freuen / und ihr werdet aufblühen wie frisches Gras.
So offenbart sich die Hand des Herrn an seinen Knechten, / aber seine Feinde wird er bedrohen.
15 Ja, seht, der Herr kommt wie das Feuer heran, / wie der Sturm sind seine Wagen,
um in glühendem Zorn Vergeltung zu üben, / und er droht mit feurigen Flammen.
16 Ja, mit Feuer und Schwert hält der Herr Gericht über alle Sterblichen / und viele sind es, die der Herr erschlägt.
17 Alle, die sich weihen und reinigen bei den Gärten / für den einen, der in der Mitte steht,
die Schweinefleisch, Würmer und Mäuse verzehren, / sie alle nehmen ein Ende – Spruch des Herrn.
18 Ich kenne ihre Taten und ihre Gedanken und komme, um die Völker aller Sprachen zusammenzurufen, und sie werden kommen
und meine Herrlichkeit sehen. 19 Ich stelle
bei ihnen ein Zeichen auf und schicke von ihnen einige, die entronnen sind, zu den übrigen Völkern: nach Tarschisch, Pul und Lud, Meschech und Rosch, Tubal und Jawan und zu den fernen Inseln, die noch nichts von mir gehört und meine Herrlichkeit noch nicht gesehen haben. Sie sollen meine Herrlichkeit unter den Völkern verkünden. 20 Sie
werden aus allen Völkern eure Brüder als Opfergabe für den Herrn herbeiholen auf Rossen und Wagen, in Sänften, auf Maultieren und Dromedaren, her zu meinem heiligen Berg nach Jerusalem, spricht der Herr, so wie die Söhne Israels ihr Opfer in reinen Gefäßen zum Haus des Herrn bringen.
21 Und auch aus ihnen werde ich Männer als Priester und Leviten auswählen, spricht der Herr.
22 Wie der neue Himmel und die neue Erde, / die ich erschaffe, / vor mir stehen – Spruch des Herrn –, / so wird euer Stamm und euer Name dastehen.
23 An jedem Neumond und an jedem Sabbat / wird alle Welt kommen, um mir zu huldigen, / spricht der Herr.
24 Dann wird man hinausgehen, / um die Leichen derer zu sehen, / die sich gegen mich aufgelehnt haben.
Denn der Wurm in ihnen wird nicht sterben / und das Feuer in ihnen wird niemals erlöschen; / ein Ekel sind sie für alle Welt.

1: Apg 7,49f • 4: 65,12 • 6:59,18 • 7: Offb 12,2.5 • 11: 60,16; 49,23 • 12: 30,28; 60,4 • 16: Jer 25,31 • 17: 65,3f; Ez 8, 10f • 22: 65,17; Offb 21,1 • 23: Sach 14,16 • 24: Jdt 16,17; Mk 9,48.

66,7–9 Zion wird die Mutter der kommenden Heilsgemeinde (VV. 10–14).
66,12 Ihre Kinder: Text korr.; vgl. G.
66,14b und ihr werdet aufblühen, wörtlich: und eure Gebeine werden sprossen.
66,17 Vielleicht ein Götterbild in einem Garten; Text und Sinn unklar. – Würmer: Text korr.; H: Gräuel.
66,18 Ich kenne: ergänzt nach G. – und komme: Text korr. nach G.
66,19 Die Völkernamen sind zum Teil im Anschluss an G wiedergegeben. Es ist an weit entfernte Völker gedacht.

Das Buch Jeremia

Das Buch Jeremia hat eine klare Gliederung, die sich jedoch in der griechischen Bibel von der der hebräischen stark unterscheidet. Der hebräische Text hat folgende Anordnung: Prophetenworte gegen Juda und Jerusalem von der Zeit Joschijas bis Zidkija (1,1 – 25,14); vorwiegend Prosatexte über den Propheten und sein Wirken (Kap. 26 – 45); hier kann man wieder Prosareden über Israel und Juda, zumeist drohenden Inhalts (Kap. 26 – 29), Heilsworte (Kap. 32 – 35) und Berichte Baruchs über Jeremia (Kap. 36 – 45) unterscheiden; eingeschoben sind die sog. Trostschrift (Kap. 30f), Drohreden gegen fremde Völker (Kap. 46 – 51; die Einleitung dazu steht bereits in 25,15–38) und ein geschichtlicher Anhang, der weitgehend mit 2 Kön 24,18 – 25,21 übereinstimmt (Kap. 52). Der griechische Text bringt die Drohreden gegen die fremden Völker in anderer Reihenfolge nach Kap. 25 und ordnet erst danach die Prosaberichte ein, die jetzt Kap. 52 nicht mehr als Anhang erkennen lassen. Der griechische Text ist etwa um ein Achtel kürzer als der hebräische, da einzelne Verse oder Versteile, aber auch einige längere Abschnitte fehlen.

Der Prophet selbst hat im Jahr 605 v. Chr. seinem Sekretär und Jünger Baruch eine erste Sammlung von »Worten über Jerusalem und Juda und alle Völker von den Tagen Joschijas an bis heute« (36,2) diktiert. Baruch hat die Buchrolle im Tempelhof vorgelesen; sie wurde beschlagnahmt und von König Jojakim verbrannt. Darauf diktierte der Prophet den Inhalt der Rolle noch einmal seinem Sekretär und dieser Niederschrift »wurden noch viele ähnliche Worte hinzugefügt« (36,32). Demnach hat Jeremia selbst eine erste Sammlung seiner Verkündigung vorgenommen, die später, teils vielleicht von ihm selbst, teils von Baruch und vielleicht von noch späteren Bearbeitern, ergänzt wurde. Als nachexilische Erweiterungen gelten heute allgemein 10,1–16; 17,19–27; 32,29–35.37–41; 33 sowie die meisten Drohreden gegen fremde Völker (Kap. 46 – 51) und der Anhang (Kap. 52). Ob die sogenannte Trostschrift (Kap. 30f) von Jeremia selbst stammt, ist umstritten; sie dürfte aber einen echten Kern haben.

Jeremia ist der Prophet, über dessen Leben und Gotteserfahrung wir am besten unterrichtet sind. Das verdanken wir seinen von leidenschaftlichem Mitgefühl mit seinem Volk geprägten Klagen, seinen »Konfessionen« (Bekenntnissen: 11,18–23; 12,1–6; 15,10–21; 16,1–9; 17,12–18; 18,18–23; 20,7–18; 23,9–19) und den Aufzeichnungen Baruchs. Jeremia stammt aus einer Priesterfamilie in Anatot unweit von Jerusalem. Seine Berufung erfährt er als junger Mann um 628 v. Chr. unter König Joschija (641–609). Zunächst wendet er sich gegen die aus der Zeit des ruchlosen Königs Manasse noch nachwirkenden religiösen und sittlichen Missstände. Als Joschija sich um 622 v. Chr. von dem zerbrechenden Assyrerreich unabhängig macht und eine tief greifende Reform des Jahweglaubens durchführt, schweigt Jeremia. Joschija fällt 609 v. Chr. in der Schlacht gegen die Ägypter bei Megiddo. Als unter seinem Nachfolger Jojakim (609–597) die Reform teilweise rückgängig gemacht wird und wieder heidnische Sitten eindringen, kämpft der Prophet leidenschaftlich dagegen an; er überwirft sich mit dem König und wird von ihm verfolgt. In tiefer Enttäuschung über den Misserfolg seiner Verkündigung, über die Verfolgung durch Jojakim und über die Nachstellungen durch seine eigenen Verwandten und Landsleute ist er der Verzweiflung nahe und wird an Gott fast irre. Aus dieser qualvollen Not entstehen die »Konfessionen«. Von der Verschleppung Jojachins und eines Teils der Einwohner Jerusalems durch Nebukadnezzar 597 v. Chr. bleibt er verschont. In Briefen warnt und tröstet er die nach Babylonien verschleppten Landsleute und versucht Zidkija (597–586) vergeblich von einer antibabylonischen Politik abzuhalten. Während der Belagerung Jerusalems 587/86 v. Chr. wird der Prophet des Verrates verdächtigt, verhaftet und im Wachhof des Königspalastes gefangen gehalten. Selbst dort schweigt er nicht. Nach dem Fall der Stadt 586 v. Chr. wird er von der Verschleppung ausgenommen. Nun versucht er sein Volk zu trösten. Als aber gegen seinen Rat die Zurückgebliebenen nach der Ermordung des Statthalters Gedalja (vgl. 40,7 – 41,15) nach Ägypten fliehen, zwingt man ihn und Baruch mitzugehen. In Ägypten stirbt der Prophet. Seine Botschaft aber wirkt weiter, nicht zuletzt durch die Verheißung des »neuen Bundes« (31,31–34).

DIE GERICHTSWORTE ÜBER JERUSALEM UND JUDA: 1,1 – 25,14

Überschrift: 1,1–3

1 Die Worte Jeremias, des Sohnes Hilkijas, aus der Priesterschaft zu Anatot im Land Benjamin. 2 An ihn erging das Wort des Herrn zur Zeit des Königs Joschija von Juda, des Sohnes Amons, im dreizehnten Jahr seiner Regierung, 3 ebenso zur Zeit des Königs Jojakim von Juda, des Sohnes Joschijas, bis das elfte Jahr des Königs Zidkija von Juda, des Sohnes Joschijas, zu Ende ging, als im fünften Monat Jerusalem in die Verbannung ziehen musste.

Die Berufung Jeremias zum Propheten: 1,4–10

4 Das Wort des Herrn erging an mich: 5 Noch ehe ich dich im Mutterleib formte, habe ich dich ausersehen, noch ehe du aus dem Mutterschoß hervorkamst, habe ich dich geheiligt, zum Propheten für die Völker habe ich dich bestimmt. 6 Da sagte ich: Ach, mein Gott und Herr, ich kann doch nicht reden, ich bin ja noch so jung. 7 Aber der Herr erwiderte mir: Sag nicht: Ich bin noch so jung. Wohin ich dich auch sende, dahin sollst du gehen, und was ich dir auftrage, das sollst du verkünden. 8 Fürchte dich nicht vor ihnen; denn ich bin mit dir, um dich zu retten – Spruch des Herrn. 9 Dann streckte der Herr seine Hand aus, berührte meinen Mund und sagte zu mir: Hiermit lege ich meine Worte in deinen Mund. 10 Sieh her! Am heutigen Tag setze ich dich über Völker und Reiche; du sollst ausreißen und niederreißen, vernichten und einreißen, aufbauen und einpflanzen.

5: Jes 49,1; Gal 1,15 • 8: 1,19; 30,11.

Zwei Visionen: 1,11–19

11 Das Wort des Herrn erging an mich: Was siehst du, Jeremia? Ich antwortete: Einen Mandelzweig sehe ich. 12 Da sprach der Herr zu mir: Du hast richtig gesehen; denn ich wache über mein Wort und führe es aus. 13 Abermals erging an mich das Wort des Herrn: Was siehst du? Ich antwortete: Einen dampfenden Kessel sehe ich; sein Rand neigt sich von Norden her. 14 Da sprach der Herr zu mir: Von Norden her ergießt sich das Unheil über alle Bewohner des Landes. 15 Ja, ich rufe alle Stämme der Nordreiche – Spruch des Herrn –, damit sie kommen und ihre Richterstühle an den Toreingängen Jerusalems aufstellen, gegen all seine Mauern ringsum und gegen alle Städte von Juda. 16 Dann werde ich mein Urteil über sie sprechen und sie strafen für alles Böse, das sie getan haben, weil sie mich verlassen, anderen Göttern geopfert und das Werk ihrer eigenen Hände angebetet haben. 17 Du aber gürte dich, tritt vor sie hin und verkünde ihnen alles, was ich dir auftrage. Erschrick nicht vor ihnen, sonst setze ich dich vor ihren Augen in Schrecken. 18 Ich selbst mache dich heute zur befestigten Stadt, zur eisernen Säule und zur ehernen Mauer gegen das ganze Land, gegen die Könige, Beamten und Priester von Juda und gegen die Bürger des Landes. 19 Mögen sie dich bekämpfen, sie werden dich nicht bezwingen; denn ich bin mit dir, um dich zu retten – Spruch des Herrn.

14: 4,6; 6,1.22; 10,22; 50,41 • 18: 15,20.

Das treulose Volk: 2,1–37

2 Das Wort des Herrn erging an mich: 2 Auf! Ruf Jerusalem laut ins Ohr: So spricht der Herr: Ich denke an deine Jugendtreue, an die Liebe deiner Brautzeit, wie du mir in der Wüste gefolgt bist, im Land ohne Aussaat. 3 Heiliger Besitz war Israel dem Herrn, Erstlingsfrucht seiner Ernte. Wer davon aß, machte sich schuldig, Unheil kam über ihn – Spruch des Herrn.

4 Hört das Wort des Herrn, ihr vom Haus Jakob und all ihr Geschlechter des Hauses Israel! 5 So spricht der Herr: Was fanden eure Väter Unrechtes an mir, dass sie sich von mir entfernten, nichtigen Göttern nachliefen und so selber zunichte wurden? 6 Sie

---

1,1–3 Joschija regiert 641–609 v. Chr., die Berufung Jeremias erfolgt somit etwa 628. Jojakim regiert 609–597 v. Chr.; dessen Sohn Jojachin wird 597 v. Chr. von Nebukadnezzar gefangen genommen. Zidkija regiert 597–586 v. Chr. Der »fünfte Monat« (V. 3) ist der Juli/August des Jahres 586.

1,10 Der Prophet soll, je nach dem Verhalten des Volkes gegenüber seinem Gott, Unheil oder Heil ansagen und seine Worte werden so in Erfüllung gehen, als ob sie das Angekündigte selbst bewirkt hätten.

1,12 Wortspiel mit den hebräischen Ausdrücken für Mandelbaum (schaked) und wachen (schakad).

fragten nicht: Wo ist der Herr, der uns aus
Ägypten heraufgeführt, der uns in der Wüste
den Weg gewiesen hat im Land der Steppen
und Schluchten, im dürren und düsteren
Land, im Land, das keiner durchwandert
und niemand bewohnt? 7 Ich brachte euch
dann in das Gartenland, um euch seine
Früchte und Güter genießen zu lassen. Aber
kaum seid ihr dort gewesen, da habt ihr mein
Land entweiht und mir mein Eigentum zum
Abscheu gemacht. 8 Die Priester fragten
nicht: Wo ist der Herr? Die Hüter des Geset-
zes kannten mich nicht, die Hirten des Vol-
kes wurden mir untreu. Die Propheten traten
im Dienst des Baal auf und liefen unnützen
Götzen nach. 9 Darum muss ich euch weiter
anklagen – Spruch des Herrn – und gegen
eure Kindeskinder Klage erheben. 10 Geht
doch hinüber zu den Inseln der Kittäer und
seht euch um oder schickt nach Kedar,
forscht genau nach und seht zu, ob irgendwo
etwas Ähnliches geschah. 11 Hat je ein Volk
seine Götter gewechselt? Dabei sind es gar
keine Götter. Mein Volk aber hat seinen
Ruhm gegen unnütze Götzen vertauscht.
12 Entsetzt euch darüber, ihr Himmel, er-
schaudert gewaltig – Spruch des Herrn.
13 Denn mein Volk hat doppeltes Unrecht
verübt: Mich hat es verlassen, den Quell des
lebendigen Wassers, um sich Zisternen zu
graben, Zisternen mit Rissen, die das Wasser
nicht halten.

14 Ist Israel denn ein Knecht oder ein im
Haus geborener Sklave? Warum wurde es zur
Beute, 15 über der Löwen brüllten und knurr-
ten? Man hat sein Land zur Wüste gemacht;
seine Städte sind verbrannt und menschen-
leer. 16 Sogar die Leute von Memfis und Tach-
panhes zertrümmern dir den Schädel. 17 Ge-
schieht das nicht deshalb, weil du den Herrn,
deinen Gott, verlassen hast? 18 Was nützt es
dir jetzt, nach Ägypten zu laufen, um Nil-
wasser zu trinken, oder nach Assur zu lau-
fen, um Eufratwasser zu trinken? 19 Dein bö-
ses Tun straft dich, deine Abtrünnigkeit klagt
dich an. So erkenne doch und sieh ein, wie
schlimm und bitter es ist, den Herrn, deinen
Gott, zu verlassen und keine Furcht vor mir zu
haben – Spruch Gottes, des Herrn der Heere.

20 Von jeher hast du dein Joch zerbrochen,
deine Stricke zerrissen und gesagt: Ich will
nicht dienen. Auf jedem hohen Hügel und
unter jedem üppigen Baum hast du dich als
Dirne hingestreckt. 21 Ich aber hatte dich als
Edelrebe gepflanzt, als gutes, edles Gewächs.
Wie hast du dich gewandelt zum Wildling,
zum entarteten Weinstock! 22 Selbst wenn du
dich mit Lauge waschen und noch so viel
Seife verwenden wolltest, deine Schuld blie-
be doch ein Schmutzfleck vor meinen Au-
gen – Spruch Gottes, des Herrn. 23 Wie
kannst du sagen: Ich bin nicht unrein gewor-
den, den Baalen bin ich nicht nachgelaufen?
Schau auf dein Treiben im Tal, erkenne, was
du verübt hast. Eine schnelle Kamelstute
bist du, die kreuz und quer ihre Wege rennt,
24 eine wilde Eselin, die an die Wüste ge-
wöhnt ist. In ihrer Brunst schnappt sie nach
Luft. Wer vermag ihre Gier zu hemmen? Je-
der, der sie begehrt, findet sie ohne Mühe zur
Zeit ihrer Brunst. 25 Gib Acht, dass du dir
den Fuß nicht wund läufst und dass deine
Kehle nicht durstig wird. Du aber sagst:
Nein, lass mich! Denn ich bin verliebt in die
Fremden und will ihnen nachlaufen. 26 Wie
ein ertappter Dieb sich schämt, so müssen
sich die Leute vom Haus Israel schämen, sie
selbst, ihre Könige und Beamten, ihre Pries-
ter und Propheten. 27 Sie sagen ja zum Holz:
»Du bist mein Vater«, und zum Stein: »Du
hast mich geboren«. Sie kehren mir den Rü-
cken zu und nicht das Gesicht; sind sie aber
in Not, dann rufen sie: Erheb dich und hilf
uns! 28 Wo sind nun deine Götter, die du dir
gemacht hast? Sie mögen sich erheben, falls
sie dir helfen können, wenn du in Not bist.
Denn so zahlreich wie deine Städte, Juda,
sind auch deine Götter.

29 Warum streitet ihr gegen mich? Ihr alle
seid mir untreu geworden – Spruch des
Herrn. 30 Vergeblich schlug ich eure Söhne;
sie ließen sich nicht erziehen. Euer Schwert
fraß eure Propheten wie ein reißender Löwe.
31 Ihr nun, das gegenwärtige Geschlecht,
schaut auf das Wort des Herrn! Bin ich denn
für Israel eine Wüste geworden oder ein fins-
teres Land? Warum sagt mein Volk: Wir wol-
len frei umherschweifen, wir kommen nicht
mehr zu dir? 32 Vergisst denn ein Mädchen
seinen Schmuck, eine Braut ihre Bänder?
Mein Volk aber hat mich vergessen seit un-
gezählten Tagen. 33 Wie gut findest du dei-
nen Weg, wenn du Liebe suchst. Sogar an
Verbrechen hast du dein Verhalten gewöhnt.
34 Selbst am Saum deiner Kleider klebt das
Blut von Armen, von Unschuldigen, die du

2,10 Die Kittäer sind die Einwohner von Zypern, die »Inseln der Kittäer« die Inseln im Jonischen Meer. Kedar ist eine Oase in der arabischen Wüste.

2,20 Auf Hügeln und in Hainen fanden die Kultfeiern für die kanaanäischen Fruchtbarkeitsgötter statt; sie waren mit kultischer Unzucht verbunden.

2,27 Holz und Stein sind die Materialien, aus denen die Götterbilder gefertigt wurden.

nicht etwa beim Einbruch ertappt hast.
35 Und trotzdem sagst du: Ich bin unschul-
dig; sein Zorn hat sich ja von mir abge-
wandt. – Aber ich gehe ins Gericht mit dir,
weil du sagst: Ich habe mich nicht versün-
digt. 36 Wie kannst du nur so leicht bereit
sein, deinen Weg zu wechseln! Auch von
Ägypten wirst du enttäuscht, wie du von As-
sur enttäuscht worden bist. 37 Auch von dort
wirst du wegziehen, die Hände über dem
Kopf. Denn der Herr verwirft alle, denen du
vertraust; du hast mit ihnen kein Glück.

2: Hos 2,17 • 13: 17,13 • 15: 4,7 • 21: Jes 5,1–4 • 27: 7,24; 32,33 • 28: Dtn 32,37f; Ps 3,8; Jer 11,12f.

Der Bundesbruch als Ehebruch: 3,1–13

3 Wenn ein Mann seine Frau entlässt und
wenn sie von ihm weggeht und die Frau
eines andern wird, wendet er sich dann ihr
wieder zu? Würde das Land nicht völlig ent-
weiht? Du aber hast mit vielen Freunden ge-
buhlt und da solltest du zu mir zurückkeh-
ren dürfen? – Spruch des Herrn. 2 Blick hin
und schau zu den Höhen hinauf! Wo hast du
dich nicht schänden lassen? An allen Wegen
hast du auf sie gewartet wie ein Araber in
der Wüste. Mit deiner Unzucht und Verkom-
menheit hast du das Land entweiht. 3 Da
blieb der Regen aus und auch der Früh-
jahrsregen kam nicht. Doch du hattest die
freche Stirn einer Dirne und wolltest dich
nicht schämen. 4 Gewiss, von da an hast du
mir zugerufen: Mein Vater, der Freund mei-
ner Jugend bist du. 5 Wird er denn ewig zür-
nen oder immerfort nachtragen? Ja, so sag-
test du und tatest Böses, so viel du konn-
test.

6 Der Herr sprach zu mir zur Zeit des Kö-
nigs Joschija: Hast du gesehen, was Israel,
die Abtrünnige, getan hat? Sie begab sich auf
jeden hohen Berg und unter jeden üppigen
Baum und trieb dort Unzucht. 7 Ich dachte:
Nachdem sie dies alles getan hat, wird sie
schließlich zu mir zurückkehren; aber sie
kehrte nicht zurück. Das sah ihre Schwester
Juda, die Treulose. 8 Auch sah sie, dass ich
Israel, die Abtrünnige, wegen ihres Ehe-
bruchs entließ und ihr die Scheidungsurkun-
de gab. Aber das schreckte ihre Schwester
Juda, die Treulose, nicht ab; sie ging hin und
trieb ebenfalls Unzucht. 9 Durch ihre leicht-
fertige Unzucht hat sie das Land entweiht
und mit Stein und Holz Ehebruch getrieben.
10 Bei all dem ist auch ihre Schwester Juda,
die Treulose, nicht mit ganzem Herzen zu
mir zurückgekehrt, sondern nur zum
Schein – Spruch des Herrn.

11 Auch sagte der Herr zu mir: Israel, die
Abtrünnige, trifft weniger Schuld als Juda,
die Treulose. 12 Geh hin, ruf diese Worte ge-
gen Norden und sprich: Kehr zurück, Israel,
du Abtrünnige – Spruch des Herrn! Ich
schaue dich nicht mehr zornig an; denn ich
bin gütig – Spruch des Herrn –, ich trage
nicht ewig nach. 13 Doch erkenne deine
Schuld: Dem Herrn, deinem Gott, hast du die
Treue gebrochen, überallhin bist du zu den
fremden Göttern gelaufen [unter jeden üppi-
gen Baum], auf meine Stimme aber hast du
nicht gehört – Spruch des Herrn.

1: Dtn 24,1–4 • 2: Hos 4,13 • 6: Ez 23 • 8: Dtn 24,1–3.

Die bessere Zukunft: 3,14–18

14 Kehrt um, ihr abtrünnigen Söhne –
Spruch des Herrn; denn ich bin euer Gebie-
ter. Ich hole euch, einen aus jeder Stadt und
zwei aus jeder Sippe, und bringe euch nach
Zion. 15 Ich gebe euch Hirten nach meinem
Herzen; mit Einsicht und Klugheit werden
sie euch weiden. 16 In jenen Tagen, wenn ihr
euch im Land vermehrt und fruchtbar seid –
Spruch des Herrn –, wird man nicht mehr ru-
fen: Die Bundeslade des Herrn! Sie wird nie-
mand in den Sinn kommen; man denkt nicht
mehr an sie, vermisst sie nicht und stellt
auch keine neue her. 17 In jener Zeit wird
man Jerusalem »Thron des Herrn« nennen;
dort, beim Namen des Herrn in Jerusalem,
werden sich alle Völker versammeln und sie
werden nicht mehr dem Trieb ihres bösen
Herzens folgen. 18 In jenen Tagen wird das
Haus Juda zum Haus Israel gehen und sie
werden vereint aus dem Nordland in das
Land kommen, das ich euren Vätern zum
Erbe gegeben habe.

Die Umkehr durch Buße: 3,19 – 4,4

19 Ich hatte gedacht: / Ja, ich will dich un-
ter die Söhne aufnehmen
und dir ein liebliches Land geben, / das
herrlichste Erbteil unter den Völkern.
Ich dachte, du würdest mich Vater nen-
nen / und dich nicht abwenden von mir.

3,6–8 Die Bevölkerung des Reiches Juda hätte am Schicksal des Bruderreiches Israel, das 722 v. Chr. unterging, sehen können, wohin die Untreue gegen Gott führt; sie hat aber daraus keine Lehre gezogen.

3,14–18 Ein Nachtrag aus der Zeit des Exils. Die Bundeslade wurde vielleicht 586 v. Chr. bei der Zerstörung des Tempels vernichtet.

20 Doch wie eine Frau ihres Freundes wegen treulos wird, / so seid auch ihr mir treulos geworden, / ihr vom Haus Israel – Spruch des Herrn.
21 Horch, man hört auf den Höhen / das Weinen und Flehen der Söhne Israels,
weil sie krumme Wege gegangen sind / und den Herrn, ihren Gott, vergessen haben.
22 Kehrt um, ihr abtrünnigen Söhne, / ich will eure Abtrünnigkeit heilen.
»Da sind wir, wir kommen zu dir; / denn du bist der Herr, unser Gott!
23 Fürwahr, Trug sind die Höhen, / der Lärm auf den Bergen.
Fürwahr, beim Herrn, unserm Gott, / ist Israels Rettung.
24 Doch der Baal fraß seit unsrer Jugend alles, / was unsere Väter erwarben, / ihre Schafe und Rinder, ihre Söhne und Töchter.
25 Wir betten uns in unsere Schmach / und unsere Schande bedeckt uns.
Denn wir haben gesündigt gegen den Herrn, unsern Gott, / wir selbst und unsere Väter, / von Jugend an bis auf den heutigen Tag. / Wir haben nicht gehört auf die Stimme des Herrn, unseres Gottes.«

4 Wenn du umkehren willst, Israel – Spruch des Herrn –, / darfst du zu mir zurückkehren;
wenn du deine Gräuel entfernst, / brauchst du vor mir nicht zu fliehen.
2 Schwörst du aufrichtig: So wahr der Herr lebt!, / nach Recht und Gerechtigkeit,
dann werden sich Völker mit ihm segnen / und seiner sich rühmen.
3 Denn so spricht der Herr / zu den Leuten von Juda und zu Jerusalem:
Nehmt Neuland unter den Pflug / und sät nicht in die Dornen!
4 Beschneidet euch für den Herrn / und entfernt die Vorhaut eures Herzens, / ihr Leute von Juda und ihr Einwohner Jerusalems!
Sonst bricht mein Zorn wie Feuer los / wegen eurer bösen Taten; / er brennt und niemand kann löschen.

4,2: 5,2; 12,16 • 3: Hos 10,12 • 4: Dtn 10,16; Jer 21,12.

Der Krieg im Land: 4,5–31

5 Meldet es in Juda, / verkündet es in Jerusalem,
stoßt überall im Land in die Trompete, / ruft aus voller Kehle und sagt:
Sammelt euch! / Hinein in die befestigten Städte!
6 Stellt Wegzeichen auf: Nach Zion! / Flüchtet, bleibt nicht stehen!
Denn Unheil bringe ich von Norden / und großes Verderben.
7 Der Löwe hat sich aus dem Dickicht erhoben, / der Völkerwürger ist aufgebrochen;
er hat sein Land verlassen, um dein Land zur Wüste zu machen. / Deine Städte werden zerstört und entvölkert.
8 Darum legt Trauerkleider an, / klagt und heult:
Nein, der glühende Zorn des Herrn / hat sich nicht von uns abgewandt.
9 An jenem Tag wird es geschehen – Spruch des Herrn: / Vergehen wird der Mut des Königs / und der Mut der Machthaber.
Die Priester werden starr sein vor Schrecken, / die Propheten werden sich entsetzen.
10 Sie sagen: Ach, Gebieter und Herr, / wahrhaftig, schwer hast du getäuscht dieses Volk und Jerusalem.
Du sagtest: Heil werdet ihr finden!, / und nun geht uns das Schwert an die Kehle.
11 In jener Zeit wird man von diesem Volk / und von Jerusalem sagen:
Ein Glutwind von den Höhen in der Wüste / ist losgebrochen gegen die Tochter meines Volkes; / kein Wind zum Worfeln und Reinigen;
12 ein Wind, der viel heftiger ist, kommt auf meinen Befehl. / Jetzt spreche ich selbst das Urteil über sie.
13 Seht, wie Wettergewölk zieht er herauf, / seine Wagen gleichen dem Sturm,
seine Rosse sind schneller als Adler. / Weh uns, wir sind verloren!
14 Wasche dein Herz vom Bösen rein, Jerusalem, / damit du gerettet wirst.
Wie lange noch wohnen in dir / deine frevelhaften Gedanken?
15 Horcht nur, man meldet aus Dan, / aus Efraims Bergland kündet man Unheil:

4,2 »mit ihm« und »seiner« bezieht sich auf Gott. Sein Ruhm dringt zu den Völkern, sodass sie sich in seinem Namen segnen. Viele ändern aber zu »mit dir« und »deiner« (vgl. Gen 12,3; 18,18; 22,18; 26,4).
4,7 Der »Löwe« und »Völkerwürger« ist Nebukadnezzar, der Herrscher des Neubabylonischen Reiches, auch Chaldäerreich genannt (605–562 v. Chr.).
4,11 Zum Worfeln vgl. die Anmerkung zu Rut 3,2–4.

16 Berichtet: Die Völker sind da! / Gebt
Kunde an Jerusalem:
Belagerer kommen aus fernem Land, / sie
erheben gegen Judas Städte ihr Kriegs-
geschrei.
17 Wie Feldwächter haben sie Juda um-
stellt; / denn mir hat es getrotzt – Spruch des
Herrn.
18 Dein Verhalten und Tun haben dir das
eingebracht. / Deine bösen Taten sind
schuld, dass es so bitter steht, / dass es dich
bis ins Herz trifft.
19 O mein Leib, mein Leib! / Ich winde
mich vor Schmerz.
O meines Herzens Wände! / Mein Herz
tobt in mir;
ich kann nicht schweigen. / Denn ich höre
Trompetenschall und Kriegslärm;
20 »Schlag auf Schlag« schreit man, / das
ganze Land wird verwüstet.
Plötzlich sind meine Zelte vernichtet, / im
Nu sind meine Zeltdecken dahin.
21 Wie lange noch muss ich die Kriegsfahne
sehen, / Trompetenschall hören?
22 Ach, töricht ist mein Volk; / mich ken-
nen sie nicht.
Sie sind unverständige Kinder, / ja, sie
sind ohne Einsicht.
Sie wissen, wie man Böses tut, / aber Gutes
zu tun verstehen sie nicht.
23 Ich schaute die Erde an: Sie war wüst
und wirr. / Ich schaute zum Himmel: Er war
ohne sein Licht.
24 Ich schaute die Berge an: Sie wankten /
und alle Hügel bebten.
25 Ich schaute hin: Kein Mensch war da, /
auch alle Vögel des Himmels waren ver-
schwunden.
26 Ich schaute hin: Das Gartenland war
Wüste / und all seine Städte waren zerstört,
zerstört durch den Herrn, / durch seinen
glühenden Zorn.
27 Ja, so spricht der Herr: / Das ganze Land
soll zur Öde werden; / doch völlig vernichten
will ich es nicht.
28 Mag darüber die Erde vertrocknen / und
der Himmel droben sich verfinstern:
Fürwahr, ich habe gesprochen / und es
reut mich nicht;
ich habe meinen Plan gefasst / und nehme
ihn nicht zurück.
29 Vor dem Lärm der Pferde und Bogen-
schützen / fliehen alle Bewohner des Lan-
des; sie kriechen in Höhlen, / verstecken
sich im Dickicht / und klettern die Felsen
hinauf.
Verlassen steht jede Stadt, / niemand
wohnt mehr darin.
30 Du aber, was tust du? / Wie kannst du in
Purpur dich kleiden,
mit Goldschmuck dich zieren, / dir mit
Schminke die Augen weiten?
Umsonst machst du dich schön. / Die
Liebhaber verschmähen dich; / sie trachten
dir nach dem Leben.
31 Ja, ich höre Geschrei wie von einer Frau
in Wehen, / Stöhnen wie von einer Erstgebä-
renden, / das Schreien der Tochter Zion,
die nach Atem ringt und die Hände aus-
streckt: / Weh mir, unter Mörderhand endet
mein Leben!

5: 8,14 • 23: Gen 1,2 • 27: 5,10.18.

Die schwere Schuld: 5,1–31

5 Zieht durch Jerusalems Straßen, /
schaut genau hin und forscht nach,
sucht auf seinen Plätzen, ob ihr einen fin-
det, / ob einer da ist, der Recht übt
und auf Treue bedacht ist: / Dann will ich
der Stadt verzeihen – Spruch des Herrn.
2 Doch selbst wenn sie sagen: / »So wahr
der Herr lebt«, / schwören sie gewiss einen
Meineid.
3 Herr, sind deine Augen nicht auf Treue
gerichtet? / Du hast sie geschlagen, / aber es
tut ihnen nicht weh;
du hast sie beinahe vernichtet, / aber sie
wollen sich nicht erziehen lassen.
Ihre Stirn ist härter als Stein, / sie weigern
sich umzukehren.
4 Ich aber dachte: Nur die geringen Leu-
te, / nur sie handeln töricht,
weil sie den Weg des Herrn nicht kennen, /
das Recht ihres Gottes.
5 Ich will doch lieber zu den Großen ge-
hen / und zu ihnen reden;
denn sie kennen den Weg des Herrn, / das
Recht ihres Gottes.
Doch auch sie haben das Joch zerbro-
chen, / die Stricke zerrissen.
6 Darum schlägt sie der Löwe des Waldes, /
der Steppenwolf überwältigt sie.

4,27 Die Einschränkung, dass nicht ein völliges Ende mit Juda gemacht wird, wirkt in der harten Drohrede störend, ebenso 5,10. Da aber 5,18 deutlich an beide Stellen anknüpft, sind Textänderungen nicht am Platz. Alle drei Stellen als späteren Einschub zu betrachten ist eine Notlösung. Jeremia glaubt trotz der bitteren Heimsuchungen an die Rettung eines Restes des Volkes; vgl. 3,14–18; 4,1f und besonders den doppelt überlieferten Spruch 30,11 und 46,28.

4,28–30 Der Text von G scheint in Einzelheiten besser zu sein.

5,4 »Weg« und »Recht« meinen die sittlichen Forderungen.

Vor ihren Städten lauert der Panther, / alle, die herauskommen, werden zerfleischt.
Denn zahlreich sind ihre Verbrechen, / schwer wiegt ihre Abtrünnigkeit.
7 Weshalb sollte ich dir vergeben? / Deine
Söhne haben mich verlassen / und bei Nichtgöttern geschworen.
Ich machte sie satt, doch sie trieben Ehebruch / und waren zu Gast im Dirnenhaus.
8 Hengste sind sie geworden, feist und
geil, / jeder wiehert nach der Frau seines Nächsten.
9 Sollte ich das nicht bestrafen – Spruch
des Herrn – / und an einem solchen Volk keine Rache nehmen?
10 Steigt auf ihre Rebenhänge, und verwüs-
tet sie! / Doch völlig vernichten sollt ihr sie nicht.
Reißt ihre Reben weg; / denn sie gehören nicht dem Herrn.
11 Sie sind mir ja gänzlich untreu gewor-
den, / das Haus Israel und das Haus Juda – Spruch des Herrn.
12 Sie haben den Herrn verleugnet und ge-
sagt: / Er ist ein Nichts!
Kein Unheil kommt über uns, / weder Schwert noch Hunger werden wir spüren.
13 Doch diese Propheten werden zunich-
te; / das Gotteswort ist nicht bei ihnen. / [So wird es ihnen ergehen.]
14 Darum – so spricht der Herr, / der Gott
der Heere:
Weil man solche Reden führt, / seht, darum mache ich meine Worte / in deinem Mund zu Feuersglut
und dieses Volk da zum Brennholz, / das von ihr verzehrt wird.
15 Seht, ich lasse über euch herfallen, Haus
Israel, / ein Volk aus der Ferne – Spruch des Herrn.
Ein unüberwindliches Volk ist es, / ein uraltes Volk,
ein Volk, dessen Sprache du nicht kennst / und dessen Rede du nicht verstehst.
16 Sein Köcher ist wie ein offenes Grab, /
sie alle sind Helden.
17 Es frisst deine Ernte und dein Brot, / es
frisst deine Söhne und Töchter,
es frisst deine Schafe und Rinder, / es frisst deinen Weinstock und Feigenbaum,
es zerschlägt mit dem Schwert / deine befestigten Städte, auf die du vertraust.
18 Doch auch in jenen Tagen – Spruch des
Herrn – will ich euch nicht völlig vernichten.
19 Wenn man dann fragt: Weshalb hat der
Herr, unser Gott, uns das alles angetan?, so sag zu ihnen: Wie ihr mich verlassen und fremden Göttern in eurem Land gedient habt, so müsst ihr Fremden dienen in einem Land, das euch nicht gehört.
20 Verkündet dies im Haus Jakob / und ruft
es in Juda aus:
21 Hör das, du törichtes Volk ohne Ver-
stand: / Augen haben sie und sehen nicht; / Ohren haben sie und hören nicht.
22 Fürchtet ihr mich denn nicht – Spruch
des Herrn –, / zittert ihr nicht vor meinem Angesicht?
Ich bin es, der dem Meer die Düne als Grenze gesetzt hat, / als ewige Schranke, die es nicht überschreiten darf.
Mag es auch toben, es richtet nichts aus; / mögen seine Wogen auch tosen, / sie können die Schranke nicht überschreiten.
23 Dieses Volk aber hat ein störrisches,
trotziges Herz. / Sie wichen vom Weg ab und gingen davon.
24 Sie sagten nicht bei sich selbst: / Lasst
uns den Herrn fürchten, unseren Gott,
der Regen spendet im Herbst / und im Frühjahr zur rechten Zeit, / der uns die feste Ordnung der Erntewochen bewahrt.
25 Eure Frevel haben diese Ordnung ge-
stört, / eure Sünden haben euch den Regen vorenthalten.
26 Ja, Frevler gibt es in meinem Volk; / sie
lauern, gebückt wie Vogelsteller,
Fallen stellen sie auf, / Menschen wollen sie fangen.
27 Wie ein Korb mit Vögeln gefüllt ist, / so
sind ihre Häuser voll Betrug;
dadurch sind sie mächtig und reich geworden, /
28 fett und feist.
Auch sündigen sie durch ruchloses Tun. / Das Recht pflegen sie nicht,
das Recht der Waisen, die Erfolg erwarten, / und die Sache der Armen entscheiden sie nicht.
29 Sollte ich das nicht bestrafen – Spruch
des Herrn – / und an einem solchen Volk keine Rache nehmen?
30 Wüstes, Grässliches geschieht im Land: /
31 Die Propheten weissagen Lüge
und die Priester richten ihre Lehre nach ihnen aus; / mein Volk aber liebt es so.
Doch was werdet ihr tun, / wenn es damit zu Ende geht?

2: 4,2 • 5: 2,20 • 8: Ez 22,11 • 9: 5,29; 9,8 • 10: 5,18; 4,27 • 15: 6,22 • 19: 16,10–13 • 21: Jes 6,9f • 28: Dtn 32,15 • 29: 5,9.

5,10b.18: Vgl. die Anmerkung zu 4,27.

Die Kriegsgefahr als Strafe: 6,1–15

6 Flieht, ihr Leute von Benjamin, / hinaus aus Jerusalem!
Stoßt in Tekoa in die Trompete / und richtet über Bet-Kerem ein Zeichen auf!
Denn von Norden droht Unheil / und großes Verderben.
2 Die Schöne und Verwöhnte, / die Tochter Zion, ich vernichte sie.
3 Hirten kommen zu ihr mit ihren Herden; / sie schlagen rings um sie ihre Zelte auf, / jeder weidet seinen Bereich ab.
4 Ruft gegen Zion den Heiligen Krieg aus! / Auf! Greifen wir an am Mittag! –
Weh uns: Schon neigt sich der Tag, / die Abendschatten strecken sich.
5 Auf! Greifen wir an in der Nacht, / zerstören wir ihre Paläste!
6 Denn so spricht der Herr der Heere: Fällt ihre Bäume / und werft einen Wall auf gegen Jerusalem!
Das ist die Stadt, von der erwiesen ist: / Alles in ihr ist Unterdrückung.
7 Wie ein Brunnen sein Wasser sprudeln lässt, / so lässt sie ihre Schlechtigkeit sprudeln.
Von Gewalttat und Unrecht hört man in ihr; / ständig sind mir vor Augen Leid und Misshandlung.
8 Lass dich warnen, Jerusalem, / sonst trenne ich mich von dir,
sonst mache ich dich zur Wüste, / zum Land ohne Bewohner.
9 So spricht der Herr der Heere:
Genaue Nachlese wie am Weinstock / soll man halten am Rest Israels.
Leg deine Hand an / wie ein Winzer an die Reben!
10 Zu wem soll ich reden / und wer wird mich hören, wenn ich mahne?
Ihr Ohr ist ja unbeschnitten, / sie können nichts vernehmen.
Das Wort des Herrn dient ihnen zum Spott; / es gefällt ihnen nicht.
11 Darum bin ich erfüllt vom Zorn des Herrn, / bin es müde, ihn länger zurückzuhalten. –
Gieß ihn aus über das Kind auf der Straße / und zugleich über die Schar der jungen Männer!
Ja, alle werden gefangen genommen, / Mann und Frau, Greis und Hochbetagter.
12 Ihre Häuser gehen an andere über, / die Felder und auch die Frauen.
Denn ich strecke meine Hand aus / gegen die Bewohner des Landes – Spruch des Herrn.
13 Sie sind doch alle, vom Kleinsten bis zum Größten, / nur auf Gewinn aus;
vom Propheten bis zum Priester / betrügen sie alle.
14 Den Schaden meines Volkes möchten sie leichthin heilen, indem sie rufen: / Heil, Heil! Aber kein Heil ist da.
15 Schämen müssten sie sich, / weil sie Gräuel verüben.
Doch sie schämen sich nicht; / Scham ist ihnen unbekannt.
Deshalb müssen sie fallen, / wenn die anderen fallen.
Sobald ich sie zur Rechenschaft ziehe, / werden sie stürzen, spricht der Herr.

1: 4,6 • 13: 8,10–12.

Jerusalems Trotz: 6,16–26

16 So spricht der Herr:
Stellt euch an die Wege und haltet Ausschau, / fragt nach den Pfaden der Vorzeit,
fragt, wo der Weg zum Guten liegt; / geht auf ihm, so werdet ihr Ruhe finden für eure Seele. / Sie aber sagten: Wir gehen nicht.
17 Auch habe ich Wächter für euch aufgestellt: / Achtet auf den Schall der Trompete! / Sie aber sagten: Wir achten nicht darauf.
18 Darum hört, ihr Völker, und erkennt, / was ich ihnen antun will.
19 Höre es, Erde! / Schon bringe ich Unheil über dieses Volk / als die Frucht seiner bösen Gesinnung.
Denn auf meine Worte haben sie nicht geachtet / und meine Weisung haben sie verschmäht.
20 Was soll mir der Weihrauch aus Saba / und das gute Gewürzrohr aus fernem Land?
Eure Brandopfer gefallen mir nicht, / eure Schlachtopfer sind mir nicht angenehm.
21 Darum – so spricht der Herr:
Ich lege diesem Volk Hindernisse in den Weg, / sodass sie darüber straucheln.
Väter und Söhne zusammen, / einer wie der andere geht zugrunde.
22 So spricht der Herr:
Seht, ein Volk zieht vom Nordland heran, / ein großes Volk bricht auf / von den Grenzen der Erde.
23 Sie kommen mit Bogen und Sichelschwert, / grausam sind sie und ohne Erbarmen.
Ihr Lärm gleicht dem Brausen des Meeres / und sie reiten auf Rossen,
Krieger, zum Kampf gerüstet / gegen dich, Tochter Zion.

6,3 »Hirten« und »Herden« sind die mit Nebukadnezzar verbündeten Könige und deren Heere.

24 Kaum hörten wir diese Nachricht, / da
erschlafften uns die Hände,
es packte uns die Angst, / das Zittern wie
eine Gebärende.
25 Geht nicht aufs Feld hinaus, / macht
euch nicht auf den Weg; / denn der Feind
greift zum Schwert – Grauen ringsum!
26 Tochter, mein Volk, leg das Trauerkleid
an / und wälz dich im Staub!
Halte Trauer wie um den einzigen Sohn,
bitterste Klage: / »Ach, jählings kam über
uns der Verwüster.«

19: Jes 1,2 • 20: Ps 40,7 • 22: 50,41–43 • 26: Am 8,10.

Der Prophet als Prüfer des Volkes: 6,27–30

27 Zum Prüfer für mein Volk habe ich dich
bestellt [zum Metallprüfer]; / du sollst sein
Verhalten erkennen und prüfen.
28 Sie alle sind schlimme Empörer, / Ver-
leumder sind sie,
Bronze und Eisen sind sie, / alle zusammen
Verbrecher.
29 Der Blasebalg schnaubt, / doch das Blei
bleibt unberührt vom Feuer.
Umsonst versucht der Schmelzer zu
schmelzen; / die Bösen lassen sich nicht aus-
scheiden.
30 »Verworfenes Silber« nennt man sie; /
denn verworfen hat sie der Herr.

Die Tempelrede: 7,1–15

7 Das Wort, das vom Herrn an Jeremia
erging: 2 Stell dich an das Tor des Hau-
ses des Herrn! Dort ruf dieses Wort aus und
sprich: Hört das Wort des Herrn, ganz Juda,
alle, die ihr durch diese Tore kommt, um dem
Herrn zu huldigen. 3 So spricht der Herr der
Heere, der Gott Israels: Bessert euer Verhal-
ten und euer Tun, dann will ich bei euch
wohnen hier an diesem Ort. 4 Vertraut nicht
auf die trügerischen Worte: Der Tempel des
Herrn, der Tempel des Herrn, der Tempel des
Herrn ist hier! 5 Denn nur wenn ihr euer
Verhalten und euer Tun von Grund auf
bessert, wenn ihr gerecht entscheidet im
Rechtsstreit, 6 wenn ihr die Fremden, die
Waisen und Witwen nicht unterdrückt, un-
schuldiges Blut an diesem Ort nicht vergießt
und nicht anderen Göttern nachlauft zu eu-
rem eigenen Schaden, 7 dann will ich bei
euch wohnen hier an diesem Ort, in dem
Land, das ich euren Vätern gegeben habe für
ewige Zeiten. 8 Freilich, ihr vertraut auf die
trügerischen Worte, die nichts nützen. 9 Wie?
Stehlen, morden, die Ehe brechen, falsch
schwören, dem Baal opfern und anderen
Göttern nachlaufen, die ihr nicht kennt,
10 und dabei kommt ihr und tretet vor mein
Angesicht in diesem Haus, über dem mein
Name ausgerufen ist, und sagt: Wir sind ge-
borgen!, um dann weiter alle jene Gräuel zu
treiben. 11 Ist denn in euren Augen dieses
Haus, über dem mein Name ausgerufen ist,
eine Räuberhöhle geworden? Gut, dann be-
trachte auch ich es so – Spruch des Herrn.
12 Geht doch zu meiner Stätte in Schilo, wo
ich früher meinen Namen wohnen ließ, und
schaut, was ich ihr angetan habe wegen des
Bösen, das mein Volk Israel verübt hat.
13 Nun denn, ihr habt genau das Gleiche ge-
tan – Spruch des Herrn. Als ich immer wie-
der zu euch redete, habt ihr nicht gehört; als
ich euch rief, habt ihr nicht geantwortet.
14 Deshalb werde ich mit dem Haus, über
dem mein Name ausgerufen ist und auf das
ihr euch verlasst, und mit der Stätte, die ich
euch und euren Vätern gegeben habe, so ver-
fahren, wie ich mit Schilo verfuhr. 15 Versto-
ßen werde ich euch von meinem Angesicht,
wie ich alle eure Brüder, alle Nachkommen
Efraims, verstoßen habe.

1–15 ‖ 26,1–19 • 3: 26,13 • 9: Hos 4,2 • 11: Mt 21,13 • 12: 26,6 •
14: 9,10 • 15: 2 Kön 17,18.23.

Die Verwerfung der Abtrünnigen: 7,16–20

16 Du aber, bete nicht für dieses Volk!
Fang nicht an, für sie zu flehen und zu bit-
ten! Dränge mich nicht! Denn ich werde dich
nicht erhören. 17 Siehst du nicht, was sie in
den Städten Judas und auf den Straßen Jeru-
salems treiben? 18 Die Kinder sammeln Holz,
die Väter zünden das Feuer an, und die Frau-
en kneten den Teig, um Opferkuchen für die
Himmelskönigin zu backen. Anderen Göt-
tern spendet man Trankopfer, um mir weh-
zutun. 19 Aber tun sie wirklich mir weh –
Spruch des Herrn –, und nicht vielmehr sich
selbst, zu ihrer eigenen Schande? 20 Darum –
so spricht Gott der Herr: Seht, mein Zorn
und Grimm ergießt sich über diesen Ort,
über Menschen und Vieh, über die Bäume
des Feldes und die Früchte des Ackers; er
brennt und wird nicht erlöschen.

16: 11,14 • 18: 19,13; 44,17.

7,1–15 Welche Folgen die Tempelrede für Jeremia hatte, schildert 26,1–19.

7,12 Das Heiligtum von Schilo wurde in der Richterzeit um 1050 v. Chr. zerstört (vgl. 1 Sam 4); jetzt wird es dem Tempel ähnlich ergehen.

7,18 Himmelskönigin wird die Fruchtbarkeitsgöttin Astarte genannt.

Gehorsam, nicht Opfer: 7,21–28

21 So spricht der Herr der Heere, der Gott
Israels: Häuft nur Brandopfer auf Schlacht-
opfer und esst Opferfleisch! 22 Denn ich habe
euren Vätern, als ich sie aus Ägypten heraus-
führte, nichts gesagt und nichts befohlen,
was Brandopfer und Schlachtopfer betrifft.
23 Vielmehr gab ich ihnen folgendes Gebot:
Hört auf meine Stimme, dann will ich euer
Gott sein und ihr sollt mein Volk sein. Geht
in allem den Weg, den ich euch befehle, da-
mit es euch gut geht. 24 Sie aber hörten nicht
und neigten mir ihr Ohr nicht zu, sondern
folgten den Eingebungen und Trieben ihres
bösen Herzens. Sie zeigten mir den Rücken
und nicht das Gesicht. 25 Von dem Tag an, als
eure Väter aus Ägypten auszogen, bis auf
den heutigen Tag sandte ich zu euch immer
wieder alle meine Knechte, die Propheten.
26 Aber man hörte nicht auf mich und neigte
mir nicht das Ohr zu, vielmehr blieben sie
hartnäckig und trieben es noch schlimmer
als ihre Väter. 27 Auch wenn du ihnen alle
diese Worte sagst, werden sie nicht auf dich
hören. Wenn du sie rufst, werden sie dir
nicht antworten. 28 Sag ihnen also: Dies ist
das Volk, das nicht auf die Stimme des
Herrn, seines Gottes, hörte und sich nicht er-
ziehen ließ. Die Treue ist dahin, aus ihrem
Mund verschwunden.

22: Am 5,25 • 23: Lev 26,12 • 25: 25,4; 44,4.

Die Gräuel des Götzendienstes: 7,29 – 8,3

29 Schneide dein Haar ab und wirf es weg,
stimm Klage an auf den Höhen! Denn der
Herr hat das Geschlecht, dem er grollt, ver-
worfen und verstoßen. 30 Ja, die Söhne Judas
taten, was mir missfällt – Spruch des Herrn.
Sie haben in dem Haus, über dem mein
Name ausgerufen ist, ihre Scheusale aufge-
stellt, um es zu entweihen. 31 Auch haben sie
die Kulthöhe des Tofet im Tal Ben-Hinnom
gebaut, um ihre Söhne und Töchter im Feuer
zu verbrennen, was ich nie befohlen habe
und was mir niemals in den Sinn gekommen
ist. 32 Seht, darum kommen Tage – Spruch
des Herrn –, da wird man nicht mehr vom
Tofet reden oder vom Tal Ben-Hinnom, son-
dern vom Mordtal und im Tofet wird man
Tote begraben, weil anderswo kein Platz
mehr ist. 33 Ja, die Leichen dieses Volkes
werden den Vögeln des Himmels und den
Tieren des Feldes zum Fraß dienen und nie-
mand wird sie verscheuchen. 34 Verstummen
lasse ich in den Städten Judas und auf den
Straßen Jerusalems Jubelruf und Freuden-
ruf, den Ruf des Bräutigams und den Ruf der
Braut; denn das Land wird zur Wüste wer-
den.

8 In jener Zeit – Spruch des Herrn – wird
man die Gebeine der Könige von Juda,
die Gebeine seiner Beamten, die Gebeine der
Priester, die Gebeine der Propheten und die
Gebeine der Einwohner Jerusalems aus
ihren Gräbern holen. 2 Man wird sie hin-
streuen vor die Sonne, den Mond und das
ganze Himmelsheer, denen ihre Liebe galt,
denen sie dienten und nachliefen, die sie be-
fragten und anbeteten. Sie werden weder ge-
sammelt noch bestattet werden. Dünger auf
dem Acker sollen sie sein. 3 Besser als das Le-
ben wäre der Tod auch für den Rest, für alle,
die übrig bleiben von diesem bösen Ge-
schlecht an allen Orten, überall, wohin im-
mer ich sie verstoße – Spruch des Herrn der
Heere.

7,30: 32,34f • 31: 19,5–7 • 34: 16,9; 25,10; 33,11; Bar 2,23 • 8,1: Bar 2,24 • 2: Dtn 4,19.

Abkehr und Strafe: 8,4–23

4 Du sollst zu ihnen sagen: So spricht der
Herr: / Wer hinfällt, steht der nicht wieder
auf?
Wer vom Weg abkommt, / kehrt der nicht
wieder zurück?
5 Warum wendet dieses Volk sich ab [Jeru-
salem] / und beharrt auf der Abkehr?
Warum hält es am Irrtum fest, / weigert
sich umzukehren?
6 Ich horche hin und höre: / Schlechtes re-
den sie, / keiner bereut sein böses Tun und
sagt: / Was habe ich getan?
Jeder wendet sich ab und läuft weg, /
schnell wie ein Ross, das im Kampf dahin-
stürmt.
7 Selbst der Storch am Himmel kennt
seine Zeiten; / Turteltaube, Schwalbe und
Drossel halten die Frist ihrer Rückkehr
ein; / mein Volk aber kennt nicht die Rechts-
ordnung des Herrn.
8 Wie könnt ihr sagen: Weise sind wir /
und das Gesetz des Herrn ist bei uns?
Ja! Aber der Lügengriffel der Schreiber /
hat es zur Lüge gemacht.
9 Zuschanden werden die Weisen, / sie ste-
hen bestürzt da und werden gefangen.
Das Wort des Herrn haben sie verworfen /
und ihre eigene Weisheit, was nützt sie ih-
nen?

7,31 Das Ben-Hinnom-Tal begrenzt Jerusalem im Südwesten. Das Tofet (Bedeutung unbekannt) ist eine heidnische Opferstätte für Kinderopfer an Moloch.

10 Darum gebe ich ihre Frauen an Fremde, / ihre Felder an Eroberer.

Sind sie doch alle, vom Kleinsten bis zum Größten, nur auf Gewinn aus; / vom Propheten bis zum Priester betrügen sie alle.

11 Den Schaden der Tochter, meines Volkes, / möchten sie leichthin heilen, indem sie rufen: / Heil, Heil! Aber kein Heil ist da.

12 Schämen müssten sie sich, weil sie Gräuel verüben. / Doch sie schämen sich nicht; / Scham ist ihnen unbekannt.

Deshalb müssen sie fallen, / wenn die anderen fallen.

Sobald ich sie zur Rechenschaft ziehe, / werden sie stürzen, spricht der Herr.

13 Will ich bei ihnen ernten – Spruch des Herrn –, / so sind keine Trauben am Weinstock,

keine Feigen am Feigenbaum, / und das Laub ist verwelkt. / Darum habe ich für sie Verwüster bestellt.

14 Warum sitzen wir da? Sammelt euch! / Hinein in die befestigten Städte!

Dort werden wir umkommen; / denn der Herr, unser Gott, lässt uns umkommen.

Er lässt uns Giftwasser trinken, / weil wir gesündigt haben gegen den Herrn.

15 [Wir hofften auf Heil, / doch kommt nichts Gutes,

auf die Zeit der Heilung, / doch ach, nur Schrecken!]

16 Man hört von Dan her das Schnauben der Rosse, / vom Wiehern seiner Hengste bebt das ganze Land.

Sie kommen und fressen das Land und seinen Ertrag, / die Stadt und ihre Bewohner.

17 Denn seht, ich sende giftige Schlangen unter euch, / gegen die es keine Beschwörung gibt;

sie werden euch beißen / [– Spruch des Herrn –] und es gibt keine Heilung.

18 Kummer steigt in mir auf, / mein Herz ist krank.

19 Horch! Die Tochter, mein Volk, / schreit aus einem fernen Land:

Ist denn der Herr nicht in Zion / oder ist sein König nicht dort? –

[Warum haben sie mich erzürnt / mit ihren Götterbildern, mit den fremden Götzen?]

20 Die Ernte ist vorüber, der Herbst ist vorbei, / uns aber ist nicht geholfen worden.

21 Der Zusammenbruch der Tochter, meines Volkes, / hat mich gebrochen, / traurig bin ich, Entsetzen hat mich gepackt.

22 Gibt es denn keinen Balsam in Gilead, / ist dort kein Wundarzt?

Warum schließt sich denn nicht / die Wunde der Tochter, meines Volkes?

23 Ach, wäre mein Haupt doch Wasser, / mein Auge ein Tränenquell:

Tag und Nacht beweinte ich / die Erschlagenen der Tochter, meines Volkes.

14: 4,5 • 22: 46,11.

Die Klage über Juda: 9,1–25

9 Hätte ich doch eine Herberge in der Wüste! / Dann könnte ich mein Volk verlassen und von ihm weggehen.

Denn sie sind alle Ehebrecher, / eine Rotte von Treulosen.

2 Sie machen ihre Zunge zu einem gespannten Bogen; / Lüge, nicht Wahrhaftigkeit herrscht im Land.

Ja, sie schreiten von Verbrechen zu Verbrechen; / mich aber kennen sie nicht – Spruch des Herrn.

3 Nehmt euch in Acht vor eurem Nächsten, / keiner traue seinem Bruder!

Denn jeder Bruder betrügt / und jeder Nächste verleumdet.

4 Ein jeder täuscht seinen Nächsten, / die Wahrheit reden sie nicht.

Sie haben ihre Zunge ans Lügen gewöhnt, / sie handeln verkehrt, zur Umkehr sind sie zu träge.

5 Überall Unterdrückung, nichts als Betrug! / Sie weigern sich, mich zu kennen – / Spruch des Herrn.

6 Darum – so spricht der Herr der Heere: / Ja, ich werde sie schmelzen und prüfen;

denn wie sollte ich sonst verfahren / mit der Tochter, meinem Volk?

7 Ein tödlicher Pfeil ist ihre Zunge, / trügerisch redet ihr Mund;

»Friede«, sagt man zum Nächsten, / doch im Herzen plant man den Überfall.

8 Sollte ich sie dafür nicht bestrafen – Spruch des Herrn – / und an einem solchen Volk keine Rache nehmen?

9 Erhebt über die Berge hin Weinen und Klagen, / über die Weideplätze der Steppe ein Totenlied!

Denn sie sind verwüstet, niemand zieht hindurch / und sie hören die Stimme der Herden nicht mehr.

Von den Vögeln des Himmels bis zum Vieh / ist alles geflohen, auf und davon.

10 Jerusalem mache ich zum Trümmerhaufen, / zur Behausung für Schakale.

8,10–12 Wiederholung von 6,13–15.
8,15 Passt inhaltlich besser zu 14,19.

8,19 Die letzte Frage passt als Gottesrede nicht in die Klage des Propheten.

Judas Städte mache ich zum Ödland, / das
niemand bewohnt.
11 Wer ist so weise, dass er dies einsieht?
Zu wem hat der Mund des Herrn geredet,
dass er verkünden kann, warum das Land
zugrunde geht, warum es verwüstet ist gleich
der Wüste, die niemand durchzieht? 12 Der
Herr erwiderte: Weil sie meine Weisung auf-
gaben, die ich ihnen vorgelegt habe, nicht
auf meine Stimme hörten und nicht meine
Weisung befolgten, 13 sondern dem Trieb
ihres Herzens folgten und den Baalen nach-
liefen, an die ihre Väter sie gewöhnt hatten.
14 Darum – so spricht der Herr der Heere, der
Gott Israels: Ich gebe ihnen [diesem Volk]
Wermut zu essen und Giftwasser zu trinken.
15 Ich zerstreue sie unter die Völker, von
denen weder sie noch ihre Väter wussten,
und schicke das Schwert hinter ihnen her,
bis ich sie vernichtet habe.
16 So spricht der Herr der Heere:
Begreift es! Ruft die Klagefrauen herbei! /
Schickt nach den weisen Frauen! Sie sollen
kommen.
17 Schnell sollen sie kommen / und Klage
über uns anstimmen,
sodass unsre Augen von Tränen fließen /
und unsre Wimpern von Wasser triefen
18 Da, horch, ein Klagelied ist aus Zion zu
hören: / Ach, wie sind wir misshandelt, / in
große Schande gestürzt!
Wir müssen die Heimat verlassen, / unsre
Wohnungen hat man zerstört.
19 Ja, hört, ihr Frauen, das Wort des
Herrn, / euer Ohr vernehme das Wort seines
Mundes.
Lehrt eure Töchter die Klage, / eine lehre
die andere das Totenlied:
20 Der Tod ist durch unsre Fenster gestie-
gen, / eingedrungen in unsre Paläste.
Er rafft das Kind von der Straße weg, / von
den Plätzen die jungen Männer.
21 Die Leichen der Leute / liegen wie Dün-
ger auf dem Feld,
wie Garben hinter dem Schnitter; / keiner
ist da, der sie sammelt.
22 So spricht der Herr:
Der Weise rühme sich nicht seiner Weis-
heit, / der Starke rühme sich nicht seiner
Stärke, / der Reiche rühme sich nicht seines
Reichtums.
23 Nein, wer sich rühmen will, rühme sich
dessen, / dass er Einsicht hat und mich er-
kennt,
dass er weiß: Ich, der Herr, bin es, / der auf
der Erde Gnade, Recht und Gerechtigkeit
schafft.
Denn an solchen Menschen habe ich Ge-
fallen – / Spruch des Herrn.
24 Fürwahr, es werden Tage kommen –
Spruch des Herrn –, da ziehe ich alle Be-
schnittenen zur Rechenschaft: 25 Ägypten,
Juda, Edom, Ammon, Moab und alle mit ge-
stutztem Haar, die in der Wüste wohnen;
denn alle Völker gelten mir als unbeschnit-
ten – auch das ganze Haus Israel hat ein un-
beschnittenes Herz.

3: 12,6; Ps 41,10; Mi 7,5 • 8: 5,9.29 • 10: 26,18 • 14: 8,14; 23,15 •
15: 49,37 • 21: 16,4; 25,33 • 23: 1 Kor 1,31; 2 Kor 10,17.

Gott und die Götzenbilder: 10,1–16

10 Hört das Wort, das der Herr zu euch
spricht, ihr vom Haus Israel.
2 So spricht der Herr:
Gewöhnt euch nicht an den Weg der Völ-
ker, / erschreckt nicht vor den Zeichen des
Himmels, / wenn auch die Völker vor ihnen
erschrecken.
3 Denn die Gebräuche der Völker sind lee-
rer Wahn. / Ihre Götzen sind nur Holz,
das man im Wald schlägt, / ein Werk aus
der Hand des Schnitzers, / mit dem Messer
verfertigt.
4 Er verziert es mit Silber und Gold, / mit
Nagel und Hammer macht er es fest, sodass
es nicht wackelt.
5 Sie sind wie Vogelscheuchen im Gurken-
feld. / Sie können nicht reden; / man muss sie
tragen, weil sie nicht gehen können.
Fürchtet euch nicht vor ihnen; / denn sie
können weder Schaden zufügen / noch Gutes
bewirken.
6 Niemand, Herr, ist wie du: / Groß bist du
und groß an Kraft ist dein Name.
7 Wer sollte dich nicht fürchten, du König
der Völker? / Ja, das steht dir zu.
Denn unter allen Weisen der Völker / und
in jedem ihrer Reiche ist keiner wie du.
8 Sie alle sind töricht und dumm. / Was die
nichtigen Götzen zu bieten haben – Holz ist es.
9 Sie sind gehämmertes Silber aus Tar-
schisch und Gold aus Ofir, / Arbeit des
Schnitzers und Goldschmieds;
violetter und roter Purpur ist ihr Ge-
wand; / sie alle sind nur das Werk kunstfer-
tiger Männer.
10 Der Herr aber ist in Wahrheit Gott, / le-
bendiger Gott und ewiger König.
Vor seinem Zorn erbebt die Erde, / die Völ-
ker halten seinen Groll nicht aus.
11 Von jenen dagegen sollt ihr sagen: / Die

10,11 In aramäischer Sprache.

Götter, die weder Himmel noch Erde erschu-
fen, / sie sollen verschwinden von der Erde
und unter dem Himmel.
12 Er aber hat die Erde erschaffen durch
seine Kraft, / den Erdkreis gegründet durch
seine Weisheit, / durch seine Einsicht den
Himmel ausgespannt.
13 Lässt er seine Stimme ertönen, / dann
rauschen die Wasser am Himmel.
Wolken führt er herauf vom Rand der
Erde; / er lässt es blitzen und regnen, / aus
seinen Kammern entsendet er den Wind.
14 Töricht steht jeder Mensch da, ohne Er-
kenntnis, / beschämt jeder Goldschmied mit
seinem Götzenbild;
denn seine Bilder sind Trug, / kein Atem
ist in ihnen.
15 Nichtig sind sie, ein Spottgebilde. / Zur
Zeit ihrer Heimsuchung gehen sie zugrunde.
16 Anders der Gott, der Jakobs Anteil ist. /
Denn er ist der Schöpfer des Alls
und Israel der Stamm, der ihm gehört. /
Herr der Heere ist sein Name.

3: Jes 44,12–17 • 4: Bar 6 • 12–16 ‖ 51,15–19 • 13: Ps 135,7 • 14: Jes 45,16.

Klage und Bitte: 10,17–25

17 Raff dein Bündel zusammen! Fort aus
dem Land, / du schwer bedrängte Stadt!
18 Denn so spricht der Herr:
Fürwahr, diesmal schleudere ich / die Be-
wohner des Landes hinweg
und bringe sie in Bedrängnis, / damit sie
mich finden.
19 Weh mir ob meines Zusammenbruchs! /
Unheilbar ist meine Wunde.
Ich aber hatte gedacht: / Das ist doch nur
eine Krankheit, die ich ertragen kann.
20 Nun ist mein Zelt verwüstet, / alle meine
Zeltstricke sind zerrissen.
Meine Kinder gingen von mir fort / und
sind nicht mehr.
Niemand schlägt mein Zelt wieder auf /
und breitet darüber die Zeltdecken aus.
21 Denn töricht waren die Hirten, / den
Herrn suchten sie nicht;
deshalb hatten sie keinen Erfolg / und ihre
ganze Herde wurde zerstreut.
22 Horch, eine Kunde trifft eben ein, / gro-
ßes Getöse vom Nordland her:
Judas Städte sollen zum Ödland werden, /
zur Behausung für Schakale.
23 Ich weiß, Herr, dass der Mensch seinen
Weg nicht zu bestimmen vermag, / dass kei-
ner beim Gehen seinen Schritt lenken
kann.
24 Herr, züchtige mich, doch mit rechtem
Maß, / nicht in deinem Zorn, / sonst machst
du mich allzu elend.
25 Gieß deinen Zorn aus über die Völker, /
die dich nicht kennen,
und über die Stämme, / die deinen Namen
nicht anrufen.
Denn sie haben Jakob verschlungen und
vernichtet, / seine Wohnstätte verwüstet.

19: 14,17; 30,12 • 22: 9,10; 26,18 • 24: 30,11.

Der gebrochene Bund: 11,1–17

11 Das Wort, das vom Herrn an Jeremia
erging: 2 Hört die Worte dieses Bun-
des! Du sollst sie den Leuten von Juda und
den Einwohnern Jerusalems verkünden.
3 Du sollst ihnen sagen: So spricht der Herr,
der Gott Israels: Verflucht der Mensch, der
nicht hört auf die Worte dieses Bundes, 4 die
ich euren Vätern aufgetragen habe, als ich
sie aus Ägypten herausführte, aus dem
Schmelzofen des Eisens: Hört auf meine
Stimme, und handelt in allem nach meinen
Geboten; dann werdet ihr mein Volk sein
und ich will euer Gott sein. 5 Nur so kann ich
den Eid halten, den ich euren Vätern ge-
schworen habe: ihnen ein Land zu geben, in
dem Milch und Honig fließen, wie ihr es
heute habt. Ich antwortete: Ja, Herr. 6 Darauf
sprach der Herr zu mir: Verkünde alle diese
Worte laut in den Städten Judas und auf den
Straßen Jerusalems: Hört die Worte dieses
Bundes und handelt danach! 7 Denn ich
habe eure Väter, schon als ich sie aus Ägyp-
ten heraufführte und bis zum heutigen Tag,
immer wieder beschworen: Hört auf meine
Stimme! 8 Sie aber haben nicht gehört und
mir ihr Ohr nicht zugeneigt; alle folgten dem
Trieb ihres bösen Herzens. So musste ich an
ihnen alle Worte dieses Bundes erfüllen, den
zu halten ich ihnen geboten habe, den sie
aber nicht gehalten haben. 9 Der Herr sagte
zu mir: Es gibt eine Verschwörung unter den
Leuten von Juda und den Einwohnern Jeru-
salems. 10 Sie sind zurückgekehrt zu den
Sünden ihrer Väter, die sich weigerten, mei-
nen Worten zu gehorchen. Auch sie sind
fremden Göttern nachgelaufen, um ihnen zu
dienen. Das Haus Israel und das Haus Juda
haben meinen Bund gebrochen, den ich mit
ihren Vätern geschlossen habe.
11 Darum – so spricht der Herr: Jetzt
bringe ich Unheil über sie, dem sie nicht ent-
gehen können. Schreien sie dann zu mir, so
werde ich nicht auf sie hören. 12 Wenn aber
die Städte Judas und die Einwohner Jerusa-
lems hingehen und zu den Göttern schreien,
denen sie Opfer darbringen, dann werden
diese zur Zeit der Not ihnen ganz gewiss nicht
helfen können. 13 Denn so zahlreich wie
deine Städte sind auch deine Götter, Juda,

und so zahlreich wie die Straßen Jerusalems
sind die schändlichen Altäre, die ihr errich-
tet habt, um dem Baal zu opfern. 14 Du aber
bete nicht für dieses Volk! Fang nicht an, für
sie zu flehen und zu bitten. Denn ich höre
nicht, wenn du zu mir rufst wegen ihrer
Not.
15 Was hat mein Liebling in meinem Haus
zu suchen, wenn er nur Schlimmes verübt?
Können Zehnt und Opferfleisch das Unheil
von dir fernhalten, sodass du dann jubeln
könntest? 16 Einen üppigen Ölbaum von
schöner Gestalt hatte der Herr dich genannt.
Wenn der gewaltige (Kriegs-)Lärm ertönt,
legt er Feuer an ihn, sodass seine Zweige
hässlich werden. 17 Der Herr der Heere, der
dich pflanzte, hat Unheil über dich verhängt
wegen der bösen Taten, die das Haus Israel
und das Haus Juda verübten; dem Baal op-
ferten sie, um mich zu erzürnen.

4: Lev 26,12; Dtn 26,17f • 7–8: 7,25f • 8: 18,12; 25,4 • 13: 2,28 • 14: 7,16; 14,11.

Die Mordpläne gegen Jeremia: 11,18–23

18 Der Herr ließ es mich wissen und so
wusste ich es; damals ließest du mich ihr
Treiben durchschauen. 19 Ich selbst war wie
ein zutrauliches Lamm, das zum Schlachten
geführt wird, und ahnte nicht, dass sie gegen
mich Böses planten: Wir wollen den Baum
im Saft verderben; wir wollen ihn ausrotten
aus dem Land der Lebenden, sodass man sei-
nen Namen nicht mehr erwähnt. 20 Aber der
Herr der Heere richtet gerecht, er prüft Herz
und Nieren. Ich werde sehen, wie du Rache
an ihnen nimmst; denn dir habe ich meine
Sache anvertraut. 21 Darum – so spricht der
Herr gegen die Leute von Anatot, die mir
nach dem Leben trachten und sagen: Du
darfst nicht als Prophet im Namen des
Herrn auftreten, wenn du nicht durch unsere
Hand sterben willst. 22 Darum – so spricht
der Herr der Heere: Seht, ich werde sie zur
Rechenschaft ziehen. Die jungen Männer
sterben durchs Schwert, ihre Söhne und
Töchter sterben vor Hunger. 23 So wird den
Leuten von Anatot kein Rest mehr bleiben,
wenn ich Unheil über sie bringe, das Jahr
ihrer Bestrafung.

19: Jes 53,7 • 20: 20,12; Ps 7,10.

Der Prophet in seelischer Not: 12,1–6

12 Du bleibst im Recht, Herr, wenn ich
mit dir streite; / dennoch muss ich
mit dir rechten.
Warum haben die Frevler Erfolg, / wes-
halb können alle Abtrünnigen sorglos sein?
2 Du hast sie eingepflanzt und sie schlagen
Wurzel, / sie wachsen heran und bringen
auch Frucht.
Nur ihrem Mund bist du nah, / ihrem Her-
zen aber fern.
3 Du jedoch, Herr, kennst und durch-
schaust mich; / du hast mein Herz erprobt /
und weißt, dass es an dir hängt.
Raff sie weg wie Schafe zum Schlachten, /
sondere sie aus für den Tag des Mordens!
4 Wie lange noch soll das Land vertrock-
nen, / das Grün auf allen Feldern verdor-
ren?
Weil seine Bewohner Böses tun, / schwin-
den Vieh und Vögel dahin. / Denn sie den-
ken: Er sieht unsre Zukunft nicht. –
5 Wenn schon der Wettlauf mit Fußgän-
gern dich ermüdet, / wie willst du mit Pfer-
den um die Wette laufen?
Wenn du nur im friedlichen Land dich si-
cher fühlst, / wie wirst du dich verhalten im
Dickicht des Jordan?
6 Selbst deine Brüder und das Haus deines
Vaters handeln treulos an dir; / auch sie
schreien laut hinter dir her.
Trau ihnen nicht, / selbst wenn sie freund-
lich mit dir reden.

1: Ps 73,3–12; Ijob 21,7–13 • 6: 9,3.

Die Klage Gottes über sein Land: 12,7–13

7 Ich verlasse mein Haus, / ich verstoße
mein Erbteil.
Meinen Herzensliebling gebe ich preis / in
die Hand seiner Feinde.
8 Mein Erbteil wandte sich gegen mich /
wie ein Löwe im Wald.
Es erhob gegen mich seine Stimme; / des-
halb bin ich ihm Feind.
9 Ist mir mein Erbteil zur Höhle einer
Hyäne geworden, / dass Raubvögel es um-
lagern?
Auf, sammelt euch, alle Tiere des Feldes, /
kommt zum Fraß!
10 Hirten in großer Zahl / haben meinen
Weinberg verwüstet,
mein Feld zertreten, / mein prächtiges
Feld zur öden Wüste gemacht.
11 Man hat es in dürres Ödland verwan-
delt, / verwüstet liegt es vor mir.
Das ganze Land ist verödet, / doch keiner
nimmt sich das zu Herzen.
12 Über alle Hügel der Steppe drangen Ver-
derber ein; / denn das Schwert des Herrn

12,4e G: Gott sieht unsere Pfade nicht.
12,5 Die Antwort Gottes hält dem Propheten in zwei Vergleichen vor, dass er schon kleinen Schwierigkeiten nicht gewachsen ist; er muss auf noch größere gefasst sein.

frisst von einem Ende des Landes zum an-
dern. / Kein Mensch bleibt unversehrt.
13 Sie haben Weizen gesät und Dornen ge-
erntet, / sie haben sich abgemüht, doch ohne
Ertrag.
Enttäuscht sind sie von ihrer Ernte; / (sie
ist vernichtet) durch den glühenden Zorn des
Herrn.

9: Jes 56,9.

Gericht oder Heil für die Nachbarn: 12,14–17

14 So spricht der Herr: Alle meine bösen
Nachbarn, die das Erbteil antasten, das ich
meinem Volk Israel zum Erbe gegeben habe,
fürwahr, ich reiße sie von ihrem Boden weg;
doch auch das Haus Juda reiße ich aus ihrer
Mitte. 15 Aber nachdem ich sie weggerissen
habe, will ich mich ihrer wieder erbarmen
und sie zurückbringen, einen jeden in sein
Erbteil und in seine Heimat. 16 Lernen sie
dann die rechte Lebensweise meines Volkes,
sodass sie bei meinem Namen schwören: So
wahr der Herr lebt!, wie sie vorher mein
Volk gelehrt hatten, beim Baal zu schwören,
dann sollen sie inmitten meines Volkes wie-
derhergestellt werden. 17 Gehorchen sie je-
doch nicht, so werde ich dieses Volk völlig
ausreißen und vernichten – Spruch des Herrn.

16: 4,2.

Gottes Strafe im Gleichnis: 13,1–14

13 So hat der Herr zu mir gesagt: Geh,
kauf dir einen leinenen Gürtel, und
leg ihn dir um die Hüften, aber tauch ihn
nicht ins Wasser! 2 Da kaufte ich, wie der
Herr mir aufgetragen hatte, den Gürtel und
legte ihn mir um die Hüften. 3 Nun erging
das Wort des Herrn zum zweiten Mal an
mich; er sagte: 4 Nimm den gekauften Gürtel,
den du um die Hüften trägst, mach dich auf
den Weg an den Eufrat und verbirg ihn dort
in einer Felsspalte! 5 Ich ging hin und ver-
barg ihn am Eufrat, wie mir der Herr befoh-
len hatte. 6 Nach längerer Zeit sprach der
Herr zu mir: Mach dich auf den Weg an den
Eufrat und hol den Gürtel zurück, den du
dort auf meinen Befehl hin verborgen hast.
7 Da ging ich zum Eufrat, suchte den Gürtel
und holte ihn von der Stelle, wo ich ihn ver-
borgen hatte. Doch der Gürtel war verdor-
ben, zu nichts mehr zu gebrauchen. 8 Nun er-
ging das Wort des Herrn an mich: 9 So
spricht der Herr: Ebenso verderbe ich die
stolze Pracht Judas und Jerusalems, wie
groß sie auch sei. 10 Dieses böse Volk weigert
sich, auf meine Worte zu hören, es folgt dem
Trieb seines Herzens und läuft anderen Göt-
tern nach, um ihnen zu dienen und sie anzu-
beten; es soll daher wie dieser Gürtel wer-
den, der zu nichts mehr zu gebrauchen ist.
11 Denn wie sich der Gürtel den Hüften des
Mannes anschmiegt, so wollte ich, dass sich
das ganze Haus Juda mir anschmiegte –
Spruch des Herrn –, damit es mein Volk und
mein Ruhm, mein Preis und mein Schmuck
wäre. Sie aber haben nicht gehorcht. 12 Du
sollst ihnen das folgende Wort ausrichten: So
spricht der Herr, der Gott Israels: Jeden
Krug kann man mit Wein füllen. Wenn sie
dir darauf erwidern: Wissen wir nicht selbst,
dass man jeden Krug mit Wein füllen kann?,
13 dann sollst du ihnen antworten: So spricht
der Herr: Seht, ich fülle alle Bewohner dieses
Landes mit Trunkenheit, die Könige, die auf
Davids Thron sitzen, die Priester, die Pro-
pheten und alle Einwohner Jerusalems.
14 Ich zerschmettere sie, den einen am an-
dern, Väter und Söhne zugleich – Spruch des
Herrn. Keine Schonung, kein Mitleid und
kein Erbarmen hält mich ab, sie zu vernich-
ten.

10: 11,8 • 13: Jes 51,17.

Die Warnung vor Hochmut: 13,15–17

15 Hört und merkt auf! / Seid nicht hoch-
mütig; denn der Herr redet.
16 Erweist dem Herrn, eurem Gott, die
Ehre, / bevor es dunkel wird, / bevor eure
Füße straucheln auf dämmrigen Bergen.
Wartet ihr dann auf das Licht – / er ver-
wandelt es in Finsternis / und macht es zur
Dunkelheit.
17 Wenn ihr aber darauf nicht hört, / so
muss ich im Verborgenen weinen über den
Hochmut
und mein Auge muss ohne Unterlass Trä-
nen vergießen, / da die Herde des Herrn weg-
geführt wird.

17: 14,17.

Die drohende Wegführung: 13,18–19

18 Sag zum König und zur Herrin: / Setzt
euch tief hinunter;
denn eure prächtige Krone / sinkt euch
vom Haupt.

13,18 Gemeint sind König Jojachin und seine Mutter (2 Kön 24,10–17) vor ihrer Gefangennahme 597 v. Chr.

19 Die Städte im Negeb sind verschlossen / und niemand kann sie öffnen. / Weggeführt wird ganz Juda, vollständig weggeführt.

Die Schändung Jerusalems: 13,20–27

20 Blick auf [Jerusalem] / und schau, wie sie kommen vom Norden!
Wo bleibt da die Herde, die dir anvertraut war, / deine prächtigen Schafe?
21 Was wirst du sagen, / wenn man die Freunde,
die du selbst an dich gewöhnt hast, / als Herren über dich setzt?
Werden dich nicht Wehen ergreifen / wie eine gebärende Frau?
22 Und wenn du dich fragst: / Warum hat mich das alles getroffen?,
so wisse: Wegen deiner großen Schuld wird deine Schleppe aufgehoben / und dein Leib vergewaltigt.
23 Ändert wohl ein Neger seine Hautfarbe / oder ein Leopard seine Flecken?
Dann könntet auch ihr euch noch bessern, / die ihr ans Böse gewöhnt seid.
24 So aber zerstreue ich euch wie Spreu, / die verfliegt, wenn der Wüstenwind weht.
25 Das ist dein Los, dein Lohn, / von mir dir zugemessen – Spruch des Herrn –,
weil du mich vergessen / und dich auf Lügen verlassen hast.
26 Nun hebe auch ich deine Schleppe auf, / bis über dein Gesicht, / sodass deine Schande offenbar wird,
27 deine Ehebrüche, dein geiles Wiehern, / deine schändliche Unzucht.
Auf den Hügeln und auf dem Feld / habe ich deine Gräuel gesehen.
Weh dir, Jerusalem, / weil du dich nicht reinigst – / wie lange noch?

22: Ez 16,37 • 27: 5,8

Die große Dürre: 14,1–9

14 Das Wort des Herrn erging an Jeremia wegen der großen Dürre:
2 Juda ist ausgedörrt; / seine Tore verfallen,
sie sinken trauernd zu Boden / und Jerusalems Klageschrei steigt empor.
3 Die Vornehmen schicken ihre Diener nach Wasser; / sie kommen zu den Brunnen, / finden aber kein Wasser;
sie kehren mit leeren Krügen zurück. / [Sie sind bestürzt und enttäuscht / und verhüllen ihr Haupt.]
4 Die Bauern sind um den Ackerboden besorgt; / denn es fiel kein Regen im Land.
Sie sind bestürzt / und verhüllen ihr Haupt.
5 Selbst die Hirschkuh im Feld / lässt ihr Junges im Stich, / weil kein Grün mehr da ist.
6 Die Wildesel stehen auf den kahlen Höhen; / sie schnappen nach Luft wie Schakale.
Ihre Augen erlöschen; / denn nirgends ist Gras.
7 Unsre Sünden klagen uns an. / Doch um deines Namens willen handle, o Herr!
Ja, zahlreich sind unsre Vergehen; / gegen dich haben wir gesündigt.
8 Du, Israels Hoffnung, / sein Retter zur Zeit der Not,
warum bist du wie ein Fremder im Land / und wie ein Wanderer, der nur über Nacht einkehrt?
9 Warum bist du wie ein ratloser Mann, / wie ein Krieger, der nicht zu siegen vermag?
Du bist doch in unsrer Mitte, Herr, / und dein Name ist über uns ausgerufen. / Verlass uns nicht!

2: Joël 1,10–12.

Von Gott verworfen: 14,10–18

10 So spricht der Herr von diesem Volk:
Haltlos hin und her zu schweifen, das lieben
sie; ihren Füßen gönnen sie keine Ruhe. Doch
der Herr hat kein Gefallen an ihnen. Jetzt
denkt er an ihre Schuld und straft ihre Sün-
den. 11 Und der Herr sprach zu mir: Bete
nicht um das Wohlergehen dieses Volkes!
12 Auch wenn sie fasten, höre ich nicht auf
ihr Flehen; wenn sie Brandopfer und Speise-
opfer darbringen, habe ich kein Gefallen an
ihnen. Durch Schwert, Hunger und Pest ma-
che ich ihnen ein Ende. 13 Da sagte ich: Ach,
Herr und Gott, die Propheten sagen doch zu
ihnen: Ihr werdet das Schwert nicht sehen,
der Hunger wird nicht über euch kommen,
sondern beständiges Heil gewähre ich euch
an diesem Ort. 14 Aber der Herr erwiderte
mir: Lüge ist, was die Propheten in meinem
Namen verkünden. Ich habe sie weder gesandt noch beauftragt, ich habe nicht zu ihnen gesprochen. Erlogene Visionen, leere Wahrsagerei und selbst erdachten Betrug
verkünden sie euch. 15 Darum spreche ich,
der Herr, so gegen die Propheten, die in meinem Namen weissagen, obwohl ich sie nicht

13,23 Neger, wörtlich: Kuschiter. – Kusch entspricht dem heutigen Sudan und Teilen Äthiopiens.

14,3 Das Eingeklammerte fehlt in G; irrtümliche Doppelschreibung für V. 4cd.

gesandt habe, und die behaupten, Schwert
und Hunger werde es nicht geben in diesem
Land: Durch Schwert und Hunger werden
diese Propheten enden. 16 Die Leute aber, de-
nen sie weissagen, werden auf den Straßen
Jerusalems liegen, hingestreckt durch Hun-
ger und Schwert. Niemand wird sie begra-
ben, sie, ihre Frauen, Söhne und Töchter. So
gieße ich das verdiente Unheil über sie
aus.

17 Du sollst zu ihnen dieses Wort sagen:

Meine Augen fließen über von Tränen / bei Tag und bei Nacht / und finden keine Ruhe.

Denn großes Verderben brach herein / über die Jungfrau, die Tochter, mein Volk, / eine unheilbare Wunde.

18 Gehe ich aufs Feld hinaus – / seht, vom Schwert Durchbohrte!

Komme ich in die Stadt – / seht, vom Hunger Gequälte!

Ja, auch Propheten und Priester werden verschleppt / in ein Land, das sie nicht kennen.

11: 7,16; 11,14 • 14: 27,14f; 29,8f • 17: 13,17.

Die Klage des Volkes: 14,19–22

19 Hast du denn Juda ganz verworfen, / wurde dir Zion zum Abscheu?

Warum hast du uns so geschlagen, / dass es für uns keine Heilung mehr gibt?

Wir hofften auf Heil, / doch kommt nichts Gutes,

auf die Zeit der Heilung, / doch ach, nur Schrecken!

20 Wir erkennen, Herr, unser Unrecht, / die Schuld unsrer Väter: / Ja, wir haben gegen dich gesündigt.

21 Um deines Namens willen verschmäh nicht, / verstoß nicht den Thron deiner Herrlichkeit!

Gedenke deines Bundes mit uns / und löse ihn nicht!

22 Gibt es etwa Regenspender / unter den Götzen der Völker?

Oder ist es der Himmel, der von selbst regnen lässt? / Bist nicht du es, Herr, unser Gott?

Wir setzen unsre Hoffnung auf dich; / denn du hast dies alles gemacht.

19: 8,15.

Das unabänderliche Strafgericht: 15,1–4

15 Doch der Herr sprach zu mir: Selbst
wenn Mose und Samuel vor mein An-
gesicht träten, würde sich mein Herz diesem
Volk nicht mehr zuneigen. Schaff sie mir aus
den Augen, sie sollen gehen. 2 Fragen sie dich
dann: Wohin sollen wir gehen?, so sag ihnen:
So spricht der Herr: Wer der Pest verfallen
ist, zur Pest! Wer dem Schwert, zum
Schwert! Wer dem Hunger, zum Hunger! Wer
der Gefangenschaft, zur Gefangenschaft!
3 Vier Plagen biete ich gegen sie auf – Spruch
des Herrn: Das Schwert zum Morden, die
Hunde zum Fortschleifen, die Vögel des
Himmels und die Tiere des Feldes zum Fres-
sen und Vertilgen. 4 Ich mache sie zu einem
Bild des Schreckens für alle Reiche der Erde
wegen des Manasse, des Sohnes Hiskijas, des
Königs von Juda, zur Strafe für das, was er
in Jerusalem verübt hat.

2: 43,11 • 3: Ez 14,21 • 4: 2 Kön 21,1–16.

Jerusalems Ende: 15,5–9

5 Wer wird mit dir, Jerusalem, Mitleid haben / und wer wird dich bedauern?

Wer wird kommen, / um nach deinem Ergehen zu fragen?

6 Du selbst hast mich verworfen – Spruch des Herrn – / du hast mir den Rücken gekehrt.

Deshalb streckte ich meine Hand gegen dich aus / und zerstörte dich; / ich bin der Nachsicht müde geworden.

7 Die Bewohner habe ich mit der Schaufel geworfelt / auf den freien Plätzen des Landes.

Ich habe mein Volk kinderlos gemacht / und es dem Untergang geweiht,

weil es von seinen schlimmen Wegen / nicht umkehren wollte.

8 Seine Witwen wurden zahlreicher / als der Sand am Meer;

ich brachte über sie [die Mütter der jungen Männer] / am hellen Mittag den Verwüster,

ließ jählings auf sie fallen / Angst und Schrecken.

9 Die Mutter, die sieben Söhne gebar, / welkte dahin, verhauchte ihr Leben.

Ihr sank die Sonne mitten am Tag, / sie fiel in Schande und Schmach.

Den Rest des Volkes gebe ich dem Schwerte preis / vor den Augen seiner Feinde – Spruch des Herrn.

7: Mt 3,12.

Die Klage des Propheten: 15,10–21

10 Weh mir, Mutter, dass du mich geboren hast, / einen Mann, der mit aller Welt in Zank und Streit liegt.

15,7 Zum Bild vom Worfeln vgl. die Anmerkung zu Rut 3,2–4.

Ich bin niemands Gläubiger und niemands Schuldner / und doch fluchen mir alle.
11 Fürwahr, Herr, ich habe dir mit gutem Willen gedient, / ich bin für den Feind bei dir eingetreten / zur Zeit des Unheils und der Bedrängnis.
12 [Kann man Eisen zertrümmern, / Eisen vom Norden, und Kupfer?
13 Dein Vermögen und deine Schätze / gebe ich zur Plünderung preis
als Lohn für all deine Sünden / in deinem ganzen Gebiet.
14 Ich mache dich zum Sklaven deiner Feinde / in einem Land, das du nicht kennst.
Denn Feuer lodert auf in meinem Zorn, / gegen euch ist es entbrannt.]
15 Du weißt es, Herr; denk an mich / und nimm dich meiner an! / Nimm für mich Rache an meinen Verfolgern!
Raff mich nicht hinweg, / sondern schieb deinen Zorn hinaus! / Bedenke, dass ich deinetwillen Schmach erleide.
16 Kamen Worte von dir, / so verschlang ich sie; / dein Wort war mir Glück und Herzensfreude;
denn dein Name ist über mir ausgerufen, / Herr, Gott der Heere.
17 Ich sitze nicht heiter im Kreis der Fröhlichen; / von deiner Hand gepackt, sitze ich einsam; / denn du hast mich mit Groll angefüllt.
18 Warum dauert mein Leiden ewig / und ist meine Wunde so bösartig, / dass sie nicht heilen will?
Wie ein versiegender Bach bist du mir geworden, / ein unzuverlässiges Wasser.
19 Darum – so spricht der Herr:
Wenn du umkehrst, lasse ich dich umkehren, / dann darfst du wieder vor mir stehen.
Redest du Edles und nicht Gemeines, / dann darfst du mir wieder Mund sein.
Jene sollen sich dir zuwenden, / du aber wende dich ihnen nicht zu.
20 Dann mache ich dich für dieses Volk / zur festen, ehernen Mauer.
Mögen sie dich bekämpfen, / sie werden dich nicht bezwingen;
denn ich bin mit dir, / um dir zu helfen und dich zu retten / – Spruch des Herrn.
21 Ja, ich rette dich aus der Hand der Bösen, / ich befreie dich aus der Faust der Tyrannen.

10: 20,14 • 17: 16,8 • 20: 1,18f.

Jeremias Einsamkeit – ein Zeichen für Israel: 16,1–9

16 Das Wort des Herrn erging an mich:
2 Du sollst dir keine Frau nehmen und weder Söhne noch Töchter haben an diesem Ort.
3 Denn so spricht der Herr über die Söhne und Töchter, die an diesem Ort geboren werden, über ihre Mütter, die sie gebären, und über ihre Väter, die sie zeugen in diesem Land:
4 Eines qualvollen Todes müssen sie sterben; man wird sie nicht beklagen und nicht begraben; sie werden zum Dünger auf dem Acker. Durch Schwert und Hunger kommen sie um; ihre Leichen werden zum Fraß für die Vögel des Himmels und die Tiere des Feldes.
5 Ja, so hat der Herr gesprochen: Betritt kein Trauerhaus, geh nicht zur Totenklage und bezeig niemandem Beileid! Denn ich habe diesem Volk mein Heil entzogen – Spruch des Herrn –, die Güte und das Erbarmen.
6 Groß und Klein muss sterben in diesem Land; man wird sie nicht begraben und nicht beklagen. Niemand ritzt sich ihretwegen wund oder schert sich kahl.
7 Keinem wird man das Trauerbrot brechen, um ihn wegen eines Verstorbenen zu trösten; man wird ihm nicht den Trostbecher reichen wegen seines Vaters oder seiner Mutter.
8 Auch ein Haus, in dem ein Gastmahl stattfindet, sollst du nicht betreten, um mit den Leuten bei Speise und Trank zu sitzen.
9 Denn so spricht der Herr der Heere, der Gott Israels: Seht, verstummen lasse ich an diesem Ort, vor euren Augen und in euren Tagen, Jubelruf und Freudenruf, den Ruf des Bräutigams und den Ruf der Braut.

4: 9,21; 25,33 • 6: 47,5 • 9: 7,34.

Die Gründe für das Gericht: 16,10–18

10 Wenn du nun diesem Volk das alles verkündest und man dich fragt: Warum droht der Herr uns all dieses schwere Unheil an? Worin besteht unsre Schuld und welche Sünde haben wir gegen den Herrn, unsern Gott, begangen?,
11 so antworte ihnen: Eure Väter haben mich verlassen – Spruch des Herrn; sie liefen anderen Göttern nach, dien-

15,12–14 Stört den Zusammenhang und unterbricht die Klage. Die VV. 13f stammen aus 17,3f.
15,19 Der Prophet, der die Umkehr gepredigt hat, muss nun, da er versagt hat und an seiner Berufung zweifelt, erst selbst umkehren, wenn er wieder in den Dienst Gottes treten will.
16,6f Sich wund ritzen, sich kahl scheren und Trauerbrot essen sind Trauerriten.

ten ihnen und beteten sie an. Mich aber ha-
ben sie verlassen und meine Weisung nicht
befolgt. 12 Ihr selbst aber habt es noch
schlimmer getrieben als eure Väter. Seht, je-
der von euch folgt dem Trieb seines bösen
Herzens, ohne auf mich zu hören. 13 Darum
schleudere ich euch aus diesem Land hinaus,
in das Land, das euch und euren Vätern
unbekannt war. Dort mögt ihr anderen Göt-
tern dienen Tag und Nacht; ich aber werde
euch keine Gnade mehr schenken. 14 [Darum
seht, es werden Tage kommen – Spruch des
Herrn –, da sagt man nicht mehr: So wahr
der Herr lebt, der die Söhne Israels aus
Ägypten heraufgeführt hat!, 15 sondern: So
wahr der Herr lebt, der die Söhne Israels aus
dem Nordland und aus allen Ländern, in die
er sie verstoßen hatte, heraufgeführt hat. Ich
bringe sie zurück in ihr Heimatland, das ich
ihren Vätern gegeben habe.]

16 Seht, ich hole viele Fischer – Spruch des
Herrn –, die sollen sie fangen; dann hole ich
viele Jäger, die sollen sie erlegen auf jedem
Berg und Hügel und in den Felsenklüften.
17 Denn meine Augen sehen alle ihre Wege;
sie können sich vor mir nicht verstecken
und ihre Schuld ist vor meinen Augen nicht
verborgen. 18 So vergelte ich zunächst nach
dem Maß ihrer Schuld und Sünde, weil sie
mein Land durch das Aas ihrer Scheusale
entweiht und mein Erbteil mit ihren ab-
scheulichen Götzen angefüllt haben.

10: 5,19 • 13: Dtn 28,64.

Die Bekehrung der Völker: 16,19–21

19 Herr, meine Kraft und meine Burg, /
meine Zuflucht am Tag der Not!

Zu dir kommen Völker von den Enden der
Erde / und sagen: Nur Trug besaßen unsre
Väter, / Wahngebilde, die nichts nützen.

20 Kann ein Mensch sich Götter machen? /
Das sind doch keine Götter.

21 Darum seht, ich bringe sie zur Erkennt-
nis; / ja, diesmal bringe ich sie zur Erkennt-
nis meiner Macht und meiner Gewalt

und sie werden erkennen: / Mein Name ist
Jahwe, der Herr.

Judas Sünde und Strafe: 17,1–4

17 Judas Sünde ist aufgeschrieben mit
eisernem Griffel, / mit diamantenem
Stift eingegraben

in die Tafel ihres Herzens / und in die Hör-
ner ihrer Altäre,

2 damit auch ihre Söhne noch denken an
ihre Altäre und Kultpfähle / bei den üppigen
Bäumen und auf den hohen Hügeln des
Berglands.

3 Dein Vermögen und alle deine Schätze /
gebe ich zur Plünderung preis

als Lohn für all deine Sünden / in deinem
ganzen Gebiet.

4 Du musst von deinem Erbteil lassen, / das
ich dir gegeben habe.

Ich mache dich zum Sklaven deiner Fein-
de / in einem Land, das du nicht kennst.

Denn Feuer lodert auf in meinem Zorn, /
für immer ist es entbrannt.

3: 15,13 • 4: 15,14.

Fluch oder Segen: 17,5–8

5 [So spricht der Herr:]

Verflucht der Mann, der auf Menschen
vertraut, / auf schwaches Fleisch sich
stützt / und dessen Herz sich abwendet vom
Herrn.

6 Er ist wie ein kahler Strauch in der Step-
pe, / der nie einen Regen kommen sieht;

er bleibt auf dürrem Wüstenboden, / im
salzigen Land, wo niemand wohnt.

7 Gesegnet der Mann, der auf den Herrn
sich verlässt / und dessen Hoffnung der Herr
ist.

8 Er ist wie ein Baum, der am Wasser ge-
pflanzt ist / und am Bach seine Wurzeln aus-
streckt:

Er hat nichts zu fürchten, wenn Hitze
kommt; / seine Blätter bleiben grün;

auch in einem trockenen Jahr ist er ohne
Sorge, / unablässig bringt er seine Früchte.

8: Ps 1,3.

Weisheitssprüche: 17,9–11

9 Arglistig ohnegleichen ist das Herz und
unverbesserlich. / Wer kann es ergründen?

10 Ich, der Herr, erforsche das Herz / und
prüfe die Nieren,

um jedem zu vergelten, wie es sein Ver-
halten verdient, / entsprechend der Frucht
seiner Taten.

11 Wie ein Rebhuhn, das ausbrütet, / was
es nicht gelegt hat,

so ist ein Mensch, / der Reichtum durch
Unrecht erwirbt.

16,14f Diese Verheißung ist aus 23,7f übernommen.

17,1 Zu den Hörnern der Altäre vgl. die Anmerkung zu Lev 4,7.

17,5 Die Einleitung fehlt in G; es folgt keine Gottesrede.

In der Mitte seiner Tage muss er ihn ver-
lassen / und am Ende steht er als Narr da.
10: Ps 7,10; Röm 2,6.

Das Gebet des verfolgten Propheten:
17,12–18

12 Ein Thron der Herrlichkeit, erhaben von
Anbeginn, / ist die Stätte unsres Heilig-
tums.
13 Du Hoffnung Israels, Herr! / Alle, die
dich verlassen, werden zuschanden,
die sich von dir abwenden, / werden in den
Staub geschrieben;
denn sie haben den Herrn verlassen, / den
Quell lebendigen Wassers.
14 Heile mich, Herr, so bin ich heil, / hilf
mir, so ist mir geholfen; / ja, mein Lobpreis
bist du.
15 Jene sagen zu mir: / Wo bleibt denn das
Wort des Herrn? / Soll es doch eintreffen!
16 Ich aber habe dich nie gedrängt wegen
des Unheils / und habe den Unglückstag
nicht herbeigewünscht.
Du weißt es selbst; / was mir über die Lip-
pen kam, / liegt dir offen vor Augen.
17 Werde nicht zum Schrecken für mich, /
du meine Zuflucht am Tag des Unheils!
18 Meine Verfolger sollen zuschanden wer-
den, / nicht aber ich.
Sie sollen erschrecken, / nicht aber ich.
Bring über sie den Tag des Unheils, / zer-
brich sie im verdienten Zusammenbruch!
12: 3,17 • 13: Joh 8,6; Jer 2,13 • 15: Jes 5,19.

Die Sabbatheiligung: 17,19–27

19 So sprach der Herr zu mir: Geh und stell
dich in das Tor der Söhne des Volkes, durch
das die Könige von Juda aus- und einziehen,
und in alle Tore Jerusalems. 20 Sag zu ihnen:
Hört das Wort des Herrn, ihr Könige von
Juda, ganz Juda und alle Einwohner Jerusa-
lems, die ihr durch diese Tore kommt. 21 So
spricht der Herr: Hütet euch um eures Le-
bens willen, am Tag des Sabbats eine Last zu
tragen und durch die Tore Jerusalems he-
reinzubringen. 22 Auch dürft ihr am Sabbat
keine Last aus euren Häusern hinaustragen
und keinerlei Arbeit verrichten. Vielmehr
sollt ihr den Sabbat heiligen, wie ich es eu-
ren Vätern geboten habe. 23 Doch sie haben
nicht gehört und ihr Ohr mir nicht zugeneigt,
sondern ihren Nacken versteift, ohne zu ge-
horchen und ohne Zucht anzunehmen. 24 Ihr
aber, wenn ihr bereitwillig auf mich hört –
Spruch des Herrn – und am Sabbat keine
Last durch die Tore dieser Stadt bringt, son-
dern den Sabbat heiligt und an ihm keinerlei
Arbeit verrichtet, 25 dann werden durch die
Tore dieser Stadt Könige einziehen, die auf
dem Thron Davids sitzen; mit Wagen und
Rossen werden sie fahren, sie und ihre Be-
amten, die Männer von Juda und die Ein-
wohner Jerusalems, und diese Stadt wird für
immer bewohnt sein. 26 Dann kommen von
den Städten Judas und aus der Umgebung
Jerusalems, vom Land Benjamin, von der
Schefela, vom Gebirge und vom Negeb her
Wallfahrer, die Brandopfer, Schlachtopfer
und Speiseopfer samt Weihrauch bringen;
auch Dankopfer bringen sie dar im Haus des
Herrn. 27 Wenn ihr aber nicht auf mein Gebot
hört, den Sabbat zu heiligen, keine Last zu
tragen und am Sabbat durch die Tore Jeru-
salems zu bringen, dann lege ich Feuer an
seine Tore, das Jerusalems Paläste verzehrt
und nie mehr erlischt.
21: Neh 13,15–22 • 22: Ex 20,8; Dtn 5,12 • 25: 22,4.

Das Gleichnis vom Töpfer: 18,1–17

18 Das Wort, das vom Herrn an Jeremia
erging: 2 Mach dich auf und geh zum
Haus des Töpfers hinab! Dort will ich dir
meine Worte mitteilen. 3 So ging ich zum
Haus des Töpfers hinab. Er arbeitete gerade
mit der Töpferscheibe. 4 Missriet das Gefäß,
das er in Arbeit hatte, wie es beim Ton in der
Hand des Töpfers vorkommen kann, so
machte der Töpfer daraus wieder ein ande-
res Gefäß, ganz wie es ihm gefiel. 5 Da erging
an mich das Wort des Herrn: 6 Kann ich nicht
mit euch verfahren wie dieser Töpfer, Haus
Israel? – Spruch des Herrn. Seht, wie der Ton
in der Hand des Töpfers, so seid ihr in mei-
ner Hand, Haus Israel. 7 Bald drohe ich ei-
nem Volk oder einem Reich, es auszureißen,
niederzureißen und zu vernichten. 8 Kehrt
aber das Volk, dem ich gedroht habe, um von
seinem bösen Tun, so reut mich das Unheil,
das ich ihm zugedacht hatte. 9 Bald sage ich
einem Volk oder einem Reich zu, es aufzu-
bauen und einzupflanzen. 10 Tut es aber
dann, was mir missfällt, und hört es nicht auf
meine Stimme, so reut mich das Gute, das
ich ihm zugesagt habe. 11 Und nun sag zu den
Leuten von Juda und zu den Einwohnern Je-
rusalems: So spricht der Herr: Seht, ich be-
reite Unheil gegen euch vor und fasse einen
Plan gegen euch. Kehrt doch um, ein jeder
von seinem bösen Weg, und bessert euer Ver-
halten und euer Tun! 12 Aber sie werden sa-

17,13 »In den Staub schreiben« ist Bild für die Vergänglichkeit; das in den Staub Geschriebene wird vom Wind sofort wieder zugeweht.

gen: Vergebliche Mühe! Wir wollen unseren
eigenen Plänen folgen und jeder von uns
will nach dem Trieb seines bösen Herzens
handeln. 13 Deshalb spricht der Herr: Fragt
unter den Völkern, wer je Ähnliches gehört
hat. Ganz Abscheuliches hat die Jungfrau Is-
rael getan. 14 Weicht denn das Felsgestein
von der Landschaft, der Schnee vom Liba-
non, oder versiegen immer strömende Was-
ser, sprudelnde Quellen? 15 Mein Volk aber
hat mich vergessen; nichtigen Götzen bringt
es Opfer dar. Doch ich lasse sie straucheln
auf ihren Wegen, den altgewohnten Bahnen,
sodass sie auf ungebahnten Pfaden gehen
müssen. 16 Ich will ihr Land zu einem Ort des
Entsetzens machen, zum Gespött für immer.
Jeder, der dort vorbeikommt, wird sich ent-
setzen und den Kopf schütteln. 17 Wie der
Ostwind zerstreue ich sie vor dem Feind. Ich
zeige ihnen den Rücken und nicht das Ge-
sicht am Tag ihres Verderbens.

6: Jes 45,9; Röm 9,21 • 7: Ez 33,11–20 • 12: 6,16; 11,8 • 16: 19,8; 49,17; 50,13.

Die Bitte um Bestrafung der Gegner: 18,18–23

18 Sie aber sagten: / Kommt, lasst uns ge-
gen Jeremia Pläne schmieden!

Denn nie wird dem Priester die Weisung ausgehen, / dem Weisen der Rat und dem Propheten das Wort.

Kommt, wir wollen ihn mit seinen eigenen Worten schlagen / und Acht geben auf alles, was er sagt.

19 Gib du, Herr, Acht auf mich / und höre
das Gerede meiner Widersacher!

20 Darf man denn Gutes mit Bösem vergel-
ten? / [Denn sie haben (mir) eine Grube ge-
graben.

Denk daran, wie ich vor dir stand, / um zu ihren Gunsten zu sprechen / und deinen Zorn von ihnen abzuwenden.

21 Darum gib ihre Kinder dem Hunger
preis / und liefere sie der Gewalt des
Schwertes aus!

Ihre Frauen sollen der Kinder beraubt / und zu Witwen werden,

ihre Männer töte die Pest, / ihre jungen Männer erschlage das Schwert in der Schlacht.

22 Geschrei soll man hören aus ihren Häu-
sern, / wenn du plötzlich plündernde Horden
über sie kommen lässt.

Denn sie haben (mir) eine Grube gegraben, um mich zu fangen; / meinen Füßen haben sie Schlingen gelegt.

23 Du aber, Herr, / du kennst all ihre Mord-
pläne gegen mich.

Nimm für ihre Schuld keine Sühne an, / lösch bei dir ihre Sünde nicht aus!

Lass sie zu Fall kommen vor deinen Augen, / handle an ihnen zur Zeit deines Zorns!

23: Lk 23,34.

Drohreden und ihre Folgen: 19,1 – 20,6

19 Der Herr sprach zu mir: Geh und
kauf dir einen irdenen Krug, und
nimm einige Älteste des Volkes und der
Priester mit dir! 2 Dann geh hinaus zum Tal
Ben-Hinnom am Eingang des Scherbentors!
Dort verkünde die Worte, die ich dir sage.
3 Du sollst sagen: Hört das Wort des Herrn,
ihr Könige und ihr Einwohner Jerusalems!
So spricht der Herr der Heere, der Gott Isra-
els: Seht, ich bringe solches Unheil über die-
sen Ort, dass jedem, der davon hört, die Oh-
ren gellen. 4 Denn sie haben mich verlassen,
mir diesen Ort entfremdet und an ihm ande-
ren Göttern geopfert, die ihnen, ihren Vätern
und den Königen von Juda früher unbekannt
waren. Mit dem Blut Unschuldiger haben sie
diesen Ort angefüllt. 5 Sie haben dem Baal
eine Kulthöhe gebaut, um ihre Söhne als
Brandopfer für den Baal im Feuer zu ver-
brennen, was ich nie befohlen oder angeord-
net habe und was mir niemals in den Sinn
gekommen ist. 6 Seht, darum werden Tage
kommen – Spruch des Herrn –, da wird man
diesen Ort nicht mehr Tofet oder Tal Ben-
Hinnom nennen, sondern Mordtal. 7 Dann
vereitle ich die Pläne Judas und Jerusalems
an diesem Ort. Ich bringe sie vor den Augen
ihrer Feinde durch das Schwert zu Fall und
durch die Hand derer, die ihnen nach dem
Leben trachten. Ich gebe ihre Leichen den
Vögeln des Himmels und den Tieren des Fel-
des zum Fraß. 8 Ich mache diese Stadt zu ei-
nem Ort des Entsetzens und zum Gespött; je-
der, der dort vorbeikommt, wird sich entset-
zen und spotten über alle Schläge, die sie ge-
troffen haben. 9 Ich gebe ihnen das Fleisch
ihrer Söhne und Töchter zu essen; einer wird
das Fleisch des andern verzehren in der Not
und Bedrängnis, mit der ihre Feinde und
alle, die ihnen nach dem Leben trachten, sie
bedrängen. – 10 Dann zerbrich den Krug vor
den Augen der Männer, die mit dir gehen.
11 Sag ihnen: So spricht der Herr der Heere:
Ebenso zerbreche ich dieses Volk und diese
Stadt, wie man Töpfergeschirr zerbricht, so-
dass es nie wieder heil werden kann. Im To-

18,20 Das Eingeklammerte ist aus V. 22 eingedrungen.

19,2.6.11f Zum Tal Ben-Hinnom und zum Tofet vgl. die Anmerkung zu 7,31.

fet wird man Tote bestatten, weil sonst kein
Platz ist zum Begraben. 12 So werde ich mit
diesem Ort verfahren – Spruch des Herrn –
und mit seinen Bewohnern, um diese Stadt
dem Tofet gleichzumachen. 13 Die Häuser Je-
rusalems und die Häuser der Könige von
Juda sollen unrein werden wie der Ort des
Tofet, alle Häuser, auf deren Dächern man
dem ganzen Heer des Himmels Rauchopfer
und anderen Göttern Trankopfer darge-
bracht hat. – 14 Als nun Jeremia vom Tofet
zurückkam, wohin der Herr ihn zum Weissa-
gen gesandt hatte, begab er sich in den Vor-
hof beim Haus des Herrn und sagte zu allem
Volk: 15 So spricht der Herr der Heere, der
Gott Israels: Seht, ich bringe über diese
Stadt und über alle ihre Nachbarstädte all
das Unheil, das ich ihr angedroht habe, weil
sie ihren Nacken versteift haben und nicht
auf meine Worte hören wollen.

20 Der Priester Paschhur, der Sohn des
Immer, der Oberaufseher im Haus
des Herrn, hörte, wie Jeremia diese propheti-
schen Worte verkündete. 2 Da ließ Paschhur
den Propheten Jeremia schlagen und in den
Block spannen, der im oberen Benjamintor
beim Haus des Herrn war. 3 Als ihn Paschhur
am nächsten Morgen aus dem Block entließ,
sagte Jeremia zu ihm: Nicht mehr Paschhur
nennt dich der Herr, sondern: »Grauen rings-
um«. 4 Denn so spricht der Herr: Ja, ich gebe
dich dem Grauen preis, dich und alle deine
Freunde. Sie werden unter dem Schwert ih-
rer Feinde fallen und du musst mit eigenen
Augen zusehen. Ganz Juda aber gebe ich in
die Hand des Königs von Babel; er wird sie
nach Babel wegführen und mit dem Schwert
erschlagen. 5 Auch allen Besitz dieser Stadt,
all ihre Habe, alles Kostbare und alle Schätze
der Könige von Juda gebe ich in die Hand ih-
rer Feinde; sie werden alles rauben, weg-
schleppen und nach Babel bringen. 6 Du aber,
Paschhur, und alle deine Hausgenossen, ihr
werdet in die Verbannung ziehen; nach Babel
wirst du kommen, dort wirst du sterben und
dort begraben werden, du und alle deine
Freunde, denen du Lügen geweissagt hast.

19,5–6: 7,31–33 • 8: 18,16 • 9: Lev 26,29; Dtn 28,53; Bar 2,3 •
11: 7,32 • 13: 32,29 • 20,3: 20,10; 6,25; 46,5; 49,29; Ps 31,14.

Das Prophetenschicksal: 20,7–18

7 Du hast mich betört, o Herr, / und ich ließ
mich betören; / du hast mich gepackt und
überwältigt.
Zum Gespött bin ich geworden den ganzen
Tag, / ein jeder verhöhnt mich.
8 Ja, sooft ich rede, muss ich schreien, / »Ge-
walt und Unterdrückung!«, muss ich rufen.
Denn das Wort des Herrn bringt mir / den
ganzen Tag nur Spott und Hohn.
9 Sagte ich aber: Ich will nicht mehr an ihn
denken / und nicht mehr in seinem Namen
sprechen!,
so war es mir, als brenne in meinem Herzen
ein Feuer, / eingeschlossen in meinem Innern.
Ich quälte mich es auszuhalten / und
konnte nicht;
10 hörte ich doch das Flüstern der Vielen: /
Grauen ringsum! Zeigt ihn an! / Wir wollen
ihn anzeigen.
Meine nächsten Bekannten / warten alle
darauf, dass ich stürze:
Vielleicht lässt er sich betören, / dass wir
ihm beikommen können und uns an ihm rä-
chen.
11 Doch der Herr steht mir bei wie ein ge-
waltiger Held. / Darum straucheln meine
Verfolger und kommen nicht auf.
Sie werden schmählich zuschanden, da
sie nichts erreichen, / in ewiger, unvergessli-
cher Schmach.
12 Aber der Herr der Heere prüft den Ge-
rechten, / er sieht Herz und Nieren.
Ich werde deine Rache an ihnen erleben; /
denn dir habe ich meine Sache anvertraut.
13 Singt dem Herrn, rühmt den Herrn; /
denn er rettet das Leben des Armen aus der
Hand der Übeltäter. –
14 Verflucht der Tag, an dem ich geboren
wurde; / der Tag, an dem meine Mutter mich
gebar, sei nicht gesegnet.
15 Verflucht der Mann, / der meinem Vater
die frohe Kunde brachte:
Ein Kind, ein Knabe ist dir geboren!, / und
ihn damit hoch erfreute.
16 Jener Tag gleiche den Städten, / die der
Herr ohne Erbarmen zerstört hat.
Er höre Wehgeschrei am Morgen / und
Kriegslärm um die Mittagszeit,
17 weil er mich nicht sterben ließ im Mut-
terleib. / So wäre meine Mutter mir zum
Grab geworden, / ihr Schoß auf ewig
schwanger geblieben.
18 Warum denn kam ich hervor aus dem
Mutterschoß, / um nur Mühsal und Kummer
zu erleben / und meine Tage in Schande zu
beenden?

12: 11,20 • 14: Ijob 3,1–12; Jer 15,10.

19,13 Das »Heer des Himmels« sind die Gestirn-
gottheiten; man verehrte sie auf den flachen Haus-
dächern.
20,7–18 In seiner Verbitterung macht Jeremia sei-
nem Gott selbst den Vorwurf, dass er an seinem
Unglück schuld sei, und verflucht sein Schicksal;
doch bald ringt er sich wieder zu neuem Vertrauen
durch. Er ähnelt darin Ijob.

Der Beginn der Belagerung Jerusalems:
21,1–10

21 Das Wort, das vom Herrn an Jeremia
erging, als König Zidkija den Pasch-
hur, den Sohn Malkijas, und den Priester Ze-
fanja, den Sohn Maasejas, zu ihm sandte mit
dem Auftrag: 2 Befrag doch den Herrn für
uns! Denn Nebukadnezzar, der König von
Babel, führt gegen uns Krieg; vielleicht han-
delt der Herr an uns wie bei all seinen frühe-
ren Wundern, sodass Nebukadnezzar von uns
abziehen muss. 3 Jeremia aber antwortete ih-
nen: Meldet Zidkija Folgendes: 4 So spricht
der Herr, der Gott Israels: Fürwahr, ich drehe
in eurer Hand die Waffen um, mit denen ihr
vor der Mauer gegen den König von Babel
und die Chaldäer, die euch belagern, kämpft,
und hole sie ins Innere dieser Stadt. 5 Ich
selbst kämpfe gegen euch mit hoch erhobener
Hand und starkem Arm, mit Zorn, Grimm
und großem Groll. 6 Ich schlage die Einwoh-
ner dieser Stadt, Mensch und Vieh; an schwe-
rer Pest sollen sie sterben. 7 Und danach –
Spruch des Herrn – liefere ich Zidkija, den
König von Juda, seine Diener und das Volk,
das in dieser Stadt der Pest, dem Schwert
und dem Hunger entronnen ist, der Hand
Nebukadnezzars, des Königs von Babel, aus,
der Hand ihrer Feinde und der Hand derer,
die ihnen nach dem Leben trachten. Er wird
sie mit scharfem Schwert erschlagen, ohne
Mitleid, ohne Schonung, ohne Erbarmen.
8 Zu diesem Volk aber sollst du sagen: So
spricht der Herr: Seht, den Weg des Lebens
und den Weg des Todes stelle ich euch zur
Wahl. 9 Wer in dieser Stadt bleibt, der stirbt
durch Schwert, Hunger und Pest. Wer aber
hinausgeht und sich den Chaldäern, die euch
belagern, ergibt, der wird überleben und sein
Leben wie ein Beutestück gewinnen. 10 Denn
ich habe mein Angesicht gegen diese Stadt
gerichtet zu ihrem Unheil, nicht zu ihrem
Heil – Spruch des Herrn. Der Hand des Kö-
nigs von Babel wird sie ausgeliefert und er
wird sie mit Feuer verbrennen.

9: 38,2.

Die Botschaft an die Regierung: 21,11–14

11 An das Haus des Königs von Juda: / Hört
das Wort des Herrn, Haus David!
12 So spricht der Herr: / Haltet jeden Mor-
gen gerechtes Gericht!
Rettet den Ausgeplünderten / aus der
Hand des Gewalttäters!
Sonst bricht mein Zorn wie Feuer los; / er
brennt und niemand kann löschen.
13 Nun gehe ich gegen dich vor, du Stadt, /
die du in der Mulde des Felsengebirges /
über der Ebene wohnst – Spruch des
Herrn.
Ihr freilich sagt: Wer kann über uns kom-
men / und eindringen in unsere Bauten?
14 Ich zahle euch heim, wie es eure Taten
verdienen / – Spruch des Herrn.
Ich lege Feuer an den Wald dieser Stadt, /
das ringsum alles verzehrt.

12: 22,3; 4,4 • 14: 50,32.

Das Drohwort im Königspalast: 22,1–9

22 So hat der Herr gesprochen: Geh
hinab in den Palast des Königs von
Juda und rede dort folgende Worte! 2 Du
sollst sagen: König von Juda, der du auf dem
Thron Davids sitzt, höre das Wort des Herrn,
du selbst, deine Diener und deine Leute, die
durch diese Tore kommen. 3 So spricht der
Herr: Sorgt für Recht und Gerechtigkeit und
rettet den Ausgeplünderten aus der Hand
des Gewalttäters! Fremde, Waisen und Wit-
wen bedrängt und misshandelt nicht; ver-
gießt kein unschuldiges Blut an diesem Ort!
4 Wenn ihr wirklich dieses Wort erfüllt, dann
werden durch die Tore dieses Palastes Köni-
ge einziehen, die auf dem Thron Davids sit-
zen; mit Wagen und Rossen werden sie fah-
ren, sie selbst, ihre Beamten und ihre Leute.
5 Hört ihr aber nicht auf diese Worte, so
schwöre ich bei mir selbst – Spruch des
Herrn: Zum Trümmerhaufen wird dieser Pa-
last. 6 Ja, so spricht der Herr gegen den Pa-
last des Königs von Juda: Giltst du mir auch
so viel wie Gilead, wie der Gipfel des Liba-
non, fürwahr, ich mache dich zur Wüste, zur
unbewohnten Stadt. 7 Ich biete Verwüster
gegen dich auf, die mit ihren Äxten kommen,
deine auserlesenen Zedern umhauen und ins
Feuer werfen. 8 Wenn dann Leute aus vielen
Völkern an dieser Stadt vorbeikommen und
einander fragen: Warum hat der Herr so an
dieser großen Stadt gehandelt?, 9 wird man
erwidern: Weil sie den Bund mit dem Herrn,
ihrem Gott, aufgegeben, andere Götter ange-
betet und ihnen gedient haben.

3: 21,12 • 4: 17,25.

Gegen Schallum: 22,10–12

10 Weint nicht um den Toten und beklagt
ihn nicht! Weint vielmehr um den, der fort-

21,14 Mit dem »Wald dieser Stadt« sind wohl die mit Zedernholz erbauten Paläste Jerusalems gemeint (vgl. 22,7; 1 Kön 7 2).

22,6 Gilead ist ein fruchtbares Gebiet östlich des Jordan.

22,10f Der tüchtige, in der Schlacht bei Megiddo ge-

musste; denn er kehrt nie wieder zurück, nie
mehr sieht er sein Heimatland. 11 Denn so
spricht der Herr über Schallum, den Sohn
Joschijas, den König von Juda, der seinem
Vater Joschija in der Regierung gefolgt war
und wegziehen musste von diesem Ort: Nie
mehr kommt er hierher zurück. 12 An dem
Ort, wohin man ihn verschleppt hat, dort
wird er sterben und dieses Land nie wieder
sehen.

Gegen Jojakim: 22,13–19

13 Weh dem, der seinen Palast mit Ungerechtigkeit baut, / seine Gemächer mit Unrecht,
der seinen Nächsten ohne Entgelt arbeiten lässt / und ihm seinen Lohn nicht gibt,
14 der sagt: Ich baue mir einen stattlichen Palast / und weite Gemächer.
Er setzt ihm hohe Fenster ein, / täfelt ihn mit Zedernholz / und bemalt ihn mit Mennigrot.
15 Bist du König geworden, / um mit Zedern zu prunken?
Hat dein Vater nicht auch gegessen und getrunken, / dabei aber für Recht und Gerechtigkeit gesorgt? / Und es ging ihm gut.
16 Dem Schwachen und Armen verhalf er zum Recht. / Heißt nicht das, mich wirklich erkennen? / – Spruch des Herrn.
17 Doch deine Augen und dein Herz / sind nur auf deinen Vorteil gerichtet,
auf das Blut des Unschuldigen, das du vergießt, / auf Bedrückung und Erpressung, die du verübst.
18 Darum – so spricht der Herr über Jojakim, / den Sohn Joschijas, den König von Juda:
Man wird für ihn nicht die Totenklage halten: / »Ach, mein Bruder! Ach, Schwester!«
Man wird für ihn nicht die Totenklage halten: / »Ach, der Herrscher! Ach, seine Majestät!«
19 Ein Eselsbegräbnis wird er bekommen. / Man schleift ihn weg und wirft ihn hin, / draußen vor den Toren Jerusalems.

13: Mi 3,10; Lev 19,13 • 17: 2 Kön 24,1–4 • 18: 34,5 • 19: 36,30.

Jerusalems Sturz: 22,20–23

20 (Jerusalem,) steig auf den Libanon und schrei, / im Baschan erheb deine Stimme,
schrei vom Abarimgebirge herab, / dass alle deine Freunde zerschmettert sind.
21 Ich habe dir zugeredet, als du dich noch sicher fühltest; / du aber hast gesagt: Ich höre nicht.
So hast du es getrieben von Jugend an: / Du hast auf meine Stimme nicht gehört.
22 All deine Hirten wird der Wind weiden, / deine Freunde müssen fort in die Gefangenschaft.
Dann wirst du Schmach und Schande ernten / wegen all deiner Untaten.
23 Die du auf dem Libanon thronst (Jerusalem), / in Zedern nistest,
wie wirst du stöhnen, wenn Wehen über dich kommen, / Schmerzen wie die einer Gebärenden.

Gegen Jojachin: 22,24–30

24 So wahr ich lebe – Spruch des Herrn –,
selbst wenn Jojachin, der Sohn Jojakims und
König von Juda, ein Siegelring an meiner
Rechten wäre, ich risse dich weg. 25 Ich gebe
dich in die Hand derer, die dir nach dem Leben trachten, in die Hand derer, vor denen
dir graut, in die Hand Nebukadnezzars, des
Königs von Babel, und in die Hand der Chaldäer. 26 Ich schleudere dich samt deiner Mutter, die dich gebar, in ein anderes Land, in
dem ihr nicht geboren seid, und dort werdet
ihr sterben. 27 In das Land aber, nach dem ihr
Herz sehnlich zurückverlangt, werden sie nie
wieder kommen. – 28 Ist denn dieser Mann
Jojachin ein verachtetes, zerschlagenes Gefäß oder ein Gerät, das niemand mehr mag?
Warum wird er fortgeschleudert und hingeworfen in ein Land, das er nicht kennt?
29 Land, Land, Land, höre das Wort des
Herrn! 30 So spricht der Herr: Schreibt diesen Mann als kinderlos ein, als Mann, der in
seinem Leben kein Glück hat. Denn keinem
seiner Nachkommen wird es glücken, sich
auf den Thron Davids zu setzen und wieder
über Juda zu herrschen.

24: 2 Kön 24,8–16.

---

fallene König Joschija wurde sehr betrauert (609 v. Chr.). Sein Sohn Schallum, auch Joahas genannt, wurde vom Pharao Necho gefangen genommen und nach Ägypten verschleppt (vgl. 2 Kön 23,31–34).

22,19 Von einem »Eselsbegräbnis« weiß 2 Kön 24,6 nichts. Jojakim starb 597 v. Chr., noch vor Beginn der Belagerung Jerusalems, und dürfte ein normales Königsbegräbnis erhalten haben.

22,24 In H heißt der König Konja, ein Kurzname für Jojachin. Kurz nach der Thronbesteigung beginnt die Belagerung Jerusalems durch Nebukadnezzar. Jojachin ergibt sich bald, wird abgesetzt und als Gefangener nach Babylon gebracht.

22,30 als kinderlos: Er steht als kinderlos in der davidischen Königsliste verzeichnet. Jojachin hatte zwar Söhne, doch kamen sie nicht an die Regierung, sodass er keinen Nachfolger hatte.

Der Davidspross: 23,1–8

23 Weh den Hirten, die die Schafe mei-
ner Weide zugrunde richten und zer-
streuen – Spruch des Herrn. 2 Darum – so
spricht der Herr, der Gott Israels, über die
Hirten, die mein Volk weiden: Ihr habt meine
Schafe zerstreut und versprengt und habt
euch nicht um sie gekümmert. Jetzt ziehe ich
euch zur Rechenschaft wegen eurer bösen
Taten – Spruch des Herrn. 3 Ich selbst aber
sammle den Rest meiner Schafe aus allen
Ländern, wohin ich sie versprengt habe. Ich
bringe sie zurück auf ihre Weide; sie sollen
fruchtbar sein und sich vermehren. 4 Ich
werde für sie Hirten bestellen, die sie wei-
den, und sie werden sich nicht mehr fürchten
und ängstigen und nicht mehr verloren ge-
hen – Spruch des Herrn.
5 Seht, es kommen Tage – Spruch des
Herrn –, da werde ich für David einen ge-
rechten Spross erwecken. Er wird als König
herrschen und weise handeln, für Recht und
Gerechtigkeit wird er sorgen im Land. 6 In
seinen Tagen wird Juda gerettet werden, Is-
rael kann in Sicherheit wohnen. Man wird
ihm den Namen geben: Der Herr ist unsere
Gerechtigkeit. 7 Darum seht, es werden Tage
kommen – Spruch des Herrn –, da sagt man
nicht mehr: So wahr der Herr lebt, der die
Söhne Israels aus Ägypten heraufgeführt
hat!, 8 sondern: So wahr der Herr lebt, der
das Geschlecht des Hauses Israel aus dem
Nordland und aus allen Ländern, in die er sie
verstoßen hatte, heraufgeführt und zurück-
gebracht hat. Dann werden sie wieder in ih-
rem Heimatland wohnen.

1: 10,21 • 4: 3,15 • 5–6: 33,15f. Jes 16,5; 32,1; Sach 3,8 • 7–8: 16,14f.

Gegen die falschen Propheten: 23,9–32

9 Über die Propheten:
Mir bricht das Herz in der Brust, / alle meine Glieder zittern.
Wie ein Betrunkener bin ich, / wie ein Mann, der vom Wein überwältigt ist, / wegen des Herrn und seiner heiligen Worte:
10 Voll von Ehebrechern ist das Land; / ja, wegen des Fluches vertrocknet das Land, / sind die Weideplätze der Steppe verdorrt.
Schlechtigkeit ist ihr Ziel, / Unrecht ihre Stärke.
11 Sogar Prophet und Priester sind ruchlose Frevler, / selbst in meinem Haus stoße ich auf ihre Schlechtigkeit / – Spruch des Herrn.
12 Deshalb wird ihr Weg für sie / wie ein schlüpfriger Pfad;
sie stürzen in der Finsternis, / sie kommen darin zu Fall.
Denn Unheil bringe ich über sie, / das Jahr ihrer Bestrafung – Spruch des Herrn.
13 Zwar habe ich auch bei Samarias Propheten / Hässliches gesehen:
Sie weissagten im Namen des Baal / und verführten mein Volk Israel.
14 Aber bei den Propheten Jerusalems / sah ich grauenhafte Dinge:
Sie brechen die Ehe, gehen mit Lügen um und bestärken die Bösen, / sodass keiner umkehrt von seinem bösen Treiben.
Für mich sind alle wie Sodom, / Jerusalems Einwohner sind für mich wie Gomorra.
15 Darum – so spricht der Herr der Heere gegen die Propheten:
Ich gebe ihnen Wermut zu essen / und Giftwasser zu trinken;
denn von den Propheten Jerusalems / ist Frevel ausgegangen ins ganze Land.
16 So spricht der Herr der Heere: / Hört nicht auf die Worte der Propheten, / die euch weissagen.
Sie betören euch nur; sie verkünden Visionen, / die aus dem eigenen Herzen stammen, / nicht aus dem Mund des Herrn.
17 Immerzu sagen sie denen, die das Wort des Herrn verachten: / Das Heil ist euch sicher!;
und jedem, der dem Trieb seines Herzens folgt, / versprechen sie: Kein Unheil kommt über euch.
18 Doch wer hat an der Ratsversammlung des Herrn teilgenommen, / hat ihn gesehen und sein Wort gehört?
Wer hat sein Wort vernommen / und kann es verkünden?
19 Hört, der Sturm des Herrn [sein Grimm] bricht los. / Ein Wirbelsturm braust hinweg über die Köpfe der Frevler.
20 Der Zorn des Herrn hört nicht auf, / bis er die Pläne seines Herzens ausgeführt und vollbracht hat. / Am Ende der Tage werdet ihr es klar erkennen.
21 Ich habe diese Propheten nicht ausgesandt, / dennoch laufen sie;
ich habe nicht zu ihnen gesprochen, / dennoch weissagen sie.
22 Hätten sie an meiner Ratsversammlung teilgenommen, /
so könnten sie meinem Volk meine Worte verkünden, / damit es umkehrt von seinem

23,10 wegen des Fluches: G: ihretwegen (d. h. wegen der Ehebrecher).

schlechten Weg / und von seinen bösen Ta-
ten.
23 Bin ich denn ein Gott aus der Nähe –
Spruch des Herrn – / und nicht vielmehr ein
Gott aus der Ferne?
24 Kann sich einer in Schlupfwinkeln ver-
stecken, / sodass ich ihn nicht sähe? – Spruch
des Herrn.
Bin nicht ich es, / der Himmel und Erde er-
füllt? – Spruch des Herrn.
25 Ich habe gehört, was die Propheten re-
den, die in meinem Namen Lügen weissagen
und sprechen: Einen Traum habe ich gehabt,
einen Traum. 26 Wie lange noch? Haben sie
denn wirklich etwas in sich, die Propheten,
die Lügen weissagen und selbst erdachten
Betrug? 27 Durch ihre Träume, die sie einan-
der erzählen, möchten sie meinen Namen in
Vergessenheit bringen bei meinem Volk, wie
ihre Väter meinen Namen wegen des Baal
vergessen haben. 28 Der Prophet, der einen
Traum hat, erzählt nur einen Traum; wer
aber mein Wort hat, der verkündet wahrhaf-
tig mein Wort. Was hat das Stroh mit dem
Korn zu tun? – Spruch des Herrn. 29 Ist nicht
mein Wort wie Feuer – Spruch des Herrn –
und wie ein Hammer, der Felsen zerschmet-
tert? 30 Darum gehe ich nun gegen die Pro-
pheten vor – Spruch des Herrn –, die einan-
der meine Worte stehlen. 31 Nun gehe ich ge-
gen die Propheten vor – Spruch des Herrn –,
die ihre Zunge gebrauchen, um Sprüche zu
machen. 32 Ja, nun gehe ich gegen die Pro-
pheten mit ihren erlogenen Träumen vor –
Spruch des Herrn; sie erzählen die Träume
und verführen mein Volk durch ihre Lügen
und ihr freches Geschwätz. Ich aber habe sie
weder gesandt noch beauftragt, und sie sind
diesem Volk ganz unnütz – Spruch des
Herrn.

10: 12,4; Jes 24,6 • 15: 9,14 • 16: 14,14 • 18: Jes 40,13; 1 Kön 22,19–23 • 19–20: 30,23f.

Die »Last« des Herrn: 23,33–40

33 Fragt dich dieses Volk oder ein Prophet
oder ein Priester: Was ist der »Last-Spruch«
des Herrn?, so antworte ihnen: Ihr selbst seid
die Last und ich werfe euch ab – Spruch des
Herrn. 34 Den Propheten aber, den Priester
und das Volk, jeden, der sagt: »Last-Spruch
des Herrn«, den ziehe ich samt seinem Haus
zur Rechenschaft – Spruch des Herrn.
35 Vielmehr sollt ihr so zueinander und un-
tereinander sagen: Was hat der Herr geant-
wortet?, oder: Was hat der Herr gesagt?
36 Aber den Ausdruck »Last-Spruch des
Herrn« sollt ihr nicht mehr gebrauchen.
Denn »die Last« ist für jeden sein eigenes
Wort, weil ihr die Worte des lebendigen Got-
tes, des Herrn der Heere, unseres Gottes,
verdreht habt. 37 So soll man zum Propheten
sagen: Was hat der Herr dir geantwortet?,
oder: Was hat der Herr gesagt? 38 Wenn ihr
aber »Last-Spruch des Herrn«, sagt, so sagt
der Herr darauf: Weil ihr dieses Wort
»Last-Spruch des Herrn« gebraucht, obwohl
ich euch verbieten ließ, »Last-Spruch des
Herrn« zu sagen, 39 darum hebe ich euch em-
por und schleudere euch samt der Stadt, die
ich euch und euren Vätern gegeben habe,
weg von meinem Angesicht. 40 Ich verhänge
über euch ewige Schande und ewige
Schmach, die nie vergessen werden soll.

40: 20,11.

Die beiden Feigenkörbe: 24,1–10

24 Der Herr ließ mich schauen: Da stan-
den zwei Körbe mit Feigen vor dem
Tempel des Herrn. Dies geschah, nachdem
Nebukadnezzar, der König von Babel, Joja-
chin, den Sohn Jojakims, den König von
Juda, sowie die Großen von Juda samt den
Schmieden und Schlossern aus Jerusalem
weggeführt und nach Babel gebracht hatte.
2 In dem einen Korb waren sehr gute Feigen,
wie Frühfeigen, im andern Korb sehr
schlechte Feigen, so schlecht, dass sie unge-
nießbar waren. 3 Der Herr fragte mich: Was
siehst du, Jeremia? Feigen, antwortete ich.
Die guten Feigen sind sehr gut, die schlech-
ten aber sehr schlecht, so schlecht, dass sie
ungenießbar sind. 4 Nun erging an mich das
Wort des Herrn: 5 So spricht der Herr, der
Gott Israels: Wie auf diese guten Feigen, so
schaue ich liebevoll auf die Verschleppten
aus Juda, die ich von diesem Ort vertrieben
habe ins Land der Chaldäer. 6 Ich richte mei-
ne Augen liebevoll auf sie und lasse sie in
dieses Land heimkehren. Ich will sie aufbau-
en, nicht niederreißen, einpflanzen, nicht
ausreißen. 7 Ich gebe ihnen ein Herz, damit
sie erkennen, dass ich der Herr bin. Sie wer-
den mein Volk sein und ich werde ihr Gott
sein; denn sie werden mit ganzem Herzen zu
mir umkehren. 8 Aber wie mit den schlechten
Feigen, die so schlecht sind, dass sie unge-

23,23 Die unendliche Distanz Gottes zu allem Irdischen wird betont. Ein »Gott aus der Nähe« wäre den Menschen verfügbar.

23,33.36 Das hebräische Wort massa bedeutet sowohl »Last« als auch »Ausspruch« (des Propheten); vgl. Jes 13,1 und öfter. Das Verbot erklärt sich wohl daher, dass man darüber gespottet hat.

24,8 Die wiederholte Beteuerung, dass es sich um ein Gotteswort handelt (VV. 4f), ist wohl späterer Zusatz.

nießbar sind, [ja, so spricht der Herr] so verfahre ich mit Zidkija, dem König von Juda, mit seinen Großen und dem Rest Jerusalems, mit denen, die in diesem Land übrig geblieben sind, und denen, die sich in Ägypten niedergelassen haben. 9 Ich mache sie zu einem Bild des Schreckens für alle Reiche der Erde, zum Schimpf und Gespött, zum Hohn und zum Fluch an allen Orten, an die ich sie verstoße. 10 Ich sende unter sie Schwert, Hunger und Pest, bis sie ganz ausgerottet sind aus dem Land, das ich ihnen und ihren Vätern gegeben habe.

1: 2 Kön 24,14–16 • 6: 1,10; 31,28 • 7: 31,33; 30,22; Lev 26,12; Dtn 26,17f • 8: 29,17f • 9: 15,4.

Das drohende Exil: 25,1–14

25 Das Wort über das ganze Volk von Juda, das an Jeremia erging im vierten Jahr Jojakims, des Sohnes Joschijas, des Königs von Juda; es war das erste Jahr Nebukadnezzars, des Königs von Babel. 2 Der Prophet Jeremia richtete es an das ganze Volk von Juda und an alle Einwohner Jerusalems; er sagte: 3 Seit dem dreizehnten Jahr Joschijas, des Sohnes Amons, des Königs von Juda, bis zum heutigen Tag, also dreiundzwanzig Jahre lang, ist an mich das Wort des Herrn ergangen und ich habe es euch unermüdlich weitergegeben. [Ihr aber habt nicht gehört. 4 Der Herr hat immer wieder alle seine Knechte, die Propheten, zu euch gesandt. Ihr aber habt nicht gehört und euer Ohr nicht geneigt, um zu hören.] 5 Ich sagte: Kehrt doch alle um von eurem schlechten Weg und von euren bösen Taten; dann dürft ihr in dem Land bleiben, das der Herr euch und euren Vätern gegeben hat seit jeher und für immer. 6 [Lauft nicht anderen Göttern nach, um ihnen zu dienen und sie anzubeten, und erzürnt mich nicht durch das Werk eurer Hände, damit ich euch nicht Schlimmes antun muss.] 7 Aber ihr habt nicht auf mich gehört [– Spruch des Herrn –, um mich zu erzürnen durch das Werk eurer Hände, zu eurem eigenen Schaden]. 8 Darum – so spricht der Herr der Heere: Weil ihr auf meine Worte nicht gehört habt, 9 darum hole ich alle Stämme des Nordens herbei – Spruch des Herrn –, auch Nebukadnezzar, den König von Babel, meinen Knecht. Ich lasse sie über dieses Land und seine Bewohner kommen und über alle diese Völker ringsum. Ich weihe sie dem Untergang und mache sie zu einem Bild des Entsetzens, zum Gespött und zur dauernden Schmach. 10 Ich lasse bei ihnen aufhören den Jubelruf und den Freudenruf, den Ruf des Bräutigams und den Ruf der Braut, das Geräusch der Handmühle und das Licht der Lampe. 11 Dieses ganze Land wird zum Trümmerfeld und zu einem Bild des Entsetzens und diese Völker werden dem König von Babel siebzig Jahre lang dienen. 12 Sind aber die siebzig Jahre vorüber, dann ziehe ich den König von Babel und jenes Volk zur Rechenschaft für ihre Schuld – Spruch des Herrn – und auch das Land der Chaldäer, indem ich es für immer zur schaurigen Wüste mache. 13 Ich lasse über jenes Land all das kommen, was ich ihm angedroht habe, alles, was in diesem Buch aufgezeichnet ist [was Jeremia über alle Völker geweissagt hat]. 14 Denn auch sie werden mächtigen Völkern und großen Königen dienen müssen. So vergelte ich ihnen entsprechend ihren Taten und dem Tun ihrer Hände.

1: 36,1 • 4: 11,7; 26,5; 44,4 • 10: 7,34 • 12: 29,10 • 14: 27,7.

DIE EINLEITUNG ZU DEN GERICHTSWORTEN ÜBER DIE VÖLKER: 25,15–38

Der Zornbecher für die Völker: 25,15–29

15 Ja, so hat der Herr, der Gott Israels, zu mir gesprochen: Nimm diesen Becher voll Zornwein aus meiner Hand und gib ihn allen Völkern zu trinken, zu denen ich dich sende. 16 Trinken sollen sie, taumeln und torkeln vor dem Schwert, das ich unter sie schicke. 17 Da nahm ich den Becher aus der Hand des Herrn und ließ alle Völker trinken, zu denen der Herr mich sandte: 18 Jerusalem und die Städte Judas – samt seinen Königen und Fürsten –, um sie zu Trümmerhaufen zu machen, zu einem Bild des Entsetzens, zum Gespött und zum Fluch [wie es heute ist],

25,1 Das 4. Jahr Jojakims ist 605 v. Chr.; von da ab gewann Nebukadnezzar auch in Palästina die Oberhand.

25,3–7 Das Ende von V. 3 sowie V. 4 und V. 6 durchbrechen den Zusammenhang; wohl Zusätze nach wie 7,25f; 35,15. Auch V. 7 ist größtenteils Zusatz; nur 7a gehört in die Rede Jeremias.

25,9–14 Dass auch die umliegenden Völker bestraft werden (V. 9 und V. 11), erscheint hier noch zu früh; es ist wohl Erweiterung im Hinblick auf VV. 15–29; auch die VV. 12 und 14 sind kaum ursprünglich.

25,18 Das Eingeklammerte fehlt zu Recht in G.

19 den Pharao, den König von Ägypten, samt
seinen Höflingen und Fürsten und seinem
ganzen Volk, 20 das gesamte Völkergemisch,
alle Könige des Landes Uz, alle Könige des
Philisterlandes, (die Städte) Aschkelon,
Gaza, Ekron und den Rest von Aschdod,
21 Edom, Moab und die Ammoniter, 22 alle
Könige von Tyrus, alle Könige von Sidon
sowie die Könige der Inseln jenseits des
Meeres, 23 Dedan, Tema, Bus und alle mit ge-
stutztem Haar, 24 alle Könige Arabiens und
alle Könige des Völkergemisches, die in der
Wüste wohnen, 25 alle Könige von Simri, von
Elam und Medien, 26 auch alle Könige des
Nordens, die in der Nähe und die in der Fer-
ne, einen nach dem andern, ja, alle Reiche
[der Welt], die es auf der Erde gibt; und
zuletzt soll der König von Scheschach trin-
ken. 27 Sag zu ihnen: So spricht der Herr der
Heere, der Gott Israels: Trinkt, berauscht
euch und speit, stürzt hin und steht nicht
mehr auf vor dem Schwert, das ich unter
euch schicke. 28 Weigern sie sich aber, den
Becher aus deiner Hand anzunehmen und
zu trinken, dann sag zu ihnen: So spricht
der Herr der Heere: Trinken müsst ihr.
29 Denn seht, bei der Stadt, über der mein
Name ausgerufen ist, beginne ich mit dem
Unheil und da solltet ihr ungestraft bleiben?
Nein, ihr werdet nicht ungestraft bleiben;
denn ich rufe das Schwert gegen alle Be-
wohner der Erde – Spruch des Herrn der
Heere.

17: Jes 51,17.

Das Gericht über die Völker: 25,30–38

30 Du aber sollst ihnen als Prophet alle die-
se Worte verkünden und zu ihnen sa-
gen:
Aus der Höhe herab donnert der Herr, /
von seiner heiligen Wohnung her lässt er
seine Stimme erschallen.
Mächtig donnert er über seiner Flur / und
ruft wie die Keltertreter.
31 Zu allen Erdbewohnern dringt der
Schall, / ja bis ans Ende der Erde; / denn der
Herr hat einen Rechtsstreit mit den Völ-
kern:
Er hält Gericht über alle Sterblichen / und
liefert die Schuldigen dem Schwert aus / –
Spruch des Herrn.
32 So spricht der Herr der Heere:
Seht, Unheil schreitet von Volk zu Volk, /
ein gewaltiger Sturm bricht los / von den
Grenzen der Erde.
33 Die vom Herrn Erschlagenen liegen an
jenem Tag / von einem Ende der Erde bis
zum andern.
Man beklagt sie nicht, / man sammelt sie
nicht und begräbt sie nicht; / sie werden
zum Dünger auf dem Acker.
34 Klagt, ihr Hirten, und schreit; / wälzt
euch im Staub, ihr Herren der Herde!
Denn die Zeit ist gekommen, / dass ihr ge-
schlachtet werdet;
ich zerschmettere euch, dass ihr berstet /
wie ein Prunkgefäß.
35 Es gibt keine Flucht mehr für die Hir-
ten, / kein Entrinnen für die Herren der Her-
de.
36 Horcht, wie die Hirten schreien / und
die Herren der Herde wehklagen, / weil der
Herr ihre Weide verwüstet.
37 Verdorrt sind die friedlichen Wiesen /
vor dem glühenden Zorn des Herrn.
38 Er verlässt sein Versteck wie ein Löwe; /
ihr Land ist zu einem Bild des Entsetzens ge-
worden
durch sein rasendes Schwert / und durch
die Glut seines Zorns.

30: Ps 29; Joël 4,16; Am 1,2 • 33: 9,21.

DIE GERICHTSWORTE ÜBER ISRAEL UND JUDA: 26,1 – 29,32

Die Tempelrede: 26,1–19

26 Im Anfang der Regierung Jojakims,
des Sohnes Joschijas, des Königs von
Juda, erging vom Herrn dieses Wort: 2 So
spricht der Herr: Stell dich in den Vorhof des
Hauses des Herrn und sag zu den Leuten, die
aus allen Städten Judas kommen, um im
Haus des Herrn anzubeten, alles, was ich dir
ihnen zu verkünden aufgetragen habe; kein
Wort sollst du weglassen. 3 Vielleicht hören
sie und kehren um, jeder von seinem bösen
Weg, sodass mich das Unheil reut, das ich ih-
nen wegen ihrer schlechten Taten zugedacht
habe. 4 Sag also zu ihnen: So spricht der
Herr: Wenn ihr nicht auf mein Wort hört und
meiner Weisung nicht folgt, die ich euch ge-
geben habe, 5 wenn ihr nicht auf die Worte
meiner Knechte, der Propheten, hört, die ich
immer wieder zu euch sende, obwohl ihr
nicht hört, 6 dann verfahre ich mit diesem

25,23 Arabische Beduinen haben die Ränder des Kopfhaars gestutzt (vgl. 9,25; 49,32).

25,26 Scheschach ist ein anderer Name für Babel.
26,6 Zu Schilo vgl. die Anmerkung zu 7,12.

Haus wie mit Schilo und mache diese Stadt
zu einem Fluch bei allen Völkern der Erde.
7 Die Priester, die Propheten und das ganze
Volk hörten, wie Jeremia diese Worte vor
dem Haus des Herrn vortrug. 8 Als Jeremia
alles gesagt hatte, was er im Auftrag des
Herrn vor dem ganzen Volk zu verkünden
hatte, ergriffen ihn die Priester, die Prophe-
ten und alles Volk und schrien: Jetzt musst
du sterben. 9 Warum weissagst du im Namen
des Herrn: Wie Schilo wird es diesem Haus
gehen und diese Stadt wird verwüstet und
entvölkert werden? Das ganze Volk rottete
sich beim Haus des Herrn um Jeremia zu-
sammen. 10 Als die Beamten Judas von die-
sen Vorgängen hörten, gingen sie vom Kö-
nigspalast zum Haus des Herrn hinauf und
setzten sich am Eingang des Neuen Tempel-
tors nieder. 11 Die Priester und Propheten
sagten zu den Beamten und zum ganzen
Volk: Dieser Mann hat den Tod verdient;
denn er hat gegen diese Stadt geweissagt,
wie ihr mit eigenen Ohren gehört habt. 12 Je-
remia aber erwiderte allen Beamten und dem
ganzen Volk: Der Herr hat mich gesandt, da-
mit ich als Prophet gegen dieses Haus und
diese Stadt alle Worte verkünde, die ihr ge-
hört habt. 13 Nun also, bessert euer Verhalten
und euer Tun und hört auf die Stimme des
Herrn, eures Gottes! Dann wird den Herrn
das Unheil reuen, das er euch angedroht hat.
14 Ich selbst bin in eurer Hand; macht mit
mir, was ihr für gut und recht haltet. 15 Aber
das sollt ihr wissen: Wenn ihr mich tötet,
bringt ihr unschuldiges Blut über euch, über
diese Stadt und ihre Einwohner. Denn der
Herr hat mich wirklich zu euch gesandt, da-
mit ich euch alle diese Worte in die Ohren
rufe. 16 Da sagten die Beamten und das ganze
Volk zu den Priestern und Propheten: Dieser
Mann hat den Tod nicht verdient; denn er
hat zu uns im Namen des Herrn, unseres
Gottes, geredet. 17 Einige von den Ältesten
des Landes standen auf und sagten zu der
ganzen Volksversammlung: 18 Micha von
Moreschet, der zur Zeit Hiskijas, des Königs
von Juda, als Prophet wirkte, hat zum gan-
zen Volk Juda gesagt: So spricht der Herr der
Heere: Zion wird umgepflügt zu Ackerland,
Jerusalem wird zum Trümmerhaufen, der
Tempelberg zur überwucherten Höhe. 19 Ha-
ben ihn etwa Hiskija, der König von Juda,
und ganz Juda deshalb hingerichtet? Hat er
nicht Gott gefürchtet und den Zorn des
Herrn besänftigt, sodass den Herrn das Un-
heil reute, das er ihnen angedroht hatte? Und
wir sollten ein so großes Unrecht tun zu un-
serem eigenen Schaden?

1–19 ‖ 7,1–15 • 5: 25,4 • 6: 7,12; 9,10 • 13: 7,3 • 18: Mi 3,12.

Die Ermordung des Propheten Urija: 26,20–24

20 Damals wirkte noch ein anderer Mann
als Prophet im Namen des Herrn, Urija, der
Sohn Schemajas, aus Kirjat-Jearim. Er weis-
sagte gegen diese Stadt und dieses Land mit
ganz ähnlichen Worten wie Jeremia. 21 Der
König Jojakim, alle seine Heerführer und
alle Beamten hörten von seinen Reden. Da-
her suchte der König ihn zu töten. Als Urija
davon erfuhr, bekam er Angst, floh und ge-
langte nach Ägypten. 22 Der König Jojakim
aber schickte Leute nach Ägypten, nämlich
Elnatan, den Sohn Achbors, mit einigen
Männern. 23 Sie holten Urija aus Ägypten
und brachten ihn zu König Jojakim; dieser
ließ ihn mit dem Schwert erschlagen und sei-
nen Leichnam zu den Gräbern des niedrigen
Volkes werfen. 24 Ahikam jedoch, der Sohn
Schafans, beschützte Jeremia, sodass man
ihn nicht dem Volk auslieferte, das ihn töten
wollte.

Das Joch Babels: 27,1–22

27 Im Anfang der Regierung Zidkijas,
des Sohnes Joschijas, des Königs von
Juda, erging vom Herrn folgendes Wort an
Jeremia. 2 So sprach der Herr zu mir: Mach
dir Stricke und Jochhölzer, und leg sie dir auf
den Nacken! 3 Dann schick eine Botschaft an
den König von Edom, den König von Moab,
den König der Ammoniter, den König von
Tyrus und den König von Sidon, durch die
Gesandten, die zu Zidkija, dem König von
Juda, nach Jerusalem gekommen sind. 4 Gib
ihnen folgenden Auftrag an ihre Gebieter: So
spricht der Herr der Heere, der Gott Israels:
Sagt so zu euren Gebietern: 5 Ich bin es, der
die Erde erschaffen hat samt den Menschen
und den Tieren, die auf der Erde leben,
durch meine gewaltige Kraft und meinen
hoch erhobenen Arm, und ich gebe sie, wem
ich will. 6 Jetzt gebe ich alle diese Länder in
die Hand meines Knechtes, des Königs Ne-
bukadnezzar von Babel; selbst die Tiere des
Feldes mache ich ihm dienstbar. 7 Alle Völ-
ker sollen ihm untertan sein, ihm, seinem
Sohn und seinem Enkel, bis auch für sein ei-
genes Land die Zeit kommt, dass große Völ-
ker und mächtige Könige es knechten. 8 Will
aber ein Volk oder Reich dem König Nebu-
kadnezzar von Babel nicht untertan sein und
seinen Nacken nicht unter das Joch des Kö-
nigs von Babel beugen, so werde ich dieses
Volk mit Schwert, Hunger und Pest heimsu-
chen – Spruch des Herrn –, bis ich es seiner
Hand ausgeliefert habe. 9 Ihr aber, hört nicht
auf eure Propheten, Wahrsager, Träumer,

Zeichendeuter und Zauberer, wenn sie zu euch sagen: Ihr werdet dem König von Babel nicht untertan sein. 10 Denn sie lügen, wenn sie euch weissagen, und damit vertreiben sie euch aus eurer Heimat; denn ich verstoße euch, sodass ihr zugrunde geht. 11 Das Volk aber, das seinen Nacken unter das Joch des Königs von Babel beugt und ihm untertan ist, lasse ich ungestört auf seinem heimatlichen Boden – Spruch des Herrn –; es kann ihn bebauen und auf ihm wohnen. 12 Auch zu Zidkija, dem König von Juda, redete ich ganz in diesem Sinn: Beugt euren Nacken unter das Joch des Königs von Babel und seid ihm und seinem Volk untertan; dann bleibt ihr am Leben. 13 Warum sollt ihr, du und dein Volk, durch Schwert, Hunger und Pest umkommen, wie der Herr dem Volk, das dem König von Babel nicht untertan sein will, angedroht hat? 14 Hört nicht auf die Reden der Propheten, die zu euch sagen: Ihr sollt dem König von Babel nicht untertan sein. Denn was sie euch weissagen, ist Lüge. 15 Ich habe sie nicht gesandt – Spruch des Herrn –; darum ist es Lüge, wenn sie in meinem Namen weissagen; die Folge wird sein, dass ich euch verstoße und dass ihr zugrunde geht, ihr und die Propheten, die euch weissagen.

16 Zu den Priestern und dem ganzen Volk sagte ich: So spricht der Herr: Hört nicht auf die Reden eurer Propheten, die euch weissagen: Die Geräte des Hauses des Herrn werden aus Babel zurückgebracht werden, und zwar bald. Denn was sie euch weissagen, ist Lüge. 17 Hört nicht auf sie! Seid dem König von Babel untertan; dann bleibt ihr am Leben. Warum soll diese Stadt ein Trümmerhaufen werden? 18 Wenn sie Propheten sind und das Wort des Herrn wirklich bei ihnen ist, so mögen sie doch den Herrn der Heere bestürmen, dass die Geräte, die noch im Haus des Herrn, im Palast des Königs von Juda und in Jerusalem verblieben sind, nicht auch nach Babel kommen. 19 Denn so spricht der Herr der Heere über die Säulen, das Eherne Meer, die fahrbaren Gestelle und den Rest der in dieser Stadt noch verbliebenen Geräte, 20 die Nebukadnezzar, der König von Babel, nicht mitgenommen hat, als er Jojachin, den Sohn Jojakims, den König von Juda, aus Jerusalem nach Babel verschleppte samt allen Vornehmen Judas und Jerusalems: 21 Ja, so spricht der Herr der Heere, der Gott Israels, über die Geräte, die im Haus des Herrn, im Palast des Königs von Juda und in Jerusalem verblieben sind: 22 Nach Babel werden sie gebracht und dort bleiben sie bis zu dem Tag, an dem ich mich ihrer annehme – Spruch des Herrn – und sie wieder an diesen Ort heraufbringe.

2: 28,10 • 5: 32,17 • 9: 14,13f • 14: 14,14; 29,8f • 19: 2 Kön 25,13–17 • 22: Esra 1,7–11.

Der falsche Prophet Hananja: 28,1–17

28 Im selben Jahr, im Anfang der Regierung Zidkijas, des Königs von Juda, im fünften Monat des vierten Jahres, sagte der Prophet Hananja, der Sohn Asurs aus Gibeon, im Haus des Herrn vor den Priestern und dem ganzen Volk zu Jeremia: 2 So spricht der Herr der Heere, der Gott Israels: Ich zerbreche das Joch des Königs von Babel. 3 Noch zwei Jahre und ich bringe alle Geräte des Hauses des Herrn, die Nebukadnezzar, der König von Babel, von diesem Ort weggenommen und nach Babel gebracht hat, wieder an diesen Ort zurück. 4 Auch Jojachin, den Sohn Jojakims, den König von Juda, samt allen Verschleppten aus Juda, die nach Babel gebracht wurden, führe ich an diesen Ort zurück – Spruch des Herrn –; denn ich zerbreche das Joch des Königs von Babel. 5 Der Prophet Jeremia antwortete dem Propheten Hananja vor den Priestern und vor dem ganzen Volk, das im Haus des Herrn stand. 6 Der Prophet Jeremia sagte: Ganz recht! Mag der Herr so tun. Der Herr erfülle deine Worte, die du verkündet hast, und bringe die Geräte des Hauses des Herrn und alle Verschleppten aus Babel zurück an diesen Ort. 7 Doch höre das Wort, das ich dir und dem ganzen Volk in die Ohren rufe: 8 Die Propheten, die vor mir und vor dir je gelebt haben, weissagten Krieg, Unheil und Pest gegen viele Länder und mächtige Reiche. 9 Der Prophet aber, der Heil weissagt – an der Erfüllung des prophetischen Wortes erkennt man den Propheten, den der Herr wirklich gesandt hat. 10 Da nahm der Prophet Hananja das Jochholz vom Nacken des Propheten Jeremia und brach es entzwei. 11 Vor dem ganzen Volk erklärte Hananja: So spricht der Herr: Ebenso nehme ich binnen zwei Jahren das Joch Nebukadnezzars, des Königs von Babel, vom Nacken aller Völker und zerbreche es. Der Prophet Jeremia ging seines Weges.

12 Nachdem nun der Prophet Hananja das Jochholz vom Nacken des Propheten Jeremia genommen und zerbrochen hatte, erging das Wort des Herrn an Jeremia: 13 Geh und sag zu Hananja: So spricht der Herr: Jochstangen aus Holz hast du zerbrochen, dafür aber musst du nun Jochstangen aus Eisen

28,1 zu Jeremia; H: zu mir; vgl. aber V. 5.

machen. 14 Denn so spricht der Herr der Hee-
re, der Gott Israels: Ein eisernes Joch habe
ich auf den Nacken aller dieser Völker ge-
legt; sie müssen Nebukadnezzar, dem König
von Babel, untertan sein. [Sie werden ihm
untertan sein und auch die Tiere des Feldes
gebe ich ihm.] 15 Der Prophet Jeremia sagte
also zum Propheten Hananja: Höre, Hanan-
ja! Der Herr hat dich nicht gesandt und du
hast dieses Volk dazu verführt, auf Lügen zu
vertrauen. 16 Darum – so spricht der Herr:
Siehe, ich schaffe dich vom Erdboden fort.
Noch in diesem Jahr bist du tot; denn du hast
Auflehnung gegen den Herrn gepredigt. 17 Im
siebten Monat desselben Jahres starb der
Prophet Hananja.

9: Dtn 18,21f • 10: 27,2.

Der Brief an die Verbannten: 29,1–23

29 Das ist der Wortlaut des Briefes, den
der Prophet Jeremia aus Jerusalem
an den Rest der Ältesten der Gemeinde der
Verbannten sandte, an die Priester, Prophe-
ten und das ganze Volk, das Nebukadnezzar
von Jerusalem nach Babel verschleppt hatte,
2 nachdem der König Jojachin, die Herrin,
die Hofbeamten, die Großen von Juda und
Jerusalem sowie die Schmiede und Schlosser
aus Jerusalem fortgezogen waren; 3 er
schickte den Brief durch Elasa, den Sohn
Schafans, und Gemarja, den Sohn Hilkijas,
die Zidkija, der König von Juda, nach Babel
zu Nebukadnezzar, dem König von Babel,
sandte: 4 So spricht der Herr der Heere, der
Gott Israels, zur ganzen Gemeinde der Ver-
bannten, die ich von Jerusalem nach Babel
weggeführt habe: 5 Baut Häuser und wohnt
darin, pflanzt Gärten und esst ihre Früchte!
6 Nehmt euch Frauen und zeugt Söhne und
Töchter, nehmt für eure Söhne Frauen und
gebt eure Töchter Männern, damit sie Söhne
und Töchter gebären. Ihr sollt euch dort ver-
mehren und nicht vermindern. 7 Bemüht
euch um das Wohl der Stadt, in die ich euch
weggeführt habe, und betet für sie zum
Herrn; denn in ihrem Wohl liegt euer Wohl.
8 Denn so spricht der Herr der Heere, der
Gott Israels: Lasst euch nicht täuschen von
den Propheten, die unter euch sind, und von
euren Wahrsagern. Hört nicht auf die Träu-
me, die sie träumen. 9 Denn Lüge ist das, was
sie euch in meinem Namen weissagen; ich
habe sie nicht gesandt – Spruch des Herrn.
10 Ja, so spricht der Herr: Wenn siebzig Jahre
für Babel vorüber sind, dann werde ich nach
euch sehen, mein Heilswort an euch erfüllen
und euch an diesen Ort zurückführen.
11 Denn ich, ich kenne meine Pläne, die ich
für euch habe – Spruch des Herrn –, Pläne
des Heils und nicht des Unheils; denn ich
will euch eine Zukunft und eine Hoffnung
geben. 12 Wenn ihr mich ruft, wenn ihr
kommt und zu mir betet, so erhöre ich euch.
13 Sucht ihr mich, so findet ihr mich. Wenn
ihr von ganzem Herzen nach mir fragt, 14 las-
se ich mich von euch finden – Spruch des
Herrn. Ich wende euer Geschick und sammle
euch aus allen Völkern und von allen Orten,
wohin ich euch versprengt habe – Spruch des
Herrn. Ich bringe euch an den Ort zurück,
von dem ich euch weggeführt habe. 15 Zwar
werdet ihr sagen: Auch in Babel hat der Herr
für uns Propheten auftreten lassen. 16 [Für-
wahr, so spricht der Herr über den König, der
auf dem Thron Davids sitzt, und über das
ganze Volk, das in dieser Stadt wohnt, eure
Brüder, die noch nicht mit euch in die Ver-
bannung fortgezogen sind, 17 so spricht der
Herr der Heere: Seht, ich schicke unter sie
Schwert, Hunger und Pest und ich behandle
sie wie verdorbene Feigen, die so schlecht
sind, dass sie ungenießbar sind. 18 Ich verfol-
ge sie mit Schwert, Hunger und Pest und ma-
che sie zu einem Bild des Schreckens für alle
Reiche der Erde, zum Fluch und zum Entset-
zen, zum Hohn und Gespött aller Völker, zu
denen ich sie verstoße, 19 weil sie nicht auf
meine Worte gehört haben – Spruch des
Herrn –, obwohl ich immer wieder meine
Knechte, die Propheten, zu ihnen gesandt
habe; ihr aber habt nicht gehört – Spruch des
Herrn. 20 Ihr jedoch, hört jetzt das Wort des
Herrn, all ihr Verschleppten, die ich von Je-
rusalem nach Babel wegführen ließ.] 21 So
spricht der Herr der Heere, der Gott Israels,
über Ahab, den Sohn Kolajas, und über Zid-
kija, den Sohn Maasejas, die euch in meinem
Namen Lüge weissagen: Seht, ich liefere sie
Nebukadnezzar, dem König von Babel, aus.
Er wird sie vor euren Augen niederhauen las-
sen. 22 Dann wird man bei allen Verschlepp-
ten Judas, die in Babel sind, von ihnen das
Fluchwort herleiten: Der Herr mache dich
Zidkija und Ahab gleich, die der König von
Babel im Feuer rösten ließ. 23 Sie haben näm-
lich Schändliches in Israel getrieben, mit den
Frauen ihrer Nächsten Ehebruch begangen
und in meinem Namen Worte verkündet, die
ich ihnen nicht aufgetragen hatte. Ich bin

28,14 Zusatz aus 27,6; fehlt in G.
29,2 Die »Herrin« ist die Mutter Jojachins (vgl. 13,18).
29,16–20 Passt nicht in den Briefzusammenhang, stammt vor allem aus Kap. 24; fehlt in G zu Recht.

der Wissende und der Zeuge – Spruch des Herrn.

2: 24,1; 2 Kön 24,14f • 8: 14,14 • 10: 25,11–13 • 13–14: Dtn 4,29 • 17–18: 24,8–10 • 19: 25,4.

Das Drohwort gegen Schemaja: 29,24–32

24 Zu Schemaja aus Nehelam sollst du sa-
gen: 25 So spricht der Herr der Heere, der
Gott Israels: Du hast in deinem eigenen Na-
men einen Brief [an das ganze Volk in Jeru-
salem und] an den Priester Zefanja, den
Sohn Maasejas, [sowie an alle Priester] ge-
schickt mit diesem Inhalt: 26 Der Herr hat
dich anstelle des Priesters Jojada zum Pries-
ter bestellt, damit du im Haus des Herrn
Acht gibst auf jeden verrückten Propheten
und ihn in Block und Halseisen legst. 27 Wa-
rum bist du also nicht gegen Jeremia aus
Anatot eingeschritten, der sich bei euch wie
ein Prophet gebärdet? 28 Deshalb hat er auch
an uns nach Babel die Botschaft geschickt:
Es wird noch lange dauern; baut Häuser und
wohnt darin, pflanzt Gärten und genießt ihre
Früchte!
29 Der Priester Zefanja aber hatte diesen
Brief dem Propheten Jeremia vorgelesen.
30 Da erging das Wort des Herrn an Jeremia:
31 Schick eine Botschaft an alle Verschlepp-
ten: So spricht der Herr über Schemaja aus
Nehelam: Weil Schemaja euch geweissagt
hat, obwohl ich ihn nicht gesandt hatte, und
weil er euch dazu verführt hat, auf Lügen zu
vertrauen, 32 darum – so spricht der Herr:
Seht, ich ziehe Schemaja aus Nehelam und
seine Nachkommen zur Rechenschaft. Kei-
ner von den Seinen soll unter diesem Volk
wohnen bleiben und das Glück schauen, das
ich meinem Volk bereite – Spruch des Herrn
–; denn er hat Auflehnung gegen den Herrn
gepredigt.

31: 28,15 • 32: 28,16.

DIE TROSTSCHRIFT: 30,1 – 31,40

Die Rettung Israels und Judas: 30,1–11

30 Das Wort, das vom Herrn an Jeremia
erging: 2 So spricht der Herr, der
Gott Israels: Schreib dir alle Worte, die ich
dir gesagt habe, in ein Buch! 3 Denn seht, es
werden Tage kommen – Spruch des Herrn –,
da wende ich das Geschick meines Volkes Is-
rael und Juda, spricht der Herr. Ich führe sie
zurück in das Land, das ich ihren Vätern
zum Besitz gegeben habe. 4 Das sind die
Worte, die der Herr über Israel und Juda ge-
sprochen hat:

5 Ja, so spricht der Herr:
Angstgeschrei vernehmen wir: / Schrecken und kein Friede.

6 Fragt doch und schaut, / ob je ein Mann Kinder zur Welt bringt.

Warum sehe ich alle Männer / mit den Händen auf den Hüften wie eine Gebärende? / Jedes Gesicht ist verstört und leichenblass.

7 Denn groß ist jener Tag, / keiner ist ihm gleich.

Eine Notzeit ist es für Jakob, / doch wird er daraus gerettet.

8 An jenem Tag wird es geschehen / – Spruch des Herrn der Heere –, / da zerbreche ich das Joch auf seinem Nacken;

ich zerreiße seine Stricke / und Fremde sollen ihn nicht mehr knechten.

9 Vielmehr wird mein Volk dem Herrn, / seinem Gott, dienen / und David, seinem König, den ich ihm erstehen lasse.

10 Fürchte dich nicht, du, mein Knecht Jakob / – Spruch des Herrn –, / verzage nicht, Israel!

Denn ich bin es, der dich aus fernem Land errettet, / deine Kinder aus dem Land ihrer Gefangenschaft.

Jakob wird heimkehren und Ruhe haben; / er wird in Sicherheit leben / und niemand wird ihn erschrecken.

11 Denn ich bin mit dir / – Spruch des Herrn –, / um dich zu retten.

Ja, ich vernichte alle Völker, / unter die ich dich zerstreut habe.

Nur dich werde ich niemals vernichten; / ich züchtige dich mit rechtem Maß, / doch ganz ungestraft kann ich dich nicht lassen.

3: 29,14 • 7: Zef 1,14f • 9: 23,5 • 10: 46,27f • 11: 1,8.19; 10,24; 46,28.

29,25 Die eingeklammerten Zusätze fehlen in G; der Brief ging wohl nur an Zefanja.

30,1–31,40 Der Abschnitt hebt sich inhaltlich und formal von der Umgebung ab. Er ist eine Trostschrift, die vor allem die um 722 v. Chr. verschleppten Nordstämme anspricht, aber dann auch auf Juda bezogen wurde. Die Abfassungszeit lässt sich nicht sicher ausmachen, zumal die einzelnen Abschnitte wohl verschieden zu datieren sind. Das Ganze oder größere Teile Jeremia abzusprechen, ist nicht begründet.

Die Heilung für die Wunden: 30,12–17

12 Ja, so spricht der Herr:

Arg ist dein Schaden, / unheilbar deine Wunde.

13 [Niemand verschafft dir Recht.] / Für das Geschwür gibt es keine Heilung, / keine Genesung gibt es für dich.

14 Alle deine Freunde haben dich vergessen, / sie kümmern sich nicht mehr um dich.

Denn wie ein Feind schlägt, / so habe ich dich geschlagen mit harter Züchtigung

[wegen deiner vielfachen Schuld / und deiner zahlreichen Sünden].

15 Was schreist du über deinen Schaden / und dein arges Leiden?

Wegen deiner vielfachen Schuld / und deiner zahlreichen Sünden / habe ich dir das getan.

16 Doch alle, die dich fraßen, werden gefressen, / alle deine Bedränger ziehen als Gefangene fort;

wer dich ausplünderte, wird ausgeplündert, / wer dich beraubte, den gebe ich dem Raub preis.

17 Denn ich lasse dich genesen / und heile dich von deinen Wunden / – Spruch des Herrn –,

weil man dich [das ist Zion] die Verstoßene genannt hat, / nach der niemand fragt.

12: 10,19; 14,17; 15,18 • 16: 2,3; 8,16; 50,7 • 17: 33,6.

Die Wiederherstellung des Volkes: 30,18 – 31,1

18 So spricht der Herr:

Seht, ich wende das Geschick der Zelte Jakobs, / seiner Wohnstätten erbarme ich mich.

Die Stadt soll auf ihrem Schutthügel aufgebaut werden, / die Burg auf ihrem alten Platz stehen.

19 Lobgesang wird dort erschallen, / die Stimme fröhlicher Menschen.

Ich will ihre Zahl vermehren, / sie sollen nicht weniger werden;

ich will ihnen Ehre verschaffen, / sie sollen nicht verachtet werden.

20 Die Söhne Jakobs werden sein wie ehedem, / *seine Gemeinde* wird vor mir bestehen bleiben,

doch alle seine Unterdrücker / ziehe ich zur Rechenschaft.

21 Sein Machthaber wird ihm selbst entstammen, / sein Herrscher aus seiner Mitte hervorgehen.

Ich gewähre ihm Zutritt, sodass er mir nahen kann; / denn wer sonst dürfte sein Leben wagen, um mir zu nahen? / – Spruch des Herrn.

22 Ihr werdet mein Volk sein / und ich werde euer Gott sein.

23 Hört, der Sturm des Herrn [sein Grimm] bricht los. / Ein Wirbelsturm braust hinweg über die Köpfe der Frevler.

24 Der glühende Zorn des Herrn hört nicht auf, / bis er die Pläne seines Herzens ausgeführt und vollbracht hat. / Am Ende der Tage werdet ihr es klar erkennen.

31 In jener Zeit – Spruch des Herrn – / werde ich der Gott aller Stämme Israels sein / und sie werden mein Volk sein.

30,22: 24,7; Lev 26,12; Dtn 26,17f • 23: 23,19f • 31,1: 7,23; 11,4; 24,7; 30,22.

Die Heimkehr aller Versprengten: 31,2–14

2 So spricht der Herr:

Gnade fand in der Wüste das Volk, / das vom Schwert verschont blieb; / Israel zieht zum Ort seiner Ruhe.

3 Aus der Ferne ist ihm der Herr erschienen: / Mit ewiger Liebe habe ich dich geliebt, / darum habe ich dir so lange die Treue bewahrt.

4 Ich baue dich wieder auf, / du sollst neu gebaut werden, Jungfrau Israel.

Du sollst dich wieder schmücken mit deinen Pauken, / sollst ausziehen im Reigen der Fröhlichen.

5 Wieder sollst du Weingärten pflanzen / auf Samarias Bergen.

Wer Pflanzungen anlegt, / darf ihre Früchte genießen.

6 Denn es kommt der Tag, / da rufen die Wächter auf Efraims Bergland:

Auf, lasst uns hinaufpilgern nach Zion / zum Herrn, unserem Gott.

7 Ja, so spricht der Herr:

Jubelt Jakob voll Freude zu / und jauchzt über das Haupt der Völker!

Verkündet, lobsingt und sagt: / Der Herr hat sein Volk gerettet, / den Rest Israels.

8 Seht, ich bringe sie heim aus dem Nordland / und sammle sie von den Enden der Erde,

30,13a Eine Erläuterung, die das Bild von der Wunde unnötig unterbricht.

30,14ef Irrtümlich aus dem folgenden Vers hier eingefügt.

31,6 Der erste König des Nordreichs hatte in Bet-El im Bergland von Efraim ein eigenes Heiligtum geschaffen, um die Leute von der Wallfahrt nach Jerusalem abzuhalten (1 Kön 12,25–33). Jetzt wird die religiöse Einheit wiederhergestellt und die aus Assyrien Heimgekehrten werden wieder zum Zion pilgern.

darunter Blinde und Lahme, / Schwangere
und Wöchnerinnen; / als große Gemeinde
kehren sie hierher zurück.
9 Weinend kommen sie / und tröstend ge-
leite ich sie.
Ich führe sie an Wasser führende Bäche, /
auf einen ebenen Weg, wo sie nicht strau-
cheln.
Denn ich bin Israels Vater / und Efraim
ist mein erstgeborener Sohn.
10 Hört, ihr Völker, das Wort des Herrn, /
verkündet es auf den fernsten Inseln und
sagt:
Er, der Israel zerstreut hat, wird es auch
sammeln / und hüten wie ein Hirt seine Her-
de.
11 Denn der Herr wird Jakob erlösen / und
ihn befreien aus der Hand des Stärkeren.
12 Sie kommen und jubeln auf Zions
Höhe, / sie strahlen vor Freude über die Ga-
ben des Herrn, / über Korn, Wein und Öl,
über Lämmer und Rinder.
Sie werden wie ein bewässerter Garten
sein / und nie mehr verschmachten.
13 Dann freut sich das Mädchen beim Rei-
gentanz, / Jung und Alt sind fröhlich.
Ich verwandle ihre Trauer in Jubel, / tröste
und erfreue sie nach ihrem Kummer.
14 Ich labe die Priester mit Opferfett / und
mein Volk wird satt an meinen Gaben / –
Spruch des Herrn.

9: 50,4.

Der Trost durch die Heimkehr: 31,15–22

15 So spricht der Herr:
Ein Geschrei ist in Rama zu hören, / bitte-
res Klagen und Weinen.
Rahel weint um ihre Kinder / und will sich
nicht trösten lassen, / um ihre Kinder, denn
sie sind dahin.
16 So spricht der Herr:
Verwehre deiner Stimme die Klage / und
deinen Augen die Tränen!
Denn es gibt einen Lohn für deine Mühe –
Spruch des Herrn: / Sie werden zurückkeh-
ren aus dem Feindesland.
17 Es gibt eine Hoffnung für deine Nach-
kommen – Spruch des Herrn: / Die Söhne
werden zurückkehren in ihre Heimat.
18 Ich höre gar wohl, wie Efraim klagt: /
Du hast mich erzogen
und ich ließ mich erziehen / wie ein unge-
zähmter Jungstier.
Führ mich zurück, / umkehren will ich; /
denn du bist der Herr, mein Gott.
19 Ja, nach meiner Umkehr fühle ich
Reue; / nachdem ich zur Einsicht gekommen
bin, schlage ich an meine Brust.
Ich bin beschämt und erröte; / denn ich
trage die Schande meiner Jugend. –
20 Ist mir denn Efraim ein so teurer Sohn /
oder mein Lieblingskind?
Denn sooft ich ihm auch Vorwürfe ma-
che, / muss ich doch immer wieder an ihn
denken.
Deshalb schlägt mein Herz für ihn, / ich
muss mich seiner erbarmen – Spruch des
Herrn.
21 Stell dir Wegweiser auf, setz dir Weg-
marken, / achte genau auf die Straße, / auf
den Weg, den du gegangen bist.
Kehr um, Jungfrau Israel, / kehr zurück in
diese deine Städte!
22 Wie lange noch willst du dich sträuben, /
du abtrünnige Tochter?
Denn etwas Neues erschafft der Herr im
Land: / Die Frau wird den Mann umgeben.

15: Mt 2,18 • 20: Hos 11,8.

Die Segensverheißung: 31,23–30

23 So spricht der Herr der Heere, der Gott
Israels: Man wird im Land Juda und in sei-
nen Städten, wenn ich ihr Geschick wende,
wieder dieses Wort sprechen: Es segne dich
der Herr, du Hort der Gerechtigkeit, du hei-
liger Berg. 24 Juda und alle seine Städte wer-
den zusammen dort wohnen, Ackerbauern
und Wanderhirten. 25 Ja, ich labe den Ermat-
teten und sättige den Verschmachtenden.
26 Darum heißt es: Ich erwachte und blickte
umher und mein Schlaf war süß gewesen.
27 Seht, es werden Tage kommen – Spruch
des Herrn –, da säe ich über das Haus Israel
und das Haus Juda eine Saat von Menschen
und eine Saat von Vieh. 28 Wie ich über sie
gewacht habe, um auszureißen und einzurei-
ßen, zu zerstören, zu vernichten und zu scha-
den, so werde ich über sie wachen, um aufzu-
bauen und einzupflanzen – Spruch des
Herrn. 29 In jenen Tagen sagt man nicht
mehr: Die Väter haben saure Trauben geges-
sen und den Söhnen werden die Zähne
stumpf. 30 Nein, jeder stirbt nur für seine ei-
gene Schuld; nur dem, der die sauren Trau-
ben isst, werden die Zähne stumpf.

28: 1,10; 24,6 • 29: Ez 18,2.

Der neue Bund: 31,31–34

31 Seht, es werden Tage kommen – Spruch
des Herrn –, in denen ich mit dem Haus Israel

31,22d Sinn unklar und umstritten; vielleicht: Israel (das wieder vereinte Volk) wird Efraim (den nach Assyrien deportierten Hauptstamm des Nordreichs) schützend umgeben.

und dem Haus Juda einen neuen Bund
schließen werde, 32 nicht wie der Bund war,
den ich mit ihren Vätern geschlossen habe,
als ich sie bei der Hand nahm, um sie aus
Ägypten herauszuführen. Diesen meinen
Bund haben sie gebrochen, obwohl ich ihr
Gebieter war – Spruch des Herrn. 33 Denn
das wird der Bund sein, den ich nach diesen
Tagen mit dem Haus Israel schließe –
Spruch des Herrn: Ich lege mein Gesetz in
sie hinein und schreibe es auf ihr Herz. Ich
werde ihr Gott sein und sie werden mein
Volk sein. 34 Keiner wird mehr den andern
belehren, man wird nicht zueinander sagen:
Erkennt den Herrn!, sondern sie alle, Klein
und Groß, werden mich erkennen – Spruch
des Herrn. Denn ich verzeihe ihnen die
Schuld, an ihre Sünde denke ich nicht
mehr.

31–34: Hebr 8,8–12 • 33: Hebr 10,16f; Jer 31,1 • 34: 33,8; Röm 11,27.

Das unvergängliche Heil: 31,35–40

35 So spricht der Herr, / der die Sonne bestimmt zum Licht am Tag,
der den Mond und die Sterne bestellt / zum Licht in der Nacht,
der das Meer aufwühlt, / dass die Wogen brausen, / – Herr der Heere ist sein Name:
36 Nur wenn jemals diese Ordnungen / vor meinen Augen ins Wanken gerieten / – Spruch des Herrn –,
dann hörten auch Israels Nachkommen auf, / für alle Zeit vor meinen Augen ein Volk zu sein.
37 So spricht der Herr:
Nur wenn die Himmel droben abgemessen / und unten die Grundfesten der Erde erforscht werden könnten,
dann verwürfe auch ich Israels ganze Nachkommenschaft / zur Strafe für all das, was sie getan haben / – Spruch des Herrn.

38 Seht, es werden Tage kommen – Spruch
des Herrn –, da wird die Stadt für den Herrn
wieder aufgebaut, vom Turm Hananels bis
zum Eckturm. 39 Weiter läuft die Messschnur
geradeaus zum Hügel Gareb und wendet
sich nach Goa. 40 Das ganze Tal der Leichen
und der Fett-Asche und die ganzen Hänge
bis zum Kidronbach, bis zur Ecke des Rosstors im Osten werden dem Herrn heilig sein.
Sie werden niemals wieder zerstört und eingerissen werden.

35: Gen 1,14–18 • 36: 33,20.25f.

DIE HEILSWORTE: 32,1 – 35,19

Der Ackerkauf in der Notzeit: 32,1–44

32 Das Wort, das vom Herrn an Jeremia
erging im zehnten Jahr Zidkijas, des
Königs von Juda – das ist das achtzehnte
Jahr Nebukadnezzars. 2 Damals belagerte
das Heer des Königs von Babel Jerusalem.
Der Prophet Jeremia befand sich im Wachhof am Palast des Königs von Juda in Haft.
3 Dort hatte ihn Zidkija, der König von Juda,
gefangen gesetzt mit der Begründung:
Warum hast du geweissagt: So spricht der
Herr: Ich gebe diese Stadt in die Hand des
Königs von Babel und er wird sie erobern.
4 Auch Zidkija, der König von Juda, wird der
Hand der Chaldäer nicht entrinnen, sondern
in die Hand des Königs von Babel gegeben
werden, sodass er von Mund zu Mund mit
ihm reden und ihn Auge in Auge sehen wird.
5 Er wird Zidkija nach Babel bringen; dort
wird er bleiben, bis ich ihn zur Rechenschaft
ziehe – Spruch des Herrn. Wenn ihr mit den
Chaldäern Krieg führt, werdet ihr kein
Glück haben. 6 Jeremia sagte: Das Wort des
Herrn erging an mich: 7 Hanamel, der Sohn
deines Onkels Schallum, wird zu dir kommen und sagen: Kauf dir meinen Acker in
Anatot; denn dir steht es nach dem Einlösungsrecht zu, ihn zu kaufen. 8 Tatsächlich
kam Hanamel, der Sohn meines Onkels, dem
Wort des Herrn gemäß zu mir in den Wachhof und sagte zu mir: Kauf doch meinen
Acker in Anatot [im Land Benjamin]; denn
du hast das Erwerbs- und Einlösungsrecht.
Kauf ihn dir! Da erkannte ich, dass es das
Wort des Herrn war. 9 So kaufte ich von Hanamel, dem Sohn meines Onkels, den Acker
in Anatot und wog ihm das Geld ab; siebzehn
Silberschekel betrug die Summe. 10 Ich

31,33 Gegensatz: das auf Steintafeln geschriebene Gesetz vom Sinai.

32,1 Es ist das Jahr 587 v. Chr.

32,7 Zum Einlösungsrecht vgl. Lev 25,25 und Rut 4,3 sowie die Anmerkung zu Lev 25,25 und Rut 1,5f. Wahrscheinlich wollte Jeremias Verwandter den Acker verkaufen, weil er in wirtschaftlichen Schwierigkeiten war. Jeremia ist bereit, seiner Löserpflicht nachzukommen, um damit anzudeuten, dass man im Land auch wieder Äcker kaufen, also ein normales Geschäftsleben führen wird (vgl. V. 44).

schrieb die Kaufurkunde, versiegelte sie,
nahm auch Zeugen hinzu und wog das Silber
auf der Waage ab, alles nach Gesetz und
Vorschrift. 11 Dann nahm ich die Kaufur-
kunde, die versiegelte und die offene. 12 Ich
übergab die Urkunde Baruch, dem Sohn Ne-
rijas, des Sohnes Machsejas, in Gegenwart
Hanamels, des Sohnes meines Onkels, und
vor den Zeugen, die die Kaufurkunde unter-
schrieben hatten, sowie in Gegenwart aller
Judäer, die sich im Wachhof aufhielten. 13 In
ihrer Gegenwart gab ich Baruch den Auf-
trag: 14 [So spricht der Herr der Heere, der
Gott Israels:] Nimm diese Urkunden, die ver-
siegelte Kaufurkunde und auch die offene,
und leg sie in ein Tongefäß, damit sie lange
Zeit erhalten bleiben. 15 Denn so spricht der
Herr der Heere, der Gott Israels: Man wird
wieder Häuser, Äcker und Weinberge kaufen
in diesem Land.

16 Nachdem ich die Kaufurkunde Baruch,
dem Sohn Nerijas, übergeben hatte, betete
ich zum Herrn: 17 Ach, mein Herr und Gott!
Du hast Himmel und Erde erschaffen durch
deine große Kraft und deinen hoch erhobe-
nen Arm. Nichts ist dir unmöglich. 18 Du übst
Gnade an Tausenden, doch zahlst du die
Schuld der Väter ihren Söhnen heim, die
nach ihnen kommen, du gewaltiger, starker
Gott, dessen Name Herr der Heere ist.
19 Groß bist du an Rat und mächtig an Tat;
deine Augen wachen über alle Wege der
Menschen, um jedem entsprechend seinem
Verhalten und seinem Verdienst zu vergel-
ten. 20 Du hast an Israel und an den Men-
schen Zeichen und Wunder getan, in Ägyp-
ten und bis auf den heutigen Tag. So hast du
dir einen Namen gemacht, wie du ihn noch
heute hast. 21 Du hast dein Volk Israel unter
Zeichen und Wundern, mit starker Hand,
mit hoch erhobenem Arm und gewaltigen
Schreckenstaten aus Ägypten herausge-
führt. 22 Du hast ihnen dieses Land gegeben,
das du ihren Vätern eidlich zugesichert hat-
test, ein Land, in dem Milch und Honig flie-
ßen. 23 Als sie aber dorthin kamen und es in
Besitz nahmen, hörten sie nicht auf deine
Stimme und folgten deiner Weisung nicht.
Nichts von alledem, was du ihnen befohlen
hast, haben sie getan; darum hast du über sie
all dies Unheil gebracht. 24 Schon kommen
die Wälle bis an die Stadt heran, bald wird
man sie einnehmen; durch Schwert, Hunger
und Pest ist die Stadt den Chaldäern preis-
gegeben, die gegen sie ankämpfen. Was du
angedroht hast, ist eingetroffen; du siehst es
ja selbst. 25 Dennoch, mein Herr und Gott,
sagst du zu mir: Kauf dir den Acker für Geld
und nimm Zeugen hinzu! Aber die Stadt ist
doch den Chaldäern preisgegeben.

26 Nun erging an mich das Wort des Herrn:
27 Siehe, ich bin der Herr, der Gott aller
Sterblichen. Ist mir denn irgendetwas un-
möglich? 28 Darum – so spricht der Herr: Ich
gebe diese Stadt in die Hand der Chaldäer
und in die Hand Nebukadnezzars, des Kö-
nigs von Babel, und er wird sie einnehmen.
29 Die Chaldäer, die gegen diese Stadt an-
kämpfen, werden eindringen, die Stadt in
Brand stecken und einäschern samt den
Häusern, auf deren Dächern man dem Baal
Rauchopfer und fremden Göttern Trankop-
fer dargebracht hat, um mich zu erzürnen.
30 Denn die Leute von Israel und Juda haben
von Jugend an immer nur das getan, was mir
missfiel, ja, die Leute von Israel haben mich
durch ihr Verhalten stets nur erzürnt –
Spruch des Herrn. 31 In der Tat, diese Stadt
hat seit ihrer Gründung bis zum heutigen
Tag meinen Zorn und Grimm erregt, sodass
ich sie von meinem Angesicht verstoßen
muss 32 wegen all des Bösen, das die Leute
von Israel und Juda verübt haben, um mich
zu erzürnen, sie, ihre Könige, ihre Beamten,
ihre Priester und ihre Propheten, die Leute
von Juda und die Einwohner Jerusalems.
33 Sie haben mir den Rücken zugewandt und
nicht das Gesicht. Ich habe sie unermüdlich
belehrt, aber sie hörten nicht darauf und
besserten sich nicht. 34 Vielmehr stellten sie
in dem Haus, über dem mein Name ausgeru-
fen ist, ihre Scheusale auf, um es zu entwei-
hen. 35 Sie errichteten die Kulthöhe des Baal
im Tal Ben-Hinnom, um ihre Söhne und
Töchter für den Moloch durchs Feuer gehen
zu lassen. Das habe ich ihnen nie befohlen
und niemals ist mir in den Sinn gekommen,
solchen Gräuel zu verlangen und Juda in
Sünde zu stürzen.

36 Jetzt aber – so spricht der Herr, der Gott
Israels, über diese Stadt, von der ihr sagt, sie
sei durch Schwert, Hunger und Pest dem
König von Babel preisgegeben: 37 Seht, ich
sammle sie aus allen Ländern, wohin ich sie
in meinem Zorn und Grimm und in großem
Groll versprengt habe. Ich bringe sie wieder

32,14a Zusatz, irrtümlich aus V. 15 eingefügt. – Die Kaufurkunden werden doppelt ausgefertigt: Ein Exemplar wird in einem Tongefäß verwahrt, das zweite wird dem Käufer als Besitzurkunde übergeben.

32,35 Zum Hinnom-Tal vgl. 19,5 und die Anmerkung zu 7,31. – Kinder durchs Feuer gehen lassen: Umschreibung für Kinderopfer; vgl. die Anmerkung zu Lev 18,21.

zurück an diesen Ort und lasse sie in Sicherheit wohnen. 38 Sie werden mein Volk sein und ich werde ihr Gott sein. 39 Ich bringe sie dazu, nur eines im Sinn zu haben und nur eines zu erstreben: mich alle Tage zu fürchten, ihnen und ihren Nachkommen zum Heil. 40 Ich schließe mit ihnen einen ewigen Bund, dass ich mich nicht von ihnen abwenden will, sondern ihnen Gutes erweise. Ich lege ihnen die Furcht vor mir ins Herz, damit sie nicht von mir weichen. 41 Ich werde mich über sie freuen, wenn ich ihnen Gutes erweise. In meiner Treue pflanze ich sie ein in diesem Land, aus ganzem Herzen und aus ganzer Seele. 42 Denn so spricht der Herr: Wie ich über dieses Volk all das große Unheil gebracht habe, so bringe ich über sie all das Gute, das ich ihnen verspreche. 43 Man wird wieder Felder kaufen in diesem Land, von dem ihr sagt: Es ist eine Wüste, ohne Mensch und Vieh, der Hand der Chaldäer preisgegeben. 44 Äcker wird man wieder kaufen für Geld, Kaufurkunden ausstellen und versiegeln und Zeugen hinzunehmen im Land Benjamin, in der Umgebung Jerusalems, in den Städten Judas und des Gebirges, in den Städten der Schefela und des Negeb. Denn ich wende ihr Geschick – Spruch des Herrn.

2: 2 Kön 25,1f • 3–4: 34,2f • 5: 52,11 • 17: 27,5 • 18: Ex 20,5f; 34,6f • 23: Dan 9,10–13 • 29: 19,13 • 32–33: 2,26f • 34: 7,30f; 19,5 • 38: 31,1.33 • 43: 33,10; 32,25 • 44: 29,14; 30,3; 33,7.

Das neue Heil für Jerusalem und Juda:
33,1–26

33 Das Wort des Herrn erging an Jeremia zum zweiten Mal, während er noch im Wachhof eingesperrt war: 2 So spricht der Herr, der die Erde erschaffen, sie geformt und fest gegründet hat, Jahwe ist sein Name: 3 Rufe zu mir, so will ich dir antworten und dir große, unfassbare Dinge mitteilen, die du nicht kennst. 4 Denn so spricht der Herr, der Gott Israels, über die Häuser dieser Stadt und die Häuser der Könige Judas, die man eingerissen hat, um sie gegen die Belagerungswälle und für Kriegszwecke zu verwenden, 5 und die dazu dienten, mit den Chaldäern Krieg zu führen und mit den Leichen der Leute angefüllt zu werden, die ich in meinem Zorn und Grimm erschlug, weil ich mein Angesicht vor dieser Stadt wegen all ihrer bösen Taten verborgen hatte: 6 Seht, ich bringe ihnen Genesung und Heilung; ich mache sie wieder heil und gewähre ihnen beständiges Wohlergehen. 7 Ich wende das Geschick Judas und Jerusalems und baue sie auf wie ehedem. 8 Ich reinige sie von all ihrer Schuld, die sie gegen mich begangen haben, und ich vergebe ihnen alle ihre Verfehlungen, mit denen sie gesündigt und sich gegen mich aufgelehnt haben. 9 Dann wird Jerusalem meine Freude sein, mein Lobpreis und Ruhm bei allen Völkern der Erde, wenn sie von all dem Guten hören, das ich tue; sie werden zittern und beben wegen all des Guten und des Heils, das ich ihm erweise. 10 So spricht der Herr: An diesem Ort, von dem ihr sagt: Verwüstet ist er, ohne Mensch und Vieh!, in den Städten Judas und auf den Straßen Jerusalems, die verödet sind, ohne Menschen, ohne Bewohner und ohne Vieh, 11 hört man wieder Jubelruf und Freudenruf, den Ruf des Bräutigams und den Ruf der Braut; sie rufen und singen: Dankt dem Herrn der Heere; denn der Herr ist gütig, denn seine Huld währt ewig!, und bringen Dankopfer zum Tempel des Herrn. Ich wende das Geschick des Landes: Es soll werden wie ehedem, spricht der Herr.

12 So spricht der Herr der Heere: An diesem Ort, der verwüstet ist, ohne Mensch und Vieh, und in allen seinen Städten wird es eine Weide für Hirten geben, die ihre Herden lagern lassen. 13 In den Städten des Gebirges, der Schefela und des Negeb, im Land Benjamin, in der Umgebung Jerusalems und in den Städten Judas ziehen wieder die Schafe an dem vorbei, der sie mit der Hand zählt, spricht der Herr.

14 Seht, es werden Tage kommen – Spruch des Herrn –, da erfülle ich das Heilswort, das ich über das Haus Israel und über das Haus Juda gesprochen habe. 15 In jenen Tagen und zu jener Zeit werde ich für David einen gerechten Spross aufsprießen lassen. Er wird für Recht und Gerechtigkeit sorgen im Land. 16 In jenen Tagen wird Juda gerettet werden, Jerusalem kann in Sicherheit wohnen. Man wird ihm den Namen geben: Jahwe ist unsere Gerechtigkeit. 17 Denn so spricht der Herr: Nie soll es David an einem Nachkommen fehlen, der auf dem Thron des Hauses Israel sitzt. 18 Auch den levitischen Priestern soll es nie an einem Nachkommen fehlen, der alle Tage vor meinen Augen Brandopfer darbringt, Speiseopfer verbrennt und Schlachtopfer zurichtet.

19 Das Wort des Herrn erging an Jeremia:

33,4f Text vielleicht durch Zusätze erweitert.
33,16 Jahwe ist unsere Gerechtigkeit: Anspielung an den Namen des von Jeremia abgelehnten Königs Zidkija, der bedeutet: »Jahwe ist (meine) Gerechtigkeit«; der König trägt den Namen zu Unrecht.

20 So spricht der Herr: Nur wenn mein Bund
mit dem Tag und mein Bund mit der Nacht
gebrochen werden könnte, sodass es nicht
mehr Tag und Nacht würde zur rechten Zeit,
21 dann könnte auch mein Bund mit meinem
Knecht David gebrochen werden, sodass er
keinen Sohn hätte, der auf seinem Thron
König wäre, und ebenso mein Bund mit den
levitischen Priestern, die mir dienen. 22 So un-
zählbar das Heer des Himmels und so un-
messbar der Sand des Meeres ist, so zahlreich
mache ich die Nachkommen meines Knech-
tes David und die Leviten, die mir dienen.
23 Das Wort des Herrn erging an Jeremia:
24 Hast du nicht bemerkt, was diese Leute re-
den: Die beiden Stammesverbände, die der
Herr erwählt hatte, hat er verworfen!, und
wie sie mein Volk verachten, sodass es in ih-
ren Augen kein Volk mehr ist? 25 So spricht
der Herr: So gewiss ich meinen Bund mit
dem Tag und mit der Nacht und die Ordnun-
gen von Himmel und Erde festgesetzt habe,
26 so sicher werde ich auch die Nachkommen
Jakobs und meines Knechtes David nicht
verwerfen; aus seinen Nachkommen werde
ich die Herrscher über die Nachkommen
Abrahams, Isaaks und Jakobs nehmen. Denn
ich werde ihr Geschick wenden und mich ih-
rer erbarmen.

1: 32,1f • 6: 30,17 • 7: 32,44 • 8: 50,20 • 10: 32,43 • 11: 7,34; 25,10; Ps 106,1; 107,1 • 15: 23,5f • 17: 1 Kön 2,4 • 20–21: 31,35f.

Zidkijas Ende: 34,1–7

34 Das Wort, das vom Herrn an Jeremia
erging, als Nebukadnezzar, der König
von Babel, und sein ganzes Heer, alle König-
reiche seines Herrschaftsgebietes und alle
Völkerschaften gegen Jerusalem und alle
seine umliegenden Städte Krieg führten:
2 So spricht der Herr, der Gott Israels: Mach
dich auf, rede mit Zidkija, dem König von
Juda, und sag zu ihm: So spricht der Herr:
Ich gebe diese Stadt in die Hand des Königs
von Babel und er wird sie niederbrennen.
3 Auch du wirst seiner Hand nicht entrinnen,
sondern ergriffen und in seine Hand gegeben
werden. Auge in Auge wirst du den König
von Babel sehen und von Mund zu Mund
wird er mit dir reden und nach Babel wirst
du kommen. 4 Doch höre das Wort des Herrn,
Zidkija, König von Juda! So spricht der Herr
über dich: Du brauchst nicht durch das
Schwert zu sterben. 5 In Frieden kannst du
sterben, und wie deinen Vätern und Vorgän-
gern, den früheren Königen, so wird man
auch dir zu Ehren Totenfeuer anzünden und
dir die Totenklage halten: »Ach, der Herr-
scher!« Ich bin es, der dieses Wort gespro-
chen hat – Spruch des Herrn. 6 Der Prophet
Jeremia sagte alle diese Worte zu Zidkija,
dem König von Juda, in Jerusalem, 7 als das
Heer des Königs von Babel bereits gegen Je-
rusalem und die übrig gebliebenen Städte
Judas, nämlich Lachisch und Aseka, kämpf-
te; denn nur diese befestigten Städte waren
in Juda noch übrig geblieben.

2–3: 32,3f • 5: 2 Chr 16,14; Jer 22,18.

Der Widerruf der Sklavenfreilassung:
34,8–22

8 Das Wort, das vom Herrn an Jeremia er-
ging, als König Zidkija mit dem ganzen Volk
in Jerusalem das Abkommen getroffen hatte,
eine Freilassung auszurufen. 9 Es sollte näm-
lich jeder seinen hebräischen Sklaven und
seine hebräische Sklavin freilassen und kei-
ner sollte mehr seinen hebräischen Stam-
mesbruder als Sklaven halten. 10 Dem hatten
sich alle Großen gefügt, ebenso das ganze
Volk, das dem Abkommen beigetreten war,
dass jeder seinen Sklaven oder seine Sklavin
freilassen und nicht mehr als Sklave halten
werde. Sie hatten gehorcht und die Sklaven
freigelassen. 11 Danach aber holten sie die
Sklaven und Sklavinnen, die sie freigelassen
hatten, zurück und machten sie mit Gewalt
wieder zu Sklaven und Sklavinnen. 12 Da er-
ging das Wort des Herrn an Jeremia: 13 So
spricht der Herr, der Gott Israels: Ich habe
mit euren Vätern, als ich sie aus Ägypten,
dem Sklavenhaus, herausführte, ein Abkom-
men getroffen und verlangt: 14 Alle sieben
Jahre soll jeder von euch seinen hebräischen
Stammesbruder, der sich ihm verkauft hat,
freilassen; sechs Jahre soll er dein Sklave
sein, dann sollst du ihn freilassen. Aber eure
Väter haben mir nicht gehorcht und mir ihr
Ohr nicht zugeneigt. 15 Da seid ihr jetzt um-
gekehrt und habt das getan, was in meinen
Augen recht ist, indem jeder für seinen
Nächsten die Freilassung ausrief. Vor mir
hattet ihr ein Abkommen getroffen in dem
Haus, über dem mein Name ausgerufen ist.
16 Aber ihr seid wieder umgekehrt und habt
meinen Namen entweiht; denn jeder von
euch hat seinen Sklaven oder seine Sklavin
zurückgeholt, die ihr doch völlig freigelas-
sen hattet. Ihr habt sie gezwungen, wieder
eure Sklaven und Sklavinnen zu werden.
17 Darum – so spricht der Herr: Ihr habt mir
nicht gehorcht und keiner hat für seinen
Stammesbruder und seinen Nächsten die

33,20.25 Der Bund mit Tag und Nacht ist die unabänderliche Ordnung im Wechsel von Tag und Nacht; vgl. den Noach-Bund von Gen 9,8–17.

Freilassung ausgerufen. Wohlan, so rufe ich
euch eine Freilassung aus – Spruch des
Herrn – für Schwert, Pest und Hunger und
ich mache euch zu einem Bild des Schre-
ckens für alle Reiche der Erde. 18 Ich mache
die Männer, die mein Abkommen verletzt
und die Worte der Abmachung, die sie vor
mir getroffen hatten, nicht gehalten haben,
dem Kalb gleich, das sie in zwei Hälften zer-
schnitten haben und zwischen dessen Stü-
cken sie hindurchgegangen sind. 19 Die Gro-
ßen Judas und Jerusalems, die Höflinge, die
Priester und alle Bürger des Landes, die zwi-
schen den Stücken des Kalbes hindurchge-
gangen sind, 20 sie alle gebe ich in die Hand
ihrer Feinde und derer, die ihnen nach dem
Leben trachten. Ihre Leichen sollen den Vö-
geln des Himmels und den Tieren des Feldes
zum Fraß dienen. 21 Auch Zidkija, den König
von Juda, und seine Großen liefere ich ihren
Feinden aus und denen, die ihnen nach dem
Leben trachten, dem Heer des Königs von
Babel, das eben von euch abgezogen ist.
22 Schon gebe ich den Befehl – Spruch des
Herrn – und hole sie zu dieser Stadt zurück,
damit sie gegen sie kämpfen, sie erobern und
niederbrennen. Die Städte Judas mache ich
zur menschenleeren Wüste.

14: Ex 21,2; Lev 25,41; Dtn 15,12 • 22: 37,8f.

Das Vorbild der Rechabiter: 35,1–19

35 Das Wort, das vom Herrn an Jeremia
erging in den Tagen Jojakims, des
Sohnes Joschijas, des Königs von Juda:
2 Geh hin zur Gemeinschaft der Rechabiter,
rede mit ihnen, führ sie zum Haus des Herrn
in eine der Hallen und gib ihnen Wein zu
trinken! 3 Da holte ich Jaasanja, den Sohn
Jirmejas, des Sohnes Habazzinjas, samt sei-
nen Brüdern und allen seinen Söhnen und
der ganzen Gemeinschaft der Rechabiter.
4 Ich führte sie zum Haus des Herrn in die
Halle der Söhne Hanans, des Sohnes Jigdal-
jas, des Gottesmannes, die neben der Halle
der Großen oberhalb der Halle des Schwel-
lenwächters Maaseja, des Sohnes Schallums,
gelegen ist. 5 Dann setzte ich den Leuten von
der Gemeinschaft der Rechabiter gefüllte
Weinkrüge und Becher vor und sagte zu ih-
nen: Trinkt Wein! 6 Sie aber entgegneten:
Wir trinken keinen Wein; denn unser Ahn-
herr Jonadab, der Sohn Rechabs, hat uns
geboten: Ihr sollt niemals Wein trinken,
weder ihr selbst noch eure Söhne. 7 Auch
sollt ihr kein Haus bauen, keine Saat bestel-
len, keinen Weinberg pflanzen oder besitzen.
Vielmehr sollt ihr euer Leben lang in Zelten
wohnen, damit ihr lange lebt in dem Land, in
dem ihr euch als Fremde aufhaltet. 8 Wir ge-
horchten dem Auftrag unseres Ahnherrn Jo-
nadab, des Sohnes Rechabs, in allem, was er
uns gebot; wir tranken also zeitlebens keinen
Wein, weder wir noch unsere Frauen, Söhne
und Töchter. 9 Wir bauten uns keine Wohn-
häuser, wir besaßen keinen Weinberg, kei-
nen Acker und keine Saat. 10 Wir wohnten in
Zelten und gehorsam handelten wir genau
so, wie unser Ahnherr Jonadab es uns gebo-
ten hat. 11 Als jedoch Nebukadnezzar, der
König von Babel, gegen das Land heranzog,
da sagten wir: Kommt, wir wollen uns vor
dem Heer der Chaldäer und dem Heer der
Aramäer nach Jerusalem begeben. So ließen
wir uns in Jerusalem nieder. 12 Nun erging
das Wort des Herrn an Jeremia: 13 So spricht
der Herr der Heere, der Gott Israels: Geh hin
und sag zu den Leuten von Juda und zu den
Einwohnern Jerusalems: Wollt ihr euch
nicht endlich belehren lassen und auf meine
Worte hören? – Spruch des Herrn. 14 Das Ge-
bot Jonadabs, des Sohnes Rechabs, der sei-
nen Söhnen das Weintrinken verboten hat,
wird treu erfüllt; sie trinken keinen Wein bis
zum heutigen Tag, weil sie dem Befehl ihres
Ahnherrn gehorchen. Ich aber habe immer
wieder zu euch geredet, doch ihr habt mir
nicht gehorcht. 15 Und immer wieder sandte
ich zu euch alle meine Knechte, die Prophe-
ten, mit der Mahnung: Kehrt doch alle um
von eurem schlechten Weg! Bessert euer Tun
und lauft nicht anderen Göttern nach, um
ihnen zu dienen. Dann dürft ihr in dem Land
bleiben, das ich euch und euren Vätern gege-
ben habe. Ihr aber habt euer Ohr nicht ge-
neigt und nicht auf mich gehört. 16 Ja, die
Söhne Jonadabs, des Sohnes Rechabs, haben
das Gebot, das ihnen ihr Ahnherr gegeben
hat, erfüllt. Dieses Volk aber hat mir nicht
gehorcht. 17 Darum – so spricht der Herr, der
Gott der Heere, der Gott Israels: Seht, ich
bringe über Juda und über alle Einwohner
Jerusalems das ganze Unheil, das ich ihnen
angedroht habe, weil sie nicht hörten, sooft
ich zu ihnen redete, und keine Antwort ga-
ben, sooft ich sie rief. 18 Zur Gemeinschaft
der Rechabiter aber sagte Jeremia: So
spricht der Herr der Heere, der Gott Israels:
Weil ihr dem Gebot eures Ahnherrn Jonadab
gehorcht, alle seine Gebote gehalten und

34,18 Diese Form des Bundesschlusses wird in Gen 15,9f.17 beschrieben. Das Hindurchschreiten zwischen den Teilen eines Tieres ist sinnbildliche Handlung für eine bedingte Selbstverfluchung: Ich will selbst in Stücke gehauen werden, wenn ich den Vertrag breche.

nach allen seinen Anordnungen gehandelt
habt, 19 darum – so spricht der Herr der Hee-
re, der Gott Israels: Niemals soll es Jonadab,
dem Sohne Rechabs, an einem Nachkommen
fehlen, der in meinem Dienst steht.

6: 2 Kön 10,15 • 15: 25,4–7.

DIE BERICHTE BARUCHS: 36,1 – 45,5

Die Verbrennung der Buchrolle: 36,1–32

36 Im vierten Jahr Jojakims, des Sohnes
Joschijas, des Königs von Juda, er-
ging vom Herrn dieses Wort an Jeremia:
2 Nimm dir eine Buchrolle und schreib da-
rauf alle Worte, die ich zu dir über Israel und
Juda und über alle Völker gesprochen habe,
seitdem ich zu dir rede, von den Tagen Jo-
schijas an bis heute. 3 Vielleicht werden die
Leute vom Haus Juda, wenn sie hören, wie
viel Unheil ich ihnen antun will, umkehren
von ihrem bösen Weg und ich kann ihnen
Schuld und Sünde verzeihen. 4 Da rief Jere-
mia Baruch, den Sohn Nerijas, und Baruch
schrieb nach dem Diktat Jeremias alle Wor-
te, die der Herr zu ihm gesprochen hatte, auf
eine Buchrolle. 5 Jeremia gab hierauf Baruch
folgenden Auftrag: Mir ist es verwehrt, das
Haus des Herrn zu betreten. 6 Darum geh du
hin und lies am Fasttag aus der Rolle, die du
nach meinem Diktat geschrieben hast, dem
Volk im Haus des Herrn die Worte des Herrn
vor. Auch allen Judäern, die aus ihren Städ-
ten herbeiströmen, sollst du sie vorlesen.
7 Vielleicht flehen sie vor dem Herrn um Er-
barmen und kehren um, jeder von seinem bö-
sen Weg; denn groß ist der Zorn und Grimm,
den der Herr diesem Volk angedroht hat.
8 Baruch, der Sohn Nerijas, handelte genau
nach dem Auftrag des Propheten Jeremia
und las im Haus des Herrn die Worte des
Herrn aus dem Buch vor.

9 Im fünften Jahr Jojakims, des Sohnes Jo-
schijas, des Königs von Juda, hatte man im
neunten Monat alles Volk in Jerusalem und
alle Leute, die von den Städten Judas nach
Jerusalem kommen sollten, zu einem Fasten
vor dem Herrn aufgerufen. 10 Nun las Baruch
im Haus des Herrn dem ganzen Volk aus dem
Buch die Worte Jeremias vor, und zwar in
der Halle Gemarjas, des Sohnes des Staats-
schreibers Schafan, im oberen Vorhof am
Eingang des Neuen Tempeltores. 11 Als Mi-
cha, der Sohn Gemarjas, des Sohnes Scha-
fans, alle Worte des Herrn aus dem Buch ver-
nommen hatte, 12 ging er hinab in den Kö-
nigspalast zur Halle des Staatsschreibers.
Dort waren gerade alle hohen Beamten zu ei-
ner Sitzung versammelt: der Staatsschreiber
Elischama, Delaja, der Sohn Schemajas, El-
natan, der Sohn Achbors, Gemarja, der Sohn
Schafans, Zidkija, der Sohn Hananjas, und
alle sonstigen Beamten. 13 Micha teilte ihnen
alle Worte mit, die er gehört hatte, als Ba-
ruch dem Volk aus dem Buch vorlas. 14 Da
schickten die versammelten Beamten Jehu-
di, den Sohn Netanjas, des Sohnes Schelem-
jas, des Sohnes Kuschis, zu Baruch und lie-
ßen ihm sagen: Nimm die Rolle, aus der du
dem Volk vorgelesen hast, und komm hier-
her! Sogleich nahm Baruch, der Sohn Neri-
jas, die Rolle und ging zu ihnen. 15 Sie sagten
zu ihm: Setz dich und lies sie uns vor! Nun
las ihnen Baruch vor. 16 Als sie all die Worte
hörten, schauten sie einander erschrocken an
und sagten [zu Baruch]: Wir müssen das alles
dem König mitteilen. 17 Sie fragten Baruch:
Sag uns doch, wie hast du alle diese Worte
niedergeschrieben? 18 Baruch erwiderte ih-
nen: Jeremia hat mir alle diese Worte dik-
tiert und ich habe sie mit Tinte in das Buch
geschrieben. 19 Darauf sagten die Beamten
zu Baruch: Geh und verbirg dich, du und
auch Jeremia! Niemand soll wissen, wo ihr
seid. 20 Dann begaben sie sich zum König in
den Palasthof, nachdem sie die Rolle in der
Halle des Staatsschreibers Elischama ver-
wahrt hatten, und berichteten das alles dem
König. 21 Da gab der König dem Jehudi den
Auftrag, die Rolle zu holen, und dieser holte
sie aus der Halle des Staatsschreibers Eli-
schama. Und Jehudi las sie dem König vor
und allen Beamten, die um den König he-
rumstanden. 22 Der König wohnte im Win-
terhaus, es war ja der neunte Monat, und vor
ihm brannte das Feuer auf dem Kohlenbe-
cken. 23 Sooft nun Jehudi drei oder vier Spal-
ten gelesen hatte, schnitt sie der König mit
dem Schreibermesser ab und warf sie in das
Feuer auf dem Kohlenbecken, bis das Feuer

36,1 Es ist das Jahr 605 v. Chr. – Man sieht, dass die einzelnen Abschnitte nicht chronologisch, sondern sachlich geordnet sind. Vorher waren bereits Ereignisse berichtet, die viel später geschehen sind.

36,5 Jeremia hatte wahrscheinlich vom König Redeverbot erhalten; vielleicht war das Prophetenwort 22,18f vorausgegangen.

auf dem Kohlenbecken die ganze Rolle ver-
zehrt hatte. 24 Niemand erschrak und nie-
mand zerriss seine Kleider, weder der König
noch irgendeiner seiner Diener, die all diese
Worte gehört hatten. 25 Selbst als Elnatan,
Delaja und Gemarja den König bestürmten,
die Rolle nicht zu verbrennen, hörte er nicht
auf sie. 26 Vielmehr befahl der König dem
Prinzen Jerachmeël, ferner Seraja, dem
Sohn Asriëls, und Schelemja, dem Sohn Ab-
deëls, den Schreiber Baruch und den Pro-
pheten Jeremia festzunehmen; aber der Herr
hielt sie verborgen.

27 Nachdem der König die Rolle mit den
Worten, die Baruch nach dem Diktat Jere-
mias niedergeschrieben hat, verbrannt hatte,
erging das Wort des Herrn an Jeremia:
28 Nimm dir eine andere Rolle und schreib all
die früheren Worte darauf, die auf der ersten
Rolle standen, die Jojakim, der König von
Juda, verbrannt hat. 29 Über Jojakim aber,
den König von Juda sollst du sagen: So
spricht der Herr: Du hast diese Rolle ver-
brannt und gesagt: Warum hast du darin
geschrieben, der König von Babel werde
bestimmt kommen, dieses Land verheeren
und Mensch und Vieh darin vernichten?
30 Darum – so spricht der Herr über Jojakim,
den König von Juda: Er wird keinen Nach-
kommen mehr haben, der auf dem Thron Da-
vids sitzt, und sein Leichnam soll weggewor-
fen werden und der Hitze des Tags und der
Kälte der Nacht ausgesetzt sein. 31 Ich ziehe
ihn, seine Nachkommen und seine Diener
zur Rechenschaft für ihre Schuld. Ich bringe
über sie, über die Einwohner Jerusalems und
die Leute von Juda all das Unheil, das ich ih-
nen angedroht habe, ohne dass sie hören
wollten. 32 Da nahm Jeremia eine andere
Rolle und übergab sie dem Schreiber Ba-
ruch, dem Sohn Nerijas. Dieser schrieb auf
sie nach dem Diktat Jeremias alle Worte des
Buches, das Jojakim, der König von Juda, im
Feuer verbrannt hatte. Ihnen wurden noch
viele ähnliche Worte hinzugefügt.

1: 25,1 • 2: 25,3 • 3: 26,3 • 24: 2 Kön 22,11 • 30: 22,19.

Die Botschaft an König Zidkija: 37,1–10

37 Anstelle Jojachins, des Sohnes Joja-
kims, wurde Zidkija, der Sohn Joschi-
jas, König. Ihn hatte Nebukadnezzar, der
König von Babel, als König über das Land
Juda eingesetzt. 2 Weder er selbst noch seine
Diener, noch die Bürger des Landes hörten
auf die Worte, die der Herr durch den Pro-
pheten Jeremia sprach.

3 König Zidkija sandte einmal Juchal, den
Sohn Schelemjas, und den Priester Zefanja,
den Sohn Maasejas, zum Propheten Jeremia
und ließ ihm sagen: Bete doch für uns zum
Herrn, unserem Gott! 4 Jeremia konnte sich
noch frei unter dem Volk bewegen; man hat-
te ihn noch nicht ins Gefängnis geworfen.
5 Aus Ägypten war damals das Heer des Pha-
rao aufgebrochen, und als die Chaldäer, die
Jerusalem belagerten, davon Nachricht er-
hielten, rückten sie von Jerusalem ab. 6 Nun
erging das Wort des Herrn an den Propheten
Jeremia: 7 So spricht der Herr, der Gott Isra-
els: Antwortet dem König von Juda, der euch
zu mir gesandt hat, um mich zu befragen:
Fürwahr, das Heer des Pharao, das aufge-
brochen ist, um euch Hilfe zu bringen, wird
in sein Land Ägypten zurückkehren. 8 Dann
werden die Chaldäer wieder umkehren, ge-
gen diese Stadt kämpfen, sie erobern und in
Brand stecken. 9 So spricht der Herr:
Täuscht euch nicht selbst mit dem Gedan-
ken: Die Chaldäer ziehen endgültig von uns
ab. Nein, sie ziehen nicht ab. 10 Selbst wenn
ihr das ganze Heer der Chaldäer, die gegen
euch kämpfen, schlagen könntet und nur ei-
nige Verwundete von ihnen übrig blieben, sie
würden, jeder in seinem Zelt, aufstehen und
diese Stadt in Brand stecken.

1: 2 Kön 24,17 • 8–9: 34,21f.

Der Prophet im Gefängnis: 37,11–21

11 Damals, als das Heer der Chaldäer vor
dem Heer des Pharao von Jerusalem abge-
rückt war, 12 wollte sich Jeremia von Jerusa-
lem ins Land Benjamin begeben, um dort
mit seinen Verwandten ein Erbe zu teilen.
13 Er war bereits am Benjamintor angelangt.
Dort stand ein Wachhabender namens Jirija,
der Sohn Schelemjas, des Sohnes Hananjas.
Er hielt den Propheten Jeremia an und rief:
Du willst zu den Chaldäern überlaufen.
14 Jeremia entgegnete: Das ist nicht wahr; ich
laufe nicht zu den Chaldäern über. Doch Ji-
rija hörte nicht auf ihn; er nahm Jeremia fest
und brachte ihn vor die Beamten. 15 Diese
waren über Jeremia wütend, schlugen ihn
und warfen ihn in den Kerker, in das Haus
des Staatsschreibers Jonatan; denn dieses
hatte man als Gefängnis eingerichtet. 16 So
kam Jeremia in die Zisternenhöhle mit den
Gewölben. Dort saß Jeremia lange Zeit ge-
fangen.

17 Eines Tages ließ ihn König Zidkija ho-
len. Der König fragte ihn heimlich in seinem
Palast: Ist ein Wort vom Herrn da? Jeremia
bejahte es und antwortete: Du wirst in die
Hand des Königs von Babel ausgeliefert wer-
den. 18 Dann sagte Jeremia zum König Zidki-
ja: Welches Verbrechen habe ich an dir, an
deinen Dienern und an diesem Volk began-
gen, dass ihr mich ins Gefängnis geworfen

habt? 19 Und wo sind jetzt eure Propheten, die euch geweissagt haben: Der König von Babel wird nicht über euch und dieses Land kommen? 20 Doch nun höre, mein Herr und König! Möge meine Bitte bei dir Gehör finden. Lass mich nicht ins Haus des Staatsschreibers zurückbringen, sonst gehe ich dort zugrunde. 21 Da gab König Zidkija den Befehl, Jeremia im Wachhof zu verwahren, und man versorgte ihn täglich mit einem Laib Brot aus der Bäckergasse, bis alles Brot in der Stadt zu Ende ging. So blieb also Jeremia im Wachhof.

12: 32,8f • 17: 34,21 • 21: 32,2.

Jeremia in der Zisterne: 38,1–6

38 Schefatja, der Sohn Mattans, Gedalja, der Sohn Paschhurs, Juchal, der Sohn Schelemjas, und Paschhur, der Sohn Malkijas, hörten von den Worten, die Jeremia zum ganzen Volk redete, indem er sagte: 2 So spricht der Herr: Wer in dieser Stadt bleibt, der stirbt durch Schwert, Hunger und Pest. Wer aber zu den Chaldäern hinausgeht, der wird überleben; er wird sein Leben wie ein Beutestück gewinnen und davonkommen. 3 So spricht der Herr: Diese Stadt wird ganz sicher dem Heer des Königs von Babel in die Hände fallen und er wird sie erobern. 4 Darauf sagten die Beamten zum König: Dieser Mann muss mit dem Tod bestraft werden; denn er lähmt mit solchen Reden die Hände der Krieger, die in dieser Stadt noch übrig geblieben sind, und die Hände des ganzen Volkes. Denn dieser Mensch sucht nicht Heil, sondern Unheil für dieses Volk. 5 Der König Zidkija erwiderte: Nun, er ist in eurer Hand; denn der König vermag nichts gegen euch. 6 Da ergriffen sie Jeremia und warfen ihn in die Zisterne des Prinzen Malkija, die sich im Wachhof befand; man ließ ihn an Stricken hinunter. In der Zisterne war kein Wasser, sondern nur Schlamm und Jeremia sank in den Schlamm.

2: 21,9.

Die Rettung durch den Kuschiter: 38,7–13

7 Der Kuschiter Ebed-Melech, ein Höfling, der im königlichen Palast bedienstet war, hörte, dass man Jeremia in die Zisterne geworfen hatte. Während der König sich am Benjamintor aufhielt, 8 verließ Ebed-Melech den Palast und sagte zum König: 9 Mein Herr *und König, schlecht war alles,* was diese Männer dem Propheten Jeremia angetan haben; sie haben ihn in die Zisterne geworfen, damit er dort unten verhungert. Denn es gibt in der Stadt kein Brot mehr. 10 Da befahl der König dem Kuschiter Ebed-Melech: Nimm dir von hier drei Männer mit und zieh den Propheten Jeremia aus der Zisterne herauf, bevor er stirbt. 11 Ebed-Melech nahm die Männer mit sich und ging zum Königspalast in die Kleiderkammer des Vorratshauses. Dort holte er Stücke von abgelegten und zerrissenen Kleidern und ließ sie an Stricken zu Jeremia in die Zisterne hinunter. 12 Dann rief der Kuschiter Ebed-Melech Jeremia zu: Leg die Stücke der abgelegten und zerrissenen Kleider in deine Achselhöhlen unter die Stricke! Jeremia tat es. 13 Nun zogen sie Jeremia an den Stricken hoch und brachten ihn aus der Zisterne herauf. Von da an blieb Jeremia im Wachhof.

7: 39,15–18.

Letzte Warnung an den König: 38,14–28

14 König Zidkija ließ den Propheten Jeremia zu sich an den dritten Eingang beim Haus des Herrn holen. Der König sagte zu Jeremia: Ich möchte dich nach einem Gotteswort fragen. Verschweig mir nichts! 15 Jeremia antwortete Zidkija: Wenn ich es dir verkünde, lässt du mich bestimmt umbringen, und wenn ich dir einen Rat gebe, hörst du nicht auf mich. 16 Da schwor König Zidkija dem Jeremia heimlich und sagte: So wahr der Herr lebt, der uns dieses Leben gegeben hat, ich lasse dich nicht umbringen und gebe dich nicht in die Hand jener Männer, die dir nach dem Leben trachten. 17 Hierauf sagte Jeremia zu Zidkija: So spricht der Herr, der Gott der Heere, der Gott Israels: Wenn du freiwillig hinausgehst zu den Heerführern des Königs von Babel, dann ist dein Leben gerettet, diese Stadt wird nicht in Brand gesteckt und du bleibst am Leben, du und dein Haus. 18 Gehst du aber nicht hinaus zu den Heerführern des Königs von Babel, dann wird diese Stadt den Chaldäern ausgeliefert. Sie werden sie in Brand stecken und du selbst wirst ihrer Hand nicht entrinnen. 19 König Zidkija entgegnete Jeremia: Ich habe Angst vor den Judäern, die bereits zu den Chaldäern abgefallen sind; man könnte mich ihnen ausliefern und sie würden mir übel mitspielen. 20 Jeremia versicherte: Man wird dich nicht ausliefern. Hör doch auf die Stimme des Herrn in meiner Rede! Dann geht es dir gut und dein Leben bleibt erhalten. 21 Weigerst du dich aber hinauszugehen,

38,7 Ebed-Melech war also trotz seines hebräischen Namens wahrscheinlich ein Neger; vgl. 13,23 und die dortige Anmerkung.

so wird geschehen, was der Herr mich sehen
ließ: 22 Ich sah, wie alle Frauen, die im Palast
des Königs von Juda noch übrig waren, zu
den Obersten des Königs von Babel hinaus-
geführt wurden. Sie klagten:
Überlistet, hereingelegt / haben dich deine
guten Freunde;
stecken deine Füße im Sumpf, / so machen
sich alle davon.
23 Ja, alle deine Frauen und Kinder wird
man zu den Chaldäern hinausführen; auch
du wirst ihrer Hand nicht entrinnen, son-
dern wirst gefangen dem König von Babel
ausgeliefert werden; diese Stadt aber wird
man in Brand stecken. 24 Zidkija sagte zu Je-
remia: Niemand darf von diesem Gespräch
erfahren, sonst musst du sterben. 25 Wenn
aber die Beamten erfahren, dass ich mit dir
geredet habe, und wenn sie zu dir kommen
und dich auffordern: Teil uns mit, was du
zum König gesagt hast und was der König zu
dir gesagt hat, verheimliche uns nichts, sonst
bringen wir dich um!, 26 dann antworte ih-
nen: Ich habe an den König die Bitte gerich-
tet, mich nicht ins Haus Jonatans zurück-
bringen zu lassen, weil ich dort zugrunde
gehe. 27 Tatsächlich kamen alle Beamten zu
Jeremia und fragten ihn. Er antwortete ih-
nen genau so, wie ihm der König geboten
hatte. Da ließen sie von ihm ab; denn nie-
mand hatte das Gespräch gehört. 28 So blieb
Jeremia im Wachhof bis zu dem Tag, an dem
Jerusalem erobert wurde.

23: 32,4; 34,3 • 28: 37,21.

Der Fall Jerusalems: 39,1–10

39 [Nach der Eroberung Jerusalems:]
1 Im neunten Jahr Zidkijas, des Kö-
nigs von Juda, im zehnten Monat, rückte Ne-
bukadnezzar, der König von Babel, mit sei-
ner ganzen Streitmacht vor Jerusalem und
belagerte es. 2 Im elften Jahr Zidkijas, am
neunten Tag des vierten Monats, wurden
Breschen in die Stadtmauer geschlagen. 3 Da
zogen alle Heerführer des Königs von Babel
ein und ließen sich im Mitteltor nieder: [Ner-
gal-Sarezer, der Fürst von Sin-Magir, und]
Nebuschasban, der Oberkämmerer, Nergal-
Sarezer, der Oberhofmeister, und alle übri-
gen Heerführer des Königs von Babel.
4 Als Zidkija, der König von Juda, und alle
Krieger dies sahen, ergriffen sie die Flucht
und verließen bei Nacht die Stadt auf dem
Weg zum königlichen Garten; sie gingen
durch das Tor zwischen den beiden Mauern
und schlugen die Richtung nach der Araba
ein. 5 Aber die chaldäischen Truppen setzten
ihnen nach und holten Zidkija in den Niede-
rungen von Jericho ein. Sie nahmen ihn ge-
fangen, brachten ihn vor Nebukadnezzar,
den König von Babel, nach Ribla in der
Landschaft Hamat, und dieser sprach das
Urteil über ihn. 6 Der König von Babel ließ in
Ribla die Söhne Zidkijas vor dessen Augen
niedermachen; auch alle Vornehmen Judas
ließ der König von Babel niedermachen.
7 Zidkija ließ er blenden und in Fesseln le-
gen, um ihn nach Babel zu bringen. 8 Den kö-
niglichen Palast und die Häuser der Bürger
steckten die Chaldäer in Brand und die Mau-
ern Jerusalems rissen sie nieder. 9 Den Rest
der Bevölkerung, der noch in der Stadt ge-
blieben war, sowie alle, die zum König von
Babel übergelaufen waren, und den Rest der
Handwerker verschleppte Nebusaradan, der
Kommandant der Leibwache, nach Babel.
10 Nur von den armen Leuten, die nichts hat-
ten, ließ Nebusaradan, der Kommandant der
Leibwache, einen Teil im Land Juda zurück
und gab ihnen Weinberge und Äcker.

Die Befreiung Jeremias: 39,11–14

11 Nebukadnezzar, der König von Babel,
hatte Nebusaradan, dem Kommandanten
der Leibwache, über Jeremia folgende An-
weisung gegeben: 12 Lass ihn holen, kümme-
re dich um ihn und füg ihm kein Leid zu,
sondern richte dich nach seinen Wünschen!
13 Da schickten Nebusaradan, der Komman-
dant der Leibwache, Nebuschasban, der
Oberkämmerer, und Nergal-Sarezer, der
Oberhofmeister, sowie alle Obersten des Kö-
nigs von Babel Leute zum Wachhof, 14 ließen
Jeremia von dort holen und übergaben ihn
Gedalja, dem Sohn Ahikams, des Sohnes
Schafans, damit er ihn nach Hause entlasse.
So blieb er mitten unter dem Volk.

12: 40,4.

Die Verheißung für den Kuschiter:
39,15–18

15 Als Jeremia noch im Wachhof gefangen
saß, war an ihn das Wort des Herrn ergan-
gen: 16 Geh hin und sag zu dem Kuschiter
Ebed-Melech: So spricht der Herr der Heere,
der Gott Israels: Bald erfülle ich meine Wor-
te, die ich über diese Stadt gesprochen habe –
zu ihrem Unheil und nicht zu ihrem Heil; sie
werden an jenem Tag vor deinen Augen ein-
treffen. 17 Aber dich werde ich retten an je-

39,1–10 Zusammengesetzt aus Teilen von 52,4–16 und 2 Kön 25,1–12.

39,3 Aufzählung der Namen unsicher; vielleicht nach V. 13 zu korrigieren.

nem Tag – Spruch des Herrn – und du wirst den Leuten, vor denen du Angst hast, nicht in die Hände fallen. 18 Ja, ich werde dich heil entrinnen lassen; du wirst nicht unter dem Schwert fallen, sondern dein Leben wie ein Beutestück gewinnen, weil du auf mich vertraut hast – Spruch des Herrn.

15: 38,7.13 • 16: 21,10; 44,11.27 • 18: 21,9; 38,2; 45,5.

Jeremia beim Statthalter Gedalja: 40,1–6

40 Das Wort, das vom Herrn an Jeremia erging, nachdem ihn Nebusaradan, der Kommandant der Leibwache, in Rama freigelassen hatte. Dieser hatte ihn nämlich holen lassen, als er, mit Handschellen gefesselt, sich mitten unter den Gefangenen von Jerusalem und Juda befand, die nach Babel weggeführt werden sollten. 2 Der Kommandant der Leibwache holte Jeremia und sagte zu ihm: Jahwe, dein Gott, hatte diesem Ort dieses Unheil angedroht. 3 Jetzt hat Jahwe seine Drohung eintreffen lassen und vollstreckt; denn ihr habt gegen Jahwe gesündigt und nicht auf seine Stimme gehört. So musste euch dieses Schicksal treffen. 4 Nun aber löse ich dir heute die Fesseln an deinen Händen. Wenn es dir beliebt, mit mir nach Babel zu kommen, so komm mit und ich will für dich sorgen. Willst du aber nicht mit mir nach Babel kommen, so lass es! Siehe, das ganze Land liegt vor dir; du kannst gehen, wohin du willst. 5 Wenn du es vorziehst dazubleiben, so kehre um zu Gedalja, dem Sohn Ahikams, des Sohnes Schafans, den der König von Babel über das Land Juda gesetzt hat. Bleib bei ihm mitten unter dem Volk oder geh, wohin du willst. Der Kommandant der Leibwache gab ihm Reisevorrat sowie ein Geschenk und entließ ihn. 6 Jeremia ging zu Gedalja, dem Sohn Ahikams, nach Mizpa und blieb bei ihm mitten unter dem Volk, das im Land übrig geblieben war.

6: 39,14.

Gedalja als Statthalter: 40,7–16

7 Alle Truppenführer, die samt ihren Mannschaften noch über das freie Feld verstreut waren, erfuhren, dass der König von Babel Gedalja, den Sohn Ahikams, als Statthalter im Land eingesetzt und ihm Männer, Frauen und Kinder sowie jenen Teil der armen Bevölkerung unterstellt habe, der nicht nach Babel weggeführt worden war. 8 Sie kamen nun mit ihren Leuten zu Gedalja nach Mizpa, nämlich Jischmael, der Sohn Netanjas, Johanan und Jonatan, die Söhne Kareachs, Seraja, der Sohn Tanhumets, ferner die Söhne Efais aus Netofa und Jaasanja, der Sohn des Maachatiters. 9 Gedalja, der Sohn Ahikams, des Sohnes Schafans, schwor ihnen und ihren Mannschaften: Fürchtet euch nicht davor, den Chaldäern untertan zu sein. Bleibt im Land und dient dem König von Babel; dann wird es euch gut gehen. 10 Seht, ich selber bleibe in Mizpa und vertrete euch vor den Chaldäern, die zu uns kommen. Ihr aber, erntet Wein, Obst und Öl, sammelt es in euren Gefäßen und bleibt in den Ortschaften, die ihr besiedelt. 11 Auch alle jene Judäer, die sich in Moab, bei den Ammonitern, in Edom oder in irgendeinem anderen Land aufhielten, erfuhren, dass der König von Babel Juda eine Restbevölkerung gelassen und über sie Gedalja, den Sohn Ahikams, des Sohnes Schafans, als Statthalter eingesetzt habe. 12 Daher kehrten alle Judäer aus sämtlichen Orten, wohin sie versprengt waren, zurück und kamen ins Land Juda zu Gedalja nach Mizpa. Man erntete Wein und Obst in großer Menge.

13 Eines Tages kamen Johanan, der Sohn Kareachs, und alle Truppenführer, die über das freie Feld verstreut waren, zu Gedalja nach Mizpa. 14 Sie fragten ihn: Weißt du schon, dass Baalis, der König der Ammoniter, Jischmael, den Sohn Netanjas, geschickt hat, um dich ermorden zu lassen? Aber Gedalja, der Sohn Ahikams, glaubte es ihnen nicht. 15 Nun machte Johanan, der Sohn Kareachs, dem Gedalja in Mizpa insgeheim den Vorschlag: Ich will hingehen und Jischmael, den Sohn Netanjas, erschlagen, ohne dass jemand davon erfährt. Warum soll er dich umbringen, sodass alle Judäer, die sich um dich geschart haben, wieder zerstreut werden und der Rest von Juda zugrunde geht? 16 Doch Gedalja, der Sohn Ahikams, entgegnete Johanan, dem Sohn Kareachs: Nein, tu das nicht; denn was du über Jischmael sagst, ist nicht wahr.

7–16: 2 Kön 25,22–24.

Die Ermordung Gedaljas: 41,1–15

41 Aber im siebten Monat kam Jischmael, der Sohn Netanjas, des Sohnes

---

40,1 Allgemeine Einleitung eines Abschnitts; es folgt kein Gotteswort. – Trotz 39,11–14 kam Jeremia versehentlich unter die Gefangenen.

40,5f Warum der Sieger den Judäer Gedalja zum Statthalter machte, wissen wir nicht; vielleicht hatte dieser sich rechtzeitig auf die Seite der Chaldäer geschlagen. – Mizpa, eine Kleinstadt nördlich von Jerusalem, wird nach der Zerstörung der Hauptstadt Verwaltungssitz.

Elischamas, ein Mann aus königlichem Geschlecht und einer von den Großen des Königs, mit zehn Mann zu Gedalja, dem Sohn Ahikams, nach Mizpa. Während sie dort zusammen aßen, 2 erhob sich Jischmael, der Sohn Netanjas, samt den zehn Männern, die bei ihm waren, und sie erschlugen Gedalja, den Sohn Ahikams, des Sohnes Schafans, mit dem Schwert. So tötete er den Mann, den der König von Babel als Statthalter im Land eingesetzt hatte. 3 Auch alle Judäer, die bei ihm [bei Gedalja] in Mizpa waren, und die Chaldäer, die sich dort als militärische Besatzung befanden, erschlug Jischmael.

4 Am zweiten Tag nach Gedaljas Ermordung, als noch niemand etwas erfahren hatte, 5 kamen Männer aus Sichem, Schilo und Samaria, achtzig Mann, mit geschorenen Bärten, zerrissenen Kleidern und eingeritzten Wunden. Sie trugen in ihren Händen Opfergaben und Weihrauch, um sie zum Haus des Herrn zu bringen. 6 Da ging ihnen Jischmael, der Sohn Netanjas, von Mizpa aus entgegen, wobei er laut weinte. Sobald er mit ihnen zusammentraf, lud er sie ein: Kommt mit zu Gedalja, dem Sohn Ahikams! 7 Als sie nun in die Stadtmitte gekommen waren, ermordete sie Jischmael, der Sohn Netanjas, mit Hilfe der Männer, die er bei sich hatte, und warf sie in die Zisterne. 8 Zehn Männer aber, die sich unter jenen befanden, hatten zu Jischmael gesagt: Töte uns nicht; denn wir haben versteckte Vorräte auf dem Feld: Weizen, Gerste, Öl und Honig. Da sah er davon ab, sie zusammen mit ihren Stammesbrüdern zu töten. 9 Die Zisterne, in die Jischmael alle Leichen der Männer warf, die er Gedaljas wegen erschlagen hatte, war jene, die König Asa im Krieg gegen Bascha, den König von Israel, angelegt hatte. Diese füllte nun Jischmael, der Sohn Netanjas, mit Erschlagenen an. 10 Dann führte Jischmael den ganzen Rest des Volkes, der sich in Mizpa befand, gefangen hinweg: die Prinzessinnen und die ganze Bevölkerung, die in Mizpa geblieben war und die Nebusaradan, der Kommandant der Leibwache, Gedalja, dem Sohn Ahikams, unterstellt hatte. Jischmael, der Sohn Netanjas, führte sie gefangen weg und zog ab, um über die Grenze zu den Ammonitern zu gelangen.

11 Johanan, der Sohn Kareachs, und alle Truppenführer, die bei ihm waren, hörten von all dem Bösen, das Jischmael, der Sohn Netanjas, verübt hatte. 12 Sie nahmen ihre gesamte Mannschaft und zogen aus, um gegen Jischmael, den Sohn Netanjas, zu kämpfen. Am großen Wasser bei Gibeon stießen sie auf ihn. 13 Als das ganze Volk, das bei Jischmael war, Johanan, den Sohn Kareachs, und in seiner Begleitung alle Truppenführer erblickte, war es hoch erfreut. 14 Alle Leute, die Jischmael gefangen von Mizpa weggeführt hatte, wandten sich von ihm ab und traten auf die Seite Johanans, des Sohnes Kareachs. 15 Jischmael aber, der Sohn Netanjas, konnte mit acht Mann dem Johanan entkommen und floh zu den Ammonitern.

1: 40,8 • 9: 1 Kön 15,16–24.

Die Sammlung des restlichen Volkes:
41,16–18

16 Nun übernahm Johanan, der Sohn Kareachs, zusammen mit allen Truppenführern, die bei ihm waren, den ganzen Rest des Volkes, den Jischmael, der Sohn Netanjas, nach der Ermordung Gedaljas, des Sohnes Ahikams, aus Mizpa weggeführt hatte: Männer, [Krieger] Frauen, Kinder und Palastbeamte, die er nun alle von Gibeon wegbrachte. 17 Sie zogen ab und machten in der Herberge des Kimham bei Betlehem Halt, in der Absicht, nach Ägypten weiterzuziehen. 18 So wollten sie den Chaldäern entkommen; denn sie hatten Angst vor ihnen, weil Jischmael, der Sohn Netanjas, Gedalja, den Sohn Ahikams, erschlagen hatte, den der König von Babel als Statthalter im Land eingesetzt hatte.

Die Bitte um ein Gotteswort:
42,1–6

42 Da kamen alle Truppenführer und Johanan, der Sohn Kareachs, ferner Asarja, der Sohn Haschajas, sowie das ganze Volk, Klein und Groß, herbei 2 und sagten zum Propheten Jeremia: Möge unsere Bitte bei dir Gehör finden: Bete für uns zum Herrn, deinem Gott, für diesen ganzen Rest; denn von einst so vielen sind nur wir wenige übrig geblieben, wie du mit eigenen Augen siehst. 3 Möge der Herr, dein Gott, uns kundtun, welchen Weg wir einschlagen und was wir tun sollen. 4 Der Prophet Jeremia erwiderte ihnen: Gut, ich will nach eurem Wunsch zum Herrn, eurem Gott, beten und euch dann alles, was der Herr antwortet, mitteilen, ohne euch ein Wort vorzuenthalten. 5 Sie selbst versicherten Jeremia: Der Herr sei ein wahrer und treuer Zeuge gegen uns, wenn wir nicht genau nach dem Wort handeln, mit dem dich der Herr, dein Gott, zu uns sendet. 6 Sei es gut oder schlimm, auf die Stimme des Herrn, unseres Gottes, zu dem wir dich senden, werden wir hören, damit es uns gut gehe, weil wir auf die Stimme des Herrn, unseres Gottes, hören.

Die Warnung vor der Auswanderung nach Ägypten: 42,7–18

7 Zehn Tage später erging das Wort des
Herrn an Jeremia. 8 Daraufhin rief er Johanan, den Sohn Kareachs, und alle Truppenführer, die bei ihm waren, sowie das ganze
Volk, Klein und Groß, zusammen 9 und sagte
zu ihnen: So spricht der Herr, der Gott Israels, zu dem ihr mich gesandt habt, um ihm
eure Bitte vorzutragen: 10 Wenn ihr in diesem
Land wohnen bleibt, so werde ich euch aufbauen und nicht niederreißen, euch einpflanzen und nicht ausreißen; ja, ich bereue das
Unheil, das ich euch angetan habe. 11 Fürchtet euch nicht vor dem König von Babel, vor
dem ihr Angst habt. Fürchtet euch nicht vor
ihm – Spruch des Herrn –; denn ich bin mit
euch, um euch zu retten und seiner Hand zu
entreißen. 12 Ich bewirke Erbarmen für euch;
er wird sich euer erbarmen und euch in eure
Heimat zurückkehren lassen. 13 Wenn ihr
aber sagt: Wir bleiben nicht in diesem Land!,
und auf die Stimme des Herrn, eures Gottes,
nicht hört, 14 sondern sagt: Nein, nach Ägypten wollen wir ziehen, wo wir weder Krieg sehen noch Trompetenschall hören, noch nach Brot hungern werden, und dort wollen
wir bleiben!, 15 nun, dann hört das Wort des
Herrn, ihr, der Rest Judas: So spricht der Herr der Heere, der Gott Israels: Wenn ihr darauf besteht, nach Ägypten zu ziehen, und auswandert, um euch dort niederzulassen,
16 dann wird euch das Schwert, das ihr fürchtet, dort in Ägypten erreichen und der Hunger, vor dem euch bangt, wird euch dort in Ägypten verfolgen und ihr werdet dort
umkommen. 17 Ja, alle, die darauf bestehen,
nach Ägypten zu ziehen, um sich dort niederzulassen, werden durch Schwert, Hunger und Pest umkommen. Keiner von ihnen wird entkommen, keiner dem Unheil entrinnen,
das ich über sie bringe. 18 Denn so spricht der
Herr der Heere, der Gott Israels: Wie sich mein Zorn und Grimm über die Einwohner Jerusalems ergossen hat, so wird sich mein Grimm auch über euch ergießen, wenn ihr nach Ägypten zieht. Ihr werdet zum Fluch und zu einem Bild des Entsetzens, zur Verwünschung und zur Schmach werden. Dieses Land aber werdet ihr nie wieder sehen.

10: 1,10 • 18: 25,9.

Die Drohung an die Verstockten: 42,19–22

19 Der Herr hat zu euch gesprochen, Rest
Judas: Zieht nicht nach Ägypten! Ihr sollt genau wissen: Ich warne euch heute. 20 Denn
ihr gebt euch einer gefährlichen Täuschung hin. Ihr selbst habt mich ja zum Herrn, eurem Gott, gesandt mit den Worten: Bete für uns zum Herrn, unserem Gott, und ganz wie der Herr, unser Gott, spricht, gib uns Bescheid und wir werden danach handeln.
21 Heute nun habe ich euch den Bescheid gegeben, aber ihr habt auf die Stimme des Herrn, eures Gottes, nicht gehört, auf nichts von dem, womit er mich zu euch gesandt hat.
22 Jetzt aber sollt ihr wissen: Durch Schwert, Hunger und Pest werdet ihr umkommen an dem Ort, wohin ihr ziehen wollt, um euch dort niederzulassen.

Der Zug nach Ägypten: 43,1–7

43 Als Jeremia dem ganzen Volk alle Worte des Herrn, ihres Gottes, vollständig mitgeteilt hatte, nämlich all die Worte, mit denen ihn der Herr zu ihnen gesandt hatte, 2 da sagten Asarja, der Sohn Hoschajas, und Johanan, der Sohn Kareachs,
sowie alle übermütigen Männer zu Jeremia: Was du sagst, ist erlogen. Nicht der Herr, unser Gott, hat dich gesandt mit dem Auftrag: Ihr sollt nicht nach Ägypten ziehen, um euch
dort niederzulassen. 3 Vielmehr hetzt dich
Baruch, der Sohn Nerijas, gegen uns auf, um uns den Chaldäern auszuliefern, sodass sie uns töten oder nach Babel verschleppen.
4 Johanan, der Sohn Kareachs, alle Truppenführer und das ganze Volk hörten also nicht auf die Stimme des Herrn, im Land
Juda zu bleiben. 5 Johanan, der Sohn Kareachs, und alle Truppenführer nahmen den ganzen Rest Judas, der aus allen Völkern, unter die er versprengt gewesen, zurückgekehrt war, um sich im Land Juda niederzu-
lassen: 6 Männer, Frauen und Kinder, die
Prinzessinnen und alle Leute, die Nebusaradan, der Kommandant der Leibwache, bei Gedalja, dem Sohn Ahikams, des Sohnes Schafans, gelassen hatte, auch den Propheten Jeremia und Baruch, den Sohn Nerijas,
7 und sie zogen nach Ägypten, weil sie nicht
auf die Stimme des Herrn hörten, und kamen bis Tachpanhes.

Die Heimsuchung auch in Ägypten: 43,8–13

8 In Tachpanhes erging das Wort des
Herrn an Jeremia: 9 Nimm vor den Augen judäischer Männer große Steine in die Hand und maure sie mit Mörtel in das Ziegelpflaster am Eingang zum Haus des Pharao in

42,19–22 Dem Zusammenhang nach wohl ursprünglich Antwort auf die Ablehnung des Gotteswortes in 43,1–3.

Tachpanhes! 10 Dann sag zu ihnen: So
spricht der Herr der Heere, der Gott Israels:
Seht, ich werde meinen Knecht Nebukad-
nezzar, den König von Babel, herbeiholen; er
wird seinen Thron über diesen Steinen, die
ich hier eingemauert habe, aufstellen und
sein Prunkzelt darüber ausspannen. 11 Er
wird kommen und das Land Ägypten schla-
gen; wer für den Tod bestimmt ist, verfällt
dem Tod, wer für die Gefangenschaft, der
Gefangenschaft und wer für das Schwert,
dem Schwert. 12 Er wird an die Tempel der
Götter Ägyptens Feuer legen und die Götter
verbrennen oder wegführen. Er wird das
Land Ägypten ablausen, wie ein Hirt sein
Gewand ablaust; danach wird er unbehelligt
abziehen. 13 Er wird die spitzen Säulen des
Sonnentempels in Ägypten zertrümmern
und die Tempel der Götter Ägyptens in
Brand stecken.

11: 46,26; 15,2.

Die Warnung vor Götzendienst: 44,1–14

44 Das Wort, das an Jeremia erging für
alle Judäer, die in Ägypten wohnten
und sich in Migdol und Tachpanhes, in Mem-
fis und im Land Patros angesiedelt hatten:
2 So spricht der Herr der Heere, der Gott Is-
raels: Ihr selbst habt all das Unheil miterlebt,
das ich über Jerusalem und alle Städte Judas
gebracht habe. Seht, heute sind sie Trüm-
merstätten, die niemand mehr bewohnt.
3 Das ist die Folge ihrer bösen Taten; sie er-
zürnten mich, indem sie hingingen, um ande-
ren Göttern, die sie früher nicht kannten, zu
opfern und zu dienen, sie, ihr und eure Väter.
4 Wohl habe ich immer wieder all meine
Knechte, die Propheten, zu euch gesandt mit
der Mahnung: Verübt doch nicht einen sol-
chen Gräuel, den ich so hasse. 5 Sie aber ha-
ben nicht gehört und mir ihr Ohr nicht zuge-
neigt, sodass sie sich von ihrer Bosheit be-
kehrt und nicht mehr anderen Göttern geop-
fert hätten. 6 Daher ergoss sich mein Grimm
und Zorn und wütete in den Städten Judas
und in den Straßen Jerusalems, sodass sie
zur Trümmerstätte und Wüste wurden, wie
sie es heute noch sind. 7 Nun aber spricht so
der Herr, der Gott der Heere, der Gott Isra-
els: Warum tut ihr euch selbst so schweres
Leid an, indem ihr eure Männer und Frauen,
Kinder und Säuglinge aus Juda ausrottet
und keinen Rest mehr übrig lasst? 8 Denn ihr
erzürnt mich durch das Tun eurer Hände,
weil ihr anderen Göttern opfert in Ägypten,
wohin ihr ausgewandert seid, um euch dort
niederzulassen. So rottet ihr euch selbst aus
und werdet zum Fluch und Gespött bei allen
Völkern der Erde. 9 Habt ihr denn all das
Böse vergessen, das eure Väter und die Kö-
nige von Juda und ihre Frauen, dann auch
ihr selbst und eure Frauen im Land Juda und
in den Straßen Jerusalems getan haben?
10 Sie bereuen es nicht bis zum heutigen Tag,
fürchten sich nicht und leben nicht nach mei-
ner Weisung und nach meinen Gesetzen, die
ich euch und euren Vätern vorgelegt habe.
11 Darum – so spricht der Herr der Heere, der
Gott Israels: Seht, ich richte mein Angesicht
gegen euch zu eurem Unheil, um ganz Juda
auszurotten. 12 Ich raffe den Rest Judas hin-
weg, der darauf bestand, nach Ägypten aus-
zuwandern, um sich dort niederzulassen. Sie
alle werden in Ägypten umkommen; sie wer-
den fallen durch Schwert und Hunger; Klein
und Groß wird umkommen. Durch Schwert
und Hunger werden sie sterben und zum
Fluch und zu einem Bild des Entsetzens wer-
den, zur Verwünschung und zur Schmach.
13 Wie ich Jerusalem heimgesucht habe, so
suche ich die in Ägypten Angesiedelten heim
mit Schwert, Hunger und Pest. 14 Vom Rest
Judas, der ausgewandert ist, um sich hier in
Ägypten niederzulassen, wird niemand ent-
rinnen oder entkommen, um ins Land Juda
zurückzukehren, obwohl sie sich danach
sehnen, zurückzukehren und dort zu bleiben.
Ja, nur wenige werden entrinnen und zu-
rückkehren.

4: 7,25; 25,4 • 9: 7,17 • 11: 44,27; 21,10; 39,16 • 12: 42,18 • 14: 42,17.

Der offene Abfall: 44,15–19

15 Da antworteten alle Männer, die wuss-
ten, dass ihre Frauen anderen Göttern opfer-
ten, und alle Frauen, die dabeistanden, eine
große Schar, sowie alle Leute, die in Ägypten
und in Patros wohnten, dem Jeremia: 16 Was
das Wort betrifft, das du im Namen des
Herrn zu uns gesprochen hast, so hören wir
nicht auf dich. 17 Vielmehr werden wir alles,
was wir gelobt haben, gewissenhaft ausfüh-
ren: Wir werden der Himmelskönigin Rauch-
opfer und Trankopfer darbringen, wie wir,
unsere Väter, unsere Könige und unsere
Großen in den Städten Judas und in den
Straßen Jerusalems es getan haben. Damals
hatten wir Brot genug; es ging uns gut und
wir litten keine Not. 18 Seit wir aber aufge-
hört haben, der Himmelskönigin Rauchopfer
und Trankopfer darzubringen, fehlt es uns

44,14 »niemand« und »nur wenige« ist allgemeine, ungenaue Angabe wie in VV. 27f.

44,17 »Himmelskönigin« vgl. die Anmerkung zu 7,18.

an allem und wir kommen durch Schwert
und Hunger um. 19 Die Frauen aber sagten:
Geschieht es etwa ohne Wissen und Willen
unserer Männer, dass wir der Himmelskönigin Rauchopfer und Trankopfer darbringen, dass wir für sie Opferkuchen bereiten, die ihr Bild wiedergeben, und Trankopfer spenden?

17: 7,18.

Das Strafgericht: 44,20–30

20 Jeremia entgegnete dem ganzen Volk,
den Männern, den Frauen und allen, die ihm
so geantwortet hatten: 21 Die Opfer, die ihr in
den Städten Judas und auf den Straßen Jerusalems verbrannt habt, ihr und eure Väter, eure Könige und eure Großen und die Bürger des Landes – waren nicht gerade sie es, an die der Herr gedacht und sich erinnert hat?
22 Schließlich konnte es der Herr nicht mehr
aushalten wegen eurer Untaten und wegen der Gräuel, die ihr verübt habt. Deshalb wurde euer Land zur Öde, zu einem Bild des Entsetzens und zum Fluch, unbewohnt, wie
es heute noch ist. 23 Weil ihr Rauchopfer dargebracht und gegen den Herrn gesündigt habt, weil ihr auf die Stimme des Herrn nicht gehört und euch nicht nach seiner Weisung, seinen Gesetzen und Mahnungen gerichtet habt, darum hat euch dieses Unheil
getroffen, wie es heute noch besteht. 24 Zum
ganzen Volk und zu allen Frauen sagte Jeremia: Hört das Wort des Herrn, ganz Juda,
das in Ägypten weilt. 25 So spricht der Herr
der Heere, der Gott Israels: Was ihr und eure Frauen mit dem Mund gelobt, das führt ihr mit den Händen aus. Ihr sagt: Unsere versprochenen Gelübde werden wir gewissenhaft erfüllen und der Himmelskönigin Rauchopfer und Trankopfer darbringen. Haltet nur eure Gelübde genau, ja, eure Gelübde erfüllt gewissenhaft! 26 So höre denn
das Wort des Herrn, ganz Juda, das in Ägypten wohnt: Seht, ich schwöre bei meinem großen Namen, spricht der Herr: Nie mehr soll mein Name vom Mund irgendeines Judäers in ganz Ägypten genannt werden; keiner mehr soll sagen: So wahr Gott, der
Herr, lebt! 27 Seht, ich wache über sie – zu ihrem Unheil, nicht zu ihrem Heil. Alle Judäer in Ägypten werden durch Schwert und Hunger umkommen und völlig vernichtet wer-
den. 28 Nur wenige werden dem Schwert entrinnen und aus Ägypten ins Land Juda heimkehren und der ganze Rest von Juda, der nach Ägypten ausgezogen ist, um sich dort niederzulassen, wird erkennen, wessen Wort
sich erfüllt, das meine oder das ihre. 29 Dies
aber soll euch als Zeichen dafür dienen – Spruch des Herrn –, dass ich euch heimsuche an diesem Ort, damit ihr erkennt, dass meine Unheilsworte über euch bestimmt in Erfül-
lung gehen: 30 So spricht der Herr: Seht, ich
liefere den Pharao Hofra, den König von Ägypten, in die Hand seiner Gegner und Todfeinde aus, wie ich Zidkija, den König von Juda, in die Hand Nebukadnezzars, des Königs von Babel, seines Gegners und Todfeindes, ausgeliefert habe.

22: 25,9; 49,13 • 27: 1,11f; 43,11 • 30: Ez 29,19.

Ein Gotteswort an Baruch: 45,1–5

45 Das Wort, das der Prophet Jeremia zu Baruch, dem Sohn Nerijas, sagte, als dieser im vierten Jahr Jojakims, des Sohnes Joschijas, des Königs von Juda, jene Reden nach dem Diktat Jeremias in ein Buch
schrieb: 2 So spricht der Herr, der Gott Isra-
els, über dich, Baruch: 3 Du hast gesagt: Weh
mir! Denn der Herr häuft noch Kummer auf mein Leid. Ich bin erschöpft vor Stöhnen
und finde keine Ruhe. 4 Sag zu ihm: So
spricht der Herr: Was ich gebaut habe, breche ich nieder, und was ich gepflanzt habe, reiße ich aus. [Das betrifft das ganze Land]
5 Du aber begehrst Großes für dich? Begehre
es nicht! Denn siehe, ich bringe Unheil über alle Sterblichen – Spruch des Herrn; dir aber gebe ich dein Leben wie ein Beutestück überall, wohin du auch gehst.

1: 36,4 • 5: 21,9; 39,18.

44,24f In G werden nur die Frauen angeredet, was wohl ursprünglich ist.

45,4 Der Zusatz fehlt in G.

DIE DROHREDEN ÜBER DIE VÖLKER: 46,1 – 51,64

Einleitung: 46,1

46 Das Wort des Herrn gegen die Völker, das an den Propheten Jeremia erging:

Über Ägypten: 46,2-26

Die Niederlage am Eufrat: 46,2–12

2 Über Ägypten: Gegen das Heer des Pharao Necho, des Königs von Ägypten, das bei Karkemisch am Eufrat stand und das Nebukadnezzar, der König von Babel, geschlagen hat. Es war im vierten Jahr Jojakims, des Sohnes Joschijas, des Königs von Juda.

3 Rüstet Rundschild und Langschild, / rückt aus zum Kampf

4 Schirrt die Rosse an, besteigt die Pferde! / Tretet an im Helm, macht die Speere blank, / legt die Panzer an!

5 Was sehe ich? Warum sind sie bestürzt? / Sie weichen zurück. Ihre Helden sind zersprengt,

sie ergreifen die Flucht / und wenden sich nicht mehr um – / Grauen ringsum! – Spruch des Herrn.

6 Der Schnelle kann nicht entfliehen / und der Held nicht entrinnen.

Im Norden, am Ufer des Eufrat, / stürzen sie hin und fallen.

7 Wer ist es, der anschwoll gleich dem Nil, / dessen Wasser wie Ströme tosen?

8 Ägypten schwoll an gleich dem Nil, / dessen Wasser wie Ströme tosen.

Es sagte: Ich schwelle an, überschwemme das Land, / vernichte die Städte und ihre Einwohner.

9 Bäumt euch, ihr Rosse, stürmt los, ihr Wagen! / Rückt aus, ihr Helden:

Kusch und Put, ihr Schildbewehrten, / ihr von Lud, ihr Bogenschützen!

10 Doch jener Tag ist ein Tag der Rache / für den Herrn, den Gott der Heere; / er rächt sich an seinen Gegnern.

Da frisst das Schwert, / wird satt und trunken von ihrem Blut.

Denn ein Schlachtfest hält der Herr, der Gott der Heere, / im Land des Nordens am Eufratstrom.

11 Zieh hinauf nach Gilead und hole Balsam, / Jungfrau, Tochter Ägypten!

Umsonst verbrauchst du viele Arzneien, / du findest keine Genesung.

12 Von deiner Schande hören die Völker, / dein Wehgeschrei erfüllt die Erde.

Denn Held an Held ist gestürzt, / miteinander sind beide gefallen.

2: 2 Kön 23,29 • 5: 20,3 • 9: Ez 27,10; Nah 3,9 • 11: 8,22.

Die Eroberung Ägyptens: 46,13–26

13 Das Wort, das der Herr zum Propheten Jeremia sprach, als Nebukadnezzar, der König von Babel, heranrückte, um Ägypten zu erobern:

14 Meldet es in Ägypten, verkündet es in Migdol, / verkündet es in Memfis und Tachpanhes!

Sagt: Stell dich auf und mach dich bereit; / denn schon frisst das Schwert rings um dich her.

15 Warum liegt dein Starker zu Boden gestreckt? / Er hielt nicht stand, weil der Herr ihn stieß.

16 Viele kamen durch ihn zu Fall, / sie stürzten, Mann für Mann.

Da sagten sie: / Auf, zurück zu unsrem Volk,

ins Land unsrer Sippe, / vor dem rasenden Schwert!

17 Gebt dem Pharao, dem König Ägyptens, den Namen: / Getöse, das die Zeit verpasste.

18 So wahr ich lebe – Spruch des Königs, / Herr der Heere ist sein Name –,

wie der Tabor unter den Bergen / und wie der Karmel am Meer, / so mächtig rückt er heran.

19 Rüste dein Gepäck für die Verbannung, / du sesshafte Tochter Ägypten!

Denn Memfis wird zur Wüste, / wird niedergebrannt und menschenleer.

20 Eine stattliche Jungkuh ist Ägypten, / die Bremse von Norden stürzt sich auf sie.

46,2 Im Jahr 605 v. Chr. machte der Pharao Necho einen zweiten Versuch (der erste war 609), den völligen Untergang des Assyrerreichs infolge des Vormarsches Nebukadnezzars zu verhindern, weil er ein geschwächtes Assyrerreich als Pufferstaat zwischen Ägypten und dem Chaldäerreich wünschte. Der Versuch schlug fehl: Der letzte Rest des Assyrerreichs ging 605 v. Chr. unter. – Karkemisch liegt im westlichen Teil des Eufratbogens.

46,15 Der »Starke« ist der Pharao. Nach G könnte auch der göttliche Apis-Stier gemeint sein.

46,16 Sinn nicht ganz klar. Vermutlich sind die fremden Söldnertruppen gemeint, die nach der Niederlage in ihre Heimat fliehen (vgl. VV. 21f).

46,19.26 Zu einer Deportation der Ägypter ist es nicht gekommen. Nebukadnezzar dringt nur bis zum Nildelta vor; erst die Perser erobern Ägypten, deportieren aber die Bevölkerung nicht.

21 Auch seine Söldnertruppen mitten im Land / sind wie gemästete Kälber.
Aber auch sie machen kehrt, / sie fliehen alle und halten nicht stand.
Denn der Tag ihres Verderbens kommt über sie, / die Zeit ihrer Bestrafung.
22 Ägyptens Stimme gleicht dem Zischen der Schlange, / wenn jene anrücken mit Macht,
wenn sie mit Äxten einfallen, / Holzhackern gleich.
23 Sie fällen seinen Wald – Spruch des Herrn –, / den undurchdringlichen.
Zahlreicher als Heuschrecken sind sie, / man kann sie nicht zählen.
24 Zuschanden wird die Tochter Ägypten, / preisgegeben dem Volk aus dem Norden.

25 Der Herr der Heere, der Gott Israels, hat
gesprochen: Seht, ich suche heim den Amon
von No [und den Pharao], Ägypten und seine
Götter, seine Könige und den Pharao samt
allen, die sich auf ihn verlassen. 26 Ich gebe
sie in die Hand ihrer Todfeinde, in die Hand
Nebukadnezzars, des Königs von Babel, und
in die Hand seiner Untertanen. Aber danach
wird das Land wieder bewohnt sein wie in
früheren Zeiten – Spruch des Herrn.

16: 50,16 • 18: 48,15 • 25–26: 43,11–13.

Trost für Israel und Drohungen gegen die Philister: 46,27 – 47,7

Ein Trostwort für Jakob-Israel: 46,27–28

27 Fürchte dich nicht, du, mein Knecht Jakob, / verzage nicht, Israel!
Denn ich bin es, der dich aus fernem Land errettet, / deine Kinder aus dem Land ihrer Gefangenschaft.
Jakob wird heimkehren und Ruhe haben; / er wird in Sicherheit leben / und niemand wird ihn erschrecken.
28 Fürchte dich nicht, / du, mein Knecht Jakob – Spruch des Herrn –; / denn ich bin mit dir.
Ja, ich vernichte alle Völker, / unter die ich dich zerstreut habe.
Nur dich werde ich niemals vernichten; / ich züchtige dich mit rechtem Maß, / doch ganz ungestraft kann ich dich nicht lassen.

27: 30,10 • 28: 30,11; 4,27; 10,24; 30,11.

Über die Philister: 47,1–7

47 Das Wort des Herrn gegen die Philister, das an den Propheten Jeremia erging, bevor der Pharao Gaza eroberte.
2 So spricht der Herr:
Seht, Wasser wogen vom Norden heran / und werden zum flutenden Wildbach.
Sie überfluten das Land und was darin ist, / die Städte und ihre Bewohner.
Da schreien die Menschen, / laut klagen alle Bewohner des Landes
3 vor dem donnernden Hufschlag der Hengste, / vor dem Dröhnen der Streitwagen, / vor dem Rasseln der Räder.
Väter schauen sich nicht um nach den Söhnen; / denn ihre Hände sind schlaff
4 wegen des Tages, der kommt, / um alle Philister zu vernichten,
um auszurotten den letzten Helfer / für Tyrus und Sidon.
Ja, der Herr vernichtet die Philister, / den Rest von der Insel Kaftor.
5 Kahl scheren wird sich Gaza, / Aschkelon wird verstummen.
Wie lange noch, du Rest der Anakiter, / musst du dich wund ritzen?
6 Weh, du Schwert des Herrn, / wie lange noch willst du nicht rasten?
Fahr zurück in die Scheide, / halt ein und sei still!
7 Wie sollte es rasten, / da doch der Herr ihm Befehl gab?
Gegen Aschkelon und die Meeresküste, / dorthin hat er es bestellt.

5: 16,6; 48,37.

Über Moab: 48,1–47

Die Zerstörung: 48,1–10

48 Über Moab: So spricht der Herr der Heere, der Gott Israels:
Weh über Nebo, es wird verwüstet, / erobert wird Kirjatajim. / Zuschanden wird die Hochburg und geschleift.
2 Moabs Ruhm ist dahin. / In Heschbon plante man sein Verderben:
Kommt, wir rotten es aus, / sodass es kein Volk mehr ist.
Auch du, Madmen, wirst verstummen; / das Schwert verfolgt dich.
3 Horch! Wehgeschrei aus Horonajim: / Verwüstung und große Zerstörung!
4 Zerstört ist Moab! / So gellt der Schrei bis nach Zoar.
5 Die Steige von Luhit / steigt man weinend hinauf.
Ja, am Abstieg von Horonajim / hört man über die Zerstörung entsetzliches Schreien.
6 Flieht, rettet euer Leben! / Macht es wie der Wildesel in der Wüste!
7 Weil du auf eigene Werke und Schätze

vertraut hast, / wirst auch du erobert wer-
den.
In die Verbannung muss Kemosch ziehen /
samt seinen Priestern und Fürsten.
8 Der Verwüster kommt über jede Stadt, /
keine Stadt kann sich retten.
Verheert wird das Tal, verwüstet die Ebe-
ne, / so spricht der Herr.
9 Setzt ein Grabmal für Moab; / denn es
verfällt ganz und gar.
Seine Städte werden zur Wüste, / niemand
wohnt mehr darin.
10 Verflucht, wer den Auftrag des Herrn
lässig betreibt, / ja, verflucht, wer sein
Schwert abhält vom Blutvergießen.

4: Jes 15,5.

Der Verwüster: 48,11–28

11 Ungestört war Moab von Jugend an, /
ruhig lag es auf seiner Hefe.
Es wurde nicht umgeschüttet von Gefäß zu
Gefäß: / Nie musste es in die Verbannung
ziehen.
Darum blieb ihm sein Wohlgeschmack er-
halten, / sein Duft veränderte sich nicht.
12 Darum kommen Tage – Spruch des
Herrn –, / da schicke ich Kellermeister zu
ihm;
sie gießen es um, / entleeren seine Gefäße
und zerschlagen seine Krüge.
13 Moab wird an Kemosch zuschanden, /
wie das Haus Israel zuschanden wurde / an
Bet-El, auf das es vertraute.
14 Wie könnt ihr sagen: Helden sind wir, /
starke Krieger zum Kampf?
15 Der Verwüster Moabs und seiner Städte
steigt hinauf; / da steigen seine besten jun-
gen Männer hinab, um geschlachtet zu wer-
den
– Spruch des Königs, / Herr der Heere ist
sein Name.
16 Der Untergang Moabs rückt heran, /
schnell eilt sein Unglück herbei.
17 Beklagt es alle, ihr seine Nachbarn, /
und alle, die ihr seinen Namen kennt.
Sagt: Ach, wie ist zerbrochen der starke
Stab, / das herrliche Zepter!
18 Steig herab von deiner Würde, / setz
dich in den Kot, / du thronende Tochter Di-
bon!
Denn Moabs Verwüster zieht hinauf zu
dir, / zerstört deine Burgen.
19 Stellt euch an den Weg und späht aus, /
ihr Einwohner von Aroër!
Fragt den Flüchtling und die fliehende
Frau, / sagt: Was ist denn geschehen?
20 Zuschanden ist Moab, ja, ganz zerbro-
chen. / Klagt und schreit! / Meldet am Ar-
non: Moab ist verwüstet.
21 Ein Gericht kam über das ebene Land, /
über Holon, Jahaz und Mefaat,
22 über Dibon, Nebo und Bet-Diblatajim, /
23 über Kirjatajim, Bet-Gamul und Bet-
Meon,
24 über Kerijot und Bozra / und über alle
Städte des Landes Moab, / die fernen und die
nahen.
25 Abgehauen ist Moabs Horn, / zerschmet-
tert sein Arm [– Spruch des Herrn].
26 Macht es betrunken; / denn es hat ge-
prahlt gegen den Herrn.
So stürze Moab in sein eigenes Gespei /
und verfalle nun selbst dem Gespött.
27 Oder diente nicht Israel dir zum Ge-
spött? / Wurde es etwa beim Diebstahl er-
tappt,
dass du höhnend den Kopf geschüttelt
hast, / sooft du von ihm sprachst?
28 Verlasst die Städte, wohnt in den Fel-
sen, / ihr Bewohner von Moab!
Macht es wie die Taube, die nistet / an den
Wänden der offenen Schlucht.

11: Zef 1,12 • 15: 46,18 • 26: 48,42 • 27: 2,26.

Der Hochmut vor dem Fall: 48,29–39

29 Wir haben von Moabs Stolz gehört – / es
ist stolz über die Maßen –;
von seinem Hochmut und Stolz haben wir
gehört, / von seinem Dünkel und hochfah-
renden Sinn.
30 Ich kenne seinen Übermut – Spruch des
Herrn –, / sein Geschwätz ist nicht wahr, /
sein Tun ist nicht recht.
31 Darum jammere ich laut über Moab, /
über ganz Moab klage ich / und seufze über
die Leute von Kir-Heres.
32 Mehr als um Jaser weine ich um dich, /
Weinstock von Sibma;
bis ans Meer zogen sich deine Ranken
hin, / sie reichten bis Jaser.
Über deine Weinlese und Ernte / fiel der
Verwüster her.
33 Verschwunden sind Freude und Jubel-
geschrei / vom Fruchtland und vom Land
Moab.
Die Kufen sind leer von Wein, / kein Win-
zer keltert, / kein Jauchzen ertönt.
34 Das Schreien von Heschbon und Elale
dringt bis Jahaz, laut klagt man von Zoar bis
Horonajim und Eglat-Schelischija; denn
selbst das Wasser von Nimrim versiegt.
35 Ich mache es für Moab unmöglich –
Spruch des Herrn –, dass jemand auf der

48,13 Kemosch ist der Hauptgott der Moabiter.

48,25 Spruch des Herrn: fehlt in G.

Kulthöhe opfert und seinen Göttern Rauch-
opfer darbringt. 36 Darum jammert mein
Herz um Moab wie eine Flöte, ja mein Herz
jammert um die Leute von Kir-Heres wie
eine Flöte, weil sie ihre ganze Habe verloren.
37 Jedes Haupt ist kahl geschoren und jeder
Bart abgeschnitten, an allen Händen sind
Trauermale und um die Hüften Trauerklei-
der. 38 Auf allen Dächern und Plätzen Moabs
hört man nichts als Klage. Ja, ich zerschlage
Moab wie ein Gefäß, das niemand mehr will
– Spruch des Herrn. 39 Ach, wie ist es zerbro-
chen, wie hat Moab sich schmählich zur
Flucht gewandt! So wird Moab zum Gespött
und zu einem Bild des Entsetzens für all
seine Nachbarn.

29: Jes 16,6–12 • 34: Jes 15,4 • 37: 16,6; Jes 15,2f.

Das unabwendbare Strafgericht: 48,40–47

40 Denn so spricht der Herr:
Seht, wie ein Adler schwebt es heran / und
breitet seine Schwingen über Moab aus.
41 Die Städte werden erobert, / die Festun-
gen eingenommen.
Das Herz der Helden Moabs ist an jenem
Tag / wie das Herz einer Frau in Wehen.
42 Vernichtet wird Moab, sodass es kein
Volk mehr ist; / denn es hat geprahlt gegen
den Herrn.
43 Grauen, Grube und Garn warten auf
dich, / Bewohner von Moab – Spruch des
Herrn.
44 Wer dem Grauen entflieht, fällt in die
Grube, / wer aus der Grube steigt, fängt sich
im Garn.
Ja, das werde ich über Moab bringen / im
Jahr seiner Bestrafung – Spruch des
Herrn.
45 Im Schatten von Heschbon bleiben er-
schöpft Flüchtlinge stehen. / Doch Feuer
geht aus von Heschbon, / eine Flamme von
Sihons Haus.
Es verzehrt die Schläfe Moabs, / den
Scheitel der lärmenden Schreier.
46 Wehe dir, Moab, / verloren bist du, Volk
des Kemosch.
Denn deine Söhne schleppt man in die
Verbannung, / deine Töchter in die Gefan-
genschaft.
47 Aber in ferner Zukunft wende ich Moabs
Geschick / – Spruch des Herrn. / [Bis hierher
geht das Gerichtswort über Moab.]

40: 49,22 • 42: 48,26 • 43: Jes 24,17f • 45–46: Num 21,28f •
47: 49,6.39.

Über andere Nachbarvölker:
49,1–39

Über die Ammoniter: 49,1–6

49 Über die Ammoniter: So spricht der
Herr:
Hat denn Israel keine Söhne / oder besitzt
es keinen Erben?
Warum hat Milkom den Stamm Gad be-
erbt, / warum ließ sich sein Volk in dessen
Städten nieder?
2 Darum seht, es kommen Tage – Spruch
des Herrn –, / da lasse ich gegen das ammo-
nitische Rabba Kriegslärm ertönen.
Zum wüsten Trümmerhaufen wird es wer-
den, / seine Tochterstädte brennen im Feuer
nieder
und Israel wird die beerben, / die ihm sein
Erbteil raubten – spricht der Herr.
3 Klage laut, Heschbon, denn die Stadt ist
zerstört. / Schreit, ihr Töchter von Rabba!
Legt Trauerkleider an, haltet die Toten-
klage, / lauft umher mit eingeritzten Wun-
den!
Denn Milkom muss in die Verbannung ge-
hen / zusammen mit seinen Priestern und
Fürsten.
4 Was rühmst du dich deiner Kräfte? / Dei-
ne Kraft wird zerrinnen, du abtrünnige
Tochter,
die auf ihre Schätze vertraut und sagt: /
Wer kommt an mich heran?
5 Schon lasse ich über dich kommen
Schrecken von allen Seiten / – Spruch des
Herrn, des Gottes der Heere.
Ihr stoßt einander vorwärts (auf der
Flucht) / und niemand wird die Flüchtlinge
sammeln.
6 Aber danach wende ich das Geschick der
Ammoniter / – Spruch des Herrn.

6: 48,47.

Über Edom: 49,7–22

7 Über Edom: So spricht der Herr der Hee-
re:
Gibt es keine Weisheit mehr in Teman? /
Ging den Klugen der Rat verloren, / ist ihre
Weisheit verdorben?
8 Flieht, macht kehrt, / tief unten versteckt
euch, Einwohner von Dedan!
Denn ich bringe über Esau Verderben, /
die Zeit seiner Bestrafung.
9 Wenn Winzer zu dir kommen, / lassen sie
keine Nachlese übrig.

48,40 Wer »es« oder »er« ist, wird in geheimnisvoller Schwebe gelassen: Gott selbst oder ein menschlicher Vollstrecker seines Strafgerichts.
48,47c Fehlt in G.

49,1 Milkom (= König) ist der Hauptgott der Ammoniter.
49,8.10 Esau ist nach Gen 36 der Stammvater der Edomiter.

Wenn Diebe in der Nacht kommen, / zer-
stören sie nach Lust.
10 Ja, ich selbst hole Esau aus dem Ver-
steck, / decke seine Schlupfwinkel auf, / so-
dass er sich nicht mehr verbergen kann.
Seine Brut wird vernichtet, / seine Ver-
wandtschaft und seine Nachbarn, / sodass
keiner mehr sagt:
11 Lass deine Waisen! Ich will für sie sor-
gen, / deine Witwen können sich verlassen
auf mich.
12 Denn so spricht der Herr: Sogar jene, die
es nicht verdient hätten, aus dem Becher zu
trinken, müssen daraus trinken und da soll-
test du verschont bleiben? Du bleibst nicht
verschont, du musst trinken. 13 Denn ich
schwöre bei mir selbst – Spruch des Herrn:
Zu einem Bild des Entsetzens, zum Hohn,
zur Öde und zum Fluch wird Bozra und alle
seine Nachbarstädte werden für immer zu
Trümmerhaufen.
14 Ich habe vom Herrn eine Kunde gehört, /
ein Bote ist zu den Völkern gesandt:
Schart euch zusammen, rückt aus gegen
Edom, / tretet an zum Kampf!
15 Ja, ich mache dich klein unter den Völ-
kern, / verachtet unter den Menschen.
16 Deine Furcht erregende Macht hat dich
betört, / dein vermessener Sinn,
weil du in Felsklüften wohnst, / an Berges-
höhen dich klammerst.
Baust du dein Nest auch hoch wie der Ad-
ler, / ich stürze dich von dort hinab – Spruch
des Herrn.
17 Edom wird zu einem Bild des Entset-
zens; / jeder, der vorbeikommt, ist entsetzt /
und spottet über alle Schläge, die es erlitt.
18 Wie beim Untergang von Sodom und
Gomorra / und ihrer Nachbarstädte, spricht
der Herr,
so wird auch dort niemand mehr wohnen, /
kein Mensch darin leben.
19 Wie ein Löwe, der heraufkommt / aus
dem Dickicht des Jordan / zu den immer grü-
nen Auen,
so jage ich sie jählings davon / und setze
meinen Erwählten dort ein.
Denn wer ist mir gleich, / wer zieht mich
zur Rechenschaft / und wo ist der Hirt, der
vor mir standhält?
20 Darum hört den Beschluss, / den der
Herr gegen Edom gefasst hat,
und die Pläne, die er ersann / gegen Te-
mans Bewohner:
Wegschleppen wird man die Hirtenkna-
ben, / ihr Weideplatz wird sich über sie ent-
setzen.
21 Von Edoms dröhnendem Fall erbebt die
Erde, / bis zum Schilfmeer hört man sein
Schreien.
22 Seht, wie ein Adler steigt es empor, /
schwebt es heran / und breitet seine Schwin-
gen über Bozra aus.
Das Herz der Helden Edoms ist an jenem
Tag / wie das Herz einer Frau in Wehen.

7: Obd 8f • 9: Obd 5 • 10: Obd 6 • 12: 25,15–17 • 13: 44,22 • 14–16: Obd 1–4 • 17: 19,8; 50,13 • 18: 50,40; Jes 13,19f • 22: 48,40f.

Über Damaskus: 49,23–27

23 Über Damaskus:
Bestürzt sind Hamat und Arpad; / denn
böse Nachricht mussten sie hören.
Sie wanken vor Kummer wie das Meer, /
das nicht zur Ruhe kommen kann.
24 Damaskus wird schwach, es wendet sich
zur Flucht, / Schrecken erfasst es, / Angst
und Wehen ergreifen es wie eine Gebären-
de.
25 Wie ist doch die ruhmreiche Stadt ver-
lassen, / die Burg der Freude!
26 Darum fallen ihre jungen Männer auf
den Plätzen, / alle Krieger kommen um an je-
nem Tag / – Spruch des Herrn der Heere.
27 Ich lege Feuer an die Mauer von Damas-
kus; / es verzehrt die Paläste Ben-Hadads.

23: Jes 57,20 • 26: 50,30 • 27: 17,27; Am 1,4.

Über die arabischen Stämme: 49,28–33

28 Über Kedar und die Reiche von Hazor,
die Nebukadnezzar, der König von Babel, er-
obert hat.
So spricht der Herr:
Auf, zieht gegen Kedar, / bezwingt die
Söhne des Ostens!
29 Man raubt ihre Zelte und Herden, / ihre
Decken und ihr ganzes Gerät;
auch ihre Kamele nimmt man mit / und
man ruft über sie: Grauen ringsum!
30 Flieht, macht euch eilends davon, / tief
unten versteckt euch, / ihr Bewohner von
Hazor – Spruch des Herrn.
Denn Nebukadnezzar, der König von Ba-
bel, / hat gegen euch einen Beschluss gefasst /
und einen Plan gegen euch ersonnen.
31 Auf, zieht gegen das sorglose Volk, / das
in Sicherheit lebt – Spruch des Herrn –,

49,19–21 Ist fast wörtlich gleich wie die Drohrede gegen Babel in 50,44–46 und hat dort seinen ursprünglichen Platz, wie man aus V. 21 ersieht. Nicht vom Untergang des Kleinstaats Edom »erbebt die Erde«, sondern nur vom Fall des Neubabylonischen Großreichs.

49,28 Söhne des Ostens: die Beduinen der Arabischen Wüste.

das keine Tore und Riegel hat; / man haust ja einsam für sich.
32 Ihre Kamele werden erbeutet, / ihre vielen Herden geraubt.
In alle Winde zerstreue ich sie, / die Leute mit gestutztem Haar,
von allen Seiten bringe ich ihnen Verderben / – Spruch des Herrn.
33 Hazor wird zur Behausung für die Schakale, / eine Wüste für immer.
Niemand wird mehr dort wohnen, / kein Mensch darin leben.

29: 6,25; 20,3; 46,5 • 30: 49,8.20 • 32: 25,23 • 33: 9,10; 49,13.18; 50,3.

Über Elam: 49,34–39

34 Das Wort des Herrn gegen Elam, das zu Beginn der Regierung Zidkijas, des Königs von Juda, an den Propheten Jeremia erging.
35 So spricht der Herr der Heere:
Seht, ich zerbreche den Bogen Elams, / seine stärkste Waffe.
36 Ich bringe über Elam vier Winde / von den vier Enden des Himmels.
In alle diese Winde zerstreue ich sie, / sodass es kein Volk gibt, / zu dem nicht Versprengte aus Elam kommen.
37 Ich jage den Elamitern Schrecken ein vor ihren Feinden, / vor allen, die ihnen nach dem Leben trachten.
Unheil lasse ich über sie kommen, / meinen glühenden Zorn – Spruch des Herrn.
Ich schicke das Schwert hinter ihnen her, / bis ich sie vernichtet habe.
38 Ich stelle meinen Thron in Elam auf / und vernichte dort König und Fürsten – / Spruch des Herrn.
39 Aber in ferner Zukunft wende ich Elams Geschick / – Spruch des Herrn.

35: Jes 22,6 • 37: 9,15 • 39: 48,47; 49,6.

Über Babel: 50,1 – 51,64

50 Das Wort gegen Babel, das Land der Chaldäer, das der Herr durch den Propheten Jeremia gesprochen hat.

Das Ende des Exils: 50,2–7

2 Verkündet unter den Völkern und meldet, / [errichtet ein Wegzeichen und meldet] / verheimlicht nichts, sondern sagt:
Erobert ist Babel, zuschanden ist Bel, / zerschmettert Merodach
[zuschanden sind seine Götterbilder, / zerschmettert seine Götzen].
3 Denn ein Volk aus dem Norden rückt gegen Babel heran; / das macht sein Land zur Wüste.
Niemand mehr wohnt darin, / Mensch und Vieh ergreifen die Flucht / und laufen davon.
4 In jenen Tagen und zu jener Zeit – Spruch des Herrn – / kommen die Söhne Israels gemeinsam mit den Söhnen Judas.
Weinend gehen sie ihren Weg / und suchen den Herrn, ihren Gott.
5 Nach Zion fragen sie, / dorthin ist ihr Blick gerichtet.
Sie kommen und verbünden sich mit dem Herrn / zu einem ewigen, unvergesslichen Bund.
6 Eine verlorene Herde war mein Volk, / ihre Hirten führten sie in die Irre, / trieben sie ziellos in die Berge.
Von Berg zu Hügel zogen sie weiter / und vergaßen ihren Lagerplatz.
7 Wer auf sie stieß, fraß sie auf / und ihre Feinde sagten:
Wir begehen kein Unrecht; / sie haben ja gegen den Herrn gesündigt, / den Hort der Gerechtigkeit, die Hoffnung ihrer Väter.

2: 4,6; Jes 46,1 • 3: 49,33; 9,9 • 4: 31,9 • 5: 32,40 • 6: 50,17; 23,1 • 7: 31,23.

Der Entscheidungskampf: 50,8–20

8 Flieht aus Babel und aus dem Land der Chaldäer! / Zieht aus und seid wie Leitböcke, die der Herde vorangehen.
9 Denn seht, ich selbst stachle auf / und führe gegen Babel / eine Schar großer Völker vom Nordland her;
sie greifen es an / und von dort wird es erobert.
Ihre Pfeile sind wie die eines siegreichen Helden, / der nie zurückkehrt ohne Erfolg.
10 Plünderung trifft Chaldäa, / alle, die es plündern, werden satt / – Spruch des Herrn.
11 Freut euch nur und jubelt, / ihr, die ihr mein Erbteil geraubt habt.
Ja, hüpft wie Kälber auf der Wiese / und wiehert wie Hengste!
12 Große Schmach trifft eure Mutter; / sie, die euch geboren hat, muss sich schämen.
Seht doch, das Letzte unter den Völkern: / Wüste, Dürre und Steppe.
13 Durch den Zorn des Herrn bleibt Babel unbewohnt / und wird völlig zur Wüste;

49,34 Elam war damals noch selbstständig, ging aber später im Kernland des Perserreichs auf. Es ist das Gebiet nördlich des Persischen Golfs.

50,2 Bel (wie Baal = Herr) und Merodach sind Bezeichnungen für Marduk, den Hauptgott von Stadt und Reich Babylon. – Die Zusätze fehlen in G.

jeder, der an Babel vorbeikommt, ist entsetzt / und spottet über alle Schläge, die es erlitt.
14 Rüstet euch ringsum zum Kampf gegen Babel, / all ihr Bogenschützen!
Schießt und spart die Pfeile nicht! / [Denn gegen den Herrn hat es gesündigt.]
15 Schreit ihm von allen Seiten / den Kampfruf entgegen!
Es muss sich ergeben, seine Säulen fallen, / seine Mauern werden niedergerissen.
Ja, das ist die Rache des Herrn. / Nehmt Rache an Babel! / Was es selber getan hat, das tut jetzt an ihm!
16 Rottet in Babel den Sämann aus / und den, der zur Erntezeit mäht.
Vor dem rasenden Schwert / wendet sich jeder zu seinem Volk / jeder flieht in sein Land.
17 Ein versprengtes Schaf war Israel, / von Löwen gehetzt.
Zuerst hat es der König von Assur gefressen, / zuletzt hat ihm Nebukadnezzar, der König von Babel, die Knochen abgenagt.
18 Darum – so spricht der Herr der Heere, der Gott Israels: / Fürwahr, ich rechne ab mit dem König von Babel und seinem Land,
wie ich abgerechnet habe / mit dem König von Assur.
19 Israel aber bringe ich zurück auf seinen Weideplatz; / es soll auf dem Karmel und im Baschan weiden, / sich im Bergland Efraim und in Gilead sättigen.
20 In jenen Tagen und zu jener Zeit / – Spruch des Herrn – / wird man nach der Schuld Israels suchen,
doch sie ist nicht mehr vorhanden, / nach den Sünden Judas, / doch man findet sie nicht mehr.
Denn ich verzeihe dem Rest, / den ich übrig lasse.

8: 51,6; Jes 48,20 • 13: 19,8 49,17; 51,37 • 15: 50,28f • 16: 46,16 • 20: 33,8.

Die völlige Zerstörung: 50,21–32

21 Zieh gegen Meratajim, / zieh gegen das Land / und gegen die Bewohner von Pekod!
Erschlag sie und gib sie dem Untergang preis – Spruch des Herrn; / tu genau, was ich dir befehle!
22 Kriegslärm herrscht im Land / und großer Zusammenbruch.
23 Wie wurde zerschlagen und zerschmettert / der Hammer der ganzen Welt!
Welch ein Bild des Entsetzens ist Babel geworden / unter den Völkern!
24 Du, Babel, hast dir selbst eine Falle gestellt / und bist auch gefangen worden, ehe du es merktest.
Du wurdest erwischt und gepackt; / denn du hattest den Herrn herausgefordert.
25 Der Herr hat seine Rüstkammer geöffnet / und die Waffen seines Zornes hervorgeholt.
Denn das ist ein Werk, / das der Herr, der Gott der Heere, / im Land der Chaldäer vollbringt.
26 Kommt nach Babel vom Ende der Erde! / Öffnet seine Speicher,
werft alles auf einen Haufen zusammen, / wie man Haufen von Korn aufschüttet.
Dann gebt es dem Untergang preis; / kein Rest soll ihm bleiben.
27 Erschlagt all seine Jungstiere, / hinunter mit ihnen zum Schlachten!
Weh über sie; denn ihr Tag ist gekommen, / die Zeit ihrer Bestrafung.
28 Horcht! Entronnene Flüchtlinge aus dem Land Babel! / Sie verkünden in Zion die Rache des Herrn, unseres Gottes, / [die Rache für seinen Tempel].
29 Ruft Schützen auf gegen Babel, / alle Bogenschützen!
Belagert die Stadt ringsum, / lasst keinen entrinnen!
Vergeltet ihr nach ihrem Tun; / alles, was sie selber getan hat, / das tut auch an ihr!
Denn gegen den Herrn hat sie frech gehandelt, / gegen den Heiligen Israels.
30 Darum fallen ihre jungen Männer auf den Plätzen, / all ihre Krieger kommen um an jenem Tag / – Spruch des Herrn.
31 Nun gehe ich gegen dich vor, du Freche / – Spruch des Herrn, des Gottes der Heere.
Denn dein Tag ist gekommen, / die Zeit deiner Bestrafung.
32 Die Freche strauchelt und fällt, / niemand richtet sie auf.
Ich lege Feuer an ihre Städte, / das ringsum alles verzehrt.

23: 51,20 • 27: 50,31 • 28: 51,11 • 29: 50,15 • 30: 49,26 • 31: 51,25 • 32: 21,14.

Die Befreiung Israels: 50,33–46

33 So spricht der Herr der Heere:
Unterdrückt sind die Söhne Israels / zusammen mit den Söhnen Judas.
Von allen, die sie in Gefangenschaft führten, / werden sie festgehalten; / man weigert sich, sie zu entlassen.
34 Doch ihr Erlöser ist stark, / Herr der Heere ist sein Name.

50,14 Der Zusatz fehlt in G.

50,28c Fehlt in G und dürfte aus 51,11 eingedrungen sein.

Er führt ihre Sache mit Kraft, / um der Erde Ruhe zu schaffen, / Unruhe aber Babels Bewohnern.
35 Das Schwert über die Chaldäer – Spruch des Herrn – / und über die Bewohner von Babel, / über seine Fürsten und seine Weisen!
36 Das Schwert über die Wahrsager, / sie werden zu Narren!
Das Schwert über seine Helden, / sie brechen zusammen!
37 Das Schwert [über seine Rosse und Wagen und] / über alles Völkergemisch in seinen Reihen, / es wird zu Weibern!
Das Schwert über seine Schätze, / sie werden geraubt!
38 Das Schwert über seine Wasser, / sie vertrocknen!
Denn es ist ein Land voll von Götzenbildern / und durch die Schreckbilder werden sie toll.
39 Darum werden Wüstenhunde und Hyänen dort hausen / und Strauße werden sich dort niederlassen.
Nie mehr soll es bewohnt sein, / ewig nicht mehr besiedelt werden.
40 Wie Gott einst Sodom und Gomorra / und ihre Nachbarstädte zerstört hat / – Spruch des Herrn –,
so wird auch dort niemand wohnen, / kein Mensch darin leben.
41 Seht, ein Volk zieht von Norden heran, / ein großes Volk und viele Könige / brechen auf von den Grenzen der Erde.
42 Sie kommen mit Bogen und Sichelschwert; / grausam sind sie und ohne Erbarmen.
Ihr Lärm gleicht dem Brausen des Meeres / und sie reiten auf Rossen,
Krieger, zum Kampf gerüstet / gegen dich, Tochter Babel.
43 Sobald der König von Babel von ihnen hört, / da erschlaffen ihm die Hände;
es packt ihn die Angst, / das Zittern, wie eine Gebärende.
44 Wie ein Löwe, der heraufkommt aus dem Dickicht des Jordan/ zu den immer grünen Auen,
so jage ich sie jählings davon / und setze meinen Erwählten dort ein.
Denn wer ist mir gleich, / wer zieht mich zur Rechenschaft / und wo ist der Hirt, der vor mir standhält?
45 Darum hört den Beschluss, / den der Herr gegen Babel gefasst hat,
und die Pläne, die er ersann / gegen das Land der Chaldäer:
Wegschleppen wird man die Hirtenknaben, / ihr Weideplatz wird sich über sie entsetzen.
46 Vom Ruf »Erobert ist Babel« erbebt die Erde, / unter den Völkern hört man sein Schreien.

39: Jes 13,20 • 40: 49,18 • 41–43: 6,22–24 • 44–46: 4,7; 49,19–21.

Gottes Strafgericht: 51,1–14

51 So spricht der Herr:
Seht, gegen Babel und die Bewohner Chaldäas / wecke ich den Geist eines Verwüsters.
2 Ich sende Worfler nach Babel; / die werden es worfeln und sein Land auskehren, / wenn sie es umzingeln am Tag des Unheils.
3 Nicht erschlaffe, wer den Bogen spannt, / der Gepanzerte werde nicht müde.
Schont seine jungen Männer nicht, / gebt sein ganzes Heer dem Untergang preis!
4 Erschlagene liegen herum im Land der Chaldäer, / Durchbohrte auf seinen Straßen.
5 Denn nicht verwitwet sind Israel und Juda, / nicht verlassen von ihrem Gott, / dem Herrn der Heere.
Doch das Chaldäerland ist voll von Schuld / gegen den Heiligen Israels.
6 Flieht aus Babel, jeder rette sein Leben, / damit ihr nicht umkommt bei seinem Schuldgericht.
Denn es ist die Zeit der Rache für den Herrn; / was Babel verübt hat, zahlt er ihm heim.
7 Babel war in der Hand des Herrn / ein goldener Becher, / der die ganze Erde berauschte.
Von seinem Wein haben die Völker getrunken; / deshalb haben sie den Verstand verloren.
8 Jählings fällt Babel und wird zerschmettert. / Klagt laut darüber!
Holt Balsam für seine Wunde, / vielleicht ist es zu heilen.
9 Wir wollten Babel Heilung bringen, / es war aber nicht mehr zu heilen.
Verlasst es! Gehen wir, jeder in sein Land! / Denn sein Gericht reicht bis zum Himmel hinauf, / ragt bis zu den Wolken empor.

50,37a Zusatz aus 51,21.
51,1–14 Die hier angekündigte Zerstörung Babylons ist nicht eingetreten. Kyros hat es als Befreier betreten. Erst seit etwa 120 v. Chr. verfällt die Stadt allmählich, bis sie schließlich ganz vergessen ist.

10 Der Herr hat unsre gerechte Sache / ans Licht gebracht.
Kommt, lasst uns in Zion erzählen, / was der Herr, unser Gott, getan hat.
11 Schärft die Pfeile, füllt die Köcher! / Der Herr hat den Geist der Könige von Medien erweckt;
denn er hegt den Plan, / Babel zu vernichten.
Ja, das ist die Rache des Herrn, / die Rache für seinen Tempel.
12 Errichtet ein Feldzeichen gegen Babels Mauern, / verstärkt die Wache!
Stellt Posten auf, / legt Leute in den Hinterhalt!
Denn der Herr hat seinen Plan gefasst / und er führt auch aus, / was er Babels Einwohnern angedroht hat.
13 Die du an großen Wassern wohnst, so reich an Schätzen, / dein Ende ist da, dein Maß ist voll.
14 Geschworen hat der Herr der Heere bei sich selbst: / Wärst du auch mit Menschen angefüllt wie mit Heuschrecken, / man stimmt doch den Kampfruf gegen dich an.

2: 15,7 • 5: Jes 54,4 • 6: 50,8.15 • 7: 25,15 • 8: Jes 21,9 • 11: Jes 13,17; Jer 50,28 • 12: 50,2

Gottes Größe: 51,15–19

15 Er hat die Erde erschaffen durch seine Kraft, / den Erdkreis gegründet durch seine Weisheit, / durch seine Einsicht den Himmel ausgespannt.
16 Lässt er seine Stimme ertönen, / dann rauschen die Wasser am Himmel.
Wolken führt er herauf vom Rand der Erde; / er lässt es blitzen und regnen, / aus seinen Kammern entsendet er den Wind.
17 Töricht steht jeder Mensch da, ohne Erkenntnis, / beschämt jeder Goldschmied mit seinem Götzenbild;
denn seine Bilder sind Trug, / kein Atem ist in ihnen.
18 Nichtig sind sie, ein Spottgebilde. / Zur Zeit ihrer Heimsuchung gehen sie zugrunde.
19 Anders der Gott, der Jakobs Anteil ist. / Denn er ist der Schöpfer des Alls / und Israel der Stamm, der ihm gehört. / Herr der Heere ist sein Name.

15–19 ‖ 10,12–16 • 16: 10,13; Ps 135,7.

Babel als Hammer Gottes: 51,20–26

20 Du warst mein Hammer, meine Waffe für den Krieg. / Mit dir zerschlug ich Völker, / mit dir stürzte ich Königreiche,
21 mit dir zerschlug ich Ross und Lenker, / mit dir zerschlug ich Wagen und Fahrer,
22 mit dir zerschlug ich Mann und Frau, / mit dir zerschlug ich Greis und Kind, / mit dir zerschlug ich Knabe und Mädchen,
23 mit dir zerschlug ich Hirt und Herde, / mit dir zerschlug ich Bauer und Gespann, / mit dir zerschlug ich Statthalter und Vorsteher.
24 Aber ich übe Vergeltung an Babel und an allen Bewohnern Chaldäas / für alles Böse, das sie an Zion vor euren Augen verübten – Spruch des Herrn.
25 Nun gehe ich gegen dich vor, / du Berg des Verderbens, / der die ganze Erde verdarb – Spruch des Herrn.
Ich strecke meine Hand gegen dich aus, / ich wälze dich weg von den Felsen / und mache dich zum ausgebrannten Berg.
26 Man wird von dir keinen Eckstein / und keinen Grundstein mehr holen,
nein, Wüste bleibst du für immer / – Spruch des Herrn.

20: 50,23 • 24: 50,15.29 • 25: 50,31.

Die Strafe für die Schuld: 51,27–40

27 Errichtet ein Feldzeichen auf der Erde, / stoßt ins Horn unter den Völkern!
Bietet Völker zum Heiligen Krieg auf gegen die Stadt, / ruft Königreiche herbei gegen sie!
Ararat, Minni und Aschkenas, / hebt Truppen aus gegen sie,
lasst Rosse anrücken, / borstigen Heuschrecken gleich!
28 Bietet Völker zum Heiligen Krieg auf gegen sie, / die Könige von Medien,
seine Statthalter und Vorsteher / und das ganze Land ihrer Herrschaft!
29 Da bebt und zittert die Erde, / wenn sich an Babel der Plan des Herrn erfüllt,
das Land von Babel zur Wüste zu machen, / die niemand bewohnt.
30 Die Helden Babels geben den Kampf auf / und hocken in ihren Burgen.
Ihre Heldenkraft ist versiegt, / Weiber sind sie geworden.
Seine Wohnungen steckt man in Brand, / seine Riegel zerbricht man.
31 Läufer über Läufer stürmt heran, / Bote über Bote,
um dem König von Babel zu melden, / seine Stadt sei von allen Seiten erobert,
32 die Flussübergänge seien besetzt, / die Kähne im Feuer verbrannt, / die Krieger entmutigt.

51,15–19 Der mit 10,12–16 gleich lautende Hymnus durchbricht den Zusammenhang.

33 Denn so spricht der Herr der Heere, /
der Gott Israels:
Die Tochter Babel gleicht der Tenne, /
wenn sie festgestampft wird;
noch eine kurze Frist, / dann ist für sie die
Erntezeit da.
34 Nebukadnezzar, der König von Babel, /
hat mich gefressen und weggerafft, / mich
beiseite gestellt wie ein leeres Gefäß.
Er hat mich wie ein Drache verschlun-
gen, / hat sich den Bauch gefüllt / und mich
aus dem Ort meiner Wonne vertrieben.
35 Was ich an Unrecht und Schaden erlitt, /
komme über Babel!, / so sollen die Bürger
Zions sagen.
Mein Blut komme über die Bewohner
Chaldäas!, / so soll Jerusalem sagen.
36 Darum – so spricht der Herr:
Ich selber führe deine Sache / und will
dich rächen.
Ich lasse seinen Strom vertrocknen / und
seine Quelle versiegen.
37 Babel wird ein Trümmerhaufen, / eine
Behausung für die Schakale,
ein Ort des Entsetzens und des Spottes, /
wo niemand wohnt.
38 Alle zusammen brüllen sie wie Löwen, /
knurren wie Junglöwen.
39 Ihrer Gier bereite ich das Gelage, / be-
rausche sie, dass sie betäubt werden,
in ewigen Schlaf versinken / und nie mehr
erwachen – Spruch des Herrn.
40 Ich führe sie hinab wie Lämmer zum
Schlachten, / wie Widder und Böcke.

30: 50,37; Jes 19,16; Nah 3,13 • 37: 50,13 • 40: 50,27.

Die endgültige Vernichtung: 51,41–58

41 Weh, genommen und erobert / ist der
Ruhm der ganzen Erde.
Weh, Babel ist zu einem Bild des Entset-
zens geworden / unter den Völkern.
42 Das Meer überflutet Babel, / vom
Schwall seiner Wogen wird es bedeckt.
43 Seine Städte werden zur Wüste, / ein
Land der Dürre und Steppe,
wo niemand wohnt / und wo kein Mensch
mehr hindurchzieht.
44 Den Bel von Babel suche ich heim / und
entreiße seinem Rachen, was er verschlun-
gen hat.
Die Völker strömen nicht mehr zu ihm. /
Auch die Mauer von Babel muss fallen. –
45 Zieh weg aus seiner Mitte, mein Volk! /
Jeder rette sein Leben vor dem glühenden
Zorn des Herrn.
46 Euer Herz soll nicht verzagen. / Fürchtet
euch nicht bei dem Gerücht, das man im
Land hört
– man wird im einen Jahr dieses / und im
andern Jahr jenes Gerücht hören –
und wenn Gewalttat im Land regiert / und
Herrscher gegen Herrscher steht.
47 Darum seht, es kommen Tage, / da suche
ich die Götzen Babels heim;
sein ganzes Land wird zuschanden / und
alle seine Erschlagenen, seine Gefallenen,
liegen in seinem Gebiet.
48 Dann jubeln über Babel Himmel und
Erde / und alles, was in ihnen ist,
wenn von Norden her die Verwüster ein-
fallen / – Spruch des Herrn.
49 Babel muss fallen für die Erschlagenen
Israels, / ebenso wie die Erschlagenen der
ganzen Welt für Babel gefallen sind.
50 Ihr, die ihr dem Schwert entronnen
seid, / zieht weg, haltet euch nicht auf!
Denkt in der Ferne an den Herrn / und
tragt Jerusalem in eurem Herzen!
51 Schämen müssen wir uns; / denn
Schmach mussten wir hören.
Schamröte bedeckt unser Gesicht; / denn
Fremde sind gekommen / über die Heiligtü-
mer des Hauses des Herrn.
52 Darum seht, es kommen Tage / – Spruch
des Herrn –,
da suche ich seine Götzen heim / und in
seinem ganzen Land röcheln Erschlagene.
53 Wenn Babel auch bis zum Himmel em-
porsteigt / und sich in unzugänglicher Höhe
verschanzt, / so werden doch auf meinen
Wink Verwüster es überfallen – Spruch des
Herrn.
54 Horch, lautes Schreien von Babel her, /
großer Zusammenbruch im Land der Chal-
däer.
55 Denn der Herr verwüstet Babel / und
macht seinem lauten Lärmen ein Ende,
mögen seine Wogen brausen wie gewaltige
Wasser, / mag tosend ihr Lärm erschallen.
56 Ja, der Verwüster kommt über Babel. /
Seine Helden werden gefangen genommen, /
ihre Bogen zerbrochen.
Denn der Herr ist ein Gott der Vergel-
tung; / genau rechnet er ab.
57 Die Fürsten und Weisen Babels, / seine
Statthalter, Vorsteher und Kriegshelden ma-
che ich betrunken,
in ewigen Schlaf sollen sie sinken / und nie
mehr erwachen – Spruch des Königs, / Herr
der Heere ist sein Name.
58 So spricht der Herr der Heere:
Die breite Mauer von Babel wird ge-
schleift bis auf den Grund, / seine hohen
Tore werden niedergebrannt.
So mühen sich Völker um nichts, / Natio-
nen plagen sich ab für das Feuer.

43: 2,6 • 53: Jes 14,13 • 57: 51,39 • 58: Hab 2,13.

Ein geschichtlicher Nachtrag: 51,59–64

59 Der Auftrag, den der Prophet Jeremia
dem Seraja, dem Sohn Nerijas, des Sohnes
Machsejas, erteilt hat, als dieser mit Zidkija,
dem König von Juda, in dessen viertem Re-
gierungsjahr nach Babel reiste. Seraja war
oberster Quartiermeister. 60 Jeremia hatte
all das Unheil, das über Babel kommen soll-
te, in einer einzigen Buchrolle aufgeschrie-
ben, alle jene Worte, die über Babel aufge-
zeichnet sind. 61 Jeremia sagte zu Seraja:
Wenn du nach Babel kommst, sieh zu, dass
du alle diese Worte laut vorliest. 62 Dann sag:
Herr, du selbst hast diesem Ort angedroht,
ihn zu vernichten, sodass niemand mehr
darin wohnt, weder Mensch noch Vieh; für
immer soll er zur Wüste werden. 63 Sobald du
diese Buchrolle zu Ende gelesen hast, binde
an sie einen Stein und wirf sie in den Eufrat!
64 Sprich dabei: So soll Babel versinken und
nicht wieder hochkommen, wegen des Un-
heils, das ich über die Stadt bringe. [So weit
reichen die Worte Jeremias.]

60: 50,1 – 51,58 • 62: 51,26.

ANHANG: DIE ZERSTÖRUNG JERUSALEMS: 52,1–30

Die Eroberung Jerusalems: 52,1–11

52 Zidkija war einundzwanzig Jahre alt,
als er König wurde, und regierte elf
Jahre in Jerusalem. Seine Mutter hieß Ha-
mutal und war eine Tochter Jirmejas aus
Libna. 2 Er tat, was dem Herrn missfiel, ganz
so, wie es Jojakim getan hatte. 3 Weil der
Herr zornig war, kam es mit Jerusalem und
Juda so weit, dass er sie von seinem Ange-
sicht verstieß.

Zidkija hatte sich gegen den König von
Babel empört. 4 Im neunten Regierungsjahr
Zidkijas, am zehnten Tag des zehnten Mo-
nats, rückte Nebukadnezzar, der König von
Babel, mit seiner ganzen Streitmacht vor Je-
rusalem und belagerte es. Man errichtete
ringsherum einen Belagerungswall. 5 Bis
zum elften Jahr des Königs Zidkija wurde
die Stadt belagert. 6 Am neunten Tag des
vierten Monats war in der Stadt die Hun-
gersnot groß geworden und die Bürger des
Landes hatten kein Brot mehr. 7 Damals
wurden Breschen in die Stadtmauer geschla-
gen. Als der König und alle Krieger das sa-
hen, ergriffen sie die Flucht und verließen
die Stadt bei Nacht auf dem Weg durch das
Tor zwischen den beiden Mauern, das zum
königlichen Garten hinausführt, obwohl die
Chaldäer rings um die Stadt lagen. Sie
schlugen die Richtung nach der Araba ein.
8 Aber die chaldäischen Truppen setzten dem
König nach und holten Zidkija in den Niede-
rungen von Jericho ein, nachdem alle seine
Truppen ihn verlassen und sich zerstreut
hatten. 9 Man ergriff den König und brachte
ihn nach Ribla in der Landschaft Hamat zum
König von Babel und dieser sprach über ihn
das Urteil. 10 Der König von Babel ließ die
Söhne Zidkijas vor dessen Augen niederma-
chen; auch alle Großen Judas ließ er in Ribla
niedermachen. 11 Zidkija ließ er blenden und
in Fesseln legen. Der König von Babel brach-
te ihn nach Babel und hielt ihn in Haft bis zu
seinem Tod.

1–11 ‖ 2 Kön 24,18 – 25,7 • 11: 32,5.

Die Wegführung in die Verbannung:
52,12–30

12 Am zehnten Tag des fünften Monats –
das ist im neunzehnten Jahr des Königs Ne-
bukadnezzar, des Königs von Babel – rückte
Nebusaradan, der Kommandant der Leib-
wache, der zum engeren Dienst des Königs
von Babel gehörte, in Jerusalem ein 13 und
steckte das Haus des Herrn, den königlichen
Palast und alle Häuser Jerusalems in Brand.
Jedes große Haus ließ er in Flammen aufge-
hen. 14 Auch alle Umfassungsmauern Jeru-
salems rissen die chaldäischen Truppen, die
dem Kommandanten der Leibwache unter-
standen, nieder. 15 Den Rest der Bevölke-
rung, der noch in der Stadt geblieben war,
sowie alle, die zum König von Babel überge-
laufen waren, und den Rest der Handwerker
schleppte Nebusaradan, der Kommandant
der Leibwache, in die Verbannung. 16 Nur
von den armen Leuten im Land ließ Nebu-
saradan, der Kommandant der Leibwache,
einen Teil als Wein- und Ackerbauern zu-
rück.

17 Die bronzenen Säulen am Haus des
Herrn, die fahrbaren Gestelle und das
Eherne Meer beim Haus des Herrn zerschlu-
gen die Chaldäer und nahmen alle Gegen-

51,64 Die Schlussbemerkung fehlt in G; vgl. die Anmerkung zu 48,47.
52,1–34 Fast wörtlich aus 2 Kön 24,18 – 25,30 übernommen. Ein Auszug von 52,4–16 steht bereits in 39,1–10.
52,7 Ergänzt nach 39,4.

stände aus Bronze mit nach Babel. 18 Auch die Töpfe, Schaufeln, Messer, Schalen und Becher sowie alle bronzenen Geräte, die man beim Tempeldienst verwendete, nahmen sie weg. 19 Ebenso nahm der Kommandant der Leibwache die Becken, Kohlenpfannen, Schalen, Töpfe, Leuchter, Becher und Schüsseln weg, die sämtlich aus Gold oder aus Silber waren, 20 ferner die zwei Säulen, das eine »Meer« [die zwölf bronzenen Rinder unter dem Meer], die Gestelle, die König Salomo für das Haus des Herrn hatte anfertigen lassen – die Bronze von all diesen Geräten war nicht zu wiegen. 21 Was die Säulen betrifft, so hatte jede Säule eine Höhe von achtzehn Ellen und ein Band von zwölf Ellen umschlang sie; ihre Dicke betrug vier Finger; innen war sie hohl. 22 Oben hatte sie ein Kapitell aus Bronze. Die Höhe des einen Kapitells betrug fünf Ellen; das Kapitell umgaben Flechtwerk und Granatäpfel, alles aus Bronze. Ebenso war es bei der zweiten Säule [und den Granatäpfeln]. 23 Es waren sechsundneunzig frei hängende Granatäpfel; im Ganzen waren hundert Granatäpfel rings um das Flechtwerk.

24 Der Kommandant der Leibwache nahm ferner den Oberpriester Seraja, den zweiten Priester Zefanja und die drei Schwellenwächter mit. 25 Aus der Stadt nahm er einen Hofbeamten, der Kommandant der Soldaten war, und sieben Leute vom persönlichen Dienst des Königs mit, die sich noch in der Stadt befanden, sowie den Schreiber des Heerführers, der die Bürger des Landes auszuheben hatte, schließlich sechzig Mann von der Bürgerschaft, die sich noch in der Stadt befanden. 26 Nebusaradan, der Kommandant der Leibwache, nahm sie fest und schickte sie zum König von Babel nach Ribla. 27 Der König von Babel ließ sie in Ribla in der Landschaft Hamat hinrichten. So wurde Juda von seiner Heimat weggeführt.

28 Das ist die Anzahl der Leute, die Nebukadnezzar wegführen ließ: in seinem siebten Regierungsjahr 3023 Judäer, 29 im achtzehnten Jahr Nebukadnezzars 832 Personen aus Jerusalem; 30 im dreiundzwanzigsten Jahr Nebukadnezzars führte Nebusaradan, der Kommandant der Leibwache, an Judäern 745 Personen weg; im Ganzen waren es 4600 Personen.

12–27 ‖ 2 Kön 25,8–21 • 17: 27,19–22.

Ausblick: die Begnadigung Jojachins:
52,31–34

31 Im siebenunddreißigsten Jahr nach der Wegführung Jojachins, des Königs von Juda, am fünfundzwanzigsten Tag des zwölften Monats, begnadigte Ewil-Merodach, der König von Babel, im Jahr seines Regierungsantritts Jojachin, den König von Juda, und entließ ihn aus dem Kerker. 32 Er söhnte sich mit ihm aus und wies ihm seinen Sitz oberhalb des Sitzes der anderen Könige an, die bei ihm in Babel waren. 33 Er durfte seine Gefängniskleidung ablegen und ständig bei ihm speisen, solange er lebte. 34 Sein Unterhalt – ein dauernder Unterhalt – wurde ihm bis zu seinem Todestag vom König von Babel in der bestimmten Menge täglich geliefert, solange er lebte.

31–34 ‖ 2 Kön 25,27–30.

Die Klagelieder

Die hebräische Bibel reiht dieses poetische Buch in den dritten Teil des Kanons, die »Schriften«, ein und zählt es zu den fünf »Festrollen« (vgl. die Einleitung zu Rut). Es wurde am 9. Ab (im Mai) während des Tempelfastens gelesen, zur Erinnerung an die Zerstörung des Tempels durch Titus im Jahr 70 n. Chr. Die griechische und die lateinische Bibel weisen den Klageliedern ihren Platz unmittelbar nach dem Buch Jeremia zu. Die Überschrift deutet auf Jeremia als Verfasser hin. Dabei stützt man sich auf 2 Chr 35,25, wonach das Buch tatsächlich in die Zeit des Propheten zu datieren ist. Doch ist aus inneren Gründen die Verfasserschaft

52,20 Der Zusatz fehlt in 2 Kön 25,16. Die Rinder aus Bronze hatte bereits Ahas an den Assyrerkönig abgeliefert (vgl. 2 Kön 16,17).

Jeremias abzulehnen (vgl. 2,9; 4,17.20). Auch ist das streng gebundene Versmaß der alphabetischen Lieder, bei denen immer der folgende Vers oder die folgende Strophe mit dem nächsten Buchstaben des hebräischen Alphabets beginnt, dem Propheten fremd.

Die Kapitel 1, 2 und 4 sind der literarischen Form nach Totenlieder; Kap. 3 ist ein individuelles Klagelied, Kap. 5, in der lateinischen Bibel mit der Überschrift »Gebet des Jeremia«, ein Volksklagelied. Die Klagelieder dürften in Juda bald nach dem Untergang des Südreichs und der Zerstörung des Tempels (586 v. Chr.) entstanden sein. Wahrscheinlich sind sie alle dem gleichen Verfasser zuzuschreiben, der vielleicht zu priesterlichen Kreisen gehörte. In packenden Bildern schildert er den übergroßen Schmerz Jerusalems und seiner Einwohner über die Katastrophe des Jahres 586 v. Chr. Dabei ist das Buch getragen von einem unbesiegbaren Vertrauen auf Gott. Es will Reue und Umkehr bei denen wecken, die den Untergang der Stadt und des Tempels erlebt haben. Da Bedeutung und Vorrechte des alttestamentlichen Tempels im Neuen Testament auf Christus übertragen werden (vgl. Joh 2, 19), wendet die Kirche in der Liturgie der Karwoche die Klagelieder auf das Leiden und Sterben Christi an.

DAS ERSTE LIED: 1,1–22

1 Weh, wie einsam sitzt da / die einst so volkreiche Stadt.
Einer Witwe wurde gleich / die Große unter den Völkern.
Die Fürstin über die Länder / ist zur Fron erniedrigt.
2 Sie weint und weint des Nachts, / Tränen auf ihren Wangen.
Keinen hat sie als Tröster / von all ihren Geliebten.
Untreu sind all ihre Freunde, / sie sind ihr zu Feinden geworden.
3 Gefangen ist Juda im Elend, / in harter Knechtschaft.
Nun weilt sie unter den Völkern / und findet nicht Ruhe.
All ihre Verfolger holten sie ein / mitten in der Bedrängnis.
4 Die Wege nach Zion trauern, / niemand pilgert zum Fest, / verödet sind all ihre Tore.
Ihre Priester seufzen, / ihre Jungfrauen sind voll Gram, / sie selbst trägt Weh und Kummer.
5 Ihre Bedränger sind an der Macht, / ihre Feinde im Glück.
Denn Trübsal hat der Herr ihr gesandt / wegen ihrer vielen Sünden.
Ihre Kinder zogen fort, / gefangen, vor dem Bedränger.
6 Gewichen ist von der Tochter Zion / all ihre Pracht.
Ihre Fürsten sind wie Hirsche geworden, / die keine Weide finden.
Kraftlos zogen sie dahin / vor ihren Verfolgern.
7 Jerusalem denkt an die Tage / ihres Elends, ihrer Unrast,
an all ihre Kostbarkeiten, / die sie einst besessen,
als ihr Volk in Feindeshand fiel / und keiner ihr beistand.
Die Feinde sahen sie an, / lachten über ihre Vernichtung.
8 Schwer gesündigt hatte Jerusalem, / deshalb ist sie zum Abscheu geworden.
All ihre Verehrer verachten sie, / weil sie ihre Blöße gesehen.
Sie selbst aber seufzt / und wendet sich ab (von ihnen).
9 Ihre Unreinheit klebt an ihrer Schleppe, / ihr Ende bedachte sie nicht.
Entsetzlich ist sie gesunken, / keinen hat sie als Tröster.
Sieh doch mein Elend, o Herr, / denn die Feinde prahlen.
10 Der Bedränger streckte die Hand aus / nach all ihren Schätzen.
Zusehen musste sie, / wie Heiden in ihr Heiligtum drangen;
ihnen hattest du doch verboten, / sich dir zu nahen in der Gemeinde.
11 All ihre Bewohner seufzen, / verlangen nach Brot.
Sie geben ihre Schätze für Nahrung, / nur um am Leben zu bleiben.
Herr, sieh doch und schau, / wie sehr ich verachtet bin.
12 Ihr alle, die ihr des Weges zieht, / schaut doch und seht,
ob ein Schmerz ist wie mein Schmerz, / den man mir angetan,

1,12a: Ihr alle: Text korr.; H: Nicht für euch alle.

mit dem der Herr mich geschlagen hat / am Tag seines glühenden Zornes.

13 Aus der Höhe sandte er Feuer, / in meine Glieder ließ er es fallen.

Er spannte ein Netz meinen Füßen, / rücklings riss er mich nieder.

Er machte mich zunichte / und siech für alle Zeit.

14 Schwer ist das Joch meiner Sünden, / von seiner Hand aufgelegt.

Sie stiegen mir über den Hals; / da brach meine Kraft.

Preisgegeben hat mich der Herr, / ich kann mich nicht erheben.

15 Verworfen hat all meine Helden / der Herr in meiner Mitte.

Ein Fest rief er aus gegen mich, / meine Jungmannschaft zu zerschlagen.

Die Kelter trat der Herr / gegen die Jungfrau, Tochter Juda.

16 Darüber muss ich weinen, / von Tränen fließt mein Auge.

Fern sind alle Tröster, / mich zu erquicken.

Verstört sind meine Kinder; / denn der Feind ist stark.

17 Zion ringt die Hände, / sie hat keinen Tröster.

Aufgeboten hat der Herr gegen Jakob / seine Nachbarn, ihn zu bedrängen.

Jerusalem ist unter ihnen / zum Schandfleck geworden.

18 Er, der Herr, ist im Recht. / Ich habe seinem Wort getrotzt.

Hört doch, alle ihr Völker / und seht meinen Schmerz:

Meine Mädchen, meine jungen Männer / zogen in die Gefangenschaft.

19 Ich rief nach meinen Geliebten; / doch sie betrogen mich.

Meine Priester, meine Ältesten / sind in der Stadt verschmachtet,

als sie Nahrung suchten, / um am Leben zu bleiben.

20 Herr, sieh an, wie mir angst ist. / Es glüht mir in der Brust;

mir dreht sich das Herz im Leibe, / weil ich so trotzig war.

Draußen raubte die Kinder das Schwert, / drinnen raffte sie die Pest dahin.

21 Hör, wie ich stöhne; / ich habe keinen Tröster.

All meine Feinde hörten von meinem Unglück, / freuten sich, dass du es bewirkt hast.

Bring deinen angekündigten Tag, / damit es ihnen ergeht wie mir; /

22 all ihre Bosheit komme vor dich.

Tu dann an ihnen, / wie du an mir getan / wegen all meiner Sünden.

Denn ich stöhne ohne Ende / und mein Herz ist krank.

2: Jer 4,30; 30,14 • 3: Dtn 28,65 • 4: Jes 3,26; Jer 14,2 • 8: Jer 13,22 • 10: Dtn 23,3–5 • 13: Ez 12,13 • 15: Jes 63,3 • 18: Dtn 28,41 • 20: Jer 4,19; Dtn 32,25.

DAS ZWEITE LIED: 2,1–22

2 Weh, mit seinem Zorn umwölkt / der Herr die Tochter Zion.

Er schleudert vom Himmel zur Erde / die Pracht Israels.

Nicht dachte er an den Schemel seiner Füße / am Tag seines Zornes.

2 Schonungslos hat der Herr vernichtet / alle Fluren Jakobs,

niedergerissen in seinem Grimm / die Bollwerke der Tochter Juda,

zu Boden gestreckt, entweiht / das Königtum und seine Fürsten.

3 Abgehauen hat er in Zornesglut / jedes Horn in Israel.

Er zog seine Rechte zurück / angesichts des Feindes

und brannte in Jakob wie flammendes Feuer, / ringsum alles verzehrend.

4 Er spannte den Bogen wie ein Feind, / stand da, erhoben die Rechte.

Wie ein Gegner erschlug er alles, / was das Auge erfreut.

Im Zelt der Tochter Zion / goss er seinen Zorn aus wie Feuer.

5 Wie ein Feind ist geworden der Herr, / Israel hat er vernichtet.

Vernichtet hat er alle Paläste, / zerstört seine Burgen.

Auf die Tochter Juda hat er gehäuft / Jammer über Jammer.

6 Er zertrat wie einen Garten seine Wohnstatt, / zerstörte seinen Festort.

1,13b Text korr. nach G.
1,20 drinnen raffte sie die Pest dahin, wörtlich: drinnen wie der Tod.
1,21a Hör: Text korr. nach S; H: Sie hörten.
1,21e: Bring: Text korr. nach S; H: Du hast gebracht.
2,1e Schemel seiner Füße: Gemeint ist der Tempel (vgl. 1 Chr 28,2).

Vergessen ließ der Herr auf Zion / Festtag
und Sabbat.
In glühendem Zorn verwarf er / König und
Priester.
7 Seinen Altar hat der Herr verschmäht, /
entweiht sein Heiligtum,
überliefert in die Hand des Feindes / die
Mauern von Zions Palästen.
Man lärmte im Haus des Herrn / wie an einem Festtag
8 Zu schleifen plante der Herr / die Mauer
der Tochter Zion.
Er spannte die Messschnur und zog nicht
zurück / die Hand vom Vertilgen.
Trauern ließ er Wall und Mauer; / miteinander sanken sie nieder.
9 In den Boden sanken ihre Tore, / ihre
Riegel hat er zerstört und zerbrochen.
Ihr König und ihre Fürsten sind unter den
Völkern, / keine Weisung ist da,
auch keine Offenbarung / schenkt der
Herr ihren Propheten.
10 Am Boden sitzen, verstummt, / die Ältesten der Tochter Zion,
streuen sich Staub aufs Haupt, / legen
Trauerkleider an.
Zu Boden senken den Kopf / die Mädchen
von Jerusalem.
11 Meine Augen ermatten vor Tränen, /
mein Inneres glüht.
Ausgeschüttet auf die Erde ist mein Herz /
über den Zusammenbruch der Tochter, meines Volkes.
Kind und Säugling verschmachten / auf
den Plätzen der Stadt.
12 Sie sagen zu ihren Müttern: / Wo ist Brot
und Wein?,
da sie erschöpft verschmachten / auf den
Plätzen der Stadt,
da sie ihr Leben aushauchen / auf dem
Schoß ihrer Mütter.
13 Wie soll ich dir zureden, was dir gleichsetzen, / du Tochter Jerusalem?
Womit kann ich dich vergleichen, wie dich
trösten, / Jungfrau, Tochter Zion?
Dein Zusammenbruch ist groß wie das
Meer, / wer kann dich heilen?
14 Deine Propheten schauten dir Lug und
Trug. / Deine Schuld haben sie nicht aufgedeckt, / um dein Schicksal zu wenden.
Sie schauten dir als Prophetenworte / nur
Trug und Verführung.
15 Über dich klatschen in die Hände / alle,
die des Weges ziehen.
Sie zischeln und schütteln den Kopf / über
die Tochter Jerusalem:
Ist das die Stadt, die man nannte: / Entzücken der ganzen Welt, / Krone der Schönheit?
16 Über dich reißen ihr Maul auf / all deine
Feinde.
Sie zischeln und fletschen die Zähne, / sie
sprechen: Wir haben sie verschlungen.
Das ist der Tag, auf den wir hofften. / Wir
haben ihn erreicht und gesehen.
17 Getan hat der Herr, was er geplant, / seinen Drohspruch vollzogen, / den er seit alters verkündet hat.
Eingerissen hat er, nicht geschont. / Den
Feind ließ er über dich jubeln, / erhöhte die
Macht deiner Gegner.
18 Schrei laut zum Herrn, / stöhne, Tochter
Zion!
Wie einen Bach lass fließen die Tränen /
Tag und Nacht!
Niemals gewähre dir Ruhe, / nie lass dein
Auge rasten!
19 Steh auf, klage bei Nacht, / zu jeder
Nachtwache Anfang!
Schütte aus wie Wasser dein Herz / vor
dem Angesicht des Herrn!
Erhebe zu ihm die Hände / für deiner Kinder Leben,
die vor Hunger verschmachten / an den
Ecken aller Straßen.
20 Herr, sieh doch und schau: / Wem hast
du solches getan?
Dürfen Frauen ihre Leibesfrucht essen, /
ihre sorgsam gehegten Kinder?
Darf man erschlagen im Heiligtum des
Herrn / Priester und Propheten?
21 Am Boden liegen in den Gassen / Kind
und Greis.
Die Mädchen und die jungen Männer / fielen unter dem Schwert.
Du hast sie erschlagen am Tag deines
Zorns, / geschlachtet, ohne zu schonen.
22 Wie zum Festtag hast du gerufen, / die
Schrecken ringsum.
Am Zorntag des Herrn gab es keinen, / der
entkam und entrann.
Die ich hegte und großzog, / mein Feind
hat sie vernichtet.

4: Jer 21,5f • 5: Jes 63,10 • 6: Am 5,21–23 • 8: Jes 34,11 • 9: Ps 74,9; Ez 7,26 • 14: Jer 14,14 • 15: Jer 18,16 • 16: Ps 35,21.25 • 17: Jer 40,3; Sach 1,6 • 20: Dtn 28,53–57; 2 Kön 6,29.

2,14a Trug, wörtlich: Tünche (vgl. Ez 13,10).
2,17 die Macht, wörtlich: das Horn.
2,18a Text korr.; H: Ihr Herz ruft.
2,18b stöhne, Tochter Zion!: Text korr.; H: Mauer der Tochter Zion!
2,22b die Schrecken: Text korr.; H: meine Schrecken.

DAS DRITTE LIED: 3,1–66

3 Ich bin der Mann, der Leid erlebt hat /
durch die Rute seines Grimms.
2 Er hat mich getrieben und gedrängt / in
Finsternis, nicht ins Licht.
3 Täglich von neuem kehrt er die Hand /
nur gegen mich.
4 Er zehrte aus mein Fleisch und meine
Haut, / zerbrach meine Glieder,
5 umbaute und umschloss mich / mit Gift
und Erschöpfung.
6 Im Finstern ließ er mich wohnen / wie
längst Verstorbene.
7 Er hat mich ummauert, ich kann nicht
entrinnen. / Er hat mich in schwere Fesseln
gelegt.
8 Wenn ich auch schrie und flehte, / er
blieb stumm bei meinem Gebet.
9 Mit Quadern hat er mir den Weg verrie-
gelt, / meine Pfade irregeleitet.
10 Ein lauernder Bär war er mir, / ein Löwe
im Versteck.
11 Er hat mich vom Weg vertrieben, / mich
zerfleischt und zerrissen.
12 Er spannte den Bogen und stellte mich
hin / als Ziel für den Pfeil.
13 In die Nieren ließ er mir dringen / die
Geschosse seines Köchers.
14 Ein Gelächter war ich all meinem Volk, /
ihr Spottlied den ganzen Tag.
15 Er speiste mich mit bitterer Kost / und
tränkte mich mit Wermut.
16 Meine Zähne ließ er auf Kiesel beißen, /
er drückte mich in den Staub.
17 Du hast mich aus dem Frieden hinaus-
gestoßen; / ich habe vergessen, was Glück
ist.
18 Ich sprach: Dahin ist mein Glanz / und
mein Vertrauen auf den Herrn.
19 An meine Not und Unrast denken / ist
Wermut und Gift.
20 Immer denkt meine Seele daran / und ist
betrübt in mir.
21 Das will ich mir zu Herzen nehmen, / da-
rauf darf ich harren:
22 Die Huld des Herrn ist nicht erschöpft, /
sein Erbarmen ist nicht zu Ende.
23 Neu ist es an jedem Morgen; / groß ist
deine Treue.
24 Mein Anteil ist der Herr, sagt meine See-
le, / darum harre ich auf ihn.
25 Gut ist der Herr zu dem, der auf ihn
hofft, / *zur Seele, die ihn sucht.*
26 Gut ist es, schweigend zu harren / auf
die Hilfe des Herrn.
27 Gut ist es für den Mann, / ein Joch zu
tragen in der Jugend.
28 Er sitze einsam und schweige, / wenn
der Herr es ihm auflegt.
29 Er beuge in den Staub seinen Mund; /
vielleicht ist noch Hoffnung.
30 Er biete die Wange dem, der ihn
schlägt, / und lasse sich sättigen mit
Schmach.
31 Denn nicht für immer / verwirft der
Herr.
32 Hat er betrübt, erbarmt er sich auch
wieder / nach seiner großen Huld.
33 Denn nicht freudigen Herzens / plagt
und betrübt er die Menschen.
34 Dass man mit Füßen tritt / alle Gefange-
nen des Landes,
35 dass man das Recht des Mannes beugt /
vor dem Antlitz des Höchsten,
36 dass man im Rechtsstreit den Menschen
bedrückt, / sollte der Herr das nicht sehen?
37 Wer hat gesprochen und es geschah? /
Hat nicht der Herr es geboten?
38 Geht nicht hervor aus des Höchsten
Mund / das Gute wie auch das Böse?
39 Wie dürfte denn ein Lebender klagen, /
ein Mann über die Folgen seiner Sünden?
40 Prüfen wir unsre Wege, erforschen wir
sie / und kehren wir um zum Herrn.
41 Erheben wir Herz und Hand / zu Gott im
Himmel.
42 Wir haben gesündigt und getrotzt; / du
aber hast nicht vergeben.
43 Du hast dich in Zorn gehüllt und uns
verfolgt, / getötet und nicht geschont.
44 Du hast dich in Wolken gehüllt, / kein
Gebet kann sie durchstoßen.
45 Zu Unrat und Auswurf hast du uns ge-
macht / inmitten der Völker.
46 Ihren Mund rissen gegen uns auf / all
unsre Feinde.
47 Grauen und Grube wurde uns zuteil, /
Verwüstung und Verderben.
48 Tränenströme vergießt mein Auge / über
den Zusammenbruch der Tochter, meines
Volkes.
49 Mein Auge ergießt sich und ruht nicht; /
es hört nicht auf,
50 bis der Herr vom Himmel her / sieht
und schaut.
51 Mein Auge macht mich elend / vor lauter
Weinen in meiner Stadt.

3,51b Text korr.; H: wegen aller Töchter meiner Stadt.

52 Wie auf einen Vogel machten sie Jagd
auf mich, / die ohne Grund meine Feinde
sind.
53 Sie stürzten in die Grube mein Leben /
und warfen Steine auf mich.
54 Das Wasser ging mir über den Kopf; /
ich sagte: Ich bin verloren.
55 Da rief ich deinen Namen, Herr, / tief
unten aus der Grube.
56 Du hörst meine Stimme. / Verschließ
nicht dein Ohr / vor meinem Seufzen, meinem Schreien!
57 Du warst nahe am Tag, da ich dich rief; /
du sagtest: Fürchte dich nicht!
58 Du, Herr, hast meine Sache geführt, /
hast mein Leben erlöst
59 Du, Herr, hast meine Bedrückung gesehen, / hast mir Recht verschafft.
60 Du hast gesehen ihre ganze Rachgier, /
all ihr Planen gegen mich.
61 Du hast ihr Schmähen gehört, o Herr, /
all ihr Planen gegen mich.
62 Das Denken und Reden meiner Gegner / ist gegen mich den ganzen Tag.
63 Blick auf ihr Sitzen und Stehen! / Ein
Spottlied bin ich für sie.
64 Du wirst ihnen vergelten, Herr, / nach
dem Tun ihrer Hände.
65 Du wirst ihren Sinn verblenden. / Dein
Fluch über sie!
66 Du wirst sie im Zorn verfolgen und vernichten / unter deinem Himmel, o Herr.

6: Ps 143,3; Jes 59,10 • 8: Ps 22,3 • 10: Hos 13,8 • 13: Ps 38,3 • 14: Jer 20,7 • 15: Rut 1,20; Ijob 9,18 • 20: Ps 42,6 • 24: Mi 7,7 • 31: Ps 94,14 • 32: Jes 54,7 • 38: Jes 45,7 • 48: Jer 14,17 • 54: Ps 69,2f; Jona 2,6 • 59: Ps 9,5 • 60: Ps 56,6 • 62: Ps 38,13.

DAS VIERTE LIED: 4,1–22

4 Weh, wie glanzlos ist das Gold, / gedunkelt das köstliche Feingold,
hingeschüttet die heiligen Steine / an den
Ecken aller Straßen.
2 Die edlen Kinder Zions, / einst aufgewogen mit reinem Gold,
weh, wie Krüge aus Ton sind sie geachtet, /
wie Werk von Töpferhand.
3 Selbst Schakale reichen die Brust, / säugen ihre Jungen.
Die Töchter meines Volkes sind grausam /
wie Strauße in der Wüste.
4 Des Säuglings Zunge klebt / an seinem
Gaumen vor Durst.
Kinder betteln um Brot; / keiner bricht es
ihnen.
5 Die einst Leckerbissen schmausten, /
verschmachteten auf den Straßen.
Die einst auf Purpur lagen, / wälzen sich
jetzt im Unrat.
6 Größer ist die Schuld der Tochter, meines
Volkes, / als die Sünde Sodoms,
das plötzlich vernichtet wurde, / ohne dass
eine Hand sich rührte.
7 Ihre jungen Männer waren reiner als
Schnee, / weißer als Milch,
ihr Leib rosiger als Korallen, / saphirblau
ihre Adern.
8 Schwärzer als Ruß sehen sie aus, / man
erkennt sie nicht auf den Straßen.
Die Haut schrumpft ihnen am Leib, / trocken wie Holz ist sie geworden.
9 Besser die vom Schwert Getöteten / als
die vom Hunger Getöteten;
sie sind verschmachtet, / vom Missertrag
der Felder getroffen.
10 Die Hände liebender Mütter / kochten
die eigenen Kinder.
Sie dienten ihnen als Speise / beim Zusammenbruch der Tochter, meines Volkes.
11 Randvoll gemacht hat der Herr seinen
Grimm, / ausgegossen seinen glühenden
Zorn.
Er entfachte in Zion ein Feuer, / das bis
auf den Grund alles verzehrte.
12 Kein König eines Landes, kein Mensch
auf der Erde / hätte jemals geglaubt,
dass ein Bedränger und Feind / durchschritte die Tore Jerusalems.
13 Wegen der Sünden ihrer Propheten, /
wegen der Verfehlung ihrer Priester,
die in ihrer Mitte vergossen haben / das
Blut von Gerechten,
14 wankten sie blind durch die Gassen, /
besudelt mit Blut,
sodass man nicht berühren mochte / ihre
Kleider.
15 Fort, unrein!, rief man ihnen zu. / Fort,
fort! Rührt mich nicht an!
Da flohen sie, da wankten sie. / Unter den

3,66b Text korr.; H: unter dem Himmel des Herrn.
4,3c Text korr. nach G; H: Die Tochter meines Volkes ist . . .
4,7a Ihre jungen Männer: Text korr.; H: Ihre Nasiräer.
4,9d Text korr.; H: meiner Felder.
4,14 Gemeint sind die Einwohner Jerusalems.

Völkern sagte man: / Sie durften nicht länger
bleiben.
16 Der Herr selbst hat sie zerstreut, /
schaut sie nicht mehr an.
Keine Ehrfurcht zollte man den Pries-
tern, / Greise fanden keine Gnade.
17 Als wir uns noch die Augen nach Hilfe
ausschauten, / war es umsonst.
Auf unserer Warte spähten wir nach ei-
nem Volk, / das dann doch keine Hilfe brach-
te.
18 Man horchte auf unsere Schritte, / wir
konnten nicht auf die Straßen.
Unser Ende war nah, die Tage voll, / ja,
unser Ende kam.
19 Schneller waren unsere Verfolger / als
Adler am Himmel.
Sie jagten uns auf den Bergen, / lauerten
uns auf in der Wüste.
20 Unser Lebensatem, der Gesalbte des
Herrn, / ist gefangen in ihren Gruben.
Wir aber hatten gedacht: / In seinem
Schatten werden wir leben unter den Völ-
kern.
21 Juble nur und freue dich, Tochter
Edom, / die du wohnst im Lande Uz.
Auch zu dir wird der Becher kommen, / du
wirst dich betrinken und dich entblößen.
22 Zu Ende ist deine Schuld, Tochter Zion; /
nicht wieder führt er dich in Verbannung.
Deine Schuld bestraft er, Tochter Edom, /
deckt deine Sünden auf.

6: Gen 19; Ez 16,48 • 10: 2,20; Dtn 28,53–57; 2 Kön 6,29 • 11: Jer 7,20; Dtn 32,22 • 20: 2 Kön 25,5f • 21: Gen 36,28.

DAS FÜNFTE LIED: 5,1–22

5 Herr, denk daran, was uns geschehen, /
blick her und sieh unsre Schmach!
2 An Ausländer fiel unser Erbe, / unsre
Häuser kamen an Fremde.
3 Wir wurden Waisen, Kinder ohne Vater, /
unsere Mütter wurden Witwen.
4 Unser Wasser trinken wir für Geld, / un-
ser Holz müssen wir bezahlen.
5 Wir werden getrieben, das Joch auf dem
Nacken, / wir sind müde, man versagt uns
die Ruhe.
6 Nach Ägypten streckten wir die Hand, /
nach Assur, um uns mit Brot zu sättigen.
7 Unsere Väter haben gesündigt; sie sind
nicht mehr. / Wir müssen ihre Sünden tra-
gen.
8 Sklaven herrschen über uns, / niemand
entreißt uns ihren Händen.
9 Unter Lebensgefahr holen wir unser
Brot, / bedroht vom Schwert der Wüste.
10 Unsere Haut glüht wie ein Ofen / von
den Gluten des Hungers.
11 Frauen hat man in Zion geschändet, /
Jungfrauen in den Städten von Juda.
12 Fürsten wurden von Feindeshand ge-
hängt, / den Ältesten nahm man die Ehre.
13 Junge Männer mussten die Handmühlen
schleppen, / unter der Holzlast brachen Kna-
ben zusammen.
14 Die Alten blieben fern vom Tor, / die
Jungen vom Saitenspiel.
15 Dahin ist unseres Herzens Freude, / in
Trauer gewandelt unser Reigen.
16 Die Krone ist uns vom Haupt gefallen. /
Weh uns, wir haben gesündigt.
17 Darum ist krank unser Herz, / darum
sind trüb unsere Augen
18 über den Zionsberg, der verwüstet
liegt; / Füchse laufen dort umher.
19 Du aber, Herr, bleibst ewig, / dein Thron
von Geschlecht zu Geschlecht.
20 Warum willst du uns für immer verges-
sen, / uns verlassen fürs ganze Leben?
21 Kehre uns, Herr, dir zu, / dann können
wir uns zu dir bekehren. / Erneuere unsere
Tage, damit sie werden wie früher.
22 Oder hast du uns denn ganz verworfen, /
zürnst du uns über alle Maßen?

6: Hos 7,11 • 15: Ijob 30,31 • 17: Jer 8,18 • 19: Ps 9,8 • 20: Ps 13,2.

4,16a Text korr.; H: Das Angesicht des Herrn.
4,17 Gemeint ist der unzuverlässige Bundesgenosse Ägypten.
4,20a Poetische Bezeichnung für König Zidkija.
5,9 Mit dem »Schwert der Wüste« sind die feindlich gesinnten Wüstenbewohner gemeint.

Das Buch Baruch

Das Buch Baruch gehört zu den sog. deuterokanonischen Schriften des Alten Testaments. In der griechischen Bibel folgt es unmittelbar auf das Buch Jeremia, die lateinische Bibel hat es hinter die Klagelieder gestellt. Nach eigener Angabe (1,1–14) soll das Buch vom Sekretär des Propheten Jeremia nach der Wegführung in Babel verfasst und dann nach Jerusalem geschickt worden sein, damit es dort während liturgischer Versammlungen gelesen werde (zu Baruch, dem Sekretär Jeremias, vgl. die Einleitung zu Jer). Sein Inhalt besteht in der Hauptsache aus einem Gebet mit einem Schuldbekenntnis, einer Bitte um Vergebung und einer Vertrauensbekundung (1,15 – 3,8), aus einem Lob auf die Weisheit (3,9 – 4,4), aus der Klage Jerusalems mit einer Aufmunterung zur Hoffnung (4,5 – 5,9). Schließlich enthält Kap. 6 (in der griechischen Bibel eine eigene Schrift mit dem Titel »Brief des Jeremia«) eine Abhandlung gegen die Götzen und ihre Verehrer. Teile des Buches gehen vielleicht auf ein hebräisches Original zurück. Die heutige Gestalt dürfte das Buch im ersten vorchristlichen Jahrhundert erhalten haben. In diese Zeit weist auch ein kleines griechisches Fragment des Buches unter den Funden von Qumran.

Die theologische Bedeutung des Buches besteht darin, dass es Einblick gewährt in das Leben des Gottesvolkes in der Diaspora und dass es zeigt, wie das religiöse Leben in Gebet und Liturgie, in der Einstellung zum mosaischen Gesetz und zu den messianischen Erwartungen auch dort mit Jerusalem verbunden blieb. Ähnlich wie die Klagelieder bezeugt das Buch Baruch den nachhaltigen Einfluss, den der Prophet Jeremia über den Untergang Jerusalems hinaus im Volk Israel ausgeübt hat. Dank seines prophetischen Wirkens kommt es nach dem Exil zur Neuerrichtung der Gemeinde Israel, der Hoffnung und Zukunft verheißen wird.

EINLEITUNG: 1,1–14

1 Das ist der Wortlaut des Buches, das Baruch, der Sohn Nerijas, des Sohnes Machsejas, des Sohnes Zidkijas, des Sohnes Hasadjas, des Sohnes Hilkijas, in Babel geschrieben hat. 2 Es war im fünften Jahr, am siebten Tag des fünften Monats, zur selben Zeit, als die Chaldäer Jerusalem eingenommen und in Brand gesteckt hatten. 3 Baruch verlas den Wortlaut dieses Buches vor König Jojachin von Juda, dem Sohn Jojakims, und vor dem ganzen Volk, das zusammengekommen war, um die Schrift zu hören. 4 Er las vor den königlichen Beamten und Prinzen, vor den Ältesten und dem ganzen Volk, vom Kleinsten bis zum Größten, vor allen, die in Babel am Fluss Sud angesiedelt waren. 5 Da weinten, fasteten und flehten sie vor dem Herrn. 6 Dann legten sie Geld zusammen, so viel ein jeder vermochte, 7 und sandten es nach Jerusalem an den Priester Jojakim, den Sohn Hilkijas, des Sohnes Schallums, an die übrigen Priester und an das ganze Volk, das sich mit ihm in Jerusalem befand. 8 Baruch selbst hatte bereits am zehnten Siwan die Geräte des Hauses des Herrn, die aus dem Tempel verschleppt worden waren, erhalten, um sie in das Land Juda zurückzubringen. Es waren jene silbernen Geräte, die König Zidkija von Juda, der Sohn Joschijas, hatte anfertigen lassen, 9 nachdem Nebukadnezzar, der König von Babel, Jojachin aus Jerusalem verschleppt und nach Babel gebracht hatte, samt den Beamten, den Schmieden, der Oberschicht und den Bürgern des Landes. 10 Dazu ließen (die Spender) sagen: Hier senden wir euch Geld. Kauft dafür Brandopfer, Sündopfer und Weihrauch und bereitet Speiseopfer; bringt sie dar auf dem Altar des

1,2 fünften: ergänzt nach 2 Kön 25,8; gemeint ist die Zeit zwischen Mitte Juli und Mitte August 581 v. Chr.

1,3 Der König wurde im Jahr 597 v. Chr. nach Babel deportiert.

1,10 Auch nach der Zerstörung des Tempels brachte man an seiner Stätte Opfer dar (vgl. Jer 41,5).

Herrn, unseres Gottes, 11 und betet für das Leben des Königs Nebukadnezzar von Babel und für das Leben seines Sohnes Belschazzar, dass ihre Tage so zahlreich seien wie die Tage des Himmels über der Erde. 12 Uns aber verleihe der Herr Kraft und lasse unsere Augen leuchten. So werden wir leben unter dem Schutz des Königs Nebukadnezzar von Babel und unter dem Schutz seines Sohnes Belschazzar, wir werden ihnen lange Zeit dienen und Gunst vor ihnen finden. 13 Betet auch für uns zum Herrn, unserem Gott; denn wir haben gesündigt gegen den Herrn, unseren Gott, und bis heute hat der Herr seinen Grimm und Zorn noch nicht von uns abgewendet. 14 Lest dann dieses Buch vor, das wir euch senden; es soll am Tag des Festes, und zwar an den Versammlungstagen, im Haus des Herrn vorgetragen werden.

1: Jer 32,12; 36,4 • 2: 2 Kön 25,8; Jer 39,8f • 3: Jer 22,24–30 • 9: 2 Kön 24,8–17 • 11: Jer 29,7; Dtn 11,21 • 14: Lev 23,35f.

DAS GEBET DER VERBANNTEN: 1,15 – 3,8

Das Bekenntnis der Schuld: 1,15 – 2,10

15 Sprecht: Der Herr, unser Gott, ist im Recht; uns aber treibt es bis heute die Schamröte ins Gesicht, den Leuten von Juda und den Bewohnern Jerusalems, 16 unseren Königen und Beamten, unseren Priestern und Propheten und unseren Vätern; 17 denn wir haben gegen den Herrn gesündigt 18 und ihm nicht gehorcht. Wir haben auf die Stimme des Herrn, unseres Gottes, nicht gehört und die Gebote nicht befolgt, die der Herr uns vorgelegt hat. 19 Von dem Tag an, als der Herr unsere Väter aus Ägypten herausführte, bis auf den heutigen Tag waren wir ungehorsam gegen den Herrn, unseren Gott. Wir hörten sehr bald nicht mehr auf seine Stimme. 20 So hefteten sich an uns das Unheil und der Fluch, den der Herr durch seinen Diener Mose androhen ließ am Tag, als er unsere Väter aus Ägypten herausführte, um uns ein Land zu geben, in dem Milch und Honig fließen, und so ist es noch heute. 21 Wir haben nicht auf die Stimme des Herrn, unseres Gottes, gehört und auf alle Reden der Propheten, die er zu uns gesandt hat. 22 Jeder von uns folgte der Neigung seines bösen Herzens; wir dienten anderen Göttern und taten, was dem Herrn, unserem Gott, missfällt.

2 So hat denn der Herr sein Wort erfüllt, das er über uns gesprochen hat, über unsere Richter, die Israel regierten, über unsere Könige und Beamten und über die Leute von Israel und Juda. 2 Unter dem ganzen Himmel ist noch nie so etwas geschehen, wie der Herr es jetzt in Jerusalem geschehen ließ, ganz wie es im Gesetz des Mose geschrieben steht: 3 dass der eine von uns das Fleisch des eigenen Sohnes, der andere das Fleisch der eigenen Tochter essen werde. 4 Der Herr übergab sie allen Königreichen rings um uns und machte sie zum Gespött und zum Fluch bei allen Völkern im Umkreis, unter die er sie zerstreute. 5 Aus Herrschern wurden Unterdrückte; denn wir haben gegen den Herrn, unseren Gott, gesündigt und nicht auf seine Stimme gehört.

6 Der Herr, unser Gott, ist im Recht; uns aber und unseren Vätern treibt es bis heute die Schamröte ins Gesicht. 7 Alles Unheil, das der Herr uns angedroht hat, ist über uns gekommen. 8 Wir haben den Herrn nicht dadurch besänftigt, dass jeder sich von den Wünschen seines bösen Herzens abgewandt hätte. 9 Der Herr aber wachte und brachte das Unheil über uns; denn der Herr ist gerecht in all seinen Fügungen, die er über uns verhängt hat. 10 Wir aber hörten nicht auf seine Stimme und befolgten nicht die Gebote, die der Herr uns vorgelegt hat.

1,15: Neh 9,32f; Dan 9,7–11 • 19: Jer 7,25f • 19f: Lev 26,14–39; Dtn 28,15–68 • 21: Jer 25,4–6 • 2,3: Lev 26,29; Dtn 28,53–57 • 9: Jer 1,12; Dan 9,14.

Die Bitte um Vergebung: 2,11–26

11 Nun aber, Herr, Gott Israels! Du hast dein Volk aus Ägypten geführt mit starker Hand, mit Zeichen und Wundern, mit großer Macht und erhobenem Arm und hast dir einen Namen gemacht bis auf den heutigen Tag. 12 Herr, unser Gott, wir haben gesündigt, gefrevelt, Unrecht getan trotz all deiner Satzungen. 13 Nun wende sich dein Zorn von uns. Denn nur wenige von uns sind noch übrig unter den Völkern, wohin du uns zerstreut hast. 14 Erhöre, Herr, unser Gebet und unsere Bitte! Rette uns um deinetwillen! Lass uns Gnade finden bei denen, die uns aus der Heimat weggeführt haben. 15 So soll die ganze Welt erkennen, dass du der Herr, unser Gott, bist. Dein Name ist ja über Israel und seinem Stamm ausgerufen. 16 Herr, schau herab von deiner heiligen Wohnung und achte auf uns! Neige, Herr, dein Ohr und

höre! 17 Öffne, Herr, deine Augen und schau!
Denn nicht die Toten in der Unterwelt, aus
deren Leib der Atem weggenommen ist, prei-
sen die Ehre und Gerechtigkeit des Herrn,
18 sondern die Menschen, die in großer Be-
drängnis leben, gebeugt und kraftlos einher-
gehen und deren Augen schwach sind, die
Menschen, die hungern, sie preisen deine
Ehre und Gerechtigkeit, Herr. 19 Denn nicht
im Vertrauen auf die Verdienste unserer Vä-
ter und unserer Könige tragen wir dir unsere
Bitte um Erbarmen vor, Herr, unser Gott.
20 Du hast ja deinen Grimm und Zorn gegen
uns gerichtet, wie du durch deine Diener, die
Propheten, gesprochen hast: 21 So spricht der
Herr: Beugt euren Nacken und seid dem Kö-
nig von Babel untertan; dann dürft ihr in
dem Land bleiben, das ich euren Vätern ge-
geben habe. 22 Hört ihr aber nicht auf die
Weisung des Herrn, dem König von Babel
untertan zu sein, 23 dann lasse ich in den
Städten Judas und in den Straßen Jerusa-
lems Jubelruf und Freudenruf verstummen,
den Ruf des Bräutigams und den Ruf der
Braut, und das ganze Land wird zur men-
schenleeren Wüste werden. 24 Doch wir hör-
ten nicht auf deine Weisung, dem König von
Babel untertan zu sein. Da hast du deine
Worte in Kraft gesetzt, die du durch deine
Diener, die Propheten, gesprochen hast, dass
man die Gebeine unserer Könige und die Ge-
beine unserer Väter aus ihrer Grabstätte
holen werde. 25 Und wirklich wurden sie he-
rausgeworfen und liegen in der Hitze des Ta-
ges und in der Kälte der Nacht. Auch waren
sie unter schrecklichen Qualen umgekom-
men durch Hunger, Schwert und Pest. 26 We-
gen der Verruchtheit des Hauses Israel und
des Hauses Juda hast du das Haus, über dem
dein Name ausgerufen ist, zu dem gemacht,
was es heute ist.

15: Jer 7,30; 14,9 • 17: Ps 6,6; Jes 38,18 • 21: Jer 27,12 • 23: Jer 7,34 • 24: Jer 8,1f.

Das Vertrauen auf die Verheißung:
2,27 – 3,8

27 Doch hast du, Herr, unser Gott, an uns
nach deiner ganzen Güte gehandelt und
nach all deinem großen Erbarmen, 28 so wie
du durch deinen Diener Mose gesprochen
hast an dem Tag, als du ihm auftrugst, deine
Weisung für die Israeliten aufzuzeichnen:
29 Hört ihr nicht auf meine Stimme, dann
wird diese unzählbar große Volksmenge zu
einer kleinen Minderheit werden unter den
Völkern, wohin ich sie zerstreue. 30 Denn ich
weiß, dass sie nicht auf mich hören werden;
sie sind ja ein halsstarriges Volk. Doch im
Land ihrer Verbannung werden sie es sich zu
Herzen nehmen. 31 Sie werden erkennen,
dass ich der Herr, ihr Gott, bin. Dann gebe
ich ihnen ein verständiges Herz und Ohren,
die hören. 32 Im Land ihrer Verbannung wer-
den sie mich preisen und meines Namens ge-
denken. 33 Sie werden sich abwenden von
ihrer Hartnäckigkeit und von ihren bösen
Taten; denn sie werden sich erinnern, wie es
ihren Vätern erging, die gegen den Herrn ge-
sündigt haben. 34 Dann werde ich sie in das
Land zurückführen, das ich ihren Vätern
Abraham, Isaak und Jakob unter Eid ver-
sprochen habe, und sie werden (wieder) seine
Besitzer sein. Ich mache sie zahlreich und sie
werden nie mehr vermindert. 35 Dann schlie-
ße ich mit ihnen einen ewigen Bund: Ich will
ihr Gott sein und sie sollen mein Volk sein;
und nie wieder werde ich mein Volk Israel
aus dem Land verstoßen, das ich ihnen gege-
ben habe.

3 Herr, Allmächtiger, Gott Israels! Eine
Seele in Ängsten, ein Geist voll Kummer
schreit zu dir. 2 Höre, Herr, erbarme dich, da
wir gegen dich gesündigt haben. 3 Du thronst
in Ewigkeit; uns aber droht ewige Vernich-
tung. 4 Herr, Allmächtiger, Gott Israels!
Höre doch das Flehen der Todgeweihten Is-
raels, der Söhne derer, die gegen dich gesün-
digt und auf die Stimme des Herrn, ihres
Gottes, nicht gehört haben; so hat sich das
Unheil an uns geheftet. 5 Denk nicht mehr an
die schlechten Taten unserer Väter, sondern
denk jetzt an deine (starke) Hand und an dei-
nen Namen! 6 Du bist ja der Herr, unser Gott,
und wir wollen dich preisen, Herr. 7 Denn
dazu hast du uns die Furcht vor dir ins Herz
gelegt, dass wir deinen Namen anrufen.
Auch in unserer Verbannung wollen wir dich
preisen. Wir haben unser Herz abgekehrt
von aller Bosheit unserer Väter, die gegen
dich gesündigt haben. 8 Siehe, wir sind noch
heute in den Ländern unserer Verbannung,
in die du uns versprengt hast, zum Schimpf,
zum Fluchwort und zur Verwünschung, ent-
sprechend allen schlechten Taten unserer
Väter, die abtrünnig wurden vom Herrn, un-
serem Gott.

2,29: Lev 26,14–44 • 31: Ez 36,26 • 34: Dtn 30,1–5 • 35: Jer 31,31–37.

2,29 Das freie Zitat 2,29–35 fasst Ankündigungen des Pentateuch und der Bücher Jeremia und Ezechiel zusammen.

3,4 der Todgeweihten, wörtlich: der Gestorbenen. Manche korrigieren in: der Männer.

DIE GÖTTLICHE WEISHEIT, ISRAELS VORRECHT: 3,9 – 4,4

Die Empfehlung der Weisheit: 3,9–14

9 Höre, Israel, die Gebote des Lebens; merkt auf, um Einsicht zu erlangen. 10 Warum, Israel, warum lebst du im Gebiet der Feinde, siechst dahin in einem fremden Land, 11 bist unrein geworden, den Toten gleich, wurdest zu den Abgeschiedenen gezählt? 12 Du hast den Quell der Weisheit verlassen. 13 Wärest du auf Gottes Weg gegangen, du wohntest in Frieden für immer. 14 Nun lerne, wo die Einsicht ist, wo Kraft und wo Klugheit, dann erkennst du zugleich, wo langes Leben und Lebensglück, wo Licht für die Augen und Frieden zu finden sind.

9: Spr 4,20–22 • 11: Num 19,11–19.

Der Hymnus auf die Weisheit: 3,15–38

15 Wer hat je den Ort (der Weisheit) gefunden? Wer ist zu ihren Schatzkammern vorgedrungen? 16 Wo sind die Gebieter der Völker? Sie herrschten sogar über die Tiere der Erde 17 und spielten mit den Vögeln des Himmels; sie häuften Silber und Gold, worauf die Menschen vertrauen, und ihr Besitz hatte keine Grenzen. 18 Wo sind sie, die das Silber so kunstvoll schmiedeten, dass ihre Werke unbegreiflich sind? 19 Verschwunden sind sie, hinabgestiegen zur Unterwelt; andere traten an ihre Stelle. 20 Andere erblickten nach ihnen das Licht und wohnten auf der Erde; doch auch sie haben den Weg der Weisheit nicht erkannt, 21 ihre Pfade nicht verstanden und ihre Spur nicht aufgenommen. Auch ihre Söhne blieben ihrem Weg fern. 22 Nicht hörte man die Weisheit in Kanaan, nicht erschien sie in Teman. 23 Auch die Söhne der Hagar, die überall auf der Erde nach Einsicht suchen, die Kaufleute von Midian und Teman, die Fabeldichter und die Forscher nach Einsicht, auch sie haben den Weg der Weisheit nicht erkannt und ihre Pfade nicht entdeckt.

24 Israel, wie groß ist das Haus Gottes, wie weit das Gebiet seiner Herrschaft! 25 Unendlich groß und unermesslich hoch. 26 Dort wurden die Riesen geboren, die berühmten Männer der Urzeit, hoch an Wuchs und Meister im Kampf. 27 Und doch hat Gott nicht diese erwählt, nicht ihnen den Weg der Weisheit gezeigt. 28 Sie gingen zugrunde, weil sie ohne Einsicht waren; ihrer Torheit wegen gingen sie unter. 29 Wer stieg zum Himmel hinauf, holte die Weisheit und brachte sie aus den Wolken herab? 30 Wer fuhr über das Meer und entdeckte sie und brachte sie her gegen lauteres Gold? 31 Keiner weiß ihren Weg, niemand kennt ihren Pfad. 32 Doch der Allwissende kennt sie; er hat sie in seiner Einsicht entdeckt. Er hat ja die Erde für immer gegründet, er hat sie mit Tieren bevölkert. 33 Er entsendet das Licht und es eilt dahin; er ruft es zurück und zitternd gehorcht es ihm. 34 Froh leuchten die Sterne auf ihren Posten. 35 Ruft er sie, so antworten sie: Hier sind wir. Sie leuchten mit Freude für ihren Schöpfer. 36 Das ist unser Gott; kein anderer gilt neben ihm. 37 Er hat den Weg der Weisheit ganz erkundet und hat sie Jakob, seinem Diener, verliehen, Israel, seinem Liebling. 38 Dann erschien sie auf der Erde und hielt sich unter den Menschen auf.

15: Ijob 28,12.20 • 16: Jer 27,6 • 17: Ez 28,4f • 23: Gen 16,15 • 26: Gen 6,4 • 29: Sir 24,4 • 33: Ijob 38,35 • 38: Spr 8,31.

Das Glück der Weisheit: 4,1–4

4 Sie ist das Buch der Gebote Gottes, das Gesetz, das ewig besteht. Alle, die an ihr fest halten, finden das Leben; doch alle, die sie verlassen, verfallen dem Tod. 2 Kehr um, Jakob, ergreif sie! Geh deinen Weg im Glanz ihres Lichtes! 3 Überlass deinen Ruhm keinem andern, dein Vorrecht keinem fremden Volk! 4 Glücklich sind wir, das Volk Israel; denn wir wissen, was Gott gefällt.

1: Sir 24,23.

JERUSALEMS KLAGE UND HOFFNUNG: 4,5 – 5,9

Jerusalems Klage: 4,5–20

5 Hab Vertrauen, mein Volk, du trägst den Namen Israel. 6 Ihr wurdet verkauft an die Völker, doch nicht zur Vernichtung. Weil ihr Gott erzürnt habt, wurdet ihr den Feinden preisgegeben. 7 Denn ihr habt euren Schöpfer zum Zorn gereizt, da ihr den Dämonen und nicht Gott Opfer darbrachtet. 8 Euren

3,23 Midian: Text korr.; G: Merran.
3,24 Mit dem »Haus Gottes« ist das Weltall gemeint.
3,33 Mit dem »Licht« ist besonders der Blitz gemeint.

Ernährer habt ihr vergessen, den ewigen
Gott. Ihr habt auch Jerusalem betrübt, die
euch aufzog. 9 Denn sie hat mit angesehen,
wie Gottes Zorn über euch hereinbrach; da
sprach sie: Hört, ihr Nachbarn Zions! Gott
hat großes Leid über mich gebracht. 10 Denn
ich musste sehen, dass meine Söhne und
Töchter verschleppt wurden, wie es der Ewi-
ge über sie verhängt hat. 11 Mit Freude habe
ich sie großgezogen, mit Weinen und Klagen
musste ich sie ziehen lassen. 12 Keiner juble,
dass ich Witwe bin und von so vielen verlas-
sen; der Sünden meiner Kinder wegen bin
ich vereinsamt, denn sie sind abgewichen
vom Gesetz Gottes. 13 Seine Satzungen ha-
ben sie nicht anerkannt. Sie gingen nicht die
Wege der Gottesgebote. Die Pfade der Zucht
nach seiner rechten Weisung beschritten sie
nicht.

14 Kommt, ihr Nachbarn Zions! Bedenkt
die Gefangenschaft, die der Ewige über
meine Söhne und Töchter verhängt hat.
15 Denn er ließ ein Volk von weit her über sie
kommen, ein rohes Volk mit fremder Spra-
che; es hatte keine Scheu vor Greisen, kein
Mitleid mit Kindern. 16 Es führte die Lieb-
linge der Witwe weg, raubte der Vereinsam-
ten die Töchter. 17 Ich aber, wie könnte ich
euch helfen? 18 Nur er, der das Unheil über
euch brachte, kann euch der Hand eurer
Feinde entreißen. 19 So geht, meine Kinder,
geht fort! Ich bleibe ja einsam zurück. 20 Ab-
gelegt habe ich das Gewand froher Zeiten,
angezogen das Bußkleid meines Elends.
Zum Ewigen will ich rufen, solange ich
lebe.

12: Klgl 1,1f • 15: Jer 5,15.17; 6,22f.

Jerusalems Hoffnung: 4,21 – 5,9

21 Habt Vertrauen, meine Kinder, schreit
zu Gott! Er wird euch der Gewalt entreißen,
den Händen der Feinde. 22 Denn ich erhoffe
vom Ewigen eure Rettung; schon wurde mir
vom Heiligen Freude zuteil wegen der Er-
barmung, die bald zu euch kommt vom Ewi-
gen, eurem Retter. 23 In Trauer und in Tränen
ließ ich euch ziehen, doch wird mir Gott euch
wiederschenken zur Freude und zum Jubel
für immer. 24 Wie jetzt die Nachbarn Zions
eure Gefangenschaft vor Augen haben, so
werden sie bald die Rettung sehen, die von
eurem Gott kommt; mit großer Herrlichkeit
kommt sie zu euch und mit dem Glanz des
Ewigen. 25 Meine Kinder, ertragt geduldig
den Zorn, der von Gott her über euch kam.
Der Feind hat dich verfolgt, bald aber wirst
du seinen Untergang sehen und den Fuß auf
seinen Nacken setzen.

26 Meine zarten Kinder mussten auf rauen
Wegen ziehen. Sie wurden fortgeschleppt
wie eine Herde, von Feinden geraubt. 27 Habt
Vertrauen, meine Kinder, schreit zu Gott!
Denn er, der es verhängt hat, wird wieder an
euch denken. 28 Wie euer Sinn auf den Abfall
von Gott gerichtet war, so zeigt nun zehnfa-
chen Eifer, umzukehren und ihn zu suchen.
29 Er, der über euch das Unheil gebracht hat,
wird mit eurer Rettung euch ewige Freude
bringen.

30 Hab Vertrauen, Jerusalem! Der dir den
Namen gab, er wird dich trösten. 31 Unglück
über jene, die dir Böses taten und über dei-
nen Sturz sich freuten! 32 Unglück über die
Städte, zu deren Sklaven deine Kinder wur-
den! Unglück über jene Stadt, die deine Söh-
ne als Sklaven aufgenommen hat! 33 Wie sie
sich freute über deinen Sturz, frohlockte
über deinen Fall, so wird sie ihre eigene Ver-
wüstung betrauern müssen. 34 Ich nehme ihr
den Jubel der Volksmenge; ihr Prahlen wan-
delt sich in Jammer. 35 Denn Feuer vom Ewi-
gen wird über sie kommen für viele Tage und
Dämonen werden dort hausen für lange Zeit.
36 Blick nach Osten, Jerusalem! Schau die
Freude, die von Gott zu dir kommt. 37 Siehe,
deine Söhne, die du einst fortziehen ließest,
kehren zurück; sie kommen, vom Aufgang
der Sonne bis zum Untergang, gesammelt
durch das Wort des Heiligen; sie freuen sich
über die Herrlichkeit des Herrn.

5 Leg ab, Jerusalem, das Kleid deiner
Trauer und deines Elends und bekleide
dich mit dem Schmuck der Herrlichkeit, die
Gott dir für immer verleiht. 2 Leg den Mantel
der göttlichen Gerechtigkeit an; setz dir die
Krone der Herrlichkeit des Ewigen aufs
Haupt! 3 Denn Gott will deinen Glanz dem
ganzen Erdkreis unter dem Himmel zeigen.
4 Gott gibt dir für immer den Namen: Friede
der Gerechtigkeit und Herrlichkeit der Got-
tesfurcht.

5 Steh auf, Jerusalem, und steig auf die
Höhe! Schau nach Osten und sieh deine Kin-
der: Vom Untergang der Sonne bis zum Auf-
gang hat das Wort des Heiligen sie gesam-
melt. Sie freuen sich, dass Gott an sie gedacht
hat. 6 Denn zu Fuß zogen sie fort von dir,
weggetrieben von Feinden; Gott aber bringt
sie heim zu dir, ehrenvoll getragen wie in ei-
ner königlichen Sänfte. 7 Denn Gott hat be-
fohlen: Senken sollen sich alle hohen Berge

4,37 Die Herrlichkeit des Herrn offenbart sich in der Heimführung (vgl. Jes 40,5).

und die ewigen Hügel und heben sollen sich
die Täler zu ebenem Land, sodass Israel un-
ter der Herrlichkeit Gottes sicher dahinzie-
hen kann. 8 Wälder und duftende Bäume al-
ler Art spenden Israel Schatten auf Gottes
Geheiß. 9 Denn Gott führt Israel heim in
Freude, im Licht seiner Herrlichkeit; Erbar-
men und Gerechtigkeit kommen von ihm.

4,23: Jer 31,12f • 24: Jes 60,1f • 32: Jes 13,19–22 • 33: Jer 50,12f • 5,1: Jes 52,1; 61,10 • 6: Jes 66,20 • 7: Jes 40,3f • 8: Jes 41,19.

DER BRIEF DES JEREMIA: 6,1–72

Einleitung: 6,1–6

6 Abschrift des Briefes, den Jeremia an
jene gesandt hat, die vom König der Ba-
bylonier als Gefangene nach Babel wegge-
führt werden sollten; darin teilte er ihnen
mit, was Gott ihm aufgetragen hatte.

1 Wegen der Sünden, die ihr gegen Gott be-
gangen habt, werdet ihr von Nebukadnezzar,
dem König der Babylonier, als Gefangene
nach Babel geführt. 2 Seid ihr dann nach Ba-
bel gekommen, so müsst ihr dort viele Jahre
bleiben, für lange Zeit, bis zu sieben Genera-
tionen; danach führe ich euch von dort in
Frieden wieder heraus. 3 Nun werdet ihr in
Babel Götterbilder aus Silber, Gold und
Holz sehen, die man auf den Schultern trägt
und die den Völkern Furcht einflößen. 4 Hü-
tet euch dann, euch den Fremden anzuglei-
chen und euch von Furcht vor diesen Göttern
erfassen zu lassen, 5 wenn ihr seht, wie die
Menge sich vor und hinter ihnen niederwirft;
sprecht vielmehr im Herzen: Herr, dir allein
gebührt Anbetung. 6 Denn mein Engel ist bei
euch; er wird über euer Leben wachen.

1: Jer 29,1 • 3: Jer 10,3f • 6: Ex 23,21f.

Die Nichtigkeit der Götzenbilder: 6,7–72

7 Ein Handwerker hat ihnen eine glatte
Zunge angefertigt; sie selbst wurden mit
Gold und Silber überzogen; doch sind sie
Fälschungen und können nicht reden. 8 Wie
für ein Mädchen, das Schmuck liebt, nimmt
man Gold 9 und fertigt Kronen für die Häup-
ter ihrer Götter. Manchmal nehmen aber die
Priester Gold und Silber heimlich von ihren
Göttern weg und verwenden es für sich sel-
ber; sie geben davon auch den Dirnen in der
Kammer. 10 Man schmückt sie auch, die Göt-
ter aus Silber, Gold und Holz, mit Gewän-
dern wie Menschen. Diese Götter können
sich aber nicht vor Schmutz und Wurmfraß
schützen. 11 Sie sind in Purpurgewänder ge-
hüllt 12 und doch muss man ihnen den Staub
aus dem Gesicht wischen, der im Tempel
aufwirbelt und sich dick auf sie legt. 13 Sogar
ein Zepter trägt ein solcher Gott, wie ein
Mann, der das Land regiert; doch kann er
niemand töten, der sich gegen ihn verfehlt.
14 Er hat in der Rechten ein Schwert oder
eine Streitaxt, kann aber nicht einmal sich
selbst vor Krieg oder Räubern retten. So zei-
gen sie deutlich, dass sie keine Götter sind.
Fürchtet sie also nicht!

15 Wie ein zerbrochenes Tongefäß un-
brauchbar wird, 16 so geht es auch mit ihren
Göttern, die in ihren Tempeln aufgestellt
sind: Ihre Augen sind voll vom Staub, den
die Füße der Besucher hineintragen. 17 Und
wie die Höfe rings verschlossen sind, sobald
ein Mann, der sich am König vergangen hat,
zur Hinrichtung abgeführt werden soll, so si-
chern die Priester die Tempel der Götter mit
Türen, Schlössern und Riegeln, damit sie
nicht von Räubern geplündert werden. 18 Die
Priester zünden Lichter an, mehr sogar als
für sich selbst, doch die Götter können kei-
nes davon sehen. 19 Es geht ihnen wie einem
Balken am Tempel: Ihr Inneres wird, wie
man sagt, zerfressen. Sie aber bemerken
nicht die Würmer, die aus der Erde kommen
und sie selbst samt ihren Gewändern aufzeh-
ren. 20 Ihre Gesichter sind geschwärzt vom
Rauch, der im Tempel aufsteigt. 21 Auf ihrem
Körper und auf ihrem Kopf lassen sich Fle-
dermäuse, Schwalben und andere Vögel nie-
der, ebenso auch Katzen. 22 Daran erkennt
ihr, dass sie keine Götter sind. Fürchtet sie
also nicht!

23 Sie sind mit Gold überzogen, damit sie
schön aussehen; wenn aber niemand den
Schmutz wegputzt, glänzen sie nicht. Nicht
einmal, als sie gegossen wurden, spürten sie
es. 24 Jeden Preis zahlte man für sie, obwohl
sie keinen Lebensatem besitzen. 25 Da sie
ihre Füße nicht gebrauchen können, werden
sie auf den Schultern getragen und zeigen so
den Menschen ihren eigenen Unwert. Auch

6,1–72 Zu Bar 6 vgl. die Einleitung.
6,9 Dirnen: Gemeint sind die Tempeldirnen.
6,10.23 Für »Schmutz« steht in G ein Wort, das eigentlich »Rost« bedeutet. Gold rostet aber nicht, sondern es setzt sich eine feine Schmutzschicht an, die man von Zeit zu Zeit wegputzt.

ihre Diener müssen sich schämen; 26 denn
(der Götze) muss von ihnen aufgestellt wer-
den, damit er nicht zu Boden fällt. Stellt man
ihn aufrecht hin, so kann er sich selbst nicht
bewegen; steht er schief, kann er sich nicht
aufrichten. Vielmehr setzt man ihnen die
Gaben vor wie den Toten. 27 Mit ihren Opfern
aber treiben ihre Priester Missbrauch und
verkaufen sie. Nicht besser handeln ihre
Frauen: Sie pökeln davon ein, aber einem
Armen oder Schwachen geben sie nichts.
28 Sogar unreine Frauen und Wöchnerinnen
berühren ihre Opfer. Daran erkennt ihr, dass
sie keine Götter sind. Fürchtet sie also nicht!

29 Wie könnte man sie Götter nennen? So-
gar Frauen bringen ihnen Opfer dar, diesen
Göttern aus Silber, Gold und Holz. 30 In ih-
ren Tempeln hocken die Priester, das Ge-
wand zerrissen, Kopf und Bart geschoren
und das Haupt entblößt. 31 Sie heulen und
schreien vor ihren Göttern wie andere beim
Totenmahl. 32 Von ihren Gewändern nehmen
die Priester und kleiden damit ihre Frauen
und Kinder. 33 Ob jemand diesen Göttern
Böses oder Gutes antut, sie sind nicht im-
stande, es zu vergelten. Einen König können
sie weder einsetzen noch absetzen. 34 Ebenso
wenig können sie Reichtum oder auch nur
Geld verschaffen. Hat ihnen jemand ein Ge-
lübde gemacht, erfüllt es aber nicht, so kön-
nen sie keine Rechenschaft fordern. 35 Sie
können keinen Menschen vom Tod erretten
noch einen Schwachen dem Starken entrei-
ßen. 36 Einen Blinden können sie nicht se-
hend machen, einen Bedrängten nicht be-
freien. 37 Mit der Witwe haben sie kein Mit-
leid, dem Waisenkind helfen sie nicht. 38 Den
Steinen aus den Bergen gleichen die hölzer-
nen, mit Gold und Silber überzogenen Göt-
ter. Wer sie verehrt, wird zuschanden. 39 Wie
kann einer da glauben oder behaupten, sie
seien wirklich Götter?

40 Ihrer Ehre schaden die Chaldäer sogar
selbst. Sehen sie nämlich einen Stummen,
der nicht sprechen kann, so bringen sie ihn
zu Bel und bitten, dass er die Sprache erhal-
te, als ob Bel ihn auch nur wahrnehmen
könnte. 41 Und obwohl sie das wissen, brin-
gen sie es doch nicht über sich, die Götter zu
verlassen; sie haben ja keinen Verstand.
42 Die Frauen aber sitzen, mit Schnüren um-
wunden, an den Wegen und lassen Kleie in
Rauch aufgehen. 43 Sobald nun eine aus ihrer
Mitte von einem Vorübergehenden mitge-
nommen worden ist und sich ihm hingegeben
hat, schmäht sie ihre Nachbarin, weil diese
nicht gleich ihr für würdig befunden und
ihre Schnur noch nicht zerrissen wurde.
44 Was immer bei diesen Göttern geschieht,
ist Trug. Wie kann einer da glauben oder be-
haupten, dass sie wirklich Götter seien?

45 Von Handwerkern und Goldschmieden
sind sie verfertigt. Sie werden nichts ande-
res, als was sie nach dem Willen der Künstler
werden sollten. 46 Ihre Hersteller erreichen
selbst kein hohes Alter; 47 wie sollten da ihre
Erzeugnisse Götter sein? Nein, nur Trug und
Schande hinterlassen sie ihren Nachkom-
men. 48 Nähern sich nämlich Krieg und Un-
heil diesen Göttern, dann beraten die Pries-
ter miteinander, wo sie sich mit ihnen verste-
cken können. 49 Wie sollte man da nicht mer-
ken, dass sie keine Götter sind, da sie sich
selbst weder vor Krieg noch vor Unheil ret-
ten können? 50 Sie sind ja nur hölzerne, mit
Gold und Silber überzogene Gebilde; man
wird nach alldem erkennen, dass sie Trug
sind. Allen Völkern und Königen wird es
dann offenbar, dass jene keine Götter sind,
sondern Werke von Menschenhand, und dass
ihnen keine göttliche Wirkkraft innewohnt.
51 Wer sieht da nicht, dass sie keine Götter
sind?

52 Sie können weder einen König im Land
einsetzen noch den Menschen Regen spen-
den. 53 Sie halten nicht Gericht bei ihnen und
befreien keinen, dem Unrecht geschah; denn
sie sind machtlos 54 wie die Krähen zwischen
Himmel und Erde. Ergreift gar Feuer den
Tempel der hölzernen, mit Gold und Silber
überzogenen Götter, dann fliehen zwar ihre
Priester und retten sich, sie selbst aber ver-
brennen darin wie die Balken. 55 Keinem Kö-
nig und keinem Feind bieten sie Widerstand.
56 Wie kann einer da annehmen oder glau-
ben, dass sie Götter sind?

Weder vor Dieben noch vor Räubern kön-
nen sie sich retten, diese hölzernen, mit Sil-
ber und Gold überzogenen Götter. 57 Jene
sind stärker und nehmen ihnen das Gold und
Silber ringsum ab, samt den Gewändern, die
ihnen umgelegt sind, und machen sich damit
fort, ohne dass die Götter auch nur sich selber
helfen könnten. 58 Besser ist darum ein Kö-
nig, der seine Stärke zeigt, besser ein nützli-
ches Hausgerät, das der Besitzer brauchen
kann, als solche trügerischen Götter; besser
im Haus eine Tür, die das, was drinnen ist,

6,29 Nach dem Gesetz war Frauen der Tempeldienst verboten.

6,31 Das Totenmahl spielt auf den Kult der sterbenden und wieder auflebenden heidnischen Gottheiten an.

6,42 Der Brauch gehört zur sakralen Prostitution.

6,51 Andere Lesart: Wer sieht da, dass …

schützt, als solche trügerischen Götter; besser im Königspalast eine hölzerne Säule als solche trügerischen Götter. 59 Sonne, Mond und Sterne, die bestellt sind, um als Leuchten zu nützen, gehorchen willig. 60 Ebenso ist auch der Blitz, wenn er aufleuchtet, schön anzusehen. Genauso ist es beim Wind, der über das ganze Land weht. 61 Wenn den Wolken von Gott befohlen wird, über die ganze Erde dahinzuziehen, so vollführen sie den Auftrag. 62 Wird endlich das Feuer von oben ausgesandt, um Berge und Wälder zu verzehren, so tut es, was befohlen war. All dem kommen aber diese Götter weder an Schönheit gleich noch an Kraft. 63 Daher kann man weder glauben noch behaupten, dass sie wirklich Götter sind; sie sind ja nicht imstande, Gericht zu halten oder den Menschen Gutes zu tun. 64 Da ihr nun wisst, dass sie keine Götter sind, so fürchtet sie nicht!

65 Sie können den Königen weder fluchen noch sie segnen. 66 Sie lassen bei den Völkern keine Zeichen am Himmel erscheinen. Sie können nicht strahlen wie die Sonne noch leuchten wie der Mond. 67 Die Tiere sind besser daran als jene; denn sie können an einen schützenden Ort fliehen und sich selber helfen. 68 So ist uns auf gar keine Weise sichtbar, dass sie Götter sind. Darum fürchtet sie nicht!

69 Wie im Gurkenfeld eine Vogelscheuche, die nichts behütet, so sind ihre hölzernen, mit Gold und Silber überzogenen Götter. 70 Ebenso gleichen sie einem Dornbusch im Garten, auf den sich Vögel jeder Art niederlassen; oder auch einem Toten, der ins Dunkel geworfen ist, gleichen diese hölzernen, mit Gold und Silber überzogenen Götter. 71 Auch an den Purpur- und Byssusgewändern, die auf ihnen vermodern, erkennt ihr, dass sie keine Götter sind. Zuletzt werden sie selbst zerfressen und zum Gespött im Land. 72 Besser ist also ein gerechter Mann, der keine Götterbilder hat; denn er ist sicher vor dem Gespött.

7: Jes 40,19f; 41,7; 46,6f • 9: 6,42f • 10: Jer 10,9 • 25: Jes 46,7; Jer 10,14 • 26: Weish 13,16 • 28: Lev 12,4 • 37: Ps 68,8f • 40: Dan 2,2 • 42–43; Hos 4,13f • 52: Jer 14,22 • 59: Gen 1,15–17 • 69: Jer 10,5.

Das Buch Ezechiel

Zusammen mit König Jojachin und vielen aus seinem Volk wurde Ezechiel, der einer priesterlichen Familie entstammte, 597 v. Chr. von Nebukadnezzar in die Verbannung nach Babylonien geführt. Dort bei Tel-Abib, an einem Eufratkanal, wurde er von Gott zum Propheten berufen. Er wirkte unter den Verschleppten in Babylonien. Ihnen musste er die falsche Hoffnung, dass sie bald wieder nach Jerusalem zurückkehren könnten, nehmen, indem er Gottes Gericht über die Stadt und den Tempel ansagte. Nachdem die Stadt erobert und zerstört war (586 v. Chr.), verkündete er Gottes rettendes Eingreifen und stellte die Wiederherstellung des Volkes um den neu erbauten Tempel in Aussicht. Für seine Aufgabe brachte Ezechiel eine besondere Begabung mit. Er war ein Visionär, wusste sich von Gottes Geist ergriffen, von seiner Hand gepackt, nach Jerusalem oder in die Ebene hinaus entrückt und wiederholt bis in merkwürdig erscheinende körperliche Zustände hinein von seinem Verkündigungsauftrag beansprucht. Manches, was er über sich sagt oder was andere über ihn berichten, dürfte jedoch Ausgestaltung seiner prophetischen Worte und Berichte durch spätere Bearbeiter sein. Dass seinen Aussagen vieles hinzugefügt wurde, zeigt sich allenthalben, am auffallendsten vielleicht bei der Findelkindgeschichte (Kap. 16) und dem Gleichnis von den beiden Schwestern (Kap. 23). Da er manche seiner Worte mit Datum versehen hat und demnach selbst schriftlich festgehalten haben muss, ergibt sich für seine Wirksamkeit etwa der Zeitraum von 592–571 v. Chr.

Für seine Verkündigung standen dem Propheten eine große Zahl von Ausdrucksmöglichkeiten und Redeformen zur Verfügung. Neben Droh- und Scheltworten stehen Visionsberichte, von denen drei besonders hervorzuheben sind: die Berufung (Kap. 1 – 3); der sündhafte

6,71 Byssus: Text korr.; mehrere Textzeugen: Marmor.

Tempelkult, der die Zerstörung von Tempel und Stadt nach sich zieht (Kap. 8 – 11); die Wiederherstellung des Tempels und die Neuverteilung des Landes an die Stämme Israels (Kap. 40 – 48). Wie kein anderer Prophet führte Ezechiel viele symbolische Handlungen aus (Kap. 3,22–27; 4f; 12; 21; 24; 37). Die Geschichtsdarstellung (Kap. 20) macht er ebenso zum Mittel der Verkündigung wie die Totenklage (z. B. Kap. 19; 27; 32), die Bildrede und das Gleichnis (z. B. Kap. 17; 21; 27; 31). Er beherrscht die Diskussionsrede (Kap. 14; 18), kennt sich in den gesetzlichen Vorschriften aus (Kap. 18; 44) und versteht es, wie ein Architekt einen Bau zu beschreiben (Kap. 40 – 43). Auch Mahnworte und prophetische Belehrung fehlen nicht. Die Verheißung nimmt in der zweiten Periode seiner Verkündigung einen breiten Raum ein.

Das Buch Ezechiel lässt sich in folgende große Teile gliedern: Berufungsvision (Kap. 1 – 3); Drohungen gegen Juda und Jerusalem (Kap. 4 – 24); Drohungen gegen fremde Völker (Kap. 25 – 32); Verheißungen für das eigene Volk (Kap. 33 – 37); endzeitlicher Kampf Jahwes gegen Gog (Kap. 38f); das neue Jerusalem (der sog. Verfassungsentwurf Ezechiels, Kap. 40 – 48). Zunächst werden verschiedene kleinere Sammlungen entstanden sein, wie etwa die Berichte über symbolische Handlungen (Kap. 4f; 12; 24); Worte gegen die Götzen (Kap. 6), über die Nähe des Gerichts (Kap. 7), über die Propheten (12,21 – 13,21), über Sünde, Strafe und Verantwortlichkeit (Kap. 15 – 20), gegen Israels Nachbarn Ammon, Moab, Edom und die Philister (Kap. 25); Visionen über Gottes Strafgericht an Tempel und Stadt (Kap. 8 – 11); Gleichnisreden gegen Ägypten (Kap. 29 – 32) und über Hirten und Schafe (Kap. 34); Verheißungen über das Werden eines neuen Israel (Kap. 36f). Auch in der großen abschließenden Vision vom neuen Israel (Kap. 40 – 48) sind ekstatische Erlebnisse zusammen mit Anweisungen, theologischen Erörterungen und Mahnungen festgehalten. Apokalyptische Züge tragen die Worte über Gog und Magog (Kap. 38f).

Die prophetische Botschaft des Buches Ezechiel hat eine große Spannweite. Da wird nicht nur von Schuld, Gericht und Umkehr, von Heil, Wiederherstellung und göttlichem Erbarmen gesprochen, sondern auch von menschlicher Verantwortung. Jahwe, der Gott Israels, ist nicht an sein Land gebunden; er ist überall, er ist der Herr über alle Völker. Ihm soll ein innerlich erneuertes, heiliges Volk dienen; er will es als Hirt führen. Auch die messianische Hoffnung klingt an (17,22; 34,23f; 37,22–25).

DIE BERUFUNG EZECHIELS ZUM PROPHETEN: 1,1 – 3,27

Ort und Zeit der Berufung: 1,1–3

1 Am fünften Tag des vierten Monats im
dreißigsten Jahr, als ich unter den Verschleppten am Fluss Kebar lebte, öffnete sich der Himmel und ich sah eine Erscheinung
Gottes. 2 Am fünften Tag des Monats – es war
im fünften Jahr nach der Verschleppung des
Königs Jojachin – 3 erging das Wort des Herrn
an Ezechiel, den Sohn Busis, den Priester, im Land der Chaldäer, am Fluss Kebar. Dort kam die Hand des Herrn über ihn.

1: 3,23; 10,15.20.22; 43,3 • 3: 3,22; 8,1; 33,22; 37,1; 40,1.

Die Erscheinung Gottes: 1,4–28

4 Ich sah: Ein Sturmwind kam von Norden, eine große Wolke mit flackerndem Feuer, umgeben von einem hellen Schein. Aus dem Feuer strahlte es wie glänzendes Gold.
5 Mitten darin erschien etwas wie vier Lebewesen. Und das war ihre Gestalt: Sie sahen
aus wie Menschen.
6 Jedes der Lebewesen
hatte vier Gesichter und vier Flügel.
7 Ihre
Beine waren gerade und ihre Füße wie die Füße eines Stieres; sie glänzten wie glatte und blinkende Bronze.
8 Unter den Flügeln

1,1–3 Das Buch hat zwei Überschriften erhalten (VV. 2f und V. 1), die hier vereinigt sind. Das »dreißigste Jahr« ist vielleicht das Lebensalter Ezechiels; das fünfte Jahr nach der Verschleppung Jojachins ist 592 v. Chr. – Der Fluss Kebar ist ein Eufratkanal zwischen Babylon und Nippur.

1,4–28 Die »Lebewesen« sind mischgestaltig; sie werden in 10,8–17 als Kerubim beschrieben. Die Vision ist in ihren Einzelheiten nicht klar zu deuten.

an ihren vier Seiten hatten sie Menschen-
hände. [Auch Gesichter und Flügel hatten
die vier.] 9 Ihre Flügel berührten einander.
Die Lebewesen änderten beim Gehen ihre
Richtung nicht: Jedes ging in die Richtung,
in die eines seiner Gesichter wies. 10 Und ihre
Gesichter sahen so aus: Ein Menschengesicht
(blickte bei allen vier nach vorn), ein Löwen-
gesicht bei allen vier nach rechts, ein Stier-
gesicht bei allen vier nach links und ein Ad-
lergesicht bei allen vier (nach hinten). 11 Ihre
Flügel waren nach oben ausgespannt. Mit
zwei Flügeln berührten sie einander und mit
zwei bedeckten sie ihren Leib. 12 Jedes Lebe-
wesen ging in die Richtung, in die eines sei-
ner Gesichter wies. Sie gingen, wohin der
Geist sie trieb, und änderten beim Gehen
ihre Richtung nicht. 13 Zwischen den Lebe-
wesen war etwas zu sehen wie glühende
Kohlen, etwas wie Fackeln, die zwischen den
Lebewesen hin- und herzuckten. Das Feuer
gab einen hellen Schein und aus dem Feuer
zuckten Blitze. 14 Die Lebewesen liefen vor
und zurück und es sah aus wie Blitze.

15 Ich schaute auf die Lebewesen: Neben
jedem der vier sah ich ein Rad auf dem Bo-
den. 16 Die Räder sahen aus, als seien sie aus
Chrysolith gemacht. Alle vier Räder hatten
die gleiche Gestalt. Sie waren so gemacht,
dass es aussah, als laufe ein Rad mitten im
andern. 17 Sie konnten nach allen vier Seiten
laufen und änderten beim Laufen ihre Rich-
tung nicht. 18 Ihre Felgen waren so hoch, dass
ich erschrak; sie waren voll Augen, ringsum
bei allen vier Rädern. 19 Gingen die Lebewe-
sen, dann liefen die Räder an ihrer Seite mit.
Hoben sich die Lebewesen vom Boden, dann
hoben sich auch die Räder. 20 Sie liefen, wo-
hin der Geist sie trieb. Die Räder hoben sich
zugleich mit ihnen; denn der Geist der Lebe-
wesen war in den Rädern. 21 Gingen die Le-
bewesen, dann liefen auch die Räder; blieben
jene stehen, dann standen auch sie still. Ho-
ben sich jene vom Boden, dann hoben sich
die Räder zugleich mit ihnen; denn der Geist
der Lebewesen war in den Rädern.

22 Über den Köpfen der Lebewesen war et-
was wie eine gehämmerte Platte befestigt,
furchtbar anzusehen, wie ein strahlender
Kristall, oben über ihren Köpfen. 23 Unter
der Platte waren ihre Flügel ausgespannt, ei-
ner zum andern hin. Mit zwei Flügeln be-
deckte jedes Lebewesen seinen Leib. 24 Ich
hörte das Rauschen ihrer Flügel; es war wie
das Rauschen gewaltiger Wassermassen, wie
die Stimme des Allmächtigen. Wenn sie gin-
gen, glich das tosende Rauschen dem Lärm
eines Heerlagers. Wenn sie standen, ließen
sie ihre Flügel herabhängen. 25 Ein Rauschen
war auch oberhalb der Platte, die über ihren
Köpfen war. Wenn sie standen, ließen sie
ihre Flügel herabhängen.

26 Oberhalb der Platte über ihren Köpfen
war etwas, das wie Saphir aussah und einem
Thron glich. Auf dem, was einem Thron
glich, saß eine Gestalt, die wie ein Mensch
aussah. 27 Oberhalb von dem, was wie seine
Hüften aussah, sah ich etwas wie glänzendes
Gold in einem Feuerkranz. Unterhalb von
dem, was wie seine Hüften aussah, sah ich
etwas wie Feuer und ringsum einen hellen
Schein. 28 Wie der Anblick des Regenbogens,
der sich an einem Regentag in den Wolken
zeigt, so war der helle Schein ringsum. So
etwa sah die Herrlichkeit des Herrn aus. Als
ich diese Erscheinung sah, fiel ich nieder auf
mein Gesicht. Und ich hörte, wie jemand re-
dete.

4–28: 10,8–17 • 9: Offb 4,7 • 11: Jes 6,2 • 13: Ex 19,18 • 15–17: 10,9–13 • 18: Offb 4,8 • 19: 10,16f • 22: 10,1; Ex 24,10; Offb 4,6 • 23: Jes 6,2 • 24: 10,5 • 26: Offb 4,2f; Ex 24,10; Ez 8,2; Offb 1,13 • 28: Gen 9,13–16; Ez 8,4; 10,4.18; 11,23; 43,3; 44,4.

Die Sendung Ezechiels: 2,1 – 3,15

2 Er sagte zu mir: Stell dich auf deine
Füße, Menschensohn; ich will mit dir re-
den. 2 Als er das zu mir sagte, kam der Geist
in mich und stellte mich auf die Füße. Und
ich hörte den, der mit mir redete. 3 Er sagte
zu mir: Menschensohn, ich sende dich zu den
abtrünnigen Söhnen Israels, die sich gegen
mich aufgelehnt haben. Sie und ihre Väter
sind immer wieder von mir abgefallen, bis
zum heutigen Tag. 4 Es sind Söhne mit trot-
zigem Gesicht und hartem Herzen. Zu ihnen
sende ich dich. Du sollst zu ihnen sagen: So
spricht Gott, der Herr. 5 Ob sie dann hören
oder nicht – denn sie sind ein widerspensti-
ges Volk –, sie werden erkennen müssen, dass
mitten unter ihnen ein Prophet war. 6 Du
aber, Menschensohn, fürchte dich nicht vor
ihnen, hab keine Angst vor ihren Worten!
Wenn dich auch Dornen umgeben und du auf
Skorpionen sitzt, hab keine Angst vor ihren

2,1 Menschensohn: Im Hebräischen bezeichnet der Ausdruck den einzelnen Menschen; bei Ezechiel ist damit der Prophet in seiner menschlichen Begrenztheit gemeint, anders dagegen in Dan 7 (vgl. die Anmerkung zu Dan 7,13).

2,3 zu den abtrünnigen Söhnen Israels: H: zu den Söhnen Israels, zu den Völkern, den abtrünnigen; diese Erweiterung fehlt zu Recht in G.

2,5.8 ein widerspenstiges Volk, wörtlich: ein Haus der Widerspenstigkeit.

2,6 dich auch Dornen umgeben: Text korr.; vgl. G.

Worten und erschrick nicht vor ihrem Blick;
denn sie sind ein widerspenstiges Volk. 7 Du
sollst ihnen meine Worte sagen, ob sie hören
oder nicht, denn sie sind widerspenstig.
8 Du aber, Menschensohn, höre, was ich zu
dir sage. Sei nicht widerspenstig wie dieses
widerspenstige Volk! Öffne deinen Mund
und iss, was ich dir gebe. 9 Und ich sah: Eine
Hand war ausgestreckt zu mir; sie hielt eine
Buchrolle. 10 Er rollte sie vor mir auf. Sie war
innen und außen beschrieben und auf ihr
waren Klagen, Seufzer und Weherufe ge-
schrieben.

3 Er sagte zu mir: Menschensohn, iss, was
du vor dir hast. Iss diese Rolle! Dann geh
und rede zum Haus Israel! 2 Ich öffnete mei-
nen Mund und er ließ mich die Rolle essen.
3 Er sagte zu mir: Menschensohn, gib deinem
Bauch zu essen, fülle dein Inneres mit dieser
Rolle, die ich dir gebe. Ich aß sie und sie
wurde in meinem Mund süß wie Honig.
4 Er sagte zu mir: Geh zum Haus Israel,
Menschensohn, und sprich mit meinen Wor-
ten zu ihnen! 5 Nicht zu einem Volk mit
fremder Sprache und unverständlicher Rede
wirst du gesandt, sondern zum Haus Israel,
6 auch nicht zu vielen Völkern mit fremder
Sprache und unverständlicher Rede, deren
Worte du nicht verstehst. Würde ich dich zu
ihnen senden, sie würden auf dich hören.
7 Doch das Haus Israel will nicht auf dich hö-
ren, es fehlt ihnen der Wille, auf mich zu hö-
ren; denn jeder vom Haus Israel hat eine har-
te Stirn und ein trotziges Herz. 8 Ich aber
mache dein Gesicht ebenso hart wie ihr Ge-
sicht und deine Stirn ebenso hart wie ihre
Stirn. 9 Wie Diamant und härter als Kiesel-
stein mache ich deine Stirn. Fürchte sie
nicht, erschrick nicht vor ihrem Blick; denn
sie sind ein widerspenstiges Volk. 10 Er sagte
zu mir: Menschensohn, nimm alle meine
Worte, die ich dir sage, mit deinem Herzen
auf und höre mit deinen Ohren! 11 Geh zu
den Verschleppten, zu den Söhnen deines
Volkes, und ob sie hören oder nicht, sprich
zu ihnen und sag zu ihnen: So spricht Gott,
der Herr.
12 Da hob mich der Geist empor und ich
hörte hinter mir ein Geräusch, ein gewaltiges
Dröhnen, als sich die Herrlichkeit des Herrn
von ihrem Ort erhob, 13 das Geräusch von
den Flügeln der Lebewesen, die einander be-
rührten, und das Geräusch der Räder neben
ihnen, ein lautes, gewaltiges Dröhnen. 14 Der
Geist, der mich emporgehoben hatte, trug
mich fort. Ich ging dahin, mit bitterem und
grollendem Herzen, und die Hand des Herrn
lag schwer auf mir. 15 So kam ich zu den
Verschleppten, [die am Fluss Kebar wohn-
ten,] die in Tel-Abib wohnten, und ich saß
dort sieben Tage lang verstört mitten unter
ihnen.

2,1: Dan 8,17; 10,11 • 5: 2,7; 3,11.27; 33,33 • 6: Jer 1,8.17 • 9: Sach 5,2; Offb 5,1 • 3,1: Jer 15,16; Offb 10,9 • 3: Ps 119,103 • 5: Jes 33,19 • 8–9: Jes 50,7 • 9: Jer 1,17f • 12: 8,3; 11,1.24; 37,1.

Ezechiel als Wächter Israels: 3,16–21

16 Am Ende der sieben Tage erging das
Wort des Herrn an mich: 17 Menschensohn,
ich gebe dich dem Haus Israel als Wächter.
Wenn du ein Wort aus meinem Mund hörst,
musst du sie vor mir warnen. 18 Wenn ich zu
einem, der sich schuldig gemacht hat, sage:
Du musst sterben!, und wenn du ihn nicht
warnst und nicht redest, um den Schuldigen
von seinem schuldhaften Weg abzubringen,
damit er am Leben bleibt, dann wird der
Schuldige seiner Sünde wegen sterben; von
dir aber fordere ich Rechenschaft für sein
Blut. 19 Wenn du aber den Schuldigen warnst
und er sich von seiner Schuld und seinem
schuldhaften Weg nicht abwendet, dann
wird er seiner Sünde wegen sterben; du aber
hast dein Leben gerettet. 20 Und wenn ein
Gerechter sein rechtschaffenes Leben auf-
gibt und Unrecht tut, werde ich ihn zu Fall
bringen und er wird sterben, weil du ihn
nicht gewarnt hast. Seiner Sünde wegen
wird er sterben und an seine gerechten Taten
von einst wird man nicht mehr denken. Von
dir aber fordere ich Rechenschaft für sein Blut.
21 Wenn du aber den Gerechten davor warnst
zu sündigen und er sündigt nicht, dann wird
er am Leben bleiben, weil er gewarnt wurde,
und du hast dein Leben gerettet.

18: Gen 9,5 • 20: 18,24; 33,12f.

Das Verstummen Ezechiels: 3,22–27

22 Dann legte sich die Hand des Herrn auf
mich. Er sagte zu mir: Steh auf und geh hi-
naus in die Ebene! Ich will dort mit dir re-
den. 23 Ich stand auf und ging in die Ebene
hinaus. Und siehe, dort stand die Herrlich-
keit des Herrn, so wie ich sie schon am Fluss
Kebar gesehen hatte, und ich fiel nieder auf
mein Gesicht. 24 Doch der Geist kam in mich

3,12 Der Geist, d. h. die Kraft Gottes bringt den Propheten vom Ort der Vision zu den Verschleppten, die in Tel-Abib am Eufratkanal Kebar wohnen. – erhob: Text korr.; vgl. 10,4.

3,16–21 Die Berufung Ezechiels zum Wächter Israels erfolgte vermutlich erst nach der Zerstörung Jerusalems (vgl. 33,1–9).

3,22–27 Nach 24,25–27 und 33,21f verstummt der Prophet erst bei der Eroberung Jerusalems.

und stellte mich wieder auf die Füße. Er re-
dete mit mir und sagte zu mir: Geh in dein
Haus und schließ dich ein! 25 Und du, Men-
schensohn – sie werden dich fesseln und mit
Stricken binden, sodass du nicht mehr zum
Volk hinausgehen kannst. 26 Deine Zunge
lasse ich dir am Gaumen kleben. Du wirst
verstummen und nicht mehr ihr Mahner sein
können; denn sie sind ein widerspenstiges
Volk. 27 Wenn ich aber mit dir rede, werde
ich deinen Mund öffnen. Dann sag zu ihnen:
So spricht Gott, der Herr. Wer hören will,
der höre, wer nicht hören will, der lasse es;
denn sie sind ein widerspenstiges Volk.

22: 1,3; 8,1; 33,22; 37,1; 40,1 • 23: 1,28 • 24: 2,2 • 27: 24,27; 33,22.

DIE DROHSPRÜCHE GEGEN JUDA UND JERUSALEM: 4,1 – 24,27

Symbolische Handlungen: 4,1 – 5,17

Die Belagerung Jerusalems: 4,1–3

4 Du, Menschensohn, nimm dir einen
Lehmziegel, leg ihn vor dich hin und
ritze eine Stadt darauf ein [nämlich Jerusa-
lem]! 2 Belagere sie; bau ihr gegenüber einen
Belagerungswall; schütte einen Damm gegen
sie auf; leg vor ihr ein Truppenlager an und
stell gegen sie ringsum Sturmböcke auf!
3 Nimm eine Eisenplatte und stell sie als ei-
serne Mauer zwischen dich und die Stadt!
Richte dein Gesicht auf die Stadt: Nun ist sie
belagert und du belagerst sie. Das ist ein
(warnendes) Zeichen für das Haus Israel.

2: 21,27; 26,8.

Die Dauer der Verbannung: 4,4–8

4 Du, leg dich auf deine linke Seite! Dann
lege ich die Schuld des Hauses Israel auf
dich. So viele Tage, wie du auf dieser Seite
liegst, trägst du ihre Schuld. 5 Und ich setze
für dich fest: So viele Jahre, wie die Schuld
des Hauses Israel dauert, so viele Tage sollst
du ihre Schuld tragen: dreihundertneunzig
Tage. 6 Wenn du diese Zeit beendet hast, leg
dich auf die andere, die rechte Seite und trag
vierzig Tage lang die Schuld des Hauses
Juda: einen Tag für jedes Jahr; so setze ich es
für dich fest. 7 Dann sollst du dein Gesicht
unbeweglich auf das belagerte Jerusalem
richten und mit erhobenem Arm gegen die
Stadt weissagen. 8 Ich aber lege dir Stricke
an, sodass du dich nicht von einer Seite auf
die andere drehen kannst, so lange, bis du
die Tage der Belagerung beendet hast.

6: Num 14,33f • 8: 3,25.

Hungersnot und Unreinheit: 4,9–17

9 Du, nimm dir Weizen, Gerste, Bohnen,
Linsen, Hirse und Dinkel; tu sie zusammen
in ein Gefäß und mach dir Brot daraus! So-
lange du auf der Seite liegst, dreihundert-
neunzig Tage lang, sollst du davon essen.
10 Das Brot, das du isst, soll genau abgewo-
gen sein, zwanzig Schekel am Tag; davon
sollst du von Zeit zu Zeit essen. 11 Auch das
Wasser, das du trinkst, soll genau abgemes-
sen sein: ein sechstel Hin; davon sollst du von
Zeit zu Zeit trinken. 12 Das Brot sollst du wie
Gerstenbrot zubereiten und essen; auf Men-
schenkot sollst du es vor aller Augen backen.
13 Und der Herr sprach: Ebenso werden die
Israeliten unreines Brot essen bei den Völ-
kern, zu denen ich sie verstoße. 14 Ich aber
sagte: Ach, Herr und Gott, ich habe mich
noch nie unrein gemacht. Seit meiner Jugend
habe ich noch nie von verendeten oder
zerrissenen Tieren gegessen. Niemals ist ver-
dorbenes Fleisch in meinen Mund gekom-
men.
15 Da sagte er zu mir: Gut, ich erlaube dir,
dein Brot auf Rindermist statt auf Men-
schenkot zu backen. 16 Dann sagte er zu mir:
Menschensohn, ich entziehe Jerusalem sei-
nen Vorrat an Brot. Sie werden ihr Brot wie-
gen und es mit Sorgen essen; das Wasser
werden sie genau abmessen und mit Schau-
dern trinken; 17 denn sie sollen an Brot und

3,27 Gott, der Herr, wörtlich: der Herr Jahwe. So an allen einschlägigen Stellen.

4,1 In Babylonien wurden solche auf Ton gezeichnete Stadtpläne, z. B. von Nippur, gefunden.

4,4 Dann lege ich . . . auf dich: Text korr.; H: Und du legst dann. . .

4,5f Die 390 Tage stehen für die Zahl der Jahre, in denen sich Israel seit Salomo (1 Kön 11,1–8) durch die Verunreinigung des Tempels versündigt hat (vgl. Ez 8). – Die 40 Tage bedeuten die Jahre der Strafe, die Israel im Exil zu tragen hat.

4,10f Zwanzig Schekel sind etwa 230 Gramm. – Ein sechstel Hin ist höchstens 1 Liter.

4,16 ich entziehe Jerusalem seinen Vorrat an Brot: vgl. die Anmerkung zu Lev 26,26.

säulenpaar

säulen
schlank
alleine schwach

aus getrennten wurzeln
wachsen sie hervor
vereinen sich in großer schönheit

tragen gemeinsam die last
die gemeinsame last
wie eine krone

Der Mensch gab Namen allem Vieh, den Vögeln des Himmels und allen Tieren des Feldes. Aber eine Hilfe, die dem Menschen entsprach, fand er nicht. Da ließ Gott, der Herr, einen tiefen Schlaf auf den Menschen fallen, sodass er einschlief, nahm eine seiner Rippen und verschloss ihre Stelle mit Fleisch. Gott, der Herr, baute aus der Rippe, die er vom Menschen genommen hatte, eine Frau und führte sie dem Menschen zu. Und der Mensch sprach:
Das endlich ist Bein von meinem Bein
und Fleisch von meinem Fleisch.
Frau soll sie heißen,
denn vom Mann ist sie genommen.
Darum verlässt der Mann Vater und Mutter und
bindet sich an seine Frau
und sie werden ein Fleisch.

Genesis 2,20–24

Foto: Gerhard Schmitt, Ludwigsburg

Wasser Mangel haben und sich entsetzen, einer wie der andere, und sollen dahinsiechen wegen ihrer Schuld.

14: Ex 22,30; Lev 17,15; 22,8; Apg 10,14 • 16: Ps 105,16; Ez 12,18f • 17: Lev 26,39.

Die Vernichtung: 5,1–4

5 Du, Menschensohn, nimm ein scharfes Schwert! Benutz es als Schermesser und schneide dir damit das Haar und den Bart ab! Dann nimm eine Waage und wiege die Haare! 2 Ein Drittel verbrenne mitten in der Stadt, wenn die Tage ihrer Belagerung zu Ende sind. Ein anderes Drittel zerhau mit dem Schwert in der Umgebung der Stadt! Das letzte Drittel streu in den Wind! Ich will hinter ihnen das Schwert zücken. 3 Einige wenige davon nimm und binde sie in einen Zipfel deines Mantels! 4 Aber auch von diesen nimm noch ein paar Haare, wirf sie ins Feuer und verbrenn sie! Von dort wird sich das Feuer ausdehnen auf das ganze Haus Israel.

Die Deutung der symbolischen Handlungen: 5,5–17

5 So spricht Gott, der Herr: Das ist Jerusalem. Ich habe es mitten unter die Völker und die Länder ringsum gesetzt. 6 Aber es war böse und widersetzte sich meinen Rechtsvorschriften mehr als die Völker und meinen Gesetzen mehr als die Länder ringsum; meine Rechtsvorschriften haben sie verachtet und nicht nach meinen Gesetzen gelebt. 7 Darum – so spricht Gott, der Herr: Weil ihr noch aufsässiger gewesen seid als die Völker rings um euch, weil ihr nicht nach meinen Gesetzen gelebt und meine Rechtsvorschriften nicht befolgt habt, ja, weil ihr nicht einmal nach den Bräuchen der Völker ringsum gehandelt habt, 8 darum – so spricht Gott, der Herr: Nun gehe ich gegen dich (Jerusalem) vor. Vor den Augen der Völker werde ich mitten in dir Gericht halten. 9 Wegen all deiner Gräueltaten werde ich mit dir tun, was ich noch nie getan habe und auch nie wieder tun werde. 10 Dann werden mitten in dir (Jerusalem) Väter ihre Kinder essen und Kinder ihre Väter. Ich werde ein Strafgericht über dich abhalten und werde die Menschen, die in dir noch übrig sind, in alle Winde zerstreuen. 11 So wahr ich lebe – Spruch Gottes, des Herrn –, weil du mein Heiligtum mit all deinen Götzen und Gräueltaten unrein gemacht hast, will ich dich kahlscheren. Mein Auge wird kein Mitleid zeigen und ich werde keine Schonung üben. 12 Ein Drittel deiner Einwohner wird an der Pest sterben und durch den Hunger in der Stadt zugrunde gehen. Ein anderes Drittel wird vor deinen Mauern durch das Schwert umkommen. Das letzte Drittel werde ich in alle Winde zerstreuen und ich werde hinter ihnen das Schwert zücken. 13 So tobt sich mein Zorn aus und ich stille meinen Grimm an ihnen und verschaffe mir Genugtuung. Wenn ich meinen Zorn an ihnen auslasse, dann erkennen sie, dass ich, der Herr, mit leidenschaftlichem Eifer gesprochen habe.

14 Vor den Augen aller, die vorübergehen, mache ich dich zum Trümmerhaufen, zum Gespött für die Völker ringsum. 15 Zum Gespött und zum Hohn, zur Warnung und zum Schreckbild wirst du für die Völker ringsum, wenn ich an dir voll Zorn, Grimm und Groll mein Strafgericht vollziehe. Ich, der Herr, habe gesprochen.

16 Ich schieße die quälenden, vernichtenden Pfeile des Hungers gegen euch ab; ich schicke sie ab, um euch zu vernichten. Um euren Hunger zu vergrößern, entziehe ich euch euren Vorrat an Brot. 17 Hungersnot und wilde Tiere schicke ich gegen dich, damit sie dir deine Kinder rauben. Pest und Blutvergießen sollen über dich kommen. Ich bringe das Schwert über dich. Ich, der Herr, habe gesprochen.

10: Dtn 28,53–55; Lev 26,29; Jer 19,9 • 11: 7,4; 8,18; 9,10; 24,14 • 12: Offb 6,8; Lev 26,33 • 13: 16,42 • 14–15: Dtn 28,37; Jer 22,5; 24,9 • 16: 4,16 • 17: 14,21.

Gerichtsworte: 6,1 – 7,27

Die Zerstörung der Kultstätten: 6,1–14

6 Das Wort des Herrn erging an mich: 2 Menschensohn, richte dein Gesicht auf die Berge Israels; sprich als Prophet zu ihnen 3 und sag: Ihr Berge Israels, hört das Wort Gottes, des Herrn! So spricht Gott, der Herr, zu den Bergen und Hügeln, zu den Schluchten und Tälern: Ich selbst werde das Schwert über euch bringen und eure Kulthöhen zerstören. 4 Eure Opferaltäre werden vernichtet und eure Räuchertische zerbrochen. Eure Erschlagenen werfe ich vor eure Götzen hin. 5 Die Leichen der Israeliten lege ich ihren Götzen zu Füßen. Eure Gebeine verstreue ich rings um eure Altäre. 6 Überall, wo ihr wohnt, werden die Städte verwüstet

5,2 Die Verbrennung der Haare geschieht auf dem in 4,1 genannten Lehmziegel.

5,15 wirst du: Text korr. nach den alten Übersetzungen; H: wird sie.

und die Kulthöhen veröden; denn eure Altäre sollen verwüstet und öde sein, eure Götzen zerbrochen und verschwunden, eure Räuchertische zerschlagen, eure Machwerke vernichtet. 7 Mitten unter euch liegen die Erschlagenen. Dann werdet ihr erkennen, dass ich der Herr bin.

8 Wenn ihr in alle Länder vertrieben seid, lasse ich einen Rest von euch übrig. Bei den Völkern werden einige von euch sein, die dem Schwert entronnen sind. 9 Doch die von euch, die davongekommen sind, werden bei den Völkern, zu denen sie verschleppt wurden, an mich denken; denn ich zerbreche ihr Herz, das mir untreu geworden ist, und zermalme ihre Augen, die treulos nach den Götzen schielten. Dann werden sie vor sich selbst Abscheu empfinden wegen der bösen Gräueltaten, die sie begangen haben, 10 und sie werden erkennen, dass ich der Herr bin und nicht umsonst gedroht habe, dieses Unheil über sie zu bringen.

11 So spricht Gott, der Herr: Schlag die Hände zusammen, stampf mit dem Fuß auf den Boden und schrei: Weh über all die bösen Gräueltaten des Hauses Israel! Ihretwegen werden sie durch Schwert, Hunger und Pest umkommen. 12 Wer in der Ferne ist, wird an der Pest sterben; wer nahe ist, wird unter dem Schwert fallen. Wer übrig und verschont geblieben ist, wird vor Hunger sterben. So lasse ich meinen Grimm an ihnen aus. 13 Wenn die Erschlagenen mitten unter ihren Götzenbildern liegen, rings um ihre Altäre, auf allen Hügeln, auf allen Bergeshöhen, unter jedem üppigen Baum und jeder schattigen Eiche, an den Stellen, wo sie all ihren Götzen den beruhigenden Duft ihrer Opfer spendeten, dann werdet ihr erkennen, dass ich der Herr bin. 14 Ich strecke meine Hand gegen sie aus und mache ihr Land zur öden Wüste, von der Steppe bis nach Ribla, überall, wo sie wohnen. Dann werden sie erkennen, dass ich der Herr bin.

2: 36,1 • 3: Lev 26,30f • 5: 2 Kön 23,14 • 13: 1 Kön 14,23 • 14: 2 Kön 25,21.

Die Ankündigung des Gerichts: 7,1–27

7 Das Wort des Herrn erging an mich: 2 Du, Menschensohn, sag: So spricht Gott, der Herr, zum Land Israel: Das Ende kommt, das Ende kommt über die vier Ecken der Erde. 3 Jetzt ist das Ende für dich da; ich lasse meinen Zorn gegen dich los, ich spreche dir das Urteil, das dein Verhalten verdient, und strafe dich für alle deine Gräueltaten. 4 Mein Auge zeigt kein Mitleid und ich übe keine Schonung, sondern dein Verhalten lasse ich auf dich zurückfallen und deine Gräueltaten sollen sich in deiner Mitte auswirken. Dann werdet ihr erkennen, dass ich der Herr bin.

5 So spricht Gott, der Herr: Schon kommt Unglück auf Unglück. 6 Das Ende kommt. Es kommt das Ende. Das Ende nähert sich dir. Siehe, es kommt. 7 Jetzt ist die Reihe an dir, Bewohner des Landes. Die Zeit ist da, der Tag ist nahe: Tumult, kein Jauchzen mehr auf den Bergen! 8 Bald gieße ich meinen Zorn über dich aus. Ich stille meinen Zorn an dir, ich spreche dir das Urteil, das dein Verhalten verdient, und lasse alle deine Gräueltaten auf dich zurückfallen. 9 Mein Auge zeigt kein Mitleid und ich übe keine Schonung, nach deinem Verhalten vergelte ich dir. Deine Gräueltaten sollen sich in deiner Mitte auswirken. Dann werdet ihr erkennen, dass ich der Herr bin und dass ich zuschlage.

10 Der Tag ist da. Die Reihe ist an dir; es hat schon begonnen. Der Rechtsbruch gedeiht, die Anmaßung wächst. 11 Die Gewalttat erhebt sich und wird zum Zepter der Bösen. Nichts bleibt von ihnen, nichts von ihrem Reichtum, nichts von ihrer Pracht und Herrlichkeit. 12 Die Zeit kommt; der Tag ist nahe. Der Käufer soll sich nicht freuen, der Verkäufer nicht traurig sein; denn glühender Zorn trifft das ganze Volk. 13 Der Verkäufer wird das Verkaufte nicht wiedererlangen, auch wenn sie am Leben bleiben; denn glühender Zorn trifft das ganze Volk. Er erlangt es nicht wieder. Und weil alle schuldig sind, wird keiner sein Leben festhalten können.

14 Blast nur die Trompete und bietet alles auf – es zieht doch keiner in den Kampf; denn mein glühender Zorn trifft das ganze Volk. 15 Draußen das Schwert, drinnen die Pest und der Hunger. Wer auf dem Feld ist, der stirbt durch das Schwert. Wer in der Stadt ist, den fressen Hunger und Pest. 16 Wer entrinnt und verschont wird, haust im Gebirge wie die Tauben in den Felsen; jeder stöhnt wegen seiner Schuld. 17 Alle Hände sinken kraftlos herunter und an allen Knien läuft das Wasser herab. 18 Sie legen Trauergewänder an und Schauder erfasst sie. Alle Gesichter sind voll Scham und alle Köpfe sind kahl geschoren. 19 Sie werfen ihr Silber

6,14 von der Steppe bis nach Ribla: Text korr.; H: bis nach der Steppe von Dibla. Die ganze Ausdehnung des Landes von der Arabischen Wüste bis nach Ribla am Orontes ist betroffen.
7,2 sag: eingefügt nach G.
7,5–7.10–13 Text unsicher und teilweise verderbt.

auf die Straße und ihr Gold ekelt sie an. Ihr Silber und Gold kann sie nicht retten am Tag des Zornes des Herrn. Sie werden damit ihre Gier nicht sättigen und ihren Bauch nicht füllen; denn all das war für sie der Anlass, in Sünde zu fallen. 20 Ihren kostbaren Schmuck haben sie in ihrer Anmaßung genommen und daraus ihre abscheulichen Bilder, ihre Götzen gemacht. Deshalb verekle ich ihnen ihren Schmuck. 21 Ich gebe ihn den Fremden zur Beute, die Bösen der Erde sollen ihn rauben und entweihen. 22 Ich wende mein Angesicht von ihnen ab und man wird meinen kostbaren Besitz entweihen. Räuber werden kommen und ihn entweihen. 23 Sie werden ein Blutbad anrichten; denn das Land ist voll von Todesurteilen und die Stadt ist voll von Gewalttat. 24 Ich führe die schlimmsten Völker herbei, damit sie die Häuser besetzen. Ich mache dem Hochmut der Mächtigen ein Ende, ihre Heiligtümer werden entweiht. 25 Dann bekommen sie Angst und suchen Frieden; doch es wird keinen geben. 26 Unglück kommt über Unglück und eine Schreckensnachricht folgt der andern. Sie verlangen vom Propheten Visionen. Doch der Priester gibt keinen Bescheid, die Ältesten wissen keinen Rat. 27 Der König ist voll Trauer, der Fürst in Entsetzen gehüllt, den Bürgern des Landes erlahmen die Hände. Ich will sie behandeln, wie es ihr Verhalten verdient, und will ihnen das Urteil sprechen, das ihren Urteilen entspricht. Dann werden sie erkennen, dass ich der Herr bin.

2: Offb 7,1 • 4: 5,11; 8,18; 9,10 • 12: Jes 24,2 • 17: Jes 13,7 • 18: Am 8,10; Jer 48,37 • 19: Zef 1,18 • 20: 16,17; Hos 8,4.

Visionen: 8,1 – 11,25

Die Entrückung des Propheten nach Jerusalem: 8,1–4

8 Am fünften Tag des sechsten Monats im sechsten Jahr saß ich in meinem Haus und die Ältesten von Juda saßen vor mir. Da legte sich die Hand Gottes, des Herrn, auf mich. 2 Und ich sah eine Gestalt, die wie ein Mann aussah. Unterhalb von dem, was wie seine Hüften aussah, war Feuer und oberhalb von seinen Hüften schien etwas zu leuchten, wie glänzendes Gold. 3 Er streckte etwas aus, das wie eine Hand aussah, und packte mich an meinen Haaren. Und der Geist hob mich empor zwischen Erde und Himmel und brachte mich in einer göttlichen Vision nach Jerusalem, an den Eingang des inneren Nordtors, dorthin, wo das Bild steht, das die Eifersucht (des Herrn) erregt. 4 Dort sah ich die Herrlichkeit des Gottes Israels, wie in der Vision, die ich in der Ebene gesehen hatte.

1: 14,1; 20,1 • 2: 1,26–28 • 3: 3,12; Dan 14,36 • 4: 1,28; 3,22f; 37,1f.

Die Entweihung des Tempels: 8,5–18

5 Er sagte zu mir: Menschensohn, richte deinen Blick nach Norden! Ich blickte nach Norden; da sah ich nördlich des Tores, beim Eingang, den Altar mit jenem Bild, das die Eifersucht (des Herrn) erregt. 6 Er sagte zu mir: Menschensohn, siehst du, was man hier treibt? Es sind große Gräueltaten, die das Haus Israel hier begeht; sie bleiben meinem Heiligtum fern. Aber du wirst noch größere Gräueltaten sehen.

7 Dann brachte er mich zum Eingang des Vorhofs. Ich sah: Ein Loch war in der Wand. 8 Er sagte zu mir: Menschensohn, durchbrich die Wand! Ich durchbrach die Wand – da war ein Eingang. 9 Er sagte zu mir: Geh hinein, sieh dir die schlimmen Gräueltaten an, die man dort begeht. 10 Ich ging hinein und sah: viele Bilder von abscheulichen kleinen und großen Tieren und allen Götzen des Hauses Israel; sie waren ringsum in die Wand eingeritzt. 11 Siebzig Männer von den Ältesten des Hauses Israel, darunter auch Jaasanja, der Sohn Schafans, standen davor. Jeder hatte seine Räucherpfanne in der Hand und der Duft der Weihrauchwolken stieg empor. 12 Er sagte zu mir: Hast du gesehen, Menschensohn, was die Ältesten des Hauses Israel im Finstern treiben, jeder in der Kammer seines Götterbildes? Sie denken: Der Herr sieht uns nicht; der Herr hat das Land verlassen. 13 Er sagte zu mir: Du wirst sehen, dass sie noch größere Gräueltaten begehen.

14 Dann brachte er mich zum Nordtor am Haus des Herrn. Dort saßen Frauen, die Tammus beweinten. 15 Er sagte zu mir: Hast du es gesehen, Menschensohn? Aber du wirst noch größere Gräueltaten sehen.

16 Dann brachte er mich zum Innenhof des Hauses des Herrn. Am Eingang zum Tempel des Herrn, zwischen Vorhalle und Altar, standen etwa fünfundzwanzig Männer, mit

---

7,23 Sie werden ein Blutbad anrichten: Text korr.; vgl. G.
8,2 ein Mann: Text korr. nach G.
8,3 Das »Bild« ist wohl ein Götterbild, möglicherweise das einer Wächtergottheit am Toreingang.
8,14 Tammus ist ein mesopotamischer Fruchtbarkeitsgott, dessen Abstieg zur Unterwelt in der Zeit der Sommerdürre als ein beklagenswertes Ereignis galt.

dem Rücken zum Tempel des Herrn, mit dem Gesicht nach Osten. Sie beteten, nach Osten gewandt, die Sonne an. 17 Er sagte zu mir: Hast du es gesehen, Menschensohn? Waren dem Haus Juda die Gräueltaten, die es hier beging, immer noch nicht genug? Mussten sie auch noch das Land mit ihrer Gewalttätigkeit anfüllen, mussten sie mich immer wieder beleidigen und sich den Zweig an die Nase halten? 18 Darum werde auch ich voll Zorn handeln. Mein Auge wird kein Mitleid zeigen und ich werde keine Schonung üben. Auch wenn sie mir laut in die Ohren schreien, werde ich sie nicht hören.

11: Ex 24,1; Num 11,16 • 12: 9,9 • 16: 2 Kön 23,5.11; Jer 8,2; Dtn 4,19 • 18: 5,11; Jes 1,15.

Die Zerstörung der Stadt: 9,1 – 10,7

9 Und er schrie mir laut in die Ohren: Das Strafgericht über die Stadt ist nahe. Jeder soll sein Werkzeug zum Zertrümmern in die Hand nehmen. 2 Da kamen sechs Männer vom oberen Tor, das im Norden liegt. Jeder hatte sein Werkzeug zum Zertrümmern in der Hand. Unter ihnen war auch ein Mann, der ein leinenes Gewand anhatte; an seinem Gürtel hing Schreibzeug. Sie kamen herein und stellten sich neben den Altar aus Bronze. 3 Die Herrlichkeit des Gottes Israels schwebte von den Kerubim, über denen sie war, hinüber zur Schwelle des Tempels. Er rief den Mann, der das leinene Gewand anhatte und an dessen Gürtel das Schreibzeug hing. 4 Der Herr sagte zu ihm: Geh mitten durch die Stadt Jerusalem und schreib ein T auf die Stirn aller Männer, die über die in der Stadt begangenen Gräueltaten seufzen und stöhnen. 5 Und ich hörte, wie er zu den anderen sagte: Geht hinter ihm her durch die Stadt und schlagt zu! Euer Auge soll kein Mitleid zeigen, gewährt keine Schonung! 6 Alt und jung, Mädchen, Kinder und Frauen sollt ihr erschlagen und umbringen. Doch von denen, die das T auf der Stirn haben, dürft ihr keinen anrühren. Beginnt in meinem Heiligtum! Da begannen sie bei den Ältesten, die vor dem Tempel standen. 7 Er sagte zu ihnen: Macht den Tempel unrein, füllt seine Höfe mit Erschlagenen! Dann geht hinaus und schlagt in der Stadt zu! 8 Sie schlugen zu und ich allein blieb übrig; da fiel ich nieder auf mein Gesicht und schrie: Ach, Herr und Gott, willst du deinen ganzen Zorn über Jerusalem ausschütten und auch noch den letzten Rest Israels vernichten? 9 Er sagte zu mir: Die Schuld des Hauses Israel und des Hauses Juda ist groß, ja übergroß. Das Land ist voll Blutschuld, die Stadt ist voll Unrecht. Sie sagen: Der Herr sieht es nicht; der Herr hat das Land verlassen. 10 Darum zeigt mein Auge kein Mitleid und ich übe keine Schonung. Ihr Verhalten lasse ich auf sie selbst zurückfallen. 11 Und der Mann, der das leinene Gewand anhatte und an dessen Gürtel das Schreibzeug hing, (kam und) berichtete: Ich habe getan, was du mir befohlen hast.

10 Ich sah: Oberhalb der gehämmerten Platte über den Köpfen der Kerubim war etwas, das wie Saphir aussah und einem Thron glich. 2 Er sagte zu dem Mann, der das leinene Gewand anhatte: Geh zwischen die Räder unter den Kerubim, nimm zwei Hände voll von den glühenden Kohlen, die zwischen den Kerubim sind, und streu sie über die Stadt! Da ging der Mann vor meinen Augen 3 zu den Kerubim. Sie standen rechts vom Tempel, als der Mann zu ihnen ging, und die Wolke erfüllte den Innenhof. 4 Die Herrlichkeit des Herrn schwebte von den Kerubim hinüber zur Schwelle des Tempels. Der Tempel wurde von der Wolke erfüllt und der Vorhof war voll vom Glanz der Herrlichkeit des Herrn. 5 Das Rauschen der Flügel der Kerubim war bis zum Vorhof zu hören; es war wie die Stimme des allmächtigen Gottes, wenn er spricht. 6 Als er dem Mann, der das leinene Gewand anhatte, befahl: Nimm von dem Feuer, das zwischen den Rädern und zwischen den Kerubim ist!, ging der Mann und stellte sich neben das Rad. 7 Und ein Kerub streckte seine Hand aus, nahm von dem Feuer, das zwischen den Kerubim war, und legte es in die Hände des Mannes, der das leinene Gewand anhatte. Der Mann nahm das Feuer und ging hinaus.

9,2: Offb 1,13 • 3: 1,28 • 4: Offb 7,2f; 9,4 • 8: 11,13; Am 7,2f • 9: 8,12 • 10: 5,11 • 10,1: 1,22 • 2: Offb 8,5 • 4: 1,28; 40,34; 1 Kön 8,10f; Jes 6,4.

Der Thronwagen Gottes: 10,8–17

8 Unter den Flügeln der Kerubim wurde etwas sichtbar, das wie eine Menschenhand aussah. 9 Und ich sah neben den Kerubim vier Räder, ein Rad neben jedem Kerub. Die Räder waren wie glitzernder Chrysolith.

8,17 Bedeutung des zuletzt genannten Kultbrauchs unklar.
9,3 von den Kerubim: Text korr.
9,4 Das T hat in der althebräischen Schrift die Form unseres Malzeichens (×) und dient zur besonderen Kennzeichnung.
9,7 Dann . . . schlagt zu!: Text korr.; vgl. G.
9,10 Ihr Verhalten lasse ich auf sie zurückfallen, wörtlich: Ihren Weg gebe ich auf ihren Kopf (ebenso 11,21).

10 Alle vier sahen gleich aus und es schien so,
als laufe ein Rad mitten im andern. 11 Sie
konnten nach allen vier Seiten laufen und
änderten beim Laufen ihre Richtung nicht;
denn der Richtung, die das vordere Rad ein-
schlug, folgten die anderen. Sie änderten
beim Laufen ihre Richtung nicht. 12 Ihr gan-
zer Leib, ihr Rücken, ihre Hände und Flügel
und auch die Räder waren bei allen vier
ringsum voll Augen. 13 Die Räder wurden,
wie ich deutlich hörte, »Wirbel« genannt.
14 Jedes Lebewesen hatte vier Gesichter. Das
erste war ein Kerubgesicht, das zweite ein
Menschengesicht, das dritte ein Löwenge-
sicht und das vierte ein Adlergesicht. 15 Die
Kerubim konnten emporschweben. Es waren
die Lebewesen, die ich am Fluss Kebar gese-
hen hatte. 16 Wenn die Kerubim gingen, dann
liefen die Räder an ihrer Seite mit. Auch
wenn die Kerubim ihre Flügel bewegten, um
sich von der Erde zu erheben, lösten sich die
Räder nicht von ihrer Seite. 17 Blieben die
Kerubim stehen, dann standen auch die
Räder still. Hoben sich die Kerubim em-
por, dann hoben sich die Räder mit ihnen;
denn der Geist der Lebewesen war in den
Rädern.

8–17: 1,4–28 • 12: Offb 4,8.

Der Auszug des Herrn aus dem Tempel: 10,18–22

18 Da verließ die Herrlichkeit des Herrn
die Schwelle des Tempels und nahm wieder
ihren Platz über den Kerubim ein. 19 Die Ke-
rubim bewegten ihre Flügel und hoben sich
vor meinen Augen vom Boden empor. Sie
gingen hinaus und die Räder liefen an ihrer
Seite mit. Vor dem östlichen Tor am Haus
des Herrn blieben sie stehen. Und die Herr-
lichkeit des Gottes Israels schwebte über ih-
nen. 20 Es waren die Lebewesen, die ich unter
dem Thron des Gottes Israels am Fluss Kebar
gesehen hatte, und ich erkannte, dass es Ke-
rubim waren. 21 Jedes dieser Lebewesen
hatte vier Gesichter und vier Flügel. Unter
ihren Flügeln hatten sie etwas, das wie Men-
schenhände aussah. 22 Ihre Gesichter gli-
chen den Gesichtern, die ich am Fluss Kebar
gesehen hatte. Jedes Lebewesen ging in die
Richtung, in die eines seiner Gesichter
wies.

18: 1,28; 43,8.

Das Strafgericht über die führenden Männer Jerusalems: 11,1–13

11 Da hob mich der Geist empor und
brachte mich zum Osttor am Haus
des Herrn, das nach Osten schaut. Vor dem
Tor standen fünfundzwanzig Männer. Unter
ihnen sah ich Jaasanja, den Sohn Asurs, und
Pelatja, den Sohn Benajas, führende Männer
im Volk. 2 Er sagte zu mir: Menschensohn,
das sind die Männer, die in der Stadt Unheil
ersinnen und böse Pläne fassen. 3 Sie sagen:
In nächster Zeit braucht man keine Häuser
zu bauen. Die Stadt ist der Topf und wir sind
das Fleisch. 4 Darum tritt als Prophet gegen
sie auf, Menschensohn, tritt als Prophet auf!
5 Da überfiel mich der Geist des Herrn und er
sagte zu mir: Sag: So spricht der Herr: Das
habt ihr gesagt, ihr vom Haus Israel. Ich
weiß sehr gut, was ihr im Sinn hattet. 6 Ihr
habt viele in dieser Stadt erschlagen, die
Straßen der Stadt sind voll von Erschlage-
nen. 7 Darum – so spricht Gott, der Herr: Das
Fleisch, das sind die Erschlagenen, die ihr
mitten in der Stadt getötet habt. Der Topf,
das ist die Stadt. Euch aber werde ich aus ihr
vertreiben. 8 Das Schwert fürchtet ihr; da-
rum werde ich das Schwert über euch brin-
gen – Spruch Gottes, des Herrn. 9 Ich vertrei-
be euch aus der Stadt, ich liefere euch den
Fremden aus und halte ein Strafgericht über
euch ab. 10 Unter dem Schwert werdet ihr
fallen. An Israels Grenze halte ich Gericht
über euch. Dann werdet ihr erkennen, dass
ich der Herr bin. 11 Die Stadt wird für euch
nicht der Topf sein und ihr nicht das Fleisch
darin. An Israels Grenze halte ich Gericht
über euch. 12 Daran werdet ihr erkennen,
dass ich der Herr bin, dessen Gesetze ihr
nicht gehalten und dessen Rechtsvorschrif-
ten ihr nicht befolgt habt. Stattdessen habt
ihr nach den Bräuchen der Völker ringsum
gehandelt.
13 Während ich diese prophetischen Worte
sprach, starb Pelatja, der Sohn Benajas. Da
fiel ich nieder auf mein Gesicht, schrie laut
auf und rief: Ach, Herr und Gott, willst du
auch noch den Rest Israels ausrotten?

1: 3,12 • 5: 24,1–14 • 8: 5,17; 6,3; 33,2 • 9: 5,8.10.15 • 12: 5,7 • 13: 9,8.

Die Erneuerung Israels: 11,14–25

14 Das Wort des Herrn erging an mich:
15 Menschensohn, die Einwohner Jerusa-

10,13 Wirbel: H: galgal, das auch Rad, Räderwerk bedeuten kann.
10,14 H wörtlich: Das erste (Lebewesen) hatte ein Kerubgesicht, das zweite ein . . .
11,3 Der Sinn des ersten Satzes ist nicht klar. Das Bild vom Topf bezeichnet hier die schützende Stadt, in der der bessere Teil des Volkes geborgen ist.
11,7 werde ich . . . vertreiben: Text korr. nach den alten Übersetzungen und manchen H-Handschriften.

lems sagen von deinen Brüdern, deinen Ver-
wandten und dem ganzen Haus Israel: Sie
sind fern vom Herrn; das Land ist uns zum
Besitz gegeben. 16 Darum sag: So spricht
Gott, der Herr: Auch wenn ich sie weit weg
unter die Völker geführt und in alle Länder
zerstreut habe, so bin ich doch in den Län-
dern, wohin sie gekommen sind, beinahe
zum Heiligtum für sie geworden.
17 Darum sag: So spricht Gott, der Herr:
Ich führe euch aus allen Völkern zusammen,
sammle euch aus den Ländern, in die ihr zer-
streut seid, und gebe euch das Land Israel.
18 Und sie werden dorthin kommen und alle
ihre abscheulichen Götzen aus dem Land
entfernen. 19 Ich schenke ihnen ein anderes
Herz und schenke ihnen einen neuen Geist.
Ich nehme das Herz von Stein aus ihrer
Brust und gebe ihnen ein Herz von Fleisch,
20 damit sie nach meinen Gesetzen leben und
auf meine Rechtsvorschriften achten und sie
erfüllen. Sie werden mein Volk sein und ich
werde ihr Gott sein. 21 Die aber, deren Herz
an ihren Götzen und an ihren Gräueltaten
hängt – Spruch Gottes, des Herrn: Ihr Ver-
halten lasse ich auf sie selbst zurückfallen.
22 Dann hoben die Kerubim ihre Flügel.
Die Räder bewegten sich zugleich mit den
Kerubim und die Herrlichkeit des Gottes Is-
raels war über ihnen. 23 Die Herrlichkeit des
Herrn stieg aus der Mitte der Stadt empor;
auf dem Berg im Osten der Stadt blieb sie
stehen. 24 Der Geist hob mich empor und
brachte mich in dieser göttlichen Vision
nach Chaldäa zur Gemeinde der Verschlepp-
ten. Dann hob sich das, was ich in der Vision
gesehen hatte, empor und verschwand vor
meinen Augen. 25 Und ich erzählte den Ver-
schleppten alles, was der Herr mich hatte se-
hen lassen.

16: 6,8–10 • 17: Jer 24,5f; 29,14 • 19: 36,26; Jer 24,7 • 20: 14,11; Jer 24,7 • 23: 43,3 • 24: 3,12.

Weitere symbolische Handlungen: 12,1–20

Die Verschleppung: 12,1–16

12 Das Wort des Herrn erging an mich:
2 Menschensohn, du wohnst mitten
unter einem widerspenstigen Volk, das Au-
gen hat, um zu sehen, und doch nicht sieht,
das Ohren hat, um zu hören, und doch nicht
hört; denn sie sind ein widerspenstiges Volk.
3 Du, Menschensohn, pack deine Sachen, als
würdest du verschleppt, und geh am hellen
Tag vor ihren Augen weg, als ob du vor ihren
Augen von deinem Wohnsitz an einen andern
verschleppt würdest. Vielleicht sehen sie es;
aber sie sind ja ein widerspenstiges Volk.
4 Trag dein Gepäck bei Tag vor ihren Augen
hinaus wie ein Mann, der verschleppt wird.
Am Abend aber geh selbst vor ihren Augen
hinaus wie die Leute, die in die Verbannung
ziehen. 5 Brich dir vor ihren Augen ein Loch
in die Wand und kriech hindurch! 6 Vor ih-
ren Augen nimm das Gepäck auf die Schul-
ter! Bring es in der Dunkelheit weg! Verhülle
dein Gesicht, damit du das Land nicht mehr
siehst. Denn ich habe dich zum Mahnzeichen
für das Haus Israel gemacht. 7 Ich tat, was
mir befohlen wurde. Bei Tag trug ich mein
Gepäck hinaus wie ein Mann, der ver-
schleppt wird. Am Abend brach ich mit den
Händen ein Loch durch die Wand; in der
Dunkelheit kroch ich hindurch. Dann nahm
ich vor ihren Augen das Gepäck auf die
Schulter.
8 Am nächsten Morgen erging das Wort des
Herrn an mich: 9 Menschensohn, hat nicht
das Haus Israel, das widerspenstige Volk, zu
dir gesagt: Was machst du da? 10 Sag zu ih-
nen: So spricht Gott, der Herr: Dieses dro-
hende Wort gilt dem Fürsten von Jerusalem
und dem ganzen Volk Israel, das in Jerusa-
lem wohnt. 11 Sag: Ich bin ein Mahnzeichen
für euch: Was ich getan habe, das wird mit
ihnen geschehen; in die Verbannung, in die
Gefangenschaft werden sie ziehen. 12 Ihr
Fürst wird in der Dunkelheit sein Gepäck
auf die Schulter nehmen und hinausgehen.
In die Mauer wird man ein Loch brechen, um
hindurchzugehen. Er wird sein Gesicht ver-
hüllen, um mit seinen Augen das Land nicht
zu sehen. 13 Ich aber werfe mein Netz über
ihn, damit er sich in meinen Schlingen fängt.
Dann bringe ich ihn nach Babel, ins Land
der Chaldäer; doch er wird nichts davon se-
hen. Dort wird er sterben. 14 Alle, die bei ihm
sind und ihm helfen wollen, alle seine Trup-
pen zerstreue ich in alle Winde und ich zücke
das Schwert hinter ihnen. 15 Dann werden
sie erkennen, dass ich der Herr bin. Wenn ich
sie unter die Völker zerstreue und in alle
Länder vertreibe, 16 lasse ich einige von ih-
nen das Schwert, den Hunger und die Pest

11,16 Sinn unklar.
11,19 ein anderes Herz: Text korr. nach G; H: ein einziges (d. h. ungeteilt treues) Herz.
11,21 Vgl. die Anmerkung zu 9,10.
11,24 in dieser göttlichen Vision, wörtlich: in der Vision durch den Geist Gottes; die Übersetzung ist an 8,3 angeglichen.
12,5 kriech hindurch: Text korr. nach den alten Übersetzungen; entsprechend auch VV. 7 und 12.

überleben, damit sie bei den Völkern, zu denen sie kommen, von all ihren Gräueltaten erzählen. Dann werden sie erkennen, dass ich der Herr bin.

2: 2,5–7; Jer 5,21 • 6: 24,24.27; Jes 8,18; 20,3 • 12: 2 Kön 25,4 • 13: 17,20 • 15: 20,23 • 16: 6,8.

Die Not der Belagerten: 12,17–20

17 Das Wort des Herrn erging an mich:
18 Menschensohn, iss dein Brot mit Zittern
und trink dein Wasser mit Angst und Entset-
zen! 19 Dann sag zum Volk im Land: So
spricht Gott, der Herr, zu den Einwohnern
Jerusalems über das Land Israel: Sie werden
ihr Brot mit Angst essen und ihr Wasser mit
Schaudern trinken; denn ihr Land wird ver-
wüstet und ausgeplündert wegen der Ge-
walttaten all seiner Bewohner. 20 Die be-
wohnten Städte sollen verheert und das
Land verwüstet werden. Dann werdet ihr er-
kennen, dass ich der Herr bin.

19: 4,16; 19,7.

Drohungen und Mahnungen: 12,21 – 23,49

Gegen die Verächter des Propheten: 12,21–28

21 Das Wort des Herrn erging an mich:
22 Menschensohn, was habt ihr da für ein
Sprichwort im Land Israel? Ihr sagt: Die Zeit
zieht sich hin, die Visionen erfüllen sich nie.
23 Darum sag zu ihnen: So spricht Gott, der
Herr: Ich werde mit diesem Sprichwort
Schluss machen und man wird es in Israel
nicht mehr gebrauchen. Sag stattdessen zu
ihnen: Die Zeit und alles, was die Visionen
verkünden, ist nahe. 24 Denn nichtige Seher-
sprüche und trügerische Orakel wird es im
Haus Israel nicht mehr geben. 25 Denn ich,
der Herr, sage, was ich sage, damit es ge-
schieht. Es lässt nicht mehr lange auf sich
warten; denn, du widerspenstiges Volk,
wenn ich in euren Tagen spreche, dann führe
ich auch aus, was ich sage – Spruch Gottes,
des Herrn.
26 Das Wort des Herrn erging an mich:
27 Menschensohn, das Haus Israel sagt: Die
Vision, die er hat, handelt von späteren Ta-
gen, er weissagt für ferne Zeiten. 28 Darum
sag zu ihnen: So spricht Gott, der Herr:
Nichts von dem, was ich sage, lässt lange auf
sich warten; was ich sage, geschieht –
Spruch Gottes, des Herrn.

22: 18,2; 2 Petr 3,1–4 • 23: Hab 2,3.

Gegen die falschen Propheten: 13,1–23

13 Das Wort des Herrn erging an mich:
2 Menschensohn, sprich als Prophet
gegen die Propheten Israels und sag zu de-
nen, die aus ihrem eigenen Herzen heraus
prophetisch reden: Hört das Wort des Herrn!
3 So spricht Gott, der Herr: Weh den törich-
ten Propheten, die nur ihrem eigenen Geist
folgen und nichts geschaut haben. 4 Wie
Füchse in Ruinen sind deine Propheten, Isra-
el. 5 Ihr seid nicht in die Bresche gesprungen.
Ihr habt keine Mauer für das Haus Israel er-
richtet, damit es am Tag des Herrn im Kampf
standhalten kann. 6 Sie haben nichtige Visio-
nen, verkünden falsche Orakel und sagen:
Spruch des Herrn – obwohl der Herr sie
nicht gesandt hat. Trotzdem warten sie da-
rauf, dass er ihre Worte erfüllt. 7 Ist es nicht
so, dass ihr nichtige Visionen gehabt, falsche
Orakel verkündet und gesagt habt: Spruch
des Herrn – obwohl ich gar nicht gesprochen
hatte? 8 Darum – so spricht Gott, der Herr:
Weil ihr leere Worte gemacht habt und trü-
gerische Visionen hattet, darum gehe ich ge-
gen euch vor – Spruch Gottes, des Herrn.
9 Ich strecke meine Hand gegen die Prophe-
ten aus, die nichtige Visionen haben und fal-
sche Orakel verkünden. Sie gehören nicht in
die Gemeinschaft meines Volkes und sollen
nicht in der Liste des Hauses Israel verzeich-
net sein; sie werden nicht in das Land Israel
kommen. Dann werdet ihr erkennen, dass ich
Gott, der Herr, bin. 10 Sie führen mein Volk in
die Irre und verkünden Heil, wo es kein Heil
gibt, und wenn das Volk eine Mauer aufrich-
tet, dann übertünchen sie sie. 11 Deshalb sag
denen, die sie übertünchen: Sie wird einstür-
zen. Es kommt ein Wolkenbruch, Hagel fällt
wie Steine vom Himmel, ein Sturm bricht
los 12 und schon stürzt die Mauer ein. Wird
man dann nicht zu euch sagen: Wo ist jetzt
eure Tünche? 13 Darum – so spricht Gott, der
Herr: Ich lasse in meinem Zorn einen Sturm
losbrechen, in meinem Groll schicke ich ei-
nen Wolkenbruch, in meinem Zorn einen

12,19 ihr Land: Text korr. nach den alten Übersetzungen und mehreren H-Handschriften.
12,21–23 Das Sprichwort bedeutet Kritik und Ablehnung der Verkündigung Ezechiels. Der Prophet kehrt es um und widerlegt es so. Entsprechendes gilt von VV. 27f.
13,2 Text korr. nach G.
13,4f Statt auf das Fehlverhalten des Volkes aufmerksam zu machen, haben die falschen Propheten das Volk in seinem Verhalten bestärkt.
13,6 verkünden . . . Orakel: Text korr.; vgl. G.
13,11 Text korr.
13,13 schicke ich einen, wörtlich: wird es sein, ein . . .

verheerenden Hagelschlag. 14 Ich reiße die
Wand ein, die ihr übertüncht habt, ich lasse
sie zu Boden stürzen und ihr Fundament
wird bloßgelegt. Und wenn sie einstürzt,
werdet ihr in ihren Trümmern umkommen.
Dann werdet ihr erkennen, dass ich der Herr
bin. 15 Ich lasse meinen Zorn an der Mauer
aus und an denen, die sie übertüncht haben,
und ich sage euch: Die Mauer ist weg und
weg sind die, die sie übertüncht haben, 16 die
Propheten Israels, die über Jerusalem pro-
phezeien und der Stadt mit ihren Visionen
Heil versprechen, obwohl es kein Heil gibt –
Spruch Gottes, des Herrn.

17 Du, Menschensohn, richte dein Gesicht
auf die Töchter deines Volkes, die aus ihrem
eigenen Herzen heraus prophetisch reden.
Sprich als Prophet gegen sie! 18 Sag: So
spricht Gott, der Herr: Weh den Frauen, die
Zauberbinden für alle Handgelenke nähen
und Zaubermützen für Leute jeder Größe
anfertigen, um damit auf Menschenjagd zu
gehen. Meint ihr, ihr könnt in meinem Volk
Menschen jagen und Menschen verschonen,
je nachdem, wie es euch passt? 19 Ihr habt
mich entweiht in meinem Volk für ein paar
Hände voll Gerste und für ein paar Bissen
Brot: Ihr habt Menschen getötet, die nicht
sterben sollten, und Menschen verschont, die
nicht am Leben bleiben sollten; ihr habt
mein Volk belogen, das so gern auf Lügen
hört. 20 Darum – so spricht Gott, der Herr:
Ich gehe gegen eure Zauberbinden vor, mit
denen ihr die Menschen jagt wie Vögel, und
reiße sie von euren Armen und lasse die Men-
schen frei, die ihr gefangen habt wie Vögel.
21 Ich reiße die Zaubermützen, die ihr ge-
macht habt, herunter und befreie mein Volk
aus eurer Gewalt. Es wird nicht länger in eu-
rer Gewalt bleiben. Dann werdet ihr erken-
nen, dass ich der Herr bin. 22 Ihr habt dem
Herzen des Gerechten durch eure Lügen
Kummer bereitet; ich aber wollte ihm keinen
Kummer bereiten. Statt das Leben des Bösen
zu retten, habt ihr ihn ermutigt, sein ver-
kehrtes Verhalten nicht zu ändern. 23 Darum
sollt ihr keine nichtigen Visionen mehr ha-
ben und keine Orakel mehr verkünden. Ich
werde mein Volk aus eurer Gewalt befreien.
Dann werdet ihr erkennen, dass ich der Herr
bin.

3: Jer 14,14 • 5: 22,30 • 6: 22,28 • 9: 14,9 • 10: Jer 6,14 • 19: 1 Sam 9,7 • 22: Jer 23,14.

Gegen die Götzendiener: 14,1–11

14 Einige von den Ältesten Israels ka-
men zu mir und setzten sich vor mir
nieder. 2 Da erging das Wort des Herrn an
mich: 3 Menschensohn, diese Männer haben
die Götzen in ihr Herz geschlossen, sie haben
sie vor sich aufgestellt; das wurde für sie der
Anlass, in Schuld zu fallen. Und jetzt soll ich
mich von ihnen befragen lassen? 4 Darum
sprich mit ihnen und sag zu ihnen: Wenn je-
mand aus dem Haus Israel die Götzen in sein
Herz geschlossen und sie vor sich aufgestellt
hat – was für ihn der Anlass geworden ist, in
Schuld zu fallen – und wenn er dann zum
Propheten kommt, dann werde ich, der Herr,
dem, der mit seinen vielen Götzen zu mir
kommt, in eigener Person antworten: 5 Ich
werde das Haus Israel hart anfassen, weil sie
alle sich um ihrer Götzen willen von mir ab-
gewandt haben. 6 Darum sag zum Haus Isra-
el: So spricht Gott, der Herr: Kehrt um! Ver-
lasst eure Götzen und wendet eure Augen ab
von all euren abscheulichen Göttern! 7 Wenn
jemand aus dem Haus Israel oder aus den in
Israel lebenden Fremden sich von mir ab-
wendet, wenn er die Götzen in sein Herz
schließt und sie vor sich aufstellt – was für
ihn der Anlass wird, in Schuld zu fallen –
und wenn er dann zum Propheten kommt,
um mich zu befragen, dann werde ich, der
Herr, ihm in eigener Person antworten: 8 Ich
richte meinen Blick gegen diesen Mann und
mache ihn zum sprichwörtlichen (warnen-
den) Zeichen, ich merze ihn aus meinem Volk
aus. Dann werdet ihr erkennen, dass ich der
Herr bin. 9 Wenn der Prophet sich jedoch
dazu verleiten lässt, etwas zu sagen, dann
habe ich, der Herr, diesen Propheten verlei-
tet und ich werde meine Hand gegen ihn aus-
strecken und ihn mitten in meinem Volk Is-
rael vernichten. 10 Sie werden beide die Fol-
gen ihrer Schuld tragen müssen; denn die
Schuld dessen, der mich befragt, und die
Schuld des Propheten sind gleich. 11 Dann
wird sich das Haus Israel nicht mehr davon
abbringen lassen, mir zu folgen, und wird
sich nicht länger durch all seine Sünden un-
rein machen. Sie werden mein Volk sein und
ich werde ihr Gott sein – Spruch Gottes, des
Herrn.

1: 8,1; 20,1 • 9: 1 Kön 22,20–23; Ez 13,9.

13,14 in ihren Trümmern, wörtlich: mitten in ihr.
13,18 für alle Handgelenke: Text korr.; vgl. die alten Übersetzungen. – Die Frauen üben magische Zauberhandlungen aus, mit denen sie unheilvolle Kräfte an die Menschen binden oder von ihnen fernhalten wollen.
13,22 Ihr habt ... Kummer bereitet: Text korr.; vgl. den zweiten Satz.
14,4 in eigener Person: Text korr. nach V. 7.
14,5 hart anfassen, wörtlich: an seinem Herzen packen.

Das unerbittliche Gericht Gottes: 14,12–23

12 Das Wort des Herrn erging an mich:
13 Menschensohn, wenn sich ein Land gegen
mich versündigt und mir die Treue bricht
und wenn ich dann meine Hand gegen das
Land ausstrecke, ihm seinen Vorrat an Brot
entziehe, den Hunger ins Land schicke und
Mensch und Tier ausrotte 14 und wenn in die-
sem Land die drei Männer Noach, Daniel
und Ijob leben würden, dann würden nur
diese drei um ihrer Gerechtigkeit willen ihr
Leben retten – Spruch Gottes, des Herrn.
15 Oder wenn ich wilde Tiere gegen das Land
losließe, die es entvölkern, sodass es zur
Wüste würde und wegen der wilden Tiere
kein Mensch mehr durch das Land reisen
könnte, 16 und wenn diese drei Männer darin
wären – so wahr ich lebe, Spruch Gottes, des
Herrn: sie würden nicht einmal ihre eigenen
Söhne und Töchter retten. Nur sie selbst
könnten sich retten, das Land aber würde
zur Wüste werden. 17 Oder wenn ich das
Schwert über dieses Land bringen und sagen
würde: Ein Schwert soll durch das Land fah-
ren, ich will Mensch und Tier darin ausrot-
ten!, 18 und wenn diese drei Männer darin
wären – so wahr ich lebe, Spruch Gottes, des
Herrn: sie würden nicht einmal ihre eigenen
Söhne und Töchter retten. Nur sie selbst
könnten sich retten. 19 Oder wenn ich die
Pest in jenes Land schicken und meinen
Zorn darüber ausgießen würde, um Mensch
und Tier in einem Blutbad zu vernichten,
20 und wenn Noach, Daniel und Ijob in dem
Land wären – so wahr ich lebe, Spruch Got-
tes, des Herrn: nicht einmal ihren Sohn und
ihre Tochter würden sie retten. Sie würden
nur ihr eigenes Leben retten, um ihrer Ge-
rechtigkeit willen.
21 Wahrhaftig, so spricht Gott, der Herr:
Selbst wenn ich die vier schlimmsten Stra-
fen, Schwert, Hunger, wilde Tiere und Pest,
über Jerusalem bringe, um Mensch und Tier
auszurotten, 22 werden einige in der Stadt
verschont werden und übrig bleiben und ihre
Söhne und Töchter zu euch herausführen.
Wenn ihr dann ihr Verhalten und ihre Taten
seht, werdet ihr euch über das Unheil hin-
wegtrösten, das ich über Jerusalem verhängt
habe, über alles, was ich über die Stadt kom-
men ließ. 23 Sie trösten euch darüber hinweg,
weil ihr ihr Verhalten und ihre Taten seht
und daran erkennt, dass ich all das, was ich
mit der Stadt machte, nicht ohne Grund ge-
tan habe – Spruch Gottes, des Herrn.

12–23: 18; 33,10–20 • 13: 4,16 • 15: Lev 26,22 • 21: 5,17; Lev 26,16–25; Jer 15,3; Offb 6,8.

Gegen Jerusalem, das unnütze Holz vom Weinstock: 15,1–8

15 Das Wort des Herrn erging an mich:
2 Menschensohn, was hat das Holz
des Weinstocks / vor dem Holz aller anderen
Sträucher voraus, / die zwischen den Bäu-
men des Waldes wachsen?
3 Nimmt man es etwa, um daraus etwas zu
machen? / Oder gebraucht man es als
Pflock / und hängt allerlei Geräte daran
auf?
4 Nein, man wirft es dem Feuer zum Fraß
vor. / Sind dann die beiden Enden des Holzes
vom Feuer verzehrt
und hat die Glut seine Mitte erfasst, / ist es
dann noch geeignet, / um etwas daraus zu
machen?
5 Schon als es noch ganz war, / konnte man
nichts daraus machen.
Hat das Feuer es aber gefressen und ist es
verglüht, / kann man erst recht nichts daraus
machen.
6 Darum – so spricht Gott, der Herr: / Wie
ich das Holz des Weinstocks, / das zwischen
den Bäumen des Waldes heranwuchs,
dem Feuer zum Fraß übergab, / so be-
handle ich auch die, die in Jerusalem woh-
nen.
7 Wenn ich meinen Blick auf sie richte, /
dann wird sie, auch wenn sie dem Feuer ent-
kommen, das Feuer verzehren.
Ihr werdet erkennen, dass ich der Herr
bin, / wenn ich meinen Blick auf sie richte.
8 Ich mache das Land zur Wüste; / denn sie
haben die Treue gebrochen – / Spruch Got-
tes, des Herrn.

4: Joh 15,6.

Gegen Jerusalem, die treulose Frau: 16,1–63

16 Das Wort des Herrn erging an mich:
2 Menschensohn, mach Jerusalem
seine Gräueltaten bewusst! 3 Sag: So spricht

14,14 Noach (Gen 6,9; 7,1), Daniel (in ugaritischen Texten ein gerechter Herrscher, kaum identisch mit dem biblischen Daniel) und Ijob (Ijob 1,1 – 2,10) gelten als beispielhaft gerecht.
15,6f Das Gleichnis vom Rebholz mit dem anschließenden Drohwort ist in die Situation Jerusalems von 586 v. Chr. hineingesprochen. Das Feuer des göttlichen Gerichts hat 597 gewütet; es wird auch den Rest verzehren.
16,3 Jerusalem war eine kanaanäische Stadt mit (zumindest in einer bestimmten Zeit) hetitischer Oberschicht, ehe es unter David in dessen Reich einbezogen wurde.

Gott, der Herr, zu Jerusalem: Deiner Herkunft und deiner Geburt nach stammst du aus dem Land der Kanaaniter. Dein Vater war ein Amoriter, deine Mutter eine Hetiterin. 4 Bei deiner Geburt, als du geboren wurdest, hat man deine Nabelschnur nicht abgeschnitten. Man hat dich nicht mit Wasser abgewaschen, nicht mit Salz eingerieben, nicht in Windeln gewickelt. 5 Nichts von all dem hat man getan, kein Auge zeigte dir Mitleid, niemand übte Schonung an dir, sondern am Tag deiner Geburt hat man dich auf freiem Feld ausgesetzt, weil man dich verabscheute. 6 Da kam ich an dir vorüber und sah dich in deinem Blut zappeln; und ich sagte zu dir, als du blutverschmiert dalagst: Bleib am Leben! 7 Wie eine Blume auf der Wiese ließ ich dich wachsen. Und du bist herangewachsen, bist groß geworden und herrlich aufgeblüht. Deine Brüste wurden fest; dein Haar wurde dicht. Doch du warst nackt und bloß. 8 Da kam ich an dir vorüber und sah dich, und siehe, deine Zeit war gekommen, die Zeit der Liebe. Ich breitete meinen Mantel über dich und bedeckte deine Nacktheit. Ich leistete dir den Eid und ging mit dir einen Bund ein – Spruch Gottes, des Herrn – und du wurdest mein. 9 Dann habe ich dich gebadet, dein Blut von dir abgewaschen und dich mit Öl gesalbt. 10 Ich kleidete dich in bunte Gewänder, zog dir Schuhe aus Tahasch-Leder an und hüllte dich in Leinen und kostbare Gewänder. 11 Ich legte dir prächtigen Schmuck an, legte dir Spangen an die Arme und eine Kette um den Hals. 12 Deine Nase schmückte ich mit einem Reif, Ohrringe hängte ich dir an die Ohren und setzte dir eine herrliche Krone auf. 13 Mit Gold und Silber konntest du dich schmücken, in Byssus, Seide und bunte Gewebe dich kleiden. Feinmehl, Honig und Öl war deine Nahrung. So wurdest du strahlend schön und wurdest sogar Königin. 14 Der Ruf deiner Schönheit drang zu allen Völkern; denn mein Schmuck, den ich dir anlegte, hatte deine Schönheit vollkommen gemacht – Spruch Gottes, des Herrn.

15 Doch dann hast du dich auf deine Schönheit verlassen, du hast deinen Ruhm missbraucht und dich zur Dirne gemacht. Jedem, der vorbeiging, hast du dich angeboten, jedem bist du zu Willen gewesen. 16 Du hast deine bunten Gewänder genommen und dir an den Kulthöhen ein Lager bereitet und darauf Unzucht getrieben. 17 Deinen prächtigen Schmuck aus meinem Gold und Silber, den ich dir geschenkt hatte, hast du genommen und hast dir daraus männliche Figuren gemacht, um mit ihnen Unzucht zu treiben. 18 Deine bunten Gewänder hast du genommen und sie damit bekleidet. Mein Öl und meinen Weihrauch hast du vor sie hingestellt. 19 Das Brot, das ich dir gab – mit Feinmehl, Öl und Honig nährte ich dich –, das hast du ihnen als beruhigenden Duft dargebracht [ja, so war es] – Spruch Gottes, des Herrn. 20 Du hast deine Söhne und Töchter, die du mir geboren hast, genommen und ihnen als Schlachtopfer zum Essen vorgesetzt. War dir dein unzüchtiges Treiben noch nicht genug? 21 Musstest du auch noch meine Söhne schlachten, um sie ihnen darzubringen und für sie durch das Feuer gehen zu lassen? 22 Bei all deinen Gräueltaten und deiner Unzucht hast du die Zeit deiner Jugend vergessen, in der du noch nackt und bloß und zappelnd in deinem Blut lagst.

23 Nach all diesen schändlichen Taten – wehe, weh dir! Spruch Gottes, des Herrn – 24 hast du dir auf jedem freien Platz ein Bett und eine Kulthöhe errichtet. 25 An jeder Straßenecke hast du deine Kulthöhen errichtet, du hast deine Schönheit schändlich missbraucht, hast dich jedem angeboten, der vorbeiging, und hast unaufhörlich Unzucht getrieben. 26 Du hast dich den Ägyptern, deinen Nachbarn mit dem großen Glied, hingegeben und mit ihnen unaufhörlich Unzucht getrieben, um mich zu erzürnen. 27 Da streckte ich meine Hand aus und nahm dir weg, was dir zustand. Ich lieferte dich deinen rachgierigen Feindinnen aus, den Philisterinnen; sogar sie schämten sich wegen deines schändlichen Treibens. 28 Dann hast du dich mit den Assyrern eingelassen, weil du noch nicht genug hattest. Du hast dich mit ihnen eingelassen, doch auch dann hattest du noch nicht genug. 29 Immer mehr Unzucht hast du getrieben und bist sogar den chaldäischen Krämern nachgelaufen; doch auch dann hattest du noch nicht genug. 30 Wie fiebert dein Herz – Spruch Gottes, des Herrn –, weil du all das getan hast, du selbstherrliche Dirne.

16,4 abgewaschen: H fügt ein Wort unsicherer Bedeutung hinzu, das in G fehlt.
16,6b Der Satz steht doppelt im Text.
16,7 ließ ich dich wachsen: sinngemäße Wiedergabe des schwierigen Textes.
16,10 Tahasch-Leder: vgl. die Anmerkung zu Ex 25,5.
16,15 bist du zu Willen gewesen: so nach G.
16,16 Der Schluss des Verses ist in H unverständlich; er ist deshalb nicht übersetzt.
16,29 den chaldäischen Krämern nachgelaufen, wörtlich: nach dem Krämerland Chaldäa hingelaufen.

31 Du hast dir an jeder Straßenecke ein Bett
und auf jedem freien Platz eine Kulthöhe errichtet. Du warst keine gewöhnliche Dirne;
denn du hast es verschmäht, dich bezahlen
zu lassen. 32 [Die Ehebrecherin nimmt sich
statt ihres Mannes fremde Männer.] 33 Jede
Dirne bezahlt man; du aber hast all deinen Liebhabern Geschenke gegeben und sie bestochen, damit sie von überall kamen, um
mit dir Unzucht zu treiben. 34 Bei deiner Unzucht hast du es gerade umgekehrt gemacht wie andere Frauen: Dir lief niemand nach; du hast selbst bezahlt und dich nicht bezahlen lassen. So hast du es umgekehrt gemacht wie andere.

35 Darum, du Dirne, höre das Wort des
Herrn! 36 So spricht Gott, der Herr: Weil du deinen Körper schamlos entblößt hast bei der Unzucht mit deinen Liebhabern, mit all deinen abscheulichen Götzen, und weil du ihnen das Blut deiner Kinder hingegeben
hast, 37 deshalb will ich alle deine Liebhaber zusammenrufen, denen du gefallen hast, alle, die du geliebt hast, und auch alle, die du verachtet hast. Und wenn ich sie von allen Seiten bei dir zusammengerufen habe, dann entblöße ich vor ihren Augen deine Scham, damit sie deine Scham unverhüllt sehen.
38 Ich spreche dir das Urteil nach den Rechtsvorschriften für Ehebrecherinnen und Mörderinnen, voll Zorn zahle ich dir heim
mit Blut, Grimm und Eifersucht. 39 Ich gebe
dich in ihre Hand, damit sie dein Bett zerstören und deine Kulthöhen einreißen, damit sie dir deine Gewänder ausziehen, deinen prächtigen Schmuck wegnehmen und dich
nackt und bloß daliegen lassen. 40 Sie berufen eine Volksversammlung gegen dich ein, steinigen dich und hauen dich mit ihren
Schwertern in Stücke. 41 Sie werden deine
Häuser anzünden und vor den Augen vieler Frauen das Urteil an dir vollstrecken. So mache ich deiner Unzucht ein Ende. Keinem
wirst du mehr Dirnenlohn zahlen. 42 Wenn
ich meinen Zorn an dir gestillt habe, wird meine Eifersucht aufhören, gegen dich zu wüten. Ich werde Ruhe haben und mich
nicht mehr ärgern. 43 Weil du die Tage deiner
Jugend vergessen und mich durch dein Treiben gereizt hast, darum lasse ich dein Verhalten auf dich selbst zurückfallen – Spruch Gottes, des Herrn. Hast du nicht neben all deinen Gräueln auch noch andere Schandtaten verübt?

44 Wer ein Sprichwort auf dich anwenden
will, der sagt: Wie die Mutter, so die Tochter!
45 Du bist die Tochter deiner Mutter, die vor
ihrem Mann und ihren Söhnen Abscheu empfand. Du bist die Schwester deiner Schwestern, die vor ihren Männern und Söhnen Abscheu empfanden. Eure Mutter war eine Hetiterin und euer Vater ein Amoriter.
46 Deine ältere Schwester ist Samaria mit ihren Töchtern, die links von dir wohnt; deine jüngere Schwester ist Sodom mit ihren
Töchtern, die rechts von dir wohnt. 47 Du bist
nicht nur ihrem Beispiel gefolgt und hast nicht nur die gleichen Gräueltaten begangen, sondern in kurzer Zeit hast du es in al-
lem noch schlimmer getrieben als sie. 48 So
wahr ich lebe – Spruch Gottes, des Herrn: Deine Schwester Sodom und ihre Töchter haben es nicht so getrieben wie du und deine
Töchter. 49 Die Schuld deiner Schwester Sodom war, dass sie und ihre Töchter hochmütig waren, dass sie in Überfluss zu essen hatten und in sorgloser Ruhe dahinlebten, ohne
den Elenden und Armen zu helfen. 50 Sie
wurden hochmütig und begingen Gräueltaten vor meinen Augen. Darum habe ich sie
verstoßen, wie du selbst gesehen hast. 51 Samaria hat nicht die Hälfte deiner Sünden begangen. Du hast mehr Gräueltaten verübt als sie beide zusammen und du lässt deine Schwestern gerecht erscheinen, sieht man auf all die Gräueltaten, die du begangen
hast. 52 Darum trag auch du deine Schande,
die du deine Schwestern durch deine Sünden entlastet und abscheulicher als sie gehandelt hast; deshalb erscheinen sie gerechter als du. Darum schäme auch du dich und trag deine Schande, weil du deine Schwestern gerecht erscheinen lässt.

53 Aber ich werde ihr Schicksal wenden,
das Schicksal Sodoms und ihrer Töchter, das Schicksal Samarias und ihrer Töchter, und ich werde auch dein Schicksal wenden zu-
sammen mit ihrem Schicksal; 54 denn du
sollst deine Schande tragen und du sollst dich schämen über all das, was du getan und wodurch du sie in Sicherheit gewiegt hast.
55 Deine Schwestern werden wieder sein wie
früher, Sodom und ihre Töchter, Samaria und ihre Töchter werden wieder sein wie früher. Auch deine Töchter werden wieder
sein wie früher. 56 Hast du nicht über deine
Schwester Sodom gelästert, als du hochmü-
tig warst, 57 bevor deine Schlechtigkeit offen-

16,47 Sinn des Satzes in H nicht eindeutig.
16,49 ohne . . . zu helfen, wörtlich: die Hand des Armen und Elenden machte sie nicht stark.
16,53 und ich werde auch dein Schicksal wenden: Text korr.; vgl. die alten Übersetzungen. – zusammen mit ihrem Schicksal, wörtlich: in ihrer Mitte.
16,57 So lästern jetzt: Text korr.; vgl. G. – Edomiterinnen: Text korr. nach mehreren H-Handschriften und S; H: Aramäerinnen.

bar wurde? So lästern jetzt ringsum über
dich all deine Nachbarinnen, die Edomite-
rinnen und die Philisterinnen, die dich ver-
achten. 58 Die Folgen deines schamlosen
Treibens und deiner Gräueltaten hast du zu
tragen – Spruch des Herrn.
59 Denn so spricht Gott, der Herr: Ich habe
mit dir gemacht, was du gemacht hast; du
hast den Eid missachtet und den Bund ge-
brochen. 60 Aber ich will meines Bundes ge-
denken, den ich mit dir in deiner Jugend ge-
schlossen habe, und will einen ewigen Bund
mit dir eingehen. 61 Du sollst dich an dein
Verhalten erinnern und dich schämen, wenn
ich deine älteren und jüngeren Schwestern
nehme und sie dir zu Töchtern gebe, aber
nicht deshalb, weil du den Bund gehalten
hättest. 62 Ich selbst gehe einen Bund mit dir
ein, damit du erkennst, dass ich der Herr bin.
63 Dann sollst du dich erinnern, sollst dich
schämen und vor Scham nicht mehr wagen,
den Mund zu öffnen, weil ich dir alles verge-
be, was du getan hast – Spruch Gottes, des
Herrn.

3: 16,45 • 8: Rut 3,9 • 17: Hos 8,4 • 20: 20,26; 23,37; 2 Kön 16,3; Jer 7,31; Dtn 12,31 • 28: 23,12 • 38: Lev 20,10 • 41: 2 Kön 25,9 • 43: 9,10 • 45: 16,3 • 51: Jer 3,11 • 60: 36,22; 37,26; Lev 26,45; Jer 31,31–34; Hos 2,17 • 63: 36,31.

Das Lied von der Untreue des Königs:
17,1–24

17 Das Wort des Herrn erging an mich:
2 Menschensohn, trag dem Haus Isra-
el ein Rätsel vor, erzähl ihm ein Gleichnis!
3 Sag: So spricht Gott, der Herr:
Ein mächtiger Adler mit gewaltigen Flü-
geln, / mit weiten Schwingen,
mit dichtem, buntem Gefieder kam zum
Libanon / und nahm den Wipfel der Zeder
weg.
4 Den obersten Zweig riss er ab./ Ins Land
der Krämer brachte er ihn, / in die Stadt der
Händler legte er ihn.
5 Dann nahm er vom Samen des Landes /
und streute ihn auf ein Saatfeld.
Er setzte ihn an reichlich strömendes Was-
ser, / als Uferpflanze pflanzte er ihn
6 und er wuchs heran / und wurde zum üp-
pigen Weinstock / von niedrigem Wuchs.
Er sollte seine Ranken dem Adler zuwen-
den, / seine Wurzeln sollten in die Tiefe
wachsen.
Und er wurde zum Weinstock, / bildete
Triebe, entfaltete Zweige.
7 Doch es kam noch ein anderer mächtiger
Adler / mit gewaltigen Flügeln und dichtem
Gefieder.
Da drehte jener Weinstock seine Wurzeln
ihm zu, / trieb ihm seine Ranken entgegen:
Der Adler sollte ihn tränken, / mehr als
das Beet, in das der Weinstock gepflanzt
war.
8 Er war doch auf guten Boden gepflanzt, /
an reichlich fließendem Wasser,
um Zweige zu treiben und Früchte zu tra-
gen / und ein herrlicher Weinstock zu wer-
den.
9 Sag: So spricht Gott, der Herr: / Wird das
gelingen?
Wird der Adler nicht seine Wurzeln aus-
reißen / und seine Früchte vernichten, / so-
dass all seine grünenden Triebe verdorren?
Man braucht keinen starken Arm und
nicht viele Menschen, / um ihn von den Wur-
zeln zu reißen.
10 Wohl ist er gepflanzt, / doch wird er ge-
deihen?
Wird er nicht völlig verdorren, / wenn der
Ostwind ihn trifft? / Auf dem Beet, wo er
wuchs, wird er verdorren.
11 Und das Wort des Herrn erging an mich:
12 Sag doch dem widerspenstigen Volk: /
Merkt ihr denn nicht, was all das bedeutet?
Sag ihnen: / Seht, nach Jerusalem kam der
König von Babel;
er nahm ihren König und ihre Beamten
gefangen / und führte sie mit sich nach Ba-
bel.
13 Und er nahm einen Mann aus königli-
chem Stamm / und schloss mit ihm einen
Bund
und er ließ ihn schwören. / Doch die Mäch-
tigen des Landes nahm er gefangen,
14 damit das Königreich klein blieb / und
keinen Aufstand begann,
damit es den Bund auch hielt, / sodass er
Bestand haben konnte.
15 Doch jener erhob sich gegen den König
von Babel / und schickte seine Boten ins
Land der Ägypter, / damit man ihm Pferde
und viele Krieger entsandte.
Aber wird es gelingen? / Kommt er davon,
wenn er das unternimmt? / Wenn er den
Bund bricht, kommt er dann noch davon?

16,61 wenn ich . . . nehme: Text korr.; vgl. G; H: wenn du . . . nimmst.
17,3f In der bildhaften Rede bezeichnet der Adler den Großkönig Nebukadnezzar, die Zeder das davidische Königshaus, der Libanon Juda und Jerusalem. Die »Stadt der Händler« ist Babylon, der »oberste Zweig« der 597 v. Chr. deportierte König Jojachin.
17,6f Der »Weinstock« ist König Zidkija, der »andere Adler« der Pharao Psammetich II.
17,7 ein anderer: Text korr. nach G; H: einer. – das Beet: Einzahl nach G und anderen Textzeugen; ebenso V. 10.

16 So wahr ich lebe – Spruch Gottes, des
Herrn: In der Residenz des Königs, der ihn
zum König gemacht hat, dessen Eid er miss-
achtet und dessen Bund er gebrochen hat, in
Babel wird er sterben. 17 Denn der Pharao
wird ihn nicht mit einer starken Streitmacht
und mit einem großen Heer im Kampf unter-
stützen, sondern man wird einen Damm auf-
schütten, einen Belagerungswall bauen und
viele Menschen umbringen. 18 Er hat den Eid
missachtet und den Bund gebrochen. Ob-
wohl er sich mit Handschlag verpflichtet
hatte, hat er all das getan. Er kommt nicht
davon.

19 Darum – so spricht Gott, der Herr:
So wahr ich lebe – / meinen Eid, den er missachtet,
und meinen Bund, den er gebrochen hat, / ich lasse sie auf ihn selbst zurückfallen.

20 Ich werfe mein Netz über ihn, er gerät in
mein Garn. / Nach Babel führe ich ihn
und gehe dort mit ihm ins Gericht, / denn er hat mir die Treue gebrochen.

21 Die tapfersten Krieger in all seinen
Truppen / fallen unter dem Schwert.
Die Übriggebliebenen aber / werden in alle Winde zerstreut.
Dann werdet ihr erkennen, / dass ich, der Herr, gesprochen habe.

22 So spricht Gott, der Herr:
Ich selbst nehme ein Stück / vom hohen Wipfel der Zeder / und pflanze es ein.
Einen zarten Zweig aus den obersten Ästen breche ich ab, / ich pflanze ihn auf einen hoch aufragenden Berg.

23 Auf die Höhe von Israels Bergland
pflanze ich ihn. / Dort treibt er dann Zwei-
ge, / er trägt Früchte und wird zur prächti-
gen Zeder.
Allerlei Vögel wohnen darin; / alles, was Flügel hat, wohnt im Schatten ihrer Zweige.

24 Dann werden alle Bäume auf den Fel-
dern erkennen, / dass ich der Herr bin.
Ich mache den hohen Baum niedrig, / den niedrigen mache ich hoch.
Ich lasse den grünenden Baum verdorren, / den verdorrten erblühen. / Ich, der Herr, habe gesprochen und ich führe es aus.

20: 32,3 • 22: Jes 11,1; Ez 20,40; Dan 4,9; Mt 13,32.

Schuld und Gerechtigkeit: 18,1–32

18 Das Wort des Herrn erging an mich:
2 Wie kommt ihr dazu, im Land Israel
das Sprichwort zu gebrauchen: Die Väter es-
sen saure Trauben und den Söhnen werden
die Zähne stumpf? 3 So wahr ich lebe –
Spruch Gottes, des Herrn –, keiner von euch
in Israel soll mehr dieses Sprichwort gebrau-
chen. 4 Alle Menschenleben sind mein Eigen-
tum, das Leben des Vaters ebenso wie das
Leben des Sohnes, sie gehören mir. Nur wer
sündigt, soll sterben.

5 Ist jemand gerecht, so handelt er nach
Recht und Gerechtigkeit. 6 Er hält auf den
Bergen keine Opfermahlzeiten ab. Er blickt
nicht zu den Götzen des Hauses Israel auf. Er
schändet nicht die Frau seines Nächsten. Ei-
ner Frau tritt er nicht nahe während ihrer
Blutung. 7 Er unterdrückt niemand. Er gibt
dem Schuldner das Pfand zurück. Er begeht
keinen Raub. Dem Hungrigen gibt er von sei-
nem Brot und den Nackten bekleidet er. 8 Er
leiht nicht gegen Zins und treibt keinen Wu-
cher. Er hält seine Hand vom Unrecht fern.
Zwischen Streitenden fällt er ein gerechtes
Urteil. 9 Er lebt nach meinen Gesetzen, er
achtet auf meine Rechtsvorschriften und be-
folgt sie treu. Er ist gerecht und deshalb
wird er am Leben bleiben – Spruch Gottes,
des Herrn.

10 Angenommen aber, er zeugt einen Sohn,
der gewalttätig wird, der Blut vergießt oder
eine andere von diesen Sünden begeht,
11 während er (der Vater), all das nicht getan
hat, (einen Sohn,) der auf den Bergen Opfer-
mahlzeiten abhält, der die Frau seines
Nächsten schändet, 12 der die Elenden und
Armen unterdrückt, andere beraubt und
dem Schuldner das Pfand nicht zurückgibt,
der zu den Götzen aufblickt und Gräueltaten
verübt, 13 der gegen Zins leiht und Wucher
treibt – soll der dann am Leben bleiben? Er
soll nicht am Leben bleiben. Er hat alle diese
Gräueltaten verübt, darum muss er sterben.
Er ist selbst schuld an seinem Tod.

14 Nun hat auch dieser Sohn wieder einen
Sohn gezeugt und der Sohn sieht alle die
Sünden, die sein Vater begeht. Er sieht sie,
begeht sie aber nicht. 15 Er hält auf den Ber-
gen keine Opfermahlzeiten ab. Er blickt
nicht zu den Götzen des Hauses Israel auf. Er

17,21 Die tapfersten Krieger: Text korr. nach S und der aramäischen Übersetzung; vgl. G; H: Seine Flüchtlinge.

17,22–24 Das Heilswort spricht unter Verwendung der vorausgehenden Bilder von der Wiederherstellung durch Gott.

18,2 Das Sprichwort umschreibt die Vergeltungslehre, nach der die Söhne für die Schuld der Väter büßen müssen.

18,10 eine andere von diesen Sünden: Text korr.; vgl. Vg und S.

18,13 Er ist selbst schuld an seinem Tod, wörtlich: sein Blut wird auf ihm sein.

schändet nicht die Frau seines Nächsten. 16 Er unterdrückt niemand. Er fordert kein Pfand und begeht keinen Raub. Dem Hungrigen gibt er von seinem Brot und den Nackten bekleidet er. 17 Er hält seine Hand vom Unrecht fern. Er nimmt keinen Zins und treibt keinen Wucher. Er befolgt meine Rechtsvorschriften und lebt nach meinen Gesetzen. Dieser Sohn wird nicht wegen der Schuld seines Vaters sterben; er wird bestimmt am Leben bleiben. 18 Sein Vater aber musste wegen seiner Schuld sterben; denn er hat andere erpresst und beraubt und in seiner Familie getan, was nicht recht ist.

19 Ihr aber fragt: Warum trägt der Sohn nicht mit an der Schuld seines Vaters? Weil der Sohn nach Recht und Gerechtigkeit gehandelt hat. Er hat auf alle meine Gesetze geachtet und sie befolgt. Er wird bestimmt am Leben bleiben. 20 Nur wer sündigt, soll sterben. Ein Sohn soll nicht die Schuld seines Vaters tragen und ein Vater nicht die Schuld seines Sohnes. Die Gerechtigkeit kommt nur dem Gerechten zugute und die Schuld lastet nur auf dem Schuldigen.

21 Wenn der Schuldige sich von allen Sünden, die er getan hat, abwendet, auf alle meine Gesetze achtet und nach Recht und Gerechtigkeit handelt, dann wird er bestimmt am Leben bleiben und nicht sterben. 22 Keines der Vergehen, deren er sich schuldig gemacht hat, wird ihm angerechnet. Wegen seiner Gerechtigkeit wird er am Leben bleiben. 23 Habe ich etwa Gefallen am Tod des Schuldigen – Spruch Gottes, des Herrn – und nicht vielmehr daran, dass er seine bösen Wege verlässt und so am Leben bleibt?

24 Wenn jedoch ein Gerechter sein rechtschaffenes Leben aufgibt, wenn er Unrecht tut und all die Gräueltaten begeht, die auch der Böse verübt, sollte er dann etwa am Leben bleiben? Keine seiner gerechten Taten wird ihm angerechnet. Wegen seiner Treulosigkeit und wegen der Sünde, die er begangen hat, ihretwegen muss er sterben. 25 Ihr aber sagt: Das Verhalten des Herrn ist nicht richtig. Hört doch, ihr vom Haus Israel: Mein Verhalten soll nicht richtig sein? Nein, euer Verhalten ist nicht richtig.

26 Wenn der Gerechte sein rechtschaffenes Leben aufgibt und Unrecht tut, muss er dafür sterben. Wegen des Unrechts, das er getan hat, wird er sterben. 27 Wenn sich der Schuldige von dem Unrecht abwendet, das er begangen hat, und nach Recht und Gerechtigkeit handelt, wird er sein Leben bewahren. 28 Wenn er alle Vergehen, deren er sich schuldig gemacht hat, einsieht und umkehrt, wird er bestimmt am Leben bleiben. Er wird nicht sterben. 29 Das Haus Israel aber sagt: Das Verhalten des Herrn ist nicht richtig. Mein Verhalten soll nicht richtig sein, ihr vom Haus Israel? Nein, euer Verhalten ist nicht richtig.

30 Darum will ich euch richten, jeden nach seinem Verhalten, ihr vom Haus Israel – Spruch Gottes, des Herrn. Kehrt um, wendet euch ab von all euren Vergehen! Sie sollen für euch nicht länger der Anlass sein, in Sünde zu fallen. 31 Werft alle Vergehen von euch, die ihr verübt habt! Schafft euch ein neues Herz und einen neuen Geist! Warum wollt ihr sterben, ihr vom Haus Israel? 32 Ich habe doch kein Gefallen am Tod dessen, der sterben muss – Spruch Gottes, des Herrn. Kehrt um, damit ihr am Leben bleibt.

2: Jer 31,29 • 6: 22,9; Lev 18,19f • 7: Dtn 24,10–13; Jes 58,7 • 13: 33,4 • 19: Ex 20,5 • 20: 18,4; Dtn 24,16; 2 Kön 14,6 • 22: 33,16 • 23: 18,13; 33,11; Hos 11,9; 1 Tim 2,4 • 24: 3,20 • 25: 33,17 • 30: 33,20; 7,19; 44,12 • 31: 11,19; 36,26 • 32: 33,11.

Die Totenklage über den Fürsten von Israel:
19,1–14

19 Du aber, stimm die Totenklage an über den Fürsten von Israel 2 und sag:

Was war doch deine Mutter für eine Löwin / unter den Löwen!

Bei jungen Löwen hatte sie ihr Lager / und zog ihren Nachwuchs auf.

3 Eins von ihren Jungen zog sie groß / und es wurde ein starker Löwe.

Er lernte, zu reißen und zu rauben, / er fraß Menschen.

4 Da bot man Völker gegen ihn auf. / In ihrer Grube fingen sie ihn / und schleppten ihn an Haken ins Land Ägypten.

5 Als sie sah, dass ihre Hoffnung vereitelt, / dass sie zunichte war,

nahm sie von ihren Jungen ein anderes / und machte es zum starken Löwen.

18,17 vom Unrecht: Text korr. nach G; vgl. V. 8; H: vom Elenden.
18,18 andere ... beraubt: Text korr., vgl. VV. 7.12.16; H unklar.
18,25 Der letzte Satz ist in H als Frage formuliert, ebenso V. 29.
19,2 Die Totenklage in Form einer bildhaften Rede bezeichnet wohl mit der »Löwenmutter« das judäische Königshaus, mit dem »Löwenjungen« in VV. 3f Joahas, in VV. 5–9 Jojachin. – Auch der Weinstock (VV. 10–14) stellt das davidische Königshaus dar.
19,4 bot man ... auf: Text korr.; H: hörten sie.
19,5 ein anderes: vgl. die Anmerkung zu 17,7.

6 Er tummelte sich unter den Löwen / und
wurde ein starker Löwe.
Er lernte zu reißen und zu rauben, / er
fraß Menschen.
7 Er zerbrach ihre Burgen / und verheerte
ihre Städte;
das Land, und was in ihm lebte, / entsetzte
sich bei seinem lauten Gebrüll.
8 Da setzte man Völker gegen ihn ein / aus
den Ländern ringsum.
Sie warfen ihr Netz über ihn; / in ihrer
Grube fingen sie ihn.
9 Sie zerrten ihn an Haken in einen Käfig /
und brachten ihn zum König von Babel,
[sie brachten ihn in Gewahrsam,] / damit
man seine Stimme nicht mehr hörte / auf Is-
raels Bergen.
10 Deine Mutter war wie ein Weinstock im
Garten, / der am Wasser gepflanzt ist.
Voll von Früchten und Ranken war er /
wegen des Reichtums an Wasser.
11 Er hatte kräftige Zweige, / für Zepter
von Herrschern geeignet;
sein Wuchs war hoch, / er ragte bis in die
Wolken.
Weithin war er sichtbar wegen seiner
Höhe / und wegen seines dichten Laubes.
12 Doch im Zorn riss man ihn aus / und
warf ihn auf die Erde.
Der Ostwind dörrte ihn aus, / seine Früch-
te riss man ab.
Sein kräftiger Stamm verdorrte. / Feuer
verzehrte ihn.
13 Nun verpflanzte man ihn in die Wüste, /
in trockenes, dürstendes Land.
14 Und Feuer ging aus von den Zweigen am
Stamm / und fraß seine Früchte.
Kein kräftiger Zweig war mehr an ihm, /
kein Zepter für Herrscher. –
Eine Totenklage ist dieses Lied; / zur To-
tenklage ist es geworden.

4: 2 Kön 23,31–34 • 9: 2 Kön 24,15 • 10: 17,6 • 12: Joh 15,6.

Die zahlreichen Treulosigkeiten Israels:
20,1–44

20 Im fünften Monat des siebten Jahres
kamen am zehnten Tag des Monats
einige von den Ältesten Israels, um den
Herrn zu befragen. Sie setzten sich vor mir
nieder. 2 Da erging das Wort des Herrn an
mich: 3 Menschensohn, rede mit den Ältesten
Israels und sag zu ihnen: So spricht Gott, der
Herr: Seid ihr gekommen, um mich zu befra-
gen? So wahr ich lebe, ich lasse mich von
euch nicht befragen – Spruch Gottes, des
Herrn. 4 Willst du nicht über sie Gericht hal-
ten, Menschensohn, willst nicht du Gericht
halten? Mach ihnen die Gräueltaten ihrer
Väter bewusst 5 und sag zu ihnen: So spricht
Gott, der Herr: An dem Tag, als ich Israel er-
wählt habe, erhob ich meine Hand, (um) den
Nachkommen des Hauses Jakob (einen Eid
zu leisten). Ich offenbarte mich ihnen in
Ägypten. Ich erhob meine Hand (zum
Schwur) und sprach: Ich bin der Herr, euer
Gott.
6 An jenem Tag erhob ich meine Hand
(zum Schwur), dass ich sie aus Ägypten he-
rausführe in ein Land, das ich für sie erkun-
dete, in dem Milch und Honig fließen, ein
Schmuckstück unter allen Ländern. 7 Und
ich sagte zu ihnen: Ihr alle, werft die Götzen
weg, an denen eure Augen hängen. Macht
euch nicht unrein durch die Gräueltaten
Ägyptens! Ich bin der Herr, euer Gott. 8 Sie
aber widersetzten sich mir und wollten nicht
auf mich hören. Keiner warf die Götzen weg,
an denen seine Augen hingen, und sie sagten
sich nicht los von den Götzen Ägyptens. Da
sagte ich: Ich will meinen Zorn über sie aus-
gießen und meinen Grimm an ihnen auslas-
sen, mitten in Ägypten. 9 Aber dann handelte
ich um meines Namens willen anders; ich
wollte ihn nicht entweihen vor den Augen
der Völker, in deren Mitte sie lebten und vor
deren Augen ich mich ihnen offenbarte, als
ich sie aus Ägypten herausführte.
10 Ich führte sie aus Ägypten heraus,
brachte sie in die Wüste 11 und gab ihnen
meine Gesetze. Ich gab ihnen meine Rechts-
vorschriften bekannt, die der Mensch befol-
gen muss, damit er durch sie am Leben
bleibt. 12 Auch meine Sabbat-Tage gab ich
ihnen zum Zeichen (des Bundes) zwischen
mir und ihnen. Daran sollte man erkennen,
dass ich, der Herr, Israel heilige. 13 Aber das
Haus Israel widersetzte sich mir in der Wüs-
te. Sie lebten nicht nach meinen Gesetzen
und wiesen meine Rechtsvorschriften zu-
rück, die der Mensch befolgen muss, damit er
durch sie am Leben bleibt. Auch meine Sab-
bat-Tage entweihten sie völlig. Da sagte ich:
Ich will in der Wüste über sie meinen Zorn
ausgießen und sie vernichten. 14 Aber ich
handelte anders um meines Namens willen;
ich wollte ihn nicht entweihen vor den Völ-
kern, vor deren Augen ich sie (aus Ägypten)
herausgeführt hatte. 15 Doch in der Wüste er-
hob ich meine Hand (zum Schwur), dass ich
sie nicht in das Land bringe, das ich für sie
bestimmt hatte, in das Land, wo Milch und

19,7 Er zerbrach ihre Burgen: Text korr., vgl. G.
19,10 im Garten: Text korr.; H: in deinem Blut.
20,15 für sie: ergänzt nach den alten Übersetzun-
gen und H-Handschriften.

Honig fließen, das Schmuckstück unter allen
Ländern. 16 Denn sie wiesen meine Rechts-
vorschriften zurück, sie lebten nicht nach
meinen Gesetzen und entweihten meine Sab-
bat-Tage, weil ihr Herz hinter den Götzen
her war. 17 Aber mein Auge zeigte Mitleid
mit ihnen: Ich rottete sie nicht völlig aus in
der Wüste.

18 Zu ihren Söhnen sagte ich in der Wüste:
Lebt nicht nach den Gesetzen eurer Väter,
achtet nicht auf ihre Rechtsvorschriften und
macht euch nicht unrein an ihren Götzen!
19 Ich bin der Herr, euer Gott. Lebt nach mei-
nen Gesetzen, achtet auf meine Rechtsvor-
schriften und befolgt sie! 20 Haltet meine
Sabbat-Tage heilig; sie sollen das Zeichen
(des Bundes) zwischen mir und euch sein.
Daran wird man erkennen, dass ich, der Herr,
euer Gott bin. 21 Aber die Söhne widersetz-
ten sich mir. Sie lebten nicht nach meinen
Gesetzen und sie beachteten und befolgten
meine Rechtsvorschriften nicht, die der
Mensch befolgen muss, damit er durch sie am
Leben bleibt. Meine Sabbat-Tage entweihten
sie. Da sagte ich: Ich werde in der Wüste mei-
nen Zorn über sie ausgießen und meinen
Grimm an ihnen auslassen. 22 Aber ich zog
meine Hand zurück und handelte anders, um
meines Namens willen; ich wollte ihn nicht
vor all den Völkern entweihen, vor deren Au-
gen ich sie (aus Ägypten) herausgeführt hat-
te. 23 Doch ich erhob in der Wüste meine
Hand (zum Schwur), dass ich sie unter die
Völker zerstreuen und in alle Länder vertrei-
ben werde, 24 weil sie meine Rechtsvorschrif-
ten nicht befolgten, meine Gesetze ablehn-
ten und meine Sabbat-Tage entweihten und
weil ihre Augen hinter den Götzen ihrer Vä-
ter her waren. 25 Auch gab ich ihnen Gesetze,
die nicht gut waren, und Rechtsvorschriften,
die es ihnen unmöglich machten, am Leben
zu bleiben. 26 Ich machte sie unrein durch
ihre Opfergaben; sie ließen nämlich alle
Erstgeborenen durch das Feuer gehen. Ich
wollte ihnen Entsetzen einjagen; denn sie
sollten erkennen, dass ich der Herr bin.

27 Darum sprich zum Haus Israel, Men-
schensohn, und sag zu ihnen: So spricht Gott,
der Herr: Eure Väter haben mich auch da-
durch verhöhnt, dass sie mir untreu wurden.
28 Als ich sie in das Land gebracht hatte – ich
hatte ja meine Hand erhoben (und geschwo-
ren), es ihnen zu geben –, schlachteten sie,
sobald sie irgendeinen hohen Hügel und ei-
nen dichtbelaubten Baum sahen, dort ihre
Opfer; dort brachten sie ihre ärgerlichen Ga-
ben dar, legten ihre duftenden Spenden nie-
der, um mich zu beruhigen, und gossen dort
ihre Trankopfer aus. 29 Da sagte ich zu ihnen:
Was ist das schon, die Höhe, zu der ihr
kommt? – Deshalb wird ein solcher Platz bis
zum heutigen Tag Kulthöhe genannt.

30 Darum sag zum Haus Israel: So spricht
Gott, der Herr: Wie schon eure Väter, so
macht auch ihr euch unrein und lauft in eu-
rer Untreue ihren Götzen nach. 31 Wenn ihr
eure Gaben darbringt, eure Söhne durch das
Feuer gehen lasst, wenn ihr euch bis zum
heutigen Tag immer wieder unrein macht
mit all euren Götzen, soll ich mich dann von
euch befragen lassen, ihr vom Haus Israel?
So wahr ich lebe – Spruch Gottes, des
Herrn –, ich lasse mich von euch nicht be-
fragen. 32 Niemals soll geschehen, was euch
eingefallen ist, als ihr sagtet: Wir wollen wie
die anderen Völker sein, wie die Völker-
stämme in anderen Ländern, und wollen
Holz und Stein verehren. 33 So wahr ich lebe
– Spruch Gottes, des Herrn: Ich will mit star-
ker Hand und hoch erhobenem Arm über
euch als König herrschen und dabei meinen
Zorn über euch ausgießen. 34 Ich will euch
mit starker Hand und hoch erhobenem Arm
aus den Völkern herausführen und aus den
Ländern, in die ihr zerstreut seid, sammeln
und dabei meinen Zorn über euch ausgießen.
35 Ich bringe euch in die Wüste der Völker;
dort trete ich euch von Angesicht zu Ange-
sicht als Richter gegenüber. 36 Wie ich mit
euren Vätern in der Wüste Ägyptens ins Ge-
richt gegangen bin, so will ich auch mit euch
ins Gericht gehen – Spruch Gottes, des
Herrn. 37 Ich lasse euch unter dem Hirten-
stab an mir vorbeiziehen und zähle euch ab.

38 Die Abtrünnigen und alle, die sich gegen
mich auflehnten, sondere ich von euch ab.
Ich führe sie zwar aus dem Land, in dem sie
als Fremde leben, heraus, in das Land Israel
aber werden sie nicht kommen; dann werdet
ihr erkennen, dass ich der Herr bin.

39 Ihr aber vom Haus Israel – so spricht
Gott, der Herr –, geht doch alle und dient eu-

20,25 Nach V. 26 denkt Ezechiel hier an das Gesetz über die Erstgeburtsopfer. In Notzeiten brachte man die erstgeborenen Kinder als Opfer dar, obwohl nach Ex 34,19f die menschliche Erstgeburt durch ein Tier auszulösen ist.

20,29 die Höhe, hebräisch bamáh, sonst mit »Kulthöhe« übersetzt. In H Wortspiel mit bamáh, aus dem man auch die Wörter für »was« und »kommen« heraushören konnte.

20,37 und zähle euch ab: Text korr.; vgl. G; der Text ist unklar.

20,38 Der letzte Satz korr. nach den alten Übersetzungen und einigen hebräischen Handschriften.

20,39 werdet ihr auf mich hören: Text korr.; H: werdet ihr nicht auf mich hören.

ren Götzen! Doch später werdet ihr auf mich
hören und meinen heiligen Namen nicht
mehr mit euren Opfergaben und mit euren
Götzen entweihen. 40 Denn auf meinem heili-
gen Berg, auf dem hohen Berg Israels –
Spruch Gottes, des Herrn –, dort im Land
wird mir das ganze Haus Israel dienen. Dort
will ich sie gnädig annehmen und dort forde-
re ich eure Abgaben und Erstlingsopfer mit
all euren heiligen Gaben. 41 Beim beruhigen-
den Duft eurer Opfer will ich euch gnädig
annehmen. Wenn ich euch aus den Völkern
herausführe und aus den Ländern sammle,
in die ihr zerstreut seid, werde ich mich vor
den Augen der Völker an euch als heilig er-
weisen. 42 Ihr sollt erkennen, dass ich der
Herr bin, wenn ich euch in das Land Israel
bringe; denn ich habe meine Hand erhoben
(zum Schwur), dieses Land euren Vätern zu
geben. 43 Dort werdet ihr euch an euer Ver-
halten und an all eure Taten erinnern, durch
die ihr euch unrein gemacht habt, und es
wird euch ekeln vor euch selbst wegen all der
bösen Taten, die ihr begangen habt. 44 Ihr
werdet erkennen, dass ich der Herr bin,
wenn ich um meines Namens willen so an
euch handle und nicht nach eurem verkehr-
ten Verhalten und nach euren verwerflichen
Taten, ihr vom Haus Israel – Spruch Gottes,
des Herrn.

1: 8,1; 14,1.3 • 4: 22,2; 23,36; 16,2 • 5: Dtn 7,6 • 6: Ex 3,8 • 7: Jos 24,14.23 • 9: 20,14; 36,21f • 11: Lev 18,5 • 12: Ex 31,13–17 • 13: Ex 14,11 • 14: 20,9; Ex 32,11f • 15: Num 14,28–30; Ps 95,11 • 22: 20,14 • 26: Lev 18,21 • 28: 6,13; Dtn 12,2 • 32: 1 Sam 8,5 • 33: Jer 21,5 • 35: Hos 2,16; Num 14,22–38 • 37: Lev 27,32; Jer 33,13 • 43: 36,31f • 44: 20,14.

Das Gleichnis vom Waldbrand: 21,1–5

21 Das Wort des Herrn erging an mich:
2 Menschensohn, richte dein Gesicht
nach Süden, weissage gegen das Südland,
tritt als Prophet auf gegen den Wald im Sü-
den 3 und sag zum Wald des Südlands: Höre
das Wort des Herrn: So spricht Gott, der
Herr: Ich will Feuer an dich legen, jeden grü-
nen Baum und jeden dürren Baum in dir
wird es verzehren. Seine lodernde Flamme
wird nicht erlöschen. Alle Gesichter sollen
von ihr versengt werden, vom Süden bis zum
Norden. 4 Dann wird jeder Sterbliche sehen,
dass ich, der Herr, das Feuer entfacht habe.
Und es wird nicht erlöschen. 5 Da sagte ich:
Ach, Herr und Gott, sie sagen über mich: Er
redet ja immer nur in Gleichnissen.

3: Jer 21,14.

Das Lied vom Schwert des Herrn: 21,6–22

6 Das Wort des Herrn erging an mich:
7 Menschensohn, richte dein Gesicht gegen
Jerusalem, weissage gegen sein Heiligtum,
tritt als Prophet auf gegen das Land Israel
8 und sag zu ihm: So spricht Gott, der Herr:
Nun gehe ich gegen dich vor. Ich ziehe mein
Schwert aus der Scheide und rotte bei dir die
Gerechten ebenso wie die Schuldigen aus.
9 Weil ich bei dir die Gerechten und die
Schuldigen ausrotten will, deshalb wird
mein Schwert aus seiner Scheide fahren, ge-
gen jeden Sterblichen vom Süden bis zum
Norden. 10 Dann werden alle Sterblichen er-
kennen, dass ich, der Herr, mein Schwert aus
der Scheide gezogen habe. Es wird nicht
mehr in die Scheide zurückkehren. 11 Du,
Menschensohn, stöhne: Stöhne mit gebro-
chenen Hüften und in bitterem Schmerz vor
ihren Augen. 12 Wenn sie dann zu dir sagen:
Warum stöhnst du?, antworte: Weil eine
Nachricht kommt, bei der jedes Herz ver-
zagt, alle Hände kraftlos heruntersinken, bei
der jeder Atem stockt und an allen Knien
das Wasser herabläuft. Seht, es kommt und
geschieht – Spruch Gottes, des Herrn.
13 Das Wort des Herrn erging an mich:
14 Menschensohn, tritt als Prophet auf und
sag: So spricht Gott, der Herr: Sag:
Ein Schwert, ein Schwert, / geschärft und
poliert.
15 Zum Schlachten, zum Schlachten ist es
geschärft; / um wie ein Blitz zu leuchten, ist
es poliert.
[Oder sollen wir uns freuen? / Der Stock
meines Sohnes verachtet jedes andere
Holz.]
16 Man gab es zum Polieren, dann packt es
die Faust, / ein Schwert, geschärft und po-
liert / für des Henkers Hand.
17 Schrei und heule, Menschensohn! /
Denn es richtet sich gegen mein Volk, / gegen
alle Fürsten von Israel.
Dem Schwert sind sie verfallen, / sie und
mein Volk.
Darum schlag auf die Hüfte! / 18 Denn es
wurde erprobt.
[Doch was wird, wenn auch der verach-
tende Stock nicht mehr ist?] – / Spruch Got-
tes, des Herrn.
19 Du, Menschensohn, sprich als Prophet /
und schlag die Hände zusammen!
Verdoppelt wird das Schwert, ja verdrei-
facht. / Ein Schwert zum Morden ist es, zum

21,3 Das Bild vom Wald im Südland meint Juda und Jerusalem.

21,15.18 Text des Zusatzes verderbt und unverständlich.

Morden, / das gewaltige Schwert, das sie durchbohrt.

20 Das Herz soll verzagen und viele sollen straucheln. / An all ihren Toren habe ich dem Schwert zu schlachten befohlen.

Ja, zum Blitzen bist du gemacht, / zum Schlachten poliert.

21 Zeig, dass du scharf bist! / Zucke nach rechts und nach links, / wohin deine Schneide gelenkt wird.

22 Auch ich schlage die Hände zusammen; / meinen Zorn will ich stillen. – / Ich, der Herr, habe gesprochen.

12: 7,17.

Eine weitere symbolische Handlung: Das Schwert des Königs von Babel: 21,23–37

23 Das Wort des Herrn erging an mich: 24 Du, Menschensohn, mach dir zwei Wege, auf denen das Schwert des Königs von Babel kommt. Sie sollen beide vom gleichen Land ausgehen. Am Anfang der beiden Wege stell einen Wegweiser zu je einer Stadt auf! 25 Gib die Richtung an, die das Schwert einschlagen kann: entweder Rabbat-Ammon oder Juda mit dem befestigten Jerusalem. 26 Denn der König von Babel steht an der Wegscheide, am Anfang der zwei Wege, und lässt das Orakel entscheiden: Er schüttelt die Pfeile, befragt die Götterbilder und hält Leberschau. 27 In seiner rechten Hand hält er den Entscheid des Orakels: Jerusalem. Jetzt wird er die Sturmböcke aufstellen, das Kampflied anstimmen, das Kriegsgeschrei erheben, die Sturmböcke auf die Tore richten, einen Damm aufschütten und Belagerungstürme bauen. 28 Doch in den Augen der Leute (von Jerusalem) ist das Orakel bedeutungslos. Für sie galten heilige Eide, darum wird er (der König von Babel) sie an ihre Schuld erinnern und sie packen. 29 Darum – so spricht Gott, der Herr: Ihr habt selbst an eure Schuld erinnert – eure Vergehen liegen offen zutage, eure Sünden sind samt all euren Untaten ans Licht gekommen –, und weil ihr überführt seid, wird man euch mit Gewalt packen. 30 Du entweihter, verbrecherischer Fürst von Israel, für den der Tag gekommen ist, die Zeit der endgültigen Abrechnung! 31 So spricht Gott, der Herr: Weg mit dem Turban, herunter mit der Krone! Nichts soll bleiben, wie es ist. Das Niedrige wird hoch, das Hohe wird niedrig. 32 Zu Trümmern, Trümmern, Trümmern mache ich die Stadt. [Auch dies geschieht nicht, bis der kommt, der auf sie ein Anrecht hat und dem ich sie geben will.]

33 Du aber, Menschensohn, sprich als Prophet und sag: So spricht Gott, der Herr, über die Ammoniter und ihr Hohngelächter. Du sollst sagen: Schwert, Schwert, gezückt zum Schlachten, poliert, um ganze Arbeit zu tun, um wie ein Blitz einzuschlagen. 34 Während sie noch für dich leere Visionen haben und dir falsche Orakel verkünden, ist den todgeweihten Verbrechern das Schwert schon an den Hals gelegt; jetzt ist für sie der Tag gekommen, die Zeit der endgültigen Abrechnung. 35 Steck das Schwert in die Scheide! An dem Ort, wo du erschaffen wurdest, im Land deiner Herkunft will ich dich richten. 36 Ich gieße meinen Groll über dich aus, das Feuer meines Zorns will ich gegen dich entfachen. Ich liefere dich grausamen Menschen aus, die ihr mörderisches Handwerk verstehen. 37 Das Feuer soll dich verzehren. Mitten im Land soll dein Blut fließen. An dich wird sich niemand erinnern. Denn ich, der Herr, habe gesprochen.

31: Jes 40,4.

Anklage gegen Jerusalem: 22,1–16

22 Das Wort des Herrn erging an mich: 2 Du, Menschensohn, willst du das Urteil sprechen, willst du das Urteil sprechen über die Stadt voll Blutschuld, willst du ihr alle ihre Gräueltaten bewusst machen, 3 dann sag zu ihr: So spricht Gott, der Herr: Du Stadt, die in ihrer Mitte Blut vergießt, sodass die Zeit (des Gerichts) über sie kommt, und die sich Götzen macht und dadurch unrein wird: 4 Durch das Blut, das du vergossen hast, bist du schuldig geworden und durch die Götzen, die du gemacht hast, bist du unrein geworden. Du hast dafür gesorgt, dass die Tage (deines Gerichts) nahe gerückt sind; so bist du ans Ende deiner Jahre gekommen. Deshalb mache ich dich zu einem Zeichen der Schande unter den Völkern und des höhnischen Spottes in allen Ländern. 5 Nah und Fern verhöhnt dich; denn dein Name ist befleckt und deine Bestürzung ist groß. 6 Jeder der Fürsten Israels strebt mit aller Macht danach, in dir Blut zu vergießen. 7 In dir verachtet man Vater und Mutter. In deiner Mitte beutet man die Fremden aus. In dir unterdrückt man Waisen und Witwen.

21,20 Text unsicher.
21,21 Zeig, dass du scharf bist: Text korr.; vgl. G.
21,27 das Kampflied anstimmen: Text korr. nach G; H ist unklar.
21,32 Sinn des Zusatzes unklar. Im Blick auf V. 31, dritter Satz, könnte an eine messianische Zukunft gedacht sein (vgl. Gen 49,10).

8 Was mir heilig ist, verachtest du. Meine Sabbat-Tage entweihst du. 9 In dir gibt es Verleumder, die Blut vergießen wollen. Man hält bei dir auf den Bergen Opfermahlzeiten ab. Schandtaten verübt man bei dir: 10 Man schändet die Frau des Vaters, man missbraucht bei dir Frauen während ihrer Blutung. 11 Der eine treibt abscheuliche Dinge mit der Frau seines Nächsten; ein anderer begeht die Schandtat, seine Schwiegertochter unrein zu machen, wieder ein anderer missbraucht seine Schwester, die Tochter seines Vaters. 12 Bei dir lässt man sich bestechen und vergießt dadurch Blut. Du nimmst Zins und treibst Wucher und erpresst deinen Nächsten. Mich aber hast du vergessen – Spruch Gottes, des Herrn.
13 Ich schlage meine Hände zusammen wegen des Gewinns, den du gemacht hast, und wegen der Morde, die in deiner Mitte geschehen sind. 14 Wird dein Herz standhalten können, werden deine Hände stark bleiben in den Tagen, in denen ich gegen dich vorgehe? Ich, der Herr, habe gesprochen und ich führe es aus. 15 Ich zerstreue deine Einwohner unter die Völker und vertreibe sie in alle Länder, ich mache der Unreinheit bei dir ein Ende. 16 Durch deine eigene Schuld bist du entweiht vor den Augen der Völker und du wirst erkennen, dass ich der Herr bin.

2: 20,4; 23,36 • 4: 5,14 • 7: Ex 22,21f • 9: 18,5–9 • 10: Lev 18,20; 20,10 • 11: Lev 18,15; 20,12; 18,9; 20,17 • 12: Ex 22,24; Lev 25,36; Dtn 23,20 • 15: Lev 26,33.

Der Schmelzofen des göttlichen Zorns: 22,17–22

17 Das Wort des Herrn erging an mich: 18 Menschensohn, das Haus Israel ist für mich zu Schlacke geworden. Sie alle sollten Silber, Kupfer und Zinn, Eisen und Blei im Schmelzofen sein; doch sie sind Schlacke. 19 Darum – so spricht Gott, der Herr: Weil ihr alle zu Schlacke geworden seid, werde ich euch mitten in Jerusalem sammeln. 20 Wie man Silber, Kupfer, Eisen, Blei und Zinn im Schmelzofen zusammentut und darunter das Feuer anzündet, um alles zum Schmelzen zu bringen, so will ich euch in meinem Zorn und Grimm zusammentun, will euch in den Ofen legen und euch zum Schmelzen bringen. 21 Ich tue euch alle zusammen hinein und lasse das Feuer meines Zorns gegen euch auflodern; darin werdet ihr dann schmelzen. 22 Wie Silber im Schmelzofen schmilzt, so werdet ihr darin zum Schmelzen gebracht. Dann erkennt ihr, dass ich, der Herr, meinen Zorn über euch ausschütte.

8: Jes 1,22–25; Jer 6,28.

Die Verderbtheit aller Schichten des Volkes: 22,23–31

23 Das Wort des Herrn erging an mich: 24 Menschensohn, sag zu dem Land: Du bist ein Land, das nicht vom Regen begossen, nicht benetzt wird am Tag des Zorns. 25 Mitten in ihm sind seine Fürsten wie brüllende Löwen, die auf Beute aus sind. Sie fressen Menschen, nehmen Schätze und Kostbarkeiten an sich und machen viele Frauen im Land zu Witwen. 26 Seine Priester vergewaltigen mein Gesetz. Sie entweihen, was mir heilig ist. Zwischen heilig und nicht heilig machen sie keinen Unterschied. Sie belehren niemand mehr über unrein und rein und vor meinen Sabbat-Tagen verschließen sie die Augen. So werde ich mitten unter ihnen entweiht. 27 Mitten in ihm sind seine Beamten wie Wölfe, die auf Beute aus sind; sie vergießen Blut und richten Menschenleben zugrunde, um Gewinn zu machen. 28 Seine Propheten aber übertünchen ihnen alles. Sie haben nichtige Visionen, verkünden ihnen falsche Orakel und sagen: So spricht Gott, der Herr – obwohl der Herr gar nicht gesprochen hat.
29 Die Bürger des Landes erpressen und rauben. Sie beuten die Schwachen und Armen aus und erpressen die Fremden gegen jedes Recht. 30 Da suchte ich unter ihnen einen Mann, der eine Mauer baut oder für das Land in die Bresche springt und mir entgegentritt, damit ich es nicht vernichten muss; aber ich fand keinen. 31 Darum schütte ich meinen Groll über sie aus. Ich vernichte sie im Feuer meines Zorns. Ihr Verhalten lasse ich auf sie selbst zurückfallen – Spruch Gottes, des Herrn.

25: Zef 3,3f • 28: 13,3–10 • 31: 9,10; 11,21; 16,43.

Das Gleichnis von den schamlosen Schwestern Israel und Juda: 23,1–49

23 Das Wort des Herrn erging an mich: 2 Menschensohn! Es waren einst zwei Frauen, Töchter der gleichen Mutter. 3 Sie trieben Unzucht in Ägypten, schon in ihrer Jugend trieben sie Unzucht; dort griff man nach ihren Brüsten, dort streichelte man ihre jugendliche Brust. 4 Die ältere hieß Ohola, ihre Schwester Oholiba. Sie wurden

22,18 Text korr.
22,25 sind seine Fürsten: Text korr. nach G; H: ist die Verschwörung seiner Propheten.
23,4 Die beiden Namen, abgeleitet von ohel (= Zelt), besagen, dass die beiden Frauen zu den in Zelten lebenden Nomaden gehören. Den Namen Ohola

meine Frauen und gebaren Söhne und Töch-
ter. Der Name Ohola meint Samaria, Oholiba
Jerusalem. 5 Ohola wurde mir untreu. Sie
hatte Verlangen nach ihren Liebhabern, den
kriegerischen Assyrern, 6 den in Purpur ge-
kleideten Statthaltern und Herren; alle wa-
ren begehrenswerte junge Männer, Reiter
hoch zu Ross. 7 Auf sie richtete sie ihr un-
züchtiges Verlangen. Sie alle gehörten zu
den Tüchtigsten unter den Assyrern. Mit al-
len, nach denen sie Verlangen hatte, und mit
all ihren Götzen machte sie sich unrein. 8 Die
Unzucht, die sie in Ägypten getrieben hatte,
gab sie nicht auf; denn schon als sie noch
jung war, lagen die Ägypter bei ihr, drückten
ihre jugendlichen Brüste und besudelten sie
mit ihrer Unzucht. 9 Darum gab ich sie in die
Gewalt ihrer Liebhaber, in die Gewalt der
Assyrer, nach denen sie Verlangen hatte.
10 Sie entblößten ihre Scham, nahmen ihr die
Söhne und Töchter weg und erschlugen sie
selbst mit dem Schwert. So wurde sie zum
warnenden Beispiel für alle Frauen und man
vollstreckte an ihr das Urteil.

11 All das sah ihre Schwester Oholiba;
trotzdem trieb sie es in ihrer Gier noch toller
als sie und war in ihrer Schamlosigkeit noch
schlimmer als sie. 12 Auch sie hatte Verlan-
gen nach den Assyrern, nach den Statthal-
tern und Herren, den prächtig gekleideten
Kriegern, den Reitern hoch zu Ross. Alle wa-
ren begehrenswerte junge Männer. 13 Ich sah,
dass sie sich unrein machte. Beide trieben es
gleich. 14 Doch Oholiba ging noch weiter in
ihrem unzüchtigen Treiben: Sie sah mit
Mennig gemalte Wandzeichnungen chaldäi-
scher Männer, 15 die um die Hüften einen
Lendenschurz und auf dem Kopf einen he-
rabhängenden Kopfbund trugen. Alle sahen
aus wie Helden, wie Babylonier [Chaldäa ist
ihre Heimat]. 16 Als ihre Augen sie sahen, er-
wachte in ihr die Gier und sie schickte Boten
zu ihnen nach Chaldäa. 17 Die Söhne Babels
kamen zu ihrem Liebeslager und machten
sie unrein mit ihrer Unzucht. Als sie aber
durch sie unrein geworden war, wandte sie
sich jäh von ihnen ab.

18 Weil sie so offen ihre Unzucht trieb und
ihre Scham entblößte, wandte auch ich mich
jäh von ihr ab, wie ich mich von ihrer Schwes-
ter abgewandt hatte. 19 Sie jedoch ging noch
weiter in ihrem unzüchtigen Treiben. Sie
dachte an die Tage ihrer Jugend, als sie in
Ägypten Unzucht getrieben hatte. 20 Und es
erwachte in ihr die Gier nach ihren Liebha-
bern, deren Glieder wie die Glieder der Esel
und deren Erguss wie der Erguss der Hengs-
te waren. 21 Du hattest nämlich das schänd-
liche Treiben deiner Jugend vermisst, als die
Ägypter nach deinen Brüsten griffen und
deine jugendliche Brust streichelten.

22 Darum, Oholiba – so spricht Gott, der
Herr –, hetze ich deine Liebhaber, von denen
du dich jäh abgewandt hast, gegen dich auf,
von allen Seiten führe ich sie gegen dich he-
ran: 23 die Söhne Babels und alle Chaldäer,
Männer aus Pekod, Schoa und Koa, dazu alle
Assyrer, begehrenswerte junge Männer, lau-
ter Statthalter und Herren, Helden und
Krieger, alle hoch zu Ross. 24 In Scharen
überfallen sie dich mit Reitern und Wagen
und einem Heer aus vielen Völkern. Mit
Langschilden, Rundschilden und Helmen
bewaffnet, umstellen sie dich. Dann lege ich
ihnen den Fall vor, damit sie nach ihrem
Recht über dich richten. 25 Ich lasse dich
meine Eifersucht fühlen, damit sie an dir voll
Grimm die Strafe vollziehen: Nase und Oh-
ren werden sie dir abschneiden. Was von dir
übrig bleibt, fällt unter dem Schwert. Sie
nehmen dir die Söhne und Töchter weg. Was
dann noch übrig ist von dir, wird vom Feuer
verzehrt. 26 Sie ziehen dir die Kleider aus
und nehmen dir deinen Schmuck weg. 27 So
mache ich deinem schändlichen Treiben und
deiner Unzucht, die du schon in Ägypten ge-
trieben hast, ein Ende. Du sollst deine Lieb-
haber nicht mehr ansehen und nie mehr an
Ägypten denken.

28 Denn – so spricht Gott, der Herr – ich
will dich in die Gewalt derer geben, gegen
die du jetzt voll Hass bist, in die Gewalt de-
rer, von denen du dich jäh abgewandt hast.
29 Sie werden voll Hass gegen dich vorgehen
und dir alles nehmen, was du mühsam er-
worben hast. Sie werden dich nackt und bloß
zurücklassen, deine lüsterne, schändliche
und unzüchtige Scham wird entblößt sein.
30 Das tut man dir an, weil du den Völkern so
unzüchtig nachgelaufen bist und dich mit ih-
ren Götzen unrein gemacht hast. 31 Auf dem
Weg deiner Schwester bist du gegangen, da-
rum gebe ich dir ihren Becher in die Hand.

32 So spricht Gott, der Herr:

---

konnte man deuten als »ihr Zelt«, Oholiba als »mein (Gottes) Zelt in ihr«, Anspielungen auf den unrechtmäßigen Kult Samarias und den rechtmäßigen in Jerusalem.

23,21b Sinngemäß übersetzt nach V. 3 und V. 8.

23,23 Krieger, wörtlich: die Aufgebotenen. – Pekod, Schoa und Koa sind Völkerschaften im Osten Babyloniens.

23,31–34 Der Becher mit dem bitteren Trank ist Bild für das Strafgericht Gottes, das über Samaria bereits hereingebrochen ist.

Den Becher deiner Schwester sollst du lee-
ren, / den tiefen und weiten, der viel fasst. /
[Zum Gelächter und Gespött sollst du wer-
den.]
33 Von Trunkenheit und Qual wirst du voll
sein. / Ein Becher des Grauens und des
Schauderns / ist der Becher deiner Schwes-
ter Samaria.
34 Du sollst ihn leertrinken, ja ausschlür-
fen, / du sollst seine Scherben zerbeißen /
und dir die Brüste zerreißen.
Denn ich habe gesprochen – Spruch Got-
tes, des Herrn.
35 Darum – so spricht Gott, der Herr: Weil
du mich vergessen und mich gänzlich ver-
worfen hast, sollst auch du die Strafe für
deine Unzucht und dein schändliches Trei-
ben erleiden.
36 Der Herr sagte zu mir: Menschensohn,
willst du über Ohola und Oholiba zu Gericht
sitzen? Dann halt ihnen ihre Gräueltaten
vor: 37 Sie haben die Ehe gebrochen und an
ihren Händen klebt Blut. Mit ihren Götzen
haben sie Ehebruch begangen, sogar ihre
Söhne, die sie mir geboren hatten, ließen sie
durch das Feuer gehen, den Götzen zum
Fraß. 38 Noch mehr taten sie mir an: Am glei-
chen Tag haben sie mein Heiligtum unrein
gemacht und meine Sabbat-Tage entweiht.
39 Denn noch am selben Tag, an dem sie ihre
Söhne den Götzen schlachteten, kamen sie in
mein Heiligtum und entweihten es. Ja, so
trieben sie es in meinem Haus.
40 Sogar in weite Ferne hast du Boten ge-
schickt und Männer zu dir eingeladen. Als
sie kamen, hast du ihretwegen gebadet,
deine Augen geschminkt und deinen
Schmuck angelegt. 41 Du hast dich auf ein
prunkvolles Lager gesetzt; davor stand ein
Tisch bereit, auf den du meinen Weihrauch
und mein Öl gestellt hattest. 42 Der Lärm ei-
ner sorglosen Menge umgab sie; denn laut
zechten die Männer, die Unzahl von Men-
schen, die man aus der Wüste herbeigeholt
hatte. Sie legten den beiden Schwestern
Spangen an die Arme und setzten ihnen
prächtige Kronen auf. 43 Ich dachte: So ha-
ben sie die Ehe gebrochen; wie eine Dirne es
treibt, so treiben sie Unzucht. 44 Die Männer
gingen zu ihr, wie man zu einer Dirne geht.
So gingen sie zu Ohola und Oholiba, den
schamlosen Frauen. 45 Doch gerechte Män-
ner werden ihnen das Urteil sprechen nach
der Rechtsvorschrift für Ehebrecherinnen
und Mörderinnen. Denn sie haben Ehebruch
begangen und an ihren Händen klebt Blut.
46 Ja, so spricht Gott, der Herr: Man berufe
eine Volksversammlung gegen sie ein; sie
sollen misshandelt und ausgeraubt werden.
47 Die Volksversammlung soll sie steinigen
und mit Schwertern in Stücke hauen. Ihre
Söhne und Töchter soll man töten und ihre
Häuser verbrennen. 48 So mache ich dem
schändlichen Treiben im Land ein Ende, da-
mit alle Frauen gewarnt sind und nicht
ebenso schamlos handeln wie ihr. 49 Man
wird euch für euer schändliches Treiben
bestrafen und ihr müsst für die Sünden bü-
ßen, die ihr mit euren Götzen begangen habt.
Dann werdet ihr erkennen, dass ich Gott, der
Herr, bin.

3: 20,7f • 17: 2 Kön 20,12–19 • 32: Jes 51,17 • 35: Jer 2,32 • 36: 20,4 • 37: 16,20; Lev 18,21 • 45: 16,38.40; Lev 20,10.

WEITERE SYMBOLISCHE HANDLUNGEN: 24,1–27

Die vergebliche Reinigung der Stadt:
24,1–14

24 Am zehnten Tag des zehnten Monats
im neunten Jahr erging das Wort des
Herrn an mich: 2 Menschensohn, schreib dir
das Datum dieses Tages auf, genau den heu-
tigen Tag! Am heutigen Tag begann der Kö-
nig von Babel seinen Angriff auf Jerusalem.
3 Leg dem widerspenstigen Volk ein Gleich-
nis vor und sag zu ihnen: So spricht Gott, der
Herr:
Stell einen Kessel aufs Feuer, / stell ihn
auf; auch Wasser gieß ein!
4 Leg Fleisch hinein, / lauter gute Stücke,
Lende und Schulter! / Gib die besten Kno-
chen dazu!
5 Nimm auserlesene Schafe! / Auch Brenn-
holz leg ringsum unter den Kessel!
Lass die Fleischstücke kochen! / Auch die
Knochen koch mit!
6 Darum – so spricht Gott, der Herr: Weh
der Stadt voll Blutschuld, / weh dem verros-
teten Kessel
und weh dem Rost, der nicht abgeht. /
Stück für Stück nimm wahllos heraus!
7 Denn das Blut, das die Stadt vergoss, / ist
noch mitten in ihr.

23,43 H ist verderbt, die Übersetzung daher unsicher.

24,5 Brennholz: Text korr.; H: die Knochen. – koch mit: Text korr.; H: kochen sie.

An den nackten Felsen hat sie es hinge-
schüttet. / Nicht auf die Erde hat sie es ver-
gossen / und nicht mit Erde bedeckt,
8 sodass mein Zorn entbrannte und ich Ra-
che nahm: / Auf dem nackten Felsen ver-
gieße ich ihr Blut; / es wird nicht mit Erde
bedeckt.
9 Darum – so spricht Gott, der Herr:
Weh der Stadt voll Blutschuld. / Auch ich
schichte einen großen Holzstoß auf,
10 ich häufe das Holz, / ich entzünde das
Feuer,
ich koche das Fleisch, / ich gieße die Brühe
ab / [und die Knochen sollen verbrennen].
11 Dann stelle ich den Kessel leer auf die
Glut, damit das Metall sich erhitzt und
glüht, damit schmilzt, was an ihm unrein ist,
und der Rost verschwindet. 12 Doch umsonst
die Mühe: Der starke Rost geht im Feuer
nicht ab.
13 Wegen deiner Schandtaten und deiner
Unreinheit – weil ich dich rein machen woll-
te, du aber nicht frei wurdest von deiner Un-
reinheit – sollst du nicht mehr rein werden,
bis ich meinen Zorn an dir gestillt habe.
14 Ich, der Herr, habe gesprochen. Jetzt ist es
soweit, ich führe es aus. Ich sehe nicht taten-
los zu. Ich habe kein Mitleid, es reut mich
nicht. Nach deinem Verhalten und deinen
Taten will ich dich richten – Spruch Gottes,
des Herrn.

3–14: 11,3–13 • 6: 22,2 • 7: Lev 17,13; Ijob 16,18 • 13: 5,13 •
14: 5,11.

Die Zerstörung der Stadt: 24,15–27

15 Das Wort des Herrn erging an mich:
16 Menschensohn, ich nehme dir die Freude
deiner Augen durch einen jähen Tod. Doch
du sollst weder klagen noch weinen. Keine
Träne darfst du vergießen, 17 nur leise stöh-
nen. Keine Trauerfeier sollst du halten. Bin-
de deinen Kopfbund um und zieh deine
Schuhe an! Verhülle deinen Bart nicht, und
iss kein Trauerbrot!
18 Ich redete am Morgen zum Volk. Meine
Frau starb am Abend und ich tat am Morgen,
was mir befohlen war. 19 Da sagte das Volk
zu mir: Willst du uns nicht erklären, was
dein Verhalten für uns zu bedeuten hat?
20 Ich antwortete ihnen: Das Wort des Herrn
ist an mich ergangen. 21 Sag zum Haus Israel:
So spricht Gott, der Herr: Ich will mein
Heiligtum entweihen, den Zufluchtsort, auf
den ihr so stolz seid, die Freude eurer Augen
und die Sehnsucht eurer Seele. Eure Söhne
und Töchter, die ihr zurückgelassen habt,
werden unter dem Schwert fallen. 22 Dann
werdet ihr genauso handeln wie ich: Ihr wer-
det den Bart nicht verhüllen und kein Trau-
erbrot essen. 23 Euren Kopfbund werdet ihr
auf dem Kopf behalten und eure Schuhe an
den Füßen. Ihr werdet weder klagen noch
weinen, sondern wegen eurer Sünden dahin-
siechen und miteinander stöhnen. 24 Eze-
chiel wird ein Mahnzeichen für euch sein.
Genauso wie er gehandelt hat, werdet ihr
handeln; wenn das eintrifft, werdet ihr er-
kennen, dass ich Gott, der Herr, bin.
25 Du aber, Menschensohn, an jenem Tag,
wenn ich ihnen ihren Zufluchtsort nehme,
ihre Pracht und Wonne, die Freude ihrer Au-
gen und die Sehnsucht ihrer Seele, ihre Söh-
ne und Töchter, 26 an jenem Tag wird zu dir
ein Flüchtling kommen, um dir die Nach-
richt zu bringen. 27 Und an jenem Tag wird in
Gegenwart des Flüchtlings dein Mund geöff-
net. Du wirst reden und nicht mehr stumm
sein. So wirst du zu einem Mahnzeichen für
sie und sie werden erkennen, dass ich der
Herr bin.

26: 33,21 • 27: 12,6.11.

DIE DROHSPRÜCHE GEGEN DIE NACHBARVÖLKER: 25,1 – 32,32

Gegen die unmittelbaren Nachbarn Israels: 25,1 – 28,26

Gegen Ammon, Moab, Edom und die Philister: 25,1–17

25 Das Wort des Herrn erging an mich:
2 Menschensohn, richte dein Gesicht
gegen die Ammoniter, sprich als Prophet
über sie, 3 und sag zu ihnen: Hört das Wort
Gottes, des Herrn: So spricht Gott, der Herr:
Weil du gegen mein Heiligtum hin »Ha, ha«
geschrien hast, als es entweiht wurde, und
gegen das Land Israel, als es verwüstet wur-
de, und gegen das Haus Juda, als es ver-
schleppt wurde, 4 darum gebe ich dich jetzt
den Völkern des Ostens zum Besitz. Sie wer-
den ihre Zelte bei dir aufschlagen und ihre

24,10 ich gieße die Brühe ab: Text korr. nach G.
24,14 ich will dich richten: Text korr. nach den alten Übersetzungen und einigen H-Handschriften.
24,17 Trauerbrot: Text korr. nach Vg und der aramäischen Übersetzung; H: Menschenbrot.

Siedlungen bei dir errichten. Sie werden dei-
ne Früchte essen und deine Milch trinken.
5 Rabba mache ich zum Weideplatz der Ka-
mele und die Städte der Ammoniter zum La-
ger der Schafe und Ziegen. Dann werdet ihr
erkennen, dass ich der Herr bin. 6 Denn so
spricht Gott, der Herr: Weil du in die Hände
geklatscht und mit dem Fuß auf den Boden
gestampft hast, voll höhnischer Schaden-
freude über das Land Israel, 7 darum strecke
ich jetzt meine Hand gegen dich aus, ich
überlasse dich den Völkern zur Plünderung,
ich rotte dich aus unter den Nationen und
sorge dafür, dass du aus der Zahl der Länder
verschwindest; ich vernichte dich. Dann
wirst du erkennen, dass ich der Herr bin.
8 So spricht Gott, der Herr: Weil Moab und
Seïr sagen: Dem Haus Juda geht es wie allen
anderen Völkern!, 9 darum will ich die Flan-
ke Moabs aufreißen, sodass es bei ihm keine
Stadt mehr gibt von einem Ende zum an-
dern, nicht mehr Bet-Jeschimot, Baal-Meon
und Kirjatajim, die Zierde des Landes. 10 Zu-
sammen mit den Ammonitern gebe ich es den
Völkern des Ostens zum Besitz, sodass die
Ammoniter unter den Nationen nicht mehr
erwähnt werden 11 und ich an Moab das Ur-
teil vollstrecke. Dann werden sie erkennen,
dass ich der Herr bin.
12 So spricht Gott, der Herr: Weil Edom
sich am Haus Juda gerächt hat, weil es
Schuld auf sich geladen und Rache an ihm
genommen hat, 13 darum – so spricht Gott,
der Herr: Ich strecke meine Hand gegen
Edom aus, ich vernichte darin Mensch und
Tier und mache es zur Wüste. Von Teman bis
Dedan sollen sie unter dem Schwert fallen.
14 Ich lege meine Rache an Edom in die Hand
meines Volkes Israel. Sie werden an Edom
meinem Zorn und Grimm entsprechend han-
deln. Dann wird Edom meine Rache kennen
lernen – Spruch Gottes, des Herrn.
15 So spricht Gott, der Herr: Weil die Phi-
lister rachsüchtig waren und voll Verach-
tung Rache nahmen, um Juda aus uralter
Feindschaft zu vernichten, 16 darum – so
spricht Gott, der Herr: Ich will jetzt meine
Hand gegen die Philister ausstrecken, ich
will die Kereter ausrotten und die übrigen
Völker an der Küste vernichten. 17 Ich nehme
an ihnen gewaltige Rache mit grimmigen
Strafen. Dann werden sie erkennen, dass ich
der Herr bin, wenn ich mich an ihnen räche.

1–7: 21,33–37; Am 1,13–15; Jer 49,1–6 • 8–11: Jes 15; Jer 48 • 12–14: 35,1–15; Jer 49,7–22; Ps 137,7; Am 1,11f • 15–17: Jer 47; Jes 14,29–32; Am 1,6–8; Zef 2,4–7.

Gegen Tyrus: 26,1–21

26 Am ersten Tag des (zwölften) Monats
im elften Jahr erging das Wort des
Herrn an mich:
2 Menschensohn, weil Tyrus über Jerusa-
lem sagte: / Ha, das Tor zu den Völkern ist
zerbrochen;
alles fällt mir zu, jetzt kann ich mich mäs-
ten; / denn die Stadt ist verwüstet!,
3 darum – so spricht Gott, der Herr: / Jetzt
gehe ich gegen dich vor, Tyrus,
und lasse viele Völker gegen dich anbran-
den, / wie das Meer seine Wogen anbranden
lässt.
4 Sie zerstören die Mauern von Tyrus / und
seine Türme reißen sie ein.
Sein Erdreich schwemme ich weg, / zum
nackten Felsen mache ich Tyrus.
5 Ein Platz zum Trocknen der Netze / wird
es mitten im Meer;
denn ich habe gesprochen – Spruch Gottes,
des Herrn. / Es wird eine Beute der Völker.
6 Seine Töchter auf dem Festland werden /
vom Schwert erschlagen. / Dann wird man
erkennen, dass ich der Herr bin.
7 Denn so spricht Gott, der Herr:
Nebukadnezzar, den König von Babel, /
den König der Könige,
führe ich von Norden gegen Tyrus heran, /
mit Rossen und Wagen und Reitern, / mit ei-
nem großen Aufgebot, einem gewaltigen
Heer.
8 Deine Töchter auf dem Festland / wird er
mit dem Schwert erschlagen.
Er baut dir gegenüber einen Belagerungs-
wall, / schüttet einen Damm gegen dich auf /
und errichtet ein Schilddach.
9 Seinen Sturmbock setzt er an / zum Stoß
gegen deine Mauern, / deine Türme reißt er
mit Brecheisen ein.
10 Eine Staubwolke wird dich bedecken, /
so viele Pferde hat er.
Unter dem Dröhnen der Reiter und Räder
und Wagen / erzittern deine Mauern,
wenn er durch deine Tore eindringt, / wie
man eindringt in eine Stadt voller Bre-
schen.
11 Mit den Hufen seiner Pferde / zer-
stampft er all deine Straßen.

25,9 Die hier genannten Städte liegen östlich des Toten Meeres.

25,13 Die Lage von Teman ist nicht mehr zu bestimmen; es lag aber in Edom; Dedan ist ein Gebiet südlich von Edom.

25,16 Die Kereter sind eine Gruppe innerhalb der Philister; »ausrotten« und »Kereter« bilden in H ein Wortspiel.

26,9 Tyrus wurde von Nebukadnezzar dreizehn Jahre lang belagert.

Mit dem Schwert erschlägt er dein Volk /
und deine mächtigen Säulen stürzt er zu Boden.
12 Sie plündern deinen Besitz / und rauben
dir deine Waren.
Deine Mauern reißen sie ein. / Sie zerstören die prächtigen Bauten.
Deine Steine, deine Balken, deinen ganzen
Schutt / werfen sie mitten ins Meer.
13 So mache ich deinen lärmenden Liedern
ein Ende, / vom Klang deiner Zithern ist
nichts mehr zu hören.
14 Zum nackten Felsen mache ich dich. /
Du wirst ein Platz zum Trocknen der Netze.
Man baut dich nie wieder auf; / denn ich,
der Herr, habe gesprochen – / Spruch Gottes,
des Herrn.
15 So spricht Gott, der Herr, zu Tyrus: Ist es
nicht so, dass die Inseln erzittern beim Getöse deines Sturzes, beim Gestöhn der zu Tode
Getroffenen, beim mörderischen Blutbad in
deiner Mitte? 16 Dann steigen alle Fürsten
der Küstenländer von ihren Thronen herab,
sie legen ihre Gewänder ab und ziehen ihre
bunt gewebten Kleider aus. Sie hüllen sich in
Schrecken und setzen sich auf den Boden;
immer wieder erfasst sie ein Zittern und sie
sind entsetzt über dich. 17 Sie stimmen die
Totenklage über dich an und sagen zu dir:
Ach, wie bist du zerstört, / du Bewohnerin
der Meere, ruhmreiche Stadt,
einst eine Macht auf dem Meer, / du und
deine Bewohner, / die alle ihre Nachbarn in
Schrecken versetzten.
18 Nun aber beben die Inseln / seit dem Tag
deines Sturzes. / Bestürzt sind die Inseln des
Meeres über dein Ende.
19 Denn so spricht Gott, der Herr: Ich mache dich zur verwüsteten Stadt; dann wirst
du wie die Städte sein, die nicht mehr bewohnt sind. Die Urflut lasse ich steigen, sodass gewaltige Wassermassen dich zudecken.
20 Ich stoße dich zu denen hinab, die ins Grab
gesunken sind, zum Volk der Vorzeit. Ich
weise dir einen Wohnsitz zu in den Tiefen
der Erde, in der ewigen Einöde bei denen, die
ins Grab gesunken sind. Denn du sollst nicht
mehr bewohnt sein und dich nicht mehr erheben im Land der Lebenden. 21 Zu einem
Bild des Schreckens mache ich dich. Du bist
nicht mehr da, und wer dich sucht, wird dich
in Ewigkeit nicht finden – Spruch Gottes,
des Herrn.

2: Jes 23; Am 1,9f • 7: 29,17–21; Jer 27,6 • 13: Jes 24,8f; Jer 25,10 • 20: 32,18; Jes 14,11.15.

Die Totenklage über Tyrus, das prächtige Schiff: 27,1–36

27 Das Wort des Herrn erging an mich:
2 Du, Menschensohn, stimm die Totenklage über Tyrus an! 3 Sag zu Tyrus:
Du, die du wohnst am Zugang zum Meer, /
die du Handel treibst mit den Völkern / bis
hin zu den vielen Inseln,
so spricht Gott, der Herr: Tyrus, du sagst: /
Ich bin (ein Schiff) von vollendeter Schönheit.
4 Im Herzen der Meere liegt dein Gebiet. /
Vollendet schön schufen dich deine Erbauer.
5 Aus Zypressenholz vom Senirgebirge /
bauten sie all deine Planken,
eine Zeder vom Libanon nahmen sie, / um
auf dir den Mast zu errichten.
6 Deine Ruder machten sie aus Eichen vom
Baschan, / dein Deck aus Elfenbein und
Eschenholz / von den Inseln der Kittäer.
7 Dein Segel war bunt gewebtes ägyptisches Leinen. / Es sollte dein Erkennungszeichen sein.
Deine Planen waren aus violettem und rotem Purpur / von den Küsten Elischas.
8 Deine Ruderer stammten aus Sidon und
Arwad. / Erfahrene Männer, Tyrus, gab es
bei dir. / Sie waren deine Matrosen.
9 Die Ältesten von Gebal / und seine erfahrensten Männer / fuhren auf dir, um deine
Risse zu dichten.
Alle Schiffe des Meeres und ihre Matrosen / kamen zu dir, um mit dir Handel zu
treiben.
10 Leute von Paras, Lud und Put / dienten
in deiner Mannschaft als Krieger.
Schilde und Helme hängten sie auf an
dir; / diese verliehen dir prächtigen Glanz.
11 Die Söhne von Arwad und deine Mannschaft standen ringsum auf deinen Mauern
und die Wächter auf deinen Türmen. Ihre

26,14 Text korr.
26,20 in der ewigen Einöde: Text korr.; H: wie ewige Trümmer. – und dich nicht mehr erheben: Text korr. nach G.
27,5 Senir ist nach Dtn 3,9 der amoritische Name des Hermon.
27,6 Eschenholz: Text korr.; H ist verschrieben. – Die Kittäer sind nach der Stadt Kition in Zypern benannt, sind also die Bewohner Zyperns.
27,7 Die Stadt Elischa lag wohl in Zypern.
27,8 Arwad: nördlich von Tripolis an der syrischen Küste.
27,9 Gebal ist Byblus, nördlich von Beirut.
27,11 und die Wächter: Text korr. nach G; H ist unklar.

Schilde hängten sie rings an deinen Mauern
auf. Sie machten deine Schönheit vollkom-
men. 12 Tarschisch kaufte bei dir wegen der
Fülle deiner Güter; Silber, Eisen, Zinn und
Blei gaben sie für deine Waren. 13 Jawan, Tu-
bal und Meschech waren deine Händler.
Menschen und Kupfergeräte gaben sie für
deine Handelswaren. 14 Die von Bet-Togar-
ma gaben Zugpferde und Reitpferde und
Maultiere für deine Waren. 15 Die Söhne von
Rhodos waren deine Händler. Viele Inseln
standen als Kaufleute in deinem Dienst; als
Abgaben brachten sie dir Elfenbein und
Ebenholz. 16 Edom kaufte bei dir wegen der
Fülle deiner Erzeugnisse. Karfunkelstein,
Purpur, bunte Stoffe, Byssus, Korallen und
Rubine gaben sie für deine Waren. 17 Juda
und das Land Israel waren deine Händler.
Weizen, Oliven, Wachs, Honig, Öl und Mas-
tix gaben sie für deine Handelswaren. 18 Da-
maskus kaufte bei dir wegen der Fülle deiner
Erzeugnisse, wegen der Fülle deiner Güter.
Wein aus Helbon und Wolle aus Zahar,
19 Wein aus Usal gaben sie für deine Waren.
Gehämmertes Eisen, Zimt und Gewürzrohr
gehörte zu deinen Handelswaren. 20 Dedan
war dein Händler für Satteldecken. 21 Ara-
bien und alle Fürsten von Kedar, sie waren
Kaufleute in deinen Diensten. Sie zahlten
mit Lämmern, Widdern und Böcken.
22 Händler von Saba und Ragma trieben
Handel mit dir. Für den besten Balsam, für
alle Arten von Edelsteinen und Gold gaben
sie deine Waren. 23 Haran, Kanne und Eden,
die Händler von Saba, Assur, ganz Medien
trieben Handel mit dir. 24 Sie waren deine
Händler. Prunkgewänder und Mäntel aus
violettem Purpur, bunte Stoffe und mehrfar-
bige Tücher, feste gedrehte Seile kauften sie
ein für dich.

25 Die Schiffe von Tarschisch dienten dir / als Karawanen für deine Waren.

So fülltest du dich, / wurdest schwer beladen mitten im Meer.

26 Über gewaltige Wasser brachten dich deine Ruderer. / Da zerbrach dich der Ostwind mitten im Meer.

27 Dein Reichtum, deine Waren, dein Handelsgut, / deine Seeleute und deine Matrosen,

die Männer, die deine Risse dichten, / die deine Waren eintauschen,

alle deine Soldaten auf dir / und das ganze Heer, das du hast, / fallen mitten ins Meer am Tag deines Sturzes.

28 Beim lauten Geschrei deiner Matrosen / zittern die Küsten.

29 Alle, die das Ruder führen, verlassen ihr Schiff. / Alle Seefahrer und alle Matrosen bleiben an Land.

30 Deinetwegen schreien sie laut, / bitterlich jammern sie.

Sie streuen sich Staub auf das Haupt / und wälzen sich auf dem Boden.

31 Deinetwegen scheren sie sich eine Glatze, / Trauerkleider legen sie an

und weinen über dich mit verbitterter Seele, / mit bitterer Klage.

32 In ihrem Jammer stimmen sie über dich / ein Totenlied an

und halten die Totenklage für dich: / Wer war Tyrus vergleichbar, mitten im Meer?

33 Als deine Waren vom Meer her kamen, / hast du viele Völker gesättigt.

Die Könige der Erde machtest du reich / mit deinem gewaltigen Reichtum / und deinen Handelswaren.

34 Jetzt liegst du zerbrochen im Meer, / in den Tiefen der Fluten.

Deine Handelswaren, dein ganzes Heer / sind mit dir versunken.

35 Alle Bewohner der Küsten sind entsetzt über dich; / ihren Königen sträubt sich das Haar. / Verstört sind ihre Gesichter.

36 Deine Kaufleute unter den Völkern / zischen (voll Hohn) über dich.

Zu einem Bild des Schreckens bist du geworden, / für immer dahin.

10: 38,5 • 12: Jes 23,1 • 13: 32,26; 38,2 • 14: 38,6 • 19: Gen 10,27 • 21: Gen 25,13 • 22: Gen 10,7 • 36: 28,19.

Gegen den Fürsten von Tyrus: 28,1–10

28 Das Wort des Herrn erging an mich:
2 Menschensohn, sag zum Fürsten
von Tyrus: So spricht Gott, der Herr: Dein
Herz war stolz und du sagtest: Ich bin ein
Gott, einen Wohnsitz für Götter bewohne ich
mitten im Meer. Doch du bist nur ein Mensch
und kein Gott, obwohl du im Herzen ge-
glaubt hast, dass du wie Gott bist.

3 Gewiss, du bist weiser als Daniel. / Kein Geheimnis war dir zu dunkel.

4 Durch deine Weisheit und Einsicht schufst du dir Reichtum. / Mit Gold und Silber fülltest du deine Kammern.

27,14 Bet-Togarma lag in Kleinasien.
27,16 Edom: Text korr. nach vielen H-Handschriften; vgl. G; H: Aram.
27,17 Oliven, Wachs: H unklar.
27,19 Wein: Text korr. nach G; H: Dan und Jawan.
27,21–23 Die Namen in VV. 21f weisen nach Arabien, die von V. 23 wohl nach Mesopotamien. – ganz Medien: Text korr.
27,32 war vergleichbar: Text korr.; H ist unklar.
27,34a Text korr.; vgl. die alten Übersetzungen.

[5] Durch deine gewaltige Weisheit, durch
deinen Handel / hast du deinen Reichtum
vermehrt.
Doch dein Herz wurde stolz / wegen all
deines Reichtums.
[6] Darum – so spricht Gott, der Herr:
Weil du im Herzen geglaubt hast, / dass du
wie Gott bist,
[7] darum schicke ich Fremde gegen dich, /
tyrannische Völker.
Sie zücken das Schwert gegen all deine
prächtige Weisheit, / entweihen deinen
strahlenden Glanz.
[8] Man stößt dich hinab in das Grab; / wie
einer durchbohrt wird und stirbt, / so stirbst
du mitten im Meer.
[9] Willst du dann angesichts deiner Mörder
noch sagen: / Ich bin ein Gott?
Du bist nur ein Mensch und kein Gott / in
der Hand deiner Mörder.
[10] Wie Unbeschnittene sterben, / so stirbst
du durch Fremde;
denn ich habe gesprochen – / Spruch Gottes, des Herrn.

2: Gen 3,5; Jes 14,13f • 3: 14,14; Dan 1,17 • 9: Jes 31,3.

Die Totenklage über den König von Tyrus: 28,11–19

[11] Das Wort des Herrn erging an mich:
[12] Menschensohn, stimm die Totenklage an
über den König von Tyrus und sag zu ihm:
So spricht Gott, der Herr:
Du warst ein vollendet gestaltetes Siegel, /
voll Weisheit und vollkommener Schönheit.
[13] Im Garten Gottes, in Eden, bist du gewe-
sen. / Allerlei kostbare Steine umgaben
dich:
Rubin, Topas, dazu Jaspis, / Chrysolith,
Karneol und Onyx, / Saphir, Karfunkelstein
und Smaragd.
Aus Gold war alles gemacht, / was an dir
erhöht und vertieft war,
all diese Zierden brachte man an, / als
man dich schuf.
[14] Einem Kerub mit ausgebreiteten, schüt-
zenden Flügeln gesellte ich dich bei. / Auf
dem heiligen Berg der Götter bist du gewe-
sen. / Zwischen den feurigen Steinen gingst
du umher.
[15] Ohne Tadel war dein Verhalten / seit
dem Tag, an dem man dich schuf, / bis zu
dem Tag, an dem du Böses getan hast.
[16] Durch deinen ausgedehnten Handel /
warst du erfüllt von Gewalttat, / in Sünde
bist du gefallen.
Darum habe ich dich vom Berg der Götter
verstoßen, / aus der Mitte der feurigen Steine / hat dich der schützende Kerub verjagt.
[17] Hochmütig warst du geworden, / weil du
so schön warst.
Du hast deine Weisheit vernichtet, / verblendet vom strahlenden Glanz.
Ich stieß dich auf die Erde hinab. / Den
Blicken der Könige gab ich dich preis, / damit sie dich alle begaffen.
[18] Du hast durch gewaltige Schuld, / durch
unredliche Handelsgeschäfte / deine Heiligtümer entweiht.
So ließ ich mitten in dir ein Feuer ausbrechen, / das dich verzehrt hat.
Vor den Augen all derer, die dich sahen, /
machte ich dich zu Asche auf der Erde.
[19] All deine Freunde unter den Völkern /
waren entsetzt über dich.
Zu einem Bild des Schreckens bist du geworden, / du bist für immer dahin.

12: 27,2 • 13: 31,8f; Gen 2,8 • 14: Gen 3,24; Jes 14,13; Ez 10,2 • 19: 27,36.

Gegen Sidon: 28,20–23

[20] Das Wort des Herrn erging an mich:
[21] Menschensohn, richte dein Gesicht auf Si-
don, tritt als Prophet gegen die Stadt auf
[22] und sag: So spricht Gott, der Herr:
Jetzt gehe ich gegen dich vor, Sidon, / und
verherrliche mich in deiner Mitte.
Dann werden sie erkennen, dass ich der
Herr bin, / wenn ich an der Stadt das Urteil
vollstrecke / und mich so als heilig erweise.
[23] Ich schicke Pest und Mord in die Gassen
der Stadt. / Viele fallen in ihr, erschlagen
vom Schwert,
das von überall her auf sie einschlägt. /
Dann werden sie erkennen, dass ich der Herr
bin.

Verheißung für Israel: 28,24–26

[24] Dann droht dem Haus Israel kein ste-
chender Dorn und kein verletzender Stachel
mehr von all seinen feindlichen Nachbarn.
Daran werden sie erkennen, dass ich Gott,
der Herr, bin.
[25] So spricht Gott, der Herr: Wenn ich die
vom Haus Israel aus all den Ländern zusam-
menführe, in die sie zerstreut sind, dann er-
weise ich mich an ihnen vor den Augen der
Völker als heilig. Sie werden in ihrem Land
wohnen, das ich meinem Knecht Jakob gege-
ben habe. [26] Dort werden sie in Sicherheit le-

28,12 Siegel: Text korr.; vgl. die alten Übersetzungen.
28,14 einem Kerub: Text korr. nach G.
28,15 bis zu dem Tag, an dem du Böses getan hast, wörtlich: bis an dir Schlechtigkeit gefunden wurde.

ben; sie werden Häuser bauen und Weinberge pflanzen. Sie wohnen in Sicherheit, sobald ich an all ihren Feinden ringsum das Urteil vollstrecke. Dann werden sie erkennen, dass ich, der Herr, ihr Gott bin.

25: 11,17; 20,34.41; 34,13; 36,24; 37,21.

GEGEN DEN PHARAO UND ÄGYPTEN: 29,1 – 32,32

Das Gericht über den König und sein Land: 29,1–16

29 Am zwölften Tag des zehnten Monats im zehnten Jahr erging das Wort des Herrn an mich: 2 Menschensohn, richte dein Gesicht auf den Pharao, den König von Ägypten, tritt als Prophet auf gegen ihn und gegen ganz Ägypten 3 und sag: So spricht Gott, der Herr: Jetzt gehe ich gegen dich vor, Pharao, du König Ägyptens, du großes Krokodil, das zwischen den Armen des Nil liegt und sagt:

Mir gehören die Arme des Nil, / ich habe sie selber erschaffen.

4 Aber ich schlage dir Haken durch die Kinnbacken und lasse die Fische deines Nil an deinen Schuppen kleben. Ich ziehe dich herauf aus deinem Nil samt all den Fischen deines Nil, die an deinen Schuppen kleben.

5 Dann werfe ich dich in die Wüste hinaus, / dich und all die Fische des Nil.

Aufs trockene Land wirst du fallen. / Niemand holt dich von dort und begräbt dich.

Den wilden Tieren und den Vögeln des Himmels / werfe ich dich vor zum Fraß.

6 Dann werden alle Ägypter erkennen, / dass ich der Herr bin.

Eine Stütze aus Schilfrohr bist du / für das Haus Israel.

7 Nehmen sie dich in die Hand, dann zerbrichst du / und durchbohrst ihnen die Schulter;

stützen sie sich auf dich, dann zerbrichst du / und allen beginnen die Hüften zu wanken.

8 Darum – so spricht Gott, der Herr: Ich bringe das Schwert über dich und rotte Mensch und Vieh bei dir aus. 9 Ägypten wird zu Wüste und Ödland. Dann werden sie erkennen, dass ich der Herr bin. Du hast gesagt:

Mir gehören die Arme des Nil; / ich habe sie selber erschaffen.

10 Darum gehe ich jetzt gegen dich und deine Nilarme vor. Ich mache Ägypten zum dürren Ödland, zur Wüste von Migdol bis Syene und bis an die Grenzen von Kusch. 11 Weder Mensch noch Tier geht mehr darüber hin. Vierzig Jahre lang wird es nicht mehr bewohnt sein. 12 Ich mache Ägypten zur Wüste inmitten verwüsteter Länder. Seine Städte sollen vierzig Jahre lang verwüstet daliegen inmitten verödeter Städte. Ich zerstreue die Ägypter unter die Völker und vertreibe sie in alle Länder.

13 Denn so spricht Gott, der Herr: Nach vierzig Jahren führe ich die Ägypter aus den Völkern zusammen, unter die sie zerstreut wurden. 14 Ich wende das Geschick Ägyptens und bringe sie zurück in das Land Patros, das Land ihrer Herkunft. Dort werden sie ein unbedeutendes Reich gründen. 15 Es wird unbedeutend sein im Vergleich zu den anderen Königreichen, und es wird sich nicht mehr über die anderen Völker erheben. Ich mache sie ganz klein, damit sie nicht mehr über die Völker herrschen können. 16 Das Haus Israel wird ihnen nicht mehr vertrauen und sich ihnen nicht mehr anschließen; es wird sich hüten, seine alte Schuld wieder in Erinnerung zu rufen. Sie werden erkennen, dass ich Gott, der Herr, bin.

2: Jes 19; Jer 46 • 3: 32,2 • 6: 2 Kön 18,21 • 10: 30,6.

Der Sieg Nebukadnezzars: 29,17–21

17 Am ersten Tag des ersten Monats im siebenundzwanzigsten Jahr erging das Wort des Herrn an mich: 18 Menschensohn! Nebukadnezzar, der König von Babel, hat sein Heer vor Tyrus schwere Arbeit verrichten lassen; alle Köpfe wurden kahl und jede Schulter war zerschunden. Aber Tyrus hat ihn und sein Heer nicht belohnt für die Arbeit, die sie geleistet haben.

19 Darum – so spricht Gott, der Herr: Ich gebe Nebukadnezzar, dem König von Babel,

---

29,3 sie: Text korr. nach G; H: mich.
29,5 und begräbt dich, wörtlich: und sammelt dich ein.
29,6 bist du: Text korr. nach G.
29,7 zu wanken: Text korr
29,10 Migdol: die nördlichste Grenzfestung Ägyptens. – Syene (= Assuan): die südlichste Grenzfestung Ägyptens.
29,14 Patros ist ein Name für Oberägypten.

das Land Ägypten. Er wird seine Schätze
wegschleppen; er wird alles plündern und
reiche Beute machen. Das wird der Lohn sei-
nes Heeres sein. 20 Als Belohnung für seine
Arbeit gebe ich ihm Ägypten; denn sie haben
für mich gearbeitet – Spruch Gottes, des
Herrn.
21 An jenem Tag werde ich dem Haus Israel
neue Kraft verleihen und du sollst wieder zu
ihnen reden. Dann werden sie erkennen, dass
ich der Herr bin.

19: 30,10.24 • 21: Ps 132,17.

Das Gericht über Ägypten: 30,1–26

30 Das Wort des Herrn erging an mich:
2 Menschensohn, tritt als Prophet auf
und sag: So spricht Gott, der Herr:
Jammert und schreit: / Weh über diesen
Tag!
3 Denn der Tag ist nahe, / der Tag des
Herrn ist nahe,
ein Tag dunkler Wolken. / Die Zeit für die
Völker ist da.
4 Das Schwert dringt ein in Ägypten. / Ein
Zittern überfällt die Kuschiter, / wenn in
Ägypten die Menschen erschlagen werden
und fallen.
Man schleppt seine Schätze hinweg / und
reißt seine Grundmauern nieder.
5 (Die Männer aus) Kusch, aus Put und
Lud, / das ganze Völkergemisch,
(die Männer aus) Kub und die Söhne des
Landes, / mit dem ich einst meinen Bund
schloss, / fallen wie sie unter dem Schwert.
6 So spricht der Herr:
Es fallen die Helfer Ägyptens, / seine herr-
liche Macht sinkt dahin.
Von Migdol bis hin nach Syene / fallen die
Krieger unter dem Schwert – / Spruch Got-
tes, des Herrn.
7 Verwüstet liegt es dann da / inmitten ver-
wüsteter Länder / und seine Städte inmitten
verödeter Städte.
8 Sie werden erkennen, dass ich der Herr
bin, / wenn ich Ägypten verbrenne, / wenn
all seine Helfer zusammenbrechen.
9 An jenem Tag schicke ich meine Boten
auf Schiffen hinaus, / um Kusch aus seiner
Ruhe zu schrecken.
Ein Zittern überfällt sie am Gerichtstag
Ägyptens; / schon trifft all das ein.
10 So spricht Gott, der Herr:
Ich mache der Pracht Ägyptens ein Ende /
durch die Hand Nebukadnezzars, / des Kö-
nigs von Babel.
11 Er und sein Heer, / die gewalttätigsten
unter den Völkern, / werden herbeigeholt,
um das Land zu vernichten.
Sie zücken ihr Schwert und schlagen
Ägypten / und füllen das Land mit erschla-
genen Menschen.
12 Ich lege die Nilarme trocken, / verkaufe
das Land an Verbrecher,
ich verwüste das Land und alles darin /
durch die Hände von Fremden. / Ich, der
Herr, habe gesprochen.
13 So spricht Gott, der Herr:
Ich will die Götzen vernichten. / Ich führe
das Ende der Götter von Memfis herbei.
Der Fürst von Ägypten wird (bald) nicht
mehr leben. / Ich stürze Ägypten in Angst.
14 Patros will ich verwüsten, / Zoan will
ich verbrennen, / an No vollstrecke ich das
Urteil.
15 Über Sin, die Festung Ägyptens, gieße
ich meinen Zorn aus und ich vernichte die
Pracht von No. 16 Ägypten will ich verbren-
nen. Sin wird sich in Krämpfen winden; No
wird man erstürmen und Memfis wird am
hellen Tag von Feinden bedrängt. 17 Die jun-
gen Männer von On und Pi-Beset fallen un-
ter dem Schwert und die Einwohner dieser
Städte ziehen in die Gefangenschaft. 18 Es
wird ein schwarzer Tag für Tachpanhes,
wenn ich dort die Zepter Ägyptens zerbre-
che; dann ist es mit seiner herrlichen Macht
zu Ende. Finstere Wolken werden Ägypten
bedecken und seine Töchter ziehen in die
Gefangenschaft. 19 So vollstrecke ich an
Ägypten das Urteil und sie werden erkennen,
dass ich der Herr bin.
20 Am siebten Tag des ersten Monats im
elften Jahr erging das Wort des Herrn an
mich: 21 Menschensohn, ich habe dem Pha-
rao, dem König von Ägypten, den Arm zer-
brochen. Man hat ihn nicht verbunden und
nicht geschient und ihm keine Heilung ge-
gönnt, damit er nicht wieder zu Kräften
kommt und zum Schwert greift.
22 Darum – so spricht Gott, der Herr: Jetzt
gehe ich gegen den Pharao vor, den König
von Ägypten: Ich zerbreche ihm beide Arme,

29,21 Wörtlich: Ich werde dem Haus Israel ein Horn sprossen lassen und ich gebe dir Öffnung des Mundes in ihrer Mitte.

30,6 Vgl. die Anmerkung zu 29,10.

30,14–16 Zu Patros vgl. die Anmerkung zu 29,14. – Zoan liegt im Nildelta: No ist Residenz- und Tempelstadt; Theben liegt in Oberägypten; Sin (V. 16) liegt nahe bei Zoan.

30,17f On: Text korr. mit G. On (= Heliopolis) ist der zentrale Ort des ägyptischen Sonnenkults, nordwestlich von Kairo. Pi-Beset (= Bubastis) liegt im östlichen Nildelta, ebenso Tachpanhes (= Daphne). – die Zepter: Text korr. nach G und Vg; H: die Jochstangen.

den gesunden und den bereits zerbrochenen, und schlage ihm das Schwert aus der Hand. 23 Ich zerstreue die Ägypter unter die Völker und vertreibe sie in alle Länder. 24 Ich stärke die Arme des Königs von Babel und gebe ihm mein Schwert in die Hand. Dem Pharao aber zerbreche ich die Arme, sodass er vor ihm stöhnt wie ein tödlich Verletzter. 25 Ich stärke die Arme des Königs von Babel; doch die Arme des Pharao sinken kraftlos herunter. Wenn ich dem König von Babel mein Schwert in die Hand gebe und er es über Ägypten schwingt, dann werden sie erkennen, dass ich der Herr bin. 26 Ich zerstreue die Ägypter unter die Völker und vertreibe sie in alle Länder. Dann werden sie erkennen, dass ich der Herr bin.

3: Joël 1,15; Am 5,18; Zef 1,14 • 5: Jer 46,9 • 6: 29,10 • 10: 29,10 • 11: 28,7 • 12: Jes 19,5 • 18: Jer 43,9 • 23–24: 29,19f.

Das Gleichnis vom Pharao, dem prächtigen Baum: 31,1–18

31 Am ersten Tag des dritten Monats im elften Jahr erging das Wort des Herrn an mich: 2 Menschensohn, sag zum Pharao, dem König von Ägypten, und zu seinem Gefolge:

Wem war deine Größe vergleichbar?/ 3 Auf dem Libanon stand eine [Esche] Zeder.

Die Pracht ihrer Äste gab reichlichen Schatten. / Hoch war ihr Wuchs / und in die Wolken ragte ihr Wipfel.

4 Das Wasser machte sie groß. / Die Flut in der Tiefe ließ sie hoch emporwachsen.

Die Tiefe ließ ihre Ströme fließen / rings um den Ort, wo sie gepflanzt war,

sie leitete (von dort) ihre Kanäle / zu allen anderen Bäumen des Feldes.

5 So war sie höher gewachsen / als alle anderen Bäume des Feldes.

Ihre Zweige wurden sehr zahlreich / und ihre Äste breiteten sich aus

wegen des Reichtums an Wasser, / als sie emporwuchs.

6 Alle Vögel des Himmels / hatten ihr Nest in den Zweigen.

Alle wilden Tiere brachten unter den Ästen ihre Jungen zur Welt. / All die vielen Völker wohnten in ihrem Schatten.

7 Schön war sie in ihrer Größe mit ihrem breiten Geäst; / denn ihre Wurzeln hatten viel Wasser.

8 Keine Zeder im Garten Gottes war ihr vergleichbar. / Keine Zypresse hatte Zweige wie sie, / keine Platane so mächtige Äste.

Keiner der Bäume im Garten Gottes / glich ihr an Schönheit.

9 Ja, ich hatte sie herrlich gemacht / mit ihren zahlreichen Zweigen.

Voll Eifersucht auf sie waren im Garten Gottes / alle Bäume von Eden.

10 Darum – so spricht Gott, der Herr: Weil sie so hoch emporwuchs und mit ihrem Wipfel in die Wolken ragte und wegen ihrer Höhe überheblich wurde, 11 deshalb liefere ich sie dem mächtigsten Herrscher der Völker aus. Er behandelt sie so, wie sie es in ihrer Schlechtigkeit verdient hat; ich beseitige sie. 12 Fremde, die gewalttätigsten unter den Völkern, werden sie umhauen und hinwerfen. Ihre Zweige fallen auf die Berge und in alle Täler, ihre Äste zerbrechen in allen Schluchten der Erde. Alle Völker der Erde verlassen den Schatten der Zeder und lassen sie liegen.

13 Auf ihren gefällten Stamm setzen sich alle Vögel des Himmels, die wilden Tiere hausen in ihren Zweigen.

14 Darum soll kein Baum mehr am Wasser emporwachsen und mit seinem Wipfel in die Wolken ragen, keiner der Bäume am Wasser soll mehr so mächtig und hoch dastehen. Denn alle werden dem Tod ausgeliefert, sie müssen hinab in die Unterwelt zu den Menschen, die ins Grab gesunken sind.

15 So spricht Gott, der Herr: Wenn die Zeder in die Unterwelt stürzt, dann lasse ich die Flut in der Tiefe versiegen, ich decke sie zu; ich halte ihre Ströme zurück, sodass der Reichtum an Wasser versiegt. Ihretwegen hülle ich den Libanon in Trauer und alle Bäume des Feldes sinken in Ohnmacht. 16 Durch das Getöse ihres Sturzes lasse ich die Völker erzittern, wenn ich den Baum in die Unterwelt stürze, hinab zu denen, die ins Grab gesunken sind. Dann trösten sich in der Unterwelt alle Bäume von Eden, die erlesenen und besten Bäume des Libanon, alle Bäume am Wasser. 17 Denn auch sie stürzen zusammen mit ihr in die Unterwelt, hinab zu denen, die vom Schwert erschlagen wurden. Alle aber, die im Schatten der Zeder wohnten, werden unter die Völker zerstreut.

18 Welcher der Bäume von Eden glich dir an Größe und Pracht? Und doch wirst du zusammen mit den Bäumen von Eden in die Unterwelt gestürzt. Dort wirst du mitten un-

31,3 Esche: Text korr.; H: Assur.
31,5 Übersetzung unsicher.
31,10 sie ... emporwuchs: Text korr. (3. statt 2. Person); vgl. G.
31,17 wohnten, werden ... zerstreut: Text korr., vgl. G.

ter den Unbeschnittenen liegen, unter denen,
die vom Schwert erschlagen wurden. So geht
es dem Pharao und seinem ganzen Gefolge –
Spruch Gottes, des Herrn.

9: Gen 2,8 • 10: Dan 5,20 • 16: 32,17–32; 28,8.

Die Totenklage über den Pharao, das gefangene Krokodil: 32,1–16

32 Am ersten Tag des zwölften Monats
im zwölften Jahr erging das Wort des
Herrn an mich: 2 Menschensohn, stimm die
Totenklage an über den Pharao, den König
von Ägypten, und sag zu ihm:
Löwe der Völker, jetzt bist du verstummt. /
Und doch warst du wie ein Krokodil in den
Seen,
hast die Flüsse aufgepeitscht, / das Wasser
mit deinen Füßen verschmutzt / und die Flu-
ten aufgewühlt.
3 So spricht Gott, der Herr: / Ich werfe
über dich mein Netz,
ein Heer von vielen Völkern, / die ziehen
dich herauf in meinem Schleppnetz.
4 Dann werfe ich dich aufs Land, / schleu-
dere dich aufs freie Feld.
Alle Vögel des Himmels sollen sich auf
dich setzen / und ich sättige mit dir alle
Tiere der Erde.
5 Ich lege dein Fleisch auf den Bergen aus /
und fülle die Täler mit deinem Aas.
6 Ich tränke das Land bis hin zu den
Bergen / mit der Flut deines Blutes; / die
Schluchten sollen sich damit füllen.
7 Wenn dein Leben erlischt, / will ich den
Himmel bedecken / und die Sterne verdüs-
tern.
Die Sonne decke ich zu mit Wolken, / der
Mond lässt sein Licht nicht mehr leuchten.
8 Deinetwegen verdunkle ich / alle die
strahlenden Lichter am Himmel
und lege Finsternis über dein Land – /
Spruch Gottes, des Herrn.
9 Ich versetze viele Völker in Kummer, /
wenn ich ihnen und all den Ländern,
die du nicht kanntest, / deinen Zusam-
menbruch melde.
10 Über dich werden viele Völker entsetzt
sein, / ihren Königen sträuben sich deinet-
wegen die Haare, / wenn ich mein Schwert
gegen sie schwinge.
Sie zittern erregt am Tag deines Sturzes, /
jeder hat Angst um sein Leben.
11 Denn so spricht Gott, der Herr: / Das
Schwert des Königs von Babel kommt über
dich.
12 Durch das Schwert der Krieger / bringe
ich dein Gefolge zu Fall.
Sie sind die gewalttätigsten unter den Völ-
kern. / Sie verwüsten den Stolz von Ägyp-
ten, / all seine Pracht wird zerstört.
13 All sein Vieh lasse ich sterben / an den
großen Gewässern.
Keines Menschen Fuß wird das Wasser
mehr trüben, / noch werden die Hufe der
Tiere es trüben.
14 Dann mache ich die Gewässer klar /
und die Flüsse lasse ich dahingleiten wie
Öl – / Spruch Gottes, des Herrn.
15 Wenn ich Ägypten zum Ödland mache, /
wenn das Land und alles, was darin ist, ver-
ödet,
wenn ich alle seine Bewohner erschlage, /
dann werden sie erkennen, dass ich der Herr
bin.
16 Das ist eine Totenklage, die man anstim-
men soll; die Töchter der Völker sollen sie
anstimmen. Die Totenklage über Ägypten
und all seine Pracht sollen sie singen –
Spruch Gottes, des Herrn.

2: 29,3–5 • 3: 12,13 • 7: Jes 13,10 • 11: 29,19.

Die Totenklage über den Pharao und sein Gefolge: 32,17–32

17 Am fünfzehnten Tag des ersten Monats
im zwölften Jahr erging das Wort des Herrn
an mich: 18 Menschensohn, jammre über die
Pracht Ägyptens und geleite sie hinab in die
Unterwelt, sie und die Töchter mächtiger
Völker, bring sie zu denen, die ins Grab ge-
sunken sind.
19 Wen hast du an Schönheit übertroffen? /
Stürz hinab und lieg bei den unbeschnitte-
nen Männern!
20 Mitten unter die, die das Schwert er-
schlug, / werden sie fallen . . .
21 Dann sagen die starken Helden in der
Unterwelt über die Ägypter: / Samt ihren
Helfern sind sie herabgestürzt
und liegen da wie die unbeschnittenen
Männer, / wie die, die das Schwert er-
schlug.
22 Dort liegt Assur und sein ganzes Heer, /
ringsum sind seine Gräber.

32,2 Löwe der Völker, jetzt bist du verstummt, andere Übersetzung: Einem Völkerlöwen bist du gleich geworden.
32,10a Wörtlich: Ich bewirke, dass sich viele Völker über dich entsetzen.
32,17 des ersten: Text korr. nach G.
32,19f H ist schwer verständlich. Der zweite Teil von V. 20 ist verderbt und gibt keinen Sinn.

Sie alle hat man erschlagen, / sie fielen unter dem Schwert.
23 Im tiefsten Grund einer Grube / gab man ihm sein Grab.
Sein Heer liegt rings um sein Grab. / Sie alle hat man erschlagen,
sie fielen unter dem Schwert, / sie, die einst im Land der Lebenden Schrecken verbreitet haben.
24 Dort liegt Elam und all sein Gefolge / rings um sein Grab.
Sie alle hat man erschlagen, / sie fielen unter dem Schwert,
in die Unterwelt sind sie hinabgestürzt / wie die unbeschnittenen Männer,
sie, die einst im Land der Lebenden / ihren Schrecken verbreitet haben.
Jetzt aber haben sie ihre Schande zu tragen / zusammen mit denen, die ins Grab gesunken sind.
25 Mitten unter denen, die man erschlug, / hat man ihm und seinem ganzen Gefolge das Lager bereitet.
Rings um ihn her sind die Gräber / von all den Unbeschnittenen, / die man mit dem Schwert erschlug.
Im Land der Lebenden haben sie Schrecken verbreitet, / jetzt aber haben sie ihre Schande zu tragen, / zusammen mit denen, die ins Grab gesunken sind.
Mitten unter Erschlagene legte man sie. /
26 Dort liegen Meschech und Tubal und all ihr Gefolge.
Rings um sie her sind die Gräber / von all den Unbeschnittenen, / die man mit dem Schwert erschlug; / und doch haben sie einst im Land der Lebenden Schrecken verbreitet.
27 Aber sie liegen nicht bei den gefallenen Kriegern aus früheren Zeiten, / die mit ihrer Rüstung in die Unterwelt hinabgestiegen sind,
denen man das Schwert unter den Kopf / und den Schild auf die Gebeine gelegt hat; / denn die Krieger hatten im Land der Lebenden Schrecken verbreitet.
28 Auch du wirst inmitten der Unbeschnittenen zerbrochen / und liegst bei denen, die das Schwert erschlug.
29 Dort liegt Edom, mit seinen Königen / und all seinen Fürsten,
die man trotz ihrer Stärke zu denen gelegt hat, / die das Schwert erschlug.
Sie liegen da bei den unbeschnittenen Männern, / bei denen, die ins Grab gesunken sind.
30 Dort liegen alle Fürsten des Nordens / und alle Männer von Sidon; / sie stürzten hinab wie alle, die man erschlug.
Trotz ihrer Schrecken erregenden Stärke / sind sie zuschanden geworden;
bei den Unbeschnittenen liegen sie, / bei denen, die das Schwert erschlug.
Jetzt haben sie ihre Schande zu tragen / zusammen mit denen, die ins Grab gesunken sind.
31 Der Pharao wird sie sehen / und er tröstet sich über den Verlust / seines ganzen Gefolges.
Jetzt sind sie vom Schwert erschlagen, / der Pharao und seine ganze Streitmacht – / Spruch Gottes, des Herrn.
32 Denn ich habe vor ihm im Land der Lebenden Schrecken verbreitet. / Doch jetzt liegt der Pharao da mit seinem ganzen Gefolge / inmitten der unbeschnittenen Männer,
bei denen, die das Schwert erschlug – / Spruch Gottes, des Herrn.

18: 31,16; Jes 14,9–11 • 26: 27,13; 38,2; 39,1 • 29: 25,12–14 • 30: 28,21–23.

DAS GERICHT UND DAS NEUE HEIL: 33,1 – 37,28

Der Prophet als Wächter: 33,1–9

33 Das Wort des Herrn erging an mich:
2 Menschensohn, sprich zu den Söhnen deines Volkes und sag zu ihnen: Wenn ich über ein Land das Schwert kommen lasse und das Volk in dem Land aus seiner Mitte einen Mann wählt und ihn zu seinem Wächter macht 3 und wenn dieser Wächter das Schwert über das Land kommen sieht, in das Widderhorn bläst und das Volk warnt
4 und wenn dann jemand den Schall des Horns zwar hört, sich aber nicht warnen lässt, sodass das Schwert kommt und ihn dahinrafft, dann ist er selbst schuld an seinem Tod.
5 Denn er hat den Schall des Horns zwar gehört, sich aber nicht warnen lassen; deshalb ist er selbst schuld an seinem Tod. Wenn er

32,27 aus früheren Zeiten: Text korr. nach den alten Übersetzungen; H: von den Unbeschnittenen. – den Schild: Text korr.; H: ihre Verschuldungen.

33,4f ist er selbst schuld an seinem Tod, wörtlich: wird sein Blut auf seinem Kopf (V. 5: auf ihm) sein.

sich jedoch warnen lässt, dann hat er sein
Leben gerettet. 6 Wenn aber der Wächter das
Schwert kommen sieht und nicht in das Wid-
derhorn bläst und das Volk nicht gewarnt
wird und wenn das Schwert kommt und ir-
gendeinen dahinrafft, dann wird dieser zwar
wegen seiner eigenen Schuld dahingerafft,
aber ich fordere für sein Blut Rechenschaft
von dem Wächter.
7 Du aber, Menschensohn, ich gebe dich
dem Haus Israel als Wächter; wenn du ein
Wort aus meinem Mund hörst, musst du sie
vor mir warnen. 8 Wenn ich zu einem, der
sich schuldig gemacht hat, sage: Du musst
sterben!, und wenn du nicht redest und den
Schuldigen nicht warnst, um ihn von seinem
Weg abzubringen, dann wird der Schuldige
seiner Sünde wegen sterben. Von dir aber
fordere ich Rechenschaft für sein Blut.
9 Wenn du aber den Schuldigen vor seinem
Weg gewarnt hast, damit er umkehrt, und
wenn er dennoch auf seinem Weg nicht um-
kehrt, dann wird er seiner Sünde wegen ster-
ben; du aber hast dein Leben gerettet.

4: 18,13 • 7–9: 3,17–21.

Die Freiheit zur Umkehr: 33,10–20

10 Du aber, Menschensohn, sag zum Haus
Israel: Ihr behauptet: Unsere Vergehen und
unsere Sünden lasten auf uns, wir siechen
ihretwegen dahin. Wie sollen wir da am Le-
ben bleiben? 11 Sag zu ihnen: So wahr ich
lebe – Spruch Gottes, des Herrn –, ich habe
kein Gefallen am Tod des Schuldigen, son-
dern daran, dass er auf seinem Weg umkehrt
und am Leben bleibt. Kehrt um, kehrt um
auf euren bösen Wegen! Warum wollt ihr
sterben, ihr vom Haus Israel?
12 Du aber, Menschensohn, sag zu den Söh-
nen deines Volkes: Den Gerechten wird seine
Gerechtigkeit nicht retten, sobald er Böses
tut. Und der Schuldige wird durch seine
Schuld nicht zu Fall kommen, sobald er sein
schuldhaftes Leben aufgibt. Der Gerechte
aber kann trotz seiner Gerechtigkeit nicht
am Leben bleiben, sobald er sündigt.
13 Wenn ich zu dem Gerechten sage: Du wirst
am Leben bleiben!, er aber im Vertrauen auf
seine Gerechtigkeit Unrecht tut, dann wird
ihm seine ganze (bisherige) Gerechtigkeit
nicht angerechnet. Wegen des Unrechts, das
er getan hat, muss er sterben. 14 Wenn ich
aber zu dem Schuldigen sage: Du musst ster-
ben!, und er gibt sein sündhaftes Leben auf,
handelt nach Recht und Gerechtigkeit,
15 gibt (dem Schuldner) das Pfand zurück,
ersetzt, was er geraubt hat, richtet sich nach
den Gesetzen, die zum Leben führen, und tut
kein Unrecht mehr, dann wird er gewiss am
Leben bleiben und nicht sterben. 16 Keine
der Sünden, die er früher begangen hat, wird
ihm angerechnet. Er hat nach Recht und Ge-
rechtigkeit gehandelt, darum wird er gewiss
am Leben bleiben. 17 Die Söhne deines Vol-
kes aber sagen: Das Verhalten des Herrn ist
nicht richtig. Dabei ist gerade ihr Verhalten
nicht richtig. 18 Wenn der Gerechte seine Ge-
rechtigkeit aufgibt und Unrecht tut, muss er
dafür sterben. 19 Und wenn der Schuldige
sein sündhaftes Leben aufgibt und nach
Recht und Gerechtigkeit handelt, so wird er
deswegen am Leben bleiben. 20 Ihr aber sagt:
Das Verhalten des Herrn ist nicht richtig.
Doch ich werde euch richten, ihr vom Haus
Israel, jeden nach seinem Verhalten.

10: 18,21–32 • 11: 18,23.32; Jes 55,7; Joël 2,12f • 12: 3,20 • 15: 18,7; 20,11–13; 18,22 • 17: 18,25.29 • 20: 18,30.

Die Nachricht von der Eroberung Jerusalems: 33,21–22

21 Am fünften Tag des zehnten Monats im
elften Jahr nach unserer Verschleppung
kam ein Flüchtling aus Jerusalem zu mir
und sagte: Die Stadt ist gefallen. 22 Aber am
Abend, bevor der Flüchtling eintraf, hatte
sich die Hand des Herrn auf mich gelegt. Ehe
am Morgen der Flüchtling kam, öffnete der
Herr meinen Mund und mein Mund wurde
geöffnet und ich war nicht mehr stumm.

21: 2 Kön 25,2–4 • 22: 3,26f; 24,27.

Die Erwartung der nicht Verschleppten: 33,23–29

23 Das Wort des Herrn erging an mich:
24 Menschensohn, die Bewohner der Ruinen
im Land Israel sagen: Abraham war nur ein
einzelner Mann und bekam doch das ganze
Land; wir aber sind viele. Um so mehr ist das
Land uns zum Besitz gegeben. 25 Deshalb sag
zu ihnen: So spricht Gott, der Herr: Ihr esst
(das Opferfleisch) mitsamt dem Blut, ihr
blickt zu euren Göttern auf und vergießt
Blut. Und *ihr* wollt das Land in Besitz neh-
men? 26 Ihr verlasst euch auf euer Schwert,
begeht Gräueltaten und einer schändet die
Frau des andern. Und *ihr* wollt das Land in
Besitz nehmen? 27 Darum sag zu ihnen: So
spricht Gott, der Herr: So wahr ich lebe, wer
in den Ruinen ist, fällt unter dem Schwert,
wer auf dem freien Feld ist, den werfe ich

33,13 Du wirst am Leben bleiben: Text korr. nach G-Handschriften; vgl. V. 14 (2. statt 3. Person).

33,21 im elften: Text korr. nach H-Handschriften; vgl. G, S und 2 Kön 25,2; H: im zwölften.

den wilden Tieren zum Fraß vor, und wer sich in den Burgen und Höhlen aufhält, stirbt an der Pest. 28 Ich mache das Land zur Öde und Wüste; seine stolze Macht hat ein Ende; das Bergland Israels verödet, sodass niemand mehr durchreist. 29 Dann werden sie erkennen, dass ich der Herr bin, wenn ich das Land zur Öde und Wüste mache wegen all der Gräueltaten, die sie begangen haben.

24: Jes 51,2 • 25: Lev 17,10–14; 1 Sam 14,32–34 • 26: Lev 18,20; Ez 11,15.

Die unaufrichtigen Hörer: 33,30–33

30 Du, Menschensohn, die Söhne deines Volkes reden über dich an den Mauern und Toren der Häuser. Einer sagt zum andern: Komm doch und höre, was für ein Wort vom Herrn ausgeht. 31 Dann kommen sie zu dir wie bei einem Volksauflauf, setzen sich vor dich hin [als mein Volk] und hören deine Worte an, aber sie befolgen sie nicht; denn ihr Mund ist voller Lügen und so handeln sie auch und ihr Herz ist nur auf Gewinn aus. 32 Du bist für sie wie ein Mann, der mit wohlklingender Stimme von der Liebe singt und dazu schön auf der Harfe spielt. Sie hören deine Worte an, aber befolgen sie nicht. 33 Wenn das aber kommt (was du sagst) – und es kommt –, dann werden sie erkennen, dass mitten unter ihnen ein Prophet war.

33: 2,5.

Die schlechten Hirten: 34,1–10

34 Das Wort des Herrn erging an mich: 2 Menschensohn, sprich als Prophet gegen die Hirten Israels, sprich als Prophet und sag zu ihnen: So spricht Gott, der Herr: Weh den Hirten Israels, die nur sich selbst weiden. Müssen die Hirten nicht die Herde weiden? 3 Ihr trinkt die Milch, nehmt die Wolle für eure Kleidung und schlachtet die fetten Tiere; aber die Herde führt ihr nicht auf die Weide. 4 Die schwachen Tiere stärkt ihr nicht, die kranken heilt ihr nicht, die verletzten verbindet ihr nicht, die verscheuchten holt ihr nicht zurück, die verirrten sucht ihr nicht und die starken misshandelt ihr. 5 Und weil sie keinen Hirten hatten, zerstreuten sich meine Schafe und wurden eine Beute der wilden Tiere. 6 Meine Herde irrte auf allen Bergen und Höhen umher und war über das ganze Land verstreut. Doch keiner kümmerte sich um sie; niemand suchte sie. 7 Darum ihr Hirten, hört das Wort des Herrn: 8 So wahr ich lebe – Spruch Gottes, des Herrn: Weil meine Herde geraubt wurde und weil meine Schafe eine Beute der wilden Tiere wurden – denn sie hatten keinen Hirten – und weil meine Hirten nicht nach meiner Herde fragten, sondern nur sich selbst und nicht meine Herde weideten, 9 darum, ihr Hirten, hört das Wort des Herrn: 10 So spricht Gott, der Herr: Nun gehe ich gegen die Hirten vor und fordere meine Schafe von ihnen zurück. Ich setze sie ab, sie sollen nicht mehr die Hirten meiner Herde sein. Die Hirten sollen nicht länger nur sich selbst weiden: Ich reiße meine Schafe aus ihrem Rachen, sie sollen nicht länger ihr Fraß sein.

2: Jer 23,1–4 • 4: Sach 11,15f; Joh 10,11 • 5: Sach 10,2; Mt 9,36 • 10: Jer 23,2.

Der gute Hirt: 34,11–22

11 Denn so spricht Gott, der Herr: Jetzt will ich meine Schafe selber suchen und mich selber um sie kümmern. 12 Wie ein Hirt sich um die Tiere seiner Herde kümmert an dem Tag, an dem er mitten unter den Schafen ist, die sich verirrt haben, so kümmere ich mich um meine Schafe und hole sie zurück von all den Orten, wohin sie sich am dunklen, düsteren Tag zerstreut haben. 13 Ich führe sie aus den Völkern heraus, ich hole sie aus den Ländern zusammen und bringe sie in ihr Land. Ich führe sie in den Bergen Israels auf die Weide, in den Tälern und an allen bewohnten Orten des Landes. 14 Auf gute Weide will ich sie führen, im Bergland Israels werden ihre Weideplätze sein. Dort sollen sie auf guten Weideplätzen lagern, auf den Bergen Israels sollen sie fette Weide finden. 15 Ich werde meine Schafe auf die Weide führen, ich werde sie ruhen lassen – Spruch Gottes, des Herrn. 16 Die verloren gegangenen Tiere will ich suchen, die vertriebenen zurückbringen, die verletzten verbinden, die schwachen kräftigen, die fetten und starken behüten. Ich will ihr Hirt sein und für sie sorgen, wie es recht ist.

17 Ihr aber, meine Herde – so spricht Gott, der Herr –, ich sorge für Recht zwischen Schafen und Schafen, zwischen Widdern und Böcken. 18 War es euch nicht genug, auf der besten Weide zu weiden? Musstet ihr auch noch euer übriges Weideland mit euren Füßen zertrampeln? War es euch nicht genug,

---

33,31 Lügen: Text korr. nach G und S.
33,32 wie ein Mann, der . . . singt: Text korr.; H: wie ein Lied.
34,2 Die bildhafte Rede meint die Führer des Volkes.
34,3 die Milch: Text korr. nach Vg, G; H: das Fett.
34,16 behüten: Text korr. nach G; H: austilgen.

das klare Wasser zu trinken? Musstet ihr den Rest des Wassers mit euren Füßen verschmutzen? 19 Meine Schafe mussten abweiden, was eure Füße zertrampelt hatten, und trinken, was eure Füße verschmutzt hatten. 20 Darum – so spricht Gott, der Herr, zu euch: Ich selbst sorge für Recht zwischen den fetten und den mageren Schafen. 21 Weil ihr mit eurem breiten Körper und eurer Schulter alle schwachen Tiere zur Seite gedrängt und weil ihr sie mit euren Hörnern weggestoßen habt, bis ihr sie weggetrieben hattet, 22 deshalb will ich meinen Schafen zu Hilfe kommen. Sie sollen nicht länger eure Beute sein; denn ich werde für Recht sorgen zwischen Schafen und Schafen.

11: Jes 40,11; Joh 10,1–18; Lk 15,4 • 14: Ps 23,2 • 17: Mt 25,32.

Das messianische Reich: 34,23–31

23 Ich setze für sie einen einzigen Hirten ein, der sie auf die Weide führt, meinen Knecht David. Er wird sie weiden und er wird ihr Hirt sein. 24 Ich selbst, der Herr, werde ihr Gott sein und mein Knecht David wird in ihrer Mitte der Fürst sein. Ich, der Herr, habe gesprochen.

25 Ich schließe mit ihnen einen Friedensbund: Ich rotte die wilden Tiere im Land aus. Dann kann man in der Steppe sicher wohnen und in den Wäldern schlafen. 26 Ich werde sie und die Umgebung meines Berges segnen. Ich schicke Regen zur rechten Zeit und der Regen wird Segen bringen. 27 Die Bäume des Feldes werden ihre Früchte tragen und das Land wird seinen Ertrag geben. Sie werden auf ihrem Grund und Boden sicher sein. Wenn ich die Stangen ihres Jochs zerbreche und sie der Gewalt derer entreiße, von denen sie versklavt wurden, werden sie erkennen, dass ich der Herr bin. 28 Sie werden nicht länger eine Beute der Völker sein, von den wilden Tieren werden sie nicht gefressen. Sie werden in Sicherheit wohnen und niemand wird sie erschrecken. 29 Ich pflanze ihnen einen Garten des Heils. Sie werden in ihrem Land nicht mehr vom Hunger dahingerafft werden und die Schmähungen der Völker müssen sie nicht mehr ertragen. 30 Sie werden erkennen, dass ich, der Herr, ihr Gott, mit ihnen bin und dass sie, das Haus Israel, mein Volk sind – Spruch Gottes, des Herrn. 31 Ihr seid meine Schafe, ihr seid die Herde meiner Weide. Ich bin euer Gott – Spruch Gottes, des Herrn.

23–24: 37,24; Ps 78,70; Jer 30,9; Hos 3,5; Joh 10,14–16 • 25: 37,26; Lev 26,6; Hos 2,20 • 26: Lev 26,4; Ps 84,7 • 27: Ps 67,7 • 28: Jer 30,10 • 29: 36,30 • 30: 11,20 • 31: Ps 95,7; 100,3.

Der Drohspruch gegen Edom: 35,1–15

35 Das Wort des Herrn erging an mich: 2 Menschensohn, richte dein Gesicht auf die Berge von Seïr, tritt als Prophet gegen sie auf 3 und sag zu ihnen: So spricht Gott, der Herr:

Ich gehe gegen dich vor, Bergland von Seïr. / Ich strecke meine Hand gegen dich aus / und mache dich zur Wüste und Öde.

4 Deine Städte lege ich in Trümmer / und du sollst zur Wüste werden. / Dann wirst du erkennen, dass ich der Herr bin.

5 Weil du eine ewige Feindschaft mit den Söhnen Israels hattest und sie zur Zeit ihres Unglücks, zur Zeit der endgültigen Abrechnung, dem Schwert ausgeliefert hast, 6 darum lasse ich dich bluten, so wahr ich lebe – Spruch Gottes, des Herrn; Blut soll dich verfolgen. Du hast dich nicht gescheut, Blut zu vergießen; darum soll Blut dich verfolgen. 7 Ich mache die Berge von Seïr zur Öde und Wüste und vernichte alles, was sich dort bewegt und regt. 8 Ich fülle sein Bergland mit Erschlagenen; auf deinen Hügeln, in deinen Tälern und all deinen Schluchten werden die Menschen vom Schwert erschlagen und fallen.

9 Für immer mache ich dich zum Ödland, / deine Städte sollen nicht mehr bewohnt sein. / Dann wirst du erkennen, dass ich der Herr bin.

10 Weil du sagst: Beide Völker und beide Länder gehören mir; sie sind mein Besitz!, (weil du das sagst) obwohl doch der Herr dort ist, 11 darum will ich gegen dich – so wahr ich lebe, Spruch Gottes, des Herrn – mit dem gleichen leidenschaftlichen Zorn vorgehen, mit dem du gegen sie in deinem Hass vorgegangen bist. Ich werde dir zeigen, wer ich bin, wenn ich dich richte. 12 Dann wirst du erkennen, dass ich der Herr bin und dass ich gehört habe, wie oft du die Berge Israels geschmäht und gesagt hast: Sie sind völlig verödet. Sie sind uns zum Fraß vorgeworfen. 13 So habt ihr geprahlt und seid frech

---

34,29 des Heils: Text korr. nach G und S; H: zum Ruhm.

35,6 lasse ich dich bluten, wörtlich: mache ich dich zu Blut. – Text teilweise korr., weil H verderbt ist.

35,10 Edom, das mit dem »Bergland von Seïr« (V. 3) gemeint ist, beansprucht das Land von Israel und Juda.

35,11 dir: Text korr. nach G; H: an ihnen.

gegen mich gewesen; ich habe es selbst ge-
hört. 14 So spricht Gott, der Herr: Weil du
dich darüber freust, dass das ganze Land
verödet daliegt, darum will ich auch dich
(zur Wüste) machen: 15 Weil du dich darüber
freust, dass der Erbbesitz des Hauses Israel
verödet daliegt, darum will ich auch dich
(zur Wüste) machen; das Bergland von Seïr
und ganz Edom sollen veröden. Dann wird
man erkennen, dass ich der Herr bin.

1–15: 25,12–14 • 5: Ps 137,7.

Die Weissagung über Israels Berge: 36,1–15

36 Du aber, Menschensohn, sprich als
Prophet zu den Bergen Israels und
sag: Ihr Berge Israels, hört das Wort des
Herrn! 2 So spricht Gott, der Herr: Die Fein-
de haben von euch gesagt: Ha, ihr seid für
immer verödet; jetzt gehört ihr uns. 3 Darum
tritt als Prophet auf und sag: So spricht Gott,
der Herr: Weil ihr verödet seid, weil man von
allen Seiten nach euch geschnappt hat, so-
dass ihr jetzt Besitz der übrigen Völker seid,
weil ihr ins Gerede gekommen und zum Ge-
spött der Leute geworden seid, 4 darum, ihr
Berge Israels, hört das Wort Gottes, des
Herrn: So spricht Gott, der Herr, zu den Ber-
gen und Hügeln, den Schluchten und Tälern,
zu den verfallenen Ruinen und den verlasse-
nen Städten: Weil ihr von den übrigen Völ-
kern ringsum ausgeplündert und verspottet
worden seid, 5 darum – so spricht Gott, der
Herr – werde ich mit glühender Leidenschaft
über die übrigen Völker und über ganz Edom
reden. Voll Frohlocken haben sie sich mein
Land angeeignet. Voll Schadenfreude haben
sie das Weideland erbeutet. 6 Darum sprich
als Prophet zum Land Israel und sag zu den
Bergen und Hügeln, zu den Schluchten und
Tälern: So spricht Gott, der Herr: Ich rede
voll Leidenschaft und Grimm, weil ihr von
den Völkern so viel Schimpf ertragen müsst.
7 Darum – so spricht Gott, der Herr: Ich erhe-
be meine Hand (zum Schwur) und sage: Die
Völker rings um euch werden den gleichen
Schimpf ertragen müssen. 8 Ihr aber, ihr Ber-
ge Israels, sollt wieder grün werden und
Früchte hervorbringen für mein Volk Israel;
denn es wird bald zurückkommen. 9 Seht, ich
wende mich euch wieder zu und dann ackert
und sät man wieder auf euch 10 und ich lasse
viele Menschen dort leben, das ganze Haus
Israel. Die Städte werden wieder bewohnt
sein und die Ruinen aufgebaut. 11 Ich lasse
viele Menschen und Tiere auf euch leben und
sie werden sich vermehren und fruchtbar
sein. Ich will dafür sorgen, dass ihr wieder
bewohnt seid, wie ihr es früher wart; ich will
euch mehr Gutes erweisen als je zuvor. Dann
werdet ihr erkennen, dass ich der Herr bin.
12 Viele Menschen, mein ganzes Volk Israel,
lasse ich zu euch kommen und sie werden
euch in Besitz nehmen; ihr werdet für immer
ihr Erbbesitz sein und ihnen nie mehr ihre
Kinder wegnehmen. 13 So spricht Gott, der
Herr: Man sagt zu dir: Du bist eine Men-
schenfresserin und hast deinem eigenen Volk
die Kinder weggenommen. 14 Aber du sollst
keine Menschen mehr fressen und deinem ei-
genen Volk nicht mehr die Kinder wegneh-
men – Spruch Gottes, des Herrn. 15 Du sollst
nie mehr anhören müssen, wie die Völker
dich beschimpfen, und nie mehr ertragen
müssen, dass die Nationen dich verhöhnen.
Du wirst deinem eigenen Volk nicht mehr die
Kinder wegnehmen – Spruch Gottes, des
Herrn.

1: 6,2 • 2: 25,3 • 5: 35,15 • 10: Ps 69,36.

Die Verheißung eines neuen Lebens:
36,16–38

16 Das Wort des Herrn erging an mich:
17 (Hör zu,) Menschensohn! Als Israel in sei-
nem Land wohnte, machten sie das Land
durch ihr Verhalten und ihre Taten unrein.
Wie die monatliche Unreinheit der Frau war
ihr Verhalten in meinen Augen. 18 Da goss
ich meinen Zorn über sie aus, weil sie Blut
vergossen im Land und das Land mit ihren
Götzen befleckten. 19 Ich zerstreute sie unter
die Völker; in alle Länder wurden sie vertrie-
ben. Nach ihrem Verhalten und nach ihren
Taten habe ich sie gerichtet. 20 Als sie aber zu
den Völkern kamen, entweihten sie überall,
wohin sie kamen, meinen heiligen Namen;
denn man sagte von ihnen: Das ist das Volk
Jahwes und doch mussten sie sein Land ver-
lassen. 21 Da tat mir mein heiliger Name leid,
den das Haus Israel bei den Völkern ent-
weihte, wohin es auch kam.

22 Darum sag zum Haus Israel: So spricht
Gott, der Herr: Nicht euretwegen handle ich,
Haus Israel, sondern um meines heiligen Na-
mens willen, den ihr bei den Völkern ent-
weiht habt, wohin ihr auch gekommen seid.
23 Meinen großen, bei den Völkern entweih-
ten Namen, den ihr mitten unter ihnen ent-
weiht habt, werde ich wieder heiligen. Und
die Völker – Spruch Gottes, des Herrn – wer-

36,2 verödet: Text korr. nach G.
36,13f Das Land wird mit einem wilden Tier ver-
glichen (vgl. Num 13,32). Vielleicht ist an den Un-
tergang Israels 722 v. Chr. und Judas 586 v. Chr.
gedacht, als bei der Eroberung des Landes auch
zum Teil das Volk umkam.

den erkennen, dass ich der Herr bin, wenn ich
mich an euch vor ihren Augen als heilig er-
weise. 24 Ich hole euch heraus aus den Völ-
kern, ich sammle euch aus allen Ländern
und bringe euch in euer Land. 25 Ich gieße
reines Wasser über euch aus, dann werdet
ihr rein. Ich reinige euch von aller Unrein-
heit und von allen euren Götzen. 26 Ich
schenke euch ein neues Herz und lege einen
neuen Geist in euch. Ich nehme das Herz von
Stein aus eurer Brust und gebe euch ein
Herz von Fleisch. 27 Ich lege meinen Geist in
euch und bewirke, dass ihr meinen Gesetzen
folgt und auf meine Gebote achtet und sie er-
füllt. 28 Dann werdet ihr in dem Land woh-
nen, das ich euren Vätern gab. Ihr werdet
mein Volk sein und ich werde euer Gott sein.
29 Ich befreie euch von allem, womit ihr euch
unrein gemacht habt. Ich rufe dem Getreide
zu und befehle ihm zu wachsen. Ich ver-
hänge über euch keine Hungersnot mehr.
30 Ich vermehre die Früchte der Bäume und
den Ertrag des Feldes, damit ihr nicht mehr
unter den Völkern die Schande einer Hun-
gersnot ertragen müsst. 31 Dann werdet ihr
an euer verkehrtes Verhalten und an eure
bösen Taten denken und es wird euch ekeln
vor euch selbst wegen eurer Gräueltaten.
32 Doch nicht euretwegen handle ich so –
Spruch Gottes, des Herrn –, das sollt ihr wis-
sen. Errötet und vergeht vor Scham wegen
eures Treibens, ihr vom Haus Israel.

33 So spricht Gott, der Herr: Wenn ich euch
von all euren Sünden gereinigt habe, mache
ich die Städte wieder bewohnbar und die
Ruinen werden wieder aufgebaut. 34 Das ver-
ödete Land wird bestellt, es liegt nicht mehr
öde vor den Augen all derer, die vorüberge-
hen. 35 Dann wird man sagen: Dieses ver-
ödete Land ist wie der Garten Eden gewor-
den; die zerstörten, verödeten, vernichteten
Städte sind wieder befestigt und bewohnt.
36 Dann werden die Völker, die rings um
euch noch übrig sind, erkennen, dass ich, der
Herr, das Zerstörte wieder aufgebaut und
das Ödland wieder bepflanzt habe. Ich, der
Herr, habe gesprochen und ich führe es aus.

37 So spricht Gott, der Herr: Ich lasse mich
vom Haus Israel dazu bewegen, auch noch
das zu tun: Ich werde die Menschen vermeh-
ren wie eine Schafherde. 38 Wie die zum Op-
fer geweihten Schafe, wie die Schafe an den
Festen Jerusalem füllen, so sollen Herden
von Menschen die zerstörten Städte bevöl-
kern. Dann wird man erkennen, dass ich der
Herr bin.

17: Lev 15,19–27 • 19: 11,16 • 20: 20,39; Jes 52,5 • 21: 20,9 • 22: Jes 48,11; Ps 79,9; 106,8; 115,1; Jer 14,7 • 23: Mt 6,9 • 24: 11,17 • 25: Ps 51,9; Sach 13,1; Jer 33,8 • 26: 11,19f; 39,29 • 27: 11,20; 37,24 • 30: 34,29; Joël 2,19 • 31: 16,61–63; 20,43 • 36: Jer 1,10 • 38: Mi 2,12.

Die Vision von der Auferweckung Israels:
37,1–14

37 Die Hand des Herrn legte sich auf
mich und der Herr brachte mich im
Geist hinaus und versetzte mich mitten in
die Ebene. Sie war voll von Gebeinen. 2 Er
führte mich ringsum an ihnen vorüber und
ich sah sehr viele über die Ebene verstreut
liegen; sie waren ganz ausgetrocknet. 3 Er
fragte mich: Menschensohn, können diese
Gebeine wieder lebendig werden? Ich ant-
wortete: Herr und Gott, das weißt nur du.
4 Da sagte er zu mir: Sprich als Prophet über
diese Gebeine und sag zu ihnen: Ihr ausge-
trockneten Gebeine, hört das Wort des
Herrn! 5 So spricht Gott, der Herr, zu diesen
Gebeinen: Ich selbst bringe Geist in euch,
dann werdet ihr lebendig. 6 Ich spanne Seh-
nen über euch und umgebe euch mit Fleisch;
ich überziehe euch mit Haut und bringe
Geist in euch, dann werdet ihr lebendig.
Dann werdet ihr erkennen, dass ich der Herr
bin. 7 Da sprach ich als Prophet, wie mir be-
fohlen war; und noch während ich redete,
hörte ich auf einmal ein Geräusch: Die Ge-
beine rückten zusammen, Bein an Bein.
8 Und als ich hinsah, waren plötzlich Sehnen
auf ihnen und Fleisch umgab sie und Haut
überzog sie. Aber es war noch kein Geist in
ihnen. 9 Da sagte er zu mir: Rede als Prophet
zum Geist, rede, Menschensohn, sag zum
Geist: So spricht Gott, der Herr: Geist, komm
herbei von den vier Winden! Hauch diese Er-
schlagenen an, damit sie lebendig werden.
10 Da sprach ich als Prophet, wie er mir be-
fohlen hatte, und es kam Geist in sie. Sie
wurden lebendig und standen auf – ein gro-
ßes, gewaltiges Heer.

11 Er sagte zu mir: Menschensohn, diese
Gebeine sind das ganze Haus Israel. Jetzt
sagt Israel: Ausgetrocknet sind unsere Ge-
beine, unsere Hoffnung ist untergegangen,
wir sind verloren. 12 Deshalb tritt als Pro-
phet auf und sag zu ihnen: So spricht Gott,
der Herr: Ich öffne eure Gräber und hole
euch, mein Volk, aus euren Gräbern herauf.
Ich bringe euch zurück in das Land Israel.
13 Wenn ich eure Gräber öffne und euch,
mein Volk, aus euren Gräbern heraufhole,
dann werdet ihr erkennen, dass ich der Herr
bin. 14 Ich hauche euch meinen Geist ein,
dann werdet ihr lebendig und ich bringe
euch wieder in euer Land. Dann werdet ihr
erkennen, dass ich der Herr bin. Ich habe ge-
sprochen und ich führe es aus – Spruch des
Herrn.

1: 1,3; 3,22 • 5: Jes 26,19 • 10: Gen 2,7; Ps 104,30 • 14: 39,29.

**Eine weitere symbolische Handlung:
Die Wiedervereinigung Israels und Judas:**
37,15–28

15 Das Wort des Herrn erging an mich:
16 Du, Menschensohn, nimm dir ein Holz und
schreib darauf: Juda und die mit ihm ver-
bündeten Israeliten. Dann nimm dir ein an-
deres Holz, und schreib darauf: Josef
[Holz Efraims] und das ganze mit ihm ver-
bündete Haus Israel. 17 Dann füge beide zu
einem einzigen Holz zusammen, sodass sie
eins werden in deiner Hand. 18 Und wenn die
Söhne deines Volkes dich fragen: Willst du
uns nicht erklären, was das bedeuten soll?,
19 dann antworte ihnen: So spricht Gott, der
Herr: Ich nehme das Holz Josefs [das in der
Hand Efraims ist] und der mit ihm verbün-
deten Stämme Israels und lege es auf das
Holz Judas. Ich mache sie zu einem einzigen
Holz und sie werden eins in meiner Hand.
20 Die Hölzer, auf die du geschrieben hast,
sollst du vor ihren Augen in deiner Hand
halten. 21 Dann sag zu ihnen: So spricht Gott,
der Herr: Ich hole die Israeliten aus den Völ-
kern heraus, zu denen sie gehen mussten; ich
sammle sie von allen Seiten und bringe sie in
ihr Land. 22 Ich mache sie in meinem Land,
auf den Bergen Israels, zu einem einzigen
Volk. Sie sollen alle einen einzigen König ha-
ben. Sie werden nicht länger zwei Völker
sein und sich nie mehr in zwei Reiche teilen.
23 Sie werden sich nicht mehr unrein machen
durch ihre Götzen und Gräuel und durch all
ihre Untaten. Ich befreie sie von aller Sünde,
die sie in ihrer Untreue begangen haben, und
ich mache sie rein. Dann werden sie mein
Volk sein und ich werde ihr Gott sein.
24 Mein Knecht David wird ihr König sein
und sie werden alle einen einzigen Hirten
haben. Sie werden nach meinen Rechtsvor-
schriften leben und auf meine Gesetze ach-
ten und sie erfüllen. 25 Sie werden in dem
Land wohnen, das ich meinem Knecht Jakob
gegeben habe und in dem ihre Väter gewohnt
haben. Sie und ihre Kinder und Kindeskin-
der werden für immer darin wohnen und
mein Knecht David wird für alle Zeit ihr
Fürst sein. 26 Ich schließe mit ihnen einen
Friedensbund; es soll ein ewiger Bund sein.
Ich werde sie zahlreich machen. Ich werde
mitten unter ihnen für immer mein Heilig-
tum errichten 27 und bei ihnen wird meine
Wohnung sein. Ich werde ihr Gott sein und
sie werden mein Volk sein. 28 Wenn mein
Heiligtum für alle Zeit in ihrer Mitte ist,
dann werden die Völker erkennen, dass ich
der Herr bin, der Israel heiligt.

21: 34,13; 36,24 • 22: Jes 11,11.13; Ez 34,23 • 23: 11,20 • 25: 28,25 • 26: Jes 54,10 • 27: 43,7; 11,20; Lev 26,11f • 28: 36,23.

DER KAMPF GOTTES GEGEN GOG: 38,1 – 39,29

Die Kriegsvorbereitungen Gogs: 38,1–16

38 Das Wort des Herrn erging an mich:
2 Menschensohn, richte dein Gesicht
auf Gog im Land Magog, auf den Großfürs-
ten von Meschech und Tubal, tritt als Pro-
phet gegen ihn auf, 3 und sag: So spricht
Gott, der Herr: Ich will gegen dich vorgehen,
Gog, gegen dich, den Großfürsten von Me-
schech und Tubal. 4 Ich reiße dich herum und
schlage dir Haken durch deine Kinnbacken
und führe dich und deine ganze Streitmacht
heraus: Pferde und Reiter, alle prächtig ge-
kleidet, ein großes Heer, mit Langschild und
Rundschild; alle haben ihr Schwert in der
Hand. 5 Auch Paras, Kusch und Put sind da-
bei, alle ausgerüstet mit Schild und Helm,
dazu 6 Gomer und all seine Truppen, Bet-To-
garma aus dem äußersten Norden und all
seine Truppen. Viele Völker ziehen mit dir.
7 Rüste dich, halte dich bereit, du und dein
ganzes Heer, das bei dir versammelt ist; sei
mit ihnen auf dem Posten. 8 Nach langer Zeit
wirst du deinen Auftrag erhalten. Nach vie-
len Jahren wirst du in ein Land kommen,
dessen Volk dem Schwert entronnen ist und
aus vielen Völkern wieder auf den Bergen
Israels zusammengeführt wurde, die lange
verödet waren. Mitten aus den Völkern wur-
de es herausgeführt und alle leben in Sicher-
heit. 9 Wie ein Unwetter ziehst du herauf;
wie eine Wolke, die das ganze Land be-
deckt – du und all deine Truppen und viele
Völker mit dir.

10 So spricht Gott, der Herr: An jenem Tag
steigen (unheilvolle) Gedanken in deinem

37,22 in meinem Land: ergänzt nach G.
37,23 Sünde: Text korr.; vgl. G.
37,25 ihre Väter: Text korr. nach G und S; H: eure Väter.
37,26 Text korr.; H hat zwei weitere Wörter, die kaum ursprünglich sind.

38,1 – 39,29 Die Prophetie über »Gog im Land Magog«, hinter dessen Gestalt sich vielleicht der Name des mächtigen lydischen Königs Gyges verbirgt, ist eine mit apokalyptischen Zügen ausgestattete Schilderung des Feinds »aus dem Norden« (38,15).

Herzen auf und du ersinnst einen bösen
Plan. 11 Du sagst: Ich will gegen das unge-
schützte Land hinaufziehen und die friedli-
chen Menschen überfallen, die dort in Si-
cherheit leben; alle leben sie ohne Mauern
und sie haben keine Riegel und Tore. 12 Ich
will Beute machen und plündern, ich will
diese wieder bewohnten Trümmer angreifen
und das Volk überfallen, das aus den Völ-
kern zusammengeführt wurde, das sich wie-
der Herden und Besitz erworben hat und
jetzt auf dem Nabel der Erde wohnt. 13 Dann
werden dich Saba und Dedan und die Kauf-
leute und Händler von Tarschisch fragen:
Kommst du, um Beute zu machen? Hast du
deine Heere versammelt, um zu plündern,
um Silber und Gold wegzuschleppen, Her-
den und Besitz zu rauben und große Beute zu
machen?

14 Darum tritt als Prophet auf, Menschen-
sohn, und sag zu Gog: So spricht Gott, der
Herr: Dann, wenn mein Volk Israel sich in
Sicherheit wähnt, brichst du auf 15 und
ziehst aus deinem Land heran, aus dem äu-
ßersten Norden, du und viele Völker mit dir,
alle zu Pferd, ein großes Heer, eine gewaltige
Streitmacht. 16 Du ziehst gegen mein Volk Is-
rael heran wie eine Wolke, die das ganze
Land bedeckt. Am Ende der Tage wird es ge-
schehen: Ich lasse dich gegen mein Land he-
ranziehen; denn die Völker sollen mich er-
kennen, wenn ich mich vor ihren Augen an
dir, Gog, als heilig erweise.

2: 39,1; 27,13; 32,26 • 3: 39,1; Gen 10,2 • 4: 29,4 • 6: 27,14 • 13: 25,13 • 16: Ex 14,4.

Der Drohspruch gegen Gog: 38,17–23

17 So spricht Gott, der Herr: Du bist der,
von dem ich in früherer Zeit durch meine
Knechte gesprochen habe, durch die Prophe-
ten Israels, die in jenen Tagen und Jahren
weissagten, dass ich dich gegen Israel heran-
ziehen lasse. 18 Und an jenem Tag, wenn Gog
gegen das Land Israel heranzieht – Spruch
Gottes, des Herrn –, wird der Groll in mir
aufsteigen. 19 In meinem leidenschaftlichen
Eifer, im Feuer meines Zorns, schwöre ich:
An jenem Tag wird es im ganzen Land Israel
ein gewaltiges Erdbeben geben. 20 Dann zit-
tern die Fische im Meer und die Vögel am
Himmel vor mir, das Wild auf dem Feld und
alle kleinen Tiere, die auf dem Erdboden
kriechen, und alle Menschen auf Erden. Es
bersten die Berge, die Felswände stürzen ein
und alle Mauern fallen zu Boden. 21 Dann
rufe ich mein ganzes Bergland zum Krieg ge-
gen Gog auf – Spruch Gottes, des Herrn. Da
wird sich das Schwert des einen gegen den
andern wenden. 22 Ich richte ihn durch Pest
und (Ströme von) Blut; ich lasse Wolkenbrü-
che und Hagel, Feuer und Schwefel über ihn
und seine Truppen und über die vielen Völ-
ker, die bei ihm sind, herabregnen. 23 So wer-
de ich mich als groß und heilig erweisen und
mich vor den Augen vieler Völker zu erken-
nen geben. Dann werden sie erkennen, dass
ich der Herr bin.

21: Offb 20,8f.

Der Untergang Gogs: 39,1–22

39 Du, Menschensohn, tritt als Prophet
gegen Gog auf und sag: So spricht
Gott, der Herr: Ich will gegen dich vorgehen,
Gog, gegen dich, den Großfürsten von Me-
schech und Tubal. 2 Ich führe dich und locke
dich herbei, ich lasse dich aus dem äußersten
Norden heranziehen und führe dich ins
Bergland von Israel. 3 Dann schlage ich dir
den Bogen aus der linken Hand und lasse
deiner rechten die Pfeile entfallen. 4 Im
Bergland von Israel wirst du umkommen, du
und alle deine Truppen und die Völker, die
bei dir sind. Raubvögeln aller Art und den
wilden Tieren werfe ich dich zum Fraß vor.
5 Auf dem freien Feld wirst du fallen; denn
ich habe gesprochen – Spruch Gottes, des
Herrn.

6 Gegen Magog und die sorglosen Küsten-
bewohner sende ich Feuer. Dann werden sie
erkennen, dass ich der Herr bin. 7 Meinen
heiligen Namen offenbare ich in meinem
Volk Israel; ich will meinen heiligen Namen
nie mehr entweihen. Dann werden die Völ-
ker erkennen, dass ich der Herr bin, heilig in
Israel. 8 Es kommt und geschieht – Spruch
Gottes, des Herrn.

Das ist der Tag, von dem ich gesprochen
habe: 9 Die Einwohner der Städte Israels
werden hinausgehen; mit den Waffen, mit
Langschild und Rundschild, mit Bogen und
Pfeilen, mit Keulen und Lanzen machen sie
Feuer und heizen. Sieben Jahre lang machen
sie Feuer damit. 10 Sie sammeln kein Holz
auf den Feldern, sie schlagen kein Holz im
Wald, sondern verbrennen die Waffen. Sie
plündern die Plünderer und berauben die
Räuber – Spruch Gottes, des Herrn.

11 An jenem Tag weise ich Gog einen Platz

38,13 Händler: Text korr. H: alle seine Junglöwen.
38,14 brichst du auf: Text korr. nach G; H: wirst du es wissen.
38,17 Du bist der: Text korr. nach G und Vg; H formuliert als Fragesatz.

für sein Grab in Israel zu: das Tal der Durch-
reisenden, östlich vom (Toten) Meer. Das
Grab versperrt dann den Durchreisenden
den Weg. Dort wird man Gog und all seine
Pracht begraben und den Ort »Tal der Pracht
Gogs« nennen. 12 Sieben Monate wird das
Haus Israel brauchen, um alle zu begraben,
um das Land wieder rein zu machen. 13 Das
ganze Volk im Land wird helfen, sie zu be-
graben, und das wird ihm großes Ansehen
verschaffen an dem Tag, an dem ich mich als
herrlich erweise – Spruch Gottes, des Herrn.
14 Man wird Männer auswählen, die ständig
durch das Land ziehen und alle bestatten
sollen, die im Land verstreut liegen geblie-
ben sind. So soll man das Land wieder rein
machen. Und am Ende der sieben Monate
sollen sie das Land gründlich durchsuchen.
15 Wenn diese Männer durch das Land ziehen
und einer von ihnen einen Menschenknochen
findet, soll er die Stelle kennzeichnen, bis die
Totengräber ihn im Tal der Pracht Gogs be-
graben. 16 [Auch eine Stadt trägt den Namen
Hamona, »Die Pracht«.] So wird man das
Land rein machen.

17 Du aber, Menschensohn – so spricht
Gott, der Herr –, sag zu allen Vögeln und zu
allen wilden Tieren: Versammelt euch und
kommt her! Von überall kommt zu meinem
großen Opfer zusammen, das ich für euch
schlachte, zu meinem großen Opfer auf den
Bergen Israels, kommt und fresst Fleisch und
trinkt Blut! 18 Das Fleisch der Helden sollt
ihr fressen, das Blut der Fürsten der Erde
sollt ihr trinken. Lauter Widder, Lämmer
und Böcke, Stiere und gemästete Rinder aus
dem Baschan sind es. 19 Fresst euch satt am
Fett und berauscht euch am Blut meines Op-
fers, das ich für euch geschlachtet habe.
20 An meinem Tisch könnt ihr euch sättigen
mit Pferden und Reitern, mit Helden und
Kriegern aller Art – Spruch Gottes, des
Herrn.

21 So zeige ich unter den Völkern meine
Herrlichkeit. Alle Völker sehen, wie ich mein
Strafgericht abhalte, sie sehen, wie ich
meine Hand auf sie lege. 22 Dann wird das
Haus Israel erkennen, dass ich der Herr, sein
Gott, bin, von jenem Tag an und auch wei-
terhin.

1: 38,2; 32,26; 38,3f • 9: Ps 46,10 • 14: Num 19,16; Dtn 21,23 • 17: Offb 19,17–19 • 21: Ex 14,4.

Die Wiederherstellung Israels: 39,23–29

23 Die Völker werden erkennen, dass das
Haus Israel wegen seiner Schuld verschleppt
wurde. Denn sie sind mir untreu geworden;
darum habe ich mein Angesicht vor ihnen
verborgen und sie ihren Feinden ausgelie-
fert, sodass alle unter dem Schwert fielen.
24 Wie ihre Unreinheit und ihre Vergehen es
verdienten, so habe ich sie behandelt und
mein Angesicht vor ihnen verborgen.

25 Darum – so spricht Gott, der Herr: Jetzt
werde ich das Geschick Jakobs wenden, ich
will Erbarmen haben mit dem ganzen Haus
Israel und will mit leidenschaftlichem Eifer
für meinen heiligen Namen eintreten. 26 Sie
werden ihre Schande vergessen, vergessen,
wie oft sie mir untreu waren, wenn sie auf ih-
rem Grund und Boden in Sicherheit leben,
ohne dass sie jemand erschreckt, 27 wenn ich
sie aus den Völkern zurückgeholt und aus
den Ländern ihrer Feinde gesammelt habe
und so mich an ihnen vor den Augen vieler
Völker als heilig erweise. 28 Dann werden sie
erkennen, dass ich, der Herr, ihr Gott bin;
denn nachdem ich sie zu den Völkern wegge-
führt hatte, habe ich sie wieder in ihrem
Land versammelt und keinen von ihnen in
der Fremde zurückgelassen. 29 Ich verberge
mein Gesicht nicht mehr vor ihnen; denn ich
habe meinen Geist über das Haus Israel aus-
gegossen – Wort Gottes, des Herrn.

25: Ps 106,8 • 29: Jes 54,8; Ez 36,26; Joël 3,1.

DIE VISION VOM NEUEN ISRAEL: 40,1 – 48,35

Der neue Tempel: 40,1 – 44,3

Die Entrückung des Propheten: 40,1–4

40 Am zehnten Tag des Monats am Jah-
resanfang im fünfundzwanzigsten
Jahr nach unserer Verschleppung und im
vierzehnten Jahr nach der Eroberung der
Stadt (Jerusalem), genau an diesem Tag legte
sich die Hand des Herrn auf mich und er
brachte mich dorthin. 2 In göttlichen Visio-
nen brachte er mich ins Land Israel und
stellte mich auf einen sehr hohen Berg. In

39,12 Tote, die nicht begraben sind, machen das Land unrein (vgl. Num 19,11–22).

39,16 Der Zusatz nimmt aus V. 11 das Stichwort »Pracht« auf.

39,20 Reitern: Text korr. nach G.

40,1 – 44,3 Die Beschreibung des Tempels ist knapp, oft nicht recht klar, der Text vielfach schwierig und bisweilen verderbt. Die Übersetzung versucht eine durchschaubare Darstellung zu geben.

südlicher Richtung war auf dem Berg etwas wie eine Stadt erbaut. 3 Dorthin brachte er mich. Da sah ich einen Mann, der aussah, als sei er aus Bronze. Er hatte eine leinene Schnur und eine Messlatte in der Hand und stand im Tor. 4 Der Mann sagte zu mir: Menschensohn, öffne deine Augen und Ohren, sieh und höre und achte auf alles, was ich dir zeige. Denn du bist hierher gebracht worden, damit ich es dir zeige. Berichte alles, was du siehst, dem Haus Israel.

1: 1,3; 37,1.

Der Tempel, seine Tore und Höfe:
40,5 – 41,4

5 Da stand eine Mauer, die den Tempel ringsum außen umgab. Der Mann hatte in der Hand eine Messlatte von sechs Ellen, die je eine gewöhnliche Elle und eine Handbreit maßen. Und er maß die Dicke der Mauer – eine Latte – und die Höhe – eine Latte. 6 Dann ging er zum Osttor, stieg seine Stufen hinauf und maß die Schwellen des Tores: Sie waren eine Latte breit [jede Schwelle war eine Latte breit]. 7 Dann maß er die Torkammer: Sie war eine Latte lang und eine Latte breit. Der Abstand zwischen den Torkammern betrug fünf Ellen. Und er maß die Schwelle des Tors auf der Tempelseite der Vorhalle des Tors. 8 [Er maß die Vorhalle des Tors auf der Tempelseite – eine Latte.] 9 Dann maß er die Vorhalle des Tors – acht Ellen – sowie die Pfeiler des Tors – zwei Ellen. Die Vorhalle des Tors lag auf der Tempelseite des Tors. 10 Drei Torkammern des Osttors lagen auf der einen Seite, drei auf der andern; alle drei hatten jeweils die gleichen Maße und auch die Pfeiler hüben und drüben hatten die gleichen Maße. 11 Dann maß er die Breite der Toröffnung – zehn Ellen – und die Länge des Torgebäudes – dreizehn Ellen. 12 Vor allen Torkammern war eine Schranke, jeweils eine Elle hoch. Die Torkammern auf beiden Seiten maßen jeweils sechs Ellen. 13 Dann maß er die Breite des Torbaus vom Dachansatz einer Torkammer bis zum Dachansatz der gegenüberliegenden Torkammer von Tür zu Tür – fünfundzwanzig Ellen. 14 [Dann maß er die Vorhalle – zwanzig Ellen. An das Tor stieß ringsum der Vorhof.] 15 Von der Vorderseite des Toreingangs bis zur Tempelseite der Vorhalle des Tors innen waren es fünfzig Ellen. 16 Die Torkammern ringsum hatten verschließbare Fenster, ebenso innen die Pfeiler und die Vorhalle. Ringsum befanden sich innen Fenster. Die Pfeiler waren mit Palmen verziert.

17 Dann brachte er mich in den Vorhof. Rings um den Vorhof lagen Räume und davor war ringsum ein Steinpflaster angelegt; dreißig Räume grenzten an das Pflaster. 18 Das Steinpflaster schloss sich seitlich an die Tore an und es war genauso breit wie der Vorsprung der Tore (in den Vorhof). Das war das untere Steinpflaster. 19 Dann maß er den Abstand von der Innenseite der Außentore zur Außenseite der Innentore im Osten und Norden – je hundert Ellen.

20 Auch das Nordtor des Vorhofs maß er der Länge und Breite nach. 21 Es hatte je drei Torkammern auf beiden Seiten. Seine Pfeiler und seine Torkammern hatten die gleichen Maße wie die des ersten Tors. Im Ganzen war es fünfzig Ellen lang und fünfundzwanzig Ellen breit. 22 Seine Fenster, seine Vorhalle und sein Palmenschmuck hatten die gleichen Maße wie die des Osttors. Man musste sieben Stufen zu ihm hinaufsteigen. Auf der Innenseite lag seine Vorhalle. 23 Wie beim Osttor lag auch dem Nordtor ein Tor gegenüber, das zum Innenhof führte, und er maß den Abstand von Tor zu Tor – hundert Ellen.

24 Dann führte er mich nach Süden und auch im Süden war ein Tor. Und er maß seine Pfeiler und seine Vorhalle; sie entsprachen den Maßen der anderen. 25 Auch die Fenster des Tors und seiner Vorhalle ringsum entsprachen den anderen Fenstern. Im Ganzen war es fünfzig Ellen lang und fünfundzwanzig Ellen breit. 26 Sieben Stufen führten zu ihm hinauf. Auf der Innenseite lag seine Vorhalle. Die beiden Pfeiler dieses Tors waren hüben und drüben mit je einer Palme verziert. 27 Auch auf der Südseite war ein Tor zum Innenhof und er maß den Abstand von Tor zu Tor im Süden – hundert Ellen.

28 Dann brachte er mich durch das Südtor in den Innenhof und maß das Südtor. Es hatte die gleichen Maße wie die anderen Tore: 29 Seine Torkammern, seine Pfeiler und seine Vorhalle hatten die gleichen Maße wie dort. Auch dieses Tor und seine Vorhalle hatten ringsum Fenster. Im Ganzen war es

---

40,5 Die Messung erfolgt mit der größeren, königlichen Elle.
40,14 H verderbt; übersetzt nach G; Sinnzusammenhang unklar.
40,19 Übersetzt nach G.
40,22.26 Auf der Innenseite: Text korr. nach G; H: Nach ihrer Vorderseite.

fünfzig Ellen lang und fünfundzwanzig Ellen breit.

30 [Ringsherum waren Vorhallen, fünfundzwanzig Ellen lang und fünf Ellen breit.] 31 Seine Vorhalle lag auf der Seite zum Vorhof. Seine Pfeiler waren mit Palmen verziert und acht Stufen führten zu ihm hinauf.

32 Dann brachte er mich zur Ostseite des Innenhofs und maß das Tor ab. Es hatte die gleichen Maße wie die anderen Tore: 33 Seine Torkammern, seine Pfeiler und seine Vorhalle hatten die gleichen Maße wie dort. Auch dieses Tor und seine Vorhalle hatten ringsum Fenster. Im Ganzen war es fünfzig Ellen lang und fünfundzwanzig Ellen breit. 34 Seine Vorhalle lag auf der Seite zum Vorhof. Seine beiden Pfeiler waren hüben und drüben mit je einer Palme verziert und acht Stufen führten zu ihm hinauf.

35/36 Dann brachte er mich zum (inneren) Nordtor und stellte auch bei seinen Torkammern, seinen Pfeilern und seiner Vorhalle die gleichen Maße fest. Auch dieses Tor hatte ringsum Fenster. Im Ganzen war es fünfzig Ellen lang und fünfundzwanzig Ellen breit. 37 Seine Vorhalle lag auf der Seite zum Vorhof, seine beiden Pfeiler waren hüben und drüben mit je einer Palme verziert und acht Stufen führten zu ihm hinauf.

38 An den Pfeilern des Tors war der Eingang zu einem besonderen Raum, in dem man das Brandopfer abspülte. 39 In der Vorhalle des Tors standen an beiden Seiten je zwei Tische, auf denen die Brand-, Sünd- und Schuldopfer geschlachtet wurden. 40 An der Außenwand standen neben dem Toreingang im Norden je zwei Tische und an der gegenüberliegenden Wand der Vorhalle des Tors ebenfalls je zwei Tische; 41 je vier Tische standen also an den beiden Stirnwänden (der Vorhalle) des Tors, zusammen acht Tische. Auf ihnen schlachtete man (die Opfertiere).

42/43 Die vier Tische für das Brandopfer waren aus behauenen Steinen. Sie waren anderthalb Ellen lang, anderthalb Ellen breit und eine Elle hoch. Innen (in der Vorhalle) hatte man ringsum handbreite Randleisten angebracht. Auf sie legte man die Geräte, mit denen man die Brand- und Schlachtopfer schlachtete, und auf die Tische legte man das Opferfleisch. 44 Neben dem (nördlichen und südlichen) Innentor lagen zwei Räume; der neben dem Nordtor liegende öffnete sich nach Süden zum Innenhof, der neben dem Südtor liegende öffnete sich nach Norden zum Innenhof. 45 Er sagte zu mir: Der Raum, der sich nach Süden öffnet, gehört den Priestern, die im Tempel dienen. 46 Der Raum aber, der sich nach Norden öffnet, gehört den Priestern, die am Altar dienen; das sind die Nachkommen Zadoks, die als einzige aus dem Stamm Levi vor den Herrn hintreten dürfen, um ihm zu dienen.

47 Dann maß er den Innenhof – ein Quadrat von hundert Ellen Länge und hundert Ellen Breite. Vor dem Tempelgebäude stand der Altar. 48 Darauf führte er mich zur Vorhalle des Tempels und maß die Pfeiler der Vorhalle zu beiden Seiten – je fünf Ellen. Die Breite der Toröffnung betrug vierzehn Ellen und die Breite der beiden Seitenwände (neben der Toröffnung) je drei Ellen. 49 Die Vorhalle war zwanzig Ellen breit und zwölf Ellen lang. Zehn Stufen musste man zu ihr hinaufsteigen. An den Pfeilern standen außen Säulen, je eine auf jeder Seite.

41 Dann brachte er mich zur Tempelhalle und maß die Pfeiler zu beiden Seiten (des Eingangs); jeder war sechs Ellen dick. [So dick waren die Pfeiler.] 2 Die Breite der Türöffnung betrug zehn Ellen und die der beiden Seitenwände neben der Türöffnung je fünf Ellen. Darauf maß er die Länge der Tempelhalle – vierzig Ellen – und ihre Breite – zwanzig Ellen. 3 Er trat ins Innere und maß die Pfeiler der Türöffnung (zum Allerheiligsten) – zwei Ellen – und die Türöffnung – sechs Ellen – sowie die Breite der Seitenwände neben der Türöffnung – sieben Ellen. 4 Und er maß seine Länge – zwanzig Ellen – und seine Breite an der Seite der Tempelhalle – zwanzig Ellen. Und er sagte zu mir: Das ist das Allerheiligste.

40,5 – 42,20: 1 Kön 7 • 40,46: 43,19; 44,15; 48,11; 1 Chr 5,34–41; 1 Kön 1,8.39.

Die Nebengebäude des Tempels: 41,5–12

5 Dann maß er die Mauer des Tempelgebäudes – sechs Ellen dick – und die Breite des Anbaus rings um das Tempelgebäude – vier Ellen. 6 (In dem Anbau waren) Nebenräume, einer am andern, im ganzen dreißig in drei Stockwerken. An der Mauer des Tem-

---

40,37 seine Vorhalle: Text korr. nach G (vgl. V. 31 und V. 34).
40,44 zwei: Text korr. nach G. – Südtor: Text korr. nach G; H: Osttor.
40,48 vierzehn Ellen und die Breite der beiden Seitenwände: Text korr. nach G; vgl. 41,1.
40,49 zwölf: Text korr. nach G; H: elf. – zehn: Text korr. nach G.
41,1 Text korr.
41,3 der Seitenwände: ergänzt nach G.
41,6 dreißig in drei: Text korr.; vgl. die alten Übersetzungen; H: dreiunddreißig.

pelgebäudes waren ringsum Vorsprünge für
die (Deckenbalken der) Nebenräume; die
Vorsprünge dienten als Auflagen; es brauch-
ten also in der Wand des Tempelgebäudes
keine Auflagen zu sein. 7 Durch die Neben-
räume ergab sich bis zu einer bestimmten
Höhe hinauf eine Verbreiterung, denn das
Tempelgebäude war ringsum umbaut; durch
diesen Anbau ergab sich eine Verbreiterung
bis zu einer bestimmten Höhe. Vom unters-
ten Stockwerk konnte man (im Innern) über
das mittlere zum oberen hinaufsteigen. 8 Das
Tempelgebäude selbst konnte man von allen
Seiten (über die Anbauten) herausragen se-
hen. Die Fundamente der Nebenräume wa-
ren eine ganze Messlatte dick – sechs Ellen.
9 Die Außenmauer des Anbaus war fünf El-
len dick. Zwischen den Nebenräumen des
Tempelgebäudes 10 und den (Priester-)Räu-
men war ein freier Platz von zwanzig Ellen
Breite, der rings um den Tempel herumlief.
11 Aus dem Anbau führten zwei Türen ins
Freie, eine im Norden und eine im Süden.
Die Mauer des freien Platzes war ringsum
fünf Ellen dick. 12 Vor dem eingefriedeten
Platz lag auf der Westseite ein (großes) Ge-
bäude, das neunzig Ellen breit und siebzig
Ellen lang war. Die Mauer dieses Gebäudes
war ringsum fünf Ellen dick.

Die Maße des Tempels: 41,13–15a

13 Dann maß er das Tempelgebäude – hun-
dert Ellen lang – sowie den eingefriedeten
Platz, das andere Gebäude und seine Mau-
ern – auch hundert Ellen lang. 14 Die Breite
der Vorderseite des Tempels und des einge-
friedeten Platzes betrug im Osten zusam-
men ebenfalls hundert Ellen. 15 Und er maß
die Breite des (großen) Gebäudes, das vor
dem eingefriedeten Platz lag, auf der Rück-
seite und (die Länge) der Terrassenbauten
auf seinen beiden Seiten – wieder je hundert
Ellen.

Das Innere des Tempels: 41,15b–26

Das Innere der Tempelhalle und der Vor-
halle, die aus dem Innenhof in den Tempel
führt, 16 waren getäfelt. Die Rahmen der ver-
schließbaren Fenster und die drei Gesimse,
die von der Schwelle an ringsum liefen, wa-
ren aus Holz; ebenso gab es vom Fußboden
bis zu den Fenstern – die Fenster waren ver-
deckbar – 17 und bis über die Türöffnungen
hinauf eine Holztäfelung. Auf allen Wänden
ringsum, auch auf den Wänden zum Innen-
raum und nach draußen, war die Täfelung in
Felder eingeteilt, auf denen 18 geschnitzte
Kerubim und Palmen zu sehen waren, je eine
Palme zwischen zwei Kerubim. Jeder Kerub
hatte zwei Gesichter: 19 Ein Menschengesicht
(blickte) zur einen Palme und ein Löwenge-
sicht zur andern. So war das ganze Haus
ringsum ausgestaltet. 20 Vom Fußboden bis
über die Türöffnungen hinauf waren an der
Tempelwand Kerubim und Palmen ange-
bracht. 21 Die Tür der Tempelhalle hatte ei-
nen vierfach gestuften Türrahmen. Vor dem
Allerheiligsten war etwas, das aussah wie
22 ein Altar aus Holz, drei Ellen hoch, zwei
Ellen lang und zwei Ellen breit. Seine Ecken,
sein Sockel und seine Wände waren aus
Holz. Der Mann sagte zu mir: Das ist der
Tisch, der vor dem Herrn steht. 23 Die Tem-
pelhalle und das Allerheiligste hatten je eine
Doppeltür. 24 Die Türen hatten zwei Türflü-
gel, zwei drehbare Türflügel, zwei die eine
Tür und zwei die andere Tür. 25 An den Türen
der Tempelhalle waren Kerubim und Palmen
angebracht wie an den Wänden. Außen, an
der Vorderseite der Vorhalle, war ein Vor-
dach aus Holz. 26 An den beiden Seitenwän-
den der Vorhalle und an den Nebenräumen
des Tempels [und an den Vordächern] waren
verschließbare Fenster und Palmen.

22: Ex 25,23–30; 40,22f.

Die Räume für die Priester: 42,1–14

42 Dann führte er mich in den nördli-
chen Teil des Vorhofs hinaus und
brachte mich zu einem Bau mit Einzelräu-
men, der gegenüber dem eingefriedeten
Platz und im Norden des (großen) Gebäudes
lag. 2 An seiner Längsseite gegenüber dem
Nordeingang (des großen Gebäudes) maß
dieser Bau hundert Ellen; seine Breite betrug
fünfzig Ellen. 3 Der Bau lag gegenüber dem
freien Platz von zwanzig Ellen, der zum In-
nenhof gehörte, und gegenüber dem Stein-
pflaster, das zum Vorhof gehörte. Er war ter-
rassenartig angelegt, mit drei Stockwerken.
4 Vor den Räumen lief ein Gang entlang,

41,7 Text korr. nach G. Der ganze Vers ist unklar.
41,8a Sinn von H nicht ganz klar.
41,9 Zwischen: Text korr.; vgl. G.
41,11 Die Mauer: Text korr.; vgl. G; H: Der Platz.
41,16 waren getäfelt: Text korr. nach G.
41,17 Text unklar.
41,22 und zwei Ellen breit: Text korr., eingefügt nach G. – sein Sockel: Text korr. nach G; H: seine Länge.
42,4 hundert Ellen lang: Text korr. nach G und S; H: ein Weg von einer Elle.

zehn Ellen breit und hundert Ellen lang. Die
Eingänge der Räume lagen im Norden. 5 Die
oberen Räume des Baus waren kürzer als die
mittleren und die unteren; denn die Terras-
sen nahmen ihnen Platz weg. 6 Das Ganze
war dreistöckig; die Stockwerke hatten aber
keine Säulen wie der Vorhof; deswegen wur-
den sie von unten nach oben, vom unteren
über das mittlere (bis zum oberen) immer
kürzer. 7 Außen zog sich an den Räumen zum
Vorhof hin eine Mauer entlang. An der Vor-
derseite der Räume war sie fünfzig Ellen
lang; 8 da die Räume, die zum Vorhof gehör-
ten, ebenfalls fünfzig Ellen lang waren, war
die ganze Mauer hundert Ellen lang. 9 Der
Zugang zu den unteren Räumen (des Terras-
senbaus) lag im Osten, dort, wo man vom
Vorhof herkam, 10 an der Breitseite der Mau-
er zum Vorhof.

Im Süden des eingefriedeten Platzes und
des (großen) Gebäudes war ebenfalls ein Bau
mit Einzelräumen 11 und auch an ihrer Vor-
derseite lief ein Weg entlang. Sie hatten das-
selbe Aussehen, die gleiche Länge und Brei-
te, die gleichen Eingänge, dieselbe Anord-
nung und ebenso viele Türen wie die Räume
im Norden. 12 Der Zugang zu den Türen der
Räume im Süden lag am Anfang des nach
Osten führenden Weges, der am Kopfende
der Schutzmauer begann.

13 Der Mann sagte zu mir: Die Räume im
Norden und die Räume im Süden, die vor
dem umfriedeten Platz liegen, sind heilige
Räume. Dort sollen die Priester, die vor den
Herrn hintreten dürfen, die hochheiligen
Gaben verzehren und dort sollen sie die
hochheiligen Gaben, die Speise-, Sünd- und
Schuldopfer niederlegen; denn der Ort ist
heilig. 14 Wenn die Priester in das Heiligtum
gegangen sind, sollen sie von dort nicht zum
Vorhof hinausgehen, sondern ihre Gewän-
der, in denen sie Dienst getan haben, in die-
sen Räumen ablegen; denn die Gewänder
sind heilig. Sie sollen andere Kleider anzie-
hen und erst dann auf den Platz hinaustre-
ten, der für das Volk vorgesehen ist.

14: 44,19.

Die Maße des Tempelbezirks: 42,15–20

15 Als er den inneren Tempelbezirk ver-
messen hatte, führte er mich zum Osttor hi-
naus und vermaß den ganzen Tempelbezirk
ringsum. 16 Er maß mit seiner Messlatte die
Ostseite – fünfhundert Ellen [mit der Mess-
latte]. Dann wandte er sich (der Nordseite
zu) 17 und maß mit der Messlatte die Nord-
seite – fünfhundert Ellen. Dann wandte er
sich 18 der Südseite zu und maß mit der
Messlatte wieder fünfhundert Ellen. 19 Dann
wandte er sich der Westseite zu und maß mit
der Messlatte wieder fünfhundert Ellen.
20 Nach allen vier Windrichtungen vermaß er
den Tempelbezirk: Der Tempelbezirk hatte
ringsum eine Mauer, fünfhundert Ellen in
der Länge und fünfhundert Ellen in der
Breite; sie sollte das Heilige vom Unheiligen
trennen.

Der Einzug des Herrn in den Tempel:
43,1–12

43 Dann führte er mich zu einem der
Tore, dem Tor, das im Osten lag. 2 Da
sah ich, wie die Herrlichkeit des Gottes Isra-
els aus dem Osten herankam. Ihr Rauschen
war wie das Rauschen gewaltiger Wasser-
massen und die Erde leuchtete auf von seiner
Herrlichkeit. 3 Die Erscheinung, die ich sah,
war wie die Erscheinung, die ich damals sah,
als er kam, um die Stadt zu vernichten, und
wie die Erscheinung, die ich am Fluss Kebar
gesehen hatte. Da fiel ich nieder auf mein
Gesicht. 4 Und die Herrlichkeit des Herrn
zog in den Tempel ein durch das Tor, das im
Osten lag.

5 Der Geist hob mich empor und brachte
mich in den Innenhof. Und die Herrlichkeit
des Herrn erfüllte den Tempel. 6 Dann hörte
ich vom Tempel her, während der Mann ne-
ben mir stand, einen, der mit mir redete; 7 er
sagte zu mir: Menschensohn, das ist der Ort,
wo mein Thron steht, und der Ort, wo meine
Füße ruhen; hier will ich für immer mitten
unter den Israeliten wohnen. Das Haus Israel
aber und seine Könige sollen meinen heiligen
Namen nie mehr beflecken mit ihrer Un-
zucht und mit den Leichen ihrer Könige
[wenn sie tot sind]. 8 Sie legten ihre Schwelle
neben meine Schwelle und setzten ihre Tür-
pfosten neben meine Türpfosten, sodass zwi-
schen mir und ihnen nur eine Wand war. So
befleckten sie meinen heiligen Namen durch
die Gräueltaten, die sie begingen, und ich
musste sie in meinem Zorn vernichten.
9 Jetzt aber sollen sie ihre Unzucht und die
Leichen ihrer Könige von mir fern halten,

42,8 die ganze (Mauer): Text korr. nach G.
42,10 Im Süden: Text korr.; vgl. G; H: Im Osten.
42,12 Text unklar, die Übersetzung ist ein Versuch.
42,16f Dann wandte er sich: Text korr. nach G.
43,3 als er kam: Text korr. nach einigen H-Handschriften und Vg; H: als ich kam.

sodass ich für immer mitten unter ihnen
wohnen kann.
10 Du, Menschensohn, berichte dem Haus
Israel über den Tempel, damit sie sich wegen
ihrer bösen Taten schämen. Sie sollen den
Entwurf des Tempels kennen lernen. 11 Wenn
sie sich all dessen schämen, was sie getan ha-
ben, dann mach ihnen den Plan des Tempels
bekannt, seine Einrichtung, seine Ausgänge
und Eingänge und seinen ganzen Plan, alle
ihn betreffenden Gesetze [meine ganzen Plä-
ne] und alle ihn betreffenden Anweisungen.
Zeichne alles vor ihren Augen auf! Sie sollen
darauf achten, dass sie seinen ganzen Plan
ausführen und alle ihn betreffenden Gesetze
befolgen.
12 Das ist meine Anweisung für den Tem-
pelbezirk. Das ganze Gebiet auf dem Gipfel
des Berges ringsum ist hochheiliger Boden.
[Siehe, das ist die Anweisung für den Tem-
pelbezirk.]

2: 1,28; Offb 1,15 • 3: Kap. 8 – 11; 1,3 • 4: Ex 40,34; 1 Kön 8,10f • 7: Ps 132,7f; Klgl 2,1; Ez 37,26f.

Der Altar im Innenhof und die Altarweihe: 43,13–27

13 Das waren die Maße des Altars, gemes-
sen in Ellen, die Elle zu einer gewöhnlichen
Elle und einer Handbreit gerechnet: Der
Graben (um den Altar) war eine Elle tief und
eine Elle breit und die gemauerte Einfassung
an seinem Rand war eine Spanne breit. Die
Höhe des Altars maß: 14 vom Boden des Gra-
bens bis zur unteren Stufe zwei Ellen; die
Stufe war eine Elle breit; auf diese niedrige
Stufe folgte eine höhere Stufe von vier Ellen,
die oben wieder eine Elle zurücksprang.
15 Der (darauf folgende) Opferherd war vier
Ellen hoch und an dem Opferherd ragten
vier Hörner empor. 16 Der Opferherd hatte
eine Länge von zwölf Ellen und eine Breite
von zwölf Ellen; er war quadratisch. 17 Auch
die (mittlere) Stufe war quadratisch, vier-
zehn Ellen lang und vierzehn Ellen breit.
Rings um die untere Stufe lief eine gemauer-
te Einfassung von einer halben Elle (Höhe).
Der Graben, der sie umgab, maß ringsum
eine Elle. Im Osten führte eine Treppe zum
Altar hinauf.
18 Dann sagte er zu mir: Menschensohn, so
spricht Gott, der Herr: Das sind die Gesetze
für den Tag, an dem der Altar fertig gestellt
wird, damit man Brandopfer auf ihm dar-
bringen und Blut auf ihn sprengen kann:
19 Du sollst den levitischen Priestern, den
Nachkommen Zadoks, die vor mich hintre-
ten dürfen, um mir zu dienen – Spruch Got-
tes, des Herrn –, einen jungen Stier zum
Sündopfer geben. 20 Dann sollst du etwas
von seinem Blut nehmen und es auf die vier
Hörner und auf die vier Ecken der (mittle-
ren) Stufe sowie ringsum auf die gemauerte
Einfassung tun. So sollst du den Altar ent-
sündigen und entsühnen. 21 Dann sollst du
den Stier des Sündopfers nehmen und man
soll ihn auf dem dafür vorgesehenen Platz
beim Tempel außerhalb des Heiligtums ver-
brennen. 22 Am zweiten Tag sollst du einen
Ziegenbock, der ohne Fehler ist, als Sünd-
opfer darbringen und man soll den Altar da-
mit entsündigen, wie man ihn mit dem Stier
entsündigt hat.
23 Wenn du die Entsündigung vollzogen
hast, sollst du einen jungen Stier, der ohne
Fehler ist, sowie einen Widder aus der Her-
de, der ohne Fehler ist, darbringen. 24 Du
sollst beide vor den Herrn bringen und die
Priester sollen sie mit Salz bestreuen und
dem Herrn als Brandopfer darbringen.
25 Sieben Tage lang sollst du täglich einen
Bock als Sündopfer darbringen und man soll
(täglich) einen jungen Stier und einen Wid-
der aus der Herde – Tiere ohne Fehler – dar-
bringen. 26 Sieben Tage lang soll man den Al-
tar entsühnen, rein machen und einweihen.
27 Man soll diese Tage genau einhalten. Vom
achten Tag an sollen dann die Priester auf
dem Altar eure Brand- und Heilsopfer dar-
bringen. Dann will ich euch gnädig sein –
Spruch Gottes, des Herrn.

13: Ex 27,1–8; 1 Kön 8,64 • 18: Ex 29,36f • 19: 40,46; 44,15.

Das verschlossene Tor: 44,1–3

44 Dann führte er mich zum äußeren
Osttor des Heiligtums zurück. Es
war geschlossen. 2 Da sagte der Herr zu mir:
Dieses Tor soll geschlossen bleiben, es soll
nie geöffnet werden, niemand darf hin-
durchgehen; denn der Herr, der Gott Israels,
ist durch dieses Tor eingezogen; deshalb
bleibt es geschlossen. 3 Nur der Fürst darf,
weil er der Fürst ist, sich dort niedersetzen,
um vor den Augen des Herrn die Opfermahl-
zeit abzuhalten. Dabei soll er von der Vor-
halle des Tores aus eintreten und auf dem
gleichen Weg wieder hinausgehen.

2: Ps 24,7 • 3: 46,2.

43,10 kennen lernen, wörtlich: ausmessen.
43,14 die oben . . . zurücksprang: H wörtlich: und die Breite eine Elle.
43,17 Text ergänzt; vermutlich ist ein Satz ausgefallen.

Die Vorschriften für den Kult und die Verteilung des Landes: 44,4 – 48,35

Die Leviten und Priester: 44,4–31

4 Dann führte er mich zum Nordtor, zur
Vorderseite des Tempels. Ich sah: Die Herr-
lichkeit des Herrn erfüllte den Tempel des
Herrn. Und ich fiel nieder auf mein Gesicht.
5 Der Herr sagte zu mir: Menschensohn, gib
Acht, öffne deine Augen und deine Ohren
und hör auf alles, was ich zu dir sage, ver-
nimm alle Gesetze und Anweisungen über
den Tempel des Herrn! Achte an allen Ein-
gängen des Heiligtums darauf, wer den Tem-
pel betritt. 6 Sag zu dem widerspenstigen
Haus Israel: So spricht Gott, der Herr: Hört
endlich auf mit all euren Gräueltaten, ihr
vom Haus Israel! 7 Fremde, die unbeschnit-
ten sind am Herzen und unbeschnitten am
Körper, sie habt ihr eintreten lassen, sie
waren in meinem Heiligtum und haben mei-
nen Tempel entweiht, wenn ihr mir meine
Opferspeise, Fett und Blut, dargebracht
habt. So habt ihr mit all euren Gräueltaten
meinen Bund gebrochen. 8 Ihr wolltet den
Dienst in meinem Heiligtum nicht verrich-
ten, sondern ihr habt sie an eurer Stelle
den Dienst in meinem Heiligtum verrichten
lassen.

9 So spricht Gott, der Herr: Kein Fremder,
der unbeschnitten ist am Herzen und unbe-
schnitten am Körper, darf mein Heiligtum
betreten, keiner von all den Fremden, die bei
den Israeliten leben, 10 sondern nur die Levi-
ten. Doch weil sie mich verlassen haben, als
Israel in die Irre ging, und weil sie statt mir
ihren Götzen gefolgt sind, müssen sie die
Folgen ihrer Schuld tragen: 11 Sie dürfen in
meinem Heiligtum nur Wächter an den Tem-
peltoren und Tempeldiener sein; sie dürfen
(die Tiere für) das Brandopfer und das
Schlachtopfer des Volkes schlachten und
sollen vor den Leuten bereitstehen, um ihnen
zu dienen. 12 Weil sie ihnen bei ihrem Göt-
zendienst geholfen haben und für das Haus
Israel der Anlass wurden, in Schuld zu fal-
len, darum habe ich meine Hand gegen sie
erhoben – Spruch Gottes, des Herrn –; sie
müssen die Folgen ihrer Schuld tragen. 13 Sie
dürfen nicht mehr vor mich hintreten, um
mir als Priester zu dienen und alle meine hei-
ligen Geräte und hochheiligen Opfer zu be-
rühren. Sie müssen ihre Schande und die
Folgen der Gräueltaten tragen, die sie be-
gangen haben. 14 Ich setze sie als Tempeldie-
ner ein, damit sie alles erledigen, was im
Tempel zu tun ist. 15 Die levitischen Priester,
die Nachkommen Zadoks, die mir in meinem
Heiligtum treu gedient haben, als die Israeli-
ten mich verließen und in die Irre gingen, sie
sollen vor mich hintreten und mir dienen, sie
sollen vor mir stehen, um mir Fett und Blut
darzubringen – Spruch Gottes, des Herrn.
16 Sie dürfen in mein Heiligtum kommen und
an meinen Tisch herantreten, um mir zu die-
nen; sie sollen meinen Dienst verrichten.

17 Wenn sie durch die Tore des Innenhofs
hineingehen, sollen sie Leinengewänder tra-
gen. Sie dürfen nichts Wollenes tragen, wenn
sie in den Toren des Innenhofs und im Tem-
pel Dienst tun. 18 Sie sollen einen Kopfbund
aus Leinen aufsetzen und leinene Hosen an-
ziehen; sie sollen keine Kleider tragen, in de-
nen man schwitzt. 19 Wenn sie in den Vorhof
zum Volk hinausgehen, sollen sie die Leinen-
gewänder ausziehen, in denen sie Dienst
getan haben; sie sollen sie in die heiligen
Räume legen und andere Kleider anziehen,
damit sie das Volk nicht durch ihre Leinen-
gewänder heilig machen.

20 Sie sollen weder ihren Kopf kahl sche-
ren, noch ihre Haare lang herabhängen
lassen, sondern sie sollen ihr Haar kurz
schneiden. 21 Ein Priester darf keinen Wein
trinken, wenn er den Innenhof betreten
muss. 22 Die Priester dürfen keine Witwe und
keine verstoßene Frau heiraten, sondern nur
Jungfrauen aus der Nachkommenschaft des
Hauses Israel. Eine Witwe aber, die mit
einem Priester verheiratet war, dürfen sie
zur Frau nehmen.

23 Sie sollen mein Volk über den Unter-
schied zwischen heilig und nicht heilig be-
lehren und ihnen den Unterschied zwischen
unrein und rein deutlich machen. 24 Bei ei-
nem Rechtsstreit sind sie die Richter; nach
meinen Rechtsvorschriften sollen sie ihn ent-
scheiden. An allen meinen Festen sollen sie
auf meine Weisungen und meine Gesetze
achten und sie sollen meine Sabbat-Tage
heilig halten. 25 Einem Toten sollen sie sich
nicht nähern; denn sie werden dadurch un-
rein. Nur beim Tod von Vater und Mutter,
Sohn und Tochter, Bruder und unverheirate-
ter Schwester dürfen sie sich unrein machen;
26 wenn der Priester dann wieder rein gewor-
den ist, soll er noch sieben Tage warten.
27 Wenn er danach wieder in den Innenhof
des Heiligtums geht, um dort Dienst zu tun,

44,18 Schweiß macht demnach wie andere Ausscheidungen (vgl. Dtn 23,12–14) unrein und kultunfähig.

dann soll er ein Sündopfer für sich darbrin-
gen – Spruch Gottes, des Herrn.
28 Erbbesitz dürfen sie nicht haben; ich bin
ihr Erbbesitz. Auch Eigentum sollt ihr ihnen
in Israel nicht geben; ich bin ihr Eigentum.
29 Sie dürfen das Speise-, Sünd- und Schuld-
opfer essen. Jede Gabe, die man in Israel
Gott weiht, gehört ihnen. 30 Das Beste von al-
len Erstlingsopfern, all eure Abgaben, die ihr
entrichten müsst, gehören den Priestern;
auch das Beste von dem, was ihr backt, sollt
ihr dem Priester geben, damit ihr Segen über
eure Häuser bringt. 31 Verendete und (von
Raubtieren) zerrissene Vögel und Tiere dür-
fen die Priester nicht essen.

7: Jes 52,1; Jer 9,25 • 15: 40,46 • 18: Lev 6,3f; 16,4 • 19: 46,20 • 20: Lev 21,5; 19,27 • 21: Lev 10,9 • 22: Lev 21,7.13f • 23: 22,26; Lev 10,10 • 24: Dtn 17,8f • 25: Lev 21,1–4 • 28: Num 18,20–24; Dtn 18,1f • 29–30: Ex 25,2; Num 15,20; Neh 10,38 • 31: Lev 22,8.

Die Aufteilung des Kerngebietes: 45,1–8

45 Wenn ihr das Land durch das Los
verteilt, sollt ihr ein Stück von fünf-
undzwanzigtausend Ellen Länge und zwan-
zigtausend Ellen Breite als eine Abgabe für
den Herrn zurückbehalten. Es soll in seinem
ganzen Umfang heilig sein. 2 Davon gehört
um den Tempel herum ein Quadrat von fünf-
hundert mal fünfhundert Ellen dem Heilig-
tum, dazu ringsum fünfzig Ellen unbestelltes
Land. 3 Von diesem abgemessenen Stück
Land sollt ihr wiederum ein Stück von fünf-
undzwanzigtausend Ellen Länge und zehn-
tausend Ellen Breite abmessen, auf dem das
hochheilige Heiligtum stehen soll. 4 Das ist
das heilige Gebiet des Landes und es soll den
Priestern gehören, die den Dienst im Heilig-
tum verrichten und sich beim Gottesdienst
dem Herrn nähern dürfen. Es ist der Platz
für ihre Häuser und die Weidefläche für ihre
Herden. 5 Das (übrige) Stück von fünfund-
zwanzigtausend Ellen Länge und zehntau-
send Ellen Breite soll den Leviten gehören,
die den Tempeldienst verrichten. Es ist ihr
Eigentum; dort können sie ihre Städte bauen
und darin wohnen.
6 Als Eigentum der Stadt sollt ihr ein (wei-
teres) Stück von fünftausend Ellen Breite
und fünfundzwanzigtausend Ellen Länge
abmessen, genauso lang wie die heilige Ab-
gabe. Dieses Stück gehört dem ganzen Haus
Israel. 7 Dem Fürsten soll auf beiden Seiten
der heiligen Abgabe und des Eigentums der
Stadt, im Westen und Osten, ein Gebiet ge-
hören, das an die heilige Abgabe und das Ei-
gentum der Stadt angrenzt und in der Länge
einem der Stammesanteile von der West-
grenze bis zur Ostgrenze 8 des Landes ent-
spricht. Es gehört dem Fürsten als Eigentum
in Israel. Meine Fürsten werden mein Volk
nicht mehr unterdrücken, sondern das Land
dem Haus Israel und seinen Stämmen über-
lassen.

1–8: 48,8–20.

Mahnung an die Fürsten: 45,9–17

9 So spricht Gott, der Herr: Genug, ihr
Fürsten Israels! Beseitigt Gewalt und Unter-
drückung! Sorgt für Recht und Gerechtig-
keit! Hört auf, mein Volk von seinem Grund
und Boden zu vertreiben – Spruch Gottes,
des Herrn.
10 Verwendet richtige Waagen, richtiges
Efa und richtiges Bat! 11 Das Efa und das Bat
sollen das gleiche Maß haben; das Bat soll
der zehnte Teil eines Hómer sein und ebenso
das Efa der zehnte Teil eines Hómer; nach
dem Hómer sollen sich die anderen Maße
richten. 12 Ein Schekel soll bei euch zwanzig
Gera entsprechen. Zehn Schekel sind ein
Fünftel einer Mine, fünf Schekel ein Zehntel;
fünfzig Schekel sind eine ganze Mine.
13 Folgende Abgaben sollt ihr erheben: von
jedem Hómer Weizen ein Sechstel Efa und
ebenso von jedem Hómer Gerste ein Sechstel
Efa; 14 und für das Öl gilt: von jedem Kor ein
Zehntel Bat; das Bat ist das Ölmaß; zehn Bat
entsprechen einem Hómer und zehn Bat ent-
sprechen auch einem Kor; 15 ferner aus jeder
Herde ein Schaf auf je zweihundert Tiere
vom Viehbesitz Israels. (Diese Abgabe ist)
für die Speise-, Brand- und Heilsopfer (be-
stimmt), die euch entsühnen sollen – Spruch
Gottes, des Herrn. 16 Das ganze Volk im Land
hat diese Abgaben an den Fürsten von Israel
zu entrichten. 17 Der Fürst aber hat an allen
Feiertagen des Hauses Israel, an den Festen
und an den Neumond- und Sabbat-Tagen
für Brandopfer, Speiseopfer und Trankopfer
zu sorgen. Er veranstaltet die Sünd-, Speise-,
Brand- und Heilsopfer, die das Haus Israel
entsühnen sollen.

9: Jer 21,11f; 22,3f; Mi 3,1–3 • 10–11: Lev 19,35f; Dtn 25,13–15 • 17: Lev 1,3; 2,1; 3,1.

44,28 nicht (haben): Text korr. nach Vg.
45,1 zwanzigtausend: Text korr. nach G; H: zehntausend.
45,4 die Weideflächen für ihre Herden: Text korr.; vgl. G und die aramäische Übersetzung; H: ein Heiligtum zum Heiligtum.
45,12 fünfzig: Text korr. nach G; H: fünf.
45,14 einem Kor: Text korr. nach Vg.
45,15 vom Viehbesitz: Text korr.

Die großen Feste: 45,18–25

18 So spricht Gott, der Herr: Am ersten Tag des ersten Monats sollst du einen jungen Stier nehmen, der ohne Fehler ist, und das Heiligtum entsündigen. 19 Der Priester nimmt etwas Blut von dem Sündopfer und bestreicht damit die Türpfosten des Tempels und die vier Ecken der (mittleren) Stufe des Altars und die Türpfosten des Tors zum Innenhof. 20 Dasselbe sollst du am siebten Tag des Monats tun für die, die sich aus Versehen oder aus Unwissenheit verfehlt haben. So sollt ihr den Tempel entsühnen.

21 Am vierzehnten Tag des ersten Monats sollt ihr das Pascha feiern, ein Fest von sieben Tagen. Da soll man ungesäuerte Brote essen. 22 Der Fürst soll an diesem Tag für sich und für das ganze Volk im Land einen Stier zum Sündopfer bereitstellen. 23 An den sieben Festtagen soll er als Brandopfer für den Herrn sieben Stiere und sieben Widder, die ohne Fehler sind, bereitstellen, und zwar an jedem der sieben Tage, dazu täglich einen Ziegenbock als Sündopfer. 24 Für das Speiseopfer soll er ein Efa Mehl je Stier und ein Efa Mehl je Widder bereitstellen, dazu je Efa Mehl ein Hin Öl. 25 Genau dasselbe soll er sieben Tage lang mit dem Sünd-, Brand- und Speiseopfer und mit dem Öl an dem Fest machen, das am fünfzehnten Tag des siebten Monats beginnt.

20: Lev 5,17f • 21: Lev 23,5 • 22: Lev 4,22 • 23–24: Num 28,17–23 • 25: Num 15,4–12; Lev 23,34; Ex 23,14.

Die Opfer: 46,1–15

46 So spricht Gott, der Herr: Das Osttor des Innenhofs soll an den sechs Werktagen geschlossen bleiben, nur am Sabbat und am Neumondtag soll es geöffnet werden.

2 Der Fürst soll von außen her durch die Vorhalle den Torbau betreten und sich an den Torpfosten stellen. Dann sollen die Priester sein Brand- und Heilsopfer darbringen, er aber soll sich an der Schwelle des Tors niederwerfen und wieder hinausgehen. Das Tor soll erst am Abend geschlossen werden. 3 Die Bürger des Landes sollen sich an den Sabbat- und Neumond-Tagen am Eingang dieses Tors ebenfalls vor dem Herrn niederwerfen. 4 Das Brandopfer, das der Fürst dem Herrn darbringen lässt, soll am Sabbat-Tag aus sechs Lämmern und einem Widder bestehen, die ohne Fehler sind. 5 Zu dem Widder gehört ein Speiseopfer von einem Efa Mehl, zu den Lämmern ein Speiseopfer, dessen Menge er selbst bestimmen kann, dazu ein Hin Öl je Efa Mehl. 6 Am Neumond-Tag sollen es ein junger Stier, sechs Lämmer und ein Widder sein, die alle ohne Fehler sind. 7 Zu dem Stier und zu dem Widder soll er je ein Efa Mehl als Speiseopfer besorgen, außerdem zu den Lämmern so viel, wie er gerade zur Verfügung hat, und dazu je Efa Mehl ein Hin Öl.

8 Wenn der Fürst den Torbau betritt, soll er ihn durch die Vorhalle betreten und auf dem gleichen Weg muss er wieder hinausgehen. 9 Wenn aber das Volk an den Festen vor den Herrn tritt, dann soll der, der durch das Nordtor gekommen ist, um (den Herrn) anzubeten, durch das Südtor hinausgehen, und wer durch das Südtor gekommen ist, soll durch das Nordtor hinausgehen. Niemand soll durch das Tor wieder hinausgehen, durch das er gekommen ist, sondern jeder soll durch das gegenüberliegende Tor hinausgehen. 10 Der Fürst soll mitten unter ihnen sein; wenn sie hineingehen, soll auch er hineingehen, und wenn sie hinausgehen, soll auch er hinausgehen.

11 An den Fest- und Feiertagen gehört zu dem Stier und zu dem Widder ein Speiseopfer von je einem Efa Mehl und zu den Lämmern ein Speiseopfer, dessen Menge er selbst bestimmen kann, dazu ein Hin Öl je Efa Mehl. 12 Wenn der Fürst dem Herrn von sich aus ein Brandopfer oder ein Heilsopfer darbringen lassen will, soll man für ihn das Osttor öffnen. Dann soll er sein Brand- und Heilsopfer genauso darbringen lassen wie am Sabbat. Daraufhin soll er hinausgehen, und wenn er hinausgegangen ist, soll man das Tor schließen.

13 Täglich sollst du dem Herrn ein einjähriges Lamm, das ohne Fehler ist, als Brandopfer darbringen, und zwar jeden Morgen. 14 Dazu sollst du als Speiseopfer jeden Morgen ein Sechstel Efa Mehl und ein Drittel Hin Öl herrichten, mit dem das Mehl besprengt wird. Das soll das Speiseopfer für den Herrn sein. Diese Vorschrift über das tägliche Opfer soll für immer gelten. 15 Bringt also jeden Morgen das Lamm, das Speiseopfer und das Öl als das tägliche Brandopfer dar!

2: 44,3 • 4: Num 28,9f • 9: Ex 23,14–17 • 13: Ex 29,38–42; Num 28,3.

45,21 sieben: Text korr. nach den alten Übersetzungen.

46,5.11 dessen Menge (er bestimmen kann): sinngemäß übersetzt.

Der Besitz des Fürsten: 46,16–18

16 So spricht Gott, der Herr: Wenn der
Fürst einem seiner Söhne etwas von seinem
Erbbesitz schenkt, gehört es seinen Söhnen;
es ist ihr Eigentum und sie können es weiter-
vererben. 17 Wenn er aber etwas von seinem
Erbbesitz einem seiner Diener schenkt, ge-
hört es diesem nur bis zum nächsten Erlass-
jahr; dann fällt es an den Fürsten zurück.
Nur seine Söhne dürfen behalten, was er ih-
nen von seinem Erbbesitz geschenkt hat.
18 Vom Erbbesitz des Volkes darf der Fürst
nichts nehmen; er darf sie nicht mit Gewalt
von ihrem Eigentum verdrängen. Wenn er
seinen Söhnen etwas vererben will, muss er
es von seinem Eigentum nehmen, damit die
Angehörigen meines Volkes nicht von ihrem
Eigentum vertrieben werden.

Die Opferküchen des Tempels: 46,19–24

19 Dann brachte er mich durch den Ein-
gang auf der Torseite zu den heiligen Pries-
terräumen im Norden (des Tempels), und
zwar zu einer Stelle am äußersten Ende (der
Räume) im Westen. 20 Dort sagte er zu mir:
Das ist die Stelle, wo die Priester das
Schuld- und das Sündopfer kochen und das
Speiseopfer backen, damit sie es nicht in den
Vorhof hinausbringen müssen und dadurch
das Volk heiligen. 21 Dann führte er mich in
den Vorhof hinaus und brachte mich zu den
vier Ecken des Vorhofs. Und an jeder Ecke
des Vorhofs war noch ein Hof. 22 An allen
vier Ecken des Vorhofs waren kleine Höfe,
vierzig Ellen lang und dreißig Ellen breit.
Alle vier Höfe an den Ecken hatten das glei-
che Maß. 23 Und ringsum lief in den vier
Höfen eine Steinmauer und unten an den
Steinmauern waren ringsum Kochstellen
angelegt. 24 Da sagte er zu mir: Das sind die
Küchen, wo die Tempeldiener das Schlacht-
opfer des Volkes kochen.

Die Tempelquelle: 47,1–12

47 Dann führte er mich zum Eingang
des Tempels zurück und ich sah, wie
unter der Tempelschwelle Wasser hervor-
strömte und nach Osten floss; denn die vor-
dere Seite des Tempels schaute nach Osten.
Das Wasser floss unterhalb der rechten Seite
des Tempels herab, südlich vom Altar.
2 Dann führte er mich durch das Nordtor hi-
naus und ließ mich außen herum zum äuße-
ren Osttor gehen. Und ich sah das Wasser an
der Südseite hervorrieseln. 3 Der Mann ging
nach Osten hinaus, mit der Messschnur in
der Hand, maß tausend Ellen ab und ließ
mich durch das Wasser gehen; das Wasser
reichte mir bis an die Knöchel. 4 Dann maß er
wieder tausend Ellen ab und ließ mich durch
das Wasser gehen; das Wasser reichte mir bis
zu den Knien. Darauf maß er wieder tausend
Ellen ab und ließ mich hindurchgehen; das
Wasser ging mir bis an die Hüften. 5 Und er
maß noch einmal tausend Ellen ab. Da war
es ein Fluss, den ich nicht mehr durchschrei-
ten konnte; denn das Wasser war tief, ein
Wasser, durch das man schwimmen musste,
ein Fluss, den man nicht mehr durchschrei-
ten konnte. 6 Dann fragte er mich: Hast du es
gesehen, Menschensohn? Darauf führte er
mich zurück, am Ufer des Flusses entlang.
7 Als ich zurückging, sah ich an beiden Ufern
des Flusses sehr viele Bäume. 8 Er sagte zu
mir: Dieses Wasser fließt in den östlichen Be-
zirk, es strömt in die Araba hinab und läuft
in das Meer, in das Meer mit dem salzigen
Wasser. So wird das salzige Wasser gesund.
9 Wohin der Fluss gelangt, da werden alle
Lebewesen, alles, was sich regt, leben kön-
nen und sehr viele Fische wird es geben. Weil
dieses Wasser dort hinkommt, werden (die
Fluten) gesund; wohin der Fluss kommt, dort
bleibt alles am Leben. 10 Von En-Gedi bis
En-Eglajim werden Fischer am Ufer des
Meeres stehen und ihre Netze zum Trocknen
ausbreiten. Alle Arten von Fischen wird es
geben, so zahlreich wie die Fische im großen
Meer. 11 Die Lachen und Tümpel aber sollen
nicht gesund werden; sie sind für die Salzge-
winnung bestimmt. 12 An beiden Ufern des
Flusses wachsen alle Arten von Obstbäu-
men. Ihr Laub wird nicht welken und sie
werden nie ohne Frucht sein. Jeden Monat
tragen sie frische Früchte; denn das Wasser
des Flusses kommt aus dem Heiligtum. Die
Früchte werden als Speise und die Blätter
als Heilmittel dienen.

1: Sach 14,8; Joël 4,18; Ps 46,5; Offb 22,1.

Die Verteilung des Landes: 47,13 – 48,29

13 So spricht Gott, der Herr: Das ist die
Grenze, innerhalb derer ihr das Land als
Erbbesitz an die zwölf Stämme Israels ver-
teilen sollt. Josef erhält das Doppelte. 14 Je-
der Einzelne soll darin seinen Erbbesitz er-

46,16 etwas von seinem Erbbesitz: Text korr.; vgl. G, V. 17.
46,19 zu den heiligen Priesterräumen: Text korr.; vgl. die alten Übersetzungen.
46,22 kleine: Text korr. nach G.
47,8 mit dem salzigen Wasser: Text korr.
47,9 der Fluss: Text korr. nach den alten Übersetzungen.

halten; denn ich habe meine Hand (zum Schwur) erhoben, es euren Vätern zu geben. Darum soll euch dieses Land als Erbbesitz zufallen.

15 Das ist die Grenze des Landes im Norden: vom großen Meer in Richtung Hetlon bis Lebo-Hamat, Zedad, 16 Berota, Sibrajim, das zwischen dem Gebiet von Damaskus und dem Gebiet von Hamat liegt, und bis Hazar-Enan am Rand des Haurangebirges. 17 Die Grenze läuft also vom Meer nach Hazar-Enan, wobei das Gebiet von Damaskus und Zafon und ebenso das Gebiet von Hamat im Norden liegt. Das ist die Nordgrenze. 18 Im Osten bildet der Jordan die Grenze zwischen Gilead und dem Land Israel (von Hazar-Enan), das zwischen dem Haurangebirge und Damaskus liegt, bis hinab zum östlichen Meer und Tamar: Das ist die Ostgrenze. 19 Die Südgrenze im Negeb: von Tamar bis zu den Quellen von Meribat-Kadesch und dem Bach, der ins große Meer fließt. Das ist die Südgrenze im Negeb. 20 Im Westen bildet das große Meer die Grenze bis zur Höhe von Lebo-Hamat. Das ist die Westgrenze.

21 Dieses Land sollt ihr unter die Stämme Israels aufteilen. 22 Ihr sollt es als Erbbesitz unter euch und unter die Fremden verlosen, die bei euch leben und die bei euch Söhne und Töchter gezeugt haben. Sie sollen für euch wie einheimische Israeliten sein und sollen sich mit euch zusammen ihren Erbbesitz mitten unter den Stämmen Israels erlosen. 23 In dem Stamm, bei dem der Fremde lebt, sollt ihr ihm seinen Erbbesitz zuteilen – Spruch Gottes, des Herrn.

48 Das sind die Namen der Stämme: Im Norden, entlang dem Weg von Hetlon nach Lebo-Hamat und nach Hazar-Enan – das Gebiet von Damaskus liegt dabei nördlich, seitlich von Hamat – gehört von Osten nach Westen Dan ein Anteil. 2 Neben dem Gebiet Dans von Osten nach Westen Ascher – ein Anteil; 3 neben dem Gebiet Aschers von Osten nach Westen Naftali – ein Anteil; 4 neben dem Gebiet Naftalis von Osten nach Westen Manasse – ein Anteil; 5 neben dem Gebiet Manasses von Osten nach Westen Efraim – ein Anteil; 6 neben dem Gebiet Efraims von Osten nach Westen Ruben – ein Anteil; 7 neben dem Gebiet Rubens von Osten nach Westen Juda – ein Anteil. 8 Neben dem Gebiet Judas liegt von Osten nach Westen das Land, das ihr (dem Herrn) als Abgabe entrichten sollt, 25 000 Ellen breit und genauso lang wie jeder andere Anteil von Osten nach Westen. In der Mitte dieses Stückes liegt das Heiligtum.

9 Das Land, das ihr dem Herrn als Abgabe entrichtet, hat eine Länge von 25 000 Ellen und eine Breite von 20 000 Ellen. 10 Die heilige Abgabe soll wie folgt eingeteilt werden: Den Priestern soll ein Stück gehören, das im Norden 25 000 Ellen lang ist, im Westen und im Osten 10 000 Ellen breit und im Süden auch 25 000 Ellen lang. Das Heiligtum des Herrn soll in der Mitte liegen. 11 Den geweihten Priestern aus den Nachkommen Zadoks, die ihren Dienst verrichtet und mich nicht verlassen haben, als die Israeliten ebenso in die Irre gingen wie die Leviten, 12 ihnen soll als Abgabe ein Stück von dem Land gehören, das ihr (dem Herrn) als Abgabe entrichtet habt; dieses Stück ist hochheilig und liegt neben dem Gebiet der Leviten. 13 Den Leviten soll wie den Priestern ein Gebiet von 25 000 Ellen Länge und 10 000 Ellen Breite gehören. Das Ganze hat also eine Länge von 25 000 Ellen und eine Breite von 20 000 Ellen. 14 Man darf nichts davon verkaufen oder zum Tausch anbieten, noch darf man dieses beste Stück des Landes auf andere übertragen; denn es ist dem Herrn heilig.

15 Die 5 000 Ellen, die längs der 25 000 Ellen in der Breite noch übrig bleiben, sind nicht heilig, sondern gehören der Stadt als Wohngebiet und Weidefläche. Die Stadt soll mitten darin liegen. 16 Ihre Maße sollen im Norden 4 500 Ellen und im Süden 4 500 Ellen betragen, ebenso 4 500 Ellen im Osten und 4 500 Ellen im Westen. 17 Die Weidefläche der Stadt erstreckt sich 250 Ellen nach Norden, 250 Ellen nach Süden, 250 Ellen nach Osten und 250 Ellen nach Westen. 18 Was dann der Länge nach noch übrig ist längs der heiligen Abgabe – 10 000 Ellen nach Osten und 10 000 Ellen nach Westen [es liegt längs der heiligen Abgabe] –, von dessen Erträgen sollen sich die Arbeiter der Stadt ernähren. 19 Die Arbeiter der Stadt, die dieses Stück bebauen, sollen aus allen Stämmen Israels sein.

20 Die ganze Abgabe soll 25 000 mal 25 000 Ellen betragen. Dieses ganze Quadrat einschließlich des Eigentums der Stadt sollt ihr als heilige Abgabe entrichten.

21 Was zu beiden Seiten der heiligen Abgabe und des Besitzes der Stadt übrig bleibt, von den 25 000 Ellen der (Ostseite der ganzen) Abgabe bis zur Ostgrenze (des Landes) und von den 25 000 Ellen der Westseite (der Abgabe) bis zur Westgrenze (des Landes), diese (beiden) Stücke entlang den Stammes-

47,15 Lebo-Hamat: Text korr. nach G; vgl. V. 20.
47,16 Hazar-Enan: vgl. V. 17.
47,18 Tamar: vgl. V. 19.
48,9.13 20 000 Ellen: Text korr., vgl. 45,1.

anteilen sollen dem Fürsten gehören. Die heilige Abgabe und das Tempelheiligtum liegen mitten darin. 22 Der Besitz der Leviten und der Besitz der Stadt soll mitten in dem Gebiet liegen, das dem Fürsten gehört, und das Gebiet des Fürsten liegt zwischen dem Gebiet Judas und dem Gebiet Benjamins.

23 Nun folgen die übrigen Stämme: Von Osten nach Westen Benjamin – ein Anteil; 24 neben dem Gebiet Benjamins von Osten nach Westen Simeon – ein Anteil; 25 neben dem Gebiet Simeons von Osten nach Westen Issachar – ein Anteil; 26 neben dem Gebiet Issachars von Osten nach Westen Sebulon – ein Anteil; 27 neben dem Gebiet Sebulons von Osten nach Westen Gad – ein Anteil. 28 Neben dem Gebiet Gads verläuft im Negeb die Südgrenze; sie führt von Tamar zu den Quellen von Meribat-Kadesch und zu dem Bach, der ins große Meer fließt.

29 Das ist das Land, das ihr als Erbbesitz an die Stämme Israels verlosen sollt, und das sind ihre Anteile – Spruch Gottes, des Herrn.

47,15–20: Num 34,1–12 • 19: Num 20,13; 34,5 • 22: Lev 19,33f • 48,8–20: 45,1–8 • 13: Lev 25,32–34 • 15: Offb 21,12–17.

Die heilige Stadt: 48,30–35

30/31 Das sind die Ausgänge der Stadt. Die Stadttore sind nach den Stämmen Israels benannt: auf der Nordseite, die 4 500 Ellen misst, drei Tore: ein Tor ist nach Ruben benannt, ein Tor nach Juda und ein Tor nach Levi; 32 auf der Ostseite, die 4 500 Ellen misst, drei Tore: ein Tor nach Josef, ein Tor nach Benjamin und ein Tor nach Dan; 33 auf der Südseite, die 4 500 Ellen misst, drei Tore: ein Tor nach Simeon, ein Tor nach Issachar und ein Tor nach Sebulon; 34 auf der Westseite, die 4 500 Ellen misst, drei Tore: ein Tor nach Gad, ein Tor nach Ascher und ein Tor nach Naftali. 35 Der Umfang der Stadt beträgt 18 000 Ellen. Und der Name der Stadt soll von heute an sein: Hier ist der Herr.

35: Offb 21,3.

Das Buch Daniel

Das Buch Daniel berichtet zunächst, wie im Zusammenhang mit der Verschleppung vornehmer Judäer durch Nebukadnezzar auch Daniel und seine drei Freunde nach Babylonien kommen, wo sie trotz ihrer Erziehung im Geist der heidnischen Weltmacht dem Glauben ihrer Väter treu bleiben. Anschließend erzählt das Buch, wie einerseits Daniel als Empfänger und Deuter göttlicher Offenbarungen Aufschluss über den Gang der Weltgeschichte und ihre Vollendung in der Königsherrschaft Gottes gibt, wobei er sein Augenmerk besonders dem Auftreten und Schicksal der gottwidrigen Vertreter der einzelnen heidnischen Weltmächte zuwendet, und wie andererseits Daniel und seine Freunde in der Verfolgung durch diese heidnischen Weltmächte sich als Anhänger des Gottes Israels beispielhaft bewähren (Kap. 1 – 7). Daniel berichtet danach selbst von drei weiteren Offenbarungen, die ihm den Verlauf der Geschichte Gottes mit seinem Volk vom Babylonischen Exil bis zur Verfolgung der Juden in der Zeit des syrischen Königs Antiochus IV. Epiphanes (175–164 v. Chr.) offen legen (Kap. 8 – 12). Im folgenden Abschnitt, der sich mit dem Wirken Daniels in der babylonischen Diaspora beschäftigt, wird sodann erzählt, wie er eine zu Unrecht angeklagte Frau vor ihren verkommenen Richtern rettet und wie er, nachdem er wegen seiner offenkundigen Missachtung des heidnischen Götzenkultes in Todesgefahr geraten ist, selbst die rettende Macht seines Gottes erfährt (Kap. 13f).

Die Abfassung des Buches in seiner heutigen Gestalt fällt in die Makkabäerzeit. Jedoch ist eine längere Entstehungszeit des Buches anzunehmen, in deren Verlauf ältere Überlieferungen mit jeweils verschiedener Aussageabsicht aufgenommen und überarbeitet worden sind. Dafür spricht der Umstand, dass Teile des Buches in Hebräisch (1,1 – 2,4a; 8–12), andere in Aramäisch (2,4b – 7,28) und wieder andere in Griechisch (3,26–90; Kap. 13 und 14) abgefasst wurden. Die nur griechisch vorhandenen Abschnitte waren ursprünglich selbstständige

Texteinheiten. Der Lobgesang der drei jungen Männer im Feuerofen (3,26–90) wurde bereits in die griechische Übersetzung des Danielbuches eingefügt, während die Erzählungen der Kapitel 13 und 14 erst in der lateinischen Bibel mit dem Buch zu einer Einheit verbunden wurden.

Literarisch gehört das Buch Daniel trotz verschiedenartiger Literaturformen in den Einzeldarstellungen als Ganzes zur Apokalyptik. Darunter versteht man eine Geistesströmung der alttestamentlichen Spätzeit, die sich mit der Offenbarung der himmlischen Welt und mit der Erschließung göttlicher Geheimnisse im Hinblick auf das Ende beschäftigt. Mit dieser apokalyptischen Eigenart des Buches hängt es zusammen, dass die Darstellung der Geschichte bewusste Schematisierungen und historische Unrichtigkeiten aufweist, die jedoch im Rahmen der übergeordneten Glaubensaussage eine gleichnishafte Bedeutung erlangen.

Die theologische Bedeutung des Buches ist in der Überzeugung zu sehen, dass Gott den gesamten Verlauf der Weltgeschichte, auch wenn dort das Gottesvolk keine beherrschende Rolle spielt, fest in der Hand hat und dass er in dem Augenblick, in dem seine Getreuen von heidnischen Machthabern aufgerieben zu werden drohen, seine endzeitliche Königsherrschaft offenbart. Als Träger dieser Königsherrschaft Gottes erscheint der »Menschensohn auf den Wolken des Himmels« (Kap. 7). Im Endgericht werden sodann die Gerechten durch die Auferstehung von den Toten der Herrlichkeit Gottes teilhaftig, während die Bösen zu ewiger Schmach verurteilt werden (Kap. 12,1–3).

DANIEL UND SEINE FREUNDE AM BABYLONISCHEN HOF: 1,1–21

1 Im dritten Jahr der Herrschaft des Kö-
nigs Jojakim von Juda zog Nebukad-
nezzar, der König von Babel, gegen Jerusa-
lem und belagerte es. 2 Und der Herr gab Kö-
nig Jojakim von Juda sowie einen Teil der
Geräte aus dem Haus Gottes in Nebukadnez-
zars Gewalt. Er verschleppte sie in das Land
Schinar, in den Tempel seines Gottes, die
Geräte aber brachte er in das Schatzhaus
seines Gottes.
3 Dann befahl der König seinem Oberkäm-
merer Aschpenas, einige junge Israeliten an
den Hof zu bringen, Söhne von königlicher
Abkunft oder wenigstens aus vornehmer Fa-
milie; 4 sie sollten frei von jedem Fehler sein,
schön an Gestalt, in aller Weisheit unterrich-
tet und reich an Kenntnissen; sie sollten ein-
sichtig und verständig sein und geeignet, im
Palast des Königs Dienst zu tun; Aschpenas
sollte sie auch in Schrift und Sprache der
Chaldäer unterrichten. 5 Als tägliche Kost
wies ihnen der König Speisen und Wein von
der königlichen Tafel zu. Sie sollten drei
Jahre lang ausgebildet werden und dann in
den Dienst des Königs treten.
6 Unter diesen jungen Männern waren aus
dem Stamm Juda Daniel, Hananja, Mischaël
und Asarja. 7 Der Oberkämmerer gab ihnen
andere Namen: Daniel nannte er Beltschaz-
zar, Hananja Schadrach, Mischaël Meschach
und Asarja Abed-Nego.
8 Daniel war entschlossen, sich nicht mit
den Speisen und dem Wein der königlichen
Tafel unrein zu machen, und er bat den Ober-
kämmerer darum, sich nicht unrein machen
zu müssen. 9 Gott ließ ihn beim Oberkämme-
rer Wohlwollen und Nachsicht finden. 10 Der
Oberkämmerer sagte aber zu Daniel: Ich
fürchte mich vor meinem Herrn, dem König,
der euch die Speisen und Getränke zugewie-
sen hat; er könnte finden, dass ihr schlechter
ausseht als die anderen jungen Leute eures
Alters; dann wäre durch eure Schuld mein
Kopf beim König verwirkt. 11 Da sagte Da-
niel zu dem Mann, den der Oberkämmerer
als Aufseher für ihn selbst sowie für Hanan-
ja, Mischaël und Asarja eingesetzt hatte:
12 Versuch es doch einmal zehn Tage lang
mit deinen Knechten! Lass uns nur pflanzli-
che Nahrung zu essen und Wasser zu trinken
geben! 13 Dann vergleiche unser Aussehen
mit dem der jungen Leute, die von den Spei-
sen des Königs essen. Je nachdem, was du
dann siehst, verfahr weiter mit deinen
Knechten! 14 Der Aufseher nahm ihren Vor-
schlag an und machte mit ihnen eine zehntä-
gige Probe. 15 Am Ende der zehn Tage sahen
sie besser und wohlgenährter aus als all die

1,2 Schinar ist Babylonien (vgl. Gen 10,10; 11,2; Sach 5,11).

jungen Leute, die von den Speisen des Kö-
nigs aßen. 16 Da ließ der Aufseher ihre Spei-
sen und auch den Wein, den sie trinken soll-
ten, beiseite und gab ihnen Pflanzenkost.
17 Und Gott verlieh diesen vier jungen Leu-
ten Wissen und Verständnis in jeder Art
Schrifttum und Weisheit; Daniel verstand
sich auch auf Visionen und Träume aller
Art.
18 Als ihre Zeit zu Ende war und man sie
vor den König bringen musste, wie er es be-
stimmt hatte, stellte sie der Oberkämmerer
dem Nebukadnezzar vor. 19 Der König unter-
hielt sich mit ihnen und fand Daniel, Hanan-
ja, Mischaël und Asarja allen anderen über-
legen. Sie traten also in den Dienst des Kö-
nigs. 20 Sooft der König in Fragen, die Weis-
heit und Einsicht erfordern, ihren Rat ein-
holte, fand er sie allen Zeichendeutern und
Wahrsagern in seinem ganzen Reich zehn-
mal überlegen. 21 Daniel blieb im königli-
chen Dienst bis ins erste Jahr des Königs
Kyrus.

1–2: 2 Chr 36,5–7 • 3: 2 Kön 20,18 • 8: Lev 11,4–8; Est 4,17; Jer 35,6 • 9: Gen 39,21 • 17: Am 2,11; Gen 41,12.

NEBUKADNEZZARS TRAUM VON DEN WELTREICHEN: 2,1–49

2 Im zweiten Jahr der Herrschaft Nebu-
kadnezzars hatte dieser einen Traum.
Sein Geist wurde davon so beunruhigt, dass
er nicht mehr schlafen konnte. 2 Da ließ der
König die Zeichendeuter und Wahrsager, die
Beschwörer und Chaldäer zusammenrufen;
sie sollten ihm Aufschluss geben über seinen
Traum. Sie kamen und traten vor den König.
3 Der König sagte zu ihnen: Ich habe einen
Traum gehabt; mein Geist ist voll Unruhe
und ich möchte den Traum verstehen. 4 Die
Chaldäer sagten zu ihm [aramäisch]: O Kö-
nig, mögest du ewig leben. Erzähl deinen
Knechten den Traum, dann geben wir dir die
Deutung. 5 Der König antwortete den Chal-
däern: Das ist mein unwiderruflicher Ent-
schluss: Wenn ihr mir nicht den Traum und
seine Deutung sagen könnt, dann werdet ihr
in Stücke gerissen und eure Häuser werden
in Schutthaufen verwandelt. 6 Sagt ihr mir
aber den Traum und seine Deutung, dann
empfangt ihr von mir Geschenke, Gaben und
hohe Ehrungen. Gebt mir also den Traum
und seine Deutung an! 7 Sie antworteten
zum zweiten Mal: Der König erzähle seinen
Knechten den Traum, dann geben wir ihm
die Deutung. 8 Da erwiderte der König: Nun
bin ich sicher, dass ihr nur Zeit gewinnen
wollt; denn ihr seht, dass mein Entschluss
unwiderruflich ist. 9 Wenn ihr mir den
Traum nicht sagen könnt, gibt es nur ein Ur-
teil über euch, nämlich: Ihr habt euch verab-
redet, mir einen erlogenen und verkehrten
Spruch vorzutragen, in der Hoffnung, dass
sich die Lage ändert. Erzählt mir also den
Traum; daran werde ich erkennen, dass ihr
ihn auch deuten könnt. 10 Die Chaldäer hiel-
ten dem König entgegen: Es gibt keinen
Menschen auf der Welt, der sagen könnte,
was der König verlangt. Auch hat noch nie
ein König, mag er noch so groß und mächtig
gewesen sein, ein solches Ansinnen an ir-
gendeinen Zeichendeuter, Wahrsager oder
Chaldäer gestellt. 11 Was der König verlangt,
ist zu schwierig. Es gibt auch sonst niemand,
der es dem König sagen könnte, außer den
Göttern; doch diese wohnen nicht bei den
Sterblichen. 12 Darüber wurde der König so
wütend und zornig, dass er befahl, alle Wei-
sen in Babel umzubringen.
13 Als der Befehl erging, die Weisen zu tö-
ten, waren auch Daniel und seine Freunde in
Gefahr, getötet zu werden. 14 Aber Daniel,
klug und rechtskundig, wandte sich an Ar-
joch, den Obersten der königlichen Leibwa-
che, der schon unterwegs war, um die Weisen
Babels zu töten. 15 Daniel fragte den Bevoll-
mächtigten des Königs, warum der König ei-
nen so harten Befehl gegeben habe. Da er-
klärte ihm Arjoch die Sache. 16 Daniel ging
darauf zum König und bat ihn, er möge ihm
eine Frist bewilligen, damit er ihm die Deu-
tung des Traumes geben könne. 17 Dann eilte
Daniel nach Hause, teilte seinen Gefährten
Hananja, Mischaël und Asarja alles mit
18 und sagte, sie sollten wegen dieses Ge-
heimnisses den Gott des Himmels um Erbar-
men bitten, damit nicht Daniel und seine Ge-
fährten samt den anderen Weisen Babels
umkämen. 19 Darauf wurde ihm das Geheim-
nis in einer nächtlichen Vision enthüllt und
Daniel pries den Gott des Himmels dafür.
20 Er betete: Der Name Gottes sei gepriesen
von Ewigkeit zu Ewigkeit. Denn er hat die

2,2 Chaldäer: Gemeint sind die chaldäischen (babylonischen) Zeichen- und Sterndeuter.

2,4 Aramäisch: An dieser Stelle wechselt der Urtext vom Hebräischen zum Aramäischen (vgl. die Einleitung).

Weisheit und die Macht. 21 Er bestimmt den
Wechsel der Zeiten und Fristen; er setzt Kö-
nige ab und setzt Könige ein. Er gibt den
Weisen die Weisheit und den Einsichtigen
die Erkenntnis. 22 Er enthüllt tief verborgene
Dinge; er weiß, was im Dunkeln ist, und bei
ihm wohnt das Licht. 23 Dich, Gott meiner
Väter, preise und rühme ich; denn du hast
mir Weisheit und Macht verliehen und jetzt
hast du mich wissen lassen, was wir von dir
erfleht haben: Du hast uns die Sache des Kö-
nigs wissen lassen.
24 Darauf ging Daniel zu Arjoch, dem der
König aufgetragen hatte, die Weisen Babels
umzubringen; er trat ein und sagte zu ihm:
Bring die Weisen Babels nicht um! Führe
mich vor den König! Ich werde dem König
die Deutung seines Traumes geben. 25 In aller
Eile brachte Arjoch Daniel vor den König
und meldete ihm: Ich habe unter den ver-
schleppten Juden einen Mann gefunden, der
dem König die Deutung des Traums geben
will. 26 Darauf sagte der König zu Daniel,
den man auch Beltschazzar nannte: Bist du
wirklich imstande, mir das Traumgesicht,
das ich hatte, und seine Deutung zu sagen?
27 Daniel antwortete dem König: Weise und
Wahrsager, Zeichendeuter und Astrologen
vermögen dem König das Geheimnis, nach
dem er fragt, nicht zu enthüllen. 28 Aber es
gibt im Himmel einen Gott, der Geheimnisse
offenbart; er ließ den König Nebukadnezzar
wissen, was am Ende der Tage geschehen
wird. Der Traum, den dein Geist auf deinem
Lager hatte, war so:
29 Auf deinem Lager kamen dir, König,
Gedanken darüber, was dereinst geschehen
werde; da ließ er, der die Geheimnisse ent-
hüllt, dich wissen, was geschehen wird.
30 Dieses Geheimnis wurde mir enthüllt,
nicht durch eine Weisheit, die ich vor allen
anderen Lebenden voraus hätte, sondern
nur, damit du, König, die Deutung erfährst
und die Gedanken deines Herzens verstehst.
31 Du, König, hattest eine Vision: Du sahst
ein gewaltiges Standbild. Es war groß und
von außergewöhnlichem Glanz; es stand vor
dir und war furchtbar anzusehen. 32 An die-
sem Standbild war das Haupt aus reinem
Gold; Brust und Arme waren aus Silber, der
Körper und die Hüften aus Bronze. 33 Die
Beine waren aus Eisen, die Füße aber zum
Teil aus Eisen, zum Teil aus Ton. 34 Du sahst,
wie ohne Zutun von Menschenhand sich ein
Stein von einem Berg löste, gegen die eiser-
nen und tönernen Füße des Standbildes
schlug und sie zermalmte. 35 Da wurden Ei-
sen und Ton, Bronze, Silber und Gold mit ei-
nem Mal zu Staub. Sie wurden wie Spreu auf
dem Dreschplatz im Sommer. Der Wind trug
sie fort und keine Spur war mehr von ihnen
zu finden. Der Stein aber, der das Standbild
getroffen hatte, wurde zu einem großen Berg
und erfüllte die ganze Erde.
36 Das war der Traum. Nun wollen wir dem
König sagen, was er bedeutet. 37 Du, König,
bist der König der Könige; dir hat der Gott
des Himmels Herrschaft und Macht, Stärke
und Ruhm verliehen. 38 Und in der ganzen
bewohnten Welt hat er die Menschen, die
Tiere auf dem Feld und die Vögel am Himmel
in deine Hand gegeben; dich hat er zum
Herrscher über sie alle gemacht: Du bist das
goldene Haupt. 39 Nach dir kommt ein ande-
res Reich, geringer als deines; dann ein drit-
tes Reich, von Bronze, das die ganze Erde be-
herrschen wird. 40 Ein viertes endlich wird
hart wie Eisen sein; Eisen zerschlägt und
zermalmt ja alles; und wie Eisen alles zer-
schmettert, so wird dieses Reich alle anderen
zerschlagen und zerschmettern. 41 Die Füße
und Zehen waren, wie du gesehen hast, teils
aus Töpferton, teils aus Eisen; das bedeutet:
Das Reich wird geteilt sein; es wird aber et-
was von der Härte des Eisens haben, darum
hast du das Eisen mit Ton vermischt gese-
hen. 42 Dass aber die Zehen teils aus Eisen,
teils aus Ton waren, bedeutet: Zum Teil wird
das Reich hart sein, zum Teil brüchig.
43 Wenn du das Eisen mit Ton vermischt ge-
sehen hast, so heißt das: Sie werden sich
zwar durch Heiraten miteinander verbinden;
doch das eine wird nicht am anderen haften,
wie sich Eisen nicht mit Ton verbindet.
44 Zur Zeit jener Könige wird aber der Gott
des Himmels ein Reich errichten, das in
Ewigkeit nicht untergeht; dieses Reich wird
er keinem anderen Volk überlassen. Es wird
alle jene Reiche zermalmen und endgültig
vernichten; es selbst aber wird in alle Ewig-
keit bestehen. 45 Du hast ja gesehen, dass
ohne Zutun von Menschenhand ein Stein
vom Berg losbrach und Eisen, Bronze und
Ton, Silber und Gold zermalmte. Der große
Gott hat den König wissen lassen, was der-
einst geschehen wird. Der Traum ist sicher
und die Deutung zuverlässig.
46 Da warf sich König Nebukadnezzar auf
sein Gesicht nieder, huldigte Daniel und be-
fahl, man sollte ihm Opfer und Weihrauch
darbringen. 47 Und der König sagte zu Da-
niel: Es ist wahr: Euer Gott ist der Gott der
Götter und der Herr der Könige und er kann
Geheimnisse offenbaren; nur deshalb konn-
test du dieses Geheimnis enthüllen. 48 Dann
verlieh der König dem Daniel einen hohen
Rang und gab ihm viele, reiche Geschenke;
er machte ihn zum Gebieter über die ganze

Provinz Babel und zum obersten Präfekten aller Weisen von Babel. 49 Auf Daniels Bitte betraute der König Schadrach, Meschach und Abed-Nego mit der Verwaltung der Provinz Babel; Daniel selbst aber blieb am königlichen Hof.

1: Gen 40,8.16; 41 • 2: Jes 47,12 • 20: Neh 9,5; Ijob 12,13; Spr 2,6 • 22: Ijob 12,22 • 28: Gen 41,16 • 29: Offb 4,1 • 37: Ez 26,7 • 38: Jer 27,6; Jdt 11,7 • 40: 7,7 • 43: 11,6 • 44: 7,14.27; Jes 9,6; 1 Kor 15,24 • 46: Apg 14,13.18 • 47: 3,90; Dtn 10,17; Ps 50,1.

DIE DREI JUNGEN MÄNNER IM FEUEROFEN: 3,1–97

Die Standhaftigkeit der drei Freunde: 3,1–23

3 König Nebukadnezzar ließ ein goldenes Standbild machen, sechzig Ellen hoch und sechs Ellen breit, und ließ es in der Ebene von Dura in der Provinz Babel aufstellen. 2 Dann berief König Nebukadnezzar die Satrapen, Präfekten und Statthalter ein, die Räte, Schatzmeister, Richter und Polizeiobersten und alle anderen hohen Beamten der Provinzen; sie sollten zur Einweihung des Standbildes kommen, das König Nebukadnezzar errichtet hatte. 3 Da versammelten sich die Satrapen, Präfekten und Statthalter, die Räte, Schatzmeister, Richter und Polizeiobersten und alle anderen hohen Beamten der Provinzen zur Einweihung des Standbildes, das König Nebukadnezzar errichtet hatte. Sie stellten sich vor dem Standbild auf, das König Nebukadnezzar errichtet hatte. 4 Nun verkündete der Herold mit mächtiger Stimme: Ihr Männer aus allen Völkern, Nationen und Sprachen, hört den Befehl! 5 Sobald ihr den Klang der Hörner, Pfeifen und Zithern, der Harfen, Lauten und Sackpfeifen und aller anderen Instrumente hört, sollt ihr niederfallen und das goldene Standbild anbeten, das König Nebukadnezzar errichtet hat. 6 Wer aber nicht niederfällt und es anbetet, wird noch zur selben Stunde in den glühenden Feuerofen geworfen. 7 Sobald daher alle Völker den Klang der Hörner, Pfeifen und Zithern, der Harfen, Lauten und Sackpfeifen und der anderen Instrumente hörten, fielen die Männer aus allen Völkern, Nationen und Sprachen sogleich nieder und beteten das goldene Standbild an, das König Nebukadnezzar errichtet hatte.

8 Sogleich traten einige Chaldäer auf und verklagten die Juden. 9 Sie sagten zum König Nebukadnezzar: O König, mögest du ewig leben. 10 Du, König, hast doch selbst den Befehl erlassen: Jeder soll niederfallen und das goldene Standbild anbeten, wenn er den Klang der Hörner, Pfeifen und Zithern, der Harfen, Lauten und Sackpfeifen und aller anderen Instrumente hört. 11 Wer aber nicht niederfällt und es anbetet, wird in den glühenden Feuerofen geworfen. 12 Nun sind da einige Juden, denen du die Verwaltung der Provinz Babel anvertraut hast: Schadrach, Meschach und Abed-Nego. Diese Männer missachten dich, König. Sie verehren deine Götter nicht und beten das goldene Standbild, das du errichtet hast, nicht an. 13 Da befahl Nebukadnezzar voll Zorn und Wut, Schadrach, Meschach und Abed-Nego herbeizuholen. Man führte die Männer also vor den König. 14 Nebukadnezzar sagte zu ihnen: Ist es wahr, Schadrach, Meschach und Abed-Nego: Ihr verehrt meine Götter nicht und betet das goldene Standbild nicht an, das ich errichtet habe? 15 Nun, wenn ihr bereit seid, sobald ihr den Klang der Hörner, Pfeifen und Zithern, der Harfen, Lauten und Sackpfeifen und aller anderen Instrumente hört, sofort niederzufallen und das Standbild anzubeten, das ich habe machen lassen, ist es gut; betet ihr es aber nicht an, dann werdet ihr noch zur selben Stunde in den glühenden Feuerofen geworfen. Welcher Gott kann euch dann aus meiner Gewalt erretten? 16 Schadrach, Meschach und Abed-Nego erwiderten dem König Nebukadnezzar: Wir haben es nicht nötig, dir darauf zu antworten: 17 Wenn überhaupt jemand, so kann nur unser Gott, den wir verehren, uns erretten; auch aus dem glühenden Feuerofen und aus deiner Hand, König, kann er uns retten. 18 Tut er es aber nicht, so sollst du, König, wissen: Auch dann verehren wir deine Götter nicht und beten das goldene Standbild nicht an, das du errichtet hast.

19 Da wurde Nebukadnezzar wütend; sein Gesicht verzerrte sich vor Zorn über Schadrach, Meschach und Abed-Nego. Er ließ den Ofen siebenmal stärker heizen, als man ihn gewöhnlich heizte. 20 Dann befahl er, einige der stärksten Männer aus seinem Heer sollten Schadrach, Meschach und Abed-Nego fesseln und in den glühenden Feuerofen werfen. 21 Da wurden die Männer, wie sie wa-

3,12 Götter: Man kann hier und V. 18 auch Einzahl »Gott« lesen.

ren – in ihren Mänteln, Röcken und Mützen und den übrigen Kleidungsstücken – gefesselt und in den glühenden Feuerofen geworfen. 22 Nach dem strengen Befehl des Königs war aber der Ofen übermäßig geheizt worden und die herausschlagenden Flammen töteten die Männer, die Schadrach, Meschach und Abed-Nego hingebracht hatten. 23 Die drei Männer aber, Schadrach, Meschach und Abed-Nego, fielen gefesselt in den glühenden Feuerofen.

4: Offb 7,9; 13,7 • 6: Jer 29,21f • 10: Offb 13,15 • 15: Ex 5,2; 2 Kön 18,35; Jes 36,20 • 17: Dtn 4,20; Ps 66,12; Jes 43,2 • 18: Ex 20,3-5.

Das Gebet des Asarja: 3,24–50

24 Doch sie gingen mitten in den Flammen umher, lobten Gott und priesen den Herrn. 25 Asarja blieb stehen, öffnete den Mund und sprach mitten im Feuer folgendes Gebet: 26 Gepriesen und gelobt bist du, Herr, Gott unserer Väter; herrlich ist dein Name in alle Ewigkeit. 27 Denn du bist gerecht in allem, was du getan hast. All deine Taten sind richtig, deine Wege gerade. Alle deine Urteile sind wahr. 28 Du hast gerechte Strafen verhängt, in allem, was du über uns gebracht hast und über Jerusalem, die heilige Stadt unserer Väter. Ja, nach Wahrheit und Recht hast du all dies wegen unserer Sünden herbeigeführt. 29 Denn wir haben gesündigt und durch Treubruch gefrevelt und haben in allem gefehlt. 30 Wir haben deinen Geboten nicht gehorcht, haben weder beachtet noch getan, was du uns zu unserem Wohl befohlen hast. 31 Alles, was du uns geschickt hast, alles, was du uns getan hast, das hast du nach deiner gerechten Entscheidung getan. 32 Du hast uns der Gewalt gesetzloser Feinde und gehässiger Verräter preisgegeben und einem ungerechten König, dem schlimmsten König der ganzen Welt. 33 Und jetzt dürfen wir nicht einmal den Mund auftun. Schande und Schmach kam über deine Diener und Verehrer. 34 Um deines Namens willen verwirf uns nicht für immer; löse deinen Bund nicht auf! 35 Versag uns nicht dein Erbarmen, deinem Freund Abraham zuliebe, deinem Knecht Isaak und Israel, deinem Heiligen, 36 denen du Nachkommen verheißen hast so zahlreich wie die Sterne am Himmel und wie der Sand am Ufer des Meeres. 37 Ach, Herr, wir sind geringer geworden als alle Völker. In aller Welt sind wir heute wegen unserer Sünden erniedrigt. 38 Wir haben in dieser Zeit weder Vorsteher noch Propheten und keinen, der uns anführt, weder Brandopfer noch Schlachtopfer, weder Speiseopfer noch Räucherwerk, noch einen Ort, um dir die Erstlingsgaben darzubringen und um Erbarmen zu finden bei dir. 39 Du aber nimm uns an! Wir kommen mit zerknirschtem Herzen und demütigem Sinn. 40 Wie Brandopfer von Widdern und Stieren, wie Tausende fetter Lämmer, so gelte heute unser Opfer vor dir und verschaffe uns bei dir Sühne. Denn wer dir vertraut, wird nicht beschämt. 41 Wir folgen dir jetzt von ganzem Herzen, fürchten dich und suchen dein Angesicht. 42 Überlass uns nicht der Schande, sondern handle an uns nach deiner Milde, nach deinem überreichen Erbarmen!

43 Errette uns, deinen wunderbaren Taten entsprechend; verschaff deinem Namen Ruhm, Herr! 44 Doch alle, die deinen Dienern Böses tun, sollen beschämt werden. Sie sollen zuschanden werden und ihre Herrschaft verlieren. Ihre Stärke soll zerschlagen werden. 45 Sie sollen erkennen, dass du allein der Herr und Gott bist, ruhmreich auf der ganzen Erde.

46 Die Knechte des Königs, die die drei Männer in den Ofen geworfen hatten, hörten inzwischen nicht auf, den Ofen mit Harz und Werg, Pech und Reisig zu heizen. 47 So schlugen die Flammen bis zu neunundvierzig Ellen hoch aus dem Ofen heraus. 48 Sie griffen um sich und verbrannten jeden Chaldäer, den sie im Umkreis des Ofens erfassen konnten. 49 Aber der Engel des Herrn war zusammen mit Asarja und seinen Gefährten in den Ofen hinabgestiegen. Er trieb die Flammen des Feuers aus dem Ofen hinaus 50 und machte das Innere des Ofens so, als wehte ein taufrischer Wind. Das Feuer berührte sie gar nicht; es tat ihnen nichts zuleide und belästigte sie nicht.

26–45: 9,4–19; Esra 9,6–15 • 27: Neh 9,33 • 29: Bar 1,17f • 30: Neh 1,7 • 31: Dtn 28,15.48; Lev 26,14.39 • 34: Ex 32,11–13 • 35: Jes 41,8 • 36: Gen 15,5; 22,17 • 37: Dtn 28,62 • 38: Hos 3,4; Klgl 2,9; Ps 51,18f • 39: Weish 3,6 • 40: 2 Makk 7,37 • 45: Ps 83,19.

Der Lobgesang der drei jungen Männer: 3,51–90

51 Da sangen die drei im Ofen wie aus einem Mund, sie rühmten und priesen Gott mit den Worten:

52 Gepriesen bist du, Herr, du Gott unserer Väter, / gelobt und gerühmt in Ewigkeit.

Gepriesen ist dein heiliger, herrlicher Name, / hoch gelobt und verherrlicht in Ewigkeit.

3,24–90 Das Gebet des Asarja (VV. 24–50) und der Lobgesang der drei jungen Männer (VV. 51–90) sind nur griechisch erhalten; die Übersetzung folgt dem Text des Theodotion.

53 Gepriesen bist du im Tempel deiner heiligen Herrlichkeit, / hoch gerühmt und verherrlicht in Ewigkeit.
54 Gepriesen bist du, der in die Tiefen schaut und auf Kerubim thront, / gelobt und gerühmt in Ewigkeit.
55 Gepriesen bist du auf dem Thron deiner Herrschaft, / hoch gerühmt und gefeiert in Ewigkeit.
56 Gepriesen bist du am Gewölbe des Himmels, / gerühmt und verherrlicht in Ewigkeit.
57 Preist den Herrn, all ihr Werke des Herrn; / lobt und rühmt ihn in Ewigkeit!
58 Preist den Herrn, ihr Himmel; / lobt und rühmt ihn in Ewigkeit!
59 Preist den Herrn, ihr Engel des Herrn; / lobt und rühmt ihn in Ewigkeit!
60 Preist den Herrn, all ihr Wasser über dem Himmel; / lobt und rühmt ihn in Ewigkeit!
61 Preist den Herrn, all ihr Mächte des Herrn; / lobt und rühmt ihn in Ewigkeit!
62 Preist den Herrn, Sonne und Mond; / lobt und rühmt ihn in Ewigkeit!
63 Preist den Herrn, ihr Sterne am Himmel; / lobt und rühmt ihn in Ewigkeit!
64 Preist den Herrn, aller Regen und Tau; / lobt und rühmt ihn in Ewigkeit!
65 Preist den Herrn, all ihr Winde; / lobt und rühmt ihn in Ewigkeit!
66 Preist den Herrn, Feuer und Glut; / lobt und rühmt ihn in Ewigkeit!
67 Preist den Herrn, Frost und Hitze; / lobt und rühmt ihn in Ewigkeit!
68 Preist den Herrn, Tau und Schnee; / lobt und rühmt ihn in Ewigkeit!
69 Preist den Herrn, Eis und Kälte; / lobt und rühmt ihn in Ewigkeit!
70 Preist den Herrn, Raureif und Schnee; / lobt und rühmt ihn in Ewigkeit!
71 Preist den Herrn, ihr Nächte und Tage; / lobt und rühmt ihn in Ewigkeit!
72 Preist den Herrn, Licht und Dunkel; / lobt und rühmt ihn in Ewigkeit!
73 Preist den Herrn, ihr Blitze und Wolken; / lobt und rühmt ihn in Ewigkeit!
74 Die Erde preise den Herrn; / sie lobe und rühme ihn in Ewigkeit.
75 Preist den Herrn, ihr Berge und Hügel; / lobt und rühmt ihn in Ewigkeit!
76 Preist den Herrn, all ihr Gewächse auf Erden; / lobt und rühmt ihn in Ewigkeit!
77 Preist den Herrn, ihr Quellen; / lobt und rühmt ihn in Ewigkeit!
78 Preist den Herrn, ihr Meere und Flüsse; / lobt und rühmt ihn in Ewigkeit!
79 Preist den Herrn, ihr Tiere des Meeres / und alles, was sich regt im Wasser; / lobt und rühmt ihn in Ewigkeit!
80 Preist den Herrn, all ihr Vögel am Himmel; / lobt und rühmt ihn in Ewigkeit!
81 Preist den Herrn, all ihr Tiere, wilde und zahme; / lobt und rühmt ihn in Ewigkeit!
82 Preist den Herrn, ihr Menschen; / lobt und rühmt ihn in Ewigkeit!
83 Preist den Herrn, ihr Israeliten; / lobt und rühmt ihn in Ewigkeit!
84 Preist den Herrn, ihr seine Priester; / lobt und rühmt ihn in Ewigkeit!
85 Preist den Herrn, ihr seine Knechte; / lobt und rühmt ihn in Ewigkeit!
86 Preist den Herrn, ihr Geister und Seelen der Gerechten; / lobt und rühmt ihn in Ewigkeit!
87 Preist den Herrn, ihr Demütigen und Frommen; / lobt und rühmt ihn in Ewigkeit!
88 Preist den Herrn, Hananja, Asarja und Mischaël; / lobt und rühmt ihn in Ewigkeit!
Denn er hat uns der Unterwelt entrissen / und aus der Gewalt des Todes errettet.
Er hat uns aus dem lodernden Ofen befreit, / uns mitten aus dem Feuer erlöst.
89 Dankt dem Herrn, denn er ist gütig; / denn seine Huld währt ewig.
90 Preist alle den Herrn, ihr seine Verehrer, / preist den Gott der Götter;
singt ihm Lob und Dank; / denn ewig währt seine Güte.

52: 3,26 • 53: Ps 150,1 • 54: Ex 25,18–22 • 57: Ps 103,22 • 59–90: Ps 148,2–12 • 83: Ps 135,19 • 85: Ps 134,1 • 87: Zef 2,3 • 89: Ps 106,1; 136,1 • 90: Ps 50,1.

Die Rettung der drei Freunde: 3,91–97

91(24) Da erschrak der König Nebukadnezzar; er sprang auf und fragte seine Räte:
Haben wir nicht drei Männer gefesselt ins
Feuer geworfen? Sie gaben dem König zur
Antwort: Gewiss, König! 92(25) Er erwiderte:
Ich sehe aber vier Männer frei im Feuer umhergehen. Sie sind unversehrt und der vierte
sieht aus wie ein Göttersohn. 93(26) Dann ging
Nebukadnezzar zu der Tür des glühenden Ofens und rief: Schadrach, Meschach und Abed-Nego, ihr Diener des höchsten Gottes,

3,71 Vg, deren Verszählung hier zugrunde gelegt wird, hat in VV. 71–78 eine andere Versfolge als Theodotion (vgl. die Anmerkung zu 3,24–90).
3,91 (24) Mit V. 91 setzt wieder der in V. 23 unterbrochene aramäische Text ein, dessen Verszählung in Klammern steht.
3,92 (25) Der »Göttersohn« ist der in V. 49 genannte Engel des Herrn.

steigt heraus, kommt her! Da kamen Scha-
drach, Meschach und Abed-Nego aus dem
Feuer heraus. 94(27) Nun drängten auch die
Satrapen, Präfekten, Statthalter und die kö-
niglichen Räte herbei. Sie sahen sich die
Männer an und fanden, dass das Feuer keine
Macht über ihren Körper gehabt hatte. Kein
Haar auf ihrem Kopf war versengt. Ihre
Mäntel waren unversehrt und nicht einmal
Brandgeruch haftete ihnen an. 95(28) Da rief
Nebukadnezzar aus: Gepriesen sei der Gott
Schadrachs, Meschachs und Abed-Negos.
Denn er hat seinen Engel gesandt und seine
Diener gerettet. Im Vertrauen auf ihn haben
sie lieber den Befehl des Königs missachtet
und ihr Leben dahingegeben, als dass sie ir-
gendeinen anderen als ihren eigenen Gott
verehrten und anbeteten. 96(29) Darum ordne
ich an: Jeder, der vom Gott des Schadrach,
Meschach und Abed-Nego verächtlich
spricht, zu welcher Völkerschaft, Nation
oder Sprache er auch gehört, soll in Stücke
gerissen und sein Haus soll in einen Trüm-
merhaufen verwandelt werden. Denn es gibt
keinen anderen Gott, der auf diese Weise ret-
ten kann. 97(30) Darauf sorgte der König da-
für, dass es Schadrach, Meschach und Abed-
Nego in der Provinz Babel gut ging.

92: Jes 43,2 • 94: Hebr 11,34 • 95: 2,47; 6,27 • 96: 2,5.

NEBUKADNEZZARS TRAUM VOM STOLZEN BAUM: 3,98 – 4,34

98(31) Der König Nebukadnezzar an alle
Völker, Nationen und Sprachen auf der gan-
zen Erde: Friede sei mit euch in Fülle.
99(32) Es ist mir eine Freude, die Zeichen und
Wunder zu verkünden, die der höchste Gott
an mir getan hat. 100(33) Wie groß sind seine
Zeichen, wie gewaltig seine Wunder! Sein
Reich ist ein ewiges Reich; seine Herrschaft
überdauert alle Generationen.

4 Ich, Nebukadnezzar, lebte ohne Sorge
in meinem Haus und war glücklich in
meinem Palast. 2 Da hatte ich einen Traum,
der mich erschreckte. Was ich auf meinem
Lager sah, was meine Augen da erblickten,
versetzte mich in Angst. 3 Darum ließ ich alle
Weisen Babels zu mir rufen, damit sie mir
den Traum deuteten. 4 Da kamen die Zei-
chendeuter, Wahrsager, Chaldäer und As-
trologen herbei. Ich erzählte ihnen den
Traum; aber sie konnten ihn mir nicht deu-
ten. 5 Zuletzt erschien Daniel vor mir, der
nach dem Namen meines Gottes auch Belt-
schazzar heißt und in dem der Geist der hei-
ligen Götter ist. Ihm erzählte ich nun den
Traum und sagte: 6 Beltschazzar, Oberster
der Zeichendeuter, von dir weiß ich, dass der
Geist der heiligen Götter in dir ist und dass
dir kein Geheimnis verschlossen bleibt. Hör
also, was ich im Traum gesehen habe, und
deute es mir! 7 Was ich auf meinem Lager vor
Augen hatte, war dies: Da stand ein Baum
mitten auf der Erde; er war sehr hoch. 8 Der
Baum wuchs zusehends und wurde immer
mächtiger; seine Höhe reichte bis an den
Himmel; er war bis ans Ende der ganzen
Erde zu sehen. 9 Er hatte prächtiges Laub
und trug so viele Früchte, dass er Nahrung
für alle bot. Unter ihm fanden die wilden
Tiere des Feldes Schatten; die Vögel nisteten
in seinen Zweigen; alle Lebewesen ernährten
sich von ihm. 10 Während ich auf meinem La-
ger noch das Traumbild sah, stieg ein Wäch-
ter, ein Heiliger, vom Himmel herab. 11 Er
befahl mit mächtiger Stimme: Fällt den
Baum und schlagt seine Äste ab! Streift sein
Laubwerk ab und zerstreut seine Früchte!
Die Tiere sollen aus seinem Schatten fliehen
und die Vögel aus seinen Zweigen. 12 Aber
lasst ihm den Wurzelstock in der Erde, im
Gras des Feldes, mit einer Fessel aus Eisen
und Bronze. Der Tau des Himmels soll ihn
benetzen und mit den Tieren soll er teilhaben
am Gras der Erde. 13 Sein Herz sei nicht
mehr ein Menschenherz; ein Tierherz soll
ihm gegeben werden und sieben Zeiten sol-
len über ihn hingehen. 14 Dieser Befehl be-
ruht auf einem Beschluss der Wächter; ein
Spruch der Heiligen fordert es. Die Leben-
den sollen erkennen: Über die Herrschaft bei
den Menschen gebietet der Höchste; er ver-
leiht sie, wem er will, selbst den Niedrigsten
der Menschen kann er dazu erheben.

15 Das ist der Traum, den ich, König Nebu-
kadnezzar, gehabt habe. Nun deute ihn,
Beltschazzar! Von allen Weisen meines Rei-
ches konnte ihn mir keiner auslegen; du aber
kannst es, denn in dir ist der Geist der heili-
gen Götter.

16 Da war Daniel, der auch Beltschazzar
heißt, eine Zeit lang ganz verstört; denn sei-
ne Gedanken machten ihm Angst. Doch der
König sagte: Beltschazzar, lass dich von dem
Traum und seiner Deutung nicht ängstigen!
Beltschazzar erwiderte: Mein Herr, der

4,13 Nach der Vorstellung des Alten Orients hat im Herzen der Verstand seinen Sitz (vgl. VV. 31.33).

Traum gelte deinen Feinden; seine Deutung treffe deine Widersacher. [17] Du hast einen Baum gesehen; er wuchs zusehends und wurde immer mächtiger. Seine Höhe reichte bis an den Himmel und er war auf der ganzen Erde zu sehen. [18] Er hatte prächtiges Laub und trug so viele Früchte, dass er Nahrung für alle bot. Unter ihm fanden die wilden Tiere des Feldes Zuflucht, und in seinen Zweigen wohnten die Vögel des Himmels. [19] Dieser Baum bist du, König; du bist groß und mächtig geworden; deine Größe ist immer mehr gewachsen; sie reicht bis zum Himmel und deine Herrschaft bis ans Ende der Erde. [20] Dann hat der König gesehen, wie ein Wächter, ein Heiliger, vom Himmel herabstieg und befahl: Fällt den Baum und vernichtet ihn! Aber lasst ihm in der Erde, im Gras des Feldes, den Wurzelstock, mit einer Fessel aus Eisen und Bronze. Der Tau des Himmels soll ihn benetzen und mit den Tieren des Feldes soll er teilhaben (am Gras der Erde), bis sieben Zeiten über ihn hingegangen sind. [21] Das, o König, bedeutet – es ist ein Beschluss des Höchsten, der meinen Herrn, den König, betrifft –: [22] Man wird dich aus der Gemeinschaft der Menschen verstoßen und du musst bei den wilden Tieren des Feldes leben. Du wirst dich von Gras ernähren wie die Ochsen und der Tau des Himmels wird dich benetzen. So gehen sieben Zeiten über dich hin, bis du erkennst, dass der Höchste über die Herrschaft bei den Menschen gebietet und sie verleiht, wem er will. [23] Schließlich hieß es, man solle den Wurzelstock des Baumes stehen lassen; das bedeutet: Deine Herrschaft bleibt dir erhalten, sobald du anerkennst, dass der Himmel die Macht hat. [24] Darum, o König, nimm meinen Rat an: Lösch deine Sünden aus durch rechtes Tun, tilge deine Vergehen, indem du Erbarmen hast mit den Armen. Dann mag dein Glück vielleicht von Dauer sein.

[25] All das kam dann über König Nebukadnezzar. [26] Als er nämlich zwölf Monate später auf (der Dachterrasse) des königlichen Palastes zu Babel spazieren ging, [27] sagte der König: Ist das nicht das großartige Babel, das ich durch meine gewaltige Macht als Königsstadt erbaut habe, zum Ruhm meiner Herrlichkeit? [28] Noch hatte der König diese Worte auf den Lippen, da fiel eine Stimme vom Himmel: Dir, König Nebukadnezzar, sei gesagt: Die Herrschaft wird dir genommen. [29] Man wird dich aus der Gemeinschaft der Menschen ausstoßen. Du musst bei den wilden Tieren leben und dich von Gras ernähren wie die Ochsen. So werden sieben Zeiten über dich hingehen, bis du erkennst, dass der Höchste über die Herrschaft bei den Menschen gebietet und sie verleiht, wem er will. [30] Noch in derselben Stunde erfüllte sich dieser Spruch an Nebukadnezzar: Man verstieß ihn aus der Gemeinschaft der Menschen und er musste sich von Gras ernähren wie die Ochsen. Der Tau des Himmels benetzte seinen Körper, bis seine Haare so lang wie Adlerfedern waren und seine Nägel wie Vogelkrallen.

[31] Als die Zeit verstrichen war, erhob ich, Nebukadnezzar, meine Augen zum Himmel und mein Verstand kehrte zurück. Da pries ich den Höchsten; ich lobte und verherrlichte den, der ewig lebt. Ja, seine Herrschaft ist eine ewige Herrschaft; sein Reich überdauert alle Generationen. [32] Alle Bewohner der Erde gelten vor ihm wie nichts. Er macht mit dem Heer des Himmels und mit den Bewohnern der Erde, was er will. Es gibt niemand, der seiner Hand wehren und zu ihm sagen dürfte: Was tust du da? [33] Zu derselben Zeit kehrte mein Verstand zurück und ich erhielt zum Ruhm meines Königtums auch meine Herrlichkeit und meinen königlichen Glanz zurück. Meine Räte und Großen suchten mich auf; man setzte mich wieder in meine Herrschaft ein und meine Macht wurde noch größer. [34] Ich, Nebukadnezzar, lobe, preise und rühme nun den König des Himmels. Denn alle seine Taten sind vortrefflich und seine Wege gerecht. Die Menschen, die in stolzer Höhe dahinschreiten, kann er erniedrigen.

3,100: 2,44; 4,31 • 4,1–5: 2,1–3.10 • 5: 2,28.47; 5,11 • 7: Ez 31,3–14 • 10: 7,9f; 10,13.21 • 14: 2,21; Ijob 36,7–11 • 22: 3,100 • 24: Spr 19,17; Sir 3,30f • 27: Spr 16,18 • 29: 5,21 • 31: 3,100 • 32: Ijob 9,12; Jes 40,17 • 33: Lk 1,52; 18,14.

DAS GASTMAHL BELSCHAZZARS: 5,1–6,1

5 *König* Belschazzar gab ein großes Gastmahl für seine Großen; es waren tausend Menschen und zusammen mit den Tausend sprach er dem Wein zu. [2] In seiner Weinlaune nun ließ Belschazzar die goldenen und silbernen Gefäße holen, die sein Vater Nebukadnezzar aus dem Tempel in Jerusalem mitgenommen hatte. Jetzt sollten der König und seine Großen, seine Frauen und Nebenfrauen daraus trinken. [3] Man holte

also die goldenen Gefäße, die man aus dem
Tempel des Gotteshauses in Jerusalem mit-
genommen hatte, und der König und seine
Großen, seine Frauen und Nebenfrauen
tranken daraus. 4 Sie tranken Wein und lob-
ten die Götter aus Gold und Silber, aus
Bronze, Eisen, Holz und Stein.

5 In derselben Stunde erschienen die Fin-
ger einer Menschenhand und schrieben ge-
genüber dem Leuchter etwas auf die weißge-
tünchte Wand des königlichen Palastes. Der
König sah den Rücken der Hand, als sie
schrieb. 6 Da erbleichte er und seine Gedan-
ken erschreckten ihn. Seine Glieder wurden
schwach und ihm schlotterten die Knie.
7 Der König schrie laut, man solle die Wahr-
sager, Chaldäer und Astrologen holen. Dann
sagte er zu den Weisen von Babel: Wer diese
Schrift lesen und mir deuten kann – was er
auch sei: er soll in Purpur gekleidet werden,
eine goldene Kette um den Hals tragen und
als der Dritte in meinem Reich herrschen.

8 Da kamen alle Weisen des Königs herbei;
aber sie waren nicht imstande, die Schrift zu
lesen oder dem König zu sagen, was sie be-
deutete. 9 Darüber erschrak König Belschaz-
zar noch mehr und sein Gesicht wurde
bleich. Auch seine Großen gerieten in Angst.
10 Da die Rufe des Königs und seiner Großen
bis zur Königin drangen, kam sie in den
Festsaal und sagte: O König, mögest du ewig
leben. Lass dich von deinen Gedanken nicht
erschrecken; du brauchst nicht zu erblei-
chen. 11 In deinem Reich gibt es einen Mann,
in dem der Geist der heiligen Götter wohnt.
Schon zu deines Vaters Zeiten fand man bei
ihm Erleuchtung und Einsicht und Weisheit,
wie nur die Götter sie haben; deshalb hat
König Nebukadnezzar, dein Vater, ihn zum
Obersten der Zeichendeuter, Wahrsager,
Chaldäer und Astrologen ernannt, dein eige-
ner Vater, o König! 12 Bei diesem Daniel also,
dem der König den Namen Beltschazzar ge-
geben hat, fand man außergewöhnlichen
Geist sowie Erkenntnis und Einsicht und die
Gabe, Träume auszulegen, Rätsel zu erklä-
ren und schwierige Fragen zu lösen. Darum
lass jetzt Daniel herrufen; er wird die Deu-
tung geben.

13 Daniel wurde vor den König gebracht
und der König sagte zu ihm: Du also bist Da-
niel, einer von den verschleppten Juden, die
mein Vater, der König, aus Juda hierher ge-
bracht hat. 14 In dir, so habe ich gehört, ist
der Geist der Götter und bei dir fand man
Erleuchtung und Einsicht und außerge-
wöhnliche Weisheit. 15 Man hat die Weisen
und die Wahrsager vor mich gebracht, damit
sie diese Schrift lesen und mir deuten. Sie
konnten mir aber nicht sagen, was das
Geschriebene bedeutet. 16 Doch du, so habe
ich gehört, kannst Deutungen geben und
schwierige Fragen lösen. Wenn du nun die
Schrift lesen und mir deuten kannst, sollst
du in Purpur gekleidet werden, um den Hals
eine goldene Kette tragen und als der Dritte
in meinem Reich herrschen.

17 Daniel gab dem König zur Antwort: Be-
halte deine Gaben oder schenk sie einem an-
dern! Aber die Schrift will ich für den König
lesen und deuten. 18 Mein König! Der höchs-
te Gott hat deinem Vater Nebukadnezzar
Herrschaft und Macht, Herrlichkeit und Ma-
jestät gegeben. 19 Vor der Macht, die ihm ver-
liehen war, zitterten und bebten alle Völker,
Nationen und Sprachen. Er tötete, wen er
wollte, und ließ am Leben, wen er wollte. Er
erhöhte, wen er wollte, und stürzte, wen er
wollte. 20 Als aber sein Herz überheblich und
sein Geist hochmütig wurde, stürzte man ihn
von seinem königlichen Thron und er verlor
die Herrscherwürde. 21 Man verstieß ihn aus
der Gemeinschaft der Menschen. Sein Herz
wurde dem der Tiere gleichgemacht. Er
musste bei den wilden Eseln hausen und sich
von Gras ernähren wie die Ochsen. Der Tau
des Himmels benetzte seinen Körper, bis er
erkannte: Der höchste Gott gebietet über die
Herrschaft bei den Menschen und gibt sie,
wem er will. 22 Obgleich nun du, sein Sohn
Belschazzar, das alles weißt, bist du in dei-
nem Herzen doch nicht bescheiden geblie-
ben. 23 Du hast dich gegen den Herrn des
Himmels erhoben und dir die Gefäße aus sei-
nem Tempel herbeischaffen lassen. Du und
deine Großen, deine Frauen und Nebenfrau-
en, ihr habt daraus Wein getrunken. Du hast
die Götter aus Gold und Silber, aus Bronze,
Eisen, Holz und Stein gepriesen, die weder
sehen noch hören können und keinen Ver-
stand haben. Aber den Gott, der deinen Le-
bensatem in seiner Hand hat und dem all
deine Wege gehören, den hast du nicht ver-
herrlicht. 24 Darum hat er diese Hand ge-
schickt und diese Schrift geschrieben. 25 Das
Geschriebene lautet aber: Mene mene tekel
u-parsin. 26 Diese Worte bedeuten: Mene:
Gezählt hat Gott die Tage deiner Herr-
schaft und macht ihr ein Ende. 27 Tekel: Ge-
wogen wurdest du auf der Waage und zu

5,7 der Dritte: hier Rangbezeichnung für eines der höchsten Ämter im Staat (vgl. auch 6,3).

5,26–28 In Daniels Deutung ist mene = gezählt, tekel = gewogen, peres = geteilt; peres, Mehrzahl parsin, erinnert zugleich an »Perser«.

leicht befunden. 28 Peres: Geteilt wird dein Reich und den Medern und Persern gegeben.

29 Da befahl Belschazzar, Daniel in Purpur zu kleiden und ihm eine goldene Kette um den Hals zu legen, und er ließ verkünden, dass Daniel als der Dritte im Reich herrschen sollte. 30 Aber noch in derselben Nacht wurde Belschazzar, der König der Chaldäer, getötet

6 und der Meder Darius übernahm die Königsherrschaft im Alter von zweiundsechzig Jahren.

2: 1,2 • 4: 2,35; Bar 6,3; Offb 9,20 • 7: 2,2.6.48; Gen 41,42f; Est 8,15 • 12: 1,17 • 18: 2,37 • 21: 4,13.29 • 23: Ijob 12,10; 34,21.

DANIEL IN DER LÖWENGRUBE: 6,2–29

2 Darius fand es für gut, über das Reich hundertzwanzig Satrapen einzusetzen, die über das ganze Reich verteilt sein sollten. 3 Über diese wieder setzte er drei oberste Beamte, zu denen auch Daniel gehörte. Ihnen sollten die Satrapen Rechenschaft ablegen, damit der König keinen Schaden erleide. 4 Daniel nun zeichnete sich vor den anderen obersten Beamten und den Satrapen aus; denn in ihm war ein außergewöhnlicher Geist. Der König erwog sogar, ihn zum höchsten Beamten des ganzen Reiches zu machen. 5 Da suchten die obersten Beamten und die Satrapen einen Grund, um Daniel wegen seiner Amtsführung anzuklagen. Sie konnten aber keinen Grund zur Anklage und kein Vergehen finden; denn er war zuverlässig; keine Nachlässigkeit und kein Vergehen konnte man ihm nachweisen. 6 Da sagten jene Männer: Wir werden keinen Grund finden, um diesen Daniel anzuklagen, es sei denn, wir finden gegen ihn etwas wegen des Gesetzes seines Gottes. 7 Darum bestürmten die obersten Beamten und Satrapen den König und sagten zu ihm: König Darius, mögest du ewig leben. 8 Alle obersten Beamten des Reiches, die Präfekten, Satrapen, Räte und Statthalter raten dem König, ein Dekret zu erlassen und folgendes Verbot in Kraft zu setzen: Jeder, der innerhalb von dreißig Tagen an irgendeinen Gott oder Menschen außer an dich, König, eine Bitte richtet, der soll in die Löwengrube geworfen werden. 9 Erlass dieses Verbot, o König, und fertige ein Schreiben darüber aus! Es soll nach dem unwandelbaren Gesetz der Meder und Perser unabänderlich sein. 10 König Darius unterzeichnete das Verbot.

11 Als Daniel erfuhr, dass das Schreiben unterzeichnet war, ging er in sein Haus. In seinem Obergemach waren die Fenster nach Jerusalem hin offen. Dort kniete er dreimal am Tag nieder und richtete sein Gebet und seinen Lobpreis an seinen Gott, ganz so, wie er es gewohnt war. 12 Nun schlichen sich jene Männer heran und fanden Daniel, wie er zu seinem Gott betete und flehte. 13 Darauf gingen sie zum König und erinnerten ihn an sein Verbot; sie sagten: O König, hast du nicht ein Verbot unterzeichnet, nach dem jeder, der innerhalb von dreißig Tagen an irgendeinen Gott oder Menschen außer an dich, König, eine Bitte richtet, in die Löwengrube geworfen werden soll? Der König gab zur Antwort: Die Anordnung steht fest nach dem unwandelbaren Gesetz der Meder und Perser. 14 Da berichteten sie dem König: Daniel, einer von den verschleppten Juden, achtet weder dich, König, noch das Verbot, das du unterschrieben hast, sondern verrichtet dreimal am Tag sein Gebet. 15 Als der König das hörte, war es ihm sehr peinlich und er dachte nach, wie er Daniel retten könne. Bis Sonnenuntergang bemühte er sich, ihn freizubekommen. 16 Doch jene Männer bestürmten ihn und sagten: Bedenke, König, es ist bei den Medern und Persern Gesetz, dass jedes Verbot und Dekret, das der König erlässt, unabänderlich ist. 17 Darauf befahl der König, Daniel herzubringen, und man warf ihn zu den Löwen in die Grube. Der König sagte noch zu Daniel: Möge dein Gott, dem du so unablässig dienst, dich erretten. 18 Und man nahm einen großen Stein und wälzte ihn auf die Öffnung der Grube. Der König versiegelte ihn mit seinem Siegel und den Siegeln seiner Großen, um zu verhindern, dass an der Lage Daniels etwas verändert würde.

19 Dann ging der König in seinen Palast; fastend verbrachte er die Nacht; er ließ sich keine Speisen bringen und konnte keinen Schlaf finden. 20 Früh am Morgen, als es gerade hell wurde, stand der König auf und ging in Eile zur Löwengrube. 21 Als er sich der Grube näherte, rief er mit schmerzlicher Stimme nach Daniel und fragte: Daniel, du Diener des lebendigen Gottes! Hat dein Gott, dem du so unablässig dienst, dich vor den Löwen erretten können? 22 Daniel antwortete ihm: O König, mögest du ewig leben. 23 Mein Gott hat seinen Engel gesandt und den Rachen der Löwen verschlossen. Sie taten mir nichts zuleide; denn in seinen Augen war ich schuldlos und auch dir gegenüber,

König, bin ich ohne Schuld. 24 Darüber war
der König hoch erfreut und befahl, Daniel
aus der Grube herauszuholen. So wurde Da-
niel aus der Grube herausgeholt; man fand
an ihm nicht die geringste Verletzung, denn
er hatte seinem Gott vertraut. 25 Nun aber
ließ der König die Männer herbeiholen, die
Daniel verklagt hatten, und ließ sie mit ihren
Kindern und Frauen in die Löwengrube wer-
fen. Sie waren noch nicht am Boden der Gru-
be angelangt, da stürzten sich die Löwen auf
sie und zermalmten ihnen alle Knochen.

26 Daraufhin schrieb König Darius an alle
Völker, Nationen und Sprachen auf der gan-
zen Erde: Friede sei mit euch in Fülle!
27 Hiermit ordne ich an: Im ganzen Gebiet
meines Reiches soll man vor dem Gott Da-
niels zittern und sich vor ihm fürchten. Denn
er ist der lebendige Gott; er lebt in Ewigkeit.
Sein Reich geht niemals unter; seine Herr-
schaft hat kein Ende. 28 Er rettet und befreit;
er wirkt Zeichen und Wunder am Himmel
und auf der Erde; er hat Daniel aus den Tat-
zen der Löwen errettet.

29 Daniel aber ging es gut unter dem König
Darius und auch unter dem Perserkönig Ky-
rus.

5,29: 5,7 • 6,4: 1,19f • 9: Est 1,19 • 11: 1 Kön 8,48f • 13: 3,10–12 • 17: 3,15–18 • 21: Ps 22,22 • 23: 3,49.95; Hebr 11,33 • 27: 3,100 • 29: 1,21.

DANIELS VISION VON DEN VIER TIEREN UND VOM MENSCHENSOHN: 7,1–28

7 Im ersten Jahr Belschazzars, des Königs
von Babel, hatte Daniel einen Traum;
auf seinem Lager hatte er eine Vision. Er
schrieb den Traum auf und sein Bericht hat
folgenden Inhalt: 2 Ich hatte während der
Nacht eine Vision: Die vier Winde des Him-
mels wühlten das große Meer auf. 3 Dann
stiegen aus dem Meer vier große Tiere he-
rauf; jedes hatte eine andere Gestalt. 4 Das
erste war einem Löwen ähnlich, hatte jedoch
Adlerflügel. Während ich es betrachtete,
wurden ihm die Flügel ausgerissen; es wurde
vom Boden emporgehoben und wie ein
Mensch auf zwei Füße gestellt und es wurde
ihm ein menschliches Herz gegeben. 5 Dann
erschien ein zweites Tier; es glich einem Bä-
ren und war nach einer Seite hin aufgerich-
tet. Es hielt drei Rippen zwischen den Zäh-
nen in seinem Maul und man ermunterte es:
Auf, friss noch viel mehr Fleisch! 6 Danach
sah ich ein anderes Tier; es glich einem Pan-
ther, hatte aber auf dem Rücken vier Flügel,
wie die Flügel eines Vogels; auch hatte das
Tier vier Köpfe; ihm wurde die Macht eines
Herrschers verliehen. 7 Danach sah ich in
meinen nächtlichen Visionen ein viertes Tier;
es war furchtbar und schrecklich anzusehen
und sehr stark; es hatte große Zähne aus Ei-
sen. Es fraß und zermalmte alles, und was
übrig blieb, zertrat es mit den Füßen. Von
den anderen Tieren war es völlig verschie-
den. Auch hatte es zehn Hörner. 8 Als ich die
Hörner betrachtete, da wuchs zwischen ih-
nen ein anderes, kleineres Horn empor und
vor ihm wurden drei von den früheren Hör-
nern ausgerissen; und an diesem Horn waren
Augen wie Menschenaugen und ein Maul,
das anmaßend redete.

9 Ich sah immer noch hin; da wurden
Throne aufgestellt und ein Hochbetagter
nahm Platz. Sein Gewand war weiß wie
Schnee, sein Haar wie reine Wolle. Feuer-
flammen waren sein Thron und dessen Rä-
der waren loderndes Feuer. 10 Ein Strom von
Feuer ging von ihm aus. Tausendmal Tau-
sende dienten ihm, zehntausendmal Zehn-
tausende standen vor ihm. Das Gericht
nahm Platz und es wurden Bücher aufge-
schlagen. 11 Ich sah immer noch hin, bis das
Tier – wegen der anmaßenden Worte, die das
Horn redete – getötet wurde. Sein Körper
wurde dem Feuer übergeben und vernichtet.
12 Auch den anderen Tieren wurde die Herr-
schaft genommen. Doch ließ man ihnen das
Leben bis zu einer bestimmten Frist. 13 Im-
mer noch hatte ich die nächtlichen Visio-
nen:

Da kam mit den Wolken des Himmels / ei-
ner wie ein Menschensohn.
Er gelangte bis zu dem Hochbetagten / und
wurde vor ihn geführt.

14 Ihm wurden Herrschaft, / Würde und
Königtum gegeben.
Alle Völker, Nationen und Sprachen /
müssen ihm dienen.
Seine Herrschaft ist eine ewige, / unver-

7,13 »Menschensohn« ist im Hebräischen und Aramäischen allgemeiner Ausdruck für den einzelnen Menschen. Hier aber bezeichnet der Ausdruck im Unterschied zu den durch Tiere symbolisierten heidnischen Weltreichen den messianischen Herrscher des endzeitlichen Gottesreiches; anders bei Ezechiel (vgl. die Anmerkung zu Ez 2,1).

gängliche Herrschaft. / Sein Reich geht niemals unter.

15 Darüber war ich, Daniel, im Geist bekümmert, und was mir vor Augen stand, erschreckte mich. 16 Ich wandte mich an einen der Umstehenden und bat ihn, mir das alles genau zu erklären. Er deutete mir die Vorgänge und sagte: 17 Diese großen Tiere, vier an der Zahl, bedeuten vier Könige, die sich auf der Erde erheben werden. 18 Das Königtum aber werden die Heiligen des Höchsten erhalten und sie werden es behalten für immer und ewig. 19 Dann wollte ich noch Genaueres über das vierte Tier erfahren, das Tier, das anders war als alle anderen, ganz furchtbar anzusehen, mit Zähnen aus Eisen und mit Klauen aus Bronze, das alles fraß und zermalmte, und was übrig blieb, mit den Füßen zertrat. 20 Auch (wollte ich Genaueres erfahren) über die zehn Hörner an seinem Kopf und über das andere Horn, das emporgewachsen war und vor dem die drei Hörner abgefallen waren, das Horn, das Augen und einen Mund hatte, der anmaßend redete, und das schließlich größer als die anderen zu sein schien. 21 Ich sah dieses Horn gegen die Heiligen kämpfen. Es überwältigte sie, 22 bis der Hochbetagte kam. Da wurde den Heiligen des Höchsten Recht verschafft und es kam die Zeit, in der die Heiligen das Königtum erhielten. 23 Der (Engel) antwortete mir: Das vierte Tier bedeutet: Ein viertes Reich wird sich auf der Erde erheben, ganz anders als alle anderen Reiche. Es wird die ganze Erde verschlingen, sie zertreten und zermalmen. 24 Die zehn Hörner bedeuten: In jenem Reich werden zehn Könige regieren; doch nach ihnen kommt ein anderer. Dieser ist ganz anders als die früheren. Er stürzt drei Könige, 25 er lästert über den Höchsten und unterdrückt die Heiligen des Höchsten. Die Festzeiten und das Gesetz will er ändern. Ihm werden die Heiligen für eine Zeit und zwei Zeiten und eine halbe Zeit ausgeliefert. 26 Dann aber wird Gericht gehalten. Jenem König wird seine Macht genommen; er wird endgültig ausgetilgt und vernichtet. 27 Die Herrschaft und Macht und die Herrlichkeit aller Reiche unter dem ganzen Himmel werden dem Volk der Heiligen des Höchsten gegeben. Sein Reich ist ein ewiges Reich und alle Mächte werden ihm dienen und gehorchen.

28 Hier endet die Mitteilung. Mich, Daniel, erschreckten meine Gedanken sehr und ich erbleichte. Aber ich bewahrte die Mitteilung in meinem Herzen.

1: 5,1 • 2: Jes 17,12f • 3: Offb 13,1f • 4: 4,13 • 6: Ez 1,6 • 9: Ez 1,26; Offb 4,2f • 10: Offb 5,11; Ps 69,29; Offb 20,12 • 11: Offb 19,20 • 12: 2,21 • 13: Offb 1,13; 14,14 • 14: 2,44; Mt 24,30; 26,64 • 18: 4,14 • 21: Offb 13,7 • 24: Offb 17,12 • 25: 11,36; Offb 13,5f • 28: 8,18; 10,8.

DANIELS VISION VOM WIDDER UND ZIEGENBOCK: 8,1–27

8 Im dritten Jahr der Herrschaft des Königs Belschazzar hatte ich, Daniel, eine Vision, nach jener anderen, die ich früher gehabt hatte. 2 Ich hatte eine Vision, und während ich sie sah, befand ich mich in der Burg Susa, die in der Provinz Elam liegt, am Ulai-Kanal. 3 Ich blickte auf und sah, wie ein Widder am Kanal stand; er hatte zwei Hörner. Beide Hörner waren sehr hoch; doch das eine war noch höher als das andere und das höhere wuchs ihm zuletzt. 4 Ich sah, wie der Widder nach Westen, Norden und Süden stieß; kein Tier hielt ihm stand und es gab keinen, der sich aus seiner Gewalt retten konnte. Er tat, was er wollte, und machte sich groß. 5 Dann bemerkte ich einen Ziegenbock; er überquerte von Westen her die ganze Erde, ohne aber den Boden zu berühren; der Bock hatte ein auffallendes Horn zwischen den Augen. 6 Er lief zu dem Widder mit den zwei Hörnern, den ich am Kanal stehen sah, und rannte mit grimmiger Kraft auf ihn los. 7 Ich sah, wie er auf den Widder losging und ihm wütend zusetzte. Er stieß gegen den Widder und brach ihm beide Hörner ab. Der Widder hatte nicht die Kraft, ihm standzuhalten. Da warf der Ziegenbock ihn zu Boden und zertrat ihn; und niemand war da, um den Widder aus seiner Gewalt zu retten. 8 Der Ziegenbock wurde über die Maßen groß. Als er aber am stärksten war, brach das große Horn ab. An seiner Stelle wuchsen ihm vier auffallende Hörner, und zwar nach den vier Himmelsrichtungen. 9 Aus einem der Hörner ging dann ein anderes Horn hervor. Anfangs klein, wuchs es gewaltig nach Süden und Osten, nach dem Ort der Zierde hin. 10 Es wuchs bis zum Sternenheer am Himmel

7,28 Hier endet der aramäische Teil des Danielbuches. Die Kapitel 8 – 12 sind hebräisch abgefasst.
8,9 Der »Ort der Zierde« ist Jerusalem (vgl. V. 13); entsprechend gilt als »Land der Zierde« das Heilige Land (vgl. 11,16.41), während der »Berg der Zierde« den Zion meint (vgl. 11,45).

hinauf und warf einige aus dem Sternenheer
auf die Erde herab und zertrat sie. 11 Ja, bis
zum Gebieter des Himmelsheeres reckte es
sich empor; es entzog ihm das tägliche Opfer
und verwüstete sein Heiligtum. 12 Ein Heer
wurde verbrecherisch gegen das tägliche Op-
fer eingesetzt. Das Horn stürzte die Wahr-
heit zu Boden, und was es unternahm, das
gelang ihm.

13 Da hörte ich einen Heiligen (einen En-
gel) reden und ein anderer Heiliger fragte
den Redenden: Wie lange gilt die Vision vom
täglichen Opfer, wie lange bleibt der Gräuel
der Verwüstung bestehen und werden das
Heiligtum und der Ort der Zierde zertreten?
14 Er sagte zu mir: Zweitausenddreihundert
Abende und Morgen wird es dauern; dann
erhält das Heiligtum wieder sein Recht.

15 Während ich, Daniel, noch diese Vision
hatte und sie zu verstehen suchte, da stand
vor mir einer, der aussah wie ein Mann.
16 Und über dem Ulai-Kanal hörte ich eine
Menschenstimme, die rief: Gabriel, erkläre
ihm die Vision! 17 Da kam er auf mich zu. Als
er näher trat, erschrak ich und fiel mit dem
Gesicht zu Boden. Er sagte zu mir: Mensch,
versteh: Die Vision betrifft die Zeit des En-
des. 18 Während er mit mir redete, lag ich
ohnmächtig da, mit dem Gesicht am Boden.
Da berührte er mich und stellte mich wieder
auf die Beine. 19 Dann sagte er: Siehe, ich
kündige dir an, was in der letzten Zeit, der
Zeit des Zorns, geschehen wird; denn die Vi-
sion bezieht sich auf die Zeit des Endes.
20 Der Widder mit den zwei Hörnern, den du
gesehen hast, bedeutet die Könige von Me-
dien und Persien. 21 Der Ziegenbock ist der
König von Jawan. Das große Horn zwischen
seinen Augen ist der erste König. 22 Das Horn
brach ab und vier andere traten an seine
Stelle; das bedeutet: Aus seinem Volk entste-
hen vier Reiche; sie haben aber nicht die
gleiche Kraft wie er. 23 In der letzten Zeit ih-
rer Herrschaft, wenn die Frevler ihr Maß voll
gemacht haben, kommt ein König voll Härte
und Verschlagenheit. 24 Er wird mächtig und
stark und richtet ungeheures Verderben an;
alles, was er unternimmt, gelingt ihm. Mäch-
tige Herrscher wird er vernichten, auch das
Volk der Heiligen. 25 Dank seiner Schlauheit
gelingt ihm sein Betrug. Er wird überheblich
und bringt über viele unversehens Verder-
ben. Selbst gegen den höchsten Gebieter
steht er auf; doch ohne Zutun eines Men-
schen wird er zerschmettert. 26 Die Vision
von den Abenden und den Morgen, die dir
offenbart wurde, ist wahr; doch du sollst sie
geheim halten; denn sie bezieht sich auf eine
ferne Zeit.

27 Darauf war ich, Daniel, erschöpft und
lag mehrere Tage krank zu Bett. Dann stand
ich auf und versah wieder meinen Dienst
beim König. Doch die Vision bedrückte mich
und ich verstand sie nicht.

1: 7,1 • 8: 7,8 • 9: Ez 20,6 • 10: Sach 7,14 • 11: 9,27; 11,31 • 13: 12,6f; Sach 1,9f • 14: 7,25 • 15: 9,21 • 16: Lk 1,19 • 17–18: 10,15–19 • 18: Offb 1,17; Ez 2,1f • 23: 11,21 • 24: 7,18 • 26: 12,4; Offb 22,6.

DIE WEISSAGUNG VON DEN SIEBZIG JAHRWOCHEN: 9,1–27

9 Im ersten Jahr, nachdem Darius, der
Sohn des Xerxes, aus dem Stamm der
Meder, König über das Reich der Chaldäer
geworden war, 2 in diesem ersten Jahr seiner
Herrschaft suchte ich, Daniel, in den Schrif-
ten die Zahl der Jahre zu ergründen, die Je-
rusalem nach dem Wort des Herrn an den
Propheten Jeremia verwüstet sein sollte; es
waren siebzig Jahre. 3 Ich richtete mein Ge-
sicht zu Gott, dem Herrn, um ihn mit Gebet
und Flehen, bei Fasten in Sack und Asche, zu
bitten. 4 Ich betete zum Herrn, meinem Gott,
legte ein Bekenntnis ab und sagte: Herr, du
großer und Furcht erregender Gott, du be-
wahrst denen, die dich lieben und deine Ge-
bote halten, deinen Bund und deine Gnade.
5 Wir haben gesündigt und Unrecht getan,
wir sind treulos gewesen und haben uns ge-
gen dich empört; von deinen Geboten und
Gesetzen sind wir abgewichen. 6 Wir haben
nicht auf deine Diener, die Propheten, ge-
hört, die in deinem Namen zu unseren Köni-
gen und Vorstehern, zu unseren Vätern und
zu allen Bürgern des Landes geredet haben.
7 Du, Herr, bist im Recht; uns aber steht bis
heute die Schamröte im Gesicht, den Leuten
von Juda, den Einwohnern Jerusalems und
allen Israeliten, seien sie nah oder fern in all
den Ländern, wohin du sie verstoßen hast;
denn sie haben dir die Treue gebrochen. 8 Ja,
Herr, uns steht die Schamröte im Gesicht,
unseren Königen, Oberen und Vätern; denn
wir haben uns gegen dich versündigt. 9 Aber
der Herr, unser Gott, schenkt Erbarmen und
Vergebung. Ja, wir haben uns gegen ihn em-
pört. 10 Wir haben nicht auf die Stimme des
Herrn, unseres Gottes, gehört und seine Be-
fehle nicht befolgt, die er uns durch seine

Diener, die Propheten, gegeben hat. 11 Ganz Israel hat dein Gesetz übertreten, ist davon abgewichen und hat nicht auf deine Stimme gehört. Darum kamen der Fluch und die Verwünschung über uns, die im Gesetz des Mose, des Dieners Gottes, geschrieben stehen; denn wir haben uns gegen Gott versündigt. 12 Gott machte seine Drohung wahr, die er gegen uns und unsere Richter, die uns regierten, ausgesprochen hatte: Er werde so schweres Unheil über uns bringen, dass unter dem ganzen Himmel nie solche Dinge geschehen sein werden wie in Jerusalem.

13 Wie es im Gesetz des Mose geschrieben steht, ist all dieses Unheil über uns gekommen. Und doch haben wir den Herrn, unseren Gott, nicht begütigt, haben uns nicht von unserem bösen Tun abgewandt und nicht auf deine Wahrheit geachtet. 14 Der Herr aber war wach und ließ dieses Unheil über uns kommen. Denn der Herr, unser Gott, ist gerecht in allem, was er tut. Wir aber hörten nicht auf seine Stimme. 15 Jetzt aber, Herr, unser Gott, der du dein Volk mit starker Hand aus Ägypten geführt und dir damit einen Namen gemacht hast bis auf den heutigen Tag! Wir haben gesündigt; wir haben gefrevelt. 16 Herr, wende jetzt deinen grimmigen Zorn von deiner Stadt Jerusalem und von deinem heiligen Berg ab, wie es deinen früheren hilfreichen Taten entspricht. Wegen unserer Sünden und der bösen Taten unserer Väter sind Jerusalem und dein Volk zum Gespött für alle geworden, die rings um uns wohnen. 17 Darum höre jetzt, unser Gott, das Gebet und Flehen deines Knechtes: Herr, lass auch um deiner selbst willen dein Angesicht über deinem Heiligtum leuchten, das verwüstet daliegt. 18 Mein Gott, neig mir dein Ohr zu und höre mich; öffne deine Augen und sieh auf die Trümmer, auf unsere Stadt, über der dein Name ausgerufen ist. Nicht im Vertrauen auf unsere guten Taten legen wir dir unsere Bitten vor, sondern im Vertrauen auf dein großes Erbarmen. 19 Herr, erhöre! Herr, verzeih! Herr, vernimm das Gebet und handle! Mein Gott, auch um deiner selbst willen zögere nicht! Dein Name ist doch über deiner Stadt und deinem Volk ausgerufen.

20 Während ich noch redete und betete, meine Sünden und die Sünden meines Volkes Israel bekannte und meine Bitte für den heiligen Berg meines Gottes vor den Herrn, meinen Gott, brachte, 21 während ich also noch mein Gebet sprach, da kam im Flug der Mann Gabriel, den ich früher in der Vision gesehen hatte; er kam um die Zeit des Abendopfers zu mir, 22 redete mit mir und sagte: Daniel, ich bin gesandt worden, um dir klare Einsicht zu geben. 23 Schon zu Beginn deines Gebets erging ein Gotteswort und ich bin gekommen, um es dir zu verkünden; denn du bist (von Gott) geliebt. Achte also auf das Wort und begreife die Vision!

24 Siebzig Wochen sind für dein Volk / und deine heilige Stadt bestimmt,
bis der Frevel beendet ist, / bis die Sünde versiegelt und die Schuld gesühnt ist,
bis ewige Gerechtigkeit gebracht wird, / bis Visionen und Weissagungen besiegelt werden / und ein Hochheiliges gesalbt wird.

25 Nun begreif und versteh: Von der Verkündigung des Wortes über die Rückführung des Volkes und den Wiederaufbau Jerusalems bis zur Ankunft eines Gesalbten, eines Fürsten, sind es sieben Wochen; und zweiundsechzig Wochen lang baut man die Stadt wieder auf mit ihren Plätzen und Gräben, obwohl es eine bedrängte Zeit sein wird. 26 Nach den zweiundsechzig Wochen wird ein Gesalbter umgebracht, aber ohne (Richterspruch). Das Volk eines Fürsten, der kommen wird, bringt Verderben über die Stadt und das Heiligtum. Er findet sein Ende in der Flut; bis zum Ende werden Krieg und Verwüstung herrschen, wie es längst beschlossen ist. 27 Vielen macht er den Bund schwer, eine Woche lang. In der Mitte dieser Woche setzt er den Schlachtopfern und Speiseopfern ein Ende. Oben auf dem Heiligtum wird ein unheilvoller Gräuel stehen, bis das Verderben, das beschlossen ist, über den Verwüster kommt.

1: 6,1 • 2: Jer 25,11f; 29,10 • 4–19: 3,25–45; Neh 1,5–11; 9; Bar 1,15 – 2,26 • 6: Jer 7,25f • 7: Esra 9,6–8 • 11: Lev 26,14–39; Dtn 28,15–68 • 14: Jer 1,12 • 15–16: Bar 2,11–19 • 15: Dtn 6,21; Jer 32,20f • 16: Ps 103,6 • 18: 2 Kön 19,16 • 24: Jes 53,11; 1 Chr 23,13; Ez 45,3; Ex 29,37 • 27: 11,31; 12,11; Mt 24,15; Jes 10,22f.

9,12 Mit den »Richtern« sind alle Regierenden gemeint.
9,24 Gemeint sind sog. Jahreswochen (je sieben Jahre). – ein Hochheiliges: Gemeint ist wahrscheinlich das sog. Allerheiligste d. h. der innerste Raum des Tempels.

paradies

frisches gelb der zitrone
blau des himmels
blättergrün

edle frucht am baum
reiche sonne
dauernde wärme
überfluss
schlaraffenland

Da pries ich die Freude; denn es gibt für den Menschen kein Glück unter der Sonne, es sei denn, er isst und trinkt und freut sich. Das soll ihn begleiten bei seiner Arbeit während der Lebenstage, die Gott ihm unter der Sonne geschenkt hat.
Mit einer Frau, die du liebst, genieß das Leben alle Tage deines Lebens voll Windhauch, die er dir unter der Sonne geschenkt hat, alle deine Tage voll Windhauch. Denn das ist dein Anteil am Leben und an dem Besitz, für den du dich unter der Sonne anstrengst.

Kohelet 8,15; 9,9

Foto: Peter Friebe, Germering

DIE LETZTEN OFFENBARUNGEN AN DANIEL: 10,1 – 12,13

10 Im dritten Jahr des Königs Kyrus
von Persien empfing Daniel, der
auch Beltschazzar heißt, eine Offenbarung.
Das Wort ist zuverlässig und kündigt große
Not an. Er suchte das Wort zu verstehen und
das Verständnis wurde ihm in einer Vision
gegeben. 2 In jenen Tagen hielt ich, Daniel,
drei Wochen lang Trauer. 3 Nahrung, die mir
sonst schmeckte, aß ich nicht; Fleisch und
Wein kamen nicht in meinen Mund; auch
salbte ich mich nicht, bis drei volle Wochen
vorbei waren. 4 Am vierundzwanzigsten Tag
des ersten Monats stand ich am Ufer des gro-
ßen Flusses, des Tigris. 5 Ich blickte auf und
sah, wie ein Mann vor mir stand, der in Lei-
nen gekleidet war und einen Gürtel aus
feinstem Gold um die Hüften trug. 6 Sein
Körper glich einem Chrysolith, sein Gesicht
leuchtete wie ein Blitz und die Augen waren
wie brennende Fackeln. Seine Arme und
Beine glänzten wie polierte Bronze. Seine
Worte waren wie das Getöse einer großen
Menschenmenge. 7 Nur ich, Daniel, sah diese
Erscheinung; die Männer, die bei mir waren,
sahen die Erscheinung nicht; doch ein großer
Schrecken befiel sie, sodass sie wegliefen
und sich versteckten.

8 So blieb ich allein zurück und sah diese
gewaltige Erscheinung. Meine Kräfte verlie-
ßen mich; ich wurde totenbleich und konnte
mich nicht mehr aufrecht halten. 9 Ich hörte
den Schall seiner Worte; beim Schall seiner
Worte fiel ich betäubt zu Boden und blieb,
mit dem Gesicht am Boden, liegen. 10 Doch
eine Hand fasste mich an und half mir auf
Knie und Hände. 11 Dann sagte er zu mir:
Daniel, du (von Gott) geliebter Mann, achte
auf die Worte, die ich dir zu sagen habe. Stell
dich aufrecht hin; denn ich bin jetzt zu dir
gesandt. Als er so mit mir redete, erhob ich
mich zitternd. 12 Dann sagte er zu mir:
Fürchte dich nicht, Daniel! Schon vom ers-
ten Tag an, als du dich um Verständnis be-
mühtest und dich deswegen vor deinem Gott
beugtest, wurden deine Worte gehört und
wegen deiner Worte bin ich gekommen.
13 Der Engelfürst des Perserreiches hat sich
mir einundzwanzig Tage lang entgegenge-
stellt, aber Michael, einer der ersten unter
den Engelfürsten, kam mir zu Hilfe. Darum
war ich dort bei den Königen von Persien
entbehrlich. 14 Und jetzt bin ich gekommen,
um dich verstehen zu lassen, was deinem
Volk in den letzten Tagen zustoßen wird.
Denn auch diese Vision bezieht sich auf jene
fernen Tage.

15 Während er das zu mir sagte, blickte ich
zu Boden und blieb stumm. 16 Da berührte
eine Gestalt, die aussah wie ein Mensch, mei-
ne Lippen. Nun konnte ich den Mund wieder
öffnen und sprechen. Ich sagte zu dem, der
vor mir stand: Mein Herr, als ich die Vision
sah, wand ich mich in Schmerzen und verlor
alle Kraft. 17 Wie kann ich, der Knecht mei-
nes Herrn, mit meinem Herrn reden? Mir
fehlt seitdem jede Kraft, selbst der Atem
stockt mir. 18 Da berührte mich die Gestalt,
die wie ein Mensch aussah, von neuem,
stärkte mich 19 und sagte: Fürchte dich nicht,
du (von Gott) geliebter Mann! Friede sei mit
dir. Sei stark und hab Vertrauen! Als er so
mit mir redete, fühlte ich mich gestärkt und
sagte: Nun rede, mein Herr! Du hast mich
gestärkt. 20 Er sagte: Weißt du, warum ich zu
dir gekommen bin? Ich muss bald zurück-
kehren und mit dem Engelfürsten von Per-
sien kämpfen. Wenn ich mit ihm fertig bin,
dann wird der Engelfürst von Jawan kom-
men. 21 Vorher aber will ich dir mitteilen,
was im Buch der Wahrheit aufgezeichnet ist.
Doch keiner hilft mir tatkräftig gegen sie au-
ßer eurem Engelfürsten Michael.

11 Im ersten Jahr des Meders Darius
stand ich ihm helfend und schützend
zur Seite. 2 Und jetzt will ich dir die Wahrheit
mitteilen: Noch drei Könige kommen in Per-
sien; der vierte aber wird größeren Reichtum
erwerben als alle anderen vor ihm. Nachdem
er reich und mächtig geworden ist, bietet er
all seine Macht gegen das Reich von Jawan
auf. 3 Dann wird ein kraftvoller König kom-
men; er herrscht mit großer Macht und tut,
was er will. 4 Doch kaum ist er aufgetreten,
da bricht sein Reich auseinander und teilt
sich nach den vier Himmelsrichtungen. Es
fällt aber nicht seinen Nachkommen zu und
ist nicht mehr so mächtig wie unter seiner
Herrschaft. Denn sein Reich wird vernichtet;
es fällt anderen zu, nicht seinen Erben.
5 Dann erstarkt der König des Südens; aber
einer von seinen Feldherrn wird mächtiger
als er und tritt die Herrschaft an und seine
Herrschaft wird noch gewaltiger sein. 6 Nach
Jahren schließen sie dann ein Bündnis und

11,6 Übersetzung unsicher.

um den Frieden zu bekräftigen, kommt die
Tochter des Königs des Südens zum König
des Nordens. Doch sie verliert die Macht und
auch ihr Kind bleibt nicht am Leben; zur
(bestimmten) Zeit wird sie dem Untergang
preisgegeben, sie, ihre Begleiter, auch der,
der sie gezeugt hat, und der, der sie zur Frau
genommen hat. 7 Aber an seiner Stelle tritt
ein Spross aus ihren Wurzeln auf; er zieht
gegen das Heer aus, dringt in die Festung des
Königs des Nordens ein und verfährt mit ih-
nen, wie es ein Sieger tut. 8 Sogar ihre Götter
nimmt er als Beute nach Ägypten mit, ebenso
ihre Götterbilder und die kostbaren Geräte
aus Silber und Gold. Dann lässt er den König
des Nordens einige Jahre in Ruhe. 9 Darauf
zieht dieser gegen das Reich des Königs des
Südens, muss aber in sein Land zurück-
kehren.

10 Doch seine Söhne rüsten zum Krieg und
bringen gewaltige Heere zusammen. Einer
(von ihnen) zieht gegen (den König des Sü-
dens); er rückt vor und überflutet alles. Dann
rüstet er nochmals und dringt bis zu seiner
Festung vor. 11 Das erbittert den König des
Südens; er zieht gegen den König des Nor-
dens aus und kämpft gegen ihn. Dieser hat
zwar ein großes Heer aufgestellt, aber das
Heer fällt dem andern in die Hand 12 und
wird aufgerieben. Da wird sein Herz stolz; er
wirft Zehntausende zu Boden, aber er bleibt
nicht stark. 13 Der König des Nordens stellt
nochmals ein Heer auf, noch größer als das
erste, und nach einigen Jahren zieht er gegen
jenen mit einer großen Streitmacht und ei-
nem riesigen Tross ins Feld. 14 In jener Zeit
erheben sich viele gegen den König des Sü-
dens; auch gewalttätige Leute aus deinem
Volk stehen auf und so erfüllt sich eine Visi-
on. Aber sie kommen zu Fall. 15 Da zieht der
König des Nordens heran, schüttet einen
Wall auf und erobert eine stark befestigte
Stadt. Die Kräfte des Königs des Südens hal-
ten nicht stand; selbst die Truppe seiner aus-
erlesenen Kämpfer ist nicht stark genug, um
sich zu halten. 16 Der, der gegen ihn vorrückt,
tut (mit ihnen), was er will. Keiner kann ihm
widerstehen; so fasst er Fuß im Land der
Zierde und seine Hand bringt Vernichtung.
17 Dann fasst er den Plan, das ganze Reich
(des Königs des Südens) zu unterjochen. Er
schließt einen Vergleich mit ihm und gibt
ihm eine seiner Töchter zur Frau, um seine
Macht zu zerstören. Doch das kommt nicht
zustande, es gelingt ihm nicht. 18 Jetzt wen-
det er sich gegen die Inseln und erobert viele
von ihnen. Aber ein Feldherr macht seiner
Herausforderung ein Ende, ja, er vergilt ihm
seine Herausforderung. 19 Nun wendet er
sich den Festungen des eigenen Landes zu.
Er stolpert jedoch, fällt und ist nicht mehr zu
finden. 20 An seine Stelle tritt einer, der einen
Steuereintreiber durch die Zierde des Rei-
ches ziehen lässt. Doch wird er schon nach
kurzer Zeit beseitigt, aber nicht öffentlich
und nicht im Kampf.

21 An seine Stelle tritt ein verächtlicher
Mensch. Ihm überträgt man die Würde des
Königtums nicht; er kommt aber unverse-
hens und reißt die Herrschaft durch List an
sich. 22 Ganze Heere werden vor ihm hinweg-
geschwemmt und vernichtet, auch der Fürst
des Bundes. 23 Wer sich mit ihm verbündet,
gegen den handelt er heimtückisch. Er
kommt empor, und obwohl er nur wenige
Anhänger hat, wird er stark. 24 Unversehens
dringt er in die reichsten Bezirke einer Pro-
vinz ein und tut, was weder seine Väter noch
seine Ahnen getan haben: Er raubt, macht
Beute und verteilt den Besitz an seine Leute.
Er denkt Anschläge gegen die Festungen aus,
aber das dauert nur eine bestimmte Zeit.
25 Er bietet seine ganze Kraft und seinen
ganzen Mut auf und zieht mit einem großen
Heer gegen den König des Südens. Darauf
rüstet auch der König des Südens mit einem
großen und sehr starken Heer zum Krieg; er
kann aber nicht standhalten; denn man plant
Anschläge gegen ihn. 26 Die eigenen Tischge-
nossen führen seinen Sturz herbei. Sein Heer
wird weggeschwemmt, viele werden erschla-
gen und fallen. 27 Beide Könige sinnen auf
Böses; sie sitzen am selben Tisch zusammen
und belügen einander. Aber sie erreichen
nichts, denn das Ende steht noch aus, bis zur
bestimmten Zeit. 28 Mit großem Tross tritt
dann der König des Nordens den Rückweg in
sein Land an; sein Sinn ist gegen den Heili-
gen Bund gerichtet. Er handelt auch entspre-
chend und kehrt schließlich in sein Land zu-
rück. 29 Zu einer bestimmten Zeit fällt er
wieder in den Süden ein. Doch das zweite
Mal geht es nicht wie das erste Mal. 30 Kittäi-
sche Schiffe greifen ihn an und er kehrt ein-
geschüchtert um. Nun wendet er seine Wut
gegen den Heiligen Bund und handelt ent-
sprechend. Dann kehrt er heim und erkennt
jene an, die den Heiligen Bund verlassen.
31 Er stellt Streitkräfte auf, die das Heilig-
tum auf der Burg entweihen, das tägliche
Opfer abschaffen und den unheilvollen
Gräuel aufstellen. 32 Er verführt mit seinen

11,20 Vgl. die Anmerkung zu 8,9.

glatten Worten die Menschen dazu, vom
Bund abzufallen; doch die Schar derer, die
ihrem Gott treu sind, bleibt fest und handelt
entsprechend. 33 Die Verständigen im Volk
bringen viele zur Einsicht; aber eine Zeit
lang zwingt man sie nieder mit Feuer und
Schwert, mit Haft und Plünderung. 34 Doch
während man sie niederzwingt, erfahren sie
eine kleine Hilfe; viele schließen sich ihnen
an, freilich nur zum Schein. 35 Aber auch
manche von den Verständigen kommen zu
Fall; so sollen sie geprüft, geläutert und ge-
reinigt werden bis zur Zeit des Endes; denn
es dauert noch eine Weile bis zu der be-
stimmten Zeit.

36 Der König tut, was er will. Er wird über-
mütig und prahlt gegenüber allen Göttern,
auch gegenüber dem höchsten Gott führt er
unglaubliche Reden. Dabei hat er Erfolg, bis
der Zorn (Gottes) zu Ende ist. Denn was be-
schlossen ist, muss ausgeführt werden. 37 Er
missachtet sogar die Götter seiner Väter,
auch den Liebling der Frauen achtet er nicht
und überhaupt keinen Gott; er prahlt gegen-
über allen. 38 Stattdessen verehrt er den
Gott der Festungen; einen Gott, den seine
Väter nicht gekannt haben, verehrt er mit
Gold und Silber, mit Edelsteinen und Kost-
barkeiten. 39 Starke Festungen greift er an
mit Hilfe des fremden Gottes. Alle, die ihn
anerkennen, überhäuft er mit Ehren; er ver-
leiht ihnen die Herrschaft über viele Men-
schen und teilt ihnen als Belohnung Land
zu.

40 Zur Zeit des Endes streitet mit ihm der
König des Südens. Da stürmt der König des
Nordens gegen ihn heran mit Wagen und
Reitern und mit vielen Schiffen. Er dringt in
die Länder ein, überschwemmt sie und rückt
vor. 41 Auch ins Land der Zierde dringt er
ein. Viele werden niedergezwungen; nur
Edom und Moab und der Hauptteil der Am-
moniter entgehen ihm. 42 Er streckt seine
Hand nach den Ländern aus; auch für Ägyp-
ten gibt es keine Rettung. 43 Er wird Herr
über die Schätze von Gold und Silber und
über alle Kostbarkeiten Ägyptens. Libyer
und Kuschiter leisten ihm Gefolgschaft.
44 Da erschrecken ihn Gerüchte aus dem Os-
ten und dem Norden. In großem Zorn zieht er
aus, um viele zu vernichten und auszurotten.
45 Zwischen dem Meer und dem Berg der hei-
ligen Zierde schlägt er seine Prunkzelte auf.
Dann geht er seinem Ende zu und niemand
ist da, der ihm hilft.

12 In jener Zeit tritt Michael auf, der
große Engelfürst, der für die Söhne
deines Volkes eintritt. Dann kommt eine Zeit
der Not, wie noch keine da war, seit es Völ-
ker gibt, bis zu jener Zeit. Doch dein Volk
wird in jener Zeit gerettet, jeder, der im
Buch verzeichnet ist. 2 Von denen, die im
Land des Staubes schlafen, werden viele er-
wachen, die einen zum ewigen Leben, die an-
deren zur Schmach, zu ewigem Abscheu.
3 Die Verständigen werden strahlen, wie der
Himmel strahlt; und die Männer, die viele
zum rechten Tun geführt haben, werden im-
mer und ewig wie die Sterne leuchten. 4 Du,
Daniel, halte diese Worte geheim und ver-
siegle das Buch bis zur Zeit des Endes! Viele
werden nachforschen und die Erkenntnis
wird groß sein.

5 Als ich, Daniel, aufblickte, standen noch
zwei andere Männer da, der eine diesseits
des Flussufers, der andere jenseits. 6 Einer
fragte den Mann, der in Leinen gekleidet war
und über dem Wasser des Flusses stand: Wie
lange dauert es noch bis zum Ende der unbe-
greiflichen Geschehnisse? 7 Darauf hörte ich
die Stimme des Mannes, der in Leinen ge-
kleidet war und über dem Wasser des Flusses
stand; er erhob seine rechte und seine linke
Hand zum Himmel, schwor bei dem, der
ewig lebt, und sagte: Es dauert noch eine
Zeit, zwei Zeiten und eine halbe Zeit. Wenn
der am Ende ist, der die Macht des heiligen
Volkes zerschlägt, dann wird sich das alles
vollenden. 8 Ich hörte es, verstand es aber
nicht. Darum fragte ich: Mein Herr, was
wird das letzte von all dem sein? 9 Er erwi-
derte: Geh, Daniel! Diese Worte bleiben ver-
schlossen und versiegelt bis zur Zeit des En-
des. 10 Viele werden geläutert, gereinigt und
geprüft. Doch die ruchlosen Sünder sündi-
gen weiter. Von den Sündern wird es keiner
verstehen; aber die Verständigen verstehen
es. 11 Von der Zeit an, in der man das tägliche
Opfer abschafft und den unheilvollen Gräuel
aufstellt, sind es zwölfhundertneunzig Tage.
12 Wohl dem, der aushält und dreizehnhun-
dertfünfunddreißig Tage erreicht! 13 Du aber
geh nun dem Ende zu! Du wirst ruhen und
am Ende der Tage wirst du auferstehen, um
dein Erbteil zu empfangen.

10,5: 8,15; Offb 1,13–15; Ez 1,27f • 9: 8,18 • 11: 9,23 • 12: Esra 8,21 • 13: Sach 3,1f; Jud 9; Offb 12,7 • 16: 7,13; Jes 6,7; Jer 1,9 • 18: 8,18 • 19: Offb 1,17 • 11,1: 9,1 • 3: 1 Makk 1,2–6 • 6: 2,43 • 15: 8,23–25 • 16: 8,9 • 17: 2,43 • 21: 8,23f • 31: 8,11f; 9,27; 12,11; Mt 24,15 • 33: 12,3 • 36: 7,8.25; 2 Thess 2,4; Offb 13,5f • 41: 11,16; 8,9 • 12,1: 10,13; Offb 12,7; Mt 24,21 • 2: 2 Makk 7,9; Jes 66,24; Joh 5,29 • 3: 11,33; Spr 4,18; Mt 13,43 • 4: 8,26; Offb 10,4 • 6: Offb 10,5f • 7: 7,25 • 10: 11,35 • 11–12: 8,14.

DIE ANHÄNGE ZUM BUCH DANIEL: 13,1 – 14,42

Die Rettung der Susanna durch Daniel: 13,1–64

13 In Babylon wohnte ein Mann mit Namen Jojakim. 2 Er hatte Susanna, die Tochter Hilkijas, zur Frau; sie war sehr schön und gottesfürchtig. 3 Auch ihre Eltern waren gerecht und hatten ihre Tochter nach dem Gesetz des Mose erzogen. 4 Jojakim war sehr reich; er besaß einen Garten nahe bei seinem Haus. Die Juden pflegten bei ihm zusammenzukommen, weil er der Angesehenste von allen war. 5 Als Richter amtierten in jenem Jahr zwei Älteste aus dem Volk, von denen galt, was der Herr gesagt hat: Ungerechtigkeit ging von Babylon aus, von den Ältesten, von den Richtern, die als Leiter des Volkes galten. 6 Sie hielten sich regelmäßig im Haus Jojakims auf und alle, die eine Rechtssache hatten, kamen zu ihnen. 7 Hatten sich nun die Leute um die Mittagszeit wieder entfernt, dann kam Susanna und ging im Garten ihres Mannes spazieren. 8 Die beiden Ältesten sahen sie täglich kommen und umhergehen; da regte sich in ihnen die Begierde nach ihr. 9 Ihre Gedanken gerieten auf Abwege und ihre Augen gingen in die Irre; sie sahen weder zum Himmel auf, noch dachten sie an die gerechten Strafen Gottes. 10 Beide hatten wegen Susanna Liebeskummer; doch keiner sagte dem anderen etwas von seinem Schmerz. 11 Denn sie schämten sich darüber, dass sie so begierig waren, mit ihr zusammen zu sein. 12 Ungeduldig warteten sie jeden Tag darauf, sie zu sehen. 13 Eines Tages sagte der eine zum andern: Gehen wir nach Hause, es ist Zeit zum Essen. Sie trennten sich also und gingen weg, 14 dann aber kehrte jeder um und sie trafen wieder zusammen. Sie fragten einander nach der Ursache und gestanden sich ihre Leidenschaft. Daraufhin verabredeten sie eine Zeit, zu der es ihnen möglich sein sollte, Susanna allein anzutreffen. 15 Während sie auf einen günstigen Tag warteten, kam Susanna eines Tages wie gewöhnlich in den Garten, nur von zwei Mädchen begleitet, und wollte baden; denn es war heiß. 16 Niemand war dort außer den beiden Ältesten, die sich versteckt hatten und ihr auflauerten. 17 Sie sagte zu den Mädchen: Holt mir Öl und Salben und verriegelt das Gartentor, damit ich baden kann. 18 Die Mädchen taten, wie ihnen befohlen war. Sie verriegelten das Tor und verließen den Garten durch die Seitenpforte, um zu holen, was ihnen aufgetragen war. Von den Ältesten bemerkten sie nichts, denn diese hatten sich versteckt. 19 Als die Mädchen weg waren, standen die beiden Ältesten auf, liefen zu Susanna hin 20 und sagten: Das Gartentor ist verschlossen und niemand sieht uns; wir brennen vor Verlangen nach dir: Sei uns zu Willen und gib dich uns hin! 21 Weigerst du dich, dann bezeugen wir gegen dich, dass ein junger Mann bei dir war und dass du deshalb die Mädchen weggeschickt hast. 22 Da seufzte Susanna und sagte: Ich bin bedrängt von allen Seiten: Wenn ich es tue, so droht mir der Tod; tue ich es aber nicht, so werde ich euch nicht entrinnen. 23 Es ist besser für mich, es nicht zu tun und euch in die Hände zu fallen, als gegen den Herrn zu sündigen. 24 Dann schrie Susanna, so laut sie konnte. Aber zugleich mit ihr schrien auch die beiden Ältesten 25 und einer von ihnen lief zum Gartentor und öffnete es. 26 Als die Leute im Haus das Geschrei im Garten hörten, eilten sie durch die Seitentür herbei, um zu sehen, was ihr zugestoßen sei. 27 Als die Ältesten ihre Erklärung gaben, schämten sich die Diener sehr; denn noch nie war so etwas über Susanna gesagt worden.

28 Als am nächsten Morgen das Volk bei Jojakim, ihrem Mann, zusammenkam, erschienen auch die beiden Ältesten. Sie kamen mit der verbrecherischen Absicht, gegen Susanna die Todesstrafe zu erwirken. Sie sagten vor dem Volk: 29 Schickt nach Susanna, der Tochter Hilkijas, der Frau Jojakims! Man schickte nach ihr. 30 Sie kam, begleitet von ihren Eltern, ihren Kindern und allen Verwandten. 31 Susanna war anmutig und sehr schön. 32 Sie war aber verschleiert. Um sich an ihrer Schönheit zu weiden, befahlen die Gewissenlosen, sie zu entschleiern. 33 Da weinten ihre Angehörigen und alle, die sie sahen, begannen ebenfalls zu weinen. 34 Vor dem ganzen Volk standen nun die beiden Ältesten auf und legten die Hände auf den Kopf Susannas. 35 Sie aber blickte weinend zum Himmel auf; denn ihr Herz vertraute dem Herrn. 36 Die Ältesten sagten:

13,1 Mit 12,13 endet das hebräisch-aramäische Danielbuch. In Vg folgen als Kapitel 13 und 14 noch drei weitere Erzählungen von Daniel. Die Übersetzung folgt Theodotion; zur griechischen Gestalt des Danielbuches vgl. die Einleitung.

Während wir allein im Garten spazieren gin-
gen, kam diese Frau mit zwei Mägden herein.
Sie ließ das Gartentor verriegeln und schick-
te die Mägde fort. 37 Dann kam ein junger
Mann zu ihr, der sich versteckt hatte, und
legte sich zu ihr. 38 Wir waren gerade in einer
abgelegenen Ecke des Gartens; als wir aber
die Sünde sahen, eilten wir zu ihnen hin
39 und sahen, wie sie zusammen waren. Den
Mann konnten wir nicht festhalten; denn er
war stärker als wir; er öffnete das Tor und
entkam. 40 Aber diese da hielten wir fest und
fragten sie, wer der junge Mann war. 41 Sie
wollte es uns aber nicht verraten. Das alles
können wir bezeugen. Die versammelte Ge-
meinde glaubte ihnen, weil sie Älteste des
Volkes und Richter waren, und verurteilte
Susanna zum Tod. 42 Da rief sie laut: Ewiger
Gott, du kennst auch das Verborgene; du
weißt alles, noch bevor es geschieht. 43 Du
weißt auch, dass sie eine falsche Aussage ge-
gen mich gemacht haben. Darum muss ich
jetzt sterben, obwohl ich nichts von dem ge-
tan habe, was diese Menschen mir vorwer-
fen.

44 Der Herr erhörte ihr Rufen. 45 Als man
sie zur Hinrichtung führte, erweckte Gott
den heiligen Geist in einem jungen Mann na-
mens Daniel. 46 Dieser rief laut: Ich bin un-
schuldig am Tod dieser Frau. 47 Da wandten
sich alle Leute nach ihm um und fragten ihn:
Was soll das heißen, was du da gesagt hast?
48 Er trat mitten unter sie und sagte: Seid ihr
so töricht, ihr Söhne Israels? Ohne Verhör
und ohne Prüfung der Beweise habt ihr eine
Tochter Israels verurteilt. 49 Kehrt zurück
zum Ort des Gerichts! Denn diese Ältesten
haben eine falsche Aussage gegen Susanna
gemacht. 50 Eilig kehrten alle Leute wieder
um und die Ältesten sagten zu Daniel: Setz
dich hier mitten unter uns und sag uns, was
du zu sagen hast. Denn dir hat Gott den Vor-
sitz verliehen. 51 Daniel sagte zu ihnen:
Trennt diese beiden Männer, bringt sie weit
auseinander! Ich will sie verhören. 52 Als
man sie voneinander getrennt hatte, rief er
den einen von ihnen her und sagte zu ihm: In
Schlechtigkeit bist du alt geworden; doch
jetzt kommt die Strafe für die Sünden, die du
bisher begangen hast. 53 Ungerechte Urteile
hast du gefällt, Schuldlose verurteilt, aber
Schuldige freigesprochen; und doch hat der
Herr gesagt: Einen Schuldlosen und Gerech-
ten sollst du nicht töten. 54 Wenn du also die-
se Frau wirklich gesehen hast, dann sag uns:
Was für ein Baum war das, unter dem du die
beiden zusammen gesehen hast? Er antwor-
tete: Unter einer Zeder. 55 Da sagte Daniel:
Mit deiner Lüge hast du dein eigenes Haupt
getroffen. Der Engel Gottes wird dich zer-
spalten; schon hat er von Gott den Befehl
dazu erhalten. 56 Dann ließ er ihn wegbrin-
gen und befahl, den andern vorzuführen. Zu
ihm sagte er: Du Sohn Kanaans, nicht Judas,
dich hat die Schönheit verführt, die Leiden-
schaft hat dein Herz verdorben. 57 So konn-
tet ihr an den Töchtern Israels handeln, sie
fürchteten sich und waren euch zu Willen.
Aber die Tochter Judas hat eure Gemeinheit
nicht geduldet. 58 Nun sag mir: Was für ein
Baum war das, unter dem du die beiden er-
tappt hast? Er antwortete: Unter einer Eiche.
59 Da sagte Daniel zu ihm: Mit deiner Lüge
hast auch du dein eigenes Haupt getroffen.
Der Engel Gottes wartet schon mit dem
Schwert in der Hand, um dich mitten ent-
zweizuhauen. So wird er euch beide vernich-
ten.

60 Da schrie die ganze Gemeinde laut auf
und pries Gott, der alle rettet, die auf ihn
hoffen. 61 Dann erhoben sie sich gegen die
beiden Ältesten, die Daniel durch ihre eige-
nen Worte als falsche Zeugen entlarvt hatte.
Das Böse, das sie ihrem Nächsten hatten an-
tun wollen, tat man 62 nach dem Gesetz des
Mose ihnen an: Man tötete sie. So wurde an
jenem Tag unschuldiges Blut gerettet. 63 Hil-
kija und seine Frau priesen Gott wegen ihrer
Tochter Susanna, ebenso ihr Mann Jojakim
und alle Verwandten, weil sich zeigte, dass
sie nichts Schändliches getan hatte. 64 Daniel
aber gewann seit jenem Tag und auch wei-
terhin beim Volk großes Ansehen.

5: Jer 23,15; 29,22f • 15: Ex 2,5 • 22: Lev 20,10; Dtn 22,22; Joh 8,4f • 34: Num 5,18; Lev 24,14 • 42: 2,20–22; Hebr 4,13 • 45: 4,5; 5,14 • 52: Weish 4,8f • 53: Ex 23,7 • 56: Ez 16,3.44 • 61–62: Dtn 19,16–21.

Daniel und die Priester des Bel: 14,1–22

14 Der König Astyages ging zu seinen
Vätern heim und sein Reich über-
nahm der Perser Kyrus. 2 Daniel war der
Vertraute des Königs, der ihn höher schätzte
als alle seine Freunde. 3 Nun hatten die Ba-
bylonier ein Bild des Gottes Bel. Sie wende-
ten für ihn täglich zwölf Scheffel Feinmehl
auf, dazu vierzig Schafe und sechs Krüge
Wein. 4 Auch der König verehrte ihn und
kam jeden Tag, um ihn anzubeten. Daniel
aber betete seinen eigenen Gott an. Der Kö-

13,54–59 Wortspiel mit »Zeder« (schinos) und »spalten« (schizein) sowie mit »Eiche« (prinos) und »entzweihauen« (prisai).

14,1 Vg zählt 14,1 als 13,65; entsprechend verschiebt sich die Verszählung in Kap. 14.

nig sagte zu ihm: Warum betest du Bel nicht an? 5 Er erwiderte: Ich verehre keine Standbilder, die von Menschen gemacht worden sind, sondern nur den lebendigen Gott, der den Himmel und die Erde erschaffen hat und die Herrschaft besitzt über alles, was lebt. 6 Der König entgegnete ihm: Du meinst also, Bel sei kein lebendiger Gott? Siehst du nicht, welche Mengen er Tag für Tag isst und trinkt? 7 Da lachte Daniel und sagte: Lass dich nicht täuschen, König! Dieser Bel ist innen von Lehm und außen von Bronze; er hat niemals gegessen oder getrunken. 8 Da wurde der König zornig; er rief die Priester des Bel herbei und sagte zu ihnen: Wenn ihr mir nicht sagt, wer all diese Mengen verzehrt, müsst ihr sterben. 9 Beweist ihr aber, dass Bel das alles verzehrt, dann muss Daniel sterben, weil er über Bel gelästert hat. Daniel sagte zum König: Es soll geschehen, was du gesagt hast. 10 Es waren aber siebzig Belpriester, nicht gerechnet die Frauen und Kinder. Der König ging nun mit Daniel in den Tempel Bels. 11 Die Belpriester sagten: Wir gehen jetzt hinaus. Trag du, König, selbst die Speisen auf, mische den Wein und stell ihn hin! Verschließ dann die Tür und versiegle sie mit deinem Ring! 12 Wenn du morgen früh wiederkommst und dich nicht davon überzeugen kannst, dass Bel alles verzehrt hat, dann wollen wir sterben, andernfalls aber Daniel, der uns verleumdet hat. 13 Sie waren unbesorgt; denn sie hatten sich zum Opfertisch einen verborgenen Zugang gemacht, durch den sie jeweils hereinkamen, um alles zu verzehren. 14 Als die Priester hinausgegangen waren, trug der König die Speisen für Bel auf. Daniel aber ließ durch seine Diener Asche holen und damit den ganzen Boden des Tempels bestreuen, wobei nur der König zusah. Dann gingen sie hinaus, verschlossen die Tür, versiegelten sie mit dem Ring des Königs und entfernten sich. 15 In der Nacht kamen wie gewöhnlich die Priester mit ihren Frauen und Kindern; sie aßen alles auf und tranken den Wein. 16 Früh am Morgen aber ging der König mit Daniel zum Tempel. 17 Der König fragte: Sind die Siegel unversehrt, Daniel? Er antwortete: Sie sind unversehrt, mein König. 18 Kaum war das Portal geöffnet, da blickte der König auf den Opfertisch und rief laut: Groß bist du, Bel! Bei dir gibt es nie einen Betrug. 19 Doch Daniel lachte; er hinderte den König, das Innere zu betreten und sagte: Sieh dir doch den Fußboden an und prüfe, von wem diese Fußspuren sind. 20 Der König sagte: Ich sehe Fußspuren von Männern, Frauen und Kindern. 21 Und er wurde zornig und ließ die Priester mit ihren Frauen und Kindern festnehmen. Sie mussten ihm die geheime Tür zeigen, durch die sie hereingekommen waren, um das, was auf dem Tisch stand, zu verzehren. 22 Darauf ließ sie der König töten. Den Bel aber übergab er Daniel, der ihn und sein Heiligtum zerstörte.

1: 6,29 • 5: Gen 14,19 • 7: Jes 44,12; Bar 6,50 • 8: 2,5 • 16: 6,20 • 22: 6,25; Jer 51,44.

Daniel und der Drache: 14,23–42

23 Es gab auch einen großen Drachen, den die Babylonier wie einen Gott verehrten. 24 Der König sagte zu Daniel: Von diesem Drachen kannst du nicht sagen, er sei kein lebendiger Gott. Bete ihn also an! 25 Daniel erwiderte: Nur den Herrn, meinen Gott, bete ich an; denn er ist wirklich ein lebendiger Gott. 26 Du aber, König, gib mir die Erlaubnis, den Drachen zu töten, ohne Schwert und Keule! Der König sagte: Ich gebe sie dir. 27 Da nahm Daniel Pech, Talg und Haare, schmolz alles zusammen, formte Kuchen daraus und warf sie dem Drachen ins Maul. Der Drache fraß sie und zerbarst. Da sagte Daniel: Seht, was ihr für Götter verehrt! 28 Als die Babylonier davon hörten, waren sie empört und taten sich gegen den König zusammen. Sie sagten: Der König ist Jude geworden. Den Bel hat er zertrümmert, den Drachen getötet und die Priester hingeschlachtet. 29 Sie gingen zum König und verlangten: Liefere uns Daniel aus! Sonst töten wir dich und deine Familie. 30 Da sich der König aufs Äußerste bedroht sah, lieferte er ihnen Daniel notgedrungen aus. 31 Sie aber warfen ihn in die Löwengrube. Dort blieb er sechs Tage lang. 32 In der Grube waren sieben Löwen; man gab ihnen täglich zwei Menschen und zwei Schafe zu fressen. Jetzt aber gab man ihnen nichts, damit sie Daniel fressen sollten.

33 In Judäa lebte damals der Prophet Habakuk. Er hatte sich eine Mahlzeit gekocht und Brot in einen Napf gebrockt und ging gerade auf das Feld, um das Essen den Arbeitern zu bringen. 34 Da sagte der Engel des Herrn zu Habakuk: Bring das Essen, das du in der Hand hast, dem Daniel nach Babylon in die Löwengrube! 35 Habakuk antwortete: Herr, ich habe Babylon nie gesehen und die Grube kenne ich nicht. 36 Da fasste ihn der Engel des Herrn am Schopf, trug ihn an seinen Haaren fort und versetzte ihn mit der Gewalt seines Geistes nach Babylon an den Rand der Grube. 37 Habakuk rief: Daniel, Daniel, nimm das Essen, das Gott dir geschickt hat. 38 Da sagte Daniel: Gott, du hast also an mich gedacht; du lässt die nicht im Stich, die

dich lieben. [39] Dann stand Daniel auf und aß. Den Habakuk aber versetzte der Engel Gottes sogleich an seinen früheren Ort zurück.

[40] Am siebten Tag kam der König, um Daniel zu betrauern. Er trat an die Grube und schaute hinein. Da sah er Daniel sitzen
[41] und er rief laut: Groß bist du, Herr, du Gott Daniels. Außer dir gibt es keinen anderen Gott. [42] Dann ließ er Daniel herausziehen und statt seiner die Männer in die Grube werfen, die ihn hatten vernichten wollen. Und vor seinen Augen wurden sie sofort aufgefressen.

23: Weish 15,18f; Röm 1,23 • 31: 6,17 • 40: 6,21 • 42: 6,25.

Einführung in das Zwölfprophetenbuch

Bei der Sammlung und Sichtung der Prophetenschriften haben die jüdischen Autoritäten die kleineren Schriften auf eine einzige Buchrolle schreiben lassen und damit ein Prophetenbuch für die liturgische Vorlesung geschaffen, das dem Umfang nach etwa dem Buch eines der großen Propheten entspricht. Die Zahl Zwölf wird dabei kein Zufall sein. Jedenfalls sind unter den Texten auch solche, die nicht auf den jeweils genannten Autor zurückgehen (vgl. die Einleitung zu Sach). Gleichwohl haben auch diese »anonymen« Prophetentexte als Heilige Schrift zu gelten. Die Reihenfolge der einzelnen Bücher ist wohl hauptsächlich nach der in der Spätzeit herrschenden Auffassung über die geschichtliche Abfolge der »Zwölf« vorgenommen worden, ist aber in der griechischen Bibel eine etwas andere als im jüdischen Kanon. In Wirklichkeit trifft diese Datierungsfolge nur im Groben zu. Die Einzelschriften fügen sich in den Geschichtsbogen vom 8. bis zum 4. Jahrhundert v. Chr. ein. Darum sind ihre Themen außerordentlich vielfältig und nicht auf einen Nenner zu bringen. Die später üblich gewordene Benennung der Zwölf als »Kleine Propheten« darf nicht als Wertung aufgefasst werden; die Bezeichnung bezieht sich ausschließlich auf den Umfang der Bücher. Es finden sich unter ihnen bedeutende Gestalten (z. B. Hosea, Amos, Micha), deren Botschaft nicht weniger ins Gewicht fällt als die von Jesaja, Jeremia und Ezechiel.

Das Buch Hosea

Die vierzehn Kapitel des nach Hosea benannten Buches gliedern sich deutlich in zwei Abschnitte: Kap. 1 – 3 und Kap. 4 – 14. Der erste Abschnitt kreist um das Thema der Ehe des Propheten und damit der »Ehe« Gottes mit seinem Volk; der zweite Abschnitt reiht die übrigen Verkündigungseinheiten, meist in relativ großen Reden und mit reichem Themenwechsel, ohne größere Systematik aneinander. Die Hauptmasse des Textes geht auf Hosea selbst oder seinen unmittelbaren Jüngerkreis zurück. Es gibt allerdings einige spätere Ergänzungen (z.B. 5,5; 6,11; 8,14; 12,1) aus dem Reich Juda. Ein weisheitlicher Zusatz ist in 14,10 greifbar. Wahrscheinlich ist auch 2,1–3 ein im Geist Hoseas eingefügter Einschub.

Aus der Überschrift (1,1) und dem Inhalt ergibt sich, dass Hosea als Angehöriger der Nordstämme, wahrscheinlich des Stammes Efraim, um 750 v. Chr. im Nordreich Israel seine Tätigkeit aufnahm und sie bis gegen Ende des Reichs (722 v. Chr.) weiterführte. Seine Epoche ist gekennzeichnet durch die politische und wirtschaftliche Blüte unter Jerobeam II. (etwa 782–747 v. Chr.), mit der jedoch zugleich eine fortschreitende Kanaanisierung der gesellschaftlichen Verhältnisse (vgl. Amos), aber auch der Offenbarungsreligion einherging. Dazu kam in den letzten Jahrzehnten eine politische Unbeständigkeit (Hinwendung bald zu Ägypten, bald zu Assur; vier Königsmorde innerhalb von fünfzehn Jahren), die Hosea ebenfalls als Abfall von Jahwe brandmarkte.

Hosea muss die Untreue gegenüber Jahwe nicht nur anklagen, sondern auch in einer symbolischen Handlung, nämlich in seiner Ehe, darstellen (vgl. Kap. 1 – 3) und zugleich mit Strafe bedrohen (vgl. die Namen der Kinder in Kap. 1). Doch wird diese Androhung durch die Verheißung der endzeitlichen »Gottesehe« zwischen Jahwe und Israel (2,18–25) überboten. Hosea hat damit eine theologische Botschaft ersten Ranges geschaffen, die bei Jeremia, Ezechiel und Deuterojesaja ihr Echo findet und tief ins Neue Testament hineinreicht (vgl. Mk 2,19f und die Paralleltexte; Joh 3,29; Offb 19,7; 21,9). Auch die Vaterschaft Gottes wird von Hosea eindrucksvoll verkündet (Kap. 11). Die von ihm geforderte wahre Gottesverehrung (»Liebe will ich, nicht Schlachtopfer« 6,6) wird von Jesus zweimal bestätigt (Mt 9,13; 12,7). Hosea ist der erste Prophet, der die Zuwendung Gottes zum Menschen mit dem Wort »lieben« kennzeichnet (3,1; 11,1; 14,5), was im Neuen Testament besonders die johanneischen Schriften aufgreifen und ausgestalten.

ÜBERSCHRIFT: 1,1

1 Das Wort des Herrn, das an Hosea, den Sohn Beeris, in der Zeit erging, als Usija, Jotam, Ahas und Hiskija Könige von Juda waren und als Jerobeam, der Sohn des Joasch, König von Israel war.

DIE EHE HOSEAS: 1,2 – 3,5

Die symbolische Botschaft Gottes: 1,2–9

2 So begann der Herr durch Hosea zu re-
den: Der Herr sagte zu Hosea: Geh, nimm dir
eine Kultdirne zur Frau und (zeuge) Dirnen-
kinder! Denn das Land hat den Herrn ver-
lassen und ist zur Dirne geworden. 3 Da ging
Hosea und nahm Gomer, die Tochter Dibla-
jims, zur Frau; sie wurde schwanger und ge-
bar ihm einen Sohn. 4 Der Herr sagte zu Ho-
sea: Gib ihm den Namen Jesreel! Denn es
dauert nicht mehr lange, dann werde ich das
Haus Jehu für die Blutschuld von Jesreel
bestrafen und dem Königtum in Israel ein
Ende machen. 5 An jenem Tag werde ich den
Bogen Israels in der Ebene Jesreel zerbre-
chen.
6 Als Gomer wieder schwanger wurde und
eine Tochter gebar, sagte der Herr zu Hosea:
Gib ihr den Namen Lo-Ruhama (Kein Er-
barmen)! Denn von jetzt an habe ich kein Er-
barmen mehr mit dem Haus Israel, nein, ich
entziehe es ihnen. 7 Mit dem Haus Juda je-
doch will ich Erbarmen haben und ihnen
Hilfe bringen; ich helfe ihnen als der Herr,
ihr Gott, aber nicht mit Bogen, Schwert und
Krieg, nicht mit Rossen und Reitern.
8 Als Gomer Lo-Ruhama entwöhnt hatte,
wurde sie wieder schwanger und gebar einen
Sohn. 9 Da sagte der Herr: Gib ihm den Na-
men Lo-Ammi (Nicht mein Volk)! Denn ihr
seid nicht mein Volk und ich bin nicht der
»Ich-bin-da« für euch.

2: 4,12; 9,1 • 4: 2 Kön 9,24–27; 10,11; 17,3–6.20–23; Am 7,9.11 • 6: 2,1.3.6 • 7: 2 Kön 19,34; Ps 20,8; Spr 21,31; Jes 30,16; Mi 5,9 • 9: 2,25; Ex 3,14.

Die kommende Rettung: 2,1–3

2 Einst werden die Söhne Israels so zahlreich sein / wie der Sand am Meer, / der nicht zu messen und nicht zu zählen ist.
Und statt dass man zu ihnen sagt: / Ihr seid »nicht mein Volk«,
wird man zu ihnen sagen: / Die Söhne des lebendigen Gottes (seid ihr).
2 Die Söhne Judas und die Söhne Israels werden sich zusammenschließen; / sie werden sich ein gemeinsames Oberhaupt geben / und die Macht im Land wiedergewinnen.

1,2 Der von Hosea gewählte Ausdruck »Frau der Hurerei«, der hier mit »Kultdirne« wiedergegeben ist, meint wohl (vgl. 4,12) ein Mädchen, das an den Sexualriten des Baalskultes teilgenommen hat. Die Verehrung Baals ist für Hosea Ehebruch gegenüber dem Bundesgott.

Wahrhaftig, ein großer Tag / wird der Tag
von Jesreel sein.
3 Nennt eure Brüder: Ammi (Mein Volk), /
und eure Schwestern: Ruhama (Erbarmen).

1: Gen 22,17; 32,13; Joh 1,12; Röm 9,26 • 2: Jes 11,12f; 49,22f; 50,4; Ez 37,16–24; Sach 10,6; Jer 3,18 • 3: 1,6.9.

Der Prozess gegen das treulose Israel: 2,4–17

4 Verklagt eure Mutter, verklagt sie! /
Denn sie ist nicht meine Frau / und ich bin
nicht ihr Mann.
Sie soll von ihrem Gesicht das Dirnenzei-
chen entfernen / und von ihren Brüsten die
Male des Ehebruchs.
5 Sonst ziehe ich sie nackt aus / und stelle
sie hin wie am Tag ihrer Geburt;
ich mache sie der Wüste gleich, / wie ver-
dorrtes Land mache ich sie / und lasse sie
verdursten.
6 Auch mit ihren Kindern habe ich kein
Erbarmen; / denn es sind Dirnenkinder.
7 Ja, ihre Mutter war eine Dirne, / die Frau,
die sie gebar, trieb schändliche Dinge.
Sie sagte: Ich will meinen Liebhabern fol-
gen; / sie geben mir Brot und Wasser, / Wolle
und Leinen, Öl und Getränke.
8 Darum versperre ich ihr den Weg / mit
Dornengestrüpp
und verbaue ihn mit einer Mauer, / sodass
sie ihren Pfad nicht mehr findet.
9 Dann rennt sie ihren Liebhabern nach,
holt sie aber nicht ein. / Sie sucht nach ihnen,
findet sie aber nicht.
Dann wird sie sagen: Ich kehre um / und
gehe wieder zu meinem ersten Mann; / denn
damals ging es mir besser als jetzt.
10 Aber sie hat nicht erkannt, dass ich es
war, / der ihr das Korn und den Wein und
das Öl gab,
der sie mit Silber überhäufte / und mit
Gold, aus dem man dann Baalsbilder mach-
te.
11 Darum hole ich mir mein Korn zurück, /
wenn es Zeit dafür ist, / und auch meinen
Wein, wenn es Zeit ist;
ich nehme ihr meine Wolle und mein Lei-
nen, / die ihre Blöße verhüllen sollten.
12 Dann entblöße ich ihre Scham / vor den
Augen ihrer Liebhaber. / Niemand kann sie
meiner Gewalt entreißen.
13 Ich mache all ihren Freuden ein Ende, /
ihren Feiern und Neumondfesten, / ihren
Sabbaten und den anderen festlichen Ta-
gen.
14 Ich verwüste ihre Reben und Feigenbäu-
me, / von denen sie sagte: Das ist mein
Lohn, / den mir meine Liebhaber gaben.
Ich mache ihre Weingärten zur Wildnis; /
die wilden Tiere fressen sie kahl.
15 Ich bestrafe sie für all die Feste, / an de-
nen sie den Baalen Rauchopfer dargebracht
hat;
sie hat ihre Ringe und ihren Schmuck an-
gelegt / und ist ihren Liebhabern gefolgt, /
mich aber hat sie vergessen – Spruch des
Herrn.
16 Darum will ich selbst sie verlocken. / Ich
will sie in die Wüste hinausführen / und sie
umwerben.
17 Dann gebe ich ihr dort ihre Weinberge
wieder / und das Achor-Tal mache ich für sie
zum Tor der Hoffnung.
Sie wird mir dorthin bereitwillig folgen /
wie in den Tagen ihrer Jugend, / wie damals,
als sie aus Ägypten heraufzog.

5: Jer 6,8; 9,11; Ez 16,22 • 6: 1,6 • 7: 1,2; Jer 2,25; 3,13 • 12: Ez 16,37; Joh 10,29 • 13: Jes 1,13f; Am 5,21–23; 8,10 • 14: Mi 1,7; Ps 80,13f; Jes 5,5f • 15: 11,2; Ez 23,40–42 • 17: Jes 65,10; Jer 2,2; Ez 16,43.60.

Der neue Bund: 2,18–25

18 An jenem Tag – Spruch des Herrn – /
wirst du zu mir sagen: Mein Mann!, / und
nicht mehr: Mein Baal!
19 Ich lasse die Namen der Baale aus ihrem
Mund verschwinden, / sodass niemand mehr
ihre Namen anruft.
20 Ich schließe für Israel an jenem Tag ei-
nen Bund / mit den Tieren des Feldes
und den Vögeln des Himmels / und mit al-
lem, was auf dem Erdboden kriecht.
Ich zerbreche Bogen und Schwert, / es gibt
keinen Krieg mehr im Land, / ich lasse sie
Ruhe und Sicherheit finden.
21 Ich traue dich mir an auf ewig; / ich
traue dich mir an
um den Brautpreis von Gerechtigkeit und
Recht, / von Liebe und Erbarmen,
22 ich traue dich mir an / um den Braut-
preis meiner Treue: / Dann wirst du den
Herrn erkennen.
23 An jenem Tag – Spruch des Herrn – / will
ich erhören:
Ich will den Himmel erhören / und der
Himmel wird die Erde erhören
24 und die Erde erhört das Korn, / den

2,7 Die »Liebhaber« sind die Baale, d. h. die kanaanäischen Fruchtbarkeitsgötter (vgl. 2,9.12.14f).

2,17b Nach Jos 7,24–26 galt das Achor-Tal, durch das Israel in das Gelobte Land eingezogen ist, als Fluchtal.

2,24 Jesreel (= Gott sät), die Kornebene Israels, steht hier zugleich stellvertretend für Israel.

Wein und das Öl / und diese erhören Jesreel.
25 Ich säe sie aus in meinem Land. / Ich habe Erbarmen mit Lo-Ruhama (Kein Erbarmen)
und zu Lo-Ammi (Nicht mein Volk) sage ich: / Du bist mein Volk!, / und er wird sagen: (Du bist) mein Gott!

18: Jes 54,5 • 19: Sach 13,2 • 20: Jes 11,6–8; Ez 34,25; Jes 2,4 • 22: Jer 31,34 • 25: 1,6.9; Röm 9,25; 1 Petr 2,10.

Die Wiederannahme der treulosen Frau: 3,1–5

3 Der Herr sagte zu mir: / Geh noch einmal hin und liebe die Frau, / die einen Liebhaber hat und Ehebruch treibt.
(Liebe sie) so, / wie der Herr die Söhne Israels liebt,
obwohl sie sich anderen Göttern zuwenden / und Opferkuchen aus Rosinen lieben.
2 Da kaufte ich sie für fünfzehn Silberstücke / und anderthalb Hómer Gerste.
3 Ich sagte zu ihr: / Du bleibst jetzt viele Tage bei mir,
ohne als Dirne einem Mann zu gehören. / Und so mache auch ich es mit dir.
4 Denn viele Tage bleiben Israels Söhne / ohne König und Fürst,
ohne Opfer und Steinmal, / ohne Efod und ohne Terafim.
5 Danach werden die Söhne Israels umkehren / und den Herrn, ihren Gott, suchen / und ihren König David.
Zitternd werden sie zum Herrn kommen / und seine Güte suchen am Ende der Tage.

5: Jer 30,9; Ez 34,24.

SCHULD UND RETTUNG: 4,1 – 14,9

Das Gericht über die Priester: 4,1–10

4 Hört das Wort des Herrn, ihr Söhne Israels! / Denn der Herr erhebt Klage / gegen die Bewohner des Landes:
Es gibt keine Treue und keine Liebe / und keine Gotteserkenntnis im Land.
2 Nein, Fluch und Betrug, / Mord, Diebstahl und Ehebruch machen sich breit, / Bluttat reiht sich an Bluttat.
3 Darum soll das Land verdorren, / jeder, der darin wohnt, soll verwelken,
samt den Tieren des Feldes / und den Vögeln des Himmels; / auch die Fische im Meer sollen zugrunde gehen.
4 Doch nicht irgendeiner wird verklagt, / nicht irgendwer wird gerügt, / sondern dich, Priester, klage ich an.
5 Am helllichten Tag kommst du zu Fall / und ebenso wie du stürzt in der Nacht der Prophet. / Auch deine Mutter lasse ich umkommen.
6 Mein Volk kommt um, weil ihm die Erkenntnis fehlt. / Weil du die Erkenntnis verworfen hast, / darum verwerfe auch ich dich als meinen Priester.
Du hast die Weisung deines Gottes vergessen; / deshalb vergesse auch ich deine Söhne.
7 Je mehr sie wurden, / umso mehr sündigten sie gegen mich. / Ihre Ehre tauschen sie ein gegen Schande.
8 Sie nähren sich von der Sünde meines Volkes / und sind gierig nach seinen ruchlosen Opfern.
9 Darum wird es dem Priester ergehen wie dem Volk: / Ich bestrafe ihn für sein Verhalten, / seine Taten vergelte ich ihm.
10 Sie werden zwar essen, doch sie werden nicht satt, / sie treiben Unzucht, aber sie vermehren sich nicht.
Ja, sie haben den Herrn verlassen / und sich an Unzucht gehalten.

1: Jes 3,13–15; Mi 6,2 • 2: Jer 7,9 • 3: Jer 4,28; Zef 1,3 • 4: Jer 5,4f • 6: Mal 2,8 • 7: Jer 2,11 • 10: Mi 6,14.

Die Sünde Israels: 4,11–19

11 Der Opferwein raubt meinem Volk den Verstand: /
12 Es befragt sein Götzenbild aus Holz, / von seinem Stock erwartet es Auskunft.
Ja, der Geist der Unzucht führt es irre. / Es hat seinen Gott verlassen / und ist zur Dirne geworden.
13 Sie feiern Schlachtopfer auf den Höhen der Berge, / auf den Hügeln bringen sie Rauchopfer dar,
unter Eichen, Storaxbäumen und Terebinthen, / deren Schatten so angenehm ist.

3,2 anderthalb Hómer, wörtlich ein Hómer und ein Letech; Letech ist ein Hohlmaß, das ein halbes Hómer ausmacht.
3,4 Efod und Terafim sind Kultgegenstände, deren Gestalt und Bedeutung wir nicht genau kennen.
4,1 »Gotteserkenntnis« meint die Entscheidung für Gott und die Mitmenschen aus der Kenntnis des durch die Priester verkündeten Gotteswillens (vgl. V. 6).
4,5bc Text nicht ganz klar.

So werden eure Töchter zu Dirnen / und
eure Schwiegertöchter brechen die Ehe.
14 Aber ich strafe nicht eure Töchter da-
für, / dass sie zu Dirnen werden,
und nicht eure Schwiegertöchter dafür, /
dass sie die Ehe brechen;
denn sie (die Priester) selbst / gehen mit
den Dirnen beiseite,
mit den Weihedirnen feiern sie Schlacht-
opfer. / So kommt das unwissende Volk zu
Fall.
15 Auch wenn du, Israel, zur Dirne wirst, /
so soll sich doch Juda nicht schuldig ma-
chen.
Kommt nicht nach Gilgal, / zieht nicht
nach Bet-Awen hinauf! / Schwört nicht: So
wahr der Herr lebt!
16 Ja, Israel ist störrisch wie eine störri-
sche Kuh. / Und da sollte der Herr sie auf die
Weide führen / wie die Lämmer auf der wei-
ten Flur?
17 Efraim ist im Bund mit den Götzen, /
18 es sitzt da, ein Haufen von Zechern;
sie treiben es mit den Dirnen, / sie lieben
ihre schändliche Schamlosigkeit.
19 Doch ein Sturm rafft sie mit seinen Flü-
geln dahin, / sie gehen mit Schande zu-
grunde wegen ihrer Altäre.

12: Jer 2,27; Hos 1,2 • 13: Dtn 12,2 • 14: Dtn 23,18f • 15: 12,12; Am 4,4; 8,14 • 16: Jer 31,18 • 17: 6,4–6 • 18: Am 2,8; 4,1 • 19: Jer 4,11–13.

Die Abrechnung mit den Führern und dem Volk: 5,1–7

5 Hört her, ihr Priester! / Gebt Acht, ihr
vom Haus Israel!
Horcht auf, ihr aus dem Königshaus! /
Denn ihr seid die Hüter des Rechts.
Doch ihr wurdet (für das Volk) zu einer
Falle in Mizpa, / zu einem Netz, das auf dem
Tabor ausgespannt ist,
2 zu einer tiefen Grube in Schittim. / Ich
aber werde euch alle bestrafen.
3 Ich kenne Efraim gut, / Israel kann sich
vor mir nicht verstecken:
Efraim hat es mit den Dirnen getrieben, /
Israel hat sich befleckt.
4 Ihre Taten verhindern, / dass sie umkeh-
ren zu ihrem Gott.
Denn der Geist der Unzucht steckt in ih-
nen, / sodass sie den Herrn nicht erkennen.
5 Sein eigener Hochmut klagt Israel an, /
Efraim kommt zu Fall durch seine eigene
Schuld; / zusammen mit ihm stürzt auch
Juda zu Boden.
6 Sie werden ausziehen mit ihren Schafen
und Rindern, / um den Herrn zu suchen,
doch sie werden ihn nicht finden; / er zieht
sich vor ihnen zurück.
7 Sie haben dem Herrn die Treue gebro-
chen, / sie haben Bastarde geboren. / Nun
frisst ein glühender Wind ihren ererbten Be-
sitz.

Die Schuld der Bruderstämme: 5,8–15

8 Blast in Gibea das Widderhorn, / in Rama
die Trompete!
Schlagt Lärm in Bet-Awen, / schreckt
Benjamin auf!
9 Efraim wird zu einer schauerlichen Wüs-
te, / wenn der Tag der Züchtigung kommt.
Ich mache bei Israels Stämmen bekannt, /
was fest beschlossen ist.
10 Die Führer Judas handeln wie Men-
schen, die Grenzsteine versetzen. / Ich
gieße meinen Groll wie Wasser über sie
aus.
11 Efraim wird unterdrückt, / das Recht
wird zertreten.
Denn sie waren darauf aus, / dem »Unflat«
zu folgen.
12 Ich aber bin wie Eiter für Efraim, / wie
Fäulnis für das Haus Juda.
13 Als Efraim seine Krankheit sah / und
Juda sein Geschwür,
da ging Efraim nach Assur / und (Juda)
schickte zum Großkönig.
Aber der kann euch nicht heilen, / er be-
freit euch nicht von eurem Geschwür.
14 Denn ich bin für Efraim wie ein Löwe, /
wie ein junger Löwe für das Haus Juda.
Ich, ja ich, reiße (die Beute), / dann gehe
ich davon;
ich schleppe sie weg / und keiner kann sie
mir entreißen.
15 Ich gehe weg, ich kehre an meinen Ort
zurück, / (und warte,) bis sie mich schuldbe-
wusst suchen,
bis sie in ihrer Not / wieder Ausschau hal-
ten nach mir.

8: Jer 4,5; Joël 2,1 • 10: Dtn 19,14; 27,17 • 12: Hab 3,16 • 13: 7,11; 8,9 • 14: Jes 5,29 • 15: Dtn 4,29; Jer 29,13; Am 5,4.

Das Bußgebet des Volkes und die Antwort Gottes: 6,1–6

6 Kommt, wir kehren zum Herrn zu-
rück! / Denn er hat (Wunden) gerissen,
er wird uns auch heilen; / er hat verwundet,
er wird auch verbinden.

4,15 Bet-Awen (= Haus des Frevels): anklagend für Bet-El (= Haus Gottes).
5,1f Mizpa, Schittim: Kultorte Baals.
5,7 Vgl. 4,13.
5,11d Abwertender Ausdruck für Baal und seinen Kult.

2 Nach zwei Tagen gibt er uns das Leben zurück, / am dritten Tag richtet er uns wieder auf / und wir leben vor seinem Angesicht.

3 Lasst uns streben nach Erkenntnis, / nach der Erkenntnis des Herrn.

Er kommt so sicher wie das Morgenrot; / er kommt zu uns wie der Regen, / wie der Frühjahrsregen, der die Erde tränkt.

4 Was soll ich tun mit dir, Efraim? / Was soll ich tun mit dir, Juda?

Eure Liebe ist wie eine Wolke am Morgen / und wie der Tau, der bald vergeht.

5 Darum schlage ich drein durch die Propheten, / ich töte sie durch die Worte meines Mundes. / Dann leuchtet mein Recht auf wie das Licht.

6 Liebe will ich, nicht Schlachtopfer, / Gotteserkenntnis statt Brandopfer.

3: Dtn 11,14; Ps 72,6 • 4: 13,3 • 5: Jer 1,10 • 6: 4,1-3; Am 5,21; Mi 6,8; Mt 9,13; 12,7.

Das treulose Gottesvolk: 6,7 – 7,2

7 Sie haben bei Adam den Bund übertreten; / dort haben sie mir die Treue gebrochen.

8 Gilead ist eine Stadt voller Übeltäter, / mit Blut befleckt.

9 Die Rotte der Priester liegt auf der Lauer / wie eine Bande von Räubern,

sie morden auf dem Weg, der nach Sichem führt, / ja, sie treiben schändliche Dinge.

10 In Bet-El habe ich grässliche Dinge gesehen; / dort treibt es Efraim mit den Dirnen, / dort befleckt sich Israel.

11 Auch dir, Juda, steht die Ernte bevor. / Wenn ich das Geschick meines Volkes wende,

7 wenn ich Israel heile, / dann wird die Schuld Efraims sichtbar / und die Bosheit Samarias.

Denn was sie tun, ist Betrug: / Der Dieb bricht in die Häuser ein, / auf der Straße plündern die Banden.

2 Sie bedenken nicht, / dass ich all ihr böses Tun im Gedächtnis behalte.

Jetzt werden sie umringt von ihren Taten, / die mir vor Augen stehen.

6,8: 12,12 • 10: 5,3 • 7,2: Ps 90,8.

Die Königsmacher und Königsmörder: 7,3-7

3 In ihrer Schlechtigkeit erheitern sie den König, / in ihrer Falschheit seine Fürsten.

4 Sie alle sind Ehebrecher. / Sie sind wie ein angeheizter Backofen,

dessen Feuer der Bäcker nicht mehr schürt, / wenn er den Teig knetet und ihn aufgehen lässt.

5 Am »Tag unseres Königs« / machen sie die Fürsten schwach

mit der Glut des Weins, / dessen Kraft die Wortführer umwirft.

6 Ja, hinterhältig nähern sie sich, / mit einem Herzen, das wie ein Backofen glüht:

Die ganze Nacht über schläft ihr Zorn, / am Morgen aber entbrennt er wie ein loderndes Feuer.

7 Sie alle glühen wie ein Backofen; / sie fressen ihre Regenten.

Alle ihre Könige stürzen; / doch zu mir ruft keiner von ihnen.

Die verfehlte Politik: 7,8-16

8 Efraim lässt sich unter die Völker verrühren, / Efraim ist ein Brot, das man beim Backen nicht wendet.

9 Fremde zehren an seiner Kraft, / ohne dass er es merkt.

Auch werden seine Haare grau, / ohne dass er es merkt.

10 Sein eigener Hochmut klagt Israel an; / doch es kehrt nicht um zum Herrn, seinem Gott, / und sucht ihn trotz alldem nicht.

11 Efraim ist wie eine Taube, / leicht zu betören, ohne Verstand.

Sie rufen Ägypten zu Hilfe / und laufen nach Assur.

12 Während sie laufen, werfe ich mein Netz über sie, / ich hole sie herunter wie die Vögel des Himmels; / sobald ihr Schwarm sich hören lässt, fange ich sie.

13 Weh ihnen, weil sie mir weggelaufen sind. / Verderben über sie, weil sie mir abtrünnig wurden.

Und da sollte ich sie loskaufen, / ich, über den sie nur Lügen verbreiten?

14 Wenn sie zu mir schreien, / kommt es nicht aus dem Herzen; / sie liegen nur da und heulen.

Sie ritzen sich wund, um Korn und Wein zu erflehen; / sie widersetzen sich mir.

15 Ich bin es, der ihre Arme geübt und gestärkt hat, / aber gegen mich planen sie Böses.

16 Sie wenden sich dem »Nichtsnutz« zu, / sie sind wie ein Bogen, der versagt.

Ihre Fürsten kommen um durch das

6,6 Vgl. 4,1–3.

7,5 Am Jahrestag der Geburt (oder der Inthronisation) des Königs wird ein Gelage zur Verschwörung gegen ihn und seine Parteigänger benützt.

7,16a Text unklar; gemeint ist jedenfalls der Abfall von Jahwe zu Baal.

Schwert / wegen ihrer frechen Zunge. / Deshalb wird man in Ägypten über sie spotten.

10: 5,5 • 12: Ez 17,20 • 16: Ps 78,57.

Die Tage der Abrechnung: 8,1 – 9,6

8 Stoß ins Horn! / Denn wie ein Geier kommt das Unheil / über das Haus des Herrn,

weil sie meinen Bund nicht halten / und mein Gesetz missachten.

2 Sie schreien zwar zu mir: Mein Gott! / Wir, Israel, kennen dich doch.

3 Aber Israel hat das Gute verworfen. / Darum soll der Feind es verfolgen.

4 Sie setzen Könige ein, aber gegen meinen Willen; / sie wählen Fürsten, doch ich erkenne sie nicht an.

Sie machen sich Götzen aus ihrem Silber und Gold – / wohl damit es vernichtet wird.

5 Samaria, dein Kalb ist verworfen. / Mein Zorn ist entbrannt gegen sie; / wie lange noch sind sie unfähig, sich zu läutern?

6 Denn wer sind Israel und das Kalb? / Ein Handwerker hat das Kalb gemacht / und es ist kein Gott.

Ja, zersplittert soll es am Boden liegen, / das Kalb von Samaria.

7 Denn sie säen Wind / und sie ernten Sturm.

Halme ohne Ähren bringen kein Mehl. / Und wenn sie es bringen, / verschlingen es Fremde.

8 Israel ist schon verschlungen. / Jetzt gilt es im Kreis der Völker / als wertloses Zeug.

9 Denn Israel ist nach Assur gelaufen. / Ein Wildesel bleibt für sich allein; / Efraim aber macht Liebesgeschenke.

10 Auch wenn sie sich unter den Völkern preisgeben, / treibe ich sie jetzt zusammen;

schon bald sollen sie sich krümmen / unter der Last des Königs der Fürsten.

11 Efraim hat viele Altäre gebaut, / um sich zu entsündigen, / doch die Altäre sind ihm zur Sünde geworden.

12 Ich kann ihnen noch so viele Gesetze aufschreiben, / sie gelten ihnen so wenig wie die eines Fremden.

13 Schlachtopfer lieben sie, / sie opfern Fleisch und essen davon; / der Herr aber hat kein Gefallen an ihnen.

Jetzt denkt er an ihre Schuld / und straft sie für ihre Sünden: / Sie müssen zurück nach Ägypten.

14 Israel hat seinen Schöpfer vergessen / und große Paläste gebaut, / Juda hat viele Festungen errichtet.

Doch ich sende Feuer in seine Städte; / es soll seine Paläste verzehren.

9 Israel, freue dich nicht, / jauchze nicht wie die Völker!

Denn eine Dirne bist du, / du hast deinen Gott verlassen; / auf allen Dreschtennen liebst du Dirnenlohn.

2 Tenne und Kelter werden ihnen die Freundschaft entziehen / und der Wein wird sie verleugnen.

3 Im Land des Herrn dürfen sie nicht mehr wohnen; / Efraim muss zurück nach Ägypten / und in Assur müssen sie unreine Speisen essen.

4 Sie können dem Herrn kein Weinopfer mehr spenden, / ihre Schlachtopfer werden von ihm nicht angenommen.

Ihr Brot wird Trauerbrot sein, / alle, die davon essen, werden unrein.

Ja, ihr Brot reicht nur für den eigenen Hunger, / nichts davon kommt in das Haus des Herrn.

5 Was wollt ihr dann tun für den Feiertag, / für den Festtag des Herrn?

6 Ja, sie müssen fort, denn ihr Land ist verwüstet; / Ägypten sammelt sie ein, / Memfis begräbt sie.

So kostbar ihr Silber auch ist, / das Unkraut wird es von ihnen erben, / in ihren Zelten wachsen die Dornen.

8,1: 5,8 • 4: 2,10 • 5: 1 Kön 12,28–30 • 6: Jes 40,18–20 • 7: Spr 22,8 • 9: 5,13; 7,11 • 13: 6,6; Am 5,22 • 14: Dtn 32,15.18; Am 2,5 • 9,3: Ez 4,13 • 4: Dtn 26,14 • 6: Jes 34,13.

Die Verfolgung des Propheten: 9,7–9

7 Die Tage der Abrechnung sind gekommen, / gekommen sind die Tage der Vergeltung; / Israel wird es erleben.

Der Prophet ist ein Narr, / der Geistesmann ist verrückt.

So große Anfeindung zeigt, / wie groß deine Schuld ist.

8 Efraim, das Volk meines Gottes, / lauert dem Propheten auf:

Fangnetze bedrohen ihn auf all seinen Wegen; / auf Feindschaft stößt er sogar im Haus seines Gottes.

9 Sie haben ihm eine tiefe Grube gegraben / wie in den Tagen von Gibea.

Doch der Herr denkt an ihre Schuld, / er wird sie strafen für ihre Sünden.

7: Am 3,2 • 9: 10,9.

8,5f Das »Kalb« ist das in den Tempeln des Nordreichs aufgestellte Kultbild eines Jungstiers.

8,10d König der Fürsten: Titel für den assyrischen Großkönig.

9,7de Zitat eines Spottwortes über die Propheten.

9,9ab Gemeint ist die Schandtat der Einwohner von Gibea an einem Leviten (vgl. Ri 19,22–30).

Die Verwerfung Efraims: 9,10–17

10 Wie man Trauben findet in der Wüste, /
so fand ich Israel;
wie die erste Frucht am jungen Feigen-
baum, / so sah ich eure Väter.
Sie aber kamen nach Baal-Pegor / und
weihten sich dem schändlichen Gott; / sie
wurden so abscheulich wie der, den sie lieb-
ten.
11 Efraim – wie ein Vogelschwarm / fliegt
seine Macht davon:
keine Geburt mehr, / keine Schwanger-
schaft, keine Empfängnis.
12 Selbst wenn sie ihre Kinder großzie-
hen, / mache ich sie kinderlos und verlas-
sen.
Ja, weh auch ihnen selbst, / wenn ich mich
abwende von ihnen.
13 Ich sehe, wie Efraim seine Kinder zur
Beute der Jäger macht, / wie Efraim seine
Söhne dem Schlächter zuführt.
14 Gib ihnen, Herr, was du ihnen geben
willst: / Gib den Müttern einen unfruchtba-
ren Schoß und vertrocknete Brüste!
15 Ihre ganze Bosheit hat sich in Gilgal ent-
hüllt, / dort habe ich sie hassen gelernt.
Ihrer bösen Taten wegen / vertreibe ich sie
aus meinem Haus.
Nie mehr werde ich sie lieben. / Aufrührer
sind alle ihre Führer.
16 Efraim ist zerschlagen, seine Wurzeln
sind verdorrt, / sie bringen keine Frucht
mehr hervor.
Auch wenn sie gebären, / töte ich die ge-
liebte Frucht ihres Schoßes.
17 Mein Gott wird sie verstoßen, / weil sie
nicht auf ihn hörten; / unstet müssen sie um-
herirren unter den Völkern.

10: Dtn 32,10 • 12: Dtn 28,18; 32,25 • 15: 4,15; 12,12; Jes 1,23 • 17: Dtn 28,6f; Gen 4,14.

Der Untergang von Kult und Königtum: 10,1–15

10 Israel war ein üppiger Weinstock, /
der seine Frucht brachte.
Je fruchtbarer er war, / desto mehr opferte
man auf den Altären.
Je schöner sein Land wurde, / umso schö-
ner schmückten sie die Steinmale.
2 Ihr Herz ist geteilt, / jetzt müssen sie bü-
ßen.
Der Herr selbst zerschlägt ihre Altäre /
und zerstört ihre Steinmale.
3 Dann werden sie sagen: / Wir haben kei-
nen König mehr;
denn wir haben den Herrn nicht gefürch-
tet. / Aber auch ein König – was könnte er
für uns tun?
4 Sprüche machen, Meineide schwören, /
Bündnisse schließen;
und die Rechtsprechung wuchert / wie in
den Ackerfurchen das giftige Unkraut.
5 Um das Kalb von Bet-Awen / müssen die
Einwohner von Samaria zittern. / Sein Volk
wird darum trauern.
Mögen auch seine Priester jubeln über
seine Pracht, / wahrhaftig, sie wird ihm ge-
nommen.
6 Das Kalb selbst wird nach Assur ge-
schafft / als Geschenk für den Großkönig.
Efraim erntet Schmach, / Israel geht an
seinen eigenen Beschlüssen zugrunde.
7 Samaria wird vernichtet, / sein König
gleicht einem abgebrochenen Zweig auf dem
Wasser.
8 Verwüstet werden die unheilvollen Kult-
höhen, / diese Sünde Israels.
Dornen und Disteln überwuchern ihre Al-
täre. / Dann wird man zu den Bergen sagen:
Deckt uns zu!, / und zu den Hügeln: Fallt auf
uns!
9 Seit den Tagen von Gibea dauert Israels
Sünde, / sie sind seither nicht anders gewor-
den.
Wird nicht wie in Gibea / der Krieg über
sie kommen wegen ihrer Verbrechen?
10 Ich komme, um sie zu züchtigen. / Ich
werde Völker versammeln gegen sie, / sie
gefangen nehmen wegen ihrer doppelten
Schuld.
11 Efraim war ein gelehriges Rind, / willig
zum Dreschen.
Als ich vorbeiging und seinen kräftigen
Nacken sah, / spannte ich Efraim ein, um zu
pflügen; / Jakob sollte mir eggen:
12 Sät als eure Saat Gerechtigkeit aus, / so
werdet ihr ernten, / wie es der (göttlichen)
Liebe entspricht.
Nehmt Neuland unter den Pflug! / Es ist
Zeit, den Herrn zu suchen;
dann wird er kommen / und euch mit Heil
überschütten.
13 Ihr aber habt Schlechtigkeit einge-
pflügt; / darum habt ihr Verbrechen geern-
tet / und die Frucht der Lüge gegessen.
Du hast auf deine Macht vertraut / und auf
die Menge deiner Krieger;

9,10e Baal-Pegor ist ein Gottesname, hier aber wohl Ortsname (vgl. Num 25,3).
9,15 Gilgal ist ein Heiligtum bei Jericho (vgl. Jos 4). Der nähere Grund für die Anklage ist nicht bekannt.
10,5a Vgl. 4,15.
10,9 Vgl. die Anmerkung zu 9,9ab.

14 darum erhebt sich Kriegslärm gegen
dein Volk / und alle deine Festungen werden
zerstört,
wie Schalman im Krieg Bet-Arbeel zer-
störte, am Tag der Schlacht, / an dem man
die Mutter niederstreckte / über ihren Kin-
dern.
15 Das bringt euch Bet-El ein / wegen eurer
grenzenlosen Bosheit.
Beim Morgengrauen / wird der König von
Israel völlig vernichtet.

1: Jes 5,1; Jer 2,21; Ez 19,10 • 3: 3,4 • 4: Am 6,12 • 5: 4,15; 8,5 • 8: 4,13; 9,6; Jes 2,10; Lk 23,30; Offb 6,16 • 9: 9,9 • 11: 4,16 • 12: Mi 6,8; Jer 4,3.

Gottes große Liebe: 11,1–11

11 Als Israel jung war, gewann ich ihn
lieb, / ich rief meinen Sohn aus
Ägypten.
2 Je mehr ich sie rief, / desto mehr liefen sie
von mir weg.
Sie opferten den Baalen / und brachten
den Götterbildern Rauchopfer dar.
3 Ich war es, der Efraim gehen lehrte, / ich
nahm ihn auf meine Arme.
Sie aber haben nicht erkannt, / dass ich sie
heilen wollte.
4 Mit menschlichen Fesseln zog ich sie an
mich, / mit den Ketten der Liebe.
Ich war da für sie wie die (Eltern), / die den
Säugling an ihre Wangen heben. / Ich neigte
mich ihm zu und gab ihm zu essen.
5 Doch er muss wieder zurück nach Ägyp-
ten, / Assur wird sein König sein; / denn sie
haben sich geweigert umzukehren.
6 Das Schwert wird in seinen Städten wü-
ten; / es wird seinen Schwätzern den Garaus
machen / und sie wegen ihrer Pläne ver-
nichten.
7 Mein Volk verharrt in der Treulosig-
keit; / sie rufen zu Baal, / doch er hilft ihnen
nicht auf.
8 Wie könnte ich dich preisgeben, Efraim, /
wie dich aufgeben, Israel?
Wie könnte ich dich preisgeben wie
Adma, / dich behandeln wie Zebojim?
Mein Herz wendet sich gegen mich, / mein
Mitleid lodert auf.
9 Ich will meinen glühenden Zorn nicht
vollstrecken / und Efraim nicht noch einmal
vernichten.
Denn ich bin Gott, nicht ein Mensch, / der
Heilige in deiner Mitte. / Darum komme ich
nicht in der Hitze des Zorns.
10 Sie werden hinter Jahwe herziehen. / Er
brüllt wie ein Löwe, ja, er brüllt,
dass die Söhne vom Westmeer / zitternd
herbeikommen.
11 Wie Vögel kommen sie zitternd herbei
aus Ägypten, / wie Tauben aus dem Land As-
sur.
Ich lasse sie heimkehren in ihre Häuser – /
Spruch des Herrn.

1: Ex 4,22; Dtn 7,8 • 2: Jer 9,13f • 3: Dtn 1,31 • 5: 8,13; 9,3 • 8: Jes 54,8; Jer 31,20 • 9: Ez 18,23.32; Joël 2,27 • 10: Jes 31,4.

Das unzuverlässige Volk: 12,1–15

12 Mit Lügen umzingelt mich Efraim, /
mit Betrug das Haus Israel.
[Aber Juda hält auch in der Fremde zu
Gott / und bleibt dem Hochheiligen treu.]
2 Efraim weidet den Wind, / immer läuft es
dem Ostwind nach.
Es häuft Lüge auf Lüge, Gewalt auf Ge-
walt. / Es schließt mit Assur ein Bündnis /
und liefert Öl nach Ägypten.
3 Darum geht der Herr mit Israel ins Ge-
richt, / er straft Jakob für sein Verhalten /
und zahlt ihm heim, wie es seine Taten ver-
dienen.
4 Schon im Mutterleib hinterging er seinen
Bruder, / und als er ein Mann war, rang er
mit Gott.
5 [Er wurde Herr über den Engel und sieg-
te.] / Weinend flehte er ihn um Gnade an.
Er fand ihn in Bet-El / und dort sprach er
mit ihm.
6 Der Herr, der Gott der Heere, / dessen
Name Jahwe ist, (sagte:)
7 Du wirst mit Hilfe deines Gottes heim-
kehren; / bewahre die Liebe und das Recht /
und hoffe immer auf deinen Gott!
8 Doch dieser Händler hat eine falsche
Waage in der Hand, / er liebt den Betrug.
9 Efraim sagt: Ich bin reich geworden / und
habe mir ein Vermögen erworben.
Nichts, was ich erwarb, / gilt mir als Un-
recht und Sünde.
10 Aber ich, der Herr, / dein Gott, seit der
Zeit in Ägypten,
ich lasse dich wieder in Zelten wohnen /
wie in den Tagen der (ersten) Begegnung.
11 Ich rede zu den Propheten, / ich lasse sie
viele Visionen sehen / und durch die Prophe-
ten sende ich Vernichtung.
12 Schon in Gilead beging man Verbre-
chen / und auch jetzt handeln sie völlig ver-
kehrt.

10,14 wie Schalman: Das Ereignis ist nicht näher bekannt.
11,7 H unklar.
11,8 Adma, Zebojim: Nachbarstädte von Sodom und Gomorra (vgl. Dtn 29,22).
12,12 Gilead ist eine ostjordanische Ortschaft (vgl. 6,8), aber auch Name für das Ostjordanland. Zu Gilgal vgl. 4,15; 9,15.

Sie opfern in Gilgal den Stieren; / darum
werden auch ihre Altäre den Steinhaufen
gleichen, / die man neben den Äckern auf-
häuft.
13 Jakob floh in die Gegend von Aram; /
wegen eines Weibes wurde Israel zum
Knecht, / wegen eines Weibes hütete er
Schafe.
14 Aber durch einen Propheten führte der
Herr Israel aus Ägypten heraus / und durch
einen Propheten wurde es behütet.
15 Efraim hat Gott bitter gekränkt, / da-
rum wird sein Herr ihn die Blutschuld büßen
lassen / und ihm die Beschimpfung heimzah-
len.

2: 7,11; Jes 31,1f • 3: 4,1 • 4: Gen 25,26; 32,25–30 • 5: Gen 28,10–19 • 8: Am 8,5; Mi 6,11 • 9: Lk 12,19; Offb 3,17 • 10: 13,4; Ex 20,2 • 11: 6,5 • 12: 6,8; 4,15; 9,15 • 13: Gen 29 • 14: Ex 3,7–10.

Die letzte Abrechnung: 13,1 – 14,1

13 Wenn Efraim redete, zitterten alle. /
Er war in Israel mächtig.
Dann aber machte er sich schuldig durch
Baal / und er verfiel dem Tod.
2 Nun sündigen sie weiter / und machen
sich aus ihrem Silber gegossene Bilder,
kunstfertig stellen sie Götzen her – / alles
nur ein Machwerk von Schmieden.
Ihnen, so sagen sie, müsst ihr opfern. /
Menschen küssen Kälber.
3 Darum sollen sie werden wie die Wolken
am Morgen / und wie der Tau, der bald ver-
geht,
wie die Spreu, die aus der Tenne stiebt, /
und wie Rauch, der aus der Luke zieht.
4 Ich aber, ich bin der Herr, dein Gott, /
seit der Zeit in Ägypten;
du sollst keinen anderen Gott kennen als
mich. / Es gibt keinen Retter außer mir.
5 Ich habe dich in der Wüste auf die Weide
geführt, / im Land der glühenden Hitze.
6 Als sie ihre Weide hatten, wurden sie
satt. / Als sie satt waren, wurde ihr Herz
überheblich, / darum vergaßen sie mich.
7 Deshalb wurde ich für sie zu einem Lö-
wen, / wie ein Panther lauere ich am Weg.
8 Ich falle sie an wie eine Bärin, / der man
die Jungen geraubt hat, / und zerreiße ihnen
die Brust und das Herz.
Die Hunde fressen sie dann / und die wil-
den Tiere zerfleischen sie.
9 Ich vernichte dich, Israel. / Wer kommt
dir zu Hilfe?
10 Wo ist denn dein König, der dich retten
könnte, / *dich und all* deine Städte?
Wo sind deine Regenten, von denen du
sagtest: / Gib mir einen König und Fürs-
ten!
11 In meinem Zorn gab ich dir einen Kö-
nig, / in meinem Groll nahm ich ihn weg.
12 Efraims Schuld wird gebündelt ver-
wahrt, / seine Sünden werden gespeichert.
13 Es kommen die Wehen für seine Ge-
burt; / aber er ist ein törichtes Kind;
denn wenn die Zeit da ist, / kommt er nicht
heraus aus dem Mutterschoß.
14 Aus der Gewalt der Unterwelt / sollte
ich sie befreien?
Vom Tod sollte ich sie erlösen? / Tod, wo
sind deine Seuchen?
Unterwelt, wo ist dein Stachel? / Meine
Augen kennen kein Mitleid.
15 Auch wenn Efraim im Kreis seiner Brü-
der prächtig gedeiht, / es kommt ein Ost-
wind, ein Sturm des Herrn;
er steigt aus der Wüste auf / und lässt
Efraims Brunnen versiegen / und seine
Quellen vertrocknen.
Er plündert die Schatzkammern aus / und
raubt den ganzen kostbaren Besitz.

14 Samaria verfällt seiner Strafe, / weil
es sich empört hat gegen seinen
Gott.
Seine Bewohner fallen unter dem
Schwert, / ihre Kinder werden zerschmet-
tert, / die schwangeren Frauen werden auf-
geschlitzt.

13,2: 1 Kön 12,28.32 • 3: 6,4; Jes 17,13; Zef 2,2 • 4: 12,10; Ex 20,3; Dtn 5,7; Jes 43,11; 45,21 • 6: Dtn 32,15 • 7: 5,14 • 8: 2 Sam 17,8 • 10: 1 Sam 8,5.19f • 11: 10,15; 1 Sam 8,7.22 • 12: Dtn 32,34f • 13: Jes 26,17f; 37,3 • 14: 6,2; 1 Kor 15,55 • 15: 12,2 • 14,1: 10,14; 2 Kön 15,16.

Die Umkehr als Bedingung für die Rettung:
14,2–9

2 Kehr um, Israel, zum Herrn, deinem
Gott! / Denn du bist zu Fall gekommen
durch deine Schuld.
3 Kehrt um zum Herrn, / nehmt Worte (der
Reue) mit euch und sagt zu ihm:
Nimm alle Schuld von uns / und lass uns
Gutes erfahren! / Wir danken es dir mit der
Frucht unserer Lippen.
4 Assur kann uns nicht retten. / Wir wollen
nicht mehr auf Pferden reiten
und zum Machwerk unserer Hände sagen
wir nie mehr: Unser Gott. / Denn nur bei dir
findet der Verwaiste Erbarmen.
5 Ich will ihre Untreue heilen / und sie aus
lauter Großmut wieder lieben. / Denn mein
Zorn hat sich von Israel abgewandt.

13,5a Text korr. nach den alten Übersetzungen und dem Zusammenhang; H: Ich habe dich in der Wüste erkannt.

6 Ich werde für Israel da sein wie der Tau, / damit es aufblüht wie eine Lilie / und Wurzeln schlägt wie der Libanon.
7 Seine Zweige sollen sich ausbreiten, / seine Pracht soll der Pracht des Ölbaums gleichen / und sein Duft dem Duft des Libanon.
8 Sie werden wieder in meinem Schatten wohnen; / sie bauen Getreide an und gedeihen wie die Reben, / deren Wein so berühmt ist wie der Wein vom Libanon.
9 Was hat Efraim noch mit den Götzen zu tun? / Ich, ja ich, erhöre ihn, ich schaue nach ihm.
Ich bin wie der grünende Wacholder, / an mir findest du reiche Frucht.

2: 5,5 • 4: 7,11; Jes 31,1 • 6: Jes 35,1f • 7: Ps 52,10 • 9: 4,17; 2 Kor 6,16.

NACHWORT: 14,10

10 Wer weise ist, begreife dies alles, / wer klug ist, erkenne es.
Ja, die Wege des Herrn sind gerade; / die Gerechten gehen auf ihnen, / die Treulosen aber kommen auf ihnen zu Fall.

10: Ps 107,43; Dtn 32,4.

Das Buch Joël

Die unter der Überschrift »Wort des Herrn an Joël, den Sohn Petuëls« überlieferte Schrift enthält Teile, die sich stark voneinander unterscheiden. Die beiden ersten Kapitel spiegeln eine Bußfeier wider, die durch eine gewaltige Heuschreckenplage und eine Dürre veranlasst ist, während die Kapitel 3 und 4 vom zukünftigen Heil Israels handeln. Die Klammer zwischen beiden Teilen bildet das Thema vom »Tag des Herrn« (vgl. 1,15 und 2,1–11), auf den die jetzigen Katastrophen hinweisen. Ihre verheißene Abwendung (2,18–27: neuer Segen) ist ein Vorausbild der künftigen Heilszeit, in der, nach dem Gericht über die heidnischen Weltmächte, Juda und Jerusalem einen dauerhaften Frieden erfahren.

Die Frage, ob der jetzige Text von einem einzigen Autor stammt, wird heute von der Forschung zumeist bejaht. Über die Zeit der Abfassung ist man verschiedener Meinung. Gute Gründe sprechen für eine Datierung ins 5. oder 4. Jahrhundert v. Chr. Von der Person des Propheten ist nichts Näheres bekannt. Er zeigt sich sehr vertraut mit dem Kult am Tempel, ohne dass er deswegen als sog. Kultprophet gelten müsste. Öfter zitiert er prophetische Vorgänger, obwohl er sich in der ihm eigenen dichterischen Kraft als Mann von Originalität erweist. Besonders wichtig ist seine Verkündigung der Ausgießung des Gottesgeistes über alle Glieder des endzeitlichen Gottesvolkes (Kap. 3), die in der Predigt des Petrus am ersten christlichen Pfingstfest als erfüllt verkündigt wird (Apg 2,17–21).

ÜBERSCHRIFT: 1,1

1 Das Wort des Herrn, das an Joël, den Sohn Petuëls, erging.

DIE BUSSFEIER WEGEN DER HEUSCHRECKENPLAGE: 1,2 – 2,27

Die Heuschreckenplage als Anlass zur Buße: 1,2–20

2 Hört her, ihr Ältesten, / horcht alle auf, ihr Bewohner des Landes!
Ist so etwas jemals geschehen / in euren Tagen oder in den Tagen eurer Väter?
3 Erzählt euren Kindern davon / und eure Kinder sollen es ihren Kindern erzählen /

und deren Kinder dem folgenden Ge-
schlecht.
4 Was der Grashüpfer übrig ließ, / hat die
Wanderheuschrecke gefressen;
was die Wanderheuschrecke übrig ließ, /
hat die Larve gefressen;
was die Larve übrig ließ, / hat der Nager
gefressen.
5 Wacht auf, ihr Betrunkenen, und weint! /
Jammert alle, ihr Zecher! / Euer Mund be-
kommt keinen Wein mehr zu trinken.
6 Denn ein Volk zog heran gegen mein
Land, / gewaltig groß und nicht zu zählen;
seine Zähne sind Zähne von Löwen, / sein
Gebiss ist das Gebiss einer Löwin.
7 Es hat meinen Weinstock verwüstet, /
meinen Feigenbaum völlig verstümmelt.
Abgeschält ließ es ihn liegen, / die Zweige
starren bleich in die Luft.
8 Klagt wie eine Jungfrau im Trauerge-
wand, / die den Bräutigam ihrer Jugend be-
weint.
9 Aus ist es mit dem Speiseopfer, / mit dem
Trankopfer im Haus des Herrn. / Es trauern
die Priester, die Diener des Herrn.
10 Kahl liegt das Feld, der Acker trauert; /
denn das Korn ist vernichtet, vertrocknet der
Wein, / das Öl ist versiegt.
11 Die Bauern sind ganz geschlagen, / es
jammern die Winzer;
denn Weizen und Gerste, / die Ernte des
Feldes ist verloren.
12 Der Weinstock ist dürr, der Feigenbaum
welk. / Granatbaum, Dattelpalme und Apfel-
baum,
alle Bäume auf dem Feld sind verdorrt; /
ja, verdorrt ist die Freude der Menschen.
13 Legt Trauer an und klagt, ihr Priester! /
Jammert, ihr Diener des Altars!
Kommt, verbringt die Nacht im Trauerge-
wand, / ihr Diener meines Gottes!
Denn Speiseopfer und Trankopfer / blei-
ben dem Haus eures Gottes versagt.
14 Ordnet ein heiliges Fasten an, / ruft ei-
nen Gottesdienst aus!
Versammelt die Ältesten / und alle Bewoh-
ner des Landes
beim Haus des Herrn, eures Gottes, / und
schreit zum Herrn:
15 Weh, was für ein Tag! / Denn der Tag
des Herrn ist nahe; / er kommt mit der Allge-
walt des Allmächtigen.
16 Vor unseren Augen wurde uns die Nah-
rung entrissen, / aus dem Haus unseres Got-
tes sind Freude und Jubel verschwunden.
17 Die Saat liegt vertrocknet unter den
Schollen; / die Scheunen sind verödet, die
Speicher zerfallen; / denn das Korn ist ver-
dorrt.
18 Wie brüllt das Vieh! / Die Rinderherden
irren umher,
denn sie finden kein Futter; / selbst die
Schafherden leiden Not.
19 Zu dir rufe ich, Herr; / denn Feuer hat
das Gras der Steppe gefressen, / die Flam-
men haben alle Bäume der Felder ver-
brannt.
20 Auch die wilden Tiere schreien lechzend
zu dir; / denn die Bäche sind vertrocknet /
und Feuer hat das Gras der Steppe gefres-
sen.

4: Dtn 28,38; Am 4,9; 7,1f; Ps 105,34f • 6: Offb 9,8 • 7: Jes 5,1 • 12: Jes 16,10; Jer 25,10; Am 4,7–9 • 14: 2,15f • 15: Jes 13,6; Ez 30,2f.

Der Tag des Herrn: 2,1–11

2 Auf dem Zion stoßt in das Horn, /
schlagt Lärm auf meinem heiligen
Berg!
Alle Bewohner des Landes sollen zittern; /
denn es kommt der Tag des Herrn,
ja, er ist nahe, / 2 der Tag des Dunkels und
der Finsternis, / der Tag der Wolken und
Wetter.
Wie das Morgenrot, das sich über die Ber-
ge hinbreitet, / kommt ein Volk, groß und
gewaltig,
wie es vor ihm noch nie eines gab / und
nach ihm keines mehr geben wird / bis zu
den fernsten Geschlechtern.
3 Vor ihm her verzehrendes Feuer, / hinter
ihm lodernde Flammen;
vor ihm ist das Land wie der Garten
Eden, / hinter ihm schaurige Wüste – / nichts
kann ihm entrinnen.
4 Wie Rosse sehen sie aus, / wie Reiter
stürmen sie dahin.
5 Wie rasselnde Streitwagen / springen sie
über die Kuppen der Berge,
wie eine prasselnde Feuerflamme, die die
Stoppeln frisst, / wie ein mächtiges Heer, ge-
rüstet zur Schlacht.
6 Bei ihrem Anblick winden sich Völker, /
alle Gesichter glühen vor Angst.
7 Wie Helden stürmen sie dahin, / wie
Krieger erklettern sie die Mauer.
Jeder verfolgt seinen Weg, / keiner verlässt
seine Bahn.
8 Keiner stößt den andern; / Mann für
Mann ziehen sie ihre Bahn.
Mitten durch die Wurfspeere stürmen sie
vor, / ihre Reihen nehmen kein Ende.
9 Sie überfallen die Stadt, erstürmen die
Mauern, / klettern an den Häusern empor, /
steigen durch die Fenster ein wie ein Dieb.
10 Die Erde zittert vor ihnen, der Himmel
erbebt; / Sonne und Mond verfinstern sich, /
die Sterne halten ihr Licht zurück.

11 Und der Herr lässt vor seinem Heer / seine Stimme dröhnen;
sein Heer ist gewaltig, / mächtig ist der Vollstrecker seines Befehls.
Ja, groß ist der Tag des Herrn und voll Schrecken. / Wer kann ihn ertragen?

1: Am 5,18.20; Zef 1,14 • 2: Zef 1,15 • 3: 1,19; Gen 2,8 • 4: Offb 9,7.9 • 6: Jes 13,8; Nah 2,11 • 10: 3,4; 4,15f • 11: Nah 1,6; Mal 3,2.23.

Der Aufruf zur Buße: 2,12–17

12 Auch jetzt noch – Spruch des Herrn: / Kehrt um zu mir von ganzem Herzen / mit Fasten, Weinen und Klagen.
13 Zerreißt eure Herzen, nicht eure Kleider, / und kehrt um zum Herrn, eurem Gott!
Denn er ist gnädig und barmherzig, / langmütig und reich an Güte / und es reut ihn, dass er das Unheil verhängt hat.
14 Vielleicht kehrt er um und es reut ihn / und er lässt Segen zurück,
sodass ihr Speise- und Trankopfer darbringen könnt / für den Herrn, euren Gott.
15 Auf dem Zion stoßt in das Horn, / ordnet ein heiliges Fasten an, / ruft einen Gottesdienst aus!
16 Versammelt das Volk, / heiligt die Gemeinde!
Versammelt die Alten, / holt die Kinder zusammen, auch die Säuglinge!
Der Bräutigam verlasse seine Kammer / und die Braut ihr Gemach.
17 Zwischen Vorhalle und Altar / sollen die Priester klagen, / die Diener des Herrn sollen sprechen:
Hab Mitleid, Herr, mit deinem Volk / und überlass dein Erbe nicht der Schande, / damit die Völker nicht über uns spotten.
Warum soll man bei den Völkern sagen: / Wo ist denn ihr Gott?

12: Dtn 4,29 • 13: Jes 58,5–7; Am 5,14f; Ex 34,6f • 14: Jona 3,9 • 15: 2,1; 1,14 • 17: Ex 32,11f; 1 Makk 7,36–38; Ps 42,4.11; 79,10; Mi 7,10.

Die Erhörung durch Gott: 2,18–27

18 Da erwachte im Herrn die Leidenschaft für sein Land / und er hatte Erbarmen mit seinem Volk.
19 Der Herr antwortete seinem Volk und sprach: / Seht, ich sende euch Korn, Wein und Öl, / damit ihr euch daran sättigen könnt.
Ich gebe euch nicht mehr der Schande preis / unter den Völkern.
20 Den Feind aus dem Norden / schicke ich weit von euch weg,
ich treibe ihn in ein dürres, verödetes Land, / seine Vorhut treibe ich zum östlichen Meer / und seine Nachhut zum westlichen Meer.
Dann erhebt sich ein Gestank, / Verwesungsgeruch steigt von ihm auf / [denn er hat sich gebrüstet].
21 Fürchte dich nicht, fruchtbares Land! / Freu dich und juble; / denn der Herr hat Großes getan.
22 Fürchtet euch nicht, ihr Tiere auf dem Feld! / Denn das Gras in der Steppe wird wieder grün,
der Baum trägt seine Frucht, / Feigenbaum und Weinstock bringen ihren Ertrag.
23 Jubelt, ihr Söhne Zions, / und freut euch über den Herrn, euren Gott!
Denn er gibt euch Nahrung, wie es recht ist. / Er schickt euch den Regen,
Herbstregen und Frühjahrsregen / wie in früherer Zeit.
24 Die Tennen sind voll von Getreide, / die Keltern fließen über von Wein und Öl.
25 Ich ersetze euch die Ernten, / die von der Wanderheuschrecke und der Larve, / vom Nager und vom Grashüpfer gefressen wurden,
von meinem großen Heer, / das ich gegen euch sandte.
26 Ihr werdet essen und satt werden / und den Namen des Herrn, eures Gottes, preisen, / der für euch solche Wunder getan hat. / [Mein Volk braucht sich nie mehr zu schämen.]
27 Dann werdet ihr erkennen, / dass ich mitten in Israel bin
und dass ich der Herr, euer Gott, bin, / ich und sonst niemand. / Mein Volk braucht sich nie mehr zu schämen.

18: Dtn 4,24 • 19: Dtn 11,14 • 20: Jes 34,3; Am 4,10 • 23: Dtn 11,14 • 25: 1,4 • 27: Jes 42,8.

2,23 Text korr. nach G; H ist schwer verständlich.

2,26d Der Zusatz ist aus V. 27e hier eingedrungen.

DAS KOMMENDE HEIL: 3,1 – 4,21

Die Ausgießung des Geistes: 3,1–5

3 Danach aber wird es geschehen, / dass
ich meinen Geist ausgieße über alles
Fleisch.
Eure Söhne und Töchter werden Prophe-
ten sein, / eure Alten werden Träume ha-
ben / und eure jungen Männer haben Visio-
nen.
2 Auch über Knechte und Mägde / werde
ich meinen Geist ausgießen in jenen Ta-
gen.
3 Ich werde wunderbare Zeichen wirken /
am Himmel und auf der Erde: / Blut und
Feuer und Rauchsäulen.
4 Die Sonne wird sich in Finsternis ver-
wandeln / und der Mond in Blut,
ehe der Tag des Herrn kommt, / der große
und schreckliche Tag.
5 Und es wird geschehen: / Wer den Namen
des Herrn anruft, wird gerettet.
Denn auf dem Berg Zion / und in Jerusa-
lem gibt es Rettung,
wie der Herr gesagt hat, / und wen der
Herr ruft, der wird entrinnen.

1: Apg 2,17–21; Num 11,25–30 • 4: Offb 6,12 • 5: Röm 10,13; Obd 17; Offb 14,1.

Das Gericht über die Völker: 4,1–21

4 Denn seht, in jenen Tagen, in jener
Zeit, / wenn ich das Geschick Judas und
Jerusalems wende,
2 versammle ich alle Völker / und führe sie
hinab zum Tal Joschafat;
dort streite ich im Gericht mit ihnen / um
Israel, mein Volk und meinen Erbbesitz.
Denn sie haben es unter die Völker zer-
streut / und mein Land aufgeteilt.
3 Sie haben über mein Volk das Los gewor-
fen, / einen Knaben haben sie der Dirne als
Lohn gegeben / und Mädchen für Wein ver-
kauft, um zu zechen.
4 Und auch ihr, Tyrus und Sidon, und alle
ihr Gaue der Philister, was wollt ihr von mir?
Wollt ihr mir vergelten, was ich euch ange-
tan habe? Oder wollt ihr mir selbst etwas an-
tun? Leicht und schnell lasse ich eure Taten
auf euch selbst zurückfallen. 5 Denn ihr habt
mein Silber und Gold genommen und meine
kostbaren Schätze in eure Paläste gebracht.
6 Ihr habt Judas und Jerusalems Söhne an
die Jawaniter verkauft, um sie aus ihrer Hei-
mat zu entfernen. 7 Seht her, ich lasse sie
aufbrechen von dem Ort, wohin ihr sie ver-
kauft habt, und lasse eure Taten auf euch
selbst zurückfallen. 8 Und ich verkaufe eure
Söhne und Töchter an die Söhne Judas und
diese verkaufen sie weiter an die Sabäer, ein
Volk in weiter Ferne. Ja, der Herr hat ge-
sprochen.
9 Ruft den Völkern zu: / Ruft den Heiligen
Krieg aus!
Bietet eure Kämpfer auf! / Alle Krieger
sollen anrücken und heraufziehen.
10 Schmiedet Schwerter aus euren Pflug-
scharen / und Lanzen aus euren Winzermes-
sern! / Der Schwache soll sagen: Ich bin ein
Kämpfer.
11 Eilt alle herbei, / versammelt euch, ihr
Völker ringsum! / Dorthin führe, Herr, deine
Kämpfer hinab!
12 Die Völker sollen aufbrechen und he-
raufziehen zum Tal Joschafat. / Denn dort
will ich zu Gericht sitzen über alle Völker
ringsum.
13 Schwingt die Sichel, / denn die Ernte ist
reif.
Kommt, tretet die Kelter, / denn sie ist
voll, die Tröge fließen über. / Denn ihre Bos-
heit ist groß.
14 Getöse und Getümmel herrscht / im Tal
der Entscheidung;
denn der Tag des Herrn ist nahe / im Tal
der Entscheidung.
15 Sonne und Mond verfinstern sich, / die
Sterne halten ihr Licht zurück.
16 Der Herr brüllt vom Zion her, / aus Jeru-
salem dröhnt seine Stimme, / sodass Himmel
und Erde erbeben.
Doch für sein Volk ist der Herr eine Zu-
flucht, / er ist eine Burg für Israels Söhne.
17 Dann werdet ihr erkennen, / dass ich der
Herr, euer Gott, bin
und dass ich auf dem Zion wohne, / mei-
nem heiligen Berg.
Jerusalem wird heilig sein, / Fremde wer-
den nie mehr hindurchziehen.
18 An jenem Tag triefen die Berge von
Wein, / die Hügel fließen über von Milch /
und in allen Bächen Judas strömt Wasser.
Eine Quelle entspringt im Haus des
Herrn / und tränkt das Schittim-Tal.
19 Ägypten wird zur Wüste, / Edom wird
zur verödeten Steppe,

4,11 H nicht ganz klar.
4,18 Schittim-Tal: wahrscheinlich das untere Kidrontal bei Jerusalem.
4,21ab Späterer erklärender Zusatz (vgl. V. 19d).

wegen der Gewalttat an Judas Söhnen, / in deren Land sie unschuldiges Blut vergossen.
20 Juda aber bleibt für immer bewohnt / und Jerusalem besteht von Geschlecht zu Geschlecht,
21 [ich erkläre ihr Blut für unschuldig, / das ich vorher nicht für unschuldig erklärte] / und der Herr wohnt auf dem Zion.

1: Jer 29,14; Ez 16,53; Hos 6,11 • 2: Offb 16,16 • 4: Am 1,6–10 • 6: Ez 27,13 • 10: Jes 2,4; Mi 4,3 • 13: Jes 17,5; Offb 14,14–20; Jes 63,1–6 • 14: Jes 17,12; Joël 4,2 • 15: 2,10 • 16: Jer 25,30; Am 1,2; Ps 46,2f • 17: Ez 38,23 • 18: Am 9,13; Jes 30,25; Ez 47,1–5 • 20: Jer 17,25; Ez 37,25.

Das Buch Amos

Die neun Kapitel dieses Buches lassen einen klaren Aufbau erkennen. Die beiden ersten Kapitel stellen einen Zyklus von Gerichtsreden über die Völker und Israel dar, dann folgen in Kap. 3 – 6 die konkreten Anklagen und Strafansagen des Propheten gegen führende Kreise des Nordreichs. In Kap. 7 – 9 treffen wir, nur unterbrochen durch den Bericht, in dem von Amos in der dritten Person erzählt wird (7,10–17), auf einen Zyklus von fünf Visionen. Den Abschluss bildet die Heilsverheißung von 9,11–15, die die Wiederaufrichtung der »zerfallenen Hütte Davids« in Aussicht stellt; ob sie auf Amos selbst zurückgeht, ist in der Forschung umstritten und wird häufig verneint. Die Lobpreisungen in 4,13; 5,8f; 9,5f sind sicher erst später eingefügt worden, wahrscheinlich auch der Juda-Spruch in 2,4f.

Amos war von Haus aus ein Viehzüchter und Maulbeerfeigenpflanzer (1,1; 7,14) aus Tekoa, südlich von Betlehem. Er wurde durch göttliche Berufung gegen Ende der Regierungszeit des politisch und wirtschaftlich überaus erfolgreichen Königs Jerobeam II. nach 760 v. Chr. als Prophet ins Nordreich Israel gesandt (3,3–8; 7,15), wo er für kurze Zeit bis zu seiner Ausweisung am Reichsheiligtum von Bet-El wirkte. Die Hauptanklage dieses ältesten Schriftpropheten richtet sich gegen die des Gottesvolkes unwürdigen Zustände im Staat, in der Verwaltung, im Gerichtswesen und in der Wirtschaft. Weil die oberen Schichten die Menschen niederer Herkunft und ungesicherter sozialer Lage zu bloßen Objekten ihres Erwerbs-, Macht- und Genusstriebs herabwürdigen und so das »Gottesrecht« brechen, muss Amos das Todesurteil Gottes für das Reich Israel verkünden. Eine auf den Kult beschränkte Verehrung Gottes wird von Amos verworfen (5,21–26). Jahwe ist nach ihm so sehr ein »Gott für den Menschen«, dass selbst die Völkerwelt wegen Unmenschlichkeit und Zertretung der fundamentalen Menschenrechte seinem Strafgericht verfällt (1,3 – 2,3). Amos kündigt einen »Tag des Herrn« an, der »Finsternis bringen wird und nicht Licht« (5,18–20). Höchstens ein »Rest« wird gerettet werden (5,15).

Im Neuen Testament erfährt die Botschaft des Amos ein Echo vor allem in der Rede des Stephanus in Apg 7,42f (= Am 5,25–27). Das Vermächtnis des Amos bleibt ein fundamentales Anliegen auch für das Gottesvolk des Neuen Bundes. Das mitmenschliche Ethos gehört zum Wesen gelebter Offenbarungsreligion.

ÜBERSCHRIFT: 1,1

1 Die Worte, die Amos, ein Schafzüchter aus Tekoa, in Visionen über Israel gehört hat, in der Zeit, als Usija König von Juda und Jerobeam, der Sohn des Joasch, König von Israel waren, zwei Jahre vor dem Erdbeben.

DAS GERICHT ÜBER DIE VÖLKER: 1,3 – 2,16

Über die Nachbarvölker: 1,3 – 2,3

2 Er sprach:
Der Herr brüllt vom Zion her, / aus Jeru-
salem lässt er seine Stimme erschallen.
Da welken die Auen der Hirten / und der
Gipfel des Karmel verdorrt.
3 So spricht der Herr:
Wegen der drei Verbrechen, die Damaskus
beging, / wegen der vier nehme ich es nicht
zurück:
Weil sie Gilead mit eisernen Dreschschlit-
ten zermalmten, / 4 darum schicke ich Feuer
gegen Hasaëls Haus; / es frisst Ben-Hadads
Paläste.
5 Ich zerbreche die Riegel von Damaskus, /
ich vernichte den Herrscher von Bikat-
Awen / und den Zepterträger von Bet-
Eden;
das Volk von *Aram* muss in die Verban-
nung nach Kir, / spricht der Herr.
6 So spricht der Herr:
Wegen der drei Verbrechen, die Gaza be-
ging, / wegen der vier nehme ich es nicht zu-
rück:
Weil sie ganze Gebiete entvölkerten, / um
die Verschleppten an Edom auszuliefern,
7 darum schicke ich Feuer in Gazas Mau-
ern; / es frisst seine Paläste.
8 Ich vernichte den Herrscher von Asch-
dod / und den Zepterträger von Aschkelon.
Dann wende ich meine Hand gegen Ek-
ron / und der Rest der *Philister* wird ver-
schwinden, / spricht der Herr.
9 So spricht der Herr:
Wegen der drei Verbrechen, die *Tyrus* be-
ging, / wegen der vier nehme ich es nicht
zurück:
Weil sie Verschleppte scharenweise an
Edom auslieferten / und nicht mehr an den
Bund mit ihren Brüdern dachten,
10 darum schicke ich Feuer in die Mauern
von Tyrus; / es frisst seine Paläste.
11 So spricht der Herr:
Wegen der drei Verbrechen, die *Edom* be-
ging, / wegen der vier nehme ich es nicht zu-
rück:
Weil Edom seinen Bruder mit dem
Schwert verfolgte / und jedes Mitleid unter-
drückte,
weil es unversöhnlich festhielt an seinem
Zorn / und nie abließ von seinem Groll,
12 schicke ich Feuer gegen Teman; / es
frisst Bozras Paläste.
13 So spricht der Herr:
Wegen der drei Verbrechen, die die *Am-
moniter* begingen, / wegen der vier nehme
ich es nicht zurück:
Weil sie in Gilead die schwangeren Frauen
aufschlitzten, / als sie ihr Gebiet erweitern
wollten,
14 darum lege ich Feuer an die Mauern von
Rabba; / es frisst seine Paläste
beim Kriegsgeschrei am Tag der Schlacht, /
beim Getöse am Tag des Sturms.
15 Ihr König muss in die Verbannung, / er
und alle seine Großen, / spricht der Herr.
2 So spricht der Herr:
Wegen der drei Verbrechen, die *Moab*
beging, / wegen der vier nehme ich es nicht
zurück:
Weil Moab die Gebeine des Königs von
Edom / zu Kalk verbrannte,
2 darum schicke ich Feuer gegen Moab; /
es frisst die Paläste von Kerijot
und Moab geht im Getümmel zugrunde, /
beim Kriegsgeschrei, beim Schall der Hör-
ner.
3 Ich vernichte in Moab den Herrscher /
und erschlage zusammen mit ihm alle seine
Großen, / spricht der Herr.

1,3–5: Jes 17,1–3; Jer 49,23–27 • 4: 2 Kön 10,32 • 5: 2 Kön 16,9 • 6: 2 Chr 21,16f; Zef 2,4–7 • 9–10: Jes 23; Ez 26–28 • 11–12: Jer 49,7–22; Ez 35 • 13–15: Jer 49,1–6 • 13: 2 Kön 5,16 • 2,1–3: Jes 15f; Jer 48.

Über Juda und Israel: 2,4–16

4 So spricht der Herr:
Wegen der drei Verbrechen, die *Juda* be-
ging, / wegen der vier nehme ich es nicht zu-
rück:
Weil sie die Weisung des Herrn missachte-
ten / und seine Gesetze nicht befolgten,
weil sie sich irreführen ließen von ihren
Lügengöttern, / denen schon ihre Väter ge-
folgt sind,
5 darum schicke ich Feuer gegen Juda; / es
frisst Jerusalems Paläste.
6 So spricht der Herr:
Wegen der drei Verbrechen, die *Israel* be-
ging, / wegen der vier nehme ich es nicht
zurück:
Weil sie den Unschuldigen für Geld ver-
kaufen / und den Armen für ein Paar San-
dalen,
7 weil sie die Kleinen in den Staub treten /
und das Recht der Schwachen beugen.

1,5 Herrscher: G: Einwohner.

Sohn und Vater gehen zum selben Mädchen, / um meinen heiligen Namen zu entweihen.
8 Sie strecken sich auf gepfändeten Kleidern aus / neben jedem Altar,
von Bußgeldern kaufen sie Wein / und trinken ihn im Haus ihres Gottes.
9 Dabei bin ich es gewesen, / der vor ihren Augen die Amoriter vernichtete,
die groß waren wie die Zedern / und stark wie die Eichen;
ich habe oben ihre Frucht vernichtet / und unten ihre Wurzeln.
10 Ich bin es gewesen, / der euch aus Ägypten heraufgeführt
und euch vierzig Jahre lang / durch die Wüste geleitet hat,
damit ihr das Land der Amoriter / in Besitz nehmen konntet.
11 Ich habe einige eurer Söhne zu Propheten gemacht / und einige von euren jungen Männern zu Nasiräern.
Ist es nicht so, ihr Söhne Israels? – / Spruch des Herrn.
12 Ihr aber habt den Nasiräern / Wein zu trinken gegeben
und den Propheten habt ihr befohlen: / Ihr dürft nicht mehr als Propheten auftreten.
13 Seht, ich lasse den Boden unter euch schwanken, / wie ein Wagen schwankt, der voll ist von Garben.
14 Dann gibt es auch für den Schnellsten keine Flucht mehr, / dem Starken versagen die Kräfte, / auch der Held kann sein Leben nicht retten.
15 Kein Bogenschütze hält stand, / dem schnellen Läufer helfen seine Beine nichts, / noch rettet den Reiter sein Pferd.
16 Selbst der Tapferste unter den Kämpfern, / nackt muss er fliehen an jenem Tag – / Spruch des Herrn.

4: Jes 5,24 • 5: Hos 8,14 • 6: Jes 3,15 • 7: Dtn 27,20 • 9: Dtn 7,1; Hos 9,16 • 10: Dtn 2,7 • 11: Dtn 18,18 • 12: 7,12; Jes 30,10 • 13: Num 16,30–33 • 14–16: 9,1.

DIE ANKLAGEN GEGEN DIE OBERSCHICHT IN ISRAEL: 3,1 – 6,14

Israels Erwählung und Verantwortung: 3,1–2

3 Hört dieses Wort, das der Herr gesprochen hat / über euch, ihr Söhne Israels, über den ganzen Stamm, / den ich aus Ägypten heraufgeführt habe.
2 Nur euch habe ich erwählt / aus allen Stämmen der Erde;
darum ziehe ich euch zur Rechenschaft / für alle eure Vergehen.

2: Dtn 7,6.

Gott und die Propheten: 3,3–8

3 Gehen zwei den gleichen Weg, / ohne dass sie sich verabredet haben?
4 Brüllt der Löwe im Wald / und er hat keine Beute?
Gibt der junge Löwe Laut in seinem Versteck, / ohne dass er einen Fang getan hat?
5 Fällt ein Vogel zur Erde, / wenn niemand nach ihm geworfen hat?
Springt die Klappfalle vom Boden auf, / wenn sie nichts gefangen hat?
6 Bläst in der Stadt jemand ins Horn, / ohne dass das Volk erschrickt?
Geschieht ein Unglück in einer Stadt, / ohne dass der Herr es bewirkt hat?
7 Nichts tut Gott, der Herr, / ohne dass er seinen Knechten, den Propheten, / zuvor seinen Ratschluss offenbart hat.
8 Der Löwe brüllt – wer fürchtet sich nicht? / Gott, der Herr, spricht – / wer wird da nicht zum Propheten?

6: Joël 2,1.

Das Gericht über Samaria: 3,9–15

9 Ruft es aus über den Palästen von Aschdod / und über den Palästen in Ägypten!
Sagt: Versammelt euch auf den Bergen rings um Samaria, / seht euch das wilde Treiben in der Stadt an / und die Unterdrückung, die dort herrscht.
10 Sie kennen die Rechtschaffenheit nicht – Spruch des Herrn –, / sie sammeln Schätze in ihren Palästen / mit Gewalt und Unterdrückung.
11 Darum – so spricht Gott, der Herr:
Ein Feind wird das Land umzingeln; / er wird deine Macht niederreißen / und deine Paläste werden geplündert.
12 So spricht der Herr:
Wie ein Hirt aus dem Rachen des Löwen / (von einem Schaf) nur zwei Wadenknochen rettet oder den Zipfel eines Ohres,
so werden Israels Söhne gerettet, / die in Samaria auf ihrem Diwan sitzen / und auf ihren Polstern aus Damaskus.

2,11 Nasiräer sind Männer, die ein Enthaltungsgelübde abgelegt haben (vgl. Num 6,1–21).

13 Hört und bezeugt es dem Haus Jakob – /
Spruch Gottes, des Herrn, des Gottes der
Heere:
14 Ja, an dem Tag, an dem ich Israel / für
seine Verbrechen zur Rechenschaft ziehe, /
werde ich an den Altären von Bet-El die
Strafe vollziehen;
die Hörner des Altars werden abgehauen /
und fallen zu Boden.
15 Ich zerschlage den Winterpalast und
den Sommerpalast, / die Elfenbeinhäuser
werden verschwinden
und mit den vielen Häusern ist es zu Ende – / Spruch des Herrn.

9: Zef 3,8 • 12: 6,4 • 14: 1 Kön 12,32; 2 Kön 23,15 • 15: 1 Kön 22,39.

Die Unterdrückung der Armen: 4,1–3

4 Hört dieses Wort, / ihr Baschankühe auf
dem Berg von Samaria,
die ihr die Schwachen unterdrückt / und
die Armen zermalmt
und zu euren Männern sagt: / Schafft Wein
herbei, wir wollen trinken.
2 Bei seiner Heiligkeit / hat Gott, der Herr,
geschworen:
Seht, Tage kommen über euch, / da holt
man euch mit Fleischerhaken weg,
und was dann noch von euch übrig ist, /
mit Angelhaken.
3 Ihr müsst durch die Breschen der Mauern
hinaus, / eine hinter der andern;
man jagt euch dem Hermon zu – / Spruch
des Herrn.

Umkehr – nicht äußerlicher Kult: 4,4 – 5,9

4 Kommt nach Bet-El und sündigt, /
kommt nach Gilgal und sündigt noch
mehr!
Bringt jeden Morgen eure Schlachtopfer
herbei, / bringt am dritten Tag euren Zehnten!
5 Verbrennt als Dankopfer gesäuertes
Brot! / Ruft zu freiwilligen Opfern auf, / verkündet es laut, damit man es hört!
Denn so gefällt es euch, ihr Söhne Israels – / Spruch Gottes, des Herrn.
6 Ich ließ euch hungern in all euren Städten, / ich gab euch kein Brot mehr in all euren Dörfern
und dennoch seid ihr nicht umgekehrt zu
mir – / Spruch des Herrn.
7 Ich versagte euch den Regen / drei Monate vor der Ernte.
Über der einen Stadt ließ ich es regnen, /
über der anderen nicht;
das eine Feld bekam Regen, / das andere
nicht, sodass es verdorrte.
8 Zwei, drei Städte taumelten zu der einen; / sie wollten Wasser trinken und blieben
doch durstig.
Und dennoch seid ihr nicht umgekehrt zu
mir – / Spruch des Herrn.
9 Ich vernichtete euer Getreide durch Rost
und Mehltau, / ich verwüstete eure Gärten
und Weinberge;
eure Feigenbäume und eure Ölbäume /
fraßen die Heuschrecken kahl.
Und dennoch seid ihr nicht umgekehrt zu
mir – / Spruch des Herrn.
10 Ich ließ die Pest gegen euch los wie gegen Ägypten, / eure jungen Männer tötete ich
mit dem Schwert / und gab eure Pferde (den
Feinden) zur Beute;
den Leichengestank von eurem Heerlager /
ließ ich euch in die Nase steigen.
Und dennoch seid ihr nicht umgekehrt zu
mir – / Spruch des Herrn.
11 Ich brachte über euch eine gewaltige
Zerstörung / wie die, die Gott einst über Sodom und Gomorra verhängte;
ihr wart wie ein Holzscheit, / das man aus
dem Feuer herausholt.
Und dennoch seid ihr nicht umgekehrt zu
mir – / Spruch des Herrn.
12 Darum will ich dir all das antun, Israel, /
und weil ich dir all das antun werde, / mach
dich bereit, deinem Gott gegenüberzutreten.
13 Denn siehe, er formt die Berge, / er erschafft den Wind,
er verkündet den Menschen, was er im
Sinn hat; / er macht das Morgenrot und die
Finsternis,
er schreitet über die Höhen der Erde dahin – / Jahwe, Gott der Heere, ist sein
Name.

5 Hört dieses Wort, ihr vom Haus Israel, /
hört die Totenklage, die ich über euch
anstimme:
2 Gefallen ist sie und steht nicht mehr
auf, / die Jungfrau Israel;
sie liegt zerschmettert am Boden in ihrem
Land / und niemand richtet sie auf.
3 Denn so spricht Gott, der Herr:
In die Stadt, aus der tausend Männer auszogen, / kehren nur hundert zurück,
und wo hundert auszogen, / kehren nur
zehn zurück.

4,1 Die Frauen der Oberschicht werden mit den üppigen Kühen des Baschan, eines Weidegebiets im nördlichen Ostjordanland, verglichen.

4 Ja, so spricht der Herr zum Haus Israel: /
Sucht mich, dann werdet ihr leben.
5 Doch sucht nicht Bet-El auf, / geht nicht
nach Gilgal, / zieht nicht nach Beerscheba!
Denn Gilgal droht die Verbannung / und
Bet-El der Untergang.
6 Sucht den Herrn, dann werdet ihr leben. /
Sonst dringt er in das Haus Josef ein
wie ein Feuer, das frisst, / und niemand
löscht Bet-Els Brand.
8 Er hat das Siebengestirn und den Orion
erschaffen; / er verwandelt die Finsternis in
den hellen Morgen,
er verdunkelt den Tag zur Nacht, / er ruft
das Wasser des Meeres
und gießt es aus über die Erde – / Jahwe ist
sein Name.
9 Plötzlich wird er den Starken vernich-
ten / und über die befestigten Städte bricht
die Vernichtung herein.

4,4: Hos 4,15; 12,12 • 6: Lev 26,14–39 • 9: Hag 2,17; Joël 1,4 • 10: Ex 9,3 • 11: Gen 19,24; Sach 3,2 • 5,5: 4,4; 8,14 • 8: Ijob 9,9; Am 9,6.

Die Beugung des Rechts: 5,7.10–15

7 Weh denen, die das Recht in bitteren
Wermut verwandeln / und die Gerechtigkeit
zu Boden schlagen.
10 Bei Gericht hassen sie den, / der zur Ge-
rechtigkeit mahnt, / und wer Wahres redet,
den verabscheuen sie.
11 Weil ihr von den Hilflosen Pachtgeld an-
nehmt / und ihr Getreide mit Steuern be-
legt,
darum baut ihr Häuser aus behauenen
Steinen – / und wohnt nicht darin,
legt ihr euch prächtige Weinberge an – /
und werdet den Wein nicht trinken.
12 Denn ich kenne eure vielen Vergehen /
und eure zahlreichen Sünden.
Ihr bringt den Unschuldigen in Not, / ihr
lasst euch bestechen / und weist den Armen
ab bei Gericht.
13 Darum schweigt in dieser Zeit, wer klug
ist; / denn es ist eine böse Zeit.
14 Sucht das Gute, nicht das Böse; / dann
werdet ihr leben
und dann wird, wie ihr sagt, / der Herr, der
Gott der Heere, bei euch sein.
15 Hasst das Böse, liebt das Gute / und
bringt bei Gericht das Recht zur Geltung!
Vielleicht ist der Herr, der Gott der Hee-
re, / dem Rest Josefs dann gnädig.

7: 6,12 • 11: Zef 1,13; Dtn 28,39.

Der kommende Tag des Herrn: 5,16–20

16 Darum – so spricht der Herr, der Gott
der Heere:
Auf allen Plätzen herrscht Trauer / und
auf allen Gassen schreit man: Wehe! Wehe!
Den Ackerknecht holt man zur Totenkla-
ge, / den Kenner der Totenlieder ruft man
zum Klagen.
17 In allen Weinbergen herrscht Trauer; /
denn ich schreite durch deine Mitte, / spricht
der Herr.
18 Weh denen, die den Tag des Herrn her-
beisehnen. / Was nützt euch denn der Tag
des Herrn? / Finsternis ist er, nicht Licht.
19 Es ist, wie wenn jemand einem Löwen
entflieht / und ihn dann ein Bär überfällt;
kommt er nach Hause / und stützt sich mit
der Hand auf die Mauer, / dann beißt ihn
eine Schlange.
20 Ja, Finsternis ist der Tag des Herrn,
nicht Licht, / ohne Helligkeit ist er und dun-
kel.

18: Joël 2,11.

Der wahre Gottesdienst: 5,21–27

21 Ich hasse eure Feste, ich verabscheue
sie / und kann eure Feiern nicht riechen.
22 Wenn ihr mir Brandopfer darbringt, /
ich habe kein Gefallen an euren Gaben /
und eure fetten Heilsopfer will ich nicht se-
hen.
23 Weg mit dem Lärm deiner Lieder! / Dein
Harfenspiel will ich nicht hören,
24 sondern das Recht ströme wie Wasser, /
die Gerechtigkeit wie ein nie versiegender
Bach.
25 Habt ihr mir etwa Schlachtopfer und
Gaben dargebracht / während der vierzig
Jahre in der Wüste, / ihr vom Haus Israel?
26 Ihr werdet (den Gott) Sakkut als euren
König vor euch hertragen müssen / und den
Kewan, euren Sterngott, / eure Götter, die
ihr euch selber gemacht habt.
27 Ich will euch in die Gebiete jenseits von
Damaskus verbannen, / spricht der Herr; /
Gott der Heere ist sein Name.

21: Jes 1,11–14; Hos 8,13 • 25: Jer 7,22f; Apg 7,42f • 27: 2 Kön 17,6; Am 4,13.

Die leichtlebige Oberschicht: 6,1–14

6 Weh den Sorglosen auf dem Zion / und
den Selbstsicheren auf dem Berg von
Samaria.
Weh den Vornehmen des Ersten unter den

5,8 V. 7 gehört zwischen V. 9 und V. 10; er ist der Anfang der folgenden Rede.
5,10.12.15 Bei Gericht, wörtlich: Im Stadttor. Im Tor der Stadt fanden die Gerichtsverhandlungen statt.
5,26 Sakkut und Kewan sind assyrische Gestirngötter; H nicht ganz klar.
6,1d Text unklar.

Völkern. / [Weh denen, bei denen sich die
Israeliten versammeln.]
2 Zieht hinüber nach Kalne und seht euch
dort um! / Geht von da nach Hamat, in die
große Stadt, / und steigt hinunter nach Gat,
ins Land der Philister!
Seid ihr besser als diese Reiche? / Ist euer
Gebiet größer als ihr Gebiet?
3 Ihr, die ihr den Tag des Unheils hinausschieben wollt, / führt die Herrschaft der
Gewalt herbei.
4 Ihr liegt auf Betten aus Elfenbein / und
faulenzt auf euren Polstern.
Zum Essen holt ihr euch Lämmer aus der
Herde / und Mastkälber aus dem Stall.
5 Ihr grölt zum Klang der Harfe, / ihr wollt
Lieder erfinden wie David.
6 Ihr trinkt den Wein aus großen Humpen, / ihr salbt euch mit dem feinsten Öl /
und sorgt euch nicht über den Untergang
Josefs.
7 Darum müssen sie jetzt in die Verbannung, / allen Verbannten voran. / Das Fest
der Faulenzer ist nun vorbei.
8 Gott, der Herr, hat bei sich selbst geschworen – / Spruch des Herrn, des Gottes
der Heere:
Ich verabscheue Jakobs Stolz / und hasse
seine Paläste;
die Stadt und alles, was in ihr ist, / gebe
ich preis.
9 Wenn dann in einem einzigen Haus noch
zehn Menschen übrig sind, / müssen auch sie
sterben.
10 Und hebt ein Verwandter oder der Leichenbestatter einen Toten auf, / um die Gebeine aus dem Haus zu schaffen,
und fragt er den, / der im hintersten Winkel des Hauses sitzt:
Ist noch jemand bei dir?, / dann antwortet
dieser: Nein!, und sagt: / Still! Sprich ja
nicht den Namen des Herrn aus!
11 Denn der Herr befiehlt / und man
schlägt das große Haus in Trümmer / und
das kleine in Stücke.
12 Rennen denn Pferde über die Felsen, /
oder pflügt man mit Ochsen das Meer?
Ihr aber habt das Recht in Gift verwandelt / und die Frucht der Gerechtigkeit in
bitteren Wermut.
13 Ihr jubelt über (die Eroberung von) Lo-Dabar und sagt: / Haben wir nicht aus
eigener Kraft Karnajim erobert?
14 Doch seht, ihr vom Haus Israel, / ich
schicke ein Volk gegen euch, / das euch quälen wird
von Lebo-Hamat bis zum Bach der Araba-Steppe – / Spruch des Herrn, des Gottes der
Heere.

1: Lk 6,24 • 3: 9,10; Ez 12,27 • 5: Jes 5,12 • 8: 4,2 • 10: Hab 2,20; Sach 2,17 • 13: Dtn 8,17.

DIE VISIONEN UND EIN BIOGRAPHISCHER BERICHT: 7,1 – 9,6

Die erste Vision: Die Heuschreckenplage: 7,1–3

7 Dies zeigte mir Gott, der Herr, in einer
Vision: Er ließ Heuschrecken entstehen,
als gerade die Frühjahrssaat zu wachsen begann [die Frühjahrssaat folgt auf den
Schnitt für den König]. 2 Sie machten sich
daran, alles Grün im Land zu vertilgen. Da
rief ich: Gott, mein Herr, vergib doch! Was
soll denn aus Jakob werden? Er ist ja so
klein. 3 Da reute es den Herrn und er sagte:
Es soll nicht geschehen.

1: 4,9; Joël 1,4–7; Dtn 28,38.

Die zweite Vision: Die Feuersglut: 7,4–6

4 Dies zeigte mir Gott, der Herr, in einer
Vision: Gott, der Herr, rief zur Strafe das
Feuer herbei und das Feuer fraß die große
Flut und wollte schon das Land Jakobs verschlingen. 5 Da rief ich: Gott, mein Herr, halte doch ein! Was soll denn aus Jakob werden? Er ist ja so klein. 6 Da reute es den
Herrn und er sagte: Auch das soll nicht geschehen.

4: Joël 1,19f.

Die dritte Vision: Das Senkblei: 7,7–9

7 Dies zeigte mir Gott, der Herr, in einer
Vision: Er stand auf einer Mauer und hatte
ein Senkblei in der Hand. 8 Und der Herr
fragte mich: Was siehst du, Amos? Ich antwortete: Ein Senkblei. Da sagte der Herr:
Sieh her, mit dem Senkblei prüfe ich mein
Volk Israel. Ich verschone es nicht noch ein-

6,2 Kalne ist die Hauptstadt eines nordsyrischen Staates, *Hamat eine Aramäerhauptstadt* am Orontes.

6,6 »Josef« ist hier Bezeichnung für das Nordreich Israel.

6,10 Text nicht ganz klar. Der Versschluss bezeugt die Angst vor der Todesgefahr, die von Gott ausgeht.

6,13 Lo-Dabar und Karnajim sind Städte im Ostjordanland.

6,14d Nord- und Südgrenze Israels.

7,8 Senkblei: Übersetzung unsicher.

mal. 9 Isaaks Kulthöhen werden verwüstet und Israels Heiligtümer zerstört; mit dem Schwert in der Hand erhebe ich mich gegen das Haus Jerobeam.

Die Ausweisung des Propheten: 7,10–17

10 Amazja, der Priester von Bet-El, ließ Jerobeam, dem König von Israel, melden: Mitten im Haus Israel ruft Amos zum Aufruhr gegen dich auf; seine Worte sind unerträglich für das Land. 11 Denn so sagt Amos: Jerobeam stirbt durch das Schwert und Israel muss sein Land verlassen und in die Verbannung ziehen.

12 Zu Amos aber sagte Amazja: Geh, Seher, flüchte ins Land Juda! Iss dort dein Brot und tritt dort als Prophet auf! 13 In Bet-El darfst du nicht mehr als Prophet reden; denn das hier ist ein Heiligtum des Königs und ein Reichstempel. 14 Amos antwortete Amazja: Ich bin kein Prophet und kein Prophetenschüler, sondern ich bin ein Viehzüchter und ich ziehe Maulbeerfeigen. 15 Aber der Herr hat mich von meiner Herde weggeholt und zu mir gesagt: Geh und rede als Prophet zu meinem Volk Israel!

16 Darum höre jetzt das Wort des Herrn! Du sagst: Tritt nicht als Prophet gegen Israel auf und prophezei nicht gegen das Haus Isaak! 17 Darum – so spricht der Herr: Deine Frau wird in der Stadt als Dirne leben, deine Söhne und Töchter fallen unter dem Schwert, dein Ackerland wird mit der Messschnur verteilt, du selbst aber stirbst in einem unreinen Land und Israel muss sein Land verlassen und in die Verbannung ziehen.

11: 5,27; 6,7; 9,4 • 12: 1 Sam 9,7 • 13: 2,12 • 14: 2 Kön 2,3; Am 1,1; Ps 78,70f • 16: 2,12; Mi 2,6 • 17: 2 Kön 17,2–6.

Die vierte Vision: Der Obstkorb: 8,1–3

8 Dies zeigte mir Gott, der Herr, in einer Vision: Ich sah einen Korb mit reifem Obst. 2 Er fragte: Was siehst du, Amos? Ich antwortete: Einen Korb mit reifem Obst. Da sagte der Herr zu mir: Mein Volk Israel ist reif für das Ende. Ich verschone es nicht noch einmal. 3 An jenem Tag werden die Sängerinnen des Palastes Klagelieder singen – Spruch des Herrn. Alles ist voller Leichen, überall wirft man sie hin. Still!

2: Offb 14,15 –19.

Gegen die Ausbeutung: 8,4–14

4 Hört dieses Wort, die ihr die Schwachen verfolgt / und die Armen im Land unterdrückt.

5 Ihr sagt: Wann ist das Neumondfest vorbei? / Wir wollen Getreide verkaufen.
Und wann ist der Sabbat vorbei? / Wir wollen den Kornspeicher öffnen,
das Maß kleiner und den Preis größer machen / und die Gewichte fälschen.

6 Wir wollen mit Geld die Hilflosen kaufen, / für ein paar Sandalen die Armen.
Sogar den Abfall des Getreides / machen wir zu Geld.

7 Beim Stolz Jakobs hat der Herr geschworen: / Keine ihrer Taten werde ich jemals vergessen.

8 Sollte deshalb die Erde nicht beben, / sollten nicht alle ihre Bewohner voll Trauer sein?
Sollte nicht die ganze Erde sich heben wie der Nil: / [aufgewühlt sein] und sich wieder senken wie der Strom von Ägypten?

9 An jenem Tag – Spruch Gottes, des Herrn – / lasse ich am Mittag die Sonne untergehen
und breite am helllichten Tag / über die Erde Finsternis aus.

10 Ich verwandle eure Feste in Trauer / und all eure Lieder in Totenklage.
Ich lege allen ein Trauergewand um / und schere alle Köpfe kahl.
Ich bringe Trauer über das Land / wie die Trauer um den einzigen Sohn
und das Ende wird sein / wie der bittere Tag (des Todes).

11 Seht, es kommen Tage – Spruch Gottes, des Herrn –, / da schicke ich den Hunger ins Land,
nicht den Hunger nach Brot, nicht Durst nach Wasser, / sondern nach einem Wort des Herrn.

12 Dann wanken die Menschen von Meer zu Meer, / sie ziehen von Norden nach Osten,
um das Wort des Herrn zu suchen; / doch sie finden es nicht.

13 An jenem Tag werden die schönen jungen Mädchen / und die jungen Männer ohnmächtig vor Durst,

14 alle, die beim Götzenbild von Samaria schwören und sagen: / So wahr dein Gott lebt, Dan, / so wahr dein Geliebter lebt, Beerscheba!,

7,17 »Unreines Land« bedeutet fremdes Land.
8,7 Stolz Jakobs: wahrscheinlich ist das Gelobte Land gemeint.
8,14 beim Götzenbild, wörtlich: bei der Sünde (vgl. 2 Kön 17,30).

sie werden zu Boden stürzen / und sich
nicht mehr erheben.

4: 2,6–8 • 5: Dtn 25,13; Mi 6,10f • 8: 9,5 • 10: Hos 2,13; Jes 3,24; Jer 6,26 • 13: Sach 9,17.

Die fünfte Vision: Der Untergang des Tempels und des Volkes: 9,1–6

9 Ich sah den Herrn beim Altar stehen. /
Er sagte: Zerschlag den Knauf der Säu-
le, / sodass die Tragbalken zittern.
Ich zerschmettere allen den Kopf. / Was
dann von ihnen noch übrig ist, / töte ich mit
dem Schwert.
Keiner von ihnen kann entfliehen, / keiner
entrinnt, keiner entkommt.
2 Wenn sie in die Totenwelt einbrechen: /
meine Hand packt sie auch dort.
Und wenn sie zum Himmel aufsteigen: /
ich hole sie von dort herunter.
3 Wenn sie sich auf dem Gipfel des Karmel
verstecken: / ich spüre sie dort auf und er-
greife sie.
Wenn sie sich vor mir auf dem Grund des
Meeres verbergen, / dann gebiete ich der
Seeschlange, sie zu beißen.
4 Und wenn sie vor ihren Feinden her in
die Gefangenschaft ziehen, / dann befehle
ich dort dem Schwert, sie zu töten.
Ich habe meine Augen auf sie gerichtet / zu
ihrem Unheil, nicht zu ihrem Glück.
5 Gott, der Herr der Heere, / er berührt die
Erde, sodass sie vergeht / und all ihre Be-
wohner voll Trauer sind,
sodass die ganze Erde sich hebt wie der
Nil / und sich senkt wie der Strom von Ägyp-
ten.
6 Er erbaut seine Hallen im Himmel / und
gründet sein Gewölbe auf die Erde;
er ruft das Wasser des Meeres / und gießt
es aus über die Erde – / Jahwe ist sein
Name.

1: 2,14–16 • 2: Ps 139,7–12; Jer 23,23f • 5: 8,8 • 6: 5,8.

GERICHT UND HEIL: 9,7–15

Erwählung und Gericht: 9,7–10

7 Seid ihr für mich mehr als die Kuschiter,
ihr Israeliten? – / Spruch des Herrn.
Wohl habe ich Israel aus Ägypten herauf-
geführt, / aber ebenso die Philister aus Kaf-
tor / und die Aramäer aus Kir.
8 Die Augen Gottes, des Herrn, / sind auf
das sündige Königreich gerichtet.
Ich lasse es vom Erdboden verschwinden; /
doch ich werde das Haus Jakob nicht völlig
vernichten – / Spruch des Herrn.
9 Ja, seht, ich selbst gebe den Befehl, / ich
schüttle unter allen Völkern das Haus Isra-
el,
wie man (Korn) schüttelt in einem Sieb, /
ohne dass ein Stein zu Boden fällt.
10 Alle Sünder meines Volkes / sollen
durch das Schwert umkommen,
alle, die sagen: Das Unheil erreicht uns
nicht, / es holt uns nicht ein.

8: 3,12 • 10: 6,1–6; Jes 28,15.

Die Verheißung des künftigen Heils: 9,11–15

11 An jenem Tag richte ich die zerfallene
Hütte Davids wieder auf / und bessere ihre
Risse aus,
ich richte ihre Trümmer auf / und stelle
alles wieder her / wie in den Tagen der Vor-
zeit,
12 damit sie den Rest von Edom unterwer-
fen / und alle Völker,
über denen mein Name ausgerufen ist – /
Spruch des Herrn, der das alles bewirkt.
13 Seht, es kommen Tage – Spruch des
Herrn –, / da folgt der Pflüger dem Schnitter
auf dem Fuß / und der Keltertreter dem Sä-
mann;
da triefen die Berge von Wein / und alle
Hügel fließen über.
14 Dann wende ich das Geschick meines
Volkes Israel. / Sie bauen die verwüsteten
Städte wieder auf und wohnen darin;
sie pflanzen Weinberge und trinken den
Wein, / sie legen Gärten an und essen die
Früchte.
15 Und ich pflanze sie ein in ihrem Land /
und nie mehr werden sie ausgerissen
aus ihrem Land, das ich ihnen gegeben
habe, spricht der Herr, dein Gott.

11: Apg 15,16f • 12: Num 24,18 • 13: Lev 26,5 • 14: 5,11.

9,1 Text nicht ganz klar.

9,7 Kaftor ist wahrscheinlich Kreta, möglicherweise auch Kappadozien (vgl. Jer 47,4). – Kir: in Mesopotamien.

Das Buch Obadja

Dieser kürzeste Text des Zwölfprophetenbuches, bestehend aus nur 21 Versen, knapp mit »Vision Obadjas« betitelt, handelt in VV. 1–15 vom Gericht über Edom, ein südlich vom Toten Meer zu beiden Seiten der Araba-Senke wohnendes Volk, das die Patriarchenerzählungen mit Esau, dem Bruder Jakobs, in Verbindung bringen (Gen 36). In V. 15 wird der Gerichtstag über Edom ausgeweitet zum »Tag des Herrn«, der die Völker am Berg Zion scheitern lässt. Nach VV. 17–21 übt Israel Vergeltung an Edom, erobert sein Gebiet und nimmt die frühere Region der Nordstämme bis nach Phönizien hinein in Besitz.

Der Text, wie er uns vorliegt, gibt zur häufig geäußerten Vermutung Anlass, dass die Verse 15ab.16–21 eine spätere Erweiterung des Grundbestands von VV. 1–15 sind, der seinerseits mehrfach wörtlich mit Jer 49,7–22 übereinstimmt. In der Tat muss zwischen Obd 1–15 und Jer 49,7–22 ein Abhängigkeitsverhältnis (zumindest über eine gemeinsame Vorlage) bestehen, wobei der Jeremiatext – vielleicht Ausgestaltung eines Edom-Wortes Jeremias durch einen Redaktor – wohl als der zeitlich spätere anzusehen ist. Die Anklage gegen Edom hat die Teilnahme der Edomiter an der Eroberung Jerusalems (586 v. Chr.) und ihr Einrücken in südjudäisches Gebiet zur Voraussetzung. Dabei wird Edom zum Typus der Feinde Israels (vgl. Ez 25,12f; 35,1–15; Mal 1,2f). Das gibt die Basis für den zweiten Teil mit seiner national-apokalyptischen Einfärbung ab, der wohl erst aus dem 4. Jahrhundert v. Chr. stammt. Die Verkündigung des uns sonst unbekannten Obadja bewegt sich auf der Linie der Heilsprophetie, die die Vergewaltigung Israels durch andere Völker unter das göttliche Gericht stellt.

ÜBERSCHRIFT: 1a

1 Vision Obadjas

DAS GERICHT ÜBER EDOM: 1b–15

Als ein Bote zu den Völkern gesandt wurde
mit dem Ruf: Auf zum Kampf gegen Edom!,
da haben wir vom Herrn eine Kunde gehört.

So spricht Gott, der Herr, zu Edom:
2 Siehe, ich mache dich klein unter den
Völkern, / du wirst tief verachtet sein.
3 Dein vermessener Sinn hat dich betört; /
du wohnst in Felsenklüften,
du sitzt auf dem hohen Berg / und denkst:
Wer stürzt mich hinab?
4 Erhebst du dich auch wie der Adler / und
baust dein Nest zwischen den Sternen,
ich stürze dich von dort hinab / – Spruch
des Herrn.
5 Wenn in der Nacht Diebe oder Räuber bei
dir einbrechen, / ja, dann bist du verloren.
Stehlen sie nicht, was sie wollen? / Und
wenn zu dir Winzer kommen, / lassen sie eine
Nachlese übrig?
6 Wie wird man Esau durchsuchen / und
seine Verstecke durchstöbern!
7 Man treibt dich fort an die Grenzen; / alle
deine Bundesgenossen betrügen dich, / deine
Freunde überwältigen dich.
Einst aßen sie dein Brot, / jetzt legen sie
dir heimlich eine Schlinge.
8 Ja, an jenem Tag – Spruch des Herrn – /
vernichte ich die Weisen in Edom / und die
Klugen im Bergland von Esau.
9 Da packt deine Helden der Schrecken,
Teman; / da werden alle vernichtet im Bergland von Esau.
Wegen des Mordens, / 10 wegen der Gewalttat an Jakob, deinem Bruder,
bedeckt dich die Schande, / wirst du ausgerottet für immer.
11 Als die Fremden sein Heer gefangen

1 Text korr. (Zeilen umgestellt).

nahmen, / als die Feinde seine Tore besetzten / und das Los warfen über Jerusalem,
da standest du dabei, / du wurdest wie einer von ihnen.
12 Sei nicht schadenfroh am Tag deines Bruders, / am Tag seines Unheils!
Freu dich nicht über Judas Söhne / am Tag ihres Untergangs!
Reiß deinen Mund nicht so auf / am Tag der Not!
13 Dring nicht ein in das Tor meines Volkes / am Tag seines Unglücks!
Sei nicht auch du schadenfroh über sein Unheil / am Tag seines Unglücks!
Streck nicht die Hand aus nach seinem Gut / am Tag seines Unglücks!
14 Stell dich nicht an der Wegkreuzung auf, / um die Fliehenden niederzumachen.
Liefere die Flüchtlinge nicht aus / am Tag der Not!
15 Denn er ist nahe, der Tag des Herrn, / für alle Völker.
Was du getan hast, das tut man dir an; / dein Tun fällt zurück auf dich selbst.

1 b–4: Jer 49,14–16 • 5: Jer 49,9 • 6: Jer 49,10 • 7: Ps 41,10 • 8: Jer 49,7 • 9: Jer 49,22 • 10: Joël 4,19; Am 1,11f • 11: Ps 137,7.

DAS GERICHT ÜBER DIE ANDEREN VÖLKER: 16

16 Ja, wie ihr getrunken habt auf meinem heiligen Berg, / so müssen alle Völker jetzt unaufhörlich trinken:
Sie trinken und taumeln, / sie werden, als seien sie niemals gewesen.

16: Klgl 4,21.

DIE RETTUNG ISRAELS: 17–21

17 Auf dem Berg Zion aber gibt es Rettung, / er wird ein Heiligtum sein und das Haus Jakob nimmt die in Besitz, / die es besetzten.
18 Dann wird das Haus Jakob zu Feuer / und das Haus Josef zur Flamme.
Das Haus Esau wird zum Stroh, / das vom Brand erfasst und verzehrt wird.
Und vom Haus Esau wird keiner entkommen. / Denn der Herr hat gesprochen.
19 Den Negeb nehmen sie in Besitz, / das Bergland von Esau, / die Schefela und das Land der Philister.
Sie nehmen Efraims Flur in Besitz / und die Fluren von Samarien, Benjamin und Gilead.
20 Die Verbannten von Halach, Söhne Israels, / nehmen das Land der Kanaaniter in Besitz bis nach Sarepta;
die Verbannten Jerusalems, die in Sefarad sind, / besetzen die Städte des Negeb.
21 Befreier ziehen auf den Berg Zion, / um Gericht zu halten über das Bergland von Esau. / Und der Herr wird herrschen als König.

17: Joël 3,5 • 21: Mi 4,7; Ps 22,29.

Das Buch Jona

Das Buch Jona ist keine Prophetenschrift, sondern eine Lehrerzählung über den in 2 Kön 14,25 erwähnten Propheten Jona. Der Verfasser ist unbekannt, ist aber wegen des Spätcharakters seiner Sprache und wegen der Bezugnahme auf die ihm bereits vorliegende Heilige Schrift unter den Schriftgelehrten des 4. bis 3. Jahrhunderts v. Chr. zu suchen.

Diese theologisch außerordentlich bedeutsame Parabel will nicht historisch ausgelegt werden, weil sie offensichtlich jeden geschichtlichen Rahmen sprengt. Das 612 v. Chr. zerstörte

20 Halach liegt in der Nähe von Ninive (vgl. 2 Kön 17,6; 18,11). Die Lage von Sefarad ist unbekannt.

21a Text unklar. Andere Übersetzungsmöglichkeit: Die Geretteten auf dem Berg Zion ziehen aus, um …

Ninive ist bereits zum Typus der gottfeindlichen Stadt geworden, die aber – anders als Jerusalem – nach einem einzigen Tag prophetischer Predigt sich bekehrt und Buße tut (vgl. 3,4f). Im ganzen Verlauf der Erzählung reiht sich Wunder an Wunder, womit Gott den engstirnigen und widerspenstigen Jona zwingt, dem göttlichen Willen zum universalen Erbarmen zu dienen. Am Ende ist Gott sogar nachsichtig gegenüber seinem eigenartigen Propheten.

Auch Parabeln können, ähnlich wie die Gleichnisse Jesu im Neuen Testament, eine bedeutsame Gottesbotschaft verkünden. Das Buch Jona ist einschließlich des Dankpsalms für die rettende Bergung im Bauch des Fisches (Kap. 2) ein inspiriertes Lehrzeugnis für den alle Schranken durchbrechenden allgemeinen Heilswillen Gottes, den auch seine Berufenen nicht eigenmächtig einschränken dürfen. Wenn Mt 12,41 und Lk 11,29–32 die Bekehrung der Niniviten als nachzuahmendes Beispiel hinstellen und Mt 12,40 die Erzählung von Jona im Bauch des Fisches auf Jesu Begräbnis und Auferstehung hindeuten lässt, folgt daraus nicht die Geschichtlichkeit des Buches Jona, vielmehr seine große theologische Bedeutung.

DIE BERUFUNG JONAS: 1,1–2

1 Das Wort des Herrn erging an Jona, den
Sohn Amittais: 2 Mach dich auf den Weg
und geh nach Ninive, in die große Stadt, und
droh ihr (das Strafgericht) an! Denn die
Kunde von ihrer Schlechtigkeit ist bis zu mir
heraufgedrungen.

1: 2 Kön 14,25.

JONAS FLUCHT: 1,3–16

3 Jona machte sich auf den Weg; doch er
wollte nach Tarschisch fliehen, weit weg
vom Herrn. Er ging also nach Jafo hinab und
fand dort ein Schiff, das nach Tarschisch
fuhr. Er bezahlte das Fahrgeld und ging an
Bord, um nach Tarschisch mitzufahren, weit
weg vom Herrn.

4 Aber der Herr ließ auf dem Meer einen
heftigen Wind losbrechen; es entstand ein
gewaltiger Seesturm und das Schiff drohte
auseinanderzubrechen. 5 Die Seeleute bekamen Angst und jeder schrie zu seinem Gott
um Hilfe. Sie warfen sogar die Ladung ins
Meer, damit das Schiff leichter wurde.

Jona war in den untersten Raum des
Schiffes hinabgestiegen, hatte sich hingelegt
und schlief fest. 6 Der Kapitän ging zu ihm
und sagte: Wie kannst du schlafen? Steh auf,
ruf deinen Gott an; vielleicht denkt dieser
Gott an uns, sodass wir nicht untergehen.
7 Dann sagten sie zueinander: Kommt, wir
wollen das Los werfen, um zu erfahren, wer
an diesem unserem Unheil schuld ist. Sie
warfen das Los und es fiel auf Jona. 8 Da
fragten sie ihn: Sag uns, was treibst du für
ein Gewerbe und woher kommst du, aus welchem Land und aus welchem Volk? 9 Er antwortete ihnen: Ich bin ein Hebräer und verehre Jahwe, den Gott des Himmels, der das
Meer und das Festland gemacht hat. 10 Da
bekamen die Männer große Angst und sagten
zu ihm: Warum hast du das getan? Denn sie
erfuhren, dass er vor Jahwe auf der Flucht
war; er hatte es ihnen erzählt. 11 Und sie sagten zu ihm: Was sollen wir mit dir machen,
damit das Meer sich beruhigt und uns verschont? Denn das Meer wurde immer stürmischer. 12 Jona antwortete ihnen: Nehmt
mich und werft mich ins Meer, damit das
Meer sich beruhigt und euch verschont.
Denn ich weiß, dass dieser gewaltige Sturm
durch meine Schuld über euch gekommen
ist. 13 Die Männer aber ruderten mit aller
Kraft, um wieder an Land zu kommen; doch
sie richteten nichts aus, denn das Meer
stürmte immer heftiger gegen sie an. 14 Da
riefen sie zu Jahwe: Ach Herr, lass uns nicht
untergehen wegen dieses Mannes und
rechne uns, was wir jetzt tun, nicht als Vergehen an unschuldigem Blut an. Denn wie du

1,2 Ninive am Tigris war von 705 v. Chr. bis zu seiner Zerstörung 612 v. Chr. die Hauptstadt des Assyrerreichs.

1,3 Tarschisch ist wahrscheinlich die Stadt Tartessus in Spanien.

wolltest, Herr, so hast du gehandelt. 15 Dann nahmen sie Jona und warfen ihn ins Meer und das Meer hörte auf zu toben. 16 Da ergriff die Männer große Furcht vor Jahwe und sie schlachteten für Jahwe ein Opfer und machten ihm viele Gelübde.

4: Ps 107,23–30; Mk 4,37–41; Apg 27,18 • 16: Mk 4,41.

DIE RETTUNG DES PROPHETEN: 2,1–11

2 Der Herr aber schickte einen großen Fisch, der Jona verschlang. Jona war drei Tage und drei Nächte im Bauch des Fisches 2 und er betete im Bauch des Fisches zum Herrn, seinem Gott:

3 In meiner Not rief ich zum Herrn / und er erhörte mich.

Aus der Tiefe der Unterwelt schrie ich um Hilfe / und du hörtest mein Rufen.

4 Du hast mich in die Tiefe geworfen, / in das Herz der Meere;

mich umschlossen die Fluten, / all deine Wellen und Wogen schlugen über mir zusammen.

5 Ich dachte: Ich bin aus deiner Nähe verstoßen. / Wie kann ich deinen heiligen Tempel wieder erblicken?

6 Das Wasser reichte mir bis an die Kehle, / die Urflut umschloss mich; / Schilfgras umschlang meinen Kopf.

7 Bis zu den Wurzeln der Berge, / tief in die Erde kam ich hinab; / ihre Riegel schlossen mich ein für immer.

Doch du holtest mich lebendig aus dem Grab herauf, / Herr, mein Gott.

8 Als mir der Atem schwand, dachte ich an den Herrn / und mein Gebet drang zu dir, / zu deinem heiligen Tempel.

9 Wer nichtige Götzen verehrt, / der handelt treulos.

10 Ich aber will dir opfern / und laut dein Lob verkünden.

Was ich gelobt habe, will ich erfüllen. / Vom Herrn kommt die Rettung.

11 Da befahl der Herr dem Fisch, Jona ans Land zu speien.

3: Ps 130,1; Klgl 3,55 • 4: Ps 42,8 • 5: Ps 31,23 • 6: Ps 69,2f • 7: Ps 40,3; 30,4 • 8: Ps 18,7 • 9: Ps 31,7 • 10: Ps 22,26; 116,17f.

JONA IN NINIVE: 3,1–10

3 Das Wort des Herrn erging zum zweiten Mal an Jona: 2 Mach dich auf den Weg und geh nach Ninive, in die große Stadt, und droh ihr all das an, was ich dir sagen werde. 3 Jona machte sich auf den Weg und ging nach Ninive, wie der Herr es ihm befohlen hatte. Ninive war eine große Stadt vor Gott; man brauchte drei Tage, um sie zu durchqueren. 4 Jona begann, in die Stadt hineinzugehen; er ging einen Tag lang und rief: Noch vierzig Tage und Ninive ist zerstört! 5 Und die Leute von Ninive glaubten Gott. Sie riefen ein Fasten aus und alle, Groß und Klein, zogen Bußgewänder an. 6 Als die Nachricht davon den König von Ninive erreichte, stand er von seinem Thron auf, legte seinen Königsmantel ab, hüllte sich in ein Bußgewand und setzte sich in die Asche. 7 Er ließ in Ninive ausrufen: Befehl des Königs und seiner Großen: Alle Menschen und Tiere, Rinder, Schafe und Ziegen, sollen nichts essen, nicht weiden und kein Wasser trinken. 8 Sie sollen sich in Bußgewänder hüllen, Menschen und Tiere. Sie sollen laut zu Gott rufen und jeder soll umkehren und sich von seinen bösen Taten abwenden und von dem Unrecht, das an seinen Händen klebt. 9 Wer weiß, vielleicht reut es Gott wieder und er lässt ab von seinem glühenden Zorn, sodass wir nicht zugrunde gehen. 10 Und Gott sah ihr Verhalten; er sah, dass sie umkehrten und sich von ihren bösen Taten abwandten. Da reute Gott das Unheil, das er ihnen angedroht hatte, und er führte die Drohung nicht aus.

5: Mt 12,41; Lk 11,30.32 • 6: Ez 26,16 • 9: Jer 18,8; Joël 2,14; Am 5,15.

DIE BELEHRUNG DES PROPHETEN: 4,1–11

4 Das missfiel Jona ganz und gar und er wurde zornig. 2 Er betete zum Herrn und sagte: Ach Herr, habe ich das nicht schon gesagt, als ich noch daheim war? Eben darum wollte ich ja nach Tarschisch fliehen; denn ich wusste, dass du ein gnädiger und barmherziger Gott bist, langmütig und reich an Huld und dass deine Drohungen dich reuen. 3 Darum nimm mir jetzt lieber das Leben, Herr! Denn es ist für mich besser zu sterben als zu leben. 4 Da erwiderte der Herr: Ist es recht von dir, zornig zu sein?

5 Da verließ Jona die Stadt und setzte sich östlich vor der Stadt nieder. Er machte sich dort ein Laubdach und setzte sich in seinen Schatten, um abzuwarten, was mit der Stadt geschah. 6 Da ließ Gott, der Herr, einen Rizinusstrauch über Jona emporwachsen, der seinem Kopf Schatten geben und seinen Ärger vertreiben sollte. Jona freute sich sehr über den Rizinusstrauch. 7 Als aber am nächsten Tag die Morgenröte heraufzog, schickte Gott einen Wurm, der den Rizinusstrauch annagte, sodass er verdorrte. 8 Und als die Sonne aufging, schickte Gott einen heißen Ostwind. Die Sonne stach Jona auf den Kopf, sodass er fast ohnmächtig wurde. Da wünschte er sich den Tod und sagte: Es ist besser für mich zu sterben als zu leben. 9 Gott aber fragte Jona: Ist es recht von dir, wegen des Rizinusstrauches zornig zu sein? Er antwortete: Ja, es ist recht, dass ich zornig bin und mir den Tod wünsche. 10 Darauf sagte der Herr: Dir ist es leid um den Rizinusstrauch, für den du nicht gearbeitet und den du nicht großgezogen hast. Über Nacht war er da, über Nacht ist er eingegangen. 11 Mir aber sollte es nicht leid sein um Ninive, die große Stadt, in der mehr als hundertzwanzigtausend Menschen leben, die nicht einmal rechts und links unterscheiden können – und außerdem so viel Vieh?

2: Ex 34,6; Joël 2,13 • 3: 1 Kön 19,4.

Das Buch Micha

In seiner jetzigen Gestalt hat das Buch Micha mit seinen sieben Kapiteln insofern einen durchsichtigen Aufbau, als zweimal auf Gerichtsankündigungen (Kap. 1 – 3 und 6,1 – 7,7) Heilsaussagen folgen (4,1 – 5,14 und 7,8–20). Nach heute vorherrschender Auffassung ist diese Gestalt des Buches erst das Ergebnis einer mit Einschüben und Zusätzen arbeitenden Redaktion. In der Bestimmung der echten Michatexte gehen die Meinungen allerdings auseinander. Kap. 1 – 3 sind mit Ausnahme von 2,12f sicher Micha zuzuschreiben. In Kap. 4 – 7 stammen 4,1–5 (= Jes 2,2–5); 5,6–8 und 7,8–20 mit hoher Wahrscheinlichkeit nicht von Micha. Von den übrigen Texten stammt 4,14 – 5,5 (»Der messianische Herrscher«) mit Ausnahme von 4b.5a mit großer Wahrscheinlichkeit von Micha; dasselbe gilt für 5,9–14 und 6,1 – 7,7.

Da 1,2–7 gegen Samaria gesprochen ist, hat Micha seine Tätigkeit vor dem Untergang Samarias im Jahr 722 v. Chr. begonnen. Dafür spricht auch die Überschrift in 1,1. Die Klage über Juda in 1,8–16, deren Text schlecht erhalten ist, hat wohl die Ereignisse von 701 v. Chr., den Einfall des Assyrers Sanherib, zum Hintergrund. Jer 26,17–19 bezeugt, dass Micha unter König Hiskija (etwa 728–699 v. Chr.) den Untergang Jerusalems und des Tempels (vgl. 3,12) angekündigt hat. Micha ist also ein jüngerer Zeitgenosse Jesajas.

Der Prophet stammt aus Moreschet-Gat südwestlich von Jerusalem und gehört augenscheinlich zur dortigen Bauernschaft. Seiner Herkunft nach ist er also mit Amos vergleichbar. Auch in seiner Verkündigung steht er dem Propheten aus Tekoa nahe. Er klagt durchweg die Oberschicht von Jerusalem und Juda an und zeiht sie des Rechtsbruchs (3,1 – 4.9–12) und auch der Besitzgier (2,1–3.6–11). Den Propheten und Priestern wirft er Bestechlichkeit vor (3,5–8). Die beklagten Zustände fordern das Gericht Gottes heraus. Dieses wird selbst den Tempel nicht verschonen (3,12). Aus der Kritik am Jerusalemer Königtum ist wohl der Rückgriff auf die Erwartung eines neuen »David aus Betlehem« (5,1–4) zu begreifen, die im Neuen Testament in Mt 2,6 (vgl. Joh 7,42) als in Jesus erfüllt verkündigt wird. In 6,8 wird in lapidarer Kürze die ideale Partnerschaft mit Gott gekennzeichnet als »Recht tun, Güte und Treue lieben, in Ehrfurcht den Weg gehen mit deinem Gott«. Hier wird die Weisung der Zehn Gebote und der Propheten Amos, Hosea und Jesaja zu einem großartigen Vermächtnis auch an das neue Gottesvolk zusammengefasst.

ÜBERSCHRIFT: 1,1

1 Das Wort des Herrn, das an Micha aus Moreschet erging in der Zeit, als Jotam, Ahas und Hiskija Könige von Juda waren; er hörte es in Visionen über Samaria und Jerusalem.

DIE DROHREDEN: 1,2 – 3,12

Gegen Samaria: 1,2–7

2 Hört, alle ihr Völker, / horch auf, Erde, und alles, was sie erfüllt:
Gott, der Herr, tritt als Zeuge gegen euch auf, / der Herr tritt heraus aus seinem heiligen Palast.
3 Seht, der Herr verlässt seinen erhabenen Ort, / er steigt herab und schreitet dahin / über die Höhen der Erde.
4 Die Berge zerschmelzen unter ihm / wie Wachs in der Hitze des Feuers;
die Talgründe werden aufgerissen, / wie wenn Wasser den Abhang herabstürzt.
5 Das alles geschieht wegen Jakobs Vergehen / und wegen der Sünde des Hauses Israel.
Was ist Jakobs Vergehen? / Ist es nicht Samaria?
Und was ist die Sünde Judas? / Ist es nicht Jerusalem?
6 Darum mache ich Samaria zu einem Trümmerfeld, / zu einem Acker, auf dem man Reben pflanzt.
Ich stürze seine Steine zu Tal / und lege seine Grundmauern bloß.
7 Alle seine geschnitzten Bilder werden zerschlagen, / alle seine Weihegaben im Feuer verbrannt, / alle seine Götzen zerstöre ich.
Denn mit Dirnenlohn wurden sie zusammengekauft / und zu Dirnenlohn werden sie wieder.

2: Ps 49,2 • 3: Jes 26,21; Am 4,13 • 4: Ps 97,5 • 6: 3,12.

Die Klage des Propheten: 1,8–16

8 Klagen muss ich und jammern, / barfuß und nackt gehe ich umher;
ich erhebe ein Geheul wie die Schakale, / ein Klagegeschrei wie die Strauße.
9 Denn unheilbar ist die Wunde meines Volkes; / sie reicht bis nach Juda,
bis zum Tor meines Volkes, / bis hin nach Jerusalem.
10 Meldet es nicht in Gat! / Weint nicht in Akko! / Wälzt euch im Staub in Bet-Leafra!
11 Zieht fort, ihr Bewohner von Schafir! / Die Einwohner Zaanans sind schändlich entblößt / und können ihre Stadt nicht verlassen.
Es klagt Bet-Ezel. / Er nimmt euch jede Stütze weg.
12 Ja, die Einwohner von Marot bangen um ihr Wohl; / denn vom Herrn kam Unheil herab / auf Jerusalems Tore.
13 Spannt die Pferde vor die Wagen, / ihr Einwohner von Lachisch!
Ja, das war der Anfang der Sünde der Tochter Zion; / denn in dir trat die Gottlosigkeit Israels zutage.
14 Darum musst du dich trennen von Moreschet-Gat. / Die Häuser von Achsib werden für Israels Könige eine große Enttäuschung.
15 Wieder soll der Eroberer über euch herfallen, / ihr Einwohner von Marescha; / bis nach Adullam bringt man die Herrlichkeit Israels.
16 Scher dich kahl, Tochter Zion, / trauere über deine geliebten Kinder!
Scher dir eine Glatze, / so kahl wie die eines Geiers; / denn man hat deine Kinder verschleppt.

8: 2 Sam 15,30; Jes 20,2 • 16: Jer 7,29.

Gegen die Habsucht der Reichen: 2,1–11

2 Weh denen, die auf ihrem Lager Unheil planen / und Böses ersinnen.
Wenn es Tag wird, führen sie es aus; / denn sie haben die Macht dazu.

1,7 Der Verdienst der Tempeldirnen wurde zur Ausstattung des Heiligtums verwendet.
1,10 Der Text von VV. 10–15 ist zum Teil unklar bzw. schlecht überliefert. Die hebräischen Zeitwörter weisen Anklänge an die mit ihnen verbundenen Ortsnamen auf. So kann z. B. Bet-Leafra als »Staubhausen« gedeutet werden.
1,13c In dieser vielleicht nachträglich eingefügten Bemerkung klingt die verbreitete prophetische Polemik gegen Pferde und Kriegswagen durch.
1,15c Text unklar. David musste vor Saul in die Höhle Adullam fliehen (vgl. 1 Sam 22,1). Vielleicht soll hier die Flucht des Königs von Jerusalem angesagt werden.

2 Sie wollen Felder haben / und reißen sie an sich, / sie wollen Häuser haben / und bringen sie in ihren Besitz.

Sie wenden Gewalt an gegen den Mann und sein Haus, / gegen den Besitzer und sein Eigentum.

3 Darum – so spricht der Herr: / Seht, ich plane Unheil gegen diese Sippe.

Dann könnt ihr den Hals / nicht mehr aus der Schlinge ziehen

und ihr werdet den Kopf nicht mehr so hoch tragen; / denn es wird eine böse Zeit sein.

4 An jenem Tag singt man ein Spottlied auf euch / und es ertönt die Klage: / Vernichtet sind wir, vernichtet!

Den Besitz seines Volkes veräußert der Herr / und niemand gibt ihn zurück; / an Treulose verteilt er unsere Felder.

5 Darum wird in der Gemeinde des Herrn keiner mehr sein, / der euch einen Acker zuteilt mit der Messschnur.

6 Sie geifern: Prophezeit nicht!, und sagen: / Man soll nicht prophezeien: / Diese Schmach wird nicht enden.

7 Ist etwa das Haus Jakob verflucht? / Hat der Herr die Geduld verloren? / Sind das seine Taten?

Sind seine Worte nicht voll Güte / gegenüber dem, der geradeaus geht?

8 Gestern noch war es mein Volk, / jetzt steht es da als mein Feind.

Friedlichen Menschen reißt ihr den Mantel herunter, / arglose Wanderer nehmt ihr gefangen, als wäre Krieg.

9 Die Frauen meines Volkes vertreibt ihr / aus ihrem behaglichen Heim,

ihren Kindern nehmt ihr für immer / mein herrliches Land.

10 (Ihr sagt:) Auf, fort mit euch! / Hier ist für euch kein Ort der Ruhe mehr.

Wegen einer Kleinigkeit pflegt ihr zu pfänden; / diese Pfändung ist grausam.

11 Würde einer sich nach dem Wind drehen / und dir vorlügen:

Ich prophezeie dir Wein und Bier!, / das wäre ein Prophet für dieses Volk.

1: Ps 36,5 • 2: Jes 5,8 • 3: Am 5,13 • 6: Jes 30,10 • 8: Dtn 24,12f • 11: Jer 5,31.

Die Rettung Israels: 2,12–13

12 Ich werde ganz Jakob versammeln, / den Rest von Israel will ich vereinen.

Ich führe sie zusammen wie die Schafe im Pferch, / wie die Herde mitten auf der Weide – / eine wogende Menschenmenge.

13 Ein Vorkämpfer bricht ihnen die Bahn, / sie brechen durch das Tor in die Stadt ein; / dann ziehen sie weiter.

Ihr König geht vor ihnen her, / der Herr schreitet an ihrer Spitze.

Gegen die Rechtsbrecher: 3,1–4

3 Ich habe gesagt:
Hört doch, ihr Häupter Jakobs / und ihr Richter aus dem Haus Israel!

Ist es nicht eure Pflicht, das Recht zu kennen? / 2a Sie aber hassen das Gute und lieben das Böse.

3 Sie fressen mein Volk auf, / sie ziehen den Leuten die Haut ab / und zerbrechen ihnen die Knochen;

sie zerlegen sie wie Fleisch für den Kochtopf, / wie Braten für die Pfanne.

2b Darum zieht man auch ihnen die Haut ab / und reißt ihnen das Fleisch von den Knochen.

4 Dann werden sie zum Herrn schreien; / er aber wird ihnen nicht antworten.

Er wird sein Angesicht vor ihnen verbergen; / denn ihre Taten sind böse.

1: 3,9 • 2a: Jes 5,20 • 4: Jer 11,11; Dtn 31,17f.

Gegen die habgierigen Propheten: 3,5–8

5 So spricht der Herr gegen die Propheten: / Sie verführen mein Volk.

Haben sie etwas zu beißen, / dann rufen sie: Friede!

Wer ihnen aber nichts in den Mund steckt, / dem sagen sie den Heiligen Krieg an.

6 Darum kommt die Nacht über euch, / in der ihr keine Visionen mehr habt,

und die Finsternis, / in der ihr nicht mehr wahrsagen könnt.

Die Sonne geht unter für diese Propheten / und der Tag wird schwarz über ihnen.

7 Die Seher werden zuschanden, / die Wahrsager müssen sich schämen.

Sie müssen alle ihren Bart verhüllen; / denn Gottes Antwort bleibt aus.

8 Ich aber, ich bin voller Kraft, / ich bin erfüllt vom Geist des Herrn, / voll Eifer für das Recht und voll Mut,

2,6–8 Text nicht klar.
3,2b Späterer Zusatz, der aber eher hinter V. 3 gehört.
3,3a Wörtlich: Sie fressen das Fleisch meines Volkes.

Jakob seine Vergehen vorzuhalten / und
Israel seine Sünden.

Gegen die bestechlichen Führer Israels:
3,9–12

9 Hört doch, ihr Häupter des Hauses Ja-
kob / und ihr Richter aus dem Haus Israel!
Ihr verabscheut das Recht / und macht al-
les krumm, was gerade ist.
10 Ihr erbaut Zion mit Blut / und Jerusalem
mit lauter Unrecht.
11 Die Häupter dieser Stadt sprechen
Recht / und nehmen dafür Geschenke an, /
ihre Priester lehren gegen Bezahlung.
Ihre Propheten wahrsagen für Geld / und
doch berufen sie sich auf den Herrn und sa-
gen:
Ist nicht der Herr in unserer Mitte? / Kein
Unheil kann über uns kommen.
12 Darum wird Zion euretwegen / zum
Acker, den man umpflügt,
Jerusalem wird zu einem Trümmerhau-
fen, / der Tempelberg zur überwucherten
Höhe.

9: 3,1; Am 5,7 • 10: Hab 2,12 • 11: Jes 1,23 • 12: Jer 26,18; Mi 1,6.

DIE VERHEISSUNGEN: 4,1 – 5,14

Die Völkerwallfahrt zum Zion: 4,1–5

4 Am Ende der Tage wird es geschehen: /
Der Berg mit dem Haus des Herrn /
steht fest gegründet als höchster der Berge;
er überragt alle Hügel. / Zu ihm strömen
die Völker.
2 Viele Nationen machen sich auf den
Weg. / Sie sagen: Kommt,
wir ziehen hinauf zum Berg des Herrn /
und zum Haus des Gottes Jakobs.
Er zeige uns seine Wege, / auf seinen Pfa-
den wollen wir gehen.
Denn von Zion kommt die Weisung, / aus
Jerusalem kommt das Wort des Herrn.
3 Er spricht Recht im Streit vieler Völker, /
er weist mächtige Nationen zurecht [bis in
die Ferne].
Dann schmieden sie Pflugscharen aus ih-
ren Schwertern / und Winzermesser aus ih-
ren Lanzen.
Man zieht nicht mehr das Schwert, Volk
gegen Volk, / und übt nicht mehr für den
Krieg.
4 Jeder sitzt unter seinem Weinstock / und
unter seinem Feigenbaum
und niemand schreckt ihn auf. / Ja, der
Mund des Herrn der Heere hat gespro-
chen.
5 Denn alle Völker gehen ihren Weg, / jedes
ruft den Namen seines Gottes an;
wir aber gehen unseren Weg im Namen
Jahwes, unseres Gottes, / für immer und
ewig.

4,1–4 ‖ Jes 2,2–4.

Die Bedrohung und Rettung Zions: 4,6–13

6 An jenem Tag – Spruch des Herrn – / will
ich versammeln, was hinkt,
und zusammenführen, was versprengt
ist, / und alle, denen ich Böses zugefügt
habe.
7 Ich mache die Hinkenden zum (heiligen)
Rest / und die Schwachen zu einem mächti-
gen Volk.
Und der Herr wird ihr König sein auf dem
Berg Zion / von da an auf ewig.
8 Und du, (schützender) Turm für die Her-
de, / Felsenhöhe der Tochter Zion,
du erhältst wieder die Herrschaft wie frü-
her, / das Königtum kommt wieder zur Toch-
ter Jerusalem.
9 Jetzt aber, warum schreist du so laut? /
Gibt es keinen König bei dir?
Ist kein Berater mehr da, / dass dich We-
hen ergreifen wie eine gebärende Frau?
10 Winde dich, stöhne, Tochter Zion, / wie
eine gebärende Frau!
Denn jetzt musst du hinaus aus der Stadt, /
auf freiem Feld musst du wohnen.
Du musst fort bis nach Babel. / Dort wirst
du gerettet,
dort wird der Herr dich loskaufen / aus der
Hand deiner Feinde.
11 Jetzt versammeln sich viele Völker ge-
gen dich / und sagen: Zion wird entweiht /
und unser Auge soll sich daran weiden.
12 Aber sie kennen nicht die Gedanken des
Herrn / und verstehen nicht seine Absicht:
dass er sie sammeln wollte / wie Garben
auf einer Tenne.

4,3 Das Eingeklammerte fehlt im Paralleltext Jes 2,4; wahrscheinlich späterer Zusatz.

13 Steh auf, um zu dreschen, Tochter Zion! / Denn ich gebe dir Hörner aus Eisen / und mache dir bronzene Hufe,
damit du viele Völker zermalmst / und ihren Besitz dem Herrn weihst, / ihren Reichtum dem Herrn der ganzen Erde.

6: Ez 34,12–16; Zef 3,19 • 12: Jes 55,8f.

Der messianische Herrscher: 4,14 – 5,5

14 Jetzt ritze dich wund, Tochter der Trauer! / Wir werden von Feinden belagert;
sie schlagen dem Richter Israels / mit dem Stock ins Gesicht.

5 Aber du, Betlehem-Efrata, / so klein unter den Gauen Judas,
aus dir wird mir einer hervorgehen, / der über Israel herrschen soll.
Sein Ursprung liegt in ferner Vorzeit, / in längst vergangenen Tagen.
2 Darum gibt der Herr sie preis, / bis die Gebärende einen Sohn geboren hat.
Dann wird der Rest seiner Brüder heimkehren / zu den Söhnen Israels.
3 Er wird auftreten und ihr Hirt sein / in der Kraft des Herrn, / im hohen Namen Jahwes, seines Gottes.
Sie werden in Sicherheit leben; / denn nun reicht seine Macht / bis an die Grenzen der Erde.
4 Und er wird der Friede sein. / [Wenn Assur in unser Land einfällt / und in unsere Paläste eindringt,
stellen wir ihm sieben Hirten entgegen / und acht fürstliche Männer.
5 Sie werden das Land Assur / mit dem Schwert regieren,
Nimrods Land mit gezückter Waffe.] / Er wird uns vor Assur retten, wenn es unser Land überfällt / und in unser Gebiet eindringt.

5,1: Jes 11,1 • 2: Jes 7,14; 9,5.

Der heilige Rest: 5,6–14

6 Dann ist der Rest Jakobs inmitten vieler Völker / wie der Tau, der vom Herrn kommt, / wie der Regen, der auf die Pflanzen fällt,
der auf niemand angewiesen ist / und auf keinen Menschen zu warten braucht.
7 Unter den Nationen, inmitten vieler Völker, / ist dann der Rest Jakobs
wie der Löwe unter den Tieren im Wald, / wie der junge Löwe unter den Schafen im Pferch:
Wenn er einbricht, / schlägt er zu und zerreißt sie / und niemand ist da, der sie rettet.
8 Du wirst die Hand gegen deine Feinde erheben / und alle deine Gegner werden ausgerottet.
9 An jenem Tag – Spruch des Herrn – / werde ich die Pferde in deiner Mitte vernichten / und deine Kriegswagen zerstören.
10 Ich vernichte die Städte in deinem Land / und reiße alle deine Festungen nieder.
11 Ich vernichte die Zaubermittel in deiner Hand / und es wird bei dir keine Zeichendeuter mehr geben.
12 Ich vernichte deine Götterbilder / und deine geweihten Steinmale
und du wirst dich nicht mehr niederwerfen / vor dem Werk deiner Hände.
13 Die Kultpfähle in deiner Mitte reiße ich aus / und zerstöre deine Städte.
14 In meinem glühenden Zorn nehme ich Rache / an den Völkern, die nicht gehorchen.

6: Hos 14,6 • 9: Sach 9,10 • 13: Ex 23,24.

WEITERE DROHREDEN: 6,1 – 7,7

Gottes Forderung an sein Volk: 6,1–8

6 Hört doch, was der Herr sagt: / Auf, tritt an zum Rechtsstreit!
Die Berge sollen Zeugen sein, / die Hügel sollen deine Worte hören.
2 Hört zu, ihr Berge, beim Rechtsstreit des Herrn, / gebt Acht, ihr Fundamente der Erde!
Denn der Herr hat einen Rechtsstreit mit seinem Volk, / er geht mit Israel ins Gericht:
3 Mein Volk, was habe ich dir getan, / oder womit bin ich dir zur Last gefallen? / Antworte mir!
4 Ich habe dich doch aus Ägypten heraufgeführt / und dich freigekauft aus dem Sklavenhaus.
Ich habe Mose vor dir hergesandt / und Aaron und Mirjam.

5,1 Das Zitat in Mt 2,6 lautet etwas anders, ist aber sachlich nicht verschieden.

5,4f Undatierbarer Zusatz, bedingt durch das Stichwort »Assur« in V. 5d.

5 Mein Volk, denk daran, / was Balak plante, der König von Moab, / und was ihm Bileam antwortete, der Sohn Beors;

denk an den Zug von Schittim nach Gilgal / und erkenne die rettenden Taten des Herrn.

6 Womit soll ich vor den Herrn treten, / wie mich beugen vor dem Gott in der Höhe?

Soll ich mit Brandopfern vor ihn treten, / mit einjährigen Kälbern?

7 Hat der Herr Gefallen an Tausenden von Widdern, / an zehntausend Bächen von Öl?

Soll ich meinen Erstgeborenen hingeben für meine Vergehen, / die Frucht meines Leibes für meine Sünde?

8 Es ist dir gesagt worden, Mensch, was gut ist / und was der Herr von dir erwartet:

Nichts anderes als dies: Recht tun, / Güte und Treue lieben, / in Ehrfurcht den Weg gehen mit deinem Gott.

1: Jes 3,13–15; Hos 4,1–3 • 4: Dtn 5,6; 1 Sam 12,6 • 5: Num 22 – 24; Mi 7,9 • 7: Lev 18,21 • 8: Am 5,21–26; Hos 2,21; 6,6.

Gerichtsrede gegen Jerusalem: 6,9–16

9 Horcht! Der Herr ruft der Stadt zu: / [Klug ist es, deinen Namen zu fürchten.] / Hört, ihr Bürger und Räte der Stadt!

10 Kann ich die ungerecht erworbenen Schätze vergessen, / du Haus voller Unrecht, / und das geschrumpfte Maß, das verfluchte?

11 Soll ich die gefälschte Waage ungestraft lassen / und den Beutel mit den falschen Gewichten?

12 Ja, die Reichen in der Stadt / kennen nichts als Gewalttat,

ihre Einwohner belügen einander, / jedes Wort, das sie sagen, ist Betrug.

13 Deshalb hole ich aus, um dich zu schlagen / und dich wegen deiner Sünden in Schrecken zu stürzen.

14 Du wirst essen, doch du wirst nicht satt; / Schwindel wird dich befallen.

Was du beiseite schaffst, rettest du nicht; / was du rettest, übergebe ich dem Schwert.

15 Du wirst säen, aber nicht ernten; / du wirst Oliven pressen, / aber dich mit dem Öl nicht salben; du wirst Trauben keltern, / aber den Wein nicht trinken.

16 Du hast dich nach Omris Gesetzen gerichtet / und nach all den bösen Taten des Hauses Ahab; / nach ihren Ratschlägen habt ihr gelebt.

Darum mache ich dich zur schauerlichen Wüste / und deine Bewohner zum Gespött. / Ihr müsst es ertragen, dass euch die Völker verhöhnen.

10: Am 8,5 • 14: Hos 4,10 • 15: Dtn 28,30–33 • 16: Ez 36,15; Hos 5,9; Zef 2,15.

Die Klage des Propheten über sein Volk: 7,1–7

7 Weh mir! Es geht mir wie nach der Obsternte, / wie bei der Nachlese im Weinberg:

Keine Traube ist mehr da zum Essen, / keine von den Frühfeigen, die mein Herz begehrt.

2 Verschwunden sind die Treuen im Land, / kein Redlicher ist mehr unter den Menschen.

Alle lauern auf Blut, / einer macht Jagd auf den andern.

3 Sie trachten nach bösem Gewinn / und lassen sich's gut gehen:

Die hohen Beamten fordern Geschenke, / die Richter sind für Geld zu haben

und die Großen entscheiden nach ihrer Habgier – / so verdrehen sie das Recht.

4 Noch der Beste unter ihnen ist wie eine Distel, / der Redlichste ist schlimmer als Dornengestrüpp.

Doch der Tag deiner Bestrafung kommt; / dann werden alle bestürzt sein.

5 Traut eurem Nachbarn nicht, / verlasst euch nicht auf den Freund! / Hüte deinen Mund vor der Frau in deinen Armen!

6 Denn der Sohn verachtet den Vater, / die Tochter stellt sich gegen die Mutter,

die Schwiegertochter gegen die Schwiegermutter; / jeder hat die eigenen Hausgenossen zum Feind.

7 Ich aber schaue aus nach dem Herrn, / ich warte voll Vertrauen auf Gott, meinen Retter. / Mein Gott wird mich erhören.

2: Ps 14,1–3; Jer 5,1 • 3: Jer 4,22 • 6: Mt 10,35f.

6,16 Omri (885–874 v. Chr.), der Vater Ahabs und Begründer einer erfolgreichen Dynastie, war nach 1 Kön 16,25f ein König, der heidnische Kulte duldete.

NEUE VERHEISSUNGEN: 7,8–20

Die Zuversicht Jerusalems: 7,8–10

8 Freu dich nicht über mich, meine Fein-
din! / Zwar liege ich am Boden, / doch ich
stehe wieder auf.
Zwar sitze ich in der Finsternis, / aber der
Herr ist mein Licht.
9 Ich habe mich gegen den Herrn versün-
digt; / deshalb muss ich seinen Zorn ertra-
gen,
bis er meine Sache vertritt / und mir Recht
verschafft.
Er wird mich hinausführen ins Licht, / ich
werde seine Heilstat erleben.
10 Meine Feindin wird es sehen / und vor
Scham vergehen; / denn sie sagte zu mir:
Wo ist Jahwe, dein Gott? / Und meine Au-
gen werden sich an ihr weiden. / Dann wird
sie zertreten wie Gassenkot.

8: Joh 8,12 • 9: Jes 53,11 • 10: Ps 42,4.11.

Der Wiederaufbau der Stadt: 7,11–13

11 Es kommt der Tag, / an dem man deine
Mauern wieder aufbaut, / der Tag, an dem
deine Grenzen sich weiten.
12 An jenem Tag kommen alle zu dir, / von
Assur bis Ägypten / und von Ägypten bis
zum Eufrat,
von einem Meer zum andern / und von ei-
nem Gebirge zum andern.
13 Die Erde aber wird zur Wüste / wegen
(der Sünden) ihrer Bewohner; / so ernten sie
die Frucht ihrer Taten.

Das Gebet Jerusalems: 7,14–20

14 Führe mit deinem Stab dein Volk auf die
Weide, / die Schafe, die dein Erbbesitz sind,
die einsam lagern in einer Wildnis / mitten
im fruchtbaren Land.
Sie sollen wieder im Baschan und in Gile-
ad weiden / wie in den Tagen der Vorzeit.
15 Wie in den Tagen, als du aus Ägypten
auszogst, / lass uns deine Wunder schauen!
16 Die Völker mit all ihrer Macht / sollen
sich schämen, wenn sie es sehen.
Sie sollen die Hand auf den Mund legen, /
ihre Ohren sollen taub werden.
17 Staub sollen sie fressen wie die Schlan-
ge, / wie das Gewürm am Boden.
Zitternd sollen sie herauskommen aus ih-
ren Burgen, / vor den Herrn treten, unseren
Gott, / voll Schrecken und Furcht vor dir.
18 Wer ist ein Gott wie du, / der du Schuld
verzeihst und dem Rest deines Erbvolkes /
das Unrecht vergibst?
Gott hält nicht für immer fest an seinem
Zorn; / denn er liebt es, gnädig zu sein.
19 Er wird wieder Erbarmen haben mit
uns / und unsere Schuld zertreten.
Ja, du wirfst all unsere Sünden / in die
Tiefe des Meeres hinab.
20 Du wirst Jakob deine Treue beweisen /
und Abraham deine Huld,
wie du unseren Vätern geschworen hast /
in den Tagen der Vorzeit.

14: Ez 34,11–16; Ps 95,7; 23,1f • 18: Jer 50,20; Ps 105,8 • 20: Gen 22,16–18; 28,13–15; Ps 105,8f; Lk 1,73.

Das Buch Nahum

Nach einem Hymnus auf Gott als den strengen und gerechten Richter des ganzen Weltgeschehens (1,2–8) kündigt der Prophet Nahum die Vernichtung Ninives, der Hauptstadt des assyrischen Weltreichs, an (1,9–14) und schildert in prophetischer Vorausschau den Untergang der Stadt (2,1–14), die für ihr gottwidriges Treiben den verdienten Lohn erhält (3,1–19).

Das Buch Nahum hat die Form einer Drohweissagung gegen Ninive und ist wohl noch zu einer Zeit entstanden, als die Völker Vorderasiens schwer unter dem Druck der Macht Assurs zu leiden hatten. Da einerseits die Eroberung von No-Amon (Theben in Ägypten) vorausgesetzt wird (3,8), die im Jahr 667 v. Chr. erfolgte, und andererseits die Zerstörung Ninives im Jahr 612 v. Chr. noch aussteht, wird man die Abfassung des Buches zu Beginn der zweiten Hälfte des 7. Jahrhunderts v. Chr. ansetzen dürfen.

Der Prophet Nahum verkündet ganz im Sinn prophetischer Geschichtsbetrachtung (vgl. Jes 10,5–15), also ohne religiöse Selbstgerechtigkeit und nationale Engstirnigkeit, den Untergang Assurs, das Jahrhunderte hindurch die Völker Vorderasiens mit Gewalt unterdrückt und grausam misshandelt hat. So ist Nahum der Prophet eines Gottes, dessen Gericht jede Vergewaltigung des Menschen bestraft, die durch entartete politische Mächte geschieht.

ÜBERSCHRIFT: 1,1

1 Ausspruch über Ninive. Das Buch der Visionen Nahums aus Elkosch.

GOTTES MACHT IN GNADE UND GERICHT: 1,2–8

2 Ein eifernder und rächender Gott ist der Herr. / Der Herr übt Rache und ist voll Zorn.
Der Herr übt Rache an seinen Gegnern / und hält fest am Zorn gegen seine Feinde.
3 Der Herr ist langmütig und von großer Macht; / doch lässt der Herr gewiss keinen ungestraft.
In Wirbel und Sturm nimmt er seinen Weg, / die Wolken sind der Staub seiner Füße.
4 Er droht dem Meer und macht es trocken, / alle Flüsse lässt er versiegen.
Welk sind Baschan und Karmel, / auch die Blüten des Libanon sind verwelkt.
5 Berge beben vor ihm / und Hügel geraten ins Wanken.
Die Welt schreit vor ihm auf, / die Erde und all ihre Bewohner.
6 Vor seinem Groll – wer kann da bestehen? / Wer hält stand in der Glut seines Zorns?
Sein Grimm greift um sich wie Feuer / und die Felsen bersten vor ihm.
7 Gut ist der Herr, / eine feste Burg am Tag der Not. / Er kennt alle, die Schutz suchen bei ihm.
8 Doch in reißender Flut / macht er seinen Gegnern ein Ende / und Finsternis verfolgt seine Feinde.

2: Dtn 4,24 • 3: Ex 34,6f • 4: Ex 14f; Ps 106,9; Jes 50,2; 51,10 • 5: Ps 68,9; 97,4f; Jer 4,24.

DAS GERICHT ÜBER NINIVE: 1,9 – 3,19

Ninives vergebliche Auflehnung gegen Gott: 1,9 – 2,1

9 Was plant ihr gegen den Herrn? / Er macht doch ein Ende. / Es soll nicht wieder Not aufkommen.
10 Wie dichtes Dornengestrüpp / und wie wirres Windengerank werden sie verbrannt, / wie dürre Spreu; nichts bleibt übrig.
11 Von dir stammt der Mann, / der Böses plant gegen den Herrn, / der Übles im Schild führt.
12 So spricht der Herr:
Auch wenn sie unversehrt sind und zahlreich, / sie werden abgeschnitten, sie gehen vorüber.
Habe ich dich auch gedemütigt, / ich werde dich *nicht* mehr demütigen.
13 Ja, jetzt zerbreche ich sein Joch, / das auf dir lastet, / und deine Fesseln werde ich sprengen.
14 Der Herr hat über dich bestimmt: / Von dir soll es keinen Nachkommen mehr geben.
Aus dem Haus deines Gottes / reiße ich Götze und Gussbild.
Ich schaufle dein Grab; / denn du bist verächtlich geworden.

2 Seht auf den Bergen die Schritte des Freudenboten! / Er verkündet Frieden!
Juda, feiere deine Feste, / erfülle deine Gelübde!
Denn der Unheilstifter durchstreift dein Land nicht mehr; / er ist völlig vernichtet.

1,13: Jes 9,3 • 2,1: Jes 40,9; 52,7–10.

1,10 verbrannt, wörtlich: gefressen (vom Feuer).
1,13 Weil in VV. 12b.13 nicht mehr Ninive, sondern Juda angeredet wird, meint »sein Joch« die Unterdrückung durch Assur.

Die Zerstörung der Stadt: 2,2–14

2 Ein Mann zieht hinauf gegen dich, / der
dich zerschmettern wird.
Halt Wache! / Beobachte die Wege!
Mach deine Hüften stark! / Rüste dich mit
Macht und Kraft!
3 Wahrhaftig, der Herr / stellt die Pracht
Jakobs wieder her / wie die Pracht Israels;
denn Verwüster haben sie verwüstet / und
ihre jungen Pflanzen vernichtet.
4 Rot leuchtet der Schild seiner Helden. /
Seine Krieger sind in Scharlach gekleidet.
Wie funkelnder Stahl glänzen die Wagen /
am Tag, an dem er sie aufbietet, / und die
Speere wiegen sich.
5 Durch die Gassen rasen die Kriegswa-
gen, / sie stürmen über die Plätze.
Ihr Anblick gleicht Fackeln, / wie Blitze
jagen sie daher.
6 Er denkt an seine Mächtigen; / sie aber
straucheln beim Ansturm.
Sie eilen zur Stadtmauer; / doch unbeweg-
lich steht die Sperre.
7 Die Flusstore sind geöffnet, / schon
wankt der Palast.
8 Die Königin wird zur Schau gestellt, /
wird entblößt, wird weggeführt;
ihre Mägde jammern wie gurrende Tau-
ben / und schlagen sich an die Brust.
9 Ninive ist wie ein voller Teich, / dessen
Wasser davonfließt.
Halt! Halt! (ruft man), / doch keiner wen-
det sich um.
10 Plündert das Silber, plündert das Gold! /
Kostbarkeiten ohne Ende!
Welche Pracht aller Art / an bezaubernden
Schätzen!
11 Alles leer, entleert, verheert; / das Herz
verzagt.
Es wanken die Knie, / ein Zittern in allen
Hüften, / alle Gesichter glühen rot.
12 Wo ist jetzt das Versteck der Löwen, /
der Tummelplatz der jungen Löwen,
wohin der Löwe geht, um sich zu verber-
gen, / wo der junge Löwe bleibt, / ohne dass
jemand ihn aufschreckt?
13 Reichen Raub machte der Löwe für
seine Jungen. / Er würgte für seine Löwin-
nen.
Mit Raub füllte er seine Höhlen, / seine
Verstecke mit Raubgut.
14 Nun gehe ich gegen dich vor / – Spruch
des Herrn der Heere.
Ich lasse deine Wagen in Rauch aufge-
hen, / deine jungen Löwen frisst das
Schwert.
Ich mache deinem Rauben auf der Erde ein
Ende, / nie mehr hört man den Ruf deiner
Boten.

14: 3,5.

Weheruf und Klage: 3,1–7

3 Weh der Stadt voll Blutschuld; / sie ist
nichts als Lüge.
Voll von Raffgier ist sie, / vom Rauben
lässt sie nicht ab.
2 Knallen von Peitschen / und Gedröhn
rasselnder Räder, / rennende Pferde und hol-
pernde Wagen.
3 Hetzende Reiter, flammende Schwerter, /
blitzende Lanzen,
eine Menge Erschlagener, / eine Masse von
Toten,
kein Ende der Leichen, / man stolpert über
die Leiber.
4 Und all das wegen der zahllosen Buhl-
schaften / der Buhlerin, die von Anmut
strahlte, / die in Zauberkünsten Meisterin
war;
Völker verkaufte sie durch ihr Buhlen, /
Stämme durch ihre Zauberei.
5 Nun gehe ich gegen dich vor / – Spruch
des Herrn der Heere.
Deine Schleppe hebe ich auf / bis über
dein Gesicht
und lasse die Völker deine Blöße sehen; /
die Königreiche sehen deine Schande.
6 Mit Kot bewerfe ich dich, / gebe dich der
Verachtung preis / und mache dich zum
Schaustück.
7 Dann wird es geschehen: Wer immer dich
sieht, / schreckt vor dir zurück und sagt:
Verwüstet ist Ninive. Wer zeigt ihr Teil-
nahme? / Wo soll ich dir einen Tröster su-
chen?

4: Offb 17 • 5: 2,14; Jer 13,22–26.

Spott über Ninive: 3,8–19

8 Bist du denn besser als No-Amon, / das
an Strömen lag, / von Wasser rings umge-
ben,
dessen Schutzwall ein Meer, / dessen Mau-
ern die Wasser waren?
9 Kusch war mächtig / und Ägypten kann-
te keine Grenze. / Put und die Libyer zählten
zu seinen Helfern.
10 Doch auch No-Amon musste in die Ver-
bannung, / zog in die Gefangenschaft.
Auch seine Kinder wurden zerschmettert
an den Ecken aller Gassen / und über seine
Vornehmen warf man das Los. / Alle seine
Großen wurden in Fesseln gelegt.

2,6 Er: Gemeint ist der König von Assur.
3,8 No-Amon ist Theben in Oberägypten, das 667 v. Chr. von den Assyrern unter Assurbanipal erobert wurde.

11 Auch du wirst betrunken, wirst ohnmächtig sein. / Auch du wirst Schutz suchen vor dem Feind.

12 All deine Festungen sind Bäume mit frühen Feigen: / Schüttelt man sie, dann fallen sie dem, der sie essen will, in den Mund.

13 Die Krieger in deiner Mitte – / Weiber sind sie.

Weit stehen deinen Feinden / die Tore deines Landes offen; Feuer frisst deine Riegel.

14 Schöpf dir Wasser für die Belagerung, / mach fest deine Festungen!

Tritt in den Lehm, stampfe den Ton, / halte die Ziegelform fest!

15 Dann wird das Feuer dich fressen, / wird das Schwert dich vertilgen, / wird dich fressen wie ein Heuschreckenschwarm.

Werde zahlreich wie die Heuschrecken, / zahlreich wie die Wanderheuschrecken!

16 Du hast deine Händler zahlreicher gemacht / als die Sterne am Himmel.

Die Heuschrecken häuten sich / und fliegen davon.

17 Deine Wächter sind wie Wanderheuschrecken, / deine Beamten wie ein Schwarm von Heuschrecken, / die sich an den Mauern lagern an einem kalten Tag.

Geht die Sonne auf, / so fliehen sie eilig davon.

Man kennt ihren Ort nicht – / wo sind sie hin?

18 Deine Hirten schlummern, König von Assur; / deine Mächtigen ruhen.

Dein Volk ist über die Berge zerstreut / und keiner sammelt es.

19 Keine Linderung gibt es für deinen Zusammenbruch, / unheilbar ist deine Wunde.

Jeder, der hört, was man von dir erzählt, / klatscht über dich in die Hände.

Denn wen traf nicht / deine Schlechtigkeit zu jeder Zeit?

8: Jer 46,25 • 9: Jer 46,9; Ez 30,5 • 10: Ps 137,9; Hos 10,14; Joël 4,3 • 13: Jes 19,16; Jer 51,30.

Das Buch Habakuk

Dieses kleine Buch weist eine klare Struktur auf: Auf zwei Klagen des Propheten (1,2–4.12–17) folgen zwei göttliche Antworten (1,5–11; 2,1–5). Die zweite Antwort mündet in fünf Wehe-Rufe aus (2,6–20). Das abschließende »Gebet Habakuks« (Kap. 3) stellt die hymnische Schilderung der Gotteserscheinung dar, auf die der Prophet klagend und hoffend wartet. Dieser Schluss gehört unabdingbar zum Buch, auch wenn er als Gebet der Gemeinde verwendet wurde und in V. 17 einen nachträglichen Einschub erhielt. Der rhetorische Stil mit seiner eindrucksvollen Bildersprache macht das Buch zu einer Perle der prophetischen Literatur.

Die Erwähnung der Chaldäer, d. h. der Träger des Neubabylonischen Reichs (1,6), weist auf den historischen Hintergrund des Buches hin: die heraufkommende Chaldäergefahr vor 598 v. Chr. Der Prophet, von dem sonst nichts bekannt ist – Dan 14,33–39 passt nicht auf ihn –, beklagt zunächst den schlimmen Zustand des Gottesvolkes, wohl unter König Jojakim (609–598 v. Chr.), und erhält zur Antwort, die Chaldäer kämen deshalb als Strafwerkzeug Gottes über Israel (vgl. auch 1,12). Nach der Klage über die Grausamkeit des Feindes deckt Gott das Geheimnis seines Geschichtswaltens auf: Auch durch anscheinend widersprüchliche Geschichtsabläufe hindurch garantiert er den endgültigen Sieg von Recht und Gerechtigkeit über Habsucht, Ausbeutung, Gewalttat und Götzendienst. Das gilt gerade auch auf der Ebene der Völkergeschichte. Die Verkündigung des Propheten gipfelt in der Gottesaussage: »Der Gerechte bleibt wegen seiner Treue am Leben« (2,4); gemeint ist die Treue im tätigen Glauben. Diese Zusage hat durch Paulus (Röm 1,17; Gal 3,11) besondere Bedeutung gewonnen (vgl. auch Hebr 10,38).

ÜBERSCHRIFT: 1,1

1 Ausspruch, den der Prophet Habakuk in einer Vision hörte.

DER DIALOG DES PROPHETEN MIT GOTT: 1,2 – 2,5

Die Klage des Propheten: 1,2–4

2 Wie lange, Herr, soll ich noch rufen / und du hörst nicht?
Ich schreie zu dir: Hilfe, Gewalt! / Aber du hilfst nicht.
3 Warum lässt du mich die Macht des Bösen erleben / und siehst der Unterdrückung zu?
Wohin ich blicke, sehe ich Gewalt und Misshandlung, / erhebt sich Zwietracht und Streit.
4 Darum ist das Gesetz ohne Kraft / und das Recht setzt sich gar nicht mehr durch.
Die Bösen umstellen den Gerechten / und so wird das Recht verdreht.

2: Ijob 19,7 • 3: Ps 55,10–12; Am 3,9f.

Die Antwort Gottes: 1,5–11

5 Seht auf die Völker, schaut hin, / staunt und erstarrt!
Denn ich vollbringe in euren Tagen eine Tat – / würde man euch davon erzählen, ihr glaubtet es nicht.
6 Denn seht, ich stachle die Chaldäer auf, / das grausame, ungestüme Volk,
das die Weiten der Erde durchzieht, / um Wohnplätze zu erobern, die ihm nicht gehören,
7 ein furchtbares und schreckliches Volk, / das selbst sein Recht und seinen Rang bestimmt.
8 Seine Pferde sind schneller als Panther, / wilder als die Wölfe der Steppe.
Seine Rosse und Reiter stürmen heran, / sie kommen aus der Ferne,
sie fliegen herbei wie ein Geier, / der sich auf seinen Fraß stürzt.
9 Sie rücken an, entschlossen zu roher Gewalt, / alle Gesichter vorwärts gerichtet. / Gefangene raffen sie zusammen wie Sand.
10 Sie machen sich sogar über Könige lustig / und lachen über mächtige Fürsten;
ja, sie spotten über jede Festung, / sie schütten einen Erdwall auf und nehmen sie ein.
11 Dann ziehen sie weiter, / wie der Sturmwind sausen sie dahin.
Doch sie werden es büßen, / denn sie haben ihre Kraft zu ihrem Gott gemacht.

8: Zef 3,3 • 11: Jes 10,13.

Erneute Klage des Propheten: 1,12–17

12 Herr, bist nicht du von Ewigkeit her mein heiliger Gott? / Wir wollen nicht sterben.
Herr, du hast sie doch nur dazu gerufen, / an uns das Gericht zu vollziehen:
Du, unser Fels, du hast sie dazu bestimmt, / uns zu bestrafen.
13 Deine Augen sind zu rein, um Böses mit anzusehen, / du kannst der Unterdrückung nicht zusehen.
Warum siehst du also den Treulosen zu und schweigst, / wenn der Ruchlose den Gerechten verschlingt?
14 Warum behandelst du die Menschen / wie die Fische im Meer, / wie das Gewürm, das keinen Herrn hat?
15 Mit der Angel holt er sie alle herauf, / er schleppt sie weg in seinem Netz
und rafft sie fort in seinem Fischgarn; / er freut sich darüber und jubelt.
16 Deshalb opfert er seinem Netz / und bringt seinem Fischgarn Rauchopfer dar;
denn durch sie hat er reichen Gewinn / und ein üppiges Mahl.
17 Darum zückt er unablässig sein Schwert, / um ohne Erbarmen die Völker zu morden.

12: Dtn 33,27; Ps 90,1f • 14: Ez 29,4f.

Die Antwort Gottes: 2,1–5

2 Ich will auf meinem Wachtturm stehen, / ich stelle mich auf den Wall
und spähe aus, um zu sehen, was er mir sagt, / was er auf meine Klage entgegnet.
2 Der Herr gab mir Antwort und sagte: /

1,8b Nach G; H: Wölfe am Abend.
1,16 Vgl. V. 11. Der Feind vergöttert seine Machtmittel.
1,17a Nach dem Qumran-Text.

Schreib nieder, was du siehst,
schreib es deutlich auf die Tafeln, / damit
man es mühelos lesen kann.
3 Denn erst zu der bestimmten Zeit trifft
ein, / was du siehst;
aber es drängt zum Ende und ist keine
Täuschung; / wenn es sich verzögert, so warte
darauf; / denn es kommt, es kommt und
bleibt nicht aus.
4 Sieh her: Wer nicht rechtschaffen ist,
schwindet dahin, / der Gerechte aber bleibt
wegen seiner Treue am Leben.
5 Wahrhaftig, der Reichtum ist trügerisch,
/ wer hochmütig ist, kommt nicht ans
Ziel,
wenn er auch seinen Rachen aufsperrt wie
die Unterwelt / und unersättlich ist wie
der Tod,
wenn er auch alle Völker zusammentreibt
/ und alle Nationen um sich vereinigt.

1: Ez 33,7 • 3: 2 Petr 3,9 • 4: Röm 1,17; Gal 3,11; Hebr 10,38.

DIE WEHERUFE: 2,6–20

Über den Habsüchtigen: 2,6–8

6 Werden sie nicht alle ein Spottlied auf
ihn anstimmen? / Ja, sie werden ihn verhöhnen
und sagen:
Weh dem, der zusammenrafft, was nicht
ihm gehört, / und sich hohe Pfänder geben
lässt. / Wie lange wird er es noch treiben?
7 Plötzlich werden vor dir deine Gläubiger
stehen, / deine Bedränger werden erwachen
und du wirst ihre Beute.
8 Du hast viele Völker ausgeplündert; /
deshalb plündern jetzt die Völker dich aus,
die übrig blieben,
wegen des Blutes, das du vergossen hast /
unter den Menschen,
wegen der Gewalttaten, die du verübt
hast / an Ländern und Städten und an all ihren
Bewohnern.

8: Jes 33,1; Hab 2,17.

Über den Ausbeuter: 2,9–14

9 Weh dem, der für sein Haus unrechten
Gewinn sucht / und sich hoch droben sein
Nest baut, / um dem drohenden Unheil zu
entgehen.
10 Zur Schande für dein eigenes Haus /
hast du beschlossen, viele Völker niederzuschlagen;
/ damit sündigst du gegen dich
selbst.
11 Es schreit der Stein in der Mauer / und
der Sparren im Gebälk gibt ihm Antwort.
12 Weh dem, der eine Stadt mit Blut erbaut
/ und eine Festung auf Unrecht gründet.
13 Bewirkt es nicht der Herr der Heere, /
dass die Völker sich plagen nur für das
Feuer, / Nationen sich abmühen für nichts?
14 Ja, das Land wird erfüllt sein von der
Erkenntnis der Herrlichkeit des Herrn, / so
wie das Meer mit Wasser gefüllt ist.

9: Obd 4 • 12: Jer 22,13; Mi 3,10 • 14: Jes 11,9.

Über den Gewalttätigen: 2,15–17

15 Weh dem, der seinen Freund / aus dem
Becher seines Zorns trinken lässt,
ja, ihn betrunken macht, / damit man ihn
nackt sieht.
16 Du sollst dich an Schande sättigen, nicht
an Ehre; / auch du sollst trinken und taumeln.
Der Becher in der Hand des Herrn kommt
nun zu dir; / Schmach und Schande bedecken
deine Ehre.
17 Denn dich erdrückt dein Verbrechen /
gegen den Libanonwald
und die Vernichtung des Großwilds lastet
auf dir, / wegen des Blutes, das du vergossen
hast unter den Menschen,
wegen der Gewalttaten, die du verübt hast
an Ländern und Städten / und an allen ihren
Bewohnern.

16: Jes 51,17; Klgl 4,21 • 17: 2,8.

Über den Götzendiener: 2,18–20

18 Was nützt ein Götterbild, das ein Bildhauer
macht, / ein gegossenes Bild, ein Lügenorakel?
Wie kann der Bildhauer auf den Götzen
vertrauen, / auf das stumme Gebilde, das er
selber gemacht hat?
19 Weh dem, der zum Holz sagt: Erwache!,
/ und zum stummen Stein: Wach
auf!
Gibt der Götze denn Auskunft? / Gewiss,
er ist mit Silber und Gold überzogen, / doch
er hat keinen Geist, keinen Atem.
20 Der Herr aber wohnt in seinem heiligen
Tempel. / Alle Welt schweige in seiner Gegenwart.

18–19: Jes 44,9–20 • 20: Ps 11,4; Sach 2,17.

2,4b Das hebräische Wort für »Treue« bedeutet auch »Glaube«; vgl. G und die angeführten Stellen aus dem NT.

2,11 Bildhafte Ausdrucksweise für die stumme Anklage (vgl. V. 12).

DAS GEBET DES HABAKUK: 3,1–19

3 Gebet des Propheten Habakuk, nach der Melodie von Schigjonot.

2 Herr, ich höre die Kunde, / ich sehe, Herr, was du früher getan hast.

Lass es in diesen Jahren wieder geschehen, / offenbare es in diesen Jahren! / Auch wenn du zürnst, denk an dein Erbarmen!

3 Gott kommt von Teman her, / der Heilige kommt vom Gebirge Paran.

Seine Hoheit überstrahlt den Himmel, / sein Ruhm erfüllt die Erde. [Sela]

4 Er leuchtet wie das Licht der Sonne, / ein Kranz von Strahlen umgibt ihn, / in ihnen verbirgt sich seine Macht.

5 Die Seuche zieht vor ihm her, / die Pest folgt seinen Schritten.

6 Wenn er kommt, wird die Erde erschüttert, / wenn er hinblickt, zittern die Völker.

Da zerbersten die ewigen Berge, / versinken die uralten Hügel. / [Das sind von jeher seine Wege.]

7 Die Zelte Kuschans sehe ich voll Unheil; / auch in Midian zittern die Zelte.

8 Herr, ist dein Zorn gegen die Flüsse entbrannt / [gegen die Flüsse dein Zorn]

und dein Groll gegen das Meer, / dass du mit deinen Rossen heranstürmst / und mit deinen siegreichen Wagen?

9 Du hast den Bogen aus der Hülle genommen, / du hast die Pfeile auf die Sehne gelegt. [Sela]

Du spaltest die Erde / und es brechen Ströme hervor;

10 dich sehen die Berge und zittern, / tosender Regen prasselt nieder;

die Urflut brüllt auf / und reckt ihre Hände empor.

11 Sonne und Mond bleiben in ihrer Wohnung; / sie vergehen im grellen Licht deiner Pfeile, / im Glanz deiner blitzenden Lanze.

12 Voll Zorn schreitest du über die Erde, / in deinem Groll zerstampfst du die Völker.

13 Du ziehst aus, um dein Volk zu retten, / um deinem Gesalbten zu helfen.

Vom Haus des Ruchlosen schlägst du das Dach weg / und legst das Fundament frei / bis hinab auf den Felsen. [Sela]

14 Mit deinen Pfeilen durchbohrst du den Kopf seiner Krieger, / die heranstürmen, um uns zu verjagen.

Sie freuen sich schon voll Übermut, / in ihrem Versteck den Armen zu fressen.

15 Du bahnst mit deinen Rossen den Weg durch das Meer, / durch das gewaltig schäumende Wasser.

16 Ich zitterte am ganzen Leib, als ich es hörte, / ich vernahm den Lärm und ich schrie.

Fäulnis befällt meine Glieder / und es wanken meine Schritte.

Doch in Ruhe erwarte ich den Tag der Not, / der dem Volk bevorsteht, das über uns herfällt.

17 Zwar blüht der Feigenbaum nicht, / an den Reben ist nichts zu ernten,

der Ölbaum bringt keinen Ertrag, / die Kornfelder tragen keine Frucht;

im Pferch sind keine Schafe, / im Stall steht kein Rind mehr.

18 Dennoch will ich jubeln über den Herrn / und mich freuen über Gott, meinen Retter.

19 Gott, der Herr, ist meine Kraft. / Er macht meine Füße schnell wie die Füße der Hirsche / und lässt mich schreiten auf den Höhen.

(Dem Chormeister. Zum Saitenspiel.)

3: Ps 18,8–10 • 8: Ps 68,18; Jes 66,15 • 10: Ps 77,17f • 14: Ps 10,8–10 • 15: Jes 43,16 • 17: Jer 5,17 • 19: Ps 18,34; Jes 58,14.

3,1 Das letzte Wort ist nicht sicher zu deuten; vielleicht »Klagelieder«.

3,3 Teman, im nördlichen Edom. Zu Paran vgl. Dtn 33,2. Gott wird als vom Sinai-Horeb über Edom kommend vorgestellt (vgl. Ri 5,4f).

3,7 Kuschan ist eine uns unbekannte Volksgruppe, wie Midian in der Umgebung des Golfs von Akaba zu suchen.

3,9ab Sinn des Textes unklar.

3,14c Text unsicher.

Das Buch Zefanja

Das relativ kleine Buch weist drei Teile auf: Strafankündigung gegen Juda und gegen die anderen Völker (1,2 – 2,15); Strafankündigung gegen Jerusalem (3,1–8); Ankündigung der Bekehrung der Völker und des Heils für Jerusalem (3,9–20). Das Buch lässt eine exilisch-nachexilische Bearbeitung erkennen. Der Schlussabschnitt 3,16–20 ist sicher erst längere Zeit nach dem Exil angefügt worden. Die Annahme einer bereits früheren Überarbeitung legen 1,18; 2,7.9f; 3,8f nahe.

Die Überschrift gibt als Zeit Zefanjas die Epoche des Königs Joschija (641–609 v. Chr.) an. In dessen frühe Regierungsjahre passen auch die als echt geltenden Texte. Während der langen Regierungszeit des Gott untreuen Manasse (699–643 v. Chr.) trat ein religiöser und sozialer Verfall im Südreich ein, der Gegenkräfte auf den Plan rief, die den jungen Joschija zu einem reformwilligen König zu machen vermochten (ab 627 oder 622 v. Chr.). Mit ihnen muss Zefanja um 630 v. Chr. als Prophet zusammengearbeitet haben.

Von Zefanja ist außer den Angaben in 1,1 nichts Weiteres bekannt. Warum seine Abstammung bis zum Urgroßvater zurück angegeben wird, bleibt unklar. Er nimmt die Botschaft vom »Tag des Herrn« von Amos (Am 5,16–20) und Jesaja (Jes 2,6–22) auf und gestaltet jenen »Tag« zu einem universalen Ereignis aus (1,14–18; 2,1–3). Die Sequenz der Totenmesse, das »Dies irae«, ist hauptsächlich von Zef 1,14–18 inspiriert. In seiner Grundforderung nach Gerechtigkeit und Demut stimmt Zefanja ebenfalls mit Amos und Jesaja überein; demgemäß verkündigt er das ideale Israel der Zukunft, den »heiligen Rest«, als »demütiges und armes Volk, das seine Zuflucht sucht beim Namen des Herrn« (3,12). Diese Stelle schlägt eine Brücke zum Neuen Testament.

ÜBERSCHRIFT: 1,1

1 Wort des Herrn, das an Zefanja, den Sohn Kuschis, des Sohnes Gedaljas, des Sohnes Amarjas, des Sohnes Hiskijas, erging in der Zeit, als Joschija, der Sohn Amons, König von Juda war.

DAS GERICHT ÜBER JUDA UND DIE VÖLKER: 1,2 – 3,8

Das Gericht über Juda: 1,2–13

2 Ich raffe alles vom Erdboden weg, / ich raffe es weg – Spruch des Herrn.
3 Mensch und Vieh raffe ich weg, / die Vögel des Himmels raffe ich weg
und die Fische im Meer / [nämlich alles, was die Frevler zu Fall gebracht hat,]
und ich rotte die Menschen auf der Erde aus – / Spruch des Herrn.
4 Ich strecke meine Hand gegen Juda aus / und gegen alle Einwohner Jerusalems
und ich rotte an diesem Ort die Reste des Baalsdienstes aus, / samt den Namen der Götzenpriester,
5 alle, die sich auf den Dächern niederwerfen / vor dem Heer des Himmels,
auch alle, die sich vor dem Herrn niederwerfen, / zugleich aber bei ihrem Moloch schwören,
6 und alle, die dem Herrn den Rücken kehren, / die ihn nicht suchen und nicht nach ihm fragen.
7 Schweigt vor Gott, dem Herrn! / Denn der Tag des Herrn ist nahe.
Ja, der Herr hat ein Schlachtopfer vorbereitet, / er hat die eingeladenen Gäste schon (dem Tod) geweiht.
8 Am Tag des Schlachtopfers des Herrn /

1,5 Zu Moloch vgl. Lev 20,2 und die dortige Anmerkung; 2 Kön 16,3; 17,17; 21,6.

rechne ich ab mit den großen Herren und den Königssöhnen / und allen, die fremdländische Kleider tragen;
9 an jenem Tag rechne ich ab mit jedem, /
der über die Schwelle springt,
mit allen, die das Haus ihres Herrn / mit Betrug und Gewalt anfüllen.
10 An jenem Tag – Spruch des Herrn – /
hört man vom Fischtor her Geschrei
und aus der Neustadt lautes Jammern / und von den Hügeln her großes Getöse.
11 Jammert, ihr Bewohner der Senke! /
Denn das ganze Krämervolk verstummt, / alle Geldwechsler sind ausgerottet.
12 In jener Zeit durchsuche ich Jerusalem
mit der Laterne / und rechne ab mit den Herren,
die dick geworden sind auf ihrer Hefe und denken: / Der Herr tut weder Gutes noch Böses.
13 Darum werden ihre Reichtümer geraubt / und ihre Häuser verwüstet.
Sie werden Häuser bauen, aber nicht darin wohnen; / sie werden Weinberge anlegen, aber den Wein nicht trinken.

4: 2 Kön 23,4–20 • 5: Dtn 4,19; 2 Kön 21,3–5; 1 Kön 11,7.33 • 7: Hab 2,20; Offb 19,17f • 12: Jer 48,11; Ps 10,4; Jer 5,12 • 13: Dtn 28,30–33; Am 5,11.

Der Tag des Herrn: 1,14–18

14 Der Tag des Herrn ist nahe, der gewaltige Tag, / er ist nahe, schnell kommt er herbei.
Horch, der Tag des Herrn ist bitter, / da schreit sogar der Kriegsheld auf.
15 Ein Tag des Zorns ist jener Tag, / ein Tag
der Not und Bedrängnis,
ein Tag des Krachens und Berstens, / ein Tag des Dunkels und der Finsternis, / ein Tag der Wolken und der schwarzen Nacht,
16 ein Tag des Widderhorns und des
Kriegsgeschreis in den befestigten Städten / und auf den hohen Zinnen.
17 Da jage ich den Menschen Angst ein, /
sodass sie wie blind umherlaufen; / denn sie haben sich gegen den Herrn versündigt.
Ihr Blut wird hingeschüttet wie Schutt / und ihr fettes Mark wie Kot.
18 Weder ihr Silber noch ihr Gold kann sie
retten / am Tag des Zornes des Herrn.
Vom Feuer seines leidenschaftlichen Eifers / wird die ganze Erde verzehrt.
Denn er bereitet allen Bewohnern der Erde ein Ende, / ein schreckliches Ende.

14–18: Am 5,18–20 • 15: Joël 2,2 • 17: Joël 2,1; Jer 9,21 • 18: Ez 7,19.

Hoffnung nach Umkehr: 2,1–3

2 Du gleichgültiges Volk, / sammelt euch, tut euch zusammen,
2 ehe ihr zerstreut werdet und zerstiebt
wie Spreu, / ehe der glühende Zorn des Herrn über euch kommt, / ehe über euch der Tag des glühenden Zornes des Herrn kommt.
3 Sucht den Herrn, ihr Gedemütigten im
Land, / die ihr nach dem Recht des Herrn lebt.
Sucht Gerechtigkeit, sucht Demut! / Vielleicht bleibt ihr geborgen / am Tag des Zornes des Herrn.

2: Hos 13,3 • 3: Am 5,4–6.

Das Gericht über die Nachbarvölker: 2,4–15

4 Ja, Gaza wird verlassen sein / und Asch-
kelon wird eine Wüste,
am hellen Mittag treibt man Aschdods Einwohner fort / und Ekron ackert man um.
5 Weh euch, die ihr das Gebiet am Meer be-
wohnt, / ihr Volk der Kereter.
Das Wort des Herrn richtet sich gegen euch: / Kanaan, Land der Philister,
ich richte dich zugrunde, / keiner deiner Bewohner bleibt übrig.
6 Das Kereterland wird zum Weideland
der Hirten, / es gibt nur noch Pferche für Schafe und Ziegen.
7 Das Gebiet am Meer / fällt dem Rest des
Hauses Juda zu.
Sie treiben ihre Herden dorthin / und suchen am Abend ein Lager / in Aschkelons Häusern.
Denn der Herr, ihr Gott, kümmert sich um sie / und wendet ihr Geschick.
8 Ich habe den Hohn Moabs gehört / und
die Schimpfworte der Ammoniter,
die mein Volk verhöhnten / und große Reden führten gegen sein Land.
9 Darum – Spruch des Herrn der Heere, /
des Gottes Israels:
So wahr ich lebe: Moab wird wie Sodom werden / und die Ammoniter wie Gomorra,

1,9 der über die Schwelle springt: Übersetzung unsicher. Gemeint ist wohl ein heidnischer Kultbrauch. Vielleicht ist die Rede von Höflingen am Stufenthron des Königs oder von Kultdienern am Stufenthron eines Götterbildes.

1,11 Senke: das Stadtviertel im Süden der Neustadt von Jerusalem.

1,12 Wenn der junge Wein nicht abgelassen wird, verdirbt er auf seiner Hefe.

2,4 In H Wortspiele mit den Namen der Städte.

ein Ort des Unkrauts, eine Salzgrube / und
eine Wüste für immer.
Der Rest meines Volkes wird sie ausplün-
dern, / der Überrest meines Volkes wird sie
beerben.
10 Das ist die Strafe für ihren Hochmut; /
denn sie höhnten und führten große Reden /
gegen das Volk des Herrn der Heere.
11 Furcht erregend tritt der Herr gegen sie
auf. / Ja, er vernichtet alle Götter der Erde
und alle Völker der Inseln werfen sich nie-
der vor ihm, / jedes an seinem Ort.
12 Auch ihr Kuschiter werdet / von meinem
Schwert durchbohrt.
13 Er streckt seine Hand auch nach Norden
aus / und vernichtet Assur
und Ninive macht er zur Öde, / es verdorrt
wie die Wüste.
14 Dort lagern Herden, Tiere aller Art, / auf
den Kapitellen der Säulen nächtigen Eule
und Dohle.
Laut schreit es im Fenster, / ein Rabe
krächzt auf der Schwelle. / [Denn das Ze-
derngetäfel ist weg.]
15 Das also ist die fröhliche Stadt, / die sich
in Sicherheit wiegte, / die dachte: Ich und
sonst niemand!
Welch eine Wüste ist sie geworden, / ein
Lager für die wilden Tiere.
Jeder, der dort vorbeikommt, / pfeift und
hebt entsetzt seine Hand.

4: Am 1,6–8; Jer 47 • 5: Ez 25,15–17 • 8–11: Jes 15f; Jer 48,1 – 49,6; Ez 25,1–11; Am 1,13 – 2,3 • 9: Gen 19,24f • 12: Jes 18f • 13: Jer 46 • 15: Jes 47,8.10; Jer 18,16; 19,8.

Das Gericht über Jerusalem: 3,1–8

3 Weh der trotzigen, der schmutzigen, /
der gewalttätigen Stadt.
2 Sie will nicht hören / und nimmt sich
keine Warnung zu Herzen.
Sie verlässt sich nicht auf den Herrn / und
sucht nicht die Nähe ihres Gottes.
3 Ihre Fürsten sind brüllende Löwen. / Ihre
Richter sind wie Wölfe der Steppe, / die bis
zum Morgen keinen Knochen mehr übrig
lassen.
4 Ihre Propheten sind freche Betrüger. /
Ihre Priester entweihen das Heilige / und tun
Gewalt dem Gesetz an.
5 Aber der Herr tritt für das Recht ein in
ihrer Mitte, / er tut kein Unrecht.
Morgen für Morgen fällt er das Urteil, / es
fehlt nie beim Aufgang des Lichts. / Doch
der Böse kennt keine Scham.
6 Ich habe ganze Völker ausgerottet, / ihre
Zinnen liegen zertrümmert am Boden.
Ich habe ihre Straßen entvölkert, / keiner
geht dort mehr umher;
ihre Städte sind verwüstet, / ohne Men-
schen, ohne Bewohner.
7 Ich dachte: Sicher fürchtest du mich
jetzt, / nimmst dir die Warnung zu Herzen;
und alles, was ich ihnen auftrug, / werden
sie immer vor Augen haben.
Aber nein, sie begingen immer wieder / all
ihre schändlichen Taten.
8 Darum wartet nur – Spruch des Herrn – /
auf den Tag, an dem ich auftreten werde als
Kläger.
Denn ich habe beschlossen: / Völker will
ich versammeln / und Königreiche biete ich
auf;
dann schütte ich meinen Groll über sie
aus, / die ganze Glut meines Zorns.
Denn vom Feuer meines Eifers / wird die
ganze Erde verzehrt.

3–4: Ez 22,25 • 4: Jer 14,13; 23,11.16 • 5: Dtn 32,4; Ps 101,8.

Die Verheißung für Jerusalem und die Völker: 3,9–20

9 Dann werde ich die Lippen der Völker /
verwandeln in reine Lippen,
damit alle den Namen des Herrn anrufen /
und ihm einmütig dienen.
10 Von jenseits der Ströme von Kusch /
bringen mir meine Verehrer dann als Gabe /
die Gemeinde meiner Verstreuten.
11 An jenem Tag / brauchst du dich nicht
mehr zu schämen,
wegen all deiner schändlichen Taten, / die
du gegen mich verübt hast.
Ja, dann entferne ich aus deiner Mitte / die
überheblichen Prahler
und du wirst nicht mehr hochmütig sein /
auf meinem heiligen Berg.
12 Und ich lasse in deiner Mitte übrig ein
demütiges und armes Volk, / das seine Zu-
flucht sucht beim Namen des Herrn.
13 Der Rest von Israel wird kein Unrecht
mehr tun / und wird nicht mehr lügen, / in
ihrem Mund findet man kein unwahres Wort
mehr.
Ja, sie gehen friedlich auf die Weide / und
niemand schreckt sie auf, wenn sie ruhen.
14 Juble, Tochter Zion! Jauchze, Israel! /
Freu dich und frohlocke von ganzem Her-
zen, / Tochter Jerusalem!
15 Der Herr hat das Urteil gegen dich auf-
gehoben / und deine Feinde zur Umkehr ge-
zwungen.
Der König Israels, der Herr, ist in deiner

2,14 Denn das Zederngetäfel ist weg: Text korr.; H verderbt.

3,3b Wölfe der Steppe: vgl. die Anmerkung zu Hab 1,8b.

Mitte; / du hast kein Unheil mehr zu fürchten.
16 An jenem Tag wird man zu Jerusalem
sagen: / Fürchte dich nicht, Zion! / Lass die
Hände nicht sinken!
17 Der Herr, dein Gott, ist in deiner Mitte, /
ein Held, der Rettung bringt.
Er freut sich und jubelt über dich, / er erneuert seine Liebe zu dir,
er jubelt über dich und frohlockt, / wie man frohlockt an einem Festtag.
18 Ich mache deinem Unglück ein Ende, /
ich nehme die Schmach von dir.
19 In jener Zeit vernichte ich alle, die dich
unterdrücken. / Ich helfe den Hinkenden und sammle die Verstreuten.
Ich verschaffe ihnen Ruhm und Ansehen / überall auf der Erde, wo sie Schmach erlitten.
20 In jener Zeit bringe ich euch heim, / in
jener Zeit führe ich euch wieder zusammen.
Ja, ich verleihe euch Ansehen und Ruhm / bei allen Völkern der Erde,
wenn ich euer Geschick wende. / Ihr werdet es sehen, spricht der Herr.

9: Mal 1,11 • 13: Offb 14,5 • 14: Jes 12,6; Sach 2,14 • 17: Jer 32,41 • 19: Ez 34,16; Mi 4,6.

Das Buch Haggai

Das Buch Haggai enthält in seinen zwei Kapiteln fünf prophetische Reden, die schon in der Form von der Verkündigung der vorexilischen Propheten abweichen. Sie beziehen die Zuhörer und ihre Äußerungen stärker in die Prophetenrede mit ein und verbinden mit den Ankündigungen in breiterem Maß Diskussionsworte und Mahnungen. Auch sind die Reden Haggais genau datiert: Sie wurden den Angaben nach (1,1; 2,1.10.20) in der zweiten Hälfte des Jahres 520 v. Chr. in Jerusalem gehalten. Ihr einziges Thema ist der Wiederaufbau des Tempels. Weil man nach der Rückkehr aus dem Babylonischen Exil (ab 538 v. Chr.) nur für das eigene Haus, aber nicht für das in Trümmern liegende Haus Gottes sorgte, so der Prophet, herrscht Dürre und Hungersnot. Ein neuer Tempel, von reinen Händen erbaut (2,10–14), wird, auch wenn er den alten an äußerem Glanz nicht erreicht, Segen bringen und zugleich Unterpfand für die kommende messianische Zeit sein. Haggai rechnet damit, dass Serubbabel, der Nachkomme Davids, sie einleitet (2,20–23).

Über den Propheten ist nichts weiter bekannt, als dass er noch bis zur Einweihung des neuen Tempels (um 515 v. Chr.) gewirkt hat (vgl. Esra 6,14f). Die den Wiederaufbau auslösenden Reden sind offenbar von seinem Jüngerkreis aufgezeichnet und genau datiert worden. Die überarbeitende Hand eines Redaktors ist noch in 1,3.5.13 und vielleicht in 2,4–6 zu erkennen. Die vielfach vorgenommene Umstellung von 2,15–19 hinter 1,15a ist nicht genügend gerechtfertigt. Das unreine Volk von 2,14 bezieht sich nicht in erster Linie auf die Samariter, die am Tempel mitbauen wollten; Haggai wendet sich hier vielmehr gegen alle kultische Unreinheit und hat dabei vor allem Einwohner Jerusalems und Judas vor Augen. Den Tempel, dessen Wiedererrichtung Haggai mit ins Werk setzte und den er in seinem Wort mit messianischem Glanz ausstattete, hat Jesus das »Haus seines Vaters« genannt (Joh 2,16).

3,18 Text unklar.

DER AUFRUF ZUM TEMPELBAU: 1,1–11

1 Im zweiten Jahr des Königs Darius er-
ging am ersten Tag des sechsten Mo-
nats das Wort des Herrn durch den Prophe-
ten Haggai an den Statthalter von Juda, Se-
rubbabel, den Sohn Schealtiëls, und an den
Hohenpriester Jeschua, den Sohn des Joza-
dak:
2 So spricht der Herr der Heere: Dieses
Volk sagt: Noch ist die Zeit nicht gekommen,
das Haus des Herrn aufzubauen. 3 Da erging
das Wort des Herrn durch den Propheten
Haggai: 4 Ist etwa die Zeit gekommen, dass
ihr in euren getäfelten Häusern wohnt, wäh-
rend dieses Haus in Trümmern liegt? 5 Nun
aber spricht der Herr der Heere: Überlegt
doch, wie es euch geht. 6 Ihr sät viel und ern-
tet wenig; ihr esst und werdet nicht satt; ihr
trinkt, aber zum Betrinken reicht es euch
nicht; ihr zieht Kleider an, aber sie halten
nicht warm und wer etwas verdient, verdient
es für einen löcherigen Beutel.
7 So spricht der Herr der Heere: Überlegt
also, wie es euch geht. 8 Geht ins Gebirge,
schafft Holz herbei und baut den Tempel
wieder auf! Das würde mir gefallen und
mich ehren, spricht der Herr. 9 Ihr habt viel
erhofft und doch nur wenig geerntet; und
wenn ihr es einbrachtet, blies ich es weg.
Warum wohl? – Spruch des Herrn der Heere.
Weil mein Haus in Trümmern liegt, während
jeder von euch für sein eigenes Haus rennt.
10 Deshalb hält der Himmel über euch den
Tau zurück, und die Erde hält ihren Ertrag
zurück. 11 Ich rief die Dürre über das Land
und über die Berge, über das Getreide, über
den Wein und das Öl, über alles, was der Bo-
den hervorbringt, über Mensch und Vieh und
über alle Arbeit eurer Hände.

1: Sach 1,1; 3,1–9; 4,6–10 • 4: Jer 22,14 • 6: Hos 4,3 • 10: Lev 26,19f.

DER NEUANFANG: 1,12–15

12 Serubbabel, der Sohn Schealtiëls, und
der Hohepriester Jeschua, der Sohn des Jo-
zadak, und alle, die vom Volk noch übrig wa-
ren, hörten auf die Stimme des Herrn, ihres
Gottes, und auf die Worte des Propheten
Haggai; denn der Herr, ihr Gott, hatte ihn
gesandt und das Volk fürchtete sich vor dem
Herrn. 13 Darum verkündete Haggai, der
Bote des Herrn, dem Volk im Auftrag des
Herrn: Ich bin bei euch – Spruch des Herrn.
14 Und der Herr weckte den Geist des Statt-
halters von Juda, Serubbabel, des Sohnes
Schealtiëls, und den Geist des Hohenpries-
ters Jeschua, des Sohnes des Jozadak, und
den Geist all derer, die vom Volk noch übrig
waren, sodass sie kamen und die Arbeit am
Tempel ihres Gottes, des Herrn der Heere,
aufnahmen; 15 das war am vierundzwanzigs-
ten Tag des sechsten Monats im zweiten Jahr
des Königs Darius.

14: Sach 4,6.

DER NEUE TEMPEL: 2,1–9

2 Am einundzwanzigsten Tag des siebten
Monats erging das Wort des Herrn
durch den Propheten Haggai: 2 Sag zu Se-
rubbabel, dem Sohn Schealtiëls, dem Statt-
halter von Juda, und zum Hohenpriester Je-
schua, dem Sohn des Jozadak, und zu denen,
die vom Volk übrig sind: 3 Ist unter euch
noch einer übrig, der diesen Tempel in seiner
früheren Herrlichkeit gesehen hat? Und was
seht ihr jetzt? Erscheint er euch nicht wie ein
Nichts? 4 Aber nun fasse Mut, Serubbabel –
Spruch des Herrn –, fasse Mut, Hoherpries-
ter Jeschua, Sohn des Jozadak, fasst alle
Mut, ihr Bürger des Landes, – Spruch des
Herrn – und macht euch an die Arbeit! Denn
ich bin bei euch – Spruch des Herrn der Hee-
re. 5 Der Bund, den ich bei eurem Auszug aus
Ägypten mit euch geschlossen habe, bleibt
bestehen und mein Geist bleibt in eurer Mit-
te. Fürchtet euch nicht! 6 Denn so spricht der
Herr der Heere: Nur noch kurze Zeit, dann
lasse ich den Himmel und die Erde, das Meer

1,1 Haggai nennt, wie Sacharja (Sach 3,1), den Hohenpriester mit der vollen Namensform Jehoschua; der Name wird hier an die kürzere Form in Esra und Neh angeglichen.

und das Festland erbeben 7 und ich lasse alle
Völker erzittern. Dann strömen die Schätze
aller Völker herbei und ich erfülle dieses
Haus mit Herrlichkeit, spricht der Herr der
Heere. 8 Mir gehört das Silber und mir das
Gold – Spruch des Herrn der Heere. 9 Die
künftige Herrlichkeit dieses Hauses wird
größer sein als die frühere, spricht der Herr
der Heere. An diesem Ort schenke ich die
Fülle des Friedens – Spruch des Herrn der
Heere.

3: Esra 3,12 • 7: Jes 60,5–7.

DAS NEUE HEIL: 2,10–19

10 Im zweiten Jahr des Darius erging am
vierundzwanzigsten Tag des neunten Mo-
nats dieses Wort des Herrn an den Propheten
Haggai:

11 So spricht der Herr der Heere: Erbitte
von den Priestern eine Weisung in folgender
Frage: 12 Wenn jemand heiliges Opferfleisch
im Zipfel seines Gewandes trägt und mit
dem Zipfel zufällig Brot oder etwas Gekoch-
tes berührt oder Wein oder Öl oder sonst et-
was Essbares, wird dieses dadurch geheiligt?
Die Priester antworteten: Nein. 13 Da fragte
Haggai: Wenn jemand, der durch eine Leiche
unrein geworden ist, das alles berührt, wird
es dann unrein? Die Priester antworteten: Ja,
es wird unrein. 14 Darauf erwiderte Haggai:
Ebenso sind in meinen Augen dieses Volk
und diese Leute – Spruch des Herrn – und
ebenso alles, was sie tun und was sie als Op-
fer darbringen: unrein ist es.

15 Nun aber gebt Acht, was von heute an
geschieht. Bevor man am Tempel des Herrn
Stein auf Stein legte, 16 wie ist es euch da er-
gangen? Kam man zu einem Kornhaufen, der
zwanzig Efa haben sollte, so waren es nur
zehn; kam man zur Kelter, um fünfzig Bat zu
schöpfen, waren es nur zwanzig. 17 Mit Ge-
treidebrand und Mehltau und Hagel schlug
ich euch und machte alle eure Arbeit zunich-
te und doch wandtet ihr euch mir nicht zu –
Spruch des Herrn. 18 Gebt Acht, was von
heute an geschieht, vom vierundzwanzigsten
Tag des neunten Monats an, dem Tag, an
dem der Grundstein zum Tempel des Herrn
gelegt wurde. Gebt Acht, 19 ob das Saatkorn
weiterhin im Speicher bleibt und ob Wein-
stock und Feigenbaum, Granatbaum und Öl-
baum immer noch keine Frucht tragen. Von
heute an spende ich Segen.

13: Num 19,11–22 • 15: Sach 8,9.12 • 17: Am 4,6.

DIE VERHEISSUNG AN DEN DAVIDSOHN: 2,20–23

20 Am vierundzwanzigsten Tag des Monats
erging das Wort des Herrn ein zweites Mal
an Haggai:

21 Sag zu Serubbabel, dem Statthalter von
Juda: Ich lasse den Himmel und die Erde er-
beben. 22 Ich stürze die Throne der Könige
und zerschlage die Macht der Königreiche
der Völker. Ich stoße die Kriegswagen samt
ihren Fahrern um, die Pferde sinken samt
ihren Reitern zu Boden, einer vom Schwert
des andern getroffen. 23 An jenem Tag –
Spruch des Herrn der Heere – nehme ich
dich, mein Knecht Serubbabel, Sohn Scheal-
tiëls, – Spruch des Herrn – und mache dich
zu meinem Siegelring; denn ich habe dich er-
wählt – Spruch des Herrn der Heere.

23: Sach 6,12f; Jer 22,24.

2,11–14 Haggai benutzt eine Priesterbefragung in Sachen kultischer Reinheit und Unreinheit für seine Absicht, die Vernachlässigung des Tempelbaus als ansteckende Unreinheit zu brandmarken.

2,23 Mit dem Siegelring des Königs werden offizielle Dokumente gesiegelt und damit für authentisch erklärt.

Das Buch Sacharja

Das Buch Sacharja zerfällt in zwei deutlich voneinander geschiedene Teile. Den Schwerpunkt des ersten Teils (Kap. 1 – 8) bilden acht Visionen, die den Plan Gottes zur Wiederherstellung des zerstörten Jerusalem und zur Neuordnung des begnadigten Gottesvolkes darlegen. Im Anschluss daran ermahnt der Prophet das Volk von Juda, sich durch ein Leben nach der Weisung Gottes auf die Erfüllung der endzeitlichen Verheißungen vorzubereiten. Der zweite Teil des Buches (Kap. 9 – 14) wendet sich direkt dem Endgeschehen zu. Dementsprechend ist dort die Rede von der Bedrängnis Jerusalems durch die gottwidrige Heidenwelt und von der damit verbundenen Läuterung des Gottesvolkes, aber auch von dem Auftreten des Messias und von der Offenbarung der Gottesherrschaft für die ganze Welt.

Die Abfassung des ersten Teils geht zweifellos auf die Verkündigung des Propheten Sacharja zurück, der nach 1,1.7 und 7,1 in den Jahren 520–518 v. Chr. in Jerusalem aufgetreten ist. Die Entstehung des zweiten Teils dagegen fällt offensichtlich in eine spätere Zeit, wie der andersartige geschichtliche Hintergrund und die weiterentwickelten Vorstellungen über die Endzeit erkennen lassen.

Die Bedeutung der Botschaft Sacharjas erkennt man, wenn man sie auf dem Hintergrund der ersten Zeit nach der Rückkehr der verbannten Judäer aus Babylonien sieht. Angesichts der Hoffnungslosigkeit des Volkes, das nach den Schicksalsschlägen der Vergangenheit und den trostlosen Erfahrungen der Gegenwart in der Versuchung lebt, sich selbst und seine Sendung aufzugeben, entfacht Sacharja im Blick auf das Kommen der endzeitlichen Gottesherrschaft den Eifer seiner Zeitgenossen für ein mutiges und opferbereites Handeln beim Wiederaufbau Jerusalems und bei der Neuordnung des Gottesvolkes.

ERSTER TEIL: DIE VISIONEN UND WORTE SACHARJAS: 1,1 – 8,23

Der Aufruf zur Umkehr: 1,1–6

1 Im zweiten Jahr des Darius erging im achten Monat das Wort des Herrn an den Propheten Sacharja, den Sohn Berechjas, des Sohnes Iddos: 2 Schwer hat der Herr euren Vätern gezürnt. 3 Deshalb sag zu ihnen: So spricht der Herr der Heere: Kehrt um zu mir – Spruch des Herrn der Heere –, dann kehre ich um zu euch, spricht der Herr der Heere. 4 Seid nicht wie eure Väter, denen die früheren Propheten verkündeten: So spricht der Herr der Heere: Kehrt doch um von euren heillosen Wegen und von euren heillosen Taten. Aber sie hörten nicht und schenkten mir kein Gehör – Spruch des Herrn. 5 Wo sind nun eure Väter? Und die Propheten – leben sie ewig? 6 Meine Worte und meine Entschlüsse, die ich durch meine Knechte, die Propheten, verkünden ließ, haben sie sich nicht an euren Vätern erfüllt? Darauf kehrten sie um und sagten: Wie unsere Wege und unsere Taten es verdienten, gedachte der Herr der Heere an uns zu handeln und so hat er gehandelt.

1: Esra 5,1; Hag 1,1 • 3: Mal 3,7; Jak 4,8.

Die erste Vision: Das Gericht über die Völker: 1,7–17

7 Am vierundzwanzigsten Tag des elften Monats – das ist der Monat Schebat – im zweiten Jahr des Darius erging das Wort des Herrn an den Propheten Sacharja, den Sohn Berechjas, des Sohnes Iddos. 8 In dieser Nacht hatte ich eine Vision: Ich sah einen Mann auf einem rotbraunen Pferd. Er stand zwischen den Myrtenbäumen in der Tiefe und hinter ihm waren rotbraune, blutrote und weiße Pferde. 9 Ich fragte: Herr, was bedeuten diese Pferde? Und der Engel, der mit mir redete, sprach: Ich will dich sehen lassen, was sie bedeuten. 10 Da ergriff der Mann, der zwischen den Myrtenbäumen stand, das Wort und sagte: Der Herr hat diese Pferde gesandt, damit sie die Erde durchziehen.

11 Und sie antworteten dem Engel des Herrn,
der zwischen den Myrtenbäumen stand: Wir
haben die Erde durchzogen – die ganze Erde
ruht und liegt still. 12 Da sagte der Engel des
Herrn: Herr der Heere, wie lange versagst du
noch Jerusalem und den Städten Judas dein
Erbarmen, denen du nun siebzig Jahre
grollst? 13 Der Herr antwortete dem Engel,
der mit mir redete, in freundlichen Worten,
Worten voll Trost. 14 Da sagte mir der Engel,
der mit mir redete: Verkünde: So spricht der
Herr der Heere: Mit großem Eifer trete ich
für Jerusalem und Zion ein; 15 aber ich bin
voll glühendem Zorn gegen die Völker, die
sich in falscher Sicherheit wiegen. Ich war
nur ein wenig erzürnt; doch sie wollten vernichten, als sie mir halfen. 16 Darum – so
spricht der Herr: Voll Erbarmen wende ich
mich Jerusalem wieder zu. Man wird mein
Haus dort aufbauen – Spruch des Herrn der
Heere – und die Richtschnur über Jerusalem
spannen. 17 Weiter verkünde: So spricht der
Herr der Heere: Meine Städte werden wieder
überfließen von allen Gütern. Der Herr wird
Zion wieder trösten und er wird Jerusalem
wieder auserwählen.

8: 6,1–8 • 14: 8,2 • 16: 2,5–9 • 17: 2,16.

Die zweite Vision: Das Gericht über die Zerstörer Jerusalems: 2,1–4

2 Danach blickte ich hin und sah: Da waren vier Hörner. 2 Ich fragte den Engel,
der mit mir redete: Was bedeuten diese Hörner? Er antwortete mir: Das sind die vier
Hörner, die Juda, Israel und Jerusalem zerstreut haben. 3 Darauf ließ mich der Herr
vier Schmiede sehen. 4 Ich fragte: Wozu sind
sie da? Was sollen sie tun? Und er antwortete: Die Hörner haben Juda zerstreut, sodass kein Mensch mehr sein Haupt erhob; die Schmiede aber sind gekommen, um sie zu erschrecken und die Hörner aller Völker niederzuwerfen, die ihre Macht gegen Juda aufgeboten haben, um es zu zerstreuen.

Die dritte Vision: Jerusalem unter Gottes Schutz: 2,5–9

5 Danach blickte ich hin und sah: Da war
ein Mann mit einer Messschnur in der Hand.
6 Ich fragte: Wohin gehst du? Er antwortete
mir: Ich gehe, um Jerusalem auszumessen
und zu sehen, wie breit und wie lang es sein
wird. 7 Da trat der Engel, der mit mir redete,
vor und ein anderer Engel kam ihm entgegen
8 und sagte zu ihm: Lauf und sag dem jungen
Mann dort: Jerusalem wird eine offene Stadt
sein wegen der vielen Menschen und Tiere,
die darin wohnen. 9 Ich selbst – Spruch des
Herrn – werde für die Stadt ringsum eine
Mauer von Feuer sein und in ihrem Innern
ihr Ruhm und ihre Ehre.

5: 1,16; Ez 40,3 • 8: Ez 38,11 • 9: 9,8; Ex 14,20.

Der Aufruf an die Verbannten: 2,10–17

10 Auf, auf! Flieht aus dem Land des Nordens – Spruch des Herrn. Denn wie die vier
Winde des Himmels habe ich euch zerstreut
– Spruch des Herrn. 11 Auf, Zion, die du in
Babel wohnst, rette dich! 12 Denn so spricht
der Herr der Heere – er hat mich mit Herrlichkeit zu den Völkern gesandt, die euch
ausgeplündert haben –: Wer euch antastet,
tastet meinen Augapfel an. 13 Ja, jetzt hole
ich mit meiner Hand zum Schlag gegen sie
aus, sodass sie eine Beute ihrer eigenen
Knechte werden. Und ihr werdet erkennen,
dass der Herr der Heere mich gesandt hat.

14 Juble und freue dich, Tochter Zion; denn
siehe, ich komme und wohne in deiner Mitte
– Spruch des Herrn. 15 An jenem Tag werden
sich viele Völker dem Herrn anschließen
und sie werden mein Volk sein und ich
werde in deiner Mitte wohnen. Dann wirst
du erkennen, dass der Herr der Heere mich
zu dir gesandt hat. 16 Der Herr aber wird
Juda in Besitz nehmen; es wird sein Anteil
im Heiligen Land sein. Und er wird Jerusalem wieder auserwählen. 17 Alle Welt
schweige in der Gegenwart des Herrn. Denn
er tritt hervor aus seiner heiligen Wohnung.

16: 1,17.

Die vierte Vision: Der Priesterdienst in der messianischen Zeit: 3,1–10

3 Danach ließ er mich den Hohenpriester Jeschua sehen, der vor dem Engel des
Herrn stand. Der Satan aber stand rechts
von Jeschua, um ihn anzuklagen. 2 Der Engel
des Herrn sagte zum Satan: Der Herr weise
dich in die Schranken, Satan; ja, der Herr,
der Jerusalem auserwählt hat, weise dich in
die Schranken. Ist dieser Mann nicht ein
Holzscheit, das man aus dem Feuer gerissen
hat? 3 Jeschua hatte nämlich schmutzige
Kleider an, als er vor dem Engel stand. 4 Der
Engel wandte sich an seine Diener und befahl: Zieht ihm die schmutzigen Kleider aus!
Zu ihm aber sagte er: Hiermit nehme ich
deine Schuld von dir und bekleide dich mit

3,1 Zum Namen Jeschua vgl. die Anmerkung zu Hag 1,1.

festlichen Gewändern. 5 Und ich befehle: Man soll ihm einen reinen Turban aufsetzen. Da setzten sie ihm den reinen Turban auf und bekleideten ihn mit Festgewändern und der Engel des Herrn stand dabei.

6 Der Engel des Herrn versicherte Jeschua: 7 So spricht der Herr der Heere: Wenn du auf meinen Wegen gehst und wenn du meine Ordnung einhältst, dann wirst du es sein, der mein Haus regiert und meine Vorhöfe verwaltet, und ich gebe dir Zutritt zu meinen Dienern hier.

8 Höre, Hoherpriester Jeschua: Du und deine Gefährten, die vor dir sitzen, ihr seid Männer, die Wahrzeichen sind. Denn siehe, ich will meinen Knecht kommen lassen, den Spross. 9 Denn der Stein, den ich vor Jeschua hingelegt habe – auf diesem einen Stein sind sieben Augen. Ich ritze in ihn eine Inschrift ein – Spruch des Herrn der Heere – und ich tilge die Schuld dieses Landes an einem einzigen Tag. 10 An jenem Tag – Spruch des Herrn der Heere – werdet ihr einander einladen unter Weinstock und Feigenbaum.

2: Jud 9 • 8: Jes 8,18; Sach 6,12; Jer 23,5; 33,15 • 9: 4,10; Ex 28,9–11; 39,6f; Offb 2,17.

Die fünfte Vision: Der Hohepriester und der Davidsohn: 4,1–14

4 Danach kehrte der Engel, der mit mir redete, zurück, weckte mich, wie man jemand vom Schlaf aufweckt, 2 und sagte zu mir: Was hast du gesehen? Ich antwortete: Ich hatte eine Vision: Da stand ein Leuchter, ganz aus Gold, darauf eine Schale und auf ihr sieben Lampen mit je sieben Schnäbeln für die Flammen auf den Lampen. 3 Zwei Ölbäume standen daneben, der eine rechts, der andere links von der Schale. 4 Und ich sprach weiter und fragte den Engel, der mit mir redete: Herr, was bedeuten diese Ölbäume? 5 Der Engel, der mit mir redete, antwortete mir: Weißt du nicht, was sie bedeuten? Ich erwiderte: Nein, Herr. 6 Da erwiderte er und sagte zu mir: So lautet das Wort des Herrn an Serubbabel: Nicht durch Macht, nicht durch Kraft, allein durch meinen Geist! – spricht der Herr der Heere.

7 Wer bist du, großer Berg? Vor Serubbabel wirst du zur Ebene. Er holt den Schlussstein hervor und man ruft: Wie schön ist er, wie schön! 8 Da erging das Wort des Herrn an mich: 9 Serubbabels Hände haben den Grund zu diesem Haus gelegt und seine Hände werden es vollenden, damit man erkennt, dass mich der Herr der Heere zu euch gesandt hat. 10 Denn wer gering dachte von der Zeit der kleinen Anfänge, wird sich freuen, wenn er den auserlesenen Stein in Serubbabels Hand sieht. Das sind die sieben Augen des Herrn, die über die ganze Erde schweifen.

11 Ich fragte ihn weiter: Was bedeuten die zwei Ölbäume auf der rechten und auf der linken Seite des Leuchters? 12 Und weiter fragte ich ihn: Was bedeuten die zwei Büschel von Olivenzweigen bei den beiden goldenen Röhren, durch die das goldene Öl herabfließt? 13 Er sagte zu mir: Weißt du nicht, was sie bedeuten? Ich erwiderte: Nein, Herr. 14 Er sagte: Das sind die beiden Gesalbten, die vor dem Herrn der ganzen Erde stehen.

2: Ex 25,31–40 • 10: 3,9; 2 Chr 16,9 • 14: Offb 11,4.

Die sechste Vision: Die Ausrottung der Diebe: 5,1–4

5 Wieder blickte ich hin und sah eine fliegende Schriftrolle. 2 Er fragte mich: Was siehst du? Ich antwortete: Ich sehe eine fliegende Schriftrolle, zwanzig Ellen lang und zehn Ellen breit. 3 Da sagte er zu mir: Das ist der Fluch, der über die ganze Erde dahinfliegt. An jedem, der stiehlt, wird Rache genommen, dem Fluch entsprechend; und an jedem, der schwört, wird Rache genommen, dem Fluch entsprechend.

4 Ich habe den Fluch dahinfliegen lassen – Spruch des Herrn der Heere – und er wird eindringen in das Haus des Diebes und in das Haus dessen, der bei meinem Namen einen Meineid schwört. Und der Fluch wird im Innern seines Hauses bleiben und wird es vernichten samt Holz und Steinen.

Die siebte Vision: Die Befreiung vom Bösen: 5,5–11

5 Der Engel des Herrn, der mit mir redete, kam und sagte zu mir: Blick hin und sieh, was sich zeigt! 6 Ich fragte: Was ist das? Er antwortete: Was sich dort zeigt, ist ein Fass. Und er fuhr fort: Das ist ihre Schuld auf der ganzen Erde. 7 Und siehe: Ein Deckel aus Blei wurde (von dem Fass) gehoben und in dem Fass saß eine Frau. 8 Er sagte: Das ist die Ruchlosigkeit. Darauf stieß er sie in das Fass zurück und warf den bleiernen Deckel auf die Öffnung. 9 Als ich aufblickte und hinsah, da traten zwei Frauen hervor und ein Wind füllte ihre Flügel – sie hatten nämlich Flügel wie Storchenflügel – und sie trugen das Fass zwischen Erde und Himmel fort. 10 Darauf

5,3 Text korr. nach G.

fragte ich den Engel, der mit mir redete: Wohin bringen sie das Fass? 11 Er antwortete mir: Im Land Schinar soll für die Frau ein Tempel gebaut werden. Er wird auf festem Grund stehen und dort wird sie an ihrem Platz aufgestellt werden.

11: Gen 10,10; 11,2.

Die achte Vision: Das Gericht über die Feinde: 6,1–8

6 Wieder blickte ich hin und sah vier Wagen. Sie fuhren zwischen zwei Bergen hervor und die Berge waren aus Bronze. 2 Am ersten Wagen waren rote Pferde, am zweiten Wagen schwarze Pferde, 3 am dritten Wagen weiße Pferde und am vierten Wagen gescheckte Pferde, alles starke Tiere. 4 Darauf fragte ich den Engel, der mit mir redete: Was bedeutet das, Herr? 5 Der Engel gab mir zur Antwort: Das sind die vier Winde des Himmels, die vor dem Herrn der ganzen Erde standen und nun losstürmen. 6 Die schwarzen Pferde gehen in das Land des Nordens, die weißen gehen nach Westen, die gescheckten gehen in das Land des Südens. 7 Die starken Tiere stürmen los, begierig, die Erde zu durchziehen. Darauf sagte er: Auf, durchzieht die Erde! Und sie durchzogen die Erde. 8 Und er rief mir zu: Sieh dir die Pferde an, die in das Land des Nordens ziehen – sie bringen meinen Geist über das Land des Nordens.

2: 1,8.

Die Zeichen der Heilszeit: 6,9–15

9 Danach erging an mich das Wort des Herrn: 10 Nimm einige der Heimkehrer von den Familien Heldai, Tobija und Jedaja und komm selbst an diesem Tag zum Haus Joschijas, des Sohnes Zefanjas! Es sind Leute, die aus Babel zurückgekommen sind. 11 Nimm Silber und Gold, mach eine Krone, setze sie dem Hohenpriester Jeschua, dem Sohn des Jozadak, aufs Haupt, 12 und sag zu ihm: So spricht der Herr der Heere: Da ist ein Mann, Spross ist sein Name; denn wo er steht, wird es sprossen und er wird den Tempel des Herrn bauen. 13 Er ist es, der den Tempel des Herrn baut. Er ist mit Hoheit bekleidet. Er sitzt auf seinem Thron und herrscht. Ein Priester steht an seinem Thron und gemeinsam sorgen sie für den Frieden. 14 Die Krone wird zur Erinnerung an Heldai, Tobija, Jedaja und Hen, den Sohn Zefanjas, im Tempel des Herrn liegen. 15 Aus der Ferne werden sie kommen und am Tempel des Herrn bauen. Dann werdet ihr erkennen, dass mich der Herr der Heere zu euch gesandt hat. Das wird geschehen, wenn ihr beharrlich auf die Stimme des Herrn, eures Gottes, hört.

11: 3,1–10 • 12: 3,8.

Das wahre Fasten: 7,1–14

7 Im vierten Jahr des Königs Darius erging das Wort des Herrn an Sacharja, am vierten Tag im neunten Monat, dem Monat Kislew. 2 Bet-El sandte Sarezer und Regem-Melech mit seinen Leuten, um den Zorn des Herrn zu besänftigen 3 und um die Priester im Haus des Herrn der Heere und die Propheten zu fragen: Soll ich weiterhin im fünften Monat weinen und enthaltsam sein, wie ich es so viele Jahre getan habe? 4 Da erging an mich das Wort des Herrn der Heere: 5 Sag dem ganzen Volk auf dem Land und den Priestern: Ihr habt gefastet und Klage abgehalten im fünften und im siebten Monat, und das siebzig Jahre lang – aber bin ich es, für den ihr so streng gefastet habt? 6 Und wenn ihr esst und trinkt, esst ihr dann nicht für euch und trinkt ihr nicht für euch? 7 Kennt ihr nicht die Worte, die der Herr durch die früheren Propheten verkünden ließ, als man Jerusalem und die Städte ringsum sorglos bewohnte, als der Negeb und die Schefela noch bewohnt waren? 8 Und das Wort des Herrn erging an Sacharja: 9 So spricht der Herr der Heere: Haltet gerechtes Gericht, jeder zeige seinem Bruder gegenüber Güte und Erbarmen; 10 unterdrückt nicht die Witwen und Waisen, die Fremden und Armen und plant in eurem Herzen nichts Böses gegeneinander! 11 Doch sie weigerten sich hinzuhören, sie zeigten sich störrisch und verstopften ihre Ohren, um nicht zu hören. 12 Sie machten ihr Herz hart wie Diamant, um die Weisung und die Worte nicht hören zu müssen, die der Herr der Heere in der Kraft seines Geistes durch die früheren Propheten gesandt hat. Deshalb kam der große Zorn des Herrn der Heere über sie, 13 und es geschah dies: Wie er einst rief und sie nicht hörten, so riefen nun sie und ich hörte nicht, spricht der Herr der Heere. 14 Ich habe sie unter alle Völker verweht, die ihnen unbekannt waren. Nach ihnen verödete das Land, sodass niemand mehr darin hin- und herzog, und so haben sie das Land der Freuden zur Wüste gemacht.

9: Mi 6,8 • 10: Jer 7,5f • 11: Jes 48,4; Jer 5,3.

6,14 Hen, den Sohn Zefanjas: Text korr. nach Vg.

Die künftige Rettung: 8,1–23

8 Es erging das Wort des Herrn der Heere: 2 So spricht der Herr der Heere: Mit großem Eifer trete ich ein für Zion, ich setze mich glühend ein für Jerusalem. 3 So spricht der Herr: Ich kehre zurück nach Zion und wohne wieder in Jerusalem. Dann wird Jerusalem »Stadt der Treue« heißen und der Berg des Herrn der Heere »Heiliger Berg«. 4 So spricht der Herr der Heere: Greise und Greisinnen werden wieder auf den Plätzen Jerusalems sitzen; jeder hält wegen seines hohen Alters einen Stock in der Hand. 5 Die Straßen der Stadt werden voll Knaben und Mädchen sein, die auf den Straßen Jerusalems spielen. 6 So spricht der Herr der Heere: Wenn das dem Rest dieses Volkes in jenen Tagen zu wunderbar erscheint, muss es dann auch mir zu wunderbar erscheinen? – Spruch des Herrn der Heere.

7 So spricht der Herr der Heere: Seht, ich werde mein Volk befreien aus dem Land des Sonnenaufgangs und aus dem Land des Sonnenuntergangs. 8 Ich werde sie heimbringen und sie werden in Jerusalem wohnen. Sie werden mein Volk sein und ich werde ihr Gott sein, unwandelbar und treu.

9 So spricht der Herr der Heere: Macht eure Hände stark, wenn ihr in diesen Tagen die Worte aus dem Mund des Propheten hört. Die Propheten treten seit dem Tag auf, an dem das Fundament für das Haus des Herrn der Heere gelegt wurde, damit der Tempel gebaut werde. 10 Vor diesen Tagen brachte die Arbeit des Menschen keinen Ertrag und es gab keine Nahrung für das Vieh. Wer aus dem Haus ging und heimkehrte, fand keine Sicherheit vor dem Feind. Alle Menschen ließ ich gegeneinander los. 11 Jetzt aber bin ich zum Rest des Volkes nicht mehr so wie in den früheren Tagen – Spruch des Herrn der Heere; 12 denn ich säe das Heil: Der Weinstock gibt seine Frucht, das Land gibt seinen Ertrag, der Himmel gibt seinen Tau. Das alles will ich dem Rest dieses Volkes zu eigen geben. 13 Und wie ihr, Haus Juda und Haus Israel, ein Fluch unter den Völkern gewesen seid, so werde ich euch erretten, damit ihr ein Segen seid. Fürchtet euch nicht! Macht eure Hände stark! 14 Denn so spricht der Herr der Heere: Wie ich plante, euch Böses zu tun, und es mich nicht reute, weil eure Väter mich erzürnten, spricht der Herr der Heere, 15 so kehre ich jetzt um und plane in diesen Tagen, Jerusalem und dem Haus Juda Gutes zu tun. Fürchtet euch nicht!

16 Das sind die Dinge, die ihr tun sollt: Sagt untereinander die Wahrheit! Fällt an euren Stadttoren Urteile, die der Wahrheit entsprechen und dem Frieden dienen. 17 Plant in eurem Herzen nichts Böses gegen euren Nächsten und liebt keine verlogenen Schwüre! Denn das alles hasse ich – Spruch des Herrn.

18 Und es erging an mich das Wort des Herrn der Heere: 19 So spricht der Herr der Heere: Das Fasten des vierten, das Fasten des fünften, das Fasten des siebten und das Fasten des zehnten Monats werden für das Haus Juda Tage des Jubels und der Freude und froher Feste sein. Darum liebt die Treue und den Frieden!

20 So spricht der Herr der Heere: Es wird noch geschehen, dass Völker herbeikommen und die Einwohner vieler Städte. 21 Die Einwohner der einen Stadt werden zur andern gehen und sagen: Wir wollen gehen, um den Zorn des Herrn zu besänftigen und den Herrn der Heere zu suchen. – Auch ich will hingehen. – 22 Viele Völker und mächtige Nationen werden kommen, um in Jerusalem den Herrn der Heere zu suchen und den Zorn des Herrn zu besänftigen.

23 So spricht der Herr der Heere: In jenen Tagen werden zehn Männer aus Völkern aller Sprachen einen Mann aus Juda an seinem Gewand fassen, ihn festhalten und sagen: Wir wollen mit euch gehen; denn wir haben gehört: Gott ist mit euch.

2: 1,14 • 3: Jes 1,21–26 • 4: Jes 65,20; Jer 31,13 • 6: Ps 118,23 • 7: Jes 11,11f; 27,13; Jer 24,5–7 • 10: Hag 2,15–19.

ZWEITER TEIL: VERHEISSUNGEN UND GERICHTSWORTE AUS SPÄTERER ZEIT: 9,1 – 14,21

Die Rettung eines Restes der Nachbarvölker: 9,1–8

9 Ausspruch. Das Wort des Herrn ruht auf dem Land Hadrach, Damaskus ist seine Ruhestätte. Denn dem Herrn gehören die Hauptstadt von Aram und alle Stämme Israels, 2 auch Hamat, das daran grenzt, selbst Tyrus und Sidon, so klug sie auch sind. 3 Ty-

8,16 Das Stadttor war der Ort des Gerichts.

9,1 die Hauptstadt, wörtlich: das Auge. – Aram: Text korr.

rus baute sich eine Festung, häufte Silber
auf wie Staub und Gold wie Schlamm in den
Gassen. 4 Seht, der Herr lässt es verarmen, er
schlägt seine Streitmacht auf dem Meer; die
Stadt wird vom Feuer verzehrt. 5 Aschkelon
soll es sehen und sich fürchten, auch Gaza,
und sie sollen gewaltig zittern, auch Ekron;
denn er lässt dahinschwinden, wonach sie
Ausschau hielten. Verschwunden ist der Kö-
nig aus Gaza, Aschkelons Thron steht leer.
6 Ein Bastard herrscht in Aschdod, ich zer-
schlage die Größe der Philister. 7 Ich werde
das Blut (das sie trinken) aus ihrem Mund
nehmen und das, was ich verabscheue, aus
ihren Zähnen. So werden auch sie zu dem
Rest gehören, der unserem Gott zu eigen ist.
Sie sind wie eine Sippe in Juda, Ekron ist wie
das Volk der Jebusiter. 8 Ich selbst werde der
Wachtposten sein, der mein Haus vor Fein-
den schützt, die in den Krieg und wieder
nach Hause ziehen. Kein Bedrücker greift sie
mehr an; denn jetzt sehe ich auf sie mit mei-
nen eigenen Augen.

4: 1 Sam 2,7 • 5: 10,11.

Der kommende Friedenskönig: 9,9–17

9 Juble laut, Tochter Zion! Jauchze, Toch-
ter Jerusalem! Sieh, dein König kommt zu
dir. Er ist gerecht und hilft; er ist demütig
und reitet auf einem Esel, auf einem Fohlen,
dem Jungen einer Eselin. 10 Ich vernichte die
Streitwagen aus Efraim und die Rosse aus
Jerusalem, vernichtet wird der Kriegsbo-
gen.

Er verkündet für die Völker den Frieden;
seine Herrschaft reicht von Meer zu Meer
und vom Eufrat bis an die Enden der Erde.

11 Auch deine Gefangenen werde ich um
des Blutes deines Bundes willen freilassen
aus ihrem Kerker, der wasserlosen Zisterne.
12 Kehrt in Scharen zurück, ihr Gefangenen
voll Hoffnung! Ja, heute verkünde ich: Die
doppelte Zahl führe ich zu dir zurück.
13 Denn ich spanne mir Juda als Bogen und
lege Efraim als Pfeil darauf. Ich rufe deine
Söhne, Zion, zum Kampf gegen die Söhne
Jawans, ich mache dich zum Schwert eines
Helden. 14 Der Herr selbst wird über ihnen
erscheinen. Wie der Blitz schießt sein Pfeil
dahin. Gott, der Herr, bläst ins Horn, er
kommt in den Stürmen des Südens. 15 Der
Herr der Heere beschirmt die Seinen. Die
Schleudersteine fressen und zermalmen.
(Seine Krieger) trinken und lärmen wie beim
Wein; sie sind voll Blut wie eine Opferschale,
wie die Ecken eines Altars. 16 Der Herr, ihr
Gott, wird sie an jenem Tag retten; er wird
sein Volk retten, wie man Schafe rettet.
Edelsteine glänzen auf seinem Land. 17 Wie
groß sind seine Schätze, wie herrlich ist seine
Schönheit! Korn gibt den jungen Männern
Kraft und Most den Mädchen.

9: Zef 3,14; Mt 21,5 • 10: Ps 72,8 • 11: Jer 38,6.

Gottes Erbarmen nach dem Gericht:
10,1 – 11,3

10 Bittet den Herrn um Regen zur Re-
genzeit im Frühjahr! Der Herr lässt
Gewitterwolken entstehen, er füllt sie mit
Regen und gibt den Menschen das Grün auf
dem Feld.

2 Die Hausgötzen redeten Falsches; die
Wahrsager schauten Lügen. Sie verkündeten
nichtige Träume und spendeten leeren Trost.
Darum wurde das Volk weggetrieben wie
Schafe und geriet ins Elend; denn es hatte
keinen Hirten. 3 Gegen die Hirten ist mein
Zorn entbrannt, die Leithammel ziehe ich
zur Rechenschaft. Denn der Herr der Heere
sieht nach seiner Herde, nach dem Haus
Juda, er macht es zu seinem prächtigen
Streitross. 4 Aus dem Haus Juda kommt ein
Edelstein, aus ihm ein Zeltpflock, aus ihm
ein Kriegsbogen; aus ihm kommt jeder, der
Macht hat. 5 Sie alle werden wie Helden
sein, die im Krieg den Feind in den Gassen-
kot treten. Sie werden kämpfen; denn der
Herr ist mit ihnen. Dann müssen sich alle
schämen, die auf Pferden reiten. 6 Das Haus
Juda will ich stark machen und das Haus
Josef retten. Ich führe sie zurück; denn ich
habe Erbarmen mit ihnen. Es wird sein, als
ob ich sie nicht verstoßen hätte; denn ich bin
Jahwe, ihr Gott; ich werde sie erhören. 7 Die
Söhne Efraims werden Helden sein. Sie wer-
den sich freuen wie beim Wein. Ihre Kinder
werden es sehen und sich freuen und ihr
Herz wird jubeln über den Herrn. 8 Ich werde
ihnen pfeifen und sie zusammenholen; denn
ich habe sie losgekauft. Sie werden so zahl-
reich sein, wie sie zahlreich waren. 9 Ich habe
sie unter die Völker gesät; doch in der Ferne
werden sie an mich denken. Sie werden mit
ihren Kindern am Leben bleiben und heim-
kehren. 10 Ja, ich werde sie zurückführen aus
Ägypten und aus Assur werde ich sie sam-
meln. Ich werde sie nach Gilead und zum Li-
banon bringen und es wird nicht genug Platz

9,7 Blut und unreine Tiere durfte man nicht genießen, vgl. Gen 9,4; Lev 11,10–23; Dtn 12,16.23; 14,3–21; 15,23.

9,13 Jawan: die Völker der Ägäis und Kleinasiens, besonders die Griechen.

10,4 Vier bildliche Bezeichnungen für die führenden Männer Judas nach dem Gericht.

für sie da sein. 11 Wenn sie aus dem Land der
Not durch das Meer ziehen, wird der Herr
die Wellen im Meer schlagen und die Tiefen
des Nil werden austrocknen. Dann wird die
Größe Assurs in den Staub getreten und das
Zepter Ägyptens wird beseitigt. 12 Ich mache
sie stark durch den Herrn und sie werden in
seinem Namen ihren Weg gehen – Spruch des
Herrn.

11 Öffne deine Tore, Libanon, damit das
Feuer deine Zedern frisst. 2 Klage,
Zypresse! Denn die Zeder ist gefallen; ja, die
Mächtigen wurden vernichtet. Klagt, ihr
Eichen des Baschan, denn der undurch-
dringliche Wald ist dahingesunken. 3 Horch,
die Hirten klagen; denn ihre prächtige Weide
ist vernichtet. Horch, die jungen Löwen
brüllen; denn das Dickicht am Jordan ist
vernichtet.

10,2: Mt 9,36 • 11: Ex 14; Jes 11,15; 51,10 • 12: Gen 5,24; 6,9; 17,1 • 11,2: Jes 2,11–13.

Das Drohwort gegen die schlechten Herrscher: 11,4–17

4 So spricht der Herr, mein Gott: Hüte die
Schafe, die geschlachtet werden sollen.
5 Ihre Käufer töten sie, ohne es zu büßen.
Ihre Verkäufer sagen: Gepriesen sei der
Herr; denn ich bin reich geworden. Ihre Hir-
ten haben kein Mitleid mit ihnen. 6 Wahrhaf-
tig, ich habe kein Mitleid mehr mit den Be-
wohnern des Landes – Spruch des Herrn.
Seht, jeden Menschen liefere ich seinem
Nächsten aus und seinem König. Sie zer-
schlagen das Land und ich rette es nicht aus
ihrer Hand.

7 Ich hütete die Schafe, die geschlachtet
werden sollten, für die Schafhändler und ich
nahm mir zwei Ruten. Eine nannte ich Noam
(Freundlichkeit), die andere nannte ich
Hobelim (Verbindung) und ich hütete die
Herde.

8 Nach meinem Willen verschwanden in
einem einzigen Monat drei Hirten. Ich war
zornig auf sie, auch sie waren meiner über-
drüssig. 9 Ich sagte: Ich hüte euch nicht. Was
im Sterben liegt, soll sterben; was sich verlo-
ren hat, sei verloren; und von den Übrigge-
bliebenen soll einer des andern Fleisch fres-
sen. 10 Dann nahm ich meine Rute Noam und
hieb sie in Stücke, um meinen Bund zu zer-
brechen, den ich mit allen Völkern geschlos-
sen hatte. 11 So wurde er an diesem Tag zer-
brochen. Da erkannten die Schafhändler, die
auf mich Acht gaben, dass dies ein Wort des
Herrn war. 12 Ich sagte zu ihnen: Wenn es
euch recht scheint, so bringt mir meinen
Lohn; wenn nicht, so lasst es! Doch sie wo-
gen mir meinen Lohn ab, dreißig Silberstü-
cke. 13 Da sagte der Herr zu mir: Wirf ihn
dem Schmelzer hin! Hoch ist der Preis, den
ich ihnen wert bin. Und ich nahm die dreißig
Silberstücke und warf sie im Haus des Herrn
dem Schmelzer hin. 14 Danach hieb ich mei-
ne zweite Rute, Hobelim, in Stücke, um den
brüderlichen Bund zwischen Juda und Israel
zu zerbrechen. 15 Der Herr sagte zu mir:
Nimm nochmals das Gerät des nichtsnutzi-
gen Hirten! 16 Denn ich lasse einen Hirten im
Land auftreten. Um das Vermisste kümmert
er sich nicht, das Verlorene sucht er nicht,
das Gebrochene heilt er nicht, das Gesunde
versorgt er nicht. Stattdessen isst er das
Fleisch der gemästeten Schafe und reißt ih-
nen die Klauen ab.

17 Weh meinem nichtsnutzigen Hirten, der
die Herde im Stich lässt. Das Schwert über
seinen Arm und über sein rechtes Auge! Sein
Arm soll völlig verdorren, sein rechtes Auge
soll gänzlich erblinden.

4–17: Ez 34 • 13: Mt 27,9f.

Jerusalems Not und Errettung: 12,1 – 13,1

12 Ausspruch. Das Wort des Herrn über
Israel. Der Spruch des Herrn, der
den Himmel ausgespannt, die Erde gegrün-
det und den Geist im Innern des Menschen
geformt hat: 2 Seht, ich mache Jerusalem zur
Schale voll berauschendem Getränk für alle
Völker ringsum [und auch für Juda wird dies
gelten bei der Belagerung Jerusalems]. 3 An
jenem Tag mache ich Jerusalem für alle Völ-
ker zum Stein, den man hochstemmen will:
Jeder, der ihn hebt, wird schwer zerschun-
den. Alle Völker der Erde werden sich gegen
Jerusalem verbünden. 4 An jenem Tag –
Spruch des Herrn – bringe ich alle Pferde in
Verwirrung und ihre Reiter zur Raserei.
Über dem Haus Juda aber halte ich meine
Augen offen, während ich alle Pferde der
Völker mit Blindheit schlage. 5 Dann werden
die Anführer Judas denken: Die Einwohner
Jerusalems sind stark durch den Herrn der
Heere, ihren Gott. 6 An jenem Tag mache ich
Judas Anführer gleich einem Feuerbecken
im Holzhaufen und gleich brennenden Fa-
ckeln in den Garben. Sie fressen alle Völker
ringsum, rechts und links. Jerusalem aber
wird weiterhin an seinem Ort bleiben, in Je-
rusalem. 7 Dann wird der Herr zuerst die
Zelte Judas retten, damit der Stolz des Hau-
ses David und der Stolz der Einwohner Jeru-

11,13 Wirf ihn dem Schmelzer hin, andere Übersetzungsmöglichkeit nach S: Wirf ihn in das Schatzhaus!
12,2b H verderbt.

salems nicht zu groß wird gegenüber Juda.
8 An jenem Tag beschirmt der Herr die Ein-
wohner Jerusalems und dann wird selbst der
von ihnen, der strauchelt, wie David sein
und das Haus David an ihrer Spitze wie
Gott, wie der Engel des Herrn. 9 An jenem
Tag werde ich danach trachten, alle Völker
zu vernichten, die gegen Jerusalem anrü-
cken. 10 Doch über das Haus David und über
die Einwohner Jerusalems werde ich den
Geist des Mitleids und des Gebets ausgießen.
Und sie werden auf den blicken, den sie
durchbohrt haben. Sie werden um ihn kla-
gen, wie man um den einzigen Sohn klagt; sie
werden bitter um ihn weinen, wie man um
den Erstgeborenen weint. 11 An jenem Tag
wird die Totenklage in Jerusalem so laut sein
wie die Klage um Hadad-Rimmon in der
Ebene von Megiddo.

12 Das Land wird trauern, jede Sippe für
sich: die Sippe des Hauses David für sich
und ihre Frauen für sich; die Sippe des Hau-
ses Natan für sich und ihre Frauen für sich;
13 die Sippe des Hauses Levi für sich und ihre
Frauen für sich; die Sippe des Hauses Schimi
für sich und ihre Frauen für sich; 14 alle
überlebenden Sippen, jede Sippe für sich
und ihre Frauen für sich.

13 An jenem Tag wird für das Haus Da-
vid und für die Einwohner Jerusa-
lems eine Quelle fließen zur Reinigung von
Sünde und Unreinheit.

12,2: Jes 51,17–23; Jer 25,15–26 • 3: 14,2 • 4: Dtn 28,28 • 6: Weish 3,7; Obd 18 • 10: Ez 36,25–27; Joël 3,1; Joh 19,37; Offb 1,7 • 11: 2 Kön 5,18.

Die Vernichtung der Götter und der falschen Propheten: 13,2–6

2 An jenem Tag – Spruch des Herrn der
Heere – werde ich die Namen der Götzenbil-
der im Land ausrotten, sodass man sich nicht
mehr an sie erinnert. Auch die Propheten
und den Geist der Unreinheit werde ich aus
dem Land vertreiben. 3 Wenn dann noch ei-
ner als Prophet auftritt, so werden sein Vater
und seine Mutter, die ihn hervorgebracht ha-
ben, zu ihm sagen: Du sollst nicht am Leben
bleiben; denn du hast im Namen des Herrn
Falsches gesagt. Sein Vater und seine Mut-
ter, die ihn hervorgebracht haben, werden
ihn durchbohren, weil er als Prophet auftrat.
4 An jenem Tag wird jeder Prophet sich we-
gen der Visionen schämen, die er verkündet
hat. Um sich zu verleugnen, wird er seinen
härenen Mantel nicht anziehen. 5 Er wird sa-
gen: Ich bin kein Prophet, ich bin nur ein
Mann, der seinen Acker bebaut; schon von
Jugend an besitze ich Ackerland. 6 Wenn
man dann zu ihm sagt: Was sind denn das für
Wunden auf deiner Brust?, wird er antwor-
ten: Ich wurde im Haus meiner Freunde ver-
wundet.

2: Mi 5,12; Jer 14,15 • 3: Dtn 13,6 • 5: Am 7,14.

Die Läuterung des geheiligten Restes: 13,7–9

7 Schwert, erheb dich gegen meinen Hir-
ten, gegen den Mann meines Vertrauens –
Spruch des Herrn der Heere. Schlag den Hir-
ten, dann werden sich die Schafe zerstreuen.
Ich richte meine Hand gegen die Kleinen.
8 Im ganzen Land – Spruch des Herrn – wer-
den zwei Drittel vernichtet, sie werden um-
kommen, nur der dritte Teil wird übrig blei-
ben. 9 Dieses Drittel will ich ins Feuer wer-
fen, um es zu läutern, wie man Silber läutert,
um es zu prüfen, wie man Gold prüft. Sie
werden meinen Namen anrufen und ich wer-
de sie erhören. Ja, ich werde sagen: Es ist
mein Volk. Und das Volk wird sagen: Jahwe
ist mein Gott.

7: Mt 26,31 • 9: Ps 91,15.

Der Tag des Herrn: 14,1–21

14 Siehe, es kommt ein Tag für den
Herrn, an dem man in deiner Mitte
verteilt, was man bei dir erbeutet hat. 2 Denn
ich versammle alle Völker zum Krieg gegen
Jerusalem. Die Stadt wird erobert, die Häu-
ser werden geplündert, die Frauen geschän-
det. Die Hälfte der Stadt zieht in die Verban-
nung; aber der Rest des Volkes wird nicht
aus der Stadt vertrieben. 3 Doch dann wird
der Herr hinausziehen und gegen diese Völ-
ker Krieg führen und kämpfen, wie nur er
kämpft am Tag der Schlacht.

4 Seine Füße werden an jenem Tag auf dem
Ölberg stehen, der im Osten gegenüber von
Jerusalem liegt. Der Ölberg wird sich in der
Mitte spalten und es entsteht ein gewaltiges
Tal von Osten nach Westen. Die eine Hälfte
des Berges weicht nach Norden und die
andere Hälfte nach Süden. 5 Ihr aber werdet

12,10 Und sie werden auf den blicken: nach Theodotion; H: und sie werden auf mich blicken.

12,11 Hadad, ein babylonischer Wetter- und Vegetationsgott, der auch in Kanaan bekannt war, wird hier dem ihm wesensverwandten aramäischen Gott Rimmon (vgl. 2 Kön 5,18) gleichgesetzt. Der mythisch gedeutete Tod dieses Gottes zu Beginn der Trockenzeit im Sommer löste alljährlich bei der heidnischen Bevölkerung von Megiddo eine große Kultklage aus.

14,5 Jasol: Text korr. nach G; vermutlich ein Ort oder Tal in der Nähe des Ölbergs.

zum Tal meiner Berge fliehen; denn das Tal
der Berge reicht bis zum Jasol. Ja, ihr werdet
fliehen, wie ihr vor dem Erdbeben geflohen
seid in den Tagen Usijas, des Königs von
Juda. Dann wird der Herr, mein Gott, kom-
men und alle Heiligen mit ihm. 6 An jenem
Tag wird es kein Licht geben, sondern Kälte
und Frost. 7 Dann wird es einen Tag lang – er
ist dem Herrn bekannt – weder Tag noch
Nacht werden, sondern am Abend wird
Licht sein. 8 An jenem Tag wird aus Jerusa-
lem lebendiges Wasser fließen, eine Hälfte
zum Meer im Osten und eine Hälfte zum
Meer im Westen; im Sommer und im Winter
wird es fließen. 9 Dann wird der Herr König
sein über die ganze Erde. An jenem Tag wird
der Herr der Einzige sein und sein Name der
Einzige. 10 Das ganze Land von Geba bis
Rimmon im Süden Jerusalems wird sich in
eine Ebene verwandeln, Jerusalem aber wird
hoch emporragen und an seinem Platz blei-
ben vom Benjamintor bis zum Ort des alten
Tores, bis zum Ecktor und vom Turm Hana-
nel bis zu den Keltern des Königs. 11 Man
wird darin wohnen. Es wird keine Vernich-
tung mehr geben und Jerusalem wird sicher
sein.

12 Dies aber wird der Schlag sein, den der
Herr gegen alle Völker führt, die gegen Jeru-
salem in den Krieg gezogen sind: Er lässt ih-
ren Körper verfaulen, noch während sie auf
den Füßen stehen; die Augen verfaulen ihnen
in den Augenhöhlen und die Zunge im Mund.
13 An jenem Tag wird die Verwirrung groß
sein, die der Herr unter ihnen bewirkt. Einer
wird den andern bei der Hand packen, einer
seine Hand gegen den andern erheben.
14 Selbst Juda wird gegen Jerusalem kämp-
fen und die Macht aller Völker ringsum wird
sich vereinen: Gold, Silber und Gewänder in
großer Menge. 15 Wie der Schlag gegen die
Völker wird der Schlag sein, der die Pferde,
Maultiere, Kamele, Esel und das ganze Vieh
in diesen Lagern trifft. 16 Doch wer dann üb-
rig bleibt von allen Völkern, die gegen Jeru-
salem gezogen sind, wird Jahr für Jahr hi-
naufziehen, um den König, den Herrn der
Heere, anzubeten und das Laubhüttenfest zu
feiern. 17 Wer aber nicht nach Jerusalem
hinaufzieht von allen Stämmen der Erde, um
den König, den Herrn der Heere, anzubeten,
bei dem wird kein Regen fallen. 18 Wenn das
Volk Ägyptens nicht hinaufzieht und nicht
zu ihm kommt, so ereilt es der gleiche
Schlag, den der Herr gegen alle Völker führt,
die nicht hinaufziehen, um das Laubhütten-
fest zu feiern. 19 Das wird die Strafe Ägyp-
tens sein und die Strafe aller Völker, die
nicht hinaufziehen, um das Laubhüttenfest
zu feiern.

20 An jenem Tag wird auf den Pferdeschel-
len stehen: Dem Herrn heilig. Die Kochtöpfe
im Haus des Herrn werden gebraucht wie die
Opferschalen vor dem Altar. 21 Jeder Koch-
topf in Jerusalem und Juda wird dem Herrn
der Heere geweiht sein. Alle, die zum Opfer
kommen, nehmen die Töpfe und kochen in
ihnen. Und kein Händler wird an jenem Tag
mehr im Haus des Herrn der Heere sein.

2: 12,3; Lk 19,43; Offb 19,19 • 3: Jes 42,13 • 5: Am 1,1 • 7: Mk 13,32 • 8: 13,1; Ez 47,1–8; Joël 4,18 • 9: Offb 11,15 • 10: Jes 2,2: Jer 31,38 • 11: Jer 33,16; Offb 22,3 • 16: Jes 66,23.

Das Buch Maleachi

Die drei Kapitel des Buches Maleachi enthalten sechs zumeist größere Reden des Propheten, die in 3,23f durch einen nachträglich angefügten Schluss ergänzt wurden. Die üblichen Gattungen der Prophetenreden sind bei diesem nachexilischen Buch durch die sogenannte Diskussionsrede abgelöst. In ihr werden nicht nur die Zuhörer angesprochen, sondern auch ihre eigenen Worte aufgegriffen. Die literarischen Gattungen Schelte, Drohung, Verheißung, Warn- und Mahnspruch begegnen in den Maleachireden in wechselnder Folge.

Der Prophet beginnt mit einer Drohung gegen Edom und einer grundsätzlichen Verheißung für Israel (1,2–5). Es folgt eine Belehrung über die rechte Gottesverehrung (1,6–14). Dann wird der Bundesbruch der Priester, die ihren Dienst in Kult und Lehre nachlässig und ehrfurchtslos versehen, angeprangert (2,1–9). Eine Schelt- und Mahnrede gegen die Gemeinde wegen Mischehen und wegen Ehescheidung folgt in 2,10–16. Eine Gerichtsrede richtet sich ge-

gen die »Meineidigen und gegen alle, die die Taglöhner, Witwen und Waisen ausbeuten, den Fremden im Land ihr Recht verweigern« (3,5), sowie gegen diejenigen, die bei Abgaben für den Kult Betrug begehen (2,17 – 3,12). Die letzte Rede (3,13–21) ist dem »Tag des Herrn« gewidmet, der den Frevlern das Gericht, den Gerechten aber den großen Triumph bringen wird.

Ob Maleachi Eigenname ist oder ob das Wort, das »mein Bote« bedeutet, nur einen unbekannten Propheten als Boten bezeichnet (vgl. 3,1), ist umstritten. Allen Anzeichen nach hat der Prophet im 5. Jahrhundert v. Chr. gewirkt. Er ist nicht nur ein Eiferer für den rechten Kult, sondern tritt mit Macht für das Recht und Gesetz Gottes ein. Dabei wird die Treue zur ersten Frau, der »Ehebund« (2,14), mit dem Bund Gottes mit seinem Volk in engen Zusammenhang gebracht, was an die Ehelehre des Neuen Testaments heranführt.

Mt 11,10 (vgl. Mk 1,2; Lk 7,17) bezieht das in Mal 3,1 angesagte Kommen des »Boten« auf Johannes den Täufer. Die kirchliche Lehre sieht den Hinweis Maleachis auf ein universales »reines Opfer« (1,11) als Ankündigung des eucharistischen Opfers an.

ÜBERSCHRIFT: 1,1

1 Ausspruch. Wort des Herrn an Israel durch Maleachi.

DAS GERICHT ÜBER EDOM UND HEIL FÜR ISRAEL: 1,2–5

2 Ich liebe euch, spricht der Herr. / Doch
ihr sagt: Worin zeigt sich deine Liebe? –
Ist nicht Esau Jakobs Bruder? – Spruch
des Herrn – / und doch liebe ich Jakob,
3 Esau aber hasse ich. / Darum mache ich
seine Berge zur Öde
und überlasse sein Erbland / den Schakalen der Wüste.
4 Edom sagt: Wir sind zerschmettert – /
aber wir bauen die Trümmer wieder auf.
Doch so spricht der Herr der Heere: / Sie sollen nur aufbauen; ich reiße es wieder ein.
Man wird sie das Land des Unrechts nennen / und das Volk, dem der Herr ewig zürnt.
5 Mit eigenen Augen werdet ihr es sehen
und werdet sagen: / Groß ist der Herr, weit über Israels Grenzen hinaus.

2: Dtn 4,37; 7,7f; Hos 11,1 • 2–3: Gen 25,23; Röm 9,13.

DIE RECHTE GOTTESVEREHRUNG: 1,6–14

6 Der Sohn ehrt seinen Vater / und der
Knecht seinen Herrn.
Wenn ich der Vater bin – / wo bleibt dann die Ehrerbietung?
Wenn ich der Herr bin – / wo bleibt dann die Furcht vor mir?,
spricht der Herr der Heere zu euch, ihr Priester, / die ihr meinen Namen verachtet.
Doch ihr sagt: / Wodurch verachten wir denn deinen Namen?
7 Ihr bringt auf meinem Altar eklige Spei-
sen dar. / Ihr sagt: Wodurch erregen wir deinen Ekel?
Dadurch, dass ihr sagt: / Der Tisch des Herrn ist nicht so wichtig.
8 Wenn ihr ein blindes Tier als Schlacht-
opfer darbringt, / ist das nicht schlecht?
Und wenn ihr ein lahmes und krankes Tier darbringt, / ist das nicht schlecht?
Biete das einmal deinem Statthalter an! /

1,3 »Hassen« bedeutet in solchem Zusammenhang »weniger lieben«, »zurücksetzen« (vgl. Lk 14,26).

Ob er wohl Gefallen an dir hat
und dich freundlich ansieht?, / spricht der Herr der Heere.
9 Und nun versucht, Gott damit zu besänftigen / und gnädig zu stimmen!
Wenn eure Hände ihm solche Dinge anbieten, / wie kann er euch dann freundlich ansehen?, / spricht der Herr der Heere.
10 Wäre doch jemand bei euch, / der die Tore (des Tempels) verschließt, / damit ihr kein nutzloses Feuer mehr entfacht auf meinem Altar.
Ich habe kein Gefallen an euch, / spricht der Herr der Heere, / und ich mag kein Opfer aus eurer Hand.
11 Denn vom Aufgang der Sonne bis zu ihrem Untergang / steht mein Name groß da bei den Völkern
und an jedem Ort wird meinem Namen ein Rauchopfer dargebracht / und eine reine Opfergabe;
ja, mein Name steht groß da bei den Völkern, / spricht der Herr der Heere.
12 Ihr aber entweiht ihn, ihr sagt: / Auf dem Tisch des Herrn darf man eklige Speisen darbringen, / er ist nicht so wichtig.
13 Ihr sagt: Welch eine Mühsal!, / und facht das Feuer an – / spricht der Herr der Heere;
ihr bringt von geraubten Tieren / die lahmen und kranken als Opfer dar.
Soll ich das vielleicht annehmen aus eurer Hand?, / spricht der Herr.
14 Verflucht ist der Betrüger, der dem Herrn ein männliches Tier seiner Herde gelobt, / dann aber ein fehlerhaftes Tier schlachtet.
Denn ein großer König bin ich, / spricht der Herr der Heere, / und mein Name ist bei den Völkern gefürchtet.

6: Ex 20,12; Dtn 5,16; 32,6 • 8: Lev 22,18–25 • 10: Jer 6,20; Am 5,21.

DROHWORT GEGEN DIE PRIESTER: 2,1–9

2 Jetzt ergeht über euch dieser Beschluss, ihr Priester:
2 Wenn ihr nicht hört / und nicht von Herzen darauf bedacht seid,
meinen Namen in Ehren zu halten / – spricht der Herr der Heere –,
dann schleudere ich meinen Fluch gegen euch / und verfluche den Segen, der auf euch ruht,
ja, ich verfluche ihn, / weil ihr nicht von Herzen darauf bedacht seid.
3 Seht, ich schlage euch den Arm ab / und werfe euch Unrat ins Gesicht,
den Unrat eurer Feste, / und man wird euch zu ihm hinausschaffen.
4 Dann werdet ihr erkennen, dass ich es bin, / der diesen Beschluss über euch ergehen ließ,
weil ich einen Bund mit Levi habe, / spricht der Herr der Heere.
5 Mein Bund bedeutete für ihn Leben und Heil; / beides gab ich ihm, dazu die Furcht:
Er sollte mich fürchten / und vor meinem Namen erschrecken.
6 Zuverlässige Belehrung kam aus seinem Mund, / nichts Verkehrtes fand sich auf seinen Lippen,
in Frieden und Aufrichtigkeit ging er mit mir seinen Weg / und viele hielt er davon ab, schuldig zu werden.
7 Denn die Lippen des Priesters bewahren die Erkenntnis / und aus seinem Mund erwartet man Belehrung; / denn er ist der Bote des Herrn der Heere.
8 Ihr aber, ihr seid abgewichen vom Weg / und habt viele zu Fall gebracht durch eure Belehrung;
ihr habt den Bund Levis zunichte gemacht, / spricht der Herr der Heere.
9 Darum mache ich euch verächtlich / und erniedrige euch vor dem ganzen Volk,
weil ihr euch nicht an meine Wege haltet / und auf die Person seht bei der Belehrung.

2: Dtn 28,15 • 4: Dtn 18,1–8 • 6: Dtn 21,5 • 7: Hos 4,1–6 • 8: Mt 23,13–15.

GEGEN MISCHEHE UND EHESCHEIDUNG: 2,10–16

10 Haben wir nicht alle denselben Vater? / Hat nicht der eine Gott uns alle erschaffen?
Warum handeln wir dann treulos, / einer gegen den andern, / und entweihen den Bund unserer Väter?

1,12d H unklar.
2,3d H unklar.
2,5 H unklar.
2,9 H unklar.

11 Treulos hat Juda gehandelt / und Gräueltaten sind [in Israel und] in Jerusalem geschehen:

Juda hat das Heiligtum des Herrn [das er liebt] entweiht / und die Tochter eines fremden Gottes zur Frau genommen.

12 Der Herr versage dem, der so handelt, / einen, der für ihn zeugt und für ihn spricht,

in den Zelten Jakobs einen, / der dem Herrn der Heere Opfer darbringt.

13 Außerdem bedeckt ihr den Altar des Herrn mit Tränen, / ihr weint und klagt,

weil er sich eurem Opfer nicht mehr zuwendet / und es nicht mehr gnädig annimmt aus eurer Hand.

14 Und wenn ihr fragt: Warum?: / Weil der Herr Zeuge war zwischen dir und der Frau deiner Jugend, / an der du treulos handelst,

obwohl sie deine Gefährtin ist, / die Frau, mit der du einen Bund geschlossen hast.

15 Hat er nicht eine Einheit geschaffen, / ein lebendiges Wesen?

Was ist das Ziel dieser Einheit? / Nachkommen von Gott.

Nehmt euch also um eures Lebens willen in Acht! / Handle nicht treulos an der Frau deiner Jugend!

16 Wenn einer seine Frau aus Abneigung verstößt, / [spricht der Herr, Israels Gott,]

dann befleckt er sich mit einer Gewalttat, / spricht der Herr der Heere.

Nehmt euch also um eures Lebens willen in Acht / und handelt nicht treulos!

10: Eph 4,4–6 • 15: Gen 2,24; Mt 5,31f; Eph 5,24–32.

GOTTES ERSCHEINEN ZUM GERICHT: 2,17 – 3,12

17 Ihr ermüdet den Herrn mit euren Reden / und ihr fragt: Wodurch ermüden wir ihn?

Dadurch, dass ihr sagt: / Jeder, der Böses tut, / ist gut in den Augen des Herrn,

an solchen Leuten hat er Gefallen. / Oder auch: Wo ist denn Gott, der Gericht hält?

3 Seht, ich sende meinen Boten; / er soll den Weg für mich bahnen.

Dann kommt plötzlich zu seinem Tempel / der Herr, den ihr sucht,

und der Bote des Bundes, den ihr herbeiwünscht. / Seht, er kommt!, spricht der Herr der Heere.

2 Doch wer erträgt den Tag, an dem er kommt? / Wer kann bestehen, wenn er erscheint?

Denn er ist wie das Feuer im Schmelzofen / und wie die Lauge im Waschtrog.

3 Er setzt sich, / um das Silber zu schmelzen und zu reinigen:

Er reinigt die Söhne Levis, / er läutert sie wie Gold und Silber.

Dann werden sie dem Herrn / die richtigen Opfer darbringen.

4 Und dem Herrn wird das Opfer Judas und Jerusalems angenehm sein / wie in den Tagen der Vorzeit, wie in längst vergangenen Jahren.

5 Ich komme herbei, um euch zu richten; / schon bald komme ich und trete als Zeuge auf

gegen die Zauberer und die Ehebrecher, / gegen die Meineidigen und gegen alle,

welche die Taglöhner, / Witwen und Waisen ausbeuten,

den Fremden im Land ihr Recht verweigern / und mich nicht fürchten, / spricht der Herr der Heere.

6 Ich, der Herr, habe mich nicht geändert / und ihr habt nicht aufgehört, Söhne Jakobs zu sein.

7 Seit den Tagen eurer Väter seid ihr von meinen Gesetzen abgewichen / und habt auf sie nicht geachtet.

Kehrt um zu mir, dann kehre ich mich euch zu, / spricht der Herr der Heere.

Doch ihr sagt: / Worin soll denn unsere Umkehr bestehen? –

8 Darf der Mensch Gott betrügen? / Denn ihr betrügt mich.

Doch ihr sagt: Womit betrügen wir dich? – / Mit den Zehnten und Abgaben!

9 Dem Fluch seid ihr verfallen, / doch ihr betrügt mich weiter, / ihr, das ganze Volk.

10 Bringt den ganzen Zehnten ins Vorratshaus, / damit in meinem Haus Nahrung vorhanden ist.

Ja, stellt mich auf die Probe damit, / spricht der Herr der Heere,

---

2,12c So nach G.

2,15 H schwer verständlich; G: Ihr aber sagt: Was anderes als Nachkommen sucht Gott?

2,16c Wörtlich: bedeckt er sein Gewand mit einer Gewalttat.

3,2cd Wörtlich: wie das Feuer des Schmelzers und wie die Lauge der Wäscher.

und wartet, ob ich euch dann nicht / die Schleusen des Himmels öffne / und Segen im Übermaß auf euch herabschütte.
[11] Den Fresser wehre ich von euch ab, / damit er nicht die Früchte eurer Äcker vertilgt
und damit der Weinstock auf eurem Feld / nicht ohne Ertrag bleibt, / spricht der Herr der Heere.
[12] Dann werden alle Völker euch glücklich preisen; / denn ihr seid ein glückliches Land, / spricht der Herr der Heere.

3,1: Mt 11,10 • 2: Joël 2,11; Am 5,18; Zef 1,14 • 3: Jer 6,29 • 5: Lev 19,13 • 6: Num 23,19 • 7: Sach 1,3 • 9: Dtn 28,15 • 10: Lev 27,30–33; Num 18,21–32; Dtn 14,22–29; 28,8.12 • 12: Jes 61,9.

DER TAG DER GÖTTLICHEN GERECHTIGKEIT: 3,13–22

[13] Was ihr über mich sagt, ist kühn, spricht der Herr. / Doch ihr fragt: Was sagen wir denn über dich?
[14] Ihr sagt: Es hat keinen Sinn, Gott zu dienen. / Was haben wir davon,
wenn wir auf seine Anordnungen achten / und vor dem Herrn der Heere in Trauergewändern umhergehen?
[15] Darum preisen wir die Überheblichen glücklich, / denn die Frevler haben Erfolg;
sie stellen Gott auf die Probe / und kommen doch straflos davon. –
[16] Darüber redeten die miteinander, / die den Herrn fürchten.
Der Herr horchte auf und hörte hin / und man schrieb vor ihm ein Buch,
das alle in Erinnerung hält, / die den Herrn fürchten und seinen Namen achten.
[17] Sie werden an dem Tag, den ich herbeiführe / – spricht der Herr der Heere –, / mein besonderes Eigentum sein.
Ich werde gut zu ihnen sein, / wie ein Mann gut ist zu seinem Sohn, der ihm dient.
[18] Dann werdet ihr wieder den Unterschied sehen / zwischen dem Gerechten und dem, der Unrecht tut,
zwischen dem, der Gott dient, / und dem, der ihm nicht dient.
[19] Denn seht, der Tag kommt, er brennt wie ein Ofen: / Da werden alle Überheblichen und Frevler zu Spreu
und der Tag, der kommt, wird sie verbrennen, / spricht der Herr der Heere. / Weder Wurzel noch Zweig wird ihnen bleiben.
[20] Für euch aber, die ihr meinen Namen fürchtet, / wird die Sonne der Gerechtigkeit aufgehen / und ihre Flügel bringen Heilung.
Ihr werdet hinausgehen und Freudensprünge machen, / wie Kälber, die aus dem Stall kommen.
[21] An dem Tag, den ich herbeiführe, / werdet ihr die Ruchlosen unter euren Fußsohlen zertreten,
sodass sie zu Asche werden, / spricht der Herr der Heere.
[22] Denkt an das Gesetz meines Knechtes Mose; / am Horeb habe ich ihm Satzung und Recht übergeben, / die für ganz Israel gelten.

14: Ijob 21,14f; Jes 58,3 • 16: Ex 32,32; Ps 69,29; Jes 4,3; Dan 7,10; 12,1 • 17: Ps 103,13 • 20: Lk 1,78: Joh 8,12.

DER WEGBEREITER: 3,23–24

[23] Bevor aber der Tag des Herrn kommt, / der große und furchtbare Tag, / seht, da sende ich zu euch den Propheten Elija.
[24] Er wird das Herz der Väter wieder den Söhnen zuwenden / und das Herz der Söhne ihren Vätern,
damit ich nicht kommen / und das Land dem Untergang weihen muss.

24: Sir 48,10f; Mk 9,11–13; Lk 1,17.

3,11 »Fresser« ist Bezeichnung einer Heuschreckenart.

Die Schriften des Neuen Testaments

Jesus Christus erhob den Anspruch, der Retter und Heilbringer zu sein, den Gott im Alten Testament verheißen hatte. So übernahm die christliche Kirche das Alte Testament als Heilige Schrift; daneben überlieferte sie die Worte Jesu und die Berichte über seine Taten und sein Schicksal. Die Worte Jesu wurden schon früh aufgezeichnet, um sie für die Glaubensunterweisung, die Verkündigung im Gottesdienst und für die Missionspredigt verwenden zu können. Bald wurden auch die Berichte über das Leiden Jesu und über die Ereignisse nach seinem Tod niedergeschrieben. Markus verfasste als erster ein Evangelium. Weitere Evangelienbücher folgten. Daneben entstanden auch andere urchristliche Schriften verschiedenster Art: Briefe von Aposteln und führenden Männern der Kirche an christliche Gemeinden und einzelne Persönlichkeiten; eine Geschichte der jungen Kirche bis zum Aufenthalt des Apostels Paulus in Rom; theologische Lehrschriften, seelsorgliche Anweisungen und ein prophetisches Buch über das Schicksal der Kirche in Gegenwart und Zukunft. Alle diese Schriften wurden etwa zwischen 50 und 120 n. Chr. abgefasst.

Die im Neuen Testament, dem Buch des Neuen Bundes, enthaltenen urchristlichen Schriften wurden von der Kirche des 2. Jahrhunderts gesammelt, weil sie den Glauben der apostolischen und nachapostolischen Zeit auf zuverlässige Weise bezeugen. Nach Auffassung der Kirche sind sie unter dem Beistand des Heiligen Geistes abgefasst worden. Sie galten von früh an als für den Glauben und das Leben der Kirche maßgebliche Urkunden (kanonische, das heißt maßgebliche Schriften). Obwohl einige Schriften (Hebr, Jak, 2 Petr, Offb) noch bis ins 4. Jahrhundert umstritten blieben, hat sich der in der Kirche gültige »Kanon« (Maßstab, verbindliches Verzeichnis) im wesentlichen in der 2. Hälfte des 2. Jahrhunderts durchgesetzt. Er weist heute folgende Ordnung auf: die vier Evangelien und die Apostelgeschichte, dreizehn Briefe des Apostels Paulus, der Brief an die Hebräer, die sieben sog. Katholischen Briefe und die Offenbarung des Johannes.

Die Evangelien

Vier Evangelienbücher fanden Aufnahme in das Neue Testament. Sie bezeugen, jedes auf seine Weise, das eine Evangelium von Jesus Christus. Ihre literarische Form zeigt an, dass die Evangelien sog. Sammelwerke sind; ursprünglich einzeln weitergegebene Überlieferungsstücke über Worte und Taten Jesu sind von den Evangelisten gesammelt und durch redaktionelle Überleitungen zu einem Ganzen zusammengefügt worden. Diese Bücher wurden von der frühen Kirche wahrscheinlich nach der damals angenommenen Abfassungszeit geordnet. Das Wort »Evangelium« stammt aus dem Griechischen (euangélion) und bedeutet »gute Nachricht«, »frohe Botschaft«. Mit diesem Wort benannten die Christen ihre Verkündigung von dem endgültigen Heil, das Gott durch Jesus Christus allen Menschen anbietet. Markus verwendete als erster dieses Wort als Überschrift seines Berichts über die Worte, die Taten und das Schicksal Jesu (1,1). Damit entstand eine neue Form religiöser Schriften, die Evangelien.

Die Überschriften der kanonischen Evangelien lauten seit dem 2. Jahrhundert: Das Evangelium nach Matthäus, nach Markus, nach Lukas, nach Johannes. Die ersten drei Evangelien sind untereinander nach Inhalt, Aufbau und Sprache eng verknüpft; darum werden sie »synoptische« Evangelien genannt (synopsis, das heißt Zusammenschau).

Das Evangelium nach Matthäus

Die Überschrift des ersten Evangeliums nennt einen Matthäus als Verfasser und will wohl auf den Zöllner von Kafarnaum verweisen, den Jesus nach Mt 9,9 und 10,3 in den Kreis der Zwölf berief. Matthäus setzt ihn mit dem Levi des Markus- und des Lukasevangeliums gleich (vgl. Mk 2,13–17; Lk 5,27–32). Nach alter kirchlicher Überlieferung soll Matthäus als erster ein Evangelium in hebräischer Sprache verfasst haben. Es sind aber keine Texte von einem solchen hebräischen Evangelium erhalten.

Das uns überlieferte Evangelium wurde in griechischer Sprache abgefasst, und es benutzt das griechisch geschriebene Markusevangelium als Vorlage. Es schöpft außerdem aus einer anderen griechischen Vorlage, die auch Lukas verwertet hat, einer heute verloren gegangenen Sammlung von Worten Jesu (sog. Spruch- oder Redequelle). Daraus sind die Bergpredigt, das Vaterunser und eine Reihe von Gleichnissen genommen, die sich bei Matthäus und Lukas, nicht aber bei Markus finden. Außerdem bietet Matthäus Überlieferungen, die weder bei Markus noch bei Lukas begegnen (sog. Sondergut).

Das Evangelium setzt den Untergang Jerusalems (70 n. Chr.) voraus; es ist wohl um 80 n. Chr. verfasst worden, und zwar vermutlich in Syrien (eher als in Palästina). Seinem Inhalt ist zu entnehmen, dass es in einem Gebiet entstanden sein muss, in dem Christen und Juden zusammenlebten. Als Verfasser nimmt man heute einen uns nicht näher bekannten judenchristlichen Lehrer an, der noch Schüler der Apostel war.

Matthäus sammelt Überlieferungen über Jesus, vor allem Worte Jesu, und ordnet sie zeitlich und thematisch in den dreistufigen Aufbau ein, den das Markusevangelium bietet: Anfang in Galiläa; Unterweisung der Jünger und Zug nach Jerusalem; Leiden und Tod in dieser Stadt. An den Anfang stellt er die Vorgeschichte Jesu, an das Ende einen Bericht von der abschließenden Erscheinung des Auferstandenen in Galiläa.

Im Einzelnen lässt sich folgender Aufbau feststellen: Die Herkunft und Kindheit Jesu (1,1 – 2,23). Das Wirken Jesu in Galiläa (3,1 – 18,35) mit den Abschnitten: Vorbereitung (3,1 – 4,11: Taufe, Versuchung), erstes Auftreten in Galiläa und Berufung der ersten Jünger (4,12–25), die

Verkündigung des Messias (5,1 – 7,29) und seine Taten (8,1 – 9,34), Aussendungsrede (9,35 – 11,1), Beginn der Entscheidung (11,2 – 12,50), die Rede über das Himmelreich (13,1–53), Belehrung der Jünger (13,54 – 17,27), die Rede über das Leben in der Gemeinde (18,1–35). Das Wirken Jesu in Judäa und Jerusalem (19,1 – 25,46) mit den Abschnitten: der Weg nach Jerusalem (19,1 – 20,34), die Auseinandersetzung mit den Gegnern (21,1 – 23,39) und die Rede über die Endereignisse (24,1 – 25,46). Darauf folgen das Leiden Jesu (26,1 – 27,66) und die Ostergeschichte (28,1–20).

Der Evangelist wollte offenbar seiner Kirche eine Art Handbuch über Jesus und seine Lehre bieten. Seine Darstellung ist von der Absicht geprägt, Jesus als den Erben Abrahams zu erweisen, den verheißenen Messias Israels, der von Anfang an von den religiösen Führern seines Volkes abgelehnt und verfolgt, von Sündern und Heiden aber anerkannt wurde (vgl. 1,1.17.22f; 8,11f; 23,34–39). Diesem Zweck dienen auch die vielen Zitate aus dem Alten Testament. An die Stelle Israels ist nun die Kirche getreten als das wahre Volk Gottes, bestehend aus Juden und Heiden, aufgebaut auf dem Fels Petrus (22,1–14; 21,43; 27,42; 23,38; 16,13–20). Jesus ist als der Sohn des lebendigen Gottes (16,16; 11,25–27) der endgültige Offenbarer, Gesetzgeber und Lehrer (1,21; 11,25–27; 28,16–20). Das zeigen vor allem die fünf großen Reden: die Bergpredigt (Kap. 5 – 7), die Aussendungsrede (9,35 – 11,1), die Reich-Gottes-Rede (Kap. 13), die Rede über die rechte Ordnung in der Gemeinde (18,1–35), die Gerichtsrede über die Schriftgelehrten und Pharisäer und über die letzten Dinge (Kap. 23 – 25). Die Mitte der Forderungen Gottes bildet das Liebesgebot (22,34–40), das nicht nur dem Nächsten, sondern auch dem Feind gegenüber gilt (5,43–48); als Goldene Regel steht es auch an zentraler Stelle der Bergpredigt (7,12; vgl. 18,23–35 und 19,19). Mit der Auferstehung Jesu ist der Weg des Heils zu allen Menschen offen, alle sollen Jünger Jesu und Kinder des Vaters im Himmel werden (28,18–20).

In der Alten Kirche wurde das erste Evangelium am meisten gelesen und beachtet und wurde so zu dem Evangelium der Kirche.

DIE VORGESCHICHTE: 1,1 – 2,23

Der Stammbaum Jesu: 1,1–17

1 Stammbaum Jesu Christi, des Sohnes Davids, des Sohnes Abrahams:
2 Abraham war der Vater von Isaak, / Isaak von Jakob, / Jakob von Juda und seinen Brüdern.
3 Juda war der Vater von Perez und Serach; ihre Mutter war Tamar. / Perez war der Vater von Hezron, / Hezron von Aram,
4 Aram von Amminadab, / Amminadab von Nachschon, / Nachschon von Salmon.
5 Salmon war der Vater von Boas; dessen Mutter war Rahab. / Boas war der Vater von Obed; dessen Mutter war Rut. / Obed war der Vater von Isai,
6 Isai der Vater des Königs David. / David war der Vater von Salomo, dessen Mutter die Frau des Urija war.
7 Salomo war der Vater von Rehabeam, / Rehabeam von Abija, / Abija von Asa,
8 Asa von Joschafat, / Joschafat von Joram, / Joram von Usija.
9 Usija war der Vater von Jotam, / Jotam von Ahas, / Ahas von Hiskija,
10 Hiskija von Manasse, / Manasse von Amos, / Amos von Joschija.
11 Joschija war der Vater von Jojachin und seinen Brüdern; das war zur Zeit der Babylonischen Gefangenschaft.
12 Nach der Babylonischen Gefangenschaft war Jojachin der Vater von Schealtiël, / Schealtiël von Serubbabel,
13 Serubbabel von Abihud, / Abihud von Eljakim, / Eljakim von Azor.
14 Azor war der Vater von Zadok, / Zadok von Achim, / Achim von Eliud,

1,1–17 Der Stammbaum dient dem Nachweis, dass Jesus der Erbe der Verheißungen ist, die an Abraham und David ergingen. Die Namen des ersten Abschnitts (Abraham-David) sind Rut 4,18–22, die des zweiten (David bis Exil) 1 Chr 3,10–19 entnommen. An Eigentümlichkeiten finden sich: Zwischen Joram und Usija fehlen drei Könige: Ahasja, Joasch und Amazja (vgl. 2 Kön 8,25; 14,21; 1 Chr 3,11f). Statt Amos (1,10) steht 1 Chr 3,14 Amon. Im dritten Abschnitt fehlt ein Name (nur 13 Generationen statt 14). Auffällig ist die Nennung von vier Frauen (1,3.5.6), die Heidinnen waren (Rahab, Rut) oder als Sünderinnen galten (Tamar, Frau des Urija).

15 Eliud von Eleasar, / Eleasar von Mat-
tan, / Mattan von Jakob.
16 Jakob war der Vater von Josef, dem
Mann Marias; / von ihr wurde Jesus gebo-
ren, / der der Christus (der Messias) genannt
wird.
17 Im Ganzen sind es also von Abraham bis
David vierzehn Generationen, von David bis
zur Babylonischen Gefangenschaft vierzehn
Generationen und von der Babylonischen
Gefangenschaft bis zu Christus vierzehn Ge-
nerationen.

1–17: Lk 3,23–38 • 2: Gen 21,2f; 25,26; 29,32 – 30,24 • 3: Gen 38,29f; 3–6: Rut 4,18–22 • 6: 2 Sam 12,24 • 7–12: 1 Chr 3,10–19 • 16: Lk 1,27.

Die Geburt Jesu: 1,18–25

18 Mit der Geburt Jesu Christi war es so:
Maria, seine Mutter, war mit Josef verlobt;
noch bevor sie zusammengekommen waren,
zeigte sich, dass sie ein Kind erwartete –
durch das Wirken des Heiligen Geistes. 19 Jo-
sef, ihr Mann, der gerecht war und sie nicht
bloßstellen wollte, beschloss, sich in aller
Stille von ihr zu trennen. 20 Während er noch
darüber nachdachte, erschien ihm ein Engel
des Herrn im Traum und sagte: Josef, Sohn
Davids, fürchte dich nicht, Maria als deine
Frau zu dir zu nehmen; denn das Kind, das
sie erwartet, ist vom Heiligen Geist. 21 Sie
wird einen Sohn gebären; ihm sollst du den
Namen Jesus geben; denn er wird sein Volk
von seinen Sünden erlösen.
22 Dies alles ist geschehen, damit sich er-
füllte, was der Herr durch den Propheten ge-
sagt hat:
23 *Seht, die Jungfrau wird ein Kind emp-*
fangen, / einen Sohn wird sie gebären, / und
man wird ihm den Namen Immanuel geben, /
das heißt übersetzt: Gott ist mit uns.
24 Als Josef erwachte, tat er, was der Engel
des Herrn ihm befohlen hatte, und nahm sei-
ne Frau zu sich. 25 Er erkannte sie aber nicht,
bis sie ihren Sohn gebar. Und er gab ihm den
Namen Jesus.

18–20: Lk 1,35 • 21: Lk 1,31; 2,21 • 23: Jes 7,14 G.

Die Huldigung der Sterndeuter: 2,1–12

2 Als Jesus zur Zeit des Königs Herodes
in Betlehem in Judäa geboren worden
war, kamen Sterndeuter aus dem Osten nach
Jerusalem 2 und fragten: Wo ist der neugebo-
rene König der Juden? Wir haben seinen
Stern aufgehen sehen und sind gekommen,
um ihm zu huldigen. 3 Als König Herodes das
hörte, erschrak er und mit ihm ganz Jerusa-
lem. 4 Er ließ alle Hohenpriester und Schrift-
gelehrten des Volkes zusammenkommen und
erkundigte sich bei ihnen, wo der Messias
geboren werden solle. 5 Sie antworteten ihm:
In Betlehem in Judäa; denn so steht es bei
dem Propheten:
6 *Du, Betlehem* im Gebiet von Juda, / bist
keineswegs *die unbedeutendste / unter den*
führenden Städten von Juda; / denn aus dir
wird ein Fürst hervorgehen, / der Hirt mei-
nes Volkes Israel.
7 Danach rief Herodes die Sterndeuter
heimlich zu sich und ließ sich von ihnen ge-
nau sagen, wann der Stern erschienen war.
8 Dann schickte er sie nach Betlehem und
sagte: Geht und forscht sorgfältig nach, wo
das Kind ist; und wenn ihr es gefunden habt,
berichtet mir, damit auch ich hingehe und
ihm huldige. 9 Nach diesen Worten des Kö-
nigs machten sie sich auf den Weg. Und der
Stern, den sie hatten aufgehen sehen, zog vor
ihnen her bis zu dem Ort, wo das Kind war;
dort blieb er stehen. 10 Als sie den Stern sa-
hen, wurden sie von sehr großer Freude er-
füllt. 11 Sie gingen in das Haus und sahen das
Kind und Maria, seine Mutter; da fielen sie
nieder und huldigten ihm. Dann holten sie

1,16 Es wird vorausgesetzt, dass Jesus durch Adoption in das Geschlecht Davids eingegliedert wurde (vgl. 1,24).

1,17 In dem Stammbaum mit den 3-mal 14 Generationen verbirgt sich eine Zahlensymbolik: Die Buchstaben dienen im Hebräischen zugleich als Ziffern; zählt man die Buchstaben des Namens David zusammen, so ergibt sich die Zahl 14. Die Generationenfolge soll veranschaulichen, dass sich in Jesus die an David ergangene messianische Verheißung erfüllt hat (2 Sam 7,12–16; vgl. Jes 11,1).

1,18 Die jüdische »Verlobung« stellte ein rechtsverbindliches Eheversprechen dar; die eheliche Gemeinschaft wurde aber erst nach der Heimholung der Braut durch den Ehegatten, meist ein oder eineinhalb Jahre später, aufgenommen. Die jüdischen Mädchen heirateten gewöhnlich nach Eintritt der Geschlechtsreife mit 13 bis 14 Jahren. Vgl. noch Lk 1,26–38; 2,5.

1,21 Der Name Jesus (Jeschua) wird hier als »Retter«, »Erlöser« gedeutet.

1,25 »Erkennen« wird im Alten Orient auch als Umschreibung des ehelichen Verkehrs gebraucht.

2,1 Das mit »Sterndeuter« übersetzte griechische Wort (mágoi) bezeichnete zunächst die Mitglieder einer persischen Priesterkaste, die sich mit Sternkunde und Astrologie befassten, sodann allgemein babylonische und sonstige Astrologen. Sie wirkten oft als Berater von Königen, Fürsten und reichen Leuten.

2,2 Andere Übersetzungsmöglichkeit: Wir haben seinen Stern im Osten gesehen. Entsprechend in V. 9.

ihre Schätze hervor und brachten ihm Gold,
Weihrauch und Myrrhe als Gaben dar.
12 Weil ihnen aber im Traum geboten wurde,
nicht zu Herodes zurückzukehren, zogen sie
auf einem anderen Weg heim in ihr Land.

1: Lk 2,4–7 • 2: Num 24,17 • 4: Joh 7,42 • 6: Mi 5,1.3; 2 Sam 5,2.

Die Flucht nach Ägypten: 2,13–15

13 Als die Sterndeuter wieder gegangen
waren, erschien dem Josef im Traum ein En-
gel des Herrn und sagte: Steh auf, nimm das
Kind und seine Mutter, und flieh nach Ägyp-
ten; dort bleibe, bis ich dir etwas anderes
auftrage; denn Herodes wird das Kind su-
chen, um es zu töten. 14 Da stand Josef in der
Nacht auf und floh mit dem Kind und dessen
Mutter nach Ägypten. 15 Dort blieb er bis
zum Tod des Herodes. Denn es sollte sich er-
füllen, was der Herr durch den Propheten
gesagt hat: *Aus Ägypten habe ich meinen
Sohn gerufen.*

15: Hos 11,1.

Der Kindermord in Betlehem: 2,16–18

16 Als Herodes merkte, dass ihn die Stern-
deuter getäuscht hatten, wurde er sehr zor-
nig und er ließ in Betlehem und der ganzen
Umgebung alle Knaben bis zum Alter von
zwei Jahren töten, genau der Zeit entspre-
chend, die er von den Sterndeutern erfahren
hatte. 17 Damals erfüllte sich, was durch den
Propheten Jeremia gesagt worden ist:
18 *Ein Geschrei war in Rama zu hören, /*
lautes *Weinen und Klagen: / Rahel weinte
um ihre Kinder / und wollte sich nicht trös-
ten lassen, / denn sie waren dahin.*

18: Jer 31,15.

Die Rückkehr aus Ägypten: 2,19–23

19 Als Herodes gestorben war, erschien
dem Josef in Ägypten ein Engel des Herrn
im Traum 20 und sagte: Steh auf, nimm das
Kind und seine Mutter und zieh in das Land
Israel; denn die Leute, die dem Kind nach
dem Leben getrachtet haben, sind tot. 21 Da
stand er auf und zog mit dem Kind und des-
sen Mutter in das Land Israel. 22 Als er aber
hörte, dass in Judäa Archelaus an Stelle sei-
nes Vaters Herodes regierte, fürchtete er
sich, dorthin zu gehen. Und weil er im Traum
einen Befehl erhalten hatte, zog er in das Ge-
biet von Galiläa 23 und ließ sich in einer
Stadt namens Nazaret nieder. Denn es sollte
sich erfüllen, was durch die Propheten ge-
sagt worden ist: Er wird Nazoräer genannt
werden.

23: Lk 1,26; 2,39.51; Joh 1,46; Ri 13,5.7 G.

DIE VORBEREITUNG DES WIRKENS JESU: 3,1 – 4,11

Johannes der Täufer: 3,1–12

3 In jenen Tagen trat Johannes der Täufer
auf und verkündete in der Wüste von
Judäa: 2 Kehrt um! Denn das Himmelreich
ist nahe. 3 Er war es, von dem der Prophet
Jesaja gesagt hat:
*Eine Stimme ruft in der Wüste: / Bereitet
dem Herrn den Weg! / Ebnet ihm die Stra-
ßen!*
4 Johannes trug ein Gewand aus Kamelhaa-
ren und einen ledernen Gürtel um seine Hüf-
ten; Heuschrecken und wilder Honig waren
seine Nahrung. 5 Die Leute von Jerusalem
und ganz Judäa und aus der ganzen Jordan-
gegend zogen zu ihm hinaus; 6 sie bekannten
ihre Sünden und ließen sich im Jordan von
ihm taufen.
7 Als Johannes sah, dass viele Pharisäer
und Sadduzäer zur Taufe kamen, sagte er zu
ihnen: Ihr Schlangenbrut, wer hat euch denn
gelehrt, dass ihr dem kommenden Gericht
entrinnen könnt? 8 Bringt Frucht hervor, die
eure Umkehr zeigt, 9 und meint nicht, ihr
könntet sagen: Wir haben ja Abraham zum
Vater. Denn ich sage euch: Gott kann aus
diesen Steinen Kinder Abrahams machen.
10 Schon ist die Axt an die Wurzel der Bäume
gelegt; jeder Baum, der keine gute Frucht

2,18 Rahel, die Mutter der Stämme Benjamin und Efraim – nicht aber Juda –, wurde bei Rama, etwa 8 Kilometer nördlich von Jerusalem begraben (vgl. 1 Sam 10,2). Zur Zeit Jesu vermutete man dieses Grab am Weg von Jerusalem nach Betlehem (vgl. Gen 35,19; 48,7). Noch heute steht dort eine Gedenkstätte.

2,23 Das Prophetenwort steht in dieser Form nicht im Alten Testament; vielleicht liegt eine Anspielung auf Jes 11,1 vor, wo vom »Spross« (hebräisch: nezer) die Rede ist.

3,4 Nahrung und Kleidung weisen auf den Prophetenberuf und auf die asketische Lebensweise des Täufers hin. Er wird nach dem Vorbild des Propheten Elija gezeichnet, der ebenfalls am Unterlauf des Jordan wirkte (vgl. 2 Kön 1,8; 2,1–18).

3,7 Gericht, wörtlich: Zorn.

hervorbringt, wird umgehauen und ins Feuer geworfen.

11 Ich taufe euch nur mit Wasser (zum Zeichen) der Umkehr. Der aber, der nach mir kommt, ist stärker als ich und ich bin es nicht wert, ihm die Schuhe auszuziehen. Er wird euch mit dem Heiligen Geist und mit Feuer taufen. 12 Schon hält er die Schaufel in der Hand; er wird die Spreu vom Weizen trennen und den Weizen in seine Scheune bringen; die Spreu aber wird er in nie erlöschendem Feuer verbrennen.

1–6 ‖ Mk 1,2–6; Lk 3,3–6 • 7–10 ‖ Lk 3,7–9 • 11–12 ‖ Mk 1,7f; Lk 3,15–17 • 1–6: Joh 1,19–23 • 2: Apg 13,24; 19,4 • 3: Jes 40,3 G • 4: 2 Kön 1,8 • 7: 12,34; 23,33 • 9: Joh 8,39; Röm 4,12 • 10: 7,19 • 11: Joh 1,15.24.25–28.30f.33; Apg 13,25; 1,5; 11,16 • 12: 13,30.

Die Taufe Jesu: 3,13–17

13 Zu dieser Zeit kam Jesus von Galiläa an den Jordan zu Johannes, um sich von ihm taufen zu lassen. 14 Johannes aber wollte es nicht zulassen und sagte zu ihm: Ich müsste von dir getauft werden, und du kommst zu mir? 15 Jesus antwortete ihm: Lass es nur zu! Denn nur so können wir die Gerechtigkeit (die Gott fordert) ganz erfüllen. Da gab Johannes nach. 16 Kaum war Jesus getauft und aus dem Wasser gestiegen, da öffnete sich der Himmel, und er sah den Geist Gottes wie eine Taube auf sich herabkommen. 17 Und eine Stimme aus dem Himmel sprach: *Das ist mein geliebter Sohn, an dem ich Gefallen gefunden habe.*

13–17 ‖ Mk 1,9–11; Lk 3,21f • 13–17: Joh 1,29–34 • 17: Gen 22,2; Ps 2,7; Jes 42,1; Mt 12,18; 17,5; Mk 1,11; 9,7; Lk 3,22; 9,35.

Die Versuchung Jesu: 4,1–11

4 Dann wurde Jesus vom Geist in die Wüste geführt; dort sollte er vom Teufel in Versuchung geführt werden. 2 Als er vierzig Tage und vierzig Nächte gefastet hatte, bekam er Hunger. 3 Da trat der Versucher an ihn heran und sagte: Wenn du Gottes Sohn bist, so befiehl, dass aus diesen Steinen Brot wird. 4 Er aber antwortete: In der Schrift heißt es: *Der Mensch lebt nicht nur von Brot, sondern von jedem Wort, das aus Gottes Mund kommt.* 5 Darauf nahm ihn der Teufel mit sich in die Heilige Stadt, stellte ihn oben auf den Tempel 6 und sagte zu ihm: Wenn du Gottes Sohn bist, so stürz dich hinab; denn es heißt in der Schrift:

Seinen Engeln befiehlt er, / dich auf ihren Händen zu tragen, / damit dein Fuß nicht an einen Stein stößt.

7 Jesus antwortete ihm: In der Schrift heißt es auch: *Du sollst den Herrn, deinen Gott, nicht auf die Probe stellen.* 8 Wieder nahm ihn der Teufel mit sich und führte ihn auf einen sehr hohen Berg; er zeigte ihm alle Reiche der Welt mit ihrer Pracht 9 und sagte zu ihm: Das alles will ich dir geben, wenn du dich vor mir niederwirfst und mich anbetest. 10 Da sagte Jesus zu ihm: Weg mit dir, Satan! Denn in der Schrift steht: *Vor dem Herrn, deinem Gott, sollst du dich niederwerfen und ihm* allein *dienen.* 11 Darauf ließ der Teufel von ihm ab und es kamen Engel und dienten ihm.

1–11 ‖ Mk 1,12f; Lk 4,1–13 • 2: Ex 34,28 • 4: Dtn 8,3 • 6: Ps 91,11f • 7: Dtn 6,16 • 10: Dtn 5,9; 6,13.

DAS WIRKEN JESU IN GALILÄA: 4,12 – 18,35

Erstes Auftreten in Galiläa: 4,12–17

12 Als Jesus hörte, dass man Johannes ins Gefängnis geworfen hatte, zog er sich nach Galiläa zurück. 13 Er verließ Nazaret, um in Kafarnaum zu wohnen, das am See liegt, im Gebiet von Sebulon und Naftali. 14 Denn es sollte sich erfüllen, was durch den Propheten Jesaja gesagt worden ist:

15 *Das Land Sebulon und das Land Naftali, / die Straße am Meer, das Gebiet jenseits des Jordan, / das heidnische Galiläa:*

16 *das Volk, das im Dunkel lebte, / hat ein helles Licht gesehen; / denen, die im Schattenreich des Todes wohnten, / ist ein Licht erschienen.*

17 Von da an begann Jesus zu verkünden: Kehrt um! Denn das Himmelreich ist nahe.

12–17 ‖ Mk 1,14f; Lk 4,14f • 12: 14,3; Mk 6,17; Lk 3,20; Joh 3,24 • 13: Joh 2,12 • 15: Jes 8,23; 9,1 • 16: Lk 1,79 • 17: 10,7; Lk 10,9.11.

4,1–11 In der Versuchungsgeschichte verwenden sowohl der Satan als auch Jesus Worte aus dem Alten Testament. Einer falschen Vorstellung vom *göttlichen Auftrag* stellt Jesus das rechte Verständnis gegenüber.

4,13–16 Die Stämme Sebulon und Naftali waren um 722 v. Chr. von den Assyrern verschleppt worden. Daher war das Gebiet am See Gennesaret wie ganz Galiläa in der Folgezeit auch von vielen Heiden bewohnt. Im Auftreten Jesu in Galiläa sieht Matthäus einen Hinweis darauf, dass das Wirken Jesu auch den Heiden gilt.

4,17 »Himmelreich« ist gleichbedeutend mit »Reich Gottes«. »Himmel« ist eine im Judentum übliche Umschreibung für den Namen Gottes.

Die Berufung der ersten Jünger:
4,18–22

18 Als Jesus am See von Galiläa entlang-
ging, sah er zwei Brüder, Simon, genannt
Petrus, und seinen Bruder Andreas; sie war-
fen gerade ihr Netz in den See, denn sie wa-
ren Fischer. 19 Da sagte er zu ihnen: Kommt
her, folgt mir nach! Ich werde euch zu Men-
schenfischern machen. 20 Sofort ließen sie
ihre Netze liegen und folgten ihm. 21 Als er
weiterging, sah er zwei andere Brüder, Jako-
bus, den Sohn des Zebedäus, und seinen
Bruder Johannes; sie waren mit ihrem Vater
Zebedäus im Boot und richteten ihre Netze
her. Er rief sie, 22 und sogleich verließen sie
das Boot und ihren Vater und folgten Jesus.

18–22 ‖ Mk 1,16–20; Lk 5,1–11; Joh 1,35–51 • 22: 8,21f.

Die Wirkung des ersten Auftretens: 4,23–25

23 Er zog in ganz Galiläa umher, lehrte in
den Synagogen, verkündete das Evangelium
vom Reich und heilte im Volk alle Krankhei-
ten und Leiden. 24 Und sein Ruf verbreitete
sich in ganz Syrien. Man brachte Kranke mit
den verschiedensten Gebrechen und Leiden
zu ihm, Besessene, Mondsüchtige und Ge-
lähmte, und er heilte sie alle. 25 Scharen von
Menschen aus Galiläa, der Dekapolis, aus
Jerusalem und Judäa und aus dem Gebiet
jenseits des Jordan folgten ihm.

23–25 ‖ Mk 3,7–12; Lk 6,17–19 • 23: 9,35; Mk 1,39; Lk 4,14f.44 • 24: Mk 6,55f.

Die Bergpredigt: Die Rede von der wahren Gerechtigkeit: 5,1–7,29

5 Als Jesus die vielen Menschen sah, stieg
er auf einen Berg. Er setzte sich, und
seine Jünger traten zu ihm. 2 Dann begann er
zu reden und lehrte sie.

5,1 – 7,29: Lk 6,20–49.

Die Seligpreisungen: 5,3–12

3 Er sagte:
Selig, die arm sind vor Gott; / denn ihnen
gehört das Himmelreich.
4 Selig die Trauernden; / denn sie werden
getröstet werden.
5 Selig, die keine Gewalt anwenden; / denn
sie werden das Land erben.
6 Selig, die hungern und dürsten nach der
Gerechtigkeit; / denn sie werden satt wer-
den.
7 Selig die Barmherzigen; / denn sie wer-
den Erbarmen finden.
8 Selig, die ein reines Herz haben; / denn
sie werden Gott schauen.
9 Selig, die Frieden stiften; / denn sie wer-
den Söhne Gottes genannt werden.
10 Selig, die um der Gerechtigkeit willen
verfolgt werden; / denn ihnen gehört das
Himmelreich.
11 Selig seid ihr, wenn ihr um meinetwillen
beschimpft und verfolgt und auf alle mögli-
che Weise verleumdet werdet. 12 Freut euch
und jubelt: Euer Lohn im Himmel wird groß
sein. Denn so wurden schon vor euch die
Propheten verfolgt.

3–12 ‖ Lk 6,20–26 • 3: Jes 61,1 • 4: Jes 61,2 • 5: Ps 37,11 • 7: 18,33 • 8: Ps 24,3f • 10: 1 Petr 3,14 • 11: 10,22; Apg 5,41; 1 Petr 4,14 • 12: 23,30; Hebr 11,32–38.

Vom Salz der Erde und vom Licht der Welt:
5,13–16

13 Ihr seid das Salz der Erde. Wenn das
Salz seinen Geschmack verliert, womit kann
man es wieder salzig machen? Es taugt zu
nichts mehr; es wird weggeworfen und von
den Leuten zertreten.
14 Ihr seid das Licht der Welt. Eine Stadt,
die auf einem Berg liegt, kann nicht verbor-
gen bleiben. 15 Man zündet auch nicht ein
Licht an und stülpt ein Gefäß darüber, son-
dern man stellt es auf den Leuchter; dann
leuchtet es allen im Haus. 16 So soll euer
Licht vor den Menschen leuchten, damit sie
eure guten Werke sehen und euren Vater im
Himmel preisen.

13 ‖ Mk 9,50; Lk 14,34f • 14: Eph 5,8; 1 Thess 5,5 • 15: Mk 4,21; Lk 8,16; 11,33.

5,1 – 7,29 Matthäus hat aus der Bergpredigtüberlieferung, die bei Lukas nur 30 Verse umfaßt (Lk 6,20–49), und aus anderen Jesusworten eine große Rede über die wahre Gerechtigkeit geschaffen. Er stellt Jesus dabei als den neuen Mose dar, der auf einem Berg die rechte Auslegung des Gesetzes lehrt (5,1f; 5,17–19). Der Berg, auf dem Jesus lehrt, entspricht dem Berg Sinai des Alten Bundes. Die Bergpredigt weist folgende Gliederung auf: Einleitung (5,1–20); die sechs Antithesen (5,21–48); die wahre Frömmigkeit (6,1 – 7,11); Schlußmahnungen (7,12–27). Diese Rede bildet eine Art Katechismus für das Leben als Jünger Jesu.

5,3 Wörtlich: die im Geist Armen. Gemeint sind Menschen, die wissen, daß sie vor Gott nichts vorweisen können, und die daher alles von Gott erwarten.

5,5 Andere Übersetzungsmöglichkeit: die sanftmütig sind. – Das Wort ist wohl gegen das politische Messiasideal gerichtet.

5,15 Wörtlich: und stellt es unter einen Modios. Das griechische Wort módios bezeichnet ein Gefäß, das

Vom Gesetz und von den Propheten: 5,17–20

17 Denkt nicht, ich sei gekommen, um das
Gesetz und die Propheten aufzuheben. Ich
bin nicht gekommen, um aufzuheben, son-
dern um zu erfüllen. 18 Amen, das sage ich
euch: Bis Himmel und Erde vergehen, wird
auch nicht der kleinste Buchstabe des Geset-
zes vergehen, bevor nicht alles geschehen ist.
19 Wer auch nur eines von den kleinsten Ge-
boten aufhebt und die Menschen entspre-
chend lehrt, der wird im Himmelreich der
Kleinste sein. Wer sie aber hält und halten
lehrt, der wird groß sein im Himmelreich.
20 Darum sage ich euch: Wenn eure Ge-
rechtigkeit nicht weit größer ist als die der
Schriftgelehrten und der Pharisäer, werdet
ihr nicht in das Himmelreich kommen.

18: Lk 16,17.

Vom Töten und von der Versöhnung: 5,21–26

21 Ihr habt gehört, dass zu den Alten gesagt
worden ist: *Du sollst nicht töten;* wer aber je-
mand tötet, soll dem Gericht verfallen sein.
22 Ich aber sage euch: Jeder, der seinem Bru-
der auch nur zürnt, soll dem Gericht verfal-
len sein; und wer zu seinem Bruder sagt: Du
Dummkopf!, soll dem Spruch des Hohen Ra-
tes verfallen sein; wer aber zu ihm sagt: Du
(gottloser) Narr!, soll dem Feuer der Hölle
verfallen sein.
23 Wenn du deine Opfergabe zum Altar
bringst und dir dabei einfällt, dass dein Bru-
der etwas gegen dich hat, 24 so lass deine
Gabe dort vor dem Altar liegen; geh und ver-
söhne dich zuerst mit deinem Bruder, dann
komm und opfere deine Gabe.
25 Schließ ohne Zögern Frieden mit deinem
Gegner, solange du mit ihm noch auf dem
Weg zum Gericht bist. Sonst wird dich dein
Gegner vor den Richter bringen und der
Richter wird dich dem Gerichtsdiener über-
geben und du wirst ins Gefängnis geworfen.
26 Amen, das sage ich dir: Du kommst von
dort nicht heraus, bis du den letzten Pfennig
bezahlt hast.

25–26 ‖ Lk 12,58f • 21: Ex 20,13; Dtn 5,17 • 22: 1 Joh 3,15 • 24: Mk 11,25 • 26: 18,34.

Vom Ehebruch: 5,27–30

27 Ihr habt gehört, dass gesagt worden ist:
Du sollst nicht die Ehe brechen. 28 Ich aber
sage euch: Wer eine Frau auch nur lüstern
ansieht, hat in seinem Herzen schon Ehe-
bruch mit ihr begangen.
29 Wenn dich dein rechtes Auge zum Bösen
verführt, dann reiß es aus und wirf es weg!
Denn es ist besser für dich, dass eines deiner
Glieder verloren geht, als dass dein ganzer
Leib in die Hölle geworfen wird. 30 Und
wenn dich deine rechte Hand zum Bösen ver-
führt, dann hau sie ab und wirf sie weg!
Denn es ist besser für dich, dass eines deiner
Glieder verloren geht, als dass dein ganzer
Leib in die Hölle kommt.

27: Ex 20,14; Dtn 5,18 • 29: 18,9; Mk 9,47 • 30: 18,8; Mk 9,43.

Von der Ehescheidung: 5,31–32

31 Ferner ist gesagt worden: *Wer seine Frau
aus der Ehe entlässt, muss ihr eine Schei-
dungsurkunde geben.* 32 Ich aber sage euch:
Wer seine Frau entlässt, obwohl kein Fall
von Unzucht vorliegt, liefert sie dem Ehe-
bruch aus; und wer eine Frau heiratet, die
aus der Ehe entlassen worden ist, begeht
Ehebruch.

32 ‖ Lk 16,18 • 31: Dtn 24,1; Mt 19,7; Mk 10,3f • 32: 19,9; Mk 10,11f; 1 Kor 7,10f.

Vom Schwören: 5,33–37

33 Ihr habt gehört, dass zu den Alten gesagt
worden ist: *Du sollst keinen Meineid schwö-
ren,* und: Du sollst halten, was du dem Herrn
geschworen hast. 34 Ich aber sage euch:
Schwört überhaupt nicht, weder beim *Him-
mel,* denn *er ist Gottes Thron,* 35 noch bei der
Erde, denn sie *ist der Schemel für seine Füße,*
noch bei Jerusalem, denn *es ist die Stadt des
großen Königs.* 36 Auch bei deinem Haupt
sollst du nicht schwören; denn du kannst
kein einziges Haar weiß oder schwarz ma-
chen. 37 Euer Ja sei ein Ja, euer Nein ein
Nein; alles andere stammt vom Bösen.

33: Lev 19,12; Mt 23,16–22 • 34: Num 30,3; Jak 5,12 • 35: Jes 66,1; Apg 7,49; Ps 48,3 • 37: 2 Kor 1,17; Jak 5,12.

---

als Hohlmaß (»Scheffel«), aber auch zum Auslöschen von Öllampen benutzt wurde.

5,18 Wörtlich: auch nicht ein Jota oder ein kleiner Strich (an einem Buchstaben).

5,22 Der Hohe Rat ist der oberste jüdische Gerichtshof.

5,26 Pfennig, wörtlich: Quadrans (kleine römische Münze).

5,37 »stammt vom Bösen« bedeutet entweder: ist böse, oder: ist vom Teufel bewirkt.

Von der Vergeltung: 5,38–42

38 Ihr habt gehört, dass gesagt worden ist:
Auge für Auge und *Zahn für Zahn.* 39 Ich
aber sage euch: Leistet dem, der euch etwas
Böses antut, keinen Widerstand, sondern
wenn dich einer auf die rechte Wange
schlägt, dann halt ihm auch die andere hin.
40 Und wenn dich einer vor Gericht bringen
will, um dir das Hemd wegzunehmen, dann
lass ihm auch den Mantel. 41 Und wenn dich
einer zwingen will, eine Meile mit ihm zu ge-
hen, dann geh zwei mit ihm. 42 Wer dich bit-
tet, dem gib, und wer von dir borgen will,
den weise nicht ab.

39–42 || Lk 6,29f • 38: Ex 21,24 • 39: Spr 20,22; 24,29; 1 Petr 3,9.

Von der Liebe zu den Feinden: 5,43–48

43 Ihr habt gehört, dass gesagt worden ist:
Du sollst deinen Nächsten lieben und deinen
Feind hassen. 44 Ich aber sage euch: Liebt
eure Feinde und betet für die, die euch ver-
folgen, 45 damit ihr Söhne eures Vaters im
Himmel werdet; denn er lässt seine Sonne
aufgehen über Bösen und Guten, und er lässt
regnen über Gerechte und Ungerechte.
46 Wenn ihr nämlich nur die liebt, die euch
lieben, welchen Lohn könnt ihr dafür erwar-
ten? Tun das nicht auch die Zöllner? 47 Und
wenn ihr nur eure Brüder grüßt, was tut ihr
damit Besonderes? Tun das nicht auch die
Heiden?
48 Ihr sollt also vollkommen sein, wie es
auch euer himmlischer Vater ist.

43–48 || Lk 6,27f.32–36 • 43: Lev 19,18; Mt 22,39 • 44: Röm 12,14.20 • 48: Lev 19,2.

Vom Almosen: 6,1–4

6 Hütet euch, eure Gerechtigkeit vor den
Menschen zur Schau zu stellen; sonst
habt ihr keinen Lohn von eurem Vater im
Himmel zu erwarten.
2 Wenn du Almosen gibst, lass es also nicht
vor dir herposaunen, wie es die Heuchler in
den Synagogen und auf den Gassen tun, um
von den Leuten gelobt zu werden. Amen, das
sage ich euch: Sie haben ihren Lohn bereits
erhalten. 3 Wenn du Almosen gibst, soll deine
linke Hand nicht wissen, was deine rechte
tut. 4 Dein Almosen soll verborgen bleiben
und dein Vater, der auch das Verborgene
sieht, wird es dir vergelten.

1: 23,5.

Vom Beten – Das Vaterunser: 6,5–15

5 Wenn ihr betet, macht es nicht wie die
Heuchler. Sie stellen sich beim Gebet gern in
die Synagogen und an die Straßenecken, da-
mit sie von den Leuten gesehen werden.
Amen, das sage ich euch: Sie haben ihren
Lohn bereits erhalten. 6 Du aber geh in deine
Kammer, wenn du betest, und schließ die
Tür zu; dann bete zu deinem Vater, der im
Verborgenen ist. Dein Vater, der auch das
Verborgene sieht, wird es dir vergelten.
7 Wenn ihr betet, sollt ihr nicht plappern
wie die Heiden, die meinen, sie werden nur
erhört, wenn sie viele Worte machen. 8 Macht
es nicht wie sie; denn euer Vater weiß, was
ihr braucht, noch ehe ihr ihn bittet. 9 So sollt
ihr beten:
Unser Vater im Himmel, / dein Name
werde geheiligt,
10 dein Reich komme, / dein Wille ge-
schehe / wie im Himmel, so auf der Erde.
11 Gib uns heute das Brot, das wir brau-
chen.
12 Und erlass uns unsere Schulden, / wie
auch wir sie unseren Schuldnern erlassen
haben.
13 Und führe uns nicht in Versuchung, /
sondern rette uns vor dem Bösen.
14 Denn wenn ihr den Menschen ihre Ver-
fehlungen vergebt, dann wird euer himmli-
scher Vater auch euch vergeben. 15 Wenn ihr
aber den Menschen nicht vergebt, dann wird
euch euer Vater eure Verfehlungen auch
nicht vergeben.

9–13 || Lk 11,2–4 • 14–15 || Mk 11,25f • 6: 2 Kön 4,33 • 8: 6,32; Lk 12,30 • 12: Sir 28,2 • 13: Joh 17,15 • 14f: Lk 6,37.

Vom Fasten: 6,16–18

16 Wenn ihr fastet, macht kein finsteres
Gesicht wie die Heuchler. Sie geben sich ein
trübseliges Aussehen, damit die Leute mer-
ken, dass sie fasten. Amen, das sage ich euch:
Sie haben ihren Lohn bereits erhalten. 17 Du
aber salbe dein Haar, wenn du fastest, und
wasche dein Gesicht, 18 damit die Leute
nicht merken, dass du fastest, sondern nur

6,9 In der Liturgie ist folgende ökumenische Fassung gebräuchlich: Vater unser im Himmel, geheiligt werde Dein Name. Dein Reich komme. Dein Wille geschehe, wie im Himmel, so auf Erden. Unser tägliches Brot gib uns heute. Und vergib uns unsere Schuld, wie auch wir vergeben unsern Schuldigern. Und führe uns nicht in Versuchung, sondern erlöse uns von dem Bösen.

6,13 Spätere Textzeugen fügen dem Gebet des Herrn noch einen Lobpreis an, der in Anlehnung an 1 Chr 29,10f gestaltet ist: Denn dein ist das Reich und die Kraft und die Herrlichkeit in Ewigkeit. Amen.

6,17 dein Haar, wörtlich: deinen Kopf.

dein Vater, der auch das Verborgene sieht; und dein Vater, der das Verborgene sieht, wird es dir vergelten.

Von der falschen und der rechten Sorge: 6,19–34

19 Sammelt euch nicht Schätze hier auf der Erde, wo Motte und Wurm sie zerstören und wo Diebe einbrechen und sie stehlen, 20 sondern sammelt euch Schätze im Himmel, wo weder Motte noch Wurm sie zerstören und keine Diebe einbrechen und sie stehlen. 21 Denn wo dein Schatz ist, da ist auch dein Herz.

22 Das Auge gibt dem Körper Licht. Wenn dein Auge gesund ist, dann wird dein ganzer Körper hell sein. 23 Wenn aber dein Auge krank ist, dann wird dein ganzer Körper finster sein. Wenn nun das Licht in dir Finsternis ist, wie groß muss dann die Finsternis sein!

24 Niemand kann zwei Herren dienen; er wird entweder den einen hassen und den andern lieben oder er wird zu dem einen halten und den andern verachten. Ihr könnt nicht beiden dienen, Gott und dem Mammon.

25 Deswegen sage ich euch: Sorgt euch nicht um euer Leben und darum, dass ihr etwas zu essen habt, noch um euren Leib und darum, dass ihr etwas anzuziehen habt. Ist nicht das Leben wichtiger als die Nahrung und der Leib wichtiger als die Kleidung? 26 Seht euch die Vögel des Himmels an: Sie säen nicht, sie ernten nicht und sammeln keine Vorräte in Scheunen; euer himmlischer Vater ernährt sie. Seid ihr nicht viel mehr wert als sie? 27 Wer von euch kann mit all seiner Sorge sein Leben auch nur um eine kleine Zeitspanne verlängern? 28 Und was sorgt ihr euch um eure Kleidung? Lernt von den Lilien, die auf dem Feld wachsen: Sie arbeiten nicht und spinnen nicht. 29 Doch ich sage euch: Selbst Salomo war in all seiner Pracht nicht gekleidet wie eine von ihnen. 30 Wenn aber Gott schon das Gras so prächtig kleidet, das heute auf dem Feld steht und morgen ins Feuer geworfen wird, wie viel mehr dann euch, ihr Kleingläubigen! 31 Macht euch also keine Sorgen und fragt nicht: Was sollen wir essen? Was sollen wir trinken? Was sollen wir anziehen? 32 Denn um all das geht es den Heiden. Euer himmlischer Vater weiß, dass ihr das alles braucht. 33 Euch aber muss es zuerst um sein Reich und um seine Gerechtigkeit gehen; dann wird euch alles andere dazugegeben.

34 Sorgt euch also nicht um morgen; denn der morgige Tag wird für sich selbst sorgen. Jeder Tag hat genug eigene Plage.

19–21 ‖ Lk 12,33f • 22–23 ‖ Lk 11,34–36 • 24 ‖ Lk 16,13 • 25–33 ‖ Lk 12,22–31 • 19: Jak 5,2f • 20: 19,21; Mk 10,21; Lk 18,22 • 26: 10,29–31; Lk 12,6f • 29: 1 Kön 10,5 • 31: Phil 4,6; 1 Petr 5,7 • 32: 6,8.

Vom Richten: 7,1–5

7 Richtet nicht, damit ihr nicht gerichtet werdet! 2 Denn wie ihr richtet, so werdet ihr gerichtet werden, und nach dem Maß, mit dem ihr meßt und zuteilt, wird euch zugeteilt werden. 3 Warum siehst du den Splitter im Auge deines Bruders, aber den Balken in deinem Auge bemerkst du nicht? 4 Wie kannst du zu deinem Bruder sagen: Lass mich den Splitter aus deinem Auge herausziehen! – und dabei steckt in deinem Auge ein Balken? 5 Du Heuchler! Zieh zuerst den Balken aus deinem Auge, dann kannst du versuchen, den Splitter aus dem Auge deines Bruders herauszuziehen.

1–2 ‖ Mk 4,24f; Lk 6,37f • 3–5 ‖ Lk 6,41f • 1–2: Röm 2,1; 1 Kor 4,5.

Von der Entweihung des Heiligen: 7,6

6 Gebt das Heilige nicht den Hunden und werft eure Perlen nicht den Schweinen vor, denn sie könnten sie mit ihren Füßen zertreten und sich umwenden und euch zerreißen.

Vom Vertrauen beim Beten: 7,7–11

7 Bittet, dann wird euch gegeben; sucht, dann werdet ihr finden; klopft an, dann wird euch geöffnet. 8 Denn wer bittet, der empfängt; wer sucht, der findet; und wer anklopft, dem wird geöffnet. 9 Oder ist einer unter euch, der seinem Sohn einen Stein gibt, wenn er um Brot bittet, 10 oder eine Schlange, wenn er um einen Fisch bittet? 11 Wenn nun schon ihr, die ihr böse seid, euren Kindern gebt, was gut ist, wie viel mehr wird euer Vater im Himmel denen Gutes geben, die ihn bitten.

7–11 ‖ Lk 11,9–13 • 7: 18,19; 21,22; Mk 11,24; Joh 14,13f; 15,7; 16,24; 1 Joh 5,14f.

6,24 Zu *»Mammon«* vgl. die Anmerkung zu Lk 16,9.

6,27 Andere Übersetzungsmöglichkeit: kann ... seiner Körpergröße auch nur eine Elle hinzufügen?

7,6 Der Ausdruck »das Heilige« bezeichnete ursprünglich wahrscheinlich Opferfleisch, dann im übertragenen Sinn bei den Juden die Tora (das Gesetz) und hier die Lehre Jesu.

Die Goldene Regel: 7,12

12 Alles, was ihr also von anderen erwartet,
das tut auch ihnen! Darin besteht das Gesetz
und die Propheten.

12 ‖ Lk 6,31 • 12: 22,40; Röm 13,8–10; Gal 5,14.

Von den zwei Wegen: 7,13–14

13 Geht durch das enge Tor! Denn das Tor
ist weit, das ins Verderben führt, und der
Weg dahin ist breit und viele gehen auf ihm.
14 Aber das Tor, das zum Leben führt, ist eng
und der Weg dahin ist schmal und nur wenige finden ihn.

13f: Lk 13,24.

Von den falschen Propheten: 7,15–23

15 Hütet euch vor den falschen Propheten;
sie kommen zu euch wie (harmlose) Schafe,
in Wirklichkeit aber sind sie reißende Wölfe.
16 An ihren Früchten werdet ihr sie erkennen. Erntet man etwa von Dornen Trauben
oder von Disteln Feigen? 17 Jeder gute Baum
bringt gute Früchte hervor, ein schlechter
Baum aber schlechte. 18 Ein guter Baum
kann keine schlechten Früchte hervorbringen und ein schlechter Baum keine guten.
19 Jeder Baum, der keine guten Früchte hervorbringt, wird umgehauen und ins Feuer
geworfen. 20 An ihren Früchten also werdet
ihr sie erkennen.
21 Nicht jeder, der zu mir sagt: Herr! Herr!,
wird in das Himmelreich kommen, sondern
nur, wer den Willen meines Vaters im Himmel erfüllt. 22 Viele werden an jenem Tag zu
mir sagen: Herr, Herr, sind wir nicht in deinem Namen als Propheten aufgetreten und
haben wir nicht mit deinem Namen Dämonen ausgetrieben und mit deinem Namen
viele Wunder vollbracht? 23 Dann werde ich
ihnen antworten: Ich kenne euch nicht. *Weg
von mir, ihr Übertreter des Gesetzes!*

16–20 ‖ Lk 6,43f • 21 ‖ Lk 6,46 • 22–23 ‖ Lk 13,25–27 • 15: 24,11.24; 1 Joh 4,1; Joh 10,12 • 16: Jak 3,12; • 17f: 12,33 • 19: 3,10; Lk 3,9; Mt 12,33 • 21: Jak 1,22; 1 Joh 2,17 • 23: 25,12; Ps 6,9 G.

Vom Haus auf dem Felsen: 7,24–27

24 Wer diese meine Worte hört und danach
handelt, ist wie ein kluger Mann, der sein
Haus auf Fels baute. 25 Als nun ein Wolkenbruch kam und die Wassermassen heranfluteten, als die Stürme tobten und an dem
Haus rüttelten, da stürzte es nicht ein; denn
es war auf Fels gebaut. 26 Wer aber meine
Worte hört und nicht danach handelt, ist wie
ein unvernünftiger Mann, der sein Haus auf
Sand baute. 27 Als nun ein Wolkenbruch kam
und die Wassermassen heranfluteten, als
die Stürme tobten und an dem Haus rüttelten, da stürzte es ein und wurde völlig zerstört.

24–27 ‖ Lk 6,47–49.

Die Wirkung der Bergpredigt: 7,28–29

28 Als Jesus diese Rede beendet hatte, war
die Menge sehr betroffen von seiner Lehre;
29 denn er lehrte sie wie einer, der (göttliche)
Vollmacht hat, und nicht wie ihre Schriftgelehrten.

28: Mk 1,22f; Lk 4,32.

Die Taten des Messias: 8,1 – 9,34

Die Heilung eines Aussätzigen: 8,1–4

8 Als Jesus von dem Berg herabstieg,
folgten ihm viele Menschen. 2 Da kam
ein Aussätziger, fiel vor ihm nieder und sagte: Herr, wenn du willst, kannst du machen,
dass ich rein werde. 3 Jesus streckte die Hand
aus, berührte ihn und sagte: Ich will es – werde rein! Im gleichen Augenblick wurde der
Aussätzige rein. 4 Jesus aber sagte zu ihm:
Nimm dich in Acht! Erzähl niemand davon,
sondern geh, *zeig dich dem Priester* und
bring das Opfer dar, das Mose angeordnet
hat. Das soll für sie ein Beweis (deiner Heilung) sein.

1–4 ‖ Mk 1,40–45; Lk 5,12–14 • 4: 9,30; 12,16; Mk 7,36; Lev 13,49; 14,2–32; Lk 17,14.

Der Hauptmann von Kafarnaum: 8,5–13

5 Als er nach Kafarnaum kam, trat ein
Hauptmann an ihn heran und bat ihn: 6 Herr,
mein Diener liegt gelähmt zu Hause und hat

7,15 Wörtlich: sie kommen zu euch in Schafspelzen, innen aber sind sie reißende Wölfe.

8,1 – 9,34 Die Botschaft der Bergpredigt (Kap. 5 – 7) wird anschließend durch die Taten Jesu beglaubigt, die seine messianische Vollmacht bestätigen. Das sog. Wunderkapitel (Kap. 8 – 9) ist kunstvoll aufgebaut: 3 mal 3 Wunderberichte werden jeweils durch theologische Aussagen unterbrochen und gedeutet.

8,4 Ein Beweis (deiner Heilung), andere Deutungsmöglichkeiten: ein Beweis (meiner Gesetzestreue); oder: ein Beweis (meiner Vollmacht).

8,5–10 In dem Grenzort Kafarnaum lag eine Garnison mit Truppen des Herodes Antipas. Die Solda-

große Schmerzen. 7 Jesus sagte zu ihm: Ich
will kommen und ihn gesund machen. 8 Da
antwortete der Hauptmann: Herr, ich bin es
nicht wert, dass du mein Haus betrittst;
sprich nur ein Wort, dann wird mein Diener
gesund. 9 Auch ich muss Befehlen gehorchen
und ich habe selber Soldaten unter mir; sage
ich nun zu einem: Geh!, so geht er, und zu ei-
nem andern: Komm!, so kommt er, und zu
meinem Diener: Tu das!, so tut er es. 10 Jesus
war erstaunt, als er das hörte, und sagte zu
denen, die ihm nachfolgten: Amen, das sage
ich euch: Einen solchen Glauben habe ich in
Israel noch bei niemand gefunden. 11 Ich sage
euch: Viele werden von Osten und Westen
kommen und mit Abraham, Isaak und Jakob
im Himmelreich zu Tisch sitzen; 12 die aber,
für die das Reich bestimmt war, werden
hinausgeworfen in die äußerste Finsternis;
dort werden sie heulen und mit den Zähnen
knirschen. 13 Und zum Hauptmann sagte Je-
sus: Geh! Es soll geschehen, wie du geglaubt
hast. Und in derselben Stunde wurde der
Diener gesund.

5–10.13 ‖ Lk 7,1–10; Joh 4,46b–53 • 11–12 ‖ Lk 13,28f • 12: 13,42.50; 22,13; 24,51; 25,30; Lk 13,28.

Die Heilung der Schwiegermutter des Petrus: 8,14–15

14 Jesus ging in das Haus des Petrus und
sah, dass dessen Schwiegermutter im Bett
lag und Fieber hatte. 15 Da berührte er ihre
Hand, und das Fieber wich von ihr. Und sie
stand auf und sorgte für ihn.

14–15 ‖ Mk 1,29–31; Lk 4,38f.

Die Heilung von Besessenen und Kranken: 8,16–17

16 Am Abend brachte man viele Besessene
zu ihm. Er trieb mit seinem Wort die Geister
aus und heilte alle Kranken. 17 Dadurch
sollte sich erfüllen, was durch den Propheten
Jesaja gesagt worden ist: *Er hat unsere Lei-
den auf sich genommen und unsere Krank-
heiten getragen.*

16–17 ‖ Mk 1,32–34; Lk 4,40f • 17: Jes 53,4.

Von der Nachfolge: 8,18–22

18 Als Jesus die vielen Menschen sah, die
um ihn waren, befahl er, ans andere Ufer zu
fahren. 19 Da kam ein Schriftgelehrter zu
ihm und sagte: Meister, ich will dir folgen,
wohin du auch gehst. 20 Jesus antwortete
ihm: Die Füchse haben ihre Höhlen und die
Vögel ihre Nester; der Menschensohn aber
hat keinen Ort, wo er sein Haupt hinlegen
kann. 21 Ein anderer aber, einer seiner Jün-
ger, sagte zu ihm: Herr, lass mich zuerst
heimgehen und meinen Vater begraben!
22 Jesus erwiderte: Folge mir nach; lass die
Toten ihre Toten begraben!

19–22 ‖ Lk 9,57–60 • 22: 4,22; 9,9; 19,21; Mk 2,14; 8,34; 10,21; Lk 5,27; 9,23; 18,22; Joh 1,43; 21,19.22.

Der Sturm auf dem See: 8,23–27

23 Er stieg in das Boot, und seine Jünger
folgten ihm. 24 Plötzlich brach auf dem See
ein gewaltiger Sturm los, sodass das Boot
von den Wellen überflutet wurde. Jesus aber
schlief. 25 Da traten die Jünger zu ihm und
weckten ihn; sie riefen: Herr, rette uns, wir
gehen zugrunde! 26 Er sagte zu ihnen: Wa-
rum habt ihr solche Angst, ihr Kleingläubi-
gen? Dann stand er auf, drohte den Winden
und dem See und es trat völlige Stille ein.
27 Die Leute aber staunten und sagten: Was
ist das für ein Mensch, dass ihm sogar die
Winde und der See gehorchen?

23–27 ‖ Mk 4,35–41; Lk 8,22–25 • 25: 14,30 • 26: 14,31f; Mk 6,51.

Die Heilung der Besessenen von Gadara: 8,28–34

28 Als Jesus an das andere Ufer kam, in das
Gebiet von Gadara, liefen ihm aus den Grab-
höhlen zwei Besessene entgegen. Sie waren
so gefährlich, dass niemand den Weg benut-
zen konnte, der dort vorbeiführte. 29 Sofort
begannen sie zu schreien: Was haben wir mit
dir zu tun, Sohn Gottes? Bist du hergekom-
men, um uns schon vor der Zeit zu quälen?
30 In einiger Entfernung weidete gerade eine
große Schweineherde. 31 Da baten ihn die

---

ten dieser Söldnertruppe waren meist Nichtjuden. Fromme Juden betraten die Häuser von Heiden nicht, um sich nicht unrein zu machen (vgl. die Anmerkung zu Mk 7,1–8.14–23).

8,7 Andere Übersetzungsmöglichkeit: Soll ich etwa kommen und ihn gesund machen?

8,11f Der Hauptmann von Kafarnaum wird als der erste Vertreter der Heidenwelt, der zum Glauben kommt, herausgestellt.

8,12 die aber, für die das Reich bestimmt war, wörtlich: die Söhne des Reichs.

8,16f Matthäus sieht in den Heilungen einen Hinweis darauf, dass Jesus als der verheißene leidende Gottesknecht die Leiden der Menschheit auf sich nimmt.

8,24 ein gewaltiger Sturm, wörtlich: ein gewaltiges Erdbeben (vgl. 24,7; 27,51).

8,28 Gadara, weniger gut bezeugte Lesarten: Gerasa, Gergesa.

Dämonen: Wenn du uns austreibst, dann schick uns in die Schweineherde! 32 Er sagte zu ihnen: Geht! Da verließen sie die beiden und fuhren in die Schweine. Und die ganze Herde stürzte sich den Abhang hinab in den See und kam in den Fluten um. 33 Die Hirten flohen, liefen in die Stadt und erzählten dort alles, auch das, was mit den Besessenen geschehen war. 34 Und die ganze Stadt zog zu Jesus hinaus; als sie ihn trafen, baten sie ihn, ihr Gebiet zu verlassen.

28–34 ‖ Mk 5,1–17; Lk 8,26–37 • 29: Mk 1,24; 3,11; Lk 4,34.41; Joh 2,4.

Die Heilung eines Gelähmten: 9,1–8

9 Jesus stieg in das Boot, fuhr über den See und kam in seine Stadt. 2 Da brachte man auf einer Tragbahre einen Gelähmten zu ihm. Als Jesus ihren Glauben sah, sagte er zu dem Gelähmten: Hab Vertrauen, mein Sohn, deine Sünden sind dir vergeben! 3 Da dachten einige Schriftgelehrte: Er lästert Gott. 4 Jesus wusste, was sie dachten, und sagte: Warum habt ihr so böse Gedanken im Herzen? 5 Was ist leichter, zu sagen: Deine Sünden sind dir vergeben!, oder zu sagen: Steh auf und geh umher? 6 Ihr sollt aber erkennen, dass der Menschensohn die Vollmacht hat, hier auf der Erde Sünden zu vergeben. Darauf sagte er zu dem Gelähmten: Steh auf, nimm deine Tragbahre, und geh nach Hause! 7 Und der Mann stand auf und ging heim. 8 Als die Leute das sahen, erschraken sie und priesen Gott, der den Menschen solche Vollmacht gegeben hat.

1–8 ‖ Mk 2,1–12; Lk 5,17–26 • 2: Lk 7,48.

Die Berufung des Matthäus und das Mahl mit den Zöllnern: 9,9–13

9 Als Jesus weiterging, sah er einen Mann namens Matthäus am Zoll sitzen und sagte zu ihm: Folge mir nach! Da stand Matthäus auf und folgte ihm. 10 Und als Jesus in seinem Haus beim Essen war, kamen viele Zöllner und Sünder und aßen zusammen mit ihm und seinen Jüngern. 11 Als die Pharisäer das sahen, sagten sie zu seinen Jüngern: Wie kann euer Meister zusammen mit Zöllnern und Sündern essen? 12 Er hörte es und sagte: Nicht die Gesunden brauchen den Arzt, sondern die Kranken. 13 Darum lernt, was es heißt: *Barmherzigkeit will ich, nicht Opfer*. Denn ich bin gekommen, um die Sünder zu rufen, nicht die Gerechten.

9–13 ‖ Mk 2,13–17; Lk 5,27–32 • 9: 8,22 • 10: 11,19; Lk 15,1f; 19,7 • 13: Hos 6,6; Mt 12,7; Lk 19,10.

Die Frage nach dem Fasten: 9,14–17

14 Da kamen die Jünger des Johannes zu ihm und sagten: Warum fasten deine Jünger nicht, während wir und die Pharisäer fasten? 15 Jesus antwortete ihnen: Können denn die Hochzeitsgäste trauern, solange der Bräutigam bei ihnen ist? Es werden aber Tage kommen, da wird ihnen der Bräutigam genommen sein; dann werden sie fasten.

16 Niemand setzt ein Stück neuen Stoff auf ein altes Kleid; denn der neue Stoff reißt doch wieder ab und es entsteht ein noch größerer Riss. 17 Auch füllt man nicht neuen Wein in alte Schläuche. Sonst reißen die Schläuche, der Wein läuft aus und die Schläuche sind unbrauchbar. Neuen Wein füllt man in neue Schläuche, dann bleibt beides erhalten.

14–17 ‖ Mk 2,18–22; Lk 5,33–38 • 14: 11,18.

Die Auferweckung der Tochter eines Synagogenvorstehers und die Heilung einer kranken Frau: 9,18–26

18 Während Jesus so mit ihnen redete, kam ein Synagogenvorsteher, fiel vor ihm nieder und sagte: Meine Tochter ist eben gestorben; komm doch, leg ihr deine Hand auf, dann wird sie wieder lebendig. 19 Jesus stand auf und folgte ihm mit seinen Jüngern. 20 Da trat eine Frau, die schon zwölf Jahre an Blutungen litt, von hinten an ihn heran und berührte den Saum seines Gewandes; 21 denn sie sagte sich: Wenn ich auch nur sein Gewand berühre, werde ich geheilt. 22 Jesus wandte sich um, und als er sie sah, sagte er: Hab keine Angst, meine Tochter, dein Glaube hat dir geholfen. Und von dieser

---

9,9–13 Nur das Matthäusevangelium identifiziert den bekehrten Beamten der Zollstelle von Kafarnaum mit Matthäus, dem Mitglied des Zwölferkreises und späteren Apostel (vgl. auch 10,3: »Matthäus, der Zöllner«). Bei Markus und Lukas fehlen diese Hinweise; bei ihnen hieß der Zöllner Levi (vgl. die Einführung zum Matthäusevangelium).

9,10 in seinem Haus: entweder im Haus des Matthäus oder im Haus Jesu.

9,16f Die zwei Klugheitsregeln weisen auf die Unverträglichkeit von Neuem und Altem hin. – »Schläuche« waren zusammengenähte Ziegenfelle, die man im Altertum anstelle von Weinfässern verwendete. Ungewalktes Tuch zieht sich bei Nässe zusammen.

9,20–22 Blutungen machten eine Frau unrein; sie durfte nicht am Gottesdienst teilnehmen und musste die Berührung mit anderen Menschen meiden, da diese sonst ebenfalls unrein wurden. Das Vorgehen der Frau war deshalb ein Verstoß gegen das Gesetz (vgl. Lev 12), offenbart aber ihre Not und ihr Vertrauen.

Stunde an war die Frau geheilt. 23 Als Jesus in das Haus des Synagogenvorstehers kam und die Flötenspieler und die Menge der klagenden Leute sah, 24 sagte er: Geht hinaus! Das Mädchen ist nicht gestorben, es schläft nur. Da lachten sie ihn aus. 25 Als man die Leute hinausgedrängt hatte, trat er ein und fasste das Mädchen an der Hand; da stand es auf. 26 Und die Kunde davon verbreitete sich in der ganzen Gegend.

18–26 ‖ Mk 5,21–43; Lk 8,40–56 • 20f: 14,36; Mk 6,56 • 22: Mk 10,52; Lk 7,50; 17,19; 18,42; Apg 14,9 • 25: Mk 1,31; 9,27.

Die Heilung von zwei Blinden: 9,27–31

27 Als Jesus weiterging, folgten ihm zwei Blinde und schrien: Hab Erbarmen mit uns, Sohn Davids! 28 Nachdem er ins Haus gegangen war, kamen die Blinden zu ihm. Er sagte zu ihnen: Glaubt ihr, dass ich euch helfen kann? Sie antworteten: Ja, Herr. 29 Darauf berührte er ihre Augen und sagte: Wie ihr geglaubt habt, so soll es geschehen. 30 Da wurden ihre Augen geöffnet. Jesus aber befahl ihnen: Nehmt euch in Acht! Niemand darf es erfahren. 31 Doch sie gingen weg und erzählten von ihm in der ganzen Gegend.

27–30: 20,29–34; Mk 10,46–52; Lk 18,35–43 • 27: 15,22.

Die Heilung eines Stummen: 9,32–34

32 Als sie gegangen waren, brachte man zu Jesus einen Stummen, der von einem Dämon besessen war. 33 Er trieb den Dämon aus, und der Stumme konnte reden. Alle Leute staunten und sagten: So etwas ist in Israel noch nie geschehen. 34 Die Pharisäer aber sagten: Mit Hilfe des Anführers der Dämonen treibt er die Dämonen aus.

32–34 ‖ Lk 11,14f • 32–34: 12,22–24 • 34: 10,25; Mk 3,22.

Die Aussendungsrede: 9,35 – 11,1

Von der Größe der Ernte: 9,35–38

35 Jesus zog durch alle Städte und Dörfer, lehrte in ihren Synagogen, verkündete das Evangelium vom Reich und heilte alle Krankheiten und Leiden. 36 Als er die vielen Menschen sah, hatte er Mitleid mit ihnen; denn sie waren müde und erschöpft *wie Schafe, die keinen Hirten haben.* 37 Da sagte er zu seinen Jüngern: Die Ernte ist groß, aber es gibt nur wenig Arbeiter. 38 Bittet also den Herrn der Ernte, Arbeiter für seine Ernte auszusenden.

35 ‖ Mk 6,6; Lk 8,1 • 36 ‖ Mk 6,34 • 37–38 ‖ Lk 10,2 • 36: 14,14; 15,32; Mk 8,2; Num 27,17; 1 Kön 22,17; Ez 34,5.

Die Wahl der Zwölf: 10,1–4

10 Dann rief er seine zwölf Jünger zu sich und gab ihnen die Vollmacht, die unreinen Geister auszutreiben und alle Krankheiten und Leiden zu heilen. 2 Die Namen der zwölf Apostel sind: an erster Stelle Simon, genannt Petrus, und sein Bruder Andreas, dann Jakobus, der Sohn des Zebedäus, und sein Bruder Johannes, 3 Philippus und Bartholomäus, Thomas und Matthäus, der Zöllner, Jakobus, der Sohn des Alphäus, und Thaddäus, 4 Simon Kananäus und Judas Iskariot, der ihn später verraten hat.

1 ‖ Mk 6,7; Lk 9,1 • 1–4 ‖ Mk 3,13–19; Lk 6,12–16 • 2–4: Joh 1,40–44; Apg 1,13.

Anweisung für die Mission: 10,5–15

5 Diese Zwölf sandte Jesus aus und gebot ihnen: Geht nicht zu den Heiden und betretet keine Stadt der Samariter, 6 sondern geht zu den verlorenen Schafen des Hauses Israel. 7 Geht und verkündet: Das Himmelreich ist nahe. 8 Heilt Kranke, weckt Tote auf, macht Aussätzige rein, treibt Dämonen aus! Umsonst habt ihr empfangen, umsonst sollt ihr geben. 9 Steckt nicht Gold, Silber und Kupfermünzen in euren Gürtel. 10 Nehmt keine Vorratstasche mit auf den Weg, kein zweites Hemd, keine Schuhe, keinen Wanderstab; denn wer arbeitet, hat ein Recht auf seinen Unterhalt. 11 Wenn ihr in eine Stadt oder in ein Dorf kommt, erkundigt euch, wer es wert ist, euch aufzunehmen; bei ihm bleibt, bis ihr den Ort wieder verlasst. 12 Wenn ihr in ein Haus kommt, dann wünscht ihm Frieden. 13 Wenn das Haus es wert ist, soll der Friede, den ihr ihm wünscht, bei ihm einkehren. Ist das Haus es aber nicht wert, dann soll der Friede zu euch zurückkehren. 14 Wenn man euch aber in einem Haus oder in einer Stadt nicht aufnimmt und eure Worte nicht hören

---

9,27 Matthäus verdoppelt gern die Personen bei Heilungen, wie der Vergleich mit Mk 8,22–26 zeigt (vgl. auch Mt 20,29–34 mit Mk 10,46–52 und Mt 8,28 mit Mk 5,2).

9,35 – 11,1 Aus verschiedenen Weisungen Jesu an die ausgesandten Jünger und anderen Worten Jesu hat Matthäus eine Rede gebildet, die Richtlinien gibt für die missionierende und zugleich verfolgte Kirche seiner Zeit. – Die Berufung der Zwölf (10,1–4) war ein Zeichen für den Anspruch Jesu, die zwölf Stämme Israels wieder zu sammeln und so das Gottesvolk der Endzeit zu schaffen.

10,4 Kananäus ist nicht Eigenname, sondern Beiname im Sinn von »der Zelot«, »der Eiferer«.

will, dann geht weg und schüttelt den Staub von euren Füßen. 15 Amen, das sage ich euch: Dem Gebiet von Sodom und Gomorra wird es am Tag des Gerichts nicht so schlimm ergehen wie dieser Stadt.

5–15 ‖ Mk 6,8–11; Lk 9,2–5 • 5–15: Lk 10,4–12 • 6: 15,24 • 7: 4,17 • 10: 1 Kor 9,5–14; 1 Tim 5,18 • 14: Apg 13,51 • 15: Gen 19,23–29; Mt 11,24.

Aufforderung zu furchtlosem Bekenntnis: 10,16–39

16 Seht, ich sende euch wie Schafe mitten unter die Wölfe; seid daher klug wie die Schlangen und arglos wie die Tauben!

17 Nehmt euch aber vor den Menschen in Acht! Denn sie werden euch vor die Gerichte bringen und in ihren Synagogen auspeitschen. 18 Ihr werdet um meinetwillen vor Statthalter und Könige geführt, damit ihr vor ihnen und den Heiden Zeugnis ablegt. 19 Wenn man euch vor Gericht stellt, macht euch keine Sorgen, wie und was ihr reden sollt; denn es wird euch in jener Stunde eingegeben, was ihr sagen sollt. 20 Nicht ihr werdet dann reden, sondern der Geist eures Vaters wird durch euch reden. 21 Brüder werden einander dem Tod ausliefern und Väter ihre Kinder, und die Kinder werden sich gegen ihre Eltern auflehnen und sie in den Tod schicken. 22 Und ihr werdet um meines Namens willen von allen gehasst werden; wer aber bis zum Ende standhaft bleibt, der wird gerettet. 23 Wenn man euch in der einen Stadt verfolgt, so flieht in eine andere. Amen, ich sage euch: Ihr werdet nicht zu Ende kommen mit den Städten Israels, bis der Menschensohn kommt. 24 Ein Jünger steht nicht über seinem Meister und ein Sklave nicht über seinem Herrn. 25 Der Jünger muss sich damit begnügen, dass es ihm geht wie seinem Meister, und der Sklave, dass es ihm geht wie seinem Herrn. Wenn man schon den Herrn des Hauses Beelzebul nennt, dann erst recht seine Hausgenossen.

26 Darum fürchtet euch nicht vor ihnen! Denn nichts ist verhüllt, was nicht enthüllt wird, und nichts ist verborgen, was nicht bekannt wird. 27 Was ich euch im Dunkeln sage, davon redet am hellen Tag, und was man euch ins Ohr flüstert, das verkündet von den Dächern. 28 Fürchtet euch nicht vor denen, die den Leib töten, die Seele aber nicht töten können, sondern fürchtet euch vor dem, der Seele und Leib ins Verderben der Hölle stürzen kann. 29 Verkauft man nicht zwei Spatzen für ein paar Pfennig? Und doch fällt keiner von ihnen zur Erde ohne den Willen eures Vaters. 30 Bei euch aber sind sogar die Haare auf dem Kopf alle gezählt. 31 Fürchtet euch also nicht! Ihr seid mehr wert als viele Spatzen. 32 Wer sich nun vor den Menschen zu mir bekennt, zu dem werde auch ich mich vor meinem Vater im Himmel bekennen. 33 Wer mich aber vor den Menschen verleugnet, den werde auch ich vor meinem Vater im Himmel verleugnen.

34 Denkt nicht, ich sei gekommen, um Frieden auf die Erde zu bringen. Ich bin nicht gekommen, um Frieden zu bringen, sondern das Schwert. 35 Denn ich bin gekommen, um *den Sohn mit seinem Vater* zu entzweien *und die Tochter mit ihrer Mutter und die Schwiegertochter mit ihrer Schwiegermutter;* 36 und *die Hausgenossen eines Menschen werden seine Feinde sein.*

37 Wer Vater oder Mutter mehr liebt als mich, ist meiner nicht würdig, und wer Sohn oder Tochter mehr liebt als mich, ist meiner nicht würdig. 38 Und wer nicht sein Kreuz auf sich nimmt und mir nachfolgt, ist meiner nicht würdig. 39 Wer das Leben gewinnen will, wird es verlieren; wer aber das Leben um meinetwillen verliert, wird es gewinnen.

16 ‖ Lk 10,3 • 17–22 ‖ 24,9–14; Mk 13,9–13; Lk 21,12–19 • 19–20 ‖ Lk 12,11f • 26–33 ‖ Lk 12,2–9 • 34–36 ‖ Lk 12,51–53 • 37–38 ‖ Lk 14,26f • 16: Joh 10,12 • 17: Joh 16,1–4a; • 21: 10,35 • 22: Joh 15,18; Mt 24,13 • 23: 16,28 • 24: Lk 6,40; Joh 13,16; 15,20 • 25: 12,24.27; Mk 3,22; Lk 11,15.18f • 26: Mk 4,22; Lk 8,17 • 28: Jak 4,12 • 30: Lk 21,18 • 33: Mk 8,38; Lk 9,26 • 35: 10,21; Mi 7,6 • 37: 19,29 • 38–39: 16,24f; Mk 8,34f; Lk 9,23f; Joh 12,25f • 39: Lk 17,33.

Vom Lohn für die Aufnahme der Jünger: 10,40–42

40 Wer euch aufnimmt, der nimmt mich auf, und wer mich aufnimmt, nimmt den auf, der mich gesandt hat. 41 Wer einen Propheten aufnimmt, weil es ein Prophet ist, wird den Lohn eines Propheten erhalten. Wer einen Gerechten aufnimmt, weil es ein Gerechter ist, wird den Lohn eines Gerechten erhalten. 42 Und wer einem von diesen Kleinen auch nur einen Becher frisches Wasser zu trinken gibt, weil es ein Jünger ist – amen, ich sage euch: Er wird gewiss nicht um seinen Lohn kommen.

10,42 ‖ Mk 9,41 • 40: Lk 10,16; Joh 13,20.

10,25 Beelzebul: Die bisher übliche Namensform Beelzebub geht auf die Vulgataübersetzung zurück; zur Sache vgl. Mt 12,24.

10,29 ein paar Pfennig, wörtlich: ein As. Das As war die zweitkleinste römische Münze.

11 Als Jesus die Unterweisung der zwölf
Jünger beendet hatte, zog er weiter,
um in den Städten zu lehren und zu predi-
gen.

Der Beginn der Entscheidung: 11,2 – 12,50

Die Frage des Täufers: 11,2–6

2 Johannes hörte im Gefängnis von den Ta-
ten Christi. Da schickte er seine Jünger zu
ihm 3 und ließ ihn fragen: Bist du der, der
kommen soll, oder müssen wir auf einen an-
dern warten? 4 Jesus antwortete ihnen: Geht
und berichtet Johannes, was ihr hört und
seht: 5 *Blinde sehen wieder* und *Lahme* ge-
hen; Aussätzige werden rein und *Taube hö-
ren; Tote stehen auf* und *den Armen wird das
Evangelium verkündet.* 6 Selig ist, wer an
mir keinen Anstoß nimmt.

2–6 ‖ Lk 7,18–23 • 2: 14,3 • 3: Joh 1,15.27; 3,31; 11,27 • 5: Jes 26,19; 29,18; 35,5f; 61,1.

Das Urteil Jesu über den Täufer: 11,7–19

7 Als sie gegangen waren, begann Jesus zu
der Menge über Johannes zu reden; er sagte:
Was habt ihr denn sehen wollen, als ihr in die
Wüste hinausgegangen seid? Ein Schilfrohr,
das im Wind schwankt? 8 Oder was habt ihr
sehen wollen, als ihr hinausgegangen seid?
Einen Mann in feiner Kleidung? Leute, die
fein gekleidet sind, findet man in den Paläs-
ten der Könige. 9 Oder wozu seid ihr hinaus-
gegangen? Um einen Propheten zu sehen? Ja,
ich sage euch: Ihr habt sogar mehr gesehen
als einen Propheten. 10 Er ist der, von dem es
in der Schrift heißt:
*Ich sende meinen Boten vor dir her; / er
soll den Weg für dich bahnen.*
11 Amen, das sage ich euch: Unter allen Men-
schen hat es keinen größeren gegeben als Jo-
hannes den Täufer; doch der Kleinste im
Himmelreich ist größer als er. 12 Seit den Ta-
gen Johannes' des Täufers bis heute wird
dem Himmelreich Gewalt angetan; die Ge-
walttätigen reißen es an sich. 13 Denn bis hin
zu Johannes haben alle Propheten und das
Gesetz (über diese Dinge) geweissagt. 14 Und
wenn ihr es gelten lassen wollt: Ja, er ist Eli-
ja, der wiederkommen soll. 15 Wer Ohren hat,
der höre!
16 Mit wem soll ich diese Generation ver-
gleichen? Sie gleicht Kindern, die auf dem
Marktplatz sitzen und anderen Kindern zu-
rufen: 17 Wir haben für euch auf der Flöte
(Hochzeitslieder) gespielt, und ihr habt nicht
getanzt; wir haben Klagelieder gesungen
und ihr habt euch nicht an die Brust geschla-
gen. 18 Johannes ist gekommen, er isst nicht
und trinkt nicht und sie sagen: Er ist von ei-
nem Dämon besessen. 19 Der Menschensohn
ist gekommen, er isst und trinkt; darauf sa-
gen sie: Dieser Fresser und Säufer, dieser
Freund der Zöllner und Sünder! Und doch
hat die Weisheit durch die Taten, die sie be-
wirkt hat, recht bekommen.

7–19 ‖ Lk 7,24–35 • 10: Mk 1,2; Lk 1,76; Ex 23,20; Mal 3,1 • 12f: Lk 16,16 • 13: 1 Petr 1,10 • 14: 17,12; Mk 9,13 • 15: 13,9.43; Mk 4,9.23; 7,16; Lk 8,8; 14,35 • 18: 9,14 • 19: 9,10f; Lk 5,30; 15,1f; 19,7.

Vom Gericht über die galiläischen Städte: 11,20–24

20 Dann begann er den Städten, in denen er
die meisten Wunder getan hatte, Vorwürfe
zu machen, weil sie sich nicht bekehrt hat-
ten: 21 Weh dir, Chorazin! Weh dir, Betsaida!
Wenn einst in Tyrus und Sidon die Wunder
geschehen wären, die bei euch geschehen
sind – man hätte dort in Sack und Asche
Buße getan. 22 Ja, das sage ich euch: Tyrus
und Sidon wird es am Tag des Gerichts nicht
so schlimm ergehen wie euch. 23 Und du, Ka-
farnaum, meinst du etwa, *du wirst bis zum
Himmel erhoben? Nein, in die Unterwelt
wirst du hinabgeworfen.* Wenn in Sodom die
Wunder geschehen wären, die bei dir gesche-
hen sind, dann stünde es noch heute. 24 Ja,
das sage ich euch: Dem Gebiet von Sodom

11,2–6 Aus der Anfrage des Täufers spricht eine gewisse Unsicherheit, ob Jesus wirklich der verheißene Messias ist.

11,11 Unter allen Menschen, wörtlich: Unter allen von einer Frau Geborenen.

11,12 Der Sinn der Stelle ist umstritten, weil nicht klar ist, ob das griechische Wort für »Gewalt anwenden« hier im positiven oder negativen Sinn zu verstehen ist. Im positiven Sinn sagte es: Das Himmelreich wird mit Macht oder Gewalt erstrebt. Doch spricht die Fortsetzung in V. 12 eher für die in der Übersetzung bevorzugte negative Bedeutung, obwohl dann unklar bleibt, wer die Gewalttätigen sind: die Gegner Jesu, die Zeloten, die Pharisäer und Schriftgelehrten oder gar die Anhänger Jesu und des Täufers.

11,16–19 Das Doppelgleichnis von den launischen Kindern vergleicht die Zeitgenossen Jesu mit Kindern, die auf den Marktplätzen Hochzeit und Totenklage spielen wollen, aber sich über die Rollen der einzelnen nicht einigen können.

11,21f Chorazin und Betsaida lagen in der Nachbarschaft Kafarnaums. Offensichtlich hat Jesus auch dort gewirkt, aber wie in Kafarnaum wenig Glauben gefunden. Die Hafenstädte Tyrus und Sidon galten wegen ihrer Götzenkulte und ihrer Sit-

wird es am Tag des Gerichts nicht so schlimm ergehen wie dir.

20–24 ‖ Lk 10,12–15 • 21: Joël 4,4f; Est 4,1 • 23: Jes 14,13.15 • 24: 10,15.

Der Dank Jesu an den Vater: 11,25–27

25 In jener Zeit sprach Jesus: Ich preise dich, Vater, Herr des Himmels und der Erde, weil du all das den Weisen und Klugen verborgen, den Unmündigen aber offenbart hast. 26 Ja, Vater, so hat es dir gefallen. 27 Mir ist von meinem Vater alles übergeben worden; niemand kennt den Sohn, nur der Vater, und niemand kennt den Vater, nur der Sohn und der, dem es der Sohn offenbaren will.

25–27 ‖ Lk 10,21f • 25: Jes 29,14 G • 27: 28,18; Joh 3,35; 13,3; 10,15.

Vom leichten Joch Jesu: 11,28–30

28 Kommt alle zu mir, die ihr euch plagt und schwere Lasten zu tragen habt. Ich werde euch Ruhe verschaffen. 29 Nehmt mein Joch auf euch und lernt von mir; denn ich bin gütig und von Herzen demütig; *so werdet ihr Ruhe finden für eure Seele.* 30 Denn mein Joch drückt nicht und meine Last ist leicht.

28: Jer 31,25 • 29: Jer 6,16; Jes 28,12.

Das Abreißen der Ähren am Sabbat: 12,1–8

12 In jener Zeit ging Jesus an einem Sabbat durch die Kornfelder. Seine Jünger hatten Hunger; sie rissen deshalb Ähren ab und aßen davon. 2 Die Pharisäer sahen es und sagten zu ihm: Sieh her, deine Jünger tun etwas, das am Sabbat verboten ist. 3 Da sagte er zu ihnen: Habt ihr nicht gelesen, was David getan hat, als er und seine Begleiter hungrig waren – 4 wie er in das Haus Gottes ging und wie sie die heiligen Brote aßen, die weder er noch seine Begleiter, sondern nur die Priester essen durften? 5 Oder habt ihr nicht im Gesetz gelesen, dass am Sabbat die Priester im Tempel den Sabbat entweihen, ohne sich schuldig zu machen? 6 Ich sage euch: Hier ist einer, der größer ist als der Tempel. 7 Wenn ihr begriffen hättet, was das heißt: *Barmherzigkeit will ich, nicht Opfer,* dann hättet ihr nicht Unschuldige verurteilt; 8 denn der Menschensohn ist Herr über den Sabbat.

1–8 ‖ Mk 2,23–28; Lk 6,1–5 • 1: Dtn 23,26 • 3: 1 Sam 21,2–7 • 4: Lev 24,5–9 • 7: Hos 6,6; Mt 9,13.

Die Heilung eines Mannes am Sabbat: 12,9–14

9 Darauf verließ er sie und ging in ihre Synagoge. 10 Dort saß ein Mann, dessen Hand verdorrt war. Sie fragten ihn: Ist es am Sabbat erlaubt zu heilen? Sie suchten nämlich einen Grund zur Anklage gegen ihn. 11 Er antwortete: Wer von euch wird, wenn ihm am Sabbat sein Schaf in eine Grube fällt, es nicht sofort wieder herausziehen? 12 Und wie viel mehr ist ein Mensch wert als ein Schaf! Darum ist es am Sabbat erlaubt, Gutes zu tun. 13 Dann sagte er zu dem Mann: Streck deine Hand aus! Er streckte sie aus, und die Hand war wieder ebenso gesund wie die andere. 14 Die Pharisäer aber gingen hinaus und fassten den Beschluss, Jesus umzubringen.

9–14 ‖ Mk 3,1–6; Lk 6,6–11 • 9–14: Lk 14,1–6 • 10: Lk 13,16; Joh 5,9f • 11: Lk 13,15; 14,5; Joh 5,9f • 14: Mk 11,18; Lk 19,47; Joh 5,18.

Jesus als der Knecht Gottes: 12,15–21

15 Als Jesus das erfuhr, ging er von dort weg. Viele folgten ihm, und er heilte alle Kranken. 16 Aber er verbot ihnen, in der Öffentlichkeit von ihm zu reden. 17 Auf diese Weise sollte sich erfüllen, was durch den Propheten Jesaja gesagt worden ist:

18 *Seht, das ist mein Knecht, den ich erwählt habe, / mein Geliebter, an dem ich Gefallen gefunden habe.*

Ich werde meinen Geist auf ihn legen / und er wird den Völkern das Recht verkünden.

19 *Er wird nicht zanken und nicht schreien / und man wird seine Stimme nicht auf den Straßen hören.*

20 *Das geknickte Rohr wird er nicht zerbrechen / und den glimmenden Docht nicht auslöschen, / bis er dem Recht zum Sieg verholfen hat.*

21 *Und auf seinen Namen werden die Völker ihre Hoffnung setzen.*

15–16 ‖ Mk 3,7–12; Lk 6,17–19 • 18: Jes 42,1–4; Mt 3,17.

---

tenlosigkeit den Israeliten als besonders verwerflich (vgl. Ez 28,20–23; Joël 4,4), ebenso wie Sodom (Gen 18,16–20; 19,23–29).

11,29 Die Wendung »ein Joch auf sich nehmen« besagt, die Vorschriften oder Lehren eines anderen übernehmen. Sprichwörtlich waren bei den jüdischen Schriftgelehrten die Aussagen vom »Joch des Gesetzes« oder vom »Joch der Herrschaft des Himmels«. – »Seele« bezeichnet hier – wie im Alten Testament – das »Ich« des Menschen.

12,10.13 Hand, andere Übersetzungsmöglichkeit: Arm.

Verteidigungsrede Jesu: 12,22–37

22 Damals brachte man zu ihm einen Be-
sessenen, der blind und stumm war. Jesus
heilte ihn, sodass der Stumme wieder reden
und sehen konnte. 23 Da gerieten alle Leute
außer sich und sagten: Ist er etwa der Sohn
Davids? 24 Als die Pharisäer das hörten, sag-
ten sie: Nur mit Hilfe von Beelzebul, dem
Anführer der Dämonen, kann er die Dämo-
nen austreiben. 25 Doch Jesus wusste, was sie
dachten, und sagte zu ihnen: Jedes Reich, das
in sich gespalten ist, geht zugrunde, und kei-
ne Stadt und keine Familie, die in sich ge-
spalten ist, wird Bestand haben. 26 Wenn also
der Satan den Satan austreibt, dann liegt der
Satan mit sich selbst im Streit. Wie kann
sein Reich dann Bestand haben? 27 Und wenn
ich die Dämonen durch Beelzebul austreibe,
durch wen treiben dann eure Anhänger sie
aus? Sie selbst also sprechen euch das Urteil.
28 Wenn ich aber die Dämonen durch den
Geist Gottes austreibe, dann ist das Reich
Gottes schon zu euch gekommen. 29 Wie
kann einer in das Haus eines starken Mannes
einbrechen und ihm den Hausrat rauben,
wenn er den Mann nicht vorher fesselt? Erst
dann kann er sein Haus plündern. 30 Wer
nicht für mich ist, der ist gegen mich; wer
nicht mit mir sammelt, der zerstreut.

31 Darum sage ich euch: Jede Sünde und
Lästerung wird den Menschen vergeben
werden, aber die Lästerung gegen den Geist
wird nicht vergeben. 32 Auch dem, der etwas
gegen den Menschensohn sagt, wird verge-
ben werden; wer aber etwas gegen den Heili-
gen Geist sagt, dem wird nicht vergeben, we-
der in dieser noch in der zukünftigen Welt.

33 Entweder: der Baum ist gut – dann sind
auch seine Früchte gut. Oder: der Baum ist
schlecht – dann sind auch seine Früchte
schlecht. An den Früchten also erkennt man
den Baum. 34 Ihr Schlangenbrut, wie könnt
ihr Gutes reden, wenn ihr böse seid? Denn
wovon das Herz voll ist, davon spricht der
Mund. 35 Ein guter Mensch bringt Gutes her-
vor, weil er Gutes in sich hat, und ein böser
Mensch bringt Böses hervor, weil er Böses in
sich hat.

36 Ich sage euch: Über jedes unnütze Wort,
das die Menschen reden, werden sie am Tag
des Gerichts Rechenschaft ablegen müssen;
37 denn aufgrund deiner Worte wirst du frei-
gesprochen und aufgrund deiner Worte wirst
du verurteilt werden.

22–23 ‖ Lk 11,14 • 24–30 ‖ Mk 3,22–27; Lk 11,15.17–23 • 31–32 ‖ Mk 3,28–30; Lk 12,10 • 33–35 ‖ Lk 6,43–45 • 22–24: 9,32–34 • 24; 10,25 • 28: Lk 17,21 • 29: Jes 49,24 • 33:7,17f • 34: 3,7.

Die Verweigerung eines Zeichens: 12,38–42

38 Zu dieser Zeit sagten einige Schriftge-
lehrte und Pharisäer zu ihm: Meister, wir
möchten von dir ein Zeichen sehen. 39 Er ant-
wortete ihnen: Diese böse und treulose Ge-
neration fordert ein Zeichen, aber es wird ihr
kein anderes gegeben werden als das Zei-
chen des Propheten Jona. 40 Denn wie *Jona
drei Tage und drei Nächte im Bauch des Fi-
sches war, so wird auch der Menschensohn
drei Tage und drei Nächte im Innern der
Erde sein.* 41 Die Männer von Ninive werden
beim Gericht gegen diese Generation auftre-
ten und sie verurteilen; denn sie haben sich
nach der Predigt des Jona bekehrt. Hier aber
ist einer, der mehr ist als Jona. 42 Die Königin
des Südens wird beim Gericht gegen diese
Generation auftreten und sie verurteilen;
denn sie kam vom Ende der Erde, um die
Weisheit Salomos zu hören. Hier aber ist ei-
ner, der mehr ist als Salomo.

38–42 ‖ Mk 8,11f; Lk 11,16.29–32 • 38–40: 16,1–4; Joh 6,30; 1 Kor 1,22; • 40: Jona 2,1; Mt 27,63 • 41: Jona 3,5 • 42: 1 Kön 10,1–10.

Von der Rückkehr der unreinen Geister: 12,43–45

43 Ein unreiner Geist, der einen Menschen
verlassen hat, wandert durch die Wüste und
sucht einen Ort, wo er bleiben kann. Wenn er
aber keinen findet, 44 dann sagt er: Ich will in
mein Haus zurückkehren, das ich verlassen
habe. Und wenn er es bei seiner Rückkehr
leer antrifft, sauber und geschmückt, 45 dann
geht er und holt sieben andere Geister, die
noch schlimmer sind als er selbst. Sie ziehen
dort ein und lassen sich nieder. So wird es
mit diesem Menschen am Ende schlimmer
werden als vorher. Dieser bösen Generation
wird es genauso gehen.

43–45 ‖ Lk 11,24–26 • 45: 2 Petr 2,20.

12,24 Beelzebul – ursprüngliche Bedeutung: Mistgott (Mist, d. h. das heidnische Opfer), oder: Herr der Wohnungen (von Dämonen), oder: Herr der Fliegen (d. h. Krankheiten) – wird hier mit Satan, dem Anführer aller bösen Geister, gleichgesetzt. – Unter Dämonen verstand man »böse« oder »unreine« Geister, die in Menschen oder Tieren hausten, schwere Krankheiten seelischer oder leiblicher Art verursachten und so die Menschen versklavten (vgl. Mk 5,9.11; 6,13; Mt 9,32; 12,45; Lk 10,17–20; 13,11 u. ö.).

12,27 Anhänger, wörtlich: Söhne.

12,35 Wörtlich: Ein guter Mensch bringt aus dem guten Schatz Gutes hervor und ein böser Mensch bringt aus dem bösen Schatz Böses hervor.

12,39 treulose, wörtlich: ehebrecherische (vgl. Mt

Von den wahren Verwandten Jesu: 12,46–50

46 Als Jesus noch mit den Leuten redete,
standen seine Mutter und seine Brüder vor
dem Haus und wollten mit ihm sprechen.
47 Da sagte jemand zu ihm: Deine Mutter und
deine Brüder stehen draußen und wollen mit
dir sprechen. 48 Dem, der ihm das gesagt hat-
te, erwiderte er: Wer ist meine Mutter, und
wer sind meine Brüder? 49 Und er streckte die
Hand über seine Jünger aus und sagte: Das
hier sind meine Mutter und meine Brüder.
50 Denn wer den Willen meines himmlischen
Vaters erfüllt, der ist für mich Bruder und
Schwester und Mutter.

46–50 ‖ Mk 3,31–35; Lk 8,19–21.

Die Rede über das Himmelreich: 13,1–53

Das Gleichnis vom Sämann: 13,1–9

13 An jenem Tag verließ Jesus das Haus
und setzte sich an das Ufer des Sees.
2 Da versammelte sich eine große Menschen-
menge um ihn. Er stieg deshalb in ein Boot
und setzte sich; die Leute aber standen am
Ufer. 3 Und er sprach lange zu ihnen in Form
von Gleichnissen. Er sagte: Ein Sämann ging
aufs Feld, um zu säen. 4 Als er säte, fiel ein
Teil der Körner auf den Weg und die Vögel
kamen und fraßen sie. 5 Ein anderer Teil fiel
auf felsigen Boden, wo es nur wenig Erde
gab, und ging sofort auf, weil das Erdreich
nicht tief war; 6 als aber die Sonne hochstieg,
wurde die Saat versengt und verdorrte, weil
sie keine Wurzeln hatte. 7 Wieder ein anderer
Teil fiel in die Dornen und die Dornen wuch-
sen und erstickten die Saat. 8 Ein anderer
Teil schließlich fiel auf guten Boden und
brachte Frucht, teils hundertfach, teils sech-
zigfach, teils dreißigfach. 9 Wer Ohren hat,
der höre!

1–9 ‖ Mk 4,1–9; Lk 8,4–8 • 9: 11,15.

Sinn und Zweck der Gleichnisse: 13,10–17

10 Da kamen die Jünger zu ihm und sag-
ten: Warum redest du zu ihnen in Gleichnis-
sen? 11 Er antwortete: Euch ist es gegeben,
die Geheimnisse des Himmelreichs zu erken-
nen; ihnen aber ist es nicht gegeben. 12 Denn
wer hat, dem wird gegeben, und er wird im
Überfluss haben; wer aber nicht hat, dem
wird auch noch weggenommen, was er hat.
13 Deshalb rede ich zu ihnen in Gleichnissen,
weil sie sehen und doch nicht sehen, weil sie
hören und doch nicht hören und nichts ver-
stehen. 14 An ihnen erfüllt sich die Weissa-
gung Jesajas:

*Hören sollt ihr, hören, aber nicht verste-
hen; / sehen sollt ihr, sehen, aber nicht erken-
nen.*

15 *Denn das Herz dieses Volkes ist hart ge-
worden / und mit ihren Ohren hören sie nur
schwer / und ihre Augen halten sie geschlos-
sen, / damit sie mit ihren Augen nicht sehen /
und mit ihren Ohren nicht hören, / damit sie
mit ihrem Herzen / nicht zur Einsicht kom-
men, / damit sie sich nicht bekehren und ich
sie nicht heile.*

16 Ihr aber seid selig, denn eure Augen se-
hen und eure Ohren hören. 17 Amen, ich sage
euch: Viele Propheten und Gerechte haben
sich danach gesehnt zu sehen, was ihr seht,
und haben es nicht gesehen, und zu hören,
was ihr hört, und haben es nicht gehört.

10–17 ‖ Mk 4,10–12; Lk 8,9f • 16–17 ‖ Lk 10,23f • 12: 25,29; Mk 4,25; Lk 8,18; 19,26 • 14f: Jes 6,9f; Joh 12,40; Apg 28,26f • 17: 1 Petr 1,10–12.

Die Deutung des Gleichnisses vom Sämann: 13,18–23

18 Hört also, was das Gleichnis vom Sä-
mann bedeutet. 19 Immer wenn ein Mensch
das Wort vom Reich hört und es nicht ver-
steht, kommt der Böse und nimmt alles weg,
was diesem Menschen ins Herz gesät wurde;
hier ist der Samen auf den Weg gefallen.
20 Auf felsigen Boden ist der Samen bei dem
gefallen, der das Wort hört und sofort freu-
dig aufnimmt, 21 aber keine Wurzeln hat,
sondern unbeständig ist; sobald er um des
Wortes willen bedrängt oder verfolgt wird,
kommt er zu Fall. 22 In die Dornen ist der Sa-
men bei dem gefallen, der das Wort zwar
hört, aber dann ersticken es die Sorgen die-

16,4; Mk 8,38). Das Wort wird hier, wie schon bei den Propheten, im übertragenen Sinn gebraucht (vgl. Ez 16,15–34; Hos 2 – 3).

12,46f Die Worte »Bruder« und »Schwester« können nach hebräischem, aramäischem und griechischem Sprachgebrauch auch als Kurzbezeichnung für Verwandte im weiteren Sinn gebraucht werden (vgl. Gen 13,8; 14,14; 24,48; u. ö.). Zum Ganzen vgl. die Aussagen des Neuen Testaments über die »Brüder Jesu« bzw. die »Brüder des Herrn«: Mt 13,54–58; Mk 6,1–6; Joh 7,3–5; Apg 1,14; 1 Kor 9,5; Gal 1,19; auch Mt 27,56; Mk 15,40.47; 16,1.

12,47 Dieser Vers fehlt bei einigen wichtigen alten Textzeugen.

13,1–53 In der Rede über das Himmelreich fasst Matthäus sieben Gleichnisse zusammen, die vom Reich Gottes handeln. Drei dieser Gleichnisse finden sich auch bei Lukas, davon zwei auch bei Markus, vier gehören zum Sondergut des Evangelisten: Unkraut unter dem Weizen, Schatz und Perle,

ser Welt und der trügerische Reichtum und
es bringt keine Frucht. 23 Auf guten Boden ist
der Samen bei dem gesät, der das Wort hört
und es auch versteht; er bringt dann Frucht,
hundertfach oder sechzigfach oder dreißig-
fach.

18–23 ‖ Mk 4,13–20; Lk 8,11–15 • 22: 1 Tim 6,9.

Das Gleichnis vom Unkraut unter dem Weizen: 13,24–30

24 Und Jesus erzählte ihnen noch ein ande-
res Gleichnis: Mit dem Himmelreich ist es
wie mit einem Mann, der guten Samen auf
seinen Acker säte. 25 Während nun die Leute
schliefen, kam sein Feind, säte Unkraut un-
ter den Weizen und ging wieder weg. 26 Als
die Saat aufging und sich die Ähren bildeten,
kam auch das Unkraut zum Vorschein. 27 Da
gingen die Knechte zu dem Gutsherrn und
sagten: Herr, hast du nicht guten Samen auf
deinen Acker gesät? Woher kommt dann das
Unkraut? 28 Er antwortete: Das hat ein Feind
von mir getan. Da sagten die Knechte zu
ihm: Sollen wir gehen und es ausreißen? 29 Er
entgegnete: Nein, sonst reißt ihr zusammen
mit dem Unkraut auch den Weizen aus.
30 Lasst beides wachsen bis zur Ernte. Wenn
dann die Zeit der Ernte da ist, werde ich den
Arbeitern sagen: Sammelt zuerst das Un-
kraut und bindet es in Bündel, um es zu ver-
brennen; den Weizen aber bringt in meine
Scheune.

24–30: 13,36–43 • 30: 3,12.

Das Gleichnis vom Senfkorn: 13,31–32

31 Er erzählte ihnen ein weiteres Gleichnis
und sagte: Mit dem Himmelreich ist es wie
mit einem Senfkorn, das ein Mann auf seinen
Acker säte. 32 Es ist das kleinste von allen
Samenkörnern; sobald es aber hochgewach-
sen ist, ist es größer als die anderen Gewäch-
se und wird zu einem *Baum,* sodass *die Vögel
des Himmels* kommen und *in seinen Zweigen
nisten.*

31–32 ‖ Mk 4,30–32; Lk 13,18f • 31: 17,20; Lk 17,6; • 32: Dan 4,8f.18; Ez 17,23.

Das Gleichnis vom Sauerteig: 13,33

33 Und er erzählte ihnen noch ein Gleich-
nis: Mit dem Himmelreich ist es wie mit dem
Sauerteig, den eine Frau unter einen großen
Trog Mehl mischte, bis das Ganze durchsäu-
ert war.

33 ‖ Lk 13,20f • 33: 1 Kor 5,6; Gal 5,9.

Die Bedeutung der Gleichnisse: 13,34–35

34 Dies alles sagte Jesus der Menschen-
menge durch Gleichnisse; er redete nur in
Gleichnissen zu ihnen. 35 Damit sollte sich
erfüllen, was durch den Propheten gesagt
worden ist:

*Ich öffne meinen Mund und rede in Gleich-
nissen, / ich verkünde, was seit der Schöp-
fung verborgen war.*

34 ‖ Mk 4,33f • 35: Ps 78,2.

Die Deutung des Gleichnisses vom Unkraut: 13,36–43

36 Dann verließ er die Menge und ging nach
Hause. Und seine Jünger kamen zu ihm und
sagten: Erkläre uns das Gleichnis vom Un-
kraut auf dem Acker. 37 Er antwortete: Der
Mann, der den guten Samen sät, ist der Men-
schensohn; 38 der Acker ist die Welt; der gute
Samen, das sind die Söhne des Reiches; das
Unkraut sind die Söhne des Bösen; 39 der
Feind, der es gesät hat, ist der Teufel; die
Ernte ist das Ende der Welt; die Arbeiter bei
dieser Ernte sind die Engel. 40 Wie nun das
Unkraut aufgesammelt und im Feuer ver-
brannt wird, so wird es auch am Ende der
Welt sein: 41 Der Menschensohn wird seine
Engel aussenden und sie werden aus seinem
Reich alle zusammenholen, die andere ver-
führt und Gottes Gesetz übertreten haben,
42 und werden sie in den Ofen werfen, in dem
das Feuer brennt. Dort werden sie heulen
und mit den Zähnen knirschen. 43 Dann wer-
den die Gerechten im Reich ihres Vaters wie
die Sonne leuchten. Wer Ohren hat, der
höre!

36–43: 13,24–30 • 40: 3,10; 7,19; Joh 15,6 • 41: 24,31f • 42: 8,12 • 43: Dan 12,3; Mt 11,15.

Die Gleichnisse vom Schatz und von der Perle: 13,44–46

44 Mit dem Himmelreich ist es wie mit ei-
nem Schatz, der in einem Acker vergraben
war. Ein Mann entdeckte ihn, grub ihn aber
wieder ein. Und in seiner Freude verkaufte
er alles, was er besaß, und kaufte den Acker.

Fischnetz. Alle Himmelreichsgleichnisse setzen voraus, dass das Reich Gottes bereits mit dem Wirken Jesu anbricht.

13,33 unter einen großen Trog Mehl, wörtlich: unter drei Sea Mehl. Eine Sea entspricht etwa dreizehn Litern.

13,35 Mehrere alte Textzeugen haben: seit der Schöpfung der Welt.

45 Auch ist es mit dem Himmelreich wie mit einem Kaufmann, der schöne Perlen suchte. 46 Als er eine besonders wertvolle Perle fand, verkaufte er alles, was er besaß, und kaufte sie.

Das Gleichnis vom Fischnetz: 13,47–50

47 Weiter ist es mit dem Himmelreich wie mit einem Netz, das man ins Meer warf, um Fische aller Art zu fangen. 48 Als es voll war, zogen es die Fischer ans Ufer; sie setzten sich, lasen die guten Fische aus und legten sie in Körbe, die schlechten aber warfen sie weg. 49 So wird es auch am Ende der Welt sein: Die Engel werden kommen und die Bösen von den Gerechten trennen 50 und in den Ofen werfen, in dem das Feuer brennt. Dort werden sie heulen und mit den Zähnen knirschen.

50: 8,12.

Abschluss der Rede: 13,51–53

51 Habt ihr das alles verstanden? Sie antworteten: Ja. 52 Da sagte er zu ihnen: Jeder Schriftgelehrte also, der ein Jünger des Himmelreichs geworden ist, gleicht einem Hausherrn, der aus seinem reichen Vorrat Neues und Altes hervorholt.

53 Als Jesus diese Gleichnisse beendet hatte, zog er weiter.

Weitere Taten – Belehrung der Jünger: 13,54 – 17,27

Die Ablehnung Jesu in seiner Heimat: 13,54–58

54 Jesus kam in seine Heimatstadt und lehrte die Menschen dort in der Synagoge. Da staunten alle und sagten: Woher hat er diese Weisheit und die Kraft, Wunder zu tun? 55 Ist das nicht der Sohn des Zimmermanns? Heißt nicht seine Mutter Maria und sind nicht Jakobus, Josef, Simon und Judas seine Brüder? 56 Leben nicht alle seine Schwestern unter uns? Woher also hat er das alles? 57 Und sie nahmen Anstoß an ihm und lehnten ihn ab. Da sagte Jesus zu ihnen: Nirgends hat ein Prophet so wenig Ansehen wie in seiner Heimat und in seiner Familie. 58 Und wegen ihres Unglaubens tat er dort nur wenige Wunder.

54–58 || Mk 6,1–6a; Lk 4,16–30 • 54: Joh 7,15 • 55: Joh 6,42 • 57: Joh 4,44.

Das Urteil des Herodes über Jesus: 14,1–2

14 Zu dieser Zeit hörte der Tetrarch Herodes, was man von Jesus erzählte. 2 Er sagte zu seinem Gefolge: Das ist Johannes der Täufer. Er ist von den Toten auferstanden; deshalb wirken solche Kräfte in ihm.

1–2 || Mk 6,14–16; Lk 9,7–9.

Die Enthauptung des Täufers: 14,3–12

3 Herodes hatte nämlich Johannes festnehmen und in Ketten ins Gefängnis werfen lassen. Schuld daran war Herodias, die Frau seines Bruders Philippus. 4 Denn Johannes hatte zu Herodes gesagt: Du hattest nicht das Recht, sie zur Frau zu nehmen. 5 Der König wollte ihn deswegen töten lassen, fürchtete sich aber vor dem Volk; denn man hielt Johannes für einen Propheten. 6 Als aber der Geburtstag des Herodes gefeiert wurde, tanzte die Tochter der Herodias vor den Gästen. Und sie gefiel Herodes so sehr, 7 dass er schwor, ihr alles zu geben, was sie sich wünschte. 8 Da sagte sie auf Drängen ihrer Mutter: Lass mir auf einer Schale den Kopf des Täufers Johannes herbringen. 9 Der König wurde traurig; aber weil er einen Schwur geleistet hatte – noch dazu vor allen Gästen –, befahl er, ihr den Kopf zu bringen. 10 Und er ließ Johannes im Gefängnis enthaupten. 11 Man brachte den Kopf auf einer Schale und gab ihn dem Mädchen und sie brachte ihn ihrer Mutter. 12 Die Jünger des Johannes aber holten den Leichnam und begruben ihn. Dann gingen sie zu Jesus und berichteten ihm alles.

3–12 || Mk 6,17–29; Lk 3,19f • 4: Lev 18,16; 20,21 • 5: 21,26.

13,54–58 Der Bericht über die Ablehnung Jesu in Nazaret gibt auch Auskunft über die Familie Jesu: Nach Matthäus war der Vater Jesu, nach der Parallelstelle Mk 6,1–6 Jesus selbst Bauhandwerker. (Zu den Brüdern und Schwestern Jesu vgl. die Anmerkung zu Mt 12,46f.)

14,1 Tetrarch: ursprünglich Regent über den vierten Teil eines Landes, später Bezeichnung eines Kleinfürsten.

14,3 »Philippus« fehlt in einigen alten Textzeugen.

14,4 Da Herodes Antipas seinem Bruder Philippus die Frau weggenommen hat, hält Johannes der Täufer die frühere Ehe für nicht geschieden und sieht die Verbindung der Herodias mit Herodes als unerlaubt an; sie fällt unter die Bestimmung von Lev 18,16; 20,21, wonach der Verkehr mit der Frau eines Bruders oder Halbbruders verboten war.

Die Speisung der Fünftausend: 14,13–21

13 Als Jesus all das hörte, fuhr er mit dem Boot in eine einsame Gegend, um allein zu sein. Aber die Leute in den Städten hörten davon und gingen ihm zu Fuß nach. 14 Als er ausstieg und die vielen Menschen sah, hatte er Mitleid mit ihnen und heilte die Kranken, die bei ihnen waren.

15 Als es Abend wurde, kamen die Jünger zu ihm und sagten: Der Ort ist abgelegen und es ist schon spät geworden. Schick doch die Menschen weg, damit sie in die Dörfer gehen und sich etwas zu essen kaufen können. 16 Jesus antwortete: Sie brauchen nicht wegzugehen. Gebt ihr ihnen zu essen! 17 Sie sagten zu ihm: Wir haben nur fünf Brote und zwei Fische bei uns. 18 Darauf antwortete er: Bringt sie her! 19 Dann ordnete er an, die Leute sollten sich ins Gras setzen. Und er nahm die fünf Brote und die zwei Fische, blickte zum Himmel auf, sprach den Lobpreis, brach die Brote und gab sie den Jüngern; die Jünger aber gaben sie den Leuten, 20 und alle aßen und wurden satt. Als die Jünger die übrig gebliebenen Brotstücke einsammelten, wurden zwölf Körbe voll. 21 Es waren etwa fünftausend Männer, die an dem Mahl teilnahmen, dazu noch Frauen und Kinder.

13–21 ‖ Mk 6,31–44; Lk 9,10–17; Joh 6,1–13 • 13–21: 15,32–39; Mk 8,1–10 • 14: 9,36 • 19f: 2 Kön 4,43f.

Der Gang Jesu auf dem Wasser: 14,22–33

22 Gleich darauf forderte er die Jünger auf, ins Boot zu steigen und an das andere Ufer vorauszufahren. Inzwischen wollte er die Leute nach Hause schicken. 23 Nachdem er sie weggeschickt hatte, stieg er auf einen Berg, um in der Einsamkeit zu beten. Spät am Abend war er immer noch allein auf dem Berg. 24 Das Boot aber war schon viele Stadien vom Land entfernt und wurde von den Wellen hin und her geworfen; denn sie hatten Gegenwind. 25 In der vierten Nachtwache kam Jesus zu ihnen; er ging auf dem See.

26 Als ihn die Jünger über den See kommen sahen, erschraken sie, weil sie meinten, es sei ein Gespenst, und sie schrien vor Angst. 27 Doch Jesus begann mit ihnen zu reden und sagte: Habt Vertrauen, ich bin es; fürchtet euch nicht! 28 Darauf erwiderte ihm Petrus: Herr, wenn du es bist, so befiehl, dass ich auf dem Wasser zu dir komme. 29 Jesus sagte: Komm! Da stieg Petrus aus dem Boot und ging über das Wasser auf Jesus zu. 30 Als er aber sah, wie heftig der Wind war, bekam er Angst und begann unterzugehen. Er schrie: Herr, rette mich! 31 Jesus streckte sofort die Hand aus, ergriff ihn und sagte zu ihm: Du Kleingläubiger, warum hast du gezweifelt? 32 Und als sie ins Boot gestiegen waren, legte sich der Wind. 33 Die Jünger im Boot aber fielen vor Jesus nieder und sagten: Wahrhaftig, du bist Gottes Sohn.

22–33 ‖ Mk 6,45–52; Joh 6,15–21 • 23: Lk 6,12 • 26: Lk 24,37 • 31: 8,26 • 33: 16,16; 27,54; Mk 15,39; Joh 1,49; 11,27.

Krankenheilungen in Gennesaret: 14,34–36

34 Sie fuhren auf das Ufer zu und kamen nach Gennesaret. 35 Als die Leute dort ihn erkannten, schickten sie Boten in die ganze Umgebung. Und man brachte alle Kranken zu ihm 36 und bat ihn, er möge sie wenigstens den Saum seines Gewandes berühren lassen. Und alle, die ihn berührten, wurden geheilt.

34–36 ‖ Mk 6,53–56 • 36: 9,21; Mk 5,28; Lk 6,19; 8,44.

Von Reinheit und Unreinheit: 15,1–20

15 Da kamen von Jerusalem Pharisäer und Schriftgelehrte zu Jesus und sagten: 2 Warum missachten deine Jünger die Überlieferung der Alten? Denn sie waschen sich nicht die Hände vor dem Essen. 3 Er entgegnete ihnen: Warum missachtet denn ihr Gottes Gebot um eurer Überlieferung willen? 4 Gott hat gesagt: *Ehre Vater und Mutter!, und: Wer Vater oder Mutter verflucht, soll mit dem Tod bestraft werden.* 5 Ihr aber lehrt: Wer zu Vater oder Mutter sagt: Was ich dir schulde, erkläre ich zur Opfergabe!, 6 der braucht seinen Vater oder seine Mutter nicht mehr zu ehren. Damit habt ihr Gottes Wort um eurer Überlieferung willen außer Kraft gesetzt. 7 Ihr Heuchler! Der Prophet Jesaja hatte Recht, als er über euch sagte:

8 *Dieses Volk ehrt mich mit den Lippen, / sein Herz aber ist weit weg von mir.*
9 *Es ist sinnlos, wie sie mich verehren; / was sie lehren, sind Satzungen von Menschen.*

10 Und er rief die Leute zu sich und sagte: Hört und begreift: 11 Nicht das, was durch

14,25 Man teilte die Nacht in vier Abschnitte (»Nachtwachen«) zu je drei Stunden ein.
15,1f Über die Reinheitsvorschriften der Pharisäer und Schriftgelehrten vgl. Mk 7,1–4 und die dortige Anmerkung.
15,5f Über das Korbán-Gelübde vgl. die Anmerkung zu Mk 7, 9–13.
15,6 Gottes Wort, nach anderen Textzeugen: Gottes Gesetz.
15,11 In diesem wichtigen Satz wird der Wert jeder religiösen Verhaltensweise und Handlung von der Gesinnung des Handelnden abhängig gemacht, nicht vom äußeren Vollzug. Es gibt also keine Sünde ohne böse Gesinnung.

den Mund in den Menschen hineinkommt,
macht ihn unrein, sondern was aus dem
Mund des Menschen herauskommt, das
macht ihn unrein.
12 Da kamen die Jünger zu ihm und sagten:
Weißt du, dass die Pharisäer über deine Wor-
te empört sind? 13 Er antwortete ihnen: Jede
Pflanze, die nicht mein himmlischer Vater
gepflanzt hat, wird ausgerissen werden.
14 Lasst sie, es sind blinde Blindenführer.
Und wenn ein Blinder einen Blinden führt,
werden beide in eine Grube fallen.
15 Da sagte Petrus zu ihm: Erkläre uns je-
nes rätselhafte Wort! 16 Er antwortete: Seid
auch ihr noch immer ohne Einsicht? 17 Be-
greift ihr nicht, dass alles, was durch den
Mund (in den Menschen) hineinkommt, in
den Magen gelangt und dann wieder ausge-
schieden wird? 18 Was aber aus dem Mund
herauskommt, das kommt aus dem Herzen,
und das macht den Menschen unrein.
19 Denn aus dem Herzen kommen böse
Gedanken, Mord, Ehebruch, Unzucht, Dieb-
stahl, falsche Zeugenaussagen und Verleum-
dungen. 20 Das ist es, was den Menschen
unrein macht; aber mit ungewaschenen
Händen essen macht ihn nicht unrein.

1–20 ‖ Mk 7,1–23 • 2: Lk 11,38; Kol 2,21f • 4: Ex 20,12; 21,17; Dtn 5,16; Lev 20,9 • 8: Jes 29,13 G • 14: 23,16.24; Lk 6,39 • 19: Röm 1,29–31; 1 Kor 5,10f; Gal 5,19–21; Eph 5,3–5; Kol 3,5; 1 Tim 1,9f; 2 Tim 3,2–4; 1 Petr 4,3.

Die Erhörung der Bitte einer heidnischen Frau: 15,21–28

21 Von dort zog sich Jesus in das Gebiet
von Tyrus und Sidon zurück. 22 Da kam eine
kanaanäische Frau aus jener Gegend zu ihm
und rief: Hab Erbarmen mit mir, Herr, du
Sohn Davids! Meine Tochter wird von einem
Dämon gequält. 23 Jesus aber gab ihr keine
Antwort. Da traten seine Jünger zu ihm und
baten: Befrei sie (von ihrer Sorge), denn sie
schreit hinter uns her. 24 Er antwortete: Ich
bin nur zu den verlorenen Schafen des Hau-
ses Israel gesandt. 25 Doch die Frau kam, fiel
vor ihm nieder und sagte: Herr, hilf mir! 26 Er
erwiderte: Es ist nicht recht, das Brot den
Kindern wegzunehmen und den Hunden
vorzuwerfen. 27 Da entgegnete sie: Ja, du
hast recht, Herr! Aber selbst die Hunde be-
kommen von den Brotresten, die vom Tisch
ihrer Herren fallen. 28 Darauf antwortete ihr
Jesus: Frau, dein Glaube ist groß. Was du
willst, soll geschehen. Und von dieser Stunde
an war ihre Tochter geheilt.

21–28 ‖ Mk 7,24–30 • 22: 9,27 • 24: 10,6.

Die Heilung vieler Kranker: 15,29–31

29 Jesus zog weiter und kam an den See von
Galiläa. Er stieg auf einen Berg und setzte
sich. 30 Da kamen viele Menschen und brach-
ten Lahme, Krüppel, Blinde, Stumme und
viele andere Kranke zu ihm; sie legten sie vor
ihn hin, und er heilte sie. 31 Als die Menschen
sahen, dass Stumme plötzlich redeten, Krüp-
pel gesund wurden, Lahme gehen und Blinde
sehen konnten, waren sie erstaunt und prie-
sen den Gott Israels.

29–31: Mk 7,31–37.

Die Speisung der Viertausend: 15,32–39

32 Jesus rief seine Jünger zu sich und sagte:
Ich habe Mitleid mit diesen Menschen; sie
sind schon drei Tage bei mir und haben
nichts mehr zu essen. Ich will sie nicht hung-
rig wegschicken, sonst brechen sie unter-
wegs zusammen. 33 Da sagten die Jünger zu
ihm: Wo sollen wir in dieser unbewohnten
Gegend so viel Brot hernehmen, um so viele
Menschen satt zu machen? 34 Jesus sagte zu
ihnen: Wie viele Brote habt ihr? Sie antwor-
teten: Sieben, und noch ein paar Fische.
35 Da forderte er die Leute auf, sich auf den
Boden zu setzen. 36 Und er nahm die sieben
Brote und die Fische, sprach das Dankgebet,
brach die Brote und gab sie den Jüngern und
die Jünger verteilten sie an die Leute. 37 Und
alle aßen und wurden satt. Dann sammelte
man die übrig gebliebenen Brotstücke ein,
sieben Körbe voll. 38 Es waren viertausend
Männer, die an dem Mahl teilgenommen hat-
ten, dazu noch Frauen und Kinder. 39 Da-
nach schickte er die Menge nach Hause, stieg
ins Boot und fuhr in die Gegend von Maga-
dan.

32–39 ‖ Mk 8,1–10 • 32–39: 14,13–21; Mk 6,32–44; Lk 9,10–17; Joh 6,1–13.

Die Verweigerung eines Zeichens: 16,1–4

16 Da kamen die Pharisäer und Saddu-
zäer zu Jesus, um ihn auf die Probe
zu stellen. Sie baten ihn: Lass uns ein Zei-
chen vom Himmel sehen. 2 Er antwortete ih-

15,19 Vgl. die Anmerkung zu Mk 7,21.
15,23 Befrei sie (von ihrer Sorge), andere Übersetzungsmöglichkeit: Schick sie weg.
15,39 Die genaue Lage dieses Ortes ist nicht bekannt. Ein Teil späterer Textzeugen nennt hier Magdala, das westlich von Kafarnaum in einer Bucht des Sees von Gennesaret lag.
16,2b–3 Spätere Textzeugen fügen hier ein: Am Abend sagt ihr: Es kommt schönes Wetter, denn der Himmel ist rot. Und am Morgen: Heute gibt es

nen: [3] 4 Diese böse und treulose Generation fordert ein Zeichen, aber es wird ihr kein anderes gegeben werden als das Zeichen des Jona. Und er ließ sie stehen und ging weg.

1–4 ‖ Mk 8,11–13 • 1: 12,38f; Lk 11,16.29–32; Joh 6,30.

Warnung vor den Pharisäern und Sadduzäern: 16,5–12

5 Die Jünger fuhren an das andere Ufer. Sie hatten aber vergessen, Brot mitzunehmen. 6 Und Jesus sagte zu ihnen: Gebt Acht, hütet euch vor dem Sauerteig der Pharisäer und Sadduzäer! 7 Sie aber machten sich Gedanken und sagten zueinander: Wir haben kein Brot mitgenommen. 8 Als Jesus das merkte, sagte er: Ihr Kleingläubigen, was macht ihr euch darüber Gedanken, dass ihr kein Brot habt? 9 Begreift ihr immer noch nicht? Erinnert ihr euch nicht an die fünf Brote für die Fünftausend und daran, wie viele Körbe voll ihr wieder eingesammelt habt? 10 Auch nicht an die sieben Brote für die Viertausend, und wie viele Körbe voll ihr da eingesammelt habt? 11 Warum begreift ihr denn nicht, dass ich nicht von Brot gesprochen habe, als ich zu euch sagte: Hütet euch vor dem Sauerteig der Pharisäer und Sadduzäer? 12 Da verstanden sie, dass er nicht gemeint hatte, sie sollten sich vor dem Sauerteig hüten, mit dem man Brot backt, sondern vor der Lehre der Pharisäer und Sadduzäer.

5–12 ‖ Mk 8,14–21 • 6: Lk 12,1 • 8: Mk 6,52 • 9: 14,21; Mk 6,44f • 10: 15,38; Mk 8,9.

Das Messiasbekenntnis des Petrus und die Antwort Jesu: 16,13–20

13 Als Jesus in das Gebiet von Cäsarea Philippi kam, fragte er seine Jünger: Für wen halten die Leute den Menschensohn? 14 Sie sagten: Die einen für Johannes den Täufer, andere für Elija, wieder andere für Jeremia oder sonst einen Propheten. 15 Da sagte er zu ihnen: Ihr aber, für wen haltet ihr mich? 16 Simon Petrus antwortete: Du bist der Messias, der Sohn des lebendigen Gottes! 17 Jesus sagte zu ihm: Selig bist du, Simon Barjona; denn nicht Fleisch und Blut haben dir das offenbart, sondern mein Vater im Himmel. 18 Ich aber sage dir: Du bist Petrus und auf diesen Felsen werde ich meine Kirche bauen und die Mächte der Unterwelt werden sie nicht überwältigen. 19 Ich werde dir die Schlüssel des Himmelreichs geben; was du auf Erden binden wirst, das wird auch im Himmel gebunden sein, und was du auf Erden lösen wirst, das wird auch im Himmel gelöst sein. 20 Dann befahl er den Jüngern, niemand zu sagen, dass er der Messias sei.

13–20 ‖ Mk 8,27–30; Lk 9,18–21 • 14: 14,2; Mk 6,14f; Lk 9,7f • 16: 14,33; 27,54; Mk 15,39; Joh 1,49; 11,27 • 18: Joh 1,42; Ijob 38,17; Weish 16,13; Jes 38,10 • 19: 18,18; Joh 20,23; 21,15–17.

Die erste Ankündigung von Leiden und Auferstehung: 16,21–23

21 Von da an begann Jesus, seinen Jüngern zu erklären, er müsse nach Jerusalem gehen und von den Ältesten, den Hohenpriestern und den Schriftgelehrten vieles erleiden; er werde getötet werden, aber am dritten Tag werde er auferstehen. 22 Da nahm ihn Petrus beiseite und machte ihm Vorwürfe; er sagte: Das soll Gott verhüten, Herr! Das darf nicht mit dir geschehen! 23 Jesus aber wandte sich um und sagte zu Petrus: Weg mit dir, Satan, geh mir aus den Augen! Du willst mich zu Fall bringen; denn du hast nicht das im Sinn, was Gott will, sondern was die Menschen wollen.

21–23 ‖ Mk 8,31–33; Lk 9,22 • 21: 17,22f; 20,18f; 26,2; Mk 9,31; 10,32–34; Lk 9,44; 18,31–33.

Von Nachfolge und Selbstverleugnung: 16,24–28

24 Darauf sagte Jesus zu seinen Jüngern: Wer mein Jünger sein will, der verleugne sich selbst, nehme sein Kreuz auf sich und folge mir nach. 25 Denn wer sein Leben retten will, wird es verlieren; wer aber sein Leben um meinetwillen verliert, wird es gewinnen. 26 Was nützt es einem Menschen, wenn er die ganze Welt gewinnt, dabei aber sein Leben einbüßt? Um welchen Preis kann ein Mensch sein Leben zurückkaufen? 27 Der Menschensohn wird mit seinen Engeln in der Hoheit seines Vaters kommen und *jedem Menschen vergelten, wie es seine Taten verdienen.*

Sturm, denn der Himmel ist rot und trüb. Das Aussehen des Himmels könnt ihr beurteilen, die Zeichen der Zeit aber nicht.

16,4 Zu »treulose« vgl. die Anmerkung zu Mt 12,39.

16,18 Das dem Beinamen Petrus zugrunde liegende griechische Wort petra bedeutet »Fels«. – »die Mächte der Unterwelt«, wörtlich: »die Pforten des Hades«. Hades, hebräisch Scheol, bezeichnete damals den als Gebäude, Festungsanlage gedachten Bereich des Todes, aller Toten. Die Totenwelt, die man sich unter der Erde befindlich vorstellte, war jedoch nicht der Aufenthaltsort Satans oder der Dämonen. Die Pforten oder Tore des Hades sind ein Bild für die alles verschlingende Macht des Todes und der Vergänglichkeit.

28 Amen, ich sage euch: Von denen, die hier
stehen, werden einige den Tod nicht erlei-
den, bis sie den Menschensohn in seiner kö-
niglichen Macht kommen sehen.

24–28 ǁ Mk 8,34 – 9,1; Lk 9,23–27 • 24: 10,38f; Lk 14,27 • 25: 10,39; Lk 17,33; Joh 12,25 • 27: Ps 62,13; 28,4 • 28: 10,23; 24,34.

Die Verklärung Jesu: 17,1–9

17 Sechs Tage danach nahm Jesus Pet-
rus, Jakobus und dessen Bruder Jo-
hannes beiseite und führte sie auf einen ho-
hen Berg. 2 Und er wurde vor ihren Augen
verwandelt; sein Gesicht leuchtete wie die
Sonne und seine Kleider wurden blendend
weiß wie das Licht. 3 Da erschienen plötzlich
vor ihren Augen Mose und Elija und redeten
mit Jesus. 4 Und Petrus sagte zu ihm: Herr, es
ist gut, dass wir hier sind. Wenn du willst,
werde ich hier drei Hütten bauen, eine für
dich, eine für Mose und eine für Elija. 5 Noch
während er redete, warf eine leuchtende
Wolke ihren Schatten auf sie und aus der
Wolke rief eine Stimme: Das ist *mein gelieb-
ter Sohn, an dem ich Gefallen gefunden habe;
auf ihn sollt ihr hören.* 6 Als die Jünger das
hörten, bekamen sie große Angst und warfen
sich mit dem Gesicht zu Boden. 7 Da trat Je-
sus zu ihnen, fasste sie an und sagte: Steht
auf, habt keine Angst! 8 Und als sie aufblick-
ten, sahen sie nur noch Jesus.
9 Während sie den Berg hinabstiegen, ge-
bot ihnen Jesus: Erzählt niemand von dem,
was ihr gesehen habt, bis der Menschensohn
von den Toten auferstanden ist.

1–9 ǁ Mk 9,2–10; Lk 9,28–36 • 2: 2 Petr 1,16–18 • 5: Ps 2,7; Jes 42,1; Dtn 18,15; Mt 3,17.

Von der Wiederkunft des Elija: 17,10–13

10 Da fragten ihn die Jünger: Warum sagen
denn die Schriftgelehrten, zuerst müsse Elija
kommen? 11 Er gab zur Antwort: Ja, Elija
kommt *und er wird alles wiederherstellen.*
12 Ich sage euch aber: Elija ist schon gekom-
men, doch sie haben ihn nicht erkannt, son-
dern mit ihm gemacht, was sie wollten.
Ebenso wird auch der Menschensohn durch
sie leiden müssen. 13 Da verstanden die
Jünger, dass er von Johannes dem Täufer
sprach.

10–13 ǁ Mk 9,11–13 • 11: Mal 3,23 G • 12: 11,14 • 13: Lk 1,17.

Die Heilung eines mondsüchtigen Jungen: 17,14–21

14 Als sie zurückkamen, begegneten sie ei-
ner großen Zahl von Menschen. Da trat ein
Mann auf ihn zu, fiel vor ihm auf die Knie
15 und sagte: Herr, hab Erbarmen mit mei-
nem Sohn! Er ist mondsüchtig und hat
schwer zu leiden. Immer wieder fällt er ins
Feuer oder ins Wasser. 16 Ich habe ihn schon
zu deinen Jüngern gebracht, aber sie konn-
ten ihn nicht heilen. 17 Da sagte Jesus: O du
ungläubige und unbelehrbare Generation!
Wie lange muss ich noch bei euch sein? Wie
lange muss ich euch noch ertragen? Bringt
ihn her zu mir! 18 Dann drohte Jesus dem Dä-
mon. Der Dämon verließ den Jungen, und
der Junge war von diesem Augenblick an ge-
heilt.
19 Als die Jünger mit Jesus allein waren,
wandten sie sich an ihn und fragten: Warum
konnten denn wir den Dämon nicht austrei-
ben? 20 Er antwortete: Weil euer Glaube so
klein ist. Amen, das sage ich euch: Wenn euer
Glaube auch nur so groß ist wie ein Senf-
korn, dann werdet ihr zu diesem Berg sagen:
Rück von hier nach dort!, und er wird weg-
rücken. Nichts wird euch unmöglich sein.
[21]

14–21 ǁ Mk 9,14–29; Lk 9,37–42 • 20: 21,21; Mk 11,23; Lk 17,6.

Die zweite Ankündigung von Leiden und Auferstehung: 17,22–23

22 Als sie in Galiläa zusammen waren,
sagte Jesus zu ihnen: Der Menschensohn
wird den Menschen ausgeliefert werden,
23 und sie werden ihn töten; aber am dritten
Tag wird er auferstehen. Da wurden sie sehr
traurig.

22–23 ǁ Mk 9,30–32; Lk 9,43b–45 • 22: 16,21; 20,18f.

Von der Tempelsteuer: 17,24–27

24 Als Jesus und die Jünger nach Kafar-
naum kamen, gingen die Männer, die die
Tempelsteuer einzogen, zu Petrus und frag-
ten: Zahlt euer Meister die Doppeldrachme
nicht? 25 Er antwortete: Doch! Als er dann
ins Haus hineinging, kam ihm Jesus mit der
Frage zuvor: Was meinst du, Simon, von
wem erheben die Könige dieser Welt Zölle

17,10–13 Jüdische Kreise vertraten zur Zeit Jesu die Meinung, der Prophet Elija werde am Ende der Tage wiederkehren – er galt als zu Gott entrückt, nicht gestorben (2 Kön 2,1–18) – und das Volk Israel auf das kommende Endgericht vorbereiten (vgl. Mal 3,23f; Sir 48,10).

17,21 Spätere Textzeugen fügen hier entsprechend Mk 9,29 ein: Diese Art (von Dämonen) aber kann nur durch Gebet und Fasten ausgetrieben werden.

17,24 Der Ex 30,13–15 geforderte Halbschekel galt zur Zeit Jesu so viel wie zwei attische Drachmen;

und Steuern? Von ihren eigenen Söhnen oder
von den anderen Leuten? 26 Als Petrus ant-
wortete: Von den anderen!, sagte Jesus zu
ihm: Also sind die Söhne frei. 27 Damit wir
aber bei niemand Anstoß erregen, geh an den
See und wirf die Angel aus; den ersten Fisch,
den du heraufholst, nimm, öffne ihm das
Maul und du wirst ein Vierdrachmenstück
finden. Das gib den Männern als Steuer für
mich und für dich.

24: Ex 30,13.

Die Rede über das Leben in der Gemeinde: 18,1–35

Der Rangstreit der Jünger: 18,1–5

18 In jener Stunde kamen die Jünger zu
Jesus und fragten: Wer ist im Him-
melreich der Größte? 2 Da rief er ein Kind
herbei, stellte es in ihre Mitte 3 und sagte:
Amen, das sage ich euch: Wenn ihr nicht um-
kehrt und wie die Kinder werdet, könnt ihr
nicht in das Himmelreich kommen. 4 Wer so
klein sein kann wie dieses Kind, der ist im
Himmelreich der Größte. 5 Und wer ein sol-
ches Kind um meinetwillen aufnimmt, der
nimmt mich auf.

1–5 ‖ Mk 9,33–37; Lk 9,46–48 • 1: Lk 22,24–26 • 3: 19,14; Mk 10,15; Lk 18,17.

Warnung vor der Verführung und der Verachtung von Jüngern: 18,6–11

6 Wer einen von diesen Kleinen, die an
mich glauben, zum Bösen verführt, für den
wäre es besser, wenn er mit einem Mühlstein
um den Hals im tiefen Meer versenkt würde.
7 Wehe der Welt mit ihrer Verführung! Es
muss zwar Verführung geben; doch wehe
dem Menschen, der sie verschuldet.

8 Wenn dich deine Hand oder dein Fuß
zum Bösen verführt, dann hau sie ab und
wirf sie weg! Es ist besser für dich, verstüm-
melt oder lahm in das Leben zu gelangen, als
mit zwei Händen und zwei Füßen in das
ewige Feuer geworfen zu werden. 9 Und
wenn dich dein Auge zum Bösen verführt,
dann reiß es aus und wirf es weg! Es ist bes-
ser für dich, einäugig in das Leben zu gelan-
gen, als mit zwei Augen in das Feuer der
Hölle geworfen zu werden.

10 Hütet euch davor, einen von diesen Klei-
nen zu verachten! Denn ich sage euch: Ihre
Engel im Himmel sehen stets das Angesicht
meines himmlischen Vaters. [11]

6–9 ‖ Mk 9,42–47; Lk 17,1f • 8: 5,30 • 9: 5,29.

Das Gleichnis vom verlorenen Schaf: 18,12–14

12 Was meint ihr? Wenn jemand hundert
Schafe hat und eines von ihnen sich verirrt,
lässt er dann nicht die neunundneunzig auf
den Bergen zurück und sucht das verirrte?
13 Und wenn er es findet – amen, ich sage
euch: er freut sich über dieses eine mehr als
über die neunundneunzig, die sich nicht ver-
irrt haben. 14 So will auch euer himmlischer
Vater nicht, dass einer von diesen Kleinen
verloren geht.

12–14 ‖ Lk 15,4–7 • 12: Joh 10,11–15.

Von der Verantwortung für den Bruder: 18,15–20

15 Wenn dein Bruder sündigt, dann geh zu
ihm und weise ihn unter vier Augen zurecht.
Hört er auf dich, so hast du deinen Bruder
zurückgewonnen. 16 Hört er aber nicht auf
dich, dann nimm einen oder zwei Männer
mit, denn *jede Sache muss durch die Aussage
von zwei oder drei Zeugen entschieden wer-
den.* 17 Hört er auch auf sie nicht, dann sag es
der Gemeinde. Hört er aber auch auf die Ge-
meinde nicht, dann sei er für dich wie ein
Heide oder ein Zöllner.

18 Amen, ich sage euch: Alles, was ihr auf
Erden binden werdet, das wird auch im
Himmel gebunden sein und alles, was ihr auf
Erden lösen werdet, das wird auch im Him-
mel gelöst sein.

---

diese Steuer wurde daher auch »die Doppeldrachme« genannt. Eine Drachme entsprach dem Tageslohn eines Arbeiters.

17,27 ein Vierdrachmenstück, wörtlich: einen Statér.

18,1–4 Das Kind galt zur Zeit Jesu als unfertiger Erwachsener und spielte in der damaligen Gesellschaft keine Rolle.

18,5 *um meinetwillen, wörtlich:* aufgrund meines Namens.

18,6.10.14 Der Ausdruck »diese Kleinen« knüpft zwar an die zuvor genannten Kinder an, wird aber nun zur Bezeichnung der Christen: sie sind wenig angesehen, machtlos und auf (Gottes) Hilfe angewiesen.

18,8f Nach jüdischer Auffassung saß die Begierde in den einzelnen Gliedern. Darum wurde bei den Juden z. B. Diebstahl durch Abhauen der Hand geahndet. Als Ort der ewigen Strafe galt dem Judentum die Feuerhölle, die Gehenna, wo die Bösen nach dem Endgericht ewige Qual erleiden werden (vgl. Jes 66,24; Offb 20,14f).

18,11 Ein Teil der Textzeugen fügt hier ein: Denn der Menschensohn ist gekommen, um zu retten, was verloren ist; vgl. Lk 19,10.

18,17 Mit »Gemeinde« ist die Ortskirche gemeint.

19 Weiter sage ich euch: Alles, was zwei
von euch auf Erden gemeinsam erbitten,
werden sie von meinem himmlischen Vater
erhalten. 20 Denn wo zwei oder drei in mei-
nem Namen versammelt sind, da bin ich mit-
ten unter ihnen.

15: Lev 19,17; Lk 17,3 • 16: Dtn 19,15 • 18: 16,19; Joh 20,23 • 19: 7,7 • 20: 28,20.

Von der Pflicht zur Vergebung: 18,21–22

21 Da trat Petrus zu ihm und fragte: Herr,
wie oft muss ich meinem Bruder vergeben,
wenn er sich gegen mich versündigt? Sieben-
mal? 22 Jesus sagte zu ihm: Nicht *siebenmal,*
sondern *siebenundsiebzigmal.*

22: Gen 4,24; Lk 17,4.

Das Gleichnis vom unbarmherzigen Gläubiger: 18,23–35

23 Mit dem Himmelreich ist es deshalb wie
mit einem König, der beschloss, von seinen
Dienern Rechenschaft zu verlangen. 24 Als er
nun mit der Abrechnung begann, brachte
man einen zu ihm, der ihm zehntausend Ta-
lente schuldig war. 25 Weil er aber das Geld
nicht zurückzahlen konnte, befahl der Herr,
ihn mit Frau und Kindern und allem, was er
besaß, zu verkaufen und so die Schuld zu be-
gleichen. 26 Da fiel der Diener vor ihm auf die
Knie und bat: Hab Geduld mit mir! Ich wer-
de dir alles zurückzahlen. 27 Der Herr hatte
Mitleid mit dem Diener, ließ ihn gehen und
schenkte ihm die Schuld. 28 Als nun der Die-
ner hinausging, traf er einen anderen Diener
seines Herrn, der ihm hundert Denare schul-
dig war. Er packte ihn, würgte ihn und rief:
Bezahl, was du mir schuldig bist! 29 Da fiel
der andere vor ihm nieder und flehte: Hab
Geduld mit mir! Ich werde es dir zurückzah-
len. 30 Er aber wollte nicht, sondern ging weg
und ließ ihn ins Gefängnis werfen, bis er die
Schuld bezahlt habe. 31 Als die übrigen Die-
ner das sahen, waren sie sehr betrübt; sie
gingen zu ihrem Herrn und berichteten ihm
alles, was geschehen war. 32 Da ließ ihn sein
Herr rufen und sagte zu ihm: Du elender
Diener! Deine ganze Schuld habe ich dir
erlassen, weil du mich so angefleht hast.
33 Hättest nicht auch du mit jenem, der
gemeinsam mit dir in meinem Dienst steht,
Erbarmen haben müssen, so wie ich mit dir
Erbarmen hatte? 34 Und in seinem Zorn
übergab ihn der Herr den Folterknechten,
bis er die ganze Schuld bezahlt habe.
35 Ebenso wird mein himmlischer Vater je-
den von euch behandeln, der seinem Bruder
nicht von ganzem Herzen vergibt.

23: 25,19 • 27: Lk 7,42 • 35: 6,15.

JESU WIRKEN IN JUDÄA UND IN JERUSALEM: 19,1 – 25,46

Der Weg nach Jerusalem: 19,1–20,34

Aufbruch nach Judäa: 19,1–2

19 Als Jesus diese Reden beendet hatte,
verließ er Galiläa und zog in das Ge-
biet von Judäa jenseits des Jordan. 2 Viele
Menschen folgten ihm dorthin und er heilte
sie.

1–2 ‖ Mk 10,1; Lk 9,51.

Von Ehescheidung und Ehelosigkeit: 19,3–12

3 Da kamen Pharisäer zu ihm, die ihm eine
Falle stellen wollten, und fragten: Darf man

18,22 Der griechische Text ist zu übersetzen mit »siebenundsiebzigmal«, nicht mit siebzigmal siebenmal wie in manchen Übersetzungen. Der Ausdruck hat den Sinn: immer, ohne Einschränkung.

18,23–25 Ein Talent (griechische Rechnungseinheit) entsprach sechstausend Drachmen. Ein Denar war damals einer Drachme gleichwertig und war der Tageslohn eines Arbeiters. Die Schuld umfasste also eine ungeheure Summe, die kaum aufzubringen war. Die Jahreseinkünfte Herodes' des Großen betrugen 900 Talente, das Steueraufkommen von ganz Galiläa und Peräa im Jahr 4 n. Chr. 200 Talente.
Unter dem »Diener« kann man sich etwa den Finanzminister eines orientalischen Königs vorstellen, dessen Beamte als Sklaven oder Diener des Herrschers angesehen wurden. Die Folter diente dazu, Auskünfte über beiseite geschafftes Geld zu erlangen.

19,3.7f Die Entlassung der Frau aus der Ehe war durch das Gesetz des Mose erlaubt (vgl. Dtn 24,1); umstritten war lediglich, welche Gründe dies rechtfertigten: nach der strengeren Auffassung des Schriftgelehrten Schammai Ehebruch, ansteckende Krankheit, Geisteskrankheit, Kinderlosigkeit; nach der Auffassung des Schriftgelehrten Hillel, die zur Zeit Jesu vorherrschend war, alles, was dem Mann an seiner Frau missfiel.

seine Frau aus jedem beliebigen Grund aus
der Ehe entlassen? 4 Er antwortete: Habt ihr
nicht gelesen, dass der Schöpfer die Men-
schen am Anfang *als Mann und Frau ge-*
schaffen hat 5 und dass er gesagt hat: *Darum*
wird der Mann Vater und Mutter verlassen
und sich an seine Frau binden und die zwei
werden ein Fleisch sein? 6 Sie sind also nicht
mehr zwei, sondern eins. Was aber Gott ver-
bunden hat, das darf der Mensch nicht tren-
nen. 7 Da sagten sie zu ihm: Wozu hat dann
Mose vorgeschrieben, dass man (der Frau)
eine Scheidungsurkunde geben muss, wenn
man sich trennen will? 8 Er antwortete: Nur
weil ihr so hartherzig seid, hat Mose euch er-
laubt, eure Frauen aus der Ehe zu entlassen.
Am Anfang war das nicht so. 9 Ich sage euch:
Wer seine Frau entlässt, obwohl kein Fall
von Unzucht vorliegt, und eine andere heira-
tet, der begeht Ehebruch.

10 Da sagten die Jünger zu ihm: Wenn das
die Stellung des Mannes in der Ehe ist, dann
ist es nicht gut zu heiraten. 11 Jesus sagte zu
ihnen: Nicht alle können dieses Wort erfas-
sen, sondern nur die, denen es gegeben ist.
12 Denn es ist so: Manche sind von Geburt an
zur Ehe unfähig, manche sind von den
Menschen dazu gemacht und manche haben
sich selbst dazu gemacht – um des Himmel-
reiches willen. Wer das erfassen kann, der
erfasse es.

3–9 ‖ Mk 10,2–12 • 4: Gen 1,27 • 5: Gen 2,24 • 7: Dtn 24,1; Mt 5,31 • 9: 5,32; Lk 16,18; 1 Kor 7,10f.

Die Segnung der Kinder: 19,13–15

13 Da brachte man Kinder zu ihm, damit er
ihnen die Hände auflegte und für sie betete.
Die Jünger aber wiesen die Leute schroff ab.
14 Doch Jesus sagte: Lasst die Kinder zu mir
kommen; hindert sie nicht daran! Denn
Menschen wie ihnen gehört das Himmel-
reich. 15 Dann legte er ihnen die Hände auf
und zog weiter.

13–15 ‖ Mk 10,13–16; Lk 18,15–17 • 14: 18,3.

Von Reichtum und Nachfolge: 19,16–30

16 Es kam ein Mann zu Jesus und fragte:
Meister, was muss ich Gutes tun, um das
ewige Leben zu gewinnen? 17 Er antwortete:
Was fragst du mich nach dem Guten? Nur ei-
ner ist »der Gute«. Wenn du aber das Leben
erlangen willst, halte die Gebote! 18 Darauf
fragte er ihn: Welche? Jesus antwortete: *Du*
sollst nicht töten, du sollst nicht die Ehe bre-
chen, du sollst nicht stehlen, du sollst nicht
falsch aussagen; 19 *ehre Vater und Mutter!*
Und: *Du sollst deinen Nächsten lieben wie*
dich selbst! 20 Der junge Mann erwiderte
ihm: Alle diese Gebote habe ich befolgt. Was
fehlt mir jetzt noch? 21 Jesus antwortete ihm:
Wenn du vollkommen sein willst, geh, ver-
kauf deinen Besitz und gib das Geld den Ar-
men; so wirst du einen bleibenden Schatz im
Himmel haben; dann komm und folge mir
nach. 22 Als der junge Mann das hörte, ging
er traurig weg; denn er hatte ein großes Ver-
mögen. 23 Da sagte Jesus zu seinen Jüngern:
Amen, das sage ich euch: Ein Reicher wird
nur schwer in das Himmelreich kommen.
24 Nochmals sage ich euch: Eher geht ein Ka-
mel durch ein Nadelöhr, als dass ein Reicher
in das Reich Gottes gelangt. 25 Als die Jünger
das hörten, erschraken sie sehr und sagten:
Wer kann dann noch gerettet werden? 26 Je-
sus sah sie an und sagte zu ihnen: Für Men-
schen ist das unmöglich, *für Gott* aber *ist*
alles möglich.

27 Da antwortete Petrus: Du weißt, wir ha-
ben alles verlassen und sind dir nachgefolgt.
Was werden wir dafür bekommen? 28 Jesus
erwiderte ihnen: Amen, ich sage euch: Wenn
die Welt neu geschaffen wird und der Men-
schensohn sich auf den Thron der Herrlich-
keit setzt, werdet ihr, die ihr mir nachgefolgt
seid, auf zwölf Thronen sitzen und die zwölf
Stämme Israels richten. 29 Und jeder, der um
meines Namens willen Häuser oder Brüder,
Schwestern, Vater, Mutter, Kinder oder
Äcker verlassen hat, wird dafür das Hun-
dertfache erhalten und das ewige Leben ge-
winnen. 30 Viele aber, die jetzt die Ersten
sind, werden dann die Letzten sein, und die
Letzten werden die Ersten sein.

16–30 ‖ Mk 10,17–31; Lk 18,18–30 • 18: Ex 20,12–16; Dtn 5,16–20 • 19: Lev 19,18 • 21: 6,20; 8,22 • 26: Gen 18,14; Ijob 42,2; Lk 1,37 • 28: 25,31; Offb 3,21; Lk 22,30 • 30: 20,16; Lk 13,30.

Das Gleichnis von den Arbeitern im Weinberg: 20,1–16

20 Denn mit dem Himmelreich ist es
wie mit einem Gutsbesitzer, der früh
am Morgen sein Haus verließ, um Arbeiter
für seinen Weinberg anzuwerben. 2 Er einig-
te sich mit den Arbeitern auf einen Denar für

19,4 *Mit dem Hinweis auf den »Anfang« verweist* Jesus auf die Schöpfungsordnung Gottes (vgl. Gen 1,1 – 2,4a; 2,4b–25).

19,9 Die sog. Unzuchtsklausel, die vom radikalen Scheidungsverbot Jesu den Fall der Unzucht ausnimmt, findet sich in der älteren Überlieferung, wie sie in Mk 10,2–12 und Lk 16,18 vorliegt, noch nicht.

19,29 das Hundertfache, nach einigen alten Textzeugen: ein Vielfaches; vgl. Lk 18,30.

den Tag und schickte sie in seinen Weinberg. 3 Um die dritte Stunde ging er wieder auf den Markt und sah andere dastehen, die keine Arbeit hatten. 4 Er sagte zu ihnen: Geht auch ihr in meinen Weinberg! Ich werde euch geben, was recht ist. 5 Und sie gingen. Um die sechste und um die neunte Stunde ging der Gutsherr wieder auf den Markt und machte es ebenso. 6 Als er um die elfte Stunde noch einmal hinging, traf er wieder einige, die dort herumstanden. Er sagte zu ihnen: Was steht ihr hier den ganzen Tag untätig herum? 7 Sie antworteten: Niemand hat uns angeworben. Da sagte er zu ihnen: Geht auch ihr in meinen Weinberg! 8 Als es nun Abend geworden war, sagte der Besitzer des Weinbergs zu seinem Verwalter: Ruf die Arbeiter, und zahl ihnen den Lohn aus, angefangen bei den letzten, bis hin zu den ersten. 9 Da kamen die Männer, die er um die elfte Stunde angeworben hatte, und jeder erhielt einen Denar. 10 Als dann die ersten an der Reihe waren, glaubten sie, mehr zu bekommen. Aber auch sie erhielten nur einen Denar. 11 Da begannen sie, über den Gutsherrn zu murren, 12 und sagten: Diese letzten haben nur eine Stunde gearbeitet, und du hast sie uns gleichgestellt; wir aber haben den ganzen Tag über die Last der Arbeit und die Hitze ertragen. 13 Da erwiderte er einem von ihnen: Mein Freund, dir geschieht kein Unrecht. Hast du nicht einen Denar mit mir vereinbart? 14 Nimm dein Geld und geh! Ich will dem letzten ebenso viel geben wie dir. 15 Darf ich mit dem, was mir gehört, nicht tun, was ich will? Oder bist du neidisch, weil ich (zu anderen) gütig bin? 16 So werden die Letzten die Ersten sein und die Ersten die Letzten.

8: Lev 19,13; Dtn 24,15 • 16: 19,30; Mk 10,31; Lk 13,30.

Die dritte Ankündigung von Leiden und Auferstehung: 20,17–19

17 Als Jesus nach Jerusalem hinaufzog, nahm er unterwegs die zwölf Jünger beiseite und sagte zu ihnen: 18 Wir gehen jetzt nach Jerusalem hinauf; dort wird der Menschensohn den Hohenpriestern und Schriftgelehrten ausgeliefert; sie werden ihn zum Tod verurteilen 19 und den Heiden übergeben, damit er verspottet, gegeißelt und gekreuzigt wird; aber am dritten Tag wird er auferstehen.

17–19 ‖ Mk 10,32–34; Lk 18,31–34 • 18f: 16,21; 17,22f • 19: 27,63; 28,6; Lk 9,22; 24,7.46; Apg 10,40; 1 Kor 15,4.

Vom Herrschen und vom Dienen: 20,20–28

20 Damals kam die Frau des Zebedäus mit ihren Söhnen zu Jesus und fiel vor ihm nieder, weil sie ihn um etwas bitten wollte. 21 Er fragte sie: Was willst du? Sie antwortete: Versprich, dass meine beiden Söhne in deinem Reich rechts und links neben dir sitzen dürfen. 22 Jesus erwiderte: Ihr wisst nicht, um was ihr bittet. Könnt ihr den Kelch trinken, den ich trinken werde? Sie sagten zu ihm: Wir können es. 23 Da antwortete er ihnen: Ihr werdet meinen Kelch trinken; doch den Platz zu meiner Rechten und zu meiner Linken habe nicht ich zu vergeben; dort werden die sitzen, für die mein Vater diese Plätze bestimmt hat.

24 Als die zehn anderen Jünger das hörten, wurden sie sehr ärgerlich über die beiden Brüder. 25 Da rief Jesus sie zu sich und sagte: Ihr wisst, dass die Herrscher ihre Völker unterdrücken und die Mächtigen ihre Macht über die Menschen missbrauchen. 26 Bei euch soll es nicht so sein, sondern wer bei euch groß sein will, der soll euer Diener sein, 27 und wer bei euch der Erste sein will, soll euer Sklave sein. 28 Denn auch der Menschensohn ist nicht gekommen, um sich dienen zu lassen, sondern um zu dienen und sein Leben hinzugeben als Lösegeld für viele.

20–23 ‖ Mk 10,35–40 • 24–28 ‖ Mk 10,41–45; Lk 22,24–27 • 22: 26,39; Joh 18,11 • 26: 23,11; Mk 9,35; Lk 9,48 • 28: Jes 53,12; 1 Tim 2,6.

Die Heilung von zwei Blinden bei Jericho: 20,29–34

29 Als sie Jericho verließen, folgte ihm eine große Zahl von Menschen. 30 An der Straße aber saßen zwei Blinde, und als sie hörten, dass Jesus vorbeikam, riefen sie laut: Herr, Sohn Davids, hab Erbarmen mit uns! 31 Die Leute aber wurden ärgerlich und befahlen ihnen zu schweigen. Sie aber schrien noch lauter: Herr, Sohn Davids, hab Erbarmen mit uns! 32 Jesus blieb stehen, rief sie zu sich und sagte: Was soll ich euch tun? 33 Sie antworteten: Herr, wir möchten, dass unsere Augen geöffnet werden. 34 Da hatte Jesus Mitleid mit ihnen und berührte ihre Augen. Im gleichen Augenblick konnten sie wieder sehen, und sie folgten ihm.

29–34 ‖ Mk 10,46–52; Lk 18,35–43 • 29–34: 9,27–30; • 30: 15,22.

20,14 »Ebenso viel« ist hier zu verstehen im Sinne von »im gleichen Maße«.
20,16 Spätere Textzeugen fügen am Ende des Verses entsprechend Mt 22,14 hinzu: Denn viele sind gerufen, aber nur wenige auserwählt.
20,20 die Frau des Zebedäus, wörtlich: die Mutter der Söhne des Zebedäus.
20,22f »Jemandes Kelch trinken« bedeutet so viel wie »an jemandes Schicksal teilhaben«.

Die Auseinandersetzung mit den Gegnern in Jerusalem: 21,1 – 23,39

Der Einzug in Jerusalem: 21,1–11

21 Als sich Jesus mit seinen Begleitern Jerusalem näherte und nach Betfage am Ölberg kam, schickte er zwei Jünger voraus 2 und sagte zu ihnen: Geht in das Dorf, das vor euch liegt; dort werdet ihr eine Eselin angebunden finden und ein Fohlen bei ihr. Bindet sie los und bringt sie zu mir! 3 Und wenn euch jemand zur Rede stellt, dann sagt: Der Herr braucht sie, er lässt sie aber bald zurückbringen.

4 Das ist geschehen, damit sich erfüllte, was durch den Propheten gesagt worden ist:

5 *Sagt der Tochter Zion: / Siehe, dein König kommt zu dir. / Er ist friedfertig / und er reitet auf einer Eselin / und auf einem Fohlen, / dem Jungen eines Lasttiers.*

6 Die Jünger gingen und taten, was Jesus ihnen aufgetragen hatte. 7 Sie brachten die Eselin und das Fohlen, legten ihre Kleider auf sie, und er setzte sich darauf. 8 Viele Menschen breiteten ihre Kleider auf der Straße aus, andere schnitten Zweige von den Bäumen und streuten sie auf den Weg. 9 Die Leute aber, die vor ihm hergingen und die ihm folgten, riefen:

Hosanna dem Sohn Davids! / *Gesegnet sei er, der kommt im Namen des Herrn. / Hosanna* in der Höhe!

10 Als er in Jerusalem einzog, geriet die ganze Stadt in Aufregung, und man fragte: Wer ist das? 11 Die Leute sagten: Das ist der Prophet Jesus von Nazaret in Galiläa.

1–11 ‖ Mk 11,1–11; Lk 19,28–40; Joh 12,12–19 • 5: Jes 62,11; Sach 9,9 • 9: Ps 118,25f; Mt 23,39; Lk 13,35.

Die Tempelreinigung: 21,12–17

12 Jesus ging in den Tempel und trieb alle Händler und Käufer aus dem Tempel hinaus; er stieß die Tische der Geldwechsler und die Stände der Taubenhändler um 13 und sagte: In der Schrift steht: *Mein Haus soll ein Haus des Gebetes sein.* Ihr aber macht daraus *eine Räuberhöhle.* 14 Im Tempel kamen Lahme und Blinde zu ihm und er heilte sie. 15 Als nun die Hohenpriester und die Schriftgelehrten die Wunder sahen, die er tat, und die Kinder im Tempel rufen hörten: Hosanna dem Sohn Davids!, da wurden sie ärgerlich 16 und sagten zu ihm: Hörst du, was sie rufen? Jesus antwortete ihnen: Ja, ich höre es. Habt ihr nie gelesen: *Aus dem Mund der Kinder und Säuglinge schaffst du dir Lob ?* 17 Und er ließ sie stehen und ging aus der Stadt hinaus nach Betanien; dort übernachtete er.

12–17 ‖ Mk 11,15–19; Lk 19,45–48; Joh 2,13–16 • 13: Jes 56,7; Jer 7,11 • 16: Ps 8,3.

Die Verfluchung eines Feigenbaums: 21,18–22

18 Als er am Morgen in die Stadt zurückkehrte, hatte er Hunger. 19 Da sah er am Weg einen Feigenbaum und ging auf ihn zu, fand aber nur Blätter daran. Da sagte er zu ihm: In Ewigkeit soll keine Frucht mehr an dir wachsen. Und der Feigenbaum verdorrte auf der Stelle. 20 Als die Jünger das sahen, fragten sie erstaunt: Wie konnte der Feigenbaum so plötzlich verdorren? 21 Jesus antwortete ihnen: Amen, das sage ich euch: Wenn ihr Glauben habt und nicht zweifelt, dann werdet ihr nicht nur das vollbringen, was ich mit dem Feigenbaum getan habe; selbst wenn ihr zu diesem Berg sagt: Heb dich empor und stürz dich ins Meer!, wird es geschehen. 22 Und alles, was ihr im Gebet erbittet, werdet ihr erhalten, wenn ihr glaubt.

18–19 ‖ Mk 11,12–14 • 20–22 ‖ Mk 11,20–25 • 19: Lk 13,6 • 21: Lk 17,6 • 22: 7,7.

Die Frage nach der Vollmacht Jesu: 21,23–27

23 Als er in den Tempel ging und dort lehrte, kamen die Hohenpriester und die Ältesten des Volkes zu ihm und fragten: Mit welchem Recht tust du das alles? Wer hat dir dazu die Vollmacht gegeben? 24 Jesus antwortete ihnen: Auch ich will euch eine Frage stellen. Wenn ihr mir darauf antwortet, dann werde ich euch sagen, mit welchem Recht ich das tue. 25 Woher stammte die Taufe des Johannes? Vom Himmel oder von den Men-

---

21,1–11 Der Evangelist deutet den Einzug Jesu im Licht von Sach 9,9: Der Messias wird als Vertreter der armen Leute eine friedliche, sozial gerechte Herrschaft aufrichten.

21,3 Andere Übersetzungsmöglichkeit: Der Herr braucht sie. Und er (der Besitzer, der euch zur Rede stellt) wird sie euch sofort mitgeben.

21,9.15 Ursprüngliche Bedeutung von »Hosanna«: Bring doch Hilfe!; später ist das Wort unter Verlust des ursprünglichen Sinns zur liturgischen Formel geworden.

21,12 Im Tempelbezirk konnten die Tempelbesucher Opfertiere kaufen und zur Bezahlung der Tempelsteuer heidnisches Geld in Münzen ohne heidnische Götter- oder Herrscherbilder wechseln.

21,18–22 Der unfruchtbare Feigenbaum ist Bild für das Volk Gottes, das den Glauben verweigert (vgl. Jer 8,13; Lk 13,6–9).

schen? Da überlegten sie und sagten zuei-
nander: Wenn wir antworten: Vom Himmel!,
so wird er zu uns sagen: Warum habt ihr ihm
dann nicht geglaubt? 26 Wenn wir aber ant-
worten: Von den Menschen!, dann müssen
wir uns vor den Leuten fürchten; denn alle
halten Johannes für einen Propheten. 27 Da-
rum antworteten sie Jesus: Wir wissen es
nicht. Da erwiderte er: Dann sage auch ich
euch nicht, mit welchem Recht ich das alles
tue.

23–27 ‖ Mk 11,27–33; Lk 20,1–8 • 26: 14,5.

Das Gleichnis von den ungleichen Söhnen:
21,28–32

28 Was meint ihr? Ein Mann hatte zwei
Söhne. Er ging zum ersten und sagte: Mein
Sohn, geh und arbeite heute im Weinberg!
29 Er antwortete: Ja, Herr!, ging aber nicht.
30 Da wandte er sich an den zweiten Sohn
und sagte zu ihm dasselbe. Dieser antworte-
te: Ich will nicht. Später aber reute es ihn
und er ging doch. 31 Wer von den beiden hat
den Willen seines Vaters erfüllt? Sie antwor-
teten: Der zweite. Da sagte Jesus zu ihnen:
Amen, das sage ich euch: Zöllner und Dirnen
gelangen eher in das Reich Gottes als ihr.
32 Denn Johannes ist gekommen, um euch
den Weg der Gerechtigkeit zu zeigen, und ihr
habt ihm nicht geglaubt; aber die Zöllner
und die Dirnen haben ihm geglaubt. Ihr habt
es gesehen und doch habt ihr nicht bereut
und ihm nicht geglaubt.

31: Lk 7,29f.

Das Gleichnis von den bösen Winzern:
21,33–46

33 Hört noch ein anderes Gleichnis: Es war
ein Gutsbesitzer, der *legte einen Weinberg
an, zog ringsherum einen Zaun, hob eine
Kelter aus und baute einen Turm.* Dann ver-
pachtete er den Weinberg an Winzer und
reiste in ein anderes Land. 34 Als nun die
Erntezeit kam, schickte er seine Knechte zu
den Winzern, um seinen Anteil an den
Früchten holen zu lassen. 35 Die Winzer aber
packten seine Knechte; den einen prügelten
sie, den andern brachten sie um, einen drit-
ten steinigten sie. 36 Darauf schickte er ande-
re Knechte, mehr als das erste Mal; mit ihnen
machten sie es genauso. 37 Zuletzt sandte er
seinen Sohn zu ihnen; denn er dachte: Vor
meinem Sohn werden sie Achtung haben.
38 Als die Winzer den Sohn sahen, sagten sie
zueinander: Das ist der Erbe. Auf, wir wollen
ihn töten, damit wir seinen Besitz erben.
39 Und sie packten ihn, warfen ihn aus dem
Weinberg hinaus und brachten ihn um.
40 Wenn nun der Besitzer des Weinbergs
kommt: Was wird er mit solchen Winzern
tun? 41 Sie sagten zu ihm: Er wird diesen bö-
sen Menschen ein böses Ende bereiten und
den Weinberg an andere Winzer verpachten,
die ihm die Früchte abliefern, wenn es Zeit
dafür ist. 42 Und Jesus sagte zu ihnen: Habt
ihr nie in der Schrift gelesen:
*Der Stein, den die Bauleute verworfen ha-
ben, / er ist zum Eckstein geworden; / das hat
der Herr vollbracht, / vor unseren Augen ge-
schah dieses Wunder?*
44 Und wer auf diesen Stein fällt, der wird
zerschellen; auf wen der Stein aber fällt, den
wird er zermalmen. 43 Darum sage ich euch:
Das Reich Gottes wird euch weggenommen
und einem Volk gegeben werden, das die er-
warteten Früchte bringt.

45 Als die Hohenpriester und die Pharisäer
seine Gleichnisse hörten, merkten sie, dass er
von ihnen sprach. 46 Sie hätten ihn gern ver-
haften lassen; aber sie fürchteten sich vor
den Leuten, weil alle ihn für einen Propheten
hielten.

33–46 ‖ Mk 12,1–12; Lk 20,9–19 • 33: Jes 5,1f G • 35: 22,6 •
42: Ps 118,22f G • 46: 26,4f.

**Das Gleichnis vom königlichen
Hochzeitsmahl:** 22,1–14

22 Jesus erzählte ihnen noch ein ande-
res Gleichnis: 2 Mit dem Himmel-
reich ist es wie mit einem König, der die
Hochzeit seines Sohnes vorbereitete. 3 Er
schickte seine Diener, um die eingeladenen
Gäste zur Hochzeit rufen zu lassen. Sie aber
wollten nicht kommen. 4 Da schickte er noch
einmal Diener und trug ihnen auf: Sagt den
Eingeladenen: Mein Mahl ist fertig, die Och-
sen und das Mastvieh sind geschlachtet, alles

21,29–31 In einer Reihe wichtiger Textzeugen sagt der erste Sohn nein, geht aber dann doch; der zweite Sohn sagt ja, geht aber nicht. In diesem Fall hat der erste Sohn den Willen des Vaters erfüllt.

21,33–46 Mit dem Weinberg Gottes ist Israel gemeint (vgl. Jes 5, 1–7).

21,42 Die Übersetzung »das hat der Herr vollbracht« nimmt Rücksicht auf den hebräischen Text von Ps 118,22. Der griechische Text lautet wörtlich übersetzt: ihn hat der Herr gemacht und er ist wunderbar in unseren Augen.

21,44 Dieser Vers, der bei einigen alten Textzeugen fehlt, ist irrtümlicherweise hinter V. 43 überliefert.

22,2–10.11–13 Matthäus hat zwei selbständige Gleichnisse miteinander verknüpft. Der zweite Teil besagt, dass der Eintritt in das Reich Gottes die Umkehr des Sünders voraussetzt.

ist bereit. Kommt zur Hochzeit! 5 Sie aber
kümmerten sich nicht darum, sondern der
eine ging auf seinen Acker, der andere in sei-
nen Laden, 6 wieder andere fielen über seine
Diener her, misshandelten sie und brachten
sie um. 7 Da wurde der König zornig; er
schickte sein Heer, ließ die Mörder töten und
ihre Stadt in Schutt und Asche legen. 8 Dann
sagte er zu seinen Dienern: Das Hochzeits-
mahl ist vorbereitet, aber die Gäste waren es
nicht wert (eingeladen zu werden). 9 Geht
also hinaus auf die Straßen und ladet alle,
die ihr trefft, zur Hochzeit ein. 10 Die Diener
gingen auf die Straßen hinaus und holten
alle zusammen, die sie trafen, Böse und Gute,
und der Festsaal füllte sich mit Gästen.
11 Als sie sich gesetzt hatten und der König
eintrat, um sich die Gäste anzusehen, be-
merkte er unter ihnen einen Mann, der kein
Hochzeitsgewand anhatte. 12 Er sagte zu
ihm: Mein Freund, wie konntest du hier ohne
Hochzeitsgewand erscheinen? Darauf wuss-
te der Mann nichts zu sagen. 13 Da befahl der
König seinen Dienern: Bindet ihm Hände
und Füße und werft ihn hinaus in die äußers-
te Finsternis! Dort wird er heulen und mit
den Zähnen knirschen. 14 Denn viele sind ge-
rufen, aber nur wenige auserwählt.

1–10 || Lk 14,15–24 • 6: 21,35 • 13: 8,12.

Die Frage nach der kaiserlichen Steuer:
22,15–22

15 Damals kamen die Pharisäer zusammen
und beschlossen, Jesus mit einer Frage eine
Falle zu stellen. 16 Sie veranlassten ihre Jün-
ger, zusammen mit den Anhängern des Hero-
des zu ihm zu gehen und zu sagen: Meister,
wir wissen, dass du immer die Wahrheit
sagst und wirklich den Weg Gottes lehrst,
ohne auf jemand Rücksicht zu nehmen; denn
du siehst nicht auf die Person. 17 Sag uns
also: Ist es nach deiner Meinung erlaubt, dem
Kaiser Steuer zu zahlen, oder nicht? 18 Jesus
aber erkannte ihre böse Absicht und sagte:
Ihr Heuchler, warum stellt ihr mir eine Fal-
le? 19 Zeigt mir die Münze, mit der ihr eure
Steuern bezahlt! Da hielten sie ihm einen
Denar hin. 20 Er fragte sie: Wessen Bild und
Aufschrift ist das? 21 Sie antworteten: Des
Kaisers. Darauf sagte er zu ihnen: So gebt
dem Kaiser, was dem Kaiser gehört, und
Gott, was Gott gehört! 22 Als sie das hörten,
waren sie sehr überrascht, wandten sich um
und gingen weg.

15–22 || Mk 12,13–17; Lk 20,20–26.

Die Frage nach der Auferstehung der Toten:
22,23–33

23 Am selben Tag kamen zu Jesus einige
von den Sadduzäern, die behaupten, es gebe
keine Auferstehung. Sie fragten ihn: 24 Meis-
ter, Mose hat gesagt: *Wenn ein Mann stirbt,
ohne Kinder zu haben, dann soll sein Bruder
dessen Frau heiraten und* seinem *Bruder
Nachkommen verschaffen.* 25 Bei uns lebten
einmal sieben Brüder. Der erste heiratete
und starb, und weil er keine Nachkommen
hatte, hinterließ er seine Frau seinem Bru-
der, 26 ebenso der zweite und der dritte und
so weiter bis zum siebten. 27 Als letzte von al-
len starb die Frau. 28 Wessen Frau wird sie
nun bei der Auferstehung sein? Alle sieben
haben sie doch zur Frau gehabt. 29 Jesus ant-
wortete ihnen: Ihr irrt euch; ihr kennt weder
die Schrift noch die Macht Gottes. 30 Denn
nach der Auferstehung werden die Menschen
nicht mehr heiraten, sondern sein wie die
Engel im Himmel. 31 Habt ihr im übrigen
nicht gelesen, was Gott euch über die Aufer-
stehung der Toten mit den Worten gesagt
hat: 32 *Ich bin der Gott Abrahams, der Gott
Isaaks und der Gott Jakobs ?* Er ist doch
nicht der Gott der Toten, sondern der Gott
der Lebenden. 33 Als das Volk das hörte, war
es über seine Lehre bestürzt.

23–33 || Mk 12,18–27; Lk 20,27–38 • 23: Apg 23,8 • 24: Dtn 25,5f; Gen 38,8 • 32: Ex 3,6.

Die Frage nach dem wichtigsten Gebot:
22,34–40

34 Als die Pharisäer hörten, dass Jesus die
Sadduzäer zum Schweigen gebracht hatte,
kamen sie (bei ihm) zusammen. 35 Einer von
ihnen, ein Gesetzeslehrer, wollte ihn auf die
Probe stellen und fragte ihn: 36 Meister,
welches Gebot im Gesetz ist das wichtigste?
37 Er antwortete ihm: *Du sollst den Herrn,
deinen Gott, lieben mit ganzem Herzen, mit
ganzer Seele* und mit all deinen Gedanken.

22,15–22 Im Jahr 6/7 n. Chr. wurde der Zensus, die römische Kopf- und Grundsteuer, auch in Judäa und Samarien eingeführt. Die jüdischen Frommen, vor allem die sogenannten Zeloten, sahen in der Steuerzahlung einen Verrat an Gott. Der römische Silber-Denar trug damals ein Bild des Kaisers Tiberius (14–37 n. Chr.) und die Aufschrift: »Tiberius, Cäsar, des göttlichen Augustus Sohn, Augustus«.

22,23–33 Zur Zeit Jesu hofften die Pharisäer und ein großer Teil des jüdischen Volkes auf eine allgemeine Auferstehung der Toten am Ende der Zeit; die Sadduzäer lehnten diese Vorstellung ab.

22,34–40 Ob die zahlreichen Gebote und Gesetzesvorschriften alle gleich wichtig seien, war im rabbinischen Judentum eine strittige Frage. Für Jesus ist das doppelte Liebesgebot der Inbegriff des gan-

38 Das ist das wichtigste und erste Gebot. 39 Ebenso wichtig ist das zweite: *Du sollst deinen Nächsten lieben wie dich selbst.* 40 An diesen beiden Geboten hängt das ganze Gesetz samt den Propheten.

34–40 ‖ Mk 12,28–31; Lk 10,25–28 • 37: Dtn 6,5 • 39: Lev 19,18; Mt 5,43; Röm 13,9; Gal 5,14 • 40: 7,12.

Die Frage nach dem Messias: 22,41–46

41 Danach fragte Jesus die Pharisäer, die bei ihm versammelt waren: 42 Was denkt ihr über den Messias? Wessen Sohn ist er? Sie antworteten ihm: Der Sohn Davids. 43 Er sagte zu ihnen: Wie kann ihn dann David, vom Geist (Gottes) erleuchtet, »Herr« nennen? Denn er sagt: 44 *Der Herr sprach zu meinem Herrn: Setze dich mir zur Rechten und ich lege dir deine Feinde unter die Füße.* 45 Wenn ihn also David »Herr« nennt, wie kann er dann Davids Sohn sein? 46 Niemand konnte ihm darauf etwas erwidern und von diesem Tag an wagte keiner mehr, ihm eine Frage zu stellen.

41–45 ‖ Mk 12,35–37a; Lk 20,41–44 • 44: Ps 110,1 • 46: Mk 12,34; Lk 20,40.

Worte gegen die Schriftgelehrten und die Pharisäer: 23,1–39

23 Darauf wandte sich Jesus an das Volk und an seine Jünger 2 und sagte: Die Schriftgelehrten und die Pharisäer haben sich auf den Stuhl des Mose gesetzt. 3 Tut und befolgt also alles, was sie euch sagen, aber richtet euch nicht nach dem, was sie tun; denn sie reden nur, tun selbst aber nicht, was sie sagen. 4 Sie schnüren schwere Lasten zusammen und legen sie den Menschen auf die Schultern, wollen selber aber keinen Finger rühren, um die Lasten zu tragen. 5 Alles, was sie tun, tun sie nur, damit die Menschen es sehen: Sie machen ihre Gebetsriemen breit und die Quasten an ihren Gewändern lang, 6 bei jedem Festmahl möchten sie den Ehrenplatz und in der Synagoge die vordersten Sitze haben, 7 und auf den Straßen und Plätzen lassen sie sich gern grüßen und von den Leuten Rabbi (Meister) nennen. 8 Ihr aber sollt euch nicht Rabbi nennen lassen; denn nur einer ist euer Meister, ihr alle aber seid Brüder. 9 Auch sollt ihr niemand auf Erden euren Vater nennen; denn nur einer ist euer Vater, der im Himmel. 10 Auch sollt ihr euch nicht Lehrer nennen lassen; denn nur einer ist euer Lehrer, Christus. 11 Der Größte von euch soll euer Diener sein. 12 Denn wer sich selbst erhöht, wird erniedrigt, und wer sich selbst erniedrigt, wird erhöht werden.

13 Weh euch, ihr Schriftgelehrten und Pharisäer, ihr Heuchler! Ihr verschließt den Menschen das Himmelreich. Ihr selbst geht nicht hinein; aber ihr lasst auch die nicht hinein, die hineingehen wollen. [14]

15 Weh euch, ihr Schriftgelehrten und Pharisäer, ihr Heuchler! Ihr zieht über Land und Meer, um einen einzigen Menschen für euren Glauben zu gewinnen; und wenn er gewonnen ist, dann macht ihr ihn zu einem Sohn der Hölle, der doppelt so schlimm ist wie ihr selbst.

16 Weh euch, ihr seid blinde Führer! Ihr sagt: Wenn einer beim Tempel schwört, so ist das kein Eid; wer aber beim Gold des Tempels schwört, der ist an seinen Eid gebunden. 17 Ihr blinden Narren! Was ist wichtiger: das Gold oder der Tempel, der das Gold erst heilig macht? 18 Auch sagt ihr: Wenn einer beim Altar schwört, so ist das kein Eid; wer aber bei dem Opfer schwört, das auf dem Altar liegt, der ist an seinen Eid gebunden. 19 Ihr Blinden! Was ist wichtiger: das Opfer oder der Altar, der das Opfer erst heilig macht? 20 Wer beim Altar schwört, der schwört bei ihm und bei allem, was darauf liegt. 21 Und wer beim Tempel schwört, der schwört bei ihm und bei dem, der darin wohnt. 22 Und wer beim Himmel schwört, der schwört beim Thron Gottes und bei dem, der darauf sitzt.

23 Weh euch, ihr Schriftgelehrten und Pharisäer, ihr Heuchler! Ihr gebt den Zehnten von Minze, Dill und Kümmel und lasst das Wichtigste im Gesetz außer Acht: Gerechtig-

---

zen Gesetzes, das eine Hauptgebot, an dem alle anderen Gesetze hängen (vgl. die Anmerkung zu 23,4).

23,1–39 Die große Rede Jesu gegen die Schriftgelehrten und die Pharisäer verdankt ihre heutige Gestalt der Hand des Evangelisten. Sie ist gegliedert durch 7 Weherufe (VV. 13.15.16.23.25.27.29) und wird abgeschlossen durch ein Drohwort gegen Jerusalem. In V. 39 klingt die Hoffnung an, dass auch Israel einst Jesus als Messias anerkennen wird.

23,2 Als »Stuhl des Mose« wurde in den Synagogen ein steinerner Ehrensessel bezeichnet, auf den sich die Schriftgelehrten bei der Auslegung des Alten Testamentes setzten. Es war das Zeichen ihrer religiösen Lehrautorität.

23,4 Die »schweren Lasten« sind die vielen Gebote und Verbote, die die Schriftgelehrten aus dem Alten Testament, vor allem aus dem Gesetz des Mose, ableiteten. Zur Zeit Jesu zählte man 613 solcher heiligen Vorschriften.

23,14 Spätere Textzeugen fügen aus Mk 12,40 noch hinzu: Weh euch, ihr Schriftgelehrten und Pharisäer, ihr Heuchler! Ihr bringt die Witwen um ihre

keit, Barmherzigkeit und Treue. Man muss
das eine tun, ohne das andere zu lassen.
24 Blinde Führer seid ihr: Ihr siebt Mücken
aus und verschluckt Kamele.
25 Weh euch, ihr Schriftgelehrten und Pha-
risäer, ihr Heuchler! Ihr haltet Becher und
Schüsseln außen sauber, innen aber sind sie
voll von dem, was ihr in eurer Maßlosigkeit
zusammengeraubt habt. 26 Du blinder Phari-
säer! Mach den Becher zuerst innen sauber,
dann ist er auch außen rein.
27 Weh euch, ihr Schriftgelehrten und Pha-
risäer, ihr Heuchler! Ihr seid wie die Gräber,
die außen weiß angestrichen sind und schön
aussehen; innen aber sind sie voll Knochen,
Schmutz und Verwesung. 28 So erscheint
auch ihr von außen den Menschen gerecht,
innen aber seid ihr voll Heuchelei und Unge-
horsam gegen Gottes Gesetz.
29 Weh euch, ihr Schriftgelehrten und Pha-
risäer, ihr Heuchler! Ihr errichtet den Pro-
pheten Grabstätten und schmückt die Denk-
mäler der Gerechten 30 und sagt dabei: Wenn
wir in den Tagen unserer Väter gelebt hät-
ten, wären wir nicht wie sie am Tod der Pro-
pheten schuldig geworden. 31 Damit bestä-
tigt ihr selbst, dass ihr die Söhne der Prophe-
tenmörder seid. 32 Macht nur das Maß eurer
Väter voll! 33 Ihr Nattern, ihr Schlangen-
brut! Wie wollt ihr dem Strafgericht der
Hölle entrinnen?
34 Darum hört: Ich sende Propheten, Weise
und Schriftgelehrte zu euch; ihr aber werdet
einige von ihnen töten, ja sogar kreuzigen,
andere in euren Synagogen auspeitschen
und von Stadt zu Stadt verfolgen. 35 So wird
all das unschuldige Blut über euch kommen,
das auf Erden vergossen worden ist, vom
Blut Abels, des Gerechten, bis zum Blut des
Zacharias, Barachias' Sohn, den ihr im Vor-
hof zwischen dem Tempelgebäude und dem
Altar ermordet habt. 36 Amen, das sage ich
euch: Das alles wird über diese Generation
kommen.
37 Jerusalem, Jerusalem, du tötest die Pro-
pheten und steinigst die Boten, die zu dir ge-
sandt sind. Wie oft wollte ich deine Kinder
um mich sammeln, so wie eine Henne ihre
Küken unter ihre Flügel nimmt; aber ihr
habt nicht gewollt. 38 Darum wird euer Haus
(von Gott) verlassen. 39 Und ich sage euch:
Von jetzt an werdet ihr mich nicht mehr se-
hen, bis ihr ruft: *Gesegnet sei er, der kommt
im Namen des Herrn!*

1–36 ‖ Mk 12,37b–40; Lk 20,45–47; 11,39–52 • 16–22 ‖ 5,34–37 • 37–39 ‖ Lk 13,34f • 3: Mal 2,7f • 5: Ex 13,9; Num 15,38f • 6: Lk 14,7 • 8: Joh 13,13 • 11: 20,26f; Mk 9,35; 10,43; Lk 9,48; 22,26 • 12: Lk 14,11; 18,14 • 13: Lk 11,52 • 16: 5,34 • 23: Lev 27,30; Lk 18,12 • 25: Mk 7,4 • 27: Apg 23,3 • 28: Lk 16,15 • 30: 5,12; Apg 7,52 • 33: 3,7 • 34: 1 Thess 2,15 • 35: Gen 4,8.10; 2 Chr 24,20–22 • 38: Jer 12,7; 22,5; Ps 69,26 • 39: Ps 118,26; Mt 21,9.

Die Rede über die Endzeit: 24,1 – 25,46

Die Ankündigung der Zerstörung des Tempels: 24,1–2

24 Als Jesus den Tempel verlassen hat-
te, wandten sich seine Jünger an ihn
und wiesen ihn auf die gewaltigen Bauten
des Tempels hin. 2 Er sagte zu ihnen: Seht ihr
das alles? Amen, das sage ich euch: Kein
Stein wird hier auf dem andern bleiben; alles
wird niedergerissen werden.

1–2 ‖ Mk 13,1f; Lk 21,5f • 2: Lk 19,44.

Vom Anfang der Not: 24,3–14

3 Als er auf dem Ölberg saß, wandten sich
die Jünger, die mit ihm allein waren, an ihn
und fragten: Sag uns, wann wird das gesche-
hen, und was ist das Zeichen für deine
Ankunft und das Ende der Welt? 4 Jesus ant-
wortete: Gebt Acht, dass euch niemand irre-
führt! 5 Denn viele werden unter meinem
Namen auftreten und sagen: Ich bin der Mes-
sias!, und sie werden viele irreführen.
6 Ihr werdet von Kriegen hören und Nach-
richten über Kriege werden euch beunruhi-
gen. Gebt Acht, lasst euch nicht erschrecken!
Das *muss geschehen.* Es ist aber noch nicht
das Ende. 7 Denn ein Volk wird sich gegen
das andere erheben und ein Reich gegen das
andere und an vielen Orten wird es Hungers-
nöte und Erdbeben geben. 8 Doch das alles
ist erst der Anfang der Wehen.
9 Dann wird man euch in große Not brin-
gen und euch töten und ihr werdet von allen
Völkern um meines Namens willen gehasst.
10 Dann werden viele zu Fall kommen und ei-
nander hassen und verraten. 11 Viele falsche
Propheten werden auftreten und sie werden
viele irreführen. 12 Und weil die Missachtung

Häuser und verrichtet lange, scheinheilige Gebete. Deshalb wird das Urteil, das euch erwartet, um so härter sein.

23,30 am Tod, wörtlich: am Blut.

23,35 Hier liegt eine Verwechslung vor zwischen Secharja (griech. Zacharias), dem Sohn Jojadas, der nach 2 Chr 24,20–22 ermordet wurde, und dem Propheten Sacharja, dem Sohn des Berechja (griech. Barachias), Sach 1,1.7.

23,38 Wörtlich: Darum wird euch euer Haus überlassen. Zahlreiche Textzeugen haben stattdessen: ... verödet überlassen.

24,1–25,46 Die umfangreiche Rede von den letzten Dingen wurde vom Evangelisten zusammenge-

von Gottes Gesetz überhandnimmt, wird die Liebe bei vielen erkalten. 13 Wer jedoch bis zum Ende standhaft bleibt, der wird gerettet. 14 Aber dieses Evangelium vom Reich wird auf der ganzen Welt verkündet werden, damit alle Völker es hören; dann erst kommt das Ende.

3–14 ‖ Mk 13,3–13; Lk 21,7–19 • 6: Dan 2,28 G • 7: Jes 19,2 • 9–13: 10,17–22; Joh 16,1–4 • 11: 24,23 • 14: 28,19.

Vom Höhepunkt der Not: 24,15–28

15 Wenn ihr dann am heiligen Ort den *unheilvollen Gräuel* stehen seht, der durch den Propheten Daniel vorhergesagt worden ist – der Leser begreife –, 16 dann sollen die Bewohner von Judäa in die Berge fliehen; 17 wer gerade auf dem Dach ist, soll nicht mehr ins Haus gehen, um seine Sachen mitzunehmen; 18 wer auf dem Feld ist, soll nicht zurückkehren, um seinen Mantel zu holen. 19 Weh aber den Frauen, die in jenen Tagen schwanger sind oder ein Kind stillen. 20 Betet darum, dass ihr nicht im Winter oder an einem Sabbat fliehen müsst. 21 Denn es wird eine so große *Not* kommen, *wie es noch nie eine gegeben hat, seit die Welt besteht, und wie es auch keine mehr geben wird.* 22 Und wenn jene Zeit nicht verkürzt würde, dann würde kein Mensch gerettet; doch um der Auserwählten willen wird jene Zeit verkürzt werden.

23 Wenn dann jemand zu euch sagt: Seht, hier ist der Messias!, oder: Da ist er!, so glaubt es nicht! 24 Denn es wird mancher falsche Messias und mancher falsche Prophet auftreten und sie werden große Zeichen und Wunder tun, um, wenn möglich, auch die Auserwählten irrezuführen.

25 Denkt daran: Ich habe es euch vorausgesagt. 26 Wenn sie also zu euch sagen: Seht, er ist draußen in der Wüste!, so geht nicht hinaus; und wenn sie sagen: Seht, er ist im Haus!, so glaubt es nicht. 27 Denn wie der Blitz bis zum Westen hin leuchtet, wenn er im Osten aufflammt, so wird es bei der Ankunft des Menschensohnes sein. 28 Überall wo ein Aas ist, da sammeln sich die Geier.

15–28 ‖ Mk 13,14–23; Lk 21,20–24 • 15: Dan 9,27; 11,31; 12,11; 1 Makk 1,54 • 17: Mk 13,15f; Lk 17,31 • 21: Dan 12,1; Joël 2,2 • 26: Lk 17,23 • 28: Lk 17,37.

Vom Kommen des Menschensohnes: 24,29–31

29 Sofort nach den Tagen der großen Not *wird sich die Sonne verfinstern und der Mond wird nicht mehr scheinen; die Sterne* werden vom Himmel fallen und die Kräfte des Himmels werden erschüttert werden. 30 Danach wird das Zeichen des Menschensohnes am Himmel erscheinen; dann *werden alle Völker der Erde jammern und klagen* und sie werden den *Menschensohn* mit großer Macht und Herrlichkeit *auf den Wolken des Himmels kommen* sehen. 31 Er wird seine Engel unter lautem Posaunenschall aussenden und sie werden die von ihm Auserwählten *aus allen vier Windrichtungen zusammenführen,* von einem Ende des Himmels bis zum andern.

29–31 ‖ Mk 13,24–27; Lk 21,25–28 • 29: Jes 13,10; 34,4 G; Joël 2,10; Hag 2,6.21; 2 Petr 3,10 • 30: Sach 12,10.12; Dan 7,13; Mt 26,64; Mk 14,62; Offb 1,7 • 31: Sach 2,10 G.

Mahnungen im Hinblick auf das Ende: 24,32–42

32 Lernt etwas aus dem Vergleich mit dem Feigenbaum! Sobald seine Zweige saftig werden und Blätter treiben, wisst ihr, dass der Sommer nahe ist. 33 Genauso sollt ihr erkennen, wenn ihr das alles seht, dass das Ende vor der Tür steht. 34 Amen, ich sage euch: Diese Generation wird nicht vergehen, bis das alles eintrifft. 35 Himmel und Erde werden vergehen, aber meine Worte werden nicht vergehen. 36 Doch jenen Tag und jene Stunde kennt niemand, auch nicht die Engel im Himmel, nicht einmal der Sohn, sondern nur der Vater.

37 Denn wie es in den Tagen des Noach war, so wird es bei der Ankunft des Menschensohnes sein. 38 Wie die Menschen in den Tagen vor der Flut aßen und tranken und heirateten, bis zu dem Tag, *an dem Noach in die Arche ging,* 39 und nichts ahnten, bis die Flut hereinbrach und alle wegraffte, so wird es auch bei der Ankunft des Menschensohnes sein. 40 Dann wird von zwei Männern, die auf dem Feld arbeiten, einer mitgenommen und einer zurückgelassen. 41 Und von zwei Frauen, die mit derselben Mühle mahlen, wird eine mitgenommen und eine zurückgelassen. 42 Seid also wachsam! Denn ihr wisst nicht, an welchem Tag euer Herr kommt.

32–36 ‖ Mk 13,28–32; Lk 21,29–33 • 37–42 ‖ Mk 13,35; Lk 17,26–36 • 34: 16,28; Mk 9,1; Lk 9,27 • 37: Gen 6,11–13; 7,7–23 • 38: Gen 7,7 • 42: 25,13; Lk 21,36.

---

stellt. Er rechnet noch mit einem nahen Weltuntergang (vgl. 24,29: »sofort nach jenen Tagen«).

24,14 damit alle Völker es hören, wörtlich: allen Völkern zum Zeugnis.

24,15 Der »unheilvolle Gräuel« ist bei Dan 9,27; 11,31; 12,11 ein im Tempel aufgestellter Altar (oder ein Standbild) des griechischen Gottes Zeus.

Das Gleichnis vom wachsamen Hausherrn: 24,43–44

43 Bedenkt: Wenn der Herr des Hauses
wüsste, zu welcher Stunde in der Nacht der
Dieb kommt, würde er wach bleiben und
nicht zulassen, dass man in sein Haus ein-
bricht. 44 Darum haltet auch ihr euch bereit!
Denn der Menschensohn kommt zu einer
Stunde, in der ihr es nicht erwartet.

43–44 ‖ Lk 12,39f • 43: 1 Thess 5,2; 2 Petr 3,10.

Das Gleichnis vom treuen und vom schlechten Knecht: 24,45–51

45 Wer ist nun der treue und kluge Knecht,
den der Herr eingesetzt hat, damit er dem
Gesinde zur rechten Zeit gibt, was sie zu es-
sen brauchen? 46 Selig der Knecht, den der
Herr damit beschäftigt findet, wenn er
kommt! 47 Amen, das sage ich euch: Er wird
ihn zum Verwalter seines ganzen Vermö-
gens machen. 48 Wenn aber der Knecht
schlecht ist und denkt: Mein Herr kommt
noch lange nicht!, 49 und anfängt, seine Mit-
knechte zu schlagen, wenn er mit Trinkern
Gelage feiert, 50 dann wird der Herr an ei-
nem Tag kommen, an dem der Knecht es
nicht erwartet, und zu einer Stunde, die er
nicht kennt; 51 und der Herr wird ihn in Stü-
cke hauen und ihm seinen Platz unter den
Heuchlern zuweisen. Dort wird er heulen
und mit den Zähnen knirschen.

45–51 ‖ Lk 12,42–46 • 47: 25,21.23 • 50: 24,42.44 • 51: 8,12.

Das Gleichnis von den zehn Jungfrauen: 25,1–13

25 Dann wird es mit dem Himmelreich
sein wie mit zehn Jungfrauen, die
ihre Lampen nahmen und dem Bräutigam
entgegengingen. 2 Fünf von ihnen waren tö-
richt und fünf waren klug. 3 Die törichten
nahmen ihre Lampen mit, aber kein Öl, 4 die
klugen aber nahmen außer den Lampen noch
Öl in Krügen mit. 5 Als nun der Bräutigam
lange nicht kam, wurden sie alle müde und
schliefen ein. 6 Mitten in der Nacht aber hör-
te man plötzlich laute Rufe: Der Bräutigam
kommt! Geht ihm entgegen! 7 Da standen die
Jungfrauen alle auf und machten ihre Lam-
pen zurecht. 8 Die törichten aber sagten zu
den klugen: Gebt uns von eurem Öl, sonst
gehen unsere Lampen aus. 9 Die klugen er-
widerten ihnen: Dann reicht es weder für uns
noch für euch; geht doch zu den Händlern
und kauft, was ihr braucht. 10 Während sie
noch unterwegs waren, um das Öl zu kaufen,
kam der Bräutigam; die Jungfrauen, die be-
reit waren, gingen mit ihm in den Hochzeits-
saal und die Tür wurde zugeschlossen.
11 Später kamen auch die anderen Jungfrau-
en und riefen: Herr, Herr, mach uns auf! 12 Er
aber antwortete ihnen: Amen, ich sage euch:
Ich kenne euch nicht.
13 Seid also wachsam! Denn ihr wisst we-
der den Tag noch die Stunde.

1: Lk 12,35f • 11f: Lk 13,25–27 • 12: 7,23 • 13: 24,42.50; Mk 13,35f.

Das Gleichnis vom anvertrauten Geld: 25,14–30

14 Es ist wie mit einem Mann, der auf Rei-
sen ging: Er rief seine Diener und vertraute
ihnen sein Vermögen an. 15 Dem einen gab er
fünf Talente Silbergeld, einem anderen zwei,
wieder einem anderen eines, jedem nach sei-
nen Fähigkeiten. Dann reiste er ab. Sofort
16 begann der Diener, der fünf Talente erhal-
ten hatte, mit ihnen zu wirtschaften, und er
gewann noch fünf dazu. 17 Ebenso gewann
der, der zwei erhalten hatte, noch zwei dazu.
18 Der aber, der das eine Talent erhalten hat-
te, ging und grub ein Loch in die Erde und
versteckte das Geld seines Herrn. 19 Nach
langer Zeit kehrte der Herr zurück, um von
den Dienern Rechenschaft zu verlangen.
20 Da kam der, der die fünf Talente erhalten
hatte, brachte fünf weitere und sagte: Herr,
fünf Talente hast du mir gegeben; sieh her,
ich habe noch fünf dazugewonnen. 21 Sein
Herr sagte zu ihm: Sehr gut, du bist ein tüch-
tiger und treuer Diener. Du bist im Kleinen
ein treuer Verwalter gewesen, ich will dir
eine große Aufgabe übertragen. Komm,
nimm teil an der Freude deines Herrn!
22 Dann kam der Diener, der zwei Talente er-
halten hatte, und sagte: Herr, du hast mir
zwei Talente gegeben; sieh her, ich habe
noch zwei dazugewonnen. 23 Sein Herr sagte
zu ihm: Sehr gut, du bist ein tüchtiger und
treuer Diener. Du bist im Kleinen ein treuer
Verwalter gewesen, ich will dir eine große
Aufgabe übertragen. Komm, nimm teil an
der Freude deines Herrn! 24 Zuletzt kam
auch der Diener, der das eine Talent erhalten
hatte, und sagte: Herr, ich wusste, dass du
ein strenger Mann bist; du erntest, wo du
nicht gesät hast, und sammelst, wo du nicht
ausgestreut hast; 25 weil ich Angst hatte,
habe ich dein Geld in der Erde versteckt.
Hier hast du es wieder. 26 Sein Herr antwor-
tete ihm: Du bist ein schlechter und fauler
Diener! Du hast doch gewusst, dass ich ern-
te, wo ich nicht gesät habe, und sammle, wo

25,15 Vgl. die Anmerkung zu 18,23–35.

ich nicht ausgestreut habe. 27 Hättest du mein Geld wenigstens auf die Bank gebracht, dann hätte ich es bei meiner Rückkehr mit Zinsen zurückerhalten. 28 Darum nehmt ihm das Talent weg und gebt es dem, der die zehn Talente hat! 29 Denn wer hat, dem wird gegeben, und er wird im Überfluss haben; wer aber nicht hat, dem wird auch noch weggenommen, was er hat. 30 Werft den nichtsnutzigen Diener hinaus in die äußerste Finsternis! Dort wird er heulen und mit den Zähnen knirschen.

14–30 ‖ Lk 19,11–27 • 14: Mk 13,34 • 19: 18,23 • 21: 24,45–47; Lk 16,10 • 23: Lk 12,44 • 29: 13,12; Mk 4,25; Lk 8,18; 19,26 • 30: 8,12.

Vom Weltgericht: 25,31–46

31 Wenn der Menschensohn in seiner Herrlichkeit *kommt* und alle *Engel mit ihm,* dann wird er sich auf den Thron seiner Herrlichkeit setzen. 32 Und alle Völker werden vor ihm zusammengerufen werden und er wird sie voneinander scheiden, wie der Hirt die Schafe von den Böcken scheidet. 33 Er wird die Schafe zu seiner Rechten versammeln, die Böcke aber zur Linken. 34 Dann wird der König denen auf der rechten Seite sagen: Kommt her, die ihr von meinem Vater gesegnet seid, nehmt das Reich in Besitz, das seit der Erschaffung der Welt für euch bestimmt ist. 35 Denn ich war hungrig und ihr habt mir zu essen gegeben; ich war durstig und ihr habt mir zu trinken gegeben; ich war fremd und obdachlos und ihr habt mich aufgenommen; 36 ich war nackt und ihr habt mir Kleidung gegeben; ich war krank und ihr habt mich besucht; ich war im Gefängnis und ihr seid zu mir gekommen. 37 Dann werden ihm die Gerechten antworten: Herr, wann haben wir dich hungrig gesehen und dir zu essen gegeben, oder durstig und dir zu trinken gegeben? 38 Und wann haben wir dich fremd und obdachlos gesehen und aufgenommen, oder nackt und dir Kleidung gegeben? 39 Und wann haben wir dich krank oder im Gefängnis gesehen und sind zu dir gekommen? 40 Darauf wird der König ihnen antworten: Amen, ich sage euch: Was ihr für einen meiner geringsten Brüder getan habt, das habt ihr mir getan.

41 Dann wird er sich auch an die auf der linken Seite wenden und zu ihnen sagen: Weg von mir, ihr Verfluchten, in das ewige Feuer, das für den Teufel und seine Engel bestimmt ist! 42 Denn ich war hungrig und ihr habt mir nichts zu essen gegeben; ich war durstig und ihr habt mir nichts zu trinken gegeben; 43 ich war fremd und obdachlos und ihr habt mich nicht aufgenommen; ich war nackt und ihr habt mir keine Kleidung gegeben; ich war krank und im Gefängnis und ihr habt mich nicht besucht. 44 Dann werden auch sie antworten: Herr, wann haben wir dich hungrig oder durstig oder obdachlos oder nackt oder krank oder im Gefängnis gesehen und haben dir nicht geholfen? 45 Darauf wird er ihnen antworten: Amen, ich sage euch: Was ihr für einen dieser Geringsten nicht getan habt, das habt ihr auch mir nicht getan. 46 Und sie werden weggehen und die ewige Strafe erhalten, die Gerechten aber das ewige Leben.

31: 16,27; Dtn 33,2 G; Mt 19,28; Offb 3,21 • 32: Ez 34,17 • 41: Offb 20,10 • 46: Dan 12,2; Joh 5,29.

DAS LEIDEN UND DIE AUFERSTEHUNG JESU: 26,1 – 28,20

Der Beschluss des Hohen Rates: 26,1–5

26 Als Jesus seine Reden beendet hatte, sagte er zu seinen Jüngern: 2 Ihr wisst, dass in zwei Tagen das Paschafest beginnt; da wird der Menschensohn ausgeliefert und gekreuzigt werden.

3 Um die gleiche Zeit versammelten sich die Hohenpriester und die Ältesten des Volkes im Palast des Hohenpriesters, der Kajaphas hieß, 4 und beschlossen, Jesus mit List in ihre Gewalt zu bringen und ihn zu töten. 5 Sie sagten aber: Ja nicht am Fest, damit kein Aufruhr im Volk entsteht.

1–5 ‖ Mk 14,1f; Lk 22,1f; Joh 11,47–53 • 2: 16,21 • 4f: 21,46.

25,32 Die Übersetzung »Schafe« und »Böcke« nimmt Rücksicht auf die sprichwörtliche deutsche Redeweise. Wahrscheinlichere Übersetzung: die Schafe von den Ziegen. In Palästina waren die Schafe weiß und die Ziegen schwarz. Die Trennung der Tiere erfolgt nach deren Farbe: Die schwarzen Ziegen kommen auf die Unheilsseite links, die weißen Schafe auf die Heilsseite rechts.

25,37.44 Beide Verse setzen voraus, dass alle Menschen, also auch Nichtchristen, nach diesem Maßstab gerichtet werden.

26,1–28,20 Über Markus hinaus, dem Matthäus in seinem Passionsbericht weithin folgt, bietet Matthäus folgendes Sondergut: Traum der Frau des Pilatus (27,19), Ende des Judas (27,3–10), Übernahme der Verantwortung für den Tod Jesu durch das

Die Salbung in Betanien: 26,6–13

6/7 Als Jesus in Betanien im Haus Simons
des Aussätzigen bei Tisch war, kam eine
Frau mit einem Alabastergefäß voll kostba-
rem, wohlriechendem Öl zu ihm und goss es
über sein Haar. 8 Die Jünger wurden unwil-
lig, als sie das sahen, und sagten: Wozu diese
Verschwendung? 9 Man hätte das Öl teuer
verkaufen und das Geld den Armen geben
können. 10 Jesus bemerkte ihren Unwillen
und sagte zu ihnen: Warum lasst ihr die Frau
nicht in Ruhe? Sie hat ein gutes Werk an mir
getan. 11 Denn die Armen habt ihr immer bei
euch, mich aber habt ihr nicht immer. 12 Als
sie das Öl über mich goss, hat sie meinen Leib
für das Begräbnis gesalbt. 13 Amen, ich sage
euch: Überall auf der Welt, wo dieses Evan-
gelium verkündet wird, wird man sich an sie
erinnern und erzählen, was sie getan hat.

6–13 ‖ Mk 14,3–9; Lk 7,36–50; Joh 12,1–8 • 11: Dtn 15,11.

Der Verrat durch Judas: 26,14–16

14 Darauf ging einer der Zwölf namens Ju-
das Iskariot zu den Hohenpriestern 15 und
sagte: Was wollt ihr mir geben, wenn ich
euch Jesus ausliefere? Und *sie zahlten* ihm
dreißig Silberstücke. 16 Von da an suchte er
nach einer Gelegenheit, ihn auszuliefern.

14–16 ‖ Mk 14,10f; Lk 22,3–6 • 15: Joh 11,57; 13,2; Sach 11,12.

Die Vorbereitung des Paschamahls: 26,17–19

17 Am ersten Tag des Festes der Ungesäu-
erten Brote gingen die Jünger zu Jesus und
fragten: Wo sollen wir das Paschamahl für
dich vorbereiten? 18 Er antwortete: Geht in
die Stadt zu dem und dem und sagt zu ihm:
Der Meister lässt dir sagen: Meine Zeit ist da;
bei dir will ich mit meinen Jüngern das Pa-
schamahl feiern. 19 Die Jünger taten, was Je-
sus ihnen aufgetragen hatte, und bereiteten
das Paschamahl vor.

17–19 ‖ Mk 14,12–16; Lk 22,7–13 • 17: Ex 12,14–20.

Das Mahl: 26,20–29

20 Als es Abend wurde, begab er sich mit
den zwölf Jüngern zu Tisch. 21 Und während
sie aßen, sprach er: Amen, ich sage euch: Ei-
ner von euch wird mich verraten und auslie-
fern. 22 Da waren sie sehr betroffen und einer
nach dem andern fragte ihn: Bin ich es etwa,
Herr? 23 Er antwortete: Der, der die Hand
mit mir in die Schüssel getaucht hat, wird
mich verraten. 24 Der Menschensohn muss
zwar seinen Weg gehen, wie die Schrift über
ihn sagt. Doch weh dem Menschen, durch
den der Menschensohn verraten wird. Für
ihn wäre es besser, wenn er nie geboren
wäre. 25 Da fragte Judas, der ihn verriet: Bin
ich es etwa, Rabbi? Jesus sagte zu ihm: Du
sagst es.
26 Während des Mahls nahm Jesus das Brot
und sprach den Lobpreis; dann brach er das
Brot, reichte es den Jüngern und sagte:
Nehmt und esst; das ist mein Leib. 27 Dann
nahm er den Kelch, sprach das Dankgebet
und reichte ihn den Jüngern mit den Worten:
Trinkt alle daraus; 28 das ist mein Blut, *das
Blut des Bundes*, das für viele vergossen
wird zur Vergebung der Sünden. 29 Ich sage
euch: Von jetzt an werde ich nicht mehr von
der Frucht des Weinstocks trinken bis zu
dem Tag, an dem ich mit euch von neuem da-
von trinke im Reich meines Vaters.

20–29 ‖ Mk 14,17–25; Lk 22,14–23 • 20–25 ‖ Joh 13,2.21–30 • 26–28 ‖ 1 Kor 11,23–25 • 24: Ps 22,7f.16–18; Jes 53,8f • 27: 1 Kor 10,16 • 28: Ex 24,8; Jer 31,31; Hebr 7,22; 9,15.

Der Gang zum Ölberg: 26,30–35

30 Nach dem Lobgesang gingen sie zum Öl-
berg hinaus. 31 Da sagte Jesus zu ihnen: Ihr
alle werdet in dieser Nacht an mir Anstoß
nehmen und zu Fall kommen; denn in der
Schrift steht: *Ich werde den Hirten erschla-
gen, dann werden sich die Schafe der Herde
zerstreuen*. 32 Aber nach meiner Auferste-
hung werde ich euch nach Galiläa vorausge-
hen. 33 Petrus erwiderte ihm: Und wenn alle
an dir Anstoß nehmen – ich niemals! 34 Jesus
entgegnete ihm: Amen, ich sage dir: In dieser
Nacht, noch ehe der Hahn kräht, wirst du
mich dreimal verleugnen. 35 Da sagte Petrus
zu ihm: Und wenn ich mit dir sterben müsste
– ich werde dich nie verleugnen. Das Gleiche
sagten auch alle anderen Jünger.

30–35 ‖ Mk 14,26–31 • 30: Lk 22,39; Joh 18,1 • 31: 26,56; Sach 13,7; Joh 16,32 • 32: 28,7.16 • 34–35: Lk 22,31–34; Joh 13,36–38 • 34: 26,75.

Das Gebet in Getsemani: 26,36–46

36 Darauf kam Jesus mit den Jüngern zu
einem Grundstück, das man Getsemani
nennt, und sagte zu ihnen: Setzt euch und
wartet hier, während ich dort bete. 37 Und er
nahm Petrus und die beiden Söhne des Zebe-

Volk (27,24f), Öffnung der Gräber beim Tod Jesu (27,51–53), Geschichte von den Grabwächtern (27,62–66; 28,2–4.11–15).

26,28 Die Wendung »Blut des Bundes« erinnert an den Abschluß des Bundes am Sinai und weist so auf den Sinn des Geschehens hin: die Stiftung des Neuen Bundes durch den Tod Jesu.

däus mit sich. Da ergriff ihn Angst und
Traurigkeit, [38] und er sagte zu ihnen: Meine
Seele ist zu Tode betrübt. Bleibt hier und
wacht mit mir! [39] Und er ging ein Stück wei-
ter, warf sich zu Boden und betete: Mein Va-
ter, wenn es möglich ist, gehe dieser Kelch an
mir vorüber. Aber nicht wie ich will, sondern
wie du willst. [40] Und er ging zu den Jüngern
zurück und fand sie schlafend. Da sagte er zu
Petrus: Konntet ihr nicht einmal eine Stunde
mit mir wachen? [41] Wacht und betet, damit
ihr nicht in Versuchung geratet. Der Geist ist
willig, aber das Fleisch ist schwach. [42] Dann
ging er zum zweiten Mal weg und betete:
Mein Vater, wenn dieser Kelch an mir nicht
vorübergehen kann, ohne dass ich ihn trinke,
geschehe dein Wille. [43] Als er zurückkam,
fand er sie wieder schlafend, denn die Augen
waren ihnen zugefallen. [44] Und er ging wie-
der von ihnen weg und betete zum dritten
Mal mit den gleichen Worten. [45] Danach
kehrte er zu den Jüngern zurück und sagte
zu ihnen: Schlaft ihr immer noch und ruht
euch aus? Die Stunde ist gekommen; jetzt
wird der Menschensohn den Sündern ausge-
liefert. [46] Steht auf, wir wollen gehen! Seht,
der Verräter, der mich ausliefert, ist da.

36–46 ‖ Mk 14,32–42; Lk 22,39–46 • 37: Hebr 5,7 • 38: Ps 42,6.12; 43,5 • 39: Joh 12,27; Mt 20,22; Joh 6,38; 18,11; Hebr 10,9 • 45: Joh 2,4; 7,30; 8,20; 12,23; 13,1; 17,1.

Die Gefangennahme: 26,47–56

[47] Während er noch redete, kam Judas, ei-
ner der Zwölf, mit einer großen Schar von
Männern, die mit Schwertern und Knüppeln
bewaffnet waren; sie waren von den Hohen-
priestern und den Ältesten des Volkes ge-
schickt worden. [48] Der Verräter hatte mit ih-
nen ein Zeichen verabredet und gesagt: Der,
den ich küssen werde, der ist es; nehmt ihn
fest. [49] Sogleich ging er auf Jesus zu und sag-
te: Sei gegrüßt, Rabbi! Und er küsste ihn.
[50] Jesus erwiderte ihm: Freund, dazu bist du
gekommen? Da gingen sie auf Jesus zu, er-
griffen ihn und nahmen ihn fest. [51] Doch ei-
ner von den Begleitern Jesu zog sein
Schwert, schlug auf den Diener des Hohen-
priesters ein und hieb ihm ein Ohr ab. [52] Da
sagte Jesus zu ihm: Steck dein Schwert in die
Scheide; denn alle, die zum Schwert greifen,
werden durch das Schwert umkommen.
[53] Oder glaubst du nicht, mein Vater würde
mir sogleich mehr als zwölf Legionen Engel
schicken, wenn ich ihn darum bitte? [54] Wie
würde dann aber die Schrift erfüllt, nach der
es so geschehen muss? [55] Darauf sagte Jesus
zu den Männern: Wie gegen einen Räuber
seid ihr mit Schwertern und Knüppeln aus-
gezogen, um mich festzunehmen. Tag für Tag
saß ich im Tempel und lehrte und ihr habt
mich nicht verhaftet. [56] Das alles aber ist ge-
schehen, damit die Schriften der Propheten
in Erfüllung gehen. Da verließen ihn alle
Jünger und flohen.

47–56 ‖ Mk 14,43–50; Lk 22,47–53; Joh 18,3–12 • 53: Lk 2,13 • 55: Lk 19,47; Joh 18,20 • 56: 26,31; Joh 16,32.

Das Verhör vor dem Hohen Rat: 26,57–68

[57] Nach der Verhaftung führte man Jesus
zum Hohenpriester Kajaphas, bei dem sich
die Schriftgelehrten und die Ältesten ver-
sammelt hatten. [58] Petrus folgte Jesus von
weitem bis zum Hof des hohepriesterlichen
Palastes; er ging in den Hof hinein und setzte
sich zu den Dienern, um zu sehen, wie alles
ausgehen würde.

[59] Die Hohenpriester und der ganze Hohe
Rat bemühten sich um falsche Zeugenaussa-
gen gegen Jesus, um ihn zum Tod verurteilen
zu können. [60] Sie erreichten aber nichts, ob-
wohl viele falsche Zeugen auftraten. Zuletzt
kamen zwei Männer [61] und behaupteten: Er
hat gesagt: Ich kann den Tempel Gottes nie-
derreißen und in drei Tagen wieder aufbau-
en. [62] Da stand der Hohepriester auf und
fragte Jesus: Willst du nichts sagen zu dem,
was diese Leute gegen dich vorbringen?
[63] Jesus aber schwieg. Darauf sagte der Ho-
hepriester zu ihm: Ich beschwöre dich bei
dem lebendigen Gott, sag uns: Bist du der
Messias, der Sohn Gottes? [64] Jesus antworte-
te: Du hast es gesagt. Doch ich erkläre euch:
Von nun an werdet ihr *den Menschensohn*
zur Rechten der Macht *sitzen und auf den*
Wolken des Himmels kommen sehen. [65] Da
zerriss der Hohepriester sein Gewand und
rief: Er hat Gott gelästert! Wozu brauchen
wir noch Zeugen? Jetzt habt ihr die Gottes-
lästerung selbst gehört. [66] Was ist eure Mei-
nung? Sie antworteten: Er ist schuldig und
muss sterben.

[67] Dann spuckten sie ihm ins Gesicht und
schlugen ihn. Andere ohrfeigten ihn [68] und

26,50 Andere Übersetzungsmöglichkeit: Freund, tu, wozu du gekommen bist. – Die herkömmliche Übersetzung »Freund, wozu bist du gekommen?« ist vom griechischen Text her nicht zu rechtfertigen.

26,53 Eine römische Legion umfasste 6000 Mann.

26,55 Darauf, wörtlich: In jener Stunde.

26,57 Josef Kajaphas war von 18 – 37 n. Chr. amtierender Hoherpriester. – Das jüdische Prozessrecht der Zeit Jesu ist nicht genau bekannt.

26,64 Der Ausdruck »die Macht« ist Umschreibung für Gott.

riefen: Messias, du bist doch ein Prophet!
Sag uns: Wer hat dich geschlagen?

57–68 ‖ Mk 14,53–65; Lk 22,54f.66–71; Joh 18,12–24 • 61: 27,40; Joh 2,19; Apg 6,14 • 63: Jes 53,7; Mt 16,16; Joh 10,24 • 64: Dan 7,13; Ps 110,1; Mt 24,30; Mk 13,26; Lk 21,27 • 65: Lev 24,16; Joh 19,7 • 67: Jes 50,6.

Die Verleugnung durch Petrus: 26,69–75

69 Petrus aber saß draußen im Hof. Da trat
eine Magd zu ihm und sagte: Auch du warst
mit diesem Jesus aus Galiläa zusammen.
70 Doch er leugnete es vor allen Leuten und
sagte: Ich weiß nicht, wovon du redest.
71 Und als er zum Tor hinausgehen wollte,
sah ihn eine andere Magd und sagte zu denen, die dort standen: Der war mit Jesus aus
Nazaret zusammen. 72 Wieder leugnete er
und schwor: Ich kenne den Menschen nicht.
73 Kurz darauf kamen die Leute, die dort
standen, zu Petrus und sagten: Wirklich, auch du gehörst zu ihnen, deine Mundart
verrät dich. 74 Da fing er an, sich zu verfluchen und schwor: Ich kenne den Menschen
nicht. Gleich darauf krähte ein Hahn, 75 und
Petrus erinnerte sich an das, was Jesus gesagt hatte: Ehe der Hahn kräht, wirst du mich dreimal verleugnen. Und er ging hinaus und weinte bitterlich.

69–75 ‖ Mk 14,66–72; Lk 22,56–62; Joh 18,15–18.25–27 • 75: 26,34.

Die Auslieferung an Pilatus: 27,1–2

27 Als es Morgen wurde, fassten die Hohenpriester und die Ältesten des Volkes gemeinsam den Beschluss, Jesus hin-
richten zu lassen. 2 Sie ließen ihn fesseln und
abführen und lieferten ihn dem Statthalter Pilatus aus.

1–2 ‖ Mk 15,1; Lk 23,1; Joh 18,28.

Das Ende des Judas: 27,3–10

3 Als nun Judas, der ihn verraten hatte, sah, dass Jesus zum Tod verurteilt war, reute ihn seine Tat. Er brachte den Hohenpriestern und den Ältesten die dreißig Silberstücke zurück
4 und sagte: Ich habe gesündigt, ich habe euch einen unschuldigen Menschen ausgeliefert. Sie antworteten: Was geht das
uns an? Das ist deine Sache. 5 Da warf er die
Silberstücke in den Tempel; dann ging er
weg und erhängte sich. 6 Die Hohenpriester
nahmen die Silberstücke und sagten: Man darf das Geld nicht in den Tempelschatz tun;
denn es klebt Blut daran. 7 Und sie beschlossen, von dem Geld den Töpferacker zu kaufen als Begräbnisplatz für die Fremden.
8 Deshalb heißt dieser Acker bis heute Blut-
acker. 9 So erfüllte sich, was durch den Propheten Jeremia gesagt worden ist: *Sie nahmen die dreißig Silberstücke – das ist der Preis, den er den Israeliten wert war –*
10 *und kauften für das Geld den Töpferacker, wie* mir *der Herr befohlen hatte.*

3: Apg 1,16–19; Mt 26,15 • 6: Dtn 23,19 • 9: Sach 11,12f; Jer 18,2f; 32,8f; Ex 9,12 G.

Die Verhandlung vor Pilatus: 27,11–26

11 Als Jesus vor dem Statthalter stand, fragte ihn dieser: Bist du der König der Juden? Jesus antwortete: Du sagst es.
12 Als aber die Hohenpriester und die Ältesten ihn anklagten, gab er keine Antwort.
13 Da sagte Pilatus zu ihm: Hörst du nicht, was sie dir alles vorwerfen?
14 Er aber antwortete ihm auf keine einzige Frage, sodass der Statthalter sehr verwundert war.

15 Jeweils zum Fest pflegte der Statthalter einen Gefangenen freizulassen, den sich das Volk auswählen konnte.
16 Damals war gerade ein berüchtigter Mann namens Barabbas im Gefängnis.
17 Pilatus fragte nun die Menge, die zusammengekommen war: Was wollt ihr? Wen soll ich freilassen, Barabbas oder Jesus, den man den Messias nennt?
18 Er wusste nämlich, dass man Jesus nur aus Neid an ihn ausgeliefert hatte.

19 Während Pilatus auf dem Richterstuhl saß, ließ ihm seine Frau sagen: Lass die Hände von diesem Mann, er ist unschuldig. Ich hatte seinetwegen heute Nacht einen schrecklichen Traum.

20 Inzwischen überredeten die Hohenpriester und die Ältesten die Menge, die Freilassung des Barabbas zu fordern, Jesus aber hinrichten zu lassen.
21 Der Statthalter fragte sie: Wen von beiden soll ich freilassen? Sie riefen: Barabbas!
22 Pilatus sagte zu ihnen: Was soll ich dann mit Jesus tun, den

27,4 einen unschuldigen Menschen, wörtlich: unschuldiges Blut.
27,9 Das dem Propheten Jeremia zugeschriebene Zitat ist eine freie Verbindung von Stellen aus Sacharja, Jeremia und Exodus.
27,11–26 Pontius Pilatus war Statthalter (Präfekt) der römischen Provinz Judäa von 26 bis 36 n. Chr. Ihm stand das Recht zu, die Todesstrafe zu verhängen. Religiöse Vergehen wurden nur dann mit dem Tod bestraft, wenn es sich um eine Entehrung des Kaisers, um die Entweihung rechtlich geschützter religiöser Einrichtungen oder um Hochverrat handelte. Nach 27,11 wurde Jesus bei Pilatus als politischer Hochverräter angeklagt; das wird durch die gerade hierfür vorgesehene Hinrichtungsart der Kreuzigung bestätigt. Sein Heilbringer-Anspruch wurde politisch missdeutet.

man den Messias nennt? Da schrien sie alle:
Ans Kreuz mit ihm! 23 Er erwiderte: Was für
ein Verbrechen hat er denn begangen? Da
schrien sie noch lauter: Ans Kreuz mit ihm!
24 Als Pilatus sah, dass er nichts erreichte,
sondern dass der Tumult immer größer wur-
de, ließ er Wasser bringen, wusch sich vor
allen Leuten die Hände und sagte: Ich bin
unschuldig am Blut dieses Menschen. Das ist
eure Sache! 25 Da rief das ganze Volk: Sein
Blut komme über uns und unsere Kinder!
26 Darauf ließ er Barabbas frei und gab den
Befehl, Jesus zu geißeln und zu kreuzigen.

11–26 ‖ Mk 15,2–15; Lk 23,2–5.13–25; Joh 18,29 – 19,1 • 11: 2,2; 27,29.37; Mk 15,18.26; Lk 23,37f; Joh 19,3.19.21; • 14: Joh 19,9 • 21: Apg 3,13f • 23: Joh 19,14f.

Die Verspottung Jesu durch die Soldaten: 27,27–31a

27 Da nahmen die Soldaten des Statthal-
ters Jesus, führten ihn in das Prätorium, das
Amtsgebäude des Statthalters, und versam-
melten die ganze Kohorte um ihn. 28 Sie zo-
gen ihn aus und legten ihm einen purpur-
roten Mantel um. 29 Dann flochten sie einen
Kranz aus Dornen; den setzten sie ihm auf
und gaben ihm einen Stock in die rechte
Hand. Sie fielen vor ihm auf die Knie und
verhöhnten ihn, indem sie riefen: Heil dir,
König der Juden! 30 Und sie spuckten ihn an,
nahmen ihm den Stock wieder weg und
schlugen ihm damit auf den Kopf. 31a Nach-
dem sie so ihren Spott mit ihm getrieben hat-
ten, nahmen sie ihm den Mantel ab und zo-
gen ihm seine eigenen Kleider wieder an.

27–31a ‖ Mk 15,16–20a; Joh 19,2f • 28: Lk 23,11 • 30: Jes 50,6.

Die Kreuzigung: 27,31b–44

31b Dann führten sie Jesus hinaus, um ihn
zu kreuzigen. 32 Auf dem Weg trafen sie ei-
nen Mann aus Zyrene namens Simon; ihn
zwangen sie, Jesus das Kreuz zu tragen. 33 So
kamen sie an den Ort, der Golgota genannt
wird, das heißt Schädelhöhe. 34 Und *sie ga-
ben* ihm Wein *zu trinken,* der mit *Galle* ver-
mischt war; als er aber davon gekostet hatte,
wollte er ihn nicht trinken.
35 Nachdem sie ihn gekreuzigt hatten, *war-
fen sie das Los und verteilten* seine *Kleider
unter sich.* 36 Dann setzten sie sich nieder
und bewachten ihn. 37 Über seinem Kopf
hatten sie eine Aufschrift angebracht, die
seine Schuld angab: Das ist Jesus, der König
der Juden. 38 Zusammen mit ihm wurden
zwei Räuber gekreuzigt, der eine rechts von
ihm, der andere links. 39 Die Leute, die vor-
beikamen, verhöhnten ihn, *schüttelten den
Kopf* 40 und riefen: Du willst den Tempel
niederreißen und in drei Tagen wieder auf-
bauen? Wenn du Gottes Sohn bist, hilf dir
selbst, und steig herab vom Kreuz! 41 Auch
die Hohenpriester, die Schriftgelehrten und
die Ältesten verhöhnten ihn und sagten:
42 Anderen hat er geholfen, sich selbst kann
er nicht helfen. Er ist doch der König von Is-
rael! Er soll vom Kreuz herabsteigen, dann
werden wir an ihn glauben. 43 *Er hat auf Gott
vertraut: der soll ihn jetzt retten, wenn er an
ihm Gefallen hat;* er hat doch gesagt: Ich bin
Gottes Sohn. 44 Ebenso beschimpften ihn die
beiden Räuber, die man zusammen mit ihm
gekreuzigt hatte.

31b–44 ‖ Mk 15,20b–32; Lk 23,26.33–43; Joh 19,16b–27 • 34: Ps 69,22 • 35: Ps 22,19 • 38: Jes 53,12 • 39: Ps 22,8 • 40: 26,61; Joh 2,19 • 43: Ps 22,9.

Der Tod Jesu: 27,45–56

45 Von der sechsten bis zur neunten
Stunde herrschte eine Finsternis im ganzen

27,24 dieses Menschen, nach zahlreichen Textzeugen: dieses Gerechten. Dass Jesus als unschuldiger Gerechter leidet (vgl. 27,4.19.24) wird durch diesen Einschub deutlich herausgestellt. Pilatus sucht, dem römischen Recht zuwider, die Verantwortung von sich zu schieben, Das Volk gibt durch die Selbstverwünschung indirekt seine Verantwortung zu (vgl. V. 20).

27,26 Die Kreuzigung war eine der furchtbarsten römischen Hinrichtungsarten. Sie konnte vor allem über Sklaven, freigelassene Sklaven und Aufständische, im Allgemeinen aber nicht über römische Bürger verhängt werden. Die Auspeitschung mit Lederpeitschen, in die spitze Metallstücke eingebunden waren, konnte der Todesstrafe vorausgehen. Sie wurde auch als selbständige Strafe angewandt.

27,27–31 Die Verspottung Jesu als König weist auf den Urteilsgrund hin und zeigt zugleich die Verachtung der römischen Soldaten gegenüber den Juden.

27,34 Ein Mischtrank aus saurem Wein und Myrrhe diente zur Betäubung der zum Kreuzestod Verurteilten (vgl. Mk 15,22). Dass hier statt Myrrhe Galle erwähnt wird, ist eine Angleichung an Ps 69,22.

27,35 Nach römischem Brauch fielen die Kleider des Verurteilten dem Hinrichtungstrupp zu.

27,37 Nach römischer Sitte wurde der Grund für die Verurteilung auf einer Tafel angegeben, die dem Verurteilten auf dem Weg zur Hinrichtung vorangetragen wurde.

27,45 Die Juden rechneten damals die Tageszeit von Sonnenaufgang bis Sonnenuntergang und teilten diese Spanne in 12 »Stunden« ein. Die »dritte Stunde« war also etwa um neun Uhr.

Land. 46 Um die neunte Stunde rief Jesus
laut: *Eli, Eli, lema sabachtani?*, das heißt:
*Mein Gott, mein Gott, warum hast du mich
verlassen?* 47 Einige von denen, die dabei-
standen und es hörten, sagten: Er ruft nach
Elija. 48 Sogleich lief einer von ihnen hin,
tauchte einen Schwamm in *Essig,* steckte ihn
auf einen Stock und *gab* Jesus *zu trinken.*
49 Die anderen aber sagten: Lass doch, wir
wollen sehen, ob Elija kommt und ihm hilft.
50 Jesus aber schrie noch einmal laut auf.
Dann hauchte er den Geist aus.

51 Da riss der Vorhang im Tempel von oben
bis unten entzwei. Die Erde bebte und die
Felsen spalteten sich. 52 Die Gräber öffneten
sich und die Leiber vieler Heiligen, die ent-
schlafen waren, wurden auferweckt. 53 Nach
der Auferstehung Jesu verließen sie ihre
Gräber, kamen in die Heilige Stadt und er-
schienen vielen.

54 Als der Hauptmann und die Männer, die
mit ihm zusammen Jesus bewachten, das
Erdbeben bemerkten und sahen, was ge-
schah, erschraken sie sehr und sagten: Wahr-
haftig, das war Gottes Sohn!

55 Auch viele Frauen waren dort und sahen
von weitem zu; sie waren Jesus seit der Zeit
in Galiläa nachgefolgt und hatten ihm ge-
dient. 56 Zu ihnen gehörten Maria aus Mag-
dala, Maria, die Mutter des Jakobus und des
Josef, und die Mutter der Söhne des Zebe-
däus.

45–56 ∥ Mk 15,33–41; Lk 23,44–49; Joh 19,28–30 • 46: Ps 22,2 • 48: Ps 69,22 • 51: Ex 26,31 • 54: 16,16.

Das Begräbnis Jesu: 27,57–61

57 Gegen Abend kam ein reicher Mann aus
Arimathäa namens Josef; auch er war ein
Jünger Jesu. 58 Er ging zu Pilatus und bat um
den Leichnam Jesu. Da befahl Pilatus, ihm
den Leichnam zu überlassen. 59 Josef nahm
ihn und hüllte ihn in ein reines Leinentuch.
60 Dann legte er ihn in ein neues Grab, das er
für sich selbst in einen Felsen hatte hauen
lassen. Er wälzte einen großen Stein vor
den Eingang des Grabes und ging weg.
61 Auch Maria aus Magdala und die andere
Maria waren dort; sie saßen dem Grab ge-
genüber.

57–61 ∥ Mk 15,42–47; Lk 23,50–56; Joh 19,38–42 • 58: Dtn 21,22f.

Die Bewachung des Grabes: 27,62–66

62 Am nächsten Tag gingen die Hohen-
priester und die Pharisäer gemeinsam zu
Pilatus; es war der Tag nach dem Rüsttag.
63 Sie sagten: Herr, es fiel uns ein, dass dieser
Betrüger, als er noch lebte, behauptet hat:
Ich werde nach drei Tagen auferstehen.
64 Gib also den Befehl, dass das Grab bis zum
dritten Tag sicher bewacht wird. Sonst
könnten seine Jünger kommen, ihn stehlen
und dem Volk sagen: Er ist von den Toten
auferstanden. Und dieser letzte Betrug wäre
noch schlimmer als alles zuvor. 65 Pilatus
antwortete ihnen: Ihr sollt eine Wache ha-
ben. Geht und sichert das Grab, so gut ihr
könnt. 66 Darauf gingen sie, um das Grab zu
sichern. Sie versiegelten den Eingang und
ließen die Wache dort.

62: Joh 19,42 • 63: 20,19; 12,40 • 64: 28,13.

Die Botschaft des Engels am leeren Grab: 28,1–8

28 Nach dem Sabbat kamen in der Mor-
gendämmerung des ersten Tages der
Woche Maria aus Magdala und die andere
Maria, um nach dem Grab zu sehen. 2 Plötz-
lich entstand ein gewaltiges Erdbeben; denn
ein Engel des Herrn kam vom Himmel herab,
trat an das Grab, wälzte den Stein weg und
setzte sich darauf. 3 Seine Gestalt leuchtete
wie ein Blitz und sein Gewand war weiß wie
Schnee. 4 Die Wächter begannen vor Angst
zu zittern und fielen wie tot zu Boden. 5 Der
Engel aber sagte zu den Frauen: Fürchtet
euch nicht! Ich weiß, ihr sucht Jesus, den
Gekreuzigten. 6 Er ist nicht hier; denn er ist
auferstanden, wie er gesagt hat. Kommt her
und seht euch die Stelle an, wo er lag. 7 Dann
geht schnell zu seinen Jüngern und sagt
ihnen: Er ist von den Toten auferstanden. Er

27,46f Elija galt im jüdischen Volksglauben als Nothelfer der Gerechten, vor allem als Beistand in der Todesstunde.

27,51a Gemeint ist wohl der Vorhang zwischen dem Heiligen und Allerheiligsten im Tempelgebäude. Das Ereignis ist als ein Gerichts- und Strafzeichen zu verstehen, das die Messianität Jesu bestätigt.

27,51b–53 Diese Ereignisse sollen darauf hinweisen, dass mit Jesu Tod und Auferstehung die Macht des Todes gebrochen wurde.

27,55f Diese Frauen werden als Zeugen für das Sterben und die Grablegung Jesu genannt; vgl. die Anmerkung zu 12,46f.

27,62–65 Nur Matthäus berichtet von der Bewachung und Versiegelung des Grabes bis zum dritten Tag, da allein er von dem jüdischen Gerücht über den Raub des Leichnams Jesu durch seine Jünger spricht (vgl. 28,11–15). Diese Notiz ist als Verteidigung des urchristlichen Auferstehungsglaubens zu verstehen.

27,64 als alles zuvor, wörtlich: als der erste.

geht euch voraus nach Galiläa, dort werdet
ihr ihn sehen. Ich habe es euch gesagt. 8 So-
gleich verließen sie das Grab und eilten voll
Furcht und großer Freude zu seinen Jüngern,
um ihnen die Botschaft zu verkünden.

1–8 ∥ Mk 16,1–8; Lk 24,1–12; Joh 20,1–13 • 6: 12,40; 16,21; 17,23; 20,19.

Die Erscheinung Jesu vor den Frauen: 28,9–10

9 Plötzlich kam ihnen Jesus entgegen und
sagte: Seid gegrüßt! Sie gingen auf ihn zu,
warfen sich vor ihm nieder und umfassten
seine Füße. 10 Da sagte Jesus zu ihnen:
Fürchtet euch nicht! Geht und sagt meinen
Brüdern, sie sollen nach Galiläa gehen und
dort werden sie mich sehen.

Der Betrug der Hohenpriester: 28,11–15

11 Noch während die Frauen unterwegs
waren, kamen einige von den Wächtern in
die Stadt und berichteten den Hohenpries-
tern alles, was geschehen war. 12 Diese fass-
ten gemeinsam mit den Ältesten den Be-
schluss, die Soldaten zu bestechen. Sie gaben
ihnen viel Geld 13 und sagten: Erzählt den
Leuten: Seine Jünger sind bei Nacht gekom-
men und haben ihn gestohlen, während wir
schliefen. 14 Falls der Statthalter davon hört,
werden wir ihn beschwichtigen und dafür
sorgen, dass ihr nichts zu befürchten habt.
15 Die Soldaten nahmen das Geld und mach-
ten alles so, wie man es ihnen gesagt hatte.
So kommt es, dass dieses Gerücht bei den Ju-
den bis heute verbreitet ist.

13: 27,64.

Der Auftrag des Auferstandenen: 28,16–20

16 Die elf Jünger gingen nach Galiläa auf
den Berg, den Jesus ihnen genannt hatte.
17 Und als sie Jesus sahen, fielen sie vor ihm
nieder. Einige aber hatten Zweifel. 18 Da trat
Jesus auf sie zu und sagte zu ihnen: Mir ist
alle Macht gegeben im Himmel und auf der
Erde. 19 Darum geht zu allen Völkern und
macht alle Menschen zu meinen Jüngern;
tauft sie auf den Namen des Vaters und des
Sohnes und des Heiligen Geistes, 20 und lehrt
sie, alles zu befolgen, was ich euch geboten
habe. Seid gewiss: Ich bin bei euch alle Tage
bis zum Ende der Welt.

19: 24,14.

Das Evangelium nach Markus

Das älteste, griechisch geschriebene Evangelium wird nach altkirchlicher Überlieferung Markus zugeschrieben. Damit ist gemeint Johannes Markus aus Jerusalem, Sohn einer Maria, in deren Haus sich die Urgemeinde in Jerusalem versammelte; er war ein Vetter des Barnabas, Mitarbeiter des Paulus und später auch des Petrus (Phlm 24; Kol 4,10; Apg 12,12; 13,5; 15,36–39; 1 Petr 5,13). Ebenfalls nach altkirchlicher Überlieferung schrieb er sein Evangelium in Rom. Es steht in zeitlichem Zusammenhang mit der Zerstörung Jerusalems (Mk 13) und ist deshalb um 70 n. Chr. verfasst, und zwar für Heiden und Heidenchristen (vgl. 7,3f).

Markus sammelte Überlieferungen über Jesus, vor allem Wundererzählungen, Gleichnisse, Geschichten, die in einem Jesuswort gipfeln, Einzelworte und Zeugnisse über die Passion. Er ordnete diese Stoffe zeitlich und sachlich und verarbeitete sie so zu einem Evangelium. Der geographisch bestimmte Aufriss ist folgender: Wirken Jesu in Galiläa (1,14 – 5,43); Wanderung durch jüdisch-heidnisches Gebiet mit Belehrung der Jünger (6,1 – 9,50); Zug nach Jerusalem, Ringen mit den jüdischen Führern und Tod am Kreuz (10,1 – 15,47). Sein Evangelium beginnt mit dem Auftreten des Täufers (1,1–13) und endet mit dem Auffinden des leeren Grabes durch Frauen am Ostermorgen (16,1–8).

28,9f Wie Joh 20,11–18 berichtet Matthäus von einer Erscheinung Jesu vor Maria aus Magdala – und anderen Frauen – in der Nähe des Grabes.

28,16–20 Der abschließende Bericht über die Aussendung der Jünger durch den Auferstandenen (vgl. Lk 24,47; Joh 20,21) erneuert die in Mt 10 berichtete Sendung durch den irdischen Jesus. Die Jünger erhalten jetzt aber einen weltweiten Auftrag.

Der Anhang (16,9–20) wurde erst im 2. Jahrhundert von unbekannter Hand angefügt, vermutlich weil der jähe Schluss 16,8 nicht befriedigte. Die Annahme, dass ein ursprünglicher Schluss verloren ging, ist wenig wahrscheinlich.

Indem Markus vom Wirken und vom Schicksal Jesu berichtet, verkündet er, dass Gott durch diesen Jesus seinen Willen offenbart hat, die Menschen zu retten: Jesus ist der verheißene Messias, der Sohn Gottes; durch sein Wirken ist die Heilszeit angebrochen (1,14). Er überwindet das Unheil, die Herrschaft des Satan und seiner Helfer (Dämonenaustreibungen und Krankenheilungen), er vergibt Sünden (2,1–12), verkündet den unverfälschten Willen Gottes (2,27f; 7,1–23) und richtet das Reich Gottes auf (Kap. 4). Weil in seiner Person Gottes Vollmacht in menschlicher Niedrigkeit auftritt, wird sein Geheimnis nicht begriffen, nicht von den Juden, aber auch nicht von den Jüngern vor der Auferstehung Jesu (6,4–6; 8,14–21; 14,26–42; vgl. auch die Schweigegebote Jesu 5,43; 8,30; 9,9). Die einzig angemessene Haltung der Botschaft Jesu gegenüber ist unbedingter Glaube (5,36; 9,19–24; 11,22–25). Christsein heißt, Jesus in Glaube, Selbstlosigkeit, Bereitschaft zum Dienen und Mut zum Leiden nachzufolgen (8,31–33; 9,42–48; 10,17–27.41–45) und so die Kraft des Reiches Gottes zu erfahren. Der erste Heide, der das Geheimnis Jesu erkannte, ist der Hauptmann unter dem Kreuz: »Wahrhaftig, dieser Mensch war Gottes Sohn« (15,39). In ihm sieht Markus die Heidenkirche beim Kreuz Christi vertreten. Die bedrängten Heidenchristen will Markus durch sein Evangelium in ihrem Glauben stärken und ermutigen, Christus auch in Verfolgungen treu zu bleiben.

DIE VORBEREITUNG DES WIRKENS JESU: 1,1–13

Johannes der Täufer: 1,1–8

1 Anfang des Evangeliums von Jesus Christus, dem Sohn Gottes: 2 Es begann,
wie es bei dem Propheten Jesaja steht:

Ich sende meinen Boten vor dir her; / er soll den Weg für dich *bahnen.*

3 *Eine Stimme ruft in der Wüste: / Bereitet dem Herrn den Weg! / Ebnet* ihm *die Straßen!*

4 So trat Johannes der Täufer in der Wüste auf und verkündigte Umkehr und Taufe zur
Vergebung der Sünden. 5 Ganz Judäa und alle Einwohner Jerusalems zogen zu ihm hinaus; sie bekannten ihre Sünden und ließen
sich im Jordan von ihm taufen. 6 Johannes
trug ein Gewand aus Kamelhaaren und einen ledernen Gürtel um seine Hüften und er lebte von Heuschrecken und wildem Honig.
7 Er verkündete: Nach mir kommt einer, der ist stärker als ich; ich bin es nicht wert, mich zu bücken, um ihm die Schuhe aufzuschnüren.
8 Ich habe euch nur mit Wasser getauft, er aber wird euch mit dem Heiligen Geist taufen.

1–8 ‖ Mt 3,1–6.11; Lk 3,3–6.15f • 1–8: Joh 1,19–28 • 1: 15,39 • 2: Mal 3,1; Ex 23,20; Mt 11,10; Lk 1,76; 7,27 • 3: Jes 40,3 G • 4: Apg 13,24; 19,4.

Die Taufe Jesu: 1,9–11

9 In jenen Tagen kam Jesus aus Nazaret in Galiläa und ließ sich von Johannes im Jordan taufen.
10 Und als er aus dem Wasser stieg, sah er, dass der Himmel sich öffnete und der Geist wie eine Taube auf ihn herabkam.
11 Und eine Stimme aus dem Himmel sprach: *Du bist mein geliebter Sohn, an dir habe ich Gefallen gefunden.*

9–11 ‖ Mt 3,13–17; Lk 3,21f • 9–11: Joh 1,29–34 • 11: Gen 22,2; Ps 2,7; Jes 42,1; Mt 3,17.

Die Versuchung Jesu: 1,12–13

12 Danach trieb der Geist Jesus in die Wüste.
13 Dort blieb Jesus vierzig Tage lang und wurde vom Satan in Versuchung geführt. Er lebte bei den wilden Tieren und die Engel dienten ihm.

12–13 ‖ Mt 4,1f.11; Lk 4,1f.

1,1–8 Die ältesten Christengemeinden waren vor allem am öffentlichen Wirken Jesu interessiert (vgl. Apg 10,37–41). Darum bringt Markus, anders als Matthäus und Lukas, keine Vorgeschichte, sondern beginnt sein Evangelium sofort mit dem Auftreten des Täufers und der Taufe Jesu.

1,1 »dem Sohn Gottes« fehlt bei einigen alten Textzeugen.

1,4 Umkehr und Taufe, wörtlich: Taufe der Umkehr.

DAS WIRKEN JESU IN GALILÄA: 1,14 – 8,26

Erstes Auftreten in Galiläa: 1,14–15

14 Nachdem man Johannes ins Gefängnis geworfen hatte, ging Jesus wieder nach Galiläa; er verkündete das Evangelium Gottes 15 und sprach: Die Zeit ist erfüllt, das Reich Gottes ist nahe. Kehrt um, und glaubt an das Evangelium!

14–15 ‖ Mt 4,12.17; Lk 4,14f.

Die Berufung der ersten Jünger: 1,16–20

16 Als Jesus am See von Galiläa entlangging, sah er Simon und Andreas, den Bruder des Simon, die auf dem See ihr Netz auswarfen; sie waren nämlich Fischer. 17 Da sagte er zu ihnen: Kommt her, folgt mir nach! Ich werde euch zu Menschenfischern machen. 18 Sogleich ließen sie ihre Netze liegen und folgten ihm. 19 Als er ein Stück weiterging, sah er Jakobus, den Sohn des Zebedäus, und seinen Bruder Johannes; sie waren im Boot und richteten ihre Netze her. 20 Sofort rief er sie und sie ließen ihren Vater Zebedäus mit seinen Tagelöhnern im Boot zurück und folgten Jesus nach.

16–20 ‖ Mt 4,18–22 • 16–20: Lk 5,1–11; Joh 1,35–51.

Jesus in der Synagoge von Kafarnaum: 1,21–28

21 Sie kamen nach Kafarnaum. Am folgenden Sabbat ging er in die Synagoge und lehrte. 22 Und die Menschen waren sehr betroffen von seiner Lehre; denn er lehrte sie wie einer, der (göttliche) Vollmacht hat, nicht wie die Schriftgelehrten.

23 In ihrer Synagoge saß ein Mann, der von einem unreinen Geist besessen war. Der begann zu schreien: 24 Was haben wir mit dir zu tun, Jesus von Nazaret? Bist du gekommen, um uns ins Verderben zu stürzen? Ich weiß, wer du bist: der Heilige Gottes. 25 Da befahl ihm Jesus: Schweig und verlass ihn! 26 Der unreine Geist zerrte den Mann hin und her und verließ ihn mit lautem Geschrei. 27 Da erschraken alle und einer fragte den andern: Was hat das zu bedeuten? Hier wird mit Vollmacht eine ganz neue Lehre verkündet. Sogar die unreinen Geister gehorchen seinem Befehl. 28 Und sein Ruf verbreitete sich rasch im ganzen Gebiet von Galiläa.

21–28 ‖ Lk 4,31–37 • 21f: Mt 7,28f • 24: 5,7; Mt 8,29; Lk 8,28; Joh 2,4 • 27: Mt 7,29.

Die Heilung der Schwiegermutter des Petrus: 1,29–31

29 Sie verließen die Synagoge und gingen zusammen mit Jakobus und Johannes gleich in das Haus des Simon und Andreas. 30 Die Schwiegermutter des Simon lag mit Fieber im Bett. Sie sprachen mit Jesus über sie, 31 und er ging zu ihr, fasste sie an der Hand und richtete sie auf. Da wich das Fieber von ihr und sie sorgte für sie.

29–31 ‖ Mt 8,14f; Lk 4,38f.

Die Heilung von Besessenen und Kranken: 1,32–34

32 Am Abend, als die Sonne untergegangen war, brachte man alle Kranken und Besessenen zu Jesus. 33 Die ganze Stadt war vor der Haustür versammelt, 34 und er heilte viele, die an allen möglichen Krankheiten litten, und trieb viele Dämonen aus. Und er verbot den Dämonen zu reden; denn sie wussten, wer er war.

32–34 ‖ Mt 8,16; Lk 4,40f.

Aufbruch aus Kafarnaum: 1,35–39

35 In aller Frühe, als es noch dunkel war, stand er auf und ging an einen einsamen Ort, um zu beten. 36 Simon und seine Begleiter eilten ihm nach, 37 und als sie ihn fanden, sagten sie zu ihm: Alle suchen dich. 38 Er antwortete: Lasst uns anderswohin gehen, in die benachbarten Dörfer, damit ich auch dort predige; denn dazu bin ich gekommen. 39 Und er zog durch ganz Galiläa, predigte in den Synagogen und trieb die Dämonen aus.

35–39 ‖ Lk 4,42–44 • 39 ‖ Mt 4,23 • 35: Lk 5,16; 9,18.

Die Heilung eines Aussätzigen: 1,40–45

40 Ein Aussätziger kam zu Jesus und bat ihn um Hilfe; er fiel vor ihm auf die Knie und sagte: Wenn du willst, kannst du machen,

---

1,15 In diesem programmatischen Satz fasst Markus den Inhalt der Botschaft Jesu zusammen.

1,21–34 Mit der Beschreibung des ersten Tages des Wirkens Jesu in Kafarnaum zeigt der Evangelist beispielhaft Jesu Tätigkeit: Jesus beweist durch Wort und Tat seine Vollmacht.

1,24 Andere Übersetzungsmöglichkeit: Du bist gekommen, um uns ins Verderben zu stürzen.

1,32 Die Sabbatruhe dauerte vom Sonnenuntergang des Vortags bis zum Sonnenuntergang am Sabbat.

1,40–44 Aussatz und verschiedene Hautkrankhei-

dass ich rein werde. 41 Jesus hatte Mitleid mit
ihm; er streckte die Hand aus, berührte ihn
und sagte: Ich will es – werde rein! 42 Im glei-
chen Augenblick verschwand der Aussatz
und der Mann war rein. 43 Jesus schickte ihn
weg und schärfte ihm ein: 44 Nimm dich in
Acht! Erzähl niemand etwas davon, sondern
geh, *zeig dich dem Priester* und bring das
Reinigungsopfer dar, das Mose angeordnet
hat. Das soll für sie ein Beweis (meiner Ge-
setzestreue) sein. 45 Der Mann aber ging weg
und erzählte bei jeder Gelegenheit, was ge-
schehen war; er verbreitete die ganze Ge-
schichte, sodass sich Jesus in keiner Stadt
mehr zeigen konnte; er hielt sich nur noch
außerhalb der Städte an einsamen Orten auf.
Dennoch kamen die Leute von überallher zu
ihm.

40–45 ‖ Mt 8,2–4; Lk 5,12–16 • 43f: 5,43 • 44: Lev 13,49; 14,2–32; Lk 17,14.

Die Heilung eines Gelähmten: 2,1–12

2 Als er einige Tage später nach Kafar-
naum zurückkam, wurde bekannt, dass
er (wieder) zu Hause war. 2 Und es versam-
melten sich so viele Menschen, dass nicht
einmal mehr vor der Tür Platz war; und er
verkündete ihnen das Wort. 3 Da brachte
man einen Gelähmten zu ihm; er wurde von
vier Männern getragen. 4 Weil sie ihn aber
wegen der vielen Leute nicht bis zu Jesus
bringen konnten, deckten sie dort, wo Jesus
war, das Dach ab, schlugen (die Decke)
durch und ließen den Gelähmten auf seiner
Tragbahre durch die Öffnung hinab. 5 Als Je-
sus ihren Glauben sah, sagte er zu dem Ge-
lähmten: Mein Sohn, deine Sünden sind dir
vergeben! 6 Einige Schriftgelehrte aber, die
dort saßen, dachten im Stillen: 7 Wie kann
dieser Mensch so reden? Er lästert Gott. Wer
kann Sünden vergeben außer dem einen
Gott? 8 Jesus erkannte sofort, was sie dach-
ten, und sagte zu ihnen: Was für Gedanken
habt ihr im Herzen? 9 Ist es leichter, zu dem
Gelähmten zu sagen: Deine Sünden sind dir
vergeben!, oder zu sagen: Steh auf, nimm
deine Tragbahre und geh umher? 10 Ihr sollt
aber erkennen, dass der Menschensohn die
Vollmacht hat, hier auf der Erde Sünden zu
vergeben. Und er sagte zu dem Gelähmten:
11 Ich sage dir: Steh auf, nimm deine Trag-
bahre, und geh nach Hause! 12 Der Mann
stand sofort auf, nahm seine Tragbahre und
ging vor aller Augen weg. Da gerieten alle
außer sich; sie priesen Gott und sagten: So
etwas haben wir noch nie gesehen.

1–12 ‖ Mt 9,1–8; Lk 5,17–26.

Die Berufung des Levi und das Mahl mit den Zöllnern: 2,13–17

13 Jesus ging wieder hinaus an den See. Da
kamen Scharen von Menschen zu ihm und er
lehrte sie. 14 Als er weiterging, sah er Levi,
den Sohn des Alphäus, am Zoll sitzen und
sagte zu ihm: Folge mir nach! Da stand Levi
auf und folgte ihm. 15 Und als Jesus in seinem
Haus beim Essen war, aßen viele Zöllner und
Sünder zusammen mit ihm und seinen Jün-
gern; denn es folgten ihm schon viele. 16 Als
die Schriftgelehrten, die zur Partei der Pha-
risäer gehörten, sahen, dass er mit Zöllnern
und Sündern aß, sagten sie zu seinen Jün-
gern: Wie kann er zusammen mit Zöllnern
und Sündern essen? 17 Jesus hörte es und sag-
te zu ihnen: Nicht die Gesunden brauchen
den Arzt, sondern die Kranken. Ich bin ge-
kommen, um die Sünder zu rufen, nicht die
Gerechten.

13–17 ‖ Mt 9,9–13; Lk 5,27–32 • 14: Mt 8,22 • 15: Lk 7,34; 19,7 • 16: Mt 11,19; Lk 15,1f • 17: Lk 19,10.

---

ten schlossen vom Zusammenleben mit anderen Menschen aus. Erst wenn die dafür zuständigen Priester die Heilung festgestellt hatten, war die Rückkehr in die alte Lebensgemeinschaft wieder erlaubt (vgl. Lev 13 – 14).

1,44 ein Beweis (meiner Gesetzestreue): andere Übersetzungsmöglichkeiten: ein Beweis (meiner Vollmacht); oder: ein Beweis (deiner Heilung).

2,1 Jesus wohnte vermutlich im Haus des Simon (vgl. 1,29–31).

2,4 Das Dach einer Wohnhütte bestand aus Holzbalken oder Knüppeln, über die Schilf oder Äste gelegt waren. Das Ganze war mit festgetretenem Lehm zugedeckt.

2,7 außer dem einen Gott, andere Übersetzungsmöglichkeit: außer Gott allein. – Obige Übersetzung ist durch den Anklang an Dtn 6,4 nahegelegt. – Vgl. Mk 10,18; Lk 18,19.

2,8 Wörtlich: Jesus merkte in seinem Geist sofort, dass sie so dachten.

2,15 in seinem Haus: entweder im Haus des Levi (vgl. Lk 5,29) oder im Haus Jesu (vgl. Mk 2,1).

2,16 Die Pharisäer bildeten eine religiöse Gemeinschaft, die es sich zur Aufgabe gemacht hatte, das jüdische religiöse Gesetz zu studieren und genau zu beachten. Zu ihnen gehörten Priester und Laien, vor allem viele Schriftgelehrte. – Die Schriftgelehrten bildeten einen eigenen Stand von Gesetzesgelehrten und religiösen Juristen, die das Recht besaßen, öffentlich zu lehren und Schüler um sich zu sammeln. Sie hatten neben den Priestern entscheidenden Einfluss auf das jüdische Leben.
Die Zölle wurden an die Meistbietenden verpachtet. Diese wirtschafteten meist auch in die eigene Tasche. Darum galten Zöllner als Diebe und Betrüger; die Begriffe »Zöllner« und »Sünder« waren austauschbar.

Die Frage nach dem Fasten: 2,18–22

18 Da die Jünger des Johannes und die Pharisäer zu fasten pflegten, kamen Leute zu Jesus und sagten: Warum fasten deine Jünger nicht, während die Jünger des Johannes und die Jünger der Pharisäer fasten? 19 Jesus antwortete ihnen: Können denn die Hochzeitsgäste fasten, solange der Bräutigam bei ihnen ist? Solange der Bräutigam bei ihnen ist, können sie nicht fasten. 20 Es werden aber Tage kommen, da wird ihnen der Bräutigam genommen sein; an jenem Tag werden sie fasten.

21 Niemand näht ein Stück neuen Stoff auf ein altes Kleid; denn der neue Stoff reißt doch vom alten Kleid ab und es entsteht ein noch größerer Riss. 22 Auch füllt niemand neuen Wein in alte Schläuche. Sonst zerreißt der Wein die Schläuche; der Wein ist verloren und die Schläuche sind unbrauchbar. Neuer Wein gehört in neue Schläuche.

18–22 ‖ Mt 9,14–17; Lk 5,33–38.

Das Abreißen der Ähren am Sabbat: 2,23–28

23 An einem Sabbat ging er durch die Kornfelder und unterwegs rissen seine Jünger Ähren ab. 24 Da sagten die Pharisäer zu ihm: Sieh dir an, was sie tun! Das ist doch am Sabbat verboten. 25 Er antwortete: Habt ihr nie gelesen, was David getan hat, als er und seine Begleiter hungrig waren und nichts zu essen hatten – 26 wie er zur Zeit des Hohenpriesters Abjatar in das Haus Gottes ging und die heiligen Brote aß, die außer den Priestern niemand essen darf, und auch seinen Begleitern davon gab? 27 Und Jesus fügte hinzu: Der Sabbat ist für den Menschen da, nicht der Mensch für den Sabbat. 28 Deshalb ist der Menschensohn Herr auch über den Sabbat.

23–28 ‖ Mt 12,1–8; Lk 6,1–5 • 23: Dtn 23,26 • 25: 1 Sam 21,2–7 • 26: Lev 24,5–9.

Die Heilung eines Mannes am Sabbat: 3,1–6

3 Als er ein andermal in eine Synagoge ging, saß dort ein Mann, dessen Hand verdorrt war. 2 Und sie gaben Acht, ob Jesus ihn am Sabbat heilen werde; sie suchten nämlich einen Grund zur Anklage gegen ihn. 3 Da sagte er zu dem Mann mit der verdorrten Hand: Steh auf und stell dich in die Mitte! 4 Und zu den anderen sagte er: Was ist am Sabbat erlaubt: Gutes zu tun oder Böses, ein Leben zu retten oder es zu vernichten? Sie aber schwiegen. 5 Und er sah sie der Reihe nach an, voll Zorn und Trauer über ihr verstocktes Herz, und sagte zu dem Mann: Streck deine Hand aus! Er streckte sie aus und seine Hand war wieder gesund. 6 Da gingen die Pharisäer hinaus und fassten zusammen mit den Anhängern des Herodes den Beschluss, Jesus umzubringen.

1–6 ‖ Mt 12,9–14; Lk 6,6–11 • 1–6: Lk 14,1–6.

Der Andrang des Volkes: 3,7–12

7 Jesus zog sich mit seinen Jüngern an den See zurück. Viele Menschen aus Galiläa aber folgten ihm. Auch aus Judäa, 8 aus Jerusalem und Idumäa, aus dem Gebiet jenseits des Jordan und aus der Gegend von Tyrus und Sidon kamen Scharen von Menschen zu ihm, als sie von all dem hörten, was er tat. 9 Da sagte er zu seinen Jüngern, sie sollten ein Boot für ihn bereithalten, damit er von der Menge nicht erdrückt werde. 10 Denn er heilte viele, sodass alle, die ein Leiden hatten, sich an ihn herandrängten, um ihn zu berühren. 11 Wenn die von unreinen Geistern Besessenen ihn sahen, fielen sie vor ihm nieder und schrien: Du bist der Sohn Gottes! 12 Er aber verbot ihnen streng, bekannt zu machen, wer er sei.

7–12 ‖ Mt 4,23–25; 12,15f; Lk 6,17–19 • 11: Mt 8,29; Lk 4,41.

2,18 Die Juden waren lediglich verpflichtet, am Versöhnungstag (vgl. Lev 16) zu fasten. In Notzeiten wurden eigene Fasttage ausgerufen. Insbesondere Pharisäer fasteten darüber hinaus, stellvertretend für die Sünden anderer, zweimal in der Woche, montags und donnerstags. Das Fasten bestand in völliger Enthaltung von Speise und Trank zwischen Sonnenaufgang und Sonnenuntergang. Jesus fastete mit seinen Jüngern nicht und kritisierte die jüdische Fastenpraxis (vgl. Mt 6,16–18).

2,21f Vgl. die Anmerkung zu Mt 9,16f.

2,26 Der Hohepriester hieß nach 1 Sam 21,2 in Wirklichkeit Ahimelech; nach 1 Sam 22,20 hieß sein Sohn, nach 2 Sam 8,17 sein Vater Abjatar.

2,27f Jesus greift damit auf den Ursinn des Sabbats zurück: Er sollte für Menschen und Tiere eine Wohltat sein (vgl. Ex 20,9; Dtn 5, 12–14).

3,1–6 Die ärztliche Tätigkeit galt als Arbeit und durfte deshalb nach pharisäischer Auffassung am Sabbat nur dann ausgeübt werden, wenn Lebensgefahr bestand.

3,1.3.5 Hand, andere Übersetzungsmöglichkeit: Arm.

Die Wahl der Zwölf: 3,13–19

13 Jesus stieg auf einen Berg und rief die zu
sich, die er erwählt hatte, und sie kamen zu
ihm. 14 Und er setzte zwölf ein, die er bei sich
haben und die er dann aussenden wollte, da-
mit sie predigten 15 und mit seiner Vollmacht
Dämonen austrieben. 16 Die Zwölf, die er
einsetzte, waren: Petrus – diesen Beinamen
gab er dem Simon –, 17 Jakobus, der Sohn des
Zebedäus, und Johannes, der Bruder des Ja-
kobus – ihnen gab er den Beinamen Boaner-
ges, das heißt Donnersöhne –, 18 dazu An-
dreas, Philippus, Bartholomäus, Matthäus,
Thomas, Jakobus, der Sohn des Alphäus,
Thaddäus, Simon Kananäus 19 und Judas
Iskariot, der ihn dann verraten hat.

13–19 ‖ Mt 10,1–4; Lk 6,12–16 • 16–19: Joh 1,40–44; Apg 1,13.

Jesus und seine Angehörigen: 3,20–21

20 Jesus ging in ein Haus und wieder ka-
men so viele Menschen zusammen, dass er
und die Jünger nicht einmal mehr essen
konnten. 21 Als seine Angehörigen davon
hörten, machten sie sich auf den Weg, um ihn
mit Gewalt zurückzuholen; denn sie sagten:
Er ist von Sinnen.

21: Joh 7,5.

Verteidigungsrede Jesu: 3,22–30

22 Die Schriftgelehrten, die von Jerusalem
herabgekommen waren, sagten: Er ist von
Beelzebul besessen; mit Hilfe des Anführers
der Dämonen treibt er die Dämonen aus.
23 Da rief er sie zu sich und belehrte sie in
Form von Gleichnissen: Wie kann der Satan
den Satan austreiben? 24 Wenn ein Reich in
sich gespalten ist, kann es keinen Bestand
haben. 25 Wenn eine Familie in sich gespal-
ten ist, kann sie keinen Bestand haben.
26 Und wenn sich der Satan gegen sich selbst
erhebt und mit sich selbst im Streit liegt,
kann er keinen Bestand haben, sondern es ist
um ihn geschehen. 27 Es kann aber auch kei-
ner in das Haus eines starken Mannes ein-
brechen und ihm den Hausrat rauben, wenn
er den Mann nicht vorher fesselt; erst dann
kann er sein Haus plündern. 28 Amen, das
sage ich euch: Alle Vergehen und Lästerun-
gen werden den Menschen vergeben werden,
so viel sie auch lästern mögen; 29 wer aber
den Heiligen Geist lästert, der findet in
Ewigkeit keine Vergebung, sondern seine
Sünde wird ewig an ihm haften. 30 Sie hatten
nämlich gesagt: Er ist von einem unreinen
Geist besessen.

22–30 ‖ Mt 12,24–29.31f; Lk 11,15–22 • 28–29 ‖ Lk 12,10 • 22: Mt 9,34; 10,25 • 27: Jes 49,24 • 30: Joh 10,20.

Von den wahren Verwandten Jesu: 3,31–35

31 Da kamen seine Mutter und seine Brü-
der; sie blieben vor dem Haus stehen und lie-
ßen ihn herausrufen. 32 Es saßen viele Leute
um ihn herum und man sagte zu ihm: Deine
Mutter und deine Brüder stehen draußen
und fragen nach dir. 33 Er erwiderte: Wer ist
meine Mutter und wer sind meine Brüder?
34 Und er blickte auf die Menschen, die im
Kreis um ihn herumsaßen, und sagte: Das
hier sind meine Mutter und meine Brüder.
35 Wer den Willen Gottes erfüllt, der ist für
mich Bruder und Schwester und Mutter.

31–35 ‖ Mt 12,46–50; Lk 8,19–21.

Die Gleichnisse vom Reich Gottes: 4,1–34

Das Gleichnis vom Sämann: 4,1–9

4 Ein andermal lehrte er wieder am Ufer
des Sees und sehr viele Menschen ver-
sammelten sich um ihn. Er stieg deshalb in
ein Boot auf dem See und setzte sich; die
Leute aber standen am Ufer. 2 Und er sprach
lange zu ihnen und lehrte sie in Form von
Gleichnissen. Bei dieser Belehrung sagte er
zu ihnen: 3 Hört! Ein Sämann ging aufs Feld,
um zu säen. 4 Als er säte, fiel ein Teil der
Körner auf den Weg und die Vögel kamen
und fraßen sie. 5 Ein anderer Teil fiel auf fel-
sigen Boden, wo es nur wenig Erde gab, und
ging sofort auf, weil das Erdreich nicht tief
war; 6 als aber die Sonne hochstieg, wurde
die Saat versengt und verdorrte, weil sie kei-
ne Wurzeln hatte. 7 Wieder ein anderer Teil
fiel in die Dornen und die Dornen wuchsen
und erstickten die Saat und sie brachte keine
Frucht. 8 Ein anderer Teil schließlich fiel auf
guten Boden und brachte Frucht; die Saat

3,13–19 Vgl. die Anmerkung zu Mt 9,35 – 11,1.
3,18 Zu »Kananäus« vgl. die Anmerkung zu Mt 10,4.
3,22–30 Vgl. die Anmerkung zu Mt 12,24.
3,31–35 Vgl. die Anmerkung zu Mt 12,46f.
3,32 Einige Textzeugen fügen nach »Brüder« hinzu: und deine Schwestern.
4,1–34 In diesem Kapitel sind drei Saatgleichnisse (s. VV. 3.26.31) gesammelt; dazu kommen eine nachträgliche allegorische Deutung des ersten Gleichnisses (VV. 13–20) und mehrere Sprüche (VV. 21–24). Ursprünglich sind die Gleichnisse Jesu nicht als Allegorien gemeint, die Zug um Zug auf die Wirklichkeit übertragen werden können, sondern sie stellen jeweils als ein Ganzes einen Grundgedanken bildhaft dar.

ging auf und wuchs empor und trug dreißigfach, ja sechzigfach und hundertfach. 9 Und Jesus sprach: Wer Ohren hat zum Hören, der höre!

1–9 || Mt 13,1–9; Lk 8,4–8 • 9: Mt 11,15.

Sinn und Zweck der Gleichnisse: 4,10–12

10 Als er mit seinen Begleitern und den Zwölf allein war, fragten sie ihn nach dem Sinn seiner Gleichnisse. 11 Da sagte er zu ihnen: Euch ist das Geheimnis des Reiches Gottes anvertraut; denen aber, die draußen sind, wird alles in Gleichnissen gesagt; 12 denn

sehen sollen sie, sehen, aber nicht erkennen; / hören sollen sie, hören, aber nicht verstehen, / damit sie sich nicht bekehren / und ihnen nicht vergeben wird.

10–12 || Mt 13,10–17; Lk 8,9f • 12: Jes 6,9f; Joh 12,40; Apg 28,26f.

Die Deutung des Gleichnisses vom Sämann: 4,13–20

13 Und er sagte zu ihnen: Wenn ihr schon dieses Gleichnis nicht versteht, wie wollt ihr dann all die anderen Gleichnisse verstehen? 14 Der Sämann sät das Wort. 15 Auf den Weg fällt das Wort bei denen, die es zwar hören, aber sofort kommt der Satan und nimmt das Wort weg, das in sie gesät wurde. 16 Ähnlich ist es bei den Menschen, bei denen das Wort auf felsigen Boden fällt: Sobald sie es hören, nehmen sie es freudig auf; 17 aber sie haben keine Wurzeln, sondern sind unbeständig, und wenn sie dann um des Wortes willen bedrängt oder verfolgt werden, kommen sie sofort zu Fall. 18 Bei anderen fällt das Wort in die Dornen: sie hören es zwar, 19 aber die Sorgen der Welt, der trügerische Reichtum und die Gier nach all den anderen Dingen machen sich breit und ersticken es und es bringt keine Frucht. 20 Auf guten Boden ist das Wort bei denen gesät, die es hören und aufnehmen und Frucht bringen, dreißigfach, ja sechzigfach und hundertfach.

13–20 || Mt 13,18–23; Lk 8,11–15 • 19: 1 Tim 6,9.

Vom rechten Hören: 4,21–25

21 Er sagte zu ihnen: Zündet man etwa ein Licht an und stülpt ein Gefäß darüber oder stellt es unter das Bett? Stellt man es nicht auf den Leuchter? 22 Es gibt nichts Verborgenes, das nicht offenbar wird, und nichts Geheimes, das nicht an den Tag kommt. 23 Wenn einer Ohren hat zum Hören, so höre er!

24 Weiter sagte er: Achtet auf das, was ihr hört! Nach dem Maß, mit dem ihr meßt und zuteilt, wird euch zugeteilt werden, ja, es wird euch noch mehr gegeben. 25 Denn wer hat, dem wird gegeben; wer aber nicht hat, dem wird auch noch weggenommen, was er hat.

21–25 || Lk 8,16–18 • 21: Mt 5,15; Lk 11,33 • 22: Mt 10,26; Lk 12,2 • 23: Mt 11,15 • 24: Mt 7,2; Lk 6,38 • 25: Mt 13,12; 25,29; Lk 19,26.

Das Gleichnis vom Wachsen der Saat: 4,26–29

26 Er sagte: Mit dem Reich Gottes ist es so, wie wenn ein Mann Samen auf seinen Acker sät; 27 dann schläft er und steht wieder auf, es wird Nacht und wird Tag, der Samen keimt und wächst und der Mann weiß nicht, wie. 28 Die Erde bringt von selbst ihre Frucht, zuerst den Halm, dann die Ähre, dann das volle Korn in der Ähre. 29 Sobald aber die Frucht reif ist, *legt er die Sichel an; denn die Zeit der Ernte ist da.*

29: Joël 4,13.

Das Gleichnis vom Senfkorn: 4,30–32

30 Er sagte: Womit sollen wir das Reich Gottes vergleichen, mit welchem Gleichnis sollen wir es beschreiben? 31 Es gleicht einem Senfkorn. Dieses ist das kleinste von allen Samenkörnern, die man in die Erde sät. 32 Ist es aber gesät, dann geht es auf und wird größer als alle anderen Gewächse und *treibt* große *Zweige,* sodass *in seinem Schatten die Vögel des Himmels nisten* können.

30–32 || Mt 13,31f; Lk 13,18f • 32: Dan 4,8f.18; Ez 17,23.

Schlussbemerkung zu den Gleichnissen: 4,33–34

33 Durch viele solche Gleichnisse verkündete er ihnen das Wort, so wie sie es aufnehmen konnten. 34 Er redete nur in Gleichnissen zu ihnen; seinen Jüngern aber erklärte er alles, wenn er mit ihnen allein war.

33–34 || Mt 13,34.

Taten und Worte Jesu: 4,35 – 8,26

Der Sturm auf dem See: 4,35–41

35 Am Abend dieses Tages sagte er zu ihnen: Wir wollen ans andere Ufer hinüberfah-

4,21 Vgl. die Anmerkung zu Mt 5,15.

ren. 36 Sie schickten die Leute fort und fuh-
ren mit ihm in dem Boot, in dem er saß, weg;
einige andere Boote begleiteten ihn. 37 Plötz-
lich erhob sich ein heftiger Wirbelsturm, und
die Wellen schlugen in das Boot, sodass es
sich mit Wasser zu füllen begann. 38 Er aber
lag hinten im Boot auf einem Kissen und
schlief. Sie weckten ihn und riefen: Meister,
kümmert es dich nicht, dass wir zugrunde
gehen? 39 Da stand er auf, drohte dem Wind
und sagte zu dem See: Schweig, sei still! Und
der Wind legte sich und es trat völlige Stille
ein. 40 Er sagte zu ihnen: Warum habt ihr sol-
che Angst? Habt ihr noch keinen Glauben?
41 Da ergriff sie große Furcht und sie sagten
zueinander: Was ist das für ein Mensch, dass
ihm sogar der Wind und der See gehor-
chen?

35–41 ‖ Mt 8,18.23–27; Lk 8,22–25 • 39: 6,51.

Die Heilung des Besessenen von Gerasa:
5,1–20

5 Sie kamen an das andere Ufer des Sees,
in das Gebiet von Gerasa. 2 Als er aus
dem Boot stieg, lief ihm ein Mann entgegen,
der von einem unreinen Geist besessen war.
Er kam von den Grabhöhlen, 3 in denen er
lebte. Man konnte ihn nicht bändigen, nicht
einmal mit Fesseln. 4 Schon oft hatte man
ihn an Händen und Füßen gefesselt, aber er
hatte die Ketten gesprengt und die Fesseln
zerrissen; niemand konnte ihn bezwingen.
5 Bei Tag und Nacht schrie er unaufhörlich
in den Grabhöhlen und auf den Bergen und
schlug sich mit Steinen. 6 Als er Jesus von
weitem sah, lief er zu ihm hin, warf sich vor
ihm nieder 7 und schrie laut: Was habe ich
mit dir zu tun, Jesus, Sohn des höchsten Got-
tes? Ich beschwöre dich bei Gott, quäle mich
nicht! 8 Jesus hatte nämlich zu ihm gesagt:
Verlass diesen Mann, du unreiner Geist! 9 Je-
sus fragte ihn: Wie heißt du? Er antwortete:
Mein Name ist Legion; denn wir sind viele.
10 Und er flehte Jesus an, sie nicht aus dieser
Gegend zu verbannen.
11 Nun weidete dort an einem Berghang
gerade eine große Schweineherde. 12 Da ba-
ten ihn die Dämonen: Lass uns doch in die
Schweine hineinfahren! 13 Jesus erlaubte es
ihnen. Darauf verließen die unreinen Geister
den Menschen und fuhren in die Schweine
und die Herde stürzte sich den Abhang
hinab in den See. Es waren etwa zweitau-
send Tiere und alle ertranken. 14 Die Hirten
flohen und erzählten alles in der Stadt und
in den Dörfern. Darauf eilten die Leute her-
bei, um zu sehen, was geschehen war. 15 Sie
kamen zu Jesus und sahen bei ihm den
Mann, der von der Legion Dämonen besessen
gewesen war. Er saß ordentlich gekleidet da
und war wieder bei Verstand. Da fürchteten
sie sich. 16 Die, die alles gesehen hatten, be-
richteten ihnen, was mit dem Besessenen
und mit den Schweinen geschehen war.
17 Darauf baten die Leute Jesus, ihr Gebiet
zu verlassen.
18 Als er ins Boot stieg, bat ihn der Mann,
der zuvor von den Dämonen besessen war,
bei ihm bleiben zu dürfen. 19 Aber Jesus er-
laubte es ihm nicht, sondern sagte: Geh nach
Hause und berichte deiner Familie alles,
was der Herr für dich getan und wie er Er-
barmen mit dir gehabt hat. 20 Da ging der
Mann weg und verkündete in der ganzen De-
kapolis, was Jesus für ihn getan hatte, und
alle staunten.

1–20 ‖ Mt 8,28–34; Lk 8,26–39 • 7: 1,24; 3,11; Lk 4,34; Joh 2,4.

Die Auferweckung der Tochter des Jaïrus und die Heilung einer kranken Frau:
5,21–43

21 Jesus fuhr im Boot wieder ans andere
Ufer hinüber und eine große Menschenmen-
ge versammelte sich um ihn. Während er
noch am See war, 22 kam ein Synagogenvor-
steher namens Jaïrus zu ihm. Als er Jesus
sah, fiel er ihm zu Füßen 23 und flehte ihn um
Hilfe an; er sagte: Meine Tochter liegt im
Sterben. Komm und leg ihr die Hände auf,
damit sie wieder gesund wird und am Leben
bleibt. 24 Da ging Jesus mit ihm.
Viele Menschen folgten ihm und drängten
sich um ihn. 25 Darunter war eine Frau, die
schon zwölf Jahre an Blutungen litt. 26 Sie
war von vielen Ärzten behandelt worden und
hatte dabei sehr zu leiden; ihr ganzes Vermö-
gen hatte sie ausgegeben, aber es hatte ihr
nichts genutzt, sondern ihr Zustand war im-
mer schlimmer geworden. 27 Sie hatte von
Jesus gehört. Nun drängte sie sich in der
Menge von hinten an ihn heran und berührte
sein Gewand. 28 Denn sie sagte sich: Wenn

4,40 Statt »Habt ihr . . .« haben mehrere Textzeugen: *Warum habt ihr keinen Glauben?*

5,1 Weniger gut bezeugte Lesarten: Gadara, Gergesa.

5,9 Eine Legion war die größte römische Heereseinheit (6000 Mann).

5,11–17 Die Erzählung spielt im halbheidnischen Ostjordanland, wo auch Schweine gezüchtet wurden. Schweine galten als unrein, darum war den Juden die Aufzucht von Schweinen und das Essen von Schweinefleisch verboten.

5,25–34 Vgl. die Anmerkung zu Mt 9,20–22.

ich auch nur sein Gewand berühre, werde ich geheilt. 29 Sofort hörte die Blutung auf und sie spürte deutlich, dass sie von ihrem Leiden geheilt war. 30 Im selben Augenblick fühlte Jesus, dass eine Kraft von ihm ausströmte, und er wandte sich in dem Gedränge um und fragte: Wer hat mein Gewand berührt? 31 Seine Jünger sagten zu ihm: Du siehst doch, wie sich die Leute um dich drängen, und da fragst du: Wer hat mich berührt? 32 Er blickte umher, um zu sehen, wer es getan hatte. 33 Da kam die Frau, zitternd vor Furcht, weil sie wusste, was mit ihr geschehen war; sie fiel vor ihm nieder und sagte ihm die ganze Wahrheit. 34 Er aber sagte zu ihr: Meine Tochter, dein Glaube hat dir geholfen. Geh in Frieden! Du sollst von deinem Leiden geheilt sein.

35 Während Jesus noch redete, kamen Leute, die zum Haus des Synagogenvorstehers gehörten, und sagten (zu Jaïrus): Deine Tochter ist gestorben. Warum bemühst du den Meister noch länger? 36 Jesus, der diese Worte gehört hatte, sagte zu dem Synagogenvorsteher: Sei ohne Furcht; glaube nur! 37 Und er ließ keinen mitkommen außer Petrus, Jakobus und Johannes, den Bruder des Jakobus. 38 Sie gingen zum Haus des Synagogenvorstehers. Als Jesus den Lärm bemerkte und hörte, wie die Leute laut weinten und jammerten, 39 trat er ein und sagte zu ihnen: Warum schreit und weint ihr? Das Kind ist nicht gestorben, es schläft nur. 40 Da lachten sie ihn aus. Er aber schickte alle hinaus und nahm außer seinen Begleitern nur die Eltern mit in den Raum, in dem das Kind lag. 41 Er fasste das Kind an der Hand und sagte zu ihm: Talita kum!, das heißt übersetzt: Mädchen, ich sage dir, steh auf! 42 Sofort stand das Mädchen auf und ging umher. Es war zwölf Jahre alt. Die Leute gerieten außer sich vor Entsetzen. 43 Doch er schärfte ihnen ein, niemand dürfe etwas davon erfahren; dann sagte er, man solle dem Mädchen etwas zu essen geben.

21–43 ‖ Mt 9,18–26; Lk 8,40–56 • 28: 6,56; Mt 14,36 • 34: 10,52; Lk 7,50; 17,19; 18,42.

Die Ablehnung Jesu in seiner Heimat: 6,1–6a

6 Von dort brach Jesus auf und kam in seine Heimatstadt; seine Jünger begleiteten ihn. 2 Am Sabbat lehrte er in der Synagoge. Und die vielen Menschen, die ihm zuhörten, staunten und sagten: Woher hat er das alles? Was ist das für eine Weisheit, die ihm gegeben ist! Und was sind das für Wunder, die durch ihn geschehen! 3 Ist das nicht der Zimmermann, der Sohn der Maria und der Bruder von Jakobus, Joses, Judas und Simon? Leben nicht seine Schwestern hier unter uns? Und sie nahmen Anstoß an ihm und lehnten ihn ab. 4 Da sagte Jesus zu ihnen: Nirgends hat ein Prophet so wenig Ansehen wie in seiner Heimat, bei seinen Verwandten und in seiner Familie. 5 Und er konnte dort kein Wunder tun; nur einigen Kranken legte er die Hände auf und heilte sie. 6a Und er wunderte sich über ihren Unglauben.

1–6a ‖ Mt 13,54–58; Lk 4,16–30 • 2: Joh 7,15 • 3: Joh 6,42 • 4: Joh 4,44.

Die Aussendung der zwölf Jünger: 6,6b–13

6b Jesus zog durch die benachbarten Dörfer und lehrte. 7 Er rief die Zwölf zu sich und sandte sie aus, jeweils zwei zusammen. Er gab ihnen die Vollmacht, die unreinen Geister auszutreiben, 8 und er gebot ihnen, außer einem Wanderstab nichts auf den Weg mitzunehmen, kein Brot, keine Vorratstasche, kein Geld im Gürtel, 9 kein zweites Hemd und an den Füßen nur Sandalen. 10 Und er sagte zu ihnen: Bleibt in dem Haus, in dem ihr einkehrt, bis ihr den Ort wieder verlasst. 11 Wenn man euch aber in einem Ort nicht aufnimmt und euch nicht hören will, dann geht weiter und schüttelt den Staub von euren Füßen, zum Zeugnis gegen sie. 12 Die Zwölf machten sich auf den Weg und riefen die Menschen zur Umkehr auf. 13 Sie trieben viele Dämonen aus und salbten viele Kranke mit Öl und heilten sie.

6b–13 ‖ Mt 9,35; 10,1.5–14; Lk 9,1–6.

Das Urteil des Herodes über Jesus: 6,14–16

14 Der König Herodes hörte von Jesus; denn sein Name war bekannt geworden und man sagte: Johannes der Täufer ist von den Toten auferstanden; deshalb wirken solche Kräfte in ihm. 15 Andere sagten: Er ist Elija. Wieder andere: Er ist ein Prophet, wie einer von den alten Propheten. 16 Als aber Herodes von ihm hörte, sagte er: Johannes, den ich enthaupten ließ, ist auferstanden.

14–16 ‖ Mt 14,1f; Lk 9,7–9 • 14f: Mt 16,14.

Die Enthauptung des Täufers: 6,17–29

17 Herodes hatte nämlich Johannes festnehmen und ins Gefängnis werfen lassen.

6,1–6 Vgl. die Anmerkung zu Mt 12,46f; 13,54–58.
6,3 »Joses« ist Nebenform von »Josef«.
6,17f Vgl. die Anmerkung zu Mt 14,4.
6,48 Zu »Nachtwache« vgl. die Anmerkung zu Mt 14,25.

Schuld daran war Herodias, die Frau seines
Bruders Philippus, die er geheiratet hatte.
18 Denn Johannes hatte zu Herodes gesagt:
Du hattest nicht das Recht, die Frau deines
Bruders zur Frau zu nehmen. 19 Herodias
verzieh ihm das nicht und wollte ihn töten
lassen. Sie konnte ihren Plan aber nicht
durchsetzen, 20 denn Herodes fürchtete sich
vor Johannes, weil er wusste, dass dieser ein
gerechter und heiliger Mann war. Darum
schützte er ihn. Sooft er mit ihm sprach,
wurde er unruhig und ratlos, und doch hörte
er ihm gern zu. 21 Eines Tages ergab sich für
Herodias eine günstige Gelegenheit. An sei-
nem Geburtstag lud Herodes seine Hofbeam-
ten und Offiziere zusammen mit den vor-
nehmsten Bürgern von Galiläa zu einem
Festmahl ein. 22 Da kam die Tochter der He-
rodias und tanzte und sie gefiel dem Herodes
und seinen Gästen so sehr, dass der König zu
ihr sagte: Wünsch dir, was du willst; ich wer-
de es dir geben. 23 Er schwor ihr sogar: Was
du auch von mir verlangst, ich will es dir ge-
ben, und *wenn es die Hälfte meines Reiches
wäre.* 24 Sie ging hinaus und fragte ihre Mut-
ter: Was soll ich mir wünschen? Herodias
antwortete: Den Kopf des Täufers Johannes.
25 Da lief das Mädchen zum König hinein
und sagte: Ich will, dass du mir sofort auf ei-
ner Schale den Kopf des Täufers Johannes
bringen lässt. 26 Da wurde der König sehr
traurig, aber weil er vor allen Gästen einen
Schwur geleistet hatte, wollte er ihren
Wunsch nicht ablehnen. 27 Deshalb befahl er
einem Scharfrichter, sofort ins Gefängnis zu
gehen und den Kopf des Täufers herzubrin-
gen. Der Scharfrichter ging und enthauptete
Johannes. 28 Dann brachte er den Kopf auf
einer Schale, gab ihn dem Mädchen und das
Mädchen gab ihn seiner Mutter. 29 Als die
Jünger des Johannes das hörten, kamen sie,
holten seinen Leichnam und legten ihn in ein
Grab.

17–29 ‖ Mt 14,3–12; Lk 3,19f • 18: Lev 18,16; 20,21 • 23: Est 5,3.6; 7,2.

Die Rückkehr der Jünger und die Speisung der Fünftausend: 6,30–44

30 Die Apostel versammelten sich wieder
bei Jesus und berichteten ihm alles, was sie
getan und gelehrt hatten. 31 Da sagte er zu
ihnen: Kommt mit an einen einsamen Ort,
wo wir allein sind, und ruht ein wenig aus.
Denn sie fanden nicht einmal Zeit zum Es-
sen, so zahlreich waren die Leute, die kamen
und gingen. 32 Sie fuhren also mit dem Boot
in eine einsame Gegend, um allein zu sein.
33 Aber man sah sie abfahren und viele er-
fuhren davon; sie liefen zu Fuß aus allen
Städten dorthin und kamen noch vor ihnen
an. 34 Als er ausstieg und die vielen Men-
schen sah, hatte er Mitleid mit ihnen; denn
sie waren *wie Schafe, die keinen Hirten ha-
ben.* Und er lehrte sie lange.
35 Gegen Abend kamen seine Jünger zu
ihm und sagten: Der Ort ist abgelegen und es
ist schon spät. 36 Schick sie weg, damit sie in
die umliegenden Gehöfte und Dörfer gehen
und sich etwas zu essen kaufen können. 37 Er
erwiderte: Gebt ihr ihnen zu essen! Sie sag-
ten zu ihm: Sollen wir weggehen, für zwei-
hundert Denare Brot kaufen und es ihnen
geben, damit sie zu essen haben? 38 Er sagte
zu ihnen: Wie viele Brote habt ihr? Geht und
seht nach! Sie sahen nach und berichteten:
Fünf Brote und außerdem zwei Fische.
39 Dann befahl er ihnen, den Leuten zu sa-
gen, sie sollten sich in Gruppen ins grüne
Gras setzen. 40 Und sie setzten sich in Grup-
pen zu hundert und zu fünfzig. 41 Darauf
nahm er die fünf Brote und die zwei Fische,
blickte zum Himmel auf, sprach den Lob-
preis, brach die Brote und gab sie den Jün-
gern, damit sie sie an die Leute austeilten.
Auch die zwei Fische ließ er unter allen ver-
teilen. 42 Und alle aßen und wurden satt.
43 Als die Jünger die Reste der Brote und
auch der Fische einsammelten, wurden
zwölf Körbe voll. 44 Es waren fünftausend
Männer, die von den Broten gegessen hat-
ten.

30–31 ‖ Lk 9,10; 10,17 • 32–34 ‖ Mt 14,13–21; Lk 9,10–17; Joh 6,1–13 • 32–44: 8,1–10; Mt 15,32–39 • 34: Mt 9,36; Num 27,17; 1 Kön 22,17; Ez 34,5 • 41: 8,19.

Der Gang Jesu auf dem Wasser: 6,45–52

45 Gleich darauf forderte er seine Jünger
auf, ins Boot zu steigen und ans andere Ufer
nach Betsaida vorauszufahren. Er selbst
wollte inzwischen die Leute nach Hause
schicken. 46 Nachdem er sich von ihnen ver-
abschiedet hatte, ging er auf einen Berg, um
zu beten. 47 Spät am Abend war das Boot
mitten auf dem See, er aber war allein an
Land. 48 Und er sah, wie sie sich beim Rudern
abmühten, denn sie hatten Gegenwind. In
der vierten Nachtwache ging er auf dem See
zu ihnen hin, wollte aber an ihnen vorüber-
gehen. 49 Als sie ihn über den See gehen sa-
hen, meinten sie, es sei ein Gespenst, und
schrien auf. 50 Alle sahen ihn und erschra-
ken. Doch er begann mit ihnen zu reden und
sagte: Habt Vertrauen, ich bin es; fürchtet
euch nicht! 51 Dann stieg er zu ihnen ins Boot
und der Wind legte sich. Sie aber waren be-
stürzt und außer sich. 52 Denn sie waren
nicht zur Einsicht gekommen, als das mit
den Broten geschah; ihr Herz war verstockt.

45–52 ‖ Mt 14,22–33; Joh 6,16–21 • 46: Lk 6,12 • 51: 4,39 • 52: 8,17.

Krankenheilungen in Gennesaret: 6,53–56

53 Sie fuhren auf das Ufer zu, kamen nach
Gennesaret und legten dort an. 54 Als sie aus
dem Boot stiegen, erkannte man ihn sofort.
55 Die Menschen eilten durch die ganze Ge-
gend und brachten die Kranken auf Trag-
bahren zu ihm, sobald sie hörten, wo er war.
56 Und immer, wenn er in ein Dorf oder eine
Stadt oder zu einem Gehöft kam, trug man
die Kranken auf die Straße hinaus und bat
ihn, er möge sie wenigstens den Saum seines
Gewandes berühren lassen. Und alle, die ihn
berührten, wurden geheilt.

53–56 || Mt 14,34–36 • 55: Mt 4,24 • 56: 5,28; Mt 14,36.

Von Reinheit und Unreinheit: 7,1–23

7 Die Pharisäer und einige Schriftgelehr-
te, die aus Jerusalem gekommen waren,
hielten sich bei Jesus auf. 2 Sie sahen, dass
einige seiner Jünger ihr Brot mit unreinen,
das heißt mit ungewaschenen Händen aßen.
3 Die Pharisäer essen nämlich wie alle Juden
nur, wenn sie vorher mit einer Hand voll
Wasser die Hände gewaschen haben, wie es
die Überlieferung der Alten vorschreibt.
4 Auch wenn sie vom Markt kommen, essen
sie nicht, ohne sich vorher zu waschen. Noch
viele andere überlieferte Vorschriften halten
sie ein, wie das Abspülen von Bechern, Krü-
gen und Kesseln. 5 Die Pharisäer und die
Schriftgelehrten fragten ihn also: Warum
halten sich deine Jünger nicht an die Über-
lieferung der Alten, sondern essen ihr Brot
mit unreinen Händen? 6 Er antwortete ihnen:
Der Prophet Jesaja hatte Recht mit dem, was
er über euch Heuchler sagte:

Dieses Volk ehrt mich mit den Lippen, /
sein Herz aber ist weit weg von mir.
7 *Es ist sinnlos, wie sie mich verehren; /*
was sie lehren, sind Satzungen von Men-
schen.

8 Ihr gebt Gottes Gebot preis und haltet
euch an die Überlieferung der Menschen.
9 Und weiter sagte Jesus: Sehr geschickt
setzt ihr Gottes Gebot außer Kraft und haltet
euch an eure eigene Überlieferung. 10 Mose
hat zum Beispiel gesagt: *Ehre deinen Vater*
und deine Mutter!, und: *Wer Vater oder Mut-*
ter verflucht, soll *mit dem Tod bestraft wer-*
den. 11 Ihr aber lehrt: Es ist erlaubt, dass ei-
ner zu seinem Vater oder seiner Mutter sagt:
Was ich dir schulde, ist Korbán, das heißt:
eine Opfergabe. 12 Damit hindert ihr ihn da-
ran, noch etwas für Vater oder Mutter zu
tun. 13 So setzt ihr durch eure eigene Überlie-
ferung Gottes Wort außer Kraft. Und ähn-
lich handelt ihr in vielen Fällen.

14 Dann rief er die Leute wieder zu sich
und sagte: Hört mir alle zu und begreift, was
ich sage: 15 Nichts, was von außen in den
Menschen hineinkommt, kann ihn unrein
machen, sondern was aus dem Menschen he-
rauskommt, das macht ihn unrein. [16]

17 Er verließ die Menge und ging in ein
Haus. Da fragten ihn seine Jünger nach dem
Sinn dieses rätselhaften Wortes. 18 Er ant-
wortete ihnen: Begreift auch ihr nicht? Seht
ihr nicht ein, dass das, was von außen in den
Menschen hineinkommt, ihn nicht unrein
machen kann? 19 Denn es gelangt ja nicht in
sein Herz, sondern in den Magen und wird
wieder ausgeschieden. Damit erklärte Jesus
alle Speisen für rein. 20 Weiter sagte er: Was
aus dem Menschen herauskommt, das
macht ihn unrein. 21 Denn von innen, aus
dem Herzen der Menschen, kommen die
bösen Gedanken, Unzucht, Diebstahl, Mord,

7,1–8.14–23 Die Reinheitsvorschriften, die von den Juden entwickelt wurden (von den »Alten«, das heißt den jüdischen Lehrautoritäten), gingen davon aus, dass alles Geschlechtliche, Ausscheidungen des Körpers, bestimmte Tiere und Menschen (Heiden, Sünder, Kranke mit bestimmten Krankheiten, z. B. Aussatz), auch Leichen ebenso wie jede Art von Schmutz verunreinigen, das heißt für den Gottesdienst und das Gebet unwürdig machen. Diese Unreinheit konnte sich durch Berührung auch auf tote Gegenstände übertragen. Zur Wiederherstellung der kultischen Reinheit bedurfte es gewisser Waschungen, Fastenübungen und religiöser Handlungen. Auch Speisen konnten verunreinigen (vgl. Lev 11 – 15). Demgegenüber stellte Jesus fest, dass der Wert einer Handlung allein von der Gesinnung des Handelnden abhängt (vgl. auch die Anmerkung zu Mt 15,11).

7,3 mit einer Hand voll Wasser, wörtlich: mit der Faust.

7,4 Andere Übersetzungsmöglichkeit: Und sie essen auch das, was vom Markt kommt, erst, wenn sie es gewaschen haben.

7,9–13 Das Korbán-Gelübde war ein Gelöbnis, durch das ein Gegenstand in den Dienst Gottes, des Tempels oder des Gottesdienstes gestellt und so der Nutznießung durch Menschen entzogen wurde. Wer also alle Verpflichtungen und Leistungen seinen Eltern gegenüber durch das Korbán-Gelübde Gott weihte (»Opfergabe ist, was ihr von mir als Unterstützung haben solltet«), entzog diesen ihren Unterhalt, ohne dass er gezwungen werden konnte, das den Eltern Nicht-Geleistete auch wirklich für religiöse Zwecke einzusetzen. Diese Praxis widersprach deutlich dem Sinn des vierten Gebots, das dazu bestimmt war, auch den Unterhalt alter und kranker Eltern zu sichern.

7,16 Spätere Textzeugen fügen hier entsprechend 4,23 ein: Wenn einer Ohren hat zum Hören, so höre er!

7,21 Bei den Juden galt das Herz als Mitte der Ge-

[22] Ehebruch, Habgier, Bosheit, Hinterlist, Ausschweifung, Neid, Verleumdung, Hochmut und Unvernunft. [23] All dieses Böse kommt von innen und macht den Menschen unrein.

1–23 ‖ Mt 15,1–20 • 2: Lk 11,38; Kol 2,21f • 4: Mt 23,25 • 6: Jes 29,13 G • 10: Ex 20,12; 21,17; Lev 20,9; Dtn 5,16.

Die Erhörung der Bitte einer heidnischen Frau: 7,24–30

[24] Jesus brach auf und zog von dort in das Gebiet von Tyrus. Er ging in ein Haus, wollte aber, dass niemand davon erfuhr; doch es konnte nicht verborgen bleiben. [25] Eine Frau, deren Tochter von einem unreinen Geist besessen war, hörte von ihm; sie kam sogleich herbei und fiel ihm zu Füßen. [26] Die Frau, von Geburt Syrophönizierin, war eine Heidin. Sie bat ihn, aus ihrer Tochter den Dämon auszutreiben. [27] Da sagte er zu ihr: Lasst zuerst die Kinder satt werden; denn es ist nicht recht, das Brot den Kindern wegzunehmen und den Hunden vorzuwerfen. [28] Sie erwiderte ihm: Ja, du hast recht, Herr! Aber auch für die Hunde unter dem Tisch fällt etwas von dem Brot ab, das die Kinder essen. [29] Er antwortete ihr: Weil du das gesagt hast, sage ich dir: Geh nach Hause, der Dämon hat deine Tochter verlassen. [30] Und als sie nach Hause kam, fand sie das Kind auf dem Bett liegen und sah, dass der Dämon es verlassen hatte.

24–30 ‖ Mt 15,21–28.

Die Heilung eines Taubstummen: 7,31–37

[31] Jesus verließ das Gebiet von Tyrus wieder und kam über Sidon an den See von Galiläa, mitten in das Gebiet der Dekapolis. [32] Da brachte man einen Taubstummen zu Jesus und bat ihn, er möge ihn berühren. [33] Er nahm ihn beiseite, von der Menge weg, legte ihm die Finger in die Ohren und berührte dann die Zunge des Mannes mit Speichel; [34] danach blickte er zum Himmel auf, seufzte und sagte zu dem Taubstummen: Effata!, das heißt: Öffne dich! [35] Sogleich öffneten sich seine Ohren, seine Zunge wurde von ihrer Fessel befreit und er konnte richtig reden. [36] Jesus verbot ihnen, jemand davon zu erzählen. Doch je mehr er es ihnen verbot, desto mehr machten sie es bekannt. [37] Außer sich vor Staunen sagten sie: Er hat alles gut gemacht; er macht, dass die Tauben hören und die Stummen sprechen.

31–37: Mt 15,29–31 • 33: 8,23 • 37: Jes 35,5.

Die Speisung der Viertausend: 8,1–10

8 In jenen Tagen waren wieder einmal viele Menschen um Jesus versammelt. Da sie nichts zu essen hatten, rief er die Jünger zu sich und sagte: [2] Ich habe Mitleid mit diesen Menschen; sie sind schon drei Tage bei mir und haben nichts mehr zu essen. [3] Wenn ich sie hungrig nach Hause schicke, werden sie unterwegs zusammenbrechen; denn einige von ihnen sind von weither gekommen. [4] Seine Jünger antworteten ihm: Woher soll man in dieser unbewohnten Gegend Brot bekommen, um sie alle satt zu machen? [5] Er fragte sie: Wie viele Brote habt ihr? Sie antworteten: Sieben. [6] Da forderte er die Leute auf, sich auf den Boden zu setzen. Dann nahm er die sieben Brote, sprach das Dankgebet, brach die Brote und gab sie seinen Jüngern zum Verteilen; und die Jünger teilten sie an die Leute aus. [7] Sie hatten auch noch ein paar Fische bei sich. Jesus segnete sie und ließ auch sie austeilen. [8] Die Leute aßen und wurden satt. Dann sammelte man die übrig gebliebenen Brotstücke ein, sieben Körbe voll. [9] Es waren etwa viertausend Menschen beisammen. Danach schickte er sie nach Hause. [10] Gleich darauf stieg er mit seinen Jüngern ins Boot und fuhr in das Gebiet von Dalmanuta.

1–10 ‖ Mt 15,32–39 • 1–10: Mt 14,13–21; Mk 6,32–44; Lk 9,10–17; Joh 6,1–13 • 2: Mt 9,36 • 6: 8,20.

Die Verweigerung eines Zeichens: 8,11–13

[11] Da kamen die Pharisäer und begannen ein Streitgespräch mit ihm; sie forderten von ihm ein Zeichen vom Himmel, um ihn auf die Probe zu stellen. [12] Da seufzte er tief auf und sagte: Was fordert diese Generation ein Zeichen? Amen, das sage ich euch: Dieser Generation wird niemals ein Zeichen gegeben werden. [13] Und er verließ sie, stieg in das Boot und fuhr ans andere Ufer.

11–13 ‖ Mt 16,1–4 • 11: Mt 12,38f; Lk 11,16.29; Joh 6,30; 1 Kor 1,22.

---

mütsregungen und Sitz des Gewissens. Vgl. die Anmerkung zu Mt 15,11.
7,24–30 Jesus hat sich nicht von sich aus an Heiden gewandt (vgl. Mt 10,5f; 15,24), hat aber Heiden geholfen, wenn sie ihn darum baten. »Hund« war ein jüdisches Schimpfwort für die Heiden. Die Juden verstanden sich demgegenüber als Kinder im Haus Gottes.
7,26 Heidin, wörtlich: Griechin.
7,33 Speichel galt damals als Heilmittel.

Warnung vor den Pharisäern und vor Herodes: 8,14–21

14 Die Jünger hatten vergessen, bei der Ab-
fahrt Brote mitzunehmen; nur ein einziges
hatten sie dabei. 15 Und er warnte sie: Gebt
Acht, hütet euch vor dem Sauerteig der Pha-
risäer und dem Sauerteig des Herodes! 16 Sie
aber machten sich Gedanken, weil sie kein
Brot bei sich hatten. 17 Als er das merkte,
sagte er zu ihnen: Was macht ihr euch darü-
ber Gedanken, dass ihr kein Brot habt? Be-
greift und versteht ihr immer noch nicht? Ist
denn euer Herz verstockt? 18 *Habt ihr denn
keine Augen, um zu sehen, und keine Ohren,
um zu hören?* Erinnert ihr euch nicht: 19 Als
ich die fünf Brote für die Fünftausend brach,
wie viele Körbe voll Brotstücke habt ihr da
aufgesammelt? Sie antworteten ihm: Zwölf.
20 Und als ich die sieben Brote für die Vier-
tausend brach, wie viele Körbe voll habt ihr
da aufgesammelt? Sie antworteten: Sieben.
21 Da sagte er zu ihnen: Versteht ihr immer
noch nicht?

14–21 ‖ Mt 16,5–12 • 15: Lk 12,1 • 17: 6,52 • 18: Jer 5,21 • 19: 6,41–44 • 20: 8,6–9.

Die Heilung eines Blinden bei Betsaida: 8,22–26

22 Sie kamen nach Betsaida. Da brachte
man einen Blinden zu Jesus und bat ihn, er
möge ihn berühren. 23 Er nahm den Blinden
bei der Hand, führte ihn vor das Dorf hinaus,
bestrich seine Augen mit Speichel, legte ihm
die Hände auf und fragte ihn: Siehst du et-
was? 24 Der Mann blickte auf und sagte: Ich
sehe Menschen; denn ich sehe etwas, das wie
Bäume aussieht und umhergeht. 25 Da legte
er ihm nochmals die Hände auf die Augen;
nun sah der Mann deutlich. Er war geheilt
und konnte alles ganz genau sehen. 26 Jesus
schickte ihn nach Hause und sagte: Geh aber
nicht in das Dorf hinein!

23: 7,33; Joh 9,6.

AUF DEM WEG NACH JERUSALEM: 8,27 – 10,52

Das Messiasbekenntnis des Petrus: 8,27–30

27 Jesus ging mit seinen Jüngern in die
Dörfer bei Cäsarea Philippi. Unterwegs
fragte er die Jünger: Für wen halten mich die
Menschen? 28 Sie sagten zu ihm: Einige für
Johannes den Täufer, andere für Elija, wie-
der andere für sonst einen von den Prophe-
ten. 29 Da fragte er sie: Ihr aber, für wen hal-
tet ihr mich? Simon Petrus antwortete ihm:
Du bist der Messias! 30 Doch er verbot ihnen,
mit jemand über ihn zu sprechen.

27–30 ‖ Mt 16,13–20; Lk 9,18–22 • 28: 6,14 • 29: Joh 11,27.

Die erste Ankündigung von Leiden und Auferstehung: 8,31–33

31 Dann begann er, sie darüber zu beleh-
ren, der Menschensohn müsse vieles erleiden
und von den Ältesten, den Hohenpriestern
und den Schriftgelehrten verworfen werden;
er werde getötet, aber nach drei Tagen werde
er auferstehen. 32 Und er redete ganz offen
darüber. Da nahm ihn Petrus beiseite und
machte ihm Vorwürfe. 33 Jesus wandte sich
um, sah seine Jünger an und wies Petrus mit
den Worten zurecht: Weg mit dir, Satan, geh
mir aus den Augen! Denn du hast nicht das
im Sinn, was Gott will, sondern was die
Menschen wollen.

31–33 ‖ Mt 16,21–23; Lk 9,22 • 31: 9,31; 10,32–34.

Von Nachfolge und Selbstverleugnung: 8,34–9,1

34 Er rief die Volksmenge und seine Jünger
zu sich und sagte: Wer mein Jünger sein will,
der verleugne sich selbst, nehme sein Kreuz
auf sich und folge mir nach. 35 Denn wer sein
Leben retten will, wird es verlieren; wer aber
sein Leben um meinetwillen und um des
Evangeliums willen verliert, wird es retten.
36 Was nützt es einem Menschen, wenn er die
ganze Welt gewinnt, dabei aber sein Leben
einbüßt? 37 Um welchen Preis könnte ein
Mensch sein Leben zurückkaufen? 38 Denn
wer sich vor dieser treulosen und sündigen
Generation meiner und meiner Worte
schämt, dessen wird sich auch der Men-
schensohn schämen, wenn er mit den heili-
gen Engeln in der Hoheit seines Vaters
kommt.

9 Und er sagte zu ihnen: Amen, ich sage
euch: Von denen, die hier stehen, wer-
den einige den Tod nicht erleiden, bis sie ge-
sehen haben, dass das Reich Gottes in (seiner
ganzen) Macht gekommen ist.

8,34 – 9,1 ‖ Mt 16,24–28; Lk 9,23–27 • 8,34: Mt 10,38f; Lk 14,27; Mt 8,22 • 35: Mt 10,39; Lk 17,33; Joh 12,25 • 38: Mt 10,33 • 9,1: Mt 10,23; 24,34.

8,38 Zu »treulosen« vgl. die Anmerkung zu Mt 12,39.

Die Verklärung Jesu: 9,2–10

2 Sechs Tage danach nahm Jesus Petrus, Jakobus und Johannes beiseite und führte sie auf einen hohen Berg, aber nur sie allein. Und er wurde vor ihren Augen verwandelt; 3 seine Kleider wurden strahlend weiß, so weiß, wie sie auf Erden kein Bleicher machen kann. 4 Da erschien vor ihren Augen Elija und mit ihm Mose und sie redeten mit Jesus. 5 Petrus sagte zu Jesus: Rabbi, es ist gut, dass wir hier sind. Wir wollen drei Hütten bauen, eine für dich, eine für Mose und eine für Elija. 6 Er wusste nämlich nicht, was er sagen sollte; denn sie waren vor Furcht ganz benommen. 7 Da kam eine Wolke und warf ihren Schatten auf sie, und aus der Wolke rief eine Stimme: Das ist *mein geliebter Sohn; auf ihn sollt ihr hören.* 8 Als sie dann um sich blickten, sahen sie auf einmal niemand mehr bei sich außer Jesus.

9 Während sie den Berg hinabstiegen, verbot er ihnen, irgendjemand zu erzählen, was sie gesehen hatten, bis der Menschensohn von den Toten auferstanden sei. 10 Dieses Wort beschäftigte sie und sie fragten einander, was das sei: von den Toten auferstehen.

2–10 ‖ Mt 17,1–9; Lk 9,28–36 • 2–8: 2 Petr 1,16–18 • 7: Ps 2,7; Jes 42,1; Dtn 18,15; Mt 3,17 • 9: Mt 8,4.

Von der Wiederkunft des Elija: 9,11–13

11 Da fragten sie ihn: Warum sagen die Schriftgelehrten, zuerst müsse Elija kommen? 12 Er antwortete: Ja, Elija kommt zuerst und *stellt* alles *wieder her.* Aber warum heißt es dann vom Menschensohn in der Schrift, er werde viel leiden müssen und verachtet werden? 13 Ich sage euch: Elija ist schon gekommen, doch sie haben mit ihm gemacht, was sie wollten, wie es in der Schrift steht.

11–13 ‖ Mt 17,10–13 • 12: Mal 3,23 G; Jes 52,13 – 53,12; Ps 22,2–20 • 13: Mt 11,14.

Die Heilung eines besessenen Jungen: 9,14–29

14 Als sie zu den anderen Jüngern zurückkamen, sahen sie eine große Menschenmenge um sie versammelt und Schriftgelehrte, die mit ihnen stritten. 15 Sobald die Leute Jesus sahen, liefen sie in großer Erregung auf ihn zu und begrüßten ihn. 16 Er fragte sie: Warum streitet ihr mit ihnen? 17 Einer aus der Menge antwortete ihm: Meister, ich habe meinen Sohn zu dir gebracht. Er ist von einem stummen Geist besessen; 18 immer wenn der Geist ihn überfällt, wirft er ihn zu Boden und meinem Sohn tritt Schaum vor den Mund, er knirscht mit den Zähnen und wird starr. Ich habe schon deine Jünger gebeten, den Geist auszutreiben, aber sie hatten nicht die Kraft dazu. 19 Da sagte er zu ihnen: O du ungläubige Generation! Wie lange muss ich noch bei euch sein? Wie lange muss ich euch noch ertragen? Bringt ihn zu mir! 20 Und man führte ihn herbei. Sobald der Geist Jesus sah, zerrte er den Jungen hin und her, sodass er hinfiel und sich mit Schaum vor dem Mund auf dem Boden wälzte. 21 Jesus fragte den Vater: Wie lange hat er das schon? Der Vater antwortete: Von Kind auf; 22 oft hat er ihn sogar ins Feuer oder ins Wasser geworfen, um ihn umzubringen. Doch wenn du kannst, hilf uns; hab Mitleid mit uns! 23 Jesus sagte zu ihm: Wenn du kannst? Alles kann, wer glaubt. 24 Da rief der Vater des Jungen: Ich glaube; hilf meinem Unglauben! 25 Als Jesus sah, dass die Leute zusammenliefen, drohte er dem unreinen Geist und sagte: Ich befehle dir, du stummer und tauber Geist: Verlass ihn und kehr nicht mehr in ihn zurück! 26 Da zerrte der Geist den Jungen hin und her und verließ ihn mit lautem Geschrei. Der Junge lag da wie tot, so dass alle Leute sagten: Er ist gestorben. 27 Jesus aber fasste ihn an der Hand und richtete ihn auf, und der Junge erhob sich.

28 Als Jesus nach Hause kam und sie allein waren, fragten ihn seine Jünger: Warum konnten denn wir den Dämon nicht austreiben? 29 Er antwortete ihnen: Diese Art kann nur durch Gebet ausgetrieben werden.

14–29 ‖ Mt 17,14–21; Lk 9,37–42.

Die zweite Ankündigung von Leiden und Auferstehung: 9,30–32

30 Sie gingen von dort weg und zogen durch Galiläa. Er wollte aber nicht, dass jemand davon erfuhr; 31 denn er wollte seine Jünger über etwas belehren. Er sagte zu ihnen: Der Menschensohn wird den Menschen ausgeliefert und sie werden ihn töten; doch drei Tage nach seinem Tod wird er auferstehen. 32 Aber sie verstanden den Sinn seiner Worte nicht, scheuten sich jedoch, ihn zu fragen.

30–32 ‖ Mt 17,22f; Lk 9,43b–45 • 30: Lk 17,11 • 31: 8,31; 10,33.

9,4f.11–13 Vgl. die Anmerkung zu Mt 17,10–13.
9,14 Einige Textzeugen haben: Als er ... zurückkam, sah er.
9,29 Einige Textzeugen fügen nach »Gebet« hinzu: und Fasten.

Der Rangstreit der Jünger: 9,33–37

33 Sie kamen nach Kafarnaum. Als er dann im Haus war, fragte er sie: Worüber habt ihr unterwegs gesprochen? 34 Sie schwiegen, denn sie hatten unterwegs miteinander darüber gesprochen, wer (von ihnen) der Größte sei. 35 Da setzte er sich, rief die Zwölf und sagte zu ihnen: Wer der Erste sein will, soll der Letzte von allen und der Diener aller sein. 36 Und er stellte ein Kind in ihre Mitte, nahm es in seine Arme und sagte zu ihnen: 37 Wer ein solches Kind um meinetwillen aufnimmt, der nimmt mich auf; wer aber mich aufnimmt, der nimmt nicht nur mich auf, sondern den, der mich gesandt hat.

33–37 ‖ Mt 18,1–5; Lk 9,46–48 • 34: Lk 22,24–26 • 35: 10,43; Mt 20,26f; Lk 22,26.

Der fremde Wundertäter: 9,38–41

38 Da sagte Johannes zu ihm: Meister, wir haben gesehen, wie jemand in deinem Namen Dämonen austrieb; und wir versuchten, ihn daran zu hindern, weil er uns nicht nachfolgt. 39 Jesus erwiderte: Hindert ihn nicht! Keiner, der in meinem Namen Wunder tut, kann so leicht schlecht von mir reden. 40 Denn wer nicht gegen uns ist, der ist für uns. 41 Wer euch auch nur einen Becher Wasser zu trinken gibt, weil ihr zu Christus gehört – amen, ich sage euch: er wird nicht um seinen Lohn kommen.

38–40 ‖ Lk 9,49f • 41 ‖ Mt 10,42.

Warnung vor der Verführung: 9,42–48

42 er einen von diesen Kleinen, die an mich glauben, zum Bösen verführt, für den wäre es besser, wenn er mit einem Mühlstein um den Hals ins Meer geworfen würde. 43 Wenn dich deine Hand zum Bösen verführt, dann hau sie ab; es ist besser für dich, verstümmelt in das Leben zu gelangen, als mit zwei Händen in die Hölle zu kommen, in das nie erlöschende Feuer. [44] 45 Und wenn dich dein Fuß zum Bösen verführt, dann hau ihn ab; es ist besser für dich, verstümmelt in das Leben zu gelangen, als mit zwei Füßen in die Hölle geworfen zu werden. [46] 47 Und wenn dich dein Auge zum Bösen verführt, dann reiß es aus; es ist besser für dich, einäugig in das Reich Gottes zu kommen, als mit zwei Augen in die Hölle geworfen zu werden, 48 *wo ihr Wurm nicht stirbt und das Feuer nicht erlischt.*

42–48 ‖ Mt 18,6–9; Lk 17,1f • 43: Mt 5,30 • 47: Mt 5,29 • 48: Jes 66,24.

Vom Salz: 9,49–50

49 Denn jeder wird mit Feuer gesalzen werden. 50 Das Salz ist etwas Gutes. Wenn das Salz die Kraft zum Salzen verliert, womit wollt ihr ihm seine Würze wiedergeben? Habt Salz in euch und haltet Frieden untereinander!

50 ‖ Mt 5,13; Lk 14,34f.

Aufbruch nach Judäa: 10,1

10 Von dort brach Jesus auf und kam nach Judäa und in das Gebiet jenseits des Jordan. Wieder versammelten sich viele Leute bei ihm, und er lehrte sie, wie er es gewohnt war.

1 ‖ Mt 19,1f; Lk 9,51.

Von der Ehescheidung: 10,2–12

2 Da kamen Pharisäer zu ihm und fragten: Darf ein Mann seine Frau aus der Ehe entlassen? Damit wollten sie ihm eine Falle stellen. 3 Er antwortete ihnen: Was hat euch Mose vorgeschrieben? 4 Sie sagten: Mose hat erlaubt, *eine Scheidungsurkunde auszustellen und* (die Frau) *aus der Ehe zu entlassen.* 5 Jesus entgegnete ihnen: Nur weil ihr so hartherzig seid, hat er euch dieses Gebot gegeben. 6 Am Anfang der Schöpfung aber *hat Gott sie als Mann und Frau geschaffen.* 7 *Darum wird der Mann Vater und Mutter verlassen,* 8 *und die zwei werden ein Fleisch sein.* Sie sind also nicht mehr zwei, sondern eins. 9 Was aber Gott verbunden hat, das darf der Mensch nicht trennen.

10 Zu Hause befragten ihn die Jünger noch einmal darüber. 11 Er antwortete ihnen: Wer seine Frau aus der Ehe entlässt und eine andere heiratet, begeht ihr gegenüber Ehebruch. 12 Auch eine Frau begeht Ehebruch, wenn sie ihren Mann aus der Ehe entlässt und einen anderen heiratet.

2–9 ‖ Mt 19,3–9 • 11 ‖ Mt 5,32; Lk 16,18 • 4: Dtn 24,1; Mt 5,31f • 6: Gen 1,27 • 7: Gen 2,24 • 11f: 1 Kor 7,10f.

9,37 um meinetwillen, wörtlich: aufgrund meines Namens.
9,38 Manche Textzeugen fügen nach »jemand« hinzu: der uns nicht nachfolgt.
9,42–48 Vgl. die Anmerkung zu Mt 18,6 und 18,8f.
9,42 »an mich« fehlt bei manchen alten Textzeugen.
9,44.46 Spätere Textzeugen fügen entsprechend 9,48 hier ein: wo ihr Wurm nicht stirbt und das Feuer nicht erlischt.
10,2–12 Vgl. die Anmerkung zu Mt 19,3 und 19,4.
10,7 Einige alte Textzeugen fügen nach »verlassen« hinzu: und sich an seine Frau binden (vgl. Gen 2,24; Mt 19,5).

Die Segnung der Kinder: 10,13–16

13 Da brachte man Kinder zu ihm, damit er
ihnen die Hände auflegte. Die Jünger aber
wiesen die Leute schroff ab. 14 Als Jesus das
sah, wurde er unwillig und sagte zu ihnen:
Lasst die Kinder zu mir kommen; hindert sie
nicht daran! Denn Menschen wie ihnen ge-
hört das Reich Gottes. 15 Amen, das sage ich
euch: Wer das Reich Gottes nicht so an-
nimmt, wie ein Kind, der wird nicht hinein-
kommen. 16 Und er nahm die Kinder in seine
Arme; dann legte er ihnen die Hände auf und
segnete sie.

13–16 ‖ Mt 19,13–15; Lk 18,15–17 • 15: Mt 18,3.

Von Reichtum und Nachfolge: 10,17–31

17 Als sich Jesus wieder auf den Weg mach-
te, lief ein Mann auf ihn zu, fiel vor ihm auf
die Knie und fragte ihn: Guter Meister, was
muss ich tun, um das ewige Leben zu gewin-
nen? 18 Jesus antwortete: Warum nennst du
mich gut? Niemand ist gut außer Gott, dem
Einen. 19 Du kennst doch die Gebote: *Du
sollst nicht töten, du sollst nicht die Ehe bre-
chen, du sollst nicht stehlen, du sollst nicht
falsch aussagen,* du sollst keinen Raub bege-
hen; *ehre deinen Vater und deine Mutter!*
20 Er erwiderte ihm: Meister, alle diese Gebo-
te habe ich von Jugend an befolgt. 21 Da sah
ihn Jesus an, und weil er ihn liebte, sagte er:
Eines fehlt dir noch: Geh, verkaufe, was du
hast, gib das Geld den Armen, und du wirst
einen bleibenden Schatz im Himmel haben;
dann komm und folge mir nach! 22 Der Mann
aber war betrübt, als er das hörte, und ging
traurig weg; denn er hatte ein großes Vermö-
gen. 23 Da sah Jesus seine Jünger an und sag-
te zu ihnen: Wie schwer ist es für Menschen,
die viel besitzen, in das Reich Gottes zu kom-
men! 24 Die Jünger waren über seine Worte
bestürzt. Jesus aber sagte noch einmal zu ih-
nen: Meine Kinder, wie schwer ist es, in das
Reich Gottes zu kommen! 25 Eher geht ein
Kamel durch ein Nadelöhr, als dass ein Rei-
cher in das Reich Gottes gelangt. 26 Sie aber
erschraken noch mehr und sagten zueinan-
der: Wer kann dann noch gerettet werden?
27 Jesus sah sie an und sagte: Für Menschen
ist das unmöglich, aber nicht für Gott; denn
für Gott ist alles möglich.

28 Da sagte Petrus zu ihm: Du weißt, wir
haben alles verlassen und sind dir nachge-
folgt. 29 Jesus antwortete: Amen, ich sage
euch: Jeder, der um meinetwillen und um
des Evangeliums willen Haus oder Brüder,
Schwestern, Mutter, Vater, Kinder oder
Äcker verlassen hat, 30 wird das Hundert-
fache dafür empfangen: Jetzt in dieser Zeit
wird er Häuser, Brüder, Schwestern, Mütter,
Kinder und Äcker erhalten, wenn auch unter
Verfolgungen, und in der kommenden Welt
das ewige Leben. 31 Viele aber, die jetzt die
Ersten sind, werden dann die Letzten sein,
und die Letzten werden die Ersten sein.

17–31 ‖ Mt 19,16–30; Lk 18,18–30 • 18: Dtn 6,4 • 19: Ex 20,12–16; Dtn 5,16–20 • 21: Mt 8,22 • 27: Gen 18,14; Ijob 42,2; Lk 1,37 • 31: Mt 20,16; Lk 13,30.

Die dritte Ankündigung von Leiden und Auferstehung: 10,32–34

32 Während sie auf dem Weg hinauf nach
Jerusalem waren, ging Jesus voraus. Die
Leute wunderten sich über ihn, die Jünger
aber hatten Angst. Da versammelte er die
Zwölf wieder um sich und kündigte ihnen
an, was ihm bevorstand. 33 Er sagte: Wir ge-
hen jetzt nach Jerusalem hinauf; dort wird
der Menschensohn den Hohenpriestern und
den Schriftgelehrten ausgeliefert; sie werden
ihn zum Tod verurteilen und den Heiden
übergeben; 34 sie werden ihn verspotten, an-
spucken, geißeln und töten. Aber nach drei
Tagen wird er auferstehen.

32–34 ‖ Mt 20,17–19; Lk 18,31–33 • 33f: 8,31; 9,31 • 34: 16,6.

Vom Herrschen und vom Dienen: 10,35–45

35 Da traten Jakobus und Johannes, die
Söhne des Zebedäus, zu ihm und sagten:
Meister, wir möchten, dass du uns eine Bitte
erfüllst. 36 Er antwortete: Was soll ich für
euch tun? 37 Sie sagten zu ihm: Lass in dei-
nem Reich einen von uns rechts und den an-
dern links neben dir sitzen. 38 Jesus erwider-
te: Ihr wisst nicht, um was ihr bittet. Könnt
ihr den Kelch trinken, den ich trinke, oder
die Taufe auf euch nehmen, mit der ich ge-
tauft werde? 39 Sie antworteten: Wir können
es. Da sagte Jesus zu ihnen: Ihr werdet den
Kelch trinken, den ich trinke, und die Taufe
empfangen, mit der ich getauft werde.
40 Doch den Platz zu meiner Rechten und zu
meiner Linken habe nicht ich zu vergeben;
dort werden die sitzen, für die diese Plätze
bestimmt sind.

41 Als die zehn anderen Jünger das hörten,
wurden sie sehr ärgerlich über Jakobus und

10,13 Wörtlich: damit er sie berührte.

10,18 Vgl. die Anmerkung zu 2,7.

10,37 in deinem Reich, wörtlich: in deiner Herrlichkeit.

10,38 Zu »Kelch trinken« vgl. die Anmerkung zu Mt 20,22f. »Taufe« ist bildlicher Hinweis auf das Eintauchen in Leiden und Tod (vgl. Ps 69,2f; 2 Sam 22,5; Jes 43,2; Röm 6,3–5).

Johannes. 42 Da rief Jesus sie zu sich und sag-
te: Ihr wisst, dass die, die als Herrscher gel-
ten, ihre Völker unterdrücken und die Mäch-
tigen ihre Macht über die Menschen miss-
brauchen. 43 Bei euch aber soll es nicht so
sein, sondern wer bei euch groß sein will, der
soll euer Diener sein, 44 und wer bei euch der
Erste sein will, soll der Sklave aller sein.
45 Denn auch der Menschensohn ist nicht ge-
kommen, um sich dienen zu lassen, sondern
um zu dienen und sein Leben hinzugeben als
Lösegeld für viele.

35–40 ‖ Mt 20,20–23 • 41–45 ‖ Mt 20,24–28; Lk 22,24–27 • 38f: 14,36; Lk 12,50 • 43f: 9,35; Mt 23,11 • 45: Jes 53,10–12.

Die Heilung eines Blinden bei Jericho: 10,46–52

46 Sie kamen nach Jericho. Als er mit sei-
nen Jüngern und einer großen Menschen-
menge Jericho wieder verließ, saß an der
Straße ein blinder Bettler, Bartimäus, der
Sohn des Timäus. 47 Sobald er hörte, dass es
Jesus von Nazaret war, rief er laut: Sohn Da-
vids, Jesus, hab Erbarmen mit mir! 48 Viele
wurden ärgerlich und befahlen ihm zu
schweigen. Er aber schrie noch viel lauter:
Sohn Davids, hab Erbarmen mit mir! 49 Je-
sus blieb stehen und sagte: Ruft ihn her! Sie
riefen den Blinden und sagten zu ihm: Hab
nur Mut, steh auf, er ruft dich. 50 Da warf er
seinen Mantel weg, sprang auf und lief auf
Jesus zu. 51 Und Jesus fragte ihn: Was soll ich
dir tun? Der Blinde antwortete: Rabbuni, ich
möchte wieder sehen können. 52 Da sagte Je-
sus zu ihm: Geh! Dein Glaube hat dir gehol-
fen. Im gleichen Augenblick konnte er wie-
der sehen, und er folgte Jesus auf seinem
Weg.

46–52 ‖ 20,29–34; Lk 18,35–43 • 46–52: Mt 9,27–31 • 52: 5,34; Mt 9,22; Lk 7,50; 8,48; 17,19.

DIE LETZTEN TAGE JESU IN JERUSALEM: 11,1 – 13,37

Der Einzug in Jerusalem: 11,1–11

11 Als sie in die Nähe von Jerusalem ka-
men, nach Betfage und Betanien am
Ölberg, schickte er zwei seiner Jünger vo-
raus. 2 Er sagte zu ihnen: Geht in das Dorf, das
vor euch liegt; gleich wenn ihr hineinkommt,
werdet ihr einen jungen Esel angebunden
finden, auf dem noch nie ein Mensch geses-
sen hat. Bindet ihn los, und bringt ihn her!
3 Und wenn jemand zu euch sagt: Was tut ihr
da?, dann antwortet: Der Herr braucht ihn;
er lässt ihn bald wieder zurückbringen. 4 Da
machten sie sich auf den Weg und fanden au-
ßen an einer Tür an der Straße einen jungen
Esel angebunden und sie banden ihn los.
5 Einige, die dabeistanden, sagten zu ihnen:
Wie kommt ihr dazu, den Esel loszubinden?
6 Sie gaben ihnen zur Antwort, was Jesus ge-
sagt hatte, und man ließ sie gewähren. 7 Sie
brachten den jungen Esel zu Jesus, legten
ihre Kleider auf das Tier und er setzte sich
darauf. 8 Und viele breiteten ihre Kleider auf
der Straße aus; andere rissen auf den Feldern
Zweige (von den Büschen) ab und streuten
sie auf den Weg. 9 Die Leute, die vor ihm her-
gingen und die ihm folgten, riefen:

*Hosanna! / Gesegnet sei er, der kommt im
Namen des Herrn!*

10 Gesegnet sei das Reich unseres Vaters
David, / das nun kommt. / *Hosanna* in der
Höhe!

11 Und er zog nach Jerusalem hinein, in
den Tempel; nachdem er sich alles angesehen
hatte, ging er spät am Abend mit den Zwölf
nach Betanien hinaus.

1–11 ‖ Mt 21,1–10; Lk 19,28–38; Joh 12,12–19 • 9: Ps 118,25f; Mt 23,39; Lk 13,35.

Die Verfluchung eines Feigenbaums: 11,12–14

12 Als sie am nächsten Tag Betanien ver-
ließen, hatte er Hunger. 13 Da sah er von wei-
tem einen Feigenbaum mit Blättern und ging
hin, um nach Früchten zu suchen. Aber er
fand an dem Baum nichts als Blätter; denn es
war nicht die Zeit der Feigenernte. 14 Da sag-
te er zu ihm: In Ewigkeit soll niemand mehr
eine Frucht von dir essen. Und seine Jünger
hörten es.

12–14 ‖ Mt 21,18f.

Die Tempelreinigung: 11,15–19

15 Dann kamen sie nach Jerusalem. Jesus
ging in den Tempel und begann, die Händler
und Käufer aus dem Tempel hinauszutrei-

10,51 »Rabbuni« (»Mein Meister«) ist eine ehrfurchtsvollere Anrede als das schlichte »Rabbi«.

11,9f Zu »Hosanna« vgl. die Anmerkung zu Mt 21,9.15.

11,12–14 Vgl. die Anmerkung zu Mt 21,18–22.

11,15–19 Vgl. die Anmerkung zu Mt 21,12.

ben; er stieß die Tische der Geldwechsler und
die Stände der Taubenhändler um 16 und ließ
nicht zu, dass jemand irgendetwas durch den
Tempelbezirk trug. 17 Er belehrte sie und
sagte: Heißt es nicht in der Schrift: *Mein
Haus soll ein Haus des Gebetes für alle Völ-
ker sein?* Ihr aber habt daraus eine *Räuber-
höhle* gemacht. 18 Die Hohenpriester und die
Schriftgelehrten hörten davon und suchten
nach einer Möglichkeit, ihn umzubringen.
Denn sie fürchteten ihn, weil alle Leute von
seiner Lehre sehr beeindruckt waren. 19 Als
es Abend wurde, verließ Jesus mit seinen
Jüngern die Stadt.

15–19 ‖ Mt 21,12f; Lk 19,45–48; Joh 2,13–16 • 17: Jes 56,7; Jer 7,11 • 18: 12,12; 14,1f.

Vom Glauben: 11,20–25

20 Als sie am nächsten Morgen an dem Fei-
genbaum vorbeikamen, sahen sie, dass er bis
zu den Wurzeln verdorrt war. 21 Da erinnerte
sich Petrus und sagte zu Jesus: Rabbi, sieh
doch, der Feigenbaum, den du verflucht
hast, ist verdorrt. 22 Jesus sagte zu ihnen: Ihr
müsst Glauben an Gott haben. 23 Amen, das
sage ich euch: Wenn jemand zu diesem Berg
sagt: Heb dich empor und stürz dich ins
Meer!, und wenn er in seinem Herzen nicht
zweifelt, sondern glaubt, dass geschieht, was
er sagt, dann wird es geschehen. 24 Darum
sage ich euch: Alles, worum ihr betet und
bittet – glaubt nur, dass ihr es schon erhalten
habt, dann wird es euch zuteil. 25 Und wenn
ihr beten wollt und ihr habt einem anderen
etwas vorzuwerfen, dann vergebt ihm, damit
auch euer Vater im Himmel euch eure Ver-
fehlungen vergibt. [26]

20–25 ‖ Mt 21,20–22 • 23: Mt 17,20; Lk 17,6 • 24: Mt 7,7 • 25: Mt 6,14f; Lk 6,37.

Die Frage nach der Vollmacht Jesu: 11,27–33

27 Sie kamen wieder nach Jerusalem. Als er
im Tempel umherging, kamen die Hohen-
priester, die Schriftgelehrten und die Ältes-
ten zu ihm 28 und fragten ihn: Mit welchem
Recht tust du das alles? Wer hat dir die Voll-
macht gegeben, das zu tun? 29 Jesus sagte zu
ihnen: Zuerst will ich euch eine Frage vor-
legen. Antwortet mir, dann werde ich euch
sagen, mit welchem Recht ich das tue.
30 Stammte die Taufe des Johannes vom
Himmel oder von den Menschen? Antwortet
mir! 31 Da überlegten sie und sagten zuei-
nander: Wenn wir antworten: Vom Himmel!,
so wird er sagen: Warum habt ihr ihm dann
nicht geglaubt? 32 Sollen wir also antworten:
Von den Menschen? Sie fürchteten sich aber
vor den Leuten; denn alle glaubten, dass Jo-
hannes wirklich ein Prophet war. 33 Darum
antworteten sie Jesus: Wir wissen es nicht.
Jesus erwiderte: Dann sage auch ich euch
nicht, mit welchem Recht ich das alles tue.

27–33 ‖ Mt 21,23–27; Lk 20,1–8.

Das Gleichnis von den bösen Winzern: 12,1–12

12 Jesus begann zu ihnen (wieder) in
Form von Gleichnissen zu reden. (Er
sagte:) Ein Mann *legte einen Weinberg an,
zog ringsherum einen Zaun, hob eine Kelter
aus und baute einen Turm.* Dann verpachtete
er den Weinberg an Winzer und reiste in ein
anderes Land. 2 Als nun die Zeit dafür ge-
kommen war, schickte er einen Knecht zu
den Winzern, um bei ihnen seinen Anteil an
den Früchten des Weinbergs holen zu lassen.
3 Sie aber packten und prügelten ihn und
jagten ihn mit leeren Händen fort. 4 Darauf
schickte er einen anderen Knecht zu ihnen;
auch ihn misshandelten und beschimpften
sie. 5 Als er einen dritten schickte, brachten
sie ihn um. Ähnlich ging es vielen anderen;
die einen wurden geprügelt, die andern um-
gebracht. 6 Schließlich blieb ihm nur noch
einer: sein geliebter Sohn. Ihn sandte er als
letzten zu ihnen, denn er dachte: Vor meinem
Sohn werden sie Achtung haben. 7 Die Win-
zer aber sagten zueinander: Das ist der Erbe.
Auf, wir wollen ihn töten, dann gehört sein
Erbgut uns. 8 Und sie packten ihn und
brachten ihn um und warfen ihn aus dem
Weinberg hinaus. 9 Was wird nun der Besit-
zer des Weinbergs tun? Er wird kommen und
die Winzer töten und den Weinberg anderen
geben. 10 Habt ihr nicht das Schriftwort ge-
lesen:

*Der Stein, den die Bauleute verworfen ha-
ben, / er ist zum Eckstein geworden;*
11 *das hat der Herr vollbracht, / vor unse-
ren Augen geschah dieses Wunder?*

12 Daraufhin hätten sie Jesus gern verhaf-
ten lassen; aber sie fürchteten die Menge.
Denn sie hatten gemerkt, dass er mit diesem
Gleichnis sie meinte. Da ließen sie ihn stehen
und gingen weg.

1–12 ‖ Mt 21,33–46; Lk 20,9–19 • 1: Jes 5,1f G • 6: 1,11; 9,7 • 10: Ps 118,22f G • 12: 11,18; 14,1f.

11,26 Spätere Textzeugen haben im Anschluss an Mt 6,15 hier eingefügt: Wenn ihr aber nicht vergebt, dann wird euch euer Vater im Himmel eure Verfehlungen auch nicht vergeben.
12,1f Vgl. die Anmerkung zu Mt 21,33–46.
12,10f Vgl. die Anmerkung zu Mt 21,42.

Die Frage nach der kaiserlichen Steuer:
12,13–17

13 Einige Pharisäer und einige Anhänger
des Herodes wurden zu Jesus geschickt, um
ihn mit einer Frage in eine Falle zu locken.
14 Sie kamen zu ihm und sagten: Meister, wir
wissen, dass du immer die Wahrheit sagst
und dabei auf niemand Rücksicht nimmst;
denn du siehst nicht auf die Person, sondern
lehrst wirklich den Weg Gottes. Ist es er-
laubt, dem Kaiser Steuer zu zahlen, oder
nicht? Sollen wir sie zahlen oder nicht zah-
len? 15 Er aber durchschaute ihre Heuchelei
und sagte zu ihnen: Warum stellt ihr mir eine
Falle? Bringt mir einen Denar, ich will ihn
sehen. 16 Man brachte ihm einen. Da fragte
er sie: Wessen Bild und Aufschrift ist das?
Sie antworteten ihm: Des Kaisers. 17 Da
sagte Jesus zu ihnen: So gebt dem Kaiser,
was dem Kaiser gehört, und Gott, was Gott
gehört! Und sie waren sehr erstaunt über
ihn.

13–17 ‖ Mt 22,15–22; Lk 20,20–26.

Die Frage nach der Auferstehung der Toten:
12,18–27

18 Von den Sadduzäern, die behaupten, es
gebe keine Auferstehung, kamen einige zu
Jesus und fragten ihn: 19 Meister, Mose hat
uns vorgeschrieben: *Wenn ein Mann, der ei-*
nen Bruder hat, stirbt und eine Frau hinter-
lässt, *aber kein Kind, dann soll sein Bruder*
die Frau heiraten und seinem *Bruder Nach-*
kommen verschaffen. 20 Es lebten einmal sie-
ben Brüder. Der erste nahm sich eine Frau,
und als er starb, hinterließ er keine Nach-
kommen. 21 Da nahm sie der zweite; auch er
starb, ohne Nachkommen zu hinterlassen,
und ebenso der dritte. 22 Keiner der sieben
hatte Nachkommen. Als letzte von allen
starb die Frau. 23 Wessen Frau wird sie nun
bei der Auferstehung sein? Alle sieben haben
sie doch zur Frau gehabt. 24 Jesus sagte zu ih-
nen: Ihr irrt euch, ihr kennt weder die
Schrift noch die Macht Gottes. 25 Wenn näm-
lich die Menschen von den Toten auferste-
hen, werden sie nicht mehr heiraten, sondern
sie werden sein wie die Engel im Himmel.
26 Dass aber die Toten auferstehen, habt ihr
das nicht im Buch des Mose gelesen, in der
Geschichte vom Dornbusch, in der Gott zu
Mose spricht: *Ich bin der Gott Abrahams, der*
Gott Isaaks und der Gott Jakobs? 27 Er ist
doch nicht ein Gott von Toten, sondern von
Lebenden. Ihr irrt euch sehr.

18–27 ‖ Mt 22,23–33; Lk 20,27–38 • 18: Apg 23,8 • 19: Dtn 25,5f; Gen 38,8 • 26: Ex 3,6.

Die Frage nach dem wichtigsten Gebot:
12,28–34

28 Ein Schriftgelehrter hatte ihrem Streit
zugehört; und da er bemerkt hatte, wie tref-
fend Jesus ihnen antwortete, ging er zu ihm
hin und fragte ihn: Welches Gebot ist das
erste von allen? 29 Jesus antwortete: Das ers-
te ist: *Höre, Israel, der Herr, unser Gott, ist*
der einzige Herr. 30 *Darum sollst du den*
Herrn, deinen Gott, lieben mit ganzem Her-
zen und ganzer Seele, mit all deinen Gedan-
ken *und all deiner Kraft.* 31 Als zweites
kommt hinzu: *Du sollst deinen Nächsten lie-*
ben wie dich selbst. Kein anderes Gebot ist
größer als diese beiden. 32 Da sagte der
Schriftgelehrte zu ihm: Sehr gut, Meister!
Ganz richtig hast du gesagt: Er allein ist der
Herr, und es gibt keinen anderen außer ihm,
33 und ihn mit ganzem Herzen, ganzem Ver-
stand und ganzer Kraft zu lieben und den
Nächsten zu lieben wie sich selbst, ist weit
mehr als alle Brandopfer und anderen Opfer.
34 Jesus sah, dass er mit Verständnis geant-
wortet hatte, und sagte zu ihm: Du bist nicht
fern vom Reich Gottes. Und keiner wagte
mehr, Jesus eine Frage zu stellen.

28–34 ‖ Mt 22,34–40; Lk 10,25–28 • 29f: Dtn 6,4f • 31: Lev 19,18 • 32: Lk 20,39; Dtn 4,35; 6,4f • 33: 1 Sam 15,22 • 34: Mt 22,46; Lk 20,40.

Die Frage nach dem Messias: 12,35–37a

35 Als Jesus im Tempel lehrte, sagte er: Wie
können die Schriftgelehrten behaupten, der
Messias sei der Sohn Davids? 36 Denn David
hat, vom Heiligen Geist erfüllt, selbst gesagt:
Der Herr sprach zu meinem Herrn: Setze
dich mir zur Rechten und ich lege dir deine
Feinde unter die Füße. 37a David selbst also
nennt ihn »Herr«. Wie kann er dann Davids
Sohn sein?

35–37a ‖ Mt 22,41–45; Lk 20,41–44 • 36: Ps 110,1.

Worte gegen die Schriftgelehrten: 12,37b–40

37b Es war eine große Menschenmenge
versammelt und hörte ihm mit Freude zu.
38 Er lehrte sie und sagte: Nehmt euch in Acht
vor den Schriftgelehrten! Sie gehen gern in
langen Gewändern umher, lieben es, wenn

12,13–17 Vgl. die Anmerkung zu Mt 22,15–22.
12,18–27 Vgl. die Anmerkung zu Mt 22,23–33.
12,28–34 Vgl. die Anmerkung zu Mt 22,34–40.

man sie auf den Straßen und Plätzen grüßt, 39 und sie wollen in der Synagoge die vordersten Sitze und bei jedem Festmahl die Ehrenplätze haben. 40 Sie bringen die Witwen um ihre Häuser und verrichten in ihrer Scheinheiligkeit lange Gebete. Aber um so härter wird das Urteil sein, das sie erwartet.

37b–40 ‖ Mt 23,1.5–7.14; Lk 20,46f • 38–39: Lk 11,43.

Das Opfer der Witwe: 12,41–44

41 Als Jesus einmal dem Opferkasten gegenübersaß, sah er zu, wie die Leute Geld in den Kasten warfen. Viele Reiche kamen und gaben viel. 42 Da kam auch eine arme Witwe und warf zwei kleine Münzen hinein. 43 Er rief seine Jünger zu sich und sagte: Amen, ich sage euch: Diese arme Witwe hat mehr in den Opferkasten hineingeworfen als alle andern. 44 Denn sie alle haben nur etwas von ihrem Überfluss hergegeben; diese Frau aber, die kaum das Nötigste zum Leben hat, sie hat alles gegeben, was sie besaß, ihren ganzen Lebensunterhalt.

41–44 ‖ Lk 21,1–4.

Die Rede über die Endzeit: 13,1–37

Die Ankündigung der Zerstörung des Tempels: 13,1–2

13 Als Jesus den Tempel verließ, sagte einer von seinen Jüngern zu ihm: Meister, sieh, was für Steine und was für Bauten! 2 Jesus sagte zu ihm: Siehst du diese großen Bauten? Kein Stein wird auf dem andern bleiben, alles wird niedergerissen.

1–2 ‖ Mt 24,1f; Lk 21,5f • 2: Lk 19,44.

Vom Anfang der Not: 13,3–13

3 Und als er auf dem Ölberg saß, dem Tempel gegenüber, fragten ihn Petrus, Jakobus, Johannes und Andreas, die mit ihm allein waren: 4 Sag uns, wann wird das geschehen, und an welchem Zeichen wird man erkennen, dass das Ende von all dem bevorsteht? 5 Jesus sagte zu ihnen: Gebt Acht, dass euch niemand irreführt! 6 Viele werden unter meinem Namen auftreten und sagen: Ich bin es! Und sie werden viele irreführen.

7 Wenn ihr dann von Kriegen hört und Nachrichten über Kriege euch beunruhigen, lasst euch nicht erschrecken! Das *muss geschehen*. Es ist aber noch nicht das Ende. 8 Denn ein Volk wird sich gegen das andere erheben und ein Reich gegen das andere. Und an vielen Orten wird es Erdbeben und Hungersnöte geben. Doch das ist erst der Anfang der Wehen.

9 Ihr aber, macht euch darauf gefasst: Man wird euch um meinetwillen vor die Gerichte bringen, in den Synagogen misshandeln und vor Statthalter und Könige stellen, damit ihr vor ihnen Zeugnis ablegt. 10 Vor dem Ende aber muss allen Völkern das Evangelium verkündet werden. 11 Und wenn man euch abführt und vor Gericht stellt, dann macht euch nicht im voraus Sorgen, was ihr sagen sollt; sondern was euch in jener Stunde eingegeben wird, das sagt! Denn nicht ihr werdet dann reden, sondern der Heilige Geist. 12 Brüder werden einander dem Tod ausliefern und Väter ihre Kinder, und die Kinder werden sich gegen ihre Eltern auflehnen und sie in den Tod schicken. 13 Und ihr werdet um meines Namens willen von allen gehasst werden; wer aber bis zum Ende standhaft bleibt, der wird gerettet.

3–13 ‖ Mt 24,3–14; Lk 21,7–19 • 7: Dan 2,28 G • 8: Jes 19,2 • 9–13: Mt 10,17–22; Joh 16,1–4a • 11: Lk 12,11f • 12: Mi 7,6 • 13: Joh 15,18.

Vom Höhepunkt der Not: 13,14–23

14 Wenn ihr aber den *unheilvollen Gräuel* an dem Ort seht, wo er nicht stehen darf – der Leser begreife –, dann sollen die Bewohner von Judäa in die Berge fliehen; 15 wer gerade auf dem Dach ist, soll nicht hinabsteigen und ins Haus gehen, um etwas mitzunehmen; 16 wer auf dem Feld ist, soll nicht zurückkehren, um seinen Mantel zu holen. 17 Weh aber den Frauen, die in jenen Tagen schwanger sind oder ein Kind stillen. 18 Betet darum, dass dies alles nicht im Winter eintritt. 19 Denn jene Tage werden eine *Not* bringen, *wie es noch nie eine gegeben hat, seit Gott die Welt* erschuf, *und wie es auch keine mehr geben wird.* 20 Und wenn der Herr diese Zeit nicht verkürzen würde, dann würde kein Mensch gerettet; aber um seiner Auserwählten willen hat er diese Zeit verkürzt.

12,41 Im Vorhof der Frauen, zu dem beide Geschlechter Zutritt hatten, befand sich die Schatzkammer mit dreizehn trompetenförmigen Opferstöcken. Die Opfermünzen wurden von einem Priester überprüft und dann in den Opferstock geworfen.

12,42 Wörtlich: und warf zwei Leptá hinein, das ist ein Quadrans.

13,1–37 Die Rede über die Endzeit ist aus verschiedenen Überlieferungen zusammengewachsen.

13,9 damit ihr vor ihnen Zeugnis ablegt, andere Übersetzungsmöglichkeit: zum Zeugnis gegen sie.

13,14 Vgl. die Anmerkung zu Mt 24,15.

21 Wenn dann jemand zu euch sagt: Seht,
hier ist der Messias!, oder: Seht, dort ist er!,
so glaubt es nicht! 22 Denn es wird man-
cher falsche Messias und mancher falsche
Prophet auftreten und sie werden Zeichen
und Wunder tun, um, wenn möglich, die
Auserwählten irrezuführen. 23 Ihr aber,
seht euch vor! Ich habe euch alles voraus-
gesagt.

14–23 ‖ Mt 24,15–28; Lk 21,20–24 • 14: Dan 9,27; 11,31; 12,11; 1 Makk 1,54 • 15: Lk 17,31 • 19: Dan 12,1; Joël 2,2 • 21: Lk 17,23.

Vom Kommen des Menschensohnes: 13,24–27

24 Aber in jenen Tagen, nach der großen
Not, *wird sich die Sonne verfinstern und der*
Mond wird nicht mehr scheinen; 25 *die*
Sterne werden vom Himmel *fallen* und die
Kräfte des Himmels werden erschüttert wer-
den. 26 Dann wird man den *Menschensohn*
mit großer Macht und Herrlichkeit *auf den*
Wolken kommen sehen. 27 Und er wird die
Engel aussenden und die von ihm Auser-
wählten *aus allen vier Windrichtungen zu-*
sammenführen, vom Ende der Erde bis zum
Ende des Himmels.

24–27 ‖ Mt 24,29–31; Lk 21,25–28 • 24f: Jes 13,10; 34,4 G; Joël 2,10; Hag 2,6.21; 2 Petr 3,10 • 26: Dan 7,13; Mt 26,64; Mk 14,62; Offb 1,7 • 27: Sach 2,10 G.

Mahnungen im Hinblick auf das Ende: 13,28–37

28 Lernt etwas aus dem Vergleich mit dem
Feigenbaum! Sobald seine Zweige saftig
werden und Blätter treiben, wisst ihr, dass
der Sommer nahe ist. 29 Genauso sollt ihr er-
kennen, wenn ihr (all) das geschehen seht,
dass das Ende vor der Tür steht. 30 Amen, ich
sage euch: Diese Generation wird nicht ver-
gehen, bis das alles eintrifft. 31 Himmel und
Erde werden vergehen, aber meine Worte
werden nicht vergehen. 32 Doch jenen Tag
und jene Stunde kennt niemand, auch nicht
die Engel im Himmel, nicht einmal der Sohn,
sondern nur der Vater.

33 Seht euch also vor und bleibt wach!
Denn ihr wisst nicht, wann die Zeit da ist.
34 Es ist wie mit einem Mann, der sein Haus
verließ, um auf Reisen zu gehen: Er übertrug
alle Verantwortung seinen Dienern, jedem
eine bestimmte Aufgabe; dem Türhüter be-
fahl er, wachsam zu sein. 35 Seid also wach-
sam! Denn ihr wisst nicht, wann der Haus-
herr kommt, ob am Abend oder um Mitter-
nacht, ob beim Hahnenschrei oder erst am
Morgen. 36 Er soll euch, wenn er plötzlich
kommt, nicht schlafend antreffen. 37 Was ich
aber euch sage, das sage ich allen: Seid
wachsam!

28–32 ‖ Mt 24,32–36; Lk 21,29–33 • 33–37 ‖ Mt 24,42; 25,13–30; Lk 12,39–46 • 30: 9,1; Mt 16,28; Lk 9,27.

DAS LEIDEN UND DIE AUFERSTEHUNG JESU: 14,1 – 16,20

Der Beschluss des Hohen Rates: 14,1–2

14 Es war zwei Tage vor dem Pascha
und dem Fest der Ungesäuerten Bro-
te. Die Hohenpriester und die Schriftgelehr-
ten suchten nach einer Möglichkeit, Jesus
mit List in ihre Gewalt zu bringen, um ihn zu
töten. 2 Sie sagten aber: Ja nicht am Fest, da-
mit es im Volk keinen Aufruhr gibt.

1–2 ‖ Mt 26,3–5; Lk 22,1f • 1: 11,18; 12,12.

Die Salbung in Betanien: 14,3–9

3 Als Jesus in Betanien im Haus Simons
des Aussätzigen bei Tisch war, kam eine
Frau mit einem Alabastergefäß voll echtem,
kostbarem Nardenöl, zerbrach es und goss
das Öl über sein Haar. 4 Einige aber wurden
unwillig und sagten zueinander: Wozu diese
Verschwendung? 5 Man hätte das Öl um
mehr als dreihundert Denare verkaufen und
das Geld den Armen geben können. Und sie
machten der Frau heftige Vorwürfe. 6 Jesus
aber sagte: Hört auf! Warum lasst ihr sie
nicht in Ruhe? Sie hat ein gutes Werk an mir
getan. 7 Denn die Armen habt ihr immer bei
euch und ihr könnt ihnen Gutes tun, so oft
ihr wollt; mich aber habt ihr nicht immer.
8 Sie hat getan, was sie konnte. Sie hat im
voraus meinen Leib für das Begräbnis ge-
salbt. 9 Amen, ich sage euch: Überall auf der

14,1 Das jüdische Paschafest zum Gedenken an den Auszug aus Ägypten war mit dem Fest der Ungesäuerten Brote (Mazzot) verbunden und umfasste zwei verschiedene Festelemente: die Feier des Paschamahls in der ersten Vollmondnacht nach der Frühjahrs-Tagundnachtgleiche, am 14. Nisan, und das anschließende, 7 Tage dauernde Wallfahrtsfest, das ursprünglich das neue Erntejahr einleitete (vgl. Ex 12; 34,18; Lev 23,5–8; Dtn 16,1–8). Am 14. Nisan wurde alles Sauerteigbrot aus den Häuser entfernt und am Nachmittag dieses Tages wurden im Tempel die Lämmer geschlachtet. Es mussten männliche Tiere sein, einjährig und fehlerlos (Ex 12,5).

Welt, wo das Evangelium verkündet wird,
wird man sich an sie erinnern und erzählen,
was sie getan hat.

3–9 ‖ Mt 26,6–13; Lk 7,36–50; Joh 12,1–8.

Der Verrat durch Judas: 14,10–11

10 Judas Iskariot, einer der Zwölf, ging zu
den Hohenpriestern. Er wollte Jesus an sie
ausliefern. 11 Als sie das hörten, freuten sie
sich und versprachen, ihm Geld dafür zu ge-
ben. Von da an suchte er nach einer günsti-
gen Gelegenheit, ihn auszuliefern.

10–11 ‖ Mt 26,14–16; Lk 22,3–6.

Die Vorbereitung des Paschamahls: 14,12–16

12 Am ersten Tag des Festes der Ungesäu-
erten Brote, an dem man das Paschalamm
schlachtete, sagten die Jünger zu Jesus: Wo
sollen wir das Paschamahl für dich vorberei-
ten? 13 Da schickte er zwei seiner Jünger vo-
raus und sagte zu ihnen: Geht in die Stadt;
dort wird euch ein Mann begegnen, der einen
Wasserkrug trägt. Folgt ihm, 14 bis er in ein
Haus hineingeht; dann sagt zu dem Herrn
des Hauses: Der Meister lässt dich fragen:
Wo ist der Raum, in dem ich mit meinen Jün-
gern das Paschalamm essen kann? 15 Und der
Hausherr wird euch einen großen Raum im
Obergeschoss zeigen, der schon für das Fest-
mahl hergerichtet und mit Polstern ausge-
stattet ist. Dort bereitet alles für uns vor!
16 Die Jünger machten sich auf den Weg und
kamen in die Stadt. Sie fanden alles so, wie
er es ihnen gesagt hatte, und bereiteten das
Paschamahl vor.

12–16 ‖ Mt 26,17–19; Lk 22,7–13 • 12: Ex 12,14–20.

Das Mahl: 14,17–25

17 Als es Abend wurde, kam Jesus mit den
Zwölf. 18 Während sie nun bei Tisch waren
und aßen, sagte er: Amen, ich sage euch: Ei-
ner von euch wird mich verraten und auslie-
fern, *einer von denen, die zusammen mit mir
essen.* 19 Da wurden sie traurig und einer
nach dem andern fragte ihn: Doch nicht etwa
ich? 20 Er sagte zu ihnen: Einer von euch
Zwölf, der mit mir aus derselben Schüssel
isst. 21 Der Menschensohn muss zwar seinen
Weg gehen, wie die Schrift über ihn sagt.
Doch weh dem Menschen, durch den der
Menschensohn verraten wird. Für ihn wäre
es besser, wenn er nie geboren wäre.
22 Während des Mahls nahm er das Brot
und sprach den Lobpreis; dann brach er das
Brot, reichte es ihnen und sagte: Nehmt, das
ist mein Leib. 23 Dann nahm er den Kelch,
sprach das Dankgebet, reichte ihn den Jün-
gern und sie tranken alle daraus. 24 Und er
sagte zu ihnen: Das ist mein Blut, *das Blut
des Bundes,* das für viele vergossen wird.
25 Amen, ich sage euch: Ich werde nicht mehr
von der Frucht des Weinstocks trinken bis zu
dem Tag, an dem ich von neuem davon trinke
im Reich Gottes.

17–25 ‖ Mt 26,20–29; Lk 22,14–23 • 17–21 ‖ Joh 13,2.21–26 • 22–24 ‖ 1 Kor 11,23f • 18: Ps 41,10 • 24: Ex 24,8; Jes 53,11f; Jer 31,31; Hebr 7,22; 9,15.

Der Gang zum Ölberg: 14,26–31

26 Nach dem Lobgesang gingen sie zum Öl-
berg hinaus. 27 Da sagte Jesus zu ihnen: Ihr
werdet alle (an mir) Anstoß nehmen und zu
Fall kommen; denn in der Schrift steht: *Ich
werde den Hirten erschlagen, dann werden
sich die Schafe zerstreuen.* 28 Aber nach mei-
ner Auferstehung werde ich euch nach Gali-
läa vorausgehen. 29 Da sagte Petrus zu ihm:
Auch wenn alle (an dir) Anstoß nehmen – ich
nicht! 30 Jesus antwortete ihm: Amen, ich
sage dir: Noch heute Nacht, ehe der Hahn
zweimal kräht, wirst du mich dreimal ver-
leugnen. 31 Petrus aber beteuerte: Und wenn
ich mit dir sterben müsste – ich werde dich
nie verleugnen. Das gleiche sagten auch alle
anderen.

26–31 ‖ Mt 26,30–35 • 26: Lk 22,39; Joh 18,1 • 27: Sach 13,7; Joh 16,32 • 30–31: 14,72; Lk 22,31–34; Joh 13,36–38.

Das Gebet in Getsemani: 14,32–42

32 Sie kamen zu einem Grundstück, das
Getsemani heißt, und er sagte zu seinen Jün-
gern: Setzt euch und wartet hier, während
ich bete. 33 Und er nahm Petrus, Jakobus und
Johannes mit sich. Da ergriff ihn Furcht und
Angst, 34 und er sagte zu ihnen: Meine Seele
ist zu Tode betrübt. Bleibt hier und wacht!
35 Und er ging ein Stück weiter, warf sich auf
die Erde nieder und betete, dass die Stunde,
wenn möglich, an ihm vorübergehe. 36 Er
sprach: Abba, Vater, alles ist dir möglich.
Nimm diesen Kelch von mir! Aber nicht, was
ich will, sondern was du willst (soll gesche-
hen). 37 Und er ging zurück und fand sie
schlafend. Da sagte er zu Petrus: Simon, du
schläfst? Konntest du nicht einmal eine
Stunde wach bleiben? 38 Wacht und betet,

14,13f Normalerweise waren es Frauen, die das Wasser trugen. Insofern handelt es sich hier um ein auffälliges Erkennungszeichen.

14,24 Zu »Blut des Bundes« vgl. die Anmerkung zu Mt 26,28.

14,36 Abba: im Aramäischen die vertrauliche

reifes korn

lebensfrucht
war mein boden bereit
ist der same aufgegangen
wurde der frost ausgehalten
war die wärmende sonne da
hatte der regen das richtige maß
habe ich die guten bedingungen genutzt
ist meine frucht nun zur ernte bereit

dem leben sinn gegeben
sich dem sinn geöffnet

Ein anderer Teil schließlich fiel auf guten
Boden und brachte Frucht; die Saat ging auf
und wuchs empor und trug dreißigfach, ja
sechzigfach und hundertfach.
Und Jesus sprach:
Wer Ohren hat zum Hören, der höre!
Auf guten Boden ist das Wort bei denen gesät,
die es hören und aufnehmen und Frucht bringen,
dreißigfach, ja sechzigfach und hundertfach.

Markus 4,8.9.20

Foto: Peter Friebe, Germering

damit ihr nicht in Versuchung geratet. Der
Geist ist willig, aber das Fleisch ist schwach.
39 Und er ging wieder weg und betete mit den
gleichen Worten. 40 Als er zurückkam, fand
er sie wieder schlafend, denn die Augen wa-
ren ihnen zugefallen; und sie wussten nicht,
was sie ihm antworten sollten. 41 Und er kam
zum dritten Mal und sagte zu ihnen: Schlaft
ihr immer noch und ruht euch aus? Es ist ge-
nug. Die Stunde ist gekommen; jetzt wird
der Menschensohn den Sündern ausgeliefert.
42 Steht auf, wir wollen gehen! Seht, der Ver-
räter, der mich ausliefert, ist da.

32–42 || Mt 26,36–46; Lk 22,39–46 • 34: Ps 42,6.12; 43,5; Joh 12,27.

Die Gefangennahme: 14,43–52

43 Noch während er redete, kam Judas, ei-
ner der Zwölf, mit einer Schar von Männern,
die mit Schwertern und Knüppeln bewaffnet
waren; sie waren von den Hohenpriestern,
den Schriftgelehrten und den Ältesten ge-
schickt worden. 44 Der Verräter hatte mit ih-
nen ein Zeichen vereinbart und gesagt: Der,
den ich küssen werde, der ist es. Nehmt ihn
fest, führt ihn ab und lasst ihn nicht entkom-
men. 45 Und als er kam, ging er sogleich auf
Jesus zu und sagte: Rabbi! Und er küsste ihn.
46 Da ergriffen sie ihn und nahmen ihn fest.
47 Einer von denen, die dabeistanden, zog das
Schwert, schlug auf den Diener des Hohen-
priesters ein und hieb ihm ein Ohr ab. 48 Da
sagte Jesus zu ihnen: Wie gegen einen Räu-
ber seid ihr mit Schwertern und Knüppeln
ausgezogen, um mich festzunehmen. 49 Tag
für Tag war ich bei euch im Tempel und lehr-
te und ihr habt mich nicht verhaftet; aber
(das ist geschehen), damit die Schrift in
Erfüllung geht. 50 Da verließen ihn alle und
flohen. 51 Ein junger Mann aber, der nur mit
einem leinenen Tuch bekleidet war, wollte
ihm nachgehen. Da packten sie ihn; 52 er aber
ließ das Tuch fallen und lief nackt davon.

43–50 || Mt 26,47–56; Lk 22,47–53; Joh 18,3–12 • 49: Lk 19,47; Joh 18,20 • 50: Joh 16,32.

Das Verhör vor dem Hohen Rat: 14,53–65

53 Darauf führten sie Jesus zum Hohen-
priester und es versammelten sich alle Ho-
henpriester und Ältesten und Schriftgelehr-
ten. 54 Petrus aber war Jesus von weitem bis
in den Hof des hohepriesterlichen Palastes
gefolgt; nun saß er dort bei den Dienern und
wärmte sich am Feuer.
55 Die Hohenpriester und der ganze Hohe
Rat bemühten sich um Zeugenaussagen ge-
gen Jesus, um ihn zum Tod verurteilen zu
können; sie fanden aber nichts. 56 Viele
machten zwar falsche Aussagen über ihn,
aber die Aussagen stimmten nicht überein.
57 Einige der falschen Zeugen, die gegen ihn
auftraten, behaupteten: 58 Wir haben ihn sa-
gen hören: Ich werde diesen von Menschen
erbauten Tempel niederreißen und in drei
Tagen einen anderen errichten, der nicht von
Menschenhand gemacht ist. 59 Aber auch in
diesem Fall stimmten die Aussagen nicht
überein. 60 Da stand der Hohepriester auf,
trat in die Mitte und fragte Jesus: Willst du
denn nichts sagen zu dem, was diese Leute
gegen dich vorbringen? 61 Er aber schwieg
und gab keine Antwort. Da wandte sich der
Hohepriester nochmals an ihn und fragte:
Bist du der Messias, der Sohn des Hochge-
lobten? 62 Jesus sagte: Ich bin es. Und ihr
werdet *den Menschensohn zur Rechten* der
Macht *sitzen und mit den Wolken des Him-
mels kommen* sehen. 63 Da zerriss der
Hohepriester sein Gewand und rief: Wozu
brauchen wir noch Zeugen? 64 Ihr habt die
Gotteslästerung gehört. Was ist eure Mei-
nung? Und sie fällten einstimmig das Urteil:
Er ist schuldig und muss sterben.
65 Und einige spuckten ihn an, verhüllten
sein Gesicht, schlugen ihn und riefen: Zeig,
dass du ein Prophet bist! Auch die Diener
schlugen ihn ins Gesicht.

53–65 || Mt 26,57–68; Lk 22,54f.66–71; Joh 18,13–24 • 58: 15,29; Joh 2,19; Apg 6,14 • 61: 8,29; Joh 10,24 • 62: Dan 7,13; Ps 110,1; Mt 24,30; Mk 13,26.

Die Verleugnung durch Petrus: 14,66–72

66 Als Petrus unten im Hof war, kam eine
von den Mägden des Hohenpriesters. 67 Sie
sah, wie Petrus sich wärmte, blickte ihn an
und sagte: Auch du warst mit diesem Jesus
aus Nazaret zusammen. 68 Doch er leugnete
es und sagte: Ich weiß nicht und verstehe
nicht, wovon du redest. Dann ging er in den

Form, in der man den Familienvater anredet (vgl. Röm 8,15; Gal 4,6).
14,53–65 Markus berichtet wie Matthäus von einem nächtlichen Verhör vor dem Hohenpriester und Mitgliedern des Hohen Rates, bei dem der Hohe Rat das Todesurteil fällte. Nach Lk 22,66–71 fand dieses Verhör am Morgen statt, ohne ausdrückliches Todesurteil. Nach Joh 18,12–24 wurde Jesus von dem Hohenpriester Hannas nach seiner Lehre und seinen Anhängern befragt und dann noch dem amtierenden Hohenpriester Kajaphas vorgeführt. Von einem eigentlichen Verhör oder gar einer Verurteilung zum Tod durch die Juden wird bei Johannes nichts erzählt.
14,61f Der Ausdruck »der Hochgelobte« ist ebenso wie »die Macht« Umschreibung für Gott.
14,65 Zeig, dass du ein Prophet bist, wörtlich: Prophezei!

Vorhof hinaus. 69 Als die Magd ihn dort bemerkte, sagte sie zu denen, die dabeistanden, noch einmal: Der gehört zu ihnen. 70 Er aber leugnete es wieder ab. Wenig später sagten die Leute, die dort standen, von neuem zu Petrus: Du gehörst wirklich zu ihnen; du bist doch auch ein Galiläer. 71 Da fing er an zu fluchen und schwor: Ich kenne diesen Menschen nicht, von dem ihr redet. 72 Gleich darauf krähte der Hahn zum zweiten Mal, und Petrus erinnerte sich, dass Jesus zu ihm gesagt hatte: Ehe der Hahn zweimal kräht, wirst du mich dreimal verleugnen. Und er begann zu weinen.

66–72 ‖ Mt 26,69–75; Lk 22,56–62; Joh 18,17.25–27 • 72: 14,30.

Die Verhandlung vor Pilatus: 15,1–15

15 Gleich in der Frühe fassten die Hohenpriester, die Ältesten und die Schriftgelehrten, also der ganze Hohe Rat, über Jesus einen Beschluss: Sie ließen ihn fesseln und abführen und lieferten ihn Pilatus aus. 2 Pilatus fragte ihn: Bist du der König der Juden? Er antwortete ihm: Du sagst es. 3 Die Hohenpriester brachten viele Anklagen gegen ihn vor. 4 Da wandte sich Pilatus wieder an ihn und fragte: Willst du denn nichts dazu sagen? Sieh doch, wie viele Anklagen sie gegen dich vorbringen. 5 Jesus aber gab keine Antwort mehr, sodass Pilatus sich wunderte.

6 Jeweils zum Fest ließ Pilatus einen Gefangenen frei, den sie sich ausbitten durften. 7 Damals saß gerade ein Mann namens Barabbas im Gefängnis, zusammen mit anderen Aufrührern, die bei einem Aufstand einen Mord begangen hatten. 8 Die Volksmenge zog (zu Pilatus) hinauf und bat, ihnen die gleiche Gunst zu gewähren wie sonst. 9 Pilatus fragte sie: Wollt ihr, dass ich den König der Juden freilasse? 10 Er merkte nämlich, dass die Hohenpriester nur aus Neid Jesus an ihn ausgeliefert hatten. 11 Die Hohenpriester aber wiegelten die Menge auf, lieber die Freilassung des Barabbas zu fordern. 12 Pilatus wandte sich von neuem an sie und fragte: Was soll ich dann mit dem tun, den ihr den König der Juden nennt? 13 Da schrien sie: Kreuzige ihn! 14 Pilatus entgegnete: Was hat er denn für ein Verbrechen begangen? Sie schrien noch lauter: Kreuzige ihn! 15 Darauf ließ Pilatus, um die Menge zufrieden zu stellen, Barabbas frei und gab den Befehl, Jesus zu geißeln und zu kreuzigen.

1–15 ‖ Mt 27,1f.11–26; Lk 22,66; 23,1–4.17–25; Joh 18,29–19,1 • 11: Apg 3,13f • 12: Joh 19,15.

Die Verspottung Jesu durch die Soldaten: 15,16–20a

16 Die Soldaten führten ihn in den Palast hinein, das heißt in das Prätorium, und riefen die ganze Kohorte zusammen. 17 Dann legten sie ihm einen Purpurmantel um und flochten einen Dornenkranz; den setzten sie ihm auf 18 und grüßten ihn: Heil dir, König der Juden! 19 Sie schlugen ihm mit einem Stock auf den Kopf und spuckten ihn an, knieten vor ihm nieder und huldigten ihm. 20a Nachdem sie so ihren Spott mit ihm getrieben hatten, nahmen sie ihm den Purpurmantel ab und zogen ihm seine eigenen Kleider wieder an.

16–20a ‖ Mt 27,27–31a; Joh 19,2f • 17: Lk 23,11.

Die Kreuzigung: 15,20b–32

20b Dann führten sie Jesus hinaus, um ihn zu kreuzigen. 21 Einen Mann, der gerade vom Feld kam, Simon von Zyrene, den Vater des Alexander und des Rufus, zwangen sie, sein Kreuz zu tragen. 22 Und sie brachten Jesus an einen Ort namens Golgota, das heißt übersetzt: Schädelhöhe. 23 Dort reichten sie ihm Wein, der mit Myrrhe gewürzt war; er aber nahm ihn nicht. 24 Dann kreuzigten sie ihn. *Sie warfen das Los und verteilten* seine *Kleider unter sich* und gaben jedem, was ihm zufiel. 25 Es war die dritte Stunde, als sie ihn kreuzigten. 26 Und eine Aufschrift (auf einer Tafel) gab seine Schuld an: Der König der Juden. 27 Zusammen mit ihm kreuzigten sie zwei Räuber, den einen rechts von ihm, den andern links. [28] 29 Die Leute, die vorbeikamen, verhöhnten ihn, *schüttelten den Kopf* und riefen: Ach, du willst den Tempel niederreißen und in drei Tagen wieder aufbauen? 30 Hilf dir doch selbst und steig herab vom Kreuz! 31 Auch die Hohenpriester und die Schriftgelehrten verhöhnten ihn und

14,68 Spätere Textzeugen fügen am Ende des Verses hinzu: Da krähte der Hahn.

15,1–15 Zu Pilatus und Barabbas vgl. die Anmerkung zu Mt 27, 11–26.

15,16–20a. Zur Verspottung durch die Soldaten vgl. die Anmerkung zu Mt 27,27–31.

15,20b–32 Zu Einzelheiten der Hinrichtung Jesu vgl. die Anmerkungen zu Mt 27,34–51a.

15,21 Die Söhne des Simon von Zyrene werden hier genannt, weil sie wahrscheinlich später der christlichen Gemeinde (in Rom?) angehörten; vgl. Röm 16,13.

15,28 Spätere Textzeugen fügen entsprechend Lk 22,37 hier ein: So erfüllte sich das Schriftwort: Er wurde zu den Verbrechern gerechnet.

sagten zueinander: Anderen hat er geholfen, sich selbst kann er nicht helfen. 32 Der Messias, der König von Israel! Er soll doch jetzt vom Kreuz herabsteigen, damit wir sehen und glauben. Auch die beiden Männer, die mit ihm zusammen gekreuzigt wurden, beschimpften ihn.

21–32 ‖ Mt 27,31b–44; Lk 23,26–38; Joh 19,16b–27 • 23: Ps 69,22 • 24: Ps 22,19; Joh 19,24 • 29: Ps 22,8; Mk 14,58; Joh 2,19.

Der Tod Jesu: 15,33–41

33 Als die sechste Stunde kam, brach über das ganze Land eine Finsternis herein. Sie dauerte bis zur neunten Stunde. 34 Und in der neunten Stunde rief Jesus mit lauter Stimme: *Eloï, Eloï, lema sabachtani?*, das heißt übersetzt: *Mein Gott, mein Gott, warum hast du mich verlassen?* 35 Einige von denen, die dabeistanden und es hörten, sagten: Hört, er ruft nach Elija! 36 Einer lief hin, tauchte einen Schwamm in *Essig*, steckte ihn auf einen Stock und *gab* Jesus *zu trinken*. Dabei sagte er: Lasst uns doch sehen, ob Elija kommt und ihn herabnimmt. 37 Jesus aber schrie laut auf. Dann hauchte er den Geist aus.

38 Da riss der Vorhang im Tempel von oben bis unten entzwei.

39 Als der Hauptmann, der Jesus gegenüberstand, ihn auf diese Weise sterben sah, sagte er: Wahrhaftig, dieser Mensch war Gottes Sohn.

40 Auch einige Frauen sahen von weitem zu, darunter Maria aus Magdala, Maria, die Mutter von Jakobus dem Kleinen und Joses, sowie Salome; 41 sie waren Jesus schon in Galiläa nachgefolgt und hatten ihm gedient. Noch viele andere Frauen waren dabei, die mit ihm nach Jerusalem hinaufgezogen waren.

33–41 ‖ Mt 27,45–56; Lk 23,44–49; Joh 19,28–30 • 34: Ps 22,2 • 36: Ps 69,22.

Das Begräbnis Jesu: 15,42–47

42 Da es Rüsttag war, der Tag vor dem Sabbat, und es schon Abend wurde, 43 ging Josef von Arimathäa, ein vornehmer Ratsherr, der auch auf das Reich Gottes wartete, zu Pilatus und wagte es, um den Leichnam Jesu zu bitten. 44 Pilatus war überrascht, als er hörte, dass Jesus schon tot sei. Er ließ den Hauptmann kommen und fragte ihn, ob Jesus bereits gestorben sei. 45 Als der Hauptmann ihm das bestätigte, überließ er Josef den Leichnam. 46 Josef kaufte ein Leinentuch, nahm Jesus vom Kreuz, wickelte ihn in das Tuch und legte ihn in ein Grab, das in einen Felsen gehauen war. Dann wälzte er einen Stein vor den Eingang des Grabes. 47 Maria aus Magdala aber und Maria, die Mutter des Joses, beobachteten, wohin der Leichnam gelegt wurde.

42–47 ‖ Mt 27,57–61; Lk 23,50–56; Joh 19,38–42.

Die Botschaft des Engels im leeren Grab: 16,1–8

16 Als der Sabbat vorüber war, kauften Maria aus Magdala, Maria, die Mutter des Jakobus, und Salome wohlriechende Öle, um damit zum Grab zu gehen und Jesus zu salben. 2 Am ersten Tag der Woche kamen sie in aller Frühe zum Grab, als eben die Sonne aufging. 3 Sie sagten zueinander: Wer könnte uns den Stein vom Eingang des Grabes wegwälzen? 4 Doch als sie hinblickten, sahen sie, dass der Stein schon weggewälzt war; er war sehr groß. 5 Sie gingen in das Grab hinein und sahen auf der rechten Seite einen jungen Mann sitzen, der mit einem weißen Gewand bekleidet war; da erschraken sie sehr. 6 Er aber sagte zu ihnen: Erschreckt nicht! Ihr sucht Jesus von Nazaret, den Gekreuzigten. Er ist auferstanden; er ist nicht hier. Seht, da ist die Stelle, wo man ihn hingelegt hatte. 7 Nun aber geht und sagt seinen Jüngern, vor allem Petrus: Er geht euch voraus nach Galiläa; dort werdet ihr ihn sehen, wie er es euch gesagt hat. 8 Da verließen sie das Grab und flohen; denn Schrecken und Entsetzen hatte sie gepackt. Und sie sagten niemand etwas davon; denn sie fürchteten sich.

1–8 ‖ Mt 28,1–8; Lk 24,1–12; Joh 20,1–13 • 6: 10,34.

15,40.47 Zu »Joses« vgl. die Anmerkung zu Mk 6,3 bzw. zu »Brüder Jesu« Mt 12,46f.

15,42 Rüsttag ist der Tag vor dem Sabbat (der Freitag). Nach Dtn 21,23 mussten die am Holz aufgehängten, zuvor gesteinigten Gotteslästerer noch vor Sonnenuntergang abgenommen werden; das galt auch für Gekreuzigte. Die Grablegung fand sofort anschließend statt.

15,43–45 Die Freigabe des Leichnams für die private Bestattung war nach römischem Recht dem zuständigen Richter vorbehalten.

15,47 der Leichnam, wörtlich: er.

16,1 Vgl. die Anmerkung zu Mt 12,46f.

16,1–8 Mit einem Hinweis auf Erscheinungen des Auferstandenen in Galiläa, den die Frauen, die das leere Grab entdeckten, erhalten, und einem Vermerk über ihre Furcht und ihr Schweigen endet das Markus-Evangelium; vgl. die Einleitung.

[Die Erscheinungen des Auferstandenen:
16,9–20

9 Als Jesus am frühen Morgen des ersten
Wochentages auferstanden war, erschien er
zuerst Maria aus Magdala, aus der er sieben
Dämonen ausgetrieben hatte. 10 Sie ging und
berichtete es denen, die mit ihm zusammen
gewesen waren und die nun klagten und
weinten. 11 Als sie hörten, er lebe und sei von
ihr gesehen worden, glaubten sie es nicht.
12 Darauf erschien er in einer anderen Ge-
stalt zweien von ihnen, als sie unterwegs wa-
ren und aufs Land gehen wollten. 13 Auch sie
gingen und berichteten es den anderen und
auch ihnen glaubte man nicht. 14 Später er-
schien Jesus auch den Elf, als sie bei Tisch
waren; er tadelte ihren Unglauben und ihre
Verstocktheit, weil sie denen nicht glaubten,
die ihn nach seiner Auferstehung gesehen
hatten. 15 Dann sagte er zu ihnen: Geht
hinaus in die ganze Welt, und verkündet das
Evangelium allen Geschöpfen! 16 Wer glaubt
und sich taufen lässt, wird gerettet; wer aber
nicht glaubt, wird verdammt werden. 17 Und
durch die, die zum Glauben gekommen sind,
werden folgende Zeichen geschehen: In mei-
nem Namen werden sie Dämonen austrei-
ben; sie werden in neuen Sprachen reden;
18 wenn sie Schlangen anfassen oder tödli-
ches Gift trinken, wird es ihnen nicht scha-
den; und die Kranken, denen sie die Hände
auflegen, werden gesund werden.

19 Nachdem Jesus, der Herr, dies zu ihnen
gesagt hatte, *wurde er in den Himmel aufge-
nommen* und *setzte sich zur Rechten* Gottes.
20 Sie aber zogen aus und predigten überall.
Der Herr stand ihnen bei und bekräftigte die
Verkündigung durch die Zeichen, die er ge-
schehen ließ.]

9–20 ‖ Mt 28,9f. 16–20; Lk 24,13–51; Joh 20,11–23 • 9: Lk 8,2 • 19: Apg 1,9–11; 2 Kön 2,3.11; Ps 110.1.

Das Evangelium nach Lukas

Die altkirchliche Überlieferung nennt als Verfasser des dritten Evangeliums und der Apostelgeschichte »Lukas, den geliebten Arzt« (vgl. Kol 4,14; Phlm 24; auch 2 Tim 4,11), der Heidenchrist war und mit Paulus in Verbindung stand. Lukas benutzt das Evangelium des Markus und schöpft aus einer mit Matthäus gemeinsamen Sammlung von Jesusworten; er blickt auf den Untergang Jerusalems (70 n. Chr.) zurück (21,20–24) und erwartet die Wiederkunft Christi nicht mehr als unmittelbar bevorstehend (17,20f; 21,24; Apg 1,8). Die Abfassung des Evangeliums (wie der Apostelgeschichte) fällt wohl in die Jahre 80–90. Ob es in Kleinasien oder in Griechenland entstanden ist, lässt sich nicht sicher bestimmen.

Lukas legt seinem Evangelium den dreistufigen Aufriss des Markusevangeliums zugrunde und ordnet seinen übrigen Stoff vor allem in zwei Blöcken in diesen Rahmen ein: 6,20 – 8,3 und 9,51 – 18,14. Die »kleine Einschaltung« (6,20 – 8,3) enthält die Bergpredigtüberlieferung; die »große Einschaltung« (9,51 – 18,14) hat er zu einem umfänglichen Bericht über die letzte Reise Jesu nach Jerusalem ausgestaltet (»Reisebericht«). Vorangestellt hat er wie Matthäus eine Vorgeschichte über Herkunft und Kindheit des Täufers und Jesu (Kap. 1 – 2), angeschlossen mehrere Berichte von Erscheinungen des Auferstandenen in und bei Jerusalem (Kap. 24).

Lukas will ein Schriftwerk für gebildete Heiden und Heidenchristen schaffen, wie das kunstvoll gestaltete Vorwort (1,1–4) zeigt. Darin berichtet er, dass schon viele vor ihm die auf Augenzeugen zurückgehenden Überlieferungen über Jesus zusammengestellt hätten, er also

---

16,9–20 Dieser Abschnitt findet sich nicht bei den ältesten Textzeugen. Er ist eine im 2. Jahrhundert entstandene Zusammenfassung der in anderen Evangelien stehenden Berichte über die Erscheinungen und Anweisungen des Auferstandenen; er gehört also inhaltlich zur Evangelienüberlieferung. In einer altlateinischen Handschrift findet sich stattdessen folgende Ergänzung: Und sie berichteten alles, was ihnen aufgetragen worden war, dem Kreis um Petrus. Danach sandte Jesus selbst durch sie vom Osten bis in den Westen die heilige und unvergängliche Botschaft vom ewigen Heil. Amen. Bei einigen Textzeugen finden sich auch beide Zusätze.

verschiedene schriftliche Vorlagen hatte, und dass er allem genau nachgegangen sei, um die Verkündigung der Kirche historisch und theologisch als zuverlässig zu erweisen.

Lukas verdanken wir verschiedene wertvolle Überlieferungen, die sich in den anderen Evangelien nicht finden, darunter die Gleichnisse vom barmherzigen Samariter, vom verlorenen Sohn, vom klugen Verwalter, vom Pharisäer und Zöllner, eine Reihe von urchristlichen Gebeten und Hymnen (Lobgesang Marias: 1,46–55; Lobgesang des Zacharias: 1,68–79; Lobgesang des Simeon: 2,29–32), wichtige Hinweise auf das Verhalten Jesu gegenüber Frauen, Zöllnern und Sündern, auch bedeutsame Einzelzüge des Passionsgeschehens.

Die Sonderüberlieferungen des Lukas stehen im Dienst seiner theologischen Aussagen. Er zeigt in Jesus den Heiland der Verlorenen, der sozial Entrechteten, der Frauen, der Zöllner und Sünder. Jesus offenbarte die Menschenliebe Gottes auf bezwingende Weise. Alle Christen müssen daher ebenso wie Jesus handeln. Wo jemand sich dem Wort Jesu öffnet, wird er zu einem guten und edlen Menschen (8,15). Das Leben des Christen hat seine Mitte in der dienenden Liebe, die auch dem Feind und dem Fremden gilt (6,27–36; 10,25–37) und sich besonders an der Einstellung zu Reichtum und Besitz bewähren muss (12,13–21.33f; 14,12–14; 16,9–13.19–31). Jesus zeigt im Leben und im Sterben, wie sich ein Mensch gut und richtig verhalten soll.

Durch Jesus ist die entscheidende Wende der Heilsgeschichte eingetreten (16,16f). Jesus, nicht der als Friedensbringer verehrte Kaiser in Rom, ist der wahre Heiland der Welt (2,11: »Heute ist euch der Retter geboren«). Darum verknüpfte Lukas die Geschichte Jesu mit der Weltgeschichte (1,5; 2,1f; 3,1f). Der Alte Bund und die Geschichte Israels finden ihre Vollendung in der Kirche Christi, die aus Juden und Heiden besteht.

Mit der Auferstehung Jesu und dem Untergang Jerusalems ist die Epoche der Heidenmission, die Zeit der Sammlung aller Menschen zum einen Volk Gottes angebrochen. Wenn die »Zeit der Heiden« zu Ende ist (21,24), wird auch Israel Jesus als Messias anerkennen (13,35). Das Christusbild des Lukas und sein Aufruf zu sozialem Verhalten sind bis heute maßgebend für die christliche Vorstellung vom Menschen und vom rechten Verhalten in der Gemeinschaft.

DAS VORWORT: 1,1–4

1 Schon viele haben es unternommen, einen Bericht über all das abzufassen,
was sich unter uns ereignet und erfüllt hat.
2 Dabei hielten sie sich an die Überlieferung
derer, die von Anfang an Augenzeugen und
Diener des Wortes waren. 3 Nun habe auch
ich mich entschlossen, allem von Grund auf
sorgfältig nachzugehen, um es für dich,
hochverehrter Theophilus, der Reihe nach
aufzuschreiben. 4 So kannst du dich von der
Zuverlässigkeit der Lehre überzeugen, in der
du unterwiesen wurdest.

DIE VORGESCHICHTE: 1,5 – 2,52

Die Verheißung der Geburt des Täufers: 1,5–25

5 Zur Zeit des Herodes, des Königs von Judäa, lebte ein Priester namens Zacharias, der
zur Priesterklasse Abija gehörte. Seine Frau
stammte aus dem Geschlecht Aarons; sie
hieß Elisabet. 6 Beide lebten so, wie es in den
Augen Gottes recht ist, und hielten sich in
allem streng an die Gebote und Vorschriften
des Herrn. 7 Sie hatten keine Kinder, denn

1,3 Der »hochverehrte Theophilus«, ein vornehmer Heidenchrist, wird nur hier und Apg 1,1 erwähnt.

1,5 – 2,52 In den beiden ersten Kapiteln hat Lukas neben alten christlichen Überlieferungen auch Traditionen der Johannesjünger übernommen. Johannes dem Täufer stellt er Jesus als den Größeren, den Messias, den Sohn des Allerhöchsten gegenüber. – Die Hymnen enthalten altes liturgisches Überlieferungsgut (1,46–55; 1,68–79; 2,29–32).

1,5 Herodes der Große herrschte als Vasallenkönig der Römer von 40 bis 4 v. Chr. über Palästina. Die Gruppe Abija war die achte Dienstklasse oder Wochenabteilung der 24 priesterlichen Dienstordnungen (vgl. 1 Chr 24,10), die zwei- bis dreimal jährlich je eine Woche im Tempel Dienst taten. Die einzelnen Dienste bestimmte das Los.

Elisabet war unfruchtbar, und beide waren
schon in vorgerücktem Alter.
8 Eines Tages, als seine Priesterklasse wie-
der an der Reihe war und er beim Gottes-
dienst mitzuwirken hatte, 9 wurde, wie nach
der Priesterordnung üblich, das Los gewor-
fen, und Zacharias fiel die Aufgabe zu, im
Tempel des Herrn das Rauchopfer darzu-
bringen. 10 Während er nun zur festgelegten
Zeit das Opfer darbrachte, stand das ganze
Volk draußen und betete. 11 Da erschien dem
Zacharias ein Engel des Herrn; er stand auf
der rechten Seite des Rauchopferaltars.
12 Als Zacharias ihn sah, erschrak er und es
befiel ihn Furcht. 13 Der Engel aber sagte zu
ihm: Fürchte dich nicht, Zacharias! Dein Ge-
bet *ist erhört worden. Deine Frau Elisabet
wird dir einen Sohn gebären; dem sollst du
den Namen* Johannes *geben.* 14 Große Freude
wird dich erfüllen und auch viele andere
werden sich über seine Geburt freuen.
15 Denn er wird groß sein vor dem Herrn.
*Wein und andere berauschende Getränke
wird er nicht trinken* und schon im Mutter-
leib wird er vom Heiligen Geist erfüllt sein.
16 Viele Israeliten wird er zum Herrn, ihrem
Gott, bekehren. 17 Er wird mit dem Geist und
mit der Kraft des Elija dem Herrn vorange-
hen, um *das Herz der Väter wieder den Kin-
dern zuzuwenden* und die Ungehorsamen
zur Gerechtigkeit zu führen und so das Volk
für den Herrn bereit zu machen. 18 Zacharias
sagte zu dem Engel: Woran soll ich erkennen,
dass das wahr ist? Ich bin ein alter Mann und
auch meine Frau ist in vorgerücktem Alter.
19 Der Engel erwiderte ihm: Ich bin Gabriel,
der vor Gott steht, und ich bin gesandt wor-
den, um mit dir zu reden und dir diese frohe
Botschaft zu bringen. 20 Aber weil du meinen
Worten nicht geglaubt hast, die in Erfüllung
gehen, wenn die Zeit dafür da ist, sollst du
stumm sein und nicht mehr reden können bis
zu dem Tag, an dem all das eintrifft. 21 Inzwi-
schen wartete das Volk auf Zacharias und
wunderte sich, dass er so lange im Tempel
blieb. 22 Als er dann herauskam, konnte er
nicht mit ihnen sprechen. Da merkten sie,
dass er im Tempel eine Erscheinung gehabt
hatte. Er gab ihnen nur Zeichen mit der
Hand und blieb stumm.
23 Als die Tage seines Dienstes (im Tempel)
zu Ende waren, kehrte er nach Hause zu-
rück. 24 Bald darauf empfing seine Frau Eli-
sabet einen Sohn und lebte fünf Monate lang
zurückgezogen. Sie sagte: 25 Der Herr hat
mir geholfen; er hat in diesen Tagen gnädig
auf mich geschaut und mich von der Schan-
de befreit, mit der ich in den Augen der Men-
schen beladen war.

5: 1 Chr 24,10 • 9: Ex 30,7f • 13: Gen 17,19f; Lk 1,60 • 15: Num 6,3; Ri 13,4; Lk 7,33 • 17: Mt 17,10–13; Mal 3,23f.

Die Verheißung der Geburt Jesu: 1,26–38

26 Im sechsten Monat wurde der Engel
Gabriel von Gott in eine Stadt in Galiläa na-
mens Nazaret 27 zu einer Jungfrau gesandt.
Sie war mit einem Mann namens Josef ver-
lobt, der aus dem Haus David stammte. Der
Name der Jungfrau war Maria. 28 Der Engel
trat bei ihr ein und sagte: Sei gegrüßt, du Be-
gnadete, der Herr ist mit dir. 29 Sie erschrak
über die Anrede und überlegte, was dieser
Gruß zu bedeuten habe. 30 Da sagte der Engel
zu ihr: Fürchte dich nicht, Maria; denn du
hast bei Gott Gnade gefunden. 31 *Du wirst
ein Kind empfangen, einen Sohn wirst du ge-
bären: dem sollst du den Namen* Jesus *geben.*
32 Er wird groß sein und Sohn des Höchsten
genannt werden. Gott, der Herr, wird ihm
den Thron seines Vaters *David* geben. 33 Er
wird über das Haus Jakob *in Ewigkeit* herr-
schen und *seine Herrschaft* wird kein Ende
haben. 34 Maria sagte zu dem Engel: Wie soll
das geschehen, da ich keinen Mann erkenne?
35 Der Engel antwortete ihr: Der Heilige
Geist wird über dich kommen, und die Kraft
des Höchsten wird dich überschatten. Des-
halb wird auch das Kind heilig und Sohn
Gottes genannt werden. 36 Auch Elisabet,
deine Verwandte, hat noch in ihrem Alter ei-
nen Sohn empfangen; obwohl sie als un-
fruchtbar galt, ist sie jetzt schon im sechsten
Monat. 37 Denn *für Gott ist nichts unmög-
lich.* 38 Da sagte Maria: Ich bin die Magd des
Herrn; mir geschehe, wie du es gesagt hast.
Danach verließ sie der Engel.

27: Mt 1,16 • 31: Jes 7,14; Gen 17,19; Mt 1,21–23 • 32f: 2 Sam 7,13; Jes 9,6 • 35: Mt 1,18–20 • 37: Gen 18,14; Ijob 42,2; Mt 19,26; Mk 10,27; Lk 18,27.

Der Besuch Marias bei Elisabet: 1,39–56

39 Nach einigen Tagen machte sich Maria
auf den Weg und eilte in eine Stadt im Berg-
land von Judäa. 40 Sie ging in das Haus des
Zacharias und begrüßte Elisabet. 41 Als Eli-

1,9 Das Rauchopfer im Heiligtum eröffnete den Opferdienst am Morgen; das Brandopfer am Nachmittag (gegen 3 Uhr) schloss ihn ab.

1,22 Am Schluss des Opferdienstes wurde das Volk vom Priester gesegnet.

1,34 Zu »erkennen« vgl. die Anmerkung zu Mt 1,25.

1,35 Andere Übersetzungsmöglichkeit: Deshalb wird auch das Heilige, das geboren wird, Sohn Gottes genannt werden.

sabet den Gruß Marias hörte, hüpfte das
Kind in ihrem Leib. Da wurde Elisabet vom
Heiligen Geist erfüllt 42 und rief mit lauter
Stimme: Gesegnet bist du mehr als alle ande-
ren Frauen und gesegnet ist die Frucht dei-
nes Leibes. 43 Wer bin ich, dass die Mutter
meines Herrn zu mir kommt? 44 In dem Au-
genblick, als ich deinen Gruß hörte, hüpfte
das Kind vor Freude in meinem Leib. 45 Selig
ist die, die geglaubt hat, dass sich erfüllt, was
der Herr ihr sagen ließ. 46 Da sagte Maria:

Meine Seele preist die Größe *des Herrn,* /
47 und mein Geist *jubelt über Gott, meinen
Retter.*

48 Denn *auf die Niedrigkeit seiner Magd
hat er geschaut.* / Siehe, von nun an *preisen
mich selig* alle Geschlechter.

49 Denn der Mächtige *hat Großes* an mir
getan / und *sein Name ist heilig.*

50 *Er erbarmt sich* von Geschlecht zu Ge-
schlecht / *über alle, die ihn fürchten.*

51 Er vollbringt *mit seinem Arm* machtvol-
le Taten: / *Er zerstreut, die* im Herzen *voll
Hochmut sind;*

52 *er stürzt die Mächtigen* vom Thron / und
erhöht die Niedrigen.

53 *Die Hungernden beschenkt er mit sei-
nen Gaben* / und lässt die Reichen leer ausge-
hen.

54 *Er nimmt sich seines Knechtes Israel
an / und denkt an sein Erbarmen,*

55 *das er unsern Vätern* verheißen hat, /
Abraham und *seinen Nachkommen* auf
ewig.

56 Und Maria blieb etwa drei Monate bei
ihr; dann kehrte sie nach Hause zurück.

42: Jdt 13,18 • 46–55: 1 Sam 2,1–10 • 47: Hab 3,18 • 48: 1 Sam 1,11; Gen 30,13 • 49: Dtn 10,21; Ps 111,9 • 50: Ps 103,13.17 • 51: Ps 89,11 • 52: Ez 21,31; Ps 147,6; Ijob 5,11; 12,19 • 53: Ps 107,9; 34,11 • 54: Jes 41,8f; Ps 98,3 • 55: Mi 7,20; 2 Sam 22,51; Gen 17,7.

Die Geburt des Täufers: 1,57–80

57 Für Elisabet kam die Zeit der Nieder-
kunft und sie brachte einen Sohn zur Welt.
58 Ihre Nachbarn und Verwandten hörten,
welch großes Erbarmen der Herr ihr erwie-
sen hatte, und freuten sich mit ihr. 59 Am
achten Tag kamen sie zur Beschneidung des
Kindes und wollten ihm den Namen seines
Vaters Zacharias geben. 60 Seine Mutter aber
widersprach ihnen und sagte: Nein, er soll
Johannes heißen. 61 Sie antworteten ihr: Es
gibt doch niemand in deiner Verwandt-
schaft, der so heißt. 62 Da fragten sie seinen
Vater durch Zeichen, welchen Namen das
Kind haben solle. 63 Er verlangte ein
Schreibtäfelchen und schrieb zum Erstau-
nen aller darauf: Sein Name ist Johannes.
64 Im gleichen Augenblick konnte er Mund
und Zunge wieder gebrauchen, und er redete
und pries Gott. 65 Und alle, die in jener Ge-
gend wohnten, erschraken und man sprach
von all diesen Dingen im ganzen Bergland
von Judäa. 66 Alle, die davon hörten, mach-
ten sich Gedanken darüber und sagten: Was
wird wohl aus diesem Kind werden? Denn es
war deutlich, dass die Hand des Herrn mit
ihm war.

67 Sein Vater Zacharias wurde vom Heili-
gen Geist erfüllt und begann prophetisch zu
reden:

68 *Gepriesen sei der Herr, der Gott Isra-
els!* / Denn er hat *sein Volk* besucht und *ihm
Erlösung geschaffen;*

69 er hat uns *einen starken Retter* erweckt /
im Hause seines Knechtes *David.*

70 So hat er verheißen von alters her /
durch den Mund seiner heiligen Propheten.

71 Er hat uns *errettet vor unseren Feinden /
und aus der Hand* aller, *die uns hassen;*

1,46–55 Die obige Fassung ist für die Liturgie vorgesehen. Daneben hat die ökumenische Kommission auch den folgenden Text erarbeitet:

46 Meine Seele preist voll Freude den Herrn,
47 mein Geist ist voll Jubel über Gott, meinen Retter.
48 Denn er hat gnädig auf seine arme Magd geschaut. / Von nun an preisen alle Geschlechter mich glücklich.
49 Denn der Mächtige hat an mir Großes getan;
sein Name ist heilig.
50 Er schenkt sein Erbarmen von Geschlecht zu Geschlecht / allen, die ihn fürchten und ehren.
51 Sein starker Arm vollbringt gewaltige Taten: / Er macht die Pläne der Stolzen zunichte;
52 er stürzt die Mächtigen vom Thron / und bringt die Armen zu Ehren;
53 er beschenkt mit seinen Gaben die Hungrigen, / die Reichen aber schickt er mit leeren Händen fort.
54/55 Er nimmt sich gnädig seines Knechtes Israel an, / denn er denkt an das Erbarmen, das er unseren Vätern verheißen hat, / Abraham und seinen Nachkommen, für ewige Zeiten.

1,68–79 Die obige Fassung ist für die Liturgie vorgesehen. Daneben hat die ökumenische Kommission auch den folgenden Text erarbeitet:
68 Gepriesen sei der Herr, der Gott Israels! / Denn in seiner Gnade ist er gekommen, um sein Volk zu erlösen.
69 Er hat uns einen mächtigen Retter gesandt / aus dem Haus seines Knechtes David.
70 So hat er durch seine heiligen Propheten verheißen / schon seit uralten Zeiten:
71 Er werde uns vor unseren Feinden retten / und vor allen, die uns mit ihrem Hass verfolgen;

72 er hat *das Erbarmen mit den Vätern* an
uns vollendet / und *an seinen* heiligen Bund
gedacht,
73 *an den Eid, den er* unserm Vater *Abra-*
ham geschworen hat; / 74 er hat uns ge-
schenkt, dass wir, aus Feindeshand befreit, /
ihm furchtlos dienen
75 in Heiligkeit und Gerechtigkeit / vor sei-
nem Angesicht all unsre Tage.
76 Und du, Kind, wirst Prophet des Höchs-
ten heißen; / denn du wirst *dem Herrn* voran-
gehen und ihm *den Weg bereiten.*
77 Du wirst sein Volk mit der Erfahrung
des Heils beschenken / in der Vergebung der
Sünden.
78 Durch die barmherzige Liebe unseres
Gottes / wird uns besuchen das aufstrah-
lende Licht aus der Höhe,
79 um *allen* zu leuchten, *die in Finsternis*
sitzen und im Schatten des Todes, / und
unsre Schritte zu lenken *auf den Weg des*
Friedens.
80 Das Kind wuchs heran und sein Geist
wurde stark. Und Johannes lebte in der Wüs-
te bis zu dem Tag, an dem er den Auftrag er-
hielt, in Israel aufzutreten.

59: Gen 17,12 • 60: 1,13 • 68: Ps 41,14; 72,18; 106,48; Lk 7,16; 24,21; Ps 111,9 • 69: 1 Sam 2,10; Ps 18,3; 132,17 • 70: Röm 1,2; Offb 10,7 • 71: Ps 106,10 • 72: Ps 105,8; Ps 106,45; Ex 2,24; Lev 26,42 • 73: Gen 22,16f; Jer 11,5; Mi 7,20 • 76: 7,27; Mt 11,10; Mk 1,2; Mal 3,1; Ex 23,20 • 78: Jes 60,1f; Sach 6,12 G; Mal 3,20 • 79: Jes 9,1; 42,7; Ps 107,10; Mt 4,16; Jes 59,8; Röm 3,17.

Die Geburt Jesu: 2,1–20

2 In jenen Tagen erließ Kaiser Augustus
den Befehl, alle Bewohner des Reiches
in Steuerlisten einzutragen. 2 Dies geschah
zum ersten Mal; damals war Quirinius Statt-
halter von Syrien. 3 Da ging jeder in seine
Stadt, um sich eintragen zu lassen.
4 So zog auch Josef von der Stadt Nazaret
in Galiläa hinauf nach Judäa in die Stadt
Davids, die Betlehem heißt; denn er war aus
dem Haus und Geschlecht Davids. 5 Er woll-
te sich eintragen lassen mit Maria, seiner
Verlobten, die ein Kind erwartete. 6 Als sie
dort waren, kam für Maria die Zeit ihrer
Niederkunft, 7 und sie gebar ihren Sohn, den
Erstgeborenen. Sie wickelte ihn in Windeln
und legte ihn in eine Krippe, weil in der Her-
berge kein Platz für sie war.
8 In jener Gegend lagerten Hirten auf frei-
em Feld und hielten Nachtwache bei ihrer
Herde. 9 Da trat der Engel des Herrn zu ih-
nen und der Glanz des Herrn umstrahlte sie.
Sie fürchteten sich sehr, 10 der Engel aber
sagte zu ihnen: Fürchtet euch nicht, denn ich
verkünde euch eine große Freude, die dem
ganzen Volk zuteil werden soll: 11 Heute ist
euch in der Stadt Davids der Retter geboren;
er ist der Messias, der Herr. 12 Und das soll
euch als Zeichen dienen: Ihr werdet ein Kind
finden, das, in Windeln gewickelt, in einer
Krippe liegt. 13 Und plötzlich war bei dem
Engel ein großes himmlisches Heer, das Gott
lobte und sprach:
14 Verherrlicht ist Gott in der Höhe / und
auf Erden ist Friede / bei den Menschen sei-
ner Gnade.
15 Als die Engel sie verlassen hatten und in
den Himmel zurückgekehrt waren, sagten
die Hirten zueinander: Kommt, wir gehen
nach Betlehem, um das Ereignis zu sehen,
das uns der Herr verkünden ließ. 16 So eilten
sie hin und fanden Maria und Josef und das
Kind, das in der Krippe lag. 17 Als sie es sa-
hen, erzählten sie, was ihnen über dieses
Kind gesagt worden war. 18 Und alle, die es
hörten, staunten über die Worte der Hirten.
19 Maria aber bewahrte alles, was geschehen

---

72 er werde sich unserer Väter erbarmen / und sich an seinen heiligen Bund erinnern,

73 an den Eid, den er unserem Vater Abraham geschworen hat:

74 er werde uns aus der Gewalt unserer Feinde befreien, / damit wir ihm furchtlos dienen

75 und heilig und gerecht vor ihm leben all unsre Tage.

76 Du aber, Kind, wirst ein Prophet des Höchsten sein, / denn du wirst dem Herrn vorangehen und ihm den Weg bereiten.

77 Du wirst seinem Volk die Einsicht schenken, / dass es gerettet wird durch die Vergebung der Sünden;

78 denn unser Gott ist reich an Erbarmen, / darum kommt zu uns das strahlende Licht aus der Höhe.

79 Es wird allen leuchten, die in Finsternis sitzen und im Dunkel des Todes; / es wird unsere Schritte auf den Weg des Friedens lenken.

1,78 Statt »wird uns besuchen« haben einige Textzeugen: hat uns besucht. – Das aufstrahlende Licht, wörtlich: der Aufgang.

2,1–3 Quirinius hat als Statthalter von Syrien 6/7 n. Chr. eine Steuerfeststellung, einen sog. Zensus, durchführen lassen. Dies kann jedoch nicht der Zensus gewesen sein, zu dem Josef nach Betlehem zog; denn die Geburt Jesu fällt nach Mt 2 in die Zeit vor dem Tod des Herodes (4 v. Chr.). Der Mönch Dionysius Exiguus (ca. 497–540), auf den die christliche Zeitrechnung zurückgeht, hat sich demnach um etwa 4 bis 5 Jahre verrechnet. Kaiser Augustus herrschte von 31 v. Chr.–14 n. Chr.

2,5 Nach jüdischem Recht gilt die Verlobte bereits als Ehefrau (vgl. die Anmerkung zu Mt 1,18).

2,11 Die drei Titel »Retter«, »Messias« (Christus), »Herr« weisen auf die Heilsbedeutung Christi hin. »Retter« und »Herr« waren auch Hoheitstitel der römischen Kaiser.

2,14 Wörtlich: Herrlichkeit in der Höhe und

war, in ihrem Herzen und dachte darüber
nach. 20 Die Hirten kehrten zurück, rühmten
Gott und priesen ihn für das, was sie gehört
und gesehen hatten; denn alles war so gewe-
sen, wie es ihnen gesagt worden war.

4: Joh 7,42 • 13: Mt 26,53 • 14: 19,38; Jes 57,19; Eph 2,17 • 19: 2,51.

Das Zeugnis des Simeon und der Hanna über Jesus: 2,21–40

21 Als acht Tage vorüber waren und das
Kind beschnitten werden sollte, gab man
ihm den Namen Jesus, den der Engel ge-
nannt hatte, noch ehe das Kind im Schoß sei-
ner Mutter empfangen wurde.

22 Dann kam für sie der Tag der vom Ge-
setz des Mose vorgeschriebenen Reinigung.
Sie brachten das Kind nach Jerusalem hi-
nauf, um es dem Herrn zu weihen, 23 gemäß
dem Gesetz des Herrn, in dem es heißt: *Jede
männliche Erstgeburt soll dem Herrn ge-
weiht sein.* 24 Auch wollten sie ihr Opfer dar-
bringen, wie es das Gesetz des Herrn vor-
schreibt: *ein Paar Turteltauben oder zwei
junge Tauben.*

25 In Jerusalem lebte damals ein Mann na-
mens Simeon. Er war gerecht und fromm
und wartete auf die Rettung Israels und der
Heilige Geist ruhte auf ihm. 26 Vom Heiligen
Geist war ihm offenbart worden, er werde
den Tod nicht schauen, ehe er den Messias
des Herrn gesehen habe. 27 Jetzt wurde er
vom Geist in den Tempel geführt; und als die
Eltern Jesus hereinbrachten, um zu erfüllen,
was nach dem Gesetz üblich war, 28 nahm Si-
meon das Kind in seine Arme und pries Gott
mit den Worten:

29 Nun lässt du, Herr, deinen Knecht, / wie
du gesagt hast, in Frieden scheiden.

30 Denn meine Augen haben *das Heil gese-
hen,* / 31 das du *vor allen Völkern* bereitet
hast,

32 *ein Licht,* das *die Heiden* erleuchtet, /
und *Herrlichkeit* für dein Volk *Israel.*

33 Sein Vater und seine Mutter staunten
über die Worte, die über Jesus gesagt wur-
den. 34 Und Simeon segnete sie und sagte zu
Maria, der Mutter Jesu: Dieser ist dazu be-
stimmt, dass in Israel viele durch ihn zu Fall
kommen und viele aufgerichtet werden, und
er wird ein Zeichen sein, dem widersprochen
wird. 35 Dadurch sollen die Gedanken vieler
Menschen offenbar werden. Dir selbst aber
wird ein Schwert durch die Seele dringen.

36 Damals lebte auch eine Prophetin na-
mens Hanna, eine Tochter Penuëls, aus dem
Stamm Ascher. Sie war schon hochbetagt.
Als junges Mädchen hatte sie geheiratet und
sieben Jahre mit ihrem Mann gelebt; 37 nun
war sie eine Witwe von vierundachtzig Jah-
ren. Sie hielt sich ständig im Tempel auf und
diente Gott Tag und Nacht mit Fasten und
Beten. 38 In diesem Augenblick nun trat sie
hinzu, pries Gott und sprach über das Kind
zu allen, die auf die Erlösung Jerusalems
warteten.

39 Als seine Eltern alles getan hatten, was
das Gesetz des Herrn vorschreibt, kehrten
sie nach Galiläa in ihre Stadt Nazaret zu-
rück. 40 Das Kind wuchs heran und wurde
kräftig; Gott erfüllte es mit Weisheit und
seine Gnade ruhte auf ihm.

21: 1,31 • 22: Lev 12; Num 18,15f • 23: Ex 13,2.12 • 24: Lev 12,8 • 30: Jes 40,5 G • 31: Jes 52,10 • 32: Jes 49,6; 42,6; 46,13 • 34: Jes 8,14.

Der zwölfjährige Jesus im Tempel: 2,41–52

41 Die Eltern Jesu gingen jedes Jahr zum
Paschafest nach Jerusalem. 42 Als er zwölf
Jahre alt geworden war, zogen sie wieder
hinauf, wie es dem Festbrauch entsprach.
43 Nachdem die Festtage zu Ende waren,
machten sie sich auf den Heimweg. Der
junge Jesus aber blieb in Jerusalem, ohne
dass seine Eltern es merkten. 44 Sie meinten,
er sei irgendwo in der Pilgergruppe, und
reisten eine Tagesstrecke weit; dann suchten
sie ihn bei den Verwandten und Bekannten.

---

auf Erden Friede bei den Menschen des Wohlgefallens. – Die ökumenische liturgische Fassung lautet: Ehre sei Gott in der Höhe und Friede auf Erden den Menschen seiner Gnade.

2,25 die Rettung, wörtlich: den Trost.

2,29–32 Die obige Fassung ist für die Liturgie vorgesehen. Daneben hat die ökumenische Kommission auch den folgenden Text erarbeitet:

29 Nun lässt du, Herr, deinen Knecht in Frieden scheiden, / wie dein Wort es verheißen hat.

30 Denn meine Augen haben das Heil geschaut,

31 das du geschaffen hast, damit alle Völker es sehen:

32 ein Licht, das die Heiden erleuchtet, / und eine Verherrlichung deines Volkes Israel.

2,37 Andere Übersetzungsmöglichkeit: seit vierundachtzig Jahren aber war sie Witwe.

2,41–51 Vom 13. Lebensjahr an ist ein jüdischer Junge verpflichtet, die Gebote und Vorschriften des jüdischen Gesetzes zu beachten. Nach Ex 23,14–17; 24,23f; Dtn 16,16f hatten alle jüdischen Männer, ausgenommen Greise und Kranke, zu den drei Hauptfesten des jüdischen Jahres, Pascha, Pfingsten und Laubhüttenfest, im Tempel zu erscheinen. Dies war aber nur für jene streng verpflichtend, die nicht mehr als eine Tagesreise weit vom Tempel entfernt wohnten. Zu Fuß brauchte man von Galiläa mindestens drei Tage nach Jerusalem.

45 Als sie ihn nicht fanden, kehrten sie nach
Jerusalem zurück und suchten ihn dort.
46 Nach drei Tagen fanden sie ihn im Tempel;
er saß mitten unter den Lehrern, hörte ihnen
zu und stellte Fragen. 47 Alle, die ihn hörten,
waren erstaunt über sein Verständnis und
über seine Antworten. 48 Als seine Eltern ihn
sahen, waren sie sehr betroffen und seine
Mutter sagte zu ihm: Kind, wie konntest du
uns das antun? Dein Vater und ich haben
dich voll Angst gesucht. 49 Da sagte er zu ih-
nen: Warum habt ihr mich gesucht? Wusstet
ihr nicht, dass ich in dem sein muss, was mei-
nem Vater gehört? 50 Doch sie verstanden
nicht, was er damit sagen wollte. 51 Dann
kehrte er mit ihnen nach Nazaret zurück und
war ihnen gehorsam. Seine Mutter bewahrte
alles, was geschehen war, in ihrem Herzen.
52 Jesus aber wuchs heran und seine Weisheit
nahm zu und *er fand Gefallen bei Gott und
den Menschen.*

41: Ex 23,14–17 • 42: Ex 12,15.18 • 51: 2,19 • 52: 1 Sam 2,26.

DIE VORBEREITUNG DES WIRKENS JESU: 3,1 – 4,13

Johannes der Täufer: 3,1–20

3 Es war im fünfzehnten Jahr der Regie-
rung des Kaisers Tiberius; Pontius
Pilatus war Statthalter von Judäa, Herodes
Tetrarch von Galiläa, sein Bruder Philippus
Tetrarch von Ituräa und Trachonitis, Lysa-
nias Tetrarch von Abilene; 2 Hohepriester
waren Hannas und Kajaphas. Da erging in
der Wüste das Wort Gottes an Johannes, den
Sohn des Zacharias. 3 Und er zog in die Ge-
gend am Jordan und verkündigte dort über-
all Umkehr und Taufe zur Vergebung der
Sünden. 4 (So erfüllte sich,) was im Buch der
Reden des Propheten Jesaja steht:
*Eine Stimme ruft in der Wüste: / Bereitet
dem Herrn den Weg! / Ebnet* ihm *die Stra-
ßen!*
5 *Jede Schlucht soll aufgefüllt werden, / je-
der Berg und Hügel sich senken.*
*Was krumm ist, soll gerade werden, / was
uneben ist, soll zum ebenen Weg werden.*
6 *Und alle Menschen werden das Heil se-
hen, das von Gott kommt.*
7 Das Volk zog in Scharen zu ihm hinaus,
um sich von ihm taufen zu lassen. Er sagte zu
ihnen: Ihr Schlangenbrut, wer hat euch denn
gelehrt, dass ihr dem kommenden Gericht
entrinnen könnt? 8 Bringt Früchte hervor,
die eure Umkehr zeigen, und fangt nicht an
zu sagen: Wir haben ja Abraham zum Vater.
Denn ich sage euch: Gott kann aus diesen
Steinen Kinder Abrahams machen. 9 Schon
ist die Axt an die Wurzel der Bäume gelegt;
jeder Baum, der keine gute Frucht hervor-
bringt, wird umgehauen und ins Feuer ge-
worfen.
10 Da fragten ihn die Leute: Was sollen wir
also tun? 11 Er antwortete ihnen: Wer zwei
Gewänder hat, der gebe eines davon dem,
der keines hat, und wer zu essen hat, der
handle ebenso. 12 Es kamen auch Zöllner zu
ihm, um sich taufen zu lassen, und fragten:
Meister, was sollen wir tun? 13 Er sagte zu ih-
nen: Verlangt nicht mehr, als festgesetzt ist.
14 Auch Soldaten fragten ihn: Was sollen
denn wir tun? Und er sagte zu ihnen: Miss-
handelt niemand, erpresst niemand, begnügt
euch mit eurem Sold!
15 Das Volk war voll Erwartung und alle
überlegten im Stillen, ob Johannes nicht
vielleicht selbst der Messias sei. 16 Doch Jo-
hannes gab ihnen allen zur Antwort: Ich tau-
fe euch nur mit Wasser. Es kommt aber ei-
ner, der stärker ist als ich, und ich bin es
nicht wert, ihm die Schuhe aufzuschnüren.
Er wird euch mit dem Heiligen Geist und mit
Feuer taufen. 17 Schon hält er die Schaufel in
der Hand, um die Spreu vom Weizen zu tren-
nen und den Weizen in seine Scheune zu
bringen; die Spreu aber wird er in nie erlö-
schendem Feuer verbrennen. 18 Mit diesen
und vielen anderen Worten ermahnte er das
Volk in seiner Predigt.

3,1f Durch die Verknüpfung der Geschichte Jesu mit der Weltgeschichte weist Lukas auf die umfassende Bedeutung Jesu hin. Tiberius war Kaiser von 14 bis 37 n. Chr.; Pontius Pilatus Statthalter (Präfekt) über die römische Provinz Judäa von 26–36 n. Chr.; Herodes Antipas Tetrarch von Galiläa und Peräa von 4 v. Chr.–39 n. Chr. (vgl. die Anmerkung zu Mt 14,1), sein Halbbruder Philippus Tetrarch der vorwiegend heidnischen Gebiete Nordtransjordaniens von 4 v. Chr.–34 n. Chr. Die Regierungszeit des Lysanias ist nicht genau festzustellen. Hannas war Hoherpriester von 6–15 n. Chr. und blieb auch danach sehr einflussreich. Seine fünf Söhne und sein Schwiegersohn Kajaphas kamen nacheinander in den Besitz der Hohenpriesterwürde. Kajaphas amtierte von 18–37 n. Chr.

3,3 Umkehr und Taufe, wörtlich: die Taufe der Umkehr.

3,7 Gericht, wörtlich: Zorn.

19 Johannes tadelte auch den Tetrarchen Herodes wegen (der Sache mit) Herodias, der Frau seines Bruders, und wegen all der anderen Schandtaten, die er verübt hatte. 20 Deshalb ließ Herodes Johannes ins Gefängnis werfen und lud so noch mehr Schuld auf sich.

3–6 ‖ Mt 3,1–6; Mk 1,2–6 • 7–9 | Mt 3,7–10 • 15–17 ‖ Mt 3,11f; Mk 1,7f • 19–20 ‖ Mt 14,3f; Mk 6,17f • 3: Joh 1,19–23; Apg 13,24; 19,4 • 4f: Jes 40,3–5 G • 9: Mt 7,19 • 15: Joh 1,24–28 • 16: Apg 13,25.

Die Taufe Jesu: 3,21–22

21 Zusammen mit dem ganzen Volk ließ auch Jesus sich taufen. Und während er betete, öffnete sich der Himmel, 22 und der Heilige Geist kam sichtbar in Gestalt einer Taube auf ihn herab, und eine Stimme aus dem Himmel sprach: *Du bist mein geliebter Sohn, an dir habe ich Gefallen gefunden.*

21–22 ‖ Mt 3,13–17; Mk 1,9–11 • 21–22: Joh 1,29–34 • 22: Gen 22,2; Ps 2,7; Jes 42,1; Mt 3,17.

Die Vorfahren Jesu: 3,23–38

23 Jesus war etwa dreißig Jahre alt, als er zum ersten Mal öffentlich auftrat. Man hielt ihn für den Sohn Josefs. Die Vorfahren Josefs waren: Eli, 24 Mattat, Levi, Melchi, Jannai, Josef, 25 Mattitja, Amos, Nahum, Hesli, Naggai, 26 Mahat, Mattitja, Schimi, Josech, Joda, 27 Johanan, Resa, Serubbabel, Schealtiël, Neri, 28 Melchi, Addi, Kosam, Elmadam, Er, 29 Joschua, Eliëser, Jorim, Mattat, Levi, 30 Simeon, Juda, Josef, Jonam, Eljakim, 31 Melea, Menna, Mattata, Natan, David, 32 Isai, Obed, Boas, Salmon, Nachschon, 33 Amminadab, Admin, Arni, Hezron, Perez, Juda, 34 Jakob, Isaak, Abraham, Terach, Nahor, 35 Serug, Regu, Peleg, Eber, Schelach, 36 Kenan, Arpachschad, Sem, Noach, Lamech, 37 Metuschelach, Henoch, Jered, Mahalalel, Kenan, 38 Enosch, Set, Adam; (der stammte von) Gott.

31–33: Rut 4,18–22 • 34–35: Gen 11,10–26 • 36–38: Gen 5.

Die Versuchung Jesu: 4,1–13

4 Erfüllt vom Heiligen Geist, verließ Jesus die Jordangegend. Darauf führte ihn der Geist vierzig Tage lang in der Wüste umher, 2 und dabei wurde Jesus vom Teufel in Versuchung geführt. Die ganze Zeit über aß er nichts; als aber die vierzig Tage vorüber waren, hatte er Hunger. 3 Da sagte der Teufel zu ihm: Wenn du Gottes Sohn bist, so befiehl diesem Stein, zu Brot zu werden. 4 Jesus antwortete ihm: In der Schrift heißt es: *Der Mensch lebt nicht nur von Brot.* 5 Da führte ihn der Teufel (auf einen Berg) hinauf und zeigte ihm in einem einzigen Augenblick alle Reiche der Erde. 6 Und er sagte zu ihm: All die Macht und Herrlichkeit dieser Reiche will ich dir geben; denn sie sind mir überlassen und ich gebe sie, wem ich will. 7 Wenn du dich vor mir niederwirfst und mich anbetest, wird dir alles gehören. 8 Jesus antwortete ihm: In der Schrift steht: *Vor dem Herrn, deinem Gott, sollst du dich niederwerfen und ihm* allein *dienen.* 9 Darauf führte ihn der Teufel nach Jerusalem, stellte ihn oben auf den Tempel und sagte zu ihm: Wenn du Gottes Sohn bist, so stürz dich von hier hinab; 10 denn es heißt in der Schrift:

Seinen Engeln befiehlt er, dich zu behüten;

11 und: *Sie werden dich auf ihren Händen tragen, / damit dein Fuß nicht an einen Stein stößt.*

12 Da antwortete ihm Jesus: Die Schrift sagt: *Du sollst den Herrn, deinen Gott, nicht auf die Probe stellen.* 13 Nach diesen Versuchungen ließ der Teufel für eine gewisse Zeit von ihm ab.

1–13 ‖ Mt 4,1–11; Mk 1,12f • 4: Dtn 8,3 • 8: Dtn 5,9; 6,13 • 10: Ps 91,11f • 12: Dtn 6,16.

DAS WIRKEN JESU IN GALILÄA: 4,14 – 9,50

Erstes Auftreten in Galiläa: 4,14–15

14 Jesus kehrte, erfüllt von der Kraft des Geistes, nach Galiläa zurück. Und die Kunde von ihm verbreitete sich in der ganzen Gegend. 15 Er lehrte in den Synagogen und wurde von allen gepriesen.

14–15 ‖ Mt 4,12.17; Mk 1,14f • 14: 4,37; 5,15.

Die Ablehnung Jesu in seiner Heimat: 4,16–30

16 So kam er auch nach Nazaret, wo er aufgewachsen war, und ging, wie gewohnt, am Sabbat in die Synagoge. Als er aufstand, um aus der Schrift vorzulesen, 17 reichte man ihm das Buch des Propheten Jesaja. Er

---

3,19 Vgl. die Anmerkung zu Mt 14,3–12.
3,23 Aus den verschiedenen Zeitangaben der Evangelien ergibt sich, dass Jesus sein öffentliches Wirken wohl im Jahr 28 begann (vgl. die Anmerkung zu 2,1–3).
3,23–28 Anders als bei Matthäus beginnt der Stammbaum bei Lukas mit Adam. Für die Unterschiede in den Namensangaben der beiden Evangelisten gibt es keine befriedigende Erklärung.
4,16–30 Im Unterschied zu Markus und Matthäus stellt Lukas das Auftreten Jesu in Nazaret programmatisch an den Anfang seines Wirkens.

schlug das Buch auf und fand die Stelle, wo
es heißt:
18 *Der Geist des Herrn ruht auf mir; / denn
der Herr hat mich gesalbt.*
*Er hat mich gesandt, / damit ich den Ar-
men eine gute Nachricht bringe;*
*damit ich den Gefangenen die Entlassung
verkünde / und den Blinden das Augen-
licht;*
*damit ich die Zerschlagenen in Freiheit
setze* 19 *und ein Gnadenjahr des Herrn aus-
rufe.*
20 Dann schloss er das Buch, gab es dem
Synagogendiener und setzte sich. Die Augen
aller in der Synagoge waren auf ihn gerich-
tet. 21 Da begann er, ihnen darzulegen: Heute
hat sich das Schriftwort, das ihr eben gehört
habt, erfüllt. 22 Seine Rede fand bei allen Bei-
fall; sie staunten darüber, wie begnadet er
redete, und sagten: Ist das nicht der Sohn Jo-
sefs? 23 Da entgegnete er ihnen: Sicher wer-
det ihr mir das Sprichwort vorhalten: Arzt,
heile dich selbst! Wenn du in Kafarnaum so
große Dinge getan hast, wie wir gehört ha-
ben, dann tu sie auch hier in deiner Heimat!
24 Und er setzte hinzu: Amen, das sage ich
euch: Kein Prophet wird in seiner Heimat
anerkannt. 25 Wahrhaftig, das sage ich euch:
In Israel gab es viele Witwen in den Tagen
des Elija, als der Himmel für drei Jahre und
sechs Monate verschlossen war und eine gro-
ße Hungersnot über das ganze Land kam.
26 Aber zu keiner von ihnen wurde Elija ge-
sandt, nur zu einer Witwe in Sarepta bei Si-
don. 27 Und viele Aussätzige gab es in Israel
zur Zeit des Propheten Elischa. Aber keiner
von ihnen wurde geheilt, nur der Syrer Naa-
man. 28 Als die Leute in der Synagoge das
hörten, gerieten sie alle in Wut. 29 Sie spran-
gen auf und trieben Jesus zur Stadt hinaus;
sie brachten ihn an den Abhang des Berges,
auf dem ihre Stadt erbaut war, und wollten
ihn hinabstürzen. 30 Er aber schritt mitten
durch die Menge hindurch und ging weg.

16–30 ‖ Mt 13,54–58; Mk 6,1–6a • 18: Jes 61,1f; 29,18; 58,6 G • 22: Joh 6,42 • 24: Joh 4,44 • 25: 1 Kön 17,1–7; Jak 5,17 • 26: 1 Kön 17,8–16 • 27: 2 Kön 5,1–27.

Jesus in der Synagoge von Kafarnaum: 4,31–37

31 Jesus ging hinab nach Kafarnaum, einer
Stadt in Galiläa, und lehrte die Menschen
am Sabbat. 32 Sie waren sehr betroffen von
seiner Lehre, denn er redete mit (göttlicher)
Vollmacht.
33 In der Synagoge saß ein Mann, der von
einem Dämon, einem unreinen Geist, beses-
sen war. Der begann laut zu schreien: 34 Was
haben wir mit dir zu tun, Jesus von Nazaret?
Bist du gekommen, um uns ins Verderben zu
stürzen? Ich weiß, wer du bist: der Heilige
Gottes! 35 Da befahl ihm Jesus: Schweig und
verlass ihn! Der Dämon warf den Mann mit-
ten in der Synagoge zu Boden und verließ
ihn, ohne ihn jedoch zu verletzen. 36 Da wa-
ren alle erstaunt und erschrocken und einer
fragte den andern: Was ist das für ein Wort?
Mit Vollmacht und Kraft befiehlt er den un-
reinen Geistern, und sie fliehen. 37 Und sein
Ruf verbreitete sich in der ganzen Gegend.

31–37 ‖ Mk 1,21–28 • 32: Mt 7,28f • 34: 8,28; Mt 8,29; Mk 5,7; Joh 2,4 • 36: Mt 7,29 • 37: 4,14; 5,15.

Die Heilung der Schwiegermutter des Petrus: 4,38–39

38 Jesus stand auf, verließ die Synagoge
und ging in das Haus des Simon. Die
Schwiegermutter des Simon hatte hohes Fie-
ber und sie baten ihn ihr zu helfen. 39 Er trat
zu ihr hin, beugte sich über sie und befahl
dem Fieber zu weichen. Da wich es von ihr
und sie stand sofort auf und sorgte für sie.

38–39 ‖ Mt 8,14f; Mk 1,29–31.

Die Heilung von Besessenen und Kranken: 4,40–41

40 Als die Sonne unterging, brachten die
Leute ihre Kranken, die alle möglichen Lei-
den hatten, zu Jesus. Er legte jedem Kranken
die Hände auf und heilte alle. 41 Von vielen
fuhren auch Dämonen aus und schrien: Du
bist der Sohn Gottes! Da fuhr er sie schroff
an und ließ sie nicht reden; denn sie wussten,
dass er der Messias war.

40–41 ‖ Mt 8,16; Mk 1,32–34 • 41: Mt 8,29; Mk 3,11.

Aufbruch aus Kafarnaum: 4,42–44

42 Bei Tagesanbruch verließ er die Stadt
und ging an einen einsamen Ort. Aber die
Menschen suchten ihn, und als sie ihn fan-
den, wollten sie ihn daran hindern wegzuge-
hen. 43 Er sagte zu ihnen: Ich muss auch den
anderen Städten das Evangelium vom Reich
Gottes verkünden; denn dazu bin ich gesandt
worden. 44 Und er predigte in den Synagogen
Judäas.

42–44 ‖ Mk 1,35–39.

4,34 Andere Übersetzungsmöglichkeit: Du bist gekommen, um uns ins Verderben zu stürzen.

4,44 Bei vielen Textzeugen ist hier nach Mk 1,39 geändert: in den Synagogen Galiläas; vgl. Mt 4,23.

Die Berufung der ersten Jünger: 5,1–11

5 Als Jesus am Ufer des Sees Gennesaret stand, drängte sich das Volk um ihn und wollte das Wort Gottes hören. 2 Da sah er zwei Boote am Ufer liegen. Die Fischer waren ausgestiegen und wuschen ihre Netze. 3 Jesus stieg in das Boot, das dem Simon gehörte, und bat ihn, ein Stück weit vom Land wegzufahren. Dann setzte er sich und lehrte das Volk vom Boot aus. 4 Als er seine Rede beendet hatte, sagte er zu Simon: Fahr hinaus auf den See! Dort werft eure Netze zum Fang aus! 5 Simon antwortete ihm: Meister, wir haben die ganze Nacht gearbeitet und nichts gefangen. Doch wenn du es sagst, werde ich die Netze auswerfen. 6 Das taten sie, und sie fingen eine so große Menge Fische, dass ihre Netze zu reißen drohten. 7 Deshalb winkten sie ihren Gefährten im anderen Boot, sie sollten kommen und ihnen helfen. Sie kamen und gemeinsam füllten sie beide Boote bis zum Rand, sodass sie fast untergingen. 8 Als Simon Petrus das sah, fiel er Jesus zu Füßen und sagte: Herr, geh weg von mir; ich bin ein Sünder. 9 Denn er und alle seine Begleiter waren erstaunt und erschrocken, weil sie so viele Fische gefangen hatten; 10 ebenso ging es Jakobus und Johannes, den Söhnen des Zebedäus, die mit Simon zusammenarbeiteten. Da sagte Jesus zu Simon: Fürchte dich nicht! Von jetzt an wirst du Menschen fangen. 11 Und sie zogen die Boote an Land, ließen alles zurück und folgten ihm nach.

1–11 ‖ Mt 4,18–22; Mk 1,16–20; Joh 1,35–51; 21,1–7.

Die Heilung eines Aussätzigen: 5,12–16

12 Als Jesus in einer der Städte war, kam ein Mann, der am ganzen Körper Aussatz hatte. Sobald er Jesus sah, warf er sich vor ihm zu Boden und bat ihn: Herr, wenn du willst, kannst du machen, dass ich rein werde. 13 Da streckte Jesus die Hand aus, berührte ihn und sagte: Ich will es – werde rein! Im gleichen Augenblick verschwand der Aussatz. 14 Jesus befahl ihm: Erzähl niemand davon, sondern geh, *zeig dich dem Priester* und bring das Reinigungsopfer dar, wie es Mose angeordnet hat. Das soll für sie ein Beweis (deiner Heilung) sein.

15 Sein Ruf verbreitete sich immer mehr, sodass die Menschen von überall herbeiströmten. Sie alle wollten ihn hören und von ihren Krankheiten geheilt werden. 16 Doch er zog sich an einen einsamen Ort zurück, um zu beten.

12–16 ‖ Mt 8,2–4; Mk 1,40–45 • 14: Lev 13,49; 14,2–32; Lk 17,14 • 15: 4,14.37 • 16: 9,18; Mk 1,35.

Die Heilung eines Gelähmten: 5,17–26

17 Eines Tages, als Jesus wieder lehrte, saßen unter den Zuhörern auch Pharisäer und Gesetzeslehrer; sie waren aus allen Dörfern Galiläas und Judäas und aus Jerusalem gekommen. Und die Kraft des Herrn drängte ihn dazu, zu heilen. 18 Da brachten einige Männer einen Gelähmten auf einer Tragbahre. Sie wollten ihn ins Haus bringen und vor Jesus hinlegen. 19 Weil es ihnen aber wegen der vielen Leute nicht möglich war, ihn hineinzubringen, stiegen sie aufs Dach, deckten die Ziegel ab und ließen ihn auf seiner Tragbahre in die Mitte des Raumes hinunter, genau vor Jesus hin. 20 Als er ihren Glauben sah, sagte er zu dem Mann: Deine Sünden sind dir vergeben. 21 Da dachten die Schriftgelehrten und die Pharisäer: Wer ist das, dass er eine solche Gotteslästerung wagt? Wer außer Gott kann Sünden vergeben? 22 Jesus aber merkte, was sie dachten, und sagte zu ihnen: Was habt ihr für Gedanken im Herzen? 23 Was ist leichter, zu sagen: Deine Sünden sind dir vergeben!, oder zu sagen: Steh auf und geh umher? 24 Ihr sollt aber erkennen, dass der Menschensohn die Vollmacht hat, hier auf der Erde Sünden zu vergeben. Und er sagte zu dem Gelähmten: Ich sage dir: Steh auf, nimm deine Tragbahre und geh nach Hause! 25 Im gleichen Augenblick stand der Mann vor aller Augen auf. Er nahm die Tragbahre, auf der er gelegen hatte, und ging heim, Gott lobend und preisend. 26 Da gerieten alle außer sich; sie priesen Gott und sagten voller Furcht: Heute haben wir etwas Unglaubliches gesehen.

17–26 ‖ Mt 9,1–8; Mk 2,1–12 • 21: 7,49.

Die Berufung des Levi und das Mahl mit den Zöllnern: 5,27–32

27 Als Jesus von dort wegging, sah er einen Zöllner namens Levi am Zoll sitzen und sagte zu ihm: Folge mir nach! 28 Da stand Levi auf, verließ alles und folgte ihm. 29 Und er gab für Jesus in seinem Haus ein großes Festmahl. Viele Zöllner und andere Gäste waren mit ihnen bei Tisch. 30 Da sagten die

---

5,14 Vgl. die Anmerkung zu Mt 8,4.
5,20 Wörtlich: ... sagte er: Mensch, deine Sünden ...
5,33–38 Vgl. die Anmerkungen zu Mt 9,16 und Mk 2,18.
6,6.8.10 Hand, andere Übersetzungsmöglichkeit: Arm.

Pharisäer und ihre Schriftgelehrten voll Unwillen zu seinen Jüngern: Wie könnt ihr zusammen mit Zöllnern und Sündern essen und trinken? 31 Jesus antwortete ihnen: Nicht die Gesunden brauchen den Arzt, sondern die Kranken. 32 Ich bin gekommen, um die Sünder zur Umkehr zu rufen, nicht die Gerechten.

27–32 ‖ Mt 9,9–13; Mk 2,13–17 • 27: Mt 8,22 • 29: 15,1f; Mt 11,19 • 30: 7,34; 19,7 • 32: 19,10.

Die Frage nach dem Fasten: 5,33–39

33 Sie sagten zu ihm: Die Jünger des Johannes fasten und beten viel, ebenso die Jünger der Pharisäer; deine Jünger aber essen und trinken. 34 Jesus erwiderte ihnen: Könnt ihr denn die Hochzeitsgäste fasten lassen, solange der Bräutigam bei ihnen ist? 35 Es werden aber Tage kommen, da wird ihnen der Bräutigam genommen sein; in jenen Tagen werden sie fasten.

36 Und er erzählte ihnen auch noch ein Gleichnis: Niemand schneidet ein Stück von einem neuen Kleid ab und setzt es auf ein altes Kleid; denn das neue Kleid wäre zerschnitten und zu dem alten Kleid würde das Stück von dem neuen nicht passen. 37 Auch füllt niemand neuen Wein in alte Schläuche. Denn der neue Wein zerreißt die Schläuche; er läuft aus und die Schläuche sind unbrauchbar. 38 Neuen Wein muss man in neue Schläuche füllen. 39 Und niemand, der alten Wein getrunken hat, will neuen; denn er sagt: Der alte Wein ist besser.

33–38 ‖ Mt 9,14–17; Mk 2,18–22.

Das Abreißen der Ähren am Sabbat: 6,1–5

6 Als er an einem Sabbat durch die Kornfelder ging, rissen seine Jünger Ähren ab, zerrieben sie mit den Händen und aßen sie. 2 Da sagten einige Pharisäer: Was tut ihr da? Das ist doch am Sabbat verboten! 3 Jesus erwiderte ihnen: Habt ihr nicht gelesen, was David getan hat, als er und seine Begleiter hungrig waren – 4 wie er in das Haus Gottes ging und die heiligen Brote nahm, die nur die Priester essen dürfen, und wie er sie aß und auch seinen Begleitern davon gab? 5 Und Jesus fügte hinzu: Der Menschensohn ist Herr über den Sabbat.

1–5 ‖ Mt 12,1–8; Mk 2,23–28 • 1: Dtn 23,26 • 3f: 1 Sam 21,2–7 • 4: Lev 24,5–9.

Die Heilung eines Mannes am Sabbat: 6,6–11

6 An einem anderen Sabbat ging er in die Synagoge und lehrte. Dort saß ein Mann, dessen rechte Hand verdorrt war. 7 Die Schriftgelehrten und die Pharisäer gaben Acht, ob er am Sabbat heilen werde; sie suchten nämlich einen Grund zur Anklage gegen ihn. 8 Er aber wusste, was sie im Sinn hatten, und sagte zu dem Mann mit der verdorrten Hand: Steh auf und stell dich in die Mitte! Der Mann stand auf und trat vor. 9 Dann sagte Jesus zu ihnen: Ich frage euch: Was ist am Sabbat erlaubt: Gutes zu tun oder Böses, ein Leben zu retten oder es zugrunde gehen zu lassen? 10 Und er sah sie alle der Reihe nach an und sagte dann zu dem Mann: Streck deine Hand aus! Er tat es und seine Hand war wieder gesund. 11 Da wurden sie von sinnloser Wut erfüllt und berieten, was sie gegen Jesus unternehmen könnten.

6–11 ‖ Mt 12,9–14; Mk 3,1–6 • 6–11: 14,1–6.

Die Wahl der Zwölf: 6,12–16

12 In diesen Tagen ging er auf einen Berg, um zu beten. Und er verbrachte die ganze Nacht im Gebet zu Gott. 13 Als es Tag wurde, rief er seine Jünger zu sich und wählte aus ihnen zwölf aus; sie nannte er auch Apostel. 14 (Es waren) Simon, dem er den Namen Petrus gab, und sein Bruder Andreas, dazu Jakobus und Johannes, Philippus und Bartholomäus, 15 Matthäus und Thomas, Jakobus, der Sohn des Alphäus, und Simon, genannt der Zelot, 16 Judas, der Sohn des Jakobus, und Judas Iskariot, der zum Verräter wurde.

12–16 ‖ Mt 10,1–4; Mk 3,13–19 • 12: Mt 14,23; Mk 6,46; 14–16: Joh 1,40–44; Apg 1,13.

Der Andrang des Volkes: 6,17–19

17 Jesus stieg mit ihnen den Berg hinab. In der Ebene blieb er mit einer großen Schar seiner Jünger stehen und viele Menschen aus ganz Judäa und Jerusalem und dem Küstengebiet von Tyrus und Sidon 18 strömten herbei. Sie alle wollten ihn hören und von ihren Krankheiten geheilt werden. Auch die von unreinen Geistern Geplagten wurden geheilt. 19 Alle Leute versuchten, ihn zu berühren; denn es ging eine Kraft von ihm aus, die alle heilte.

17–19 ‖ Mt 4,23–25; 12,15f; Mk 3,7–12 • 19: 8,44; Mt 14,36.

6,13 Apostel (griechisch apóstolos = Bote, Gesandter) ist für die Urkirche Bezeichnung der mit der weltweiten Mission beauftragten Auferstehungszeugen. Durch die Gleichsetzung der »Apostel« mit dem Kreis der von Jesu zu Lebzeiten eingesetzten Zwölf hebt Lukas die enge Verbindung von Zwölferkreis und Apostelkollegium hervor.

6,17 Nach Lukas fand die »Bergpredigt« (Mt 5,1) an einem ebenen Ort statt (daher wird Lk 6,20–49 auch »Feldrede« genannt).

Die Feldrede: 6,20–49

Seligpreisungen und Weherufe: 6,20–26

20 Er richtete seine Augen auf seine Jünger und sagte:

Selig, ihr Armen, denn euch gehört das Reich Gottes.

21 Selig, die ihr jetzt hungert, denn ihr werdet satt werden. / Selig, die ihr jetzt weint, denn ihr werdet lachen.

22 Selig seid ihr, wenn euch die Menschen hassen und aus ihrer Gemeinschaft ausschließen, wenn sie euch beschimpfen und euch in Verruf bringen um des Menschensohnes willen. 23 Freut euch und jauchzt an jenem Tag; euer Lohn im Himmel wird groß sein. Denn ebenso haben es ihre Väter mit den Propheten gemacht.

24 Aber weh euch, die ihr reich seid; denn ihr habt keinen Trost mehr zu erwarten.

25 Weh euch, die ihr jetzt satt seid; denn ihr werdet hungern.

Weh euch, die ihr jetzt lacht; denn ihr werdet klagen und weinen.

26 Weh euch, wenn euch alle Menschen loben; denn ebenso haben es ihre Väter mit den falschen Propheten gemacht.

6,20–49: Mt 5–7; 20–23 ∥ Mt 5,3–12.

Von der Vergeltung und von der Liebe zu den Feinden: 6,27–36

27 Euch, die ihr mir zuhört, sage ich: Liebt eure Feinde; tut denen Gutes, die euch hassen. 28 Segnet die, die euch verfluchen; betet für die, die euch misshandeln. 29 Dem, der dich auf die eine Wange schlägt, halt auch die andere hin, und dem, der dir den Mantel wegnimmt, lass auch das Hemd. 30 Gib jedem, der dich bittet; und wenn dir jemand etwas wegnimmt, verlang es nicht zurück. 31 Was ihr von anderen erwartet, das tut ebenso auch ihnen. 32 Wenn ihr nur die liebt, die euch lieben, welchen Dank erwartet ihr dafür? Auch die Sünder lieben die, von denen sie geliebt werden. 33 Und wenn ihr nur denen Gutes tut, die euch Gutes tun, welchen Dank erwartet ihr dafür? Das tun auch die Sünder. 34 Und wenn ihr nur denen etwas leiht, von denen ihr es zurückzubekommen hofft, welchen Dank erwartet ihr dafür? Auch die Sünder leihen Sündern in der Hoffnung, alles zurückzubekommen. 35 Ihr aber sollt eure Feinde lieben und sollt Gutes tun und leihen, auch wo ihr nichts dafür erhoffen könnt. Dann wird euer Lohn groß sein und ihr werdet Söhne des Höchsten sein; denn auch er ist gütig gegen die Undankbaren und Bösen. 36 Seid barmherzig, wie es auch euer Vater ist!

27–36 ∥ Mt 5,38–48 • 31: Mt 7,12.

Vom Richten: 6,37–42

37 Richtet nicht, dann werdet auch ihr nicht gerichtet werden. Verurteilt nicht, dann werdet auch ihr nicht verurteilt werden. Erlasst einander die Schuld, dann wird auch euch die Schuld erlassen werden. 38 Gebt, dann wird auch euch gegeben werden. In reichem, vollem, gehäuftem, überfließendem Maß wird man euch beschenken; denn nach dem Maß, mit dem ihr messt und zuteilt, wird auch euch zugeteilt werden.

39 Er gebrauchte auch einen Vergleich und sagte: Kann ein Blinder einen Blinden führen? Werden nicht beide in eine Grube fallen? 40 Der Jünger steht nicht über seinem Meister; jeder aber, der alles gelernt hat, wird wie sein Meister sein. 41 Warum siehst du den Splitter im Auge deines Bruders, aber den Balken in deinem eigenen Auge bemerkst du nicht? 42 Wie kannst du zu deinem Bruder sagen: Bruder, lass mich den Splitter aus deinem Auge herausziehen!, während du den Balken in deinem eigenen Auge nicht siehst? Du Heuchler! Zieh zuerst den Balken aus deinem Auge; dann kannst du versuchen, den Splitter aus dem Auge deines Bruders herauszuziehen.

37–42 ∥ Mt 7,1–5 • 37: Mt 6,14f; Mk 11,25f; 38: Mk 4,24 • 39: Mt 15,14 • 40: Mt 10,24f; Joh 13,16; 15,20.

Von der wahren Frömmigkeit: 6,43–46

43 Es gibt keinen guten Baum, der schlechte Früchte hervorbringt, noch einen schlechten Baum, der gute Früchte hervorbringt. 44 Jeden Baum erkennt man an seinen Früchten: Von den Disteln pflückt man keine Feigen und vom Dornstrauch erntet man keine Trauben. 45 Ein guter Mensch bringt Gutes hervor, weil in seinem Herzen Gutes ist; und ein böser Mensch bringt Böses hervor, weil in seinem Herzen Böses ist. Wovon das Herz voll ist, davon spricht der Mund. 46 Was sagt ihr zu mir: Herr! Herr!, und tut nicht, was ich sage?

43–45 ∥ Mt 7,16–21; 12,33–35.

Vom Haus auf dem Felsen: 6,47–49

47 Ich will euch zeigen, wem ein Mensch gleicht, der zu mir kommt und meine Worte hört und danach handelt. 48 Er ist wie ein

6,45 Wörtlich: Ein guter Mensch bringt aus dem guten Schatz seines Herzens das Gute hervor und ein böser Mensch bringt aus dem bösen das Böse hervor.

Mann, der ein Haus baute und dabei die Erde
tief aushob und das Fundament auf einen
Felsen stellte. Als nun ein Hochwasser kam
und die Flutwelle gegen das Haus prallte,
konnte sie es nicht erschüttern, weil es gut
gebaut war. 49 Wer aber hört und nicht da-
nach handelt, ist wie ein Mann, der sein
Haus ohne Fundament auf die Erde baute.
Die Flutwelle prallte dagegen, das Haus
stürzte sofort in sich zusammen und wurde
völlig zerstört.

47–49 ‖ Mt 7,24–27.

Zeichen und Worte Jesu: 7,1 – 9,50

Der Hauptmann von Kafarnaum: 7,1–10

7 Als Jesus diese Rede vor dem Volk be-
endet hatte, ging er nach Kafarnaum
hinein. 2 Ein Hauptmann hatte einen Diener,
der todkrank war und den er sehr schätzte.
3 Als der Hauptmann von Jesus hörte,
schickte er einige von den jüdischen Ältesten
zu ihm mit der Bitte, zu kommen und seinen
Diener zu retten. 4 Sie gingen zu Jesus und
baten ihn inständig. Sie sagten: Er verdient
es, dass du seine Bitte erfüllst; 5 denn er liebt
unser Volk und hat uns die Synagoge gebaut.
6 Da ging Jesus mit ihnen. Als er nicht mehr
weit von dem Haus entfernt war, schickte
der Hauptmann Freunde und ließ ihm sagen:
Herr, bemüh dich nicht! Denn ich bin es
nicht wert, dass du mein Haus betrittst.
7 Deshalb habe ich mich auch nicht für wür-
dig gehalten, selbst zu dir zu kommen.
Sprich nur ein Wort, dann muss mein Diener
gesund werden. 8 Auch ich muss Befehlen ge-
horchen und ich habe selber Soldaten unter
mir; sage ich nun zu einem: Geh!, so geht er,
und zu einem andern: Komm!, so kommt er,
und zu meinem Diener: Tu das!, so tut er es.
9 Jesus war erstaunt über ihn, als er das hör-
te. Und er wandte sich um und sagte zu den
Leuten, die ihm folgten: Ich sage euch: Nicht
einmal in Israel habe ich einen solchen Glau-
ben gefunden. 10 Und als die Männer, die der
Hauptmann geschickt hatte, in das Haus zu-
rückkehrten, stellten sie fest, dass der Diener
gesund war.

1–10 ‖ Mt 8,5–13; Joh 4,46–53.

Die Auferweckung eines jungen Mannes in Naïn: 7,11–17

11 Einige Zeit später ging er in eine Stadt
namens Naïn; seine Jünger und eine große
Menschenmenge folgten ihm. 12 Als er in die
Nähe des Stadttors kam, trug man gerade ei-
nen Toten heraus. Es war der einzige Sohn
seiner Mutter, einer Witwe. Und viele Leute
aus der Stadt begleiteten sie. 13 Als der Herr
die Frau sah, hatte er Mitleid mit ihr und
sagte zu ihr: Weine nicht! 14 Dann ging er zu
der Bahre hin und fasste sie an. Die Träger
blieben stehen und er sagte: Ich befehle dir,
junger Mann: Steh auf! 15 Da richtete sich
der Tote auf und begann zu sprechen *und
Jesus gab ihn seiner Mutter zurück*. 16 Alle
wurden von Furcht ergriffen; sie priesen
Gott und sagten: Ein großer Prophet ist un-
ter uns aufgetreten: Gott hat sich seines Vol-
kes angenommen. 17 Und die Kunde davon
verbreitete sich überall in Judäa und im gan-
zen Gebiet ringsum.

15: 1 Kön 17,23 • 16: 1,68.

Die Frage des Täufers: 7,18–23

18 Johannes erfuhr das alles von seinen
Jüngern. Da rief er zwei von ihnen zu sich,
19 schickte sie zum Herrn und ließ ihn fragen:
Bist du der, der kommen soll, oder müssen
wir auf einen andern warten? 20 Als die bei-
den Männer zu Jesus kamen, sagten sie: Jo-
hannes der Täufer hat uns zu dir geschickt
und lässt dich fragen: Bist du der, der kom-
men soll, oder müssen wir auf einen andern
warten? 21 Damals heilte Jesus viele Men-
schen von ihren Krankheiten und Leiden,
befreite sie von bösen Geistern und schenkte
vielen Blinden das Augenlicht. 22 Er antwor-
tete den beiden: Geht und berichtet Johan-
nes, was ihr gesehen und gehört habt: *Blinde
sehen wieder, Lahme* gehen, und Aussätzige
werden rein; *Taube hören, Tote stehen auf,*
und *den Armen wird das Evangelium ver-
kündet*. 23 Selig ist, wer an mir keinen Anstoß
nimmt.

18–23 ‖ Mt 11,2–6 • 22: Jes 26,19; 29,18; 35,5f; 61,1.

Das Urteil Jesu über den Täufer: 7,24–35

24 Als die Boten des Johannes weggegan-
gen waren, begann Jesus zu der Menge über
Johannes zu reden; er sagte: Was habt ihr
denn sehen wollen, als ihr in die Wüste hi-
nausgegangen seid? Ein Schilfrohr, das im
Wind schwankt? 25 Oder was habt ihr sehen
wollen, als ihr hinausgegangen seid? Einen
Mann in feiner Kleidung? Leute, die vor-
nehm gekleidet sind und üppig leben, findet
man in den Palästen der Könige. 26 Oder was
habt ihr sehen wollen, als ihr hinausgegan-
gen seid? Einen Propheten? Ja, ich sage euch:

7,18–23 Vgl. die Anmerkung zu Mt 11,2–6.

Ihr habt sogar mehr gesehen als einen Propheten. 27 Er ist der, von dem es in der Schrift heißt:

Ich sende meinen Boten vor dir her; / er soll den Weg für dich *bahnen.*

28 Ich sage euch: Unter allen Menschen gibt es keinen größeren als Johannes; doch der Kleinste im Reich Gottes ist größer als er. 29 Das ganze Volk, das Johannes hörte, selbst die Zöllner, sie alle haben den Willen Gottes anerkannt und sich von Johannes taufen lassen. 30 Doch die Pharisäer und die Gesetzeslehrer haben den Willen Gottes missachtet und sich von Johannes nicht taufen lassen.

31 Mit wem soll ich also die Menschen dieser Generation vergleichen? Wem sind sie ähnlich? 32 Sie sind wie Kinder, die auf dem Marktplatz sitzen und einander zurufen: Wir haben für euch auf der Flöte (Hochzeitslieder) gespielt und ihr habt nicht getanzt; wir haben Klagelieder gesungen und ihr habt nicht geweint. 33 Johannes der Täufer ist gekommen, er isst kein Brot und trinkt keinen Wein und ihr sagt: Er ist von einem Dämon besessen. 34 Der Menschensohn ist gekommen, er isst und trinkt; darauf sagt ihr: Dieser Fresser und Säufer, dieser Freund der Zöllner und Sünder! 35 Und doch hat die Weisheit durch alle ihre Kinder Recht bekommen.

24–35 ‖ Mt 11,7–19 • 27: Ex 23,20; Mal 3,1; Lk 1,76; Mk 1,2 • 33: 1,15 • 34: 5,30; 15,1f; 19,7; Mt 9,10f.

Die Begegnung Jesu mit der Sünderin: 7,36–50

36 Jesus ging in das Haus eines Pharisäers, der ihn zum Essen eingeladen hatte, und legte sich zu Tisch. 37 Als nun eine Sünderin, die in der Stadt lebte, erfuhr, dass er im Haus des Pharisäers bei Tisch war, kam sie mit einem Alabastergefäß voll wohlriechendem Öl 38 und trat von hinten an ihn heran. Dabei weinte sie und ihre Tränen fielen auf seine Füße. Sie trocknete seine Füße mit ihrem Haar, küsste sie und salbte sie mit dem Öl. 39 Als der Pharisäer, der ihn eingeladen hatte, das sah, dachte er: Wenn er wirklich ein Prophet wäre, müsste er wissen, was das für eine Frau ist, von der er sich berühren lässt; er wüsste, dass sie eine Sünderin ist. 40 Da wandte sich Jesus an ihn und sagte: Simon, ich möchte dir etwas sagen. Er erwiderte: Sprich, Meister! 41 (Jesus sagte:) Ein Geldverleiher hatte zwei Schuldner; der eine war ihm fünfhundert Denare schuldig, der andere fünfzig. 42 Als sie ihre Schulden nicht bezahlen konnten, erließ er sie beiden. Wer von ihnen wird ihn nun mehr lieben? 43 Simon antwortete: Ich nehme an, der, dem er mehr erlassen hat. Jesus sagte zu ihm: Du hast recht. 44 Dann wandte er sich der Frau zu und sagte zu Simon: Siehst du diese Frau? Als ich in dein Haus kam, hast du mir kein Wasser zum Waschen der Füße gegeben; sie aber hat ihre Tränen über meinen Füßen vergossen und sie mit ihrem Haar abgetrocknet. 45 Du hast mir (zur Begrüßung) keinen Kuss gegeben; sie aber hat mir, seit ich hier bin, unaufhörlich die Füße geküsst. 46 Du hast mir nicht das Haar mit Öl gesalbt; sie aber hat mir mit ihrem wohlriechenden Öl die Füße gesalbt. 47 Deshalb sage ich dir: Ihr sind ihre vielen Sünden vergeben, weil sie (mir) so viel Liebe gezeigt hat. Wem aber nur wenig vergeben wird, der zeigt auch nur wenig Liebe. 48 Dann sagte er zu ihr: Deine Sünden sind dir vergeben. 49 Da dachten die anderen Gäste: Wer ist das, dass er sogar Sünden vergibt? 50 Er aber sagte zu der Frau: Dein Glaube hat dir geholfen. Geh in Frieden!

36–50 ‖ Mt 26,6–13; Mk 14,3–9; Joh 12,3–8 • 42: Mt 18,27 • 49: 5,21 • 50: 8,48; 18,42; Mt 9,22; Mk 5,34; 10,52.

Frauen im Gefolge Jesu: 8,1–3

8 In der folgenden Zeit wanderte er von Stadt zu Stadt und von Dorf zu Dorf und verkündete das Evangelium vom Reich Gottes. Die Zwölf begleiteten ihn, 2 außerdem einige Frauen, die er von bösen Geistern und von Krankheiten geheilt hatte: Maria Magdalene, aus der sieben Dämonen ausgefahren waren, 3 Johanna, die Frau des Chuzas, eines Beamten des Herodes, Susanna und viele andere. Sie alle unterstützten Jesus und die Jünger mit dem, was sie besaßen.

2: 23,49; Mk 16,9 • 3: 24,10.

Das Gleichnis vom Sämann: 8,4–8

4 Als die Leute aus allen Städten zusammenströmten und sich viele Menschen um ihn versammelten, erzählte er ihnen dieses Gleichnis: 5 Ein Sämann ging aufs Feld, um seinen Samen auszusäen. Als er säte, fiel ein Teil der Körner auf den Weg; sie wurden zertreten und die Vögel des Himmels fraßen sie. 6 Ein anderer Teil fiel auf Felsen, und als

---

7,28 Unter allen Menschen, wörtlich: Unter allen von einer Frau Geborenen.
7,29 Wörtlich: sie alle haben Gott Recht gegeben.
7,31–35 Vgl. die Anmerkung zu Mt 11,16–19.
7,38f Die Berührung durch Sünder machte unrein; vgl. die Anmerkung zu Mk 7,1–8.
7,44 Wörtlich: hast du mir kein Wasser über die Füße gegossen.

die Saat aufging, verdorrte sie, weil es ihr an Feuchtigkeit fehlte. 7 Wieder ein anderer Teil fiel mitten in die Dornen und die Dornen wuchsen zusammen mit der Saat hoch und erstickten sie. 8 Ein anderer Teil schließlich fiel auf guten Boden, ging auf und brachte hundertfach Frucht. Als Jesus das gesagt hatte, rief er: Wer Ohren hat zum Hören, der höre!

4–8 ‖ Mt 13,1–9; Mk 4,1–9 • 8: Mt 11,15.

Sinn und Zweck der Gleichnisse: 8,9–10

9 Seine Jünger fragten ihn, was das Gleichnis bedeute. 10 Da sagte er: Euch ist es gegeben, die Geheimnisse des Reiches Gottes zu erkennen. Zu den anderen Menschen aber wird nur in Gleichnissen geredet; denn *sie sollen sehen und doch nicht sehen, hören und doch nicht verstehen.*

9–10 ‖ Mt 13,10–17; Mk 4,10–12 • 10: Jes 6,9; Joh 12,40; Apg 28,26.

Die Deutung des Gleichnisses vom Sämann: 8,11–15

11 Das ist der Sinn des Gleichnisses: Der Samen ist das Wort Gottes. 12 Auf den Weg ist der Samen bei denen gefallen, die das Wort zwar hören, denen es aber der Teufel dann aus dem Herzen reißt, damit sie nicht glauben und nicht gerettet werden. 13 Auf den Felsen ist der Samen bei denen gefallen, die das Wort freudig aufnehmen, wenn sie es hören; aber sie haben keine Wurzeln: Eine Zeit lang glauben sie, doch in der Zeit der Prüfung werden sie abtrünnig. 14 Unter die Dornen ist der Samen bei denen gefallen, die das Wort zwar hören, dann aber weggehen und in den Sorgen, dem Reichtum und den Genüssen des Lebens ersticken, deren Frucht also nicht reift. 15 Auf guten Boden ist der Samen bei denen gefallen, die das Wort mit gutem und aufrichtigem Herzen hören, daran festhalten und durch ihre Ausdauer Frucht bringen.

11–15 ‖ Mt 13,18–23; Mk 4,13–20.

Vom rechten Hören: 8,16–18

16 Niemand zündet ein Licht an und deckt es mit einem Gefäß zu oder stellt es unter das Bett, sondern man stellt das Licht auf den Leuchter, damit alle, die eintreten, es leuchten sehen. 17 Es gibt nichts Verborgenes, das nicht offenbar wird, und nichts Geheimes, das nicht bekannt wird und an den Tag kommt. 18 Gebt also Acht, dass ihr richtig zuhört! Denn wer hat, dem wird gegeben; wer aber nicht hat, dem wird auch noch weggenommen, was er zu haben meint.

16–18 ‖ Mk 4,21–25 • 16: 11,33; Mt 5,15; 17: 12,2; Mt 10,26 • 18: 19,26; Mt 13,12; 25,29.

Von den wahren Verwandten Jesu: 8,19–21

19 Eines Tages kamen seine Mutter und seine Brüder zu ihm; sie konnten aber wegen der vielen Leute nicht zu ihm gelangen. 20 Da sagte man ihm: Deine Mutter und deine Brüder stehen draußen und möchten dich sehen. 21 Er erwiderte: Meine Mutter und meine Brüder sind die, die das Wort Gottes hören und danach handeln.

19–21 ‖ Mt 12,46–50; Mk 3,31–35 • 21: 11,28.

Der Sturm auf dem See: 8,22–25

22 Eines Tages stieg er mit seinen Jüngern in ein Boot und sagte zu ihnen: Wir wollen ans andere Ufer des Sees hinüberfahren. Und sie fuhren ab. 23 Während der Fahrt aber schlief er ein. Plötzlich brach über dem See ein Wirbelsturm los; das Wasser schlug in das Boot und sie gerieten in große Gefahr. 24 Da traten sie zu ihm und weckten ihn; sie riefen: Meister, Meister, wir gehen zugrunde! Er stand auf, drohte dem Wind und den Wellen, und sie legten sich und es trat Stille ein. 25 Dann sagte er zu den Jüngern: Wo ist euer Glaube? Sie aber fragten einander voll Schrecken und Staunen: Was ist das für ein Mensch, dass sogar die Winde und das Wasser seinem Befehl gehorchen?

22–25 ‖ Mt 8,18.23–27; Mk 4,35–41.

Die Heilung des Besessenen von Gerasa: 8,26–39

26 Sie fuhren in das Gebiet von Gerasa, das dem galiläischen Ufer gegenüberliegt. 27 Als Jesus an Land ging, lief ihm ein Mann aus der Stadt entgegen, der von Dämonen besessen war. Schon seit langem trug er keine Kleider mehr und lebte nicht mehr in einem Haus, sondern in den Grabhöhlen. 28 Als er Jesus sah, schrie er auf, fiel vor ihm nieder und rief laut: Was habe ich mit dir zu tun, Jesus, Sohn des höchsten Gottes? Ich bitte dich: Quäle mich nicht! 29 Jesus hatte nämlich dem unreinen Geist befohlen, den Mann zu verlassen. Denn schon seit langem hatte ihn der

8,15 durch ihre Ausdauer, andere Übersetzungsmöglichkeiten: beharrlich; oder: voll Geduld.
8,19–21 Vgl. die Anmerkung zu Mt 12,46f.
8,26.37 Weniger gut bezeugte Lesarten: Gergesa, Gadara.

Geist in seiner Gewalt und man hatte ihn wie einen Gefangenen an Händen und Füßen gefesselt. Aber immer wieder zerriss er die Fesseln und wurde von dem Dämon in menschenleere Gegenden getrieben. [30] Jesus fragte ihn: Wie heißt du? Er antwortete: Legion. Denn er war von vielen Dämonen besessen. [31] Und die Dämonen baten Jesus, sie nicht zur Hölle zu schicken.

[32] Nun weidete dort an einem Berg gerade eine große Schweineherde. Die Dämonen baten Jesus, ihnen zu erlauben, in die Schweine hineinzufahren. Er erlaubte es ihnen. [33] Da verließen die Dämonen den Menschen und fuhren in die Schweine, und die Herde stürzte sich den Abhang hinab in den See und ertrank. [34] Als die Hirten das sahen, flohen sie und erzählten alles in der Stadt und in den Dörfern. [35] Darauf eilten die Leute herbei, um zu sehen, was geschehen war. Sie kamen zu Jesus und sahen, dass der Mann, den die Dämonen verlassen hatten, wieder bei Verstand war und ordentlich gekleidet Jesus zu Füßen saß. Da fürchteten sie sich. [36] Die, die alles gesehen hatten, berichteten ihnen, wie der Besessene geheilt wurde. [37] Darauf baten alle, die im Gebiet von Gerasa wohnten, Jesus, sie zu verlassen; denn es hatte sie große Angst gepackt. Da stieg Jesus ins Boot und fuhr zurück.

[38] Der Mann, den die Dämonen verlassen hatten, bat Jesus, bei ihm bleiben zu dürfen. Doch Jesus schickte ihn weg und sagte: [39] Kehr in dein Haus zurück, und erzähl alles, was Gott für dich getan hat. Da ging er weg und verkündete in der ganzen Stadt, was Jesus für ihn getan hatte.

26–39 ‖ Mt 8,28–34; Mk 5,1–20 • 28: 4,34.41; Mk 1,24; 3,11; Joh 2,4.

Die Auferweckung der Tochter des Jaïrus und die Heilung einer kranken Frau: 8,40–56

[40] Als Jesus (ans andere Ufer) zurückkam, empfingen ihn viele Menschen; sie hatten alle schon auf ihn gewartet. [41] Da kam ein Mann namens Jaïrus, der Synagogenvorsteher war. Er fiel Jesus zu Füßen und bat ihn, in sein Haus zu kommen. [42] Denn sein einziges Kind, ein Mädchen von etwa zwölf Jahren, lag im Sterben.

Während Jesus auf dem Weg zu ihm war, drängten sich die Menschen um ihn und erdrückten ihn beinahe. [43] Darunter war eine Frau, die schon seit zwölf Jahren an Blutungen litt und bisher von niemand geheilt werden konnte. [44] Sie drängte sich von hinten an ihn heran und berührte den Saum seines Gewandes. Im gleichen Augenblick kam die Blutung zum Stillstand. [45] Da fragte Jesus: Wer hat mich berührt? Als alle es abstritten, sagten Petrus und seine Gefährten: Meister, die Leute drängen sich doch von allen Seiten um dich und erdrücken dich fast. [46] Jesus erwiderte: Es hat mich jemand berührt; denn ich fühlte, wie eine Kraft von mir ausströmte. [47] Als die Frau merkte, dass sie es nicht verheimlichen konnte, kam sie zitternd zu ihm, fiel vor ihm nieder und erzählte vor allen Leuten, warum sie ihn berührt hatte und wie sie durch die Berührung sofort gesund geworden war. [48] Da sagte er zu ihr: Meine Tochter, dein Glaube hat dir geholfen. Geh in Frieden!

[49] Während Jesus noch redete, kam einer, der zum Haus des Synagogenvorstehers gehörte, und sagte (zu Jaïrus): Deine Tochter ist gestorben. Bemüh den Meister nicht länger! [50] Jesus hörte es und sagte zu Jaïrus: Sei ohne Furcht; glaube nur, dann wird sie gerettet. [51] Als er in das Haus ging, ließ er niemand mit hinein außer Petrus, Johannes und Jakobus und die Eltern des Mädchens. [52] Alle Leute weinten und klagten über ihren Tod. Jesus aber sagte: Weint nicht! Sie ist nicht gestorben, sie schläft nur. [53] Da lachten sie ihn aus, weil sie wussten, dass sie tot war. [54] Er aber fasste sie an der Hand und rief: Mädchen, steh auf! [55] Da kehrte das Leben in sie zurück und sie stand sofort auf. Und er sagte, man solle ihr etwas zu essen geben. [56] Ihre Eltern aber waren außer sich. Doch Jesus verbot ihnen, irgend jemand zu erzählen, was geschehen war.

40–56 ‖ Mt 9,18–26; Mk 5,21–43 • 44: 6,19; Mt 14,36 • 48: 7,50; 17,19; 18,42; Mk 10,52.

Die Aussendung der zwölf Jünger: 9,1–6

9 Dann rief er die Zwölf zu sich und gab ihnen die Kraft und die Vollmacht, alle Dämonen auszutreiben und die Kranken gesund zu machen. [2] Und er sandte sie aus mit dem Auftrag, das Reich Gottes zu verkünden und zu heilen. [3] Er sagte zu ihnen: Nehmt nichts mit auf den Weg, keinen Wanderstab und keine Vorratstasche, kein Brot, kein Geld und kein zweites Hemd. [4] Bleibt in dem Haus, in dem ihr einkehrt, bis ihr den Ort

8,30 Vgl. die Anmerkung zu Mk 5,9.
8,31 zur Hölle, wörtlich: in den Abgrund.
8,43–48 Vgl. die Anmerkung zu Mt 9,20–22. – Manche Textzeugen fügen am Ende des V. 43 (entsprechend Mk 5,26) hinzu: obwohl sie schon ihr ganzes Vermögen für die Ärzte aufgewendet hatte.
9,1–6 Vgl. die Anmerkung zu Mt 9,35 – 11,1.

wieder verlasst. 5 Wenn euch aber die Leute
in einer Stadt nicht aufnehmen wollen, dann
geht weg und schüttelt den Staub von euren
Füßen, zum Zeugnis gegen sie. 6 Die Zwölf
machten sich auf den Weg und wanderten
von Dorf zu Dorf. Sie verkündeten das Evan-
gelium und heilten überall die Kranken.

1–6 ‖ Mt 10,1.5–14; Mk 6,7–13 • 1–6: 10,1–12 • 3: 22,35.

Das Urteil des Herodes über Jesus: 9,7–9

7 Der Tetrarch Herodes hörte von allem,
was geschah, und wusste nicht, was er davon
halten sollte. Denn manche sagten: Johannes
ist von den Toten auferstanden. 8 Andere
meinten: Elija ist wiedererschienen. Wieder
andere: Einer der alten Propheten ist auf-
erstanden. 9 Herodes aber sagte: Johannes
habe ich selbst enthaupten lassen. Wer ist
dann dieser Mann, von dem man mir solche
Dinge erzählt? Und er hatte den Wunsch, ihn
einmal zu sehen.

7–9 ‖ Mt 14,1f; Mk 6,14–16 • 7: 9,19; Mt 16,14 • 9: 23,8.

Die Rückkehr der Jünger und die Speisung der Fünftausend: 9,10–17

10 Die Apostel kamen zurück und erzähl-
ten Jesus alles, was sie getan hatten. Dann
nahm er sie beiseite und zog sich in die Nähe
der Stadt Betsaida zurück, um mit ihnen al-
lein zu sein. 11 Aber die Leute erfuhren davon
und folgten ihm. Er empfing sie freundlich,
redete zu ihnen vom Reich Gottes und heilte
alle, die seine Hilfe brauchten.

12 Als der Tag zur Neige ging, kamen die
Zwölf zu ihm und sagten: Schick die Men-
schen weg, damit sie in die umliegenden
Dörfer und Gehöfte gehen, dort Unterkunft
finden und etwas zu essen bekommen; denn
wir sind hier an einem abgelegenen Ort. 13 Er
antwortete: Gebt ihr ihnen zu essen! Sie sag-
ten: Wir haben nicht mehr als fünf Brote und
zwei Fische; wir müssten erst weggehen und
für all diese Leute Essen kaufen. 14 Es waren
etwa fünftausend Männer. Er erwiderte sei-
nen Jüngern: Sagt ihnen, sie sollen sich in
Gruppen zu ungefähr fünfzig zusammenset-
zen. 15 Die Jünger taten, was er ihnen sagte,
und veranlassten, dass sich alle setzten.
16 Jesus aber nahm die fünf Brote und die
zwei Fische, blickte zum Himmel auf, segne-
te sie und brach sie; dann gab er sie den Jün-
gern, damit sie diese an die Leute austeilten.
17 Und alle aßen und wurden satt. Als man
die übrig gebliebenen Brotstücke einsam-
melte, waren es zwölf Körbe voll.

10–17 ‖ Mt 14,13–21; Mk 6,30–44; Joh 6,1–13 • 10–17: Mt 15,32–39; Mk 8,1–10.

Das Messiasbekenntnis des Petrus und die erste Ankündigung von Leiden und Auferstehung: 9,18–22

18 Jesus betete einmal in der Einsamkeit,
und die Jünger waren bei ihm. Da fragte er
sie: Für wen halten mich die Leute? 19 Sie
antworteten: Einige für Johannes den Täu-
fer, andere für Elija; wieder andere sagen:
Einer der alten Propheten ist auferstanden.
20 Da sagte er zu ihnen: Ihr aber, für wen hal-
tet ihr mich? Petrus antwortete: Für den
Messias Gottes. 21 Doch er verbot ihnen
streng, es jemand weiterzusagen.

22 Und er fügte hinzu: Der Menschensohn
muss vieles erleiden und von den Ältesten,
den Hohenpriestern und den Schriftgelehr-
ten verworfen werden; er wird getötet wer-
den, aber am dritten Tag wird er auferste-
hen.

18–22 ‖ Mt 16,13–21; Mk 8,27–31 • 18: 5,16; Mk 1,35 • 19: 9,7f • 20: Joh 11,27 • 22: 9,44; 17,25; 18,31–33; 24,7; Mt 17,22f; 20,18f; 26,2; Mk 9,31; 10,32–34.

Von Nachfolge und Selbstverleugnung: 9,23–27

23 Zu allen sagte er: Wer mein Jünger sein
will, der verleugne sich selbst, nehme täglich
sein Kreuz auf sich und folge mir nach.
24 Denn wer sein Leben retten will, wird es
verlieren; wer aber sein Leben um meinet-
willen verliert, der wird es retten. 25 Was
nützt es einem Menschen, wenn er die ganze
Welt gewinnt, dabei aber sich selbst verliert
und Schaden nimmt? 26 Denn wer sich mei-
ner und meiner Worte schämt, dessen wird
sich der Menschensohn schämen, wenn er in
seiner Hoheit kommt und in der Hoheit des
Vaters und der heiligen Engel. 27 Wahrhaftig,
das sage ich euch: Von denen, die hier stehen,
werden einige den Tod nicht erleiden, bis sie
das Reich Gottes gesehen haben.

23–27 ‖ Mt 16,24–28; Mk 8,34–9,1 • 23: 14,27; Mt 10,38f; Mt 8,22; • 24: 17,33; Mt 10,39; 16,25; Joh 12,25 • 26: Mt 10,33 • 27: Mt 10,23; 24,34.

Die Verklärung Jesu: 9,28–36

28 Etwa acht Tage nach diesen Reden
nahm Jesus Petrus, Johannes und Jakobus
beiseite und stieg mit ihnen auf einen Berg,
um zu beten. 29 Und während er betete, ver-
änderte sich das Aussehen seines Gesichtes
und sein Gewand wurde leuchtend weiß.
30 Und plötzlich redeten zwei Männer mit
ihm. Es waren Mose und Elija; 31 sie erschie-
nen in strahlendem Licht und sprachen von
seinem Ende, das sich in Jerusalem erfüllen

9,7 Zu »Tetrarch« vgl. die Anmerkung zu Mt 14,1.

9,8f Vgl. die Anmerkung zu Mt 17,10–13.

sollte. 32 Petrus und seine Begleiter aber wa-
ren eingeschlafen, wurden jedoch wach und
sahen Jesus in strahlendem Licht und die
zwei Männer, die bei ihm standen. 33 Als die
beiden sich von ihm trennen wollten, sagte
Petrus zu Jesus: Meister, es ist gut, dass wir
hier sind. Wir wollen drei Hütten bauen, eine
für dich, eine für Mose und eine für Elija. Er
wusste aber nicht, was er sagte. 34 Während
er noch redete, kam eine Wolke und warf ih-
ren Schatten auf sie. Sie gerieten in die Wol-
ke hinein und bekamen Angst. 35 Da rief eine
Stimme aus der Wolke: *Das ist mein auser-
wählter Sohn, auf ihn sollt ihr hören.* 36 Als
aber die Stimme erklang, war Jesus wieder
allein. Die Jünger schwiegen jedoch über
das, was sie gesehen hatten, und erzählten in
jenen Tagen niemand davon.

28–36 ‖ Mt 17,1–9; Mk 9,2–8 • 28–36: 2 Petr 1,16–18; • 35: Ps 2,7; Dtn 18,15; Jes 42,1; Mt 3 17.

Die Heilung eines besessenen Jungen: 9,37–43a

37 Als sie am folgenden Tag den Berg hi-
nabstiegen, kam ihnen eine große Menschen-
menge entgegen. 38 Da schrie ein Mann aus
der Menge: Meister, ich bitte dich, hilf mei-
nem Sohn! Es ist mein einziger. 39 Er ist von
einem Geist besessen; plötzlich schreit er
auf, wird hin und her gezerrt und Schaum
tritt ihm vor den Mund, und der Geist quält
ihn fast unaufhörlich. 40 Ich habe schon dei-
ne Jünger gebeten ihn auszutreiben, aber sie
konnten es nicht. 41 Da sagte Jesus: O du un-
gläubige und unbelehrbare Generation! Wie
lange muss ich noch bei euch sein und euch
ertragen? Bring deinen Sohn her! 42 Als der
Sohn herkam, warf der Dämon ihn zu Boden
und zerrte ihn hin und her. Jesus aber drohte
dem unreinen Geist, heilte den Jungen und
gab ihn seinem Vater zurück. 43a Und alle ge-
rieten außer sich über die Macht und Größe
Gottes.

37–43a ‖ Mt 17,14–21; Mk 9,14–29.

Die zweite Ankündigung von Leiden und Auferstehung: 9,43b–45

43b Alle Leute staunten über das, was Jesus
tat; er aber sagte zu seinen Jüngern: 44 Merkt
euch genau, was ich jetzt sage: Der Men-
schensohn wird den Menschen ausgeliefert
werden. 45 Doch die Jünger verstanden den
Sinn seiner Worte nicht; er blieb ihnen ver-
borgen, sodass sie ihn nicht begriffen. Aber
sie scheuten sich, Jesus zu fragen, was er da-
mit sagen wollte.

43b–45 ‖ Mt 17,22f; Mk 9,30–32 • 44: 9,22; 17,25; 18,32 • 45: 18,34.

Der Rangstreit der Jünger: 9,46–48

46 Unter den Jüngern kam die Frage auf,
wer von ihnen der Größte sei. 47 Jesus wusste,
was in ihrem Herzen vorging. Deshalb nahm
er ein Kind, stellte es neben sich 48 und sagte
zu ihnen: Wer dieses Kind um meinetwillen
aufnimmt, der nimmt mich auf; wer aber
mich aufnimmt, der nimmt den auf, der mich
gesandt hat. Denn wer unter euch allen der
Kleinste ist, der ist groß.

46–48 ‖ Mt 18,1–5; Mk 9,33–37 • 46: 22,24–26.

Der fremde Wundertäter: 9,49–50

49 Da sagte Johannes: Meister, wir haben
gesehen, wie jemand in deinem Namen Dä-
monen austrieb, und wir versuchten, ihn da-
ran zu hindern, weil er nicht mit uns zusam-
men dir nachfolgt. 50 Jesus antwortete ihm:
Hindert ihn nicht! Denn wer nicht gegen
euch ist, der ist für euch.

49–50 ‖ Mk 9,38–41.

AUF DEM WEG NACH JERUSALEM: 9,51 – 19,27

Von der wahren Jüngerschaft: 9,51–13,21

Die ungastlichen Samariter: 9,51–56

51 Als die Zeit herankam, in der er (in den
Himmel) aufgenommen werden sollte, ent-
schloss sich Jesus, nach Jerusalem zu gehen.
52 Und er schickte Boten vor sich her. Diese
kamen in ein samaritisches Dorf und wollten
eine Unterkunft für ihn besorgen. 53 Aber
man nahm ihn nicht auf, weil er auf dem
Weg nach Jerusalem war. 54 Als die Jünger
Jakobus und Johannes das sahen, sagten
sie: Herr, sollen wir befehlen, dass Feuer
vom Himmel fällt und sie vernichtet? 55 Da
wandte er sich um und wies sie zurecht.

9,48 um meinetwillen wörtlich: aufgrund meines Namens.
9,51–56 Vgl. die Anmerkung zu Joh 4,4–6.
9,51 entschloss sich Jesus, wörtlich: richtet er sein Gesicht fest darauf.
9,54 Einige Textzeugen fügen am Ende des Verses hinzu: wie es auch Elija getan hat; vgl. 2 Kön 1,10–12.
9,55 Einige Textzeugen fügen am Ende des Verses hinzu: und sagte: Ihr wisst nicht, was für ein Geist

56 Und sie gingen zusammen in ein anderes
Dorf.

51: Apg 1,9.

Von der Nachfolge: 9,57–62

57 Als sie auf ihrem Weg weiterzogen, rede-
te ein Mann Jesus an und sagte: Ich will dir
folgen, wohin du auch gehst. 58 Jesus ant-
wortete ihm: Die Füchse haben ihre Höhlen
und die Vögel ihre Nester; der Menschensohn
aber hat keinen Ort, wo er sein Haupt hinle-
gen kann. 59 Zu einem anderen sagte er: Fol-
ge mir nach! Der erwiderte: Lass mich zuerst
heimgehen und meinen Vater begraben.
60 Jesus sagte zu ihm: Lass die Toten ihre To-
ten begraben; du aber geh und verkünde das
Reich Gottes! 61 Wieder ein anderer sagte:
Ich will dir nachfolgen, Herr. Zuvor aber lass
mich von meiner Familie Abschied nehmen.
62 Jesus erwiderte ihm: Keiner, der die Hand
an den Pflug gelegt hat und nochmals zu-
rückblickt, taugt für das Reich Gottes.

57–60 ‖ Mt 8,18–22.

Die Aussendung der zweiundsiebzig Jünger: 10,1–16

10 Danach suchte der Herr zweiund-
siebzig andere aus und sandte sie zu
zweit voraus in alle Städte und Ortschaften,
in die er selbst gehen wollte. 2 Er sagte zu ih-
nen: Die Ernte ist groß, aber es gibt nur we-
nig Arbeiter. Bittet also den Herrn der Ernte,
Arbeiter für seine Ernte auszusenden.
3 Geht! Ich sende euch wie Schafe mitten un-
ter die Wölfe. 4 Nehmt keinen Geldbeutel
mit, keine Vorratstasche und keine Schuhe!
Grüßt niemand unterwegs! 5 Wenn ihr in ein
Haus kommt, so sagt als erstes: Friede die-
sem Haus! 6 Und wenn dort ein Mann des
Friedens wohnt, wird der Friede, den ihr ihm
wünscht, auf ihm ruhen; andernfalls wird er
zu euch zurückkehren. 7 Bleibt in diesem
Haus, esst und trinkt, was man euch anbie-
tet; denn wer arbeitet, hat ein Recht auf sei-
nen Lohn. Zieht nicht von einem Haus in ein
anderes! 8 Wenn ihr in eine Stadt kommt und
man euch aufnimmt, so esst, was man euch
vorsetzt. 9 Heilt die Kranken, die dort sind,
und sagt den Leuten: Das Reich Gottes ist
euch nahe. 10 Wenn ihr aber in eine Stadt
kommt, in der man euch nicht aufnimmt,
dann stellt euch auf die Straße und ruft:
11 Selbst den Staub eurer Stadt, der an unse-
ren Füßen klebt, lassen wir euch zurück;
doch das sollt ihr wissen: Das Reich Gottes
ist nahe. 12 Ich sage euch: Sodom wird es an
jenem Tag nicht so schlimm ergehen wie die-
ser Stadt.

13 Weh dir, Chorazin! Weh dir, Betsaida!
Wenn einst in Tyrus und Sidon die Wunder
geschehen wären, die bei euch geschehen
sind – man hätte dort in Sack und Asche
Buße getan. 14 Tyrus und Sidon wird es beim
Gericht nicht so schlimm ergehen wie euch.
15 Und du, Kafarnaum, meinst du etwa, *du
wirst bis zum Himmel erhoben? Nein, in die
Unterwelt wirst du hinabgeworfen.*

16 Wer euch hört, der hört mich, und wer
euch ablehnt, der lehnt mich ab; wer aber
mich ablehnt, der lehnt den ab, der mich ge-
sandt hat.

2 ‖ Mt 9,37f • 13–15 ‖ Mt 11,20–24 • 1–12: 9,1–6; Mt 10,7–16; Mk 6,8–11 • 4: 22,35 • 9: Mt 4,17 • 15: Jes 14,13.15 • 16: Mt 10,40; Joh 13,20.

Der Lohn der Jünger: 10,17–20

17 Die Zweiundsiebzig kehrten zurück und
berichteten voll Freude: Herr, sogar die Dä-
monen gehorchen uns, wenn wir deinen Na-
men aussprechen. 18 Da sagte er zu ihnen: Ich
sah den Satan wie einen Blitz vom Himmel
fallen. 19 Seht, ich habe euch die Vollmacht
gegeben, auf Schlangen und Skorpione zu
treten und die ganze Macht des Feindes zu
überwinden. Nichts wird euch schaden kön-
nen. 20 Doch freut euch nicht darüber, dass
euch die Geister gehorchen, sondern freut
euch darüber, dass eure Namen im Himmel
verzeichnet sind.

17: 9,10; Mk 6,30f • 19: Ps 91,13.

Der Dank Jesu an den Vater: 10,21–22

21 In dieser Stunde rief Jesus, vom Heili-
gen Geist erfüllt, voll Freude aus: Ich preise
dich, Vater, Herr des Himmels und der Erde,
weil du all das den Weisen und Klugen ver-
borgen, den Unmündigen aber offenbart
hast. Ja, Vater, so hat es dir gefallen. 22 Mir
ist von meinem Vater alles übergeben wor-
den; niemand weiß, wer der Sohn ist, nur der

---

aus euch spricht. Der Menschensohn ist nicht gekommen, um Menschen zu vernichten, sondern um sie zu retten. Vgl. Lk 19,10.

9,59 Viele alte Textzeugen haben hier: Herr, lass mich …

10,1–12 Vgl. die Anmerkung zu Mt 9,35 – 11,1.

10,1.17: Statt »zweiundsiebzig« haben zahlreiche alte Textzeugen »siebzig«.

10,6 Mann des Friedens, wörtlich: Sohn des Friedens.

10,13–15 Vgl. die Anmerkung zu Mt 11,21f.

10,19 Andere Übersetzungsmöglichkeit: überwinden, und er (das heißt der Feind) wird euch in keiner Weise schaden können.

10,21 Einige Textzeugen haben: vom Geist erfüllt.

Vater, und niemand weiß, wer der Vater ist, nur der Sohn und der, dem es der Sohn offenbaren will.

21–22 ‖ Mt 11,25–27 • 21: Jes 29,14 G • 22: Joh 10,15.

Die Seligpreisung der Jünger: 10,23–24

23 Jesus wandte sich an die Jünger und sagte zu ihnen allein Selig sind die, deren Augen sehen, was ihr seht. 24 Ich sage euch: Viele Propheten und Könige wollten sehen, was ihr seht, und haben es nicht gesehen und wollten hören, was ihr hört, und haben es nicht gehört.

23–24 ‖ Mt 13,16f • 24: 1 Petr 1,10–12.

Das Beispiel vom barmherzigen Samariter: 10,25–37

25 Da stand ein Gesetzeslehrer auf, und um Jesus auf die Probe zu stellen, fragte er ihn: Meister, was muss ich tun, um das ewige Leben zu gewinnen? 26 Jesus sagte zu ihm: Was steht im Gesetz? Was liest du dort? 27 Er antwortete: *Du sollst den Herrn, deinen Gott, lieben mit ganzem Herzen und ganzer Seele, mit all deiner Kraft und all deinen Gedanken, und: Deinen Nächsten sollst du lieben wie dich selbst.* 28 Jesus sagte zu ihm: Du hast richtig geantwortet. Handle danach und du wirst leben. 29 Der Gesetzeslehrer wollte seine Frage rechtfertigen und sagte zu Jesus: Und wer ist mein Nächster?

30 Darauf antwortete ihm Jesus: Ein Mann ging von Jerusalem nach Jericho hinab und wurde von Räubern überfallen. Sie plünderten ihn aus und schlugen ihn nieder; dann gingen sie weg und ließen ihn halb tot liegen. 31 Zufällig kam ein Priester denselben Weg herab; er sah ihn und ging weiter. 32 Auch ein Levit kam zu der Stelle; er sah ihn und ging weiter. 33 Dann kam ein Mann aus Samarien, der auf der Reise war. Als er ihn sah, hatte er Mitleid, 34 ging zu ihm hin, goss Öl und Wein auf seine Wunden und verband sie. Dann hob er ihn auf sein Reittier, brachte ihn zu einer Herberge und sorgte für ihn. 35 Am andern Morgen holte er zwei Denare hervor, gab sie dem Wirt und sagte: Sorge für ihn, und wenn du mehr für ihn brauchst, werde ich es dir bezahlen, wenn ich wiederkomme.

36 Was meinst du: Wer von diesen dreien hat sich als der Nächste dessen erwiesen, der von den Räubern überfallen wurde? 37 Der Gesetzeslehrer antwortete: Der, der barmherzig an ihm gehandelt hat. Da sagte Jesus zu ihm: Dann geh und handle genauso!

25–28 ‖ Mt 22,35–40; Mk 12,28–31• 25: 18,18; • 27: Dtn 6,5; Lev 19,18; Mt 5,43; Röm 13,9; Gal 5,14 • 28: Lev 18,5 • 29: Lev 19,16–18.

Maria und Marta: 10,38–42

38 Sie zogen zusammen weiter und er kam in ein Dorf. Eine Frau namens Marta nahm ihn freundlich auf. 39 Sie hatte eine Schwester, die Maria hieß. Maria setzte sich dem Herrn zu Füßen und hörte seinen Worten zu. 40 Marta aber war ganz davon in Anspruch genommen, für ihn zu sorgen. Sie kam zu ihm und sagte: Herr, kümmert es dich nicht, dass meine Schwester die ganze Arbeit mir allein überlässt? Sag ihr doch, sie soll mir helfen! 41 Der Herr antwortete: Marta, Marta, du machst dir viele Sorgen und Mühen. 42 Aber nur eines ist notwendig. Maria hat das Bessere gewählt, das soll ihr nicht genommen werden.

38–42 ‖ Joh 11,1; 12,1–3.

Das Gebet des Herrn: 11,1–4

11 Jesus betete einmal an einem Ort; und als er das Gebet beendet hatte, sagte einer seiner Jünger zu ihm: Herr, lehre uns beten, wie schon Johannes seine Jünger beten gelehrt hat. 2 Da sagte er zu ihnen: Wenn ihr betet, so sprecht:

Vater, / dein Name werde geheiligt. / Dein Reich komme.

3 Gib uns täglich das Brot, das wir brauchen.

4 Und erlass uns unsere Sünden; / denn auch wir erlassen jedem, was er uns schuldig ist. / Und führe uns nicht in Versuchung.

1–4 ‖ Mt 6,9–13.

Das Gleichnis vom bittenden Freund: 11,5–8

5 Dann sagte er zu ihnen: Wenn einer von euch einen Freund hat und um Mitternacht zu ihm geht und sagt: Freund, leih mir drei Brote; 6 denn einer meiner Freunde, der auf Reisen ist, ist zu mir gekommen, und ich habe ihm nichts anzubieten!, 7 wird dann

10,29 seine Frage, wörtlich: sich.
10,33–37 Vgl. 9,51–56 und die Anmerkung zu Joh 4,4–6.
10,38 Statt »freundlich« haben viele Textzeugen »in ihr Haus«.
10,42 Zahlreiche Textzeugen haben stattdessen: Aber wenig ist notwendig oder nur eines. – das Bessere, andere Übersetzungsmöglichkeit: das Richtige.
11,2 Bei zahlreichen Textzeugen ist der Vaterunser-Text des Lukas an den des Matthäus angeglichen.

etwa der Mann drinnen antworten: Lass mich in Ruhe, die Tür ist schon verschlossen und meine Kinder schlafen bei mir; ich kann nicht aufstehen und dir etwas geben? [8] Ich sage euch: Wenn er schon nicht deswegen aufsteht und ihm seine Bitte erfüllt, weil er sein Freund ist, so wird er doch wegen seiner Zudringlichkeit aufstehen und ihm geben, was er braucht.

Vom Vertrauen beim Beten: 11,9–13

[9] Darum sage ich euch: Bittet, dann wird euch gegeben; sucht, dann werdet ihr finden; klopft an, dann wird euch geöffnet. [10] Denn wer bittet, der empfängt; wer sucht, der findet; und wer anklopft, dem wird geöffnet. [11] Oder ist unter euch ein Vater, der seinem Sohn eine Schlange gibt, wenn er um einen Fisch bittet, [12] oder einen Skorpion, wenn er um ein Ei bittet? [13] Wenn nun schon ihr, die ihr böse seid, euren Kindern gebt, was gut ist, wie viel mehr wird der Vater im Himmel den Heiligen Geist denen geben, die ihn bitten.

9–13 || Mt 7,7–11 • 9: Mk 11,24; Joh 14,13f; 15,7; 16,24.

Verteidigungsrede Jesu: 11,14–23

[14] Jesus trieb einen Dämon aus, der stumm war. Als der Dämon den Stummen verlassen hatte, konnte der Mann reden. Alle Leute staunten. [15] Einige von ihnen aber sagten: Mit Hilfe von Beelzebul, dem Anführer der Dämonen, treibt er die Dämonen aus. [16] Andere wollten ihn auf die Probe stellen und forderten von ihm ein Zeichen vom Himmel. [17] Doch er wusste, was sie dachten, und sagte zu ihnen: Jedes Reich, das in sich gespalten ist, wird veröden und ein Haus ums andere stürzt ein. [18] Wenn also der Satan mit sich selbst im Streit liegt, wie kann sein Reich dann Bestand haben? Ihr sagt doch, dass ich die Dämonen mit Hilfe von Beelzebul austreibe. [19] Wenn ich die Dämonen durch Beelzebul austreibe, durch wen treiben dann eure Anhänger sie aus? Sie selbst also sprechen euch das Urteil. [20] Wenn ich aber die Dämonen durch den Finger Gottes austreibe, dann ist doch das Reich Gottes schon zu euch gekommen. [21] Solange ein bewaffneter starker Mann seinen Hof bewacht, ist sein Besitz sicher; [22] wenn ihn aber ein Stärkerer angreift und besiegt, dann nimmt ihm der Stärkere all seine Waffen weg, auf die er sich verlassen hat, und verteilt die Beute. [23] Wer nicht für mich ist, der ist gegen mich; wer nicht mit mir sammelt, der zerstreut.

14–23 || Mt 12,22–30; Mk 3,22–27 • 14–15: Mt 9,32–34; • 15: Mt 10,25 • 16: 11,29–32; Mt 16,1–4; Mk 8,11–13; Joh 6,30; 1 Kor 1,22 • 20: Ex 8,15; Ps 8,4; Lk 17,21 • 21: Jes 49,24.

Von der Rückkehr der unreinen Geister: 11,24–26

[24] Ein unreiner Geist, der einen Menschen verlassen hat, wandert durch die Wüste und sucht einen Ort, wo er bleiben kann. Wenn er keinen findet, sagt er: Ich will in mein Haus zurückkehren, das ich verlassen habe. [25] Und wenn er es bei seiner Rückkehr sauber und geschmückt antrifft, [26] dann geht er und holt sieben andere Geister, die noch schlimmer sind als er selbst. Sie ziehen dort ein und lassen sich nieder. So wird es mit diesem Menschen am Ende schlimmer werden als vorher.

24–26 || Mt 12,43–45.

Zweierlei Seligpreisungen: 11,27–28

[27] Als er das sagte, rief eine Frau aus der Menge ihm zu: Selig die Frau, deren Leib dich getragen und deren Brust dich genährt hat. [28] Er aber erwiderte: Selig sind vielmehr die, die das Wort Gottes hören und es befolgen.

28: 8,21.

Die Verweigerung eines Zeichens: 11,29–32

[29] Als immer mehr Menschen zu ihm kamen, sagte er: Diese Generation ist böse. Sie fordert ein Zeichen; aber es wird ihr kein anderes gegeben werden als das Zeichen des Jona. [30] Denn wie Jona für die Einwohner von Ninive ein Zeichen war, so wird es auch der Menschensohn für diese Generation sein. [31] Die Königin des Südens wird beim Gericht gegen die Männer dieser Generation auftreten und sie verurteilen; denn sie kam vom Ende der Erde, um die Weisheit Salomos zu hören. Hier aber ist einer, der mehr ist als Salomo. [32] Die Männer von Ninive werden beim Gericht gegen diese Generation auftreten und sie verurteilen; denn sie haben sich nach der Predigt des Jona bekehrt. Hier aber ist einer, der mehr ist als Jona.

29–32 || Mt 12,38–42; Mk 8,11f • 29: 11,16; Mt 16,1–4; Joh 6,30 • 31: 1 Kön 10,1–10 • 32: Jona 3,5.

11,13 Andere Übersetzungsmöglichkeit (nach einigen alten Textzeugen): wird der Vater denen, die ihn bitten, aus dem Himmel den Heiligen Geist geben.

11,15 Vgl. die Anmerkung zu Mt 12,24.

11,19 Anhänger, wörtlich: Söhne.

Vom Licht und vom Auge: 11,33–36

33 Niemand zündet ein Licht an und stellt es in einen versteckten Winkel oder stülpt ein Gefäß darüber, sondern man stellt es auf einen Leuchter, damit alle, die eintreten, es leuchten sehen. 34 Dein Auge gibt dem Körper Licht. Wenn dein Auge gesund ist, dann wird auch dein ganzer Körper hell sein. Wenn es aber krank ist, dann wird dein Körper finster sein. 35 Achte also darauf, dass in dir nicht Finsternis statt Licht ist. 36 Wenn dein ganzer Körper von Licht erfüllt und nichts Finsteres in ihm ist, dann wird er so hell sein, wie wenn die Lampe dich mit ihrem Schein beleuchtet.

34–36 ‖ Mt 6,22f • 33: 8,16; Mt 5,15; Mk 4,21.

Worte gegen die Pharisäer und die Schriftgelehrten: 11,37–54

37 Nach dieser Rede lud ein Pharisäer Jesus zum Essen ein. Jesus ging zu ihm und setzte sich zu Tisch. 38 Als der Pharisäer sah, dass er sich vor dem Essen nicht die Hände wusch, war er verwundert. 39 Da sagte der Herr zu ihm: O ihr Pharisäer! Ihr haltet zwar Becher und Teller außen sauber, innen aber seid ihr voll Raubgier und Bosheit. 40 Ihr Unverständigen! Hat nicht der, der das Äußere schuf, auch das Innere geschaffen? 41 Gebt lieber, was in den Schüsseln ist, den Armen, dann ist für euch alles rein.

42 Doch weh euch Pharisäern! Ihr gebt den Zehnten von Minze, Gewürzkraut und allem Gemüse, die Gerechtigkeit aber und die Liebe zu Gott vergeßt ihr. Man muss das eine tun, ohne das andere zu unterlassen.

43 Weh euch Pharisäern! Ihr wollt in den Synagogen den vordersten Sitz haben und auf den Straßen und Plätzen von allen gegrüßt werden.

44 Weh euch: Ihr seid wie Gräber, die man nicht mehr sieht; die Leute gehen darüber, ohne es zu merken.

45 Darauf erwiderte ihm ein Gesetzeslehrer: Meister, damit beleidigst du auch uns. 46 Er antwortete:

Weh auch euch Gesetzeslehrern! Ihr ladet den Menschen Lasten auf, die sie kaum tragen können, selbst aber rührt ihr keinen Finger dafür.

47 Weh euch! Ihr errichtet Denkmäler für die Propheten, die von euren Vätern umgebracht wurden. 48 Damit bestätigt und billigt ihr, was eure Väter getan haben. Sie haben die Propheten umgebracht, ihr errichtet ihnen Bauten. 49 Deshalb hat auch die Weisheit Gottes gesagt: Ich werde Propheten und Apostel zu ihnen senden und sie werden einige von ihnen töten und andere verfolgen, 50 damit das Blut aller Propheten, das seit der Erschaffung der Welt vergossen worden ist, an dieser Generation gerächt wird, 51 vom Blut Abels bis zum Blut des Zacharias, der im Vorhof zwischen Altar und Tempel umgebracht wurde. Ja, das sage ich euch: An dieser Generation wird es gerächt werden.

52 Weh euch Gesetzeslehrern! Ihr habt den Schlüssel (der Tür) zur Erkenntnis weggenommen. Ihr selbst seid nicht hineingegangen und die, die hineingehen wollten, habt ihr daran gehindert.

53 Als Jesus das Haus verlassen hatte, begannen die Schriftgelehrten und die Pharisäer, ihn mit vielerlei Fragen hartnäckig zu bedrängen; 54 sie versuchten, ihm eine Falle zu stellen, damit er sich in seinen eigenen Worten verfange.

39–52 ‖ Mt 23,1–36 • 38: Mt 15,2; Mk 7,2; Kol 2,21f • 43: 20,46; Mk 12,38f • 51: Gen 4,8.10; 2 Chr 24,20–22.

Warnung vor der Heuchelei der Pharisäer: 12,1–3

12 Unterdessen strömten Tausende von Menschen zusammen, sodass es ein gefährliches Gedränge gab. Jesus wandte sich zuerst an seine Jünger und sagte: Hütet euch vor dem Sauerteig der Pharisäer, das heißt vor der Heuchelei. 2 Nichts ist verhüllt, was nicht enthüllt wird, und nichts ist verborgen, was nicht bekannt wird. 3 Deshalb wird man alles, was ihr im Dunkeln redet, am hellen Tag hören, und was ihr einander hinter verschlossenen Türen ins Ohr flüstert, das wird man auf den Dächern verkünden.

2–3 ‖ Mt 10,26f • 1: Mt 16,6; Mk 8,15 • 2: Mk 4,22.

Aufforderung zum furchtlosen Bekenntnis: 12,4–12

4 Euch aber, meinen Freunden, sage ich: Fürchtet euch nicht vor denen, die den Leib töten, euch aber sonst nichts tun können. 5 Ich will euch zeigen, wen ihr fürchten sollt: Fürchtet euch vor dem, der nicht nur töten kann, sondern die Macht hat, euch auch noch in die Hölle zu werfen. Ja, das sage ich euch: Ihn sollt ihr fürchten. 6 Verkauft man nicht

---

11,33 Vgl. die Anmerkung zu Mt 5,15.
11,41 Wörtlich: Gebt lieber den Inhalt als Almosen, dann . . .

12,3 hinter verschlossenen Türen, wörtlich: in den Kammern.
12,6 ein paar Pfennig, wörtlich: zwei As. Das As war die zweitkleinste römische Münze.

fünf Spatzen für ein paar Pfennig? Und doch
vergisst Gott nicht einen von ihnen. 7 Bei
euch aber sind sogar die Haare auf dem Kopf
alle gezählt. Fürchtet euch nicht! Ihr seid
mehr wert als viele Spatzen. 8 Ich sage euch:
Wer sich vor den Menschen zu mir bekennt,
zu dem wird sich auch der Menschensohn
vor den Engeln Gottes bekennen. 9 Wer mich
aber vor den Menschen verleugnet, der wird
auch vor den Engeln Gottes verleugnet wer-
den. 10 Jedem, der etwas gegen den Men-
schensohn sagt, wird vergeben werden; wer
aber den Heiligen Geist lästert, dem wird
nicht vergeben. 11 Wenn man euch vor die
Gerichte der Synagogen und vor die Herr-
scher und Machthaber schleppt, dann macht
euch keine Sorgen, wie ihr euch verteidigen
oder was ihr sagen sollt. 12 Denn der Heilige
Geist wird euch in der gleichen Stunde ein-
geben, was ihr sagen müsst.

4–12 ‖ Mt 10,28–33 • 10: Mt 12,32; Mk 3,29 • 11 ‖ Mt 10,19; Mk 13,11 • 11f: 21,12–15.

Das Beispiel von der falschen Selbstsicherheit des reichen Mannes: 12,13–21

13 Einer aus der Volksmenge bat Jesus:
Meister, sag meinem Bruder, er soll das Erbe
mit mir teilen. 14 Er erwiderte ihm: Mensch,
wer hat mich zum Richter oder Schlichter
bei euch gemacht? 15 Dann sagte er zu den
Leuten: Gebt Acht, hütet euch vor jeder Art
von Habgier. Denn der Sinn des Lebens be-
steht nicht darin, dass ein Mensch aufgrund
seines großen Vermögens im Überfluss lebt.

16 Und er erzählte ihnen folgendes Beispiel:
Auf den Feldern eines reichen Mannes stand
eine gute Ernte. 17 Da überlegte er hin und
her: Was soll ich tun? Ich weiß nicht, wo ich
meine Ernte unterbringen soll. 18 Schließlich
sagte er: So will ich es machen: Ich werde
meine Scheunen abreißen und größere bau-
en; dort werde ich mein ganzes Getreide und
meine Vorräte unterbringen. 19 Dann kann
ich zu mir selber sagen: Nun hast du einen
großen Vorrat, der für viele Jahre reicht. Ruh
dich aus, iss und trink und freu dich des Le-
bens! 20 Da sprach Gott zu ihm: Du Narr!
Noch in dieser Nacht wird man dein Leben
von dir zurückfordern. Wem wird dann all
das gehören, was du angehäuft hast? 21 So
geht es jedem, der nur für sich selbst Schätze
sammelt, aber vor Gott nicht reich ist.

14: Ex 2,14.

Von der falschen und der rechten Sorge: 12,22–32

22 Und er sagte zu seinen Jüngern: Deswe-
gen sage ich euch: Sorgt euch nicht um euer
Leben und darum, dass ihr etwas zu essen
habt, noch um euren Leib und darum, dass
ihr etwas anzuziehen habt. 23 Das Leben ist
wichtiger als die Nahrung und der Leib
wichtiger als die Kleidung. 24 Seht auf die
Raben: Sie säen nicht und ernten nicht, sie
haben keinen Speicher und keine Scheune;
denn Gott ernährt sie. Wie viel mehr seid ihr
wert als die Vögel! 25 Wer von euch kann mit
all seiner Sorge sein Leben auch nur um eine
kleine Zeitspanne verlängern? 26 Wenn ihr
nicht einmal etwas so Geringes könnt, wa-
rum macht ihr euch dann Sorgen um all das
übrige? 27 Seht euch die Lilien an: Sie arbei-
ten nicht und spinnen nicht. Doch ich sage
euch: Selbst Salomo war in all seiner Pracht
nicht gekleidet wie eine von ihnen. 28 Wenn
aber Gott schon das Gras so prächtig kleidet,
das heute auf dem Feld steht und morgen ins
Feuer geworfen wird, wie viel mehr dann
euch, ihr Kleingläubigen! 29 Darum fragt
nicht, was ihr essen und was ihr trinken
sollt, und ängstigt euch nicht! 30 Denn um all
das geht es den Heiden in der Welt. Euer Va-
ter weiß, dass ihr das braucht. 31 Euch jedoch
muss es um sein Reich gehen; dann wird euch
das andere dazugegeben.

32 Fürchte dich nicht, du kleine Herde!
Denn euer Vater hat beschlossen, euch das
Reich zu geben.

22–31 ‖ Mt 6,25–33.

Vom wahren Schatz: 12,33–34

33 Verkauft eure Habe und gebt den Erlös
den Armen! Macht euch Geldbeutel, die
nicht zerreißen. Verschafft euch einen
Schatz, der nicht abnimmt, droben im Him-
mel, wo kein Dieb ihn findet und keine Motte
ihn frisst. 34 Denn wo euer Schatz ist, da ist
auch euer Herz.

33–34 ‖ Mt 6,19–21 • 33: Mt 19,21; Lk 18,22.

Das Gleichnis vom treuen und vom schlechten Knecht: 12,35–48

35 Legt euren Gürtel nicht ab und lasst eure
Lampen brennen! 36 Seid wie Menschen, die
auf die Rückkehr ihres Herrn warten, der auf
einer Hochzeit ist, und die ihm öffnen, so-
bald er kommt und anklopft. 37 Selig die

12,25 Andere Übersetzungsmöglichkeit: kann … seiner Körpergröße auch nur eine Elle hinzufügen.

12,35.38 Bei Nacht ließ man gern eine Öllampe brennen, da das Feuermachen schwierig war. – Die Nacht teilte man in vier Abschnitte von je drei Stunden ein (»Nachtwachen«); vgl. die Anmerkung zu Mt 27,45.

Knechte, die der Herr wach findet, wenn er
kommt! Amen, ich sage euch: Er wird sich
gürten, sie am Tisch Platz nehmen lassen
und sie der Reihe nach bedienen. 38 Und
kommt er erst in der zweiten oder dritten
Nachtwache und findet sie wach – selig sind
sie. 39 Bedenkt: Wenn der Herr des Hauses
wüsste, in welcher Stunde der Dieb kommt,
so würde er verhindern, dass man in sein
Haus einbricht. 40 Haltet auch ihr euch be-
reit! Denn der Menschensohn kommt zu ei-
ner Stunde, in der ihr es nicht erwartet.

41 Da sagte Petrus: Herr, meinst du mit
diesem Gleichnis nur uns oder auch all die
anderen? 42 Der Herr antwortete: Wer ist
denn der treue und kluge Verwalter, den der
Herr einsetzen wird, damit er seinem Gesin-
de zur rechten Zeit die Nahrung zuteilt?
43 Selig der Knecht, den der Herr damit be-
schäftigt findet, wenn er kommt! 44 Wahr-
haftig, das sage ich euch: Er wird ihn zum
Verwalter seines ganzen Vermögens machen.
45 Wenn aber der Knecht denkt: Mein Herr
kommt noch lange nicht zurück!, und an-
fängt, die Knechte und Mägde zu schlagen;
wenn er isst und trinkt und sich berauscht,
46 dann wird der Herr an einem Tag kommen,
an dem der Knecht es nicht erwartet, und zu
einer Stunde, die er nicht kennt; und der
Herr wird ihn in Stücke hauen und ihm sei-
nen Platz unter den Ungläubigen zuweisen.

47 Der Knecht, der den Willen seines Herrn
kennt, sich aber nicht darum kümmert und
nicht danach handelt, der wird viele Schläge
bekommen. 48 Wer aber, ohne den Willen des
Herrn zu kennen, etwas tut, was Schläge
verdient, der wird wenig Schläge bekom-
men. Wem viel gegeben wurde, von dem wird
viel zurückgefordert werden, und wem man
viel anvertraut hat, von dem wird man um so
mehr verlangen.

39–46 ‖ Mt 24,43–51; Mk 13,33–37 • 35: Mt 25,1 • 39: 1 Thess 5,2; 2 Petr 3,10 • 44: Mt 25,21.23.

Von Frieden und Zwietracht: 12,49–53

49 Ich bin gekommen, um Feuer auf die
Erde zu werfen. Wie froh wäre ich, es würde
schon brennen! 50 Ich muss mit einer Taufe
getauft werden und ich bin sehr bedrückt,
solange sie noch nicht vollzogen ist. 51 Meint
ihr, ich sei gekommen, um Frieden auf die
Erde zu bringen? Nein, sage ich euch, nicht
Frieden, sondern Spaltung. 52 Denn von nun
an wird es so sein: Wenn fünf Menschen im
gleichen Haus leben, wird Zwietracht herr-
schen: Drei werden gegen zwei stehen und
zwei gegen drei, 53 der Vater gegen den Sohn
und *der Sohn gegen den Vater,* die Mutter
gegen die Tochter und *die Tochter gegen die
Mutter,* die Schwiegermutter gegen ihre
Schwiegertochter und *die Schwiegertochter
gegen die Schwiegermutter.*

49–53 ‖ Mt 10,34–36 • 50: Mk 10,38f • 53: Mi 7,6.

Von den Zeichen der Zeit: 12,54–57

54 Außerdem sagte Jesus zu den Leuten:
Sobald ihr im Westen Wolken aufsteigen
seht, sagt ihr: Es gibt Regen. Und es kommt
so. 55 Und wenn der Südwind weht, dann
sagt ihr: Es wird heiß. Und es trifft ein. 56 Ihr
Heuchler! Das Aussehen der Erde und des
Himmels könnt ihr deuten. Warum könnt ihr
dann die Zeichen dieser Zeit nicht deuten?
57 Warum findet ihr nicht schon von selbst
das rechte Urteil?

55: Mt 16,2f.

Von der Versöhnung: 12,58–59

58 Wenn du mit deinem Gegner vor Gericht
gehst, bemüh dich noch auf dem Weg, dich
mit ihm zu einigen. Sonst wird er dich vor
den Richter schleppen und der Richter wird
dich dem Gerichtsdiener übergeben, und der
Gerichtsdiener wird dich ins Gefängnis wer-
fen. 59 Ich sage dir: Du kommst von dort
nicht heraus, bis du auch den letzten Pfennig
bezahlt hast.

58–59 ‖ Mt 5,25f.

Mahnung zur Umkehr: 13,1–9

13 Zu dieser Zeit kamen einige Leute zu
Jesus und berichteten ihm von den
Galiläern, die Pilatus beim Opfern umbrin-
gen ließ, sodass sich ihr Blut mit dem ihrer
Opfertiere vermischte. 2 Da sagte er zu ih-
nen: Meint ihr, dass nur diese Galiläer Sün-

12,54f Die Verse setzen die geographischen und klimatischen Verhältnisse von Palästina voraus. Im Westen liegt das Mittelmeer, im Süden die Wüste Sinai.

12,56 Wörtlich: Warum könnt ihr dann diese Zeit nicht deuten?

12,59 den letzten Pfennig, wörtlich: das letzte Leptón. Das Leptón war die kleinste griechische Münze.

13,1–4 Wörtlich: von den Galiläern, deren Blut Pilatus mit dem ihrer Opfertiere vermischte. – Über diesen wohl politisch begründeten Mord an galiläischen Festpilgern, die während des Paschafestes ihre Opfertiere im Tempel darbringen wollten, gibt es keine weiteren Nachrichten. Dasselbe gilt vom Einsturz eines Turmes, wohl der Stadtmauer, am Schiloach-Teich, der im Südosten von Jerusalem liegt und die Wasser der Gihon-Quelle sammelt. – Jesus wendet sich hier gegen die jüdische Auffassung, alles Leiden sei Strafe für Sünden.

der waren, weil das mit ihnen geschehen ist, alle anderen Galiläer aber nicht? 3 Nein, im Gegenteil: Ihr alle werdet genauso umkommen, wenn ihr euch nicht bekehrt. 4 Oder jene achtzehn Menschen, die beim Einsturz des Turms von Schiloach erschlagen wurden – meint ihr, dass nur sie Schuld auf sich geladen hatten, alle anderen Einwohner von Jerusalem aber nicht? 5 Nein, im Gegenteil: Ihr alle werdet genauso umkommen, wenn ihr euch nicht bekehrt. 6 Und er erzählte ihnen dieses Gleichnis: Ein Mann hatte in seinem Weinberg einen Feigenbaum; und als er kam und nachsah, ob er Früchte trug, fand er keine. 7 Da sagte er zu seinem Weingärtner: Jetzt komme ich schon drei Jahre und sehe nach, ob dieser Feigenbaum Früchte trägt, und finde nichts. Hau ihn um! Was soll er weiter dem Boden seine Kraft nehmen? 8 Der Weingärtner erwiderte: Herr, lass ihn dieses Jahr noch stehen; ich will den Boden um ihn herum aufgraben und düngen. 9 Vielleicht trägt er doch noch Früchte; wenn nicht, dann lass ihn umhauen.

6: Mt 21,19.

Die Heilung einer Frau am Sabbat: 13,10–17

10 Am Sabbat lehrte Jesus in einer Synagoge. 11 Dort saß eine Frau, die seit achtzehn Jahren krank war, weil sie von einem Dämon geplagt wurde; ihr Rücken war verkrümmt und sie konnte nicht mehr aufrecht gehen. 12 Als Jesus sie sah, rief er sie zu sich und sagte: Frau, du bist von deinem Leiden erlöst. 13 Und er legte ihr die Hände auf. Im gleichen Augenblick richtete sie sich auf und pries Gott. 14 Der Synagogenvorsteher aber war empört darüber, dass Jesus am Sabbat heilte, und sagte zu den Leuten: Sechs Tage sind zum Arbeiten da. Kommt also an diesen Tagen und lasst euch heilen, nicht am Sabbat! 15 Der Herr erwiderte ihm: Ihr Heuchler! Bindet nicht jeder von euch am Sabbat seinen Ochsen oder Esel von der Krippe los und führt ihn zur Tränke? 16 Diese Tochter Abrahams aber, die der Satan schon seit achtzehn Jahren gefesselt hielt, sollte am Sabbat nicht davon befreit werden dürfen? 17 Durch diese Worte wurden alle seine Gegner beschämt; das ganze Volk aber freute sich über all die großen Taten, die er vollbrachte.

14: Ex 20,9f.

Das Gleichnis vom Senfkorn: 13,18–19

18 Er sagte: Wem ist das Reich Gottes ähnlich, womit soll ich es vergleichen? 19 Es ist wie ein Senfkorn, das ein Mann in seinem Garten in die Erde steckte; es wuchs und wurde zu einem *Baum und die Vögel des Himmels nisteten in seinen Zweigen.*

18–19 ‖ Mt 13,31f; Mk 4,30–32 • 19: Dan 4,8f.18; Ez 17,23.

Das Gleichnis vom Sauerteig: 13,20–21

20 Außerdem sagte er: Womit soll ich das Reich Gottes vergleichen? 21 Es ist wie der Sauerteig, den eine Frau unter einen großen Trog Mehl mischte, bis das Ganze durchsäuert war.

20–21 ‖ Mt 13,33 • 21: 1 Kor 5,6; Gal 5,9.

Von der neuen Ordnung im Reich Gottes: 13,22–19,27

Von der engen und von der verschlossenen Tür: 13,22–30

22 Auf seinem Weg nach Jerusalem zog er von Stadt zu Stadt und von Dorf zu Dorf und lehrte. 23 Da fragte ihn einer: Herr, sind es nur wenige, die gerettet werden? Er sagte zu ihnen: 24 Bemüht euch mit allen Kräften, durch die enge Tür zu gelangen; denn viele, sage ich euch, werden versuchen hineinzukommen, aber es wird ihnen nicht gelingen.

25 Wenn der Herr des Hauses aufsteht und die Tür verschließt, dann steht ihr draußen, klopft an die Tür und ruft: Herr, mach uns auf! Er aber wird euch antworten: Ich weiß nicht, woher ihr seid. 26 Dann werdet ihr sagen: Wir haben doch mit dir gegessen und getrunken und du hast auf unseren Straßen gelehrt. 27 Er aber wird erwidern: Ich sage euch, ich weiß nicht, woher ihr seid. *Weg von mir, ihr habt alle Unrecht getan!* 28 Da werdet ihr heulen und mit den Zähnen knirschen, wenn ihr seht, dass Abraham, Isaak und Jakob und alle Propheten im Reich Gottes sind, ihr selbst aber ausgeschlossen seid. 29 Und man wird von Osten und Westen und von Norden und Süden kommen und im Reich Gottes zu Tisch sitzen. 30 Dann werden manche von den Letzten die Ersten sein und manche von den Ersten die Letzten.

24: Mt 7,13f • 25: Mt 25,10–12 • 27: Ps 6,9; Mt 7,23 • 28: Mt 8,11f • 30: Mt 19,30; 20,16; Mk 10,31.

13,11 Wörtlich: eine Frau, die seit achtzehn Jahren einen Krankheitsgeist hatte.

13,14 Vgl. 14,3 und die Anmerkung zu Mk 3,1–6.
13,21 Vgl. die Anmerkung zu Mt 13,33.

Der Abschied von Galiläa: 13,31–35

31 Zu dieser Zeit kamen einige Pharisäer
zu ihm und sagten: Geh weg, verlass dieses
Gebiet, denn Herodes will dich töten. 32 Er
antwortete ihnen: Geht und sagt diesem
Fuchs: Ich treibe Dämonen aus und heile
Kranke, heute und morgen, und am dritten
Tag werde ich mein Werk vollenden. 33 Doch
heute und morgen und am folgenden Tag
muss ich weiterwandern; denn ein Prophet
darf nirgendwo anders als in Jerusalem um-
kommen.

34 Jerusalem, Jerusalem, du tötest die Pro-
pheten und steinigst die Boten, die zu dir ge-
sandt sind. Wie oft wollte ich deine Kinder
um mich sammeln, so wie eine Henne ihre
Küken unter ihre Flügel nimmt; aber ihr
habt nicht gewollt. 35 Darum wird euer Haus
(von Gott) verlassen. Ich sage euch: Ihr wer-
det mich nicht mehr sehen, bis die Zeit
kommt, in der ihr ruft: *Gesegnet sei er, der
kommt im Namen des Herrn!*

34–35 || Mt 23,37–39 • 35: Jer 12,7; 22,5; Ps 69,26; 118,26; Mt 21,9; Mk 11,9.

Die Heilung eines Wassersüchtigen am Sabbat: 14,1–6

14 Als Jesus an einem Sabbat in das
Haus eines führenden Pharisäers
zum Essen kam, beobachtete man ihn genau.
2 Da stand auf einmal ein Mann vor ihm, der
an Wassersucht litt. 3 Jesus wandte sich an
die Gesetzeslehrer und die Pharisäer und
fragte: Ist es am Sabbat erlaubt zu heilen,
oder nicht? 4 Sie schwiegen. Da berührte er
den Mann, heilte ihn und ließ ihn gehen. 5 Zu
ihnen aber sagte er: Wer von euch wird sei-
nen Sohn oder seinen Ochsen, der in den
Brunnen fällt, nicht sofort herausziehen,
auch am Sabbat? 6 Darauf konnten sie ihm
nichts erwidern.

1–6: 6,6–11.

Mahnung zur Bescheidenheit: 14,7–11

7 Als er bemerkte, wie sich die Gäste die
Ehrenplätze aussuchten, nahm er das zum
Anlass, ihnen eine Lehre zu erteilen. Er sagte
zu ihnen: 8 Wenn du zu einer Hochzeit einge-
laden bist, such dir nicht den Ehrenplatz aus.
Denn es könnte ein anderer eingeladen sein,
der vornehmer ist als du, 9 und dann würde
der Gastgeber, der dich und ihn eingeladen
hat, kommen und zu dir sagen: Mach diesem
hier Platz! Du aber wärst beschämt und
müsstest den untersten Platz einnehmen.
10 Wenn du also eingeladen bist, setz dich lie-
ber, wenn du hinkommst, auf den untersten
Platz; dann wird der Gastgeber zu dir kom-
men und sagen: Mein Freund, rück weiter
hinauf! Das wird für dich eine Ehre sein vor
allen anderen Gästen. 11 Denn wer sich selbst
erhöht, wird erniedrigt, und wer sich selbst
erniedrigt, wird erhöht werden.

7: 20,46; Mt 23,6 • 11: 18,14; Mt 23,12.

Von den rechten Gästen: 14,12–14

12 Dann sagte er zu dem Gastgeber: Wenn
du mittags oder abends ein Essen gibst, so
lade nicht deine Freunde oder deine Brüder,
deine Verwandten oder reiche Nachbarn ein;
sonst laden auch sie dich ein, und damit ist
dir wieder alles vergolten. 13 Nein, wenn du
ein Essen gibst, dann lade Arme, Krüppel,
Lahme und Blinde ein. 14 Du wirst selig sein,
denn sie können es dir nicht vergelten; es
wird dir vergolten werden bei der Auferste-
hung der Gerechten.

Das Gleichnis vom Festmahl: 14,15–24

15 Als einer der Gäste das hörte, sagte er zu
Jesus: Selig, wer im Reich Gottes am Mahl
teilnehmen darf. 16 Jesus sagte zu ihm: Ein
Mann veranstaltete ein großes Festmahl und
lud viele dazu ein. 17 Als das Fest beginnen
sollte, schickte er seinen Diener und ließ den
Gästen, die er eingeladen hatte, sagen:
Kommt, es steht alles bereit! 18 Aber einer
nach dem andern ließ sich entschuldigen.
Der erste ließ ihm sagen: Ich habe einen
Acker gekauft und muss jetzt gehen und ihn
besichtigen. Bitte, entschuldige mich! 19 Ein
anderer sagte: Ich habe fünf Ochsengespan-
ne gekauft und bin auf dem Weg, sie mir ge-
nauer anzusehen. Bitte, entschuldige mich!
20 Wieder ein anderer sagte: Ich habe gehei-
ratet und kann deshalb nicht kommen. 21 Der
Diener kehrte zurück und berichtete alles
seinem Herrn. Da wurde der Herr zornig
und sagte zu seinem Diener: Geh schnell auf
die Straßen und Gassen der Stadt und hol
die Armen und die Krüppel, die Blinden und
die Lahmen herbei. 22 Bald darauf meldete
der Diener: Herr, dein Auftrag ist ausge-
führt; aber es ist immer noch Platz. 23 Da
sagte der Herr zu dem Diener: Dann geh auf
die Landstraßen und vor die Stadt hinaus

13,32 werde ich mein Werk vollenden, wörtlich: werde ich vollendet sein. Andere Übersetzungsmöglichkeit: werde ich am Ziel (meines Weges) sein.

13,35 Wörtlich: Darum wird euch euer Haus überlassen.

14,5 seinen Sohn, andere Lesart: seinen Esel.

und nötige die Leute zu kommen, damit mein Haus voll wird. 24 Das aber sage ich euch: Keiner von denen, die eingeladen waren, wird an meinem Mahl teilnehmen.

15–24 ‖ Mt 22,1–10.

Vom Ernst der Nachfolge: 14,25–35

25 Viele Menschen begleiteten ihn; da wandte er sich an sie und sagte: 26 Wenn jemand zu mir kommt und nicht Vater und Mutter, Frau und Kinder, Brüder und Schwestern, ja sogar sein Leben gering achtet, dann kann er nicht mein Jünger sein. 27 Wer nicht sein Kreuz trägt und mir nachfolgt, der kann nicht mein Jünger sein.

28 Wenn einer von euch einen Turm bauen will, setzt er sich dann nicht zuerst hin und rechnet, ob seine Mittel für das ganze Vorhaben ausreichen? 29 Sonst könnte es geschehen, dass er das Fundament gelegt hat, dann aber den Bau nicht fertig stellen kann. Und alle, die es sehen, würden ihn verspotten 30 und sagen: Der da hat einen Bau begonnen und konnte ihn nicht zu Ende führen.

31 Oder wenn ein König gegen einen anderen in den Krieg zieht, setzt er sich dann nicht zuerst hin und überlegt, ob er sich mit seinen zehntausend Mann dem entgegenstellen kann, der mit zwanzigtausend gegen ihn anrückt? 32 Kann er es nicht, dann schickt er eine Gesandtschaft, solange der andere noch weit weg ist, und bittet um Frieden.

33 Darum kann keiner von euch mein Jünger sein, wenn er nicht auf seinen ganzen Besitz verzichtet.

34 Das Salz ist etwas Gutes. Wenn aber das Salz seinen Geschmack verliert, womit kann man ihm die Würze wiedergeben? 35 Es taugt weder für den Acker noch für den Misthaufen, man wirft es weg. Wer Ohren hat zum Hören, der höre!

26–27 ‖ Mt 10,37–39 • 27: 9,23; Mt 16,24; Mk 8,34 • 34–35 ‖ Mt 5,13; Mk 9,50 • 35: Mt 11,15.

Die Gleichnisse vom verlorenen Schaf und von der verlorenen Drachme: 15,1–10

15 Alle Zöllner und Sünder kamen zu ihm, um ihn zu hören. 2 Die Pharisäer und die Schriftgelehrten empörten sich darüber und sagten: Er gibt sich mit Sündern ab und isst sogar mit ihnen.

3 Da erzählte er ihnen ein Gleichnis und sagte: 4 Wenn einer von euch hundert Schafe hat und eins davon verliert, lässt er dann nicht die neunundneunzig in der Steppe zurück und geht dem verlorenen nach, bis er es findet? 5 Und wenn er es gefunden hat, nimmt er es voll Freude auf die Schultern, 6 und wenn er nach Hause kommt, ruft er seine Freunde und Nachbarn zusammen und sagt zu ihnen: Freut euch mit mir; ich habe mein Schaf wiedergefunden, das verloren war. 7 Ich sage euch: Ebenso wird auch im Himmel mehr Freude herrschen über einen einzigen Sünder, der umkehrt, als über neunundneunzig Gerechte, die es nicht nötig haben umzukehren.

8 Oder wenn eine Frau zehn Drachmen hat und eine davon verliert, zündet sie dann nicht eine Lampe an, fegt das ganze Haus und sucht unermüdlich, bis sie das Geldstück findet? 9 Und wenn sie es gefunden hat, ruft sie ihre Freundinnen und Nachbarinnen zusammen und sagt: Freut euch mit mir; ich habe die Drachme wiedergefunden, die ich verloren hatte. 10 Ich sage euch: Ebenso herrscht auch bei den Engeln Gottes Freude über einen einzigen Sünder, der umkehrt.

4–7 ‖ Mt 18,12–14 • 1: 5,29f; 7,34; 19,7; Mt 9,10f; Mk 2,15f • 3–7: Joh 10,11–15.

Das Gleichnis vom verlorenen Sohn: 15,11–32

11 Weiter sagte Jesus: Ein Mann hatte zwei Söhne. 12 Der jüngere von ihnen sagte zu seinem Vater: Vater, gib mir das Erbteil, das mir zusteht. Da teilte der Vater das Vermögen auf. 13 Nach wenigen Tagen packte der jüngere Sohn alles zusammen und zog in ein fernes Land. Dort führte er ein zügelloses Leben und verschleuderte sein Vermögen. 14 Als er alles durchgebracht hatte, kam eine große Hungersnot über das Land und es ging ihm sehr schlecht. 15 Da ging er zu einem Bürger des Landes und drängte sich ihm auf; der schickte ihn aufs Feld zum Schweinehüten. 16 Er hätte gern seinen Hunger mit den Futterschoten gestillt, die die Schweine fraßen; aber niemand gab ihm davon. 17 Da ging er in sich und sagte: Wie viele Tagelöhner meines Vaters haben mehr als genug zu essen und ich komme hier vor Hunger um. 18 Ich will aufbrechen und zu meinem Vater gehen und zu ihm sagen: Vater, ich habe mich gegen den Himmel und gegen dich versündigt. 19 Ich bin nicht mehr wert, dein Sohn zu sein; mach mich zu einem deiner Tagelöhner. 20 Dann brach er auf und ging zu seinem Vater. Der Vater sah ihn schon von weitem kommen und er hatte Mitleid mit ihm. Er lief dem Sohn entgegen, fiel

15,12 Das Erbteil schon zu Lebzeiten des Vaters zu fordern, war erlaubt, galt aber als unschicklich.

ihm um den Hals und küsste ihn. 21 Da sagte
der Sohn: Vater, ich habe mich gegen den
Himmel und gegen dich versündigt; ich bin
nicht mehr wert, dein Sohn zu sein. 22 Der
Vater aber sagte zu seinen Knechten: Holt
schnell das beste Gewand und zieht es ihm
an, steckt ihm einen Ring an die Hand und
zieht ihm Schuhe an. 23 Bringt das Mastkalb
her und schlachtet es, wir wollen essen und
fröhlich sein. 24 Denn mein Sohn war tot und
lebt wieder; er war verloren und ist wieder-
gefunden worden. Und sie begannen, ein
fröhliches Fest zu feiern.

25 Sein älterer Sohn war unterdessen auf
dem Feld. Als er heimging und in die Nähe
des Hauses kam, hörte er Musik und Tanz.
26 Da rief er einen der Knechte und fragte,
was das bedeuten solle. 27 Der Knecht ant-
wortete: Dein Bruder ist gekommen und dein
Vater hat das Mastkalb schlachten lassen,
weil er ihn heil und gesund wiederbekom-
men hat. 28 Da wurde er zornig und wollte
nicht hineingehen. Sein Vater aber kam he-
raus und redete ihm gut zu. 29 Doch er erwi-
derte dem Vater: So viele Jahre schon diene
ich dir, und nie habe ich gegen deinen Willen
gehandelt; mir aber hast du nie auch nur ei-
nen Ziegenbock geschenkt, damit ich mit
meinen Freunden ein Fest feiern konnte.
30 Kaum aber ist der hier gekommen, dein
Sohn, der dein Vermögen mit Dirnen durch-
gebracht hat, da hast du für ihn das Mast-
kalb geschlachtet. 31 Der Vater antwortete
ihm: Mein Kind, du bist immer bei mir, und
alles, was mein ist, ist auch dein. 32 Aber jetzt
müssen wir uns doch freuen und ein Fest fei-
ern; denn dein Bruder war tot und lebt wie-
der; er war verloren und ist wiedergefunden
worden.

11: Mt 21,28.

Das Gleichnis vom klugen Verwalter: 16,1–8

16 Jesus sagte zu den Jüngern: Ein rei-
cher Mann hatte einen Verwalter.
Diesen beschuldigte man bei ihm, er ver-
schleudere sein Vermögen. 2 Darauf ließ er
ihn rufen und sagte zu ihm: Was höre ich
über dich? Leg Rechenschaft ab über deine
Verwaltung! Du kannst nicht länger mein
Verwalter sein. 3 Da überlegte der Verwalter:
Mein Herr entzieht mir die Verwaltung. Was
soll ich jetzt tun? Zu schwerer Arbeit tauge
ich nicht, und zu betteln schäme ich mich.
4 Doch – ich weiß, was ich tun muss, damit
mich die Leute in ihre Häuser aufnehmen,
wenn ich als Verwalter abgesetzt bin. 5 Und
er ließ die Schuldner seines Herrn, einen
nach dem andern, zu sich kommen und frag-
te den ersten: Wie viel bist du meinem Herrn
schuldig? 6 Er antwortete: Hundert Fass Öl.
Da sagte er zu ihm: Nimm deinen Schuld-
schein, setz dich gleich hin und schreib
»fünfzig«. 7 Dann fragte er einen andern: Wie
viel bist du schuldig? Der antwortete:
Hundert Sack Weizen. Da sagte er zu ihm:
Nimm deinen Schuldschein und schreib
»achtzig«.

8 Und der Herr lobte die Klugheit des un-
ehrlichen Verwalters und sagte: Die Kinder
dieser Welt sind im Umgang mit ihresglei-
chen klüger als die Kinder des Lichtes.

Vom rechten Gebrauch des Reichtums:
16,9–13

9 Ich sage euch: Macht euch Freunde mit
Hilfe des ungerechten Mammons, damit ihr
in die ewigen Wohnungen aufgenommen
werdet, wenn es (mit euch) zu Ende geht.

10 Wer in den kleinsten Dingen zuverlässig
ist, der ist es auch in den großen, und wer bei
den kleinsten Dingen Unrecht tut, der tut es
auch bei den großen. 11 Wenn ihr im Umgang
mit dem ungerechten Reichtum nicht zuver-
lässig gewesen seid, wer wird euch dann das
wahre Gut anvertrauen?

12 Und wenn ihr im Umgang mit dem frem-
den Gut nicht zuverlässig gewesen seid, wer
wird euch dann euer (wahres) Eigentum ge-
ben?

13 Kein Sklave kann zwei Herren dienen;
er wird entweder den einen hassen und den
andern lieben, oder er wird zu dem einen
halten und den andern verachten. Ihr könnt
nicht beiden dienen, Gott und dem Mam-
mon.

13 || Mt 6,24 • 10: 19,17; Mt 25,21.

15,21 Am Schluss des Verses fügen manche Textzeugen hinzu: Mach mich zu einem deiner Tagelöhner. Vgl. V. 19.

16,6 Fass, wörtlich: Bat. Ein Bat sind etwa vierzig Liter.

16,7 Sack, wörtlich: Kor. Ein Kor sind etwa vierhundert Liter.

16,9.11.13 Der ursprüngliche Sinn des hebräischen und aramäischen Wortes »Mammon« ist umstritten, vielleicht: das, worauf jemand vertraut, oder: das Sichergestellte, Gesicherte. Es wurde dann zur allgemeinen Bezeichnung für Besitz und Geld. Im Neuen Testament wird es Mt 6,24; Lk 16,9.11.13 im abwertenden Sinn für die dämonische Macht des Besitzes gebraucht.

16,9 Andere Übersetzungsmöglichkeit: wenn es (mit dem Reichtum) zu Ende geht (das heißt: wenn ihr nichts mehr habt).

16,12 Manche Textzeugen haben: wer wird euch dann unser Eigentum geben?

Das Urteil Jesu über die Pharisäer: 16,14–15

14 Das alles hörten auch die Pharisäer, die sehr am Geld hingen, und sie lachten über ihn. 15 Da sagte er zu ihnen: Ihr redet den Leuten ein, dass ihr gerecht seid; aber Gott kennt euer Herz. Denn was die Menschen für großartig halten, das ist in den Augen Gottes ein Gräuel.

15: Mt 23,28.

Vom Gesetz und von der Ehescheidung: 16,16–18

16 Bis zu Johannes hatte man nur das Gesetz und die Propheten. Seitdem wird das Evangelium vom Reich Gottes verkündet und alle drängen sich danach, hineinzukommen. 17 Aber eher werden Himmel und Erde vergehen, als dass auch nur der kleinste Buchstabe im Gesetz wegfällt.

18 Wer seine Frau aus der Ehe entlässt und eine andere heiratet, begeht Ehebruch; auch wer eine Frau heiratet, die von ihrem Mann aus der Ehe entlassen worden ist, begeht Ehebruch.

18 ‖ Mt 5,32; 19,9; Mk 10,11f • 16: Mt 11,12f • 17: Mt 5,18 • 18: 1 Kor 7,10f.

Das Beispiel vom reichen Mann und vom armen Lazarus: 16,19–31

19 Es war einmal ein reicher Mann, der sich in Purpur und feines Leinen kleidete und Tag für Tag herrlich und in Freuden lebte. 20 Vor der Tür des Reichen aber lag ein armer Mann namens Lazarus, dessen Leib voller Geschwüre war. 21 Er hätte gern seinen Hunger mit dem gestillt, was vom Tisch des Reichen herunterfiel. Stattdessen kamen die Hunde und leckten an seinen Geschwüren. 22 Als nun der Arme starb, wurde er von den Engeln in Abrahams Schoß getragen. Auch der Reiche starb und wurde begraben. 23 In der Unterwelt, wo er qualvolle Schmerzen litt, blickte er auf und sah von weitem Abraham, und Lazarus in seinem Schoß. 24 Da rief er: Vater Abraham, hab Erbarmen mit mir und schick Lazarus zu mir; er soll wenigstens die Spitze seines Fingers ins Wasser tauchen und mir die Zunge kühlen, denn ich leide große Qual in diesem Feuer. 25 Abraham erwiderte: Mein Kind, denk daran, dass du schon zu Lebzeiten deinen Anteil am Guten erhalten hast, Lazarus aber nur Schlechtes. Jetzt wird er dafür getröstet, du aber musst leiden. 26 Außerdem ist zwischen uns und euch ein tiefer, unüberwindlicher Abgrund, sodass niemand von hier zu euch oder von dort zu uns kommen kann, selbst wenn er wollte. 27 Da sagte der Reiche: Dann bitte ich dich, Vater, schick ihn in das Haus meines Vaters! 28 Denn ich habe noch fünf Brüder. Er soll sie warnen, damit nicht auch sie an diesen Ort der Qual kommen. 29 Abraham aber sagte: Sie haben Mose und die Propheten, auf die sollen sie hören. 30 Er erwiderte: Nein, Vater Abraham, nur wenn einer von den Toten zu ihnen kommt, werden sie umkehren. 31 Darauf sagte Abraham: Wenn sie auf Mose und die Propheten nicht hören, werden sie sich auch nicht überzeugen lassen, wenn einer von den Toten aufersteht.

Warnung vor der Verführung: 17,1–3a

17 Er sagte zu seinen Jüngern: Es ist unvermeidlich, dass Verführungen kommen. Aber wehe dem, der sie verschuldet. 2 Es wäre besser für ihn, man würde ihn mit einem Mühlstein um den Hals ins Meer werfen, als dass er einen von diesen Kleinen zum Bösen verführt. 3a Seht euch vor!

1–2 ‖ Mt 18,6f; Mk 9,42.

Von der Pflicht zur Vergebung: 17,3b–4

3b Wenn dein Bruder sündigt, weise ihn zurecht; und wenn er sich ändert, vergib ihm. 4 Und wenn er sich siebenmal am Tag gegen dich versündigt und siebenmal wieder zu dir kommt und sagt: Ich will mich ändern!, so sollst du ihm vergeben.

3b: Lev 19,17; Mt 18,15.21f.

Von der Macht des Glaubens: 17,5–6

5 Die Apostel baten den Herrn: Stärke unseren Glauben! 6 Der Herr erwiderte: Wenn euer Glaube auch nur so groß wäre wie ein Senfkorn, würdet ihr zu dem Maulbeerbaum hier sagen: Heb dich samt deinen Wurzeln aus dem Boden und verpflanz dich ins Meer!, und er würde euch gehorchen.

6: Mt 17,20; 21,21; Mk 11,23.

16,16 Andere Übersetzungsmöglichkeit: und alle wollen mit Gewalt hineinkommen.
16,17 *nur der kleinste Buchstabe*, wörtlich: nur ein kleiner Strich (an einem Buchstaben).
16,20 Lazarus (hebräische Namensform: Eleasar), bedeutet »Gotthilf«.
16,23 Zu »Unterwelt« vgl. die Anmerkung zu Mt 16,18. – Die Unterwelt ist in verschiedene Räume aufgeteilt, wo die Guten (Abraham, Lazarus) und die Bösen (der reiche Mann) auf das Endgericht warten. – Abraham galt als der Vater Israels, besonders der Frommen.
17,2 Vgl. die Anmerkung zu Mt 18,6.

Das Gleichnis vom unnützen Sklaven: 17,7–10

7 Wenn einer von euch einen Sklaven hat, der pflügt oder das Vieh hütet, wird er etwa zu ihm, wenn er vom Feld kommt, sagen: Nimm gleich Platz zum Essen? 8 Wird er nicht vielmehr zu ihm sagen: Mach mir etwas zu essen, gürte dich und bediene mich; wenn ich gegessen und getrunken habe, kannst auch du essen und trinken. 9 Bedankt er sich etwa bei dem Sklaven, weil er getan hat, was ihm befohlen wurde? 10 So soll es auch bei euch sein: Wenn ihr alles getan habt, was euch befohlen wurde, sollt ihr sagen: Wir sind unnütze Sklaven; wir haben nur unsere Schuldigkeit getan.

Der dankbare Samariter: 17,11–19

11 Auf dem Weg nach Jerusalem zog Jesus durch das Grenzgebiet von Samarien und Galiläa. 12 Als er in ein Dorf hineingehen wollte, kamen ihm zehn Aussätzige entgegen. Sie blieben in der Ferne stehen 13 und riefen: Jesus, Meister, hab Erbarmen mit uns! 14 Als er sie sah, sagte er zu ihnen: Geht, *zeigt euch den Priestern!* Und während sie zu den Priestern gingen, wurden sie rein. 15 Einer von ihnen aber kehrte um, als er sah, dass er geheilt war; und er lobte Gott mit lauter Stimme. 16 Er warf sich vor den Füßen Jesu zu Boden und dankte ihm. Dieser Mann war aus Samarien. 17 Da sagte Jesus: Es sind doch alle zehn rein geworden. Wo sind die übrigen neun? 18 Ist denn keiner umgekehrt, um Gott zu ehren, außer diesem Fremden? 19 Und er sagte zu ihm: Steh auf und geh! Dein Glaube hat dir geholfen.

11: Mk 9,30 • 14: Lev 13,49; 14,2–32; Lk 5,14 • 19: 7,50; 8,48; 18,42; Mt 9,22; Mk 5,34; 10,52.

Vom Kommen des Gottesreiches: 17,20–21

20 Als Jesus von den Pharisäern gefragt wurde, wann das Reich Gottes komme, antwortete er: Das Reich Gottes kommt nicht so, dass man es an äußeren Zeichen erkennen könnte. 21 Man kann auch nicht sagen: Seht, hier ist es!, oder: Dort ist es! Denn: Das Reich Gottes ist (schon) mitten unter euch.

21: 11,20; Mt 12,28.

Vom Kommen des Menschensohnes: 17,22–37

22 Er sagte zu den Jüngern: Es wird eine Zeit kommen, in der ihr euch danach sehnt, auch nur einen von den Tagen des Menschensohnes zu erleben; aber ihr werdet ihn nicht erleben. 23 Und wenn man zu euch sagt: Dort ist er! Hier ist er!, so geht nicht hin und lauft nicht hinterher! 24 Denn wie der Blitz von einem Ende des Himmels bis zum andern leuchtet, so wird der Menschensohn an seinem Tag erscheinen. 25 Vorher aber muss er vieles erleiden und von dieser Generation verworfen werden. 26 Und wie es zur Zeit des Noach war, so wird es auch in den Tagen des Menschensohnes sein. 27 Die Menschen aßen und tranken und heirateten bis zu dem Tag, an dem *Noach in die Arche ging;* dann kam die Flut und vernichtete alle. 28 Und es wird ebenso sein, wie es zur Zeit des Lot war: Sie aßen und tranken, kauften und verkauften, pflanzten und bauten. 29 Aber an dem Tag, als Lot Sodom verließ, *regnete es Feuer und Schwefel vom Himmel,* und alle kamen um. 30 Ebenso wird es an dem Tag sein, an dem sich der Menschensohn offenbart. 31 Wer dann auf dem Dach ist und seine Sachen im Haus hat, soll nicht hinabsteigen, um sie zu holen, und wer auf dem Feld ist, soll nicht zurückkehren. 32 Denkt an die Frau des Lot! 33 Wer sein Leben zu bewahren sucht, wird es verlieren; wer es dagegen verliert, wird es gewinnen. 34 Ich sage euch: Von zwei Männern, die in jener Nacht auf einem Bett liegen, wird der eine mitgenommen und der andere zurückgelassen. 35 Von zwei Frauen, die mit derselben Mühle Getreide mahlen, wird die eine mitgenommen und die andere zurückgelassen. [36] 37 Da fragten sie ihn: Wo wird das geschehen, Herr? Er antwortete: Wo ein Aas ist, da sammeln sich auch die Geier.

22: 21,7–36 • 23: Mt 24,23–27; Mk 13,21 • 25: 9,22.44; 18,32 • 26: Gen 6,11–13; 7,7–23; Mt 24,37–39 • 27: Gen 7,7; 2 Petr 2,5 • 28: Gen 18,20 • 29: Gen 19,15.23f; 2 Petr 2,7 • 31: Mt 24,17f; Mk 13,15f • 33: 9,24; Mt 10,39; 16,25; Mk 8,35; Joh 12,25 • 35: Mt 24,41 • 37: Mt 24,28.

Das Gleichnis vom gottlosen Richter und der Witwe: 18,1–8

18 Jesus sagte ihnen durch ein Gleichnis, dass sie allezeit beten und darin

17,11–19 Vgl. die Anmerkung zu Mk 1,40.
17,21 Andere Übersetzungsmöglichkeiten: Das Reich Gottes ist (eines Tages / plötzlich) unter euch da. Oder: Das Reich Gottes ist in euch. – Gegen die zweite Möglichkeit spricht, dass die Evangelien das Wirken Gottes im Innern des Menschen nicht als »Reich Gottes« bezeichnen.
17,36 Spätere Textzeugen fügen entsprechend Mt 24,40 hinzu: Wenn zwei Männer auf dem Feld sind, wird der eine mitgenommen und der andere zurückgelassen.

nicht nachlassen sollten: 2 In einer Stadt leb-
te ein Richter, der Gott nicht fürchtete und
auf keinen Menschen Rücksicht nahm. 3 In
der gleichen Stadt lebte auch eine Witwe, die
immer wieder zu ihm kam und sagte: Ver-
schaff mir Recht gegen meinen Feind! 4 Lan-
ge wollte er nichts davon wissen. Dann aber
sagte er sich: Ich fürchte zwar Gott nicht und
nehme auch auf keinen Menschen Rücksicht;
5 trotzdem will ich dieser Witwe zu ihrem
Recht verhelfen, denn sie lässt mich nicht in
Ruhe. Sonst kommt sie am Ende noch und
schlägt mich ins Gesicht. 6 Und der Herr füg-
te hinzu: Bedenkt, was der ungerechte Rich-
ter sagt. 7 Sollte Gott seinen Auserwählten,
die Tag und Nacht zu ihm schreien, nicht zu
ihrem Recht verhelfen, sondern zögern? 8 Ich
sage euch: Er wird ihnen unverzüglich ihr
Recht verschaffen. Wird jedoch der Men-
schensohn, wenn er kommt, auf der Erde
(noch) Glauben vorfinden?

Das Beispiel vom Pharisäer und vom Zöllner: 18,9–14

9 Einigen, die von ihrer eigenen Gerechtig-
keit überzeugt waren und die anderen ver-
achteten, erzählte Jesus dieses Beispiel:
10 Zwei Männer gingen zum Tempel hinauf,
um zu beten; der eine war ein Pharisäer, der
andere ein Zöllner. 11 Der Pharisäer stellte
sich hin und sprach leise dieses Gebet: Gott,
ich danke dir, dass ich nicht wie die anderen
Menschen bin, die Räuber, Betrüger, Ehe-
brecher oder auch wie dieser Zöllner dort.
12 Ich faste zweimal in der Woche und gebe
dem Tempel den zehnten Teil meines ganzen
Einkommens. 13 Der Zöllner aber blieb ganz
hinten stehen und wagte nicht einmal, seine
Augen zum Himmel zu erheben, sondern
schlug sich an die Brust und betete: Gott, sei
mir Sünder gnädig! 14 Ich sage euch: Dieser
kehrte als Gerechter nach Hause zurück, der
andere nicht. Denn wer sich selbst erhöht,
wird erniedrigt, wer sich aber selbst ernied-
rigt, wird erhöht werden.

12: Mt 23,23 • 13: Ps 51,3 • 14: 14,11; Mt 23,12.

Die Segnung der Kinder: 18,15–17

15 Man brachte auch kleine Kinder zu ihm,
damit er ihnen die Hände auflegte. Als die
Jünger das sahen, wiesen sie die Leute
schroff ab. 16 Jesus aber rief die Kinder zu
sich und sagte: Lasst die Kinder zu mir kom-
men; hindert sie nicht daran! Denn Men-
schen wie ihnen gehört das Reich Gottes.
17 Amen, das sage ich euch: Wer das Reich
Gottes nicht so annimmt wie ein Kind, der
wird nicht hineinkommen.

15–17 ‖ Mt 19,13–15; Mk 10,13–16 • 17: Mt 18,3.

Von Reichtum und Nachfolge: 18,18–30

18 Einer von den führenden Männern frag-
te ihn: Guter Meister, was muss ich tun, um
das ewige Leben zu gewinnen? 19 Jesus ant-
wortete: Warum nennst du mich gut? Nie-
mand ist gut außer Gott, dem Einen. 20 Du
kennst doch die Gebote: *Du sollst nicht die
Ehe brechen, du sollst nicht töten, du sollst
nicht stehlen, du sollst nicht falsch aussagen;
ehre deinen Vater und deine Mutter!* 21 Er er-
widerte: Alle diese Gebote habe ich von Ju-
gend an befolgt. 22 Als Jesus das hörte, sagte
er: Eines fehlt dir noch: Verkauf alles, was
du hast, verteil das Geld an die Armen und
du wirst einen bleibenden Schatz im Himmel
haben; dann komm und folge mir nach!
23 Der Mann aber wurde sehr traurig, als er
das hörte; denn er war überaus reich. 24 Jesus
sah ihn an und sagte: Wie schwer ist es für
Menschen, die viel besitzen, in das Reich
Gottes zu kommen! 25 Denn eher geht ein
Kamel durch ein Nadelöhr, als dass ein Rei-
cher in das Reich Gottes gelangt. 26 Die Leu-
te, die das hörten, fragten: Wer kann dann
noch gerettet werden? 27 Er erwiderte: Was
für Menschen unmöglich ist, ist *für Gott
möglich*.
28 Da sagte Petrus: Du weißt, wir haben
unser Eigentum verlassen und sind dir nach-
gefolgt. 29 Jesus antwortete ihnen: Amen, ich
sage euch: Jeder, der um des Reiches Gottes
willen Haus oder Frau, Brüder, Eltern oder
Kinder verlassen hat, 30 wird dafür schon in
dieser Zeit das Vielfache erhalten und in der
kommenden Welt das ewige Leben.

18–30 ‖ Mt 19,18–30; Mk 10,17–31 • 18: 10,25 • 19: Dtn 6,4 • 20: Ex 20,12–16; Dtn 5,16–20 • 22: 12,33; Mt 8,22 • 27: Gen 18,14; Ijob 42,2; Lk 1,37.

Die dritte Ankündigung von Leiden und Auferstehung: 18,31–34

31 Jesus versammelte die Zwölf um sich
und sagte zu ihnen: Wir gehen jetzt nach Je-
rusalem hinauf; dort wird sich alles erfüllen,
was bei den Propheten über den Menschen-
sohn steht: 32 Er wird den Heiden ausgelie-
fert, wird verspottet, misshandelt und ange-
spuckt werden, 33 und man wird ihn geißeln
und töten. Aber am dritten Tag wird er aufer-

18,7 sondern zögern, andere Übersetzungsmöglichkeit: während er ihnen geduldig zuhört.

18,15 Wörtlich: damit er sie berührte.

stehen. 34 Doch die Zwölf verstanden das alles nicht; der Sinn der Worte war ihnen verschlossen und sie begriffen nicht, was er sagte.

31–34 ‖ Mt 20,17–19; Mk 10,32–34 • 32: 9,22.44; 17,25 • 33: 24,6f • 34: 9,45.

Die Heilung eines Blinden bei Jericho: 18,35–43

35 Als Jesus in die Nähe von Jericho kam, saß ein Blinder an der Straße und bettelte. 36 Er hörte, dass viele Menschen vorbeigingen, und fragte: Was hat das zu bedeuten? 37 Man sagte ihm: Jesus von Nazaret geht vorüber. 38 Da rief er: Jesus, Sohn Davids, hab Erbarmen mit mir! 39 Die Leute, die vorausgingen, wurden ärgerlich und befahlen ihm zu schweigen. Er aber schrie noch viel lauter: Sohn Davids, hab Erbarmen mit mir! 40 Jesus blieb stehen und ließ ihn zu sich herführen. Als der Mann vor ihm stand, fragte ihn Jesus: 41 Was soll ich dir tun? Er antwortete: Herr, ich möchte wieder sehen können. 42 Da sagte Jesus zu ihm: Du sollst wieder sehen. Dein Glaube hat dir geholfen. 43 Im gleichen Augenblick konnte er wieder sehen. Da pries er Gott und folgte Jesus. Und alle Leute, die das gesehen hatten, lobten Gott.

35–43 ‖ Mt 20,29–34; Mk 10,46–52 • 35–43: Mt 9,27–31 • 42: 7,50; 8,48; Mt 9,22; Mk 5,34.

Jesus im Haus des Zöllners Zachäus: 19,1–10

19 Dann kam er nach Jericho und ging durch die Stadt. 2 Dort wohnte ein Mann namens Zachäus; er war der oberste Zollpächter und war sehr reich. 3 Er wollte gern sehen, wer dieser Jesus sei, doch die Menschenmenge versperrte ihm die Sicht; denn er war klein. 4 Darum lief er voraus und stieg auf einen Maulbeerfeigenbaum, um Jesus zu sehen, der dort vorbeikommen musste. 5 Als Jesus an die Stelle kam, schaute er hinauf und sagte zu ihm: Zachäus, komm schnell herunter! Denn ich muss heute in deinem Haus zu Gast sein. 6 Da stieg er schnell herunter und nahm Jesus freudig bei sich auf. 7 Als die Leute das sahen, empörten sie sich und sagten: Er ist bei einem Sünder eingekehrt. 8 Zachäus aber wandte sich an den Herrn und sagte: Herr, die Hälfte meines Vermögens will ich den Armen geben, und wenn ich von jemand zu viel gefordert habe, gebe ich ihm das Vierfache zurück. 9 Da sagte Jesus zu ihm: Heute ist diesem Haus das Heil geschenkt worden, weil auch dieser Mann ein Sohn Abrahams ist. 10 Denn der Menschensohn ist gekommen, um zu suchen und zu retten, was verloren ist.

7: 5,30; 7,34 • 10: 5,32; Mt 9,13; Mk 2,17.

Das Gleichnis vom anvertrauten Geld: 19,11–27

11 Weil Jesus schon nahe bei Jerusalem war, meinten die Menschen, die von all dem hörten, das Reich Gottes werde sofort erscheinen. Daher erzählte er ihnen ein weiteres Gleichnis. 12 Er sagte: Ein Mann von vornehmer Herkunft wollte in ein fernes Land reisen, um die Königswürde zu erlangen und dann zurückzukehren. 13 Er rief zehn seiner Diener zu sich, verteilte unter sie Geld im Wert von zehn Minen und sagte: Macht Geschäfte damit, bis ich wiederkomme. 14 Da ihn aber die Einwohner seines Landes hassten, schickten sie eine Gesandtschaft hinter ihm her und ließen sagen: Wir wollen nicht, dass dieser Mann unser König wird. 15 Dennoch wurde er als König eingesetzt. Nach seiner Rückkehr ließ er die Diener, denen er das Geld gegeben hatte, zu sich rufen. Er wollte sehen, welchen Gewinn jeder bei seinen Geschäften erzielt hatte. 16 Der erste kam und sagte: Herr, ich habe mit deiner Mine zehn Minen erwirtschaftet. 17 Da sagte der König zu ihm: Sehr gut, du bist ein tüchtiger Diener. Weil du im Kleinsten zuverlässig warst, sollst du Herr über zehn Städte werden. 18 Der zweite kam und sagte: Herr, ich habe mit deiner Mine fünf Minen erwirtschaftet. 19 Zu ihm sagte der König: Du sollst über fünf Städte herrschen. 20 Nun kam ein anderer und sagte: Herr, hier hast du dein Geld zurück. Ich habe es in ein Tuch eingebunden und aufbewahrt; 21 denn ich hatte Angst vor dir, weil du ein strenger Mann bist: Du hebst ab, was du nicht eingezahlt hast, und erntest, was du nicht gesät hast. 22 Der König antwortete: Aufgrund deiner eigenen Worte spreche ich dir das Urteil. Du bist ein schlechter Diener. Du hast gewusst, dass ich ein strenger Mann bin? Dass ich abhebe, was ich nicht eingezahlt habe, und ernte, was ich nicht gesät habe? 23 Warum hast du dann mein Geld nicht auf die Bank gebracht? Dann hätte ich es bei der Rückkehr mit Zinsen abheben können. 24 Und zu den anderen,

---

19,1–10 In Jericho befand sich eine römische Zollstätte (vgl. die Anmerkung zu Mk 2,16). In Jericho lebten auch viele Priester und Leviten.

19,13 Eine Mine (griechische Rechnungseinheit) entsprach hundert Drachmen. Eine Drachme war der Tageslohn eines Arbeiters.

19,20 dein Geld, wörtlich: deine Mine.

die dabeistanden, sagte er: Nehmt ihm das
Geld weg, und gebt es dem, der die zehn Mi-
nen hat. 25 Sie sagten zu ihm: Herr, er hat
doch schon zehn. 26 (Da erwiderte er:) Ich
sage euch: Wer hat, dem wird gegeben wer-
den; wer aber nicht hat, dem wird auch noch
weggenommen, was er hat. 27 Doch meine
Feinde, die nicht wollten, dass ich ihr König
werde – bringt sie her und macht sie vor mei-
nen Augen nieder!

11–27 ‖ Mt 25,14–30 • 17: 16,10; Mt 24,45–47; 25,21 • 26: 8,18; Mt 13,12; Mk 4,25.

DIE LETZTEN TAGE IN JERUSALEM: 19,28 – 21,38

Die Auseinandersetzung mit den Gegnern in Jerusalem: 19,28–21,4

Der Einzug in Jerusalem: 19,28–40

28 Nach dieser Rede zog Jesus weiter und
ging nach Jerusalem hinauf. 29 Als er in die
Nähe von Betfage und Betanien kam, an den
Berg, der Ölberg heißt, schickte er zwei sei-
ner Jünger voraus 30 und sagte: Geht in das
Dorf, das vor uns liegt. Wenn ihr hinein-
kommt, werdet ihr dort einen jungen Esel
angebunden finden, auf dem noch nie ein
Mensch gesessen hat. Bindet ihn los und
bringt ihn her! 31 Und wenn euch jemand
fragt: Warum bindet ihr ihn los?, dann ant-
wortet: Der Herr braucht ihn. 32 Die beiden
machten sich auf den Weg und fanden alles
so, wie er es ihnen gesagt hatte. 33 Als sie den
jungen Esel losbanden, sagten die Leute, de-
nen er gehörte: Warum bindet ihr den Esel
los? 34 Sie antworteten: Der Herr braucht
ihn. 35 Dann führten sie ihn zu Jesus, legten
ihre Kleider auf das Tier und halfen Jesus
hinauf. 36 Während er dahinritt, breiteten die
Jünger ihre Kleider auf der Straße aus. 37 Als
er an die Stelle kam, wo der Weg vom Ölberg
hinabführt, begannen alle Jünger freudig
und mit lauter Stimme Gott zu loben wegen
all der Wundertaten, die sie erlebt hatten.
38 Sie riefen: *Gesegnet sei* der König, *der
kommt im Namen des Herrn.* Im Himmel
Friede und Herrlichkeit in der Höhe!

39 Da riefen ihm einige Pharisäer aus der
Menge zu: Meister, bring deine Jünger zum
Schweigen! 40 Er erwiderte: Ich sage euch:
Wenn sie schweigen, werden die Steine
schreien.

28–40 ‖ Mt 21,1–9; Mk 11,1–10; Joh 12,12–19 • 38: Ps 118,26; Lk 2,14 • 40: Hab 2,11.

Die Ankündigung der Zerstörung Jerusalems: 19,41–44

41 Als er näher kam und die Stadt sah,
weinte er über sie 42 und sagte: Wenn doch
auch du an diesem Tag erkannt hättest, was
dir Frieden bringt. Jetzt aber bleibt es vor
deinen Augen verborgen. 43 Es wird eine Zeit
für dich kommen, in der deine Feinde rings
um dich einen Wall aufwerfen, dich ein-
schließen und von allen Seiten bedrängen.
44 Sie werden dich und deine Kinder zer-
schmettern und keinen Stein auf dem andern
lassen; denn du hast die Zeit der Gnade nicht
erkannt.

44: Ps 137,9; Lk 21,6; Mt 24,2; Mk 13,2.

Die Tempelreinigung: 19,45–48

45 Dann ging er in den Tempel und begann,
die Händler hinauszutreiben. 46 Er sagte zu
ihnen: In der Schrift steht: *Mein Haus soll
ein Haus des Gebetes sein.* Ihr aber habt da-
raus *eine Räuberhöhle* gemacht.

47 Er lehrte täglich im Tempel. Die Hohen-
priester, die Schriftgelehrten und die übri-
gen Führer des Volkes aber suchten ihn um-
zubringen. 48 Sie wussten jedoch nicht, wie
sie es machen sollten, denn das ganze Volk
hing an ihm und hörte ihn gern.

45–46 ‖ Mt 21,12f; Mk 11,15–17; Joh 2,13–16; • 47–48 ‖ Mk 11,18 • 46: Jes 56,7; Jer 7,11 • 47: 21,37; Mt 26,55; Mk 14,49; Joh 18,20; Lk 20,19; 22,2.

Die Frage nach der Vollmacht Jesu: 20,1–8

20 Als er eines Tages im Tempel das
Volk lehrte und das Evangelium ver-
kündete, kamen die Hohenpriester und die
Schriftgelehrten mit den Ältesten hinzu
2 und fragten ihn: Sag uns: Mit welchem
Recht tust du das alles? Wer hat dir dazu die
Vollmacht gegeben? 3 Er antwortete ihnen:
Auch ich will euch eine Frage stellen. Sagt
mir: 4 Stammte die Taufe des Johannes vom
Himmel oder von den Menschen? 5 Da über-
legten sie und sagten zueinander: Wenn wir
antworten: Vom Himmel!, so wird er sagen:
Warum habt ihr ihm dann nicht geglaubt?
6 Wenn wir aber antworten: Von den Men-
schen!, dann wird das ganze Volk uns steini-
gen; denn sie sind überzeugt, dass Johannes
ein Prophet gewesen ist. 7 Darum antworte-

19,28–40 Vgl. die Anmerkung zu Mt 21,1–11.

19,45 Vgl. die Anmerkung zu Mt 21,12.

ten sie: Wir wissen nicht, woher. [8] Jesus erwiderte: Dann sage auch ich euch nicht, mit welchem Recht ich das alles tue.

1–8 ‖ Mt 21,23–27; Mk 11,27–33.

Das Gleichnis von den bösen Winzern:
20,9–19

[9] Er erzählte dem Volk dieses Gleichnis: Ein Mann legte einen Weinberg an, verpachtete ihn an Winzer und reiste für längere Zeit in ein anderes Land. [10] Als nun die Zeit dafür gekommen war, schickte er einen Knecht zu den Winzern, damit sie ihm seinen Anteil am Ertrag des Weinbergs ablieferten. Die Winzer aber prügelten ihn und jagten ihn mit leeren Händen fort. [11] Darauf schickte er einen anderen Knecht; auch ihn prügelten und beschimpften sie und jagten ihn mit leeren Händen fort. [12] Er schickte noch einen dritten Knecht; aber auch ihn schlugen sie blutig und warfen ihn hinaus. [13] Da sagte der Besitzer des Weinbergs: Was soll ich tun? Ich will meinen geliebten Sohn zu ihnen schicken. Vielleicht werden sie vor ihm Achtung haben. [14] Als die Winzer den Sohn sahen, überlegten sie und sagten zueinander: Das ist der Erbe; wir wollen ihn töten, damit das Erbgut uns gehört. [15] Und sie warfen ihn aus dem Weinberg hinaus und brachten ihn um. Was wird nun der Besitzer des Weinbergs mit ihnen tun? [16] Er wird kommen und diese Winzer töten und den Weinberg anderen geben. Als sie das hörten, sagten sie: Das darf nicht geschehen! [17] Da sah Jesus sie an und sagte: Was bedeutet das Schriftwort:

Der Stein, den die Bauleute verworfen haben, / er ist zum Eckstein geworden?

[18] Jeder, der auf diesen Stein fällt, wird zerschellen; auf wen der Stein aber fällt, den wird er zermalmen.

[19] Die Schriftgelehrten und die Hohenpriester hätten ihn gern noch in derselben Stunde festgenommen; aber sie fürchteten das Volk. Denn sie hatten gemerkt, dass er sie mit diesem Gleichnis meinte.

9–19 ‖ Mt 21,33–46; Mk 12,1–12 • 9: Jes 5,1f G • 13: 3,22 • 17: Ps 118,22 • 19: 19,47f; 22,2.

Die Frage nach der kaiserlichen Steuer:
20,20–26

[20] Daher lauerten sie ihm auf und schickten Spitzel, die sich fromm stellen und ihn bei einer (unüberlegten) Antwort ertappen sollten. Denn sie wollten ihn der Gerichtsbarkeit des Statthalters übergeben. [21] Die Spitzel fragten ihn: Meister, wir wissen, dass du aufrichtig redest und lehrst und nicht auf die Person siehst, sondern wirklich den Weg Gottes lehrst. [22] Ist es uns erlaubt, dem Kaiser Steuer zu zahlen, oder nicht? [23] Er aber durchschaute ihre Hinterlist und sagte zu ihnen: [24] Zeigt mir einen Denar! Wessen Bild und Aufschrift sind darauf? Sie antworteten: Die des Kaisers. [25] Da sagte er zu ihnen: Dann gebt dem Kaiser, was dem Kaiser gehört, und Gott, was Gott gehört! [26] So gelang es ihnen nicht, ihn öffentlich bei einem (unüberlegten) Wort zu ertappen. Sie waren von seiner Antwort sehr überrascht und schwiegen.

20–26 ‖ Mt 22,15–22; Mk 12,13–17 • 20: 11,54.

Die Frage nach der Auferstehung der Toten:
20,27–40

[27] Von den Sadduzäern, die die Auferstehung leugnen, kamen einige zu Jesus und fragten ihn: [28] Meister, Mose hat uns vorgeschrieben: *Wenn ein Mann, der einen Bruder hat, stirbt und eine Frau hinterlässt, ohne Kinder zu haben, dann soll sein Bruder die Frau heiraten und seinem Bruder Nachkommen verschaffen.* [29] Nun lebten einmal sieben Brüder. Der erste nahm sich eine Frau, starb aber kinderlos. [30] Da nahm sie der zweite, [31] danach der dritte und ebenso die anderen bis zum siebten; sie alle hinterließen keine Kinder, als sie starben. [32] Schließlich starb auch die Frau. [33] Wessen Frau wird sie nun bei der Auferstehung sein? Alle sieben haben sie doch zur Frau gehabt. [34] Da sagte Jesus zu ihnen: Nur in dieser Welt heiraten die Menschen. [35] Die aber, die Gott für würdig hält, an jener Welt und an der Auferstehung von den Toten teilzuhaben, werden dann nicht mehr heiraten. [36] Sie können auch nicht mehr sterben, weil sie den Engeln gleich und durch die Auferstehung zu Söhnen Gottes geworden sind. [37] Dass aber die Toten auferstehen, hat schon Mose in der Geschichte vom Dornbusch angedeutet, in der er den Herrn *den Gott Abrahams, den Gott Isaaks und den Gott Jakobs nennt.* [38] Er ist doch kein Gott von Toten, sondern von Lebenden; denn für ihn sind alle lebendig. [39] Da sagten einige Schriftgelehrte: Meister, du hast gut geantwortet. [40] Und man wagte nicht mehr, ihn etwas zu fragen.

27–38 ‖ Mt 22,23–33; Mk 12,18–27 • 27: Apg 23,8 • 28: Dtn 25,5f; Gen 38,8 • 37: Ex 3,6 • 39: Mk 12,32 • 40: Mt 22,46; Mk 12,34.

20,9–19 Vgl. die Anmerkung zu Mt 21,33–46.
20,20–26 Vgl. die Anmerkung zu Mt 22,15–22.
20,27–40 Vgl. die Anmerkung zu Mt 22,23–33.

20,34 Wörtlich: Nur in dieser Welt heiraten sie (nämlich die Männer) und werden geheiratet (nämlich die Frauen). Ähnlich im V. 35.

Die Frage nach dem Messias: 20,41–44

41 Da fragte er sie: Wie kann man behaup-
ten, der Messias sei der Sohn Davids? 42 Denn
David selbst sagt im Buch der Psalmen: *Der
Herr sprach zu meinem Herrn: Setze dich
mir zur Rechten,* 43 *und ich lege dir deine
Feinde als Schemel unter die Füße.* 44 David
nennt ihn also »Herr«. Wie kann er dann Da-
vids Sohn sein?

41–44 ‖ Mt 22,41–45; Mk 12,35–37a • 42: Ps 110,1.

Worte gegen die Schriftgelehrten: 20,45–47

45 Jesus sagte vor dem ganzen Volk zu sei-
nen Jüngern: 46 Hütet euch vor den Schrift-
gelehrten! Sie gehen gern in langen Gewän-
dern umher, lieben es, wenn man sie auf den
Straßen und Plätzen grüßt, und wollen in der
Synagoge die vordersten Sitze und bei jedem
Festmahl die Ehrenplätze haben. 47 Sie brin-
gen die Witwen um ihre Häuser und verrich-
ten in ihrer Scheinheiligkeit lange Gebete.
Aber um so härter wird das Urteil sein, das
sie erwartet.

45–47 ‖ Mt 23,1.5–7.14; Mk 12,37b–40 • 46: 11,43; 14,7.

Das Opfer der Witwe: 21,1–4

21 Er blickte auf und sah, wie die Rei-
chen ihre Gaben in den Opferkasten
legten. 2 Dabei sah er auch eine arme Witwe,
die zwei kleine Münzen hineinwarf. 3 Da
sagte er: Wahrhaftig, ich sage euch: Diese
arme Witwe hat mehr hineingeworfen als
alle anderen. 4 Denn sie alle haben nur etwas
von ihrem Überfluss geopfert; diese Frau
aber, die kaum das Nötigste zum Leben hat,
sie hat ihren ganzen Lebensunterhalt herge-
geben.

1–4 ‖ Mk 12,41–44.

Die Rede über die Endzeit: 21,5–36

Die Ankündigung der Zerstörung des Tempels: 21,5–6

5 Als einige darüber sprachen, dass der
Tempel mit schönen Steinen und Weihege-
schenken geschmückt sei, sagte Jesus: 6 Es
wird eine Zeit kommen, da wird von allem,
was ihr hier seht, kein Stein auf dem andern
bleiben; alles wird niedergerissen werden.

5–6 ‖ Mt 24,1f; Mk 13,1f • 6: 19,44.

Vom Anfang der Not: 21,7–19

7 Sie fragten ihn: Meister, wann wird das
geschehen und an welchem Zeichen wird
man erkennen, dass es beginnt? 8 Er antwor-
tete: Gebt Acht, dass man euch nicht irre-
führt! Denn viele werden unter meinem Na-
men auftreten und sagen: Ich bin es!, und:
Die Zeit ist da. – Lauft ihnen nicht nach!
9 Und wenn ihr von Kriegen und Unruhen
hört, lasst euch dadurch nicht erschrecken!
Denn das *muss* als erstes *geschehen;* aber das
Ende kommt noch nicht sofort. 10 Dann sagte
er zu ihnen: Ein Volk wird sich gegen das an-
dere erheben und ein Reich gegen das ande-
re. 11 Es wird gewaltige Erdbeben und an
vielen Orten Seuchen und Hungersnöte ge-
ben; schreckliche Dinge werden geschehen
und am Himmel wird man gewaltige Zeichen
sehen.
12 Aber bevor das alles geschieht, wird
man euch festnehmen und euch verfolgen.
Man wird euch um meines Namens willen
den Gerichten der Synagogen übergeben, ins
Gefängnis werfen und vor Könige und Statt-
halter bringen. 13 Dann werdet ihr Zeugnis
ablegen können. 14 Nehmt euch fest vor,
nicht im voraus für eure Verteidigung zu sor-
gen; 15 denn ich werde euch die Worte und
die Weisheit eingeben, sodass alle eure Geg-
ner nicht dagegen ankommen und nichts
dagegen sagen können. 16 Sogar eure Eltern
und Geschwister, eure Verwandten und
Freunde werden euch ausliefern und manche
von euch wird man töten. 17 Und ihr werdet
um meines Namens willen von allen gehasst
werden. 18 Und doch wird euch kein Haar
gekrümmt werden. 19 Wenn ihr standhaft
bleibt, werdet ihr das Leben gewinnen.

7–19 ‖ Mt 10,17–22; 24,3–14; Mk 13,3–13 • 9: Dan 2,28 G • 10: Jes 19,2 • 12: Joh 16,1–4; Lk 12,11f • 18: Mt 10,30.

Vom Gericht über Jerusalem: 21,20–24

20 Wenn ihr aber seht, dass Jerusalem von
einem Heer eingeschlossen wird, dann könnt
ihr daran erkennen, dass die Stadt bald ver-
wüstet wird. 21 Dann sollen die Bewohner
von Judäa in die Berge fliehen; wer in der

21,1–4 Vgl. die Anmerkung zu Mk 12,41.

21,2 zwei kleine Münzen, wörtlich: zwei Leptá. Vgl. die Anmerkung zu 12,6.

21,5–36 Vgl. die Anmerkung zu Mt 24,1 – 25,46. Im Unterschied zur Endzeitrede des Markus und des Matthäus spricht Lukas nicht vom Aufstellen eines Götzenbildes im Tempel und trennt zwischen dem Untergang Jerusalems und dem Ende der Welt.

21,35 Eine Reihe von Textzeugen hat: denn wie eine Falle wird er über alle Bewohner ... hereinbrechen.

Stadt ist, soll sie verlassen, und wer auf dem Land ist, soll nicht in die Stadt gehen. 22 Denn das sind die *Tage der Vergeltung,* an denen alles in Erfüllung gehen soll, was in der Schrift steht. 23 Wehe den Frauen, die in jenen Tagen schwanger sind oder ein Kind stillen. Denn eine große Not wird über das Land hereinbrechen: Der Zorn (Gottes) wird über dieses Volk kommen. 24 Mit scharfem Schwert wird man sie erschlagen, als Gefangene wird man sie in alle Länder verschleppen und *Jerusalem* wird von den *Heiden zertreten* werden, bis die Zeiten der Heiden sich erfüllen.

20–24 ‖ Mt 24,15–22; Mk 13,14–20 • 22: Dtn 32,35 • 24: Sach 12,3 G.

Vom Kommen des Menschensohnes: 21,25–28

25 Es werden Zeichen sichtbar werden an Sonne, Mond und Sternen, und auf der Erde werden die Völker bestürzt und ratlos sein über das Toben und Donnern des Meeres. 26 Die Menschen werden vor Angst vergehen in der Erwartung der Dinge, die über die Erde kommen; denn die Kräfte des Himmels werden erschüttert werden. 27 Dann wird man den *Menschensohn* mit großer Macht und Herrlichkeit *auf einer Wolke kommen sehen.* 28 Wenn (all) das beginnt, dann richtet euch auf, und erhebt eure Häupter; denn eure Erlösung ist nahe.

25–28 ‖ Mt 24,29–31; Mk 13,24–27 • 25: Jes 13,10; 34,4 G; Joël 2,10• 26: Hag 2,6.21; 2 Petr 3,10 • 27: Dan 7,13; Mt 26,64; Mk 14,62; Offb 1,7.

Mahnungen im Hinblick auf das Ende: 21,29–36

29 Und er gebrauchte einen Vergleich und sagte: Seht euch den Feigenbaum und die anderen Bäume an: 30 Sobald ihr merkt, dass sie Blätter treiben, wisst ihr, dass der Sommer nahe ist. 31 Genauso sollt ihr erkennen, wenn ihr (all) das geschehen seht, dass das Reich Gottes nahe ist. 32 Amen, ich sage euch: Diese Generation wird nicht vergehen, bis alles eintrifft. 33 Himmel und Erde werden vergehen, aber meine Worte werden nicht vergehen.

34 Nehmt euch in Acht, dass Rausch und Trunkenheit und die Sorgen des Alltags euch nicht verwirren und dass jener Tag euch nicht plötzlich überrascht, 35 (so) wie (man in) eine Falle (gerät); denn er wird über alle Bewohner der ganzen Erde hereinbrechen. 36 Wacht und betet allezeit, damit ihr allem, was geschehen wird, entrinnen und vor den Menschensohn hintreten könnt.

29–33 ‖ Mt 24,32–35; Mk 13,28–32 • 32: 9,27; Mt 16,28; Mk 9,1 • 36: Mt 24,42; 25,13; Mk 13,35.

Die Lehrtätigkeit Jesu im Tempel: 21,37–38

37 Tagsüber lehrte Jesus im Tempel; abends aber ging er zum Ölberg hinaus und verbrachte dort die Nacht. 38 Schon früh am Morgen kam das ganze Volk zu ihm in den Tempel, um ihn zu hören.

37: 19,47; 23,53; 22,39.

DAS LEIDEN UND DIE AUFERSTEHUNG JESU: 22,1 – 24,53

Der Beschluss des Hohen Rates: 22,1–2

22 Das Fest der Ungesäuerten Brote, das Pascha genannt wird, war nahe. 2 Und die Hohenpriester und die Schriftgelehrten suchten nach einer Möglichkeit, Jesus (unauffällig) zu beseitigen; denn sie fürchteten sich vor dem Volk.

1–2 ‖ Mt 26,3–5; Mk 14,1f • 2: 19,47f; 20,19.

Der Verrat durch Judas: 22,3–6

3 Der Satan aber ergriff Besitz von Judas, genannt Iskariot, der zu den Zwölf gehörte. 4 Judas ging zu den Hohenpriestern und den Hauptleuten und beriet mit ihnen, wie er Jesus an sie ausliefern könnte. 5 Da freuten sie sich und kamen mit ihm überein, ihm Geld dafür zu geben. 6 Er sagte zu und suchte von

---

22,1–24,53 Der Passionsbericht des Lukas bietet über die Berichte des Markus und des Matthäus hinaus folgende Sonderüberlieferungen: Rangstreit unter den Jüngern (22,24–30), Verheißung an die Jünger (22,28–30), Mahnung an Simon (22,31f), Hinweis auf eine Engelserscheinung am Ölberg und auf den Blutschweiß (22,43f), Blick Jesu auf Petrus (22,61), Verspottung Jesu durch Herodes (23,6–12), Feststellen der Schuldlosigkeit Jesu durch Pilatus (23,13–16), Wort Jesu an die Frauen von Jerusalem (23,27–31), Wort Jesu an den reumütigen Verbrecher (23,40–43), Sterbegebet Jesu (23,46).

22,1 Vgl. die Anmerkung zu Mk 14,1.

22,2 Andere Übersetzungsmöglichkeit: denn sie fürchteten, das Volk (werde einen Aufstand machen).

da an nach einer Gelegenheit, ihn an sie aus-
zuliefern, ohne dass das Volk es merkte.

3–6 ‖ Mt 26,14–16; Mk 14,10f.

Die Vorbereitung des Paschamahls: 22,7–13

7 Dann kam der Tag der Ungesäuerten
Brote, an dem das Paschalamm geschlachtet
werden musste. 8 Jesus schickte Petrus und
Johannes in die Stadt und sagte: Geht und
bereitet das Paschamahl für uns vor, damit
wir es gemeinsam essen können. 9 Sie fragten
ihn: Wo sollen wir es vorbereiten? 10 Er ant-
wortete ihnen: Wenn ihr in die Stadt kommt,
wird euch ein Mann begegnen, der einen
Wasserkrug trägt. Folgt ihm in das Haus, in
das er hineingeht, 11 und sagt zu dem Herrn
des Hauses: Der Meister lässt dich fragen:
Wo ist der Raum, in dem ich mit meinen Jün-
gern das Paschalamm essen kann? 12 Und der
Hausherr wird euch einen großen Raum im
Obergeschoss zeigen, der mit Polstern ausge-
stattet ist. Dort bereitet alles vor! 13 Sie gin-
gen und fanden alles so, wie er es ihnen ge-
sagt hatte, und bereiteten das Paschamahl
vor.

7–13 ‖ Mt 26,17–19; Mk 14,12–16 • 7: Ex 12,14–20.

Das Mahl: 22,14–23

14 Als die Stunde gekommen war, begab er
sich mit den Aposteln zu Tisch. 15 Und er
sagte zu ihnen: Ich habe mich sehr danach
gesehnt, vor meinem Leiden dieses Pascha-
mahl mit euch zu essen. 16 Denn ich sage
euch: Ich werde es nicht mehr essen, bis das
Mahl seine Erfüllung findet im Reich Gottes.
17 Und er nahm den Kelch, sprach das Dank-
gebet und sagte: Nehmt den Wein und ver-
teilt ihn untereinander! 18 Denn ich sage
euch: Von nun an werde ich nicht mehr von
der Frucht des Weinstocks trinken, bis das
Reich Gottes kommt. 19 Und er nahm Brot,
sprach das Dankgebet, brach das Brot und
reichte es ihnen mit den Worten: Das ist
mein Leib, der für euch hingegeben wird. Tut
dies zu meinem Gedächtnis! 20 Ebenso nahm
er nach dem Mahl den Kelch und sagte: Die-
ser Kelch ist *der Neue Bund* in meinem Blut,
das für euch vergossen wird. 21 Doch seht,
der Mann, der mich verrät und ausliefert,
sitzt mit mir am Tisch. 22 Der Menschensohn
muss zwar den Weg gehen, der ihm bestimmt
ist. Aber weh dem Menschen, durch den er
verraten wird. 23 Da fragte einer den andern,
wer von ihnen das wohl sei, der so etwas tun
werde.

14–23 ‖ Mt 26,20–29; Mk 14,17–25 • 19–20 ‖ 1 Kor 11,23–25 • 21–23 ‖ Joh 13,2.21–26 • 20: Ex 24,8; Jer 31,31.

Vom Herrschen und vom Dienen: 22,24–30

24 Es entstand unter ihnen ein Streit darü-
ber, wer von ihnen wohl der Größte sei. 25 Da
sagte Jesus: Die Könige herrschen über ihre
Völker und die Mächtigen lassen sich Wohl-
täter nennen. 26 Bei euch aber soll es nicht so
sein, sondern der Größte unter euch soll wer-
den wie der Kleinste und der Führende soll
werden wie der Dienende. 27 Welcher von
beiden ist größer: wer bei Tisch sitzt oder
wer bedient? Natürlich der, der bei Tisch
sitzt. Ich aber bin unter euch wie der, der be-
dient.

28 In allen meinen Prüfungen habt ihr bei
mir ausgeharrt. 29 Darum vermache ich euch
das Reich, wie es mein Vater mir vermacht
hat: 30 Ihr sollt in meinem Reich mit mir an
meinem Tisch essen und trinken, und ihr
sollt auf Thronen sitzen und die zwölf Stäm-
me Israels richten.

24–27 ‖ Mt 20,24–28; Mk 10,41–45 • 24–26: 9,46–48; Mt 18,1; Mk 9,33f • 26f: Joh 13,4f.12–17 • 30: Mt 19,28.

Die Ankündigung der Verleugnung und der Umkehr des Petrus: 22,31–34

31 Simon, Simon, der Satan hat verlangt,
dass er euch wie Weizen sieben darf. 32 Ich
aber habe für dich gebetet, dass dein Glaube
nicht erlischt. Und wenn du dich wieder be-
kehrt hast, dann stärke deine Brüder. 33 Da-
rauf sagte Petrus zu ihm: Herr, ich bin bereit,
mit dir sogar ins Gefängnis und in den Tod
zu gehen. 34 Jesus erwiderte: Ich sage dir,
Petrus, ehe heute der Hahn kräht, wirst du
dreimal leugnen, mich zu kennen.

31–34 ‖ Joh 13,36–38 • 31: Mt 16,18; Joh 21,15–17 • 33–34: Mt 26,34f; Mk 14,30f • 34: 22,61.

Die Stunde der Entscheidung: 22,35–38

35 Dann sagte Jesus zu ihnen: Als ich euch
ohne Geldbeutel aussandte, ohne Vorrats-
tasche und ohne Schuhe, habt ihr da etwa
Not gelitten? Sie antworteten: Nein. 36 Da
sagte er: Jetzt aber soll der, der einen Geld-

22,17 Nehmt den Wein, wörtlich: Nehmt diesen (Kelch). – Beim jüdischen Paschamahl wird der Kelch mehrmals herumgereicht. Von dem bei der Einsetzung des Abendmahls gereichten Kelch ist erst in V. 20 die Rede.

22,19f Der Abendmahlsbericht des Lukas spricht im Unterschied zu Markus und Matthäus ausdrücklich vom Neuen Bund, wie dies auch Paulus in 1 Kor 11,25 tut.

22,21 Wörtlich: Doch siehe, die Hand dessen, der mich verrät und ausliefert, (ist) mit mir auf dem Tisch.

beutel hat, ihn mitnehmen und ebenso die
Tasche. Wer aber kein Geld hat, soll seinen
Mantel verkaufen und sich dafür ein
Schwert kaufen. 37 Ich sage euch: An mir
muss sich das Schriftwort erfüllen: *Er wurde*
zu den Verbrechern gerechnet. Denn alles,
was über mich gesagt ist, geht in Erfüllung.
38 Da sagten sie: Herr, hier sind zwei Schwer-
ter. Er erwiderte: Genug davon!

35: 9,2f; 10,4 • 37: Jes 53,12; Joh 19,28.

Das Gebet am Ölberg: 22,39–46

39 Dann verließ Jesus die Stadt und ging,
wie er es gewohnt war, zum Ölberg; seine
Jünger folgten ihm. 40 Als er dort war, sagte
er zu ihnen: Betet darum, dass ihr nicht in
Versuchung geratet! 41 Dann entfernte er
sich von ihnen ungefähr einen Steinwurf
weit, kniete nieder und betete: 42 Vater, wenn
du willst, nimm diesen Kelch von mir! Aber
nicht mein, sondern dein Wille soll gesche-
hen. 43 Da erschien ihm ein Engel vom Him-
mel und gab ihm (neue) Kraft. 44 Und er be-
tete in seiner Angst noch inständiger und
sein Schweiß war wie Blut, das auf die Erde
tropfte. 45 Nach dem Gebet stand er auf, ging
zu den Jüngern zurück und fand sie schla-
fend; denn sie waren vor Kummer erschöpft.
46 Da sagte er zu ihnen: Wie könnt ihr schla-
fen? Steht auf und betet, damit ihr nicht in
Versuchung geratet.

39–46 ‖ Mt 26,30.36–46; Mk 14,26.32–42 • 39: 21,37; Joh 18,1f; • 42: Mt 6,10; Joh 12,27f.

Die Gefangennahme: 22,47–53

47 Während er noch redete, kam eine Schar
Männer; Judas, einer der Zwölf, ging ihnen
voran. Er näherte sich Jesus, um ihn zu küs-
sen. 48 Jesus aber sagte zu ihm: Judas, mit ei-
nem Kuss verrätst du den Menschensohn?
49 Als seine Begleiter merkten, was (ihm)
drohte, fragten sie: Herr, sollen wir mit dem
Schwert dreinschlagen? 50 Und einer von ih-
nen schlug auf den Diener des Hohenpries-
ters ein und hieb ihm das rechte Ohr ab.
51 Jesus aber sagte: Hört auf damit! Und er
berührte das Ohr und heilte den Mann. 52 Zu
den Hohenpriestern aber, den Hauptleuten
der Tempelwache und den Ältesten, die vor
ihm standen, sagte Jesus: Wie gegen einen
Räuber seid ihr mit Schwertern und Knüp-
peln ausgezogen. 53 Tag für Tag war ich bei
euch im Tempel und ihr habt nicht gewagt,
gegen mich vorzugehen. Aber das ist eure
Stunde, jetzt hat die Finsternis die Macht.

47–53 ‖ Mt 26,47–56; Mk 14,43–50; Joh 18,3–11 • 53: 19,47; 21,37; Joh 18,20.

Die Verleugnung durch Petrus: 22,54–62

54 Darauf nahmen sie ihn fest, führten ihn
ab und brachten ihn in das Haus des Hohen-
priesters. Petrus folgte von weitem. 55 Mitten
im Hof hatte man ein Feuer angezündet und
Petrus setzte sich zu den Leuten, die dort
beieinandersaßen. 56 Eine Magd sah ihn am
Feuer sitzen, schaute ihn genau an und sagte:
Der war auch mit ihm zusammen. 57 Petrus
aber leugnete es und sagte: Frau, ich kenne
ihn nicht. 58 Kurz danach sah ihn ein anderer
und bemerkte: Du gehörst auch zu ihnen.
Petrus aber sagte: Nein, Mensch, ich nicht!
59 Etwa eine Stunde später behauptete wie-
der einer: Wahrhaftig, der war auch mit ihm
zusammen; er ist doch auch ein Galiläer.
60 Petrus aber erwiderte: Mensch, ich weiß
nicht, wovon du sprichst. Im gleichen Au-
genblick, noch während er redete, krähte ein
Hahn. 61 Da wandte sich der Herr um und
blickte Petrus an. Und Petrus erinnerte sich
an das, was der Herr zu ihm gesagt hatte:
Ehe heute der Hahn kräht, wirst du mich
dreimal verleugnen. 62 Und er ging hinaus
und weinte bitterlich.

54–62 ‖ Mt 26,57f.69–75; Mk 14,53f.66–72; Joh 18,12–18.25–27 • 61: 22,34.

Die Verspottung durch die Wächter:
22,63–65

63 Die Wächter trieben ihren Spott mit Je-
sus. Sie schlugen ihn, 64 verhüllten ihm das
Gesicht und fragten ihn: Du bist doch ein
Prophet! Sag uns: Wer hat dich geschlagen?
65 Und noch mit vielen anderen Lästerungen
verhöhnten sie ihn.

63–65 ‖ Mt 26,67; Mk 14,65.

Das Verhör vor dem Hohen Rat: 22,66–71

66 Als es Tag wurde, versammelten sich die
Ältesten des Volkes, die Hohenpriester und
die Schriftgelehrten, also der Hohe Rat, und
sie ließen Jesus vorführen. 67 Sie sagten zu
ihm: Wenn du der Messias bist, dann sag es
uns! Er antwortete ihnen: Auch wenn ich es
euch sage – ihr glaubt mir ja doch nicht;
68 und wenn ich euch etwas frage, antwortet
ihr nicht. 69 Von nun an wird *der Menschen-*
sohn zur Rechten des allmächtigen Gottes
sitzen. 70 Da sagten alle: Du bist also der
Sohn Gottes. Er antwortete ihnen: Ihr sagt
es – ich bin es. 71 Da riefen sie: Was brauchen
wir noch Zeugenaussagen? Wir haben es
selbst aus seinem eigenen Mund gehört.

66–71 ‖ Mt 27,1; 26,57.63–65; Mk 15,1; 14,53.61–64; Joh 18,19–24 • 67: 9,20; Joh 10,24 • 69: Dan 7,13; Ps 110,1.

22,43f Diese zwei Verse fehlen bei wichtigen Textzeugen; sie sind vermutlich nicht ursprünglich.

Die Auslieferung an Pilatus: 23,1–5

23 Daraufhin erhob sich die ganze Ver-
sammlung und man führte Jesus zu
Pilatus. 2 Dort brachten sie ihre Anklage ge-
gen ihn vor; sie sagten: Wir haben festge-
stellt, dass dieser Mensch unser Volk ver-
führt, es davon abhält, dem Kaiser Steuer zu
zahlen, und behauptet, er sei der Messias
und König. 3 Pilatus fragte ihn: Bist du der
König der Juden? Er antwortete ihm: Du
sagst es. 4 Da sagte Pilatus zu den Hohen-
priestern und zum Volk: Ich finde nicht, dass
dieser Mensch eines Verbrechens schuldig
ist. 5 Sie aber blieben hartnäckig und sagten:
Er wiegelt das Volk auf und verbreitet seine
Lehre im ganzen jüdischen Land von Galiläa
bis hierher.

1–5 ‖ Mt 27,2.11–14; Mk 15,1–5; Joh 18,28–38.

Die Verspottung durch Herodes: 23,6–12

6 Als Pilatus das hörte, fragte er, ob der
Mann ein Galiläer sei. 7 Und als er erfuhr,
dass Jesus aus dem Gebiet des Herodes kom-
me, ließ er ihn zu Herodes bringen, der in je-
nen Tagen ebenfalls in Jerusalem war. 8 He-
rodes freute sich sehr, als er Jesus sah; schon
lange hatte er sich gewünscht, mit ihm zu-
sammenzutreffen, denn er hatte von ihm ge-
hört. Nun hoffte er, ein Wunder von ihm zu
sehen. 9 Er stellte ihm viele Fragen, doch Je-
sus gab ihm keine Antwort. 10 Die Hohen-
priester und die Schriftgelehrten, die dabei-
standen, erhoben schwere Beschuldigungen
gegen ihn. 11 Herodes und seine Soldaten
zeigten ihm offen ihre Verachtung. Er trieb
seinen Spott mit Jesus, ließ ihm ein Prunkge-
wand umhängen und schickte ihn so zu Pila-
tus zurück. 12 An diesem Tag wurden Hero-
des und Pilatus Freunde; vorher waren sie
Feinde gewesen.

8: 9,9 • 11: Mt 27,28; Mk 15,17.

Die Verhandlung vor Pilatus: 23,13–25

13 Pilatus rief die Hohenpriester und die
anderen führenden Männer und das Volk zu-
sammen 14 und sagte zu ihnen: Ihr habt mir
diesen Menschen hergebracht und behaup-
tet, er wiegle das Volk auf. Ich selbst habe
ihn in eurer Gegenwart verhört und habe
keine der Anklagen, die ihr gegen diesen
Menschen vorgebracht habt, bestätigt ge-
funden, 15 auch Herodes nicht, denn er hat
ihn zu uns zurückgeschickt. Ihr seht also: Er
hat nichts getan, worauf die Todesstrafe
steht. 16 Daher will ich ihn nur auspeitschen
lassen und dann werde ich ihn freilassen.[17]
18 Da schrien sie alle miteinander: Weg mit
ihm; lass den Barabbas frei! 19 Dieser Mann
war wegen eines Aufruhrs in der Stadt und
wegen Mordes ins Gefängnis geworfen wor-
den. 20 Pilatus aber redete wieder auf sie ein,
denn er wollte Jesus freilassen. 21 Doch sie
schrien: Kreuzige ihn, kreuzige ihn! 22 Zum
dritten Mal sagte er zu ihnen: Was für ein
Verbrechen hat er denn begangen? Ich habe
nichts feststellen können, wofür er den Tod
verdient. Daher will ich ihn auspeitschen
lassen und dann werde ich ihn freilassen.
23 Sie aber schrien und forderten immer lau-
ter, er solle Jesus kreuzigen lassen, und mit
ihrem Geschrei setzten sie sich durch: 24 Pi-
latus entschied, dass ihre Forderung erfüllt
werden solle. 25 Er ließ den Mann frei, der
wegen Aufruhr und Mord im Gefängnis saß
und den sie gefordert hatten. Jesus aber lie-
ferte er ihnen aus, wie sie es verlangten.

18–25 ‖ Mt 27,20–26; Mk 15,11–15; Joh 18,38–19,1 • 18: Apg 3,13f • 21: Joh 19,15.

Die Kreuzigung: 23,26–43

26 Als sie Jesus hinausführten, ergriffen sie
einen Mann aus Zyrene namens Simon, der
gerade vom Feld kam. Ihm luden sie das
Kreuz auf, damit er es hinter Jesus hertrage.
27 Es folgte eine große Menschenmenge, da-
runter auch Frauen, die um ihn klagten und
weinten. 28 Jesus wandte sich zu ihnen um
und sagte: Ihr Frauen von Jerusalem, weint
nicht über mich; weint über euch und eure
Kinder! 29 Denn es kommen Tage, da wird
man sagen: Wohl den Frauen, die unfrucht-
bar sind, die nicht geboren und nicht gestillt
haben. 30 Dann wird man *zu den Bergen sa-*
gen: Fallt auf uns!, und zu den Hügeln: Deckt
uns zu! 31 Denn wenn das mit dem grünen
Holz geschieht, was wird dann erst mit dem
dürren werden?

32 Zusammen mit Jesus wurden auch zwei
Verbrecher zur Hinrichtung geführt.

33 Sie kamen zur Schädelhöhe; dort kreu-
zigten sie ihn und die Verbrecher, den einen
rechts von ihm, den andern links. 34 Jesus
aber betete: Vater, vergib ihnen, denn sie
wissen nicht, was sie tun. Dann *warfen sie*
das Los und verteilten seine *Kleider unter*
sich. 35 Die Leute standen dabei und *schau-*
ten zu; auch die führenden Männer des Vol-

23,17 Einige Textzeugen fügen hinzu: Zum Fest aber musste er ihnen einen Gefangenen freilassen.

23,34 Der erste Teil des Verses fehlt bei einigen alten Textzeugen.

kes *verlachten* ihn und sagten: Anderen hat
er geholfen, nun soll er sich selbst helfen,
wenn er der erwählte Messias Gottes ist.
36 Auch die Soldaten verspotteten ihn; sie
traten vor ihn hin, reichten ihm Essig 37 und
sagten: Wenn du der König der Juden bist,
dann hilf dir selbst! 38 Über ihm war eine
Tafel angebracht; auf ihr stand: Das ist der
König der Juden. 39 Einer der Verbrecher, die
neben ihm hingen, verhöhnte ihn: Bist du
denn nicht der Messias? Dann hilf dir selbst
und auch uns! 40 Der andere aber wies ihn
zurecht und sagte: Nicht einmal du fürchtest
Gott? Dich hat doch das gleiche Urteil ge-
troffen. 41 Uns geschieht recht, wir erhalten
den Lohn für unsere Taten; dieser aber hat
nichts Unrechtes getan. 42 Dann sagte er:
Jesus, denk an mich, wenn du in dein Reich
kommst. 43 Jesus antwortete ihm: Amen, ich
sage dir: Heute noch wirst du mit mir im Pa-
radies sein.

26–43 ‖ Mt 27,31b–44; Mk 15,20b–32; Joh 19,16b–27.29 • 30: Hos 10,8; Offb 6,16 • 34: Ps 22,19; Joh 19,24 • 35: Ps 22,8.

Der Tod Jesu: 23,44–49

44 Es war etwa um die sechste Stunde, als
eine Finsternis über das ganze Land herein-
brach. Sie dauerte bis zur neunten Stunde.
45 Die Sonne verdunkelte sich. Der Vorhang
im Tempel riss mitten entzwei, 46 und Jesus
rief laut: *Vater, in deine Hände lege ich mei-
nen Geist.* Nach diesen Worten hauchte er
den Geist aus.
47 Als der Hauptmann sah, was geschehen
war, pries er Gott und sagte: Das war wirk-
lich ein gerechter Mensch. 48 Und alle, die zu
diesem Schauspiel herbeigeströmt waren
und sahen, was sich ereignet hatte, schlugen
sich an die Brust und gingen betroffen
weg.
49 Alle seine *Bekannten* aber *standen in
einiger Entfernung* (vom Kreuz), auch die
Frauen, die ihm seit der Zeit in Galiläa nach-
gefolgt waren und die alles mit ansahen.

44–49 ‖ Mt 27,45–56; Mk 15,33–41; Joh 19,28–30 • 46: Ps 31,6 • 49: Ps 38,12; Lk 8,2f.

Das Begräbnis Jesu: 23,50–56

50/51 Damals gehörte zu den Mitgliedern
des Hohen Rates ein Mann namens Josef,
der aus der jüdischen Stadt Arimathäa
stammte. Er wartete auf das Reich Gottes
und hatte dem, was die anderen beschlossen
und taten, nicht zugestimmt, weil er gut und
gerecht war. 52 Er ging zu Pilatus und bat um
den Leichnam Jesu. 53 Und er nahm ihn vom
Kreuz, hüllte ihn in ein Leinentuch und legte
ihn in ein Felsengrab, in dem noch niemand
bestattet worden war. 54 Das war am Rüst-
tag, kurz bevor der Sabbat anbrach. 55 Die
Frauen, die mit Jesus aus Galiläa gekommen
waren, gaben ihm das Geleit und sahen zu,
wie der Leichnam in das Grab gelegt wurde.
56 Dann kehrten sie heim und bereiteten
wohlriechende Öle und Salben zu. Am Sab-
bat aber hielten sie die vom Gesetz vorge-
schriebene Ruhe ein.

50–56 ‖ Mt 27,57–61; Mk 15,42–47; Joh 19,38–42 • 54: Dtn 21,23.

Die Botschaft der Engel im leeren Grab:
24,1–12

24 Am ersten Tag der Woche gingen die
Frauen mit den wohlriechenden Sal-
ben, die sie zubereitet hatten, in aller Frühe
zum Grab. 2 Da sahen sie, dass der Stein vom
Grab weggewälzt war; 3 sie gingen hinein,
aber den Leichnam Jesu, des Herrn, fanden
sie nicht. 4 Während sie ratlos dastanden,
traten zwei Männer in leuchtenden Gewän-
dern zu ihnen. 5 Die Frauen erschraken und
blickten zu Boden. Die Männer aber sagten
zu ihnen: Was sucht ihr den Lebenden bei
den Toten? 6 Er ist nicht hier, sondern er ist
auferstanden. Erinnert euch an das, was er
euch gesagt hat, als er noch in Galiläa war:
7 Der Menschensohn muss den Sündern aus-
geliefert und gekreuzigt werden und am
dritten Tag auferstehen. 8 Da erinnerten sie
sich an seine Worte. 9 Und sie kehrten vom
Grab in die Stadt zurück und berichteten al-
les den Elf und den anderen Jüngern. 10 Es
waren Maria Magdalene, Johanna und Ma-
ria, die Mutter des Jakobus; auch die übrigen
Frauen, die bei ihnen waren, erzählten es
den Aposteln. 11 Doch die Apostel hielten das
alles für Geschwätz und glaubten ihnen
nicht. 12 Petrus aber stand auf und lief zum
Grab. Er beugte sich vor, sah aber nur die
Leinenbinden (dort liegen). Dann ging er
nach Hause, voll Verwunderung über das,
was geschehen war.

1–12 ‖ Mt 28,1–8; Mk 16,1–8; Joh 20,1–13 • 7: 9,22.44; 17,25; 18,32f; • 10: 8,2f; Mk 16,9.

23,42 Einige Textzeugen haben: wenn du in deiner Macht als König kommst.
24,6 Der erste Satz des Verses fehlt bei einigen alten Textzeugen.
24,10 Vgl. die Anmerkung zu Mt 12,46f.
24,12 Dieser Vers fehlt bei einigen alten Textzeugen.
24,13–35 Die Erzählung von den Emmaus-Jüngern ist nur bei Lukas überliefert.
24,13 Sechzig Stadien sind etwa elf Kilometer.

Die Begegnung mit dem Auferstandenen auf dem Weg nach Emmaus: 24,13–35

13 Am gleichen Tag waren zwei von den
Jüngern auf dem Weg in ein Dorf namens
Emmaus, das sechzig Stadien von Jerusalem
entfernt ist. 14 Sie sprachen miteinander
über all das, was sich ereignet hatte. 15 Wäh-
rend sie redeten und ihre Gedanken aus-
tauschten, kam Jesus hinzu und ging mit ih-
nen. 16 Doch sie waren wie mit Blindheit ge-
schlagen, sodass sie ihn nicht erkannten.
17 Er fragte sie: Was sind das für Dinge, über
die ihr auf eurem Weg miteinander redet? Da
blieben sie traurig stehen, 18 und der eine von
ihnen – er hieß Kleopas – antwortete ihm:
Bist du so fremd in Jerusalem, dass du als
einziger nicht weißt, was in diesen Tagen
dort geschehen ist? 19 Er fragte sie: Was
denn? Sie antworteten ihm: Das mit Jesus
aus Nazaret. Er war ein Prophet, mächtig in
Wort und Tat vor Gott und dem ganzen Volk.
20 Doch unsere Hohenpriester und Führer
haben ihn zum Tod verurteilen und ans
Kreuz schlagen lassen. 21 Wir aber hatten ge-
hofft, dass er der sei, der Israel erlösen wer-
de. Und dazu ist heute schon der dritte Tag,
seitdem das alles geschehen ist. 22 Aber nicht
nur das: Auch einige Frauen aus unserem
Kreis haben uns in große Aufregung versetzt.
Sie waren in der Frühe beim Grab, 23 fanden
aber seinen Leichnam nicht. Als sie zurück-
kamen, erzählten sie, es seien ihnen Engel
erschienen und hätten gesagt, er lebe. 24 Ei-
nige von uns gingen dann zum Grab und fan-
den alles so, wie die Frauen gesagt hatten;
ihn selbst aber sahen sie nicht.

25 Da sagte er zu ihnen: Begreift ihr denn
nicht? Wie schwer fällt es euch, alles zu glau-
ben, was die Propheten gesagt haben.
26 Musste nicht der Messias all das erleiden,
um so in seine Herrlichkeit zu gelangen?
27 Und er legte ihnen dar, ausgehend von
Mose und allen Propheten, was in der gesam-
ten Schrift über ihn geschrieben steht. 28 So
erreichten sie das Dorf, zu dem sie unterwegs
waren. Jesus tat, als wolle er weitergehen,
29 aber sie drängten ihn und sagten: Bleib
doch bei uns; denn es wird bald Abend, der
Tag hat sich schon geneigt. Da ging er mit hi-
nein, um bei ihnen zu bleiben. 30 Und als er
mit ihnen bei Tisch war, nahm er das Brot,
sprach den Lobpreis, brach das Brot und gab
es ihnen. 31 Da gingen ihnen die Augen auf
und sie erkannten ihn; dann sahen sie ihn
nicht mehr. 32 Und sie sagten zueinander:
Brannte uns nicht das Herz in der Brust, als
er unterwegs mit uns redete und uns den
Sinn der Schrift erschloss? 33 Noch in der-
selben Stunde brachen sie auf und kehrten
nach Jerusalem zurück und sie fanden die
Elf und die anderen Jünger versammelt.
34 Diese sagten: Der Herr ist wirklich aufer-
standen und ist dem Simon erschienen. 35 Da
erzählten auch sie, was sie unterwegs erlebt
und wie sie ihn erkannt hatten, als er das
Brot brach.

13: Mk 16,12 • 24: Joh 20,3–10 • 34: 1 Kor 15,4f.

Die Erscheinung des Auferstandenen in Jerusalem: 24,36–53

36 Während sie noch darüber redeten, trat
er selbst in ihre Mitte und sagte zu ihnen:
Friede sei mit euch! 37 Sie erschraken und
hatten große Angst, denn sie meinten, einen
Geist zu sehen. 38 Da sagte er zu ihnen: Was
seid ihr so bestürzt? Warum lasst ihr in eu-
rem Herzen solche Zweifel aufkommen?
39 Seht meine Hände und meine Füße an: Ich
bin es selbst. Fasst mich doch an und be-
greift: Kein Geist hat Fleisch und Knochen,
wie ihr es bei mir seht. 40 Bei diesen Worten
zeigte er ihnen seine Hände und Füße. 41 Sie
staunten, konnten es aber vor Freude immer
noch nicht glauben. Da sagte er zu ihnen:
Habt ihr etwas zu essen hier? 42 Sie gaben
ihm ein Stück gebratenen Fisch; 43 er nahm
es und aß es vor ihren Augen.

44 Dann sprach er zu ihnen: Das sind die
Worte, die ich zu euch gesagt habe, als ich
noch bei euch war: Alles muss in Erfüllung
gehen, was im Gesetz des Mose, bei den Pro-
pheten und in den Psalmen über mich gesagt
ist. 45 Darauf öffnete er ihnen die Augen für
das Verständnis der Schrift. 46 Er sagte zu ih-
nen: So steht es in der Schrift: Der Messias
wird leiden und am dritten Tag von den To-
ten auferstehen, 47 und in seinem Namen
wird man allen Völkern, angefangen in Jeru-
salem, verkünden, sie sollen umkehren, da-
mit ihre Sünden vergeben werden. 48 Ihr seid
Zeugen dafür. 49 Und ich werde die Gabe, die
mein Vater verheißen hat, zu euch herabsen-
den. Bleibt in der Stadt, bis ihr mit der Kraft
aus der Höhe erfüllt werdet.

50 Dann führte er sie hinaus in die Nähe
von Betanien. Dort erhob er seine Hände

24,35 Andere Übersetzungsmöglichkeit: wie sie ihn daran erkannten, wie er das Brot brach.

24,36 Die Worte »und sagte zu ihnen: Friede sei mit euch!« fehlen bei einigen alten Textzeugen.

24,40 Dieser Vers fehlt bei einigen alten Textzeugen.

24,50–52 Nach den Angaben des Lukas in Apg 1,3 erfolgte die Himmelfahrt Jesu vierzig Tage nach seiner Auferstehung.

und segnete sie. 51 Und während er sie segne-
te, verließ er sie und wurde zum Himmel em-
porgehoben; 52 sie aber fielen vor ihm nieder.
Dann kehrten sie in großer Freude nach Je-
rusalem zurück. 53 Und sie waren immer im
Tempel und priesen Gott.

36–53 ‖ Mk 16,14–19; Joh 20,19–23 • 36: 1 Kor 15,5 • 37: Mt 14,26 • 41: Joh 21,5.10 • 42: Apg 10,41 • 44: Mt 16,21; Joh 5,39.46 • 45: Joh 20,9 • 48: Apg 1,8 • 50: Apg 1,9f.

Das Evangelium nach Johannes

Das letzte der vier Evangelien wird von der altkirchlichen Überlieferung dem Apostel Johannes, dem Sohn des Fischers Zebedäus und Bruder des Jakobus (Mk 1,19f; 3,17), zugeschrieben. Es hat erst am Ausgang des 1. Jahrhunderts seine jetzige Gestalt gefunden. Träger und Gewährsmann der in ihm bezeugten Überlieferung ist »der Jünger, den Jesus liebte« (vgl. 13,23; 19,26; 20,2; 21,7.20.24). Manche Anzeichen weisen darauf hin, dass dieses Evangelium einen längeren Entstehungsprozess durchlaufen hat.

Das Johannesevangelium unterscheidet sich in Anlage, Auswahl und Darbietung des Stoffes erheblich von den drei früheren (»synoptischen«) Evangelien. Es berichtet wiederholt von Reisen Jesu zu Festen in Jerusalem (2,13; 5,1; 7,2.10; 11,55; 12,12) und erzählt hauptsächlich vom Auftreten Jesu in diesem Zentrum des Judentums. Vom Wirken Jesu in Galiläa bringt es nur eine knappe Auswahl, fügt aber andererseits ein langes Kapitel über einen Aufenthalt in Samarien ein (4,1–42). Doch ist das alles nur der äußere Rahmen für die Selbstoffenbarung Jesu in Wort und »Zeichen«, in der er sich als der von Gott gesandte Sohn, als Licht und Leben der Menschen bezeugt. Die ganze Darstellung soll den Glauben begründen, dass Jesus »der Messias, der Sohn Gottes ist«, durch den die Glaubenden ewiges Leben gewinnen (20,31).

Die großen Linien des Aufbaus sind deutlich erkennbar. Auf den einleitenden Abschnitt (Prolog: 1,1–18), der von Jesu ewigem Sein beim Vater (Präexistenz) zur Menschwerdung (Inkarnation) hinführt, folgt das Zeugnis Johannesi des Täufers und der Bericht über die Berufung der Jünger (1,19–51). Dann beschreibt der Evangelist die Anfänge des Wirkens Jesu auf der Hochzeit in Kana (2,1–11), in Jerusalem (Tempelreinigung 2,13–22; Nikodemusgespräch 3,1–21), Judäa (3,22–36), Samarien (4,1–42) und wieder in Galiläa (4,43–54).

Das Mittelstück (Kap. 5 – 12) dient der Selbstoffenbarung Jesu vor der Welt: in Jerusalem Heilung eines Kranken und Offenbarungsrede als der Sohn, der lebendig macht und richtet (Kap. 5); in Galiläa die große Speisung und Offenbarung als das vom Himmel gekommene Lebensbrot (Kap. 6); auf dem Laubhüttenfest in Jerusalem Gespräche über seine Messianität (Kap. 7), Offenbarung als Licht der Welt, Auseinandersetzung mit dem Judentum, Heilung eines Blindgeborenen (Kap. 8 – 9); weitere Selbstoffenbarung als der wahre Hirt und Führer seiner Herde (Kap. 10); vor dem letzten Pascha Erweckung des Lazarus als Zeichen seiner Macht über Leben und Tod (Kap. 11), Salbung in Betanien, Einzug in Jerusalem, Begegnung mit Griechen und letzte Selbstoffenbarung (Kap. 12).

Vom Wirken in der Welt (vgl. den Rückblick 12,37–50) wird das letzte Zusammensein mit den Jüngern abgehoben (Kap. 13 – 17). Im Rahmen des Abschiedsmahls mit der Fußwaschung (Kap. 13) dienen die Abschiedsreden (Kap. 14 – 16) sowie das große Gebet zum Vater (Kap. 17) der Unterweisung und Zurüstung der Gemeinde für die Zeit nach Jesu Tod, in der der Erhöhte durch den verheißenen Heiligen Geist in der Gemeinde weiterwirkt. Nach diesem Teil (Kap. 13–17), der in den anderen Evangelien keine direkte Entsprechung hat, folgt die

24,51f Die Worte »und wurde zum Himmel emporgehoben, sie aber fielen vor ihm nieder« fehlen bei einigen alten Textzeugen.

Leidensgeschichte mit ausführlicher Darstellung des Prozesses vor Pilatus (Kap. 18 – 19) und der Bericht über das Ostergeschehen (Kap. 20). Kap. 21 ist eine Zufügung der Herausgeber des Evangeliums.

Das Johannesevangelium mit seiner Entfaltung der Selbstoffenbarung Jesu und seinen Aussagen über die Sendung Jesu als Retter der Welt hat auf den Glauben und die Theologie der Kirche in allen Jahrhunderten größten Einfluss gehabt. Klemens von Alexandria hat es das »pneumatische« (geistige) Evangelium genannt.

DER PROLOG: 1,1–18

1 Im Anfang war das Wort, / und das Wort
war bei Gott, / und das Wort war Gott.
2 Im Anfang war es bei Gott.
3 Alles ist durch das Wort geworden / und
ohne das Wort wurde nichts, was geworden
ist.
4 In ihm war das Leben / und das Leben
war das Licht der Menschen.
5 Und das Licht leuchtet in der Finsternis /
und die Finsternis hat es nicht erfasst.
6 Es trat ein Mensch auf, der von Gott ge-
sandt war; sein Name war Johannes. 7 Er
kam als Zeuge, um Zeugnis abzulegen für
das Licht, damit alle durch ihn zum Glauben
kommen. 8 Er war nicht selbst das Licht, er
sollte nur Zeugnis ablegen für das Licht.
9 Das wahre Licht, das jeden Menschen er-
leuchtet, / kam in die Welt.
10 Er war in der Welt / und die Welt ist
durch ihn geworden, / aber die Welt er-
kannte ihn nicht.
11 Er kam in sein Eigentum, / aber die Sei-
nen nahmen ihn nicht auf.
12 Allen aber, die ihn aufnahmen, / gab er
Macht, Kinder Gottes zu werden, / allen, die
an seinen Namen glauben,
13 die nicht aus dem Blut, / nicht aus dem
Willen des Fleisches, / nicht aus dem Willen
des Mannes, / sondern aus Gott geboren
sind.
14 Und das Wort ist Fleisch geworden / und
hat unter uns gewohnt / und wir haben
seine Herrlichkeit gesehen, / die Herrlichkeit
des einzigen Sohnes vom Vater, / voll Gnade
und Wahrheit.
15 Johannes legte Zeugnis für ihn ab und
rief: Dieser war es, über den ich gesagt habe:
Er, der nach mir kommt, ist mir voraus, weil
er vor mir war.
16 Aus seiner Fülle haben wir alle empfan-
gen, / Gnade über Gnade.
17 Denn das Gesetz wurde durch Mose ge-
geben, die Gnade und die Wahrheit kamen
durch Jesus Christus. 18 Niemand hat Gott je
gesehen. Der Einzige, der Gott ist und am
Herzen des Vaters ruht, er hat Kunde ge-
bracht.

4: 5,26; 8,12 • 12: 1 Joh 3,1f; Gal 3,26 • 13: 3,6; 1 Joh 5,18 • 14: 1 Joh 1,1–3 • 15: 1,30; Mt 11,3 • 18: Ex 33,18.20; 1 Joh 4,12.20.

DAS ÖFFENTLICHE WIRKEN JESU: 1,19 – 12,50

Die Kennzeichnung der Person und des Auftrags Jesu – Die Anfänge seines Wirkens: 1,19–4,54

Die Aussage Johannes' des Täufers: 1,19–28

19 Dies ist das Zeugnis des Johannes: Als
die Juden von Jerusalem aus Priester und
Leviten zu ihm sandten mit der Frage: Wer
bist du?, 20 bekannte er und leugnete nicht; er
bekannte: Ich bin nicht der Messias. 21 Sie
fragten ihn: Was bist du dann? Bist du Elija?
Und er sagte: Ich bin es nicht. Bist du der
Prophet? Er antwortete: Nein. 22 Da fragten
sie ihn: Wer bist du? Wir müssen denen, die
uns gesandt haben, Auskunft geben. Was

1,1–18 Der griechische Ausdruck für »das Wort« (ho lógos) hat auch eine Bedeutungsgeschichte in der griechischen Philosophie, knüpft hier aber an den biblischen Schöpfungsbericht (Gen 1: »Gott sprach«) und jüdisch-griechische Gedanken über die »Weisheit« und das »Wort« an, durch die man Gottes Schöpfungstätigkeit verdeutlichte. Das ewige vorweltliche Sein Jesu Christi und seine Beteiligung an der Schöpfung treten auch in anderen urchristlichen Bekenntnissen und Liedern hervor (vgl. 1 Kor 8,6; Phil 2,6; Kol 1,15–20; Eph 1,4; Hebr 1,2f). So vermuten viele Forscher auch hinter dem Prolog des Johannesevangeliums ein urchristliches »Logos-Lied«.

1,3–4 Andere, weniger wahrscheinliche Satzeinteilung: und ohne das Wort wurde nichts. Was geworden ist, das war in ihm Leben.

1,9 Andere Übersetzungsmöglichkeiten: Es (das Wort) war das wahre Licht, das jeden Menschen erleuchtet, kommend in die Welt. Oder: Es (das Wort)

sagst du über dich selbst? 23 Er sagte: Ich bin
die Stimme, die in der Wüste ruft: Ebnet den
Weg für den Herrn!, wie der Prophet Jesaja
gesagt hat. 24 Unter den Abgesandten waren
auch Pharisäer. 25 Sie fragten Johannes:
Warum taufst du dann, wenn du nicht der
Messias bist, nicht Elija und nicht der Pro-
phet? 26 Er antwortete ihnen: Ich taufe mit
Wasser. Mitten unter euch steht der, den ihr
nicht kennt 27 und der nach mir kommt; ich
bin es nicht wert, ihm die Schuhe aufzu-
schnüren. 28 Dies geschah in Betanien, auf
der anderen Seite des Jordan, wo Johannes
taufte.

19: 1,7.8.15; 5,31–38; 8,14 • 20: 6,14; Mt 17,10–13 • 21: Dtn 18,15.18 • 23: Jes 40,3 G; Mt 3,3; Mk 1,3; Lk 3,4 • 24–28: Mt 3,1–6.11f; Mk 1,1–8; Lk 3,3–6.15–17.

Das Zeugnis des Täufers für Jesus: 1,29–34

29 Am Tag darauf sah er Jesus auf sich zu-
kommen und sagte: Seht, das Lamm Gottes,
das die Sünde der Welt hinwegnimmt. 30 Er
ist es, von dem ich gesagt habe: Nach mir
kommt ein Mann, der mir voraus ist, weil er
vor mir war. 31 Auch ich kannte ihn nicht;
aber ich bin gekommen und taufe mit Was-
ser, um Israel mit ihm bekanntzumachen.
32 Und Johannes bezeugte: Ich sah, dass der
Geist vom Himmel herabkam wie eine Taube
und auf ihm blieb. 33 Auch ich kannte ihn
nicht; aber er, der mich gesandt hat, mit
Wasser zu taufen, er hat mir gesagt: Auf wen
du den Geist herabkommen siehst und auf
wem er bleibt, der ist es, der mit dem Heili-
gen Geist tauft. 34 Das habe ich gesehen und
ich bezeuge: Er ist der Sohn Gottes.

29: Jes 53,7; 1 Joh 3,5 • 30: 1,15 • 32–34: Mt 3,13–17; Mk 1,9–11; Lk 3,21f.

Die ersten Jünger: 1,35–51

35 Am Tag darauf stand Johannes wieder
dort und zwei seiner Jünger standen bei ihm.
36 Als Jesus vorüberging, richtete Johannes
seinen Blick auf ihn und sagte: Seht, das
Lamm Gottes! 37 Die beiden Jünger hörten,
was er sagte, und folgten Jesus. 38 Jesus aber
wandte sich um, und als er sah, dass sie ihm
folgten, fragte er sie: Was wollt ihr? Sie sag-
ten zu ihm: Rabbi – das heißt übersetzt:
Meister –, wo wohnst du? 39 Er antwortete:
Kommt und seht! Da gingen sie mit und sa-
hen, wo er wohnte, und blieben jenen Tag bei
ihm; es war um die zehnte Stunde. 40 An-
dreas, der Bruder des Simon Petrus, war ei-
ner der beiden, die das Wort des Johannes
gehört hatten und Jesus gefolgt waren.
41 Dieser traf zuerst seinen Bruder Simon
und sagte zu ihm: Wir haben den Messias
gefunden. Messias heißt übersetzt: der Ge-
salbte (Christus). 42 Er führte ihn zu Jesus.
Jesus blickte ihn an und sagte: Du bist Si-
mon, der Sohn des Johannes, du sollst Ke-
phas heißen. Kephas bedeutet: Fels (Petrus).

---

war das wahre Licht, das jeden Menschen erleuchtet, der in die Welt kommt.

1,18 Statt »Der Einzige, der Gott ist und . . .« ist nach anderen Textzeugen zu übersetzen: Der einzige Sohn, der . . .

1,19 Die »Befragung« des Johannes geht von der jüdischen Behörde in Jerusalem aus. Zum »Hohen Rat« (Synedrium) gehörten drei Gruppen: die »Hohenpriester«, das heißt der amtierende Hohepriester und andere Oberpriester, die »Ältesten«, Vertreter des Laienadels, und »Schriftgelehrte«, die vorwiegend aus dem Kreis der Pharisäer stammten.

1,20f Für das hebräische Wort »der Messias« (der Gesalbte) steht im griechischen Text die Übersetzung ho Christós (der Christus), vgl. 1,41 und 4,25. Darunter verstand das damalige Judentum hauptsächlich den verheißenen Spross aus dem Haus David (vgl. 7,42); doch waren die Messias-Erwartungen nicht einheitlich. – Elija war nach 2 Kön 2,11 zum Himmel entrückt worden und man erwartete seine Wiederkunft (vgl. Mal 3,23f; Sir 48,9f; Mk 9,11f). – »der Prophet«: im Anschluss an Dtn 18,15.18 erwartete man für die Endzeit das Auftreten eines dem Mose ähnlichen Propheten (vgl. 6,14; 7,40.52).

1,28 Dieses Betanien wird durch die nähere Bestimmung »jenseits des Jordan« von dem gleichnamigen, am Ölberg gelegenen Ort unterschieden, wo nach Joh 11,1 die Auferweckung des Lazarus und nach 12,1 die Salbung Jesu geschah. Der genaue Ort, an dem Johannes taufte, ist nicht mehr sicher festzustellen.

1,29 »Das Lamm Gottes« (vgl. 1,36) ist eine einmalige, in seiner Herkunft nicht völlig geklärte Christusbezeichnung. Für das in der Offenbarung des Johannes genannte »Lamm«, das geschlachtet worden ist und sieben Hörner und sieben Augen hat (5,6.12), eine herrscherliche Gestalt, wird ein anderer griechischer Ausdruck gebraucht.

1,34 der Sohn Gottes, nach anderen Textzeugen: der Erwählte Gottes.

1,38 Rabbi ist die gebräuchliche Anrede von Lehrern durch ihre Schüler. Obwohl Jesus nicht rabbinisch geschult ist (vgl. 7,15), wird er öfter von seinen Jüngern so angesprochen, aber auch von anderen Leuten (6,25; vgl. 20,16), sogar von dem Schriftgelehrten Nikodemus (3,2).

1,40 Simon Petrus (im Johannesevangelium findet sich meistens diese Doppelbezeichnung) und Andreas gelten auch nach Mk 1,16f als die zuerst berufenen Jünger.

1,42 Zu Simons Beinamen Kephas (Petrus, Fels) vgl. Mt 10,2; 16,18; Mk 3,16; Lk 6,14. Der Vater des Simon wird im Johannesevangelium »Johannes« genannt (vgl. auch 21,15–17), in Mt 16,17 »Jona«. Paulus nennt diesen Hauptjünger fast immer Kephas.

43 Am Tag darauf wollte Jesus nach Gali-
läa aufbrechen; da traf er Philippus. Und Je-
sus sagte zu ihm: Folge mir nach! 44 Philip-
pus war aus Betsaida, dem Heimatort des
Andreas und Petrus. 45 Philippus traf Nata-
naël und sagte zu ihm: Wir haben den gefun-
den, über den Mose im Gesetz und auch die
Propheten geschrieben haben: Jesus aus Na-
zaret, den Sohn Josefs. 46 Da sagte Natanaël
zu ihm: Aus Nazaret? Kann von dort etwas
Gutes kommen? Philippus antwortete:
Komm und sieh! 47 Jesus sah Natanaël auf
sich zukommen und sagte über ihn: Da
kommt ein echter Israelit, ein Mann ohne
Falschheit. 48 Natanaël fragte ihn: Woher
kennst du mich? Jesus antwortete ihm:
Schon bevor dich Philippus rief, habe ich
dich unter dem Feigenbaum gesehen. 49 Na-
tanaël antwortete ihm: Rabbi, du bist der
Sohn Gottes, du bist der König von Israel!
50 Jesus antwortete ihm: Du glaubst, weil ich
dir sagte, dass ich dich unter dem Feigen-
baum sah? Du wirst noch Größeres sehen.
51 Und er sprach zu ihm: Amen, amen, ich
sage euch: Ihr werdet den Himmel geöffnet
und die Engel Gottes auf- und niedersteigen
sehen über dem Menschensohn.

36: 1,29 • 40–51: Mt 4,18–22; Mk 1,16–20; Lk 5,1–11 • 42: Mt 16,18; Mk 3,16; Lk 6,14 • 43: Mt 8,22 • 47: Ps 32,2 • 49: Mt 14,33; 16,16 • 51: Gen 28,12; Mk 14,62.

Die Hochzeit in Kana als Zeichen: 2,1–12

2 Am dritten Tag fand in Kana in Galiläa
eine Hochzeit statt und die Mutter Jesu
war dabei. 2 Auch Jesus und seine Jünger
waren zur Hochzeit eingeladen. 3 Als der
Wein ausging, sagte die Mutter Jesu zu ihm:
Sie haben keinen Wein mehr. 4 Jesus erwi-
derte ihr: Was willst du von mir, Frau? Meine
Stunde ist noch nicht gekommen. 5 Seine
Mutter sagte zu den Dienern: Was er euch
sagt, das tut! 6 Es standen dort sechs steiner-
ne Wasserkrüge, wie es der Reinigungsvor-
schrift der Juden entsprach; jeder fasste un-
gefähr hundert Liter. 7 Jesus sagte zu den
Dienern: Füllt die Krüge mit Wasser! Und
sie füllten sie bis zum Rand. 8 Er sagte zu ih-
nen: Schöpft jetzt und bringt es dem, der für
das Festmahl verantwortlich ist. Sie brach-
ten es ihm. 9 Er kostete das Wasser, das zu
Wein geworden war. Er wusste nicht, woher
der Wein kam; die Diener aber, die das Was-
ser geschöpft hatten, wussten es. Da ließ er
den Bräutigam rufen 10 und sagte zu ihm: Je-
der setzt zuerst den guten Wein vor und erst,
wenn die Gäste zu viel getrunken haben, den
weniger guten. Du jedoch hast den guten
Wein bis jetzt zurückgehalten. 11 So tat Jesus
sein erstes Zeichen, in Kana in Galiläa, und
offenbarte seine Herrlichkeit und seine Jün-
ger glaubten an ihn. 12 Danach zog er mit sei-
ner Mutter, seinen Brüdern und seinen Jün-
gern nach Kafarnaum hinab. Dort blieben
sie einige Zeit.

11: 1,14; 11,40.

Die Vertreibung der Händler aus dem Tempel: 2,13–22

13 Das Paschafest der Juden war nahe und
Jesus zog nach Jerusalem hinauf. 14 Im Tem-
pel fand er die Verkäufer von Rindern, Scha-
fen und Tauben und die Geldwechsler, die
dort saßen. 15 Er machte eine Geißel aus Stri-
cken und trieb sie alle aus dem Tempel hi-
naus, dazu die Schafe und Rinder; das Geld
der Wechsler schüttete er aus und ihre
Tische stieß er um. 16 Zu den Taubenhänd-
lern sagte er: Schafft das hier weg, macht das
Haus meines Vaters nicht zu einer Markt-

1,43–45 Philippus, der noch öfter genannt wird (6,5.7; 12,21f; 14,8f), erscheint auch in den synoptischen Listen der »Zwölf«. Dagegen findet sich der Name Natanaël nur bei Johannes (vgl. auch 21,2). Seine Gleichsetzung mit Bartholomäus, der in den synoptischen Listen hinter Philippus aufgeführt wird, ist fraglich.

1,46 Die kleine Stadt Nazaret wird im Alten Testament und im frühen jüdischen Schrifttum nirgends erwähnt und hat vor der Zeit Jesu keine Rolle gespielt.

1,51 Das Wort spielt auf den Traum Jakobs von der Himmelsleiter an (Gen 28,12).

2,1 Das geschichtliche Kana in Galiläa lag wahrscheinlich 13 Kilometer nördlich von Nazaret, heute nur noch in Ruinen erhalten (Chirbet Kana), während das heutige Kana (Kefr Kenna), 6 Kilometer nordöstlich von Nazaret, erst später als das Kana des Evangeliums angesehen wurde.

2,4 Wörtlich: Was (ist) mir und dir, Frau? (Vgl. Mt 8,29; Mk 1,24; 5,7; Lk 4,34; 8,28).

2,6 Wörtlich: sie fassten je zwei bis drei Metreten. – Eine Metrete sind etwa vierzig Liter.

2,11 Bei Johannes heißen die großen Wunder Jesu »Zeichen«, weil sie die Sendung Jesu durch Gott anzeigen. Man kann sieben zählen: das Weinwunder von Kana, die Heilung des Beamtensohnes (4, 46–54), die Heilung des Kranken am Betesda-Teich (5,1–9), die große Speisung (6,1–15), der Gang Jesu auf dem Wasser (6,16–21, doch nicht ausdrücklich als »Zeichen« genannt), die Heilung des Blinden (9,1–7) und die Auferweckung des Lazarus (Kap. 11).

2,12 Vgl. die Anmerkung zu Mt 12,46f.

2,13–22 Die Tempelreinigung wird im Johannesevangelium schon am Anfang des Wirkens Jesu erzählt. Es ist aber dasselbe Ereignis, das die Synoptiker in die letzten Tage Jesu legen.

halle! 17 Seine Jünger erinnerten sich an das
Wort der Schrift: *Der Eifer für dein Haus
verzehrt mich.* 18 Da stellten ihn die Juden
zur Rede: Welches Zeichen lässt du uns se-
hen als Beweis, dass du dies tun darfst? 19 Je-
sus antwortete ihnen: Reißt diesen Tempel
nieder, in drei Tagen werde ich ihn wieder
aufrichten. 20 Da sagten die Juden: Sechs-
undvierzig Jahre wurde an diesem Tempel
gebaut und du willst ihn in drei Tagen wie-
der aufrichten? 21 Er aber meinte den Tempel
seines Leibes. 22 Als er von den Toten aufer-
standen war, erinnerten sich seine Jünger,
dass er dies gesagt hatte, und sie glaubten
der Schrift und dem Wort, das Jesus gespro-
chen hatte.

13–16: Mt 21,10–17; Mk 11,15–19; Lk 19,45–48 • 17: Ps 69,10 • 18: 4,48; 6,30 • 19: Mt 26,61; 27,40; Mk 14,58; 15,29; Apg 6,14.

Jesus beim Paschafest in Jerusalem: 2,23–25

23 Während er zum Paschafest in Jerusa-
lem war, kamen viele zum Glauben an seinen
Namen, als sie die Zeichen sahen, die er tat.
24 Jesus aber vertraute sich ihnen nicht an,
denn er kannte sie alle 25 und brauchte von
keinem ein Zeugnis über den Menschen;
denn er wusste, was im Menschen ist.

Das Gespräch mit Nikodemus: 3,1–13

3 Es war ein Pharisäer namens Nikode-
mus, ein führender Mann unter den Ju-
den. 2 Der suchte Jesus bei Nacht auf und
sagte zu ihm: Rabbi, wir wissen, du bist ein
Lehrer, der von Gott gekommen ist; denn
niemand kann die Zeichen tun, die du tust,
wenn nicht Gott mit ihm ist. 3 Jesus antwor-
tete ihm: Amen, amen, ich sage dir: Wenn je-
mand nicht von neuem geboren wird, kann
er das Reich Gottes nicht sehen. 4 Nikodemus
entgegnete ihm: Wie kann ein Mensch, der
schon alt ist, geboren werden? Er kann doch
nicht in den Schoß seiner Mutter zurückkeh-
ren und ein zweites Mal geboren werden.
5 Jesus antwortete: Amen, amen, ich sage dir:
Wenn jemand nicht aus Wasser und Geist
geboren wird, kann er nicht in das Reich
Gottes kommen. 6 Was aus dem Fleisch
geboren ist, das ist Fleisch; was aber aus dem
Geist geboren ist, das ist Geist. 7 Wundere
dich nicht, dass ich dir sagte: Ihr müsst von
neuem geboren werden. 8 Der Wind weht, wo
er will; du hörst sein Brausen, weißt aber
nicht, woher er kommt und wohin er geht. So
ist es mit jedem, der aus dem Geist geboren
ist. 9 Nikodemus erwiderte ihm: Wie kann
das geschehen? 10 Jesus antwortete: Du bist
der Lehrer Israels und verstehst das nicht?
11 Amen, amen, ich sage dir: Was wir wissen,
davon reden wir, und was wir gesehen ha-
ben, das bezeugen wir, und doch nehmt ihr
unser Zeugnis nicht an. 12 Wenn ich zu euch
über irdische Dinge gesprochen habe und ihr
nicht glaubt, wie werdet ihr glauben, wenn
ich zu euch über himmlische Dinge spreche?
13 Und niemand ist in den Himmel hinaufge-
stiegen außer dem, der vom Himmel herab-
gestiegen ist: der Menschensohn.

1: 7,50; 19,39 • 5: Ez 11,19; 36,25–27; Röm 8,9 • 6: 1,13; Gen 6,3; Ijob 34,14f • 8: Koh 11,5 • 11: 1 Joh 1,2.

Das Ziel der Sendung Jesu: 3,14–21

14 Und wie Mose die Schlange in der Wüste
erhöht hat, so muss der Menschensohn er-
höht werden, 15 damit jeder, der (an ihn)
glaubt, in ihm das ewige Leben hat. 16 Denn
Gott hat die Welt so sehr geliebt, dass er sei-
nen einzigen Sohn hingab, damit jeder, der
an ihn glaubt, nicht zugrunde geht, sondern
das ewige Leben hat. 17 Denn Gott hat seinen
Sohn nicht in die Welt gesandt, damit er die
Welt richtet, sondern damit die Welt durch
ihn gerettet wird. 18 Wer an ihn glaubt, wird
nicht gerichtet; wer nicht glaubt, ist schon
gerichtet, weil er an den Namen des einzigen
Sohnes Gottes nicht geglaubt hat. 19 Denn
mit dem Gericht verhält es sich so: Das Licht
kam in die Welt, und die Menschen liebten
die Finsternis mehr als das Licht; denn ihre
Taten waren böse. 20 Jeder, der Böses tut,
hasst das Licht und kommt nicht zum Licht,
damit seine Taten nicht aufgedeckt werden.
21 Wer aber die Wahrheit tut, kommt zum
Licht, damit offenbar wird, dass seine Taten
in Gott vollbracht sind.

14: 12,32.34; 19,37; Num 21,8f • 16: 1 Joh 4,9f; Röm 5,8; 8,32 • 17: 12,47f.

3,1 Der Pharisäer und Ratsherr Nikodemus, ein Schriftgelehrter (vgl. 3,10), spielt nur im Johannesevangelium eine Rolle. Nach 7,50f tritt er im Hohen Rat für Jesus ein, nach 19,39 trägt er zur ehrenvollen Bestattung Jesu bei.

3,3 von neuem: der zugrunde liegende griechische Ausdruck bedeutet zugleich »von oben«.

3,8 Für »Wind« und »Geist« steht im griechischen Text das gleiche Wort (pneuma).

3,16 Die Bezeichnung des Sohnes Gottes als des »einzigen«, eigentlich des »einzig-erzeugten«, findet sich nur in den johanneischen Schriften (vgl. 1,14.18; 3,18; 1 Joh 4,9).

3,22f Das Johannes in Änon taufte, wird nur hier erwähnt. Der Ort lag im nördlichen Samarien, südlich von Bet-Schean. Der Name Änon deutet auf ein Quellgebiet. Jesus oder, wie in 4,2 berichtigt wird, seine Jünger tauften in Judäa.

Der Täufer und der Messias: 3,22–36

22 Darauf ging Jesus mit seinen Jüngern
nach Judäa. Dort hielt er sich mit ihnen auf
und taufte. 23 Aber auch Johannes taufte da-
mals, und zwar in Änon bei Salim, weil dort
viel Wasser war; und die Leute kamen und
ließen sich taufen. 24 Johannes war nämlich
noch nicht ins Gefängnis geworfen worden.
25 Da kam es zwischen den Jüngern des Jo-
hannes und einem Juden zum Streit über die
Frage der Reinigung. 26 Sie gingen zu Johan-
nes und sagten zu ihm: Rabbi, der Mann, der
auf der anderen Seite des Jordan bei dir war
und für den du Zeugnis abgelegt hast, der
tauft jetzt, und alle laufen zu ihm. 27 Johan-
nes antwortete: Kein Mensch kann sich et-
was nehmen, wenn es ihm nicht vom Himmel
gegeben ist. 28 Ihr selbst könnt mir bezeugen,
dass ich gesagt habe: Ich bin nicht der Mes-
sias, sondern nur ein Gesandter, der ihm vo-
rausgeht. 29 Wer die Braut hat, ist der Bräu-
tigam; der Freund des Bräutigams aber, der
dabeisteht und ihn hört, freut sich über die
Stimme des Bräutigams. Diese Freude ist
nun für mich Wirklichkeit geworden. 30 Er
muss wachsen, ich aber muss kleiner wer-
den.

31 Er, der von oben kommt, steht über al-
len; wer von der Erde stammt, ist irdisch und
redet irdisch. Er, der aus dem Himmel
kommt, steht über allen. 32 Was er gesehen
und gehört hat, bezeugt er, doch niemand
nimmt sein Zeugnis an. 33 Wer sein Zeugnis
annimmt, beglaubigt, dass Gott wahrhaftig
ist. 34 Denn der, den Gott gesandt hat, ver-
kündet die Worte Gottes; denn er gibt den
Geist unbegrenzt. 35 Der Vater liebt den
Sohn und hat alles in seine Hand gegeben.
36 Wer an den Sohn glaubt, hat das ewige Le-
ben; wer aber dem Sohn nicht gehorcht, wird
das Leben nicht sehen, sondern Gottes Zorn
bleibt auf ihm.

24: Mt 14,3; Mk 6,17 • 27: 19,11 • 31: 3,13; 8,23 • 32: 3,11 • 36: 1 Joh 5,12.

Das Gespräch am Jakobsbrunnen: 4,1–26

4 Jesus erfuhr, dass die Pharisäer gehört
hatten, er gewinne und taufe mehr Jün-
ger als Johannes – 2 allerdings taufte nicht
Jesus selbst, sondern seine Jünger –; 3 da-
raufhin verließ er Judäa und ging wieder
nach Galiläa. 4 Er musste aber den Weg
durch Samarien nehmen. 5 So kam er zu ei-
nem Ort in Samarien, der Sychar hieß und
nahe bei dem Grundstück lag, das Jakob sei-
nem Sohn Josef vermacht hatte. 6 Dort be-
fand sich der Jakobsbrunnen. Jesus war
müde von der Reise und setzte sich daher an
den Brunnen; es war um die sechste Stunde.

7 Da kam eine samaritische Frau, um Was-
ser zu schöpfen. Jesus sagte zu ihr: Gib mir
zu trinken! 8 Seine Jünger waren nämlich in
den Ort gegangen, um etwas zum Essen zu
kaufen. 9 Die samaritische Frau sagte zu
ihm: Wie kannst du als Jude mich, eine Sa-
mariterin, um Wasser bitten? Die Juden ver-
kehren nämlich nicht mit den Samaritern.
10 Jesus antwortete ihr: Wenn du wüsstest,
worin die Gabe Gottes besteht und wer es ist,
der zu dir sagt: Gib mir zu trinken!, dann
hättest du ihn gebeten, und er hätte dir le-
bendiges Wasser gegeben. 11 Sie sagte zu
ihm: Herr, du hast kein Schöpfgefäß, und der
Brunnen ist tief; woher hast du also das le-
bendige Wasser? 12 Bist du etwa größer als
unser Vater Jakob, der uns den Brunnen ge-
geben und selbst daraus getrunken hat, wie
seine Söhne und seine Herden? 13 Jesus ant-
wortete ihr: Wer von diesem Wasser trinkt,
wird wieder Durst bekommen; 14 wer aber
von dem Wasser trinkt, das ich ihm geben
werde, wird niemals mehr Durst haben; viel-
mehr wird das Wasser, das ich ihm gebe, in
ihm zur sprudelnden Quelle werden, deren
Wasser ewiges Leben schenkt. 15 Da sagte die
Frau zu ihm: Herr, gib mir dieses Wasser, da-
mit ich keinen Durst mehr habe und nicht
mehr hierher kommen muss, um Wasser zu
schöpfen. 16 Er sagte zu ihr: Geh, ruf deinen

3,25 einem Juden, nach anderen Textzeugen: einigen Juden.

3,34 Geber des Geistes ist entweder Gott, der seinem Gesandten den Geist in Fülle gibt, oder der Sohn, der den Glaubenden den Geist ohne Maß schenkt. Beide Auffassungen sind möglich und miteinander vereinbar (vgl. 1,33).

4,1 Jesus, nach anderen Textzeugen: Der Herr.

4,4–6 Der kürzeste Weg von Judäa nach Galiläa führte durch die Landschaft Samarien, deren Bewohner zwar auch Verehrer Jahwes waren, aber von den Juden als Abtrünnige angesehen und gemieden wurden (vgl. V. 9). Am Jakobsbrunnen, etwa 1 Kilometer südwestlich von dem Ort Sychar, gabelte sich der Weg nach Westgaliläa und zum See Gennesaret. Vom Jakobsbrunnen, der im Osten liegt, aus gesehen, erhebt sich südwestlich der Berg Garizim, nordwestlich der Ebal.

4,9 Andere Übersetzungsmöglichkeit: Die Juden benutzen nämlich nicht dieselben (Gefäße) wie die Samariter.

4,11f Der noch heute erhaltene Jakobsbrunnen ist 32 Meter tief. Sein Grundwasser fließt immer frisch nach (»lebendiges Wasser«). Im Alten Testament wird dieser Brunnen nicht erwähnt.

Mann und komm wieder her! 17 Die Frau
antwortete: Ich habe keinen Mann. Jesus
sagte zu ihr: Du hast richtig gesagt: Ich habe
keinen Mann. 18 Denn fünf Männer hast du
gehabt und der, den du jetzt hast, ist nicht
dein Mann. Damit hast du die Wahrheit ge-
sagt.
19 Die Frau sagte zu ihm: Herr, ich sehe,
dass du ein Prophet bist. 20 Unsere Väter ha-
ben auf diesem Berg Gott angebetet; ihr aber
sagt, in Jerusalem sei die Stätte, wo man an-
beten muss. 21 Jesus sprach zu ihr: Glaube
mir, Frau, die Stunde kommt, zu der ihr we-
der auf diesem Berg noch in Jerusalem den
Vater anbeten werdet. 22 Ihr betet an, was ihr
nicht kennt, wir beten an, was wir kennen;
denn das Heil kommt von den Juden. 23 Aber
die Stunde kommt und sie ist schon da, zu
der die wahren Beter den Vater anbeten wer-
den im Geist und in der Wahrheit; denn so
will der Vater angebetet werden. 24 Gott ist
Geist und alle, die ihn anbeten, müssen im
Geist und in der Wahrheit anbeten. 25 Die
Frau sagte zu ihm: Ich weiß, dass der Messias
kommt, das ist: der Gesalbte (Christus).
Wenn er kommt, wird er uns alles verkün-
den. 26 Da sagte Jesus zu ihr: Ich bin es, ich,
der mit dir spricht.

3: Mt 4,12; Mk 1,14; Lk 4,14 • 5: Gen 33,18f; 48,22; Jos 24,32 • 8: Lk 9,52f • 14: Sir 24,21; Ps 36,10; Jes 58,11 • 22: 2 Kön 17,29; Jes 2,3 • 25: Dtn 18,18 • 26: 9,37.

Die Aufnahme Jesu bei den Samaritern: 4,27–42

27 Inzwischen waren seine Jünger zurück-
gekommen. Sie wunderten sich, dass er mit
einer Frau sprach, aber keiner sagte: Was
willst du?, oder: Was redest du mit ihr? 28 Da
ließ die Frau ihren Wasserkrug stehen, eilte
in den Ort und sagte zu den Leuten:
29 Kommt her, seht, da ist ein Mann, der mir
alles gesagt hat, was ich getan habe: Ist er
vielleicht der Messias? 30 Da liefen sie hinaus
aus dem Ort und gingen zu Jesus.
31 Währenddessen drängten ihn seine Jün-
ger: Rabbi, iss! 32 Er aber sagte zu ihnen: Ich
lebe von einer Speise, die ihr nicht kennt.
33 Da sagten die Jünger zueinander: Hat ihm
jemand etwas zu essen gebracht? 34 Jesus
sprach zu ihnen: Meine Speise ist es, den
Willen dessen zu tun, der mich gesandt hat,
und sein Werk zu Ende zu führen. 35 Sagt ihr
nicht: Noch vier Monate dauert es bis zur
Ernte? Ich aber sage euch: Blickt umher und
seht, dass die Felder weiß sind, reif zur Ern-
te. 36 Schon empfängt der Schnitter seinen
Lohn und sammelt Frucht für das ewige Le-
ben, so dass sich der Sämann und der
Schnitter gemeinsam freuen. 37 Denn hier
hat das Sprichwort recht: Einer sät und ein
anderer erntet. 38 Ich habe euch gesandt zu
ernten, wofür ihr nicht gearbeitet habt; an-
dere haben gearbeitet und ihr erntet die
Frucht ihrer Arbeit.
39 Viele Samariter aus jenem Ort kamen
zum Glauben an Jesus auf das Wort der Frau
hin, die bezeugt hatte: Er hat mir alles ge-
sagt, was ich getan habe. 40 Als die Samariter
zu ihm kamen, baten sie ihn, bei ihnen zu
bleiben; und er blieb dort zwei Tage. 41 Und
noch viel mehr Leute kamen zum Glauben
an ihn aufgrund seiner eigenen Worte.
42 Und zu der Frau sagten sie: Nicht mehr
aufgrund deiner Aussage glauben wir, son-
dern weil wir ihn selbst gehört haben und
nun wissen: Er ist wirklich der Retter der
Welt.

34: 5,30; 17,4; 19,30; Hebr 10,5–9 • 36: Ps 126,5f; Jes 9,2 • 38: 17,18.20f • 42: 1 Joh 4,14.

Ein Heilungswunder in Galiläa: 4,43–54

43 Nach diesen beiden Tagen ging er von
dort nach Galiläa. 44 Jesus selbst hatte näm-
lich bestätigt: Ein Prophet wird in seiner

4,20 Das Gespräch fand in der Nähe des Berges Garizim statt, auf dem die Samariter Jahwe verehrten (vgl. Dtn 27,4–8). Es war eine alte Streitfrage zwischen Juden und Samaritern, welches der richtige Ort der Gottesverehrung sei. Den Jahwetempel auf dem Garizim ließ Johannes Hyrkanus (vgl. 1 Makk 16) im Jahr 128 v. Chr. zerstören. Der Kult, vor allem das Schlachten von Paschalämmern, wurde aber weitergeführt und ist bis heute lebendig geblieben.

4,25 Auch die Samariter, die nur die Fünf Bücher des Mose als Offenbarungsbuch anerkannten, erwarteten den in Dtn 18,18 verheißenen (messianischen) Propheten (vgl. die Anmerkung zu 1,20f).

4,27 Von einem jüdischen Mann, besonders einem Rabbi, verlangte die Sitte strenge Zurückhaltung gegenüber einer Frau.

4,35 Für die Zeit zwischen Aussaat und Ernte rechnete man im allgemeinen etwa sechs Monate. Die Bemerkung Jesu über die »Ernte« bezieht sich auf die bevorstehende Bekehrung der Samariter (vgl. die VV. 30.39f).

4,44 Zu dem Ausspruch vgl. das Wort, das bei den drei ersten Evangelien im Zusammenhang mit der Ablehnung Jesu in seiner Heimatstadt überliefert wird (Mt 13,57; Mk 6,4; Lk 4,24).

4,46–54 Bei der Fernheilung des todkranken Beamtensohnes in Kafarnaum handelt es sich wahrscheinlich um das gleiche Ereignis wie bei der Heilung des Knechtes des heidnischen Hauptmanns, die in Mt 8,5–13 und Lk 7,1–10 erzählt wird. Die Abweichungen erklären sich aus verschiedener Überlieferung und anderer Erzählabsicht, betreffen aber nicht das Wesentliche.

eigenen Heimat nicht geehrt. 45 Als er nun
nach Galiläa kam, nahmen ihn die Galiläer
auf, weil sie alles gesehen hatten, was er in
Jerusalem während des Festes getan hatte;
denn auch sie waren zum Fest gekommen.
46 Jesus kam wieder nach Kana in Galiläa,
wo er das Wasser in Wein verwandelt hat-
te.

In Kafarnaum lebte ein königlicher Beam-
ter; dessen Sohn war krank. 47 Als er hörte,
dass Jesus von Judäa nach Galiläa gekom-
men war, suchte er ihn auf und bat ihn, he-
rabzukommen und seinen Sohn zu heilen;
denn er lag im Sterben. 48 Da sagte Jesus zu
ihm: Wenn ihr nicht Zeichen und Wunder
seht, glaubt ihr nicht. 49 Der Beamte bat ihn:
Herr, komm herab, ehe mein Kind stirbt.
50 Jesus erwiderte ihm: Geh, dein Sohn lebt!
Der Mann glaubte dem Wort, das Jesus zu
ihm gesagt hatte, und machte sich auf den
Weg. 51 Noch während er unterwegs war, ka-
men ihm seine Diener entgegen und sagten:
Dein Junge lebt. 52 Da fragte er sie genau
nach der Stunde, in der die Besserung einge-
treten war. Sie antworteten: Gestern in der
siebten Stunde ist das Fieber von ihm gewi-
chen. 53 Da erkannte der Vater, dass es genau
zu der Stunde war, als Jesus zu ihm gesagt
hatte: Dein Sohn lebt. Und er wurde gläubig
mit seinem ganzen Haus. 54 So tat Jesus sein
zweites Zeichen, und zwar nachdem er von
Judäa nach Galiläa gekommen war.

44: Mt 13,57; Mk 6,4; Lk 4,24 • 46: 2,1–11; 46b–53: Mt 8,5–13; Lk 7,1–10 • 48: 2,18; 6,26; 12,37; 20,30 • 50: 1 Kön 17,23 • 54: 2,11.

Die Selbstoffenbarung Jesu vor der Welt: 5,1 – 12,50

Die Heilung eines Gelähmten am Sabbat in Jerusalem: 5,1–18

5 Einige Zeit später war ein Fest der Ju-
den und Jesus ging hinauf nach Jerusa-
lem. 2 In Jerusalem gibt es beim Schaftor ei-
nen Teich, zu dem fünf Säulenhallen gehö-
ren; dieser Teich heißt auf Hebräisch Betes-
da. 3 In diesen Hallen lagen viele Kranke,
darunter Blinde, Lahme und Verkrüppelte.
[3b.4] 5 Dort lag auch ein Mann, der schon
achtunddreißig Jahre krank war. 6 Als Jesus
ihn dort liegen sah und erkannte, dass er
schon lange krank war, fragte er ihn: Willst
du gesund werden? 7 Der Kranke antwortete
ihm: Herr, ich habe keinen Menschen, der
mich, sobald das Wasser aufwallt, in den
Teich trägt. Während ich mich hinschleppe,
steigt schon ein anderer vor mir hinein. 8 Da
sagte Jesus zu ihm: Steh auf, nimm deine
Bahre und geh! 9 Sofort wurde der Mann ge-
sund, nahm seine Bahre und ging.

Dieser Tag war aber ein Sabbat. 10 Da sag-
ten die Juden zu dem Geheilten: Es ist Sab-
bat, du darfst deine Bahre nicht tragen. 11 Er
erwiderte: Der Mann, der mich gesund ge-
macht hat, sagte zu mir: Nimm deine Bahre
und geh! 12 Sie fragten ihn: Wer ist das denn,
der zu dir gesagt hat: Nimm deine Bahre und
geh? 13 Der Geheilte wusste aber nicht, wer
es war. Jesus war nämlich weggegangen,
weil sich dort eine große Menschenmenge
angesammelt hatte. 14 Später traf ihn Jesus
im Tempel und sagte zu ihm: Jetzt bist du ge-
sund; sündige nicht mehr, damit dir nicht
noch Schlimmeres zustößt. 15 Der Mann ging
fort und teilte den Juden mit, dass es Jesus
war, der ihn gesund gemacht hatte. 16 Da-
raufhin verfolgten die Juden Jesus, weil er
das an einem Sabbat getan hatte. 17 Jesus
aber entgegnete ihnen: Mein Vater ist noch
immer am Werk und auch ich bin am Werk.
18 Darum waren die Juden noch mehr darauf
aus, ihn zu töten, weil er nicht nur den Sab-
bat brach, sondern auch Gott seinen Vater
nannte und sich damit Gott gleichstellte.

8: Mt 9,6; Mk 2,11; Lk 5,24 • 14: 8,11 • 17: 9,4 • 18: 7,1.25; 10,33.

Jesu Rede über seine Vollmacht: 5,19–47

19 Jesus aber sagte zu ihnen: Amen, amen,
ich sage euch: Der Sohn kann nichts von sich
aus tun, sondern nur, wenn er den Vater et-
was tun sieht. Was nämlich der Vater tut, das
tut in gleicher Weise der Sohn. 20 Denn der
Vater liebt den Sohn und zeigt ihm alles, was
er tut, und noch größere Werke wird er ihm
zeigen, sodass ihr staunen werdet. 21 Denn
wie der Vater die Toten auferweckt und le-
bendig macht, so macht auch der Sohn le-
bendig, wen er will. 22 Auch richtet der Vater
niemand, sondern er hat das Gericht ganz
dem Sohn übertragen, 23 damit alle den Sohn
ehren, wie sie den Vater ehren. Wer den Sohn
nicht ehrt, ehrt auch den Vater nicht, der ihn
gesandt hat. 24 Amen, amen, ich sage euch:

5,2 Nach anderen Textzeugen: Betzata. – Reste der Anlage sind ausgegraben worden.

5,3 Ein Teil der Textzeugen fügt nach »Verkrüppelte« hinzu: die auf die Bewegung des Wassers warteten. 4 Ein Engel des Herrn aber stieg zu bestimmter Zeit in den Teich hinab und brachte das Wasser zum Aufwallen. Wer dann als erster hineinstieg, wurde gesund, an welcher Krankheit er auch litt. – Dies ist wohl ein deutender Zusatz zum ursprünglichen Text.

Wer mein Wort hört und dem glaubt, der mich gesandt hat, hat das ewige Leben; er kommt nicht ins Gericht, sondern ist aus dem Tod ins Leben hinübergegangen. 25 Amen, amen, ich sage euch: Die Stunde kommt und sie ist schon da, in der die Toten die Stimme des Sohnes Gottes hören werden; und alle, die sie hören werden leben. 26 Denn wie der Vater das Leben in sich hat, so hat er auch dem Sohn gegeben, das Leben in sich zu haben. 27 Und er hat ihm Vollmacht gegeben, Gericht zu halten, weil er der Menschensohn ist. 28 Wundert euch nicht darüber! Die Stunde kommt, in der alle, die in den Gräbern sind, seine Stimme hören 29 und herauskommen werden: Die das Gute getan haben, werden zum Leben auferstehen, die das Böse getan haben, zum Gericht. 30 Von mir selbst aus kann ich nichts tun; ich richte, wie ich es (vom Vater) höre, und mein Gericht ist gerecht, weil es mir nicht um meinen Willen geht, sondern um den Willen dessen, der mich gesandt hat.

31 Wenn ich über mich selbst als Zeuge aussage, ist mein Zeugnis nicht gültig; 32 ein anderer ist es, der über mich als Zeuge aussagt, und ich weiß: Das Zeugnis, das er über mich ablegt, ist gültig. 33 Ihr habt zu Johannes geschickt, und er hat für die Wahrheit Zeugnis abgelegt. 34 Ich aber nehme von keinem Menschen ein Zeugnis an, sondern ich sage dies nur, damit ihr gerettet werdet. 35 Jener war die Lampe, die brennt und leuchtet, und ihr wolltet euch eine Zeit lang an seinem Licht erfreuen. 36 Ich aber habe ein gewichtigeres Zeugnis als das des Johannes: Die Werke, die mein Vater mir übertragen hat, damit ich sie zu Ende führe, diese Werke, die ich vollbringe, legen Zeugnis dafür ab, dass mich der Vater gesandt hat. 37 Auch der Vater selbst, der mich gesandt hat, hat über mich Zeugnis abgelegt. Ihr habt weder seine Stimme gehört noch seine Gestalt je gesehen, 38 und auch sein Wort bleibt nicht in euch, weil ihr dem nicht glaubt, den er gesandt hat. 39 Ihr erforscht die Schriften, weil ihr meint, in ihnen das ewige Leben zu haben; gerade sie legen Zeugnis über mich ab. 40 Und doch wollt ihr nicht zu mir kommen, um das Leben zu haben. 41 Meine Ehre empfange ich nicht von Menschen. 42 Ich habe erkannt, dass ihr die Liebe zu Gott nicht in euch habt. 43 Ich bin im Namen meines Vaters gekommen und doch lehnt ihr mich ab. Wenn aber ein anderer in seinem eigenen Namen kommt, dann werdet ihr ihn anerkennen. 44 Wie könnt ihr zum Glauben kommen, wenn ihr eure Ehre voneinander empfangt, nicht aber die Ehre sucht, die von dem einen Gott kommt? 45 Denkt nicht, dass ich euch beim Vater anklagen werde; Mose klagt euch an, auf den ihr eure Hoffnung gesetzt habt. 46 Wenn ihr Mose glauben würdet, müsstet ihr auch mir glauben; denn über mich hat er geschrieben. 47 Wenn ihr aber seinen Schriften nicht glaubt, wie könnt ihr dann meinen Worten glauben?

20: 3,35; 14,12 • 21: 1 Sam 2,6; 2 Kön 5,7 • 22: 5,27 • 24: 3,18 • 26: Mt 11,27 • 27: Dan 7,13f • 28f: Dan 12,2; Mt 16,27 • 30: 4,34; 6,38 • 31: 8,13f • 33: 1,19–34; 18,37 • 35: 1,8 • 36: 10,25 • 41: 1 Thess 2,6.

Die wunderbare Speisung einer Volksmenge am See von Tiberias: 6,1–15

6 Danach ging Jesus an das andere Ufer des Sees von Galiläa, der auch See von Tiberias heißt. 2 Eine große Menschenmenge folgte ihm, weil sie die Zeichen sahen, die er an den Kranken tat. 3 Jesus stieg auf den Berg und setzte sich dort mit seinen Jüngern nieder. 4 Das Pascha, das Fest der Juden, war nahe. 5 Als Jesus aufblickte und sah, dass so viele Menschen zu ihm kamen, fragte er Philippus: Wo sollen wir Brot kaufen, damit diese Leute zu essen haben? 6 Das sagte er aber nur, um ihn auf die Probe zu stellen; denn er selbst wusste, was er tun wollte. 7 Philippus antwortete ihm: Brot für zweihundert Denare reicht nicht aus, wenn jeder von ihnen auch nur ein kleines Stück bekommen soll. 8 Einer seiner Jünger, Andreas, der Bruder des Simon Petrus, sagte zu ihm: 9 Hier ist ein kleiner Junge, der hat fünf Gerstenbrote und zwei Fische; doch was ist das für so viele! 10 Jesus sagte: Lasst die Leute sich setzen! Es gab dort nämlich viel Gras. Da setzten sie sich; es waren etwa fünftausend Männer. 11 Dann nahm Jesus die Brote, sprach das Dankgebet und teilte an die Leute aus, so viel sie wollten; ebenso machte er es mit den Fischen. 12 Als die Menge satt war, sagte er zu seinen Jüngern: Sammelt die übrig gebliebenen Brotstücke, damit nichts verdirbt. 13 Sie sammelten und füllten zwölf Körbe

6,1 Der See Gennesaret heißt hier und in 21,1 auch See von Tiberias. Diese Stadt, von Herodes Antipas zwischen 17 und 22 n. Chr. gegründet und zur Hauptstadt von Galiläa erhoben, wird sonst im Neuen Testament nicht genannt und ist offenbar von Jesus nicht betreten worden. – Das »andere Ufer« ist das wenig bevölkerte Ostufer.

6,4 An diesem Paschafest scheint Jesus nicht nach Jerusalem gegangen, sondern in Galiläa geblieben zu sein.

6,9 Die »Gerstenbrote« (so nur bei Johannes) erinnern an das Brotwunder des Propheten Elischa (2 Kön 4,42–44).

mit den Stücken, die von den fünf Gerstenbroten nach dem Essen übrig waren. 14 Als die Menschen das Zeichen sahen, das er getan hatte, sagten sie: Das ist wirklich der Prophet, der in die Welt kommen soll. 15 Da erkannte Jesus, dass sie kommen würden, um ihn in ihre Gewalt zu bringen und zum König zu machen. Daher zog er sich wieder auf den Berg zurück, er allein.

1–13 ‖ Mt 14,13–21; Mk 6,31–44; Lk 9,10–17 • 1–13: Mt 15,32–39; Mk 8,1–10 • 4: 11,55 • 9: 2 Kön 4,42f • 14: Dtn 18,15.18.

Der Gang Jesu auf dem Wasser: 6,16–21

16 Als es aber spät geworden war, gingen seine Jünger zum See hinab, 17 bestiegen ein Boot und fuhren über den See, auf Kafarnaum zu. Es war schon dunkel geworden, und Jesus war noch nicht zu ihnen gekommen. 18 Da wurde der See durch einen heftigen Sturm aufgewühlt. 19 Als sie etwa fünfundzwanzig oder dreißig Stadien gefahren waren, sahen sie, wie Jesus über den See ging und sich dem Boot näherte; und sie fürchteten sich. 20 Er aber rief ihnen zu: Ich bin es; fürchtet euch nicht! 21 Sie wollten ihn zu sich in das Boot nehmen, aber schon war das Boot am Ufer, das sie erreichen wollten.

16–21 ‖ Mt 14,22–33; Mk 6,45–52.

Die Rede über das Himmelsbrot in der Synagoge von Kafarnaum: 6,22–59

22 Am nächsten Tag sah die Menge, die am anderen Ufer des Sees geblieben war, dass nur noch ein Boot dort lag, und sie erfuhren, dass Jesus nicht mit seinen Jüngern ins Boot gestiegen war, sondern dass die Jünger allein abgefahren waren. 23 Von Tiberias her kamen andere Boote in die Nähe des Ortes, wo sie nach dem Dankgebet des Herrn das Brot gegessen hatten. 24 Als die Leute sahen, dass weder Jesus noch seine Jünger dort waren, stiegen sie in die Boote, fuhren nach Kafarnaum und suchten Jesus. 25 Als sie ihn am anderen Ufer des Sees fanden, fragten sie ihn: Rabbi, wann bist du hierher gekommen? 26 Jesus antwortete ihnen: Amen, amen, ich sage euch: Ihr sucht mich nicht, weil ihr Zeichen gesehen habt, sondern weil ihr von den Broten gegessen habt und satt geworden seid. 27 Müht euch nicht ab für die Speise, die verdirbt, sondern für die Speise, die für das ewige Leben bleibt und die der Menschensohn euch geben wird. Denn ihn hat Gott, der Vater, mit seinem Siegel beglaubigt. 28 Da fragten sie ihn: Was müssen wir tun, um die Werke Gottes zu vollbringen? 29 Jesus antwortete ihnen: Das ist das Werk Gottes, dass ihr an den glaubt, den er gesandt hat. 30 Sie entgegneten ihm: Welches Zeichen tust du, damit wir es sehen und dir glauben? Was tust du? 31 Unsere Väter haben das Manna in der Wüste gegessen, wie es in der Schrift heißt: *Brot vom Himmel gab er ihnen zu essen.*

32 Jesus sagte zu ihnen: Amen, amen, ich sage euch: Nicht Mose hat euch das Brot vom Himmel gegeben, sondern mein Vater gibt euch das wahre Brot vom Himmel. 33 Denn das Brot, das Gott gibt, kommt vom Himmel herab und gibt der Welt das Leben. 34 Da baten sie ihn: Herr, gib uns immer dieses Brot! 35 Jesus antwortete ihnen: Ich bin das Brot des Lebens; wer zu mir kommt, wird nie mehr hungern, und wer an mich glaubt, wird nie mehr Durst haben.

36 Aber ich habe euch gesagt: Ihr habt (mich) gesehen und doch glaubt ihr nicht. 37 Alles, was der Vater mir gibt, wird zu mir kommen, und wer zu mir kommt, den werde ich nicht abweisen; 38 denn ich bin nicht vom Himmel herabgekommen, um meinen Willen zu tun, sondern den Willen dessen, der mich gesandt hat. 39 Es ist aber der Wille dessen, der mich gesandt hat, dass ich keinen von denen, die er mir gegeben hat, zugrunde gehen lasse, sondern dass ich sie auferwecke am Letzten Tag. 40 Denn es ist der Wille meines Vaters, dass alle, die den Sohn sehen und an ihn glauben, das ewige Leben haben und dass ich sie auferwecke am Letzten Tag. 41 Da murrten die Juden gegen ihn, weil er gesagt hatte: Ich bin das Brot, das vom Himmel herabgekommen ist. 42 Und sie sagten: Ist das nicht Jesus, der Sohn Josefs, dessen Vater und Mutter wir kennen? Wie kann er jetzt sagen: Ich bin vom Himmel herabgekommen? 43 Jesus sagte zu ihnen: Murrt nicht! 44 Niemand kann zu mir kommen, wenn nicht der Vater, der mich gesandt hat, ihn zu mir führt; und ich werde ihn auferwecken am Letzten Tag. 45 Bei den Propheten heißt es: *Und alle werden Schüler Gottes*

6,14 Zu »der Prophet« vgl. die Anmerkung zu 1,20f.

6,19 Fünfundzwanzig oder dreißig Stadien sind etwa fünf Kilometer.

6,22–25 Die am Ostufer zurückgebliebene Menge erreicht mit anderen Booten das am nordwestlichen Ufer des Sees gelegene Kafarnaum, auf das die Jünger zugesteuert hatten (6,17). In der dortigen Synagoge (6,59) hält Jesus dann die große Offenbarungsrede über das Brot im Himmel.

6,35 Die Selbstoffenbarung Jesu (»Ich bin . . .«) wird 6,48 wieder aufgenommen und weitergeführt.

sein. Jeder, der auf den Vater hört und seine
Lehre annimmt, wird zu mir kommen.
[46] Niemand hat den Vater gesehen außer
dem, der von Gott ist; nur er hat den Vater
gesehen. [47] Amen, amen, ich sage euch: Wer
glaubt, hat das ewige Leben.
[48] Ich bin das Brot des Lebens. [49] Eure Vä-
ter haben in der Wüste das Manna gegessen
und sind gestorben. [50] So aber ist es mit dem
Brot, das vom Himmel herabkommt: Wenn
jemand davon isst, wird er nicht sterben.
[51] Ich bin das lebendige Brot, das vom Him-
mel herabgekommen ist. Wer von diesem
Brot isst, wird in Ewigkeit leben. Das Brot,
das ich geben werde, ist mein Fleisch, (ich
gebe es hin) für das Leben der Welt.
[52] Da stritten sich die Juden und sagten:
Wie kann er uns sein Fleisch zu essen geben?
[53] Jesus sagte zu ihnen: Amen, amen, das sage
ich euch: Wenn ihr das Fleisch des Men-
schensohnes nicht esst und sein Blut nicht
trinkt, habt ihr das Leben nicht in euch.
[54] Wer mein Fleisch isst und mein Blut trinkt,
hat das ewige Leben, und ich werde ihn auf-
erwecken am Letzten Tag. [55] Denn mein
Fleisch ist wirklich eine Speise und mein
Blut ist wirklich ein Trank. [56] Wer mein
Fleisch isst und mein Blut trinkt, der bleibt
in mir und ich bleibe in ihm. [57] Wie mich der
lebendige Vater gesandt hat und wie ich
durch den Vater lebe, so wird jeder, der mich
isst, durch mich leben. [58] Dies ist das Brot,
das vom Himmel herabgekommen ist. Mit
ihm ist es nicht wie mit dem Brot, das die Vä-
ter gegessen haben; sie sind gestorben. Wer
aber dieses Brot isst, wird leben in Ewigkeit.
[59] Diese Worte sprach Jesus, als er in der
Synagoge von Kafarnaum lehrte.

30: Mt 16,1–4; Mk 8,11–13 • 31: Ps 78,24; Ex 16,4 • 35: Sir 24,21 • 37: 4,34; 5,30; Mt 26,39; Mk 14,36; Lk 22,42 • 42: Mt 13,54–57; Mk 6,1–6; Lk 4,16–30 • 45: Jes 54,13; Jer 31,33f • 46: 1,18 • 51: 1,14 • 57: 5,26.

Die Spaltung unter den Jüngern: 6,60–71

[60] Viele seiner Jünger, die ihm zuhörten,
sagten: Was er sagt, ist unerträglich. Wer
kann das anhören? [61] Jesus erkannte, dass
seine Jünger darüber murrten, und fragte
sie: Daran nehmt ihr Anstoß? [62] Was werdet
ihr sagen, wenn ihr den Menschensohn hi-
naufsteigen seht, dorthin, wo er vorher war?
[63] Der Geist ist es, der lebendig macht; das
Fleisch nützt nichts. Die Worte, die ich zu
euch gesprochen habe, sind Geist und sind
Leben. [64] Aber es gibt unter euch einige, die
nicht glauben. Jesus wusste nämlich von An-
fang an, welche es waren, die nicht glaubten,
und wer ihn verraten würde. [65] Und er sagte:
Deshalb habe ich zu euch gesagt: Niemand
kann zu mir kommen, wenn es ihm nicht vom
Vater gegeben ist.
[66] Daraufhin zogen sich viele Jünger zu-
rück und wanderten nicht mehr mit ihm um-
her. [67] Da fragte Jesus die Zwölf: Wollt auch
ihr weggehen? [68] Simon Petrus antwortete
ihm: Herr, zu wem sollen wir gehen? Du hast
Worte des ewigen Lebens. [69] Wir sind zum
Glauben gekommen und haben erkannt: Du
bist der Heilige Gottes. [70] Jesus erwiderte:
Habe ich nicht euch, die Zwölf, erwählt?
Und doch ist einer von euch ein Teufel. [71] Er
sprach von Judas, dem Sohn des Simon Iska-
riot; denn dieser sollte ihn verraten: einer
der Zwölf.

64: 7,46 • 68–69: Mt 16,16; Mk 8,29; Lk 9,20 • 70–71: 13,18; Mt 26,14–16; Mk 14,10f; Lk 22,3–6.

Die Selbstoffenbarung Jesu beim Laubhüttenfest in Jerusalem: 7,1–52

Jesu Flucht vor der Öffentlichkeit: 7,1–13

7 Danach zog Jesus in Galiläa umher;
denn er wollte sich nicht in Judäa auf-
halten, weil die Juden darauf aus waren, ihn
zu töten. [2] Das Laubhüttenfest der Juden
war nahe. [3] Da sagten seine Brüder zu ihm:
Geh von hier fort und zieh nach Judäa, damit
auch deine Jünger die Werke sehen, die du
vollbringst. [4] Denn niemand wirkt im Ver-
borgenen, wenn er öffentlich bekannt sein
möchte. Wenn du dies tust, zeig dich der
Welt! [5] Auch seine Brüder glaubten nämlich
nicht an ihn. [6] Jesus sagte zu ihnen: Meine
Zeit ist noch nicht gekommen, für euch aber
ist immer die rechte Zeit. [7] Euch kann die
Welt nicht hassen, mich aber hasst sie, weil
ich bezeuge, dass ihre Taten böse sind. [8] Geht
ihr nur hinauf zum Fest; ich gehe nicht zu
diesem Fest hinauf, weil meine Zeit noch
nicht erfüllt ist. [9] Das sagte er zu ihnen und
er blieb in Galiläa. [10] Als aber seine Brüder
zum Fest hinaufgegangen waren, zog auch er
hinauf, jedoch nicht öffentlich, sondern
heimlich. [11] Die Juden suchten beim Fest
nach ihm und sagten: Wo ist er? [12] Und in der
Volksmenge wurde viel über ihn hin und her
geredet. Die einen sagten: Er ist ein guter

7,2 Das Laubhüttenfest ist neben dem Pascha- und dem Pfingstfest das dritte große jüdische Wallfahrtsfest. Es fand zur Zeit der Wein-, Obst- und Olivenernte statt. Während der Festwoche wohnten die Juden in eigens dafür errichteten Laubhütten (vgl. Lev 23,33–43; Dtn 16,13–15; besonders zu beachten ist Lev 23,42f).

7,3–5 Vgl. die Anmerkung zu Mt 12,46f.

Mensch. Andere sagten: Nein, er führt das
Volk in die Irre. 13 Aber niemand redete öf-
fentlich über ihn, denn man fürchtete sich
vor den Juden.

1: Mt 17,22; Mk 9,30 • 5: Mk 3,21 • 6: 2,4; 7,30; 8,20; Mt 26,18; Lk 4,13; 21,8; Apg 1,7 • 7: 15,18f.

Jesu Auftreten im Tempel: 7,14–24

14 Schon war die Hälfte der Festwoche vo-
rüber, da ging Jesus zum Tempel hinauf und
lehrte. 15 Die Juden wunderten sich und sag-
ten: Wie kann der die Schrift verstehen, ohne
dafür ausgebildet zu sein? 16 Darauf antwor-
tete ihnen Jesus: Meine Lehre stammt nicht
von mir, sondern von dem, der mich gesandt
hat. 17 Wer bereit ist, den Willen Gottes zu
tun, wird erkennen, ob diese Lehre von Gott
stammt oder ob ich in meinem eigenen
Namen spreche. 18 Wer im eigenen Namen
spricht, sucht seine eigene Ehre; wer aber die
Ehre dessen sucht, der ihn gesandt hat, der
ist glaubwürdig und in ihm ist keine Falsch-
heit. 19 Hat Mose euch nicht das Gesetz gege-
ben? Aber keiner von euch befolgt das Ge-
setz. Warum wollt ihr mich töten? 20 Die
Menge antwortete: Du bist wohl von einem
Dämon besessen – wer will dich denn töten?
21 Jesus entgegnete ihnen: Ich habe nur ein
einziges Werk vollbracht, und ihr alle wun-
dert euch darüber. 22 Mose hat euch die Be-
schneidung gegeben – sie stammt freilich
nicht von Mose, sondern von den Vätern –,
und ihr beschneidet einen Menschen auch
am Sabbat. 23 Wenn ein Mensch am Sabbat
die Beschneidung empfangen darf, damit
das Gesetz des Mose nicht missachtet wird,
warum zürnt ihr mir, weil ich am Sabbat ei-
nen Menschen als Ganzen gesund gemacht
habe? 24 Urteilt nicht nach dem Augenschein,
sondern urteilt gerecht!

15: Mt 13,54; Mk 6,2; Lk 4,16–30 • 18: 8,50 • 20: Mk 3,21f; Mt 10,25; 12,24; Lk 11,15.

Mutmaßungen des Volkes über Jesus: 7,25–36

25 Da sagten einige Leute aus Jerusalem:
Ist das nicht der, den sie töten wollen? 26 Und
doch redet er in aller Öffentlichkeit und man
lässt ihn gewähren. Sollte der Hohe Rat
wirklich erkannt haben, dass er der Messias
ist? 27 Aber von dem hier wissen wir, woher
er stammt; wenn jedoch der Messias kommt,
weiß niemand, woher er stammt. 28 Während
Jesus im Tempel lehrte, rief er: Ihr kennt
mich und wisst, woher ich bin; aber ich bin
nicht in meinem eigenen Namen gekommen,
sondern er, der mich gesandt hat, bürgt für
die Wahrheit. Ihr kennt ihn nur nicht. 29 Ich
kenne ihn, weil ich von ihm komme und weil
er mich gesandt hat. 30 Da wollten sie ihn
festnehmen; aber keiner wagte ihn anzufas-
sen, denn seine Stunde war noch nicht ge-
kommen.

31 Aus der Menge kamen viele Leute zum
Glauben an ihn; sie sagten: Wird der Mes-
sias, wenn er kommt, mehr Zeichen tun, als
dieser getan hat? 32 Die Pharisäer hörten,
was die Leute heimlich über ihn redeten. Da
schickten die Hohenpriester und die Phari-
säer Gerichtsdiener aus, um ihn festnehmen
zu lassen. 33 Jesus aber sagte: Ich bin nur
noch kurze Zeit bei euch; dann gehe ich fort,
zu dem, der mich gesandt hat. 34 Ihr werdet
mich suchen und ihr werdet mich nicht fin-
den; denn wo ich bin, dorthin könnt ihr nicht
gelangen. 35 Da sagten die Juden zueinander:
Wohin will er denn gehen, dass wir ihn nicht
mehr finden können? Will er in die Diaspora
zu den Griechen gehen und die Griechen leh-
ren? 36 Was bedeutet es, wenn er gesagt hat:
Ihr werdet mich suchen, aber nicht finden;
denn wo ich bin, dorthin könnt ihr nicht ge-
langen?

25: 5,18 • 27: 6,42 • 28: 8,55 • 29: 6,46 • 33: 8,21.

Der Streit im Hohen Rat um Jesus: 7,37–52

37 Am letzten Tag des Festes, dem großen
Tag, stellte sich Jesus hin und rief: Wer Durst
hat, komme zu mir, und es trinke, 38 wer an
mich glaubt. Wie die Schrift sagt: Aus sei-
nem Inneren werden Ströme von lebendigem
Wasser fließen. 39 Damit meinte er den Geist,
den alle empfangen sollten, die an ihn glau-
ben; denn der Geist war noch nicht gegeben,

7,13 Der Ausdruck »die Juden« bezieht sich hier wie in 1,19; 2,18; 5,10 u. ö. auf die jüdischen Behörden.

7,21 Mit dem »einen Werk« ist die Heilung des Mannes am Betesda-Teich (5,1–9) gemeint.

7,27 Es gab die Vorstellung, dass der Messias bei seinem Auftreten zunächst unerkannt bleibt, bis Elija kommt und ihn dem Volk bekannt macht. Zum Anstoß an Jesu »bekannter« Herkunft vgl. 6,42.

7,37 Der siebte (»große«) Tag des Festes war durch den Ritus des Wasserschöpfens ausgezeichnet: Die Priester schöpften Wasser aus der Quelle Schiloach und zogen damit siebenmal um den Altar. An diesen Ritus scheint Jesus mit seinem Ruf anzuknüpfen. Vgl. die Anmerkung zu 8,12.

7,37f Andere Übersetzungsmöglichkeit: Wer Durst hat, komme zu mir und trinke. 38 Wer an mich glaubt, von dem sagt die Schrift, dass aus seinem Innern Ströme lebendigen Wassers fließen werden.

7,38 Es ist nicht klar, welche Schriftstelle hier gemeint ist; vgl. Ez 47,1; Sach 14,8.

weil Jesus noch nicht verherrlicht war. 40 Einige aus dem Volk sagten, als sie diese Worte hörten: Er ist wahrhaftig der Prophet. 41 Andere sagten: Er ist der Messias. Wieder andere sagten: Kommt denn der Messias aus Galiäa? 42 Sagt nicht die Schrift: Der Messias *kommt aus* dem Geschlecht Davids und aus dem Dorf *Betlehem,* wo David lebte? 43 So entstand seinetwegen eine Spaltung in der Menge. 44 Einige von ihnen wollten ihn festnehmen; aber keiner wagte ihn anzufassen.

45 Als die Gerichtsdiener zu den Hohenpriestern und den Pharisäern zurückkamen, fragten diese: Warum habt ihr ihn nicht hergebracht? 46 Die Gerichtsdiener antworteten: Noch nie hat ein Mensch so gesprochen. 47 Da entgegneten ihnen die Pharisäer: Habt auch ihr euch in die Irre führen lassen? 48 Ist etwa einer vom Hohen Rat oder von den Pharisäern zum Glauben an ihn gekommen? 49 Dieses Volk jedoch, das vom Gesetz nichts versteht, verflucht ist es. 50 Nikodemus aber, einer aus ihren eigenen Reihen, der früher einmal Jesus aufgesucht hatte, sagte zu ihnen: 51 Verurteilt etwa unser Gesetz einen Menschen, bevor man ihn verhört und festgestellt hat, was er tut? 52 Sie erwiderten ihm: Bist du vielleicht auch aus Galiläa? Lies doch nach: Der Prophet kommt nicht aus Galiläa.

41: Dtn 18,15.18 • 42: 2 Sam 7,12–16; Mi 5,1; Mt 2,5; 22,42; Röm 1,3; 2 Tim 2,8 • 44: 7,30 • 50: 3,1 • 51: Dtn 1,16f; 17,2–5.

[Jesus und die Ehebrecherin: 7,53 – 8,11

53 Dann gingen alle nach Hause.

8 Jesus aber ging zum Ölberg. 2 Am frühen Morgen begab er sich wieder in den Tempel. Alles Volk kam zu ihm. Er setzte sich und lehrte es. 3 Da brachten die Schriftgelehrten und die Pharisäer eine Frau, die beim Ehebruch ertappt worden war. Sie stellten sie in die Mitte 4 und sagten zu ihm: Meister, diese Frau wurde beim Ehebruch auf frischer Tat ertappt. 5 Mose hat uns im Gesetz vorgeschrieben, solche Frauen zu steinigen. Nun, was sagst du? 6 Mit dieser Frage wollten sie ihn auf die Probe stellen, um einen Grund zu haben, ihn zu verklagen. Jesus aber bückte sich und schrieb mit dem Finger auf die Erde. 7 Als sie hartnäckig weiterfragten, richtete er sich auf und sagte zu ihnen: Wer von euch ohne Sünde ist, werfe als Erster einen Stein auf sie. 8 Und er bückte sich wieder und schrieb auf die Erde. 9 Als sie seine Antwort gehört hatten, ging einer nach dem anderen fort, zuerst die Ältesten. Jesus blieb allein zurück mit der Frau, die noch in der Mitte stand. 10 Er richtete sich auf und sagte zu ihr: Frau, wo sind sie geblieben? Hat dich keiner verurteilt? 11 Sie antwortete: Keiner, Herr. Da sagte Jesus zu ihr: Auch ich verurteile dich nicht. Geh und sündige von jetzt an nicht mehr!]

2: Lk 21,38 • 5: Dtn 22,22–24 • 6: Jer 17,13 • 7: Dtn 17,7; Mt 7,1; Lk 6,37.

Streitgespräche Jesu mit den Juden: 8,12–59

Jesu Selbstzeugnis: 8,12–20

12 Als Jesus ein andermal zu ihnen redete, sagte er: Ich bin das Licht der Welt. Wer mir nachfolgt, wird nicht in der Finsternis umhergehen, sondern wird das Licht des Lebens haben. 13 Da sagten die Pharisäer zu ihm: Du legst über dich selbst Zeugnis ab; dein Zeugnis ist nicht gültig. 14 Jesus erwiderte ihnen: Auch wenn ich über mich selbst Zeugnis ablege, ist mein Zeugnis gültig. Denn ich weiß, woher ich gekommen bin und wohin ich gehe. Ihr aber wisst nicht, woher ich komme und wohin ich gehe. 15 Ihr urteilt, wie Menschen urteilen, ich urteile über keinen. 16 Wenn ich aber urteile, ist mein Urteil gültig; denn ich urteile nicht allein, sondern ich und der Vater, der mich gesandt hat. 17 Auch in eurem Gesetz heißt es: Erst das Zeugnis von zwei Menschen ist gültig. 18 Ich bin es, der über mich Zeugnis ablegt, und auch der Vater, der mich gesandt hat, legt über mich Zeugnis ab. 19 Da fragten sie ihn: Wo ist dein Vater? Jesus antwortete: Ihr kennt weder mich noch meinen Vater; würdet ihr mich kennen, dann würdet ihr auch meinen Vater

7,46 Andere Textzeugen haben: Noch nie hat ein Mensch so gesprochen, wie dieser Mensch spricht.

7,49 Hinter dem Fluch über das »gesetzesunkundige Volk« steht ein rabbinischer Ausdruck, der eine Geringschätzung für alle Juden bekundet, die sich nicht an die weitgehenden, von den Gesetzeslehrern eingeschärften Vorschriften hielten.

7,50 Zu Nikodemus vgl. die Anmerkung zu 3,1.

7,52 Der Prophet, nach anderen Textzeugen: Ein Prophet.

7,53 – 8,11 Dieses Stück gehört nicht zum ursprünglichen Bestand des Johannesevangeliums; die besten Textzeugen überliefern es nicht. Die Erzählung stellt aber wohl eine alte Überlieferung dar und gehört inhaltlich zum Evangelium.

8,12 Das Wort vom Licht knüpft möglicherweise an einen Festbrauch an (vgl. die Anmerkung zu 7,37): Am siebten Tag des Laubhüttenfestes wurden im Frauenvorhof des Tempels vier große Leuchter aufgestellt, die ihr Licht über ganz Jerusalem verbreiten sollten.

kennen. 20 Diese Worte sagte er, als er im Tempel bei der Schatzkammer lehrte. Aber niemand nahm ihn fest; denn seine Stunde war noch nicht gekommen.

13: 5,31f • 15: 7,24 • 16: 5,30; 8,29 • 17: Dtn 17,6; 19,15 • 19: 7,28; 14,7; 15,21 • 20: 2,4; 7,30; 13,1.

Die Herkunft und Bestimmung Jesu: 8,12–29

21 Ein andermal sagte Jesus zu ihnen: Ich gehe fort und ihr werdet mich suchen und ihr werdet in eurer Sünde sterben. Wohin ich gehe, dorthin könnt ihr nicht gelangen. 22 Da sagten die Juden: Will er sich etwa umbringen? Warum sagt er sonst: Wohin ich gehe, dorthin könnt ihr nicht gelangen? 23 Er sagte zu ihnen: Ihr stammt von unten, ich stamme von oben; ihr seid aus dieser Welt, ich bin nicht aus dieser Welt. 24 Ich habe euch gesagt: Ihr werdet in euren Sünden sterben; denn wenn ihr nicht glaubt, dass ich es bin, werdet ihr in euren Sünden sterben. 25 Da fragten sie ihn: Wer bist du denn? Jesus antwortete: Warum rede ich überhaupt noch mit euch? 26 Ich hätte noch viel über euch zu sagen und viel zu richten, aber er, der mich gesandt hat, bürgt für die Wahrheit, und was ich von ihm gehört habe, das sage ich der Welt. 27 Sie verstanden nicht, dass er damit den Vater meinte. 28 Da sagte Jesus zu ihnen: Wenn ihr den Menschensohn erhöht habt, dann werdet ihr erkennen, dass Ich es bin. Ihr werdet erkennen, dass ich nichts im eigenen Namen tue, sondern nur das sage, was mich der Vater gelehrt hat. 29 Und er, der mich gesandt hat, ist bei mir; er hat mich nicht allein gelassen, weil ich immer das tue, was ihm gefällt.

21: 7,33f; 13,33 • 23: 3,13.31; 17,14–16 • 24: Jes 43,11; Joh 13,19 • 28: 3,14; 12,32; 14,24 • 29: 16,5.

Die wahren Kinder Abrahams: 8,30–47

30 Als Jesus das sagte, kamen viele zum Glauben an ihn. 31 Da sagte er zu den Juden, die an ihn glaubten: Wenn ihr in meinem Wort bleibt, seid ihr wirklich meine Jünger. 32 Dann werdet ihr die Wahrheit erkennen und die Wahrheit wird euch befreien. 33 Sie erwiderten ihm: Wir sind Nachkommen Abrahams und sind noch nie Sklaven gewesen. Wie kannst du sagen: Ihr werdet frei werden? 34 Jesus antwortete ihnen: Amen, amen, das sage ich euch: Wer die Sünde tut, ist Sklave der Sünde. 35 Der Sklave aber bleibt nicht für immer im Haus; nur der Sohn bleibt für immer im Haus. 36 Wenn euch also der Sohn befreit, dann seid ihr wirklich frei.

37 Ich weiß, dass ihr Nachkommen Abrahams seid. Aber ihr wollt mich töten, weil mein Wort in euch keine Aufnahme findet. 38 Ich sage, was ich beim Vater gesehen habe, und ihr tut, was ihr von eurem Vater gehört habt. 39 Sie antworteten ihm: Unser Vater ist Abraham. Jesus sagte zu ihnen: Wenn ihr Kinder Abrahams wärt, würdet ihr so handeln wie Abraham. 40 Jetzt aber wollt ihr mich töten, einen Menschen, der euch die Wahrheit verkündet hat, die Wahrheit, die ich von Gott gehört habe. So hat Abraham nicht gehandelt. 41 Ihr vollbringt die Werke eures Vaters. Sie entgegneten ihm: Wir stammen nicht aus einem Ehebruch, sondern wir haben nur den einen Vater: Gott. 42 Jesus sagte zu ihnen: Wenn Gott euer Vater wäre, würdet ihr mich lieben; denn von Gott bin ich ausgegangen und gekommen. Ich bin nicht in meinem eigenen Namen gekommen, sondern er hat mich gesandt. 43 Warum versteht ihr nicht, was ich sage? Weil ihr nicht imstande seid, mein Wort zu hören. 44 Ihr habt den Teufel zum Vater und ihr wollt das tun, wonach es euren Vater verlangt. Er war ein Mörder von Anfang an. Und er steht nicht in der Wahrheit; denn es ist keine Wahrheit in ihm. Wenn er lügt, sagt er das, was aus ihm selbst kommt; denn er ist ein Lügner und ist der Vater der Lüge. 45 Mir aber glaubt ihr nicht, weil ich die Wahrheit sage. 46 Wer von euch kann mir eine Sünde nachweisen? Wenn ich die Wahrheit sage, warum glaubt ihr mir nicht? 47 Wer aus Gott ist, hört die Worte Gottes; ihr hört sie deshalb nicht, weil ihr nicht aus Gott seid.

30: 10,42; 12,11 • 31: 14,21–23 • 34: 1 Joh 3,8 • 42: 1 Joh 5,1 • 44: 1 Joh 3,8–15 • 46: 1 Joh 3,5 • 47: 1 Joh 4,6.

Jesus und Abraham: 8,48–59

48 Da antworteten ihm die Juden: Sagen wir nicht mit Recht: Du bist ein Samariter und von einem Dämon besessen? 49 Jesus erwiderte: Ich bin von keinem Dämon besessen, sondern ich ehre meinen Vater; ihr aber schmäht mich. 50 Ich bin nicht auf meine

---

8,20 Die Schatzkammer, die auch in Mk 12,41.43; Lk 21,1 erwähnt wird, lag im Frauenvorhof.

8,25 Der Sinn des griechischen Textes ist hier nicht sicher zu ermitteln.

8,48 In der Bezeichnung Jesu als »Samariter« steckt wohl der Vorwurf, dass Jesus Gott nicht wahrhaft verehrt (vgl. die Anmerkung zu 4,4–6). Zum Vorwurf der Besessenheit vgl. auch 7,20; 10,20.

Ehre bedacht; doch es gibt einen, der darauf
bedacht ist und der richtet. 51 Amen, amen,
ich sage euch: Wenn jemand an meinem Wort
festhält, wird er auf ewig den Tod nicht
schauen. 52 Da sagten die Juden zu ihm: Jetzt
wissen wir, dass du von einem Dämon beses-
sen bist. Abraham und die Propheten sind
gestorben, du aber sagst: Wenn jemand an
meinem Wort festhält, wird er auf ewig den
Tod nicht erleiden. 53 Bist du etwa größer als
unser Vater Abraham? Er ist gestorben und
die Propheten sind gestorben. Für wen gibst
du dich aus? 54 Jesus antwortete: Wenn ich
mich selbst ehre, so gilt meine Ehre nichts.
Mein Vater ist es, der mich ehrt, er, von dem
ihr sagt: Er ist unser Gott. 55 Doch ihr habt
ihn nicht erkannt. Ich aber kenne ihn, und
wenn ich sagen würde: Ich kenne ihn nicht,
so wäre ich ein Lügner wie ihr. Aber ich ken-
ne ihn und halte an seinem Wort fest. 56 Euer
Vater Abraham jubelte, weil er meinen Tag
sehen sollte. Er sah ihn und freute sich. 57 Die
Juden entgegneten: Du bist noch keine fünf-
zig Jahre alt und willst Abraham gesehen
haben? 58 Jesus erwiderte ihnen: Amen,
amen, ich sage euch: Noch ehe Abraham
wurde, bin ich. 59 Da hoben sie Steine auf,
um sie auf ihn zu werfen. Jesus aber verbarg
sich und verließ den Tempel.

48: 7,20 • 50: 7,18 • 53: 4,12 • 56: Gen 17,17 • 59: 10,31.39; 11,8.

Die Heilung eines Blinden und der Streit der Juden: 9,1–42

Die Heilung eines Blinden: 9,1–12

9 Unterwegs sah Jesus einen Mann, der
seit seiner Geburt blind war. 2 Da frag-
ten ihn seine Jünger: Rabbi, wer hat gesün-
digt? Er selbst? Oder haben seine Eltern ge-
sündigt, sodass er blind geboren wurde? 3 Je-
sus antwortete: Weder er noch seine Eltern
haben gesündigt, sondern das Wirken Gottes
soll an ihm offenbar werden. 4 Wir müssen,
solange es Tag ist, die Werke dessen voll-
bringen, der mich gesandt hat; es kommt die
Nacht, in der niemand mehr etwas tun kann.
5 Solange ich in der Welt bin, bin ich das
Licht der Welt. 6 Als er dies gesagt hatte,
spuckte er auf die Erde; dann machte er mit
dem Speichel einen Teig, strich ihn dem
Blinden auf die Augen 7 und sagte zu ihm:
Geh und wasch dich in dem Teich Schiloach!
Schiloach heißt übersetzt: Der Gesandte.
Der Mann ging fort und wusch sich. Und als
er zurückkam, konnte er sehen.
8 Die Nachbarn und andere, die ihn früher
als Bettler gesehen hatten, sagten: Ist das
nicht der Mann, der dasaß und bettelte? 9 Ei-
nige sagten: Er ist es. Andere meinten: Nein,
er sieht ihm nur ähnlich. Er selbst aber sagte:
Ich bin es. 10 Da fragten sie ihn: Wie sind dei-
ne Augen geöffnet worden? 11 Er antwortete:
Der Mann, der Jesus heißt, machte einen
Teig, bestrich damit meine Augen und sagte
zu mir: Geh zum Schiloach und wasch dich!
Ich ging hin, wusch mich und konnte wieder
sehen. 12 Sie fragten ihn: Wo ist er? Er sagte:
Ich weiß es nicht.

5: 8,12 • 7: 2 Kön 5,10; Jes 8,6.

Das Eingreifen der Pharisäer: 9,13–34

13 Da brachten sie den Mann, der blind ge-
wesen war, zu den Pharisäern. 14 Es war aber
Sabbat an dem Tag, als Jesus den Teig ge-
macht und ihm die Augen geöffnet hatte.
15 Auch die Pharisäer fragten ihn, wie er se-
hend geworden sei. Der Mann antwortete ih-
nen: Er legte mir einen Teig auf die Augen;
dann wusch ich mich und jetzt kann ich se-
hen. 16 Einige der Pharisäer meinten: Dieser
Mensch kann nicht von Gott sein, weil er den
Sabbat nicht hält. Andere aber sagten: Wie
kann ein Sünder solche Zeichen tun? So ent-
stand eine Spaltung unter ihnen. 17 Da frag-
ten sie den Blinden noch einmal: Was sagst
du selbst über ihn? Er hat doch deine Augen
geöffnet. Der Mann antwortete: Er ist ein
Prophet.
18 Die Juden aber wollten nicht glauben,
dass er blind gewesen und sehend geworden
war. Daher riefen sie die Eltern des Geheil-
ten 19 und fragten sie: Ist das euer Sohn, von
dem ihr behauptet, dass er blind geboren
wurde? Wie kommt es, dass er jetzt sehen
kann? 20 Seine Eltern antworteten: Wir wis-
sen, dass er unser Sohn ist und dass er blind
geboren wurde. 21 Wie es kommt, dass er jetzt
sehen kann, das wissen wir nicht. Und wer
seine Augen geöffnet hat, das wissen wir
auch nicht. Fragt doch ihn selbst, er ist alt
genug und kann selbst für sich sprechen.
22 Das sagten seine Eltern, weil sie sich vor

8,57 »Fünfzig« ist als eine runde Zahl zu verstehen, nicht als Angabe über das Lebensalter Jesu.

8,59 Auf Gotteslästerung stand die Strafe der Steinigung (Lev 24,11–16; 1 Kön 21,10.13). Der Vorwurf der Gotteslästerung taucht auch noch später auf: 10,31–33; vgl. 11,8; 19,7.

9,7 Der Name Schiloach wird vom Evangelisten auf Jesus, den »Gesandten«, gedeutet, durch den der Blinde geheilt wird.

9,22 Der Ausschluss aus der Synagoge, der vom zeitlich begrenzten Synagogenbann zu unterscheiden ist, wird auch in 12,42 und 16,2 erwähnt.

den Juden fürchteten; denn die Juden hatten
schon beschlossen, jeden, der ihn als den
Messias bekenne, aus der Synagoge auszu-
stoßen. 23 Deswegen sagten seine Eltern: Er
ist alt genug, fragt doch ihn selbst.
24 Da riefen die Pharisäer den Mann, der
blind gewesen war, zum zweiten Mal und
sagten zu ihm: Gib Gott die Ehre! Wir wis-
sen, dass dieser Mensch ein Sünder ist. 25 Er
antwortete: Ob er ein Sünder ist, weiß ich
nicht. Nur das eine weiß ich, dass ich blind
war und jetzt sehen kann. 26 Sie fragten ihn:
Was hat er mit dir gemacht? Wie hat er deine
Augen geöffnet? 27 Er antwortete ihnen: Ich
habe es euch bereits gesagt, aber ihr habt
nicht gehört. Warum wollt ihr es noch ein-
mal hören? Wollt auch ihr seine Jünger wer-
den? 28 Da beschimpften sie ihn: Du bist ein
Jünger dieses Menschen; wir aber sind Jün-
ger des Mose. 29 Wir wissen, dass zu Mose
Gott gesprochen hat; aber von dem da wissen
wir nicht, woher er kommt. 30 Der Mann ant-
wortete ihnen: Darin liegt ja das Erstaunli-
che, dass ihr nicht wisst, woher er kommt;
dabei hat er doch meine Augen geöffnet.
31 Wir wissen, dass Gott einen Sünder nicht
erhört; wer aber Gott fürchtet und seinen
Willen tut, den erhört er. 32 Noch nie hat man
gehört, dass jemand die Augen eines Blind-
geborenen geöffnet hat. 33 Wenn dieser
Mensch nicht von Gott wäre, dann hätte er
gewiss nichts ausrichten können. 34 Sie ent-
gegneten ihm: Du bist ganz und gar in Sün-
den geboren und du willst uns belehren? Und
sie stießen ihn hinaus.

14: 5,9 • 22: 7,13; 12,42; 16,2 • 24: Jos 7,19; 2 Chr 30,8; Ps 66,2; 68,35; Jes 42,12 • 29: 5,45f • 34: Ps 51,7.

Jesu Selbstoffenbarung vor dem Geheilten: 9,35–41

35 Jesus hörte, dass sie ihn hinausgestoßen
hatten, und als er ihn traf, sagte er zu ihm:
Glaubst du an den Menschensohn? 36 Der
Mann antwortete: Wer ist das, Herr? (Sag es
mir,) damit ich an ihn glaube. 37 Jesus sagte
zu ihm: Du siehst ihn vor dir; er, der mit dir
redet, ist es. 38 Er aber sagte: Ich glaube,
Herr! Und er warf sich vor ihm nieder. 39 Da
sprach Jesus: Um zu richten, bin ich in diese
Welt gekommen: damit die Blinden sehend
und die Sehenden blind werden. 40 Einige
Pharisäer, die bei ihm waren, hörten dies.
Und sie fragten ihn: Sind etwa auch wir
blind? 41 Jesus antwortete ihnen: Wenn ihr
blind wärt, hättet ihr keine Sünde. Jetzt aber
sagt ihr: Wir sehen. Darum bleibt eure
Sünde.

Die Bildworte vom Hirten und von den Schafen: 10,1–39

Der gute Hirt als Gegenbild zu Dieben und Räubern: 10,1–10

10 Amen, amen, das sage ich euch: Wer
in den Schafstall nicht durch die Tür
hineingeht, sondern anderswo einsteigt, der
ist ein Dieb und ein Räuber. 2 Wer aber durch
die Tür hineingeht, ist der Hirt der Schafe.
3 Ihm öffnet der Türhüter und die Schafe hö-
ren auf seine Stimme; er ruft die Schafe, die
ihm gehören, einzeln beim Namen und führt
sie hinaus. 4 Wenn er alle seine Schafe hi-
nausgetrieben hat, geht er ihnen voraus, und
die Schafe folgen ihm; denn sie kennen seine
Stimme. 5 Einem Fremden aber werden sie
nicht folgen, sondern sie werden vor ihm
fliehen, weil sie die Stimme des Fremden
nicht kennen. 6 Dieses Gleichnis erzählte ih-
nen Jesus; aber sie verstanden nicht den Sinn
dessen, was er ihnen gesagt hatte.
7 Weiter sagte Jesus zu ihnen: Amen, amen,
ich sage euch: Ich bin die Tür zu den
Schafen. 8 Alle, die vor mir kamen, sind Die-
be und Räuber; aber die Schafe haben nicht
auf sie gehört. 9 Ich bin die Tür; wer durch
mich hineingeht, wird gerettet werden; er
wird ein- und ausgehen und Weide finden.
10 Der Dieb kommt nur, um zu stehlen, zu
schlachten und zu vernichten; ich bin ge-
kommen, damit sie das Leben haben und es
in Fülle haben.

6: 16,25 • 7: Ps 118,20 • 8: Jer 23,1f • 9: Jes 49,9f; Ez 34,12–15.

Der gute Hirt als Gegenbild zum Tagelöhner: 10,11–21

11 Ich bin der gute Hirt. Der gute Hirt gibt
sein Leben hin für die Schafe. 12 Der be-
zahlte Knecht aber, der nicht Hirt ist und
dem die Schafe nicht gehören, lässt die
Schafe im Stich und flieht, wenn er den Wolf
kommen sieht; und der Wolf reißt sie und
jagt sie auseinander. Er flieht, 13 weil er nur
ein bezahlter Knecht ist und ihm an den
Schafen nichts liegt. 14 Ich bin der gute Hirt;
ich kenne die Meinen und die Meinen kennen
mich, 15 wie mich der Vater kennt und ich
den Vater kenne; und ich gebe mein Leben
hin für die Schafe. 16 Ich habe noch andere
Schafe, die nicht aus diesem Stall sind; auch
sie muss ich führen und sie werden auf meine
Stimme hören; dann wird es nur eine Herde
geben und einen Hirten. 17 Deshalb liebt
mich der Vater, weil ich mein Leben hingebe,

um es wieder zu nehmen. 18 Niemand ent-
reißt es mir, sondern ich gebe es aus freiem
Willen hin. Ich habe Macht, es hinzugeben,
und ich habe Macht, es wieder zu nehmen.
Diesen Auftrag habe ich von meinem Vater
empfangen.
19 Wegen dieser Rede kam es unter den Ju-
den erneut zu einer Spaltung. 20 Viele von ih-
nen sagten: Er ist von einem Dämon besessen
und redet im Wahn. Warum hört ihr ihm zu?
21 Andere sagten: So redet kein Besessener.
Kann ein Dämon die Augen von Blinden
öffnen?

11: Ez 34,11–22; Mt 18,12–14; Lk 15,3–7 • 15: Mt 11,25–27; Lk 10,21f • 17: 3,35 • 18: 13,3 • 20: 7,20; 8,48.52; Mk 3,22.30.

Das Streitgespräch beim Tempelweihfest:
10,22–39

22 Um diese Zeit fand in Jerusalem das
Tempelweihfest statt. Es war Winter, 23 und
Jesus ging im Tempel in der Halle Salomos
auf und ab. 24 Da umringten ihn die Juden
und fragten ihn: Wie lange noch willst du
uns hinhalten? Wenn du der Messias bist, sag
es uns offen! 25 Jesus antwortete ihnen: Ich
habe es euch gesagt, aber ihr glaubt nicht.
Die Werke, die ich im Namen meines Vaters
vollbringe, legen Zeugnis für mich ab; 26 ihr
aber glaubt nicht, weil ihr nicht zu meinen
Schafen gehört. 27 Meine Schafe hören auf
meine Stimme; ich kenne sie und sie folgen
mir. 28 Ich gebe ihnen ewiges Leben. Sie wer-
den niemals zugrunde gehen und niemand
wird sie meiner Hand entreißen. 29 Mein Va-
ter, der sie mir gab, ist größer als alle und
niemand kann sie der Hand meines Vaters
entreißen. 30 Ich und der Vater sind eins.
31 Da hoben die Juden wiederum Steine auf,
um ihn zu steinigen. 32 Jesus hielt ihnen ent-
gegen: Viele gute Werke habe ich im Auftrag
des Vaters vor euren Augen getan. Für wel-
ches dieser Werke wollt ihr mich steinigen?
33 Die Juden antworteten ihm: Wir steinigen
dich nicht wegen eines guten Werkes, son-
dern wegen Gotteslästerung; denn du bist
nur ein Mensch und machst dich selbst zu
Gott. 34 Jesus erwiderte ihnen: Heißt es nicht
in eurem Gesetz: *Ich habe gesagt: Ihr seid
Götter?* 35 Wenn er jene Menschen Götter ge-
nannt hat, an die das Wort Gottes ergangen
ist, und wenn die Schrift nicht aufgehoben
werden kann, 36 dürft ihr dann von dem, den
der Vater geheiligt und in die Welt gesandt
hat, sagen: Du lästerst Gott – weil ich gesagt
habe: Ich bin Gottes Sohn? 37 Wenn ich nicht
die Werke meines Vaters vollbringe, dann
glaubt mir nicht. 38 Aber wenn ich sie voll-
bringe, dann glaubt wenigstens den Werken,
wenn ihr mir nicht glaubt. Dann werdet ihr
erkennen und einsehen, dass in mir der Vater
ist und ich im Vater bin. 39 Wieder wollten sie
ihn festnehmen; er aber entzog sich ihrem
Zugriff.

25: 5,36f • 28: 6,39; 17,12 • 31: 8,59 • 34: Ps 82,6 • 38: 14,10f; 17,21 • 39: 8,59.

Die Auferweckung des Lazarus und ihre Folgen: 10,40–11,57

Jesus im Gebiet östlich des Jordan:
10,40–42

40 Dann ging Jesus wieder weg auf die an-
dere Seite des Jordan, an den Ort, wo Johan-
nes zuerst getauft hatte; und dort blieb er.
41 Viele kamen zu ihm. Sie sagten: Johannes
hat kein Zeichen getan; aber alles, was Jo-
hannes über diesen Mann gesagt hat, ist
wahr. 42 Und viele kamen dort zum Glauben
an ihn.

40: 1,28.

Die Nachricht vom Tod des Lazarus:
11,1–16

11 Ein Mann war krank, Lazarus aus
Betanien, dem Dorf, in dem Maria
und ihre Schwester Marta wohnten. 2 Maria

10,22 Das Tempelweihfest wurde zur Erinnerung an die Reinigung des Tempels und die Errichtung eines neuen Altars nach der Entweihung durch den syrischen König Antiochus IV. (175–164 v. Chr.) gefeiert. Im Jahr 165 v. Chr. führte Judas Makkabäus diese Tempelweihe durch und ordnete an, das Fest jährlich acht Tage lang zu feiern. Der Festtermin war der 25. Kislew (im Dezember).

10,23 die »Halle Salomos« war eine Säulenhalle an der östlichen Begrenzungsmauer des Tempels, angeblich schon von König Salomo erbaut. Sie diente später auch den ersten Christen in Jerusalem als Versammlungsort (Apg 5,12). Im Winter bot sie Schutz vor den rauen östlichen Winden.

10,29 Nach anderen Textzeugen: Was mein Vater mir gegeben hat, ist größer als alles, und niemand kann es der Hand meines Vaters entreißen.

10,34 Das Zitat aus Ps 82,6 dient einem Schriftbeweis, der sich nur an den Wortlaut der Schriftstelle hält, ohne Rücksicht auf den Zusammenhang, aus dem das Wort stammt. Als »Götter« werden im Ps 82 ungerechte Richter angesprochen.

11,1 Zum Namen Lazarus vgl. die Anmerkung zu Lk 16,20. – Betanien, 15 Stadien (etwa 3 Kilometer) von Jerusalem entfernt (vgl. 11,18), liegt am östlichen Abhang des Ölbergs.

11,2 Diese Maria (vgl. 12,3) ist zu unterscheiden von der Sünderin (Lk 7,37f) und von Maria aus Magdala. Es handelt sich um drei verschiedene Personen.

ist die, die den Herrn mit Öl gesalbt und sei-
ne Füße mit ihrem Haar abgetrocknet hat;
deren Bruder Lazarus war krank. 3 Daher
sandten die Schwestern Jesus die Nachricht:
Herr, dein Freund ist krank. 4 Als Jesus das
hörte, sagte er: Diese Krankheit wird nicht
zum Tod führen, sondern dient der Verherr-
lichung Gottes: Durch sie soll der Sohn
Gottes verherrlicht werden. 5 Denn Jesus
liebte Marta, ihre Schwester und Lazarus.
6 Als er hörte, dass Lazarus krank war, blieb
er noch zwei Tage an dem Ort, wo er sich
aufhielt.

7 Danach sagte er zu den Jüngern: Lasst
uns wieder nach Judäa gehen. 8 Die Jünger
entgegneten ihm: Rabbi, eben noch wollten
dich die Juden steinigen und du gehst wieder
dorthin? 9 Jesus antwortete: Hat der Tag
nicht zwölf Stunden? Wenn jemand am Tag
umhergeht, stößt er nicht an, weil er das
Licht dieser Welt sieht; 10 wenn aber jemand
in der Nacht umhergeht, stößt er an, weil das
Licht nicht in ihm ist. 11 So sprach er. Dann
sagte er zu ihnen: Lazarus, unser Freund,
schläft; aber ich gehe hin, um ihn aufzuwe-
cken. 12 Da sagten die Jünger zu ihm: Herr,
wenn er schläft, dann wird er gesund wer-
den. 13 Jesus hatte aber von seinem Tod ge-
sprochen, während sie meinten, er spreche
von dem gewöhnlichen Schlaf. 14 Darauf
sagte ihnen Jesus unverhüllt: Lazarus ist ge-
storben. 15 Und ich freue mich für euch, dass
ich nicht dort war; denn ich will, dass ihr
glaubt. Doch wir wollen zu ihm gehen. 16 Da
sagte Thomas, genannt Didymus (Zwilling),
zu den anderen Jüngern: Dann lasst uns mit
ihm gehen, um mit ihm zu sterben.

1: Lk 10,38–42 • 8: 8,59; 10,31 • 16: 14,5–8; 20,24–29.

Die Auferweckung des Lazarus als Zeichen:
11,17–44

17 Als Jesus ankam, fand er Lazarus schon
vier Tage im Grab liegen. 18 Betanien war
nahe bei Jerusalem, etwa fünfzehn Stadien
entfernt. 19 Viele Juden waren zu Marta und
Maria gekommen, um sie wegen ihres Bru-
ders zu trösten. 20 Als Marta hörte, dass Jesus
komme, ging sie ihm entgegen, Maria aber
blieb im Haus. 21 Marta sagte zu Jesus: Herr,
wärst du hier gewesen, dann wäre mein Bru-
der nicht gestorben. 22 Aber auch jetzt weiß
ich: Alles, worum du Gott bittest, wird Gott
dir geben. 23 Jesus sagte zu ihr: Dein Bruder
wird auferstehen. 24 Marta sagte zu ihm: Ich
weiß, dass er auferstehen wird bei der Aufer-
stehung am Letzten Tag. 25 Jesus erwiderte
ihr: Ich bin die Auferstehung und das Leben.
Wer an mich glaubt, wird leben, auch wenn
er stirbt, 26 und jeder, der lebt und an mich
glaubt, wird auf ewig nicht sterben. Glaubst
du das? 27 Marta antwortete ihm: Ja, Herr,
ich glaube, dass du der Messias bist, der
Sohn Gottes, der in die Welt kommen soll.

28 Nach diesen Worten ging sie weg, rief
heimlich ihre Schwester Maria und sagte zu
ihr: Der Meister ist da und lässt dich rufen.
29 Als Maria das hörte, stand sie sofort auf
und ging zu ihm. 30 Denn Jesus war noch
nicht in das Dorf gekommen; er war noch
dort, wo ihn Marta getroffen hatte. 31 Die Ju-
den, die bei Maria im Haus waren und sie
trösteten, sahen, dass sie plötzlich aufstand
und hinausging. Da folgten sie ihr, weil sie
meinten, sie gehe zum Grab, um dort zu wei-
nen. 32 Als Maria dorthin kam, wo Jesus war,
und ihn sah, fiel sie ihm zu Füßen und sagte
zu ihm: Herr, wärst du hier gewesen, dann
wäre mein Bruder nicht gestorben. 33 Als Je-
sus sah, wie sie weinte und wie auch die Ju-
den weinten, die mit ihr gekommen waren,
war er im Innersten erregt und erschüttert.
34 Er sagte: Wo habt ihr ihn bestattet? Sie
antworteten ihm: Herr, komm und sieh!
35 Da weinte Jesus. 36 Die Juden sagten: Seht,
wie lieb er ihn hatte! 37 Einige aber sagten:
Wenn er dem Blinden die Augen geöffnet
hat, hätte er dann nicht auch verhindern
können, dass dieser hier starb? 38 Da wurde
Jesus wiederum innerlich erregt und er ging
zum Grab. Es war eine Höhle, die mit einem
Stein verschlossen war.

39 Jesus sagte: Nehmt den Stein weg! Mar-
ta, die Schwester des Verstorbenen, entgeg-
nete ihm: Herr, er riecht aber schon, denn es
ist bereits der vierte Tag. 40 Jesus sagte zu
ihr: Habe ich dir nicht gesagt: Wenn du
glaubst, wirst du die Herrlichkeit Gottes se-
hen? 41 Da nahmen sie den Stein weg. Jesus
aber erhob seine Augen und sprach: Vater,
ich danke dir, dass du mich erhört hast. 42 Ich
wusste, dass du mich immer erhörst; aber
wegen der Menge, die um mich herum steht,
habe ich es gesagt; denn sie sollen glauben,
dass du mich gesandt hast. 43 Nachdem er
dies gesagt hatte, rief er mit lauter Stimme:
Lazarus, komm heraus! 44 Da kam der Ver-
storbene heraus; seine Füße und Hände wa-
ren mit Binden umwickelt, und sein Gesicht
war mit einem Schweißtuch verhüllt. Jesus
sagte zu ihnen: Löst ihm die Binden und lasst
ihn weggehen!

25: 5,21.26 • 27: 20,31; 6,69; Mt 16,16 • 37: 9,1–41 • 41:
12,27f; 17,1 • 42: 17,8.21.23.25 • 44: 19,40.

11,18 15 Stadien sind etwa 3 Kilometer.

Der Tötungsbeschluß des Hohen Rates – Das prophetische Wort des Hohenpriesters: 11,45–53

45 Viele der Juden, die zu Maria gekommen
waren und gesehen hatten, was Jesus getan
hatte, kamen zum Glauben an ihn. 46 Aber ei-
nige von ihnen gingen zu den Pharisäern und
berichteten ihnen, was er getan hatte. 47 Da
beriefen die Hohenpriester und die Pharisäer
eine Versammlung des Hohen Rates ein. Sie
sagten: Was sollen wir tun? Dieser Mensch
tut viele Zeichen. 48 Wenn wir ihn gewähren
lassen, werden alle an ihn glauben. Dann
werden die Römer kommen und uns die hei-
lige Stätte und das Volk nehmen. 49 Einer
von ihnen, Kajaphas, der Hohepriester jenes
Jahres, sagte zu ihnen: Ihr versteht über-
haupt nichts. 50 Ihr bedenkt nicht, dass es
besser für euch ist, wenn ein einziger Mensch
für das Volk stirbt, als wenn das ganze Volk
zugrunde geht. 51 Das sagte er nicht aus sich
selbst; sondern weil er der Hohepriester je-
nes Jahres war, sagte er aus prophetischer
Eingebung, dass Jesus für das Volk sterben
werde. 52 Aber er sollte nicht nur für das
Volk sterben, sondern auch, um die ver-
sprengten Kinder Gottes wieder zu sammeln.
53 Von diesem Tag an waren sie entschlossen,
ihn zu töten.

47–53: Mt 26,3–5; Mk 14,1f; Lk 22,1f • 50: 2 Sam 20,14–22; Jona 1,8–16 • 52: 10,11.15f.

Erneute Flucht Jesu: 11,54–57

54 Jesus bewegte sich von nun an nicht
mehr öffentlich unter den Juden, sondern
zog sich von dort in die Gegend nahe der
Wüste zurück, an einen Ort namens Efraim.
Dort blieb er mit seinen Jüngern. 55 Das
Paschafest der Juden war nahe und viele zo-
gen schon vor dem Paschafest aus dem gan-
zen Land nach Jerusalem hinauf, um sich zu
heiligen. 56 Sie fragten nach Jesus und sagten
zueinander, während sie im Tempel zusam-
menstanden: Was meint ihr? Er wird wohl
kaum zum Fest kommen. 57 Die Hohenpries-
ter und die Pharisäer hatten nämlich, um ihn
festnehmen zu können, angeordnet: Wenn
jemand weiß, wo er sich aufhält, soll er es
melden.

55: Num 9,6–13; 2 Chr 30,15–19; Joh 18,28.

Jesus auf dem Weg zum letzten Osterfest in Jerusalem: 12,1–50

Die Salbung in Betanien: 12,1–11

12 Sechs Tage vor dem Paschafest kam
Jesus nach Betanien, wo Lazarus
war, den er von den Toten auferweckt hatte.
2 Dort bereiteten sie ihm ein Mahl; Marta
bediente und Lazarus war unter denen, die
mit Jesus bei Tisch waren. 3 Da nahm Maria
ein Pfund echtes, kostbares Nardenöl, salbte
Jesus die Füße und trocknete sie mit ihrem
Haar. Das Haus wurde vom Duft des Öls er-
füllt. 4 Doch einer von seinen Jüngern, Judas
Iskariot, der ihn später verriet, sagte: 5 Wa-
rum hat man dieses Öl nicht für dreihundert
Denare verkauft und den Erlös den Armen
gegeben? 6 Das sagte er aber nicht, weil er ein
Herz für die Armen gehabt hätte, sondern
weil er ein Dieb war; er hatte nämlich die
Kasse und veruntreute die Einkünfte. 7 Jesus
erwiderte: Lass sie, damit sie es für den Tag
meines Begräbnisses tue. 8 Die Armen habt
ihr immer bei euch, mich aber habt ihr nicht
immer bei euch.
9 Viele Juden hatten erfahren, dass Jesus
dort war, und sie kamen, jedoch nicht nur
um Jesu willen, sondern auch um Lazarus zu
sehen, den er von den Toten auferweckt hat-
te. 10 Die Hohenpriester aber beschlossen,
auch Lazarus zu töten, 11 weil viele Juden
seinetwegen hingingen und an Jesus glaub-
ten.

1–8 ‖ Mt 26,6–13; Mk 14,3–9 • 6: 13,29 • 8: Dtn 15,11.

Der Einzug in Jerusalem: 12,12–19

12 Am Tag darauf hörte die Volksmenge,
die sich zum Fest eingefunden hatte, Jesus
komme nach Jerusalem. 13 Da nahmen sie
Palmzweige, zogen hinaus, um ihn zu emp-

11,46 Vgl. die Anmerkung zu Mk 2,16 über die Pharisäer.
11,48 Die heilige Stätte ist der Tempel.
11,49 Zu Kajaphas vgl. die Anmerkung zu Mt 26,57.
11,51 Für den Evangelisten ist der Hohepriester jenes bedeutsamen Jahres das Werkzeug Gottes, das eine tiefere Wahrheit verkünden muss.
11,54 Wahrscheinlich handelt es sich um das Efraim, das etwa einen Tagesmarsch von Jerusalem entfernt abseits von der Straße nach Norden lag.
11,55 »Sich heiligen« bezieht sich auf die Teilnahme an den Reinigungsbräuchen beim Paschafest.
12,1 Zum Paschafest vgl. die Anmerkung zu Mk 14,1.
12,3 ein Pfund: etwa 320 Gramm.
12,7 Jesus sieht in der Salbung durch Maria eine Ehrung, die sie im Hinblick auf seinen Tod seinem Leib im voraus erweist.

fangen und riefen: *Hosanna! / Gesegnet sei*
er, der kommt im Namen des Herrn, / der
König Israels!
14 Jesus fand einen jungen Esel und setzte
sich darauf – wie es in der Schrift heißt:
15 *Fürchte dich nicht, Tochter Zion! Siehe,*
dein König kommt; er sitzt auf dem Fohlen
einer Eselin. 16 Das alles verstanden seine
Jünger zunächst nicht; als Jesus aber ver-
herrlicht war, da wurde ihnen bewusst, dass
es so über ihn in der Schrift stand und dass
man so an ihm gehandelt hatte. 17 Die Leute,
die bei Jesus gewesen waren, als er Lazarus
aus dem Grab rief und von den Toten aufer-
weckte, legten Zeugnis für ihn ab. 18 Eben-
deshalb war die Menge ihm entgegengezo-
gen: weil sie gehört hatte, er habe dieses
Zeichen getan. 19 Die Pharisäer aber sagten
zueinander: Ihr seht, dass ihr nichts ausrich-
tet; alle Welt läuft ihm nach.

12–19 ‖ Mt 21,1–9; Mk 11,1–10; Lk 19,28–38 • 13: Ps 118,25f • 15: Jes 40,9; Sach 9,9.

Die letzte öffentliche Rede Jesu –
Die Stunde der Entscheidung: 12,20–36

20 Auch einige Griechen waren anwesend –
sie gehörten zu den Pilgern, die beim Fest
Gott anbeten wollten. 21 Sie traten an Philip-
pus heran, der aus Betsaida in Galiläa
stammte, und sagten zu ihm: Herr, wir
möchten Jesus sehen. 22 Philippus ging und
sagte es Andreas; Andreas und Philippus
gingen und sagten es Jesus. 23 Jesus aber ant-
wortete ihnen: Die Stunde ist gekommen,
dass der Menschensohn verherrlicht wird.
24 Amen, amen, ich sage euch: Wenn das Wei-
zenkorn nicht in die Erde fällt und stirbt,
bleibt es allein; wenn es aber stirbt, bringt es
reiche Frucht. 25 Wer an seinem Leben hängt,
verliert es; wer aber sein Leben in dieser
Welt gering achtet, wird es bewahren bis ins
ewige Leben. 26 Wenn einer mir dienen will,
folge er mir nach; und wo ich bin, dort wird
auch mein Diener sein. Wenn einer mir dient,
wird der Vater ihn ehren.
27 Jetzt ist meine Seele erschüttert. Was
soll ich sagen: Vater, rette mich aus dieser
Stunde? Aber deshalb bin ich in diese Stunde
gekommen. 28 Vater, verherrliche deinen Na-
men! Da kam eine Stimme vom Himmel: Ich
habe ihn schon verherrlicht und werde ihn
wieder verherrlichen. 29 Die Menge, die da-
beistand und das hörte, sagte: Es hat gedon-
nert. Andere sagten: Ein Engel hat zu ihm
geredet. 30 Jesus antwortete und sagte: Nicht
mir galt diese Stimme, sondern euch. 31 Jetzt
wird Gericht gehalten über diese Welt; jetzt
wird der Herrscher dieser Welt hinausge-
worfen werden. 32 Und ich, wenn ich über die
Erde erhöht bin, werde alle zu mir ziehen.
33 Das sagte er, um anzudeuten, auf welche
Weise er sterben werde. 34 Die Menge jedoch
hielt ihm entgegen: Wir haben aus dem Ge-
setz gehört, dass der Messias bis in Ewigkeit
bleiben wird. Wie kannst du sagen, der Men-
schensohn müsse erhöht werden? Wer ist
dieser Menschensohn? 35 Da sagte Jesus zu
ihnen: Nur noch kurze Zeit ist das Licht bei
euch. Geht euren Weg, solange ihr das Licht
habt, damit euch nicht die Finsternis über-
rascht. Wer in der Finsternis geht, weiß
nicht, wohin er gerät. 36 Solange ihr das
Licht bei euch habt, glaubt an das Licht, da-
mit ihr Söhne des Lichts werdet. Dies sagte
Jesus. Und er ging fort und verbarg sich vor
ihnen.

21: 1,44 • 23: 7,30; 8,20; 13,1; 17,1 • 25: Mt 10,39; 16,25; Mk 8,35; Lk 9,24; 17,33 • 27: Mt 26,36–46; Mk 14,32–42; Lk 22,40–46 • 28: 17,1 • 31: 16,11 • 32: 3,14; 8,28 • 34: Jes 9,6; Ez 37,25; Ps 89,37; Lk 1,33.

Jesu Urteil über den Unglauben der Juden:
12,37–43

37 Obwohl Jesus so viele Zeichen vor ihren
Augen getan hatte, glaubten sie nicht an ihn.
38 So sollte sich das Wort erfüllen, das der
Prophet Jesaja gesprochen hat: *Herr, wer hat*
unserer Botschaft geglaubt? Und der Arm
des Herrn – wem wurde seine Macht *offen-*
bar? 39 Denn sie konnten nicht glauben, weil
Jesaja an einer anderen Stelle gesagt hat:
40 *Er hat ihre Augen blind gemacht und ihr*
Herz hart, damit sie mit ihren Augen nicht
sehen und mit ihrem Herzen nicht zur Ein-
sicht kommen, damit sie sich nicht bekehren
und ich sie nicht heile. 41 Das sagte Jesaja,
weil er Jesu Herrlichkeit gesehen hatte; über
ihn nämlich hat er gesprochen. 42 Dennoch
kamen sogar von den führenden Männern
viele zum Glauben an ihn; aber wegen der

12,20 »Griechen« sind hier Nichtjuden, die für den jüdischen Gottesglauben gewonnen worden waren und teilweise die mosaischen Verpflichtungen erfüllten (»Gottesfürchtige«).

12,31 »Der Herrscher dieser Welt« (14,30; 16,11) ist der Widersacher Gottes und der Gegenspieler Christi; durch den Tod Jesu wird seine Macht vernichtet.

12,32 Hinweis auf die Erhöhung Jesu am Kreuz (V. 33) und zugleich auf seine Erhöhung im himmlischen Bereich.

12,38 Dieses Zitat aus Jesaja wird im Neuen Testament auf die christliche Verkündigung bezogen; vgl. Röm 10,16.

weintraube

nicht nur das not-wendige
nicht nur wasser zum überleben
nicht nur brot zum nicht verhungern

süße trauben
schmackhaft
edler wein
anregend
lebensgenuss

findet sich im garten des lebens
schenkt uns die welt gottes

Sie kommen und jubeln auf Zions Höhe,
sie strahlen vor Freude
über die Gaben des Herrn,
über Korn, Wein und Öl,
über Lämmer und Rinder.
Sie werden wie ein bewässerter Garten sein
und nie mehr verschmachten.

Jeremia 31,12

Foto: Peter Friebe, Germering

Pharisäer bekannten sie es nicht offen, um nicht aus der Synagoge ausgestoßen zu werden. [43] Denn sie liebten das Ansehen bei den Menschen mehr als das Ansehen bei Gott.

38: Jes 53,1 G • 40: Jes 6,9f; Mt 13,13; Mk 4,12; Lk 8,10 • 41: Jes 6,1–4 • 42: 3,1; 7,50f; 9,22; 16,2; 19,38f.

Aufforderung zur Entscheidung zwischen Glauben und Unglauben: 12,44–50

[44] Jesus aber rief aus: Wer an mich glaubt, glaubt nicht an mich, sondern an den, der mich gesandt hat, [45] und wer mich sieht, sieht den, der mich gesandt hat. [46] Ich bin das Licht, das in die Welt gekommen ist, damit jeder, der an mich glaubt, nicht in der Finsternis bleibt. [47] Wer meine Worte nur hört und sie nicht befolgt, den richte nicht ich; denn ich bin nicht gekommen, um die Welt zu richten, sondern um sie zu retten. [48] Wer mich verachtet und meine Worte nicht annimmt, der hat schon seinen Richter: Das Wort, das ich gesprochen habe, wird ihn richten am Letzten Tag. [49] Denn was ich gesagt habe, habe ich nicht aus mir selbst, sondern der Vater, der mich gesandt hat, hat mir aufgetragen, was ich sagen und reden soll. [50] Und ich weiß, dass sein Auftrag ewiges Leben ist. Was ich also sage, sage ich so, wie es mir der Vater gesagt hat.

44f: 5,36; 6,57; 11,42; 17,8.21.23.25 • 46: 1,9; 8,12; 9,5 • 47: 3,17 • 50: 3,17; 17,3; Dtn 32,47f.

DER ABSCHIED JESU VON SEINEN JÜNGERN: 13,1 – 17,26

Das Abschiedsmahl: 13,1–14,31

Die Fußwaschung: 13,1–20

13 Es war vor dem Paschafest. Jesus wusste, dass seine Stunde gekommen war, um aus dieser Welt zum Vater hinüberzugehen. Da er die Seinen, die in der Welt waren, liebte, erwies er ihnen seine Liebe bis zur Vollendung. [2] Es fand ein Mahl statt, und der Teufel hatte Judas, dem Sohn des Simon Iskariot, schon ins Herz gegeben, ihn zu verraten und auszuliefern. [3] Jesus, der wusste, dass ihm der Vater alles in die Hand gegeben hatte und dass er von Gott gekommen war und zu Gott zurückkehrte, [4] stand vom Mahl auf, legte sein Gewand ab und umgürtete sich mit einem Leinentuch. [5] Dann goss er Wasser in eine Schüssel und begann, den Jüngern die Füße zu waschen und mit dem Leinentuch abzutrocknen, mit dem er umgürtet war. [6] Als er zu Simon Petrus kam, sagte dieser zu ihm: Du, Herr, willst mir die Füße waschen? [7] Jesus antwortete ihm: Was ich tue, verstehst du jetzt noch nicht; doch später wirst du es begreifen. [8] Petrus entgegnete ihm: Niemals sollst du mir die Füße waschen! Jesus erwiderte ihm: Wenn ich dich nicht wasche, hast du keinen Anteil an mir. [9] Da sagte Simon Petrus zu ihm: Herr, dann nicht nur meine Füße, sondern auch die Hände und das Haupt. [10] Jesus sagte zu ihm: Wer vom Bad kommt, ist ganz rein und braucht sich nur noch die Füße zu waschen. Auch ihr seid rein, aber nicht alle. [11] Er wusste nämlich, wer ihn verraten würde; darum sagte er: Ihr seid nicht alle rein.

[12] Als er ihnen die Füße gewaschen, sein Gewand wieder angelegt und Platz genommen hatte, sagte er zu ihnen: Begreift ihr, was ich an euch getan habe? [13] Ihr sagt zu mir Meister und Herr und ihr nennt mich mit Recht so; denn ich bin es. [14] Wenn nun ich, der Herr und Meister, euch die Füße gewaschen habe, dann müsst auch ihr einander die Füße waschen. [15] Ich habe euch ein Beispiel gegeben, damit auch ihr so handelt, wie ich an euch gehandelt habe. [16] Amen, amen, ich sage euch: Der Sklave ist nicht größer als sein Herr und der Abgesandte ist nicht größer als der, der ihn gesandt hat. [17] Selig seid ihr, wenn ihr das wisst und danach handelt.

12,46 »In der Finsternis bleiben« heißt: unter dem Zorn Gottes bleiben (vgl. 3,36).

13,1 bis zur Vollendung: Der Ausdruck im griechischen Text kann sowohl »bis zuletzt« als auch »bis zum äußersten« bedeuten.

13,2 In Judas ist die Macht des Satans am Werk (vgl. 6,70f; 13,27).

13,5 Jemandem die Füße zu waschen, gehörte zu den Aufgaben der Sklaven.

13,10 Nach anderen Textzeugen: Wer gebadet ist, braucht sich nicht zu waschen, sondern ist ganz rein. – Bei der kürzeren Lesart meint »gebadet« in einem übertragenen Sinn: Wer durch die Fußwaschung Jesu in das dadurch versinnbildete Kreuzesgeschehen hineingenommen ist (wie die Jünger), bedarf keiner Reinigung mehr, sondern ist ganz rein. Bei der längeren Lesart oben im Text (»außer die Füße«) ist vielleicht an die Taufe gedacht.

18 Ich sage das nicht von euch allen. Ich weiß wohl, welche ich erwählt habe, aber das Schriftwort muss sich erfüllen: *Einer, der mein Brot aß, hat mich hintergangen.* 19 Ich sage es euch schon jetzt, ehe es geschieht, damit ihr, wenn es geschehen ist, glaubt: Ich bin es. 20 Amen, amen, ich sage euch: Wer einen aufnimmt, den ich sende, nimmt mich auf; wer aber mich aufnimmt, nimmt den auf, der mich gesandt hat.

1: 7,30; 8,20; 12,23 • 2: Mt 26,14–16; Mk 14,10f; Lk 22,3–6 • 14: Mt 20,28; Mk 10,45; Lk 22,26f • 16: Mt 10,24; Lk 6,40 • 18: Ps 41,10; Mt 26,21; Mk 14,18; Lk 22,21 • 20: Mt 10,40; Lk 10,16.

Jesu Hinweis auf den Verräter: 13,21–30

21 Nach diesen Worten war Jesus im Innersten erschüttert und bekräftigte: Amen, amen, das sage ich euch: Einer von euch wird mich verraten. 22 Die Jünger blickten sich ratlos an, weil sie nicht wussten, wen er meinte. 23 Einer von den Jüngern lag an der Seite Jesu; es war der, den Jesus liebte. 24 Simon Petrus nickte ihm zu, er solle fragen, von wem Jesus spreche. 25 Da lehnte sich dieser zurück an die Brust Jesu und fragte ihn: Herr, wer ist es? 26 Jesus antwortete: Der ist es, dem ich den Bissen Brot, den ich eintauche, geben werde. Dann tauchte er das Brot ein, nahm es und gab es Judas, dem Sohn des Simon Iskariot. 27 Als Judas den Bissen Brot genommen hatte, fuhr der Satan in ihn. Jesus sagte zu ihm: Was du tun willst, das tu bald! 28 Aber keiner der Anwesenden verstand, warum er ihm das sagte. 29 Weil Judas die Kasse hatte, meinten einige, Jesus wolle ihm sagen: Kaufe, was wir zum Fest brauchen!, oder Jesus trage ihm auf, den Armen etwas zu geben. 30 Als Judas den Bissen Brot genommen hatte, ging er sofort hinaus. Es war aber Nacht.

21–30 ‖ Mt 26,21–25; Mk 14,18–21; Lk 22,21–23 • 23: 19,26f; 20,3–10; 21,7.20–24 • 27: Lk 22,3.

Das neue Gebot: 13,31–35

31 Als Judas hinausgegangen war, sagte Jesus: Jetzt ist der Menschensohn verherrlicht und Gott ist in ihm verherrlicht. 32 Wenn Gott in ihm verherrlicht ist, wird auch Gott ihn in sich verherrlichen, und er wird ihn bald verherrlichen. 33 Meine Kinder, ich bin nur noch kurze Zeit bei euch. Ihr werdet mich suchen, und was ich den Juden gesagt habe, sage ich jetzt auch euch: Wohin ich gehe, dorthin könnt ihr nicht gelangen. 34 Ein neues Gebot gebe ich euch: Liebt einander! Wie ich euch geliebt habe, so sollt auch ihr einander lieben. 35 Daran werden alle erkennen, dass ihr meine Jünger seid: wenn ihr einander liebt.

31: 7,39; 12,16.23.28; 17,1.4f • 33: 7,33; 8,21 • 34: 1 Joh 2,7–11; 4,7–21.

Jesu Wort an Petrus: 13,36–38

36 Simon Petrus sagte zu ihm: Herr, wohin willst du gehen? Jesus antwortete: Wohin ich gehe, dorthin kannst du mir jetzt nicht folgen. Du wirst mir aber später folgen. 37 Petrus sagte zu ihm: Herr, warum kann ich dir jetzt nicht folgen? Mein Leben will ich für dich hingeben. 38 Jesus entgegnete: Du willst für mich dein Leben hingeben? Amen, amen, das sage ich dir: Noch bevor der Hahn kräht, wirst du mich dreimal verleugnen.

36: 21,18f • 37–38 ‖ Mt 26,33–35; Mk 14,29–31; Lk 22,31–34.

Das Gespräch über den Weg zum Vater: 14,1–14

14 Euer Herz lasse sich nicht verwirren. Glaubt an Gott und glaubt an mich! 2 Im Haus meines Vaters gibt es viele Wohnungen. Wenn es nicht so wäre, hätte ich euch dann gesagt: Ich gehe, um einen Platz für euch vorzubereiten? 3 Wenn ich gegangen bin und einen Platz für euch vorbereitet habe, komme ich wieder und werde euch zu mir holen, damit auch ihr dort seid, wo ich bin. 4 Und wohin ich gehe – den Weg dorthin kennt ihr. 5 Thomas sagte zu ihm: Herr, wir wissen nicht, wohin du gehst. Wie sollen wir dann den Weg kennen? 6 Jesus sagte zu ihm: Ich bin der Weg und die Wahrheit und das Leben; niemand kommt zum Vater außer durch mich. 7 Wenn ihr mich erkannt habt, werdet ihr auch meinen Vater erkennen. Schon jetzt kennt ihr ihn und habt ihn gesehen. 8 Philippus sagte zu ihm: Herr, zeig uns

---

13,18 Wörtlich: Einer . . . hat gegen mich seine Ferse erhoben.

13,26–30 Es handelt sich hier nicht um die Eucharistie, sondern um einen Bissen der Vorkost.

13,31 Jetzt: die Stunde, in der Jesus durch den Tod am Kreuz verherrlicht wird; diese Stunde wird durch den Weggang des Verräters eingeleitet.

13,34 Das »neue« Gebot, die Bruderliebe nach dem Vorbild der Liebe Jesu bis zum Tod, überbietet das alttestamentliche Gesetz (vgl. Lev 19,18). Die Erfüllung dieses Gebots wird zum kennzeichnenden Merkmal der Jünger Jesu.

13,36 Verhüllter Hinweis auf den Tod des Petrus (21,18f).

14,7 Nach anderen Textzeugen: Wenn ihr mich erkannt hättet, würdet ihr auch meinen Vater erkennen.

den Vater; das genügt uns. 9 Jesus antwortete
ihm: Schon so lange bin ich bei euch und du
hast mich nicht erkannt, Philippus? Wer
mich gesehen hat, hat den Vater gesehen.
Wie kannst du sagen: Zeig uns den Vater?
10 Glaubst du nicht, dass ich im Vater bin und
dass der Vater in mir ist? Die Worte, die ich zu
euch sage, habe ich nicht aus mir selbst. Der
Vater, der in mir bleibt, vollbringt seine
Werke. 11 Glaubt mir doch, dass ich im Vater
bin und dass der Vater in mir ist; wenn nicht,
glaubt wenigstens aufgrund der Werke!
12 Amen, amen, ich sage euch: Wer an mich
glaubt, wird die Werke, die ich vollbringe,
auch vollbringen und er wird noch größere
vollbringen, denn ich gehe zum Vater. 13 Alles, um was ihr in meinem Namen bittet,
werde ich tun, damit der Vater im Sohn verherrlicht wird. 14 Wenn ihr mich um etwas in
meinem Namen bittet, werde ich es tun.

2: 12,26; 13,33; 1 Thess 4,16f; 2 Kor 5,1 • 5: 11,16; 20,24 • 6: Mt 11,27; Lk 10,22 • 9: 17,21 • 11: 10,38 • 13–14: 15,7.16; 16,24f; Mt 7,7–11; Mk 11,24; Lk 11,9–13.

Trostworte an die Jünger: 14,15–31

15 Wenn ihr mich liebt, werdet ihr meine
Gebote halten. 16 Und ich werde den Vater
bitten und er wird euch einen anderen Beistand geben, der für immer bei euch bleiben
soll. 17 Es ist der Geist der Wahrheit, den die
Welt nicht empfangen kann, weil sie ihn
nicht sieht und nicht kennt. Ihr aber kennt
ihn, weil er bei euch bleibt und in euch sein
wird. 18 Ich werde euch nicht als Waisen zurücklassen, sondern ich komme wieder zu
euch. 19 Nur noch kurze Zeit, und die Welt
sieht mich nicht mehr; ihr aber seht mich,
weil ich lebe und weil auch ihr leben werdet.
20 An jenem Tag werdet ihr erkennen: Ich bin
in meinem Vater, ihr seid in mir und ich bin
in euch. 21 Wer meine Gebote hat und sie
hält, der ist es, der mich liebt; wer mich aber
liebt, wird von meinem Vater geliebt werden
und auch ich werde ihn lieben und mich ihm
offenbaren. 22 Judas – nicht der Judas Iskariot – fragte ihn: Herr, warum willst du dich
nur uns offenbaren und nicht der Welt? 23 Jesus antwortete ihm: Wenn jemand mich
liebt, wird er an meinem Wort festhalten;
mein Vater wird ihn lieben und wir werden
zu ihm kommen und bei ihm wohnen. 24 Wer
mich nicht liebt, hält an meinen Worten
nicht fest. Und das Wort, das ihr hört,
stammt nicht von mir, sondern vom Vater,
der mich gesandt hat.

25 Das habe ich zu euch gesagt, während
ich noch bei euch bin. 26 Der Beistand aber,
der Heilige Geist, den der Vater in meinem
Namen senden wird, der wird euch alles lehren und euch an alles erinnern, was ich euch
gesagt habe. 27 Frieden hinterlasse ich euch,
meinen Frieden gebe ich euch; nicht einen
Frieden, wie die Welt ihn gibt, gebe ich euch.
Euer Herz beunruhige sich nicht und verzage
nicht. 28 Ihr habt gehört, dass ich zu euch
sagte: Ich gehe fort und komme wieder zu
euch zurück. Wenn ihr mich lieb hättet, würdet ihr euch freuen, dass ich zum Vater gehe;
denn der Vater ist größer als ich. 29 Jetzt
schon habe ich es euch gesagt, bevor es geschieht, damit ihr, wenn es geschieht, zum
Glauben kommt. 30 Ich werde nicht mehr viel
zu euch sagen; denn es kommt der Herrscher
der Welt. Über mich hat er keine Macht,
31 aber die Welt soll erkennen, dass ich den
Vater liebe und so handle, wie es mir der Vater aufgetragen hat. Steht auf, wir wollen
weggehen von hier.

16: 14,26; 15,26; 16,7–14 • 17: 20,22 • 20: 10,38 • 23–24: 1 Joh 3,23f • 26: 14,16; 15,26; 16,7–14 • 27: 20,19.21 • 30–31: 12,31; Mk 14,41f; Lk 4,6.13; 22,3.31.40.46.

Weitere Reden Jesu zu seinen Jüngern: 15,1–16,33

Die Bildrede vom Fruchtbringen: 15,1–17

15 Ich bin der wahre Weinstock und
mein Vater ist der Winzer. 2 Jede
Rebe an mir, die keine Frucht bringt, schneidet er ab und jede Rebe, die Frucht bringt,
reinigt er, damit sie mehr Frucht bringt. 3 Ihr
seid schon rein durch das Wort, das ich zu
euch gesagt habe. 4 Bleibt in mir, dann bleibe

14,16 Der »Beistand« (14,26; 15,26; 16,7–14) ist der Heilige Geist, der als Person vom Vater und vom Sohn unterschieden wird.

14,22 Judas, nach Lk 6,16 und Apg 1,13 »der (Sohn) des Jakobus«. In Mk 3,18 und Mt 10,3 steht statt dessen Thaddäus.

14,26 Der »Beistand« wird vom Vater nach dem Weggang Jesu gesandt; er wird bei den Jüngern die Stelle Jesu einnehmen.

14,27 »Frieden« ist das Heil (Jes 52,7; Ez 37,26), das Jesus nach seiner Auferstehung den Jüngern für die folgende Zeit gibt und das die »Welt« nicht geben kann.

14,28 größer als ich: weil vom Vater alles ausgeht und zum Ziel geführt wird, auch die Sendung des Sohnes und seine Verherrlichung.

14,30 »Herrscher der Welt« (vgl. 12,31) ist der Satan, der sich der Menschen als Werkzeuge bedient.

15,1 Joh 14,31 wird erst 18,1 wieder aufgenommen. Zunächst werden die Abschiedsreden in Kap. 15 und 16 fortgesetzt und durch das Abschiedsgebet des Herrn in Kap. 17 abgeschlossen.

ich in euch. Wie die Rebe aus sich keine
Frucht bringen kann, sondern nur, wenn sie
am Weinstock bleibt, so könnt auch ihr keine
Frucht bringen, wenn ihr nicht in mir bleibt.
5 Ich bin der Weinstock, ihr seid die Reben.
Wer in mir bleibt und in wem ich bleibe, der
bringt reiche Frucht; denn getrennt von mir
könnt ihr nichts vollbringen. 6 Wer nicht in
mir bleibt, wird wie die Rebe weggeworfen
und er verdorrt. Man sammelt die Reben,
wirft sie ins Feuer und sie verbrennen.
7 Wenn ihr in mir bleibt und wenn meine
Worte in euch bleiben, dann bittet um alles,
was ihr wollt: Ihr werdet es erhalten. 8 Mein
Vater wird dadurch verherrlicht, dass ihr
reiche Frucht bringt und meine Jünger wer-
det.

9 Wie mich der Vater geliebt hat, so habe
auch ich euch geliebt. Bleibt in meiner Lie-
be! 10 Wenn ihr meine Gebote haltet, werdet
ihr in meiner Liebe bleiben, so wie ich die
Gebote meines Vaters gehalten habe und in
seiner Liebe bleibe. 11 Dies habe ich euch ge-
sagt, damit meine Freude in euch ist und da-
mit eure Freude vollkommen wird. 12 Das ist
mein Gebot: Liebt einander, so wie ich euch
geliebt habe. 13 Es gibt keine größere Liebe,
als wenn einer sein Leben für seine Freunde
hingibt. 14 Ihr seid meine Freunde, wenn ihr
tut, was ich euch auftrage. 15 Ich nenne euch
nicht mehr Knechte; denn der Knecht weiß
nicht, was sein Herr tut. Vielmehr habe ich
euch Freunde genannt; denn ich habe euch
alles mitgeteilt, was ich von meinem Vater
gehört habe. 16 Nicht ihr habt mich erwählt,
sondern ich habe euch erwählt und dazu be-
stimmt, dass ihr euch aufmacht und Frucht
bringt und dass eure Frucht bleibt. Dann
wird euch der Vater alles geben, um was ihr
ihn in meinem Namen bittet. 17 Dies trage ich
euch auf: Liebt einander!

1f: Jes 5,1; Jer 2,21; Ps 80,9–18; Sir 24,17 • 3: 13,10 • 6: Ez 15,2–6 • 7: 14,13; 15,16; Mt 7,7–11; Mk 11,24; Lk 11,9–13 • 9: 1 Joh 3,16; 4,7–9.19 • 11: 16,22–24; 17,13 • 12: 13,34 • 13: 1 Joh 3,16 • 15: 17,26 • 16: 13,18.

Der Hass der Welt gegen die Jünger:
15,18 – 16,4a

18 Wenn die Welt euch hasst, dann wisst,
dass sie mich schon vor euch gehasst hat.
19 Wenn ihr von der Welt stammen würdet,
würde die Welt euch als ihr Eigentum lieben.
Aber weil ihr nicht von der Welt stammt,
sondern weil ich euch aus der Welt erwählt
habe, darum hasst euch die Welt. 20 Denkt an
das Wort, das ich euch gesagt habe: Der
Sklave ist nicht größer als sein Herr. Wenn
sie mich verfolgt haben, werden sie auch
euch verfolgen; wenn sie an meinem Wort
festgehalten haben, werden sie auch an eu-
rem Wort festhalten. 21 Das alles werden sie
euch um meines Namens willen antun; denn
sie kennen den nicht, der mich gesandt hat.
22 Wenn ich nicht gekommen wäre und nicht
zu ihnen gesprochen hätte, wären sie ohne
Sünde; jetzt aber haben sie keine Entschul-
digung für ihre Sünde. 23 Wer mich hasst,
hasst auch meinen Vater. 24 Wenn ich bei ih-
nen nicht die Werke vollbracht hätte, die
kein anderer vollbracht hat, wären sie ohne
Sünde. Jetzt aber haben sie (die Werke) gese-
hen und doch hassen sie mich und meinen
Vater. 25 Aber das Wort sollte sich erfüllen,
das in ihrem Gesetz steht: *Ohne Grund ha-
ben sie mich gehasst.* 26 Wenn aber der Bei-
stand kommt, den ich euch vom Vater aus
senden werde, der Geist der Wahrheit, der
vom Vater ausgeht, dann wird er Zeugnis für
mich ablegen. 27 Und auch ihr sollt Zeugnis
ablegen, weil ihr von Anfang an bei mir seid.

16 Das habe ich euch gesagt, damit ihr
keinen Anstoß nehmt. 2 Sie werden
euch aus der Synagoge ausstoßen, ja es
kommt die Stunde, in der jeder, der euch tö-
tet, meint, Gott einen heiligen Dienst zu leis-
ten. 3 Das werden sie tun, weil sie weder den
Vater noch mich erkannt haben. 4a Ich habe
es euch gesagt, damit ihr, wenn deren Stunde
kommt, euch an meine Worte erinnert.

15,18: Mt 10,22; Mk 13,13; Lk 21,17 • 20: 13,16; Mt 10,24; Lk 6,40 • 24: 9,41 • 25: Ps 35,19; 69,5 • 26: 14,16.26; 16,7–14 • 27: Apg 1,8.21f; 5,32 • 16,2: 9,22; 12,42; Mt 10,17; Lk 21,12 • 4a: Lk 22,53.

Der Geist als Beistand und Lehrer:
16,4b–15

4b Das habe ich euch nicht gleich zu An-
fang gesagt; denn ich war ja bei euch. 5 Jetzt
aber gehe ich zu dem, der mich gesandt hat,
und keiner von euch fragt mich: Wohin gehst
du? 6 Vielmehr ist euer Herz von Trauer er-
füllt, weil ich euch das gesagt habe. 7 Doch
ich sage euch die Wahrheit: Es ist gut für
euch, dass ich fortgehe. Denn wenn ich nicht
fortgehe, wird der Beistand nicht zu euch
kommen; gehe ich aber, so werde ich ihn zu
euch senden. 8 Und wenn er kommt, wird er
die Welt überführen (und aufdecken), was
Sünde, Gerechtigkeit und Gericht ist; 9 Sün-
de: dass sie nicht an mich glauben; 10 Gerech-
tigkeit: dass ich zum Vater gehe und ihr mich
nicht mehr seht; 11 Gericht: dass der Herr-

15,26 Über die Sendung des Geistes durch den Vater in die Welt vgl. 14,16.26.

scher dieser Welt gerichtet ist. 12 Noch vieles habe ich euch zu sagen, aber ihr könnt es jetzt nicht tragen. 13 Wenn aber jener kommt, der Geist der Wahrheit, wird er euch in die ganze Wahrheit führen. Denn er wird nicht aus sich selbst heraus reden, sondern er wird sagen, was er hört, und euch verkünden, was kommen wird. 14 Er wird mich verherrlichen; denn er wird von dem, was mein ist, nehmen und es euch verkünden. 15 Alles, was der Vater hat, ist mein; darum habe ich gesagt: Er nimmt von dem, was mein ist, und wird es euch verkünden.

5: 13,36; 14,2f • 7: 14,16.26; 15,26 • 11: 12,31; 14,30 • 13: 20,22.

Der Schmerz der Trennung – Die Freude des Wiedersehens: 16,16–24

16 Noch kurze Zeit, dann seht ihr mich nicht mehr, und wieder eine kurze Zeit, dann werdet ihr mich sehen. 17 Da sagten einige von seinen Jüngern zueinander: Was meint er damit, wenn er zu uns sagt: Noch kurze Zeit, dann seht ihr mich nicht mehr, und wieder eine kurze Zeit, dann werdet ihr mich sehen? Und was bedeutet: Ich gehe zum Vater? 18 Sie sagten: Was heißt das: eine kurze Zeit? Wir wissen nicht, wovon er redet. 19 Jesus erkannte, dass sie ihn fragen wollten, und sagte zu ihnen: Ihr macht euch Gedanken darüber, dass ich euch gesagt habe: Noch kurze Zeit, dann seht ihr mich nicht mehr, und wieder eine kurze Zeit, dann werdet ihr mich sehen. 20 Amen, amen, ich sage euch: Ihr werdet weinen und klagen, aber die Welt wird sich freuen; ihr werdet bekümmert sein, aber euer Kummer wird sich in Freude verwandeln. 21 Wenn die Frau gebären soll, ist sie bekümmert, weil ihre Stunde da ist; aber wenn sie das Kind geboren hat, denkt sie nicht mehr an ihre Not über der Freude, dass ein Mensch zur Welt gekommen ist. 22 So seid auch ihr jetzt bekümmert, aber ich werde euch wiedersehen; dann wird euer Herz sich freuen und niemand nimmt euch eure Freude.

23 An jenem Tag werdet ihr mich nichts mehr fragen. Amen, amen, ich sage euch: Was ihr vom Vater erbitten werdet, das wird er euch in meinem Namen geben. 24 Bis jetzt habt ihr noch nichts in meinem Namen erbeten. Bittet und ihr werdet empfangen, damit eure Freude vollkommen ist.

22: 15,11; 17,13 • 23–24: 14,13; 15,16; Mt 7,7–11; Mk 11,24; Lk 11,9–13.

Bedrängnis und Friede: 16,25–33

25 Dies habe ich in verhüllter Rede zu euch gesagt; es kommt die Stunde, in der ich nicht mehr in verhüllter Rede zu euch spreche, sondern euch offen den Vater verkünden werde. 26 An jenem Tag werdet ihr in meinem Namen bitten und ich sage nicht, dass ich den Vater für euch bitten werde; 27 denn der Vater selbst liebt euch, weil ihr mich geliebt und weil ihr geglaubt habt, dass ich von Gott ausgegangen bin. 28 Vom Vater bin ich ausgegangen und in die Welt gekommen; ich verlasse die Welt wieder und gehe zum Vater.

29 Da sagten seine Jünger: Jetzt redest du offen und sprichst nicht mehr in Gleichnissen. 30 Jetzt wissen wir, dass du alles weißt und von niemand gefragt zu werden brauchst. Darum glauben wir, dass du von Gott gekommen bist. 31 Jesus erwiderte ihnen: Glaubt ihr jetzt? 32 Die Stunde kommt und sie ist schon da, in der ihr versprengt werdet, jeder in sein Haus, und mich werdet ihr allein lassen. Aber ich bin nicht allein, denn der Vater ist bei mir. 33 Dies habe ich zu euch gesagt, damit ihr in mir Frieden habt. In der Welt seid ihr in Bedrängnis; aber habt Mut: Ich habe die Welt besiegt.

30: 11,42; 17,8 • 32: Sach 13,7; Mt 26,31f; Mk 14,27.

Das Abschiedsgebet des Herrn: 17,1–26

Jesu Rechenschaft vor dem Vater: 17,1–8

17 Dies sagte Jesus. Und er erhob seine Augen zum Himmel und sprach: Vater, die Stunde ist da. Verherrliche deinen Sohn, damit der Sohn dich verherrlicht. 2 Denn du hast ihm Macht über alle Menschen gegeben, damit er allen, die du ihm ge-

16,13f »Der Geist der Wahrheit« hat die Fähigkeit, die Gemeinde in die ganze Wahrheit zu führen und ihr das, was auf sie zukommt, verständlich zu machen.
16,16 Verhüllte Ankündigung des Todes Jesu und seiner Auferstehung (s. 7,33; 14,19).
16,20 Es ist die Rede von der Trauer der Jünger über das Leiden und den Tod Jesu und von ihrer Freude über das Wiedersehen mit dem Auferstandenen (20,20).
16,21 Biblisches Bild (Jes 26,17f; 66,7f; Mi 4,9f; Mt 24,8; Mk 13,8) zur Bezeichnung des Wechsels von Angst und Schmerz zur Freude.
17,1–26 Dieser Abschnitt wird das »Hohepriesterliche Gebet« Jesu genannt.

geben hast, ewiges Leben schenkt. 3 Das ist
das ewige Leben: dich, den einzigen wahren
Gott, zu erkennen und Jesus Christus, den du
gesandt hast. 4 Ich habe dich auf der Erde
verherrlicht und das Werk zu Ende geführt,
das du mir aufgetragen hast. 5 Vater, ver-
herrliche du mich jetzt bei dir mit der Herr-
lichkeit, die ich bei dir hatte, bevor die Welt
war.
6 Ich habe deinen Namen den Menschen
offenbart, die du mir aus der Welt gegeben
hast. Sie gehörten dir und du hast sie mir ge-
geben, und sie haben an deinem Wort festge-
halten. 7 Sie haben jetzt erkannt, dass alles,
was du mir gegeben hast, von dir ist. 8 Denn
die Worte, die du mir gegeben hast, gab ich
ihnen und sie haben sie angenommen. Sie
haben wirklich erkannt, dass ich von dir
ausgegangen bin, und sie sind zu dem Glau-
ben gekommen, dass du mich gesandt hast.

1: 7,39; 8,54; 11,4; 12,16.23.28; 13,31f; 14,13; 15,8; 16,14 • 2: 3,15; 5,24; 6,40; 10,10.28 • 3: 1 Joh 5,20; 1 Kor 8,6 • 5: Joh 1,1f; 1 Joh 1,2; Phil 2,6; Hebr 1,3 • 6: 17,26 • 8: 5,36; 6,57; 11,42; 17,25.

Jesu Fürbitte für die Jünger: 17,9–19

9 Für sie bitte ich; nicht für die Welt bitte
ich, sondern für alle, die du mir gegeben
hast; denn sie gehören dir. 10 Alles, was mein
ist, ist dein, und was dein ist, ist mein; in ih-
nen bin ich verherrlicht. 11 Ich bin nicht
mehr in der Welt, aber sie sind in der Welt,
und ich gehe zu dir. Heiliger Vater, bewahre
sie in deinem Namen, den du mir gegeben
hast, damit sie eins sind wie wir. 12 Solange
ich bei ihnen war, bewahrte ich sie in deinem
Namen, den du mir gegeben hast. Und ich
habe sie behütet und keiner von ihnen ging
verloren, außer dem Sohn des Verderbens,
damit sich die Schrift erfüllt. 13 Aber jetzt
gehe ich zu dir. Doch dies rede ich noch in
der Welt, damit sie meine Freude in Fülle in
sich haben. 14 Ich habe ihnen dein Wort gege-
ben und die Welt hat sie gehasst, weil sie
nicht von der Welt sind, wie auch ich nicht
von der Welt bin. 15 Ich bitte nicht, dass du
sie aus der Welt nimmst, sondern dass du sie
vor dem Bösen bewahrst. 16 Sie sind nicht
von der Welt, wie auch ich nicht von der
Welt bin. 17 Heilige sie in der Wahrheit; dein
Wort ist Wahrheit. 18 Wie du mich in die Welt
gesandt hast, so habe auch ich sie in die Welt
gesandt. 19 Und ich heilige mich für sie, da-
mit auch sie in der Wahrheit geheiligt sind.

12: 10,28; Ps 41,10 • 13: 15,11; 16,22 • 14: 15,19 • 15: Mt 6,13; 1 Joh 2,13f.

Jesu Fürbitte für alle Glaubenden: 17,20–26

20 Aber ich bitte nicht nur für diese hier,
sondern auch für alle, die durch ihr Wort an
mich glauben. 21 Alle sollen eins sein: Wie du,
Vater, in mir bist und ich in dir bin, sollen
auch sie in uns sein, damit die Welt glaubt,
dass du mich gesandt hast. 22 Und ich habe
ihnen die Herrlichkeit gegeben, die du mir
gegeben hast; denn sie sollen eins sein, wie
wir eins sind, 23 ich in ihnen und du in mir.
So sollen sie vollendet sein in der Einheit,
damit die Welt erkennt, dass du mich ge-
sandt hast und die Meinen ebenso geliebt
hast wie mich. 24 Vater, ich will, dass alle, die
du mir gegeben hast, dort bei mir sind, wo
ich bin. Sie sollen meine Herrlichkeit sehen,
die du mir gegeben hast, weil du mich schon
geliebt hast vor der Erschaffung der Welt.
25 Gerechter Vater, die Welt hat dich nicht
erkannt, ich aber habe dich erkannt und sie
haben erkannt, dass du mich gesandt hast.
26 Ich habe ihnen deinen Namen bekannt ge-
macht und werde ihn bekannt machen, da-
mit die Liebe, mit der du mich geliebt hast,
in ihnen ist und damit ich in ihnen bin.

21: 10,30 • 24: 12,26; 14,3 • 26: 15,15.

DIE ERHÖHUNG JESU: 18,1 – 20,29

Das Leiden Jesu: 18,1–19,42

Die Verhaftung: 18,1–11

18 Nach diesen Worten ging Jesus mit
seinen Jüngern hinaus, auf die an-
dere Seite des Baches Kidron. Dort war ein
Garten; in den ging er mit seinen Jüngern
hinein. 2 Auch Judas, der Verräter, der ihn
auslieferte, kannte den Ort, weil Jesus dort
oft mit seinen Jüngern zusammengekommen
war. 3 Judas holte die Soldaten und die
Gerichtsdiener der Hohenpriester und der
Pharisäer und sie kamen dorthin mit Fa-

17,9 »Welt« meint die gottfeindliche, alles Heilige ablehnende Menschheit (1,10).
17,12 Der »Sohn des Verderbens« (2 Thess 2,3) ist Judas Iskariot (13,18.27.29).
17,23 Die Welt soll dadurch zum Glauben kommen, dass sie die Einheit und Einigkeit der Christen sieht.
18,1 – 19,42 Der Passionsbericht des vierten Evan-

ckeln, Laternen und Waffen. 4 Jesus, der al-
les wusste, was mit ihm geschehen sollte,
ging hinaus und fragte sie: Wen sucht ihr?
5 Sie antworteten ihm: Jesus von Nazaret. Er
sagte zu ihnen: Ich bin es. Auch Judas, der
Verräter, stand bei ihnen. 6 Als er zu ihnen
sagte: Ich bin es!, wichen sie zurück und
stürzten zu Boden. 7 Er fragte sie noch ein-
mal: Wen sucht ihr? Sie sagten: Jesus von
Nazaret. 8 Jesus antwortete: Ich habe euch
gesagt, dass ich es bin. Wenn ihr mich sucht,
dann lasst diese gehen! 9 So sollte sich das
Wort erfüllen, das er gesagt hatte: Ich habe
keinen von denen verloren, die du mir gege-
ben hast. 10 Simon Petrus aber, der ein
Schwert bei sich hatte, zog es, schlug nach
dem Diener des Hohenpriesters und hieb ihm
das rechte Ohr ab; der Diener hieß Malchus.
11 Da sagte Jesus zu Petrus: Steck das
Schwert in die Scheide! Der Kelch, den mir
der Vater gegeben hat – soll ich ihn nicht
trinken?

1–2 ‖ Mt 26,30–36; Mk 14,26–32; Lk 22,39 • 3–11 ‖ Mt 26,47–56; Mk 14,43–50; Lk 22,47–53 • 9: 6,39; 10,28; 17,12 • 11: 12,27; Mt 20,22.

Das Verhör vor Hannas und die Verleugnung durch Petrus: 18,12–27

12 Die Soldaten, ihre Befehlshaber und die
Gerichtsdiener der Juden nahmen Jesus fest,
fesselten ihn 13 und führten ihn zuerst zu
Hannas; er war nämlich der Schwiegervater
des Kajaphas, der in jenem Jahr Hoherpries-
ter war. 14 Kajaphas aber war es, der den Ju-
den den Rat gegeben hatte: Es ist besser, dass
ein einziger Mensch für das Volk stirbt.
15 Simon Petrus und ein anderer Jünger
folgten Jesus. Dieser Jünger war mit dem
Hohenpriester bekannt und ging mit Jesus in
den Hof des hohepriesterlichen Palastes.
16 Petrus aber blieb draußen am Tor stehen.
Da kam der andere Jünger, der Bekannte
des Hohenpriesters, heraus; er sprach mit
der Pförtnerin und führte Petrus hinein.
17 Da sagte die Pförtnerin zu Petrus: Bist du
nicht auch einer von den Jüngern dieses
Menschen? Er antwortete: Nein. 18 Die Die-
ner und die Knechte hatten sich ein Kohlen-
feuer angezündet und standen dabei, um sich
zu wärmen; denn es war kalt. Auch Petrus
stand bei ihnen und wärmte sich.
19 Der Hohepriester befragte Jesus über
seine Jünger und über seine Lehre. 20 Jesus
antwortete ihm: Ich habe offen vor aller Welt
gesprochen. Ich habe immer in der Synagoge
und im Tempel gelehrt, wo alle Juden zu-
sammenkommen. Nichts habe ich im Gehei-
men gesprochen. 21 Warum fragst du mich?
Frag doch die, die mich gehört haben, was
ich zu ihnen gesagt habe; sie wissen, was ich
geredet habe. 22 Auf diese Antwort hin
schlug einer von den Knechten, der dabei-
stand, Jesus ins Gesicht und sagte: Redest du
so mit dem Hohenpriester? 23 Jesus entgegne-
te ihm: Wenn es nicht recht war, was ich ge-
sagt habe, dann weise es nach; wenn es aber
recht war, warum schlägst du mich? 24 Da-
nach schickte ihn Hannas gefesselt zum Ho-
henpriester Kajaphas.
25 Simon Petrus aber stand (am Feuer) und
wärmte sich. Sie sagten zu ihm: Bist nicht
auch du einer von seinen Jüngern? Er leug-
nete und sagte: Nein. 26 Einer von den Die-
nern des Hohenpriesters, ein Verwandter
dessen, dem Petrus das Ohr abgehauen hatte,
sagte: Habe ich dich nicht im Garten bei ihm
gesehen? 27 Wieder leugnete Petrus und
gleich darauf krähte ein Hahn.

13: Lk 3,2; Apg 4,6 • 14: 11,50 • 15–27 ‖ Mt 26,58.69–75; Mk 14,54.66–72; Lk 22,54–62 • 19–24: Mt 26,63–65; 27,1; Mk 14,61–64; 15,1; Lk 22,66–71.

Das Verhör und die Verurteilung durch Pilatus: 18,28 – 19,16a

28 Von Kajaphas brachten sie Jesus zum
Prätorium; es war früh am Morgen. Sie
selbst gingen nicht in das Gebäude hinein,
um nicht unrein zu werden, sondern das Pa-
schalamm essen zu können. 29 Deshalb kam
Pilatus zu ihnen heraus und fragte: Welche
Anklage erhebt ihr gegen diesen Menschen?
30 Sie antworteten ihm: Wenn er kein Übel-
täter wäre, hätten wir ihn dir nicht ausgelie-
fert. 31 Pilatus sagte zu ihnen: Nehmt ihr ihn

gelisten zeigt die Eigenart der johanneischen Theologie. Johannes will im Leidensweg Jesu und seinem Tod am Kreuz die göttliche Hoheit und Würde, seine Erhöhung und Verherrlichung aufleuchten lassen. Die Überlieferungen der drei ersten Evangelien übernimmt er nur teilweise und ordnet sie bei seiner Darstellung der eigenen Absicht unter. Der Kidron ist der Bach im tiefen Taleinschnitt zwischen Jerusalem und dem östlich davon liegenden Ölberg.

18,3 Soldaten, wörtlich: die Abteilung (Kohorte). Damit wird sonst die römische Garnison, die in Jerusalem lag, bezeichnet.

18,13 Zu Hannas vgl. die Anmerkungen zu Mk 14,53–65 und zu Lk 3,1f.

18,15 ein anderer Jünger: vielleicht »der Jünger, den Jesus liebte« (13,23–26; 19,26f; 20,3–10; 21,7. 20 – 23.24).

18,24 Über den Prozess vor dem Gerichtshof der Juden sagt das Johannesevangelium weiter nichts.

18,28 Prätorium: der Amtssitz des römischen Statthalters (Prokurators), wahrscheinlich der Herodes-

doch und richtet ihn nach eurem Gesetz! Die
Juden antworteten ihm: Uns ist es nicht ge-
stattet, jemand hinzurichten. 32 So sollte sich
das Wort Jesu erfüllen, mit dem er angedeu-
tet hatte, auf welche Weise er sterben werde.
33 Pilatus ging wieder in das Prätorium hi-
nein, ließ Jesus rufen und fragte ihn: Bist du
der König der Juden? 34 Jesus antwortete:
Sagst du das von dir aus, oder haben es dir
andere über mich gesagt? 35 Pilatus entgeg-
nete: Bin ich denn ein Jude? Dein eigenes
Volk und die Hohenpriester haben dich an
mich ausgeliefert. Was hast du getan? 36 Je-
sus antwortete: Mein Königtum ist nicht von
dieser Welt. Wenn es von dieser Welt wäre,
würden meine Leute kämpfen, damit ich den
Juden nicht ausgeliefert würde. Aber mein
Königtum ist nicht von hier. 37 Pilatus sagte
zu ihm: Also bist du doch ein König? Jesus
antwortete: Du sagst es, ich bin ein König.
Ich bin dazu geboren und dazu in die Welt
gekommen, dass ich für die Wahrheit Zeug-
nis ablege. Jeder, der aus der Wahrheit ist,
hört auf meine Stimme. 38 Pilatus sagte zu
ihm: Was ist Wahrheit?

Nachdem er das gesagt hatte, ging er wie-
der zu den Juden hinaus und sagte zu ihnen:
Ich finde keinen Grund, ihn zu verurteilen.
39 Ihr seid gewohnt, dass ich euch am Pa-
schafest einen Gefangenen freilasse. Wollt
ihr also, dass ich euch den König der Juden
freilasse? 40 Da schrien sie wieder: Nicht die-
sen, sondern Barabbas! Barabbas aber war
ein Straßenräuber.

19 Darauf ließ Pilatus Jesus geißeln.
2 Die Soldaten flochten einen Kranz
aus Dornen; den setzten sie ihm auf und leg-
ten ihm einen purpurroten Mantel um. 3 Sie
stellten sich vor ihn hin und sagten: Heil dir,
König der Juden! Und sie schlugen ihm ins
Gesicht. 4 Pilatus ging wieder hinaus und
sagte zu ihnen: Seht, ich bringe ihn zu euch
heraus; ihr sollt wissen, dass ich keinen
Grund finde, ihn zu verurteilen. 5 Jesus kam
heraus; er trug die Dornenkrone und den
purpurroten Mantel. Pilatus sagte zu ihnen:
Seht, da ist der Mensch! 6 Als die Hohen-
priester und ihre Diener ihn sahen, schrien
sie: Ans Kreuz mit ihm, ans Kreuz mit ihm!
Pilatus sagte zu ihnen: Nehmt ihr ihn und
kreuzigt ihn! Denn ich finde keinen Grund,
ihn zu verurteilen. 7 Die Juden entgegneten
ihm: Wir haben ein Gesetz, und nach diesem
Gesetz muss er sterben, weil er sich als Sohn
Gottes ausgegeben hat.

8 Als Pilatus das hörte, wurde er noch
ängstlicher. 9 Er ging wieder in das Präto-
rium hinein und fragte Jesus: Woher
stammst du? Jesus aber gab ihm keine Ant-
wort. 10 Da sagte Pilatus zu ihm: Du sprichst
nicht mit mir? Weißt du nicht, dass ich
Macht habe, dich freizulassen, und Macht,
dich zu kreuzigen? 11 Jesus antwortete: Du
hättest keine Macht über mich, wenn es dir
nicht von oben gegeben wäre; darum liegt
größere Schuld bei dem, der mich dir ausge-
liefert hat. 12 Daraufhin wollte Pilatus ihn
freilassen, aber die Juden schrien: Wenn du
ihn freilässt, bist du kein Freund des Kai-
sers; jeder, der sich als König ausgibt, lehnt
sich gegen den Kaiser auf. 13 Auf diese Worte
hin ließ Pilatus Jesus herausführen und er
setzte sich auf den Richterstuhl an dem
Platz, der Lithostrotos, auf Hebräisch Gab-
bata, heißt. 14 Es war am Rüsttag des Pascha-
festes, ungefähr um die sechste Stunde. Pila-
tus sagte zu den Juden: Da ist euer König!
15 Sie aber schrien: Weg mit ihm, kreuzige
ihn! Pilatus aber sagte zu ihnen: Euren Kö-
nig soll ich kreuzigen? Die Hohenpriester
antworteten: Wir haben keinen König außer
dem Kaiser. 16a Da lieferte er ihnen Jesus
aus, damit er gekreuzigt würde.

18,28–38a ‖ Mt 27,2.11–26; Mk 15,1–15; Lk 23,1–7.13–15 • 32: 3,14; 12,32f • 33: 12,13; 19,15.19–22 • 39–40: Mt 27,15–26; Mk 15,6–15; Lk 23,6–22 • 19,1–7 ‖ Mt 27,27–31; Mk 15,16–20 • 7: 5,18; 10,33–36; Lev 24,16 • 9: 7,28; 8,42 • 14: 19,31.42; Mt 26,17; Mk 14,12; Lk 22,7.

palast. Das Betreten eines heidnischen Hauses machte nach jüdischer Anschauung unrein (vgl. Apg 10,28; 11,1 und die Anmerkung zu Mt 8,5–10).

18,29 Zu Pilatus vgl. die Anmerkung zu Mt 27, 11–26.

18,31 Die Römer hatten das Recht über Leben und Tod dem Hohen Rat entzogen (vgl. die Anmerkung zu Mt 27,11–26).

18,40 Zu Barabbas vgl. die Anmerkung zu Mt 27,15–18.

19,1 Im Johannesevangelium wird die Geißelung nicht als Teil der Todesstrafe, sondern als selbständige Bestrafung von Pilatus verhängt. Danach sollte Jesus freigelassen werden. Vgl. die Anmerkung zu Mt 27,26.

19,2f Zur Verspottung Jesu vgl. die Anmerkung zu Mt 27,27–31.

19,11 »der mich dir ausgeliefert hat« meint die jüdischen Führer, besonders Kajaphas (11,51f; 18,14), und Judas Iskariot (6,71; 13,2.11.21; 18,2.5).

19,13 Der Lithóstrotos (»Steinpflaster«) war ein mit Steinplatten und Mosaik ausgelegter Platz, wahrscheinlich innerhalb des Herodespalastes. Gabbata bedeutet »Anhöhe, Erhebung«.

19,14 Vgl. die Anmerkung zu Mk 14,1.

Die Hinrichtung Jesu: 19,16b–30

16b Sie übernahmen Jesus. 17 Er trug sein
Kreuz und ging hinaus zur sogenannten
Schädelhöhe, die auf Hebräisch Golgota
heißt. 18 Dort kreuzigten sie ihn und mit ihm
zwei andere, auf jeder Seite einen, in der
Mitte Jesus. 19 Pilatus ließ auch ein Schild
anfertigen und oben am Kreuz befestigen;
die Inschrift lautete: Jesus von Nazaret, der
König der Juden. 20 Dieses Schild lasen viele
Juden, weil der Platz, wo Jesus gekreuzigt
wurde, nahe bei der Stadt lag. Die Inschrift
war hebräisch, lateinisch und griechisch ab-
gefasst. 21 Die Hohenpriester der Juden sag-
ten zu Pilatus: Schreib nicht: Der König der
Juden, sondern dass er gesagt hat: Ich bin
der König der Juden. 22 Pilatus antwortete:
Was ich geschrieben habe, habe ich geschrie-
ben.

23 Nachdem die Soldaten Jesus ans Kreuz
geschlagen hatten, nahmen sie seine Kleider
und machten vier Teile daraus, für jeden
Soldaten einen. Sie nahmen auch sein Unter-
gewand, das von oben her ganz durchgewebt
und ohne Naht war. 24 Sie sagten zueinander:
Wir wollen es nicht zerteilen, sondern darum
losen, wem es gehören soll. So sollte sich das
Schriftwort erfüllen: *Sie verteilten meine
Kleider unter sich und warfen das Los um
mein Gewand.* Dies führten die Soldaten
aus.

25 Bei dem Kreuz Jesu standen seine Mut-
ter und die Schwester seiner Mutter, Maria,
die Frau des Klopas, und Maria von Magda-
la. 26 Als Jesus seine Mutter sah und bei ihr
den Jünger, den er liebte, sagte er zu seiner
Mutter: Frau, siehe, dein Sohn! 27 Dann sagte
er zu dem Jünger: Siehe, deine Mutter! Und
von jener Stunde an nahm sie der Jünger zu
sich.

28 Danach, als Jesus wusste, dass nun alles
vollbracht war, sagte er, damit sich die
Schrift erfüllte: Mich dürstet. 29 Ein Gefäß
mit Essig stand da. Sie steckten einen
Schwamm mit Essig auf einen Ysopzweig
und hielten ihn an seinen Mund. 30 Als Jesus
von dem Essig genommen hatte, sprach er:
Es ist vollbracht! Und er neigte das Haupt
und gab seinen Geist auf.

16b–22 ‖ Mt 27,31.33.37–38; Mk 15,20.22.25–27; Lk 23,33.38 • 20: Hebr 13,12 • 23–24 ‖ Mt 27,35; Mk 15,24; Lk 23,34 • 24: Ps 22,19 • 25–27 ‖ Mt 27,55f; Mk 15,40f; Lk 23,49 • 28–30 ‖ Mt 27,48–50; Mk 15,36f; Lk 23,44–49 • 28f: Ps 22,16; 69,22.

Die Bestattung des Leichnams:
19,31–42

31 Weil Rüsttag war und die Körper wäh-
rend des Sabbats nicht am Kreuz bleiben
sollten, baten die Juden Pilatus, man möge
den Gekreuzigten die Beine zerschlagen und
ihre Leichen dann abnehmen; denn dieser
Sabbat war ein großer Feiertag. 32 Also ka-
men die Soldaten und zerschlugen dem ers-
ten die Beine, dann dem andern, der mit ihm
gekreuzigt worden war. 33 Als sie aber zu Je-
sus kamen und sahen, dass er schon tot war,
zerschlugen sie ihm die Beine nicht, 34 son-
dern einer der Soldaten stieß mit der Lanze
in seine Seite, und sogleich floß Blut und
Wasser heraus. 35 Und der, der es gesehen
hat, hat es bezeugt, und sein Zeugnis ist
wahr. Und er weiß, dass er Wahres berichtet,
damit auch ihr glaubt. 36 Denn das ist gesche-
hen, damit sich das Schriftwort erfüllte: *Man
soll an ihm kein Gebein zerbrechen.* 37 Und
ein anderes Schriftwort sagt: *Sie werden auf
den blicken, den sie durchbohrt haben.*

38 Josef aus Arimathäa war ein Jünger
Jesu, aber aus Furcht vor den Juden nur
heimlich. Er bat Pilatus, den Leichnam Jesu
abnehmen zu dürfen, und Pilatus erlaubte
es. Also kam er und nahm den Leichnam ab.
39 Es kam auch Nikodemus, der früher ein-
mal Jesus bei Nacht aufgesucht hatte. Er
brachte eine Mischung aus Myrrhe und Aloe,
etwa hundert Pfund. 40 Sie nahmen den
Leichnam Jesu und umwickelten ihn mit
Leinenbinden, zusammen mit den wohlrie-
chenden Salben, wie es beim jüdischen Be-
gräbnis Sitte ist. 41 An dem Ort, wo man ihn
gekreuzigt hatte, war ein Garten, und in dem

19,19 Zum Schild und der Inschrift vgl. die Anmerkung zu Mt 27,37.

19,23 Zur Kreuzigung vgl. die Anmerkung zu Mt 27,26. – Das Untergewand war ein langes Gewand, das unmittelbar auf dem Körper getragen wurde. Zur Verteilung der Kleider vgl. die Anmerkung zu Mt 27,35.

19,29 Essig: saurer Wein oder mit Wasser verdünnter Essig, ein beliebtes Erfrischungsgetränk (vgl. die Anmerkung zu Mt 27,34). – Der Ysop ist eine kleinbuschige Pflanze, deren Zweige man besonders zum Besprengen benutzte.

19,30 gab seinen Geist auf, wörtlich: er übergab den Geist (das pneuma). – Geist (pneuma) ist hier wie Joh 11,33; 13,21 als das Lebensprinzip, die Lebenskraft, die Seele Jesu zu verstehen. Das Verb »übergeben« zeigt an, dass das Sterben Jesu einen Akt der Hingabe Jesu an den Willen des Vaters darstellt. – Zur Todesstunde Jesu vgl. die Anmerkung zu Mt 27,45.

19,31 Die Beine werden zerschlagen, um den Tod der Gekreuzigten sofort herbeizuführen.

19,35 »Der es gesehen hat« ist »der Jünger, den Jesus liebte« (vgl. V. 26).

19,38 Zur Abnahme des Leichnams Jesu vgl. die Anmerkung zu Mk 15,43–45.

19,39 Hundert Pfund sind etwa 32 Kilogramm.

Garten war ein neues Grab, in dem noch nie-
mand bestattet worden war. 42 Wegen des
Rüsttages der Juden und weil das Grab in
der Nähe lag, setzten sie Jesus dort bei.

31: Ex 12,16; Dtn 21,23 • 35: 21,24 • 36: Ex 12,46; Ps 34,21 • 37: Sach 12,10 • 38–42 ‖ Mt 27,57–60; Mk 15,42–46; Lk 23,50–54 • 39: 3,1–12; 7,50f • 40: 11,44.

Osterberichte: 20,1–31

Die Entdeckung des leeren Grabes: 20,1–10

20 Am ersten Tag der Woche kam Maria
von Magdala frühmorgens, als es
noch dunkel war, zum Grab und sah, dass
der Stein vom Grab weggenommen war. 2 Da
lief sie schnell zu Simon Petrus und dem
Jünger, den Jesus liebte, und sagte zu ihnen:
Man hat den Herrn aus dem Grab wegge-
nommen und wir wissen nicht, wohin man
ihn gelegt hat. 3 Da gingen Petrus und der
andere Jünger hinaus und kamen zum Grab;
4 sie liefen beide zusammen dorthin, aber
weil der andere Jünger schneller war als Pet-
rus, kam er als erster ans Grab. 5 Er beugte
sich vor und sah die Leinenbinden liegen,
ging aber nicht hinein. 6 Da kam auch Simon
Petrus, der ihm gefolgt war, und ging in das
Grab hinein. Er sah die Leinenbinden liegen
7 und das Schweißtuch, das auf dem Kopf
Jesu gelegen hatte; es lag aber nicht bei den
Leinenbinden, sondern zusammengebunden
daneben an einer besonderen Stelle. 8 Da
ging auch der andere Jünger, der zuerst an
das Grab gekommen war, hinein; er sah und
glaubte. 9 Denn sie wussten noch nicht aus
der Schrift, dass er von den Toten auferste-
hen musste. 10 Dann kehrten die Jünger wie-
der nach Hause zurück.

1–10 ‖ Mt 28,1–8; Mk 16,1–8; Lk 24,1–11 • 2: 13,23; 19,26 • 5–6: 19,40 • 8–9: 2,22; Ps 16,8–11; Lk 24,25–27.44–46 • 9: Apg 2,24–31; 13,32–37; 1 Kor 15,4.

Die Erscheinung Jesu vor Maria aus Magdala: 20,11–18

11 Maria aber stand draußen vor dem Grab
und weinte. Während sie weinte, beugte sie
sich in die Grabkammer hinein. 12 Da sah sie
zwei Engel in weißen Gewändern sitzen, den
einen dort, wo der Kopf, den anderen dort,
wo die Füße des Leichnams Jesu gelegen
hatten. 13 Die Engel sagten zu ihr: Frau,
warum weinst du? Sie antwortete ihnen:
Man hat meinen Herrn weggenommen und
ich weiß nicht, wohin man ihn gelegt hat.
14 Als sie das gesagt hatte, wandte sie sich um
und sah Jesus dastehen, wusste aber nicht,
dass es Jesus war. 15 Jesus sagte zu ihr: Frau,
warum weinst du? Wen suchst du? Sie mein-
te, es sei der Gärtner, und sagte zu ihm: Herr,
wenn du ihn weggebracht hast, sag mir, wo-
hin du ihn gelegt hast. Dann will ich ihn ho-
len. 16 Jesus sagte zu ihr: Maria! Da wandte
sie sich ihm zu und sagte auf Hebräisch zu
ihm: Rabbuni!, das heißt: Meister. 17 Jesus
sagte zu ihr: Halte mich nicht fest; denn ich
bin noch nicht zum Vater hinaufgegangen.
Geh aber zu meinen Brüdern und sag ihnen:
Ich gehe hinauf zu meinem Vater und zu eu-
rem Vater, zu meinem Gott und zu eurem
Gott. 18 Maria von Magdala ging zu den Jün-
gern und verkündete ihnen: Ich habe den
Herrn gesehen. Und sie richtete aus, was er
ihr gesagt hatte.

11–18 ‖ Mt 28,9f; Mk 16,9–11 • 16: Mk 10,51.

Die Beauftragung der Jünger: 20,19–23

19 Am Abend dieses ersten Tages der Wo-
che, als die Jünger aus Furcht vor den Juden
die Türen verschlossen hatten, kam Jesus,
trat in ihre Mitte und sagte zu ihnen: Friede
sei mit euch! 20 Nach diesen Worten zeigte er
ihnen seine Hände und seine Seite. Da freu-
ten sich die Jünger, dass sie den Herrn sahen.
21 Jesus sagte noch einmal zu ihnen: Friede
sei mit euch! Wie mich der Vater gesandt
hat, so sende ich euch. 22 Nachdem er das ge-
sagt hatte, hauchte er sie an und sprach zu
ihnen: Empfangt den Heiligen Geist! 23 Wem
ihr die Sünden vergebt, dem sind sie verge-
ben; wem ihr die Vergebung verweigert, dem
ist sie verweigert.

19–23 ‖ Mk 16,14–18; Lk 24,36–39 • 22: 14,17.26; 15,26 • 23: Mt 16,19.

Jesus und Thomas: 20,24–29

24 Thomas, genannt Didymus (Zwilling),
einer der Zwölf, war nicht bei ihnen, als Je-
sus kam. 25 Die anderen Jünger sagten zu
ihm: Wir haben den Herrn gesehen. Er ent-
gegnete ihnen: Wenn ich nicht die Male der
Nägel an seinen Händen sehe und wenn ich
meinen Finger nicht in die Male der Nägel

20,1 »Der erste Tag der Woche«, der Tag, an dem Jesus auferstanden ist, wurde zum christlichen Sonntag (»Tag des Herrn«; vgl. Offb 1,10).

20,16 Zu »Rabbuni« vgl. Anmerkung zu Mk 10,51.

20,17 »Halte mich nicht fest«: Maria hatte sich vermutlich Jesus zu Füßen geworfen und diese umfasst oder umfassen wollen (vgl. Mt 28,9).

und meine Hand nicht in seine Seite lege,
glaube ich nicht. 26 Acht Tage darauf waren
seine Jünger wieder versammelt und Thomas
war dabei. Die Türen waren verschlossen.
Da kam Jesus, trat in ihre Mitte und sagte:
Friede sei mit euch! 27 Dann sagte er zu
Thomas: Streck deinen Finger aus – hier sind
meine Hände! Streck deine Hand aus und leg
sie in meine Seite und sei nicht ungläubig,
sondern gläubig! 28 Thomas antwortete ihm:
Mein Herr und mein Gott! 29 Jesus sagte zu
ihm: Weil du mich gesehen hast, glaubst
du. Selig sind, die nicht sehen und doch
glauben.

24: 11,16; 14,5; 21,2.

DER EPILOG: 20,30–31

30 Noch viele andere Zeichen, die in diesem
Buch nicht aufgeschrieben sind, hat Jesus
vor den Augen seiner Jünger getan. 31 Diese
aber sind aufgeschrieben, damit ihr glaubt,
dass Jesus der Messias ist, der Sohn Gottes,
und damit ihr durch den Glauben das Leben
habt in seinem Namen.

NACHTRAG ZUM EVANGELIUM: 21,1–25

Die Erscheinung des Auferstandenen am See: 21,1–14

21 Danach offenbarte sich Jesus den
Jüngern noch einmal. Es war am See
von Tiberias und er offenbarte sich in fol-
gender Weise. 2 Simon Petrus, Thomas, ge-
nannt Didymus (Zwilling), Natanaël aus
Kana in Galiläa, die Söhne des Zebedäus
und zwei andere von seinen Jüngern waren
zusammen. 3 Simon Petrus sagte zu ihnen:
Ich gehe fischen. Sie sagten zu ihm: Wir
kommen auch mit. Sie gingen hinaus und
stiegen in das Boot. Aber in dieser Nacht fin-
gen sie nichts. 4 Als es schon Morgen wurde,
stand Jesus am Ufer. Doch die Jünger wuss-
ten nicht, dass es Jesus war. 5 Jesus sagte zu
ihnen: Meine Kinder, habt ihr nicht etwas zu
essen? Sie antworteten ihm: Nein. 6 Er aber
sagte zu ihnen: Werft das Netz auf der rech-
ten Seite des Bootes aus und ihr werdet et-
was fangen. Sie warfen das Netz aus und
konnten es nicht wieder einholen, so voller
Fische war es. 7 Da sagte der Jünger, den Je-
sus liebte, zu Petrus: Es ist der Herr! Als Si-
mon Petrus hörte, dass es der Herr sei, gürte-
te er sich das Obergewand um, weil er nackt
war, und sprang in den See. 8 Dann kamen
die anderen Jünger mit dem Boot – sie waren
nämlich nicht weit vom Land entfernt, nur
etwa zweihundert Ellen – und zogen das
Netz mit den Fischen hinter sich her. 9 Als sie
an Land gingen, sahen sie am Boden ein
Kohlenfeuer und darauf Fisch und Brot.
10 Jesus sagte zu ihnen: Bringt von den Fi-
schen, die ihr gerade gefangen habt. 11 Da
ging Simon Petrus und zog das Netz an
Land. Es war mit hundertdreiundfünfzig
großen Fischen gefüllt, und obwohl es so vie-
le waren, zerriss das Netz nicht. 12 Jesus sag-
te zu ihnen: Kommt her und esst! Keiner von
den Jüngern wagte ihn zu fragen: Wer bist
du? Denn sie wussten, dass es der Herr war.
13 Jesus trat heran, nahm das Brot und gab es
ihnen, ebenso den Fisch. 14 Dies war schon
das dritte Mal, dass Jesus sich den Jüngern
offenbarte, seit er von den Toten auferstan-
den war.

2: 11,16; 14,5; 20,24; 1,45f • 5: Lk 24,41 • 6: Lk 5,4–7 • 7: 13,23; 19,26f; 20,2 • 14: 20,19–23.26–29.

Das Wort des Auferstandenen an Petrus: 21,15–23

15 Als sie gegessen hatten, sagte Jesus zu
Simon Petrus: Simon, Sohn des Johannes,

20,30f Ursprünglich Schlusswort des Johannesevangeliums.

21,1–25 Das nachträglich hinzugefügte Kapitel stammt aus dem Schülerkreis des Evangelisten.

21,1 noch einmal: die dritte Erscheinung vor den Jüngern (vgl. 20,19–23.26–29).

21,8 Zweihundert Ellen: etwa 90 bis 100 Meter.

21,11 Die Zahl 153 hat vielleicht symbolische Bedeutung und bezeichnet die große Zahl der Gläubigen aus allen Völkern, die durch die Jünger gewonnen werden (vgl. Mt 4,19; Mk 1,17; Lk 5,10).

liebst du mich mehr als diese? Er antwortete
ihm: Ja, Herr, du weißt, dass ich dich liebe.
Jesus sagte zu ihm: Weide meine Lämmer!
16 Zum zweiten Mal fragte er ihn: Simon,
Sohn des Johannes, liebst du mich? Er ant-
wortete ihm: Ja, Herr, du weißt, dass ich dich
liebe. Jesus sagte zu ihm: Weide meine Scha-
fe! 17 Zum dritten Mal fragte er ihn: Simon,
Sohn des Johannes, liebst du mich? Da wur-
de Petrus traurig, weil Jesus ihn zum dritten
Mal gefragt hatte: Hast du mich lieb? Er gab
ihm zu Antwort: Herr, du weißt alles; du
weißt, dass ich dich lieb habe. Jesus sagte zu
ihm: Weide meine Schafe! 18 Amen, amen,
das sage ich dir: Als du noch jung warst, hast
du dich selbst gegürtet und konntest gehen,
wohin du wolltest. Wenn du aber alt gewor-
den bist, wirst du deine Hände ausstrecken
und ein anderer wird dich gürten und dich
führen, wohin du nicht willst. 19 Das sagte
Jesus, um anzudeuten, durch welchen Tod er
Gott verherrlichen würde. Nach diesen Wor-
ten sagte er zu ihm: Folge mir nach!
20 Petrus wandte sich um und sah, wie der
Jünger, den Jesus liebte, (diesem) folgte. Es
war der Jünger, der sich bei jenem Mahl an
die Brust Jesu gelehnt und ihn gefragt hatte:
Herr, wer ist es, der dich verraten wird?
21 Als Petrus diesen Jünger sah, fragte er Je-
sus: Herr, was wird denn mit ihm? 22 Jesus
antwortete ihm: Wenn ich will, dass er bis zu
meinem Kommen bleibt, was geht das dich
an? Du aber folge mir nach! 23 Da verbreitete
sich unter den Brüdern die Meinung: Jener
Jünger stirbt nicht. Doch Jesus hatte zu Pet-
rus nicht gesagt: Er stirbt nicht, sondern:
Wenn ich will, dass er bis zu meinem Kom-
men bleibt, was geht das dich an?

15: Mt 16,18; Lk 22,31f; 1 Petr 5,4 • 17: 13,36–38; 18,17.25–27 • 19: 11,22; Mt 8,22 • 20: 13,25 • 22: 21,19.

Schlussbemerkung der Herausgeber des Evangeliums: 21,24–25

24 Dieser Jünger ist es, der all das bezeugt
und der es aufgeschrieben hat; und wir wis-
sen, dass sein Zeugnis wahr ist. 25 Es gibt
aber noch vieles andere, was Jesus getan hat.
Wenn man alles aufschreiben wollte, so
könnte, wie ich glaube, die ganze Welt die
Bücher nicht fassen, die man schreiben
müsste.

24: 19,35.

Die Apostelgeschichte

Das Buch trägt in den griechischen Textausgaben seit dem 2. Jahrhundert den Titel »Taten der Apostel«. Es wird in ihm jedoch hauptsächlich von der Tätigkeit der Apostel Petrus und Johannes und von dem missionarischen Wirken des Paulus erzählt, darüber hinaus noch vor allem von Stephanus, Philippus, Barnabas und Jakobus. Als Verfasser gilt der altkirchlichen Tradition Lukas, dem auch das dritte Evangelium zugeschrieben wird (entstanden zwischen 80 und 90 n. Chr.), das er in Apg 1,1 sein »erstes Buch« nennt.

Den unmittelbaren Anlass zur Abfassung des Werkes kennen wir nicht mehr. Lukas berichtet über die Zeit nach Ostern: wie der »Missionsbefehl« Jesu (Lk 24,47; Apg 1,8) von Jerusalem aus »in ganz Judäa und Samarien und bis an die Grenzen der Erde« ausgeführt wurde, wobei »die Grenzen der Erde« mit Rom, der Hauptstadt des römischen Reiches, erreicht sind (28,16–31). Doch wird dabei nicht alles erzählt, sondern nur wichtige Episoden, Einzelereignisse (wie die Ausgießung des Geistes an Pfingsten, die »Bekehrung« des Paulus und das »Apostelkonzil«) werden erwähnt. Breiten Raum in der Schilderung nehmen die »Missionsreisen« ein. Die Apostelgeschichte ist deshalb keine »Geschichte der Urkirche«, sondern eine »Missionschronik«, die den Weg des Evangeliums von den Juden und Samaritern zu den Heiden zeigt. Diese Missionschronik weist drei Teile auf, die geographisch orientiert sind: die Kirche in Jerusalem (1,4 – 8,3), die Kirche in Judäa und Samarien (8,4 – 12,25), die Kirche unter den Völkern (13,1 – 28,31). Ihre »Mitte« bildet die Erzählung über das »Apostelkonzil« (Apg 15), auf dem die mit Paulus und Barnabas in Jerusalem versammelten Apostel und Ältesten die Entscheidung fällen, dass die Heidenchristen sich nicht der Beschneidung und den Weisungen des jüdischen Gesetzes zu unterwerfen haben.

Woher Lukas sein Wissen über das von ihm Erzählte hat, entzieht sich unserer Kenntnis. Es besteht jedoch kein Zweifel, dass er auf Überlieferungen zurückgreifen konnte; deren Umfang und Inhalt sind aber nur schwer zu bestimmen. Sicher ist jedenfalls, dass er die Briefe des Paulus bei der Abfassung der Apostelgeschichte nicht benutzt hat.

Was Lukas seinen Lesern theologisch sagen will, geht vor allem aus den Reden hervor, die in der Apostelgeschichte eine wichtige Rolle spielen: Jetzt ist die Zeit der Kirche und das ist für Lukas die Zeit des Heiligen Geistes, die die Zeit des Alten Bundes abgelöst hat und die Zeit Jesu in die Gegenwart verlängert. Der Heilige Geist lenkt das Leben der Kirche und die Wege der Missionare. Die »Naherwartung« der Wiederkunft Jesu tritt deshalb zurück; jedoch ist Lukas wie die Verfasser der übrigen Schriften des Neuen Testaments überzeugt, dass die Endzeit bereits angebrochen ist. Das Heil, das Christus gebracht hat, wird von den Missionaren nochmals den Juden angeboten, aber bald auch den Heiden. Mit der Ankunft des Paulus in Rom wird endgültig sichtbar, dass das Herz des jüdischen Volkes dem Evangelium gegenüber »verstockt« bleibt und das Heil den Heiden gesandt wird, »und sie werden es hören« (28,28; vgl. auch 13,46f; 18,6). So ist ein Hauptziel der »Geschichtsschreibung« des Lukas in der Apostelgeschichte, die allmähliche Loslösung der Kirche von Israel zu beschreiben. Am Ende stehen sich Kirche und Judentum als zwei voneinander getrennte Größen gegenüber.

DAS VORWORT: 1,1–3

1 Im ersten Buch, lieber Theophilus, habe ich über alles berichtet, was Jesus getan und gelehrt hat, 2 bis zu dem Tag, an dem er (in den Himmel) aufgenommen wurde. Vorher hat er durch den Heiligen Geist den Aposteln, die er sich erwählt hatte, Anweisungen gegeben. 3 Ihnen hat er nach seinem Leiden durch viele Beweise gezeigt, dass er lebt; vierzig Tage hindurch ist er ihnen erschienen und hat vom Reich Gottes gesprochen.

1: Lk 1,1–4 • 2: Lk 24,49; 1 Tim 3,16; Lk 24,44–48; Joh 20,22 • 3: 10,41; 13,31.

DIE KIRCHE IN JERUSALEM: 1,4 – 8,3

Letzte Anweisungen und Belehrungen des Auferstandenen: 1,4–8

4 Beim gemeinsamen Mahl gebot er ihnen: Geht nicht weg von Jerusalem, sondern wartet auf die Verheißung des Vaters, die ihr von mir vernommen habt. 5 Johannes hat mit Wasser getauft, ihr aber werdet schon in wenigen Tagen mit dem Heiligen Geist getauft. 6 Als sie nun beisammen waren, fragten sie ihn: Herr, stellst du in dieser Zeit das Reich für Israel wieder her? 7 Er sagte zu ihnen: Euch steht es nicht zu, Zeiten und Fristen zu erfahren, die der Vater in seiner Macht festgesetzt hat. 8 Aber ihr werdet die Kraft des Heiligen Geistes empfangen, der auf euch herabkommen wird; und ihr werdet meine Zeugen sein in Jerusalem und in ganz Judäa und Samarien und bis an die Grenzen der Erde.

4: Lk 24,49 • 5: 11,16; Mt 3,11 • 8: 2,1–13; 10,39; Mt 28,19; Mk 16,15; Lk 24,47f.

Die Himmelfahrt Jesu: 1,9–11

9 Als er das gesagt hatte, wurde er vor ihren Augen emporgehoben, und eine Wolke nahm ihn auf und entzog ihn ihren Blicken. 10 Während sie unverwandt ihm nach zum Himmel emporschauten, standen plötzlich zwei Männer in weißen Gewändern bei ihnen 11 und sagten: Ihr Männer von Galiläa, was steht ihr da und schaut zum Himmel empor? Dieser Jesus, der von euch ging und in den Himmel aufgenommen wurde, wird ebenso wiederkommen, wie ihr ihn habt zum Himmel hingehen sehen.

9: Mk 16,19; Lk 24,51; 1 Tim 3,16; 1 Petr 3,22 • 11: Offb 1,7.

Betende Gemeinde: 1,12–14

12 Dann kehrten sie vom Ölberg, der nur einen Sabbatweg von Jerusalem entfernt ist, nach Jerusalem zurück. 13 Als sie in die Stadt kamen, gingen sie in das Obergemach hinauf, wo sie nun ständig blieben: Petrus und Johannes, Jakobus und Andreas, Philippus und Thomas, Bartholomäus und Matthäus, Jakobus, der Sohn des Alphäus, und Simon, der Zelot, sowie Judas, der Sohn des Jakobus. 14 Sie alle verharrten dort einmütig im Gebet, zusammen mit den Frauen und mit Maria, der Mutter Jesu, und mit seinen Brüdern.

13: Lk 6,14–16 • 14: Lk 23,49.

Die Wahl des Matthias zum Apostel: 1,15–26

15 In diesen Tagen erhob sich Petrus im Kreis der Brüder – etwa hundertzwanzig waren zusammengekommen – und sagte: 16 Brüder! Es musste sich das Schriftwort erfüllen, das der Heilige Geist durch den Mund Davids im voraus über Judas gesprochen hat. Judas wurde zum Anführer derer, die Jesus gefangen nahmen. 17 Er wurde zu uns gezählt und hatte Anteil am gleichen Dienst.

1,1 Bei dem »ersten Buch« handelt es sich um das Lukasevangelium.
1,2 *Andere* Übersetzungsmöglichkeit: Vorher hat er den Aposteln, die er sich durch den Heiligen Geist erwählt hatte, Anweisungen gegeben.
1,4 Beim gemeinsamen Mahl, andere Übersetzungsmöglichkeit: Als sie beisammen waren.
1,12 Sabbatweg: etwa 1000 Meter – eine Wegstrecke, die man gehen durfte, ohne das Gebot der Sabbatruhe zu verletzen.
1,13f Die genannten Gruppen und Personen bilden den Kern der Urgemeinde. Mit den »Frauen« sind wohl jene gemeint, die nach Lk 8,2f; 23,49.55f zur Begleitung Jesu gehörten.
1,14 Vgl. die Anmerkung zu Mt 12,46f.

18 Mit dem Lohn für seine Untat kaufte er
sich ein Grundstück. Dann aber stürzte er
vornüber zu Boden, sein Leib barst ausei-
nander und alle Eingeweide fielen heraus.
19 Das wurde allen Einwohnern von Jerusa-
lem bekannt; deshalb nannten sie jenes
Grundstück in ihrer Sprache Hakeldamach,
das heißt Blutacker. 20 Denn es steht im Buch
der Psalmen: *Sein Gehöft soll veröden, nie-*
mand soll darin wohnen! und: Sein Amt soll
ein anderer erhalten! 21 Einer von den Män-
nern, die die ganze Zeit mit uns zusammen
waren, als Jesus, der Herr, bei uns ein und
aus ging, 22 angefangen von der Taufe durch
Johannes bis zu dem Tag, an dem er von uns
ging und (in den Himmel) aufgenommen
wurde, – einer von diesen muss nun zusam-
men mit uns Zeuge seiner Auferstehung sein.
23 Und sie stellten zwei Männer auf: Josef,
genannt Barsabbas, mit dem Beinamen Jus-
tus, und Matthias. 24 Dann beteten sie: Herr,
du kennst die Herzen aller; zeige, wen von
diesen beiden du erwählt hast, 25 diesen
Dienst und dieses Apostelamt zu überneh-
men. Denn Judas hat es verlassen und ist an
den Ort gegangen, der ihm bestimmt war.
26 Dann gaben sie ihnen Lose; das Los fiel auf
Matthias und er wurde den elf Aposteln zu-
gerechnet.

16: Lk 22,47 • 18: Mt 27,3–10 • 20: Ps 69,26; 109,8 • 21: Joh 15,27 • 24: 15,8 • 26: 1 Sam 14,41f; Spr 16,33.

Das Pfingstereignis: 2,1–13

2 Als der Pfingsttag gekommen war, be-
fanden sich alle am gleichen Ort. 2 Da
kam plötzlich vom Himmel her ein Brausen,
wie wenn ein heftiger Sturm daherfährt, und
erfüllte das ganze Haus, in dem sie waren.
3 Und es erschienen ihnen Zungen wie von
Feuer, die sich verteilten; auf jeden von ih-
nen ließ sich eine nieder. 4 Alle wurden mit
dem Heiligen Geist erfüllt und begannen, in
fremden Sprachen zu reden, wie es der Geist
ihnen eingab.
5 In Jerusalem aber wohnten Juden, from-
me Männer aus allen Völkern unter dem
Himmel. 6 Als sich das Getöse erhob, strömte
die Menge zusammen und war ganz bestürzt;
denn jeder hörte sie in seiner Sprache reden.
7 Sie gerieten außer sich vor Staunen und
sagten: Sind das nicht alles Galiläer, die hier
reden? 8 Wieso kann sie jeder von uns in sei-
ner Muttersprache hören: 9 Parther, Meder
und Elamiter, Bewohner von Mesopotamien,
Judäa und Kappadozien, von Pontus und der
Provinz Asien, 10 von Phrygien und Pamphy-
lien, von Ägypten und dem Gebiet Libyens
nach Zyrene hin, auch die Römer, die sich
hier aufhalten, 11 Juden und Proselyten, Kre-
ter und Araber, wir hören sie in unseren
Sprachen Gottes große Taten verkünden.
12 Alle gerieten außer sich und waren ratlos.
Die einen sagten zueinander: Was hat das zu
bedeuten? 13 Andere aber spotteten: Sie sind
vom süßen Wein betrunken.

1: 1,14; Lev 23,15–21 • 3: Lk 3,16 • 4: 4,31; 8,15.17; 10,44; 11,15; 15,8; 19,2.6 • 6: 2,11; 10,46; 19,6; Mk 16,17; 1 Kor 12,10.28.30; 14,1–39 • 12: 1 Kor 14,23.

Die Pfingstpredigt des Petrus: 2,14–36

14 Da trat Petrus auf, zusammen mit den
Elf; er erhob seine Stimme und begann zu re-
den: Ihr Juden und alle Bewohner von Jeru-
salem! Dies sollt ihr wissen, achtet auf meine
Worte! 15 Diese Männer sind nicht betrun-
ken, wie ihr meint; es ist ja erst die dritte
Stunde am Morgen; 16 sondern jetzt ge-
schieht, was durch den Propheten Joël ge-
sagt worden ist:
17 In den letzten Tagen *wird es geschehen, /*
so spricht Gott: / Ich werde von meinem
Geist ausgießen / über alles Fleisch. / Eure
Söhne und eure Töchter werden Propheten
sein, / eure jungen Männer werden Visionen
haben, / und eure Alten werden Träume ha-
ben.
18 *Auch über meine Knechte und Mägde /*
werde ich von meinem Geist ausgießen / in
jenen Tagen und sie werden Propheten
sein.
19 *Ich werde Wunder erscheinen lassen*
droben am Himmel / und Zeichen unten auf
der Erde: / Blut und Feuer und qualmenden
Rauch.
20 *Die Sonne wird sich in Finsternis ver-*
wandeln / und der Mond in Blut, / ehe der
Tag des Herrn kommt, / der große und herr-
liche Tag.
21 *Und es wird geschehen: / Jeder, der den*
Namen des Herrn anruft, / wird gerettet.
22 Israeliten, hört diese Worte: Jesus, den
Nazoräer, den Gott vor euch beglaubigt hat
durch machtvolle Taten, Wunder und Zei-
chen, die er durch ihn in eurer Mitte getan
hat, wie ihr selbst wisst – 23 ihn, der nach Got-
tes beschlossenem Willen und Vorauswissen

2,4 in fremden Sprachen, wörtlich: in anderen Zungen. – Gemeint ist hier ein Reden in anderen Sprachen, das aber zugleich geistgewirktes »Zungenreden« ist; es bestand wohl vor allem in Gebetsrufen; vgl. auch Apg 10,46; 19,6; 1 Kor 12,10; 14,5.

2,22 Zu Nazoräer vgl. die Anmerkung zu Mt 2,23.

2,23 Gesetzlose: Pilatus und die römischen Soldaten.

hingegeben wurde, habt ihr durch die Hand
von Gesetzlosen ans Kreuz geschlagen und
umgebracht. 24 Gott aber hat ihn von den
Wehen des Todes befreit und auferweckt;
denn es war unmöglich, dass er vom Tod
festgehalten wurde. 25 David nämlich sagt
über ihn:
Ich habe den Herrn beständig vor Augen. /
Er steht mir zur Rechten, ich wanke nicht.
26 *Darum freut sich mein Herz / und froh-*
lockt meine Zunge / und auch mein Leib
wird in sicherer Hoffnung ruhen;
27 *denn du gibst mich nicht der Unterwelt*
preis, / noch lässt du deinen Frommen die
Verwesung schauen.
28 *Du zeigst mir die Wege zum Leben, / du*
erfüllst mich mit Freude vor deinem Ange-
sicht.
29 Brüder, ich darf freimütig zu euch über
den Patriarchen David reden: Er starb und
wurde begraben und sein Grabmal ist bei
uns erhalten bis auf den heutigen Tag. 30 Da
er ein Prophet war und wusste, dass Gott
ihm den Eid geschworen hatte, einer von sei-
nen Nachkommen werde auf seinem Thron
sitzen, 31 sagte er vorausschauend über die
Auferstehung des Christus: *Er gibt ihn nicht*
der Unterwelt preis und sein Leib schaut die
Verwesung nicht. 32 Diesen Jesus hat Gott
auferweckt, dafür sind wir alle Zeugen.
33 Nachdem er durch die rechte Hand Gottes
erhöht worden war und vom Vater den ver-
heißenen Heiligen Geist empfangen hatte,
hat er ihn ausgegossen, wie ihr seht und hört.
34 David ist nicht zum Himmel aufgestiegen;
vielmehr sagt er selbst:
Es sprach der Herr zu meinem Herrn: /
Setze dich mir zur Rechten,
35 *und ich lege dir deine Feinde / als Sche-*
mel unter die Füße.
36 Mit Gewissheit erkenne also das ganze
Haus Israel: Gott hat ihn zum Herrn und
Messias gemacht, diesen Jesus, den ihr ge-
kreuzigt habt.

17: Joël 3,1–5 • 19: 5,12 • 21: Röm 10,13 • 22: 10,38; Lk 24,19 • 23: 1 Thess 2,15 • 25: Ps 16,8–11 G • 30: Ps 132,11; 2 Sam 7,12f • 31: 13,35; Ps 16,10 • 34: Ps 110,1.

Erste Bekehrungen: 2,37–42

37 Als sie das hörten, traf es sie mitten ins
Herz, und sie sagten zu Petrus und den übri-
gen Aposteln: Was sollen wir tun, Brüder?
38 Petrus antwortete ihnen: Kehrt um und
jeder von euch lasse sich auf den Namen
Jesu Christi taufen zur Vergebung seiner
Sünden; dann werdet ihr die Gabe des Heili-
gen Geistes empfangen. 39 Denn euch und
euren Kindern gilt die Verheißung und all
denen in der Ferne, die der Herr, unser Gott,
herbeirufen wird. 40 Mit noch vielen anderen
Worten beschwor und ermahnte er sie: Lasst
euch retten aus dieser verdorbenen Genera-
tion! 41 Die nun, die sein Wort annahmen,
ließen sich taufen. An diesem Tag wurden
(ihrer Gemeinschaft) etwa dreitausend Men-
schen hinzugefügt. 42 Sie hielten an der
Lehre der Apostel fest und an der Gemein-
schaft, am Brechen des Brotes und an den
Gebeten.

37: Lk 3,10 • 38: Lk 3,3 • 39: Jes 57,19; Eph 2,17 • 40: Dtn 32,5; Ps 78,8; Lk 9,41; Phil 2,15.

Das Leben der jungen Gemeinde: 2,43–47

43 Alle wurden von Furcht ergriffen; denn
durch die Apostel geschahen viele Wunder
und Zeichen. 44 Und alle, die gläubig gewor-
den waren, bildeten eine Gemeinschaft und
hatten alles gemeinsam. 45 Sie verkauften
Hab und Gut und gaben davon allen, jedem
so viel, wie er nötig hatte. 46 Tag für Tag ver-
harrten sie einmütig im Tempel, brachen in
ihren Häusern das Brot und hielten mitei-
nander Mahl in Freude und Einfalt des Her-
zens. 47 Sie lobten Gott und waren beim gan-
zen Volk beliebt. Und der Herr fügte täglich
ihrer Gemeinschaft die hinzu, die gerettet
werden sollten.

43: 5,12 • 44: 4,32–35 • 46: Lk 24,53.

Die Heilung des Gelähmten im Tempel: 3,1–10

3 Petrus und Johannes gingen um die
neunte Stunde zum Gebet in den Tem-
pel hinauf. 2 Da wurde ein Mann herbeige-
tragen, der von Geburt an gelähmt war. Man
setzte ihn täglich an das Tor des Tempels,
das man die Schöne Pforte nennt; dort sollte
er bei denen, die in den Tempel gingen, um
Almosen betteln. 3 Als er nun Petrus und Jo-
hannes in den Tempel gehen sah, bat er sie
um ein Almosen. 4 Petrus und Johannes
blickten ihn an und Petrus sagte: Sieh uns
an! 5 Da wandte er sich ihnen zu und erwar-
tete, etwas von ihnen zu bekommen. 6 Petrus
aber sagte: Silber und Gold besitze ich nicht.
Doch was ich habe, das gebe ich dir: Im Na-
men Jesu Christi, des Nazoräers, geh umher!
7 Und er fasste ihn an der rechten Hand und
richtete ihn auf. Sogleich kam Kraft in seine

2,42 Die Wendung »Brechen des Brotes« bezeichnet die urchristliche Eucharistiefeier, die zuerst noch mit einem »Liebesmahl« (einer Agápe) verbunden war; vgl. 20,7–12.

Füße und Gelenke; 8 er sprang auf, konnte
stehen und ging umher. Dann ging er mit ih-
nen in den Tempel, lief und sprang umher
und lobte Gott. 9 Alle Leute sahen ihn um-
hergehen und Gott loben. 10 Sie erkannten
ihn als den, der gewöhnlich an der Schönen
Pforte des Tempels saß und bettelte. Und sie
waren voll Verwunderung und Staunen über
das, was mit ihm geschehen war.

2–8: 14,8–10.

Die Rede des Petrus auf dem Tempelplatz:
3,11–26

11 Da er sich Petrus und Johannes an-
schloss, lief das ganze Volk bei ihnen in der
sogenannten Halle Salomos zusammen, au-
ßer sich vor Staunen. 12 Als Petrus das sah,
wandte er sich an das Volk: Israeliten, was
wundert ihr euch darüber? Was starrt ihr uns
an, als hätten wir aus eigener Kraft oder
Frömmigkeit bewirkt, dass dieser gehen
kann? 13 Der Gott Abrahams, Isaaks und Ja-
kobs, der Gott unserer Väter, hat seinen
Knecht Jesus verherrlicht, den ihr verraten
und vor Pilatus verleugnet habt, obwohl die-
ser entschieden hatte, ihn freizulassen. 14 Ihr
aber habt den Heiligen und Gerechten ver-
leugnet und die Freilassung eines Mörders
gefordert. 15 Den Urheber des Lebens habt
ihr getötet, aber Gott hat ihn von den Toten
auferweckt. Dafür sind wir Zeugen. 16 Und
weil er an seinen Namen geglaubt hat, hat
dieser Name den Mann hier, den ihr seht und
kennt, zu Kräften gebracht; der Glaube, der
durch ihn kommt, hat ihm vor euer aller Au-
gen die volle Gesundheit geschenkt. 17 Nun,
Brüder, ich weiß, ihr habt aus Unwissenheit
gehandelt, ebenso wie eure Führer. 18 Gott
aber hat auf diese Weise erfüllt, was er durch
den Mund aller Propheten im voraus verkün-
digt hat: dass sein Messias leiden werde.
19 Also kehrt um und tut Buße, damit eure
Sünden getilgt werden 20 und der Herr Zei-
ten des Aufatmens kommen lässt und Jesus
sendet als den für euch bestimmten Messias.
21 Ihn muss freilich der Himmel aufnehmen
bis zu den Zeiten der Wiederherstellung von
allem, die Gott von jeher durch den Mund
seiner heiligen Propheten verkündet hat.
22 Mose hat gesagt: *Einen Propheten wie
mich wird euch der Herr, euer Gott, aus eu-
ren Brüdern erwecken. Auf ihn sollt ihr hö-
ren in allem, was er zu euch sagt.* 23 *Jeder, der
auf jenen Propheten nicht hört, wird aus
dem Volk ausgemerzt werden.* 24 Und auch
alle Propheten von Samuel an und alle, die
später auftraten, haben diese Tage angekün-
digt. 25 Ihr seid die Söhne der Propheten und
des Bundes, den Gott mit euren Vätern
geschlossen hat, als er zu Abraham sagte:
*Durch deinen Nachkommen sollen alle Ge-
schlechter der Erde Segen erlangen.* 26 Für
euch zuerst hat Gott seinen Knecht erweckt
und gesandt, damit er euch segnet und jeden
von seiner Bosheit abbringt.

11: 5,12; Joh 10,23 • 13: Ex 3,6.15; Jes 52,13; Lk 23,19–25 • 15: 4,10; 5,31; Hebr 2,10 • 17: 13,27; Lk 23,34; Joh 16,3; 1 Tim 1,13 • 18: Lk 18,31 • 19: 2,38; Lk 3,3 • 20: Mt 19,28 • 21: Lk 21,27f • 22: Dtn 18,15.18; Apg 7,37; Joh 1,21; 6,14 • 23: Lev 23,29; Dtn 18,19 • 25: Gen 12,3; 18,18; 22,18; 28,4; Gal 3,8.

Petrus und Johannes vor dem Hohen Rat:
4,1–22

4 Während sie zum Volk redeten, traten
die Priester, der Tempelhauptmann und
die Sadduzäer zu ihnen. 2 Sie waren aufge-
bracht, weil die Apostel das Volk lehrten und
in Jesus die Auferstehung von den Toten ver-
kündeten. 3 Sie nahmen sie fest und hielten
sie bis zum nächsten Morgen in Haft. Es war
nämlich schon Abend. 4 Viele aber, die das
Wort gehört hatten, wurden gläubig; und die
Zahl der Männer stieg auf etwa fünftau-
send.

5 Am anderen Morgen versammelten sich
ihre Führer sowie die Ältesten und die
Schriftgelehrten in Jerusalem, 6 dazu Han-
nas, der Hohepriester, Kajaphas, Johannes,
Alexander und alle, die aus dem Geschlecht
der Hohenpriester stammten. 7 Sie stellten
die beiden in die Mitte und fragten sie: Mit
welcher Kraft oder in wessen Namen habt
ihr das getan? 8 Da sagte Petrus zu ihnen, er-
füllt vom Heiligen Geist: Ihr Führer des Vol-
kes und ihr Ältesten! 9 Wenn wir heute we-
gen einer guten Tat an einem kranken Men-
schen darüber vernommen werden, durch
wen er geheilt worden ist, 10 so sollt ihr alle
und das ganze Volk Israel wissen: im Namen
Jesu Christi, des Nazoräers, den ihr gekreu-
zigt habt und den Gott von den Toten aufer-
weckt hat. Durch ihn steht dieser Mann ge-
sund vor euch. 11 Er (Jesus) ist *der Stein, der
von euch Bauleuten verworfen wurde, der
aber zum Eckstein geworden ist.* 12 Und in
keinem anderen ist das Heil zu finden. Denn

3,14 Der »Mörder« ist Barabbas; vgl. auch Lk 23,19.25.
3,17 Die »Unwissenheit« der Juden besteht darin, dass sie Jesus nicht als Messias erkannten und anerkannten.
4,6 Hannas war von 6 bis 15 n. Chr., Kajaphas von 18 bis 37 n. Chr. Hoherpriester.

es ist uns Menschen kein anderer Name unter dem Himmel gegeben, durch den wir gerettet werden sollen.

13 Als sie den Freimut des Petrus und des Johannes sahen und merkten, dass es ungelehrte und einfache Leute waren, wunderten sie sich. Sie erkannten sie als Jünger Jesu, 14 sahen aber auch, dass der Geheilte bei ihnen stand; so konnten sie nichts dagegen sagen. 15 Sie befahlen ihnen, den Hohen Rat zu verlassen; dann berieten sie miteinander 16 und sagten: Was sollen wir mit diesen Leuten anfangen? Dass offensichtlich ein Wunder durch sie geschehen ist, ist allen Einwohnern von Jerusalem bekannt; wir können es nicht abstreiten. 17 Damit aber die Sache nicht weiter im Volk verbreitet wird, wollen wir ihnen bei Strafe verbieten, je wieder in diesem Namen zu irgendeinem Menschen zu sprechen. 18 Und sie riefen sie herein und verboten ihnen, jemals wieder im Namen Jesu zu predigen und zu lehren. 19 Doch Petrus und Johannes antworteten ihnen: Ob es vor Gott recht ist, mehr auf euch zu hören als auf Gott, das entscheidet selbst. 20 Wir können unmöglich schweigen über das, was wir gesehen und gehört haben. 21 Jene aber drohten ihnen noch mehr und ließen sie dann gehen; denn sie sahen keine Möglichkeit, sie zu bestrafen, mit Rücksicht auf das Volk, da alle Gott wegen des Geschehenen priesen. 22 Denn der Mann, an dem das Wunder der Heilung geschah, war über vierzig Jahre alt.

2: 23,8 • 6: Lk 3,2 • 7: Lk 20,2 • 11: Ps 118,22; Lk 20,17; Eph 2,20; 1 Petr 2,4–8 • 12: Mt 1,21; 1 Kor 3,11 • 17: 5,28 • 19: 5,29–32.

Gebet der Urgemeinde um Furchtlosigkeit: 4,23–31

23 Nach ihrer Freilassung gingen sie zu den Ihren und berichteten alles, was die Hohenpriester und die Ältesten zu ihnen gesagt hatten. 24 Als sie das hörten, erhoben sie einmütig ihre Stimme zu Gott und sprachen: *Herr, du hast den Himmel, die Erde und das Meer geschaffen und alles, was dazugehört;* 25 du hast durch den Mund unseres Vaters David, deines Knechtes, durch den Heiligen Geist gesagt:

Warum toben die Völker, / warum machen die Nationen vergebliche Pläne?

26 *Die Könige der Erde stehen auf / und die Herrscher haben sich verbündet / gegen den Herrn und seinen Gesalbten.*

27 Wahrhaftig, *verbündet haben sich* in dieser Stadt *gegen* deinen heiligen Knecht Jesus, *den du gesalbt hast,* Herodes und Pontius Pilatus mit den Heiden und den Stämmen Israels, 28 um alles auszuführen, was deine Hand und dein Wille im voraus bestimmt haben. 29 Doch jetzt, Herr, sieh auf ihre Drohungen und gib deinen Knechten die Kraft, mit allem Freimut dein Wort zu verkünden. 30 Streck deine Hand aus, damit Heilungen und Zeichen und Wunder geschehen durch den Namen deines heiligen Knechtes Jesus. 31 Als sie gebetet hatten, bebte der Ort, an dem sie versammelt waren, und alle wurden mit dem Heiligen Geist erfüllt und sie verkündeten freimütig das Wort Gottes.

24: Ps 146,6; Ex 20,11 • 25: Ps 2,1f • 27: Ps 2,2; Lk 23,12f • 31: 2,44f.

Die Gütergemeinschaft der Urgemeinde: 4,32–37

32 Die Gemeinde der Gläubigen war ein Herz und eine Seele. Keiner nannte etwas von dem, was er hatte, sein Eigentum, sondern sie hatten alles gemeinsam. 33 Mit großer Kraft legten die Apostel Zeugnis ab von der Auferstehung Jesu, des Herrn, und reiche Gnade ruhte auf ihnen allen. 34 Es gab auch keinen unter ihnen, der Not litt. Denn alle, die Grundstücke oder Häuser besaßen, verkauften ihren Besitz, brachten den Erlös 35 und legten ihn den Aposteln zu Füßen. Jedem wurde davon so viel zugeteilt, wie er nötig hatte. 36 Auch Josef, ein Levit aus Zypern, der von den Aposteln Barnabas, das heißt übersetzt Sohn des Trostes, genannt wurde, 37 verkaufte einen Acker, der ihm gehörte, brachte das Geld und legte es den Aposteln zu Füßen.

33: 2,22–24 • 34: Lk 12,33; Apg 2,44f • 36: 9,27; 11,22.30; 12,25; 13 – 15; 1 Kor 9,6; Gal 2,1.9.13; Kol 4,10.

Der Betrug des Hananias und der Saphira: 5,1–11

5 Ein Mann namens Hananias aber und seine Frau Saphira verkauften zusammen ein Grundstück, 2 und mit Einverständ-

---

4,27 Der hier erwähnte Herodes ist Herodes Antipas, ein Sohn Herodes' des Großen, der von 4 v. Chr. bis 39 n. Chr. Tetrarch von Galiläa und Peräa war (vgl. die Anmerkung zu Lk 3,1).

4,32–37 Die Gütergemeinschaft der Urgemeinde war freiwillig; sie brachte den Geist der Brüderlichkeit zum Ausdruck.

nis seiner Frau behielt er etwas von dem Er-
lös für sich. Er brachte nur einen Teil und
legte ihn den Aposteln zu Füßen. 3 Da sagte
Petrus: Hananias, warum hat der Satan dein
Herz erfüllt, dass du den Heiligen Geist be-
lügst und von dem Erlös des Grundstücks et-
was für dich behältst? 4 Hätte es nicht dein
Eigentum bleiben können und konntest du
nicht auch nach dem Verkauf frei über den
Erlös verfügen? Warum hast du in deinem
Herzen beschlossen, so etwas zu tun? Du hast
nicht Menschen belogen, sondern Gott. 5 Als
Hananias diese Worte hörte, stürzte er zu
Boden und starb. Und über alle, die es hör-
ten, kam große Furcht. 6 Die jungen Männer
standen auf, hüllten ihn ein, trugen ihn hi-
naus und begruben ihn.

7 Nach etwa drei Stunden kam seine Frau
herein, ohne zu wissen, was geschehen war.
8 Petrus fragte sie: Sag mir, habt ihr das
Grundstück für so viel verkauft? Sie antwor-
tete: Ja, für so viel. 9 Da sagte Petrus zu ihr:
Warum seid ihr übereingekommen, den
Geist des Herrn auf die Probe zu stellen? Sie-
he, die Füße derer, die deinen Mann begra-
ben haben, stehen vor der Tür; auch dich
wird man hinaustragen. 10 Im selben Augen-
blick brach sie vor seinen Füßen zusammen
und starb. Die jungen Männer kamen herein,
fanden sie tot, trugen sie hinaus und begru-
ben sie neben ihrem Mann. 11 Da kam große
Furcht über die ganze Gemeinde und über
alle, die davon hörten.

3: Lk 22,3; Joh 13,2.

Zeichen und Wunder der Apostel: 5,12–16

12 Durch die Hände der Apostel geschahen
viele Zeichen und Wunder im Volk. Alle ka-
men einmütig in der Halle Salomos zusam-
men. 13 Von den übrigen wagte niemand, sich
ihnen anzuschließen; aber das Volk schätzte
sie hoch. 14 Immer mehr wurden im Glauben
zum Herrn geführt, Scharen von Männern
und Frauen. 15 Selbst die Kranken trug man
auf die Straßen hinaus und legte sie auf Bet-
ten und Bahren, damit, wenn Petrus vorü-
berkam, wenigstens sein Schatten auf einen
von ihnen fiel. 16 Auch aus den Nachbarstäd-
ten Jerusalems strömten die Leute zusam-
men und brachten Kranke und von unreinen
Geistern Geplagte mit. Und alle wurden ge-
heilt.

12: 2,43; Röm 15,19; 2 Kor 12,12; Apg 3,11 • 15: 19,12; Mk 6,56 • 16: Lk 4,40f.

Verhaftung und Befreiung der Apostel: 5,17–21a

17 Da erhoben sich voll Eifersucht der Ho-
hepriester und alle, die auf seiner Seite stan-
den, nämlich die Gruppe der Sadduzäer.
18 Sie ließen die Apostel verhaften und in das
öffentliche Gefängnis werfen. 19 Ein Engel
des Herrn aber öffnete nachts die Gefängnis-
tore, führte sie heraus und sagte: 20 Geht, tre-
tet im Tempel auf und verkündet dem Volk
alle Worte dieses Lebens! 21a Sie gehorchten
und gingen bei Tagesanbruch in den Tempel
und lehrten.

17: 4,1–3 • 19: 12,7–10 • 20: 13,26.

Die Apostel vor dem Hohen Rat: 5,21b–42

21b Währenddessen kam der Hohepriester
mit seinen Begleitern. Sie riefen den Hohen
Rat und alle Ältesten der Söhne Israels zu-
sammen; man schickte Boten zum Gefäng-
nis, um die Apostel vorführen zu lassen.
22 Die Diener gingen, fanden sie aber nicht
im Gefängnis. Sie kehrten zurück und mel-
deten: 23 Wir fanden das Gefängnis sorgfältig
verschlossen und die Wachen vor den Toren
stehen; als wir aber öffneten, fanden wir nie-
mand darin. 24 Der Tempelhauptmann und
die Hohenpriester waren ratlos, als sie das
hörten, und wussten nicht, was nun werden
sollte. 25 Da kam jemand und meldete ihnen:
Die Männer, die ihr ins Gefängnis geworfen
habt, stehen im Tempel und lehren das Volk.
26 Da ging der Tempelhauptmann mit seinen
Leuten hin und holte sie, allerdings nicht mit
Gewalt; denn sie fürchteten, vom Volk ge-
steinigt zu werden. 27 Man führte sie herbei
und stellte sie vor den Hohen Rat. Der Hohe-
priester verhörte sie 28 und sagte: Wir haben
euch streng verboten, in diesem Namen zu
lehren; ihr aber habt Jerusalem mit eurer
Lehre erfüllt; ihr wollt das Blut dieses
Menschen über uns bringen. 29 Petrus und
die Apostel antworteten: Man muss Gott
mehr gehorchen als den Menschen. 30 Der
Gott unserer Väter hat Jesus auferweckt, den
ihr ans Holz gehängt und ermordet habt.
31 Ihn hat Gott als Herrscher und Retter an
seine rechte Seite erhoben, um Israel die
Umkehr und Vergebung der Sünden zu
schenken. 32 Zeugen dieser Ereignisse sind
wir und der Heilige Geist, den Gott allen
verliehen hat, die ihm gehorchen. 33 Als sie
das hörten, gerieten sie in Zorn und be-
schlossen, sie zu töten.

5,12 Die Halle Salomos befand sich an der Ostseite des Tempelplatzes (vgl. die Anmerkung zu Joh 10,23).

34 Da erhob sich im Hohen Rat ein Phari-
säer namens Gamaliël, ein beim ganzen Volk
angesehener Gesetzeslehrer; er ließ die
Apostel für kurze Zeit hinausführen. 35 Dann
sagte er: Israeliten, überlegt euch gut, was
ihr mit diesen Leuten tun wollt. 36 Vor eini-
ger Zeit nämlich trat Theudas auf und be-
hauptete, er sei etwas Besonderes. Ihm
schlossen sich etwa vierhundert Männer an.
Aber er wurde getötet und sein ganzer An-
hang wurde zerstreut und aufgerieben.
37 Nach ihm trat in den Tagen der Volkszäh-
lung Judas, der Galiläer, auf; er brachte viel
Volk hinter sich und verleitete es zum Auf-
ruhr. Auch er kam um und alle seine Anhän-
ger wurden zerstreut. 38 Darum rate ich euch
jetzt: Lasst von diesen Männern ab und gebt
sie frei; denn wenn dieses Vorhaben oder
dieses Werk von Menschen stammt, wird es
zerstört werden; 39 stammt es aber von Gott,
so könnt ihr sie nicht vernichten; sonst wer-
det ihr noch als Kämpfer gegen Gott daste-
hen. Sie stimmten ihm zu, 40 riefen die Apos-
tel herein und ließen sie auspeitschen; dann
verboten sie ihnen, im Namen Jesu zu predi-
gen, und ließen sie frei. 41 Sie aber gingen
weg vom Hohen Rat und freuten sich, dass
sie gewürdigt worden waren, für seinen Na-
men Schmach zu erleiden. 42 Und Tag für
Tag lehrten sie unermüdlich im Tempel und
in den Häusern und verkündeten das Evan-
gelium von Jesus, dem Christus.

26: Lk 20,19 • 28: Mt 27,25 • 29: 4,19 • 30: Dtn 21,22 G; Apg 2,23f • 31: 2,38 • 32: Lk 24,48; Joh 15,26f • 34: 22,3 • 37: Lk 2,2 • 40: 22,19; 4,17 • 41: Lk 6,22f; 1 Petr 4,13 • 42: 2,46; 5,20f.25; 8,35; 19,4f.

Die Wahl der Sieben: 6,1–7

6 In diesen Tagen, als die Zahl der Jünger
zunahm, begehrten die Hellenisten ge-
gen die Hebräer auf, weil ihre Witwen bei
der täglichen Versorgung übersehen wurden.
2 Da riefen die Zwölf die ganze Schar der
Jünger zusammen und erklärten: Es ist nicht
recht, dass wir das Wort Gottes vernachläs-
sigen und uns dem Dienst an den Tischen
widmen. 3 Brüder, wählt aus eurer Mitte sie-
ben Männer von gutem Ruf und voll Geist
und Weisheit; ihnen werden wir diese Aufga-
be übertragen. 4 Wir aber wollen beim Gebet
und beim Dienst am Wort bleiben. 5 Der Vor-
schlag fand den Beifall der ganzen Gemein-
de, und sie wählten Stephanus, einen Mann,
erfüllt vom Glauben und vom Heiligen Geist,
ferner Philippus und Prochorus, Nikanor
und Timon, Parmenas und Nikolaus, einen
Proselyten aus Antiochia. 6 Sie ließen sie vor
die Apostel hintreten und diese beteten und
legten ihnen die Hände auf. 7 Und das Wort
Gottes breitete sich aus und die Zahl der
Jünger in Jerusalem wurde immer größer;
auch eine große Anzahl von den Priestern
nahm gehorsam den Glauben an.

1: 4,34f • 3: 1 Tim 3,7f • 6: 13,3; 14,23; 1 Tim 4,14; 2 Tim 1,6 • 7: 19,20; 4,4.

Die Verhaftung des Stephanus: 6,8–15

8 Stephanus aber, voll Gnade und Kraft,
tat Wunder und große Zeichen unter dem
Volk. 9 Doch einige von der sogenannten Sy-
nagoge der Libertiner und Zyrenäer und
Alexandriner und Leute aus Zilizien und der
Provinz Asien erhoben sich, um mit Stepha-
nus zu streiten; 10 aber sie konnten der Weis-
heit und dem Geist, mit dem er sprach, nicht
widerstehen. 11 Da stifteten sie Männer zu
der Aussage an: Wir haben gehört, wie er ge-
gen Mose und Gott lästerte. 12 Sie hetzten das
Volk, die Ältesten und die Schriftgelehrten
auf, drangen auf ihn ein, packten ihn und
schleppten ihn vor den Hohen Rat. 13 Und sie
brachten falsche Zeugen bei, die sagten: Die-
ser Mensch hört nicht auf, gegen diesen hei-
ligen Ort und das Gesetz zu reden. 14 Wir ha-
ben ihn nämlich sagen hören: Dieser Jesus,
der Nazoräer, wird diesen Ort zerstören und
die Bräuche ändern, die uns Mose überliefert
hat. 15 Und als alle, die im Hohen Rat saßen,
auf ihn blickten, erschien ihnen sein Gesicht
wie das Gesicht eines Engels.

10: Lk 21,15 • 13: Mt 26,59; Mk 14,55 • 14: Mt 26,61; 27,40; Mk 14,58; 15,29; Joh 2,19.

5,34 Es handelt sich um Gamaliël den Älteren, den Lehrer des Apostels Paulus (vgl. 22,3).

5,36f Über Theudas, Judas den Galiläer und die Volkszählung (Zensus) berichtet genauer der zeitgenössische jüdische Geschichtsschreiber Flavius Josephus.

6,1–7 Die Sieben sind nicht »Diakone« im Sinn des späteren kirchlichen Amtes. Philippus wird in 21,8 als »Evangelist« bezeichnet.

6,1 Die »Hellenisten« sind griechisch sprechende, die »Hebräer« aramäisch sprechende Judenchristen.

6,5 Ein »Proselyt« ist ein Heide, der voll zum Judentum übergetreten ist. Davon unterschieden sind die »Gottesfürchtigen«, die sich dem Judentum in lockerer Form angeschlossen haben (vgl. 10,2; 11,18; 13,16.26; 16,14; 17,4.17; 18,7).

6,9 »Libertiner« bezeichnet hier freigelassene jüdische Sklaven.

Die Rede des Stephanus: 7,1–53

7 Der Hohepriester aber fragte: Ist das
wahr? 2 Stephanus antwortete: Brüder
und Väter, hört mich an! Der Gott der Herr-
lichkeit erschien unserem Vater Abraham,
als er in Mesopotamien lebte, ehe er sich in
Haran niederließ, 3 und sagte zu ihm: *Zieh*
weg aus deinem Land und aus deiner Ver-
wandtschaft und geh in das Land, das ich dir
zeigen werde. 4 Da zog er aus dem Land der
Chaldäer fort und ließ sich in Haran nieder.
Von dort ließ Gott ihn nach dem Tod seines
Vaters in dieses Land übersiedeln, in dem ihr
jetzt wohnt. 5 Er hat ihm darin kein Erbteil
gegeben, auch nicht einen Fußbreit, doch hat
er verheißen, *das Land ihm und seinen Nach-*
kommen zum Besitz *zu geben,* obwohl er kin-
derlos war. 6 So sprach Gott: *Seine Nach-*
kommen werden als Fremde in einem Land
wohnen, das ihnen nicht gehört; und man
wird sie zu Sklaven machen und sie vierhun-
dert Jahre lang hart behandeln. 7 *Aber auch*
über das Volk, dem sie als Sklaven dienen,
werde ich Gericht halten, sprach Gott, und
nachher werden sie ausziehen und mich an
diesem Ort verehren. 8 Und er gab ihm den
Bund der Beschneidung. So wurde Abraham
der Vater Isaaks und beschnitt ihn am ach-
ten Tag, ebenso Isaak den Jakob, und Jakob
die zwölf Patriarchen. 9 Die Patriarchen aber
waren eifersüchtig auf Josef und verkauften
ihn nach Ägypten; doch Gott war mit ihm.
10 Er rettete ihn aus allen seinen Nöten,
schenkte ihm Weisheit und die Gunst des
Pharao, des Königs von Ägypten, und *er be-*
stellte ihn zum Herrscher über Ägypten und
über sein ganzes Haus. 11 Es kam aber eine
Hungersnot über ganz Ägypten und Kanaan
und das Elend war groß. Auch unsere Väter
hatten keine Nahrung mehr. 12 Als Jakob
hörte, dass es in Ägypten Getreide gab,
schickte er unsere Väter ein erstes Mal dort-
hin. 13 Beim zweiten Mal gab Josef sich sei-
nen Brüdern zu erkennen und dem Pharao
wurde Josefs Herkunft bekannt. 14 Josef aber
ließ seinen Vater Jakob und seine ganze Fa-
milie holen: fünfundsiebzig Menschen. 15 So
zog Jakob nach Ägypten hinab; und er starb
und auch unsere Väter starben. 16 Man
brachte sie nach Sichem und bestattete sie in
dem Grab, das Abraham von den Söhnen
Hamors in Sichem für Silbergeld gekauft
hatte.

17 Als aber die Zeit der Verheißung heran-
kam, die Gott dem Abraham zugesagt hatte,
vermehrte sich das Volk und breitete sich in
Ägypten aus, 18 bis ein anderer über Ägypten
König wurde, der von Josef nichts wusste.
19 Er ging gegen unser Volk heimtückisch vor
und zwang unsere Väter, ihre Kinder auszu-
setzen; sie sollten nicht am Leben bleiben.
20 In dieser Zeit wurde Mose geboren und
Gott hatte Gefallen an ihm. Drei Monate
lang wurde er im Haus seines Vaters aufge-
zogen; 21 als er aber ausgesetzt wurde, nahm
ihn die Tochter des Pharao auf und erzog ihn
als ihren Sohn. 22 Und Mose wurde in aller
Weisheit der Ägypter ausgebildet und er war
mächtig in Wort und Tat. 23 Als er vierzig
Jahre alt war, reifte in ihm der Gedanke,
nach seinen Brüdern, den Söhnen Israels, zu
sehen. 24 Und als er sah, wie einem von ihnen
Unrecht geschah, kam er dem Unterdrück-
ten zu Hilfe und rächte ihn, indem er den
Ägypter erschlug. 25 Er dachte, seine Brüder
würden begreifen, dass Gott ihnen durch sei-
ne Hand Rettung bringen wolle; doch sie be-
griffen es nicht. 26 Am folgenden Tag kam er
dazu, wie sie sich stritten; er versuchte, sie
auszusöhnen und Frieden zu stiften, und
sagte: Männer, ihr seid doch Brüder. Warum
tut ihr einander Unrecht? 27 Der Mann aber,
der seinem Nächsten Unrecht getan hatte,
stieß ihn weg und sagte: *Wer hat dich zum*
Anführer und Schiedsrichter über uns be-
stellt? 28 *Willst du mich etwa umbringen, wie*
du gestern den Ägypter umgebracht hast?
29 Daraufhin floh Mose und hielt sich als
Fremder in Midian auf; dort wurden ihm
zwei Söhne geboren. 30 Als vierzig Jahre ver-
gangen waren, *erschien ihm in der Wüste*
beim Berg Sinai ein Engel im Feuer eines
brennenden Dornbusches. 31 Als Mose die
Erscheinung sah, wunderte er sich darüber.
Er ging näher hin, um sie genauer zu be-
trachten. Da ertönte die Stimme des Herrn:
32 *Ich bin der Gott deiner Väter, der Gott*
Abrahams, Isaaks und Jakobs. Mose begann
zu zittern und wagte nicht hinzusehen. 33 Da
sagte der Herr zu ihm: *Zieh deine Schuhe*
aus! Denn der Ort, wo du stehst, ist heiliger
Boden. 34 *Ich habe das Elend meines Volkes*
in Ägypten gesehen und seine Klage gehört.
Ich bin herabgestiegen, um sie zu retten. Und
jetzt geh, ich sende dich nach Ägypten.
35 Diesen Mose, den sie verleugnet hatten mit
den Worten: *Wer hat dich zum Anführer und*
Schiedsrichter bestellt?, ihn hat Gott als An-
führer und Befreier gesandt durch die Hand
des Engels, der ihm im Dornbusch erschien.
36 Dieser Mose hat sie herausgeführt, indem
er Zeichen und Wunder tat in Ägypten und
im Roten Meer und in der Wüste, vierzig Jah-
re lang. 37 Dies ist der Mose, der zu den Söh-
nen Israels gesagt hat: *Einen Propheten wie*
mich wird Gott euch aus euren Brüdern er-
wecken. 38 Dieser stand bei der Versamm-
lung des Volkes in der Wüste zwischen dem

Engel, der mit ihm auf dem Berg Sinai rede-
te, und unseren Vätern. Er hat Worte des Le-
bens empfangen, um sie uns zu geben.
39 Aber unsere Väter wollten sich ihm nicht
unterordnen; sie wiesen ihn ab und wandten
ihr Herz nach Ägypten zurück. 40 Sie sagten
zu Aaron: *Mach uns Götter, die vor uns her-
ziehen! Denn dieser Mose, der uns aus Ägyp-
ten herausgeführt hat – wir wissen nicht, was
mit ihm geschehen ist.* 41 Und sie fertigten in
jenen Tagen das Standbild eines Kalbes an,
brachten dem Götzen Opfer dar und freuten
sich über das Werk ihrer Hände. 42 Da wand-
te sich Gott ab und überließ sie dem Sternen-
kult, wie es im Buch der Propheten heißt:
*Habt ihr mir etwa Schlachtopfer und Gaben
dargebracht während der vierzig Jahre in
der Wüste, ihr vom Haus Israel?* 43 *Das Zelt
des Moloch und den Stern des Gottes Romfa
habt ihr herumgetragen, die Bilder, die ihr
gemacht habt, um sie anzubeten. Darum will
ich euch in die Gebiete jenseits von Babylon
verbannen.*
44 Unsere Väter hatten in der Wüste das
Bundeszelt. So hat Gott es angeordnet; er hat
dem Mose befohlen, es nach dem Vorbild zu
errichten, das er geschaut hatte. 45 Und unse-
re Väter haben es übernommen und mitge-
bracht, als sie unter Josua das Land der Hei-
denvölker besetzten, die Gott vor den Augen
unserer Väter vertrieb, bis zu den Tagen Da-
vids. 46 Dieser fand Gnade vor Gott und bat
für das Haus Jakob um ein Zeltheiligtum.
47 Salomo aber baute ihm ein Haus. 48 Doch
der Höchste wohnt nicht in dem, was von
Menschenhand gemacht ist, wie der Prophet
sagt: 49 *Der Himmel ist mein Thron und die
Erde der Schemel für meine Füße. Was für
ein Haus könnt ihr mir bauen?, spricht der
Herr. Oder welcher Ort kann mir als Ruhe-
stätte dienen?* 50 Hat nicht *meine Hand dies
alles gemacht?*
51 Ihr Halsstarrigen, ihr, die ihr euch mit
Herz und Ohr immerzu dem Heiligen Geist
widersetzt, eure Väter schon und nun auch
ihr. 52 Welchen der Propheten haben eure
Väter nicht verfolgt? Sie haben die getötet,
die die Ankunft des Gerechten geweissagt
haben, dessen Verräter und Mörder ihr jetzt
geworden seid, 53 ihr, die ihr durch die An-
ordnung von Engeln das Gesetz empfangen,
es aber nicht gehalten habt.

2: Gen 11,31; 15,7 • 3: Gen 12,1 • 5: Dtn 2,5; Gen 12,7; 13,15; 17,8 • 6: Gen 15,13f • 7: Ex 3,12 • 8: Gen 21,4; 17,10 • 9: Gen 37,11.28; 39,2 • 10: Gen 39,21; 41,37–44; Ps 105,21; Weish 10,14 • 11: Gen 41,54 • 12: Gen 42,2.5 • 13: Gen 45,3.16 • 14: Gen 45,9–11; 46,27; Ex 1,5; Dtn 10,22 • 15: Gen 46,1; 49,33 • 16: Gen 23,16f; 33,19; 50,13 • 17: Ex 1,7–9.22 • 20: Ex 2,2; Hebr 11,23 • 21: Ex 2,3.5.10 • 23: Ex 2,11 • 26: Ex 2,13 • 27: Ex 2,14 G • 29: Ex 2,15.22 • 30: Ex 3,2f • 32: Ex 3,6 • 33: Ex 3,5 • 34: Ex 3,7f.10 • 35: Ex 2,14 G • 36: Ex 7,3.10; 14,21; Num 14,33 • 37: Dtn 18,15; Apg 3,22; Joh 1,21; 6,14 • 38: Ex 19,3; Gal 3,19; Ex 31,18; Dtn 9,10; 2 Kor 3,3 • 40: Ex 32,1 • 41: Ex 32,4.6 • 42: Am 5,25–27 G • 44: Ex 25,40 • 45: Dtn 32,49; Jos 3,14; 18,1 • 46: 2 Sam 7,2; Ps 132,5 • 47: 1 Kön 6,1 • 49: Jes 66,1f • 51: Dtn 9,6 • 52: 2 Chr 36,16; Mt 23,34 • 53: Ex 20,18.21; Dtn 5,2–5; Gal 3,19; Hebr 2,2.

Die Steinigung des Stephanus: 7,54 – 8,1a

54 Als sie das hörten, waren sie aufs Äu-
ßerste über ihn empört und knirschten mit
den Zähnen. 55 Er aber, erfüllt vom Heiligen
Geist, blickte zum Himmel empor, sah die
Herrlichkeit Gottes und Jesus zur Rechten
Gottes stehen 56 und rief: Ich sehe den Him-
mel offen und den Menschensohn zur Rech-
ten Gottes stehen. 57 Da erhoben sie ein lau-
tes Geschrei, hielten sich die Ohren zu,
stürmten gemeinsam auf ihn los, 58 trieben
ihn zur Stadt hinaus und steinigten ihn. Die
Zeugen legten ihre Kleider zu Füßen eines
jungen Mannes nieder, der Saulus hieß. 59 So
steinigten sie Stephanus; er aber betete und
rief: Herr Jesus, nimm meinen Geist auf!
60 Dann sank er in die Knie und schrie laut:
Herr, rechne ihnen diese Sünde nicht an!
Nach diesen Worten starb er.
1a Saulus aber war mit dem Mord einver-
standen.

7,54: 5,33 • 56: Lk 22,69 • 59: Lk 23,46 • 60: Lk 23,34 • 1a: 7,58; 22,20.

Verfolgung und Zerstreuung der Urgemeinde: 8,1b–3

8 1b An jenem Tag brach eine schwere
Verfolgung über die Kirche in Jerusa-
lem herein. Alle wurden in die Gegenden von
Judäa und Samarien zerstreut, mit Ausnah-
me der Apostel. 2 Fromme Männer bestatte-
ten Stephanus und hielten eine große Toten-
klage für ihn. 3 Saulus aber versuchte die
Kirche zu vernichten; er drang in die Häuser
ein, schleppte Männer und Frauen fort und
lieferte sie ins Gefängnis ein.

1b: 11,19 • 3: 9,1; 22,4; 1 Kor 15,9; Gal 1,13.

7,42 Sternenkult, wörtlich: Himmelsheer.
7,51 Wörtlich: Ihr Halsstarrigen und an Herzen und Ohren Unbeschnittenen, ihr widersetzt euch immerzu dem Heiligen Geist.
7,52 Der »Gerechte« ist der Messias.
7,58 Der Apostel Paulus, Jude mit römischem Bürgerrecht (vgl. 16,37), hatte zwei Namen: einen hebräischen (Saul) und einen griechisch-römischen (Paulus).

DIE KIRCHE IN JUDÄA UND SAMARIEN: 8,4 – 12,23

Philippus als Missionar in Samaria: 8,4–13

4 Die Gläubigen, die zerstreut worden wa-
ren, zogen umher und verkündeten das Wort.
5 Philippus aber kam in die Hauptstadt Sa-
mariens hinab und verkündigte dort Chris-
tus. 6 Und die Menge achtete einmütig auf
die Worte des Philippus; sie hörten zu und
sahen die Wunder, die er tat. 7 Denn aus vie-
len Besessenen fuhren unter lautem Geschrei
die unreinen Geister aus; auch viele Lahme
und Krüppel wurden geheilt. 8 So herrschte
große Freude in jener Stadt.

9 Ein Mann namens Simon wohnte schon
länger in der Stadt; er trieb Zauberei und
verwirrte das Volk von Samarien, da er sich
als etwas Großes ausgab. 10 Alle hörten auf
ihn, Jung und Alt, und sie sagten: Das ist die
Kraft Gottes, die man die Große nennt.
11 Und sie schlossen sich ihm an, weil er sie
lange Zeit mit seinen Zauberkünsten betör-
te. 12 Als sie jedoch dem Philippus Glauben
schenkten, der das Evangelium vom Reich
Gottes und vom Namen Jesu Christi verkün-
dete, ließen sie sich taufen, Männer und
Frauen. 13 Auch Simon wurde gläubig, ließ
sich taufen und schloss sich dem Philippus
an; und als er die großen Zeichen und Wun-
der sah, geriet er außer sich vor Staunen.

5: 6,5 • 7: Mk 16,17 • 12: 1,3; 19,8; 28,23.31.

Petrus und Johannes in Samarien: 8,14–25

14 Als die Apostel in Jerusalem hörten,
dass Samarien das Wort Gottes angenom-
men hatte, schickten sie Petrus und Johan-
nes dorthin. 15 Diese zogen hinab und bete-
ten für sie, sie möchten den Heiligen Geist
empfangen. 16 Denn er war noch auf keinen
von ihnen herabgekommen; sie waren nur
auf den Namen Jesu, des Herrn, getauft.
17 Dann legten sie ihnen die Hände auf und
sie empfingen den Heiligen Geist.

18 Als Simon sah, dass durch die Handauf-
legung der Apostel der Geist verliehen wur-
de, brachte er ihnen Geld 19 und sagte: Gebt
auch mir diese Macht, damit jeder, dem ich
die Hände auflege, den Heiligen Geist emp-
fängt. 20 Petrus aber sagte zu ihm: Dein Sil-
ber fahre mit dir ins Verderben, wenn du
meinst, die Gabe Gottes lasse sich für Geld
kaufen. 21 Du hast weder einen Anteil daran
noch ein Recht darauf, denn dein Herz ist
nicht aufrichtig vor Gott. 22 Wende dich von
deiner Bosheit ab und bitte den Herrn; viel-
leicht wird dir dein Ansinnen vergeben.
23 Denn ich sehe dich voll bitterer Galle und
Bosheit. 24 Da antwortete Simon: Betet ihr
für mich zum Herrn, damit mich nichts von
dem trifft, was ihr gesagt habt. 25 Nachdem
sie so das Wort des Herrn bezeugt und ver-
kündet hatten, machten sie sich auf den Weg
zurück nach Jerusalem und verkündeten in
vielen Dörfern der Samariter das Evange-
lium.

17: 2,4; 4,31; 10,44–47; 15,8f; 19,2.6 • 21: Eph 5,5.

Die Taufe des Äthiopiers: 8,26–40

26 Ein Engel des Herrn sagte zu Philippus:
Steh auf und zieh nach Süden auf der Straße,
die von Jerusalem nach Gaza hinabführt. Sie
führt durch eine einsame Gegend. 27 Und er
brach auf. Nun war da ein Äthiopier, ein
Kämmerer, Hofbeamter der Kandake, der
Königin der Äthiopier, der ihren ganzen
Schatz verwaltete. Dieser war nach Jerusa-
lem gekommen, um Gott anzubeten, 28 und
fuhr jetzt heimwärts. Er saß auf seinem
Wagen und las den Propheten Jesaja. 29 Und
der Geist sagte zu Philippus: Geh und folge
diesem Wagen. 30 Philippus lief hin und hör-
te ihn den Propheten Jesaja lesen. Da sagte
er: Verstehst du auch, was du liest? 31 Jener
antwortete: Wie könnte ich es, wenn mich
niemand anleitet? Und er bat den Philippus,
einzusteigen und neben ihm Platz zu neh-
men. 32 Der Abschnitt der Schrift, den er las,
lautete:

*Wie ein Schaf wurde er zum Schlachten
geführt; / und wie ein Lamm, das ver-
stummt, / wenn man es schert, / so tat er
seinen Mund nicht auf.*

33 *In der Erniedrigung wurde seine Verur-
teilung aufgehoben. / Seine Nachkommen,
wer kann sie zählen? / Denn sein Leben wur-
de von der Erde fortgenommen.*

34 Der Kämmerer wandte sich an Philippus
und sagte: Ich bitte dich, von wem sagt der
Prophet das? Von sich selbst oder von einem
anderen? 35 Da begann Philippus zu reden
und ausgehend von diesem Schriftwort ver-
kündete er ihm das Evangelium von Jesus.

8,10 Die Kraft Gottes, die man die Große nennt: eine heidnische Bezeichnung für göttliche Bevollmächtigung.

8,27 »Kandake« ist Titel der äthiopischen Königin. – »Kämmerer«, wörtlich: »Eunuch«, was entweder im gängigen Sinn (Verschnittener, Entmannter) oder als Titel für einen hohen Beamten zu verstehen ist.

36 Als sie nun weiterzogen, kamen sie zu einer Wasserstelle. Da sagte der Kämmerer: Hier ist Wasser. Was steht meiner Taufe noch im Weg? [37] 38 Er ließ den Wagen halten und beide, Philippus und der Kämmerer, stiegen in das Wasser hinab und er taufte ihn. 39 Als sie aber aus dem Wasser stiegen, entführte der Geist des Herrn den Philippus. Der Kämmerer sah ihn nicht mehr und er zog voll Freude weiter. 40 Den Philippus aber sah man in Aschdod wieder. Und er wanderte durch alle Städte und verkündete das Evangelium, bis er nach Cäsarea kam.

31: Joh 16,13 • 32: Jes 53,7 • 33: Jes 53,8 G • 35: 5,42; Lk 24,27 • 36: 10,47 • 39: 1 Kön 18,12 • 40: 21,8.

Die Bekehrung des Saulus: 9,1–22

9 Saulus wütete immer noch mit Drohung und Mord gegen die Jünger des Herrn. Er ging zum Hohenpriester 2 und erbat sich von ihm Briefe an die Synagogen in Damaskus, um die Anhänger des (neuen) Weges, Männer und Frauen, die er dort finde, zu fesseln und nach Jerusalem zu bringen. 3 Unterwegs aber, als er sich bereits Damaskus näherte, geschah es, dass ihn plötzlich ein Licht vom Himmel umstrahlte. 4 Er stürzte zu Boden und hörte, wie eine Stimme zu ihm sagte: Saul, Saul, warum verfolgst du mich? 5 Er antwortete: Wer bist du, Herr? Dieser sagte: Ich bin Jesus, den du verfolgst. 6 Steh auf und geh in die Stadt; dort wird dir gesagt werden, was du tun sollst. 7 Seine Begleiter standen sprachlos da; sie hörten zwar die Stimme, sahen aber niemand. 8 Saulus erhob sich vom Boden. Als er aber die Augen öffnete, sah er nichts. Sie nahmen ihn bei der Hand und führten ihn nach Damaskus hinein. 9 Und er war drei Tage blind und er aß nicht und trank nicht.

10 In Damaskus lebte ein Jünger namens Hananias. Zu ihm sagte der Herr in einer Vision: Hananias! Er antwortete: Hier bin ich, Herr. 11 Der Herr sagte zu ihm: Steh auf und geh zur sogenannten Geraden Straße und frag im Haus des Judas nach einem Mann namens Saulus aus Tarsus. Er betet gerade 12 und hat in einer Vision gesehen, wie ein Mann namens Hananias hereinkommt und ihm die Hände auflegt, damit er wieder sieht. 13 Hananias antwortete: Herr, ich habe von vielen gehört, wie viel Böses dieser Mann deinen Heiligen in Jerusalem angetan hat. 14 Auch hier hat er Vollmacht von den Hohenpriestern, alle zu verhaften, die deinen Namen anrufen. 15 Der Herr aber sprach zu ihm: Geh nur! Denn dieser Mann ist mein auserwähltes Werkzeug: Er soll meinen Namen vor Völker und Könige und die Söhne Israels tragen. 16 Ich werde ihm auch zeigen, wie viel er für meinen Namen leiden muss. 17 Da ging Hananias hin und trat in das Haus ein; er legte Saulus die Hände auf und sagte: Bruder Saul, der Herr hat mich gesandt, Jesus, der dir auf dem Weg hierher erschienen ist; du sollst wieder sehen und mit dem Heiligen Geist erfüllt werden. 18 Sofort fiel es wie Schuppen von seinen Augen und er sah wieder; er stand auf und ließ sich taufen. 19 Und nachdem er etwas gegessen hatte, kam er wieder zu Kräften.

Einige Tage blieb er bei den Jüngern in Damaskus; 20 und sogleich verkündete er Jesus in den Synagogen und sagte: Er ist der Sohn Gottes. 21 Alle, die es hörten, gerieten in Aufregung und sagten: Ist das nicht der Mann, der in Jerusalem alle vernichten wollte, die diesen Namen anrufen? Und ist er nicht auch hierher gekommen, um sie zu fesseln und vor die Hohenpriester zu führen? 22 Saulus aber trat um so kraftvoller auf und brachte die Juden in Damaskus in Verwirrung, weil er ihnen bewies, dass Jesus der Messias ist.

1–22: 22,5–16; 26,12–18 • 1: 8,3; 1 Kor 15,9; Gal 1,13 • 2: 19,9.23; 22,4; 24,14.22 • 3: 1 Kor 9,1; 15,8; Gal 1,16 • 10: 10,17; 16,9 • 11: 21,39 • 14: 1 Kor 1,2; 2 Tim 2,22 • 15: 22,15; Röm 1,5; Gal 2,9; 1 Kor 1,17; 2 Kor 4,7 • 16: Mt 10,22; Lk 21,12f; 2 Kor 11,23–29 • 20: Mt 14,33; 16,16; 27,54; Mk 15,39; Lk 1,32.35; 22,70; Joh 1,49; 11,27 • 22: 18,28.

Die Flucht des Saulus aus Damaskus: 9,23–31

23 So verging einige Zeit; da beschlossen die Juden, ihn zu töten. 24 Doch ihr Plan wurde dem Saulus bekannt. Sie bewachten sogar Tag und Nacht die Stadttore, um ihn zu beseitigen. 25 Aber seine Jünger nahmen ihn und ließen ihn bei Nacht in einem Korb die Stadtmauer hinab.

26 Als er nach Jerusalem kam, versuchte er, sich den Jüngern anzuschließen. Aber alle fürchteten sich vor ihm und konnten nicht glauben, dass er ein Jünger war. 27 Barnabas jedoch nahm sich seiner an und brachte ihn zu den Aposteln. Er erzählte ihnen, wie Saulus auf dem Weg den Herrn gesehen habe

8,37 Einige Textzeugen fügen hinzu: Da sagte Philippus zu ihm: Wenn du aus ganzem Herzen glaubst, ist es möglich. Er antwortete: Ich glaube, dass Jesus Christus der Sohn Gottes ist.

9,2 »Der Weg« ist in der Apostelgeschichte Bezeichnung für die christliche Lehre.

und dass dieser mit ihm gesprochen habe
und wie er in Damaskus mutig und offen im
Namen Jesu aufgetreten sei. 28 So ging er bei
ihnen in Jerusalem ein und aus, trat uner-
schrocken im Namen des Herrn auf 29 und
führte auch Streitgespräche mit den Helle-
nisten. Diese aber planten, ihn zu töten.
30 Als die Brüder das merkten, brachten sie
ihn nach Cäsarea hinab und schickten ihn
von dort nach Tarsus.

31 Die Kirche in ganz Judäa, Galiläa und
Samarien hatte nun Frieden; sie wurde ge-
festigt und lebte in der Furcht vor dem
Herrn. Und sie wuchs durch die Hilfe des
Heiligen Geistes.

24: 2 Kor 11,32f • 26: Gal 1,18 • 27: 4,36 • 30: 11,25; Gal 1,21.

Die Aufnahme von Heiden in die Kirche: 9,32 – 12,25

Petrus in Lydda und Joppe: 9,32–43

32 Auf einer Reise zu den einzelnen Ge-
meinden kam Petrus auch zu den Heiligen in
Lydda. 33 Dort fand er einen Mann namens
Äneas, der seit acht Jahren lahm und bettlä-
gerig war. 34 Petrus sagte zu ihm: Äneas, Je-
sus Christus heilt dich. Steh auf und richte
dir dein Bett! Sogleich stand er auf. 35 Und
alle Bewohner von Lydda und der Scharon-
Ebene sahen ihn und bekehrten sich zum
Herrn.

36 In Joppe lebte eine Jüngerin namens Ta-
bita, das heißt übersetzt: Gazelle. Sie tat viele
gute Werke und gab reichlich Almosen. 37 In
jenen Tagen aber wurde sie krank und starb.
Man wusch sie und bahrte sie im Oberge-
mach auf. 38 Weil aber Lydda nahe bei Joppe
liegt und die Jünger hörten, dass Petrus dort
war, schickten sie zwei Männer zu ihm und
ließen ihn bitten: Komm zu uns, zögere nicht!
39 Da stand Petrus auf und ging mit ihnen.
Als er ankam, führten sie ihn in das Oberge-
mach hinauf; alle Witwen traten zu ihm, sie
weinten und zeigten ihm die Röcke und
Mäntel, die Gazelle gemacht hatte, als sie
noch bei ihnen war. 40 Petrus aber schickte
alle hinaus, kniete nieder und betete. Dann
wandte er sich zu dem Leichnam und sagte:
Tabita, steh auf! Da öffnete sie ihre Augen,
sah Petrus an und setzte sich auf. 41 Er gab
ihr die Hand und ließ sie aufstehen; dann rief
er die Heiligen und die Witwen und zeigte
ihnen, dass sie wieder lebte. 42 Das wurde in
ganz Joppe bekannt und viele kamen zum
Glauben an den Herrn. 43 Petrus aber blieb
längere Zeit in Joppe bei einem gewissen Si-
mon, einem Gerber.

40: Mk 5,40f • 43: 10,6.

Die Vision des Hauptmanns Kornelius in Cäsarea: 10,1–8

10 In Cäsarea lebte ein Mann namens
Kornelius, Hauptmann in der soge-
nannten Italischen Kohorte; 2 er lebte mit
seinem ganzen Haus fromm und gottesfürch-
tig, gab dem Volk reichlich Almosen und be-
tete beständig zu Gott. 3 Er sah um die neun-
te Tagesstunde in einer Vision deutlich, wie
ein Engel Gottes bei ihm eintrat und zu ihm
sagte: Kornelius! 4 Kornelius blickte ihn an
und fragte erschrocken: Was ist, Herr? Er
sagte zu ihm: Deine Gebete und Almosen
sind zu Gott gelangt, und er hat sich an sie
erinnert. 5 Schick jetzt einige Männer nach
Joppe und lass einen gewissen Simon herbei-
holen, der den Beinamen Petrus hat. 6 Er ist
zu Gast bei einem Gerber namens Simon, der
ein Haus am Meer hat. 7 Als der Engel, der
mit ihm sprach, weggegangen war, rief Kor-
nelius zwei seiner Haussklaven und einen
frommen Soldaten aus seinem Gefolge. 8 Er
erzählte ihnen alles und schickte sie nach
Joppe.

6: 9,43.

Die Vision des Petrus in Joppe: 10,9–23a

9 Am folgenden Tag, als jene unterwegs
waren und sich der Stadt näherten, stieg
Petrus auf das Dach, um zu beten; es war um
die sechste Stunde. 10 Da wurde er hungrig
und wollte essen. Während man etwas zube-
reitete, kam eine Verzückung über ihn. 11 Er
sah den Himmel offen und eine Schale auf
die Erde herabkommen, die aussah wie ein
großes Leinentuch, das an den vier Ecken ge-
halten wurde. 12 Darin lagen alle möglichen
Vierfüßler, Kriechtiere der Erde und Vögel
des Himmels. 13 Und eine Stimme rief ihm
zu: Steh auf, Petrus, schlachte und iss!
14 Petrus aber antwortete: Niemals, Herr!
Noch nie habe ich etwas Unheiliges und Un-
reines gegessen. 15 Da richtete sich die Stim-
me ein zweites Mal an ihn: Was Gott für rein
erklärt, nenne du nicht unrein! 16 Das ge-
schah dreimal, dann wurde die Schale plötz-
lich in den Himmel hinaufgezogen.

10,1 Cäsarea am Meer war der Sitz des römischen Statthalters und Standort einer römischen Garnison.

17 Petrus war noch ratlos und überlegte,
was die Vision, die er gehabt hatte, wohl be-
deutete; inzwischen hatten sich die von Kor-
nelius gesandten Männer zum Haus des Si-
mon durchgefragt und standen am Tor. 18 Sie
riefen und fragten, ob Simon mit dem Beina-
men Petrus hier zu Gast sei. 19 Während Pet-
rus noch über die Vision nachdachte, sagte
der Geist zu ihm: Da sind zwei Männer und
suchen dich. 20 Steh auf, geh hinunter und
zieh ohne Bedenken mit ihnen; denn ich
habe sie geschickt. 21 Petrus stieg zu den
Männern hinab und sagte: Ich bin der, den
ihr sucht. Aus welchem Grund seid ihr hier?
22 Sie antworteten: Der Hauptmann Korneli-
us, ein gerechter und gottesfürchtiger Mann,
der beim ganzen Volk der Juden in gutem
Ruf steht, hat von einem heiligen Engel die
Weisung erhalten, dich in sein Haus holen zu
lassen und zu hören, was du ihm zu sagen
hast. 23a Da ließ er sie eintreten und bewir-
tete sie.

9: 11,5–11 • 14: Lev 11; Ez 4,14 • 15: Mk 7,15.19; Gal 2,12 • 19: 13,2; 15,28.

Die Taufe des Kornelius: 10,23b–48

23b Tags darauf machte sich Petrus mit ih-
nen auf den Weg und einige Brüder aus Jop-
pe begleiteten ihn. 24 Am folgenden Tag ka-
men sie nach Cäsarea. Kornelius erwartete
sie schon und hatte seine Verwandten und
seine nächsten Freunde zusammengerufen.
25 Als nun Petrus ankam, ging ihm Kornelius
entgegen und warf sich ehrfürchtig vor ihm
nieder. 26 Petrus aber richtete ihn auf und
sagte: Steh auf! Auch ich bin nur ein
Mensch. 27 Während er sich mit ihm unter-
hielt, ging er hinein und fand dort viele Men-
schen versammelt. 28 Da sagte er zu ihnen:
Ihr wisst, dass es einem Juden nicht erlaubt
ist, mit einem Nichtjuden zu verkehren oder
sein Haus zu betreten; mir aber hat Gott ge-
zeigt, dass man keinen Menschen unheilig
oder unrein nennen darf. 29 Darum bin ich
auch ohne Widerspruch gekommen, als nach
mir geschickt wurde. Nun frage ich: Warum
habt ihr mich holen lassen?
30 Da sagte Kornelius: Vor vier Tagen um
diese Zeit war ich zum Gebet der neunten
Stunde in meinem Haus; da stand plötzlich
ein Mann in einem leuchtenden Gewand vor
mir 31 und sagte: Kornelius, dein Gebet wur-
de erhört und deine Almosen wurden vor
Gott in Erinnerung gebracht. 32 Schick je-
mand nach Joppe und lass Simon, der den
Beinamen Petrus hat, holen; er ist Gast im
Haus des Gerbers Simon am Meer. 33 Sofort
habe ich nach dir geschickt und es ist gut,
dass du gekommen bist. Jetzt sind wir alle
hier vor Gott zugegen, um all das anzuhören,
was dir vom Herrn aufgetragen worden ist.
34 Da begann Petrus zu reden und sagte:
Wahrhaftig, jetzt begreife ich, dass Gott
nicht auf die Person sieht, 35 sondern dass
ihm in jedem Volk willkommen ist, wer ihn
fürchtet und tut, was recht ist. 36 Er hat das
Wort den Israeliten gesandt, indem er den
Frieden verkündete durch Jesus Christus;
dieser ist der Herr aller.
37 Ihr wisst, was im ganzen Land der Juden
geschehen ist, angefangen in Galiläa, nach
der Taufe, die Johannes verkündet hat: 38 wie
Gott Jesus von Nazaret gesalbt hat mit dem
Heiligen Geist und mit Kraft, wie dieser um-
herzog, Gutes tat und alle heilte, die in der
Gewalt des Teufels waren; denn Gott war
mit ihm. 39 Und wir sind Zeugen für alles,
was er im Land der Juden und in Jerusalem
getan hat. Ihn haben sie *an den Pfahl ge-
hängt* und getötet. 40 Gott aber hat ihn am
dritten Tag auferweckt und hat ihn erschei-
nen lassen, 41 zwar nicht dem ganzen Volk,
wohl aber den von Gott vorherbestimmten
Zeugen: uns, die wir mit ihm nach seiner
Auferstehung von den Toten gegessen und
getrunken haben. 42 Und er hat uns geboten,
dem Volk zu verkündigen und zu bezeugen:
Das ist der von Gott eingesetzte Richter der
Lebenden und der Toten. 43 Von ihm bezeu-
gen alle Propheten, dass jeder, der an ihn
glaubt, durch seinen Namen die Vergebung
der Sünden empfängt.
44 Noch während Petrus dies sagte, kam
der Heilige Geist auf alle herab, die das Wort
hörten. 45 Die gläubig gewordenen Juden, die
mit Petrus gekommen waren, konnten es
nicht fassen, dass auch auf die Heiden die
Gabe des Heiligen Geistes ausgegossen wur-
de. 46 Denn sie hörten sie in Zungen reden
und Gott preisen. Petrus aber sagte: 47 Kann
jemand denen das Wasser zur Taufe verwei-
gern, die ebenso wie wir den Heiligen Geist
empfangen haben? 48 Und er ordnete an, sie
im Namen Jesu Christi zu taufen. Danach
baten sie ihn, einige Tage zu bleiben.

26: 14,15; Offb 19,10 • 28: 11,3; Gal 2,12 • 34: Dtn 10,17; Röm 2,11.14; 1 Petr 1,17 • 35: Röm 2,14; Joh 9,31; 10,16 • 36: Jes 52,7; 1 Kor 12,3; Phil 1,10f • 37: Lk 4,44 • 38: Jes 61,1; Lk 3,22; 4,18f; Jes 7,14; Mt 1,23 • 39: Dtn 21,22; Gal 3,13 • 40f: 1,3; Mt 20,19; 1 Kor 15,4–7 • 41: Lk 24,41–43 • 42: 17,31; Röm 14,9; 2 Tim 4,1; 1 Petr 4,5 • 43: Jes 53,5f; Jer 31,34; Dan 9,24 • 44: 2,4.

10,46 Zu »Zungen« vgl. die Anmerkung zu 2,4.

Die Rechenschaft des Petrus vor der Gemeinde in Jerusalem: 11,1–18

11 Die Apostel und die Brüder in Judäa
erfuhren, dass auch die Heiden das
Wort Gottes angenommen hatten. 2 Als nun
Petrus nach Jerusalem hinaufkam, hielten
ihm die gläubig gewordenen Juden vor: 3 Du
hast das Haus von Unbeschnittenen betreten
und hast mit ihnen gegessen.
4 Da begann Petrus, ihnen der Reihe nach
zu berichten: 5 Ich war in der Stadt Joppe
und betete; da hatte ich in einer Verzückung
eine Vision: Eine Schale, die aussah wie ein
großes Leinentuch, das an den vier Ecken ge-
halten wurde, senkte sich aus dem Himmel
bis zu mir herab. 6 Als ich genauer hinschau-
te, sah ich darin die Vierfüßler der Erde, die
wilden Tiere, die Kriechtiere und die Vögel
des Himmels. 7 Ich hörte auch eine Stimme,
die zu mir sagte: Steh auf, Petrus, schlachte
und iss! 8 Ich antwortete: Niemals, Herr!
Noch nie ist etwas Unheiliges oder Unreines
in meinen Mund gekommen. 9 Doch zum
zweiten Mal kam eine Stimme vom Himmel;
sie sagte: Was Gott für rein erklärt hat, nen-
ne du nicht unrein! 10 Das geschah dreimal,
dann wurde alles wieder in den Himmel
hinaufgezogen. 11 Da standen auf einmal drei
Männer vor dem Haus, in dem ich wohnte;
sie waren aus Cäsarea zu mir geschickt wor-
den. 12 Der Geist aber sagte mir, ich solle
ohne Bedenken mit ihnen gehen. Auch diese
sechs Brüder zogen mit mir und wir kamen
in das Haus jenes Mannes. 13 Er erzählte uns,
wie er in seinem Haus den Engel stehen sah,
der zu ihm sagte: Schick jemand nach Joppe
und lass Simon, der Petrus genannt wird, ho-
len. 14 Er wird dir Worte sagen, durch die du
mit deinem ganzen Haus gerettet werden
wirst. 15 Während ich redete, kam der Heilige
Geist auf sie herab, wie am Anfang auf uns.
16 Da erinnerte ich mich an das Wort des
Herrn: Johannes hat mit Wasser getauft, ihr
aber werdet mit dem Heiligen Geist getauft
werden. 17 Wenn nun Gott ihnen, nachdem
sie zum Glauben an Jesus Christus, den
Herrn, gekommen sind, die gleiche Gabe ver-
liehen hat wie uns: wer bin ich, dass ich Gott
hindern könnte?
18 Als sie das hörten, beruhigten sie sich,
priesen Gott und sagten: Gott hat also auch
den Heiden die Umkehr zum Leben ge-
schenkt.

3: 10,28; Gal 2,12 • 15: 2,3f • 16: 1,5; Lk 3,16 • 18: 14,27.

Die Entstehung einer christlichen Gemeinde in Antiochia: 11,19–26

19 Bei der Verfolgung, die wegen Stepha-
nus entstanden war, kamen die Versprengten
bis nach Phönizien, Zypern und Antiochia;
doch verkündeten sie das Wort nur den Ju-
den. 20 Einige aber von ihnen, die aus Zypern
und Zyrene stammten, verkündeten, als sie
nach Antiochia kamen, auch den Griechen
das Evangelium von Jesus, dem Herrn. 21 Die
Hand des Herrn war mit ihnen und viele
wurden gläubig und bekehrten sich zum
Herrn. 22 Die Nachricht davon kam der Ge-
meinde von Jerusalem zu Ohren und sie
schickten Barnabas nach Antiochia. 23 Als er
ankam und die Gnade Gottes sah, freute er
sich und ermahnte alle, dem Herrn treu zu
bleiben, wie sie es sich vorgenommen hatten.
24 Denn er war ein trefflicher Mann, erfüllt
vom Heiligen Geist und von Glauben. So
wurde für den Herrn eine beträchtliche Zahl
hinzugewonnen. 25 Barnabas aber zog nach
Tarsus, um Saulus aufzusuchen. 26 Er fand
ihn und nahm ihn nach Antiochia mit. Dort
wirkten sie miteinander ein volles Jahr in
der Gemeinde und unterrichteten eine große
Zahl von Menschen. In Antiochia nannte
man die Jünger zum ersten Mal Christen.

19: 8,1–4 • 22: 4,36 • 25: 9,30 • 26: 11,30; 12,25; 13,2; Gal 2,1.13; Apg 26,28; 1 Petr 4,16.

Die Spende der Gemeinde von Antiochia für die Christen in Judäa: 11,27–30

27 In jenen Tagen kamen von Jerusalem
Propheten nach Antiochia hinab. 28 Einer
von ihnen namens Agabus trat auf und weis-
sagte durch den Geist, eine große Hungers-
not werde über die ganze Erde kommen. Sie
brach dann unter Klaudius aus. 29 Man be-
schloss, jeder von den Jüngern solle nach sei-
nem Vermögen den Brüdern in Judäa etwas

11,2 die gläubig gewordenen Juden, wörtlich: die aus der Beschneidung.

11,19 Antiochia in Syrien war die drittgrößte Stadt des römischen Reiches nach Rom und Alexandria; unter der halben Million Einwohner war eine große jüdische Gemeinde.

11,26 Zum ersten Mal im Neuen Testament begegnet hier die Bezeichnung »Christ« (vgl. 26,28; 1 Petr 4,16).

11,27 Gemeint sind hier christliche Propheten, die in der Urkirche eine wichtige Rolle spielten; vgl. z. B. 1 Kor 12,28; 14,3–12; Eph 2,20.

11,28 Kaiser Klaudius regierte von 41–54 n. Chr. Römische Geschichtsschreiber berichten von Hungersnöten während seiner Regierungszeit. Nach 18,2 hat Klaudius die Juden aus Rom ausgewiesen, wahrscheinlich im Jahr 49 n. Chr.

zur Unterstützung senden. 30 Das taten sie auch und schickten ihre Gaben durch Barnabas und Saulus an die Ältesten.

28: 21,10f • 29: Röm 15,26; 1 Kor 16,1; 2 Kor 9,2.12; Gal 2,10.

Die Hinrichtung des Jakobus und die Verhaftung des Petrus: 12,1–5

12 Um jene Zeit ließ der König Herodes einige aus der Gemeinde verhaften und misshandeln. 2 Jakobus, den Bruder des Johannes, ließ er mit dem Schwert hinrichten. 3 Als er sah, dass es den Juden gefiel, ließ er auch Petrus festnehmen. Das geschah in den Tagen der Ungesäuerten Brote. 4 Er nahm ihn also fest und warf ihn ins Gefängnis. Die Bewachung übertrug er vier Abteilungen von je vier Soldaten. Er beabsichtigte, ihn nach dem Paschafest dem Volk vorführen zu lassen. 5 Petrus wurde also im Gefängnis bewacht. Die Gemeinde aber betete inständig für ihn zu Gott.

5: Jak 5,16.

Die wunderbare Befreiung des Petrus: 12,6–19a

6 In der Nacht, ehe Herodes ihn vorführen lassen wollte, schlief Petrus, mit zwei Ketten gefesselt, zwischen zwei Soldaten; vor der Tür aber bewachten Posten den Kerker. 7 Plötzlich trat ein Engel des Herrn ein und ein helles Licht strahlte in den Raum. Er stieß Petrus in die Seite, weckte ihn und sagte: Schnell, steh auf! Da fielen die Ketten von seinen Händen. 8 Der Engel aber sagte zu ihm: Gürte dich und zieh deine Sandalen an! Er tat es. Und der Engel sagte zu ihm: Wirf deinen Mantel um und folge mir! 9 Dann ging er hinaus und Petrus folgte ihm, ohne zu wissen, dass es Wirklichkeit war, was durch den Engel geschah; es kam ihm vor, als habe er eine Vision. 10 Sie gingen an der ersten und an der zweiten Wache vorbei und kamen an das eiserne Tor, das in die Stadt führt; es öffnete sich ihnen von selbst. Sie traten hinaus und gingen eine Gasse weit; und auf einmal verließ ihn der Engel.

11 Da kam Petrus zu sich und sagte: Nun weiß ich wahrhaftig, dass der Herr seinen Engel gesandt und mich der Hand des Herodes entrissen hat und all dem, was das Volk der Juden erhofft hat. 12 Als er sich darüber klar geworden war, ging er zum Haus der Maria, der Mutter des Johannes mit dem Beinamen Markus, wo nicht wenige versammelt waren und beteten. 13 Als er am Außentor klopfte, kam eine Magd namens Rhode, um zu öffnen. 14 Sie erkannte die Stimme des Petrus, doch vor Freude machte sie das Tor nicht auf, sondern lief hinein und berichtete: Petrus steht vor dem Tor. 15 Da sagten sie zu ihr: Du bist nicht bei Sinnen. Doch sie bestand darauf, es sei so. Da sagten sie: Es ist sein Engel. 16 Petrus aber klopfte noch immer. Als sie öffneten und ihn sahen, staunten sie. 17 Er gab ihnen mit der Hand ein Zeichen zu schweigen und erzählte ihnen, wie der Herr ihn aus dem Gefängnis herausgeführt hatte. Er sagte: Berichtet das dem Jakobus und den Brüdern! Dann verließ er sie und ging an einen anderen Ort.

18 Als es Tag wurde, herrschte bei den Soldaten große Aufregung darüber, was wohl mit Petrus geschehen sei. 19a Herodes aber ließ ihn suchen, und da man ihn nicht fand, verhörte er die Wachen und befahl, sie abzuführen.

7: 5,19 • 12: 12,25; 13,5.13; 15,37 • 18: 5,22f.

Der Tod des Herodes Agrippa: 12,19b–23

19b Dann zog Herodes von Judäa nach Cäsarea hinab und blieb dort. 20 Er war über die Bewohner von Tyrus und Sidon sehr aufgebracht. Sie kamen gemeinsam zu ihm, gewannen Blastus, den Kämmerer des Königs, für sich und baten um Frieden, weil sie ihre Nahrung aus dem Land des Königs bezogen. 21 Am festgesetzten Tag nahm Herodes im Königsgewand auf der Tribüne Platz und hielt vor ihnen eine feierliche Ansprache. 22 Das Volk aber schrie: Die Stimme eines Gottes, nicht eines Menschen! 23 Im selben Augenblick schlug ihn ein Engel des Herrn, weil er nicht Gott die Ehre gegeben hatte. Und von Würmern zerfressen, starb er.

Die Rückkehr des Barnabas und des Saulus nach Antiochia: 12,24–25

24 Das Wort des Herrn aber wuchs und breitete sich aus. 25 Nachdem Barnabas und Saulus in Jerusalem ihre Aufgabe erfüllt hatten, kehrten sie zurück; Johannes mit dem Beinamen Markus nahmen sie mit.

24: 6,7.

12,1 Es handelt sich um Herodes Agrippa I., einen Enkel Herodes' des Großen, dem 38 n. Chr. von Kaiser Kaligula die Tetrarchie des Philippus übertragen wurde (vgl. die Anmerkung zu Lk 3,1f) und der von 41–44 König von ganz Palästina war.

12,2 Es ist der Apostel Jakobus, der Ältere.

12,17 Dieser Jakobus ist der in Mk 6,3 erwähnte »Bruder des Herrn«, der nach der Apostelgeschichte (vgl. 15,13–21; 21,18) und dem Galaterbrief (vgl. 1,19; 2,9.12) eine wichtige Rolle in der Urgemeinde von Jerusalem spielte.

DIE KIRCHE UNTER DEN VÖLKERN: 13,1 – 28,31

Die Aussendung des Barnabas und des Saulus: 13,1–3

13 In der Gemeinde von Antiochia gab
es Propheten und Lehrer: Barnabas
und Simeon, genannt Niger, Luzius von
Zyrene, Manaën, ein Jugendgefährte des
Tetrarchen Herodes, und Saulus. 2 Als sie zu
Ehren des Herrn Gottesdienst feierten und
fasteten, sprach der Heilige Geist: Wählt mir
Barnabas und Saulus zu dem Werk aus, zu
dem ich sie mir berufen habe. 3 Da fasteten
und beteten sie, legten ihnen die Hände auf
und ließen sie ziehen.

1: Röm 16,21 • 2: 1 Kor 9,6 • 3: 6,6; 14,23; 1 Tim 4,14; 2 Tim 1,6.

Die erste Missionsreise des Paulus: 13,4–14,28

Von Antiochia über Zypern bis Perge: 13,4–13

4 Vom Heiligen Geist ausgesandt, zogen sie
nach Seleuzia hinab und segelten von da
nach Zypern. 5 Als sie in Salamis angekom-
men waren, verkündeten sie das Wort Gottes
in den Synagogen der Juden. Johannes hat-
ten sie als Helfer bei sich. 6 Sie durchzogen
die ganze Insel bis Paphos. Dort trafen sie ei-
nen Mann namens Barjesus, einen Zauberer
und falschen Propheten, der Jude war 7 und
zum Gefolge des Prokonsuls Sergius Paulus,
eines verständigen Mannes, gehörte. Dieser
ließ Barnabas und Saulus rufen und wünsch-
te, von ihnen das Wort Gottes zu hören.
8 Aber Elymas, der Zauberer – so wird näm-
lich der Name Elymas übersetzt –, trat gegen
sie auf und wollte den Prokonsul vom Glau-
ben abhalten. 9 Saulus, der auch Paulus
heißt, blickte ihn, vom Heiligen Geist erfüllt,
an 10 und sagte: Du elender und gerissener
Betrüger, du Sohn des Teufels, du Feind aller
Gerechtigkeit, willst du nicht endlich aufhö-
ren, die geraden Wege des Herrn zu durch-
kreuzen? 11 Jetzt kommt die Hand des Herrn
über dich. Du wirst blind sein und eine Zeit
lang die Sonne nicht mehr sehen. Im selben
Augenblick fiel Finsternis und Dunkel auf
ihn, er tappte umher und suchte jemand, der
ihn an der Hand führte. 12 Als der Prokonsul
das alles sah, wurde er gläubig, denn er war
betroffen von der Lehre des Herrn. 13 Von
Paphos fuhr Paulus mit seinen Begleitern ab
und kam nach Perge in Pamphylien. Johan-
nes aber trennte sich von ihnen und kehrte
nach Jerusalem zurück.

5: 12,12.25 • 13: 13,5.

Das Wirken des Barnabas und des Paulus in Antiochia in Pisidien: 13,14–52

14 Sie selbst wanderten von Perge weiter
und kamen nach Antiochia in Pisidien. Dort
gingen sie am Sabbat in die Synagoge und
setzten sich. 15 Nach der Lesung aus dem Ge-
setz und den Propheten schickten die Syna-
gogenvorsteher zu ihnen und ließen ihnen
sagen: Brüder, wenn ihr ein Wort des Trostes
für das Volk habt, so redet.
16 Da stand Paulus auf, gab mit der Hand
ein Zeichen und sagte: Ihr Israeliten und ihr
Gottesfürchtigen, hört! 17 Der Gott dieses
Volkes Israel hat unsere Väter erwählt und
das Volk in der Fremde erhöht, in Ägypten;
er hat sie *mit hoch erhobenem Arm von dort*
herausgeführt 18 und fast *vierzig Jahre durch*
die Wüste getragen. 19 *Sieben Völker hat er*
im Land Kanaan vernichtet und ihr Land ih-
nen zum Besitz gegeben, 20 für etwa vierhun-
dertfünfzig Jahre. Danach hat er ihnen Rich-
ter gegeben bis zum Propheten Samuel.
21 Dann verlangten sie einen König und Gott
gab ihnen Saul, den Sohn des Kisch, einen
Mann aus dem Stamm Benjamin, für vierzig
Jahre. 22 Nachdem er ihn verworfen hatte,
erhob er David zu ihrem König, von dem er
bezeugte: *Ich habe David, den Sohn des Isai,*
als einen Mann nach meinem Herzen gefun-
den, der alles, was ich will, vollbringen wird.
23 Aus seinem Geschlecht hat Gott dem Volk
Israel, der Verheißung gemäß, Jesus als Ret-
ter geschickt. 24 Vor dessen Auftreten hat Jo-
hannes dem ganzen Volk Israel Umkehr und
Taufe verkündigt. 25 Als Johannes aber sei-
nen Lauf vollendet hatte, sagte er: Ich bin
nicht der, für den ihr mich haltet; aber seht,
nach mir kommt einer, dem die Sandalen
von den Füßen zu lösen ich nicht wert bin.
26 Brüder, ihr Söhne aus Abrahams Ge-
schlecht und ihr Gottesfürchtigen! Uns
wurde das Wort dieses Heils gesandt.
27 Denn die Einwohner von Jerusalem und
ihre Führer haben Jesus nicht erkannt, aber
sie haben die Worte der Propheten, die an je-
dem Sabbat vorgelesen werden, erfüllt und

13,4 Seleuzia war die Hafenstadt von Antiochia.

13,24 Wörtlich: Taufe der Umkehr.

haben ihn verurteilt. 28 Obwohl sie nichts
fanden, wofür er den Tod verdient hätte, for-
derten sie von Pilatus seine Hinrichtung.
29 Als sie alles vollbracht hatten, was in der
Schrift über ihn gesagt ist, nahmen sie ihn
vom Kreuzesholz und legten ihn ins Grab.
30 Gott aber hat ihn von den Toten aufer-
weckt, 31 und er ist viele Tage hindurch de-
nen erschienen, die mit ihm zusammen von
Galiläa nach Jerusalem hinaufgezogen wa-
ren und die jetzt vor dem Volk seine Zeugen
sind. 32 So verkünden wir euch das Evangeli-
um: Gott hat die Verheißung, die an die Vä-
ter ergangen ist, 33 an uns, ihren Kindern, er-
füllt, indem er Jesus auferweckt hat, wie es
schon im zweiten Psalm heißt: *Mein Sohn
bist du, heute habe ich dich gezeugt.* 34 Dass
er ihn aber von den Toten auferweckt hat,
um ihn nicht mehr zur Verwesung zurück-
kehren zu lassen, hat er so ausgedrückt: *Ich
will euch die Heilsgaben gewähren, die ich
David fest zugesagt habe.* 35 Darum sagt er
auch an einer anderen Stelle: *Du lässt deinen
Frommen nicht die Verwesung schauen.*
36 David aber ist, nachdem er seinen Zeitge-
nossen gedient hatte, nach Gottes Willen
entschlafen und mit seinen Vätern vereint
worden. Er hat die Verwesung gesehen;
37 der aber, den Gott auferweckte, hat die
Verwesung nicht gesehen. 38 Ihr sollt also
wissen, meine Brüder: Durch diesen wird
euch die Vergebung der Sünden verkündet,
und in allem, worin euch das Gesetz des
Mose nicht gerecht machen konnte, 39 wird
jeder, der glaubt, durch ihn gerecht gemacht.
40 Gebt also Acht, dass nicht eintrifft, was
bei den Propheten gesagt ist: 41 *Schaut hin,
ihr Verächter, staunt und erstarrt! Denn ich
vollbringe in euren Tagen eine Tat – würde
man euch von dieser Tat erzählen, ihr glaub-
tet es nicht.*

42 Als sie hinausgingen, bat man sie, am
nächsten Sabbat über diese Worte zu ihnen
zu sprechen. 43 Und als die Versammlung
sich aufgelöst hatte, schlossen sich viele Ju-
den und fromme Proselyten Paulus und Bar-
nabas an. Diese redeten mit ihnen und er-
mahnten sie, der Gnade Gottes treu zu blei-
ben.

44 Am folgenden Sabbat versammelte sich
fast die ganze Stadt, um das Wort des Herrn
zu hören. 45 Als die Juden die Scharen sahen,
wurden sie eifersüchtig, widersprachen den
Worten des Paulus und stießen Lästerungen
aus.

46 Paulus und Barnabas aber erklärten
freimütig: Euch musste das Wort Gottes
zuerst verkündet werden. Da ihr es aber
zurückstoßt und euch des ewigen Lebens
unwürdig zeigt, wenden wir uns jetzt an die
Heiden. 47 Denn so hat uns der Herr aufge-
tragen:

*Ich habe dich zum Licht für die Völker ge-
macht,*
*bis an das Ende der Erde sollst du das Heil
sein.*

48 Als die Heiden das hörten, freuten sie
sich und priesen das Wort des Herrn; und
alle wurden gläubig, die für das ewige Leben
bestimmt waren. 49 Das Wort des Herrn aber
verbreitete sich in der ganzen Gegend. 50 Die
Juden jedoch hetzten die vornehmen gottes-
fürchtigen Frauen und die Ersten der Stadt
auf, veranlassten eine Verfolgung gegen
Paulus und Barnabas und vertrieben sie aus
ihrem Gebiet. 51 Diese aber schüttelten gegen
sie den Staub von ihren Füßen und zogen
nach Ikonion. 52 Und die Jünger waren voll
Freude und erfüllt vom Heiligen Geist.

14: 15,21; Lk 4,16f • 17: Ex 6,1.6 • 18: Ex 16,35; Num 14,34; Dtn 1,31; 7,1 • 21: 1 Sam 8,5; 10,21.24 • 22: Ps 89,21; 1 Sam 13,14; Jes 44,28 • 23: 2 Sam 7,12; Jes 11,1 • 24: Lk 3,3 • 25: Lk 3,16 • 27: 3,17; Lk 23,34; Joh 16,3; 1 Tim 1,13 • 28: Lk 23,4.15–25 • 32: Röm 1,4 • 33: Ps 2,7 • 34: Jes 55,3 G • 35: Ps 16,10; Apg 2,27.31 • 38: 10,43; Hebr 9,9; 10,1–4 • 39: Röm 10,4 • 41: Hab 1,5 • 46: 3,26; Mt 10,6; Röm 1,16; Apg 18,6 • 47: Jes 42,6; 49,6 • 49: 2 Thess 3,1 • 50: 14,5.19; 1 Thess 2,15f; 2 Tim 3,11 • 51: Mt 10,14; Lk 9,5.

In Ikonion, Lystra und Derbe: 14,1–20

14 In Ikonion gingen sie ebenfalls in die
Synagoge der Juden und redeten in
dieser Weise und eine große Zahl von Juden
und Griechen wurde gläubig. 2 Die Juden
aber, die sich widersetzten, erregten und er-
bitterten die Heiden gegen die Brüder. 3 Län-
gere Zeit nun blieben sie dort und predigten
freimütig im Vertrauen auf den Herrn; er
legte Zeugnis ab für das Wort seiner Gnade,
indem er durch die Hände der Apostel Zei-
chen und Wunder geschehen ließ. 4 Doch das
Volk in der Stadt spaltete sich; die einen
hielten zu den Juden, die andern zu den
Aposteln. 5 Als die Apostel merkten, dass die
Heiden und die Juden zusammen mit ihren
Führern entschlossen waren, sie zu misshan-
deln und zu steinigen, 6 flohen sie in die
Städte von Lykaonien, Lystra und Derbe,
und in deren Umgebung. 7 Dort verkündeten
sie das Evangelium.

8 In Lystra war ein Mann, der von Geburt
an gelähmt war; er saß ohne Kraft in den
Füßen da und hatte nie gehen können. 9 Er
hörte der Predigt des Paulus zu. Dieser
blickte ihm fest ins Auge; und da er sah, dass
der Mann darauf vertraute, gerettet zu wer-
den, 10 rief er laut: Steh auf! Stell dich auf-
recht auf deine Füße! Da sprang der Mann
auf und ging umher. 11 Als die Menge sah,

was Paulus getan hatte, fing sie an zu schreien und rief auf Lykaonisch: Die Götter sind in Menschengestalt zu uns herabgestiegen. 12 Und sie nannten den Barnabas Zeus, den Paulus aber Hermes, weil er der Wortführer war. 13 Der Priester des »Zeus vor der Stadt« brachte Stiere und Kränze an die Tore und wollte zusammen mit der Volksmenge ein Opfer darbringen. 14 Als die Apostel Barnabas und Paulus davon hörten, zerrissen sie ihre Kleider, sprangen unter das Volk und riefen: 15 Männer, was tut ihr? Auch wir sind nur Menschen, von gleicher Art wie ihr; wir bringen euch das Evangelium, damit ihr euch von diesen nichtigen Götzen zu dem lebendigen Gott bekehrt, der *den Himmel, die Erde und das Meer geschaffen hat und alles, was dazugehört.* 16 Er ließ in den vergangenen Zeiten alle Völker ihre Wege gehen. 17 Und doch hat er sich nicht unbezeugt gelassen: Er tat Gutes, gab euch vom Himmel her Regen und fruchtbare Zeiten; mit Nahrung und mit Freude erfüllte er euer Herz. 18 Doch selbst mit diesen Worten konnten sie die Volksmenge kaum davon abbringen, ihnen zu opfern.

19 Von Antiochia und Ikonion aber kamen Juden und überredeten die Volksmenge. Und sie steinigten den Paulus und schleiften ihn zur Stadt hinaus, in der Meinung, er sei tot. 20 Als aber die Jünger ihn umringten, stand er auf und ging in die Stadt. Am anderen Tag zog er mit Barnabas nach Derbe weiter.

2: 13,45 • 5: 13,50; 2 Tim 3,11 • 6: Mt 10,23 • 8–10: 3,1–10 • 15: 10,26; Jak 5,17; Ex 20,11; Ps 146,6; Jes 37,16; Jer 32,17 • 17: 17,24–28; Röm 1,19f • 19: 2 Kor 11,25; 2 Tim 3,11.

Rückkehr nach Syrien: 14,21–28

21 Als sie dieser Stadt das Evangelium verkündet und viele Jünger gewonnen hatten, kehrten sie nach Lystra, Ikonion und Antiochia zurück. 22 Sie sprachen den Jüngern Mut zu und ermahnten sie, treu am Glauben fest zu halten; sie sagten: Durch viele Drangsale müssen wir in das Reich Gottes gelangen. 23 In jeder Gemeinde bestellten sie durch Handauflegung Älteste und empfahlen sie mit Gebet und Fasten dem Herrn, an den *sie nun* glaubten. 24 Nachdem sie durch Pisidien gezogen waren, kamen sie nach Pamphylien, 25 verkündeten in Perge das Wort und gingen dann nach Attalia hinab. 26 Von dort fuhren sie mit dem Schiff nach Antiochia, wo man sie für das Werk, das sie nun vollbracht hatten, der Gnade Gottes empfohlen hatte. 27 Als sie dort angekommen waren, riefen sie die Gemeinde zusammen und berichteten alles, was Gott mit ihnen zusammen getan und dass er den Heiden die Tür zum Glauben geöffnet hatte. 28 Und sie blieben noch längere Zeit bei den Jüngern.

22: 11,23; 1 Thess 3,2f • 23: 20,28 • 25: 8,4; 10,36.44; 11,19; 16,6 • 26: 13,1f • 27: 1 Kor 16,9.

Das Apostelkonzil in Jerusalem: 15,1–35

Die Streitfrage: 15,1–5

15 Es kamen einige Leute von Judäa herab und lehrten die Brüder: Wenn ihr euch nicht nach dem Brauch des Mose beschneiden lasst, könnt ihr nicht gerettet werden. 2 Nach großer Aufregung und heftigen Auseinandersetzungen zwischen ihnen und Paulus und Barnabas beschloss man, Paulus und Barnabas und einige andere von ihnen sollten wegen dieser Streitfrage zu den Aposteln und den Ältesten nach Jerusalem hinaufgehen. 3 Sie wurden von der Gemeinde feierlich verabschiedet und zogen durch Phönizien und Samarien; dabei berichteten sie den Brüdern von der Bekehrung der Heiden und bereiteten damit allen große Freude. 4 Bei ihrer Ankunft in Jerusalem wurden sie von der Gemeinde und von den Aposteln und den Ältesten empfangen. Sie erzählten alles, was Gott mit ihnen zusammen getan hatte. 5 Da erhoben sich einige aus dem Kreis der Pharisäer, die gläubig geworden waren, und sagten: Man muss sie beschneiden und von ihnen fordern, am Gesetz des Mose fest zu halten.

1: 15,24; Gal 1,7; 5,10 • 2: Gal 2,1.

Die Versammlung der Apostel und der Ältesten mit der Gemeinde: 15,6–21

6 Die Apostel und die Ältesten traten zusammen, um die Frage zu prüfen. 7 Als ein heftiger Streit entstand, erhob sich Petrus und sagte zu ihnen: Brüder, wie ihr wisst, hat Gott schon längst hier bei euch die Entscheidung getroffen, dass die Heiden durch meinen Mund das Wort des Evangeliums hören und zum Glauben gelangen sollen. 8 Und

15,1–35 Zum Bericht des Lukas über das »Apostelkonzil« (vermutlich um 48/49 n. Chr) vgl. Gal 2,1–10. Die Frage, ob die Heidenchristen verpflichtet sind, das jüdische Gesetz zu halten, wurde auf diesem Konzil verneint (vgl. besonders 15,8–11).

Gott, der die Herzen kennt, bestätigte dies,
indem er ihnen ebenso wie uns den Heiligen
Geist gab. 9 Er machte keinerlei Unterschied
zwischen uns und ihnen; denn er hat ihre
Herzen durch den Glauben gereinigt. 10 Wa-
rum stellt ihr also jetzt Gott auf die Probe
und legt den Jüngern ein Joch auf den Na-
cken, das weder unsere Väter noch wir tra-
gen konnten? 11 Wir glauben im Gegenteil,
durch die Gnade Jesu, des Herrn, gerettet zu
werden, auf die gleiche Weise wie jene. 12 Da
schwieg die ganze Versammlung. Und sie
hörten Barnabas und Paulus zu, wie sie er-
zählten, welch große Zeichen und Wunder
Gott durch sie unter den Heiden getan hatte.
13 Als sie geendet hatten, nahm Jakobus
das Wort und sagte: Brüder, hört mich an!
14 Simon hat berichtet, dass Gott selbst zu-
erst eingegriffen hat, um aus den Heiden ein
Volk für seinen Namen zu gewinnen. 15 Da-
mit stimmen die Worte der Propheten über-
ein, die geschrieben haben:
16 *Danach werde ich mich umwenden / und
die zerfallene Hütte Davids wieder aufrich-
ten; / ich werde sie aus ihren Trümmern wie-
der aufrichten / und werde sie wiederher-
stellen,*
17 *damit die übrigen Menschen den Herrn
suchen, / auch alle Völker, / über denen mein
Name ausgerufen ist – / spricht der Herr, der
das ausführt,*
18 was ihm seit Ewigkeit bekannt ist.
19 Darum halte ich es für richtig, den Hei-
den, die sich zu Gott bekehren, keine Lasten
aufzubürden; 20 man weise sie nur an, Verun-
reinigung durch Götzen(opferfleisch) und
Unzucht zu meiden und weder Ersticktes
noch Blut zu essen. 21 Denn Mose hat seit äl-
testen Zeiten in jeder Stadt seine Verkündi-
ger, da er in den Synagogen an jedem Sabbat
verlesen wird.

8: 10,44; 11,15 • 9: 10,34f • 10: Mt 23,4; Gal 3,10; 5,1 • 11: Gal 2,16; Eph 2,4–10 • 13: 21,18; Gal 2,9 • 16: Am 9,11f G; Jer 12,15 • 18: Jes 45,21 • 20: 15,29; 21,25; Lev 18,6–18.

Die Beschlüsse der Versammlung: 15,22–29

22 Da beschlossen die Apostel und die Äl-
testen zusammen mit der ganzen Gemeinde,
Männer aus ihrer Mitte auszuwählen und sie
zusammen mit Paulus und Barnabas nach
Antiochia zu senden, nämlich Judas, ge-
nannt Barsabbas, und Silas, führende Män-
ner unter den Brüdern. 23 Sie gaben ihnen
folgendes Schreiben mit: Die Apostel und die
Ältesten, eure Brüder, grüßen die Brüder aus
dem Heidentum in Antiochia, in Syrien und
Zilizien. 24 Wir haben gehört, dass einige von
uns, denen wir keinen Auftrag erteilt haben,
euch mit ihren Reden beunruhigt und eure
Gemüter erregt haben. 25 Deshalb haben wir
uns geeinigt und beschlossen, Männer aus-
zuwählen und zusammen mit unseren lieben
Brüdern Barnabas und Paulus zu euch zu
schicken, 26 die beide für den Namen Jesu
Christi, unseres Herrn, ihr Leben eingesetzt
haben. 27 Wir haben Judas und Silas ab-
gesandt, die euch das Gleiche auch mündlich
mitteilen sollen. 28 Denn der Heilige Geist
und wir haben beschlossen, euch keine
weitere Last aufzuerlegen als diese notwen-
digen Dinge: 29 Götzenopferfleisch, Blut, Er-
sticktes und Unzucht zu meiden. Wenn ihr
euch davor hütet, handelt ihr richtig. Lebt
wohl!

24: 15,1; Gal 1,7; 5,10 • 28: Mt 23,4; 1 Kor 8,1.

Die Mitteilung der Beschlüsse an die Gemeinde von Antiochia: 15,30–35

30 Man verabschiedete die Abgesandten
und sie zogen hinab nach Antiochia, riefen
die Gemeinde zusammen und übergaben ihr
den Brief. 31 Die Brüder lasen ihn und freu-
ten sich über die Ermunterung. 32 Judas und
Silas, selbst Propheten, sprachen ihnen mit
vielen Worten Mut zu und stärkten sie.
33 Nach einiger Zeit wurden sie von den Brü-
dern in Frieden wieder zu denen entlassen,
die sie abgesandt hatten. [34] 35 Paulus aber
und Barnabas blieben in Antiochia und lehr-
ten und verkündeten mit vielen anderen das
Wort des Herrn.

32: 11,27; 13,1.

Die zweite Missionsreise des Paulus: 15,36 – 18,22

Die Trennung des Paulus von Barnabas: 15,36–41

36 Nach einiger Zeit sagte Paulus zu Bar-
nabas: Wir wollen wieder aufbrechen und se-

15,20.29 »Unzucht« meint hier wahrscheinlich verbotene Verwandtschaftsehen; »Ersticktes« und »Blut« beziehen sich auf den Genuss nicht geschächteter, d.h. beim Schlachten nicht ausgebluteter Tiere. Man nennt diese Anweisung auch »Aposteldekret« oder »Jakobusklauseln«. Sie sollten ein ungestörtes Zusammenleben zwischen Juden- und Heidenchristen in gemischten Gemeinden ermöglichen.

15,34 Einzelne Textzeugen fügen hier ein: Silas aber beschloss dazubleiben; so reiste Judas allein (nach Jerusalem) ab.

hen, wie es den Brüdern in all den Städten
geht, in denen wir das Wort des Herrn ver-
kündet haben. 37 Barnabas wollte auch den
Johannes, genannt Markus, mitnehmen;
38 doch Paulus bestand darauf, ihn nicht mit-
zunehmen, weil er sie in Pamphylien im
Stich gelassen hatte, nicht mit ihnen gezogen
war und an ihrer Arbeit nicht mehr teilge-
nommen hatte. 39 Es kam zu einer heftigen
Auseinandersetzung, so dass sie sich vonei-
nander trennten; Barnabas nahm Markus
mit und segelte nach Zypern. 40 Paulus aber
wählte sich Silas und reiste ab, nachdem die
Brüder ihn der Gnade des Herrn empfohlen
hatten. 41 Er zog durch Syrien und Zilizien
und stärkte die Gemeinden.

37: 12,12.25 • 38: 13,13; Kol 4,10 • 41: 9,30; 11,25; Gal 1,21.

Paulus in Lykaonien: 16,1–5

16 Er kam auch nach Derbe und nach
Lystra. Dort war ein Jünger namens
Timotheus, der Sohn einer gläubig geworde-
nen Jüdin und eines Griechen. 2 Er war Pau-
lus von den Brüdern in Lystra und Ikonion
empfohlen worden. 3 Paulus wollte ihn als
Begleiter mitnehmen und ließ ihn mit Rück-
sicht auf die Juden, die in jenen Gegenden
wohnten, beschneiden; denn alle wussten,
dass sein Vater ein Grieche war. 4 Als sie nun
durch die Städte zogen, überbrachten sie ih-
nen die von den Aposteln und den Ältesten in
Jerusalem gefassten Beschlüsse und trugen
ihnen auf, sich daran zu halten. 5 So wurden
die Gemeinden im Glauben gestärkt und
wuchsen von Tag zu Tag.

1: 17,14; Röm 16,21; Phil 2,19; 1 Kor 4,17; 2 Tim 1,5 • 4: 15,23–29.

Durch Kleinasien bis Troas: 16,6–10

6 Weil ihnen aber vom Heiligen Geist ver-
wehrt wurde, das Wort in der Provinz Asien
zu verkünden, reisten sie durch Phrygien
und das galatische Land. 7 Sie zogen an My-
sien entlang und versuchten, Bithynien zu
erreichen; doch auch das erlaubte ihnen der
Geist Jesu nicht. 8 So durchwanderten sie
Mysien und kamen nach Troas hinab. 9 Dort
hatte Paulus in der Nacht eine Vision. Ein
Mazedonier stand da und bat ihn: Komm
herüber nach Mazedonien und hilf uns!
10 Auf diese Vision hin wollten wir sofort
nach Mazedonien abfahren; denn wir waren
überzeugt, dass uns Gott dazu berufen hatte,
dort das Evangelium zu verkünden.

6: 18,23.

Das Wirken des Paulus in Philippi: 16,11–40

11 So brachen wir von Troas auf und fuh-
ren auf dem kürzesten Weg nach Samothra-
ke und am folgenden Tag nach Neapolis.
12 Von dort gingen wir nach Philippi, in eine
Stadt im ersten Bezirk von Mazedonien, eine
Kolonie. In dieser Stadt hielten wir uns eini-
ge Tage auf. 13 Am Sabbat gingen wir durch
das Stadttor hinaus an den Fluss, wo wir
eine Gebetsstätte vermuteten. Wir setzten
uns und sprachen zu den Frauen, die sich
eingefunden hatten. 14 Eine Frau namens
Lydia, eine Purpurhändlerin aus der Stadt
Thyatira, hörte zu; sie war eine Gottesfürch-
tige und der Herr öffnete ihr das Herz, so-
dass sie den Worten des Paulus aufmerksam
lauschte. 15 Als sie und alle, die zu ihrem
Haus gehörten, getauft waren, bat sie: Wenn
ihr überzeugt seid, dass ich fest an den Herrn
glaube, kommt in mein Haus und bleibt da.
Und sie drängte uns.

16 Als wir einmal auf dem Weg zur Gebets-
stätte waren, begegnete uns eine Magd, die
einen Wahrsagegeist hatte und mit der
Wahrsagerei ihren Herren großen Gewinn
einbrachte. 17 Sie lief Paulus und uns nach
und schrie: Diese Menschen sind Diener des
höchsten Gottes; sie verkünden euch den
Weg des Heils. 18 Das tat sie viele Tage lang.
Da wurde Paulus ärgerlich, wandte sich um
und sagte zu dem Geist: Ich befehle dir im
Namen Jesu Christi: Verlass diese Frau! Und
im gleichen Augenblick verließ er sie.

19 Als aber ihre Herren sahen, dass sie kei-
nen Gewinn mehr erwarten konnten, ergrif-
fen sie Paulus und Silas, schleppten sie auf
den Markt vor die Stadtbehörden, 20 führten
sie den obersten Beamten vor und sagten:
Diese Männer bringen Unruhe in unsere
Stadt. Es sind Juden; 21 sie verkünden Sitten
und Bräuche, die wir als Römer weder an-
nehmen können noch ausüben dürfen. 22 Da
erhob sich das Volk gegen sie und die obers-
ten Beamten ließen ihnen die Kleider vom
Leib reißen und befahlen, sie mit Ruten zu
schlagen. 23 Sie ließen ihnen viele Schläge

16,1 Vgl. die Anmerkung zu 1 Thess 1,1.
16,6–10 Der Abschnitt schildert einen Vorgang von weltgeschichtlicher Bedeutung: Das Evangelium gelangt nach Europa.
16,12 Philippi war seit 31 v. Chr. römische »Kolonie«, eine Ansiedlung vorwiegend von ausgedienten Soldaten und Beamten. Deshalb bezeichnen sich die Bewohner in 16,21 als »Römer«.
16,14 Zu »Gottesfürchtige« vgl. die Anmerkung zu 6,5.

geben und sie ins Gefängnis bringen; dem Gefängniswärter befahlen sie, sie in sicherem Gewahrsam zu halten. 24 Auf diesen Befehl hin warf er sie in das innere Gefängnis und schloss zur Sicherheit ihre Füße in den Block. 25 Um Mitternacht beteten Paulus und Silas und sangen Loblieder; und die Gefangenen hörten ihnen zu. 26 Plötzlich begann ein gewaltiges Erdbeben, sodass die Grundmauern des Gefängnisses wankten. Mit einem Schlag sprangen die Türen auf und allen fielen die Fesseln ab. 27 Als der Gefängniswärter aufwachte und alle Türen des Gefängnisses offen sah, zog er sein Schwert, um sich zu töten; denn er meinte, die Gefangenen seien entflohen. 28 Da rief Paulus laut: Tu dir nichts an! Wir sind alle noch da. 29 Jener rief nach Licht, stürzte hinein und fiel Paulus und Silas zitternd zu Füßen. 30 Er führte sie hinaus und sagte: Ihr Herren, was muss ich tun, um gerettet zu werden? 31 Sie antworteten: Glaube an Jesus, den Herrn und du wirst gerettet werden, du und dein Haus. 32 Und sie verkündeten ihm und allen in seinem Haus das Wort Gottes. 33 Er nahm sie in jener Nachtstunde bei sich auf, wusch ihre Striemen und ließ sich sogleich mit allen seinen Angehörigen taufen. 34 Dann führte er sie in seine Wohnung hinauf, ließ ihnen den Tisch decken und war mit seinem ganzen Haus voll Freude, weil er zum Glauben an Gott gekommen war.

35 Als es Tag wurde, schickten die obersten Beamten die Amtsdiener und ließen sagen: Lass jene Männer frei! 36 Der Gefängniswärter überbrachte Paulus die Nachricht: Die obersten Beamten haben (die Amtsdiener) hergeschickt und befohlen, euch freizulassen. Geht also, zieht in Frieden! 37 Paulus aber sagte zu ihnen: Sie haben uns ohne Urteil öffentlich auspeitschen lassen, obgleich wir römische Bürger sind, und haben uns ins Gefängnis geworfen. Und jetzt möchten sie uns heimlich fortschicken? Nein! Sie sollen selbst kommen und uns hinausführen. 38 Die Amtsdiener meldeten es den obersten Beamten. Diese erschraken, als sie hörten, es seien römische Bürger. 39 Und sie kamen, um sie zu beschwichtigen, führten sie hinaus und baten sie, die Stadt zu verlassen. 40 Vom Gefängnis aus gingen die beiden zu Lydia. Dort fanden sie die Brüder, sprachen ihnen Mut zu und zogen dann weiter.

17: Mk 1,24–26.34 • 22: 2 Kor 11,25; Phil 1,30; 1 Thess 2,2 • 30: 2,37; Joh 6,28 • 31: 11,14; Joh 6,29 • 37: 22,25.29.

Paulus in Thessalonich und Beröa:
17,1–15

17 Auf dem Weg über Amphipolis und Apollonia kamen sie nach Thessalonich. Dort hatten die Juden eine Synagoge. 2 Nach seiner Gewohnheit ging Paulus zu ihnen und redete an drei Sabbaten zu ihnen, wobei er von den Schriften ausging. 3 Er legte sie ihnen aus und erklärte, dass der Messias leiden und von den Toten auferstehen musste. Und er sagte: Jesus, den ich euch verkünde, ist dieser Messias. 4 Einige von ihnen ließen sich überzeugen und schlossen sich Paulus und Silas an, außerdem eine große Schar gottesfürchtiger Griechen, darunter nicht wenige Frauen aus vornehmen Kreisen.

5 Die Juden wurden eifersüchtig, holten sich einige nichtsnutzige Männer, die sich auf dem Markt herumtrieben, wiegelten mit ihrer Hilfe das Volk auf und brachten die Stadt in Aufruhr. Sie zogen zum Haus des Jason und wollten die beiden vor das Volk führen. 6 Sie fanden sie aber nicht. Daher schleppten sie den Jason und einige Brüder vor die Stadtpräfekten und schrien: Diese Leute, die die ganze Welt in Aufruhr gebracht haben, sind jetzt auch hier, 7 und Jason hat sie aufgenommen. Sie alle verstoßen gegen die Gesetze des Kaisers; denn sie behaupten, ein anderer sei König, nämlich Jesus. 8 So brachten sie die Menge und die Stadtpräfekten, die das hörten, in Erregung. 9 Diese nahmen von Jason und den anderen eine Bürgschaft und ließen sie frei.

10 Die Brüder schickten noch in der Nacht Paulus und Silas weiter nach Beröa. Nach ihrer Ankunft gingen sie in die Synagoge der Juden. 11 Diese waren freundlicher als die in Thessalonich; mit großer Bereitschaft nahmen sie das Wort auf und forschten Tag für Tag in den Schriften nach, ob sich dies wirklich so verhielte. 12 Viele von ihnen wurden gläubig, und ebenso nicht wenige der vornehmen griechischen Frauen und Männer. 13 Als aber die Juden von Thessalonich erfuhren, dass Paulus auch in Beröa das Wort Gottes verkündete, kamen sie dorthin, um das Volk aufzuwiegeln und aufzuhetzen. 14 Da schickten die Brüder Paulus sogleich weg zum Meer hinunter. Silas und Timotheus aber blieben zurück. 15 Die Begleiter des Paulus brachten ihn nach Athen. Mit dem Auftrag an Silas und Timotheus, Paulus

16,37 Paulus besaß von seinem Vater her das römische Bürgerrecht (vgl. 22,25–29).

möglichst rasch nachzukommen, kehrten sie
zurück.

1: 1 Thess 2,2 • 3: Lk 24,26f.45f • 5: Röm 16,21 • 7: Lk 23,2;
Joh 19,12 • 11: Joh 5,39 • 13: 1 Thess 2,14–16 • 15: 1 Thess 3,1.

Paulus in Athen: 17,16–34

16 Während Paulus in Athen auf sie warte-
te, erfasste ihn heftiger Zorn; denn er sah die
Stadt voll von Götzenbildern. 17 Er redete in
der Synagoge mit den Juden und Gottes-
fürchtigen und auf dem Markt sprach er täg-
lich mit denen, die er gerade antraf. 18 Einige
von den epikureischen und stoischen Philo-
sophen diskutierten mit ihm und manche
sagten: Was will denn dieser Schwätzer? An-
dere aber: Es scheint ein Verkünder fremder
Gottheiten zu sein. Er verkündete nämlich
das Evangelium von Jesus und von der Auf-
erstehung. 19 Sie nahmen ihn mit, führten
ihn zum Areopag und fragten: Können wir
erfahren, was das für eine neue Lehre ist, die
du vorträgst? 20 Du bringst uns recht be-
fremdliche Dinge zu Gehör. Wir wüssten
gern, worum es sich handelt. 21 Alle Athener
und die Fremden dort taten nichts lieber, als
die letzten Neuigkeiten zu erzählen oder zu
hören.

22 Da stellte sich Paulus in die Mitte des
Areopags und sagte: Athener, nach allem,
was ich sehe, seid ihr besonders fromme
Menschen. 23 Denn als ich umherging und
mir eure Heiligtümer ansah, fand ich auch
einen Altar mit der Aufschrift: EINEM UN-
BEKANNTEN GOTT. Was ihr verehrt, ohne
es zu kennen, das verkünde ich euch. 24 Gott,
der die Welt erschaffen hat und alles in ihr,
er, der Herr über Himmel und Erde, wohnt
nicht in Tempeln, die von Menschenhand ge-
macht sind. 25 Er lässt sich auch nicht von
Menschen bedienen, als brauche er etwas: er,
der allen das Leben, den Atem und alles gibt.
26 Er hat aus einem einzigen Menschen das
ganze Menschengeschlecht erschaffen, da-
mit es die ganze Erde bewohne. Er hat für sie
bestimmte Zeiten und die Grenzen ihrer
Wohnsitze festgesetzt. 27 Sie sollten Gott su-
chen, ob sie ihn ertasten und finden könnten;
denn keinem von uns ist er fern. 28 Denn in
ihm leben wir, bewegen wir uns und sind
wir, wie auch einige von euren Dichtern ge-
sagt haben: Wir sind von seiner Art. 29 Da wir
also von Gottes Art sind, dürfen wir nicht
meinen, das Göttliche sei wie ein goldenes
oder silbernes oder steinernes Gebilde
menschlicher Kunst und Erfindung. 30 Gott,
der über die Zeiten der Unwissenheit hin-
weggesehen hat, lässt jetzt den Menschen
verkünden, dass überall alle umkehren sol-
len. 31 Denn er hat einen Tag festgesetzt, an
dem *er den Erdkreis in Gerechtigkeit richten
wird,* durch einen Mann, den er dazu be-
stimmt und vor allen Menschen dadurch
ausgewiesen hat, dass er ihn von den Toten
auferweckte.

32 Als sie von der Auferstehung der Toten
hörten, spotteten die einen, andere aber sag-
ten: Darüber wollen wir dich ein andermal
hören. 33 So ging Paulus aus ihrer Mitte weg.
34 Einige Männer aber schlossen sich ihm an
und wurden gläubig, unter ihnen auch Dio-
nysius, der Areopagit, außerdem eine Frau
namens Damaris und noch andere mit ihnen.

18: 1 Kor 1,22 • 24–28: Röm 1,19f • 25: Ps 50,10–13 • 26: Dtn
32,8; Ijob 12,23 • 27f: Jes 55,6; Jer 29,12–14; Weish 13,6; Ps
145,18; Jer 23,24; Ps 139; Röm 11,36; 1 Kor 8,6; Kol 1,16f •
31: Ps 96,13; 98,9 • 32: 1 Kor 1,23.

Paulus in Korinth: 18,1–17

18 Hierauf verließ Paulus Athen und
ging nach Korinth. 2 Dort traf er ei-
nen aus Pontus stammenden Juden namens
Aquila, der vor kurzem aus Italien gekom-
men war, und dessen Frau Priszilla. Klau-
dius hatte nämlich angeordnet, dass alle Ju-
den Rom verlassen müssten. Diesen beiden
schloss er sich an, 3 und da sie das gleiche
Handwerk betrieben, blieb er bei ihnen und
arbeitete dort. Sie waren Zeltmacher von
Beruf. 4 An jedem Sabbat lehrte er in der Sy-
nagoge und suchte Juden und Griechen zu
überzeugen. 5 Als aber Silas und Timotheus
aus Mazedonien eingetroffen waren, widme-
te sich Paulus ganz der Verkündigung und
bezeugte den Juden, dass Jesus der Messias
sei. 6 Als sie sich dagegen auflehnten und
Lästerungen ausstießen, schüttelte er seine
Kleider aus und sagte zu ihnen: Euer Blut
komme über euer Haupt! Ich bin daran un-
schuldig. Von jetzt an werde ich zu den Hei-
den gehen.

7 Und er ging von da in das Haus eines ge-
wissen Titius Justus hinüber, eines Gottes-
fürchtigen, dessen Haus an die Synagoge
grenzte. 8 Krispus aber, der Synagogenvor-
steher, kam mit seinem ganzen Haus zum
Glauben an den Herrn; und viele Korinther,
die (Paulus) hörten, wurden gläubig und lie-
ßen sich taufen. 9 Der Herr aber sagte nachts
in einer Vision zu Paulus: Fürchte dich nicht!
Rede nur, schweige nicht! 10 Denn ich bin mit
dir, niemand wird dir etwas antun. Viel Volk
nämlich gehört mir in dieser Stadt. 11 So

17,28 Zitat aus dem griechischen Dichter Aratus (3. Jh. v. Chr.).

blieb Paulus ein Jahr und sechs Monate und lehrte bei ihnen das Wort Gottes.

12 Als aber Gallio Prokonsul von Achaia war, traten die Juden einmütig gegen Paulus auf, brachten ihn vor den Richterstuhl 13 und sagten: Dieser verführt die Menschen zu einer Gottesverehrung, die gegen das Gesetz verstößt. 14 Als Paulus etwas erwidern wollte, sagte Gallio zu den Juden: Läge hier ein Vergehen oder Verbrechen vor, ihr Juden, so würde ich eure Klage ordnungsgemäß behandeln. 15 Streitet ihr jedoch über Lehre und Namen und euer Gesetz, dann seht selber zu! Darüber will ich nicht Richter sein. 16 Und er wies sie vom Richterstuhl weg. 17 Da ergriffen alle den Synagogenvorsteher Sosthenes und verprügelten ihn vor dem Richterstuhl. Gallio aber kümmerte sich nicht darum.

1: 18,18.26 • 2: Röm 16,3; 1 Kor 16,19; 2 Tim 4,19 • 3: 1 Kor 4,12; 9,12 • 6: Mt 27,24f • 8: 1 Kor 1,14 • 9: 1 Kor 2,3; 2 Kor 10,10 • 14: 25,18–20; Joh 18,31 • 17: 1 Kor 1,1.

Die Rückkehr des Paulus über Ephesus nach Antiochia: 18,18–22

18 Paulus blieb noch längere Zeit. Dann verabschiedete er sich von den Brüdern und segelte zusammen mit Priszilla und Aquila nach Syrien ab. In Kenchreä hatte er sich aufgrund eines Gelübdes den Kopf kahl scheren lassen. 19 Sie gelangten nach Ephesus. Dort trennte er sich von den beiden; er selbst ging in die Synagoge und redete zu den Juden. 20 Sie baten ihn, noch länger zu bleiben; aber er wollte nicht, 21 sondern verabschiedete sich und sagte: Ich werde wieder zu euch kommen, wenn Gott es will. So fuhr er von Ephesus ab, 22 landete in Cäsarea, zog (nach Jerusalem) hinauf, begrüßte dort die Gemeinde und ging dann nach Antiochia hinab.

18: Röm 16,1 • 21: Röm 1,10; 1 Kor 4,19; Jak 4,15.

Die dritte Missionsreise des Paulus: 18,23 – 21,17

23 Nachdem er dort einige Zeit geblieben war, zog er weiter, durchwanderte zuerst das galatische Land, dann Phrygien und stärkte alle Jünger.

Die Missionsarbeit des Apollos in Ephesus: 18,24–28

24 Ein Jude namens Apollos kam nach Ephesus. Er stammte aus Alexandria, war redekundig und in der Schrift bewandert. 25 Er war unterwiesen im Weg des Herrn. Er sprach mit glühendem Geist und trug die Lehre von Jesus genau vor; doch kannte er nur die Taufe des Johannes. 26 Er begann, offen in der Synagoge zu sprechen. Priszilla und Aquila hörten ihn, nahmen ihn zu sich und legten ihm den Weg Gottes noch genauer dar. 27 Als er nach Achaia gehen wollte, ermunterten ihn die Brüder dazu und schrieben den Jüngern, sie möchten ihn freundlich aufnehmen. Nach seiner Ankunft wurde er den Gläubigen durch die Gnade eine große Hilfe. 28 Denn mit Nachdruck widerlegte er die Juden, indem er öffentlich aus der Schrift nachwies, dass Jesus der Messias sei.

24: 1 Kor 1,12; 3,4–6 • 25: 19,3f • 28: 9,22; 17,3; 18,5.

Die Begegnung des Paulus mit Johannesjüngern: 19,1–7

19 Während Apollos sich in Korinth aufhielt, durchwanderte Paulus das Hochland und kam nach Ephesus hinab. 2 Er traf einige Jünger und fragte sie: Habt ihr den Heiligen Geist empfangen, als ihr gläubig wurdet? Sie antworteten ihm: Wir haben noch nicht einmal gehört, dass es einen Heiligen Geist gibt. 3 Da fragte er: Mit welcher Taufe seid ihr denn getauft worden? Sie antworteten: Mit der Taufe des Johannes. 4 Paulus sagte: Johannes hat mit der Taufe der Umkehr getauft und das Volk gelehrt, sie sollten an den glauben, der nach ihm komme: an Jesus. 5 Als sie das hörten, ließen sie sich auf den Namen Jesu, des Herrn, taufen. 6 Paulus legte ihnen die Hände auf und der Heilige Geist kam auf sie herab; sie redeten in Zungen und weissagten. 7 Es waren im ganzen ungefähr zwölf Männer.

1: 1 Kor 16,8 • 3: Mt 3,11; Lk 3,16 • 6: 8,17.

18,12 Die Amtszeit des Gallio in Achaia (Griechenland) fiel in die Zeit 51/52 n. Chr. oder 52/53 n. Chr., wie aus der in Delphi gefundenen »Gallio-Inschrift« hervorgeht.

18,18 Es handelt sich dabei um das sogenannte Nasiräatsgelübde (vgl. auch 21,23–26), das auf Num 6,1–21 zurückgeht (vgl. auch 1 Makk 3,49); es war zeitlich begrenzt und wurde durch ein Opfer eingelöst, bei dem das geschorene Haar mitverbrannt wurde.

19,1 Ephesus war seit 133 v. Chr. das Zentrum der römischen Provinz Asien. Der Artemistempel gehörte zu den Sieben »Weltwundern« des Altertums. Die Zauberbücher von Ephesus (vgl. 19,19) waren in der ganzen damaligen Welt bekannt.

19,3 Wörtlich: Auf was seid ihr denn getauft worden? Sie antworteten: Auf die Taufe des Johannes.

19,6 Zu »Zungen« vgl. die Anmerkung zu Apg 2,4.

Das Wirken des Paulus in Ephesus: 19,8–10

8 Er ging in die Synagoge und lehrte drei
Monate lang freimütig und suchte sie vom
Reich Gottes zu überzeugen. 9 Da aber einige
verstockt waren, sich widersetzten und vor
allen Leuten den (neuen) Weg verspotteten,
trennte er sich mit den Jüngern von ihnen
und unterwies sie täglich im Lehrsaal des
Tyrannus. 10 Das geschah zwei Jahre lang;
auf diese Weise hörten alle Bewohner der
Provinz Asien, Juden wie Griechen, das Wort
des Herrn.

9: 18,6; Tit 3,10f; 2 Joh 10.

Die Wundertaten des Paulus in Ephesus: 19,11–20

11 Auch ungewöhnliche Wunder tat Gott
durch die Hand des Paulus. 12 Sogar seine
Schweiß- und Taschentücher nahm man ihm
vom Körper weg und legte sie den Kranken
auf; da wichen die Krankheiten und die bö-
sen Geister fuhren aus. 13 Auch einige der
umherziehenden jüdischen Beschwörer ver-
suchten, den Namen Jesu, des Herrn, über
den von bösen Geistern Besessenen anzuru-
fen, indem sie sagten: Ich beschwöre euch bei
dem Jesus, den Paulus verkündet. 14 Das
taten sieben Söhne eines gewissen Skeuas,
eines jüdischen Oberpriesters. 15 Aber der
böse Geist antwortete ihnen: Jesus kenne ich
und auch Paulus ist mir bekannt. Doch wer
seid ihr? 16 Und der Mensch, in dem der böse
Geist hauste, sprang auf sie los, überwältigte
sie und setzte ihnen so zu, dass sie nackt
und zerschunden aus dem Haus fliehen
mussten.

17 Das wurde allen Juden und Griechen,
die in Ephesus wohnten, bekannt; alle wur-
den von Furcht gepackt und der Name Jesu,
des Herrn, wurde hoch gepriesen. 18 Viele,
die gläubig geworden waren, kamen und be-
kannten offen, was sie (früher) getan hatten.
19 Und nicht wenige, die Zauberei getrieben
hatten, brachten ihre Zauberbücher herbei
und verbrannten sie vor aller Augen. Man
berechnete den Wert der Bücher auf fünfzig-
tausend Silberdrachmen. 20 So wuchs das
Wort des Herrn mit Macht und wurde
stark.

12: 5,15 • 13: Lk 9,49 • 15: Mk 1,34; Lk 4,41 • 17: 5,5.11; 19,27f • 20: 6,7; 12,24.

Der Aufruhr der Silberschmiede: 19,21–40

21 Nach diesen Ereignissen nahm sich
Paulus vor, über Mazedonien und Achaia
nach Jerusalem zu reisen. Er sagte: Wenn ich
dort gewesen bin, muss ich auch Rom sehen.
22 Er sandte zwei seiner Helfer, Timotheus
und Erastus, nach Mazedonien voraus und
blieb selbst noch eine Zeit lang in der Pro-
vinz Asien.

23 Um jene Zeit aber wurde der (neue) Weg
Anlass zu einem schweren Aufruhr. 24 Denn
ein Silberschmied namens Demetrius, der
silberne Artemistempel herstellte und den
Künstlern viel zu verdienen gab, 25 rief diese
und die anderen damit beschäftigten Arbei-
ter zusammen und sagte: Männer, ihr wisst,
dass wir unseren Wohlstand diesem Gewer-
be verdanken. 26 Nun seht und hört ihr, dass
dieser Paulus nicht nur in Ephesus, sondern
fast in der ganzen Provinz Asien viele Leute
verführt und aufgehetzt hat mit seiner Be-
hauptung, die mit Händen gemachten Götter
seien keine Götter. 27 So kommt nicht nur
unser Geschäft in Verruf, sondern auch dem
Heiligtum der großen Göttin Artemis droht
Gefahr, nichts mehr zu gelten, ja sie selbst,
die von der ganzen Provinz Asien und von
der ganzen Welt verehrt wird, wird ihre Ho-
heit verlieren. 28 Als sie das hörten, wurden
sie wütend und schrien: Groß ist die Artemis
von Ephesus! 29 Die ganze Stadt geriet in
Aufruhr; alles stürmte ins Theater und sie
schleppten die Mazedonier Gaius und Ari-
starch, Reisegefährten des Paulus, mit sich.

30 Als aber Paulus in die Volksversamm-
lung gehen wollte, hielten ihn die Jünger zu-
rück. 31 Auch einige hohe Beamte der Pro-
vinz Asien, die mit ihm befreundet waren,
schickten zu ihm und rieten ihm, nicht ins
Theater zu gehen.

32 Dort schrien die einen dies, die andern
das; denn in der Versammlung herrschte ein
großes Durcheinander und die meisten wuss-
ten gar nicht, weshalb man überhaupt zu-
sammengekommen war. 33 Die Juden schick-
ten Alexander nach vorn und aus der Menge
gab man ihm noch Hinweise. Alexander gab
mit der Hand ein Zeichen und wollte vor der
Volksversammlung eine Verteidigungsrede
halten. 34 Doch als sie merkten, dass er ein
Jude war, schrien sie alle fast zwei Stunden
lang wie aus einem Mund: Groß ist die Arte-
mis von Ephesus! 35 Der Stadtschreiber aber
brachte die Menge zur Ruhe und sagte: Män-
ner von Ephesus! Wer wüsste nicht, dass die
Stadt der Epheser die Tempelhüterin der
Großen Artemis und ihres vom Himmel ge-
fallenen Bildes ist? 36 Dies ist unbestreitbar;
ihr müsst also Ruhe bewahren und dürft
nichts Unüberlegtes tun. 37 Ihr habt diese

19,27 von der ganzen Provinz Asien, wörtlich: von ganz Asien.

Männer hergeschleppt, die weder Tempelräuber noch Lästerer unserer Göttin sind. 38 Wenn also Demetrius und seine Zunftgenossen eine Klage gegen irgend jemand haben, so gibt es dafür Gerichtstage und Prokonsuln; dort mögen sie einander verklagen. 39 Wenn ihr aber noch etwas anderes vorzubringen habt, so kann das in der gesetzmäßigen Volksversammlung geklärt werden. 40 Sonst sind wir in Gefahr, dass man uns nach dem heutigen Vorfall des Aufruhrs anklagt, weil kein Grund vorliegt, mit dem wir diesen Volksauflauf rechtfertigen könnten. Nach diesen Worten löste er die Versammlung auf.

21: 23,11; Röm 1,10.13; 15,23–25; 1 Kor 16,6 • 22: Röm 16,21–23 • 23: 2 Kor 1,8 • 26: 17,29 • 28: 1 Kor 15,32; 2 Kor 1,8 • 29: 20,4; 27,2.

Paulus in Mazedonien und Griechenland: 20,1–6

20 Nachdem der Tumult sich gelegt hatte, rief Paulus die Jünger zusammen und sprach ihnen Mut zu. Dann verabschiedete er sich und ging weg, um nach Mazedonien zu reisen. 2 Er zog durch die dortigen Gegenden und sprach oft und eindringlich zu den Jüngern. Dann begab er sich nach Griechenland; 3 dort blieb er drei Monate. Als er mit dem Schiff nach Syrien fahren wollte, planten die Juden einen Anschlag auf ihn. So entschloss er sich, den Rückweg über Mazedonien zu nehmen. 4 Dabei begleiteten ihn Sopater, der Sohn des Pyrrhus, aus Beröa, Aristarch und Sekundus aus Thessalonich, Gaius aus Derbe und Timotheus sowie Tychikus und Trophimus aus der Provinz Asien. 5 Diese reisten voraus und warteten auf uns in Troas. 6 Nach den Tagen der Ungesäuerten Brote segelten wir von Philippi ab und kamen in fünf Tagen zu ihnen nach Troas, wo wir uns sieben Tage aufhielten.

1: 2 Kor 2,13 • 5: 16,8 • 6: 2 Kor 2,12.

Der Abschiedsbesuch des Paulus in Troas: 20,7–12

7 Als wir am ersten Wochentag versammelt waren, um das Brot zu brechen, redete Paulus zu ihnen, denn er wollte am folgenden Tag abreisen; und er dehnte seine Rede bis Mitternacht aus. 8 In dem Obergemach, in dem wir versammelt waren, brannten *viele Lampen.* 9 *Ein junger Mann* namens Eutychus saß im offenen Fenster und sank, als die Predigt des Paulus sich länger hinzog, in tiefen Schlaf. Und er fiel im Schlaf aus dem dritten Stock hinunter; als man ihn aufhob, war er tot. 10 Paulus lief hinab, warf sich über ihn, umfasste ihn und sagte: Beunruhigt euch nicht: Er lebt! 11 Dann stieg er wieder hinauf, brach das Brot und aß und redete mit ihnen bis zum Morgengrauen. So verließ er sie. 12 Den jungen Mann aber führten sie lebend von dort weg. Und sie wurden voll Zuversicht.

7: 1 Kor 16,2; Offb 1,10 • 10: 1 Kön 17,21.

Von Troas nach Milet: 20,13–16

13 Wir gingen voraus zum Schiff und fuhren nach Assos, wo wir Paulus an Bord nehmen sollten; so hatte er es angeordnet, weil er selbst zu Fuß gehen wollte. 14 Als er in Assos zu uns stieß, nahmen wir ihn an Bord und erreichten Mitylene. 15 Von dort segelten wir am nächsten Tag ab und kamen bis auf die Höhe von Chios. Am anderen Tag liefen wir Samos an und landeten am folgenden Tag in Milet. 16 Paulus hatte sich entschlossen, an Ephesus vorbeizufahren, um in der Provinz Asien keine Zeit zu verlieren. Denn er hatte es eilig, weil er, wenn möglich, am Pfingstfest in Jerusalem sein wollte.

Die Abschiedsrede des Paulus in Milet: 20,17–38

17 Von Milet aus schickte er jemand nach Ephesus und ließ die Ältesten der Gemeinde zu sich rufen. 18 Als sie bei ihm eingetroffen waren, sagte er: Ihr wisst, wie ich vom ersten Tag an, seit ich die Provinz Asien betreten habe, die ganze Zeit in eurer Mitte war 19 und wie ich dem Herrn in aller Demut diente unter Tränen und vielen Prüfungen, die ich durch die Nachstellungen der Juden erlitten habe, 20 wie ich nichts verschwiegen habe von dem, was heilsam ist. Ich habe es euch verkündigt und habe euch gelehrt, öffentlich und in den Häusern. 21 Ich habe Juden und Griechen beschworen, sich zu Gott zu bekehren und an Jesus Christus, unseren Herrn, zu glauben. 22 Nun ziehe ich, gebunden durch den Geist, nach Jerusalem und ich weiß nicht, was dort mit mir geschehen wird. 23 Nur das bezeugt mir der Heilige Geist von Stadt zu Stadt, dass Fesseln und Drangsale auf mich warten. 24 Aber ich will mit keinem Wort mein Leben wichtig nehmen, wenn ich nur meinen Lauf vollende und den Dienst erfülle, der mir von Jesus, dem Herrn, übertragen wurde: das Evangelium von der Gnade Gottes zu bezeugen. 25 Nun aber weiß ich, dass ihr mich nicht mehr von Angesicht sehen werdet, ihr alle, zu denen ich gekommen

bin und denen ich das Reich verkündet habe.
26 Darum bezeuge ich euch am heutigen Tag:
Ich bin unschuldig, wenn einer von euch al-
len verloren geht. 27 Denn ich habe mich der
Pflicht nicht entzogen, euch den ganzen Wil-
len Gottes zu verkünden. 28 Gebt Acht auf
euch und auf die ganze Herde, in der euch
der Heilige Geist zu Bischöfen bestellt hat,
damit ihr als Hirten für die Kirche Gottes
sorgt, die er sich durch das Blut seines eige-
nen Sohnes erworben hat. 29 Ich weiß: Nach
meinem Weggang werden reißende Wölfe bei
euch eindringen und die Herde nicht scho-
nen. 30 Und selbst aus eurer Mitte werden
Männer auftreten, die mit ihren falschen Re-
den die Jünger auf ihre Seite ziehen. 31 Seid
also wachsam und denkt daran, dass ich drei
Jahre lang Tag und Nacht nicht aufgehört
habe, unter Tränen jeden einzelnen zu er-
mahnen. 32 Und jetzt vertraue ich euch Gott
und dem Wort seiner Gnade an, das die Kraft
hat, aufzubauen und das Erbe in der Ge-
meinschaft der Geheiligten zu verleihen.
33 Silber oder Gold oder Kleider habe ich von
keinem verlangt; 34 ihr wisst selbst, dass für
meinen Unterhalt und den meiner Begleiter
diese Hände hier gearbeitet haben. 35 In al-
lem habe ich euch gezeigt, dass man sich auf
diese Weise abmühen und sich der Schwa-
chen annehmen soll, in Erinnerung an die
Worte Jesu, des Herrn, der selbst gesagt hat:
Geben ist seliger als nehmen.

36 Nach diesen Worten kniete er nieder und
betete mit ihnen allen. 37 Und alle brachen in
lautes Weinen aus, fielen Paulus um den
Hals und küssten ihn; 38 am meisten
schmerzte sie sein Wort, sie würden ihn nicht
mehr von Angesicht sehen. Dann begleiteten
sie ihn zum Schiff.

21: 13,6–40; 14,15; 17,1–4.10–13.16–34; 18,5–11; 19,8–10 • 23: 9,16; 21,4.11 • 24: 21,13; 2 Tim 4,7; Lk 4,18–21 • 25: Lk 9,2; 10,9 • 26: 18,6 • 28: 14,23; 1 Kor 12,28; Eph 4,11; Tit 1,5; 2 Tim 1,6; 1 Tim 4,14–16; 1 Petr 5,2 • 29: Mt 7,15; Lk 10,3; Joh 10,12 • 30: Gal 4,17 • 31: Mk 13,35.37; 2 Kor 2,4; 11,28; 1 Thess 2,11f • 32: 1 Thess 2,13 • 33: Mt 10,8; 1 Kor 9,12; 1 Sam 12,3 • 34: 18,3; 1 Kor 4,12; 9,12; 1 Thess 2,9; 2 Thess 3,7–9 • 36: 21,5 • 37: Röm 16,16; 1 Kor 16,20; 1 Petr 5,14.

Von Milet über Cäsarea nach Jerusalem:
21,1–17

21 Als die Zeit zur Abfahrt gekommen
war, trennten wir uns von ihnen,
fuhren auf dem kürzesten Weg nach Kos, am
anderen Tag nach Rhodos und von dort nach
Patara. 2 Hier fanden wir ein Schiff, das
nach Phönizien fuhr; wir gingen an Bord und
fuhren ab. 3 Als wir Zypern sichteten, ließen
wir es zur Linken liegen, segelten nach Sy-
rien und landeten in Tyrus; hier sollte das
Schiff seine Ladung löschen. 4 Nachdem wir
die Jünger ausfindig gemacht hatten, blie-
ben wir sieben Tage bei ihnen. Auf eine Ein-
gebung des Geistes hin warnten sie Paulus
davor, nach Jerusalem zu gehen.

5 Als die Tage um waren, brachen wir zur
Weiterreise auf, und alle, auch Frauen und
Kinder, begleiteten uns bis vor die Stadt. Am
Strand knieten wir nieder, beteten 6 und
nahmen Abschied voneinander. Dann gingen
wir an Bord; jene aber kehrten nach Hause
zurück.

7 So fuhren wir von Tyrus ab und beende-
ten unsere Seereise in Ptolemaïs. Wir be-
grüßten die Brüder und blieben einen Tag
bei ihnen. 8 Am folgenden Tag kamen wir
nach Cäsarea. Wir gingen in das Haus des
Evangelisten Philippus, der einer von den
Sieben war, und blieben bei ihm. 9 Er hatte
vier Töchter, prophetisch begabte Jung-
frauen.

10 Wir blieben mehrere Tage. Da kam von
Judäa ein Prophet namens Agabus herab
11 und besuchte uns. Er nahm den Gürtel des
Paulus, band sich Füße und Hände und sag-
te: So spricht der Heilige Geist: Den Mann,
dem dieser Gürtel gehört, werden die Juden
in Jerusalem ebenso fesseln und den Heiden
ausliefern. 12 Als wir das hörten, redeten
wir ihm zusammen mit den Einheimischen
zu, nicht nach Jerusalem hinaufzuziehen.
13 Doch Paulus antwortete: Warum weint ihr
und macht mir das Herz schwer? Ich bin be-
reit, mich in Jerusalem für den Namen Jesu,
des Herrn, fesseln zu lassen und sogar zu
sterben. 14 Da er sich nicht überreden ließ,
gaben wir nach und sagten: Der Wille des
Herrn geschehe.

15 Nach diesen Tagen bereiteten wir uns
zur Reise vor und zogen hinauf nach Jerusa-
lem. 16 Auch einige Jünger aus Cäsarea be-
gleiteten uns und brachten uns zu einem ge-
wissen Mnason aus Zypern, bei dem wir
wohnen sollten; er war ein Jünger aus der
Anfangszeit. 17 Als wir nach Jerusalem ka-
men, wurden wir von den Brüdern freudig
empfangen.

4: 20,23 • 5: 20,36 • 8: 8,40 • 9: 2,17 • 10: 11,28 • 11: Röm 15,31.

20,26 Ich bin unschuldig, wenn einer von euch allen verloren geht, wörtlich: Ich bin rein vom Blut aller (vgl. 18,6).

20,28 Die Bezeichnung »Bischof« entspricht an dieser Stelle noch nicht der späteren Verwendung des Titels (vgl. die Anmerkung zu 1 Tim 3,1).

Verhaftung und Gefangenschaft des Paulus: 21,18 – 28,31

Paulus bei Jakobus und das Nasiräatsgelübde: 21,18–26

18 Am folgenden Tag ging Paulus mit uns zu Jakobus; auch alle Ältesten fanden sich ein. 19 Er begrüßte sie und berichtete im einzelnen alles, was Gott durch seinen Dienst unter den Heiden getan hatte. 20 Als sie das hörten, priesen sie Gott und sagten zu ihm: Du siehst, Bruder, wie viele Tausende unter den Juden gläubig geworden sind, und sie alle sind Eiferer für das Gesetz. 21 Nun hat man ihnen von dir erzählt: Du lehrst alle unter den Heiden lebenden Juden, von Mose abzufallen, und forderst sie auf, ihre Kinder nicht zu beschneiden und sich nicht an die Bräuche zu halten. 22 Was nun? Sicher werden sie hören, dass du gekommen bist. 23 Tu also, was wir dir sagen: Bei uns sind vier Männer, die ein Gelübde auf sich genommen haben. 24 Nimm sie mit und weihe dich zusammen mit ihnen; trag die Kosten für sie, damit sie sich das Haar abscheren lassen können. So wird jeder einsehen, dass an dem, was man von dir erzählt hat, nichts ist, sondern dass auch du das Gesetz genau beachtest. 25 Über die gläubig gewordenen Heiden aber haben wir ja einen Beschluss gefasst und ihnen geschrieben, sie sollten sich vor Götzenopferfleisch, Blut, Ersticktem und Unzucht hüten.

26 Da nahm Paulus die Männer mit und weihte sich am nächsten Tag zusammen mit ihnen, ging dann in den Tempel und meldete das Ende der Weihetage an, damit für jeden von ihnen das Opfer dargebracht werde.

18: 15,13; Gal 1,19 • 21: 18,13; Gal 3,25 • 24: 1 Kor 9,19–23; 10,32f • 25: 15,20.29 • 26: Num 6,1–20; 1 Kor 9,20.

Die Verhaftung des Paulus: 21,27–40

27 Als die sieben Tage zu Ende gingen, sahen ihn die Juden aus der Provinz Asien im Tempel. Sie brachten das ganze Volk in Aufruhr, ergriffen ihn 28 und schrien: Israeliten! Kommt zu Hilfe! Das ist der Mensch, der in aller Welt Lehren verbreitet, die sich gegen das Volk und das Gesetz und gegen diesen Ort richten; er hat sogar Griechen in den Tempel mitgenommen und diesen heiligen Ort entweiht. 29 Sie hatten nämlich kurz zuvor den Epheser Trophimus mit ihm zusammen in der Stadt gesehen und meinten, Paulus habe ihn in den Tempel mitgenommen. 30 Da geriet die ganze Stadt in Aufregung und das Volk lief zusammen. Sie ergriffen Paulus und zerrten ihn aus dem Tempel und sofort wurden die Tore geschlossen.

31 Schon wollten sie ihn umbringen, da brachte man dem Obersten der Kohorte die Meldung hinauf: Ganz Jerusalem ist in Aufruhr! 32 Er eilte sofort mit Soldaten und Hauptleuten zu ihnen hinunter. Als sie den Obersten und die Soldaten sahen, hörten sie auf, Paulus zu schlagen. 33 Der Oberst trat hinzu, verhaftete ihn, ließ ihn mit zwei Ketten fesseln und fragte, wer er sei und was er getan habe. 34 In der Menge schrien die einen dies, die andern das. Da er bei dem Lärm nichts Sicheres ermitteln konnte, befahl er, ihn in die Kaserne zu führen. 35 Als Paulus an die Freitreppe kam, mussten ihn die Soldaten wegen des Andrangs der Menge tragen. 36 Denn das Volk lief hinterher und schrie: Weg mit ihm!

37 Als man Paulus in die Kaserne bringen wollte, sagte er zum Obersten: Darf ich ein Wort mit dir reden? Der antwortete: Du verstehst Griechisch? 38 Dann bist du also nicht der Ägypter, der vor einiger Zeit die viertausend Sikarier aufgewiegelt und in die Wüste hinausgeführt hat? 39 Paulus antwortete: Ich bin ein Jude aus Tarsus in Zilizien, Bürger einer nicht unbedeutenden Stadt. Ich bitte dich, gestatte mir, zum Volk zu sprechen. 40 Als der Oberst es erlaubte, stellte sich Paulus auf die Freitreppe und gab dem Volk mit der Hand ein Zeichen. Alles wurde still und er redete sie in Hebräischer Sprache an:

28: 6,13; 18,13 • 29: 20,4; 2 Tim 4,20 • 33: 20,23; 21,11 • 39: 9,11.

Die Rede des Paulus im Tempelvorhof: 22,1–21

22 Brüder und Väter! Hört, was ich euch zu meiner Verteidigung zu sagen habe. 2 Als sie hörten, dass er in Hebräischer Sprache zu ihnen redete, waren sie noch ruhiger. Und er sagte: 3 Ich bin ein Jude, geboren in Tarsus in Zilizien, hier in dieser Stadt erzogen, zu Füßen Gamaliëls genau nach dem Gesetz der Väter ausgebildet, ein Eiferer für Gott, wie ihr alle es heute seid. 4 Ich

---

21,25 Vgl. die Anmerkung zu 15,20.

21,28f Heiden in die inneren, den Juden vorbehaltenen Vorhöfe des Tempels mitzunehmen, war bei Todesstrafe verboten.

21,38 »Sikarier« (Dolchmänner) waren jüdische Freiheitskämpfer.

habe den (neuen) Weg bis auf den Tod ver-
folgt, habe Männer und Frauen gefesselt und
in die Gefängnisse eingeliefert. 5 Das bezeu-
gen mir der Hohepriester und der ganze Rat
der Ältesten. Von ihnen erhielt ich auch
Briefe an die Brüder und zog nach Damas-
kus, um dort ebenfalls die Anhänger (der
neuen Lehre) zu fesseln und zur Bestrafung
nach Jerusalem zu bringen. 6 Als ich nun un-
terwegs war und mich Damaskus näherte, da
geschah es, dass mich um die Mittagszeit
plötzlich vom Himmel her ein helles Licht
umstrahlte. 7 Ich stürzte zu Boden und hörte
eine Stimme zu mir sagen: Saul, Saul, wa-
rum verfolgst du mich? 8 Ich antwortete: Wer
bist du, Herr? Er sagte zu mir: Ich bin Jesus,
der Nazoräer, den du verfolgst. 9 Meine Be-
gleiter sahen zwar das Licht, die Stimme
dessen aber, der zu mir sprach, hörten sie
nicht. 10 Ich sagte: Herr, was soll ich tun? Der
Herr antwortete: Steh auf, und geh nach Da-
maskus, dort wird dir alles gesagt werden,
was du nach Gottes Willen tun sollst. 11 Da
ich aber vom Glanz jenes Lichtes geblendet
war, sodass ich nicht mehr sehen konnte,
wurde ich von meinen Begleitern an der Hand
geführt und gelangte so nach Damaskus.

12 Ein gewisser Hananias, ein frommer und
gesetzestreuer Mann, der bei allen Juden
dort in gutem Ruf stand, 13 kam zu mir, trat
vor mich und sagte: Bruder Saul, du sollst
wieder sehen! Und im gleichen Augenblick
konnte ich ihn sehen. 14 Er sagte: Der Gott
unserer Väter hat dich dazu erwählt, seinen
Willen zu erkennen, den Gerechten zu sehen
und die Stimme seines Mundes zu hören;
15 denn du sollst vor allen Menschen sein
Zeuge werden für das, was du gesehen und
gehört hast. 16 Was zögerst du noch? Steh
auf, lass dich taufen und deine Sünden ab-
waschen und rufe seinen Namen an! 17 Als
ich später nach Jerusalem zurückgekehrt
war und im Tempel betete, da geriet ich in
eine Verzückung. 18 Und ich sah ihn, wie er
zu mir sagte: Beeil dich, verlasse sofort Jeru-
salem; denn sie werden dein Zeugnis über
mich nicht annehmen. 19 Da sagte ich: Herr,
sie wissen doch, dass ich es war, der deine
Gläubigen ins Gefängnis werfen und in den
Synagogen auspeitschen ließ. 20 Auch als das
Blut deines Zeugen Stephanus vergossen
wurde, stand ich dabei; ich stimmte zu und
passte auf die Kleider derer auf, die ihn um-
brachten. 21 Aber er sagte zu mir: Brich auf,
denn ich will dich in die Ferne zu den Heiden
senden.

1: 7,2; 13,26 • 3–21: 9,1–29; 26,9–23; 5,34; 2 Kor 11,22; Phil 3,5; Röm 10,2; Gal 1,14 • 4: 8,3 • 17: 9,26; Gal 1,18f • 19: 22,4 • 20: 7,58; 8,1 • 21: 9,15; 13,2; 26,16–18; Röm 1,5; Gal 2,7.

Paulus und der römische Oberst: 22,22–29

22 Bis zu diesem Wort hörten sie ihm zu,
dann fingen sie an zu schreien: Weg mit so
einem Menschen! Er darf nicht am Leben
bleiben. 23 Sie lärmten, zerrissen ihre Kleider
und warfen Staub in die Luft. 24 Da befahl
der Oberst, ihn in die Kaserne zu führen, und
ordnete an, ihn unter Geißelschlägen zu ver-
hören. Auf diese Weise wollte er herausfin-
den, warum sie derart gegen ihn tobten.
25 Als sie ihn aber für die Geißelung festban-
den, sagte Paulus zu dem Hauptmann, der
dabeistand: Dürft ihr jemand, der das römi-
sche Bürgerrecht besitzt, geißeln, noch dazu
ohne Verurteilung?

26 Als der Hauptmann das hörte, ging er
zum Obersten, meldete es und sagte: Was
hast du vor? Der Mann ist ein Römer. 27 Der
Oberst kam zu Paulus und fragte ihn: Sag
mir, bist du ein Römer? Er antwortete: Ja.
28 Da antwortete der Oberst: Ich habe für
dieses Bürgerrecht ein Vermögen gezahlt.
Paulus sagte: Ich bin sogar als Römer gebo-
ren. 29 Sofort ließen die, die ihn verhören
sollten, von ihm ab. Und der Oberst er-
schrak, als er erfuhr, dass es ein Römer war,
den er hatte fesseln lassen.

22: 1 Kor 4,13 • 25: 16,37; 23,27 • 29: 16,38f.

Paulus vor dem Hohen Rat: 22,30 – 23,11

30 Weil er genau wissen wollte, was die Ju-
den ihm vorwarfen, ließ er ihn am nächsten
Tag aus dem Gefängnis holen und befahl, die
Hohenpriester und der ganze Hohe Rat soll-
ten sich versammeln. Und er ließ Paulus
hinunterführen und ihnen gegenüberstellen.

23 Paulus schaute mit festem Blick auf
den Hohen Rat und sagte: Brüder!
Bis zum heutigen Tag lebe ich vor Gott mit
völlig reinem Gewissen. 2 Der Hohepriester
Hananias aber befahl denen, die bei ihm
standen, ihn auf den Mund zu schlagen. 3 Da
sagte Paulus zu ihm: Dich wird Gott schla-
gen, du übertünchte Wand! Du sitzt hier, um
mich nach dem Gesetz zu richten, und entge-
gen dem Gesetz befiehlst du, mich zu schla-
gen? 4 Die Umstehenden sagten: Du wagst es,
den Hohenpriester Gottes zu schmähen?
5 Paulus antwortete: Ich wusste nicht, Brü-
der, dass er der Hohepriester ist. Denn es
heißt in der Schrift: *Einen Fürsten deines
Volkes sollst du nicht verfluchen.* 6 Da Pau-
lus aber wusste, dass der eine Teil zu den
Sadduzäern, der andere zu den Pharisäern
gehörte, rief er vor dem Hohen Rat aus: Brü-
der, ich bin Pharisäer und ein Sohn von Pha-
risäern; wegen der Hoffnung und wegen der
Auferstehung der Toten stehe ich vor Gericht.

7 Als er das sagte, brach ein Streit zwi-
schen den Pharisäern und den Sadduzäern
aus, und die Versammlung spaltete sich.
8 Die Sadduzäer behaupten nämlich, es gebe
weder eine Auferstehung noch Engel noch
Geister, die Pharisäer dagegen bekennen
sich zu all dem. 9 Es erhob sich ein lautes Ge-
schrei und einige Schriftgelehrte aus dem
Kreis der Pharisäer standen auf und ver-
fochten ihre Ansicht. Sie sagten: Wir finden
nichts Schlimmes an diesem Menschen. Viel-
leicht hat doch ein Geist oder ein Engel zu
ihm gesprochen. 10 Als der Streit heftiger
wurde, befürchtete der Oberst, sie könnten
Paulus zerreißen. Daher ließ er die Wach-
truppe herabkommen, ihn mit Gewalt aus
ihrer Mitte herausholen und in die Kaserne
bringen.
11 In der folgenden Nacht aber trat der
Herr zu Paulus und sagte: Hab Mut! Denn so
wie du in Jerusalem meine Sache bezeugt
hast, sollst du auch in Rom Zeugnis able-
gen.

1: 24,16; 2 Kor 1,12 • 3: Mt 23,27; Lev 19,15 • 5: Ex 22,27 • 6: 4,2; 22,3; 26,5 • 8: Lk 20,27; Mt 22,23 • 11: 18,9; 19,21; 27,24; 28,23.31.

Die Verschwörung der Juden gegen Paulus:
23,12–22

12 Nach Tagesanbruch rotteten sich die Ju-
den zusammen und schworen einen heiligen
Eid, weder zu essen noch zu trinken, bis sie
Paulus getötet hätten. 13 An dieser Ver-
schwörung waren mehr als vierzig Männer
beteiligt. 14 Sie gingen zu den Hohenpries-
tern und den Ältesten und sagten: Wir haben
mit einem heiligen Eid geschworen, nichts zu
essen, bis wir Paulus getötet haben. 15 Geht
also jetzt zusammen mit dem Hohen Rat zum
Obersten und bittet ihn, Paulus zu euch he-
runterzuführen, da ihr den Fall noch ge-
nauer untersuchen wollt; wir aber halten uns
bereit, um ihn, noch bevor er hierher kommt,
umzubringen.
16 Der Neffe des Paulus, der Sohn seiner
Schwester, erfuhr jedoch von dem Anschlag.
Er ging in die Kaserne und verständigte Pau-
lus. 17 Paulus ließ einen der Hauptleute rufen
und sagte: Bring diesen jungen Mann zum
Obersten, denn er hat ihm etwas zu melden.
18 Der nahm ihn mit sich, brachte ihn zum
Obersten und sagte: Der Gefangene Paulus
hat mich gerufen und gebeten, diesen jungen
Mann zu dir zu führen, da er dir etwas mit-
zuteilen habe. 19 Der Oberst fasste ihn bei der
Hand, nahm ihn beiseite und fragte: Was
hast du mir zu melden? 20 Er antwortete: Die
Juden haben verabredet, dich zu bitten, du
mögest morgen den Paulus vor den Hohen
Rat hinunterführen lassen. Angeblich wollen
sie Genaueres über ihn erfahren. 21 Trau ih-
nen nicht! Denn mehr als vierzig Männer von
ihnen lauern ihm auf. Sie haben sich ge-
schworen, weder zu essen noch zu trinken,
bis sie ihn umgebracht haben; schon stehen
sie bereit und warten auf deine Anordnung.
22 Der Oberst befahl dem jungen Mann: Sag
niemand etwas darüber, dass du mir das an-
gezeigt hast. Dann ließ er ihn gehen.

Die Überführung des Paulus nach Cäsarea:
23,23–35

23 Er rief zwei von den Hauptleuten und
gab ihnen den Befehl: Haltet von der dritten
Stunde der Nacht an zweihundert Soldaten
zum Marsch nach Cäsarea bereit, außerdem
siebzig Reiter und zweihundert Leichtbe-
waffnete; 24 auch Tragtiere soll man bereit-
stellen, Paulus aufsitzen lassen und sicher
zum Statthalter Felix bringen. 25 Und er
schrieb einen Brief mit folgendem Inhalt:
26 Klaudius Lysias entbietet dem erlauchten
Statthalter Felix seinen Gruß! 27 Dieser
Mann wurde von den Juden ergriffen und
wäre beinahe von ihnen umgebracht wor-
den; da habe ich mit der Wachtruppe einge-
griffen und ihn befreit. Ich hatte nämlich er-
fahren, dass er Römer ist. 28 Und weil ich er-
mitteln wollte, wessen sie ihn beschuldigen,
brachte ich ihn vor ihren Hohen Rat. 29 Ich
fand heraus, dass er wegen Streitfragen über
ihr Gesetz angeschuldigt wird, dass aber kei-
ne Anklage gegen ihn vorliegt, auf die Tod
oder Haft steht. 30 Da mir aber angezeigt
wurde, gegen den Mann sei ein Anschlag ge-
plant, schicke ich ihn sogleich zu dir; auch
habe ich die Kläger angewiesen, ihre Sache
gegen ihn bei dir vorzubringen.
31 Die Soldaten übernahmen Paulus, wie
ihnen befohlen war, und brachten ihn bei
Nacht bis Antipatris. 32 Am anderen Tag lie-
ßen sie die Reiter mit ihm weiterziehen und
kehrten in die Kaserne zurück. 33 Diese ga-
ben nach ihrer Ankunft in Cäsarea den Brief
beim Statthalter ab und führten ihm Paulus
vor. 34 Er las (den Brief) und fragte Paulus,
aus welcher Provinz er stamme. Als er hörte,
er sei aus Zilizien, 35 sagte er: Ich werde dich

23,6 Paulus gibt zu verstehen, dass die christliche Auferstehungshoffnung mit der Erwartung der Pharisäer übereinstimmt.

23,26 Felix war bis etwa 58 n. Chr. Statthalter von Judäa.

vernehmen, sobald deine Ankläger eingetroffen sind. Dann befahl er, ihn im Prätorium des Herodes in Gewahrsam zu halten.

27: 21,33; 22,25 • 28: 22,30 • 29: 18,14f • 35: 22,3.

Paulus vor dem römischen Statthalter Felix: 24,1–27

24 Nach fünf Tagen kam der Hohepriester Hananias mit einigen Ältesten und dem Anwalt Tertullus herab und sie brachten beim Statthalter ihre Klage gegen Paulus vor. 2 Er wurde herbeigeholt und Tertullus erhob Anklage mit folgenden Worten: Tiefen Frieden genießen wir durch dich, und durch deine Umsicht hat sich für dieses Volk vieles gebessert. 3 Das erkennen wir immer und überall mit großer Dankbarkeit an, erlauchter Felix. 4 Um dich aber nicht länger bemühen zu müssen, bitte ich dich, uns in deiner Milde kurz anzuhören. 5 Wir finden nämlich, dieser Mann ist eine Pest, ein Unruhestifter bei allen Juden in der Welt und ein Rädelsführer der Nazoräersekte. 6 Er hat sogar versucht, den Tempel zu entweihen. Wir haben ihn festgenommen [6b–8a]. 8b Wenn du ihn verhörst, wirst du selbst alles ermitteln können, wessen wir ihn anklagen. 9 Und die Juden unterstützten ihn, indem sie behaupteten, so sei es.

10 Auf einen Wink des Statthalters erwiderte Paulus: Da ich dich seit vielen Jahren als Richter für dieses Volk kenne, verteidige ich meine Sache voll Zuversicht. 11 Wie du feststellen kannst, sind erst zwölf Tage vergangen, seit ich nach Jerusalem hinaufgezogen bin, um Gott anzubeten. 12 Sie haben mich weder im Tempel noch in den Synagogen noch anderswo in der Stadt dabei angetroffen, dass ich ein Streitgespräch mit jemand geführt oder einen Aufruhr im Volk erregt hätte. 13 Sie können dir auch nichts von dem beweisen, was sie mir jetzt vorwerfen. 14 Das allerdings bekenne ich dir: Dem (neuen) Weg entsprechend, den sie eine Sekte nennen, diene ich dem Gott meiner Väter. Ich glaube an alles, was im Gesetz und in den Propheten steht, 15 und ich habe dieselbe Hoffnung auf Gott, die auch diese hier haben: dass es eine Auferstehung der Gerechten und Ungerechten geben wird. 16 Deshalb bemühe auch ich mich, vor Gott und den Menschen immer ein reines Gewissen zu haben. 17 Nach mehreren Jahren bin ich nun zu meinem Volk gekommen, um Spenden zu überbringen und zu opfern. 18 Als ich mich zu diesem Zweck im Tempel hatte weihen lassen, trafen mich – nicht mit einer Volksmenge und nicht bei einem Tumult – 19 einige Juden aus der Provinz Asien; sie müssten vor dir erscheinen und Anklage erheben, wenn sie etwas gegen mich vorzubringen haben. 20 Oder diese hier sollen doch selbst sagen, was für ein Vergehen sie herausgefunden haben, als ich vor dem Hohen Rat stand, 21 es sei denn der eine Satz, den ich in ihrer Mitte ausgerufen habe: Wegen der Auferstehung der Toten stehe ich heute vor eurem Gericht.

22 Felix, der den (neuen) Weg genau kannte, vertagte den Fall mit den Worten: Sobald der Oberst Lysias herabkommt, werde ich eure Sache entscheiden. 23 Den Hauptmann wies er an, Paulus weiter in Gewahrsam zu halten, jedoch in leichter Haft, und niemand von den Seinen daran zu hindern, für ihn zu sorgen.

24 Einige Tage darauf erschien Felix mit seiner Gemahlin Drusilla, einer Jüdin, ließ Paulus rufen und hörte an, was er ihm über den Glauben an Christus Jesus berichtete. 25 Als aber die Rede auf Gerechtigkeit, Enthaltsamkeit und das bevorstehende Gericht kam, erschrak Felix und unterbrach ihn: Für jetzt kannst du gehen; wenn ich Zeit finde, werde ich dich wieder rufen. 26 Dabei hoffte er, von Paulus Geld zu erhalten. Deshalb ließ er ihn auch häufig kommen und unterhielt sich mit ihm. 27 Nach zwei Jahren aber wurde Porzius Festus Nachfolger des Felix; und weil Felix den Juden einen Gefallen erweisen wollte, ließ er Paulus in der Haft zurück.

5: 17,6 • 11: 21,17 • 14: 9,2 • 15: Dan 12,2; 2 Makk 7,9; Joh 5,28f • 16: 23,1 • 17: Röm 15,25f; Gal 2,10 • 18: 21,27 • 21: 23,6 • 22: 23,26 • 23: 27,3 • 27: 25,9.

Paulus vor dem Statthalter Festus – seine Berufung an den Kaiser: 25,1–12

25 Als Festus in der Provinz eingetroffen war, zog er drei Tage später von Cäsarea nach Jerusalem hinauf. 2 Da erstatteten die Hohenpriester und die Vornehmsten der Juden bei ihm Anzeige gegen Paulus. Sie ersuchten ihn, gegen Paulus vorzugehen, 3 und baten ihn um den Gefallen, Paulus nach Jerusalem bringen zu lassen. Sie wollten ihn nämlich unterwegs aus einem Hin-

---

24,6 Einige Textzeugen fügen ein: ... 6b und nach unserem Gesetz richten wollen. 7 Aber der Oberst Lysias kam herzu und entriss ihn mit Gewalt unseren Händen 8a und befahl, dass seine Ankläger zu dir kommen sollen.

24,27 Porzius Festus war von etwa 58 n. Chr. an Statthalter von Judäa.

terhalt heraus ermorden. 4 Festus jedoch antwortete, Paulus bleibe in Cäsarea in Haft und er selbst wolle in Kürze abreisen. 5 Die unter euch, die dafür zuständig sind, sagte er, können mit hinabkommen, und wenn gegen den Mann etwas vorliegt, sollen sie gegen ihn Anklage erheben.

6 Er hielt sich nicht länger als acht oder zehn Tage bei ihnen auf, dann reiste er nach Cäsarea hinab. Am folgenden Tag setzte er sich auf den Richterstuhl und ließ Paulus vorführen. 7 Als dieser erschien, umringten ihn die Juden, die von Jerusalem herabgekommen waren, und brachten viele schwere Beschuldigungen vor, konnten sie aber nicht beweisen. 8 Paulus verteidigte sich: Ich habe mich weder gegen das Gesetz der Juden noch gegen den Tempel noch gegen den Kaiser vergangen. 9 Festus jedoch wollte den Juden einen Gefallen erweisen und antwortete dem Paulus: Willst du nach Jerusalem hinaufgehen und dich dort unter meinem Vorsitz dieser Sache wegen richten lassen? 10 Paulus sagte: Ich stehe vor dem Richterstuhl des Kaisers und da muss ich gerichtet werden. Den Juden habe ich kein Unrecht getan, wie auch du sehr wohl weißt. 11 Wenn ich wirklich ein Unrecht begangen und etwas getan habe, worauf die Todesstrafe steht, weigere ich mich nicht zu sterben. Wenn aber ihre Anklage gegen mich unbegründet ist, kann mich niemand ihnen ausliefern. Ich lege Berufung beim Kaiser ein! 12 Da besprach sich Festus mit seinen Ratgebern und antwortete: An den Kaiser hast du appelliert; zum Kaiser sollst du gehen.

3: 23,15 • 9: 24,27.

Paulus vor dem Statthalter Festus und König Agrippa: 25,13 – 26,32

13 Einige Tage später trafen König Agrippa und Berenike in Cäsarea ein, um Festus ihre Aufwartung zu machen. 14 Sie blieben mehrere Tage dort. Da trug Festus dem König den Fall des Paulus vor und sagte: Von Felix ist ein Mann als Gefangener zurückgelassen worden, 15 gegen den die Hohenpriester und die Ältesten der Juden, als ich in Jerusalem war, vorstellig wurden. Sie forderten seine Verurteilung, 16 ich aber erwiderte ihnen, es sei bei den Römern nicht üblich, einen Menschen auszuliefern, bevor nicht der Angeklagte den Anklägern gegenübergestellt sei und Gelegenheit erhalten habe, sich gegen die Anschuldigungen zu verteidigen. 17 Als sie dann zusammen hierher kamen, setzte ich mich gleich am nächsten Tag auf den Richterstuhl und ließ den Mann vorführen. 18 Bei der Gegenüberstellung brachten die Kläger keine Anklage wegen solcher Verbrechen vor, die ich vermutet hatte; 19 sie führten nur einige Streitfragen gegen ihn ins Feld, die ihre Religion und einen gewissen Jesus betreffen, der gestorben ist, von dem Paulus aber behauptet, er lebe. 20 Da ich mich auf die Untersuchung dieser Dinge nicht verstand, fragte ich, ob er nach Jerusalem gehen wolle, um sich dort deswegen richten zu lassen. 21 Paulus jedoch legte Berufung ein; er wollte bis zur Entscheidung der kaiserlichen Majestät in Haft bleiben. Daher gab ich Befehl, ihn in Haft zu halten, bis ich ihn zum Kaiser schicken kann. 22 Da sagte Agrippa zu Festus: Ich würde den Mann gern selbst hören. Morgen, antwortete er, sollst du ihn hören.

23 So kamen am folgenden Tag Agrippa und Berenike mit großem Gepränge und betraten die Empfangshalle, zusammen mit den Obersten und den vornehmsten Männern der Stadt. Auf Befehl des Festus wurde Paulus vorgeführt, 24 und Festus sagte: König Agrippa und all ihr Männer, die ihr hier bei uns seid! Da seht ihr den Mann, dessentwegen mich alle Juden in Jerusalem und auch hier bestürmt haben mit ihrem Geschrei, er dürfe nicht länger am Leben bleiben. 25 Ich aber konnte bei ihm nichts feststellen, worauf die Todesstrafe steht. Da er jedoch selbst an die kaiserliche Majestät appelliert hat, habe ich beschlossen, ihn hinzuschicken. 26 Etwas Genaues über ihn weiß ich meinem Herrn allerdings nicht zu schreiben. Darum habe ich ihn euch und vor allem dir, König Agrippa, vorführen lassen, um nach dem Verhör zu wissen, was ich schreiben kann. 27 Denn es scheint mir unsinnig, einen Gefangenen zu schicken, ohne anzugeben, was man ihm vorwirft.

26 Da sagte Agrippa zu Paulus: Du hast die Erlaubnis, in eigener Sache zu reden. Paulus erhob die Hand und sagte zu seiner Verteidigung: 2 Ich schätze mich glücklich, König Agrippa, dass ich mich heute vor dir verteidigen darf wegen all der Dinge, die mir die Juden vorwerfen, 3 besonders, da du ein Kenner aller jüdischen Satzungen und Streitfragen bist. Deshalb bitte ich, mich geduldig anzuhören.

25,13 Es handelt sich um Herodes Agrippa II., Sohn des Herodes Agrippa I (vgl. die Anmerkung zu 12,1). Er hielt zu den Römern, wurde 50 n. Chr. Tetrarch und 53 n. Chr. König, hatte aber nur sehr beschränkte Rechte. Er war unverheiratet und lebte mit seiner Schwester Berenike zusammen.

4 Das Leben, das ich seit meiner Jugend bei
meinem Volk und in Jerusalem geführt habe,
ist allen Juden von Anfang an bekannt. 5 Ich
bin ihnen von früher her bekannt, und wenn
sie wollen, können sie bezeugen, dass ich
nach der strengsten Richtung unserer Religi-
on gelebt habe, nämlich als Pharisäer. 6 Und
jetzt stehe ich vor Gericht wegen der Hoff-
nung auf die Verheißung, die von Gott an un-
sere Väter ergangen ist. 7 Unser Zwölfstäm-
mevolk hofft, sie zu erlangen, und deshalb
dient es Gott unablässig, bei Tag und Nacht.
Dieser Hoffnung wegen, König, werde ich
von den Juden angeklagt. 8 Warum haltet ihr
es für unglaubhaft, dass Gott Tote aufer-
weckt? 9 Ich selbst meinte, ich müsste den
Namen Jesu, des Nazoräers, heftig bekämp-
fen. 10 Das habe ich in Jerusalem auch getan:
Ich ließ mir von den Hohenpriestern Voll-
macht geben und sperrte viele der Heiligen
ins Gefängnis; und wenn sie hingerichtet
werden sollten, stimmte ich dafür. 11 Und in
allen Synagogen habe ich oft versucht, sie
durch Strafen zur Lästerung zu zwingen; in
maßloser Wut habe ich sie sogar bis in Städte
außerhalb des Landes verfolgt.

12 So zog ich auch mit der Vollmacht und
Erlaubnis der Hohenpriester nach Damas-
kus. 13 Da sah ich unterwegs, König, mitten
am Tag ein Licht, das mich und meine Be-
gleiter vom Himmel her umstrahlte, heller
als die Sonne. 14 Wir alle stürzten zu Boden,
und ich hörte eine Stimme auf Hebräisch zu
mir sagen: Saul, Saul, warum verfolgst du
mich? Es wird dir schwer fallen, gegen den
Stachel auszuschlagen. 15 Ich antwortete:
Wer bist du, Herr? Der Herr sagte: Ich bin Je-
sus, den du verfolgst. 16 Steh auf, stell dich
auf deine Füße! Denn ich bin dir erschienen,
um dich zum Diener und Zeugen dessen zu
erwählen, was du gesehen hast und was ich
dir noch zeigen werde. 17 Ich will dich vor
dem Volk und den Heiden retten, zu denen
ich dich sende, 18 um ihnen die Augen zu öff-
nen. Denn sie sollen sich von der Finsternis
zum Licht und von der Macht des Satans zu
Gott bekehren und sollen durch den Glauben
an mich die Vergebung der Sünden empfan-
gen und mit den Geheiligten am Erbe teilha-
ben.

19 Daher, König Agrippa, habe ich mich
der himmlischen Erscheinung nicht wider-
setzt, 20 sondern zuerst denen in Damaskus
und in Jerusalem, dann im ganzen Land Ju-
däa und bei den Heiden verkündet, sie soll-
ten umkehren, sich Gott zuwenden und der
Umkehr entsprechend handeln. 21 Aus die-
sem Grund haben mich einige Juden im
Tempel ergriffen und versucht, mich umzu-
bringen. 22 Doch ich habe Gottes Hilfe erfah-
ren bis zum heutigen Tag; so stehe ich da als
Zeuge für Groß und Klein und sage nichts
anderes als das, was nach dem Wort der Pro-
pheten und des Mose geschehen soll: 23 dass
der Christus leiden müsse und dass er, als
erster von den Toten auferstanden, dem
Volk und den Heiden ein Licht verkünden
werde.

24 Als er sich mit diesen Worten verteidig-
te, rief Festus laut: Du bist verrückt, Paulus!
Das viele Studieren in den (heiligen) Schrif-
ten treibt dich zum Wahnsinn. 25 Paulus er-
widerte: Ich bin nicht verrückt, erlauchter
Festus; was ich sage, ist wahr und vernünf-
tig. 26 Der König versteht sich auf diese Din-
ge; deshalb spreche ich auch freimütig zu
ihm. Ich bin überzeugt, dass ihm nichts da-
von entgangen ist; das alles hat sich ja nicht
in irgendeinem Winkel zugetragen. 27 König
Agrippa, glaubst du den Propheten? Ich
weiß, du glaubst. 28 Darauf sagte Agrippa zu
Paulus: Fast überredest du mich dazu, mich
als Christ auszugeben. 29 Paulus antwortete:
Ich wünschte mir von Gott, dass früher oder
später nicht nur du, sondern alle, die mich
heute hören, das werden, was ich bin, frei-
lich ohne diese Fesseln.

30 Da erhoben sich der König und der
Statthalter, auch Berenike und alle, die bei
ihnen saßen. 31 Sie zogen sich zurück, be-
sprachen sich miteinander und sagten: Die-
ser Mann tut nichts, worauf Tod oder Haft
steht. 32 Und Agrippa sagte zu Festus: Der
Mann könnte freigelassen werden, wenn er
nicht an den Kaiser appelliert hätte.

25,19: 18,15 • 26,4: Gal 1,14; Phil 3,5f • 5: 23,6 • 6: 28,20 • 9–20: 9,1–29; 22,3–21 • 16: Ez 2,1.3; 2 Kor 12,1; Gal 1,15f • 18: Jes 35,5; 42,7.16; 61,1; Apg 20,32; Kol 1,13 • 21: 21,30f • 23: Lk 24,26.44–47; 1 Kor 15,20; Kol 1,18 • 28: 11,26; 1 Petr 4,16 • 32: 25,11.

Die Abfahrt des gefangenen Apostels nach Rom: 27,1–13

27 Als unsere Abfahrt nach Italien fest-
stand, wurden Paulus und einige an-
dere Gefangene einem Hauptmann der kai-
serlichen Kohorte namens Julius übergeben.
2 Wir bestiegen ein Schiff aus Adramyttium,
das die Orte entlang der Küste Kleinasiens
anlaufen sollte, und fuhren ab; bei uns war
Aristarch, der Mazedonier aus Thessalonich.
3 Am anderen Tag liefen wir in Sidon ein und
Julius, der Paulus wohlwollend behandelte,
erlaubte ihm, zu seinen Freunden zu gehen
und sich versorgen zu lassen. 4 Von dort fuh-
ren wir weiter und umsegelten, weil wir Ge-
genwind hatten, Zypern. 5 Wir fuhren durch
das Meer von Zilizien und Pamphylien und

erreichten Myra in Lyzien. 6 Dort fand der
Hauptmann ein alexandrinisches Schiff, das
nach Italien fuhr, und er brachte uns an
Bord. 7 Viele Tage lang kamen wir nur lang-
sam vorwärts und mit Mühe erreichten wir
die Höhe von Knidos. Da uns der Wind nicht
herankommen ließ, umsegelten wir Kreta bei
Salmone, 8 fuhren unter großer Mühe an
Kreta entlang und erreichten einen Ort na-
mens Kalói Liménes, in dessen Nähe die
Stadt Lasäa liegt.

9 Da inzwischen längere Zeit vergangen
und die Schifffahrt bereits unsicher gewor-
den war – sogar das Fasten war schon vorü-
ber –, warnte Paulus und sagte: 10 Männer,
ich sehe, die Fahrt wird mit Gefahr und gro-
ßem Schaden verbunden sein, nicht nur für
die Ladung und das Schiff, sondern auch für
unser Leben. 11 Der Hauptmann aber ver-
traute dem Steuermann und dem Kapitän
mehr als den Worten des Paulus. 12 Da der
Hafen zum Überwintern ungeeignet war, be-
schloss die Mehrheit weiterzufahren, um
nach Möglichkeit Phönix zu erreichen, einen
nach Südwesten und Nordwesten offenen
Hafen von Kreta; dort wollten sie überwin-
tern. 13 Als leichter Südwind aufkam, mein-
ten sie, ihr Vorhaben sei schon geglückt; sie
lichteten den Anker und fuhren dicht an
Kreta entlang.

1: 25,12 • 2: 19,29; 20,4 • 3: 24,23; 28,2.16.

Der Seesturm: 27,14–26

14 Doch kurz darauf brach von der Insel
her ein Orkan los, Eurakylon genannt. 15 Das
Schiff wurde mitgerissen, und weil es nicht
mehr gegen den Wind gedreht werden konn-
te, gaben wir auf und ließen uns treiben.
16 Während wir unter einer kleinen Insel na-
mens Kauda hinfuhren, konnten wir das
Beiboot nur mit Mühe in die Gewalt bekom-
men. 17 Die Matrosen hoben es hoch, dann si-
cherten sie das Schiff, indem sie Taue darum
herumspannten. Weil sie fürchteten, in die
Syrte zu geraten, ließen sie den Treibanker
hinab und trieben dahin. 18 Da wir vom
Sturm hart bedrängt wurden, erleichterten
sie am nächsten Tag das Schiff, 19 und am
dritten Tag warfen sie eigenhändig die
Schiffsausrüstung über Bord. 20 Mehrere
Tage hindurch zeigten sich weder Sonne
noch Sterne und der heftige Sturm hielt an.
Schließlich schwand uns alle Hoffnung auf
Rettung.

21 Niemand wollte mehr essen; da trat Pau-
lus in ihre Mitte und sagte: Männer, man
hätte auf mich hören und von Kreta nicht
abfahren sollen, dann wären uns dieses Un-
glück und der Schaden erspart geblieben.
22 Doch jetzt ermahne ich euch: Verliert nicht
den Mut! Niemand von euch wird sein Leben
verlieren, nur das Schiff wird untergehen.
23 Denn in dieser Nacht ist ein Engel des Got-
tes, dem ich gehöre und dem ich diene, zu
mir gekommen 24 und hat gesagt: Fürchte
dich nicht, Paulus! Du musst vor den Kaiser
treten. Und Gott hat dir alle geschenkt, die
mit dir fahren. 25 Habt also Mut, Männer!
Denn ich vertraue auf Gott, dass es so kom-
men wird, wie mir gesagt worden ist. 26 Wir
müssen allerdings an einer Insel stranden.

4: 23,11 • 26: 28,1.

Der Schiffbruch vor Malta: 27,27–44

27 Als wir schon die vierzehnte Nacht auf
der Adria trieben, merkten die Matrosen um
Mitternacht, dass sich ihnen Land näherte.
28 Sie warfen das Lot hinab und maßen
zwanzig Faden; kurz danach loteten sie
nochmals und maßen fünfzehn Faden. 29 Aus
Furcht, wir könnten auf Klippen laufen,
warfen sie vom Heck aus vier Anker und
wünschten den Tag herbei. 30 Als aber die
Matrosen unter dem Vorwand, sie wollten
vom Bug aus Anker auswerfen, vom Schiff
zu fliehen versuchten und das Beiboot ins
Meer hinunterließen, 31 sagte Paulus zum
Hauptmann und zu den Soldaten: Wenn sie
nicht auf dem Schiff bleiben, könnt ihr nicht
gerettet werden. 32 Da kappten die Soldaten
die Taue des Beibootes und ließen es forttrei-
ben. 33 Bis in die Morgendämmerung hinein
ermunterte Paulus alle, etwas zu essen, und
sagte: Heute ist schon der vierzehnte Tag,
dass ihr ausharrt, ohne auch nur die gerings-
te Nahrung zu euch zu nehmen. 34 Deshalb
rate ich euch: Esst etwas; das ist gut für eure
Rettung. Denn keinem von euch wird auch
nur ein Haar von seinem Kopf verloren ge-
hen.

35 Nach diesen Worten nahm er Brot,
dankte Gott vor den Augen aller, brach es
und begann zu essen. 36 Da fassten alle Mut
und aßen ebenfalls. 37 Wir waren im ganzen
zweihundertsechsundsiebzig Menschen an
Bord. 38 Nachdem sie sich satt gegessen hat-
ten, warfen sie das Getreide ins Meer, um das
Schiff zu erleichtern.

27,8 Kalói Liménes, wörtlich: Guthafen. Es handelt sich dabei um eine Bucht an der felsigen Küste bei der Stadt Lasäa, die nach Osten offen war.

27,14 »Eurakýlon« ist der Name eines starken Nordwinds.

27,28 1 Faden = 1 Klafter = 1,85 Meter.

39 Als es nun Tag wurde, entdeckten die
Matrosen eine Bucht mit flachem Strand; auf
ihn wollten sie, wenn möglich, das Schiff
auflaufen lassen; das Land selbst war ihnen
unbekannt. 40 Sie machten die Anker los und
ließen sie im Meer zurück. Zugleich lösten
sie die Haltetaue der Steuerruder, hissten
das Vorsegel und hielten mit dem Wind auf
den Strand zu. 41 Als sie aber auf eine Sand-
bank gerieten, strandeten sie mit dem Schiff;
der Bug bohrte sich ein und saß unbeweglich
fest; das Heck aber begann in der Brandung
zu zerbrechen. 42 Da beschlossen die Solda-
ten, die Gefangenen zu töten, damit keiner
schwimmend entkommen könne. 43 Der
Hauptmann aber wollte Paulus retten und
hinderte sie an ihrem Vorhaben. Er befahl,
dass zuerst alle, die schwimmen konnten,
über Bord springen und an Land gehen soll-
ten, 44 dann die Übrigen, teils auf Planken,
teils auf anderen Schiffstrümmern. So kam
es, dass alle ans Land gerettet wurden.

34: Lk 12,7 • 35: Joh 6,11; Lk 22,19; 1 Tim 4,4 • 41: 2 Kor 11,25.

Die Überwinterung auf Malta: 28,1–10

28 Als wir gerettet waren, erfuhren wir,
dass die Insel Malta heißt. 2 Die Ein-
heimischen waren uns gegenüber unge-
wöhnlich freundlich; sie zündeten ein Feuer
an und holten uns alle zu sich, weil es zu reg-
nen begann und kalt war. 3 Als Paulus einen
Haufen Reisig zusammenraffte und auf das
Feuer legte, fuhr infolge der Hitze eine Viper
heraus und biss sich an seiner Hand fest.
4 Als die Einheimischen das Tier an seiner
Hand hängen sahen, sagten sie zueinander:
Dieser Mensch ist gewiss ein Mörder; die Ra-
chegöttin lässt ihn nicht leben, obwohl er
dem Meer entkommen ist. 5 Er aber schleu-
derte das Tier ins Feuer und erlitt keinen
Schaden. 6 Da erwarteten sie, er werde an-
schwellen oder plötzlich tot umfallen. Als sie
aber eine Zeit lang gewartet hatten und sa-
hen, dass ihm nichts Schlimmes geschah, än-
derten sie ihre Meinung und sagten, er sei ein
Gott.

7 In jener Gegend lagen Landgüter, die
dem Publius, dem Ersten der Insel, gehörten;
er nahm uns auf und bewirtete uns drei Tage
lang freundlich als seine Gäste. 8 Der Vater
des Publius lag gerade mit Fieber und Ruhr
im Bett. Paulus ging zu ihm hinein und bete-
te; dann legte er ihm die Hände auf und heil-
te ihn. 9 Daraufhin kamen auch die anderen
Kranken der Insel herbei und wurden ge-
heilt. 10 Sie erwiesen uns viele Ehren und bei
der Abfahrt gaben sie uns alles mit, was wir
brauchten.

5: Mk 16,18; Lk 10,19 • 6: 14,11.

Von Malta nach Rom: 28,11–15

11 Drei Monate später fuhren wir mit ei-
nem alexandrinischen Schiff ab, das auf der
Insel überwintert hatte und die Dioskuren
als Schiffszeichen trug. 12 Wir liefen in Syra-
kus ein und blieben drei Tage; 13 von dort
fuhren wir die Küste entlang weiter und er-
reichten Rhegion. Nach einem Tag setzte
Südwind ein und so kamen wir in zwei Ta-
gen nach Puteoli. 14 Hier trafen wir Brüder;
sie baten uns, sieben Tage bei ihnen zu blei-
ben. Und so kamen wir nach Rom. 15 Von
dort waren uns die Brüder, die von uns ge-
hört hatten, bis Forum Appii und Tres Ta-
bernae entgegengereist. Als Paulus sie sah,
dankte er Gott und fasste Mut.

Ankunft und Wirken des Völkerapostels in Rom: 28,16–31

16 Nach unserer Ankunft in Rom erhielt
Paulus die Erlaubnis, für sich allein zu woh-
nen, zusammen mit dem Soldaten, der ihn
bewachte. 17 Drei Tage später rief er die füh-
renden Männer der Juden zusammen. Als sie
versammelt waren, sagte er zu ihnen: Brü-
der, obwohl ich mich nicht gegen das Volk
oder die Sitten der Väter vergangen habe,
bin ich von Jerusalem aus als Gefangener
den Römern ausgeliefert worden. 18 Diese
haben mich verhört und wollten mich frei-
lassen, da nichts gegen mich vorlag, worauf
der Tod steht. 19 Weil aber die Juden Ein-
spruch erhoben, war ich gezwungen, Beru-
fung beim Kaiser einzulegen, jedoch nicht,
um mein Volk anzuklagen. 20 Aus diesem
Grund habe ich darum gebeten, euch sehen
und sprechen zu dürfen. Denn um der Hoff-
nung Israels willen trage ich diese Fesseln.
21 Sie antworteten ihm: Wir haben über dich
weder Briefe aus Judäa erhalten, noch ist ei-
ner von den Brüdern gekommen, der uns et-

28,2.4 Die Einheimischen, wörtlich: Die Barbaren. Bei den Griechen Bezeichnung für Menschen, die nicht Griechisch sprachen.

28,7 »Der Erste der Insel« war ein offizieller Titel, der durch Inschriften bestätigt ist.

28,15 »Brüder« sind Christen, nicht Verwandte oder Volksgenossen des Paulus. – Forum Appii ist 64,5 Kilometer, Tres Tabernae 49,5 Kilometer von Rom entfernt.

28,20 Hoffnung Israels: Gemeint ist der Messias.

was Belastendes über dich berichtet oder er-
zählt hätte. 22 Wir wünschen aber von dir zu
hören, was du denkst; denn von dieser Sekte
ist uns bekannt, dass sie überall auf Wider-
spruch stößt.
23 Sie vereinbarten mit ihm einen be-
stimmten Tag, an dem sie in noch größerer
Zahl zu ihm in die Wohnung kamen. Vom
Morgen bis in den Abend hinein erklärte und
bezeugte er ihnen das Reich Gottes und ver-
suchte, sie vom Gesetz des Mose und von den
Propheten aus für Jesus zu gewinnen. 24 Die
einen ließen sich durch seine Worte überzeu-
gen, die andern blieben ungläubig. 25 Ohne
sich einig geworden zu sein, brachen sie auf,
nachdem Paulus noch das eine Wort gesagt
hatte: Treffend hat der Heilige Geist durch
den Propheten Jesaja zu euren Vätern ge-
sagt:
26 *Geh zu diesem Volk und sag: / Hören*
sollt ihr, hören, aber nicht verstehen; / sehen
sollt ihr, sehen, aber nicht erkennen.
27 *Denn das Herz dieses Volkes ist hart ge-*
worden / und mit ihren Ohren hören sie nur
schwer / und ihre Augen halten sie geschlos-
sen, / damit sie mit ihren Augen nicht sehen /
und mit ihren Ohren nicht hören, / damit sie
mit ihrem Herzen nicht zur Einsicht kom-
men, / damit sie sich nicht bekehren und ich
sie nicht heile.
28 Darum sollt ihr nun wissen: Den Heiden
ist dieses Heil Gottes gesandt worden. Und
sie werden hören! [29]
30 Er blieb zwei volle Jahre in seiner Miet-
wohnung und empfing alle, die zu ihm ka-
men. 31 Er verkündete das Reich Gottes und
trug ungehindert und mit allem Freimut die
Lehre über Jesus Christus, den Herrn, vor.

16: 27,3 • 20: 26,6f • 23: 13,16–25; 17,2f.11f; Lk 24,44; Joh 1,45; 5,45f; 1 Petr 1,10–12 • 26: Jes 6,9f G; Mt 13,14; Mk 4,12; Lk 8,10; Joh 12,40 • 28: Ps 67,3; 98,3; Apg 18,6; Lk 3,6 • 31: 1,3; 28,23; Röm 1,15.

28,29 Einzelne Textzeugen fügen hinzu: Als er das gesagt hatte, gingen die Juden weg und stritten noch lange miteinander.

Die Paulinischen Briefe

An der Spitze der Briefsammlung des Neuen Testaments stehen 14 Briefe, die den Namen des Apostels Paulus in der Anschrift tragen oder doch – wie der Brief an die Hebräer – einen Bezug zu Paulus aufweisen. Der Apostel bediente sich auch des Briefes, um auf Glaubensfragen zu antworten, Schwierigkeiten im Gemeindeleben zu lösen, seelsorgliche Anweisungen zu geben und die neubekehrten Christen zu ermahnen, zu trösten und zu stärken. Diese Briefe waren (abgesehen von den Schreiben an Philemon, Timotheus und Titus) dazu bestimmt, in der Gemeindeversammlung vorgelesen zu werden. Sie schenken uns wichtige Einblicke in das Denken des großen Apostels, auch seiner Mitarbeiter, und in das Leben wichtiger urchristlicher Gemeinden seines Missionsgebietes.

Manche Forscher nehmen heute an, dass einige Schreiben dieser Sammlung von Mitarbeitern und Schülern des Apostels verfasst wurden (s. die Einleitungen zu den Briefen an die Epheser und Kolosser, an Timotheus und Titus).

Wichtige Briefe des Apostels wurden schon früh gesammelt. Ein Hinweis auf eine solche Sammlung paulinischer Briefe findet sich bereits im Neuen Testament (2 Petr 3,15: »Das hat euch auch unser geliebter Bruder Paulus mit der ihm verliehenen Weisheit geschrieben; es steht in allen seinen Briefen, in denen er davon spricht. In ihnen ist manches schwer zu verstehen«).

Die heutige Sammlung von Paulusbriefen ist aber unvollständig, da eine Anzahl paulinischer Briefe verloren gegangen ist (vgl. 1 Kor 5,9; 2 Kor 2,3f und Kol 3,16f).

Die einzelnen Briefe dieser Schriftgruppe sind dem Umfang nach angeordnet, die umfangreichsten stehen an der Spitze. Der Hebräerbrief wurde an das Ende gestellt, da er nicht von Paulus selbst stammt, sein Verfasser aber deutlich von paulinischen Gedanken beeinflusst ist.

In der Briefsammlung unterscheidet man noch die Gruppe der Gefangenschaftsbriefe, die Hinweise darauf enthalten, dass Paulus bei deren Abfassung sich in Haft befand (so die Briefe an die Gemeinden in Ephesus, Philippi und Kolossä und an Philemon) – der Apostel befand sich mehrmals in Haft –, und die Briefe an Timotheus und Titus, die Pastoral-(Hirten-)Briefe genannt werden, da sie nicht an Gemeinden, sondern an Gemeindehirten (pastores) gerichtet sind und diesen seelsorgliche Anweisungen geben.

Der Brief an die Römer

Wann die christliche Gemeinde in Rom entstanden ist und wer sie gegründet hat, ist nicht bekannt. Der Brief an die Römer ist das früheste Zeugnis ihrer Existenz und Bedeutung. Paulus schreibt an die römische Gemeinde, kurz bevor er seine Reise nach Jerusalem antritt, bei der er die Kollekte der heidenchristlichen Gemeinden von Mazedonien und Griechenland überbringen will. (Röm 15,25–32; vgl. Apg 20,3ff). Er trat diese Reise zwischen 56 und 58 n. Chr. an. Vermutlich ist der Brief während des vorangehenden dreimonatigen Aufenthalts in Griechenland geschrieben worden (Apg 20,2f), und zwar in Korinth, dem Zentrum seiner Griechenlandmission.

Paulus hatte schon lange die Absicht, in die Hauptstadt Rom zu kommen, um die dortige Gemeinde zu besuchen (Röm 8,1–15). Nach der Tätigkeit im östlichen Teil des römischen Reichs will er in Spanien eine neue Missionsarbeit beginnen; hierfür erwartet er von der römischen Gemeinde Unterstützung (15,14–24).

Mit seinem Brief will er sich, auch weil über ihn mancherlei Nachrichten verbreitet waren, persönlich vorstellen. Er legt deshalb eingehend dar, wie er die Botschaft von Jesus Christus versteht und verkündigt. Der Römerbrief ist eine ausführliche Erklärung dessen, was das »Evangelium Jesu Christi« ist. Deswegen beginnt er mit einem auch römischen Christen vertrauten Bekenntnissatz (Röm 1,3b–4a) und entfaltet diesen mit Hilfe der Lehre von der Rechtfertigung des Sünders (1,16f; 1,18 – 8,39). Er spricht zunächst vom Zorn Gottes über die Sünde der Menschen (1,18 – 3,20). Darauf folgen die zentralen Ausführungen über das rechtfertigende Handeln Gottes und den Glauben des Menschen (3,21 – 5,11). Diese Gedanken werden weiter entfaltet in einem Abschnitt über das neue Leben und die Hoffnung des Christen (5,12 – 8,39). Im Besonderen geht er dann auf die Frage nach der Rettung Israels ein (Kap. 9 – 11), was darauf schließen lässt, dass zur Gemeinde in Rom viele Judenchristen gehörten. Allerdings geht es dem Apostel auch immer wieder um das Heil für die Heiden. Wir müssen also mit einer gemischten Gemeinde rechnen. Im einzelnen kennt Paulus die Situation der römischen Gemeinde nicht genau; nur in dem ermahnenden Schlussteil (12,1 – 15,13) behandelt er eine aktuelle Streitfrage (14,1 – 15,13). Kap. 16 ist ein Nachtrag mit einer Empfehlung, zahlreichen Grüßen und Ermahnungen sowie einem abschließenden Lobpreis (16,25–27).

Der Römerbrief stellt eine Zusammenfassung der Verkündigung und Theologie des Apostels dar. Man hat ihn daher das »Testament des Paulus« genannt. Wegen seines Umfangs wurde er später an den Anfang der Sammlung paulinischer Briefe gestellt.

ANSCHRIFT UND GRUSS: 1,1–7

1 Paulus, Knecht Christi Jesu, berufen
zum Apostel, auserwählt, das Evange-
lium Gottes zu verkündigen, 2 das er durch
seine Propheten im voraus verheißen hat in
den heiligen Schriften: 3 das Evangelium von
seinem Sohn, der dem Fleisch nach geboren
ist als Nachkomme Davids, 4 der dem Geist
der Heiligkeit nach eingesetzt ist als Sohn
Gottes in Macht seit der Auferstehung von
den Toten, das Evangelium von Jesus Chris-
tus, unserem Herrn.
5 Durch ihn haben wir Gnade und Apostel-
amt empfangen, um in seinem Namen alle
Heiden zum Gehorsam des Glaubens zu füh-
ren; 6 zu ihnen gehört auch ihr, die ihr von
Jesus Christus berufen seid.
7 An alle in Rom, die von Gott geliebt sind,
die berufenen Heiligen: Gnade sei mit euch
und Friede von Gott, unserem Vater, und
dem Herrn Jesus Christus.

1: Gal 1,15; Apg 13,2; 26,16f • 3: 9,5; 2 Tim 2,8 • 4: Apg 13,33; 1 Tim 3,16 • 5: 15,15–19; Apg 9,15; Gal 2,7.9.

DANKGEBET – THEMA DES BRIEFES: 1,8–17

8 Zunächst danke ich meinem Gott durch
Jesus Christus für euch alle, weil euer Glau-
be in der ganzen Welt verkündet wird.
9 Denn Gott, den ich im Dienst des Evangeli-
ums von seinem Sohn mit ganzem Herzen
ehre, ist mein Zeuge: Unablässig denke ich
an euch 10 in allen meinen Gebeten und bitte
darum, es möge mir durch Gottes Willen

1,1 Über die Berufung des Paulus zum Apostel vgl. Gal 1,15f; 1 Kor 9,1; 15,8–10; Apg 9,1–22; 22,3–16; 26,4–18.

1,3f Paulus zitiert in VV. 3b.4a einen urchristlichen Bekenntnissatz, der der Gemeinde von Rom offensichtlich bekannt war.

1,4 seit, andere Übersetzungsmöglichkeit: aufgrund.

endlich gelingen, zu euch zu kommen.
11 Denn ich sehne mich danach, euch zu se-
hen; ich möchte euch geistliche Gaben ver-
mitteln, damit ihr dadurch gestärkt werdet,
12 oder besser: damit wir, wenn ich bei euch
bin, miteinander Zuspruch empfangen
durch euren und meinen Glauben. 13 Ihr sollt
wissen, Brüder, dass ich mir schon oft vorge-
nommen habe, zu euch zu kommen, aber bis
heute daran gehindert wurde; denn wie bei
den anderen Heiden soll meine Arbeit auch
bei euch Frucht bringen. 14 Griechen und
Nichtgriechen, Gebildeten und Ungebilde-
ten bin ich verpflichtet; 15 so liegt mir alles
daran, auch euch in Rom das Evangelium zu
verkündigen. 16 Denn ich schäme mich des
Evangeliums nicht: Es ist eine Kraft Gottes,
die jeden rettet, der glaubt, zuerst den Juden,
aber ebenso den Griechen. 17 Denn im Evan-
gelium wird die Gerechtigkeit Gottes offen-
bart aus Glauben zum Glauben, wie es in der
Schrift heißt: *Der aus Glauben Gerechte
wird leben.*

8: 16,19; 1 Thess 1,8 • 9: Phil 1,8 • 10: 15,23; Apg 19,21 • 11: 1 Thess 2,17; 3,10 • 13: 15,22 • 15: Apg 28,30f • 16: 1 Kor 1,18.24; 2,4 • 17: 3,21f; Hab 2,4; Gal 3,11; Hebr 10,38.

DIE RETTUNG DER MENSCHEN: 1,18 – 8,39

Sünde und Verlorenheit: 1,18 – 3,20

Gottes Zorn über die Ungerechtigkeit der Menschen: 1,18–32

18 Der Zorn Gottes wird vom Himmel he-
rab offenbart wider alle Gottlosigkeit und
Ungerechtigkeit der Menschen, die die
Wahrheit durch Ungerechtigkeit niederhal-
ten. 19 Denn was man von Gott erkennen
kann, ist ihnen offenbar; Gott hat es ihnen
offenbart. 20 Seit Erschaffung der Welt wird
seine unsichtbare Wirklichkeit an den Wer-
ken der Schöpfung mit der Vernunft wahr-
genommen, seine ewige Macht und Gottheit.
Daher sind sie unentschuldbar. 21 Denn sie
haben Gott erkannt, ihn aber nicht als Gott
geehrt und ihm nicht gedankt. Sie verfielen
in ihrem Denken der Nichtigkeit und ihr un-
verständiges Herz wurde verfinstert. 22 Sie
behaupteten, weise zu sein, und wurden zu
Toren. 23 Sie vertauschten die Herrlichkeit
des unvergänglichen Gottes mit Bildern, die
einen vergänglichen Menschen und fliegen-
de, vierfüßige und kriechende Tiere darstel-
len. 24 Darum lieferte Gott sie durch die Be-
gierden ihres Herzens der Unreinheit aus,
sodass sie ihren Leib durch ihr eigenes Tun
entehrten. 25 Sie vertauschten die Wahrheit
Gottes mit der Lüge, sie beteten das Ge-
schöpf an und verehrten es anstelle des
Schöpfers – gepriesen ist er in Ewigkeit.
Amen. 26 Darum lieferte Gott sie entehren-
den Leidenschaften aus: Ihre Frauen ver-
tauschten den natürlichen Verkehr mit dem
widernatürlichen; 27 ebenso gaben die Män-
ner den natürlichen Verkehr mit der Frau
auf und entbrannten in Begierde zueinander;
Männer trieben mit Männern Unzucht und
erhielten den ihnen gebührenden Lohn für
ihre Verirrung. 28 Und da sie sich weigerten,
Gott anzuerkennen, lieferte Gott sie einem
verworfenen Denken aus, sodass sie tun, was
sich nicht gehört: 29 Sie sind voll Ungerech-
tigkeit, Schlechtigkeit, Habgier und Bosheit,
voll Neid, Mord, Streit, List und Tücke, sie
verleumden 30 und treiben üble Nachrede, sie
hassen Gott, sind überheblich, hochmütig
und prahlerisch, erfinderisch im Bösen und
ungehorsam gegen die Eltern, 31 sie sind un-
verständig und haltlos, ohne Liebe und Er-
barmen. 32 Sie erkennen, dass Gottes Rechts-
ordnung bestimmt: Wer so handelt, verdient
den Tod. Trotzdem tun sie es nicht nur
selber, sondern stimmen bereitwillig auch
denen zu, die so handeln.

18: 2,5.8f; Jes 66,15 • 19: Apg 14,17; 17,24–28 • 20: Weish 13,1–9; Sir 17,8f • 21: Eph 4,17f • 22: 1 Kor 1,19–21 • 23: Ps 106,20; Dtn 4,15–19; Weish 12,24 • 27: 1 Kor 6,9; Lev 18,22 • 29: Gal 5,19–21; 2 Tim 3,2–5.

1,11f Die zurückhaltende Aussage steht im Zusammenhang mit dem missionarischen Grundsatz des Paulus, der in Röm 15,19–22 und 2 Kor 10,15f erwähnt wird. Dennoch ist die Hauptstadt Rom für ihn von besonderer Bedeutung, weil sie das Zentrum der heidnischen Welt ist.

1,16 Die Vorrangstellung der Juden, die auch in 2,9f und in Kap. 9 – 11 hervorgehoben wird, beruht für Paulus darauf, dass für Israel die Verheißung Gottes nach wie vor gültig ist (vgl. 3,1f).

1,17 Andere Übersetzungsmöglichkeit: Der Gerechte wird aus Glauben leben (d. h.: Der Gerechte wird aufgrund seines Glaubens das Leben haben); vgl. auch die Anmerkung zu Hab 2,4. – Zu »Gerechtigkeit Gottes« vgl. die Anmerkung zu 3,24–26.

1,18 – 2,11 Die »Ungerechtigkeit« der Menschen besteht in der Abkehr von ihrem Schöpfer. Alle Einzelsünden sind Folgen dieser Grundsünde, aus der sich die Menschen nicht selbst freimachen können.

Der Mensch vor Gottes Gericht: 2,1–11

2 Darum bist du unentschuldbar – wer du
auch bist, Mensch –, wenn du richtest.
Denn worin du den andern richtest, darin
verurteilst du dich selber, da du, der Rich-
tende, dasselbe tust. 2 Wir wissen aber, dass
Gottes Gericht über alle, die solche Dinge
tun, der Wahrheit entspricht. 3 Meinst du
etwa, du könntest dem Gericht Gottes ent-
rinnen, wenn du die richtest, die solche Din-
ge tun, und dasselbe tust wie sie? 4 Verach-
test du etwa den Reichtum seiner Güte, Ge-
duld und Langmut? Weißt du nicht, dass
Gottes Güte dich zur Umkehr treibt? 5 Weil
du aber starrsinnig bist und dein Herz nicht
umkehrt, sammelst du Zorn gegen dich für
den »Tag des Zornes«, den Tag der Offenba-
rung von Gottes gerechtem Gericht. 6 *Er
wird jedem vergelten, wie es seine Taten ver-
dienen:* 7 denen, die beharrlich Gutes tun
und Herrlichkeit, Ehre und Unvergänglich-
keit erstreben, gibt er ewiges Leben, 8 denen
aber, die selbstsüchtig nicht der Wahrheit,
sondern der Ungerechtigkeit gehorchen, wi-
derfährt Zorn und Grimm. 9 Not und Be-
drängnis wird jeden Menschen treffen, der
das Böse tut, zuerst den Juden, aber ebenso
den Griechen; 10 Herrlichkeit, Ehre und Frie-
de werden jedem zuteil, der das Gute tut,
zuerst dem Juden, aber ebenso dem Grie-
chen; 11 denn Gott richtet ohne Ansehen der
Person.

1: Mt 7,2 • 4: 2 Petr 3,9 • 5: Offb 6,17 • 6: Ps 62,13; Mt 16,27 • 10: 1,16; 3,9 • 11: Apg 10,34; 1 Petr 1,17.

Die Heiden und das Gesetz: 2,12–16

12 Alle, die sündigten, ohne das Gesetz zu
haben, werden auch ohne das Gesetz zu-
grunde gehen und alle, die unter dem Gesetz
sündigten, werden durch das Gesetz gerich-
tet werden. 13 Nicht die sind vor Gott ge-
recht, die das Gesetz hören, sondern er wird
die für gerecht erklären, die das Gesetz tun.
14 Wenn Heiden, die das Gesetz nicht haben,
von Natur aus das tun, was im Gesetz gefor-
dert ist, so sind sie, die das Gesetz nicht ha-
ben, sich selbst Gesetz. 15 Sie zeigen damit,
dass ihnen die Forderung des Gesetzes ins
Herz geschrieben ist; ihr Gewissen legt
Zeugnis davon ab, ihre Gedanken klagen
sich gegenseitig an und verteidigen sich –
16 an jenem Tag, an dem Gott, wie ich es in
meinem Evangelium verkündige, das, was
im Menschen verborgen ist, durch Jesus
Christus richten wird.

12: 3,19 • 13: Mt 7,21; Jak 1,22.25 • 14: Apg 10,35 • 16: 1 Kor 4,5; 2 Kor 5,10.

Die Juden und das Gesetz: 2,17–29

17 Du nennst dich zwar Jude und verlässt
dich auf das Gesetz, du rühmst dich deines
Gottes, 18 du kennst seinen Willen und du
willst, aus dem Gesetz belehrt, beurteilen,
worauf es ankommt; 19 du traust dir zu, Füh-
rer zu sein für Blinde, Licht für die in der
Finsternis, 20 Erzieher der Unverständigen,
Lehrer der Unmündigen, einer, für den im
Gesetz Erkenntnis und Wahrheit feste Ge-
stalt besitzen. 21 Du belehrst andere Men-
schen, dich selbst aber belehrst du nicht. Du
predigst: Du sollst nicht stehlen!, und
stiehlst. 22 Du sagst: Du sollst die Ehe nicht
brechen!, und brichst die Ehe. Du verab-
scheust die Götzenbilder, begehst aber Tem-
pelraub. 23 Du rühmst dich des Gesetzes, ent-
ehrst aber Gott durch Übertreten des Geset-
zes. 24 Denn in der Schrift steht: *Euretwegen
wird unter den Heiden der Name Gottes ge-
lästert.*
25 Die Beschneidung ist nützlich, wenn du
das Gesetz befolgst; übertrittst du jedoch das
Gesetz, so bist du trotz deiner Beschneidung
zum Unbeschnittenen geworden. 26 Wenn
aber der Unbeschnittene die Forderungen
des Gesetzes beachtet, wird dann nicht sein
Unbeschnittensein als Beschneidung ange-
rechnet werden? 27 Der leiblich Unbeschnit-
tene, der das Gesetz erfüllt, wird dich
richten, weil du trotz Buchstabe und Be-
schneidung ein Übertreter des Gesetzes bist.
28 Jude ist nicht, wer es nach außen hin ist,
und Beschneidung ist nicht, was sichtbar am
Fleisch geschieht, 29 sondern Jude ist, wer es
im Verborgenen ist, und Beschneidung ist,
was am Herzen durch den Geist, nicht durch
den Buchstaben geschieht. Der Ruhm eines
solchen Juden kommt nicht von Menschen,
sondern von Gott.

17: Phil 3,4–6; Jes 48,1f • 19: Mt 15,14; Lk 6,39 • 21: Mt 23,3f • 24: Jes 52,5 G; Ez 36,20 • 25: 1 Kor 7,19; Gal 5,3 • 26: Gal 5,6 • 28: 9,6 • 29: Dtn 30,6; Phil 3,2f.

2,12–16 Allen Menschen, auch den Heiden, sagt ihr Gewissen, was Gottes Wille ist (vgl. 1,20; 2,9f). Bei »Gesetz« ist in erster Linie, aber nicht ausschließlich, an das alttestamentliche Gesetz gedacht, wie es in den Büchern Genesis bis Deuteronomium aufgezeichnet ist.

2,22 Götterbilder und Kultstätten der Heiden galten den Juden nicht als heilig. Diese Auffassung führte, wie es scheint, gelegentlich zu Übergriffen (»Tempelraub«; vgl. auch Apg 19,37).

2,28f Zum Gegensatz von »Geist« und »Buchstaben« vgl. Röm 7,6; 2 Kor 3,6.

Gottes Treue angesichts der Sünde der Menschen: 3,1–20

3 Was ist nun der Vorzug der Juden, der Nutzen der Beschneidung? 2 Er ist groß in jeder Hinsicht. Vor allem: Ihnen sind die Worte Gottes anvertraut. 3 Wenn jedoch einige Gott die Treue gebrochen haben, wird dann etwa ihre Untreue die Treue Gottes aufheben? 4 Keineswegs! Gott soll sich als der Wahrhaftige erweisen, *jeder Mensch* aber als *Lügner* , wie es in der Schrift heißt: *So behältst du Recht mit deinen Worten und trägst den Sieg davon, wenn man mit dir rechtet.* 5 Wenn aber unsere Ungerechtigkeit die Gerechtigkeit Gottes bestätigt, was sagen wir dann? Ist Gott – ich frage sehr menschlich – nicht ungerecht, wenn er seinen Zorn walten lässt? 6 Keineswegs! Denn wie könnte Gott die Welt sonst richten? 7 Wenn aber die Wahrheit Gottes sich durch meine Unwahrheit als noch größer erweist und so Gott verherrlicht wird, warum werde ich dann als Sünder gerichtet? 8 Gilt am Ende das, womit man uns verleumdet und was einige uns in den Mund legen: Lasst uns Böses tun, damit Gutes entsteht? Diese Leute werden mit Recht verurteilt.

9 Was heißt das nun? Sind wir als Juden im Vorteil? Ganz und gar nicht. Denn wir haben vorher die Anklage erhoben, dass alle, Juden wie Griechen, unter der Herrschaft der Sünde stehen, 10 wie es in der Schrift heißt:

Es gibt keinen, der gerecht ist, / auch nicht einen;

11 *es gibt keinen Verständigen, / keinen, der Gott sucht.*

12 *Alle sind abtrünnig geworden, / alle miteinander taugen nichts. / Keiner tut Gutes, / auch nicht ein Einziger.*

13 *Ihre Kehle ist ein offenes Grab, / mit ihrer Zunge betrügen sie; / Schlangengift ist auf ihren Lippen.*

14 *Ihr Mund ist voll Fluch und Gehässigkeit.*

15 *Schnell sind sie dabei, Blut zu vergießen; /* 16 *Verderben und Unheil sind auf ihren Wegen, /* 17 *und den Weg des Friedens kennen sie nicht.*

18 *Die Gottesfurcht steht ihnen nicht vor Augen.*

19 Wir wissen aber: Was das Gesetz sagt, sagt es denen, die unter dem Gesetz leben, damit jeder Mund verstummt und die ganze Welt vor Gott schuldig wird. 20 Denn durch Werke des Gesetzes wird *niemand vor ihm gerecht werden;* durch das Gesetz kommt es vielmehr zur Erkenntnis der Sünde.

2: 9,4 • 3: 9,6; 11,1.29 • 4: Ps 116,11; 51,6 G • 5: 9,14 • 7: 6,1 • 9: 1,16; 2,9f; 11,32 • 10: Koh 7,20; Ps 14,1–3 • 13: Ps 5,10 G; 140,4 • 14: Ps 10,7 G • 15: Jes 59,7f; Spr 1,16 • 18: Ps 36,2 • 19: 7,7 • 20: Ps 143,2 G; Gal 2,16; 3,21f.

Gerechtigkeit und neues Leben: 3,21 – 8,39

Das Kreuz Christi als Grund der neuen Gerechtigkeit: 3,21–31

21 Jetzt aber ist unabhängig vom Gesetz die Gerechtigkeit Gottes offenbart worden, bezeugt vom Gesetz und von den Propheten: 22 die Gerechtigkeit Gottes aus dem Glauben an Jesus Christus, offenbart für alle, die glauben. Denn es gibt keinen Unterschied: 23 Alle haben gesündigt und die Herrlichkeit Gottes verloren. 24 Ohne es verdient zu haben, werden sie gerecht, dank seiner Gnade, durch die Erlösung in Christus Jesus. 25 Ihn hat Gott dazu bestimmt, Sühne zu leisten mit seinem Blut, Sühne, wirksam durch Glauben. So erweist Gott seine Gerechtigkeit durch die Vergebung der Sünden, die früher, in der Zeit seiner Geduld, begangen wurden; 26 er erweist seine Gerechtigkeit in der gegenwärtigen Zeit, um zu zeigen, dass er gerecht ist und den gerecht macht, der an Jesus glaubt.

27 Kann man sich da noch rühmen? Das ist ausgeschlossen. Durch welches Gesetz? Durch das der Werke? Nein, durch das Gesetz des Glaubens. 28 Denn wir sind der Überzeugung, dass der Mensch gerecht wird durch Glauben, unabhängig von Werken des Gesetzes. 29 Ist denn Gott nur der Gott der Juden, nicht auch der Heiden? Ja, auch der

3,4 Hinter diesem Gedanken steht die Vorstellung vom Rechtsstreit Gottes mit den Menschen, bei dem sich sein Recht erweisen und durchsetzen wird (z. B. Jes 1,18–20).

3,24–26 Gott hat seine Gerechtigkeit darin gezeigt, dass er durch den Tod Jesu die »Ungerechtigkeit« aller Menschen aufhebt und den Gottlosen »Gerechtigkeit« schenkt (vgl. 4,5). Den VV. 25f liegt wohl ein alter Bekenntnissatz zugrunde. – Leiden und Sterben bewirken nach jüdischer Auffassung Sühne, auch stellvertretende Sühne.

3,27–31 Gesetz und Glaube stehen zueinander in Gegensatz, wenn das Gesetz als Weg zum Heil angesehen wird. Zum Heil kann nach der Offenbarung Gottes in Jesus Christus nur der Glaube führen. Das »Gesetz« wird gleichwohl »aufgerichtet«, das heißt seine Forderung wird erfüllt durch den »Glauben, der in der Liebe wirksam ist« (vgl. Gal 5,6; Röm 13,8–10).

Heiden, 30 da doch gilt: Gott ist »der Eine«.
Er wird aufgrund des Glaubens sowohl die
Beschnittenen wie die Unbeschnittenen ge-
recht machen. 31 Setzen wir nun durch den
Glauben das Gesetz außer Kraft? Im Gegen-
teil, wir richten das Gesetz auf.

21: 1,17 • 22: Phil 3,9 • 24: Eph 2,8; Tit 3,7 • 25: Lev 16,12–15 • 27: 8,2 • 28: Gal 2,16 • 29: 10,12; 9,24 • 30: Dtn 6,4; Röm 4,11f • 31: 6,15; Mt 5,17.

Die Anrechnung des Glaubens als Gerechtigkeit: das Beispiel Abrahams: 4,1–25

4 Müssen wir nun nicht fragen: Was hat
dann unser leiblicher Stammvater
Abraham erlangt? 2 Wenn Abraham auf-
grund von Werken Gerechtigkeit erlangt
hat, dann hat er zwar Ruhm, aber nicht vor
Gott. 3 Denn die Schrift sagt: *Abraham
glaubte Gott und das wurde ihm als Gerech-
tigkeit angerechnet.* 4 Dem, der Werke tut,
werden diese nicht aus Gnade angerechnet,
sondern er bekommt den Lohn, der ihm zu-
steht. 5 Dem aber, der keine Werke tut, son-
dern an den glaubt, der den Gottlosen ge-
recht macht, dem wird sein Glaube als Ge-
rechtigkeit angerechnet. 6 Auch David preist
den Menschen selig, dem Gott Gerechtigkeit
unabhängig von Werken anrechnet:
7 *Selig sind die, deren Frevel vergeben /
und deren Sünden bedeckt sind.*
8 *Selig ist der Mensch, / dem der Herr die
Sünde nicht anrechnet.*
9 Gilt nun diese Seligpreisung nur den
Beschnittenen oder auch den Unbeschnit-
tenen? Wir haben gesagt: *Abraham wurde
der Glaube als Gerechtigkeit angerechnet.*
10 Wann wurde er ihm angerechnet: als er be-
schnitten oder als er unbeschnitten war?
Nicht als er beschnitten, sondern als er noch
unbeschnitten war. 11 Das Zeichen der Be-
schneidung empfing er zur Besiegelung der
Glaubensgerechtigkeit, die ihm als Unbe-
schnittenem zuteil wurde; also ist er der Va-
ter aller, die als Unbeschnittene glauben und
denen daher Gerechtigkeit angerechnet
wird, 12 und er ist der Vater jener Beschnitte-
nen, die nicht nur beschnitten sind, sondern
auch den Weg des Glaubens gehen, des Glau-
bens, den unser Vater Abraham schon vor
seiner Beschneidung hatte.
13 Denn Abraham und seine Nachkommen
erhielten nicht aufgrund des Gesetzes die
Verheißung, Erben der Welt zu sein, son-
dern aufgrund der Glaubensgerechtigkeit.
14 Wenn nämlich jene Erben sind, die das Ge-
setz haben, dann ist der Glaube entleert und
die Verheißung außer Kraft gesetzt. 15 Das
Gesetz bewirkt Zorn; wo es aber das Gesetz
nicht gibt, da gibt es auch keine Übertre-
tung. 16 Deshalb gilt: »aus Glauben«, damit
auch gilt: »aus Gnade«. Nur so bleibt die
Verheißung für alle Nachkommen gültig,
nicht nur für die, welche das Gesetz haben,
sondern auch für die, welche wie Abraham
den Glauben haben. 17 Nach dem Schrift-
wort: *Ich habe dich zum Vater vieler Völker
bestimmt,* ist er unser aller Vater vor Gott,
dem er geglaubt hat, dem Gott, der die Toten
lebendig macht und das, was nicht ist, ins
Dasein ruft. 18 Gegen alle Hoffnung hat er
voll Hoffnung geglaubt, dass er der Vater
vieler Völker werde, nach dem Wort: *So
zahlreich werden deine Nachkommen sein.*
19 Ohne im Glauben schwach zu werden, war
er, der fast Hundertjährige, sich bewusst,
dass sein Leib und auch Saras Mutterschoß
erstorben waren. 20 Er zweifelte nicht im Un-
glauben an der Verheißung Gottes, sondern
wurde stark im Glauben und er erwies Gott
Ehre, 21 fest davon überzeugt, dass Gott die
Macht besitzt zu tun, was er verheißen hat.
22 Darum wurde der Glaube *ihm als Gerech-
tigkeit angerechnet.*
23 Doch nicht allein um seinetwillen steht
in der Schrift, dass der Glaube ihm ange-
rechnet wurde, 24 sondern auch um unseret-
willen; er soll auch uns angerechnet werden,
die wir an den glauben, der Jesus, unseren
Herrn, von den Toten auferweckt hat.
25 Wegen unserer Verfehlungen wurde er
hingegeben, / wegen unserer Gerechtma-
chung wurde er auferweckt.

2: Jak 2,21–24 • 3: Gen 15,6; Gal 3,6; Jak 2,23 • 7: Ps 32,1f • 9: Gen 15,6 • 10–11: Gen 17,10f; Gal 3,7 • 12: Mt 3,9 • 13: Gen 12,7; 18,18; 22,16–18 • 15: 3,20; 5,13; 7,8.10 • 16: Gal 3,7–9 • 17: Gen 17,5; Hebr 11,19 • 18: Gen 15,5 • 19: Gen 17,17; Hebr 11,11 • 21: Gen 18,14; Lk 1,37 • 22: Gen 15,6 • 24: 10,9 • 25: Jes 53,4f.12.

Die Hoffnung der Glaubenden: 5,1–11

5 Gerecht gemacht aus Glauben, haben
wir Frieden mit Gott durch Jesus Chris-
tus, unseren Herrn. 2 Durch ihn haben wir
auch den Zugang zu der Gnade erhalten, in
der wir stehen, und rühmen uns unserer
Hoffnung auf die Herrlichkeit Gottes. 3 Mehr
noch, wir rühmen uns ebenso unserer Be-
drängnis; denn wir wissen: Bedrängnis be-
wirkt Geduld, 4 Geduld aber Bewährung,

4,1–25 Vgl. die Anmerkung zu Jak 2,20–24.

4,25 Paulus zitiert erneut einen ihm vorgegebenen christlichen Bekenntnissatz.

Bewährung Hoffnung. 5 Die Hoffnung aber lässt nicht zugrunde gehen; denn die Liebe Gottes ist ausgegossen in unsere Herzen durch den Heiligen Geist, der uns gegeben ist. 6 Christus ist schon zu der Zeit, da wir noch schwach und gottlos waren, für uns gestorben. 7 Dabei wird nur schwerlich jemand für einen Gerechten sterben; vielleicht wird er jedoch für einen guten Menschen sein Leben wagen. 8 Gott aber hat seine Liebe zu uns darin erwiesen, dass Christus für uns gestorben ist, als wir noch Sünder waren. 9 Nachdem wir jetzt durch sein Blut gerecht gemacht sind, werden wir durch ihn erst recht vor dem Gericht Gottes gerettet werden. 10 Da wir mit Gott versöhnt wurden durch den Tod seines Sohnes, als wir noch (Gottes) Feinde waren, werden wir erst recht, nachdem wir versöhnt sind, gerettet werden durch sein Leben. 11 Mehr noch, wir rühmen uns Gottes durch Jesus Christus, unseren Herrn, durch den wir jetzt schon die Versöhnung empfangen haben.

2: Eph 3,12 • 3: Jak 1,2f; 1 Petr 4,13 • 5: Ps 22,6 • 6: 1 Petr 3,18 • 8: Joh 3,16; 1 Joh 4,10 • 9: 1 Thess 1,10 • 10: 2 Kor 5,18 • 11: 1 Kor 1,30f.

Der alte und der neue Mensch: 5,12–21

12 Durch einen einzigen Menschen kam die Sünde in die Welt und durch die Sünde der Tod und auf diese Weise gelangte der Tod zu allen Menschen, weil alle sündigten. 13 Sünde war schon vor dem Gesetz in der Welt, aber Sünde wird nicht angerechnet, wo es kein Gesetz gibt; 14 dennoch herrschte der Tod von Adam bis Mose auch über die, welche nicht wie Adam durch Übertreten eines Gebots gesündigt hatten; Adam aber ist die Gestalt, die auf den Kommenden hinweist. 15 Doch anders als mit der Übertretung verhält es sich mit der Gnade; sind durch die Übertretung des einen die vielen dem Tod anheim gefallen, so ist erst recht die Gnade Gottes und die Gabe, die durch die Gnadentat des einen Menschen Jesus Christus bewirkt worden ist, den vielen reichlich zuteil geworden. 16 Anders als mit dem, was durch den einen Sünder verursacht wurde, verhält es sich mit dieser Gabe: Das Gericht führt wegen der Übertretung des einen zur Verurteilung, die Gnade führt aus vielen Übertretungen zur Gerechtsprechung. 17 Ist durch die Übertretung des einen der Tod zur Herrschaft gekommen, durch diesen einen, so werden erst recht alle, denen die Gnade und die Gabe der Gerechtigkeit reichlich zuteil wurde, leben und herrschen durch den einen, Jesus Christus. 18 Wie es also durch die Übertretung eines einzigen für alle Menschen zur Verurteilung kam, so wird es auch durch die gerechte Tat eines einzigen für alle Menschen zur Gerechtsprechung kommen, die Leben gibt. 19 Wie durch den Ungehorsam des einen Menschen die vielen zu Sündern wurden, so werden auch durch den Gehorsam des einen die vielen zu Gerechten gemacht werden. 20 Das Gesetz aber ist hinzugekommen, damit die Übertretung mächtiger werde; wo jedoch die Sünde mächtig wurde, da ist die Gnade übergroß geworden. 21 Denn wie die Sünde herrschte und zum Tod führte, so soll auch die Gnade herrschen und durch Gerechtigkeit zu ewigem Leben führen, durch Jesus Christus, unseren Herrn.

12: Gen 2,17; 3,1–19 • 13: 4,15 • 15: 1 Kor 15,21f • 20: 7,7.13; Gal 3,19 • 21: 6,23.

Die Gemeinschaft der Getauften mit Christus: 6,1–14

6 Heißt das nun, dass wir an der Sünde fest halten sollen, damit die Gnade mächtiger werde? 2 Keineswegs! Wie können wir, die wir für die Sünde tot sind, noch in ihr leben? 3 wisst ihr denn nicht, dass wir alle, die wir auf Christus Jesus getauft wurden, auf seinen Tod getauft worden sind? 4 Wir wurden mit ihm begraben durch die Taufe auf den Tod; und wie Christus durch die Herrlichkeit des Vaters von den Toten auferweckt wurde, so sollen auch wir als neue Menschen leben. 5 Wenn wir nämlich ihm gleich geworden sind in seinem Tod, dann werden wir mit ihm auch in seiner Auferstehung vereinigt sein. 6 Wir wissen doch: Unser alter Mensch wurde mitgekreuzigt,

---

5,9 Gericht Gottes, wörtlich: Zorn.

5,12–14 Der Zusammenhang von Sünde und Tod spielt in der alttestamentlich-jüdischen Tradition eine wichtige Rolle. Der Tod ist nicht nur Zeichen für die Vergänglichkeit, sondern auch für das Gericht über die menschliche Sünde (6,23). Sünde wird hier wie sonst in der Bibel als eine überpersönliche Macht verstanden, der sich der einzelne Mensch nicht zu entziehen vermag; dazu trägt er allerdings durch sein Tun selbst bei und ist daher mitverantwortlich.

5,14 Adam, der Gottes Gebot übertreten hat, weist als Gegenbild auf den »Kommenden«, d. h. Christus, hin, der gehorsam Gottes Willen erfüllt.

6,3–11 Dass der Getaufte »mit Christus gestorben« ist, bedeutet, dass er am Tod Jesu teilhat. Er erhält Anteil an dem durch den Tod Jesu bewirkten Heil, hat aber in der Nachfolge Jesu während seines irdischen Lebens das Kreuz auf sich zu nehmen.

6,5 ihm gleich geworden, wörtlich: mit ihm zusammengewachsen.

damit der von der Sünde beherrschte Leib
vernichtet werde und wir nicht Sklaven der
Sünde bleiben. 7 Denn wer gestorben ist, der
ist frei geworden von der Sünde. 8 Sind wir
nun mit Christus gestorben, so glauben wir,
dass wir auch mit ihm leben werden. 9 Wir
wissen, dass Christus, von den Toten aufer-
weckt, nicht mehr stirbt; der Tod hat keine
Macht mehr über ihn. 10 Denn durch sein
Sterben ist er ein für allemal gestorben für
die Sünde, sein Leben aber lebt er für Gott.
11 So sollt auch ihr euch als Menschen be-
greifen, die für die Sünde tot sind, aber für
Gott leben in Christus Jesus.

12 Daher soll die Sünde euren sterblichen
Leib nicht mehr beherrschen, und seinen Be-
gierden sollt ihr nicht gehorchen. 13 Stellt
eure Glieder nicht der Sünde zur Verfügung
als Waffen der Ungerechtigkeit, sondern
stellt euch Gott zur Verfügung als Menschen,
die vom Tod zum Leben gekommen sind, und
stellt eure Glieder als Waffen der Gerechtig-
keit in den Dienst Gottes. 14 Die Sünde soll
nicht über euch herrschen; denn ihr steht
nicht unter dem Gesetz, sondern unter der
Gnade.

1: 5,20 • 3: Gal 3,27 • 4: Kol 2,12 • 5: Phil 3,10f; 2 Tim 2,11 • 6: Gal 5,24; 6,14; Eph 4,22f • 9: Apg 2,27; 13,35 • 10: Hebr 9,26; 1 Petr 3,18 • 12: Gen 4,7 • 13: 6,19; 12,1 • 14: Gal 5,18.

Die Freiheit der Christen von der Sünde: 6,15–23

15 Heißt das nun, dass wir sündigen dürfen,
weil wir nicht unter dem Gesetz stehen, son-
dern unter der Gnade? Keineswegs! 16 Ihr
wisst doch: Wenn ihr euch als Sklaven zum
Gehorsam verpflichtet, dann seid ihr Skla-
ven dessen, dem ihr gehorchen müsst; ihr
seid entweder Sklaven der Sünde, die zum
Tod führt, oder des Gehorsams, der zur Ge-
rechtigkeit führt. 17 Gott aber sei Dank; denn
ihr wart Sklaven der Sünde, seid jedoch von
Herzen der Lehre gehorsam geworden, an
die ihr übergeben wurdet. 18 Ihr wurdet aus
der Macht der Sünde befreit und seid zu
Sklaven der Gerechtigkeit geworden. 19 We-
gen eurer Schwachheit rede ich nach Men-
schenweise: Wie ihr eure Glieder in den
Dienst der Unreinheit und der Gesetzlosig-
keit gestellt habt, so dass ihr gesetzlos wur-
det, so stellt jetzt eure Glieder in den Dienst
der Gerechtigkeit, so dass ihr heilig werdet.
20 Denn als ihr Sklaven der Sünde wart, da
wart ihr der Gerechtigkeit gegenüber frei.
21 Welchen Gewinn hattet ihr damals? Es
waren Dinge, deren ihr euch jetzt schämt;
denn sie bringen den Tod. 22 Jetzt, da ihr aus
der Macht der Sünde befreit und zu Sklaven
Gottes geworden seid, habt ihr einen Ge-
winn, der zu eurer Heiligung führt und das
ewige Leben bringt. 23 Denn der Lohn der
Sünde ist der Tod, die Gabe Gottes aber ist
das ewige Leben in Christus Jesus, unserem
Herrn.

15: 6,1f • 16: 2 Petr 2,19; Joh 8,34–36 • 17: Joh 8,32–36 • 18: 1 Petr 2,24 • 21: 8,6 • 23: 5,12.21; Jak 1,15.

Die Freiheit der Christen vom Gesetz: 7,1–6

7 Wisst ihr denn nicht, Brüder – ich rede
doch zu Leuten, die das Gesetz kennen –,
dass das Gesetz für einen Menschen nur Gel-
tung hat, solange er lebt? 2 So ist die Ehefrau
durch das Gesetz an ihren Mann gebunden,
solange er am Leben ist; wenn ihr Mann aber
stirbt, ist sie frei von dem Gesetz, das die
Frau an den Mann bindet. 3 Wenn sie darum
zu Lebzeiten des Mannes einem anderen ge-
hört, wird sie Ehebrecherin genannt; ist aber
der Mann gestorben, dann ist sie frei vom
Gesetz und wird nicht zur Ehebrecherin,
wenn sie einem anderen gehört. 4 Ebenso
seid auch ihr, meine Brüder, durch das Ster-
ben Christi tot für das Gesetz, so dass ihr ei-
nem anderen gehört, dem, der von den Toten
auferweckt wurde; ihm gehören wir, damit
wir Gott Frucht bringen. 5 Denn als wir noch
dem Fleisch verfallen waren, wirkten sich
die Leidenschaften der Sünden, die das Ge-
setz hervorrief, so in unseren Gliedern aus,
dass wir dem Tod Frucht brachten. 6 Jetzt
aber sind wir frei geworden von dem Gesetz,
an das wir gebunden waren, wir sind tot für
das Gesetz und dienen in der neuen Wirk-
lichkeit des Geistes, nicht mehr in der alten
des Buchstabens.

2: 1 Kor 7,39 • 4: 6,4 • 5: 6,21 • 6: 6,7; 2 Kor 3,6.

Die Mächte des Unheils: Gesetz, Sünde und Tod: 7,7–25

7 Heißt das nun, dass das Gesetz Sünde ist?
Keineswegs! Jedoch habe ich die Sünde nur
durch das Gesetz erkannt. Ich hätte ja von

6,17 der Lehre, wörtlich: der Gestalt der Lehre.
7,4 durch das Sterben, wörtlich: durch den Leib (gemeint ist der tote Leib).
7,5 dem Fleisch verfallen, wörtlich: im Fleisch (d. h. ohne Christus).

7,7–13 Auch wenn Sünde und Gesetz miteinander verklammert sind, ist das Gesetz selbst heilig und gut (V. 12). Die Sünde bedient sich des Gesetzes, um Böses hervorzubringen, wird aber durch das Gesetz selbst bloßgestellt.

der Begierde nichts gewusst, wenn nicht das
Gesetz gesagt hätte: *Du sollst nicht begeh-
ren.* 8 Die Sünde erhielt durch das Gebot den
Anstoß und bewirkte in mir alle Begierde,
denn ohne das Gesetz war die Sünde tot.
9 Ich lebte einst ohne das Gesetz; aber als das
Gebot kam, wurde die Sünde lebendig, 10 ich
dagegen starb und musste erfahren, dass die-
ses Gebot, das zum Leben führen sollte, den
Tod bringt. 11 Denn nachdem die Sünde
durch das Gebot den Anstoß erhalten hatte,
täuschte und tötete sie mich durch das Ge-
bot. 12 Das Gesetz ist heilig und das Gebot ist
heilig, gerecht und gut. 13 Ist dann etwa das
Gute mein Tod geworden? Keineswegs! Son-
dern die Sünde verursachte, damit sie als
Sünde offenbar werde, durch das Gute mei-
nen Tod; denn durch das Gebot sollte die
Sünde sich in ihrem ganzen Ausmaß als
Sünde erweisen.
14 Wir wissen, dass das Gesetz selbst vom
Geist bestimmt ist; ich aber bin Fleisch, das
heißt: verkauft an die Sünde. 15 Denn ich be-
greife mein Handeln nicht: Ich tue nicht das,
was ich will, sondern das, was ich hasse.
16 Wenn ich aber das tue, was ich nicht will,
erkenne ich an, dass das Gesetz gut ist.
17 Dann aber bin nicht mehr ich es, der so
handelt, sondern die in mir wohnende Sün-
de. 18 Ich weiß, dass in mir, das heißt in mei-
nem Fleisch, nichts Gutes wohnt; das Wollen
ist bei mir vorhanden, aber ich vermag das
Gute nicht zu verwirklichen. 19 Denn ich tue
nicht das Gute, das ich will, sondern das
Böse, das ich nicht will. 20 Wenn ich aber das
tue, was ich nicht will, dann bin nicht mehr
ich es, der so handelt, sondern die in mir
wohnende Sünde. 21 Ich stoße also auf das
Gesetz, dass in mir das Böse vorhanden ist,
obwohl ich das Gute tun will. 22 Denn in mei-
nem Innern freue ich mich am Gesetz Gottes,
23 ich sehe aber ein anderes Gesetz in meinen
Gliedern, das mit dem Gesetz meiner Ver-
nunft im Streit liegt und mich gefangen hält
im Gesetz der Sünde, von dem meine Glieder
beherrscht werden. 24 Ich unglücklicher
Mensch! Wer wird mich aus diesem dem Tod
verfallenen Leib erretten? 25 Dank sei Gott
durch Jesus Christus, unseren Herrn! Es er-
gibt sich also, dass ich mit meiner Vernunft
dem Gesetz Gottes diene, mit dem Fleisch
aber dem Gesetz der Sünde.

7: 3,20; 5,13; Ex 20,17; Dtn 5,21 • 8: Jak 1,14f • 10: Lev 18,5; Gal 3,12 • 12: 1 Tim 1,8 • 13: 5,20; 1 Kor 15,56 • 14: Ps 51,7 • 15: Gal 5,17 • 18: Gen 6,5; 8,21; Phil 2,13 • 20: Gal 2,20 • 24: 8,10 • 25: 1 Kor 15,57.

Das Leben der Christen im Geist: 8,1–17

8 Jetzt gibt es keine Verurteilung mehr
für die, welche in Christus Jesus sind.
2 Denn das Gesetz des Geistes und des Le-
bens in Christus Jesus hat dich frei gemacht
vom Gesetz der Sünde und des Todes. 3 Weil
das Gesetz, ohnmächtig durch das Fleisch,
nichts vermochte, sandte Gott seinen Sohn
in der Gestalt des Fleisches, das unter der
Macht der Sünde steht, zur Sühne für die
Sünde, um an seinem Fleisch die Sünde zu
verurteilen; 4 dies tat er, damit die Forde-
rung des Gesetzes durch uns erfüllt werde,
die wir nicht nach dem Fleisch, sondern nach
dem Geist leben. 5 Denn alle, die vom Fleisch
bestimmt sind, trachten nach dem, was dem
Fleisch entspricht, alle, die vom Geist be-
stimmt sind, nach dem, was dem Geist ent-
spricht. 6 Das Trachten des Fleisches führt
zum Tod, das Trachten des Geistes aber zu
Leben und Frieden. 7 Denn das Trachten des
Fleisches ist Feindschaft gegen Gott; es un-
terwirft sich nicht dem Gesetz Gottes und
kann es auch nicht. 8 Wer vom Fleisch be-
stimmt ist, kann Gott nicht gefallen. 9 Ihr
aber seid nicht vom Fleisch, sondern vom
Geist bestimmt, da ja der Geist Gottes in
euch wohnt. Wer den Geist Christi nicht hat,
der gehört nicht zu ihm. 10 Wenn Christus in
euch ist, dann ist zwar der Leib tot aufgrund
der Sünde, der Geist aber ist Leben aufgrund
der Gerechtigkeit. 11 Wenn der Geist dessen
in euch wohnt, der Jesus von den Toten auf-
erweckt hat, dann wird er, der Christus Jesus
von den Toten auferweckt hat, auch euren
sterblichen Leib lebendig machen durch sei-
nen Geist, der in euch wohnt.
12 Wir sind also nicht dem Fleisch ver-
pflichtet, Brüder, so dass wir nach dem
Fleisch leben müssten. 13 Wenn ihr nach dem
Fleisch lebt, müsst ihr sterben; wenn ihr aber
durch den Geist die (sündigen) Taten des
Leibes tötet, werdet ihr leben. 14 Denn alle,
die sich vom Geist Gottes leiten lassen, sind
Söhne Gottes. 15 Denn ihr habt nicht einen
Geist empfangen, der euch zu Sklaven
macht, so dass ihr euch immer noch fürchten

7,25 V. 25b fasst die Gedanken der VV. 14–23 nochmals zusammen.

8,1–11 Das Leben »nach dem Geist« ist hier einem Leben »nach dem Fleisch« gegenübergestellt; »Fleisch« bezeichnet in biblischer Überlieferung das Irdische und Vergängliche, das, worauf man sich nicht verlassen darf, wenn man nicht der Sünde verfallen will. Deshalb kann das Wort »Fleisch« auch den Menschen bezeichnen, der von der Sünde beherrscht wird.

8,10 aufgrund der Sünde, andere Übersetzungsmöglichkeit (wegen des Zusammenhangs mit 6,10f): für die Sünde.

8,15 Zu »Abba« vgl. die Anmerkung zu Mk 14,36.

müsstet, sondern ihr habt den Geist empfan-
gen, der euch zu Söhnen macht, den Geist, in
dem wir rufen: Abba, Vater! 16 So bezeugt der
Geist selber unserem Geist, dass wir Kinder
Gottes sind. 17 Sind wir aber Kinder, dann
auch Erben; wir sind Erben Gottes und sind
Miterben Christi, wenn wir mit ihm leiden,
um mit ihm auch verherrlicht zu werden.

1: 10,4 • 2: 2 Kor 3,17 • 3: 2 Kor 5,21; Gal 4,4; Phil 2,7; Hebr 2,17 • 4: Gal 5,16.25 • 6: 6,21 • 7: Jak 4,4 • 9: 1 Kor 3,16 • 10: Gal 2,20; Phil 1,21 • 11: 6,4; 2 Kor 4,14 • 13: Gal 6,8; Eph 4,22–24 • 14: Gal 5,18 • 15: Gal 4,4–6 • 17: Gal 4,7; 2 Tim 2,11f; 1 Petr 4,13; Offb 21,7.

Die Hoffnung auf die Erlösung der Welt: 8,18–30

18 Ich bin überzeugt, dass die Leiden der
gegenwärtigen Zeit nichts bedeuten im Ver-
gleich zu der Herrlichkeit, die an uns offen-
bar werden soll. 19 Denn die ganze Schöp-
fung wartet sehnsüchtig auf das Offenbar-
werden der Söhne Gottes. 20 Die Schöpfung
ist der Vergänglichkeit unterworfen, nicht
aus eigenem Willen, sondern durch den, der
sie unterworfen hat; aber zugleich gab er ihr
Hoffnung: 21 Auch die Schöpfung soll von
der Sklaverei und Verlorenheit befreit wer-
den zur Freiheit und Herrlichkeit der Kinder
Gottes. 22 Denn wir wissen, dass die gesamte
Schöpfung bis zum heutigen Tag seufzt und
in Geburtswehen liegt. 23 Aber auch wir, ob-
wohl wir als Erstlingsgabe den Geist haben,
seufzen in unserem Herzen und warten da-
rauf, dass wir mit der Erlösung unseres Lei-
bes als Söhne offenbar werden. 24 Denn wir
sind gerettet, doch in der Hoffnung. Hoff-
nung aber, die man schon erfüllt sieht, ist
keine Hoffnung. Wie kann man auf etwas
hoffen, das man sieht? 25 Hoffen wir aber auf
das, was wir nicht sehen, dann harren wir
aus in Geduld. 26 So nimmt sich auch der
Geist unserer Schwachheit an. Denn wir
wissen nicht, worum wir in rechter Weise be-
ten sollen; der Geist selber tritt jedoch für
uns ein mit Seufzen, das wir nicht in Worte
fassen können. 27 Und Gott, der die Herzen
erforscht, weiß, was die Absicht des Geistes
ist: Er tritt so, wie Gott es will, für die Heili-
gen ein. 28 Wir wissen, dass Gott bei denen,
die ihn lieben, alles zum Guten führt, bei de-
nen, die nach seinem ewigen Plan berufen
sind; 29 denn alle, die er im voraus erkannt
hat, hat er auch im voraus dazu bestimmt, an
Wesen und Gestalt seines Sohnes teilzuha-
ben, damit dieser der Erstgeborene von vie-
len Brüdern sei. 30 Die aber, die er vorausbe-
stimmt hat, hat er auch berufen, und die er
berufen hat, hat er auch gerecht gemacht; die
er aber gerecht gemacht hat, die hat er auch
verherrlicht.

18: 2 Kor 4,17 • 19: Kol 3,4; 1 Joh 3,2 • 20: Gen 3,17–19 • 21: 2 Petr 3,13 • 23: 2 Kor 5,2–5 • 24: 2 Kor 5,7; Hebr 11,1 • 25: 2 Kor 4,18; Gal 5,5 • 28: Eph 1,11 • 29: Phil 3,21; Kol 1,18 • 30: 2 Thess 2,13f.

Die Gewissheit der Glaubenden: 8,31–39

31 Was ergibt sich nun, wenn wir das alles
bedenken? Ist Gott für uns, wer ist dann ge-
gen uns? 32 Er hat seinen eigenen Sohn nicht
verschont, sondern ihn für uns alle hingege-
ben – wie sollte er uns mit ihm nicht alles
schenken? 33 Wer kann die Auserwählten
Gottes anklagen? Gott ist es, der gerecht
macht. 34 Wer kann sie verurteilen? Christus
Jesus, der gestorben ist, mehr noch: der auf-
erweckt worden ist, sitzt zur Rechten Gottes
und tritt für uns ein. 35 Was kann uns schei-
den von der Liebe Christi? Bedrängnis oder
Not oder Verfolgung, Hunger oder Kälte,
Gefahr oder Schwert? 36 In der Schrift steht:
Um deinetwillen sind wir den ganzen Tag
dem Tod ausgesetzt; wir werden behandelt
wie Schafe, die man zum Schlachten be-
stimmt hat. 37 Doch all das überwinden wir
durch den, der uns geliebt hat. 38 Denn ich
bin gewiss: Weder Tod noch Leben, weder
Engel noch Mächte, weder Gegenwärtiges
noch Zukünftiges, weder Gewalten 39 der
Höhe oder Tiefe noch irgendeine andere
Kreatur können uns scheiden von der Liebe
Gottes, die in Christus Jesus ist, unserem
Herrn.

32: Joh 3,16 • 33: Jes 50,8 • 34: 4,25; Hebr 7,25; 1 Joh 2,1 • 36: Ps 44,23 • 37: 1 Joh 5,4 • 38: Eph 1,21; 6,12; Kol 2,15; 1 Petr 3,22.

8,18–39 Die gesamte Schöpfung soll erlöst werden. Die Leiden dieser Zeit können im Blick auf die verheißene Vollendung ertragen werden. Die Glaubenden sind der Not dieser Welt nicht enthoben, aber durch den Geist haben sie jetzt schon das Heil empfangen. Mit diesem Abschnitt wird der erste Hauptteil abgeschlossen.

8,29 an Wesen und Gestalt seines Sohnes teilzuhaben, wörtlich: um dem Bild seines Sohnes gleichgestaltet zu werden. Mit dem Begriff »Bild« ist auf die neue, verklärte Leiblichkeit des auferstandenen Christus Bezug genommen, woran die Geretteten durch den Geist teilbekommen. Im Hintergrund steht der Gedanke der erneuerten Gottebenbildlichkeit (vgl. Gen 1,26f). Zum Gedanken an Christus als Bild Gottes vgl. 2 Kor 4,6; Kol 1,15; Hebr 1,3.

DIE ENDGÜLTIGE RETTUNG ISRAELS: 9,1 - 11,36

Paulus und Israel: 9,1–5

9 Ich sage in Christus die Wahrheit und lüge nicht und mein Gewissen bezeugt es mir im Heiligen Geist: 2 Ich bin voll Trauer, unablässig leidet mein Herz. 3 Ja, ich möchte selber verflucht und von Christus getrennt sein um meiner Brüder willen, die der Abstammung nach mit mir verbunden sind. 4 Sie sind Israeliten; damit haben sie die Sohnschaft, die Herrlichkeit, die Bundesordnungen, ihnen ist das Gesetz gegeben, der Gottesdienst und die Verheißungen, 5 sie haben die Väter und dem Fleisch nach entstammt ihnen der Christus, der über allem als Gott steht, er ist gepriesen in Ewigkeit. Amen.

4: Ex 4,22; 40,34f; Röm 3,2; Eph 2,12 • 5: 1,3; 1 Kor 15,28.

Die bleibende Erwählung durch Gott: 9,6–13

6 Es ist aber keineswegs so, dass Gottes Wort hinfällig geworden ist. Denn nicht alle, die aus Israel stammen, sind Israel; 7 auch sind nicht alle, weil sie Nachkommen Abrahams sind, deshalb schon seine Kinder, sondern es heißt: Nur *die Nachkommen Isaaks werden deine Nachkommen heißen.* 8 Das bedeutet: Nicht die Kinder des Fleisches sind Kinder Gottes, sondern die Kinder der Verheißung werden als Nachkommen anerkannt; 9 denn es ist eine Verheißung, wenn gesagt wird: *In einem Jahr werde ich wiederkommen, dann wird Sara einen Sohn haben.* 10 So war es aber nicht nur bei ihr, sondern auch bei Rebekka: Sie hatte von einem einzigen Mann empfangen, von unserem Vater Isaak, 11 und ihre Kinder waren noch nicht geboren und hatten weder Gutes noch Böses getan; damit aber Gottes freie Wahl und Vorherbestimmung gültig bleibe, 12 nicht abhängig von Werken, sondern von ihm, der beruft, wurde ihr gesagt: *Der Ältere muss dem Jüngeren dienen;* 13 denn es steht in der Schrift: *Jakob habe ich geliebt, Esau aber gehasst.*

6: 3,1–4; 11,29; 2,28 • 7: Gen 21,12; Mt 3,9 • 8: Gal 3,7; 4,28 • 9: Gen 18,10 • 11: 11,5f • 12: Gen 25,23 • 13: Mal 1,2f.

Die Freiheit und das Erbarmen Gottes: 9,14–29

14 Heißt das nun, dass Gott ungerecht handelt? Keineswegs! 15 Denn zu Mose sagt er: *Ich schenke Erbarmen, wem ich will, und erweise Gnade, wem ich will.* 16 Also kommt es nicht auf das Wollen und Streben des Menschen an, sondern auf das Erbarmen Gottes. 17 In der Schrift wird zum Pharao gesagt: *Eben dazu habe ich dich bestimmt, dass ich an dir meine Macht zeige und dass auf der ganzen Erde mein Name verkündet wird.* 18 Er erbarmt sich also, wessen er will, und macht verstockt, wen er will.

19 Nun wirst du einwenden: Wie kann er dann noch anklagen, wenn niemand seinem Willen zu widerstehen vermag? 20 Wer bist du denn, dass du als Mensch mit Gott rechten willst? *Sagt etwa das Werk zu dem, der es geschaffen hat:* Warum hast du mich so gemacht? 21 Ist nicht vielmehr der Töpfer Herr über den Ton? Kann er nicht aus derselben Masse ein Gefäß herstellen für Reines, ein anderes für Unreines? 22 Gott, der seinen Zorn zeigen und seine Macht erweisen wollte, hat die Gefäße des Zorns, die zur Vernichtung bestimmt sind, mit großer Langmut ertragen; 23 und um an den Gefäßen des Erbarmens, die er zur Herrlichkeit vorherbestimmt hat, den Reichtum seiner Herrlich-

---

9,1–5 die Bereitschaft des Paulus, selbst verflucht zu sein, des Heils wieder verlustig zu gehen, bringt zum Ausdruck, wie sehr er um die Rettung Israels ringt.

9,4 die Bundesordnungen, wörtlich: die Bundesschlüsse. – Vgl. die Anmerkung zu Eph 2,12.

9,5 Andere Übersetzung: . . . und dem Fleisch nach entstammt ihnen der Christus. Gott, der über allem ist, er ist gepriesen in Ewigkeit. Amen. – In Anlehnung an liturgische Tradition des Judentums dürfte es sich ursprünglich um einen auf Gott selbst bezogenen Lobspruch handeln. Aufgrund von Phil 2,9–11 und Joh 20,28 wurde er in der kirchlichen Tradition schon früh im Sinn der im Text wiedergegebenen Übersetzung verstanden.

9,14–18 Dass es nicht auf das Wollen und Streben des Menschen, sondern auf das Erbarmen Gottes ankommt, besagt nicht, dass menschliches Streben nach Rettung und Heil ohne jede Bedeutung ist. Aber Gott handelt nach anderen Maßstäben als der Mensch.

9,19–24 Bei dem aus der alttestamentlichen Prophetie aufgegriffenen Töpfergleichnis geht es Paulus vor allem um die Langmut Gottes mit den »Gefäßen des Zorns«, die zur Umkehr führen soll (2,4). Es handelt sich also nicht um eine Vorherbestimmung (Prädestination) in dem Sinn, dass ihr der Mensch völlig willenlos ausgesetzt wäre.

9,21 Wörtlich: ein Gefäß herstellen zur Ehre, ein anderes zur Unehre.

keit zu erweisen, 24 hat er uns berufen, nicht
allein aus den Juden, sondern auch aus den
Heiden.
25 So spricht er auch bei Hosea: *Ich werde*
als mein Volk berufen, was nicht mein Volk
war, und als Geliebte jene, die nicht geliebt
war. 26 *Und dort, wo ihnen gesagt wurde: Ihr*
seid nicht mein Volk, dort werden sie Söhne
des lebendigen Gottes genannt werden.
27 Und Jesaja ruft über Israel aus: *Wenn*
auch die Israeliten so zahlreich wären wie
der Sand am Meer – nur der Rest wird geret-
tet werden. 28 *Denn der Herr wird handeln,*
indem er sein Wort auf der Erde erfüllt und
durchsetzt.
29 Ebenso hat Jesaja vorhergesagt: *Hätte*
nicht der Herr der himmlischen Heere uns
Nachkommenschaft übrig gelassen, wir wä-
ren wie Sodom geworden, wir wären Go-
morra gleich.

15: Ex 33,19 • 16: Eph 2,8 • 17: Ex 9,16 • 18: 11,30–32; Ex 7,3 • 20: Jes 29,16; 45,9; Weish 12,12 • 21: Jer 18,6; 2 Tim 2,20 • 22: 2,4 • 23: 8,29 • 24: 1,16; 3,29 • 25: Hos 2,25; 1 Petr 2,10 • 26: Hos 2,1 • 27: Jes 10,22f G; Röm 11,5 • 29: Jes 1,9 G.

Israels falscher Eifer für Gott:
9,30 – 10,4

30 Was heißt das nun? Heiden, die die Ge-
rechtigkeit nicht erstrebten, haben Gerech-
tigkeit empfangen, die Gerechtigkeit aus
Glauben. 31 Israel aber, das nach dem Gesetz
der Gerechtigkeit strebte, hat das Gesetz
verfehlt. 32 Warum? Weil es ihm nicht um die
Gerechtigkeit aus Glauben, sondern um die
Gerechtigkeit aus Werken ging. Sie stießen
sich am »Stein des Anstoßes«, 33 wie es in der
Schrift heißt: *Siehe, ich richte in Zion einen*
Stein auf, an dem man anstößt, einen Fels, an
dem man zu Fall kommt. Wer an ihn glaubt,
wird nicht zugrunde gehen.

10 Brüder, ich wünsche von ganzem
Herzen und bete zu Gott, dass sie ge-
rettet werden. 2 Denn ich bezeuge ihnen,
dass sie Eifer haben für Gott; aber es ist ein
Eifer ohne Erkenntnis. 3 Da sie die Gerech-
tigkeit Gottes verkannten und ihre eigene
aufrichten wollten, haben sie sich der Ge-
rechtigkeit Gottes nicht unterworfen. 4 Denn
Christus ist das Ende des Gesetzes und jeder,
der an ihn glaubt, wird gerecht.

9,30: 10,20 • 31: 10,2f; 11,7 • 32: 1 Kor 1,23 • 33: Jes 8,14; 28,16; Mt 21,42; 1 Petr 2,6–8 • 10,1: 9,1.3 • 2: Apg 22,3 • 4: Gal 3,24.

Die rettende Botschaft für alle: 10,5–15

5 Mose schreibt: *Wer sich an die Gesetzes-*
gerechtigkeit hält in seinem Tun, *wird durch*
sie leben. 6 Die Glaubensgerechtigkeit aber
spricht: *Sag nicht in deinem Herzen: Wer*
wird in den Himmel hinaufsteigen? Das hie-
ße: Christus herabholen. 7 Oder: *Wer wird in*
den Abgrund hinabsteigen? Das hieße: Chris-
tus von den Toten heraufführen. 8 Was also
sagt sie? *Das Wort ist dir nahe, es ist in dei-*
nem Mund und in deinem Herzen. Gemeint
ist das Wort des Glaubens, das wir verkündi-
gen; 9 denn wenn du mit deinem Mund be-
kennst: »Jesus ist der Herr« und in deinem
Herzen glaubst: »Gott hat ihn von den Toten
auferweckt«, so wirst du gerettet werden.
10 Wer mit dem Herzen glaubt und mit dem
Mund bekennt, wird Gerechtigkeit und Heil
erlangen. 11 Denn die Schrift sagt: *Wer an ihn*
glaubt, wird nicht zugrunde gehen. 12 Darin
gibt es keinen Unterschied zwischen Juden
und Griechen. Alle haben denselben Herrn;
aus seinem Reichtum beschenkt er alle, die
ihn anrufen. 13 Denn *jeder, der den Namen*
des Herrn anruft, wird gerettet werden.
14 Wie sollen sie nun den anrufen, an den sie
nicht glauben? Wie sollen sie an den glauben,
von dem sie nichts gehört haben? Wie sollen
sie hören, wenn niemand verkündigt? 15 Wie
soll aber jemand verkündigen, wenn er nicht
gesandt ist? Darum heißt es in der Schrift:
Wie sind die Freudenboten willkommen, die
Gutes verkündigen!

5: Lev 18,5; Gal 3,12 • 6: Dtn 9,4; 30,12–14; Ps 107,26; Bar 3,29 • 8: Dtn 30,14 • 9: 1 Kor 12,3 • 11: Jes 28,16; Röm 9,33 • 12: 1,16; Gal 3,28; Kol 3,11 • 13: Joël 3,5 • 15: Jes 52,7.

Israels Ungehorsam: 10,16–21

16 Doch nicht alle sind dem Evangelium
gehorsam geworden. Denn Jesaja sagt: *Herr,*
wer hat unserer Botschaft geglaubt? 17 So
gründet der Glaube in der Botschaft, die Bot-
schaft im Wort Christi. 18 Aber, so frage ich,
haben sie die Boten etwa nicht gehört? Doch,
sie haben sie gehört; denn *ihre Stimme war*
in der ganzen Welt zu hören und ihr Wort bis
an die Enden der Erde. 19 Hat dann Israel, so
frage ich, die Botschaft nicht verstanden?
Zunächst antwortet Mose: *Ich will euch ei-*
fersüchtig machen auf ein Volk, das kein
Volk ist; auf ein unverständiges Volk will ich
euch zornig machen.

9,30–33 Dass Israel das Heil verfehlt, hängt damit zusammen, dass es im falschen Vertrauen auf die eigene Frömmigkeit nicht begreift, dass Gott das Heil aus Gnade schenkt.

10,4 Gemeint ist das Gesetz als Heilsweg (vgl. die Anmerkung zu 3,27–31).

20 Und Jesaja wagt sogar zu sagen: *Ich ließ
mich finden von denen, die nicht nach mir
suchten; ich offenbarte mich denen, die nicht
nach mir fragten.* 21 Über Israel aber sagt er:
*Den ganzen Tag habe ich meine Hände aus-
gestreckt nach einem ungehorsamen und wi-
derspenstigen Volk.*

16: Jes 53,1 • 17: Joh 17,20 • 18: Ps 19,5 • 19: Dtn 32,21 G; Röm 11,11 • 20: Jes 65,1 • 21: Jes 65,2.

Der erwählte »Rest« und das verblendete Volk: 11,1–12

11 Ich frage also: Hat Gott sein Volk
verstoßen? Keineswegs! Denn auch
ich bin ein Israelit, ein Nachkomme Abra-
hams, aus dem Stamm Benjamin. 2 *Gott hat
sein Volk nicht verstoßen,* das er einst er-
wählt hat. Oder wisst ihr nicht, was die
Schrift von Elija berichtet? Elija führte Kla-
ge gegen Israel und sagte: 3 *Herr, sie haben
deine Propheten getötet und deine Altäre
zerstört. Ich allein bin übrig geblieben, und
nun trachten sie auch mir nach dem Leben.*
4 Gott aber antwortete ihm: *Ich habe sieben-
tausend Männer* für mich *übrig gelassen, die
ihr Knie nicht vor Baal gebeugt haben.*
5 Ebenso gibt es auch in der gegenwärtigen
Zeit einen Rest, der aus Gnade erwählt ist –
6 aus Gnade, nicht mehr aufgrund von Wer-
ken; sonst wäre die Gnade nicht mehr Gna-
de. 7 Das bedeutet: Was Israel erstrebt, hat
nicht das ganze Volk, sondern nur der er-
wählte Rest erlangt; die übrigen wurden ver-
stockt, 8 wie es in der Schrift heißt: *Gott gab
ihnen einen Geist der Betäubung, Augen, die
nicht sehen, und Ohren, die nicht hören, bis
zum heutigen Tag.* 9 Und David sagt: *Ihr Op-
fertisch werde für sie zur Schlinge und zur
Falle, zur Ursache des Sturzes und der Be-
strafung.* 10 *Ihre Augen sollen erblinden, so-
dass sie nichts mehr sehen; ihren Rücken
beuge für immer!*
11 Nun frage ich: Sind sie etwa gestrau-
chelt, damit sie zu Fall kommen? Keines-
wegs! Vielmehr kam durch ihr Versagen das
Heil zu den Heiden, um sie selbst eifersüch-
tig zu machen. 12 Wenn aber schon durch ihr
Versagen die Welt und durch ihr Verschul-
den die Heiden reich werden, dann wird das
erst recht geschehen, wenn ganz Israel zum
Glauben kommt.

1: Phil 3,5; 2 Kor 11,22 • 2: Ps 94,14 • 3: 1 Kön 19,10–14 • 4: 1 Kön 19,18 • 5: 9,27 • 6: 4,4 • 8: Jes 29,10; Dtn 29,3; Mt 13,13; Apg 28,26f • 9: Ps 69,23f G • 11: 10,19.

Das Bild vom Ölbaum: 11,13–24

13 Euch, den Heiden, sage ich: Gerade als
Apostel der Heiden preise ich meinen Dienst,
14 weil ich hoffe, die Angehörigen meines
Volkes eifersüchtig zu machen und wenigs-
tens einige von ihnen zu retten. 15 Denn wenn
schon ihre Verwerfung für die Welt Versöh-
nung gebracht hat, dann wird ihre Annahme
nichts anderes sein als Leben aus dem Tod.
16 Ist die Erstlingsgabe vom Teig heilig, so ist
es auch der ganze Teig; ist die Wurzel heilig,
so sind es auch die Zweige. 17 Wenn aber ei-
nige Zweige herausgebrochen wurden und
wenn du als Zweig vom wilden Ölbaum in
den edlen Ölbaum eingepfropft wurdest und
damit Anteil erhieltest an der Kraft seiner
Wurzel, 18 so erhebe dich nicht über die an-
deren Zweige. Wenn du es aber tust, sollst du
wissen: Nicht du trägst die Wurzel, sondern
die Wurzel trägt dich. 19 Nun wirst du sagen:
Die Zweige wurden doch herausgebrochen,
damit ich eingepfropft werde. 20 Gewiss, sie
wurden herausgebrochen, weil sie nicht
glaubten. Du aber stehst an ihrer Stelle, weil
du glaubst. Sei daher nicht überheblich, son-
dern fürchte dich! 21 Hat Gott die Zweige,
die von Natur zum edlen Baum gehören,
nicht verschont, so wird er auch dich nicht
verschonen. 22 Erkenne die Güte Gottes und
seine Strenge! Die Strenge gegen jene, die
gefallen sind, Gottes Güte aber gegen dich,
sofern du in seiner Güte bleibst; sonst wirst
auch du herausgehauen werden. 23 Ebenso
werden auch jene, wenn sie nicht am Un-
glauben fest halten, wieder eingepfropft
werden; denn Gott hat die Macht, sie wieder
einzupfropfen. 24 Wenn du aus dem von
Natur wilden Ölbaum herausgehauen und
gegen die Natur in den edlen Ölbaum ein-
gepfropft wurdest, dann werden erst recht
sie als die von Natur zugehörigen Zweige
ihrem eigenen Ölbaum wieder eingepfropft
werden.

13: 1,5 • 20: 1 Kor 10,12 • 22: Joh 15,2.4.

Die Errettung ganz Israels: 11,25–36

25 Damit ihr euch nicht auf eigene Einsicht
verlasst, Brüder, sollt ihr dieses Geheimnis
wissen: Verstockung liegt auf einem Teil Is-
raels, bis die Heiden in voller Zahl das Heil
erlangt haben; 26 dann wird ganz Israel ge-
rettet werden, wie es in der Schrift heißt:

*Der Retter wird aus Zion kommen, / er
wird alle Gottlosigkeit von Jakob entfer-
nen.*
27 *Das ist der Bund, den ich ihnen gewäh-
re, / wenn ich ihre Sünden wegnehme.*

28 Vom Evangelium her gesehen sind sie
Feinde Gottes, und das um euretwillen; von
ihrer Erwählung her gesehen sind sie von
Gott geliebt, und das um der Väter willen.
29 Denn unwiderruflich sind Gnade und Be-

rufung, die Gott gewährt. 30 Und wie ihr
einst Gott ungehorsam wart, jetzt aber infol-
ge ihres Ungehorsams Erbarmen gefunden
habt, 31 so sind sie infolge des Erbarmens,
das ihr gefunden habt, ungehorsam gewor-
den, damit jetzt auch sie Erbarmen finden.
32 Gott hat alle in den Ungehorsam einge-
schlossen, um sich aller zu erbarmen.
33 O Tiefe des Reichtums, der Weisheit und
der Erkenntnis Gottes! Wie unergründlich
sind seine Entscheidungen, wie unerforsch-
lich seine Wege! 34 Denn *wer hat die Gedan-*
ken des Herrn erkannt? Oder wer ist sein
Ratgeber gewesen? 35 *Wer hat ihm etwas ge-*
geben, sodass Gott ihm etwas zurückgeben
müsste? 36 Denn aus ihm und durch ihn und
auf ihn hin ist die ganze Schöpfung. Ihm sei
Ehre in Ewigkeit! Amen.

25: Lk 21,24 • 26: Jes 59,20f G • 27: Jer 31,33f; Jes 27,9 G • 28: 15,8; 1 Thess 2,15f • 29: 9,6; Num 23,19 • 32: 1,19; Gal 3,22 • 33: Ijob 11,7f; Ps 139,17 • 34: Jes 40,13; 1 Kor 2,16 • 35: Jes 40,14 G; Ijob 41,3 • 36: 1 Kor 8,6; Kol 1,16f.

DAS LEBEN DER GLAUBENDEN: 12,1 – 15,13

Die Gemeinde und ihre Dienste: 12,1–8

12 Angesichts des Erbarmens Gottes er-
mahne ich euch, meine Brüder, euch
selbst als lebendiges und heiliges Opfer dar-
zubringen, das Gott gefällt; das ist für euch
der wahre und angemessene Gottesdienst.
2 Gleicht euch nicht dieser Welt an, sondern
wandelt euch und erneuert euer Denken, da-
mit ihr prüfen und erkennen könnt, was der
Wille Gottes ist: was ihm gefällt, was gut und
vollkommen ist.
3 Aufgrund der Gnade, die mir gegeben ist,
sage ich einem jeden von euch: Strebt nicht
über das hinaus, was euch zukommt, son-
dern strebt danach, besonnen zu sein, jeder
nach dem Maß des Glaubens, das Gott ihm
zugeteilt hat. 4 Denn wie wir an dem einen
Leib viele Glieder haben, aber nicht alle
Glieder denselben Dienst leisten, 5 so sind
wir, die vielen, e i n Leib in Christus, als ein-
zelne aber sind wir Glieder, die zueinander
gehören. 6 Wir haben unterschiedliche Ga-
ben, je nach der uns verliehenen Gnade. Hat
einer die Gabe prophetischer Rede, dann
rede er in Übereinstimmung mit dem Glau-
ben; 7 hat einer die Gabe des Dienens, dann
diene er. Wer zum Lehren berufen ist, der
lehre; 8 wer zum Trösten und Ermahnen be-
rufen ist, der tröste und ermahne. Wer gibt,
gebe ohne Hintergedanken; wer Vorsteher
ist, setze sich eifrig ein; wer Barmherzigkeit
übt, der tue es freudig.

1: 6,13 • 2: Eph 4,17.22f; 1 Thess 5,21 • 3: 2 Kor 10,13 • 4: 1 Kor 12,12.27f; Eph 1,23 • 6–8: 1 Kor 12,4.8–11 • 7: 1 Petr 4,10f • 8: 2 Kor 9,7.

Aufforderungen zu einem Leben aus dem Geist: 12,9–21

9 Eure Liebe sei ohne Heuchelei. Verab-
scheut das Böse, haltet fest am Guten! 10 Seid
einander in brüderlicher Liebe zugetan,
übertrefft euch in gegenseitiger Achtung!
11 Lasst nicht nach in eurem Eifer, lasst euch
vom Geist entflammen und dient dem Herrn!
12 Seid fröhlich in der Hoffnung, geduldig
in der Bedrängnis, beharrlich im Gebet!
13 Helft den Heiligen, wenn sie in Not sind;
gewährt jederzeit Gastfreundschaft! 14 Seg-
net eure Verfolger; segnet sie, verflucht sie
nicht! 15 Freut euch mit den Fröhlichen und
weint mit den Weinenden! 16 Seid unter-
einander eines Sinnes; strebt nicht hoch hi-
naus, sondern bleibt demütig! *Haltet euch*
nicht selbst für weise! 17 Vergeltet niemand
Böses mit Bösem! *Seid allen Menschen ge-*
genüber auf Gutes bedacht! 18 Soweit es euch
möglich ist, haltet mit allen Menschen Frie-
den! 19 Rächt euch nicht selber, liebe Brüder,
sondern lasst Raum für den Zorn (Gottes);
denn in der Schrift steht: *Mein ist die Rache,*
ich werde vergelten, spricht der Herr. 20 Viel-
mehr: *Wenn dein Feind Hunger hat, gib ihm*
zu essen, wenn er Durst hat, gib ihm zu trin-
ken; tust du das, dann sammelst du glühende
Kohlen auf sein Haupt. 21 Lass dich nicht
vom Bösen besiegen, sondern besiege das
Böse durch das Gute!

9: 2 Kor 6,6 • 10: Phil 2,3 • 12: 5,2f; Kol 4,2 • 13: 1 Petr 4,9; Hebr 13,2 • 14: Lk 6,27f • 15: 1 Kor 12,26 • 16: 15,5; Phil 2,2f; Spr 3,7 • 17: 1 Thess 5,15; 1 Petr 3,9; Spr 3,4 G • 18: Hebr 12,14 • 19: Dtn 32,35.41 • 20: Spr 25,21f; Mt 5,44.

11,33–36 Hier wird nicht eine Aussage über das geheimnisvolle Wesen Gottes gemacht, sondern über die wunderbaren Wege, auf denen seine Heilsabsicht zum Ziel kommt.

12,1f Mit Kap. 12 beginnt der dritte Teil des Briefs. Er handelt von der rechten Lebensführung der Glaubenden. – Der rechte Gottesdienst verwirklicht sich nicht allein in einer gottesdienstlichen Versammlung, sondern umfasst das ganze Leben.

12,3–8 Zum Bild von der Kirche als Leib Christi vgl. 1 Kor 12, 12–27.

Der Christ und die staatliche Ordnung:
13,1–7

13 Jeder leiste den Trägern der staatli-
chen Gewalt den schuldigen Gehor-
sam. Denn es gibt keine staatliche Gewalt,
die nicht von Gott stammt; jede ist von Gott
eingesetzt. [2] Wer sich daher der staatlichen
Gewalt widersetzt, stellt sich gegen die Ord-
nung Gottes, und wer sich ihm entgegen-
stellt, wird dem Gericht verfallen. [3] Vor den
Trägern der Macht hat sich nicht die gute,
sondern die böse Tat zu fürchten; willst du
also ohne Furcht vor der staatlichen Gewalt
leben, dann tue das Gute, sodass du ihre An-
erkennung findest. [4] Sie steht im Dienst Got-
tes und verlangt, dass du das Gute tust.
Wenn du aber Böses tust, fürchte dich! Denn
nicht ohne Grund trägt sie das Schwert. Sie
steht im Dienst Gottes und vollstreckt das
Urteil an dem, der Böses tut. [5] Deshalb ist es
notwendig, Gehorsam zu leisten, nicht allein
aus Furcht vor der Strafe, sondern vor allem
um des Gewissens willen. [6] Das ist auch der
Grund, weshalb ihr Steuern zahlt; denn in
Gottes Auftrag handeln jene, die Steuern
einzuziehen haben. [7] Gebt allen, was ihr ih-
nen schuldig seid, sei es Steuer oder Zoll, sei
es Furcht oder Ehre.

1: 1 Petr 2,13f; Tit 3,1 • 5: 1 Petr 2,19 • 7: Mt 22,21.

Das grundlegende Gebot: 13,8–14

[8] Bleibt niemand etwas schuldig; nur die
Liebe schuldet ihr einander immer. Wer den
andern liebt, hat das Gesetz erfüllt. [9] Denn
die Gebote: *Du sollst nicht die Ehe brechen,
du sollst nicht töten, du sollst nicht stehlen,
du sollst nicht begehren!,* und alle anderen
Gebote sind in dem einen Satz zusammenge-
fasst: *Du sollst deinen Nächsten lieben wie
dich selbst.* [10] Die Liebe tut dem Nächsten
nichts Böses. Also ist die Liebe die Erfüllung
des Gesetzes.

[11] Bedenkt die gegenwärtige Zeit: Die
Stunde ist gekommen, aufzustehen vom
Schlaf. Denn jetzt ist das Heil uns näher als
zu der Zeit, da wir gläubig wurden. [12] Die
Nacht ist vorgerückt, der Tag ist nahe. Da-
rum lasst uns ablegen die Werke der Finster-
nis und anlegen die Waffen des Lichts.
[13] Lasst uns ehrenhaft leben wie am Tag,
ohne maßloses Essen und Trinken, ohne Un-
zucht und Ausschweifung, ohne Streit und
Eifersucht. [14] Legt (als neues Gewand) den
Herrn Jesus Christus an und sorgt nicht
so für euren Leib, dass die Begierden erwa-
chen.

8: Joh 13,34 • 9: Ex 20,13–17; Dtn 5,17–21; Mt 22,39f; Gal 5,14; Lev 19,18 • 10: 1 Kor 13,4 • 11: Eph 5,14.16; 1 Thess 5,5f • 12: Eph 6,11.13; 1 Thess 5,8 • 13: Mt 24,49; Lk 21,34 • 14: Gal 3,27; Eph 4,24.

»Starke« und »Schwache« in der Gemeinde:
14,1–23

14 Nehmt den an, der im Glauben
schwach ist, ohne mit ihm über ver-
schiedene Auffassungen zu streiten. [2] Der
eine glaubt, alles essen zu dürfen, der
Schwache aber isst kein Fleisch. [3] Wer
Fleisch isst, verachte den nicht, der es nicht
isst; wer kein Fleisch isst, richte den nicht,
der es isst. Denn Gott hat ihn angenommen.
[4] Wie kannst du den Diener eines anderen
richten? Sein Herr entscheidet, ob er steht
oder fällt. Er wird aber stehen; denn der
Herr bewirkt, dass er steht. [5] Der eine bevor-
zugt bestimmte Tage, der andere macht kei-
nen Unterschied zwischen den Tagen. Jeder
soll aber von seiner Auffassung überzeugt
sein. [6] Wer einen bestimmten Tag bevorzugt,
tut es zur Ehre des Herrn. Wer Fleisch isst,
tut es zur Ehre des Herrn; denn er dankt Gott
dabei. Wer kein Fleisch isst, unterlässt es zur
Ehre des Herrn, und auch er dankt Gott.
[7] Keiner von uns lebt sich selber und keiner
stirbt sich selber: [8] Leben wir, so leben wir
dem Herrn, sterben wir, so sterben wir dem
Herrn. Ob wir leben oder ob wir sterben, wir
gehören dem Herrn. [9] Denn Christus ist ge-
storben und lebendig geworden, um Herr zu
sein über Tote und Lebende. [10] Wie kannst
also du deinen Bruder richten? Und du, wie
kannst du deinen Bruder verachten? Wir
werden doch alle vor dem Richterstuhl Got-
tes stehen. [11] Denn es heißt in der Schrift: *So
wahr ich lebe, spricht der Herr, vor mir wird
jedes Knie sich beugen und jede Zunge wird
Gott preisen.* [12] Also wird jeder von uns vor
Gott Rechenschaft über sich selbst ablegen.

[13] Daher wollen wir uns nicht mehr gegen-
seitig richten. Achtet vielmehr darauf, dem
Bruder keinen Anstoß zu geben und ihn
nicht zu Fall zu bringen. [14] Auf Jesus, unse-
ren Herrn, gründet sich meine feste Über-

13,1–7 Zu den Grenzen des hier geforderten Gehorsams gegenüber der staatlichen Gewalt vgl. Offb 13.

14,1–12 In der römischen Gemeinde gab es eine streng asketische Richtung, die die Einhaltung bestimmter Speisevorschriften forderte, offensichtlich in Verbindung mit den jüdischen Reinheitsvorschriften (vgl. die VV. 14 und 20).

14,2 Wörtlich: der Schwache aber isst (nur) Gemüse.

zeugung, dass an sich nichts unrein ist; unrein ist es nur für den, der es als unrein betrachtet. 15 Wenn wegen einer Speise, die du isst, dein Bruder verwirrt und betrübt wird, dann handelst du nicht mehr nach dem Gebot der Liebe. Richte durch deine Speise nicht den zugrunde, für den Christus gestorben ist. 16 Es darf doch euer wahres Gut nicht der Lästerung preisgegeben werden; 17 denn das Reich Gottes ist nicht Essen und Trinken, es ist Gerechtigkeit, Friede und Freude im Heiligen Geist. 18 Und wer Christus so dient, wird von Gott anerkannt und ist bei den Menschen geachtet. 19 Lasst uns also nach dem streben, was zum Frieden und zum Aufbau (der Gemeinde) beiträgt. 20 Reiß nicht wegen einer Speise das Werk Gottes nieder! Alle Dinge sind rein; schlecht ist es jedoch, wenn ein Mensch durch sein Essen dem Bruder Anstoß gibt. 21 Es ist nicht gut, Fleisch zu essen oder Wein zu trinken oder sonst etwas zu tun, wenn dein Bruder daran Anstoß nimmt. 22 Die Überzeugung, die du selbst hast, sollst du vor Gott haben. Wohl dem, der sich nicht zu verurteilen braucht bei dem, was er für recht hält. 23 Wer aber Zweifel hat, wenn er etwas isst, der ist gerichtet, weil er nicht aus der Überzeugung des Glaubens handelt. Alles, was nicht aus Glauben geschieht, ist Sünde.

1–23: 1 Kor 8,1–13 • 1: 15,1; 1 Kor 9,22; • 2: 1 Kor 10,25 • 3: Kol 2,16 • 4: Jak 4,11f • 5: Gal 4,10 • 6: 1 Tim 4,4f • 7: 2 Kor 5,15; Gal 2,19 • 8: 6,11; 1 Thess 5,10 • 9: Apg 10,42 • 10: Mt 7,1; 2 Kor 5,10 • 11: Jes 49,18; 45,23 G; Phil 2,10f • 14: Mt 15,11; Tit 1,15 • 17: Gal 4,20; Mt 6,33 • 19: 12,18; 15,2 • 23: 14,14.

Aufruf zur Einmütigkeit in der Gemeinde: 15,1–13

15 Wir müssen als die Starken die Schwäche derer tragen, die schwach sind, und dürfen nicht für uns selbst leben. 2 Jeder von uns soll Rücksicht auf den Nächsten nehmen, um Gutes zu tun und (die Gemeinde) aufzubauen. 3 Denn auch Christus hat nicht für sich selbst gelebt; in der Schrift heißt es vielmehr: *Die Schmähungen derer, die dich schmähen, haben mich getroffen.* 4 Und alles, was einst geschrieben worden ist, ist zu unserer Belehrung geschrieben, damit wir durch Geduld und durch den Trost der Schrift Hoffnung haben. 5 Der Gott der Geduld und des Trostes schenke euch die Einmütigkeit, die Christus Jesus entspricht, 6 damit ihr Gott, den Vater unseres Herrn Jesus Christus, einträchtig und mit einem Munde preist.

7 Darum nehmt einander an, wie auch Christus uns angenommen hat, zur Ehre Gottes. 8 Denn, das sage ich, Christus ist um der Wahrhaftigkeit Gottes willen Diener der Beschnittenen geworden, damit die Verheißungen an die Väter bestätigt werden. 9 Die Heiden aber rühmen Gott um seines Erbarmens willen; es steht ja in der Schrift:

Darum will ich dich bekennen unter den Heiden / und deinem Namen lobsingen.

10 An anderer Stelle heißt es:

Ihr Heiden, freut euch mit seinem Volk!

11 Und es heißt auch:

Lobt den Herrn, alle Heiden, / preisen sollen ihn alle Völker.

12 Und Jesaja sagt:

Kommen wird der Spross aus der Wurzel Isais; / er wird sich erheben, / um über die Heiden zu herrschen. / Auf ihn werden die Heiden hoffen.

13 Der Gott der Hoffnung aber erfülle euch mit aller Freude und mit allem Frieden im Glauben, damit ihr reich werdet an Hoffnung in der Kraft des Heiligen Geistes.

1: 14,1f • 2: 14,19 • 3: Ps 69,10 • 4: 1 Kor 10,11; 2 Tim 3,16 • 5: 12,16; Phil 2,2; 4,2 • 7: 14,1 • 8: 11,29f; Mt 15,24 • 9: Ps 18,50 • 10: Dtn 32,43 G • 11: Ps 117,1 • 12: Jes 11,1.10 G; Offb 5,5 • 13: 5,1f.

DER SCHLUSS DES BRIEFES: 15,14 – 16,27

Die Reisepläne des Paulus: 15,14–29

14 Meine Brüder, ich bin fest davon überzeugt, dass ihr viel Gutes tut, dass ihr reiche Erkenntnis besitzt und selbst imstande seid, einander zurechtzuweisen. 15 Um euch aber einiges in Erinnerung zu rufen, habe ich euch einen teilweise sehr deutlichen Brief geschrieben. Ich tat es kraft der Gnade, die mir von Gott gegeben ist, 16 damit ich als Diener Christi Jesu für die Heiden wirke und

15,7–13 Was für das Zusammenleben der Starken und der Schwachen in Rom gilt (vgl. 14,1 – 15,6), gilt ebenso für die Zusammengehörigkeit der Juden- und Heidenchristen in der einen Kirche.

15,14–16 Nochmaliger Hinweis auf die Absicht des Briefs.

15,17–24 Bei seinen Reiseplänen erwähnt Paulus Jerusalem und Illyrien (entspricht etwa dem heutigen Jugoslawien) als Grenzpunkte seines bisheri-

das Evangelium Gottes wie ein Priester verwalte; denn die Heiden sollen eine Opfergabe werden, die Gott gefällt, geheiligt im Heiligen Geist.

17 In Christus Jesus kann ich mich also vor Gott rühmen. 18 Denn ich wage nur von dem zu reden, was Christus, um die Heiden zum Gehorsam zu führen, durch mich in Wort und Tat bewirkt hat, 19 in der Kraft von Zeichen und Wundern, in der Kraft des Geistes Gottes. So habe ich von Jerusalem aus in weitem Umkreis bis nach Illyrien überallhin das Evangelium Christi gebracht. 20 Dabei habe ich darauf geachtet, das Evangelium nicht dort zu verkündigen, wo der Name Christi schon bekannt gemacht war, um nicht auf einem fremden Fundament zu bauen; 21 denn es heißt in der Schrift:

Sehen werden die, denen nichts über ihn verkündet wurde, / und die werden verstehen, die nichts gehört haben.

22 Das ist es auch, was mich immer wieder gehindert hat, zu euch zu kommen. 23 Jetzt aber habe ich in diesen Gegenden kein neues Arbeitsfeld mehr. Außerdem habe ich mich seit vielen Jahren danach gesehnt, zu euch zu kommen, 24 wenn ich einmal nach Spanien reise; auf dem Weg dorthin hoffe ich euch zu sehen und dann von euch für die Weiterreise ausgerüstet zu werden, nachdem ich mich einige Zeit an euch erfreut habe. 25 Doch jetzt gehe ich zuerst nach Jerusalem, um den Heiligen einen Dienst zu erweisen. 26 Denn Mazedonien und Achaia haben eine Sammlung beschlossen für die Armen unter den Heiligen in Jerusalem. 27 Sie haben das beschlossen, weil sie ihre Schuldner sind. Denn wenn die Heiden an ihren geistlichen Gütern Anteil erhalten haben, so sind sie auch verpflichtet, ihnen mit irdischen Gütern zu dienen. 28 Wenn ich diese Aufgabe erfüllt und ihnen den Ertrag der Sammlung ordnungsgemäß übergeben habe, will ich euch besuchen und dann nach Spanien weiterreisen. 29 Ich weiß aber, wenn ich zu euch komme, werde ich mit der Fülle des Segens Christi kommen.

14: Phil 1,9 • 15: 1,5 • 16: 11,13 • 18: 2 Kor 3,5 • 19: 2 Kor 12,12 • 21: Jes 52,15 • 22: 1,13 • 23: 1,10f • 25: Apg 19,21; 24,17 • 26: Apg 11,29; 1 Kor 16,1; 2 Kor 9,2.12 • 27: 1 Kor 9,11 • 29: 1,11.

Aufforderung zur Fürbitte:
15,30–33

30 Ich bitte euch, meine Brüder, im Namen Jesu Christi, unseres Herrn, und bei der Liebe des Geistes: Steht mir bei, und betet für mich zu Gott, 31 dass ich vor den Ungläubigen in Judäa gerettet werde, dass mein Dienst in Jerusalem von den Heiligen dankbar aufgenommen wird 32 und dass ich, wenn es Gottes Wille ist, voll Freude zu euch kommen kann, um mit euch eine Zeit der Ruhe zu verbringen.

33 Der Gott des Friedens sei mit euch allen! Amen.

30: 2 Kor 1,11; Phil 1,27; Eph 6,18f • 31: Apg 21,10f • 32: 1,10 • 33: 16,20; 1 Thess 5,23; 2 Thess 3,16.

Grüße und Ermahnungen:
16,1–24

16 Ich empfehle euch unsere Schwester Phöbe, die Dienerin der Gemeinde von Kenchreä: 2 Nehmt sie im Namen des Herrn auf, wie es Heilige tun sollen, und steht ihr in jeder Sache bei, in der sie euch braucht; sie selbst hat vielen, darunter auch mir, geholfen. 3 Grüßt Priska und Aquila, meine Mitarbeiter in Christus Jesus, 4 die für mich ihr eigenes Leben aufs Spiel gesetzt haben; nicht allein ich, sondern alle Gemeinden der Heiden sind ihnen dankbar. 5 Grüßt auch die Gemeinde, die sich in ihrem Haus versammelt. Grüßt meinen lieben Epänetus, der die Erstlingsgabe der Provinz Asien für Christus ist. 6 Grüßt Maria, die für euch viel Mühe auf sich genommen hat. 7 Grüßt Andronikus und Junias, die zu meinem Volk gehören und mit mir zusammen im Gefängnis waren; sie sind angesehene Apostel und haben sich schon vor mir zu Christus bekannt. 8 Grüßt Ampliatus, mit dem ich im Herrn verbunden bin. 9 Grüßt Urbanus, unseren Mitarbeiter in Christus, und meinen lieben Stachys. 10 Grüßt Apelles, der sich in Christus bewährt hat. Grüßt das ganze Haus des Aristobul. 11 Grüßt Herodion, der zu meinem Volk gehört. Grüßt alle aus dem Haus des Narzissus, die sich zum Herrn bekennen. 12 Grüßt Tryphäna und Tryphosa, die für den Herrn viel Mühe auf sich nehmen. Grüßt die

---

gen Wirkens. Damit meint er, dass sich seine missionarische Tätigkeit bis in diese Bereiche hinein ausgewirkt hat, auch wenn er wahrscheinlich nicht selbst dort wirkte.

15,25–33 Zur Kollekte für Jerusalem vgl. 1 Kor 16,1–4; 2 Kor 8 und 9; Gal 2,10.

16,3f Priska und Aquila haben für Paulus offensichtlich mit ihrem eigenen Leben gebürgt, damit er freigelassen werden konnte.

16,4 Gemeinden der Heiden: Es sind Gemeinden gemeint, die sich aus Heidenchristen zusammensetzen.

16,5 Erstlingsgabe der Provinz Asien: Epänetus ist der erste, der in der römischen Provinz Asien den Glauben angenommen hat.

liebe Persis; sie hat für den Herrn große
Mühe auf sich genommen. 13 Grüßt Rufus,
der vom Herrn auserwählt ist; grüßt seine
Mutter, die auch mir zur Mutter geworden
ist. 14 Grüßt Asynkritus, Phlegon, Hermes,
Patrobas, Hermas und die Brüder, die bei
ihnen sind. 15 Grüßt Philologus und Julia,
Nereus und seine Schwester, Olympas und
alle Heiligen, die bei ihnen sind. 16 Grüßt
einander mit dem heiligen Kuss. Es grüßen
euch alle Gemeinden Christi.

17 Ich ermahne euch, meine Brüder, auf die
Acht zu geben, die im Widerspruch zu der
Lehre, die ihr gelernt habt, Spaltung und
Verwirrung verursachen: Haltet euch von ih-
nen fern! 18 Denn diese Leute dienen nicht
Christus, unserem Herrn, sondern ihrem
Bauch und sie verführen durch ihre schönen
und gewandten Reden das Herz der Arg-
losen. 19 Doch euer Gehorsam ist allen be-
kannt; daher freue ich mich über euch und
wünsche nur, dass ihr verständig bleibt, of-
fen für das Gute, unzugänglich für das Böse.
20 Der Gott des Friedens wird den Satan bald
zertreten und unter eure Füße legen. Die
Gnade Jesu, unseres Herrn, sei mit euch!

21 Es grüßen euch Timotheus, mein Mitar-
beiter, und Luzius, Jason und Sosipater, die
zu meinem Volk gehören. 22 Ich, Tertius, der
Schreiber dieses Briefes, grüße euch im Na-
men des Herrn. 23 Es grüßt euch Gaius, der
mich und die ganze Gemeinde gastlich auf-
genommen hat. Es grüßt euch der Stadtkäm-
merer Erastus und der Bruder Quartus.

[24 Die Gnade Jesu Christi, unseres Herrn,
sei mit euch allen! Amen.]

1: Apg 18,18 • 3: Apg 18,2 • 5: 1 Kor 16,19; Kol 4,15; Phlm 2 • 16: 1 Kor 16,20; 2 Kor 13,12; 1 Thess 5,26; 1 Petr 5,14 • 17: Tit 3,10 • 18: Phil 3,18f; Kol 2,4 • 19: 1,8; 1 Kor 14,20 • 20: 15,33; Gen 3,15 • 21: Apg 16,1f; 13,1; 17,5f; 20,4; Phil 2,19 • 23: 1 Kor 1,14; 2 Tim 4,20; Apg 19,22 • 24: 2 Thess 3,18; 1 Kor 16,23.

Abschließender Lobpreis Gottes: 16,25–27

25 Ehre sei dem, der die Macht hat, euch
Kraft zu geben – / gemäß meinem Evange-
lium und der Botschaft von Jesus Christus, /
gemäß der Offenbarung jenes Geheimnis-
ses, / das seit ewigen Zeiten unausgespro-
chen war,

26 jetzt aber nach dem Willen des ewigen
Gottes offenbart / und durch prophetische
Schriften kundgemacht wurde, / um alle
Heiden zum Gehorsam des Glaubens zu füh-
ren.

27 Ihm, dem einen, weisen Gott, / sei Ehre
durch Jesus Christus in alle Ewigkeit! Amen.

25: 1 Kor 2,7; Eph 1,9; Kol 1,26 • 26: Eph 3,4f.9; 1 Petr 1,20; Röm 1,5 • 27: 11,36; 1 Tim 1,17.

Der erste Brief an die Korinther

Nach Ausweis der Apostelgeschichte (18,1–18) kam Paulus auf der zweiten Missionsreise im Jahr 50 oder 51 n. Chr. nach Korinth. Die dortige Christengemeinde ist von ihm gegründet. Nach seinem Wegzug blieb er mit der Gemeinde in persönlicher Verbindung. In den beiden erhaltenen Korintherbriefen werden noch andere Schreiben an die Gemeinde erwähnt (vgl. 1 Kor 5,9; 2 Kor 2,4f).

Paulus hat den 1. Korintherbrief zwischen 53 und 55 n. Chr. in Ephesus geschrieben. Den Anlass bildeten Fragen, die in der jungen Christengemeinde aufgetreten waren. Der Apostel erhielt davon Kenntnis durch »die Leute der Chloë« (1,11) und durch eine schriftliche Anfrage, die ihm wahrscheinlich von einer Abordnung der Gemeinde überbracht wurde (7,1; 16,17).

16,22 In diesem Briefschluss ist ausnahmsweise auch der Schreiber, dem Paulus den Brief diktiert hat, mit Namen genannt.

16,24 Fehlt bei zahlreichen alten Textzeugen und ist wohl späterer Zusatz.

16,25–27 Der abschließende Lobpreis entspricht in seiner Form jüdischer Tradition.

Die »Leute der Chloë« berichteten von Spaltungen, die das Weiterbestehen der Gemeinde gefährdeten (1,12–17). Sie erzählten von einem schweren Fall von Blutschande (5,1–13), von Streitigkeiten der Christen vor heidnischen Richtern (6,1–11) und von sexuellen Verfehlungen (6,12–20). Ausführlich erörtert werden Fragen über Ehe und Ehelosigkeit (7,1–40), den Genuss von Götzenopferfleisch (8,1 – 11,1) und die Ordnung in der gottesdienstlichen Versammlung (11,2 – 14,40); nachdrücklich wendet sich Paulus gegen Missstände beim Herrenmahl (11,17–34). Das 15. Kapitel hat die Auferweckung Christi und der Christen zum Thema. Das abschließende Kapitel 16 enthält persönliche Mitteilungen und eine ausführliche Grußliste.

Der 1. Korintherbrief gibt Einblick in das Leben und in die Probleme einer jungen heidenchristlichen Gemeinde. Aus der Stellungnahme des Paulus wird vor allem sichtbar, was für Glauben und Leben der Christen maßgebend ist: das Kreuz (1,18 – 2,5) und die Auferweckung Christi (15,1–28), das Wirken des Geistes Gottes (2,10–16; 12,1–31), die Ordnung der Gemeinde (3,5 – 4,21; 12,27–30; 16,15–18) und der rechte Gebrauch der Geistesgaben (12,1–11.27–31; 14,1–40). Wie kein anderer Brief zeigt dieses Schreiben, in welcher Weise Paulus sich als Gemeindegründer den Fragen einer jungen Gemeinde stellt und wie stark seine Entscheidungen von Christus, dem Gekreuzigten und Auferstandenen, her bestimmt sind.

ANSCHRIFT UND GRUSS: 1,1–3

1 Paulus, durch Gottes Willen berufener
Apostel Christi Jesu, und der Bruder
Sosthenes 2 an die Kirche Gottes, die in
Korinth ist, – an die Geheiligten in Christus
Jesus, berufen als Heilige mit allen, die den
Namen Jesu Christi, unseres Herrn, überall
anrufen, bei ihnen und bei uns. 3 Gnade sei
mit euch und Friede von Gott, unserem Vater, und dem Herrn Jesus Christus.

1: Röm 1,1; Apg 18,17 • 2: 6,11.

DANK AN GOTT: 1,4–9

4 Ich danke Gott jederzeit euretwegen für
die Gnade Gottes, die euch in Christus Jesus
geschenkt wurde, 5 dass ihr an allem reich
geworden seid in ihm, an aller Rede und aller
Erkenntnis. 6 Denn das Zeugnis über Christus wurde bei euch gefestigt, 7 sodass euch
keine Gnadengabe fehlt, während ihr auf die
Offenbarung Jesu Christi, unseres Herrn,
wartet. 8 Er wird euch auch festigen bis ans
Ende, sodass ihr schuldlos dasteht am Tag
Jesu, unseres Herrn.
9 Treu ist Gott, durch den ihr berufen worden seid zur Gemeinschaft mit seinem Sohn
Jesus Christus, unserem Herrn.

5: 2 Kor 8,7 • 6: Apg 18,5 • 7: 2 Thess 1,7 • 8: Phil 1,6.10; 1 Thess 3,13 • 9: 10,13.

DIE SPALTUNGEN IN DER GEMEINDE: 1,10 – 4,21

Mahnung zur Einheit: 1,10–17

10 Ich ermahne euch aber, Brüder, im Namen Jesu Christi, unseres Herrn: Seid alle
einmütig und duldet keine Spaltungen unter
euch; seid ganz eines Sinnes und einer Meinung. 11 Es wurde mir nämlich, meine Brüder, von den Leuten der Chloë berichtet, dass
es Zank und Streit unter euch gibt. 12 Ich
meine damit, dass jeder von euch etwas anderes sagt: Ich halte zu Paulus – ich zu Apol-

1,2 Andere Übersetzungsmöglichkeiten: ... mit allen, die überall den Namen unseres Herrn Jesus Christus, ihres und unseres Herrn, anrufen. Oder (wenn man diesen Satzteil als Fortführung der Anschrift versteht): ... an die Gemeinde Gottes in Korinth ... und an alle, die überall den Namen unseres Herrn Jesus Christus anrufen.

1,8 Gemeint ist die Wiederkunft Christi in Herrlichkeit zum Gericht und zur Vollendung der Welt (vgl. 15,23–28).

1,12 Apollos war wie Paulus ein erfolgreicher Missionar (vgl. 3,4–9; 4,6; Apg 18,24–28).

los – ich zu Kephas – ich zu Christus. 13 Ist denn Christus zerteilt? Wurde etwa Paulus für euch gekreuzigt? Oder seid ihr auf den Namen des Paulus getauft worden? 14 Ich danke Gott, dass ich niemand von euch getauft habe, außer Krispus und Gaius, 15 sodass keiner sagen kann, ihr seiet auf meinen Namen getauft worden. 16 Ich habe allerdings auch die Familie des Stephanas getauft. Ob ich sonst noch jemand getauft habe, weiß ich nicht mehr. 17 Denn Christus hat mich nicht gesandt zu taufen, sondern das Evangelium zu verkünden, aber nicht mit gewandten und klugen Worten, damit das Kreuz Christi nicht um seine Kraft gebracht wird.

10: 11,18; Röm 15,5 • 12: 3,3f; Apg 18,24 • 14: Apg 18,8; Röm 16,23 • 16: 16,15.17 • 17: Apg 9,15.

Die Botschaft vom Kreuz: 1,18–31

18 Denn das Wort vom Kreuz ist denen, die verloren gehen, Torheit; uns aber, die gerettet werden, ist es Gottes Kraft. 19 Es heißt nämlich in der Schrift:

Ich lasse die Weisheit der Weisen vergehen / und die Klugheit der Klugen verschwinden.

20 *Wo ist ein Weiser? Wo ein Schriftgelehrter?* Wo ein Wortführer in dieser Welt? Hat Gott nicht die Weisheit der Welt als Torheit entlarvt? 21 Denn da die Welt angesichts der Weisheit Gottes auf dem Weg ihrer Weisheit Gott nicht erkannte, beschloss Gott, alle, die glauben, durch die Torheit der Verkündigung zu retten. 22 Die Juden fordern Zeichen, die Griechen suchen Weisheit. 23 Wir dagegen verkündigen Christus als den Gekreuzigten: für Juden ein empörendes Ärgernis, für Heiden eine Torheit, 24 für die Berufenen aber, Juden wie Griechen, Christus, Gottes Kraft und Gottes Weisheit. 25 Denn das Törichte an Gott ist weiser als die Menschen und das Schwache an Gott ist stärker als die Menschen. 26 Seht doch auf eure Berufung, Brüder! Da sind nicht viele Weise im irdischen Sinn, nicht viele Mächtige, nicht viele Vornehme, 27 sondern das Törichte in der Welt hat Gott erwählt, um die Weisen zuschanden zu machen, und das Schwache in der Welt hat Gott erwählt, um das Starke zuschanden zu machen. 28 Und das Niedrige in der Welt und das Verachtete hat Gott erwählt: das, was nichts ist, um das, was etwas ist, zu vernichten, 29 damit kein Mensch sich rühmen kann vor Gott. 30 Von ihm her seid ihr in Christus Jesus, den Gott für uns zur Weisheit gemacht hat, zur Gerechtigkeit, Heiligung und Erlösung. 31 *Wer sich* also *rühmen will, der rühme sich* des Herrn; so heißt es schon in der Schrift.

18: 1,23f; Röm 1,16 • 19: Jes 29,14; Ps 33,10 • 20: Jes 19,12; 33,18 G; 44,25; 1 Kor 3,19 • 21: Mt 11,25 • 22: Mt 12,38 par; Joh 2,18; Apg 17,18–21 • 23: 2,2.14; 1,18; 2,5; Kol 2,3 • 25: 2 Kor 13,4 • 27: Jak 2,5 • 29: Röm 3,27; Eph 2,9 • 31: Jer 9,22f; 2 Kor 10,17.

Paulus, Verkünder der Weisheit Gottes: 2,1 – 3,4

2 Als ich zu euch kam, Brüder, kam ich nicht, um glänzende Reden oder gelehrte Weisheit vorzutragen, sondern um euch das Zeugnis Gottes zu verkündigen. 2 Denn ich hatte mich entschlossen, bei euch nichts zu wissen außer Jesus Christus, und zwar als den Gekreuzigten. 3 Zudem kam ich in Schwäche und in Furcht, zitternd und bebend zu euch. 4 Meine Botschaft und Verkündigung war nicht Überredung durch gewandte und kluge Worte, sondern war mit dem Erweis von Geist und Kraft verbunden, 5 damit sich euer Glaube nicht auf Menschenweisheit stützte, sondern auf die Kraft Gottes.

6 Und doch verkündigen wir Weisheit unter den Vollkommenen, aber nicht Weisheit dieser Welt oder der Machthaber dieser Welt, die einst entmachtet werden. 7 Vielmehr verkündigen wir das Geheimnis der verborgenen Weisheit Gottes, die Gott vor allen Zeiten vorausbestimmt hat zu unserer Verherrlichung. 8 Keiner der Machthaber dieser Welt hat sie erkannt; denn hätten sie die Weisheit Gottes erkannt, so hätten sie den Herrn der Herrlichkeit nicht gekreuzigt. 9 Nein, wir verkündigen, wie es in der Schrift heißt, was *kein Auge gesehen und kein Ohr gehört hat,* was keinem Menschen in den Sinn gekommen ist: das Große, das Gott denen bereitet hat, die ihn lieben.

10 Denn uns hat es Gott enthüllt durch den Geist. Der Geist ergründet nämlich alles, auch die Tiefen Gottes. 11 Wer von den Menschen kennt den Menschen, wenn nicht der

---

1,14 Zu Krispus vgl. Apg 18,8; zu Gaius vgl. Röm 16,23.

1,16 Zu Stephanas vgl. 16,15.17.

1,26 im irdischen Sinn, wörtlich: dem Fleisch nach.

2,1 Anstelle von »Zeugnis Gottes« haben andere Textzeugen: Geheimnis Gottes. Gemeint ist das Evangelium vom gekreuzigten Christus.

2,6 Machthaber dieser Welt: menschliche Autoritäten und dämonische Mächte (vgl. 1 Kor 15,24f).

2,9 Dieses »Schriftzitat« ist als Ganzes im Alten Testament nicht zu finden.

Geist des Menschen, der in ihm ist? So er-
kennt auch keiner Gott – nur der Geist Got-
tes. 12 Wir aber haben nicht den Geist der
Welt empfangen, sondern den Geist, der aus
Gott stammt, damit wir das erkennen, was
uns von Gott geschenkt worden ist. 13 Davon
reden wir auch, nicht mit Worten, wie
menschliche Weisheit sie lehrt, sondern wie
der Geist sie lehrt, indem wir den Geister-
füllten das Wirken des Geistes deuten. 14 Der
irdisch gesinnte Mensch aber lässt sich nicht
auf das ein, was vom Geist Gottes kommt.
Torheit ist es für ihn, und er kann es nicht
verstehen, weil es nur mit Hilfe des Geistes
beurteilt werden kann. 15 Der geisterfüllte
Mensch urteilt über alles, ihn aber vermag
niemand zu beurteilen. 16 Denn *wer begreift
den Geist des Herrn? Wer kann ihn belehren?*
Wir aber haben den Geist Christi.

3 Vor euch, Brüder, konnte ich aber nicht
wie vor Geisterfüllten reden; ihr wart
noch irdisch eingestellt, unmündige Kinder
in Christus. 2 Milch gab ich euch zu trinken
statt fester Speise; denn diese konntet ihr
noch nicht vertragen. Ihr könnt es aber auch
jetzt noch nicht; 3 denn ihr seid immer noch
irdisch eingestellt. Oder seid ihr nicht ir-
disch eingestellt, handelt ihr nicht sehr
menschlich, wenn Eifersucht und Streit un-
ter euch herrschen? 4 Denn wenn einer sagt:
Ich halte zu Paulus!, ein anderer: Ich zu
Apollos!, seid ihr da nicht Menschen?

2,1: 1,17 • 2: Gal 6,14 • 3: Apg 18,9; 2 Kor 10,10 • 4: 1 Thess 1,5 • 5: 1,18.24 • 7: Röm 16,25; Kol 1,26 • 9: Jes 64,3; Jer 3,16; Sir 1,10 • 10: Dan 2,22 • 12: Röm 8,15 • 14: 1,23 • 16: Jes 40,13 G; Röm 11,34; 8,9 • 3,2: 1 Petr 2,2 • 3: 1,11f; 11,18; Gal 5,19f.

Die Verantwortung des Apostels und seiner Mitarbeiter: 3,5 – 4,16

5 Was ist denn Apollos? Und was ist Pau-
lus? Ihr seid durch sie zum Glauben gekom-
men. Sie sind also Diener, jeder, wie der Herr
es ihm gegeben hat: 6 Ich habe gepflanzt,
Apollos hat begossen, Gott aber ließ wach-
sen. 7 So ist weder der etwas, der pflanzt,
noch der, der begießt, sondern nur Gott, der
wachsen lässt. 8 Wer pflanzt und wer be-
gießt: Beide arbeiten am gleichen Werk, je-
der aber erhält seinen besonderen Lohn, je
nach der Mühe, die er aufgewendet hat.
9 Denn wir sind Gottes Mitarbeiter; ihr seid
Gottes Ackerfeld, Gottes Bau.

10 Der Gnade Gottes entsprechend, die mir
geschenkt wurde, habe ich wie ein guter
Baumeister den Grund gelegt; ein anderer
baut darauf weiter. Aber jeder soll darauf
achten, wie er weiterbaut. 11 Denn einen an-
deren Grund kann niemand legen als den,
der gelegt ist: Jesus Christus. 12 Ob aber je-
mand auf dem Grund mit Gold, Silber, kost-
baren Steinen, mit Holz, Heu oder Stroh
weiterbaut: 13 das Werk eines jeden wird of-
fenbar werden; jener Tag wird es sichtbar
machen, weil es im Feuer offenbart wird.
Das Feuer wird prüfen, was das Werk eines
jeden taugt. 14 Hält das stand, was er aufge-
baut hat, so empfängt er Lohn. 15 Brennt es
nieder, dann muss er den Verlust tragen. Er
selbst aber wird gerettet werden, doch so wie
durch Feuer hindurch.

16 Wisst ihr nicht, dass ihr Gottes Tempel
seid und der Geist Gottes in euch wohnt?
17 Wer den Tempel Gottes verdirbt, den wird
Gott verderben. Denn Gottes Tempel ist hei-
lig, und der seid ihr.

18 Keiner täusche sich selbst. Wenn einer
unter euch meint, er sei weise in dieser Welt,
dann werde er töricht, um weise zu werden.
19 Denn die Weisheit dieser Welt ist Torheit
vor Gott. In der Schrift steht nämlich: *Er
fängt die Weisen in ihrer eigenen List.* 20 Und
an einer anderen Stelle: *Der Herr kennt die
Gedanken der Weisen; er weiß, sie sind nich-
tig.* 21 Daher soll sich niemand eines Men-
schen rühmen. Denn alles gehört euch;
22 Paulus, Apollos, Kephas, Welt, Leben,
Tod, Gegenwart und Zukunft: alles gehört
euch; 23 ihr aber gehört Christus und Chris-
tus gehört Gott.

4 Als Diener Christi soll man uns be-
trachten und als Verwalter von Ge-
heimnissen Gottes. 2 Von Verwaltern aber
verlangt man, dass sie sich treu erweisen.
3 Mir macht es allerdings nichts aus, wenn
ihr oder ein menschliches Gericht mich zur
Verantwortung zieht; ich urteile auch nicht
über mich selbst. 4 Ich bin mir zwar keiner
Schuld bewusst, doch bin ich dadurch noch
nicht gerecht gesprochen; der Herr ist es, der

2,13 Andere Übersetzungsmöglichkeiten: indem wir Wirkungen des Geistes mit geistgewirkten Worten wiedergeben; oder: indem wir Wirkungen des Geistes miteinander vergleichen.

2,14 Der irdisch gesinnte Mensch, wörtlich: Der psychische Mensch. Dieser urteilt über Gott und sein Handeln mit einem nicht vom Geist Gottes erleuchteten Denken. Zum abwertenden Gebrauch von »psychisch« vgl. Jak 3,15; Jud 19; auch 1 Kor 15,44.46 (»psychischer Leib«, d. h. sterblicher Leib).

2,15 Vgl. die Anmerkung zu 1 Kor 12,10.

3,16 Vgl. 6,19, wo nicht die Gemeinde als ganze, sondern der einzelne Christ als »Tempel des Heiligen Geistes« bezeichnet wird.

mich zur Rechenschaft zieht. 5 Richtet also nicht vor der Zeit; wartet, bis der Herr kommt, der das im Dunkeln Verborgene ans Licht bringen und die Absichten der Herzen aufdecken wird. Dann wird jeder sein Lob von Gott erhalten.

6 Brüder, ich habe das auf mich und Apollos bezogen, und zwar euretwegen, damit ihr an uns lernt, dass der Grundsatz gilt: »Nicht über das hinaus, was in der Schrift steht«, dass also keiner zugunsten des einen und zum Nachteil des andern sich wichtig machen darf. 7 Denn wer räumt dir einen Vorrang ein? Und was hast du, das du nicht empfangen hättest? Wenn du es aber empfangen hast, warum rühmst du dich, als hättest du es nicht empfangen? 8 Ihr seid schon satt, ihr seid schon reich geworden, ohne uns seid ihr zur Herrschaft gelangt. Wäret ihr doch nur zur Herrschaft gelangt! Dann könnten auch wir mit euch zusammen herrschen.

9 Ich glaube nämlich, Gott hat uns Apostel auf den letzten Platz gestellt, wie Todgeweihte; denn wir sind zum Schauspiel geworden für die Welt, für Engel und Menschen. 10 Wir stehen als Toren da um Christi willen, ihr dagegen seid kluge Leute in Christus. Wir sind schwach, ihr seid stark; ihr seid angesehen, wir sind verachtet. 11 Bis zur Stunde hungern und dürsten wir, gehen in Lumpen, werden mit Fäusten geschlagen und sind heimatlos. 12 Wir plagen uns ab und arbeiten mit eigenen Händen; wir werden beschimpft und segnen; wir werden verfolgt und halten stand; 13 wir werden geschmäht und trösten. Wir sind sozusagen der Abschaum der Welt geworden, verstoßen von allen bis heute.

14 Nicht um euch bloßzustellen, schreibe ich das, sondern um euch als meine geliebten Kinder zu ermahnen. 15 Hättet ihr nämlich auch ungezählte Erzieher in Christus, so doch nicht viele Väter. Denn in Christus Jesus bin ich durch das Evangelium euer Vater geworden. 16 Darum ermahne ich euch: Haltet euch an mein Vorbild!

3,5: 1,12 • 9: Mt 13,3–9; Eph 2,20 • 10: 15,10; Röm 15,20 • 11: Eph 2,20; 1 Petr 2,4–6; Apg 4,11f • 13: 4,5; 2 Thess 1,7f • 15: Jud 23 • 16: 6,19; 2 Kor 6,16; Eph 2,21f • 18: 4,10 • 19: Ijob 5,13; 1 Kor 1,20; Röm 1,22 • 20: Ps 94,11 G • 22: 1,12; Röm 8,38 • 4,1: 3,5; Kol 1,25f; 1 Petr 4,10 • 2: Lk 12,42 • 3: 9,3 • 5: Röm 2,16 • 6: Röm 12,3 • 8: Offb 3,21 • 9: 2 Kor 4,11 • 11: 2 Kor 11,27 • 12: 9,12; Apg 18,3; 20,33f • 13: Apg 22,22 • 15: Gal 4,19; Phil 2,22; Phlm 10 • 16: 11,1; Phil 4,9.

Ankündigung eines baldigen Besuches: 4,17–21

17 Eben deswegen schicke ich Timotheus zu euch, mein geliebtes und treues Kind im Herrn. Er wird euch erinnern an meine Weisungen, wie ich sie als Diener Christi Jesu überall in allen Gemeinden gebe. 18 In der Annahme, dass ich nicht selber zu euch komme, haben sich zwar einige wichtig gemacht. 19 Ich werde aber bald zu euch kommen, wenn der Herr will. Dann werde ich diese Wichtigtuer nicht auf ihre Worte prüfen, sondern auf ihre Kraft. 20 Denn nicht in Worten erweist sich die Herrschaft Gottes, sondern in der Kraft. 21 Was zieht ihr vor: Soll ich mit dem Stock zu euch kommen oder mit Liebe und im Geist der Sanftmut?

17: 16,10; Apg 16,1; 19,22 • 19: 16,5–7; 2 Kor 13,1–10 • 20: 2,4 • 21: 2 Kor 13,10.

MISSSTÄNDE IN DER GEMEINDE: 5,1 – 6,20

Ein Fall von Blutschande: 5,1–13

5 Übrigens hört man von Unzucht unter euch, und zwar von Unzucht, wie sie nicht einmal unter den Heiden vorkommt, dass nämlich einer mit der Frau seines Vaters lebt. 2 Und da macht ihr euch noch wichtig, statt traurig zu werden und den aus eurer Mitte zu stoßen, der so etwas getan hat. 3 Was mich angeht, so habe ich – leiblich zwar abwesend, geistig aber anwesend – mein Urteil über den, der sich so vergangen hat, schon jetzt gefällt, als ob ich persönlich anwesend wäre: 4 Im Namen Jesu, unseres Herrn, wollen wir uns versammeln, ihr und mein Geist, und zusammen mit der Kraft Jesu, unseres Herrn, 5 diesen Menschen dem Satan übergeben zum Verderben seines Fleisches, damit sein Geist am Tag des Herrn gerettet wird.

6 Zu Unrecht rühmt ihr euch. Wisst ihr nicht, dass ein wenig Sauerteig den ganzen Teig durchsäuert? 7 Schafft den alten Sauer-

---

4,6 Paulus zitiert hier vermutlich einen in Korinth bekannten Auslegungsgrundsatz.

4,8a Die Aussage ist ironisch gemeint.

4,15 Zur Vorstellung geistlicher Vaterschaft vgl. Gal 4,19; Phlm 10; 1 Petr 1,23.

5,1 Vgl. dazu Lev 18,7f; 20,11; Dtn 27,20; auch das römische Recht stellte dieses Vergehen unter Strafe.

5,5 Der Sünder schändet die Heiligkeit der Gemeinde; er soll daher ausgeschlossen werden.

teig weg, damit ihr neuer Teig seid. Ihr seid
ja schon ungesäuertes Brot; denn als unser
Paschalamm ist Christus geopfert worden.
8 Lasst uns also das Fest nicht mit dem alten
Sauerteig feiern, nicht mit dem Sauerteig
der Bosheit und Schlechtigkeit, sondern mit
den ungesäuerten Broten der Aufrichtigkeit
und Wahrheit.
9 Ich habe euch in meinem Brief ermahnt,
dass ihr nichts mit Unzüchtigen zu schaffen
haben sollt. 10 Gemeint waren damit nicht
alle Unzüchtigen dieser Welt oder alle Hab-
gierigen und Räuber und Götzendiener;
sonst müsstet ihr ja aus der Welt auswan-
dern. 11 In Wirklichkeit meinte ich damit:
Habt nichts zu schaffen mit einem, der sich
Bruder nennt und dennoch Unzucht treibt,
habgierig ist, Götzen verehrt, lästert, trinkt
oder raubt; mit einem solchen Menschen
sollt ihr nicht einmal zusammen essen. 12 Ich
will also nicht Außenstehende richten – ihr
richtet ja auch nur solche, die zu euch ge-
hören –, 13 die Außenstehenden wird Gott
richten. *Schafft den Übeltäter weg aus eurer*
Mitte!

1: Lev 18,7f; 20,11; Dtn 27,20 • 3: Kol 2,5 • 4: Mt 18,20 • 5: 1 Tim 1,20; 1 Petr 4,6 • 6: Gal 5,9 • 7: Ex 12,15.19; 13,7; 1 Petr 1,19; Ex 12,21 • 8: Ex 12,15–20 • 9: 2 Petr 2,2.14.19; Jud 23 • 10: 1 Tim 6,3–10; 1 Joh 5,19 • 11: 6,9f; 2 Thess 3,6; Kol 4,5 • 13: Dtn 17,7; 19,19.

Rechtshändel unter Christen: 6,1–11

6 Wagt es einer von euch, der mit einem
anderen einen Rechtsstreit hat, vor das
Gericht der Ungerechten zu gehen statt zu
den Heiligen? 2 Wisst ihr denn nicht, dass die
Heiligen die Welt richten werden? Und wenn
durch euch die Welt gerichtet wird, seid ihr
dann nicht zuständig, einen Rechtsstreit
über Kleinigkeiten zu schlichten? 3 Wisst ihr
nicht, dass wir über Engel richten werden?
Also erst recht über Alltägliches. 4 Wie könnt
ihr dann jene, die im Urteil der Gemeinde
nichts gelten, als Richter einsetzen, wenn ihr
einen Rechtsstreit über Alltägliches auszu-
tragen habt? 5 Ich sage das, damit ihr euch
schämt. Gibt es denn unter euch wirklich
keinen, der die Gabe hat, zwischen Brüdern
zu schlichten? 6 Stattdessen zieht ein Bruder
den andern vor Gericht, und zwar vor Un-
gläubige. 7 Ist es nicht überhaupt schon ein
Versagen, dass ihr miteinander Prozesse
führt? Warum leidet ihr nicht lieber Un-
recht? Warum lasst ihr euch nicht lieber aus-
rauben? 8 Nein, ihr selber begeht Unrecht
und Raub, und zwar an Brüdern. 9 Wisst ihr
denn nicht, dass Ungerechte das Reich Got-
tes nicht erben werden? Täuscht euch nicht!
Weder Unzüchtige noch Götzendiener, we-
der Ehebrecher noch Lustknaben, noch Kna-
benschänder, 10 noch Diebe, noch Habgieri-
ge, keine Trinker, keine Lästerer, keine
Räuber werden das Reich Gottes erben.
11 Und solche gab es unter euch. Aber ihr seid
rein gewaschen, seid geheiligt, seid gerecht
geworden im Namen Jesu Christi, des Herrn,
und im Geist unseres Gottes.

2: Dan 7,22; Lk 22,30; Offb 20,4 • 3: 2 Petr 2,4; Jud 6 • 5: 4,14 • 7: Mt 5,39f; 1 Thess 5,15; 1 Petr 3,9 • 9: 15,50; Gal 5,19–21; Eph 5,5; Offb 21,8; 22,15 • 11: Röm 6,6–11; Tit 3,4–7; 1 Petr 3,21; 1 Joh 2,12; Hebr 9,14; 10,22.

Unzucht und christliche Freiheit: 6,12–20

12 »Alles ist mir erlaubt« – aber nicht alles
nützt mir. Alles ist mir erlaubt, aber nichts
soll Macht haben über mich. 13 Die Speisen
sind für den Bauch da und der Bauch für die
Speisen; Gott wird beide vernichten. Der
Leib ist aber nicht für die Unzucht da, son-
dern für den Herrn, und der Herr für den
Leib. 14 Gott hat den Herrn auferweckt; er
wird durch seine Macht auch uns auferwe-
cken. 15 Wisst ihr nicht, dass eure Leiber
Glieder Christi sind? Darf ich nun die Glie-
der Christi nehmen und zu Gliedern einer
Dirne machen? Auf keinen Fall! 16 Oder
wisst ihr nicht: Wer sich an eine Dirne bin-
det, ist e i n Leib mit ihr? Denn es heißt: Die
zwei werden e i n Fleisch sein. 17 Wer sich
dagegen an den Herrn bindet, ist e i n Geist
mit ihm. 18 Hütet euch vor der Unzucht! Jede

5,9 Der hier erwähnte Brief ist vermutlich verloren gegangen; Fragmente dieses Briefs könnten in den 1. Korintherbrief aufgenommen worden sein.

6,1 Die Nichtchristen werden hier als »Ungerechte« bezeichnet, die Christen als »Heilige« (vgl. z. B. 1,2).

6,2 Paulus vertritt die Auffassung, dass die Christen als Glieder Christi an dessen richterlicher Tätigkeit beim Endgericht teilhaben werden (vgl. 6,15; 12,27).

6,4 die im Urteil der Gemeinde nichts gelten: die Nichtchristen.

6,11 rein gewaschen . . .: Ein Hinweis auf die Taufe (vgl. Eph 5,26; Tit 3,3–7; Hebr 10,22; 1 Petr 1,2; 3,21).

6,12 Alles ist (mir) erlaubt: vermutlich ein Schlagwort, das in der Gemeinde von Korinth zu hören war (vgl. 10,23).

6,20 Sklaven konnten gegen Lösegeld freigekauft werden. Hier wird der Tod Christi als Kaufpreis verstanden, durch den die Christen aus der Knechtschaft der Sünde befreit wurden (vgl. 7,23; Gal 3,13; 1 Petr 1,18f).

andere Sünde, die der Mensch tut, bleibt au-
ßerhalb des Leibes. Wer aber Unzucht treibt,
versündigt sich gegen den eigenen Leib.
19 Oder wisst ihr nicht, dass euer Leib ein
Tempel des Heiligen Geistes ist, der in euch
wohnt und den ihr von Gott habt? Ihr gehört
nicht euch selbst; 20 denn um einen teuren
Preis seid ihr erkauft worden. Verherrlicht
also Gott in eurem Leib!

12: 10,23 • 13: Mt 15,17; 1 Thess 4,3–5 • 14: 15,20f; Röm 8,11; 2 Kor 4,14 • 15: 12,12.27; Röm 12,5 • 16: Gen 2,24 • 17: 2 Kor 3,17 • 19: 3,16; Röm 8,11.15 • 20: 7,23; 1 Petr 1,18f.

DIE STANDESORDNUNG IN DER GEMEINDE: 7,1–40

Die christliche Ehe: 7,1–7

7 Nun zu den Anfragen eures Briefes! »Es
ist gut für den Mann, keine Frau zu be-
rühren«. 2 Wegen der Gefahr der Unzucht
soll aber jeder seine Frau haben und jede soll
ihren Mann haben. 3 Der Mann soll seine
Pflicht gegenüber der Frau erfüllen und
ebenso die Frau gegenüber dem Mann.
4 Nicht die Frau verfügt über ihren Leib,
sondern der Mann. Ebenso verfügt nicht der
Mann über seinen Leib, sondern die Frau.
5 Entzieht euch einander nicht, außer im ge-
genseitigen Einverständnis und nur eine Zeit
lang, um für das Gebet frei zu sein. Dann
kommt wieder zusammen, damit euch der
Satan nicht in Versuchung führt, wenn ihr
euch nicht enthalten könnt. 6 Das sage ich als
Zugeständnis, nicht als Gebot. 7 Ich wünsch-
te, alle Menschen wären (unverheiratet) wie
ich. Doch jeder hat seine Gnadengabe von
Gott, der eine so, der andere so.

1: Mt 19,10; 1 Tim 4,3 • 2: 1 Thess 4,3f • 3: Eph 5,21–29 • 7: Mt 19,12.

Ehe mit Heiden – Ehescheidung: 7,8–16

8 Den Unverheirateten und den Witwen
sage ich: Es ist gut, wenn sie so bleiben wie
ich. 9 Wenn sie aber nicht enthaltsam leben
können, sollen sie heiraten. Es ist besser zu
heiraten, als sich in Begierde zu verzehren.
10 Den Verheirateten gebiete nicht ich, son-
dern der Herr: Die Frau soll sich vom Mann
nicht trennen 11 – wenn sie sich aber trennt,
so bleibe sie unverheiratet oder versöhne
sich wieder mit dem Mann – und der Mann
darf die Frau nicht verstoßen.
12 Den Übrigen sage ich, nicht der Herr:
Wenn ein Bruder eine ungläubige Frau hat
und sie willigt ein, weiter mit ihm zusam-
menzuleben, soll er sie nicht verstoßen.
13 Auch eine Frau soll ihren ungläubigen
Mann nicht verstoßen, wenn er einwilligt,
weiter mit ihr zusammenzuleben. 14 Denn
der ungläubige Mann ist durch die Frau ge-
heiligt und die ungläubige Frau ist durch ih-
ren gläubigen Mann geheiligt. Sonst wären
eure Kinder unrein; sie sind aber heilig.
15 Wenn aber der Ungläubige sich trennen
will, soll er es tun. Der Bruder oder die
Schwester ist in solchen Fällen nicht wie ein
Sklave gebunden; zu einem Leben in Frieden
hat Gott euch berufen. 16 Woher weißt du
denn, Frau, ob du den Mann retten kannst?
Oder woher weißt du, Mann, ob du die Frau
retten kannst?

9: 1 Tim 5,14 • 10: Mt 5,32; 19,4–6 • 16: 1 Petr 3,1f.

Gottes Ruf und der Stand der Berufenen: 7,17–24

17 Im Übrigen soll jeder so leben, wie der
Herr es ihm zugemessen, wie Gottes Ruf ihn
getroffen hat. Das ist meine Weisung für alle
Gemeinden. 18 Wenn einer als Beschnittener
berufen wurde, soll er beschnitten bleiben.
Wenn einer als Unbeschnittener berufen
wurde, soll er sich nicht beschneiden lassen.
19 Es kommt nicht darauf an, beschnitten
oder unbeschnitten zu sein, sondern darauf,
die Gebote Gottes zu halten. 20 Jeder soll in
dem Stand bleiben, in dem ihn der Ruf Got-
tes getroffen hat. 21 Wenn du als Sklave be-
rufen wurdest, soll dich das nicht bedrücken;

7,1 Es handelt sich hier wohl um ein Zitat aus dem Brief der Korinther an Paulus.

7,11 Vgl. Dtn 24,1–4 und die Erklärung dieser Stelle durch Jesus in Mt 19,8f.

7,14 durch ihren gläubigen Mann, wörtlich: durch den Bruder.

7,15f Man kann die Stelle auch so verstehen, dass Paulus es für wünschenswert hält, wenn sich der gläubige Teil jede erdenkliche Mühe gibt, die Ehe mit dem ungläubigen Partner fortzusetzen. In diesem Sinn lässt sich übersetzen: Gott hat euch aber zu einem gemeinsamen Leben gerufen. 16 Vielleicht vermagst du, Frau, deinen Mann zu retten; vielleicht vermagst du, Mann, deine Frau zu retten.

7,21 Der griechische Wortlaut des Verses und der Zusammenhang des Abschnitts empfehlen diese Übersetzung. Es gibt aber auch Gründe für das Verständnis: Ergreif lieber die Gelegenheit (frei zu werden).

auch wenn du frei werden kannst, lebe lieber
als Sklave weiter. 22 Denn wer im Herrn als
Sklave berufen wurde, ist Freigelassener des
Herrn. Ebenso ist einer, der als Freier beru-
fen wurde, Sklave Christi. 23 Um einen teu-
ren Preis seid ihr erkauft worden. Macht
euch nicht zu Sklaven von Menschen! 24 Brü-
der, jeder soll vor Gott in dem Stand bleiben,
in dem ihn der Ruf Gottes getroffen hat.

17: 7,20.24 • 18: Gal 5,1f • 19: Gal 5,6; 6,15; Röm 2,25f • 21: Eph 6,5f; Phlm 16 • 23: 6,20.

Ehe und Jungfräulichkeit: 7,25–38

25 Was die Frage der Ehelosigkeit angeht,
so habe ich kein Gebot vom Herrn. Ich gebe
euch nur einen Rat als einer, den der Herr
durch sein Erbarmen vertrauenswürdig ge-
macht hat. 26 Ich meine, es ist gut wegen der
bevorstehenden Not, ja, es ist gut für den
Menschen, so zu sein. 27 Bist du an eine Frau
gebunden, suche dich nicht zu lösen; bist du
ohne Frau, dann suche keine. 28 Heiratest du
aber, so sündigst du nicht; und heiratet eine
Jungfrau, sündigt auch sie nicht. Freilich
werden solche Leute irdischen Nöten nicht
entgehen; ich aber möchte sie euch ersparen.
29 Denn ich sage euch, Brüder: Die Zeit ist
kurz. Daher soll, wer eine Frau hat, sich in
Zukunft so verhalten, als habe er keine,
30 wer weint, als weine er nicht, wer sich
freut, als freue er sich nicht, wer kauft, als
würde er nicht Eigentümer, 31 wer sich die
Welt zunutze macht, als nutze er sie nicht;
denn die Gestalt dieser Welt vergeht.
32 Ich wünschte aber, ihr wäret ohne Sor-
gen. Der Unverheiratete sorgt sich um die
Sache des Herrn; er will dem Herrn gefallen.
33 Der Verheiratete sorgt sich um die Dinge
der Welt; er will seiner Frau gefallen. 34 So
ist er geteilt. Die unverheiratete Frau aber
und die Jungfrau sorgen sich um die Sache
des Herrn, um heilig zu sein an Leib und
Geist. Die Verheiratete sorgt sich um die
Dinge der Welt; sie will ihrem Mann gefal-
len. 35 Das sage ich zu eurem Nutzen: nicht
um euch eine Fessel anzulegen, vielmehr, da-
mit ihr in rechter Weise und ungestört immer
dem Herrn dienen könnt.
36 Wer sich gegenüber seiner Jungfrau un-
gehörig zu verhalten glaubt, wenn sein Ver-
langen nach ihr zu stark ist, der soll tun,
wozu es ihn drängt, wenn es so sein muss; er
sündigt nicht; sie sollen heiraten. 37 Wer aber
in seinem Herzen fest bleibt, weil er sich in
der Gewalt hat und seinem Trieb nicht aus-
geliefert ist, wer also in seinem Herzen ent-
schlossen ist, seine Jungfrau unberührt zu
lassen, der handelt richtig. 38 Wer seine
Jungfrau heiratet, handelt also richtig; doch
wer sie nicht heiratet, handelt besser.

25: Mt 19,12; 2 Kor 8,10 • 26: 7,29; 10,11 • 29: Röm 13,11; 1 Petr 4,7; 1 Joh 2,16f • 33: Lk 14,20.

Wiederverheiratung nach dem Tod des Mannes: 7,39–40

39 Eine Frau ist gebunden, solange ihr
Mann lebt; wenn aber der Mann gestorben
ist, ist sie frei zu heiraten, wen sie will; nur
geschehe es im Herrn. 40 Glücklicher aber ist
sie zu preisen, wenn sie nach meinem Rat un-
verheiratet bleibt – und ich denke, dass auch
ich den Geist Gottes habe.

39: Röm 7,2.

HEIDNISCHE OPFER, CHRISTLICHE SAKRAMENTE, CHRISTLICHER GOTTESDIENST: 8,1 – 11,34

Die Freiheit des Christen: 8,1–13

8 Nun zur Frage des Götzenopferflei-
sches. Gewiss, wir alle haben Erkennt-
nis. Doch die Erkenntnis macht aufgeblasen,
die Liebe dagegen baut auf. 2 Wenn einer
meint, er sei zur Erkenntnis gelangt, hat er
noch nicht so erkannt, wie man erkennen
muss. 3 Wer aber Gott liebt, der ist von ihm
erkannt. 4 Was nun das Essen von Götzenop-
ferfleisch angeht, so wissen wir, dass es kei-
ne Götzen gibt in der Welt und keinen Gott
außer dem einen. 5 Und selbst wenn es im

7,26 Die »bevorstehende Not« ist die dem Ende vorausgehende Notzeit (vgl. Mk 13,14–20).

7,36–38 Diese Übersetzung der VV. 36–38 setzt christliche Verlobte voraus, die angesichts der Erwartung des nahen Weltendes nicht heiraten (vgl. 7,25–35), oder christliche Jungfrauen, die aus Liebe zu Christus auf die Ehe verzichten und zum Schutz gegen Zudringlichkeiten bei einem ebenfalls unverheirateten Christen leben.

8,1 macht aufgeblasen: Paulus richtet sich gegen eine selbstherrliche, also falsche »Erkenntnis«. – »Aufbauen« meint hier (wie 10,23; 14,3–5.12.17.26) alles, was das brüderliche Einvernehmen unter den Gliedern der Gemeinde fördert.

Himmel oder auf der Erde sogenannte Götter
gibt – und solche Götter und Herren gibt es
viele –, 6 so haben doch wir nur einen Gott,
den Vater. Von ihm stammt alles und wir le-
ben auf ihn hin. Und einer ist der Herr: Jesus
Christus. Durch ihn ist alles, und wir sind
durch ihn.

7 Aber nicht alle haben die Erkenntnis. Ei-
nige, die von ihren Götzen nicht loskommen,
essen das Fleisch noch als Götzenopfer-
fleisch und so wird ihr schwaches Gewis-
sen befleckt. 8 Zwar kann uns keine Speise
vor Gottes Gericht bringen. Wenn wir nicht
essen, verlieren wir nichts, und wenn wir es-
sen, gewinnen wir nichts. 9 Doch gebt Acht,
dass diese eure Freiheit nicht den Schwa-
chen zum Anstoß wird. 10 Wenn nämlich ei-
ner dich, der du Erkenntnis hast, im Götzen-
tempel beim Mahl sieht, wird dann nicht sein
Gewissen, da er schwach ist, verleitet, auch
Götzenopferfleisch zu essen? 11 Der Schwa-
che geht an deiner »Erkenntnis« zugrunde,
er, dein Bruder, für den Christus gestorben
ist. 12 Wenn ihr euch auf diese Weise gegen
eure Brüder versündigt und ihr schwaches
Gewissen verletzt, versündigt ihr euch gegen
Christus. 13 Wenn darum eine Speise meinem
Bruder zum Anstoß wird, will ich überhaupt
kein Fleisch mehr essen, um meinem Bruder
keinen Anstoß zu geben.

1–13: Röm 14,1–23; Apg 15,29 • 2: Gal 6,3 • 3: 13,12; Gal 4,9 • 4: 10,19f • 6: Röm 11,36; Kol 1,16f • 7: 10,27f • 9: Gal 5,13.

Das Beispiel des Apostels: 9,1–27

9 Bin ich nicht frei? Bin ich nicht ein
Apostel? Habe ich nicht Jesus, unseren
Herrn, gesehen? Seid ihr nicht mein Werk im
Herrn? 2 Wenn ich für andere kein Apostel
bin, bin ich es doch für euch. Ihr seid ja im
Herrn das Siegel meines Apostelamtes. 3 Das
aber ist meine Rechtfertigung vor denen, die
abfällig über mich urteilen: 4 Haben wir
nicht das Recht, zu essen und zu trinken?
5 Haben wir nicht das Recht, eine gläubige
Frau mitzunehmen, wie die übrigen Apostel
und die Brüder des Herrn und wie Kephas?
6 Sollen nur ich und Barnabas auf das Recht
verzichten, nicht zu arbeiten? 7 Wer leistet
denn Kriegsdienst und bezahlt sich selber
den Sold? Wer pflanzt einen Weinberg und
isst nicht von seinem Ertrag? Oder wer wei-
det eine Herde und trinkt nicht von der
Milch der Herde? 8 Sage ich das nur aus
menschlicher Einsicht? Sagt das nicht auch
das Gesetz? 9 Im Gesetz des Mose steht doch:
*Du sollst dem Ochsen zum Dreschen keinen
Maulkorb anlegen.* Liegt denn Gott etwas an
den Ochsen? 10 Sagt er das nicht offensicht-
lich unseretwegen? Ja, unseretwegen wurde
es geschrieben. Denn der Pflüger wie der
Drescher sollen ihre Arbeit in der Erwartung
tun, ihren Teil zu erhalten. 11 Wenn wir für
euch die Geistesgaben gesät haben, ist es
dann zu viel, wenn wir von euch irdische Ga-
ben ernten? 12 Wenn andere an dem, was
euch gehört, teilhaben dürfen, dann erst
recht wir. Aber wir haben von diesem Recht
keinen Gebrauch gemacht. Vielmehr ertra-
gen wir alles, um dem Evangelium Christi
kein Hindernis in den Weg zu legen. 13 Wisst
ihr nicht, dass alle, die im Heiligtum Dienst
tun, vom Heiligtum leben, und dass alle, die
am Altar Dienst tun, vom Altar ihren Anteil
erhalten? 14 So hat auch der Herr denen, die
das Evangelium verkündigen, geboten, vom
Evangelium zu leben. 15 Ich aber habe all das
nicht in Anspruch genommen. Ich schreibe
dies auch nicht, damit es in meinem Fall so
geschieht. Lieber wollte ich sterben, als dass
mir jemand diesen Ruhm entreißt. 16 Wenn
ich nämlich das Evangelium verkünde, kann
ich mich deswegen nicht rühmen; denn ein
Zwang liegt auf mir. Weh mir, wenn ich das
Evangelium nicht verkünde! 17 Wäre es mein
freier Entschluss, so erhielte ich Lohn. Wenn
es mir aber nicht freisteht, so ist es ein Auf-
trag, der mir anvertraut wurde. 18 Was ist
nun mein Lohn? Dass ich das Evangelium
unentgeltlich verkünde und so auf mein
Recht verzichte.

19 Da ich also von niemand abhängig war,
habe ich mich für alle zum Sklaven gemacht,
um möglichst viele zu gewinnen. 20 Den Ju-
den bin ich ein Jude geworden, um Juden zu
gewinnen; denen, die unter dem Gesetz ste-
hen, bin ich, obgleich ich nicht unter dem
Gesetz stehe, einer unter dem Gesetz gewor-
den, um die zu gewinnen, die unter dem
Gesetz stehen. 21 Den Gesetzlosen war ich
sozusagen ein Gesetzloser – nicht als ein
Gesetzloser vor Gott, sondern gebunden an
das Gesetz Christi –, um die Gesetzlosen zu
gewinnen. 22 Den Schwachen wurde ich ein

9,1 Paulus weiß sich durch die Erscheinung des Auferstandenen vor Damaskus zum Apostel berufen und bevollmächtigt (vgl. Apg 9, 3–6; 1 Kor 15,8–10; Gal 1,15f).

9,5 Wörtlich: Haben wir nicht das Recht, eine Schwester als Frau mitzunehmen (vgl. auch die Anmerkung zu Mt 12,46f).

9,12 Paulus verzichtet aus freien Stücken auf das Recht, das ihm als Apostel zusteht. Das wird ihm in Korinth als Zeichen mangelnder apostolischer Vollmacht ausgelegt (vgl. 2 Kor 11,7–12).

Schwacher, um die Schwachen zu gewinnen.
Allen bin ich alles geworden, um auf jeden
Fall einige zu retten. 23 Alles aber tue ich um
des Evangeliums willen, um an seiner Ver-
heißung teilzuhaben.
24 Wisst ihr nicht, dass die Läufer im Sta-
dion zwar alle laufen, aber dass nur einer den
Siegespreis gewinnt? Lauft so, dass ihr ihn ge-
winnt. 25 Jeder Wettkämpfer lebt aber völlig
enthaltsam; jene tun dies, um einen vergäng-
lichen, wir aber, um einen unvergänglichen
Siegeskranz zu gewinnen. 26 Darum laufe ich
nicht wie einer, der ziellos läuft, und kämpfe
mit der Faust nicht wie einer, der in die Luft
schlägt; 27 vielmehr züchtige und unterwerfe
ich meinen Leib, damit ich nicht anderen
predige und selbst verworfen werde.

1: 15,8f; Gal 5,1.13 • 2: 4,15 • 3: 4,3f • 4: 9,14 • 5: Mt 8,14 • 6: Apg 13,2 • 7: 2 Thess 3,9; 2 Tim 2,4.6 • 9: Dtn 25,4; 1 Tim 5,18 • 11: Röm 15,27 • 12: 2 Kor 11,7–9; Apg 20,33f • 13: Num 18,8.21; Dtn 18,1–3 • 14: Mt 10,10; Gal 6,6 • 19: 10,33; Mt 20,26f • 20: Apg 16,3; 21,20–26; Gal 4,12 • 21: Gal 6,2 • 22: Röm 15,1; 2 Kor 11,29 • 25: Phil 3,14; 2 Tim 2,4f; 4,7f; 1 Petr 5,4 • 27: Röm 13,14.

Israels Geschichte als Warnung: 10,1–13

10 Ihr sollt wissen, Brüder, dass unsere
Väter alle unter der Wolke waren,
alle durch das Meer zogen 2 und alle auf
Mose getauft wurden in der Wolke und im
Meer. 3 Alle aßen auch die gleiche gottge-
schenkte Speise 4 und alle tranken den glei-
chen gottgeschenkten Trank; denn sie tran-
ken aus dem Leben spendenden Felsen, der
mit ihnen zog. Und dieser Fels war Christus.
5 Gott aber hatte an den meisten von ihnen
kein Gefallen; denn er ließ sie in der Wüste
umkommen. 6 Das aber geschah als warnen-
des Beispiel für uns: damit wir uns nicht von
der Gier nach dem Bösen beherrschen lassen,
wie jene sich von der Gier beherrschen lie-
ßen. 7 Werdet nicht Götzendiener wie einige
von ihnen; denn es steht in der Schrift: *Das
Volk setzte sich zum Essen und Trinken;
dann standen sie auf, um sich zu vergnügen.*
8 Lasst uns nicht Unzucht treiben, wie einige
von ihnen Unzucht trieben. Damals kamen
an einem einzigen Tag dreiundzwanzigtau-
send Menschen um. 9 Wir wollen auch nicht
den Herrn auf die Probe stellen, wie es einige
von ihnen taten, die dann von Schlangen ge-
tötet wurden. 10 Murrt auch nicht, wie einige
von ihnen murrten; sie wurden vom Verder-
ber umgebracht. 11 Das aber geschah an ih-
nen, damit es uns als Beispiel dient; uns zur
Warnung wurde es aufgeschrieben, uns, die
das Ende der Zeiten erreicht hat. 12 Wer also
zu stehen meint, der gebe Acht, dass er nicht
fällt. 13 Noch ist keine Versuchung über euch
gekommen, die den Menschen überfordert.
Gott ist treu; er wird nicht zulassen, dass ihr
über eure Kraft hinaus versucht werdet. Er
wird euch in der Versuchung einen Ausweg
schaffen, sodass ihr sie bestehen könnt.

1: Ex 13,21; 14,22; Ps 78,13f; Röm 1,13 • 3: Ex 16,4.35; Ps 78,24f • 4: Ex 17,6; Num 20,7–11; Ps 78,15f • 5: Num 14,16 • 6: Num 11,4.34 • 7: Ex 32,6 • 8: Num 25,1.9 • 9: Num 21,5f • 10: Ex 16,2f; Num 14,2.36f; 17,6–14 • 11: 7,29; Röm 15,4; 1 Petr 4,7 • 12: Röm 11,20 • 13: 1,8f; 2 Thess 3,3; Jak 1,13f.

Über Götzendienst und Götzenopfermahl: 10,14 – 11,1

14 Darum, liebe Brüder, meidet den Göt-
zendienst! 15 Ich rede doch zu verständigen
Menschen; urteilt selbst über das, was ich
sage. 16 Ist der Kelch des Segens, über den
wir den Segen sprechen, nicht Teilhabe am
Blut Christi? Ist das Brot, das wir brechen,
nicht Teilhabe am Leib Christi? 17 Ein Brot
ist es. Darum sind wir viele ein Leib; denn
wir alle haben teil an dem einen Brot.
18 Schaut auf das irdische Israel: Haben die,
welche von den Opfern essen, nicht teil am
Altar? 19 Was meine ich damit? Ist denn Göt-
zenopferfleisch wirklich etwas? Oder ist ein
Götze wirklich etwas? 20 Nein, aber was man
dort opfert, *opfert man* nicht Gott, sondern
*den Dämonen. Ich will jedoch nicht, dass ihr
euch mit Dämonen einlasst.* 21 Ihr könnt
nicht den Kelch des Herrn trinken und den
Kelch der Dämonen. Ihr könnt nicht Gäste
sein am *Tisch des Herrn* und am Tisch der
Dämonen. 22 Oder wollen wir *die Eifersucht
des Herrn wecken*? Sind wir stärker als er?
23 »Alles ist erlaubt« – aber nicht alles
nützt. »Alles ist erlaubt« – aber nicht alles
baut auf. 24 Denkt dabei nicht an euch selbst,
sondern an die anderen. 25 Alles, was auf dem
Fleischmarkt verkauft wird, das esst, ohne
aus Gewissenhaftigkeit nachzuforschen.
26 Denn *dem Herrn gehört die Erde und was*

9,23 an seiner Verheißung, wörtlich: an ihm (nämlich: dem Evangelium) teilzuhaben, d. h. an dem vom Evangelium zugesagten Heil.

10,2 »auf Mose getauft werden« ist hier in Entsprechung zum Getauftwerden »auf Christus« formuliert; es gibt keine derartige jüdische Praxis.

10,3f Paulus geht hier von der Vorstellung aus, dass Christus, der ewige Gottessohn, dem Volk Israel auf seiner Wüstenwanderung als Führer vorauszog und es durch seine göttliche Wundermacht am Leben erhielt. Weil dieses Leben auch mit der Wasserspende aus dem Felsen verbunden war, nennt er Christus den Leben spendenden (»pneumatischen«) Felsen.

10,23 Vgl. die Anmerkung zu 6,12.

sie erfüllt. 27 Wenn ein Ungläubiger euch ein-
lädt und ihr hingehen möchtet, dann esst,
was euch vorgesetzt wird, ohne aus Gewis-
sensgründen nachzuforschen. 28 Wenn euch
aber jemand darauf hinweist: Das ist Opfer-
fleisch!, dann esst nicht davon, mit Rück-
sicht auf den, der euch aufmerksam macht,
und auf das Gewissen; 29 ich meine das Ge-
wissen des anderen, nicht das eigene; denn
(an sich gilt): Warum soll meine Freiheit vom
Gewissensurteil eines anderen abhängig
sein? 30 Wenn ich in Dankbarkeit mitesse,
soll ich dann getadelt werden, dass ich etwas
esse, wofür ich Dank sage? 31 Ob ihr also esst
oder trinkt oder etwas anderes tut: Tut alles
zur Verherrlichung Gottes! 32 Gebt weder
Juden noch Griechen, noch der Kirche Got-
tes Anlass zu einem Vorwurf! 33 Auch ich su-
che allen in allem entgegenzukommen; ich
suche nicht meinen Nutzen, sondern den
Nutzen aller, damit sie gerettet werden.
1 Nehmt mich zum Vorbild, wie ich Christus
zum Vorbild nehme.

14: 1 Joh 5,21 • 16: 11,24f • 17: Apg 2,42; 1 Kor 12,27; Röm 12,5 • 18: Lev 7,6.15f; Dtn 18,1–4 • 19: 8,4 • 20: Ps 106,37 • 21: 2 Kor 6,15f; Mal 1,7.12 • 22: Dtn 32,21 • 23: 6,12 • 24: Röm 15,2; Phil 2,4 • 25: Röm 14,2–10 • 26: Ps 24,1 • 28: 8,7 • 30: Röm 14,6; 1 Tim 4,3f • 31: Kol 3,17 • 32: Röm 14,13 • 11,1: 4,16; Phil 3,17; 4,9.

Über das Verhalten der Frau im Gottesdienst: 11,2–16

11 2 Ich lobe euch, dass ihr in allem an
mich denkt und an den Überliefe-
rungen festhaltet, wie ich sie euch übergeben
habe. 3 Ihr sollt aber wissen, dass Christus
das Haupt des Mannes ist, der Mann das
Haupt der Frau und Gott das Haupt Christi.
4 Wenn ein Mann betet oder prophetisch re-
det und dabei sein Haupt bedeckt hat, ent-
ehrt er sein Haupt. 5 Eine Frau aber entehrt
ihr Haupt, wenn sie betet oder prophetisch
redet und dabei ihr Haupt nicht verhüllt. Sie
unterscheidet sich dann in keiner Weise von
einer Geschorenen. 6 Wenn eine Frau kein
Kopftuch trägt, soll sie sich doch gleich die
Haare abschneiden lassen. Ist es aber für
eine Frau eine Schande, sich die Haare ab-
schneiden oder sich kahl scheren zu lassen,
dann soll sie sich auch verhüllen. 7 Der Mann
darf sein Haupt nicht verhüllen, weil er Ab-
bild und Abglanz Gottes ist; die Frau aber ist
der Abglanz des Mannes. 8 Denn der Mann
stammt nicht von der Frau, sondern die Frau
vom Mann. 9 Der Mann wurde auch nicht für
die Frau geschaffen, sondern die Frau für
den Mann. 10 Deswegen soll die Frau mit
Rücksicht auf die Engel das Zeichen ihrer
Vollmacht auf dem Kopf tragen. 11 Doch im
Herrn gibt es weder die Frau ohne den Mann
noch den Mann ohne die Frau. 12 Denn wie
die Frau vom Mann stammt, so kommt der
Mann durch die Frau zur Welt; alles aber
stammt von Gott.
13 Urteilt selber! Gehört es sich, dass eine
Frau unverhüllt zu Gott betet? 14 Lehrt euch
nicht schon die Natur, dass es für den Mann
eine Schande, 15 für die Frau aber eine Ehre
ist, lange Haare zu tragen? Denn der Frau ist
das Haar als Hülle gegeben. 16 Wenn aber ei-
ner meint, er müsse darüber streiten: Wir
und auch die Gemeinden Gottes kennen ei-
nen solchen Brauch nicht.

2: 2 Thess 2,15 • 3: 3,23; Gen 3,16; Eph 5,23 • 7: Gen 1,27 • 8: Gen 2,22f; 1 Tim 2,13 • 9: Gen 2,18; 6,2.

Die rechte Feier des Herrenmahls: 11,17–34

17 Wenn ich schon Anweisungen gebe: Das
kann ich nicht loben, dass ihr nicht mehr zu
eurem Nutzen, sondern zu eurem Schaden
zusammenkommt. 18 Zunächst höre ich, dass
es Spaltungen unter euch gibt, wenn ihr
als Gemeinde zusammenkommt; zum Teil
glaube ich das auch. 19 Denn es muss Partei-
ungen geben unter euch; nur so wird sicht-
bar, wer unter euch treu und zuverlässig ist.
20 Was ihr bei euren Zusammenkünften tut,
ist keine Feier des Herrenmahls mehr;
21 denn jeder verzehrt sogleich seine eigenen
Speisen, und dann hungert der eine, wäh-
rend der andere schon betrunken ist.
22 Könnt ihr denn nicht zu Hause essen und
trinken? Oder verachtet ihr die Kirche Got-
tes? Wollt ihr jene demütigen, die nichts
haben? Was soll ich dazu sagen? Soll ich euch
etwa loben? In diesem Fall kann ich euch
nicht loben.
23 Denn ich habe vom Herrn empfangen,
was ich euch dann überliefert habe: Jesus,
der Herr, nahm in der Nacht, in der er ausge-

11,10 Es galt damals unter Juden wie Judenchristen als unanständig, wenn eine Frau ihr Haar offen trug. Deswegen war es Vorschrift für sie, ein Kopftuch zu tragen, wenn sie ausging. Durch die judenchristlichen Missionare der Frühzeit fand dieser Brauch auch Eingang in die heidenchristlichen Gemeinden, wenigstens für den Gottesdienst. Paulus bestand auf dieser Verhüllung umso mehr, als er der Frau hier das geisterfüllte laute Beten und prophetische Reden gestattete (vgl. 11,5). So wurde das Kopftuch auch ein Zeichen ihrer Vollmacht, vor der Gemeinde charismatisch aufzutreten.

liefert wurde, Brot, 24 sprach das Dankgebet,
brach das Brot und sagte: Das ist mein Leib
für euch. Tut dies zu meinem Gedächtnis!
25 Ebenso nahm er nach dem Mahl den Kelch
und sprach: Dieser Kelch ist der *Neue Bund*
in meinem Blut. Tut dies, sooft ihr daraus
trinkt, zu meinem Gedächtnis!

26 Denn sooft ihr von diesem Brot esst und
aus dem Kelch trinkt, verkündet ihr den Tod
des Herrn, bis er kommt. 27 Wer also unwür-
dig von dem Brot isst und aus dem Kelch des
Herrn trinkt, macht sich schuldig am Leib
und am Blut des Herrn. 28 Jeder soll sich
selbst prüfen; erst dann soll er von dem Brot
essen und aus dem Kelch trinken. 29 Denn
wer davon isst und trinkt, ohne zu bedenken,
dass es der Leib des Herrn ist, der zieht sich
das Gericht zu, indem er isst und trinkt.
30 Deswegen sind unter euch viele schwach
und krank und nicht wenige sind schon ent-
schlafen. 31 Gingen wir mit uns selbst ins
Gericht, dann würden wir nicht gerichtet.
32 Doch wenn wir jetzt vom Herrn gerichtet
werden, dann ist es eine Zurechtweisung,
damit wir nicht zusammen mit der Welt ver-
dammt werden. 33 Wenn ihr also zum Mahl
zusammenkommt, meine Brüder, wartet auf-
einander! 34 Wer Hunger hat, soll zu Hause
essen; sonst wird euch die Zusammenkunft
zum Gericht. Weitere Anordnungen werde
ich treffen, wenn ich komme.

18: 1,10–12; 3,3f • 22: Jak 2,5f • 23: 15,3; Mt 26,26–28; Mk 14,22–24; Lk 22,19f • 25: Jer 31,31; Lk 22,20 • 26: Mt 26,29; Mk 14,25; Lk 22,16–18 • 31: Hebr 12,5f • 34: 16,5.

DIE GEISTESGABEN UND DAS LEBEN DER CHRISTEN: 12,1 – 14,40

Der eine Geist und die vielen Gaben: 12,1–11

12 Auch über die Gaben des Geistes
möchte ich euch nicht in Unkenntnis
lassen, meine Brüder. 2 Als ihr noch Heiden
wart, zog es euch, wie ihr wisst, mit unwi-
derstehlicher Gewalt zu den stummen Göt-
zen. 3 Darum erkläre ich euch: Keiner, der
aus dem Geist Gottes redet, sagt: Jesus sei
verflucht! Und keiner kann sagen: Jesus ist
der Herr!, wenn er nicht aus dem Heiligen
Geist redet.

4 Es gibt verschiedene Gnadengaben, aber
nur den einen Geist. 5 Es gibt verschiedene
Dienste, aber nur den einen Herrn. 6 Es gibt
verschiedene Kräfte, die wirken, aber nur
den einen Gott: Er bewirkt alles in allen.
7 Jedem aber wird die Offenbarung des Geis-
tes geschenkt, damit sie anderen nützt.
8 Dem einen wird vom Geist die Gabe ge-
schenkt, Weisheit mitzuteilen, dem andern
durch den gleichen Geist die Gabe, Erkennt-
nis zu vermitteln, 9 dem dritten im gleichen
Geist Glaubenskraft, einem andern – immer
in dem einen Geist – die Gabe, Krankheiten
zu heilen, 10 einem andern Wunderkräfte, ei-
nem andern prophetisches Reden, einem an-
dern die Fähigkeit, die Geister zu unter-
scheiden, wieder einem andern verschiedene
Arten von Zungenrede, einem andern
schließlich die Gabe, sie zu deuten. 11 Das
alles bewirkt ein und derselbe Geist; einem
jeden teilt er seine besondere Gabe zu, wie er
will.

1: 14,1 • 2: Gal 4,8 • 3: 1 Joh 4,2f; Röm 10,9 • 4: Röm 12,6; Eph 4,4 • 6: 8,6; Eph 4,6 • 7: 14,26 • 11: 7,7; Röm 12,3; Eph 4,7–12; 1 Petr 4,10.

Der eine Leib und die vielen Glieder: 12,12–31a

12 Denn wie der Leib eine Einheit ist, doch
viele Glieder hat, alle Glieder des Leibes
aber, obgleich es viele sind, einen einzigen
Leib bilden: So ist es auch mit Christus.
13 Durch den einen Geist wurden wir in der
Taufe alle in einen einzigen Leib aufgenom-
men, Juden und Griechen, Sklaven und
Freie; und alle wurden wir mit dem einen
Geist getränkt. 14 Auch der Leib besteht
nicht nur aus e i n e m Glied, sondern aus vie-
len Gliedern. 15 Wenn der Fuß sagt: Ich bin
keine Hand, ich gehöre nicht zum Leib!, so

11,24 Manche Textzeugen haben, dem späteren liturgischen Gebrauch entsprechend, eine erweiterte Fassung: Das ist mein Leib, der für euch hingegeben wird (oder: gebrochen wird).

11,27 Paulus meint das in V. 21 und V. 22 erwähnte lieblose Verhalten der Korinther.

12,10 Das »prophetische Reden«, meint ein Reden aufgrund göttlicher Eingebung, das in verständlicher Form die christliche Botschaft auf die Nöte und Aufgaben der Gemeinde anwendet. – Zur »Unterscheidung der Geister« vgl. 2,10–15; 14,29.32; 1 Thess 5,21. – Beim »Zungenreden« handelt es sich um ein meist unverständliches Stammeln zum Lob Gottes, bei dem der Mensch vom Geist Gottes ergriffen ist. Für die Deutung des Zungenredens war eine eigene »Gnadengabe« (griechisch: Charisma) erforderlich (vgl. Apg 2,4; 10,46; 19,6).

gehört er doch zum Leib. 16 Und wenn das
Ohr sagt: Ich bin kein Auge, ich gehöre nicht
zum Leib!, so gehört es doch zum Leib.
17 Wenn der ganze Leib nur Auge wäre, wo
bliebe dann das Gehör? Wenn er nur Gehör
wäre, wo bliebe dann der Geruchssinn?
18 Nun aber hat Gott jedes einzelne Glied so
in den Leib eingefügt, wie es seiner Absicht
entsprach. 19 Wären alle zusammen nur ein
Glied, wo bliebe dann der Leib? 20 So aber
gibt es viele Glieder und doch nur einen
Leib. 21 Das Auge kann nicht zur Hand sa-
gen: Ich bin nicht auf dich angewiesen. Der
Kopf kann nicht zu den Füßen sagen: Ich
brauche euch nicht. 22 Im Gegenteil, gerade
die schwächer scheinenden Glieder des Lei-
bes sind unentbehrlich. 23 Denen, die wir für
weniger edel ansehen, erweisen wir umso
mehr Ehre und unseren weniger anständigen
Gliedern begegnen wir mit mehr Anstand,
24 während die anständigen das nicht nötig
haben. Gott aber hat den Leib so zusammen-
gefügt, dass er dem geringsten Glied mehr
Ehre zukommen ließ, 25 damit im Leib kein
Zwiespalt entstehe, sondern alle Glieder ein-
trächtig füreinander sorgen. 26 Wenn darum
ein Glied leidet, leiden alle Glieder mit;
wenn ein Glied geehrt wird, freuen sich alle
anderen mit ihm. 27 Ihr aber seid der Leib
Christi und jeder Einzelne ist ein Glied an
ihm.

28 So hat Gott in der Kirche die einen als
Apostel eingesetzt, die andern als Propheten,
die dritten als Lehrer; ferner verlieh er die
Kraft, Wunder zu tun, sodann die Gaben,
Krankheiten zu heilen, zu helfen, zu leiten,
endlich die verschiedenen Arten von Zun-
genrede. 29 Sind etwa alle Apostel, alle Pro-
pheten, alle Lehrer? Haben alle die Kraft,
Wunder zu tun? 30 Besitzen alle die Gabe,
Krankheiten zu heilen? Reden alle in Zun-
gen? Können alle solches Reden auslegen?
31a Strebt aber nach den höheren Gnadenga-
ben!

12: 10,17; Röm 12,4f • 13: Gal 3,28 • 26: Röm 12,15 • 27: Röm 12,5; Eph 5,30 • 28: 12,8–10; Eph 4,11f • 31a: 14,1.

Die höheren Gnadengaben – das Hohelied der Liebe: 12,31b – 13,13

31b Ich zeige euch jetzt noch einen anderen
Weg, einen, der alles übersteigt:

13 Wenn ich in den Sprachen der Men-
schen und Engel redete, / hätte aber
die Liebe nicht, / wäre ich dröhnendes Erz
oder eine lärmende Pauke.

2 Und wenn ich prophetisch reden könnte / und alle Geheimnisse wüsste / und alle Erkenntnis hätte; / wenn ich alle Glaubenskraft besäße / und Berge damit versetzen könnte, / hätte aber die Liebe nicht, / wäre ich nichts.

3 Und wenn ich meine ganze Habe verschenkte / und wenn ich meinen Leib dem Feuer übergäbe, / hätte aber die Liebe nicht, / nützte es mir nichts.

4 Die Liebe ist langmütig, / die Liebe ist gütig. / Sie ereifert sich nicht, / sie prahlt nicht, / sie bläht sich nicht auf.

5 Sie handelt nicht ungehörig, / sucht nicht ihren Vorteil, / lässt sich nicht zum Zorn reizen, / trägt das Böse nicht nach.

6 Sie freut sich nicht über das Unrecht, / sondern freut sich an der Wahrheit.

7 Sie erträgt alles, / glaubt alles, / hofft alles, / hält allem stand.

8 Die Liebe hört niemals auf. / Prophetisches Reden hat ein Ende, / Zungenrede verstummt, / Erkenntnis vergeht.

9 Denn Stückwerk ist unser Erkennen, / Stückwerk unser prophetisches Reden;

10 wenn aber das Vollendete kommt, vergeht alles Stückwerk.

11 Als ich ein Kind war, / redete ich wie ein Kind, / dachte wie ein Kind / und urteilte wie ein Kind.

Als ich ein Mann wurde, / legte ich ab, was Kind an mir war.

12 Jetzt schauen wir in einen Spiegel / und sehen nur rätselhafte Umrisse, / dann aber schauen wir von Angesicht zu Angesicht.

Jetzt erkenne ich unvollkommen, / dann aber werde ich durch und durch erkennen, / so wie ich auch durch und durch erkannt worden bin.

13 Für jetzt bleiben Glaube, Hoffnung, Liebe, diese drei; / doch am größten unter ihnen ist die Liebe.

1: 14,6–8 • 2: 14,3.5; Mt 7,22; 17,20; 21,22; Mk 11,23 • 3: Mt 19,21 • 4: Röm 13,8–10 • 6: Röm 12,9 • 7: Spr 10,12 • 13: Hebr 10,22–24; Kol 3,14.

Über die Charismen der Prophetie und der Zungenrede: 14,1–25

14 Jagt der Liebe nach! Strebt aber
auch nach den Geistesgaben, vor al-
lem nach der prophetischen Rede! 2 Denn
wer in Zungen redet, redet nicht zu Men-
schen, sondern zu Gott; keiner versteht ihn:
Im Geist redet er geheimnisvolle Dinge.
3 Wer aber prophetisch redet, redet zu Men-
schen: Er baut auf, ermutigt, spendet Trost.

14,3 Vgl. die Anmerkung zu 8,1.

14,4 Vgl. die Anmerkung zu 12,10.

[4] Wer in Zungen redet, erbaut sich selbst;
wer aber prophetisch redet, baut die Ge-
meinde auf. [5] Ich wünschte, ihr alle würdet
in Zungen reden, weit mehr aber, ihr würdet
prophetisch reden. Der Prophet steht höher
als der, der in Zungen redet, es sei denn, die-
ser legt sein Reden aus; dann baut auch er
die Gemeinde auf.

[6] Was nützt es euch, Brüder, wenn ich
komme und in Zungen vor euch rede, euch
aber keine Offenbarung, keine Erkenntnis,
keine Weissagung, keine Lehre bringe?
[7] Wenn leblose Musikinstrumente, eine Flöte
oder eine Harfe, nicht deutlich unterschiede-
ne Töne hervorbringen, wie soll man dann
erkennen, was auf der Flöte oder auf der
Harfe gespielt wird? [8] Und wenn die Trom-
pete unklare Töne hervorbringt, wer wird
dann zu den Waffen greifen? [9] So ist es auch
mit euch, wenn ihr in Zungen redet, aber
kein verständliches Wort hervorbringt. Wer
soll dann das Gesprochene verstehen? Ihr re-
det nur in den Wind.

[10] Es gibt wer weiß wie viele Sprachen in
der Welt und nichts ist ohne Sprache.
[11] Wenn ich nun den Sinn der Laute nicht
kenne, bin ich für den Sprecher ein Fremder,
wie der Sprecher für mich. [12] So ist es auch
mit euch. Da ihr nach Geistesgaben strebt,
gebt euch Mühe, dass ihr damit vor allem
zum Aufbau der Gemeinde beitragt. [13] Des-
wegen soll einer, der in Zungen redet, darum
beten, dass er es auch auslegen kann. [14] Denn
wenn ich nur in Zungen bete, betet zwar
mein Geist, aber mein Verstand bleibt un-
fruchtbar. [15] Was folgt daraus? Ich will nicht
nur im Geist beten, sondern auch mit dem
Verstand. Ich will nicht nur im Geist Gott
preisen, sondern auch mit dem Verstand.
[16] Wenn du nur im Geist den Lobpreis
sprichst und ein Unkundiger anwesend ist,
so kann er zu deinem Dankgebet das Amen
nicht sagen; denn er versteht nicht, was du
sagst. [17] Dein Dankgebet mag noch so gut
sein, der andere hat keinen Nutzen davon.
[18] Ich danke Gott, dass ich mehr als ihr alle
in Zungen rede. [19] Doch vor der Gemeinde
will ich lieber fünf Worte mit Verstand re-
den, um auch andere zu unterweisen, als
zehntausend Worte in Zungen stammeln.

[20] Seid doch nicht Kinder an Einsicht,
Brüder! Seid Unmündige an Bosheit, an Ein-
sicht aber seid reife Menschen! [21] Im Gesetz
steht: *Durch Leute, die anders und in ande-
ren Sprachen reden, werde ich zu diesem
Volk sprechen;* aber auch so *werden sie nicht*
auf mich *hören,* spricht der Herr. [22] So ist
Zungenreden ein Zeichen nicht für die Gläu-
bigen, sondern für die Ungläubigen, prophe-
tisches Reden aber ein Zeichen nicht für die
Ungläubigen, sondern für die Glaubenden.
[23] Wenn also die ganze Gemeinde sich ver-
sammelt und alle in Zungen reden und es
kommen Unkundige oder Ungläubige hinzu,
werden sie dann nicht sagen: Ihr seid ver-
rückt! [24] Wenn aber alle prophetisch reden
und ein Ungläubiger oder Unkundiger
kommt herein, dann wird ihm von allen ins
Gewissen geredet und er fühlt sich von allen
ins Verhör genommen; [25] was in seinem Her-
zen verborgen ist, wird aufgedeckt. Und so
wird er sich niederwerfen, Gott *anbeten* und
ausrufen: *Wahrhaftig, Gott ist bei euch!*

1: 12,10 • 5: Num 11,29 • 16: 2 Kor 1,20; 1 Chr 16,36; Neh 8,6 • 20: Röm 16,19; Eph 4,14 • 21: Jes 28,11f • 23: Apg 2,12f • 25: Jes 45,14; Sach 8,23.

Die rechte Einheit und Ordnung im Gottesdienst: 14,26–40

[26] Was soll also geschehen, Brüder? Wenn
ihr zusammenkommt, trägt jeder etwas bei:
einer einen Psalm, ein anderer eine Lehre,
der dritte eine Offenbarung; einer redet in
Zungen und ein anderer deutet es. Alles ge-
schehe so, dass es aufbaut. [27] Wenn man in
Zungen reden will, so sollen es nur zwei tun,
höchstens drei, und zwar einer nach dem an-
dern; dann soll einer es auslegen. [28] Wenn
aber niemand es auslegen kann, soll auch
keiner vor der Gemeinde so reden. Er soll es
für sich selber tun und vor Gott. [29] Auch zwei
oder drei Propheten sollen zu Wort kommen;
die anderen sollen urteilen. [30] Wenn aber
noch einem andern Anwesenden eine Offen-
barung zuteil wird, soll der erste schweigen;
[31] einer nach dem andern könnt ihr alle pro-
phetisch reden. So lernen alle etwas und alle
werden ermutigt. [32] Die Äußerung propheti-
scher Eingebungen ist nämlich dem Willen
der Propheten unterworfen. [33] Denn Gott ist
nicht ein Gott der Unordnung, sondern ein
Gott des Friedens.

Wie es in allen Gemeinden der Heiligen
üblich ist, [34] sollen die Frauen in der Ver-
sammlung schweigen; es ist ihnen nicht ge-
stattet zu reden. Sie sollen sich unterordnen,
wie auch das Gesetz es fordert. [35] Wenn sie
etwas wissen wollen, dann sollen sie zu
Hause ihre Männer fragen; denn es gehört

14,32 Wörtlich: Die Geister der Propheten sind den Propheten unterworfen.

14,34 Diese Anordnung steht in Spannung zu dem in 11,5 Gesagten; jedoch in Einklang mit 1 Tim 2,11f (auch VV. 13–15). Vgl. auch die Anmerkung zu 11,10.

sich nicht für eine Frau, vor der Gemeinde zu reden. 36 Ist etwa das Gotteswort von euch ausgegangen? Ist es etwa nur zu euch gekommen?

37 Wenn einer meint, Prophet zu sein oder geisterfüllt, soll er in dem, was ich euch schreibe, ein Gebot des Herrn erkennen. 38 Wer das nicht anerkennt, wird nicht anerkannt. 39 Strebt also nach der Prophetengabe, meine Brüder, und hindert niemand daran, in Zungen zu reden. 40 Doch alles soll in Anstand und Ordnung geschehen.

26: 12,8–10; Eph 4,12 • 29: 1 Thess 5,19–21 • 33: Röm 15,33 • 34: 11,16; Gen 3,16; 1 Tim 2,11f • 35: Eph 5,22 • 39: 14,1.5 • 40: Kol 2,5.

DIE AUFERWECKUNG CHRISTI UND DER CHRISTEN: 15,1–58

Die Auferweckung Christi und das Heil: 15,1–34

15 Ich erinnere euch, Brüder, an das Evangelium, das ich euch verkündet habe. Ihr habt es angenommen; es ist der Grund, auf dem ihr steht. 2 Durch dieses Evangelium werdet ihr gerettet, wenn ihr an dem Wortlaut festhaltet, den ich euch verkündet habe. Oder habt ihr den Glauben vielleicht unüberlegt angenommen?

3 Denn vor allem habe ich euch überliefert, was auch ich empfangen habe:

Christus ist für unsere Sünden gestorben, / gemäß der Schrift,

4 und ist begraben worden. / Er ist am dritten Tag auferweckt worden, / gemäß der Schrift,

5 und erschien dem Kephas, dann den Zwölf.

6 Danach erschien er mehr als fünfhundert Brüdern zugleich; die meisten von ihnen sind noch am Leben, einige sind entschlafen. 7 Danach erschien er dem Jakobus, dann allen Aposteln. 8 Als Letztem von allen erschien er auch mir, dem Unerwarteten, der »Missgeburt«. 9 Denn ich bin der geringste von den Aposteln; ich bin nicht wert, Apostel genannt zu werden, weil ich die Kirche Gottes verfolgt habe. 10 Doch durch Gottes Gnade bin ich, was ich bin, und sein gnädiges Handeln an mir ist nicht ohne Wirkung geblieben. Mehr als sie alle habe ich mich abgemüht – nicht ich, sondern die Gnade Gottes zusammen mit mir. 11 Ob nun ich verkündige oder die anderen: das ist unsere Botschaft, und das ist der Glaube, den ihr angenommen habt.

12 Wenn aber verkündigt wird, dass Christus von den Toten auferweckt worden ist, wie können dann einige von euch sagen: Eine Auferstehung der Toten gibt es nicht? 13 Wenn es keine Auferstehung der Toten gibt, ist auch Christus nicht auferweckt worden. 14 Ist aber Christus nicht auferweckt worden, dann ist unsere Verkündigung leer und euer Glaube sinnlos. 15 Wir werden dann auch als falsche Zeugen Gottes entlarvt, weil wir im Widerspruch zu Gott das Zeugnis abgelegt haben: Er hat Christus auferweckt. Er hat ihn eben nicht auferweckt, wenn Tote nicht auferweckt werden. 16 Denn wenn Tote nicht auferweckt werden, ist auch Christus nicht auferweckt worden. 17 Wenn aber Christus nicht auferweckt worden ist, dann ist euer Glaube nutzlos und ihr seid immer noch in euren Sünden; 18 und auch die in Christus Entschlafenen sind dann verloren. 19 Wenn wir unsere Hoffnung nur in diesem Leben auf Christus gesetzt haben, sind wir erbärmlicher daran als alle anderen Menschen.

20 Nun aber ist Christus von den Toten auferweckt worden als der Erste der Entschlafenen. 21 Da nämlich durch einen Menschen der Tod gekommen ist, kommt durch einen Menschen auch die Auferstehung der Toten. 22 Denn wie in Adam alle sterben, so werden in Christus alle lebendig gemacht werden.

15,1–5 Paulus weist hier auf die urchristliche Glaubensformel hin, die er selbst übernommen hat und die in knapper Form all das enthält, was er in seinen Briefen »das Evangelium« nennt, die Botschaft vom Heil. Diese Glaubensformel gilt es auch dem Wortlaut nach festzuhalten, damit das Glaubensgut unverfälscht bewahrt wird (vgl. 15,3.11).

15,12–14 Anstelle der in den VV. 12–14 dreimal begegnenden Übersetzung: »ist (nicht) auferweckt worden« kann auch übersetzt werden: »ist (nicht) auferstanden«. Die erste Fassung ist deswegen vorzuziehen, weil in Kap. 15 mehrmals das Handeln Gottes an dem toten Jesus wie auch an den verstorbenen Gläubigen hervorgehoben wird (vgl. 15,15.51f).

23 Es gibt aber eine bestimmte Reihenfolge:
Erster ist Christus; dann folgen, wenn Chris-
tus kommt, alle, die zu ihm gehören. 24 Da-
nach kommt das Ende, wenn er jede Macht,
Gewalt und Kraft vernichtet hat und seine
Herrschaft Gott, dem Vater, übergibt.
25 Denn er muss herrschen, bis Gott *ihm* alle
Feinde unter die Füße gelegt hat. 26 Der letz-
te Feind, der entmachtet wird, ist der Tod.
27 Sonst hätte er *ihm* nicht *alles zu Füßen ge-
legt.* Wenn es aber heißt, alles sei unterwor-
fen, ist offenbar der ausgenommen, der ihm
alles unterwirft. 28 Wenn ihm dann alles un-
terworfen ist, wird auch er, der Sohn, sich
dem unterwerfen, der ihm alles unterworfen
hat, damit Gott herrscht über alles und in al-
lem.

29 Wie kämen sonst einige dazu, sich für
die Toten taufen zu lassen? Wenn Tote gar
nicht auferweckt werden, warum lässt man
sich dann taufen für sie? 30 Warum setzen
dann auch wir uns stündlich der Gefahr aus?
31 Täglich sehe ich dem Tod ins Auge, so
wahr ihr, Brüder, mein Ruhm seid, den ich in
Christus Jesus, unserem Herrn, empfangen
habe. 32 Was habe ich dann davon, dass ich in
Ephesus, wie man so sagt, mit wilden Tieren
gekämpft habe? Wenn Tote nicht auferweckt
werden, dann *lasst uns essen und trinken;
denn morgen sind wir tot.* 33 Lasst euch nicht
irreführen! Schlechter Umgang verdirbt
gute Sitten. 34 Werdet nüchtern, wie es sich
gehört, und sündigt nicht! Einige Leute wis-
sen nichts von Gott; ich sage das, damit ihr
euch schämt.

1: Gal 1,11 • 3: 11,23; Jes 53,4f; Röm 4,25; 1 Petr 2,24 • 4: Hos 6,2 • 5: Lk 24,34.36 • 8: 9,1; Apg 9,3–5 • 9: Apg 8,1–3; 9,1–3; Gal 1,13; 1 Tim 1,15; Eph 3,8 • 10: 3,10; 2 Kor 11,23; 1 Tim 1,14 • 11: 3,5 • 12: 2 Tim 2,18 • 18: 1 Thess 4,14 • 20: Apg 26,23; Kol 1,18 • 21: Gen 3,17–19; Röm 5,12.18 • 23: 1 Thess 4,15f • 25: Ps 110,1 • 26: Offb 20,14; 21,4 • 27: Ps 8,7; Hebr 2,8 • 28: 8,6; Röm 11,36 • 30: Röm 8,36 • 31: 2 Kor 4,10f • 32: Jes 22,13; Apg 19,29f; 20,3; 2 Kor 1,8 • 34: 6,5; 1 Thess 5,6–8.

Die Vollendung des Heils bei der Auferstehung: 15,35–58

35 Nun könnte einer fragen: Wie werden
die Toten auferweckt, was für einen Leib
werden sie haben? 36 Was für eine törichte
Frage! Auch das, was du säst, wird nicht le-
bendig, wenn es nicht stirbt. 37 Und was du
säst, hat noch nicht die Gestalt, die entste-
hen wird; es ist nur ein nacktes Samenkorn,
zum Beispiel ein Weizenkorn oder ein ande-
res. 38 Gott gibt ihm die Gestalt, die er vorge-
sehen hat, jedem Samen eine andere. 39 Auch
die Lebewesen haben nicht alle die gleiche
Gestalt. Die Gestalt der Menschen ist anders
als die der Haustiere, die Gestalt der Vögel
anders als die der Fische. 40 Auch gibt es
Himmelskörper und irdische Körper. Die
Schönheit der Himmelskörper ist anders als
die der irdischen Körper. 41 Der Glanz der
Sonne ist anders als der Glanz des Mondes,
anders als der Glanz der Sterne; denn auch
die Gestirne unterscheiden sich durch ihren
Glanz.

42 So ist es auch mit der Auferstehung der
Toten. Was gesät wird, ist verweslich, was
auferweckt wird, unverweslich. 43 Was gesät
wird, ist armselig, was auferweckt wird,
herrlich. Was gesät wird, ist schwach, was
auferweckt wird, ist stark. 44 Gesät wird ein
irdischer Leib, auferweckt ein überirdischer
Leib. Wenn es einen irdischen Leib gibt, gibt
es auch einen überirdischen. 45 So steht es
auch in der Schrift: Adam, der Erste *Mensch,
wurde ein* irdisches *Lebewesen.* Der Letzte
Adam wurde lebendig machender Geist.
46 Aber zuerst kommt nicht das Überirdische;
zuerst kommt das Irdische, dann das Überir-
dische. 47 Der Erste *Mensch* stammt *von der
Erde* und ist *Erde;* der Zweite Mensch
stammt vom Himmel. 48 Wie der von der Erde
irdisch war, so sind es auch seine Nachfah-
ren. Und wie der vom Himmel himmlisch ist,
so sind es auch seine Nachfahren. 49 Wie wir
nach dem Bild des Irdischen gestaltet wur-
den, so werden wir auch nach dem Bild des
Himmlischen gestaltet werden. 50 Damit will
ich sagen, Brüder: Fleisch und Blut können
das Reich Gottes nicht erben; das Vergängli-
che erbt nicht das Unvergängliche.

51 Seht, ich enthülle euch ein Geheimnis:
Wir werden nicht alle entschlafen, aber wir
werden alle verwandelt werden – 52 plötzlich,
in einem Augenblick, beim letzten Posau-
nenschall. Die Posaune wird erschallen, die
Toten werden zur Unvergänglichkeit aufer-
weckt, wir aber werden verwandelt werden.

15,28 Wörtlich: damit Gott alles in allem sei.

15,29 Anspielung auf die in Korinth gelegentlich vollzogene stellvertretende Taufe zugunsten ungetauft Verstorbener.

15,33 Schlechter Umgang …: Geflügeltes Wort, das auf den griechischen Dichter Menander (4. Jh. v. Chr.) zurückgeht.

15,44 ein überirdischer Leib, wörtlich: ein pneumatischer (»geistlicher«) Leib.

15,45 Wörtlich: Adam, der Erste Mensch, wurde ein lebendiges Wesen (vgl. Gen 2,7; 3,19).

15,48 Wörtlich: Wie der Irdische, so auch die Irdischen, und wie der Himmlische, so auch die Himmlischen.

15,51 Die Erwartung, bei der Wiederkunft Christi noch am Leben zu sein, drückt Paulus auch 1 Thess 4,15.17 aus. Ohne einen Umwandlungsprozess ist aber Unsterblichkeit nicht zu erlangen.

53 Denn dieses Vergängliche muss sich mit
Unvergänglichkeit bekleiden und dieses
Sterbliche mit Unsterblichkeit. 54 Wenn sich
aber dieses Vergängliche mit Unvergäng-
lichkeit bekleidet und dieses Sterbliche mit
Unsterblichkeit, dann erfüllt sich das Wort
der Schrift:

Verschlungen ist der Tod vom Sieg.
55 *Tod, wo ist dein Sieg? / Tod, wo ist dein
Stachel?*

56 Der Stachel des Todes aber ist die Sün-
de, die Kraft der Sünde ist das Gesetz. 57 Gott
aber sei Dank, der uns den Sieg geschenkt
hat durch Jesus Christus, unseren Herrn.
58 Daher, geliebte Brüder, seid standhaft und
unerschütterlich, nehmt immer eifriger am
Werk des Herrn teil und denkt daran, dass
im Herrn eure Mühe nicht vergeblich ist.

37: Joh 12,24 • 38: Gen 1,11 • 43: Phil 3,20f; Kol 3,4 • 45: Gen 2,7 • 47: Gen 2,7 • 49: Gen 5,3; Röm 8,29 • 50: Joh 3,5f • 51: 1 Thess 4,15–17 • 52: Mt 24,31 • 53: 2 Kor 5,4 • 54: Jes 25,8 • 55: Hos 13,14 G • 56: Röm 5,12f; 7,7–9.13 • 57: Röm 7,25 • 58: 16,13.

DER SCHLUSS DES BRIEFES: 16,1–24

Die Sammlung für Jerusalem: 16,1–4

16 Was die Geldsammlung für die Heili-
gen angeht, sollt auch ihr euch an
das halten, was ich für die Gemeinden Gala-
tiens angeordnet habe. 2 Jeder soll immer am
ersten Tag der Woche etwas zurücklegen und
so zusammensparen, was er kann. Dann sind
keine Sammlungen mehr nötig, wenn ich
komme. 3 Nach meiner Ankunft werde ich
eure Vertrauensleute mit Briefen nach Jeru-
salem schicken, damit sie eure Liebesgabe
überbringen. 4 Ist es der Mühe wert, dass ich
selbst hinreise, dann sollen sie mit mir rei-
sen.

1: Apg 11,29; Röm 15,26; 2 Kor 8,4; 9,1; Gal 2,10 • 2: Apg 20,7; Offb 1,10 • 3: 2 Kor 8,16-19.

Die Pläne des Apostels: 16,5–12

5 Ich werde zu euch kommen, wenn ich
durch Mazedonien gereist bin. In Mazedo-
nien will ich nämlich nicht bleiben, 6 aber,
wenn es möglich ist, bei euch, vielleicht so-
gar den ganzen Winter. Wenn ich dann wei-
terreise, könnt ihr mir das Geleit geben. 7 Ich
möchte euch diesmal nicht nur auf der
Durchreise sehen; ich hoffe, einige Zeit bei
euch bleiben zu können, wenn der Herr es
zulässt.

8 In Ephesus will ich bis Pfingsten bleiben.
9 Denn weit und wirksam ist mir hier eine
Tür geöffnet worden; doch auch an Gegnern
fehlt es nicht.

10 Wenn Timotheus kommt, achtet darauf,
dass ihr ihn nicht entmutigt; denn er arbeitet
im Dienst des Herrn wie ich. 11 Keiner soll
ihn gering schätzen. Verabschiedet ihn dann
in Frieden, damit er zu mir zurückkehrt; ich
warte auf ihn mit den Brüdern.

12 Was den Bruder Apollos angeht, so habe
ich ihn dringend gebeten, er möge mit den
Brüdern zu euch reisen, aber er wollte auf
keinen Fall jetzt gehen. Er wird kommen,
wenn er eine günstige Gelegenheit findet.

5: Apg 19,21; 20,2f; 2 Kor 1,16 • 8: Apg19,1.10 • 9: Apg 14,27 • 10: 4,17; Phil 2,19f • 11: 1 Tim 4,12 • 12: 3,5f.

Letzte Mahnungen und Grüße: 16,13–24

13 Seid wachsam, steht fest im Glauben,
seid mutig, seid stark! 14 Alles, was ihr tut,
geschehe in Liebe.

15 Ich habe noch eine Bitte, Brüder. Ihr
kennt das Haus des Stephanas: Sie sind die
erste Frucht Achaias und haben sich in den
Dienst der Heiligen gestellt. 16 Ordnet euch
ihnen unter, ebenso ihren Helfern und Mit-
arbeitern! 17 Es freut mich, dass Stephanas,
Fortunatus und Achaikus zu mir gekommen
sind; sie sind mir ein Ersatz für euch, da ihr

16,1 Von der Kollekte für die Gemeinde von Jerusalem ist auch die Rede in Röm 15,25–28; 2 Kor 8 – 9; Gal 2,10; vgl. Apg 11,27–30.

16,17 Die Genannten sind vermutlich die Überbringer des in 7,1 erwähnten Briefs der Gemeinde von Korinth an Paulus; vgl. die Einleitung zum 1. Korintherbrief.

nicht hier sein könnt. 18 Sie haben mich und euch erfreut und aufgerichtet. Verweigert solchen Männern eure Anerkennung nicht!
19 Es grüßen euch die Gemeinden in der Provinz Asien. Aquila und Priska und ihre Hausgemeinde senden euch viele Grüße im
Herrn. 20 Es grüßen euch alle Brüder. Grüßt einander mit dem heiligen Kuss!
21 Den Gruß schreibe ich, Paulus, eigenhändig.
22 Wer den Herrn nicht liebt, sei verflucht! Marána tha – Unser Herr, komm!
23 Die Gnade Jesu, des Herrn, sei mit euch!
24 Meine Liebe ist mit euch allen in Christus Jesus.

13: 15,58; Eph 6,10; Ps 31,25 G; Jos 1,7 • 14: Kol 3,14 • 15: 1,16; Röm 16,5 • 18: 1 Thess 5,12f • 19: Offb 1,4.11; Apg 18,2 • 20: Röm 16,16 • 21: 2 Thess 3,17; Kol 4,18 • 22: Gal 1,8f • 23: Röm 16,24.

Der zweite Brief an die Korinther

Seit der Abfassung des 1. Korintherbriefs nahm das Verhältnis des Apostels Paulus zur korinthischen Gemeinde einen wechselvollen Verlauf. Gegner drangen in die Gemeinde ein, die die Autorität des Apostels untergruben. Dieser sah sich veranlasst, von Ephesus aus einen Besuch in Korinth zu machen (2,5; 7,12). Bei dieser Gelegenheit kam es zu einem schweren Zwischenfall, der für Paulus eine Demütigung bedeutete. Bei seiner Abreise stellte er einen baldigen Besuch in Aussicht (1,15f), schrieb aber dann stattdessen von Ephesus aus in »großer Bedrängnis und Herzensnot« einen Brief (2,4). Titus überbrachte diesen der Gemeinde; währenddessen wartete Paulus mit Spannung das Ergebnis der Mission seines Schülers ab und reiste ihm schließlich über Troas nach Mazedonien entgegen (2,13). Dort erhielt er von Titus gute Nachricht aus Korinth (7,6–16), die die Wiederversöhnung mit der Gemeinde einleitete.

Der 2. Korintherbrief ist von dieser wechselvollen Geschichte bestimmt. Im Wesentlichen geht es um drei Themen: Zuerst spricht Paulus von seinem Apostelamt, indem er die Gemeinde als sein apostolisches Werk darstellt (Kap. 1 – 7); zweitens ruft er die Gemeinde auf, sich an der Kollekte für die Armen in Jerusalem zu beteiligen (Kap. 8 – 9), und drittens setzt er sich in leidenschaftlicher Form mit seinen Gegnern auseinander, wobei er uns wichtige Einblicke in sein von Mühe und Kampf erfülltes Apostelleben gewährt (Kap. 10 – 13).

Von den Briefen des Paulus gibt der 2. Korintherbrief die bedeutsamsten Aufschlüsse über sein apostolisches Selbstverständnis. Außerdem enthält er wichtige Aussagen über die Beziehung von Amt und Gemeinde.

ANSCHRIFT UND GRUSS: 1,1–2

1 Paulus, durch Gottes Willen Apostel Christi Jesu, und der Bruder Timotheus an die Kirche Gottes, die in Korinth ist, und an alle Heiligen in ganz Achaia. 2 Gnade sei mit euch und Friede von Gott, unserem Vater, und dem Herrn Jesus Christus.

1: 1 Kor 1,1f; 16,10; Phil 1,1.

16,19 Zu Aquila und Priska vgl. Apg 18,2 und Röm 16,3f.

16,22 Gebetsruf aus dem Gottesdienst der Urgemeinde, die auf die Wiederkunft Christi wartet (vgl. Offb 22,20).

VON LEIDEN UND TROST DES APOSTELS: 1,3–11

3 Gepriesen sei der Gott und Vater Jesu
Christi, unseres Herrn, der Vater des Erbar-
mens und der Gott allen Trostes. 4 Er tröstet
uns in all unserer Not, damit auch wir die
Kraft haben, alle zu trösten, die in Not sind,
durch den Trost, mit dem auch wir von Gott
getröstet werden. 5 Wie uns nämlich die Lei-
den Christi überreich zuteil geworden sind,
so wird uns durch Christus auch überreicher
Trost zuteil. 6 Sind wir aber in Not, so ist es
zu eurem Trost und Heil, und werden wir ge-
tröstet, so geschieht auch das zu eurem
Trost; er wird wirksam, wenn ihr geduldig
die gleichen Leiden ertragt, die auch wir er-
tragen. 7 Unsere Hoffnung für euch ist uner-
schütterlich; wir sind sicher, dass ihr mit uns
nicht nur an den Leiden teilhabt, sondern
auch am Trost.

8 Wir wollen euch die Not nicht verschwei-
gen, Brüder, die in der Provinz Asien über
uns kam und uns über alles Maß bedrückte;
unsere Kraft war erschöpft, so sehr, dass wir
am Leben verzweifelten. 9 Aber wir haben
unser Todesurteil hingenommen, weil wir
unser Vertrauen nicht auf uns selbst setzen
wollten, sondern auf Gott, der die Toten auf-
erweckt. 10 Er hat uns aus dieser großen To-
desnot errettet und rettet uns noch; auf ihm
ruht unsere Hoffnung, dass er uns auch in
Zukunft retten wird. 11 Helft aber auch ihr,
indem ihr für uns betet, damit viele Men-
schen in unserem Namen Dank sagen für die
Gnade, die uns geschenkt wurde.

3: Eph 1,3; 1 Petr 1,3; Röm 15,5 • 4: 7,6 • 5: 4,10f; Kol 1,24 • 6: 4,12.15 • 8: Apg 19,23; 1 Kor 15,32 • 9: Röm 4,17 • 11: Röm 15,30; 2 Kor 4,15.

KLÄRUNG VON MISSVERSTÄNDNISSEN: 1,12 – 2,11

Die Zuverlässigkeit des Apostels: 1,12–14

12 Denn das ist unser Ruhm – und dafür
zeugt auch unser Gewissen –, dass wir in die-
ser Welt, vor allem euch gegenüber, in der
Aufrichtigkeit und Lauterkeit, wie Gott sie
schenkt, gehandelt haben, nicht aufgrund
menschlicher Weisheit, sondern aufgrund
göttlicher Gnade. 13 Und wenn wir euch
schreiben, meinen wir nichts anderes, als
was ihr lest und versteht; ich hoffe, ihr wer-
det noch ganz verstehen, 14 was wir meinen
und was ihr zum Teil schon verstanden habt,
nämlich dass ihr am Tag Jesu, unseres Herrn,
auf uns stolz sein dürft, so wie wir auf
euch.

12: 2,17; Apg 23,1; 1 Kor 2,13 • 14: 3,2f; Phil 2,16.

Die Änderung des Reiseplans: 1,15 – 2,4

15 In dieser Zuversicht wollte ich zunächst
zu euch kommen, damit ihr ein zweites Mal
Gnade erfahren hättet. 16 Von euch wollte
ich dann nach Mazedonien reisen und von
Mazedonien zu euch zurückkommen, um von
euch nach Judäa geleitet zu werden. 17 War
dieser Entschluss etwa leichtsinnig? Plane
ich, wie manche Menschen planen, sodass
mein Ja auch ein Nein sein kann? 18 Gott ist
treu, er bürgt dafür, dass unser Wort euch
gegenüber nicht Ja und Nein zugleich ist.
19 Denn Gottes Sohn Jesus Christus, der euch
durch uns verkündigt wurde – durch mich,
Silvanus und Timotheus –, ist nicht als Ja
und Nein zugleich gekommen; in ihm ist das
Ja verwirklicht. 20 Er ist das Ja zu allem, was
Gott verheißen hat. Darum rufen wir durch
ihn zu Gottes Lobpreis auch das Amen.
21 Gott aber, der uns und euch in der Treue
zu Christus festigt und der uns alle gesalbt
hat, 22 er ist es auch, der uns sein Siegel auf-
gedrückt und als ersten Anteil (am verheiße-
nen Heil) den Geist in unser Herz gegeben
hat.

23 Ich rufe aber Gott zum Zeugen an und
schwöre bei meinem Leben, dass ich nur, um
euch zu schonen, nicht mehr nach Korinth
gekommen bin. 24 Wir wollen ja nicht Herren
über euren Glauben sein, sondern wir sind

1,8 Bezieht sich vermutlich auf eine Gefangenschaft in Ephesus (vgl. 1 Kor 15,32; Apg 19,23–40; 2 Kor 11,23–33).

1,22 Eine Anspielung auf die Taufe; vom Geist als »erstem Anteil« (wörtlich: »Angeld«, erste Rate einer Auszahlung) ist auch in 5,5 und Eph 1,14 die Rede.

Helfer zu eurer Freude; denn im Glauben
seid ihr fest verwurzelt.

2 Ich entschloss mich also, nicht noch
einmal zu euch zu kommen und euch zu
betrüben. 2 Wenn ich euch nämlich betrübe,
wer wird mich dann erfreuen? Etwa der, den
ich selbst betrübt habe? 3 Und so schrieb ich,
statt selber zu kommen, einen Brief, um
nicht von denen betrübt zu werden, die mich
erfreuen sollten; und ich bin sicher, dass
meine Freude auch die Freude von euch al-
len ist. 4 Ich schrieb euch aus großer Be-
drängnis und Herzensnot, unter vielen Trä-
nen, nicht um euch zu betrüben, nein, um
euch meine übergroße Liebe spüren zu las-
sen.

1–15: Röm 15,29 • 16: 1 Kor 16,5f • 17: Jak 5,12; Mt 5,37 • 18: 1 Kor 1,9 • 19: 1 Thess 1,1; Apg 18,5 • 20: Offb 3,14; 1 Kor 14,16 • 21: 1 Joh 2,27 • 22: 5,5; Eph 1,13f • 23: Röm 1,9; 2 Kor 12,20f • 24: 4,5; 1 Petr 5,3 • 2,1: 12,21; 1 Kor 4,21 • 3: 13,10 • 4: 7,8; Apg 20,31.

Mahnung zur Milde: 2,5–11

5 Wenn aber einer Betrübnis verursacht
hat, hat er nicht mich betrübt, sondern mehr
oder weniger – um nicht zu übertreiben –
euch alle. 6 Die Strafe, die dem Schuldigen
von der Mehrheit auferlegt wurde, soll genü-
gen. 7 Jetzt sollt ihr lieber verzeihen und
trösten, damit der Mann nicht von allzu gro-
ßer Traurigkeit überwältigt wird. 8 Darum
bitte ich euch, ihm gegenüber Liebe walten
zu lassen. 9 Gerade deswegen habe ich euch
ja auch geschrieben, weil ich wissen wollte,
ob ihr wirklich in allen Stücken gehorsam
seid. 10 Wem ihr aber verzeiht, dem verzeihe
auch ich. Denn auch ich habe, wenn hier et-
was zu verzeihen war, im Angesicht Christi
um euretwillen verziehen, 11 damit wir nicht
vom Satan überlistet werden; wir kennen
seine Absichten nur zu gut.

6: 7,11f • 7: Kol 3,13.

HERRLICHKEIT UND NOT DES APOSTELDIENSTES: 2,12 – 5,10

Das Wirken des Apostels als Siegeszug Christi: 2,12–17

12 Als ich dann nach Troas kam, um das
Evangelium Christi zu verkünden, und mir
der Herr eine Tür öffnete, 13 hatte mein Geist
dennoch keine Ruhe, weil ich meinen Bruder
Titus nicht fand. So nahm ich Abschied und
reiste nach Mazedonien.

14 Dank sei Gott, der uns stets im Sieges-
zug Christi mitführt und durch uns den Duft
der Erkenntnis Christi an allen Orten ver-
breitet. 15 Denn wir sind Christi Wohlgeruch
für Gott unter denen, die gerettet werden,
wie unter denen, die verloren gehen. 16 Den
einen sind wir Todesgeruch, der Tod bringt;
den anderen Lebensduft, der Leben verheißt.
Wer aber ist dazu fähig? 17 Wir sind jeden-
falls nicht wie die vielen anderen, die mit
dem Wort Gottes ein Geschäft machen. Wir
verkünden es aufrichtig und in Christus, von
Gott her und vor Gott.

12: Apg 20,6; 1 Kor 16,9 • 13: 7,5 • 15: 1 Kor 1,18 • 16: 3,5f • 17: 4,2; Phil 1,15–17.

Der Apostel und sein Dienst an der Gemeinde: 3,1–3

3 Fangen wir schon wieder an, uns selbst
zu empfehlen? Oder brauchen wir – wie
gewisse Leute – Empfehlungsschreiben an
euch oder von euch? 2 Unser Empfehlungs-
schreiben seid ihr; es ist eingeschrieben in
unser Herz und alle Menschen können es le-
sen und verstehen. 3 Unverkennbar seid ihr
ein Brief Christi, ausgefertigt durch unseren
Dienst, *geschrieben* nicht mit Tinte, sondern
mit dem Geist des lebendigen Gottes, nicht
auf Tafeln aus Stein, sondern – wie *auf Ta-
feln – in Herzen von Fleisch.*

1: 5,12; 10,12 • 2: 1 Kor 9,1f • 3: Ex 24,12; 34,1; Ez 11,19; 36,26; Jer 31,33.

Dienst am Buchstaben und Dienst im Geist: 3,4 – 4,6

4 Wir haben durch Christus so großes Ver-
trauen zu Gott. 5 Doch sind wir dazu nicht
von uns aus fähig, als ob wir uns selbst etwas

2,4 Zum sog. »Tränenbrief« vgl. die Einleitung zum 2. Korintherbrief.

2,5 Paulus war offenbar von einem Gemeindemitglied gedemütigt worden.

2,13 Der Gedankengang dieses Verses wird in 7,5 fortgeführt.

zuschreiben könnten; unsere Befähigung
stammt vielmehr von Gott. 6 Er hat uns fähig
gemacht, Diener des Neuen Bundes zu sein,
nicht des Buchstabens, sondern des Geistes.
Denn der Buchstabe tötet, der Geist aber
macht lebendig. 7 Wenn aber schon der
Dienst, der zum Tod führt und dessen Buch-
staben in Stein gemeißelt waren, so herrlich
war, dass die Israeliten das Gesicht des Mose
nicht anschauen konnten, weil es eine Herr-
lichkeit ausstrahlte, die doch vergänglich
war, 8 wie sollte da der Dienst des Geistes
nicht viel herrlicher sein? 9 Wenn schon der
Dienst, der zur Verurteilung führt, herrlich
war, so wird der Dienst, der zur Gerechtig-
keit führt, noch viel herrlicher sein. 10 Ei-
gentlich kann von Herrlichkeit in jenem Fall
gar nicht die Rede sein, wo das Verherrlichte
vor der größeren Herrlichkeit verblasst.
11 Wenn nämlich schon das Vergängliche in
Herrlichkeit erschien: die Herrlichkeit des
Bleibenden wird es überstrahlen.

12 Weil wir eine solche Hoffnung haben,
treten wir mit großem Freimut auf, 13 nicht
wie *Mose, der über sein Gesicht eine Hülle
legte,* damit die Israeliten das Verblassen des
Glanzes nicht sahen. 14 Doch ihr Denken
wurde verhärtet. Bis zum heutigen Tag liegt
die gleiche Hülle auf dem Alten Bund, wenn
daraus vorgelesen wird, und es bleibt ver-
hüllt, dass er in Christus ein Ende nimmt.
15 Bis heute liegt die Hülle auf ihrem Herzen,
wenn Mose vorgelesen wird. 16 Sobald sich
aber einer dem Herrn zuwendet, *wird die
Hülle entfernt.* 17 Der Herr aber ist der Geist,
und wo der Geist des Herrn wirkt, da ist
Freiheit. 18 Wir alle spiegeln mit enthülltem
Angesicht die *Herrlichkeit des Herrn wider*
und werden so in sein eigenes Bild verwan-
delt, von Herrlichkeit zu Herrlichkeit, durch
den Geist des Herrn.

4 Daher erlahmt unser Eifer nicht in dem
Dienst, der uns durch Gottes Erbarmen
übertragen wurde. 2 Wir haben uns von aller
schimpflichen Arglist losgesagt; wir handeln
nicht hinterhältig und verfälschen das Wort
Gottes nicht, sondern lehren offen die Wahr-
heit. So empfehlen wir uns vor dem Ange-
sicht Gottes jedem menschlichen Gewissen.
3 Wenn unser Evangelium dennoch verhüllt
ist, ist es nur denen verhüllt, die verloren ge-
hen; 4 denn der Gott dieser Weltzeit hat das
Denken der Ungläubigen verblendet. So
strahlt ihnen der Glanz der Heilsbotschaft
nicht auf, der Botschaft von der Herrlichkeit
Christi, der Gottes Ebenbild ist. 5 Wir ver-
kündigen nämlich nicht uns selbst, sondern
Jesus Christus als den Herrn, uns aber als
eure Knechte um Jesu willen. 6 Denn Gott,
der sprach: Aus Finsternis soll Licht auf-
leuchten!, er ist in unseren Herzen aufge-
leuchtet, damit wir erleuchtet werden zur
Erkenntnis des göttlichen Glanzes auf dem
Antlitz Christi.

3,5: 2,16; Phil 2,13 • 6: Röm 7,6; 1 Kor 11,25 • 7: Ex 34,29f • 10: Ex 34,29–35 • 13: Ex 34,33.35 • 14: Jes 6,10; Röm 11,25; 10,4 • 16: Ex 34,34; Röm 11,23.26 • 17: Röm 8,2; 1 Kor 6,17 • 18: Röm 8,29; 1 Kor 13,12; Ex 16,7.10; 24,17 • 4,2: 2,17; 1 Thess 2,5 • 3: 1 Kor 1,18 • 4: Eph 2,2; Kol 1,15; Hebr 1,3 • 6: Gen 1,3; 2 Kor 3,18; 1 Petr 2,9.

Die Leidensgemeinschaft des Apostels mit Christus: 4,7–18

7 Diesen Schatz tragen wir in zerbrechli-
chen Gefäßen; so wird deutlich, dass das
Übermaß der Kraft von Gott und nicht von
uns kommt. 8 Von allen Seiten werden wir in
die Enge getrieben und finden doch noch
Raum; wir wissen weder aus noch ein und
verzweifeln dennoch nicht; 9 wir werden ge-
hetzt und sind doch nicht verlassen; wir wer-
den niedergestreckt und doch nicht vernich-
tet. 10 Wohin wir auch kommen, immer tra-
gen wir das Todesleiden Jesu an unserem
Leib, damit auch das Leben Jesu an unserem
Leib sichtbar wird. 11 Denn immer werden
wir, obgleich wir leben, um Jesu willen dem
Tod ausgeliefert, damit auch das Leben Jesu
an unserem sterblichen Fleisch offenbar
wird. 12 So erweist an uns der Tod, an euch
aber das Leben seine Macht. 13 Doch haben
wir den gleichen Geist des Glaubens, von
dem es in der Schrift heißt: *Ich habe ge-
glaubt, darum habe ich geredet.* Auch wir
glauben und darum reden wir. 14 Denn wir
wissen, dass der, welcher Jesus, den Herrn,
auferweckt hat, auch uns mit Jesus auferwe-
cken und uns zusammen mit euch (vor sein
Angesicht) stellen wird. 15 Alles tun wir eu-
retwegen, damit immer mehr Menschen auf-
grund der überreich gewordenen Gnade den
Dank vervielfachen, Gott zur Ehre.

16 Darum werden wir nicht müde; wenn
auch unser äußerer Mensch aufgerieben

3,7 Als Mose vom Berg Sinai herabstieg, strahlte nach Ex 34,29f sein Gesicht die Herrlichkeit Gottes wider, der mit ihm gesprochen hatte. Dieser vergängliche Glanz wird für Paulus zum Bild der Vergänglichkeit, die den Alten Bund im Vergleich mit dem Neuen kennzeichnet.

4,4 der Gott dieser Weltzeit: der Teufel (vgl. 1 Kor 2,6.8; Eph 2,2; Joh 12,31; 14,30; 16,11).

wird, der innere wird Tag für Tag erneuert.
17 Denn die kleine Last unserer gegenwärti-
gen Not schafft uns in maßlosem Übermaß
ein ewiges Gewicht an Herrlichkeit, 18 uns,
die wir nicht auf das Sichtbare starren, son-
dern nach dem Unsichtbaren ausblicken;
denn das Sichtbare ist vergänglich, das Un-
sichtbare ist ewig.

8: 1,8f; 1 Kor 4,10–13 • 10: Röm 6,8 • 11: Röm 8,36 • 13: Ps 116,10 G • 14: Röm 8,11; 1 Kor 6,14 • 15: 1,11 • 17: Röm 8,17f; 1 Petr 1,6f • 18: Röm 8,24f; Hebr 11,1.

Die Hoffnung des Apostels: 5,1–10

5 Wir wissen: Wenn unser irdisches Zelt
abgebrochen wird, dann haben wir eine
Wohnung von Gott, ein nicht von Menschen-
hand errichtetes ewiges Haus im Himmel.
2 Im gegenwärtigen Zustand seufzen wir und
sehnen uns danach, mit dem himmlischen
Haus überkleidet zu werden. 3 So bekleidet,
werden wir nicht nackt erscheinen. 4 Solange
wir nämlich in diesem Zelt leben, seufzen
wir unter schwerem Druck, weil wir nicht
entkleidet, sondern überkleidet werden
möchten, damit so das Sterbliche vom Le-
ben verschlungen werde. 5 Gott aber, der
uns gerade dazu fähig gemacht hat, er hat
uns auch als ersten Anteil den Geist gege-
ben. 6 Wir sind also immer zuversichtlich,
auch wenn wir wissen, dass wir fern vom
Herrn in der Fremde leben, solange wir in
diesem Leib zu Hause sind; 7 denn als Glau-
bende gehen wir unseren Weg, nicht als
Schauende. 8 Weil wir aber zuversichtlich
sind, ziehen wir es vor, aus dem Leib auszu-
wandern und daheim beim Herrn zu sein.
9 Deswegen suchen wir unsere Ehre darin,
ihm zu gefallen, ob wir daheim oder in der
Fremde sind. 10 Denn wir alle müssen vor
dem Richterstuhl Christi offenbar werden,
damit jeder seinen Lohn empfängt für das
Gute oder Böse, das er im irdischen Leben
getan hat.

1: 2 Petr 1,13f • 2: Röm 8,23 • 4: 1 Kor 15,53 • 5: 1,22; Eph 1,13f • 6: Hebr 13,14 • 7: Röm 8,24; 1 Petr 1,8 • 8: Phil 1,23 • 10: Röm 14,10; 1 Kor 4,5.

DIE BEWÄHRUNG DES APOSTELS IN SEINEM DIENST: 5,11 – 6,10

Der Dienst der Versöhnung: 5,11–21

11 So versuchen wir, erfüllt von Ehrfurcht
vor dem Herrn, Menschen zu gewinnen; Gott
aber kennt uns durch und durch. Ich hoffe,
dass auch euer Urteil über mich sich zur vol-
len Wahrheit durchgerungen hat. 12 Damit
wollen wir uns nicht wieder vor euch rüh-
men, sondern wir geben euch Gelegenheit,
rühmend auf uns hinzuweisen, damit ihr de-
nen entgegentreten könnt, die sich nur rüh-
men, um ihr Gesicht zu wahren, ihr Herz
aber nicht zeigen dürfen. 13 Wenn wir näm-
lich von Sinnen waren, so geschah es für
Gott; wenn wir besonnen sind, geschieht es
für euch. 14 Denn die Liebe Christi drängt
uns, da wir erkannt haben: Einer ist für alle
gestorben, also sind alle gestorben. 15 Er ist
aber für alle gestorben, damit die Lebenden
nicht mehr für sich leben, sondern für den,
der für sie starb und auferweckt wurde.
16 Also schätzen wir von jetzt an niemand
mehr nur nach menschlichen Maßstäben
ein; auch wenn wir früher Christus nach
menschlichen Maßstäben eingeschätzt ha-
ben, jetzt schätzen wir ihn nicht mehr so ein.
17 Wenn also jemand in Christus ist, dann ist
er eine neue Schöpfung: Das Alte ist vergan-
gen, Neues ist geworden. 18 Aber das alles
kommt von Gott, der uns durch Christus mit
sich versöhnt und uns den Dienst der Ver-
söhnung aufgetragen hat. 19 Ja, Gott war es,
der in Christus die Welt mit sich versöhnt
hat, indem er den Menschen ihre Verfehlun-
gen nicht anrechnete und uns das Wort von
der Versöhnung (zur Verkündigung) anver-
traute. 20 Wir sind also Gesandte an Christi

5,1–10 Paulus vergleicht den Leib mit einem Zelt, einer Wohnung, einem Haus oder einem Kleid; er erwartet eine Verwandlung (ein Überkleidet-Werden) des irdischen Leibes in den Auferstehungsleib, den Gott im Himmel bereithält (vgl. 1 Kor 15,44). »Nacktsein« (V. 3) ist ein Zustand, bei dem der Mensch nach seinem Tod als Seele ohne Leib existiert.

5,16 Wörtlich: Also kennen wir von jetzt an niemand mehr dem Fleisch nach; auch wenn wir früher Christus dem Fleisch nach gekannt haben, jetzt kennen wir ihn nicht mehr so. – Vgl. die Anmerkung zu 10,2.

statt, und Gott ist es, der durch uns mahnt.
Wir bitten an Christi statt: Lasst euch mit
Gott versöhnen! 21 Er hat den, der keine
Sünde kannte, für uns zur Sünde gemacht,
damit wir in ihm Gerechtigkeit Gottes wür-
den.

11: 4,2 • 12: 3,1f; 10,12f • 14: Röm 6,3f; 7,4; 8,31f • 15: Röm 14,7f; Gal 2,20 • 16: Röm 1,3; 9,5 • 17: Röm 6,4; Gal 6,15; Offb 21,5 • 18: Röm 5,10 • 19: Röm 3,24f; Kol 1,19f • 20: Mt 10,40; Lk 10,16 • 21: Röm 8,3f; Gal 3,13; 1 Petr 2,24.

Die Herrlichkeit der apostolischen Leiden:
6,1–10

6 Als Mitarbeiter Gottes ermahnen wir
euch, dass ihr seine Gnade nicht verge-
bens empfangt. 2 Denn es heißt:
Zur Zeit der Gnade erhöre ich dich, / am Tag der Rettung helfe ich dir.
Jetzt ist sie da, *die Zeit der Gnade;* jetzt ist er
da, *der Tag der Rettung.* 3 Niemand geben
wir auch nur den geringsten Anstoß, damit
unser Dienst nicht getadelt werden kann.
4 In allem erweisen wir uns als Gottes Die-
ner: durch große Standhaftigkeit, in Be-
drängnis, in Not, in Angst, 5 unter Schlägen,
in Gefängnissen, in Zeiten der Unruhe, unter
der Last der Arbeit, in durchwachten Näch-
ten, durch Fasten, 6 durch lautere Gesin-
nung, durch Erkenntnis, durch Langmut,
durch Güte, durch den Heiligen Geist, durch
ungeheuchelte Liebe, 7 durch das Wort der
Wahrheit, in der Kraft Gottes, mit den Waf-
fen der Gerechtigkeit in der Rechten und in
der Linken, 8 bei Ehrung und Schmähung,
bei übler Nachrede und bei Lob. Wir gelten
als Betrüger und sind doch wahrhaftig; 9 wir
werden verkannt und doch anerkannt; wir
sind wie Sterbende und seht: wir leben; wir
werden gezüchtigt und doch nicht getötet;
10 uns wird Leid zugefügt und doch sind wir
jederzeit fröhlich; wir sind arm und machen
doch viele reich; wir haben nichts und haben
doch alles.

2: Jes 49,8 • 4–10: 4,8–10; 11,23–29; 1 Kor 4,11–13 • 6: Gal 5,22f • 7: Röm 13,12 • 9: Ps 118,17f • 10: 8,9; Phil 4,12f.

DIE AUSSÖHNUNG MIT DEN KORINTHERN: 6,11 – 7,16

Werbung und Mahnung: 6,11 – 7,4

11 Unser Mund hat sich für euch aufgetan,
Korinther, unser Herz ist weit geworden.
12 In uns ist es nicht zu eng für euch; eng ist es
in eurem Herzen. 13 Lasst doch als Antwort
darauf – ich rede wie zu meinen Kindern –
auch euer Herz weit aufgehen!
14 Beugt euch nicht mit Ungläubigen unter
das gleiche Joch! Was haben denn Gerech-
tigkeit und Gesetzwidrigkeit miteinander zu
tun? Was haben Licht und Finsternis ge-
meinsam? 15 Was für ein Einklang herrscht
zwischen Christus und Beliar? Was hat ein
Gläubiger mit einem Ungläubigen gemein-
sam? 16 Wie verträgt sich der Tempel Gottes
mit Götzenbildern? Wir sind doch der Tem-
pel des lebendigen Gottes; denn Gott hat ge-
sprochen:
Ich will unter ihnen wohnen und mit ihnen gehen. / Ich werde ihr Gott sein / und sie werden mein Volk sein.
17 *Zieht darum weg aus ihrer Mitte* / und
sondert euch ab, spricht der Herr, / *und fasst*
nichts Unreines an. / Dann will ich euch aufnehmen
18 und euer *Vater sein / und* ihr sollt *meine*
Söhne und Töchter sein, / spricht der Herr, /
der Herrscher über die ganze Schöpfung.

7 Das sind die Verheißungen, die wir ha-
ben, liebe Brüder. Reinigen wir uns also
von aller Unreinheit des Leibes und des
Geistes und streben wir in Gottesfurcht nach
vollkommener Heiligung.
2 Gebt uns doch Raum in eurem Herzen!
Niemand haben wir geschädigt, niemand zu-
grunde gerichtet, niemand übervorteilt. 3 Ich
sage das nicht, um euch zu verurteilen; denn
eben habe ich gesagt, dass ihr in unserem
Herzen wohnt, verbunden mit uns zum Le-
ben und zum Sterben. 4 Ich habe großes Ver-
trauen zu euch; ich bin sehr stolz auf euch.
Trotz all unserer Not bin ich von Trost er-
füllt und ströme über von Freude.

6,11: Ps 119,32 • 14: Dtn 22,10; Eph 5,7.11 • 15: 1 Kor 10,21 • 16: Lev 26,11f; Jer 31,33; 32,38; Ez 37,27; 1 Kor 3,16 • 17: Jes 52,11; Jer 51,45; Offb 18,4; Zef 3,20 G • 18: 2 Sam 7,14; Jer 31,9; Jes 43,6; Am 3,13 G • 7,1: 1 Joh 3,3 • 2: 12,17 • 3: 6,11f.9.

5,21 Dieser Aussage liegt der Gedanke der Stellvertretung zugrunde.
6,14 – 7,1 Der Abschnitt unterbricht den Zusammenhang und ist eine kleine Mahnrede gegen das in die Gemeinde eindringende Heidentum.
6,15 Beliar ist eine im damaligen Judentum gebräuchliche Bezeichnung für den Teufel.

Die Sendung des Titus: 7,5–16

5 Als wir nach Mazedonien gekommen wa-
ren, fanden wir in unserer Schwachheit kei-
ne Ruhe. Überall bedrängten uns Schwierig-
keiten: von außen Widerspruch und Anfein-
dung, im Innern Angst und Furcht. 6 Aber
Gott, der die Niedergeschlagenen aufrich-
tet, hat auch uns aufgerichtet, und zwar
durch die Ankunft des Titus – 7 nicht nur
durch seine Ankunft, sondern auch durch
den Trost, den er bei euch erfahren hatte. Er
erzählte uns von eurer Sehnsucht, eurer
Klage, eurem Eifer für mich, sodass ich mich
noch mehr freute. 8 Dass ich euch aber mit
meinem Brief traurig gemacht habe, tut mir
nicht Leid. Wenn es mir auch eine Weile
Leid tat – ich sehe ja, dass dieser Brief euch,
wenn auch nur für kurze Zeit, traurig ge-
macht hat –: 9 jetzt freue ich mich, nicht weil
ihr traurig geworden seid, sondern weil die
Traurigkeit euch zur Sinnesänderung ge-
führt hat. Denn es war eine gottgewollte
Traurigkeit; so ist euch durch uns kein
Nachteil erwachsen. 10 Die gottgewollte
Traurigkeit verursacht nämlich Sinnesände-
rung zum Heil, die nicht bereut zu werden
braucht; die weltliche Traurigkeit aber führt
zum Tod. 11 Wie groß war doch der Eifer, zu
dem euch diese gottgewollte Traurigkeit ge-
führt hat, wie aufrichtig eure Entschuldi-
gung, euer Unwille, eure Furcht, eure Sehn-
sucht, wie wirksam eure Anstrengung und
am Ende die Bestrafung! In jeder Hinsicht
hat es sich gezeigt, dass ihr in dieser Sache
unschuldig seid. 12 Wenn ich euch also ge-
schrieben habe, so tat ich es nicht, um den zu
treffen, der Unrecht getan hatte, auch nicht,
um dem Recht zu verschaffen, der Unrecht
erlitten hatte, sondern ich tat es, damit euer
Eifer für uns sichtbar werde vor euch und
vor Gott. 13 Deswegen sind wir jetzt getrös-
tet.

Wir wurden aber nicht nur getröstet, son-
dern darüber hinaus erfreut durch die Freu-
de des Titus, dessen Geist neue Kraft gefun-
den hat durch euch alle. 14 Wenn ich euch vor
ihm gerühmt hatte, so brauchte ich mich
jetzt nicht zu schämen. Im Gegenteil, unser
Lob vor Titus erwies sich als volle Wahrheit,
wie auch alles Wahrheit ist, was wir euch
verkündigt haben. 15 Er ist euch von Herzen
zugetan, wenn er daran denkt, wie ihr euch
alle gehorsam gezeigt und ihn mit Furcht
und Zittern aufgenommen habt. 16 Ich freue
mich, dass ich in jeder Hinsicht auf euch ver-
trauen kann.

5: 2,13; 4,8 • 6: 1,3f • 7: 1 Thess 3,6f • 8: 2,4 • 11: 2,6f • 12: 2,9 • 15: Phil 2,12.

AUFRUF ZUR SAMMLUNG FÜR JERUSALEM: 8,1–24

Das Vorbild der Christen Mazedoniens: 8,1–5

8 Brüder, wir wollen euch jetzt von der
Gnade erzählen, die Gott den Gemein-
den Mazedoniens erwiesen hat. 2 Während
sie durch große Not geprüft wurden, ver-
wandelten sich ihre übergroße Freude und
ihre tiefe Armut in den Reichtum ihres
selbstlosen Gebens. 3 Ich bezeuge, dass sie
nach Kräften und sogar über ihre Kräfte
spendeten, ganz von sich aus, 4 indem sie sich
geradezu aufdrängten und uns um die Gunst
baten, zur Hilfeleistung für die Heiligen bei-
tragen zu dürfen. 5 Und über unsere Erwar-
tung hinaus haben sie sich eingesetzt, zu-
nächst für den Herrn, aber auch für uns, wie
es Gottes Wille war.

1: 9,1f; Röm 15,26 • 3: Apg 11,29.

Der Abschluss der Sammlung in Korinth: 8,6–15

6 Daraufhin ermutigten wir Titus, dieses
Liebeswerk, das er früher bei euch begonnen
hatte, nun auch zu vollenden. 7 Wie ihr aber
an allem reich seid, an Glauben, Rede und
Erkenntnis, an jedem Eifer und an der Liebe,
die wir in euch begründet haben, so sollt ihr
euch auch an diesem Liebeswerk mit reichli-
chen Spenden beteiligen. 8 Ich meine das
nicht als strenge Weisung, aber ich gebe
euch Gelegenheit, angesichts des Eifers an-
derer auch eure Liebe als echt zu erweisen.
9 Denn ihr wisst, was Jesus Christus, unser
Herr, in seiner Liebe getan hat: Er, der reich
war, wurde euretwegen arm, um euch durch
seine Armut reich zu machen. 10 Ich gebe
euch nur einen Rat, der euch helfen soll; ihr

7,5 Hier nimmt der Brief den in 2,13 verlassenen Gedankengang wieder auf.

habt ja schon voriges Jahr angefangen, etwas
zu unternehmen, und zwar aus eigenem Ent-
schluss. [11] Jetzt sollt ihr das Begonnene zu
Ende führen, damit das Ergebnis dem guten
Willen entspricht – je nach eurem Besitz.
[12] Wenn nämlich der gute Wille da ist, dann
ist jeder willkommen mit dem, was er hat,
und man fragt nicht nach dem, was er nicht
hat. [13] Denn es geht nicht darum, dass ihr in
Not geratet, indem ihr anderen helft; es geht
um einen Ausgleich. [14] Im Augenblick soll
euer Überfluss ihrem Mangel abhelfen, da-
mit auch ihr Überfluss einmal eurem Mangel
abhilft. So soll ein Ausgleich entstehen,
[15] wie es in der Schrift heißt: *Wer viel gesam-
melt hatte, hatte nicht zu viel, und wer we-
nig, hatte nicht zu wenig.*

6: 12,18 • 7: 1 Kor 1,5; 1 Kor 16,1–3 • 9: Phil 2,6f • 10: 9,2 • 12: Spr 3,27f • 15: Ex 16,18.

Der Eifer und die Selbstlosigkeit der Mitarbeiter: 8,16–24

[16] Dank sei Gott, der den gleichen Eifer für
euch auch Titus ins Herz gelegt hat. [17] Denn
Titus war mit meinem Vorschlag einverstan-
den und sein Eifer war so groß, dass er aus
eigenem Entschluss gleich zu euch abreiste.
[18] Zusammen mit ihm haben wir den Bruder
geschickt, der wegen seiner Verkündigung
des Evangeliums in allen Gemeinden Aner-
kennung findet [19] und außerdem von den Ge-
meinden dazu bestimmt wurde, unser Reise-
gefährte zu sein, wenn wir diese Liebesgabe
zur Ehre des Herrn und als Zeichen unseres
guten Willens überbringen. [20] Denn ange-
sichts der großen Spende, die von uns über-
bracht werden soll, möchten wir vermeiden,
dass man uns verdächtigt. [21] Es liegt uns
nämlich daran, dass alles *einwandfrei zu-
geht,* nicht nur *vor dem Herrn, sondern auch
vor den Menschen.* [22] Wir haben aber mit den
beiden noch einen weiteren Bruder ge-
schickt, dessen Eifer wir vielfach und bei
vielen Gelegenheiten feststellen konnten
und der sich in diesem Fall noch eifriger
zeigt, weil er viel von euch erwartet.

[23] Was nun Titus angeht: Er ist mein Ge-
fährte und mein Mitarbeiter, der für euch tä-
tig ist; unsere anderen Brüder aber sind Ab-
gesandte der Gemeinden und ein Abglanz
Christi. [24] Legt also ihnen gegenüber und da-
mit vor den Gemeinden das Zeugnis eurer
Liebe ab und zeigt, dass wir euch zu Recht
gerühmt haben.

18: 12,18 • 21: Spr 3,4 G • 24: 7,14f.

ERNEUTER AUFRUF ZUR SAMMLUNG FÜR JERUSALEM: 9,1–15

Empfehlung der Beauftragten: 9,1–5

9 Eigentlich ist es unnötig, euch über das
Hilfswerk für die Heiligen zu schreiben.
[2] Denn ich kenne euren guten Willen und
rühme euch vor den Mazedoniern, indem ich
ihnen sage: Achaia ist seit einem Jahr gerüs-
tet. Und euer Eifer hat viele andere ange-
spornt. [3] Trotzdem habe ich die Brüder zu
euch geschickt; denn unser Lob für euch
könnte in dieser Hinsicht verfrüht gewesen
sein. Ihr solltet also jetzt wirklich, wie ich
sagte, gerüstet sein. [4] Wenn nämlich Maze-
donier mit mir kämen und euch noch nicht
gerüstet fänden, dann könnte es geschehen,
dass wir uns wegen dieser unserer Erwar-
tung zu schämen hätten – um nicht zu sagen,
ihr hättet euch zu schämen. [5] Ich hielt es also
für notwendig, die Brüder zu bitten, sie
möchten vorausreisen und eure in Aussicht
gestellte Spende schon jetzt einsammeln, da-
mit sie dann verfügbar ist, und zwar als
großzügige Spende, nicht als Gabe des Gei-
zes.

1: 8,4 • 2: 8,11 • 3: 8,22.24.

Der Segen des Hilfswerks: 9,6–15

[6] Denkt daran: Wer kärglich sät, wird auch
kärglich ernten; wer reichlich sät, wird
reichlich ernten. [7] Jeder gebe, wie er es sich
in seinem Herzen vorgenommen hat, nicht
verdrossen und nicht unter Zwang; denn
Gott liebt *einen fröhlichen Geber.* [8] In seiner
Macht kann Gott alle Gaben über euch aus-
schütten, sodass euch allezeit in allem alles
Nötige ausreichend zur Verfügung steht und
ihr noch genug habt, um allen Gutes zu tun,
[9] wie es in der Schrift heißt:

8,18 Der hier erwähnte Bruder ist uns nicht bekannt. Nach alter Überlieferung soll es Lukas gewesen sein.

8,22 Wer dieser Bruder war, lässt sich nicht bestimmen.

9,5 als großzügige Spende, wörtlich: als Segen.

Reichlich gibt er den Armen; / seine Ge-
rechtigkeit hat Bestand für immer.
10 Gott, der *Samen gibt für die Aussaat und*
Brot zur Nahrung, wird auch euch das Saat-
gut geben und die Saat aufgehen lassen; er
wird *die Früchte eurer Gerechtigkeit wach-*
sen lassen. 11 In allem werdet ihr reich genug
sein, um selbstlos schenken zu können; und
wenn wir diese Gabe überbringen, wird sie
Dank an Gott hervorrufen. 12 Denn euer
Dienst und eure Opfergabe füllen nicht nur
die leeren Hände der Heiligen, sondern wer-
den weiterwirken als vielfältiger Dank an
Gott. 13 Vom Zeugnis eines solchen Dienstes
bewegt, werden sie Gott dafür preisen, dass
ihr euch gehorsam zum Evangelium Christi
bekannt und dass ihr ihnen und allen selbst-
los geholfen habt. 14 In ihrem Gebet für euch
werden sie sich angesichts der übergroßen
Gnade, die Gott euch geschenkt hat, eng mit
euch verbunden fühlen. 15 Dank sei Gott für
sein unfassbares Geschenk.

6: Spr 11,24 • 7: Spr 22,9 G • 9: Ps 112,9 • 10: Jes 55,10; Hos 10,12 G • 11: 4,15; 8,7 • 12: 8,14.

ZURÜCKWEISUNG VON ANGRIFFEN GEGEN DEN APOSTEL: 10,1–18

Die Vorwürfe der Gegner: 10,1–11

10 Ich, Paulus, der ja im persönlichen
Umgang mit euch so unterwürfig,
aus der Ferne aber so unerschrocken sein
soll, ich ermahne euch angesichts der
Freundlichkeit und Güte Christi 2 und bitte
euch: Zwingt mich nicht, bei meinem Kom-
men so unerschrocken und fest aufzutreten,
wie ich es gegen gewisse Leute zu tun geden-
ke, die meinen, wir verhalten uns wie Men-
schen dieser Welt. 3 Wir leben zwar in dieser
Welt, kämpfen aber nicht mit den Waffen
dieser Welt. 4 Die Waffen, die wir bei unse-
rem Feldzug einsetzen, sind nicht irdisch,
aber sie haben durch Gott die Macht, Fes-
tungen zu schleifen; mit ihnen reißen wir
5 alle hohen Gedankengebäude nieder, die
sich gegen die Erkenntnis Gottes auftürmen.
Wir nehmen alles Denken gefangen, sodass
es Christus gehorcht; 6 wir sind entschlossen,
alle Ungehorsamen zu strafen, sobald ihr
wirklich gehorsam geworden seid.
7 Schaut auf das, was vor Augen liegt.
Wenn jemand überzeugt ist, Christus zu ge-
hören, dann soll er doch auch bedenken, dass
nicht nur er, sondern auch wir Christus ge-
hören. 8 Und wenn ich etwas mehr auf unsere
Vollmacht poche, werde ich mich nicht zu
scheuen brauchen. Der Herr hat sie mir al-
lerdings verliehen, damit ich bei euch auf-
baue, nicht damit ich niederreiße; 9 ich
möchte nicht den Anschein erwecken, als
wollte ich euch durch meine Briefe ein-
schüchtern.
10 Ja, die Briefe, wird gesagt, die sind
wuchtig und voll Kraft, aber sein persönli-
ches Auftreten ist matt und seine Worte sind
armselig. 11 Wer so redet, der soll sich mer-
ken: Wie wir durch das geschriebene Wort
aus der Ferne wirken, so können wir auch in
eurer Gegenwart tatkräftig auftreten.

1: 10,10; 11,6; 1 Kor 2,3 • 2: 1 Kor 4,21; 2 Kor 1,17 • 4: Röm 13,12; Eph 6,11–13 • 5: Jes 2,12–17 • 7: 1 Kor 1,12 • 8: 12,6; 13,10 • 10: 10,1; 11,6 • 11: 13,2.

Die Überzeugung des Apostels: 10,12–18

12 Wir sind allerdings nicht so vermessen,
uns gleichzustellen oder zu vergleichen mit
gewissen Leuten, die sich selbst anpreisen.
In ihrem Unverstand messen sie sich an sich
selbst und vergleichen sich mit sich selbst.
13 Wir dagegen wollen uns nicht maßlos rüh-
men, sondern jenen Maßstab anlegen, den
uns Gott zugeteilt hat, dass wir nämlich bis
zu euch gelangt sind. 14 Wir überschreiten
also nicht unser Maß, wie wir es tun würden,
wenn wir nicht bis zu euch gelangt wären;
denn wir sind wirklich als Erste mit dem
Evangelium Christi bis zu euch gekommen.
15 Wir rühmen uns also nicht maßlos und mit
fremden Leistungen; aber wir haben die
Hoffnung, wenn euer Glaube stärker wird,
vor euren Augen über das uns (bisher) ge-
setzte Maß weit hinauszuwachsen 16 und die
Heilsbotschaft über eure Grenzen hinauszu-
tragen. Nach einem fremden Maßstab und
auf einem Feld, das schon bestellt ist, wollen
wir keinen Ruhm ernten.
17 *Wer sich also rühmen will, der rühme*
sich des Herrn. 18 Denn nicht, wer sich selbst
empfiehlt, ist anerkannt, sondern der, den
der Herr empfiehlt.

12: 3,1 • 13: Röm 12,3 • 15: Röm 15,20.24 • 17: Jer 9,22f; 1 Kor 1,31 • 18: 1 Kor 4,5.

10,2f Wörtlich: die meinen, wir wandeln nach dem Fleisch. Im Fleisch nämlich wandelnd ziehen wir nicht nach dem Fleisch zu Felde. – Der Begriff »Fleisch« kommt im griechischen Text von 10,2–4 wiederholt vor (vgl. die Anmerkung zu Röm 8,1–11).

DIE LEISTUNG DES APOSTELS: 11,1 – 12,13

Die Selbstlosigkeit des Apostels: 11,1–15

11 Lasst euch doch ein wenig Unverstand von mir gefallen! Aber das tut ihr ja. 2 Denn ich liebe euch mit der Eifersucht Gottes; ich habe euch einem einzigen Mann verlobt, um euch als reine Jungfrau zu Christus zu führen. 3 Ich fürchte aber, wie die Schlange einst durch ihre Falschheit Eva täuschte, könntet auch ihr in euren Gedanken von der aufrichtigen und reinen Hingabe an Christus abkommen. 4 Ihr nehmt es ja offenbar hin, wenn irgendeiner daherkommt und einen anderen Jesus verkündigt, als wir verkündigt haben, wenn ihr einen anderen Geist empfangt, als ihr empfangen habt, oder ein anderes Evangelium, als ihr angenommen habt. 5 Ich denke doch, ich stehe den Überaposteln keineswegs nach. 6 Im Reden mag ich ein Stümper sein, aber nicht in der Erkenntnis; wir haben sie euch in keiner Weise und in keinem Fall vorenthalten. 7 Oder habe ich einen Fehler gemacht, als ich, um euch zu erhöhen, mich selbst erniedrigte und euch das Evangelium Gottes verkündete, ohne etwas dafür zu nehmen? 8 Andere Gemeinden habe ich ausgeplündert und Geld von ihnen genommen, um euch dienen zu können. 9 Aber als ich zu euch kam und in Schwierigkeiten geriet, bin ich niemand zur Last gefallen; was ich zu wenig hatte, ergänzten die Brüder, die aus Mazedonien kamen. Ich habe also darauf Wert gelegt, euch in keiner Weise zur Last zu fallen, und werde auch weiterhin darauf Wert legen. 10 So gewiss die Wahrheit Christi in mir ist: diesen Ruhm wird mir im Gebiet von Achaia niemand nehmen. 11 Warum? Liebe ich euch etwa nicht? Gott weiß es. 12 Was ich aber tue, werde ich auch in Zukunft tun: Ich werde denen die Gelegenheit nehmen, die nur die Gelegenheit suchen, sich Achtung zu verschaffen, um so dazustehen wie wir. 13 Denn diese Leute sind Lügenapostel, unehrliche Arbeiter; sie tarnen sich freilich als Apostel Christi. 14 Kein Wunder, denn auch der Satan tarnt sich als Engel des Lichts. 15 Es ist also nicht erstaunlich, wenn sich auch seine Handlanger als Diener der Gerechtigkeit tarnen. Ihr Ende wird ihren Taten entsprechen.

1: 11,16–18 • 2: Eph 5,26f • 3: Gen 3,4.13 • 4: Gal 1,6–9 • 5: 11,13; 12,11 • 6: 10,10; 1 Kor 2,1f.13 • 7: 1 Kor 9,12f • 8: Phil 4,10.15 • 9: 12,13 • 10: 1 Kor 9,15 • 12: 2,17; Phil 3,2 • 13: Offb 2,2 • 15: Phil 3,19; 2 Tim 4,14.

Die »Narrenrede«: 11,16 – 12,13

Die Leiden und Mühen des Apostels: 11,16–33

16 Noch einmal sage ich: Keiner soll mich für einen Narren halten. Tut ihr es aber doch, dann lasst mich auch als Narren gewähren, damit auch ich ein wenig prahlen kann. 17 Was ich hier sage, sage ich nicht im Sinn des Herrn, sondern sozusagen als Narr im falschen Stolz des Prahlers. 18 Da viele Menschen im Sinn dieser Welt prahlen, will auch ich einmal prahlen. 19 Ihr lasst euch die Narren ja gern gefallen, ihr klugen Leute. 20 Denn ihr nehmt es hin, wenn euch jemand versklavt, ausbeutet und in seine Gewalt bringt, wenn jemand anmaßend auftritt und euch ins Gesicht schlägt. 21 Zu meiner Schande muss ich gestehen: Dazu bin ich allerdings zu schwach gewesen.

Womit aber jemand prahlt – ich rede jetzt als Narr –, damit kann auch ich prahlen. 22 Sie sind Hebräer – ich auch. Sie sind Israeliten – ich auch. Sie sind Nachkommen Abrahams – ich auch. 23 Sie sind Diener Christi – jetzt rede ich ganz unvernünftig –, ich noch mehr: Ich ertrug mehr Mühsal, war häufiger im Gefängnis, wurde mehr geschlagen, war oft in Todesgefahr. 24 Fünfmal erhielt ich von Juden die neununddreißig Hiebe; 25 dreimal wurde ich ausgepeitscht, einmal gesteinigt, dreimal erlitt ich Schiffbruch, eine Nacht und einen Tag trieb ich auf hoher See. 26 Ich war oft auf Reisen, gefährdet durch Flüsse, gefährdet durch Räuber, gefährdet durch

---

11,1–12,13 Paulus sieht sich gezwungen, auf seine Leistungen hinzuweisen, um seinen Gegnern entgegenzutreten, die ihn verächtlich zu machen suchen. Da dieses Eigenlob Paulus widerstrebt, greift er zur Ironie und zur Form der sog. »Narrenrede« (vgl. 11,16).

11,24 Nach Dtn 25,3 waren vierzig Schläge das Höchstmaß einer vom Richter verhängten Züchtigung. Um diese Zahl auf keinen Fall zu überschreiten, pflegte man nur neununddreißig Schläge zu geben.

das eigene Volk, gefährdet durch Heiden, gefährdet in der Stadt, gefährdet in der Wüste, gefährdet auf dem Meer, gefährdet durch falsche Brüder. 27 Ich erduldete Mühsal und Plage, durchwachte viele Nächte, ertrug Hunger und Durst, häufiges Fasten, Kälte und Blöße. 28 Um von allem andern zu schweigen, weise ich noch auf den täglichen Andrang zu mir und die Sorge für alle Gemeinden hin. 29 Wer leidet unter seiner Schwachheit, ohne dass ich mit ihm leide? Wer kommt zu Fall, ohne dass ich von Sorge verzehrt werde? 30 Wenn schon geprahlt sein muss, will ich mit meiner Schwachheit prahlen. 31 Gott, der Vater Jesu, des Herrn, er, der gepriesen ist in Ewigkeit, weiß, dass ich nicht lüge. 32 In Damaskus ließ der Statthalter des Königs Aretas die Stadt der Damaszener bewachen, um mich festzunehmen. 33 Aber durch ein Fenster wurde ich in einem Korb die Stadtmauer hinuntergelassen und so entkam ich ihm.

16: 11,1; 12,6 • 18: Phil 3,4 • 19: 1 Kor 4,10 • 22: Apg 22,3; Röm 11,1; Phil 3,5 • 23: 1 Kor 4,1; 15,10 • 24: Dtn 25,3 • 25: Apg 16,22; 14,19; 27,41–43 • 27: 6,4f; 1 Kor 4,11; 1 Thess 2,9 • 28: Apg 20,31 • 29: 1 Kor 9,22 • 30: 12,5.9f • 32: Apg 9,24f.

Begnadung und Schwachheit des Apostels: 12,1–13

12 Ich muss mich ja rühmen; zwar nützt es nichts, trotzdem will ich jetzt von Erscheinungen und Offenbarungen sprechen, die mir der Herr geschenkt hat. 2 Ich kenne jemand, einen Diener Christi, der vor vierzehn Jahren bis in den dritten Himmel entrückt wurde; ich weiß allerdings nicht, ob es mit dem Leib oder ohne den Leib geschah, nur Gott weiß es. 3/4 Und ich weiß, dass dieser Mensch in das Paradies entrückt wurde; ob es mit dem Leib oder ohne den Leib geschah, weiß ich nicht, nur Gott weiß es. Er hörte unsagbare Worte, die ein Mensch nicht aussprechen kann. 5 Diesen Mann will ich rühmen; was mich selbst angeht, will ich mich nicht rühmen, höchstens meiner Schwachheit. 6 Wenn ich mich dennoch rühmen wollte, wäre ich zwar kein Narr, sondern würde die Wahrheit sagen. Aber ich verzichte darauf; denn jeder soll mich nur nach dem beurteilen, was er an mir sieht oder aus meinem Mund hört. 7 Damit ich mich wegen der einzigartigen Offenbarungen nicht überhebe, wurde mir ein Stachel ins Fleisch gestoßen: ein Bote Satans, der mich mit Fäusten schlagen soll, damit ich mich nicht überhebe. 8 Dreimal habe ich den Herrn angefleht, dass dieser Bote Satans von mir ablasse. 9 Er aber antwortete mir: Meine Gnade genügt dir; denn sie erweist ihre Kraft in der Schwachheit. Viel lieber also will ich mich meiner Schwachheit rühmen, damit die Kraft Christi auf mich herabkommt. 10 Deswegen bejahe ich meine Ohnmacht, alle Misshandlungen und Nöte, Verfolgungen und Ängste, die ich für Christus ertrage; denn wenn ich schwach bin, dann bin ich stark.

11 Jetzt bin ich wirklich ein Narr geworden; ihr habt mich dazu gezwungen. Eigentlich sollte ich von euch gerühmt werden; denn in nichts bin ich hinter den Überaposteln zurückgeblieben, obgleich ich nichts bin. 12 Das, woran man den Apostel erkennt, wurde mit großer Ausdauer unter euch vollbracht: Zeichen, Wunder und machtvolle Taten. 13 Worin seid ihr denn im Vergleich mit den übrigen Gemeinden zu kurz gekommen? Höchstens darin, dass gerade ich euch nicht zur Last gefallen bin. Dann verzeiht mir bitte dieses Unrecht!

1: Apg 26,16; Gal 2,2 • 5: 11,30 • 6: 10,8 • 7: Num 33,55; Ez 28,24 • 8: Mt 26,44 • 9: Jes 40,29; Phil 4,13 • 10: 6,9f • 11: 11,1.5.16 • 12: Apg 5,12; Röm 15,19 • 13: 11,7–9.

ANKÜNDIGUNG EINES NEUEN BESUCHES: 12,14 – 13,10

Die Sorgen und Ziele des Apostels: 12,14–18

14 Schon zum dritten Mal will ich jetzt zu euch kommen und ich werde euch nicht zur Last fallen; ich suche ja nicht euer Geld, sondern euch. Denn nicht die Kinder sollen für die Eltern sparen, sondern die Eltern für die Kinder. 15 Ich aber will sehr gern alles aufwenden und mich für euch aufreiben. Wenn ich euch so sehr liebe, soll ich deswegen weniger Liebe empfangen? 16 Nun gut! Eine schwere Last habe ich euch zwar nicht zugemutet; aber habe ich euch vielleicht mit Verschlagenheit und List in mein Netz gelockt?

12,2–4 Den bildhaften Ausdruck von der Entrückung »in den dritten Himmel« (V. 2) oder »ins Paradies« (V. 4) übernimmt Paulus aus zeitgenössischen Jenseitsvorstellungen.

12,7 Paulus spricht wohl von einer Krankheit, die sein Wirken beeinträchtigte (vgl. Gal 4,13f). Näheres wissen wir darüber nicht.

12,12 Das, woran man den Apostel erkennt, wörtlich: Die Zeichen des Apostels.

17 Habe ich euch vielleicht durch einen, den
ich zu euch sandte, übervorteilt? 18 Ja, ich
habe Titus gebeten, euch zu besuchen, und
den Bruder mit ihm gesandt. Hat Titus euch
etwa übervorteilt? Haben wir nicht beide im
gleichen Geist gehandelt? Sind wir nicht in
den gleichen Spuren gegangen?

14: 13,1 • 15: Phil 2,17; 1 Thess 2,8 • 17: 7,2 • 18: 8,16–18.

Befürchtungen und Besorgnisse: 12,19–21

19 Gewiss denkt ihr schon lange, dass wir
uns vor euch nur herausreden wollen. Aber
wir reden in Christus, vor dem Angesicht
Gottes. Und alles, liebe Brüder, geschieht,
um eure Gemeinde aufzubauen. 20 Denn ich
fürchte, dass ich euch bei meinem Kommen
nicht so finde, wie ich euch zu finden wün-
sche, und dass ihr mich so findet, wie ihr
mich nicht zu finden wünscht. Ich fürchte,
dass es zu Streit, Eifersucht, Zornesausbrü-
chen, Ehrgeiz, Verleumdungen, übler Nach-
rede, Überheblichkeit, allgemeiner Verwir-
rung kommt; 21 dass mein Gott, wenn ich
wiederkomme, mich noch einmal vor euch
demütigt; dass ich Grund haben werde, trau-
rig zu sein über viele, die schon früher Sün-
der waren und sich trotz ihrer Unreinheit,
Unzucht und Ausschweifung noch nicht zur
Umkehr entschlossen haben.

19: 2,17 • 20: 10,2 • 21: 13,2.

Seelsorge aus apostolischer Vollmacht:
13,1–10

13 Das ist das dritte Mal, dass ich zu
euch komme. *Durch die Aussage von*
zwei oder drei Zeugen wird jede Sache ent-
schieden. 2 Denen, die sich früher verfehlt
haben, und allen Übrigen sage ich jetzt aus
der Ferne dasselbe, was ich schon bei mei-
nem zweiten Aufenthalt angekündigt habe:
Wenn ich komme, werde ich keine Nachsicht
mehr üben. 3 Denn ihr verlangt einen Beweis
dafür, dass durch mich Christus spricht, der
nicht in seiner Schwachheit, sondern in sei-
ner Kraft unter euch wirkt. 4 Zwar wurde er
in seiner Schwachheit gekreuzigt, aber er
lebt aus Gottes Kraft. Auch wir sind schwach
in ihm, aber wir werden zusammen mit ihm
vor euren Augen aus Gottes Kraft leben.

5 Fragt euch selbst, ob ihr im Glauben seid,
prüft euch selbst! Erfahrt ihr nicht an euch
selbst, dass Christus Jesus in euch ist? Sonst
hättet ihr ja (als Gläubige) schon versagt.
6 Ich hoffe aber, ihr werdet erkennen, dass
wir nicht versagt haben. 7 Doch flehen wir zu
Gott, dass ihr nichts Böses tut, nicht, damit
wir gerechtfertigt erscheinen, sondern nur,
damit ihr das Gute tut, wir aber wie Versa-
ger dastehen. 8 Denn wir können unsere
Kraft nicht gegen die Wahrheit einsetzen,
nur für die Wahrheit. 9 So ist es uns eine
Freude, wenn wir schwach dastehen, ihr
aber euch als stark erweist. Das ist es, was
wir erflehen: eure vollständige Erneuerung.
10 Deswegen schreibe ich das alles aus der
Ferne, um nicht, wenn ich zu euch komme,
Strenge gebrauchen zu müssen kraft der
Vollmacht, die der Herr mir zum Aufbauen,
nicht zum Niederreißen gegeben hat.

1: 12,14; Dtn 19,15; Mt 18,16; 1 Tim 5,19 • 2: 12,21 • 3: Röm 15,18f • 4: 1 Kor 1,24f.27 • 5: 1 Kor 11,28; Röm 8,9f • 10: 2,3; 10,4.8.11.

SCHLUSSWORT UND SEGENSWUNSCH: 13,11–13

11 Im Übrigen, liebe Brüder, freut euch,
kehrt zur Ordnung zurück, lasst euch ermah-
nen, seid eines Sinnes und lebt in Frieden!
Dann wird der Gott der Liebe und des Frie-
dens mit euch sein. 12 Grüßt einander mit
dem heiligen Kuss! Es grüßen euch alle Hei-
ligen. 13 Die Gnade Jesu Christi, des Herrn,
die Liebe Gottes und die Gemeinschaft des
Heiligen Geistes sei mit euch allen!

11: Phil 4,4; Röm 12,16; 15,5.33; Phil 2,2 • 12: Röm 16,16; 1 Kor 16,20; 1 Thess 5,26 • 13: Gal 6,18; Joh 14,16; Röm 8,26f.

12,18 Zu »Bruder« vgl. die Anmerkung zu 8,18.22.

Der Brief an die Galater

Paulus ist nach Apg 16,6; 18,23 auf seinen Missionsreisen zweimal in das »galatische Land« gekommen, was durch Gal 4,13 bestätigt wird, wo er ausdrücklich auf den ersten Aufenthalt verweist. Die Gründung der Gemeinden in Galatien (zur Bevölkerung und geographischen Lage vgl. Anmerkung zu 1,2) fällt in die Zeit der beginnenden selbstständigen Missionsarbeit nach der Trennung von Barnabas, vermutlich in das Jahr 50 n. Chr. (Apg 15,39 – 18,23).

Einige Jahre später sind die galatischen Gemeinden von Irrlehrern aufgesucht und beeinflusst worden. Paulus befindet sich inzwischen in Ephesus (vgl. Apg 19,1 – 20,1) und schreibt von dort aus zwischen 53 und 55 n. Chr. seinen Brief. Die Irrlehrer vertreten nach den wenigen Hinweisen, die dem Galaterbrief zu entnehmen sind, eine Lehre, die aus jüdischer, christlicher und heidnischer Tradition zusammengesetzt ist, verstehen sich selbst aber als Judenchristen und verlangen von den ehemaligen Heiden, dass sie sich ebenfalls beschneiden lassen und das alttestamentliche Gesetz als zum Heil notwendig anerkennen (vgl. 4,8–10.16–20; 5,1–12; 6,11–16).

Paulus sieht darin eine Verfälschung der christlichen Botschaft, er kann diese Lehre nicht als »Evangelium« anerkennen (1,6–9). Er erinnert an seine eigene Bekehrung und Einsetzung zum Apostel der Heiden, an seine Unabhängigkeit von den Vertretern der judenchristlichen Mission (1,10–24), an die Anerkennung seiner gesetzesfreien Mission unter den Heiden beim Apostelkonzil und an die Auseinandersetzung mit Petrus und Barnabas in Antiochia (2,1–21). Danach legt er dar, wie Verheißung und Gesetz, Glaube und »Werke des Gesetzes« sich zueinander verhalten, und warnt vor einem Abfall vom wahren Glauben (3,1 – 5,12). Im Schlussteil bringt der Apostel allgemeine Ermahnungen (sog. Paränese), wie wir sie auch aus anderen Paulusbriefen kennen (z. B. Röm Kap. 12 und 13). Doch kommt er in dem eigenhändig geschriebenen Schlusswort wieder auf die besondere Situation in Galatien zurück.

Paulus hat mit seinem Brief offensichtlich Erfolg gehabt, sonst wäre das Schreiben kaum erhalten geblieben. Auch zeigt 1 Kor 16,1, dass er weiterhin mit den galatischen Christen in Verbindung stand. Der Brief gibt Einblick in Gefährdungen der jungen Gemeinden und zeigt, ähnlich dem Römerbrief, was Paulus unter dem Evangelium von Jesus Christus versteht; insbesondere geht er dabei auf das Verhältnis von Rechtfertigung und Glaube ein.

ANSCHRIFT UND GRUSS 1,1–5

1 Paulus, zum Apostel berufen, nicht von Menschen oder durch einen Menschen, sondern durch Jesus Christus und durch Gott, den Vater, der ihn von den Toten auferweckt hat, 2 und alle Brüder, die bei mir sind, an die Gemeinden in Galatien: 3 Gnade sei

---

1,1 nicht von Menschen oder durch einen Menschen: d. h. weder von einer Gemeinde beauftragt (vgl. »Abgesandte« Phil 2,25; 2 Kor 8,23) noch durch Vermittlung eines Propheten eingesetzt (vgl. 1 Tim 1,18; 4,14).

1,2 Gemeint ist die Landschaft im Innern Kleinasiens, nicht die gleichnamige römische Provinz, die auch noch das Gebiet des südlicher gelegenen Pisidien und Teile von Lykaonien umfasste (vgl. Apg 13,14 – 14,25); nur die Bewohner der von Kelten besiedelten Landschaft können mit »Galater« (3,1) angesprochen werden.

1,3f Der Gruß ist erweitert durch einen aus der urchristlichen Überlieferung stammenden Bekenntnissatz.

mit euch und Friede von Gott, unserem Va-
ter, und dem Herrn Jesus Christus, 4 der sich
für unsere Sünden hingegeben hat, um uns
aus der gegenwärtigen bösen Welt zu befrei-
en, nach dem Willen unseres Gottes und Va-
ters. 5 Ihm sei Ehre in alle Ewigkeit. Amen.

1: 1,11f; Röm 1,1 • 2: 1 Kor 16,1 • 4: 2,20; Eph 5,2; 1 Tim 2,6; 1 Joh 5,19 • 5: Röm 16,27; 2 Tim 4,18.

DER ANLASS DES BRIEFES: 1,6–9

6 Ich bin erstaunt, dass ihr euch so schnell
von dem abwendet, der euch durch die Gna-
de Christi berufen hat, und dass ihr euch ei-
nem anderen Evangelium zuwendet. 7 Doch
es gibt kein anderes Evangelium, es gibt
nur einige Leute, die euch verwirren und die
das Evangelium Christi verfälschen wollen.
8 Wer euch aber ein anderes Evangelium ver-
kündigt, als wir euch verkündigt haben, der
sei verflucht, auch wenn wir selbst es wären
oder ein Engel vom Himmel. 9 Was ich gesagt
habe, das sage ich noch einmal: Wer euch ein
anderes Evangelium verkündigt, als ihr an-
genommen habt, der sei verflucht.

6: 5,8 • 7: 2 Kor 11,4; Gal 5,10; Apg 15,1.24 • 8: 1 Kor 16,22.

DAS APOSTELAMT DES PAULUS: 1,10 – 2,10

Die Berufung zum Apostel: 1,10–24

10 Geht es mir denn um die Zustimmung
der Menschen, oder geht es mir um Gott? Su-
che ich etwa Menschen zu gefallen? Wollte
ich noch den Menschen gefallen, dann wäre
ich kein Knecht Christi. 11 Ich erkläre euch,
Brüder: Das Evangelium, das ich verkündigt
habe, stammt nicht von Menschen; 12 ich
habe es ja nicht von einem Menschen über-
nommen oder gelernt, sondern durch die
Offenbarung Jesu Christi empfangen. 13 Ihr
habt doch gehört, wie ich früher als gesetzes-
treuer Jude gelebt habe, und wisst, wie maß-
los ich die Kirche Gottes verfolgte und zu
vernichten suchte. 14 In der Treue zum jüdi-
schen Gesetz übertraf ich die meisten Alters-
genossen in meinem Volk und mit dem größ-
ten Eifer setzte ich mich für die Überliefe-
rungen meiner Väter ein. 15 Als aber Gott,
der mich *schon im Mutterleib* auserwählt
und durch seine Gnade berufen hat, mir in
seiner Güte 16 seinen Sohn offenbarte, damit
ich ihn unter den Heiden verkündige, da zog
ich keinen Menschen zu Rate; 17 ich ging
auch nicht sogleich nach Jerusalem hinauf
zu denen, die vor mir Apostel waren, sondern
zog nach Arabien und kehrte dann wieder
nach Damaskus zurück. 18 Drei Jahre später
ging ich nach Jerusalem hinauf, um Kephas
kennen zu lernen, und blieb fünfzehn Tage
bei ihm. 19 Von den anderen Aposteln habe
ich keinen gesehen, nur Jakobus, den Bruder
des Herrn. 20 Was ich euch hier schreibe –
Gott weiß, dass ich nicht lüge. 21 Danach
ging ich in das Gebiet von Syrien und Zili-
zien. 22 Den Gemeinden Christi in Judäa aber
blieb ich persönlich unbekannt, 23 sie hörten
nur: Er, der uns einst verfolgte, verkündigt
jetzt den Glauben, den er früher vernichten
wollte. 24 Und sie lobten Gott um meinet-
willen.

10: 1 Thess 2,4 • 11: 1,1 • 13: Phil 3,5; Apg 8,3; 9,1; 1 Kor 15,9 • 14: Apg 26,4f • 15: Jes 49,1 • 16: Röm 1,5; 1 Kor 15,10; Apg 9,3–5 • 18: Apg 9,26–28; Joh 1,42 • 19: 2,9; Mt 13,55 • 20: Röm 9,1.

1,6–9 Anstelle des sonst üblichen Dankgebets beginnt Paulus diesen Brief mit einer Warnung und Drohung.

1,12 Dies schließt die Bindung an urchristliche Bekenntnistradition nicht aus (vgl. die Anmerkung zu 1,3f).

1,16 Wörtlich: da zog ich nicht Fleisch und Blut zu Rate.

1,17 Zur Bekehrung bei Damaskus vgl. Apg 9,1–22; 22,3–16; 26,4–18. »Arabien« ist Bezeichnung des damaligen Nabatäerreiches, zu dem zeitweise auch Damaskus gehörte, wo Paulus wohl zuerst missioniert hat.

1,18f Neben Petrus, aramäisch Kepha(s), spielte in nachösterlicher Zeit Jakobus, der »Bruder des Herrn«, eine wichtige Rolle in der Jerusalemer Gemeinde (vgl. 2,9), deren Leitung er später übernahm (Apg 12,17). Vgl. die Anmerkung zu Mt 12,46f.

1,21 Nach Apg 9,30 wirkte Paulus zuerst im Umkreis seiner Heimatstadt Tarsus in Zilizien (vgl. Apg 22,3) und wurde dann von Barnabas in das Missionszentrum der »Hellenisten« (vgl. Apg 6,1 – 8,3; 11,19–21), die Großstadt Antiochia am Orontes, geholt (Apg 11,25f).

Das Apostelkonzil in Jerusalem: 2,1–10

2 Vierzehn Jahre später ging ich wieder
nach Jerusalem hinauf, zusammen mit
Barnabas; ich nahm auch Titus mit. 2 Ich
ging hinauf aufgrund einer Offenbarung,
legte der Gemeinde und im besonderen den
»Angesehenen« das Evangelium vor, das ich
unter den Heiden verkündige; ich wollte si-
cher sein, dass ich nicht vergeblich laufe oder
gelaufen bin. 3 Doch nicht einmal mein Be-
gleiter Titus, der Grieche ist, wurde gezwun-
gen, sich beschneiden zu lassen. 4 Denn was
die falschen Brüder betrifft, jene Eindring-
linge, die sich eingeschlichen hatten, um die
Freiheit, die wir in Christus Jesus haben,
argwöhnisch zu beobachten und uns zu Skla-
ven zu machen, 5 so haben wir uns keinen
Augenblick unterworfen; wir haben ihnen
nicht nachgegeben, damit euch die Wahrheit
des Evangeliums erhalten bleibe. 6 Aber
auch von denen, die Ansehen genießen – was
sie früher waren, kümmert mich nicht, Gott
schaut nicht auf die Person –, auch von den
»Angesehenen« wurde mir nichts auferlegt.
7 Im Gegenteil, sie sahen, dass mir das Evan-
gelium für die Unbeschnittenen anvertraut
ist wie dem Petrus für die Beschnittenen –
8 denn Gott, der Petrus die Kraft zum Apos-
teldienst unter den Beschnittenen gegeben
hat, gab sie mir zum Dienst unter den Hei-
den – 9 und sie erkannten die Gnade, die mir
verliehen ist. Deshalb gaben Jakobus, Ke-
phas und Johannes, die als die »Säulen« An-
sehen genießen, mir und Barnabas die Hand
zum Zeichen der Gemeinschaft: Wir sollten
zu den Heiden gehen, sie zu den Beschnitte-
nen. 10 Nur sollten wir an ihre Armen den-
ken; und das zu tun, habe ich mich eifrig be-
müht.

1: Apg 15,2 • 2: Phil 2,16 • 4: 5,1 • 6: Dtn 10,17; Röm 2,11 • 7: 1,15f; Apg 22,21; Röm 1,5 • 10: Apg 11,29f; 1 Kor 16,1–4; 2 Kor 8,9.

DIE GERECHTIGKEIT AUS DEM GLAUBEN: 2,11 – 4,7

Gesetzesgehorsam oder Glaube: 2,11–21

11 Als Kephas aber nach Antiochia gekom-
men war, bin ich ihm offen entgegengetre-
ten, weil er sich ins Unrecht gesetzt hatte.
12 Bevor nämlich Leute aus dem Kreis um
Jakobus eintrafen, pflegte er zusammen mit
den Heiden zu essen. Nach ihrer Ankunft
aber zog er sich von den Heiden zurück und
trennte sich von ihnen, weil er die Beschnit-
tenen fürchtete. 13 Ebenso unaufrichtig wie
er verhielten sich die anderen Juden, sodass
auch Barnabas durch ihre Heuchelei ver-
führt wurde. 14 Als ich aber sah, dass sie von
der Wahrheit des Evangeliums abwichen,
sagte ich zu Kephas in Gegenwart aller:
Wenn du als Jude nach Art der Heiden und
nicht nach Art der Juden lebst, wie kannst du
dann die Heiden zwingen, wie Juden zu le-
ben? 15 Wir sind zwar von Geburt Juden und
nicht Sünder wie die Heiden. 16 Weil wir aber

2,1 Die vierzehn Jahre sind im Anschluss an die drei Jahre vom 1,18 zu berechnen; da in solchen Fällen oft nicht das volle Kalenderjahr gezählt wird, handelt es sich um etwa 15 bis 16 Jahre nach der Bekehrung.

2,2 Nach Apg 15,2 reiste Paulus im Auftrag der Gemeinde von Antiochia nach Jerusalem. Das schließt die in Gal 2,2 genannte persönliche Offenbarung nicht aus. – Die »Angesehenen« sind dieselben Männer wie die in V. 9 erwähnten »Säulen« (des Tempels Gottes; vgl. 1 Kor 3,16), das heißt die Verantwortlichen der Jerusalemer Gemeinde.

2,4f Unter »falschen Brüdern« versteht Paulus Judenchristen, die eine extrem gesetzestreue Haltung einnehmen.

2,6–9 Mit dem Handschlag als Zeichen der Gemeinschaft wird das Apostelamt des Paulus anerkannt; damit bestätigen die judenchristlichen Verantwortlichen der Urgemeinde zugleich das Recht des Paulus, bei den Heiden zu missionieren, ohne sie auf das jüdische Gesetz zu verpflichten.

2,10 Die Kollekte als einmalige Dankesspende der heidenchristlichen Gemeinden spielt bei Paulus eine wichtige Rolle (vgl. Röm 15,25–28; 1 Kor 16,1f; 2 Kor 8 und 9).

2,11–13 Mit dem Apostelkonzil, von dem in 2,1–10 berichtet wird (vgl. Apg 15,1–35), war die Freiheit der Heidenchristen vom jüdischen Gesetz anerkannt; doch waren dadurch die Fragen der Tischgemeinschaft von Juden- und Heidenchristen noch nicht geregelt. Das führte zu Verwicklungen, als Petrus nach Antiochia kam. Die anfänglich freie Haltung des Petrus wurde nicht von allen Judenchristen gebilligt; daraufhin gaben Petrus, Barnabas und andere die Tischgemeinschaft mit den Heidenchristen auf, was von Paulus als »Heuchelei« bezeichnet wird.

2,12–14 »Heide« bezeichnet hier den Heidenchristen, »Jude« den Judenchristen.

erkannt haben, dass der Mensch nicht durch Werke des Gesetzes gerecht wird, sondern durch den Glauben an Jesus Christus, sind auch wir dazu gekommen, an Christus Jesus zu glauben, damit wir gerecht werden durch den Glauben an Christus und nicht durch Werke des Gesetzes; denn durch Werke des Gesetzes *wird niemand gerecht.* 17 Wenn nun auch wir, die wir in Christus gerecht zu werden suchen, als Sünder gelten, ist dann Christus etwa Diener der Sünde? Das ist unmöglich! 18 Wenn ich allerdings das, was ich niedergerissen habe, wieder aufbaue, dann stelle ich mich selbst als Übertreter hin. 19 Ich aber bin durch das Gesetz dem Gesetz gestorben, damit ich für Gott lebe. Ich bin mit Christus gekreuzigt worden; 20 nicht mehr ich lebe, sondern Christus lebt in mir. Soweit ich aber jetzt noch in dieser Welt lebe, lebe ich im Glauben an den Sohn Gottes, der mich geliebt und sich für mich hingegeben hat. 21 Ich missachte die Gnade Gottes in keiner Weise; denn käme die Gerechtigkeit durch das Gesetz, so wäre Christus vergeblich gestorben.

11: Joh 1,42 • 12: Apg 10,15.28; 11,3 • 16: 3,11; Röm 3,20.28; 4,5; 11,6; Ps 143,2 G • 19: Röm 6,10; 7,6; Gal 6,14 • 20: Röm 8,9f; Kol 3,4; Gal 1,4.

Aufruf an die Galater: 3,1–5

3 Ihr unvernünftigen Galater, wer hat euch verblendet? Ist euch Jesus Christus nicht deutlich als der Gekreuzigte vor Augen gestellt worden? 2 Dies eine möchte ich von euch erfahren: Habt ihr den Geist durch die Werke des Gesetzes oder durch die Botschaft des Glaubens empfangen? 3 Seid ihr so unvernünftig? Am Anfang habt ihr auf den Geist vertraut und jetzt erwartet ihr vom Fleisch die Vollendung. 4 Habt ihr denn so Großes vergeblich erfahren? Sollte es wirklich vergeblich gewesen sein? 5 Warum gibt euch denn Gott den Geist und bewirkt Wundertaten unter euch? Weil ihr das Gesetz befolgt oder weil ihr die Botschaft des Glaubens angenommen habt? 1: 5,7 • 2: 2,16.

Abrahams Glaube und die Verheißung des Segens: 3,6–18

6 Von Abraham wird gesagt: *Er glaubte Gott, und das wurde ihm als Gerechtigkeit angerechnet.* 7 Daran erkennt ihr, dass nur die, die glauben, Abrahams Söhne sind. 8 Und da die Schrift vorhersah, dass Gott die Heiden aufgrund des Glaubens gerecht macht, hat sie dem Abraham im Voraus verkündet: *Durch dich sollen alle Völker Segen erlangen.* 9 Also gehören alle, die glauben, zu dem glaubenden Abraham und werden wie er gesegnet. 10 Alle aber, die nach dem Gesetz leben, stehen unter dem Fluch. Denn in der Schrift heißt es: *Verflucht ist jeder, der sich nicht an alles hält, was zu tun das Buch des Gesetzes vorschreibt.* 11 Dass durch das Gesetz niemand vor Gott gerecht wird, ist offenkundig; denn: *Der aus Glauben Gerechte wird leben.* 12 Das Gesetz aber hat nichts mit dem Glauben zu tun, sondern es gilt: *Wer die Gebote erfüllt, wird durch sie leben.* 13 Christus hat uns vom Fluch des Gesetzes freigekauft, indem er für uns zum Fluch geworden ist; denn es steht in der Schrift: *Verflucht ist jeder, der am Pfahl hängt.* 14 Jesus Christus hat uns freigekauft, damit den Heiden durch ihn der Segen Abrahams zuteil wird und wir so aufgrund des Glaubens den verheißenen Geist empfangen.

15 Brüder, ich nehme einen Vergleich aus dem menschlichen Leben: Niemand setzt das rechtsgültig festgelegte Testament eines Menschen außer Kraft oder versieht es mit einem Zusatz. 16 Abraham und seinem Nachkommen wurden die Verheißungen zugesprochen. Es heißt nicht: »und den Nachkommen«, als wären viele gemeint, sondern es wird nur von einem gesprochen: *und deinem Nachkommen;* das aber ist Christus. 17 Damit meine ich: Das Testament, dem Gott einst Gültigkeit verliehen hat, wird durch das vierhundertdreißig Jahre später erlassene Gesetz nicht ungültig, sodass die Verheißung aufgehoben wäre. 18 Würde sich das Erbe nämlich aus dem Gesetz herleiten, dann eben nicht mehr aus der Verheißung. Gott hat aber durch die Verheißung Abraham Gnade erwiesen.

6: Gen 15,6; Röm 4,3 • 7: Röm 4,11f • 8: Gen 12,3; 18,18; Apg 3,25 • 9: Röm 4,16 • 10: Dtn 27,26; Jak 2,10 • 11: 2,16; Hab 2,4; Röm 1,17 • 12: Lev 18,5; Röm 10,5 • 13: Röm 8,3; 2 Kor 5,21; Dtn 21,23 • 14: Jes 44,3; Joël 3,1f • 15: Hebr 9,16 • 16: Gen 22,17 • 17: Ex 12,40 • 18: Röm 4,13; 11,6.

3,3 Zum Gegensatzpaar »Fleisch« und »Geist« vgl. die Anmerkung zu Röm 8,1–11.

3,6–14 Der Apostel verweist wie in Röm 4 auf Abraham, um deutlich zu machen, dass wahre Gerechtigkeit nicht vom Gesetz abhängt, sondern vom Glauben.

3,11 Vgl. Röm 1,17 und die dortige Anmerkung.

3,15–18 Der Abraham verheißene Nachkomme ist Christus; durch ihn werden alle Glaubenden zu Nachkommen Abrahams und Söhnen Gottes (vgl. 3,26.29).

Die heilsgeschichtliche Stellung des Gesetzes: 3,19–25

19 Warum gibt es dann das Gesetz? Wegen
der Übertretungen wurde es hinzugefügt, bis
der Nachkomme käme, dem die Verheißung
gilt. Es wurde durch Engel erlassen und
durch einen Mittler bekannt gegeben. 20 Ei-
nen Mittler gibt es jedoch nicht, wo nur einer
handelt; Gott aber ist »der Eine«. 21 Hebt also
das Gesetz die Verheißungen auf? Keines-
wegs! Wäre ein Gesetz gegeben worden, das
die Kraft hat, lebendig zu machen, dann
käme in der Tat die Gerechtigkeit aus dem
Gesetz; 22 stattdessen hat die Schrift alles
der Sünde unterworfen, damit durch den
Glauben an Jesus Christus die Verheißung
sich an denen erfüllt, die glauben. 23 Ehe der
Glaube kam, waren wir im Gefängnis des
Gesetzes, festgehalten bis zu der Zeit, da der
Glaube offenbart werden sollte. 24 So hat das
Gesetz uns in Zucht gehalten bis zum Kom-
men Christi, damit wir durch den Glauben
gerecht gemacht werden. 25 Nachdem aber
der Glaube gekommen ist, stehen wir nicht
mehr unter dieser Zucht.

19: Röm 5,20; 7,7.13; Hebr 2,2; Apg 7,38.53 • 20: Dtn 6,4 • 21: Röm 8,2–4 • 22: Röm 3,9; 11,32 • 23: 4,3 • 24: Röm 10,4.

Glaube und Gottessohnschaft: 3,26 – 4,7

26 Ihr seid alle durch den Glauben Söhne
Gottes in Christus Jesus. 27 Denn ihr alle, die
ihr auf Christus getauft seid, habt Christus
(als Gewand) angelegt. 28 Es gibt nicht mehr
Juden und Griechen, nicht Sklaven und
Freie, nicht Mann und Frau; denn ihr alle
seid »einer« in Christus Jesus. 29 Wenn ihr
aber zu Christus gehört, dann seid ihr Abra-
hams Nachkommen, Erben kraft der Verhei-
ßung.

4 Ich will damit sagen: Solange der Erbe
unmündig ist, unterscheidet er sich in
keiner Hinsicht von einem Sklaven, obwohl
er Herr ist über alles; 2 er steht unter Vor-
mundschaft, und sein Erbe wird verwaltet
bis zu der Zeit, die sein Vater festgesetzt hat.
3 So waren auch wir, solange wir unmündig
waren, Sklaven der Elementarmächte dieser
Welt. 4 Als aber die Zeit erfüllt war, sandte
Gott seinen Sohn, geboren von einer Frau
und dem Gesetz unterstellt, 5 damit er die
freikaufe, die unter dem Gesetz stehen, und
damit wir die Sohnschaft erlangen. 6 Weil ihr
aber Söhne seid, sandte Gott den Geist sei-
nes Sohnes in unser Herz, den Geist, der ruft:
Abba, Vater. 7 Daher bist du nicht mehr
Sklave, sondern Sohn; bist du aber Sohn,
dann auch Erbe, Erbe durch Gott.

3,26: 4,5.7; Röm 8,17 • 27: Röm 13,14 • 28: Röm 10,12; 1 Kor 12,13; Kol 3,11 • 29: 3,7.14.18; Röm 9,7 • 4,3: 3,23; Kol 2,20 • 4: Mk 1,15 • 5: 3,13 • 6: 3,26; Röm 8,15 • 7: 3,29; Röm 8,16f.

DIE FREIHEIT DES CHRISTEN: 4,8 – 6,10

Warnung vor Rückfall in die alte Knechtschaft: 4,8–20

8 Einst, als ihr Gott noch nicht kanntet,
wart ihr Sklaven der Götter, die in Wirklich-
keit keine sind. 9 Wie aber könnt ihr jetzt, da
ihr Gott erkannt habt, vielmehr von Gott er-
kannt worden seid, wieder zu den schwachen
und armseligen Elementarmächten zurück-
kehren? Warum wollt ihr von neuem ihre
Sklaven werden? 10 Warum achtet ihr so

3,19f Einer zeitgenössischen jüdischen Tradition zufolge wurde das Gesetz durch (viele) Engel erlassen und dem (einen) »Mittler«, Mose, übergeben, der es dem Volk Israel weitergab. Diese Art der Vermittlung weist nach Paulus darauf hin, dass der erste Bund und die erste Offenbarung gegenüber der endgültigen Offenbarung durch Jesus Christus nur untergeordnete, vorläufige Bedeutung haben.

3,21–25 Vom »Gefängnis des Gesetzes« spricht Paulus, weil die Menschen ihre Sünden aufgrund der Vorschriften des Gesetzes erkennen und daher für sie haftbar gemacht werden konnten.

3,26f Wer glaubt und getauft wird, gehört zu Christus und ist in seinen »Leib«, die Gemeinschaft aller Glaubenden, eingegliedert (vgl. 1 Kor 12,13). Das wird hier mit dem Bild des Gewandes ausgedrückt.

3,28f Dass alle in Christus »einer« sind, heißt, dass alle Christen eine Einheit bilden, und auch, dass sie vor Gott gleich sind.

4,3 Die Vorstellung von den »Elementarmächten« geht zurück auf die antike Lehre von den vier Elementen, die alles Irdische bedingen und bestimmen. In späterer Zeit ging man davon aus, dass diese Elemente von göttlichen Wesen beherrscht werden (vgl. VV. 8f).

4,6 Zu »Abba« vgl. die Anmerkung zu Mk 14,36.

ängstlich auf Tage, Monate, bestimmte Zei-
ten und Jahre? 11 Ich fürchte, ich habe mich
vergeblich um euch bemüht.
12 Ich bitte euch, Brüder: Werdet wie ich,
denn auch ich bin geworden wie ihr. Ihr habt
mir nichts zuleide getan. 13 Ihr wisst, dass ich
krank und schwach war, als ich euch zum
ersten Mal das Evangelium verkündigte;
14 ihr aber habt auf meine Schwäche, die für
euch eine Versuchung war, nicht mit Verach-
tung und Abscheu geantwortet, sondern
mich wie einen Engel Gottes aufgenommen,
wie Christus Jesus. 15 Wo ist eure Begeiste-
rung geblieben? Ich kann euch bezeugen:
Wäre es möglich gewesen, ihr hättet euch die
Augen ausgerissen, um sie mir zu geben.
16 Bin ich also euer Feind geworden, weil ich
euch die Wahrheit sage? 17 Jene Leute bemü-
hen sich um euch nicht in guter Absicht; sie
wollen euch abtrünnig machen, damit ihr
euch dann um sie bemüht. 18 Gut wäre es,
wenn ihr euch zu jeder Zeit in guter Absicht
um mich bemühen würdet und nicht nur
dann, wenn ich bei euch bin, 19 bei euch, mei-
nen Kindern, für die ich von neuem Geburts-
wehen erleide, bis Christus in euch Gestalt
annimmt. 20 Ich wollte, ich könnte jetzt bei
euch sein und in anderer Weise mit euch
reden; denn euer Verhalten macht mich rat-
los.

8: 1 Kor 8,4; 12,2 • 9: 1 Thess 4,5; Kol 2,20; Gal 3,29; Röm 8,16f • 17: 1,7; 6,12; Apg 20,30 • 19: 1 Kor 4,15.

Das Zeugnis der Schrift: 4,21–31

21 Ihr, die ihr euch dem Gesetz unterstellen
wollt, habt ihr denn nicht gehört, was im
Gesetz steht? 22 In der Schrift wird gesagt,
dass Abraham zwei Söhne hatte, einen von
der Sklavin, den andern von der Freien.
23 Der Sohn der Sklavin wurde auf natürli-
che Weise gezeugt, der Sohn der Freien auf-
grund der Verheißung. 24 Darin liegt ein tie-
ferer Sinn: Diese Frauen bedeuten die beiden
Testamente. Das eine Testament stammt
vom Berg Sinai und bringt Sklaven zur
Welt; das ist Hagar – 25 denn Hagar ist
Bezeichnung für den Berg Sinai in Ara-
bien – und ihr entspricht das gegenwärtige
Jerusalem, das mit seinen Kindern in der
Knechtschaft lebt. 26 Das himmlische Jeru-
salem aber ist frei, und dieses Jerusalem ist
unsere Mutter. 27 Denn es steht in der
Schrift:

*Freu dich, du Unfruchtbare, die nie gebo-
ren hat, / brich in Jubel aus und jauchze, die
du nie in Wehen lagst! / Denn viele Kinder
hat die Einsame, / mehr als die Vermählte.*

28 Ihr aber, Brüder, seid Kinder der Ver-
heißung wie Isaak. 29 Doch wie damals der
Sohn, der auf natürliche Weise gezeugt war,
den verfolgte, der kraft des Geistes gezeugt
war, so geschieht es auch jetzt. 30 In der
Schrift aber heißt es: *Verstoß die Sklavin
und ihren Sohn! Denn nicht der Sohn der
Sklavin soll Erbe sein, sondern der Sohn der
Freien.* 31 Daraus folgt also, meine Brüder,
dass wir nicht Kinder der Sklavin sind, son-
dern Kinder der Freien.

22: Gen 16,15; 21,2f • 23: Gen 17,16; Röm 4,19f; 9,7–9 • 24: Ex 19,20 • 25: Gen 16,1 • 26: Hebr 12,22; Offb 21,2 • 27: Jes 54,1 • 30: Gen 21,10.

Freiheit oder Knechtschaft: 5,1–12

5 Zur Freiheit hat uns Christus befreit.
Bleibt daher fest und lasst euch nicht
von neuem das Joch der Knechtschaft aufle-
gen! 2 Hört, was ich, Paulus, euch sage: Wenn
ihr euch beschneiden lasst, wird Christus
euch nichts nützen. 3 Ich versichere noch ein-
mal jedem, der sich beschneiden lässt: Er ist
verpflichtet, das ganze Gesetz zu halten.
4 Wenn ihr also durch das Gesetz gerecht
werden wollt, dann habt ihr mit Christus
nichts mehr zu tun; ihr seid aus der Gnade
herausgefallen. 5 Wir aber erwarten die er-
hoffte Gerechtigkeit kraft des Geistes und
aufgrund des Glaubens. 6 Denn in Christus
Jesus kommt es nicht darauf an, beschnitten
oder unbeschnitten zu sein, sondern darauf,
den Glauben zu haben, der in der Liebe wirk-
sam ist. 7 Ihr wart auf dem richtigen Weg.
Wer hat euch gehindert, weiter der Wahrheit

4,12–15 Paulus nimmt auf sein erstes missionarisches Wirken in Galatien Bezug, von dem in Apg 16,6 nichts Näheres berichtet wird. Er erinnert an eine Erkrankung während dieses Aufenthaltes; über die Art der Krankheit lässt sich aus der bildhaften Aussage von V. 15 nichts entnehmen.

4,17–20 Über die Irrlehrer, die die Gemeinden in Galatien verführt haben, erfahren wir nicht viel. Eindeutig ist, dass sie die Heidenchristen zur Einhaltung des jüdischen Gesetzes und zur Beschneidung verpflichten wollten (vgl. 2,1–21 und 5,2–12). In diesem Zusammenhang gehört auch die in V. 10 erwähnte religiöse Verehrung der »Elementarmächte«.

4,21–31 In einer sog. allegorischen Auslegung des Bibeltextes deutet Paulus die Söhne der beiden Frauen Abrahams auf den alten und den neuen Bund.

4,29 Wörtlich: Doch wie damals der Sohn, der nach dem Fleisch gezeugt war, den verfolgte, der nach dem Geist gezeugt war, so geschieht es auch jetzt.

5,2–12 Vgl. die Anmerkung zu 4,17–20.

zu folgen? [8] Was man auch gesagt hat, um euch zu überreden: es kommt nicht von dem, der euch berufen hat. [9] Ein wenig Sauerteig durchsäuert den ganzen Teig. [10] Doch im Glauben an den Herrn bin ich fest davon überzeugt, dass ihr keine andere Lehre annehmen werdet. Wer euch verwirrt, der wird das Urteil Gottes zu tragen haben, wer es auch sei. [11] Man behauptet sogar, dass ich selbst noch die Beschneidung verkündige. Warum, meine Brüder, werde ich dann verfolgt? Damit wäre ja das Ärgernis des Kreuzes beseitigt. [12] Diese Leute, die Unruhe bei euch stiften, sollen sich doch gleich entmannen lassen.

1: 2,4; 4,5.9; Joh 8,32.36 • 2: 2,21 • 3: 3,10; Röm 2,25; Jak 2,10 • 5: Röm 8,23.25 • 6: 3,28; 6,15; 1 Kor 7,19 • 8: 1,6 • 9: 1 Kor 5,6 • 10: 1,7 • 11: 6,12.14; 1 Kor 1,23.

Die Liebe als Frucht des Geistes: 5,13–26

[13] Ihr seid zur Freiheit berufen, Brüder. Nur nehmt die Freiheit nicht zum Vorwand für das Fleisch, sondern dient einander in Liebe! [14] Denn das ganze Gesetz ist in dem einen Wort zusammengefasst: *Du sollst deinen Nächsten lieben wie dich selbst!* [15] Wenn ihr einander beißt und verschlingt, dann gebt Acht, dass ihr euch nicht gegenseitig umbringt. [16] Darum sage ich: Lasst euch vom Geist leiten, dann werdet ihr das Begehren des Fleisches nicht erfüllen. [17] Denn das Begehren des Fleisches richtet sich gegen den Geist, das Begehren des Geistes aber gegen das Fleisch; beide stehen sich als Feinde gegenüber, sodass ihr nicht imstande seid, das zu tun, was ihr wollt. [18] Wenn ihr euch aber vom Geist führen lasst, dann steht ihr nicht unter dem Gesetz.

[19] Die Werke des Fleisches sind deutlich erkennbar: Unzucht, Unsittlichkeit, ausschweifendes Leben, [20] Götzendienst, Zauberei, Feindschaften, Streit, Eifersucht, Jähzorn, Eigennutz, Spaltungen, Parteiungen, [21] Neid und Missgunst, Trink- und Essgelage und Ähnliches mehr. Ich wiederhole, was ich euch schon früher gesagt habe: Wer so etwas tut, wird das Reich Gottes nicht erben. [22] Die Frucht des Geistes aber ist Liebe, Freude, Friede, Langmut, Freundlichkeit, Güte, Treue, [23] Sanftmut und Selbstbeherrschung; dem allem widerspricht das Gesetz nicht. [24] Alle, die zu Christus Jesus gehören, haben das Fleisch und damit ihre Leidenschaften und Begierden gekreuzigt. [25] Wenn wir aus dem Geist leben, dann wollen wir dem Geist auch folgen. [26] Wir wollen nicht prahlen, nicht miteinander streiten und einander nichts nachtragen.

13: 1 Kor 8,9; 1 Petr 2,16 • 14: Röm 13,9; Lev 19,18; Mt 22,39f • 16: 5,25; Röm 8,5 • 17: Röm 7,15.23; 8,6 • 18: Röm 6,14; 8,14 • 19: 2 Kor 12,10; 1 Kor 1,10f • 20: 1 Kor 6,9f; Kol 3,5f; Offb 22,15 • 22: Eph 5,9; 2 Kor 6,6 • 23: 2 Petr 1,6; 1 Tim 1,9 • 24: 2,19; Röm 6,6; 8,9 • 25: 5,16; Röm 8,4f • 26: Phil 2,3.

Das Gesetz Christi: 6,1–10

6 Wenn einer sich zu einer Verfehlung hinreißen lässt, meine Brüder, so sollt ihr, die ihr vom Geist erfüllt seid, ihn im Geist der Sanftmut wieder auf den rechten Weg bringen. Doch gib Acht, dass du nicht selbst in Versuchung gerätst. [2] Einer trage des anderen Last; so werdet ihr das Gesetz Christi erfüllen. [3] Wer sich einbildet, etwas zu sein, obwohl er nichts ist, der betrügt sich. [4] Jeder prüfe sein eigenes Tun. Dann wird er sich nur im Blick auf sich selbst rühmen können, nicht aber im Vergleich mit anderen. [5] Denn jeder wird seine eigene Bürde zu tragen haben.

[6] Wer im Evangelium unterrichtet wird, lasse seinen Lehrer an allem teilhaben, was er besitzt. [7] Täuscht euch nicht: Gott lässt keinen Spott mit sich treiben; was der Mensch sät, wird er ernten. [8] Wer im Vertrauen auf das Fleisch sät, wird vom Fleisch Verderben ernten; wer aber im Vertrauen auf den Geist sät, wird vom Geist ewiges Leben ernten. [9] Lasst uns nicht müde werden, das Gute zu tun; denn wenn wir darin nicht nachlassen, werden wir ernten, sobald die Zeit dafür gekommen ist. [10] Deshalb wollen wir, solange wir noch Zeit haben, allen Menschen Gutes tun, besonders aber denen, die mit uns im Glauben verbunden sind.

1: Mt 18,15; Jak 5,19; 1 Kor 10,12 • 2: Kol 3,13; Röm 8,2; 1 Kor 9,21 • 3f: 1 Kor 8,2; 2 Kor 12,11 • 5: Röm 14,12 • 6: 1 Kor 9,11.14 • 8: Röm 8,6.13 • 9: 2 Thess 3,13; Hebr 12,1.3.

5,11 Nach Apg 16,1–3 hat Paulus Timotheus nur deswegen beschneiden lassen, weil dieser der Sohn einer jüdischen Mutter, also Judenchrist war. Für die Heidenchristen lehnte er die Beschneidung und die Verpflichtung auf das Gesetz ab.

5,15 In den galatischen Gemeinden hat es offensichtlich infolge des Wirkens der Irrlehrer harte Auseinandersetzungen gegeben.

5,19–21.22–26 Paulus bringt hier einen sog. »Laster-« und einen »Tugendkatalog«, vgl. z. B. Röm 1,29–31; 1 Kor 6,9f.

6,2 Das »Gesetz Christi« ist das von Christus her verstandene Gesetz, das erfüllt wird im »Glauben, der in der Liebe wirksam ist« (5,6b; vgl. 5,14).

6,6 Vgl. den Grundsatz Röm 15,27b.

SCHLUSSWORT UND SEGENSWUNSCH: 6,11–18

11 Seht, ich schreibe euch jetzt mit eigener
Hand; das ist meine Schrift. 12 Jene Leute,
die in der Welt nach Anerkennung streben,
nötigen euch nur deshalb zur Beschneidung,
damit sie wegen des Kreuzes Christi nicht
verfolgt werden. 13 Denn obwohl sie be-
schnitten sind, halten sie nicht einmal selber
das Gesetz; dennoch dringen sie auf eure Be-
schneidung, um sich dessen zu rühmen, was
an eurem Fleisch geschehen soll. 14 Ich aber
will mich allein des Kreuzes Jesu Christi, un-
seres Herrn, rühmen, durch das mir die Welt
gekreuzigt ist und ich der Welt. 15 Denn es
kommt nicht darauf an, ob einer beschnitten
oder unbeschnitten ist, sondern darauf, dass
er neue Schöpfung ist. 16 Friede und Erbar-
men komme über alle, die sich von diesem
Grundsatz leiten lassen, und über das Israel
Gottes.

17 In Zukunft soll mir niemand mehr sol-
che Schwierigkeiten bereiten. Denn ich trage
die Zeichen Jesu an meinem Leib.

18 Die Gnade Jesu Christi, unseres Herrn,
sei mit eurem Geist, meine Brüder. Amen.

11: 1 Kor 16,21 • 12: 5,2.11 • 14: 2,19; 1 Kor 2,2 • 15: 5,6; 1 Kor 7,19; 2 Kor 5,17 • 16: Ps 125,4f • 17: 2 Kor 4,10 • 18: Phil 4,23; 2 Tim 4,22; Phlm 25.

Der Brief an die Epheser

Beim Epheserbrief handelt es sich wohl um einen Rundbrief, da die Erwähnung von »Ephesus« (1,1) in zahlreichen Handschriften fehlt. Die Empfänger sind sehr wahrscheinlich die Christen Kleinasiens oder eines noch größeren Gebiets. Als Abfassungsort kommt Ephesus in Frage.

Das Schreiben ist zwar wie ein Brief gestaltet, stellt aber nach Stil und Inhalt eher eine feierliche Predigt dar. Lob Gottes (1,3) und Fürbitte (1,16; 3,1.14) kennzeichnen den ersten Teil, der mit einem liturgischen Lobpreis abschließt (3,21). Manche Forscher nehmen daher an, dass dieses Schreiben von einem Paulusschüler verfasst wurde, der im Namen des Apostels schrieb.

Ein bestimmter Anlass für die Entstehung des Schreibens ist nicht erkennbar. Das zentrale Thema des Briefs ist die Kirche, und zwar die weltweite Kirche, deren Haupt Christus ist. Inhaltlich wird dieses Thema in den Kapiteln 1 – 3 entfaltet. Gott hat die Kirche durch Christus schon vor der Erschaffung der Welt erwählt und als sein Volk zusammengerufen (Kap. 1). Durch die Taufe sind die Gläubigen der Macht der Finsternis entrissen und mit Christus verbunden worden (2,1–10). In der Kirche ist ein neues Menschengeschlecht entstanden, in dem die alte Feindschaft zwischen Juden und Heiden überwunden wurde, weil Christus Frieden

6,12–16 Das Judentum war im römischen Reich als Minderheitenreligion anerkannt; eine als jüdisch gekennzeichnete christliche Gemeinde wäre also vor staatlichen Eingriffen geschützt gewesen. Demgegenüber betont der Apostel die Kreuzesnachfolge.

6,13 Das, was nach Wunsch der Irrlehrer am Fleisch geschehen soll, ist, wie aus dem Zusammenhang hervorgeht, der Vollzug der Beschneidung.

6,17 Die »Zeichen Jesu«, die Paulus an seinem Leib trägt, sind Narben von Misshandlungen, die er im Dienst des Evangeliums erlitten hat (vgl. 2 Kor 11,22–31). Er versteht sie als Teilhabe am Tod Jesu (vgl. Röm 6,3; 2 Kor 4,10).

gestiftet hat (2,11–22). Werkzeug Gottes für den Bau der Völkerkirche war der Apostel Paulus (Kap. 3). Im zweiten Teil werden sittliche Folgerungen gezogen. Vor allem gilt es, die Einheit zu wahren und alle Dienste in der Kirche zu aktivieren (4,1–16). Als Getaufte haben die Christen den alten, der Sünde verfallenen Menschen zu überwinden und ein neues Leben zu verwirklichen, das durch Christus erleuchtet ist (4,17 – 5,20). Das neue Leben hat sich vor allem in Ehe und Familie auszuwirken (5,21 – 6,9). Das Bild vom Streiter Christi schließt die Mahnung ab (6,10–20).

Der Epheserbrief enthält die bedeutendsten theologischen Aussagen im Neuen Testament über die Kirche.

ANSCHRIFT UND GRUSS: 1,1–2

1 Paulus, durch den Willen Gottes Apostel
Christi Jesu, an die Heiligen in Ephesus,
die an Christus Jesus glauben. 2 Gnade sei
mit euch und Friede von Gott, unserem Vater, und dem Herrn Jesus Christus.

1: Kol 1,1f.

GOTTES HEILSPLAN: 1,3 – 2,22

Loblied auf den Heilsplan Gottes: 1,3–14

3 Gepriesen sei der Gott und Vater unseres Herrn Jesus Christus: / Er hat uns mit allem Segen seines Geistes gesegnet / durch unsere Gemeinschaft mit Christus im Himmel.

4 Denn in ihm hat er uns erwählt vor der Erschaffung der Welt, / damit wir heilig und untadelig leben vor Gott;

5 er hat uns aus Liebe im Voraus dazu bestimmt, / seine Söhne zu werden durch Jesus Christus / und nach seinem gnädigen Willen zu ihm zu gelangen,

6 zum Lob seiner herrlichen Gnade. / Er hat sie uns geschenkt in seinem geliebten Sohn;

7 durch sein Blut haben wir die Erlösung, / die Vergebung der Sünden nach dem Reichtum seiner Gnade.

8 Durch sie hat er uns mit aller Weisheit und Einsicht reich beschenkt

9 und hat uns das Geheimnis seines Willens kundgetan, / wie er es gnädig im Voraus bestimmt hat:

10 Er hat beschlossen, die Fülle der Zeiten heraufzuführen, / in Christus alles zu vereinen, alles, was im Himmel und auf Erden ist.

11 Durch ihn sind wir auch als Erben vorherbestimmt und eingesetzt / nach dem Plan dessen, der alles so verwirklicht, / wie er es in seinem Willen beschließt;

12 wir sind zum Lob seiner Herrlichkeit bestimmt, / die wir schon früher auf Christus gehofft haben.

13 Durch ihn habt auch ihr das Wort der Wahrheit gehört, das Evangelium von eurer Rettung; / durch ihn habt ihr das Siegel des verheißenen Heiligen Geistes empfangen, als ihr den Glauben annahmt.

14 Der Geist ist der erste Anteil des Erbes, / das wir erhalten sollen, / der Erlösung, durch die wir Gottes Eigentum werden, / zum Lob seiner Herrlichkeit.

3: 2 Kor 1,3 • 7: Kol 1,14 • 10: Kol 1,20 • 14: 2 Kor 1,22.

Gebet um Erkenntnis der Hoheit Christi: 1,15–23

15/16 Darum höre ich nicht auf, für euch zu danken, wenn ich in meinen Gebeten an euch denke; denn ich habe von eurem Glau-

1,1 in Ephesus: fehlt bei zahlreichen Textzeugen; vgl. die Einleitung.

1,3 Die Gemeinschaft mit Christus (vgl. 1,13f) wurde durch die Taufe begründet.

1,9f Der Verfasser spricht von einem »Geheimnis«, weil der Heilsplan, der durch Christus verwirklicht wurde, vorher nicht bekannt war; auch jetzt kennen ihn nur die Glaubenden (vgl. die Anmerkung zu 3,3–6).

1,12 Mit denen, die »schon früher auf Christus gehofft haben«, sind wohl die Judenchristen gemeint.

ben an Jesus, den Herrn, und von eurer Liebe zu allen Heiligen gehört. 17 Der Gott Jesu Christi, unseres Herrn, der Vater der Herrlichkeit, gebe euch den Geist der Weisheit und Offenbarung, damit ihr ihn erkennt. 18 Er erleuchte die Augen eures Herzens, damit ihr versteht, zu welcher Hoffnung ihr durch ihn berufen seid, welchen Reichtum die Herrlichkeit seines Erbes den Heiligen schenkt 19 und wie überragend groß seine Macht sich an uns, den Gläubigen, erweist durch das Wirken seiner Kraft und Stärke. 20 Er hat sie an Christus erwiesen, den er von den Toten auferweckt und im Himmel auf den Platz *zu seiner Rechten* erhoben hat, 21 hoch über alle Fürsten und Gewalten, Mächte und Herrschaften und über jeden Namen, der nicht nur in dieser Welt, sondern auch in der zukünftigen genannt wird. 22 *Alles hat er ihm zu Füßen gelegt* und ihn, der als Haupt alles überragt, über die Kirche gesetzt. 23 Sie ist sein Leib und wird von ihm erfüllt, der das All ganz und gar beherrscht.

15/16: Kol 1,3f.9 • 20: Ps 110,1 • 21: Kol 1,16 • 22: Ps 8,7; Hebr 8,6; Kol 1,18.

Vom Tod zum Leben: 2,1–10

2 Ihr wart tot infolge eurer Verfehlungen und Sünden. 2 Ihr wart einst darin gefangen, wie es der Art dieser Welt entspricht, unter der Herrschaft jenes Geistes, der im Bereich der Lüfte regiert und jetzt noch in den Ungehorsamen wirksam ist. 3 Zu ihnen gehörten auch wir alle einmal, als wir noch von den Begierden unseres Fleisches beherrscht wurden. Wir folgten dem, was das Fleisch und der böse Sinn uns eingaben, und waren von Natur aus Kinder des Zorns wie die anderen. 4/5 Gott aber, der voll Erbarmen ist, hat uns, die wir infolge unserer Sünden tot waren, in seiner großen Liebe, mit der er uns geliebt hat, zusammen mit Christus wieder lebendig gemacht. Aus Gnade seid ihr gerettet. 6 Er hat uns mit Christus Jesus auferweckt und uns zusammen mit ihm einen Platz im Himmel gegeben. 7 Dadurch, dass er in Christus Jesus gütig an uns handelte, wollte er den kommenden Zeiten den überfließenden Reichtum seiner Gnade zeigen. 8 Denn aus Gnade seid ihr durch den Glauben gerettet, nicht aus eigener Kraft – Gott hat es geschenkt –, 9 nicht aufgrund eurer Werke, damit keiner sich rühmen kann. 10 Seine Geschöpfe sind wir, in Christus Jesus dazu geschaffen, in unserem Leben die guten Werke zu tun, die Gott für uns im Voraus bereitet hat.

1: Kol 2,13 • 6: Kol 3,1 • 9: 1 Kor 1,29.

Die Einheit von Juden und Heiden in Christus: 2,11–22

11 Erinnert euch also, dass ihr einst Heiden wart und von denen, die äußerlich beschnitten sind, Unbeschnittene genannt wurdet. 12 Damals wart ihr von Christus getrennt, der Gemeinde Israels fremd und von dem Bund der Verheißung ausgeschlossen; ihr hattet keine Hoffnung und lebtet ohne Gott in der Welt. 13 Jetzt aber seid ihr, die ihr einst in der Ferne wart, durch Christus Jesus, nämlich durch sein Blut, in die Nähe gekommen. 14 Denn er ist unser Friede. Er vereinigte die beiden Teile (Juden und Heiden) und riss durch sein Sterben die trennende Wand der Feindschaft nieder. 15 Er hob das Gesetz samt seinen Geboten und Forderungen auf, um die zwei in seiner Person zu dem einen neuen Menschen zu machen. Er stiftete Frieden 16 und versöhnte die beiden durch das Kreuz mit Gott in einem einzigen Leib. Er hat in seiner Person die Feindschaft getötet. 17 Er kam und verkündete den *Frieden:* euch, *den Fernen, und* uns, *den Nahen.* 18 Durch ihn haben wir beide in dem einen Geist Zugang zum Vater. 19 Ihr seid also jetzt nicht mehr Fremde ohne Bürgerrecht, sondern Mitbürger der Heiligen und Hausgenossen Gottes. 20 Ihr seid auf das Fundament der Apostel und Propheten gebaut; der Schlussstein ist Christus Jesus selbst. 21 Durch ihn wird der ganze Bau zusammengehalten und wächst zu einem heiligen Tempel im Herrn. 22 Durch ihn werdet auch ihr im Geist zu einer Wohnung Gottes erbaut.

13: 2,17 • 14: Kol 1,20.22 • 17: Jes 57,19; Lk 2,14 • 21: 1 Petr 2,5.

1,23 Wörtlich: Sie ist sein Leib, die Fülle dessen, der alles in allem erfüllt.

2,6 die durch die Taufe gewonnene Verbindung mit Christus, dem erhöhten Herrn, wird so geschildert, als ob sie bereits vollendete Wirklichkeit wäre.

2,12 von dem Bund, wörtlich: von den Bündnissen. – Gemeint sind die Bundesschlüsse Gottes mit Abraham, Mose usw.; vgl. Röm 9,4.

2,14 Er vereinigte die beiden Teile, wörtlich: Er machte die beiden zu einem.

2,15f »Die zwei« und »die beiden« bezeichnen die Juden und die Heiden. Die Spaltung der Menschheit in verschiedene Gruppen wurde innerhalb der Kirche aufgehoben.

2,20 Schlussstein, andere Übersetzungsmöglichkeit: Eckstein. Das Bild von den Aposteln und (urchristlichen) Propheten als dem Fundament weist auf den apostolischen Ursprung und Charakter der Kirche hin.

DER APOSTEL UND DIE GEMEINDE: 3,1–21

Paulus, Apostel für die Heiden: 3,1–13

3 Deshalb (bete) ich, Paulus, für euch, die Heiden. Euch kommt es zugute, dass ich der Gefangene Christi Jesu bin. 2 Ihr habt doch gehört, welches Amt die Gnade Gottes mir für euch verliehen hat. 3 Durch eine Offenbarung wurde mir das Geheimnis mitgeteilt, das ich soeben kurz beschrieben habe.

4 Wenn ihr das lest, könnt ihr sehen, welche Einsicht in das Geheimnis Christi mir gegeben ist. 5 Den Menschen früherer Generationen war es nicht bekannt; jetzt aber ist es seinen heiligen Aposteln und Propheten durch den Geist offenbart worden: 6 dass nämlich die Heiden Miterben sind, zu demselben Leib gehören und an derselben Verheißung in Christus Jesus teilhaben durch das Evangelium. 7 Ihm diene ich dank der Gnade, die mir durch Gottes mächtiges Wirken geschenkt wurde. 8 Mir, dem Geringsten unter allen Heiligen, wurde diese Gnade geschenkt: Ich soll den Heiden als Evangelium den unergründlichen Reichtum Christi verkündigen 9 und enthüllen, wie jenes Geheimnis Wirklichkeit geworden ist, das von Ewigkeit her in Gott, dem Schöpfer des Alls, verborgen war. 10 So sollen jetzt die Fürsten und Gewalten des himmlischen Bereichs durch die Kirche Kenntnis erhalten von der vielfältigen Weisheit Gottes, 11 nach seinem ewigen Plan, den er durch Christus Jesus, unseren Herrn, ausgeführt hat. 12 In ihm haben wir den freien Zugang durch das Vertrauen, das der Glaube an ihn schenkt. 13 Deshalb bitte ich euch, nicht wegen der Leiden zu verzagen, die ich für euch ertrage, denn sie sind euer Ruhm.

1: 4,1; Phil 1,7; Kol 4,18; Phlm 1,9 • 3: 1,9f • 7: Kol 1,25 • 8: 1 Kor 15,9; Gal 1,16.

Fürbitte für die Kirche: 3,14–21

14 Daher beuge ich meine Knie vor dem Vater, 15 nach dessen Namen jedes Geschlecht im Himmel und auf der Erde benannt wird, 16 und bitte, er möge euch aufgrund des Reichtums seiner Herrlichkeit schenken, dass ihr in eurem Innern durch seinen Geist an Kraft und Stärke zunehmt. 17 Durch den Glauben wohne Christus in eurem Herzen. In der Liebe verwurzelt und auf sie gegründet, 18 sollt ihr zusammen mit allen Heiligen dazu fähig sein, die Länge und Breite, die Höhe und Tiefe zu ermessen 19 und die Liebe Christi zu verstehen, die alle Erkenntnis übersteigt. So werdet ihr mehr und mehr von der ganzen Fülle Gottes erfüllt. 20 Er aber, der durch die Macht, die in uns wirkt, unendlich viel mehr tun kann, als wir erbitten oder uns ausdenken können, 21 er werde verherrlicht durch die Kirche und durch Christus Jesus in allen Generationen, für ewige Zeiten. Amen.

20f: Röm 16,25–27.

VERSCHIEDENE MAHNUNGEN: 4,1 – 6,20

Aufruf zur Einheit: 4,1–6

4 Ich, der ich um des Herrn willen im Gefängnis bin, ermahne euch, ein Leben zu führen, das des Rufes würdig ist, der an euch erging. 2 Seid demütig, friedfertig und geduldig, ertragt einander in Liebe 3 und bemüht euch, die Einheit des Geistes zu wahren durch den Frieden, der euch zusammenhält. 4 E i n Leib und e i n Geist, wie euch durch eure Berufung auch e i n e gemeinsame Hoffnung gegeben ist; 5 e i n Herr, e i n Glaube, e i n e Taufe, 6 e i n Gott und Vater aller, der über allem und durch alles und in allem ist.

2: Kol 3,12 • 4: Röm 12,5; 1 Kor 12,12f.

Die Gnadengaben zum Aufbau der Kirche: 4,7–16

7 Aber jeder von uns empfing die Gnade in dem Maß, wie Christus sie ihm geschenkt

3,3–6 Das jetzt offenbar gewordene »Geheimnis« ist der Beschluss Gottes, alle Völker, und nicht nur Israel, zu retten.

3,10 Anspielung auf überirdische Mächte (vgl. 1,21).

3,15 jedes Geschlecht, wörtlich: jede Vaterschaft. Im Griechischen ein Wortspiel, das im Deutschen nicht wiederzugeben ist.

hat. 8 Deshalb heißt es: *Er stieg hinauf zur*
Höhe und erbeutete Gefangene, er gab den
Menschen Geschenke. 9 Wenn er aber *hinauf-*
stieg, was bedeutet dies anderes, als dass er
auch zur Erde herabstieg? 10 Derselbe, der
herabstieg, ist auch hinaufgestiegen bis zum
höchsten Himmel, um das All zu beherr-
schen. 11 Und er gab den einen das Apostel-
amt, andere setzte er als Propheten ein, an-
dere als Evangelisten, andere als Hirten und
Lehrer, 12 um die Heiligen für die Erfüllung
ihres Dienstes zu rüsten, für den Aufbau des
Leibes Christi. 13 So sollen wir alle zur Ein-
heit im Glauben und in der Erkenntnis des
Sohnes Gottes gelangen, damit wir zum voll-
kommenen Menschen werden und Christus
in seiner vollendeten Gestalt darstellen.
14 Wir sollen nicht mehr unmündige Kinder
sein, ein Spiel der Wellen, hin und her getrie-
ben von jedem Widerstreit der Meinungen,
dem Betrug der Menschen ausgeliefert, der
Verschlagenheit, die in die Irre führt. 15 Wir
wollen uns, von der Liebe geleitet, an die
Wahrheit halten und in allem wachsen, bis
wir ihn erreicht haben. Er, Christus, ist das
Haupt. 16 Durch ihn wird der ganze Leib zu-
sammengefügt und gefestigt in jedem einzel-
nen Gelenk. Jedes trägt mit der Kraft, die
ihm zugemessen ist. So wächst der Leib und
wird in Liebe aufgebaut.

8: Ps 68,19 • 11: 1 Kor 12,28 • 13: Kol 1,28 • 14: Jak 1,6 • 15: 1 Kor 11,3; Kol 2,19.

Der alte und der neue Mensch: 4,17–24

17 Ich sage es euch und beschwöre euch im
Herrn: Lebt nicht mehr wie die Heiden in ih-
rem nichtigen Denken! 18 Ihr Sinn ist ver-
finstert. Sie sind dem Leben, das Gott
schenkt, entfremdet durch die Unwissenheit,
in der sie befangen sind, und durch die Ver-
härtung ihres Herzens. 19 Haltlos wie sie
sind, geben sie sich der Ausschweifung hin,
um voll Gier jede Art von Gemeinheit zu be-
gehen. 20 Das aber entspricht nicht dem, was
ihr von Christus gelernt habt. 21 Ihr habt
doch von ihm gehört und seid unterrichtet
worden in der Wahrheit, die Jesus ist. 22 Legt
den alten Menschen ab, der in Verblendung
und Begierde zugrunde geht, ändert euer
früheres Leben 23 und erneuert euren Geist
und Sinn! 24 Zieht den neuen Menschen an,
der *nach dem Bild Gottes* geschaffen ist in
wahrer Gerechtigkeit und Heiligkeit.

22: Kol 3,9 • 24: Gen 1,26; Kol 3,10.

Die Pflichten gegen den Nächsten:
4,25 – 5,2

25 Legt deshalb die Lüge ab und *redet un-*
tereinander die Wahrheit; denn wir sind als
Glieder miteinander verbunden. 26 *Lasst*
euch durch den Zorn nicht zur Sünde hinrei-
ßen! Die Sonne soll über eurem Zorn nicht
untergehen. 27 Gebt dem Teufel keinen
Raum! 28 Der Dieb soll nicht mehr stehlen,
sondern arbeiten und sich mit seinen Hän-
den etwas verdienen, damit er den Notlei-
denden davon geben kann. 29 Über eure Lip-
pen komme kein böses Wort, sondern nur ein
gutes, das den, der es braucht, stärkt und
dem, der es hört, Nutzen bringt. 30 Beleidigt
nicht den Heiligen Geist Gottes, dessen Sie-
gel ihr tragt für den Tag der Erlösung. 31 Jede
Art von Bitterkeit, Wut, Zorn, Geschrei und
Lästerung und alles Böse verbannt aus eurer
Mitte! 32 Seid gütig zueinander, seid barm-
herzig, vergebt einander, weil auch Gott
euch durch Christus vergeben hat.

5 Ahmt Gott nach als seine geliebten Kin-
der 2 und liebt einander, weil auch
Christus uns geliebt und sich für uns hinge-
geben hat als Gabe und als Opfer, das Gott
gefällt.

4,25: Sach 8,16 • 26: Ps 4,5 G • 31: Kol 3,8.

Aus der Finsternis zum Licht: 5,3–20

3 Von Unzucht aber und Schamlosigkeit je-
der Art oder von Habgier soll bei euch, wie es

4,8f Christus, der Gottessohn, der vom Himmel herabstieg, überwand und entmachtete bei seiner Himmelfahrt die bedrohlichen überirdischen Mächte, die den Zugang zu Gott versperrten. – »Gefangene«: die von Christus überwundenen Mächte.

4,11 Mit »Evangelisten« sind Missionare, mit »Hirten« Gemeindeleiter gemeint.

4,12 Jeder »Heilige«, das heißt jeder Christ, hat seine Aufgabe in der Kirche.

4,13 Die »vollendete Gestalt« Christi wird erst in der durch die Einheit der Glaubenden vollendeten Kirche sichtbar.

4,15f Das hier verwendete Bild vom Leib setzt die Vorstellungen der antiken Medizin voraus. Danach wurde der Leib vom Haupt her versorgt, und die Gelenke besorgten die Verbindung zwischen dem Haupt und den Gliedern. Mit den »Gelenken« sind wohl die in V. 11 genannten Ämter gemeint.

4,21 In der geschichtlichen Person Jesu ist die Wahrheit Gottes erschienen.

4,24 Die in der Schöpfung begründete Würde des Menschen als des Abbildes Gottes wird durch die Taufe wiederhergestellt und vollendet. Zu »Zieht ... an« vgl. die Anmerkung zu Gal 3,26f.

5,2 Wörtlich: als Gabe und Opfer für Gott zum wohlriechenden Duft.

sich für Heilige gehört, nicht einmal die Rede sein. 4 Auch Sittenlosigkeit und albernes oder zweideutiges Geschwätz schickt sich nicht für euch, sondern Dankbarkeit. 5 Denn das sollt ihr wissen: Kein unzüchtiger, schamloser oder habgieriger Mensch – das heißt kein Götzendiener – erhält ein Erbteil im Reich Christi und Gottes. 6 Niemand täusche euch mit leeren Worten: All das zieht auf die Ungehorsamen den Zorn Gottes herab. 7 Habt darum nichts mit ihnen gemein! 8 Denn einst wart ihr Finsternis, jetzt aber seid ihr durch den Herrn Licht geworden. Lebt als Kinder des Lichts! 9 Das Licht bringt lauter Güte, Gerechtigkeit und Wahrheit hervor. 10 Prüft, was dem Herrn gefällt, 11 und habt nichts gemein mit den Werken der Finsternis, die keine Frucht bringen, sondern deckt sie auf! 12 Denn man muss sich schämen, von dem, was sie heimlich tun, auch nur zu reden. 13 Alles, was aufgedeckt ist, wird vom Licht erleuchtet. 14 Alles Erleuchtete aber ist Licht. Deshalb heißt es:

Wach auf, du Schläfer, / und steh auf von den Toten / und Christus wird dein Licht sein.

15 Achtet also sorgfältig darauf, wie ihr euer Leben führt, nicht töricht, sondern klug. 16 Nutzt die Zeit; denn diese Tage sind böse. 17 Darum seid nicht unverständig, sondern begreift, was der Wille des Herrn ist. 18 Berauscht euch nicht mit Wein – das macht zügellos –, sondern lasst euch vom Geist erfüllen! 19 Lasst in eurer Mitte Psalmen, Hymnen und Lieder erklingen, wie der Geist sie eingibt. Singt und jubelt aus vollem Herzen zum Lob des Herrn! 20 Sagt Gott, dem Vater, jederzeit Dank für alles im Namen Jesu Christi, unseres Herrn!

3: Mt 15,19 • 5: 1 Kor 6,9f • 9: Gal 5,22 • 14: Jes 60,1–3 • 18: Spr 23,31 G • 19: Ps 33,2f; Kol 3,16.

Über die christliche Familienordnung:
5,21 – 6,9

21 Einer ordne sich dem andern unter in der gemeinsamen Ehrfurcht vor Christus. 22 Ihr Frauen, ordnet euch euren Männern unter wie dem Herrn (Christus); 23 denn der Mann ist das Haupt der Frau, wie auch Christus das Haupt der Kirche ist; er hat sie gerettet, denn sie ist sein Leib. 24 Wie aber die Kirche sich Christus unterordnet, sollen sich die Frauen in allem den Männern unterordnen. 25 Ihr Männer, liebt eure Frauen, wie Christus die Kirche geliebt und sich für sie hingegeben hat, 26 um sie im Wasser und durch das Wort rein und heilig zu machen. 27 So will er die Kirche herrlich vor sich erscheinen lassen, ohne Flecken, Falten oder andere Fehler; heilig soll sie sein und makellos. 28 Darum sind die Männer verpflichtet, ihre Frauen so zu lieben wie ihren eigenen Leib. Wer seine Frau liebt, liebt sich selbst. 29 Keiner hat je seinen eigenen Leib gehasst, sondern er nährt und pflegt ihn, wie auch Christus die Kirche. 30 Denn wir sind Glieder seines Leibes. 31 *Darum wird der Mann Vater und Mutter verlassen und sich an seine Frau binden und die zwei werden ein Fleisch sein.* 32 Dies ist ein tiefes Geheimnis; ich beziehe es auf Christus und die Kirche. 33 Was euch angeht, so liebe jeder von euch seine Frau wie sich selbst, die Frau aber ehre den Mann.

6 Ihr Kinder, gehorcht euren Eltern, wie es vor dem Herrn recht ist. 2 *Ehre deinen Vater und deine Mutter:* Das ist ein Hauptgebot und ihm folgt die Verheißung: 3 *damit es dir gut geht und du lange lebst auf der Erde.* 4 Ihr Väter, reizt eure Kinder nicht zum Zorn, sondern erzieht sie in der Zucht und Weisung des Herrn! 5 Ihr Sklaven, gehorcht euren irdischen Herren mit Furcht und Zittern und mit aufrichtigem Herzen, als wäre es Christus. 6 Arbeitet nicht nur, um euch bei den Menschen einzuschmeicheln und ihnen zu gefallen, sondern erfüllt als Sklaven Christi von Herzen den Willen Gottes! 7 Dient freudig, als dientet ihr dem Herrn und nicht den Menschen. 8 Denn ihr wisst, dass jeder, der etwas Gutes tut, es vom Herrn zurückerhalten wird, ob er ein Sklave ist oder ein freier Mann. 9 Ihr Herren, handelt in gleicher Weise gegen eure Sklaven! Droht ihnen nicht! Denn ihr wisst, dass ihr im Himmel einen gemeinsamen Herrn habt. Bei ihm gibt es kein Ansehen der Person.

5,21 – 6,9: Kol 3,18 – 4,1 • 23: 1 Kor 11,3 • 25: 1 Tim 2,6 • 30: Röm 12,5 • 31: Gen 2,24 • 6,2: Ex 20,12 • 3: Dtn 5,16 • 5: 1 Tim 6,1f; Tit 2,9f; 1 Petr 2,18.

Aufruf zum Kampf: 6,10–20

10 Und schließlich: Werdet stark durch die Kraft und Macht des Herrn! 11 Zieht die Rüstung Gottes an, damit ihr den listigen Anschlägen des Teufels widerstehen könnt.

5,14 Das zitierte kleine Lied stammt vermutlich aus der urchristlichen Taufliturgie.
5,26 Anspielung auf die Taufe.
5,32 Geheimnis: das liebevolle Verhältnis Christi zu seiner Kirche, dem das Verhältnis des Mannes zur Frau in der Ehe entspricht.

12 Denn wir haben nicht gegen Menschen
aus Fleisch und Blut zu kämpfen, sondern
gegen die Fürsten und Gewalten, gegen die
Beherrscher dieser finsteren Welt, gegen die
bösen Geister des himmlischen Bereichs.
13 Darum legt die Rüstung Gottes an, damit
ihr am Tag des Unheils standhalten, al-
les vollbringen und den Kampf bestehen
könnt.

14 Seid also standhaft: Gürtet euch mit
Wahrheit, zieht *als Panzer die Gerechtigkeit*
an 15 und als Schuhe die Bereitschaft, für das
Evangelium vom Frieden zu kämpfen. 16 Vor
allem greift zum Schild des Glaubens! Mit
ihm könnt ihr alle feurigen Geschosse des
Bösen auslöschen. 17 Nehmt den Helm des
Heils und das Schwert des Geistes, das ist
das Wort Gottes. 18 Hört nicht auf, zu beten
und zu flehen! Betet jederzeit im Geist; seid
wachsam, harrt aus und bittet für alle Heili-
gen, 19 auch für mich: dass Gott mir das rech-
te Wort schenkt, wenn es darauf ankommt,
mit Freimut das Geheimnis des Evangeliums
zu verkünden, 20 als dessen Gesandter ich im
Gefängnis bin. Bittet, dass ich in seiner
Kraft freimütig zu reden vermag, wie es
meine Pflicht ist.

SCHLUSSWORT UND SEGENSWUNSCH: 6,21–24

21 Damit auch ihr erfahrt, wie es mir geht
und was ich tue, wird euch Tychikus, der ge-
liebte Bruder und treue Helfer im Dienst des
Herrn, alles berichten. 22 Ich schicke ihn ei-
gens zu euch, damit ihr alles über uns erfahrt
und damit er euch Mut zuspricht.

23 Friede sei mit den Brüdern, Liebe und
Glaube von Gott, dem Vater, und Jesus
Christus, dem Herrn. 24 Gnade und unver-
gängliches Leben sei mit allen, die Jesus
Christus, unseren Herrn, lieben!

21: Kol 4,7f.

Der Brief an die Philipper

Paulus gründete die Gemeinde von Philippi (Ostmazedonien) als erste christliche Gemeinde auf europäischem Boden bei seiner zweiten Missionsreise um das Jahr 50. Die Gemeinde wuchs ihm besonders ans Herz. Nur von ihr ließ er sich unterstützen, auch finanziell. Den Brief an die Philipper schrieb er im Gefängnis, wahrscheinlich in Ephesus, um 55 n. Chr. Die Auffassung, der Brief sei erst in der römischen Gefangenschaft des Apostels abgefasst worden, ist heute weithin aufgegeben. Zwar erfahren wir aus der Apostelgeschichte nichts über eine Gefangenschaft in Ephesus, aber Andeutungen in den Briefen des Apostels Paulus lassen darauf schließen (1 Kor 15,32; vor allem 2 Kor 1,8–10; vgl. auch 2 Kor 11,22–33). Den Anlass des Briefs bildete der Wunsch der Christen in Philippi, von ihrem Apostel, der im Gefängnis saß, Näheres über sein Schicksal zu erfahren, sowie eine Geldspende, die sie durch Epaphroditus überbringen ließen. Auch das Eindringen von Irrlehren bewog Paulus zur Abfassung dieses Schreibens.

Nach Dank und Fürbitte (1,3–11) spricht Paulus von seinem Schicksal. Er tut dies so, dass er sein Los mit dem des Evangeliums verknüpft (1,12–26). Er mahnt zur Einheit und stellt in einem hymnischen Text der Gemeinde den Weg Christi, des Gottessohnes und erhöhten Herrn, vor Augen. An ihm hat sie durch den Glauben Anteil gewonnen (1,27 – 2,18). Sodann spricht er über seine persönlichen Pläne (2,19–30). Im 3. Kapitel nimmt er mit außerordentlich scharfen Worten Stellung gegen christliche Wanderprediger, die Irrlehren verbreiten, und weist auf die Gefahr hin, die dadurch der Kirche droht. Abschließend wendet er sich an einzelne Gemeindeglieder, die ihm Sorge bereiten, und bedankt sich für die empfangene Gabe (Kap. 4).

Der besondere Wert des Briefs liegt darin, dass er uns Einblick verschafft in das persönliche Wollen und Denken des Menschen und Christen Paulus. Der bekannteste und wichtigste Text ist das Christuslied in 2,6–11. Theologisch bedeutsam ist daneben die Erwartung des Paulus im Hinblick auf sein Ergehen nach dem Tod (1,19–26) und auf seine Gemeinschaft mit Christus (3,7–21).

ANSCHRIFT UND GRUSS: 1,1–2

1 Paulus und Timotheus, Knechte Christi
Jesu, an alle Heiligen in Christus Jesus,
die in Philippi sind, mit ihren Bischöfen und
Diakonen. 2 Gnade sei mit euch und Friede
von Gott, unserem Vater, und dem Herrn Jesus Christus.

1: 2 Kor 1,1 • 2: Röm 1,7f.

DER APOSTEL UND SEIN EVANGELIUM: 1,3–26

Dank und Fürbitte: 1,3–11

3 Ich danke meinem Gott jedes Mal, wenn
ich an euch denke; 4 immer, wenn ich für
euch alle bete, tue ich es mit Freude 5 und
danke Gott dafür, dass ihr euch gemeinsam
für das Evangelium eingesetzt habt vom ersten Tag an bis jetzt. 6 Ich vertraue darauf,
dass er, der bei euch das gute Werk begonnen
hat, es auch vollenden wird bis zum Tag
Christi Jesu. 7 Es ist nur recht, dass ich so
über euch alle denke, weil ich euch ins Herz
geschlossen habe. Denn ihr alle habt Anteil
an der Gnade, die mir durch meine Gefangenschaft und die Verteidigung und Bekräftigung des Evangeliums gewährt ist. 8 Gott
ist mein Zeuge, wie ich mich nach euch allen
sehne mit der herzlichen Liebe, die Christus
Jesus zu euch hat. 9 Und ich bete darum, dass
eure Liebe immer noch reicher an Einsicht
und Verständnis wird, 10 damit ihr beurteilen könnt, worauf es ankommt. Dann werdet
ihr rein und ohne Tadel sein für den Tag
Christi, 11 reich an der Frucht der Gerechtigkeit, die Jesus Christus gibt, zur Ehre und
zum Lob Gottes.

8: Röm 1,9.

Paulus, Verkünder der Frohen Botschaft: 1,12–26

12 Ihr sollt wissen, Brüder, dass alles, was
mir zugestoßen ist, die Verbreitung des
Evangeliums gefördert hat. 13 Denn im ganzen Prätorium und bei allen Übrigen ist offenbar geworden, dass ich um Christi willen
im Gefängnis bin. 14 Und die meisten der
Brüder sind durch meine Gefangenschaft zuversichtlich geworden im Glauben an den
Herrn und wagen umso kühner, das Wort
Gottes furchtlos zu sagen. 15 Einige verkündigen Christus zwar aus Neid und Streitsucht, andere aber in guter Absicht. 16 Die
einen predigen Christus aus Liebe, weil sie
wissen, dass ich zur Verteidigung des Evangeliums bestimmt bin, 17 die andern aus Ehrgeiz, nicht in redlicher Gesinnung; sie möchten die Last meiner Ketten noch schwerer
machen. 18 Aber was liegt daran? Auf jede
Weise, ob in unlauterer oder lauterer Absicht, wird Christus verkündigt und darüber
freue ich mich.

Aber ich werde mich auch in Zukunft
freuen. 19 Denn ich weiß: *Das wird zu meiner Rettung führen* durch euer Gebet und durch
die Hilfe des Geistes Jesu Christi. 20 Darauf
warte und hoffe ich, dass ich in keiner Hinsicht beschämt werde, dass vielmehr Christus in aller Öffentlichkeit – wie immer, so
auch jetzt – durch meinen Leib verherrlicht
wird, ob ich lebe oder sterbe. 21 Denn für
mich ist Christus das Leben und Sterben Gewinn. 22 Wenn ich aber weiterleben soll, bedeutet das für mich fruchtbare Arbeit. Was
soll ich wählen? Ich weiß es nicht. 23 Es zieht
mich nach beiden Seiten: Ich sehne mich
danach, aufzubrechen und bei Christus zu

1,1 Die »Bischöfe« und »Diakone« sind Männer, die innerhalb der Gemeinde wichtige Dienste übernommen haben. Sie treten als Kollegium auf; ihre Stellung und ihre Aufgabe entsprechen noch nicht den Ämtern, die später mit diesen Titeln bezeichnet werden.

1,13 Das »Prätorium« ist der Sitz des römischen Statthalters und Ort des Gefängnisses für Paulus.

1,17f In der christlichen Gemeinde des Ortes, wo Paulus gefangen sitzt, haben sich einige aus Furcht von ihm distanziert.

1,23 aufbrechen: Umschreibung für »sterben«.

sein – um wie viel besser wäre das! 24 Aber
euretwegen ist es notwendiger, dass ich am
Leben bleibe. 25 Im Vertrauen darauf weiß
ich, dass ich bleiben und bei euch allen aus-
harren werde, um euch im Glauben zu för-
dern und zu erfreuen, 26 damit ihr euch in
Christus Jesus umso mehr meiner rühmen
könnt, wenn ich wieder zu euch komme.

19: Ijob 13,16 G • 23: 2 Kor 5,8.

VERSCHIEDENE MAHNUNGEN: 1,27 – 2,18

Aufruf zur Eintracht: 1,27 – 2,4

27 Vor allem: Lebt als Gemeinde so, wie es
dem Evangelium Christi entspricht. Ob ich
komme und euch sehe oder ob ich fern bin,
ich möchte hören, dass ihr in dem einen
Geist feststeht, einmütig für den Glauben an
das Evangelium kämpft 28 und euch in kei-
nem Fall von euren Gegnern einschüchtern
lasst. Das wird für sie ein Zeichen dafür sein,
dass sie verloren sind und ihr gerettet wer-
det, ein Zeichen, das von Gott kommt.
29 Denn euch wurde die Gnade zuteil, für
Christus da zu sein, also nicht nur an ihn zu
glauben, sondern auch seinetwegen zu lei-
den. 30 Denn ihr habt den gleichen Kampf zu
bestehen, den ihr früher an mir gesehen habt
und von dem ihr auch jetzt hört.

2 Wenn es also Ermahnung in Christus
gibt, Zuspruch aus Liebe, eine Gemein-
schaft des Geistes, herzliche Zuneigung und
Erbarmen, 2 dann macht meine Freude da-
durch vollkommen, dass ihr eines Sinnes
seid, einander in Liebe verbunden, einmütig
und einträchtig, 3 dass ihr nichts aus Ehrgeiz
und nichts aus Prahlerei tut. Sondern in
Demut schätze einer den andern höher ein
als sich selbst. 4 Jeder achte nicht nur auf
das eigene Wohl, sondern auch auf das der
anderen.

Das Beispiel Christi: 2,5–11

5 Seid untereinander so gesinnt, wie es
dem Leben in Christus Jesus entspricht:
6 Er war Gott gleich, / hielt aber nicht da-
ran fest, wie Gott zu sein,
7 sondern er entäußerte sich / und wurde
wie ein Sklave / und den Menschen gleich. /
Sein Leben war das eines Menschen;
8 er erniedrigte sich / und war gehorsam
bis zum Tod, / bis zum Tod am Kreuz.
9 Darum hat ihn Gott über alle erhöht /
und ihm den Namen verliehen, / der größer
ist als alle Namen,
10 damit alle im Himmel, auf der Erde und
unter der Erde / ihre *Knie beugen* vor dem
Namen Jesu
11 *und jeder Mund bekennt:* / „Jesus Chris-
tus ist der Herr“ – / zur Ehre Gottes, des
Vaters.

10: Jes 45,23.

Die Sorge des Apostels um das Heil der Gemeinde: 2,12–18

12 Darum, liebe Brüder – ihr wart ja immer
gehorsam, nicht nur in meiner Gegenwart,
sondern noch viel mehr jetzt in meiner Ab-
wesenheit –: müht euch mit Furcht und Zit-
tern um euer Heil! 13 Denn Gott ist es, der in
euch das Wollen und das Vollbringen be-
wirkt, noch über euren guten Willen hinaus.
14 Tut alles ohne Murren und Bedenken,
15 damit ihr rein und ohne Tadel seid, *Kinder
Gottes ohne Makel* mitten in einer *verdorbe-
nen und verwirrten Generation,* unter der ihr
als Lichter in der Welt leuchtet. 16 Haltet fest
am Wort des Lebens, mir zum Ruhm für den
Tag Christi, damit ich nicht vergeblich ge-
laufen bin oder mich *umsonst abgemüht
habe.* 17 Wenn auch mein Leben dargebracht
wird zusammen mit dem Opfer und Gottes-
dienst eures Glaubens, freue ich mich den-
noch und ich freue mich mit euch allen.
18 Ebenso sollt auch ihr euch freuen; freut
euch mit mir!

15: Dtn 32,5 • 16: Jes 65,23 G; 49,4 • 18: 3,1.

DIE PLÄNE DES APOSTELS: 2,19–30

19 Ich hoffe aber im Vertrauen auf Jesus,
den Herrn, dass ich Timotheus bald zu euch
schicken kann, damit auch ich ermutigt wer-
de, wenn ich erfahre, wie es um euch steht.
20 Ich habe keinen Gleichgesinnten, der so
aufrichtig um eure Sache besorgt ist; 21 denn

2,6–11 Paulus greift hier einen Hymnus auf, in dem der Weg Christi von seinem vorzeitlichen Sein über seine Menschwerdung und seinen Tod bis zur Erhöhung und Einsetzung zum Herrscher des Alls beschrieben wird. Der im Lied betonte Gehorsam Jesu wird der Gemeinde als Vorbild gegenseitigen Dienens vor Augen gestellt.

alle suchen ihren Vorteil, nicht die Sache
Jesu Christi. 22 Ihr wisst ja, wie er sich be-
währt hat: Wie ein Kind dem Vater – so hat
er mit mir zusammen dem Evangelium ge-
dient. 23 Ihn also hoffe ich schicken zu kön-
nen, sobald ich meine Lage übersehe. 24 Doch
ich habe die Zuversicht im Herrn, dass auch
ich bald kommen kann.

25 Ich hielt es aber für notwendig, Ep-
aphroditus, meinen Bruder, Mitarbeiter und
Mitstreiter, euren Abgesandten und Helfer
in meiner Not, zu euch zu schicken. 26 Er
sehnte sich danach, euch alle wieder zu se-
hen, und war beunruhigt, weil ihr gehört hat-
tet, dass er krank geworden war. 27 Er war
tatsächlich so krank, dass er dem Tod nahe
war. Aber Gott hatte Erbarmen mit ihm, und
nicht nur mit ihm, sondern auch mit mir, da-
mit ich nicht vom Kummer überwältigt wür-
de. 28 Umso mehr beeile ich mich, ihn zu
schicken, damit ihr euch wieder freut, wenn
ihr ihn seht, und auch ich weniger Kummer
habe. 29 Nehmt ihn also im Herrn mit aller
Freude auf und haltet Menschen wie ihn in
Ehren, 30 denn wegen seiner Arbeit für Chris-
tus kam er dem Tod nahe. Er hat sein Leben
aufs Spiel gesetzt, um zu vollenden, was an
eurem Dienst für mich noch gefehlt hat.

19: Apg 16,1.

DAS LEBEN DES CHRISTEN – DAS VORBILD DES APOSTELS: 3,1 – 4,9

Standhaftigkeit im Glauben: 3,1–6

3 Vor allem, meine Brüder, freut euch im
Herrn! Euch immer das Gleiche zu
schreiben wird mir nicht lästig, euch aber
macht es sicher. 2 Gebt Acht auf diese Hun-
de, gebt Acht auf die falschen Lehrer, gebt
Acht auf die Verschnittenen! 3 Denn die Be-
schnittenen sind wir, die wir im Geist Gottes
dienen und uns in Christus Jesus rühmen
und nicht auf irdische Vorzüge vertrauen,
4 obwohl ich mein Vertrauen auch auf irdi-
sche Vorzüge setzen könnte. Wenn ein ande-
rer meint, er könne auf irdische Vorzüge ver-
trauen, so könnte ich es noch mehr. 5 Ich
wurde am achten Tag beschnitten, bin aus
dem Volk Israel, vom Stamm Benjamin, ein
Hebräer von Hebräern, lebte als Pharisäer
nach dem Gesetz, 6 verfolgte voll Eifer die
Kirche und war untadelig in der Gerechtig-
keit, wie sie das Gesetz vorschreibt.

1: 2,18; 4,4 • 4f: 2 Kor 11,18.22.

Sehnsucht nach voller Gemeinschaft mit Christus: 3,7–21

7 Doch was mir damals ein Gewinn war,
das habe ich um Christi Willen als Verlust
erkannt. 8 Ja noch mehr: ich sehe alles als
Verlust an, weil die Erkenntnis Christi Jesu,
meines Herrn, alles übertrifft. Seinetwegen
habe ich alles aufgegeben und halte es für
Unrat, um Christus zu gewinnen 9 und in ihm
zu sein. Nicht meine eigene Gerechtigkeit
suche ich, die aus dem Gesetz hervorgeht,
sondern jene, die durch den Glauben an
Christus kommt, die Gerechtigkeit, die Gott
aufgrund des Glaubens schenkt. 10 Christus
will ich erkennen und die Macht seiner Auf-
erstehung und die Gemeinschaft mit seinen
Leiden; sein Tod soll mich prägen. 11 So hoffe
ich, auch zur Auferstehung von den Toten zu
gelangen.

12 Nicht dass ich es schon erreicht hätte
oder dass ich schon vollendet wäre. Aber ich
strebe danach, es zu ergreifen, weil auch ich
von Christus Jesus ergriffen worden bin.
13 Brüder, ich bilde mir nicht ein, dass ich es
schon ergriffen hätte. Eines aber tue ich: Ich
vergesse, was hinter mir liegt, und strecke
mich nach dem aus, was vor mir ist. 14 Das
Ziel vor Augen, jage ich nach dem Sieges-
preis: der himmlischen Berufung, die Gott
uns in Christus Jesus schenkt.

15 Das wollen wir bedenken, wir Vollkom-
menen. Und wenn ihr anders über etwas
denkt, wird Gott euch auch das offenbaren.
16 Nur müssen wir festhalten, was wir er-
reicht haben.

17 Ahmt auch ihr mich nach, Brüder, und
achtet auf jene, die nach dem Vorbild leben,
das ihr an uns habt. 18 Denn viele – von denen
ich oft zu euch gesprochen habe, doch jetzt
unter Tränen spreche – leben als Feinde des
Kreuzes Christi. 19 Ihr Ende ist das Verder-
ben, ihr Gott der Bauch; ihr Ruhm besteht in
ihrer Schande; Irdisches haben sie im Sinn.
20 Unsere Heimat aber ist im Himmel. Von
dorther erwarten wir auch Jesus Christus,
den Herrn, als Retter, 21 der unseren armseli-

3,2 die falschen Lehrer, wörtlich: die schlechten Arbeiter. – »Verschnitten« bedeutet so viel wie »kastriert«; ironische Anspielung auf die Beschneidung (vgl. Gal 5,12).

gen Leib verwandeln wird in die Gestalt seines verherrlichten Leibes, in der Kraft, mit der er sich alles unterwerfen kann.

9: Röm 1,17; 3,21 • 10: Röm 6,3–5 • 17: 1 Kor 11,1 • 19: Röm 16,18 • 20: Hebr 12,22.

Christliche Grundhaltungen: 4,1–9

4 Darum, meine geliebten Brüder, nach denen ich mich sehne, meine Freude und mein Ehrenkranz, steht fest in der Gemeinschaft mit dem Herrn, liebe Brüder. 2 Ich ermahne Evodia und ich ermahne Syntyche, einmütig zu sein im Herrn. 3 Ja, ich bitte auch dich, treuer Gefährte, nimm dich ihrer an! Sie haben mit mir für das Evangelium gekämpft, zusammen mit Klemens und meinen anderen Mitarbeitern. Ihre Namen stehen im *Buch des Lebens*.

4 Freut euch im Herrn zu jeder Zeit! Noch einmal sage ich: Freut euch! 5 Eure Güte werde allen Menschen bekannt. Der Herr ist nahe. 6 Sorgt euch um nichts, sondern bringt in jeder Lage betend und flehend eure Bitten mit Dank vor Gott! 7 Und der Friede Gottes, der alles Verstehen übersteigt, wird eure Herzen und eure Gedanken in der Gemeinschaft mit Christus Jesus bewahren. 8 Schließlich, Brüder: Was immer wahrhaft, edel, recht, was lauter, liebenswert, ansprechend ist, was Tugend heißt und lobenswert ist, darauf seid bedacht! 9 Was ihr gelernt und angenommen, gehört und an mir gesehen habt, das tut! Und der Gott des Friedens wird mit euch sein.

3: Ps 69,29; Offb 3,5 • 4: 3,1 • 5: 1 Kor 7,29; 1 Petr 4,7 • 9: Röm 15,33.

DANK DES APOSTELS: 4,10–20

10 Ich habe mich im Herrn besonders gefreut, dass ihr eure Sorge für mich wieder einmal entfalten konntet. Ihr hattet schon daran gedacht, aber es fehlte euch die Gelegenheit dazu. 11 Ich sage das nicht, weil ich etwa Mangel leide. Denn ich habe gelernt, mich in jeder Lage zurechtzufinden: 12 Ich weiß Entbehrungen zu ertragen, ich kann im Überfluss leben. In jedes und alles bin ich eingeweiht: in Sattsein und Hungern, Überfluss und Entbehrung. 13 Alles vermag ich durch ihn, der mir Kraft gibt. 14 Trotzdem habt ihr recht daran getan, an meiner Bedrängnis teilzunehmen. 15 Ihr wisst selbst, ihr Philipper, dass ich beim Beginn der Verkündigung des Evangeliums, als ich aus Mazedonien aufbrach, mit keiner Gemeinde durch Geben und Nehmen verbunden war außer mit euch 16 und dass ihr mir in Thessalonich und auch sonst das eine und andere Mal etwas geschickt habt, um mir zu helfen. 17 Es geht mir nicht um die Gabe, es geht mir um den Gewinn, der euch mit Zinsen gutgeschrieben wird. 18 Ich habe alles empfangen und habe jetzt mehr als genug. Mir fehlt nichts mehr, seit ich von Epaphroditus eure Gaben erhielt, ein schönes Opfer, eine angenehme Opfergabe, die Gott gefällt. 19 Mein Gott aber wird euch durch Christus Jesus alles, was ihr nötig habt, aus dem Reichtum seiner Herrlichkeit schenken. 20 Unserem Gott und Vater sei die Ehre in alle Ewigkeit! Amen.

20: Röm 16,27.

DER SCHLUSS DES BRIEFES: GRÜSSE UND SEGENSWÜNSCHE: 4,21–23

21 Grüßt jeden Heiligen in Christus Jesus! Es grüßen euch die Brüder, die bei mir sind. 22 Es grüßen euch alle Heiligen, besonders die aus dem Haus des Kaisers. 23 Die Gnade Jesu Christi, des Herrn, sei mit eurem Geist!

4,3 treuer Gefährte: im griechischen Text steht Syzygos, was auch männlicher Eigenname sein könnte.

4,18 ein schönes Opfer, wörtlich: einen wohlriechenden Duft.

Der Brief an die Kolosser

Kolossä war eine Stadt im westlichen Teil Kleinasiens (Phrygien), am Oberlauf des Flusses Lykos. In diesem Gebiet missionierte nicht Paulus, sondern in seinem Auftrag Epaphras, der im Brief lobend erwähnt wird (1,7f; 4,12f). Paulus ist der Gemeinde persönlich nicht bekannt (2,1). Der gedankliche Abstand zu den älteren Paulusbriefen macht es wahrscheinlich, dass der Brief spät, entweder in der Gefangenschaft des Apostels in Cäsarea (Apg 23,33 – 26,32) um 57–59 oder in Rom nach 59–60 n. Chr. (Apg 28,16–31), abgefasst wurde. Manche Forscher halten den Brief für das Schreiben eines Paulusschülers. Den Anlass des Schreibens bildete eine in die Gemeinde eingedrungene Irrlehre, die eine merkwürdige Frömmigkeit in Verbindung mit Schicksalsglauben und Verehrung von Gestirnen vertrat, den Christusglauben jedoch bestehen ließ. Durch den Brief soll die Gemeinde zu der durch Epaphras vermittelten apostolischen Lehre zurückgeführt werden.

Nach Dank und Fürbitte (1,3–11) erinnert der Apostel die Gemeinde mit einem Christuslied (1,12–20) an das verpflichtende Bekenntnis. Die Gedanken des Liedes werden auf die Gemeinde bezogen (1,21–23) und im Hinblick auf den Apostel und auf Christus vertieft (1,24 – 2,7). Es schließt sich die Warnung vor den Irrlehrern an, in der die Kolosser an die Gaben erinnert werden, die sie in der Taufe empfangen haben (2,8–23). Ein weiterer Teil enthält Ermahnungen für Getaufte (3,1–17), Belehrungen in Form einer »Haustafel«, die sich an die verschiedenen Stände richten (3,18 – 4,1), und Weisungen für die gesamte Gemeinde (4,2–6). Eine lange Liste von Grüßen und einzelnen persönlichen Anweisungen beendet das Schreiben (4,7–18).

Für den Glauben der Kirche gewann der Brief Bedeutung wegen seiner Aussagen über Christus, die im Christuslied zusammengefasst sind.

ANSCHRIFT UND GRUSS: 1,1–2

1 Paulus, durch den Willen Gottes Apos-
tel Christi Jesu, und der Bruder Timo-
theus 2 an die heiligen Brüder in Kolossä, die
an Christus glauben. Gnade sei mit euch und
Friede von Gott, unserem Vater.

1: Eph 1,1 • 2: Röm 1,7.

GOTTES HEILSPLAN: 1,3–23

Dank für die Gemeinde: 1,3–8

3 Wir danken Gott, dem Vater Jesu Christi,
unseres Herrn, jedes Mal, wenn wir für euch
beten. 4 Denn wir haben von eurem Glauben
an Christus Jesus gehört und von der Liebe,
die ihr zu allen Heiligen habt, 5 weil im Him-
mel die Erfüllung eurer Hoffnung für euch
bereitliegt. Schon früher habt ihr davon ge-
hört durch das wahre Wort des Evangeliums,
6 das zu euch gelangt ist. Wie in der ganzen
Welt, so trägt es auch bei euch Frucht und
wächst seit dem Tag, an dem ihr den Ruf der
göttlichen Gnade vernommen und in Wahr-
heit erkannt habt. 7 So habt ihr es von
Epaphras, unserem geliebten Mitarbeiter,
gelernt. Er ist an unserer Stelle ein treuer
Diener Christi 8 und er hat uns auch von der
Liebe berichtet, die der Geist in euch be-
wirkt hat.

3: Eph 1,15f • 7: Phlm 23.

Fürbitte für die Gemeinde: 1,9–11

9 Seit dem Tag, an dem wir davon erfahren
haben, hören wir nicht auf, inständig für
euch zu beten, dass ihr in aller Weisheit und
Einsicht, die der Geist schenkt, den Willen

1,7 Epaphras hatte als Missionar das Evangelium nach Kolossä gebracht.

des Herrn ganz erkennt. 10 Denn ihr sollt ein
Leben führen, das des Herrn würdig ist und
in allem sein Gefallen findet. Ihr sollt Frucht
bringen in jeder Art von guten Werken und
wachsen in der Erkenntnis Gottes. 11 Er gebe
euch in der Macht seiner Herrlichkeit viel
Kraft, damit ihr in allem Geduld und Ausdauer habt.

9: Eph 1,15–17.

Loblied auf Christus, das Ebenbild Gottes: 1,12–20

12 Dankt dem Vater mit Freude! Er hat
euch fähig gemacht, Anteil zu haben am Los
der Heiligen, die im Licht sind.
13 Er hat uns der Macht der Finsternis entrissen und aufgenommen in das Reich seines
geliebten Sohnes. 14 Durch ihn haben wir die
Erlösung, die Vergebung der Sünden.
15 Er ist das Ebenbild des unsichtbaren
Gottes, / der Erstgeborene der ganzen
Schöpfung.
16 Denn in ihm wurde alles erschaffen / im
Himmel und auf Erden, / das Sichtbare und
das Unsichtbare, / Throne und Herrschaften,
Mächte und Gewalten; / alles ist durch ihn
und auf ihn hin geschaffen.
17 Er ist vor aller Schöpfung, / in ihm hat
alles Bestand.
18 Er ist das Haupt des Leibes, / der Leib
aber ist die Kirche. / Er ist der Ursprung, /
der Erstgeborene der Toten; / so hat er in allem den Vorrang.
19 Denn Gott wollte mit seiner ganzen Fülle in ihm wohnen, / 20 um durch ihn alles zu
versöhnen.
Alles im Himmel und auf Erden wollte er
zu Christus führen, / der Friede gestiftet hat
am Kreuz durch sein Blut.

14: Eph 1,7 • 15: 2 Kor 4,4 • 16: Eph 1,21 • 18: Eph 1,22f • 20: Eph 1,10.

Aufruf an die Gemeinde: 1,21–23

21 Auch ihr standet ihm einst fremd und
feindlich gegenüber; denn euer Sinn trieb
euch zu bösen Taten. 22 Jetzt aber hat er euch
durch den Tod seines sterblichen Leibes versöhnt, um euch heilig, untadelig und schuldlos vor sich treten zu lassen. 23 Doch müsst
ihr unerschütterlich und unbeugsam am
Glauben festhalten und dürft euch nicht von
der Hoffnung abbringen lassen, die euch das
Evangelium schenkt. In der ganzen Schöpfung unter dem Himmel wurde das Evangelium verkündet; ihr habt es gehört, und ich,
Paulus, diene ihm.

21: Eph 2,14–16.

DER APOSTEL UND DIE GEMEINDE: 1,24 – 2,23

Diener der Kirche für alle Menschen: 1,24–29

24 Jetzt freue ich mich in den Leiden, die
ich für euch ertrage. Für den Leib Christi,
die Kirche, ergänze ich in meinem irdischen
Leben das, was an den Leiden Christi noch
fehlt. 25 Ich diene der Kirche durch das Amt,
das Gott mir übertragen hat, damit ich euch
das Wort Gottes in seiner Fülle verkündige,
26 jenes Geheimnis, das seit ewigen Zeiten
und Generationen verborgen war. Jetzt wurde es seinen Heiligen offenbart; 27 Gott wollte ihnen zeigen, wie reich und herrlich dieses
Geheimnis unter den Völkern ist: Christus ist
unter euch, er ist die Hoffnung auf Herrlichkeit. 28 Ihn verkündigen wir; wir ermahnen
jeden Menschen und belehren jeden mit aller
Weisheit, um dadurch alle in der Gemeinschaft mit Christus vollkommen zu machen.
29 Dafür kämpfe ich unter vielen Mühen;
denn seine Kraft wirkt mit großer Macht in
mir.

26: Röm 16,25f; 1 Kor 2,7; Eph 3,3.9 • 28: Eph 4,13.

Der Glaube der Gemeinde: 2,1–7

2 Ihr sollt wissen, was für einen schweren
Kampf ich für euch und für die Gläubigen in Laodizea zu bestehen habe, auch für
alle anderen, die mich persönlich nie gesehen
haben. 2 Dadurch sollen sie getröstet werden;
sie sollen in Liebe zusammenhalten, um die
tiefe und reiche Einsicht zu erlangen und das
göttliche Geheimnis zu erkennen, das Christus ist. 3 In ihm sind alle Schätze der Weisheit und Erkenntnis verborgen. 4 Das sage

---

1,12 Mit den »Heiligen« sind hier wahrscheinlich die Engel gemeint.

1,15–20 Ein Hymnus, der Christus als den Mittler der Schöpfung und Erlösung preist. Der Hymnus wurde von Paulus vermutlich aus der frühchristlichen Liturgie übernommen.

1,24 Die Leiden, die der Apostel in Ausübung seines Amtes zu ertragen hat, werden im Blick auf den Tod Jesu als stellvertretender Dienst für die Kirche gedeutet.

ich, damit euch niemand durch Überre-
dungskünste täuscht. 5 Auch wenn ich fern
von euch weile, bin ich im Geist bei euch. Mit
Freude sehe ich, wie fest und geordnet euer
Glaube an Christus ist. 6 Ihr habt Christus
Jesus als Herrn angenommen. Darum lebt
auch in ihm! 7 Bleibt in ihm verwurzelt und
auf ihn gegründet und haltet an dem Glau-
ben fest, in dem ihr unterrichtet wurdet.
Hört nicht auf zu danken!

3: Jes 45,3; Spr 2,2f • 7: Eph 2,20; 3,17.

Warnung vor Irrlehrern: 2,8–23

8 Gebt Acht, dass euch niemand mit seiner
Philosophie und falschen Lehre verführt, die
sich nur auf menschliche Überlieferung stüt-
zen und sich auf die Elementarmächte der
Welt, nicht auf Christus berufen. 9 Denn in
ihm allein wohnt wirklich die ganze Fülle
Gottes. 10 Durch ihn seid auch ihr davon er-
füllt; denn er ist das Haupt aller Mächte und
Gewalten. 11 In ihm habt ihr eine Beschnei-
dung empfangen, die man nicht mit Händen
vornimmt, nämlich die Beschneidung, die
Christus gegeben hat. Wer sie empfängt, sagt
sich los von seinem vergänglichen Körper.
12 Mit Christus wurdet ihr in der Taufe be-
graben, mit ihm auch auferweckt, durch den
Glauben an die Kraft Gottes, der ihn von den
Toten auferweckt hat. 13 Ihr wart tot infolge
eurer Sünden, und euer Leib war unbe-
schnitten; Gott aber hat euch mit Christus
zusammen lebendig gemacht und uns alle
Sünden vergeben. 14 Er hat den Schuld-
schein, der gegen uns sprach, durchgestri-
chen und seine Forderungen, die uns anklag-
ten, aufgehoben. Er hat ihn dadurch getilgt,
dass er ihn an das Kreuz geheftet hat. 15 Die
Fürsten und Gewalten hat er entwaffnet und
öffentlich zur Schau gestellt; durch Christus
hat er über sie triumphiert.

16 Darum soll euch niemand verurteilen
wegen Speise und Trank oder wegen eines
Festes, ob Neumond oder Sabbat. 17 Das
alles ist nur ein Schatten von dem, was kom-
men wird, die Wirklichkeit aber ist Christus.
18 Niemand soll euch verachten, der sich in
scheinbarer Demut auf die Verehrung be-
ruft, die er den Engeln erweist, der mit Visio-
nen prahlt und sich ohne Grund nach welt-
licher Art wichtig macht. 19 Er hält sich nicht
an das Haupt, von dem aus der ganze Leib
durch Gelenke und Bänder versorgt und zu-
sammengehalten wird und durch Gottes
Wirken wächst. 20 Wenn ihr mit Christus ge-
storben seid und euch von den Elementen
der Welt losgesagt habt, warum lasst ihr
euch dann, als würdet ihr noch in der Welt
leben, vorschreiben: 21 Berühre das nicht, iss
nicht davon, fass das nicht an! 22 Das alles
wird verbraucht und dadurch vernichtet.
Menschliche Satzungen und Lehren sind es.
23 Man sagt zwar, in ihnen liege Weisheit, es
sei ein besonderer Kult, ein Zeichen von
Demut, seinen Körper zu kasteien. Doch es
bringt keine Ehre ein, sondern befriedigt nur
die irdische Eitelkeit.

12: Röm 6,4 • 13: Eph 2,1.5 • 15: Eph 1,21 • 17: Hebr 8,5; 10,1 • 19: Eph 2,22; 4,16 • 22: Jes 29,13 G.

WORTE DER MAHNUNG AN DIE GETAUFTEN: 3,1 – 4,6

Der alte und der neue Mensch: 3,1–17

3 Ihr seid mit Christus auferweckt; da-
rum strebt nach dem, was im Himmel
ist, wo Christus *zur Rechten Gottes sitzt.*
2 Richtet euren Sinn auf das Himmlische und
nicht auf das Irdische! 3 Denn ihr seid ge-
storben und euer Leben ist mit Christus ver-
borgen in Gott. 4 Wenn Christus, unser Le-
ben, offenbar wird, dann werdet auch ihr mit
ihm offenbar werden in Herrlichkeit.

5 Darum tötet, was irdisch an euch ist: die
Unzucht, die Schamlosigkeit, die Leiden-
schaft, die bösen Begierden und die Hab-
sucht, die ein Götzendienst ist. 6 All das zieht
den Zorn Gottes nach sich. 7 Früher seid
auch ihr darin gefangen gewesen und habt
euer Leben davon beherrschen lassen. 8 Jetzt
aber sollt ihr das alles ablegen: Zorn, Wut
und Bosheit; auch Lästerungen und Zoten
sollen nicht mehr über eure Lippen kommen.
9 Belügt einander nicht; denn ihr habt den
alten Menschen mit seinen Taten abgelegt

2,8 Die Verehrung und Anerkennung der »Elementarmächte« wurde von manchen Irrlehrern gefordert (vgl. die Anmerkung zu Gal 4,3).

2,11 Die Beschneidung, die Christus gegeben hat: Umschreibung für die Taufe. Der Satz richtet sich vermutlich gegen Irrlehrer, die verlangten, dass man sich auch körperlich beschneiden lasse.

2,16–18 Zur Verehrung der Gestirne, wie sie die Irrlehrer forderten, gehörte die Beachtung verschiedener anderer Vorschriften, z.B. die Einhaltung von Speisegeboten und heiligen Zeiten.

3,6 Nach anderen Textzeugen: Wegen all dem kommt der Zorn Gottes über die Ungehorsamen; vgl. Eph 5,6.

10 und seid zu einem neuen Menschen gewor-
den, der nach dem Bild seines Schöpfers er-
neuert wird, um ihn zu erkennen. 11 Wo das
geschieht, gibt es nicht mehr Griechen oder
Juden, Beschnittene oder Unbeschnittene,
Fremde, Skythen, Sklaven oder Freie, son-
dern Christus ist alles und in allen. 12 Ihr seid
von Gott geliebt, seid seine auserwählten
Heiligen. Darum bekleidet euch mit aufrich-
tigem Erbarmen, mit Güte, Demut, Milde,
Geduld! 13 Ertragt euch gegenseitig und ver-
gebt einander, wenn einer dem andern etwas
vorzuwerfen hat. Wie der Herr euch verge-
ben hat, so vergebt auch ihr! 14 Vor allem
aber liebt einander, denn die Liebe ist das
Band, das alles zusammenhält und vollkom-
men macht. 15 In eurem Herzen herrsche der
Friede Christi; dazu seid ihr berufen als
Glieder des einen Leibes. Seid dankbar!
16 Das Wort Christi wohne mit seinem gan-
zen Reichtum bei euch. Belehrt und ermahnt
einander in aller Weisheit! Singt Gott in
eurem Herzen Psalmen, Hymnen und Lieder,
wie sie der Geist eingibt, denn ihr seid
in Gottes Gnade. 17 Alles, was ihr in
Worten und Werken tut, geschehe im Namen
Jesu, des Herrn. Durch ihn dankt Gott, dem
Vater!

1: Eph 2,6; Ps 110,1 • 5: Mt 15,19; Röm 1,29f; Gal 5,19f • 8: Eph 4,31 • 9: Eph 4,22–24 • 10: Gen 1,26f • 11: Gal 3,28 • 12: Eph 4,32 • 14: Eph 4,3f • 15: Röm 12,5 • 16: Eph 5,19.

Christliche Hausordnung: 3,18 – 4,1

18 Ihr Frauen, ordnet euch euren Männern
unter, wie es sich im Herrn geziemt. 19 Ihr
Männer, liebt eure Frauen und seid nicht
aufgebracht gegen sie! 20 Ihr Kinder, ge-
horcht euren Eltern in allem; denn so ist es
gut und recht im Herrn. 21 Ihr Väter, schüch-
tert eure Kinder nicht ein, damit sie nicht
mutlos werden. 22 Ihr Sklaven, gehorcht eu-
ren irdischen Herren in allem! Arbeitet nicht
nur, um euch bei den Menschen einzu-
schmeicheln und ihnen zu gefallen, sondern
fürchtet den Herrn mit aufrichtigem Herzen!
23 Tut eure Arbeit gern, als wäre sie für den
Herrn und nicht für Menschen; 24 ihr wisst,
dass ihr vom Herrn euer Erbe als Lohn emp-
fangen werdet. Dient Christus, dem Herrn!
25 Wer Unrecht tut, wird dafür seine Strafe
erhalten, ohne Ansehen der Person.

4 Ihr Herren, gebt den Sklaven, was recht
und billig ist; ihr wisst, dass auch ihr im
Himmel einen Herrn habt.

3,18 – 4,1: Eph 5,22 – 6,9; 1 Petr 2,18 – 3,7 • 3,25: Röm 2,11.

Mahnungen an alle: 4,2–6

2 Lasst nicht nach im Beten; seid dabei
wachsam und dankbar! 3 Betet auch für uns,
damit Gott uns eine Tür öffnet für das Wort
und wir das Geheimnis Christi predigen
können, für das ich im Gefängnis bin; 4 betet,
dass ich es wieder offenbaren und verkündi-
gen kann, wie es meine Pflicht ist. 5 Seid
weise im Umgang mit den Außenstehenden,
nutzt die Zeit! 6 Eure Worte seien immer
freundlich, doch mit Salz gewürzt; denn ihr
müsst jedem in der rechten Weise antworten
können.

DER SCHLUSS DES BRIEFES: PERSÖNLICHE MITTEILUNGEN UND GRÜSSE: 4,7–18

7 Wie es mir geht, wird euch der geliebte
Bruder Tychikus ausführlich berichten. Er
ist mein treuer Helfer und dient mit mir dem
Herrn. 8 Ich schicke ihn eigens zu euch, da-
mit ihr alles über uns erfahrt und damit er
euch Mut zuspricht. 9 Er kommt mit Onesi-
mus, dem treuen und geliebten Bruder, der ja
einer von euch ist. Sie werden euch über al-
les berichten, was hier vor sich geht.

10 Es grüßt euch Aristarch, der mit mir im
Gefängnis ist, und Markus, der Vetter des
Barnabas. Seinetwegen habt ihr schon An-
weisungen erhalten. Wenn er zu euch
kommt, nehmt ihn auf! 11 Auch Jesus, ge-
nannt Justus, grüßt euch. Von den Juden
sind sie die Einzigen, die mit mir für das
Reich Gottes arbeiten; durch sie bin ich
getröstet worden. 12 Es grüßt euch euer
Epaphras, der Knecht Christi Jesu. Immer
kämpft er für euch im Gebet, dass ihr voll-
kommen werdet und ganz durchdrungen
seid vom Willen Gottes. 13 Ich bezeuge, dass
er sich große Mühe gibt um euch und um die
Gläubigen in Laodizea und Hiërapolis.
14 Auch der Arzt Lukas, unser lieber Freund,
und Demas grüßen euch. 15 Grüßt die Brüder

4,9 Onesimus ist der in Phlm 10–12 erwähnte Sklave des Philemon.

4,13 Hiërapolis ist eine phrygische Stadt nördlich von Kolossä.

4,15 Nach anderen Textzeugen: auch Nymphas und die Gemeinde in seinem Haus.

in Laodizea, auch Nympha und die Gemein-
de in ihrem Haus. [16] Wenn der Brief bei euch
vorgelesen worden ist, sorgt dafür, dass er
auch in der Gemeinde von Laodizea bekannt
wird, und den Brief an die Laodizener lest
auch bei euch vor! [17] Sagt dem Archippus:
Achte darauf, dass du den Dienst erfüllst,
den du im Auftrag des Herrn übernommen
hast.
[18] Den Gruß schreibe ich, Paulus, eigen-
händig. Denkt an meine Fesseln! Die Gnade
sei mit euch!

7: Eph 6,21f • 9: Phlm 10 • 12: 1,7 • 14: 2 Tim 4,11 • 18: 1 Kor 16,21; Eph 3,1.

Der erste Brief an die Thessalonicher

Der erste Brief an die Gemeinde von Thessalonich ist der älteste der uns erhaltenen Paulusbriefe. Paulus hatte auf seiner zweiten Missionsreise zusammen mit Timotheus die Gemeinde von Thessalonich um das Jahr 50 n.Chr gegründet, musste aber nach kurzem Wirken die Stadt verlassen (vgl. Apg 17,1–9). Von Athen aus schickte er Timotheus nach Thessalonich zurück, um sich über den Stand der jungen Gemeinde zu unterrichten. In Korinth (Apg 18,1–6) traf er mit Timotheus wieder zusammen und schrieb den uns vorliegenden Brief.

Der 1. Thessalonicherbrief ist ein echt seelsorgliches Schreiben, das seine Existenz einer bestimmten Situation des Apostels und der Gemeinde verdankt. Der erste Teil (1,2 – 3,13) blickt voll Dank zurück auf die Gründung der Gemeinde und die inzwischen vergangene Zeit. Der zweite Teil (4,1 – 5,22) enthält apostolische Mahnungen und Belehrungen: Aufforderung zur Heiligung des Lebens (4,1–12), Auskunft über die Hoffnung der Christen (4,13–18), Mahnung zur Wachsamkeit angesichts der zeitlich nicht bestimmbaren Ankunft des Herrn (5,1–11), Anweisungen für das Gemeindeleben (5,12–22).

Die Bedeutung des Briefs liegt in den Aussagen über die Missionspredigt vor Heiden (1,2–10), über das Wort Gottes (2,13), die Heiligung des Lebens (4,1–12) und die Erwartung der Wiederkunft Christi (4,13 – 5,10).

ANSCHRIFT UND GRUSS: 1,1

1 Paulus, Silvanus und Timotheus an die Gemeinde von Thessalonich, die in Gott, dem Vater, und in Jesus Christus, dem Herrn, ist: Gnade sei mit euch und Friede.

1: 2 Thess 1,1.

DER APOSTEL UND DIE GEMEINDE: 1,2 – 3,13

Die Thessalonicher – ein Vorbild für die Heidenchristen: 1,2–10

[2] Wir danken Gott für euch alle, sooft wir
in unseren Gebeten an euch denken; [3] unab-
lässig erinnern wir uns vor Gott, unserem
Vater, an das Werk eures Glaubens, an die
Opferbereitschaft eurer Liebe und an die
Standhaftigkeit eurer Hoffnung auf Jesus

4,16 Der Brief an die Gemeinde von Laodizea ist verloren gegangen.
1,1 Thessalonich (Thessaloniki) war in römischer Zeit Hauptstadt der Provinz Mazedonien. Wegen ihrer günstigen Lage an der Rom mit Byzanz verbindenden Fernstraße »Via Egnatia« war sie ein bedeutender Handelsplatz. – Silvanus (latinisierte Form des Namens Silas) stammte aus der Jerusalemer Urgemeinde. Er kam nach Antiochia, von wo Paulus ihn auf die zweite Missionsreise mitnahm (Apg 15,40). – Timotheus, Sohn eines heidnischen Vaters und einer judenchristlichen Mutter mit Namen Eunike, wohl schon auf der ersten Missionsreise von Paulus zum Glauben bekehrt, begleitete den Apostel von Lystra an auf seiner zweiten Reise (vgl. Apg 16,1–3; 2 Tim 1,5).
1,3 Zur Dreiheit Glaube – Hoffnung – Liebe vgl. 5,8; 1 Kor 13,13; Eph 1,16–18; Kol 1,4f; Hebr 10,22–24.

Christus, unseren Herrn. 4 Wir wissen, von
Gott geliebte Brüder, dass ihr erwählt seid.
5 Denn wir haben euch das Evangelium nicht
nur mit Worten verkündet, sondern auch mit
Macht und mit dem Heiligen Geist und mit
voller Gewissheit; ihr wisst selbst, wie wir
bei euch aufgetreten sind, um euch zu gewin-
nen. 6 Und ihr seid unserem Beispiel gefolgt
und dem des Herrn; ihr habt das Wort trotz
großer Bedrängnis mit der Freude aufgenom-
men, die der Heilige Geist gibt. 7 So wurdet
ihr ein Vorbild für alle Gläubigen in Maze-
donien und in Achaia. 8 Von euch aus ist das
Wort des Herrn aber nicht nur nach Mazedo-
nien und Achaia gedrungen, sondern überall
ist euer Glaube an Gott bekannt geworden,
sodass wir darüber nichts mehr zu sagen
brauchen. 9 Denn man erzählt sich überall,
welche Aufnahme wir bei euch gefunden ha-
ben und wie ihr euch von den Götzen zu Gott
bekehrt habt, um dem lebendigen und wah-
ren Gott zu dienen 10 und seinen Sohn vom
Himmel her zu erwarten, Jesus, den er von
den Toten auferweckt hat und der uns dem
kommenden Gericht Gottes entreißt.

2: 2 Thess 1,3 • 4: 2 Thess 2,13 • 7: Phil 3,17 • 9: Apg 14,15; Joh 17,3 • 10: Apg 17,31; Tit 2,13.

Rückblick auf das erste Wirken des Apostels: 2,1–12

2 Ihr wisst selbst, Brüder, dass wir nicht
vergebens zu euch gekommen sind.
2 Wir hatten vorher in Philippi viel zu leiden
und wurden misshandelt, wie ihr wißt; den-
noch haben wir im Vertrauen auf unseren
Gott das Evangelium Gottes trotz harter
Kämpfe freimütig und furchtlos bei euch ver-
kündet. 3 Denn wir predigen nicht, um euch
irrezuführen, in schmutziger Weise auszu-
nutzen oder zu betrügen, 4 sondern wir tun
es, weil Gott uns geprüft und uns das Evan-
gelium anvertraut hat, nicht also um den
Menschen, sondern um Gott zu gefallen, der
unsere *Herzen prüft.* 5 Nie haben wir mit un-
seren Worten zu schmeicheln versucht, das
wisst ihr, und nie haben wir aus versteckter
Habgier gehandelt, dafür ist Gott Zeuge.
6 Wir haben auch keine Ehre bei den Men-
schen gesucht, weder bei euch noch bei an-
deren, 7 obwohl wir als Apostel Christi unser
Ansehen hätten geltend machen können. Im
Gegenteil, wir sind euch freundlich begeg-
net: Wie eine Mutter für ihre Kinder sorgt,
8 so waren wir euch zugetan und wollten
euch nicht nur am Evangelium Gottes teilha-
ben lassen, sondern auch an unserem eigenen
Leben; denn ihr wart uns sehr lieb geworden.
9 Ihr erinnert euch, Brüder, wie wir uns ge-
müht und geplagt haben. Bei Tag und Nacht
haben wir gearbeitet, um keinem von euch
zur Last zu fallen, und haben euch so das
Evangelium Gottes verkündet. 10 Ihr seid
Zeugen, und auch Gott ist Zeuge, wie gottge-
fällig, gerecht und untadelig wir uns euch,
den Gläubigen, gegenüber verhalten haben.
11 Ihr wisst auch, dass wir, wie ein Vater sei-
ne Kinder, jeden Einzelnen von euch 12 er-
mahnt, ermutigt und beschworen haben zu
leben, wie es Gottes würdig ist, der euch zu
seinem Reich und zu seiner Herrlichkeit be-
ruft.

4: Jer 11,20 • 9: Apg 20,34; 1 Kor 4,12; 9,12–18 • 11: 1 Kor 4,15 • 12: Eph 4,1; Phil 1,27; 2 Thess 1,5; 1 Petr 5,10.

Die Aufnahme des Evangeliums durch die Gemeinde: 2,13–16

13 Darum danken wir Gott unablässig da-
für, dass ihr das Wort Gottes, das ihr durch
unsere Verkündigung empfangen habt, nicht
als Menschenwort, sondern – was es in
Wahrheit ist – als Gottes Wort angenommen
habt; und jetzt ist es in euch, den Gläubigen,
wirksam. 14 Denn, Brüder, ihr seid den Ge-
meinden Gottes in Judäa gleich geworden,
die sich zu Christus Jesus bekennen. Ihr habt
von euren Mitbürgern das Gleiche erlitten
wie jene von den Juden. 15 Diese haben sogar
Jesus, den Herrn, und die Propheten getötet;
auch uns haben sie verfolgt. Sie missfallen
Gott und sind Feinde aller Menschen; 16 sie
hindern uns daran, den Heiden das Evange-
lium zu verkünden und ihnen so das Heil zu
bringen. Dadurch *machen sie* unablässig *das
Maß ihrer Sünden voll.* Aber der ganze Zorn
ist schon über sie gekommen.

13: Hebr 4,2; Gal 1,11f; 2 Thess 2,13f • 15: Mt 23,31f; Apg 2,23; 7,52; Röm 11,28 • 16: Mt 23,13; Gen 15,16; Dan 8,23.

Der verhinderte Besuch: 2,17–20

17 Für kurze Zeit, Brüder, sind wir ver-
waist, weil ihr uns fern seid, den Augen fern,

1,6 Die Bedrängnis war durch die von Juden angezettelte Verfolgung verursacht (vgl. Apg 17,5–9).

1,10 dem kommenden Gericht Gottes, wörtlich: dem kommenden Zorn.

2,3–12 Paulus spielt wohl auf die Verdächtigungen an, die vonseiten seiner Feinde gegen ihn ausgestreut werden.

2,9 Paulus arbeitete als Zeltmacher oder Zelttuchweber, um der Gemeinde nicht zur Last zu fallen (vgl. Apg 18,3).

2,15f Die Schärfe der Anklage gegen die Juden erklärt sich daraus, dass sie in allen Gemeinden die Missionsarbeit des Apostels zu stören versuchten.

nicht dem Herzen; deshalb haben wir uns in
größter Sehnsucht umso eifriger bemüht,
euch wieder zu sehen. 18 Ja, wir hatten uns
fest vorgenommen, zu euch zu kommen, und
das wollte ich, Paulus, schon einige Male;
aber der Satan hat uns daran gehindert.
19 Denn wer ist unsere Hoffnung, unsere
Freude, der Kranz unseres Ruhmes vor Je-
sus, unserem Herrn, wenn er kommen wird?
Nicht etwa auch ihr? 20 Ja, ihr seid unsere
Ehre und Freude.

Die Entsendung des Timotheus: 3,1–5

3 Darum hielten wir es nicht länger aus;
wir beschlossen, allein in Athen zu-
rückzubleiben, 2 und schickten Timotheus,
unseren Bruder und Gottes Mitarbeiter am
Evangelium Christi, um euch zu stärken und
in eurem Glauben aufzurichten, 3 damit kei-
ner wankt in diesen Bedrängnissen. Ihr wisst
selbst: Für sie sind wir bestimmt. 4 Denn als
wir noch bei euch waren, haben wir euch vo-
rausgesagt, dass wir in Bedrängnis geraten
werden; und so ist es, wie ihr wisst, auch ein-
getroffen. 5 Darum ertrug ich es auch nicht
länger; ich schickte Timotheus, um über eu-
ren Glauben Gewissheit zu erhalten und zu
erfahren, ob nicht der Versucher euch in
Versuchung geführt hat und unsere Mühe
vergeblich war.

1: Apg 17,14f • 3: 2 Tim 3,12; 2 Thess 1,4.

Die Freude des Apostels über den Stand der Gemeinde: 3,6–10

6 Inzwischen ist aber Timotheus von euch
zu uns zurückgekommen und hat uns gute
Nachricht von eurem Glauben und eurer
Liebe gebracht; er hat uns auch berichtet,
dass ihr uns stets in guter Erinnerung be-
wahrt und euch danach sehnt, uns zu sehen,
wie auch wir euch sehen möchten. 7 Darum,
Brüder, wurden wir beim Gedanken an euch
in all unserer Not und Bedrängnis durch eu-
ren Glauben getröstet; 8 jetzt leben wir auf,
weil ihr fest in der Gemeinschaft mit dem
Herrn steht. 9 Wie können wir Gott euretwe-
gen genug danken für all die Freude, die uns
um euretwillen vor unserem Gott erfüllt?
10 Bei Tag und Nacht bitten wir inständig da-
rum, euch wieder zu sehen und an eurem
Glauben zu ergänzen, was ihm noch fehlt.

6: Apg 18,5 • 7: 2 Thess 1,4.

Segenswunsch des Apostels: 3,11–13

11 Gott, unser Vater, und Jesus, unser Herr,
mögen unsere Schritte zu euch lenken.
12 Euch aber lasse der Herr wachsen und
reich werden in der Liebe zueinander und zu
allen, wie auch wir euch lieben, 13 damit euer
Herz gefestigt wird und ihr ohne Tadel seid,
geheiligt vor Gott, unserem Vater, wenn Je-
sus, unser Herr, mit allen seinen Heiligen
kommt.

13: 5,23; 2 Thess 1,7.10.

WEISUNGEN FÜR DAS CHRISTLICHE LEBEN: 4,1 – 5,22

Aufforderung zur Heiligung des Lebens: 4,1–12

4 Im Übrigen, Brüder, bitten und ermah-
nen wir euch im Namen Jesu, des Herrn:
Ihr habt von uns gelernt, wie ihr leben müsst,
um Gott zu gefallen, und ihr lebt auch so;
werdet darin noch vollkommener! 2 Ihr wisst
ja, welche Ermahnungen wir euch im Auf-
trag Jesu, des Herrn, gegeben haben. 3 Das
ist es, was Gott will: eure Heiligung. Das be-
deutet, dass ihr die Unzucht meidet, 4 dass
jeder von euch lernt, mit seiner Frau in hei-
liger und achtungsvoller Weise zu verkehren,
5 nicht in leidenschaftlicher Begierde wie *die
Heiden, die Gott nicht kennen,* 6 und dass
keiner seine Rechte überschreitet und seinen
Bruder bei Geschäften betrügt, denn all das
rächt der Herr, wie wir euch schon früher ge-
sagt und bezeugt haben. 7 Denn Gott hat uns
nicht dazu berufen, unrein zu leben, sondern

3,1–5 Die von den Juden geschürten Feindseligkeiten und Verfolgungen haben offenbar auch nach dem Weggang des Apostels noch angehalten (vgl. 2,14). In ihnen erfüllte sich die Vorhersage des Herrn (vgl. Mt 10,17f; 24,9).

3,11 Erst auf der dritten Missionsreise konnte Paulus die Gemeinde wieder sehen (vgl. Apg 19,21; 20,1–4).

3,13 Unter den »Heiligen« sind hier Engel zu verstehen (vgl. Sach 14,5; Kol 1,12; Eph 2,19; Mt 25,31).

4,4 Andere Übersetzungsmöglichkeit: dass jeder von euch seinen Leib in heiliger und ehrbarer Weise bewahrt. – Das hier im Griechischen verwendete Wort »Gefäß« (skenos) kann in übertragener Bedeutung sowohl den Leib des Menschen als auch (in rabbinischer Ausdrucksweise) die Ehefrau bezeichnen.

4,6 Andere Übersetzungsmöglichkeit: und dass keiner sich gegen seinen Bruder in der betreffenden Sache Übergriffe erlaubt. – In diesem Fall wäre vom Ehebruch die Rede.

heilig zu sein. 8 Wer das verwirft, der ver-
wirft also nicht Menschen, sondern Gott, der
euch *seinen* Heiligen *Geist schenkt*.
9 Über die Bruderliebe brauche ich euch
nicht zu schreiben; Gott selbst hat euch
schon gelehrt, einander zu lieben; 10 und da-
nach handelt ihr auch an allen Brüdern in
ganz Mazedonien. Wir ermuntern euch aber,
Brüder, darin noch vollkommener zu wer-
den. 11 Setzt eure Ehre darein, ruhig zu le-
ben, euch um die eigenen Aufgaben zu küm-
mern und mit euren Händen zu arbeiten, wie
wir euch aufgetragen haben. 12 So sollt ihr
vor denen, die nicht zu euch gehören, ein
rechtschaffenes Leben führen und auf nie-
mand angewiesen sein.

5: Jer 10,25; Ps 79,6 • 6: Ps 94,1 • 7: 2 Thess 2,13f • 8: Ez 36,27; 37,14.

Die Hoffnung der Christen: 4,13–18

13 Brüder, wir wollen euch über die Ver-
storbenen nicht in Unkenntnis lassen, damit
ihr nicht trauert wie die anderen, die keine
Hoffnung haben. 14 Wenn Jesus – und das ist
unser Glaube – gestorben und auferstanden
ist, dann wird Gott durch Jesus auch die
Verstorbenen zusammen mit ihm zur Herr-
lichkeit führen. 15 Denn dies sagen wir euch
nach einem Wort des Herrn: Wir, die Leben-
den, die noch übrig sind, wenn der Herr
kommt, werden den Verstorbenen nichts vo-
raushaben. 16 Denn der Herr selbst wird vom
Himmel herabkommen, wenn der Befehl er-
geht, der Erzengel ruft und die Posaune Got-
tes erschallt. Zuerst werden die in Christus
Verstorbenen auferstehen; 17 dann werden
wir, die Lebenden, die noch übrig sind, zu-
gleich mit ihnen auf den Wolken in die Luft
entrückt, dem Herrn entgegen. Dann werden
wir immer beim Herrn sein. 18 Tröstet also
einander mit diesen Worten!

13–17: 2 Thess 2,1–12 • 14: 1 Kor 15,3f.20f • 15: 1 Kor 15,23.51f; Joh 17,24.

Aufforderung zur Bereitschaft für den Tag des Herrn: 5,1–11

5 Über Zeit und Stunde, Brüder, brauche
ich euch nicht zu schreiben. 2 Ihr selbst
wisst genau, dass der Tag des Herrn kommt
wie ein Dieb in der Nacht. 3 Während die
Menschen sagen: Friede und Sicherheit!,
kommt plötzlich Verderben über sie wie die
Wehen über eine schwangere Frau, und es
gibt kein Entrinnen. 4 Ihr aber, Brüder, lebt
nicht im Finstern, sodass euch der Tag nicht
wie ein Dieb überraschen kann. 5 Ihr alle
seid Söhne des Lichts und Söhne des Tages.
Wir gehören nicht der Nacht und nicht der
Finsternis. 6 Darum wollen wir nicht schla-
fen wie die anderen, sondern wach und
nüchtern sein. 7 Denn wer schläft, schläft bei
Nacht, und wer sich betrinkt, betrinkt sich
bei Nacht. 8 Wir aber, die dem Tag gehören,
wollen nüchtern sein und uns rüsten mit *dem
Panzer* des Glaubens und der Liebe und mit
dem Helm der Hoffnung auf *das Heil*. 9 Denn
Gott hat uns nicht für das Gericht seines
Zorns bestimmt, sondern dafür, dass wir
durch Jesus Christus, unseren Herrn, das
Heil erlangen. 10 Er ist für uns gestorben, da-
mit wir vereint mit ihm leben, ob wir nun
wachen oder schlafen. 11 Darum tröstet und
ermahnt einander und einer richte den an-
dern auf, wie ihr es schon tut.

2: Mt 24,43; Lk 12,39; 2 Petr 3,10; Offb 3,3; 16,15 • 3: Mt 24,38f; Lk 21,34f • 6: Röm 13,11f • 8: Jes 59,17; Weish 5,18f; Eph 6,14–17 • 9: 2 Thess 2,14 • 10: 4,14; Röm 14,8f.

Anweisungen für das Gemeindeleben: 5,12–22

12 Wir bitten euch, Brüder: Erkennt die un-
ter euch an, die sich solche Mühe geben, euch
im Namen des Herrn zu leiten und zum
Rechten anzuhalten. 13 Achtet sie hoch und
liebt sie wegen ihres Wirkens! Haltet Frie-
den untereinander!
14 Wir ermahnen euch, Brüder: Weist die
zurecht, die ein unordentliches Leben füh-
ren, ermutigt die Ängstlichen, nehmt euch
der Schwachen an, seid geduldig mit allen!
15 Seht zu, dass keiner dem andern Böses mit
Bösem vergilt, sondern bemüht euch immer,
einander und allen Gutes zu tun.
16 Freut euch zu jeder Zeit!
17 Betet ohne Unterlass!
18 Dankt für alles; denn das will Gott von
euch, / die ihr Christus Jesus gehört.

4,11f Die an die Müßiggänger gerichtete Mahnung wird in 2 Thess 3,6–12 wieder aufgenommen.

4,12 vor denen, die nicht zu euch gehören, wörtlich: vor den Außenstehenden (vgl. 1 Kor 5,12f).

4,13 Wie der Zusammenhang 4,13–18 zeigt, entsprang die Sorge der Thessalonicher um ihre Toten nicht einem Zweifel an der Auferstehung überhaupt, sondern der Ungewissheit, ob die bereits Verstorbenen ebenfalls am nahe erwarteten Tag des Herrn teilnehmen würden.

4,14 Andere Übersetzungsmöglichkeit: dann wird Gott auch die im Glauben an Jesus Verstorbenen zusammen mit ihm zur Herrlichkeit führen; vgl. 4,16: die in Christus Verstorbenen.

4,15–17 Aus diesen Versen spricht die starke Hoffnung des Paulus und der Gemeinde, die Ankunft des Herrn noch zu erleben (vgl. 5,1f; 2 Thess 1,1–12; 1 Kor 15,51f).

5,10 »Wachen« und »schlafen« beziehen sich hier nicht auf das sittliche Verhalten wie im V. 6, sondern auf »leben« und »gestorben sein«.

19 Löscht den Geist nicht aus!
20 Verachtet prophetisches Reden nicht!
21 Prüft alles und behaltet das Gute!
22 Meidet das Böse in jeder Gestalt!

13: 1 Kor16,15f • 15: Spr 20,22; Röm 12,17; 1 Petr 3,9 • 17: Lk 18,1; Röm 12,12; Eph 6,18; Kol 4,2 • 21: 1 Joh 4,1 • 22: Ijob 1,1.8; 2,3.

DER SCHLUSS DES BRIEFES: SEGEN UND GRUSS: 5,23–28

23 Der Gott des Friedens heilige euch ganz
und gar und bewahre euren Geist, eure Seele
und euren Leib unversehrt, damit ihr ohne
Tadel seid, wenn Jesus Christus, unser Herr,
kommt. 24 Gott, der euch beruft, ist treu; er
wird es tun.
25 Brüder, betet auch für uns!
26 Grüßt alle Brüder mit dem heiligen
Kuss!
27 Ich beschwöre euch beim Herrn, diesen
Brief allen Brüdern vorzulesen.
28 Die Gnade Jesu Christi, unseres Herrn,
sei mit euch!

24: 1 Kor 1,9; 2 Thess 3,3 • 25: 2 Thess 3,1 • 26: Röm 16,16 • 27: Kol 4,16.

Der zweite Brief an die Thessalonicher

Anlass für den Brief ist das Auftreten von Irrlehrern in der Gemeinde. Diese haben die Gemeinde in große Verwirrung gebracht mit der Behauptung, dass der Tag der Wiederkunft Christi schon da sei (2,2). Der Brief warnt die Thessalonicher vor diesen Schwärmern und belehrt sie über die Geschehnisse, die nach dem Plan Gottes dem Ende vorausgehen müssen. Dabei werden in starkem Maß Vorstellungen aufgegriffen, die im zeitgenössischen Judentum verbreitet waren.

Der Brief hat folgenden Aufbau: Paulus dankt für den guten Zustand der Gemeinde, weist auf das gerechte Gericht Gottes hin und bittet um die Vollendung der Thessalonicher in allem Guten (1,1–12). Vor dem Ende der Welt wird es zum großen Abfall von Gott kommen und der »Sohn des Verderbens, der Widersacher« (Antichrist) wird auftreten, der jetzt noch »zurückgehalten«, bei der Wiederkunft Christi aber vernichtet wird (2,1–12). Paulus ermahnt zum treuen Festhalten an den Überlieferungen und weist einzelne Gemeindemitglieder zurecht, die sich, offenkundig durch die Irrlehrer verführt, weigern, der täglichen Arbeit nachzugehen (2,13 – 3,15). Der Brief schließt mit dem üblichen Segensgruß (3,16–18).

Die Bedeutung des Briefs ist vor allem darin zu sehen, dass er angesichts der sich verzögernden Wiederkunft Christi dazu auffordert, im Glauben nicht nachzulassen (vgl. 2 Petr), und vor schwärmerischer Endzeiterwartung warnt.

ANSCHRIFT UND GRUSS: 1,1–2

1 Paulus, Silvanus und Timotheus an die
Gemeinde von Thessalonich, die in
Gott, unserem Vater, und in Jesus Christus,
dem Herrn, ist: 2 Gnade sei mit euch und
Friede von Gott, dem Vater, und dem Herrn
Jesus Christus.

1: 1 Thess 1,1 • 2: Röm 1,7.

DIE SORGE DES APOSTELS UM DIE GEMEINDE: 1,3–12

Die Bedrängnis der Thessalonicher und das gerechte Gericht Gottes: 1,3–10

3 Wir müssen Gott euretwegen immer dan-
ken, Brüder, wie es recht ist, denn euer Glau-
be wächst und die gegenseitige Liebe nimmt
bei euch allen zu. 4 Wir können in den Ge-
meinden Gottes mit Stolz auf euch hinwei-
sen, weil ihr im Glauben standhaft bleibt bei
aller Verfolgung und Bedrängnis, die ihr zu
ertragen habt. 5 Dies ist ein Anzeichen des
gerechten Gerichtes Gottes; ihr sollt ja des
Reiches Gottes teilhaftig werden, für das ihr
leidet. 6 Denn es entspricht der Gerechtigkeit
Gottes, denen mit Bedrängnis zu vergelten,
die euch bedrängen, 7 euch aber, den Be-
drängten, zusammen mit uns Ruhe zu schen-
ken, wenn Jesus, der Herr, sich vom Himmel
her offenbart mit seinen mächtigen Engeln
8 in loderndem Feuer. Dann *übt er Vergel-
tung* an denen, die Gott nicht kennen und
dem Evangelium Jesu, unseres Herrn, nicht
gehorchen. 9 *Fern vom Angesicht des Herrn*
und von seiner Macht und Herrlichkeit müs-
sen sie sein, mit ewigem Verderben werden
sie bestraft, 10 wenn er an jenem Tag kommt,
um inmitten seiner Heiligen gefeiert und im
Kreis aller derer bewundert zu werden, die
den Glauben angenommen haben; auch bei
euch hat ja unser Zeugnis Glauben gefun-
den.

3: 1 Thess 1,2 • 4: Mk 4,17 • 5–10: Röm 2,6–11 • 5: Phil 1,28 • 7: 1 Thess 3,13; 4,16 • 8: Ex 3,2; Jes 66,4.15; Jer 10,25; Ps 79,6 • 9: Jes 2,10.19.21 • 10: Jes 2,11.17; Ps 89,8.

Fürbitte des Apostels: 1,11–12

11 Darum beten wir auch immer für euch,
dass unser Gott euch eurer Berufung würdig
mache und in seiner Macht allen Willen zum
Guten und jedes Werk des Glaubens voll-
ende. 12 So soll der Name Jesu, unseres
Herrn, in euch verherrlicht werden und ihr
in ihm, durch die Gnade unseres Gottes und
Herrn Jesus Christus.

12: Jes 24,15; Mal 1,11.

DIE CHRISTLICHE HOFFNUNG UND DER TAG DES HERRN: 2,1–17

Die Zeichen der Endzeit: 2,1–12

2 Brüder, wir schreiben euch über die An-
kunft Jesu Christi, unseres Herrn, und
unsere Vereinigung mit ihm und bitten euch:
2 Lasst euch nicht so schnell aus der Fassung
bringen und in Schrecken jagen, wenn in ei-
nem prophetischen Wort oder einer Rede
oder in einem Brief, der angeblich von uns
stammt, behauptet wird, der Tag des Herrn
sei schon da. 3 Lasst euch durch niemand und
auf keine Weise täuschen! Denn zuerst muss
der Abfall von Gott kommen und der Mensch
der Gesetzwidrigkeit erscheinen, der Sohn
des Verderbens, 4 der Widersacher, der sich
über alles, was Gott oder Heiligtum heißt, so
sehr erhebt, dass er sich sogar in den Tempel
Gottes setzt und sich als Gott ausgibt. 5 Erin-
nert ihr euch nicht, dass ich euch dies schon
gesagt habe, als ich bei euch war? 6 Ihr wisst
auch, was ihn jetzt noch zurückhält, damit er
erst zur festgesetzten Zeit offenbar wird.
7 Denn die geheime Macht der Gesetzwidrig-
keit ist schon am Werk; nur muss erst der be-
seitigt werden, der sie bis jetzt noch zurück-
hält. 8 Dann wird der gesetzwidrige Mensch
allen sichtbar werden. Jesus, der Herr, wird
ihn *durch den Hauch seines Mundes töten*
und durch seine Ankunft und Erscheinung
vernichten. 9 Der Gesetzwidrige aber wird,
wenn er kommt, die Kraft des Satans haben.

1,12 Andere Übersetzungsmöglichkeit: durch die Gnade unseres Gottes und des Herrn Jesus Christus.

2,2 Ob Paulus auf einen wirklich gefälschten Brief anspielt oder nur mit der Möglichkeit einer solchen Fälschung rechnet, ist offen; in jedem Fall wird so die Betonung der eigenhändigen Unterschrift als Echtheitszeichen seiner Briefe in 3,17 begreiflich.

2,4 Die Wendung »sich in den Tempel Gottes setzen« ist wohl bildhafter Ausdruck dafür, dass der Antichrist Gott verdrängen und sich an seine Stelle setzen will.

2,6f was ihn jetzt noch zurückhält: gemeint ist entweder das Zeugnis derer, die an Christus glauben, oder die staatliche Ordnung des Römerreichs (vgl. Röm 13,1–7).

2,7 Hinter der »geheimen Macht der Gesetzwidrigkeit«, die schon am Werk ist, steht der Satan, dessen Kraft auch in dem erst später erscheinenden Antichrist wirksam sein wird.

Er wird mit großer Macht auftreten und trügerische Zeichen und Wunder tun. [10] Er wird alle, die verloren gehen, betrügen und zur Ungerechtigkeit verführen; sie gehen verloren, weil sie sich der Liebe zur Wahrheit verschlossen haben, durch die sie gerettet werden sollten. [11] Darum lässt Gott sie der Macht des Irrtums verfallen, sodass sie der Lüge glauben; [12] denn alle müssen gerichtet werden, die nicht der Wahrheit geglaubt, sondern die Ungerechtigkeit geliebt haben.

1–12: 1 Thess 4,13–17 • 2: 2,15; 3,17 • 3: 1 Tim 4,1; 1 Joh 2,18; 4,3 • 4: Dan 11,36; Ez 28,2 • 8: Jes 11,4; Ijob 4,9; Offb 19,15 • 9: Mt 24,24 • 11: Röm 1,28; 2 Tim 4,4.

Ermutigung der Gläubigen: 2,13–15

[13] Wir müssen Gott zu jeder Zeit euretwegen danken, vom Herrn geliebte Brüder, weil Gott euch als Erstlingsgabe dazu auserwählt hat, aufgrund der Heiligung durch den Geist und aufgrund eures Glaubens an die Wahrheit gerettet zu werden. [14] Dazu hat er euch durch unser Evangelium berufen; ihr sollt nämlich die Herrlichkeit Jesu Christi, unseres Herrn, erlangen. [15] Seid also standhaft, Brüder, und haltet an den Überlieferungen fest, in denen wir euch unterwiesen haben, sei es mündlich, sei es durch einen Brief.

13: 1 Thess 1,2; 2,13; Dtn 33,12 • 14: 1 Thess 4,7; 5,9 • 15: 1 Kor 11,2; 2 Thess 3,6.

Segenswunsch des Apostels: 2,16–17

[16] Jesus Christus aber, unser Herr, und Gott, unser Vater, der uns seine Liebe zugewandt und uns in seiner Gnade ewigen Trost und sichere Hoffnung geschenkt hat, [17] tröste euch und gebe euch Kraft zu jedem guten Werk und Wort.

16f: 1 Thess 3,11–13.

ANWEISUNGEN AN DIE GEMEINDE: 3,1–15

Bitte um das Gebet der Gemeinde: 3,1–5

3 Im Übrigen, Brüder, betet für uns, damit das Wort des Herrn sich ausbreitet und verherrlicht wird, ebenso wie bei euch. [2] Betet auch darum, dass wir vor den bösen und schlechten Menschen gerettet werden; denn nicht alle nehmen den Glauben an. [3] Aber der Herr ist treu; er wird euch Kraft geben und euch vor dem Bösen bewahren. [4] Wir vertrauen im Herrn auf euch, dass ihr jetzt und auch in Zukunft tut, was wir anordnen. [5] Der Herr richte euer Herz darauf, dass ihr Gott liebt und unbeirrt auf Christus wartet.

1: Kol 4,3; 1 Thess 5,25 • 3: 1 Kor 10,13; 1 Thess 5,24.

Zurechtweisung der Müßiggänger: 3,6–12

[6] Im Namen Jesu Christi, des Herrn, gebieten wir euch, Brüder: Haltet euch von jedem Bruder fern, der ein unordentliches Leben führt und sich nicht an die Überlieferung hält, die ihr von uns empfangen habt. [7] Ihr selbst wisst, wie man uns nachahmen soll. Wir haben bei euch kein unordentliches Leben geführt [8] und bei niemand unser Brot umsonst gegessen; wir haben uns gemüht und geplagt, Tag und Nacht haben wir gearbeitet, um keinem von euch zur Last zu fallen. [9] Nicht als hätten wir keinen Anspruch auf Unterhalt; wir wollten euch aber ein Beispiel geben, damit ihr uns nachahmen könnt. [10] Denn als wir bei euch waren, haben wir euch die Regel eingeprägt: Wer nicht arbeiten will, soll auch nicht essen. [11] Wir hören aber, dass einige von euch ein unordentliches Leben führen und alles Mögliche treiben, nur nicht arbeiten. [12] Wir ermahnen sie und gebieten ihnen im Namen Jesu Christi, des Herrn, in Ruhe ihrer Arbeit nachzugehen und ihr selbst verdientes Brot zu essen.

6: 1 Thess 5,14 • 7: 1 Kor 11,1 • 8: 1 Kor 4,12; 1 Thess 2,9 • 9: Mt 10,10; 1 Kor 9,16.14; Phil 3,17 • 12: 1 Thess 4,11.

Mahnung an alle: 3,13–15

[13] Ihr aber, Brüder, werdet nicht müde, Gutes zu tun. [14] Wenn jemand auf unsere Mahnung in diesem Brief nicht hört, dann merkt ihn euch und meidet den Umgang mit ihm, damit er sich schämt; [15] doch seht ihn nicht als Feind an, sondern weist ihn als euren Bruder zurecht!

14: 1 Kor 5,9.11 • 15: Mt 18,15–17.

2,13 als Erstlingsgabe, nach anderen Textzeugen: von Anfang an.

3,5 Andere Übersetzungsmöglichkeit: Der Herr lenke euer Herz zur Liebe Gottes und zur Geduld Christi.

DER SCHLUSS DES BRIEFES: 3,16–18

16 Der Herr des Friedens aber schenke
euch den Frieden zu jeder Zeit und auf jede
Weise. Der Herr sei mit euch allen. 17 Den
Gruß schreibe ich, Paulus, eigenhändig. Das
ist mein Zeichen in jedem Brief; so schreibe
ich. 18 Die Gnade Jesu Christi, unseres
Herrn, sei mit euch allen!

16: Röm 15,33 • 17: 1 Kor 16,21 • 18: Röm 16,24.

Die Pastoralbriefe

Der 1. und 2. Timotheusbrief und der Titusbrief werden als »Pastoralbriefe« bezeichnet. Sie sind nicht an Gemeinden gerichtet, sondern an die Hirten (lateinisch: pastores), die Vorsteher der Gemeinden. Sie enthalten Anweisungen des kurz vor dem Tod stehenden Apostels zur Ordnung und Leitung der Gemeinden.

Diese Briefe heben sich nach Form und Inhalt von den übrigen Paulusbriefen ab und bilden eine eigene Gruppe. Die bekämpften Gegner sind nicht mehr Judenchristen, die das gesetzesfreie Evangelium des Paulus ablehnen (vgl. den Galaterbrief), sondern Vertreter einer jüdisch gefärbten »Gnosis«, einer sogenannten »Erkenntnis« (vgl. 1 Tim 6,20) über Gott und die Welt und die Erlösung, die für die frühe Kirche eine ernste Bedrohung darstellte. Der Gedanke an eine baldige Wiederkunft Christi ist in den Hintergrund getreten. Die Kirche und der einzelne Christ haben sich für eine längere Zeit auf das Leben in der Welt einzustellen. Die kirchlichen Ämter, die in der Zeit des Paulus erst ansatzweise vorhanden waren, beginnen feste Formen anzunehmen: Es gibt Vorsteher (Bischöfe), Älteste (Presbyter) und Diakone. In dieser neuen Situation geben die Pastoralbriefe Richtlinien und Anweisungen für die Amtsträger.

Aus diesen Gründen nimmt die neuere Forschung an, dass die Pastoralbriefe nicht unmittelbar von Paulus stammen. Der Verfasser der drei Briefe, wer immer er sein mag, ist jedoch überzeugt, im Sinn und in der Autorität des Apostels Paulus zu schreiben und dessen Lehre für seine Zeit verbindlich darzulegen.

Der erste Brief an Timotheus

Timotheus, in der Apostelgeschichte und in den Paulusbriefen oft genannt, war der Sohn eines heidnischen Vaters und einer christlichen Mutter (Apg 16,1–3). Etwa seit dem Jahr 50 n. Chr. ist er Mitarbeiter des Paulus; auch während der in Phil 2,19–22 erwähnten Gefangenschaft war er bei ihm. Nach 1 Tim 1,3 ist er der Beauftragte des Apostels für die Kirche von Ephesus. Im 1. und 2. Timotheusbrief erhält er Richtlinien für die Ausübung des kirchlichen Amtes und die persönliche Lebensführung.

3,17 Zur eigenhändigen Unterschrift vgl. 1 Kor 16,21; Gal 6,11; Kol 4,18; Phlm 19 und die Anmerkung zu 2 Thess 2,2.

Nach dem Briefeingang (1,1–2) werden im ersten Teil des Schreibens (Kap. 1) grundlegende Fragen behandelt: Bekämpfung der Irrlehre, Verantwortung des Lehrers in der Gemeinde (1,3–7); Bedeutung des Gesetzes im Licht des Evangeliums (1,8–11); Berufung des Paulus zum Dienst für das Evangelium (1,12–17); abschließend eine Mahnung an Timotheus zu verantwortungsbewusster Ausführung (1,18–20). Im zweiten Teil (2,1 – 6,19) stehen zuerst Anweisungen für den Gottesdienst (2,1–15). Dann werden die Bedingungen für die Übernahme kirchlicher Ämter aufgezählt (Kap. 3). Es folgen: Mahnungen zum Kampf gegen Irrlehrer (4,1–11), Anweisungen für die Lebensführung des Timotheus (4,12 – 5,2). Der Abschnitt 5,3 – 6,2a handelt von verschiedenen Ständen in der Gemeinde (Witwen, Älteste, Sklaven). Kap. 6 wendet sich nochmals gegen die Irrlehrer, warnt vor Habgier und mahnt Timotheus zum unermüdlichen Kampf für den überlieferten Glauben (6,2b–21).

ANSCHRIFT UND GRUSS: 1,1–2

1 Paulus, Apostel Christi Jesu durch den Auftrag Gottes, unseres Retters, und Christi Jesu, unserer Hoffnung,
2 an Timotheus, seinen echten Sohn durch den Glauben. Gnade, Erbarmen und Friede von Gott, dem Vater, und Christus Jesus, unserem Herrn.

1: 2,3; 4,10; Tit 1,3; 2,10; 3,4.

GRUNDLEGENDE AUSSAGEN: 1,3–20

Die Aufgabe der Glaubensunterweisung: 1,3–7

3 Bei meiner Abreise nach Mazedonien habe ich dich gebeten, in Ephesus zu bleiben, damit du bestimmten Leuten verbietest, falsche Lehren zu verbreiten
4 und sich mit Fabeleien und endlosen Geschlechterreihen abzugeben, die nur Streitfragen mit sich bringen, statt dem Heilsplan Gottes zu dienen, der sich im Glauben verwirklicht.
5 Das Ziel der Unterweisung ist Liebe aus reinem Herzen, gutem Gewissen und ungeheucheltem Glauben.
6 Davon sind aber manche abgekommen und haben sich leerem Geschwätz zugewandt.
7 Sie wollen Gesetzeslehrer sein, verstehen aber nichts von dem, was sie sagen und worüber sie so sicher urteilen.

3: Apg 20,1 • 4: 4,7; Tit 1,14 • 5: Gal 5,14.

Die Bedeutung des Gesetzes: 1,8–11

8 Wir wissen: Das Gesetz ist gut, wenn man es im Sinn des Gesetzes anwendet
9 und bedenkt, dass das Gesetz nicht für den Gerechten bestimmt ist, sondern für Gesetzlose und Ungehorsame, für Gottlose und Sünder, für Menschen ohne Glauben und Ehrfurcht, für solche, die Vater oder Mutter töten, für Mörder,
10 Unzüchtige, Knabenschänder, Menschenhändler, für Leute, die lügen und Meineide schwören und all das tun, was gegen die gesunde Lehre verstößt.
11 So lehrt das Evangelium von der Herrlichkeit des seligen Gottes, das mir anvertraut ist.

8: Röm 7,12.16 • 10: 4,6; 6,3.

Dank für die Berufung zum Apostel: 1,12–17

12 Ich danke dem, der mir Kraft gegeben hat: Christus Jesus, unserem Herrn. Er hat mich für treu gehalten und in seinen Dienst genommen,
13 obwohl ich ihn früher lästerte, verfolgte und verhöhnte. Aber ich habe Erbarmen gefunden, denn ich wusste in meinem Unglauben nicht, was ich tat.
14 So übergroß war die Gnade unseres Herrn, die mir in Christus Jesus den Glauben und die Liebe schenkte.
15 Das Wort ist glaubwürdig und wert, dass man es beherzigt: Christus Jesus ist in die Welt gekommen, um die Sünder zu retten. Von ihnen bin ich der Erste.
16 Aber ich habe Erbarmen gefunden, damit Christus Jesus an mir als Erstem seine ganze Langmut beweisen konnte, zum Vorbild für alle, die in Zukunft an ihn glauben, um das ewige Leben zu erlangen.
17 Dem König der

1,4 Auf »Geschlechterreihen«, Stammbäume und große Namen des Alten Testaments stützen die gnostischen Irrlehrer ihre Auskünfte über die jenseitige Welt (vgl. die Einleitung zu den Pastoralbriefen).

1,10 »Gesunde Lehre«, im Gegensatz zu der als Krankheit gekennzeichneten Irrlehre (6,4), ist die nicht durch häretische Spekulationen und Irrtümer verdorbene reine Lehre der Apostel.

Ewigkeit, dem unvergänglichen, unsichtba-
ren, einzigen Gott, sei Ehre und Herrlichkeit
in alle Ewigkeit. Amen.

13f: 1 Kor 15,9f; Gal 1,13–16 • 15: Lk 19,10 • 16: 1 Kor 15,10; Eph 3,1.7–9; Kol 1,24f • 17: Röm 16,27; Offb 4,11; 7,12.

Die Verantwortung des Timotheus: 1,18–20

18 Diese Ermahnung lege ich dir ans Herz,
mein Sohn Timotheus, im Gedanken an die
prophetischen Worte, die einst über dich ge-
sprochen wurden; durch diese Worte ge-
stärkt, kämpfe den guten Kampf, 19 gläubig
und mit reinem Gewissen. Schon manche ha-
ben die Stimme ihres Gewissens missachtet
und haben im Glauben Schiffbruch erlitten,
20 darunter Hymenäus und Alexander, die
ich dem Satan übergeben habe, damit sie
durch diese Strafe lernen, Gott nicht mehr
zu lästern.

18: 4,14 • 20: 2 Tim 2,17; 4,14; 1 Kor 5,5.

DIE RECHTE ORDNUNG IN DEN GEMEINDEN: 2,1 – 6,19

Gebet für alle Menschen: 2,1–7

2 Vor allem fordere ich zu Bitten und Ge-
beten, zu Fürbitte und Danksagung auf,
und zwar für alle Menschen, 2 für die Herr-
scher und für alle, die Macht ausüben, damit
wir in aller Frömmigkeit und Rechtschaffen-
heit ungestört und ruhig leben können. 3 Das
ist recht und gefällt Gott, unserem Retter;
4 er will, dass alle Menschen gerettet werden
und zur Erkenntnis der Wahrheit gelangen.
5 Denn:
Einer ist Gott, / Einer auch Mittler zwi-
schen Gott und den Menschen: / der Mensch
Christus Jesus,
6 der sich als Lösegeld hingegeben hat für
alle, / ein Zeugnis zur vorherbestimmten
Zeit,
7 als dessen Verkünder und Apostel ich
eingesetzt wurde – ich sage die Wahrheit und
lüge nicht –, als Lehrer der Heiden im Glau-
ben und in der Wahrheit.

3: 1,1; 4,10; Tit 1,3; 2,10; 3,4 • 6: Mt 20,28; Mk 10,45; Gal 1,4; Tit 2,14 • 7: Gal 2,7; Eph 3,1; Kol 1,25–29.

Männer und Frauen: 2,8–15

8 Ich will, dass die Männer überall beim Ge-
bet ihre Hände in Reinheit erheben, frei von
Zorn und Streit. 9 Auch sollen die Frauen
sich anständig, bescheiden und zurückhal-
tend kleiden; nicht Haartracht, Gold, Perlen
oder kostbare Kleider seien ihr Schmuck,
10 sondern gute Werke; so gehört es sich für
Frauen, die gottesfürchtig sein wollen.
11 Eine Frau soll sich still und in aller Unter-
ordnung belehren lassen. 12 Dass eine Frau
lehrt, erlaube ich nicht, auch nicht, dass sie
über ihren Mann herrscht; sie soll sich still
verhalten. 13 Denn zuerst wurde Adam er-
schaffen, danach Eva. 14 Und nicht Adam
wurde verführt, sondern die Frau ließ sich
verführen und übertrat das Gebot. 15 Sie
wird aber dadurch gerettet werden, dass sie
Kinder zur Welt bringt, wenn sie in Glaube,
Liebe und Heiligkeit ein besonnenes Leben
führt.

8: 1 Petr 3,7 • 9: 1 Petr 3,1–4 • 11: 1 Kor 14,33–35 • 13: Gen 2,7.22 • 14: Gen 3,13.

Der Bischof: 3,1–7

3 Das Wort ist glaubwürdig: Wer das Amt
eines Bischofs anstrebt, der strebt nach
einer großen Aufgabe. 2 Deshalb soll der
Bischof ein Mann ohne Tadel sein, nur ein-
mal verheiratet, nüchtern, besonnen, von
würdiger Haltung, gastfreundlich, fähig zu
lehren; 3 er sei kein Trinker und kein gewalt-
tätiger Mensch, sondern rücksichtsvoll; er
sei nicht streitsüchtig und nicht geldgierig.
4 Er soll ein guter Familienvater sein und sei-
ne Kinder zu Gehorsam und allem Anstand
erziehen. 5 Wer seinem eigenen Hauswesen
nicht vorstehen kann, wie soll der für die
Kirche Gottes sorgen? 6 Er darf kein Neube-
kehrter sein, sonst könnte er hochmütig wer-
den und dem Gericht des Teufels verfallen.
7 Er muss auch bei den Außenstehenden ei-
nen guten Ruf haben, damit er nicht in üble
Nachrede kommt und in die Falle des Teufels
gerät.

1–7: Tit 1,6f • 2: 1 Petr 5,3.

1,18 Die Einsetzung in das kirchliche Amt geschah durch prophetisches Wort (Zuspruch, Weisung) und Handauflegung; vgl. 1 Tim 4,14; Apg 13,1–3.

2,15 Was hier über die Rolle der Frau gesagt ist, entspricht überlieferter jüdischer Denkweise; es richtet sich aber auch gegen gnostische Irrlehrer, die das Heiraten verbieten wollten (1 Tim 4,3).

3,1 Mit dem Ausdruck »Bischof« wurde in dieser Frühzeit das kirchliche Vorsteheramt bezeichnet. Aus Tit 1,6f ergibt sich, dass die Grenze zwischen den »Ältesten« und dem »Bischof« noch fließend war.

3,2 nur einmal verheiratet, wörtlich: Mann einer einzigen Frau. Nach der nahe liegenden Auslegung dieser Stelle sind Männer, die nach dem Tod ihrer ersten Frau wieder geheiratet haben, vom Bischofsamt ausgeschlossen.

Die Diakone: 3,8–13

8 Ebenso sollen die Diakone sein: achtbar,
nicht doppelzüngig, nicht dem Wein ergeben
und nicht gewinnsüchtig; 9 sie sollen mit rei-
nem Gewissen am Geheimnis des Glaubens
festhalten. 10 Auch sie soll man vorher prü-
fen, und nur wenn sie unbescholten sind,
sollen sie ihren Dienst ausüben. 11 Ebenso
sollen die Frauen ehrbar sein, nicht verleum-
derisch, sondern nüchtern und in allem zu-
verlässig. 12 Die Diakone sollen nur einmal
verheiratet sein und ihren Kindern und ihrer
Familie gut vorstehen. 13 Denn wer seinen
Dienst gut versieht, erlangt einen hohen
Rang und große Zuversicht im Glauben an
Christus Jesus.

Die Kirche, Fundament der Wahrheit Gottes: 3,14–16

14 Ich schreibe dir das alles, obwohl ich
hoffe, schon bald zu dir zu kommen. 15 Falls
ich aber länger ausbleibe, sollst du wissen,
wie man sich im Hauswesen Gottes verhal-
ten muss, das heißt in der Kirche des leben-
digen Gottes, die die Säule und das Funda-
ment der Wahrheit ist. 16 Wahrhaftig, das
Geheimnis unseres Glaubens ist groß:

Er wurde offenbart im Fleisch, / gerechtfertigt durch den Geist,
geschaut von den Engeln, / verkündet unter den Heiden,
geglaubt in der Welt, / aufgenommen in die Herrlichkeit.

Falsche Haltungen: 4,1–5

4 Der Geist sagt ausdrücklich: In späte-
ren Zeiten werden manche vom Glau-
ben abfallen; sie werden sich betrügerischen
Geistern und den Lehren von Dämonen zu-
wenden, 2 getäuscht von heuchlerischen
Lügnern, deren Gewissen gebrandmarkt ist.
3 Sie verbieten die Heirat und fordern den
Verzicht auf bestimmte Speisen, die Gott
doch dazu geschaffen hat, dass die, die zum
Glauben und zur Erkenntnis der Wahrheit
gelangt sind, sie mit Danksagung zu sich
nehmen. 4 Denn alles, was Gott geschaffen
hat, ist gut und nichts ist verwerflich, wenn
es mit Dank genossen wird; 5 es wird gehei-
ligt durch Gottes Wort und durch das Ge-
bet.

1: 2 Tim 3,1; 2 Petr 3,3; 1 Joh 2,18 • 3: 1 Kor 7,1; Kol 2,21 • 4: Gen 1,31.

Die rechte Wertordnung: 4,6–11

6 Dies trage den Brüdern vor, dann wirst
du ein guter Diener Christi Jesu sein, erzo-
gen in den Worten des Glaubens und der gu-
ten Lehre, der du gefolgt bist. 7 Gottlose Alt-
weiberfabeln weise zurück! Übe dich in der
Frömmigkeit! 8 Denn körperliche Übung
nützt nur wenig, die Frömmigkeit aber ist
nützlich zu allem: Ihr ist das gegenwärtige
und das zukünftige Leben verheißen. 9 Die-
ses Wort ist glaubwürdig und wert, dass man
es beherzigt. 10 Dafür arbeiten und kämpfen
wir, denn wir haben unsere Hoffnung auf
den lebendigen Gott gesetzt, den Retter aller
Menschen, besonders der Gläubigen. 11 Das
sollst du anordnen und lehren.

6: 1,10; 6,3; 2 Tim 4,3; Tit 1,9 • 7: 1,4; Tit 1,14 • 10: 1,1; 2,3; Tit 1,3; 2,10; 3,4.

Anweisungen für Timotheus: 4,12 – 5,2

12 Niemand soll dich wegen deiner Jugend
gering schätzen. Sei den Gläubigen ein Vor-
bild in deinen Worten, in deinem Lebens-
wandel, in der Liebe, im Glauben, in der Lau-
terkeit. 13 Lies ihnen eifrig (aus der Schrift)
vor, ermahne und belehre sie, bis ich komme.
14 Vernachlässige die Gnade nicht, die in dir
ist und die dir verliehen wurde, als dir die
Ältesten aufgrund prophetischer Worte ge-
meinsam die Hände auflegten. 15 Dafür sollst
du sorgen, darin sollst du leben, damit allen
deine Fortschritte offenbar werden. 16 Achte
auf dich selbst und auf die Lehre; halte da-
ran fest! Wenn du das tust, rettest du dich
und alle, die auf dich hören.
5 Einen älteren Mann sollst du nicht grob
behandeln, sondern ihm zureden wie ei-
nem Vater. Mit jüngeren Männern rede wie
mit Brüdern, 2 mit älteren Frauen wie mit
Müttern, mit jüngeren wie mit Schwestern,
in aller Zurückhaltung.

4,14: 2 Tim 1,6; Apg 14,23.

3,12 Vgl. die Anmerkung zu 3,2.

3,16 Hier wie in 2,5f; 6,15f und 2 Tim 2,11–13 zitiert der Verfasser geprägte Traditionen; an dieser Stelle einen kleinen Hymnus.

4,1–5 Gegen gnostische Irrlehren (vgl. die Einleitung zu den Pastoralbriefen) wird die Lehre von der einen und einzigen guten Schöpfung des einen Gottes bekräftigt.

4,3–5 Mit Danksagung (V. 3), Dank (V. 4) und Gebet (V. 5) ist wohl das Tischgebet gemeint.

4,13 Schrift meint hier das Alte Testament.

4,14 Wichtiger Hinweis auf die Einsetzung in das kirchliche Amt durch Handauflegung; vgl. die Anmerkung zu 1,18.

Stand und Aufgabe der Witwen: 5,3–16

3 Ehre die Witwen, wenn sie wirklich Wit-
wen sind. 4 Hat eine Witwe aber Kinder oder
Enkel, dann sollen diese lernen, zuerst selbst
ihren Angehörigen Ehrfurcht zu erweisen
und dankbar für ihre Mutter oder Großmut-
ter zu sorgen; denn das gefällt Gott. 5 Eine
Frau aber, die wirklich eine Witwe ist und
allein steht, setzt ihre Hoffnung auf Gott und
betet beharrlich und inständig bei Tag und
Nacht. 6 Wenn eine jedoch ein ausschweifen-
des Leben führt, ist sie schon bei Lebzeiten
tot. 7 Das sollst du ihnen einprägen; dann
wird man ihnen nichts vorwerfen können.
8 Wer aber für seine Verwandten, besonders
für die eigenen Hausgenossen, nicht sorgt,
der verleugnet damit den Glauben und ist
schlimmer als ein Ungläubiger.

9 Eine Frau soll nur dann in die Liste der
Witwen aufgenommen werden, wenn sie
mindestens sechzig Jahre alt ist, nur einmal
verheiratet war, 10 wenn bekannt ist, dass sie
Gutes getan hat, wenn sie Kinder aufgezogen
hat, gastfreundlich gewesen ist und den Hei-
ligen die Füße gewaschen hat, wenn sie de-
nen, die in Not waren, geholfen hat und
überhaupt bemüht war, Gutes zu tun. 11 Jün-
gere Witwen weise ab; denn wenn die Lei-
denschaft sie Christus entfremdet, wollen sie
heiraten 12 und ziehen sich den Vorwurf zu,
ihrem Versprechen (das sie Christus gegeben
haben) untreu geworden zu sein. 13 Außer-
dem werden sie faul und gewöhnen sich da-
ran, von Haus zu Haus zu laufen. Aber nicht
nur faul werden sie, sondern auch geschwät-
zig; sie mischen sich in alles und reden über
Dinge, die sie nichts angehen. 14 Deshalb will
ich, dass jüngere Witwen heiraten, Kinder
zur Welt bringen, den Haushalt versorgen
und dem Gegner keinen Anlass zu übler
Nachrede geben. 15 Einige haben sich schon
abgewandt und sind dem Satan gefolgt.
16 Wenn eine gläubige Frau Witwen in ihrem
Haus hat, soll sie für sie sorgen. Die Gemein-
de soll nicht belastet werden, damit sie sich
um die kümmern kann, die wirklich Witwen
sind.

Über die Ältesten: 5,17–22

17 Älteste, die das Amt des Vorstehers gut
versehen, verdienen doppelte Anerkennung,
besonders solche, die sich mit ganzer Kraft
dem Wort und der Lehre widmen. 18 Denn
die Schrift sagt: *Du sollst dem Ochsen zum
Dreschen keinen Maulkorb anlegen,* und:
Wer arbeitet, hat ein Recht auf seinen
Lohn.

19 Nimm gegen einen Ältesten keine Klage
an, außer *wenn zwei oder drei Zeugen sie be-
kräftigen.* 20 Wenn sich einer verfehlt, so wei-
se ihn in Gegenwart aller zurecht, damit
auch die anderen sich fürchten. 21 Ich be-
schwöre dich bei Gott, bei Christus Jesus
und bei den auserwählten Engeln: Befolge
dies alles ohne Vorurteil und vermeide jede
Bevorzugung! 22 Lege keinem vorschnell die
Hände auf und mach dich nicht mitschuldig
an fremden Sünden; bewahre dich rein!

17: 1 Petr 5,1–5 • 18: Dtn 25,4; Mt 10,10; Lk 10,7; 1 Kor 9,12–14 • 19: Dtn 19,15; Mt 18,16.

Verschiedene Mahnungen: 5,23–25

23 Trink nicht nur Wasser, sondern nimm
auch etwas Wein, mit Rücksicht auf deinen
Magen und deine häufigen Krankheiten.

24 Die Sünden mancher Leute liegen offen
zutage, sie laufen ihnen gleichsam voraus
zum Gericht; bei anderen kommen sie erst
hinterher. 25 Ebenso liegen die guten Werke
offen zutage, und wenn sie noch nicht offen-
kundig sind, können sie doch nicht verbor-
gen bleiben.

Wort an die Sklaven: 6,1–2a

6 Alle, die das Joch der Sklaverei zu tra-
gen haben, sollen ihren Herren alle
Ehre erweisen, damit der Name Gottes und
die Lehre nicht in Verruf kommen. 2a Wer
aber einen gläubigen Herrn hat, achte ihn
nicht deshalb für geringer, weil er sein Bru-
der ist, sondern diene ihm noch eifriger;
denn sein Herr ist gläubig und von Gott ge-
liebt und bemüht sich, Gutes zu tun.

1: Tit 2,9f; 1 Petr 2,18.

Warnung vor Irrlehre und Habsucht:
6,2b–10

2b So sollst du lehren, dazu sollst du er-
mahnen. 3 Wer aber etwas anderes lehrt und
sich nicht an die gesunden Worte Jesu Chris-

5,9 Vgl. die Anmerkung zu 3,2.

5,12 ihrem Versprechen untreu geworden zu sein, wörtlich: ihre erste Treue gebrochen zu haben.

5,17 Über die Amtsträger in der Kirche vgl. die Anmerkung zu 3,1.

5,22 Der Vers wird verschieden gedeutet: Handauflegung bei der Einsetzung in das kirchliche Amt (Ordination); Aufnahme von Taufanwärtern; Wiederaufnahme reuiger Sünder. Die erste Auffassung ist die wahrscheinlichste.

ölbaum

ölbaum
alt und konrrig
keiner hat so viele jahre gesehen wie du
du kannst erzählen
von den menschen in deinem schatten
von den vögeln in deinen ästen
seit jahrhunderten

ölbaum
wie viele menschen haben dich umsorgt
wie vielen menschen hast du nahrung gegeben
wie viele könige wurden von deinem öl gesalbt
wie viele haben sich an dir erfreut

ölbaum
vorbild für treue
vorbild für standhaftigkeit
vorbild für langmut
vorbild für reiche frucht

Einst machten sich die Bäume auf,
um sich einen König zu salben,
und sie sagten zum Ölbaum:
Sei du unser König!
Der Ölbaum sagte zu ihnen:
Soll ich mein Fett aufgeben,
mit dem man Götter und Menschen ehrt,
und hingehen, um über den anderen Bäumen
zu schwanken?

Richter 9,8–9

Foto: Gerhard Schmitt, Ludwigsburg

ti, unseres Herrn, und an die Lehre unseres
Glaubens hält, 4 der ist verblendet; er ver-
steht nichts, sondern ist krank vor lauter
Auseinandersetzungen und Wortgefechten.
Diese führen zu Neid, Streit, Verleumdun-
gen, üblen Verdächtigungen 5 und Gezänk
unter den Menschen, deren Denken verdor-
ben ist; diese Leute sind von der Wahrheit
abgekommen und meinen, die Frömmigkeit
sei ein Mittel, um irdischen Gewinn zu erzie-
len. 6 Die Frömmigkeit bringt in der Tat rei-
chen Gewinn, wenn man nur genügsam ist.
7 Denn wir haben nichts in die Welt mitge-
bracht, und wir können auch nichts aus ihr
mitnehmen. 8 Wenn wir Nahrung und Klei-
dung haben, soll uns das genügen. 9 Wer aber
reich werden will, gerät in Versuchungen
und Schlingen, er verfällt vielen sinnlosen
und schädlichen Begierden, die den Men-
schen ins Verderben und in den Untergang
stürzen. 10 Denn die Wurzel aller Übel ist die
Habsucht. Nicht wenige, die ihr verfielen,
sind vom Glauben abgeirrt und haben sich
viele Qualen bereitet.

3: 1,10; 4,6; 2 Tim 1,13; 4,3; Tit 1,9; 2,1.10 • 7: Ijob 1,21; Koh 5,14.

Aufforderung an Timotheus: 6,11–16

11 Du aber, ein Mann Gottes, flieh vor all
dem. Strebe unermüdlich nach Gerechtig-
keit, Frömmigkeit, Glauben, Liebe, Stand-
haftigkeit und Sanftmut. 12 Kämpfe den gu-
ten Kampf des Glaubens, ergreife das ewige
Leben, zu dem du berufen worden bist und
für das du vor vielen Zeugen das gute Be-
kenntnis abgelegt hast. 13 Ich gebiete dir bei
Gott, von dem alles Leben kommt, und bei
Christus Jesus, der vor Pontius Pilatus das
gute Bekenntnis abgelegt hat und als Zeuge
dafür eingetreten ist: 14 Erfülle deinen Auf-
trag rein und ohne Tadel, bis zum Erschei-
nen Jesu Christi, unseres Herrn, 15 das zur
vorherbestimmten Zeit herbeiführen wird

der selige und einzige Herrscher, / der Kö-
nig der Könige und Herr der Herren,

16 der allein die Unsterblichkeit besitzt, /
der in unzugänglichem Licht wohnt, / den
kein Mensch gesehen hat noch je zu sehen
vermag: / Ihm gebührt Ehre und ewige
Macht.
Amen.

11: 2 Tim 2,22 • 12: 2 Tim 4,7 • 16: Ps 104,2; Ex 33,20.

Seelsorge an den Reichen: 6,17–19

17 Ermahne die, die in dieser Welt reich
sind, nicht überheblich zu werden und ihre
Hoffnung nicht auf den unsicheren Reich-
tum zu setzen, sondern auf Gott, der uns al-
les reichlich gibt, was wir brauchen. 18 Sie
sollen wohltätig sein, reich werden an guten
Werken, freigebig sein und, was sie haben,
mit anderen teilen. 19 So sammeln sie sich ei-
nen Schatz als sichere Grundlage für die Zu-
kunft, um das wahre Leben zu erlangen.

19: Mt 6,20; 19,21; Lk 12,33.

DER SCHLUSS DES BRIEFES: MAHNUNG UND GRUSS: 6,20–21

20 Timotheus, bewahre, was dir anvertraut
ist. Halte dich fern von dem gottlosen Ge-
schwätz und den falschen Lehren der soge-
nannten »Erkenntnis«! 21 Nicht wenige, die
sich darauf eingelassen haben, sind vom Weg
des Glaubens abgekommen.

Die Gnade sei mit euch!

6,11 »Mann Gottes« (Mensch Gottes) bezeichnet Timotheus als den, der durch die Handauflegung den Geist empfangen hat und ihn daher auch weitergeben kann.

6,12 Das »gute Bekenntnis« vor vielen Zeugen ist das bei der Amtsübernahme abgelegte Bekenntnis, wie die Fortsetzung zeigt.

6,20 Die Schlussmahnung wiederholt die Warnung vor der Irrlehre (Gnosis; vgl. die Einleitung zu den Pastoralbriefen), die durch das Festhalten an der apostolischen Lehre abgewehrt werden kann.

Der zweite Brief an Timotheus

Der 2. Timotheusbrief ist persönlicher gehalten als der 1. Timotheus- und der Titusbrief und bezieht sich auf die Amts- und Lebensführung des Timotheus. Paulus weist auf sein eigenes Vorbild als das eines christlichen Zeugen hin, der für die Botschaft sein Leben einsetzt. Die Hinweise des Paulus auf seine Lage werden oft als Beweise für die Echtheit des Briefs angeführt. Die neuere Forschung neigt zu der Annahme, dass in diesen persönlichen Notizen zuverlässige mündliche Nachrichten über die Spätzeit des Apostels Paulus verwendet worden sind. Der Brief hat den Charakter eines Testaments.

Das Schreiben beginnt mit einem einleitenden Gruß (1,1–2). Nach einem Dankgebet (1,3–5) wird Timotheus ermutigt, unerschrocken für das Evangelium einzutreten (1,6–18). Der nächste Abschnitt setzt ein mit dem Hinweis auf den Sinn der Leiden und Verfolgungen (2,1–13). Es folgen Anweisungen für das Verhalten gegenüber den Irrlehrern (2,14–26), eine Schilderung der Sittenlosigkeit der Menschen in der Endzeit (3,1–9) und demgegenüber eine Beschreibung der guten Lebensführung eines kirchlichen Amtsträgers (3,10–17). Im abschließenden 4. Kapitel ermahnt Paulus den Timotheus zu unerschrockener Erfüllung seines Dienstes als Verkünder des Evangeliums (4,1–8). Angeschlossen sind Mitteilungen und Aufträge (4,9–18) sowie persönliche Grüße und Segenswünsche (4,19–22).

ANSCHRIFT UND GRUSS: 1,1–2

1 Paulus, durch den Willen Gottes zum
Apostel Christi Jesu berufen, um das
Leben in Christus Jesus, das uns verheißen
ist, zu verkündigen, 2 an Timotheus, seinen
geliebten Sohn: Gnade, Erbarmen und Friede von Gott, dem Vater, und Christus Jesus, unserem Herrn.

WORT DER ERMUTIGUNG AN TIMOTHEUS: 1,3–18

Dankgebet des Apostels: 1,3–5

3 Ich danke Gott, dem ich wie schon meine Vorfahren mit reinem Gewissen diene – ich danke ihm bei Tag und Nacht in meinen Gebeten, in denen ich unablässig an dich denke.
4 Wenn ich mich an deine Tränen erinnere, habe ich Sehnsucht, dich zu sehen, um mich
wieder von Herzen freuen zu können; 5 denn
ich denke an deinen aufrichtigen Glauben, der schon in deiner Großmutter Loïs und in deiner Mutter Eunike lebendig war und der nun, wie ich weiß, auch in dir lebt.

5: Apg 16,1f.

Aufforderung an Timotheus: 1,6–14

6 Darum rufe ich dir ins Gedächtnis: Entfache die *Gnade Gottes* wieder, die dir durch die Auflegung meiner Hände zuteil geworden ist.
7 Denn Gott hat uns nicht einen Geist der Verzagtheit gegeben, sondern den Geist der Kraft, der Liebe und der Besonnenheit.
8 Schäme dich also nicht, dich zu unserem Herrn zu bekennen; schäme dich auch meiner nicht, der ich seinetwegen im Gefängnis bin, sondern leide mit mir für das Evangelium. Gott gibt dazu die Kraft:
9 Er hat uns gerettet; mit einem heiligen Ruf hat er uns gerufen, nicht aufgrund unserer Werke, sondern aus eigenem Entschluss und aus Gnade, die uns schon vor ewigen Zeiten in Christus Jesus geschenkt wurde;
10 jetzt aber wurde sie durch das Erscheinen unseres Retters Christus Jesus offenbart. Er hat dem Tod die Macht genommen und uns das Licht des unvergänglichen Lebens gebracht durch das

1,10 Der Titel »Retter« (Heiland) wird in den Pastoralbriefen sowohl auf Gott wie auf Christus angewandt (vgl. 1 Tim 1,1).

Evangelium, 11 als dessen Verkünder, Apostel und Lehrer ich eingesetzt bin. 12 Darum muss ich auch dies alles erdulden; aber ich schäme mich nicht, denn ich weiß, wem ich Glauben geschenkt habe, und ich bin überzeugt, dass er die Macht hat, das mir anvertraute Gut bis zu jenem Tag zu bewahren. 13 Halte dich an die gesunde Lehre, die du von mir gehört hast; nimm sie dir zum Vorbild und bleibe beim Glauben und bei der Liebe, die uns in Christus Jesus geschenkt ist. 14 Bewahre das dir anvertraute kostbare Gut durch die Kraft des Heiligen Geistes, der in uns wohnt.

6: 1 Tim 4,14; Apg 14,23 • 8: Röm 1,16 • 9: Tit 3,5 • 10: Tit 1,4; 2,13; 3,6; 2 Petr 1,1.11 • 13: 4,3; 1 Tim 1,10; 4,6; 6,3; Tit 1,9; 2,1.10.

Das Verhalten der Gegner und der Freunde des Paulus: 1,15–18

15 Du weißt, dass sich alle in der Provinz Asien von mir abgewandt haben, auch Phygelus und Hermogenes. 16 Der Familie des Onesiphorus schenke der Herr sein Erbarmen, denn Onesiphorus hat mich oft getröstet und hat sich meiner Ketten nicht geschämt; 17 als er nach Rom kam, suchte er unermüdlich nach mir, bis er mich fand. 18 Der Herr gebe ihm, dass er beim Herrn Erbarmen findet an jenem Tag. Seine treuen Dienste in Ephesus kennst du selbst am besten.

SEELSORGLICHE ANWEISUNGEN FÜR TIMOTHEUS: 2,1 – 4,8

Selbstloser Dienst für Christus: 2,1–13

2 Du, mein Sohn, sei stark in der Gnade, die dir in Christus Jesus geschenkt ist. 2 Was du vor vielen Zeugen von mir gehört hast, das vertrau zuverlässigen Menschen an, die fähig sind, auch andere zu lehren. 3 Leide mit mir als guter Soldat Christi Jesu. 4 Keiner, der in den Krieg zieht, lässt sich in Alltagsgeschäfte verwickeln, denn er will, dass sein Heerführer mit ihm zufrieden ist. 5 Und wer an einem Wettkampf teilnimmt, erhält den Siegeskranz nur, wenn er nach den Regeln kämpft. 6 Der Bauer, der die ganze Arbeit tut, soll als Erster seinen Teil von der Ernte erhalten. 7 Überleg dir, was ich sage. Dann wird der Herr dir in allem das rechte Verständnis geben.

8 Denk daran, dass Jesus Christus, der Nachkomme Davids, von den Toten auferstanden ist; so lautet mein Evangelium, 9 für das ich zu leiden habe und sogar wie ein Verbrecher gefesselt bin; aber das Wort Gottes ist nicht gefesselt. 10 Das alles erdulde ich um der Auserwählten willen, damit auch sie das Heil in Christus Jesus und die ewige Herrlichkeit erlangen. 11 Das Wort ist glaubwürdig:

Wenn wir mit Christus gestorben sind, / werden wir auch mit ihm leben;
12 wenn wir standhaft bleiben, / werden wir auch mit ihm herrschen;
wenn wir ihn verleugnen, / wird auch er uns verleugnen.
13 Wenn wir untreu sind, / bleibt er doch treu, / denn er kann sich selbst nicht verleugnen.

6: 1 Kor 9,7.10 • 8: Röm 1,3; 1 Kor 15,4 • 10: Kol 1,24 • 11: Röm 6,8 • 12: Mt 10,33 • 13: Röm 3,3f.

Das rechte Verhalten gegenüber den Irrlehrern: 2,14–26

14 Ruf ihnen das ins Gedächtnis und beschwöre sie bei Gott, sich nicht um Worte zu streiten; das ist unnütz und führt die Zuhörer nur ins Verderben. 15 Bemüh dich darum, dich vor Gott zu bewähren als ein Arbeiter, der sich nicht zu schämen braucht, als ein Mann, der offen und klar die wahre Lehre vertritt. 16 Gottlosem Geschwätz geh aus dem Weg; solche Menschen geraten immer tiefer in die Gottlosigkeit 17 und ihre Lehre wird um sich fressen wie ein Krebsgeschwür. Zu ihnen gehören Hymenäus und Philetus, 18 die von der Wahrheit abgeirrt sind und be-

1,12.14 Das »anvertraute (kostbare) Gut« ist der wahre Glaube und die rechte Lehre, deren unversehrte Weitergabe eine Hauptpflicht des kirchlichen Amtsträgers ist.

2,2 Vgl. die Anmerkung zu 1,12.

2,11–13 Zur Begründung seiner Aussagen in den VV. 9–10 zitiert der Verfasser hier ein urchristliches Bekenntnislied; vgl. die Anmerkung zu 1 Tim 3,16.

2,18 Von ihrer materiefeindlichen Einstellung her haben die Gnostiker kein Interesse an einer leiblichen Auferstehung; sie verstehen die Auferstehung also geistig und behaupten, durch den Besitz der »Erkenntnis« seien sie bereits vom Tod auferstanden.

haupten, die Auferstehung sei schon gesche-
hen. So zerstören sie bei manchen den Glau-
ben. [19] Aber das feste Fundament, das Gott
gelegt hat, kann nicht erschüttert werden. Es
trägt als Siegel die Inschrift: *Der Herr kennt
die Seinen,* und: Wer den Namen des Herrn
nennt, meide das Unrecht. [20] In einem großen
Haus gibt es nicht nur Gefäße aus Gold und
Silber, sondern auch aus Holz und Ton – die
einen für Reines, die anderen für Unreines.
[21] Wer sich nun von all dem rein hält, gleicht
einem Gefäß für Reines; er ist geheiligt, für
den Herrn brauchbar, zu jedem guten Werk
tauglich.
[22] Flieh vor den Begierden der Jugend;
strebe unermüdlich nach Gerechtigkeit,
Glauben, Liebe und Frieden, zusammen mit
all denen, die den Herrn aus reinem Herzen
anrufen. [23] Lass dich nicht auf törichte und
unsinnige Auseinandersetzungen ein; du
weißt, dass sie nur zu Streit führen. [24] Ein
Knecht des Herrn soll nicht streiten, sondern
zu allen freundlich sein, ein geschickter und
geduldiger Lehrer, [25] der auch die mit Güte
zurechtweist, die sich hartnäckig widerset-
zen. Vielleicht schenkt Gott ihnen dann die
Umkehr, damit sie die Wahrheit erkennen,
[26] wieder zur Besinnung kommen und aus
dem Netz des Teufels befreit werden, der sie
eingefangen und sich gefügig gemacht hat.

16: 1 Tim 4,7; Tit 1,14 • 17: 1 Tim 1,20 • 18: 1 Kor 15,12 • 19: Num 16,5 G; Jes 26,13 • 22: 1 Tim 6,11.

Die Situation der Menschen in der Endzeit: 3,1–9

3 Das sollst du wissen: In den letzten Ta-
gen werden schwere Zeiten anbrechen.
[2] Die Menschen werden selbstsüchtig sein,
habgierig, prahlerisch, überheblich, bösar-
tig, ungehorsam gegen die Eltern, undank-
bar, ohne Ehrfurcht, [3] lieblos, unversöhnlich,
verleumderisch, unbeherrscht, rücksichts-
los, roh, [4] heimtückisch, verwegen, hoch-
mütig, mehr dem Vergnügen als Gott zuge-
wandt. [5] Den Schein der Frömmigkeit wer-
den sie wahren, doch die Kraft der Frömmig-
keit werden sie verleugnen. Wende dich von
diesen Menschen ab. [6] Zu ihnen gehören die
Leute, die sich in die Häuser einschleichen
und dort gewisse Frauen auf ihre Seite zie-
hen, die von Sünden beherrscht und von
Begierden aller Art umgetrieben werden,
[7] Frauen, die immer lernen und die doch nie
zur Erkenntnis der Wahrheit gelangen kön-
nen. [8] Wie sich Jannes und Jambres dem
Mose widersetzt haben, so widersetzen sich
auch diese Leute der Wahrheit; ihr Denken
ist verdorben, ihr Glaube bewährt sich nicht.
[9] Doch sie werden wenig Erfolg haben, denn
ihr Unverstand wird allen offenkundig wer-
den, wie es auch bei jenen geschehen ist.

1: 1 Tim 4,1 • 5: Tit 1,16 • 6: 2 Petr 2,14 • 7: 1 Tim 2,4; Tit 1,1.

Die Aufgabe des Timotheus: 3,10–17

[10] Du aber bist mir gefolgt in der Lehre, im
Leben und Streben, im Glauben, in der
Langmut, der Liebe und der Ausdauer, [11] in
den Verfolgungen und Leiden, denen ich in
Antiochia, Ikonion und Lystra ausgesetzt
war. Welche Verfolgungen habe ich erdul-
det! Und aus allen hat der Herr mich erret-
tet. [12] So werden alle, die in der Gemein-
schaft mit Christus Jesus ein frommes Leben
führen wollen, verfolgt werden. [13] Böse Men-
schen und Schwindler dagegen werden im-
mer mehr in das Böse hineingeraten; sie sind
betrogene Betrüger. [14] Du aber bleibe bei
dem, was du gelernt und wovon du dich
überzeugt hast. Du weißt, von wem du es ge-
lernt hast; [15] denn du kennst von Kindheit an
die heiligen Schriften, die dir Weisheit ver-
leihen können, damit du durch den Glauben
an Christus Jesus gerettet wirst. [16] Jede von
Gott eingegebene Schrift ist auch nützlich
zur Belehrung, zur Widerlegung, zur Besse-
rung, zur Erziehung in der Gerechtigkeit;
[17] so wird der Mensch Gottes zu jedem guten
Werk bereit und gerüstet sein.

11: Apg 13,50; 14,5.19; 2 Kor 11,22–33; Eph 3,1; Kol 1,24 • 14: 2 Petr 1,20; Jud 3.

Aufruf zu unerschrockenem Einsatz: 4,1–8

4 Ich beschwöre dich bei Gott und bei
Christus Jesus, dem kommenden Rich-
ter der Lebenden und der Toten, bei seinem
Erscheinen und bei seinem Reich: [2] Ver-
künde das Wort, tritt dafür ein, ob man es
hören will oder nicht; weise zurecht, tadle,
ermahne, in unermüdlicher und geduldiger

3,1 Diese »letzten Tage« sind für Timotheus bereits gegenwärtige Wirklichkeit.

3,8 Jannes und Jambres sind in der jüdischen Überlieferung die Namen der ägyptischen Zauberer, die nach Ex 7,8–12 Mose und Aaron Widerstand geleistet haben.

3,16 Andere Übersetzungsmöglichkeiten: Die ganze von Gott eingegebene Schrift; oder: Jedes von Gott eingegebene Schriftwort.

4,1–8 In diesem Abschnitt wird der Charakter des Briefs als eines Abschiedsbriefs und einer letztwilligen Verfügung besonders deutlich; vgl. die Abschiedsrede des Paulus in Milet an die Presbyter von Ephesus (Apg 20,18–35).

Belehrung. 3 Denn es wird eine Zeit kommen,
in der man die gesunde Lehre nicht erträgt,
sondern sich nach eigenen Wünschen immer
neue Lehrer sucht, die den Ohren schmei-
cheln; 4 und man wird der Wahrheit nicht
mehr Gehör schenken, sondern sich Fabe-
leien zuwenden. 5 Du aber sei in allem nüch-
tern, ertrage das Leiden, verkünde das Evan-
gelium, erfülle treu deinen Dienst! 6 Denn
ich werde nunmehr geopfert, und die Zeit
meines Aufbruchs ist nahe. 7 Ich habe den
guten Kampf gekämpft, den Lauf vollendet,
die Treue gehalten. 8 Schon jetzt liegt für
mich der Kranz der Gerechtigkeit bereit, den
mir der Herr, der gerechte Richter, an jenem
Tag geben wird, aber nicht nur mir, sondern
allen, die sehnsüchtig auf sein Erscheinen
warten.

1: 2 Petr 1,12; Jud 17 • 3: 1 Tim 4,1; 1,10; 4,6; 6,3; Tit 1,9; 2,1.10 • 4: 1 Tim 1,4 • 6: Phil 2,17 • 7: 1 Tim 6,12; Phil 3,14; 2 Petr 1,14.

PERSÖNLICHE MITTEILUNGEN UND AUFTRÄGE: 4,9–18

9 Beeil dich, komm bald zu mir! 10 Demas
hat mich aus Liebe zu dieser Welt verlassen
und ist nach Thessalonich gegangen; Kres-
zenz ging nach Galatien, Titus nach Dalma-
tien. 11 Nur Lukas ist noch bei mir. Bring
Markus mit, denn er wird mir ein guter Hel-
fer sein. 12 Tychikus habe ich nach Ephesus
geschickt. 13 Wenn du kommst, bring den
Mantel mit, den ich in Troas bei Karpus ge-
lassen habe, auch die Bücher, vor allem die
Pergamente. 14 Alexander, der Schmied, hat
mir viel Böses getan; *der Herr wird ihm
vergelten, wie es seine Taten verdienen.*
15 Nimm auch du dich vor ihm in Acht, denn
er hat unsere Lehre heftig bekämpft.
16 Bei meiner ersten Verteidigung ist nie-
mand für mich eingetreten; alle haben mich
im Stich gelassen. Möge es ihnen nicht ange-
rechnet werden.
17 Aber der Herr stand mir zur Seite und
gab mir Kraft, damit durch mich die Ver-
kündigung vollendet wird und alle Heiden
sie hören; und so wurde ich dem *Rachen des
Löwen entrissen.* 18 Der Herr wird mich al-
lem Bösen entreißen, er wird mich retten und
in sein himmlisches Reich führen. Ihm sei die
Ehre in alle Ewigkeit. Amen.

12: Eph 6,21 • 14: 1 Tim 1,20; Ps 62,13; 28,4 • 16: Phil 1,15–18 • 17: Ps 22,22; Dan 6,21.28.

DER SCHLUSS DES BRIEFES: GRÜSSE UND SEGENSWÜNSCHE: 4,19–22

19 Grüße Priska und Aquila und die Fami-
lie des Onesiphorus! 20 Erastus blieb in Ko-
rinth, Trophimus musste ich krank in Milet
zurücklassen. 21 Beeil dich, komm noch vor
dem Winter! Es grüßen dich Eubulus, Pu-
dens, Linus, Klaudia und alle Brüder.
22 Der Herr sei mit deinem Geist! Die
Gnade sei mit euch!

Der Brief an Titus

Titus gehörte neben Timotheus zu den engsten Mitarbeitern des Apostels Paulus, wie vor allem der Galater- und der 2. Korintherbrief zeigen (Gal 2,3; 2 Kor 2,13; 7,6.13; 8,6.16.23; 12,18). Nach Tit 1,5 übertrug ihm Paulus die Verantwortung für die Kirche von Kreta. Nach alter Überlieferung soll er bis zu seinem Lebensende als Bischof dieser Insel gewirkt haben.

4,7 die Treue gehalten, andere Übersetzungsmöglichkeit: den Glauben bewahrt.
4,8 Der Tag der Wiederkunft Christi ist, wenn auch nicht mehr als unmittelbar bevorstehend gedacht, doch der alles entscheidende Tag.
4,13 Die nicht näher bezeichneten Bücher waren wohl auf Papyrus geschrieben; bei den Pergamenten handelt es sich wahrscheinlich um Schriftrollen mit Texten des Alten Testaments.
4,16 Es ist nicht sicher, ob mit der »ersten Verteidigung« auf eine frühere Gefangenschaft angespielt ist oder nur auf ein früheres Verhör.

Der Brief an Titus hat amtlichen Charakter; das Persönliche tritt zurück. Nach dem Eingangsgruß (1,1–4) werden zunächst die Aufgaben des Titus in Kreta genannt: Er soll geeignete Vorsteher für die Christengemeinden einsetzen (1,5–9) und die Irrlehre bekämpfen (1,10–16). Dann wird er ermahnt, in Übereinstimmung mit der »gesunden Lehre« die einzelnen Stände an ihre Pflichten zu erinnern (2,1–10). Es gilt, der in Jesus Christus sichtbar gewordenen Gnade Gottes zu entsprechen (2,11–15). Anschließend werden unter Hinweis auf die Taufe grundlegende Pflichten im politischen und mitmenschlichen Bereich genannt (3,1–8). Es folgt eine erneute Warnung vor Irrlehrern (3,9–11). Persönliche Aufträge, Segenswünsche und Grüße beschließen den Brief (3,12–15).

BEKENNTNIS, ANSCHRIFT UND GRUSS: 1,1–4

1 Paulus, Knecht Gottes und Apostel Jesu Christi, berufen, um die Auserwählten Gottes zum Glauben und zur Erkenntnis der wahren Gottesverehrung zu führen, 2 in der Hoffnung auf das ewige Leben, das der wahrhaftige Gott schon vor ewigen Zeiten verheißen hat; 3 jetzt aber hat er zur vorherbestimmten Zeit sein Wort offenbart in der Verkündigung, die mir durch den Auftrag Gottes, unseres Retters, anvertraut ist. 4 An Titus, seinen echten Sohn aufgrund des gemeinsamen Glaubens: Gnade und Friede von Gott, dem Vater, und Christus Jesus, unserem Retter.

1: 1 Tim 2,4; 2 Tim 3,7 • 3: 1 Tim 2,6; 6,15; Tit 2,10; 4,10; 1 Tim 1,1; 2,3; 3,4 • 4: 2,13; 3,6; 2 Tim 1,10; 2 Petr 1,1.11; 3,18.

DIE AUFGABEN DES TITUS: 1,5 – 3,11

Einsetzung geeigneter Vorsteher: 1,5–9

5 Ich habe dich in Kreta deswegen zurückgelassen, damit du das, was noch zu tun ist, zu Ende führst und in den einzelnen Städten Älteste einsetzt, wie ich dir aufgetragen habe.

6 Ein Ältester soll unbescholten und nur einmal verheiratet sein. Seine Kinder sollen gläubig sein; man soll ihnen nicht nachsagen können, sie seien liederlich und ungehorsam. 7 Denn ein Bischof muss unbescholten sein, weil er das Haus Gottes verwaltet; er darf nicht überheblich und jähzornig sein, kein Trinker, nicht gewalttätig oder habgierig. 8 Er soll vielmehr das Gute lieben, er soll gastfreundlich sein, besonnen, gerecht, fromm und beherrscht. 9 Er muss ein Mann sein, der sich an das wahre Wort der Lehre hält; dann kann er mit der gesunden Lehre die Gemeinde ermahnen und die Gegner widerlegen.

5: Apg 14,23; 1 Tim 3,2–4 • 6: Apg 20,17.28; 1 Petr 5,2f • 9: 2,1.10; 1 Tim 1,10; 4,6; 6,3; 2 Tim 1,13; 4,3.

Bekämpfung der Irrlehrer: 1,10–16

10 Denn es gibt viele Ungehorsame, Schwätzer und Schwindler, besonders unter denen, die aus dem Judentum kommen. 11 Diese Menschen muss man zum Schweigen bringen, denn aus übler Gewinnsucht zerstören sie ganze Familien mit ihren falschen Lehren. 12 Einer von ihnen hat als ihr eigener Prophet gesagt: Alle Kreter sind Lügner und faule Bäuche, gefährliche Tiere. 13 Das ist ein wahres Wort. Darum weise sie streng zurecht, damit ihr Glaube wieder gesund wird 14 und sie sich nicht mehr an jüdische Fabeleien halten und an Gebote von Menschen, die sich von der Wahrheit abwenden. 15 Für die Reinen ist alles rein; für die Unreinen und Ungläubigen aber ist nichts rein, sogar ihr Denken und ihr Gewissen sind unrein. 16 Sie beteuern, Gott zu kennen, durch ihr Tun aber verleugnen sie ihn; es sind abscheuliche und unbelehrbare Menschen, die zu nichts Gutem taugen.

14: 1 Tim 1,4; 4,7; 2 Tim 2,16 • 15: Mt 15,11; Mk 7,15 • 16: 2 Tim 3,5.

1,6f Zu »Ältester« und »Bischof« vgl. die Anmerkung zu 1 Tim 3,1. – Zu »nur einmal verheiratet« vgl. die Anmerkung zu 1 Tim 3,2.

1,12 Das zitierte Wort des »Propheten« ist im Griechischen ein Hexameter, der dem Dichterphilosophen Epimenides (6. Jh. v. Chr.) zugeschrieben wird.

1,13 Das ist ein wahres Wort, wörtlich: Dieses Zeugnis ist wahr.

Anweisungen für einzelne Stände: 2,1–10

2 Du aber verkünde, was der gesunden Lehre entspricht. 2 Die älteren Männer sollen nüchtern sein, achtbar, besonnen, stark im Glauben, in der Liebe, in der Ausdauer. 3 Ebenso seien die älteren Frauen würdevoll in ihrem Verhalten, nicht verleumderisch und nicht trunksüchtig; sie müssen fähig sein, das Gute zu lehren, 4 damit sie die jungen Frauen dazu anhalten können, ihre Männer und Kinder zu lieben, 5 besonnen zu sein, ehrbar, häuslich, gütig und ihren Männern gehorsam, damit das Wort Gottes nicht in Verruf kommt.

6 Ebenso ermahne die jüngeren Männer, in allen Dingen besonnen zu sein. 7 Gib selbst ein Beispiel durch gute Werke. Lehre die Wahrheit unverfälscht und mit Würde, 8 mit gesunden, unanfechtbaren Worten; so wird der Gegner beschämt und kann nichts Schlechtes über uns sagen.

9 Die Sklaven sollen ihren Herren gehorchen, ihnen in allem gefällig sein, nicht widersprechen, 10 nichts veruntreuen; sie sollen zuverlässig und treu sein, damit sie in allem der Lehre Gottes, unseres Retters, Ehre machen.

1: 1,9; 2,10; 1 Tim 1,10; 4,6; 6,3; 2 Tim 1,13; 4,3 • 3: 1 Petr 3,1–5 • 6: 1 Joh 2,13f • 7f: 2 Petr 3,15f • 9f: 1 Tim 6,1f; 1 Petr 2,18 • 10: 1,3; 3,4; 1 Tim 1,1; 2,3; 4,10.

Gnade und christliches Leben: 2,11–15

11 Denn die Gnade Gottes ist erschienen, um alle Menschen zu retten. 12 Sie erzieht uns dazu, uns von der Gottlosigkeit und den irdischen Begierden loszusagen und besonnen, gerecht und fromm in dieser Welt zu leben, 13 während wir auf die selige Erfüllung unserer Hoffnung warten: auf das Erscheinen der Herrlichkeit unseres großen Gottes und Retters Christus Jesus. 14 Er hat sich für uns hingegeben, um uns *von aller Schuld zu erlösen und sich ein reines Volk zu schaffen, das ihm als sein besonderes Eigentum gehört* und voll Eifer danach strebt, das Gute zu tun. 15 So sollst du mit allem Nachdruck lehren, ermahnen und zurechtweisen. Niemand soll dich gering achten.

11: 3,4 • 13: 1,4 • 14: Ez 37,23; Ps 130,8; Ex 19,5; Dtn 14,2.

Die Pflichten der Getauften im sozialen Bereich: 3,1–8

3 Erinnere sie daran, sich den Herrschern und Machthabern unterzuordnen und ihnen zu gehorchen. Sie sollen immer bereit sein, Gutes zu tun, 2 sollen niemand schmähen, nicht streitsüchtig sein, sondern freundlich und gütig zu allen Menschen. 3 Denn auch wir waren früher unverständig und ungehorsam; wir gingen in die Irre, waren Sklaven aller möglichen Begierden und Leidenschaften, lebten in Bosheit und Neid, waren verhasst und hassten einander. 4 Als aber die Güte und Menschenliebe Gottes, unseres Retters, erschien, 5 hat er uns gerettet – nicht weil wir Werke vollbracht hätten, die uns gerecht machen können, sondern aufgrund seines Erbarmens – durch das Bad der Wiedergeburt und der Erneuerung im Heiligen Geist. 6 Ihn hat er in reichem Maß über uns ausgegossen durch Jesus Christus, unseren Retter, 7 damit wir durch seine Gnade gerecht gemacht werden und das ewige Leben erben, das wir erhoffen.

8 Dieses Wort ist glaubwürdig, und ich will, dass du dafür eintrittst, damit alle, die zum Glauben an Gott gekommen sind, sich nach Kräften bemühen, das Gute zu tun. So ist es gut und für alle Menschen nützlich.

1: Röm 13,1–7; 1 Petr 2,13–17 • 4: 2,11; 1,3 • 5: Joh 3,3–8; Röm 3,20; Gal 2,16; Eph 2,8f; 5,26; 2 Tim 1,9 • 6: 1,4.

Erneute Warnung vor Irrlehrern: 3,9–11

9 Lass dich nicht ein auf törichte Auseinandersetzungen und Erörterungen über Geschlechterreihen, auf Streit und Gezänk über das Gesetz; sie sind nutzlos und vergeblich. 10 Wenn du einen Sektierer einmal und ein zweites Mal ermahnt hast, so meide ihn. 11 Du weißt, ein solcher Mensch ist auf dem verkehrten Weg; er sündigt und spricht sich selbst das Urteil.

9: 1 Tim 1,4 • 10: Mt 18,15–17.

2,2 stark im Glauben, wörtlich: gesund im Glauben.

2,11–14 Hier und in 3,3–7 werden Formulierungen aus der urchristlichen Taufliturgie aufgenommen.

2,11 Als Beginn einer liturgischen Lesung wird folgende Fassung vorgeschlagen: Erschienen ist die Gnade Gottes.

2,13 Andere Übersetzungsmöglichkeit: der Herrlichkeit des großen Gottes und unseres Retters Christus Jesus.

DER SCHLUSS DES BRIEFES: PERSÖNLICHE MITTEILUNGEN UND GRÜSSE: 3,12–15

12 Sobald ich Artemas oder Tychikus zu dir schicke, komm rasch zu mir nach Nikopolis; denn ich habe mich entschlossen, dort den Winter zu verbringen. 13 Den gesetzeskundigen Zenas und den Apollos statte für die Weiterreise gut aus, damit ihnen nichts fehlt. 14 Auch unsere Leute sollen lernen, nach Kräften Gutes zu tun, wo es nötig ist, damit ihr Leben nicht ohne Frucht bleibt.

15 Es grüßen dich alle, die bei mir sind. Grüße alle, die uns durch den Glauben in Liebe verbunden sind. Die Gnade sei mit euch allen!

12: 2 Tim 4.12.

Der Brief an Philemon

Der kleine Brief hat einen ganz persönlichen Anlass. Der Sklave Onesimus war seinem Herrn Philemon entlaufen, der in Kolossä wohnte. Er kam auf seiner Flucht zu Paulus, der im Gefängnis saß, vermutlich in Ephesus. Paulus gewann Onesimus für den christlichen Glauben und Onesimus war ihm in mancherlei Hinsicht nützlich (vgl. VV. 11 und 20). Der Apostel schickte den Sklaven zu Philemon zurück, dessen Haus einer christlichen Gemeinde als Versammlungsort diente. Der Brief, geschrieben um 55 n. Chr., sollte Philemon bewegen, dem Sklaven Onesimus zu verzeihen und ihn als christlichen Bruder aufzunehmen. Die Bedeutung des Briefs liegt darin, dass er einen Beitrag zur Lösung des bedrückenden Sklavenproblems in der christlichen Gemeinde darstellt. Gleichzeitig ist er als persönliches Dokument des Menschen Paulus von hohem Wert.

ANSCHRIFT UND GRUSS: 1–3

1 Paulus, Gefangener Christi Jesu, und der Bruder Timotheus an unseren geliebten Mitarbeiter Philemon, 2 an die Schwester Aphia, an Archippus, unseren Mitstreiter, und an die Gemeinde in deinem Haus: 3 Gnade sei mit euch und Friede von Gott, unserem Vater, und dem Herrn Jesus Christus.

2: Kol 4,17 • 3: Röm 1,7.

DANKGEBET DES APOSTELS: 4–7

4 Ich danke meinem Gott jedes Mal, wenn ich in meinen Gebeten an dich denke. 5 Denn ich höre von deinem Glauben an Jesus, den Herrn, und von deiner Liebe zu allen Heiligen. 6 Ich wünsche, dass unser gemeinsamer Glaube in dir wirkt und du all das Gute in uns erkennst, das auf Christus gerichtet ist. 7 Es hat mir viel Freude und Trost bereitet, dass durch dich, Bruder, und durch deine Liebe die Heiligen ermutigt worden sind.

FÜRSPRACHE DES ONESIMUS: 8–20

8 Obwohl ich durch Christus volle Freiheit habe, dir zu befehlen, was du tun sollst, 9 ziehe ich es um der Liebe willen vor, dich zu bitten. Ich, Paulus, ein alter Mann, der jetzt für Christus Jesus im Kerker liegt, 10 ich bitte dich für mein Kind Onesimus, dem ich

im Gefängnis zum Vater geworden bin.
11 Früher konntest du ihn zu nichts gebrau-
chen, doch jetzt ist er dir und mir recht nütz-
lich. 12 Ich schicke ihn zu dir zurück, ihn, das
bedeutet mein eigenes Herz. 13 Ich würde ihn
gern bei mir behalten, damit er mir an deiner
Stelle dient, solange ich um des Evangeliums
willen im Gefängnis bin. 14 Aber ohne deine
Zustimmung wollte ich nichts tun. Deine
gute Tat soll nicht erzwungen, sondern frei-
willig sein. 15 Denn vielleicht wurde er nur
deshalb eine Weile von dir getrennt, damit
du ihn für ewig zurückerhälst, 16 nicht mehr
als Sklaven, sondern als weit mehr: als ge-
liebten Bruder. Das ist er jedenfalls für mich,
um wie viel mehr dann für dich, als Mensch
und auch vor dem Herrn. 17 Wenn du dich
mir verbunden fühlst, dann nimm ihn also
auf wie mich selbst! 18 Wenn er dich aber ge-
schädigt hat oder dir etwas schuldet, setz das
auf meine Rechnung! 19 Ich, Paulus, schreibe
mit eigener Hand: Ich werde es bezahlen –
um nicht davon zu reden, dass du dich selbst
mir schuldest. 20 Ja, Bruder, um des Herrn
willen möchte ich von dir einen Nutzen ha-
ben. Erfreue mein Herz; wir gehören beide
zu Christus.

10: 1 Kor 4,15; Kol 4,9 • 16: 1 Kor 7,22 • 19: 1 Kor 16,21.

GRÜSSE UND SEGEN: 21–25

21 Ich schreibe dir im Vertrauen auf deinen
Gehorsam und weiß, dass du noch mehr tun
wirst, als ich gesagt habe. 22 Bereite zugleich
eine Unterkunft für mich vor! Denn ich hof-
fe, dass ich euch durch eure Gebete wieder-
geschenkt werde.
23 Es grüßen dich Epaphras, der mit mir
um Christi Jesu willen im Gefängnis ist,
24 sowie Markus, Aristarch, Demas und Lu-
kas, meine Mitarbeiter. 25 Die Gnade Jesu
Christi, des Herrn, sei mit eurem Geist!

23: Kol 4,7–14 • 25: Gal 6,18.

Der Brief an die Hebräer

In den ältesten Handschriften trägt der Brief die Überschrift »An die Hebräer«, das heißt an Judenchristen. Eine Verfasserangabe fehlt, ebenso die Angabe der Adressaten. Da das Schreiben paulinischen Einfluss aufweist (siehe auch den Hinweis auf Timotheus 13,23), wurde früher vermutet, es stamme, wenn nicht von Paulus selbst, von einem Mitarbeiter des Paulus, etwa von Barnabas oder von Apollos (Apg 13,1 – 15,35; 18,24 – 19,1; 1 Kor 1,12; 3,4). Dies lässt sich jedoch nicht nachweisen. Wegen des ausgezeichneten griechischen Stils, der eingehenden Kenntnis des Alten Testaments und der jüdisch beeinflussten Denk- und Darstellungsweise ist als Verfasser ein griechisch gebildeter Judenchrist anzunehmen, der von paulinischen Gedanken beeinflusst ist.

Der Brief ist am frühesten in Rom durch den 1. Klemensbrief (abgefasst um 97 n. Chr.) bezeugt; die Notiz 13,24 (»Es grüßen euch die Brüder aus Italien«) verweist ebenfalls eher auf Rom als auf Kleinasien als Entstehungsort. Da der Verfasser auf die apostolische Zeit zurückblickt (13,7: »Schaut auf das Ende des Lebens eurer Vorsteher«), zugleich auf eine bevorstehende Verfolgung hinweist – Kaiser Domitian (81–96 n. Chr.) ließ die Christen im ganzen Römischen Reich verfolgen –, sind als Zeit der Abfassung etwa die Jahre 85–95 n. Chr. anzunehmen.

Das Schreiben weist folgende Gliederung auf: Gottes abschließende Offenbarung durch den Sohn (1,1 – 4,13); Jesus Christus, der vollkommene und endgültige Hohepriester des Vol-

---

16 als Mensch und auch vor dem Herrn, wörtlich: im Fleisch und im Herrn.

20 Vermutlich ein Wortspiel mit dem Namen »Onesimus«, das heißt »der Nützliche«.

kes Gottes, der durch seinen Tod volle Sühne bewirkt, den Neuen Bund heraufgeführt und den Zugang zu Gott geöffnet hat (4,14 – 10,18); das wandernde Gottesvolk auf dem Weg zu der von Gott geschenkten Ruhe (11,1 – 12,3); abschließende Ermahnungen an müde gewordene Christen (12,4 – 13,19); Grüße und Segenswünsche (13,20–25).

Für seine Darlegungen schöpfte der Verfasser aus dem griechischen Alten Testament (Septuaginta) sowie aus jüdischen und christlichen Überlieferungen. So schuf er ein seelsorgliches »Mahnschreiben« (13,22) an Christen, die in Gefahr sind, vom Glauben abzufallen. Ihnen zeigt er, dass Jesus ebenso wie alle Großen des Volkes Gottes für seine Überzeugung auch zu leiden hatte und dass sich erst im Leiden die Kraft des Glaubens und der Hoffnung bewährt. Wie Jesus Christus kann auch der Christ nur durch Leiden in das Reich Gottes gelangen. Im Mittelpunkt steht die Aussage über Jesus als den allein würdigen Hohenpriester nach der Art des Priesterkönigs Melchisedek (vgl. die Anmerkung zu 7,1–28). Jesus hat durch das Opfer seines Lebens eine umfassende Erlösung bewirkt und tritt vor Gott als Fürsprecher für die Kirche ein. In ihm ist das alttestamentliche Priestertum an sein Ziel und Ende gelangt.

Das Schreiben bietet Einblick in den Reichtum christlichen Denkens und Lebens am Ende des ersten christlichen Jahrhunderts. Von besonderem Gewicht ist die Mahnung, Jesus Christus auch in Widrigkeiten unbedingt treu zu bleiben.

DER SOHN ALS ERFÜLLUNG DER VERHEISSUNGEN GOTTES: 1,1 – 4,13

Der Sohn und die Engel: 1,1–14

1 Viele Male und auf vielerlei Weise hat
Gott einst zu den Vätern gesprochen
durch die Propheten; 2 in dieser Endzeit aber
hat er zu uns gesprochen durch den Sohn,
den er zum Erben des Alls eingesetzt und
durch den er auch die Welt erschaffen hat;
3 er ist der Abglanz seiner Herrlichkeit und
das Abbild seines Wesens; er trägt das All
durch sein machtvolles Wort, hat die Reinigung von den Sünden bewirkt und *sich* dann
zur Rechten der Majestät in der Höhe *gesetzt;* 4 er ist um so viel erhabener geworden
als die Engel, wie der Name, den er geerbt
hat, ihren Namen überragt. 5 Denn zu welchem Engel hat er jemals gesagt:
Mein Sohn bist du, / heute habe ich dich gezeugt,
und weiter:
Ich will für ihn Vater sein, / und er wird für mich Sohn sein ?
6 Wenn er aber den Erstgeborenen wieder
in die Welt einführt, sagt er:
Alle Engel Gottes sollen sich vor ihm niederwerfen.
7 Und von den Engeln sagt er:
Er macht seine Engel zu Winden / und seine Diener zu Feuerflammen;
8 von dem Sohn aber:
Dein Thron, o Gott, steht für immer und ewig,
und:
Das Zepter seiner Herrschaft ist ein gerechtes Zepter.
9 *Du liebst das Recht und hasst das Unrecht, / darum, o Gott, hat dein Gott dich gesalbt / mit dem Öl der Freude wie keinen deiner Gefährten.*
10 Und:
Du, Herr, hast vorzeiten der Erde Grund gelegt, / die Himmel sind das Werk deiner Hände.
11 *Sie werden vergehen, du aber bleibst; / sie alle veralten wie ein Gewand;*
12 *du rollst sie zusammen wie einen Mantel / und wie ein Gewand werden sie gewechselt.*
Du aber bleibst, der du bist, / und deine Jahre enden nie.
13 Zu welchem Engel hat er jemals gesagt:
Setze dich mir zur Rechten, / und ich lege dir deine Feinde als Schemel unter die Füße?
14 Sind sie nicht alle nur dienende Geister,
ausgesandt, um denen zu helfen, die das Heil
erben sollen?

3: 2 Kor 3,18; Kol 1,15; Joh 1,3; Kol 1,17; Ps 110,1 • 4: Phil 2,9 • 5: Ps 2,7; 2 Sam 7,14 • 6: Dtn 32,43 G; Ps 97,7 G • 7: Ps 104,4 G • 8: Ps 45,7f G • 10: Ps 102,26–28 • 13: Ps 110,1.

1,1 – 2,18 Das kunstvoll gestaltete Vorwort (1,1–4) und die anschließenden Zitate aus dem Alten Testament legen dar, dass Jesus als der Sohn Gottes die Engel an Bedeutung weit übertrifft; daher ist auch der von ihm gestiftete Bund dem Alten Bund, der nach jüdischer Auffassung durch Engel vermittelt wurde (vgl. Apg 7,53; Gal 3,19: über das Gesetz), weit überlegen.

Gottes Zeugnis für den Sohn: 2,1–4

2 Darum müssen wir umso aufmerksamer
auf das achten, was wir gehört haben,
damit wir nicht vom Weg abkommen. 2 Denn
wenn schon das durch Engel verkündete
Wort rechtskräftig war und jede Übertre-
tung und jeder Ungehorsam die gerechte
Vergeltung fand, 3 wie sollen dann wir ent-
rinnen, wenn wir uns um ein so erhabenes
Heil nicht kümmern, das zuerst durch den
Herrn verkündet und uns von den Ohrenzeu-
gen bestätigt wurde? 4 Auch Gott selbst hat
dies bezeugt durch Zeichen und Wunder,
durch machtvolle Taten aller Art und Gaben
des Heiligen Geistes, nach seinem Willen.

4: 2 Kor 12,12.

Die Erniedrigung und Erhöhung des Sohnes: 2,5–18

5 Denn nicht Engeln hat er die zukünftige
Welt unterworfen, von der wir reden, 6 viel-
mehr (dem Sohn, darum) heißt es an einer
Stelle ausdrücklich:
Was ist der Mensch, dass du an ihn denkst, /
oder der Menschensohn, dass du dich seiner
annimmst?
7 *Du hast ihn nur für kurze Zeit unter die*
Engel erniedrigt. / Du hast ihn mit Herrlich-
keit und Ehre gekrönt, 8 *alles hast du ihm zu*
Füßen gelegt.
Denn als er ihm alles zu Füßen legte, hat er
nichts von der Unterwerfung ausgenommen.
Jetzt sehen wir noch nicht *alles ihm zu Fü-*
ßen gelegt; 9 aber den, der *nur für kurze Zeit*
unter die Engel erniedrigt war, Jesus, ihn se-
hen wir um seines Todesleidens willen *mit*
Herrlichkeit und Ehre gekrönt; es war näm-
lich Gottes gnädiger Wille, dass er für alle
den Tod erlitt. 10 Denn es war angemessen,
dass Gott, für den und durch den das All ist
und der viele Söhne zur Herrlichkeit führen
wollte, den Urheber ihres Heils durch Leiden
vollendete.
11 Denn er, der heiligt, und sie, die gehei-
ligt werden, stammen alle von Einem ab; da-
rum scheut er sich nicht, sie *Brüder* zu nen-
nen 12 und zu sagen:
Ich will deinen Namen meinen Brüdern
verkünden, / inmitten der Gemeinde dich
preisen;
13 und ferner:
Ich will auf ihn mein Vertrauen setzen;
und:
Seht, ich und die Kinder, die Gott mir ge-
schenkt hat.
14 Da nun *die Kinder* Menschen von
Fleisch und Blut sind, hat auch er in gleicher
Weise Fleisch und Blut angenommen, um
durch seinen Tod den zu entmachten, der die
Gewalt über den Tod hat, nämlich den Teu-
fel, 15 und um die zu befreien, die durch die
Furcht vor dem Tod ihr Leben lang der
Knechtschaft verfallen waren. 16 Denn er
nimmt sich keineswegs der Engel an, son-
dern *der Nachkommen Abrahams nimmt er*
sich an. 17 Darum musste er in allem *seinen*
Brüdern gleich sein, um ein barmherziger
und treuer Hoherpriester vor Gott zu sein
und die Sünden des Volkes zu sühnen.
18 Denn da er selbst in Versuchung geführt
wurde und gelitten hat, kann er denen hel-
fen, die in Versuchung geführt werden.

6–8: Ps 8,5–7 G • 10: Apg 3,15 • 12: Ps 22,23 • 13: Jes 8,17; 2 Sam 22,3; Jes 8,18 G • 16: Jes 41,8f G • 17: Ps 22,23 • 18: 4,15; Mt 4,1–11; Lk 4,1–13.

Der Sohn und Mose: 3,1–6

3 Darum, heilige Brüder, die ihr an der
himmlischen Berufung teilhabt, schaut
auf den Apostel und Hohenpriester, dem un-
ser Bekenntnis gilt: auf Jesus, 2 der – wie
auch *Mose in* Gottes *Haus* – dem *treu* ist, der
ihn eingesetzt hat. 3 Denn er hat größere
Herrlichkeit empfangen als Mose, so wie der,
der ein Haus baut, größeren Ruhm genießt
als das Haus. 4 Denn jedes Haus wird von je-
mand erbaut; der aber, der alles erbaut hat,
ist Gott. 5 *Mose* war *in Gottes ganzem Haus*
treu als *Diener,* zum Zeugnis der künftigen
Offenbarungen; 6 Christus aber ist *treu* als
Sohn, der über das *Haus* Gottes gesetzt ist;
sein Haus aber sind wir, wenn wir an der
Zuversicht und an dem stolzen Bewusst-
sein festhalten, das unsere Hoffnung uns
verleiht.

2: Num 12,7 G • 5: Num 12,7 G.

Gottes Wort als Gericht: 3,7–19

7 Darum beherzigt, was der Heilige Geist
sagt:
Heute, wenn ihr seine Stimme hört, / 8 *ver-*
härtet euer Herz nicht wie beim Aufruhr, /
wie in der Wüste am Tag der Versuchung.
9 *Dort haben eure Väter mich versucht, /*
sie haben mich auf die Probe gestellt / und
hatten doch meine Taten gesehen, / 10 *vierzig*
Jahre lang.

3,1–5 Jesus überragt auch den Mittler des Alten Bundes, Mose, kraft seines Wesens. – »Haus« ist Bild für das Volk Gottes.

3,7 – 4,13 Der Abschnitt verdeutlicht den Zweck des Schreibens: Christen, die in Gefahr sind, vom Glauben abzufallen, zur Treue aufzurufen (vgl. 5,11 – 6,8).

Darum war mir diese Generation zuwi-
der / und ich sagte: Immer geht ihr Herz in
die Irre. / Sie erkannten meine Wege nicht.
11 *Darum habe ich in meinem Zorn ge-*
schworen: / Sie sollen nicht in das Land mei-
ner Ruhe kommen.
12 Gebt Acht, Brüder, dass keiner von euch
ein böses, ungläubiges Herz hat, dass keiner
vom lebendigen Gott abfällt, 13 sondern er-
mahnt einander jeden Tag, solange es noch
heißt: *Heute,* damit niemand von euch durch
den Betrug der Sünde verhärtet wird; 14 denn
an Christus haben wir nur Anteil, wenn wir
bis zum Ende an der Zuversicht festhalten,
die wir am Anfang hatten.
15 Wenn es heißt:
Heute, wenn ihr seine Stimme hört, / ver-
härtet euer Herz nicht wie beim Aufruhr –
16 wer waren denn jene, die *hörten* und *sich*
auflehnten? Waren es nicht alle, die unter
Mose aus Ägypten ausgezogen waren? 17 Wer
war ihm vierzig Jahre lang zuwider? Nicht
etwa die Sünder, deren *Leichen in der Wüste*
liegen blieben? 18 Wem hat er geschworen, *sie*
sollen nicht in das Land seiner Ruhe kom-
men, wenn nicht den Ungehorsamen? 19 Und
wir sehen, dass sie wegen ihres Unglaubens
nicht hineinkommen konnten.

7–11: Ps 95,7–11 • 15: Ps 95,7f • 17: Num 14,29.

Gottes Wort als Verheißung:
4,1–13

4 Darum lasst uns ernsthaft besorgt sein,
dass keiner von euch zurückbleibt, so-
lange die Verheißung, *in das Land seiner*
Ruhe zu kommen, noch gilt. 2 Denn uns ist
die gleiche Freudenbotschaft verkündet wor-
den wie jenen; doch hat ihnen das Wort, das
sie hörten, nichts genützt, weil es sich nicht
durch den Glauben mit den Hörern verband.
3 Denn wir, die wir gläubig geworden sind,
kommen in das Land der Ruhe, wie er gesagt
hat:
Darum habe ich in meinem Zorn geschwo-
ren: / Sie sollen nicht in das Land meiner
Ruhe kommen.
Zwar waren die Werke seit der Erschaf-
fung der Welt vollendet; 4 denn vom siebten
Tag heißt es an einer Stelle: *Und Gott ruhte*
am siebten Tag aus von all seinen Werken;
5 hier aber heißt es:
Sie sollen nicht in das Land meiner Ruhe
kommen.
6 Da es nun dabei bleibt, dass einige hi-
neinkommen, die aber, die früher die Freu-
denbotschaft empfangen haben, wegen ihres
Ungehorsams *nicht hineingekommen sind,*
7 setzt er aufs Neue einen Tag fest, nämlich:
Heute, indem er durch David, wie schon ge-
sagt, nach so langer Zeit spricht:
Heute, wenn ihr seine Stimme hört, / ver-
härtet euer Herz nicht!
8 Denn hätte schon Josua sie in das Land
der Ruhe geführt, so wäre nicht von einem
anderen, späteren Tag die Rede. 9 Also ist
dem Volk Gottes eine Sabbatruhe vorbehal-
ten. 10 Denn wer *in das Land seiner Ruhe ge-*
kommen ist, der ruht auch selbst von seinen
Werken aus, wie Gott von den seinigen.
11 Bemühen wir uns also, *in jenes Land der*
Ruhe zu kommen, damit niemand aufgrund
des gleichen Ungehorsams zu Fall kommt.
12 Denn lebendig ist das Wort Gottes,
kraftvoll und schärfer als jedes zweischnei-
dige Schwert; es dringt durch bis zur Schei-
dung von Seele und Geist, von Gelenk und
Mark; es richtet über die Regungen und Ge-
danken des Herzens; 13 vor ihm bleibt kein
Geschöpf verborgen, sondern alles liegt
nackt und bloß vor den Augen dessen, dem
wir Rechenschaft schulden.

1: Ps 95,11 • 3: Ps 95,11 • 4: Gen 2,2 G • 5: Ps 95,11 • 7: Ps 95,7f • 10: Ps 95,11; Gen 2,2 G • 12: Weish 18,15f.

CHRISTUS, DER WAHRE UND ENDGÜLTIGE HOHEPRIESTER DES NEUEN BUNDES: 4,14 – 10,18

Das Amt des Hohenpriesters: 4,14 – 5,10

14 Da wir nun einen erhabenen Hohenpries-
ter haben, der die Himmel durchschritten
hat, Jesus, den Sohn Gottes, lasst uns an dem
Bekenntnis festhalten. 15 Wir haben ja nicht
einen Hohenpriester, der nicht mitfühlen

3,17 Wörtlich: deren Leiber ... hinfielen.
4,2 die Freudenbotschaft, wörtlich: das Evangelium.
4,11 Wörtlich: damit niemand ... hinfällt (vgl. 3,17).
4,14 – 5,10 Jesus wird hier als Hoherpriester und sein Wirken als priesterlicher Dienst der Versöhnung beschrieben. Als alttestamentliches Vorbild wird der vorisraelitische Priesterkönig von Jerusalem, Melchisedek, genannt (vgl. Gen 14,17–20; Ps 110,4; Hebr 7, 1–24).

könnte mit unserer Schwäche, sondern einen, der in allem wie wir in Versuchung geführt worden ist, aber nicht gesündigt hat. 16 Lasst uns also voll Zuversicht hingehen zum Thron der Gnade, damit wir Erbarmen und Gnade finden und so Hilfe erlangen zur rechten Zeit.

5 Denn jeder Hohepriester wird aus den Menschen ausgewählt und für die Menschen eingesetzt zum Dienst vor Gott, um Gaben und Opfer für die Sünden darzubringen. 2 Er ist fähig, für die Unwissenden und Irrenden Verständnis aufzubringen, da auch er der Schwachheit unterworfen ist; 3 deshalb muss er für sich selbst ebenso wie für das Volk Sündopfer darbringen. 4 Und keiner nimmt sich eigenmächtig diese Würde, sondern er wird von Gott berufen, so wie Aaron.

5 So hat auch Christus sich nicht selbst die Würde eines Hohenpriesters verliehen, sondern der, der zu ihm gesprochen hat:

Mein Sohn bist du. / Heute habe ich dich gezeugt,

6 wie er auch an anderer Stelle sagt:

Du bist Priester auf ewig / nach der Ordnung Melchisedeks.

7 Als er auf Erden lebte, hat er mit lautem Schreien und unter Tränen Gebete und Bitten vor den gebracht, der ihn aus dem Tod retten konnte, und er ist erhört und aus seiner Angst befreit worden. 8 Obwohl er der Sohn war, hat er durch Leiden den Gehorsam gelernt; 9 zur Vollendung gelangt, ist er für alle, die ihm gehorchen, der Urheber des *ewigen Heils* geworden 10 und wurde von Gott angeredet als »Hoherpriester *nach der Ordnung Melchisedeks*«.

4,15: Mt 4,1–11 •16:10,22 • 5,3: Lev 9,7 • 5: Ps 2,7 • 6: Ps 110,4 • 7: Mt 26,37f; Mk 14,33f • 8: Phil 2,8 • 9: Jes 45,17 G • 10: Ps 110,4.

Die schwache Gemeinde:
5,11 – 6,12

11 Darüber hätten wir noch viel zu sagen; es ist aber schwer verständlich zu machen, da ihr schwerhörig geworden seid. 12 Denn obwohl ihr der Zeit nach schon Lehrer sein müsstet, braucht ihr von neuem einen, der euch die Anfangsgründe der Lehre von der Offenbarung Gottes beibringt; Milch habt ihr nötig, nicht feste Speise. 13 Denn jeder, der noch mit Milch genährt wird, ist unfähig, richtiges Reden zu verstehen; er ist ja ein unmündiges Kind; 14 feste Speise aber ist für Erwachsene, deren Sinne durch Gewöhnung geübt sind, Gut und Böse zu unterscheiden.

6 Darum wollen wir beiseite lassen, was man zuerst von Christus verkünden muss, und uns dem Vollkommeneren zuwenden; wir wollen nicht noch einmal den Grund legen mit der Belehrung über die Abkehr von toten Werken, über den Glauben an Gott, 2 über die Taufen, die Handauflegung, die Auferstehung der Toten und das ewige Gericht; 3 das wollen wir dann tun, wenn Gott es will. 4 Denn es ist unmöglich, Menschen, die einmal erleuchtet worden sind, die von der himmlischen Gabe genossen und Anteil am Heiligen Geist empfangen haben, 5 die das gute Wort Gottes und die Kräfte der zukünftigen Welt kennen gelernt haben, 6 dann aber abgefallen sind, erneut zur Umkehr zu bringen; denn sie schlagen jetzt den Sohn Gottes noch einmal ans Kreuz und machen ihn zum Gespött. 7 Wenn ein Boden den häufig herabströmenden Regen trinkt und denen, für die er bebaut wird, nützliche Gewächse hervorbringt, empfängt er Segen von Gott; 8 trägt er aber *Dornen und Disteln,* so ist er nutzlos und vom Fluch bedroht; sein Ende ist die Vernichtung durch Feuer.

9 Bei euch aber, liebe Brüder, sind wir trotz des Gesagten vom Besseren überzeugt und davon, dass ihr am Heil teilhabt. 10 Denn Gott ist nicht so ungerecht, euer Tun zu vergessen und die Liebe, die ihr seinem Namen bewiesen habt, indem ihr den Heiligen gedient habt und noch dient. 11 Wir wünschen aber, dass jeder von euch im Blick auf den Reichtum unserer Hoffnung bis zum Ende den gleichen Eifer zeigt, 12 damit ihr nicht müde werdet, sondern Nachahmer derer seid, die aufgrund ihres Glaubens und ihrer Ausdauer Erben der Verheißungen sind.

5,12–14: 1 Kor 3,1–3 • 6,7: Gen 1,11f • 8: Gen 3,17f.

5,7 Als er auf Erden lebte, wörtlich: In den Tagen seines Fleisches. – und er ist . . . befreit worden: andere Übersetzungsmöglichkeit: und er ist seiner Gottesfurcht wegen erhört worden.

5,11–6,6 Der Abschnitt weist auf die zweistufige Glaubensunterweisung der Kirche zu jener Zeit und auf die Sakramente der Taufe und der Eucharistie hin.

5,13 richtiges Reden, andere Übersetzungsmöglichkeit: die rechte Lehre.

6,1 tote Werke: alles Tun, das nicht vom Glauben bestimmt ist. – Belehrung über den Glauben an Gott: Hinweis auf die Bekehrung von Heiden.

6,2 Die Taufe scheint mit einer Handauflegung verbunden gewesen zu sein.

6,4 erleuchtet: wohl Umschreibung der Wirkung der Taufe. – Mit dem Genuss der himmlischen Gabe ist vielleicht die Eucharistie gemeint.

6,4–6 Zur Aussage, für Christen, die vom Glauben abfallen, sei keine Umkehr möglich, vgl. 10,26–31.

6,5 kennen gelernt haben, wörtlich: genossen haben.

Die zuverlässige Verheißung: 6,13–20

13 Als Gott dem Abraham die Verheißung
gab, *schwor er bei sich selbst,* da er bei
keinem Höheren schwören konnte, 14 und
sprach: *Fürwahr, ich will dir Segen schen-
ken in Fülle und deine Nachkommen überaus
zahlreich machen.* 15 So erlangte Abraham
durch seine Ausdauer das Verheißene.
16 Menschen nämlich schwören bei dem Hö-
heren; der Eid dient ihnen zur Bekräftigung
und schließt jeden weiteren Einwand aus;
17 deshalb hat Gott, weil er den Erben der
Verheißung ausdrücklich zeigen wollte, wie
unabänderlich sein Entschluss ist, sich mit
einem Eid verbürgt. 18 So sollten wir durch
zwei unwiderrufliche Taten, bei denen Gott
unmöglich täuschen konnte, einen kräftigen
Ansporn haben, wir, die wir unsere Zuflucht
dazu genommen haben, die dargebotene
Hoffnung zu ergreifen. 19 In ihr haben wir ei-
nen sicheren und festen Anker der Seele, der
hineinreicht *in das Innere hinter dem Vor-
hang;* 20 dorthin ist Jesus für uns als unser
Vorläufer hineingegangen, er, der *nach der
Ordnung Melchisedeks* Hoher*priester* ist *auf
ewig.*

13: Gen 22,16 • 14: Gen 22,17 • 19: Lev 16,2.12 • 20: Ps 110,4.

Christus und die Priester des Alten Bundes: 7,1 – 8,13

Melchisedek und die Leviten: 7,1–10

7 Dieser *Melchisedek, König von Salem
und Priester des höchsten Gottes;* er,
der *dem Abraham, als dieser nach dem Sieg
über die Könige zurückkam, entgegenging
und ihn segnete* 2 und welchem Abraham *den
Zehnten von allem* gab; er, dessen Name
»König der Gerechtigkeit« bedeutet und der
auch *König von Salem* ist, das heißt »König
des Friedens«; 3 er, der ohne Vater, ohne
Mutter und ohne Stammbaum ist, ohne An-
fang seiner Tage und ohne Ende seines Le-
bens, ein Abbild des Sohnes Gottes: dieser
Melchisedek bleibt *Priester für immer.*
4 Seht doch, wie groß der ist, dem selbst
Abraham, der Patriarch, *den Zehnten* vom
Besten der Beute *gab!* 5 Zwar haben auch die
von den Söhnen Levis, die das Priesteramt
übernehmen, den Auftrag, den gesetzmäßi-
gen Zehnten vom Volk zu erheben, das heißt
von ihren Brüdern, obwohl auch diese aus
Abraham hervorgegangen sind; 6 jener aber,
der seinen Stammbaum nicht von ihnen her-
leitet, hat von Abraham *den Zehnten* genom-
men und den Träger der Verheißungen *ge-
segnet.* 7 Zweifellos wird aber immer der Ge-
ringere von einem Höheren gesegnet. 8 Und
in dem einen Fall nehmen den Zehnten
sterbliche Menschen, im andern aber einer,
von dem bezeugt wird, dass er lebt. 9 Und in
Abraham hat sozusagen auch Levi, der den
Zehnten nimmt, den Zehnten entrichtet;
10 denn er war noch im Leib seines Stammva-
ters, als *Melchisedek ihm entgegenging.*

1: Gen 14,17–20 • 3: Ps 110,4 • 4: Gen 14,20 • 5: Num 18,21 • 10: Gen 14,17.

Christus und die Leviten: 7,11–24

11 Wäre nun die Vollendung durch das le-
vitische Priestertum gekommen – das Volk
hat ja darüber gesetzliche Bestimmungen er-
halten –, warum musste dann noch ein ande-
rer *Priester nach der Ordnung Melchisedeks*
eingesetzt werden und warum wurde er
nicht nach der Ordnung Aarons benannt?
12 Denn sobald das Priestertum geändert
wird, ändert sich notwendig auch das Ge-
setz. 13 Der nämlich, von dem das gesagt
wird, gehört einem anderen Stamm an, von
dem keiner Zutritt zum Altar hat; 14 es ist ja
bekannt, dass unser Herr dem Stamm Juda
entsprossen ist, und diesem hat Mose keine
Priestersatzungen gegeben.
15 Das ist noch viel offenkundiger, wenn
nach dem Vorbild Melchisedeks ein anderer
Priester eingesetzt wird, 16 der nicht, wie das
Gesetz es fordert, aufgrund leiblicher Ab-
stammung Priester geworden ist, sondern
durch die Kraft unzerstörbaren Lebens.
17 Denn es wird bezeugt:
*Du bist Priester auf ewig / nach der Ord-
nung Melchisedeks.*

6,19 Im Heiligen Zelt wie auch im Tempelgebäude waren das Heilige und das Allerheiligste durch einen Vorhang getrennt. Nur einmal im Jahr, am Versöhnungstag, durfte der Hohepriester mit dem Blut von Opfertieren das Allerheiligste betreten, um den Sühneritus vorzunehmen durch die Besprengung des vergoldeten Deckels der Bundeslade mit Opferblut (vgl. Hebr 9,1–10; Lev 16). Das Allerheiligste ist für den Hebräerbrief Bild für den Ort, an dem Gott wohnt. – Der Anker ist Symbol für die christliche Hoffnung.

7,1–28 Dem levitischen Priestertum wird das Priestertum des Melchisedek gegenübergestellt. Melchisedek ist aufgrund seines Namens, der Anerkennung durch Abraham, durch seine geheimnisvolle Herkunft und durch sein Opfer – Brot und Wein – Vorbild für Jesus Christus. Nach 7,16 lebt Melchisedek bei Gott. Zum Opfer des Melchisedek im Unterschied zum Opfer der levitischen Priesterordnung vgl. 7,11–24; 9,7f; 10,1–9.

18 Das frühere Gebot wird nämlich aufge-
hoben, weil es schwach und nutzlos war –
19 denn das Gesetz hat nicht zur Vollendung
geführt –, und eine bessere Hoffnung wird
eingeführt, durch die wir Gott nahe kom-
men. 20 Das geschieht nicht ohne Eid; jene
anderen sind ohne Eid Priester geworden,
21 dieser aber durch einen Eid dessen, der zu
ihm sprach:
Der Herr hat geschworen und nie wird es
ihn reuen: / Du bist Priester auf ewig.
22 So ist Jesus auch zum Bürgen eines bes-
seren Bundes geworden.
23 Auch folgten dort viele Priester aufei-
nander, weil der Tod sie hinderte zu bleiben;
24 er aber hat, weil er *auf ewig* bleibt, ein un-
vergängliches Priestertum.

11: Ps 110,4 • 17: Ps 110,4 • 21: Ps 110,4 • 24: Ps 110,4.

Christus, der vollkommene Priester:
7,25–28

25 Darum kann er auch die, die durch ihn
vor Gott hintreten, für immer retten; denn er
lebt allezeit, um für sie einzutreten. 26 Ein
solcher Hoherpriester war für uns in der Tat
notwendig: einer, der heilig ist, unschuldig,
makellos, abgesondert von den Sündern und
erhöht über die Himmel; 27 einer, der es nicht
Tag für Tag nötig hat, wie die Hohenpriester
zuerst für die eigenen Sünden Opfer darzu-
bringen und dann für die des Volkes; denn
das hat er ein für allemal getan, als er sich
selbst dargebracht hat. 28 Das Gesetz näm-
lich macht Menschen zu Hohenpriestern, die
der Schwachheit unterworfen sind; das Wort
des Eides aber, der später als das Gesetz
kam, setzt *den Sohn* ein, der *auf ewig* voll-
endet ist.

27: Lev 16,6.15 • 28: Ps 2,7; 110,4.

Christus, der Mittler des Neuen Bundes:
8,1–13

8 Die Hauptsache dessen aber, was wir
sagen wollen, ist: Wir haben einen Ho-
henpriester, der sich *zur Rechten* des Thro-
nes der Majestät im Himmel *gesetzt hat,* 2 als
Diener des Heiligtums und *des* wahren *Zel-*
tes, das der Herr selbst aufgeschlagen hat,
nicht etwa ein Mensch. 3 Denn jeder Hohe-
priester wird eingesetzt, um Gaben und Op-
fer darzubringen; deshalb muss auch unser
Hoherpriester etwas haben, was er darbrin-
gen kann. 4 Wäre er nun auf Erden, so wäre
er nicht einmal Priester, da es hier schon
Priester gibt, die nach dem Gesetz die Gaben
darbringen. 5 Sie dienen einem Abbild und
Schatten der himmlischen Dinge, nach der
Anweisung, die Mose erhielt, als er daran-
ging, das Zelt zu errichten: *Sieh zu,* heißt es,
dass du alles nach dem Urbild ausführst, das
dir auf dem Berg gezeigt wurde. 6 Jetzt aber
ist ihm ein um so erhabenerer Priesterdienst
übertragen worden, weil er auch Mittler ei-
nes besseren Bundes ist, der auf bessere Ver-
heißungen gegründet ist.
7 Wäre nämlich jener erste Bund ohne Ta-
del, so würde man nicht einen zweiten an
seine Stelle zu setzen suchen.
8 Denn er tadelt sie, wenn er sagt: *Seht, es*
werden Tage kommen – spricht der Herr –, in
denen ich mit dem Haus Israel und dem Haus
Juda einen neuen Bund schließen werde,
9 *nicht wie der Bund war, den ich mit ihren*
Vätern geschlossen habe, als ich sie bei der
Hand nahm, um sie aus Ägypten herauszu-
führen. Sie sind nicht bei meinem Bund ge-
blieben und darum habe ich mich auch nicht
mehr um sie gekümmert – spricht der Herr.
10 *Das wird der Bund sein, den ich nach die-*
sen Tagen mit dem Haus Israel schließe –
spricht der Herr: Ich lege meine Gesetze in
ihr Inneres hinein und schreibe sie ihnen in
ihr Herz. Ich werde ihr Gott sein und sie wer-
den mein Volk sein. 11 *Keiner wird mehr sei-*
nen Mitbürger und keiner seinen Bruder be-
lehren und sagen: Erkenne den Herrn! Denn
sie alle, Klein und Groß, werden mich erken-
nen. 12 *Denn ich verzeihe ihnen ihre Schuld*
und an ihre Sünden denke ich nicht mehr.
13 Indem er von einem *neuen Bund* spricht,
hat er den ersten für veraltet erklärt. Was
aber veraltet und überlebt ist, das ist dem
Untergang nahe.

1: Ps 110,1 • 2: Num 24,6 G • 5: Kol 2,17; Ex 25,40 • 8–12: Jer 31,31–34 G.

Christus und die Opfer des Alten Bundes: 9,1 – 10,18

Der Opferdienst des Alten Bundes: 9,1–10

9 Der erste Bund hatte gottesdienstliche
Vorschriften und ein irdisches Heilig-
tum. 2 Es wurde nämlich ein erstes Zelt er-
richtet, in dem sich der Leuchter, der Tisch
und die heiligen Brote befanden; dieses Zelt
wurde das Heilige genannt. 3 Hinter dem
zweiten Vorhang aber war ein Zelt, das soge-
nannte Allerheiligste, 4 mit dem goldenen

8,2.5 Das wahre Heiligtum ist dort, wo der Auferstandene bei Gott, seinem Vater, ist.

9,4 Nach Ex 30,6–8 stand der Rauchopferaltar im »Heiligen« (vgl. die Anmerkung zu 6,19); hier liegt beim Verfasser des Hebräerbriefes also ein Missverständnis vor.

Rauchopferaltar und der ganz mit Gold überzogenen Bundeslade; darin waren ein goldener Krug mit dem Manna, der Stab Aarons, der Triebe angesetzt hatte, und die Bundestafeln; 5 über ihr waren die Kerubim der Herrlichkeit, die die Sühneplatte überschatteten. Doch es ist nicht möglich, darüber jetzt im Einzelnen zu reden.

6 So also ist das alles aufgebaut. In das erste Zelt gehen die Priester das ganze Jahr hinein, um die heiligen Dienste zu verrichten. 7 In das zweite Zelt aber geht nur einmal im Jahr der Hohepriester allein hinein, und zwar mit dem Blut, das er für sich und für die Vergehen des Volkes darbringt. 8 Dadurch deutet der Heilige Geist an, dass der Weg in das Heiligtum noch nicht sichtbar geworden ist, solange das erste Zelt Bestand hat. 9 Das ist ein Sinnbild, das auf die gegenwärtige Zeit hinweist; denn es werden Gaben und Opfer dargebracht, die das Gewissen des Opfernden nicht zur Vollkommenheit führen können; 10 es handelt sich nur um Speisen und Getränke und allerlei Waschungen, äußerliche Vorschriften, die bis zu der Zeit einer besseren Ordnung auferlegt worden sind.

1f: Ex 25,23.30f • 3: Ex 26,33 • 4: Ex 16,33; Num 17,25 • 7: Ex 30,10.

Das einmalige Opfer Christi: 9,11–28

11 Christus aber ist gekommen als Hoherpriester der künftigen Güter; und durch das erhabenere und vollkommenere Zelt, das nicht von Menschenhand gemacht, das heißt nicht von dieser Welt ist, 12 ist er ein für allemal in das Heiligtum hineingegangen, nicht mit dem Blut von Böcken und jungen Stieren, sondern mit seinem eigenen Blut, und so hat er eine ewige Erlösung bewirkt. 13 Denn wenn schon das Blut von Böcken und Stieren und die Asche einer Kuh die Unreinen, die damit besprengt werden, so heiligt, dass sie leiblich rein werden, 14 wie viel mehr wird das Blut Christi, der sich selbst kraft ewigen Geistes Gott als makelloses Opfer dargebracht hat, unser Gewissen von toten Werken reinigen, damit wir dem lebendigen Gott dienen.

15 Und darum ist er der Mittler eines neuen Bundes; sein Tod hat die Erlösung von den im ersten Bund begangenen Übertretungen bewirkt, damit die Berufenen das verheißene ewige Erbe erhalten. 16 Wo nämlich ein Testament vorliegt, muss der Tod des Erblassers nachgewiesen werden; 17 denn ein Testament wird erst im Todesfall rechtskräftig und gilt nicht, solange der Erblasser noch lebt. 18 Daher ist auch der erste Bund mit Blut in Kraft gesetzt worden. 19 Nachdem Mose jedes Gebot dem Gesetz gemäß dem ganzen Volk vorgelesen hatte, nahm er das Blut der jungen Stiere und der Böcke, dazu Wasser, rote Wolle und Ysop, besprengte das Buch selbst und das ganze Volk 20 und sagte: *Das ist das Blut des Bundes, den Gott für euch eingesetzt hat.* 21 Dann besprengte er auch das Zelt und alle gottesdienstlichen Geräte auf gleiche Weise mit dem Blut. 22 Fast alles wird nach dem Gesetz mit Blut gereinigt, und ohne dass Blut vergossen wird, gibt es keine Vergebung.

23 Durch solche Mittel müssen also die Abbilder der himmlischen Dinge gereinigt werden; die himmlischen Dinge selbst aber erfordern wirksamere Opfer. 24 Denn Christus ist nicht in ein von Menschenhand errichtetes Heiligtum hineingegangen, in ein Abbild des wirklichen, sondern in den Himmel selbst, um jetzt für uns vor Gottes Angesicht zu erscheinen; 25 auch nicht, um sich selbst viele Male zu opfern, (denn er ist nicht) wie der Hohepriester, der jedes Jahr mit fremdem Blut in das Heiligtum hineingeht; 26 sonst hätte er viele Male seit der Erschaffung der Welt leiden müssen. Jetzt aber ist er am Ende der Zeiten ein einziges Mal erschienen, um durch sein Opfer die Sünde zu tilgen. 27 Und wie es dem Menschen bestimmt ist, ein einziges Mal zu sterben, worauf dann das Gericht folgt, 28 so wurde auch Christus ein einziges Mal geopfert, um *die Sünden vieler hinwegzunehmen;* beim zweiten Mal wird er nicht wegen der Sünde erscheinen, sondern um die zu retten, die ihn erwarten.

11: 4,14 • 13: Num 19,9.17 • 15: 7,22 • 19: Ex 24,3–8; Lev 14,4; Num 19,6 • 20: Ex 24,8 • 22: Lev 17,11 • 28: Jes 53,12.

Die endgültige Versöhnung mit Gott: 10,1–18

10 Denn das Gesetz enthält nur einen Schatten der künftigen Güter, nicht die Gestalt der Dinge selbst; darum kann es durch die immer gleichen, alljährlich darge-

9,14 Nach Num 19 war zur Herstellung des Reinigungswassers die Asche einer roten Jungkuh erforderlich. Mit diesem Wasser wurden alle besprengt, die sich durch Berührung von Leichen verunreinigt hatten. Daneben galt das Blut von Opfertieren als Entsühnungsmittel (vgl. Lev 16).

9,16 »Testament« und »Bund« werden im griechischen Text durch dasselbe Wort ausgedrückt.

9,18–22 Zu den alttestamentlichen Vorschriften vgl. Ex 24; Lev 5; 14 – 16; Num 19; auch Ex 40.

10,1 Gesetz: Bezeichnung für die Heilsordnung des Alten Bundes.

brachten Opfer die, die vor Gott treten, nie-
mals für immer zur Vollendung führen.
2 Hätte man nicht aufgehört zu opfern, wenn
die Opfernden ein für allemal gereinigt und
sich keiner Sünde mehr bewusst gewesen
wären? 3 Aber durch diese Opfer wird alljähr-
lich nur an die Sünden erinnert, 4 denn das
Blut von Stieren und Böcken kann unmög-
lich Sünden wegnehmen. 5 Darum spricht
Christus bei seinem Eintritt in die Welt:

*Schlacht- und Speiseopfer hast du nicht
gefordert, / doch einen Leib hast du mir ge-
schaffen; / 6 an Brand- und Sündopfern hast
du kein Gefallen.*

7 *Da sagte ich: Ja, ich komme – / so steht es
über mich in der Schriftrolle –, / um deinen
Willen, Gott, zu tun.*

8 Zunächst sagt er: *Schlacht- und Speise-
opfer, Brand- und Sündopfer forderst du
nicht, du hast daran kein Gefallen,* obgleich
sie doch nach dem Gesetz dargebracht wer-
den; 9 dann aber hat er gesagt: *Ja, ich kom-
me, um deinen Willen zu tun.* So hebt Chris-
tus das Erste auf, um das Zweite in Kraft zu
setzen. 10 Aufgrund dieses Willens sind wir
durch die Opfergabe des Leibes Jesu Christi
ein für alle Mal geheiligt.

11 Jeder Priester steht Tag für Tag da, ver-
sieht seinen Dienst und bringt viele Male die
gleichen Opfer dar, die doch niemals Sünden
wegnehmen können. 12 Dieser aber hat nur
ein einziges Opfer für die Sünden darge-
bracht und *sich dann für immer zur Rechten
Gottes gesetzt;* 13 seitdem wartet er, *bis seine
Feinde ihm als Schemel unter die Füße ge-
legt werden.* 14 Denn durch ein einziges Op-
fer hat er die, die geheiligt werden, für im-
mer zur Vollendung geführt. 15 Das bezeugt
uns auch der Heilige Geist; denn zuerst sagt
er:

16 *Das wird der Bund sein, den ich nach
diesen Tagen mit ihnen schließe – / spricht
der Herr:*

*Ich lege meine Gesetze in ihr Herz / und
schreibe sie in ihr Inneres;*

17 dann aber:

*An ihre Sünden und Übertretungen denke
ich nicht mehr.*

18 Wo aber die Sünden vergeben sind, da
gibt es kein Sündopfer mehr.

1: 8,5 • 5–7: Ps 40,7–9 G • 10: 2,11; 9,28 • 12: Ps 110,1 • 16: Jer 31,33 G • 17: Jer 31,34 G.

DER WEG DES GLAUBENS: 10,19 – 13,19

Das unwandelbare Bekenntnis: 10,19–25

19 Wir haben also die Zuversicht, Brüder,
durch das Blut Jesu in das Heiligtum einzu-
treten. 20 Er hat uns den neuen und lebendi-
gen Weg erschlossen durch den Vorhang hin-
durch, das heißt durch sein Fleisch. 21 Da wir
einen Hohenpriester haben, der über das
Haus Gottes gestellt ist, 22 lasst uns mit auf-
richtigem Herzen und in voller Gewissheit
des Glaubens hintreten, das Herz durch Be-
sprengung gereinigt vom schlechten Gewis-
sen und den Leib gewaschen mit reinem
Wasser. 23 Lasst uns an dem unwandelbaren
Bekenntnis der Hoffnung festhalten, denn
er, der die Verheißung gegeben hat, ist treu.
24 Lasst uns aufeinander achten und uns zur
Liebe und zu guten Taten anspornen.
25 Lasst uns nicht unseren Zusammenkünf-
ten fernbleiben, wie es einigen zur Gewohn-
heit geworden ist, sondern ermuntert einan-
der, und das umso mehr, als ihr seht, dass der
Tag naht.

21: Sach 6,11f; Hebr 3,6 • 22: 9,14.

Warnung vor dem Abfall: 10,26–31

26 Denn wenn wir vorsätzlich sündigen,
nachdem wir die Erkenntnis der Wahrheit
empfangen haben, gibt es für diese Sünden
kein Opfer mehr, 27 sondern nur die Erwar-
tung des furchtbaren Gerichts und ein *wü-
tendes Feuer, das die Gegner verzehren wird.*
28 Wer das Gesetz des Mose verwirft, *muss
ohne Erbarmen auf die Aussage von zwei
oder drei Zeugen hin sterben.* 29 Meint ihr
nicht, dass eine noch viel härtere Strafe der
verdient, der den Sohn Gottes mit Füßen ge-
treten, *das Blut des Bundes,* durch das er ge-
heiligt wurde, verachtet und den Geist der
Gnade geschmäht hat? 30 Wir kennen doch
den, der gesagt hat: *Mein ist die Rache, ich*

10,5–7 Ps 40,7–9, Danklied eines aus Not erretteten Frommen, erhält durch den Bezug auf Jesus Christus einen neuen Sinn. Nach frühchristlicher Auffassung weisen die Psalmen auch auf Jesus hin.

10,28 Nach Dtn 17,2–7 stand auf Abfall von Gott und Verführung zum Götzendienst der Tod durch Steinigung.

werde vergelten, und ferner: *Der Herr wird*
sein Volk richten. 31 Es ist furchtbar, in die
Hände des lebendigen Gottes zu fallen.

26: 6,4–8 • 27: Jes 26,11 • 28: Dtn 17,6 • 29: Ex 24,8 • 30: Dtn 32,35f.

Mahnung zur Ausdauer: 10,32–39

32 Erinnert euch an die früheren Tage, als
ihr nach eurer Erleuchtung manchen harten
Leidenskampf bestanden habt: 33 Ihr seid
vor aller Welt beschimpft und gequält wor-
den, oder ihr seid mitbetroffen gewesen vom
Geschick derer, denen es so erging; 34 denn
ihr habt mit den Gefangenen gelitten und
auch den Raub eures Vermögens freudig hin-
genommen, da ihr wusstet, dass ihr einen
besseren Besitz habt, der euch bleibt.
35 Werft also eure Zuversicht nicht weg, die
großen Lohn mit sich bringt. 36 Was ihr
braucht, ist Ausdauer, damit ihr den Willen
Gottes erfüllen könnt und so das verheißene
Gut erlangt.
37 Denn nur noch *eine kurze Zeit, / dann*
wird der kommen, der kommen soll, / und er
bleibt nicht aus.
38 *Mein Gerechter aber wird durch den*
Glauben leben; / doch wenn er zurück-
weicht, / habe ich kein Gefallen an ihm.
39 Wir aber gehören nicht zu denen, die
zurückweichen und verloren gehen, sondern
zu denen, die glauben und das Leben gewin-
nen.

34: 13,3 • 37: Jes 26,20; Hab 2,3 G • 38: Hab 2,4 G.

Der Glaube der Väter: 11,1 – 12,3

Die Urväter: 11,1–7

11 Glaube aber ist: Feststehen in dem,
was man erhofft, Überzeugtsein von
Dingen, die man nicht sieht.
2 Aufgrund dieses Glaubens haben die Al-
ten ein ruhmvolles Zeugnis erhalten.
3 Aufgrund des Glaubens erkennen wir,
dass die Welt durch Gottes Wort erschaffen
worden und dass so aus Unsichtbarem das
Sichtbare entstanden ist.
4 Aufgrund des Glaubens brachte Abel
Gott ein besseres Opfer dar als Kain; durch
diesen Glauben erhielt er das Zeugnis, dass
er gerecht war, da Gott es bei seinen Opfer-
gaben bezeugte, und durch den Glauben re-
det Abel noch, obwohl er tot ist.
5 Aufgrund des Glaubens wurde Henoch
entrückt und musste nicht sterben; *er wurde*
nicht mehr gefunden, weil Gott ihn entrückt
hatte; vor der Entrückung erhielt er das
Zeugnis, dass er *Gott gefiel.* 6 Ohne Glauben
aber ist es unmöglich, (Gott) *zu gefallen;*
denn wer zu Gott kommen will, muss glau-
ben, dass er ist und dass er denen, die ihn
suchen, ihren Lohn geben wird.
7 Aufgrund des Glaubens wurde Noach
das offenbart, was noch nicht sichtbar war,
und er baute in frommem Gehorsam eine Ar-
che zur Rettung seiner Familie; durch seinen
Glauben sprach er der Welt das Urteil und
wurde Erbe der Gerechtigkeit, die aus dem
Glauben kommt.

4: Gen 4,4 • 5: Gen 5,24 G • 7: Gen 6,13–22; 7,1.

Die Patriarchen: 11,8–22

8 Aufgrund des Glaubens gehorchte Abra-
ham dem Ruf, *wegzuziehen* in ein Land, das
er zum Erbe erhalten sollte; und *er zog weg,*
ohne zu wissen, wohin er kommen würde.
9 Aufgrund des Glaubens *hielt er sich als*
Fremder im verheißenen *Land* wie in einem
fremden Land *auf* und wohnte mit Isaak und
Jakob, den Miterben derselben Verheißung,
in Zelten; 10 denn er erwartete die Stadt mit
den festen Grundmauern, die Gott selbst ge-
plant und gebaut hat.
11 Aufgrund des Glaubens empfing selbst
Sara die Kraft, trotz ihres Alters noch Mut-
ter zu werden; denn sie hielt den für treu, der
die Verheißung gegeben hatte. 12 So stammen
denn auch von einem einzigen Menschen,
dessen Kraft bereits erstorben war, viele ab:
zahlreich wie die Sterne am Himmel und der
Sand am Meeresstrand, den man nicht zäh-
len kann.
13 Voll Glauben sind diese alle gestorben,
ohne das Verheißene erlangt zu haben; nur
von fern haben sie es geschaut und gegrüßt
und haben bekannt, dass sie Fremde und
Gäste auf Erden sind. 14 Mit diesen Worten
geben sie zu erkennen, dass sie eine Heimat

10,38 Vgl. Röm 1,17 und die dortige Anmerkung.
11,11–40: Auch die Gerechten und Frommen der vorchristlichen Zeit waren Glaubende und gehören daher zum einen Volk Gottes.
11,1 Andere Übersetzungsmöglichkeit: Der Glaube aber ist die Grundlage dessen, was man erhofft, und die Gewissheit über Dinge, die man nicht sieht.
11,3 Andere Übersetzungsmöglichkeit: und dass das Sichtbare nicht aus der Welt der Erscheinungen entstanden ist.
11,11 Textüberlieferung unsicher; möglich ist auch: Aufgrund des Glaubens empfing er auch trotz seines Alters zusammen mit Sara die Kraft zur Zeugung; denn er hielt . . .

suchen. 15 Hätten sie dabei an die Heimat gedacht, aus der sie weggezogen waren, so wäre ihnen Zeit geblieben zurückzukehren; 16 nun aber streben sie nach einer besseren Heimat, nämlich der himmlischen. Darum schämt sich Gott ihrer nicht, er schämt sich nicht, ihr Gott genannt zu werden; denn er hat für sie eine Stadt vorbereitet.

17 Aufgrund des Glaubens *brachte Abraham den Isaak dar, als er auf die Probe gestellt wurde,* und gab den *einzigen Sohn* dahin, er, der die Verheißungen empfangen hatte 18 und zu dem gesagt worden war: *Durch Isaak wirst du Nachkommen haben.* 19 Er verließ sich darauf, dass Gott sogar die Macht hat, Tote zum Leben zu erwecken; darum erhielt er Isaak auch zurück. Das ist ein Sinnbild.

20 Aufgrund des Glaubens segnete Isaak Jakob und Esau im Hinblick auf das Kommende.

21 Aufgrund des Glaubens segnete Jakob sterbend jeden der Söhne Josefs und *neigte sich über das obere Ende seines Stabes.*

22 Aufgrund des Glaubens dachte Josef vor seinem Tod an den Auszug der Israeliten und traf Anordnungen wegen seiner Gebeine.

8: Gen 12,1.4 • 9: Gen 26,3 • 11: Gen 17,19; 21,2 • 12: Gen 22,17; Ex 32,13; Gen 15,5 • 13: Ps 39,13; 119,19 • 17: Gen 22,1f • 18: Gen 21,12 G • 19: Gen 22,1–18 • 20: Gen 27,28f.39f • 21: Gen 47,31 G • 22: Gen 50,24.

Weitere Zeugen des Glaubens: 11,23 – 12,3

23 Aufgrund des Glaubens *wurde Mose* nach seiner Geburt *drei Monate lang* von seinen Eltern *verborgen, weil sie sahen, dass es ein schönes Kind war,* und weil sie sich vor dem Befehl des Königs nicht fürchteten.

24 Aufgrund des Glaubens weigerte sich Mose, als er herangewachsen war, Sohn einer Tochter des Pharao genannt zu werden; 25 lieber wollte er sich zusammen mit dem Volk Gottes misshandeln lassen, als flüchtigen Genuss von der Sünde zu haben; 26 er hielt *die Schmach des Messias* für einen größeren Reichtum als die Schätze Ägyptens; denn er dachte an den künftigen Lohn.

27 Aufgrund des Glaubens verließ er Ägypten, ohne Furcht vor dem Zorn des Königs; er hielt standhaft aus, als sähe er den Unsichtbaren.

28 Aufgrund des Glaubens vollzog er *das Pascha* und *bestrich die Türpfosten mit Blut,* damit *der Vernichter* ihre Erstgeborenen nicht anrührte.

29 Aufgrund des Glaubens zogen sie durch das Rote Meer wie über trockenes Land; als die Ägypter das Gleiche versuchten, wurden sie vom Meer verschlungen.

30 Aufgrund des Glaubens geschah es, dass die Mauern von Jericho einstürzten, nachdem man sieben Tage um sie herumgezogen war.

31 Aufgrund des Glaubens kam die Dirne Rahab nicht zusammen mit den Ungehorsamen um; denn sie hatte die Kundschafter in Frieden aufgenommen.

32 Und was soll ich noch aufzählen? Die Zeit würde mir nicht reichen, wollte ich von Gideon reden, von Barak, Simson, Jiftach, David und von Samuel und den Propheten; 33 sie haben aufgrund des Glaubens Königreiche besiegt, Gerechtigkeit geübt, Verheißungen erlangt, Löwen den Rachen gestopft, 34 Feuersglut gelöscht; sie sind scharfen Schwertern entgangen; sie sind stark geworden, als sie schwach waren; sie sind im Krieg zu Helden geworden und haben feindliche Heere in die Flucht geschlagen. 35 Frauen haben ihre Toten durch Auferstehung zurückerhalten. Einige nahmen die Freilassung nicht an und ließen sich foltern, um eine bessere Auferstehung zu erlangen. 36 Andere haben Spott und Schläge erduldet, ja sogar Ketten und Kerker. 37 Gesteinigt wurden sie, verbrannt, zersägt, mit dem Schwert umgebracht; sie zogen in Schafspelzen und Ziegenfellen umher, Not leidend, bedrängt, misshandelt. 38 Sie, deren die Welt nicht wert war, irrten umher in Wüsten und Gebirgen, in den Höhlen und Schluchten des Landes. 39 Doch sie alle, die aufgrund des Glaubens (von Gott) besonders anerkannt wurden, haben das Verheißene nicht erlangt, 40 weil Gott erst für uns etwas Besseres vorgesehen hatte; denn sie sollten nicht ohne uns vollendet werden.

12 Da uns eine solche Wolke von Zeugen umgibt, wollen auch wir alle Last und die Fesseln der Sünde abwerfen. Lasst uns mit Ausdauer in dem Wettkampf laufen, der uns aufgetragen ist, 2 und dabei auf Jesus blicken, den Urheber und Vollender des

11,21 So nach dem griechischen Text; nach dem hebräischen: neigte sich über das Kopfende seines Bettes.

11,35 Gedacht ist wohl an die Erweckung des Sohns der Witwe von Sarepta durch den Propheten Elija (vgl. 1 Kön 17,17–24) und des Sohns einer Frau aus Schunem durch den Propheten Elischa (vgl. 2 Kön 4,18–37).

11,37 verbrannt, viele alte Textzeugen haben: erprobt (durch Folter?).

11,39 (von Gott) besonders anerkannt wurden, andere Übersetzungsmöglichkeit: (von der Schrift) ein rühmliches Zeugnis erhielten.

Glaubens; er hat angesichts der vor ihm liegenden Freude das Kreuz auf sich genommen, ohne auf die Schande zu achten, und *sich zur Rechten* von Gottes Thron *gesetzt.* 3 Denkt an den, der von den Sündern solchen Widerstand gegen sich erduldet hat; dann werdet ihr nicht ermatten und den Mut nicht verlieren.

11,23: Ex 2,2 • 24: Ex 2,11f • 26: Ps 69,10; 89,51f; Hebr 12,2; 13,13 • 27: Ex 2,15 • 28: Ex 12,11.13.22f • 29: Ex 14,21–31 • 30: Jos 6,1–21 • 31: Jos 2,11f; 6,17.22–25 • 33: Dan 6,23 • 34: Dan 3,23–25 • 35: 2 Makk 6,18 – 7,42 • 37: 2 Chr 24,21 • 38: 1 Sam 13,61 • 12,1: 1 Kor 9,24 • 2: 2,10; Ps 110,1.

Abschließende Mahnungen: 12,4 – 13,19

Die Züchtigung als Zeichen väterlicher Liebe: 12,4–13

4 Ihr habt im Kampf gegen die Sünde noch nicht bis aufs Blut Widerstand geleistet 5 und ihr habt die Mahnung vergessen, die euch als Söhne anredet:

Mein Sohn, verachte nicht die Zucht des Herrn, / verzage nicht, wenn er dich zurechtweist.

6 *Denn wen der Herr liebt, den züchtigt er; / er schlägt mit der Rute jeden Sohn, den er gern hat.*

7 Haltet aus, wenn ihr gezüchtigt werdet. Gott behandelt euch wie Söhne. Denn wo ist ein Sohn, den sein Vater nicht züchtigt? 8 Würdet ihr nicht gezüchtigt, wie es doch bisher allen ergangen ist, dann wäret ihr nicht wirklich seine Kinder, ihr wäret nicht seine Söhne. 9 Ferner: An unseren leiblichen Vätern hatten wir harte Erzieher und wir achteten sie. Sollen wir uns dann nicht erst recht dem Vater der Geister unterwerfen und so das Leben haben? 10 Jene haben uns für kurze Zeit nach ihrem Gutdünken in Zucht genommen; er aber tut es zu unserem Besten, damit wir Anteil an seiner Heiligkeit gewinnen. 11 Jede Züchtigung scheint zwar für den Augenblick nicht Freude zu bringen, sondern Schmerz; später aber schenkt sie denen, die durch diese Schule gegangen sind, als Frucht den Frieden und die Gerechtigkeit.

12 Darum *macht die erschlafften Hände wieder stark und die wankenden Knie wieder fest* 13 und *ebnet die Wege für eure Füße,* damit die lahmen Glieder nicht ausgerenkt, sondern geheilt werden.

5: Spr 3,11f G • 7: Ps 73,14f • 9: Num 16,22; 27,16 • 12: Jes 35,3; Ijob 4,3f • 13: Spr 4,26 G.

Warnung vor Leichtfertigkeit: 12,14–17

14 *Strebt voll Eifer nach Frieden* mit allen und nach der Heiligung, ohne die keiner den Herrn sehen wird. 15 Seht zu, dass niemand die Gnade Gottes verscherzt, *dass keine bittere Wurzel wächst und Schaden stiftet* und durch sie alle vergiftet werden, 16 dass keiner unzüchtig ist oder gottlos wie *Esau,* der für eine einzige Mahlzeit sein *Erstgeburtsrecht verkaufte.* 17 Ihr wisst auch, dass er verworfen wurde, als er später den Segen erben wollte; denn er fand keinen Weg zur Umkehr, obgleich er unter Tränen danach suchte.

14: Ps 34,15 • 15: Dtn 29,17 G • 16: Gen 25,33f • 17: Gen 27,30–40.

Die rechte Furcht vor Gott: 12,18–29

18 Denn ihr seid nicht zu einem sichtbaren, *lodernden Feuer hingetreten, zu dunklen Wolken, zu Finsternis und Sturmwind,* 19 *zum Klang der Posaunen und zum Schall der Worte,* bei denen die Hörer flehten, diese Stimme solle nicht weiter zu ihnen reden; 20 denn sie ertrugen nicht den Befehl: Sogar *ein Tier, das den Berg berührt, soll gesteinigt werden.* 21 Ja, so furchtbar war die Erscheinung, dass Mose rief: Ich bin voll Angst und Schrecken. 22 Ihr seid vielmehr zum Berg Zion hingetreten, zur Stadt des lebendigen Gottes, dem himmlischen Jerusalem, zu Tausenden von Engeln, zu einer festlichen Versammlung 23 und zur Gemeinschaft der Erstgeborenen, die im Himmel verzeichnet sind; zu Gott, dem Richter aller, zu den Geistern der schon vollendeten Gerechten, 24 zum Mittler eines neuen Bundes, Jesus, und zum Blut der Besprengung, das mächtiger ruft als das Blut Abels.

12,8 Wörtlich: dann wäret ihr uneheliche Kinder, ihr wäret nicht (eheliche) Söhne.

12,12f Die Mahnung setzt das Bild vom wandernden Gottesvolk voraus, das unterwegs ist in »die Stadt mit den festen Grundmauern, die Gott selbst geplant und gebaut hat« (11,10).

12,15 alle, wörtlich: die vielen.

12,18–21 Der Text erinnert an die Umstände beim Abschluss des Ersten Bundes am Sinai (vgl. Ex 19; 20,18–21; Dtn 5,22–27; 9,9–25).

12,22f Jerusalem und vor allem der Berg Zion, auf dem der Tempel stand, waren von Gott auserwählt als Stätten seiner besonderen Gegenwart. Für die Christen sind Jerusalem und Zion Bezeichnungen für das neue Volk Gottes, die Kirche (vgl. Gal 4,25f; Offb 3,12; 21,2). Die Aufnahme in die Gemeinschaft der Erstgeborenen geschieht durch die Taufe.

12,24 Blut der Besprengung: Dem alttestamentlichen Opferblut (vgl. Ex 24,8; Hebr 9,15–22) entspricht im Neuen Bund das Blut Christi.

25 Gebt Acht, dass ihr den nicht ablehnt,
der redet. Jene haben ihn abgelehnt, als er
auf Erden seine Gebote verkündete, und sind
(dem Gericht) nicht entronnen; wie viel we-
niger dann wir, wenn wir uns von dem ab-
wenden, der jetzt vom Himmel her spricht.
26 Seine Stimme hat damals die Erde er-
schüttert, jetzt aber hat er verheißen: *Noch
einmal lasse ich es beben,* aber nicht nur *die
Erde* erschüttere ich, sondern auch *den Him-
mel.* 27 Dieses *Noch einmal* weist auf die Um-
wandlung dessen hin, das, weil es erschaffen
ist, erschüttert wird, damit das Unerschüt-
terliche bleibt. 28 Darum wollen wir dankbar
sein, weil wir ein unerschütterliches Reich
empfangen, und wollen Gott so dienen, wie
es ihm gefällt, in ehrfürchtiger Scheu;
29 denn unser *Gott ist verzehrendes Feuer.*

18f: Ex 19,16–19; Dtn 4,11 • 19: Ex 20,19 • 20: Ex 19,13 • 21: Dtn 9,19 • 22: Gal 4,26 • 24: 9,15; Gen 4,10 • 26: Hag 2,6 G • 29: Dtn 4,24; Jes 33,14.

Aufruf zu echtem christlichem Leben: 13,1–19

13 Die Bruderliebe soll bleiben. 2 Ver-
gesst die Gastfreundschaft nicht;
denn durch sie haben einige, ohne es zu ah-
nen, Engel beherbergt. 3 Denkt an die Gefan-
genen, als wäret ihr mitgefangen; denkt an
die Misshandelten, denn auch ihr lebt noch
in eurem irdischen Leib. 4 Die Ehe soll von
allen in Ehren gehalten werden und das Ehe-
bett bleibe unbefleckt; denn Unzüchtige und
Ehebrecher wird Gott richten. 5 Euer Leben
sei frei von Habgier; seid zufrieden mit dem,
was ihr habt; denn Gott hat versprochen: *Ich
lasse dich nicht fallen und verlasse dich
nicht.* 6 Darum dürfen wir zuversichtlich
sagen:

Der Herr ist mein Helfer, ich fürchte mich nicht. / Was können Menschen mir antun?

7 Denkt an eure Vorsteher, die euch das
Wort Gottes verkündet haben; schaut auf
das Ende ihres Lebens, und ahmt ihren
Glauben nach! 8 Jesus Christus ist derselbe
gestern, heute und in Ewigkeit. 9 Lasst euch
nicht durch mancherlei fremde Lehren irre-
führen; denn es ist gut, das Herz durch Gna-
de zu stärken und nicht dadurch, dass man
nach Speisevorschriften lebt, die noch kei-
nem genützt haben.
10 Wir haben einen Altar, von dem die
nicht essen dürfen, die dem Zelt dienen.
11 Denn die Körper der Tiere, *deren Blut* vom
Hohenpriester *zur Sühnung der Sünde in das
Heiligtum gebracht wird, werden außerhalb
des Lagers verbrannt.* 12 Deshalb hat auch
Jesus, um durch sein eigenes Blut das Volk
zu heiligen, außerhalb des Tores gelitten.
13 Lasst uns also zu ihm *vor das Lager hi-
nausziehen* und seine Schmach auf uns neh-
men. 14 Denn wir haben hier keine Stadt, die
bestehen bleibt, sondern wir suchen die
künftige.
15 Durch ihn also lasst uns *Gott* allezeit *das
Opfer des Lobes darbringen,* nämlich *die
Frucht der Lippen,* die seinen Namen prei-
sen. 16 Vergesst nicht, Gutes zu tun und mit
anderen zu teilen; denn an solchen Opfern
hat Gott Gefallen. 17 Gehorcht euren Vorste-
hern und ordnet euch ihnen unter, denn sie
wachen über euch und müssen Rechenschaft
darüber ablegen; sie sollen das mit Freude
tun können, nicht mit Seufzen, denn das
wäre zu eurem Schaden. 18 Betet für uns!
Zwar sind wir überzeugt, ein gutes Gewissen
zu haben, weil wir in allem recht zu leben su-
chen; 19 umso dringender aber bitte ich um
euer Gebet, damit ich euch recht bald zu-
rückgegeben werde.

2: Gen 18,3; 19,2f • 3: 10,34 • 4: 1 Kor 5,11; 7,2–4; Eph 5,5 • 5: 1 Tim 6,3–10; Dtn 31,6.8; Jos 1,5 • 6: Ps 118,6 G • 9: Kol 2,21; 1 Tim 1,6f; 4,3; 2 Tim 2,14–16; Hebr 9,10 • 11: Lev 16,27 • 12: Mt 27,33; Joh 19,17 • 15: Ps 50,14.23; Hos 14,3 • 17: Apg 20,28–31; 1 Kor 16,16; 1 Petr 5,5 • 18: Röm 15,30 • 19: Apg 12,5; Röm 15,30.

13,2 Der Hinweis auf Engel bezieht sich wohl auf die Berichte entsprechender Vorgänge im Alten Testament (vgl. Gen 18: Abraham und Sara; Gen 19,1–22; Lot; Ri 13: Manoach; Tob 5 – 12: Tobias).

13,7 auf das Ende, wörtlich: auf den Ertrag. – Mit »Vorsteher« sind hier die christlichen Gemeindeleiter und Seelsorger bezeichnet (vgl. 13,17.24).

13,10 »Zelt« im Sinn von Bundeszelt meint die alte gottesdienstliche Ordnung des Judentums (vgl. Hebr 8,5; 9,2–6.8.21).

13,11–14 Nach Lev 16,27 mussten der Sündopferstier und der Sündopferbock, deren Blut zur Entsühnung diente, außerhalb des Lagers verbrannt werden. Die Hinrichtung Jesu erfolgte »außerhalb des Tors« (vgl. Joh 19,20; Mt 21,39), um die Heilige Stadt nicht zu verunreinigen (vgl. Joh 19,31). Die Aussage spielt auf die Schmach des Kreuzestodes an und auf die Tatsache, dass die Christen sowohl von den Juden als auch von den Heiden aus deren Gemeinschaft ausgestoßen wurden.

13,15 Mit »Lobopfer«, »Frucht der Lippen« ist der christliche Gottesdienst gemeint.

DER SCHLUSS DES BRIEFES: SEGENSWÜNSCHE UND GRÜSSE: 13,20–25

20 Der Gott des Friedens aber, der Jesus,
unseren Herrn, *den* erhabenen *Hirten seiner*
Schafe, von den Toten *heraufgeführt hat*
durch das Blut eines ewigen Bundes, 21 er
mache euch tüchtig in allem Guten, damit
ihr seinen Willen tut. Er bewirke in uns, was
ihm gefällt, durch Jesus Christus, dem die
Ehre sei in alle Ewigkeit. Amen.
22 Schließlich bitte ich euch, Brüder,
nehmt diese Mahnrede bereitwillig an; ich
habe euch ja nur kurz geschrieben. 23 Wisst,
dass unser Bruder Timotheus freigelassen
worden ist; sobald er kommt, werde ich mit
ihm zusammen euch besuchen. 24 Grüßt alle
eure Vorsteher und alle Heiligen! Es grüßen
euch die Brüder aus Italien.
25 Die Gnade sei mit euch allen!

20: Jes 63,11; Sach 9,11; 1 Petr 5,4; Jes 55,3 • 21: Röm 16,27.

13,23 freigelassen worden ist, andere Übersetzungsmöglichkeit: abreisen konnte. – Wo sich der Paulusmitarbeiter Timotheus aufhielt, lässt sich nicht feststellen.

13,24 Als »Heilige« sind hier die Christen bezeichnet. – Aus der Erwähnung der »Brüder aus Italien« lässt sich nicht eindeutig erschließen, ob der Brief in Italien, das heißt in Rom, verfasst oder von außerhalb Italiens an christliche Gemeinden in Italien geschrieben worden ist.

Die Katholischen Briefe

Die sieben Briefe, die dem Hebräerbrief folgen, werden seit alter Zeit »Katholische Briefe« genannt, weil sie nicht an bestimmte einzelne Gemeinden adressiert sind, sondern sich an einen größeren Leserkreis richten. »Katholisch« ist in diesem Zusammenhang im Sinn von »universal, allgemein« gebraucht.

Der Brief des Jakobus

Der Verfasser dieses Briefs ist nach der Anschrift Jakobus, der »Knecht Gottes und Jesu Christi, des Herrn« (1,1). Damit kann nicht der Apostel Jakobus, der Sohn des Zebedäus, oder der andere Apostel Jakobus, der Sohn des Alphäus (Mk 3,17; Apg 1,13), gemeint sein, da in der Anschrift der Aposteltitel fehlt. Mit dem Verfasser, den die Anschrift nennt, ist offensichtlich Jakobus, der »Bruder des Herrn«, gemeint, der in Mk 6,3 erwähnt wird (Jakobus, »der Kleine«, Mk 15,40). Er gehörte nach der Auferstehung Jesu zum Kern der Urgemeinde in Jerusalem (vgl. Apg 1,14; 1 Kor 15,7; Gal 1,19; 2,9). Nach dem Weggang des Petrus (Apg 12,17) wurde Jakobus, der gesetzestreue und angesehene Judenchrist, Leiter dieser Gemeinde (Apg 21,17f). Er erlitt im Jahr 62 n. Chr. den Märtyrertod.

Als Empfänger sind »die zwölf Stämme, die in der Zerstreuung leben«, genannt. Damit können die judenchristlichen Gemeinden in Palästina und anderen Ländern gemeint sein. Doch könnte der Ausdruck »die zwölf Stämme« auch eine symbolische Bezeichnung der ganzen Christenheit sein, die in dieser Welt wie in der Diaspora (»Zerstreuung« 1,1) lebt. Der Einfluss jüdischer Denk- und Redeweise ist in dem Brief jedenfalls deutlich erkennbar.

Wenn Jakobus, der »Bruder des Herrn«, diesen Brief verfasst hat, muss er spätestens im Jahr 62 geschrieben sein. Nach anderer Auffassung ist dieses in gutem Griechisch abgefasste Schreiben erst gegen Ende des 1. Jahrhunderts entstanden, und zwar in Kreisen, die sich auf Jakobus berufen konnten.

Der Jakobusbrief ist trotz des briefartigen Anfangs (1,1) kein eigentlicher Brief. Er hat auch keinen systematischen Aufbau. Es geht nicht um die Entfaltung oder Verteidigung von Lehren, sondern um die Mahnung zu einer tatkräftigen Verwirklichung des Evangeliums (mit Anklängen an die Bergpredigt). Die einzelnen Abschnitte sind nur lose miteinander verbunden. Grundlage ist der Glaube an Jesus Christus, den Herrn der Herrlichkeit, den kommenden Richter (2,1; 5,7–11). Der Glaube ist Gabe Gottes, er lebt vom Hören auf das Wort und macht den Menschen zum wahren Gottesdienst fähig: zur tätigen Liebe gegenüber den Armen (1,19–27; 2,1–13).

Über das Verhältnis von Glauben und Werken handelt ausführlich der Abschnitt 2,14–26. Während Paulus in Röm 3,28 sagt, der Mensch werde durch Glauben gerecht, unabhängig von den »Werken des Gesetzes«, betont Jakobus, »dass der Mensch aufgrund seiner Werke gerecht wird, nicht durch den Glauben allein« (2,24). Doch stehen die Aussagen des Jakobusbriefs nicht in wirklichem Gegensatz zur Lehre des Paulus. Paulus spricht von »Werken des Gesetzes«, Jakobus aber meint die Taten der Nächstenliebe, ohne die auch für Paulus der Glaube nichtig wäre (vgl. Gal 5,6).

Vom Inhalt des Briefs sind ferner zu nennen die Mahnungen zum Ausharren in Prüfungen, zum Gebet, die Warnung vor Lehrstreitigkeiten, vor einer Weisheit, die nicht von Gott kommt, und allgemein »vor jeder Befleckung durch die Welt«. Wichtig ist die Erwähnung der Krankensalbung in 5,14f (vgl. Mk 6,13).

ANSCHRIFT UND GRUSS: 1,1

1 Jakobus, Knecht Gottes und Jesu Christi, des Herrn, grüßt die zwölf Stämme, die in der
Zerstreuung leben.

1: 1 Petr 1,1.

SINN UND WESEN DER VERSUCHUNG: 1,2–18

2 Seid voll Freude, meine Brüder, wenn ihr
in mancherlei Versuchungen geratet. 3 Ihr
wisst, dass die Prüfung eures Glaubens Aus-
dauer bewirkt. 4 Die Ausdauer aber soll zu
einem vollendeten Werk führen; denn so
werdet ihr vollendet und untadelig sein, es
wird euch nichts mehr fehlen. 5 Fehlt es aber
einem von euch an Weisheit, dann soll er sie
von Gott erbitten; Gott wird sie ihm geben,
denn er gibt allen gern und macht niemand
einen Vorwurf. 6 Wer bittet, soll aber voll
Glauben bitten und nicht zweifeln; denn wer
zweifelt, ist wie eine Welle, die vom Wind im
Meer hin und her getrieben wird. 7 Ein sol-
cher Mensch bilde sich nicht ein, dass er vom
Herrn etwas erhalten wird: 8 Er ist ein Mann
mit zwei Seelen, unbeständig auf all seinen
Wegen.
9 Der Bruder, der in niederem Stand lebt,
rühme sich seiner hohen Würde, 10 der Rei-
che aber seiner Niedrigkeit; denn *er wird da-
hinschwinden wie die Blume im Gras*. 11 Die
Sonne geht auf und ihre Hitze versengt das
Gras; die Blume verwelkt und ihre Pracht
vergeht. So wird auch der Reiche vergehen
mit allem, was er unternimmt.
12 Glücklich der Mann, der in der Versu-
chung standhält. Denn wenn er sich bewährt,
wird er den Kranz des Lebens erhalten, der
denen verheißen ist, die Gott lieben. 13 Kei-
ner, der in Versuchung gerät, soll sagen: Ich
werde von Gott in Versuchung geführt. Denn
Gott kann nicht in die Versuchung kommen,
Böses zu tun, und er führt auch selbst nie-
mand in Versuchung. 14 Jeder wird von sei-
ner eigenen Begierde, die ihn lockt und
fängt, in Versuchung geführt. 15 Wenn die
Begierde dann schwanger geworden ist,
bringt sie die Sünde zur Welt; ist die Sünde
reif geworden, bringt sie den Tod hervor.
16 Lasst euch nicht irreführen, meine ge-
liebten Brüder; 17 jede gute Gabe und jedes
vollkommene Geschenk kommt von oben,
vom Vater der Gestirne, bei dem es keine
Veränderung und keine Verfinsterung gibt.
18 Aus freiem Willen hat er uns durch das
Wort der Wahrheit geboren, damit wir
gleichsam die Erstlingsfrucht seiner Schöp-
fung seien.

3: 1 Petr 1,7 • 6: Mt 7,7; 21,21 • 10: Jes 40,6f; 1 Petr 1,24 • 12: Weish 5,16; 1 Petr 5,4; Offb 2,10 • 13: Sir 15,11f • 17: Mt 7,11 • 18: 1 Petr 1,23.

ERMAHNUNGEN UND WARNUNGEN: 1,19 – 5,12

Der rechte Hörer des Wortes: 1,19–27

19 Denkt daran, meine geliebten Brüder:
Jeder Mensch soll schnell bereit sein zu hö-
ren, aber zurückhaltend im Reden und nicht
schnell zum Zorn bereit; 20 denn im Zorn tut
der Mensch nicht das, was vor Gott recht ist.
21 Darum legt alles Schmutzige und Böse ab,
seid sanftmütig und nehmt euch das Wort zu
Herzen, das in euch eingepflanzt worden ist
und das die Macht hat, euch zu retten.
22 Hört das Wort nicht nur an, sondern
handelt danach; sonst betrügt ihr euch
selbst. 23 Wer das Wort nur hört, aber nicht
danach handelt, ist wie ein Mensch, der sein
eigenes Gesicht im Spiegel betrachtet: 24 Er
betrachtet sich, geht weg und schon hat er
vergessen, wie er aussah. 25 Wer sich aber in
das vollkommene Gesetz der Freiheit ver-
tieft und an ihm festhält, wer es nicht nur
hört, um es wieder zu vergessen, sondern da-
nach handelt, der wird durch sein Tun selig
sein.
26 Wer meint, er diene Gott, aber seine
Zunge nicht im Zaum hält, der betrügt sich

1,1 die zwölf Stämme: vgl. die Einleitung zum Jakobusbrief.

1,17 Vater der Gestirne, wörtlich: Vater der Lichter; der Ausdruck bezeichnet Gott als den Schöpfer der Gestirne.

1,18 Wort der Wahrheit: das Wort des Evangeliums mit seiner Christusbotschaft und seiner sittlichen Forderung.

selbst und sein Gottesdienst ist wertlos.
27 Ein reiner und makelloser Dienst vor Gott,
dem Vater, besteht darin: für Waisen und
Witwen zu sorgen, wenn sie in Not sind, und
sich vor jeder Befleckung durch die Welt zu
bewahren.

19: Sir 5,11 • 21: 1 Petr 2,1 • 23: Mt 7,24.26 • 25: Ps 19,8; Röm 8,2.

Verhalten gegenüber Reichen und Armen: 2,1–13

2 Meine Brüder, haltet den Glauben an
unseren Herrn Jesus Christus, den
Herrn der Herrlichkeit, frei von jedem Anse-
hen der Person. 2 Wenn in eure Versammlung
ein Mann mit goldenen Ringen und prächti-
ger Kleidung kommt, und zugleich kommt
ein Armer in schmutziger Kleidung, 3 und ihr
blickt auf den Mann in der prächtigen Klei-
dung und sagt: Setz dich hier auf den guten
Platz!, und zu dem Armen sagt ihr: Du
kannst dort stehen!, oder: Setz dich zu mei-
nen Füßen! – 4 macht ihr dann nicht unter-
einander Unterschiede und fällt Urteile auf-
grund verwerflicher Überlegungen? 5 Hört,
meine geliebten Brüder: Hat Gott nicht die
Armen in der Welt auserwählt, um sie durch
den Glauben reich und zu Erben des König-
reichs zu machen, das er denen verheißen
hat, die ihn lieben? 6 Ihr aber verachtet den
Armen. Sind es nicht die Reichen, die euch
unterdrücken und euch vor die Gerichte
schleppen? 7 Sind nicht sie es, die den hohen
Namen lästern, der über euch ausgerufen
worden ist? 8 Wenn ihr dagegen nach dem
Wort der Schrift: *Du sollst deinen Nächsten
lieben wie dich selbst!* das königliche Gesetz
erfüllt, dann handelt ihr recht. 9 Wenn ihr
aber nach dem Ansehen der Person urteilt,
begeht ihr eine Sünde und aus dem Gesetz
selbst wird offenbar, dass ihr es übertreten
habt. 10 Wer das ganze Gesetz hält und nur
gegen ein einziges Gebot verstößt, der hat
sich gegen alle verfehlt. 11 Denn er, der ge-
sagt hat: *Du sollst nicht die Ehe brechen!*,
hat auch gesagt: *Du sollst nicht töten!* Wenn
du nicht die Ehe brichst, aber tötest, hast du
das Gesetz übertreten. 12 Darum redet und
handelt wie Menschen, die nach dem Gesetz
der Freiheit gerichtet werden. 13 Denn das
Gericht ist erbarmungslos gegen den, der
kein Erbarmen gezeigt hat. Barmherzigkeit
aber triumphiert über das Gericht.

5: Mt 5,3f; 1 Kor 1,26f • 8: Lev 19,18 • 11: Ex 20,13f.

Glaube und Tat: 2,14–26

14 Meine Brüder, was nützt es, wenn einer
sagt, er habe Glauben, aber es fehlen die
Werke? Kann etwa der Glaube ihn retten?
15 Wenn ein Bruder oder eine Schwester ohne
Kleidung ist und ohne das tägliche Brot
16 und einer von euch zu ihnen sagt: Geht in
Frieden, wärmt und sättigt euch!, ihr gebt
ihnen aber nicht, was sie zum Leben brau-
chen – was nützt das? 17 So ist auch der Glau-
be für sich allein tot, wenn er nicht Werke
vorzuweisen hat. 18 Nun könnte einer sagen:
Du hast Glauben und ich kann Werke vor-
weisen; zeig mir deinen Glauben ohne die
Werke und ich zeige dir meinen Glauben
aufgrund der Werke. 19 Du glaubst: Es gibt
nur den einen Gott. Damit hast du Recht; das
glauben auch die Dämonen und sie zittern.
20 Willst du also einsehen, du unvernünftiger
Mensch, dass der Glaube ohne Werke nutzlos
ist? 21 Wurde unser Vater Abraham nicht
aufgrund seiner Werke als gerecht aner-
kannt? Denn er hat *seinen Sohn Isaak als
Opfer auf den Altar gelegt.* 22 Du siehst, dass
bei ihm der Glaube und die Werke zusam-
menwirkten und dass erst durch die Werke
der Glaube vollendet wurde. 23 So hat sich
das Wort der Schrift erfüllt: *Abraham glaub-
te Gott, und das wurde ihm als Gerechtigkeit
angerechnet,* und er wurde *Freund Gottes*
genannt. 24 Ihr seht, dass der Mensch auf-
grund seiner Werke gerecht wird, nicht
durch den Glauben allein. 25 Wurde nicht
ebenso auch die Dirne Rahab durch ihre
Werke als gerecht anerkannt, weil sie die Bo-
ten bei sich aufnahm und dann auf einem an-
deren Weg entkommen ließ? 26 Denn wie der
Körper ohne den Geist tot ist, so ist auch der
Glaube tot ohne Werke.

19: Dtn 6,4 • 21: Röm 4,1–25; Gen 22,9 • 23: Gen 15,6; Jes 41,8.

2,4 Andere Übersetzungsmöglichkeit: macht ihr dann nicht in eurem Innern Unterschiede und . . .

2,7 Der hohe (wörtlich: schöne) Name ist der Name Jesu. Zur Taufe im Namen Jesu vgl. Apg 2,38; 8,16.

2,14–26 Vgl. die Einleitung zum Jakobusbrief.

2,18 Möglicherweise beginnt in V. 18b die Entgegnung auf den Einwand von 18a und man könnte übersetzen: Nun wird einer sagen: Du hast den Glauben und ich habe die Werke. – Dann zeig mir doch deinen Glauben ohne die Werke und ich . . .

2,20–24: Jakobus bringt wie die jüdische Tradition Gen 15,6 in Zusammenhang mit der Opferung Isaaks (Gen 22). Demgegenüber versteht sie Paulus in ihrem ursprünglichen Zusammenhang mit der Verheißung in Gen 15,5, Abraham werde der Vater vieler Völker sein (vgl. Röm 4 und Gal 3). Jakobus wendet sich in diesem ganzen Abschnitt gegen eine mögliche Missdeutung der paulinischen Lehre.

Die Macht der Zunge: 3,1–12

3 Nicht so viele von euch sollen Lehrer
werden, meine Brüder. Ihr wisst, dass
wir im Gericht strenger beurteilt werden.
2 Denn wir alle verfehlen uns in vielen Din-
gen. Wer sich in seinen Worten nicht ver-
fehlt, ist ein vollkommener Mann und kann
auch seinen Körper völlig im Zaum halten.
3 Wenn wir den Pferden den Zaum anlegen,
damit sie uns gehorchen, lenken wir damit
das ganze Tier. 4 Oder denkt an die Schiffe:
Sie sind groß und werden von starken Win-
den getrieben und doch lenkt sie der Steuer-
mann mit einem ganz kleinen Steuer, wohin
er will. 5 So ist auch die Zunge nur ein klei-
nes Körperglied und rühmt sich doch großer
Dinge. Und wie klein kann ein Feuer sein,
das einen großen Wald in Brand steckt.
6 Auch die Zunge ist ein Feuer, eine Welt voll
Ungerechtigkeit. Die Zunge ist der Teil, der
den ganzen Menschen verdirbt und das Rad
des Lebens in Brand setzt; sie selbst aber ist
von der Hölle in Brand gesetzt. 7 Denn jede
Art von Tieren, auf dem Land und in der
Luft, was am Boden kriecht und was im
Meer schwimmt, lässt sich zähmen und ist
vom Menschen auch gezähmt worden; 8 doch
die Zunge kann kein Mensch zähmen, dieses
ruhelose Übel, voll von tödlichem Gift. 9 Mit
ihr preisen wir den Herrn und Vater und mit
ihr verfluchen wir die Menschen, die *als Ab-
bild Gottes* erschaffen sind. 10 Aus ein und
demselben Mund kommen Segen und Fluch.
Meine Brüder, so darf es nicht sein. 11 Läßt
etwa eine Quelle aus derselben Öffnung sü-
ßes und bitteres Wasser hervorsprudeln?
12 Kann denn, meine Brüder, ein Feigenbaum
Oliven tragen oder ein Weinstock Feigen?
So kann auch eine salzige Quelle kein Süß-
wasser hervorbringen.

9: Gen 1,26f.

Die Weisheit von oben: 3,13–18

13 Wer von euch ist weise und verständig?
Er soll in weiser Bescheidenheit die Taten
eines rechtschaffenen Lebens vorweisen.
14 Wenn aber euer Herz voll ist von bitterer
Eifersucht und von Ehrgeiz, dann prahlt
nicht und verfälscht nicht die Wahrheit!
15 Das ist nicht die Weisheit, die von oben
kommt, sondern eine irdische, eigennützige,
teuflische Weisheit. 16 Wo nämlich Eifer-
sucht und Ehrgeiz herrschen, da gibt es Un-
ordnung und böse Taten jeder Art. 17 Doch
die Weisheit von oben ist erstens heilig, so-
dann friedlich, freundlich, gehorsam, voll
Erbarmen und reich an guten Früchten, sie
ist unparteiisch, sie heuchelt nicht. 18 Wo
Frieden herrscht, wird (von Gott) für die
Menschen, die Frieden stiften, die Saat der
Gerechtigkeit ausgestreut.

15: 1,5.17 • 18: Hebr 12,11.

Warnung vor Zwietracht und Weltsinn: 4,1–12

4 Woher kommen die Kriege bei euch,
woher die Streitigkeiten? Doch nur vom
Kampf der Leidenschaften in eurem Innern.
2 Ihr begehrt und erhaltet doch nichts. Ihr
mordet und seid eifersüchtig und könnt den-
noch nichts erreichen. Ihr streitet und führt
Krieg. Ihr erhaltet nichts, weil ihr nicht bit-
tet. 3 Ihr bittet und empfangt doch nichts,
weil ihr in böser Absicht bittet, um es in
eurer Leidenschaft zu verschwenden. 4 Ihr
Ehebrecher, wisst ihr nicht, dass Freund-
schaft mit der Welt Feindschaft mit Gott ist?
Wer also ein Freund der Welt sein will, der
wird zum Feind Gottes. 5 Oder meint ihr, die
Schrift sage ohne Grund: Eifersüchtig sehnt
er sich nach dem Geist, den er in uns wohnen
ließ. 6 Doch er gibt noch größere Gnade; da-
rum heißt es auch: *Gott tritt den Stolzen ent-
gegen, den Demütigen aber schenkt er seine
Gnade.* 7 Ordnet euch also Gott unter, leistet
dem Teufel Widerstand; dann wird er vor
euch fliehen. 8 Sucht die Nähe Gottes; dann
wird er sich euch nähern. Reinigt die Hände,
ihr Sünder, läutert euer Herz, ihr Menschen
mit zwei Seelen! 9 Klagt und trauert und
weint! Euer Lachen verwandle sich in Trau-
er, eure Freude in Betrübnis. 10 Demütigt
euch vor dem Herrn; dann wird er euch er-
höhen.
11 Verleumdet einander nicht, Brüder! Wer
seinen Bruder verleumdet oder seinen Bru-
der verurteilt, verleumdet das Gesetz und
verurteilt das Gesetz; wenn du aber das Ge-
setz verurteilst, handelst du nicht nach dem
Gesetz, sondern bist sein Richter. 12 Nur ei-

3,6 Mit »Rad des Lebens« (oder: »Kreis des Werdens«) ist wohl der ganze Lauf des Lebens und der Umkreis der menschlichen Existenz gemeint.

3,18 Wörtlich: Frucht der Gerechtigkeit wird in Frieden gesät für die (oder: von denen), die Frieden schaffen. Die Deutung dieses Verses ist unsicher.

4,4 »Ehebrecher« kann hier im übertragenen Sinn gebraucht sein. Auch im Alten Testament haben die Propheten (z. B. Hos 2 – 3) den Abfall von Gott als »Ehebruch« gebrandmarkt.

4,5 Die Herkunft des Zitats ist unbekannt. Der Sinn ist vermutlich: Gott, der dem Menschen seinen Geist eingehaucht hat (Gen 2,7), macht diesem Geist gegenüber seinen Anspruch geltend. – Andere Übersetzungsmöglichkeit: Neidisch zeigt der Geist, den er in uns wohnen ließ, sein Verlangen.

ner ist der Gesetzgeber und Richter: er, der
die Macht hat, zu retten und zu verderben.
Wer aber bist du, dass du über deinen
Nächsten richtest?

6: Spr 3,34 G; 1 Petr 5,5 • 7: 1 Petr 5,8f • 9: Lk 6,25 • 10: 1 Petr 5,6.

Warnung vor Selbstsicherheit: 4,13–17

13 Ihr aber, die ihr sagt: Heute oder morgen
werden wir in diese oder jene Stadt reisen,
dort werden wir ein Jahr bleiben, Handel
treiben und Gewinne machen –, 14 ihr wisst
doch nicht, was morgen mit eurem Leben
sein wird. Rauch seid ihr, den man eine
Weile sieht; dann verschwindet er. 15 Ihr soll-
tet lieber sagen: Wenn der Herr will, werden
wir noch leben und dies oder jenes tun.
16 Nun aber prahlt ihr voll Übermut; doch all
dieses Prahlen ist schlecht. 17 Wer also das
Gute tun kann und es nicht tut, der sün-
digt.

Warnung an die hartherzigen Reichen: 5,1–6

5 Ihr aber, ihr Reichen, weint nur und
klagt über das Elend, das euch treffen
wird. 2 Euer Reichtum verfault und eure
Kleider werden von Motten zerfressen.
3 Euer Gold und Silber verrostet; ihr Rost
wird als Zeuge gegen euch auftreten und
euer Fleisch verzehren wie Feuer. Noch in
den letzten Tagen sammelt ihr Schätze.
4 Aber der Lohn der Arbeiter, die eure Felder
abgemäht haben, der Lohn, den ihr ihnen
vorenthalten habt, schreit zum Himmel; die
Klagerufe derer, die eure Ernte eingebracht
haben, dringen zu den Ohren des Herrn der
himmlischen Heere. 5 Ihr habt auf Erden ein
üppiges und ausschweifendes Leben geführt
und noch am Schlachttag habt ihr euer Herz
gemästet. 6 Ihr habt den Gerechten verurteilt
und umgebracht, er aber leistete euch keinen
Widerstand.

2f: Mt 6,19 • 5: Jer 12,3; 25,34.

Mahnung zur Ausdauer: 5,7–11

7 Darum, Brüder, haltet geduldig aus bis
zur Ankunft des Herrn! Auch der Bauer war-
tet auf die kostbare Frucht der Erde, er war-
tet geduldig, bis im Herbst und im Frühjahr
der Regen fällt. 8 Ebenso geduldig sollt auch
ihr sein. Macht euer Herz stark, denn die An-
kunft des Herrn steht nahe bevor. 9 Klagt
nicht übereinander, Brüder, damit ihr nicht
gerichtet werdet. Seht, der Richter steht
schon vor der Tür. 10 Brüder, im Leiden und
in der Geduld nehmt euch die Propheten
zum Vorbild, die im Namen des Herrn ge-
sprochen haben. 11 Wer geduldig alles ertra-
gen hat, den preisen wir glücklich. Ihr habt
von der Ausdauer des Ijob gehört und das
Ende gesehen, das der Herr herbeigeführt
hat. Denn der Herr ist voll Erbarmen und
Mitleid.

9: Mt 7,1f; Mk 13,29 • 11: Ijob 42,10–17; Ps 103,8; 116,5.

Warnung vor dem Schwören: 5,12

12 Vor allem, meine Brüder, schwört nicht,
weder beim Himmel noch bei der Erde noch
irgendeinen anderen Eid. Euer Ja soll ein Ja
sein und euer Nein ein Nein, damit ihr nicht
dem Gericht verfallt.

12: Mt 5,34–37.

DIE MACHT DES VERTRAUENSVOLLEN GEBETS: 5,13–18

13 Ist einer von euch bedrückt? Dann soll er
beten. Ist einer fröhlich? Dann soll er ein
Loblied singen. 14 Ist einer von euch krank?
Dann rufe er die Ältesten der Gemeinde zu
sich; sie sollen Gebete über ihn sprechen und
ihn im Namen des Herrn mit Öl salben.
15 Das gläubige Gebet wird den Kranken ret-
ten und der Herr wird ihn aufrichten; wenn
er Sünden begangen hat, werden sie ihm ver-
geben. 16 Darum bekennt einander eure Sün-
den und betet füreinander, damit ihr gehei-
ligt werdet. Viel vermag das inständige Ge-
bet eines Gerechten. 17 Elija war ein Mensch
wie wir; er betete inständig, es solle nicht
regnen, und es regnete drei Jahre und sechs
Monate nicht auf der Erde. 18 Und er betete
wieder; da gab der Himmel Regen und die
Erde brachte ihre Früchte hervor.

17f: 1 Kön 17 – 18; Lk 4,25.

5,10 Die alttestamentlichen Propheten gelten nicht nur als Künder und Mahner, sondern auch als große Dulder und Märtyrer (vgl. Mt 5,12; Apg 7,52; Hebr 11,32–38).

5,14 Gebete über ihn sprechen, wörtlich: über ihn beten.

DIE VERANTWORTUNG FÜR DEN GEFÄHRDETEN BRUDER: 5,19–20

19 Meine Brüder, wenn einer bei euch von
der Wahrheit abirrt und jemand ihn zur Um-
kehr bewegt, 20 dann sollt ihr wissen: Wer
einen Sünder, der auf Irrwegen ist, zur Um-
kehr bewegt, der rettet ihn vor dem Tod und
deckt viele *Sünden zu.*

20: Spr 10,12; 1 Petr 4,8.

Der erste Brief des Petrus

Der Verfasser dieses Briefs ist nach 1,1 der Apostel Petrus. Er spricht zu den Ältesten der Gemeinde als »Mit-Ältester« und »Zeuge der Leiden Christi« (5,1). Er schreibt seinen Brief aus Babylon (5,13), womit nur Rom gemeint sein kann, »durch den Bruder Silvanus«. Bei ihm befindet sich auch Markus (5,12–13); damit ist wohl Johannes Markus gemeint, den Petrus von Jerusalem her kannte (Apg 12,12). Silvanus, auch Silas genannt, war ein angesehener Mann in der Gemeinde von Jerusalem und gehörte zu der Abordnung, die von dort nach Antiochia geschickt wurde (Apg 15,22). Er war ein urchristlicher Prophet (Apg 15,32). Paulus nahm ihn als Begleiter bei der zweiten Missionsreise mit (Apg 15,40; vgl. 18,5).

Nach altkirchlicher Überlieferung wurde der 1. Petrusbrief kurz vor dem Tod des Apostels (64 oder 67 n. Chr.) unter Kaiser Nero geschrieben. Gegen eine Verfasserschaft des Petrus erheben sich zwar einige Bedenken aufgrund des guten griechischen Stils und der vielen Gemeinsamkeiten zwischen dem 1. Petrusbrief und den Paulusbriefen; auch kann zur Zeit Neros noch nicht gesagt werden, dass die Christen in der ganzen Welt verfolgt werden (5,9). Die Einwände gegen die Verfasserschaft des Petrus verlieren zum Teil aber an Gewicht, wenn Silvanus nicht nur der Schreiber war, dem Petrus diktierte, sondern dessen »Sekretär«, der mit einer gewissen Selbstständigkeit im Auftrag des Petrus schrieb. Eine sichere Entscheidung ist nicht möglich.

Der Brief richtet sich »an die Auserwählten, die als Fremde in Pontus, Galatien, Kappadozien, in der Provinz Asien und Bithynien in der Zerstreuung leben« (1,1), also an Gemeinden im nördlichen und westlichen Kleinasien. Die Empfänger des Briefs sind vorwiegend Heidenchristen; sie leben »in der Zerstreuung«, weil sie als Christen in der Welt fremd und heimatlos sind (vgl. 1,17). Das Fremdsein der »Auserwählten« in der Welt tritt in einer Zeit der Verfolgung stärker ins Bewusstsein. Umso notwendiger ist es für die Christen, ihre besondere Stellung und ihre Sendung in Staat und Gesellschaft zu begreifen (vgl. 2,11 – 4,11). Diese Weisungen schöpfen aus einer bereits gefestigten christlichen Überlieferung.

Der Brief will (vgl. 5,12) die Empfänger ermahnen, dem Glauben treu zu bleiben, und ihnen bezeugen, dass sie als Getaufte dazu berufen sind, am Leidensweg Jesu und dann auch an seiner Herrlichkeit teilzuhaben. Auf Taufe und Kreuz wird immer wieder hingewiesen, sodass manche Ausleger vermuten, dem Brief liege, vor allem in dem Abschnitt 1,3 – 4,11, eine urchristliche Taufansprache zugrunde.

ANSCHRIFT UND GRUSS: 1,1–2

1 Petrus, Apostel Jesu Christi, an die Aus-
erwählten, die als Fremde in Pontus,
Galatien, Kappadozien, der Provinz Asien
und Bithynien in der Zerstreuung leben,
2 von Gott, dem Vater, von jeher ausersehen
und durch den Geist geheiligt, um Jesus
Christus gehorsam zu sein und mit seinem
Blut besprengt zu werden. Gnade sei mit
euch und Friede in Fülle.

1: Jak 1,1 • 2: Hebr 12,24.

ZIEL UND WEG DES GLAUBENS: 1,3 – 2,10

Das Ziel des Glaubens: 1,3–12

3 Gepriesen sei der Gott und Vater unseres
Herrn Jesus Christus: Er hat uns in seinem
großen Erbarmen neu geboren, damit wir
durch die Auferstehung Jesu Christi von den
Toten eine lebendige Hoffnung haben 4 und
das unzerstörbare, makellose und unver-
gängliche Erbe empfangen, das im Himmel
für euch aufbewahrt ist. 5 Gottes Macht be-
hütet euch durch den Glauben, damit ihr das
Heil erlangt, das am Ende der Zeit offenbart
werden soll. 6 Deshalb seid ihr voll Freude,
obwohl ihr jetzt vielleicht kurze Zeit unter
mancherlei Prüfungen leiden müsst. 7 Da-
durch soll sich euer Glaube bewähren und es
wird sich zeigen, dass er wertvoller ist als
Gold, das im Feuer geprüft wurde und doch
vergänglich ist. So wird (eurem Glauben)
Lob, Herrlichkeit und Ehre zuteil bei der Of-
fenbarung Jesu Christi. 8 Ihn habt ihr nicht
gesehen und dennoch liebt ihr ihn; ihr seht
ihn auch jetzt nicht; aber ihr glaubt an ihn
und jubelt in unsagbarer, von himmlischer
Herrlichkeit verklärter Freude, 9 da ihr das
Ziel des Glaubens erreichen werdet: euer
Heil. 10 Nach diesem Heil haben die Prophe-
ten gesucht und geforscht und sie haben über
die Gnade geweissagt, die für euch bestimmt
ist. 11 Sie haben nachgeforscht, auf welche
Zeit und welche Umstände der in ihnen wir-
kende Geist Christi hindeute, der die Leiden
Christi und die darauf folgende Herrlichkeit
im Voraus bezeugte. 12 Den Propheten wurde
offenbart, dass sie damit nicht sich selbst,
sondern euch dienten; und jetzt ist euch dies
alles von denen verkündet worden, die euch
in der Kraft des vom Himmel gesandten Hei-
ligen Geistes das Evangelium gebracht ha-
ben. Das alles zu sehen ist sogar das Verlan-
gen der Engel.

3: Eph 1,3 • 6f: Jak 1,2–4 • 11: Dan 12,6–13; Ps 22; Jes 53; Hab 2,3.

Der Weg zum Glauben: 1,13–25

13 Deshalb umgürtet euch und macht euch
bereit! Seid nüchtern und setzt eure Hoff-
nung ganz auf die Gnade, die euch bei der
Offenbarung Jesu Christi geschenkt wird.
14 Seid gehorsame Kinder und lasst euch
nicht mehr von euren Begierden treiben wie
früher, in der Zeit eurer Unwissenheit.
15 Wie er, der euch berufen hat, heilig ist, so
soll auch euer ganzes Leben heilig werden.
16 Denn es heißt in der Schrift: *Seid heilig,
denn ich bin heilig.* 17 Und wenn ihr den als
Vater anruft, der jeden ohne Ansehen der
Person nach seinem Tun beurteilt, dann
führt auch, solange ihr in der Fremde seid,
ein Leben in Gottesfurcht. 18 Ihr wisst, dass
ihr aus eurer sinnlosen, von den Vätern
ererbten Lebensweise nicht um einen ver-
gänglichen Preis *losgekauft* wurdet, *nicht
um Silber* oder Gold, 19 sondern mit dem
kostbaren Blut Christi, des Lammes ohne
Fehl und Makel. 20 Er war schon vor der Er-
schaffung der Welt dazu ausersehen und eu-
retwegen ist er am Ende der Zeiten erschie-
nen. 21 Durch ihn seid ihr zum Glauben an
Gott gekommen, der ihn von den Toten auf-
erweckt und ihm die Herrlichkeit gegeben
hat, sodass ihr an Gott glauben und auf ihn
hoffen könnt. 22 Der Wahrheit gehorsam, habt

1,1 in der Zerstreuung: vgl. die Einleitung zum Jakobusbrief und zum 1. Petrusbrief.

1,5 Das »Ende der Zeit« hat mit dem Kommen Jesu begonnen (vgl. V. 20); es wird sich vollenden bei der »Offenbarung Jesu Christi« (1,7.13), bei seiner Wiederkunft am Ende der Tage.

1,13 umgürtet euch, wörtlich: umgürtet die Lenden eures Geistes.

1,14 »Unwissenheit« bezeichnet die vorchristliche Daseinsweise der Adressaten (vgl. Apg 17,30).

1,18–21 In diesem Abschnitt sind Wendungen der urchristlichen Bekenntnisüberlieferung aufgenommen. – V. 18 zeigt, dass der Brief vorwiegend an Heidenchristen gerichtet ist; zu Judenchristen könnte der Verfasser so nicht reden (vgl. auch 4,3).

ihr euer Herz rein gemacht für eine aufrich-
tige Bruderliebe; darum hört nicht auf,
einander von Herzen zu lieben. 23 Ihr seid neu
geboren worden, nicht aus vergänglichem,
sondern aus unvergänglichem Samen: aus
Gottes Wort, das lebt und das bleibt. 24 Denn
*alles Sterbliche ist wie Gras / und all seine
Schönheit ist wie die Blume im Gras.*
*Das Gras verdorrt und die Blume ver-
welkt; /* 25 *doch das Wort des Herrn bleibt in
Ewigkeit.*
Dieses *Wort* ist das Evangelium, das euch
verkündet worden ist.

14: Eph 4,17–22 • 16: Lev 19,2 • 17: Mt 6,9; Lk 11,2; Gal 4,6; Röm 8,15; Mt 5,48; Lk 6,36 • 18: Jes 52,3 • 19: Joh 1,36; Offb 5,6.9 • 24: Jes 40,6–8 G.

Jesus Christus, der lebendige Stein: 2,1–10

2 Legt also alle Bosheit ab, alle Falsch-
heit und Heuchelei, allen Neid und alle
Verleumdung. 2 Verlangt, gleichsam als neu-
geborene Kinder, nach der unverfälschten,
geistigen Milch, damit ihr durch sie heran-
wachst und das Heil erlangt. 3 Denn ihr habt
erfahren, wie gütig der Herr ist. 4 Kommt zu
ihm, dem lebendigen *Stein,* der von den
Menschen verworfen, aber von Gott *auser-
wählt und geehrt* worden ist. 5 Lasst euch als
lebendige Steine zu einem geistigen Haus
aufbauen, zu einer heiligen Priesterschaft,
um durch Jesus Christus geistige Opfer dar-
zubringen, die Gott gefallen. 6 Denn es heißt
in der Schrift:
*Seht her, ich lege in Zion einen auserwähl-
ten Stein, / einen Eckstein, den ich in Ehren
halte; / wer an ihn glaubt, der geht nicht zu-
grunde.*
7 Euch, die ihr glaubt, gilt diese Ehre. Für
jene aber, die nicht glauben, ist dieser *Stein,
den die Bauleute verworfen haben, zum Eck-
stein geworden,* 8 *zum Stein, an den man an-
stößt, und zum Felsen, an dem man zu Fall
kommt.* Sie stoßen sich an ihm, weil sie dem
Wort nicht gehorchen; doch dazu sind sie
bestimmt. 9 Ihr aber seid *ein auserwähltes
Geschlecht, eine königliche Priesterschaft,
ein heiliger Stamm, ein Volk, das sein beson-
deres Eigentum wurde, damit ihr die großen
Taten dessen verkündet,* der euch aus der
Finsternis in sein wunderbares Licht gerufen
hat. 10 Einst wart ihr *nicht sein Volk,* jetzt
aber seid ihr *Gottes Volk;* einst gab es für
euch *kein Erbarmen,* jetzt aber habt ihr *Er-
barmen gefunden.*

3: Ps 34,9 • 4: Jes 28,16 G • 6: Jes 28,16 G • 7: Ps 118,22; Apg 4,11; Jes 8,14 • 9: Ex 19,5f G; 23,22 G; Jes 43,20f • 10: Hos 1,6.9; 2,3.25.

CHRISTLICHES LEBEN IN FAMILIE UND GESELLSCHAFT: 2,11 – 4,11

Der Christ im Staat: 2,11–17

11 Liebe Brüder, da ihr Fremde und Gäste
seid in dieser Welt, ermahne ich euch: Gebt
den irdischen Begierden nicht nach, die ge-
gen die Seele kämpfen. 12 Führt unter den
Heiden ein rechtschaffenes Leben, damit sie,
die euch jetzt als Übeltäter verleumden,
durch eure guten Taten zur Einsicht kom-
men und Gott preisen am Tag der Heimsu-
chung.
13 Unterwerft euch um des Herrn willen je-
der menschlichen Ordnung: dem Kaiser, weil
er über allen steht, 14 den Statthaltern, weil
sie von ihm entsandt sind, um die zu bestra-
fen, die Böses tun, und die auszuzeichnen,
die Gutes tun. 15 Denn es ist der Wille Gottes,
dass ihr durch eure guten Taten die Un-
wissenheit unverständiger Menschen zum
Schweigen bringt. 16 Handelt als Freie, aber
nicht als solche, die die Freiheit als Deck-
mantel für das Böse nehmen, sondern wie
Knechte Gottes. 17 Erweist allen Menschen
Ehre, liebt die Brüder, fürchtet Gott und
ehrt den Kaiser!

11: Ps 39,13; 119,19 • 13–17: Röm 13,1–7; Tit 3,1 • 17: Spr 24,21; Röm 12,10.

Die Sklaven in der Nachfolge Christi: 2,18–25

18 Ihr Sklaven, ordnet euch in aller Ehr-
furcht euren Herren unter, nicht nur den gu-
ten und freundlichen, sondern auch den lau-
nenhaften. 19 Denn es ist eine Gnade, wenn
jemand deswegen Kränkungen erträgt und
zu Unrecht leidet, weil er sich in seinem Ge-
wissen nach Gott richtet. 20 Ist es vielleicht

1,23 Hier und in 2,2 werden die Leser an ihre Taufe erinnert.

2,9 Der Vers ist die grundlegende neutestamentliche Stelle über das Priestertum aller Gläubigen.

2,12 Tag der Heimsuchung: Tag der Gnade, der Bekehrung (Lk 1,68; 19,44); auch: Tag des Gerichts (Jes 10,3).

2,13 jeder menschlichen Ordnung, wörtlich: jedem menschlichen Geschöpf.

etwas Besonderes, wenn ihr wegen einer
Verfehlung Schläge erduldet? Wenn ihr aber
recht handelt und trotzdem Leiden erduldet,
das ist eine Gnade in den Augen Gottes.
21 Dazu seid ihr berufen worden; denn
auch Christus hat für euch gelitten und euch
ein Beispiel gegeben, damit ihr seinen Spu-
ren folgt.
22 *Er hat keine Sünde begangen / und in
seinem Mund war kein trügerisches Wort.*
23 Er wurde geschmäht, schmähte aber
nicht; / er litt, drohte aber nicht, / sondern
überließ seine Sache dem gerechten Rich-
ter.
24 Er hat unsere Sünden mit seinem Leib
auf das Holz des Kreuzes getragen, damit
wir tot seien für die Sünden und für die Ge-
rechtigkeit leben. *Durch seine Wunden seid
ihr geheilt.* 25 Denn ihr hattet euch *verirrt
wie Schafe,* jetzt aber seid ihr heimgekehrt
zum Hirten und Bischof eurer Seelen.

18: Kol 3,22f; Tit 2,9f • 21: Mk 8,34; Lk 9,23; Mt 10,25; Phil 2,5 • 22: Jes 53,9 • 24: Jes 53,11f • 24–25: Jes 53,5f.

Frauen und Männer in der Ehe: 3,1–7

3 Ebenso sollt ihr Frauen euch euren
Männern unterordnen, damit auch sie,
falls sie dem Wort (des Evangeliums) nicht
gehorchen, durch das Leben ihrer Frauen
ohne Worte gewonnen werden, 2 wenn sie
sehen, wie ehrfürchtig und rein ihr lebt.
3 Nicht auf äußeren Schmuck sollt ihr Wert
legen, auf Haartracht, Gold und prächtige
Kleider, 4 sondern was im Herzen verborgen
ist, das sei euer unvergänglicher Schmuck:
ein sanftes und ruhiges Wesen. Das ist wert-
voll in Gottes Augen. 5 So haben sich einst
auch die heiligen Frauen geschmückt, die
ihre Hoffnung auf Gott setzten: Sie ordneten
sich ihren Männern unter. 6 Sara gehorchte
Abraham und nannte ihn ihren Herrn. Ihre
Kinder seid ihr geworden, wenn ihr recht
handelt und euch vor keiner Einschüchte-
rung fürchtet.
7 Ebenso sollt ihr Männer im Umgang mit
euren Frauen rücksichtsvoll sein, denn sie
sind der schwächere Teil; ehrt sie, denn auch
sie sind Erben der Gnade des Lebens. So
wird euren Gebeten nichts mehr im Weg ste-
hen.

1: Tit 2,3–5 • 6: Gen 18,12; Spr 3,25 • 7: Eph 5,25.28.

Aufruf zur Eintracht: 3,8-12

8 Endlich aber: seid alle eines Sinnes, voll
Mitgefühl und brüderlicher Liebe, seid
barmherzig und demütig! 9 Vergeltet nicht
Böses mit Bösem noch Kränkung mit Krän-
kung! Stattdessen segnet; denn ihr seid dazu
berufen, Segen zu erlangen. 10 Es heißt näm-
lich:
*Wer das Leben liebt / und gute Tage zu se-
hen wünscht,*
*der bewahre seine Zunge vor Bösem / und
seine Lippen vor falscher Rede.*
11 *Er meide das Böse und tue das Gute; / er
suche Frieden und jage ihm nach.*
12 Denn *die Augen des Herrn blicken auf
die Gerechten / und seine Ohren hören ihr
Flehen; / aber das Antlitz des Herrn richtet
sich gegen die Bösen.*

8: Röm 12,5; Eph 4,2f • 10–12: Ps 34,13–17.

Rechtes Verhalten in der Welt: 3,13 – 4,11

13 Und wer wird euch Böses zufügen, wenn
ihr euch voll Eifer um das Gute bemüht?
14 Aber auch wenn ihr um der Gerechtigkeit
willen leiden müsst, seid ihr selig zu preisen.
*Fürchtet euch nicht vor ihnen und lasst euch
nicht erschrecken,* 15 sondern *haltet* in eurem
Herzen Christus, *den Herrn, heilig!* Seid
stets bereit, jedem Rede und Antwort zu ste-
hen, der nach der Hoffnung fragt, die euch
erfüllt; 16 aber antwortet bescheiden und
ehrfürchtig, denn ihr habt ein reines Gewis-
sen. Dann werden die, die euch beschimpfen,
weil ihr in (der Gemeinschaft mit) Christus
ein rechtschaffenes Leben führt, sich wegen
ihrer Verleumdungen schämen müssen. 17 Es
ist besser, für gute Taten zu leiden, wenn es
Gottes Wille ist, als für böse.
18 Denn auch Christus ist der Sünden we-
gen ein einziges Mal gestorben, er, der Ge-
rechte, für die Ungerechten, um euch zu Gott
hinzuführen; dem Fleisch nach wurde er ge-
tötet, dem Geist nach lebendig gemacht. 19 So

2,22–25 Der Verfasser greift hier auf ein urchristliches Bekenntnis zurück (vgl. 1,18–21), das in Anlehnung an Jes 53 formuliert ist.

2,24 Wörtlich: auf das Holz hinaufgetragen; vgl. Apg 5,30; Gal 3,13.

2,25 Christus wird als Hirt und Bischof bezeichnet; das Wort für »Bischof« (Hüter) ist in der Kirche früh zum Amtstitel geworden; vgl. die Anmerkung zu 1 Tim 3,1.

3,1–7 Vgl 1 Kor 7,12–16; die Ehe gehört zur Schöpfungsordnung; sie wird durch die Erlösung nicht aufgehoben, sondern geheiligt.

3,18.22 Erneut wird urchristliche Bekenntnisüberlieferung zitiert (vgl. 1,18–21; 2,22–25).

3,19–20 Die Überlieferung, dass Christus in das Reich des Todes hinabgestiegen sei und dort gepredigt habe, erscheint im Neuen Testament nur hier.

ist er auch zu den Geistern gegangen, die im
Gefängnis waren, und hat ihnen gepredigt.
20 Diese waren einst ungehorsam, als Gott in
den Tagen Noachs geduldig wartete, wäh-
rend die Arche gebaut wurde; in ihr wurden
nur wenige, nämlich acht Menschen, durch
das Wasser gerettet. 21 Dem entspricht die
Taufe, die jetzt euch rettet. Sie dient nicht
dazu, den Körper von Schmutz zu reinigen,
sondern sie ist eine Bitte an Gott um ein rei-
nes Gewissen aufgrund der Auferstehung
Jesu Christi, 22 der in den Himmel gegangen
ist; dort ist er zur Rechten Gottes und Engel,
Gewalten und Mächte sind ihm unterwor-
fen.

4 Da Christus im Fleisch gelitten hat,
wappnet auch ihr euch mit diesem Ge-
danken: Wer im Fleisch gelitten hat, für den
hat die Sünde ein Ende. 2 Darum richtet
euch, solange ihr noch auf Erden lebt, nicht
mehr nach den menschlichen Begierden,
sondern nach dem Willen Gottes! 3 Denn
lange genug habt ihr in der vergangenen Zeit
das heidnische Treiben mitgemacht und
habt ein ausschweifendes Leben voller Be-
gierden geführt, habt getrunken, geprasst,
gezecht und unerlaubten Götzenkult getrie-
ben. 4 Jetzt erregt es ihren Unwillen und sie
lästern, weil ihr euch nicht mehr in diesen
Strudel der Leidenschaften hineinreißen
lasst. 5 Aber sie werden vor dem Rechen-
schaft ablegen müssen, der schon bereit-
steht, um die Lebenden und die Toten zu
richten. 6 Denn auch Toten ist das Evange-
lium dazu verkündet worden, dass sie wie
Menschen gerichtet werden im Fleisch, aber
wie Gott das Leben haben im Geist.

7 Das Ende aller Dinge ist nahe. Seid also
besonnen und nüchtern und betet! 8 Vor al-
lem haltet fest an der Liebe zueinander; denn
die Liebe deckt viele *Sünden zu.* 9 Seid un-
tereinander gastfreundlich, ohne zu murren.
10 Dient einander als gute Verwalter der viel-
fältigen Gnade Gottes, jeder mit der Gabe,
die er empfangen hat. 11 Wer redet, der rede
mit den Worten, die Gott ihm gibt; wer dient,
der diene aus der Kraft, die Gott verleiht. So
wird in allem Gott verherrlicht durch Jesus
Christus. Sein ist die Herrlichkeit und die
Macht in alle Ewigkeit. Amen.

3,14: Mt 5,10f; Jes 8,12f • 18: Röm 6,10; Eph 2,18; Hebr 9,27f; 10,10; Röm 1,4 • 20: Gen 6,8 – 7,7; 2 Petr 2,4f • 22: Eph 1,20f • 4,1: Röm 6,10; Gal 5,24 • 3: Eph 2,2f; Tit 3,3 • 5: Apg 10,42; 2 Tim 4,1 • 7: Röm 13,11f; 1 Kor 7,29 • 8: Spr 10,12; Jak 5,20 • 10: Röm 12,6–8; 1 Kor 12,11 • 11: Jud 25.

ABSCHLIESSENDE MAHNUNGEN: 4,12 – 5,11

Ausdauer in der Prüfung: 4,12–19

12 Liebe Brüder, lasst euch durch die Feu-
ersglut, die zu eurer Prüfung über euch ge-
kommen ist, nicht verwirren, als ob euch et-
was Ungewöhnliches zustoße. 13 Stattdessen
freut euch, dass ihr Anteil an den Leiden
Christi habt; denn so könnt ihr auch bei der
Offenbarung seiner Herrlichkeit voll Freude
jubeln. 14 Wenn ihr wegen des Namens
Christi beschimpft werdet, seid ihr selig zu
preisen; denn der Geist der Herrlichkeit, *der
Geist Gottes, ruht* auf euch. 15 Wenn einer
von euch leiden muss, soll es nicht deswegen
sein, weil er ein Mörder oder ein Dieb ist,
weil er Böses tut oder sich in fremde Angele-
genheiten einmischt. 16 Wenn er aber leidet,
weil er Christ ist, dann soll er sich nicht
schämen, sondern Gott verherrlichen, indem
er sich zu diesem Namen bekennt. 17 Denn
jetzt ist die Zeit, in der das Gericht beim
Haus Gottes beginnt; wenn es aber bei uns
anfängt, wie wird dann das Ende derer sein,
die dem Evangelium Gottes nicht gehor-
chen? 18 Und *wenn der Gerechte kaum geret-
tet wird, wo wird man dann die Frevler und
Sünder finden?* 19 Darum sollen alle, die nach
dem Willen Gottes leiden müssen, Gutes tun
und dadurch ihr Leben dem treuen Schöpfer
anbefehlen.

13: Apg 5,41 • 14: Mt 5,11f; Jes 11,2 • 18: Spr 11,31 G.

Hirt und Herde: 5,1–11

5 Eure Ältesten ermahne ich, da ich ein
Ältester bin wie sie und ein Zeuge der
Leiden Christi und auch an der Herrlichkeit
teilhaben soll, die sich offenbaren wird:
2 Sorgt als Hirten für die euch anvertraute
Herde Gottes, nicht aus Zwang, sondern
freiwillig, wie Gott es will; auch nicht aus
Gewinnsucht, sondern aus Neigung; 3 seid

4,7 Das »Ende aller Dinge« und das Ziel der Geschichte ist die Offenbarung der Herrlichkeit Gottes am Tag Christi (vgl. die Anmerkung zu 1,5).

4,16 Die Bezeichnung »Christ« kommt im Neuen Testament sonst nur noch in Apg 11,26 und 26,28 vor. Sie ist den an Christus Glaubenden wohl von Nichtchristen beigelegt worden.

5,1 Eure Ältesten: die Vorsteher der Gemeinde.

5,3 eurer Gemeinden, wörtlich: eurer Anteile.

nicht Beherrscher eurer Gemeinden, sondern
Vorbilder für die Herde! 4 Wenn dann der
oberste Hirt erscheint, werdet ihr den nie
verwelkenden Kranz der Herrlichkeit emp-
fangen.
5 Sodann, ihr Jüngeren: ordnet euch den
Ältesten unter! Alle aber begegnet einander
in Demut! Denn *Gott tritt den Stolzen entge-
gen, den Demütigen aber schenkt er seine
Gnade.* 6 Beugt euch also in Demut unter die
mächtige Hand Gottes, damit er euch erhöht,
wenn die Zeit gekommen ist. 7 *Werft* alle *eure
Sorge auf ihn,* denn er kümmert sich um
euch. 8 Seid nüchtern und wachsam! Euer
Widersacher, der Teufel, geht wie ein brül-
lender Löwe umher und sucht, wen er ver-
schlingen kann. 9 Leistet ihm Widerstand in
der Kraft des Glaubens! Wisst, dass eure
Brüder in der ganzen Welt die gleichen Lei-
den ertragen müssen! 10 Der Gott aller Gna-
de aber, der euch in (der Gemeinschaft mit)
Christus zu seiner ewigen Herrlichkeit beru-
fen hat, wird euch, die ihr kurze Zeit leiden
müsst, wieder aufrichten, stärken, kräftigen
und auf festen Grund stellen. 11 Sein ist die
Macht in Ewigkeit. Amen.

2: Apg 20,28 • 3: Phil 3,17; Tit 2,7 • 5: Spr 3,34 G; Jak 4,6 • 7: Ps 55,23 • 8: Ps 22,14 • 9: Jak 4,7 • 10: 1 Thess 2,12.

DER SCHLUSS DES BRIEFES: GRÜSSE UND SEGENSWUNSCH: 5,12–14

12 Durch den Bruder Silvanus, den ich für
treu halte, habe ich euch kurz geschrieben;
ich habe euch ermahnt und habe bezeugt,
dass dies die wahre Gnade Gottes ist, in der
ihr stehen sollt. 13 Es grüßen euch die Mit-
auserwählten in Babylon und mein Sohn
Markus. 14 Grüßt einander mit dem Kuss der
Liebe! Friede sei mit euch allen, die ihr in
(der Gemeinschaft mit) Christus seid.

12: Apg 15,22; 16,19; 17,4; 18,5; 2 Kor 1,19; 1 Thess 1,1; 2 Thess 1,1 • 13: Apg 12,12.25; 15,37.39; Kol 4,10; 2 Tim 4,11; Phlm 24.

Der zweite Brief des Petrus

Der 2. Petrusbrief richtet sich an alle, die an Christus glauben (1,1), genauer gesagt, an die Adressaten des 1. Petrusbriefs (vgl. 2 Petr 3,1), bei denen er auch Briefe des Paulus als bekannt voraussetzt (3,15f). Im zweiten Kapitel lehnt er sich an Ausführungen des Judasbriefs an. Deshalb wird oft angenommen, das Schreiben sei erst nach dem Tod des Apostels entstanden. Es ist in der Form eines Briefs abgefasst, wie die Anschrift zeigt (1,1f); auch einige persönliche Äußerungen entsprechen dem Briefcharakter. Es fehlt aber ein Briefschluss; das Schreiben endet mit einem Lobpreis auf Christus (3,18; vgl. 1 Petr 4,11). Nach Inhalt und Form will es als Testament des Apostels verstanden sein (1,12–15).

Der 2. Petrusbrief will die Leser im Glauben und in der Hoffnung stärken und sie vor falschen Lehrern warnen. Diese spotten über den Glauben an die Wiederkunft des Herrn (3,4) und leugnen seine göttliche Herrlichkeit (2,1.10). Entsprechend ist ihre Lebensweise (vgl. Kap. 2). Das Schreiben verteidigt demgegenüber nachdrücklich die Erwartung der Wiederkunft Christi und erinnert an die Herrlichkeit Jesu, die bei der Verklärung sichtbar wurde (1,16–18). Wichtig sind die Aussagen über die heiligen Schriften und ihre richtige Auslegung (1,19–21).

5,5 Wörtlich: Alle aber bekleidet euch (im Umgang) miteinander mit Demut.
5,12f Silvanus und Markus: vgl. die Einleitung zum 1. Petrusbrief. – Das heidnische Rom gilt dem Verfasser als das neue »Babylon«.
5,13 die Mitauserwählten, wörtlich: die mitauserwählte (Gemeinde).

ANSCHRIFT UND GRUSS: 1,1–2

1 Simon Petrus, Knecht und Apostel Jesu
Christi, an alle, die durch die Gerech-
tigkeit unseres Gottes und Retters Jesus
Christus den gleichen kostbaren Glauben er-
langt haben wie wir. 2 Gnade sei mit euch
und Friede in Fülle durch die Erkenntnis
Gottes und Jesu, unseres Herrn.

1: 1 Petr 1,1 • 2: Jud 2.

DIE ÜBERLIEFERTE WAHRHEIT: 1,3–21

Glaube und Leben: 1,3–11

3 Alles, was für unser Leben und unsere
Frömmigkeit gut ist, hat seine göttliche
Macht uns geschenkt; sie hat uns den erken-
nen lassen, der uns durch seine Herrlichkeit
und Kraft berufen hat. 4 Durch sie wurden
uns die kostbaren und überaus großen Ver-
heißungen geschenkt, damit ihr der verderb-
lichen Begierde, die in der Welt herrscht,
entflieht und an der göttlichen Natur Anteil
erhaltet. 5 Darum setzt allen Eifer daran, mit
eurem Glauben die Tugend zu verbinden,
mit der Tugend die Erkenntnis, 6 mit der Er-
kenntnis die Selbstbeherrschung, mit der
Selbstbeherrschung die Ausdauer, mit der
Ausdauer die Frömmigkeit, 7 mit der Fröm-
migkeit die Brüderlichkeit und mit der Brü-
derlichkeit die Liebe. 8 Wenn dies alles bei
euch vorhanden ist und wächst, dann nimmt
es euch die Trägheit und Unfruchtbarkeit,
sodass ihr Jesus Christus, unseren Herrn, im-
mer tiefer erkennt. 9 Wem dies aber fehlt, der
ist blind und kurzsichtig; er hat vergessen,
dass er gereinigt worden ist von seinen frü-
heren Sünden. 10 Deshalb, meine Brüder, be-
müht euch noch mehr darum, dass eure Be-
rufung und Erwählung Bestand hat. Wenn
ihr das tut, werdet ihr niemals scheitern.
11 Dann wird euch in reichem Maß gewährt,
in das ewige Reich unseres Herrn und Ret-
ters Jesus Christus einzutreten.

3: Eph 1,3; Tit 1,2f; Joh 17,3 • 4: Eph 1,18f • 5: 1 Tim 6,3; Tit 2,11–13 • 7: 1 Joh 3,17f • 11: 2 Tim 4,18; Tit 2,13.

Das Zeugnis der Propheten und der Apostel: 1,12–21

12 Darum will ich euch immer an das alles
erinnern, obwohl ihr es schon wisst und in
der Wahrheit gefestigt seid, die ihr empfan-
gen habt. 13 Ich halte es nämlich für richtig,
euch daran zu erinnern, solange ich noch in
diesem Zelt lebe, und euch dadurch wach zu
halten; 14 denn ich weiß, dass mein Zelt bald
abgebrochen wird, wie mir auch Jesus Chris-
tus, unser Herr, offenbart hat. 15 Ich will aber
dafür sorgen, dass ihr auch nach meinem
Tod euch jederzeit daran erinnern könnt.
16 Denn wir sind nicht irgendwelchen klug
ausgedachten Geschichten gefolgt, als wir
euch die machtvolle Ankunft Jesu Christi,
unseres Herrn, verkündeten, sondern wir
waren Augenzeugen seiner Macht und Grö-
ße. 17 Er hat von Gott, dem Vater, Ehre und
Herrlichkeit empfangen; denn er hörte die
Stimme der erhabenen Herrlichkeit, die zu
ihm sprach: Das ist mein geliebter Sohn, an
dem ich Gefallen gefunden habe. 18 Diese
Stimme, die vom Himmel kam, haben wir ge-
hört, als wir mit ihm auf dem heiligen Berg
waren. 19 Dadurch ist das Wort der Prophe-
ten für uns noch sicherer geworden und ihr
tut gut daran, es zu beachten; denn es ist ein
Licht, das an einem finsteren Ort scheint, bis
der Tag anbricht und der Morgenstern auf-
geht in eurem Herzen. 20 Bedenkt dabei vor
allem dies: Keine Weissagung der Schrift
darf eigenmächtig ausgelegt werden; 21 denn
niemals wurde eine Weissagung ausgespro-
chen, weil ein Mensch es wollte, sondern vom
Heiligen Geist getrieben haben Menschen im
Auftrag Gottes geredet.

12: Jud 5 • 13: Joh 21,18f; 2 Kor 5,1; 2 Tim 4,5 • 17: Mt 17,5; Mk 9,7; Lk 9,35 • 19: Röm 13,12 • 21: 2 Tim 3,16; 1 Petr 1,11.

1,1 Andere Übersetzungsmöglichkeit: unseres Gottes und des Retters Jesus Christus.

1,4 Es sind die Verheißungen gemeint, die sich auf den Tag Christi beziehen; vgl. 3,4.9.

1,18 wir: Petrus, Jakobus und Johannes, die Zeugen der Verklärung Jesu (Mt 17,1).

WARNUNG VOR IRRLEHRERN: 2,1–22

Das Auftreten falscher Lehrer: 2,1–3

2 Es gab aber auch falsche Propheten im Volk; so wird es auch bei euch falsche Lehrer geben. Sie werden verderbliche Irrlehren verbreiten und den Herrscher, der sie freigekauft hat, verleugnen; doch dadurch werden sie sich selbst bald ins Verderben stürzen. 2 Bei ihren Ausschweifungen werden sie viele Anhänger finden und ihretwegen wird der Weg der Wahrheit in Verruf kommen. 3 In ihrer Habgier werden sie euch mit verlogenen Worten zu kaufen versuchen; aber das Gericht über sie bereitet sich schon seit langem vor und das Verderben, das ihnen droht, schläft nicht.

1–22: Jud 3–16.

Das drohende Gericht über die Irrlehrer: 2,4–10a

4 Gott hat auch die Engel, die gesündigt haben, nicht verschont, sondern sie in die finsteren Höhlen der Unterwelt verstoßen und hält sie dort eingeschlossen bis zum Gericht. 5 Er hat auch die frühere Welt nicht verschont, nur Noach, den Verkünder der Gerechtigkeit, hat er zusammen mit sieben anderen als achten bewahrt, als er die Flut über die Welt der Gottlosen brachte. 6 Auch die Städte Sodom und Gomorra hat er eingeäschert und zum Untergang verurteilt, als ein Beispiel für alle Gottlosen in späteren Zeiten. 7 Den gerechten Lot aber, der unter dem ausschweifenden Leben der Gottesverächter litt, hat er gerettet; 8 denn dieser Gerechte, der mitten unter ihnen wohnte, musste Tag für Tag ihr gesetzwidriges Tun sehen und hören, und das quälte den gerechten Mann Tag für Tag. 9 Der Herr kann die Frommen aus der Prüfung retten; bei den Ungerechten aber kann er warten, um sie am Tag des Gerichts zu bestrafen, 10a besonders die, die sich von der schmutzigen Begierde ihres Körpers beherrschen lassen und die Macht des Herrn verachten.

4: Jud 6; 1 Petr 3,19f • 6: Gen 19,24f; Jud 7 • 7: Gen 19,1–16.

Der Weg der Irrlehrer: 2,10b–22

10b Diese frechen und anmaßenden Menschen schrecken nicht davor zurück, die überirdischen Mächte zu lästern, 11 während die Engel, die ihnen an Stärke und Macht überlegen sind, beim Herrn nicht über sie urteilen und lästern. 12 Diese Menschen aber sind wie unvernünftige Tiere, die von Natur aus dazu geboren sind, gefangen zu werden und umzukommen. Sie lästern über Dinge, die sie nicht verstehen; doch sie werden umkommen, wie die Tiere umkommen, 13 und als Lohn für ihr Unrecht werden sie Unrecht erleiden. Sie halten es für ein Vergnügen, bei Tag ein üppiges Leben zu führen; ein schmutziger Schandfleck sind sie, wenn sie in ihrer trügerischen Genusssucht mit euch prassen und schwelgen. 14 Sie haben nur Augen für die Ehebrecherin und sind unersättlich in der Sünde. Sie locken haltlose Menschen an, deren Sinn nicht gefestigt ist; ihr Herz ist in der Habgier geübt, sie sind Kinder des Fluches. 15 Sie haben den geraden Weg verlassen und sind in die Irre gegangen. Sie folgten dem Weg Bileams, des Sohnes Bosors; ihm ging es nur um den Lohn für sein Unrecht, 16 aber er wurde wegen seines Vergehens zurechtgewiesen: Ein stummes Lasttier redete mit menschlicher Stimme und verhinderte das wahnwitzige Vorhaben des Propheten. 17 Diese Menschen sind Quellen ohne Wasser, sie sind Wolken, die der Sturm vor sich herjagt; für sie ist die dunkelste Finsternis bestimmt. 18 Sie führen geschwollene und nichts sagende Reden; sie lassen sich von ihren fleischlichen Begierden treiben und locken mit ihren Ausschweifungen die Menschen an, die sich eben erst von denen getrennt haben, die im Irrtum leben. 19 Freiheit versprechen sie ihnen und sind doch selbst Sklaven des Verderbens; denn von wem jemand überwältigt worden ist, dessen Sklave ist er. 20 Sie waren dem Schmutz der Welt entronnen, weil sie den Herrn und Retter Jesus Christus erkannt hatten; wenn sie sich aber von neuem davon fangen und überwältigen lassen, dann steht es mit ihnen am Ende schlimmer als vorher. 21 Es wäre besser für sie, den Weg der Gerechtigkeit gar nicht erkannt zu haben, als ihn erkannt zu haben und sich danach wieder von dem heiligen Gebot abzuwenden,

---

2,1–22 Zu den Irrlehrern vgl. die Einleitung zum 2. Petrusbrief.

2,4 Es handelt sich um die Engel, von denen in Gen 6,1–4 die Rede ist; vgl. Jud 6.

2,10b die überirdischen Mächte, wörtlich: die Herrlichkeiten.

2,15 Nach Num 22,5 hieß der Vater Bileams »Beor«; so auch hier nach einigen Textzeugen.

das ihnen überliefert worden ist. 22 Auf sie trifft das wahre Sprichwort zu: *Der Hund kehrt zurück zu dem, was er erbrochen hat,* und: Die gewaschene Sau wälzt sich wieder im Dreck.

16: Num 22,28f • 20: Mt 12,45 • 22: Spr 26,11.

DAS ERWARTETE KOMMEN CHRISTI: 3,1–16

Die Gewissheit der Ankunft: 3,1–7

3 Das ist schon der zweite Brief, den ich euch schreibe, liebe Brüder. In beiden will ich eure klare Einsicht wachrufen und euch erinnern: 2 Denkt an die Worte, die von den heiligen Propheten im Voraus verkündet worden sind, und an das Gebot des Herrn und Retters, das eure Apostel euch überliefert haben. 3 Vor allem sollt ihr eines wissen: Am Ende der Tage werden Spötter kommen, die sich nur von ihren Begierden leiten lassen und höhnisch sagen: 4 Wo bleibt denn seine verheißene Ankunft? Seit die Väter entschlafen sind, ist alles geblieben, wie es seit Anfang der Schöpfung war. 5 Wer das behauptet, übersieht, dass es einst einen Himmel gab und eine Erde, die durch das Wort Gottes aus Wasser entstand und durch das Wasser Bestand hatte. 6 Durch beides ging die damalige Welt zugrunde, als sie vom Wasser überflutet wurde. 7 Der jetzige Himmel aber und die jetzige Erde sind durch dasselbe Wort für das Feuer aufgespart worden. Sie werden bewahrt bis zum Tag des Gerichts, an dem die Gottlosen zugrunde gehen.

1: 1 Petr 1,1 • 2: Jud 17 • 3: Jud 18 • 5: Gen 1,3–31 • Gen 7,10–24.

Die Verzögerung der Ankunft: 3,8–13

8 Das eine aber, liebe Brüder, dürft ihr nicht übersehen: dass beim Herrn ein Tag wie tausend Jahre und tausend Jahre wie ein Tag sind. 9 Der Herr zögert nicht mit der Erfüllung der Verheißung, wie einige meinen, die von Verzögerung reden; er ist nur geduldig mit euch, weil er nicht will, dass jemand zugrunde geht, sondern dass alle sich bekehren. 10 Der Tag des Herrn wird aber kommen wie ein Dieb. Dann wird der Himmel prasselnd vergehen, die Elemente werden verbrannt und aufgelöst, die Erde und alles, was auf ihr ist, werden (nicht mehr) gefunden. 11 Wenn sich das alles in dieser Weise auflöst: wie heilig und fromm müsst ihr dann leben, 12 den Tag Gottes erwarten und seine Ankunft beschleunigen! An jenem Tag wird sich der Himmel im Feuer auflösen und die Elemente werden im Brand zerschmelzen. 13 Dann erwarten wir, seiner Verheißung gemäß, *einen neuen Himmel* und *eine neue Erde,* in denen die Gerechtigkeit wohnt.

8: Ps 90,4 • 9: 1 Tim 2,4 • 10: Mt 24,43: 1 Thess 5,2 • 13: Jes 65,17; 66,22; Offb 21,1.

Das Zeugnis der Paulusbriefe: 3,14–16

14 Weil ihr das erwartet, liebe Brüder, bemüht euch darum, von ihm ohne Makel und Fehler und in Frieden angetroffen zu werden. 15 Seid überzeugt, dass die Geduld unseres Herrn eure Rettung ist. Das hat euch auch unser geliebter Bruder Paulus mit der ihm geschenkten Weisheit geschrieben; 16 es steht in allen seinen Briefen, in denen er davon spricht. In ihnen ist manches schwer zu verstehen und die Unwissenden, die noch nicht gefestigt sind, verdrehen diese Stellen ebenso wie die übrigen Schriften zu ihrem eigenen Verderben.

DER SCHLUSS DES BRIEFES: WUNSCH UND LOBPREIS: 3,17–18

17 Ihr aber, liebe Brüder, sollt das im Voraus wissen und Acht geben, dass ihr euch nicht von dem Irrtum der Gottesverächter mitreißen lasst, euren Halt verliert und zu Fall kommt. 18 Wachset in der Gnade und Erkenntnis unseres Herrn und Retters Jesus Christus! Ihm gebührt die Herrlichkeit, jetzt und bis zum Tag der Ewigkeit. Amen.

18: Jud 25; 1 Petr 4,11.

2,22 Die Herkunft des zweiten Sprichwortes ist unbekannt.
3,1 der zweite Brief: Anspielung auf den 1. Petrusbrief.
3,4 Die Väter: die Christen der ersten Generation.
3,10 die Erde und alles, was auf ihr ist, wörtlich: die Erde und die Werke auf ihr. – Die eingeklammerten Worte »nicht mehr« finden sich nur bei wenigen Textzeugen, sind aber für den Sinn des Satzes notwendig.
3,16 Die Paulusbriefe werden hier bereits zu den Heiligen Schriften gerechnet. Mit den »übrigen Schriften« sind wahrscheinlich die Schriften des Alten Testaments gemeint; es können aber auch urchristliche Schriften sein.

Der erste Brief des Johannes

Dieses Schreiben wendet sich wahrscheinlich an einen örtlich begrenzten Kreis christlicher Gemeinden und ist wohl gegen Ende des 1. Jahrhunderts abgefasst. Nach Stil und Gedankengut ist der 1. Johannesbrief mit dem Johannesevangelium nah verwandt.

Der Verfasser rechnet sich zu einer Gruppe christlicher Lehrer (vgl. »wir« in 1,1–4 u. ö.), die im Kampf gegen Irrlehrer (vgl. 2,18; 4,1) das »von Anfang an« Verkündigte (2,7.24; 3,11) einschärfen wollen.

Das Schreiben mahnt zum Glauben an Jesus, den Christus und Sohn Gottes, und zur Bruderliebe. Es ist kunstvoll gegliedert und hat folgenden Aufbau: Vorrede (1,1–4); Gemeinschaft mit Gott durch ein Leben im Licht, das heißt durch Einhalten der Gebote (1,5 – 2,17); Abwehr der »Antichriste« und Festhalten am wahren Bekenntnis zu Christus (2,18–27); Gotteskindschaft und Erfüllung der Gerechtigkeit in tätiger Bruderliebe (2,28 – 3,24); Unterscheidung der Geister und Verwirklichung des Glaubens in der Liebe (4,1–21); der wahre Glaube als Sieg über die Welt und als Weg zum Leben (5,1–12); Abschluss: Sünde und ewiges Leben (5,13–21).

Der 1. Johannesbrief ist ein wichtiges Zeugnis für den wahren Glauben an Jesus Christus als Gottessohn und weist auf bleibende Grundlagen des christlichen Lebens hin (Bruderliebe, Überwindung der Sünde).

VORREDE: DAS WORT DES LEBENS: 1,1–4

1 Was von Anfang an war, was wir gehört
haben, was wir mit unseren Augen gese-
hen, was wir geschaut und was unsere Hände
angefasst haben, das verkünden wir: das
Wort des Lebens. 2 Denn das Leben wurde
offenbart; wir haben gesehen und bezeugen
und verkünden euch das ewige Leben, das
beim Vater war und uns offenbart wurde.
3 Was wir gesehen und gehört haben, das
verkünden wir auch euch, damit auch ihr
Gemeinschaft mit uns habt. Wir aber haben
Gemeinschaft mit dem Vater und mit seinem
Sohn Jesus Christus. 4 Wir schreiben dies,
damit unsere Freude vollkommen ist.

1: Joh 1,1–5.14 • 3: 1,7; Joh 17,20f; 1 Kor 1,9 • 4: Joh 15,11; 16,20.22.24; 17,13; Joh 12.

DAS LEBEN IN DER GEMEINSCHAFT MIT GOTT: 1,5 – 2,17

Das Wesen Gottes: 1,5–7

5 Das ist die Botschaft, die wir von ihm ge-
hört haben und euch verkünden: Gott ist
Licht und keine Finsternis ist in ihm. 6 Wenn
wir sagen, dass wir Gemeinschaft mit ihm
haben, und doch in der Finsternis leben, lü-
gen wir und tun nicht die Wahrheit. 7 Wenn
wir aber im Licht leben, wie er im Licht ist,
haben wir Gemeinschaft miteinander und
das Blut seines Sohnes Jesus reinigt uns von
aller Sünde.

5: 3,11; Dan 2,22; Joh 8,12; Jak 1,17 • 6: 2,4.11; Joh 3,20f • 7: Joh 8,12; 12,35f; Hebr 9,14.22.

1,1–4 Die Vorrede ist mit dem Anfang des Evangeliums verwandt und setzt diesen wohl voraus. Die Zeugen des Mensch gewordenen Wortes (»Wort des Lebens«) sprechen als Verkündiger; sie wollen die Briefempfänger zu einer tieferen Gemeinschaft mit dem Vater und seinem Sohn Jesus Christus führen.

1,1 das Wort des Lebens, wörtlich: vom Wort des Lebens sprechen wir.

Christ und Sünde: 1,8 – 2,2

8 Wenn wir sagen, dass wir keine Sünde haben, führen wir uns selbst in die Irre und die Wahrheit ist nicht in uns. 9 Wenn wir unsere Sünden bekennen, ist er treu und gerecht; er vergibt uns die Sünden und reinigt uns von allem Unrecht. 10 Wenn wir sagen, dass wir nicht gesündigt haben, machen wir ihn zum Lügner und sein Wort ist nicht in uns.

2 Meine Kinder, ich schreibe euch dies, damit ihr nicht sündigt. Wenn aber einer sündigt, haben wir einen Beistand beim Vater: Jesus Christus, den Gerechten.

2 Er ist die Sühne für unsere Sünden, aber nicht nur für unsere Sünden, sondern auch für die der ganzen Welt.

1,9: Ex 34,6f; Dtn 32,4 • 10: Spr 28,13 • 2,1: Joh 14,16f; 15,26; 17,12; Röm 8,34; Hebr 7,25 • 2: 4,10.

Wahre Gotteserkenntnis: 2,3–6

3 Wenn wir seine Gebote halten, erkennen wir, dass wir ihn erkannt haben. 4 Wer sagt: Ich habe ihn erkannt!, aber seine Gebote nicht hält, ist ein Lügner und die Wahrheit ist nicht in ihm. 5 Wer sich aber an sein Wort hält, in dem ist die Gottesliebe wahrhaft vollendet. Wir erkennen daran, dass wir in ihm sind. 6 Wer sagt, dass er in ihm bleibt, muss auch leben, wie er gelebt hat.

4: 1,6 • 5: 5,3; Joh 14,21.23 • 6: Joh 13,41f.

Das neue Gebot: 2,7–11

7 Liebe Brüder, ich schreibe euch kein neues Gebot, sondern ein altes Gebot, das ihr von Anfang an hattet. Das alte Gebot ist das Wort, das ihr gehört habt. 8 Und doch schreibe ich euch ein neues Gebot, etwas, das in ihm und in euch verwirklicht ist; denn die Finsternis geht vorüber und schon leuchtet das wahre Licht. 9 Wer sagt, er sei im Licht, aber seinen Bruder hasst, ist noch in der Finsternis. 10 Wer seinen Bruder liebt, bleibt im Licht; da gibt es für ihn kein Straucheln. 11 Wer aber seinen Bruder hasst, ist in der Finsternis. Er geht in der Finsternis und weiß nicht, wohin er geht; denn die Finsternis hat seine Augen blind gemacht.

8: Joh 13,34; Röm 13,12 • 9: 4,20 • 10: Joh 11,9 • 11: Joh 11,10; 12,35.

Christ und Welt: 2,12–17

12 Ich schreibe euch, ihr Kinder, dass euch durch seinen Namen die Sünden vergeben sind. 13 Ich schreibe euch, ihr Väter, dass ihr den erkannt habt, der von Anfang an ist. Ich schreibe euch, ihr jungen Männer, dass ihr den Bösen besiegt habt. 14 Ich schreibe euch, ihr Kinder, dass ihr den Vater erkannt habt. Ich schreibe euch, ihr Väter, dass ihr den erkannt habt, der von Anfang an ist. Ich schreibe euch, ihr jungen Männer, dass ihr stark seid, dass das Wort Gottes in euch bleibt und dass ihr den Bösen besiegt habt.

15 Liebt nicht die Welt und was in der Welt ist! Wer die Welt liebt, hat die Liebe zum Vater nicht. 16 Denn alles, was in der Welt ist, die Begierde des Fleisches, die Begierde der Augen und das Prahlen mit dem Besitz, ist nicht vom Vater, sondern von der Welt. 17 Die Welt und ihre Begierde vergeht; wer aber den Willen Gottes tut, bleibt in Ewigkeit.

15: Joh 5,42 • 16: Spr 27,20.

DIE BEWÄHRUNG DES GLAUBENS: 2,18 – 3,24

Das Auftreten von Irrlehrern: 2,18–27

18 Meine Kinder, es ist die letzte Stunde. Ihr habt gehört, dass der Antichrist kommt, und jetzt sind viele Antichriste gekommen. Daran erkennen wir, dass es die letzte Stunde ist. 19 Sie sind aus unserer Mitte gekommen, aber sie gehörten nicht zu uns; denn wenn sie zu uns gehört hätten, wären sie bei uns geblieben. Es sollte aber offenbar werden, dass sie alle nicht zu uns gehörten. 20 Ihr habt die Salbung von dem, der heilig ist, und ihr

---

1,8–2,2 Das Thema »Christ und Sünde« durchzieht das ganze Schreiben (vgl. 3,4–9; 3,19–21; 5,3f; 5,16–18).

2,1 Das griechische Wort für »Beistand« (parákletos) ist das gleiche, das im Johannesevangelium für den verheißenen Geist verwendet wird. Während Jesus Christus der Beistand beim Vater ist, wird der Heilige Geist als Paraklet der irdischen Gemeinde gesandt (vgl. Joh 14,16f; 15,26; 16,7).

2,7f Das alte und neue Gebot ist das Liebesgebot.

2,16 Die hier genannten »Begierden« sind nicht als erschöpfende Darstellung des Bösen in der Welt zu verstehen, sondern als charakteristische Beispiele.

2,18f Man erwartete vor dem Erscheinen Christi das Auftreten des Antichrists (»Gegenchristus«). Hier werden die aus der Gemeinde selbst hervorgegangenen Irrlehrer als »Antichriste« bezeichnet (vgl. auch 2,22; 4,3; 2 Joh 7).

2,20 Andere Lesart: und ihr wisst alles. – Mit der »Salbung« ist der Heilige Geist oder das vom Geist eingegebene Wort gemeint (vgl. 2,27).

alle wisst es. 21 Ich schreibe euch nicht, dass
ihr die Wahrheit nicht wisst, sondern ich
schreibe euch, dass ihr sie wisst und dass
keine Lüge von der Wahrheit stammt.
22 Wer ist der Lügner – wenn nicht der, der
leugnet, dass Jesus der Christus ist? Das ist
der Antichrist: wer den Vater und den Sohn
leugnet. 23 Wer leugnet, dass Jesus der Sohn
ist, hat auch den Vater nicht; wer bekennt,
dass er der Sohn ist, hat auch den Vater.
24 Für euch gilt: Was ihr von Anfang an ge-
hört habt, soll in euch bleiben; wenn das,
was ihr von Anfang an gehört habt, in euch
bleibt, dann bleibt ihr im Sohn und im Vater.
25 Und seine Verheißung an uns ist das ewige
Leben.
26 Dies habe ich euch über die geschrieben,
die euch in die Irre führen. 27 Für euch aber
gilt: Die Salbung, die ihr von ihm empfangen
habt, bleibt in euch und ihr braucht euch von
niemand belehren zu lassen. Alles, was seine
Salbung euch lehrt, ist wahr und keine Lüge.
Bleibt in ihm, wie es euch seine Salbung ge-
lehrt hat.

18: 1 Tim 4,1; 2 Thess 2,3f • 20: 2,27; 2 Kor 1,21 • 23: 4,15; Joh 5,23; 12,44f; 14,6f • 25: Joh 5,24; 6,40; 17,2 • 27: Joh 14,26; 16,13.

Mahnung zur Treue: 2,28–29

28 Und jetzt, meine Kinder, bleibt in ihm,
damit wir, wenn er erscheint, die Zuversicht
haben und bei seinem Kommen nicht zu un-
serer Schande von ihm gerichtet werden.
29 Wenn ihr wisst, dass er gerecht ist, erkennt
auch, dass jeder, der die Gerechtigkeit tut,
von Gott stammt.

Das Geschenk der Kindschaft Gottes:
3,1–10

3 Seht, wie groß die Liebe ist, die der Va-
ter uns geschenkt hat: Wir heißen Kin-
der Gottes und wir sind es. Die Welt erkennt
uns nicht, weil sie ihn nicht erkannt hat.
2 Liebe Brüder, jetzt sind wir Kinder Gottes.
Aber was wir sein werden, ist noch nicht of-
fenbar geworden. Wir wissen, dass wir ihm
ähnlich sein werden, wenn er offenbar wird;
denn wir werden ihn sehen, wie er ist. 3 Je-
der, der dies von ihm erhofft, heiligt sich, so
wie Er heilig ist. 4 Jeder, der die Sünde tut,
handelt gesetzwidrig; denn Sünde ist Ge-
setzwidrigkeit. 5 Ihr wisst, dass er erschienen
ist, um die Sünde wegzunehmen, und er
selbst ist ohne Sünde. 6 Jeder, der in ihm
bleibt, sündigt nicht. Jeder, der sündigt, hat
ihn nicht gesehen und ihn nicht erkannt.
7 Meine Kinder, lasst euch von niemand in
die Irre führen! Wer die Gerechtigkeit tut, ist
gerecht, wie Er gerecht ist. 8 Wer die Sünde
tut, stammt vom Teufel; denn der Teufel sün-
digt von Anfang an. Der Sohn Gottes aber
ist erschienen, um die Werke des Teufels zu
zerstören. 9 Jeder, der von Gott stammt, tut
keine Sünde, weil Gottes Same in ihm bleibt.
Er kann nicht sündigen, weil er von Gott
stammt. 10 Daran kann man die Kinder Got-
tes und die Kinder des Teufels erkennen: Je-
der, der die Gerechtigkeit nicht tut und sei-
nen Bruder nicht liebt, ist nicht aus Gott.

1: Joh 1,12f; Röm 8,14–17; Eph 1,5 • 2: Kol 3,4; 1 Kor 13,12 • 5: Joh 1,29; Hebr 7,26 • 8: 3,12; Gen 3,15; Joh 8,34.44.

Aufruf zur Bruderliebe: 3,11–18

11 Denn das ist die Botschaft, die ihr von
Anfang an gehört habt: Wir sollen einander
lieben 12 und nicht wie Kain handeln, der von
dem Bösen stammte und seinen Bruder er-
schlug. Warum hat er ihn erschlagen? Weil
seine Taten böse, die Taten seines Bruders
aber gerecht waren.
13 Wundert euch nicht, meine Brüder,
wenn die Welt euch hasst. 14 Wir wissen, dass
wir aus dem Tod in das Leben hinübergegan-
gen sind, weil wir die Brüder lieben. Wer
nicht liebt, bleibt im Tod. 15 Jeder, der seinen
Bruder hasst, ist ein Mörder und ihr wisst:
Kein Mörder hat ewiges Leben, das in ihm
bleibt. 16 Daran haben wir die Liebe erkannt,
dass Er sein Leben für uns hingegeben hat.
So müssen auch wir für die Brüder das Le-
ben hingeben. 17 Wenn jemand Vermögen hat
und sein Herz vor dem Bruder verschließt,
den er in Not sieht, wie kann die Gottesliebe
in ihm bleiben? 18 Meine Kinder, wir wollen
nicht mit Wort und Zunge lieben, sondern in
Tat und Wahrheit.

11: 1,5; 2,7; Joh 13,34 • 12: Gen 4,8 • 13: Joh 15,18–21 • 14: Joh 5,24; 11,26 • 15: Mt 5,21–26; Joh 8,44 • 16: Joh 13,1; 15,12f • 17: 4,20; Jak 2,15f • 18: Jak 1,25; 2,12.15–17.

2,21 Andere Übersetzungsmöglichkeit: Ich schreibe euch nicht, weil ihr die Wahrheit nicht kennt, sondern ich schreibe euch, weil ihr sie kennt und wisst, dass keine Lüge von der Wahrheit stammt.

2,28 Die johanneische Gemeinde erwartet die Ankunft Christi in Herrlichkeit (die »Parusie«), doch nicht voll Furcht, sondern voll Hoffnung (vgl. 3,2f; 4,17f).

3,3 Er: gemeint ist Christus, das große Beispiel der Heiligung.

3,9 Mit »Gottes Same« ist der Heilige Geist als göttliches Lebensprinzip gemeint (vgl. Joh 3,6).

Die Zuversicht der Kinder Gottes: 3,19–24

19 Daran werden wir erkennen, dass wir
aus der Wahrheit sind, und werden unser
Herz in seiner Gegenwart beruhigen. 20 Denn
wenn das Herz uns auch verurteilt – Gott ist
größer als unser Herz und er weiß alles.
21 Liebe Brüder, wenn das Herz uns aber
nicht verurteilt, haben wir gegenüber Gott
Zuversicht; 22 alles, was wir erbitten, emp-
fangen wir von ihm, weil wir seine Gebote
halten und tun, was ihm gefällt. 23 Und das
ist sein Gebot: Wir sollen an den Namen sei-
nes Sohnes Jesus Christus glauben und ei-
nander lieben, wie es seinem Gebot ent-
spricht. 24 Wer seine Gebote hält, bleibt in
Gott und Gott in ihm. Und dass er in uns
bleibt, erkennen wir an dem Geist, den er
uns gegeben hat.

22: Joh 14,13f; 15,7; 16,23f.26 • 23: Joh 13,34; 15,12.17 • 24: Joh 14,21–23.

DER GLAUBE ALS WEG ZUM LEBEN: 4,1 – 5,12

Über die Unterscheidung der Geister: 4,1–6

4 Liebe Brüder, traut nicht jedem Geist,
sondern prüft die Geister, ob sie aus
Gott sind; denn viele falsche Propheten sind
in die Welt hinausgezogen. 2 Daran erkennt
ihr den Geist Gottes: Jeder Geist, der be-
kennt, Jesus Christus sei im Fleisch gekom-
men, ist aus Gott. 3 Und jeder Geist, der Je-
sus nicht bekennt, ist nicht aus Gott. Das ist
der Geist des Antichrists, über den ihr gehört
habt, dass er kommt. Jetzt ist er schon in der
Welt.

4 Ihr aber, meine Kinder, seid aus Gott und
habt sie besiegt; denn Er, der in euch ist, ist
größer als jener, der in der Welt ist. 5 Sie sind
aus der Welt; deshalb sprechen sie, wie die
Welt spricht, und die Welt hört auf sie. 6 Wir
aber sind aus Gott. Wer Gott erkennt, hört
auf uns; wer nicht aus Gott ist, hört nicht auf
uns. Daran erkennen wir den Geist der
Wahrheit und den Geist des Irrtums.

1: 1 Kor 12,10; 1 Thess 5,21 • 2: 1 Kor 12,3 • 3: 2,18.22; 2 Joh 7 • 6: Joh 8,47; 14,17; Joh 15,26; 16,13.

Die Vollendung des Glaubens in der Liebe: 4,7–16a

7 Liebe Brüder, wir wollen einander lieben;
denn die Liebe ist aus Gott und jeder, der
liebt, stammt von Gott und erkennt Gott.
8 Wer nicht liebt, hat Gott nicht erkannt;
denn Gott ist die Liebe. 9 Die Liebe Gottes
wurde unter uns dadurch offenbart, dass
Gott seinen einzigen Sohn in die Welt ge-
sandt hat, damit wir durch ihn leben. 10 Nicht
darin besteht die Liebe, dass wir Gott geliebt
haben, sondern dass er uns geliebt und seinen
Sohn als Sühne für unsere Sünden gesandt
hat. 11 Liebe Brüder, wenn Gott uns so geliebt
hat, müssen auch wir einander lieben. 12 Nie-
mand hat Gott je geschaut; wenn wir einan-
der lieben, bleibt Gott in uns und seine Liebe
ist in uns vollendet. 13 Daran erkennen wir,
dass wir in ihm bleiben und er in uns bleibt:
Er hat uns von seinem Geist gegeben. 14 Wir
haben gesehen und bezeugen, dass der Vater
den Sohn gesandt hat als den Retter der
Welt. 15 Wer bekennt, dass Jesus der Sohn
Gottes ist, in dem bleibt Gott und er bleibt in
Gott. 16a Wir haben die Liebe, die Gott zu uns
hat, erkannt und gläubig angenommen.

7: 4,16 • 9: Joh 3,16; Röm 3,25; 5,8 • 12: Joh 1,18; 5,37; 6,46 • 14: Joh 4,42.

Furcht und Liebe: 4,16b–21

16b Gott ist die Liebe, und wer in der Liebe
bleibt, bleibt in Gott und Gott bleibt in ihm.
17 Darin ist unter uns die Liebe vollendet,
dass wir am Tag des Gerichts Zuversicht ha-
ben. Denn wie er, so sind auch wir in dieser
Welt. 18 Furcht gibt es in der Liebe nicht,
sondern die vollkommene Liebe vertreibt die
Furcht. Denn die Furcht rechnet mit Strafe
und wer sich fürchtet, dessen Liebe ist nicht
vollendet.

19 Wir wollen lieben, weil er uns zuerst ge-
liebt hat. 20 Wenn jemand sagt: Ich liebe
Gott!, aber seinen Bruder hasst, ist er ein
Lügner. Denn wer seinen Bruder nicht liebt,
den er sieht, kann Gott nicht lieben, den er
nicht sieht. 21 Und dieses Gebot haben wir
von ihm: Wer Gott liebt, soll auch seinen
Bruder lieben.

19: 4,9f • 21: Mt 22,37–40; Joh 14,15.21; 15,17.

3,19 »Aus der Wahrheit sein« bedeutet: zu Gott gehören (vgl. Joh 18,37).

3,20 Der von seinem Gewissen verurteilte Christ weiß, dass er auf das göttliche Erbarmen hoffen kann.

4,4 habt sie besiegt: gemeint sind die, die Jesus nicht auch als echten Menschen bekennen.

Der Glaube als Sieg über die Welt: 5,1–8

5 Jeder, der glaubt, dass Jesus der Chris-
tus ist, stammt von Gott und jeder, der
den Vater liebt, liebt auch den, der von ihm
stammt. 2 Wir erkennen, dass wir die Kinder
Gottes lieben, wenn wir Gott lieben und
seine Gebote erfüllen.
3 Denn die Liebe zu Gott besteht darin,
dass wir seine Gebote halten. Seine Gebote
sind nicht schwer. 4 Denn alles, was von Gott
stammt, besiegt die Welt. Und das ist der
Sieg, der die Welt besiegt hat: unser Glaube.
5 Wer sonst besiegt die Welt, außer dem, der
glaubt, dass Jesus der Sohn Gottes ist? 6 Die-
ser ist es, der durch Wasser und Blut gekom-
men ist: Jesus Christus. Er ist nicht nur im
Wasser gekommen, sondern im Wasser und
im Blut. Und der Geist ist es, der Zeugnis ab-
legt; denn der Geist ist die Wahrheit. 7 Drei
sind es, die Zeugnis ablegen: 8 der Geist, das
Wasser und das Blut; und diese drei sind
eins.

1: 4,15; Joh 1,12; 3,3 • 4: 2,14 • 6: Joh 19,34; 1,33; 14,26.

Das Zeugnis Gottes: 5,9–12

9 Wenn wir von Menschen ein Zeugnis an-
nehmen, so ist das Zeugnis Gottes gewichti-
ger; denn das ist das Zeugnis Gottes: Er hat
Zeugnis abgelegt für seinen Sohn. 10 Wer an
den Sohn Gottes glaubt, trägt das Zeugnis in
sich. Wer Gott nicht glaubt, macht ihn zum
Lügner, weil er nicht an das Zeugnis glaubt,
das Gott für seinen Sohn abgelegt hat. 11 Und
das Zeugnis besteht darin, dass Gott uns das
ewige Leben gegeben hat; und dieses Leben
ist in seinem Sohn. 12 Wer den Sohn hat, hat
das Leben; wer den Sohn Gottes nicht hat,
hat das Leben nicht.

9: Joh 5,32.36f • 10: Joh 8,44 • 11: Joh 1,4; 5,21.24.26.

SCHLUSSMAHNUNG: SÜNDE UND EWIGES LEBEN: 5,13–21

13 Dies schreibe ich euch, damit ihr wisst,
dass ihr das ewige Leben habt; denn ihr
glaubt an den Namen des Sohnes Gottes.
14 Wir haben ihm gegenüber die Zuversicht,
dass er uns hört, wenn wir etwas erbitten,
das seinem Willen entspricht. 15 Wenn wir
wissen, dass er uns bei allem hört, was wir
erbitten, dann wissen wir auch, dass er unse-
re Bitten schon erfüllt hat. 16 Wer sieht, dass
sein Bruder eine Sünde begeht, die nicht zum
Tod führt, soll (für ihn) bitten; und Gott wird
ihm Leben geben, allen, deren Sünde nicht
zum Tod führt. Denn es gibt Sünde, die zum
Tod führt. Von ihr spreche ich nicht, wenn
ich sage, dass er bitten soll. 17 Jedes Unrecht
ist Sünde; aber es gibt Sünde, die nicht zum
Tod führt. 18 Wir wissen: Wer von Gott
stammt, sündigt nicht, sondern der von Gott
Gezeugte bewahrt ihn und der Böse tastet
ihn nicht an. 19 Wir wissen: Wir sind aus
Gott, aber die ganze Welt steht unter der
Macht des Bösen. 20 Wir wissen aber: Der
Sohn Gottes ist gekommen und er hat uns
Einsicht geschenkt, damit wir (Gott) den
Wahren erkennen. Und wir sind in diesem
Wahren, in seinem Sohn Jesus Christus. Er
ist der wahre Gott und das ewige Leben.
21 Meine Kinder, hütet euch vor den Götzen!

13: Joh 20,31 • 14: Joh 14,13f • 16: Joh 15,22–24; Mt 12,31; Hebr 6,4–6; 10,26–29 • 18: 3,6.9; Joh 1,13.18 • 19: Joh 8,47; 12,31; 14,30 • 20: Joh 17,3; 20,28.

5,6 Blut und Wasser flossen aus der durchbohrten Seite Jesu (Joh 19,34). »Wasser« ist bildhafter Hinweis auf die Taufe Jesu im Jordan (vgl. Joh 1,31f), »Blut» auf den Opfertod Jesu am Kreuz (vgl. Joh 19,34).

5,7f Hier ist bei vielen Textzeugen das sog. Comma Johanneum eingefügt, das nicht zum ursprünglichen Text gehört: (... die Zeugnis ablegen) im Himmel: der Vater, das Wort und der Heilige Geist und diese drei sind eins. Und drei sind es, die Zeugnis geben auf Erden: (der Geist ...)
Die drei Elemente (Geist, Wasser, Blut) sind drei Zeugen, die zeichenhaft hinweisen auf die Sakramente der Taufe und Eucharistie und auf den Geist als die in ihnen wirksame Kraft.

5,16 Die »Sünde zum Tod« ist wahrscheinlich eine Handlungsweise, die volle Lebensgemeinschaft mit Gott, Christus und dem Bruder zerstört.

5,17 Nach anderen Textzeugen: Sünde, die zum Tod führt.

5,18 der von Gott Gezeugte, das heißt: Jesus Christus (Joh 1,13.18). – Andere Übersetzungsmöglichkeit: Wir wissen: Jeder, der von Gott stammt, sündigt nicht, sondern wer von Gott stammt, den bewahrt er, und der Böse tastet ihn nicht an.

Der zweite Brief des Johannes

Der 2. Johannesbrief entspricht in der Anlage antiken Briefen, die gewöhnlich den Umfang eines Papyrusblattes hatten (vgl. 3 Joh). Der Verfasser stellt sich als »der Alte« oder »der Älteste« vor und weist damit auf seine Autorität hin. Über seine Person wissen wir nichts Sicheres. Nach dem einleitenden Gruß (VV. 1–3) mahnt er zunächst zu christlicher Lebensführung entsprechend dem Liebesgebot (VV. 4–6), warnt vor Irrlehrern und gibt die Anweisung, ihnen keine Aufnahme und Gemeinschaft zu gewähren (VV. 7–11). Dann kündigt er seinen baldigen Besuch an und schließt mit Grüßen der Gemeinde, in der er sich befindet (VV. 12–13).

Nach Stil und Inhalt steht das Schreiben dem 1. Johannesbrief nahe (Liebesgebot, Irrlehren über Christus). Durch die eigentümliche Bezeichnung des Absenders ist er mit dem 3. Johannesbrief verbunden; beide sind wohl demselben Verfasser zuzuweisen. Im Unterschied zum 3. Johannesbrief ist der zweite (vgl. VV. 1 und 13) ein Gemeindebrief.

Der Brief gibt Einblick in christliches Denken um 100 n. Chr. und zeigt, wie sich die Kirche damals gegen umherziehende Irrlehrer verteidigt. Obwohl das Liebesgebot stark betont ist, wird eine scharfe Trennungslinie zu den »Verführern« gezogen.

ANSCHRIFT UND GRUSS: 1–3

1 Der Älteste an die von Gott auserwählte
Herrin und an ihre Kinder, die ich in Wahr-
heit liebe; aber nicht nur ich, sondern auch
alle, die die Wahrheit erkannt haben, lieben
sie 2 aufgrund der Wahrheit, die in uns
bleibt. Und sie wird mit uns sein in Ewigkeit.
3 Gnade wird mit uns sein, Erbarmen und
Friede von Gott, dem Vater, und von Jesus
Christus, dem Sohn des Vaters, in Wahrheit
und Liebe.

1: 3 Joh 3 • 2: Joh 14,17.

LEBEN IN DER WAHRHEIT: 4–6

4 Ich habe mich sehr gefreut, unter deinen
Kindern solche zu finden, die in der Wahr-
heit leben, gemäß dem Gebot, das wir vom
Vater empfangen haben. 5 Und so bitte ich
dich, Herrin, nicht als wollte ich dir ein neu-
es Gebot schreiben, sondern nur das, das wir
von Anfang an hatten: dass wir einander lie-
ben sollen. 6 Denn die Liebe besteht darin,
dass wir nach seinen Geboten leben. Das
Gebot, das ihr von Anfang an gehört habt,
lautet: Ihr sollt in der Liebe leben.

4: 3 Joh 3 • 5: 1 Joh 2,7–11 • 6: Joh 14,21; 1 Joh 5,3.

ABWEISUNG VON IRRLEHRERN: 7–11

7 Viele Verführer sind in die Welt hinaus-
gegangen; sie bekennen nicht, dass Jesus
Christus im Fleisch gekommen ist. Das ist
der Verführer und der Antichrist. 8 Achtet
auf euch, damit ihr nicht preisgebt, was wir
erarbeitet haben, sondern damit ihr den vol-
len Lohn empfangt. 9 Jeder, der darüber
hinausgeht und nicht in der Lehre Christi
bleibt, hat Gott nicht. Wer aber in der Lehre
bleibt, hat den Vater und den Sohn.

---

1 »Der Älteste« ist Ehrentitel einer damals offenbar bekannten und unverwechselbaren Persönlichkeit. »Auserwählte Herrin« ist Bezeichnung für eine unbekannte Einzelgemeinde. »Kinder« sind die Mitglieder der angesprochenen Gemeinde (vgl. V. 13).

9 Über die Lehre Christi geht der hinaus, der die Grenzen der apostolischen Unterweisung überschreitet.

10 Wenn jemand zu euch kommt und nicht
diese Lehre mitbringt, dann nehmt ihn nicht
in euer Haus auf, sondern verweigert ihm
den Gruß. 11 Denn wer ihm den Gruß bietet,
macht sich mitschuldig an seinen bösen Ta-
ten.

7: 1 Joh 2,18.22; 4,2f • 9: 1 Joh 2,23f.

SCHLUSSGRÜSSE: 12–13

12 Vieles hätte ich euch noch zu schreiben;
ich will es aber nicht mit Papier und Tinte
tun, sondern hoffe, selbst zu euch zu kom-
men und persönlich mit euch zu sprechen,
damit unsere Freude vollkommen wird. 13 Es
grüßen dich die Kinder deiner auserwählten
Schwester.

12: 3 Joh 13f.

Der dritte Brief des Johannes

Der 3. Johannesbrief ist wie der zweite von dem »Alten« oder »Ältesten« verfasst. Es ist ein persönlicher Brief an einen sonst unbekannten Gaius, der zu einem mit dem Absender verbundenen Freundeskreis gehört (vgl. V. 15). Drei Anliegen kommen darin zur Sprache: die Unterstützung von Wandermissionaren (VV. 2–8), die Zurückweisung eines herrschsüchtigen Gemeindeleiters namens Diotrephes, der die Bemühungen des Briefschreibers hindert und Christen aus der Gemeinde ausschließt (VV. 9–10), sowie eine Empfehlung für einen gewissen Demetrius (VV. 11–12). Der Briefschluss (VV. 13–15) gleicht dem des 2. Johannesbriefs.

Die Gemeinde, in der sich der Empfänger befindet, kann kaum dieselbe wie die Empfängerin des 2. Johannesbriefs sein. Von Irrlehrern ist keine Rede. Wegen des gleichen Verfassers muss dieser Brief etwa aus der gleichen Zeit wie der 2. Johannesbrief stammen (Ende des 1. Jahrhunderts).

Der 3. Johannesbrief ist wertvoll für die Kenntnis damaliger Gemeindeverhältnisse: Es gibt noch keine feste kirchliche Verfassung, aber lebendige Gemeindezellen, Wandermissionare und den Einfluss eines über die Ortsgemeinden hinaus wirkenden Mannes.

ANSCHRIFT UND GRUSS: 1–4

1 Der Älteste an den geliebten Gaius, den
ich in Wahrheit liebe.
2 Lieber Bruder, ich wünsche dir in jeder
Hinsicht Wohlergehen und Gesundheit, so
wie es deiner Seele wohlergeht. 3 Denn ich
habe mich sehr gefreut, als Brüder kamen,
die für deine Treue zur Wahrheit Zeugnis
ablegten und berichteten, wie du in der
Wahrheit lebst. 4 Ich habe keine größere
Freude, als zu hören, dass meine Kinder in
der Wahrheit leben.

1: 2 Joh 1.

---

13 Die »Kinder deiner auserwählten Schwester« sind die Mitglieder der Christengemeinde, in der sich der Verfasser des Briefs befindet (vgl. V. 1).

1 »Der Älteste« ist der gleiche Verfasser wie der in 2 Joh 1 genannte. Gaius ist wahrscheinlich ein führendes Mitglied einer Gemeinde, deren Vorsteher Diotrephes mit dem Verfasser des Briefs im Streit lag (vgl. VV. 9f).

UNTERSTÜTZUNG VON MISSIONAREN: 5–8

5 Lieber Bruder, du handelst treu in allem,
was du an den Brüdern, sogar an fremden
Brüdern tust. 6 Sie haben vor der Gemeinde
für deine Liebe Zeugnis abgelegt. Du wirst
gut daran tun, wenn du sie für ihre Reise so
ausrüstest, wie es Gottes würdig ist. 7 Denn
für seinen Namen sind sie ausgezogen und
haben von den Heiden nichts angenommen.
8 Darum sind wir verpflichtet, solche Män-
ner aufzunehmen, damit auch wir zu Mitar-
beitern für die Wahrheit werden.

ZURECHTWEISUNG DES DIOTREPHES: 9–10

9 Ich habe der Gemeinde geschrieben.
Aber Diotrephes, der unter ihnen der Erste
sein will, erkennt uns nicht an. 10 Deshalb
werde ich, wenn ich komme, an sein Tun und
Treiben erinnern. Mit bösen Worten hetzt er
gegen uns und gibt sich damit noch nicht zu-
frieden; sondern er selbst nimmt die Brüder
nicht auf und hindert alle daran, die es tun
wollen, und schließt diese aus der Gemeinde
aus.

EMPFEHLUNG DES DEMETRIUS: 11–12

11 Lieber Bruder, ahme nicht das Böse
nach, sondern das Gute! Wer das Gute tut,
ist aus Gott; wer aber das Böse tut, hat Gott
nicht gesehen. 12 Für Demetrius legen alle
und die Wahrheit selbst Zeugnis ab; auch
wir legen für ihn Zeugnis ab und du weißt,
dass unser Zeugnis wahr ist.

11: 1 Joh 2,3; 3,6.10 • 12: Joh 19,35; 21,24.

SCHLUSSGRÜSSE: 13–15

13 Vieles hätte ich dir noch zu schreiben;
ich will es aber nicht mit Tinte und Feder
tun. 14 Ich hoffe, dich bald zu sehen; dann
werden wir persönlich miteinander spre-
chen. 15 Friede sei mit dir! Es grüßen dich die
Freunde. Grüße die Freunde, jeden einzel-
nen!

13f: 2 Joh 12.

Der Brief des Judas

Der Verfasser stellt sich in V. 1 als »Judas, Bruder des Jakobus« vor. Er beruft sich auf Jakobus, weil dieser eine bei den Empfängern des Briefs angesehene Persönlichkeit ist. Mit Judas kann also nur der »Bruder des Herrn« gemeint sein, der in Mt 13,55 und Mk 6,3 neben Jakobus und weiteren Brüdern Jesu genannt wird.

---

5 Die »fremden Brüder« sind offenbar durchreisende Prediger (Missionare), die in die Gemeinde kamen.

9f Über den Gemeindevorsteher Diotrephes ist sonst nichts bekannt.

12 Über die Person des Demetrius wissen wir nichts Näheres.

Der Judasbrief ist sicher vor dem 2. Petrusbrief geschrieben, da dieser ihn in Kap. 2 benützt. Er will vor Irrlehrern warnen, die den Glauben gefährden und die Gemeinde spalten. Den falschen Lehrern wird Gottlosigkeit, ausschweifendes Leben, Leugnung der alleinigen Herrschaft Christi und Missachtung der Engel vorgeworfen (VV. 3–4.8– 16.19). Diese Angaben reichen nicht aus, um auf eine bestimmte Irrlehre zu schließen.

Der Aufbau des Briefs ist einfach. Im ersten Teil (VV. 3–16) droht Judas den falschen Lehrern das Gericht Gottes an. Er verweist auf warnende Beispiele im Alten Testament und beruft sich auch auf außerbiblische jüdische Überlieferungen (»Buch des Henoch« in den VV. 7 und 14, »Himmelfahrt des Mose« in V. 9). Der zweite Teil (VV. 17– 23) wendet sich an die treu gebliebenen Christen. Sie sollen festhalten am Glauben und am Gebet, an der Liebe und an der Hoffnung und sie sollen sich der Brüder annehmen, die in Gefahr sind.

ANSCHRIFT UND GRUSS: 1–2

1 Judas, Knecht Jesu Christi, Bruder des
Jakobus, an die Berufenen, die von Gott,
dem Vater, geliebt und für Jesus Christus be-
stimmt und bewahrt sind. 2 Erbarmen, Frie-
den und Liebe seien mit euch in Fülle.

1: Jak 1,1 • 2: 2 Petr 1,2.

WARNUNG VOR IRRLEHRERN: 3–16

Das Auftreten falscher Lehrer: 3–4

3 Liebe Brüder, da es mich sehr drängt,
euch über unsere gemeinsame Rettung zu
schreiben, halte ich es für notwendig, euch
mit diesem Brief zu ermahnen: Kämpft für
den überlieferten Glauben, der den Heiligen
ein für allemal anvertraut ist. 4 Denn es
haben sich einige Leute eingeschlichen, die
schon seit langem für das Gericht vorge-
merkt sind: gottlose Menschen, die die Gna-
de unseres Gottes dazu missbrauchen, ein
zügelloses Leben zu führen, und die Jesus
Christus, unseren einzigen Herrscher und
Herrn, verleugnen.

3–16: 2 Petr 2,1–22 • 3: 1 Tim 1,18 • 4: Gal 2,4.

Das drohende Gericht über die Irrlehrer: 5–7

5 Zwar wisst ihr alles ein für allemal; aber
ich will euch dennoch daran erinnern: Ob-
wohl der Herr das Volk aus Ägypten gerettet
hatte, hat er später alle vernichtet, die nicht
glaubten. 6 Die Engel, die ihren hohen Rang
missachtet und ihren Wohnsitz verlassen ha-
ben, hat er mit ewigen Fesseln in der Finster-
nis eingeschlossen, um sie am großen Tag zu
richten. 7 Auch Sodom und Gomorra und
ihre Nachbarstädte sind ein Beispiel: In ähn-
licher Weise wie jene trieben sie Unzucht
und wollten mit Wesen anderer Art verkeh-
ren; daher werden sie mit ewigem Feuer
bestraft.

5: 2 Petr 1,12 • 6: Gen 6,1–4 • 7: Henochbuch 6,1–7; 10,4–6; Gen 19,4–11.23–25.

Der Weg der Irrlehrer: 8–16

8 Genauso beflecken sich auch diese Träu-
mer, sie missachten die Macht des Herrn und
lästern die überirdischen Mächte. 9 Als der
Erzengel Michael mit dem Teufel rechtete
und über den Leichnam des Mose stritt, wag-
te er nicht, den Teufel zu lästern und zu
verurteilen, sondern sagte: *Der Herr weise
dich in die Schranken.* 10 Diese jedoch läs-
tern über alles, was sie nicht kennen; was
sie aber wie die unvernünftigen Tiere von
Natur aus verstehen, daran gehen sie zu-
grunde. 11 Weh ihnen! Sie sind den Weg
Kains gegangen, aus Habgier sind sie dem

---

3 Die »Heiligen« sind die Christen, die »Berufenen« von V. 1; vgl. Röm 1,6f.

7 Die sündigen Städte wollten ähnlich »wie jene«, d. h. die in V. 6 genannten Engel, »mit Wesen anderer Art verkehren«, wörtlich: sie liefen anderem Fleisch nach.

8 die überirdischen Mächte, wörtlich: die Herrlichkeiten.

9 Der Verfasser bezieht sich hier auf eine außerbiblische jüdische Überlieferung, die er möglicherweise in der Schrift über die »Himmelfahrt des Mose« vorgefunden hat; von dieser Schrift sind nur noch Teile erhalten.

Irrtum Bileams verfallen, der Aufruhr Ko-
rachs hat sie ins Verderben gestürzt. [12] Diese
Menschen sind ein Schandfleck bei eurem
Liebesmahl, an dem sie ohne Scheu teilneh-
men und es sich gut gehen lassen; sie sind
Hirten, die eine Weide für sich selber suchen.
Wasserlose Wolken sind sie, von den Winden
dahingetrieben; Bäume, die im Herbst keine
Frucht tragen, zweimal verdorrt und ent-
wurzelt; [13] wilde Meereswogen, die ihre eige-
ne Schande ans Land spülen; Sterne, die kei-
ne feste Bahn haben; ihnen ist auf ewig die
dunkelste Finsternis bestimmt. [14] Auch ih-
nen gilt, was schon Henoch, der siebte nach
Adam, geweissagt hat: »Seht, der Herr
kommt mit seinen heiligen Zehntausenden,
[15] um über alle Gericht zu halten und alle
Gottlosen zu bestrafen wegen all ihrer gott-
losen Taten, die sie verübt haben, und wegen
all der frechen Reden, die die gottlosen Sün-
der gegen ihn geführt haben.« [16] Sie sind
Nörgler, immer unzufrieden mit ihrem Ge-
schick; sie lassen sich von ihren Begierden
leiten; sie nehmen große Worte in den Mund
und schmeicheln den Menschen aus Eigen-
nutz.

9: Sach 3,2 • 11: Gen 4,3–8; Num 22 – 24; 16 • 14: Henoch-
buch 1,9.

ERMAHNUNG ZUR TREUE UND ZUR SORGE UM GEFÄHRDETE MITCHRISTEN: 17–23

[17] Ihr aber, liebe Brüder, denkt an die Wor-
te, die von den Aposteln Jesu Christi, unseres
Herrn, im Voraus verkündet worden sind,
[18] als sie euch sagten: Am Ende der Zeit wird
es Spötter geben, die sich von ihren gottlosen
Begierden leiten lassen. [19] Sie werden die
Einheit zerstören, denn es sind irdisch ge-
sinnte Menschen, die den Geist nicht besit-
zen.
[20] Ihr aber, liebe Brüder, gründet euch auf
euren hochheiligen Glauben, und baut da-
rauf weiter, betet in der Kraft des Heiligen
Geistes, [21] haltet fest an der Liebe Gottes und
wartet auf das Erbarmen Jesu Christi, unse-
res Herrn, der euch das ewige Leben schenkt.
[22] Erbarmt euch derer, die zweifeln; [23] rettet
sie, entreißt sie dem Feuer! Der anderen aber
erbarmt euch voll Furcht; verabscheut sogar
das Gewand eines Menschen, der der Sünde
verfallen ist.

17: 2 Petr 3,2 • 18: 2 Petr 3,3 • 20: Kol 2,7 • 23: Am 4,11;
Sach 3,2.

BRIEFSCHLUSS: 24–25

[24] Dem einen Gott aber, der die Macht hat,
euch vor jedem Fehltritt zu bewahren und
euch untadelig und voll Freude vor seine
Herrlichkeit treten zu lassen, [25] ihm, der uns
durch Jesus Christus, unseren Herrn, rettet,
gebührt die Herrlichkeit, Hoheit, Macht und
Gewalt vor aller Zeit und jetzt und für alle
Zeiten. Amen.

24: Röm 16,27 • 25: 2 Petr 3,18.

Die Offenbarung des Johannes

Das letzte Buch des Neuen Testaments heißt »Offenbarung« oder »Apokalypse« (griechisch: apokálypsis, Enthüllung). Der Titel stammt vom Verfasser selbst (1,1).

Apokalypsen gab es schon in alttestamentlicher Zeit. Das bekannteste Beispiel ist das Buch Daniel (Kap. 7 – 12), das zur Zeit der Religionsverfolgung durch den Syrerkönig Antiochus IV. Epiphanes (167–164 v. Chr.) geschrieben wurde, um die Israeliten zum treuen Festhalten am Bundesgott und seinem Gesetz aufzurufen. Eine ähnliche Situation führte zur Abfassung der neutestamentlichen Apokalypse, die gegen Ende der Regierungszeit des römischen Kaisers Domitian (81–96 n. Chr.) geschrieben wurde.

Der Verfasser rechnet damit, dass der Zwang zur göttlichen Verehrung des Kaisers in nächster Zukunft zu einer schweren Verfolgung der Kirche führen wird. Domitian verlangte, als »Herr und Gott« angeredet zu werden. In der römischen Provinz Asien wurde der Kaiserkult schon seit langem mit besonderem Eifer betrieben. Sieben Gemeinden dieser Provinz, die zugleich die ganze Kirche repräsentieren, sind denn auch die unmittelbaren Adressaten des Buches (1,4.11).

Der uns nicht näher bekannte Verfasser nennt sich schlicht »Knecht Johannes«; er muss aber eine Persönlichkeit von hoher Autorität gewesen sein. Seine gründliche Kenntnis des Alten Testaments und der außerbiblischen jüdischen Offenbarungsschriften (Apokalypsen) weisen auf judenchristliche Herkunft hin. Er ist der Erste, der eine selbstständige christliche Apokalypse verfasst hat. Den Auftrag dazu hat er nach seinen eigenen Worten in einer Vision (Schau) vom himmlischen Christus erhalten (1,10–20).

Auf die einleitende Vision folgen zuerst die sog. Sendschreiben, in denen sich der himmlische Christus anerkennend, tadelnd und mahnend an die sieben Gemeinden wendet (Kap. 2 – 3). Der ungleich längere Hauptteil (4,1 – 22,15) beginnt mit der großen Vision vom thronenden Gott im Kreis des himmlischen Hofstaates.

Die Offenbarung geschieht, wie in vorchristlichen apokalyptischen Schriften, auch in der christlichen Apokalypse durch »Visionen« und »Auditionen« (Schauen und Hören von himmlischen Botschaften). Wie seine Vorgänger bedient sich auch Johannes nicht nur der gewöhnlichen, ohne weiteres verständlichen Sprache, sondern er verwendet vor allem Bilder, Symbole und allegorische Szenen. Und wie dort ist auch hier das Hauptthema der bevorstehende Triumph der Herrschaft Gottes. Trotz dieser Gemeinsamkeiten ist die Apokalypse des Johannes aber eine echt christliche Schrift mit alttestamentlich-jüdischen Zeugnissen. Der endgültige Sieg Gottes, der für die vorchristlichen »Apokalyptiker« noch reine Zukunft ist, hat mit der Auferstehung Jesu bereits begonnen. Ziel der Geschichte kann demnach nur noch die Vollendung und volle Offenbarung dieses Sieges sein. Der prophetische Verfasser will im Blick auf die beginnende Auseinandersetzung zwischen Christuskult und Kaiserkult die noch ausstehenden Ereignisse der Endzeit mit den Ausdrucksmitteln einer Apokalypse veranschaulichen.

Die Offenbarung des Johannes will nicht den Gang der Welt- und Kirchengeschichte voraussagen. Ebenso wenig ist es ihre Absicht, das mit der baldigen Wiederkunft Christi verbundene Geschehen in seinem Ablauf genau zu beschreiben. Mit ihren zahlreichen, dem heutigen Leser weithin fremden Bildern will sie vielmehr bedeutsame Wahrheiten über das Schicksal der Kirche und der ungläubigen Menschheit verkünden, um in den Christen die Bereitschaft zum Martyrium zu stärken. Als Zeugnis des unerschütterlichen Glaubens an den Sieg Christi und seiner Getreuen ist diese einzige prophetische Schrift des Neuen Testaments das große Trost- und Mahnbuch der Kirche geworden.

VORWORT: 1,1–3

1 Offenbarung Jesu Christi, die Gott ihm gegeben hat, damit er seinen Knechten zeigt, *was* bald *geschehen muss;* und er hat es durch seinen Engel, den er sandte, seinem Knecht Johannes gezeigt.
2 Dieser hat das Wort Gottes und das Zeugnis Jesu Christi bezeugt: alles, was er geschaut hat.
3 Selig, wer diese prophetischen Worte vorliest und wer sie hört und wer sich an das hält, was geschrieben ist; denn die Zeit ist nahe.

1: Dan 2,28f • 3: 14,13; 16,15; 19,9; 20,6; 22,7.14.

BRIEFLICHE EINLEITUNG: 1,4–8

4 Johannes an die sieben Gemeinden in der Provinz Asien: Gnade sei mit euch und Friede von *Ihm, der ist* und der war und der kommt, und von den sieben Geistern vor seinem Thron
5 und von Jesus Christus; er ist *der treue Zeuge, der Erstgeborene* der Toten, *der Herrscher über die Könige der Erde.* Er liebt uns und hat uns *von unseren Sünden*

1,4 »Sieben« ist die symbolische Zahl der Ganzheit und Vollkommenheit. »Die sieben Gemeinden in der Provinz Asien« vertreten also die Gesamtkirche.

erlöst durch sein Blut; 6 er hat uns zu Köni-
gen gemacht und zu *Priestern* vor Gott, sei-
nem Vater. Ihm sei die Herrlichkeit und die
Macht in alle Ewigkeit. Amen.
7 *Siehe, er kommt mit den Wolken,* und je-
des Auge wird ihn *sehen,* auch alle, *die ihn
durchbohrt* haben; und alle Völker der Erde
werden seinetwegen jammern und klagen.
Ja, amen. 8 Ich bin das Alpha und das Ome-
ga, spricht Gott, der Herr, *der ist* und der
war und der kommt, der Herrscher über die
ganze Schöpfung.

4: 1 Kor 16,19; Ex 3,14 G • 5: Ps 89,38.28; 130,8 • 6: 5,10; Ex 19,6; Jes 61,6 • 7: Dan 7,13; Sach 12,10 • 8: Ex 3,14 G.

DIE SENDSCHREIBEN AN DIE SIEBEN GEMEINDEN: 1,9 – 3,22

Die Beauftragung des Johannes: 1,9–20

9 Ich, euer Bruder Johannes, der wie ihr
bedrängt ist, der mit euch an der Königs-
herrschaft teilhat und mit euch in Jesus
standhaft ausharrt, ich war auf der Insel
Patmos um des Wortes Gottes willen und des
Zeugnisses für Jesus.
10 Am Tag des Herrn wurde ich vom Geist
ergriffen und hörte hinter mir eine Stimme,
laut wie eine Posaune. 11 Sie sprach: Schreib
das, was du siehst, in ein Buch und schick es
an die sieben Gemeinden: nach Ephesus,
nach Smyrna, nach Pergamon, nach Thyati-
ra, nach Sardes, nach Philadelphia und nach
Laodizea.
12 Da wandte ich mich um, weil ich sehen
wollte, wer zu mir sprach. Als ich mich um-
wandte, sah ich sieben goldene Leuchter
13 und mitten unter den Leuchtern einen, der
wie ein Mensch aussah; *er* war *bekleidet mit
einem Gewand,* das bis auf die Füße reichte,
und um die Brust trug er *einen Gürtel aus
Gold.*
14 Sein Haupt und *seine Haare* waren *weiß
wie weiße Wolle, leuchtend weiß wie Schnee,*
und seine *Augen wie Feuerflammen;* 15 *seine
Beine glänzten wie Golderz,* das im Schmelz-
ofen glüht, und *seine Stimme* war *wie das
Rauschen von Wassermassen.*
16 In seiner Rechten hielt er sieben Sterne
und aus seinem Mund kam ein scharfes,
zweischneidiges Schwert und sein Gesicht
leuchtete wie die machtvoll strahlende
Sonne.
17 Als ich ihn sah, fiel ich wie tot vor seinen
Füßen nieder. Er aber legte seine rechte
Hand auf mich und sagte: *Fürchte dich
nicht! Ich bin der Erste und der Letzte* 18 und
der Lebendige. Ich war tot, doch nun lebe ich
in alle Ewigkeit, und ich habe die Schlüssel
zum Tod und zur Unterwelt.
19 Schreib auf, was du gesehen hast: was
ist und *was* danach *geschehen* wird.
20 Der geheimnisvolle Sinn der sieben
Sterne, die du auf meiner rechten Hand gese-
hen hast, und der sieben goldenen Leuchter
ist: Die sieben Sterne sind die Engel der sie-
ben Gemeinden und die sieben Leuchter sind
die sieben Gemeinden.

10: Apg 20,7; 1 Kor 16,2 • 11: 1 Kor 16,19; Offb 2,1–7.8–11. 12–17.18–29; 3,1–6.7–13.14–22 • 13: Dan 7,13; Ez 9,2.11 G; Dan 10,5 • 14: Dan 7,9; 10,6 • 15: Ez 1,24; 43,2 • 16: 2,1; Ri 5,31 • 17: Jes 44,2.6; Offb 2,8; 22,13 • 18: Hos 13,14 • 19: Dan 2,29.

An die Gemeinde in Ephesus: 2,1–7

2 An den Engel der Gemeinde in Ephesus
schreibe: So spricht Er, der die sieben
Sterne in seiner Rechten hält und mitten un-
ter den sieben goldenen Leuchtern einher-
geht:
2 Ich kenne deine Werke und deine Mühe
und dein Ausharren; ich weiß: Du kannst die
Bösen nicht ertragen, du hast die auf die
Probe gestellt, die sich Apostel nennen und
es nicht sind, und hast sie als Lügner er-
kannt.
3 Du hast ausgeharrt und um meines Na-
mens willen Schweres ertragen und bist
nicht müde geworden.
4 Ich werfe dir aber vor, dass du deine erste
Liebe verlassen hast.
5 Bedenke, aus welcher Höhe du gefallen
bist. Kehr zurück zu deinen ersten Werken!
Wenn du nicht umkehrst, werde ich kommen
und deinen Leuchter von seiner Stelle weg-
rücken. 6 Doch für dich spricht: Du verab-

1,8 Alpha ist der erste, Omega der letzte Buchstabe des griechischen Alphabets: Gott umfasst alle Bereiche der Wirklichkeit.

1,10–20 Die Vision von der Beauftragung des Johannes ist das erste Beispiel apokalyptischer Bildsprache in der Offenbarung.

1,13 ein Mensch, wörtlich: ein Menschensohn.

1,20 Zu »Engel der sieben Gemeinden« vgl. die Anmerkung zu 2,1.

2,1 Die Engel der einzelnen Gemeinden (vgl. auch 2,8.12.18; 3,1.7.14) sind deren Schutzengel und Wächter. Der Engel und die Gemeinde werden zusammen mit »du« angesprochen, weil der Engel das Tun und Lassen der Gemeinde vor Gott mitverantworten muss.

2,6 Die Nikolaiten waren Irrlehrer, die wahrscheinlich behaupteten, Kompromisse mit der Denk- und Lebensweise der heidnischen Umwelt,

scheust das Treiben der Nikolaiten, das auch
ich verabscheue. 7 Wer Ohren hat, der höre,
was der Geist den Gemeinden sagt: Wer
siegt, dem werde ich zu essen geben *vom
Baum des Lebens,* der *im Paradies Gottes*
steht.

1: 1,16 • 2: 2 Kor 11,13 • 4: 1 Tim 5,12 • 7: 2,11.17.29; 3,6.13.22; Mt 11,15; Gen 2,9; Ez 31,8; Offb 22,2.14.19.

An die Gemeinde in Smyrna: 2,8–11

8 An den Engel der Gemeinde in Smyrna
schreibe: So spricht Er, *der Erste und der
Letzte,* der tot war und wieder lebendig wur-
de:
9 Ich kenne deine Bedrängnis und deine
Armut; und doch bist du reich. Und ich weiß,
dass du von solchen geschmäht wirst, die sich
als Juden ausgeben; sie sind es aber nicht,
sondern sind eine Synagoge des Satans.
10 Fürchte dich nicht vor dem, was du noch
erleiden musst. Der Teufel wird einige von
euch ins Gefängnis werfen, um euch *auf die
Probe zu stellen,* und ihr werdet in Bedräng-
nis sein, *zehn Tage lang.* Sei treu bis in den
Tod; dann werde ich dir den Kranz des Le-
bens geben.
11 Wer Ohren hat, der höre, was der Geist
den Gemeinden sagt: Wer siegt, dem kann
der zweite Tod nichts anhaben.

8: Jes 44,6; Offb 1,17 • 9: 3,9 • 10: Dan 1,12.14; Jak 1,12 • 11: 2,7.

An die Gemeinde in Pergamon: 2,12–17

12 An den Engel der Gemeinde in Perga-
mon schreibe: So spricht Er, der das scharfe,
zweischneidige Schwert trägt:
13 Ich weiß, wo du wohnst; es ist dort, wo
der Thron des Satans steht. Und doch hältst
du an meinem Namen fest und hast den
Glauben an mich nicht verleugnet, auch
nicht in den Tagen, als Antipas, mein treuer
Zeuge, bei euch getötet wurde, dort, wo der
Satan wohnt.
14 Aber ich habe etwas gegen dich: Bei dir
gibt es Leute, die an der Lehre Bileams fest-
halten; Bileam lehrte Balak, er solle *die
Israeliten dazu verführen, Fleisch zu essen,
das den Götzen geweiht war, und Unzucht zu
treiben.*
15 So gibt es auch bei dir Leute, die in glei-
cher Weise an der Lehre der Nikolaiten fest-
halten.
16 Kehr nun um! Sonst komme ich bald
und werde sie mit dem Schwert aus meinem
Mund bekämpfen.
17 Wer Ohren hat, der höre, was der Geist
den Gemeinden sagt: Wer siegt, dem werde
ich von dem verborgenen Manna geben. Ich
werde ihm einen weißen Stein geben und auf
dem Stein steht *ein neuer Name,* den nur der
kennt, der ihn empfängt.

14: Num 31,16; 25,1f G • 17: 2,7; Ps 78,24; Jes 62,2.

An die Gemeinde in Thyatira: 2,18–29

18 An den Engel der Gemeinde in Thyatira
schreibe: So spricht der Sohn Gottes, *der Au-
gen* hat *wie Feuerflammen und Beine wie
Golderz:*
19 Ich kenne deine Werke, deine Liebe und
deinen Glauben, dein Dienen und Ausharren
und ich weiß, dass du in letzter Zeit mehr
getan hast als am Anfang.
20 Aber ich werfe dir vor, dass du das Weib
Isebel gewähren lässt; sie gibt sich als Pro-
phetin aus und lehrt meine Knechte und *ver-
führt sie, Unzucht zu treiben und Fleisch zu
essen, das den Götzen geweiht ist.*
21 Ich habe ihr Zeit gelassen umzukehren;
sie aber will nicht umkehren und von ihrer
Unzucht ablassen.
22 Darum werfe ich sie auf das Kranken-
bett und alle, die mit ihr Ehebruch treiben,
bringe ich in große Bedrängnis, wenn sie
sich nicht abkehren vom Treiben dieses Wei-
bes.
23 Ihre Kinder werde ich töten, der Tod
wird sie treffen und alle Gemeinden werden
erkennen, dass ich es bin, der *Herz und Nie-
ren prüft,* und ich werde *jedem* von euch *ver-
gelten, wie es seine Taten verdienen.*
24 Aber euch Übrigen in Thyatira, denen,
die dieser Lehre nicht folgen und die »Tiefen

---

besonders die Teilnahme am Kaiserkult, seien rein äußerliche Dinge, die das Wesentliche des Christseins nicht berühren.

2,9 Johannes betont stärker als Paulus, dass nur die christliche Gemeinde »das Israel Gottes« (Gal 6,16) ist. Die Juden, die Jesus als den Messias ablehnen und die Christen anfeinden, sind nicht mehr »Gemeinde Gottes« (Num 16,3 u. ö.), sondern »Synagoge« (= Gemeinde) des Satans.

2,14 Der heidnische Seher Bileam (Num 25,1–6; 31,16) galt im damaligen Judentum als erstes Beispiel eines Irrlehrers. – Lehre Bileams: gemeint ist die in den folgenden Versen genannte Lehre der Nikolaiten (vgl. die Anmerkung zu 2,6).

2,20 Isebel, die heidnische Frau des israelitischen Königs Ahab, verführte ihren Mann und Teile des Volkes zur Verehrung des Götzen Baal (1 Kön 16,29–34; 18,13.19). Hier bezeichnet »Isebel« eine Prophetin, die in der Gemeinde von Thyatira die Irrlehre der Nikolaiten oder ähnliche Ideen verbreitete.

2,24 Tiefen des Satans: wahrscheinlich vertraten die Irrlehrer die Auffassung, man müsse sich auf das Geheimnis des Bösen einlassen, um es entlarven und entmachten zu können.

des Satans«, wie sie es nennen, nicht erkannt
haben, euch sage ich:
Ich lege euch keine andere Last auf.
25 Aber was ihr habt, das haltet fest, bis ich
komme.
26 Wer siegt und bis zum Ende an den Wer-
ken festhält, die ich gebiete, dem werde ich
Macht *über die Völker geben.* 27 *Er wird über
sie herrschen mit eisernem Zepter und sie
zerschlagen wie Tongeschirr;* 28 (und ich
werde ihm diese Macht geben,) wie auch ich
sie von meinem Vater empfangen habe, und
ich werde ihm den Morgenstern geben.
29 Wer Ohren hat, der höre, was der Geist
den Gemeinden sagt.

18: Dan 10,5f • 20: Num 31,16; 25,1f G • 23: Ps 7,10; Jer 11,20; Ps 62,13; Spr 24,12 • 26–27: Ps 2,8f G • 29: 2,7.

An die Gemeinde in Sardes: 3,1–6

3 An den Engel der Gemeinde in Sardes
schreibe: So spricht Er, der die sieben
Geister Gottes und die sieben Sterne hat: Ich
kenne deine Werke. Dem Namen nach lebst
du, aber du bist tot. 2 Werde wach und stärke,
was noch übrig ist, was schon im Sterben lag.
Ich habe gefunden, dass deine Taten in den
Augen meines Gottes nicht vollwertig sind.
3 Denk also daran, wie du die Lehre emp-
fangen und gehört hast. Halte daran fest und
kehr um! Wenn du aber nicht aufwachst,
werde ich kommen wie ein Dieb und du wirst
bestimmt nicht wissen, zu welcher Stunde
ich komme.
4 Du hast aber einige Leute in Sardes, die
ihre Kleider nicht befleckt haben; sie werden
mit mir in weißen Gewändern gehen, denn
sie sind es wert.
5 Wer siegt, wird ebenso mit weißen Ge-
wändern bekleidet werden. Nie *werde ich
seinen* Namen *aus dem Buch des Lebens
streichen,* sondern ich werde mich vor mei-
nem Vater und vor seinen Engeln zu ihm be-
kennen.
6 Wer Ohren hat, der höre, was der Geist
den Gemeinden sagt.

5: Ex 32,32f; Ps 69,29; Dan 12,1; Offb 13,8; 17,8; 20,12.15; 21,27 • 6: 2,7.

An die Gemeinde in Philadelphia: 3,7–13

7 An den Engel der Gemeinde in Philadel-
phia schreibe: So spricht der Heilige, der
Wahrhaftige,
der *den Schlüssel Davids* hat, / *der öffnet,
sodass niemand mehr schließen kann, / der
schließt, sodass niemand mehr öffnen
kann:*
8 Ich kenne deine Werke, und ich habe vor
dir eine Tür geöffnet, die niemand mehr
schließen kann. Du hast nur geringe Kraft,
und dennoch hast du an meinem Wort fest-
gehalten und meinen Namen nicht verleug-
net.
9 Leute aus der Synagoge des Satans, die
sich als Juden ausgeben, es aber nicht sind,
sondern Lügner – ich werde bewirken, dass
sie *kommen und sich dir zu Füßen werfen*
und erkennen, dass ich dir meine Liebe zuge-
wandt habe.
10 Du hast dich an mein Gebot gehalten,
standhaft zu bleiben; daher werde auch ich
zu dir halten und dich bewahren vor der
Stunde der Versuchung, die über die ganze
Erde kommen soll, um die Bewohner der
Erde auf die Probe zu stellen.
11 Ich komme bald. Halte fest, was du hast,
damit kein anderer deinen Kranz be-
kommt.
12 Wer siegt, den werde ich zu einer Säule
im Tempel meines Gottes machen und er
wird immer darin bleiben. Und ich werde
auf ihn den Namen meines Gottes schreiben
und *den Namen der Stadt* meines Gottes, des
neuen Jerusalem, das aus dem Himmel he-
rabkommt von meinem Gott, und ich werde
auf ihn auch meinen *neuen Namen* schrei-
ben.
13 Wer Ohren hat, der höre, was der Geist
den Gemeinden sagt.

7: Jes 22,22 • 9: 2,9; Jes 60,14; 43,4 • 12: Ez 48,35; Jes 62,2 • 13: 2,7.

An die Gemeinde in Laodizea: 3,14–22

14 An den Engel der Gemeinde in Laodizea
schreibe: So spricht Er, der »Amen« heißt,
der treue und zuverlässige Zeuge, der An-
fang *der Schöpfung* Gottes:
15 Ich kenne deine Werke. Du bist weder
kalt noch heiß. Wärest du doch kalt oder
heiß!
16 Weil du aber lau bist, weder heiß noch
kalt, will ich dich aus meinem Mund aus-
speien.
17 Du behauptest: *Ich bin reich und wohl-
habend* und nichts fehlt mir. Du weißt aber
nicht, dass gerade du elend und erbärmlich
bist, arm, blind und nackt.
18 Darum rate ich dir: Kaufe von mir Gold,

3,9 Wahrscheinlich ist gemeint, die Gegner aus dem Judentum werden bei der Wiederkunft Christi erkennen, dass die Erwählung Israels (Jes 43,4) in der Gemeinde des Messias Jesus zur Erfüllung gekommen ist.

3,10 Die »Bewohner der Erde« sind in der Offenbarung immer die Gegner Christi und seiner Kirche.

das im Feuer geläutert ist, damit du reich
wirst; und kaufe von mir weiße Kleider und
zieh sie an, damit du nicht nackt dastehst
und dich schämen musst; und kaufe Salbe
für deine Augen, damit du sehen kannst.
19 *Wen ich liebe,* den weise ich zurecht und
nehme ihn in Zucht. Mach also Ernst und
kehr um!
20 Ich stehe vor der Tür und klopfe an. Wer
meine Stimme hört und die Tür öffnet, bei
dem werde ich eintreten und wir werden
Mahl halten, ich mit ihm und er mit mir.
21 Wer siegt, der darf mit mir auf meinem
Thron sitzen, so wie auch ich gesiegt habe
und mich mit meinem Vater auf seinen
Thron gesetzt habe.
22 Wer Ohren hat, der höre, was der Geist
den Gemeinden sagt.

14: Ps 89,38; Spr 14,5 • 15: Spr 8,22 G • 17: Hos 12,9 • 19: Spr 3,12 • 21: Mt 19,28; 25,31; Lk 22,30; 1 Kor 4,8 • 22: 2,7.

DIE EINLEITENDE HIMMELSVISION: 4,1 – 5,14

Die Huldigung vor dem Thron Gottes: 4,1–11

4 Danach sah ich: Eine Tür war geöffnet
am Himmel; und die Stimme, die vorher
zu mir gesprochen hatte und die wie eine Po-
saune klang, sagte: *Komm herauf* und ich
werde dir zeigen, *was dann geschehen muss.*
2 Sogleich wurde ich vom Geist ergriffen.
Und ich sah: Ein Thron stand im Himmel;
auf dem Thron saß einer, 3 der wie ein Jaspis
und ein Karneol aussah. Und *über dem
Thron wölbte sich ein Regenbogen,* der wie
ein Smaragd *aussah.*
4 Und rings um den Thron standen vier-
undzwanzig Throne und auf den Thronen sa-
ßen vierundzwanzig Älteste in weißen Ge-
wändern und mit goldenen Kränzen auf dem
Haupt.
5 Von dem Thron gingen *Blitze, Stimmen
und Donner* aus. Und sieben lodernde Fa-
ckeln brannten vor dem Thron; das sind die
sieben Geister Gottes.
6 Und vor dem Thron war etwas wie ein
gläsernes Meer, gleich Kristall.
Und in der Mitte, rings um den Thron, wa-
ren *vier Lebewesen voller Augen,* vorn und
hinten.
7 Das erste Lebewesen glich *einem Löwen,*
das zweite *einem Stier,* das dritte sah aus wie
ein Mensch, das vierte glich *einem* fliegen-
den *Adler.*
8 Und jedes der vier Lebewesen hatte
sechs Flügel, außen und innen *voller Augen.*
Sie ruhen nicht, bei Tag und Nacht, und
rufen:
Heilig, heilig, heilig / ist der Herr, der
Gott, der Herrscher über die ganze Schöp-
fung; / er war und *er ist* und er kommt.
9 Und wenn die Lebewesen dem, *der auf
dem Thron sitzt und in alle Ewigkeit lebt,*
Herrlichkeit und Ehre und Dank erweisen,
10 dann werfen sich die vierundzwanzig Äl-
testen vor dem, *der auf dem Thron sitzt,* nie-
der und beten ihn an, *der in alle Ewigkeit
lebt.* Und sie legen ihre goldenen Kränze vor
seinem Thron nieder und sprechen:
11 Würdig bist du, unser Herr und Gott, /
Herrlichkeit zu empfangen und Ehre und
Macht.
Denn du bist es, der die Welt erschaffen
hat, / durch deinen Willen war sie und wurde
sie erschaffen.

1: Ex 19,16.24; Dan 2,29 • 2: Jes 6,1; Ez 1,26–28 • 5: Ex 19,16 G; Sach 4,2; Ez 1,3 • 6: Ez 1,22; 1,5.18 • 7: Ez 1,10 • 8: Jes 6,2; Ez 1,18 G; Jes 6,3; Ex 3,14 G • 9: Jes 6,1; Dan 6,27; 12,7.

Das versiegelte Buch und das Lamm: 5,1–14

5 Und ich sah auf der rechten Hand des-
sen, *der auf dem Thron saß, eine Buch-
rolle; sie* war *innen und außen beschrieben*
und mit sieben Siegeln versiegelt. 2 Und ich
sah: Ein gewaltiger Engel rief mit lauter
Stimme: Wer ist würdig, die Buchrolle zu

4,1–11 Die Schilderung des himmlischen Hofstaates und seiner Liturgie bringt die Macht und Herrlichkeit Gottes, des Herrn der Welt und der Geschichte, zum Ausdruck.

4,4–8 Die »vierundzwanzig Ältesten« sind hohe Engel, die in Anlehnung an alttestamentliche Vorstellungen eine Art Thronrat Gottes bilden. Die »sieben Geister« sind Engel, die Gott als Boten dienen. Bei den »vier Wesen« (vgl. Ez 1,4–21; Jes 6,2f) handelt es sich um Engel, die als Wächter beim Thron Gottes stehen.

4,6 Das »gläserne Meer« symbolisiert das Firmament des Himmels; was besagt, dass Gott jenseits der Schöpfung thront.

5,1–11 In der Buchrolle (vgl. Ez 2,9f) sind die von Gott vorherbestimmten Ereignisse der Endzeit aufgezeichnet. Der auferstandene Christus wird die sieben Siegel des Buches lösen und dadurch das Geschehen der Endzeit in Gang setzen. Wie die Visionen von den sieben Siegeln (6,1 – 8,1) sind auch die Visionen von den sieben Posaunen (8,2 – 11,19) und die darauf folgenden Ereignisse (ab Kap. 12) als Inhalt der versiegelten Buchrolle gedacht.

öffnen und ihre Siegel zu lösen? 3 Aber nie-
mand im Himmel, auf der Erde und unter der
Erde konnte das Buch öffnen und es lesen.
4 Da weinte ich sehr, weil niemand für wür-
dig befunden wurde, das Buch zu öffnen und
es zu lesen.
5 Da sagte einer von den Ältesten zu mir:
Weine nicht! Gesiegt hat *der Löwe* aus dem
Stamm *Juda, der Spross aus der Wurzel* Da-
vids; er kann das Buch und seine sieben Sie-
gel öffnen.
6 Und ich sah: Zwischen dem Thron und
den vier Lebewesen und mitten unter den
Ältesten stand *ein Lamm;* es sah aus wie *ge-
schlachtet* und hatte sieben Hörner und *sie-
ben Augen;* die Augen sind die sieben Geister
Gottes, die *über die ganze Erde* ausgesandt
sind.
7 Das Lamm trat heran und empfing das
Buch aus der rechten Hand dessen, *der auf
dem Thron saß.*
8 Als es das Buch empfangen hatte, fielen
die vier Lebewesen und die vierundzwanzig
Ältesten vor dem Lamm nieder; alle trugen
Harfen und goldene Schalen voll von *Räu-
cherwerk;* das sind *die Gebete* der Heiligen.
9 Und sie sangen ein *neues Lied:*
Würdig bist du, / das Buch zu nehmen und
seine Siegel zu öffnen;
denn du wurdest geschlachtet / und hast
mit deinem Blut / Menschen für Gott erwor-
ben / aus allen Stämmen und Sprachen, / aus
allen Nationen und Völkern
10 und du hast sie für unsern Gott / zu Kö-
nigen und *Priestern* gemacht; / und sie wer-
den auf der Erde herrschen.
11 Ich sah und ich hörte die Stimme von
vielen Engeln rings um den Thron und um
die Lebewesen und die Ältesten; die Zahl der
Engel war *zehntausendmal zehntausend und
tausendmal tausend.* 12 Sie riefen mit lauter
Stimme:
Würdig ist *das Lamm, das geschlachtet
wurde,* / Macht zu empfangen, Reichtum und
Weisheit, / Kraft und Ehre, Herrlichkeit und
Lob.
13 Und alle Geschöpfe im Himmel und auf
der Erde, unter der Erde und auf dem Meer,
alles, was in der Welt ist, hörte ich spre-
chen:
Ihm, *der auf dem Thron sitzt,* und dem
Lamm / gebühren Lob und Ehre und Herr-
lichkeit und Kraft in alle Ewigkeit.
14 Und die vier Lebewesen sprachen:
Amen. Und die vierundzwanzig Ältesten fie-
len nieder und beteten an.

1: Jes 6,1; Ez 2,9f; Jes 29,11 • 5: Gen 49,9; Jes 11,10 • 6: Jes 53,7; Sach 4,10 • 7: Jes 6,1 • 8: Ps 141,2 • 9: Ps 33,3 • 10: 1,6; Ex 19,6; Jes 61,6 • 11: Dan 7,10 • 12: Jes 53,7 • 13: Jes 6,1.

DIE SIEBEN SIEGEL UND DIE SIEBEN POSAUNEN: 6,1 – 11,19

Die ersten sechs Siegel: 6,1–17

6 Dann sah ich: Das Lamm öffnete das
erste der sieben Siegel; und ich hörte
das erste der vier Lebewesen wie mit Don-
nerstimme rufen: Komm! 2 Da sah ich *ein
weißes Pferd*; und der, der auf ihm saß, hatte
einen Bogen. Ein Kranz wurde ihm gegeben
und als Sieger zog er aus, um zu siegen.
3 Als das Lamm das zweite Siegel öffnete,
hörte ich das zweite Lebewesen rufen:
Komm! 4 Da erschien ein anderes *Pferd;* das
war *feuerrot.* Und der, der auf ihm saß, wur-
de ermächtigt, der Erde den Frieden zu neh-
men, damit die Menschen sich gegenseitig
abschlachteten. Und es wurde ihm ein großes
Schwert gegeben.
5 Als das Lamm das dritte Siegel öffnete,
hörte ich das dritte Lebewesen rufen:
Komm! Da sah ich *ein schwarzes Pferd;* und
der, der auf ihm saß, hielt in der Hand eine
Waage. 6 Inmitten der vier Lebewesen hörte
ich etwas wie eine Stimme sagen: Ein Maß
Weizen für einen Denar und drei Maß Gerste
für einen Denar. Aber dem Öl und dem Wein
füge keinen Schaden zu!
7 Als das Lamm das vierte Siegel öffnete,
hörte ich die Stimme des vierten Lebewesens
rufen: Komm! 8 Da sah ich ein fahles Pferd;
und der, der auf ihm saß, heißt *»der Tod«;*
und die *Unterwelt* zog hinter ihm her. Und
ihnen wurde die Macht gegeben über ein
Viertel der Erde, Macht, zu töten *durch
Schwert, Hunger* und Tod und durch die
Tiere der Erde.
9 Als das Lamm das fünfte Siegel öffnete,
sah ich unter dem Altar die Seelen aller, die
hingeschlachtet worden waren wegen des
Wortes Gottes und wegen des Zeugnisses,
das sie abgelegt hatten. 10 Sie riefen mit lau-
ter Stimme: *Wie lange* zögerst du noch, Herr,
du Heiliger und Wahrhaftiger, *Gericht zu
halten und unser Blut* an den Bewohnern der

6,1–8 Die vier Reiter (vgl. Sach 1,7–15; 6,1–8) sind bildhafte Hinweise auf die sog. messianischen Wehen: Völkerkrieg, Bürgerkrieg, Teuerung und Hungersnot, Pest und Massensterben.

Erde *zu rächen?* 11 Da wurde jedem von ihnen ein weißes Gewand gegeben; und ihnen wurde gesagt, sie sollten noch kurze Zeit warten, bis die volle Zahl erreicht sei durch den Tod ihrer Mitknechte und Brüder, die noch sterben müssten wie sie.

12 Und ich sah: Das Lamm öffnete das sechste Siegel. Da entstand ein gewaltiges Beben. *Die Sonne wurde schwarz wie ein Trauergewand* und *der* ganze *Mond wurde wie Blut.*

13 *Die Sterne des Himmels fielen herab* auf die Erde, *wie wenn ein Feigenbaum* seine Früchte *abwirft,* wenn ein heftiger Sturm ihn schüttelt. 14 *Der Himmel* verschwand *wie eine Buchrolle, die man zusammenrollt,* und alle Berge und Inseln wurden von ihrer Stelle weggerückt. 15 *Und die Könige der Erde, die Großen* und die Heerführer, die Reichen und die Mächtigen, alle Sklaven und alle Freien *verbargen sich in den Höhlen und Felsen der Berge.* 16 *Sie sagten zu den Bergen und Felsen: Fallt auf uns* und verbergt uns vor dem Blick dessen, *der auf dem Thron sitzt,* und vor dem Zorn des Lammes; 17 denn *der große Tag* ihres *Zorns ist gekommen. Wer kann da bestehen?*

2: Sach 1,8; 6,3.6 • 4: Sach 1,8; 6,2 • 5: Sach 6,2.6 • 8: Hos 13,14; Jer 14,12; 15,3; Ez 5,12.17; 14,21 • 10: Sach 1,12; Ps 79,5; Dtn 32,43; 2 Kön 9,7 • 12: Jes 13,10; 50,3 G; Ez 32,8; Joël 3,4 • 13: Jes 34,4 G • 14: Jes 34,4 • 15: Ps 2,2; Jes 24,21; 2,10.19 • 16: Hos 10,8; Jes 6,1 • 17: Joël 2,11; Nah 1,6; Röm 2,5.

Die Bezeichnung der Knechte Gottes:
7,1–17

7 Danach sah ich: Vier Engel standen *an den vier Ecken der Erde.* Sie hielten *die vier Winde* der Erde fest, damit der Wind weder über das Land noch über das Meer wehte, noch gegen irgendeinen Baum. 2 Dann sah ich vom Osten her einen anderen Engel emporsteigen; er hatte das Siegel des lebendigen Gottes und rief den vier Engeln, denen die Macht gegeben war, dem Land und dem Meer Schaden zuzufügen, mit lauter Stimme zu: 3 Fügt dem Land, dem Meer und den Bäumen keinen Schaden zu, bis wir den Knechten unseres Gottes das Siegel auf die Stirn gedrückt haben.

4 Und ich erfuhr die Zahl derer, die mit dem Siegel gekennzeichnet waren. Es waren hundertvierundvierzigtausend aus allen Stämmen der Söhne Israels, die das Siegel trugen:

5 Aus dem Stamm Juda trugen zwölftausend das Siegel, / aus dem Stamm Ruben zwölftausend, / aus dem Stamm Gad zwölftausend,

6 aus dem Stamm Ascher zwölftausend, / aus dem Stamm Naftali zwölftausend, / aus dem Stamm Manasse zwölftausend,

7 aus dem Stamm Simeon zwölftausend, / aus dem Stamm Levi zwölftausend, / aus dem Stamm Issachar zwölftausend,

8 aus dem Stamm Sebulon zwölftausend, / aus dem Stamm Josef zwölftausend, / aus dem Stamm Benjamin trugen zwölftausend das Siegel.

9 Danach sah ich: eine große Schar *aus allen Nationen* und Stämmen, *Völkern und Sprachen;* niemand konnte sie zählen. Sie standen in weißen Gewändern vor dem Thron und vor dem Lamm und trugen Palmzweige in den Händen. 10 Sie riefen mit lauter Stimme: Die Rettung kommt von unserem Gott, *der auf dem Thron sitzt,* und von dem Lamm.

11 Und alle Engel standen rings um den Thron, um die Ältesten und die vier Lebewesen. Sie warfen sich vor dem Thron nieder, beteten Gott an 12 und sprachen:

Amen, Lob und Herrlichkeit, / Weisheit und Dank, / Ehre und Macht und Stärke / unserem Gott in alle Ewigkeit. Amen.

13 Da fragte mich einer der Ältesten: Wer sind diese, die weiße Gewänder tragen, und woher sind sie gekommen? 14 Ich erwiderte ihm: Mein Herr, das musst du wissen. Und er sagte zu mir: Es sind die, die aus der großen *Bedrängnis* kommen; sie haben *ihre Gewänder gewaschen* und *im Blut* des Lammes weiß gemacht. 15 Deshalb stehen sie vor dem Thron Gottes und dienen ihm bei Tag und Nacht in seinem Tempel; und der, *der auf dem Thron sitzt,* wird sein Zelt über ihnen aufschlagen. 16 *Sie werden keinen Hunger und keinen Durst* mehr *leiden und weder Sonnenglut noch irgendeine sengende Hitze wird auf ihnen* lasten. 17 Denn das Lamm in der Mitte vor dem Thron *wird sie weiden und zu den Quellen führen, aus denen das Wasser des Lebens strömt, und Gott wird alle Tränen* von ihren Augen *abwischen.*

1: Ez 7,2; 37,9 • 3: Ez 9,4.6 • 10: Jes 6,1 • 14: Dan 12,1; Gen 49,11 • 15: Jes 6,1 • 16: Jes 49,10 • 17: Ez 34,23; Ps 23,2; Jer 2,13; Jes 25,8.

7,4–17 Zwölf ist die Zahl der Stämme Israels, Tausend die Zahl der Fülle. Die Zahl 144 000 (12 mal 12 mal 1000) symbolisiert die Gesamtheit derer, die gerettet werden. Ihre »Versiegelung« besagt, dass Gott ihre Zahl im Voraus kennt. In V. 9 werden die Erlösten ausdrücklich als eine unzählbar große Schar aus allen Völkern bezeichnet (vgl. Dan 12,1; Mk 13,10).

Das siebte Siegel und die sieben Engel:
8,1–5

8 Als das Lamm das siebte Siegel öffnete,
trat im Himmel Stille ein, etwa eine
halbe Stunde lang.
2 Und ich sah: Sieben Engel standen vor
Gott; ihnen wurden sieben Posaunen gege-
ben. 3 Und ein anderer Engel kam und trat
mit einer goldenen Räucherpfanne an den
Altar; ihm wurde viel *Weihrauch* gegeben,
den er auf dem goldenen Altar vor dem
Thron verbrennen sollte, um so die Gebete
aller Heiligen vor Gott zu bringen. 4 Aus der
Hand des Engels stieg *der Weihrauch* mit
den Gebeten der Heiligen zu Gott empor.
5 *Dann nahm* der Engel *die Räucherpfan-
ne, füllte sie mit glühenden Kohlen, die er
vom Altar nahm,* und warf sie auf die Erde;
da begann es zu *donnern und* zu dröhnen, *zu
blitzen* und zu beben.

3: Ps 141,2 • 5: Lev 16,12; Ex 19,16 G.

Die ersten vier Posaunen: 8,6–13

6 Dann machten sich die sieben Engel be-
reit, die sieben Posaunen zu blasen.
7 Der erste Engel blies seine Posaune. Da
fielen Hagel und Feuer, die mit Blut ver-
mischt waren, auf das Land. Es verbrannte
ein Drittel des Landes, ein Drittel der Bäume
und alles grüne Gras.
8 Der zweite Engel blies seine Posaune. Da
wurde etwas, das einem großen *brennenden
Berg* glich, ins Meer geworfen. Ein Drittel
des Meeres wurde zu *Blut.* 9 Und ein Drittel
der Geschöpfe, die im Meer leben, kam um
und ein Drittel der Schiffe wurde vernich-
tet.
10 Der dritte Engel blies seine Posaune. Da
fiel ein großer Stern vom Himmel; er loderte
wie eine Fackel und fiel auf ein Drittel der
Flüsse und auf die Quellen. 11 Der Name des
Sterns ist »Wermut«. Ein Drittel des Wassers
wurde bitter und viele Menschen starben
durch das Wasser, weil es bitter geworden
war.
12 Der vierte Engel blies seine Posaune. Da
wurde ein Drittel der Sonne und ein Drittel
des Mondes und ein Drittel der Sterne ge-
troffen, sodass sie ein Drittel ihrer Leucht-
kraft verloren und der Tag um ein Drittel
dunkler wurde und ebenso die Nacht.
13 Und ich sah und hörte: Ein Adler flog
hoch am Himmel und rief mit lauter Stimme:
Wehe! Wehe! Wehe den Bewohnern der
Erde! Noch drei Engel werden ihre Posaunen
blasen.

7: Ex 9,23–25; Ez 38,22; Joël 3,3 • 8: Jer 51,25 G; Ex 7,20f • 10: Jes 14,12.

Die fünfte Posaune: 9,1–12

9 Der fünfte Engel blies seine Posaune.
Da sah ich einen Stern, der vom Himmel
auf die Erde gefallen war; ihm wurde der
Schlüssel zu dem Schacht gegeben, der in
den Abgrund führt. 2 Und er öffnete den
Schacht des Abgrunds. Da *stieg Rauch* aus
dem Schacht auf, *wie aus einem* großen
Ofen, und *Sonne* und Luft *wurden verfins-
tert* durch den Rauch aus dem Schacht.
3 Aus dem Rauch kamen *Heuschrecken
über die Erde* und ihnen wurde Kraft gege-
ben, wie sie Skorpione auf der Erde haben.
4 Es wurde ihnen gesagt, sie sollten *dem Gras
auf der Erde, den grünen Pflanzen und den
Bäumen* keinen Schaden zufügen, sondern
nur den Menschen, die das Siegel Gottes
nicht *auf der Stirn* haben. 5 Es wurde ihnen
befohlen, die Menschen nicht zu töten, son-
dern nur zu quälen, fünf Monate lang. Und
der Schmerz, den sie zufügen, ist so stark,
wie wenn ein Skorpion einen Menschen
sticht.
6 In jenen Tagen *werden* die Menschen *den
Tod suchen,* aber nicht finden; sie werden
sterben wollen, aber der Tod wird vor ihnen
fliehen. 7 Und die Heuschrecken *sehen aus
wie Rosse, die zur Schlacht gerüstet sind;* auf

8,2 – 9,21 Die in den sieben Posaunenvisionen beschriebenen Vorgänge sind die Antwort auf die Gebete der Heiligen (8,3), d. h. die Bitten der Christen um das Gericht über die Verfolger (vgl. 6,10). Die Schilderung der Gerichtsvorgänge ist weithin der Überlieferung von den ägyptischen Plagen nachgebildet (Ex 7–11; Ez 7–10). Die Heimsuchungen haben kosmische Ausmaße, bewegen die ungläubige Menschheit aber nicht zur Umkehr (9,20f).

8,3b Wörtlich: ihm wurde viel Weihrauch gegeben, damit er ihn zusammen mit den Gebeten aller Heiligen auf dem goldenen Altar vor dem Thron darbringe.

8,13 Die vier ersten Posaunenvisionen (8,6–12) bilden wie die vier ersten Siegelvisionen eine Gruppe. Die letzten drei Posaunenvisionen, als »die drei Wehe« bezeichnet (9,12; 11,14), sind durch den Weheruf des Adlers von dieser Gruppe abgehoben.

9,1–21 Die Heimsuchungen der ersten vier Posaunenvisionen treffen nicht unmittelbar die Menschen, sondern Bereiche der Natur. In der fünften und sechsten sind dämonische Mächte am Werk, die die ungläubigen Menschen quälen (9,1–12) und ein Drittel von ihnen töten (9,13–21).

9,1f Der »Abgrund« ist nicht der Aufenthaltsort der Toten (die Scheol, der Hades), sondern das ebenfalls unter der Erde gedachte Gefängnis, in dem nach jüdischer Vorstellung die gefallenen Engel auf ihre endgültige Bestrafung warten. Aus diesem Abgrund lässt ein Engel (»ein Stern«) ein dämonisches Heuschreckenheer (vgl. Ex 10,12–20; Joël 1,6f.15; 2,1–11) heraufsteigen.

ihren Köpfen tragen sie etwas, das gold schimmernden Kränzen gleicht, und ihre Gesichter sind wie Gesichter von Menschen, 8 ihr Haar ist wie Frauenhaar, ihr Gebiss wie ein Löwengebiss, 9 ihre Brust wie ein eiserner Panzer; und das Rauschen ihrer Flügel ist wie *das Dröhnen von Wagen*, von vielen Pferden, *die sich in die Schlacht stürzen.* 10 Sie haben Schwänze und Stacheln wie Skorpione und in ihren Schwänzen ist die Kraft, mit der sie den Menschen schaden, fünf Monate lang. 11 Sie haben als König über sich den Engel des Abgrunds; er heißt auf hebräisch Abaddon, auf griechisch Apollyon.

12 Das erste »Wehe« ist vorüber. Noch zweimal wird das »Wehe« kommen.

1: 12,4; Mt 24,29; Mk 13,25 • 2: Ex 19,18; Gen 19,28; Joël 2,10 • 3: Ex 10,12 • 4: Ex 10,15; Ez 9,4 • 6: Ijob 3,21 • 7: Joël 2,4f • 8: Joël 1,6 • 9: Joël 2,5.

Die sechste Posaune: 9,13–21

13 Der sechste Engel blies seine Posaune: Da hörte ich eine Stimme, die von den vier Hörnern des goldenen Altars her kam, der vor Gott steht. 14 Die Stimme sagte zu dem sechsten Engel, der die Posaune hält: Binde die vier Engel los, die *am großen Strom, am Eufrat,* gefesselt sind. 15 Da wurden die vier Engel losgebunden, die auf Jahr und Monat, auf Tag und Stunde bereitstanden, um ein Drittel der Menschheit zu töten.

16 Und die Zahl der Reiter dieses Heeres war vieltausendmal tausend; diese Zahl hörte ich.

17 Und so sahen die Pferde und die Reiter in der Vision aus: Sie trugen feuerrote, rauchblaue und schwefelgelbe Panzer. Die Köpfe der Pferde glichen Löwenköpfen und aus ihren Mäulern schlug Feuer, Rauch und Schwefel. 18 Ein Drittel der Menschen wurde durch diese drei Plagen getötet, durch Feuer, Rauch und Schwefel, die aus ihren Mäulern hervorkamen. 19 Denn die tödliche Macht der Pferde war in ihren Mäulern und in ihren Schwänzen. Ihre Schwänze glichen Schlangen, die Köpfe haben, mit denen sie Schaden zufügen können.

20 Aber die übrigen Menschen, die nicht durch diese Plagen umgekommen waren, wandten sich nicht ab *von den Machwerken ihrer Hände:* Sie hörten nicht auf, sich niederzuwerfen vor ihren *Dämonen,* vor ihren *Götzen aus Gold, Silber, Erz, Stein und Holz,* den Götzen, *die weder sehen, noch hören, noch gehen können.* 21 Sie ließen nicht ab von Mord und Zauberei, von Unzucht und Diebstahl.

14: Gen 15,18 • 17: Dan 8,1f • 20: Jes 17,8; 2,8.20; Ps 106,37; Dan 5,4.23; Ps 115,4–7; 135,15–17.

Die Engel und das kleine Buch: 10,1–11

10 Und ich sah: Ein anderer gewaltiger Engel kam aus dem Himmel herab; er war von einer Wolke umhüllt und der Regenbogen stand über seinem Haupt. Sein Gesicht war wie die Sonne und seine Beine waren wie Feuersäulen. 2 In der Hand hielt er ein kleines, aufgeschlagenes Buch. Er setzte seinen rechten Fuß auf das Meer, den linken auf das Land 3 und rief laut, so wie *ein Löwe brüllt.* Nachdem er gerufen hatte, erhoben die sieben Donner ihre Stimme. 4 Als die sieben Donner gesprochen hatten, wollte ich es aufschreiben. Da hörte ich eine Stimme vom Himmel her rufen: *Halte geheim,* was die sieben Donner gesprochen haben; schreib es nicht auf! 5 Und der Engel, den ich auf dem Meer und auf dem Land stehen sah, *erhob seine rechte Hand zum Himmel.* 6 *Er schwor bei dem, der in alle Ewigkeit lebt, der den Himmel geschaffen hat* und was darin ist, *die Erde und was darauf ist und das Meer und was darin ist:* Es wird keine Zeit mehr bleiben, 7 denn in den Tagen, wenn der siebte Engel seine Stimme erhebt und seine Posaune bläst, wird auch das Geheimnis Gottes vollendet sein; so hatte er es seinen Knechten, den Propheten, verkündet.

8 Und die Stimme aus dem Himmel, die ich

9,11 Die Namen Abaddon und Apollyon bedeuten beide »Verderber«; Apollyon ist vielleicht eine Anspielung auf den heidnischen Gott Apollon.

9,14f Die vier Strafengel stehen am Eufrat bereit, um ein gewaltiges Heer dämonischer Krieger loszulassen (vgl. besonders Ez 38,14–16). Der Eufrat ist für jüdisches Denken die ideelle Ostgrenze des verheißenen Landes. Der Einfall des feindlichen Heeres vom Osten her ist vielleicht eine Anspielung auf den Ansturm der von den Römern gefürchteten Partherheere.

9,16 Wörtlich: 20 000 Myriaden. 1 Myriade = 10 000. Die Gesamtzahl von 200 Millionen ist als Symbol unermesslicher Größe gemeint.

10,1 – 11,14 Die sechste Posaunenvision (9,13–21) wird durch zwei Zwischenstücke erweitert: die erneute Beauftragung des Sehers (10,1–11; vgl. 1,10–20) und die Szenen von der Messung des Tempels und von den zwei Zeugen (11,1–14).

10,8–10 Ezechiels Bild von der Buchrolle (2,8 – 3,3) wird erneut aufgenommen und weitergeführt. Die Buchrolle schmeckt zuerst süß (wie in Ez 3,3), dann aber verursacht sie bitteres Aufstoßen. Die Botschaft ist »süß«, weil sie Gottes Wort ist (Ps 19,11; 119,103), zugleich aber bitter, weil sie das Gericht ankündigt. Nach anderer Auffassung bilden den Inhalt des kleinen Buches (11,1–14) die geschilderten Szenen, deren Botschaft für die Gläubigen beglückend und schmerzlich zugleich ist.

gehört hatte, sprach noch einmal zu mir: Geh, nimm das Buch, das der Engel, der auf dem Meer und auf dem Land steht, aufgeschlagen in der Hand hält. 9 Und ich ging zu dem Engel und bat ihn, mir das kleine *Buch* zu geben. *Er sagte zu mir:* Nimm und *iss* es! In deinem Magen wird es bitter sein, in deinem Mund aber *süß wie Honig.* 10 Da nahm ich das kleine *Buch* aus der Hand des Engels *und aß es. In meinem Mund war es süß wie Honig.* Als ich es aber gegessen hatte, wurde mein Magen bitter. 11 Und mir wurde gesagt: Du musst noch einmal weissagen über viele *Völker und Nationen mit ihren Sprachen* und Königen.

3: Am 3,8 • 4: Dan 12,4.9 • 5–6: Dan 12,7; Gen 14,22.19; Neh 9,6 • 9: Ez 2,8; 3,1–3 • 11: Jer 1,10; Dan 3,4; 7,14.

Die Vermessung des Tempels: 11,1–2

11 Dann wurde mir ein Messstab gegeben, der aussah wie ein Stock, und mir wurde gesagt: Geh, miss den Tempel Gottes und den Altar und zähle alle, die dort anbeten! 2 Den Hof, der außerhalb des Tempels liegt, lass aus und miss ihn nicht; denn er ist *den Heiden* überlassen. Sie werden die heilige Stadt *zertreten,* zweiundvierzig Monate lang.

1: Ez 40,3 • 2: Sach 12,3 G; Jes 63,18.

Das Zeugnis der beiden Propheten: 11,3–14

3 Und ich will meinen zwei Zeugen auftragen, im Bußgewand aufzutreten und prophetisch zu reden, zwölfhundertsechzig Tage lang. 4 Sie sind *die zwei Ölbäume und* die zwei *Leuchter*, die *vor dem Herrn der Erde stehen.* 5 Wenn ihnen jemand Schaden zufügen will, *schlägt Feuer* aus ihrem *Mund* und *verzehrt* ihre Feinde; so muss jeder sterben, der ihnen schaden will. 6 Sie haben Macht, den Himmel zu verschließen, damit *kein Regen fällt* in den Tagen ihres Wirkens als Propheten. Sie haben auch Macht, *das Wasser in Blut zu verwandeln* und die Erde *zu schlagen mit allen möglichen Plagen,* sooft sie wollen. 7 Wenn sie ihren Auftrag als Zeugen erfüllt haben, *wird* sie *das Tier*, das aus dem Abgrund *heraufsteigt, bekämpfen, besiegen* und töten. 8 Und ihre Leichen bleiben auf der Straße der großen Stadt liegen. Diese Stadt heißt, geistlich verstanden: Sodom und Ägypten; dort wurde auch ihr Herr gekreuzigt. 9 Menschen aus allen Völkern und Stämmen, Sprachen und Nationen werden ihre Leichen dort sehen, dreieinhalb Tage lang; sie werden nicht zulassen, dass die Leichen begraben werden. 10 Und die Bewohner der Erde freuen sich darüber, beglückwünschen sich und schicken sich gegenseitig Geschenke; denn die beiden Propheten hatten die Bewohner der Erde gequält. 11 Aber nach den dreieinhalb Tagen *kam* von Gott her wieder *Lebensgeist in sie und sie standen auf. Da überfiel alle,* die sie sahen, *große Angst.* 12 Und sie hörten eine laute Stimme vom Himmel her rufen: *Kommt herauf! Vor* den Augen ihrer Feinde *stiegen sie* in der Wolke *zum Himmel hinauf.* 13 In diesem Augenblick *entstand ein gewaltiges Erdbeben.* Ein Zehntel der Stadt *stürzte ein* und siebentausend Menschen kamen durch das Erdbeben um. Die Überlebenden wurden vom Entsetzen gepackt und gaben dem Gott des Himmels die Ehre. 14 Das zweite »Wehe« ist vorüber, das dritte »Wehe« kommt bald.

4: Sach 4,3.11–14 • 5: 2 Kön 1,10; 2 Sam 22,9 • 6: 1 Kön 17,1; Ex 7,17; 1 Sam 4,8 • 7: Dan 7,3.7.21 • 11: Ez 37,5.10; Gen 15,12 • 12: Ex 19,24; 2 Kön 2,11 • 13: Ez 38,19f.

Die siebte Posaune: 11,15–19

15 Der siebte Engel blies seine Posaune. Da ertönten laute Stimmen im Himmel, die riefen:

Nun gehört die Herrschaft über die Welt / unserem *Herrn und seinem Gesalbten*; / und sie werden herrschen in alle Ewigkeit.

16 Und die vierundzwanzig Ältesten, die vor Gott auf ihren Thronen sitzen, warfen

---

11,1f Dass der Tempel vermessen und die Anbetenden gezählt werden, bedeutet, dass in der Verfolgung der Endzeit die christliche Gemeinde unter dem besonderen Schutz Gottes stehen wird.

11,2 42 Monate entsprechen den in Dan 7,25 genannten dreieinhalb Jahren (»eine Zeit und zwei Zeiten und eine halbe Zeit«). Dreieinhalb als die Hälfte von sieben bedeutet Unglück. Dreieinhalb Jahre (Offb 12,14) = zweiundvierzig Monate (11,2; 13,5) = zwölfhundertsechzig Tage (11,3; 12,6) ist daher symbolische Bezeichnung für die Dauer der endzeitlichen Verfolgung.

11,3–13 Die zwei prophetischen Zeugen sind nach vorherrschender Auffassung die Repräsentanten der christlichen Gemeinde, die ihren Glauben bis zum Tod bezeugen muss. Nach anderer Auffassung sind damit Mose und Elija gemeint, die als Propheten der Endzeit die Juden für Christus gewinnen werden; in diesem Fall ist unter »der großen Stadt« Jerusalem zu verstehen (vgl. die Anmerkung zu 11,8).

11,7 »Das Tier, das aus dem Abgrund heraufsteigt«, versinnbildet dieselbe »antichristliche« Weltmacht wie das »Tier aus dem Meer« in 13,1 (vgl. die dortige Anmerkung).

11,8 Die große Stadt: das irdische Jerusalem und überhaupt jeder Ort, an dem Christen für ihren Glauben den Tod erleiden.

sich nieder, beteten Gott an 17 und sprachen:

Wir danken dir, Herr, / Gott und Herrscher über die ganze Schöpfung, / der du bist und der du warst;

denn du hast deine große Macht in Anspruch genommen / und *die Herrschaft angetreten.*

18 Die Völker gerieten in Zorn. / Da kam dein *Zorn* und die Zeit, die Toten zu richten:

die Zeit, deine Knechte zu belohnen, / die Propheten und die Heiligen

und *alle, die* deinen Namen *fürchten, / die Kleinen und die Großen,* / die Zeit, alle zu verderben, die die Erde verderben.

19 Der Tempel Gottes im Himmel wurde geöffnet und *in* seinem *Tempel* wurde *die Lade* seines *Bundes* sichtbar: Da begann es zu *blitzen,* zu dröhnen *und zu donnern,* es gab ein Beben und *schweren Hagel.*

15: Ps 2,2; Dan 7,14.27; Sach 14,9 • 17: Ex 3,14 G; Ps 99,1 • 18: Ps 2,1.5; Ps 115,13 • 19: 1 Kön 8,1.6; Ex 19,16; 9,24.

DER KAMPF DES SATANS GEGEN DAS VOLK GOTTES: 12,1 – 14,5

Die Frau und der Drache: 12,1–6

12 Dann erschien ein großes Zeichen am Himmel: eine Frau, mit der Sonne bekleidet; der Mond war unter ihren Füßen und ein Kranz von zwölf Sternen auf ihrem Haupt. 2 Sie war schwanger und schrie vor Schmerz in ihren Geburtswehen.

3 Ein anderes Zeichen erschien am Himmel: ein Drache, groß und feuerrot, mit sieben Köpfen und *zehn Hörnern* und mit sieben Diademen auf seinen Köpfen. 4 Sein Schwanz fegte ein Drittel *der Sterne vom Himmel* und *warf* sie *auf die Erde herab.*

Der Drache stand vor der Frau, die gebären sollte; er wollte ihr Kind verschlingen, sobald es geboren war. 5 Und *sie gebar* ein Kind, *einen Sohn,* der über alle Völker *mit eisernem Zepter herrschen wird.* Und ihr Kind wurde zu Gott und zu seinem Thron entrückt. 6 Die Frau aber floh in die Wüste, wo Gott ihr einen Zufluchtsort geschaffen hatte; dort wird man sie mit Nahrung versorgen, zwölfhundertsechzig Tage lang.

2: Jes 66,7; Mi 4,10 • 3: Dan 7,7 • 4: Dan 8,10; Offb 9,1; Mi 5,2 • 5: Jes 66,7; Ps 2,9 G.

Der Sturz des Drachen: 12,7–12

7 Da entbrannte im Himmel ein Kampf; *Michael* und seine Engel erhoben sich, um mit dem Drachen *zu kämpfen.* Der Drache und seine Engel kämpften, 8 aber sie konnten sich nicht halten und sie verloren ihren Platz im Himmel. 9 Er wurde gestürzt, der große Drache, die alte *Schlange,* die *Teufel* oder *Satan* heißt und die ganze Welt verführt; der Drache wurde auf die Erde gestürzt und mit ihm wurden seine Engel hinabgeworfen. 10 Da hörte ich eine laute Stimme im Himmel rufen:

Jetzt ist er da, der rettende Sieg, / die Macht und die Herrschaft unseres Gottes / und die Vollmacht seines Gesalbten;

denn gestürzt wurde der Ankläger unserer Brüder, / der sie bei Tag und bei Nacht / vor unserem Gott verklagte.

11 Sie haben ihn besiegt durch das Blut des Lammes / und durch ihr Wort und Zeugnis;

sie hielten ihr Leben nicht fest, / bis hinein in den Tod.

12 Darum *jubelt, ihr Himmel* / und alle, die darin wohnen.

Weh aber euch, Land und Meer! / Denn der Teufel ist zu euch hinabgekommen;

seine Wut ist groß, / weil er weiß, dass ihm nur noch eine kurze Frist bleibt.

7: Dan 10,13.20 • 8: Dan 2,35 • 9: Gen 3,1.14; Sach 3,1; Ijob 1,6 • 12: Jes 44,23.

Der Kampf des Drachen gegen die Frau: 12,13–18

13 Als der Drache erkannte, dass er auf die Erde gestürzt war, verfolgte er die Frau, die den Sohn geboren hatte. 14 Aber der Frau wurden die beiden Flügel des großen Adlers gegeben, damit sie in die Wüste an ihren Ort

---

11,19 Das Sichtbarwerden der »himmlischen Bundeslade« verweist auf die Gegenwart Gottes in der vollendeten Gemeinde der Endzeit (Kap. 21 – 22). Die genannten Naturereignisse sind traditionelle Begleitzeichen des Erscheinens Gottes.

12,1–6 Wie der Drache in 12,3, nach 12,9 der Teufel, so ist auch die Frau eine symbolische Gestalt, Sinnbild des Gottesvolkes des Alten und Neuen Bundes. Das Bild von der Geburt eines Sohnes und von dessen Herrschaft über die Völker steht in der Tradition messianischer Deutung prophetischer Texte (Jes 7,14; 66,7). – Die Schilderung des Kampfes des Drachen gegen die Frau wird in V. 13 fortgesetzt.

12,13–17 Da der Teufel die Kirche als Ganze nicht vernichten kann, versucht er, einzelne ihrer Mitglieder (»Nachkommen«, V. 17) zu Fall zu bringen.

fliegen konnte. Dort ist sie vor der Schlange
sicher und wird *eine Zeit und zwei Zeiten*
und eine halbe Zeit lang ernährt. 15 Die
Schlange spie einen Strom von Wasser aus
ihrem Rachen hinter der Frau her, damit sie
von den Fluten fortgerissen werde. 16 Aber
die Erde kam der Frau zu Hilfe; sie öffnete
sich und verschlang den Strom, den der Dra-
che aus seinem Rachen gespien hatte. 17 Da
geriet der Drache in Zorn über die Frau und
er ging fort, um Krieg zu führen mit ihren
übrigen Nachkommen, die den Geboten Got-
tes gehorchen und an dem Zeugnis für Jesus
festhalten. 18 Und der Drache trat an den
Strand des Meeres.

14: Dan 7,25; 12,7.

Die beiden Tiere: 13,1–18

13 Und ich sah: *Ein Tier stieg aus dem*
Meer, mit zehn Hörnern und sieben
Köpfen. Auf seinen Hörnern trug es zehn
Diademe und auf seinen Köpfen Namen, die
eine Gotteslästerung waren. 2 *Das Tier,* das
ich sah, *glich einem Panther;* seine Füße wa-
ren wie die Tatzen *eines Bären* und sein
Maul wie das Maul *eines Löwen.* Und der
Drache hatte ihm seine Gewalt übergeben,
seinen Thron und seine große Macht. 3 Einer
seiner Köpfe sah aus wie tödlich verwundet;
aber die tödliche Wunde wurde geheilt. Und
die ganze Erde sah dem Tier staunend nach.
4 Die Menschen warfen sich vor dem Dra-
chen nieder, weil er seine Macht dem Tier ge-
geben hatte; und sie beteten das Tier an und
sagten: Wer ist dem Tier gleich und wer kann
den Kampf mit ihm aufnehmen?

5 Und es wurde ermächtigt, mit seinem
Maul anmaßende Worte und Lästerungen
auszusprechen; es wurde ihm Macht gege-
ben, dies zweiundvierzig Monate zu tun.
6 Das Tier öffnete sein Maul, um Gott und
seinen Namen zu lästern, seine Wohnung
und alle, die im Himmel wohnen. 7 Und es
wurde ihm erlaubt, *mit den Heiligen zu*
kämpfen und sie zu besiegen. Es wurde ihm
auch Macht gegeben über alle Stämme, Völ-
ker, Sprachen und Nationen. 8 Alle Bewoh-
ner der Erde fallen nieder vor ihm: alle, de-
ren Name nicht seit der Erschaffung der
Welt *eingetragen ist ins Lebensbuch* des
Lammes, das geschlachtet wurde.

9 Wenn einer Ohren hat, so höre er. 10 *Wer*
zur Gefangenschaft bestimmt ist, geht *in die*
Gefangenschaft. Wer mit dem Schwert getö-
tet werden soll, wird *mit dem Schwert* getö-
tet. Hier muss sich die Standhaftigkeit und
die Glaubenstreue der Heiligen bewähren.

11 Und ich sah: Ein anderes Tier stieg aus
der Erde herauf. Es hatte zwei Hörner wie
ein Lamm, aber es redete wie ein Drache.
12 Die ganze Macht des ersten Tieres übte es
vor dessen Augen aus. Es brachte die Erde
und ihre Bewohner dazu, das erste Tier an-
zubeten, dessen tödliche Wunde geheilt war.
13 Es tat große Zeichen; sogar Feuer ließ es
vor den Augen der Menschen vom Himmel
auf die Erde fallen. 14 Es verwirrte die Be-
wohner der Erde durch die Wunderzeichen,
die es im Auftrag des Tieres tat; es befahl den
Bewohnern der Erde, ein Standbild zu er-
richten zu Ehren des Tieres, das mit dem
Schwert erschlagen worden war und doch
wieder zum Leben kam. 15 Es wurde ihm
Macht gegeben, dem Standbild des Tieres
Lebensgeist zu verleihen, sodass es auch
sprechen konnte und bewirkte, dass alle ge-
tötet wurden, *die das Standbild* des Tieres
nicht anbeteten. 16 Die Kleinen und die Gro-
ßen, die Reichen und die Armen, die Freien
und die Sklaven, alle zwang es, auf ihrer
rechten Hand oder ihrer Stirn ein Kennzei-
chen anzubringen. 17 Kaufen oder verkaufen
konnte nur, wer das Kennzeichen trug: den
Namen des Tieres oder die Zahl seines Na-
mens. 18 Hier braucht man Kenntnis. Wer
Verstand hat, berechne den Zahlenwert des
Tieres. Denn es ist die Zahl eines Menschen-

13,1f Zur Bekämpfung der Christen bedient sich der Drache des aus dem Meer aufsteigenden Tieres. Die Hörner, Diademe usw. sind Symbole seiner Macht (vgl. Dan 7). Die Namen auf seinen sieben Köpfen sind Titel der römischen Kaiser (Hinweis auf den Kaiserkult).

13,3 Die sieben Köpfe des Tieres werden in 17,9 ausdrücklich auf sieben »Könige«, das heißt auf römische Kaiser, gedeutet. Mit dem erschlagenen Tier, das »wieder zum Leben kam« (V. 14), ist Kaiser Domitian (81–96 n. Chr.), der »wiedererstandene Nero« (54–68 n. Chr.), gemeint. Zu dieser Deutung könnte auch 666 als Zahl des Namens des Tieres passen (vgl. 13,18).

13,7 erlaubt, wörtlich: gegeben.

13,11–17 Schon das Alte Testament kennt zwei Tierungeheuer, den Leviatan im Meer und den Behemot auf dem festen Land (vgl. Jes 27,1; Ps 74,14; 104,26; Ijob 3,8; 40,15–32); sie stellen sinnbildlich die ungeordnete, gottwidrige Schöpfung dar (das Chaos). In Offb ist das aus dem Land aufsteigende Tier der Beauftragte des Tieres aus dem Meer. Es wird als »falscher Prophet« gekennzeichnet (16,13; 19,20; 20,10; vgl. Mk 13,22; 2 Thess 2,9f).

13,18 Im Griechischen und Hebräischen dienen die Buchstaben auch als Ziffern. Man kann also den Zahlenwert der Buchstaben eines Namens zusammenzählen. Auf wen der Zahlenwert 666 sich bezieht, ist nicht sicher; möglicherweise auf Kaiser Nero (vgl. die Anmerkung zu 13,3).

namens; seine Zahl ist sechshundertsechs-
undsechzig.

1: Dan 7,3.7 • 2: Dan 7,4–6 • 5: Dan 7,8.25 • 7: Dan 7,21 • 8: Dan 12,1; Ps 69,29; Jes 53,7; Offb 3,5 • 10: Jer 15,2; 43,11 • 15: Dan 3,5f.

Das Lamm und sein Gefolge: 14,1–5

14 Und ich sah: Das Lamm stand auf
dem Berg Zion und bei ihm waren
hundertvierundvierzigtausend; *auf ihrer
Stirn* trugen sie seinen Namen und den Na-
men seines Vaters. 2 Dann hörte ich eine
Stimme vom Himmel her, *die dem Rauschen
von Wassermassen* und dem Rollen eines ge-
waltigen Donners *glich*. Die Stimme, die ich
hörte, war wie der Klang der Harfe, die ein
Harfenspieler schlägt. 3 Und sie sangen ein
neues Lied vor dem Thron und vor den vier
Lebewesen und vor den Ältesten. Aber nie-
mand konnte das Lied singen lernen außer
den hundertvierundvierzigtausend, die frei-
gekauft und von der Erde weggenommen
worden sind. 4 Sie sind es, die sich nicht mit
Weibern befleckt haben; denn sie sind jung-
fräulich. Sie folgen dem Lamm, wohin es
geht. Sie allein unter allen Menschen sind
freigekauft als Erstlingsgabe für Gott und
das Lamm. 5 Denn in ihrem Mund fand sich
keinerlei Lüge. Sie sind ohne Makel.

1: Ez 9,4 • 2: Ez 1,24; 43,2 • 3: Ps 33,3; Jes 42,10 • 5: Jes 53,9; Zef 3,13.

DAS GERICHT: 14,6 – 20,15

Die Ankündigung des Gerichts: 14,6–13

6 Dann sah ich: Ein anderer Engel flog
hoch am Himmel. Er hatte den Bewohnern
der Erde ein ewiges Evangelium zu verkün-
den, allen Nationen, Stämmen, Sprachen
und Völkern. 7 Er rief mit lauter Stimme:
Fürchtet Gott und erweist ihm die Ehre!
Denn die Stunde seines Gerichts ist gekom-
men. Betet ihn an, *der den Himmel und die
Erde, das Meer* und die Wasserquellen *ge-
schaffen hat*.
8 Ein anderer Engel, ein zweiter, folgte
und rief: *Gefallen, gefallen ist Babylon, die
Große, die alle Völker betrunken gemacht
hat mit dem Zornwein* ihrer Hurerei.
9 Ein anderer Engel, ein dritter, folgte ih-
nen und rief mit lauter Stimme: Wer das Tier
und sein Standbild anbetet und wer das
Kennzeichen auf seiner Stirn oder seiner
Hand annimmt, 10 der muss *den Wein des
Zornes* Gottes trinken, der unverdünnt *im
Becher seines Zorns gemischt ist*. Und er
wird mit *Feuer und Schwefel* gequält vor den
Augen der heiligen Engel und des Lammes.
11 *Der Rauch* von ihrer Peinigung *steigt auf
in* alle *Ewigkeit* und alle, die das Tier und
sein Standbild anbeten und die seinen Na-
men als Kennzeichen annehmen, werden bei
Tag und Nacht keine Ruhe haben. 12 Hier
muss sich die Standhaftigkeit der Heiligen
bewähren, die an den Geboten Gottes und an
der Treue zu Jesus festhalten. 13 Und ich
hörte eine Stimme vom Himmel her rufen:
Schreibe! Selig die Toten, die im Herrn ster-
ben, von jetzt an; ja, spricht der Geist, sie
sollen ausruhen von ihren Mühen; denn ihre
Werke begleiten sie.

7: Ex 20,11 • 8: Jes 21,9; Dan 4,27; Jer 51,7f • 10: Jes 51,17.22; Ps 75,9 G; Jer 25,15; Gen 19,24 • 11: Jes 34,9f • 13: 1,3.

Die Stunde der Ernte: 14,14–20

14 Dann sah ich eine weiße Wolke. Auf der
Wolke thronte einer, der *wie ein Menschen-
sohn aussah*. Er trug einen goldenen Kranz
auf dem Haupt und eine scharfe Sichel in der
Hand. 15 Und ein anderer Engel kam aus dem
Tempel und rief dem, der auf der Wolke saß,
mit lauter Stimme zu: *Schick* deine *Sichel
aus* und ernte! Denn die Zeit zu ernten ist ge-
kommen: *Die Frucht* der Erde *ist reif* gewor-
den. 16 Und der, der auf der Wolke saß,
schleuderte seine Sichel über die Erde und
die Erde wurde abgeerntet.
17 Und ein anderer Engel trat aus dem
himmlischen Tempel. Auch er hatte eine
scharfe Sichel. 18 Vom Altar her kam noch

14,1–5 Die Christen, die in der Verfolgung dem Lamm die Treue gehalten haben, werden aus den Katastrophen der Endzeit gerettet. Zur Zahl »hundertvierundvierzigtausend« vgl. die Anmerkung zu 7,4–17. In V. 4 wird auf alttestamentliche Bildsprache zurückgegriffen; vgl. die Anmerkungen zu 12,1–6 und 21,9f.

14,8 Babylon war für die Juden der Inbegriff weltlicher Macht und Gottlosigkeit, später wurde es apokalyptischer Deckname für Rom (vgl. 1 Petr 5,13).

14,13 Andere Übersetzungsmöglichkeit: ... im Herrn sterben. Von jetzt an – ja, spricht der Geist – sollen sie ausruhen von ihren Mühen.

14,14–20 Auf die Ankündigung des Gerichts (14,6–13) folgt die Vision vom Gericht haltenden Menschensohn. Die Bilder (Ernte, Weinlese) stammen aus dem Alten Testament (vgl. Joël 4,12f).

ein anderer Engel, der die Macht über das Feuer hatte. Dem, der die scharfe Sichel trug, rief er mit lauter Stimme zu: *Schick* deine scharfe *Sichel aus* und ernte die Trauben vom Weinstock der Erde! Seine Beeren *sind reif* geworden. 19 Da schleuderte der Engel seine Sichel auf die Erde, erntete den Weinstock der Erde ab und warf die Trauben in die große Kelter des Zornes Gottes. 20 *Die Kelter* wurde draußen vor der Stadt *getreten* und Blut strömte aus der Kelter; es stieg an, bis an die Zügel der Pferde, eintausendsechshundert Stadien weit.

14: Dan 7,13 • 15: Joël 4,13 • 18: Joël 4,13 • 20: Joël 4,13; Jes 63,3.

Die Ankündigung der sieben letzten Plagen:
15,1–8

15 Dann sah ich ein anderes Zeichen am Himmel, groß und wunderbar. Ich sah sieben Engel mit sieben Plagen, den sieben letzten; denn in ihnen erreicht der Zorn Gottes sein Ende. 2 Dann sah ich etwas, das einem gläsernen Meer glich und mit Feuer durchsetzt war. Und die Sieger über das Tier, über sein Standbild und über die Zahl seines Namens standen auf dem gläsernen Meer und trugen die Harfen Gottes. 3 Sie sangen das Lied des Mose, des Knechtes Gottes, und das Lied zu Ehren des Lammes:

Groß und *wunderbar sind deine Taten,* / Herr, Gott und Herrscher über die ganze Schöpfung.

Gerecht und zuverlässig sind deine Wege, / du König der Völker.

4 Wer wird dich nicht fürchten, Herr, / wer wird *deinen Namen* nicht *preisen?*

Denn du allein bist *heilig: / Alle Völker kommen und beten dich an;* / denn deine gerechten Taten sind offenbar geworden.

5 Danach sah ich: Es öffnete sich der himmlische Tempel, *das Zelt des Zeugnisses* im Himmel. 6 Und die *sieben* Engel mit den *sieben Plagen* traten heraus; sie waren in reines, glänzendes *Leinen gekleidet* und *trugen* um ihre Brust *einen Gürtel aus Gold.* 7 Und eines der vier Lebewesen reichte den sieben Engeln sieben goldene Schalen; sie waren gefüllt mit dem Zorn des Gottes, der in alle Ewigkeit lebt. 8 *Und der Tempel füllte sich mit dem Rauch der Herrlichkeit* und Macht Gottes. Niemand *konnte den Tempel betreten,* bis die *sieben Plagen* aus der Hand der sieben Engel zu ihrem Ende gekommen waren.

1: Lev 26,21 G • 3: Ex 15,1; 14,31; 15,11; Ps 92,5f; 111,2; 139,14; Dtn 32,4 • 4: Ps 145,17; 99,3; 86,9 • 5: Ex 40,34 G • 6: Lev 26,21 G; Dan 10,5; Ez 9,2.11 G • 8: Ex 40,34f; 1 Kön 8,10; Jes 6,4; Lev 26,21.

Die sieben Engel mit den Schalen des Zorns:
16,1–21

16 Dann hörte ich, wie eine laute Stimme aus dem Tempel den sieben Engeln zurief: Geht und *gießt* die sieben Schalen *mit dem Zorn* Gottes *über die Erde!*

2 Der erste ging und goss seine Schale über das Land. *Da bildete sich ein böses und schlimmes Geschwür an den Menschen,* die das Kennzeichen des Tieres trugen und sein Standbild anbeteten.

3 Der zweite Engel goss seine Schale über das Meer. Da *wurde es zu Blut,* das aussah wie das Blut eines Toten; und alle Lebewesen im Meer *starben.*

4 Der dritte goss seine Schale über *die Flüsse* und Quellen. *Da wurde* alles *zu Blut.* 5 Und ich hörte den Engel, der die Macht über das Wasser hat, sagen: *Gerecht bist du,* der du bist und der du warst, du *Heiliger;* denn damit hast du ein gerechtes Urteil gefällt. 6 *Sie haben das Blut* von Heiligen und Propheten *vergossen;* deshalb hast du ihnen *Blut zu trinken* gegeben, so haben sie es verdient. 7 Und ich hörte eine Stimme vom Brandopferaltar her sagen: Ja, *Herr,* Gott und Herrscher über die ganze Schöpfung. *Wahr* und *gerecht sind deine* Gerichts*urteile.*

8 Der vierte Engel goss seine Schale über die Sonne. Da wurde ihr Macht gegeben, mit

---

14,20 Als ein Vielfaches der symbolischen Zahl der Erde (Vier) symbolisiert die Zahl 1600 (4 mal 4 mal 100) die ganze Erde. – »Stadion« ist ein griechisches Längenmaß, etwa 185 bis 200 Meter.

15,1 – 16,21 Zwischen die voraufgehende Gerichtsvision und die nachfolgenden Gerichtsschilderungen (17,1 – 20,15) schiebt Johannes eine dritte Reihe endzeitlicher Heimsuchungen ein: die sieben letzten Plagen.

15,1–8 Die sieben Engel mit den Schalen werden im Rahmen einer liturgischen Szene vorgestellt, wie zuvor auch die Engel mit den Posaunen (vgl. 8,2–6). – Das in V. 3 genannte Lied des Mose (Ex 15) feierte den Sieg über den Pharao; hier ist es auf den endzeitlichen Sieg bezogen, daher zugleich als »Lied des Lammes« bezeichnet.

15,3 König der Völker, nach anderen Textzeugen: König aller Zeiten. – Christus, das Lamm, ist der neue Mose (vgl. Apg 3,22–26).

16,1–21 Die Visionen von sieben Schalen erinnern an die ägyptischen Plagen und andere Überlieferungen. Auch diese noch schlimmeren Katastrophen bewegen die Menschen nicht zur Umkehr. Die drei letzten dieser Visionen beziehen sich im Besonderen auf die römische Weltmacht.

ihrem Feuer die Menschen zu verbrennen.
9 Und die Menschen verbrannten in der gro-
ßen Hitze. Dennoch verfluchten sie den Na-
men Gottes, der die Macht über diese Plagen
hat. Sie bekehrten sich nicht dazu, ihm die
Ehre zu geben.
10 Der fünfte Engel goss seine Schale über
den Thron des Tieres. *Da kam Finsternis*
über das Reich des Tieres und die Menschen
zerbissen sich vor Angst und Schmerz die
Zunge. 11 Dennoch verfluchten sie den Gott
des Himmels wegen ihrer Schmerzen und ih-
rer Geschwüre und sie ließen nicht ab von
ihrem Treiben.
12 Der sechste Engel goss seine Schale über
den großen Strom, den Eufrat. Da trocknete
sein Wasser aus, sodass den Königen des
Ostens der Weg offen stand. 13 Dann sah ich
aus dem Maul des Drachen und aus dem
Maul des Tieres und aus dem Maul des fal-
schen Propheten drei unreine Geister her-
vorkommen, die wie Frösche aussahen. 14 Es
sind Dämonengeister, die Wunderzeichen
tun; sie schwärmten aus zu den Königen der
ganzen Erde, um sie zusammenzuholen für
den Krieg am großen Tag Gottes, des Herr-
schers über die ganze Schöpfung.
15 Siehe, ich komme wie ein Dieb. Selig,
wer wach bleibt und sein Gewand anbehält,
damit er nicht nackt gehen muss und man
seine Blöße sieht.
16 Die Geister führten die Könige an dem
Ort zusammen, der auf hebräisch Harmage-
don heißt.
17 Und der siebte Engel goss seine Schale
über die Luft. Da kam eine laute *Stimme aus*
dem Tempel, die vom Thron her rief: Es ist
geschehen. 18 Und es folgten *Blitze,* Stimmen
und Donner; es entstand ein gewaltiges Erd-
beben, *wie noch keines gewesen war,* seit-
dem es Menschen auf der Erde gibt. So ge-
waltig war dieses Beben. 19 Die große Stadt
brach in drei Teile auseinander und die
Städte der Völker stürzten ein. Gott hatte
sich an *Babylon, die Große,* erinnert und
reichte ihr *den Becher mit dem Wein seines*
rächenden Zornes.
20 Alle Inseln verschwanden und es gab
keine Berge mehr. 21 Und *gewaltige Hagel-*
brocken, zentnerschwer, stürzten vom Him-
mel auf die Menschen herab. Dennoch ver-
fluchten die Menschen Gott wegen dieser
Hagelplage; denn die Plage war über die Ma-
ßen groß.

1: Jes 66,6; Zef 3,8 • 2: Dtn 28,35; Ex 9,9f • 3: Ex 7,17f • 4: Ex 7,19 • 5: Ps 119,137; Ex 3,14 G; Dtn 32,4 G • 6: Ps 79,3; Jes 49,26 G • 7: Ps 19,10 • 10: Ex 10,21f • 12: Gen 15,18; Dtn 1,7; Jer 50,38; Jes 41,2.25 • 14: Ex 8,3 • 15: 1,3; Mt 24,37–44; Lk 12,35–40 • 17: Jes 66,6 • 18: Ex 19,16; Dan 12,1 • 19: Dan 4,27; Jes 51,17.22; Jer 25,15 • 21: Ex 9,22–26.

Die Hure Babylon: 17,1–18

17 Dann kam einer der sieben Engel,
welche die sieben Schalen trugen,
und sagte zu mir: Komm, ich zeige dir das
Strafgericht über die große Hure, die an *den*
vielen Gewässern sitzt. 2 Denn mit ihr haben
die Könige der Erde Unzucht getrieben und
vom Wein ihrer Hurerei wurden die Bewoh-
ner der Erde betrunken. 3 Der Geist ergriff
mich und der Engel entrückte mich in die
Wüste. Dort sah ich eine Frau auf einem
scharlachroten *Tier* sitzen, das über und
über mit gotteslästerlichen Namen beschrie-
ben war und sieben Köpfe und *zehn Hörner*
hatte. 4 Die Frau war in Purpur und Schar-
lach gekleidet und mit Gold, Edelsteinen
und Perlen geschmückt. Sie hielt einen *gol-*
denen Becher in der Hand, der mit dem ab-
scheulichen Schmutz ihrer Hurerei gefüllt
war. 5 Auf ihrer Stirn stand ein Name, ein ge-
heimnisvoller Name: *Babylon, die Große,* die
Mutter der Huren und aller Abscheulichkei-
ten der Erde. 6 Und ich sah, dass die Frau be-
trunken war vom Blut der Heiligen und vom
Blut der Zeugen Jesu.
Beim Anblick der Frau ergriff mich großes
Erstaunen. 7 Der Engel aber sagte zu mir:

16,10 Thron des Tieres: Symbol der Macht des in Rom residierenden Kaisers.

16,12–16 Diese Vision scheint zwei verschiedene Vorstellungen miteinander zu verbinden: die Erwartung des Einbruchs der Partherkönige in das Römerreich (V. 12) und die alttestamentliche Erwartung eines großen Ansturms der Heidenvölker auf Israel (VV. 13–16).

16,16 Harmagedon: wahrscheinlich ein apokalyptischer Symbol- und Geheimname, keine geographische Bezeichnung. Er ist wohl durch die Verknüpfung von hebräisch »har« = Berg (»hoher Berg«, vgl. Jes 14,13) mit dem Ortsnamen »Megiddo« (Sach 12,11) entstanden.

17,1 – 20,15 In mehreren Szenen (17,1 – 19,21; 20,4–15) wird das Endgericht über die im Vorausgehenden geschilderten feindlichen Mächte dargestellt.

17,1–6 Mit der »großen Hure« und »Babylon« ist die Weltmacht Rom gemeint. Das Tier, auf dem die Hure reitet (V. 3), ist das römische Kaisertum (vgl. die Anmerkung zu 13,1–3). – »Hurerei«, im Alten Testament Bild für Götzendienst und Abfall von Gott, meint hier Verführung zum römischen Kaiserkult.

17,7–8 Dieses Tier, das war und jetzt nicht ist und wieder da sein wird (V. 8), ist das schon im Kapitel 13 geschilderte Tier (vgl. die Anmerkungen zu 13,1–3).

Warum bist du erstaunt? Ich will dir das Geheimnis der Frau enthüllen und das Geheimnis des Tieres mit den sieben Köpfen und zehn Hörnern, auf dem sie sitzt.
8 *Das Tier,* das du gesehen hast, war einmal und ist jetzt nicht; es wird aber aus dem Abgrund *heraufsteigen* und dann ins Verderben gehen. Staunen werden die Bewohner der Erde, deren Namen seit der Erschaffung der Welt nicht *im Buch des Lebens verzeichnet sind.* Sie werden bei dem Anblick des Tieres staunen; denn es war einmal und ist jetzt nicht, wird aber wieder da sein.
9 Hier braucht man Verstand und Kenntnis.

Die sieben Köpfe bedeuten die sieben Berge, auf denen die Frau sitzt. Sie bedeuten auch sieben Könige.
10 Fünf sind bereits gefallen. Einer ist jetzt da, einer ist noch nicht gekommen; wenn er dann kommt, darf er nur kurze Zeit bleiben.
11 Das Tier aber, das war und jetzt nicht ist, bedeutet einen achten König und ist doch einer von den sieben und wird ins Verderben gehen.
12 *Die zehn Hörner,* die du gesehen hast, *bedeuten zehn Könige,* die noch nicht zur Herrschaft gekommen sind; sie werden aber königliche Macht für eine einzige Stunde erhalten, zusammen mit dem Tier.
13 Sie sind eines Sinnes und übertragen ihre Macht und Gewalt dem Tier.
14 Sie werden mit dem Lamm Krieg führen, aber das Lamm wird sie besiegen. Denn es ist *der Herr der Herren* und der König *der Könige.* Bei ihm sind die Berufenen, Auserwählten und Treuen.

15 Und er sagte zu mir: Du hast *die Gewässer* gesehen, an denen die Hure sitzt; sie bedeuten Völker und Menschenmassen, *Nationen und Sprachen.*
16 Du hast die zehn Hörner und das Tier gesehen; sie werden die Hure hassen, ihr alles wegnehmen, bis sie nackt ist, werden ihr Fleisch fressen und sie im Feuer verbrennen.
17 Denn Gott lenkt ihr Herz so, dass sie seinen Plan ausführen: Sie sollen einmütig handeln und ihre Herrschaft dem Tier übertragen, bis die Worte Gottes erfüllt sind.
18 Die Frau aber, die du gesehen

hast, ist die große Stadt, die die Herrschaft hat über *die Könige der Erde.*

1: Jer 51,13 • 2: Jes 23,17; Ez… 7,33; Jer 25,15f • 3: Dan 7,7 • 4: Jer 51,7 • 5: Dan 4,27 • 8… an 7,3; Ex 32,32f; Ps 69,29; Dan 12,1; Offb 3,5 • 12: Dan… • 14: Dtn 10,17; Dan 2,47; 1 Tim 6,15 • 15: Jer 51,13; Dan… • 18: Ps 2,2.

Die Ankündigung von Ba…ns Sturz:
18,1–8

18 Danach sah ich ein… …eren Engel
aus dem Himmel …
hatte große Macht *und die Er…* …eigen; er
von seiner Herrlichkeit. 2 Und… …tete auf
waltiger Stimme: *Gefallen, gefa…* …it ge-
lon, die Große! Zur Wohnung v… …aby-
ist sie geworden, zur Behausung …
nen Geister und zum Schlupfwi…en
unreinen und abscheulichen Vöge…
vom Zornwein ihrer Unzucht *ha…*
Völker getrunken und die Könige de…
haben mit ihr Unzucht getrieben. Dur…
Fülle ihres Wohlstands sind die Kau…
der Erde reich geworden.
4 Dann hörte ich eine andere Stimme v…
Himmel her rufen: Verlass die Stadt, me…
Volk, damit du nicht mitschuldig wirst a…
ihren Sünden und von ihren Plagen mitgetroffen wirst.
5 *Denn ihre* Sünden *haben sich bis zum Himmel aufgetürmt* und Gott hat ihre Schandtaten nicht vergessen.
6 Zahlt ihr mit gleicher Münze heim, gebt ihr doppelt zurück, was sie getan hat. Mischt ihr den Becher, den sie gemischt hat, doppelt so stark.
7 Im gleichen Maß, wie sie in Prunk und Luxus lebte, lasst sie Qual und Trauer erfahren. *Sie dachte bei sich:* Ich throne als Königin, *ich bin keine Witwe* und werde keine Trauer kennen.
8 Deshalb *werden an einem einzigen Tag* die Plagen über sie *kommen,* die für sie bestimmt sind: Tod, Trauer und Hunger. Und sie wird im Feuer verbrennen; denn *stark ist der Herr,* der Gott, der sie gerichtet hat.

1: Ez 43,2 • 2: Jes 21,9; Dan 4,27; Jes 13,21; 34,11; Jer 50,39 • 3: Jer 51,7; Jes 23,17; Ez 27,33 • 4: Jes 48,20; 2 Kor 6,17 • 5: Jer 51,9 • 6: Jer 50,15.29; Ps 137,8 • 7: Jes 47,7f • 8: Jes 47,9; Jer 50,34.

17,9–11 Die sieben Köpfe des Tieres werden sowohl auf die sieben Hügel Roms als auch auf die sieben »Könige« (römische Kaiser) gedeutet. Das Hauptinteresse gilt einem bestimmten Inhaber des römischen Kaisertums: dem achten Kaiser, der »einer von den sieben« ist und ins Verderben geht (V. 11), d. h. dem als wiedererstandener Nero angesehenen Kaiser Domitian.
17,12–18 Das Horn ist Symbol der *Kraft.* Bei den zehn Königen ist entweder an Verbündete Roms oder an die öfter genannten »Könige der Erde« (vgl. 1,5; 6,15; 16,14; 19,19; Ps 2,2, auch Dan 7,24 G) gedacht (zehn ist die Zahl der Vollkommenheit). Die Gerichtsvorgänge werden unter sachlichen, nicht unter zeitlichen Gesichtspunkten geschildert, und zwar nach alttestamentlichen Vorlagen (vgl. Ez 16,15–41; 23,11–35).
18,1–3 Das bereits 14,8 angekündigte Gericht über Babylon wird nun Wirklichkeit. Zur Schilderung des Gerichts über gottfeindliche Städte im Alten Testament vgl. Jes 47,10 G (Babylon), Jes 23,15–17 (Tyrus) und Nah 3,4 (Ninive).
18,8 »An einem einzigen Tag« ist wie »in einer einzigen Stunde« (VV. 10.17.19) symbolischer Ausdruck für das plötzliche Eintreffen des Gerichts.

ihrem Feuer die Menschen zu verbrennen.
9 Und die Menschen verbrannten in der gro-
ßen Hitze. Dennoch verfluchten sie den Na-
men Gottes, der die Macht über diese Plagen
hat. Sie bekehrten sich nicht dazu, ihm die
Ehre zu geben.
10 Der fünfte Engel goss seine Schale über
den Thron des Tieres. *Da kam Finsternis*
über das Reich des Tieres und die Menschen
zerbissen sich vor Angst und Schmerz die
Zunge. 11 Dennoch verfluchten sie den Gott
des Himmels wegen ihrer Schmerzen und ih-
rer Geschwüre; und sie ließen nicht ab von
ihrem Treiben.
12 Der sechste Engel goss seine Schale über
den großen Strom, den Eufrat. Da trocknete
sein *Wasser aus,* sodass den Königen des
Ostens der Weg offen stand. 13 Dann sah ich
aus dem Maul des Drachen und aus dem
Maul des Tieres und aus dem Maul des fal-
schen Propheten drei unreine Geister her-
vorkommen, die wie Frösche aussahen. 14 Es
sind Dämonengeister, die Wunderzeichen
tun; sie schwärmten aus zu den Königen der
ganzen Erde, um sie zusammenzuholen für
den Krieg am großen Tag Gottes, des Herr-
schers über die ganze Schöpfung.
15 Siehe, ich komme wie ein Dieb. Selig,
wer wach bleibt und sein Gewand anbehält,
damit er nicht nackt gehen muss und man
seine Blöße sieht.
16 Die Geister führten die Könige an dem
Ort zusammen, der auf hebräisch Harmage-
don heißt.
17 Und der siebte Engel goss seine Schale
über die Luft. Da kam eine laute *Stimme aus*
dem Tempel, die vom Thron her rief: Es ist
geschehen. 18 Und es folgten *Blitze,* Stimmen
und Donner; es entstand ein gewaltiges Erd-
beben, *wie noch keines gewesen war,* seit-
dem es Menschen auf der Erde gibt. So ge-
waltig war dieses Beben. 19 Die große Stadt
brach in drei Teile auseinander und die
Städte der Völker stürzten ein. Gott hatte
sich an *Babylon, die Große,* erinnert und
reichte ihr *den Becher mit dem Wein seines*
rächenden *Zornes.*
20 Alle Inseln verschwanden und es gab
keine Berge mehr. 21 Und *gewaltige Hagel-*
brocken, zentnerschwer, stürzten vom Him-
mel auf die Menschen herab. Dennoch ver-
fluchten die Menschen Gott wegen dieser
Hagelplage; denn die Plage war über die Ma-
ßen groß.

1: Jes 66,6; Zef 3,8 • 2: Dtn 28,35; Ex 9,9f • 3: Ex 7,17f • 4: Ex 7,19 • 5: Ps 119,137; Ex 3,14 G; Dtn 32,4 G • 6: Ps 79,3; Jes 49,26 G • 7: Ps 19,10 • 10: Ex 10,21f • 12: Gen 15,18; Dtn 1,7; Jer 50,38; Jes 41,2.25 • 14: Ex 8,3 • 15: 1,3; Mt 24,37–44; Lk 12,35–40 • 17: Jes 66,6 • 18: Ex 19,16; Dan 12,1 • 19: Dan 4,27; Jes 51,17.22; Jer 25,15 • 21: Ex 9,22–26.

Die Hure Babylon: 17,1–18

17 Dann kam einer der sieben Engel,
welche die sieben Schalen trugen,
und sagte zu mir: Komm, ich zeige dir das
Strafgericht über die große Hure, die an *den*
vielen Gewässern sitzt. 2 Denn mit ihr haben
die Könige der Erde Unzucht getrieben und
vom Wein ihrer Hurerei wurden die Bewoh-
ner der Erde betrunken. 3 Der Geist ergriff
mich und der Engel entrückte mich in die
Wüste. Dort sah ich eine Frau auf einem
scharlachroten *Tier* sitzen, das über und
über mit gotteslästerlichen Namen beschrie-
ben war und sieben Köpfe und *zehn Hörner*
hatte. 4 Die Frau war in Purpur und Schar-
lach gekleidet und mit Gold, Edelsteinen
und Perlen geschmückt. Sie hielt einen *gol-*
denen Becher in der Hand, der mit dem ab-
scheulichen Schmutz ihrer Hurerei gefüllt
war. 5 Auf ihrer Stirn stand ein Name, ein ge-
heimnisvoller Name: *Babylon, die Große,* die
Mutter der Huren und aller Abscheulichkei-
ten der Erde. 6 Und ich sah, dass die Frau be-
trunken war vom Blut der Heiligen und vom
Blut der Zeugen Jesu.
Beim Anblick der Frau ergriff mich großes
Erstaunen. 7 Der Engel aber sagte zu mir:

16,10 Thron des Tieres: Symbol der Macht des in Rom residierenden Kaisers.

16,12–16 Diese Vision scheint zwei verschiedene Vorstellungen miteinander zu verbinden: die Erwartung des Einbruchs der Partherkönige in das Römerreich (V. 12) und die alttestamentliche Erwartung eines großen Ansturms der Heidenvölker auf Israel (VV. 13–16).

16,16 Harmagedon: wahrscheinlich ein apokalyptischer Symbol- und Geheimname, keine geographische Bezeichnung. Er ist wohl durch die Verknüpfung von hebräisch »har« = Berg (»hoher Berg«, vgl. Jes 14,13) mit dem Ortsnamen »Megiddo« (Sach 12,11) entstanden.

17,1 – 20,15 In mehreren Szenen (17,1 – 19,21; 20,4–15) wird das Endgericht über die im Vorausgehenden geschilderten feindlichen Mächte dargestellt.

17,1–6 Mit der »großen Hure« und »Babylon« ist die Weltmacht Rom gemeint. Das Tier, auf dem die Hure reitet (V. 3), ist das römische Kaisertum (vgl. die Anmerkung zu 13,1–3). – »Hurerei«, im Alten Testament Bild für Götzendienst und Abfall von Gott, meint hier Verführung zum römischen Kaiserkult.

17,7–8 Dieses Tier, das war und jetzt nicht ist und wieder da sein wird (V. 8), ist das schon im Kapitel 13 geschilderte Tier (vgl. die Anmerkungen zu 13,1–3).

Warum bist du erstaunt? Ich will dir das Ge-
heimnis der Frau enthüllen und das Geheim-
nis des Tieres mit den sieben Köpfen und
zehn Hörnern, auf dem sie sitzt. 8 *Das Tier,*
das du gesehen hast, war einmal und ist jetzt
nicht; es wird aber aus dem Abgrund *herauf-
steigen* und dann ins Verderben gehen. Stau-
nen werden die Bewohner der Erde, deren
Namen seit der Erschaffung der Welt nicht
im Buch des Lebens verzeichnet sind. Sie
werden bei dem Anblick des Tieres staunen;
denn es war einmal und ist jetzt nicht, wird
aber wieder da sein. 9 Hier braucht man Ver-
stand und Kenntnis.

Die sieben Köpfe bedeuten die sieben Ber-
ge, auf denen die Frau sitzt. Sie bedeuten
auch sieben Könige. 10 Fünf sind bereits ge-
fallen. Einer ist jetzt da, einer ist noch nicht
gekommen; wenn er dann kommt, darf er nur
kurze Zeit bleiben. 11 Das Tier aber, das war
und jetzt nicht ist, bedeutet einen achten Kö-
nig und ist doch einer von den sieben und
wird ins Verderben gehen. 12 *Die zehn Hör-
ner,* die du gesehen hast, *bedeuten zehn Kö-
nige,* die noch nicht zur Herrschaft gekom-
men sind; sie werden aber königliche Macht
für eine einzige Stunde erhalten, zusammen
mit dem Tier. 13 Sie sind eines Sinnes und
übertragen ihre Macht und Gewalt dem Tier.
14 Sie werden mit dem Lamm Krieg führen,
aber das Lamm wird sie besiegen. Denn es
ist *der Herr der Herren* und der König *der
Könige.* Bei ihm sind die Berufenen, Auser-
wählten und Treuen.

15 Und er sagte zu mir: Du hast *die Gewäs-
ser* gesehen, an denen die Hure sitzt; sie be-
deuten Völker und Menschenmassen, *Natio-
nen und Sprachen.* 16 Du hast die zehn Hör-
ner und das Tier gesehen; sie werden die
Hure hassen, ihr alles wegnehmen, bis sie
nackt ist, werden ihr Fleisch fressen und sie
im Feuer verbrennen. 17 Denn Gott lenkt ihr
Herz so, dass sie seinen Plan ausführen: Sie
sollen einmütig handeln und ihre Herrschaft
dem Tier übertragen, bis die Worte Gottes
erfüllt sind. 18 Die Frau aber, die du gesehen
hast, ist die große Stadt, die die Herrschaft
hat über *die Könige der Erde.*

1: Jer 51,13 • 2: Jes 23,17; Ez 27,33; Jer 25,15f • 3: Dan 7,7 • 4: Jer 51,7 • 5: Dan 4,27 • 8: Dan 7,3; Ex 32,32f; Ps 69,29; Dan 12,1; Offb 3,5 • 12: Dan 7,24 • 14: Dtn 10,17; Dan 2,47; 1 Tim 6,15 • 15: Jer 51,13; Dan 3,4 • 18: Ps 2,2.

Die Ankündigung von Babylons Sturz: 18,1–8

18 Danach sah ich einen anderen Engel
aus dem Himmel herabsteigen; er
hatte große Macht *und die Erde leuchtete auf
von seiner Herrlichkeit.* 2 Und er rief mit ge-
waltiger Stimme: *Gefallen, gefallen ist Baby-
lon, die Große!* Zur Wohnung von Dämonen
ist sie geworden, zur Behausung aller unrei-
nen Geister und zum Schlupfwinkel aller
unreinen und abscheulichen Vögel. 3 Denn
vom Zornwein ihrer Unzucht *haben* alle
*Völker getrunken und die Könige der Erde
haben mit ihr Unzucht getrieben.* Durch die
Fülle ihres Wohlstands sind die Kaufleute
der Erde reich geworden.

4 Dann hörte ich eine andere Stimme vom
Himmel her rufen: Verlass die Stadt, mein
Volk, damit du nicht mitschuldig wirst an
ihren Sünden und von ihren Plagen mitge-
troffen wirst. 5 *Denn ihre* Sünden *haben sich
bis zum Himmel aufgetürmt* und Gott hat
ihre Schandtaten nicht vergessen. 6 Zahlt ihr
mit gleicher Münze heim, gebt ihr doppelt
zurück, was sie getan hat. Mischt ihr den Be-
cher, den sie gemischt hat, doppelt so stark.
7 Im gleichen Maß, wie sie in Prunk und Lu-
xus lebte, lasst sie Qual und Trauer erfahren.
Sie dachte bei sich: Ich throne als Königin,
ich bin keine Witwe und werde keine Trauer
kennen. 8 Deshalb *werden an einem einzigen
Tag* die Plagen über sie *kommen,* die für sie
bestimmt sind: Tod, Trauer und Hunger.
Und sie wird im Feuer verbrennen; denn
stark ist der Herr, der Gott, der sie gerichtet
hat.

1: Ez 43,2 • 2: Jes 21,9; Dan 4,27; Jes 13,21; 34,11; Jer 50,39 • 3: Jer 51,7; Jes 23,17; Ez 27,33 • 4: Jes 48,20; 2 Kor 6,17 • 5: Jer 51,9 • 6: Jer 50,15.29; Ps 137,8 • 7: Jes 47,7f • 8: Jes 47,9; Jer 50,34.

17,9–11 Die sieben Köpfe des Tieres werden sowohl auf die sieben Hügel Roms als auch auf die sieben »Könige« (römische Kaiser) gedeutet. Das Hauptinteresse gilt einem bestimmten Inhaber des römischen Kaisertums: dem achten Kaiser, der »einer von den sieben« ist und ins Verderben geht (V. 11), d. h. dem als wiedererstandener Nero angesehenen Kaiser Domitian.

17,12–18 Das Horn ist Symbol der Kraft. Bei den zehn Königen ist entweder an Verbündete Roms oder an die öfter genannten »Könige der Erde« (vgl. 1,5; 6,15; 16,14; 19,19; Ps 2,2, auch Dan 7,24 G) gedacht (zehn ist die Zahl der Vollkommenheit). Die Gerichtsvorgänge werden unter sachlichen, nicht unter zeitlichen Gesichtspunkten geschildert, und zwar nach alttestamentlichen Vorlagen (vgl. Ez 16,15–41; 23,11–35).

18,1–3 Das bereits 14,8 angekündigte Gericht über Babylon wird nun Wirklichkeit. Zur Schilderung des Gerichts über gottfeindliche Städte im Alten Testament vgl. Jes 47,10 G (Babylon), Jes 23,15–17 (Tyrus) und Nah 3,4 (Ninive).

18,8 »An einem einzigen Tag« ist wie »in einer einzigen Stunde« (VV. 10.17.19) symbolischer Ausdruck für das plötzliche Eintreffen des Gerichts.

Die Klage über den Untergang Babylons: 18,9–24

9 *Die Könige der Erde, die mit ihr gehurt*
und in Luxus gelebt *haben, werden über sie*
weinen und klagen, wenn sie den Rauch der
brennenden Stadt sehen. 10 Sie bleiben in
der Ferne stehen aus Angst vor ihrer Qual
und sagen: Wehe! Wehe, du *große* Stadt *Ba-*
bylon, du mächtige Stadt! In einer einzigen
Stunde ist das Gericht über dich gekom-
men.
11 Auch die *Kaufleute* der Erde *weinen und*
klagen um sie, weil niemand mehr ihre Ware
kauft: 12 Gold und Silber, Edelsteine und
Perlen, feines Leinen, Purpur, Seide und
Scharlach, wohlriechende Hölzer aller Art
und alle möglichen Geräte aus Elfenbein,
kostbarem Edelholz, Bronze, Eisen und
Marmor; 13 auch Zimt und Balsam, Räucher-
werk, Salböl und Weihrauch, Wein und Öl,
feinstes Mehl und Weizen, Rinder und
Schafe, Pferde und Wagen und sogar Men-
schen mit Leib und Seele.
14 Auch die Früchte, nach denen dein Herz
begehrte, sind dir genommen. Und alles, was
prächtig und glänzend war, hast du verloren;
nie mehr wird man es finden. 15 Die *Kaufleu-*
te, die durch den Handel mit dieser Stadt
reich geworden sind, werden aus Angst vor
ihrer Qual in der Ferne stehen und sie wer-
den *weinen und klagen:* 16 Wehe! Wehe, du
große Stadt, bekleidet mit feinem Leinen,
mit Purpur und Scharlach, geschmückt mit
Gold, Edelsteinen und Perlen. 17 In einer ein-
zigen Stunde ist dieser ganze Reichtum da-
hin.
Alle Kapitäne und Schiffsreisenden, *die*
Matrosen und alle, die ihren Unterhalt *auf*
See verdienen, machten schon in der Ferne
Halt, 18 als sie den Rauch der brennenden
Stadt sahen, und sie riefen: *Wer* konnte sich
mit der großen Stadt *messen*? 19 *Und sie*
streuten sich Staub auf den Kopf, sie schrien,
weinten und klagten: Wehe! Wehe, du große
Stadt, die mit ihren Schätzen alle reich ge-
macht hat, die Schiffe auf dem Meer haben.
In einer einzigen Stunde ist sie verwüstet
worden. 20 *Freu dich* über ihren Untergang,
du Himmel – und auch ihr, Heilige, Apostel
und Propheten, freut euch! Denn *Gott hat*
euch an ihr *gerächt.*
21 Dann hob ein gewaltiger Engel einen
Stein auf, so groß wie ein Mühlstein; *er warf*
ihn ins Meer und rief: So wird *Babylon, die*
große Stadt, mit *Wucht hinabgeworfen wer-*
den und man wird sie nicht mehr finden.
22 Die Musik von Harfenspielern und Sän-
gern, von Flötenspielern und Trompetern
hört man nicht mehr in dir. Einen kundigen
Handwerker gibt es nicht mehr in dir. *Das*
Geräusch des Mühlsteins hört man nicht
mehr in dir. 23 *Das Licht der Lampe* scheint
nicht mehr in dir. *Die Stimme von Braut und*
Bräutigam hört man nicht mehr in dir. Deine
Kaufleute waren die Großen der Erde, deine
Zauberei verführte alle Völker. 24 Aber in ihr
war das Blut von Propheten und Heiligen
und von allen, die auf der Erde hinge-
schlachtet worden sind.

9: Ez 27,31–33; Jes 23,17 • 10: Dan 4,27; Ez 26,17 • 11: Ez 27,31.36 • 13: Ez 27,13 • 15: Ez 27,31.36 • 17: Ez 27,27–34 • 19: Ez 26,19 • 20: Jes 44,23; Dtn 32,43 G • 21: Jer 51,63f; Dan 4,27; Ez 26,21 • 22: Jes 24,8; Ez 26,13; Jer 25,10 • 23: Jes 23,8; 47,9; Nah 3,4 • 24: Jer 51,49.

Jubel im Himmel: 19,1–10

19 Danach hörte ich etwas wie den lau-
ten Ruf einer großen Schar im Him-
mel:
Halleluja! / Das Heil und die Herrlichkeit
und die Macht / ist bei unserm Gott.
2 *Seine Urteile sind wahr und gerecht.* / Er
hat die große Hure gerichtet, / die mit ihrer
Unzucht die Erde verdorben hat.
Er hat Rache genommen für das Blut sei-
ner *Knechte,* / das an ihren Händen klebte.
3 Noch einmal riefen sie:
Halleluja! / *Der Rauch der Stadt steigt auf*
in alle Ewigkeit.
4 Und die vierundzwanzig Ältesten und die
vier Lebewesen fielen nieder vor Gott, *der*
auf dem Thron sitzt, beteten ihn an und rie-
fen:
Amen, halleluja!
5 Und eine Stimme kam vom Thron her:
Preist unsern Gott, *all* seine *Knechte* / *und*
alle, die ihn fürchten, Kleine und Große!
6 Da hörte ich etwas wie den Ruf einer gro-
ßen Schar und *wie das Rauschen gewaltiger*
Wassermassen und wie das Rollen mächtiger
Donner:
Halleluja! / *Denn König geworden ist der*

18,9–19 Die Klagen »der Könige der Erde«, der Kaufleute und der Seefahrer über die verödete Stadt haben ihr Vorbild in Ez 26,15 – 27,36.

18,21–23 Das symbolische Geschehen verweist auf die Endgültigkeit des vollzogenen Gerichts.

19,1–9 Die Triumphlieder der Himmelsbewohner (vgl. 18,20) preisen das gerechte Gericht über die Feinde Gottes (»die große Hure«) und das künftige Heil des Gottesvolkes. Das Heil wird unter dem Bild einer Hochzeit dargestellt (vgl. Mt 22,1–3; Mk 2,19; Joh 3,29; 2 Kor 11,2).

Herr, unser Gott, / der Herrscher über die
ganze Schöpfung.
7 *Wir wollen uns freuen und jubeln* / und
ihm die Ehre erweisen.
Denn gekommen ist die Hochzeit des Lam-
mes / und seine Frau hat sich bereit ge-
macht.
8 Sie durfte sich kleiden in strahlend rei-
nes Leinen. / Das Leinen bedeutet die ge-
rechten Taten der Heiligen.
9 Jemand sagte zu mir: Schreib auf: Selig,
wer zum Hochzeitsmahl des Lammes einge-
laden ist. Dann sagte er zu mir: Das sind
zuverlässige Worte, es sind Worte Gottes.
10 Und ich fiel ihm zu Füßen, um ihn anzube-
ten. Er aber sagte zu mir: Tu das nicht! Ich
bin ein Knecht wie du und deine Brüder, die
das Zeugnis Jesu festhalten. Gott bete an!
Das Zeugnis Jesu ist der Geist prophetischer
Rede.

2: Ps 19,10; 2 Kön 9,7 • 3: Jes 34,10 • 4: Jes 6,1 • 5: Ps 134,1; 115,13 • 6: Ez 1,24; 43,2; Ps 93,1; Dan 7,14 • 7: Ps 118,24 • 8: Ps 45,14f • 9: 1,3 • 10: 22,9.

Sieg über das Tier und seinen Propheten: 19,11–21

11 Dann sah ich *den Himmel offen,* und sie-
he, da war ein weißes Pferd, und der, der auf
ihm saß, heißt »Der Treue und Wahrhaftige«;
gerecht richtet er und führt er Krieg. 12 *Seine*
Augen waren wie *Feuerflammen* und auf
dem Haupt trug er viele Diademe; und auf
ihm stand ein Name, den er allein kennt.
13 Bekleidet war er mit einem blutgetränkten
Gewand; und sein Name heißt »Das Wort
Gottes«. 14 Die Heere des Himmels folgten
ihm auf weißen Pferden; sie waren in reines,
weißes Leinen gekleidet. 15 *Aus seinem Mund*
kam *ein scharfes Schwert;* mit ihm wird er
die Völker schlagen. *Und er herrscht über sie*
mit eisernem Zepter, und er tritt die Kelter
des Weines, des rächenden Zornes Gottes,
des Herrschers über die ganze Schöpfung.
16 Auf seinem Gewand und auf seiner Hüfte
trägt er den Namen: »König *der Könige* und
Herr der Herren«.
17 Dann sah ich einen Engel, der in der
Sonne stand. Er rief mit lauter Stimme allen
Vögeln zu, die hoch am Himmel flogen:
Kommt her! Versammelt euch zum großen
Mahl Gottes. 18 *Fresst Fleisch* von Königen,
von Heerführern und *von Helden,* Fleisch
von Pferden und ihren *Reitern,* Fleisch von
allen, von Freien und Sklaven, von Großen
und Kleinen!
19 Dann sah ich das Tier und die *Könige*
der Erde und ihre Heere versammelt, um mit
dem Reiter und seinem Heer Krieg zu führen.
20 Aber das Tier wurde gepackt und mit ihm
der falsche Prophet; er hatte vor seinen
Augen Zeichen getan und dadurch alle ver-
führt, die das Kennzeichen des Tieres ange-
nommen und sein Standbild angebetet hat-
ten. Bei lebendigem Leib wurden beide in
den See von brennendem Schwefel gewor-
fen. 21 Die Übrigen wurden getötet mit dem
Schwert, das aus dem Mund des Reiters kam;
und *alle Vögel fraßen sich satt an* ihrem
Fleisch.

11: Ez 1,1; Ps 96,13 • 12: Dan 10,6 • 13: Jes 63,1f • 15: Jes 11,4; 49,2; Ps 2,9 G; Jes 63,3 • 16: Dan 2,47; Dtn 10,17 • 17: Ez 39,4.17–20 • 19: Ps 2,2 • 20: Dan 7,11; Jes 30,33 • 21: Ez 39,17.20.

Die Tausendjährige Herrschaft: 20,1–6

20 Dann sah ich einen Engel vom Him-
mel herabsteigen; auf seiner Hand
trug er den Schlüssel zum Abgrund und eine
schwere Kette. 2 Er überwältigte den Dra-
chen, die alte *Schlange* – das ist *der Teufel*
oder *der Satan* –, und er fesselte ihn für tau-
send Jahre. 3 Er warf ihn in den Abgrund,
verschloss diesen und drückte ein Siegel
darauf, damit der Drache die Völker nicht
mehr verführen konnte, bis die tausend Jah-
re vollendet sind. Danach muss er für kurze
Zeit freigelassen werden.
4 *Dann sah ich Throne;* und denen, die da-
rauf *Platz nahmen, wurde das Gericht über-*
tragen. Ich sah die Seelen aller, die enthaup-
tet worden waren, weil sie an dem Zeugnis
Jesu und am Wort Gottes festgehalten hat-

19,11–21 Die Vision vom Endkampf zwischen dem in die Macht Gottes eingesetzten Christus, dem Reiter auf dem weißen Pferd, und den gottfeindlichen Mächten schildert das endgültige Gericht über das Tier und den Lügenpropheten.

19,13 Das Blut, mit dem das Gewand Christi getränkt ist, ist das im Endkampf vergossene Blut der Feinde Gottes. Der Name »Das Wort Gottes« verweist auf die durchschlagende Kraft des ausgesprochenen Wortes, des Willens Gottes (vgl. V. 15; 2 Thess 2,8); dieser Name steht in Beziehung zur Bezeichnung Christi als »das Wort« in Joh 1,1–14.

19,20 Der brennende Schwefelsee ist Bild für den Ort ewiger Peinigung. Dieser Ort wurde im Judentum »Gehenna« (Hölle) genannt (vgl. Dtn 32,22; Mt 11,23; 23,33; Lk 12,5; 2 Petr 2,4).

20,1 Zu »Abgrund« vgl. die Anmerkung zu 9,1f.

20,2f Ob die zeitliche Befristung der Fesselung des Satans (vgl. Jes 24,21f) auf tausend Jahre als Hinweis auf einen Zeitabschnitt oder als Zeichen für die Einschränkung der Macht Satans zu deuten ist, lässt sich nicht eindeutig entscheiden. Jedenfalls aber ist die Zeitangabe selbst nicht wörtlich zu verstehen.

20,4–6: Die Deutung dieser Vision bereitete seit je besondere Schwierigkeiten. Nach wörtlichem Verständnis würden der himmlische Christus und die bis zum Tod getreuen Christen tausend Jahre auf

Abend-himmel

vater im himmel
die sonne sinkt ein lebenstag geht zu ende
danke – für das geschenk der ruhe
danke – für die freude an deiner schöpfung

auferstandener christus!
du bist unsere sehnsucht vorausgegangen zum vater
du lässt uns mit dir auferstehen
von morgen zu morgen bis zum letzten morgen

heiliger geist!
du stehst uns bei
lob sei dir – für deine stärke und hilfe
lob sei dir – für dein geschenk unserer gemeinschaft

dreieiniger gott!
bitte – bewahre uns in der lebensnacht
bitte – erneuere unsere kräfte
bitte – schenke uns vertrauen und gewissheit
bitte – führe uns zu dir

Gott sah alles an, was er gemacht hatte:
Es war sehr gut.
Es wurde Abend und es wurde Morgen.

Genesis 1,31

Foto: Claudia Schmitt, Hagen

ten. Sie hatten das Tier und sein Standbild
nicht angebetet und sie hatten das Kennzei-
chen nicht auf ihrer Stirn und auf ihrer
Hand anbringen lassen. Sie gelangten zum
Leben und zur Herrschaft mit Christus für
tausend Jahre. 5 Die übrigen Toten kamen
nicht zum Leben, bis die tausend Jahre voll-
endet waren. Das ist die erste Auferstehung.
6 Selig und heilig, wer an der ersten Aufer-
stehung teilhat. Über solche hat der zweite
Tod keine Gewalt. Sie werden *Priester Got-*
tes und Christi sein und tausend Jahre mit
ihm herrschen.

2: Gen 3,1; Sach 3,1; Ijob 1,6 • 4: Dan 7,9.22 G; 1 Kor 6,2 • 6: 1,3; Jes 61,6.

Der endgültige Sieg über den Satan: 20,7–10

7 Wenn die tausend Jahre vollendet sind,
wird der Satan aus seinem Gefängnis freige-
lassen werden. 8 Er wird ausziehen, um die
Völker an den vier Ecken der Erde, den Gog
und den Magog, zu verführen und sie zusam-
menzuholen für den Kampf; sie sind so zahl-
reich wie die Sandkörner am Meer. 9 Sie
schwärmten aus über *die weite Erde* und
umzingelten das Lager der Heiligen und
Gottes geliebte Stadt. Aber *Feuer fiel vom*
Himmel und verzehrte sie. 10 Und der Teufel,
ihr Verführer, wurde in den See von *bren-*
nendem Schwefel geworfen, wo auch das
Tier und der falsche Prophet sind. Tag und
Nacht werden sie gequält, in alle Ewigkeit.

8: Ez 38,6; Jes 11,12; Ez 7,2; 38,2 • 9: Hab 1,6 G; Ps 87,2; 2 Kön 1,10; Ez 39,6 • 10: Ez 38,22.

Das Gericht über alle Toten: 20,11–15

11 Dann *sah ich einen* großen weißen *Thron*
und den, der auf ihm *saß; vor seinem Anblick*
flohen Erde und Himmel und es *gab keinen*
Platz mehr für sie. 12 Ich sah die Toten vor
dem Thron stehen, die Großen und die Klei-
nen. Und *Bücher wurden aufgeschlagen;*
auch *das Buch des Lebens* wurde aufge-
schlagen. Die Toten wurden *nach ihren Wer-*
ken gerichtet, nach dem, was in den Büchern
aufgeschrieben war. 13 Und das Meer gab die
Toten heraus, die in ihm waren; und *der Tod*
und *die Unterwelt* gaben ihre Toten heraus,
die in ihnen waren. Sie wurden gerichtet, je-
der *nach seinen Werken.* 14 *Der Tod* und *die*
Unterwelt aber wurden in den Feuersee ge-
worfen. Das ist der zweite Tod: der Feuersee.
15 Wer nicht im *Buch des Lebens verzeichnet*
war, wurde in den Feuersee geworfen.

11: Jes 6,1; Ps 114,3.7; Dan 2,35 G • 12: Dan 7,10; Ps 69,29; Offb 3,5; Ps 28,4 • 13: Hos 13,14; Ps 28,4 • 14: Hos 13,14; Jes 25,8 G; 1 Kor 15,26 • 15: Ex 32,32f; Dan 12,1; Ps 69,29; Offb 3,5.

DIE NEUE WELT GOTTES: 21,1 – 22,5

Gottes Wohnen unter den Menschen: 21,1–8

21 Dann sah ich *einen neuen Himmel*
und eine neue Erde; denn der erste
Himmel und die erste Erde sind vergangen,
auch das Meer ist nicht mehr. 2 Ich sah *die*
heilige Stadt, das neue *Jerusalem,* von Gott
her aus dem Himmel herabkommen; sie war
bereit *wie eine Braut, die sich* für ihren
Mann *geschmückt hat.* 3 Da hörte ich eine
laute Stimme vom Thron her rufen: *Seht, die*
Wohnung Gottes unter den Menschen! *Er*
wird in ihrer Mitte wohnen, und sie werden
sein Volk sein; und er, Gott, wird bei ihnen
sein. 4 *Er wird alle Tränen von ihren Augen*
abwischen: Der Tod wird nicht mehr sein,
keine *Trauer,* keine *Klage,* keine Mühsal.
Denn was früher war, ist vergangen.

---

dieser Erde herrschen (vgl. 5,10). Möglicherweise aber will Offb nur den besonderen jenseitigen Lohn hervorheben, der den Märtyrern zuteil werden soll (vgl. Dan 7,9.22.27 G). Jedenfalls hat der Verfasser die Märtyrer nicht in das allgemeine Gericht einbezogen, von dem er in den VV. 11–15 berichtet (vgl. 6,9–11).

20,7–10 Die Abfolge der Visionen 20,4–6 und 20,7–10 ist wohl durch Ez 33 – 37 und 38 – 39 veranlasst. Dort folgt auf die Darstellung des messianischen Reiches der Ansturm der Heere des Fürsten Gog aus dem Land Magog. In Offb sind die Namen Gog und Magog symbolische Bezeichnungen für alle heidnischen Völker. – Jerusalem ist Sinnbild der Kirche. – Zum Schwefelsee vgl. die Anmerkung zu 19,20.

20,11–15 Die letzte Gerichtsvision handelt vom Gericht über die (»übrigen«) Toten. Sie erreicht ihren Höhepunkt in der Vernichtung der als Person vorgestellten Todesmacht (V. 14).

21,1 Das Verschwinden der Erde und des Himmels (vgl. 20,11) und das Kommen »eines neuen Himmels und einer neuen Erde« (Jes 65,17; 66,12) sind Hinweis auf die völlig andersartigen Bedingungen des Daseins der Erlösten.

21,3 Nach anderen Textzeugen: sie werden seine Völker sein.

21,2–4 In der Schilderung des seligen Lebens gehen die Bilder ineinander über: »das neue Jerusalem« – »die Braut« – »die Wohnung Gottes unter den Menschen«.

5 *Er, der auf dem Thron saß,* sprach: *Seht,*
ich mache alles *neu.* Und er sagte: Schreib es
auf, denn diese Worte sind zuverlässig und
wahr. 6 Er sagte zu mir: Sie sind in Erfüllung
gegangen. Ich bin das Alpha und das Omega,
der Anfang und das Ende. *Wer durstig ist,*
den werde ich umsonst aus der Quelle trin-
ken lassen, aus der *das Wasser des Lebens*
strömt. 7 Wer siegt, wird dies als Anteil er-
halten: *Ich werde sein Gott sein und er wird*
mein Sohn sein. 8 Aber die Feiglinge und
Treulosen, die Befleckten, die Mörder und
Unzüchtigen, die Zauberer, Götzendiener
und alle Lügner – ihr Los wird der See *von*
brennendem Schwefel sein. Dies ist der
zweite Tod.

1: Jes 65,17; 66,22 • 2: Jes 52,1; Gal 4,26; Hebr 12,22; Jes 61,10 • 3: Lev 26,11f; Ez 37,27; Sach 2,14; Jes 8,8 • 4: Jes 25,8; 1 Kor 15,26; Jes 35,10 • 5: Jes 6,1; 43,19 G; 2 Kor 5,17 • 6: Jes 55,1; Sach 14,8 • 7: Röm 8,17; 2 Sam 7,14 • 8: 22,15; Mt 15,19; Ez 38,22.

Das neue Jerusalem: 21,9 – 22,5

9 Und es kam einer von den sieben Engeln,
die die sieben Schalen mit den *sieben* letzten
Plagen getragen hatten. Er sagte zu mir:
Komm, ich will dir die Braut zeigen, die Frau
des Lammes. 10 *Da entrückte er mich* in der
Verzückung *auf einen* großen, *hohen Berg*
und zeigte mir *die heilige Stadt Jerusalem,*
wie sie von Gott her aus dem Himmel herab-
kam, 11 erfüllt von der Herrlichkeit Gottes.
Sie glänzte wie ein kostbarer Edelstein, wie
ein kristallklarer Jaspis. 12 *Die Stadt* hat eine
große und hohe Mauer mit zwölf *Toren* und
zwölf Engeln darauf. Auf die Tore sind Na-
men geschrieben: *die Namen der zwölf Stäm-*
me der Söhne Israels. 13 *Im Osten hat die*
Stadt drei Tore und im Norden drei Tore und
im Süden drei Tore und im Westen drei Tore.
14 Die Mauer der Stadt hat zwölf Grundstei-
ne; auf ihnen stehen die zwölf Namen der
zwölf Apostel des Lammes.
15 Und der Engel, der zu mir sprach, hatte
einen goldenen *Messstab,* mit dem die Stadt,
ihre Tore und ihre Mauer gemessen wurden.
16 Die Stadt war *viereckig* angelegt und
ebenso lang wie breit. Er maß die Stadt mit
dem Messstab; ihre Länge, Breite und Höhe
sind gleich: zwölftausend Stadien. 17 *Und er*
maß ihre Mauer; sie ist hundertvierundvier-
zig Ellen hoch nach Menschenmaß, das der
Engel benutzt hatte. 18 Ihre Mauer ist aus
Jaspis gebaut und die Stadt ist aus reinem
Gold, wie aus reinem Glas. 19 *Die Grundstei-*
ne der Stadtmauer sind mit *edlen Steinen*
aller Art geschmückt; der erste Grundstein
ist ein Jaspis, der zweite ein Saphir, der drit-
te ein Chalzedon, der vierte ein Smaragd,
20 der fünfte ein Sardonyx, der sechste ein
Sardion, der siebte ein Chrysolith, der achte
ein Beryll, der neunte ein Topas, der zehnte
ein Chrysopras, der elfte ein Hyazinth, der
zwölfte ein Amethyst. 21 Die zwölf Tore sind
zwölf Perlen; jedes der Tore besteht aus einer
einzigen Perle. Die Straße der Stadt ist aus
reinem Gold, wie aus klarem Glas.
22 Einen Tempel sah ich nicht in der Stadt.
Denn der Herr, ihr Gott, der Herrscher über
die ganze Schöpfung, ist ihr Tempel, er und
das Lamm. 23 Die Stadt braucht *weder Son-*
ne noch Mond, die ihr *leuchten.* Denn *die*
Herrlichkeit Gottes erleuchtet sie und ihre
Leuchte ist das Lamm. 24 *Die Völker werden*
in diesem *Licht einhergehen und die Könige*
der Erde werden *ihre Pracht* in die Stadt
bringen. 25 Ihre *Tore werden den ganzen Tag*
nicht geschlossen – Nacht wird es dort nicht
mehr geben. 26 *Und man wird die Pracht* und
die Kostbarkeiten *der Völker* in die Stadt
bringen. 27 *Aber nichts Unreines wird hinein-*
kommen, keiner, der Gräuel verübt und lügt.
Nur die, *die im Lebensbuch* des Lammes *ein-*
getragen sind, werden eingelassen.

22 Und er zeigte mir einen *Strom, das*
Wasser des Lebens, klar wie Kristall;
er geht vom Thron Gottes und des Lammes
aus. 2 Zwischen der Straße der Stadt und
dem Strom, hüben und drüben, stehen Bäu-
me des Lebens. Zwölfmal tragen sie Früchte,
jeden Monat einmal; und die Blätter der
Bäume dienen zur Heilung der Völker. 3 Es
wird nichts mehr geben, was der Fluch Got-
tes trifft. Der Thron Gottes und des Lammes
wird in der Stadt stehen und seine Knechte
werden ihm dienen. 4 Sie werden sein *Ange-*
sicht schauen und sein Name ist auf ihre
Stirn geschrieben. 5 Es wird keine Nacht
mehr geben und sie brauchen weder das
Licht einer Lampe noch das Licht der Sonne.
Denn der Herr, ihr Gott, wird über ihnen
leuchten und sie werden herrschen *in alle*
Ewigkeit.

21,9: Lev 26,21 G • 10: Ez 40,2; Jes 52,1 • 11: Jes 60,1f • 12: Ez 48,31; Ex 28,21 • 13: Ez 48,31–35 • 15: Ez 40,3.5 • 16: Ez 43,16 • 17: Ez 40,5 • 18: Jes 54,11f • 19f: Ez 28,13 G • 23: Jes 60,1.19 • 24: Jes 60,3.11; Ps 72,10 • 25: Sach 14,7 • 27: Jes 52,1; 4,3; Dan 12,1; Ps 69,29; Offb 3,5 • 22,1: Gen 2,10; Sach 14,8 • 2: Ez 47,12; Gen 2,9 • 3: Sach 14,11 • 4: Ps 17,15 • 5: Jes 60,19; Dan 7,18.27.

21,5–8 Wie in 1,8 spricht Gott hier selbst; seine Worte bestätigen die Aussage des Sehers.
21,9f Auch hier werden »die Braut, die Frau des Lammes« (Gegenbild der großen Hure) und »die heilige Stadt Jerusalem« (Gegenbild Babylons) miteinander gleichgesetzt.

ZEUGNIS UND ABSCHLIESSENDE MAHNUNG DES SEHERS: 22,6–21

6 Und der Engel sagte zu mir: Diese Worte
sind zuverlässig und wahr. Gott, der Herr
über den Geist der Propheten, hat seinen En-
gel gesandt, um seinen Knechten zu zeigen,
was bald *geschehen muss.*
7 *Siehe, ich komme* bald. Selig, wer an den
prophetischen Worten dieses Buches fest-
hält.
8 Ich, Johannes, habe dies gehört und gese-
hen. Und als ich es hörte und sah, fiel ich
dem Engel, der mir dies gezeigt hatte, zu Fü-
ßen, um ihn anzubeten. 9 Da sagte er zu mir:
Tu das nicht! Ich bin nur ein Knecht wie du
und deine Brüder, die Propheten, und wie
alle, die sich an die Worte dieses Buches hal-
ten. Gott bete an!
10 Und er sagte zu mir: *Versiegle* dieses
Buch mit seinen prophetischen *Worten*
nicht! Denn die Zeit ist nahe. 11 *Wer Unrecht
tut, tue weiter Unrecht,* der Unreine bleibe
unrein, der Gerechte handle weiter gerecht
und der Heilige strebe weiter nach Heilig-
keit. 12 *Siehe, ich komme* bald und *mit mir*
bringe ich den *Lohn und ich werde jedem ge-
ben, was seinem Werk entspricht.* 13 *Ich bin*
das Alpha und das Omega, *der Erste und der
Letzte,* der Anfang und das Ende. 14 Selig,
wer sein Gewand wäscht: Er hat Anteil am
Baum des Lebens, und er wird durch die Tore
in die Stadt eintreten können. 15 Draußen
bleiben die »Hunde« und die Zauberer, die
Unzüchtigen und die Mörder, die Götzendie-
ner und jeder, der die Lüge liebt und tut.
16 Ich, Jesus, habe meinen Engel gesandt
als Zeugen für das, was die Gemeinden be-
trifft. Ich bin die Wurzel und der Stamm
Davids, der strahlende Morgenstern.
17 Der Geist und die Braut aber sagen:
Komm! Wer hört, der rufe: Komm! *Wer durs-
tig ist, der komme.* Wer will, empfange *um-
sonst das Wasser des Lebens.*
18 Ich bezeuge jedem, der die propheti-
schen Worte dieses Buches hört: Wer *etwas
hinzufügt,* dem wird Gott die Plagen zufü-
gen, *von denen in diesem Buch geschrieben
steht.* 19 *Und* wer *etwas wegnimmt von* den
prophetischen Worten dieses Buches, dem
wird Gott seinen Anteil *am Baum des Lebens*
und an der heiligen Stadt wegnehmen, von
denen in diesem Buch geschrieben steht.
20 Er, der dies bezeugt, spricht: Ja, ich
komme bald. –
Amen. Komm, Herr Jesus!
21 Die Gnade des Herrn Jesus sei mit al-
len!

6: Dan 2,28 • 7: Sach 2,14; Offb 1,3; 22,12.20 • 9: 19,10 • 10: Dan 12,4.9 • 11: Dan 12,10 • 12: Sach 2,14; Jes 40,10 G; Ps 28,4 • 13: Jes 44,6; Offb 1,17 • 14: 1,3; Gen 2,9; 3,22 • 15: 21,8; Mt 15,19 • 16: Jes 11,1.10; Num 24,17 • 17: Jes 55,1; Sach 14,8 • 18: Dtn 4,2; 13,1; 29,20 • 19: Dtn 4,2; Gen 2,9; 3,22 • 20: 3,11; 22,7.12; 1 Kor 16,22 • 21: Hebr 13,25.

ANHANG

I. NAMEN, ABKÜRZUNGEN UND PARALLELÜBERLIEFERUNGEN

1. *Allgemeine Abkürzungen*

A	Anmerkung
AT	Altes Testament
atl.	alttestamentlich
ca.	circa = ungefähr
d.h.	das heißt
EÜ	Einheitsübersetzung
f	folgender Vers
G	griechische Übersetzung der Septuaginta, entstanden zwischen ca. 250–100 v.Chr.
H	hebräischer Text
Jh.	(Jhd.) Jahrhundert
korr.	korrigiert
NT	Neues Testament
ntl.	neutestamentlich
Par.	Parallele
Parr.	Parallelen
par.	parallele Stellen
S	Syrische Übersetzung (Peschitta)
s.	siehe
sog.	so genannt (-e, –er, –es)
u.a.	unter anderem
usw.	und so weiter
vgl.	vergleiche
V.	(VV.) Vers(e)
Vg	Vulgata
z. B.	zum Beispiel
z. T.	zum Teil
( )	erklärender Zusatz der Übersetzer
[ ]	unechter Text bzw. alte Zusätze
‖	Parallelüberlieferung
ẹ	der Laut kann beim Gesang ausfallen (im Psalter)

2. *Namen und Abkürzungen der biblischen Bücher*

Altes Testament

Gen	Das Buch Genesis
Ex	Das Buch Exodus
Lev	Das Buch Levitikus
Num	Das Buch Numeri
Dtn	Das Buch Deuteronomium
Jos	Das Buch Josua
Ri	Das Buch der Richter
Rut	Das Buch Rut
1 Sam	Das erste Buch Samuel
2 Sam	Das zweite Buch Samuel
1 Kön	Das erste Buch der Könige
2 Kön	Das zweite Buch der Könige
1 Chr	Das erste Buch der Chronik
2 Chr	Das zweite Buch der Chronik
Esra	Das Buch Esra
Neh	Das Buch Nehemia
Tob	Das Buch Tobit
Jdt	Das Buch Judit
Est	Das Buch Ester
1 Makk	Das erste Buch der Makkabäer
2 Makk	Das zweite Buch der Makkabäer
Ijob	Das Buch Ijob
Ps	Die Psalmen
Spr	Das Buch der Sprichwörter
Koh	Das Buch Kohelet
Hld	Das Hohelied
Weish	Das Buch der Weisheit
Sir	Das Buch Jesus Sirach
Jes	Das Buch Jesaja
Jer	Das Buch Jeremia
Klgl	Die Klagelieder
Bar	Das Buch Baruch
Ez	Das Buch Ezechiel
Dan	Das Buch Daniel
Hos	Das Buch Hosea
Joël	Das Buch Joël
Am	Das Buch Amos
Obd	Das Buch Obadja
Jona	Das Buch Jona
Mi	Das Buch Micha
Nah	Das Buch Nahum
Hab	Das Buch Habakuk
Zef	Das Buch Zefanja
Hag	Das Buch Haggai
Sach	Das Buch Sacharja
Mal	Das Buch Maleachi

Neues Testament

Mt	Das Evangelium nach Matthäus
Mk	Das Evangelium nach Markus
Lk	Das Evangelium nach Lukas
Joh	Das Evangelium nach Johannes
Apg	Die Apostelgeschichte
Röm	Der Brief an die Römer
1 Kor	Der erste Brief an die Korinther
2 Kor	Der zweite Brief an die Korinther
Gal	Der Brief an die Galater
Eph	Der Brief an die Epheser
Phil	Der Brief an die Philipper
Kol	Der Brief an die Kolosser
1 Thess	Der erste Brief an die Thessalonicher
2 Thess	Der zweite Brief an die Thessalonicher
1 Tim	Der erste Brief an Timotheus

2 Tim	Der zweite Brief an Timotheus
Tit	Der Brief an Titus
Phlm	Der Brief an Philemon
Hebr	Der Brief an die Hebräer
Jak	Der Brief des Jakobus
1 Petr	Der erste Brief des Petrus
2 Petr	Der zweite Brief des Petrus
1 Joh	Der erste Brief des Johannes
2 Joh	Der zweite Brief des Johannes
3 Joh	Der dritte Brief des Johannes
Jud	Der Brief des Judas
Offb	Die Offenbarung des Johannes

3. *Parallelüberlieferungen*

In dieser Ausgabe werden jeweils am Ende eines Textabschnittes Hinweise auf Parallelüberlieferungen und auf verwandte Texte oder auch auf Einzelworte angeführt.

Hinter der Stellenangabe und einem ‖ werden die Texte aus dem Alten oder dem Neuen Testament angegeben, die auch der sprachlichen Form nach derselben Überlieferungsgruppe zugehören.

Hinter der Stellenangabe ohne das Parallelzeichen ‖ werden Stellen aus dem Alten und Neuen Testament angeführt, an denen sich inhaltlich, zum Teil auch formal, gleichartige oder verwandte Texte finden (sog. Sachparallelen). Im Neuen Testament finden sich daneben Hinweise auf die Texte, die entweder als wörtliche Zitate (diese sind je kursiv gesetzt) oder als Anspielungen dem Alten Testament entnommen sind oder dieses frei zitieren.

Die einzelnen Verweisgruppen sind durch das Zeichen • voneinander getrennt.

Durch diese Verweise lässt sich der Prozess des Wachsens und der Ausgestaltung der biblischen Überlieferung leichter erfassen; zugleich tritt die innere Einheit und die gedankliche, stilistische und sprachliche Vielfalt der biblischen Schriften, vor allem jener des Neuen Testaments, deutlich hervor.

II. DIE TEXTVORLAGEN DER EINHEITSÜBERSETZUNG

A. DER TEXT DES ALTEN TESTAMENTS

1. *Der hebräische Text*

Der Einheitsübersetzung liegt für die hebräisch überlieferten Schriften der hebräische Text des Alten Testaments zugrunde, der sog. Masoretische Text. Er geht in seiner heutigen Fassung im Wesentlichen auf die sorgfältige Arbeit jüdischer Gelehrter, der sog. Masoreten, zurück. Sie bemühten sich zwischen dem 6. und 10. Jahrhundert n. Chr. um die Wiederherstellung und Sicherung der ältesten Textfassung der Bücher des Alten Testaments. Um 100 n. Chr. lag der hebräische Konsonantentext in Palästina vor; er entspricht im Wesentlichen dem Text, der schon 100 v. Chr. verbreitet war. Weil die Juden, wie andere semitische Völker, nur die Konsonanten (Mitlaute) schrieben, die Vokale (Selbstlaute) aber nur sehr ungenau andeuteten, schufen die Masoreten zwischen 600 und 900 n. Chr. mit Hilfe von Strichen und Punkten über und unter den Konsonantenbuchstaben Vokalzeichen. Diesen »vokalisierten« oder »punktierten« Text nennt man den masoretischen Text. Die wissenschaftliche Forschung der Textüberlieferungen und neuere Funde von vormasoretischen Handschriften, besonders von Qumran, haben zur kritischen Sichtung und Verbesserung dieses Textes beigetragen.

2. *Der griechische Text*

Die gesamte hebräische Bibel wurde für die Griechisch sprechenden Juden Ägyptens und des Mittelmerraumes zwischen 250 und 100 v. Chr. von unbekannten Juden in Alexandria ins Griechische übersetzt und so im Gottesdienst der jüdischen Gemeinde von Alexandria verwendet. Diese Übersetzung soll nach der Überlieferung in siebzig Tagen von siebzig Männern verfertigt worden sein; darum erhielt sie den Namen: »(die Übersetzung der) Siebzig« oder einfach »Septuaginta« (LXX). Sie wird in der Einheitsübersetzung durch den Buchstaben G, d.h. Griechischer Text, gekennzeichnet. In diese griechische Übersetzung wurden auch die sog. deuterokanonischen Bücher aufgenommen (s. Einleitung in das Alte Testament).

Im 2. Jahrhundert n. Chr. entstanden weitere griechische Übersetzungen, vor allem die des Aquila, des Symmachus und des Theodotion, die bisweilen auch in der Einheitsübersetzung berücksichtigt werden.

3. Die lateinischen Übersetzungen

Schon ab 150 n. Chr. entstehen in Nordafrika und Südfrankreich lateinische Übersetzungen, die man Vetus Latina (die Altlateinische) nennt. Diese Texte sind heute nur noch z. T. erhalten. Ab 390 n. Chr. schuf der hl. Hieronymus im Auftrag von Papst Damasus I. eine Übersetzung des Alten Testaments aus dem Hebräischen, da die früheren Übersetzungen aus der Septuaginta sehr fehlerhaft waren. Seine Übersetzung erhielt später den Namen Vulgata (Vg), d. h. die allgemein Verbreitete (Übersetzung). Sie gewann in der katholischen Kirche große Bedeutung in Gottesdienst und Theologie und wurde vom Konzil von Trient 1546 als authentisch erklärt (vgl. auch unten, B. 2).

4. Andere alte Textfassungen und Übersetzungen

Für das Bemühen, die älteste Fassung des hebräischen bzw. griechischen Textes des Alten Testaments festzustellen, sind außerdem folgende alte Texte und Übersetzungen wichtig: der Samaritanische Pentateuch, die aramäischen Übersetzungen (Targume) sowie die Übersetzung ins Syrische (Peschitta, abgekürzt S). Diese Übersetzungen haben den hebräischen Text zur Grundlage; andere alte Übersetzungen (z. B. die altlateinische, die koptische, die äthiopische, die armenische, die gotische) geben die Septuaginta wieder.

5. Aramäische Teile des Alten Testaments

Das Aramäische ist eine mit dem Hebräischen eng verwandte semitische Sprache. Seit der Zeit der Perserherrschaft (ab 540 v. Chr.) wird das Hebräische als Umgangssprache im jüdischen Volk vom Aramäischen allmählich verdrängt. Zur Zeit Jesu sprach das Volk in Palästina Aramäisch. In aramäischem Urtext sind folgende Teile des Alten Testaments abgefasst: Jer 10,11; Esra 4,8 – 6,18; 7,12–26; Dan 2,4 – 7,28.

B. DER TEXT DES NEUEN TESTAMENTS

1. Der griechische Text

Die Schriften des Neuen Testaments wurden von Anfang an sehr oft abgeschrieben. Kein Buch der Alten Welt ist so gut bezeugt durch frühe Abschriften wie das Neue Testament. Leider kam es aber im Verlauf der Überlieferung zu vielen Veränderungen der ursprünglichen Texte, sowohl durch Hör- und Lesefehler bei Diktat und Nachschrift, als auch durch absichtliche Veränderungen stilistischer und inhaltlicher Art. Heute wird die Zahl der Textvarianten, d. h. der Textverschiedenheiten, unter den verschiedenen Handschriften des Neuen Testaments auf rund 200 000 geschätzt. Meist handelt es sich dabei um stilistische Abweichungen, nur in verhältnismäßig wenigen Fällen um Sinnvarianten.

Schon in den ersten christlichen Jahrhunderten setzten aber Bestrebungen ein, die ursprünglichen Textfassungen wiederherzustellen und zu sichern. Durch eine große Zahl von Textzeugnissen seit dem 2. Jahrhundert n. Chr. und durch die gründliche Erforschung der verwickelten Geschichte der Textüberlieferung, ist der griechische Text des Neuen Testaments heute wissenschaftlich vollauf gesichert. Der Text der wissenschaftlichen Ausgaben entspricht jener Textform, die zu einem großen Teil um die Mitte des 2. Jahrhunderts bestand.

Die Einheitsübersetzung setzt die Ergebnisse der wissenschaftlichen Erforschung des Textes voraus und weist dort, wo wichtige, voneinander abweichende Textzeugnisse vorliegen, auf diese hin. Da die Textausgaben des Neuen Testaments nach dem Aufkommen des Buchdrucks in Verse eingeteilt wurden, der damalige griechische Text aber wissenschaftlich noch nicht voll gesichert war, finden sich in dieser Übersetzung auch Hinweise auf Verse, die nicht zum Urtext gehörten und daher lediglich in den Fußnoten abgedruckt werden.

2. Die altlateinischen Übersetzungen und die Vulgata

Schon seit dem 2. Jahrhundert kam es zu Übersetzungen ins Syrische, Koptische und Lateinische. Diese Übersetzungen sind wichtig für die Erforschung des ursprünglichen griechischen Textes. Frühe lateinische Übersetzungen entstanden zuerst in Nordafrika und in Südfrankreich, dann in Italien. Diese wurden Altlateinische Übersetzungen (Vetus latina) genannt.

Papst Damasus I. gab 382 dem damaligen bedeutendsten Bibelgelehrten der lateinischen Kirche, Hieronymus, den Auftrag, einen einheitlichen, zuverlässigen Text der lateinischen Übersetzung zu schaffen. 384

legte Hieronymus eine überarbeitete Fassung der Evangelien vor. Ob er auch die übrigen Schriften des Neuen Testaments ähnlich überarbeitet hat oder ob andere dies taten, ist bis heute nicht geklärt. Die lateinische Übersetzung, die unter Papst Damasus in Rom gebraucht wurde (später Vulgata, d.h. die allgemein Verbreitete genannt), gewann im lateinischsprachigen Westen vorherrschende Bedeutung. Dazu trug der Rückgang der griechischen Sprachkenntnisse und die Trennung zwischen West- und Ostkirche maßgeblich bei.

Als die Reformatoren des 16. Jahrhunderts im Anschluss an die Humanisten wieder auf den griechischen Text zurückgriffen, erklärte das Konzil von Trient 1546 die »altehrwürdige, allgemeine (lateinische) Übersetzung, die durch so lange Jahrhunderte im Gebrauch der Kirche erprobt ist« als »authentisch«, d.h. für den kirchlichen Gebrauch maßgebend. Diese Übersetzung enthält zahlreiche Textvarianten gegenüber dem griechischen Originaltext, sodass die katholische Kirche heute sowohl für theologische Forschungen und Verlautbarungen wie auch für die Liturgie auf den griechischen Text zurückgreift.

Im Anschluss an das Zweite Vatikanische Konzil wurde im Auftrag der katholischen Kirche eine Nova Vulgata geschaffen, welche die Vulgataübersetzung des Alten und des Neuen Testaments anhand des hebräischen und griechischen Grundtextes überprüfte und auch stilistisch überarbeitete. Papst Johannes Paul II. hat sie am 15. April 1979 veröffentlicht und bestimmt, die Neue Vulgata solle überall dort verwendet werden, wo die Kirche biblische Texte in lateinischer Sprache gebraucht (z.B. römische Liturgie).

3. Der Text der Einheitsübersetzung

Das Zweite Vatikanische Konzil erlaubte den Gebrauch der Muttersprache in der Liturgie und beschloss, die Schriftlesung reicher und mannigfaltiger auszugestalten. Zugleich empfahl es, neue Bibelübersetzungen aus den Ursprachen zu schaffen, wo möglich gemeinsam mit den nichtkatholischen Christen. Deswegen fußt die Einheitsübersetzung auf den hebräischen und aramäischen (Altes Testament) und auf den griechischen (deuterokanonische Bücher des Alten Testaments, Neues Testament) Grundtexten und hat die Vulgataübersetzung nicht in besonderer Weise berücksichtigt.

III. DIE ZÄHLUNG UND ÜBERSETZUNG DER PSALMEN

Die Zählung der Psalmen weicht in den hebräischen Handschriften von der Zählung in den griechischen und lateinischen (G und Vg) Handschriften ab. Da die Einheitsübersetzung den hebräischen Text zugrunde legt, folgt sie auch der hebräischen Zählung. So ergibt sich folgende Ordnung:

Ps 1–9:	Zählung gleich
Ps 10–113:	hebräische Zählung geht um 1 voraus
Ps 114–115:	entspricht dem griechischen Ps 113
Ps 116:	hebräische Zählung entspricht den griechischen Psalmen 114 und 115
Ps 117–146:	hebräische Zählung geht um 1 voraus
Ps 147:	hebräische Zählung entspricht den griechischen Psalmen 146 und 147
Ps 148–150:	Zählung gleich.

IV. DIE ÖKUMENISCHEN TEILE

Im Auftrag des Rates der Evangelischen Kirche in Deutschland und des Evangelischen Bibelwerks in der Bundesrepublik Deutschland wirkten evangelische Fachleute der Bibel, der Liturgik, der Kirchenmusik und der deutschen Sprache gleichberechtigt an der Übersetzung der Psalmen und des Neuen Testaments mit.

An der Übersetzung der übrigen Teile des Alten Testaments waren auf Einladung der katholischen Auftraggeber auch evangelische Fachleute der früheren Württembergischen Bibelanstalt in Stuttgart und der Evangelischen Michaelsbruderschaft beteiligt. Doch wurden diese Teile von der Evangelischen Kirche in Deutschland nicht ausdrücklich als ökumenisch verbindlich anerkannt.

V. MASSE, GEWICHTE UND MÜNZEN

Maße, Gewichte und Münzen werden heute nach mathematisch festgelegten Einheiten errechnet, die in einem Bezugssystem zueinander stehen. In der Frühzeit stützten sich die sozialen Gemeinschaften auf Festlegungen, die ihren Vergleichspunkt in der konkreten Erfahrung hatten. So wurden zum Beispiel Längenmaße nach Arm und Hand, Flächen nach der Zeit, die man brauchte, sie zu bearbeiten (Tagwerk) oder nach der benötigten Saatmenge bestimmt, Entfernungen nach der Zeit, die man braucht, um sie zurückzulegen (Tagesmarsch).

Bei Maßen und Gewichten wird im Alten Testament zwischen königlichen und gewöhnlichen Einheiten unterschieden; eine königliche Elle etwa ist größer als eine gewöhnliche. Es ließ sich bisher nicht klären, ob die Bezeichnung »königlich« sich auf die Festsetzung der Wertgarantie (Eichmaß) durch den König bezieht oder auf Abgaben und Steuern, die nach dieser Bemessung zu leisten waren.

Die hier in Frage kommenden Begriffe bezeichnen in verschiedenen Perioden des Alten Testaments unterschiedliche Größen, je nach dem Herkunftsort (Babylonien, Ägypten, Griechenland, Rom, Ortsgegebenheiten) der einzelnen Zählsysteme. Diese verschiedenen Systeme wurden teilweise auch gleichzeitig benutzt. Die einzelnen Maßeinheiten entsprachen jedoch bei den einzelnen Völkerschaften des Vorderen Orients und der Mittelmeerwelt in etwa einander. Eine Übertragung in die heutigen Zahlen- und Maßsysteme ergibt nur Annäherungswerte.

1. Maße

a) Längenmaße

Elle (Gen 6,15; Mt 6,27):
gemessen von der Spitze des Ellbogens bis zur Spitze des Mittelfingers

Spanne (Ex 28,16):
der Abstand von der Daumen- bis zur Kleinfingerspitze der gespreizten Hand

Handbreite (Ex 25,25):
gemessen an der Fingerwurzel

Finger (Jer 52,21):
Daumenbreite

Es ergibt sich folgendes *Verhältnisschema* (zu lesen 1 Elle = 2 Spannen usw.):

				königlich	gewöhnlich
Elle	1			52,5 cm	45,8 cm
Spanne	2	1		26,9 cm	22,9 cm
Handbreite	6	3	1	8,7 cm	7,6 cm
Finger	24	12	4	2,2 cm	1,9 cm

b) Wegmaße

Tagesmarsch (Num 11,31): ca. 40 km

Meile (Mt 5,41):
römische Bezeichnung, 1000 Doppelschritte, etwa 8 Stadien; ca. 1,5 km

Stadion (Mehrzahl: Stadien; Makk 11,5; Lk 24,13):
griechische Bezeichnung, ca. 185–200 m

Faden (Apg 27,28):
1/100 Stadion: ca. 1,85 m

Schritt (2 Sam 6,13):
1/200 Stadion: ca. 92 cm

Fuß (Dtn 2,5; Apg 7,5):
1/600 Stadion: ca. 30,8 cm

Elle (Gen 6,15; Mt 6,27):
45,8 cm

Bogenschuss (Gen 21,16):
?

c) Hohlmaße

Für Trockenes

Hómer (Lev 27,16):
10 Efa: ca. 400 l

Letech (s. Anmerkung zu Hos 3,2):
5 Efa: ca. 200 l

Efa (Ex 16,36):
ca. 40 l

Sea (2 Kön 7,1; Mt 13,13):
1/3 Efa: ca. 13 l

Gomer (Ex 16,36):
1/10 Efa: ca. 4 l

Zehntel (Ex 29,40):
1/10 Efa: ca. 4 l

Kab (2 Kön 6,25):
1/18 Efa: ca. 2,2 l

Für Flüssigkeiten

Kor (1 Kön 5,2; Lk 16,7):
10 Bat: ca. 400 l

Bat (1 Kön 7,26; Lk 16,6):
ca. 40 l

Metrete (Joh 2,6):
1 Bat: ca. 40 l

Hin (Ex 29,40):
1/6 Bat, ca. 6,5 l

Log (Lev 14,10):
1/72 Bat: ca. 0,5 l

2. *Gewichte und Münzen*

Schon in der Frühzeit erkannte man den Eigenwert edler und seltener Metalle; sie sind als Tauschobjekt begehrt und für Handel und Stadtkultur leicht verwendbar (vgl. die »Viehwährung« der Nomadenkultur). Metalle wog man mit Steingewichten auf einfachen Waagen. Die Metallwährung bildet das Zwischenglied zwischen dem Tauschhandel und der Geldwirtschaft. Das Verhältnis Gold–Silber war etwa 1:13. Gold- und Silberstücke wurden in Barren, als Schmuck (mit Gewichtsstempel) und vom 7. Jahrhundert an als geprägte Münzen gebraucht. Das Wort Silber wurde zur Bezeichnung für Geld schlechthin (vgl. das französische »argent«). Die ersten uns überhaupt bekannten Münzen wurden um das Jahr 630 v. Chr. in Lydien (heute West-Türkei) aus Weißgold (Elektrum) verfertigt. Im Alten Testament werden Münzen erst in nachexilischen Texten erwähnt. Die älteste auf dem kanaanäischen Boden gefundene Münze ist eine griechische Tetradrachme (Mitte des 6. Jahrhunderts). Als älteste jüdische Münze ist ein Halbschekel aus dem 5. Jahrhundert bekannt.

a) Gewichte

Talent (Ex 38,25; Mt 18,24):
3 600 Schekel: ca. 41 kg
Das Talent war keine Münze, sondern die Bezeichnung für eine festgelegte Recheneinheit: 6 000 Drachmen (vgl. Dutzend).

Mine (Ez 45,12; Lk 19,13):
60 Schekel: ca. 685 g
Auch die Mine war keine Münze, vgl. zu Talent; ihr Wert entsprach 100 Drachmen.

Pfund (litra, Joh 12,3; 19,39):
320 g

Kesita (Jos 24,32; vgl. Gen 23,15):
4 Silberschekel: ca. 46 g

Schekel bzw. *Silberschekel*
(Ex 38,24; Ez 45,12): 11,5 g. Von hebr. *schakal*, wiegen, bezahlen: Gewicht, das zur Grundeinheit des Gewichtssystems wurde; es kann unterteilt werden in Drittel-, Halb- und Viertelschekel (vgl. die Doppeldrachme).

Halbschekel (Lk 15,8, vgl. Doppeldrachme):
6 g

Gera (Num 3,47):
ca. 0,6 g

Es ergibt sich etwa folgendes *Verhältnisschema* (zu lesen: 1 Talent = 60 Minen usw.):

Talent	1		
Mine	60	1	
Schekel	3 600	60	1
Gera	72 000	1 200	20

b) Altorientalische Währungen

In engem Zusammenhang mit der wechselreichen politischen Geschichte ist auch die Münzgeschichte Palästinas sehr lebhaft gewesen. Als Währung, die seit 538 in den persischen Provinzen Palästinas in Umlauf war, sind im Alten Testament erwähnt: Golddariken (1 Chr 29,7; Esra 2,69; 8,27; Neh 7,69–71) und Silberschekel (Neh 5,15), wobei die Goldmünzen von der persischen Zentralmacht, die Silbermünzen von der Provinzregierung geprägt waren. Daneben waren auch die Währungen anderer Staaten gültige Zahlungsmittel. Die Hafenstadt Tyrus begann schon etwa 450 v. Chr. eigene Münzen (Statér) zu prägen. Diese Währung phönizischen Standards galt bis 331; in diesem Jahr führte Alexander der Große in seinem Reich eine einigermaßen einheitliche Währung ein, u. a. Tetradrachmen und Doppeldrachmen attischen Standards. Nach einem Dreivierteljahrhundert ptolemäischer und einem Dreivierteljahrhundert seleuzidischer Prägung lieferte Tyrus ab 125 v. Chr. wieder Tetradrachmen, Doppeldrachmen und Drachmen phönizischen Standards (Schekel, Halbschekel, Viertel-Silberschekel) mit einem sehr stabilen Feingehalt, im Gegensatz zu den seleuzidischen (Syrien) und ptolemäischen (Ägypten) Währungen, die laufend weniger Eigenwert haben (der Metallfeingehalt ist Mitte des 1. Jahrhunderts v. Chr. bis auf 30 Prozent des ursprünglichen Werts abgesunken). Daher galt die tyrische Währung als einzig gültiges Tempelsteuerzahlmittel. Nach 1 Makk 15,6 wurde dem Makkabäer Simeon (143–135) das Münzrecht zugestanden. Die makkabäische Währung ist durchwegs aus Bronze und ohne Wertangabe. Die Römer, Herrscher in Palästina seit 64 v. Chr., führten ihre Reichsmünzen (Denar, As, Quadrans) und verschiedene Provinzialmünzen (Münzstätten Antiochia, Alexandria) ein.

c) Griechische Währung

Mine (Ez 45,12; Lk 19,13):
25 Silberschekel bzw. Tetradrachmen, 100 Drachmen

Tetradrachme (Mt 17,27):
auch Statér genannt; eine Silbermünze im Wert eines Schekels (Mt 16,15, EÜ: Silberstück)

Doppeldrachme (Mt 17,24):
Silbermünze im Wert eines Halbschekels

Drachme (Lk 15,8):
Silbermünze im Wert eines Viertelschekels, gleich 6 Oboloi; entspricht einem Denar

Obolos:
Bronzemünze, gleich 8 Chalkoi

Chalkos (Mt 10,9):
Bronzemünze, gleich 1/48 Drachme

Lepton (Mk 12,42):
Bronzemünze, 1/144 Drachme

d) Römische Währung

Golddenar (vgl. Mt 10,9):
25 Silberdenare

Silberdenar (Mt 18,28):
gleich einem Viertel-Silberschekel, unter Kaiser Nero (63 n. Chr.) einer Drachme gleichgestellt; römische Sold- und Steuermünze; entsprach dem Taglohn (s. Mt 20,2)

As (Mt 10,29):
Bronzemünze, entspricht 1/16 Denar

Quadrans (Mt 5,26):
Bronzemünze, entspricht 1/64 Denar

VI. KALENDER UND FESTTAGE

1. Zeit

Monate:	Kanaanäische Bezeichnung	Babylonische Bezeichnung
März/April (1)	Abib	Nisan
April/Mai (2)	Siw	(Ijjar)
Mai/Juni(3)		Siwan
Juni/Juli (4)		(Tammus)
Juli/August (5)		(Ab)
August/ September (6)		Elul
September/ Oktober (7)	Etanim	(Tischri)
Oktober/ November (8)	Bul	(Marcheschwan)
November/ Dezember (9)		Kislew
Dezember/ Januar (10)		Tebet
Januar/ Februar (11)		Schebat
Februar/März (12)		Adar

Die in Klammer stehenden Bezeichnungen finden sich nicht in der Bibel.

Der Tag dauerte von Sonnenuntergang zu Sonnenuntergang. Das galt auch für den Sabbat (7. Tag = Freitagabend bis Samstagabend). Der Lichttag wurde in zwölf Stunden eingeteilt, von Sonnenaufgang gerechnet bis Sonnenuntergang. Die Nacht wurde zunächst in drei, dann unter römischem Einfluss in vier Nachtwachen (zu je »drei« Stunden) eingeteilt.

Der Monat wurde von Neumond an gerechnet und bestand aus neunundzwanzig oder dreißig Tagen.

Das Jahr war ein Mondjahr zu 353 bis 355 Tagen, das man etwa jedes dritte Jahr durch Einschub eines Schaltmonats auf das Sonnenjahr abstimmte. Bis zum Babylonischen Exil begann das bürgerliche und das kultische Jahr mit dem Monat Nisan, das wirtschaftliche Jahr mit dem Monat Tischri. Nach dem Exil wurde das bürgerliche Jahr dem wirtschaftlichen angeglichen.

Zur Zeit Jesu galten auch römische Monatsnamen (s. die deutschen Monatsnamen, die sich aus den römischen entwickelten). Daneben kannte man auch mazedonische Bezeichnungen, von denen aber nur drei im Alten Testament erwähnt sind: Dystros (Februar/März), Xanthikos (März/April) und Dioskoros (ein Schaltmonat).

2. Biblische Feste und Festzeiten

Die Feste im Allgemeinen haben sich aus drei Grundmotiven entwickelt, nämlich aus der Erinnerung:

1. an die ständige Wiederkehr der Ereignisse in der Natur (Ernte, Schafschur);

2. an bedeutsame Ereignisse im Familienleben (Entwöhnung des Kindes, Hochzeit) und

3. an geschichtliche Ereignisse im Leben des Volkes.

Mit der Zeit verbanden sich bei einigen Festen einige verschiedene Motive (vgl. Pascha, Laubhüttenfest).

Zu den biblischen Festen und Festzeiten gehören:
Sabbat (letzter Tag jeder Woche); vgl. Lev 23,3.
Neumond (erster Tag jedes Monats); vgl. Num 28,11.
Neujahrsfest (erster Tag jedes Jahres); vgl. Lev 23,23–25.
Das *Pascha* (am 14. und 15. Nisan, Frühlingsvollmond); vgl. Ex 12,1–14; Lev 23,4–8.
Das *Fest der Ungesäuerten Brote* (Anfang der Gerstenernte, anschließend an das Pascha); vgl. Ex 12,15–20.
Das *Wochen- oder Pfingstfest* (Weizenernte, fünfzig Tage nach dem Fest der Ungesäuerten Brote); vgl. Lev 23,15–22.
Der *Versöhnungstag* (fünf Tage vor dem Laubhüttenfest); vgl. Lev 16,2–34; 23,26–32.
Das *Laubhüttenfest* (Ende der Oliven- und Weinernte, vom 15. bis 22. Tischri); vgl. Lev 23,33–36.39–43.
Das *Tempelweihfest* (Erinnerung an die Weihe des Tempels 164 v. Chr.; Woche vom 25. Kislew); vgl. 1 Makk 4,36–59.
Das *Purimfest* (am 14. und 15. Adar); vgl. Est 9,20–32.
Das *Sabbatjahr* (alle sieben Jahre); vgl. Lev 25,2–7.
Das *Jubeljahr* (alle neunundvierzig Jahre); vgl. Lev 25,8–31.

VII. AUSGEWÄHLTE NAMEN UND BEGRIFFE

(s. A = siehe die Anmerkung zu; s. Einl.: = siehe die Einleitung zu).

Aaron – Ex 4,14 – 12,50; 16,2–10; 17,10.12; 24,1–14; 28,1 – 30,30; 32,1–6.21–25; 35,19; 39; Lev 1,5 – 2,10; 6,9 – 10,19; 13,1f; 16,1–25; 21,1 – 22,18; Num 1,3.17.44; 3,1 – 4,48; 8,2–22; 12,1–11; 13,26; 14,2–26; 16,3 bis 20,29; 26,59–64; 33,1–39; Dtn 9,20; 10,6; 32,50; Lk 1,5; Apg 7,40; Hebr 5,4; 7,11; 9,4.
Abba – Mk 14,36; Röm 8,15; Gal 4,6.
Abel – Gen 4,2–11; Mt 23,35; Lk 11,51; Hebr 11,4; 12,24.
Abendmahl – Mt 26,20–29; 14,17–25; Lk 22,14–20; 24,30; Joh 6,48–51; 21,13; Apg 1,4; 2,42.46; 10,41; 20,7.11; 1 Kor 10,16–21; 11,23–29; vgl. Eucharistie.
Abendopfer – Num 28,3–8; Esra 9,5.
Abib – s. Anhang VI.1.
Abigajil – 1 Sam 25,2–42; 27,3; 30,5; 2 Sam 2,2; 3,3; 1 Chr 3,1.
Abihu – Ex 6,23; 24,1.9; 28,1; Lev 10,1; Num 3,2.4; 26,60f; 1 Chr 5,29; 24,1f.
Abija (König) – 1 Kön 15,1–8; 2 Chr 13,1–23.
Abija (Priester) – 1 Chr 24,10; Lk 1,5.
Abimelech (König von Gerar) – Gen 20f; 26,1–26.
Abimelech (von Sichem) – Ri 8,31; 9,1–57; 10,1.
Abinadab – 1. 1 Sam 16,8; 17,13; 2. 2 Sam 6,3.
Abiram – Num 16,1–35; 26,9; Dtn 11,6; Ps 106,17; Sir 45,18.
Abischag – 1 Kön 1,3.15; 2,17.21f.
Abischai – 1 Sam 26,6–9; 2 Sam 2,18.24; 3,30; 10,10.14; 16,9.11; 18,2.5; 19,22; 20,6.10; 21,17; 23,18; 1 Chr 2,16; 11,20; 18,12.
Abjatar – 1 Sam 22,20–23; 23,6.9; 30,7; 2 Sam 8,17; 15,24–36; 17,15; 20,25; 1 Kön 1,25; 2,22–35; 4,4; 1 Chr 15,11; 18,16; 27,34; s. A Mk 2,26.
Abner – 1 Sam 14,50f; 17,55; 20,25; 26,5–16; 2 Sam 2,8 – 4,12; 1 Kön 2,5.32; 1 Chr 26,28.
Abram/Abraham – Gen 11,26 – 25,11; 2 Chr 20,7; 1 Makk 2,52; 2 Makk 1,2; Ps 105,6.42; Weish 10,5; Sir 44,19–22; Jes 41,8; Röm 4,3–22; Gal 3,6–18; Hebr 11,8–17; Jak 2,21–23.
Abschalom – 2 Sam 3,3; 13,1 – 19,11; 20,6; 1 Kön 1,6; 2,28; 1 Chr 3,2; Ps 3,1.
Achaia – Apg 18,12.27; 19,21; Röm 15,26; 1 Kor 16,15; 2 Kor 1,1; 9,2; 11,10; 1 Thess 1,7f.
Achan – Jos 7,1–26; 22,20; 1 Chr 2,7.
Achior – Jdt 5,5–22; 6,1–21; 11,9; 14,6.
Achisch – 1 Sam 21,11–15; 27,2–12; 28,1f; 29,2–10.
Achor-Tal – s. A Hos 2,17.
Adam – Gen 2,25; 3,8–12.17–20; 4,1–25; 5,1–5; Weish 10,1f; s. A Gen 4,25; Lk 3,38; Röm 5,14; 1 Kor 15,22.45; 1 Tim 2,13f; Jud 14.
Adar – s. Anhang VI.1.
Adonija – 2 Sam 3,4; 1 Kön 1,5–53; 2,13–25; 1 Chr 3,2.
Adoption – s. A Gen 30,3.
Agabus – Apg 11,27f; 21,10f.
Agrippa I. – s. A Apg 12,1.
Agrippa II. – s. A Apg 25,13.
Ägypten – Gen 12,10 – 13,1; 39,1 – 50,26; Ex 1,1–14,31; 2 Kön 18,21–24; Tob 8,3; Jdt 5,12; Ps 78,51; 81,6; 105,27–38; Jes 19,1 – 20,6; Jer 46,2–26; Ez 29,1 – 32,32; Mt 2,13–19; Apg 2,10; 7,9–40; 13,17; Hebr 3,16; 8,9; 11,26f; Jud 5; Offb 11,8.
Ahab – 1 Kön 16,28–30.33; 17,1; 18,1–46; 19,1; 20,2 – 22,40; 2 Kön 1,1; 3,1.5; 8,16–18; 9,7–9; 10,1.18; 21,3; 2 Chr 18,1–19; 21,6.13; 22,2–8;

3,31; 4,5; 10,33.35; 14,44; Dtn 10,3.5.8; 31,9.25f; Jos 3,3 – 4,18; 6,4–13; 7,6; 8,33; Ri 20,27; 1 Sam 3,3; 4,3 – 7,2; 2 Sam 6,2–17; 7,2; 11,11; 15,24f.29; 1 Kön 2,26; 3,15; 8,1–9; 1 Chr 13,3–14; 15,1 – 16,37; 17,1; 22,19; 28,2.18; 2 Chr 1,4; 5,2–10; 6,11.41; 35,3; 2 Makk 2,4f; Ps 132,8; Jer 3,16; Hebr 9,4; Offb 11,19; vgl. Lade.

Bundesurkunde – Ex 30,6.26.36; 31,18; 32,15; 40,20; Num 9,15.

Cäsarea am Meer – Apg 8,40; 9,30; 10,1.24; 11,11; 12,19; 18,22; 21,8.16; 23,23.33; 25,1.4.6.13.

Cäsarea Philippi – Mt 16,13; Mk 8,27.

Chaldäer – s. A Dan 2,2; s. Einl. Hab.

Charisma – wörtlich: Gnadengabe (von charis, Gnade); besondere gnadenhafte Befähigung zum christlichen Leben und zum Aufbau der christlichen Gemeinden; Röm 1,11; 6,23; 11,29; 12,6; 1 Kor 1,7; 7,7; 12,4.9. 28–31; 2 Kor 1,11; 1 Tim 4,14; 2 Tim 1,6; 1 Petr 4,10.

Chiliasmus – von chilioi, Tausend; Erwartung eines Tausendjährigen Reiches Christi auf der Erde, dessen Kommen einige Schriftausleger aus Offb 20,1–6 herauslasen.

Chorazin – Mt 11,21; Lk 10,13.

Christ – gr. christianos, d. h. einer, der an Jesus als den Christos (den Gesalbten), den Messias, glaubt; s. A Apg 11,26; Gal 3,28f; 1 Petr 4,16.

Christus – gr. Christos; s. Messias.

Chronik – s. Einl. Chr.

Chronistisches Geschichtswerk – s. Einl. Esra und Neh.

Comma Johanneum – s. A 1 Joh 5,7f.

Dagon – s. A 1 Sam 5,2.

Dämonen – böse Geister, die nach jüdischem Volksglauben besonders schwere Leiden bei Menschen verursachen und sie ihrer Freiheit berauben. Tob 6,15–17; 8,3; Mt 7,22; 10,8; 11,18; 12,24–28; 17,18; Mk 1,34.39; 3,15.22; 6,13; 7,26–30; 9,38; 16,9.17; Lk 4,33.35.41; 7,33; 8,2.27–38; 9,1.42.49; 10,17; 11,14–20; 13,32; Joh 7,20; 8,48–52; 10,20f; 1 Kor 10,20f; 1 Tim 4,1; Jak 2,19; Offb 9,20; 16,14; 18,2.

Damaskus – 2 Sam 8,5f; 1 Kön 11,23–25; 2 Kön 14,28; 16,9; Jes 17,1–3; Jer 49,23–27; Am 1,3–5; Apg 9,2–23.27; 22,5–16; 26,12–20; 2 Kor 11,32; Gal 1,17.

Dan (Stadt) – Gen 14,14; Ri 20,1; 1 Kön 4,25; 12,29f; 15,20; Am 8,14.

Dan, Daniter – Gen 30,6; 35,25; 46,23; 49,16f; Dtn 33,22; Jos 19,40.47f; 21,5.23; Ri 1,34; 5,17.

Daniel – 1 Makk 2,60; Ez 14,14.20; 28,3; Dan; Mt 24,15.

Dank, danken – Lev 7,12–15; 1 Chr 16,4.8.17.34f.41; 2 Chr 7,3.6; Esra 3,11; Neh 12,24; Ps 26,7; 28,7; 35,18; 50,14; 52,11; 100,4; 105,1; 106,1; 107,1.8.15.21.31; 118,21; 145,10; Jes 12,4; 51,3; Jer 30,18f; Dan 2,23; Jona 2,9; Mt 11,25; 15,36; 26,27; Mk 8,6; 14,23; Lk 2,38; 10,21; 17,9.16; 18,11; 22,17–19; Joh 6,11.23; 11,41; Apg 27,35; 28,15; Röm 1,8.21; 6,17; 7,25; 14,6; 16,4; 1 Kor 1,4.14; 10,30; 11,24; 14,16–18; 15,57; 2 Kor 1,11; 2,14; 4,15; 8,16; 9,11.15; Eph 1,16; 5,4.20; Phil 1,3.5; 4,6; Kol 1,3.12; 2,7; 3,15–17; 4,2; 1 Thess 1,2; 2,13; 3,9; 5,18; 2 Thess 1,3; 2,13; 1 Tim 1,12; 2,1; 4,3f; 2 Tim 1,3; Phlm 4; Offb 4,9; 7,12; 11,17.

Darius – Esra 4,24; 5,5–7; 6,1.12–15; Neh 12,22; Dan 6,1–29; 9,1.

Datan – Num 16,1–35; 26,9; Dtn 11,6; Ps 106,17; Sir 45,18.

David – Rut 4,17.22; 1 Sam 16,12 – 1 Kön 2,12; 2,24.26.33.44; Ps 78,70; 89,4.21.36.50; 122,5; 132,1.10f.17; 144,10; Jes 7,2.13; 9,6; 16,5; 22,9.22; 29,1; 37,35; 55,3; Jer 13,13; 17,25; 21,12; 22,2.4.30; 23,5; Ez 34,34; Mt 1,1.6.17.20; 9,27; 12,3.23; 15,22; 20,30f; 21,9.15; 22,42–45; Mk 2,25; 10,47f; 11,10; 12,35.37; Lk 1,27.32.69; 2,4.11; 3,31; 6,3; 18,38f; 20,41–44; Joh 7,42; Apg 1,16; 2,25.29.34; 4,25; 7,45; 13,22.34.36; 15,16; Röm 1,3; 4,6; 11,9; 2 Tim 2,8; Hebr 4,7; 11,32; Offb 3,7; 5,5; 22,16.

Davidssohn – ein jüdischer Titel des Messias, der nach 2 Sam 7,12–16; 1 Chr 17,10–14 ein Nachkomme und Nachfolger des Königs David (1000–961 v. Chr.) sein sollte (vgl. dazu Mt 12,23; 15,22; 22,41–46 par. u. ö.).

Debora – Ri 4f.

Deckplatte (über der Bundeslade) – Ex 25,17–22; 26,34; 30,6; 31,7; 35,12; 37,6–9; 39,35; 40,20; Lev 16,2.13–15; Num 7,89.

Dedan – Gen 10,7; 25,3; 1 Chr 1,9.32; Ez 25,13; 27,20; 38,13.

Dekalog – Ex 20,1–17; Dtn 5,6–21.

Dekapolis – wörtlich »Zehnstadt«; Mt 4,25; Mk 5,20; 7,31.

Demas – Kol 4,14; 2 Tim 4,10; Phlm 24.

Demetrius – 1. Apg 19,24.38; 2. 3 Joh 12.

Demut – 1 Sam 2,7; Ijob 5,11; Ps 147,6; Ez 17,24; Mt 11,29; 18,4; 23,12; Lk 1,48.52; 3,5; 14,11; 18,14; Apg 20,19; Röm 12,16; 2 Kor 10,1; 11,7; 12,21; Eph 4,2; Phil 2,3.8; Kol 2,18.23; 3,12; Jak 1,9f; 4,6.10; 1 Petr 3,8.

Derbe – Apg 14,6.20; 16,1.

Deuterojesaja – s. Einl. Jes.

deuterokanonisch – s. Einl. »Das Alte Testament«.

Deuteronomistisches Geschichtswerk – s. Einl. Dtn.

Diakon – von gr. diákonos, Diener; Phil 1,1; 1 Tim 3,8.12; s. A Apg 6,1–7; Phil 1,1.

8,16f; Ps 32,11; 33,3; 40,17; 43,4; 63,6.8; 65,9.13f; 137,6; Spr 15,23; 21,15; Koh 9,7; 11,9f; Sir 15,6; 30,22; 31,27f; Jes 35,2.6.10f; 51,11; 64,5; Jer 31,13; 33,9; Hab 3,18; Mt 2,10; 13,20.44; 25,21.23; 28,8; Mk 4,16; Lk 1,14.44; 2,10; 6,23; 8,13; 10,17; 15,7.10; 19,6; 24,41.52; Joh 3,29; 15,11; 16,20–24; 17,13; Apg 8,8; 12,14; 13,52; 15,3; Röm 14,17; 15,13; 2 Kor 2,3; 8,2; Gal 5,22; Phil 1,4.25; 2,2.29; 4,4; Kol 1,11; 1 Thess 1,6; 2,19f; 3,9; 2 Tim 1,4; Phlm 7; Hebr 10,34; 12,2; 13,17; Jak 1,2; 4,9; 1 Petr 1,8; 1 Joh 1,4; 2 Joh 12; 3 Joh 4.

Friede – Lev 26,6f; Ri 6,23f; 2 Sam 7,10f; 1 Kön 5,4f; 2 Chr 14,6; Ijob 22,21; Ps 34,15; 85,9–14; Koh 3,8; Jes 2,4; 9,6; 11,6–9; 26,12; 27,5; 54,10; Ez 34,25–29; Mi 4,3f; Sach 9,10; Mt 5,9; 10,12f; 12,25; Mk 9,50; Lk 2,14; 10,5f; 19,38.42; Joh 10,27; 14,27; 16,33; Apg 9,31; 10,36; Röm 1,7; 2,10; 5,1; 8,6; 12,18; 14,17–19; 15,13.33; 16,20; 1 Kor 7,15; 2 Kor 13,11; Gal 1,3; 5,22; 6,16; Eph 2,14–17; 4,3; 6,23; Phil 4,7–9; Kol 1,2.20; 3,15; 1 Thess 1,1; 5,13.23; 2 Thess 3,16; 1 Tim 1,2; 2 Tim 1,2; 2,22; Tit 1,4; Hebr 12,11.14; 13,20; Jak 3,17; 1 Petr 3,11; 5,14; 2 Petr 1,2; 3,14; 2 Joh 3; 3 Joh 15; Jud 15; Offb 1,4; 6,4; 21,3f; s. A Joh 14,27.

Fünf Festrollen – s. Einl. Rut.

Fürbitte – Ex 32,11–13.30f; Num 11,2; 12,13; Dtn 9,20–28; Ps 35,13; Ijob 42,10; Jer 15,11; 17,16; 18,20; 2 Makk 12,42–45.

Furcht – s. Gottesfurcht, Angst.

Gabriel – Dan 8,16; 9,21; Lk 1,11–20.26–38.

Gad, Gaditer – Gen 30,11; 35,26; 46,16; 49,19; Dtn 33,20; Offb 7,5.

Gad (Prophet) – 2 Sam 24,11.13f.18f; 1 Chr 21,9.11.13.18f; 29,29; 2 Chr 29,25.

Gaius – 1. Apg 19,29; 20,4; 2. Röm 16,23; 1 Kor 1,14; 3. 3 Joh 1.

Galater, Galatien – s. A 1 Makk 8,2; A Gal 1,2.

Galiläa – Jos 20,7; 21,32; 1 Kön 9,11; 2 Kön 15,29; 1 Chr 6,61; Jes 8,23; Mt 2,23; 4,12.15.23.25; 17,22; 19,1; 26,32; 27,55; 28,7.10.16; Joh 7,1; Apg 9,31.

Gallio – Apg 18,12–17.

Gamaliël – Apg 5,34; 22,3.

Garizim – Dtn 11,29; 27,12; Jos 8,33; Ri 9,7; 2 Makk 5,23; 6,2.

Gebet – Gen 25,21; Ex 17,8–12; 1 Sam 1,10–17. 26f; 2,1–11; 1 Kön 18,36f; 2 Chr 30,27; 33,18f; Esra 9,5–15; Neh 1,5–11; 11,17; Tob 3,1–6. 10–15; 12,8; 13,1–18; Jdt 4,9–15; Ijob 42,8f; Ps 4,2; 6,10; 42,9; 65,3; 69,14; Spr 15,8.29; Weish 9,1–19; Sir 36,1–22; Jes 1,15; 38,5; 56,7; Jer 7,16; 14,7–9.11; 15,15–18; 17,14–18; 18,19–23; 20,7–12; Dan 3,24–50; 9,3–23; Mt 5,44; 6,5–15; 9,38; 21,13.22; 24,20; Mk 9,29; 11,17.24f; 12,40; 13,18; Lk 1,13; 5,33; 10,2; 11,1–4; 18,1.9–14; 20,47; 22.40.46; Joh 14,13; 15,7.16; 16,24; Apg 1,14.24; 2,42; 3,1; 4,23–31; 6,4.6; 7,59; 8,15.22.24; 9,11.40; 10,2.4.9.30f; 11,5; 12,12; 13,3; 14,23; 16,13.16.25; 20,36; 21,5; 22,17; 27,29; 28,8; Röm 1,10; 8,26; 10,1; 12,12; 15,30; 1 Kor 7,5; 11,4f.13; 14,13.15; 2 Kor 1,11; 9,14; 13,7.9; Eph 1,16–18; 6,18; Phil 1,4.9.19; Kol 4,2; 1 Thess 3,10; 5,17.25; 1 Tim 1,2.8; 4,5; 5,5; 2 Tim 1,3; Phlm 4.6.22; Hebr 5,7; 13,18; Jak 5,13–18; 1 Petr 3,7.12; 4,7; 1 Joh 5,16; 3 Joh 2; Jud 20; Offb 5,8; 8,3f.

Gebetsriemen (Phylakterien) – Ex 13,9.16; Dtn 6,8; 11,18; Mt 23,5.

Gebote (10) – s. Dekalog.

Gedalja – 2 Kön 25,22–25; Jer 39,14; 40,5–16; 41,1–18; 43,6.

Geduld – Ijob 2,10; Ps 38,15f; Spr 16,32; 25,15; Sir 2,4; 29,8; Bar 4,25; Mt 18,26.29; Lk 8,15; Röm 2,7; 8,25; 12,12; 1 Kor 13,4; 2 Kor 1,6; 12,12; Gal 5,22; Eph 4,2; Kol 1,11; 3,12; 1 Thess 5,14; 2 Tim 3,10; 4,2; Hebr 6,12.15; Jak 5,7f.10; 1 Petr 2,20; Offb 1,9; 2,2.19; 3,10.

Gehenna – s. A Mt 18,8f; Offb 19,20; vgl. auch Hölle.

Gehorsam – Gen 22,18; 28,7; 49,10; Ex 19,5; Num 27,20; Dtn 4,30; 11,13.26–28; 13,4; 30,2.8.10.16; Jos 1,17; 24,24; 1 Sam 15,22; Est 2,20; Jer 7,23; 35,8; Mt 8,27; Mk 1,27; 4,41; Lk 8,25; 17,6; Apg 6,7; Röm 1,5; 5,19; 6,12.16f; 10,16; 15,18; 16,19.26; 2 Kor 7,15; 10,5f; Eph 6,1.5; Phil 2,12; Kol 3,20.22; 2 Thess 1,8; 3,14; Phlm 21; Hebr 5,8f; 11,8; 1 Petr 1,2.14.22; 3,6.

Geist – gr. Pneuma; s. A Joh 19,30.

Gelübde – Num 6,1–21; Ri 13,5; Mt 15,5f; Mk 7,11–13; Apg 18,18; 21,23.

Gemeinde – s. A Mt 18,17; Einl. 1 Kor; vgl. Kirche.

Genesis – s. Einl. Genesis.

Gennesaret – 1 Makk 11,67; Mt 14,34; Mk 6,53; Lk 5,1; s. A Joh 6,1.

Gerechtigkeit Gottes – Dtn 10,17f; 32,4; Esra 9,15; Neh 9,33; Ijob 8,3; 40,8; Ps 40,10f; 111,7; 145,17; Spr 29,26; Jes 30,18; 42,1–6; 45,21; 61,8; Jer 33,15; Ez 45,9; Zef 3,5; Mt 12,18.20; Apg 17,31; 28,4; Röm 3,5.8; 7,12; 8,4; 2 Thess 1,6; Hebr 2,2; 1 Petr 2,23; Offb 15,3; 16,5.7; 19,2.

Gerechtigkeit des Menschen – Gen 6,9; Ex 23,2f; Lev 19,36; Dtn 16,19f; 24,17; 25,15; 1 Sam 7,17; 8,3; 12,7; 1 Kön 3,28; 1 Chr 10,9; Tob 1,3; Ijob 9,2; 29,14; Ps 9,4; 106,3; Spr 1,3; 8,15; 12,5; 21,15; Jes 5,7; 59,11.14f; Dan 4,24; Am 6,12; Mi 3,1.8f; 6,8; Hab 1,4; Mt 1,19; 5,6–10.45; 6,1.33; 23,23; Lk 1,17; 11,42; 14,14; 16,15; 23,41; Apg 8,33; 24,15.25; Phil 4,8; Kol 4,1; 1 Tim 1,9; Hebr 11,33; 12,23.

Gerechtmachung, Rechtfertigung – Gen 15,6; Ijob 33,32; 40,8; Ps 51,4; Mt 12,37; Lk 7,29.35; 10,29; 16,15; 18,14; Röm 1,17; 2,13; 3,4.20–30;

Esra 3,3–6; Neh 10,33–37; 12,43; 2 Makk 1,21–23; 12,45; Ijob 42,8; Ps 4,6; 40,7; 50,7–15; 51,18–21; 141,2; Spr 21,3; Sir 34,21–24; 35, 1–15; 50,13–19; Jes 66,3.20; Jer 6,20; 7,21f; Ez 46,1–15.20; Hos 6,6; Am 4,5; Mi 6,6f; Mal 1,10–14; 2,13; 3,3f; Mt 5,23f; 8,4; 9,13; 12,7; Mk 1,44; 12,33; Lk 2,24; 5,14; 13,1; Apg 7,41f; 14,13.18; 15,29; 21,25; 24,17; Röm 12,1; 15,16; 1 Kor 8,1–13; 9,13; 10,20.28; 2 Kor 9,5; Eph 5,2; Phil 2,17; 4,18; 2 Tim 4,6; Hebr 5,1.3; 7,27; 8,3f; 9,1–28; 10,1–18.26; 11,4.17; 13,15f; Jak 2,21; 1 Petr 2,5; s. A Hebr 6,19; 13,11–14.

Otniël (Sohn des Kenas) – Jos 15,17; Ri 1,13; 3,9.11; 1 Chr 4,13; 27,15.

Paddan-Aram – Gen 25,20; 28,2.5–7; 31,18; 35,9.26; 46,15; 48,7; vgl. Mesopotamien.

Palästina – wörtlich: das Land der Philister (s. A 1 Makk 3,24). Es ist begrenzt im Westen durch das Mittelmeer, im Osten durch die Syrische Wüste, im Norden durch den mittleren Libanon, im Süden durch die Wüste Sinai. Zunächst bezog sich diese Bezeichnung auf den Westteil der römischen Provinz Syrien (»das palästinische Syrien«), seit 139 n. Chr. wurde sie als neuer Name der Provinz Judäa von den Römern verwendet.

Pamphylien – Apg 2,10; 13,13; 14,24; 15,38; 27,5.

Paradies – s. Eden. Das Neue Testament bezeichnet mit Paradies den jenseitigen Bereich, wo sich die Seligen aufhalten; vgl. Lk 23,43; 2 Kor 12,4; Offb 2,7.

Paraklet – gr. »Anwalt, Beistand, Fürsprecher«. Dieser Name bezeichnet bei Joh (14,16.26; 15,26; 16,7) den Heiligen Geist, in 1 Joh (2,1) Jesus Christus selber.

Parusie – gr. »Ankunft (Christi in Herrlichkeit)«; s. A 1 Joh 2,28.

Pascha – Ex 12,1 – 13,16; 34,25; Lev 23,5; Num 9,2–14; 28,16; 33,3; Dtn 16,1f.5f; Jos 5,10f; 2 Kön 23,21f; 2 Chr 30,1f.5.18; 35,1–19; Esra 6,19–21; Ez 45,21; Mt 26,2.17–19; Mk 14,1.12.14.16; Lk 2,41; 22,1.7f.11.13.15; Joh 2,13.23; 6,4; 11,55; 12,1; 13,1; 18,28.39; 19,14; Apg 12,4; 1 Kor 5,7; Hebr 11,28; s. A Mk 14,1; Joh 6,4.

Patriarch – aus dem Griechischen: »Stammvater einer Sippe«. Die Bibel bezeichnet so die Stammväter Israels Abraham, Isaak und Jakob sowie dessen Söhne; im weiteren Sinn gehört auch Noach dazu.

Paulus (Saulus) – Apg 7,58; 8,1.3; 9,1.8.11.22.24; 11,25.30; 12,25; 13,1 – 28,31; Röm 1,1; 1 Kor 1,1.12f; 3,4f.22; 16,21; 2 Kor 1,1; 10,1; 11,16 – 12,13; Gal 1,1 – 2,10; 5,2; Eph 1,1; 3,1; Phil 1,1; Kol 1,1.23; 4,18; 1 Thess 1,1; 2,18; 2 Thess 1,1; 3,17; 1 Tim 1,1; 2 Tim 1,1; Tit 1,1; Phlm 1.9.19; 2 Petr 3,15.

Pegor – Num 23,28; 25,3.5.18; 31,16; Jos 22,17; Ps 106,28.

Pekach – 2 Kön 15,25.27–32.37; 16,1.5; 2 Chr 28,6; Jes 7,1.

Pekachja – 2 Kön 15,22–26.

Peleter – s. A 1 Kön 1,38.

Pentateuch – s. Einl. »Die fünf Bücher des Mose«.

Penuël – Gen 32,31f; Ri 8,8f.17; 1 Kön 12,25.

Peräa – aus dem Griechischen: »Das Jenseitige«; das Gebiet jenseits des Jordan; ein breiter Landstreifen östlich des Jordan, zwischen Dekapolis im Norden und dem Nabatäerreich im Südosten. Vgl. Mt 4,25; 19,1; Mk 10,1; Joh 10,40.

Pergamon – Offb 1,11; 2,12.

Perge – Apg 13,13f; 14,25.

Perisiter – Gen 13,7; 15,20; 34,30; Ex 3,8.17; 23,23; 33,2; 34,11; Dtn 7,1; 20,17; Jos 3,10; 9,1; 11,3; 12,8; 17,15; 24,11; Ri 1,4f; 3,5; 1 Kön 9,20; 2 Chr 8,7; Esra 9,1; Neh 9,8; Jdt 5,16.

Perser, Persien – 2 Chr 36,20; Esra 4,9; 5,6; 6,6; 9,9; Est 1,3.19; 8,12; 1 Makk 3,31.37; 6,1.5.56; 2 Makk 1,13; 9,1.21; Ez 27,10; 38,5; Dan 5,28.

Petrus (Simon, Kephas) – Mt 4,18; 8,14; 10,2; 14,28f; 15,15; 16,16.18.22f; 17,1.4.24; 18,21; 19,27; 26,33.35.37.40.58.69.73.75; Mk 1,16.29f; 3,16; 5,37; 8,29.32f; 9,2.5; 10,28; 11,21; 13,3; 14,29.33.37.54.66f.70.72; 16,7; Lk 5,8; 6,14; 8,45.51; 9,20.28.32f; 12,41; 18,28; 22,8.34. 54f.58.60f; 24,12; Joh 1,40.42.44; 6,8.68; 13,6.8f.24.36f; 18,10f.15–18.25–27; 20,2–6; 21,2f.7.11.15.17.20f; Apg 1,13.15; 2,14.37f; 3,1.3f.6.11f; 4,8.13.19; 5,3.8f.15.29; 8,14.20; 9,32.34.38–40; 10,5.9.13f.17–19.21.25f.32.34. 44–46; 11,2.4.7.13; 12,3.5–7.11.14.16.18; 15,7; 1 Kor 1,12; 3,22; 9,5; 15,5; Gal 1,18; 2,7–9.11.14; 1 Petr 1,1; 2 Petr 1,1.

Pfingstfest – Ex 23,16; 34,22; Lev 23,15–22; Num 28,26; Dtn 16,9–12; Tob 2,1; 2 Makk 12,32; s. Anhang VI. 2. Das christliche Pfingstfest nimmt Bezug auf die Ausgießung des Heiligen Geistes über die Jünger Jesu am fünfzigsten Tag nach dessen Auferstehung in Jerusalem; vgl. Apg 2,1–4; 20,16; 1 Kor 16,8.

Pharao – ägypt. »das große Haus«; Titel altägyptischer Herrscher. Nach dem Neuen Testament ist der Pharao im Auftrag Gottes Schutzherr Josefs (Apg 7,10), dann aber auch Verfolger Israels (Röm 9,17). Gen 41,1–55; 47,1–26; Ex 1,8–22; 5,1 – 14,31; 15,19.

Pharisäer – Mt 3,7; 5,20; 7,29; 9,11.14.34; 12,2.14.24.38; 15,1.12; 16,1.6.11f; 18,3; 21,45; 22,15.34.41; 23,2.13–15.26; 27,62; Mk 2,16.18.24; 3,6; 7,1.3.5; 8,11.15; 9,11; 10,2; 12,13; Lk 5,17.21.30.33; 6,2.7; 7,30.36–39; 11,37–39.

schlechthin. Ihm werden daher auch königliche und priesterliche Vollmachten zugeeignet (vgl. Hebr). Vgl. Öl.

Salmanassar V. – 2 Kön 17,3; 18,9; Tob 1,2.13.15f.

Salome – Mk 15,40; 16,1.

Salomo – 2 Sam 5,14; 12,24; 1 Kön 1,10 – 11, 43; 12,6.21.23; 14,21.26; 2 Chr 1,1 – 9,31; Ps 72,1; 127,1; Spr 10,1; 25,1; Hld 1,1; 3,7.11; 8,11f; Sir 47,13.23; Jer 52,20; s. A 1 Chr 22,9; Mt 1,6f; 6,29; 12,42; Lk 11,31; 12,27; Joh 10,23; Apg 3,11; 5,12; 7,47.

Salzmeer – s. A Num 34,3–6.

Samaria, Samarien, Samariter – 1 Kön 16,24.28f.32; 20,1.10.17.43; 21,1.18; 22,10.37.52; 2 Kön 1,2; 3,1; 5,3; 6,19f.24; 7,1.18; 10,1–36; 13,1–13; 14,14.16.23; 15,8–27; 17,5; 18,9f.34; 23,18f; 2 Chr 18,2.9; 22,9; 25,13.24; 28,8f.15; Esra 4,10.17; Jdt 4,4; 1 Makk 3,10; 10,30.38; 11,34; 2 Makk 15,1; Jes 7,9; 8,4; 9,8; 10,9–11; 36,19; Jer 23,13; 41,5; Ez 16,51; 23,4; Hos 7,1; Am 4,1; Mi 1,1.5f; Mt 10,5; Lk 9,52; 10,33; 17,11.16; Joh 4,1–42; 8,48; Apg 1,8; 8,5–25; 9,31; 15,3; s. A Joh 4,4–6.

Samuel – 1 Sam 1,20; 2,18–26; 3,1 – 4,1; 7,3 – 8, 22; 9,14 – 13,15; 15,1 – 16,13; 19,18.20.22.24; 25,1; 28,3.11.15f.20; 1 Chr 11,3; 26,28; 2 Chr 35,18; Ps 99,6; Sir 46,13; Jer 15,1; Apg 3,24; 13,20; Hebr 11,32.

Sanballat – Neh 2,10.19; 3,33; 4,1; 6,1f.5.12.14; 13,28.

Sanherib – 2 Kön 18f; 2 Chr 32; Tob 1,15.17; Sir 48,18; Jes 36f.

Sara (Frau Abrahams) – Gen 17,15–21; 18,6–15; 20,2.14.16.18; 21,1–12; 23,1f.19; 24,36.67; 25,10.12; 49,31; Jes 51,2; Röm 4,19; 9,9; Hebr 11,11; 1 Petr 3,6.

Sara (Frau des Tobias) – Tob 3,7.17; 6,11; 7,1.7.13.

Sardes – Apg 1,11; 3,1.4.

Sarepta – 1 Kön 17,9f; Obd 20; Lk 4,26.

Satan – 1 Chr 21,1; Ijob 1,6–9.12; 2,1f.4.6f; Sach 3,1f; Mt 4,1–11; 12,26; 13,39; 16,23; 25,41; Mk 1,13; 3,23.26; 4,15; 8,33; Lk 4,1–13; 8,12; 10,18; 11,18; 13,16; 22,3.31; Joh 6,70; 8,44; 13,2.27; Apg 5,3; 10,38; 13,10; 26,18; Röm 16,20; 1 Kor 5,5; 7,5; 2 Kor 2,11; 11,14; 12,7; Eph 4,27; 6,11; 1 Thess 2,18; 2 Thess 2,9; 1 Tim 1,20; 3,6f; 5,15; 2 Tim 2,26; Tit 2,3; Hebr 2,14; Jak 4,7; 1 Petr 5,8; 1 Joh 3,8.10; Jud 9; Offb 2,9f.13. 24; 3,9; 12,9.12; 20,2.7.10.

Saul – 1 Sam 9,2 – 31,13.

Saulus – s. Paulus.

Schallum von Israel – 2 Kön 15,10.13–15; s. A Jer 22,10f.

Schamgefühl, sich schämen, beschämt (zuschanden) werden – Gen 2,25; 3,10; 9,23; Ps 25,2f; 53,5; 71,1; 97,7; Spr 19,26; Sir 4,20f; 20,22f; 41,16 – 42,8; Jes 45,16f; 50,6f; 61,7; Dan 12,2; Hos 4,7; Joël 2,26f; Zef 3,19; Mt 1,19; 22,6; Mk 12,4; Lk 13,17; 14,9; 18,32; 20,11; Röm 9,33; 10,11; 1 Kor 1,27; 6,5; 14,35; 15,34; 2 Kor 7,14; 10,8; 11,21; Eph 5,12; Phil 3,19; 1 Thess 2,2; Tit 2,8; Hebr 12,2; 1 Petr 2,6; 3,16; 5,2; 1 Joh 2,28; Jud 13; Offb 3,18.

Scharon am Meer – Jos 12,18; 1 Chr 27,29; Jes 33,9; 35,2; 65,10.

Schaubrote – Ex 25,30; 35,13; 39,6; 40,23; Lev 24,5–9; Num 4,7; 1 Sam 21,7; 1 Kön 7,48; 1 Chr 9,32; 28,16; 2 Chr 2,3; 4,19; 13,11; 29,18; Neh 10,34; 2 Makk 10,3; Mt 12,4; Mk 2,26; Lk 6,4; Hebr 9,2.

Schealtiël – Mt 1,12; Lk 3,27.

Schebna – 2 Kön 18,18.26.37; 19,2; Jes 22,15; 36,3.11.22; 37,2.

Schechem, Schechemiter – Num 26,31; Jos 17,2.

Schefela – 1 Kön 10,27; 1 Chr 27,28; 2 Chr 1,15; Jer 17,26; Obd 19.

Scheidung, Scheidungsbrief – Lev 21,7.14; Dtn 24,1–4; Jes 50,1; Jer 3,1.8; Hos 2,4; Mt 1,19; 5,31f; 19,3.7–9; Mk 10,2.4.11f; Lk 16,18; 1 Kor 7,10–16; 1 Tim 3,2.12; 5,9; Tit 1,6.

Scheol – s. Unterwelt.

Scheschbazzar – Esra 1,8.11; 5,14.16.

Schilfmeer – Ex 14f.

Schilo – Jos 18,1.8–10; 19,51; 21,2; 22,9.12; Ri 18,31; 21,12.19.21; 1 Sam 1 – 4; 1 Kön 2,27; 14,2.4; Ps 78,60; Jer 7,12.14; 26,6.9; 41,5.

Schiloach – Jes 8,6; Lk 13,4; Joh 9,7.11.

Schinar – Gen 10,10; 11,2; 14,1.9; Jos 7,21; Jes 11,11; Dan 1,2; Sach 5,11.

Schischak – 1 Kön 11,40; 14,25; 2 Chr 12,2.5.7.9.

Schittim – Num 25,1; Jos 2,1; 3,1; s. A Joël 4,18.

Schlange – Gen 3,1–15; Ex 4,3f; 7,9–12; Num 21,6–9; 2 Kön 18,4; Ps 91,13; Sir 21,2; Jes 27,1; Mt 7,10; 10,16; 23,33; Mk 16,18; Lk 10,19; 11,11; Joh 3,14; 1 Kor 10,9; 2 Kor 11,3; Offb 9,19; 12,9.14f; 20,2.

Schöpfung – Gen 1,1; 2,4; Ex 14,16; Num 16,30; Jos 17,15; 2 Makk 7,28; Ijob 26,12; Ps 148,5f; Spr 3,19; 8,26.30; Weish 11,17.25; 19,6; Bar 3,32; Jes 40,26; Hos 4,3; Mt 19,4; Mk 10,6; 13,19; 16,15; Apg 4,24; 7,50; 14,15; 17,24; Röm 1,20.25; 8,19–22.39; 9,20f; 1 Kor 11,9; 2 Kor 5,17; Gal 6,15; Eph 2,10; 3,9; 4,24; Kol 1,15–17.23; 3,10; 1 Tim 2,13; 4,3; Hebr 4,13; 12,27; 1 Petr 4,19; 2 Petr 3,4; Offb 3,14; 4,11; 10,6; 14,7.

Schriftgelehrter – Mt 2,4; 5,20; 7,29; 8,19; 9,3; 12,38; 13,52; 15,1; 16,21; 17,10; 20,18; 21,15; 23,2.13–15.34; 26,57; 27,41; Mk 1,22; 2,6.16; 3,22; 7,1.5; 8,31; 9,11.14; 10,33; 11,18.27; 12,28.32.35.38; 14,1.43.53; 15,1.31; Lk 5,21.30; 6,7; 9,22; 11,53; 15,2; 19,47; 20,1.19.39.46; 22,2.66; 23,10; Joh 8,3; Apg 4,5; 6,12; 19,35;

VIII. ZEITTAFEL ZUR GESCHICHTE DES ALTEN UND NEUEN BUNDES

Daten des Altertums können nur annäherungsweise bestimmt werden. In anderen Tabellen wird man deshalb bisweilen stark abweichende Zeitangaben finden.

Außerbiblische Daten	*Biblische Daten*
Vor 12 000 v. Chr. Die Altsteinzeit (Paläolithikum). Funde von Menschenknochen in Galiläa und am Karmel	
12 000 – 8000 Die Mittlere Steinzeit (Mesolithikum). Erste Spuren von Ackerbau und Viehzucht	
8000–4000 Die Jungsteinzeit (Neolithikum). Gründung der ersten bekannten Stadt um 7000 (Jericho). Erste Keramikerzeugnisse um 5000	
4000–3200 Die Kupferzeit (Chalkolithikum). Entdeckung der Töpferscheibe. Erste Verwendung des Metalls	3760 v. Chr. Schöpfung der Welt nach der jüdischen Zeitrechnung.
3200–2200 Die Frühbronzezeit. In Süd-Mesopotamien entsteht die erste Schrift (Sumerer). Erste Staaten: In Babylonien Sumerer, dann Akkader; in Ägypten sog. Altes Reich (Pyramiden, Aufkommen des Handels)	
2200–1550 Die Mittlere Bronzezeit. Palästina beherrscht durch Ägypten	
21. Jh. In Mesopotamien Gesetzessammlungen von Ur-Nammu, Lipit-Ischtar und aus Eschnunna	
Jerusalem, Aschkelon, Sichem, Bet-Schean und andere Orte erwähnt in ägyptischen Texten des 20. und 19. Jh.	In der Patriarchenerzählung (Gen 11,50 bis 50,26) gleichen verschiedene Gesetze und Bräuche den Rechtsbräuchen, die in altorientalischen Rechtsurkunden bezeugt sind. Um diese Zeit (zwischen 2000–1400) kommen die Patriarchen von Mesopotamien und aus dem Ostjordanland nach Kanaan (nähere Zeitbestimmung ist nicht möglich)
1792–1750 Hammurapi (oder: Hammurabi) von Babel. Zerstörung von Mari	
1750–1550 Ägypten von den Hyksos beherrscht (Sammelbezeichnung für verschiedene Völker: Horiter, Amoriter u. a.). Hauptstadt Tanis (bibl. Zoan)	Die größte Stadt in Kanaan ist Hazor (vgl. Jos 11)
1740–1200 Reich der Hetiter (von Anatolien bis – *zeitweise* – *nach* Kanaan)	
1550–1200 Die Spätbronzezeit	
Um 1550 Vertreibung der Hyksos aus Ägypten	Kanaan unter ägyptischer Kontrolle

Außerbiblische Daten	*Biblische Daten*
Um 1468 Nach der Schlacht bei Megiddo dehnt Ägypten seine Herrschaft bis zum Eufrat aus	
1417–1379 In Ägypten herrscht Amenophis III.	Nach 1400 Die «Söhne Jakobs» in Ägypten (Gen 37 – Ex 11)
1379–1362 In Ägypten herrscht Amenophis IV. (Echnaton). Amarnabriefe: u.a. Korrespondenz der kanaanäischen Herrscher, in akkadischer Sprache, mit dem Hof der beiden Pharaonen	
1304–1237 Ramses II. in Ägypten	Um 1250 Exodus (Auszug) der Israeliten aus Ägypten, Mose (Ex 12–14)
	Um 1230 Ansiedlung der Hebräer unter Josua in Palästina (Jos 1–12)
Um 1200 Zerfall des Hetiterreiches	
1200–900 Eisenzeit I	
Um 1190 Ansiedlung der Philister in Kanaan. Niedergang Ugarits. Ende der Mykenischen Kultur. Aramäer in Ost-Syrien	1200–1020 Richterzeit (Ri)
	1020–1000 Saul, erster König Israels (1 Sam 9 – 31)
	1000–961 Regierungszeit Davids (2 Sam 2 – 1 Kön 2)
	961–931 Salomo (1 Kön 2 – 11); Tempelbau in Jerusalem
	931 Zerfall des salomonischen Reiches in zwei Teile: Israel, d.h. Nordreich, und Juda, d.h. Südreich (1 Kön 12,1–19)
945–924 Schischak herrscht in Ägypten	931–914 Rehabeam König von Juda (1 Kön 14,21–31)
	924 Palästinafeldzug des Pharao Schischak (1 Kön 14,25f)
	931–910 Jerobeam I. König von Israel (1 Kön 12,20 – 14,20)
	914–912 Abija von Juda (1 Kön 15,1–8)
	911–871 Asa von Juda (1 Kön 15,9–24)
	909 Nadab von Israel (1 Kön 15,25–32)
	909–886 Bascha von Israel (1 Kön 15,33 – 16,7)
2 900–550 Eisenzeit II	885 Ela von Israel (1 Kön 16,8–14)
	885 Simiri von Israel (1 Kön 16, 15–20)
	885–874 Omri von Israel (1 Kön 16,21–28)
Vor 875 Ben-Hadad I., König der Aramäer in Damaskus	885–881 Kämpfe um die Herrschaft zwischen Omri und Tibni (1 Kön 16,21f)
859–824 Salmanassar III. in Assur	873–853 Ahab von Israel (1 Kön 16,29 – 22,40). Die Propheten Elija und Elischa
Vor 841 Ben-Hadad II. in Damaskus	854 In der Schlacht bei Karkar kämpft Ahab als Verbündeter der Aramäer von Damaskus gegen die Assyrer
Um 850 Mescha, König von Moab	871–848 Joschafat von Juda (1 Kön 22,41–51)

Außerbiblische Daten	*Biblische Daten*
	853–852 Ahasja von Israel (1 Kön 22,52 – 2 Kön 1,17)
	852–841 Joram von Israel (2 Kön 3)
	848–841 Joram von Juda (2 Kön 8, 16–24)
	841 Ahasja von Juda (2 Kön 8, 25–29)
	841–813 Jehu von Israel (2 Kön 9f)
	840 Jehu zahlt Tribut an Salmanassar III.
	840–835 Atalja von Juda (2 Kön 11)
	835–796 Joasch von Juda (2 Kön 12)
810–782 Adad-Nirari III. in Assur	813–797 Joahas von Israel (2 Kön 13,1–9)
	797–782 Joasch von Israel (2 Kön 13,10 – 14,16)
	796–767 Amazja von Juda (2 Kön 14,1–22)
Vor 797 Hasaël in Damaskus	
753 Gründung Roms	782–747 Jerobeam II. von Israel (2 Kön 14,23–29)
	767–739 Asarja (Usija) von Juda (2 Kön 15,1–7). Die Propheten Amos und Hosea
	747 Secharja von Israel (2 Kön 15,8–12)
	747 Schallum von Israel (2 Kön 15,13–15)
745–727 Tiglat-Pilset III. in Assur und Babel (hier unter dem Namen Pul)	747–742 Menahem von Israel (2 Kön 15,14–22)
	742–740 Pekachja von Israel (2 Kön 15,23–26)
740–730 Rezin, Usurpator in Damaskus	740–731 Pekach von Israel (2 Kön 15,27–31)
	739–734 Jotam von Juda (2 Kön 15,32–38) Die Propheten Jesaja und Micha
	734–728 Ahas von Juda (2 Kön 16) Syrisch-efraimitischer Krieg
727–722 Salmanassar V. in Assur und Babel	731–722 Hoschea von Israel (2 Kön 17,1–7)
722–705 Sargon II. König in Assur, seit 710 auch von Babel	722 Eroberung Samarias und Untergang des Nordreiches (2 Kön 17)
	728–699 Hiskija von Juda (2 Kön 18 – 20)
721–710 Merodach-Baladan II. König von Babel	
705–681 Sanherib in Assur und Babel. 689 Zerstörung Babels. Ninive Hauptstadt des neuassyrischen Reiches	699–643 Manasse (2 Kön 21,1–18)
690–664 Tirhaka in Ägypten	
681–669 Asarhaddon von Assur erobert Ägypten: Wiederaufbau Babels	
669–627 Assurbanipal in Assur und Babel, berühmt durch seine große Bibliothek. In der Folgezeit langsamer Zerfall des Reiches	642–641 Amon (2 Kön 21,19–26)
	641–609 Joschija (2 Kön 22,1 – 23,30). Die Propheten Jeremia, Nahum, Habakuk (?) und Zefanja

Außerbiblische Daten	*Biblische Daten*
625–605 Nabopolassar wird König in Babel; 614 erobert er mit Hilfe der Meder die Stadt Assur, 612 Ninive. Ende des neuassyrischen Reiches	609 Joahas (2 Kön 23,31–35)
610–595 Necho II. in Ägypten. Unterliegt 605 bei Karkemisch den Babyloniern	
605–562 Nebukadnezzar in Babylonien	609–598 Jojakim (2 Kön 23,36 – 24,7)
	597 Jojachin (2 Kön 24,8–17)
	597–586 Zidkija (2 Kön 24,18 – 25,7)
	586 Eroberung Jerusalems und Untergang des Südreiches Juda (2 Kön 25,8–26)
556–539 Nabonid in Babylonien	586–538 Babylonische Verbannung = Babylonisches Exil (2 Chr 36,17–23). Die Propheten Ezechiel, Obadja, Deuterojesaja
550–545 Belschazzar Mitregent in Babel	
550–330 Persische Zeit	
538–530 Kyrus von Persien erobert Babel und gründet das persischeWeltreich (Aufstieg zur Macht seit 559) unter der Dynastie der Achämeniden	538 Edikt des Kyrus (Esra 1,1–4)
530–522 Kambyses von Persien; erobert 525 Ägypten	
522–486 Darius I. von Persien. Teilt das persische Reich in 29 Satrapien ein	um 525 Serubbabel, Statthalter von Juda (Esra 3,2.8). Die Propheten Haggai und Sacharja
510 Rom wird Republik	
486–465 Xerxes I.	
480 Schlacht bei den Thermopylen. Kriege Persiens mit Athen	
465–423 Artaxerxes I.	458–428 Esra (?) Der Prophet Maleachi
	445–425 Nehemia, Statthalter von Juda
423–404 Darius II.	
404–359 Artaxerxes II.	398 Esra (?)
336–331 Darius III., besiegt 333 bei Issus und 331 bei Arbela durch Alexander d. Großen. Niedergang des persischen Reiches	
330–64 Hellenistische Zeit	
323 Tod Alexanders des Großen	
323–305 Kämpfe der Diadochen um die Nachfolge Alexanders	
323 Ptolemäus wird Satrap von Ägypten, Seleukus Satrap von Babel	
312 Beginn der seleuzidischen Zeitrechnung	
305–283 Ptolemäus I. König von Ägypten	
305–281 Seleukus I. König von Babylon	
320–198 Ständiger Kampf zwischen Ptolemäern und Seleuziden um Palästina	

Außerbiblische Daten	*Biblische Daten*
285–246 Ptolemäus II. in Ägypten	Um 250 Beginn der griechischen Übersetzung der Bibel (Septuaginta)
261–246 Antiochus II. in Syrien	
221–203 Ptolemäus IV. in Ägypten	
223–187 Antiochus III. in Syrien	
198 Schlacht bei Paneas; Syrien und Palästina endgültig unter der Herrschaft der Seleuziden	
187–175 Seleukus IV. Philopator	Vor 170 Onias III., Hoherpriester (2 Makk 3,1 – 4,38)
175–164 Antiochus IV. Epiphanes	167 Aufstand der Makkabäer (1/2 Makk)
	167–166 Mattatias (1 Makk 2)
	166–161 Judas (1 Makk 3,1 – 9,22)
164–162 Antiochus V. Eupator; sein Vormund Lysias	
162–150 Demetrius I. Soter	161–143 Jonatan (1 Makk 9,23 – 12,52). Hoherpriester Alkimus, seit 153 Jonatan
150–145 Alexander Balas	
149–146 Dritter punischer Krieg und Zerstörung Karthagos. Griechenland römische Provinz	
145–140 und 129–125 Demetrius II. Nikator	143–135 Simeon (1 Makk 12,53 – 16,17), seit 141 unabhängiger Herrscher, von Rom anerkannt
145 Antiochus VI. Dionysos kämpft gegen Demetrius II. mit Unterstützung seines Vormunds Tryphon	
141–139 Tryphon tritt die Nachfolge des auf seinen Befehlhingerichteten Antiochus VI. an	
139–129 Antiochus VII. Sidetes	134–104 Johannes Hyrkanus I. (1 Makk 16), Hoherpriester und Ethnarch
133 Tod des Tiberius Gracchus	
125–96 Antiochus VIII.	103–76 Alexander Jannäus. Entstehung der starken religiös-politischen Gruppierungen (Essener, Pharisäer, Sadduzäer)
83–69 Tigranes I., der Armenier, erobert Syrien, wird jedoch durch die Römer verdrängt; kurze Regierung des Antiochus XII. Asiaticus	
82–79 Diktatur Sullas in Rom	76–67 Salome Alexandra
70–19 Vergil, röm. Dichter	
66 Pompeius, römischer Befehlshaber im Osten	
64 Syrien römische Provinz	(67)63–40 Johannes Hyrkanus II. Ihm wurde Antipater, ein Sohn des Strategen von Idumäa gleichen Namens, als Hausverwalter durch Julius Cäsar aufgezwungen
64 v. Chr. – 330 n. Chr. Römische Zeit	

Außerbiblische Daten	*Biblische Daten*
51–30 Kleopatra VII., Königin in Ägypten	40–37 Mattatias Antigonus II., der letzte König der makkabäischen Dynastie
47–44 Julius Cäsar	
41–30 Marcus Antonius	(40)37–4 v. Chr. Herodes I., der Große (bzw. der Ältere), Sohn des Antipater, König über Judäa, Galiläa, Samarien, Idumäa und Peräa
31 v. Chr. – 14 n. Chr. Oktavianus Augustus, Kaiser von Rom	
13 v. Chr. – 45/50 n. Chr. Philo von Alexandria, jüdischer Religionsphilosoph	
	7/6 v. Chr. Geburt Jesu (erste Volkszählung, Zensus des Quirinius? S. Lk 2,2)
6–4 v. Chr. Quintilius Varus, Statthalter von Syrien	
5 v. Chr. – 65 n. Chr. Seneka	
	4 v. Chr. Tod des Herodes und Verteilung seines Reiches unter die Söhne Archelaus (Ethnarch von Judäa, Idumäa und Samarien), Antipas (bis 39 n. Chr. Tetrarch von Galiläa und Peräa) und Philippus (bis 34 n. Chr. Tetrarch von Nordtransjordanien)
1 v. Chr. Germanien wird römische Provinz	
6/7 n. Chr. Quirinius, Statthalter von Syrien	6 n. Chr. Archelaus wird entthront; Judäa, Idumäa und Samarien werden römische Provinz. Volkszählung, Zensus des Quirinius. Zusammenschluss der sog. Zeloten; Unruhen unter Judas dem Galiläer
	6–15 n. Chr. Hannas, Hoherpriester
14–37 Tiberius, Kaiser von Rom	
	17–22 Gründung von Tiberias durch Herodes Antipas
	18–37 Josef Kajaphas, Hoherpriester
	26–36 Pontius Pilatus, römischer Prokurator in Judäa
	27/28–29 öffentliches Wirken Johannes' des Täufers
	27/28 Taufe Jesu
	29 Enthauptung des Täufers
	30? Kreuzigung Jesu (7. April/ 14. Nisan)
	um 33 Märtyrertod des Stephanus
	33/35 Bekehrung des Paulus
37 Geburt des jüdischen Historikers Flavius Josephus	
39 Petronius, Legat von Syrien	
41–54 Klaudius, Kaiser von Rom	41–44 Herodes Agrippa I., König von ganz Palästina
	42 Hinrichtung des Apostels Jakobus des Älteren

Außerbiblische Daten	*Biblische Daten*
43–120 Der Philosoph Plutarch	
	um 48/49 Apostelkonzil in Jerusalem
49 Klaudius weist die Juden (und Judenchristen) aus Rom aus	
50 Herodes, König von Chalkis	50–100 Herodes Agrippa II., Ethnarch, seit 53 König über Nordpalästina
50–130 Der Philosoph Epiktet	
	50/1–52/3 Paulus zum ersten Mal in Korinth
51/52 oder 52/53 Gallio, Prokonsul von Achaia/Korinth	
	53/4–55/6 Paulus in Ephesus
54 Ermordung des Kaisers Klaudius	
54–68 Nero, Kaiser von Rom	
55–120 Der Historiker Tacitus	
	56–58 Paulus erneut in Korinth
	58 Reise des Paulus nach Jerusalem
	58/59 Paulus in Haft in Jerusalem und Cäsarea
	bis 59 Felix, Prokurator von Judäa
	59–60 Porzius Festus, Prokurator von Judäa
	60/61 Fahrt des Paulus nach Rom
61–114 Plinius der Jüngere	61/62 Gefangenschaft des Paulus in Rom
	62 Ermordung des Hohenpriesters Jonatan
	62/3 Hannas II., Sohn des Hannas I., Hoherpriester, lässt Jakobus, »den Bruder des Herrn«, hinrichten
64 Brand Roms. Christenverfolgung unter Nero	63/4 oder 65/67 Reise des Apostels Paulus nach Osten (Pastoralbriefe) und nach Westen (Spanien)?
	64 oder 67 Hinrichtung des Petrus und des Paulus in Rom
	66 Florus, Prokurator von Judäa
	66–70 Aufstand der Zeloten in Palästina. Einführung des Tempelopfers für den Kaiser. Flucht der Christen aus Jerusalem nach Pella in Ostjordanien
68 Selbstmord Neros	
68 Zerstörung von Qumran	
69–79 Vespasian, Kaiser von Rom	
70 Geburt des röm. Biographen Suetonius	70 Eroberung Jerusalems durch Titus und Zerstörung des Tempels
70–80 Bau des Kolosseums in Rom	70–80 Judenchristen aus Palästina kommen nach Ephesus, unter ihnen der Presbyter Johannes (?)
73 Judäa wird römische Provinz	
79–81 Kaiser Titus	

Außerbiblische Daten	*Biblische Daten*
79 Ausbruch des Vesuv	
81–96 Domitian, Kaiser von Rom	
um 90 Verfolgung von Philosophen, Gelehrten, Christen in Rom und im Osten des Reiches	
96–98 Nerva, Kaiser von Rom	
98–117 Trajan, Kaiser von Rom	
um 100 Die »Synode« von Jamnia: Ausschluss der Judenchristen aus der Synagoge	
111 Kaiser Trajan erklärt das Christentum für illegal (Edikt des Trajan)	
117–138 Hadrian, Kaiser von Rom	
132–135 Zweiter jüdischer Aufstand unter Ben Kosiba (Bar Kochba). Völlige Zerstörung Jerusalems. Vertreibung der Juden aus Judäa. Jerusalem wird als heidnische Stadt neu aufgebaut: Colonia Aelia Capitolina mit einem Jupitertempel	

IX. KARTEN

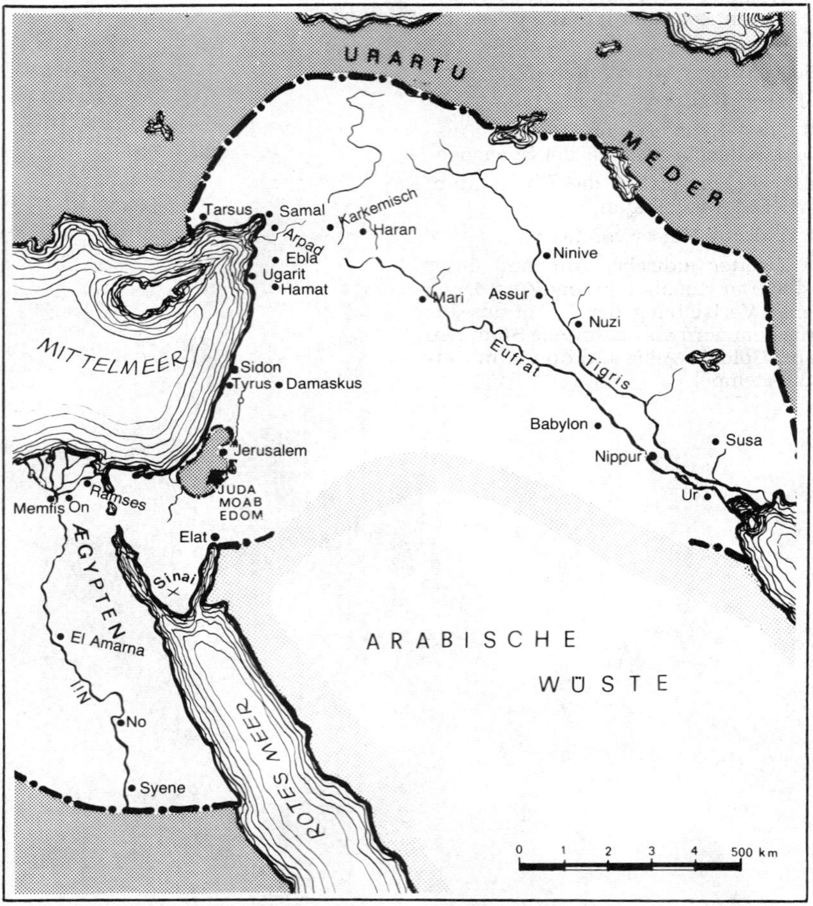

Karte 1: Der Nahe Osten

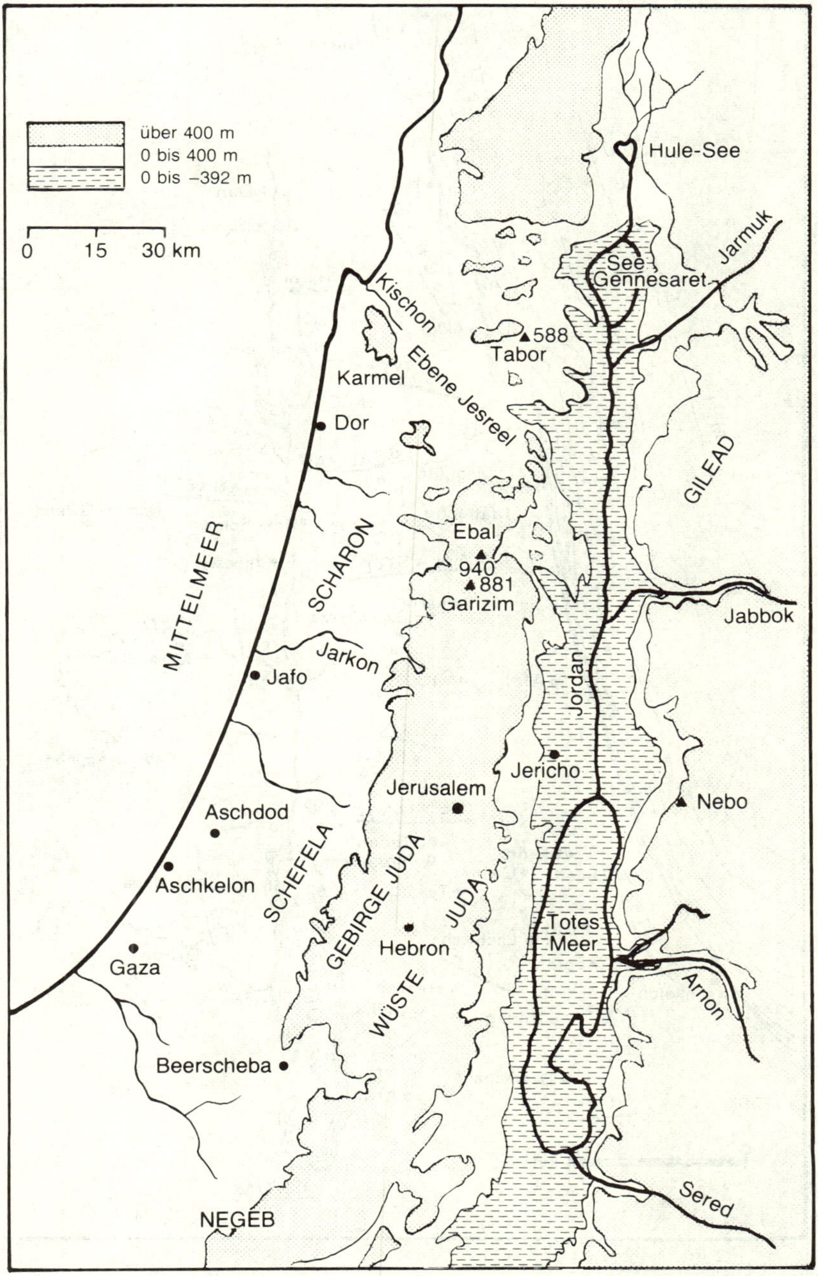

Karte 2: Physikalische Karte Palästinas

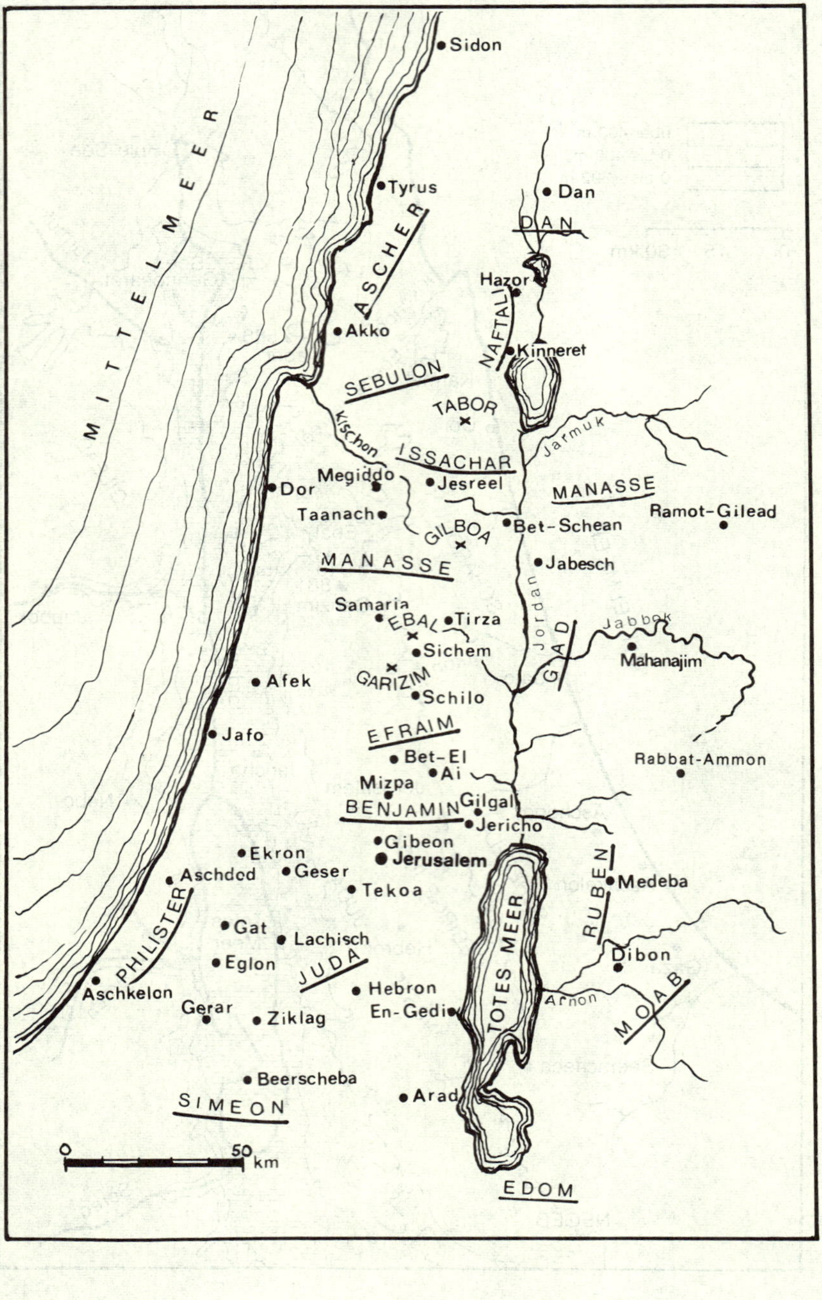

Karte 3: Siedlungsgebiete der israelitischen Stämme

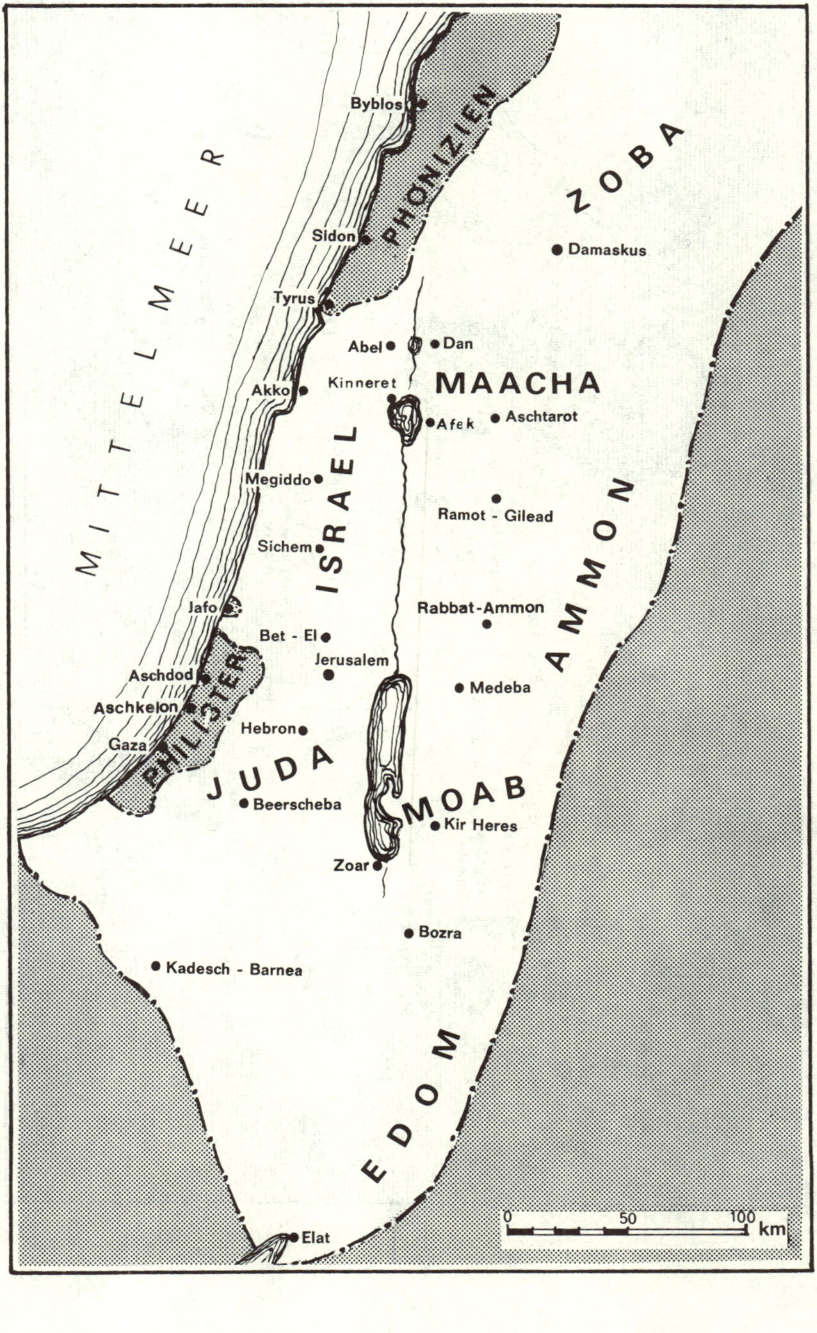

Karte 4: Das Reich Davids

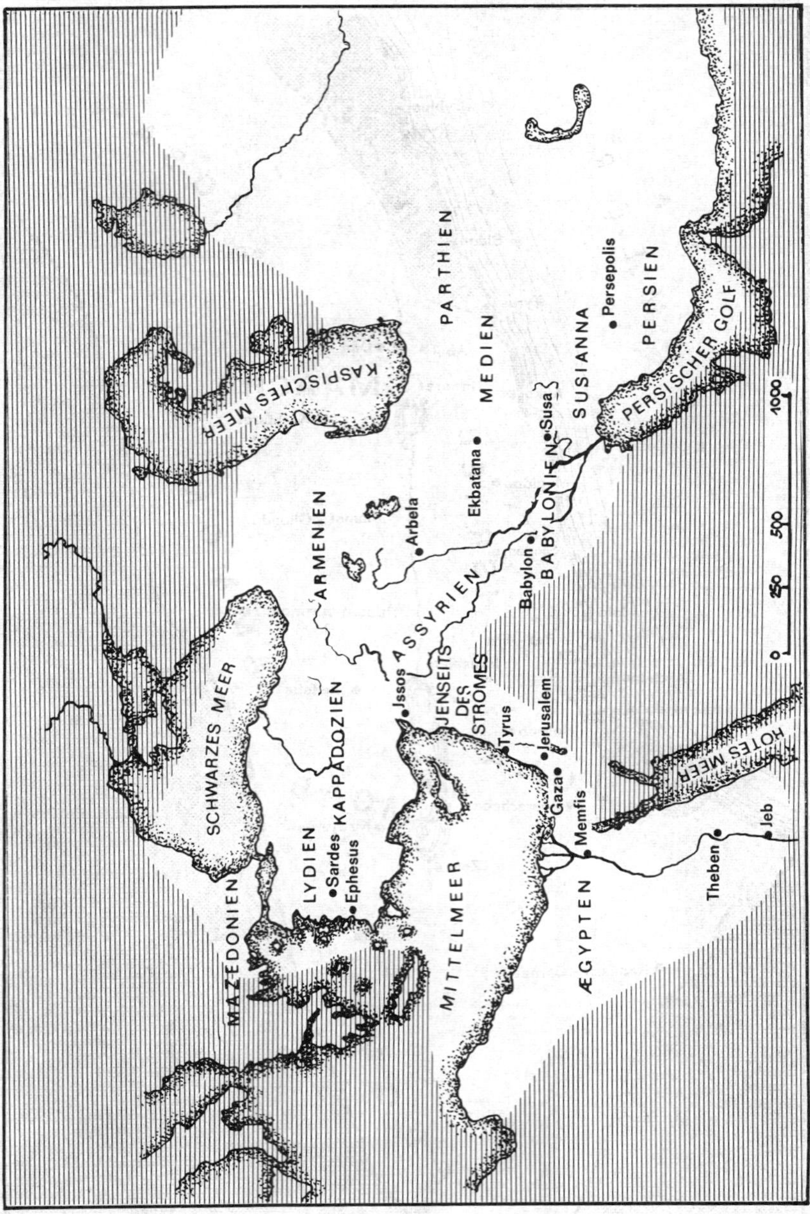

Karte 5: Das persische Reich

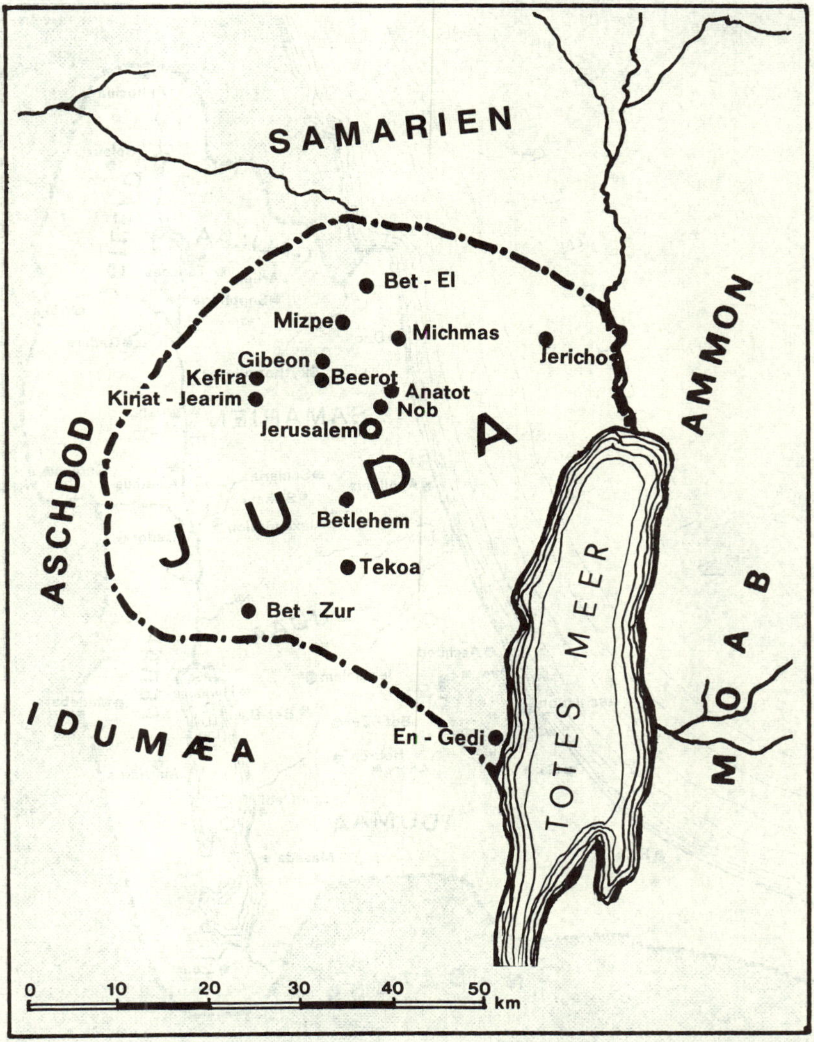

Karte 6: Juda in persischer Zeit

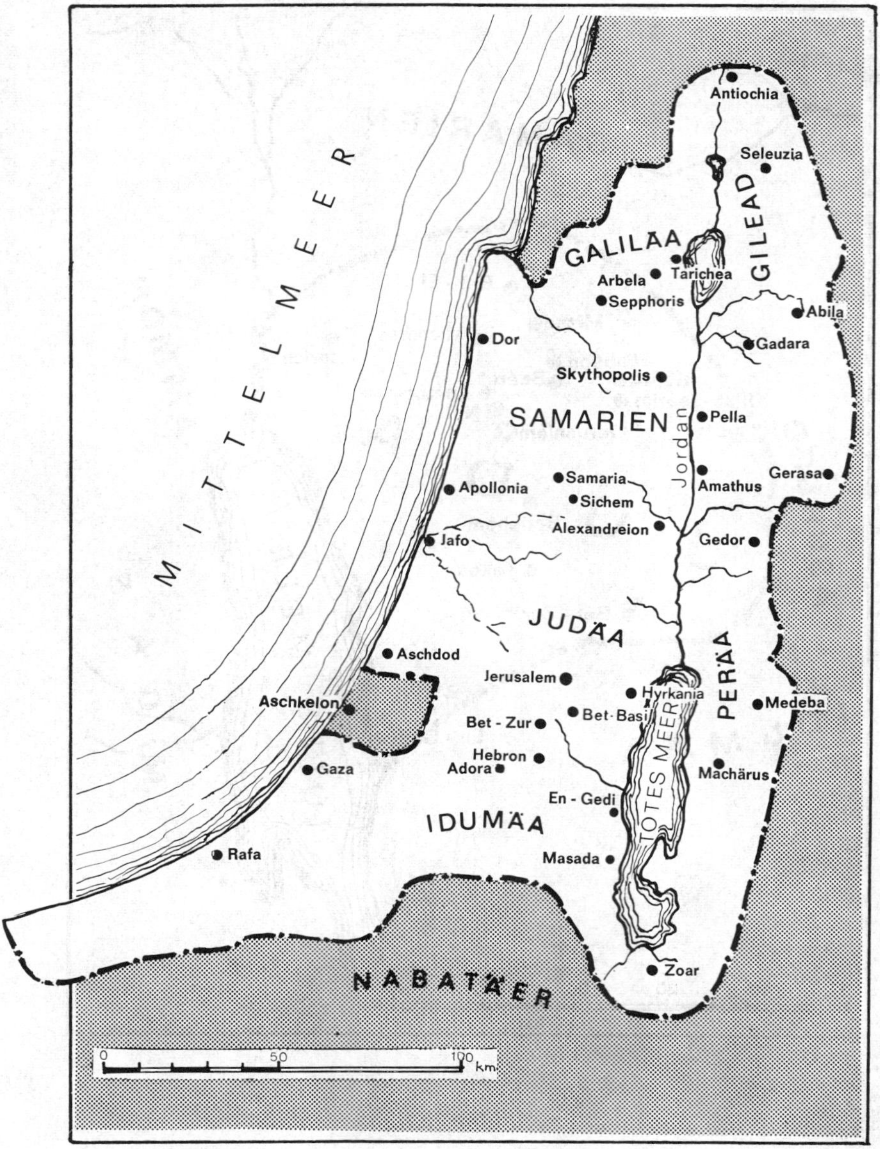

Karte 7: Der jüdische Staat in der Makkabäer-Zeit

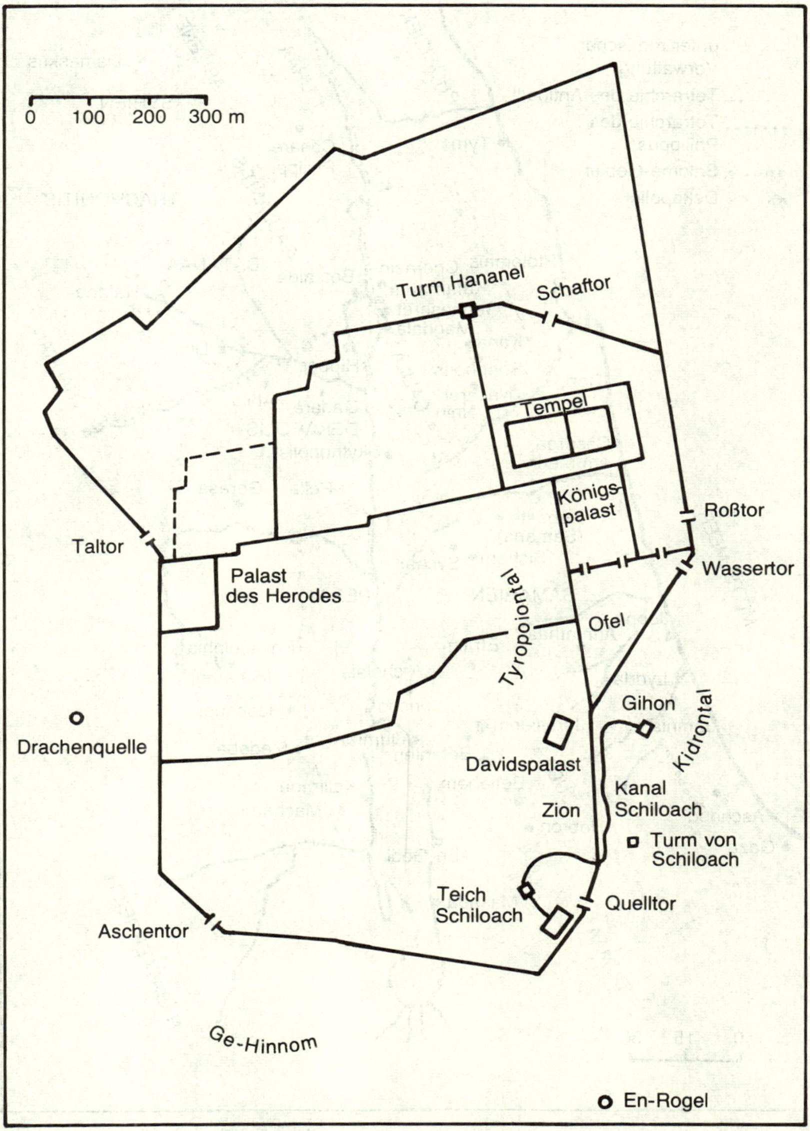

Karte 8: Jerusalem im Alten Testament

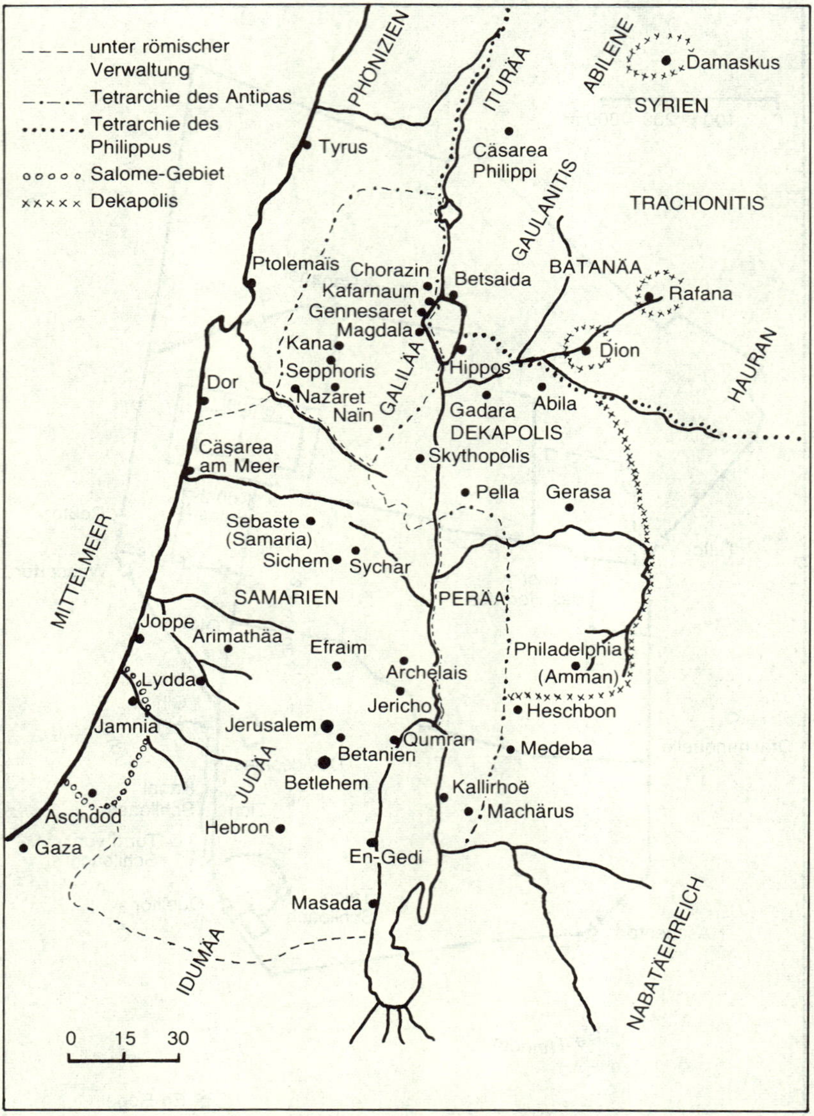

Karte 9: Palästina zu Beginn des 1. Jahrhunderts n. Chr.

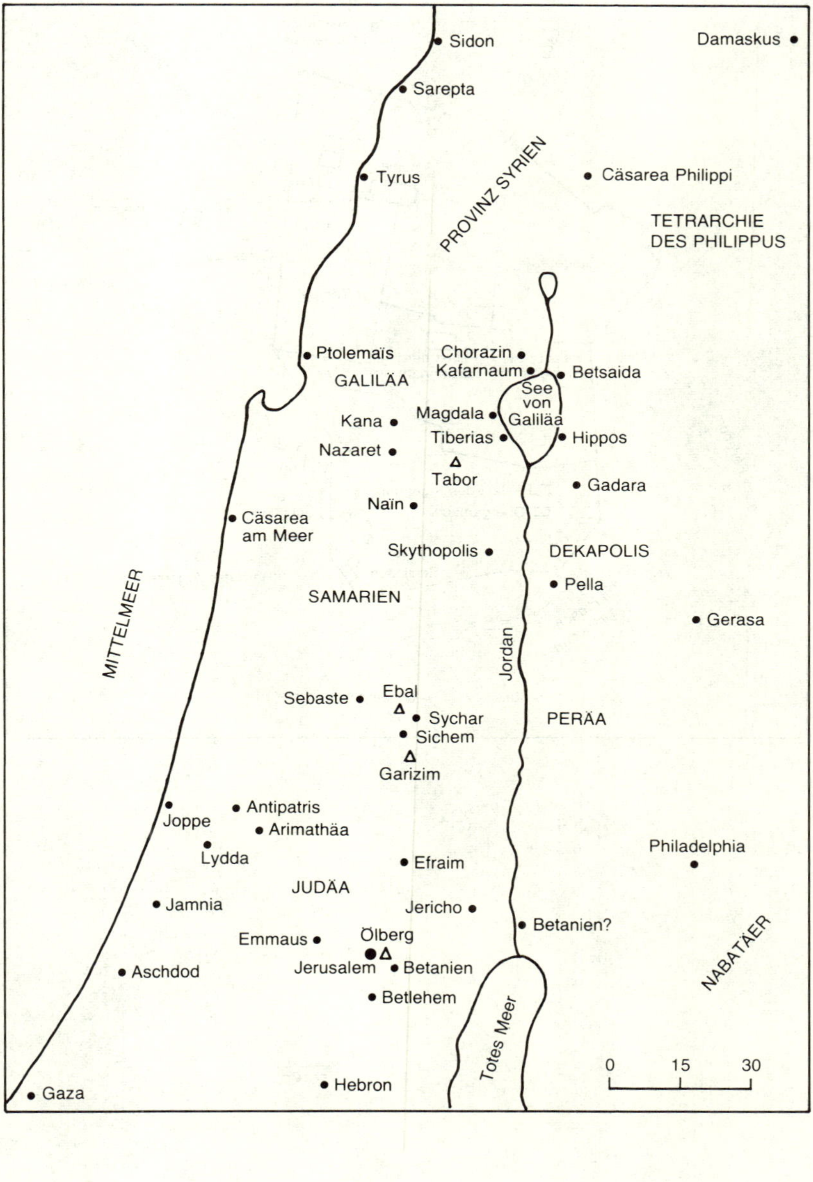

Karte 10: Palästina zur Zeit des Neuen Testaments

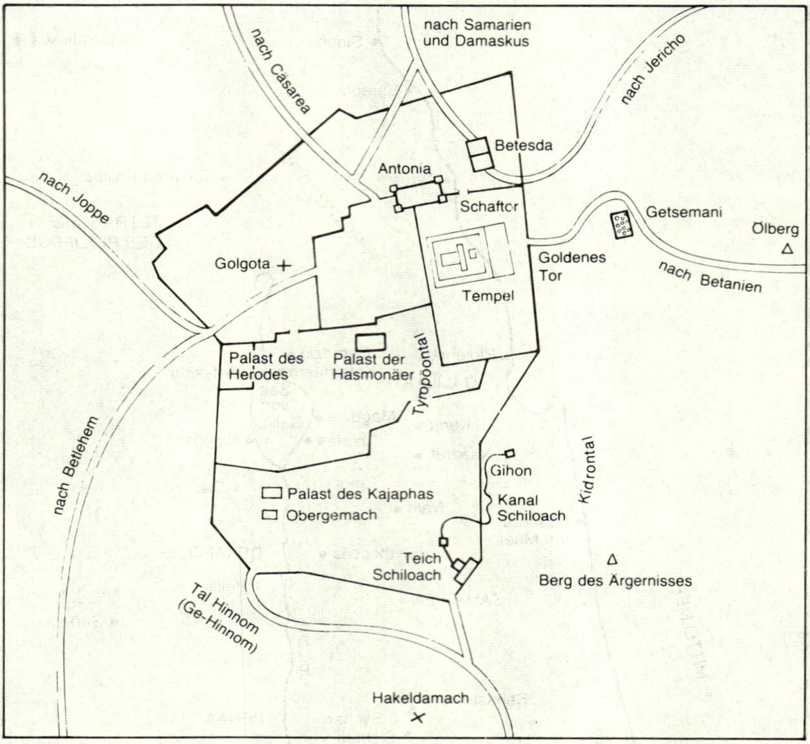

Karte 11: Jerusalem in neutestamentlicher Zeit

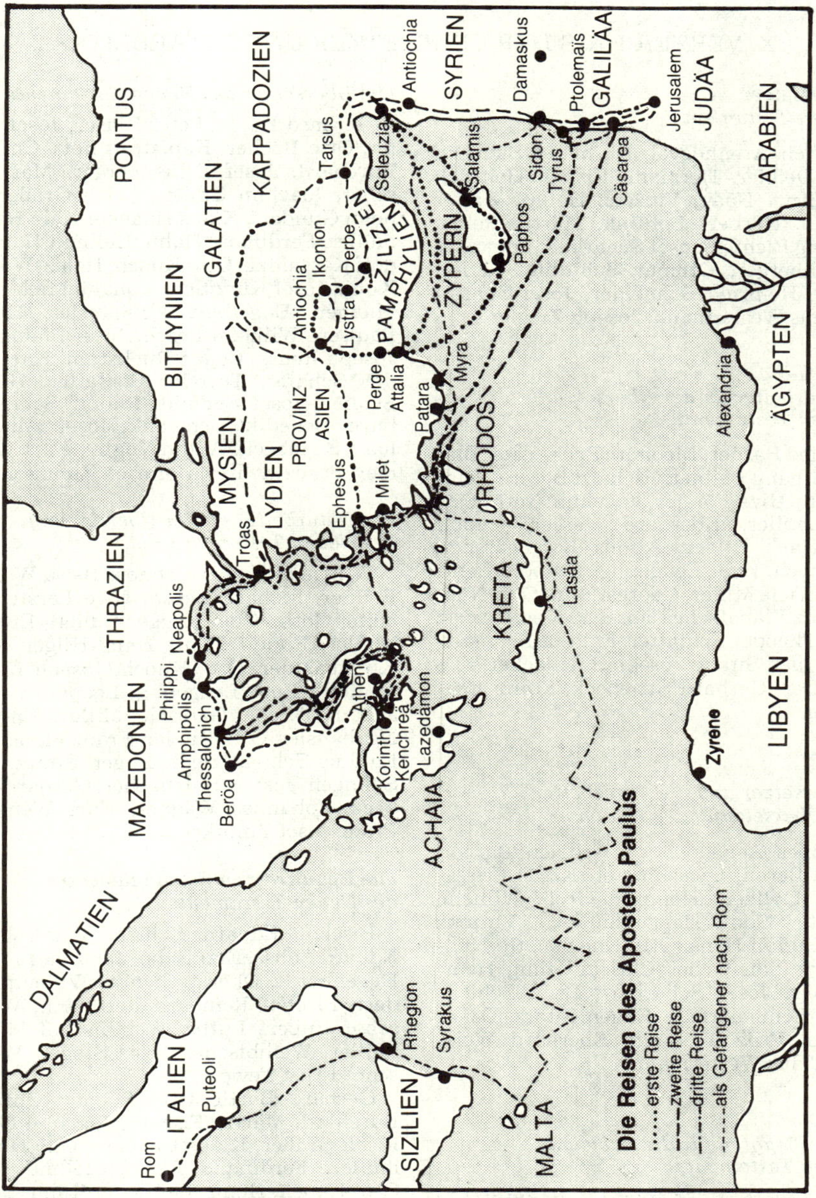

Karte 12: Die Reisen des Apostels Paulus

X. VERZEICHNIS DER ÜBERSETZER UND MITARBEITER

Die Übersetzer des Alten Testaments

Heinrich Arenhoevel, Hermann Bückers, Alfons Deißler, Hermann Eising, Heinrich Groß, Ernst Haag, Vinzenz Hamp, Walter Kornfeld, Norbert Lohfink, Martin Rehm, Wolfgang Richter, Josef Scharbert, Johannes Schildenberger, Othmar Schilling, Rudolf Schmid, Heinrich Schneider, Josef Schreiner, Claus Westermann, Joseph Ziegler.

Die Mitarbeiter an der Übersetzung des Alten Testaments

Wilfried Barner, Eleonore Beck, Peter Bläser, Wolfgang Beilner, Richard Beron, Heinrich Böll, Uwe Förster, Joachim Goth, Odo Haggenmüller, Eberhard Haßler, Rudolf Henz, Hans Hilger, Alfons Kirchgässner, Otto Knoch, Emil Lengeling, Leopold Lentner, Gabriele Miller, Georg Molin, Otto Nüßler, Franz Planatscher, Josef Plöger, Christa Reinig, Theodor Schlatter, Egidius Schmalzriedt, Eugen Sitarz, Joseph Sulzbacher, Fridolin Stier, Gerhard Striebeck, Franz Josef Zinniker.

Die Übersetzer und die Mitarbeiter an der Übersetzung der Psalmen

Johannes Aengenvoort, Wilfried Barner, Richard Beron, Uwe Förster, Klaus Fricke, Herbert Goltzen, Heinrich Groß, Wilhelm Gundert, Odo Haggenmüller, Vinzenz Hamp, Rudolf Henz, Otto Knoch, Otto Nüßler, Franz Planatscher, Christa Reinig, Heinrich Rohr, Josef Scharbert, Fritz Schieri, Egidius Schmalzriedt, Eugen Sitarz, Oskar Söhngen, Fritz Tschirch, Eberhard Weismann, Claus Westermann.

Die Beauftragten für die Revision des Alten Testaments

Weihbischof Josef Plöger, Weihbischof Klaus Dick, Bischof Reinhard Lettmann, Weihbischof Manfred Müller.

Heinrich Groß, Ernst Haag, Odo Haggenmüller, Otto Knoch, Josef Scharbert, Josef Schreiner, Eugen Sitarz.

Die Übersetzer des Neuen Testaments

Gerhard Barth, Peter Bläser, Josef Blinzler, Otto Böcher, Kapistran Bott, Christoph Burchard, Josef Dillersberger, Martin Fischer, Joachim Gnilka, Erich Gräßer, Wilhelm Gundert, Klaus Haacker, Odo Haggenmüller, Ferdinand Hahn, Hellmut Haug, Rudolf Kassühlke, Otto Knoch, Heinz-Wolfgang Kuhn, Josef Kürzinger, Johann Michl, Franz Mußner, Engelbert Neuhäusler, Henning Paulsen, Wilhelm Pesch, Josef Pfammatter, Joseph Reuss, Eugen Ruckstuhl, Karl Theodor Schäfer, Theodor Schlatter, Heinrich Schlier, Josef Schmid, Rudolf Schnackenburg, Benedikt Schwank, Josef Sint, Gerhard Striebeck, Anton Vögtle, Karl Wennemer, Franz Zehrer, Heinrich Zimmermann.

Die Mitarbeiter an der Übersetzung des Neuen Testaments

Wilfried Barner, Eleonore Beck, Wolfgang Beilner, Richard Beron, Uwe Förster, Joachim Goth, Odo Haggenmüller, Eberhard Haßler, Rudolf Henz, Hans Hilger, Alfons Kirchgässner, Otto Knoch, Joseph Koppersehmidt, Emil Lengeling, Leopold Lentner, Johann Michl, Gabriele Miller, Engelbert Neuhäusler, Otto Nüßler, Franz Planatscher, Egidius Schmalzriedt, Eugen Sitarz, Oskar Söhngen, Joseph Sulzbacher, Gerhard Striebeck, Johannes Wagner, Karl Wennemer, Franz Josef Zinniker.

Die Beauftragten für die Revision des Neuen Testaments

Bischof Eduard Schick, Landesbischof Eduard Lohse, Erzbischof Johannes Joachim Degenhardt, Oberkirchenrat Wilhelm Gundert, Bischof Reinhard Lettmann, Weihbischof Hubert Luthe, Weihbischof Manfred Müller, Weihbischof Alois Stöger, Weihbischof Ernst Tewes.

Gerhard Barth, Otto Böcher, Christoph Burchard, Martin Fischer, Joachim Gnilka, Erich Gräßer, Klaus Haacker, Odo Haggenmüller, Ferdinand Hahn, Hellmut Haug, Otto Knoch, Heinz-Wolfgang Kuhn, Egidius Schmalzriedt, Eugen Sitarz, Karl Wennemer.

Geschäftsführung

Otto Knoch